漢民族史記

国家出版基金项目
NATIONAL PUBLICATION FOUNDATION

徐杰舜 主编

汉民族史记

1

历史卷（上）

徐杰舜 徐桂兰 著

中国社会科学出版社

图书在版编目(CIP)数据

汉民族史记：全9册／徐杰舜主编．—北京：中国社会科学出版社，2019.9

ISBN 978-7-5203-5170-6

Ⅰ.①汉…　Ⅱ.①徐…　Ⅲ.①汉族—民族历史—研究—中国
Ⅳ.①K281.1

中国版本图书馆CIP数据核字(2019)第199547号

出 版 人　赵剑英
责任编辑　王莎莎
责任校对　王　龙
封面设计　蔡立国
责任印制　戴　宽

出　　版　中国社会科学出版社
社　　址　北京鼓楼西大街甲158号
邮　　编　100720
网　　址　http：//www.csspw.cn
发 行 部　010-84083685
门 市 部　010-84029450
经　　销　新华书店及其他书店

印刷装订　北京君升印刷有限公司
版　　次　2019年9月第1版
印　　次　2019年9月第1次印刷

开　　本　710×1000　1/16
印　　张　318
字　　数　5232千字
定　　价　1818.00元（全9册）

凡购买中国社会科学出版社图书，如有质量问题请与本社营销中心联系调换
电话：010-84083683

广西民族大学 2017 年度
社会科学特别项目
（项目编号：GXMDKY20177659）

中国民族学会会长　杨圣敏
中国人类学会会长　郝时远

鼎力推荐

献给全球华人

总　　目

1. 历史卷(上)

2. 历史卷(下)

3. 族群卷(上)

4. 族群卷(下)

5. 文化卷(上)

6. 文化卷(下)

7. 风俗卷(上)

8. 风俗卷(下)

9. 海外移民卷

汉民族海外移民史编

目　录

总　论

汉民族发展史编

序

徐君杰舜教授的《汉民族史记》（九卷本）即将面世，在下拜识之余，略陈浅见，以谢索序之雅。

记得2012年为武汉大学出版社主编“中国专门史文库”时，曾将徐君早年所撰《汉民族发展史》收入其中，认为徐君的汉民族史研究乃一项创新性的学术成果。

近代以来，民族学、民族史学研究有长足进展，中国诸少数民族的历史多已成篇，但作为中华民族主体的汉民族，却长期专史缺如。这大约是因为，人们往往下意识地以为，汉族即中国，中国即汉族，既有中国史便无须作汉民族专史。这种状态一直延续到20世纪80年代末，直至徐君《汉民族历史和文化新探》（1985年）和《汉民族发展史》（1992年）问世，汉民族史书才得以发凡起例，开辟局面。徐君从起源、形成、发展、特征和文化结构诸层面，作汉民族历史的完整述写。1989年《中国社会科学》第2期发表《中国民族学十年述评》称，徐杰舜的工作，“标志着汉民族研究这一课题研究在中国的真正开始”。此非虚誉也。

令人感佩的是，徐君精进不已，自《汉民族发展史》之后，经二十余年磨砺，于2019年推出约五百余万字、九卷本的《汉民族史记》，将汉族史研究提升到一个新的高度。这部规制诙弘的新著有如下可观处。

（一）积跬步致千里的集成之作

徐君自1962年萌生从事汉民族研究的志向，半个世纪以来，持之以恒，作学术“长征”，成果迭现——1985年出版《汉民族历史和文化新探》，1990年出版《汉族民间风俗丛书》，1999年出版《雪球——汉民族的人类学分析》，2004年出版《汉族风俗史》（5卷本），2012年出版《中国汉族》和《中国汉族通史》（2卷本），攀登汉民族研究的一座又一座山峰。有评论文题为《徐杰舜汉民族研究的三级跳》（《青海民族研究》2014年第3期），形象地概括徐君“积跬步以至千里”的征程。而《汉民族史记》为这一系列研究的升级版。徐君在该书的总后记中说：“《汉民族史记》不能是我过去所撰和所主编著作的简单相加，而应该吸纳新观点，补充新资料，进行新整合。”他在多年研究的基础上，全面充实《历史卷》，提炼《风俗卷》，新撰《族群卷》（上、下）、《文化卷》（上、下）和《海外移民卷》，从局部到整体，超越了过往的成果。

值得指出的是，徐君主编的《雪球——汉民族的人类学分析》中，本已对汉民族的族群做过初步的结构分析和特征表述，而《汉民族史记》的《族群卷》（上、下）则呈现了更为精当的汉族族群图景。其《文化卷》（上、下），从文化底蕴、文化凝聚、文化定型、文化融汇、文化变古、文化重建、文化开新诸面相，更是勾勒了波澜壮阔、跌宕起伏的汉民族文化发展的历程，新意迭出。

“积跬步”要有恒心与毅力，“集大成”更要有对学术积淀加以升华的智慧。徐君兼具上述，以五十余年之功“积跬步”，于七十古稀之后“集成”，推出《汉民族史记》，令人感佩。

（二）跨学科之法

徐君1965年毕业于武汉中央民族学院分院（今中南民族大学）历史专业，在浙江武义县当中学教师二十年，1985年进入广西民族大学民族研究所工作。在武义县任教时，跨进民俗学，在考察“风物是秦余”的武义风俗后，写出《武义风俗志》，参加《金华风俗志》和《浙江风俗志》的编写。到广西民族大学后，又跨进民族学，先后撰写和主编《民族理论政策简明教程》、《中国民族史新编》、《中国民族政策史鉴》等著作。此后更博采人类学英华：运用变迁理论写出《南乡春色》；运用族群理论主编《雪球——汉民族的人类学分析》；运用文化理论主编《汉族风俗史》。2008年在斯坦福大学举办的“汉民族研究反思的国际学术研讨会”上做主旨发言，提出汉民族研究的“雪球”理论，运用人类学整体观，阐述“汉民族是一个‘和而不同’的整体”；运用人类学结构论，阐述“汉民族是有族群结构的”；运用人类学过程论，阐述“汉民族的人口之多不是一蹴而就的”；运用人类学凝聚论，阐述“文化的凝聚作用使汉民族这个‘雪球’越滚越结实”；运用人类学调适论，阐述“政策的调适作用使汉民族这个‘雪球’越滚越结实”。进而概括汉民族“一大二杂三认同”的特征：因人口众多而“大”；因内部差异巨大而“杂”；因整合为一体而实现“认同”。

徐君的《汉民族史记》充分发挥跨学科之法，以历史、族群、文化、风俗和海外移民五个部分，立体地展示汉民族多样化的历史画卷。如《海外移民卷》，将人类学、民族学、历史学、宗教学、航海学、灾害学和外交学整合贯通，实现了跨学科的交融和整合，以大历史视野，把汉民族的海外移民置于中国历史，乃至世界历史的背景下，回答了“安土重迁”的汉民族何以从江河走向海洋这一问题，建构了一部汉民族冒百死，抗海禁，下南洋，又从南洋下西洋，走向世界的海外移民史。

跨学科之法，可以说是徐君著作的不二法门。

（三）《史记》式结构

《史记》能够成就百科全书式的史学巨著，依靠其建立纪、表、书、世家和列传“五位一体”的结构模式。梁启超在论及太史公“历史之整个的观念”时说：“从前的史，或属于一件事的关系文书——如《尚书》；或属于各地方的记载——如《国语》《战国策》；或属于一时代的记载——如《春秋》及《左传》。《史记》则举其时所及知之人类全体自有文化以来数千年之总活动冶为一炉。自此始认识历史为整个浑一的，为永久相续的。非至秦汉统一后，且文化发展至相当程度，则此观念不能发生。而太史公实应运而生。《史记》实为中国通史之创始者”①。徐君的《汉民族史记》追迹《史记》的结构方式，突破王朝述史的框架，按汉民族经历的丰富性、多样性部勒篇什，在比较舒展的框架内放手编写，为世界上人口最多、历史悠久、文化繁富的一个大民族树了碑、立了传，实属难能可贵。

徐君把他的学术历程比喻成“马拉松”。这个研习汉民族史的“马拉松”跑了半个多世纪，堪称“在崎岖小路上攀登不畏劳苦”，今天，终于到达了又一座高峰，这是值得载入学术史的事。

是为序。

冯天瑜

2019 年 7 月 14 日于武昌珞珈山

---

① 梁启超：《要籍解题及其读法》，载《梁启超全集》第 16 卷，北京出版社 1999 年版，第 4629 页。

卷首语

泱泱恢宏的汉民族，以其伟岸的身躯、悠久的历史、多样的文化、高度的认同屹立在世界的东方。1938年邹韬奋在《萍踪忆语·弁言》中说："世界上有三个泱泱大国：一个是美国，一个是苏联，一个是中国。"[①] 而世界上的泱泱大族则只有一个，那就是汉民族。

从人数、历史、环境上看，如果把民族比喻成海洋，那么，有的民族是"海"，有的民族则是"洋"，汉民族无疑是一个"洋"，是一个"民族洋"。

在国际人类学的族群视野中，有"族群岛"的存在，即著名人类学家巴斯所说："我们被引导去设想每一个群体都是在相对隔绝的情况下发展的文化和社会形式，主要与当地的生态因素相对应，并通过借助发明和有选择的借用来完成的历史适应。这个历史已经创造了一个多民族的世界，每一个民族拥有自己的文化并组成一个社会，这个社会可以十分合理地分离出来，作为一个孤岛而被加以描述。"[②] 我在《雪球——汉民族的人类学分析》中将巴斯所说的"孤岛"称为"族群岛"[③]。而如果说族群岛都是一些小社会，它们一般处于比其更大的异族群之中，成为当地的少数群体。[④] 那么，汉民族就是一个人数浩大的族群，它有庞大的社会，正如世人所言：有海水的地方就有汉民族，有太阳的地方就有汉民族。因此，与"族群岛"相应，汉民族又是一个"族群海"。所谓"族群海"，就是一个人口数量巨大、历史悠久、文化丰富多样，又具有高度凝聚力的

---

① 邹韬奋：《萍踪忆语·弁言》，生活书店1938年版。

② ［挪威］弗里德里克·巴斯：《族群与边界》，高崇译，载《广西民族学院学报》（哲学社会科学版）1999年第1期。

③ 徐杰舜主编：《雪球——汉民族的人类学分析》，上海人民出版社1999年版，第50页。

④ 黄家信：《"族群岛"的形成及特征》，《广西民族研究》2000年第2期。

族群。从这个概念来考量，称汉民族为“族群海”是言不过实，当之无愧的。

我们以九卷本五百多万字的篇幅，来呈现汉民族的历史，想向人们传递什么信息？是炫耀还是反思？

马克思、恩格斯在《德意志意识形态》中曾说：“我们仅仅知道一门唯一的科学，即历史科学。历史可以从两方面来考察，可以把它划分为自然史和人类史。”① 那么我们研究和撰写《汉民族史记》的目的是什么呢？其意义和价值又是什么呢？

一般来说，历史价值是指对历史发展所产生的积极影响或者是事物本身所具有的特殊意义。中国学术界素有重视中国历史研究的传统，“二十五史”的史学传统，用信史记录中国国家起源、形成和发展的经历和底细之功已为世人所知晓。近现代以来，在现代史学理论观照下，著述蜂起，著名的有范文澜的《中国通史简编》、郭沫若的《中国史稿》、翦伯赞的《中国史纲要》、白寿彝的《中国通史》等。对于中国历史研究的意义和价值，也如历史学家王毓铨为《中国通史》的完成所写的贺诗云：“积一代之智慧，备百世之长编。”其他有关中国历史的专门史、断代史则已成洋洋大观，举不胜举了。

然而，中国学术界对汉民族研究的关注，与对中国历史研究的重视相比，就不可同日而语了。近百年来，在现代民族理论的引进和影响下，面对“中国人西来说”，尤其是面对西方列强的侵略，中华民族意识被激醒，中国学术界方对汉民族研究开始关注，才有了梁启超的《中国历史上民族之研究》，以及王桐龄的《中国民族史》上册、吕思勉的《中国民族史》、林惠祥的《中国民族史》、吕振羽的《中国民族简史》等一批有关民族研究的专门史。而关于汉民族研究，到 21 世纪则仅有吴主惠的《汉民族的研究》，徐杰舜的《汉民族历史和文化新探》《汉民族发展史》《雪球——汉民族的人类学分析》《汉民族风俗史纲》《汉族风俗史》（五卷本），李龙海的《汉民族形成之研究》等。

尽管如此，汉民族研究的坚冰已经打破，汉民族研究的道路已经打通。在 21 世纪前十年的世界风云中，汉民族研究最重要、最根本的意义和价值在于为中华民族的复兴和振兴提供历史的经验。司马迁曾说：“究

① 《马克思恩格斯选集》第 1 卷，人民出版社 1972 年版，第 66 页。

天人之际，通古今之变。”把历史作为今人明事晓理的捷径。事实上，历史对一个民族的真正价值在于：它能作为一种无形的纽带，把某个国家，某个民族的人们联系起来，以维系社会的认同感；它还可以凝聚和塑造某个民族或族群的人文性格；它还会告诉如何研究和反思历史上人为灾难发生的过程和原因，以确保其不再重演。正如吕思勉所说：历史是“前车之鉴”，以为“不知来，视诸往”；历史是“据事直书”，使人知所“歆惧”①。所以，当今世界，很多历史远不如中国悠久的国家，都在竭尽全力、想尽一切办法地保存、挖掘、维护它们的历史。而汉民族是最早拥有史书的民族，这不仅体现了汉民族很早就觉悟到历史对于人类的重要性，也反映了汉民族善于反省，善于总结，这也是汉民族一直非常重视历史的传承和延续的原因。所有这一切，对于中华民族的复兴和振兴来说，都是无价之宝。所以，费孝通早在1989年出版的《中华民族多元一体格局》中就明确指出：“汉族的形成是中华民族形成中的一个重要阶段，在多元一体的格局中产生了一个凝聚的核心。”② 他在晚年总结自己的学术感悟时，更是语重心长地提出“要重视和加强对汉民族的人类学研究”③。

有人不禁会问，在中华民族的复兴和振兴之时，研究和撰写《汉民族史记》是希望向人们传达什么样的信息？传达什么样的价值观？

第一，汉民族上下五千多年起源、形成和发展连绵不断的历史，向人们传达了汉民族历尽艰辛的苦难历程，百折不挠、坚韧不拔的民族精神。这对中华民族的复兴和振兴无疑是一个重要的精神支柱。

第二，汉民族从多元走向一体的历史过程，向人们传达了汉民族是历史上多民族“混血”融合而形成的历史事实，汉民族是中华民族从多元走向一体漫长历史过程中的一个重要的阶段性成果。这对中华民族的认同以及认同的过程无疑是一个示范样本。

第三，汉民族是一个“安土重迁”的移动民族，几千年来，它经历了一个又一个大移民时代，从黄河走向长江北岸，又过长江进入江南大地，再从江南大地走向海边，最后走向海洋，走向世界各地，向人们传达

① 吕思勉：《复兴高级中学教科书　本国史》第一编第一章“历史的定义和价值”，商务印书馆1944年版。歆惧：指对刘歆，孙歆，司马歆……名歆的历史人物害怕了。

② 费孝通等：《中华民族多元一体格局》，中央民族学院出版社1989年版，第8页。

③ 1998年7月给《雪球——汉民族的人类学分析》一书的题词。见徐杰舜主编《雪球——汉民族的人类学分析》插页，上海人民出版社1999年版。

了汉民族在波浪式的大移民中，不仅开发了中国，也开发了世界的轨迹。这对华人为什么会走向世界做了有意义而又有说服力的探讨。

第四，汉民族几千年延绵沉淀下来的文化，不仅丰富多彩，且独树一帜，自成体系，是世界文化的宝库，向人们传达了汉民族软实力的能量。这在当今世界力量的博弈中无疑是中国力量的一种良性显示。

第五，汉民族几千年凝练而成的人文性格，向人们传达了汉民族复兴的巨大潜力。这对中华民族的振兴无疑是重要的榜样。

凡此种种，我想应该是汉民族及全球华人都会认同的一种感悟、一种反思、一种表达。所以，本书敬献给全球华人。

笔者积五十余年汉民族研究之力，有幸成为汉民族史的建构者，才可能有《汉民族史记》之大成。九卷本的《汉民族史记》，是笔者从 1962 年开始进入汉民族研究，1979 年底开始撰写《汉民族发展史》，1985 年出版《汉民族历史和文化新探》，1992 年出版《汉民族发展史》；1996 年建立广西民族学院（现为广西民族大学）汉民族研究中心，与学术团队的陈华文教授（浙江师范大学）、陈顺宣先生（浙江师范大学）、万建中教授（北京师范大学）、鲁刚教授（云南民族大学）、彭清深先生（西北民族大学）、柏贵喜教授（中南民族大学）、韦东超教授（中南民族大学）、高有鹏教授（上海交通大学）、赵忠文教授（辽宁师范大学）、孟宪刚教授（辽宁省税务专科学校）、周耀明副研究员（广西民族大学）、徐桂兰副研究馆员（广西民族大学）等学者，在《雪球——汉民族的人类学分析》《汉族民间风俗丛书》《汉民族风俗史纲》《汉族风俗史》（五卷本）等著作的基础上，由徐杰舜、杨军（南宁师范大学），徐桂兰、刘冰清（三峡大学），罗树杰（广西大学），罗彩娟（广西民族大学），石甜（上海交通大学、比利时鲁汶大学），韦小鹏（南京大学），丁苏安（泰国东方大学）组成新的学术团队，在浙江恒友机电公司、桂林金钟山旅游开发有限公司董事长吕志辉先生的大力支持下，通力合作，吸收了二十多年有关汉民族研究的学术成果后完成的。

如何呈现泱泱汉民族的历史？是按近代以来在“西学东渐”中，中国史学界所形成的通史范式来呈现？还是按太史公司马迁所开创的汉民族史学传统结构模式来呈现？我们反复斟酌、反复实践、反复比较，在历时近五年的研究和撰写过程中，越来越感到近代通史范式的刻板性、束缚性和浅薄性，越来越体会到传统结构模式的生动性、开放性和深刻性。

实际情况是，编撰国家史、近代通史范式是大有作为的，其使中国史著作蜂起而蔚为大观，成就了一批中国史专家。但近代通史范式弊端也不少，其往往以历代王朝为坐标，刻板地把历史按朝代分为政治、经济、文化三大块，一般重政治轻文化，往往写成了朝代更迭史，束缚了历史学家的手脚和思想，从而使历史浅薄地蜕变成了帝王将相史。作为“反叛”，近十几、二十年来专门史纷纷崛起，这不能说不是一个重要原因。反思民族史的研究，由于“解放以来，中国民族史的研究受中国通史研究方法论的影响甚深。在各种版本的中国通史中，一般都列专章、专节叙述某朝代的民族及民族关系。因此，除有一部分学者认为中国通史已包括了中国民族史，没有必要再赘述，而忽视或轻视中国民族史的研究外，更重要的是无视民族自身发展的规律，把民族史的内容套在中国通史历史王朝的框架中，使民族史成了中国通史的附庸”①。故少有学者用这种方法编撰民族史能有所成就。

而传统结构模式没有历代王朝框架的束缚，众所周知，《史记》所开创的本纪、年表、书、世家、列传的专题结构，就具有开放性的特点，从而使历史的编撰灵活机动，收放自如，不仅可使历史生动起来，更可使历史的叙述深刻起来。所以我于1989年在《中国民族史新编》的《自序》中就提出：“中国民族史的编写必须突破历史王朝的框架，按民族自身发展的规律去编写。”②

为此，我们这次编撰《汉民族史记》，正是按照民族自身发展的规律，继承汉民族的史学传统，运用传统结构模式，将汉民族史的呈现分为发展史、族群史、文化史、风俗史和海外移民史五个专题。九卷本《汉民族史记》的卷目如下：

1. 历史卷（上）
2. 历史卷（下）
3. 族群卷（上）
4. 族群卷（下）
5. 文化卷（上）

① 徐杰舜：《中国民族史新编》，广西教育出版社1989年版，第4页。

② 同上。

6. 文化卷（下）
7. 风俗卷（上）
8. 风俗卷（下）
9. 海外移民卷

汉民族历经五千余年已成为世界的“族群海”，在世界历史上也已留下了长长的、深深的脚印。历史已无数次地证明：没有哪个民族或族群能够超越历史，也没有什么力量能将一个民族或族群的历史足迹抹去。汉民族的历史已经写成而不可改变，但历史并没有结束，汉民族将在跌宕起伏中继续前进。

那么，汉民族将走向何方呢?

深深的海洋，泱泱的汉民族，继续书写自己的历史时，与中国各民族一起，在从多元走向一体的历史长河中，将走向中华民族的高度认同和伟大复兴！

徐杰舜
2013年9月15日
于南宁怡環湾初稿
2013年9月19日
于武昌江南家园二稿
2016年6月18日
于武昌江南家园三稿
2016年11月22日
于武汉金银潭四稿
2017年2月9日
于南宁怡環湾五稿
2019年4月1日
于武汉金银潭定稿

总　论

汉民族是世界的，哪里有太阳哪里就有汉民族，哪里有海水哪里就有汉民族。因此之故，西方学者称汉民族为“全球的汉族”①。

汉民族（简称汉族）是世界民族之林中的奇葩。

世界的多样性决定了生物的多样性和文化的多样性，从而决定了民族的多样性。于是千百年来，风俗各异、经济不同、制度不同、人口不等的民族，在世界大舞台上演出了一幕又一幕威武雄壮的分分合合、合合分分的民族互动、磨合、整合、融合的大戏。

多样性的民族世界是由民族或族群构成的，对于这个世界民族之林，有人将民族的多样性俗称为“民族马赛克”②，其实，如果将世界比喻为一个竹筒，那么，“万花筒”作为民族多样性的象征，可能更贴切些。

在这个世界民族的万花筒中，汉族以悠久而连绵的历史、灿烂而多彩的文化、坚忍而合和的理念、众多而共美的人口，屹立于世界民族之林，无疑是世界民族万花筒中最耀眼、最炫丽、最伟岸的奇葩。

---

① 王培华、徐桂兰、［加］伊利克：《汉民族研究的国际视野》，《百色学院学报》2009 年第 1 期。

② 胡长志：《加拿大的民族马赛克》，《海南大学学报》（人文社会科学版）1992 年第 3 期。

第一章　汉民族研究的缘起

鸿蒙初辟以来，人类是有记忆的，有记忆就会有历史，有历史就会有历史的建构，有建构就会有认同。而人类分群的类型是多样的，有不同的民族、不同的族群、不同的社群等。其中民族的分类得到世界的广泛认同。民族研究伴随着民俗学、社会学和政治学等学科的发展逐渐兴盛起来。那么，汉民族研究的状况如何呢？

一　被学术界忽视了的汉民族研究

中国有研究少数民族的学术传统。从《史记》开创《匈奴列传》《南越列传》《东越列传》《西南夷列传》《大宛列传》等民族列传以来，此后，包括《清史稿》在内的二十五史均继承了这个传统。中华人民共和国成立后，国家组织了三千多人的研究队伍，历时十多年，开展少数民族社会调查，相继出版了《中国少数民族》《中国少数民族简史丛书》《中国少数民族语言简志丛书》《中国少数民族自治地方概况丛书》《中国少数民族社会历史调查资料丛刊》，著书 401 本，字数超过 8000 多万字，真是世所罕见。[①] 但令人不得不惊讶而又遗憾的是占中国人口 90% 以上的汉民族却没有一本专史，甚至研究汉民族的学者虽不能说绝无仅有，但也是凤毛麟角。

为什么在中国有研究少数民族的传统，却对汉民族熟视无睹呢？究其根本原因在于以下几个方面。

一是认为汉族不是一个民族。1989 年 3 月在汕头举行第二届汉民族学术研讨会上，当地人惊奇地问我："汉民族还是一个民族？还要开研讨

① 参阅《民族问题五种丛书 · 三套集成》，《中国民族》2008 年第 11 期。

会?”确实，汉族是一个文化差异非常大的民族共同体、方言林立，如浙江武义一个30多万人口的县就有武义话、永康话和宣平话三种汉语土语。更有甚者，在湘南永州一些古村落内都有自己村的土话，上村与下村说的土话不同，隔一堵墙说的土话也不同。[①] 所以有人认为“所谓汉语就不是一个民族语言，而是不同语族不同种族以汉字为媒介形成的混杂体!”“进而得出结论，现在所谓汉族就不是一个民族!”[②] 也有人在网上发帖说：“大家来讨论：汉族是一个民族吗？每当填写民族一栏时，我常常苦恼。汉族两个字常让我心中无底。习惯上我据说属于汉族，仔细思考却又茫茫然。我希望大家来讨论；汉族还是一个民族吗？她还存在吗?”[③] 可见，这种观点虽然见诸文字并不多，但在民间对汉民族的认同甚为困惑，学者们似乎对汉民族也置若罔闻，把自己的学术方向都集中到中国史的研究上去了，致使汉民族研究少有人问津。

二是认为中国就是汉族，汉族就是中国。在中国传统的话语体系中有一个天下观，梁启超曾言：“我国先哲言政治，皆以‘天下’为对象，此百家所同也。”[④] 这就是“天下国家”。正是在这个天下观的观照下，先秦之后，历经演变，“天下国家”逐渐建构了具有中国特色的“天下王朝”国家体系，以及与之相匹配的二十五史的学术传统。这种历时两千多年的“天下国家”与“华夷之辨”的民族观结合在一起，正如韩星所说：“三代的华夷之辨与当时的天下、国家观念是相辅相成的，形成了一个同心圆层层递推的模式，即王畿（国君所在地）、四方（诸侯国）、四海（夷狄），相应地构成了君天下、国诸侯、家大夫、四海夷狄的‘天下为家’的差序格局。”[⑤]《左传·定公十年》即云：“天子有道，守在四夷”“裔不谋夏，夷不乱华。”《左传·僖公二十五年》亦云：“德以柔中国，刑以威四夷。”最终形成了中国传统史学的正统观念。

在这个正统观念观照下，从汉代开始建立起了中国历史王朝体系，从司马迁在《史记·十二本纪》确立了一个从上古黄帝、颛顼、帝喾、尧

---

① 张官妹：《永州古村文化》，《湖南科技学院学报》2006年第12期。

② 《从语言学角度看，汉族就不是一个民族!》(http://tieba.baidu.com/p/2161780862)。

③ “清池明月禅心”的网络发帖。

④ 转引自金观涛、刘青峰《观念史研究》(第六章 从“天下”到“万国”到“世界”)，法律出版社2009年版。

⑤ 韩星：《“华夷之辨”及其近代转型》，《东方论坛》2014年第5期。

和舜“五帝”，至中古夏、商、周“三王”，再至近世秦、汉这样的历代王朝体系，同时如上所述，也开创了少数民族列传的记述。这样一种以华夏/汉为正统，四边民族为夷的观念沉淀到历史中，成为人们论说古史、解说王朝更替的圭臬。[①] 这种刻板模式，发展到近现代，当现代国家观和民族观“东渐”后，在中国本来相匹配的“天下王朝”与“华夷之辨”就异化为“中国就是汉族，汉族就是中国”的观念。民间有人就说“一种血统对应一个国家，中国的血统就是汉族血统，中国就是汉族国家，这是中国的命”[②]。而学者们在学术取向上，自觉或不自觉地就形成了眼中只有中国史，而无视汉民族史的怪现象。因而研究民族的学者从来就不把汉民族当民族看，只专心研究少数民族去了。

在这样的学术逻辑之下，长期以来，一些学者习惯在中国通史与汉民族史之间画等号，似乎研究中国通史就是研究了汉民族史，这种看法混淆了作为政治实体的国家与作为社会实体的民族之间的区别和界限。民族作为一个社会实体，是在特定的社会历史条件下形成的一个具有共同语言、共同地域、共同经济生活、共同心理素质、共同的历史、共同的文化认同的稳定的人民共同体。可见，中国通史研究的对象是中国这个国家形成和发展的历史，汉民族史研究的对象则应该是汉民族形成和发展的历史。

正因为在历史上，由于正统观念在中国史学界一直占统治地位，“汉族即中国，中国即汉族”的传统观点，在封建史家中几乎可以说是根深蒂固的。中华人民共和国成立之初，虽然对正统观念进行了严厉批判，但上述观点的影响犹存，于是在实际研究工作中，就出现了用国史研究代替民族史研究的现象，其结果不是加强了对汉民族的研究，而是使其相反，即忽略了对汉民族的研究，出现了世界上最大的民族却没有专门研究人员进行研究的怪局面，汉民族研究几乎成为民族历史研究的一处空白。

二　我是怎样走进汉民族研究的

凡事都有因缘。我对汉民族研究的缘起，经历了一个从少数民族研究

---

① 汪高鑫：《经学与两汉史学的正统观念》，《学习与探索》（哈尔滨）2010年第4期。

② 《一种血统对应一个国家，中国就是汉族国家》（http://blog.sina.com.cn/s/blog_80d2c3060100rbsh.html）。

到汉民族研究的转型过程。1961 年 8 月，我参加高考，被当时为中央民族学院分院（现为中南民族大学）的历史系录取。后来才知道，我本被武汉大学哲学系录取，但由于中央统战部李维汉部长的指示，要从汉族考生中选取一部分进民族学院，培养民族研究人才。这样，从千千万万个考生中，选中了我们（我们历史系 611 班有近一半的汉族同学，有 15 人就是这样被选中的）。当年我只有 18 岁，年轻无知，根本不知“民族”是怎么一回事（所以民间不知汉族，不知汉族也是民族，是不应为怪的）。进校后，与壮族、苗族、土家族、瑶族、回族等少数民族的同学在一起生活、学习，有生以来才第一次感受到了人是具有民族属性的，感受到了什么是民族。

幸运的是，我刚入学，就遇到了一个大师级人物，我的启蒙导师——岑家梧教授[①]，他负责给我们讲原始社会史。他的讲授透露着人类学理论的光辉，包含着人类学的情怀。我是在武汉长大的人，对于原始社会与少数民族根本没有任何概念。唯一有的概念就是在我们这个班里，除了我们几个汉族男生以外，还有少数民族的同学，他们其中不少都还穿着民族服装。这使我一下子对什么是民族有了最初的感性认知。

启蒙靠老师，开窍靠自己。岑家梧老师在讲课以外，还给我们指定参考书，其中最重要的就是恩格斯的《家庭私有制和国家的起源》，这是一部非常经典的人类学著作，也是马克思主义经典著作之一。当时，我把生活费省下来，去买了一本精装本的《家庭私有制和国家的起源》来精读！我读了七八遍，终于明白了家庭是怎么产生的，私有制是怎么产生的，国家是怎么起源的，以及民族是怎么形成的。读透了，也就开了窍。

就是在岑教授的鼓励和指导下，我以初生牛犊不怕虎的精神，积极参与到当时已在学术界争论得不可开交的关于民族译名问题的学术讨论中去。当时牙含章先生在《人民日报》发表了一篇《关于“民族”一词的使用和翻译情况》的论文，文中明确提出了关于民族的形成问题。恩格斯早在《自然辩证法》中指出是“从部落发展成了民族和国家”。在这

---

① 岑家梧（1912—1966 年），是中国当代民族学家和人类学家。1931 年在广州中山大学社会系求学，1934 年赴日留学，先后出版了《史前史概论》《图腾艺术史》《史前艺术史》等著作，在史前艺术史学、人类学、艺术学、民俗学、民族学等各个学科领域都有重大建树。学界有“南岑北费”之说（即南边有岑家梧，北边有费孝通）。

里，牙先生的文章只有论点，却没有论证从部落到民族的历史过程。于是，我们的第一行动就是写文章，我的处女作就是与师兄彭英明一起写的《试论从部落到民族发展的历史过程》。这篇文章发表于1963年5月的《江汉学报》上。就在这篇论文中，我认定汉民族是“在部落的基础上形成的”①，从此，在我心中也播下了研究汉民族的种子。

1964年9月到1965年7月，我们班受中央统战部的组织，平生第一次进入少数民族地区——广西三江侗族自治县程阳公社平寨村，参加社会主义教育运动。从城市进入偏远少数民族地区，不啻是一次文化震撼，使我体验了少数民族社会生活的方方面面。在学校课堂上学习的民族概念，在三江平寨的田野中逐渐丰富而生动起来，同时也使我从深层次上认识了民族概念的内涵，为我的汉民族研究夯实了基础。

然而，人生的道路并不以个人的意志为转移。

1965年7月，大学毕业时，我很想留在广西三江工作，但命运之神却让我到了浙江武义县，我的生活环境从少数民族聚居的场景切换到了汉族聚居区的场景。但我最初到武义所受到的文化震撼并不亚于三江，因为武义地处浙南，风俗古朴，唐代诗人孟浩然的《夜宿武阳川》即云：“鸡鸣问何处，风物是秦余。”明明是汉民族聚居的武义，为什么也像少数民族一样有那么多“风俗”啊?！许多风俗大有异曲同工之妙！无独有偶，三江有一座程阳桥，武义有一座熟溪桥。两桥都是卯榫结构，整座桥梁不用一钉一铆，大小条木，凿木相吻，以榫衔接，一丝不差，却集桥、廊、亭三者于一身，何其相似乃尔！从武汉到三江，从三江到武义，从汉族到侗族再到汉族，视野与场景的变化，深深地震撼了我，使我对“民族”的认知有了感性的提升，也让我对汉民族研究萌发了强烈的兴趣。

三　十三年磨一剑，写成《汉民族发展史》

走进汉民族研究后，我一头扎进武义的田野，从1965年到1985年一干就是整整二十年。我于1979年开始动笔，三易其稿，从七万余字的初稿《汉民族形成和发展概论》，终于于1983年我40岁生日时，写出了二

① 彭英明、徐杰舜：《试论从部落到民族发展的历史过程》，《江汉学报》1963年第5期。也见徐杰舜、彭英明《民族新论》，广西人民出版社1987年版，第14页。

十余万字的《汉民族概论》。

然而书稿交给四川民族出版社后，等了两年，却杳无音信。于是，我的思路又回到了对汉民族历史建构的认识上，难道“汉族即中国”的观点还在作怪吗？于是，我把自己的想法写成了《汉民族研究刍议》一文，在1985年初寄给了当时中国学者最喜欢看的报刊之一《光明日报》。

之后，我就投入了调往广西民族学院（现为广西民族大学）的工作之中，忙碌了一段时间，1985年3月底我实现了专职从事民族研究工作的梦想，成为广西民族学院民族研究所的一员。4月23日我在资料室看报，无意中发现《光明日报》理论版上发表了我的《汉民族研究刍议》一文，虽然被删减了部分内容，但我的主要观点基本表达出来了。文章说：

> 汉民族拥有近十亿人口，又有上下几千年的历史。但是，我国学术界对于这个世界上最大民族的研究现状，说来令人难以相信：全国数以百计的各种社会科学研究机构中，唯独没有专门研究汉民族的机构；中国社会科学院有研究世界民族的任务，也有研究我国少数民族的任务，唯独没有研究汉民族的任务，研究少数民族的专门刊物虽然不多，但是总算还有几家，唯独没有专门研究汉民族的刊物。这种情况，与汉民族在世界民族中的地位和作用是极不相称的。
>
> 有一些同志认为搞汉民族研究没有学术价值，因而不愿去从事这项工作。事实上，汉民族的研究是大有可为的。例如，汉民族自西汉形成以后，在两千多年的历史中，历经内忧外患，不管是五胡十六国的混战、南北朝的分裂，还是辽、西夏、金的割据，元和清的统治，汉民族都没有被同化或被分裂，反而从小到大，逐渐发展起来，表现出惊人的同化力和凝聚力。研究汉民族的发展，特别是其同化力和凝聚力形成的规律和表现，不仅有重大的学术价值，而且对台湾的回归、祖国统一大业的完成也是有现实意义的。又如，汉民族乡土观念的形成与共同地域的关系，汉民族复杂的方言与共同语言的关系，汉民族“以农为本”的传统与共同经济生活的关系，汉民族丰富多彩的风俗习惯与共同心理素质的关系等等，都是内容极其丰富的研究课题。总之，对汉民族这个人们共同体的形成、发展和特征等问题进行具体、深入、系统的研究，既有重要的学术价值，又是进行爱国主义

教育和社会主义精神文明建设的需要。①

不久，四川民族出版社李峰铭先生约我到成都面谈《汉民族概论》一书的修改和出版事宜，之后以《汉民族发展史》为题予以出版。至此，从1979年开笔，到1986年四易其稿，再到1992年出版《汉民族发展史》，历经十三年的打磨与完善，我完成了对汉民族史研究的初步建构。

四　汉民族研究获得双重认同

2008年到2012年，我的汉民族研究终于等来了两个方面的认同。

一是学术的认同。众所周知，国际人类学与民族学联合会是世界人类学民族学界最具影响力的顶级学术组织，由其组织并主持的五年一届的“世界大会”，被国际学术界称为“人类学民族学界的奥林匹克大会”。2003年，中国获得国际人类学与民族学联合会第16届世界大会的举办权，2008年9月，为筹备国际人类学与民族学联合会第16届世界大会，中国筹备委员会为了展示人类学传入中国百年的学术成果，编辑出版了一套“百年中国人类学民族学文库”，其中由何星亮主编的《中国人类学民族学百年重要著作提要》，将《汉民族发展史》列入其中。这对中国人类学民族学学者来说是一种重要的学术认同。

在《中国人类学民族学百年重要著作提要》的作者简介中称我“在汉民族研究，以及人类学、民族学、民族史、民族理论、民俗学诸学科中均有开拓性、创造性的贡献”②。在由石伟所撰写的《徐杰舜：〈汉民族发展史〉》一文中写道：

《汉民族发展史》全书的核心是对汉民族发展史的全方位审视。本书具有如下创新点：

首先，从结构上看，有纵横结合、主次兼顾的特点。从纵的方

① 徐杰舜：《汉民族研究刍议》，《光明日报（理论版）》1985年4月22日。

② 何星亮主编：《中国人类学民族学百年重要著作提要》，知识产权出版社2008年版，第233页。

面根据历史演进的时间顺序，依次按三个时期论述了汉民族起源、形成和发展的过程，系统而明晰地勾勒出了世界上人口众多、历史悠久的汉民族发展的历史轨迹。从横的方面简洁阐释了汉民族的特征和文化，从共同语言、共同地域、共同经济生活、共同心理素质四方面准确地论列了“只属于它而为其他民族所没有的本质上的特点、特殊性”。

其次，从内容上看，该书又有总结前人、独启新知、史论结合的特点。作者参考了中外有关著作300余种，主要论文500余篇，涉及政治、经济、历史、地理和哲学、文化学、民族学、民俗学等诸多领域。马克思主义的历史唯物主义和民族理论是贯穿全书的指导思想。作者熟悉马克思主义经典作家关于民族定义、民族形成、民族特征、民族同化等问题的理论，将它与中国社会发展的具体史实结合起来，得出了一系列言之有据、说服力强的认识和观点。

通观全书，作者从民族盛衰、演变的视角考察汉民族历史……本书作者怀着强烈的民族责任感和事业心，从区分国家和民族的基本概念人手，首次把汉民族从传统的禁锢中解放出来，首次从民族的盛衰演变的角度对汉族历史作了五大方面的考察，显然，这是颇具创见性的，方法论是科学的，并且是切合时宜的。

……

王地山先生在《代序》中对该书评价：“这部颇具规模的《汉民族发展史》具有铺路性质，既使国人振奋鼓舞，更启迪人们自审与反思，有较强的知识性、系统性、思想性与针对性，是一部有相当学术价值的民族学专著。”①

2012年6月，武汉大学出版社将我的《汉民族发展史》列入“中国专门史文库”，并重印出版。主编冯天瑜教授在“总序”中说：

中国史学有着深厚的专门史传统，不仅表现在《史记》《汉书》等正史为其保留较充分的展开空间，而且自成格局的专志也纷至沓

① 何星亮主编：《中国人类学民族学百年重要著作提要》，知识产权出版社2008年版，第236—237页。

来……中国的专史之早成、之丰硕，置之古代世界史坛，亦足称先进。

……

本文库以几种早年蜚声学坛的专史作为引领篇什，更多地选入近十年来的专史佳品，其中又分两类，一为曾经出版，现经作者认真修订补充；二为新作。本文库拟分数辑，分批推出，期以共襄专门史研习之大业。①

20世纪30年代上海出版的“中国文化史文库”，集近代以来中国专门史研究的成果，入选者50种，为中国专门史作了一次学术总结。八十余年后的2012年，笔者所著《汉民族发展史》入选“中国专门史文库”，实乃学术界对汉民族史建构的认同。这种沉淀在历史文献中的认同同样弥足珍贵。

学术的认同不仅来自国内学术界，也来自国际学术界。

确实，世界并没有忽视拥有十几亿人口的汉民族，学者们开始质疑中国最大的族群——汉族的同质性：汉族是否是一个连贯的族群？汉族的类别概念何时形成？何时得以广泛使用？汉族是如何界定的？中国少数民族的分类与定性对汉族定义有什么影响？从地区或者跨国界的角度如何界定汉族的概念？汉族这一概念可以应用于更广泛的世界华人吗？或者仅限于特定的国家环境？汉族是如何界定的？汉族属于一个民族文化概念范畴吗？一个种族概念？一个文明概念？或者其他？凡此等等疑问，说明汉民族研究终于引起国际学术界的高度关注。为此，2008年4月25日到27日，美国斯坦福大学举办了全球首届汉民族研究反思国际学术研讨会。与会的五十多名学者来自中国（包括台湾、香港地区）、英国、法国、澳大利亚、加拿大、丹麦、比利时等国，以及美国哈佛大学、麻省理工学院、耶鲁大学、华盛顿大学、匹兹堡大学、威尔斯利大学、纽约州立大学、加州大学洛杉矶分校等，几乎囊括了当今世界上汉民族研究的主要学者。这次研讨会提交的44篇论文，选题新颖，视角独到，从历史到现实，从边缘到中心，十分丰富。包括全球的汉族、地方的汉族；汉代的汉族；社会科学和中华人民共和国汉族的构建；中晚期帝国的汉族；汉族与中华民族；清与汉族认同的重建；边缘的汉族/汉族的边缘；教育、文化和大众传媒中

① 冯天瑜：《汉民族发展史》“总序”，参见徐杰舜《汉民族发展史》，武汉大学出版社2012年版，第2页。

的汉族；法律和政治上的汉族；汉性的研究 10 个专场进行了大会或分组发言和讨论。

我受邀请到会并作了主旨发言。研讨会的主旨发言有三人，除我以外，一位是美国环太平洋盆地研究所所长杜磊教授（Dru Gladney，现为波莫纳学院人类学教授），另一位是哈佛大学历史系欧立德（Mark C. Elliott）教授。在主旨发言中，我发表了题为“汉民族研究的雪球理论”的讲演。有学者评论说：“徐教授是中国汉民族研究的开创者，他在这个领域耕耘近三十年，建树颇丰……他的雪球理论，在全球汉族研究中很有影响。”① 这次研讨会使汉民族研究从广西民族大学的相思湖走到美国加利福尼亚州的斯坦福，标志着中国汉民族研究历经二十余年，终于从中国走向了世界，把汉民族研究推上了国际学术平台，这种世界学术背景下汉民族研究的国际视野，不论从理论上还是方法上，对中国学者都有极大的启迪作用，是汉民族研究的国际突破，也是对我终身追求的汉民族研究学术上的国际认同。

二是政府认同。世纪之交，互联网崛起，形成了自成一体的网络世界。在网络中传播的各种帖子、词条在介绍汉族历史时，大多采用笔者所著《汉民族发展史》中阐述的观点，有的注明引用《汉民族发展史》，如维基网站“汉族”条，但大多不注。2006 年一次偶然的机会，我登录了中央政府门户网站，点击了“汉族”一词，惊讶地发现这一条历史部分的解读竟然是我在《汉民族发展史》中的基本观点。中央政府门户网站这个面对世界的国家官方网站用了我汉民族研究的成果，我很兴奋，我认为这是对我所建构的世界上人口最多、历史最悠久的汉民族史的另一种权威肯定啊！

我将中央政府门户网站对《汉民族发展史》的应用，视为对我汉民族史研究的政府认同。这种认同的意义在于它是代表国家的一种官方确认，是学术的一种现实应用。这对于从事研究的学者来说同样弥足珍贵。

① 王培华、徐桂兰、［加］伊利克（Eric Vanden Bussche）：《汉民族研究的国际视野》，《百色学院学报》2009 年第 1 期。

第二章　汉民族研究学术史

麻雀虽小，五脏俱全。汉民族研究虽长期处于学术边缘，并被人们熟视无睹，但作为一个学术方向、一个学术范式、一个民族史学分支学科，仍然有自己的学术史。

自从开拓了汉民族研究以来，我有三方面的切身感受。一是深感汉民族研究的博大精深。虽然其长期被人忽视，但“吃螃蟹”的人总是有的，在学术史上总是会有亮点闪出光芒。二是深感学术是相通的。学者们在研究中国通史和中国民族史时，常常无法绕过汉民族，而歪打正着地触及了汉民族的研究。三是人类学理论的引入。在人类学中国化的过程中，汉人社会研究的兴起，为汉民族研究创建了新的范式。

面对汉民族研究的这个新态势，对汉民族研究熟视无睹的合法性已经解体，为了建立新的学术研究范式，有必要在一个更广阔的范围内，对汉民族的研究做一个“辨章学术，考镜源流”[①] 式学术史的梳理。正如有学者所云：“任何学术史书写，其使命必然是：不仅要发现种种‘旧有’的和‘新出’的芜杂的学术资源之间的隐秘联系，挑战和修正某些传统的或习见的‘偏见’与‘伪知’，而且要投入到历史与现实的具体情境中，去重建那为一代又一代学人所曾经领会过并明确表述出来的，或事实上触及了但尚未被明确意识到的，或至今仍未被发现而本身是存在的学术研究在研究立场、学科体制、理论基点、价值诉求、学术精神和表述策略等方面的自明性认同，并透过此重建，去领会‘学人与社会、学人与学术、学术与生命’之间的种种非此不可的本源性联系。”[②]

---

① （清）章学诚：《校雠通义》。

② 戴登云：《亟须反思的学术史反思》，《中国图书评论》2013 年第 4 期。

一 汉民族研究是什么

作为一个学术方向，或一个学术范式，或一个分支学科，汉民族研究的内涵和外延是什么？换句话说，汉民族研究的概念如何界定？

追根溯源，似乎还没有人专门对汉民族研究的概念给出定义。虽然对汉民族研究的概念没有定义，但学者们对汉民族是什么，却常有论及。费孝通先生在其著名的《中华民族多元一体格局》中对汉民族的内涵定位为“凝聚核心”，他反复强调说：

> 在相当早的时期，距今3000年前，在黄河中游出现了一个由若干民族集团汇集和逐步融合的核心，被称为华夏，像滚雪球一般地越滚越大，把周围的异族吸收进入这个核心。它在拥有黄河和长江中下游的东亚平原之后，被其他民族称为汉族。
>
> 凝聚核心汉族的出现。
>
> 夏商周三代正是汉族前身华夏这个民族集团从多元形成一体的历史过程。……到禹时，如《左传》所载：“禹会诸侯于涂山，执玉帛者万国。”《禹贡》将这时的地域总称为“九州”，大体包括了黄河中下游和长江下游的地区，奠定了日益壮大的华夏族的核心。
>
> 汉族的形成是中华民族形成中的一个重要阶段，在多元一体的格局中产生了一个凝聚的核心。
>
> 第一步是华夏族团的形成，第二步是汉族的形成，也可以说是从华夏核心扩大而成汉族核心。
>
> 汉族形成之后就成了一个具有凝聚力的核心，开始向四周围的各族辐射，把他们吸收成汉族的一部分。
>
> 中华民族多元一体格局存在着一个凝聚的核心。它在文明曙光时期，即从新石器时期发展到青铜器时期，已经在黄河中游形成它的前身华夏族团，在夏商周三代从东方和西方吸收新的成分，经春秋战国的逐步融合，到秦统一了黄河和长江两大流域的平原地带。汉继秦业，在多元的基础上统一成为汉族。汉族的名称一般认为到其后的南北朝时期才流行。经过2000多年的时间向四方扩展，融合了众多其他民族的人。

> 如果要寻找一个汉族凝聚力的来源，我认为汉族的农业经济是一个主要因素。看来任何一个游牧民族只要进入平原，进入精耕细作的农业社会里，迟早会主动地融入汉族之中。①

归纳起来，费先生在此明言：1.“华夏”是中华民族多元一体格局最初的核心；2. 从华夏核心扩大而成汉族核心；3. 汉族形成之后就成了一个具有凝聚力的核心；4. 汉族核心像滚雪球一般地越滚越大；5. 汉继秦业，在多元的基础上统一成为汉族；6. 农业经济是汉族凝聚力来源的主要因素。基于这个基本认识，费孝通先生早在1957年就“感觉到中国的民族研究必须包括历史上影响最大和人数最多的汉族在内。”② 这就是费先生心目中的汉民族研究。为此，他在《盘村瑶族》序中深有感触地说：“我最近越来越感觉到在民族地区做社会调查不应当只调查少数民族，因为在民族地区的汉族常常对这地区的发展起着重要的作用。少数民族的社会不能离开他们和汉族的关系而存在的。要研究民族地区的社会也不能不注意研究当地的民族关系，特别与汉族的关系，希望今后做民族研究的人能考虑我的这种体会。”③

然而，运用人类学的理论和方法，在台湾对汉民族研究有开拓之功的李亦园先生，对汉民族研究却有另一番感悟。

1998年，李先生参加“国际汉民族研讨会暨全国第五次学术年会”时，在题为《台湾汉民族研究的回顾与前瞻》的主旨讲演中，以台湾的汉民族研究为例，从三个方面强调了汉民族研究的方法论问题，即“我们真正从事研究的，是汉民族的‘小传统’、民间文化”；“最基本的出发点是‘文化’”；“一个重要的趋势就是跟社会科学家的配合”。

在此基础上，台湾汉民族研究的对象和范围有两大创新。一是从“汉族”进到“华人”，从“华人”进到“华侨”，或者是从“汉族”进到“华侨”，从“华侨”进到“华人”，“那是研究华侨、华人的情形……

---

① 费孝通主编：《中华民族多元一体格局》，中央民族大学出版社2018年版，第17、21—22、23、27、40—41、42页。

② 费孝通：《关于汉民族研究的一些想法——在“2000年国际汉民族研究学术讨论会”上的发言》，《中央民族大学学报》2001年第1期。

③ 费孝通：《盘村瑶族·序》，载费孝通《费孝通谈民族和社会》（上册），学苑出版社2016年版，第339页。

也是汉族研究的一部分”。二是“从周边看汉族”，即“从异族、从少数民族，倒过来看汉族，到底汉族本身是怎么样？而不从核心的立场来看”①。这是很有启发性的创新。

此外，对于什么是汉民族研究，也有一些关心汉民族研究的学者发表了一些真知灼见。

曾少聪在《民族学视野中的汉民族研究》中认为：“我国民族学的汉民族研究，它指的是民族学和人类学的汉民族研究。”如果从民族学的视角来看，可以把以往的汉民族研究分为以下几个方面：（一）中国民族史的汉民族研究；（二）汉民族形成问题研究；（三）中华民族多元一体的汉民族研究；（四）汉民族区域文化研究；（五）汉民族社区研究；（六）汉民族海外移民研究。并根据我国民族和民族关系的实际情况，以及我国民族学界汉民族研究的现状，我们提出加强汉民族研究的几点思考：“首先需要把汉民族作为一个民族实体进行研究；其次重视当前汉族与少数民族关系新特点的研究；其三加强汉民族海外移民历史和现状的研究；其四加强汉民族社区的田野调查；最后从少数民族的视角来看汉民族，以期对汉民族有个更全面的认识。”② 这几点思考对“认识汉民族是什么”有相当的价值。

陈连开在《汉民族形成发展的基本特点》中认为：第一，汉族始终是在吸收、涵化众多来源的族人和优秀文化实现大融合中形成、发展、壮大的。包容性和开放性是汉族发展过程中的突出特点。汉族的同一性与地区差异性的辩证统一，也是世界上众多民族中最为典型和突出的。第二，同样重要的是国家大一统的大认同。自孔子述《春秋》，按《公羊传》的解释，中心就是阐明大一统的大义。自孔子至当前，大一统的观念深入每一个炎黄子孙。大一统的学说，已发展成为全民族认同的大义，敢与违者，为全民族所不齿。第三，汉语方言差别大，而汉字自甲骨文至今，发展一脉相承。第四，风俗习惯、礼教文化、价值观念大同而具有地区差别。③ 这几点对“认识汉民族是什么”也有启发。

---

① 李亦园：《台湾汉民族研究的回顾与前瞻》，《广西大学学报》（哲学社会科学版）1998年第6期。

② 曾少聪：《民族学视野中的汉民族研究》，《云南民族大学学报》（哲学社会科学版）2014年第3期。

③ 陈连开：《汉民族形成发展的基本特点——在第四届汉民族研究国际学术讨论会开幕式上的讲话》，《民族论坛》1996年第4期。

至今，我从事汉民族研究已有五十余年，对“汉民族研究是什么”的认识也经历了一个过程，大致分为民族学认知阶段、史学认知阶段、民俗学认知阶段、人类学认知阶段。

1. 民族学认知阶段

20世纪60—70年代，我在岑家梧先生和牙含章先生的指导下，学习了恩格斯的《家庭、私有制和国家的起源》《自然辩证法》后，凭着当时学习的中国原始社会史的知识，极感性地认识到汉民族也是从部落发展而来的一个民族。这种认识一是在与广西三江少数民族比较中感悟到的；二是在浙江武义汉民族乡村社会的浸染中感悟的。在这个阶段，我对“汉民族研究是什么”的回答，简言之，即汉民族是一个民族。这就是我的民族学认知阶段。

2. 史学认知阶段

20世纪80年代，我从1979年10月开始动笔撰写《汉民族发展史》，直至1992年正式出版，这些年我一直抱着一个十分单纯的想法，即泱泱汉民族，这个世界上人口最多的一个民族不能没有一部专门的历史书啊！所以1998年新华社资深记者孟凡夏采访我时，她问我“《汉民族发展史》开辟了汉民族研究上一片什么样的新天地?”我回答说：“汉族，为什么长时间没有一部自己的历史呢？一个重要的原因在于，封建正统思想、大汉族主义在旧中国一直占统治地位，封建史学家们认为‘汉族即中国，中国即汉族’，由此，‘汉族史即中国史，中国史即汉族史’的观念也跟随着产生。新中国成立以后，这种传统观念仍有影响。这种观念对学术的发展是极其不利的。中国的文化——历史、文学、艺术、宗教等，绝不是汉民族一个民族创造的，而是汉族和少数民族共同创造的。一部中国史，就是历史上包括汉族和许许多多其他民族在内的各民族共同创造的。如果在中国史与汉族史之间画上等号，那么置其他民族于何地？将汉族史与中国史之间画上等号，就混淆了作为政治实体的国家与作为社会实体的民族之间的区别和界限，无论在理论上还是在实践上都是站不住脚的。其影响使得人们长期对世界上人口最多的汉民族发展情况熟视无睹，没有人加以深入研究。与之相关的，还有个‘汉学’问题。国际上所称的‘汉学’（Sinology）其实际内容不是汉民族研究而是中国文化研究，应称为‘中国学’。所谓汉民族研究，就是以汉民族为研究对象，运用人类学和民族学，以及其他学科的理论和方法，对汉民族的起源、形成、发展、构成、特征、文化，以及与其他民族的关系等方面的历史和现状进行宏观和微观的系统研究，探讨其规律的一门学科。”① 这时，我对汉民族研究是什么的认知集中到一句话，就是写一部汉民族史，为汉民族树碑立传。这就是我的史学认知阶段。

3. 民俗学认知阶段

我完成了《汉民族发展史》之后，对汉民族研究从史学认知阶段转入民俗学认知阶段。自从我在 20 世纪 80 年代参与编写《浙江风俗志》以后，在相当一个时期内，眼看着民俗志报告在学界遍地开花，而对内涵极为丰富的汉民族风俗史却鲜有人问津。于是，下决心要写一部汉族风俗史。所以，整个 20 世纪 90 年代，若问我汉民族研究是什么？我的回答一定是为汉民族写部风俗史。这就是我的民俗学认知阶段。

4. 人类学认知阶段

世纪之交，尤其是参加了费孝通先生主持的“社会文化人类学高级讲习班”的学习之后，人类学的理论和方法在我脑中定了位。特别是 1998 年 7 月，费先生为我的汉民族研究题词：“要重视和加强对汉民族的人类学研究”，为我指明了研究方向。此后，我把人类学的族群理论引入汉民族研究，完成了汉民族研究的三次攀登，即从《雪球——汉民族的人类学分析》（1999 年），到《汉族风俗史》（2004 年），再到本书《汉民族史记》，实现汉民族研究三级跳。其中，尤其是《雪球——汉民族的人类学分析》和《汉民族史记》这两次攀登，是在人类学的理论和方法的指导下完成的。这就是我的人类学认知阶段。

对于汉民族是什么的问题，做一个理论性的概括也是很必要的。早在 1996 年 12 月 26 日广西民族学院召开“’96 当代汉族学术研讨会”时，我在提交给大会的《汉民族研究纵横谈》一文中对汉民族研究作了初次界定：所谓汉民族研究就是以汉民族为一个民族实体，运用哲学社会科学，以及人文科学多学科的理论和方法，对汉民族的历史、族群、文化、风格、海外移民，以及与其他民族的关系等方面的历史和现状进行宏观、中观和微观的系统研究，探讨规律的一个学科。

这个界定明确告诉我们，汉民族研究的研究对象就是中国的汉族，不

① 孟凡夏：《为汉民族树碑立传的人——访徐杰舜教授》，载《文汇读书周报》1999 年 7 月 24 日。

是中国其他民族，也不是中华民族。汉民族研究的研究范围是汉民族的起源、形成、结构、特征、风俗和文化等方面的问题。

明确这个界定，对于认识、了解以及开展汉民族研究十分重要，一是可以把汉民族研究与中国其他民族研究区别开来；二是可以把汉民族研究与中华民族研究区别开来；三是可以把汉民族研究与中国研究区别开来，而不至于造成与中国少数民族研究的纠结，不至于发生与中华民族研究的重叠，也不至于步入与中国史研究相混的误区。

二　汉民族研究分期

汉民族研究的兴起与汉族的形成和发展是不匹配的。汉族从起源到形成到发展，历经沧桑五千余年，而汉民族研究自 1928 年王桐龄的名为《中国民族史》问世至今不到百年。形成这种强烈的反差，其根本原因在于在中国传统“经、史、子、集”的学术话语体系中，有的是“华夷之辨”或“夷夏之辨”，而非民族概念和民族实质之研究。

1840 年鸦片战争以后，随着中西交往的日益频繁，西方话语下的学科体系逐渐传入中国，“民族”一词也随之传入。在 19 世纪 40 年代到 60 年代一段时间里，“民族”一词并未被使用，人们还习惯于“华夷之辨”或“夷夏之辨”的“蛮”“夷”“戎”“狄”之称。如林则徐在谈到外人时，就多用“夷人”相称；魏源写《海国图志》提的口号，也是“师夷长技以制夷”；在其关于国内民族问题的著作《圣武记》里，则称少数民族为“塞外诸藩”。即便是接触西方文化较早的太平天国思想家洪仁玕，在《资政新篇》中，也还是说：“其余万方来朝，四夷宾服及夷狄戎蛮鬼子，一切轻污之字，皆不必说也。”

据彭英明考证，我国最早使用“民族”一词的文章是资产阶级早期改良主义思想家王韬于 1874 年写的《洋务在用其所长》一文。其文曰：

> 夫我中国乃天下至大之国也，幅员辽阔，民族殷繁，物产饶富，苟能一旦发奋自雄，其坐致富强，天下当莫与颉颃。[①]

---

① 王韬：《弢园文录外编》，中州古籍出版社 1998 年版，第 143 页。

需要指出的是，王韬虽然在 19 世纪 70 年代开始使用了“民族”一词，似乎也不是很纯熟。在他同一时期的大量文章中，在谈到国内外民族问题时，还是大量用了传统的“夷”“蛮”等词，“民族”一词只是上述偶尔一见。不仅如此，即便到了 19 世纪八九十年代，虽在《强学报》上，在康有为的奏折中以及其他报刊译著中，出现了“民族”一语，但大量的还是用“蛮”“夷”或“族”“种族”等词。而“民族”一词的广泛应用已是 20 世纪初年的事了。20 世纪初，是中国社会风雷激荡的年代，中国民族的危亡达到极点。在资产阶级革命的大背景下，“民族”一词在各个派别的著述中逐渐被广泛使用。梁启超是对“民族”概念大加阐发的第一人。他继 1902 年在《东籍月旦》一文中提出了“民族”概念以后，1903 年又写了一篇题为《政治学大家伯伦智理之学说》的文章，引用伯氏的理论，第一次在中国对民族的产生及其特征做了说明：

> 民族者，民俗沿革所生之结果也。民族最要之特质有八：（一）其始也同居一地；（二）其始也同一血统；（三）同其肢体形状；（四）同其语言；（五）同其文字；（六）同其宗教；（七）同其风俗；（八）同其生计。有此八者，则不识不知之间，自与他族日相隔阂，造成一特别之团体之固有之特质，是之谓民族。[①]

与此同时，梁启超在《论民族竞争之大势》（1902 年）、《论国民与民族之差别及其关系》（1903 年）、《历史上中国民族之观察》（1905 年）等文章中，广泛地使用了“民族”概念，并使用了“民族主义”“民族帝国主义”等名词。

但是，在辛亥革命时期，对“民族”一词使用得最多、影响最大的是以孙中山为首的资产阶级革命派。1904 年孙中山在《中国问题的真解决》一文中正式使用“民族”概念，在 1905 年 8 月的《同盟会宣言》中，孙中山以“驱除鞑虏，恢复中华，建立民国，平均地权”为革命纲领，号召“光复我民族的国家”。同年 11 月，他在《民报》发刊词中，更将这一纲领概括成了“民族、民权、民生”三大主义，用以指导革命。[②] 从此之后，

---

① 《饮冰室文集》卷五·学说二。

② 《孙中山选集》，人民出版社 1981 年版。

“民族”“民族主义”等名词，在中国便成为普遍的日常口语了。[①]

正是在中国资产阶级民族民主革命、社会大转型的大背景下，汉民族研究悄然萌芽，从而揭开了中国汉民族研究学术史的第一页。

我将汉民族研究的学术史分为四个时期。

（一）第一个时期（20世纪20—40年代）

20世纪20—40年代是汉民族研究的初始时期，其主要标志是王桐龄的《中国民族史》破土而出，悄然问世。

王桐龄（1878—1953年），从事历史教学近四十年，著有《中国史》《东洋史》《中国民族史》《中国历史党争史》等书，以及撰、译论文数十篇。由于有在日本留学攻读历史的经历，所以王先生得风气之先，对民族概念有较深刻的认识和体会，学成归国后，1928年写成《中国民族史》并于当年初版，1934年再版。[②]

王先生的《中国民族史》明言是中国民族史，怎么成了中国汉民族研究的开山之作呢？本来王先生的研究大纲是将《中国民族史》分为上、下两编。上编内延史，以汉族为主干，详细论述了汉族对内融合事迹，王先生指出：中国民族“以汉族为主体，凡满族中之肃慎、扶馀、高丽、百济、渤海、女真、满洲，蒙古族中之獯鬻、玁狁、狄、匈奴、蒙古、鞑靼、瓦剌，满蒙混血族中之山戎、乌桓、鲜卑、吐谷浑、柔然、奚、契丹，回族中之丁零、月氏、乌孙、高车、铁勒、突厥、回纥、沙陀，藏族中之戎、氐、羌、吐蕃、党项，苗族中之九黎、三苗、荆蛮、百越、西南夷、南诏与后世民族中无所归言之东夷，皆全部或一大部分融合于汉族血统中，为中国民族组成之主要分子”[③]。

下编外延史，将论述以汉族为主体，辅之以满、蒙、回等民族向外发展之事迹。向南，秦领象郡，汉领交趾，吴领交州，唐领安南都护府；向北，汉领朝鲜郡内四郡；向西，蒙古大帝国建立钦察、察合台、窝阔台及伊利四大汗国；向东，郑成功开辟台湾，叶莱开辟新加坡，美洲华侨建设

---

① 徐杰舜、彭英明：《民族新论》，广西人民出版社1987年版，第78—82页。

② 马戎：《读王桐龄〈中国民族史〉》，《北京大学学报》（哲学社会科学版）2002年第3期，说：王桐龄的《中国民族史》1934年由北平文化学社出版。其实王桐龄的《中国民族史》初版由北平文化学社于1928年6月出版，1934年5月再版。

③ 王桐龄：《中国民族史》序，北平文化学社1934年版。

横贯大西洋及太平洋之大铁路，日本、南洋群岛受汉族影响之开发，等等。但是不知何故，下编始终没有出版。

《中国民族史》上编“内延史”，自太古至民国，将中国民族史分为汉族胚胎时代、汉族蜕化时代、汉族休养时代交替上升，直至清代汉族第四次蜕化时代。纵览王先生的《中国民族史》上编“内延史”全篇，不难看出《中国民族史》是一部脉络清晰、条理分明的汉民族史。不管该书有什么历史局限性，出乎作者的本意，王先生的《中国民族史》，歪打正着地成了第一部汉民族史。

从 20 世纪 20—40 年代，中国民族史及中华民族史研究诸家蜂起，1934 年世界书局出版了吕思勉的《中国民族史》，1939 年商务印书馆出版了林惠祥的《中国民族史》，1945 年上海永祥印书馆出版了林炎的《中国民族的由来》和世界书局出版了施瑛的《中国民族讲话》，1948 年光华出版社出版了吕振羽的《中国民族简史》，以及其他相关著作，虽然都涉及汉族的起源、形成、结构和发展等问题，但都没有王先生的《中国民族史》对汉民族研究系统、全面和专业，因此，王先生的《中国民族史》应是汉民族研究的第一座里程碑。20 世纪 20—40 年代也可以说是汉民族研究的王桐龄时期。

（二）第二个时期（20 世纪 50—60 年代）

20 世纪 50—60 年代是汉民族研究的初步开拓时期，其主要标志是范文澜的汉民族为“特殊民族论”和吴主惠的《汉民族的研究》在台湾出版。

范文澜与汉民族研究有何关系呢？这要从斯大林的民族定义和苏联学者的研究讲起。

1949 年中华人民共和国成立之后，斯大林的民族定义[①]在中国学术界占着话语主导地位。1952 年，苏联学者格·叶菲莫夫访华期间，在与中国的许多学者座谈时讨论了一些理论问题，回国后在列宁格勒日丹诺夫大学举行的讨论会上作了学术报告。后又将报告整理成为《论中国民族的形成》一文，发表于苏联《历史问题》杂志 1953 年第 10 期上。1954 年，《民族问题译丛》第 2 辑将该文翻译成中文转载。叶菲莫夫的论文以列

---

① 1929 年，斯大林在《民族问题和列宁主义》中对民族下的定义是：“民族是人们在历史上形成的有共同语言、共同地域、共同经济生活以及表现于共同民族文化特点上的共同心理素质这四个基本特征的稳定的共同体。”（见《斯大林全集》第 11 卷，人民出版社 1956 年版，第 286 页）

宁、斯大林关于民族问题的论述为理论依据，认为汉族是19世纪下半期伴随外国资本主义的入侵和本国资本主义的发展而形成的。而这以前发生和存在的人们共同体是“部族”。[①] 叶菲莫夫的这个观点对中国包括汉族在内的所有民族都是致命的一击。中国各民族人民在中国共产党的领导下，从1921年起争取民族解放，奋斗了二十八年，如果说连民族都不是，那还搞什么革命呢？难道叫“部族”革命?! 更何况汉民族的历史不说上下五千多年，至少也已连绵两千多年，怎么仅仅说是一个“部族”呢？

叶菲莫夫关于中国民族的形成和民族特征论述的观点，中国许多学者虽然反对，但在当时向苏联一边倒的政治背景下，尤其是斯大林的民族定义被奉为经典的情况下，确实是一件令人棘手的事，不反对叶菲莫夫的观点，中国各民族何以名正言顺地存在于世界民族之林？反对他，学者们又如何不被戴上所谓“反苏”的帽子？此时，历史学家范文澜运用他的大智大慧，从中国的实际出发，特别是从汉族具有几千年统一、稳定的政治、经济、文化的实际出发，于1954年在《历史研究》发表题为《自秦汉以来中国成为统一国家的原因》一文。

在这篇著名的论文中，范文澜不拘泥于斯大林根据欧洲历史提出的民族形成于近代资本主义出现以后的结论，巧妙地以斯大林关于民族“四个特征”的定义为依据，提出了中国汉族是特殊历史条件下形成的特殊民族，这一特殊民族具备了四个特征。即“书同文”（共同语言），“长城以内的广大地域”（共同地域），“车同轨”（共同经济生活），“行同伦”（表现在共同文化上的共同心理素质）。汉族形成于秦汉时期，其重要的经济纽带是封建性的工商业在全国范围内流通。与此同时他进一步指出，中国近代资产阶级不够强大，未能起到民族纽带的作用，因此谈不上形成了“资产阶级民族”，汉民族的形成是在古代。范先生充分地估计了秦汉时代汉民族发展程度，他说：“汉民族自秦以下，既不是国家分裂时期的部族，也不是资本主义时代的资产阶级民族，而是在独特的社会条件下形成的独特的民族。它不待资本主义上升而四个特征就已经脱离萌芽状态，在一定程度上变成了现实。它经过二千余年的锻炼，体现着民族条件和民族精神。”[②]

---

① ［苏联］格·叶菲莫夫：《论中国民族的形成》，《民族问题译丛》1954年第2辑。

② 范文澜：《自秦汉以来中国成为统一国家的原因》，《历史研究》1954年第3期。

当时范先生的汉民族为“特殊民族论”，从 20 世纪 50 年代到 60 年代初，在苏联民族理论对中国学术界所产生的直接和间接的影响下，并没有得到广泛的学术支持。在后来被称为 20 世纪 50—60 年代中国古代史研究“五朵金花”[①] 之一的“汉民族形成问题的讨论”中，另一种意见认为，秦汉以来开始形成的汉民族是汉部族。因为民族不是普通的历史范畴，而是一定时代即资本主义上升时代的历史范畴。曾文经认为汉民族形成于鸦片战争之后，格·叶菲莫夫认为汉民族形成于 19 世纪到 20 世纪之间，杨则俊、张正明认为汉民族形成于明代后期。不仅如此，他们大多还对范文澜的“特殊民族论”提出了异议。关于共同的经济生活，曾文经认为应是全国统一市场的建立，交通的发达以及各地域成为经常的正规的经济联系的整体，而秦汉时期并没有具备这些条件。宫显认为范文澜夸大了古代商业资本的作用。魏明经认为，民族随资本主义产生而产生，随资本主义的发展和资产阶级的胜利而真正形成。关于共同语言，杨则俊、宫显、曾文经等认为秦统一文字是事实，但并非等于统一了语言。将“书同文”说成是“共同的语言”是欠妥的。关于共同的地域，曾文经认为秦汉以后，这一民族要素是在逐渐创造之中的。宫显认为秦汉以来汉族的共同地域是部落的而不是民族的。杨则俊则认为到明代汉族居住的地域才基本上固定下来。关于共同心理素质问题，他们认为秦汉以来汉民族的共同心理素质是存在着和逐渐发展着的，但范文澜所举祖宗崇拜和孝道，却不尽恰当。关于中国资产阶级民族的形成问题，范文澜认为汉族始终没有形成为资产阶级民族，张正明等认为汉族自明代后期以来或鸦片战争以后，至资产阶级民主革命结束以前是资产阶级民族。在这场大讨论中只有作为中学教师的章冠英同意范文澜的观点，他根据中国封建社会的地主经济阶段所占时间较长以及由此产生的许多和欧洲封建社会不同的现象，论证了汉民族在秦汉时形成的可能性。1957 年《历史研究》编辑部将讨论的论文结集为《汉民族形成问题讨论集》，由生活·读书·新知三联书店出版。

范先生为了坚持真理，为了捍卫汉民族民族身份的认同，表现出了大无畏的精神和不怕孤立的勇气。历史证明，范先生是正确的。他对汉

---

① 中国古史分期问题、封建土地所有制形式问题、农民战争问题、资本主义萌芽问题、汉民族形成问题，是 1949 年后前二十年间史学争鸣的热点问题，被称为古代史研究的“五朵金花”。

民族是“特殊民族论”的论述是将普遍规律与特殊规律灵活地结合在一起，具体地指出了汉民族形成的特殊道路，从而一举突破了民族只有在资本主义上升时期才能形成的教条式的框框，不仅为正确认识和研究汉民族开辟了新的道路，也是对马克思主义民族理论的一个重大发展。正因为如此，范文澜的汉民族“特殊民族论”可谓是汉民族研究的第二座里程碑。

大陆学者从20世纪50年代为保卫汉民族民族身份认同而战，到进入60年代戛然而止之时，台湾学者不动声色地开始了运用西方民族学的理论对汉民族展开了较规范的研究，60年代之时，吴主惠的《汉民族的研究》应运而生。

吴主惠出生于台湾云林，早年毕业于日本早稻田大学，后任教于该校及东洋大学，是当时“民族学权威、文学博士”，且“民族观念极强，求学旅日四十年，宣扬中华民族固有文化”。由于受日本民族学的影响，吴先生以对汉民族的大爱，满腔热情地用日文写成《汉民族的研究》一书，后经蔡茂丰翻译，1968年由台湾商务印书馆首次出版。20世纪80年代传至大陆，人们方得窥其全貌。

《汉民族的研究》一书以汉民族的概念、起源、本质、构成、基础、个性及海外活动为基本架构，较为全面地论述了汉民族的发展历史。就名称而言，吴先生认为“汉民族是华夏族的现代名称，华夏族是汉民族的古代名称”，“汉民族并不是汉代的民族，而是在汉代第一次构成中国主流民族的通称”；“中国之所以有唐人、宋人、明人之称，而无唐族、宋族、明族之称，是因为这些朝代的主流民族都在实现‘汉代的世界’之最终意识的结果，故无需因朝代改变而有新民族名称的必要。不论是什么朝代，总认为是汉民族的汉代，汉民族的唐代……”① 此说虽然具有很大的历史局限性，但在当时也算是对汉族族称的一种解读。

对于汉民族的起源，作者批驳了长期以来以讹传讹的“西原说”及新疆、蒙古、甘肃、印度、中南半岛等“边境说”，认为“汉民族的起源系以黄色人种的华夏为种族界限，而以黄帝为华夏族的代表人物，并断定其出现地域为黄土地带的黄河”，纠正了汉族（人种）西来说等种种谬

① 吴主惠：《汉民族的研究》，（台湾）商务印书馆1982年版，第2、35页。

误。吴先生认为，汉民族的构成分为四个主要部分，即华夏族、东夷族、荆吴族及百越族，以血缘、地缘、家缘及文化为主要构成方式，构成理念是先法治后德（人）治而后三民主义，基本上疏通了汉民族的构成脉络，为后世研究奠定了基础。

此外，作者还详细论述了汉民族的心理认识基础，对“天”“道”等哲学基础的思维，对“仁”“孝”“崇祖”等道德基础的界定，对“民族”“国家”及“团体”等社会基础的认识，以及对“欲望”“劳动”“分配”“消费”等经济基础的剖析，指出重农抑商的传统民族经济心理，将全民族的心理认同分成哲学、道德、社会及经济几大方面来详细论证，娓娓道来，游刃而有余。

汉民族的个性特征包罗万象，历来史家莫衷一是，《汉民族的研究》以其独特的方式概括了其个性特征，归纳起来为“三性”“三主义”，即“乐天性”“忍从性”“夸张性”及“传统主义”“形式主义”“实用主义”。当然，泱泱大族，孰能穷其优劣？“三人行，必有我师”的谦虚心理，“不患贫而患不安”的安分守己，“不患寡而患不均”的平均主义……不胜枚举。

通览全书，美不胜收，赵造先生读后曾作了高度的评价，他说该书“引证详尽，立论精辟，确为研究民族学者之重要参考”①。然而，以发展的眼光来看，或有着种种局限和不足，但在王桐龄《中国民族史》问世四十年之后，能有这样一本符合学术规范的巨著问世，也是汉民族研究之大幸也！可以说《汉民族的研究》是对王桐龄《中国民族史》的继承与发展，它基本奠定了汉民族研究的理论架构，当之无愧地成了汉民族研究的第三座里程碑！

在20世纪50—60年代，中国的汉民族研究出现了兵分两路的态势，一路是以范文澜为代表的大陆学者对汉民族形成问题的大讨论，另一路是以吴主惠为代表的台湾学者对汉民族研究的大作问世。两路学者在不同的学术态势、不同的理论观照下，在对汉民族高度的认同中，怀着推进汉民族研究的同一个信念，翻开了汉民族研究的第二页。在汉民族研究初步拓展的这个时期，由范文澜的汉民族“特殊民族论”和吴主惠的《汉民族的研究》所建立的汉民族研究的两座里程碑，建构了汉民族研究的范文

① 《赵造读后记》，载吴主惠《汉民族的研究》，（台湾）商务印书馆1982年版。

澜—吴主惠时期。

（三）第三个时期（20 世纪 70—80 年代）

20 世纪 70—80 年代是汉民族研究的进一步开拓时期。由于人类学的复兴，加之五六十年代西方人类学家弗里德曼（Maurice Freedman）对中国汉族宗族组织的研究，施坚雅（William Skinner）对中国汉族农村社会结构和市场的研究，武雅士（Arthur P. Wolf）对中国社会中汉族宗教与仪式的研究，华琛（James Watson）对香港乡村生活的研究等的示范影响，台湾的人类学者率先效仿，也纷纷开始进行台湾的汉族社会研究，人们称之为“汉人社会研究”。在人类学学科恢复重建以后，大陆学者也迅速跟上了国际人类学前进的步伐，开始从人类学切入，开辟了汉民族研究的“第二战场”。

在这个汉民族研究的进一步开拓的时期，其主要标志是台湾以李亦园为代表的汉人社会研究和大陆以陈国强为代表的惠东人研究。

李亦园切入汉人社会研究的经历很有代表性。在经过多年的异文化研究之后，李亦园的研究对象和兴趣开始转向己文化，即对汉人社会的研究。在哈佛留学期间，李亦园对趋向于当代的行为科学产生浓厚兴趣，与他接触最多的杜宝娅（Cora Dubois）教授很重视华侨问题的研究，而他的导师斐·约翰（John Pelzel）则是汉人社会研究专家。在他们的影响下，李亦园萌生研究汉人社会的念头，“常以费孝通先生的《江村经济》和田汝康先生的《砂劳越华侨》等著作为范本思考”。[①] 李先生认为，作为一位人类学者，在对异民族文化有了一番理解之后，应该反过来回到原点，认识自己的文化。从 1962 年开始，李亦园将研究重点转向汉人社会。受美国教授的影响，他最初的计划是以东南亚华侨社会研究作为切入点，继而进行汉人社会研究。但由于受当时环境和经济条件的制约，他便考虑先从台湾当地的研究着手。1964 年 9 月，他来到距离台湾鹿港镇不远的俾港乡泉州厝，先后进行了 10 个月的田野工作。这是一次对李亦园的学术转型意义重大的研究工作。数十年后，他在总结自己的学术发展时指出，“那是最

① 李亦园：《我的人类学田野研究生涯》，载《李亦园自选集》，上海教育出版社 2002 年版，第 27 页。

愉快的一次田野工作，而所得的资料与经验一直是我后来探讨中国民间文化的主要基础”。[①]“彰化的汉族村落研究不仅使我得到很丰富的民间文化研究资料，也给我后来华侨社会的比较研究、对照的框架。两年之后我才前往马来亚做调查，并完成《一个移殖的市镇：马来亚华人市镇生活的调查研究》一书。”[②]

李亦园对汉人社会研究的最大贡献是，寻求一条与传统的汉文化经典研究或“大传统”的哲理思维相异的治学道路，从民间文化或从“小传统”文化来研究汉人社会。他认为，人民大众的生活方式以及他们的所思所欲，他们生活的一切也代表中国文化的一部分，欠缺对这些草根文化的了解，总是难以窥视中国文化的全体。李亦园的汉人社会研究以“汉人民间信仰系统及仪式行为”和“中国文化体系特质”这两个领域最为著名。他的汉人民间信仰研究的基本特点是“以小见大”“由俗论精”和“以精见博”。从他1964年的泉州厝研究开始，数十年来，他以民间信仰为主题的论文很多，早期的论文讨论民间信仰的理念和仪式、分析民间信仰对个人心理平衡和对社会和谐的重要功能。20世纪八九十年代以来的论文则多以民间信仰的变化及其对台湾社会文化变迁的关联、因果为主题。1988年，李亦园提出著名的“李氏假设”[③]，以台湾民间信仰及其仪式行为中所表现出来的汉人通俗文化的特色，探讨存在于小传统里促进台湾企业文化和经济发展的因素。由于该理论校正了一般社会学家只重视大传统的偏失，同时也为将来研究同类课题的学者开辟了一条重要的研究途径，因而被学者们誉为颇有启发的“李氏假设”。

此外，李亦园开启和推动了台北“中央研究院”民族学研究所的东南亚华人研究。由于第二次世界大战后特殊的历史背景，“中央研究院”民族学研究所是当时东方人类学界研究东南亚华人的重镇。1962年，时

---

① 李亦园：《我的人类学田野研究生涯》，载《李亦园自选集》，上海教育出版社2002年版，第29页。

② 《口述历史访谈之二：李亦园先生访问记录》，《思与言》第41卷第3期。转引自曾玲《李亦园教授与东南亚华人研究：人类学的视野与方法》，《华侨华人历史研究》2004年第3期。

③ 李亦园：《台湾民间宗教的现代化趋势》，载《李亦园自选集》，上海教育出版社2002年版，第210—211页。

任“中央研究院”民族学研究所研究员的李亦园开始进行砂劳越华人的田野研究，这项工作被视为“开启了台湾人类学界的东南亚华人研究”。①1965 年，他相继发表了《马来亚华人社会的社团组织与领袖形态》《东南亚诸国现代化的若干问题》以及 *The Dynamics of Dialect Groups among the Chinese in Sarawak* 等论文，这些成果亦被视为“台湾人类学界东南亚华人研究的起点”。从 1963 年至 1967 年，他又三度前往马来亚柔佛州的麻坡镇进行田野工作，其后撰成《一个移殖的市镇——马来亚华人市镇生活的调查研究》，于 1970 年出版。该书是第一本以中文发表的人类学东南亚华人研究专著，它的出版同时也奠定了李亦园在人类学东南亚华人研究领域的学术地位。20 世纪 70 年代以后，李亦园教授少有机会再到东南亚做长期的田野研究工作，但他仍多次主持综合性的研究计划，支持、鼓励和推动学者的东南亚华人研究，并取得了相当的成果。

虽然在研究的目的上，李亦园也把海外华人当作中国文化的实验室来看待，但与其他以“文化调适”论考察研究东南亚华人的人类学者相比，他在研究过程中更强调华人在不同环境下所显示的适应形态的全面性研究。1984 年，他就华南移民在海外移殖的适应问题提出一个全面的分类框架。这个框架把华人海外移殖的环境适应分成两大类：一类是“本土移殖”，其中又分为“台湾”和“海南岛”两种类别；另一类是“非本土移殖或海外移殖”。后者又再分为两种形态：即弱势客地文化，如东南亚，其中又包括“殖民地时代”和“独立时代”两种形态；另一类则是优势客地文化，如北美、欧洲等。2002 年，他再次修正海外华人文化适应的分类架构。他把海外华人研究的相关领域分成“辅助性研究领域”和“主体性研究领域（海外华人社会）”两大类。前一类，包括“华南侨区”与“台、港、澳”两个部分；后一类则分成“弱势客地文化区域（东南亚地区）”和“强势客地文化区域（欧、美、澳地区）”两种类型。李亦园认为，“研究海外华人必须先了解他们在国内（特别是华南）原居地的社会文化状况，才能对他们的背景资料有所掌握。台湾、香港、澳门虽然不能算是海外，但总有其特殊性，把这三地当作海外华人社会这个真正的实验室的比较控制群来看待，也是很有意义的事情。至于第三部分主体的海外华人社会，也因实验

① 赵树冈：《东南亚华人的人类学研究：以区域及主题为分析焦点》，《华侨华人历史研究》2003 年第 3 期。

室这一概念，就把实验的外在环境区分为弱势客地文化区域和强势客地文化区域两类”。[①] 这个分类框架实际上是汉人社会海外华人研究的一个完整体系。从纵向看，这个体系涵盖了华南移民从祖籍地到海外移居地发展变迁的历史脉络；而就横向而言，这个体系则显示了源自同一祖籍地的华南移民，因移居地人文环境的差异而呈现出不同类型的调适形态。换言之，结合华南移民在海外发展变迁的历史脉络和不同社会环境下的调适形态这两个面向，并在此基础上对不同地域的华人社会进行比较，这是李亦园提出的海外华人研究体系的重心所在。

李亦园进入研究己文化开始于20世纪60年代在台湾彰化农村的研究，然后广泛涉及汉人社会、家庭、宗教、民间文化等各个方面，从而将中国人类学研究领域拓展到汉人社会。同时，从民间文化或小传统中找到了自己独特的人类学视角。李先生对汉人社会研究的开拓和贡献是巨大的，虽然他谦虚地说：“我对台湾人类学研究的影响就是把对其他民族的文化研究引入汉族研究，引入研究自己本身的文化。如果说对汉族的研究多少有些意义与贡献，那就是把对中国文化研究的领域拓宽了，可以说是以小传统的研究为基础，逐步地把对汉族的研究延伸到了对大传统，从下而上的研究。”[②] 但实际上李先生的贡献是创建了汉民族研究的新范式，开拓了汉民族研究的一个新时代。[③]

1998年10月，李先生在广西大学曾作《台湾汉民族研究的回顾与前瞻》的讲演，将台湾汉民族的研究分为从1945到1965年的预备期、1965到1989年的起飞和成熟期、1989到1995年与大陆来往期和1995年以后的新研究的前驱期四个时期。在李先生的创导下，台湾的人类学者纷纷进入汉人社会研究，王崧兴、庄英章、王树民、王秋桂、陈祥水、林美容、胡台丽、翁玲玲、张珣、余安邦等都为开拓和发展汉人社会研究做出了自己的贡献。

---

① 李亦园：《中国社会科学院海外华人研究中心成立并举办“海外华人研究研讨会”祝贺词》，郝时远主编：《海外华人研究论集》，中国社会科学出版社2002年版。转引自曾玲《李亦园教授与东南亚华人研究：人类学的视野与方法》，《华侨华人历史研究》2004年第3期。

② 徐杰舜问、李亦园答：《人类学要关心人类的未来——人类学学者访谈录之十五》，《广西民族学院学报》（哲学社会科学版）2002年第2期。

③ 参阅刘安全《李亦园：从小传统看大世界的人》，载陈其斌等主编《人类学的中国大师》，黑龙江人民出版社2009年版，第318—356页。

李亦园先生在台湾对汉人社会研究的开拓先行了一步，为大陆学者做出了样本，这股学术热浪首先拍到了离台湾最近的福建，早有人才储备的厦门大学便捷足先登，其领军人物就是陈国强先生。

陈国强对汉民族研究的推动主要凸显在他对惠东人的研究上。

福建泉州市惠安县位于泉州市东北部，东临台湾海峡，西接洛江区，北邻泉港区，南隔泉州湾与晋江市相望，辖16个乡镇，面积720平方公里，人口93万。公元981年，北宋太平兴国六年，取“以惠安民”之意置惠安县，迄今已经有1000余年。惠安因城北有山似螺又简称“螺”，是泉州客家人最集中的地方。地势西北高，东南低，呈层状倾斜，以丘陵为主。惠安是台湾汉族同胞的主要祖籍地之一。据统计，目前旅居海外和港澳台的惠安人有170多万，其中迁移到台湾的有90多万人。惠安以“渔业之乡”“建筑之乡”“石雕之乡”著称于世。

根在河洛的惠安人，历史积淀深厚。91岁的吴敏继老先生翻出厚厚的家谱介绍说，他的祖先仁禄公为河南固始人，唐朝末年携带家眷千里跋涉至惠安，繁衍生息至今已经40余代，是吴氏入闽鼻祖。

惠安男子多出外谋生或出海打鱼，而惠安女自然成了建设家乡的主力军。她们开公路、修水利、种田地、补渔网、敬公婆、教子女，里里外外一把手，可谓全能媳妇。

在惠安，惠安女是惠东半岛海边的一个特殊的族群，她们以奇特的服饰，勤劳的精神闻名海内外。惠安女，从狭义上来说其实是惠东女，主要分布在福建惠安东部崇武、山霞、净峰和小岞四个镇，是地地道道的汉族。她们的服饰，也深深地影响着周边的乡镇，如东岭、东桥和辋川等。据当地人说，几百年前，她们由中原移居于此，因在海边生活为防风而佩戴花色头巾和橙黄色的斗笠，花头巾上还有编织的小花和五颜六色的小巧饰物；上身穿着紧窄短小的衣服，露出肚脐；下身穿着特别宽松肥大的裤子，腰带扎在肚脐下方。

就是这个以惠安女为特点的汉族特殊族群——惠东人引起了以陈国强为代表的厦门大学人类学研究所的学者们的关注。他们从人类学切入，开始推进汉民族研究。

1984年2月，厦门大学人类学研究所正式成立。他们在重点研究东南地区古代和现代少数民族的同时，也开始对这一地区的汉族进行研究，并在以惠东研究为代表的中国东南汉族社区研究中做出了突出的贡献。惠东地区（即福建省惠安县东部沿海地区）是从事文化人类学研究的理想区域，但除了叶国庆、林惠祥在20世纪30年代和50年代曾对这里的惠安女长住娘家婚俗做过一些研究外，学界少于问津。1984年，蒋炳钊等到惠东做了关于惠东女的专题调查。1986年以后，陈国强、叶文程、石奕龙等多次带领学生在惠东地区从事包括社会文化、体质测量和考古在内的人类学调查。1990年，《崇武研究》《崇武大岞村调查》《崇武人类学调查》等研究成果相继问世。

在这些成果中，《崇武大岞村调查》① 为国家社会科学基金“七五”重点项目“闽台惠安人研究”的中期成果之一，也是运用文化人类学田野调查方法从事汉人社区调查的成果之一。书中对惠东崇武镇大岞村的环境、历史沿革、人口与体质、方言、渔业生产的变迁、传统渔业设施、技术与知识、家庭与宗族、民间自愿社团、教育与文化传承、风俗、民间信仰、民间故事与传说等作了客观、深度的描述与阐释，是中华人民共和国成立以来大陆第一部关于汉人社区的人类学民族志著作，为汉民族的研究独辟蹊径，不仅填补了汉人社会民族志研究的空白，也为汉学人类学进一步的比较研究奠定了良好的基础。此书一经面世，即受到海外汉学人类学界的关注。

此后，陈国强等在20世纪80年代对惠东人的研究成果《惠东人研究》和《闽台惠东人》在90年代初陆续出版。《惠东人研究》② 一书是在香港召开的“两岸惠东人协作研讨会”的论文集。书中讨论了惠东人研究的理论架构、惠东的历史、地理与对外关系、台湾的惠东人移民问题、惠东的劳动分工与妇女地位、社会化中的性别差异、惠东人的意识、惠东的宗族组织、民间信仰、长住娘家习俗等问题，并有许多新的见解与解释，是运用人类学的理论和方法开展汉民族研究的重要成果之一。

《闽台惠东人》③ 一书为国家社会科学基金“七五”项目“闽台惠安人研究”的最终成果。它从局部分析惠东文化的独特性入手，到整体认识惠东文化的总归，讨论和阐释惠东地方文化体系各方面情况和特征以及惠东地区与台湾惠东人的关系等，得出惠东文化是中原迁入的汉族文化在

① 陈国强、石奕龙主编：《崇武大岞村调查》，福建教育出版社1990年版。

② 乔健、陈国强、周立方主编：《惠东人研究》，福建教育出版社1992年版。

③ 陈国强、叶文程、汪峰：《闽台惠东人》，厦门大学出版社1994年版。

历史过程中，在惠东地区特定的自然、人文、社会环境中长期流变的结果，是汉民族文化的地方性变异的论断。作为运用人类学的理论和方法开展汉民族研究的力作之一，颇受汉学人类学界的瞩目。

此外，在陈国强的影响和组织下，厦门大学人类学研究所还多次组织调查组，将他们的研究范围扩及闽西、江西客家地区以及整个闽南区域。出版了《长汀涂坊客家》和《宁化石壁客家祖地》等对客家研究有影响的著作。

在整个20世纪七八十年代，对于大陆的学术界来说，是一个从万马齐喑向万马奔腾转型的时代。因台湾学者在六七十年代已从人类学切入了汉人社会研究，所以，得地利之便，福建厦门大学的人类学者“近水楼台先得月”，迅速跟进，从人类学切入了福建的汉人社会研究。

纵观汉民族研究进一步开拓的二十年，前十年由台湾李亦园先生身先士卒，开运用人类学理论和方法研究汉民族之先河。在台湾学者继续前进的后十年，厦门大学的学者在陈国强先生的带领下在福建披荆斩棘，开辟出了汉人社会研究的新园地。

在这个转型时期，大陆的许多学者已认识到汉民族研究的重要性，尤其是以《江村经济》在国际上开研究己文化及现代社会风气之先的费孝通先生洞察了中国民族研究的情况，他敏锐地感悟到：

> 我最近越来越感觉到在民族地区做社会调查不应当只调查少数民族，因为在民族地区的汉族常常对这地区的发展起着重要的作用。少数民族的社会不能离开他们和汉族的关系而存在的。要研究民族地区的社会也不能不注意研究当地的民族关系，特别与汉族的关系，希望今后做民族研究的人能考虑我的这种体会。①

20世纪80年代以来，不少有识学者积极地投入汉民族研究的田野（包括文献田野和现实田野）之中，开始了汉民族研究的学术耕耘，在这个热情高涨的学术氛围中，他们带着田野的风尘，夹着文献的稿本走进了90年代。而从对汉民族研究推动作用的角度来评估这个时期的代表人物，

---

① 费孝通：《盘村瑶族·序》，载胡起望、范宏贵《盘村瑶族——从游耕到定居的研究》，民族出版社1983年版。

那么由费孝通对汉民族研究的感悟、李亦园在台湾对汉人社会研究的开拓和陈国强在福建对汉人社会的研究，建构了汉民族研究的费孝通—李亦园—陈国强时期。

（四）第四个时期（20世纪90年代—21世纪10年代）

20世纪90年代—21世纪10年代是汉民族研究的全面发展时期。有了20世纪70—80年代的基础，学者们带着80年代汉民族研究进一步开拓的热风，把汉民族研究推进到了全面发展的时期。其主要标志在于：一是历史人类学范式的汉民族研究书系陆续面世；二是乡村人类学范式汉人社会研究的展开；三是族群人类学范式的汉人社会研究的兴起和发展；四是汉民族研究会的成立及汉民族研究学术研讨会的连续举办。

1. 历史人类学范式的汉民族研究书系的陆续面世

笔者《汉民族发展史》的出版在当时引起了学术界和新闻界的极大关注，陈连开称："徐杰舜先生的《汉民族发展史》可谓捷足先登。"[①] 李远龙认为："真正系统、全面、名副其实的第一部汉民族史应推徐杰舜教授的《汉民族发展史》。"[②] 1995年8月，新华社、《人民日报》（海外版）、香港《大公报》以"中国第一部汉族史问世"的醒目标题，报道了这一消息，认为"是一部全方位审视汉民族的史书""她的出版发行结束了世界上最大民族没有民族史的状况"[③]。

对于笔者的汉民族研究，刘冰清曾撰文评述，认为笔者的汉民族研究实现了"三级跳"。[④]

（1）《汉民族发展史》：汉民族研究三级跳的第一跳

这在民族学理论基础实现的第一跳，虽然创造性地提出了汉民族起源分主源和支源说，提出了汉民族形成三部曲，分析了汉民族发展三部曲，论证了汉民族的四大特征，描述了汉民族的代表文化。但由于改革开放开始不久，人类学刚开始重建，当时的汉民族研究理论准

① 陈连开：《20世纪汉民族研究概述》，《西南民族学院学报》（哲学社会科学版）1999年第6期。

② 李远龙：《筚路蓝缕　开启来学——中国汉民族研究述评》，《阴山学刊》1999年第1期。

③ 新华社北京1995年8月8日电；《人民日报》（海外版）1995年8月9日；1995年8月12日香港《大公报》。

④ 刘冰清：《徐杰舜汉民族研究的三级跳》，《青海民族研究》2014年第3期。

备并不足，学界受苏联民族理论影响还较多、较深，所以《汉民族发展史》一书中对历史人类学的应用较生硬，只是一种不自觉的运用，如从民族发展规律的视野对汉民族起源、形成和发展的表述，从民族性的角度对汉民族性格的分析，从文化层面对汉民族文化的归纳，但仅此，写于80年代上半期的中国首部真正意义上的汉民族史来说已难能可贵了。

（2）“雪球”：汉民族研究三级跳的第二跳

《雪球——汉民族研究的人类学分析》[①]（以下简称《雪球》）的出版，是笔者在汉民族研究上的第二跳。1999年10月，乔健先生在读了《雪球》后说：

> “传统的人类学从来没有过，没有一个人类学家对这么大一个对象，有12亿人口的一个民族做一个总的分析。我们过去的人类学家都是习惯找个村子，找个部落，从Park（帕克）到Refer Bulan（莱佛·布朗）都是这样，所以费先生就把开弦弓村作为他的点来研究，一直研究了60多年，并且从开弦弓村发展到小城镇，发展到地区，最后他在香港中文大学做了一个《中华民族多元一体》的演讲，那个时候他就做到了整个文化，还提出了全中国一盘棋的观念。这样他在分析方面，在运用方面，把人类学的方法从一个小的社区扩展到了整个国家，整个民族。徐先生这本书呢，我想也是沿着这条路，作为一个示范而且是比较更具体、更充实地从各方面来做，从另一方面看，也实现了好多老前辈对中国研究的一个梦想。”“徐先生这本书里头运用了不少田野的资料，运用了不少语言学的资料，运用了很多考古学的资料，这些都是一种新的尝试。这种尝试是有非常权威的示范作用的，很值得提倡，尤其是在世纪之末，可以说，它为中国的汉民族研究开创了新的典范。”[②]

汉民族研究第二跳的意义和价值还在于以下几点。

---

① 徐杰舜主编：《雪球——汉民族研究的人类学分析》，上海人民出版社1999年版。

② 蒙本曼：《人类学本土化的示范之作——〈雪球〉出版座谈会纪要》，《广西民族学院学报》2000年第1期。

一是在时任广西民族学院领导奉江和荣仕星的支持下，1996 年在广西民族学院成立了汉民族研究中心，这是迄今为止中国唯一的一个专门研究汉民族的学术机构。

二是这第二跳不是笔者单枪匹马完成的，而是由陈华文（浙江师范大学）、徐华龙（上海文艺出版社）、周耀明（广西民族大学）、柏贵喜（中南民族大学）、韦东超（中南民族大学）、彭清深（西北民族大学）、鲁刚（云南民族大学）、高有鹏（上海交通大学）等学者组成的学术团队完成的 120 余万字的巨著。

三是自觉地引进人类学的族群理论，对世界上人口最多，“也是我们最不了解的民族”① 汉民族作了族群结构分析，创造性地建构了族群结构分析样本。

四是充分地运用人类学的民族性理论，对汉族各族群的人文特征作了勾勒，画出了一幅又一幅汉族不同族群的性格图像。

五是熟练地应用人类学的文化多样性理论，对汉族各族群特有的文化作了描述，绘出了一幅多样性的汉族文化地图。

六是以人类学学者独特的眼光和视角，对语言学家们提供的大量语言材料，进行了重组和新的诠释。②

七是从对汉民族的人类学分析中，在理论的阐述方面，将人类学的理论与实践中的中国民族理论相结合，形象地提出了“雪球”理论。“雪球理论”突破了斯大林的民族理论，也突破了一般按社会形态来写的理论。③

八是从对汉民族族群的分析中，归纳、概括、提炼和升华出了“族群结构论”，使人们可以从结构的角度解剖民族共同体，从结构的深层次认识民族的整体性，从结构的可变性把握民族过程。

《雪球》导言中说：“《雪球》的主要研究特点在于：一是对中国历史文献进行人类学的解读和分析；二是对中国的现实社会进行了人类学的田野调查；三是把对中国历史文献的人类学解读和对中国现实社会进行人类学的田野考察相结合，探索一条汉民族研究的新路子。”这就是人类学与

---

① 张海洋、徐杰舜：《汉族：说不清特征的民族》，《中国国家地理》2010 年第 8 期。

② 孟凡夏、刘振贵：《徐杰舜教授如是说：汉族是一个越滚越大越结实的雪球》，《炎黄春秋》2001 年第 10 期。

③ 周大鸣：《汉民族研究的新里程——〈雪球：汉民族的人类学分析〉评析》，《广西民族学院学报》（哲学社会科学版）2000 年第 4 期。

历史学相结合在方法论上的体现。容观夐先生认为："《雪球》在运用人类学、历史学等多学科综合的研究方法方面站得比较高，写得比较深刻。"彭英明先生认为："《雪球》是采用人类学的理论与方法对汉民族的历史与文化进行深层次剖析的一次成功尝试。"[①] 周大鸣先生认为："《雪球》一书的贡献在于：首先是研究方法上，《雪球》将人类学的方法与历史学方法相结合。该书依据汉民族研究的特点，将中国历史文献的人类学解读与对中国现实进行人类学田野调查结合起来，可以说是将历史人类学发挥得淋漓尽致。"[②]

(3)《汉族风俗史》：汉民族研究三级跳的第三跳

正是在汉民族研究坚实的第二跳基础上，五卷本、180 万字的《汉族风俗史》[③] 的出版使笔者汉民族研究实现了第三跳。中国民俗学泰斗钟敬文先生生前说过："一个民族应该有一部像样的民俗史。"但现状却一直让钟敬文先生深感"这不太容易"[④]。著名的民间文化学者刘锡诚先生也曾十分感慨地说："中国风俗史的研究，在我国学界一向是十分薄弱的。张采亮的《中国风俗史》于 1902 年出版以来，几乎雄踞了 20 世纪的一百年而未见来者。其间，虽然有各种专题的著作陆续问世，但属于风俗通史一类的著作则一直阙如。"[⑤]

笔者与周耀明（广西民族大学）、万建中（北京师范大学）、陈华文（浙江师范大学）和陈顺宣（浙江师范大学）等组成的学术团队为了这一跳，足足准备了二十年。除了人员的变动之外，最重要的是学术建构，究竟怎样写？是不容易的。笔者在《汉族风俗史》自序中说：

> 1995 年 7 月参加人类学社会文化人类学高级讲习班的闭幕式时，听了费孝通、季羡林、乔健、韩国金光亿、日本中根千枝等大师们的讲话，费先生的闭幕词讲的一段关于人类学后继有人的语重心长的话

① 蒙本曼：《人类学本土化的示范之作——〈雪球〉出版座谈会纪要》，《广西民族学院学报》（哲学社会科学版）2000 年第 1 期。

② 周大鸣：《汉民族研究的新里程——〈雪球：汉民族的人类学分析〉评析》，《广西民族学院学报》（哲学社会科学版）2000 年第 4 期。

③ 徐杰舜主编：《汉族风俗史》（全五卷），学林出版社 2004 年版。

④ 钟敬文：《一个民族应该有一部像样的民俗史》，《民间文化论坛》2004 年第 5 期。

⑤ 刘锡诚：《风俗史研究和写作的新路》，《光明日报》2004 年 5 月 25 日。

深深地打动了我的心，我再一次感受到学术的接力棒是用人类学的理论和方法铸成的，我想种的汉族研究的第二棵树，必须以人类学的理论和方法做肥料才有可能“成林”。于是我下决心今后要参加讲习班的学习，以丰富和提高自己的人类学理论和方法论。1996 年元旦刚过，我冒着零下 10（摄氏）度的严寒到北京大学参加了第二届高级研讨班的学习……我发言的题目是“汉族研究的人类学意义”。会后我又读了一些人类学方面的书，整整思考了一年多，向 1997 年 7 月在北京大学举办的第三届高级研讨班提交了《汉族研究的人类学意义和方法论》的论文。这一次的学习和思考，对我正在进行的“汉族历史文化”课题研究起了关键性的根本性的改造作用。

笔者用人类学的学术视角，对流淌了数千年的中国汉族风俗文化的历史长河，进行了全程性的“水文测量”。笔者带领学术团队大胆地把人类学的理论与历史学、民俗学结合了起来，上至汉族的源头，下到民国时期，以历史变迁为经，以生产风俗、生活风俗、礼仪风俗、岁时风俗、信仰风俗和社会风俗六大风俗事象为纬，把民俗事象置于广泛的社会环境、历史背景及人的生存情境中加以考察，详尽地描述了汉族风俗在各个历史时期的发展与变化，努力揭示了汉族风俗的特点和演变规律，重构和再现了汉族各个历史时期的风俗状貌，为人们展开了一幅巍巍汉族六千余年精神的历史长卷。

这一跳，从民俗史方面把人类学与历史学结合了起来，表达了在民俗史研究中理论思考的体系问题，发现并提炼出风俗文化史发展演变的轨迹和脉络。钟敬文先生在《汉族风俗史》序中说：

多年来我就希望有一部有分量、有水平的风俗史问世，这次看了《汉族风俗史》清样，心中十分欣慰，尤其是他们提出在风俗史的研究中要注意风俗的民族性的观点，我十分赞成。因为中国有 56 个民族，一部中国风俗史，如果光讲汉族的风俗史，而没有少数民族的风俗史，那只能是汉族风俗史，而不是中国风俗史。而要写中国风俗史，一定要包括少数民族的风俗史在内。同时，我也十分赞成他们提出的在风俗史的研究中要注意风俗的历史性的观点。众所周知，所谓“史”就是事物起源、形成、发展和变迁的过程。在风俗史的研究中，只有从动态上注意掌握风俗事象较早出现的时间和状态，注意掌握风俗事象变迁的阶段和状态，注意掌握风俗事象中兴盛流行的时代和状态，才会有历史感。对风俗事象生存的社会环境和历史背景的密切关注，把风俗事象置于更为广阔的生存情境中加以考察，是这部风俗史值得特别称道的地方。①

刘锡诚先生在评论笔者所著的《汉族风俗文化史纲》② 时说：

他们提出的“风俗文化是每一个族群或民族、国家社会文化的重要组成部分，也是区分民族、族群的主要标识之一”；“风俗史是国家、民族或族群形成、发展和变迁历史的重要组成部分。他们在这些问题上的立论，在学理上的阐述，使风俗学和风俗史的研究又有了新的进展：不仅厘定了风俗史叙述和论列的对象，而且确立了风俗在民族、族群和国家识别上的地位，以及风俗史在历史学、特别是文化史中的地位，是非常重要的”③。

可见《汉族风俗史》这部著作是解读汉族民族史的另一把钥匙。

2. 乡村人类学范式汉人社会研究的展开

20 世纪 90 年代—21 世纪 10 年代，在人类学全面复兴的背景下，乡村人类学范式下的汉人社会研究在中国全面展开。众所周知，中国是一个传统的农业国，在“乡土中国”的文化土壤上，人类学中国研究的学术成果，从人类学传入中国开始，就基本上集中在乡村汉人社会研究上。

（1）西方人类学者对中国的研究是从乡村社会开始的

1899 年美国传教士明恩溥（A. H. Smith）出版的《中国乡村生活》（*Village Life in China*）一书，以自己在中国农村的亲身经历和对中国农村参与观察，对中国农村进行了精彩、生动的描述，他认为中国既已成为“乡村”，那么把握了乡村自然就把握了中华文明。所以，明恩溥在该书中说：“中国乡村是这个帝国的缩影。”④ 他在另一部以中国乡村生活为素材写

① 钟敬文：《研究中国风俗史要注意民族性和历史性》，《广西民族学院学报》2002 年第 1 期。

② 徐杰舜、周耀明：《汉族风俗文化史纲》，广西人民出版社 2001 年版。

③ 刘锡诚：《风俗史研究和写作的新路》，《光明日报》2004 年 5 月 25 日。

④ ［美］明恩浦：《中国乡村生活》，午晴、唐军译，时事出版社 1998 年版，第 1 页。

成的著作《中国人德行》（*Chinese Characteristics*）中，更明确地指出：

> 就像在农村比在城市更易于了解一个区域的地形图一样，在家庭中更易于了解人的德行。一个外国人在中国城市住上十年，所获得的关于人民内部生活的知识，或许还不如在中国村庄住上十二个月得到的多。仅次于家庭，我们必须把村庄看作是中国社会生活的一个基本单位。①

在“中国乡村是这个帝国的缩影”这种西方中国观的影响之下，年轻的西方人类学家们也把汉人乡村作为理解中国的着眼点。运用人类学方法对中国乡村进行研究大多始于20世纪初的一些教会学校或一些学校中的外籍教授，他们为指导学生实习，从事一些小规模的调查研究，如1917年清华学堂美籍教授狄德莫（C. G. Ditmer）指导学生在北京西郊调查195家居民的生活费用。严格意义上说，上海沪江大学社会学教授、美国人葛学溥（Daniel Harrison Kulp）是在中国以人类学田野工作方法对乡村社区进行研究最早的一位学者。他于1918至1923年指导学生在广东潮州调查有650人的凤凰村，1925年在美国出版了《华南的乡村生活：家族主义的社会学》（*Country Life in South China*：*The Sociology of Familysm*）一书。1922年，华洋义赈会救灾总会请麻伦（C. B. Malone）和戴乐仁（J. B. Tayler）教授指导9所大学的61个学生，分工调查直隶（今河北）、山东、江苏、安徽、浙江等省240个村，用县、村及家庭三种问题表调查，内容注重农民生活，于1924年出版了《中国农村经济研究》（*The Siudy of Chinese Dural Econcy*）。

凡此等等，西方人类学家对中国乡村的考察和研究，奠定了乡村人类学汉人社会研究的基础。

（2）中国学者运用社会学人类学理论和方法对中国的研究也是从乡村汉人社会开始的

1925年，清华大学陈达教授指导学生在附近成府村调查91户家庭居民生活以及本校工人141人的生活状况等。从此之后，乡村人类学汉人社

① ［美］明恩浦：《中国人德行》，张梦阳、王丽娟译，新世界出版社2005年版，第4—5页。

会调查研究的活动逐渐盛行，出版的作品也逐渐增多。到1935年前后发展到了高峰。其间代表性的研究成果，一是北平社会调查所的调查研究活动，由陶孟和、李景汉主持，先后出版了二十余种书籍，主要有《北平郊外之乡村家庭》（商务印书馆1929年版），而具有里程碑意义的代表作首推李景汉主编的《定县社会概况调查》（中国人民大学出版社1986年版）。[①] 二是"中央研究院"社会科学研究所和中华平民教育促进会的研究活动，1929—1930年，社会科学研究所在陈翰笙、王寅生主持下，先后在江苏无锡、河北保定进行农村调查；薛暮桥等则对广西农村及上海宝山、河南、陕西等地进行调查，写出了一批调查报告，陈翰笙、薛暮桥、冯和法合编的《解放前的中国农村》（中国展望出版社1985年版）是其中的代表作。

（3）中国人类学家运用人类学理论和方法对中国的研究又是从乡村汉人社会开始的

20世纪30年代中国社会学人类学学术团队形成，其代表是燕京大学社会学系主任吴文藻教授。1935年，吴文藻听从了派克的建议，邀请英国功能学派人类学创始人之一的拉德克利夫－布朗（Radcliff－Brown）到燕京大学社会学系进行为期三个月的讲学活动。布朗在燕大开设了"比较社会学"课程，并主持了"中国乡村社会学调查"讨论班。从此，开启了真正的人类学的中国乡村调查和研究。这时，林耀华回福建，进村入寨调查后撰写了硕士论文《义序的宗族研究》，后林先生到美国哈佛大学攻读博士学位，撰写了著名的《金翼》（*The Golden Wing, A Sociological Study of Chinese Familism*）。费孝通则在江苏开弦弓村进行了考察，后来在英国伦敦经济政治学院攻读博士学位，写成了著名的《江村经济》（*Deasant Life in China*）。可见，费孝通和林耀华两位先生，虽分别留学英美，但君子所见略同，他们的学术生涯基本上是从中国乡村汉人社会研究开始的。

（4）人类学在中国发展的第一个高峰就建构在乡村汉人社会这块土地上

20世纪三四十年代是人类学在中国发展的第一个高峰。抗日战争爆发后，中国大部分人类学社会学研究机构和高校都内迁到西部和西南地

① 1929年6月，改名为北平社会调查所，做了不少调查研究包括农村社会调查研究工作，是新中国成立前我国专业性社会调查研究机构作品较多的组织之一。

区。而在“大后方”从事人类学社会学研究活动的主要有云南大学社会学研究室进行的农村和工厂调查，华西大学进行的边疆地区少数民族的研究等，其成果主要有费孝通的《禄村农田》，张之毅的《易村手工业》和《玉村的农业与商业》，史国衡的《昆厂劳工》等著作。此外，费先生在1948年出版的《乡土中国》和《生育制度》等著作中，提出了著名的以“己”为中心的“差序格局”理论，对中国人类学的发展产生了巨大的影响。20世纪40年代以英文版首次面世的林耀华的《金翼》，是当时学术界研究中国家族制度的典范之作。

值得注意的是中国人类学迎来的第一个学术发展高峰是建构在乡村汉人社会这块坚实的土地上的。正是在这个学术传统的影响下，20世纪80年代中国人类学重建后，迎来了第二个发展高峰。这期间的重要代表作是费孝通的《行行重行行》。这是费孝通先生从1981年后一直到1991年约十年间研究乡村社会、小城镇问题的文集，是对乡村社会社区研究方法的新开拓。其他从不同角度进行乡村研究的代表作主要有：黄宗智的《华北的小农经济与社会变迁》，阎云翔的《礼物的流动——一个中国村庄中的互惠原则与社会网络》，庄英章的《林圯埔——一个台湾市镇的社会经济发展史》，黄树民的《林村的故事——1949年后的中国农村变革》，王铭铭的《溪村家族——社区史、仪式与地方政治》，曹锦清的《黄河边的中国：一个学者对乡村社会的观察与思考》，凡此等等，催生了乡村人类学范式汉人社会回访研究的学术热潮。

20世纪80年代，费先生多次重访了自己的田野调查点，写下了《三访江村》等文章。老一辈人类学家的回访再研究，启发了年青一代的人类学学者庄孔韶教授，他开始把回访老一辈人类学家的调查点的想法付诸行动。经过庄孔韶等新一代人类学学者多年的努力，第一批回访的研究成果《时空穿行——中国乡村人类学世纪回访》结集出版，为中国人类学的乡村社会研究开创了一个新的范式。

回访学者从人类学的视角，以图文并茂的形式记录和展示了林耀华、杨懋春、葛学溥、杨庆堃、波特夫妇（Sulamith Heins Potter & Jack M. Potter）、满铁调查者和杜赞奇（Prasenjit Duara）在七个著名田野点的社会文化变迁。通过回访再研究，兰林友发现印裔著名人类学家杜赞奇访问过的华北，是以多姓村为主的地区，宗族的外在物化标志很少，而且还有“同姓不同宗”的情况，是一种“残缺宗族”；周大鸣论述了葛学溥访问过的广东凤凰村已走上乡村都市化的轨道；覃德清挖掘了波特夫妇访问过的广东茶山镇的茶山文化底蕴；阮云星针对林耀华的福建义序回访中的宗姓群体问题，尝试以社会结构变迁的宗族论来把握和阐释义序的宗族变迁；孙庆忠在杨庆堃调研过的广东南景看到了“传统农民的终结”；潘守永在山东台头村从多个层面列举宗族控制势力与宗族之间的矛盾回应杨懋春的早期结论，即中国乡村研究存在的两大关系，一是家庭关系，二是村落关系。

以庄孔韶为代表的年青一代人类学家在对中国乡村汉人社会田野点的回访研究中，为乡村人类学的研究界定了两层含义：一是指实际上的乡民与乡村社会（peasant society）的研究（不是指资本主义制度下的农业经营者 farmer）；二是指中国本土乡村社会特定的回访与再研究（revisiting study）的学术检视，并强调指出，多元化视角研究的发展，对中国乡村社会研究有着重要的意义。

此后，回访与再研究的学术成果也不断问世，主要有周大鸣对广东凤凰村的追踪研究：《凤凰村的追踪研究》；潘守永对山东台头村的研究：《“一个中国的村庄”的跨时空对话——“台头”重访》；阮云星对福建义序的研究：《义序调查的学术心路》；美国学者黄宗智等人利用日本南满铁道株式会社调查部（简称满铁）1940—1942 年在河北、山东 6 个村庄的调查资料《中国农村贯行调查》（6 卷本），分别对中国的小农经济和农业生产技术的变化做了研究。兰林友对照满铁资料，考察了黄宗智和杜赞奇利用满铁资料做过研究的华北 6 个村落，并以后夏寨为主要田野调查点，撰写了《庙无寻处：华北满铁调查村落的人类学再研究》。

在对费孝通的禄村，许烺光的喜洲，田汝康的那目寨进行的再研究中，张宏明的《土地象征——禄村的再研究》，把费孝通《禄村农田》中的两条主线——土地制度及消遣经济背后的公共仪式置于明清以来的社会变迁进程中加以考察，展现了国家与地方社会关系的变化。

回访研究不仅打通了新老人类学者之间对中国乡村社会进行跨时空对话的路径，使得田野点的学术生命得以延伸，还进一步夯实了乡村人类学研究汉人社会的基础，扩大了乡村人类学研究的学术平台，强化了乡村人类学以汉人社会为主要研究对象的主旋律。

杜赞奇在《地方世界：现代中国的乡土诗学与政治》一文中曾说：

> 对于“家乡”或“乡土”的现代迷恋是有关地方（the local）或区域（the regional，汉语中称为乡土、地方）的现代表征的重要组成部分。

这句话对乡村人类学以乡村汉人社会为主要研究对象的“乡土中国”情结，应该是一个形象的写照。从乡村汉人社会研究切入进而到对乡村汉人社会田野点的回访，正是汉人社会研究乡村人类学范式发展的路线图。

3. 族群人类学范式对汉人社会研究的兴起

族群（ethnic group）概念的引入和使用为中国人类学和民族学的研究开辟了一个新天地。族群概念的界定是多义的，有的强调族群的内涵，有的强调族群的边界，有的是两者兼而有之，但简明准确的界定可以概括为“族群是对某些社会文化要素认同，而自觉为我的一种社会实体”。这个概念包括三种含义：一是对某些社会文化要素的认同；二是要对它“自觉为我”；三是一个社会实体。[①] 这样，族群理论的引入极大地扩展了汉民族研究的范围，学者的学术眼光不再仅仅停留在整个汉族的身上，而是深入汉族内部的族群结构，关注到一些拥有独特文化的特殊族群，从而使汉民族研究在 20 世纪 90 年代到 21 世纪 10 年代，形成了以客家人、屯堡人和平话人研究等为代表的族群人类学范式。

（1）客家人研究

客家人是汉民族中具有独特稳定文化特点的一个族群。其历经千年，由古代中原汉民族南迁后与百越族或其他少数民族融合而形成。

客家研究早在 1933 年已由罗香林所著的《客家研究导论》一书科学地证明了“客家为汉族里头的一个支系”而开了先河。1950 年，罗香林的《客家源流考》一书，从中华民族的构成和演进说起，对中华民族中客家的源流和系统、客家的分布及其自然环境、客家语言的特征进行了剖析和考证，为客家研究奠定了坚实的基础。但当时人们还只是把客家人当作汉族的一个支系或民系，没有族群的概念。此后，客家研究几乎沉寂了三十年，直到 20 世纪 80 年代才开始复兴，大陆方面建立了一些研究机构，发表了一批论文。台湾方面则出版了一批专著，尤其是 1978 年，台湾联亚出版社出版的陈运栋的《客家人》一书，在罗香林研究成果的基

---

① 徐杰舜：《论族群与民族》，《民族研究》2002 年第 1 期。

础上，广泛吸收了海内外自20世纪初以来的关于客家研究的重要成果，全面而系统地介绍了客家话和客家文化，成了30年代罗香林的客家研究与80年代客家研究兴起的一座桥梁。

20世纪90年代以来，客家学研究全面发展，进入繁荣时期，主要表现在以下几个方面。

一是客家研究学术机构蜂起。主要有华东师范大学客家研究中心、北京客家联谊会、深圳中国客家学研究会、梅州市客家学研究中心、赣南师范学院客家研究院、广东嘉应学院客家研究院、江西师范大学客家研究所、福建社会科学院客家研究中心、福建龙岩学院客家研究所、四川社会科学院客家研究中心、北京大学历史系客家研究所、华南理工大学客家研究所等，蔚然成规模。

二是客家研究学术刊物相继问世。主要有《客家史与客家人研究》《客家人》《客家学研究》《客家风采》等，建构了客家研究的学术园地。

三是客家研究学术成果累累。这个时期客家研究在族群理论的观照下，与历史学的传统理论与方法紧密结合，在客家源流、客家传统文化、客家方言、客家妇女、客家民间宗教、客家传统圩市经济与现代化、客家乡村社会变迁、客家海外移民与原乡社会等方面，并对客家内部粤东、闽西、赣南三块客家最集中区域内部之间的文化差异的研究，客家外部客家文化与赣文化、与广府文化、与潮汕人的比较研究，展开了广泛而深入的学术争鸣，形成百花齐放的繁荣格局，不仅大大丰富了客家研究的内容和体系，还使客家研究逐渐形成为族群人类学的研究取向。主要有刘佐泉的《客家历史与传统文化》（1991年）、张卫东的《客家文化》（1993年）、房学嘉的《客家源流探奥》（1994年）、谢重光的《客家源流新探》（1995年）和《客家形成发展史纲》（2001年）、王东的《客家学导论》（1996年）、杨彦杰的《闽西客家宗族社会研究》（1996年）、李泳集的《性别与文化：客家妇女研究的新视野》（1996年）、吴永章的《客家传统文化概述》（2000年）、谭元亨的《客家圣典》（1997年）、黄伟经主编的《客家名人录》（1992年）、周建新的《动荡的围龙屋——一个客家宗族的城市化遭遇与文化抗争》（2006年）。

其中值得一提的是法国人类学家劳格文（John Lagerwey）先生，从事粤北地区的客家民俗研究十二年。十多年来，他以一个人类学家的眼光，运用人类学田野考察的方法，行走于客家地区的山寨乡村，进行实地考察，积极推动福建、广东、江西等地的客家研究。劳格文除用了十几年时间主编过在香港中文大学出版的 20 本客家研究丛书外，最近又主编出版了《客家传统社会》（中华书局 2006 年版），此书是一部对中国的客家聚居区域的历史渊源、传统社会结构、社会经济以及客家人的文化传承、宗教信仰、民风民俗、岁时节庆等进行调查研究，全面而系统地记录客家地区社会生活传统的学术著作。

此外，各地还出版了一批丛书，主要有福建教育出版社的《客家文化丛书》（10 册），四川人民出版社的《四川客家文化研究丛书》（8 册），花城出版社的《客家学丛书》（6 册），华南理工大学出版社的《客家研究文丛》（10 册）、《客家研究文丛·客家与梅州书系》（8 册），广西师范大学出版社的《客家区域文化丛书》（5 册），黑龙江人民出版社的《客家社会与文化研究丛书》（已出版 7 册）等，甚为壮观。

四是非客家籍的学者加入了客家研究阵营。随着客家研究的繁荣，吸引了越来越多的学者把研究的趣向转向客家，从而改变了以往客家研究客家的单一局面，有利于客家研究朝着更加客观、更加理性的方向前进。[①]

客家研究的繁荣并成为汉人社会研究的热门，为族群人类学的汉人社会研究树立了典范。

（2）广府人研究

随着人类学的复兴，以及在客家研究的影响下，广府人的研究迅速兴起。20 世纪 80 年代初中山大学人类学系复办不久，该系的人类学者早已认识到应该对汉族区域文化进行重点研究。在孙庆忠对时任系主任黄淑娉教授的访谈中，黄教授说：

> 1990 年 9 月我被任命为人类学系主任。在上任的全系教工大会上，谈到本系要开展的研究工作时，我提出中山大学人类学系在广州，处于改革开放的前沿，我们的研究要根据自己的条件，做出自己的特色。要研究广东，研究汉族。人类学要进行汉族的人类学研究，许多学科的研究都与汉族有关，但都不是把汉族作为一个族的群体来研究的，而且在中国民族学发展的进程中，缺乏对汉人的研究。这之

① 周建新等：《江西客家》，广西师范大学出版社 2007 年版，第 9—12 页；谭元亨主编：《广东客家史》（下册），广东人民出版社 2010 年版，第 923—942 页。

前我也一直主张开展汉族的研究。不研究汉族的问题，少数民族研究的问题就解决不好。当然，反过来也是这样。因为汉族与少数民族从古至今都密切结合在一起，想不研究也不行。[①]

1993年中山大学人类学系的课题“广东族群和区域文化研究”，获得美国岭南基金会的资助，他们组织了34人的研究队伍，在17个县市进行调查，以人类学的研究方法研究广东的族群，重点是汉人社会，研究同源于汉族又各具地方特色的广府、潮汕、客家民系及其文化，同时也研究少数民族。

就在中山大学人类学系在广东开展田野考察之时，广东著名考古人类学家杨豪先生在1996年第1期《广西民族学院学报》率先发表了《“广府人”考略》一文，考证了广府人的迁粤线索，广府方言育发的历史过程，以及广府方言当今保留的内涵，认为广府人及其方言是隋唐迄宋间岭南民族历史发展组合的产物，从而揭开了广府人研究的第一页。

此后，中山大学人类学系在黄淑娉教授主持下经过近五年的考察和研究，于1999年6月出版了《广东族群与区域文化研究》，11月出版了《广东族群与区域文化研究：调查报告集》[②]。这两本著作在建构族群人类学范式之时，立足汉人乡土社会，运用人类学的整体观，用宏观的眼光做微观的研究；运用人类学的比较观，目睹和感受了不同族群的不同社会文化，同一族群的多文化现象，以及不同文化的相互交融，抓住了广东汉族族群的文化特点。运用田野调查与历史文献相互印证的方法，着重以个案研究揭示文化的本质；运用人类学的文化理论并兼顾大、小传统，对广东汉族族群文化人格进行了探索，塑造出了不同族群的文化人格，并从整体上把握了广东区域的文化形貌。

中山大学的地理学家司徒尚纪异军突起，于2001年出版了《岭南历史人文地理——广府、客家、福佬民系比较研究》[③]，从人文地理的角度

---

① 参见孙庆忠《人类学汉人社会研究：学术传统与研究进路——黄淑娉教授访谈录》，《中国农业大学学报》2009年第1期。

② 两书均由广东高等教育出版社出版。

③ 司徒尚纪：《岭南历史人文地理——广府、客家、福佬民系比较研究》，中山大学出版社2001年版。

阐述了岭南各民系（即族群）的变迁、分布和发展的历史，及其不同的物质、精神文化层面的风格与异同，并提出建立民系人文地理新格局的对策和措施。阐述了岭南各族群形成的历史地理基础，以及变迁、分布和发展的历史；分析了他们在语言、风俗、宗教等精神、制度文化层面上的异同；对比了他们对环境感知和对土地、矿产、海洋等资源的开发利用方式差异和利弊得失，以及各族群地区城镇体系、交通网络、聚落等物质文化的特质和风格比较，既是地理学的，又是人类学的。在此基础上，对比了各族群文化圈接触与整合的形式和后果，并提出了评判族群历史人文地理格局的地位和作用，建立族群人文地理新格局的对策和措施，为汉人社会族群人类学范式的建构增添了新的血液。①

这三本书虽然涉及广东汉族的广府人、客家人、潮汕人三个族群，对各族群的物质生产、生活俗制、民间信仰、人文地理、族群心理的描述分析，族群关系及对外交流、社会变迁都有论述，但由于客家人研究早已形成热门，潮汕人与闽南人的研究福建的学者已有成果，而广府文化是广东文化的主要代表，所以广府人研究是这三本书对族群人类学汉人社会研究的主要成果和贡献。

以上所论之外，华南理工大学的文化学家谭元亨脱颖而出，他从客家研究跨入广府研究，2003 年出版了《广府寻根——华南最大一个移民族群探奥》②，这是关于广府研究的第一本专著。谭元亨积十年之功，不拘陈说，大胆立言，对南中国的历史纪年提出了新证，在考古、古籍上进一步论证了广州作为 3000 年不衰古港的历史，同时，又把广府民系的定型，以及广府方言的形成，也从通常流行宋末的“珠玑巷时期”提前 1000 多年，追溯到古广信即西汉之际，并对广府民性、广府方言、广府文化、广府思想、广府文学、广府艺术、广府教育、广府民俗、广府移民作了论述，不仅使广府人立体地呈现于学术界，还提出了广府学的概念，从而大大提升了广府人研究的学术品位。

在《广府寻根——华南最大一个移民族群探奥》的基础上，2012 年谭元亨出版了《华南两大族群文化人类学建构：重绘广府文化与客家文

① 李海东：《广谷大川异制 民生其间者异俗——评〈岭南历史人文地理——广府、客家、福佬民系比较研究〉》，《中山大学学报论丛》2003 年第 5 期。

② 谭元亨：《广府寻根——华南最大一个移民族群探奥》，广东高等教育出版社 2003 年版。

化地图》[①]，在广府人与客家人的比较中，论述了番禺时期、广信、广州、珠玑—良溪、穗港五个广府文化的历史节点，从而深化了广府人研究。

在广府人研究的兴起中，实力强大的中山大学虽然有代表性的成果，但并没有成立相应的研究机构。但其他广府人研究机构应运而生，如2009年12月，由广东省社会科学界联合会批准成立，佛山市委宣传部、佛山市社会科学界联合会与佛山科学技术学院联合共建的广东省广府文化研究基地正式落户佛山；2010年3月，广府文化研究中心落户广州东方文德广场。

（3）闽南福佬人研究

闽南人号称遍天下，分布于福建漳州、泉州、厦门、龙岩、台湾大部分地区和温州东南部，足迹遍及世界各个角落，自古以来以勤劳拼搏的精神著称于世。更由于台湾汉族移民中闽南人（包括所谓本省人、福佬人、鹤佬人、学老人、闽南人等）占主流地位，有1700余万人，所以当汉人社会研究于20世纪六七十年代在台湾振起时，闽南人研究成了当然的主体，其代表作是1985年林再复的《闽南人》（台北三民书局1985年版）。

在台湾学者的强势影响下，广东和福建学者也逐渐跟上，前述1999年黄淑娉主编的《广东族群与区域文化研究》和《广东族群与区域文化研究：调查报告集》，以及2001年司徒尚纪的《岭南历史人文地理——广府、客家、福佬民系比较研究》均已涉及在广东被称为“潮汕人”或“福佬人”的汉人族群，但对闽南福佬人研究在大陆的代表作则是厦门大学陈支平先生的《福建六大民系》（福建人民出版社2000年版）。陈先生从历史切入，积多年研究的感悟，考证了北方汉人入闽的历史进程，分析了福建汉族族群人——福州人、闽南人、兴化人、闽北人、客家人、龙岩人的分布，论述了福建汉人族群之间的相互交融，以及汉人族群与少数民族血缘文化的融合，概括了福建汉人各族群的人文性格以及福建汉族的人文特征。陈先生在一览包括闽南福佬人在内的福建汉族各族群之时，为族群人类学范式的建构提供了一个闽南福佬人研究的样本。

十二年后，谢重光对闽南福佬人的研究取得新的成果，他在《客家福佬关系史与闽粤台族群整合、社会和谐问题研究》中，从客家福佬关

① 谭元亨：《华南两大族群文化人类学建构：重绘广府文化与客家文化地图》，人民出版社2012年版。

系切入，用大量的历史资料、语言材料和地方性文献，向人们勾勒了闽南福佬人形成的历史路线图，即在泉州地区先由土著越人、南来汉人和域外蕃客，经过长期的接触、交流、融合，形成泉州人；在漳州地区则由汉、越、蛮三种主要的族群经过长期的接触、冲突和交流，化干戈为玉帛，文化互相涵化，形成漳州人。在此基础上，在对中原向心力不断强化的背景下，社会各姓皆祖述光州固始的集体记忆也已逐步形成，于是泉州人和漳州人在五代宋初遂整合成了闽南福佬族群。① 谢重光的这个论述颇有新意，也有深度，不啻是闽南福佬人研究的创新之作，为闽南福佬人的研究提供了一个新的样本。

（4）屯堡人研究

在东南沿海的学者大兴客家人、广府人、闽南福佬人研究之风时，地处内地云贵高原大山深处的屯堡人研究也悄然勃兴。屯堡人的图片形象在20世纪80年代在媒体上亮相，80年代初，屯堡地戏赴法国巴黎、西班牙马德里等地参加演出，到90年代中期，安顺地戏应邀外出访问表演也成为热潮。屯堡文化的研究以地戏为切入点勃兴了，在汉民族研究中如同惠安女一样，屯堡人研究迅速建构了汉民族研究的另一道亮丽的风景。

最早进入屯堡人研究领域的是以翁家烈为代表的贵州学者，他们在20世纪80年代到90年代初的研究成果，大多汇集在贵州民族研究所和贵州省民族研究学会1995年编辑的内部刊物《贵州少数民族爱国主义·屯堡人专集》中。可见屯堡人的研究基本上与东南沿海的汉人社会研究同时起步，有所不同的一是东南沿海的汉人社会研究一开始就引起了国内外学者的广泛注意，而屯堡人研究起步时基本上局限于贵州学者；二是东南沿海的汉人社会研究的成果公开出版较早，而屯堡人研究的成果公开出版稍晚。贵州学者对屯堡人与屯堡文化研究兴起的过程作过概括：

> 屯堡人与屯堡文化研究方法也有一个从单一到丰富，从平面到立体，从基础到深入的过程，同样也可大致分为二个阶段。
>
> 第一阶段（20世纪80年代至90年代中期）：进行屯堡文化研究的主要是安顺本土和部分贵阳学者。研究对象主要集中在地戏、民

① 谢重光：《客家福佬关系史与闽粤台族群整合、社会和谐问题研究》（2007年国家社会科学基金一般项目，项目批准号：07BM2006）打印本，2012年版，第66—116页。

俗、屯堡人来源等方面，研究的方法主要是经验性、感性描述的方法，相对也比较单一，主要是用历史学、民族学、文学、美学、经济学等传统方法对屯堡文化进行研究，进行了典籍文献和研究材料的收集、整理、汇编。通过田野调查的收集、整理所获得的大量民间资讯材料和调查报告，其中包括文本、图片、音像及实物等四大类。

第二阶段（20 世纪 90 年代至 21 世纪初）：随着研究者范围的扩大，国内学者的不断介入，使屯堡研究有了更多学科学术背景的观照。屯堡文化的研究开始进入一个更为宏观的视野，从社会结构、经济结构、文化的冲突和影响等视角进行研究，民俗学、文化人类学理论方法也引入了屯堡研究。[①]

经过学者们近三十年的努力，屯堡人研究硕果累累，发表了一批论文，出版了一批专著，建构了一支有实力的中青年学者队伍，开拓了屯堡人研究的学术园地——《贵州民族研究》和《安顺学院学报》，搭建了挂靠在安顺学院屯堡研究中心的学术平台——贵州省屯堡研究会，使屯堡人研究风头大兴，成为汉人社会研究的新热点。在众多的研究成果中，代表作是孙兆霞等的《屯堡乡民社会》（社会科学文献出版社 2005 年版），该书运用族群人类学的理论和方法，超越以往屯堡人研究的水平，以广阔的视野、深入的田野调查和丰富的实证材料，首次对一个典型的屯堡村落进行了多学科与多种方法并用的整体性考察和系统—结构解析。描述和刻画了屯堡乡民社会与传统的主流乡土社会在经济、社会、历史、文化等诸多方面的差异，揭示并回答了屯堡聚落及其文化现象在长期留存中变与不变的张力和秘密；提出了旨在描述和刻画屯堡文化性状结构与系统特征的“自组织机制”和“亚稳定结构”概念，为发现和寻求现代乡村重建的内源性资源及其现代性转换所必需的传统支撑，做出了富有启示的探索与思考，使传统的地方性研究超越了狭隘的地域局限而具有了普泛性的意蕴和价值。[②] 从中可见，《屯堡乡民社会》一书不仅超越了一般的屯堡文化研究，也为族群人类学范式的汉人社会研究树起了一个标杆。

---

① 吴羽、龚文静、张定贵等：《屯堡文化研究评述》，《贵州民族研究》2009 年第 2 期。

② 同上。

（5）平话人研究

在中国南方汉人社会研究中鼓起最晚的是平话人研究。

平话人是汉族一个聚居在广西，以及湘南、粤北、滇东部分地区的族群。因其所操方言称为“平话”，是汉语八大方言之一，故称平话人。

平话人的历史虽然可以追溯得很古远，甚至比客家人的历史古老得多，但一直到 20 世纪 80 年代才有人涉足研究。笔者自 1986 年到 1988 年进入平话人研究，与政治系、历史系和民族学专业的本科生对涉及广西平话人极大部分县市进行田野调查，撰写了 267 篇调查报告。1988 年笔者将部分调查报告与从地方志中摘录的广西汉族来源资料汇编成《广西汉族考察》。与此同时，1987 年至 1991 年在广西民族学院民族研究所留学的松本光太郎，先后 3 次对平话人进行了人类学的考察，写成《汉族平话（蔗园）人考》，1993 年 3 月发表在日本东京经济大学《人文自然科学论集》第 93 号上。《广西民族学院学报》1997 年第 1 期全文转发（略有删节）。这篇文章主要涉及的是桂南平话人分布、历史及语言，可以视为对平话人进行族群人类学研究的开山篇。

有意思的是平话人民间对自己的来源也十分重视。1996 年，由南宁市友爱村主持的关于平话人的来历的研究成果，覃芝馨主编的《友爱村志》由广西人民出版社出版。《友爱村志》最有学术价值的是姓氏源流一章，运用田野调查方法，到平话人移民迁出地山东、河南等地进行了实地考察，基本上澄清了平话人是从今山东迁出的误传。紧接着学者们纷纷跟上，1996 年袁少芬在长沙举行的第三次国际汉民族研讨会上宣读了《汉族孤岛文化现象探析》① 一文，将平话人归为“孤岛文化现象”之一。1998 年，笔者主编的《雪球——汉民族的人类学分析》，吸取了既有的包括语言学在内的关于平话人研究的成果，把平话人作为汉族的一个族群，既比较系统地论述了平话人的形成及特点，又比较全面地介绍了平话人形成的历史及人文特征。

此后，笔者与罗树杰、徐桂兰等学者带领当时的研究生侯井榕、罗彩娟、覃锐钧、杨清媚、林敏霞、朱志燕、何月华、梁冬平等 10 余人，对平话人进行了长达八年的田野考察，于 2008 年由黑龙江人民出版社出版

---

① 袁少芬：《汉族孤岛文化现象探析》，载何光岳主编《汉民族的历史与发展》，岳麓书院 1998 年版。

了由笔者主编的《平话人书系》三种：《平话人印象》《平话人图像》《平话人素描》，约 170 万字。“平话人书系”的出版，终于把“藏于深闺”的平话人推上了学术舞台，不仅大大地丰富了华南开发史的内涵，还把族群人类学范式对汉人社会的研究中引向深处，从而向人们揭开了盖在平话人脸上的“红盖头”，使平话人走出了“深闺”，走上了中国的学术舞台，为族群人类学范式对汉人社会的研究增添了一个鲜活的样本。

4. 汉民族研究会的成立及汉民族研究学术研讨会的连续举办

在汉民族研究逐渐兴起的过程中，学术界在高度认同汉民族研究的重要性和学术价值的态势下，1994 年 4 月，由中国社会科学院民族学与人类学研究所（原民族研究所）、广西民族大学（原广西民族学院）民族研究所、中央民族大学、云南大学、广西大学、广东中华民族凝聚力研究会、广东汕头史学会、四川省民族研究所、广西民族研究所、广东省民族研究所、广东省社会科学联合会、云南省社会科学院、湖南省社会科学院、中山大学人类学系、厦门大学人类学博物馆等单位筹备发起成立的群众性学术团体——中国民族学学会汉民族分会（以下简称分会），同年 10 月国家民政部社团司正式批准成立，为汉民族研究搭建了一个全国性的学术交流平台。

在分会成立前，举办过两次汉民族学术研讨会。首次研讨会由广西民族大学发起，1987 年在南宁举行，前已有述，在此不赘。第二次称为“国际汉民族研究学术讨论会”，1989 年 3 月 26—28 日在广东汕头举办，除中国学者外，还有苏联、美国、日本、新加坡等国学者 100 多人与会。从此之后，分会参与举办的汉民族学术会议大多冠以“国际”之名。

分会成立后，到 2018 年为止，先后举办了十二次国际汉民族学术会议：

1996 年国际汉民族学术会议，由湖南省社会科学院承办，在长沙举行；

1998 年国际汉民族学术会议，由广西大学承办，在南宁举行；

2000 年国际汉民族学术会议，由福建省社会科学联合会承办，在泉州举行；

2002 年国际汉民族学术会议，由宝鸡市人民政府、炎帝研究会承办，在宝鸡举行；

2003 年国际汉民族学术会议，由云南省社会科学院承办，在昆明举行；

2005 年国际汉民族学术会议，由山东章丘市人民政府、齐鲁文化研究中心承办，在章丘举行；

2006 年，第五届河洛文化国际研讨会暨 2006 年汉民族研究会国际学术讨论会，由河南省政协、洛阳市政协及河南省社会科学院承办，在洛阳举行；

2007 年，汉民族文化与构建和谐社会学术研讨会，由四川省社会科学院和四川省民族研究所承办，在成都举行；

2012 年，汉民族学会年会与荆楚文化学术研讨会，由中南民族大学承办，在武汉举行；

2013 年，汉民族学会年会暨屯垦文化学术研讨会，由石河子大学承办，在石河子举行；

2017 年，汉民族学会年会暨汉民族与陕西文化两岸学术研讨会，由陕西师范大学承办，在西安举行；

2018 年，汉民族学会年会暨中华民族视域下的汉民族文化研究学术研讨会，由枣庄学院承办，在枣庄举行。

这十二次会议都取得了重要的学术成果，大多出版了论文集，沉淀了学术成果。在此值得提出的是，费孝通先生出席了 2000 年在泉州举行的国际汉民族学术会议，作了“关于汉民族研究的一些想法”的大会发言，这是费先生自 1986 年在《盘村瑶族·序》中提出“研究少数民族不研究汉族不行”的意见之后，在汉民族研究专题会议上第一次、也是唯一的一次讲话。他再次强调：

> 汉族的大多数人民是农民。我对汉族的研究，较为集中在对汉族农民生活和农村变化的研究，较为集中在农村和农民如何摆脱传统的小农经济生产和生活方式，逐步转向工业化、城镇化、集约化、逐步实现现代化。……中国的民族研究必须包括历史上影响最大和人数最多的汉族在内。①

---

① 费孝通：《关于汉民族研究的一些想法——在“2000 年国际汉民族研究学术讨论会”上的发言》，《中央民族大学学报》2001 年第 1 期。

这次费先生更关注的是汉族及汉民族研究的未来走向：

> 如果说在20世纪中华民族所获得的民族独立解放和实现了各兄弟民族的大团结，既是中华民族伟大的历史变革和发展，也在很大程度上使世界的面貌发生重要的改变；那么，21世纪中华民族将实现现代化和在现代化基础上的复兴，更是中华民族在历史上最深刻的跃进，同时也将对世界和平与发展做出更伟大的贡献。这个前景已经展现在我们的面前。①

以上这些，对正确认识汉民族，积极宣传汉民族研究，促进汉民族研究学术交流和发展，增强民族团结，增强中华民族认同感都起到了积极的作用。

三　汉民族研究的意义和价值

任何一门学问都是有意义、有价值的，否则就不称其为学问。汉民族研究作为一种学术研究，究竟有什么学术意义和价值？对此，人们有一个认识逐步深化的过程，有一个逐步实现文化自觉的过程。

（一）对汉民族研究方法论的反思

笔者曾在《广西民族学院学报》1986年第2期上发表了《试论汉民族研究的学术意义》一文，认为在历史学、民族学和民族理论学科中，无论从哪一个方面、哪一个角度、哪一个层次去看，汉民族研究的地位和作用都是至关重要的、无以取代的。1996年初，笔者在北京大学举办的第二届社会文化人类学高级研讨班上就“汉民族研究的人类学意义”作了专题发言，当时乔健先生评议说：“您现在提倡汉民族研究，是汉民族研究很重要的一个创始人，在方法论上是不是要有创新？”与此同时，他还就汉民族研究与汉学研究，与汉人社区研究在方法论上之不同提出了问题。乔先生是我十分敬佩的人类学家，这次他中肯而又明确地提出开展汉

① 费孝通：《关于汉民族研究的一些想法——在“2000年国际汉民族研究学术讨论会”上的发言》，《中央民族大学学报》2001年第1期。

民族研究首先要解决好方法论的问题，对我启发很大，仔细想来汉民族研究的方法论问题包含以下两个方面的内容。

一是汉民族研究与海外汉学的区别是什么？与汉人社区的研究有什么不一样？关于汉民族研究与海外汉学的区别，我认为所谓海外汉学是外国人以中国文化为研究对象的一门学科，称之为“Sinology”。海外汉学与汉民族研究最大的区别在于两者的研究对象不同，前者以中国文化（包括汉民族与少数民族文化）为研究对象，后者是以汉民族为研究对象。1993 年 3 月，笔者在香港中文大学中国文化研究所以“汉民族研究与中国文化”为题讲学时，曾与到会的学者讨论过汉民族研究与海外汉学的关系，本来“汉民族研究”可以称为“汉学”，但是这与国际上通行的“海外汉学”一词雷同，虽然国际上通用的“海外汉学”实际上应为“中国学”，《辞海》也称“今译为‘中国学’”。但人们已习惯称中国学问的研究为“海外汉学”，称研究中国学问的学者为“汉学家”。所以为了避免混淆两者的区别，还是主张用“汉民族研究”来区别于“海外汉学”。

关于汉民族研究与汉人社区研究的区别，主要在于我们所做的汉民族研究最早是从民族学的角度切入的，主张对作为一个民族共同体的汉民族的起源、形成、发展规律，及其特征和文化进行民族学的研究，而汉人社区研究则是从社会学的角度切入，对社会学所表述的特定空间社会关系的概念——社区，运用人类学的理论和方法来研究和揭示汉人社会的一般规律，同时与宏观的社会分析相得益彰，以指导现时代的社会变革。这里很清楚地显示出汉民族研究注重宏观的、历史的、文化的研究，而汉人社区研究则注重微观的、现实的、社会生活的研究，可见两者研究的对象和研究目的都是不同的。

二是汉民族研究的方法论问题。汉民族研究作为运用民族学和人类学的理论和方法的学问，其自身的研究方法是多学科研究方法的综合。笔者最初开始进行汉民族研究，确定的课题是“汉民族史”，所以研究方法基本上主要运用民族形成和发展规律的理论，以及史学的方法，对文献资料进行分析综合，概括出汉民族起源、形成和发展的历史规律。后为了具体勾勒汉民族的形象，又运用文化学和民俗学的理论和方法，对文献资料以及自身对主位文化的亲身感受和体验，探讨了汉民族特征、民族性格和文化。当笔者转向研究当代汉民族的时候，就感到仅仅运用文献资料的分析综合，以及凭个人对主位文化的感受和体验的方法就远远不够了，所以需要引入新的理论和方法来对当代汉民族进行研究，因为我们面对的是现实中的动态的研究对象，必须运用人类学的理论和方法，如参与观察法、问卷法，同时也要对族谱资料、语言等进行研究，如学者对客家人的研究、对闽台惠东人的研究等。总之，回顾笔者汉民族研究方法论的发展轨迹，可以说是从史学方法入门，逐步运用多学科的研究方法，到最近强调运用人类学的方法，体现出汉民族研究方法论具有累加性和综合性两个特点。在综合运用各不同学科的方法时，它们之间虽有差异但并不矛盾，并互动互补，相得益彰。

综上所述，正因为汉民族研究运用了人类学、民族学以及其他学科的理论和方法，对汉民族的起源、形成、发展、结构、特征、文化，以及与其他民族的关系等方面的历史和现状进行宏观和微观的系统研究，所以汉民族研究从方法论上来说，是一门探讨汉民族发展规律的学问。

（二）汉民族研究的意义和价值

历史是一面镜子，又是一本说明书。从汉民族研究的历史来看，其展示出了汉民族研究的丰富内涵，也显示出了汉民族研究在中国民族史和中国通史中不可低估的学术意义。

1. 中外学者的观察和考量

1987 年，在广西民族学院召开的中国首届汉民族研究学术研讨会上，一些学者发表论文阐述了汉民族研究的学术意义和价值。

陈永龄在《探索汉族民族学研究的几个问题》中说："汉民族作为世界上最大的民族共同体，历来是世界学术研究的热点，但迄今仍有许多难点和疑点，甚至还是个'谜'，有待于探索其规律性。"因此，"作为中华民族的主体民族，对汉民族自身的凝聚力和稳定性的研究，具有无比重要的价值"。与此同时，"研究汉民族现代化生活中残存的旧社会形态的沉淀，看看它们在现代化生活中究竟起什么作用，这对今天社会主义现代化的推进很有关系"。

黄淑娉在《大力开展汉民族的民族学研究》中，指出了汉民族研究对建立和发展具有中国特色的民族学的意义，她说："我国各民族长期以来共同生存，互相影响，汉民族无论在历史上还是今天的社会主义建设中，都起着重要的作用。从民族学方面研究汉民族，有重要的理论和现实意义。只有开展汉族的民族学研究才能深入地进行少数民族的民族学研究，也只有开展汉族的民族学研究，民族学才能有更强的生命力。”因此，“要发展有中国特色的民族学，建立中国的民族学理论体系，要使民族学在社会主义建设中发挥应用科学的作用，致力于研究现实问题，都必须开展汉民族研究”。

张正明认为，汉族“根深叶茂，源远流长，她在夷夏相激相汇中形成，在夷夏交流交融中壮大”，汉民族“声名文物，震古烁今，其生命之顽强，创造力之旺盛，堪称卓绝。把她作为一个民族来研究，对于我们继往开来的伟大事业无疑有不可低估的重要意义”。

张敦安在《应该开展对汉民族的民族学研究》中认为，要加深民族学研究，必须加强对汉民族的研究，这是因为：探讨民族的发展规律迫切需要开展对汉民族的研究；建立中国民族学的理论体系需要开展对汉民族的研究；加强民族团结，发展社会主义的民族关系，也必须把汉民族研究提到应有的地位；汉民族自身的发展，需要对其从民族学角度作纵向和横向探讨，以期在世界民族之林永葆青春活力。①

贺国安在《刘克甫对汉民族研究与民族理论》中介绍了苏联学者刘克甫（克留科夫）对汉民族研究理论意义的看法，他说，“在苏联民族学发展现阶段，对汉民族的研究比对其他民族的研究有着更大的重要性。过去，苏联的民族学研究有一个缺点：重民族志而轻理论，写某个民族的历史民族学概论成了风气。从 20 世纪 60 年代起，对民族理论问题开始重视了，诸如民族的定义、特点、类型、发展规律等问题，成了民族学最重要的对象之一。但是，理论研究总要结合具体民族的研究，才能总结出带普遍性的规律。有的民族（如美利坚民族）历史较短，也有的民族（如印度人）历史虽长，但缺乏文献、史料，不可能研究得很具体。汉族在这两方面都具备有利条件。第一，它历史悠久而且连续性强，其发展的链条始终没有中断。在这一点上不同于埃及，古代埃及人与现代埃及人差别就非常大。第二，汉族的历史文献和考古材料极为丰富，史料的时代也很清楚。在这一点上又不同于印度，印度的古代文献年代不够清楚，往往一差就是几百年，这就影响了它们的价值。而中国自古就很重视年代学。这样，时间长，史料多，年代清，就便于抓住一些规律。因此，研究汉民族

① 以上所引均见袁少芬、徐杰舜主编《汉民族研究》（第一辑），广西人民出版社 1989 年版。

的发展史不仅对汉族本身重要，而且对研究整个民族形成和演变的规律具有很大意义”①。刘克甫的看法，把汉民族研究放在世界民族发展规律的高度去观察、去考量，发人深省。

总之，中外学者对汉民族研究学术意义和价值的观察和考量认为：汉民族作为世界上最大的一个民族，研究她的意义是全方向的、多层次的，既有学术意义、理论意义，又有历史意义、现实意义；还有经济意义、政治意义。历史学、民族学、文化学、社会学、经济学、心理学以及民族理论等学科，无论从哪一个方面，哪一个角度，哪一个层次去研究汉民族，都可以丰富和发展本学科，汉民族研究实在是一个硕大无比的学术宝库。②

2. 对汉民族研究意义和价值认识的动态轨迹

笔者对汉民族研究学术意义和价值的观察和考量有一个动态的认识过程。20 世纪 80 年代，我们对汉民族研究的意义和价值停留在历史学和民族理论层面上。1986 年，笔者在《广西民族学院学报》上发表了《试论汉民族研究的学术意义》认为：

> 首先，从历史学的角度来说，由于汉民族有悠久的历史，经历了多种社会形态，是世界四大文明发源地唯一从未中断过历史的一个古老民族，因此，无论是中国民族史，还是中国通史，乃至世界民族史和世界通史，汉民族形成和发展的历史，都是绝对不可缺少的部分。
>
> 其次，从民族学的角度来说，汉民族研究更是一座价值无比的学术宝库。民族学是研究现代各民族发展规律的社会科学，即研究民族的起源、形成、发展过程、地理分布、文化交流、生活方式等的特点和规律。如上所述，由于汉民族人口众多，历史悠久，文化灿烂、特征稳定，因此，无论从民族学的哪一个角度，哪一个层次、哪一个方面去研究，汉民族研究的内容都是异常丰富，非常多彩的。
>
> 再次，从民族理论学科的角度来说，在中国，要研究民族和民族问题的规律，要正确处理和解决中国民族问题，忽视或不重视对汉民族的研究也是不行的。汉民族从起源、形成、发展到今天，成为世界

---

① 贺国安：《刘克甫对汉民族研究与民族理论》，《民族研究》1987 年第 4 期。

② 徐杰舜：《揭开了汉民族研究新的一页——汉民族研究学术讨论会综述》，《广西民族学院学报》（哲学社会科学版）1987 年第 3 期。

上最大的民族，其整个历史过程一脉相承，从未中断，这在世界上是绝无仅有的，研究这样一个民族的发展规律是其他任何民族所不可替代的，因此，汉民族研究在民族理论学科中的地位也是无可替代的。①

20 世纪 90 年代后，笔者受人类学的熏陶和启发，对汉民族研究的学术意义和价值的认识有了新的感悟。1999 年初，新华社记者孟凡夏在对笔者的专访中曾问："汉民族研究为人们打开了一座内涵丰富的学术宝库。在理论上，汉民族研究最主要的意义和价值在哪里?"笔者的回答是：

1. 进行汉民族研究是汉民族认识自我的需要。众所周知，民族学是以民族这个特定的历史范畴为研究对象的一门社会科学。中国民族学以谁为研究对象呢？早在 1956 年费孝通、林耀华两位先生在他们主编的《中国民族学当前的任务》中就明确指出："民族学的研究对象是包括一切民族在内的，在中国的范围里，不但要研究少数民族，也要研究汉族。"但是，事物的发展有时会给人开一个玩笑，1956 年在中国的民族学界对中国的少数民族开展了大规模的社会调查后，人们自觉或不自觉地把注意力全部转移到了少数民族身上，竟然形成了"民族"就是指少数民族的片面观点，最突出的是中国社科院民族研究所有研究我国少数民族的任务，也有研究世界民族的任务，唯独没有研究汉民族的任务，似乎汉民族超然于民族之外，汉民族研究几乎被排除在民族学研究范围之外。

2. 汉民族研究是研究少数民族以及认识中华民族的需要。"汉族离不开少数民族，少数民族也离不开汉族"，这是对中国各民族几千年来民族关系的高度概括。这种关系延伸到学术研究上来看也完全如此，即研究汉民族离不开对少数民族的研究，研究少数民族也离不开对汉民族的研究。譬如，我们研究汉民族的历史深知汉民族从起源到形成到发展，无一不是多元的。在汉民族发展史的各个时期均有大量的少数民族加入，如在汉民族的起源时期，不仅有炎黄和东夷两个集团作

① 徐杰舜：《试论汉民族研究的学术意义》，《广西民族学院学报》1986 年第 2 期。

主源，还有苗蛮、百越、戎狄作支源；在汉民族的形成时期，不仅有夏、商、周、楚、越诸族的融合，也融合了部分蛮、夷、戎、狄；在汉民族的发展时期，不仅同化了北方的匈奴、鲜卑、羯、氐、羌、乌丸、党项、契丹、女真等少数民族，也同化了部分南方的俚、僚、蛮等少数民族。试想，在研究汉民族时如果不研究中国历史上的这些少数民族，汉民族的研究如何才能获得真谛？研究当代汉民族也莫不如此，譬如广西的平话人，据有的学者研究是北宋时狄青镇压侬智高的部队屯守广西后与壮族妇女通婚，吸收了大量的壮文化后形成的。试想，研究平话人，如果不研究宋代的壮族，恐怕对平话人的研究很难取得有价值的成果。还有研究粤语的学者提出汉语粤方言与百越越语的渊源关系。试想，如果研究粤方言不研究百越，尤其是南越的历史、语言和文化，恐怕也很难取得新的成果。凡此等等，不胜枚举。

3. **汉民族研究是发展人类学的需要。**人类学是国际学术界的显学，是一门培养通才的基础学科和领头学科，国外许多大学都设有人类学系，大多数大学都开设人类学课，几乎所有知识分子都了解人类学知识，人类学的应用和传播也极为普遍，不仅政府的行政、外交和对外开发机构聘请人类学家参与工作，而且卫生、教育、精神健康、工业关系机构等也聘请人类学家作顾问，甚至主持工作，但是，我们也知道，人类学的兴起，以及成为一门独立的学科，则是在西方学术土壤中萌芽、发展起来的。汉民族是一个非常巨大的学术宝库，无论你从哪一个学科进入这个宝库都可以得到丰硕的成果。港台著名的人类学家乔健先生在他那篇著名的《中国人类学发展的困境与前景》中就指出："由于传统人类学的研究方法，主要是从小型的、简单的语言即较原始的社会中发展出来的，能否有效地应用这个方法来研究中国这么博大、悠久的复杂社会，是个极具挑战性的方法论问题。"因此，"现有人类学方法不足以有效的研究中国社会"。我觉得这段话对我的启发非常大。因为我们汉民族有许多事情，我们仔细去审视它、考察它、研究它都会觉得无论是民族学的理论和方法或是人类学的理论和方法，可能还无法进行解释，还需要我们进一步去考虑和提升它。比如说，汉民族的历史连绵不断，是世界上唯一的一个历史最悠久的民族。四大文明古国之一，历史没有中断过的就是我们中国的汉族。这样一个汉民族，哪怕是在灭顶之灾的情况下，它照样能够妙手回春。对这种独特的历史现象用传统的理论去解释它，也有不少的解释，但是我觉得还不是那么透彻，还可以作许多新的解释。还有一个就是汉民族的语言，那实在是太复杂了。我跟日本学者谷口房男先生交往，他老是讲“an no”“an no”如何如何，我说：“an no”是不是“我”的意思。他说：“是呀！”刚好，武义方言“我”即为“an no”。所以如果按照中国方言的情况去划分的话，可以说不知道有多少民族，多少国家。但是恰恰这个汉民族不管语言怎样不能交流，但是文字是相通的，汉字在这里起的作用太大了。因此，没有汉字就没有汉民族。但是用西方人类学的理论去解释它，你能解释得通吗？是不是需要我们重新加以提升？由此可见，对汉民族作人类学民族学的研究，除了能对汉民族社会的本质提供新的、实证的和客观的说明外，还能对人类学的许多基本命题，如比较鉴别、文化相对性、传统与濡化、文化涵化、民族形式与国际化等命题用新的案例来确认和诠释；或可能提出新的质疑而发掘出新的命题来，把汉民族的认知方式、世界观、价值观提炼出来充实甚至更新人类学民族学，从而使我们不只对汉民族的文化，甚至整个中国文化，乃至对整个人类文化变迁的历程有一个更全面、更清楚、更准确的认识，使现代人类学民族学在当代汉民族的研究中受到一次洗礼，不仅可以加速人类学民族学的本土化，而且会使现代人类学民族学的理论升到一个高度，从而更具有国际性。我想这也应该是汉民族研究的重要意义之所在。①

笔者20世纪90年代对汉民族研究意义和价值的这些认识，与80年代的认识相比，尤其是在人类学的层面上，无论在广度还是在深度上都有所提高，但仍然有一个很大的局限，即仅就汉民族本身论汉民族，既缺乏整体观，也缺乏整合性。到了21世纪10年代，笔者在推进国家社会科学基金项目“中国民族团结研究报告”和中华民族研究中有了新的顿悟，笔者在《从多元走向一体——中华民族论》后记中记录了这个感悟：

我对我的这本《从多元走向一体——中华民族论》是十分看重

① 孟凡夏：《汉民族研究是一座学术宝库——徐杰舜教授访谈录》，《广西民族学院学报》1999年第1期。

的。从1961年进入中央民族学院分院（现为中南民族大学）师从岑家梧等老师学习以来，先后学习和从事民族研究近48年，特别是自1979年底开始进行汉民族研究以来，积30多年汉民族的研究成果，我提出了关于汉民族研究的雪球理论；又自2000年获国家社科基金立项，开展“中国民族团结研究”以来，在对全国5个自治区、2个民族省（云南、青海）、一个非民族省、两个大城市（上海、深圳）10个田野点进行全面考察的基础上，把中国共产党提出的“民族团结”的口号理论化、实证化了，在该项目的最终成果——《中国民族团结研究报告》中，提出了关于中国民族团结的磐石理论。这两个研究项目的交汇和互动，使我逐渐把学术思路集中到了中华民族身上。

为什么会把学术思路集中到了中华民族身上呢？主要来自两个方面的学术感悟：

一是汉民族这个“雪球”在滚动中形成，在滚动中发展。那么，这个雪球滚动的最终目标是什么呢？长期思考的结果，汉民族这个“雪球”滚动形成和发展实际上是从多元走向一体的一个过程，而且是一个很长的历史过程。汉民族就是民族与民族之间分分合合，合合分分形成的民族融合阶段性成果。从汉民族的案例中，可以窥见中华民族的未来将如何在发展中实现“多元一体”。

二是中国民族团结的这块“磐石”在冲突、磨合和整合中凝结而成。那么，这块磐石的最终用途是什么呢？在一次学术顿悟中，我感到其将是中华民族“大厦”的奠基石。中国民族团结的最终结果，应该是中国各民族从多元走向一体对中华民族的认同。①

可见汉民族研究最重要的意义和价值是：汉民族是中华民族从多元走向一体的阶段性成果，一个成功的案例。这是中国民族关系发展规律的大趋势、大方向。

确实，站在一个更高的角度上看汉族，它不仅仅是一个民族，从某种意义上说它是一个案例，即从多元走向一体的案例。为什么现在西方学者对中国汉民族感到不可思议，因为在他们当中没有出现这么大的民族，13

① 徐杰舜：《从多元走向一体——中华民族论》，广西师范大学出版社2008年版。

亿人口；也没有这样历史悠久的一个民族，上下六千余年，美国仅上下二百年；即使是欧洲、法国，也仅有上下一千多年的历史，他们现在最悠久、记忆最深刻的就是中世纪。我们到法国图鲁兹时别人介绍说这房子是中世纪的，他们都觉得很了不起。如果跑去安阳的话，很多考古发现是公元前两千多年前的。

这样一个汉族，历史悠久、人口众多、世界上无不可及。我们的历史是连续的、没有间断地发展的，不像埃及、两河流域、印度都有中断过，现在的埃及人和古代的埃及人是两回事，现在的印度人和古代的印度人也不一样。汉族历史延绵，人种延绵，人口越来越多，高度认同，各美其美，百花齐放。这样一个民族，如果我们站在一个世界的高度，一个全球的高度去看它的话，它不正好提供了一个很好的样本吗？

民族发展的规律是从多元走向一体。我们看欧洲在走向一体，之前称之为欧联，现在的欧盟，逐渐从政治一体走向经济一体。此外，文化也是比较一体的。我们把汉族放在一个更大的范围里，在人类或者是世界民族关系史上，且不讲世界史，仅从中国民族关系史上来看的话，它正好是非常重要的一个案例、一个样本。

强调中华文化认同，弘扬中华文化，中华民族的精神，中华民族的凝聚力。胡锦涛同志在2009年第五届全国民族表彰大会上讲道："以毛泽东同志为核心的党的第一代中央领导集体确立了以民族平等，民族团结，民族区域自治，各民族共同繁荣为核心的民族理论和民族政策。指导各民族走上社会主义道路，实现了中华民族发展史上最广泛、最深刻的社会变革。"第一次说出民族的发展史，同时又强调了："中华民族的复兴之路"；最后还强调"大力增强各民族对中华民族的归属感。"

更重要的是，2012 年 11 月 29 日，习近平总书记到国家博物馆，在参观了《复兴之路》展览后，对中华民族复兴问题发表了重要讲话。他说：

> 《复兴之路》这个展览，回顾了中华民族的昨天，展示了中华民族的今天，宣示了中华民族的明天，给人以深刻教育和启示。中华民族的昨天，可以说是"雄关漫道真如铁"。近代以后，中华民族遭受的苦难之重、付出的牺牲之大，在世界历史上都是罕见的。但是，中国人民从不屈服，不断奋起抗争，终于掌握了自己的命运，开始了建

设自己国家的伟大进程，充分展示了以爱国主义为核心的伟大民族精神。中华民族的今天，正可谓“人间正道是沧桑”。改革开放以来，我们总结历史经验，不断艰辛探索，终于找到了实现中华民族伟大复兴的正确道路，取得了举世瞩目的成果。这条道路就是中国特色社会主义。中华民族的明天，可以说是“长风破浪会有时”。经过鸦片战争以来170多年的持续奋斗，中华民族伟大复兴展现出光明的前景。现在，我们比历史上任何时期都更接近中华民族伟大复兴的目标，比历史上任何时期都更有信心、有能力实现这个目标。

每个人都有理想和追求，都有自己的梦想。现在，大家都在讨论中国梦，我以为，实现中华民族伟大复兴，就是中华民族近代以来最伟大的梦想。这个梦想，凝聚了几代中国人的夙愿，体现了中华民族和中国人民的整体利益，是每一个中华儿女的共同期盼。①

习近平总书记说出了中华民族的心声，是对中华民族认同的最强烈、最明确的表达。确实，对中华民族认同的问题现在正处在关键的时期。从学术层面上来看，笔者之所以觉得现在把汉族作为一个案例来思考，是因为它经过了几千年的发展走到今天，在认同上没有任何问题，这种高度的归属感也是经过几千年的发展来的。由此可见，汉族认同已经为中华民族认同提供了一个最好的样本。

从汉民族本身提升到一个新的高度，是从整个国家、整个中华民族的高度去看待汉民族，能够看得更清楚，汉民族提供了一个样本，它恰恰是从多元走向一体的一个典型的案例，它恰恰是人类民族共同体、民族过程的最基本规律的体现，这个规律就是从多元走向一体。单独一个氏族、一个部落，是不能成为民族的，任何民族的发展都是从多元发展而来的，只是多元的数量多少而已，所以从这个角度，汉民族研究意义重大。我们过去把汉族仅仅作为汉族去研究，学术的境界较低，等于就汉族研究汉族。现在我们了解汉民族是从多元走向一体过程的一个案例样本，对于我们认识和了解中华民族从多元走向一体是非常有价值的。

近期赵杰发表文章提出了“多流一原”的观点，他认为：“多元一体

① 习近平：《承前启后　继往开来　继续朝着中华民族伟大复兴目标奋勇前进》，载《人民日报》2012年11月30日。

指和而不同的内在建构，多流一原指一个中原向周边的多向互流。因此，自古以来，无论是中原华夏人还是周边东夷、南蛮、西戎、北狄人，都有一种用中原统一周围的意识，即使不在中原也要入主中原再统一全国……实现由中原中央集权发号施令的中华民族意志。”为此，他还进一步阐述说：

> 汉族（把汉朝核心地的人们称为“汉人”，这是周边少数民族叫出来的。）实际上是中原诸族统一体的后裔。历史上，有众多的少数民族从东北、西北进入中原地区并建立了政权，后来又因融入汉族而消失于史乘之中。少数民族与汉族之间既有刀光剑影、桴鼓相攻的一面，也有经济文化交流、互通婚娶，最后融合为一体的一面。可以说，研究历史上中原地区的民族精神融合与交流，是了解中国历史上民族精神融合与交流的一个窗口。
>
> 汉族的血统里融入了许多少数民族的血液。今天的山西太原就有匈奴人的后裔，已被众人周知。河南洛阳又有北魏鲜卑人的后裔，是孝文帝迁都洛阳率鲜卑人改俗汉化所致。比如今河南浚县等地尚有匈奴连氏的后裔，宁夏的贺兰山之“贺兰”与河南浚县的“赫连”氏是同源音变，同为匈奴人的语言所留之痕迹，但除此之外，匈奴人的任何外在表象特征已很难寻觅。汉族的形成其实就是中原主流民族的形成，标明中华民族在多元一体的格局中产生了一个强有力的凝聚核心。①

赵杰的多流一原说从一个新的角度认识了中华民族从多元走向一体的大趋势。总之，从汉民族这个案例样本中，我们既可以把汉民族当作中国各民族从多元走向一体，凝聚成为中华民族的一个阶段性的成果，也可以从中窥见中华民族的未来将如何在发展中实现“多元一体”。这就是汉民族研究最重要、最有价值的意义之所在。

---

① 赵杰：《多流一原的地理承载了中华民族精神》，载《中国民族报》2011 年 7 月 29 日。

第三章　汉民族史研究文献回顾

二十多年前，笔者对20世纪80年代中期前汉民族史研究的情况作了简要的回顾。

关于汉民族的起源，早在公元前1世纪，司马迁在《史记》中就提出了夏、商、周都是黄帝子孙的“三代同源说”。但是，对三代之间的渊源关系，司马迁没有做出明确的交代。以致到了唐朝，司马贞在给《史记》作《索隐》时，就指出夏禹不知祖父是谁①，殷契和周后稷则连谁是父亲都不知道②。笼罩在神话浓雾中的夏、商、周三族的远祖世系及其融合过程则很少有人论及。

在近代，一些西方学者，提出了一个“汉族西来说”。

有的说汉民族来源于埃及。德国耶稣会教士凯什尔（Kircher）早于1654年在其所著《埃及谜解》及《中国图说》中，根据所谓中国与埃及象形文字有颇多相似之处，断定中国古代的人是埃及人的苗裔。继之法国人余厄（Huet）更谓中国为埃及的殖民地，法国人都·给纽（De Guignes）亦云中国文化出于埃及。

有的说汉民族来源于巴比伦。持此说最力者为法国人拉克伯里（Terrien de Lacouperie），在其所著《中国古文明西源论》③中认为《尚书》中所说之“百姓”，是巴比伦巴克（Bak）之转音，故汉民族传说中的始祖黄帝即是巴比伦巴克族的酋长，其率族经海道追随其说，于1899年所著《支那文明史》，列举中国与巴比伦在文字、信仰、传说、政治制度等方面70条相类之处，从而证明汉民族源于巴比伦之说的正确。

---

① 参阅《史记·夏本纪》。

② 参阅《史记·殷本纪》和《史记·周本纪》。

③ *Western Origin of the Early Chinese Civilizaton*, 1894.

有的说汉民族源于印度。法国人戈比奈（Godineau）在 1853 年说：“一要足以证明摩奴法典所言之无误，而且因之足以证明中国文化实由印度英雄时代后一种印度民族（即白色阿利安的首陀罗人）所传入，而中国神话中之盘古实即印度民族迁入中国河南时之酋长。”① 真是荒唐之极。

有的说汉民族源于中亚细亚。英国人波尔（Ball），美国人攀柏里（R. Pumpelly）、威廉士（E. F. Williams）等因为安诺（Anau）和墨夫（Merv）两个古址的发现，推论人类应发源于中亚细亚，后由于其地变为干燥，才分为两支，一支向西迁入巴比伦，一支向东迁入中国。

此外，对于汉民族的起源，还有什么印度支那说，北亚美利加说，土耳其说，等等，真是五花八门。但是，“汉民族西来说”在 20 世纪 30 年代被很多中国学者所批评。②

辛亥革命后，较早把西方学者关于民族的概念介绍到中国来的梁启超，在其所著《中国历史上民族之研究》论及“诸夏”时说：“吾族自古名曰‘诸夏’，以示别于夷狄；诸夏之名立，即民族意识自觉之表征；‘夏’而冠以‘诸’，抑亦多元结合之一种暗示也。”对于“诸夏”地域之扩大，又说：“春秋初期，诸夏所支配地，惟有今河南山东两全省（其中仍有异族）及山西、陕西、湖北、直隶之各一小部分；及其末期，除此 6 省已完全归属外，益以江苏、安徽 2 省及浙江省之半、江西省之小部分；及战国末年，则除云南、广东、福建 3 省之外，中国西部，皆为诸夏势力范围矣。”③ 因人们一般认为“诸夏”即华夏族，是汉民族的前身，故梁启超《中国历史上民族之研究》可以说是近代中国学者研究汉民族的先声。

在 30 到 40 年代，不少爱国的历史学者纷纷著书立说，一面批判“汉民族西来说”的种种观点，一面论述汉民族的形成、发展及其民族精神。其中最有代表性的是商务印书馆 1936 年出版的林惠祥先生所著的《中国民族史》。关于汉民族的起源和形成，林惠祥先生认为汉民族来源于中国

① 转引自郭维屏《中华民族发展史》，1936 年版，第 14 页。

② 以上所引述“汉民族西来说”，参阅林惠祥《中国民族史》上册，商务印书馆 1936 年版；郭维屏《中华民族发展史》，1936 年版；吕思勉《中国民族史》，上海亚细亚书局 1935 年版；李亚农《西周与东周》，上海人民出版社 1956 年版；岑仲勉《汉族一部分西来之初步考证》，《两周文史论丛》，商务印书馆 1958 年版。

③ 《梁任公近著》下册，商务印书馆 1924 年版，第 61—62 页。

古代的华夏系、东夷系、荆吴系、百越系。华夏系“为今汉族之主干”，“汉以前祇称华夏，汉以后则称汉族”。[①] 此外，吕思勉先生在《中国民族演进史》[②] 中，也曾提出过汉民族在秦汉时即已形成的看法。

所有这些，虽然也盛极一时，但是，在马克思主义关于民族形成的理论还不能为广大学术界人士所了解的情况下，这些研究虽不乏真知灼见，也批判和驳斥了荒谬的“汉民族西来说”，但还不能算是马克思主义的科学研究。

中华人民共和国成立后，尤其是在50年代中期，汉民族形成问题的讨论掀起了一个高潮。1953年下半年，苏联学者格·叶菲莫夫发表了《论中国民族的形成》一文，论证了中国（指汉民族）在封建制度消灭与资本主义发展过程中形成民族的过程。但他却称封建社会时期的汉民族为部族。[③] 与此针锋相对，1954年上半年，范文澜同志在《历史研究》上发表了《试论中国自秦汉时成为统一国家的原因》一文[④]，提出了汉民族形成于秦汉时代的意见。他认为：中国自秦汉起，已经具备了斯大林所指出的关于民族的四个特征。“汉族自秦汉以下，既不是国家分裂时期的部族，也不是资本主义时代的资产阶级民族，而是在独特的社会条件下形成的独特的民族。”范文澜同志的这个观点，是我国学者用马克思主义的民族理论，结合中国的国情，创造性地研究汉民族形成问题的第一炮，是汉民族形成问题上的一个重大突破。三十年后的今天，我们可以更清楚地看出范文澜同志的观点，不仅在汉民族形成问题的研究上具有划时代的意义，而且对马克思主义民族形成的理论也是一个丰富和充实。

对此，我国学术界展开了引起国际学术界重视的讨论。当时，除章冠英发表文章，同意范文澜的观点外，其余均持反对意见，宫显、曾文经、杨则俊、魏明经、张正明等同志认为秦汉以来开始形成的是汉部族而非汉民族。汉民族形成的具体时间在这些同志之中又分为两种，一种是宫显、曾文经等同志的汉民族形成于鸦片战争以后的观点；另一种是张正明、杨则俊等同志的汉民族形成于明代后期的观点。凡此种种，分歧很大。[⑤]

---

① 林惠祥：《中国民族史》上册，上海书店1984年版，第9—10页。

② 此书系上海亚细亚书局1935年出版。

③ 载《民族问题译丛》1954年第2辑。

④ 载《历史研究》1954年第3期。

⑤ 均载《汉民族形成问题讨论集》，生活·读书·新知三联书店1957年版。

产生分歧的一个重要原因，是人们对马克思主义经典著作中关于“民族”一词的译名的不同认识和理解。找到产生分歧的原因，就为深入研究开辟了新的道路。20 世纪 60 年代初，北京座谈会的召开，《人民日报》发表了《关于“民族”一词的译名统一问题的讨论》[①]，汉民族形成问题的讨论又趋活跃。在这段时间内，牙含章根据恩格斯“从部落发展成了民族和国家”[②] 的观点，提出了汉民族形成于夏代的意见。他认为“从秦及以前汉族自称‘诸夏之族’这一名称推断，汉族这个民族可能是在夏代就已形成的一个古老民族”[③]。文传洋则提出了汉民族起源于夏、商、周诸民族，而正式形成于秦汉的意见。[④]

关于汉民族的起源，最有影响的是徐旭生在《中国古史的传说时代》（修订本）中所说：“把我国较古的传说总括来看，华夏、夷、蛮三族实为秦汉间所称的中国人的三个主要来源。”[⑤]

很可惜，这样活跃的讨论局面，却由于 1964 年李维汉同志受诬陷，批判了所谓统战、民族、宗教工作部门的“投降主义、修正主义路线”而被破坏了，更使人愤慨的是，1965 年 10 月，林彪、“四人帮”以“批判”《海瑞罢官》发难的浩劫，把一切社会科学，当然也包括汉民族形成问题的研究在内统统绞杀了。

1976 年 10 月，“四人帮”被粉碎后，特别是党的十一届三中全会以后，乾坤扭转，社会科学如枯木逢春，喜获新生，汉民族研究出现了新的转机。进入 80 年代以来，汉民族形成问题的研究又日趋活跃，学术刊物上不时有对汉民族的起源和形成问题很有见地的新论发表，无论在广度上还是在深度上都有较大的进展。从已发表的论文和著作来看，一般都承认华夏族是汉民族的前身。但是华夏族是怎样形成的？华夏族又是怎样发展为汉民族的？却有着两种不同的意见。

一种意见以谢维杨、邹君孟、田继周等同志为代表，他们认为汉民族

---

① 见《人民日报》1962 年 6 月 14 日。

② 《马克思恩格斯选集》第 3 卷，人民出版社 1972 年版，第 515 页。

③ 牙含章：《民族形成问题研究》，四川民族出版社 1980 年版，第 25 页。

④ 文传洋：《不能否认古代民族》，云南《学术研究》1964 年第 5 期。

⑤ 徐旭生：《中国古史的传说时代》（修订本），科学出版社 1960 年版，第 39 页。该书于 1943 年已由中国文化服务社印行，1960 年出修改版时将“民族”一词改为“部族”，即改我国古代华夏、东夷、苗蛮三民族集团为“我国古代三部族集团”。

的形成是分两步完成的。第一步是从夏部落或夏部落联盟发展到华夏民族，在形成的具体时间上却各有差别。谢维杨和田继周认为华夏族形成于夏代。谢维杨在《论华夏族的形成》和《华夏族形成问题初论》[①] 中说：夏代形成的文明民族，是由夏代前夕的部落联盟转化而来的，这个民族就是最初的华夏族。他们不仅创造了夏代国家及其文明，而且也是后来商代和周代国家及其文明的创造者。田继周在《夏代的民族和民族关系》[②] 中说：夏国家的建立对夏族的形成起了重大的作用，从某种意义上讲，它是夏族形成的标志，也是夏族名称的来源，夏族或称华夏族。邹君孟则认为华夏族形成于原始社会末期，即军事民主主义产生的时期，他在《华夏族起源考论》[③] 中对此作了比较详细的论述。由于他们认为华夏族形成于夏代或原始社会末期，所以他们又一致确认夏、商、周三代的民族共同体就是一个，即华夏族。田继周说华夏族形成于夏，发展于商，壮大于周。商人和周人是华夏族的一部分。邹君孟说华夏族产生于我国原始社会末期；中间经过奴隶社会夏、商、西周三代。谢维杨则更加明确地说：夏、商、周“三族”说完全不能成立，因为夏、商、周三代王族是三个亲属家族集团，从一开始就属于同一个华夏族的成员，从而根本否定夏、商、周“三族”的存在。第二步是从华夏族转化为汉民族。对此，谢维杨和田继周的意见比较简略，谢维杨说“华夏”是汉族的古称。田继周说秦汉以后，华夏族与汉族等同起来了[④]。华夏族与汉族被视为同一民族的不同族称，在民族的本质上没有什么区别。邹君孟比较具体地说：到了战国时期，随着封建制度的确立和区域性统一的形成，华夏族融合进众多的少数族，于是，一个新的民族——汉民族便开始出现；及至秦汉之际，汉民族形成，华夏族的历史才告结束。

另一种意见以杜荣坤、钱宗范、王雷等同志为代表，他们认为汉民族的形成是分三步完成的。但是，他们之间又有较大的分歧，首先，对三步的具体过程看法不一致。

杜荣坤和白翠琴在《试论古代少数民族政权与祖国的关系》[⑤] 中说：

---

① 分别见《社会科学战线》1982 年第 3 期；《研究生论文选集 · 中国历史分册》，江苏古籍出版社 1984 年版。

② 载《民族研究》1985 年第 3 期。

③ 载《华南师大学报》（社会科学版）1985 年第 1 期。

④ 田继周：《周时的民族和民族政策》，《思想战线》1985 年第 2 期。

⑤ 载《民族研究》1979 年第 1 期。

黄河中、下游的夏人、商人、周人经夏、商、周三个王朝和其他部落长期相处，华夏族逐渐形成和发展。春秋战国时，华夏族和其他各族接触更广泛、更频繁，与四周的所谓戎狄蛮夷诸族逐渐融合。至秦、汉时期形成了以华夏族为主体的、统一的、多民族的中央集权国家。汉代以后，渐称汉族。他们的看法过于简单，只是一个论点而已。

钱宗范、徐硕如、朱淑瑶三人在《春秋战国史话》第 7 章“民族的斗争和融合”① 中论述从华夏族到汉族的过程。他们说：西周和春秋前期，以夏、商、周三族为核心形成了初期的华夏族；春秋战国时期，华夏族在和兄弟民族不断融合的基础上形成汉族的初型；秦始皇统一六国之时，汉族正式形成。

王雷在《民族定义与汉民族的形成》② 中说：远在三千多年前，中国历史上出现的夏、商、周三个朝代，是汉民族的前身——诸夏部落的时代；秦的统一使华夏各部族开始形成一个统一的民族；从秦开始到汉代是汉民族形成的时期。

张正明在《先秦的民族结构、民族关系和民族思想》③ 中认为：华夏族是夏、殷、周三族汇合而成，“及至周灭了商，又封了虞、夏、殷的遗裔，华夏就算初具规模了”。汉朝建立后，华夏就被称为汉人了。

笔者在《试论古代周民族的形成》④ 中，对汉民族形成的三步过程，作了如下的表述：在周民族形成以前，中国中原地区分别形成夏民族、商民族以及蛮、夷、戎、狄等族；周民族形成后，在春秋民族大融合时期形成华夏民族，秦统一全国时才形成统一的华夏民族；西汉时华夏民族又发展、转化为汉民族。

其次，对夏、商、周三代的人们共同体的性质看法也不一致，杜荣坤和钱宗范等人都笼统地称之为“人”或“族”。王雷则明确地认定其为部族。此外郑杰祥和姚政在他们研究夏代人们共同体的论文中也都认定夏族是夏部族。⑤ 笔者的看法与王雷完全相反，在《从部族的定义看夏、商、周三族的性

---

① 载《春秋战国史话》，北京出版社 1981 年版。

② 载《中国社会科学》1982 年第 3 期。

③ 载《民族研究》1983 年第 5 期。

④ 载《浙江师范学院学报》1984 年第 2 期。

⑤ 郑杰祥：《夏部族起源的探讨》，《河南师大学报》（社会科学版）1980 年第 5 期；姚政：《论夏族的起源》，《西南师范学院学报》1982 年第 4 期。

质——与王雷同志商榷》[①] 中论证了夏、商、周三族是民族，而不是部族。

关于汉民族的起源问题，近年来也有一些论文作了专门探讨。由于汉民族是从华夏民族发展、转化而形成的，所以学者们一般都注重研究华夏民族的起源问题。对此问题，目前主要有三种说法。

一说起源于黄帝。林祥庚在《黄帝与夏商周》[②] 中，从传世铜器和图腾，从巩固的部落联盟关系，从考古文化三个方面论证了夏、商、周三代同源于黄帝。

二说起源于黄帝和炎帝。杨国勇在《黄炎华夏考》[③] 中，从分析先秦典籍入手，查明颛、鲧、禹是黄帝系统的人，祝融、共工则是炎帝系统的人。而“华夏”一词的来源与黄炎的兴起地河南新郑有关。

三是起源多元说。梁钊韬在《百越对缔造中华民族的贡献》中认为，华夏族既以羌族的黄、炎为基础，又融合了南方的一部分苗族和东南的一部分东夷、越族混血形成的。[④] 张正明在《先秦的民族结构、民族关系和民族思想》中认为：无论从血统上来说，从文化上来说，华夏都是蛮夷戎狄共同创造的。所以从族源来看，在华夏中间，蛮、夷、戎、狄就一应俱全了。邹君孟在《华夏族起源考论》中认为，中原以炎黄为首的集团是华夏族形成的基础；部分东夷集团是华夏族组成的重要部分；部分南方苗蛮集团是华夏族组成的另一个重要来源。

综上所述，汉民族起源和形成问题的研究经历了古代朦胧时期；近代西方学者鼓吹的“汉民族西来说”时期；20 世纪三四十年代的初步研究；五六十年代汉民族形成问题的讨论时期；以及 80 年代后进入一个新的活跃时期。从中我们可以看到研究是逐步展开，逐步深入的。但是综观这些研究，无论从数量还是从质量上看，与汉民族研究这个巨大的学术宝库相比还是很不够的，我们还必须加倍努力。[⑤]

历史是不会停滞的，汉民族史的研究从曲折中走向发展，从 20 世纪 80 年代中期到 21 世纪 10 年代，二十多年来[⑥]，汉民族研究得到了学

---

① 载《广西民族研究》1985 年第 1 期。

② 载《学术月刊》1985 年第 3 期。

③ 载《山西大学学报》（哲学社会科学版）1982 年第 4 期。

④ 载《百越民族史论集》，中国社会科学出版社 1982 年版，第 18 页。

⑤ 徐杰舜：《汉民族发展史》，四川民族出版社 1992 年版，第 10—14 页。

⑥ 此二十多年指从 1985 年到 2012 年。

术界较普遍的重视，正如著名历史学家白寿彝教授曾经指出的那样：汉族是中国的主体民族，汉族在全国各民族中，无论在哪个时期，都是人口最多、生产水平和文化水平最高的民族，汉族在全国各民族中，始终成为我们国家的稳定力量。中国历史几千年连续不断，在世界史上是少有的，这个功劳汉族应居第一位。① 正是在这种新的学术背景和态势下，汉民族史的研究在笔者完成《汉民族发展史》之后，1987 年 6 月全国首届汉民族研究学术讨论会在广西民族学院召开，牙含章、费孝通等著名学者给大会发了贺信，著名人类学家林耀华教授为会后所出的《汉民族研究》第一辑题词："愿汉民族的民族学人类学研究揭开新的一页"，从而为汉民族研究指出了新的方向。此后，在学者们的努力下，二十多年来，汉民族研究取得了为世人瞩目的成果，其中汉民族史研究也获得了长足的进步。

在汉民族史的研究中，与本书有关的汉民族起源和形成研究，在汉民族研究从起步期，到初步发展，乃至大发展的过程中，虽经历史的阵痛，却一直成为研究的热点之一，且较之汉民族发展的研究，更是百花齐放、百家争鸣。下面将近二十五年来有关中国汉民族起源和形成研究的主要文献作一简要回顾。

一 关于夏、商、周三族的起源和形成研究

夏、商、周三族的起源和形成问题，是汉民族史研究的起始部分，由于年代久远，文献资料的记载或简或缺，考古材料的发现或有或无，一直是汉民族史研究的热点和难点。

就夏、商、周的族源，林祥庚《黄帝与夏商周》（《学术月刊》1985 年第 3 期）批驳了李亚农《西周与东周》一书中的"三代不同源论"，认同金景芳的"三代同源论"，但争论从未停止过。认为三代同源的主要有：郑光的《二里头遗址与夏文化》（《华夏文明》第一集，北京大学出版社 1987 年版）；田昌五的《先商文化探索》（《华夏文明》第三集，北京大学出版社 1992 年版）；田继周的《先秦民族史》（四川民族出版社

① 白寿彝：《关于中国民族关系史上的几个问题——在中国民族关系史座谈会上的讲话》，朱桂同笔录、瞿林东整理，《北京师范大学学报》1981 年第 6 期。

1996年版)、《夏商周文化是二元还是一元：探索夏文化的关键之二》(《考古与文物》2000年第3期)。认为三代不同源的主要有：笔者的《汉民族发展史》(四川民族出版社1992年版)；周伟洲的《周人、秦人、汉人和汉族》(《中国史研究》1995年第2期)。

在这种二元对立的争论中，2010年，李龙海在《汉民族形成之研究》中提出了一种较中和的观点，他认为：

> (1)从具体的细节来看，夏人、商人与周人有着诸多不同的特征。表现在三者具体的起源地域有别，夏人当起源于晋南；商人起源于豫北冀南太行山东麓地区；周人起源于关中东部渭水流域地区，而兴起于周原。另外三者在天神崇拜观念、习俗制度如日名、族氏名号与女子称名等名号制度、亲属称谓、纪时方式、崇尚的方位、典型陶器及其特征、墓葬制度、占卜方式等方面也表现出差异性。在此基础上，三者拥有各自不同的族群意识。
>
> (2)从大的方面来说，夏人、商人与周人又有许多相同的特征。表现在三者在其早期均生活在黄土高原的东南边缘地带——周原黄土的区域内，且这一地带地处于黄河中游的流域内。三者起源与活动的范围位于农牧业分界线的南侧——适于农生产的一侧。三者均为农业民族，且主要从事旱作农业，以粟类为主要食物。另外，三者的语言相同，在生活习俗上如衣式、发式，墓葬习俗如埋葬方式、墓穴形状、葬式，亲属称谓，纪时方面等也存在着共同的特点。
>
> (3)基于上面两点，笔者对夏人、商人与周人的族属关系概括为：夏人、商人与周人虽是三个不同的民族共同体，但是从大的方面来说，三者又都处在一个共同的文化体内，其文化特征的区别都是细节方面的与具体的。所以说在这种族属关系下，一旦条件具备，双方之间的文化交流与融合便易于进行，并为三者最终在族群意识上的认同打下一个好的基础。[①]

而对夏、商、周三族的起源和形成说则甚为复杂，正如张国硕在

① 李龙海：《汉民族形成之研究》，科学出版社2010年版，第81—82页。

《夏商周三族起源研究述评》[①] 中所说：

> 有关夏商周三族起源问题的研究分歧较多，各家观点皆有其文献和考古材料依据。乍看起来，似乎各家观点都有一定道理，莫衷一是。造成这种现象的原因，大概有两个方面：
>
> 一是文献记载较少且含糊不清，不同文献记载互相有出入。对有关文献材料的分析，有的学者不够慎重，要么把一些文献材料看作绝对精确的记载，或者干脆就完全摒弃不用。
>
> 二是有些学者在文献材料与考古遗存相结合方面不够慎重，出现瞎猜、“乱扣帽子”的现象，对考古资料提出一些错误的设想或推测。

要正确地研究夏商周三族的起源，张国硕认为必须正确把握以下两点：

> 首先，必须建立在确凿的三代文化遗存的基础上，通过对文献和考古材料的综合研究，来追溯三族的历史。三族始源年代应局限在距今4500—4000年之前，以避免造成三族起源的无限上溯。
>
> 其次，要用联系的分析方法来研究三族的起源。据文献记载，夏商周三族的始祖曾经组成一个亲密的部落或酋邦联盟，三族共同活动在一个相近的范围之内，虽然不能完全肯定三族同源的理论，但至少可以说，三族的始祖是活动在一个相邻的范围之内，从各方面材料综合考察，这个大范围应在今晋、陕、豫三省相邻地区，探索三族之某一族的起源，也要兼顾另外三族的起源，甚至也要兼顾与三族关系密切的尧、舜等部落、酋邦的居地。
>
> 综上所述，有关夏商周三族起源的研究，虽然取得了一些进展，但令人信服、完美无缺的观点尚未出现，相对来说，有关夏族的起源，豫西说、晋南说的证据较充分一些；关于商族的起源，山西说的说服力更强；关于周族的起源，则应把注意力集中在对山西说和陕西说的论证上。

---

① 载《中国史研究动态》1996年第10期。

（一）关于夏族起源和形成研究

夏族的历史一直处在朦胧之中，但关于夏族起源和形成的研究是作为汉民族起源和形成研究必不可少的一个重要内容。张国硕认为：“关于夏族的起源，概括各家之言，主要有豫西说、晋南说、山东说、东南地区说和四川说。豫西说支持者人多势众证据也较充分。”① 但并不是“无懈可击”。“晋南说文献证据颇有分量，但其一个致命弱点‘难以解释’陶寺类型与二里头文化的不衔接现象。”“关于山东说，其漏洞较多……东南地区说更是值得商榷……至于四川说，更不足信……相对来说，有关夏族的起源，豫西说、晋南说的证据较充分一些。”②

具体而言，吕琪昌认为：“从考古实际确定了大汶口文化‘颍水类型’及中原龙山文化‘王城岗类型’之后，夏族的来源已是呼之欲出了。二里头文化来自‘王城岗类型’龙山文化，‘王城岗类型’龙山文化又源于大汶口文化颍水类型。‘颍水类型’的来源则是海岱地区的大汶口文化。所以夏族是在大汶口文化中晚期时由海岱地区进入中原的史前东夷族的一支，是可以肯定的。”③

林向认为：“总而言之，从考古文物来看夏与蜀的亲密关系，无论是古城，还是字符，或者是对龙的崇拜，都从不同的角度证明夏禹与蜀有文化上的同源关系。由此可见，夏蜀同源问题既于文献有证，又得地下出土物的印证，有了这‘两重证据法’的证明，确是有案可查，无须怀疑的了。”④

王克林认为夏族及其文化当起源于山西，他说：“有关夏族和文化的起源，从迄今所见的考古文化判断，目前只能说在山西晋南。而河南地区说只能说是夏族建国后辗转迁徙于中州大地伊、洛一带的后期活动中心。”⑤

叶林生认为禹的本相是神社神，禹渊源于北方的狄族。“夏族源于北方一部分向南与东夷族杂居，文化上互相吸收，并有婚姻关系。另一部分

① 张国硕：《夏商周三族起源研究述评》，《中国史研究动态》1996 年第 10 期。

② 同上。

③ 吕琪昌：《从夏文化的礼器探讨夏族的起源》，《中原文物》1998 年第 3 期。

④ 林向：《蜀与夏——从考古新发现看蜀与夏的关系》，《中华文化论坛》1998 年第 4 期。

⑤ 王克林：《论夏族的起源》，《文物季刊》1997 年第 3 期。

由山西北部南进。与东夷族渊源极深的一部随东夷有虞氏由东向西发展，在伊洛流域建立了夏王朝。”①

谷因认为：“新石器时代居于我国东南沿海地带的古骆人属于海洋型文化群落，习水便舟是其显著的文化特征。夏越民族都以‘骆’为最早名称和别称，并都具有习水便舟的文化特征，因此夏越民族都同源于古骆人。”② 又认为：“骆是越族和夏族的别称，也是最早的名称。越族最早称骆，源于越族先民以骆马为图腾，夏族最早名称曰骆，亦源于夏族先民以骆马为图腾。这说明越族和夏族存在同源关系，即都出自古骆人。”③ 还认为：“中原的骆人是骆人向北发展的最前头部落，他们是后来夏民族的先民。江南各地骆人称越，则因为夏人南下和越人的再南下交融而起。夏越同源于古骆人，他们是同一族系民族。”④

王宁认为：“夷是夏王朝所属诸部族的自称或统称，夏代没有夷、夏之分，故亦无夷夏交争或融合之事。”⑤

方酉生认为：“良渚文化晚期和马桥文化，是与夏代文化同时并存，并与夏文化互为影响的东夷族文化，夏与东夷族关系始终十分密切。”⑥

田继周认为：“夏族或华夏族形成于我国从原始社会向阶级社会过渡的‘五帝’时期，夏朝的建立可以作为它形成的标志，也是名称的来源。夏族或华夏族经过商周时期，得到了发展和壮大，后由于汉朝的存在而又逐渐改称汉族，但族体未有质的变化。”⑦

李晓路认为：“从地域上看，夏文化按李氏所言‘夏文化’包括先夏文化、夏代文化和夏后文化活动时期几件重大事件的发生地点，与江淮江南有十分密切的关系。从文化特征上看，夏文化与活动在东南地区的古越文化有较多相似之处……夏文化的活动中心应该在长江下游西岸地区。”⑧

---

① 叶林生：《禹的真相及夏人族源》，《苏州大学学报》1997 年第 4 期。

② 谷因：《从习水便舟文化特征看夏越民族的同源关系》，《贵州民族研究》1996 年第 3 期。

③ 谷因：《骆是夏越民族最早的名称》，《贵州民族研究》1994 年第 3 期。

④ 谷因：《从骆的名称看夏越民族的同源关系》，《贵州民族研究》1995 年第 2 期。

⑤ 王宁：《夷夏关系新论》，《东岳论丛》1994 年第 6 期。

⑥ 方酉生：《夏与东夷族关系新探》，《东南文化》1992 年第 2 期。

⑦ 田继周：《夏族的形成及更名汉族》，《民族研究》1990 年第 4 期。

⑧ 李晓路：《夏文化地望在东南地区说》，《江汉论坛》1987 年第 11 期。

由此可见，目前学界关于夏族起源的观点主要集中在豫西说与晋南说的争论上。据李龙海在《汉民族形成之研究》的论证，认为：近年来，随着豫西夏文化考古工作取得重要成果，使不少学者对夏人起源于豫西深信不疑。不过也有学者或从文献记载，或从考古材料认为晋南说也是同样不可忽视的，并指出近年来对晋南考古发掘工作进行得较少，是晋南说得不到重视的重要原因之一。要探讨夏人的起源地域，文献记载的夏人最初活动地名是解决此问题的一把钥匙。《史记·封禅书》正义引《世本》："夏禹都阳城，避商均也。又都平阳，或在安邑，或在晋阳。"平阳，即今临汾西；安邑，即今夏县境；晋阳，即今虞乡附近，曾为夏都的平阳、安邑、晋阳均在山西南部，古今学者无疑义。可见以上这些地名最早都在晋南，所以，夏人起源于晋南的说法确有相当的证据，应当格外予以重视。[①] 与此同时，袁广阔通过对二里头文化、新砦期文化、山西龙山文化及东下冯类型一期文化比较后指出：虽然就二里头文化的陶器而言，的确是吸收了当地龙山或"新砦期"文化的大量因素，但是如果从城址、房基、灰坑、陶器纹饰等综合因素分析，二里头一期文化与"新砦期"的差距还是比较大的，而它却与晋南陶寺在房基、灰坑、墓葬习俗和礼制、陶器等方面有着相同或类似的特征。所以，山西龙山文化也应视为二里头文化的一个重要来源。[②]

（二）关于商族起源和形成研究

商族在历史记载中的迁徙不定，使商族的起源和形成问题是一个长期议论不一的研究课题，历代学者们的观点主要有司马迁最早的西方说（陕西商洛）、东方说（鲁西南、豫东地区）、北来说（东北地区）、江浙说、河北说、冀中说、山西说七种，其中尤以东方说为多。张国硕认为，商族起源主要有陕西、东方、河北、冀鲁豫、东北及山西六说。"陕西说多是汉晋学者的推测，考古材料得不到任何佐证……关于东方说，尽管赞同者较多，但各家并非完全一致……河北说，主要是依据一些文献和对甲骨材料的解释，几乎没有与考古材料相结合。冀鲁豫说把商族的活动区域扩大，但其不足之处则是包括了东方说和河北说的各种缺陷。至于东北

① 李龙海：《汉民族形成之研究》，科学出版社 2010 年版，第 37—39 页。

② 袁广阔：《再思二里头文化的来源》，《中国文物报》2005 年 6 月 24 日。

说，存在两大弊端，一方面，东北说并未建立在确凿的商文化遗存基础上，另一方面，东北与中原相距甚远，不可能与夏、周二族及尧、舜部落建立一个密切的联盟。关于山西说，相对而言，在文献与考古两方面的证据较其他各说更充分一些”①，但仍有不尽圆满之处。

宋新潮归纳为四说：

> （1）东北说（金景芳《商文化起源于我国北方说》，《中华文史论丛》第七辑、干志耿、李殿福、陈连开《商先起源于幽燕说的再考察》，《民族研究》1987 年第 1 期和《商起源于幽燕说》，《历史研究》1985 年第 5 期、蔺新建《先商文化探源》，《北方文物》1987 年第 1 期、张博泉《关于殷人的起源地问题》，《史学集刊》1981 年第 00 期）；（2）冀中说（邹衡《关于探讨夏商文化的几个问题》，《文物》1979 年第 3 期、《论菏泽地区的岳石文化》，《文物与考古论文集》，文物出版社 1987 年版和《论汤都郑亳及其前后的迁徙》，《夏商周考古学论文集》，文物出版社 1980 年版）；（3）西方说（陕西商洛）（陈昌远《商族起源地望发微》，《历史研究》1987 年第 1 期、姚政《论商族的起源——兼论黄帝》，《南充师院学报》1987 年第 1 期）；（4）东方说（鲁西南、豫东地区）（杨亚长：《试论商族的起源与先商文化》，《北方文物》1988 年第 2 期、郑伯昂：《论红山文化非先商文化——〈商先起源于幽燕说〉商榷》，《商丘师专学报》1987 年第 1 期和《先商文化及其渊源与发展》，《商丘师专学报》1985 年第 2 期、王玉哲《商族的来源地望试探》，《历史研究》1984 年第 1 期、杨宝成《商文化渊源探索》，《华夏文明》第 1 集）。②

但有人又提出山东说。龚维英认为：“商族属于东夷鸟图腾族团，今之商丘即古之商地。”③ 荆三林认为：“商族发源于太华之阳的洛河和丹江流域，以后逐渐向豫北、豫中发展，至成汤时到达今山东曹县、江苏徐州

① 张国硕：《夏商周三族起源研究述评》，《中国史研究动态》1996 年第 10 期。
② 宋新潮：《近年来商族起源研究概述》，《中国史研究动态》1990 年第 5 期。
③ 龚维英：《商的由来浅说》，《中学历史教学》1985 年第 2 期。

一带。"[1] 景以恩认为："研究商族起源问题，不能单就商族而论商族，首先必须对古书记载的夏、商、周的祖先禹、契、稷同出于黄帝以及他们在同一个组织中共事，做出正确的判断。"[2] 夏商周的祖先禹、契、稷同出于黄帝，同生活于山东地区，并在同一组织（虞夏联盟）中共事，"商族当起源于齐东地区"。王宁认为："商民族本是起源于东亚或中亚的蒙古人种，本是一个游牧民族，因其故地气候发生变化，故向南游牧迁移。夏族当地土著原住民和商族是蒙古人种之先人在山东与当地土著民族共处，两种文化融合而成灿烂的华夏文化，并因此形成的。"[3] 韩建业认为："商始祖帝喾一族大约生活在豫东、鲁西南一带。到龙山前、后期之交，其一支北迁入冀东北京、津、唐地区，与来自西北方的戎狄族融合，形成以契为首领的商族和以哑叭庄型龙山遗存为代表的早期先商文化。漳河型为晚期先商文化。"[4]

有人又提出豫、冀说。杨亚长认为："灭夏之前的商族是以高辛氏族为核心而逐渐形成的。该氏族以鸟为图腾，属于少昊氏鸟图腾集团的一个分支。先商族的发祥地在今鲁西南地区，后来逐渐向西发展而主要聚居在豫东商丘一带。"[5] 丁山认为：契居蕃应在"滱水支流的博水流域"，砥石在今河北泜水流域，"商人发祥地决在今永定河与滱河之间"！"商族起于易水，溯着滴水东南进，到了成汤时代，定居在汶水流域"。[6] 张国硕认为：商族的始源地在关中东部与山西相邻地区，客省庄二期文化的东部类型即为其文化遗存。昭明到相土前，商族在晋南、晋中地区流徙，其文化特性逐渐丧失，而被当地文化逐渐同化。相土时带着晋南、晋中地区的文化风格东迁，并最终定居豫北、冀南地区，在吸收了当地原龙山文化因素的基础上，形成先商文化——下七垣文化，并直接演变为二里冈期商文化山西说。[7] 与此相近的李江浙认为："商族作为独立的氏族实体是在大费秦族的基础上发展起来的大费秦族的一个分支"，原始发祥地为漳河地区"'商'起

---

① 荆三林：《试论殷商源流》，《郑州大学学报》1986 年第 2 期。

② 景以恩：《商族源于齐东新探》，《学术月刊》1996 年第 10 期。

③ 王宁：《商民族来源新说》，《民族论坛》1997 年第 4 期。

④ 韩建业：《先商文化探源》，《中原文物》1998 年第 2 期。

⑤ 杨亚长：《试论商族的起源与先商文物》，《北方文化》1988 年第 2 期。

⑥ 丁山：《商周史料考证》，中华书局 1988 年版，第 17、29 页。

⑦ 张国硕：《商族的起源与商文化的形成》，《殷都学刊》1995 年第 2 期。

初是人名”，由于商及其族人的久居之地，又转化成“商族的原始发祥地”。[①] 刘绪认为通过分析夏代族际关系和各族分布情况得知，商族发祥地在冀中南及邻境地区。[②]

有人又提出晋南说。陈昌远认为：“契居蕃在晋南一带，汤时又迁回到了晋南，并把80年代发现的垣曲商城确指为汤居之亳可称作‘垣亳说’。”[③] 林祥庚认为：“以鸟为图腾，始祖有卵生传说同东夷族产生没有必然的联系”，“商遗民与东夷诸国结成反周联盟，不能说明商夷有血缘关系”，“‘殷’非‘夷’之变字，古书并无称殷为夷的记载”，“山东不可能是商族的起源地，山东龙山文化不可能是殷商文化的先型”，并从语言、服饰、重要习俗、种系等层面进行论证，得出结论为“商族非起源于少昊族，也不属于东夷族系，但却是一个受到东夷族影响很深的华夏族系的部族”。[④]

最近，李龙海在《汉民族形成之研究》中对商人的起源地作了研究，他认为，探寻商人的起源，首先要清楚先商时期商人活动的地域。张衡《西京赋》曾言：“殷人屡迁，前八后五。”目前在豫北冀南地区发现了大量的文化遗址，被学界称为下七垣文化。下七垣文化与早商文化之间存在着诸多相同的特征。以陶器为例，两者就均以夹砂和泥质灰陶为主，器表多饰绳纹，细绳纹尤为流行。对于比下七垣文化更早的先商文化，学界主要存在着四种不同的认识：一种认为河北涧沟型龙山遗存为先商文化之源；一种认为下七垣文化的主流是继承晋中龙山期文化逐渐发展而形成起来的；一种认为“东下冯文化、辉卫型、南关外类型”为先商文化，将漳河型排除在外；一种认为豫北冀南的后岗二期文化为早期先商文化。以上四种观点，东下冯类型为夏文化的一个地方类型；后岗二期文化也被学者所否定；晋中地区的文化遗存其族属包括鬼方、土方、舌方、燕京之戎，所以都不会是先商文化的主源；只有河北涧沟龙山文化在文化特征上与漳河型先商文化存在着承袭关系。但不可否认的是，前几种文化对下七垣文化都产生了一定的影响。所以李维明在比较了相关考古学文化的特征后指出，“先商文化漳河型主要来源于豫北—冀南地区龙山文化，其次来

---

① 李江浙：《商族起源新考》，《北京社会科学》1989 年第 3 期。

② 刘绪：《从夏代各部族的分布和互相关系看商族的起源地》，《史学月刊》1989 年第3 期。

③ 陈昌远：《商族起源地望发微》，《历史研究》1987 年第 1 期。

④ 林祥庚：《商非东夷说》，《福建师范大学学报》1985 年第 3 期。

源于晋中、南地区和豫东龙山文化以及二里头文化”[①]。可见，从考古学角度，商人与先商文化的起源可以追溯至豫北冀南太行山东麓地区，而同时又受到邻近民族与文化的影响。

（三）关于周族起源和形成研究

在夏、商、周三代中最后一统“天下”的周族，二十多年来关于周族起源和形成研究，公开发表的论述较少，且以起源地论述居多，族源探溯居少。张国硕认为：“目前学术界主要有陕西说，泾水上游说、甘青说、山西说和黄土高原说等观点。”[②]

1. 陕西说

陕西说认为周族始源于陕西关中地区，有的确指在武功地区。阎忠认为：“周族的发祥、发展、立国，乃至最后的衰落都与戎狄各族玁狁、鬼方等的兴替密切相关，周族是居于陕甘一带的古老部落，始祖名弃。”[③]葛志毅认为：“周自夏末不窋失官起便深入戎狄中求生与发展，后受中亚民族迁徙浪潮的冲击，向东发展。周向东发展的过程亦是不断与东、西戎狄斗争的过程，这迫使它作出各种认同中原文化的努力。”[④] 尹盛平明确提出先周文化渊源于武功一带的漆水下游，即所谓古邰地当无疑。[⑤] 姚政对武功邰地说又进一步加以考证。[⑥]

2. 泾水上游说

持此说法者认为，周族起源于今甘肃平凉、庆阳及陕西彬县以北的泾水上游地区。胡谦盈认为：“所谓‘周后稷封邰’之地望的传说出于后人附会。”[⑦] 根据先周文化的分布状况加以考察，目前已知的周人最早的居住和活动地区，是在泾水上游流域，因此，周族兴起于泾水上游流域，后来才进驻关中平原地区。

---

① 李维明：《先商文化渊源与播化》，载《三代文明研究》（一），科学出版社 1999 年版。

② 张国硕：《夏商周三族起源研究述评》，《中国史研究动态》1996 年第 10 期。

③ 阎忠：《周族的兴替与戎狄族的关系》，《松辽学刊》1993 年第 3 期。

④ 葛志毅：《周人变戎复夏考论》，《中国史研究》1991 年第 4 期。

⑤ 尹盛平：《先周文化与周族起源》，《华夏文明》第 2 集，北京大学出版社 1990 年版。

⑥ 姚政：《论周族的起源——兼论黄帝》，《四川师范学院学报》1995 年第 4 期。

⑦ 胡谦盈：《浅谈先周文化分布与传说中的周都》，《华夏文明》第 2 集，北京大学出版社 1990 年版。

3. 甘青说

刘起釪认为："华夏族最早的祖先分别被称为姬、姜两姓的黄帝族、炎帝族，是由称为少典、有蟜的氐羌两族发展分化出来的，接着是夏族、四岳族，直至岐周的姬、姜两族，也都是先后从氐羌两族发展分化出来的。""渭以北迄河西走廊大抵为古代氐族区域，渭以南的陇西，青海以迄川、藏，大抵为古代羌族区域。"①

4. 山西说

山西说的首创者是钱穆。② 此后持这种观点的有杨升南③、王克林④、王玉哲⑤、李民⑥、邹衡⑦、徐中舒⑧、李仲立⑨。

5. 黄土高原说

田昌五认为："邰不在武功，在闻喜而又非周之祖居。""姬、姞同宗黄帝，它们原来可能在今晋陕与内蒙古、宁夏之间，后来夹黄河东西而南下。周人是其偏西的一支，以洛水为南下路线。"⑩ 周人沿洛水南下，西与羌人结盟，至洛水下游又与夏人结盟，在夏商之际返退至汉水上源而后再度南下发展。

二 关于楚族的起源和形成研究

季羡林先生曾言："中国古史应当重写"，"春秋战国时期，楚文化或者南方文化至少可以同中原文化并驾齐驱"。⑪ 而为此话作注的就是著名史学

---

① 刘起釪：《周姬姜与氐羌的渊源关系》，《华夏文明》第2集，北京大学出版社1990年版。

② 钱穆：《周初地理考》，《燕京学报》1931年第10期。

③ 杨升南：《周族的起源及其播迁》，《人文杂志》1984年第6期。

④ 王克林：《试论齐家文化与晋南龙山文化的关系——兼论先周文化的渊源》，《史前研究》1983年第2期。

⑤ 王玉哲：《先周族最早来源于山西》，《中华文史论丛》1982年第3辑。

⑥ 李民：《尚书与古史研究》，中州书画社1983年版。

⑦ 邹衡：《论先周文化》，《夏商周考古学论文集》，文物出版社1980年版。

⑧ 徐中舒：《周原甲骨文初论》，《古文字研究论文集》，《四川大学学报丛刊》1982年第10辑。

⑨ 李仲立：《试论先周文化的渊源——先周历史初探之一》，《社会科学》1981年第1期。

⑩ 田昌五：《对周灭商前所处社会发展阶段的估计》，《华夏文明》第2集，北京大学出版社1990年版。

⑪ 季羡林：《中国古史应当重写》，《群言》1993年第6期。

家张正明先生，正是他对楚文化和长江文化研究的开拓性贡献，让中华文化史增添了璀璨的一页，1987 年出版了开拓性的楚文化研究专著——《楚文化史》（上海人民出版社）。在书中，张正明把楚文化比作一只凤凰。他说，楚人的性格，像他们的生活一样多姿多彩，他们写下的历史，他们留下的文物，使身为后人的我们看到，他们不仅有筚路蓝缕的苦志，有刻意求新的巧慧，有发扬蹈厉的豪气，有谄神媚鬼的痴心，而且他们有顾曲知音的才情。张正明先生对楚学的开拓可以说是 20 世纪末中国学术界最重要、最辉煌的成果：1988 年，张正明主编的《楚文化志》出版，这是楚文化研究由专题讨论进入再现楚文化面貌阶段的代表作。随之，张正明主编的“楚学文库”共 18 部专著出版，其中《楚史》为张正明独著。在《楚史》中，他第一次提出了“楚学”这一概念，并把楚学放在中华民族历史长河中进行考察，再现了楚文化的兼容性、独创性、中介性、集成性等文化特征。

在这个背景下，学者们对楚族研究继续保持开放的势头，研究领域不断扩大，童恩正认为：“楚文化的形成吸收了长江南北众多的土著文化的营养。楚文化形成的多源性使其在先秦时代成为南方文化的顶峰。从考古学材料来看，古代中南半岛及整个亚洲太平洋区域的文化均直接或间接受到楚文化的影响。”① 最为重要的是张正明开拓的楚文化研究，他的代表作《楚文化史》阐述了楚文化的渊源及其形成发展过程，认为：“楚文化是糅合了中原文化的末流和楚蛮文化的余绪而形成的一种带有浓重的地方特色的古代文化。西周时期为楚文化的滥觞期，春秋时期为其茁长时期，战国早中期为其灿盛期，战国晚期为其滞缓期，秦至西汉早期为楚文化向汉文化转化期。”②

对于楚族的起源和形成研究来说，1988 年是一个收获年，何光岳的《楚源流史》（湖南人民出版社 1988 年版）一书，对祝融氏黎和九黎的来源和迁徙，昆吾氏诸国、董姓诸国、彭姓诸国、曹姓诸国的分布和迁徙，荆楚的来源及其迁移，夔、胡两国关系，鄂国、越章国、罗国、麇国的来源和迁徙，楚族名敖，楚国王族氏族等详加考述。李玉洁在《楚史稿》（河南大学出版社 1988 年版）一书中对楚族起源、楚国建立和发展从政

① 童恩正：《从出土文物看楚文化与南方诸民族的关系》，《湖南考古辑刊》1986 年第3 期。

② 转引自张正明《楚国史 · 弁言》，载魏昌《楚国史》，武汉出版社 2002 年版。

治、军事、经济、文化等方面作了较为系统的叙述。王光镐的《楚文化源流新证》（武汉大学出版社 1988 年版）一书认为楚族之根在中原，形成于鬻熊时期，在武王时期进入国家文明，楚、楚地、楚人的文化是一个多元化系统，其中只有楚公族集团的文化才是最有典型意义的楚文化，这一文化是在中原华夏文化的基础上产生起来的，其形成于春秋早期，繁荣于春秋中晚期至战国中期，战国晚期为衰退期。

但是关于楚族源问题讨论分歧很大，有人认好大致可分为三类：一为楚祖高阳说属华夏集团；二为楚祖炎帝说属苗蛮集团；三为非夷非夏亦夷亦夏说多民族融合。

（一）华夏说

庄春波认为，“楚族源于华夏族”①。薛正昌认为：“楚族的先祖出自黄帝系统，属于华夏族的一支。”② 楚文化不仅是构成民族古文化的重要组成部分，而且与中原华夏文化有着千丝万缕的联系，具一致性与平衡性，是汉文化形成的前身之一。杨权喜认为：楚文化是长江流域与黄河流域两大文化系统长期交融的结晶，这长期交融过程的主线乃为江汉的土著文化，但在相当于商、西周阶段，中原先进的青铜文化又曾起过主导的作用，而楚文化特色的产生显然为土著因素所决定。楚文化与同期的中原文化相比较，同一性是基本的方面，差异性是次要的方面。③

（二）苗蛮说

顾孟武认为：楚世家是“令居楚”而称楚，春秋时被公认为祝融之后，其先可上溯至颛顼，颛顼源于西方，故楚世家之先也出于西方民族，其为羌族芈姓，而其庶民大都为土著蛮族。④ 伍新福认为“楚族的先民是在原三苗和荆蛮地域内土生土长的‘蛮族’，很可能就是三苗集团和并蛮集团中的一支和组成部分”，因长期近居于华夏族，被中原文化同化，“由夷变夏”而成，“同苗族先民是同源异支”⑤。吴永章认为：“楚擅称王侯、崇

---

① 庄春波：《楚族溯源》，《江汉论坛》1986 年第 1 期。

② 薛正昌：《楚民族与楚文化及其演进》，《衡阳师专学报》1989 年第 3 期。

③ 杨权喜：《楚文化与中原文化关系的探讨》，《江汉考古》1989 年第 4 期。

④ 顾孟武：《楚世家族源新探》，《中南民族学院学报》（人文社会科学版）1987 年第 4 期。

⑤ 伍新福：《荆蛮、楚人与苗族关系新探》，《求索》1988 年第 4 期。

风尊虎、服短衣、好着彩衣、椎髻、喜饰物、饰服、能歌善舞、以笙为乐、重‘少’者、‘信鬼而好祠’、祭山鬼、重招魂、行巫风与卜式、善于舟战与竞渡之戏、尚武与善射”的习俗，“与南方诸族颇多相类之处”，“楚与南方诸族先民，均属‘南蛮’系统”，“楚即属于南蛮集团的一支”①。何明新认为，楚源于黄帝，后南迁江汉流域，与南方民族相融合、涵化，理应属于蛮夷，“源于黄帝的楚族，南迁江汉流域后，虽然仍保留楚之名，但在漫长的历史发展过程中，与南方众多古老民族互相影响甚至融合吸收了优秀的南方文化，形成一个民族复合体，逐渐发展为在社会文化、民情习俗方面与中原国家不同的一个民族，用春秋战国时期区分夷夏的标准来看，理应属于蛮夷”②。刘岩认为：“楚和濮、越不是同一民族，语言也不是同一系属，但楚民族与濮、越民族之间产生了很深远的文化渊源关系，楚文化中蕴存极为丰富的濮、越人的土著文化，而濮、越亦吸收楚文化，二者既已发生过民族上之亲缘关系。”③ 石宗仁认为：“三苗之后为荆蛮（蛮夷），荆蛮之后为苗族，楚国是苗族建立的国家。”④ 王廷洽认为：“楚人进入青铜器时代也就标志着楚国国家的形成，进入了文明时代。”⑤

（三）融合说

夏渌认为，楚国族源具有双重性，其“王室贵族家谱，可以上溯至中原的华夏族血统，南下荆楚以后，变服从俗为之长，与土著民融合一体，形成了新的楚族，土著民以苗蛮集团为主，但也不能排斥东夷、诸夏集团部落交错并存的可能。关于楚族的夷夏问题，中原各国多以蛮夷视楚人。楚人自认为夷狄，楚既不属于中国，也不尽同于蛮夷”⑥。

此外，还有楚越同祖说，黄德馨认为：“‘楚越同祖’这一命题，不能全盘否定，因为夔越和楚王封于越族聚地的封君如鄂王等，与楚同祖皆

① 吴永章：《论楚文化与南方民族文化的关系》，《民族研究》1992年第6期。

② 何明新：《楚为蛮夷考》，《重庆师范大学学报》（社会科学版）1995年第3期。

③ 刘岩：《濮说三题》，《云南民族学院学报》（哲学社会科学版）1995年第3期。

④ 石宗仁：《楚文化特质新探》，《中南民族学院学报》（人文社会科学版）1996年第1期。

⑤ 王廷洽：《论楚国形成过程中的转化契机》，《民族论坛》1996年第2期。

⑥ 夏渌：《变服从俗为长说——试论楚国族源问题的双重性》，《中南民族学院学报》（人文社会科学版）1987年第4期。

为芈姓”，但“建于长江下游以会稽为中心的越国是与楚不同祖的”。[①] 从上可见楚族起源于苗蛮说占主要地位。但李龙海在《汉民族形成之研究》中认为，南方说（即苗蛮说）虽然有相当多的学者坚持，并有大量的文献与考古材料辅证，但其在对文献记载的认识与解读上似乎存在着不足，一是它回避了文献关于楚族祖先在中原活动的记载；二是南方说既已认为楚苗同源，故而在推测长江中游新石器文化遗存时，自然就会有非苗即楚的思路；三是一些学者从春秋战国时期楚人的语言、习俗、器物特征来判定楚为南方土著；四是关于楚族先祖祝融为炎帝佐神，主火正配南方的文献如长沙子弹库与《山海经·海内经》都是数术家言，这四点可证明南方说的不可靠性。与此同时，李龙海认为王玉哲的《楚族故地及其迁移路线》（《古史集林》，中华书局2002年版）、张正明的《楚史》（湖北教育出版社1995年版）等提出的中原说比较为长，其理由一是祝融是楚族公认的先祖，而祝融及其后裔均曾活动在中原地区；二是甲骨卜辞与文献记载的“楚”“楚丘”的地望在今河南滑县东，甲骨卜辞记有“楚”；三是楚族尚东，这种习俗不但表现在日常生活中，而且在墓葬制度中也是如此。[②]

三　关于吴族、越族的起源和形成研究

作为百越族群集团率先在中国东方崛起的吴、越二族，犹如一对双胞胎，一直是学术界关注的对象。吴、越二族的起源和形成问题十分纠结。

（一）关于吴族的起源和形成研究

吴族对古华夏族的形成、发展以及中国古文化的发祥做出过历史性的贡献。关于吴族起源研究，目前学术界有很多人认同吴越同族说。辛土成认为：句吴的族源族属归纳起来，目前学术界有以下几种看法：周人分支说（代表为郭沫若）；荆蛮说（代表为曾昭橘、尹焕章）；吴族说（代表为刘惠和）；土著苗人说（代表为卫聚贤）；越族说。他认为，与周人同姬姓的只是吴国君，而国民，则是句吴人，为土著族。“句吴与百越，无论在文

---

① 黄德馨：《千古之谜——“楚越同祖”试解》，《湖北大学学报》（哲学社会科学版）1988年第1期。

② 李龙海：《汉民族形成之研究》，科学出版社2010年版，第194—200页。

化特征、经济特征、居住地域、习俗和语言等方面，都是相同的，故句吴自商周时代以来就是百越族的一支。”[①] 但实际上学者们对吴族的起源和形成研究主要分为吴王族为姬周后裔与吴为土著说两种对立的观点。

吴王族为姬周后裔说以李龙海的观点最新也最有代表性，他认为：文献史料中多有吴为姬周后代的记载；吴王室为姬姓有金文材料可证；考古材料也可为文献提供佐证。总之，王室为周的后裔的说法相对是有较充分的证据，吴王族为姬周的后裔是不应当怀疑的。[②]

但吴为土著说的观点人多势众，主要有陈桥驿的《“越为禹后说”溯源》（《浙江学刊》1985年第3期）、童书业的《春秋史》（山东大学出版社1987年版）、陈国强等的《百越民族史》（中国社会科学出版社1988年版）、卫聚贤的《古史研究》（上海文艺出版社1990年版）、徐杰舜的《汉民族发展史》（四川民族出版社1992年版）、王明珂的《华夏边缘——历史记忆与族群认同》（台北允晨文化实业股份有限公司1997年版）等。周国荣直言：“太伯东奔东吴于历史实际上是不可能的”[③]，他认为，从与黄帝族团融合了的“九黎”“三苗”支族团（亦即古吴族留在中原地区者）的演变可以得出“殷人源出吴人，为古吴族中的一支”，与以卫聚贤为代表的“殷人源出吴人说”相符，古吴族后裔为“九黎”，再后裔为“三苗”[④]。他在《说吴族》又说“仲雍其人乃勾吴立国之君，且出自土著民族，与太伯弟虞仲非同一人”。“古吴族在大首领蚩尤率领下北上中原，史书称之为‘九黎’‘三苗’，被黄帝部族征服后，就构成了被统治阶层（且是主干部分），所有古籍无一例外地称呼下层人民为‘黎民’‘黎庶’‘黎苗’‘苗众’即是最雄辩的明证。”“吴人不仅以鱼冠族，而且以鱼作自身第一人称代词”。[⑤] 梁晓景认为今陕西陇县、千阳西境的吴山脚下的弶、夨两国，就是太伯奔吴后太伯、仲雍建立的吴和虞。[⑥]

也有学者认为吴越同源，王卫平认为：“‘勾吴’国号因吴人征服干

---

① 辛土成：《句吴族源族属初探》，《中南民族学院学报》（人文社会科学版）1986年S1。

② 李龙海：《汉民族形成之研究》，科学出版社2010年版，第228—230页。

③ 周国荣：《说吴族》，《苏州大学学报》（哲学社会科学版）1991年第1期。

④ 周国荣：《古吴族初探》，《民族研究》1988年第1期。

⑤ 周国荣：《说吴族》，《苏州大学学报》（哲学社会科学版）1991年第1期。

⑥ 梁晓景：《论弶、夨两国的族属与太伯奔吴》，先秦史暨巴蜀文化国际学术讨论会，1994年8月。

国而来，‘勾吴’最早立国于宁镇地区，其主体民族是以干人为主的东夷，而越国居民是以百越民族为主体，因此，笼统地称吴越同族是不科学的。勾吴是百越的一支，勾吴与百越同族。”①

（二）关于越族的起源和形成研究

越族的起源和形成研究是汉民族研究中较复杂的课题，十余年来众多学者关于越族源流的论述较多，各持己见，辨合不一。其中尤以持越为土著说和越为禹后说为众。金岳认为“关于越族起源自古以来有各种说法：其一为祝融后说，其二为出自有遽氏说，其三为夏禹苗裔说”。② 但以上说法既不确切又不能概括整个越族的历史和起源，故很难成立。据甲骨文金文的新资料，在殷代即有越人建立的“越方”国（越是商朝的方国），其首领被尊称为“亚越”，是仅次于殷王的诸侯。到殷代晚期出现“越服”即古文献中的“越裳”氏。

1. 越为土著说

李锦芳认为，百越及其后世的族称包括夷、越……，欧……、乌浒……及洞……类，其流变、来源和含义等如下所示：

夷、越、骆越、俚、襧口、黎……源于百越自称 djai（tai，jai，dai）；

瓯、勾吴、乌浒→僚、葛僚、蒌……源于侗台语“人、我们”（兼作民族自称）、仡佬语支民族自称 klau 等；

洞蛮、洞民→侗、仲、撞（壮）……源于侗台语 to（田坝）poutog（田坝人）。③

谷因认为：“新石器时代居于我国东南沿海地带的古骆人属于海洋型文化群落，习水便舟是其显著的文化特征。夏越民族都以‘骆’为最早名称和别称，并都具有习水便舟的文化特征，因此夏越民族都同源于古骆人。”④ 又认为：“越人先民骆人创造了河姆渡文化，江南各地骆人称越，是因为夏人南下和于越人的再南下交融而起。夏越源于古骆人，他们是同

① 王卫平：《“勾吴”立国与吴越民族之分合》，《历史教学问题》1991 年第 4 期。

② 金岳：《越族源流研究之一——论越族的起源、越方和越裳氏》，《文物季刊》1997 年第 3 期。

③ 李锦芳：《百越族称源流新探》，《云南民族学院学报》（哲学社会科学版）1997 年第 2 期。

④ 谷因：《从习水便舟文化特征看夏越民族的同源关系》，《贵州民族研究》1996 年第3 期。

一族系民族。”[①] 还认为：“骆是越族和夏族的别称和最早名称，因为夏、越（于越）先民都以骆马为图腾。越族和夏族存在同源关系，即都出自古骆人。”[②]

廖国一认为，以古文字学和考古学资料为据，可以论证商周时期中原人种与东南沿海及岭南地区使用斧形工具的土著民族为“戉”，并与“戉”族发生联系。“戉”即春秋战国时越、百越的前身。西瓯、骆越作为百越民族的两个不同支系，很早就与中原文化有密切交往。这为秦统一岭南和秦汉时期岭南地区的民族融合奠定了基础。[③]

林乃荣认为：“百越的发祥地在东南沿海，诸羌的发祥地在河湟地区，他们是华夏族的组成部分。骆人、濮人属于百越，麽人和夷人属于诸羌。”[④]

叶文宪认为：“越族不是三苗的后裔；古越族是与华夏、东夷、三苗并存的一个生活在江南地区的古老部族。”[⑤]

蒋炳钊认为：“史书上的越（于越）与百越涵义有所不同，越（于越）仅是百越中的一支，它是单一的族称，百越之称则包括了东南和南方地区的众多民族，是一个泛称。百越各族的来源主要由当地原始土著先民发展形成（不排除有夏裔的可能性）。故此不存在‘百越同源’‘越为禹后’之说。”[⑥]

白耀天认为：“越人是先楚人而居于江汉流域的古代居民之一。他们之见于史载者，有扬越、夔越自西周末季楚人南下，成为被统治者。之后大部分融合于楚民族，一部分则存有其原来的特质，成为魏晋南北朝后活动于川的僚人之一。‘越’是越人谓‘人’一词的音写，声如‘文’读。古人不解而乱猜测，致出‘扬越’‘于越’、干越、闽越和瓯越等，贻误后人。越人古无姓氏，所谓越为姒姓，芈姓，居姓等，皆为附会，不足为

---

① 谷因：《从骆的名称看夏越民族的同源关系》，《贵州民族研究》1995 年第 2 期。

② 谷因：《骆是夏越民族最早的名称》，《贵州民族研究》1994 年第 3 期。

③ 廖国一：《论西瓯、骆越文化与中原文化的关系》，《民族研究》1996 年第 6 期。

④ 林乃燊：《百越和诸羌开发西南的四个前驱族群骆人、濮人和麽人、夷人》，《暨南学报》（哲学社会科学）1991 年第 1 期。

⑤ 叶文宪：《论古越族》，《民族研究》1990 年第 4 期。

⑥ 蒋炳钊：《关于百越民族来源问题的思考》，《浙江学刊》1990 年第 1 期。

凭，更不能据此唱言‘越楚同祖论’。”①

江应樑、刘小兵认为，滇是越族，“从石器时代起，从滇池到洱海的整个云南内地，都曾有百越部落的分布”②，并建立了滇国。也就是说，越族早就深居于滇的广泛地域，并具有一定的渗透力，从这个意义上来说，它为越为土著说提供了某种证据。

潘雄认为：“‘百越’仅指五岭以南、交趾郡以北，相当于两汉南海、苍梧、合浦和郁林诸郡的土著，即汉之南越、瓯、西瓯、乌浒、俚人等，我们拟测‘百越’是壮语人称量词‘布’（pou）的汉语音译，因为现在桂北一些壮族还自称为‘布（百）越’。所以把于越、东（瓯）越、扬越、闽越、山越、滇越、腾越、夔越，特别是骆越当作百越的各支实属误解。”③

蒋炳钊早在《“越为禹后说”质疑》中提出了越为土著说的观点。④

关于越族研究亦有人认为，越是在夏商周等国社会模式的影响之下，以三代国家组织机构之一部分或全部作为自身仿效或发展模式的基础上建立起来的。

2. 越为禹后说

杨成鉴认为：“越为禹后。”⑤“夏越同源”源自三国吴人韦昭对《郑语》芈姓夔越作断章取义的解释乃至后代以讹传讹所致，这是错误的。

杜金鹏认为“越为禹后说”是我国学术界的传统观点。⑥也有越为夏人、楚人与越地土著民融合说（郭沫若《中国史稿》）及越族先人为马来人说（吕思勉《中国民族史》）等。以桀奔南巢为代表的夏遗民向南方的大迁徙中，夏遗民的一支到达并且在太湖、杭州地区留居下来，与当地土著居民共同创造了以印纹硬陶为特征的青铜文化，并发展成为春秋时代的越文化，故此越族中当容纳有部分夏裔在内，“越为禹后说”概出于此。

何光岳认为：“商代甲骨文、金文及周代史册，都说越族在河南中部

① 白耀天：《扬越、夔越考略》，《中央民族学院学报》1988年第1期。
② 江应樑、刘小兵：《论汉代以前云南内地的百越部落》，《云南社会科学》1985年第4期。
③ 潘雄：《“百越”仅指五岭以南古代土著考》，《贵州文史丛刊》1985年第2期。
④ 蒋炳钊：《“越为禹后说”质疑》，《民族研究》1981年第3期。
⑤ 杨成鉴：《越国民族源流考》，《宁波大学学报》（人文科学版）1996年第3期。
⑥ 杜金鹏：《关于“越为禹后说”的考古学探析》，《民族研究》1991年第5期。

一带，这可见是最早的越，而从未记载在南方，故此，持越国为土著说者根据显然不足，只能说浙江之越系由河南南迁而来，故其先进的文化与中原保持一致，其习俗语则多效土著的原始越人，故说越国是夏禹之裔，还是有根据的。”① 又认为，骆人发祥于陕西周至县之骆谷、骆关一带，系出黄帝之后的任姓，越人则为夏禹之后，夏禹亦为黄帝之裔，故骆、越两族为亲族。骆越的亲密结合有其内在的因素。② 李江浙认为：“越族是秦之先人大费之族的一个分支。”③

由于资料所限，目前仍“两军对阵”，难辨伯仲。

四　关于巴族、蜀族的起源和形成研究

巴、蜀两族是否为汉民族起源和形成之组成部分，20 世纪 70—80 年代因研究成果尚少，笔者在《汉民族发展史》中未予以列入，始成憾事。

其实，早在 20 世纪 30—40 年代，学术界就开始研究巴族、蜀族的历史与文化。50 年代以来，由于文物的不断发现，研究者以文献对照研究，因而到 50 年代末 60 年代初，巴蜀研究开始受到关注。80 年代以来，有关课题分工更细，研究更加系统深入，方法、角度日趋新颖，反映在学术成果上，有一批专著相继问世，有深度、有水平的论文不断见于各类刊物。在六十多年来的研究基础上，有关巴人、蜀人的名号、来源、迁徙、分布，与周边民族、国家的关系，及其内部的社会性质、经济状况和文化习俗等方面的研究成果迭出，把巴蜀的历史与文化研究不断推向新的高度，使之开始独立成为一个重要的学术领域，成为我国方兴未艾的区域文化研究课题之一。④

目前有关巴、蜀族起源和形成研究中，以巴族研究居多，而蜀族研究则相对较少。巴、蜀是否同族或各为异族，乃至多源，学术界尚未有定论。为便于辨比，在此将两者分别综述如下。

---

① 何光岳：《于越的来源与迁徙》，《浙江学刊》1989 年第 3 期。

② 何光岳：《骆越的来源与迁徙》，《学术论坛》1988 年第 2 期。

③ 李江浙：《越为大费支族考》，《民族研究》1986 年第 3 期。

④ 参阅林向《近五十年来巴蜀文化与历史的发现与研究》，《民族研究动态》1990 年第 4 期。

（一）巴族

关于巴族研究的论文、论著较多，二十多年的成果主要有以下几个方面。

1. “巴” 名释义

古代的巴或巴人作为一个族群，应具有其起源和形成的历史烙印和时代轨迹，所以，弄清有关“巴”字的含义尤其重要。

吴致华认为，巴之得名有：因蛇之说、以植物释巴、以山释巴、以水名及水流状释巴，而以虫释巴之说或者较为恰切一些。[①] 吴敬恒认为，巴，巨蛇也，巴蜀古居西南蛮夷中，巴地多巨蛇，先民习见以名其地。[②] 卫聚贤认为，古代的巴国在今汉中，巴可能因渝水（嘉陵江）而得名。[③] 陆侃如认为，关于巴蜀的得名，“命名为蛇与蚕”。[④] 潘光旦认为，“巴”字原是地名，巴人自称“比兹”，外地人已知其地望为“巴”，又风闻其人自称前半部“比”，由于两个字读音相近，于是便称其人为“巴”了。[⑤] 徐中舒认为，巴之本义为坝，《广韵》巴在麻韵，巴坝同音，唯平去稍异。坝本从贝音，贝为货币，在云南则称海巴，是即古代贝、巴同音之证。[⑥] 童恩正在《古代的巴蜀》中认为：有关“巴”名称由流水状（阆白二水流曲如巴）、巴地所产植物（苴：芦苇）、动物（虫、蛇名之属）、地形状（巴意指坝）而来诸说不能成立。“巴人最早的祖先，发源于湖北清江流域，在当时的原始部落中，已经有名叫巴的氏族存在，它与川东的山水物产无关。考虑到巴族的祖先廪君有生于石穴的传说，而川东的方言中，又长期地呼石为巴，那么巴最初的含义，可能就是指‘石’或‘石穴’而言，巴氏族可能即因其居住环境而得名，以后随着巴族历史的进步，才逐渐发展成部落、民族、国家和地区的名称。”[⑦]

---

① 吴致华：《古代巴蜀考略》，《史学杂志》1930 年第 2 期。

② 吴敬恒：《避巴小记》，《说文月刊》1942 年第 3 卷第 7 期。

③ 卫聚贤：《巴蜀文化》，《说文月刊》1942 年第 3 卷第 7 期。

④ 陆侃如：《评卫聚贤“巴蜀文化”》，《文化先锋》1942 年第 1 卷第 2 期。

⑤ 潘光旦：《湘西北的“土家”与古代的巴人》，《中国民族问题研究集刊》1955 年第4 辑。

⑥ 徐中舒：《巴蜀文化续论》，《四川大学学报》1960 年第 1 期；《论巴蜀文化》，四川人民出版社 1981 年版。

⑦ 童恩正：《古代的巴蜀》，四川人民出版社 1979 年版，第 7 页。

任乃强认为：汉字的巴字，就是依据巨蟒的传说制成的。《说文》对“巴”字的解释说得很清楚，巴是巴族的自称，其族以巨蛇为图腾。总之，“巴”字是依据其图腾造型而因其族称之声合成的。① 张勋燎认为，根据大量的民族语言和民俗学资料，巴应是我国南方壮、傣语系民族中“鱼”字的读音，“巴”就是鱼。② 张文认为，以上诸论均不能成立，而将“巴”释为“蚕”，与“蜀”之义相同。③

杨铭认为：“归纳起来，诸家释‘巴’有动物说：蛇、虫、蟒、鱼、蚕；植物说；地形说：山、水、石头……以论据充分与否而言，当以动物说较为有据。”④

看来，仍然是众说纷纭，莫衷一是。

2. 巴的历史沿革

杨铭认为：“巴人亦称巴族，是我国古代西南及中南地区的少数民族族群之一，主要分布在今川东、鄂西一带。相传春秋以前居武落钟离山（今湖北长阳西北），首领为廪君。春秋战国之际向川东、鄂西发展，最终以今重庆为中心，建立起辐射川东、川北、川南、鄂西、黔东北的巴国和巴文化。同时，巴与周边楚、蜀、秦等民族、国家交往频繁，其文化深受楚文化和蜀文化影响。周慎靓王五年（公元前316年）秦灭巴，以其中心区域建巴郡。从此巴人与巴文化逐渐与华夏族、汉族暨中原文化相融合。”⑤

童恩正认为，四川至今简称为“蜀”，而川东地区则又称“巴”。“巴”最初是四川古代部族的名称。从春秋到战国时代，巴族以今重庆一带为中心，建立了另外一个奴隶制国家，于是“巴”就变成了国名。公元前316年，秦国出兵灭掉了巴蜀，在四川设置了巴郡和蜀郡，这样，“巴”又成了地名，并且沿用至今。⑥

3. 巴族起源和形成

关于巴族起源和形成研究，诸家学者们可谓仁者见仁，智者见智，目

---

① 任乃强：《四川上古史新探》，四川人民出版社1986年版。

② 张勋燎：《古代巴人的起源及其与蜀人、僚人的关系》，《南方民族考古》第1辑，四川大学出版社1987年版。

③ 张文：《巴蜀符号琐谈》，《四川文物》1992年第2期。

④ 杨铭：《巴的历史与文化研究综述》，《民族研究动态》1995年第1期。

⑤ 同上。

⑥ 参阅童恩正《古代的巴蜀》，四川人民出版社1979年版，第1—2页。

前学术界亦难以定论。田敏认为，至目前为止，巴族族源较有影响的看法主要有清江说、西源说、东源说、东西二源形成于清江说、诸巴说、江州说、蛮河说、巴中说、巴丘说等。[①]

（1）鄂西清江说

此说目前在史学界占主导地位，为一般史书及有关通俗读物所采取。其主要依据是《后汉书·南蛮西南夷列传》中有关廪君巴人的记载："巴郡南郡蛮，本有五姓，巴氏、樊氏、瞫氏、相氏、郑氏。皆出于武落钟离山。其山有赤黑二穴，巴氏之子生于赤穴，四姓之子皆生黑穴。未有君长，俱事鬼神，乃共掷剑于石穴，约能中者奉以为君。巴氏子务相独中之，众皆叹。又令各乘土船，约能浮者，当以为君。余姓悉沉，唯务相独浮。因共立之，是为廪君。乃乘土船，从夷水至盐阳……廪君于是君乎夷城，四姓皆臣之。廪君死，魂魄世为白虎。巴氏以虎饮人血，遂以人祠焉。"武落钟离山即今湖北长阳山，夷水即今鄂西南清江。

杨铭认为，春秋末期为吴所灭国的徐子及遗民，在鄂西与巴人结盟，融为一族。《世本》所载的"廪君"即徐器铭文中的"徐王粮"，又称"徐王季廪"。五姓结盟地不在清江流域而在晋南。[②] 童恩正分析了《山海经·海内经》《华阳国志·巴志》《世本》等材料，认为："将巴人的发源地定在湖北的西南部，可能是比较符合事实的。"巴祖先太皞说，巴为黄帝后代说等，"也是不可靠的"，而"'廪君种'的传说，这可能是巴人自己对古代历史的追忆，虽然简单朴素，但却较为可靠……对于巴氏、樊氏、瞫氏、相氏、郑氏五'姓'，应该理解为一个部落中的五个氏族"。在酋长之争中，"由于巴氏族的务相在这一斗争中取得了胜利，'巴'的含义就发生了第一次变化，即由一个氏族的名称变成了一个民族的名称了"。[③]

张勋燎认为，根据大量的材料说明，早期的巴人是以渔猎为主的民族，沿水而居，以船为家，在他们的生活中和鱼的关系尤为密切。在源出于《世本》的早期巴人传说中，古代巴人的发源地是长江中游的西部地

① 田敏：《古代巴族族源综论》，《民族研究动态》1996年第1期。

② 杨铭：《徐人王巴考——兼论廪君即徐王粮和五姓晋南结盟》，先秦史暨巴蜀文化国际学术讨论会，1994年8月。

③ 童恩正：《古代的巴蜀》，四川人民出版社1979年版，第9—10页。

区。而近年来，在湖北宜昌、秭归等地发现了一种与鄂西其他文化迥然不同的文化遗存，按地层关系和时代顺序，相当于中原地区的二里头文化时期（亦即夏商时期），有人将之命名为“百庙文化”，这种类型的文化和早期的巴人遗存有一定关系，亦证明了巴人发源于鄂西的文献记载。[①]

（2）西源说

此说主要依据《山海经·海内经》：“西南有巴国，太昊生咸鸟，咸鸟生乘厘，乘厘生后照，后照是始为巴人”的记载。此论认为，《山海经》记载中的太昊即伏羲，而伏羲为西方部落，其最早的活动地区在今甘肃天水一带，巴人既为伏羲之后，说明巴是源于西方的，主张此说的部分学者更由此而引申出巴源出氐羌，为氐羌系民族的观点。

田敏认为，巴并未参与周武王伐纣，《华阳国志》“周封宗姬于巴”的记载是指封周宗室统治巴人、巴地，而非赐封巴人以姬姓，故巴无姬姓。[②] 他还认为：“有关巴人始祖的传说最早本是直接溯及伏羲的，战国末期由于伏羲与太昊的合氏，传说的巴人始祖伏羲逐渐为太昊一名取代。”[③]

何光岳认为，据《山海经·海内经》，巴人为太昊伏羲氏之一支，当起源于陕甘一带，“因伏羲氏乃甘肃、青海一带羌部落的一支，巴人属于羌人系统是符合事实的”。[④] 《山海经·海内经》：“有巴遂山，绳水出焉。”绳水即长江上源金沙江，发源于青海巴颜喀喇山脉，巴颜山或即古代的巴遂山。

彭官章认为：“巴人出自太昊伏羲，伏羲出自原始羌人。巴人是‘降处于巴’的原始羌人的一支伏羲部落的后裔。古代巴人的两个分支即板楯蛮和廪君蛮与古代羌人有着密不可分的联系。他们是流徙于秦楚间谷地的原始羌人的遗裔。”[⑤] 朱俊明认为，巴是濮人中最强大的部分，所以“巴濮”常常连称，濮原出上古之三苗，殷周时他们被称作荆或濮，甲骨文中的“虎方”就是早期的巴。战国时代的濮人为巴及巴、楚在巴、荆

---

① 张勋燎：《古代巴人的起源及其与蜀人、僚人的关系》，《南方民族考古》第 1 辑，四川大学出版社 1987 年版。

② 田敏：《论巴无姬姓》，《东南文化》1997 年第 2 期。

③ 田敏：《巴人世系考》，《吉首大学学报》（社会科学版）1996 年第 4 期。

④ 何光岳：《南蛮源流史》，江西教育出版社 1988 年版，第 397 页。

⑤ 彭官章：《巴人源于古羌人》，《吉首大学学报》（社会科学版）1987 年第 3 期。

两地统率的各族。[①] 邓少琴认为，巴族在甲骨文中称“巴方”。殷之世居于汉水流域，周代称“彭人”，春秋时受楚的控制。而另一支廪君之巴是相袭太昊，即殷末周初西土八国中的“髳”就是廪君之巴，其字的含义即白虎，而廪君之巴崇拜白虎，故以“髳”代巴。这支巴人自夷迁入四川，初居涪陵，后顺长江上、下游发展。[②] 董其祥认为，“乘厘”是廪君即巴族的始祖，巴人的部族有二：一是以龙蛇为图腾，居于汉水流域的“伏羲族”；二是以白虎为图腾，居于夔巫之地的“廪君族”。前者为板楯蛮，后者为廪君蛮，两者的居住地、族氏、图腾信仰均不同。[③] 张雄认为，以廪君为首领的“巴氏蛮夷”，其发源之武落钟离山地处巴子国境内。至迟在春秋，廪君之种应属于巴子国境内的“巴氏蛮夷”；苴、蜑与“巴氏蛮夷”有渊源关系。[④]

渔君认为：“巴文化是一个古老的民族文化，在原始社会末期就已形成……早期巴文化已经是一个稳定的连续性较强的民族文化……考古材料证明早期巴文化与早期楚文化共存于鄂西地区”，虽经四千年的“相邻咫尺，共存于桌席之地”，但是二者文化面貌迥然不同，造成二者区别的原因，无疑是由于民族的不同……从区域看，早期巴文化的分布范围很广，但主要范围又是巴国和巴人活动的范围内。其分布的地区有丘陵地带、平原地带、山地和峡江地带，而这些不同的地形区域又都以峡江地带为中心连接在一起。这说明早期巴文化是一种沿江河而居，以捕鱼为主要生活的人们共同体创造遗留下来的……从现有的考古材料中也可证明巴人的水居生活……因此，有许多学者认为巴人就是生活在川东鄂西的一种以捕鱼为生的船户鱼凫民族。[⑤]

（3）东源说

此说亦以上引《山海经》记载为据，但认为太昊为东夷族，“太昊生……巴人”，说明巴人起源与东夷族有关，并认为廪君巴人的虎图腾就是由东夷白虎部落的虎图腾而来，源自东夷的廪君巴人在清江流域的活动时代是在夏代初年“……巴人为廪君之后裔……这是不符合原意的……

---

① 朱俊明：《濮越异同论》，《百越民族史论丛》，广西人民出版社 1985 年版。

② 邓少琴：《巴蜀史迹探索》，四川人民出版社 1983 年版，第 9、10、21 页。

③ 董其祥：《〈山海经〉记载的巴史》，《巴史新考》，重庆出版社 1983 年版。

④ 张雄：《“巴氏蛮夷”浅论》，《中南民族学院学报》1984 年第 2 期。

⑤ 渔君：《巴文化研究与民族形成浅议》，《民族研究》1990 年第 1 期。

巴族并不始于廪君，务相只是‘巴氏之子’，在他之前，早已有巴族，这是自古以来就交代得很明白的”。①

（4）东西二源、形成于清江说

李绍明认为，巴人中的廪君人来源与古代的氐羌人有关。据《山海经·海内经》《路史·后记》记载，巴人最初发源于西北，因为传说中的太昊伏羲氏降生于陇西成纪，其地为当今甘肃天水、秦安一带。巴人中的廪君人从氐羌中分出，应该较氐羌二族的分离为时更早。因为周代廪君人为代表的巴已经成为一“国”，而与羌有所区别了，因此廪君人的族源源于氐羌，但其民族的形成则在鄂西南一带。据《山海经·海内经》所载太昊为东方部落，与《世本》所载“廪君之先故出巫诞”一致，诞人属濮越系，故廪君源自濮越系部落。而《路史·后记》记载，“伏羲生咸鸟，咸鸟生乘厘，是司水土，生后照，后照生顾相，降处于巴，是生巴人”。伏羲为西方部落，属氐羌系，于是得出结论说：“巴族是以东方的濮越部落融合西方的氐羌部落发展而来。”②

李绍明进一步认为，巴族在形成过程中，有东西两个来源，以东方的濮越人部落融合了西方的氐羌人部落，最终形成巴族则在今湖北清江流域，其首领廪君及所出的巴氏属于濮越系的“巫蜒”部落，樊相等氏族则属于羌族系部落。③

李绍明认为，巴人“有广义与狭义之分。狭义的巴人指巴国的王室或统治者，亦即《世本》所说的‘廪君种’；而广义的巴人包括《华阳国志》所说的‘其属有濮、賨、苴、共、奴、獽、蜑之蛮’”。“廪君种主源来自蜑人，但自从他们与氐羌系的民族融合在先秦形成巴人后，却不同于一般的人（越族遗裔）了。”④ 不过从广义上来看，此说亦属于氐羌与濮越融合说。

易明则认为，从殷周之际到春秋战国，是一个民族大迁徙、大融合的时期。其中，以氐羌为主体的西方戎族向东、向南迁徙，在由西北去中南

① 彭英明：《试论湘鄂西土家族“同源异支”——廪君蛮的起源及其发展述略》，《中南民族学院学报》（人文社会科学版）1984 年第 3 期。

② 李绍明：《论氐和巴、三苗的关系》，载《西南民族研究》，四川民族出版社 1983 年版。

③ 李绍明：《川东南土家与巴国南境问题》，《思想战线》1985 年第 6 期；《川东南为古巴国南境说》，《土家族研究论文选辑》，湘西自治州图书馆编印 1985 年版。

④ 李绍明：《巴人与土家族关系问题》，《云南社会科学》1990 年第 3 期。

的中间地域上，他们加入了一个被称作“巴”的部族联盟。[①] 这种观点，不仅有历史文献作根据，而且有历史语言、民俗资料作辅证。

（5）诸巴说（数个不同源的巴国并立）

蒙默、刘琳认为，川东地区古泛称巴，居民泛称巴人。文献中有不少关于巴人起源的传说，其最早者大概要数《山海经·海内经》。另还有一个巴人起源的传说，即《世本》所载的廪君的故事。不少学者喜用廪君来论述巴人的起源。但是，廪君的时代却不是最早的。学者们多认为传说中五姓共约“掷剑于石穴”的剑就是巴蜀式青铜短剑，而此剑在中原不早于西周早期，在巴蜀不早于战国，因此廪君的时代不会早于西周。此外，还有一个曾跟随周武王伐纣的“巴”，见著于《华阳国志》。这个随周武王伐纣的‘巴师’，无疑应当就是賨人，即《牧誓》中的“彭”。学者或认为“賨”名起于汉世，未称“賨”前即称为“彭”。“先秦时期的巴地既不曾有过一个统一巴地的巴国，也没有一个同一的巴族……在这里长期存在着许多个分散的部落国家”，这些部落国家包括《山海经·海内经》所载的“西南巴国”、《海内南经》所载孟涂所司丹山之巴、《后汉书》所载廪君巴、《华阳国志》所说“伐纣之巴”、《战国策·燕策》中的“枳巴”及汉水中上游的姬巴等，“尽管他们同有巴名，但其民族既不同，也不在同一地区，而又各自有君主，显然各是一国”，“古代的巴非止一国；古代巴人，也不是一源”。[②]

（6）江州（今四川重庆）说

常璩以巴立国江州，其《华阳国志·巴志》论巴史即以巴源江州为立说之出发点。《舆地纪胜》《地理志》《舆地广记》等史书亦从巴起源于江州之说引述。以《华阳国志》为代表的巴源江州说，认为巴人是黄帝之后裔，《华阳国志·巴志》云：“人皇始出，继地皇之后，兄弟九人，分理九州为九囿。人皇居中州，制八辅。华阳之壤，梁岷之域，是其一囿，囿中之国，则巴蜀矣。其君上世未闻，五帝以来，黄帝、高阳之支庶，世为侯伯。”

（7）蛮河说

李启良认为，《后汉书》关于廪君记载中的夷水不是鄂西南的清江，

① 易明：《试论巴人中的氐羌成分》，《巴渝文化》第一辑，重庆出版社 1989 年版。

② 蒙默、刘琳：《四川古代史稿》，四川人民出版社 1989 年版，第 23—26 页；蒙默：《试论古代巴蜀民族及其与西南民族的关系》，《贵州民族研究》1983 年第 4 期。

而是汉水中游之支流蛮河，廪君称君、臣四姓之夷城即今襄樊南之宜城。[①]

（8）巴中说（以巴地为中心向四周辐射发展）

周集云以史书及地方志之记载巴州（今四川巴中）为古巴国诸史料，认为巴中是古巴方国的中心、是古巴国国都所在地，所以巴人应最早起源于此。[②]

（9）巴丘（今城陵矶）说

任乃强认为，巴与诞一起，是继三苗之后在云梦盆地崛起的，其原始居地在巴丘，即今天洞庭湖口的城陵矶，巴人常溯长江西上贩运巫地之盐，后遂入川东建立了巴国，巴国为秦灭后，巴之一部分循鄂西南清江回窜云梦西北山区，才有廪君称王夷水的历史。[③]

4. 巴族族源族属辨析

田敏认为，“有关巴族族源的看法意见种种，差别甚大……巴源诸说，其中的蛮河说、巴丘说及江州说可以不做多论，因为从整个先秦巴族在不同的时期、不同地区活动的史迹看，所有这些史迹与这三种起源说中的任何一种之间的关系均无法圆满地加以解释，前者与后者无法有机地加以联系……”

“巴中说则仅以一些史书及地方志中有关巴州为古巴国的记载而断定巴中为巴族之发源地，并因而认为此后巴族一直以此地为中心向四周发展直到为秦所灭……忽视一个基本前提，即古巴国与巴源的区别，古巴国地域甚广，史书在论及川东诸地之地理沿革时，大多均将其第一阶段视为古巴国之城，川东各地的地方志更无不如此……况且，巴源巴中也与其他有关史料明显不合。”

“诸巴说是我们难以接受的。”尽管先秦史料匮乏，大多有限史料考定不明确，史料关系难以明了，“但巴在整个先秦时期的历史基本上还是有一个顺序发展的过程，在活动地域上是逐步迁徙变换的”。

“东源、西源二说是由于对《山海经》太昊的理解不同而引起，清江说则主要以《后汉书》关于廪君传说的记载为依据，而东西二源、形成

① 李启良：《巴族渊源探微》，《史学集刊》1985 年第 1 期。

② 周集云：《关于古巴方国都所在地的考证》，《南充师范学院学报》1987 年第 3 期。

③ 任乃强：《羌族源流探索》，重庆出版社 1984 年版。

于清江之说则明显是糅合上三说而来”①。

田耕（田敏笔名）认为，“禹时巴离禹不远，约在今陕南汉水流域，为禹之‘万国’之一；夏代在与汉水流域相交接的丹、淅区；商武丁时商所伐，也基本不出夏巴地域之左右；周武王克商以后，巴与濮、楚、邓并列在汉水上游，为周之南土；周成王时，由巴与洛邑之会所献之方物比翼鸟产于汉水上游，可知巴其时之地域；周昭王南征至汉，在汉水流域‘具见’二十六‘夷邦’以为抗周的‘服孳’正是巴人”。② 春秋初期，巴在汉水流域的活动更加频繁，并做过东向汉水中下游江汉平原发展的努力。显而易见，春秋中期以前，巴人的活动基本上是在汉水中上游流域。

无论对巴族族源的论证是依据《山海经》“西南有巴国”一段记载，还是《后汉书》的廪君史料，学者对川东巴国巴人来源的看法基本一致，即立国川东的巴人系由川处迁入，巴人迁入川东的时间大约在春秋末期至战国初。

关于巴源清江说，田敏以详细的史料论证了巴源清江说在地域、人文、历史地理沿革等有十二个方面的质疑，“可知巴源清江论与诸多史实不符，《后汉书》廪君记载本身也与巴源清江之论矛盾重重，巴源清江说实难成立”。

由此，史书有关于巴族族源的记载就只剩下《山海经·海内经》“西南有巴国”一条了。田敏认为：

> 历史上，太昊为东夷部落，其活动地区都在东部的豫、鲁交接之地及淮水流域，风姓，而伏羲则为西方部落，活动地区在西北渭河上游甘陕交界一带。由于太昊、伏羲的区别，在巴族族源问题上就导致了西源、东源说和东西二源说。西源说认为《山海经》中的太昊即伏羲，而伏羲为西方部落，其最早活动在今甘肃天水一带，巴人为伏羲之后，说明巴人源于西方。东源说认为巴人是由东夷之白虎部落发展而来的，夏代居于清江地区。东西二源说认为巴人形成于清江，实为糅合《山海经》和《路史》之记载而成，故巴人是以东方的濮越人部落，融合西方的氐羌部落，最后形成于鄂西南清江流域。而从

① 田敏：《古代巴族族源综论》，《民族研究动态》1996 年第 1 期。

② 田耕：《春秋以前巴人史迹辨析》，《贵州民族研究》1995 年第 3 期。

> 《山海经》关于巴人起源的基本观点看，它是以巴为西南之部族的，《海内经》明言云："西南有巴国。"所以，以《山海经》有"太昊生……巴人"作为东源说的主要立论依据，恐属值得商榷。一般而言，以巴人早期活动都在汉水上游，巴族起源最大的可能应该也是在汉水上游……巴人论族源溯及伏羲，与其他蛮夷之族称帝者之苗裔一样，不过是为了正名顺言，以求"得志于中国"。但这种以本族联系某"帝者"的做法，并非全无依据，所以罗泌在《路史》又说："彼之所传亦必有所本矣"。考巴人所以溯祖于伏羲，其"所本"应不出如下两点：
>
> 一是巴人起源于西方，而伏羲为西方部落的代表；
>
> 二是巴人以蛇为图腾（关于活动于汉水上游的巴人以蛇为图腾为诸史家所共认），而伏羲"蛇身"，也是崇蛇的。
>
> 由上述分析，我们对《山海经》"太昊生……巴"的记载可作如此结论：这一记载反映的只是巴人起源于西方的线索，巴人之祖并非就是伏羲其人，伏羲不过是西方部落的一个象征和代表。从早期巴人见于史籍之有明确方位、时代记载的活动均在汉水中、上游这点看，春秋中叶以前，早期巴人活动史迹均未出汉水中、上游……巴人的起源西方就是起源于汉水上游，而不一定就是所谓生伏羲之处的成纪，即今甘肃天水地区。[①]

杨铭认为，巴名号渊源有动物说（蛇、虫、蟒、鱼、蚕）、植物说和地形说（山、水、石头），而以动物说较为有据。[②]"巴人起源与迁徙问题，涉及对《山海经·海内经》中关于'西南有巴国'一段的考释，有的认为巴人始出于苗蛮集团，北迁汉水上游，西迁川鄂山地；有的认为巴人起于渭滨，商周之际称'弓鱼'，南迁入川，与西进的廪君蛮会合而成巴人。"[③]"换言之，有关巴人起源有西北氐羌说，东南（中南）濮越或苗蛮说，以及氐羌与濮越融合说"三种，而从趋势上看，以后者的拥护

---

① 参阅田敏《〈山海经〉巴人世系考》，《四川文物》1998 年第 5 期。

② 杨铭：《巴的历史与文化研究综述》，《民族研究动态》1995 年第 1 期。

③ 林向：《近五十年巴蜀文化与历史的发现与研究》，载李绍明等主编《巴蜀历史、民族、考古、文化》，巴蜀书社 1991 年版。

率居高。“关于巴族（巴国）分布的疆域及其与周边民族、国家的关系，多数学者越来越趋向于这样一种共识：由于巴族的不断迁徙和内部组合成部族的分合，其分布地域实际上是变化不定的；巴国的疆域亦随着与周边国家抗衡势力的消长而有所波动。相对来说，今川东、重庆地区作为巴族和巴文化的中心，作为巴国的固定疆域，沿继时间要长一些。同时，巴与周边蜀、楚、秦等交往密切，尤其是与前两者有关民族错居、文化交融的关系。”

（二）蜀族

关于蜀族起源和形成研究的论文、论著较之巴族则较少。

1. 蜀名的由来

童恩正认为：“‘蜀’的名称，来源很早，最初见于商代的甲骨文，字作……象虫形。”一般人据《说文》以为蜀国的得名就是由于最初养蚕之故，其实不然，两者有质的差别。“在甲骨文中，除了蜀字以外，另有蚕字……与蜀字迥然不同……蜀与巴一样，最初应该是一种民族的称呼。这一民族原是属于古代氐族的一支……在古音中，叟为侯部字，蜀为屋部字，屋为侯的入声，所以叟、蜀古音相近……所谓蜀，就是指叟或氐而言。”①

邓少琴认为：“巴蜀两国在古代均以虫命名，其字从虫。巴为蛇，而蜀为蚕，各以之作为图腾，成为两个部族。最初以物名其地，并以称其人，此为巴蜀得名之由来。”②

2. 蜀族溯源

徐中舒认为：“战国时代蜀已经具备国家的规模……因为蜀地农业的发达，至迟在战国时，蜀就已经具备了国家的形式。”③

童恩正认为：“氐和羌原来可能是一种民族，所以在中国古代典籍中，往往氐羌并称。他们的生活方式是‘所居无常，依随水草。地少五谷，以产牧为业’。但以后羌中的一部分逐渐改变了游牧的习惯，而开始经营农业……生产方式已经与羌族完全不同。在远古时代，有一支这样的

① 童恩正：《古代的巴蜀》，四川人民出版社1979年版，第55—56页。

② 邓少琴：《巴蜀史迹探索》，四川人民出版社1983年版，第135页。

③ 徐中舒：《论巴蜀文化》，四川人民出版社1982年版，第10—11页。

氏族从川西高原进入成都平原的边缘地带，这就是以后蜀族的祖先了。”“在历史记载中，曾有蜀族为黄帝后世的传说……此类的记载，在中国古代的典籍中是相当普遍的，证明这是确实存在的历史事实。”①

孙华详细考证了蜀人的渊源流变，认为：“先秦时期蜀国的历史，根据史籍记述，可以分为蚕丛、柏灌、鱼凫、蒲卑、开明诸代……蚕丛、柏灌诸代由于历史久远，其史迹已难寻觅，只有蒲卑、开明诸代尚有古史迹可考。”它们均为族名，其间孙华提出以下几个观点。

第一，开明氏出自崇庸，“种种迹象表明，蜀开明氏既不是蜀地的土著，也不是巴人的一支，而是从中土西迁的崇人”。“崇伯鲧是一个具有天神和人神双重秉性的人物，崇山就是这个神祇在地上的住所，而崇人则是以崇伯鲧为祖神的古族。”“崇墉和庸成都应当是一族的异称，把都邑称作成都（庸都）的开明氏应当在崇墉或庸成氏的一支。”“崇帝鳖灵就是崇伯，而开明氏就是崇庸的延续或分支。”“开明氏就是崇庸的一支，崇伯鲧就是他们的祖神。”

第二，蒲卑族源于中土。因为“蜀蒲卑族有与东方古族相同的祖神崇拜”（指鸟图腾），“有与东方地区相同的一连串相关的地名（指如蒙山、岷山等），有与东方（山东及河南）相近的考古学文化因素”。

第三，鱼凫是“由鱼氏和凫氏两个氏族所组成的古族的称号”。“很可能鱼凫一族中的凫氏，也就是蒲卑族，它是一个以凫为自己祖神形象的氏族。”“鱼凫族很可能是由四川土著氏族（鱼氏），和西迁入四川的东方氏族（凫氏）组成的部落，这个部落统治蜀国的时期就是历史上的鱼凫王朝时期。”

第四，孙华阐述了蜀人形成的过程：“……蜀地与中土早在夏代以后就发生了联系，从那时起，就有古族从中土不断徙入四川盆地，进入成都平原……很早就有土著居民在这里生息。这些土著居民，以渔猎为其主要生产方式和生活方式，与鱼和水结下了不解之缘，因而，他们普遍以鱼作为族名，并产生了以鱼为表记的祖神。在夏商之际，一些来源于东方的以鸟为祖神表记的古族进入了四川盆地，带来了较高的东方文化，建立了雏形的国家，先后执掌这个国家的王族有蚕丛、柏灌、鱼凫、蒲卑诸族。这种情况一直延续于春秋早期以后，起源于中原伊洛地区以龟、鳖为祖神表记

① 童恩正：《古代的巴蜀》，四川人民出版社1979年版，第56—57页。

的庸人的一支开明氏在楚、秦、巴人的压迫下，由湖北西北部进入了成都平原，取代了蒲卑族在蜀地的统治，成为蜀国的新王族，开始了一个新时代。”①

姚政认为，蜀族起源于四川西部岷江上游的岷山谷地中，与夏族是近亲部，约在夏代初期就进入文明时代。② 慕白述道：“有的文章研究了蜀族的起源，认为蜀族起源于四川西部岷江上游的岷山谷地中，蜀文化与中原文化在夏以前的五帝时代就有密切的联系；蜀族在夏初即已进入文明时代，建立了早期国家。”③

（三）巴蜀渊源关系

巴蜀同族、异族或多源，各方家亦是辩论不一，辩论的焦点目前已集中为同族和异族二论。

1. 巴蜀多源论

巴蜀多源论主要体现在对巴、蜀文化是多元文化因子的融合体这一观点上。王有鹏认为，开明氏蜀的文化是融楚、巴、蜀（指鱼凫、杜宇氏蜀）多种文化为一体的复合型文化。④

王毅认为：“根据文献的记载，川西平原为蜀的统治中心，川东则为巴的统治区域……由于地相连接以及民族间的广泛融合，已使二地的物质文化趋于一致。”“在很久以前从川西平原到鄂西即形成了一种以巴和蜀为主体的多民族融合文化——早期巴蜀文化。”⑤ 关于巴蜀文化的渊源，徐中舒认为，其源于西氐羌文化。⑥ 而卢连成、胡智生认为，其源于宝鸡或汉中殷周文化。⑦ 王毅认为“巴蜀文化绝非仅指一、二民族创造的文

---

① 孙华：《蜀人渊源考》，《四川文物》1990 年第 4、5 期。

② 姚政：《论蜀族的起源建国与播迁》，中国先秦史学会第六届年会暨巴蜀文化国际学术讨论会，1994 年 8 月。

③ 慕白：《“中国先秦史暨巴蜀文化国际学术讨论会”综述》，《中华文化论坛》1994 年第 4 期。

④ 王有鹏：《夔、夔巴、夔子巴及开明氏蜀》，中国先秦史学会第六届年会暨巴蜀文化国际学术讨论会，1994 年 8 月。

⑤ 王毅：《蜀文化发展渊源的探索》，《成都大学学报》（社会科学版）1988 年第 1 期。

⑥ 徐中舒：《巴蜀文化初论》，《四川大学学报》（社会科学版）1959 年第 2 期。

⑦ 卢连成、胡智生：《宝鸡茹家庄竹园沟墓地出土兵器的初步研究》，《考古与文物》1983 年第 2 期。

化，而是一个多民族的融合体”。从文献和考古材料不难看出其主要有四个大来源。

一为四川盆地及鄂西一部分地区的土著文化。至少在旧石器时代晚期，四川即有人类活动。已发现的有资阳鲤鱼桥、汉源富林以及铜梁等遗址，川东与湖北交接地带有大溪文化，这些中期的开发活动奠定了该地域人类文化发展的基础。

二为江汉平原入迁民族。夏商之际，江汉为苗蛮集团的集聚地，尧、舜、禹均同三苗发生过比较大的战争……此间苗蛮集团常被击败，使江汉之古代民族发生大的迁徙，……在这种迁徙过程中，必须有一部分进入四川地区，加入了共同繁荣巴蜀文化的行列中。

三为西北氐羌民族。文献传说蜀王为黄帝之后，“蜀之先肇于人皇之际，无姓。相承云，黄帝后”。《史记·三代世表·正义》引《谱记》：“黄帝与子昌意娶蜀山氏，生帝喾”，估计在夏商之时即有该系统民族进入四川。又民间传说有“羌戈大战”及甲骨文所记殷羌之间的征战，也将引起氐羌民族的南迁。

四为夏商之际，华夏各族展开激烈的斗争也可能导致夏商民族从其统治中心——黄河中下游向四方迁移扩散而入居四川的，广汉三星堆遗址中有少量夏文化因素，或即与此有关。[①]

王毅也认为，蜀文化发展渊源的探索，“当以第一、二种成分为来源的主干，二者均属南方民族，巴蜀文化的发展应是以南方民族为主体的……属于氐羌系统的民族与蜀之早期统治最为相关……这一部分进入川西平原的氐羌系统民族在与巴蜀文化的关系上，一方面他们同其他民族一起，为巴蜀文化的进一步繁荣做出了贡献，同时，随着时间的推移，他们已逐渐为巴蜀文化所融合……东周以来，巴蜀与秦、楚等国或刀戈相见，或遣使馈骋，密切发生关系，因此，这一时期巴蜀文化中有不少反映秦文化、周文化、楚文化的因素。但是，巴蜀文化以南方民族为主流的特点一直没有改变过”[②]。

2. 巴蜀同源论

持该论者认为，巴蜀之间具有渊源关系。张勋燎认为：“鱼凫应该和

---

① 沈仲常、黄家祥：《从新繁水观音遗址谈早期蜀文化的有关问题》，《四川文物》1984 年第 2 期。

② 王毅：《蜀文化发展渊源的探索》，《成都大学学报》（社会科学版）1988 年第 1 期。

巴有关”，并以在南方方言和少数民族语言中颇多读鱼为巴的例子，以及在四川地区有鱼、巴互通的地名为证。①

3. 巴蜀异族论

持该论者认为巴、蜀非同族而是各自成不同的民族。孙华认为：“……鱼字的情况诚如张勋燎先生所论，但仅以这些证据就认为鱼人就是巴人，并进而推论古代的巴与蜀是‘二而一的概念，举巴可以包括蜀，举蜀亦可能包括巴’，蜀国历史上的鱼凫（以及后来的开明）是由湖北地区西迁进入成都平原的巴人，这就不一定妥当了。这是因为：

“第一，在古音中，‘鱼’字和‘巴’字，二字虽同为鱼部，但鱼字为疑母属喉音，巴字为帮母属唇音，二字声母差异甚大，通读困难；

“第二，在先秦文献中，巴人和鱼人同见，如《左传·文公十六年》所载楚灭庸之战，助楚作战的国家有秦、巴二国，而被庸国率领的群蛮中却有鱼国，巴人与鱼人相互对立，二者很难说属于一族；

“第三，在春秋战国时期鱼人活动的地区，在楚、秦、巴灭庸以后，其地已为巴国所有，在这种情况下，出现一些鱼、巴互通的地名（如鱼复又名巴复，鱼阳又名巴阳）是不足为怪的。”②

徐中舒认为：“古代巴蜀虽然同在梁州，壤地相接，但是它们的经济文化，还有很大的差别。蜀地从有记载以来，就是一个农业发达的区域……蜀的农业，就是它自身发展的结果，而巴则是受了蜀的影响，而后才有较高等的农业。”因此蜀至迟在战国时，就具备了国家的形态。巴、蜀上层建筑亦有差别“《世本》说‘蜀无姓’，而巴郡南郡亦有五姓，巴氏之子务相为廪君，樊氏、瞫氏、相氏、郑氏皆臣事巴氏。又板楯蛮有罗、朴、昝、鄂、度、夕、龚七姓，板盾也是廪君之后”。经济基础上，巴族的姓为大姓，是每一种姓为一部落组织，由此组成部落联盟，巴族还没有完成国家机构。蜀之所以无姓是因为它已超过了部落组织而进入国家形式了。永兴二年（154 年）巴郡太守但望曾建议分巴为二郡，指出“江州（今巴县）以东，滨江山险，其人半楚，姿态敦重；垫江（今合江）以西，土地平敞，精敏轻疾”。难怪史有“巴有将，蜀有相也”之说，又

① 张勋燎：《古代巴人的起源及其与蜀人、獠人的关系》，《南方民族考古》第一辑，四川大学出版社 1987 年版。

② 孙华：《蜀人渊源考》，《四川文物》1990 年第 4、5 期。

有“关东出相，关西出将”之比，可见巴蜀的经济基础既不同，反映在意识形态方面亦有很大差别。① 根据徐氏之论述，可知其论亦涉指巴蜀异族论。

薛登批驳了“巴、蜀同文”的见解，认为：“首先，从民族源流来看，巴、蜀二族的文化，不可能相同或类似。蜀族本是生活于西北高寒山区的氐羌人的一个支系，后来沿岷江上游河谷地带向东南迁徙，逐渐扩展到川西地区。巴人则是起源于湖北清江流域的一个族系，西周后期，其控制势力达到川东一带，这才逐渐与蜀国邻接。由于两个民族的发祥之地以及后来迁徙生息区域的自然环境差异极大，因此不可能形成相同的文化流源。即以葬式而言，由于巴人起源于清江流域，多数分支氏族又是沿溯长江及其支流迁徙发展，他们长期生息于这些可通舟楫、便利渔猎的地区，所以跟船结下了难解之缘。”“由此可见，在蜀地发现的船棺葬，只能是巴人文化的遗迹。”②

“再从考古发掘来看，也可证明蜀族本来有过不同于巴族的、自成体系的文化。举如《考古》1959 年第 3 期：四川省博物馆《四川新繁水观音遗址试掘简报》所述，新繁水观音蜀人墓葬中发掘出土的铜簇、铜戈、铜削等兵器和用具；《文物》1961 年第 11 期：王家祐《记四川彭县竹瓦街出土的青铜器》所述，彭县竹瓦街发掘的一处蜀人窖藏，其中除开 3 件殷人器物而外的 18 件兵器和用具等，这些相当于殷商时期的蜀族文化遗存，其风格样式，显然与巴器有所径庭。举如兵器中的戟，其刺、戈为分铸合成；再如矛，其形制阔大、矛骹两侧铸蜥蜴类爬行动物。这种类型的矛、戟，迄今仅见于蜀地，实与巴文化无关。此外值得一提的，还有广汉三星堆遗址。经过 1949 年前后的几次试掘，证明这是西周至春秋前期蜀国的一处政治、经济中心。从出土的四百余件石器、陶器、玉器来看，其风格形制亦与巴文化无关，而是属于受到中原文化某些影响的，但却仍不失为自成体系、独立发展的蜀族文化类型。”

“总而言之，杜宇国破，部分蜀人成了开明氏对蜀斗争和掠夺的牺牲

① 徐中舒：《论巴蜀文化》，四川人民出版社 1982 年版，第 11、13、14 页。

② 薛登：《“杜宇禅位”与“巴人灭蜀”——蜀史探源之一》，《成都大学学报》（社会科学版）1988 年第 1 期。

品，多数则逃避到远离蜀地的姚等处去了。只有那些沦为开明氏奴隶的蜀族战俘，被迫留在蜀地。他们比之据有全蜀之地的开明氏巴人，不仅居于少数，而且没有掌握足以保持或发展自己文化传统的生产资料，当然很快就被开明氏巴人文化传统融化了。于是蜀族文化因此基本中断，巴人文化则随开明氏政权的发展而发展，以致遍及全蜀各地。”① 薛氏的巴蜀文化异源论从另一个侧面论及巴蜀异族论。

五　关于汉民族的起源和形成的研究

关于汉民族起源和形成的研究，在 20 世纪 50 年代有过热烈的讨论，近二十多年来仍是汉民族研究中学者们关注的热点问题之一。

（一）汉民族起源多源说

汉民族起源多源说已成学术界的主流共识，但具体形态如何则众说纷纭。

多源说以笔者的“两个主源，三个支源”说最为典型。“华夏民族并不是从部落直接发展而形成的，而是通过几个民族融合的途径，在春秋时期由周、商、夏三族及部分蛮、夷、戎、狄融合形成。秦始皇统一六国后，华夏民族从分散走向了统一。汉民族则是在西汉时由华夏民族发展转化形成的。”② 汉民族的起源是多元的。有两个主源：炎黄和东夷；三个支源：苗蛮、戎狄和百越。从秦至西汉时期，随着华夏族的发展，转化成了汉族。汉民族的形成，经历了夏、商、周、楚、越等族从部落到民族的发展过程；又经历了夏、商、周、楚、越等族及部分蛮、夷、戎、狄融合成华夏民族的阶段，可谓汉族形成的三部曲。③

笔者在主编的《雪球——汉民族的人类学分析》一书中提出：汉民族颇具雪的特性。汉民族作为雪球是一个整体，而汉民族内部的各个大、小族群又似一片片雪花，自成一个个的单元。“中华民族的‘多元一体’

① 薛登：《“杜宇禅位”与“巴人灭蜀”——蜀史探源之一》，《成都大学学报》（社会科学版）1988 年第 1 期。

② 徐杰舜：《汉民族历史和文化新探》，广西人民出版社 1985 年版，第 124 页。

③ 徐杰舜：《汉民族发展史》，四川民族出版社 1992 年版。

正是建立在汉民族的‘多元一体’上的，因为汉民族这个雪球的‘一体’，是由许多大、小族群的‘多元’组成的。”汉民族的起源和形成犹如滚雪球。夏族崛起开始了汉民族滚雪球形成的第一步。商、周、楚、越的相继崛起使汉民族形成雪球的滚动出现了多元的趋势。春秋战国之际，汉民族形成雪球滚动的范围进一步扩大，不仅在夏、商、周、楚、越诸族之间滚动，而且还在部分蛮、夷、戎、狄中滚动。在雪球的滚动中，各民族间的界限逐渐消失，许多小雪球开始滚成一个大雪球，融合成了一个非夏非商非周非楚非越，又非蛮非夷非戎非狄的新民族——华夏民族。至战国，华夏族作为汉民族的前身，其由秦人、齐人、楚人、赵人、燕人等族群构成。秦一统天下，将华夏民族这个雪球的滚动推上了统一的轨道。汉承秦制，华夏民族这个雪球在“大一统”中滚动发展转化为汉民族。“总之，从人类学的角度来看，文化认同、涵化作用、政策调适和统一趋势的凝聚力是汉民族这个雪球越滚越大、越滚越结实的深层次原因，这就是汉民族这雪球越滚越大，越滚越结实的人类学解读。”[①]《雪球——汉民族的人类学分析》运用目前国际上惯用的族群理论，对汉民族的起源和形成、发展的历史以及语言、族群和文化进行了全方位的人类学解读，首次对汉民族的族群结构作了分析，在方法论提升的同时，又把汉民族研究推向了一个新的高度。

关于多源说，陈连开论述颇丰，亦极具代表性。1991 年他在《论华夏/汉民族的形成》中认为：华夏族的起源，是以黄河中、下游两大部落集团的融合为核心，同时吸收西方优秀成分的基础上形成了夏人、商人、周人三支；经夏商西周，三支融为一体在西周已形成华夏民族的雏形；经春秋战国的民族大迁徙与大融合，在战国已实现华夏的大认同，华夏已形成了稳定的民族共同体。[②] 1993 年他在《论华夏民族雏形的形成》中又说，西周由夏商周三族融合形成的民族共同体，仍是夏民族的雏形，到春秋战国，便形成了稳定的华夏民族，是汉族的前身。[③] 1996 年他在《中华民族之含义及形成史的分期》进一步分析说，中华民族起源于中华大地，“具有鲜明的本土特点”。夏、商、周三族由炎

① 徐杰舜主编：《雪球——汉民族的人类学分析》，上海人民出版社 1999 年版，第 9 页。

② 载《烟台大学学报》（哲学社会科学）1991 年第 2 期。

③ 陈连开：《论华夏民族雏形的形成》，《社会科学战线》1993 年第 3 期。

黄部落集团与少昊太昊部落集团斗争、融合而成，三族“又经夏商西周千余年的进一步发展”，形成了“华夏民族的雏形，进而经过春秋战国的大融合，并吸收了众多的民族成分和文化因素，形成了华夏族，即汉族的前身”。① 他总结说：“贯穿中华文化发展全过程的，一是中华文化的多元区域性平衡发展；二是区域性文化向中原汇聚及中原文化向四周辐射的双向运动。而中华民族在古代的发展，呈现出东西两大部、南北三带的相互依存，东西两大部和南北三带民族的统一过程，也就是统一的多民族中国形成的过程。”“在青铜起源与文明初曙时期，燕山南北，黄河上游，长江中、下游是与中原齐头并进的，有的甚至走在中原的前面。正是在这些四面八方的先进文化汇聚于中原各部落集团融合的基础上，才形成了夏人、商人、周人，先后建立了夏、商、周三个王朝，复经春秋战国的民族大迁徙与大融合，形成了稳定发展的华夏民族。华夏民族在中华民族中首先形成，是以炎黄部落集团融合为核心，不断融合太昊、少昊、三苗及其他各部落集团的一部分，吸收四方先进文化大融合的结果。”②

除徐、陈两位先生的论述外，主张多源说者还有以下诸位学者。

尤中认为，夏朝时期，中原的华夏族与东北、西北、北方、西南、南方和东南沿海地带各民族群体之间都有了不同程度的联系，开始向着统一思想的方向发展。经夏、商、周三代，在春秋战国时期，随着原来落后于中原华夏民族的另一部分民族群体经济文化的发展，其与华夏族的联系进一步加强，最终与华夏族融合而在秦朝统一后形成了汉民族。③ 其后，他又认为：“秦朝的统一，使过去的华夏族与吴、越、巴、蜀、楚人相融合，形成了一个新的民族共同体。这个民族共同体在两汉时期得到了巩固与发展。它就是汉族。”④

徐亦亭认为，太昊族和少昊族是融汇成华夏族的各个古代民族的两个主要原始族体，华夏族是由夏、商、周、越、蛮、楚、巴、戎、夷等古代

① 陈连开：《中华民族之含义及形成史的分期》，《社会科学战线》1996年第4期。

② 参见陈连开《论中华文明起源及其早期发展的基本特点》，《中央民族大学学报》2000年第5期。

③ 尤中：《中华民族发展史概说》，《思想战线》1988年第5期。

④ 尤中：《秦汉时期汉族的形成和发展》，《思想战线》1998年第9期。

民族融汇而成的，古华夏族是汇成汉族的主要族源。[①] 此后，他又认为：蚩尤与黄帝、炎帝一样同为中华民族的先祖，蚩尤代表狩猎者，是传说时代狩猎者的首领，他与南方少数民族没有联系，不是南方少数民族的祖先。[②]

史继忠认为："汉族的形成与别的民族有显著不同，如果世界上许多民族都是走'同源异流'逐渐分化的道路形成的话，那么，汉族恰好相反，她走的是'异源同流'的路，融合了多种民族成分，吸收了多种民族文化，逐步成长壮大。"汉族渊源于"华夏"，而"华夏"就是夏、商、周三代许多部族融合的产物。汉族的形成，并不是居于血缘的联结，而在很大程度上是以文化传播为其纽带，她靠文化来维系整个民族，所谓"汉化"，实际上是受汉族文化的熏陶感染，共同因素增加。[③]

陈筱芳认为："夷狄部族与华夏是在文化对抗和对话中达到交融、同化或并存，夷狄诸侯和诸夏则在指向相同目标的斗争和交流过程中实现了同化。华夏族最终形成于春秋末年，主要标志是夷狄诸侯与诸夏实现了同化。"[④]

周伟洲认为："汉族的形成是多元的，而非单一的。"汉族的形成是"不断吸收、融合了周围的其他民族之后，最终于汉代形成的"。"在这一过程中，夏人、商人、周人、秦人、汉人则起了主导作用。"[⑤]

付永聚认为："中原的炎帝、太昊；东方的蚩尤、少昊；北方的黄帝；南方的伏羲、女娲、盘瓠等，统统成了中华民族的共同祖先。""从黄帝至夏朝，众多分散的、较小的民族，在互相兼并、分化组合的过程中，逐渐形成一个以黄炎为核心的多民族共同体，最后华夏族雏形形成。"[⑥]

钱宗范认为，包括汉民族前身华夏族在内的中国古代很多民族以及不少地区性文化的创造者的族源，是在当地土著民族和文化与外来民族和文化不断融合、交汇，互相吸收、结合的基础上产生的，具有多元与一元相结合的特点。"汉民族的前身华夏族的主源是黄河流域的炎黄族，

---

① 徐亦亭：《汉族族源浅析——古代华夏族的族源和融合》，《云南社会科学》1987年第6期。

② 徐亦亭：《蚩尤是传说时代华夏先民狩猎者首领》，《中南民族学院学报》（人文社会科学版）1998年第1期。

③ 史继忠：《汉族的形成及其历史地位》，《贵州民族研究》1993年第2期。

④ 陈筱芳：《春秋华夷关系以及华夏族的最终形成》，《西南民族学院学报》（哲学社会科学版）1996年第2期。

⑤ 周伟洲：《周人、秦人、汉人和汉族》，《中国史研究》1995年第2期。

⑥ 付永聚：《华夏族形成发展新论》，《齐鲁学刊》1995年第3期。

但在五千年的发展中，融合了东南西北各个方向的少数民族，汉族的血统和文化中包含了无数曾在中国历史上活动过的少数民族的血统和文化因素。”①

武尚清认为，“汉族形成是多源性的，它是长期以来不断吸收、融合进诸多民族成分而成的”。②

覃东平认为：汉族形成于秦，得名于汉，汉民族的形成是各民族结合发展的产物，历史上经历秦汉、魏晋南北朝和宋元金三个大融合时期。汉民族主源为炎黄，支源为东夷、九黎。东夷与九黎融合为夏族，商族在夏族的基础上形成，并与诸方国交融而成周族。周族在发展的过程中融汇了四周的诸邦和戎狄等少数民族族群从而孕育出华夏族。华夏族继续融入西戎、北狄少数民族族群以及楚、吴、越族的血液，最终发展成秦。汉族经历风雨的催化在秦的基础上应运而生。汉族起源和形成过程图示如下③：

东夷　　诸方　诸邦　　西羌、北狄
↓　　　　↓　　↓　　　　↓
炎→黄——→夏——→商——→周——→华夏——→秦——→汉
↑　　　　　　　　　↑　　↑
九黎　　　　　　　戎狄　楚、吴、越

李民、张国硕认为，夏商周三族的融合成为后来汉族的主体。④

何光岳认为：“汉族是由炎帝、黄帝、太昊、少昊四大系融合而成华夏族，由华夏族各支所建立的夏、商、周经秦汉而形成汉民族。其中族系浩繁，仅周文王时即有一千三百多个诸侯、部落，实际是众多的族系广泛分布在黄河、长江流域。炎帝神农氏与黄帝轩辕氏本是双胞族，长达三千多年的姬姜互婚关系形成了华夏族的主体。”⑤

陈遵沂认为：“中华民族之主干，春秋时代人们常称之为诸华或诸

① 钱宗范：《浅论中华民族的族源及对中国历史文化传统形成的影响》，《学术论坛》1995 年第 1 期。

② 武尚清：《白寿彝先生论中国统一的多民族国家的形成与发展》，《史学史研究》1996 年第 1 期。

③ 覃东平：《试述汉民族形成的过程、特点和条件》，《贵州民族研究》1997 年第 2 期。

④ 李民、张国硕：《夏商周三族源流探索》，湖南人民出版社 1998 年版。

⑤ 何光岳：《汉人与汉族的形成》，《中央民族大学学报》1997 年第 1 期。

夏，华与夏在那时的人的观念中似乎没有分别。华夏族即汉族之前身……华夏民族在历史的长河中运动，其地域不断扩大，它穿越黄河、长江、珠江、海河、辽河、黑龙江等水系，纵横于东亚大陆，其地域的伸展明显表现为向南与向北的矩阵状。于是，在秦汉时期各单位文化进一步融合，多个夷夏民族融合成了一个大的文化单位——汉族。"①

王玉德认为："汉族是中国的主体民族。历史上的汉族是个常变的、不确定的、边缘模糊的概念。汉代以后，大约到了南北朝时期，才有了汉、汉族的概念，这种概念是少数民族提出的，相对于鲜卑等周边民族。但是，汉族的渊源很早……传说中的华夏集团就是正宗的汉族先人。"华夏族由"中国"（《礼记·王制》）、东夷、南蛮融合而成。其后，西戎、北狄等西北民族也源源不断融合进来，成为华夏族的新鲜血液。三代以后，"历史上的百越、匈奴、羌氐、乌桓、回纥、党项、突厥都早已汉化。可见，汉族是华夏族为主的多民族融合体，是不断发展中的民族。汉族还有域外成分，古代印度人、波斯人、中亚人来华贸易、留学、传教，久居中国，已不复分辨其族类。开封的犹太人在与汉人的通婚中、战乱中，也已经完全同化"②。

（二）汉民族起源单源说

事物总是相对的，有汉民族起源多源说，也就有汉民族起源单源说与之相对。

持这种观点的学者认为，夏族或华夏族形成于我国原始社会向阶级社会过渡的"五帝"时期，夏朝的建立可以作为它形成的标志，也是名称的来源。夏族或华夏族经过商周时期，得到发展壮大，后由于汉朝的存在而又逐渐改称汉族。

唐嘉弘认为，活动于黄河中下游的唐尧、虞舜以及夏、商、周三代，亦即华夏族，均出于黄帝。③

景以恩认为："夏族出于华族；华夏民族也是一个自认为是太阳后裔

① 陈遵沂：《华夏族的融合与汉民族的演进》，载何光岳主编《汉民族的历史与发展》，岳麓书社1998年版。

② 王玉德：《汉民族若干历史问题散论》，载何光岳主编《汉民族的历史与发展》，岳麓书社1998年版。

③ 唐嘉弘：《华夏族——汉族先民的形成》，《文史知识》1987年第6期。

的崇拜太阳神的民族；华夏族起源于东方，后迁于中原；夏、商、周三代文明，则是以原居于东方的华夏先民族为主体，团结当地土著民族，经过漫长时期的艰苦奋斗而创造出来的文化硕果。”① 不久，景以恩又认为，夏、商、周的祖先禹、契、稷均源于黄帝。华夏族源于大汶口文化圈，是一个由不同时代、不同空间逐渐形成的血缘族团，以炎黄之战为起点，以夏王朝的诞生为形成期。其起居地，“自伏羲、神农，至炎黄虞夏（夏初）皆在东方——山东地区”。②

王景义认为，“华夏族之名源于传说时代的华胥氏族、夏后氏族。传说华胥氏族起源于甘、青高原，是远古时代母系社会时的一个部落”，除其后裔的一部分留居甘青高原外，其主要的一支沿着黄河东进，与燧人氏通婚。“传说华胥氏是伏羲氏的母亲，伏羲氏和妹妹女娲结为夫妻，他们的后人是少典氏。而炎帝、黄帝部族又都是从少典氏的氏部族中分化出来的，所以华胥氏是华夏族最早的祖先。”③

薛正昌认为，华夏族在夏代国家形成的同时已经形成，是由夏、商、周三代的许多民族融合而成的。秦汉之际，汉民族已经形成。“华夏族或非华夏族，汉族或非汉族的主要区别就是文化上的区别，其标志之一就是承认与华夏共祖。”④

（三）汉民族形成秦汉说

自范文澜先生在《历史研究》1954年第3期上发表《试论中国自秦汉时成为统一国家的原因》之后，汉民族形成于秦汉之说渐为学术界多数所认同。近二十多年来，学者们多有新解读。

陈连开认为，汉族的前身以华夏族为族称，在先秦已经历三个发展阶段，即起源阶段、民族雏形阶段与华夏民族的形成阶段。华夏民族在先秦形成了稳定的民族共同体，但地区差异还是比较明显。汉族作为统一的民族和统一的多民族中国的稳定的主体民族，其基本特征形成于秦汉时期。汉族共同体在秦汉以后有很大发展，而秦汉形成的基本特征虽得到完善与

---

① 景以恩：《太阳神崇拜与华夏族的起源》，《民间文学论坛》1998年第1期。

② 景以恩：《华夏血缘族团源于东方新探》，《复旦学报》（社会科学版）1999年第1期。

③ 王景义：《论汉民族的形成和发展》，《学术交流》1998年第4期。

④ 薛正昌：《楚民族与楚文化及其演进》，《衡阳师专学报》1989年第3期。

充实，却始终是沿着秦汉开辟的传统发展，文化传统从未割断。[①]

佟柱臣认为："夏商周三代有许多族，这许多族中的一部分，到战国，在中原融合成了华夏族，所以华夏族一开始便包含多民族的血统，也包含多民族的文化，而这个多民族的共同体，到秦统一全国，为多民族的融合准备了政治条件。到汉代，地域广辟，汉族散居四方与少数民族杂居，民族间的接触多了，文化互相交流与融合的机会也多，所以形成了汉族更大的共同体，汉族从来就不是单一血统的民族，不仅包含更多的民族血统，也包含更多的民族文化，因此，汉代是我国多民族融合的非常显著的时期。魏晋以后，广大北方的乌桓、鲜卑、匈奴相继进入中原，扩大了汉族这个多民族的共同体，而为其增添了新的血液……宋代以后，契丹、女真、西夏诸民族在历史上不断消失了，这种消失，有两个原因，一个是这些民族有的接受了汉文化融合于汉民族之中，进入了一个更高阶段……"[②]

刘先照认为："华夏族由夏族、商族与周族与戎、狄、蛮、夷的一些成分，经过夏商周至春秋战国、秦汉时期互相融合而形成。汉朝以后演变而为汉族。"[③]

覃东平也论述了汉民族从炎黄时代到秦汉时期形成的历史过程。他认为汉族的历史可以追溯到传说中的三皇五帝时期，从炎黄部落进入中原，到融合东夷、九黎的一部分后逐渐壮大，种下了汉民族的胚胎。夏商时代，融合了更多的周边各族，周朝自称中国，或称"夏""华"，并把自身的属民与周边各族区分开来，实际上一个有共同地域、共同语言、共同意识、共同习俗的人们共同体已经出现，历史上称之为"华夏"，即汉民族的前身，汉族这个胚胎历经十月坐怀，已经发育成熟，只待临产和命名了。战国时期是汉族这个胎儿临盆前的最后一次躁动，原为戎狄之类的秦、"我蛮夷也，不与中国之号谥"的楚、南越类的吴、越，在与中原的争霸过程中，接受了中原的文化，融入了华夏族。春秋战国的百家争鸣思想文化，使华夏团体有了共同的思想意识，为汉族的最后形成和出生并能

---

① 陈连开：《论华夏/汉民族的形成》，载《中华民族研究初探》，知识出版社 1994 年版，第 291 页。

② 佟柱臣：《从考古学上看中华民族的融合与统一》，载《中华民族研究新探索》，中国社会科学出版社 1991 年版。

③ 刘先照：《中华民族的个性与共性的特征及其演变》，载《中华民族研究新探索》，中国社会科学出版社 1991 年版。

在今后发展壮大，打下了坚实的基础。秦始皇统一中国以后，在全国推行郡县制，在全国统一文字和度量衡、货币。汉朝建立后，进一步强化中央集权制，建立郡县，开邮驿，加强中央与地方的联系，以中原为核心，因政治制度、经济条件、语言文化、社会习俗、儒道思想意识的确立，到汉武帝时，汉族的称呼出现了，所以汉民族形成于秦，得名于汉。①

但也有不同的观点发表，1988 年，吴广平对“汉民族是以先秦北方的华夏族为主干而形成的”这一论点和“秦汉形成汉民族说”提出异议。他在《汉民族形成新论》中认为，“汉民族不是形成于秦汉而是形成于汉，形成汉民族的主干不是先秦北方的华夏族而是先秦南方的楚族”。“楚族是生活在南方长江流域的古老而又伟大的民族。它是南方古老文化的集大成者，是当时缔造古老的长江流域文明的最重要、最杰出的主人。成为广阔的中国南方各族融合中心，是当时民族联结和融合的一个典型……先秦各大国不论是秦、晋，还是齐、燕，都没有楚的成绩大。”“落后的西秦要承担同化各族（特别是楚族）形成一个统一的民族的重任，事实上是不可能的……公元前 206 年，只有 15 年历史的秦王朝就被楚人推翻了。这样，楚族同化华夏族到汉朝取得了发展的良机。”吴广平先生进一步论证道：“汉朝创业皇帝是楚人。开国所封的 143 位侯爵，大都是楚人。刘邦的嫡系部队都是楚人，后来又大量收降项羽的部下，形成清一色的‘楚派’。正因为如此，所以楚人的民族思想在汉时得到继承和发扬，……由于刘邦部队的北进，楚文化随之被带入北方……在汉时以楚文化为主干、为精髓、为灵魂的汉民族共同文化正式形成了。”吴广平先生最后得出结论：“总之，汉族是因汉国而得名的。汉族形成于汉朝。它是以先秦南方的楚族为主干同化北方的华夏族而形成的。到汉时，汉民族的四个特征可以说初步具备了。‘共同的语言’就是当时通行的‘凡语’。‘共同的经济生活’就是农业。‘表现在共同文化上的共同心理素质’就是包容万物的民族气魄、坚忍不拔的民族精神。由于汉朝的确立，以楚文化为主干的共同文化的形成和民族的文化中心长安的出现，使汉人用民族的纽带把历史彼此隔绝的南方楚族和北方华夏族联结为一个民族的整体。这样汉民族就形成了。”②

---

① 覃东平：《试论汉民族形成的过程、特点和条件》，《贵州民族研究》1997 年第 2 期。

② 吴广平：《汉民族形成新论》，《吉首大学学报》（社会科学版）1988 年第 1 期。

（四）华夏族与汉民族形成

讨论和研究汉民族形成问题，绝对绕不开华夏族。对华夏族的形成却又有公婆之理，一种认为形成于中国历史上第一个国家夏朝建立后，另一种意见以为经过了夏商周三代，至西周时才形成华夏族之雏形，夏、商、周是华夏族三支主要来源，但一般认为华夏族是汉民族的前身。

1. 华夏族形成于夏代说

有些学者主张华夏族形成于夏代，田继周认为："夏族或华夏族形成于我国从原始社会向阶级社会过渡的'五帝'时期，夏朝的建立可以作为它形成的标志，也是名称的来源。"田继周认为，"夏族或华夏族不可能到周朝时才形成，而应该形成于我国从原始社会向阶级社会的过渡期，即传说时代的'五帝'时期"。"五帝"时期传说人物的政治的和军事的活动，反映了部落间频繁的战争和兼并关系，从而也反映了贫富分化和阶级关系，"颛顼以来，地为国号"，颛顼高阳氏、帝喾高辛氏、尧陶唐氏、舜有虞氏，这在某种意义上反映了氏族血缘关系的解体和地缘关系的建立。在地缘关系发展的基础上，在部落战争、联合、融合以及兼并的过程中，到了"五帝"时期，我国最早的民族，不管它叫什么名称，就形成了，而夏朝的建立可以作为它形成的标志，并名之为夏族。①

周伟洲也认为，古代民族的产生是伴随着阶级、国家的产生而出现的，恩格斯说："从部落发展成了民族和国家"，国家用各种政治、经济和文化措施，使原始社会氏族、部落或部落联盟程度不一地解体，在国家统治的一定地域内，逐渐使用同一语言和文字，过着共同的经济生活，并由此产生共同的文化和心理状态，最后形成狭义的民族。根据这一认识，对照中国历史，我们认为，事实上黄河中下游的氏族、部落和部落联盟，发展到国家阶段时，即夏朝诞生后，华夏族也随之产生。②

2. 华夏族形成于周朝说

华夏族形成于周朝是学术界比较流行的看法。

杨荆楚认为，"黄帝部落的后裔建立了夏王朝，强大的夏部落开始形成夏族。前后经历了夏、商、周三个朝代，十六多个世纪的漫长历史过

---

① 田继周：《夏族的形成及更名汉族》，《民族研究》1990年第4期。

② 周伟洲：《周人、秦人、汉人和汉族》，《中国史研究》1995年第2期。

程，进入中原（黄河流域）地区的戎、狄、夷、蛮部落逐渐与夏商族融合，史称华夏。西周时，华夏族成为稳定的人们共同体。到了汉代，华夏族始称汉族"①。

史继忠也说，汉族渊源于"华夏"，而"华夏"就是夏、商、周三代许多部落融合的产物。我们通常说"炎黄子孙"，其实，炎、黄本不同族，炎帝统领共工氏等四部落，黄帝统领夏后氏等十二部落，经过若干次冲突之后才定居中原，联合为一体。自大禹起，夏后氏兴于河、洛之间，"会诸侯于涂山，执玉帛者万国"，又吸收"东夷"而成"诸夏"。其后殷商在东土崛起，"因于夏礼"而拓展疆域，与周边朔方、氐羌、荆蛮广泛接触，融合范围扩大。周人起于西歧，文化勃兴，礼仪，服章与周边民族迥异，自称为"华"，于是凡行周礼而着华服者都谓之"诸华"。可见，"华夏"是中国历史上的一次民族大融合的产儿。②

覃东平也说，夏朝建立，"天下咸服"，夏既是地名、国名，也是夏朝疆域内人民的对外称呼、族类，即在强权下一个大的人们共同体——夏开始出现，但是夏时，还存在着东夷、蛮、狄等其他各族。商时，也存在许多不同的族群，商朝的对外征伐使得民族融合加剧。周朝取代商朝，建立了更为强大、地域更为广阔的国家，周自称中国，或称"华""夏"，并把它的属民与周边各族区分开来以示区别，实际上一个有共同地域、共同语言、共同意识、共同习俗的人们共同体已经出现，历史上称之为"华夏"，它是汉族的前身。③

3. 华夏族形成于春秋战国说

还有的认为华夏族形成于春秋战国时期。

付永聚认为华夏族作为一个多民族的统一体，她的形成可分为两个阶段，华夏族的形成期，"始自黄帝兼并其他部落集团，至夏朝诞生为止"，华夏族的发展定型期"历经夏商周至春秋末为止"④。

谷苞认为，夏主体民族为羌族，商为东夷，周为周族。经长期民族融合，在春秋时形成华夏族，到汉朝成汉族。通常所说的炎黄子孙，固然不

---

① 杨荆楚：《汉民族形成为世界第一大民族浅析》，载袁少芬、徐杰舜主编《汉民族研究》第一辑，广西人民出版社 1989 年版，第 149 页。

② 史继忠：《汉族的形成及其历史地位》，《贵州民族研究》1993 年第 2 期。

③ 覃东平：《试论汉民族形成的过程、特点和条件》，《贵州民族研究》1997 年第 2 期。

④ 付永聚：《华夏族形成发展新论》，《齐鲁学刊》1995 年第 3 期。

能排除血统上的遗传关系，更重要的则是文化传统上的继承关系。①

沈长云认为，夏朝的建立并不是华夏最终形成的标志。西周封建是华夏由部落状态向民族共同体演化的关键进程，周初封建是华夏民族形成的首要篇章。华夏民族形成于春秋战国之际。② 他还认为，黄帝不可能是所有五帝三皇的直系祖先，也不一定生活在其他古帝之前。他原本的身份仅仅是一个古代部落集团的首领（或祖先）。以黄帝为首的五帝系谱，反映了战国时期刚形成的华夏民族认同于自己共同文化的民族心理意识。③ 沈氏认同徐旭生、顾颉刚在《中国古史的传统时代》中关于我国历史开端时期民族非出于一元的认识。

陈筱芳认为："夷狄部族与华夏是在文化对抗和对话中达到交融、同化或并存，夷狄诸侯和诸夏则在指向相同目标的斗争和交流过程中实现了同化。华夏族最终形成于春秋末年，主要标志是夷狄诸侯与诸夏实现了同化。"④

（五）关于汉民族族称的确定

对汉民族族称的确立也是众说不一。

费孝通认为："汉作为一个族名是汉代和其后中原的人和四周外族人接触中产生的。民族名称的一般规律是从'他称'转为'自称'。秦人或汉人自认为秦人或汉人都是出于别人对他们称作秦人或汉人。民族实体的得名必须先有民族实体的存在，并不是得了名才成为一个民族实体的。汉族这个名称不能早于汉代，但其形成则必须早于汉代。"汉人成为族称很可能起于南北朝初期。"因为魏晋之后正是北方诸族纷纷入主中原的十六国分裂时期，也正是汉人和非汉诸族接触和混杂的时候。汉人这个名称也成了当时流行的指中原原有居民的称呼了。"⑤

贾敬颜认为："汉人之称来源于汉朝，但汉朝的人并不被称为汉人，而被称为秦人。""因为秦朝的强大和声威远震，秦朝的邻人在秦朝灭亡之后很久的时间里犹称汉朝之人为'秦人'。后来，'秦人'一称虽为

① 谷苞：《关于如何正确理解炎黄子孙的探索》，《西北民族研究》1995 年第 2 期。

② 沈长云：《华夏民族的起源与形成过程》，《中国社会科学》1993 年第 1 期。

③ 沈长云：《论黄帝作为华夏民族祖先地位的确立》，《天津社会科学》1995 年第 2 期。

④ 陈筱芳：《春秋华夷关系以及华夏族的最终形成》，《西南民族学院学报》1996 年第 2 期。

⑤ 费孝通：《中华民族的多元一体格局》，载《中华民族多元一体格局》，中央民族学院出版社 1989 年版。

‘汉人’一称所代替，但它依然在国外有影响，以致很长一段时期内，印度等国称中国为‘支那’‘脂那’‘至那’等，这便是今天西方人称中国为 CHINA 的根源，推其本始，即起于‘秦’字（伯希和：《马可波罗游记注释》）。”“……东汉时已有‘汉人’之称，其义为‘汉朝之人’。”“经十六国、北朝以后，汉人的内容复杂了，数量增多了，这个人们共同体像滚雪球那样，越滚越大。”“‘汉人’在明朝……许多蒙古人、色目人变成了汉人，汉人的外延又扩大了。”“大概也只是在‘五族共和’之说倡导以后，‘汉人’才正式改称‘汉族’。”①

贾敬颜认为：“称汉人为‘契丹’起于辽、金战争之际；其所以有此名号，首先是汉人的大量进入契丹地区，实行汉化，久而久之，两者合二为一，汉人即‘契丹’，‘契丹’是汉人。或者，有一部分契丹人直接向汉人转化；而另一部分契丹人先向女真人转化，之后再向汉人转化。不管怎样，元朝广义的‘汉人’之内包括了契丹人，乃是千真万确的。大概也正是从这个时候起，契丹作为一个独立的民族‘实体’，从前进的行程中失掉了，但它的‘分子’——遗胤散布在广大的汉人之中，以致成了汉人的代词。‘契丹’——汉人别名的出现，是汉人历史发展的胜利，也表现为中国民族关系史的一个侧面，即民族融合。”②

周坊认为：“华夏既是族名又是地名，地名因族名而得。华夏人由华人与夏人融合而成。华夏在形成过程中又不断与四周的蛮夷戎狄融合，商代以前主要与南蛮东夷融合，两周时期主要与西戎北狄融合，至魏晋时，华夏一词的含义已经扩大成为天下和天下人。”③

笔者认为，“汉族族称的确定经历了一个‘秦人’‘汉人’和‘唐人’曲折、交叉的发展过程。由于汉王朝国运长久，国势强盛，汉民族的政治、经济、文化以及心理素质的稳定性在汉王朝已经形成，所以‘汉人’之称经得起历史的千锤百炼，逐步取得主流地位，到近代之时‘汉人’之称才渐确定为‘汉族’之称。”④

---

① 贾敬颜：《“汉人”考》，载《中华民族多元一体格局》，中央民族学院出版社 1989 年版。

② 贾敬颜：《“契丹”——汉人之别名》，载《中华民族多元一体格局》，中央民族学院出版社 1989 年版。

③ 周坊：《华夏溯源》，《云南民族学院学报》（哲学社会科学版）1994 年第 4 期。

④ 徐杰舜：《从秦人、汉人、唐人到汉族族称的确定》，《广西民族学院学报》（哲学社会科学版）1995 年第 2 期。

张雄从两汉以来国内民族之间的文化差异和冲突，汉民族意识展露和形成的历史过程，论证从汉朝开始，“汉人”已是不同于“蛮夷”的居民群体。经魏晋南北朝的民族迁徙、融合和“汉化”“胡化”的反复，到北魏末，“汉人”作为族称已为中原朝野所认同。唐朝统一多民族封建国家的强大、繁荣，促进了“胡”“汉”文化交流，“汉”作为民族和文化的内涵，成为中原和边地各族人的共识。历五代到两宋，随着北方民族南下中原和民族之间文化冲突的加剧，导致汉民族意识强化，南宋时“汉”人作为族称，最终被历史确认。①

任继昉认为，从“考古的发现”“文字的考辨”和“语源的阐释”论证来看，“我们可以判断，这有两种可能性：第一……华族人在建立起第一个朝代时，为了使朝代名（或曰国名）与原有的族称‘华’既有所区别，不致混同，又不能离根太远，以致忘本，便采取这种稍变其音的办法，命名为‘夏’；第二种，无意为之使然，即由于历史音变、地域音变或用字不同，而由‘华’至‘夏’的。无论属于哪种情况，‘华’与‘夏’之间都是一脉相承，不绝如缕，其间的嬗变关系灼然可见”。②

对汉族族称的不同看法，其实正是不同的学者从不同的学术背景，不同的层面，不同的角度出发而出现的一种文化多样性。

（六）汉民族与中华民族形成

过去研究汉民族，仅限于汉民族研究的范围论汉民族。但今天研究汉民族，就必须跳出汉民族研究的圈子，站在中华民族的高度上去认识汉民族、研究汉民族。1988 年秋，费孝通在香港中文大学发表了在国际学术界引起巨大反响的论文《中华民族的多元一体格局》，费先生认为：历史上的夏商周三代，“是汉族前身华夏这个民族集团从多元形成一体的历史过程”。“汉族的形成……在多元一体的格局中产生了一个凝聚力的核心。”中国几千年的历史就是一部民族相互融合的历史，北方、南方各族群不断向汉族输入新的血液。这一形成过程的“主流是由许许多多分散存在的民族单位，经过接触、混杂、联结和融合，同时也有分裂和消亡，

① 张雄：《略谈“汉人”族称的确认》，《中南民族学院学报》（哲学社会科学版）1997 年第 1 期。

② 任继昉：《“华夏”考源》，《传统文化与现代化》1998 年第 4 期。

形成一个你来我去、我来你去、我中有你、你中有我，而又各具个性的多元统一体”。“距今三千年前，在黄河中游出现了一个若干民族集团汇集和逐步融合的核心，被称为华夏，它像滚雪球一般地越滚越大，把周围的异族吸收进了这个核心。它在拥有黄河和长江中下游的东亚平原之后，被其他民族称为汉族。”① 于是中华民族的研究勃然兴起，从此汉民族的研究与中华民族的研究紧紧地联系在一起了。

中华民族的起源，从20世纪30年代以来就存在着本土说和外来说、多元论说和一元说的争论。到了20世纪80年代后期，不少学者运用新的理论、新的观点和新的资料，对中华民族的起源重新进行了审视和研究。1988年，陈连开发表《中华新石器文化的多元区域性发展及其汇聚与辐射》一文，通过对中华新石器文化类型的研究，结合中华远古各部落集团文献的研究认为，中华文化、中华民族的起源具有鲜明的本土特点，整个中华民族与大多数中国的兄弟民族，从总体上看皆是由起源于中华大地并继续在中华大地上创造历史的人们形成的；中华民族及其中的主体民族和一些分布较广的少数民族，其起源是多元的。特点是多元起源，多区域不平衡发展，而又反复汇聚与辐射。往往在同一民族中，也是既存在广泛的认同，同时又存在明显的区域文化特点。② 1994年，陈连开的论文集《中华民族研究初探》出版，在书中陈连开指出，汉族的前身，以华夏族为族称，在先秦已经历三个发展阶段，即起源阶段、民族雏形形成阶段与华夏民族的形成阶段。华夏的起源，是以黄河中下游两大集群的融合为核心，同时吸收四方优秀成分的基础上形成了夏人、商人、周人三支，经夏商周，三支融合为一体，在西周已经形成为华夏民族的雏形，经春秋战国的民族大迁徙与大融合，在战国已实现了华夏的大认同，华夏已形成了稳定的民族共同体，华夏民族是大融合的结果，对四夷而言，又都有一部分分化出来融合于华夏之中。这种融合与分化的过程，也就是华夷五方之民的形成过程。华夏民族在先秦形成了稳定的民族共同体，但地区差异还是比较明显。汉族从起源及其前身华夏的形成，至今已有五千年的

① 费孝通等：《中华民族多元一体格局》，中央民族学院出版社1989年版，第1—2、6、8页。

② 陈连开：《中华新石器文化的多元区域性发展及其汇聚与辐射》，《北方民族》1988年第1期。

历史，而作为统一的民族和统一的多民族中国的稳定的主体民族，其基本特征形成于秦汉时期。汉族共同体在秦汉以后有很大发展，而秦汉形成的基本特征虽得到完善与充实，却始终是沿着秦汉开辟的传统发展，文化传统从未割断。①

李清和认为，汉族实际上是经过三次民族大融合和三次全国大统一最后定形的主体民族。首先，春秋战国时期是第一次民族大融合，所涉民族除华夏外，有东夷、西戎、南蛮（荆蛮、百越、巴人、濮人等）、北狄，经过春秋战国五百多年的时间，逐渐融合为一体，构成中国的主体民族，其结果是秦汉时期全国第一次大统一，以汉民族为主体的中华民族雏形初步形成。其次，三国魏晋南北朝时期是第二次民族大融合，涉及民族除汉族之外，在北方有匈奴、鲜卑、乌桓、羯、氐、羌等，在南方有蛮、僚、蜒、巴、越、溪等，经过近四百多年融合逐成一体，结果是隋唐时期全国第二次大统一，推进了中华民族的形成。最后，五代十国宋辽金元时期是第三次民族大融合，除汉族外，还包括北方契丹、党项、羌、回鹘、女真、蒙古等，在南方有白蛮、乌蛮、吐蕃、氐、羌、俚僚等，经过三百多年，其中大部分又逐渐融合为一体，于是出现元明清全国第三次大统一，把中华民族的形成推向最后定形阶段。②

郑宝凤、汪玉华认为，中华民族既是多元区域性发展，又呈现向中原汇聚及中原向四周辐射的不平衡发展规律。中华民族多元一体格局形成和发展的过程可分为四个阶段。第一，夏族的形成使中华民族有了凝聚的核心。中华民族的雏形华夏族是以黄帝族团（中原华夏）为主干，糅合了南方苗蛮、东方东夷经过夏商周三代而形成的。第二，汉族的形成，不断扩大了凝聚核心，成为中华民族的主体民族。汉族是以华夏族为基础，经过春秋、战国至秦汉时不断汇集和融合其他民族形成的。第三，中华民族统一体的形成。第四，中华民族的发展、巩固和最后形成了自觉的民族实体。③

张纯认为，历史上的“黎民”（代表黎人，或泛指南方的黎、苗群众）和“百姓”（泛指北方的夏、夷各氏族部落）是中华民族两个最主要

① 陈连开：《论华夏/汉民族的形成》，载《中华民族研究初探》，知识出版社 1994 年版，第 289 页。

② 李清和：《论中华民族的形成和发展》，《贵州民族学院学报》（哲学社会科学版）1989 年第 1 期。

③ 郑宝凤、汪玉华：《略论中华民族的形成与发展》，《中国青年政治学院学报》1993 年第 4 期。

的来源。夷、夏的合流与同化，形成了中华民族最早的雏形——古华夏族。黎苗与夏夷的主体，经过长期争战、交流、杂居、婚姻、融合与同化，终于形成了中华民族的主体——汉民族。中华民族的共同祖先在本土，在中华大地上，那就是元谋猿人、北京猿人、蓝田猿人与和县猿人，经过漫长的岁月发展成长，特别是经过夏夷、黎苗族团的合流与同化，最终融合为一体。①

此外，关于中华民族起源和形成问题的研究成果还包括潘龙海、陈连开、金炳镐的《中华民族学初探》（延边大学出版社 1992 年版）、张博泉的《中华一体的历史轨迹》（辽宁人民出版社 1995 年版）、萧君和等主编的《中华民族史》（黑龙江教育出版社 2000 年版）、田晓岫的《中华民族发展史》（华夏出版社 2001 年版）等。

汉民族的形成不是一蹴而就的，汉民族研究也不是一步登天的。

学术随理论的创新而发展，也随方法的进步而发展。汉民族研究百年的学术史，尤其是近二三十年的发展，充分呈现了理论的创新和方法的进步所带来的影响。概括来说，汉民族研究学术发展史百余年来，经历了从自在转为自为，再转向自觉研究的三个阶段，即：自在研究汉民族的阶段；20 世纪汉民族研究的崛起：自为研究汉民族的阶段；21 世纪中华民族研究的重构：自觉研究汉民族的阶段。②

正是在这个学术史的背景下，我们才能积五十余年之功，撰写了这部积大成的《汉民族史记》（9 卷本），以献给全世界的华人！

---

① 张纯：《关于中华民族形成的一点认识——从“黎民百姓”说起》，《民族研究动态》1993 年第 4 期。

② 参阅徐杰舜《自在、自为与自觉：汉民族研究百年学术史》，《广西民族大学学报》（哲学社会科学版）2013 年第 6 期。

第四章　汉民族是一个自觉的民族

五千多年来，汉民族从一个自在的民族发展成为一个自为的民族，进而发展成为一个自觉的民族，对中华民族的建构和人类社会的发展做出了伟大的贡献。

一　汉民族概况

在当代世界民族之林中，汉民族是最古老、最多彩、最混血的一个民族。她对人类社会的发展做出了伟大的贡献。

（一）人口

汉族拥有世界上最多的人口，据 2005 年的统计，世界总人口为 6477451000 人，中国总人口为 130628 万人，汉族总人口为 118295 万人，汉族约占世界总人口的 18.26%，约占中国总人口的 90.56%。[①]

汉族人口发展至今，拥有近 12 亿人，是经过了长达数千年，甚至近万年的发展过程。据有关学者研究估算推测：在旧石器时代，全世界人口百年增长率不超过 1.5‰，新石器时代不超过 4‰。约在 15000 年以前，地球上的人口不超过几百万。公元前 7000 年以前，约有人口 1000 万。公元前 3500 年以前不超过 2000 万人。[②] 根据以上估算推测，10000 年前，我国可能有人口 300 万—500 万；5000 年前，可能有人口 800 万—1000

---

① 中华人民共和国国家统计局：2005 年全国 1% 人口抽样调查主要数据公报（2006 年 3 月 16 日），(http://www.stats.gov.cn/tjgb/rkpcgb/qgrkpcgb/t20060316_402310923.htm)；(http://blog.tianya.cn/blogger/post_show.asp? BlogID=714984&PostID=13501168)。

② 梁中堂：《人口学》，山西人民出版社 1983 年版。转引自陈代光《中国历史地理》，广东高等教育出版社 1997 年版，第 172 页。

万；夏、商、周三代，中国人口最稀少时期，大致保持在 1300 万人左右；[①] 春秋及至战国盛时，已有 2000 万人左右了。[②] 在历史性的滚动中，汉族的人口发展到汉武帝后元二年（前 87 年）时的 3200 万人左右，到汉平帝元始二年（公元 2 年）时已达 5900 多万人了；[③] 到唐代前期达 8000 万至 9000 万人之间；[④] 到北宋大观三年（1109 年）突破 1 亿，有 10441 万余人；[⑤] 到明万历二十八年（1600 年）人口达 1.5 亿；[⑥] 到清道光三十年（1850 年）人口已达 4 亿以上；[⑦] 从 1912 到 1949 年初，已号称有近 6 亿人；至今已达 12 亿人左右。汉族人口在各省、自治区、市的人口数如下表所示。

汉族人口在各省、自治区、直辖市的人口数（据 2000 年统计） 单位（人）

地区	总人口数	汉族人口数
北京	13569194	12983696
天津	9848731	9581775
河北	66684419	63781603
山西	32471242	32368083
内蒙古	23323347	18465586
辽宁	41824412	35105991
吉林	26802191	24348815
黑龙江	36237576	34465039
上海	16407734	16303862
江苏	73043577	72783674
浙江	45930651	45535266
安徽	58999948	58602112

---

① 陈代光：《中国历史地理》，广东高等教育出版社 1997 年版，第 174 页。

② 王育民：《中国人口史》，江苏人民出版社 1995 年版，第 46、76 页。

③ 同上书，第 92 页。

④ 同上书，第 213 页。

⑤ 同上书，第 297 页。

⑥ 同上书，第 459 页。

⑦ 同上书，第 515 页。

续表

地区	总人口数	汉族人口数
福建	34097947	33514147
江西	40397598	40271881
山东	89971789	89339046
河南	91236854	90093286
湖北	59508870	56911968
湖南	63274173	56863479
广东	85225007	83955870
广西	43854538	27024974
海南	7559035	6245329
重庆	30512763	28539156
四川	82348296	78229697
贵州	35247695	21911687
云南	42360089	28201274
西藏	2616329	158570
陕西	35365072	35188651
甘肃	25124282	22925063
青海	4822963	2606050
宁夏	5486393	3590563
新疆	18459511	7489919

资料来源：国务院人口普查办公室、国家统计局人口和社会科技统计司编：《中国2000年人口普查资料》上册，中国统计出版社2002年版，第18页。

（二）分布

中国位于亚洲大陆东部，太平洋西岸，最北近北纬56°，最南近北纬2.5°，南北经过寒带、寒温带、温带、亚热带、热带五个地球温度带；最西靠东经约76°，最东靠东经近145°，东西经过东九区、东八区、东七区、东六区、东五区，共五个时区。中国国土面积为 960 万平方公里。①中国国土最东至库页岛东海岸领海（正东是台湾省的琉球群岛的大东诸岛以东附近海域），最北至外兴安岭（西部最北为唐努乌梁海），最西至巴尔喀什湖西岸，最南至南海诸岛之南沙群岛的曾母暗沙以南附近海域。中国同 13 个国家接壤，与 8 个国家海上相邻，东北与朝鲜接壤；东北、西北与俄罗斯、哈萨克斯坦、吉尔吉斯斯坦、塔吉克斯坦为邻；正北方是蒙古国；西部毗邻阿富汗、巴基斯坦；西南与印度、尼泊尔相接；南面有缅甸、老挝和越南。

中国的地理位置，所形成的自然地理环境有哪些因素决定了汉族的分布呢?

一是封闭的地理环境决定了汉族的分布。中国地形地貌复杂多样、大陆西高东低，自西向东形成三大阶梯依次下降。第一级阶梯是青藏高原，高原面海拔多在 4000—5000 米，其上耸峙多座海拔超出 7000 米，甚至 8000 米的山峰，享有“世界屋脊”之称。第二级阶梯是从青藏高原的北缘与东缘到大兴安岭、太行山、巫山、雪峰山之间，包括若干高原和盆地，盆地底部高低不一，高原面海拔多在 1000—2000 米。第三级阶梯是往东的低山丘陵和大平原及至大陆架，山丘海拔多在千米以下，平原一般不超过 200 米。这一级阶梯也包括沿海大陆架。其水深通常在 200 米以内。以贺兰山、六盘山、龙门山、哀牢山为界，可将中国分为东西两部。中国西部从新疆吐鲁番盆地底部的艾丁湖湖面（海拔 -154 米）到中尼边界的珠穆朗玛峰（海拔 8848.13 米），高差可达 9000 米；东部从海滨平原到秦岭的太白山（海拔 3767 米）或台湾雪山（海拔 3884 米），高差不到 4000 米。这样，如果鸟瞰中国，东和东南面是烟涛浩渺的海洋；西北和北面是漫无边际的戈壁和荒漠；西面和西南是平均海拔 4000 米以上的世

① 中国国土面积目前仍沿用“陆地面积约 960 万平方公里，内海和边海的水域面积约 470 多万平方公里”（参见“中华人民共和国”，https://baike.so.com/doc/23635518-24188839.htm）。中华人民共和国成立后，共进行了四次国土面积测量工作。1956 年进行首次测量工作，量算出国土面积 959 万平方公里；1962 年量算为 951 万平方公里；1963 年量算为 953 万平方公里；1984 年底第四次量算为 1045 万平方公里，其中陆地 944 万平方公里，内海 69.3 万平方公里，岛屿 7.54 万平方公里，领海 22.8 万平方公里，滩涂 1.27 万平方公里（http://tieba.baidu.com/5008488885）。王虎华主编《国际公法》（浙江大学出版社 2007 年版，第 221 页）也采用了 1045 万平方公里的数据。

界屋脊和横断山脉；南面是荫翳潮湿毒蛇猛兽出没的热带丛林。三四千年前中国气温比现在高，南方湿热异常，绝难通行，从而在世界上形成一个相对独立而又封闭的地理环境。[①] 这种自然地理环境决定了以农业为生存策略的汉族主要分布中国的中部和东部。

二是河流的流域和水系决定了汉族的分布。中国河流大部分为注入海洋的外流流域；小部分为流入封闭的湖沼或消失于沙漠，不与海洋沟通的内流流域。划分中国内外流域的主要分水界为北起大兴安岭西麓，经内蒙古高原南缘、阴山、贺兰山、祁连山、日月山、巴颜喀拉山、念青唐古拉山和冈底斯山，向西直抵国界。这一分界线以西地区中，除额尔齐斯河外，全属内流流域；而此线以东地区中，中国主要的大河，如黑龙江、海河、黄河、淮河、长江、珠江等均属这一流域，它们分别注入鄂霍次克海、渤海、黄海、东海和南海，这就是在中国外流流域中，流入太平洋流域的面积约占全国总面积的56.7%。此外，流入印度洋流域的河流主要有怒江、雅鲁藏布江和印度河等，约占全国总面积的6.5%，分布于青藏高原东南部、南部和西南一角。这些河流的下游已出国境，流经南亚各国并分别注入安达曼海、孟加拉湾和阿拉伯海。流入北冰洋的只有额尔齐斯河，为鄂毕河源流之一，流经俄罗斯而注入喀拉海，流域面积只占全国总面积的0.5%。中国水系的分布很不均匀，东部季风区，河流多而长，常形成庞大水系，河网密度一般都超过0.3公里/平方公里。其中河网密度最大的为长江三角洲，达6.4—6.7公里/平方公里，杭嘉湖平原甚至达12.7公里/平方公里，中国西北地区和藏北高原内流流域内，河流少而小，且多单独流入盆地，缺乏统一的大水系。河网密度一般均在0.1公里/平方公里以下，在降水和径流都较丰富的阿尔泰山、天山、帕米尔高原一带，河网密度方超过0.5公里/平方公里。中国河流的流域和水系的这种生态，与中国自然地理环境相匹配，也决定了以农业为生存策略的汉族主要分布在中国的中部和东部。[②]

三是四五千年前中国温暖湿润的气候决定了汉族的分布。作为汉族主

---

① 参阅姜椿芳、梅益总编辑《中国大百科全书·中国地理》，中国大百科全书出版社1993年版，第675—676页；赵济主编《新编中国自然地理》，高等教育出版社2015年版，第11—17页。

② 参阅姜椿芳、梅益总编辑《中国大百科全书·中国地理》，中国大百科全书出版社1993年版，第623—624页；《中国径流与径流带》（https：//wenku. baidu. com view/4556798c5da50e2524d7f16. html）。

要发源地的黄河流域，在5000年前处于温暖湿润的气候环境之下。在关中地区的西安半坡仰韶文化的遗址中发现距今6000年的獐、竹鼠和貉等动物遗骸，这些动物现今生活在气候温暖湿润而又多沼泽的长江流域。在京津地区当时生存有现今见于亚热带地区的动植物，北京西郊、燕山南麓和三河市附近发现了大量阔叶树种花粉带，反映了当时气候湿润和温暖。可见，当时燕山以南、太行山以东的河北平原，在距今8000—5000年前处于气候温暖期，当时年均气温较今高出2℃—3℃。

而汉族另一个发源地的长江流域，各地新石器时代遗址孢粉分析结果证明，5000年前的气候普遍较今温暖湿润。如河南淅川下王岗遗址第7—9层中发现相当数量的喜暖动物遗骸，如孔雀、猕猴、大熊猫、苏门犀、亚洲象、水鹿、轴鹿等，而今天这些动物分布大多更为偏南，有的在中国境内已不存在，说明仰韶时期这里的气温较今为高。又如上海地区崧泽、亭林和唯亭遗址的孢粉分析，证明5000年前，这里生长着以青岗栎、栲为主的常绿阔叶和阔叶—落叶的混交林，还有眼子菜一类水生草本植物，气候温暖湿润，年均温度高出今天2℃—3℃，相当今浙江南部的气候。再如浙江余姚河姆渡遗址中发现了象、犀等今天生活在热带地区的动物遗骸。当时的气候大致近于现代华南地区的广东、广西南部和云南地区。据此估计，新石器时代杭州湾属南亚热带或热带气候，年均气温高出现今4℃以上。其他如长江中游的洞庭湖周围的湘阴、湘乡、汉寿，江西南昌地区及下游安徽安庆地区的孢粉分析的结果证明，距今5000年前气候较今温暖湿润。

总之，根据目前掌握的资料，充分反映了距今10000—5000年，北起黑龙江，南至长江流域以南，西至天山南北、云贵高原和西藏高原的广大范围，都处在温暖湿润的气候环境之下。这种温暖的气候环境一直延续到我国历史文明的早期——夏商时代。据考夏代留下来的《夏小正》，农学家认为所列星象应该是夏代末期的农家历，其与反映春秋时期物候的《礼记·月令》相比较，《夏小正》中的春季物候相应提前，秋季物候相应推迟，说明比《月令》时期气候温暖。近数十年来，在河南安阳殷墟出土大量动物遗骸，其中有如今生活在亚热带地区的獐、竹鼠，生活在热带的大型动物犀牛、亚洲象，以及仅生活在东南亚低地森林的圣水牛。甲骨文中还记载猎获100头以上的动物就有犀牛，以及狩猎大象的记载都说明，夏商时期黄河流域的气候较今温暖，当时的亚热带北界约在今河南北部的安阳一带。[1]

中国四五千年前温暖湿润的气候，与中国河流的流域和水系的生态，以及中国自然地理环境相适应，所构建的中国自然地理也决定了以农业为生存策略的汉族主要分布在中国的中部和东部。正如陈正祥《中国文化地理》中所说：

> 汉文化最早发祥于黄河中游的黄河谷地，包括汾河、渭河、泾河、洛河、沁河等大支流的河谷；也就是仰韶文化或彩陶遗物分布的核心地区。此一地区，自然条件便利于原始农业的发展。其后向东扩张，进入黄河的大冲积扇及太行山麓成串较小的冲积扇。远在公元前4000年，这一带便存在着农耕的村落；西安半坡的新石器时代遗址，是一个最好的例子。大致到春秋时代，汉文化圈已掩有黄河的中游和下游流域。
>
> 黄土高原东南部黄河各支流的河谷，特别是两岸的河坎（terrace），因为高出河流的洪水线，近水而可避免水害，又比较易于防御，常被初民选择为聚落地址。原生黄土有垂直的节理，便利于穴居；并且颗粒均匀，疏松易碎，性能肥沃，适宜于原始农耕。同时黄土高原东南部的雨水，因为很集中于夏季，勉强足够农作物生长，所以成为农耕和文化的发祥地。[2]

汉族经过历史长期的滚雪球式的发展，现在在中国呈东密西疏分布，绝大部分分布在中国大陆、台湾、香港和澳门，还分布于世界各地，在东南亚和北美洲也有较多分布。

（三）体质

世界上人口最多的汉族的体质有什么特征？也就是人们俗话所说的长相如何？

民间一般传说作为炎黄子孙的汉族的标准长相有三大特征：一是丹凤眼，眼开裂长，大眼角高于小眼角，即古画里汉人的长而上挑的眼；二是

---

① 参阅姜椿芳、梅益总编辑《中国大百科全书·中国地理》，中国大百科全书出版社1993年版，第747—748页；《三四千年前的温暖湿润气候》（http://www.maphub.cn/post/161c2）。

② 陈正祥：《中国文化地理》，生活·读书·新知三联书店1983年版，第1页。

铲形门齿；三是幼儿的臀部靠尾椎处的青紫斑。至于其他特征，如小脚趾甲为两瓣、脖子上有至少一颗黑痣、上臂的横纹等是大多数汉族的特征，但不是所有汉族都有这些特征。

那么实际情况怎样呢？

体质人类学研究表明，作为人类三大人种①之一的蒙古利亚人种（或称黄种人）的特征为肤色深或浅黄色，发直而硬，呈黑色。胡须少或极少。鼻宽度中等，鼻根低矮或中等，稍凸唇，唇厚度中等。脸平扁，颧骨明显突出，脸宽大，中颌型。蒙古褶（即眼内角皮肤上有一皮褶向下倾斜，掩盖部分或全部泪阜，又与内角下眼皮相通，多见于蒙古利亚人种）和蒙古斑（新生儿的骶部及臀部灰蓝色的斑）多见。门齿呈铲形，犬齿窝不深，腭深，腭宽。眼裂开度狭长，眼裂方向外角高于内角。眼睛呈褐色或黑褐色，血型以 O 型、A 型和 B 型多见。②

中国现代人，主要归属于蒙古人种。一些学者在调查 17 省（区）近万名成年个体体质特征的基础上，对我国民族的容貌特征做了科学的分析，按北方人和南方人分类，如下表所示。③

中国北方人与南方人的体质比较

部位	北方人	南方人
头发	较粗硬，少见液状发	较黑而细软，两广和福建波状发多见
眼型	丹凤眼（眼裂较狭长，眼睑单层）较多，“蒙古褶”多见	30%为“马来眼”（眼大而圆，眼窝较深，眼皮双层），“蒙古褶”少见
鼻型	鼻梁较直，鼻型较窄而长	鼻梁较宽直，鼻型短而宽
脸型	较宽阔，卵圆形较多	颜面较窄，菱形、五角形多见
唇型	较直立，厚唇比例很少	唇较厚，略向下凸
身材	较高	较矮
头型	窄长	宽短

资料来源：张实：《体质人类学》，云南大学出版社 2003 年版，第 218 页。

上表所列北方人与南方人在头发、眼型、鼻型、脸型、唇型、身材和

① 人类三大人种为：亚美人种（蒙古利亚人种或黄种）、赤道人种（尼格罗人种或黑种）和欧亚人种（欧罗巴人种或白种）。

② 张实：《体质人类学》，云南大学出版社 2003 年版，第 210 页。

③ 张振标：《我国人的容貌特征》，《化石》1981 年第 4 期。

头型7个方面的不同特征，是汉族北方人与南方人基本的体质差异，从中可以很明显地分辨出两者的区别。如果在人种学上再细分，则北方汉族种族上属于远东人种，南方汉族属于南亚人种与远东人种的过渡种族。

二　汉民族的内涵

"当惊世界殊"的汉民族，从哪里来？又要到哪里去？在21世纪的国际视域中，这已是人们越来越关心，越来越感兴趣的问题。

在人类学家和民族学家眼中，汉族是世界上最不可思议的一个民族。正如张海洋、徐杰舜在《中国国家地理》杂志2010年第8期发表的《汉族：说不清特征的民族》中所言：

> 汉族是最没特点的民族，也是特点最多样的民族。
>
> 汉族是没有民族服装的民族，也是服饰文化最丰富的民族。
>
> 汉族是人数最多的民族，也是我们最不了解的民族。
>
> 汉族人对于民族的认同感远远低于对于省籍的认同感。
>
> 汉族是宗教信仰最为复杂的民族。
>
> 如果说中华民族是长江，那汉族就是汉江——长江最大的支流。[①]

正是人们觉得，汉族人口这么多，近13亿；历史这么长，上下五千年；内部差异又很大，体质差异，方言林立，百里殊风，十里殊俗；为什么能取得高度认同？如何回答这个问题？我们必须先了解汉族是什么。

汉族是什么？汉族是一个"雪球"。

汉族为什么是一个雪球？因为汉族的形成和发展如雪球一样，越滚越大，越滚越结实；汉族"多元一体"的结构也像雪球一样，从整体上看是一个雪球，从局部上看又是许许多多的雪花。费孝通先生在提出著名的中华民族多元一体的格局理论时也说过："从民族方面说，汉族在整个过程中像雪球一样越滚越大。"[②] 因此，笔者在《雪球——汉民族的人类学

① 张海洋、徐杰舜：《汉族：说不清特征的民族》，《中国国家地理》2010年第8期。

② 费孝通等：《中华民族多元一体格局》，中央民族学院出版社1989年版，第13页。

分析》一书的“题识”中，提出了汉族研究的雪球理论。[①]

理论是对客观事物的本质、规律性的正确反映，是系统化了的理性认识，其具体指概念、原理的体系。那么，什么是汉族研究的雪球理论？众所周知，雪，是一种神奇而又美丽的自然景观。当雪花飘飘之时，大地银装素裹，分外妖娆；当雪花凝聚成雪球滚动之时，雪球会越滚越大，越滚越结实。汉族，这个世界上独具特色的民族，也颇具雪的特性。从遥远的古代起，她多元的祖先就劳动、生息、繁衍在美丽、富饶、辽阔的中华大地上。她以黄河流域、长江流域、辽河流域、珠江流域为摇篮，在沧海桑田的变迁之中，从点到线，从线到面，像滚雪球一样，融合了许许多多民族或族群凝聚而形成；像滚雪球一样，越滚越大，越滚越结实，发展成为世界上人口最多的一个民族。因此，我们可以将汉族比喻为一个硕大无朋的雪球。

从这个比喻出发，可以说汉族是一个有雪球性质的民族共同体，她具有雪球的结构特征，又具有滚雪球的过程特征，还具有雪球的凝聚特征。正是这三个特征的整合，才使汉族成为一个既包含差异，又被高度认同的世界上人口最多、最大的民族共同体。

因此，汉族的内涵为：汉族这个雪球是一个多元一体的整体，汉族这个雪球是在滚动中形成的，汉族这个雪球也是在滚动中发展的，汉族这个雪球具有雪球的结构，汉族这个雪球越滚越大，汉族这个雪球越滚越结实等层次。

通过对汉族内涵的分析，有助于人们认识和理解汉民族是什么，汉民族为什么是一个自觉的民族？

（一）汉族是一个“和而不同”的整体

众所周知，汉族是一个内部差异巨大，但同时又是一个具有高度认同的民族共同体。

一方面内部差异巨大。南北之间从语言到文化，从生存策略到经济生活，从服饰到饮食，从婚俗到丧俗，从节日到礼仪等都各具风情、风貌和风韵。就北京人与广州人来说，北京人说的是京腔，广州人讲的是粤语，两种方言基本不通；北京人善从政，广州人善经商；北京人服饰多正装而

① 徐杰舜：《雪球——汉民族的人类学分析》，上海人民出版社 1999 年版，第 1—12 页。

必须御寒，广州人服饰则多休闲而轻薄；北京人的婚俗一向较传统，广州人的婚俗则多了份洋气；北京人的春节风俗以庙会为特点，广州人则以花会为风景；北京人讲究门第，广州人尊行宗族。凡此等等，都表明北京人与广州人差异巨大。而另一方面，尽管差异如此巨大，却从来没有影响北京人与广州人对汉族的高度认同。所以，汉族虽然“十里不同风，百里不同俗”，但却达到了“和而不同”高度认同的境界。

还可以举出一些更特殊的例子，如甘肃永昌县“古罗马人”，虽然有许多证据表明“永昌罗马人”之说为伪说，但中国典籍中史不绝书地记载着这一区域存在一股强大的非汉族势力，他们被冠以为虔、骊肝、秦胡、卢水胡等称谓，他们曾支持过董卓、马超，曾参与建立北凉、后赵等割据政权，隋朝以后他们逐渐与当地汉族融合。学术界对他们的血统来历一直有分歧，较有影响的有伊朗塞种人说、希腊帕特里亚人说，诸说都肯定他们属于印欧人种，即白种人。也许只有苍苍莽莽的祁连山才知道这个神秘族群的真正来历，才知道他们几千年来与汉族争斗、融合的每一个细节。但不管永昌县“古罗马人”体质特征与汉族有多么不同，今天的永昌县“古罗马人”习俗、语言，乃至他们身上的质朴与浮夸，都是中国农民式的；他们填写有关表格时，在民族一栏里，都工工整整地写着：汉族。①

不仅如此，河南开封市的“犹太人”②、福建泉州市锡兰王子的后裔③、广东鹤山市鲜卑族的后裔④等，填写有关表格时，在民族一栏里，也都工工整整地写着：汉族。

这类事例，不胜枚举，都证明了汉族内部尽管差异巨大，但却高度认同，真正达到了“和而不同”的境界。汉族起源的“多元”，经过长期的互动、磨合、整合和认同，终于“混血”而成为高度认同的“一体”，这就是汉族研究的整体论。

（二）汉民族人口之多不是一蹴而就的

公元前 2100 年前后，夏民族在黄河中游河洛流域的黄土地带首先崛

---

① 张齐：《他们是古罗马人的后裔吗?》，载《羊城晚报》2000 年 2 月 10 日 A1 版。

② 陈剑平：《翻读开封千年“犹太史”》，载《羊城晚报》2000 年 2 月 11 日 A1、A6 版。

③ 陈初越、李开远：《锡兰王子后裔隐身泉州》，载《羊城晚报》2000 年 2 月 21 日 A1 版。

④ 胡育颖、胡杰：《鹤山源氏源出鲜卑》，载《羊城晚报》2000 年 2 月 22 日 A1 版。

起，开始汉族滚雪球形成的第一步。此后，从公元前 1600 年到公元前 770 年，商民族、周民族在黄河流域，楚民族、越民族在长江流域相继崛起，汉族形成雪球的滚动出现了多元的态势。春秋战国之时，汉族形成雪球滚动的范围扩大，不仅在夏、商、周、楚、越诸族之间滚动，而且还在部分蛮、夷、戎、狄之中滚动。更重要的是在雪球的滚动中，各民族之间的界限逐渐消失，许多小雪球开始滚成一个大雪球，融合成了一个非夏非商非周非楚非越，又非蛮非夷非戎非狄的新民族——华夏民族。汉族这个雪球，从夏民族的 200 余万人，滚动发展到战国盛时已有 2000 万人左右了。①

这时的华夏民族作为汉族的前身，其由秦人、齐人、楚人、赵人、燕人等族群构成。秦始皇雄才大略，将华夏民族这个雪球的滚动推上了统一的轨道。汉承秦制，华夏民族这个雪球在“大一统”中滚动发展转化为汉族。在这个历史性的滚动中，汉族的人口从战国盛时的 2000 万人左右，发展到汉武帝后元二年（前 87 年）时的 3200 万人左右，到汉平帝元始三年（公元 2 年）时已达 5900 多万人了。②

汉族历经两千多年的沧海桑田，在雪球的滚动中形成，也在雪球的滚动中发展。

修炼千年，横空出世的汉族，一开始便以世界上独一无二的稳定性和罕见的吸收力屹立于世界的东方，开始了她滚雪球般越滚越大的发展历史。

东汉末年，天下大乱，北方少数民族纷纷入主中原，中原汉族大批南迁，于是在魏晋南北朝至隋唐之时，汉族在滚雪球的发展中，在北方吸收了入主中原的匈奴、鲜卑、乌丸、羯、氐、羌及部分蛮族，在南方吸收了部分蛮、俚、僚、傒等族，使汉族这个雪球越滚越大，从汉代的 5900 余万人，发展到唐代前期达 8000 万至 9000 万人。③

历史的发展常常有惊人的相似之处。唐末五代，天下又大乱，北方少数民族再次纷纷入主中原，中原汉族再次大批南迁，于是，在宋辽夏金元之时，汉族这个雪球继续向前滚动，在北方吸收了契丹、党项、女真等少

① 王育民：《中国人口史》，江苏人民出版社 1995 年版，第 46、76 页。

② 同上书，第 92 页。

③ 同上书，第 213 页。

数民族，在南方也吸收了部分少数民族，从而越滚越大，从唐代前期的八九千万人发展到北宋大观三年（1109 年）突破 1 亿，有 10441 万余人。①

汉族这个雪球经历了汉末、唐末的大乱不是越来越小，更不是消失，而是越滚越大，尤其在元以后中国统一的大趋势下，汉族这个雪球更是越滚越大，明万历二十八年（1600 年）人口达 1.5 亿②，及至清道光三十年（1850 年）人口已达 4 亿以上。③

进入近现代以后，汉族这个雪球，仍然不断地向前滚动发展，中华人民共和国建立时，人口已逾 6 亿，到 20 世纪末已达 12 亿左右。在地域上则从黄河、长江流域向南发展到珠江流域抵海南岛和台湾岛，向东北发展到黑龙江流域。从形成到发展汉族历经延绵不断的上下五千多年的沧海桑田，在雪球的滚动中，越滚越大，而今已成为世界上人口最多的一个民族，屹立于世界民族之林。

（三）汉民族文化的凝聚作用

在人类历史演进过程中，民族凝聚力通常蕴含着二重性：一是外在的、历史的、地域的或带强制性而形成的具有外在因素的内聚力量；二是内在的、文化心理的、人们世代相传、互相沟通、互相吸引的精神内聚力量。这两重性统一于历史和社会凝聚的活动中，并从自然和社会两方面的因素，通过民族成员的活动表现出来。④ 汉族的凝聚力从方块汉字、文化认同两个方面表现得最突出，使汉族这个雪球不仅越滚越大，而且越滚越结实。

1. 方块汉字强化了汉族的凝聚力

汉族为什么会有这么强大的凝聚力？方块汉字起了极为特殊、极为重要的作用。

民族语言文字，是一个民族本质的标志和表现，是一个民族最有活力的纽带，特别是汉字具有“前人所以垂后，后人所以识古”的特点，汉字把汉族的过去、现在和未来联结在一起，把汉族精神生活的全部历程，

① 王育民：《中国人口史》，江苏人民出版社 1995 年版，第 297 页。

② 同上书，第 459 页。

③ 同上书，第 515 页。

④ 王克千、吴宗英：《价值观与中华民族凝聚力》，上海人民出版社 2001 年版，第 2 页。

都完整地、系统地保存在汉字文献的宝库之中，取之不尽，用之不竭，使汉族的历史业绩作为遗产代代相传，千古不朽。而汉字在汉族上下五千年历史的锤炼之下，也就锻铸出了稳定、简明和方块形的民族特点。

就稳定性来说，从古今用字情况来看，《十三经》累计 589283 个字，但不重复的单字只有 6544 个，这基本上可以反映古代用字的最高约数。北京新华印刷厂等单位编的《汉字频度表》，是根据 21629372 个字的材料统计的，不重复的单字也只有 6335 个，这也基本上可以代表现代用字的最高约数。[①] 从这个比较中，可见古今汉字实际用字的数量基本相当，说明汉字的稳定性。正因为如此，瑞典汉学家高本汉（Karlgren）对汉字有过一段生动的论述，他说：汉字“一个中国人一旦掌握了它，他所读的一首诗无论是在基督时代（即公元 1 世纪），或者公元 1000 年以后，或者是昨天写的，从语言学观点上看，对他都是一样的。不管是什么时代写的，他都能够理解并欣赏它。可是在别的国家，书写文字随着口语的演变，在很少几个世纪中可形成一种实际上完全新的文字。今天一个普通的英国人很少能看懂三四百年前的本国文献。最早期的文献只有经过专门的语言学研究后才能了解。对中国人说来，数千年的文献都能了解；他们对本国古代文化的无比热爱和理解，大都是他们文字的这种特殊的性质之故”[②]。

就简明来说，古代的汉族由于书写工具和材料的限制，或契于龟甲，或铸于钟鼎，或刻于竹简，或写于帛，从而形成了与口语有一定区别的书面语，这就是通常所称的“文言文”。而文言文最大的特点就是简明扼要，极短的文字，往往包含有极丰富的内容，凡读过文言文的人都会有这样的体会。更重要的是由于汉语是一种非形态的，以单音节语素为主的语言，所以一个汉字作为一个符号，既表示一个音节，又表示一个语素，还表示一个意义，汉字就成了“形、音、义的结合体”。这样汉字就与汉语“简短明确”的优点相适应，使之与英、法、俄、西班牙文相比，不仅无多词之难，且书写简明，现在联合国五大工作语中以汉字本最薄就是一例。

---

① 参阅陶沙《汉字的字数和使用》，《北京晚报》1982 年 9 月 16 日。

② 转引自［英］李约瑟《中国科学技术史》第 1 卷第 1 分册，科学出版社 1975 年版，第 88—89 页。

汉字区别于世界上其他民族文字的最大特点，就是字形呈方块。在世界民族文字中方块汉字是别具一格、自成体系的一种文字。它不仅具有书法性的节奏美、线性美，而且方块汉字的“形”能传达丰富的信息，既有猜读的可能性，利于阅读；又有联想以至想象的余地，有助于思维能力的发展。

正因为汉字具有稳定、简明形成方块的民族性特点，所以其在汉族的心理上形成了一种强烈的认同感，从而对汉族的心理产生了强烈的内聚作用。众所周知，尽管汉族方言林立、复杂，但是文字却是通用的，无论讲什么方言的人，只要落笔成汉字，除个别的土语俗话以外，在交流上基本没有障碍。由于汉字的统一性，维系了汉族整个民族的生存。从汉字对统一汉族共同语言的作用来说，我们似乎可以毫不夸张地说，汉字对汉族的凝聚作用是没有任何东西可以替代的。没有汉字，就没有汉族。① 汉字就是汉族灵魂和根的象征。

2. 文化认同强化了汉族的凝聚力

不同的族群能否凝聚成一个民族，关键在于文化的认同。以汉族滚雪球的形成为例，夏、商、周、楚、越诸族之间之所以能在滚动发展中凝聚成雪球，而且越滚越结实，文化认同是其重要的原因。

先秦史告诉我们，夏、商、周三族先后在黄河流域崛起时，其经济文化都属于灌溉农业类型，夏民族的大禹治水自不待言，而且他还“身执耒臿，以为民先”。② 连畜牧业始终比较发达的商民族的远祖契，也曾“佐禹治水有功”，③ 相土的三世孙冥也因“勤其官而水死”④，成为商民族的“禹”。而周民族的始祖弃“好耕农”曾为尧的“农师”，被认为是五谷之神而被尊为“后稷”。⑤ 所以在《诗经》中有不少的诗篇反映了周民族灌溉农业经济文化的形成和发展。此外，楚民族和越民族火耕水耨羹鱼⑥的农业经济文化与夏、商、周诸族的农业经济文化虽有区别，但无本质的不同，故而奠定了他们之间文化认同的经济基础。

---

① 徐杰舜：《汉民族发展史》，四川民族出版社 1992 年版，第 345 页。

② 《韩非子·五蠹》。

③ 《史记·殷本纪》。

④ 《国语·鲁语上》。

⑤ 《史记·周本纪》。

⑥ 《史记·货殖列传》。

夏、商、周、楚、越诸族的文化认同突出表现在“诗经”文化的认同上。《诗经》是中原地区夏、商、周三族融合的产物，也可以说是周文化的代表。春秋之时，《诗经》从中原地区向四方传播普及，越人吴公子季札早于周景王元年（前 544 年）到鲁国观周乐，对与《诗经》基本相同的各国风诗已有相当深刻的理解和精当的评论；自称“蛮夷”的楚人受周文化的影响，已能诵读《诗经》。《左传·昭公七年》记载：“（芋尹）无宇辞曰：‘……故〈诗〉曰：普天之下，莫非王土；率土之滨，莫非王臣。’”对“诗经”文化的认同还反映在部分蛮、夷、戎、狄之中，如自称“我诸戎饮食衣服不与华同，贽币不通，言语不达”[①] 的西边姜戎首领驹支，在驳斥了晋国大臣范宣子不让驹支参加盟会的攻击后，“赋《青蝇》而退”。[②]《青蝇》是《诗经·小雅》中的一篇，诗中有“恺悌君子，无信谗言”一句。驹支在此引这句诗对范宣子十分有针对性，故“宣子辞焉，使即事于会，成恺悌也”。[③] 即范宣子自觉失言，连忙赔罪，请驹支去参加盟会，以顾全自己恺悌君子的名声。可见戎族驹支不仅会讲“华”语，并且能赋《诗经》以达意，表现了文化的认同。

文化是一个民族的灵魂，文化认同是不以人们的意志为转移的凝聚力，这种凝聚力使汉族这个雪球凝聚，在越滚越大的同时，也越滚越结实了。

（四）民族政策的调适作用

中国历代政策的调适顺应了“汉化”的潮流和趋势，强化了汉族的凝聚力。由于中国自古以来就是一个多民族的国家，所以无论是汉族占据统治地位，还是少数民族占据统治地位，他们都必须考虑如何协调民族关系来维护多民族国家的统一。因此，在中国历史上，无论是汉族的统治者，还是少数民族的统治者，为了实现社会控制，他们都要根据当时的社会实际，制定相应的民族政策进行调适，使汉族的凝聚力不断增强。

以汉族占统治地位时实行的和亲政策为例，其始于黄帝部落和炎帝部落的世代通婚，发展至周代，不仅姬、姜两姓世为婚姻，而且其他各族贵族间的和亲通婚已成为传统习惯，甚至晋国公室贵族还常和戎、狄通婚。

---

① 《左传·襄公十四年》。

② 同上。

③ 同上。

到了春秋战国时期，和亲通婚已成为华夏诸国与蛮、夷、戎、狄都实行的一项重要的民族政策，这种政策的调适，大大增强了汉族形成过程中的凝聚力。进入汉代以后，汉族与边疆少数民族的关系更加密切，和亲政策成为国策，昭君出塞成了历史佳话。整个西汉时期，大约有16次和亲，在当时的条件下，通过和亲政策的调适，不仅避免了双方的武力冲突，还为匈奴的汉化沟通了心理，从而大大增强了汉族的凝聚力。

再以少数民族占统治地位时实行的汉化政策为例，在中国历史上，许多入主中原的少数民族统治者，在"野蛮的征服者总是被那些他们所征服的民族的较高文明所征服的'永恒的历史规律'"[①] 的作用下，推行汉化政策，规定讲汉语，用汉文，向汉族靠拢；离散部落，实行"编户齐民"，与汉族杂居；劝农桑，改游牧经济为农耕经济；兴办汉学，与汉人通婚，着汉人服饰，与汉族文化融合，大大加速了少数民族的汉化过程，其中北魏孝文帝的汉化政策堪称典范，其禁胡服、断北语、改姓氏、定门第、变婚俗、崇儒学、均田地[②]的社会控制，使汉族这个雪球越滚越大。

此外，还有羁縻政策、土司政策、怀柔政策、朝贡政策、分封政策、内徙政策、教化政策、宗教政策等一系列政策的调适，从不同的层面、不同的角度、不同的范围在政治上增强了汉族的凝聚力，使汉族这个雪球凝聚，并且在越滚越大的同时，也越滚越结实。

早在20世纪50年代初，著名历史学家范文澜先生就说过：汉族是一个"独特的民族"。正是在滚雪球中形成和发展起来的汉族，具有民族所应该具有的所有特征，汉族是一个地地道道、道道地地的民族。

三　中华民族视野下的汉民族

在中华民族视野中，汉民族处于什么位置？

费孝通先生早在《中华民族多元一体格局》中说，汉民族是一个"凝聚核心"。他说：

> 汉族的形成是中华民族形成中的一个重要阶段，在多元一体的格

① 《马克思恩格斯选集》第2卷，人民出版社1972年版，第70页。

② 《魏书·高祖记》。

局中产生了一个凝聚的核心[1]。

汉族形成之后就成为了一个具有凝聚力的核心，开始向四周围的各族辐射，把他们吸收成汉族的一部分[2]。

中华民族多元一体格局存在着一个凝聚的核心。它在文明曙光时期，即从新石器时期发展到青铜器时期，已经在黄河中游形成它的前身华夏族团，在夏商周三代从东方和西方吸收新的成分，经春秋战国的逐步融合，到秦统一了黄河和长江两大流域的平原地带。汉继秦业，在多元的基础上统一成为汉族。汉族的名称一般认为到其后的南北朝时期才流行。经过2000多年的时间向四方扩展，融合了众多其他民族的人，到目前人数已超过9亿3400万（1982年），占中华民族总人口的93.3%。其他55个少数民族人口总数是6720万，占6.7%[3]。

1. 汉民族成为“凝聚核心”经历了漫长的历史过程

汉民族成为中华民族的“凝聚核心”，经历了一个漫长的从多元走向一体的历史过程。费先生在《中华民族多元一体格局》中用了很大的篇幅论述了这个过程，在结论中，他说：

中华民族成为一体的过程是逐步完成的。看来先是各地区分别有它的凝聚中心，而各自形成了初级的统一体。比如在新石器时期在黄河中下游都有不同的文化区，这些文化区逐步融合出现汉族的前身华夏的初级统一体，当时长城外牧区还是一个以匈奴为主的统一体和华夏及后来的汉族相对峙。经过多次北方民族进入中原地区及中原地区的汉族向四方扩散，才逐步汇合了长城内外的农牧两大统一体。又经过各民族流动、混杂、分合的过程，汉族形成了特大的核心，但还是主要聚居在平原和盆地等适宜发展农业的地区。同时，汉族通过屯垦移民和通商在各非汉民族地区形成一个点线结合的网络，把东亚这一片土地上的各民族串联在一起，形成了中华民族自在的民族实体，并

① 费孝通等：《中华民族多元一体格局》，中央民族学院出版社1989年版，第8页。
② 同上书，第13页。
③ 同上书，第29页。

取得大一统的格局。这个自在的民族实体在共同抵抗西方列强的压力下形成了一个休戚与共的自觉的民族实体。这个实体的格局是包含着多元的统一体，所以中华民族还包含着50多个民族。虽则中华民族和它所包含的50多个民族都称为“民族”，但在层次上是不同的。而且在现在所承认的50多个民族中，很多本身还各自包含更低一层次的“民族集团”。所以可以说，在中华民族的统一体之中存在着多层次的多元格局。各个层次的多元关系又存在着分分合合的动态和分而未裂、融而未合的多种情状①。

汉民族是中华民族的“凝聚核心”这个论断，是完全符合中国民族关系发展实际的中国话语体系，应该是指导我们研究中国民族关系的经典理论和指导思想。但多年来，出于众所周知的某种需要，人们怕被戴上“大汉族主义”的帽子而忽视汉民族作为“凝聚核心”的存在。这种视而不见的态势不仅不利于学术的发展，在政治上也是极为有害的。在今天中华民族复兴的伟大时代，我们不能不以正视听，还历史的本来面目。

2. 汉民族是中华民族从多元走向一体历史链上关键的一环

从长时段的历史链上看，我们才能把汉民族放在中华民族的大视域中去审视，严格区分此过程与彼过程之间的界限。这就是说要明确中华民族从多元走向一体的过程，与汉族以及中国其他各少数民族过程的界限，特别不能以汉族的过程代替中华民族的过程。确定此过程与彼过程之间界限之所以重要，是因为人们不是很容易地把中华民族的过程与中国各民族的过程对立起来，就是混淆起来，甚至把汉族的过程视为中华民族的过程，此其一。

其二，要认识中华民族的过程，还应该明确总过程与具体过程的界限。我们可以理解中华民族从多元走向一体的总过程包含着一些具体过程，而汉民族的民族过程，就是中华民族的总过程的一个具体过程，反之，离开具体过程也就没有总过程。所以，我们在研究汉民族的过程时，既要把握总过程、又要认识具体过程，只有这样，才能达到认识的由表及里，由局部到全局，而不至于把中华民族与汉民族对立起来。

其三，值得提出的是，从一般的意义上来说此过程与彼过程具有同等

① 费孝通等:《中华民族多元一体格局》，中央民族学院出版社1989年版，第33页。

的地位。它们不是包含被包含、从属被从属的关系。但是它们彼此联系、相互影响，有的具有直接联系，有的具有间接联系；有的是紧密联系，有的是松散联系。因此，在汉民族过程的研究中，只有认识汉民族过程与中华民族过程的区别与联系，才能正确地判断事物，达到由此及彼的认识；此过程与彼过程又是相对的，都是在一定条件下的区别。这样才不会陷入汉民族中心主义，而可以准确地把握汉民族在中华民族中的“凝聚核心”的地位和作用。

其四，从进化的角度看，“进化”也是一个过程，是事物生命史的一种文化表达。德国胚胎学家贝尔提出过任何生物的发育都是一个定向的结构分化过程。这个观点被社会哲学家斯宾塞借用，概括为“从松散的均质结构到粘结在一起的异质结构”。①汉民族这样一个有数亿人口的人们共同体，内部族群结构复杂，方言又繁多，风俗习惯东南西北也大相径庭，但却高度地认同，是一个典型的“粘结在一起的异质结构”。这异质结构的汉族却是“从松散的均质结构”的“多元”，经历了几千年的滚雪球过程，才形成发展成“粘结在一起的异质结构”的“一体”。由此推之，从汉民族再转向中华民族，历史不是有惊人的相似之处吗？这样，不正是凸显了汉民族在中华民族视野中的地位和作用吗？

本书考察了汉民族从多元走向一体的过程和结构这样一个案例，对于我们认识和了解中华民族从多元走向一体有什么启示呢？

启示一：从汉民族的形成过程经历了从公元前 21 世纪夏，到公元 3 世纪初东汉灭亡，前后两千余年，可以看到中华民族这个更高认同层次民族共同体的形成也绝对不是可以一蹴而就的，它的形成过程应该比汉族漫长得多，不是漫长一二百年，也不是三五百年，而是一二千年。这就是为什么我们中华民族的形成注定也要经历一个长时段的原因。

启示二：汉民族的结构复杂，内部差异巨大，构成汉民族的族群很多，人口多少不等，文化因素的认同也不一，有的成片聚居，如闽南人、广府人等；有的大分散、小聚居，如客家人、平话人等，有的处于少数民族的包围之中呈“族群岛”，如广西的“高山汉”等；有的聚居在城市，如北京人、苏州人等，有的聚居在农村，如贵州的屯堡人等。这样，由许

---

① ［英］费比恩编：《剑桥年度主题讲座：进化》，王鸣阳译，华夏出版社 2006 年版，第 88—89 页。

许多多不同类型的族群组成的汉民族，构建了汉民族“多元一体”的结构模式。在这里，各个族群单位是“多元”，汉民族是“一体”。从汉民族的结构，可以看到中华民族也是有族群结构的，其结构比汉民族更复杂，内部差异更巨大，构成中华民族的族群更多。

启示三：汉民族是一个“和而不同”的整体，汉民族是一个内部差异巨大，但同时又是一个被高度认同的民族共同体。所以，汉民族虽然“十里不同风，百里不同俗”，但却达到了“和而不同”高度认同的境界。从汉民族的这种整体性，可以看到中华民族也一定是一个“和而不同”的整体，人们不仅在学术上、文化上高度认同中华民族，也一定会在政治上、法律上高度认同中华民族。

启示四：汉民族之所以能从多元走向一体，一个重要的原因是文化认同强化了汉民族的凝聚力。文化是一个民族的灵魂，文化认同是不以人们的意志为转移的凝聚力，这种凝聚力使汉民族在从多元走向一体的雪球凝聚，在越滚越大的同时，也越滚越结实了。从汉民族的这种凝聚性，可以看到中华民族创造的丰富多彩的中华文化，既是中华民族的灵魂，也是中华民族的凝聚力之所在。这种凝聚力一定会使中华民族这个雪球越滚越大，越滚越结实，而屹立于世界民族之林。

这就是汉民族成为一个自觉民族共同体的本质之所在。总之，从汉民族这个案例中，我们既可以把汉民族当作中国各民族从多元走向一体，凝聚成为中华民族的一个阶段性的成果，也可以从中窥见中华民族的未来将如何在发展中实现“多元一体”。

汉民族发展史编

汉民族的历史悠久而连绵，是世界四大文明中唯一能够从古至今、一脉相传的民族。在历史的风风雨雨中，她滚雪球似地经历了起源、形成和不断发展的坎坎坷坷、起起伏伏、沧沧桑桑，历时六千余年，用浩如烟海的历史文献，波澜壮阔的社会变迁，建构并书写了自己的历史。现在让我们穿过时间的隧道，从纵向的维度去鸟瞰汉民族伟岸的身躯。

第一章　汉民族的五帝时代

万事开头难。

汉民族这样一个泱泱伟岸的民族是在什么时代起步的呢？

人们常说中国历史上下五千年，而据中国国家夏商周断代工程的测定，夏王朝的始年为公元前 2070 年。这样，根据一般历史理论和国家学说，中国在公元前 2070 年方建立国家，进入文明社会。这样算来，在中国历史进入夏王朝之前，还有约一千年的历史记忆是什么呢？

这一千年的历史记忆就是五帝时代。

所谓“五帝”，指夏代以前的五位帝王，一般认为是黄帝、颛顼、帝喾、帝尧和帝舜。记载这个历史记忆是司马迁的《史记·五帝本纪》，以及稍前的《大戴礼记》中的《五帝德》和《帝系》。据载：自颛顼以下的各位帝王都是黄帝的子孙后代，其中帝颛顼是黄帝次子昌意的儿子，帝喾是黄帝另一个儿子玄嚣的孙子，帝喾所娶陈锋氏生下的儿子即是帝尧，帝舜则是颛顼的六世孙。这五帝构成了汉民族历史的起步时代。

第一节　传说记忆与历史真实

五帝时代究竟是历史的真实还是神话传说？中国学术界的疑古学派曾推翻了传统的“盘古开天地”“三皇五帝”等概念构成的中国古史系统。疑古学派萌芽于宋明，源起于清初，20 世纪的二三十年代达到鼎盛时期，60 年代之后逐渐式微。那么，五帝之时在中国历史的建构中，究竟是传说时代还是历史时代？换一句理论性的专业词语说，就是五帝之时是否进入了人类的文明社会？

一　五帝是一个历史时代

国学大师钱穆早在 1944 年在其著名的《黄帝》一书中就语重心长地说：

文化的发展是渐进的，不是骤变的。开天辟地当然不是一个人或几个人的力量，不是几个人一跳出来就天地光明，宇宙灿烂。但是长时期，千万人的事业，却能从少数人身上看出来。似乎最精粹的东西都结集在他们几个人身上。一幅画的龙，鳞爪虽是活灵活现，我们总觉得它的精神全部从两只眼睛上透露出来。历史上往往着重描述伟人，正是提纲挈领，画龙点睛。年代久远，记载缺乏，描写古代伟人不是容易事。先民的传说质朴无文，他们形容一个伟人，不能像现代的史家有许多技巧。现代的作者可以连篇累牍写一个人而不致过分失实。先民恰反，话虽不多，一下子就说过了限度。富于幻想的述说者，把古代伟人说成神；着重实际的述说者，把他们说成圣；一切文明的产物都归功于他们。我们的古传说，后一类居多数，这些传说自有他想表达的真意义，你不要被它的神奇蒙蔽。完全信他固是大谬，因而鄙弃也是愚笨。我们要深入一层看。这些传说形容和描写的是民族伟人，同时也说明在这几个阶段中我们祖先对文化的卓绝贡献。从文化发展的观点看，这些传说都有很清楚的含意。前人的记载确有可信。让我们举一个有趣的例子，汉朝人作的《越绝书》有一段记春秋末年楚国风胡子相剑的故事：

……风胡子对曰："……时各有使然。轩辕、神农、赫胥之时，以石为兵，断树木为宫室。死而龙臧。夫神圣主使然。至黄帝之时，以玉为兵，以伐树木为宫室，凿地。夫玉亦神物也，又遇精圣主使然。死而龙臧。禹穴之时，以铜为兵，以凿伊阙，通龙门，决江，导河，东注于东海。天下通平，治为宫室。岂非圣主之力哉。当此之时，作铁兵，威服三军。天下闻之，莫敢不服。此亦铁兵之神，大王有圣德。"楚王曰："寡人闻命矣。"

人类文明的进步，按照应用的器具划分成四大时代，是近代史家的事。我们这段记载是两千年以前的说法。所指的人物和时期虽不尽可靠，所分的时代和次序则确不可移，“时各有使然”，正是说时代有变迁。最古的“以石为兵”，就是现在所说的旧石器时代。“以玉为兵”的时代，就是新石器时代。“以铜为兵”的时代，就是铜器时代。“以铁为兵”的时代，就是现在所说的铁器时代。春秋末年，铁器开始通行，这些器物的改变对人类影响之大，无法形容，就称它们为神物，推尊开始用它们的人为圣人。古史简略，只提出几个伟人和几件大事，时代又弄不清楚，后人对这些记载的印象，不自觉地认为时代很短，伟人过度密集。又加以形容伟人的方法不得当，夹杂很多的神话，更容易使后人疑而不信。但这些雾障终掩不住背后的史实，埋没不了伟大人物的功绩。①

钱穆的一席话引出了中国历史的五帝时代。“以石为兵”“以玉为兵”“以铜为兵”“以铁为兵”四个相继连接的时代，以东方特色的中国话语，形象地建构了中国文明社会的路线图。

但是，历史是复杂的。钱穆的一席话虽然言简意赅，但就钱穆所论述的黄帝，历史的记载复杂而不确定。《孔子家语·五帝》云：

季康子问孔子曰：旧闻五帝之名，而不知其实，请问何谓五帝？孔子曰：昔丘也闻诸老聃曰：天有五行，水、火、金、木、土，分时化育，以成万物，其神谓之五帝。古之王者，易代而改号，取法五行，五行更王，终始相生，亦象其义，故其生为明王者，死而配五行。是以太皞配木，炎帝配火，黄帝配土，少皞配金，颛顼配水。康子曰：太皞其始之木何如？孔子曰：五行用事，先起于木。木，东方，万物之初皆出焉。是故王者则之，而首以木德王天下，其次则以所生之行转相承也。康子曰：吾闻勾芒为木正，祝融为火正，蓐收为金正，玄冥为水正，后土为土正，以五行之主而不乱，称曰帝者何也？孔子曰：凡五正者，五行之官名，五行佐成上帝而称五帝，太皞之属配焉。亦云帝，从其号。昔少皞之子有四叔，曰重、曰该、曰修、曰熙，实能金木及水，使重为勾芒，该为蓐收，修及熙为玄冥。颛顼氏之子曰黎，为祝融。共工氏之子曰勾龙，为后土。此五者，各

① 钱穆：《黄帝》，生活·读书·新知三联书店2005年版，第4—5页。

以其所能业为官职，生为上公，死为贵神，别称五祀，不得同帝。康子曰：如此之言，帝王改号，于五行之德各有所统，则其所以相变者皆主何事？孔子曰：所尚则各从其所王之德次焉。夏后氏以金德王，色尚黑，大事敛用昏，戎事乘骊，牲用玄。殷人用水德王，色尚白，大事敛用日中，戎事乘翰，牲用白。周人以木德王，色尚赤，大事敛用日出，戎事乘骡，牲用骍。此三代之所以不同。康子曰：唐虞二帝所尚者何色？孔子曰：尧以火德王，色尚黄。舜以土德王，色尚青。康子曰：陶唐、有虞、夏后、殷、周独不配五帝，意者德不及上古耶？将有限乎？孔子曰：古之平治水土及播殖百谷者众矣，唯勾龙氏兼食于社而弃为稷神，易代奉之，无敢益者，明不可与等，故自太皞以降逮于颛顼，其应五行而王，数非徒五而配五帝，是其德不可以多也。

这篇以季康子和孔子对话的形式，季康子提出勾芒、祝融、蓐收、玄冥、后土也是五行之正，为什么不称为五帝？孔子说，他们是五正，是佐五帝的五行官名，不能称为五帝。季康子又提出：唐尧、虞舜、夏、商、周其德也符合五行原则，为什么不能称为五帝？是其德不及上古五帝，还是天神大帝的数有限制？孔子曰：已经确认了上古的五帝，“数非徒五而配五帝，是其德不可以多也”。因此，五帝只能是太昊、炎帝、黄帝、少昊、颛顼。《礼记·月令》《吕氏春秋》《淮南子》都有类似记载。

但是，《孔子家语·五帝德》一文是宰我与孔子的对话，在论述五帝的功德时没有提到太昊、炎帝和少昊，介绍五帝的顺序是：黄帝、颛顼、帝喾、尧、舜、禹。这就奇怪了，同一本书，同是孔子之口，提出的五帝竟然如此相左，可见历史是复杂的。

为什么会出现这种情况？可能与确认五帝的角度有关。前边提到的以太昊为首的五帝是建立在五行的基础上，而以黄帝为首的五帝，摆脱了五行理论，不是把他们作为天神大帝来看待，而是作为王位传承来看待，正如上述钱穆所言“历史上往往着重描述伟人，正是提纲挈领，画龙点睛。年代久远，记载缺乏，描写古代伟人不是容易事。先民的传说质朴无文，他们形容一个伟人，不能像现代的史家有许多技巧。现代的作者可以连篇累牍写一个人而不致过分失实。先民恰反，话虽不多，一下子就说过了限度。富于幻想的述说者，把古代伟人说成神；着重实际的述说者，把他们说成圣；一切文明的产物都归功于他们”。所以，《孔子家语·五帝德》说黄帝：

> 生而神异，弱而能言，哲睿齐庄，敦敏诚信，长聪明，治五气，设五量，抚万民，度四方，服牛乘马，扰驯猛兽，以与炎帝战于阪泉之野，三战而后克之，始垂衣裳，作为黼黻。命风后、力牧、常先、大鸿以治民，以顺天地之纪，知幽明之故，达死生存亡之说，播时百谷，尝味草木，仁厚及于鸟兽昆虫：考日月星辰，劳耳目，勤心力，用水火财物，以生万民，民赖其利，百年而死，民畏其神；百年而亡，民用其教；百年而移，故曰黄帝三百年。

这是把黄帝描写成死后尚影响数百年的一代帝王。然后，关于颛顼，“孔子曰：黄帝之孙，昌意之子，曰高阳”，叙述了他的聪明才智和政绩。关于帝喾，“孔子曰：玄枵（嚣）之孙，乔极之子，曰高辛”，与颛顼一样，文中也叙述了他的聪明才智和政绩。关于帝尧，“孔子曰：高辛之子，曰陶唐”，下边同样叙述了他的政绩。关于帝舜，“孔子曰：乔牛之孙，瞽瞍之子，曰有虞”。叙述了他的德政后，文中说舜“死于苍梧之野而葬焉”。这里把五帝的顺序说得一清二楚，而且颛顼、帝喾、尧、舜都是黄帝的子孙[①]。

与《孔子家语·五帝德》相同的是班固在《白虎通·礼乐》中对五帝的确认也是黄帝、颛顼、帝喾、尧、舜。他在论述五帝三王之乐时，引《礼记》曰：“黄帝乐曰咸池，颛项乐曰六茎，帝喾乐曰五英，尧乐曰大章，舜乐曰箫韶，禹乐曰大夏，汤乐曰大护，周乐曰大武象。”这与《刘子·辩乐》所记虽然有异，但是五帝三王的顺序是一致的。班固还解释说：“黄帝曰咸池者，言大施天下之道而行之，天之所生，地之所载，咸蒙德施也。颛顼曰六茎者，言和律历以调阴阳，茎者著万物也。帝喾曰五英者，言能调和五声以养万物，调其英华也。尧曰大章，大明天地人之道也。舜曰箫韶者，舜能继尧之道也。”这是通过解释乐章把五帝的顺序又

---

① 奇怪的是《孔子家语·五帝德》在五帝之后又加了一个大禹，“孔子曰：孙，鲧之子，曰夏后”。分明是在说五帝，为什么又加上了一个禹，成为六帝？不得而知。

展示了一次。①

《风俗通义》作者除了介绍三皇外，也专门介绍了五帝，他说：《易传》《礼记》《春秋》《国语》《太史公记》都认为："黄帝、颛顼、帝喾、帝尧、帝舜，是五帝也。"他对五帝也有评述："黄帝始制冠冕，垂衣裳，上栋下宇，以避风雨，礼文法度，兴事创业。黄者，光也，厚也，中和之色，德四季，与地同功，故先黄以别之也。颛者，专也；顼者，信也。言其承易，文之以质，使天下蒙化，皆贵贞悫也。喾者，考也，成也。言其考明法度，醇美喾然，若酒芬香也。尧者，高也，饶也，言其隆兴焕炳，最高明也，推行道德。舜者，推也，循也，言其循尧绪也。"这一段话叙述五帝功德，与其他文献相比较，其行文略有异同，但是确认的五帝比较明确、也很一致，不仅反映了《风俗通义》作者的观点，也引出了《易传》《礼记》《春秋》《国语》《太史公记》诸书的观点，即这些书的作者确认五帝为：黄帝、颛顼、帝喾、帝尧、帝舜。

还有一种提法，《道藏·洞神部·谱录类·昆元圣记》引梁武帝说：黄帝、少昊、帝喾、帝挚、帝尧为五帝。

其实关于五帝系统最早的记载是《国语·鲁语》，其云："黄帝能成命百物，以明民共财；颛顼能修之；帝喾能序三辰以固民；尧能单均刑法以仪民；舜勤民事而野死。"《大戴礼记·五帝德》对五帝功德也有具体介绍，主要是确认黄帝、颛顼、帝喾、尧、舜为五帝。

从以上不完全的文献摘引中，可以看到对五帝的确认分歧很大，有以下几种情况：

1. 黄帝、颛顼、帝喾、唐尧、虞舜；
2. 少昊、颛顼、帝喾、唐尧、虞舜；
3. 黄帝、颛顼、帝喾、唐尧、虞舜、禹；
4. 轩辕、少昊、高阳、高辛、陶唐、有虞；
5. 黄帝、少昊、帝喾、帝挚、帝尧。

到了汉代，司马迁在写《史记》时，面对这种种有关五帝时代的文献和史料，如何处理？司马迁是一个非常严肃的史学家，他早年在故乡

① 不过，班固在《五行》篇中也赞成以五行为基础的天神大帝性质的五帝，即太昊、炎帝、黄帝、少昊、颛顼之说。其实这种神化的五帝，在《吕氏春秋》《淮南子》中也有反映。这种类型的五帝，与人君帝王的五帝不是一个体系，不是一个含义，不能与之相比。

过着贫苦的生活，10岁开始读古书，学习十分认真刻苦，遇到疑难问题，总是反复思考，直到弄明白为止。20岁那年，他从长安出发，到各地游历，进行田野考察。回到长安后，作了郎中。为官后，他又曾几次同汉武帝出外巡游，到过很多地方。35岁那年，汉武帝派他出使云南、四川、贵州等地。这次今人所言的田野考察，使他又了解到一些少数民族的风土人情。所以他在写《五帝本纪》时，已有了比较丰富的田野考察经历，掌握了大量的史料。司马迁经过非常谨慎的思考后，在《史记》的开篇便写了《五帝本纪》，这是第一次把五帝在系统的正史中列为首篇。之后便是《夏本纪》《殷本纪》《周本纪》《秦本纪》《秦始皇本纪》《项羽本纪》《高祖本纪》《吕后本纪》《孝文本纪》《孝景本纪》《孝武本纪》。从这个排列可以看出《五帝本纪》在《史记》中的重要地位。

司马迁在《五帝本纪》之后曾说：

> 学者多称五帝，尚矣。然《尚书》独载尧以来；而百家言黄帝，其文不雅驯，荐绅先生难言之。孔子所传宰予问《五帝德》及《帝系姓》，儒者或不传。余尝西至空桐，北过涿鹿，东渐于海，南浮江、淮矣，至长老皆各往往称黄帝、尧、舜之处，风教固殊焉，总之不离古文者近是。予观《春秋》《国语》，其发明《五帝德》《帝系姓》章矣，顾弟弗深考，其所表见皆不虚。《书》缺有间矣，其轶乃时时见于他说。非好学深思，心知其意，固难为浅见寡闻道也。余并论次，择其言尤雅者，故著为本纪书首。

从司马迁这一段话就可以看到，他写《五帝本纪》是十分慎重的，不仅依据先秦文献，而且还通过各处的调查资料，分析思考，并与文献对照研究，最后才认真地写出了《五帝本纪》。可见司马迁的《五帝本纪》是最权威、影响最大的一种说法。因此，我们应该相信司马迁确认的五帝，历代的史学家多数也是支持司马迁的。对此，沈长云在《中国历史·先秦史》中说：

> 无论把黄帝等人说成是古代一统国家的君主，还是把他们编织进一个血缘谱系，都应出自后世人们的构拟，是以后中原各古老部族日

> 渐融合暨华夏一统国家出现趋势明显在人们意识中的反映。然而，尽管有这些人为构成的痕迹，我们相信有关黄帝、帝颛顼、帝喾、帝尧、帝舜以及其他一些古史人物的传说仍具有相当可信的成分，他们都或多或少地反映出夏代以前我国即将进入文明之前那个时代的史影。如果我们按照那个时代的性质，将黄帝等人看作是上古氏族部落或部族集团的首领，那么，包括《史记》及其他一些古代典籍中的五帝的传说仍可得到合理的解释。①

不仅如此，我们还同意许顺湛在《五帝时代研究》中考证的那样："不仅赞成司马迁确认的五帝，而且还认为五帝不是传说时代，应该是一个历史时代。"②

二　五帝年代的坐标

既然五帝是中国历史的一个时代，那么它的历史坐标在哪里？这又是一个剪不断、理还乱的历史难题。难归难，但中国历代学者一直坚持不懈地在探讨这个历史难题。

要解开这道历史难题关键是把五帝分别当作一个具体的人，还是作为一个族群，或一个世系，或一个"朝代"的符号来看。

如果把五帝分别当作一个具体的人，那许多问题会让你百思不得其解。如五帝都是享年一百多岁，在位都达到一百年左右。帝挚在位九年被废，这是一个例外，帝舜在位五十年，加上摄政二十八年，执政也达七十八年，其享年也是一百多岁。黄帝、少昊、颛顼、帝喾和尧都活了一百多岁，这在古代的生存条件下可能吗？又如，《国语·晋语四》中说：炎帝、黄帝都出自少典，可是《帝王世纪》中却说炎帝传八代五百三十年，黄帝代炎帝而有天下。如果把黄帝作为一个具体人看待，他虽然活了一百多岁，或者说"寿三百"，也不能与炎帝相隔五百多年却代炎帝而有天下啊！共工这个人，在伏羲时代已经出现，后来与颛顼、帝喾都打过仗，到尧舜时被杀了，可是禹时与共工又打仗了，共工寿命有如此之长，这不是叫人费解吗？

---

① 沈长云：《中国历史·先秦史》，人民出版社2006年版，第2页。

② 许顺湛：《五帝时代研究》，中州古籍出版社2005年版，第16—20页。

如果作为一个族群，或一个世系，或一个“朝代”的符号来看，那许多不解就可以找到合乎逻辑的解读。对此，《纬书集成》[①] 的内容有许多是不可信的，但是确实有不少资料是有价值的。例如《易纬稽览图》说：“黄帝一千五百二十年，少昊四百年，颛顼五百年，帝喾三百五十年，尧一百年，舜五十年，禹四百三十一年，殷四百九十六年，周八百六十七年，秦五十年。”[②] 许顺湛认为这一段话非常重要，因为它把黄帝、少昊、颛顼、帝喾、尧、舜与禹、殷、周、秦并列，同等看待。这样就是明确地把黄帝等古帝作为一个朝代看待，也就是说作为一个时代看待，还提出了各时期的具体的年数[③]。这对正确解读五帝时代无疑是一个巨大的进步。

不仅如此，《春秋命历序》中不仅提出具体年数，而且对各古帝时代提出了若干世，如说：黄帝传十世，少昊传八世，颛顼传九世，帝喾传十世。这与藏传佛教中的达赖几世、班禅几世有些近似。但是达赖、班禅的“几世”与几辈人的含义相同，而古帝的“世”则不一样，它是对有卓越政绩的帝王、被列入祀典的帝王才作一世对待，才计其数。《春秋命历序》没有说帝尧是几世，有一句话值得研究，如说“帝喾传十世乃至尧，后稷为尧官，则姜螈，帝喾后世妃”。这是把帝尧归入帝喾十世之中。《春秋命历序》与《易纬稽览图》合起来形成了更为完整的理论框架。先秦史学家董立章在《三皇五帝断代史》[④] 一书中，根据《通鉴外纪》所载《春秋命历序》所记三皇五帝各朝帝世及年代，对三皇五帝提出了一个年代框架如下表所示。

三皇五帝各朝帝世及年代

朝代	帝世	年数	历史年代
虞舜朝	2 世	27 年	公元前 2173—前 2146 年
唐尧朝	2 世	73 年	公元前 2246—前 2174 年
帝挚朝	1 世	9 年	公元前 2255—前 2247 年

① 《纬书集成》，丛书名。日本学者安居香山、中村璋八辑，六卷八册。安居、中村二先生从 1954 年开始合作研究谶纬并开始辑佚工作，所辑佚书定名《纬书集成》。

② ［日］安居香山、中村璋八辑：《纬书集成》，河北人民出版社 1994 年版，第 154 页。

③ 许顺湛：《五帝时代研究》，中州古籍出版社 2005 年版，第 24 页。

④ 董立章：《三皇五帝断代史》，暨南大学出版社 1999 年版。

续表

朝代	帝世	年数	历史年代
帝喾朝	20 世	300 年	公元前 2555—前 2256 年
颛顼朝	19 世	350 年	公元前 2905—前 2556 年
少昊朝	20 世	400 年	公元前 3305—前 2906 年
黄帝朝	18 世	400 年	公元前 3706—前 3306 年
炎帝朝	17 世	380 年	公元前 4087—前 3707 年
伏羲朝	数十世	1260 年	公元前 5347—前 4088 年

这个框架是否准确当然还可以讨论，但难能可贵的是他打破了多数史学家的传统观念，没有把五帝作为传说看待，也没有作为一个具体人看待，而是把五帝分别作为朝代看，从而找到了解读五帝时代的钥匙。许顺湛则更进了一步，他在《五帝时代研究》中分析说：

> 《汉书·律历志》的一条材料对我有启发。如说："寿王及待诏李信治黄帝《调历》，课皆疏阔。又言黄帝至元凤三年六千余岁。丞相属宝、长安单安国、安陵桮育治终始，言黄帝以来三千六百二十九岁，不与寿王合。"这一段话是通过历法的计算，把黄帝在元凤三年的基点上，推到 6000 多年前是不可信的，往前推到 3629 年是可信的。有基点向上推算这是最重要的一条材料。元凤三年为公元前 78 年，言黄帝以来 3629 年，即公元前 3707 年。但是这个数字只是黄帝制定历法的年代，黄帝的年代一定要早于它。这个数字与考古学结合，当在仰韶文化庙底沟类型年代范围之内。由此可以说黄帝不会是始于距今 4500 年前后。根据上述基本情况，我对五帝年代的选定如下：黄帝 10 世 1520 年，颛项 9 世 350 年，帝喾 10 世 400 年（包括挚和尧），帝舜一世 50 年。"夏商周断代工程"把夏始年（禹代舜后）定在公元前 2070 年。为了计算方便，我把夏始年定在前 2100 年，在此基点上，加上帝舜 50 年，即公元前 2150 年，也即公元前 22 世纪。再加帝喾（包括尧）400 年，即公元前 2550 年，也即公元前 26 世纪。再加颛项 350 年，即公元前 2900 年，也即公元前 29 世纪。再加黄帝 1520 年，即公元前 4420 年，也即公元前 45 世纪，距今 6400 多年。这就是说黄帝始于前 45 世纪，即在距今 6000 年前。

由此可排出这样一个五帝年代框架：公元前2150—前2100年为帝舜代；公元前2550—前2150年为帝喾（包括尧）代；公元前2900—前2550年为颛顼代；公元前4420—前2900年为黄帝代。

关于少昊，他虽不属于五帝之列，但属于五帝时代，而且史书也有具体积年记载，我选定《春秋命历序》的说法，少昊“传八世，五百岁”。以颛顼年为基点，公元前2900年再加500年，即公元前3400年。这就是说公元前3400年—前2900年是少昊年代段。这个年代段是从少昊受命于黄帝成为海岱地区领袖开始，终结于颛顼兴起。在这个年代段之前，还有很长一段时间也是少昊族群兴盛时期，否则，就不会与蚩尤联合，不仅战败炎帝而且还能与黄帝长期对峙，发生涿鹿大战。少昊衰败后，颛顼并没有成为海岱地区的领袖，少昊族群仍在海岱地区活动。因此说，少昊年代与五帝年代是并行发展的。[①]

五帝年代框架如下表所示。

五帝年代框架

帝及世	积年	公元前年代
帝舜一世	50年	约为公元前2150—前2100年
帝喾十世（包括挚、尧）	400年	约为公元前2550—前2150年
颛顼九世	350年	约为公元前2900—前2550年
黄帝十世	1520年	约为公元前4420—前2900年
（少昊八世）	500年	约为公元前3400—前2900年

资料来源：许顺湛：《五帝时代研究》，中州古籍出版社2005年版，第26页。

从学术史上来说，最重要的是考古学家许顺湛长期将考古学与“五帝”历史文化结合起来研究，认为黄帝的历史和年代在仰韶时代。2001年许顺湛还发表了《河南仰韶文化聚落群研究》，开篇即说：“我把黄帝时代的年代框架界定在距今6000年至距今5000年前后，基本上与仰韶文化中晚期相对应。关于仰韶文化，我在不少文章中都有论述，认为与炎黄

① 许顺湛：《五帝时代研究》，中州古籍出版社2005年版，第26页。

文化相对应。因此，谈到黄帝时代的考古学文化，首先就得考虑到仰韶文化”，并认为“仰韶文化聚落群的重点地区和中心地区很清楚，对今后进一步研究黄帝时代文化，提供了极为重要的考古学资料”。[①] 从而推翻了认为考古学的龙山文化与古史传说中的“五帝时代”相对应，且五帝的年代在距今5000—4000年间（个别认识年代上限达5500年前）的主流认识。

其实，早在1989年，考古学家李绍连就发表了《炎帝和黄帝探论》一文，论证仰韶文化是黄帝创造的文化，而炎帝族创造的文化是裴李岗文化[②]，1996年又发表了《涿鹿之战与华夏集团》认为炎黄战争后炎帝族又融入了仰韶文化[③]。

1997年，历史学家李衡眉在《中国社会科学》上发表了《三皇五帝传说及其在中国史前史中的定位》一文，主张“有关黄帝的传说，大体与仰韶文化同步……有关颛顼、帝喾的传说，大体与大汶口文化的中后期情况相一致……关于尧舜的传说，反映的正是氏族制度行将瓦解，国家即将产生的情况，其时正处于龙山文化阶段”[④]。同年黄怀信发表了《仰韶文化与原始华夏族炎、黄部族》一文，提出和推定“仰韶文化半坡类型相当于炎帝部的文化，庙底沟类型相当于黄帝部的文化”[⑤]。在上述讨论的基础上，王先胜制定了中国史前史（“三皇五帝”古史体系）简表。

中国史前史（“三皇五帝”古史体系）简表

传说帝王	时代、年代	对应考古学文化、文化特征或活动范围
盘古	创世时期	东汉时古人创造的一位创世大神
有巢氏	旧石器时代早期，距今240万—15万年	早期猿人还带有许多原始性质，晚期猿人体质已与现代人相似，是中国古书说的“构木为巢”时期

① 许顺湛：《河南仰韶文化聚落群研究》，《中原文物》2001年第5期。

② 李绍连：《炎帝和黄帝探论》，《中州学刊》1989年第5期。

③ 李绍连：《涿鹿之战与华夏集团》，《中州学刊》1996年第1期。

④ 李衡眉：《三皇五帝传说及其在中国史前史中的定位》，《中国社会科学》1997年第2期。

⑤ 黄怀信：《仰韶文化与原始华夏族炎、黄部族》，《考古与文物》1997年第4期。

续表

传说帝王	时代、年代	对应考古学文化、文化特征或活动范围
燧人氏	旧石器时代中期，距今15万—5万年	晚期猿人进化为早期智人，其体质形态与现代人接近，有丰富的用火经验并已懂得人工取火
伏羲、女娲	旧石器时代晚期、新石器时代早期，距今5万—1万年	晚期智人阶段，数学、天文历法、宗教及刻画图案已经起源，陶器、畜牧和种植农业开始起源，伏羲核心文化、种子文化即中国北方旧石器时代晚期细石器文化。女娲无具体考古学文化可指
太昊	新石器时代早期，距今1万—8000年	距今9000—8000年的裴李岗文化贾湖类型为太昊文化，主要分布在河南，安徽淮河流域，文明程度高于伏羲时代
神农	新石器时代中期，距今9000—7000年	神农时代是原始农业趋于成熟的时代，无具体考古学文化可指，泛指农业初创和初步成熟时期
炎帝	距今7000—6000年	仰韶文化半坡类型、史家类型，主要分布在渭河流域
黄帝	距今6500—5000年	仰韶文化庙底沟类型、西王村类型，主要分布在晋南豫西、关中东部
蚩尤	距今6500—6000年	仰韶文化后岗类型，主要分布在豫北冀南
少昊	距今6300—5000年	大汶口文化早、中期，主要分布在泰山南北、汶泗流域
颛顼	距今6000—5300年	大河村文化中期（或仰韶文化阎村类型），主要分布在河南
共工	距今5500—5000年	仰韶文化大司空类型，主要分布在豫北冀南
祝融	距今5300—4800年	大河村文化晚期（或仰韶文化秦王寨类型），主要分布在河南

续表

传说帝王	时代、年代	对应考古学文化、文化特征或活动范围
喾（俊）	距今 5300—4800 年	大汶口文化中、晚期，主要分布在鲁东南、皖北、鲁西南、豫东
尧	距今 4600—4200 年	核心为陶寺文化，统治黄河中下游及渭河流域
舜	距今约 4200 年	继尧为古国联盟首领，核心考古学文化待定

资料来源：王先胜：《炎黄年代及“三皇五帝”历史研究的新进展》，《重庆文理学院学报》（社会科学版）2012 年第 1 期。

第二节　万邦与万国：五帝时代的族群态势

中国古代没有真正意义上的国家观，但却有独具东方特色的天下观。

在五帝时代，天下有许许多多的“邦”，统称为“万邦”或“万国”。《易传·乾·象》：“首出庶物，万国咸宁。”《说文解字》云：“国，邦也。”“万国”，即万邦，含万方之义。“咸”，皆、全。“宁”，安宁。此语意为：万方都得到了安宁，有“天下太平”之义。“万”非实指，极言其多耳。这成千上万的“邦”或“国”，均非今天意义上的国家，而是一些氏族、部落，可称为“族群”。此外，周人称为“邦”，商人则惯用“方”字。邦与方古音相同，其字虽异，其义则一①。夏代至今未发现文字记录，仅有后世文献的追记。夏代的邦、方称为“某某氏”，如夏后氏、有扈氏、有虞氏、昆吾氏等，即使黄帝，亦称作“黄帝氏”；颛顼，亦称作颛顼氏或高阳氏；帝喾亦称作高氏；尧、舜，则称其出自有虞氏，等等。“氏”或换言作“族”，如“陈，颛顼之族也”；又“高阳氏有才子八人……高氏有才子八人……此十六族者，世济其美”②。正因为如此，学者又往往把这些“邦”“国”笼统地称作“族邦”。

“族邦”最初由田昌五提出，他在《中国历史体系新论》中把大约从考古学上的龙山时代算起下至战国时期各国变法为止称为“族邦时代”③。

① 金兆梓：《封邑邦国方辨》，《历史研究》1956 年第 2 期。

② 《左传·文公十八年》。

③ 田昌五：《中国历史体系新论》，山东大学出版社 1995 年版，第 31 页。

在此，他把“族邦”作为国家来理解。邦在古代文献中或称为“国”。《左传·哀公七年》：“禹合诸侯于涂山，执玉帛者万国。”《史记·夏本纪》：“……众民乃定，万国为治。”《史记·五帝本纪》：“帝尧者……百姓昭明，合和万国。”黄帝时：“置左右大监，监于万国。”究竟应作“邦”还是“国”，或是二者互通，需认真探求。《说文解字》邑部：“邦，国也，从邑，丰声。”又《说文解字》口部：“国，邦也，从口从或。”《段注》：“或，邦也，古或国同用。”表明国的原始意义有强调地域的方面。实际上国之本义尤其是“或”与邑义同，二作与邦同义。甲骨文的象形强调其所守卫的是圈定了的作为聚居的邑，后来其守卫的领土逐渐扩大，即要用武力来守卫除邑之外的全部领土，就是在“或”字之外再加上表示领土界限的四周各限，后加圈以为“圆”，即“或”字发展为“国”。此时国字之意才与“邦”同。若以文献载仰韶时代国的数目有成千上万之多，这个国并非我们今天意义上的国家，而是原始社会末期的部落或部落联盟性质的族群。

在此，笔者借用“族邦”来指称五帝时代，即古文献中提到的“万邦”时期，也就是考古学上的仰韶文化时期。这一时期社会处于转型期，是氏族内部开始出现不平等到分层社会的确立期。反映在考古学上就是聚落内部和聚落之间分层的出现和分层逐步复杂化。可见，五帝时代天下由众多的族群构成众多的“族邦”，形成“族邦”林立的时代。“族邦”内部产生了文明的诸多要素，并开始了向早期国家的过渡。事实上，“族邦”都是各地土生土长的血缘亲属组织，即恩格斯在《家庭、私有制和国家的起源》中所说的“自然发生的共同体”①。

正因为五帝时代族邦林立，所以从人类学的族群理论去观察，就可以看出五帝时代族群的多元态势。

一　黄帝时代的族群

黄帝时代的族群繁多，且结构复杂。《五帝本纪》云：黄帝“置左右大监，监于万国”。这里的“万国”，可以说黄帝时代有成千上万个族群。但是，由于历史初始的原因，这些族群大多没有留下名来，但有的却在历史文献中留下了名。

---

① 《马克思恩格斯选集》第4卷，人民出版社1972年版，第57、94页。

《史记·五帝本纪》说："黄帝者，少典之子。"《索隐》说："少典者，诸侯国号。"此所谓"诸侯国号"，其实就是族邦，亦即族群。少典为诸侯，同时也是黄帝的祖族。《国语·晋语》说："少典娶有蟜氏，生黄帝、炎帝。"有蟜氏不仅是少典的通婚族，也是一个族群。黄帝以姬水成，炎帝以姜水成，后来也发展为不同地区的族群。《史记·五帝本纪》中提到黄帝"教熊、罴、貔、貅、貙、虎，以与炎帝战于阪泉之野，三战，然后得其志"；蚩尤作乱，黄帝"与蚩尤战于涿鹿之野"。炎帝有八代，与黄帝发生战争应是末代帝榆罔为诸侯之时。随黄帝与炎帝战争的熊、罴、貔、貅、貙、虎都是当时的族群。

《史记·五帝本纪》又说："举风后、力牧、常先、大鸿以治民。"这四个人物都是黄帝的大臣。《正义》中说："以风后配上台，天老配中台，五圣配下台，谓之三公也。"这里提到的六位大臣，实际上都是族群的首领，在黄帝的族群集团中任职。《史记·五帝本纪》说："黄帝居轩辕之丘，而娶西陵氏之女，是为嫘祖。嫘祖为黄帝正妃，生二子，其后皆有天下：其一曰玄嚣，是为青阳，青阳降居江水；其二曰昌意，降居若水。昌意娶蜀山氏女，曰昌仆，生高阳。"《索隐》引宋衷云："玄嚣青阳为少昊。"又引皇甫谧云："元妃西陵氏女，曰嫘祖，生昌意。次妃方雷氏女，曰女节，生青阳。次妃彤鱼氏女，生夷鼓，一名苍林。次妃嫫母，班在三人之下。"以上提到与黄帝的通婚族有西陵氏、方雷氏、彤鱼氏三个族群。

还有，玄嚣与昌意是黄帝族群集团中的族群，一个封处江水，一个封处若水，成为两个直系的族群。昌意的通婚族是蜀山氏，也可称为族群。昌意的子孙是高阳即五帝之一的颛顼，颛顼独立之后也成了一方族群。青阳为少昊，尚有争议，但少昊是当时的一个族群集团毫无问题。《史记·五帝本纪》说："黄帝二十五子，其得姓者十四人。"《国语·晋语四》说："凡黄帝之子，二十五宗，其得姓者十四人，为十二姓，姬、酉、祁、纪、滕、箴、任、荀、僖、佶、儇、依是也。"意思是说黄帝族群集团有二十五个族群，有十四个族群形成了族邦，不过其中有同姓者，遂为十二姓。《史记·五帝本纪》中有黄帝"北逐荤粥，合符釜山"句，荤粥当是被黄帝驱逐的一个族群。《竹书纪年》笺按："帝坐玄扈洛水上，与大司马容光、右辅周昌等百二十人，临观凤凰衔图置帝前。"百二十人不知内情，但容光、周昌两位大臣亦当属族群首领。《庄子·徐无鬼》中提到的大隗当是独立的一个族群，其他方明、昌寓、张若、谞朋、昆阍、滑稽等，都是族群首领作为黄帝僚属出现。《韩非子·十过》中把风伯、雨师与蚩尤并提，当与蚩尤一样也是族群首领的名号。《拾遗记·轩辕黄帝》中提到“有熊国”；《管子·五行》所说“黄帝得六相而天下治，神明至”。其中提到蚩尤、大常、奢龙、祝融、大封、后土六个重臣位居相位，他们都是族群的首领，来到黄帝族群集团的族邦中任职。

还有《路史·疏仡纪·黄帝》中所说黄帝“乃立四辅、三公、六卿、三少、二十官，凡百二十官，有秩以之共理，而视四民”。其中提到的有：知命、天老、力牧、鹅冶、五圣、规纪、地典、方明、昌寓、张若、谞朋、昆阍、滑稽、风后、柏常、臾区、斗苞、羲和、尚仪、车区、隶首、伶伦、大桡、容成、大容、大卷、宁封、赤将、挥、夷牟、岐伯、邑夷、马师皇、臣胲、沮诵、孔甲、俞跗、雷公、巫彭、桐君、西陵氏、共鼓、化狐（也作货狄）、竖亥等。这一个庞大的臣僚机构确有一统万国的气势。其他史书还有一些记载，有的相同，有的略异。如《吕氏春秋·勿躬》：“大桡作甲子，黔如作虏首，容成作历，羲和作占日，尚仪作占月，后益作占岁，胡曹作衣，夷羿作弓，祝融作市，仪狄作酒，高元作室，虞姁作舟，伯益作井，赤冀作臼，乘雅作驾，寒哀作御，王冰作服牛，史皇作图，巫彭作医，巫咸作筮，此二十官者，圣人之所以治天下也。”这是把黄帝二十官的名号具体化了。《世本·作篇》也说得比较具体。《帝王世纪》亦云：“黄帝以风后配上台，天老配中台，五圣配下台，谓之三公。其余知命、规纪、地典、力牧、常先、封胡、孔甲等，或以为师，或以为将。”

还有《碉玉集·壮力篇》说：“共工，神农时诸侯也。”后来又与颛顼、帝喾争为帝，说明在黄帝时共工仍然是一个强大的族群。关于少昊，古人有几种说法：一种认为他是黄帝之子或黄帝之孙；另一种认为他是东方一个大族群集团，是一个势力较大的族邦，他曾与蚩尤联合同黄帝发生战争。不论哪一种说法，可以说少昊是黄帝时期的族群，少昊这个族群非同一般，他也是一个族群集团的首领，与黄帝类似。《左传·昭公二十九年》说：“少皞氏有四叔：曰重、曰该、曰修、曰熙；实能金、木及水。使重为句芒，该为蓐收，修及熙为玄冥，世不失职，遂济穷桑。”这是少昊的四个族群，形成了直系族群。《左传·昭公十七年》中说：少昊时不仅有臣僚，而且还有分工，如说：“凤鸟氏，历正也；玄鸟氏，司分者也；伯赵氏，司至者也；青鸟氏，司启者也；丹氏，司闭者也；祝鸠氏，司徒也；鴡鸠氏，司马也；鳲鸠氏，司空也；爽鸠氏，司寇也；鹘鸠氏，司事也。五鸠，鸠民者也。五雉，为五工正，利器用，正度量，夷民者也。九扈为九农公，扈民无淫者也。”五鸟、五鸠、五雉、九扈共二十二名臣僚，都是族群首领在少昊处任职。《山海经》中还记载有少昊的子族，如倍伐、般、一目人等。少昊属于黄帝时代，因此少昊系统的族群都应属于黄帝时代的族群。

还有《山海经》也有一些记载，如《大荒东经》：“黄帝生禺虢，禺虢生禺京，禺京处北海，禺虢处东海，是为海神。”这是黄帝的两个子孙族群。“应龙处南极，杀蚩尤与夸父，不得复上。”应龙与蚩尤前边已经提到过。这里提到的夸父，他是与蚩尤同时被杀，当然也是黄帝时期被战败的族群。《大荒西经》云：“有北狄之国。黄帝之孙曰始均，始均生北狄。”《大荒北经》云：“有毛民之国，依姓。”“有儋耳之国，任姓。”“无肠之国是任姓。”依姓、任姓都在黄帝二十五子中十二姓之内，当属黄帝子族。“后土生信，信生夸父”，因此，后土与信均属黄帝时的族群。“黄帝生苗龙，苗龙生融吾，融吾生弄明，弄明生白犬，白犬有牝牡，是为犬戎。”苗龙、融吾、弄明、犬戎都是黄帝直系族群。《海内经》云：“黄帝生骆明，骆明生白马，白马是为鲧。”骆明、白马也是黄帝的直系族群。《竹书纪年》云：黄帝“五十九年，贯胸氏来宾”“长股氏来宾”。贯胸氏、长股氏是两个臣服黄帝的族群。

此外，与黄帝同时的蚩尤也是一个大的族群集团，《索隐》说：蚩尤“盖诸侯号也。”《正义》引《山海经》云：“黄帝令应龙攻蚩尤。蚩尤请风伯、雨师以从，大风雨。黄帝乃下天女曰‘魃’，以止淫雨。雨止，遂杀蚩尤。”这里提到的应龙和女魃也是随从黄帝的族群。

黄帝时代，关于族群的界定并没有严格的标准，在先秦文献中它或就是一个大的部落、部族，甚至是一个酋邦国，但是后代的文人都把它笼统地称为诸侯。五帝时代，甚至到了夏商周三代的世袭王朝，对中心区以外的地域进行正常的统治，或者说进行控制，都是依靠各地诸侯，诸侯的首领分担职务组成政治、军事中心。前边提到的各类人物，他们的背后都是一个实实在在的族群，通过这些人物我们可以看出当时族群存在的情况。

黄帝时代不仅族群繁多，而且结构复杂。

据粗略的分析，黄帝时代的黄帝族群集团的族群有：少昊、有蟜氏、西陵氏、方雷氏、彤鱼氏、嫫母、玄嚣、昌意、姬、祁、纪、滕、箴、任、苟、僖、佶、儇、依、苗龙、禺虢、禺京、北狄、毛民之国、儋耳之国、无肠之国、融吾、弄明、犬戎、骆明、白马 31 个族群，这是一个层次。

第二层次是黄帝的臣僚，即友好族邦的族群，其中有熊、罴、貔、貅、貙、虎、应龙、女魃、玄女、风后、力牧、常先、大鸿、天老、五圣、容光、周昌、大隗、方明、昌寓、张若、谞朋、昆阍、滑稽、大常、奢龙、祝融、大封、后土、知命、规纪、地典、柏常、臾区、斗苞、羲和、尚仪、车区、隶首、伶伦、大桡、容成、大容、大卷、宁封、赤将、挥、夷牟、岐伯、邑夷、马师皇、臣胲、沮诵、孔甲、俞跗、雷公、巫彭、桐君、共鼓、货狄、竖亥、黔如、后益、胡曹、夷羿、仪狄、高元、虞姁、伯益、赤冀、乘雅、寒哀、王冰、仓颉（史皇）、巫咸、雍父等 80 多个族群。

第三个层次，是黄帝与之征战的族群，有榆罔、荤粥、夸父、蚩尤、风伯、雨师 6 个族群。

第四个层次，是独立于黄帝族群集团之外的族群集团，一是少昊族群集团，有五鸟、五鸠、五雉、九扈等 24 个族群；二是共工族群集团。

第五个层次，是朝聘的族群，如贯胸氏和长股氏。

以上各层次的族群，有些是可信的，有敌对的，有友好的，有联盟的，有的是族群分支形成的直系族群，有些则很难说其真伪。不过把这些挂一漏万的材料汇集一下，至少可以从宏观上感受到黄帝时代有“万国”族群的态势。

总之，上面提到的族群，当是黄帝时代有影响的或有贡献的族群，没有提到的可能还有很多。这些族群当时活跃在黄河中下游区域内，他们之间或战争，或联合，或友好，或通婚，有意无意地进行文化互动和族群融合，不仅创造了黄帝时代的文明，而且为汉民族的起源和形成打下基础。

二　颛顼时代的族群

颛顼时代族群同样繁多。

黄帝时代的许多族群到颛顼时代仍然存在，如颛顼的父族昌意或是韩流、母族蜀山氏都是存在的。《帝王世纪》说：颛顼“生十年而佐少昊，十二而冠，二十而登帝位”。这说明颛顼时代少昊也是存在的。史书记载共工与颛顼争帝，说明颛顼时的族群还有共工。《世本·帝系》说："颛顼生鲧。"《竹书纪年》《大戴礼记·帝系》《史记·夏本纪》中都有类似记载，说明鲧是颛顼的子族，也就是说他是颛顼的直系族群。《大戴礼记·帝系》中说："颛顼产穷蝉，穷蝉产敬康。"穷蝉和敬康也是直系族群。《左传·昭公二十九年》说："颛顼氏有子曰犁，为祝融。"《山海经·大荒西经》说："颛顼生老童，老童生祝融。"这里把老童与祝融归入颛顼子孙族，同样是直系族群。《大戴礼记·帝系》中说："颛顼娶于滕氏，滕氏奔之子，谓之女禄氏，产老童。老童娶于竭水氏，竭水氏之子，谓之高缗氏，产重黎及吴回。"滕氏是颛顼的通婚族群，竭水氏是老童的通婚族群。有的记载把重黎、吴回作为颛顼的子族群，这里则作为隔世子族群，还有的文献则作颛顼的臣僚族群，其实并不矛盾，子孙族群的首领也可以在族群集团中任职。不论是哪一种形式，如通婚族、子孙族，他们都是颛顼时代的族群。

《左传·文公十八年》云："昔高阳氏有才子八人，苍舒、隤敳、梼戭、大临、龙降、庭坚、仲容、叔达，齐圣广渊，明允笃诚。天下之民谓之八恺。"《史记·五帝本纪》亦云："昔高阳氏有才子八人，世得其利，谓之八恺。高辛氏有才子八人，世谓之八元。此十六族者，世济其美，不陨其名。"在此，"此十六族者"一句，说明了颛顼、帝喾时之所谓才子确实都是子族群。与此同时，颛顼的子族群在《山海经》中也有记载，如《大荒南经》说："有季禺之国，颛顼之子，食黍。""有国曰颛顼，生伯服，食黍。"《大荒西经》说："有国名曰淑士，颛顼之子。""大荒之山，日月所入，有人焉，三面，是颛顼之子。"《大荒北经》说："有叔歜国，颛顼之子。""北海之外流沙之东，有国曰中輻，颛顼之子，食黍。"这里提到的颛顼之子都是颛顼族群集团中的族群。《大荒南经》说："有人名曰驩头。鲧妻士敬，士敬子曰炎融，生驩头。"士敬是鲧的通婚族群，炎融与驩头当为颛顼子孙族群。所以《大荒北经》也说："颛顼生驩头，驩头生苗民。"

以上是据文献提及的，大多是有血缘关系的族群，除共工和少昊之外，有昌意、韩流、蜀山氏、鲧、穷蝉、敬康、祝融、老童、滕氏、竭水氏、重黎、吴回、苍舒、隤敳、梼戭、大临、龙降、庭坚、仲容、叔达、季禺之国、伯服、淑士、三面人、叔歜、中輻之国、驩头、炎融、苗民等32个族群。除去有5个族群与黄帝时重名者之外，还有27个族群。

三　帝喾时代的族群

帝喾时代族群也同样繁多。

《史记·五帝本纪》云："颛顼崩，而玄嚣之孙高辛立，是为帝喾。帝喾高辛者，黄帝之曾孙也。高辛父曰蟜极，蟜极父曰玄嚣，玄嚣父曰黄帝。"《史记·五帝本纪》又云："帝喾娶陈锋氏女，生放勋。娶娵訾氏女生挚。"《正义》引《帝王世纪》云："帝佶（即喾）有四妃，卜其子皆有天下。元妃有邰氏女，曰姜嫄，生后稷。次妃有娀氏女，曰简狄，生高。次妃陈锋氏女，曰庆都，生放勋。次妃娵訾氏女，曰常仪，生帝挚。"有邰氏、有娀氏、陈锋氏、娵訾氏是帝喾的四个通婚族群。

还有，《拾遗记》卷十云："帝喾之妃，邹屠氏之女也。"邹屠氏也是一个通婚族群。《左传·文公十八年》云："高辛氏有才子八人：伯奋、仲堪、叔献、季仲、伯虎、仲熊、叔豹、季貍。忠肃共懿，宣慈惠和，天下谓之八元。"这八个子族即是八个族群。帝喾还有两个儿子，如《左传·昭公元年》说："昔高辛氏有二子，伯曰阏伯，季曰实沈，居于旷林，不相能也，日寻干戈，以相征讨。"这又是帝喾的子族群。

还有，帝喾在《山海经》称为帝俊，记载他的子族都是"国"，如中容之国、司幽之国、白民之国、黑齿之国、三身之国、季厘之国、羲和之国、西周之国等。《大荒西经》："帝俊生后稷，稷降以百谷。稷之弟曰台玺，生叔均。叔均是代其父及稷播百谷，始作耕。"《海内经》："帝俊生禺号，禺号生淫梁，淫梁生番禺，是始为舟。番禺生奚仲，奚仲生吉光，吉光是始以木为车。"《大荒南经》："帝俊之妻，生十日。"《大荒西经》："帝俊妻常羲，生月十有二。"《海内经》："帝俊生晏龙，晏龙是为琴瑟。""帝俊生三身，三身生义均。"这里所云"生十日"和"生月十有二"，可视为生十个以日为图腾的子族群，生十二个以月为图腾的子族群。帝喾的子孙族群之多确实惊人。

还有，《国语·郑语》："且重黎之后也，夫黎为高辛氏火正。"《竹书纪年》："帝（喾）使重帅师灭有郐。四十五年赐唐侯命。""术嚣作乱辛侯灭之"，术嚣即共工。笺按引《帝王世纪》曰："高辛氏以人事纪官，勾芒为木正，祝融为火正，蓐收为金正，元冥为水正，后土为土正，是五行之官，分职而治诸侯。"引《吕氏春秋·古乐》曰："帝喾命咸黑作为声歌、九招、六列、六英；有倕作为鼙鼓、钟磬、吹苓、管、埙、篪、鞀、椎钟。”

以上是先秦文献中提到的与帝喾有关系的族群，多数都是他的子孙族群和通婚族群，有些属于他的臣僚族群，个别的属于不友好族群。共计：有蟜氏、有邰氏、有娀氏、陈锋氏、娵訾氏、邹屠氏、尧、契、后稷、挚、伯奋、仲堪、叔献、季仲、伯虎、仲熊、叔豹、季貍、阏伯、实沈、中容之国、司幽之国、白民之国、黑齿之国、三身之国、季厘之国、羲和之国、西周之国、禺号、淫梁、番禺、奚仲、吉光、常羲、晏龙、义均、共工、祝融、蓐收、元冥、后土、咸黑、有倕等 45 个诸侯国，其中除共工、祝融、重、禺号在前边出现过外，新增加了 42 个族群。

四　尧舜时代的族群

《史记·五帝本纪》云：帝尧的母族是陈锋氏，说他执政时“百姓昭明，合和万国”。看，又是一个“合和万国”！可见，尧舜时代族群也同样繁多。

《世本·帝系篇》云：“尧娶散宜氏之子，谓之女皇。女皇生丹朱。”尧特别重视天象历法，“乃命羲、和，敬顺昊天，数法日月星辰，敬授民时。分命羲仲，居郁夷，曰旸谷”。“申命羲叔，居南交。”“申命和仲，居西土，曰昧谷。”“申命和叔，居北方，曰幽都。”《集解》引孔安国曰：“重黎之后，羲氏、和氏世掌天地之官。”羲仲、羲叔、和仲、和叔都是重黎之后，这四位族群首领在尧时都担任天文官之职。

另外，在前面曾提到帝喾有二子，一个是阏伯，一个是实沈，也是尧的天文官。可能这六位天文官各有分工。《五帝本纪》谈到为治水征求意见，放齐推荐丹朱，驩兜（头）推荐共工，尧都不同意。后来四岳推荐鲧，尧勉强同意了，结果鲧治水失败。这里提到的族群首领有放齐、丹朱、驩头、共工、四岳和鲧。

还有，尧征求继承人选问题，众人皆推荐虞舜，舜当为族群首领。舜的同父异母之弟象，后有封地，也应视为一个族群的首领。《五帝本纪》提到的共工、鲧、驩兜（头）、三苗都是不受尧欢迎的族群。前面曾提到高阳氏有才子八人，谓之八恺；高辛氏有才子八人，谓之八元。“此十六族者，世济其美，不陨其名。”十六族即十六个族群，其首领都被舜安排了职务。十六族在《左传》里都记载了其名号，即前边已经说过的苍舒、隤敳、梼戭、大临、龙降、庭坚、仲容、叔达、伯奋、仲堪、叔献、季仲、伯虎、仲熊、叔豹、季貍。《五帝本纪》提到有浑沌、穷奇、梼杌、饕餮，“舜宾于四门，乃流四凶族，迁于四裔”。可知这四个族群在尧舜心目中是凶族，强行迁到四裔。

尧舜集团中的臣僚族群，《五帝本纪》记载得很清楚，“禹、皋陶、契、后稷、伯夷、夔、龙、倕、益、彭祖自尧时而皆举用，未有分职”。舜时分职比较明确：“命十二牧论帝德，行厚德，远佞人，则蛮夷率服。”伯禹为司空，弃主稷，契主司徒，皋陶为大理，伯夷主礼，倕主工师，益主虞，朱虎、熊、罴为佐，龙主宾客，夔为典乐。四岳似为舜的谋士。朱虎、熊、罴与益都是主虞，合为一个职位。加上十二牧共22人。这22人都是族群的首领。

还有《庄子·让王篇》云：“尧以天下让许由，许由不受，又让于子州支父。”《列子·杨朱》亦云：“昔者，尧舜伪以天下让许由、善卷，而不失天下，享祚百年。”《吕氏春秋·行论》《韩非子·外储篇》《博物志》中都说尧欲将天下让舜，鲧和共工、三苗都曾提出反对，尧对非议者都进行了镇压。《淮南子·本经训》说：“逮至尧之时……猰貐、凿齿、九婴、大风、封狶、脩蛇皆为民害”，尧乃使羿一个一个进行诛杀，最后“万民皆喜，乃置尧以为天子”。《庄子·齐物论》云：“昔者尧问于舜曰：我欲伐宗、脍、胥敖。”《庄子·人间世》云：“昔者尧攻丛枝、胥敖。”《竹书纪年》说尧舜时“渠搜氏来宾”，“僬侥氏来朝，贡没羽”，“西王母来朝，献白环玉玦”，“息慎氏来朝，贡弓矢”，夏后氏征有苗之后，“有苗氏来朝”，“玄都氏来朝，贡宝玉”。《吕氏春秋·尊师》亦云：“帝尧师子州子父。”《易林·明夷之三十六》云：“稷为尧使，西见王母，拜请百福，赐我嘉子，长乐富有。”《高士传》云：“巢父者，尧时隐人也。”《山海经·大荒南经》云：“有载民之国。帝舜生无淫，降载处，是谓巫载民。”《山海经·大荒东经》：“帝舜生戏，戏生摇民。”

以上提到的83个族群，属于尧舜通婚族群、子族群以及臣僚族群的有：陈锋氏、散宜氏、丹朱、载民之国、戏、摇民、羲仲、羲叔、和仲、和叔、阏伯、实沈、放齐、四岳、苍舒、隤敳、梼戭、大临、龙降、庭坚、仲容、叔达、伯奋、仲堪、叔献、季仲、伯虎、仲熊、叔豹、季貍、禹、皋陶、契、弃、伯夷、夔、龙、倕、益、彭祖、朱虎、熊、罴、羿和十二牧。属于友好的诸侯有：许由、巢父、善卷、子州支父、僬侥氏、西王母、息慎氏、玄都氏等。属于不友好或发生战争的诸侯有：猰貐、凿齿、九婴、大风、封豨、脩蛇、宗、脍、胥敖、丛枝、驩头、鲧、共工、象、三苗、浑沌、穷奇、梼杌、饕餮等。以上这些族群，其中有些在黄帝、颛顼、帝喾时期已经出现，在尧舜时期仍然存在，重见的有 22 个族群，新出现的有 61 个诸侯。

这些族群数字是绝对不准确的，也不过把这些挂一漏万的材料汇集在一起，以便从宏观上感受到即使到了尧舜时代，仍然是“万国”族群的态势。这些号称“万邦”“万方”“万国”的族群，不仅创造了尧舜时代的文明，而且也为汉民族的起源和形成打下基础。

五 《淮南子》和《山海经》记载的族群

《山海经》和《淮南子》中记载了许多族群，但多带有神话色彩，揭开其神秘面纱，实际上都是分布在各地的族群。这些族群的时代上限不可知，其下限均约在尧舜禹时期，因此谈到五帝时代的族群，需要记录如下。

《淮南子·地形训》记：“凡海外三十六国。自西北至西南方，有脩股民、天民、肃慎民、白民、沃民、女子民、丈夫民、奇股民、一臂民、三身民；自西南至东南方，结胸民、羽民、讙头国民、裸国民、三苗民、交股民、不死民、穿胸民、反舌民、豕喙民、凿齿民、三头民、修臂民；自东南至东北方，有大人国、君子国、黑齿民、玄股民、毛民、劳民；自东北至西北方，有跂踵民、句婴民、深目民、无肠民、柔利民、一目民、无继民。”

《山海经·大荒东经》记“有柔仆民，是维嬴土之国”，“有白民之国”“有劳国”“有黑齿之国”（《海外东经》亦有载），“有司幽之国”“有青丘之国”（《海外东经》《南山经》亦有载），“有小人国”（《海外南经》《大荒南经》均称僬侥国），“有夏州之国”“有困民国”“有国曰玄股”（《海外东经》亦有载），“有大人之国”（《大荒北经》《海外东经》亦有载），“有君子之国”（《海外东经》《博物志》亦有载）。

《山海经·大荒西经》记“有寒荒之国”“有一臂民”“有沃之国”“有互（氏）人之国”“有寿麻之国”“有女子之国”“有丈夫之国”（《海外西经》亦有载），“有长胫之国”“三面一臂国”“有先民国”“有西周之国”“有北狄之国”“有轩辕之国”。

《山海经·大荒南经》记“有盈民之国”“三身之国”（《海外西经》亦有载），“有张弘之国”“有羽民之国”（《海外南经》《博物志》等亦有记载），“有驩头之国”（《海外南经》《神异经》《博物志》亦有载），“有不死之国”“有臷民之国”（《海外南经》亦有载），“有季禺之国”“有季厘之国”“僬侥之国”“有国曰颛顼”“有羲和之国”。

《山海经·大荒北经》记有“胡不与之国”“有北齐之国”“有始州之国”“有无肠之国”“深目民之国”（《海外北经》亦有载），“有儋耳之国”“有肃慎氏之国”（《海外西经》亦有载），“有毛民之国”（《海外东经》亦有载），“有叔歜国”“有大人之国”“有毛民之国”“有国曰中辐”。

《山海经·海内经》记“有国名曰朝鲜、天毒”“有国名曰壑市”“有国名曰氾叶”“有朝云之国、司彘之国”“有国名曰流黄辛氏”“有禺中之国”“有列襄之国”“有盐长之国”“有大幽之国，有赤胫之民”“有钉灵之国”“有巴国”。

《山海经·海内南经》：“伯虑国、离耳国、雕题国、北朐国，皆在郁水南。”“枭阳国在北朐之西”“氐人国在建术西”“匈奴、开题之国、列人之国并在西北”。

《山海经·海内西经》：“流黄丰氏之国，中方三百里。”“貊国在汉水东北”“东胡在大泽东”。

《山海经·海内北经》：有“犬封国”“林氏国有珍兽”“鬼国在贰负之尸北”“姑射国在海中”。

《山海经·海内东经》：“国在流沙外者，大夏、竖沙、居繇、月支之国。”

《山海经·海外南经》记有“结胸国”“三首国”“交胫国”“反舌国”“厌火国”“长臂国”“三苗国”“贯匈国”“羽民国”“讙（驩）头国”。

《山海经·海外西经》有“奇肱国”“巫咸国”“轩辕之国”“女子国”“丈夫国”“白民国”“肃慎国”“长股国”。

《山海经·海外北经》有“拘缨（瘿）之国”“一目国”“柔利国”“聂耳之国”“跂踵国”“无启之国”“博（夸）父国”“深目国”“无肠之国”。

《山海经·海外东经》有“雨师妾（国）”“劳民国”“大人国”“君子国”“青丘国”“黑齿国”“毛民国”“玄股之国”。

《淮南子·地形训》中凡海外三十六国，在《山海经》中也有记载。现依《山海经》中《大荒经》《海内经》《海外经》的统计，除去各经重见的邦国外，约有 100 个国。以上这些邦国不少与五帝都有直接的关系，或指名为相生关系，或为同姓关系。多数族群虽然不知其来历，但它是客观存在的。《山海经》中所说的族群，都可以归到五帝时代的“万国”族群之列。

总之，黄帝时期有 122 个族群，颛顼时新增加 27 个族群，帝喾新增加了 42 个族群，尧舜时期新增加了 61 个族群，合计 252 个族群，加上《山海经》等书记载 100 个族群，总共为 352 个族群。正如许顺湛在《五帝时代研究》中所说：“这个统计不仅是挂一漏万，而且也不很科学，因为在几千年的历史长河中，有的族群不存在了，有的合并了，有的新出现了，各种变化都有，无法准确地认定。这个统计只是宏观上给人一个印象，说明五帝时代并不是空穴来风，应该认真进行研究。”①

九九归一，“万邦”与“万国”，族群繁多，结构复杂，正是五帝时代的族群态势。这种多元的族群态势，也正是汉民族从多元走向一体的起点。②

① 以上参阅许顺湛《五帝时代研究》，中州古籍出版社 2005 年版，第 31—38 页。

② 2017 年 10 月底校对本书稿时，读到逯宏著的《中国五帝时代：北方传说时代多元文化融合研究》（中国社会科学出版社 2017 年版）一书。该书也认同了“天地玄黄，宇宙洪荒”时，中国有一个“五帝时代”。此书对五帝时代的确认有两点贡献：第一，从红山文化的视角，为黄帝时代建构了文化地理的新坐标，即北纬 40°以北西起阴山至燕山一带，是以黄帝为首龙族团早期活动的历史舞台；第二，从史前婚姻联盟的视角确认了黄帝至大禹一千余年的时间里，由于玉龙与玉凤在红山文化中存在共出现象，所以北方龙族团的黄帝与嫘祖结成龙凤婚盟，应了汉民族传统的“龙凤呈祥”之说。

第二章　汉民族的起源时代

汉民族的源在何方？根在何处？

几千年来人们对汉民族的起源问题一直保持着浓厚的兴趣。但是，由于时代久远，材料缺乏，许多资料又多以神话传说的形式表现出来，所以汉民族的起源问题简直可以说是一个谜，一个千古之谜！

汉民族如何从多元走向一体？路在何方？

几千年来汉民族像滚雪球一样，从小到大，从多元走向一体，且轨迹不断，历史连绵，成为世界民族过程的奇观。对此，越来越引起人们的无限兴趣。在全球化时代，随着汉民族走向世界，成为“全球”民族之时，汉民族从多元走向一体的过程，也就成了一道世界性的大题，

还有，汉民族为什么又称为“炎黄世胄”或“炎黄子孙”？为什么又叫作“龙的传人”？在科学技术发达的21世纪，我们完全可以运用人类学和民族学的理论，通过现象看本质，拨开汉民族起源问题上的神话迷雾，透过神话传说所透露出来的“炎黄世胄”、“炎黄子孙”和“龙的传人”等信息，以窥汉民族的起源情况。

第一节　主源——炎黄和东夷

一　主源之一——炎黄

（一）神话传说与历史的真实

自古以来在汉民族中就流传着关于五帝时代炎帝和黄帝的传说。

炎帝“人身牛首”[①]，既是太阳神，又是农业之神。黄帝则长着四张脸[②]，是以雷神崛起而为中央天帝。因此，历代不少史学家认为炎帝和黄

---

① 《绎史》卷四引《帝王世纪》。

② 《尸子》（辑本）卷下。

帝并无人格的存在，其传说不是真实历史的反映，只是神话的想象而已。把神话传说与历史真实完全对立了起来。

从理论上来说，神话传说作为一种观念形态的艺术，在本质上与其他艺术一样，是反映一定的社会生活的，是产生在一定的社会基础之上的上层建筑。远古时代的神话传说是怎样产生的呢？正如恩格斯所指出的：原始人在最初脱离动物界进入历史的时候，“他们还是半动物性、野蛮的，在自然力量面前还无能为力，还意识不到他们自己的力量，所以他们像动物一样贫乏，而且在生产上也未必比动物高明。”[①] 马克思更直截了当地说：“人物虽然是神话中的人物，但这一点并不重要，因为传说确切地反映了氏族制度”[②]。因此炎帝和黄帝虽然“反映在荒诞的神话形式中”[③]，但却透露了汉民族远祖原始氏族制度的信息，表现了神话传说与历史真实性的统一。此其一。

其二，从先秦典籍看，虽然《诗》《书》没有记载炎帝和黄帝，但是不仅喜以远古历史作论据的诸子明言黄帝的著作有《老子》《管子》《庄子》《商君书》《尸子》《韩非子》《列子》《孙子》《吕氏春秋》等，即司马迁所说：“百家言黄帝。”[④] 而且诸如《左传》《国语》《战国策》《逸周书》《世本》《竹书纪年》《周礼》《礼记》《大戴礼》《易·系辞》和《山海经》等重要史籍也无不普遍地辑录了炎帝、黄帝的事迹。《左传·僖公二十五年》即有晋文公“使卜偃卜之，曰：‘吉，遇黄帝战于阪泉之兆’”的记载。《国语·周语》记载：周灵王二十二年太子晋云：“夫亡者岂繄无宠？皆黄、炎之后也。”2000 年前以治史严谨著称的司马迁在编撰《史记》时，不仅掌握了先秦典籍中关于炎帝和黄帝的史料，而且实地调察了黄帝的遗迹，核对了史书上的材料，初步剔除了关于炎帝和黄帝传说中的神话外衣，还原了历史的真面目，撰写了《五帝本纪》，肯定了炎帝和黄帝传说的历史真实性。

其三，从祭祖风俗上看，民俗学史告诉我们，祖先崇拜及对祖先的祭祀都产生于原始社会末期，而且对祖先的祭祀是按照世系的先后进行的。

---

① 《马克思恩格斯选集》第 3 卷，人民出版社 1972 年版，第 218 页。

② ［德］马克思：《摩尔根〈古代社会〉一书摘要》，人民出版社 1978 年版，第 231 页。

③ 同上书，第 173 页。

④ 《史记·五帝本纪》。

春秋之时的郯子就声称：少昊氏“吾祖也，我知之”[①]。可见盛行祖先崇拜的汉民族先民，以口耳相传的形式，把自己祖先的系谱从原始社会记述到有文字记载的时代是完全有可能的。所以《国语·鲁语上》明确地记载说：“有虞氏禘黄帝而祖颛顼，郊尧而宗舜；夏后氏禘黄帝而祖颛顼，郊鲧而宗禹。”传世的齐威王所铸战国铜器《陈侯因資敦》铭文也载：“高祖黄帝，迩嗣桓文，朝问诸侯，兮扬厥德。”都表示了对黄帝作为远祖的确认。《左传·成公十三年》曾说：“国之大事，在祀与戎。”因此，把黄帝作为祖宗来顶礼膜拜的汉民族先人是绝对不会否定炎帝和黄帝的真实性的。

其四，从考古材料上看，据有关专家研究，在年代上，距今约6500—6000年的黄帝，与经碳－14测定的仰韶文化的下限一致；在地望上，炎帝和黄帝的主要活动范围多在豫西、关中和晋南地区，而仰韶文化分布的范围也以豫西、关中和晋南为中心；在人类体质上，仰韶人的体质与现代中原人的体质一样；在仰韶文化出土物上，仰韶文化后期的西安半坡、临潼姜寨等遗址出土的精美的磨制石刀、石斧、石臼、石杵、磨盘、磨棒、石锄、石镰、石铲，以及粟的标本，饲养牲畜的圈栏遗迹，马、牛、羊、鸡、犬、猪的骨骼，长方形的炉灶等等，与史书上记载的“黄帝之时，以玉为兵”[②]，黄帝“斫木为杵，掘地为臼”[③]，黄帝“时播百谷草木，淳化鸟兽虫蛾”[④]，黄帝“伐木构材，筑作宫室，上栋下宇，以避风雨”[⑤]，“灶，黄帝所置”[⑥]等关于黄帝造物的故事又大体相符，可见黄帝传说所透露出来的原始社会的信息，就是考古学上仰韶文化后期的社会概貌。[⑦]

总之，炎帝和黄帝的传说虽然都披上了神话的外衣，但是其内核却是真实的。所以钱穆在《黄帝》一书中语重心长地说：“我们自称为‘炎、

---

① 《左传·昭公十七年》。

② 《越绝书·宝剑篇》。

③ 《易·系辞》。

④ 《史记·五帝本纪》。

⑤ 《新语》。

⑥ 《续事始》。

⑦ 参阅林祥庚《中华民族的象征——黄帝及其传说之试释》，《福建师大学报》1983年第4期。

黄子孙’，是很有道理的。”“一个人幼年时期虽记不清楚，但极重要。有些事可以影响他一生，成了他深沉潜在的精神。他长大后，追忆儿时，虽不免掺杂他后来的想象，可是背后操纵这想象的仍有他儿时留下来的成分。这就是说，我们从文化的大体上看古史，纵有后人的想象，仍然充满着古人的基本精神。我们看到古人的艰辛创造，看到他们的成就，看到他们后嗣绵延到现在，这绝不是一件无价值或偶然存在的事情；从这里生长出来的中国文化，也绝不是不值一顾的废物……黄帝是文明的创始人，从他打定基础以后，文化才慢慢地生长，到周朝才大体确定。尧、舜、禹、汤、文、武、周公，后人称他们为‘道统’的传授者。他们一脉相传，周公以后就是孔子……他们几个人承接和传递这‘文化的传统’，他们是传统文化的代表人，他们每个人都是当时整个民族活动的代表。每一代的祖先都有新的活动，都有新的贡献，使这一个有中心、有系统的文化充实光大。”①

（二）炎黄部落联盟族群集团的建立

炎帝和黄帝是如何诞生的？这个问题神话的迷雾特别浓厚，由于古代人对原始社会的茫然无知，传说里真中有假，假中有真。要弄清华夏民族的根源所在，必须先搞清这个问题。

关于炎帝的诞生，《史记正义》引《帝王世纪》曰：“神农氏，姜姓也。母曰任姒，有蟜氏女，登为少典妃，游华阳，有神龙首，感生炎帝。人身牛首。”我们剔除混杂在其中的关于神农诞生的传说，以及关于少典氏为炎帝之父之误②，可知炎帝母曰任姒，有蟜氏女，感生炎帝，人身牛首。即炎帝是牛氏族的男子与蛇氏族的女子任姒婚配所生③；炎帝以牛为图腾。

关于黄帝的诞生，《国语·晋语四》曰：“昔少典娶于有蟜氏，生黄帝、炎帝，黄帝以姬水成，炎帝以姜水成。成而异德，故黄帝为姬，

---

① 钱穆：《黄帝》，生活·读书·新知三联书店2005年第2版，第7、138—139页。

② 屠武周：《神农、炎帝和黄帝的纠葛》，《南京大学学报》1984年第1期。

③ 有蟜氏即蛇氏。《说文解字》曰：“蟜，虫也。”又《山海经·海外南经》曰：“虫为蛇，蛇号为鱼”。古“虫”字像蛇盘曲之形，至今民间仍有人呼蛇为“长虫”。另有一说，有蟜氏为以蜜蜂为图腾的氏族。《山海经·中次六经》曰：“平逢之山，南望伊洛，东望各城之山，……有神焉，其状如人而二首，名骄虫，是为螫虫，实唯蜜蜂之庐。”骄虫，亦作娇虫即蟜虫，属蜜蜂类。

炎帝为姜。”在此，我们剔除糅合在其中的关于炎帝诞生的传说，可知黄帝的生父是少典氏，生母是有蟜氏。少典氏即是以熊为图腾的有熊氏，[①] 黄帝即是熊氏族的男子与蛇氏族的女子任姒婚配所生；黄帝以熊为图腾。

这样看来，炎帝生父是牛氏，生母是有蟜氏；黄帝生父是熊氏，生母是有蟜氏，故《绎史》卷五引《新书》说：“炎帝者，黄帝同母异父兄弟也。”按原始社会的婚配制度。这种既按父系方面计算世系，又按母系方面计算世系的现象，正说明炎黄时的婚配制度，也就是说有蟜氏这个氏族的女子可以与牛氏和熊氏两个氏族的男子通婚。这种既按父系方面计算世系，又按母系方面计算世系的现象，正说明炎黄时代是母权制衰亡，父权制确立的转型阶段。

炎帝氏族从母氏族中分离出来后，在陕西的渭水流域发展起来，此即《竹书纪年》所说：炎帝“育于姜水，故姜姓”。姜水是渭水的一条支流，其源出岐山，流经武功，折而向南注入渭水。从古至今，渭河两岸，八百里秦川，是陕西最丰腴的地方。在这个优良的自然地理环境中生长起来的炎帝氏族，逐渐发展成为一个强大的部落。后来，由于种种现在无法具体查清的原因，炎帝部落的一部分人离开了渭水流域向东迁徙到中原地区，在黄河南岸发展起来，并与早已游徙到中原的黄帝部落结成了部落联盟式的族群集团。

黄帝族群从母氏族中分离出来后，也有一部分逐渐从渭水流域东迁到中原地区，久居河南，在黄河两岸的中原地区逐渐强大起来，在向东、南、西、北四方扩展中发展成为黄帝部落。对此，《史记·五帝本纪》有一段很重要的记载：

> 天下有不顺者，黄帝从而征之。平者去之，披山通道，未尝宁居。东至于海，登丸山，及岱宗；西至于空桐，登鸡头；南至于江，登熊、湘；北逐荤粥，合符釜山，而邑于涿鹿之阿。

---

① 《史记·五帝本纪》云：“黄帝者，少典之子。”《集解》徐广曰：黄帝“号有熊”。《索隐》曰：“注‘号有熊’者，以其本是有熊国君之故也。”又据《列子·黄帝篇》和《史记·五帝本纪》，熊和罴（即走熊）属黄帝族“六兽”之首，再则“姬”为黄帝后裔十二姓之首，为由于“熊迹”而来，故少典氏即是以熊为图腾的有熊氏。

据《括地志》《新唐书·地理志》载，丸山在今山东临朐县，岱宗即泰山，两山均在山东省境内；空桐在原州平高县即今甘肃原县；鸡头山在陇西，两地均在今甘肃境内；湘山在岳州巴陵县即今湖南省岳阳县；釜山在妫州怀戎县即今河北省怀来县。黄帝部落活动范围如此广大，表现了其势力的强大。

所以，炎帝部落初与黄帝部落结成部落联盟族群集团之后，炎帝部落很快与黄帝部落发生了矛盾，各有各的“仁道”，又各行各的“仁道”。“炎帝欲侵陵诸侯”，争夺部落联盟首领的权位。可是“诸侯咸归轩辕”[①]，被黄帝争取去了。《吕氏春秋·荡兵篇》载：“兵所自来久矣，黄、炎故用水火矣。”即两个同母异父的兄弟部落的矛盾犹水火之不相容，不久便发生了中国历史上有记载的第一次大战——阪泉之战。

《史记·五帝本纪》记阪泉之战说：

> 轩辕之时，神农氏世衰。诸侯相侵伐，暴虐百姓，而神农氏弗能征。于是轩辕乃习用干戈，以征不享，诸侯咸来宾从。而蚩尤最为暴，莫能伐。炎帝欲侵陵诸侯，诸侯咸归轩辕。轩辕乃修德振兵，治五气，蓺五种，抚万民，度四方，教熊罴貔貅貙虎，以与炎帝战于阪泉之野。三战，然后得其志。蚩尤作乱，不用帝命。于是黄帝乃征师诸侯，与蚩尤战于涿鹿之野，遂擒杀蚩尤。而诸侯咸尊轩辕为天子，代神农氏，是为黄帝。

从《史记·五帝本纪》的记载中可见，由于参战的两个族群集团都有很强的实力，战争的规模颇为壮观。汉代贾谊《新书》云：“炎帝者，黄帝同母异父兄弟也，各有天下之半。黄帝行道而炎帝不听，故战于涿鹿之野，血流漂杵。”《吕氏春秋·荡兵》也记述云：“兵所自来者久矣，黄、炎故用水火矣。”《列子·黄帝》曰：“黄帝与炎帝战于阪泉之野，帅熊、罴、狼、豹、貙、虎为前驱，雕、鹖、鹰、鸢为旗帜。”《大戴礼记·五帝德》则云：“（黄帝）与赤帝（炎帝）战于阪泉之野，三战，然后得行其志。”从上述文献记载来看，黄帝族群集团和炎帝族群集团为了取得这次战争胜利，做了相当充分的准备，他们不仅调动了本部落的全部

① 《史记·五帝本纪》。

力量，而且也联合了其他部落作为盟军，在这方面黄帝表现得更为出色。文献中所记述的熊、罴、豹、貔、虎和雕、鹖、鹰、鸢并非猛兽飞禽，而是各部落图腾的名称。大规模的战役一共三次，厮杀得非常激烈。开战后，黄帝率领"熊、罴、狼、豹、貔、虎"六部军队在阪泉之野与炎帝摆开战场，六部军队各持自己的崇拜物为标志的大旗，黄帝作为六部统帅也持一面"大纛"，列开了阵势。首先，炎帝在黄帝没有防范的情况下，先发制人，率兵以火围攻，使得轩辕城外经常浓烟滚滚，遮天蔽日，应龙带人用水熄灭火焰，黄帝率兵将炎帝赶回阪泉之谷，嘱手下士兵只和炎帝斗智斗勇，不伤其性命。在阪泉河谷中，竖起七面大旗，摆开了星斗七旗战法。炎帝火战失利后，面对星斗七旗战法，无计可施，一败涂地，躲回营内不敢挑衅。黄帝仰慕炎帝的医药和农耕技术，决心与他携手创建文明国家。他在炎帝营外摆阵练兵，千变万化的阵法层出不穷，星斗七旗阵，让炎帝的士兵看得眼花缭乱，在长达三年多的操练中，使各部的战斗力逐渐增强，而炎帝利用崖头做屏障，只能观望阵势。战争进行得很艰苦，在战场上，炎帝用火攻①，而黄帝则"帅熊、罴、狼、豹、貔、虎为前躯，雕、鹖、鹰、鸢为旗帜"②，向炎帝部落做了几次猛烈的进攻，"三战，然后得其志"③，黄帝在这三年多的时间内，一边以星斗七旗战法练兵做掩护，一边派士兵日夜掘进，早将洞穴挖到炎帝营的后方。忽一日，黄帝兵将突然窜出，偷袭了炎帝营，活捉了炎帝。炎帝最后一败涂地，黄帝取得了决定性胜利，声威大震，"五十二战而天下咸服"④，从而巩固了自己在族群集团中的地位。

对于阪泉之战，历史学家朱绍侯总结过，他说："炎帝和黄帝是由少典部落分离出来的两个族群。炎帝族靠农业经济的稳定发展，首先强大起来，成为中原各族群的领袖。包括黄帝族、蚩尤族在内的各族群都要听从炎帝的号令。炎帝族的领袖共传了八世，到末帝榆罔时逐渐衰落下去，与此同时黄帝族、蚩尤族发展强大起来，特别是蚩尤族凶暴侵凌诸侯，炎帝不能制。炎帝欲派遣蚩尤去驻守少昊之地。蚩尤不仅不服从调遣，反而起

---

① 《淮南子·兵略篇》："炎帝为火。"《史记·律书》："黄帝有涿鹿之战，以定火灾。"可知炎帝在打仗时主要用火攻。

② 《列子·黄帝篇》。

③ 《史记·五帝本纪》。

④ 同上。

兵驱逐炎帝，而占据涿鹿，并冒称炎帝，或称阪泉氏蚩尤，雄踞北方。炎帝斗不过蚩尤，就求助于黄帝。此时黄帝‘修兵振旅，诸侯宾从’，势力强大，就接受了炎帝的求援。于是炎黄二帝就联合起来，在阪泉打败了冒称炎帝的蚩尤，这就是阪泉之战的真相。不久，蚩尤再次作乱，炎黄二帝又联合起来大败蚩尤于涿鹿。这两次对蚩尤的战争，都是以黄帝为主力。炎帝自知实力，已不能再号令诸侯，于是就把‘天子’之位让给黄帝。黄帝遂成为中原各族的共主。由于炎黄二族同出于少典部落，又联合起来两次大败蚩尤，并且炎黄二帝都担任过中原各族的共主，故深受中原华夏各族的敬重，以后并逐渐演变为中华民族的人文始祖。”①

至此，我们可以明白，为什么汉民族常常自称为“炎黄世胄”？就是因为炎帝和黄帝两个部落曾结成一个强大的部落联盟式的族群集团而称雄于中原。又为什么常常自号为“黄帝子孙”？就是因为炎黄阪泉决战之后，黄帝取得了决定性的胜利而雄居部落联盟之首。追本穷源，“炎黄世胄”和“黄帝子孙”之称的根由盖出于此。

（三）炎黄与华夏民族的族源关系

以黄帝为首的炎黄族群集团与汉民族的前身华夏民族究竟有什么渊源关系？

众所周知，民族是一种历史范畴，同时又是一个社会实体。民族的形成是在原始社会末期，以血缘关系为纽带的氏族、部落的解体，在国家产生的历史条件下以地缘关系的建立为标志的，因此我们追溯一个民族的起源，就必须了解和查清该民族与原始社会的氏族、部落的渊源关系。

华夏民族是夏民族、商民族、周民族、楚民族、越民族等在春秋时从多元走向一体融合而形成的，这就是说夏、商、周、楚、越等民族都是华夏民族的族源。再向上追溯，我们可以发现其中的夏民族是炎黄族群集团中黄帝部落的后裔。

《国语·鲁语上》说：“夏后氏禘黄帝而祖颛顼，郊鲧而宗禹。”这就是说夏民族与黄帝部落有血缘关系。那么，这条史料是否可信呢？《大戴礼记·帝系》说：“黄帝产昌意，昌意产高阳，是为帝颛顼……颛项产鲧，鲧产文命，是为禹。”《世本》也说：“黄帝生昌意，昌意生高阳，是

---

① 朱绍侯：《炎黄阪泉之战质疑》，载郑州大学历史研究所编《高敏先生八十华诞纪念文集》，中州古籍出版社2001年版。

为帝颛顼……颛顼五世而生鲧，鲧生高密，是为禹也。”古本《竹书纪年》亦说：“黄帝至禹，为世三十。”根据古代“神不歆非类，民不祀非族”，“鬼神非其族类，不歆其祀”① 的祭祀原则，我们只要把握住不明社会发展史的古代史家常常误把氏族部落系谱当作家谱的情况，在运用上述资料时就能剥去古代史家们强加给原始社会氏族、部落之间的帝王家谱式的外壳，就可以清楚地看出这种系谱所反映的一个民族的族源关系。因此，司马迁在《史记·夏本纪》中所说：“禹之父曰鲧，鲧之父曰颛顼，颛顼之父曰昌意，昌意之父曰黄帝。禹者，黄帝之玄孙而颛顼之孙也。”实际上是说夏民族与黄帝部落有着直接的血缘关系。

事实上，在原始社会发展的过程中，随着生产力的发展，人口的增殖，时间的推移，黄帝部落本身不断地发展变化，逐步分化出新的氏族和部落。《史记·五帝本纪》即说：“黄帝二十五子，其得姓者十四人为十二姓。”这些所谓新的族姓实际上应是从黄帝部落中分化出来的一些新氏族，夏后氏就是其中的一个分支族群。正如摩尔根在《古代社会》中所说：“像这样的姓氏变更并不打乱该氏族所依据的亲属关系”②。所以，夏氏族虽然其姓氏、名称与黄帝部落不同，但他们一直确认黄帝是自己最早的祖先。因此，不仅上引《国语·鲁语上》说：“夏后氏禘黄帝而祖颛顼，郊鲧而宗禹。”《礼记·祭法》中也说：“夏后氏亦禘黄帝而郊鲧，祖颛顼而宗禹。”“禘”祭是一种专为王者祭礼始祖而特设的祀典③，夏后氏“禘”祭黄帝，足见夏民族与黄帝部落悠久深远的族源关系。正是“赫赫始祖，吾华肇造；胄衍社绵，岳峨河浩。聪明睿智，光被遐荒，建此伟业，雄立东方”④，12 亿多汉民族（包括华人和华侨在内）作为具有六千多年历史的“黄帝子孙”都感到骄傲和自豪！所以，汉民族世代尊黄帝为鼻祖，把一切文物制度的创立都归功于黄帝，称之为“人文初祖”。至今位于陕西中部黄陵县，传说为黄帝之墓的黄帝陵，在数万株千年古木的簇拥中耸立在桥山上，成为汉民族始源的象征。

夏民族与炎黄族群集团中的黄帝部落有着族源关系，周民族则与留居

---

① 《左传》僖公十年、三十一年。

② ［美］摩尔根：《古代社会》，商务印书馆 1977 年新译本，第 291 页。

③ 《礼记·丧服小纪》：“不王不禘，王者禘其祖之所自出，以其祖配之……”

④ 毛泽东、朱德：《祭黄帝文》，《新中华报》1937 年 4 月 5 日。

在渭水流域的黄帝部落和炎帝部落有着族源关系。

前已述及，《国语・晋语四》说："黄帝以姬水成，炎帝以姜水成。"姜水在何地？《水经注・渭水条》说："岐水又东，纪姜氏城南，为姜水。"《世本》曰："炎帝姜姓。"《帝王世纪》亦曰："炎帝，神农氏，姜姓。母女登游华阳，感神而生炎帝于姜水，是其地也。"可见姜水是渭水的一条小支流，其地理位置在陕西西部偏南，炎帝部落最初就生长在这里。而姬水所在之地，虽难以明确，但据徐旭生考证大约在陕西的北部①，炎黄两个部落的发祥地相距并不远。后来虽然这两个部落的大部分人先后东徙到了河南中原地区，但仍有部分成员留居原地。

在原始社会氏族、部落不断分化的情况下，留居在陕西的炎帝、黄帝部落也经历了历史的坎坷，而成为周民族的主要族源。关于周民族的女祖，《诗・大雅・生民》说："厥初生民，时维姜嫄。"亦即《史记・周本纪》所说："周后稷名弃，其母有邰氏女，曰姜嫄。"炎帝就是一个姜姓部落，这就明确地告诉我们周民族的外祖世系就是姜姓的炎帝部落。关于周民族的男祖，就是"姜嫄"所生的弃，《史记・周本纪》说："封弃于邰，号曰后稷，别姓姬氏。"黄帝就是一个姬姓部落，这又明确地告诉我们周民族的祖父世系就是姬姓的黄帝部落。所以我们可以说留居陕西的炎、黄部落就是周民族的族源。

历史的发展是不平衡的。在中国的原始社会末期，氏族、部落的大动荡、大分化、大融合的历史潮流中，生息在中原大地上的炎黄部落联盟中的一支——夏后氏部落，在历史的机遇中，站在历史潮流的前头，率先跨进了文明的大门，在夏王朝国家诞生的历史凯歌中，成为中国历史上第一个民族。而炎黄部落联盟的另一支即周部落，由于种种历史的、自然的、地理的、社会的原因，在渭水流域的原始社会的摇篮中比夏部落多生活了一千多年，姗姗迟到文明的大门口。但是，周部落一旦跨进了文明的大门口，一跃而为春秋时形成的华夏民族的核心力量。这些笔者将在下面详细论述。但是，仅此足见炎黄部落联盟是华夏民族的基础。汉民族又总是骄傲地、自豪地称自己是"炎黄世胄"，其源盖出于此。

汉民族的源在何方？炎黄族群集团就是汉民族的主源之一。汉民族的

① 徐旭生：《中国古史的传说时代》（增订本），文物出版社 1985 年版，第 42—43 页。

根在何处？炎黄族群集团就是汉民族的主根之一。

二　主源之二——东夷

（一）东夷的含义、组成及分布

在华夏民族起源的时代，东夷是一个分布范围广、人口众多的族群。易华在《夷夏先后说》中说“夷为东亚土著”[①] 他引《后汉书·东夷列传》云：

> 夷者，柢也，言仁而好生，万物柢地而出。故天性柔顺，易以道御……自中兴之后，四夷来宾，虽时有乖畔，而使驿不绝，故国俗风土，可得略记。东夷率皆土著，憙饮酒歌舞，或寇弁衣锦，器用俎豆。与炎黄部落联盟族群集团并居黄河流域的是东夷。

据易华的研究，《周礼·春官》云：“鞮鞻氏掌四夷之乐与其声歌。”周人生活在四夷之中，“莅中国而抚四夷”，夷泛指周边民族。《尚书·周书·旅獒》：“明王慎德，四夷咸宾。”《左传·昭公十七年》：“天子失官（礼），学在四夷。”用“夷”称呼海外民族不是没有根据的。日本列岛亦属夷，台湾又称夷州。夷进入东北、朝鲜、日本及东南岛屿是可能的。《三国志·魏书·东夷传》《宋书·蛮夷列传》《梁书·诸夷列传》《旧唐书·东夷列传》《新唐书·东夷列传》等历代史书都将海外诸国列入“夷”或“蛮”“诸夷”。《汉书·地理志下》谓“蛮夷贾船，转送致之”，说明了蛮夷在航海中的作用和与海外诸岛国的密切关系。根据现有史料可证夷为东亚土著，夏代之前众夷遍布中国，夏商周三代夷是群众基础[②]。

特别有意思的是，“夷”字的金文象形就像是一个跪着的人，暗示了“夷”被周人当作奴隶或者仆人的来源。很明显，“夷”是一个带有侮辱、蔑视性的他称，而且这种他称从商代就已明确可见了，因为在商甲骨文中就有“佳夷”。史书中就常见“东夷”“南夷”“西夷”的称谓，均属当时以正统、中心自居的王朝对边缘族群的他称。金文“夷”字的象形为什么会像是一个跪着的人？易华的“夷夏先后说”做出了合理的解读。

---

① 易华：《夷夏先后说》，民族出版社2012年版，第51页。

② 同上书，第54页。

前述五帝时代已明述黄帝被公认为五帝之首，被尊为人文始祖，帝王典范，且具有超然神性。① 在征服的传说中黄帝是主要的征服者，在五行说中居中制四方，在世代演化说中是由蒙昧到文明的转折点，亦是虞、夏、商、周的共祖。② 他“习用干戈”③，炎黄之战，以及黄帝战蚩尤表明黄帝无疑已进入战争时代。《淮南子·兵略》：“兵之所由来者远矣，黄帝尝与炎帝战矣，颛顼尝与共工争矣。”蚩尤、黄帝均被传为“战神”。《鹖冠子》：“上德已衰矣，兵知俱起；黄帝百战，蚩尤七十二……”正是经过战争的征服，诸侯都尊奉轩辕黄帝为天子。易华称之为“开创了武装夺取政权的先例，树立了枪杆子出政权的榜样”。④ 此后，这个传统被夏、商、周一脉相承，东夷族群大多成了被征服者，经过长期的历史磨合和融合，中心的夷变成了夏，边缘成了四夷或海外民族。夏为君子、夷为野人逐渐成为成见。《孟子·滕文公上》总结了夷变夏的普遍性：“吾闻用夏变夷，未闻用夷变夏也。”正是三代之前尽是夷⑤。

尽管三代之前尽是夷，但在商周的实际情形是，中央王朝对它们周边不同方位的族群确实曾冠以不同的名称以作区分，譬如，公元前 771 年灭周的“戎”常与“西”相连；南方的楚常被称为“南蛮”；而本书所探讨的“夷”则多与“东”有关。商周时期，夷为东方民族，是较普遍的认同。两周初年平叛金文中有征“东夷”的记载。《左传》中说“纣克东夷而殒其身”。《礼记·王制》中更有云：“东方曰夷。”故夷在东方，当无疑义。

东夷一词有广义与狭义之分，林惠祥在《中国民族史》中说：“狭义专指秦以前居今山东、江苏、安徽等省自淮以北沿海一带之异民族。广义则为秦汉以后……指满洲、朝鲜、日本、琉球等为东夷。”⑥ 了解和研究华夏民族的起源，当然以狭义的东夷为范围。与炎黄部落的联盟不同的

---

① Le Blanc C.，A Reexamination of the Myth of Huang - ti，*Journal of Chinese Religions*，13/14：45—63，1985/1986. 转引自易华《夷夏先后说》，民族出版社 2012 年版，第 56 页。

② 王明珂：《论攀附》，载《中研院历史语言研究所集刊》73 本 3 分册，2002 年。转引自易华《夷夏先后说》，民族出版社 2012 年版，第 56 页。

③ 《史记·五帝本纪》。

④ 易华：《夷夏先后说》，民族出版社 2012 年版，第 58 页。

⑤ 同上书，第 56—72 页。

⑥ 林惠祥：《中国民族史》上册，上海书店 1985 年版，第 73 页。

是，东夷并不是一个单一的人们共同体，而是包括有众多氏族、部落或部落联盟的泛称，因此我们只能统称其为东夷集团。

东夷集团的族群结构比较复杂，先秦古籍常号称为“九夷”，学术界的看法也是见仁见智，有的称东夷可分为隅夷、莱夷、淮夷、徐戎（或徐夷）、岛夷（或鸟夷）、介夷和根牟夷七种[①]；有的认为可分为太皞（或太昊，实为大皞），少皞（少昊，实为小皞）和蚩尤三部分[②]；有的认为可分为太皞、少皞、皋陶、伯益、颛顼、帝喾六部[③]；有的认为可分为“土著”“外来户”“移民”和“遗民”四类[④]，等等。笔者认为从华夏民族起源的角度来看，东夷集团主要分为蚩尤、帝俊、莱夷、徐夷和淮夷五大部分。他们的地理分布情况是：蚩尤部居今山东西南一带，帝俊部居今山东和河南交界的地区，莱夷居今山东东部地区，徐夷居今苏北淮河以北徐州一带，淮夷居今淮河以南的苏南、皖南地区。其间当然还有一些较小的氏族或部落，如以舜的乐正仍夔为首领的有仍氏等。但从这个分布情况中我们已可看出东夷集团的分布范围，主要在黄河中、下游，包括淮河流域在内的广大地区。这个地理位置在华夏民族的起源中是有重要的作用和影响的。

（二）东夷族群集团的结构

1. 蚩尤部

蚩尤是一个与炎帝、黄帝同样古老的部落。

徐旭生在《中国古史的传说时代》中详细考证了蚩尤属东夷族群集团之一部。其理由，一是继蚩尤之首领地位的少皞属东夷集团；二是据《汉书·地理志》记载，蚩尤的祠堂和坟墓均在今山东西部的东平县；三是蚩尤之为其酋长的九黎氏族地处山东、河南、河北三省交界处；四是涿鹿之战时，蚩尤与太皞、少皞为同一方[⑤]。徐先生以上所见，虽然在个别具体问题上学术界还有不同的看法，如邹君孟认为太皞属炎黄集团[⑥]。但正如《逸周书·尝麦解》所说：“昔天之初，□作二后，乃设

① 林惠祥：《中国民族史》上册，上海书店1985年版，第76—83页。

② 徐旭生：《中国古史的传说时代》，文物出版社1985年版，第48页。

③ 田昌五：《古代社会断代新论》，人民出版社1982年版，第36页。

④ 李白凤：《东夷杂考》，齐鲁书社1981年版，第16—17页。

⑤ 徐旭生：《中国古史的传说时代》，文物出版社1985年版，第50—53页。

⑥ 邹君孟：《华夏族起源考论》，《社会科学战线》1982年第3期。

建典，命赤帝分正二卿，命蚩尤宇于少昊，以临四方……蚩尤乃逐帝，争于涿鹿之野，九隅无遗。赤帝大慑，乃说于黄帝，执蚩尤，杀之于中冀。”足见“昔天之初”蚩尤是与中原的炎帝和黄帝鼎立的强大部落之一。

《初学记》卷九引《归藏·启筮》云：蚩尤出自羊水，八肱八趾疏首，登九淖以伐空桑，黄帝杀之于青丘。其后《龙鱼河图》[①] 云：“蚩尤兄弟八十一人，并兽身人语，铜头铁额，食沙石子”，《述异记》云：蚩尤“食铁石”，“人身牛蹄，四目六手，耳鬓如剑戟，头有角”。而云：“蚩尤兄弟八十一人[②]或七十二人[③]者，则神之蚩尤又类人间一巨人族群。”而《皇览·冢墓记》复云：“蚩尤冢，在东平寿县阚乡城中（现今山东汶上县南旺镇），高七丈，民常十月祀之。有赤气出如匹绛帛，民名为蚩尤旗。肩脾冢，在山阳巨野县重聚，大小与阚冢等。传言黄帝与蚩尤战于涿鹿之野，黄帝杀之，身体异处，故别葬之；又传言：黄帝杀之实一蚩尤部将（山东人），在蚩尤重伤陷绝境处（柳树庄附近立马关）舍身换穿蚩尤衣，为主撞山崖自杀。追兵至，辨衣着为蚩尤。真蚩尤葬于涿鹿矾山镇”；《封禅书》记齐祀八神，“三曰兵主，祀蚩尤”。蚩尤遂终以战神形象，载入史册。可见传说中的蚩尤有八只脚，三头六臂，铜头铁额，刀枪不入。善于使用刀、斧、戈作战，不死不休，勇猛无比。对于蚩尤，钱穆先生有一个较通俗的介绍，他说：

> 当时偏西的姜姓部族，“刀耕火种”，繁荣已经很久，比其余的部族强盛有力，地位较高，它的首领为各部的共主。当时神农氏的后代叫参卢，号帝榆罔，势力渐渐衰弱，各部落纷起争夺，里面最强暴的是苗蛮，又叫“九黎之民”他们并不是现在，首领叫蚩尤。他们散布的区域和姜姓部族大致相同，或者还偏西南些。他们和姜姓部族杂居，免不掉血统混合，所以有的记载说他们也是炎帝之

① 《太平御览》卷七八引。

② 《龙鱼河图》，汉代纬书之一。作者不详。原书已佚。《说乳洛》（百二十卷本）、《汉学堂丛书》及《古微书》等均有辑录。其书记玄女助黄帝制服蚩尤及昆仑天柱、玄洲、祖洲等事，略可供神话研究参考。

③ 《述异记》。

> 后。蚩尤又叫阪泉氏，蚩尤这名称，似乎是他们首领的通称，并不专指一个人。他们的文化并不太落后，铜器似乎是他们首先用的。据说山上骤发大水，金属矿随水流出，蚩尤得到它制造兵器。一个强悍好斗的部族，又有犀利的兵器，对于当时的骚扰，可想而知；人们也把他们看成一种可怖的怪物。后来的传说中，他们就真成了怪物。他们似乎有许多部落，酋长都叫蚩尤，于是后来就传说他兄弟八十一人。他们或者身上雕湼花纹和穿着奇特的衣服，于是就说他们“兽身人语”。他们战斗时或者用铜块铜片保护头部，有简单的头盔，于是就传说成“铜头铁额”“牛耳，鬓如剑戟，有角。与轩辕斗，以角抵人”等等说法，不一而足。姜姓的炎帝起初采取和好政策，重用他们，让他们监临四方，他们自然侵略兼并。炎帝命他们住到东方少昊的地方，侵入了姬姓的范围，蚩尤似乎不愿意和东方强盛的部族冲突。炎帝已很微弱，蚩尤想吞并他，代为共主，在“涿鹿之阿”[①] 发生战争，把炎帝打得落花流水，“九隅无遗”，把炎帝的地方都占了去。[②]

其实，蚩尤族群是由神农氏族发展而来的一群农耕族群中实力最强的一个部落。其实力雄厚的原因，一是得益于其居地产盐；二是在煮盐的生产过程中，发明了冶炼金属与制作兵器。《梦溪笔谈》卷三记载：“解州盐泽，方圆二十里。久雨，四山之水，悉注其中，未尝溢；大旱未尝涸。卤色正赤，在阪泉之下，俚俗谓之蚩尤血。”宋代解州治在今山西运城市解州镇。盐泽今名解池，素有“国宝”之誉。《太平寰宇记》卷四六邑县条下记：“蚩尤天在县南一十八里。”安邑县即今夏县，亦受辖于运城市。这里曾经是蚩尤部落的居地。得盐泽之富，蚩尤部落才有实力与黄帝抗争。如《史记·五帝本纪》云：“轩辕乃习用干戈，以征不享，诸侯咸来宾从。而蚩尤最为暴，莫能伐。”又《管子·地数篇》说：“葛庐之山发而出水，金从之，蚩尤受而制之，以为剑铠矛戟，是岁相兼者诸侯九。雍狐之山发而出水，金从之，蚩尤受而制之，以为雍狐之戟芮戈，是岁相兼者诸侯二十。”葛庐之山及雍狐之山具体所指无考。其地处当不会离今运

---

① 涿鹿之阿：在逐鹿山的山脚下。阿：山脚之意。

② 钱穆：《黄帝》，生活·读书·新知三联书店 2005 年第 2 版，第 13—14 页。

城市太远。或者就在其地。“金”泛指金属，指蚩尤得青铜之利。由史籍所载观之，蚩尤部落因得盐池之利，金属冶炼之法，成为以炎帝为首的农耕部落联盟中实力最雄厚的一个部落。据考证，这两地都在现在的山西解县盐池附近，阪泉有时候写作版泉，是流入盐池的一处泉水。解县西南二十五里有浊泽，一名涿泽，就是古时的涿鹿。① 现在盐池附近还有许多蚩尤的古迹，盐池晒盐，崇奉蚩尤神，还有种种神话，说盐水是蚩尤血，说蚩尤发怒使水不成盐。

但是，蚩尤是个很有个性的人，为了与炎黄争夺天下，大举进攻炎帝。大战之时，只见蚩尤一夫当关、站在云间，手持长剑，指挥着如黄蜂般的部队冲向炎帝的阵营，炎帝一面抵抗，一面在箭雨中带部下仓皇撤离战场，向黄帝求援。从此，蚩尤与炎帝和黄帝族群集团结下不解之缘，而纠结在一起。黄帝先把炎帝的余众收服下来，再和蚩尤决战，战场是在阪泉、涿鹿两地。强大的黄帝族群集团开始北渡大河，穿过王屋山，先征服在蚩尤附近归附蚩尤的姜姓部族，在“阪泉之野”经过三次大战，才获得胜利，剪掉蚩尤的羽翼，收服了姜姓族群，炎帝从此失掉了共主的地位。然后黄帝下令重整队伍，两军又和蚩尤的军队展开大战，这时，蚩尤祭起妖法，瞬间天地间扬起一片浓雾，顿时军阵大乱，黄帝率的大军节节败退！一时之间，沙场上风声鹤唳，两军人马拼命冲杀，但最后炎黄大军终于无法承受蚩尤敌军的攻击，而从浓雾中仓皇撤退。黄帝为了不让天下百姓受苦，几次派人与蚩尤和谈，但是骁勇善战的蚩尤仍一意孤行，双方并没有达成共识。于是黄帝决定奋力一搏。传说在被蚩尤围攻情况危急时，黄帝军中有一个叫风后的人，她利用占卜的方式得知要借助大自然的力量，才有办法打败蚩尤，风后帮黄帝发明了指南车。于是他们利用指南车在雾中确定了方向，得以逃离战场到达南山，而蚩尤的部队追赶到南山，用水攻击炎黄军，在千钧一发之际，幸好旱神女魃及时赶到，救了黄帝部队。而在水攻之后，黄帝重新整理了队伍，又由九天玄女传授了一字长蛇阵，就在蚩尤进攻时，长蛇阵头尾相接，蚩尤的士兵便被团团包围，行军布阵之后，他们还利用了指南车辨识方位，于是大家便跟随指南车指示的方向进攻，此时黄帝把魃的皮和雷神的骨头做的战鼓，击出轰雷般的巨响，也使得士气大振，战斗

① 钱穆：《黄帝》，生活·读书·新知三联书店2005年第2版，第12页。

力倍增，士兵们个个变得更为英勇，而奋勇杀敌。经过许多次激烈的战斗，黄帝先后杀死了蚩尤的八十一个兄弟，并最终活捉了蚩尤。黄帝命令给蚩尤带上枷锁，然后处死他。因为害怕蚩尤死后作乱，将他的头和身子分别葬在相距遥远的两个地方。蚩尤戴过的枷锁被扔在荒山上，化成了一片枫林，每一片血红的枫叶，都是蚩尤的斑斑血迹。蚩尤死后，他勇猛的形象仍然让人畏惧，黄帝把他的形象画在军旗上，用来鼓励自己的军队勇敢作战，也用来恐吓敢于和他作对的部落。后来，黄帝受到了许多部落的支持，渐渐成为所有族群的首领。正如钱穆先生所言，“黄帝和蚩尤的战争，是古时候第一个惊天地、动鬼神的大战。后来的传说，也真加入了天地鬼神”。①

关于蚩尤与黄帝的关系，史籍所见，有三种说法：一说是黄帝胜炎帝之后，再胜蚩尤而巩固帝位，黄帝与蚩尤之战似为黄炎之战争的余波；另一说是蚩尤驱逐赤帝（即炎帝），赤帝求诉于黄帝，二帝联手杀蚩尤于中冀；三说是蚩尤作兵攻黄帝，兵败被杀。

第一种说法，如《史记·五帝本纪》所云：“轩辕乃修德振兵，治五气，艺五种，抚万民，度四方，教熊罴貔貅貙虎，以与炎帝战于阪泉之野。三战然后得其志。蚩尤作乱，不用帝命。于是黄帝乃征师诸侯，与蚩尤战于涿鹿之野，遂擒杀蚩尤。”太史公言黄帝名轩辕，国号有熊。轩辕本意为车，应是指发明制作车的技术而得名的氏族及其首领的名称，如发明制作农耕工具技术称神农氏，发明制作捕捞工具技术而称伏羲氏，发明钻燧取火技术称燧人氏。有熊，国号，当时的“国”，实为部落。熊、罴、貔、貅、貙、虎为六种兽名，应是有熊部落中六个氏族的名称，或谓图腾。阪泉，水名，在今北京市延庆县。涿鹿，山名，在今河北涿鹿县，与阪泉相距不远。

第二种说法，见于《逸周书·尝麦解》：“蚩尤乃逐帝，争于涿鹿之阿，九隅无遗，赤帝大慑。乃说于黄帝，执蚩尤，杀之于中冀。”广平之地曰阿。争战发生在涿鹿山下的开阔地带，隅指角落，“九”意指多，并不限于具体数目八加一。“九隅无遗”是说蚩尤驱逐赤帝（即炎帝）部落不留遗地。中冀指中原冀州。《尔雅·释地》：“两河间曰冀州。”郭璞注：“自东河至西河。”当时把黄河入海处称为东河，河套向南流处称西河。

① 钱穆：《黄帝》，生活·读书·新知三联书店2005年版，第15页。

《周礼·职方》记："正北曰并州"，今山西太原、河北正定保定皆属之；"东北曰幽州"，今北京市属之。上古冀州位于幽、并之南，地在今山西南部及河北西南部。传说蚩尤被杀之处，在今山西运城解州。

第三种说法，是《山海经·大荒北经》所载："蚩尤作兵伐黄帝。黄帝乃令应龙攻之冀州之野。应龙畜水。蚩尤请风伯雨师纵大风雨。黄帝乃下天女曰魃，雨止，遂杀蚩尤。"风伯雨师是农耕蚩尤部落专司气象的巫师，后为农业气象神，立有庙，岁时奉祠。《韩非子·十过》说："昔者黄帝合鬼神于泰山之上……蚩尤居前，风伯进扫，雨师洒道"，反映了风伯雨师与蚩尤部落之密切关系，因为农业部落生产的丰收都是与风调雨顺分不开的。

三说孰是，今已无考查之可能与必要。对于此类流传千年后才被记入载籍的史前传说，我们关注的焦点，是其中透出的史影是东夷族群集团的来龙去脉，及其族群结构的变化。

这里需要说明的是蚩尤与少昊的关系问题。涿鹿之战黄帝杀了蚩尤之后，《逸周书·尝麦解》又说：黄帝"乃命少昊清司马鸟师以正五帝之官，故名曰质。天用大成，至于今不乱"。也就是说，少昊是在蚩尤之后继任部落首领的，这与后来周武王杀了商纣王后立武庚为王如出一辙，正如徐旭生所说："当两个部落还没有同化的时候，不同战败部落的贤能携手，是没有继续相处的办法的。"[①] 此乃原始社会时部落战争初期阶段的情况。所以蚩尤和少昊是属于东夷族群集团的同一个部落的，绝不是有的学者所说的"少昊即蚩尤也"[②]，也不是有的学者所认为的蚩尤与少昊是东夷集团两个不同的部落。[③]

少昊为部落首领后，由于与炎黄族群集团的关系比较和平，也逐渐发展成为一个以鸟为图腾的大部落。《左传·昭公十七年》说：

> 秋，郯子来朝，公与之宴，昭子问焉，曰："少皞氏鸟名官，何故也？"郯子曰：吾祖也，我知之……我高祖少皞挚之立也，凤鸟适

---

① 徐旭生：《中国古史的传说时代》，文物出版社 1985 年版，第 51 页。

② 顾颉刚：《古史辨》第七册（中），《少昊考》，上海古籍出版社 1982 年 11 月版，第 372 页。

③ 田昌五：《古代社会断代新论》，人民出版社 1982 年版，第 36 页。

至，故纪于鸟，为鸟师而鸟名。

这段史料说的是公元前525年秋，少昊裔郯子来朝见鲁昭公，宴席上，昭公问郯子："少昊氏以鸟作为官名，是什么原因呢?"郯子说："少昊是我的祖先。我的祖先少昊名挚，当他登帝位的时候，恰巧凤鸟飞来祝贺，所以以鸟作为少昊氏的标记徽识，纪于鸟，并用鸟的不同习性区别各氏族分工和各种官职的名分。凤鸟氏，历法总正；玄鸟氏主管春分秋分的节令，名司分；伯赵氏，主管夏至冬至节令，名司至；青鸟氏主管立春、立夏，名司启；丹鸟氏主管立秋立冬，名司闭；祝鸠氏为司徒，鴡鸠氏为司马，鳲鸠氏为司空，爽鸠氏为司寇，鹘鸠氏为司事，这五鸠，教化管理百姓；五雉氏是五种管理手工业的官，是改善器物用具，统一度量衡，使百姓有规矩可循；九种扈鸟（雇）氏，为九种管理农业的官，是使百姓遵循农时进行农事活动，使他们不违农时，不乱耕作。"由此可见少昊族群内部已有严密的分工，可以看出当时的社会已是一个多层次而机能完备的国家了。这个以鸟为图腾的族群包括凤鸟氏、玄鸟氏、伯赵氏、青鸟氏、丹鸟氏、祝鸠氏、鴡鸠氏、鳲鸠氏、爽鸠氏、鹘鸠氏，五雉和九扈等二十四个氏族。

对于少昊族群考古学上有大量的材料可以证明。早在1977年唐兰先生根据文献记载的少昊氏之后裔大都分布在山东省及附近地带，与大汶口文化的分布范围吻合，而且在少昊之地曲阜和莒县都发现了大汶口文化遗址的事实，提出大汶口文化属于少昊氏的文化。学术界也普遍认为大汶口文化遗址出土的陶文象形字，即少昊之"昊"字，是少昊氏族群的族徽。从字形来看，昊为天上之日，此陶文则从日、从鸟①、从山，那时人们认为：太阳升天运行是由于神鸟（即后来的踆乌，即太阳神）负日飞腾所致。所以此陶文的形状结构正是当时人们在春分时观测日出的写实。这个陶文还有省去山形简写作之形者，即飞鸟负日的象形，与少昊之"昊"的繁体"皞"从日从皋（皋义为鸠鸟）内涵完全一致。昊又作"暤"，均从日。《说文》："暤，皓旰也。从日皋声。"为形声字，日为义符，据段注所释，"暤"字的本义就是太阳始出时放射出的灿烂光辉。这个意思同陶文也是相

① 此陶文日下正是在空中展翅飞翔的神鸟轮廓的缩写。按：20世纪50年代在陕西华县出土的庙底沟类型彩陶图案中便有写实的神鸟负日图（见《考古》1959年2期)。李修松：《论我国东南地区上古时期的太阳崇拜》，《历史研究》2002年第2期。

符的，日出东方，山东沿海在上古时期曾被人们看作日出的所在。《尚书·尧典》："分命羲仲，宅嵎夷曰旸谷。"《传》云："宅，居也。东夷之地称嵎夷。旸，明也。日出于谷，而天下明，故称旸谷。旸谷、嵎夷一也。羲仲，居治东方之官。嵎，言隅。""嵎，海嵎也，夷，莱夷也。"旸谷即日出之谷，在东夷之地，夷即莱夷，在海嵎。类似的记载在《山海经·大荒东经》中也有。这些地望都在今山东境内。如《山海经·大荒东经》载："日月所出之山凡六。"这是由于沿海多丘陵，一年四季日出的位置逐渐南移，随着季节的变更，日出的位置位于不同的山峰之上，故原始人误以为日出之山有六座。这与此陶文日下有五座山的道理是完全相同的。

陶文既为少昊氏的族徽，则可确证大汶口文化就是少昊氏集团的文化。所以唐兰同时把鲁东南发现的日火组合陶文释为"炅"字[①]，后来田昌五先生又释为"皞"字，并认为即太皞和少皞之"皞"，犹如后世的族徽[②]。为此，可以认为"炅"字应即太昊、少昊的"昊"字本体。后来有学者又结合"太昊氏都陈"的文献记载，进一步把太昊氏界定在大汶口文化晚期的豫东皖北一带[③]，这一观点随后为皖北蒙城尉迟寺发现的日火山组合陶文（应是日火组合的繁体）所证实[④]。同时，也从侧面证明了"炅"为"昊"字本体的判断。

对于文献的这些分析，考古学也证明：少昊氏不仅延续到了龙山时期，而且还实现了大发展。据王青的研究[⑤]，证据来自以下几个方面。

一是日照尧王城遗址出土的陶文。据报道，尧王城在1992—1993年的发掘中，曾经发现陶文残片，据有关资料披露，它与陵阳河出土的"皇"字圭首形陶文相近[⑥]。尧王城遗址的面积达50多万平方米，是鲁东南主要的龙山文化遗址之一，经发掘出土的均为龙山早中期遗存，只在龙山早期堆积中发现过大汶口文化晚期遗物[⑦]。这件陶文尽管尚未正式发

---

① 唐兰：《关于江西吴城文化遗址与文字的初步探索》，《文物》1975年第7期。

② 田昌五：《古代社会断代新论》，人民出版社1982年版，第53—54页。

③ 杜金鹏：《试论大汶口文化颍水类型》，《考古》1992年第2期。

④ 中国社会科学院考古研究所：《蒙城尉迟寺》，科学出版社2001年版。

⑤ 王青：《从大汶口到龙山：少昊氏迁移与发展的考古学探索》，《东岳论丛》2006年第3期。

⑥ 栾丰实：《日照地区大汶口、龙山文化聚落形态之研究》，载《中国考古学跨世纪的回顾与前瞻》，科学出版社2000年版。

⑦ 山东省文物考古研究所：《山东20世纪的考古发现和研究》，科学出版社2005年版，第225—226页。

表，但基本上可以认为是属于龙山时期的。而上述已经证明，圭首形陶文是对实物羽冠的摹画，是少昊氏象征王权的王冠反映，这显然意味着少昊氏已延续到了龙山时期。

二是反映贵族权威的陶玉礼器的紧密传承关系。目前所知，从大汶口到龙山的过渡最早应首先发生在鲁东南一带，因为这里发现的大汶口和龙山遗存前后衔接最紧密。这不仅表现在日常生活用具上，更表现在贵族用的陶玉礼器上[①]，其中蛋壳高柄杯、鼎和鬶这三种陶礼器就是应用最多的典型器物，其他的如玉石钺、戚等也是如此，玉石琮、璋很可能也是这样。而在海岱地区其他地方，此时则多是大汶口文化的孑遗区，尚未真正发展到龙山文化。近年在皖北尉迟寺“大汶口文化晚期”祭祀坑中出土的一件龙山文化早期成熟形态的高柄杯就是证明[②]。这种过渡期遗存又具体在鲁东南的东北部体现得最清楚，如日照东海峪、五莲丹土、诸城呈子、安丘峒峪和胶州三里河等都是这样的遗址。当然，鲁东南南半部的临沂湖台、大范庄也有这样的典型遗存发现。

三是临朐西朱封发现的龙山中期大墓与少昊氏有关。1987 和 1989 年，在临朐西朱封发现了 3 座龙山文化大墓，这是目前所知龙山时期规格最高的墓葬之一。[③] 这里出土的蛋壳高柄杯、鼎、鬶等陶礼器，与鲁东南的龙山中期同类礼器的前后演变是最明显的，约在龙山中期之末。西朱封遗址以龙山文化遗存为主，面积约 10 万平方米（一说 5 万多平方米），历年出土过不少精美陶礼器和璇玑、钺、戚、矛等玉礼器，都显露出该遗址非同一般的聚落等级。另外，在它以南还有尧洼、河口等大遗址。这些都说明临朐一带在龙山中期达到了一个发展的鼎盛时期。

与此同时，通过查阅文献资料，我们发现这里也曾是少昊氏的活动之地。《帝王世纪》曾载：“帝少皋崩，其神降于长流之山。”古今大都引用《山海经·西山经》那条“长流（留）之山，其神白帝少昊居之”的记载，认为“长流之山”在中国的西北地区。其实，这是误读。《路史·

---

① 吴汝祚：《胶莱地区的大汶口——龙山文化》，载《考古学文化论集（1）》，文物出版社 1987 年版，第 156—164 页；邵望平：《海岱系古玉略说》，载《中国考古学论丛》，科学出版社 1993 年版。

② 中国社会科学院考古研究所：《蒙城尉迟寺》，科学出版社 2001 年版。

③ 中国社会科学院考古研究所山东工作队：《山东临朐朱封龙山文化墓葬》，《考古》1990 年第 7 期。

后纪七注》独树一帜，主张“长流之山”在临朐县。临朐南部就是多山环境，这里不仅有沂山，历史上还有丸山、九山（今有九山镇）、丹山等，其中丸山为黄帝登临之处①，丹山则有丹朱之虚②。这些传说材料说明《路史注》的说法不是空穴来风。再从考古实物看，西朱封M202大墓出土的那件冠形玉器，其整体形态与日照两城那件玉圭上的兽面纹一脉相承，而后者又与莒县陵阳河发现的圭首形陶文比较近似③。不仅如此，在西朱封冠形玉器周围还发现了绿松石小片，这些小玉片在笔者看来应是这件玉器上的镶嵌物④，而在陵阳河也发现了原本镶嵌在实物羽冠上的绿松石小片⑤。另外，早年日照两城的龙山墓葬也出过镶嵌绿松石的头冠饰。可见，西朱封这件玉器与陵阳河陶文所见少昊氏的圭首形王冠，在形态和镶嵌技法上都有密切的传承关系，更进一步说，这件玉器很可能是少昊氏的实物王冠，并且是具有自身文化传统的王冠。从这一点出发并联系《路史注》的说法，基本可以认为，到龙山中期之末，少昊氏已迁到了鲁北东部的临朐一带，西朱封这3座大墓应是少昊氏王室成员的墓葬。

从考古发现看，海岱龙山文化在中晚期之交的距今4300年前后文化面貌发生了一些明显变化，鲁东南一带是龙山早中期整个海岱地区最繁荣之地，但鲁北东部的潍河流域在龙山中期也成了新的繁荣之地，出现了面积超过10万平方米的潍坊姚官庄、潍县狮子行等遗址。到龙山晚期，整个海岱地区的文化分布格局发生了根本性改变，龙山早中期曾经繁盛一时的鲁东南和潍河流域此时基本被彻底放弃，日照沿海存在的大型聚落群（包括两城镇、丹土和发现陶文的尧王城本身）此时也急剧衰落。与此相反，整个海岱地区的西半部却在此时走向繁荣，目前所知海岱龙山文化晚期几乎所有典型遗存，都分布在鲁北西部的小清河下游和鲁中南的汶泗流

---

① 《史记·五帝本纪》。

② 《水经注·巨洋水》。

③ 杜金鹏：《关于大汶口文化与良渚文化的几个问题》，《考古》1992年第10期；刘斌：《大汶口文化陶尊上的符号及与良渚文化的关系》，载《青果集（1）》，知识出版社1993年版，第114—123页。

④ 王青：《西朱封龙山文化大墓神徽饰纹的复原研究》，载《刘敦愿先生纪念文集》，山东大学出版社1998年版，第171—181页；《再议朱封镶嵌玉神徽的饰纹复原》，载《中国文物报》2004年1月16日。

⑤ 王青等：《关于山东莒县陵阳河出土的小玉片》，载《中国文物报》2004年12月3日。

域就是证明，在中原地区见到的海岱龙山文化类似遗存几乎都源自此时的海岱西半部也是证明。从龙山早中期的发展趋势看，这种变化显然是向西大举迁移、而且是举族迁移造成的。

在这种大背景下，根据大量文献记载，地处鲁中南中部的曲阜一带至少从东周以来就被盛传为少昊之墟，早年唐兰先生提出大汶口文化是少昊氏的文化，一条重要根据就是曲阜发现了大汶口文化墓地。曲阜一带虽然尚未发现龙山晚期的重要遗存，但在其东仅 16 公里的泗水尹家城却发现了 5 座龙山晚期大墓[①]，其规格虽稍逊于西朱封，但仍属于目前所见海岱龙山最高等级的墓葬之列[②]。尹家城出现大墓并非偶然，因为即使按照《管子・小问》的说法，上古立国只有“方七十里”的规模，从曲阜到尹家城的距离也在“方七十里”之内，所以尹家城大墓应与少昊氏有密切关系，很可能是少昊氏王室贵族的墓葬。从这一点看，少昊氏活动的重心在龙山晚期迁到了曲阜一带。这就与“少昊邑于穷桑，以登帝位，都曲阜”[③] 的历史记载相合。

由此可见，少昊氏的发展过程实际上是一个不断迁移的过程。大汶口文化晚期是在距今 5000—4600 年之间，龙山早中期在距今 4600—4300 年间，龙山晚期在距今 4300—4000 年间[④]，就是说，少昊氏从崛起以来的不断迁移大约经历了近一千年的漫长时间。而文献中记载少昊氏子裔有以下几种。

《左传・昭公元年》所记：“昔金天氏有裔子曰昧，为玄冥师，生允格，台骀。台骀能业其官，宣汾、洮，障大泽，以处大原。帝用嘉之，封诸汾川，沈、姒、蓐、黄，实守其祀。”

《山海经・海内经》所记：“帝俊生禺号，禺号生淫梁，淫梁生番禺，是始为舟。番禺生奚仲，奚仲生吉光，吉光是始以木为车。”“少昊生般，般是始为弓矢。”“帝俊生晏龙，晏龙是为琴瑟。”“帝俊有子八人，是始为歌舞。”“帝俊生三身，三身生义均，义均是始为巧倕，是始作下民百巧。”

---

① 山东大学考古教研室：《泗水尹家城》，文物出版社 1990 年版。

② 于海广：《山东龙山文化大型墓葬分析》，《考古》2000 年第 1 期。

③ 《史记・周本记・正义》引《帝王世纪》。

④ 李伊萍：《龙山文化：黄河下游文明进程的重要阶段》，科学出版社 2004 年版。

《山海经·大荒南经》所记："少昊生倍伐，倍伐降处缗渊。有水四方，名曰俊坛。""有人三身。帝俊妻娥皇，生此三身之国，姚姓，黍食，使四鸟。"

《山海经·大荒北经》所记："有人一目，当面中生，一曰是威姓，少昊之子，食黍。"

《山海经·大荒东经》所记："有中容之国。帝俊生中容，中容人食兽，木实，使四鸟：豹、虎、熊、罴。""帝俊生晏龙，晏龙生司幽，司幽生思士，不妻；思女，不夫。食黍食兽，是使四鸟。""帝俊生帝鸿，帝鸿生白民。白民销姓，黍食，使四鸟：虎、豹、熊、罴。"① "帝俊生黑齿，姜姓，黍食，使四鸟。"

此外，《左传·文公十八年》《史记·五帝本纪》《山海经·西次四经》《淮南子·地形训》等还记载："少昊氏有不才子""谓之穷奇""状如虎，有翼"，或又谓"其状如牛，猬毛""音如獆狗，是食人""食人从首始"。其所在"广莫风之所生"。

2. 帝俊部

如果说黄帝是炎黄族群集团为代表的西方之人崇拜的上帝，那么，与黄帝有同等地位的帝俊就是东夷之人崇拜的上帝。所以《山海经》之世系传说②除黄帝以外，帝俊就是可以与之并列的一大宗。

帝俊在汉民族起源的神话中也是一个谜一般的神性人物，史籍记载却相当零碎，他的事迹既不为正史所载，也不为诸子所传，却集中保存在《山海经·大荒经》《山海经·海内经》等篇之中。据《山海经》的记载：帝俊有两个妻子，一个名叫羲和，住在东方海外的甘渊，生了十个太阳；另一个名叫常羲，住在西方的荒野，生了十二个月亮。他还有一个名叫娥皇的妻子，住在南方荒野，生了三身国的先祖。这位先祖一个头三个身子，传下来的子孙也都是这般模样。帝俊时常从天上降下来，和下方一些面对着面翩跹舞蹈的五彩鸟交朋友；下方帝俊的两座祠坛就是由这些五彩鸟管理的。在北方的荒野，有一座帝俊的竹林，斩下竹的一节，剖开来

---

① 王大有认为：销姓即"肖姓"。帝鸿入赘帝俊氏为帝，其子白民入赘信族，时居陕西镇原东肖金，又徙旬邑照金，再徙河南阳平肖泉、肖家湾。见王大有《三皇五帝时代》，中国时代经济出版社 2005 年版，第 347 页。

② 《山海经》中关于帝俊的传说有十六条之多，足见帝俊在古史神话中有不亚于黄帝的至高之地位，详情可参阅《古史辨》第七册（上），上海古籍出版社 1982 年版，第 233—234、245 页。

就可以做船。尧的时候，十日并出，帝俊赐给羿红色的弓，白色的箭，叫他到下方去拯救人民的困苦。从《山海经》的记载中可以见到帝俊是一个神性十足的天帝。究其神系渊源或族群脉胳，帝俊既不属于炎帝世系，也不隶属于黄帝世系，是与炎、黄两大神系并存的第三神系。

关于帝俊的传说有一个有趣的历史现象，那就是帝俊的事迹与五帝时代的黄帝、少昊、颛顼、帝喾、尧、舜往往有重叠之处，上古诸神身上往往附有帝俊的影子，其中虽然主要是后人对帝俊神话的分割与重植所致，但对于帝俊与少昊、帝喾之间的关系则非同寻常，他们可能本来就是一个族群谱系，帝俊与帝喾为异名同实之族群，少昊与喾之子契亦为异名同实之族群，均为帝俊（喾）之裔。也可以说由于神话的发展演变，帝俊又化身为传说中人间的两个帝王，一个是帝喾高辛氏，另一个是帝舜，他们都是半神的英雄，都有他们各自的神话传说流传下来。

帝俊有的文献中又称为“帝喾”，《山海经·大荒西经》“帝俊生后稷”下《注》曰：“‘俊’宜为‘喾’。”甲骨卜辞中有名“夋”[①] 者繁多，如“贞尞于夋”[②] “癸巳，贞于高祖夋”[③] “壬申贞，求禾于夋”[④] 等。王国维在《殷卜辞中所见先公先王考》中即认为“高祖夋”、帝俊与帝喾实为一人。所以有的古籍认为“帝喾名夋”[⑤]。实际上，从原始社会发展史的观点来看，帝俊或帝喾大约是一个以帝俊为首领的族群集团，即司马迁在《史记·五帝本纪》中所说的拥有“伯备、仲堪、叔献、季仲、伯虎、仲熊、叔豹、季貍”八个氏族的高辛氏部落。[⑥]

帝喾已是一个人性大于神性的首领了。帝喾之名初见于春秋时史料中。《礼记·祭法》云“殷商人禘喾”，而《国语·鲁语》则云“商人禘舜”，三国韦昭认为“舜”当为“喾”字之误。殷都甲骨卜辞载商人高祖夔，据王国维考定，“夔”为“帝喾”之名，因形讹而成“夋”。因此由夔神而分化成喾、夋二神，同见于《山海经》神话中，唯“夋”写作

---

① 甲骨文“夋”作“另为”。

② 《殷墟书契前编》6·18。

③ 罗振玉藏拓本。

④ 《殷墟书契后编》1·22·4。

⑤ 《史记·五帝本纪》《索隐》引皇甫谧曰，又《初学记》引《帝王世纪》云：“帝喾生而神异，自言其名曰夋。”

⑥ 又《山海经·海内经》曰：“帝俊有子八人”，与《五帝本纪》之话契合。

“帝俊”，为全书中最主要最显赫的一个上帝神。“帝喾”只偶尔提到两三次，而另外分化出“帝舜”一神。自晋郭璞至近代学者多认为“舜”自“夋”音变而出。是“喾”与“俊”“舜”原由同一神“夔”分化出来已可论定①。所以，司马迁在《史记·五帝本纪》中云：

> 帝喾高辛者，黄帝之曾孙也。高辛父曰蟜极，蟜极父曰玄嚣，玄嚣父曰黄帝。自玄嚣与蟜极皆不得在位，至高辛即帝位。高辛于颛顼为族子。高辛生而神灵，自言其名。普施利物，不于其身。聪以知远，明以察微。顺天之义，知民之急。仁而威，惠而信，修身而天下服。取地之财而节用之，抚教万民而利诲之，历日月而迎送之，明鬼神而敬事之。其色郁郁，其德嶷嶷。其动也时，其服也士。帝喾溉执中而遍天下，日月所照，风雨所至，莫不从服。帝喾娶陈锋氏女，生放勋。娶娵訾氏女，生挚。帝喾崩，而挚代立。帝挚立，不善，而弟放勋立，是为帝尧。

这就总结了帝喾的来龙去脉，说帝喾姓姬，名俊，号高辛氏，河南商丘人，为“三皇五帝”中的第三位帝王，即黄帝的曾孙，前承炎黄，后启尧舜，奠定了华夏基根，是华夏民族的共同人文始祖之一，是商民族的第一位先公。祖父玄嚣，是太祖黄帝正妃高皇后嫘祖的大儿子，父亲名蟜极，帝颛顼是其伯父。帝喾从小德行高尚，聪明能干。十五岁时，被帝颛顼选为助手，有功，被封于辛（今商丘市高辛镇）。帝颛顼死后，他继承帝位，时年三十岁。帝喾继为天下共主后，以亳（今河南商丘）为都城，以木德为帝，深受百姓爱戴，死后葬于故地辛（今商丘市睢阳区高辛镇）。所以，范文澜先生在《中国通史简编》中写道：“汉以前人相信黄帝、颛顼、帝喾三人为华族祖先，当是事实。”②

与上述祖先认同的轨迹相吻合，事实上其后也只有“喾”与“舜”进入历史文献中。其中喾保持了其东方鸟夷商远祖地位，大都说他与简狄

---

① 参阅郭璞《山海经注》、郝懿行《笺疏》、毕沅《新校正》；王国维：《殷卜辞中所见先公先王考》，载《观堂集林》卷九，中华书局 1959 年版；郭沫若《中国古代社会研究》上，河北教育出版社 2000 年版；《卜辞通纂》，科学出版社 1982 年版；袁珂《山海经校注》，上海古籍出版社 1980 年版。

② 范文澜：《中国通史简编》（修订本）第一编，人民出版社 1964 年版，第 91 页。

因玄鸟生契。舜除《国语》（韦昭注已改为喾）中仍保持其为商族始祖神地位外，其余文献皆与尧并举，成为“三王”前的二帝，失去商祖身份。在后来的族群互动中，因与夏禹、后稷诸族融合成华夏族，《大戴礼记·帝系》篇便把帝喾编入了黄帝世系中，为玄枵之孙，成为与颛顼并列两系中重要的一系，而且把他列为尧、挚、契、稷之父，即尧族、商族都成了他的子孙。就把这原来对立的主要的东、西两大族群建构成为亲兄弟了。可见帝喾在先秦的民族融合中地位的重要性。

这时族群的互动从喾族群的婚姻中也可窥见一斑。据说喾有四妃，实际上这是帝喾族群在迁移、互动中，与不同族群通婚联姻的顺序。

有邰氏姜嫄，帝喾元妃，是一个以蝾螈为图腾的氏族，其先在陇西，后迁武功，有子名后稷，周之先祖，葬都广之野（今成都、广汉之间）。邰在今陕西武功县南，稷在这里种植菜麦五谷，后稷即弃。

有娀氏茧翟（简狄），帝喾次妃。原为“不周山”（六盘山）北少昊威姓族群。其中一支东迁陕西蒲城。简狄吞燕孵生子卨，又名契（商之祖先），原居陕西，后迁商丘。少昊威姓是黄帝时代被迫西迁不周山一带的少昊玄乌氏。威因何又称娀，因其先在东部称帝时发明金兵钺斧而威震天下，与蚩尤同称“灵威仰”。

陈锋氏庆都，又名陈丰氏、陈酆氏，喾之三妃。陈之一字，由左边的旌旗、右边的车轮的象形组成。“流黄蜂氏”为飞行的黄蜜蜂。可见陈酆氏一族擅长造车，也擅长养蜂。陈丰氏活动地方有三：陈仓的陈丰；陈留的陈丰；河南宛丘陈丰。这时指的是陈留时代的陈丰。庆都生尧。

娵（音居）訾氏常仪邹屠氏。喾之四妃。娵訾氏是娵与訾的合婚族。娵訾氏与帝喾联姻生子挚。娵訾即邹屠，黄帝时迁蚩尤善者于邹屠之地。妃常梦吞日，经八梦，生子八人，皆精通日月星辰观测，被誉为“八才子”“八翌”“八神”“八元”。

还有一个问题，即历来又有不少学者认为帝俊即舜①，其理由或称《山海经·大荒南经》说帝俊姚姓，《楚辞·天问》等说舜也是姚姓；或称《礼记·祭法》云：“殷人禘喾”，《国语·鲁语》亦云：“商人禘舜”；或称“舜”与“俊”“夋”古音义俱同，等等。其实，由于原始社会历

① 郭沫若：《卜辞通纂》，载《郭沫若全集》考古编第二卷，科学出版社 1982 年版，第 259、351—354 页。

史的发展缓慢，没有文字记载，很难说帝俊即是舜，因为如前所述帝俊是与黄帝具有同等地位的“上帝”，那么人性大于神性的舜，与帝俊是有时代差距的。《韩非子·难一》云：“历山之农者侵畔，舜往耕焉，期年，甽亩正；河滨之渔者争坻，舜往渔焉，期年而让长；东夷之陶者器苦窳，舜往陶焉，期年而器牢。”《楚辞·天问》亦云：“舜服厥弟。”由此可见，基本上已从神性中解放出来了的舜不大可能与神性十足的帝俊实为一人。但是舜是从帝俊部落所出是可以肯定的，所以孟子说：“舜生于诸冯，迁于负夏，卒于鸣条，东夷之人也。”[①]

帝俊部的活动范围主要在今山东、河南交界的地区。上引《韩非子·难一》中所说的舜去过的“历山”[②]，以及《墨子·尚贤中》所说的舜打过鱼的“雷泽”[③]，《史记·五帝本纪》所说舜作什器的“寿丘”[④] 和旧时住的“负夏”[⑤]，均在今山东西南，还有作为舜后裔的“陈”在今河南淮阳县地，都足以证之。

3. 莱夷部

莱夷部是东夷族群集团中地处山东东北部，即今淄潍流域及其以东的广大地区的一个古老的土著族群。《尚书·禹贡》载：“海岱惟青州。山嵎夷既略，潍、淄其道……莱夷作牧，厥篚檿丝。”嵎夷，孔安国注云：“东表之地称嵎夷。”潍，即潍水；淄，即淄水。《史记·夏本纪·集解》引郑玄曰：“《地理志》潍水出琅邪，淄水出泰安莱芜县原山。”索隐曰：“潍水出琅邪箕县，北至都昌入海。淄水出泰山莱芜县原山北，东至博昌县入济也。”《水经·潍水注》：“潍水出琅邪箕县，东北过武城县西”，而西北入潍。《注》云：“《尚书》所谓潍淄其道矣。”据此，今淄博、潍坊及其以东，直至半岛地区，当是古莱夷族所居之地。而潍水的“潍”字，从“隹”。“隹”本鸟类。《说文》：“隹，鸟之短尾总名也。”段玉载注：“短尾名隹，别于长尾名鸟。云总名者，取数多也。亦鸟名。”可知，居

---

① 《孟子·离娄》。

② 历山之地众说纷纭，但据《水经·瓠子河注》：“雷泽西南十许里有小山，孤立峻上，亭亭杰峙，谓之历山，有陶墟，为舜耕陶所在。”结合帝俊部活动在鲁、豫交界处的情况，历山应是今山东菏泽东北。

③ 今山东菏泽东北，因雷夏泽得名。

④ 今山东曲阜东北八里。

⑤ 今山东兖州北。

住在今潍淄流域一带的夷人当是以短尾鸟为图腾的一支。

在古东夷族群集团中，以鸟为图腾的氏族部落，从文献资料的记载看，即前已叙及的少昊族群为其代表。据《左传·昭公十七年》“以鸟命官”的记载，少昊凤鸟部落中有一个“爽鸠氏司寇也”。杜注：“爽鸠，鹰也。鸷，故为司寇，主盗贼。”爽鸠，即鹰，鸟的一种。爽鸠氏的居住地就在齐地。《左传·昭公二十年》记载齐地的沿革是：“昔爽鸠氏始居此地，季萴因之，有逄伯陵因之，蒲姑氏因之，而后大公因之。”杜注：“爽鸠氏，少昊氏之司寇也。季萴，虞、夏诸侯，代爽鸠氏者。”据逄振镐的考证，爽鸠，又名“来”鸠，“来”即鹰也。

来鸠是鹰的一种，其特点是上嘴钩曲，嘴尖黑，基部黄，背羽褐色。这同龙山文化典型陶器鹰嘴流的陶鬶正相符合。李白凤在《东夷杂考》中说：“古有爽鸠氏，东夷之祖，爽鸠氏即少昊氏之司寇。是以《左传·昭公十七年》云‘爽鸠氏，司寇也。’”[①] 可见，居住在齐地的最早居民是少昊族群中以鹰（亦名爽鸠、来鸠）为图腾的一支，叫爽鸠氏，亦即后来的莱夷。时间约相当于大汶口—龙山文化时期。故《尚书·禹贡》云：“莱夷作牧，厥篚檿丝。”可见其初始过着游牧的生活，后来随生产力的发展，农业的发明而定居下来从事农业，并以养蚕出名。

莱夷自龙山文化开始，逐渐发展成为“方国”。1984 年在寿光城南 10 公里的边线王村发现龙山文化晚期的古城堡和 1992 年在临淄区田旺遗址发现的龙山文化遗址，虽不能断定是哪个古国或方国的都城，但确证潍淄流域的古代先民，包括莱夷族在内，已进入了文明的阶段。因此，莱夷大约从龙山文化时期，便逐渐进入国家的阶段，建立了莱国。到了商代，古莱夷国被商王朝封为侯国。《路史·国名纪四》将莱国列为商氏后国：“莱，子爵，来也。”《史记·殷本纪》载：“（商祖）契为子姓，其后分封，以国为氏，有殷氏、来氏……”来氏即莱国。莱夷族群的图腾是鹰，商祖契的图腾也是鸟。《史记·殷本纪》云：“殷的始祖契，母曰简狄……见玄鸟堕其卵，简狄取吞之，因孕生契。”因此，莱是商的后国，其说可从。但《路史》说莱是子爵，非也。《史记·齐太公世家》明载：“莱侯来伐，与之争营丘。”这个“侯”，当然是商封的“侯”，非周王朝所封。周王朝对莱国不仅不称“侯”，反而因莱是东夷人，用夷礼，故用

---

① 李白凤：《东夷杂考》，齐鲁书社 1981 年版，第 63 页。

人贱之，称为“子”。如《左传·襄公二年》载：“召莱子，莱子不会。”正如王献唐先生在《山东古国考》中所说：“在《史记·齐太公世家》里，知道太公初到齐时，莱侯就和他争国。莱侯的侯，当然不是周王朝所封，而是商代的旧侯。他们的历史，至少早到周代以前的商代。一入春秋，经文又称为子，他自己称公，他人恶之或称其族为夷。”可见，莱夷和莱国的历史跨越了夏、商、周三代。

到西周之时，“武王已平商而王天下，封师尚父于齐营丘。东就国……夜衣而行，黎明至国。莱侯来伐，与之争营丘。营丘边莱。莱人夷也，会纣之乱而周初定，未能集远方，是以与太公争国。”① 这段史料说明在西周的族群互动和民族融合中，莱夷与周民族之间是互相敌对的，《管子·轻重戊》载：“齐者，夷莱之国也。”就是说，齐国的地方，本来就是莱国的。当营丘被周武王封给太公之后，直接威胁到莱国或莱都的安全，莱夷才火速、竭力“与之争营丘”。所以“莱人，夷也，会纣之乱而周初定，未能集远方，是以与太公争国”。而太公所以要与莱夷“争国”，是因为莱国的疆域相当大。《史记·管晏列传》载：“晏平仲婴者，莱之夷维人也。”集解引刘向《别录》曰：“莱者，今东莱也。”《正义》引晏氏《齐记》云：“齐城三百里有夷安，即晏平仲之邑。汉为夷安县，属高密国。”《汉书·地理志下》高密国“夷安”县下应劭注曰：“故莱夷维邑。”由此可知，今高密一带属莱国地。《左传·襄公六年》载：“王湫帅师及正舆子、棠人军齐师，齐师大败之。”杜注：“棠，莱邑也。北海即墨县有棠乡。”那时的即墨，在今平度县境。则今平度一带亦属莱国领土。所以王献唐认为“如把高密、平度、博山三个相当遥远的地区，拼合一看，就知道莱族分布面积的广大。这不是说将三县和中间隔离的几县，一并划为一个整整齐齐的莱国，只是说古代莱族杂居的地带。这个地带，可以叫作潍淄区，是以潍水淄水为主干的”。②

而莱夷的都城则应距东阳不远，《左传·襄公二年》云“齐侯……召莱子，莱子不会，故晏弱城东阳以逼之”；襄公六年亦云“晏弱城东阳，而遂围莱”。而东阳所在据《左传·襄公二年》杜注：“东阳，齐

① 《史记·齐太公世家》。

② 王献唐：《山东古国考》，齐鲁书社 1983 年版，第 166 页。

竟上邑。”《读史方舆纪要·山东青州府·临朐县》云：“东阳城在县东。春秋时齐境上邑也。《左传·襄公二年》：晏弱城东阳以莱，六年复城东阳，遂围莱，即此城矣。”可知东阳在今临朐县东。临朐县东是安邱，东北是昌乐。昌乐在临淄东，不过百里。又据《左传·襄公六年》载，莱都被齐军攻破之后，莱国君“共公浮柔奔棠。”棠在今平度境。则莱都只能在平度以西之地。据此，王献唐分析说：“那时的莱都，既距临朐东境甚近，临朐东南界安邱，东北界昌乐，无疑的不在安邱，便在昌乐。”①

自商周到春秋，莱国的中心区域当在今潍淄流域。其范围，西自莱芜东境、博山、营丘起，东到平度一带。这只是莱国中心区域的大致范围。当然，在这一范围内，中间还有其他一些小国夹杂其中。此外，平度县以东的胶东半岛地区也是莱夷的居住范围，当也是莱国的领土。不过这一地区史称“东莱”。“东莱”一名起源很早，最早始见于《国语·齐语》：“（齐桓公）通齐国之鱼盐于东莱。”韦昭注：“东莱，齐东莱夷也。”《管子·小匡》也有同样的记载。可见，东莱一名，至迟始于春秋初期，也可能始自更早。但是，在胶东人的眼里，直到近现代，仍把胶莱河以西的居民称为“西莱”。胶东一带，虽属东莱，也是莱夷人的统治区，属莱国的范围。

总之，商周之时莱国的疆域“中心地带是在潍淄区域，国都大抵在昌乐外延区域，东部直到黄县沿海一带。但不是一个整齐划一的莱国，大部分散居杂处，在东部叫东莱，这是春秋襄公六年以前的情形。这一年莱被齐灭了，潍淄区域直到平度一带，完全为齐所有。在莱的都城中心地带，仍保持莱的名称，为齐国莱邑。莱国公迁到东莱的黄县，到战国时候，东莱也被齐吞并”②，融合进华夏民族之中了。

莱国的经济与文化相当发达。只是由于远离中原地区，而在中间又有齐、鲁、莒等大国的隔离，同中原各国的交往较少，加之有周以来，特别是儒学“尊夏卑夷”思想的影响，因而在儒家典籍中很少有关莱国的记载。但是金子总是会发光的，逄振镐在《莱夷与莱国》中对莱夷的经济

---

① 王献唐：《山东古国考》，齐鲁书社 1983 年版，第 167—168 页。王氏的分析确有道理。但终归缺乏确凿证据。究竟是否如此，只能有待于将来考古发掘的确凿资料去证实。

② 同上书，第 174 页。

文化作了梳理[①]。

早在龙山文化时期，胶莱平原上已出现了山东龙山文化两城类型，形成了一个古文化共同体。两城类型的突出特点是制陶工艺的进步性：陶系方面以居半数以上的黑陶为主，其中素面磨光者尤具特色，陶质非常细腻，黝黑漆亮。器形以鬶形器独具风格。其中，以“蛋壳陶”最为典型，反映了莱夷制陶工艺的最高水平。两城类型的石器大都经过精工磨制，并按用途不同而有了明显的分类。农业工具中出现了扁薄圆刃的舌形或草履形石铲，当是原始的锄。新出现的蚌镰，有孔，可安柄使用。而且胶县三里河等遗址铜器的发现，表明龙山文化时期莱夷族生产工具的重大变革。特别重要的是山东栖霞杨家圈遗址人工稻米的发现[②]，表明古莱夷族是一个较早种植稻米的民族，这在中国北方是难能可贵的发现。与农业发展相应，长岛砣矶岛龙山文化遗址许多酒杯、酒器的发现[③]，反映了酿酒业的发达。有意思的是，在大汶口—龙山文化墓葬中许多整猪、整狗骨骼的出土，反映了莱夷族家畜饲养业的发达。与先秦其他族群不同的是由于莱夷长期处于沿海一带，在航海的实践中发展了其造船业与航海业。长岛大浩遗址发掘出土的船尾和残船桨，特别是残船桨和近代的几乎无多大区别，反映了当时造船业的发达。在长岛的海底还发现了许多原始的石锚，表明了航海业的发达[④]。

莱夷族在史前发达的原始经济和文化的基础上，到商周时期又有了很大的发展。如《尚书·禹贡》所载：“海岱惟青州……厥贡盐、絺，海物惟错，岱畎丝、枲、铅、松、怪石，莱夷作牧，厥篚檿丝，浮于汶，达于济。”无论是鱼盐业、矿冶业，还是麻丝纺织业、交通等，都很发达。入周以后，太公立国营丘，莱侯立即与之争国，不但反映了军事实力的强大，而且也反映了有较雄厚的经济实力。

及至春秋时期，莱夷的经济仍相当发达。《国语·齐语》载：“通齐

---

① 参阅逄振镐《莱夷与莱国》，《烟台师范学院学报》1997 年第 2 期；宋承钧、史明《胶东史前文化与莱夷的历史贡献》，《东岳论丛》1984 年第 1 期；杜在忠《莱国与莱夷古文化探略》，《东岳论丛》1984 年第 1 期；王锡平《胶东半岛夷人文化考》，载《东夷古国史研究》，三秦出版社 1988 年版。

② 《山东栖霞杨家圈遗址发掘简报》，《史前研究》1984 年第 3 期。

③ 宋承钧、史明：《胶东史前文化与莱夷的历史贡献》，《东岳论丛》1984 年第 1 期。

④ 同上。

国之鱼盐于东莱，使关市几而不征，以为诸侯利。”韦昭注：“东莱，齐东莱夷也。”齐桓公时，管仲改革，居然把“通齐国之鱼盐于东莱”作为齐国对外开放、搞活经济的一项改革措施。足见莱国鱼盐之丰富，在对齐国和其他诸侯国经济交流中占有重要地位。《管子·轻重戊》有这样一段记载：“桓公问于管子曰：‘莱、莒与柴田相并，为之奈何?’管子对曰：‘莱、莒之山生柴，君其率白徒之卒铸庄山之金以为币，重莱之柴贾。’莱君闻之，告左右曰：‘金币者，人之所重也。柴者，吾国之奇出也。以吾国之奇出，尽齐之重宝，则齐可并也。’莱即释其耕农而柴。管子即令隰朋反农。二年，桓公止柴。莱、莒之籴三百七十，齐粜十钱，莱、莒之民降齐者十分之七。二十八月，莱、莒之君请服。”由此可知，尽管齐对莱国实行了巧计，致使莱君受骗上当，经济上吃了大亏，但也说明，莱和莒一样，都是“柴田相并”，即砍柴与农耕并重的国家。此外，莱夷的采矿冶铁业也很发达。据中华人民共和国成立后发现的《叔夷钟》铭文记载，齐灵公灭莱后，因其大夫叔夷作战有功而赏之莱邑“县三百”，莱夷“陶或（铁）徒四千”。[①] 一次赏赐莱夷造铁徒四千人，可想而知，古莱国冶铁工人之多和采矿冶铁业之发达。

在文化方面，莱夷人的音乐是很有名的。《史记·齐太公世家》载：“（齐景公）四十八年，与鲁定公好会夹谷。犁钼曰：‘孔丘知礼而怯，请令莱人为乐，因执鲁君，可得志。’景公害孔丘相鲁，惧其霸，故从犁钼之计。方会，进莱乐，孔子历阶上，使有司执莱人斩之，以礼让景公。”尽管因孔子极端“卑夷”思想而把莱乐看成是“非礼”，执进莱乐的莱人而斩之，然而，充分说明，直到春秋时期，莱人仍有其独特的音乐“莱乐”。众所周知，齐国的音乐是非常悦耳动听的。正是这位尊礼而斩奏莱乐的莱人的孔子，曾“在齐闻《韶》，三月不知肉味，曰‘不图为乐之至于斯也。’”[②] 又说：《韶》“尽美矣，又尽善也”[③]。然而，殊不知，齐国的《韶》乐并非齐国的发明创造，《韶》乐同莱乐一样，都是东夷人的发明创造。

---

① 郭沫若：《两周金文辞大系图录考释》，科学出版社 1957 年版。

② 《论语·述而》。

③ 《论语·八佾》。

在先秦的民族融合中，西周初期，莱国的势力相当强大，曾一度与姜太公争夺营丘。营丘之战，以姜太公的胜利和莱国的失败而告终。据出土的铭文《师寰殷》所载："今余肇命汝，率齐币、㠱……左右虎臣征淮夷。"即莱。莱能参加周王朝征伐淮夷，可知那时莱夷已服从了周王朝的统治。

春秋时期，齐国国势强大，除不断地向西扩张国土外，向东方面也不断地兼并他国土地。《国语・齐语》载：齐桓公"即位数年，东南多有淫乱者，莱、莒、徐夷、吴、越，一战帅服三十一国"。莱是齐桓公初年征服之"三十一国"之一。当时，虽尚未灭亡莱国，但莱国已表面上服从了齐国，可能有一部分领土被齐夺去。

春秋中期，齐惠公时期，齐国的势力大规模地向东发展。于是，便开始了对莱国的征伐。这时征伐莱国，其目的是要吞并莱国。公元前602年（齐惠公七年），齐国开始正式伐莱的军事行动。《春秋・宣公七年》："夏，公会齐侯伐莱，公至自伐莱。"公元前600年，齐再举伐莱，并一举取得莱的邻国根牟。《春秋・宣公九年》："（夏）齐侯伐莱。秋，取根牟。"杜注："根牟，东夷国也。今琅邪阳都县东有牟乡。"齐将莱国南部的邻国根牟灭掉。这样，齐从南面又孤立、包围了莱国，为下一步灭莱作准备。最后，齐灵公时才将莱国灭掉。《左传・襄公二年》载："齐侯伐莱，莱人使正舆子赂夙沙卫以索马牛皆百匹，齐师乃还。"于是，莱国又勉强维持下来。可是，齐国并没有放弃灭莱的打算。就在这年夏，齐国终于找到借口，派晏弱率大军压向莱都附近。是什么借口呢？同年《传》云："夏，齐姜薨……齐侯使诸姜宗妇来送葬。召莱子，莱子不会，故晏弱城东阳以逼之。"东阳，杜注："齐竟上邑。"地在今临朐县东。公元前567年（齐灵公十五年），齐灵公大举灭莱。灭莱的经过，据《左传・襄公六年》载："十一月，齐侯灭莱，莱恃谋也。于郑子国之来聘也，四月，晏弱城东阳，而遂围莱。甲寅，堙之，环城傅于堞……乙未，王湫帅师及正舆子、棠人军齐师，齐师大败之。丁未，入莱。莱共公浮柔奔棠。正舆子、王湫奔莒，莒人杀之。四月，陈无宇献莱宗器于襄宫。晏弱围棠，十一月丙辰，而灭之。迁莱于郳。高厚、崔杼定其田。"齐军一举击败莱军，攻破莱都，掠走"莱宗器"。莱共公浮柔弃都奔棠。王献唐认为"迁莱于郳"的"郳"，其地即今黄县的灰城，亦名归城。他说："小郳在鲁南滕县，没有莱的踪迹，齐国也不能将莱人集团，随便安插在鲁国的附庸国内。这个郧，黄县志谓距县十里，基址尚存，一名归城，讹名灰城……那时莱共公逃到平度的棠邑，以后晏弱围棠而灭之，就地理形势看，自然可以把他们迁到平度东北黄县的郧地去，绝不会迁往鲁南的小郲。齐在迁莱到郧以后，并使高厚、崔杼定其田，有一定范围，哪能在小郲国内可以这样随便？黄县的故迹传说，虽不正确，但能证明莱迁于黄，黄县志上的莱，不是土著的莱，而是后迁的莱。”① 《通典·州郡十》："莱州，春秋莱子国也。齐侯迁莱于郧，在齐国之东，故曰东莱。战国属齐。”可见，齐侯灭莱，迁莱子于郧的，其地当在齐国之东，绝非今鲁西南的古郲国地。王献唐的解读是有道理的。

更重要的是据文献记载，黄县在鲁襄公六年以前，已早有了莱族的踪迹。据最早记录东莱之名的《国语·齐语》在记齐桓公之事时说："通齐国之鱼盐于东莱，使关市幾而不征’以为诸侯利，诸侯称广焉。”《管子·匡君·大匡》也说："通齐国之鱼盐东莱，使关市幾而不征，壥而不税，以为诸侯之利，诸侯称宽焉。”可见早在齐国之前，东莱已在黄县一带②。

由于莱夷地处僻远，社会发展缓慢，所以长期保持着母系氏族公社制的遗习，如人殉、人牺风习以及"亚形"祭祀。以莱夷中最强大的㠱部落为例，从山东黄县出土的㠱器来看③，㠱器中有"妇尊""诸妇"的文字，表明莱夷长期保留着妇女参加祭祀或主持祭祀的遗制④。而"人殉""人牺"之风习，《左传·僖公十九年》记载："宋公使郲文公用鄫子于次睢之社，欲以属东夷。”《注》云："睢水受汴，东经陈留、梁、谯、沛、彭城县入泗，此水次有妖神，东夷皆社祠之，盖杀人而用祭。”又《左传·桓公十五年》也载："祭仲专，郑伯患之，使其婿雍纠杀之。将享诸郊……。”郲文公、鄫子、雍纠皆东夷遗裔。由于风俗具有储存历史信息的功能，这两条史料给我们折射出莱夷"人殉""人牺"风习的影子。亞形祭祀是莱夷特别重视的一种宗教祭祀，所谓"亚"，朱芳圃《殷周文字释丛》说："亚，火塘也。象形，原始社会有祀火之俗，于室之中央砌一

① 王献唐：《山东古国考》，齐鲁书社 1983 年版，第 170 页。

② 同上书，第 170—171 页。

③ 详见王献唐《山东古国考》，齐鲁书社 1983 年版。

④ 李白凤：《东夷杂考》，齐鲁书社 1981 年版，第 49 页。

亞形之塘，燃火其中，昼夜不息，视为神圣之所，无敢跨越。"[①] 可知"亚"实为原始之"社"。由于莱夷曾盛行亞形祭祀，所以殷末周初东夷之器，多附氏族族徽在"亚形图象"之中。[②]

4. 徐夷部

徐夷，自称为"虎"，殷卜辞中称之为"虎方"[③]，"徐"是周时对他的称呼，为"徐虎一声之转"[④]。因其勇悍又被周人称为"徐戎"[⑤]。徐夷是中国古代嬴姓族群的一支，长期居住在古代徐州地区内。他们建立的国家，称为徐氏、徐方，也简称为徐。

探讨徐夷的起源，可以上溯到夏代以前的涂山氏。史载，夏禹治水时，"娶涂山氏女"[⑥]。涂山氏的地望，虽众说纷纭，但比较一致的看法是，涂山即今怀远县东南、淮河之畔的当涂山。《水经注·淮水注》"又东过当县北"条引《吕氏春秋》云："禹娶涂山氏女，不以私害公，自辛至甲四日，复往治水。故江淮之俗，以辛、壬、癸、甲为嫁娶日也。禹娶在山西南，县即其地也。"这是关于涂山地望的最早说法。而且以《吕氏春秋·音初》云："禹巡省南土"，《淮南子·精神训》云"禹南省"来看，此说是可信的。今涂山一带尚有许多关于大禹传说的遗迹，诸如"禹会村""黄熊庙""防风冢""启母石""禹王宫"等也可作为一种证据。

为什么在涂山一带会有这么多大禹的遗迹呢？因为当时禹的势力中心在汝、颍上游及河洛一带，他沿颍水而下治水，娶涂山氏女，以婚姻为纽带与东夷族群结成了联盟。治水成功后，禹才能"合诸侯于涂山"，方有"执玉帛者万国"[⑦]。为夏王朝的建立，打下了政治基础。后来，夏王朝的亡国之君桀之所以会流亡这一带的南巢，与东夷族群的联盟是有密切关系的。在涂山一带有不少新石器时代晚期遗址，其中涂山之南数公里的禹会村（禹墟）有一处面积达10万平方米的遗址，尽管破坏严重，但从出土

① 转引自李白凤《东夷杂考》，齐鲁书社 1981 年版，第 153 页。
② 王献唐：《山东古国考·黄县㠱器》，齐鲁书社 1983 年版，第 78—82 页。
③ 参阅李白凤《东夷杂考》，齐鲁书社 1981 年版，第 98—99 页。
④ 郭沫若：《两周金文辞大系考释》，科学出版社 1957 年版。
⑤ 《尚书·费誓》。
⑥ 《尚书·益稷》。
⑦ 《左传·哀公七年》。

器物仍可看出其既有自身特色，又受龙山文化影响的痕迹，与涂山氏的地望、时代都是吻合的。在离此不远的固镇县马楼南城孜遗址更发现面积达20万平方米的同类遗址[①]，很可能就是涂山氏居民活动的遗存。凡此多重证据都证明涂山氏的地望确实在今怀远涂山一带。

涂山氏就是徐夷。徐字在古文字中有余、涂诸种写法，其本字当作余。余字，甲骨文、金文字形象“构木为巢”的巢居，正如徐中舒先生所言：“余、舍、（徐）舍等字，都是古代南方民族巢居的象形”[②]，也就是干栏式建筑的象形。因为上古时期，淮河两岸水泽密布，低下潮湿，虫蛇为害，所以该地居民的住房只能采取打桩立柱架空的干栏式木结构建筑形式。所以徐、涂二字可通转，本为一字，为徐夷族名，只不过涂表示该族群居于水滨而已。

如果说涂山氏是徐夷的远祖，那么徐夷的近祖是谁呢？对此，文献中有两种说法：一说是帝颛顼高阳氏，一说是少昊氏。对于前一种说法，《史记·秦本纪》云：

> 秦之先为嬴姓。其后分封，以国为姓，有徐氏、郯氏、莒氏、终黎氏、运奄氏、菟裘氏、将梁氏、黄氏、江氏、修鱼氏、白冥氏、蜚廉氏、秦氏。

其中所说的“徐氏”，即徐夷。它与郯氏、秦氏等同姓同祖，故《史记·秦本纪》又云：

> 秦之先，帝颛顼之苗裔。孙曰女脩。女脩织，玄鸟陨卵，女脩吞之，生子大业。大业取少典之子，曰女华。女华生大费，与禹平水土。已成，帝锡玄圭。禹受曰：“非予能成，亦大费为辅。”帝舜曰：“咨尔费，赞禹功，其赐尔皁游。尔后嗣将大出。”乃妻之姚姓之玉女。大费拜受，佐舜调驯鸟兽，鸟兽多驯服，是为柏翳。舜赐姓嬴氏。

① 见杨益锋《蚌埠市先秦古文化遗址调查简报》，《文物研究》1989年第6辑。

② 转引自何光岳《东夷源流史》，江西教育出版社1990年版，第61页。

这里所说的“秦之先”，最早的是帝颛顼，其后是女脩、大业、大费。帝颛顼是中国古代“五帝”之一，又称为“高离阳”或“高阳氏”。《大戴礼记·五帝德》说：“颛顼，黄帝之孙，昌意之子也，曰高阳。”《帝系》又说：“黄帝产昌意，昌意产高阳，是为帝颛顼。”《史记·五帝本纪》称为“帝颛顼高阳”。春秋时，秦国君主承认他是秦人的祖先。陕西凤翔雍城秦公一号大墓出土的一件石磬上就刻有“天子匽喜，龚趄（桓）是嗣，高阳有灵，四方以鼏”的铭文。所谓“高阳有灵”，就是说秦人的祖先帝颛顼高阳有灵。

女脩是帝颛顼的苗裔孙，是大业的母亲、大费的祖母，也就是后来的嬴姓诸族群的女祖先。她吞玄鸟卵生大业，可解读是崇拜玄鸟卵图腾的表现。所谓“玄鸟”，即燕子。《吕氏春秋·仲春纪》说：“是月也，玄鸟至。”高诱注曰：“玄鸟，燕也。”

大业即皋陶，字庭坚。《左传·文公十八年》记载春秋时鲁国大史克说：“昔高阳氏有才子八人：苍舒、隤敳、梼戭、大临、尨降、庭坚、仲容、叔达”。杜预注曰：“高阳，帝颛顼之号。八人，其苗裔。”“庭坚，即皋陶字。”《左传·文公五年》记载春秋时“楚公子燮灭蓼，臧文仲闻六与蓼灭，曰：‘皋陶庭坚不祀忽诸。德之不建，民之无援，哀哉!’”在这里鲁大夫臧文仲把皋陶与庭坚连称为“皋陶庭坚”。皋陶也写作“咎陶”或“咎繇”。《汉书·古今人表》中就将高阳氏才子八人之一的庭坚即皋陶写作“咎繇”。

其实，涂山氏的首领就是皋陶。这从皋陶所活动的地域与涂山氏的地望相合中可以证明。《路史·后纪七》云皋陶是少昊氏曾孙（少昊氏为嬴姓），被舜封于皋。《史记·夏本纪》之《集解》引《帝王世纪》云：“皋陶生于曲阜。”皋陶所封之皋当即其生地，少皞之墟曲阜。皋陶历尧、舜、禹三代，而尧、舜均为高寿之人，所以“皋陶”当为其部落首领的称号。在原始社会恶劣的自然环境中，皋陶率领的族群由今山东曲阜辗转（可能沿济水西进而南下）徙居至淮水流域，当非一代人所能完成。《史记·夏本纪》之《集解》引《皇览》云：“皋陶冢在庐江六县”，即皋陶少子的封地“六”（今安徽六安市一带）。《路史·后纪七》云：“皋陶卒崩皋，所谓公琴者。”注“皋”云：“在六安县北十五（里）安丰芍陂中大冢也。《广记》曰：‘即皋陶冢，楚人谓之公琴。’《寰宇记》：‘六安北十三（里）有二古城，一曰六合，一曰白沙，上有皋陶庙，冢在东五里。’郦元云：‘楚人谓冢谓琴。’”这里是说皋陶的崩地称皋，在安丰芍陂中，地当今安徽寿县境。皋陶冢的所在，一说即芍陂中大冢，一说在今安徽六安境。而寿县离涂山氏的居地——今安徽怀远涂山是很近的。皋陶的后代亦活动于涂山周围的地域。又《史记·夏本纪》云：“封皋陶之后于英、六，或在许。”“六”在淮南，其后发展为群舒，散布于涂山以南的江淮之间。“英”又作“蓼”，根据《汉书·地理志》引《括地志》所言，在今河南固始，地亦当淮南。蓼亦属群舒，是“六”的分支。“许”为皋陶长子伯益所封。“许”的地望，《史记·夏本纪》之《集解》引《括地志》云：“许故城在许州许昌县南三十里。”即今河南许昌之南，地当淮北。自此沿颍水下东南，可直达涂山。后来的徐国在涂山之东的淮泗之间。由此可知，涂山当即皋陶族群（徐、淮夷、舒）所崇拜的神山。可见，皋陶确为涂山氏首领之号①。

大费即柏翳。柏翳或写作“柏益”“伯翳”“伯益”。其之所以称为大费，就是因为舜时他曾被封为费侯。夏代初年，他仍为费族。今本《竹书纪年》记载夏启二年“费侯伯益出就国”。舜赐他嬴姓以后，他的后代都从他姓嬴。据《史记·秦本纪》记载，伯益“生子二人：一曰大廉，实鸟俗氏，二曰若木，实费氏。”大廉的后裔非子，在西周孝王时于汧渭之间为周王室负责养马，孝王因而封他说：“昔伯翳为舜主畜，畜多息，故有土，赐姓嬴。今其后亦为朕息马，朕其分土为附庸。”非子遂以秦为邑，复续嬴氏之祀，号曰秦嬴。因此，嬴姓秦氏既祖帝颛顼高阳，又祖伯益。《汉书·地理志下》说：“秦之先曰柏益，出自颛顼帝。”而若木则“实费氏”，即直接继承伯益为费氏，所以他的“玄孙曰费昌，子孙或在中国，或在夷狄”。② 在夷狄的，主要是嬴姓徐氏即徐夷。它与嬴姓秦氏同祖于伯益、帝颛顼。因为伯益是皋陶之子，所以有的文献如《潜夫论·志氏姓》说秦与徐等是高阳氏的后嗣“皋陶之后也”。

嬴姓秦、徐等国的始祖除帝颛顼高阳外，还有少昊氏。关于少昊氏，虽然前面已有专论，但与徐夷有关的问题在此还是有必要花一点笔墨。那么，少昊氏与徐夷有什么关系呢？《说文·女部》说：“嬴，少昊氏之姓。”嬴也写作“盈”。《汉书·地理志上》记载与秦、徐同姓的“郯，

---

① 李修松：《徐夷迁徙考》，《历史研究》1996年第4期。

② 《史记·秦本纪》。

故国，少昊后，盈姓”。伯益是嬴姓秦、徐、郯等氏的祖先之一，因而也有说他是少昊氏的后裔。如《国语·郑语》说：“嬴，伯翳之后也。”韦昭注曰：“伯翳，舜虞官，少昊之后伯益也。”伯益既是少昊之后，奉伯益为祖先的嬴姓徐、秦当然也奉少昊为高祖。

这样，嬴姓徐氏与秦氏、郯氏等既以帝颛顼为祖，也以少昊氏为祖。这种情况，当与其祖先之一的女脩吞玄鸟卵而生大业（皋陶）有一定渊源关系。《左传·昭公十七年》记载嬴姓郯君朝鲁时，有一段非常著名的史料，即鲁人问：“少昊氏鸟名官，何故也?”郯君回答说：“吾祖也，我知之……我离祖少皞挚之立也，凤鸟适至，故纪于鸟，为鸟师而鸟名：凤鸟氏，历正也，玄鸟氏，司分者也……”正如前已指出，其中的“玄鸟氏”，当是少昊氏部落中崇拜玄鸟并以玄鸟命名的一个氏族。女脩吞玄鸟卵而生大业，反映帝颛顼的后裔女脩与少皞氏部落中崇拜玄鸟，并以玄鸟命名的一个氏族婚配而生大业即皋陶。据《帝王世纪》记载：“皋陶生于曲阜。曲阜，偃地，故帝因之而以赐姓曰偃。”又《说文·人部》说：“偃，僵也，从人匽声。”匽即燕。周代铜器铭文中燕国之“燕”通作“匽”声的“僵”，也即“匽”“燕”。可见皋陶偃姓，实际上就是以玄鸟即燕为姓。因此偃姓皋陶既是帝颛项后裔女脩之子，又是少皋氏的玄鸟氏即燕氏之子。皋陶是偃姓即匽姓、燕姓。“匽”字与“英”“莹”“康”“盈”等字音近相转。如《大戴礼记·帝系》说舜妃为“女匽氏”。《列女传》则作“女英”。《世本》又作“女莹”。于是皋陶之偃姓，到其子大费即伯益则为“嬴”或“盈”姓，此嬴姓或盈姓也就是少昊氏之姓。这就是徐夷的起源。

在弄清了嬴姓徐氏起源于始祖少昊氏和帝颛顼之后，就可以进一步弄清徐夷究竟起源于何时、何地。

嬴姓徐氏的始祖既然是少昊氏和帝颛顼，那么，追根溯源，它的起源地就必然在少昊氏和帝颛顼居住过的地区内。据王文清的研究[①]，少昊氏的居住地域古称“少昊之国”。《山海经·大荒东经》说：“东海之外大壑，少昊之国。少昊孺（哺育）帝颛顼于此。”少昊也称为“少昊金天氏”。《尸子》说：“少昊金天氏邑于穷桑，日五色，互照穷桑。”[②]《帝王世纪》说：“少昊邑于穷桑，都曲阜，故或谓之穷桑帝。”曲阜，在西周

① 王文清：《徐夷的起源》，《学海》1992 年第 3 期。

② 诸子百家丛书《尸子》卷下，“散见诸书文汇辑”，上海古籍出版社 1989 年版，第 15 页。

时是鲁国都邑，故城在今山东曲阜。穷桑邑在曲阜之北。《帝王世纪》说穷桑“地在鲁城北。”穷桑又名桑丘，是少昊的出生地。《拾遗记·少昊》说“皇娥生少昊，号曰穷桑氏，亦曰桑丘氏”。穷桑、曲阜一带由于是少昊居住过的地方，所以后世称为“少皞之墟”[①]。

据史籍记载，帝颛顼起初也居住在少昊居住之地。《吕氏春秋·古乐篇》说：“帝颛顼生自若水，实处空桑。”空桑当即穷桑，所以《帝王世纪》说颛顼“生十年而佐少昊，十二年而冠，二十而登帝位”，“始都穷桑，后徙商丘”。此“商丘”之“商”字是“帝”字之误。颛顼“后徙商丘”，实际上是后徙帝丘。帝丘因帝颛顼徙居而得名，春秋时是卫都，故城在今河南濮阳市。《左传·昭公十七年》记载鲁国大夫梓慎说：“卫，颛顼之虚也，故为帝丘。”

少昊、帝颛顼居住过的穷桑、曲阜一带，在唐虞夏商时期属徐州地区。据《禹贡》关于“海、岱及淮惟徐州”的说法，这一徐州地区的范围大约东至黄海、北至泰山、南至淮水，包括今山东南部、江苏和安徽淮河以北这一片地区。这一地区，就是以穷桑、曲阜等“少皞之墟”为中心，北至泰山，东至黄海，南及淮河，因此《帝王世纪》把少昊都曲阜也说成“都徐州，蒙羽之野，奎、娄之次”。少昊氏、帝颛顼的后裔偃姓皋陶和嬴姓伯益的起源地，都在这里。如皋陶就出生于曲阜。他的活动范围，也西达雷泽，与有虞氏帝舜的范围邻近，所以古人说“皋陶钓于雷泽，赖舜而后亲。”[②] 雷泽故地在今山东菏泽县境。皋陶之子伯益无疑也出生于曲阜，他的活动地方也西与舜的地方相邻，所以舜赐之姚姓玉女。他被舜封为费侯，费地在今河南滑县境。但他的后裔嬴姓徐氏、奄（运奄）氏等却封在以曲阜为中心的徐州地区内。

那么，徐夷又是如何走上汉民族起源的历史舞台的呢？这要从嬴姓徐氏的始封时期和君主说起。对此问题有两种说法。

一是说“伯益生若木，夏封之于徐，三十二世至偃王”[③]。一是说若木“别为费氏，居南裔（夷）为诸侯，至夏代末年，其君费昌去夏归商，佐汤伐桀，有功入为卿士，汤封费氏之庶子于淮泗之间徐地，以

---

① 《左传·定公四年》。

② 《后汉书·冯衍传》。

③ 梁玉绳：《汉书人表考》卷六，引《唐书·宗室表》，商务印书馆 1937 年版。

奉伯益之祀，复命为伯，使主淮夷”[1]。这两种说法中，后一种说法比较可靠。所谓若木“别为费氏，居南裔为诸侯”，即别封为“南裔”嬴姓费氏之君。这个南裔费氏的封邑当在“少昊之虚”曲阜的东南费邑，即今山东费县境，它是嬴姓徐氏的前身。夏代末年的夏桀时期，若木的玄孙费昌反对夏桀，归附商汤。今本《竹书纪年》说夏桀二十八年“费伯昌出奔商”。费伯昌即费昌。《史记·秦本纪》说“费昌当夏桀之时，去夏归商，为汤御，以败桀于鸣条。”商汤建立商王朝以后，费昌因为灭夏有功，而为商王朝卿士。商王朝又另封费昌的庶子于“淮泗之间徐地”为嬴姓徐国之君，史称“徐伯”。当时的徐国也兼有嬴姓淮夷，故称为“使主淮夷”。

商代“淮泗之间徐地”，即泗水以南至淮水之间的地方，这就是《吕氏春秋·有始览》中所说的“泗上为徐州”。泗上即泗水之南或泗水之阳。所谓“州”《说文·川部》说：“州，水中可居曰州，周绕其旁，从重川。昔尧遭洪水，民居水中高地。或曰九州。”淮泗之间徐地，也即古徐州之地。古代中原的“东方曰夷”[2]。徐州之地在东方，徐氏封在这个地区内也就被称为“徐夷”或“徐戎”。他们的都邑就称为徐。徐字在春秋时期的徐国铜器铭文中，写作“余”或“郐”。《说文·邑部》说：“郐，邾下邑地，从邑，余声。鲁东有郐城，读若涂。”这“余声”的“郐”，即徐。“邾”即周代的邾国，后称“邹”国。《说文·邑部》说：“邹，鲁县，古邾国，帝颛顼之后所封。”此邾国在西周才封，故地在今山东邹县。“邾下邑地”的“郐”地，当即商代嬴姓徐氏所封之邑。所谓“鲁东有郐城”，当即鲁（曲阜）东南有郐城。此郐城也即徐城。徐在受封时为徐伯，即嬴姓诸氏在东方的宗主国。它的都城在今邹县，领地南及淮夷，东有夏代若木所封之费。费县台子沟曾出土春秋时期徐国铸的有“余（徐）子汆之鼎百岁用之”[3] 铭文的铜鼎，这反映费县也是徐之故地。徐的北境则与嬴姓奄氏（运奄氏）相邻。到周武王灭商以后，周王室将嬴姓诸氏发源地的嬴姓奄氏之地分封给周公之子伯禽为姬姓鲁国之地，激起了东方以徐氏为代表的嬴姓诸氏的叛周。当商纣王之子武庚禄父

① 《太平寰宇记》引《都城记》。

② 《礼记·王制》。

③ 心健等：《山东费县发现东周铜器》，《考古》1983年第2期。

唆使周之“三叔”（管叔、蔡叔、霍叔）反叛辅佐周成王的周公旦时，徐氏即率领淮夷、联合奄氏等东方诸国兴兵反周。《逸周书·作雒解》说：“周公立相天子，三叔及殷东徐、奄及熊盈以略。”今本《竹书纪年》记载周成王二年“奄人、徐人及淮夷人于邶以叛”。其中主要是徐人、奄人叛周，所以历史上称“周有徐、奄”①。徐人包括淮夷，《尚书·费誓》说当时“淮夷、徐戎并兴”。《史记·周本纪》只提及淮夷和奄，说周公“东伐淮夷，残奄”。此淮夷也即徐夷、徐戎。《尚书·费誓》说“我惟征徐戎”。《尚书序》说当时“鲁侯伯禽宅曲阜，徐夷并兴”。《诗经·鲁颂·閟宫》歌颂鲁侯伯禽伐徐之功时说：

泰山岩岩，鲁邦所詹（瞻）。
奄有龟蒙，遂荒（有）大东，
至于海邦，淮夷来同。
莫不率从，鲁侯之功。

又说：

保有凫、绎，遂荒徐宅。
至于海邦，淮夷蛮貊。
及彼南夷，莫不率从。
莫敢不诺，鲁侯是若。

诗中之凫山，在今山东邹县西南五十里；绎山，在邹县东南。这里是徐人的都邑，故称为“徐宅”。鲁国“遂荒徐宅”，即占有徐之都邑以后，这里的徐人也就沦为鲁国的殷商遗民。《左传·定公四年》记载周成王时封伯禽于“少皞之墟”，并将“殷民六族”之一的“徐氏”封给他。这个“徐氏”，即居住在邹县凫、绎之山及费县境的徐人。当时，嬴姓淮夷也臣服于鲁国。鲁国也就成为北望泰山、南及淮夷的大国，整个徐州地区也成为鲁地。《吕氏春秋·有始览》说：“泗上为徐州，鲁也。”《汉书·地理志下》说：“鲁地，奎、娄之分野也，东至东海，南有泗水至淮，得

① 《左传·昭公元年》。

临淮之下相、睢陵、僮、取虑，皆鲁分也。”

鲁灭嬴姓徐、奄以后，徐、奄之人一分为二。在鲁国占领之下的徐人、奄人，也就成为鲁的臣民。他们有的还聚居在一地，徐人聚居之地还称为“徐州”。《史记·鲁周公世家》记载鲁顷公十九年“楚伐我，取徐州”。《集解》引徐广曰：“徐州，在鲁东，今薛县。”所谓“在鲁东”，是指在鲁国东南，故地在今山东滕县。另外一部分徐人、奄人则迁移到淮水附近的嬴姓淮夷地区。如今本《竹书纪年》记载周成王四年“王师伐淮夷，遂入奄”，五年春“王在奄，迁其居于蒲姑”。此“蒲姑”，即蒲隧，是一部分徐人南迁以后的徐国之地。《左传·昭公十六年》记载春秋时齐师伐徐，“至于蒲隧，徐人行成，徐子及郯人、莒人会齐侯，盟于蒲隧”。杜预注：“蒲隧，徐地，下邳取虑县东有蒲姑陂”。故地在今江苏睢宁县西南。

春秋时在淮夷地区的徐夷、徐戎盛极一时。《韩非子·五蠹篇》说：“徐偃王处汉东，地方五百里，行仁义，割地而朝者三十有六国。”《淮南子·人间训》则说：“昔徐偃王好行仁义，陆地之朝者三十二国。”这时徐的都城称徐，《汉书·地理志上·临淮郡》记载：“徐，故国，盈（嬴）姓。”故地在今安徽泗县、江苏泗洪县境，此“故国”的“徐”，就是西周至春秋时的徐国都城，史称“故徐城，号大徐城，周十里，中有偃王庙、徐君墓”。①

徐偃王称王不久以后即失败，他曾“逃走彭城武原县东山下，百姓随之者以万数，后遂名其徐山”。② 但大部分徐人仍在淮河流域故地，都城仍在徐城，臣服于周王室。到西周宣王时，徐又在这里进行反周战斗。周宣王派大将率领“六师”征伐。《诗经·大雅·常武》称颂“率彼淮浦，省此徐土”，结果“徐方不回（叛），王曰还归”。春秋初，嬴姓徐夷仍在古徐州地区进行反叛活动。《国语·齐语》记载齐桓公即位数年“东南多有淫乱者，莱、曹、徐夷、吴越”。韦昭注：“徐夷，徐州之夷也。”这个“徐州之夷”的徐夷，即徐国。都城仍在今安徽泗县、江苏泗洪县

① 《路史·国名纪》卷二，引《括地象》。《括地象》又称《河图括地象图》，是汉代谶纬之书《河图》中的一种，内容专讲地理，是一种地理书，但里面有很多神话传说的内容，但此书失传了。明清以来不少学者做了辑佚工作，目前比较完备的是日本学者安居香山、中村璋八辑《重修纬书集成》中的辑本，该书于1994年由河北人民出版社出版时定名《纬书集成》。

② 《博物志校正》卷七，中华书局1980年版，第84页。

境。《春秋经·僖公十五年》记载楚人伐徐，“败徐于娄林”。杜预注：“娄林，徐地，下邳僮县东南有娄亭。”《后汉书·郡国三·下邳国》记载：“徐本国，有娄亭，或曰古蒌林。”故地在今安徽泗县东北。春秋时期，吴王阖闾灭徐，徐的王族、贵族逃往其他地方，但徐国广大人民沦为吴国之民，仍在故地，并伺机反抗吴国统治。《国语·吴语》记载吴王夫差北会诸侯于黄池时，还曾害怕“齐、宋、徐夷曰：‘吴既败矣，’将夹沟而移我”。韦昭注曰：“徐，今大徐。夷，淮夷。”徐夷，实际上就是在淮夷之地大徐城的嬴姓徐人。

徐夷是一个以虎为图腾的部落，他们自称为“虎”，甲骨文和金文中就有虎字，字形虽然很多①，但可清晰看出“虎”字从“图象字”演变成“符号文字”的过程。青铜铭文中就有不少虎形族徽，如“虎簋”“柾父乙壶”“父乙爵”“父丙鼎”“虎父子鼎”等青铜器中，都有初为“图案式”，进而“线条化”，进而“符号化”的虎形族徽②。更能说明问题的是《金文编》中有一个屋，“”形下缀以“两虎”的图形，“”是“庙”的象形字，是祭祖的。在庙里祭虎，足见徐夷是以虎为图腾的部落。

5. 淮夷部

淮夷的淮，甲骨文作“隹”，金文也多作“隹”。《说文》：“隹，鸟之短尾总名也，象形。”可知，淮夷应该也是以某些鸟为图腾的族群，属于东方的鸟夷。《路史·国名纪》据《世本》定淮夷嬴姓，也是少昊之后。《左传·昭公十七年》说少昊氏以“鸟”名氏，其中的“祝鸠氏”即淮夷。“隹”又作“鹤”，郝懿行《尔雅义疏》云：“祝鸠、隹，其声相转，雔借作隹。”《说文》：“雔，祝鸠也。”《逸周书·王会解》有“祝淮氏”，应是淮夷的一支。《广雅》：“隹，鹑鸟也。”鹑，隹一声之转。鹑类似鹌，习惯称鹌鹑，实为族类，后形成奄。古奄国也是嬴姓（或作盈），是少昊后裔，其地在曲阜，正当少昊之墟③。所以，淮夷也是少昊氏集团中的一支，也应当起源于山东地区。

更重要的是，陶文少昊氏族徽发现地莒县是潍水的发源地。据顾颉刚

① 详见李白凤《东夷杂考》，齐鲁书社1981年版，第105—106页。

② 同上书，第100—102页。

③ 《帝王世纪》“少昊之墟在穷桑”，即今曲阜东。

先生考证，潍水之“潍”就是因淮夷所居而得名。①

在夏代，淮夷的出现，多见于进贡和战争的记载。《禹贡》即云：“海、岱及淮惟徐州。淮、沂其乂，蒙、羽其艺，大野其豬，东原厎平。厥土赤埴坟，草木渐包。厥田惟上中，厥赋中中。厥贡惟土五色，羽畎夏翟，峄阳孤桐，泗滨浮磬，淮夷蠙珠暨鱼。厥篚玄纤、缟。浮于淮、泗，达于河。”这条史料，一方面说明淮夷北与徐夷相邻，是居住在淮、扬两府而滨海的地带，即《禹贡椎指》所说：“今淮、扬二府近海皆是。”这就为淮夷农耕与渔猎相结合的经济生活提供了良好的自然地理条件。是谓“海岱及淮惟徐州”。可见淮夷在东夷中也是一个具有农耕与渔猎相结合的族群。不仅有了一定水平的农业生产，而且还出产蚌珠和美鱼。《尚书·禹贡》中就有河蚌能产珠的记载：“淮夷蠙珠洎鱼。”孔颖达即曰：“蠙是蚌之别名。此蚌出珠，遂以蠙为珠名。”所以孔传曰：“淮夷二水出蠙珠及美鱼。”《诗经·泮水》所云：“憬彼淮夷，来献其琛。”就是说淮夷之民当洪水平伏后，献蠙珠及鱼，是谓“淮夷蠙珠暨鱼”也。与此同时，淮夷经过原始社会漫长的岁月，已治服了沂、淮两水，开垦了蒙、羽两山，土地已可耕，庄稼已丛生，发展了锄耕农业经济，是“淮、沂其乂，蒙、羽其艺。大野其豬，东原厎平。厥土赤埴坟，草木渐包”。另一方面，又反映了淮夷向中央王朝献贡的情况。而古本《竹书纪年》云：“帝相元年，征淮夷。”反映的是夏王朝与淮夷之间的战争。

结合夷夏之争的历史背景，从考古学上来看，据徐峰的研究②，夏代的东方存在过一支原始区域性的青铜文化，即考古学上的“岳石文化”。岳石文化的年代与夏、早商并行，根据碳十四测年数据，其绝对年代约在

---

① 顾颉刚：《徐和淮夷的迁留——周公东征史事考证四之五》，《文史》1990 年第 23 期。按：潍水之“潍”，古籍常作“淮”。如《左传·襄公十八年》：“晋师伐齐，东侵及潍”，“潍”字或作维，或作淮。这种情况，古人多所论及，如张栋铭《春秋地名疏证》：“案‘潍’通作‘淮’，《汉志》数见……至今潍水流域之人皆呼潍水曰‘淮河’，是‘淮’即‘维’也，无烦改字。”用方言来说明这个问题更能令人信服。“潍”与“淮”古代同音。又甲骨文、金文中的发语词“惟”多作“佳”。可见，潍水在上古时确称淮水，因淮夷所居而得名，后淮夷中的一部分迁至今淮河流域，因命其水为“淮”。而将原山东淮水之淮加“系”作“潍”，一示区分，二示不忘发源之地。

② 徐峰：《西周时期的淮夷——以安徽江淮地区为中心》，硕士学位论文，南京师范大学，2007 年，第 5—6 页。

公元前2000年—公元前1500年。[①] 其地域分布甚广，以今山东省境为主，北抵辽东半岛南端，西至豫东杞县、鹿邑一线，南达苏北的沭阳、皖北的宿州。岳石文化的标志性遗存主要有陶器，如鼓腹盆、三矮足罐、簋、豆、尊形器、蘑菇状纽的器盖等；此外石器也颇具特征，如长方形、长方孔、三边刃的石锄；半月形、弧面的穿孔石刀。岳石文化分布地域极广，文化特征共性明显与岳石同期的，譬如斗鸡台文化、湖熟文化、二里头文化、夏家店下层文化等邻近区域考古学文化，不同程度地包含有岳石文化因素。特别是以安徽江淮地区为中心的斗鸡台文化，其遗存在寿县、霍邱、大安、淮南、肥西、肥东、含山、巢湖、滁州等县市均有广泛的分布。斗鸡台文化主要有三部分因素组成，即来自中原地区的河南龙山文化因素和二里头文化因素、安徽江淮地区的当地因素，以及来自山东、苏北的山东龙山文化因素和岳石文化因素。[②] 而在斗鸡台文化二、三期的遗存中，发现了较多的岳石因素[③]，很可能，这正是由来自鲁南的族群带来的，它们与来自别处的其他文化因素相互融合，促成了斗鸡台文化，因此，斗鸡台文化可以被看作夏代的淮夷文化。事实上，这种考古学上反映出来的族群迁徙在有关夏代的史料中也有相应的记载。《史记·夏本纪》中说："帝禹立而举皋陶荐之，且授政焉，而皋陶卒。封皋陶之后于英、六，或在许。"前已述及，皋陶生于曲阜，是鲁国之人，英、六既为其后，理当也曾生活在山东。而英、六是日后西周淮夷集团中的重要成员，他们先于其他淮夷族群集团成员从鲁迁至江淮的事实本身，就说明所谓"淮夷"极可能是在一批又一批的族群迁徙中不断充实而形成的。考古学证据中的中原二里头文化因素，史料中的"成汤放桀于南巢"[④] "禹会诸侯于涂山"[⑤] 等都对此做了极好的说明。

到了商代，仍然有相当的东方夷人向淮河流域迁徙，"淮夷"的内涵得到进一步扩大。《后汉书·东夷列传》中记载得最明确的一次说："武乙衰敝，东夷寖盛，遂分迁淮、岱，渐居中土。"淮是淮河，岱是泰山。

---

① 任相宏：《岳石文化的发现与研究》，载《中国考古学会第八次年会论文集》，文物出版社1996年版。

② 王迅：《周代东夷文化与淮夷文化研究》，北京大学出版社1994年版，第54—57页。

③ 同上。

④ 《尚书·仲虺之诰》。

⑤ 《左传·哀公七年》。

可见夷人发生迁徙的原因与夷商之间的斗争有关。从史料来看，商王朝与夷人之间的争斗较夏代更为激烈。到了商朝晚期，帝乙、帝辛二世，更是不断地发生大规模征伐淮河两岸族群的战争。淮河流域的江淮地区也就成了淮夷的会聚地。从考古发掘来看，今天的安徽、江苏的江淮之间，有很多属于商代的遗址，如盐城龙岗、盱眙六郎墩、淮阴高庄、含山大城墩、霍邱绣鞋墩、六安众德寺等。这些遗址中的文化因素，通常有三类，一类是商朝中土因素；一类是当地斗鸡台文化和商时期当地新出现的因素；还有一类则是岳石文化因素和岳石文化遗留因素。[①] 这种文化因素上的配比几乎与夏王朝时期如出一辙。江淮因为其特殊的地理环境，恰好充当了淮夷接纳四方族群文化的一个中间场所。

及至周代，克商后仅二年，以武庚为首的殷遗民发动的声势浩大的反叛中，淮夷亦是反周的成员之一。《周书·大诰》云："武王崩，三监及淮夷叛。"今本《竹书纪年》："二年，奄人、徐人及淮夷入于邶以叛。"但随着周公东征对其挞伐，以及鲁公伯禽的逼迫，淮夷逐渐向南迁徙，分散在今淮河下游鲁南、皖东北、苏西北一带。经过一段时间的休养生息后，淮夷再次纠合淮河下游大小族群，发动了对周人的反叛。可以想见，在历经了夏商、周初数百年来一批又一批主要源自山东的夷人向淮河下游迁徙的移民浪潮之后，西周时期的淮河流域不但在地理上天然分开了两个不同的自然带，更是在族群上、血缘上，以及文化上划出了两个对立的世界：周人的世界和夷人的世界。[②]

西周时期淮夷族群集团最起码从夏开始，就不断有主要来自山东境内的东夷族群新鲜血液的融入。与西周相比，"淮夷族群集团"内族群林立、各自为政。

淮夷族群集团的族群结构因方位而分，甲骨卜辞记载："乙巳卜，叀（东隹尸）；乙巳卜，叀南隹尸；乙巳卜，叀西隹尸；乙巳卜，叀北隹尸。"[③]"隹尸"即"淮夷"，与金文同，说明商代存有四方淮夷。李修松对淮夷的族群结构作过详细的考证[④]。

---

① 王迅：《周代东夷文化与淮夷文化研究》，北京大学出版社 1994 年版，第 54—57 页。

② 徐峰：《西周时期的淮夷——以安徽江淮地区为中心》，硕士学位论文，南京师范大学，2007 年，第 7—8 页。

③ 《殷墟书契后编》下三六·六。

④ 李修松：《淮夷探论》，《东南文化》1991 年第 2 期。

（1）东淮夷

东淮夷即山东境内的土著淮夷。直到春秋末年仍然存在并发挥作用。《左传·昭公二十七年》："范献子取货于季孙，谓司城子梁与北宫贞子曰：'……季孙氏甚得其民，淮夷与之……有天之赞，有民之助。'"春秋末年，季孙氏之所以能专权的一个重要原因就是因为得到了淮夷的支持。这支持季孙氏的淮夷当然在鲁国境内。

比起华夏族来说，淮夷相对落后，但也有一些分支早已建立了国家，其中在山东地区就有奄、丰、莒等国。

奄是山东土著淮夷中发展水平最高的一支，所以在周初成为商残余势力所联合反叛的淮夷集团中的盟主，从而成为周公东征伐灭的主要对象。对这段历史，文献中记载甚多，如《史记·太史公自序》云："武王克纣，天下未协而崩。成王既幼，管、蔡疑之，淮夷叛之，于是召公率德，安集王室，以宁东土。"《史记·周本纪》亦云："召公为保，周公为师，东伐淮夷，残奄，迁其君蒲姑。"按照《史记·周本纪》行文的顺序，"东伐淮夷，残奄，迁其君蒲姑"，"残奄，迁其君蒲姑"是"东伐淮夷"的结果，说明奄就是淮夷，或是淮夷中的主要国家。

《盥方鼎》云："唯周公于征伐东夷，丰伯、尃古咸𢦏。"在此《盥方鼎》并言"丰伯、尃古（即蒲姑）咸𢦏"，丰伯既为丰国之君，则尃姑断无是国家之理，否则是不能并列"咸𢦏"的。这个"尃古"只能是《周本纪》所言奄国国君蒲姑，失败后，遭到放逐，从同时期的《淮白（伯）𨛭邑华鼎》铭文来看，这"丰伯"可能就是"淮伯"，前者以国名之，后者以族名之，实为同一人。据李修松分析，其一，丰在今山东益都县境，临近潍水；"淮伯"之"淮"自应得自潍水或淮夷，二者地望相符。其二，丰伯、淮伯都称伯，而周初山东地区国家称伯者为数很少，所以"淮伯"就是"丰伯"，既然临居潍水，又称淮伯，更在周公征淮夷时被"𢦏"，故此国应属淮夷。[①]

又《周官》序云："成王既黜殷命，灭淮夷。"《韩非子·说林》亦云："周公已胜殷，将功（攻）商盖（奄），辛公甲曰：'大难攻，小易服，不如服众以劫大。'乃攻九夷而商盖（奄）服。"《说林》之"九夷"即《作雒》之"俘维九邑"。"维"即潍水流域之淮夷，参加这次反叛的

① 李修松：《淮夷探论》，《东南文化》1991年第2期。

共有九国，故称“九夷”，乃是商奄的附从。故攻商奄前，先攻灭之，借以翦其羽翼，这“九夷”之首应该就是临居淮水流域的丰国的丰伯或淮伯，“奄”及潍水流域的淮夷九国都是山东地区的土著淮夷，在商代统称“东淮夷”，东淮夷居处东方，故周代金文和文献常将其包含在“东国”“东夷”以内称之。

（2）南淮夷

南淮夷在金文中记载也很多，大体分布于淮河以南地区，其主体为群舒，对周王朝叛服无常。陈梦家先生曾对殷末甲骨文中征夷方卜辞进行系统编排比较，将这次征伐往返的路线分为五段。“始于出发自大邑商（商都殷，今河南安阳小屯），中经商（今河南商丘）、亳（今商丘南的谷熟集一带）而及于淮水，后复由攸（河南永城南、安徽宿县之西北）、商而至于沁阳田猎区。”“自十祀九月至十二月渡淮以后，卜辞记曰‘正人（夷）方’；自十一祀正月回至淮北攸以后，卜辞记曰‘王来正人（夷）方’。‘正（征）人方’是说去伐人方，指其往程；‘来正（征）人方’是说来自征人方，指其归程。”① 这说明当时所征的“人方”就是指居于河南南部、安徽北部的淮河两岸的淮夷，包括北淮夷②和南淮夷。

（3）西淮夷

西淮夷的情况比较复杂，从文献来看，春秋时期，在淮水上游及淮河以西汝、颍一带临近汉水流域尚有江、黄等嬴姓国。

江姓族群：《汉志》云：“汝南郡安阳县，应劭曰故江国今江亭是。”《续志》：“汝南安阳侯国有江亭，故国嬴姓。”故城在今河南正阳县东南。江与秦为同姓国。《左传・僖公五年》记楚灭江时，秦穆公还为之降服、出次、不举、过数，表示对同姓国覆灭的哀伤。③

黄姓族群：《汉志》：“汝南郡弋阳侯国。应劭曰：‘故黄国，今黄亭是。’”《续志》谓：“弋阳侯国有黄亭，故黄国，嬴姓。故城在今河南潢川县西”。

道姓族群：《汉志》：“汝南郡阳安县。应劭曰：‘道国也，今道宁县。’”《续志》：“汝南郡阳安县有道亭，故国。故城在今河南确山县北。”

---

① 陈梦家：《殷虚卜辞综述》，科学出版社 1956 年版。

② 北淮夷即徐夷。

③ 按，秦也是由东西迁的。只是因其迁徙太早太远，染上戎俗，已改变原先的民族特征。

柏姓族群：《汉志》："汝南郡西平县。应劭曰：'故柏子国也，今柏亭是。'"《续志》："汝南郡西平县有伯亭，故柏国。故城在今河南西平县西。"

江、黄、道、柏都是弦（在今河南潢川县西南）的联姻之国，也是同盟之国。《左传·僖公五年》："楚斗谷於菟灭弦，弦子奋黄。于是江、黄、道、柏方睦于齐，皆弦姻也，弦子恃之而不事楚，又不设备，故亡。"江、黄均为嬴姓，同属淮夷，此淮夷之国均处于淮水之西，可见其是商代"西淮夷"的后裔[①]。与此同时，尹吉甫宣扬周宣王命召公平服淮夷的《诗·大雅·江汉》中也说："江汉浮浮，武夫滔滔，匪安匪游，淮夷来求。既出我车，既设我舆，匪安匪舒，淮夷来铺……江汉之浒，王命召虎，'式辟四方，彻我疆土'……"此后，西淮夷之后裔实力越来越弱，对周王朝不构成威胁，故文献及金文记载甚少。

在此，有必要说明的是淮夷与徐夷之间有着你即我，我即你的密切关系。据李国华的研究[②]，淮夷和徐夷之间的关系，以西周初年二者被迫迁居淮河流域为界分为两个时期。

第一个时期是淮夷和徐夷的分体时期。在这个时期，徐夷和淮夷分为两个不同的族群。这两个族群分别在不同的地区活动，是东夷族群集团中两个最有影响的族群。徐夷在商代即已形成方国，称徐国，徐国是东夷集团中最强大、最有作为的一支；淮夷在商代也建立了国家，曾有与商王朝争夺控制权的冲突。徐夷和淮夷的强大，构成了对商王朝统治的威胁，引得商王朝对徐、淮夷的征伐。卜辞记载帝辛十祀九月甲子始卜"征夷方"，直至"纣克东夷而陨其身"[③]。周灭商后，徐夷、淮夷又成了对周王朝有威胁的动乱因素。周初，周成王命周公、召公、而后由伯禽频频征战，以强大的国家力量对付徐夷、淮夷，对此史籍多有记录。从这些关于叛乱和军事征伐的记录中，可明确看出徐夷和淮夷之间的关系。

文献中二者并列存在的资料有："淮夷、徐戎亦并兴反，于是伯禽率师伐之于肸，作《肸誓》（即《费誓》）"。宋人钱时在《融堂书解》卷二十《费誓》中解曰："徐戎、淮夷，与鲁为邻"，说明了其地理位置。

关于徐夷，《逸周书·作雒》云："三叔、东、徐……以畔。"将徐夷

---

① 李修松：《淮夷探论》，《东南文化》1991年第2期。

② 李国华：《徐夷与淮夷关系之浅说》，《东南文化》1995年第1期。

③ 同上。

齐名于东夷，反映了徐夷在东夷集团中的特殊地位。《礼记·檀弓下》云："昔伐先君驹王西讨，济于河。""后徐夷僭号，乃率九夷以伐宗国，西至河上。"① 将徐夷在东夷中的伯主地位明确无疑地表现出来，从而说明徐夷的强盛。

关于淮夷，《史记·周本纪》云："召公为保，周公为师，东伐淮夷，残奄，迁其君蒲姑。"《书·大诰序》亦云："武王崩，三监及淮夷乱。"

经过西周初年几次大的军事打击后，徐夷、淮夷及群舒纷纷南迁至淮河沿岸。在时间上，淮夷迁居淮河流域更早一点，淮河即因淮夷而得名。淮水流域低洼潮湿，周的势力尚未及此。徐夷、淮夷依傍淮水，与原居住在淮河、泗水流域的土著人结合，逐渐形成了一个大的盟邦。该盟邦概称"淮夷"。这就是徐夷与淮夷关系的后期，即二者合体时期。

在这个时期，淮夷中之徐人在历史上就有伯主之封，因而淮夷盟邦宗主当仍为徐夷人。是以史籍和今人才会有徐即淮，淮即夷之说。自此至周宣王中兴，淮夷人和睦相处，经年休整，淮夷人在东方又形成了强大的力量。到了偃王时期已十分强盛。徐偃王曾率淮夷以伐宗国，势力范围曾北达洛水、伊水流域，迫使周穆王不得不承认其在淮河流域的宗主地位，远近臣服三十六国。《路史·后纪七》曰："（周）王命徐伯主淮夷三十二世，君偃一段仁义，而置国三十六，周王剡之。"故徐所代表的势力实际上就是整个淮夷的势力。这就是徐夷与淮夷在后期的特殊关系。

因此，在徐夷、淮夷合体的时期，文献中所谓伐淮夷，即应为伐以徐夷为盟主的诸淮盟邦，概含徐夷，《后汉书·东夷传》即云："厉王无道，淮夷入寇，王命虢仲征之，不克。"《通鉴外纪》则云："（周）襄公八年冬，（鲁）僖公会诸侯于淮上，谋东略，未几，遂伐淮夷。"而所谓伐徐，则仅指宗主国徐国，以宗主代全体，徐为淮夷之一支，暗涵淮夷，《诗·大雅·常武》云："徐方绎骚，震惊徐方……濯征徐国。"《国语·齐语》也云："东南多淫乱者，莱、莒、徐夷、吴、越一战帅服三十一国。"

（三）东夷与华夏民族的族源关系

东夷族群集团与华夏民族又有什么渊源关系？

展开夏、商、周三代的历史画卷，我们几乎到处可见东夷人的踪迹。

在夏代，在相东居帝丘之时，就曾先后征伐过淮夷、畎夷和风夷、黄

① 《后汉书·东夷列传》。

夷。其后，于夷来朝。少康即位的时候，来进见的是云夷。及至芬继位后，淮夷“九”部都被夏征服。此即《竹书纪年》所载：夏“后相三年，征淮夷、畎夷。二年征风夷及黄夷。七年，于夷来宾。少康即位，云夷来亥。后芬即位三年，九夷来御。后泄二十一年，命畎夷、白夷、赤夷、玄夷、风夷、阳夷”。至夏末，当商汤按照伊尹的策谋，停止了对夏王朝的贡纳之时，夏桀还下令“起九夷之师”① 来攻商汤。所以易华说：“夏代之前众夷遍布中国。”②

在商代，商民族本身就是东夷集团中之帝俊部发展而形成的，下面将详述。除此之外，东夷其他各部仍存。特别是商末之时，江淮之间的东夷强盛起来，武乙时，他们“分迁淮岱，渐居中土”③，成为商王朝的主要威胁。帝乙时便大肆征讨东夷，帝乙十年九月打到淮水流域的攸国，十五年又征东夷，远及齐、顾等地。帝乙子付即位后，继续对东夷用兵，俘虏了“亿兆夷人”作自己的军队。但在征东夷凯旋之时，却遭到周武王的袭击，终以“纣克东夷而殒其身”④ 结束了商王朝的历史。

在周代，武庚反周时，就联合了东夷中的徐、奄、蒲姑等部落或方国。周公平定了“武庚之乱”后，即封伯禽到奄，建立了鲁国；封师尚父到蒲姑，建立了齐国。所以《后汉书·东夷列传》说：“管蔡畔周，乃招诱夷狄，周公征之，遂定东夷。”伯禽到奄后，继续对徐夷和淮夷用兵⑤。尚师父到封地时，周公即授权他说：“东至海，西至河，南至穆陵，北至无棣，五侯九伯，实得征之。”⑥ 于是齐国附近的东夷小“国”，先后都被齐国所灭。而参加过“武庚之乱”的徐夷到周穆王时又强大起来，《后汉书·东夷列传》云：“后徐夷僭号，乃率九夷以伐宗周，西至河上，穆王畏其方炽，乃分东方诸侯，命徐偃王主之。”可见徐夷的势力这时几乎席卷东南，周穆王也不得不承认其为东方霸主。

由此看来，当炎黄部落联盟中的夏后氏部落突破了历史的网络，走进

① 《说苑·权谋》。

② 易华：《夷夏先后说》，民族出版社2012年版，第54页。

③ 《后汉书·东夷列传》。

④ 《左传·昭公十一年》。

⑤ 《尚书·费誓》：“公曰嗟人无哗，听命。徂兹淮夷、徐戎并兴……甲戌，我惟征徐戎。”蔡注：“汉孔氏曰徐戎、淮夷并起寇兽。伯禽为方伯帅诸侯之师以征。”

⑥ 《史记·齐太公世家》，又见《左传·僖公四年》。

文明的大门，形成民族之后，东夷族群集团中的蚩尤部和帝俊部经过激烈的分化、瓦解、融合，在夏末逐渐形成一个新的商部落，也按其历史发展的规律，紧接夏民族之后，也一举冲破了原始社会的网络，跨进了文明的大门，形成商民族。《诗经·商颂·玄鸟》云："天命玄鸟，降而生商。"这就是说商原是一个以鸟为图腾的部落，表明其与以鸟为图腾的蚩尤部的少昊部落有着血缘关系。《国语·鲁语》云："商人禘舜。"又表明商与舜，即帝俊部有着血缘关系。《史记·殷本纪》所载则把商部落与蚩尤部和帝俊部的关系糅合到了一起，曰："殷契，母曰简狄，有娀氏之女，为帝喾次妃。三人行浴，见玄鸟堕其卵，简狄取吞之，因孕，生契。"可见蚩尤部与商部落有母系血缘关系，帝俊部则与商部落有着父系血缘关系。商王朝是中国奴隶制发展时期，是华夏民族的一个重要组成部分，这种深远的渊源关系，决定了东夷族群集团是华夏民族又一个主源的历史地位。

不仅如此，在以后历史发展的进程中，在周代曾不断反周的徐夷、淮夷以及地处僻远的莱夷，曾几何时，先后都无一例外地被卷进了春秋民族大融合的历史潮流之中，可以说整个的东夷族群集团几乎都成了华夏民族的一个组成部分，正如《孟子·滕文公上》所言："吾闻用夏变夷，未闻用夷变夏。"所以易华总结式地说："三代之前尽是夷，三代之后都成夏。"①这种浓厚的渊源关系，决定了东夷集团是华夏民族又一个主源的历史地位。

写到这里，我们不由得想到春秋战国历史上有名的"尊夏卑夷"的观点。这是儒家的传统观点，其根源主要是以炎黄为始源的周民族在后来的民族大融合中成了华夏民族的核心，成为正统，而以东夷为始源的商民族以及其他东夷各族群都是被征服者，是非正统。但是"尊夏卑夷"的观点仍然向我们折射出了东夷集团作为华夏民族又一个主源的历史地位。这也就是为什么今天中国历史上曾是炎黄族群集团活动的山西、陕西、河南、河北等地，以及曾是东夷族群集团活动的山东、安徽、江苏等地是汉民族的汪洋大海，除极少数元王朝以后才迁入的回族以外，几乎是纯汉民族地区的原因。因为在黄河中下游这个民族大熔炉中，经过春秋战国的民族大融合，这一地区的大小族群，几乎无一例外地被席卷入汉民族的前身——华夏民族的大融合之中了。因此，综观炎黄族群集团和东夷族群集团成为华夏民族主源的历史，我们可以认为华夏民族，也即汉民族主要是

---

① 易华：《夷夏先后说》，民族出版社2012年版，第72页。

以炎黄和东夷为基础形成的。

第二节　支源——苗蛮、百越和戎狄

在汉民族从多元走向一体的历史过程中，追根溯源，不仅有炎黄族群集团和东夷族群集团作为主源，形成汉民族的主体，还有苗蛮、百越和戎狄三个族群集团，由于他们只是部分族群融入了汉民族，还有一部分在民族分分合合，合合分分的民族过程中，形成中国的其他一些民族，因而成为汉民族的支源。

一　支源之一——苗蛮

（一）苗蛮的名称及分布

苗蛮是远古时代中国南方诸氏族、部落或部落联盟的泛称，在古籍文献中或称为“苗”①，或称为“三苗”②，或称为“三毛”③，或称为“有苗”④，或称为“苗民”⑤，或称为“蛮”⑥，或称为“南蛮”⑦。从古籍文献记载的分析中可以看出：大约在尧、舜、禹时代多称“苗”“有苗”等，至周代以后，则称之为“蛮”“南蛮”等，考“苗”“蛮”二声，系阴阳对转。古字同音同义。《广雅・释诂》“苗”“蛮”均解作“傷”（轻易之意），故徐旭生“综括两名词，叫它作苗蛮”⑧族群集团是比较合适的。

苗蛮的起源非常古老，从分子人类学的基因分析可知苗蛮大约起源于

---

① 见《尚书・益稷》“苗顽弗即工”。《尚书・吕刑》：“鳏寡有辞于苗，……降咎于苗。”

② 《尚书・舜誓》：“窜三苗于三危，……分北三苗。”《左传・昭公元年》：“虞有三苗。”《国语・楚语》：“其后三苗复九黎之德。”《韩非子》：“三苗之不服者。”《战国策・秦策》：“舜伐三苗。”《山海经・海外南经》：“三苗国在赤水东。”等。

③ 见《山海经・海外南经》。

④ 《尚书・皋陶谟》：“何迁乎有苗？”《竹书纪年》：“有苗氏负固不服。”《墨子・尚同》：“逮至有苗之制五刑以乱天下。”《荀子・议兵》：“舜伐有苗。”《吕氏春秋・召类》：“舜却有苗，更易其俗。”《战国策・赵策》：“昔舜舞有苗。”等。

⑤ 《尚书・吕刑》：“苗民弗有灵。”《礼记・缁衣》：“苗民匪用命。”

⑥ 《大戴礼记・千乘》：“南辟之民曰蛮。”《礼记・王制》：“南方曰蛮。”

⑦ 见《吕氏春秋・召类》。

⑧ 徐旭生：《中国古史的传说时代》，科学出版社1960年版，第57页。

1.7 万年前到 5000 年前。对此，张有隽作了假想，他说：

> 苗瑶族群与汉族和藏缅族群的父系遗传关系最为接近，具有南北综合的特点：用苗瑶特异的 H7 单倍型估计他们分化的时间至少在 1.7 万—1 万年前。结合考古学和历史学的一些看法，我们对苗瑶族群的起源和迁徙做如下猜想。
>
> 1）苗瑶族群至少在 1.7 万—1 万年前从“汉藏—苗瑶共同祖先”人群中分化并形成统一体。
>
> 2）苗瑶先民约 8000 年前在江汉平原一带创造了长江中游的新石器文化。
>
> 3）随后部分苗瑶先民向北扩张，与北方黄河中上游和下游文化区人群产生交流，与炎黄集团和东夷集团一道逐鹿中原，后因战争原因向南迁徙，参与北迁的主要是当今苗蛮的先民。①

张有隽所说的“苗瑶先民向北扩张……与炎黄集团和东夷集团一道逐鹿中原，后因战争原因向南迁徙，参与北迁的主要是当今苗蛮的先民”②。这个时期大约是 5000 年前。这个假想，实际上给苗蛮源于蚩尤和九黎提供了分子人类学的证据。据此，历史文献中所记载的有关蚩尤和九黎的史料也都有了生命。苗蛮族群集团的源流脉络源头也就清晰了。

五帝时代，从炎、黄到尧、舜、禹时期苗蛮族源的主角是蚩尤。苗蛮世代相传的“远祖英雄”蚩尤，是中国远古赫赫有名的传说人物。他活动的年代大致距今五六千年，与传说中的炎帝和黄帝同时。《大戴礼记·用兵》载：“蚩尤，庶人之贪者也，或云蚩尤，古之诸侯。”东汉应劭云：“蚩尤，古天子。”③ 视蚩尤与炎帝、黄帝一样有地位的人。

事实上，当时蚩尤也确实是一个大族群的首领。前已述及，蚩尤属东夷族群集团，在五帝时代与黄帝同时，《龙鱼河图》即云：黄帝摄政，有蚩尤兄弟八十一人，并兽身人语，钢头铁额，食沙，造五兵，仗刀戟大弩，

---

① 奉恒高、张有隽主编：《瑶族通史》上册，民族出版社 2008 年版，第 59—60 页。

② 同上书，第 58 页。

③ 《史记·五帝本纪》“集解”。

威振天下[①]，在这里，所谓“兄弟八十一人”大概就是八十一个（表示众多之意）氏族或部落的族群。这个族群称为“九黎”,[②] 他们以“钢头铁额”的蚩尤为首领，势力非常强大，故“威振天下”，成为可以与炎、黄二帝抗衡的一方“古天子”。以蚩尤为首的九黎族群活动的地域，大致在山东西南部和河南东部，即黄河下游与长江中游之间济水、淮水流域一带。[③]

战争是原始社会末期的正常状态。本书在五帝时代中已论及，以蚩尤为首的九黎族群集团的崛起，与正沿黄河由西向东发展的炎、黄族群集团相遇，而最先与蚩尤九黎发生接触的是炎帝。当炎帝到达黄河下游之初，蚩尤九黎一度加入过炎帝族群集团，与蚩尤九黎可能有过一段和平相处的时期。但不久，两个族群发生了激烈的冲突和争逐。《逸周书·尝麦》云：“蚩尤乃逐帝，争于涿鹿之阿，九隅无遗。”结果炎帝大败被逐。

历史常常有惊人的相似之处。此后，蚩尤九黎又与东下的黄帝族群集团发生了接触。初期，蚩尤九黎也一度加入了黄帝族群集团，尊黄帝为盟主，成为其重要的成员。于是，两大集团也和平相处了一段时期，故《管子·五行篇》载：“昔者黄帝得蚩尤而明于天道。”又据《龙鱼河图》云：“天遣玄女下授黄帝兵信神符，制服蚩尤，帝因使之主兵，以制八方。”可见，蚩尤成了黄帝统一天下的重要军事力量。但好景也不长，据传说，蚩尤与黄帝也是在涿鹿一带发生了战争。《史记·五帝本纪》载：“轩辕之时……蚩尤最为暴，莫能伐……蚩尤作乱，不用帝命，于是黄帝乃征师诸侯，与蚩尤战于涿鹿之野，遂擒杀蚩尤。”此后，蚩尤九黎族群集团的大部分，战败后向南流徙，几经演进，又在新的地域上形成了新的族群。这个新的族群就是“三苗”。远古历史的演化有时就叫今人不可思议，如同匈奴与黄帝有渊源关系一样[④]，东夷的蚩尤后来成了苗蛮的先祖。

---

① 转引自《史记·五帝本纪》“正义”。

② 《国语·楚语》注中说：“九黎，蚩尤之徒也。”《书·吕刑释文》《吕氏春秋·荡兵》《战国策·秦策》高诱注，都说蚩尤是九黎之君。

③ 伍新福、龙伯亚：《苗族史》，四川民族出版社 1992 年版，第 3 页。

④ 《史记·匈奴传》云：“匈奴，其先祖夏后氏之苗裔也，曰淳维。”《山海经·大荒西经》亦云：“有北狄之国，黄帝之孙曰始均，始均生北狄。”《吕氏春秋·审为篇》：“狄人玁狁，今之匈奴。”乐产《括地谱》云：“夏桀无道，汤放之鸣条，三年而死。其子獯粥妻桀之众妾，避居北野，随畜移徙，中国谓之匈奴。其言夏后苗裔，或当然也。”故匈奴与黄帝有渊源关系。

三苗，又称“有苗”，或称“苗民”，大约与尧、舜、禹三代同时，距今四五千年。历史文献中有很多记载。

《尚书·虞书》云：“窜三苗于三危。”《孔安国传》亦云：“三苗，国名……为诸侯。”《尚书·吕刑》载：“苗民无辞于罚”，“三苗之民”。[①]此外，《帝王世纪》亦载：“诸侯有苗氏。”今本《竹书纪年》亦载：“有苗氏负固不服。”《汉书·地理志》颜师古注：“三苗本有苗氏之族。”这时已分布在江汉、江淮流域和长江中下游南北、洞庭彭蠡之间这一辽阔地域；即今河南省南部、安徽省西部，以及湖北、湖南、江西三省之地。[②]故《韩非子》云：“三苗之君不服者，衡山在南，岷江在北，左洞庭之波，右彭蠡之水。”《战国策·魏策》引吴起曰：“昔者三苗之居，左彭蠡之波，右洞庭之水，汶山在其南，衡山在其北。”《史记·五帝本纪》云：“三苗在江淮荆州数为乱。”[③] 不胜枚举。

重要的是这个时期三苗的活动贯穿尧、舜、禹三代。三苗与尧、舜、禹之间的关系，是时和时打，时打时和。如《尚书·孔传》《帝王世纪》均称三苗、有苗为帝尧时的“诸侯”。但《山海经·海外南经》郭璞注，又云帝尧以天下让舜时，三苗非之，因而被杀。所以，从尧开始，三苗常常成为征伐的对象，三苗与尧、舜、禹的冲突和战争延续了约二百年之久。《帝王世纪》即云：“帝尧陶唐氏……诸侯有苗氏处南蛮而不服。”《吕氏春秋·召类篇》亦云：“尧战于丹水之浦以服南蛮。”[④] 丹水，即今丹江，可见三苗与尧之间的战争主要发生在丹水流域，即三苗蛮群所处的北部与尧相邻的河南西南部，以及河南、湖北交界的地方。

到了舜时，三苗不断被征伐、被击败、被分化。《史记·五帝本纪》载：“三苗在江淮荆州数为乱，于是舜归而言于帝，请流共工于幽陵，以变北狄；放驩兜于崇山，以变南蛮；迁三苗于三危，以变西戎；殛鲧于羽山，以变东夷，四罪而天下咸服。”《尚书·舜典》云：“三载考绩，三考黜陟幽明，庶绩咸熙，分北三苗。”《吕氏春秋》又云：“舜却苗民，更

---

① 还有《尚书·虞书》载：“有苗弗率”，“苗民逆命”。

② 伍新福、龙伯亚：《苗族史》，四川民族出版社 1992 年版，第 10 页。

③ 这些引文中的“衡山”，郭璞认为即南岳，郝懿行说是河南之雉衡山，而乐史、顾祖禹则以为霍山即衡山，说法不一致。笔者认为此衡山肯定非今南岳衡山也。

④ 《吕氏春秋·召类篇》。

易其俗。”可见三苗的势力受到一定的打击。但三苗与舜也有和的时候。《说苑·君道》云：有苗氏不服，“禹欲伐之，舜不许曰：谕教尤未竭也，乃谕教焉，而有苗氏请服。”《荀子·赋篇》：“干戈不用三苗服。”正因有过和的时期，所以舜才能带着娥皇、女英二妃“南巡”，泛舟洞庭，溯湘江而上，深入三苗腹地，直达苍梧九疑①。

到禹时，三苗与禹关系恶化。对此，《墨子·兼爱篇》就记载有禹出师伐三苗的誓言，指责三苗为“蠢兹有苗”，对三苗发动了大规模的征讨。战争进行得相当激烈和残酷，结果是三苗惨败。《墨子·非攻下篇》载：“昔者三苗大乱，天命殛之，日妖宵出，雨血三朝，龙生于庙，犬哭于市，夏冰，地坼及泉，五谷变化，民乃大振，高阳乃命玄宫，禹亲把天之瑞令以征有苗，四电诱祇。有神人面鸟身，若瑾以待。搓矢有苗之祥，苗师大乱，后乃遂几。”古本《竹书纪年》和《论衡》都有相似的记载。可见这次战争给三苗带来了巨大损失和灾难，三苗从此一蹶不振，而被迫离开江淮和洞庭、彭蠡之间的平原地带，开始向西南山区迁徙。从此以后，禹建夏王朝后的五百年间，再未见过有关“三苗”和“有苗”的记载，赫赫有名的三苗似乎在中国历史上消失了。

实际上，三苗并没有消失，而是演化成了夏、商、周三代时的“荆蛮”或“南蛮”。

荆蛮、南蛮与九黎、三苗之间有着一脉相承的渊源关系。《周书·吕刑》就有“蚩尤对苗民制以刑”的记载；《国语·楚语》也有“三苗复九黎之德”，“三苗，九黎之后也”的记载。而“南蛮”，从“放驩兜于崇山以变南蛮”，以及《帝王世纪》关于唐尧时“诸侯有苗氏处南蛮而不服”记载来看，可知“南蛮”是被驱逐到长江以南地区的部分三苗的别称，或者只是三苗集团的一个族群。而“荆楚”则是商、周时期对两湖地区“南蛮”的称呼。商周时的“荆蛮”则是三苗的遗裔，与苗蛮有着同源关系，所以《续修叙永永宁厅县合志》卷二十中有“考苗蛮……古称三苗……一曰有苗或荆蛮”的记载。从荆蛮所处地域来看，《禹贡》曰：“荆及衡阳惟荆州。”指的是洞庭湖南北，即今湖北、湖南二省及邻近地区，这正是“左洞庭、右彭蠡”的三苗活动的主要地区。这种地域

① 《史记·五帝本纪》载：“舜帝继尧，践位三十九年，南巡狩，崩于苍梧之野。”

上的吻合，正好反映了“荆蛮”与三苗脉络的继承关系。①

荆蛮或南蛮经过演化和休养生息，“夏、商之时，渐为边患。逮于周世，党众弥盛”。② 商朝对“荆蛮”的征伐，早在成汤时期就开始了，《竹书纪年》载：“商师征有洛，克之，遂征荆，荆降。”盘庚迁殷前，荆楚又“背叛”③。武丁时则对“荆蛮”发动了大规模的战争，《诗经·商颂·殷武》载：“挞彼殷武，奋伐荆楚。”商朝的军队从河南进入湖北，一直打到荆蛮的腹地。

周王朝视荆蛮或南蛮为劲敌，西周金文多有昭王南征“荆蛮”的记载，《吕氏春秋·音初篇》载：周昭王“亲征荆蛮”。周穆王时两次伐荆蛮④，“荆人来贡”⑤。周宣王“命方叔南征蛮荆之国”⑥，全国军队倾巢出动。

战国时，吴起在楚悼王支持下以武力“南并蛮越，遂有洞庭，苍梧”⑦。数十年后，楚国对沅水一带的“濮地”采取了一次军事行动。据《后汉书·南蛮传》云：楚顷襄王时⑧，“遣将庄豪（或作庄蹻）从沅水伐夜郎，……既灭夜郎”。这次征伐，楚国进一步控制了包括苗蛮先民“蛮”“濮”在内的沅水流域。从此，苗蛮先民荆蛮于战祸之中，被迫大量西迁，迁入人烟稀少的武陵山区。战国末年，秦、楚两雄战争连绵，秦昭王令“白起伐楚，略取蛮夷，始置黔中郡”⑨，武陵地区的荆蛮又开始遭到冲击而四散迁徙逃亡。

苗蛮集团的分布情况如何？许多学者常引用的《战国策·魏策》中吴起站在北方魏国坐北朝南的位置所说十分具体，他说：

> 昔者，三苗之居，左彭蠡之波，右有洞庭之水，文山在其南，而

---

① 关于“荆蛮”，人们常把它同西周前楚国的起源联系起来。其实，建立楚国的楚人（或楚族）并不等于“荆蛮”。楚族的先民是在原三苗和“荆蛮”的地域内土生土长的“蛮”族。所以，楚族只是荆蛮中的一支发展起来的，其并不等于全部荆蛮。这是一个同源异流的问题。

② 《后汉书·南蛮传》。

③ 《毛诗正义》。

④ 方诗铭《古本竹书纪年辑证》。

⑤ 今本《竹书纪年》。

⑥ 见《诗》序云：“采芑，宣王南征也。”孔颖达疏。

⑦ 《后汉书·南蛮传》。

⑧ 另一说为楚威王时。

⑨ 《后汉书·南蛮传》。

衡山在其北，恃此险也，为政不善，而禹放逐之。

此后，《韩非子》《韩诗外传》《史记·吴起传》《说苑·君道》《路史·国名纪》《初学记》等均从“左彭蠡、右洞庭”[①] 之说。

其实，从苗蛮族群集团的活动来看，苗蛮最初并不局限于“左彭蠡、右洞庭”。《帝王世纪》云：“帝尧陶唐氏……诸侯有苗氏处南蛮而不服。”苗蛮族群集团与炎黄族群集团和东夷族群集团之间发生了频繁的战争。战争的结果都以苗蛮族群集团的失败而告终。《吕氏春秋·召类》即载：“尧战于丹水之浦，以服南蛮”“舜却苗民，更易其俗。”《墨子·非攻下》：“昔者，三苗大乱……禹亲把天之瑞命征有苗……苗师大乱，后乃遂几。”丹水，即今之湖北丹江，发源于陕东南部终南山，从商县经河南到湖北入汉水。此处正是在与炎黄集团接壤之处，可见，苗蛮族群集团的活动范围其西北抵湖北与陕西、河南的交界之处的丹江流域。此其一。

其二，《史记·五帝本纪》又记载：“三苗在江、淮、荆州数为乱。”荆州，《汉书·地理志》称之为北荆条山。其在潼水上游，与丹江同在湖北西北部，此即与上所说苗蛮族群集团分布在丹江流域相合。而江，则为古长江的专称；淮，即淮河。可知，苗蛮又活动在长江至淮河流域一带。盖可知苗蛮最早的活动范围西北达丹江流域，川东及鄂、湘、赣、皖的沿长江流域，东抵淮河流域，集结在彭蠡和洞庭之间。

（二）苗蛮的结构

苗蛮族群集团的结构情况十分复杂，许多问题在战国之时已难以考证[②]，现在更是难以稽考了，但下列几点基本上是可以明确的。

1. 女娲

苗蛮族群集团与炎黄族群集团和东夷族群集团相比，是相对较后进的一个族群集团，因此，在关于苗蛮的神话传说中，反映母系氏族公社时期情况就比炎黄和东夷两个族群集团具体、明白。其代表就是女娲。原始社会初期的人不明白生育之原理，只知其母不知其父，所以，女娲也是造人

---

① 彭蠡即今之鄱阳湖。

② 例如《史记·五帝本纪》说：舜“迁三苗于三危”，《集解》中郑玄引《地说》云：“三危山，黑水出其南”，但正如屈原在《天问》中所问：“黑水玄趾，三危安在？”可见战国时就弄不清楚了。

的女神，汉代的《风俗通义》云：“俗说开天辟地，未有人民。女娲抟黄土作人，剧务，力不暇供，乃引绳絙泥中，举以为人。”由此，我们可以肯定以女娲为首领，以蛇为图腾的氏族是苗蛮族群集团中最古老的一支，其是南方母系氏族公社时期的代表。

细考“女娲”之称，始见于《山海经·大荒西经》和《楚辞·天问》等。《大荒西经》载：“有神十人，名曰女娲之肠，化为神，处栗广之野……”屈原在《楚辞·天问》中即问道：“女娲有体，孰制匠之?”就是说女娲有人面蛇身的形体，到底是谁把她形体制成？许慎在《说文解字》中则明确解释说：“娲，古之神圣女，化万物者也。”女娲成了创造万物的女神。其后，《淮南子》《风俗通义》《列子》等，也记载了关于女娲补苍天、立四极、平洪水、造人、制笙簧等传说。

值的玩味的是，从神话传说的内容及记载情况来看，早期女娲神话似乎是北方民族神话，在北方地区广泛流传。“女娲之肠”[①] 神话载于以西北地区为背景的《山海经·大荒西经》中，与女娲补天、治水有联系的颛顼、共工分别是黄帝和炎帝的后裔，共工“怒而触”的“不周之山”在“西北三百七十里”[②]，女娲“杀黑龙以济”的“冀州”乃“中土”，可见神话里的人物和地点多在北方。传说中女娲的遗址也以北方为多。《路史·后纪二》罗注、《酉阳杂俎·忠志》等列举了一些关于女娲的遗址，它们多在北方。如任城（今山东济宁）承匡山存“女娲出生处”；蓝田有女娲居处“女娲氏谷”，骊山有“女娲冶处”（均属今陕西）；虢州（今河南灵宝）有女娲坟等。现在河南西华县思都岗仍保存相传与女娲有关的“女城”遗址和“娲”字城砖[③]。

为什么会出现这个现象？从分子人类学方面的研究可以得到解释。据金力教授团队的研究，中国人迁徙路线，就目前的研究成果来看，华夏56个民族和东亚、东南亚各民族都是由南亚语系的先民分化出来的，因为他们身上都带有M122的突变。M122突变大约发生在三万年前，那时中国陆地上的许多山脉常年被积雪覆盖。除了有少数棕色人种在黄河、长

---

① “女娲之肠”神名。《山海经·大荒西经》：“有神十人，名曰女娲之肠，化为神，处栗广之野，横道而处。”郭璞注：“或作女娲之腹。”又云：“女娲，古神女而帝者，人面蛇身，一日中七十变，其腹化为此神。”

② 《山海经·西次三经》。

③ 刘亚虎：《伏羲女娲、楚帛书与南方民族洪水神话》，《百色学院学报》2010年第6期。

江流域活动，更多的地方显得空茫一片。当中国陆地上的冰川不断地消融时，一支带有 M122 突变的南亚语人群开始进入了中国。目前发现关于南亚语先民进入中国后的分化路线有 3 条，共有 2 个入口，一个是在云南，一个是珠江流域。其中一支沿着云贵高原西侧向北跋涉，他们最终在距今 1 万年前的时候到达了河套地区，黄河中上游的盆地。这批汉藏语系的祖先也被后人称为先羌，他们也就是汉族与藏族人的共同祖先。[①] 这就是女娲遗迹为什么先出现在北方的原因。而据刘亚虎的研究，在北方大地流传的早期神话中的女娲形象，显示出一种农耕民族“地母”和女性始祖神的特质。她生于地，基于地。《抱朴子·释滞》载：“女娲地出。”《说文解字》载：“娲，古之神圣女，化万物者也。”最典型的莫过于《淮南子·览冥篇》的记载：

> 往古之时，四极废，九州裂，天不兼覆，地不周载；火爁炎而不灭，水浩洋而不息；猛兽食颛民，鸷鸟攫老弱。于是女娲炼五色石以补苍天，断鳌足以立四极，杀黑龙以济冀州，积芦灰以止淫水。

传说女娲以地之物五色石、芦灰为基本材料，补天，止水。而应劭《风俗通义》云：

> 俗说：天地开辟，未有人民，女娲抟黄土作人。务剧力不暇供，乃引绳于泥中，举以为人。女娲祷祠神，祈而为女媒，因置婚姻。

又传说女娲黄土作人并成为高禖女神，掌握婚姻和生育。但是，有一个值得注意的说法是，《说文解字注》十二篇下的女部关于“娲”的注释说：“从女，呙声，古蛙切。”女娲神话流传地之一陕西骊山附近的姜塞新石器遗址，近年来出土不少盆壁上有写实蛙纹的彩陶。人们认为，这些蛙纹是氏族图腾或其他崇拜的标志。这里至今还流行一种叫“裹肚儿”的衣物，旧时是一个人从出生满月到结婚大礼以至老死入殓都不可或缺的东西，它正面绘制着以蛙为中心的图案。人们把这些文物、习俗与女娲神话结合起来，认为远古时期女娲可能是母系氏族社会里一个以蛙为图腾的

---

① 参阅徐杰舜、李辉《岭南民族源流史》，云南人民出版社 2014 年版，第 21 页。

氏族的女首领①。对此，汉代女娲伏羲画像里，女娲多持月轮，月中有蟾（也即蛙）也提供了证据。可见女娲与蛙有某种特定的关系。董仲舒《春秋繁露》载民谣："雨不霁，祭女娲。"把女娲视为跟蛙蟾一样与水旱有关、能赐雨的神灵，这也表明了女娲与蛙的神秘联系。对于女娲以蛙为图腾之说，学者易中天更是视之为其颠覆传统观念之举②，足见此说之价值。

说到女娲，不能不说伏羲。

伏羲又作包牺、庖牺、庖羲、炮牺、宓牺、伏牺、伏戏、伏希等。伏羲的形象多种，《孝经纬·援神契》云："伏牺大目、山准、日角、衡而连珠"。《春秋纬·元命苞》云："伏牺大目、山准、龙颜"。《春秋纬·合诚图》云："伏牺龙身牛首、渠肩、大腋、山准、日角、大目、珠衡、骏毫、翁鬣、龙唇、龟齿"。又云："伏牺长九尺一寸，望之广，视之专。"《帝系谱》云："伏羲人头蛇身，以十月四日人定时生。"《拾遗记》："伏羲，长头修目，龟齿龙唇，眉有白毫，须垂委地"。后人常将太昊与伏羲并称。《世本·帝系篇》（清张澍稡集补注本）云："太昊伏羲氏。"今人叫绝的是早期伏羲神话的流传地区，似乎与女娲神话流传地区相近。相传，伏羲生于成纪（今甘肃天水），天水今存有伏羲庙③。《太平御览》卷一六五引《续汉书·郡国志》亦云："成纪，古帝庖牺氏所生之地。"但主要活动地区大约在豫东南鲁南皖北淮河流域。《路史·后纪一》罗注："今宛丘（古为陈州治所，今即河南淮阳）北一里有伏羲庙八卦坛。《寰宇记》云：伏羲于蔡水得龟，因画八卦之坛……《九域志》：陈、蔡俱有八卦坛。"淮阳至今仍存太昊伏羲画卦台。

伏羲的神话传说以《庄子》记载最多，《人间世》《大宗师》《缮性》

① 张自修：《骊山女娲风俗及其渊源》，中国民间文艺研究会陕西分会编《陕西民俗学研究资料（第 1 集）》，1982 年，转引自刘亚虎《伏羲女娲、楚帛书与南方民族洪水神话》，《百色学院学报》2010 年第 6 期；另刘范弟、何惠《蛙（蟾蜍）与女娲》，《湖南城市学院学报》2010 年第 2 期，对此有专论。

② "如果没有颠覆性的观点，这部书的写作是没有意义的。"易中天在接受中新网视频访谈时说。第一次看到女娲是人首蛇身，易中天的直觉就告诉他，这是错误的。为什么？鉴于原始社会高死亡率的特点，多生育是唯一保持族群延续的方法，所以最先产生的一定是女性生殖崇拜。女性生殖崇拜的象征物是鱼和蛙。女娲肯定不可能是蛇，因为蛇是男性生殖存在的象征，《圣经》里诱惑夏娃的就是蛇。（http：//news. hexun. com/2013—05—19/154269379. html）。

③ 为此天水市定每年的 6 月 22 日为伏羲文化节。

《田子方》等都提到伏羲。庄子为蒙（今河南商丘或安徽蒙城）人，也说明伏羲的神话传说早期当主要流传在这一带。此外安徽含山县凌家滩新石器文化墓地出土了一件精致的玉龟和一块上刻历法图的玉版，它们距今大约5000至4500年，是当时表示四时历法的原始“八卦图”①。这也就为伏羲画八卦神话起源地提供了物证。

与女娲相比，伏羲的事迹，主要与中国古代很多发明创造有关。在《楚辞·大招》中，称他为伏戏，说他有乐歌《驾辩》；《世本·帝系篇》则说他作乐章《扶来》；《广雅·释乐》说他所制的瑟，长七尺二寸，有二十七根弦；《易经·系辞下》说伏羲仰则观象于天，俯则观法于地；近取诸身，远取诸物，创作先天八卦，比类天下万物；《管子·轻重戊》说他作九九之数，发明乘法；《历书序》又说他发明了甲子历法；《吕氏春秋》又把他说成是：“苍精之君”“东方之帝”“木星”，作司春季之神；《孔丛子·连丛子下》说伏羲冒中毒之险，亲尝草木，辨别五谷；《帝王世纪》则说他尝百药之味，制造九针，祛除病魔；总之，伏羲除了“始作八卦”② 以外，还“钻木取火”③ “作结绳而为罔罟以佃以渔”④ “始名物虫鸟兽之名”⑤ “始尝草木可食者”⑥ “豢育牺牲，服牛乘马”⑦ “冶金成器，教民炮食”⑧ “去巢穴之居”⑨ “制杵臼”⑩ “丝桑为瑟，均土为埙”⑪ “造书契以代结绳之政”⑫ “正姓氏，通媒妁”⑬ 等。因此，伏羲当为男系氏族首领，被尊为男性始祖神。

由此可见，女娲、伏羲似乎是远古时期地域相近的不同族群不同历史

---

① 参见张敬国《安徽含山凌家滩新石器时代墓葬发掘简报》，陈久金等《含山出土玉器图形试考》，均载《文物》1989年第4期。

② 《周易·系辞下》。

③ 《河图·挺辅佐》。

④ 《周易·系辞》。

⑤ 《春秋命历序》。

⑥ 《孔从子·连丛子下》。

⑦ 《路史·后纪一》。

⑧ 《绎史》卷三引《三坟》。

⑨ （晋）《拾遗记》。

⑩ （东汉）桓谭：《新论》。

⑪ （晋）《拾遗记·春皇庖羲》。

⑫ 《补史记·三皇本纪》。

⑬ 《路史·后记一》。

发展时期的首领，或尊崇的祖神。随着民族融合的进程，他们被联系到一起了。根据目前的研究成果，反映他们互相联系的最早文本是出土于南方的长沙子弹库楚墓帛书乙篇。其中有关他们的段落其大意是说：创世之初，天地混沌无形，风雨大水，伏羲娶女娲，生四子，协助禹和契平水土（司堵，即司土，治水之官），其时洪水泛滥（泷汩渊漫），九州不平，且尚未有日月，四子（四神）乃立四至（四极）以承天覆，并以步测时，开始了创世的工作。①

据饶宗颐、李零等人的研究，子弹库帛书乃战国中晚期楚地巫史占卜时日禁忌的用书（“日书”），上述传说原是“日者”为证明自己“敬天授时”工作的神性和权威性而选择的神话中关于众神进行时间创造的部分②。关于这篇帛书的解释将“女皇”作女娲，可能还是参照较后时期汉文典籍中关于两人关系的记载。在那些文献中，二人并列首见于西汉《淮南子·览冥训》，其云：“伏羲女娲不设法度而以至德遗于后世。”另外，西汉鲁灵光殿壁画可能也出现两人并列的情景，东汉王延寿《鲁灵殿赋》描述道：“伏羲鳞身，女娲蛇躯。”应劭《风俗通义》始以女娲作为伏羲之妹：“女娲，伏羲之妹。”③《淮南子·览冥训》高诱注始以女娲作为伏羲之妻：“女娲，阴帝，佐伏羲治者也。”此外，在山东东汉时代武梁祠石室画像中，第一石室第二层第一图绘两人，右一人右手执矩，下身鳞尾，左一人也下身鳞尾，两人鳞尾环绕相交。图上左柱有隶书“伏羲仓精初造王业画卦结绳以理海内”16个字，故其中一人必为伏羲。现代一些学者根据诸书所说伏羲女娲人首蛇身（或龙身）等，判断另一人为女娲。④左石室第四室也有类似的图。在山东其他地方以及江苏、四川、河南等地汉代画像石中，也出现很多这种伏羲、女娲像。他们都被刻画成人首蛇尾的形象，尾巴往往交织在一起。他们手中常常拿着一件东西，例如伏羲拿着一个曲尺，女娲拿着一个圆规；或者伏羲手捧太阳，太阳里面有一只金乌，女娲手捧月亮，月亮里面有一只蟾蜍，等等。

---

① 李零：《长沙子弹库战国楚帛书研究》，中华书局1985年版，第64页。

② 以上参见李零《长沙子弹库战国楚帛书研究》，中华书局1985年版；饶宗颐、曾宪通《楚地出土文献三种研究》，中华书局1993年版；吕威《楚地帛书敦煌残卷与佛教伪经中的伏羲女娲故事》，《文学遗产》1996年第4期。

③ 《路史·后纪二》罗苹注引。

④ 刘亚虎：《伏羲兄妹与南方民族洪水神话》，《黄河文明与可持续发展》2013年第1期。

据刘亚虎研究，伏羲、女娲并称可能是民族融合的结果。同时，随着母系社会向父系社会的发展，女娲从至高之位降为伏羲之妻；并随着中国古代哲学阴阳匹配观念、对称观念的深化，他们之间的关系有了更深刻的含义。在汉代画像中，伏羲举日轮，中刻金乌；女娲举月轮，中刻蟾蜍，显示他们已化身为阳和阴的象征。金乌与太阳有联系。距今七千年的河姆渡文化、中原仰韶文化等创造了许多以太阳和鸟为中心的图饰，他们有的鸟首日身，有的鸟身日首，有的日鸟互衬，等等。鸟又有男性祖先的象征意义，在玄鸟生商的传说中，玄鸟遗卵而使其蕴含男女交合的暗示。鸟形同男性生殖器形状相似，鸟图腾信仰也包含以鸟为标志的男祖崇拜。金乌可理解为雄性的象征，日鸟结合则为阳的象征。

蟾蜍或青蛙象征女性。南方壮族先民称蛙神为“蛙婆”，凝结了人们的性别观念。南方出土的大批饰有蛙纹（蟾蜍纹）的器物，有不少器物特别夸张地描绘了蛙的圆腹，犹如孕妇的体态。其中的铜鼓，出现很多累蛙的形象，有的呈母蛙背负小蛙的情状，也暗寓着人们关于蛙的女性象征意义的认识。月亮蟾蜍结合自然为阴的象征。

这样，女娲在作为女性氏族首领、地母、造人神、高禖神等之后，与伏羲连称并列，更明显地突出了其生育崇拜的意味，与伏羲一道成为整个人类女性和男性始祖神，以至阴和阳的象征（在北方地区）。当其随着民族的迁徙流传到南方以后，巧妙而又有机地与南方族群的洪水神话结合起来，就顺理成章地成为神话中藏葫芦避洪水繁衍人类的姐弟或兄妹。所以，长沙子弹库楚墓帛书乙篇的发现和译读具有双重的意义，一是将伏羲、女娲对偶神话最早记录本的上限提前到了先秦时代，二是似乎为这样一种假说提供了证据，即伏羲、女娲相互联系起来以至与洪水兄妹婚神话三者联系起来可能是在南方完成的。①

值得注意的是，与南蛮族群集团的女娲族群有密切关系的是南方各族群具有丰富的洪水兄妹婚神话，苗、瑶、壮、侗、布依、毛南、仫佬、黎、彝、白、傈僳、拉祜、纳西、哈尼、基诺、佤和高山等民族都有比较完整的故事流传。它保留着人类童年时期的某些天真。芮逸夫在《中国民族及其文化论稿》中曾说：“洪水故事的地理分布，大约北自中国本部，南自南洋群岛，西起印度中部，东讫台湾岛……我推测，兄妹配偶型的洪

① 刘亚虎：《伏羲女娲、楚帛书与南方民族洪水神话》，《百色学院学报》2010年第6期。

水故事或即起源于中国的西南，由此而传播到四方。”[①] 这个推测是合乎实际情况的，中国西南地区此型神话在各族群里广泛流传，具有发源地的种种特点。而其中与女娲关系最密切的是瑶族和苗族。在瑶族《盘王歌》和苗族的神话、史诗、远古歌里，出现了洪水中两兄妹是伏羲兄妹（即伏羲女娲两兄妹）的情节，这体现了民族文化的交融。

远古上古时期，黄淮、江淮一带民族迁徙分合频繁，伏羲女娲氏的一些后裔有可能融合于南方苗蛮族群集团之中。这样，伏羲女娲氏的后裔或留居，或迁徙并与当地土著结合，伏羲女娲的形象和神话也在不同的地域和氛围继续流传、延续、发展、变化。与在汉族中发展成阴阳的象征相似又相异，伏羲女娲神话在南方少数民族地区与洪水神话、葫芦崇拜结合起来，形成了祖先神话。具体地说，就是苗、瑶等民族都流传着由于这种结合而形成的伏羲兄妹（或同时流传着伏羲兄妹和别的姓名的兄妹）洪水后结婚繁衍人类的神话。

如果把伏羲兄妹洪水神话与汉文典籍有关记载作一番比较的话，会发现它们在许多方面有相吻合的地方。《太平御览》卷七八引汉代纬书《诗含神雾》说：“大迹出雷泽，华胥履之，出宓牺。”而《山海经·海内东经》说：“雷泽中有雷神，龙身而人头，鼓其腹。”则华胥所履的雷泽中的大迹当为雷神之迹，说明伏羲也为雷族。这与南方一些少数民族洪水神话所说的伏羲之父与雷公是兄弟一致。值得注意的是，交合观念、生育信仰作为两条主线贯串了两组神话。滚磨叠磨、抛线穿针、点火合烟等方式都隐喻着阴阳暗合，含神圣意味，与汉文典籍和画像中女娲伏羲作为阴阳象征如出一辙。伏羲兄弟各自结婚生下的肉团剁碎抛散生成人类，与化为十神的“女娲之肠”一脉相承。可见伏羲女娲神话流传到南方，最大的变化就是与南方民族叙述人类再生的洪水神话、葫芦兄妹婚神话结合了起来。[②]

总之，以上所述，正如闻一多在《伏羲考》中所说：“伏羲与女娲的名字，都是战国时才开始出现于记载之中的。伏羲见于《易·系辞下传》《管子·封禅篇》《轻重戊篇》《庄子·人间世篇》……女娲见于《楚辞·天问》《礼记·明堂位篇》《山海经·大荒西经》……二名并称始见

---

① 芮逸夫：《中国民族及其文化论稿》（上册），艺文出版社 1972 年版，第 1059 页。

② 刘亚虎：《伏羲女娲、楚帛书与南方民族洪水神话》，《百色学院学报》2010 年第 6 期。

于《淮南子·览冥训》，也是汉代的书。”[①] 吕微也说“在绝大多数先秦典籍中，言伏羲不同时言女娲，言女娲不同时言伏羲”。[②] 从汉代文献开始，首次将女娲与伏羲并列，唐代李冗《独异志》明确地为女娲配上了一个亦兄亦夫的配偶神——伏羲：“昔宇宙初开之时，只有女娲兄妹二人在昆仑山，而天下未有人民。议以为夫妻，又自羞耻。兄即与其妹上昆仑山。咒曰：‘天若遣我兄妹二人为夫妻而烟悉合；若不使，烟散。’于烟即合，其妹即来就，兄乃结草为扇，以障其面。今时人娶妇，执扇，象其事也。”[③] 同时代的卢仝在《与马异结交诗》也写道：“女娲本是伏羲妇。”[④] 在这里，女娲已由独立的大神向对偶神转化[⑤]。也正是在此时，女娲已成为南方母系氏族公社时期的代表。

2. 三苗

三苗是苗蛮集团中的重要成员。甲骨文、金文皆无“苗”。现读为miao，古音当作mao。故《山海经·海外南经》云：“三苗国在赤水东，其为人相随。一曰三毛国。”据考苗、蛮二声，系阴阳对转。古字同音同义。《广雅·释诂》苗、蛮均解作傷[⑥]。

三苗亦称有苗，又作苗民。《尚书》《墨子》《孟子》《国语》《战国策》《荀子》《韩非子》《礼记》《帝王世纪》《竹书纪年》《穆天子传》《淮南子》《吕氏春秋》《盐铁论》《孙卿子》《随巢子》《说苑》《通鉴外纪》《史记》等数十种文献中都有记载，其中以《尚书》记载最详。史籍中多说三苗是国名，如《尚书·孔传》曰：“三苗国名”，或曰“三苗之国”“三苗之君”“三苗之王”。《尚书正义》亦云：“三苗诸侯之君。”《山海经·海外南经》说：“三苗国在赤水东。”郝懿行亦云“三苗国”。《史记·五帝本纪》马融曰：三苗“国名也”。郑玄曰：“所窜之苗为西裔诸侯者。”《帝王世纪》“诸侯有苗氏”。《博物志》“三苗国”。凡此等等，

---

① 闻一多：《伏羲考》，上海古籍出版社2006年版，第1页。

② 吕微：《神话何为》，社会科学文献出版社2001年版，第323页。

③ （唐）李冗：《独异志》卷下，《丛书集成初编》第2837册，第51页，中华书局1983年版，据商务印书馆1935年版重印。

④ 《全唐诗》卷三八八，中华书局1960年版，第4383页。

⑤ 郑尤：《汉族女娲神话与南方民族女神神话比较研究》，硕士学位论文，中南民族大学，2008年，第14—16页。

⑥ 侯哲安：《三苗考》，《贵州民族研究》1979年第1期。

不胜枚举。

三苗在作为国名的同时又是族群之名，如《尚书·吕刑》云："苗民无辞于罚""三苗之民"。《礼记·缁衣》云："苗民匪用命。"《竹书纪年》云："有苗氏负固不服。"《路史》云："驩头…生三苗氏。"《汉书·地理志》师古注曰："三苗本有苗氏之族。"凡此等等，亦不胜枚举。

从上述两方面看来，三苗已如恩格斯在《自然辩证法·劳动在从猿到人转变过程中的作用》中所言"从部落发展成了国家和民族"①。

三苗的分布，文献记载颇多。有丹江说、南蛮说、江淮荆州说、洞庭彭蠡说、西裔说和南海说。② 其实，丹江说、南蛮说、江淮荆州说、洞庭彭蠡说基本是一致的，均指长江中游一带。而西裔说、南海说论据不足，不能当作整个三苗分布的范围。为什么三苗主要活动于长江中游一带？据文献的记载：

《战国策·魏策二》吴起云："昔者三苗之居，左彭蠡之波，右洞庭之水。"

《韩非子》云："三苗不服者，衡山在南，岷江在北，左洞庭之波，右彭蠡之水。"

《史记·五帝本纪》："三苗在江淮荆州数为乱。"

《帝王世纪》："帝尧陶唐氏……诸侯有苗氏处南蛮而不服。"

《史记正义》云："洞庭，湖名，在岳州巴陵西南……南与青草湖连；彭蠡，湖名，在江州浔阳县东南五十二里。以天子在北，故洞庭在西为左，彭蠡在东为右，今江州、鄂州、岳州，三苗之地也。"

《路史·国名纪》："周景式曰：柴桑彭泽之间古三苗国，左洞庭，右彭蠡，负固而亡者，今衡、岳、潭之境。"

《说苑·君道》："当舜之时，有苗氏不服。其所以不服者，大山在其南，殿山在其北，左洞庭之波，右彭蠡之川，用此险也。所以不服。"

《说苑·贵德》："吴起对曰在德不在险。昔三苗氏左洞庭，右彭蠡。"

---

① 《马克思恩格斯选集》第3卷，人民出版社1972年版，第515页。

② 侯哲安：《三苗考》，《贵州民族研究》1979年第1期。

《通典》云："潭州，古三苗国之地，自春秋以来为黔中地。"又云："岳州，古苍梧之野，亦三苗国之地。"

《元和郡县志》："岳州本巴丘地，古三苗国也。史记三苗之国左洞庭，右彭蠡……"

《太平寰宇记》："潭州（长沙郡），禹贡荆州之域，三苗地。"又云："岳州，南邻苍梧之野，古三苗国也。"

《名义考》云："三苗建国在长沙，而所治则江南荆扬也。"

《尚书地理今释》："三苗，今湖广武昌、岳州二府，江西九江府地。史记正义曰，吴起云三苗之国左洞庭而右彭蠡，今江州、鄂州、岳州也。"

综上所述，虽然三苗主要活动于长江中游一带，但由于三苗存在的年代不同，所处的地域也有所不同。最初在南蛮之地，曾达丹水，后在江淮荆州，集结在洞庭、彭蠡之间。而且三苗在洞庭、彭蠡之间的时间是其发展史上最重要的一页。吴永章认为从地望看记载三苗居地，首推《战国策·魏策二》所载吴起之说和《史记·吴起列传》之言外，《韩诗外传》卷三亦云：有苗氏不服者，"衡山在南，岐（当为'汶'之讹）山在北，左洞庭之波，右彭蠡之水"；《淮南子·修务训》高诱注：三苗"在彭蠡、洞庭之野"。这些说法，虽不尽相同，但在最基本点上却是一致的。即三苗聚居于洞庭、彭蠡之间。关于洞庭、彭蠡所在之地，据《史记·五帝本纪·正义》案："洞庭，湖名，在岳州巴陵西南一里，南与青草湖连。彭蠡，湖名，在江州浔阳县东南五十二里。以天子在北，故洞庭在西为左，彭蠡在东为右。今江州、鄂州、岳州，三苗之地也。"这是一种流行的解释，多为后世舆地册籍所袭用。要言之，即在今洞庭湖与鄱阳湖之间。①

三苗的历史发展可分为四个时期。

（1）尧时三苗兴起时期

三苗刚兴起之时曾加入了九黎族群。② 故古时就有人称三苗为九黎之后，一直到五帝之一的尧时三苗才有专称，从而兴起。

三苗一兴起，为争取入主中原的统治权就与尧纠结在一起。《史记·

---

① 吴永章：《三苗综议》，《民族研究》1987年第2期。

② 侯哲安：《三苗考》，《贵州民族研究》1979年第1期。

五帝本纪》郑玄曰："有苗，九黎之后，颛顼代少昊诛九黎，分流其子孙为三国。高辛之衰，又复九黎之德，尧兴又诛之，尧末在朝，舜臣又窜之。后禹嗣位又在洞庭逆命，禹又诛之。"韦昭曰："三苗九黎之后，高辛氏衰，三苗为乱。"说明三苗的先民，在尧之前就有相当长的历史，于九黎战败之后开始兴起，开始立国。

三苗立国后就与尧发生了冲突，《山海经·海外南经》三苗国条下，郭璞注云："昔尧以天下让舜，三苗之君非之，帝杀之。"《博物志》卷八、《太平御览》卷七九〇所引《外国图》也有相类记载。换言之，尧以天下不传子丹朱而让舜，三苗反对这一做法，与丹朱结成联盟，与尧决战而败。《帝王世纪》亦曰："帝尧陶唐氏……诸侯有苗氏处南蛮而不服。"于是"尧战于丹水之浦"[①]，战争发生在丹水流域，即河南西南部和河南、湖北交界的地方。此次战役大约就是尧舜禹与三苗之战的开始。据侯哲安考证，尧曾封子丹朱于丹水，这一带后来的姬姓国有隋、唐、曾、巴以及熊姓的罗国（后迁岳阳）。可见尧时三苗主要活动在汉水流域。

（2）尧徙三苗于三危时期

尧克三苗于丹水之后，被尧徙于三危。《史记·五帝本纪》曰："三苗在江淮荆州数为乱……放驩兜于崇山，以变南蛮；迁三苗于三危，以变西戎。"于是一部分三苗到三危定居。《禹贡》说："三危既定，三苗丕叙。"师古曰："三危山名，已可居也。"孔安国曰："西裔之山已可居，三苗之族大有次叙，美禹之功。"可见，三苗被徙到三危之后，与当地羌人融合，故《后汉书·西羌传》说："西羌之本，出自三苗。"可理解为三苗被羌人融合。但近有学者认为三危并不是地名，而是泛指山地，故"窜三苗于三危"，即窜群苗于群山，三苗之众窜匿在南方山地[②]，不啻为一说。

（3）舜分北三苗时期

尧把帝位"禅让"[③] 给舜后，据史书记载，舜为了使三苗臣服，一面

---

① 《吕氏春秋·召类》。

② 马少侨：《"窜三苗于三危"新释》，载胡起望《苗族研究论丛》，贵州民族出版社1988年版，第60页。

③ 所谓尧禅让，根据史书及考古发现，实际是舜软禁了尧，《汲冢竹书》说："舜篡尧位，立丹朱城，俄又夺之。"《竹书纪年》说："舜囚尧，复偃丹朱，使不与父相见。"《路史·发挥》引《纪年》："尧末德衰，为舜所囚。"舜夺取了尧的职位。

发展生产，巩固联盟内部团结，采取了文教感化和武力征服相结合的政策，故《帝王世纪》云："有苗氏负固不服，舜乃修文教三年，执干戚而舞之，有苗请服。"《韩非子·五蠹》亦云："当舜之时，有苗不服，禹将伐之，舜曰不可，上德不厚而行武，非道也。乃修教三年，执干戚舞，有苗乃服。"《吕氏春秋·上德》亦云："三苗不服，禹请攻之，舜曰以德可也。行德三年而三苗服。"也即《荀子·成相》所云："干戈不用三苗服。"因此舜大得民心，《说苑·君道》云："当舜之时，有苗氏不服……禹欲伐之，舜不许曰：谕教犹未竭也。乃谕教焉，而有苗氏请服。天下闻之，皆非禹之义而归舜之德。"

另一面进一步采用分化、瓦解的策略，即"分北三苗"。《尚书·舜典》："三载考绩，三考黜陟幽明，庶绩咸熙，分北三苗。"《史记·五帝本纪》的记载亦同，只是王肃云："三苗之民有赦宥者，复不从化，不令相从，分北流之。"郑玄曰："流四凶者卿为伯子，大夫为男，降其位耳。犹为国君，故为三苗为西裔诸侯。犹为恶，乃复分北流之，谓分北之西裔三苗也。"分北三苗的"北"字，可作"甄别"解，又作"背，留善恶去。"意思是舜命官员对三苗进行考绩，针对其君臣表现实行所谓"五流三居"的分散瓦解政策。被"五流者"为"暗"：愚昧、糊涂、凶顽、复不从化。于是，三苗之中的大部又面临舜的军事挤压而被迫离开三危，向东南，渡西汉水，翻过终年积雪叠山以东的西秦岭［今徽（县）、成（县）盆地］，再渡过嘉陵江上游而进入汉水流域。而那些未随大部迁徙的"三居"者，则与当地羌人融合，演化成了中国古代的"羌"，故古史称"西羌之本，出自三苗"①。

（4）禹伐三苗时期

禹继位后，三苗又成为危及禹统治地位的主要威胁。《尚书·益稷》载禹自述己功时说："弼成五服，至于五千，州十有二师，外薄四海，咸建五长，各迪有功，苗顽弗即工。"注曰："九州五长，各蹈为有功。惟三苗顽凶，不得就官，善恶分明。"就是说，禹对四方"蛮夷"，均立为"长"，唯独凶顽不恭的三苗，"不得就官"。后来，早就主张对三苗进行武力征讨的禹，与三苗进行了一场历时七十天的大战。

《竹书纪年》云："有苗负固不服。"《尚书·益稷》亦云："苗顽弗

① 《后汉书·西羌传》。

即工。”上古之时，汉语工与贡相通，此即三苗之民反抗剥削，不给舜禹进贡。于是禹在誓师动员时说：“三苗不敬鬼神，滥用刑罚，违背天意作乱，上天现在号令我们要对它进行讨伐。”《墨子·兼爱下》载有禹出师伐三苗的誓言，列举了三苗的“罪状”，其词曰：“济济有众，咸听朕命，蠢兹有苗，昏迷不恭，侮慢自贤，反道败德，君子在野，小人在位，民弃不保，天降之咎。”所谓三苗不恭（不尊王），不贡（不进贡），败德（不用君子用小人）。

禹与三苗交战前，天灾降临，自然怪异，灾变频繁，西汉竹简《六韬》：“有苗日蚀月断，三日不解”，“有苗三日不见日”①，百姓惊恐。交战开始，战斗十分激烈，互有胜负。《墨子·非攻下》云：“昔者三苗大乱，天命殛之，日妖宵出，雨血三朝，龙生于庙，犬哭于市，夏有冰，地坼及泉，五谷变化，民乃大振，高阳乃命玄宫，禹亲把天之瑞令以征有苗，四电诱祇。有神人面鸟身，若瑾以待，搤矢有苗之祥，苗师大乱，后乃遂几。”古本《竹书纪年》亦云：“三苗将亡，天雨血，夏有冰，地坼及泉，青龙生于庙，日夜出，昼日不出。”《随巢子》亦云：“昔三苗之乱，龙生于庙，犬哭于市。”《论衡》又云：“三苗之亡，五谷变种，鬼哭于郊。”这些记载形容三苗地区的天灾人祸以及战事的残酷，杀戮惨极，血流满地，几无人烟，故龙（蛇）出于旷野，犬哭于市郊。说明当时三苗地区发生了天崩地坼的大地震，禹乘机发动大规模进攻，射中了苗师首领，苗师大败，溃不成军，一蹶不振。从此“三苗”“有苗”“苗民”等称呼消失不见，三苗遗裔虽还在江汉地区生活繁衍，但作为一个族群已经瓦解。《国语·周语》追溯奴隶产生时说：“黎苗之王。”就是说，“人夷其宗庙，而火焚其彝器，子孙为隶，不夷于民”的地位。今本《竹书纪年》云：“三十五年，帝命夏后征有苗，有苗氏来朝。”《墨子·非攻下》云：“后乃遂几。”几是衰亡的意思。由此可见江汉地区的三苗被禹打败以后，只有一部分留在江汉地区，逐渐融合在后来的蛮人之内。而大部分向西南逃避的，仍保持“三苗”作为民族雏形的一些特征，发展成为后来的苗、瑶、畲等民族。还有一部分变为奴隶，这部分后来逐渐融合于华夏民族，成为汉族来源的一部分。

---

① 河北省文物研究所定州汉墓竹简整理小组：《定州西汉中山怀王墓竹简〈六韬〉释文及校注》2228、1175。（http://wenku.baidu.com/view/4fdf9010cc7931b765ce15a2.html.）

3. 驩兜

与三苗有关系的是驩兜，但史籍对它的记载较少。驩兜是苗蛮集团中以食鱼的水鸟——鹳鸟为图腾的部落。《山海经·大荒南经》云："大荒之中，有人，名曰驩头……人面，鸟喙，有翼，食海中鱼，杖翼而行。维宜芑苣，穋杨是食。"① 可见这是一个渔猎和农耕经济类型的部落。这种以渔猎为重要生活来源的情况，正好说明它是活动在江汉水网地带的南方苗蛮族群集团的一员。

驩兜也作驩头，又作讙头。《尚书·舜典》："流共工于幽州，放驩兜予崇山，窜三苗于三危，殛鲧于羽山，四罪而天下咸服。"②《史记·五帝本纪》云："三苗在江淮荆州数为乱，于是舜归言于帝，请流共工于幽陵，以变北狄；放驩兜于崇山，以变南蛮；迁三苗于三危，以变西戎；殛鲧于羽山，以变东夷。四罪而天下咸服"。在此，所谓流、放、迁、殛、杀，都是放逐的意思。所谓"变"，《史记·索隐》则谓变其形及衣服，同于夷狄也。

古时不少人说驩兜是黄帝的后裔，属于黄帝的一支，如《左传·文公十八年》云："帝鸿氏有不才子，掩义隐贼，好行凶德，丑类恶物，顽嚚不友，是比周天下之民谓之浑敦。"杜预曰："即驩头也，帝鸿黄帝也。"《史记·五帝本纪》亦云："昔帝鸿氏有不才子…天下谓之浑沌。"贾逵曰："帝鸿黄帝，其苗裔驩兜也。"《山海经·大荒北经》亦云："驩头……釐姓"，郝懿行认为"釐与僖同，证明黄帝子十二姓中第九支即驩头"。其实此说有误。

《国语·晋语四》记载："黄帝之子二十五人，其同姓者二人而已。唯青阳与夷鼓皆为纪姓。青阳，方雷氏之甥也，夷鼓，彤鱼氏之甥也。其同生而异姓者，四母之子别为十二姓。凡黄帝之子，二十五宗，其得姓者十四人为十二姓。姬、酉、祁、纪、滕、箴、任、荀、佶、僖、儇、依是也。唯青阳与苍林氏同于黄帝，故皆为姬姓。"此说黄帝之子二十五宗，十四姓，并没有驩头。此外，《山海经·大荒北经》提供了一个重要线索："颛顼生驩头，驩头生苗民，苗民釐姓。"又说："高辛邦之，尧直之于三危，河西诸羌诸其类是也。"郭璞认为即三苗之民。又曰："驩头尧

① 又见《海外南经》："驩头国，……人面有翼，鸟喙，方捕鱼。"

② 《孟子·万章》除"杀三苗"不同外，余皆与《尚书·舜典》同。

臣。”同时，《山海经・大荒南经》则云：“大荒之中有人，名曰驩头，鲧妻士敬，士敬子炎融，炎融生驩头…有驩头之国。”

仔细分析《史记・五帝本纪》叙述流四凶之前说：“三苗在江淮荆州数为乱。”然后陈述流放四凶的必要。《尚书・尧典》亦云：“帝曰畴咨若予采？驩兜曰，都。共工方鸠僝功。”这就说明：驩头生苗民，应理解为驩头是三苗的首领之一；驩头在高辛氏（即帝喾）时曾为诸侯之国，故曰“高辛邦之”；在尧的部落联盟中，驩头参加了联盟议事会，故曰：“驩头尧臣”；驩头与三苗，同在江淮荆州之地，故在尧时同被放逐。[①] 这说明驩头与三苗关系密切，绝不是黄帝之系谱的族群。

驩兜的命运与三苗一样，在与尧的斗争中失败而被放逐南方。《山海经・大荒南经》云：“大荒之中有驩头之国。”又说：“有人焉，鸟喙有翼，方捕鱼于海。”郝懿行案：“此似说驩头国人。”《山海经・海外南经》亦云：“驩头国，其为人人面有翼，鸟啄，方捕鱼……或曰驩朱国。”郭璞云：“驩兜，尧臣，有罪自投南海而死。帝怜之，使其子居南海而祠之。”说明驩头被放逐后，子孙向南迁徙，直至海边，以捕鱼为业。

不仅如此，三苗在江淮荆州反抗之后，一部分迁于三危，一部分则放之于南海，一部分留在江淮荆州，一个族群被分徙为南北三地。驩兜也被分为南北两部分，故《山海经・大荒北经》云：“西北海外，黑水之北有人有翼，名曰苗民。颛顼生驩头，驩头生苗民。”郭璞认为即“三苗之民”。于是，南北皆有三苗，亦南北皆有驩兜。其西北一支，与羌人融合。有的又从西北向南迁徙，黔西北苗族传说自北迁来，即此之故。而南海一支的地域，古人多泛指“南蛮”（《大戴礼记・五帝德》）、“南裔”（马融等）。根据《尚书・舜典》“流共工于幽州，放驩兜于崇山，窜三苗于三危，殛鲸于羽山”的记载，唐孔颖达《五经正义》中说：“幽州在北高，雍州三危在西裔，徐州羽山在东高，崇山在南裔。”他对“南裔”属何州未作具体说明，只大略说“盖在衡岭之南也”，认为此崇山是放驩兜之所。宋乐史所撰《寰宇记》亦认为“舜放驩兜于崇山，即此”。并具体地指出：“崇山今驩州也，周为越裳之国。”越裳之国在今老挝[②]，看来驩兜南徙得够远的了。

---

① 参阅侯哲安《三苗考》，《贵州民族研究》1979 年第 1 期。

② 何平：《越裳的地望与族属》，《东南亚》2003 年第 3 期。

总之，由于炎黄、东夷族群集团与苗蛮族群集团的战争以苗蛮的失败而告终，所以舜在战胜三苗部落流四凶时，将驩兜逐于崇山[①]。如果说驩兜部落与三苗不是同属苗蛮族群集团的话，那舜绝不会无缘无故地把驩兜也加以放逐的。

4. 祝融

祝融，本名重黎，号赤帝，后人尊为火神的中国上古神话人物，也是汉民族起源时期苗蛮集团的风云族群。

祝融的兴起颇为传奇，传说与火有关。

> 黄帝时候有个火正官，名叫祝融，他小时候的名字叫作黎，是一个氏族首领的儿子，生成一副红脸膛，长得威武魁伟，聪明伶俐。不过他生性火暴，遇到不顺心的事就会火冒三丈。那时候，人们已经学会钻木取火，但还不大会保存火和利用火。黎特别喜欢跟火亲近，所以十几岁就成了管火的能手，火到了他的手里，只要不是长途传递，就能长期保存下来。黎还会用火煮饭烤肉，用火取暖照明，用火驱逐野兽蚊虫。这些本领，在那个时候是了不得的事，所以大家都很敬重他。
>
> 有一次，黎的爸爸带着整个氏族长途迁徙，黎觉得带着火种走路不方便，就只把钻木取火用的尖石头带在身边，大家定居下来后，黎就取出尖石头，找了一根大木头，坐在一座石山下面“呼哧呼哧”钻起火来，钻呀，钻呀，钻了整整三个时辰，还没有冒烟，黎很生气，他嘴里喘着粗气，很不高兴。但是没有火不行，他只好又钻，钻呀，钻呀，又钻了整整三个时辰，烟倒是冒出来了，就是不起火，气得他脸色黑红，“呼”地站起来，把尖石头向石山上狠狠砸去。谁知已经钻得很热的尖石头碰在石山上，“咔嚓”一声，冒出了几颗耀眼的火星。黎看到了，很快想出了新的取火方法。他采了一些晒干的芦花，用两块尖石头靠着芦花“嘣嘣嘣”敲了几下，火星溅到芦花上面，就“吱吱”冒烟了，再轻轻地吹一吹，火苗就往上蹿了。
>
> 自从黎发现了石头取火的方法，就再也用不着费很大工夫去取火了，也用不着千方百计保存火种了。黄帝知道黎有这么大的功劳，就

① 《史记·五帝本纪》。

把他请去，封他当了个专门管火的火正官。黄帝非常器重他，说："黎呀，我来给你取个大名吧，就叫祝融好了。愿你永远给人间带来光明。"黎听了非常高兴，连忙磕头致谢。从此，大家就改叫他祝融了。

那时候，黄帝在中原，南方有个氏族首领名叫蚩尤，经常侵扰中原，弄得中原的人无法生活。皇帝就号令中原的人联合起来，由祝融和其他几个将领带着，去讨伐蚩尤。蚩尤人多势众，尤其是他的九九八十一个兄弟，一个个身披兽皮，头戴牛角，口中能喷射浓雾，本领高强。开始打仗的时候，黄帝的部队一遇上大雾就迷失方向，部队之间失去联系，互不相顾。蚩尤的部队就趁势猛扑过来，打得黄帝的部队大败，一直向北逃到涿鹿才停下来。黄帝被蚩尤围在涿鹿，好久不敢出战，后来，造出了指南车，就再也不怕浓雾了。祝融见蚩尤的部下都披着兽皮，又献了一计，教自己的部下，每人打个火把，四处放火，烧得蚩尤的部队焦头烂额，狼狈而逃。黄帝便驾着指南车，带着部队乘胜向南追赶，赶过了黄河、长江，一直赶到黎山，终于把蚩尤杀死了。祝融因为发明火攻的战术，立了大功，黄帝就重重地封赏了他。

黄帝的部队班师回朝时，路过云梦泽南边的大山，黄帝把祝融叫到跟前，故意问道："这叫什么山？"祝融回答道："这叫衡山。"黄帝又问："你可知道这山的来历？"祝融答道："古老的时候，天地一片浑沌，像个鸡蛋。后来出了个盘古氏，开天辟地，才有了生灵。他活了一万八千年，死后躺在中原大地之上，头部朝东，变成了泰山；脚趾在西，变成了华山；腹部凸起，变成了嵩山；右手朝北，变成了恒山；左手朝南，就变成了眼前的衡山。"刚刚说完，黄帝紧接又问："那么，为什么名叫衡山呢？"祝融马上答道："这座山横亘云梦与九嶷之间，像一杆秤一样，可以称出天地的轻重，衡量帝王道德的高下，所以名叫衡山。"

黄帝见他对答如流，非常高兴，笑呵呵地说："好啊！你这么熟悉南方的事务，我要委你以重任！"但黄帝并不说出是什么重任。队伍在衡山驻扎下来了。黄帝登上最高峰接受南方各个部落的朝拜。当时许多氏族首领汇集一起，大家都很高兴，祝融一时兴起，奏起了黄帝自己编的曲子——咸池之乐。黄帝的妃子嫘祖也踏着拍子，跳起舞来。大家见了，都围着黄帝跳了起来。

跳了个痛快以后，黄帝叫大家静下来，说："我就位以来，平榆罔，杀蚩尤，制定历法，发明文字，创造音律，编定医书，又有嫘祖育蚕丝，定衣裳之制，现在天下一统，我奠定五岳：东岳泰山，西岳华山，南岳衡山，北岳恒山，中岳嵩山。从今以后，火正官祝融镇守南方。"祝融这时才知道，原来黄帝说的委以重任，就是这么回事。

黄帝走了以后，祝融被留在衡山，正式管理南方的事务。他住在衡山的最高峰上，经常巡视各处的百姓。他看到这里的百姓经常吃生东西，就告诉他们取火，教他们把东西烧熟再吃。他看到这里的百姓晚上都在黑暗中摸来摸去，就告诉他们使用火把和松明。他看到这里瘴气重，蚊虫多，百姓经常生病，就告诉他们点火熏烟，驱赶蚊虫和瘴气。百姓们都很尊敬他，每年秋收以后，就成群结队地来朝拜他。大家说："祝融啊，我们人丁兴旺了，生活过得好了，都是你给我们带来了这么多的好处，我们感谢你，要尊你为帝。你以火施化，火是赤色，我们就叫你赤帝吧！"从此，祝融就被大家尊为赤帝了。

正当大家安居乐业的时候，不料来了一场祸事。有个叫共工的人，和别人争帝位，打起来了，他的头朝不周山撞过去，只听得"轰隆隆"一声巨响，撑天的柱子折断了，系住大地的绳索也绷断了。从此，天空向北倾斜，日月星辰都往西北方向落下去。大地向东南倾斜，江河湖泊的水也都往东南方向流过去。南岳衡山这块天，眼看着也要垮下来了，这块地也一晃一晃的，像要翻过去了。老百姓吓得不得了，一个个抱着大树，攀着岩石，哭了起来。祝融连忙使出自己的全身本领，像个大柱子一样撑住了天空，把最高峰也稳稳地扶住了。因为有祝融撑住天，衡山这个地方的天才没有垮，山才没有塌。后来有个诗人写出"地涌一峰秀，高撑南楚天"的诗句，就是写这事。

祝融在南岳山上活了好久才死去。百姓们把他埋在南岳山的一座山峰上，这个山峰就称为赤帝峰。他居住过的最高峰，就叫作祝融峰。在祝融峰顶上，百姓们还修建了一座祝融殿，是为了永远纪念他的功德。①

① 《祝融的故事》（http：//www.90in.net/thread-15647-1-6.html）。

民间传说往往是历史的折射。那么，拨开神话传说神秘的面纱，祝融族群兴起的历史真像如何呢？1973 年 5 月，在长沙市城东南子弹库（现湖南林业勘查设计院）内一座战国木椁墓被盗，出土了有名的楚国“缯书”（又称“帛书”）。在“缯书”中出现了“祝融”的名字①。在“缯书”正文第二大段云：

炎帝乃命祝融以四神降，莫三天，□思敦，奠四极。②

祝融是传说中楚人的祖先。古书中有祝融八姓之说，见于《国语·郑语》：

祝融……其后八姓，于周未有侯伯。佐制物于前代者，昆吾为夏伯矣，大彭、豕韦为商伯矣，当周未有。己姓，昆吾、苏、顾、温、董。董姓，鬷夷、豢龙，则夏灭之矣。彭姓，彭祖、豕韦、诸稽，则商灭之矣。秃姓，舟人，则周灭之矣。妘姓，邬、郐、路、偪阳，曹姓，邹、莒，皆为采卫，或在王室，或在夷狄，莫之数也，而又无令闻，必不兴矣。斟姓无后。融之兴者，其在芈姓乎？芈姓夔、越，不足命也；闽芈，蛮矣，唯荆实有昭德，若周衰，其必兴矣。

类似的记载见于《大戴礼记·帝系》：

颛顼娶于滕奔氏，滕奔氏之子谓之女禄氏，产老童。老童娶于竭水氏，竭水氏之子谓之高缗氏，产重黎及吴回。吴回氏产陆终。陆终氏娶于鬼方氏，鬼方氏之妹谓之女嬇氏，产六子，孕而不粥（育），三年，启其左胁，六人出焉。其一曰樊，是为昆吾。其二曰惠连，是

① “缯书”现藏美国纽约大都会博物馆。1944 年，蔡季襄在《晚周缯书考证》中最早刊出了帛书的摹本，此后又有几种摹本发表，但这些本子凭目力临写，不免有出入参差之处。1973 年，澳大利亚国立大学出版了巴纳的《楚帛书研究》第二部，书中有用新技术拍摄的帛书照片，比较清晰，可以认出许多字。“祝融”就是这样被发现的。

② “缯书”中“祝融”中的“融”是一个古字，由 4 个部分组成：左上为繁体万字，下为耳字；右为上下两个虫字。

为参胡。其三曰篯，是为彭祖。其四曰莱言，是为云（妘）郐人。其五曰安，是为曹姓。其六曰季连，是为芈姓……昆吾者，卫氏（是）也。参胡者，韩氏（是）也。彭祖者，彭氏（是）也。云郐人者，郑氏（是）也。曹姓者，邾氏（是）也。季连者，楚氏（是）也。

《世本》也有差不多的内容，《史记·楚世家》则基本上转述《帝系》，并指出重黎、吴回都有祝融之号。

《郑语》讲祝融之后八姓，《帝系》等书只有六姓，这是什么缘故呢？据《国语》韦昭解，秃姓是彭姓之别，斟姓是曹姓之别。祝融八姓的传说虽有神话色彩，但在汉民族的起源研究上仍然有重要的价值。传说表明，己、董、彭、秃、妘、曹、斟、芈八姓，原来是六个或八个互有血缘关系的族群，他们经过悠长的历史阶段，分散到各地，形成了一系列大国小国。在中国上古各种传说中，这是含义最明显的一个。

李学勤的研究表明，祝融八姓的传说绝非出于捏造，而是反映了一定的历史事实，一些青铜器铭文，不仅证实《国语·郑语》所记若干国的姓是正确的，还证明了祝融八姓的传说在周代是普遍流行的。如北宋晚年在今湖北嘉鱼出土的楚公逆镈铭文云："准八月甲申，楚公逆自作吴雷镈，厥铭曰……"[①] 作器人楚公逆，孙贻让指出即周宣王时的熊咢，从镈的形制看是可信的。丁山考释此镈，认为"吴雷"就是吴回。楚祖季连为吴回之孙，陆终第六子。镈铭证明楚君确以吴回为其先祖。又如邾公釛钟铭文云："陆终之孙邾公釛作厥和钟……"[②] 邾祖安为陆终第五子，故邾君为陆终裔孙[③]。此其一。

其二，祝融八姓所记载的姓是确实的。如苏国确为己姓，河南三门峡上村岭出土有苏氏媵女之器，女姓作"妃"。上村岭的春秋墓属于虢国，西虢随周平王东迁，移居到这里，与当时在河南温县西南的苏接近，互通婚姻，是很自然的。又据《郑语》所载，祝融八姓到西周末年只剩下四姓。董姓被夏朝所灭，彭姓被商朝所灭，秃姓舟人灭于周，斟姓则自行绝

① 郭沫若：《两周金文辞大系考释》，上海书店出版社 1999 年版，第 164 页。
② 同上书，第 191—192 页。
③ 李学勤：《谈祝融八姓》，《江汉论坛》1980 年第 2 期。

灭无后，所以八姓仅存一半。《郑语》是周幽王时郑桓公和史伯的问答，所述是当时的状况。我们看周代金文，确实只能找到己、妘、曹、芈（金文作“嬭”）四姓，与古籍相合。这也证明祝融八姓之说是可信的。

其三，从《国语·郑语》中，还可以知道八姓迁徙繁衍的某些情况。八姓中每一姓，本来居于一地，成为一国，后来又分封出其他的国。如己姓原仅昆吾一国，后来出现的苏、顾、温、董，据韦解“皆昆吾之后别封者”。又如苏国在商代已经存在，传说妲己就是苏国的女子。周武王伐商，苏忿生为司寇，受封于温，所以当时苏即是温，不再有分立的苏、温两国。温在今河南温县西南三十里。还如芈姓的夔、越均为楚国所分封。夔在湖北秭归东二十里，是比较明确的。越自然不是吴越之越，《史记·楚世家》云周夷王时熊渠伐杨粤（越），立其少子执疵为越章王，芈姓之越疑即指此。其地也应“在江上楚蛮之地”[1]。

其四，祝融八姓的分布及其迁徙分封若绘成一幅图，可清晰地明了祝融八姓的早期分布情况，即北起黄河中游，南至湖北北部，可以说是环处中原。《左传·昭公十七年》梓慎云郑为“祝融之墟”，很可能是祝融八姓的中心。因此郑玄《毛诗谱·桧谱》说：“桧者，古高辛氏火正祝融之墟。桧国在《禹贡》豫州外方之北，荥波之南，居溱、洧之间。祝融氏名黎，其后八姓，唯妘姓桧者处其地焉。”而在祝融之墟以南的董姓、彭姓、曹姓、芈姓，后来都有向北发展移徙的趋势。[2] 祝融八姓的原始分布就是在中原及其周围。

总之，祝融八姓在夏商两代曾经形成相当重要的诸侯国。到了周代，大部分被视为蛮夷。可见，祝融部落也是苗蛮族群集团的一个组成部分。

（三）苗蛮与华夏民族的渊源关系

历史的多样性制约着民族的形成过程，苗蛮族群集团在向民族发展的过程中，出现了多元化的态势。这就是学术界多数所公认的，苗蛮族群集团中的一部分成为后来的苗、瑶、畲等民族的祖先，至今苗、瑶、畲等族中盛传的关于槃瓠的传说就是明证。

另一方面，苗蛮族群集团中的某些氏族、部落，后来又成为华夏民族

---

① 《史记·楚世家》。

② 李学勤：《谈祝融八姓》，《江汉论坛》1980 年第 2 期。

的一部分，而与华夏民族有一定的族源关系。在这方面，最重要的是苗蛮中的一支发展形成的楚民族，后来成为华夏民族的组成部分。

关于楚民族的形成，笔者将在下面详述，在这里必须指出的是楚民族最早兴起的地方正是苗蛮曾活动过的丹江流域。《史记·楚世家》说：周成王时，“封熊绎于楚蛮，……居丹阳”。丹阳之地有二：一是清人宋翔风所说的丹江与淅水相会之处的丹阳[①]，即今汉水上游地区；二是荆山丹阳，其大致地望，北不过汉水，南不过荆山，西不过彭水（今南河），东不过鄢水（今蛮河）。楚民族从丹淅丹阳迁到荆山丹阳，披荆斩棘，筚路蓝缕，即《左传·昭公十二年》所说：“昔我先王熊绎，辟在荆山。”又“楚”字甲骨文、小篆、石鼓文的字形，都有建国林中的意义。《说文解字》训楚为“丛木，一名荆也。从林。”[②]因此，先秦古籍文献中常称楚民族为“荆楚”或“楚荆”，例如《诗经·商颂·殷武》中即有“维女荆楚，居国南乡”和“挞彼殷武，奋伐楚荆”的记载。正因为楚民族开发以荆山丹阳为中心范围的地域渐有成效，所以周夷王时熊绎之五代孙“熊渠甚得江汉间民和”，其“伐庸、杨粤、至于鄂。熊渠曰：‘我蛮夷也，不与中国之号谥。’乃立其长子康为句亶王，中子江为鄂王，少子执疵为越章王，皆在江上楚蛮之地。”[③]证明江汉地区已成为楚民族左右驰骋、纵横捭阖的地域了。而丹江及江汉地区正是苗蛮集团活动的主要地域。作为华夏民族一个重要组成部分的楚民族既然崛起于丹江及江汉地区，那么自古就活动在这个地域内的苗蛮族群集团的一部分就是楚民族的主要族源，推而论之，苗蛮集团的一部分也就是华夏民族的一个支源。

除此以外，槃瓠的传说在汉民族中的流传演变也可证苗蛮族群集团是华夏民族的一个支源。关于槃瓠的传说，前已提及，其后来演变成汉民族的盘古开天辟地的传说。这个演变情况，最早见于三国时期徐整写的《三五历纪》，其云：

天地混沌如鸡子。盘古生其中，万八千岁，天地开辟，阳清为

① 参阅《过庭录》卷四，见《皇清经解续编》卷四一四。

② （汉）许慎：《说文解字》，中华书局1963年版，第126页。

③ 《史记·楚世家》。又《世本》和《大戴礼·帝系篇》所记略同。

> 天，阴浊为地，盘古在其中，一日九变。神于天，圣于地。天日高一丈，地日厚一丈，盘古日长一丈，如此万八千岁，天数极高，地数极深，盘古极长。故天去地九万里。[①]

在此最可注意的是，《述异记》的记载，明确说明了关于盘古传说演变的具体时代和地方。时代，是“秦汉间”，这正是华夏民族统一，并发展、转化为汉民族的时期。地方，是“吴、楚间”，这正是苗蛮集团活动过的地域。这就表明，秦汉之时，盘古开天辟地的英雄伟绩，不仅为南方苗蛮集团所传颂，更为正在形成的汉民族所崇扬。盘古作为创造代表汉民族共同地域的“五岳”的英雄，被汉民族公认为开山祖。这也表明苗蛮族群集团中的槃瓠氏族或部落与华夏民族也有一定的族源关系。

以上所述，可见，苗蛮族群集团虽然不是全部发展、融合为华夏民族，但其中的一部分确是主要通过楚民族成为华夏民族的一部分。所以，在族源关系上来说，苗蛮是华夏民族的支源之一。

二　支源之二——百越

（一）“龙的传人”之缘起

> 古老的地方有一条龙，
> 他的名字叫中国；
> 古老的东方有一群人，
> 他们全都是龙的传人。
> 飞龙脚下我成长，
> 长成以后是龙的传人；
> 黑眼睛黑头发黄皮肤，
> 永永远远是龙的传人。
> ……

这深沉感人的《龙的传人》之歌，在海峡两岸竞相传唱，长城内外，

---

① 见《太平御览》卷二引《三五历纪》。

大江南北，激起了炎黄子孙的骄傲和自豪，表现了台湾同胞不忘宗、不忘根的民族认同感。

为什么称之为“龙的传人”呢？

这与远古时人们崇拜龙图腾有缘。《淮南子·原道训》云：“九疑之南，陆事寡而水事众，于是人民被发文身，以像鳞虫，短绻不绔，以便涉游，短袂攘卷，以便刺舟，因之也。”高诱注亦云：“文身，刻画其体内，点其中，为蛟龙之状，以入水，蛟龙不伤也。”文身“为蛟龙之状”，正是原始人图腾崇拜的一种重要形式。

那么，是什么人因崇拜龙图腾而文身呢？是越人。《说苑·奉使篇》云：“诸发曰‘彼越……处海垂之际，屏外蕃以为居，而蛟龙又与我争焉，是以剪发文身，斓然成章，以象龙子，将避水神也。’”《汉书·地理志下》应劭注亦云：越人“常在水中，故断其发，而文其身，以象龙子，故不见伤害也。”由此可见，汉民族之所以又常称为“龙的传人”，是与古代越人崇拜龙图腾有着渊源关系的。古代越人所组成的百越族群集团是汉民族及其前身华夏民族的又一个支源。

（二）百越是中国南方的又一支土著

当中国南方的一支土著——苗蛮活跃于长江中游的江、淮一带时，中国南方的另一支土著——百越也早活跃于长江下游的东南沿海和岭南一带了。最能证明这一点的是河姆渡遗址的发掘，展现出了与黄河流域的半坡遗址有着不同特点的原始社会母系氏族公社时期的繁荣情景。

浙江余姚河姆渡村位于长江流域的杭州湾南岸的一个小平原上。其遗址分为 4 层，最下层年代距今约 6900 多年①，很巧，这与距今大约 6000 多年，位于黄河流域的西安半坡遗址的年代大体相当。两者有着不同的特点，主要表现有以下几点。

第一，粮食作物不同。河姆渡发现大量成堆的稻谷，半坡出土的却是粟。

第二，农具不同。河姆渡出土了作翻土用的骨耜，半坡出土的工具中却没有耜这种农具。

第三，房屋结构不同。河姆渡的房屋是用石斧、石凿等石器加工，基

---

① 浙江省文物管理委员会：《河姆渡遗址第 1 期发掘报告》，《考古学报》1978 年第 1 期。以下所引河姆渡的材料均参阅该文，不再注明。

本上采用榫卯结构的木构建筑，房屋结构有适应南方气候较热特点的 1 米多的屋廊，半坡房屋则无论“半地穴式”或平地建筑，墙壁和屋顶均是以密集的木柱或木椽为骨干，外涂以一层很厚的草泥土的草泥木结构。①

这种不同的特点表明：不仅黄河流域是汉民族先祖童年的摇篮，长江流域也是汉民族先祖童年的摇篮。

那么，在河姆渡这个摇篮里成长起来的是谁呢？是百越。其理由如下。

1. 图腾崇拜相同

百越除上述崇拜龙图腾外，还崇拜鸟图腾。史籍中关于越人认为鸟是吉祥象征的记载很多，如：

> 《水经注·浙江水》载：“（禹）崩于会稽，因而葬之，有鸟来为之耘，春拔草根，秋啄其秽。”
>
> 《越绝书·越绝外传记地传第十》载：“大越海滨之民，独以鸟田。”
>
> 《吴越春秋·越王无余外传第六》载：“百鸟佃于泽”；“（无余）始受封，人民山居，虽有鸟田之利”；越“众民悦喜，皆助奉禹祭，四时致贡，因共封立，以承越君之后，复夏王之祭，安集鸟田之瑞，以为百姓请命”。

而且有的还认为鸟为越“祖”如：

> 《博物志》卷九云：“越地深山有鸟，如鸠，青色，名曰冶鸟……此鸟白日见其形，鸟也，夜听其鸣，人也……越人谓此鸟为越祝之祖。”
>
> 《吴越备史》卷一云：乾宁二年越州董昌称帝时，“有客使倪德儒语昌曰：‘中和辰巳间，越中曾有圣经云，有罗平鸟主越人祸福，敬则福，慢则祸，于是民间悉图其形以祷之，今观大王署名，与当时鸟状相类。’乃出图示昌，昌欣然以为号”。

① 中国科学院考古研究所编：《新中国的考古收获》，文物出版社 1961 年版，第 9 页。

绝非偶然巧合的是河姆渡的出土遗物中，在9件文物上有鸟形图案，计有：双凤朝阳象牙雕刻1件，鸟形象牙圆雕3件，骨匕2件，浮雕双飞燕器盖1件，木蝶形器2件。这些鸟形图案的出现，且多数雕刻在象牙器上，也有的雕刻在骨器上，并都经过精心的加工磨光。在雕刻的技法上，线条刚劲有力，把鸟的姿态生动地刻画了出来，特别是作为河姆渡文化艺术精品的鸟形象牙圆雕，整体别具匠心地成鸟型，造型新颖、精美，形态逼真、生动。一般说来，要雕刻这样的鸟纹，不仅要有熟练的技术，更要有对鸟的深刻认识和感情，而且从器型上分析，如蝶形器造型奇特，绝不是一般的日用器，可能是供特殊情况下使用的器物。因此，这种鸟纹的出现，说明了河姆渡人对“鸟”的崇尚，很可能就是他们的图腾崇拜。①

2. 经济类型相同

百越是以“饭稻羹鱼”为其经济生活特点的。

《史记·货殖列传》云：“楚越之地，地广人稀，饭稻羹鱼，或火耕而水耨”。在“饭稻羹鱼”的同时，还以蛇蛤蜃贝为美食。《逸周书·王会解》亦云：“东越海蛤，欧人蝉蛇，蝉蛇顺食之美。于越纳，姑妹珍，且瓯蜃，共人玄贝。”这种情况与黄河流域的经济生活是大相径庭的，所以《淮南子·精神训》说：“越人得髯蛇，以为上肴，中国得而弃之无用。”

更非偶然巧合的是河姆渡遗址的第3、第4文化层中，均发现大量的稻谷，在第4层的上部普遍有稻谷发现，稻谷、稻壳、稻秆、稻叶等混杂地堆积在一起，厚0.2—0.5米。所有的稻谷经专家鉴定都是栽培稻②。同时还出土了大量的骨耜和一件刻有稻穗的陶盆③。可见河姆渡人经济生活是以种植水稻为主的。

另外，河姆渡的气温比现在更加温暖湿润，雨量充沛，大约相当于现在

---

① 吴汝祚：《我国早期种植水稻的氏族部落》，《史前研究》1985年第2期；林华东：《试论河姆渡文化与百越族的关系》，载《百越民族史论集》，中国社会科学出版社1982年版，第88—89页。

② 游修龄：《从河姆渡遗址出土稻谷试论我国栽培稻的起源、分化和传播》，载《浙江农业科学论文集》，浙江科技出版社1980年版。

③ 河姆渡遗址考古队：《浙江河姆渡遗址第二期发掘的主要收获》，《文物》1980年第5期。

的亚热带地区，因此其地多为湖泊沼泽地带，从发掘所获的动物骨骼鉴定，表明当时不仅有生活于密林中的虎、象、熊、犀等大型兽类外，还有生活于沼泽芦苇地带的四不像、獐、鸭、雁、鸩，以及青鱼、鲫鱼、鲤鱼、鲇鱼等淡水鱼类[①]。可见渔猎经济在河姆渡人的经济生活中占有突出的地位。

3. 建筑形式相同

《博物志》载："南越巢居。"所谓巢居，即居住在后来称为"干栏"式建筑形式的房屋里。其特点是：底部悬空，正脊的两头翘起，并长于屋檐，屋顶成两面坡式。[②] 这种建筑形式既可防湿热，又可防兽害，与江南水网地区的自然条件是适应的。此后，江南地区，特别是东南沿海及岭南一带长期住"干栏"式的房屋。《太平御览》卷七百八十引《临海水土志》云：安家之民[③]，"悉依深山，架立屋舍于栈格上，似楼状。"

此外，河姆渡遗址的重要收获之一，就是大片带有榫卯的木构建筑遗迹的出土。各种形式的榫卯形式的发现，反映了当时木构建筑技术的水平已相当发达。在第4层中，已发现排列整齐的桩木13排，至少包含着3座干栏式的有前廊的长屋。

4. 善舟之习相同

在江河湖泊纵横交错的江南地区，舟是百越的交通工具。《吕氏春秋·贵因》云："适越者，坐而至有舟也"。《淮南子·齐俗训》亦云："越人善于舟"。对于百越之"善于舟"，《越绝书·越绝外传记地传第十》有一段十分形象生动的描绘：越人"以船为车，以楫为马，往若飘风，去则难从。"如此娴熟的驾船善舟之习确实是相当突出的，故《淮南子·齐术训》中又云：即便"汤武圣主也，而不能与越人乘舲舟，浮于江湖。"

又是绝非偶然巧合的是河姆渡遗址曾出土6件木桨，其中1件还刻有几何形花纹，制作工整，造型美观。木桨的发现，说明河姆渡人为了适应江南水网地区的自然环境，已经善于用舟代车了。至今余姚，绍兴一带仍以舟代车为习。

---

① 浙江省博物馆自然组：《河姆渡遗址动植物遗存的鉴定研究》，《考古学报》1978年第1期。

② 刘诗中等：《贵溪崖墓所反映的武夷山地区古越族的族俗及文化特征》，《文物》1980年第11期。

③ 安家之民系越人后裔。

从上述河姆渡人与后来的百越之人在图腾崇拜、经济生活、建筑形式和善舟之习诸方面的相同，说明河姆渡文化与百越文化之间确实有着相当密切的亲缘关系。而这种亲缘关系的存在又表明百越是中国南方的又一支土著。

还可以继续得到证明的是，继河姆渡文化以后，考古学上在长江下游还发现了马家浜文化和良渚文化，使我们可以理出长江下游地区新石器时代文化发展的脉络①，而且从人类学的角度来看，新石器时代汉民族先民的主要体质特征由北向南似有：从颅骨短而高向长而低，上面部较狭长向低矮，眼眶较高向较低，面部较垂直向突颌，中宽的鼻型向阔鼻发展的趋势。可见远古汉民族的先民早在旧石器时代已有南北两大类型，以后逐步演化为现代华北人和华南人，而华中人则是两者之间的过渡型。②

紧接着的是考古学上的几何印纹陶文化时代。值得注意的是几何印纹陶文化与百越的分布基本吻合，根据大量的考古材料可知，几何印纹陶文化主要分布在苏南、上海、浙江、福建、江西及广东等省市，而其周围扩及台湾、广西、湖北及安徽的一部分地区，即大体分布在长江以南的中国东南部及南部地区。而《汉书·地理志》颜师古注云："自交趾至会稽，七八千里，百粤杂处。""百粤"即"百越"也。林惠祥先生也指出："百越所居之地甚广，占中国东南及南方，如今之浙江、江西、福建、广西、越南或至安徽、湖南诸省。"③ 这绝非偶然的巧合吧！

还值得注意的是几何印纹陶文化与百越的起始年代又基本一致。根据对考古材料的测定，几何印纹陶文化出现于新石器时代的晚期阶段，距今约 3700—3500 年。但真正进入几何印纹陶文化时代，则大体距今 3500 年左右，即商代初期。所以，几何印纹陶文化始于商周，春秋时期达到全盛化，至战国时期开始走向衰落，秦汉时代则基本结束，只是在个别地区还

① 周国兴：《长江流域——中华民族远古文明的又一摇篮》，《史前研究》1983 年第 2 期；曾骐：《百越地区的新石器时代文化》，载《百越民族史论集》，中国社会科学出版社 1982 年版。

② 刘咸：《论中国人的体质类型》（1937 年）。

③ 林惠祥：《中国民族史》（上册），上海书店 1985 年版，第 111 页。

有一定比例。[①] 而百越之登上历史舞台，见于史籍记载是开始于春秋时期，《史记·越王勾践世家》载："越王勾践，其先禹之苗裔，而夏后帝少康之庶子也。封于会稽，以奉守禹之祀，文身断发，披草莱而邑焉。后二十余世，至于允常。允常之时，与吴王阖闾战而相怨伐。允常卒，子勾践立，是为越王。"又张守节正义云："《舆地志》云：'越侯传国三十余叶，历殷至周，敬王时，有越侯夫谭。子曰允常，拓土始大，称王，《春秋》贬为子，号为于越'。"此外，《竹书纪年》亦载：周穆王"三十七年伐楚，大起九师，东至九江，遂伐越，至于纡。"《路史》亦云："纡，穆王伐之，大起九师，东至九江，蚖蝉为梁，在江东矣。"可见百越活跃于春秋，正好是几何印纹陶文化的全盛之时，这也绝非偶然的巧合吧！

从上述几何印纹陶文化与百越地理分布和起始年代上绝非偶然的吻合和一致，进一步表明百越是中国南方的又一支土著。

这样从河姆渡文化开始，经马家滨文化、良渚文化直到几何印纹陶文化，百越一直是在中国南方土生土长的一个土著集团。

（二）盘古为百越先祖之一

从盘古开天辟地传说谈起

曰：遂古之初，谁传道之？
上下未形，何由考之？
冥昭瞢暗，谁能极之？
冯翼惟象，何以识之？
明明暗暗，惟时何为？
阴阳三合，何本何化？
圆则九重，孰营度之？
惟兹何功，孰初作之？

正当中原大地流行着黄帝制器，创造一切的神话传说时，汉民族的第一个伟大诗人屈原在流传千古的《天问》中，却置黄帝传说于不顾，提

① 吴绵吉：《江南几何印纹陶"文化"应是古代越人的文化》，载《百越民族史论》，中国社会科学出版社 1982 年版。

出了宇宙中自然界和人类社会“孰初作之”的问题。

与中原炎黄系统尊黄帝为“人文之祖”不同，在中国南方却盛行着“盘古开天”辟地的传说，回答了屈原提出的这个问题。神话学家袁珂在《中国神话传说》[①] 中，整理了古籍中的材料，详细记述了这个传说，他说：

> 据说当天地还没有分开的时候，宇宙的景象就只是黑暗混沌的一团，好像一个大鸡蛋。我们的老祖宗盘古就孕育在这个大鸡蛋中。
>
> 他在大鸡蛋中孕育着，成长着，呼呼地睡着觉，这样一直经过了一万八千年。有一天，他忽然睡醒了，睁开眼睛一看：啊呀！什么也看不见，看见的只是漆黑模糊的一片，闷得人怪心慌。
>
> 他觉得这种状况非常可恼。心里一生气，不知道从哪里抓过来一把大板斧，朝着眼前的黑暗混沌，用力这么一挥，只听得山崩地裂似的一声响：哗喇！大鸡蛋突然破裂开来，其中有些轻而清的东西，冉冉上升，变成了天，另外有些重而浊的东西，沉沉下降，变成了地。——当初是混沌不分的天地，就这样给盘古的板斧一挥，划分开来了。
>
> 天和地分开以后，盘古怕它们还要合拢，就头顶天，脚踏地，站在天地的当中，随着它们的变化而变化。
>
> ……
>
> 他孤独地站在那里，做这种撑天柱地的辛苦工作，又不知道经过了多少年代。到后来，天和地的构造似乎已经相当巩固，他不必再担心它们会合在一起，他实在也需要休息休息，终于，他也和我们人类一样地倒下来死去了。
>
> 他临死的时候，周身突然起了大的变化：他口里呼出的气变成了风和云，他的声音变成了轰隆的雷霆，他的左眼睛变成了太阳，右眼睛变成了月亮，他的手足和身躯变成了大地的四极和五方的名山，他的血液变成了江河，他的筋脉变成了道路，他的肌肉变成了田土，他的头发和髭须变成了天上的星星，他的皮肤和汗毛变成了花草树木，他的牙齿，骨头，骨髓等，也都变成了闪光的金属、坚硬的石头、圆

① 袁珂：《中国神话传说》上，中国民间文艺出版社 1984 年版，第 74—76 页。

亮的珍珠和湿润的玉石，就是那最没用处的身上出的汗，也变成了雨露和甘霖——总之一句话：这“垂死化身”的盘古，用了他的整个身体使这新诞生的世界丰富而美丽。

为什么中国南方会流传与黄帝制器，创造一切截然不同的盘古开天辟地的神话传说呢？究其根源，是因为汉民族除以炎黄和东夷为其主源之外，还以百越为其支源。盘古开天辟地就是流传在百越集团中壮侗语族的始祖神话传说。①

处在神话迷雾之中的盘古神话，不同的学者从不同的角度进行过研究探讨，形成众说纷纭的态势。如关于盘古神话的原产地、族属，就形成了本土说与外来说之争。“本土说”又分为四种：南方说、中原说、西北说以及“根在中国说”。而南方说又有苗族说、瑶族说、壮侗语民族说（以壮族为主）。主张“外来说”的除极少数认为是巴比伦外，主要是持“印度说”。

有关盘古开天辟地神话的汉文古籍记载，最早见于三国东吴徐整的《三五历纪》和《五运历年记》②：

天地浑沌如鸡子，盘古生其中，万八千岁。天地开辟，阳清为天，阴浊为地。盘古在其中，一日九变，神于天，圣于地。天日高一丈，地日厚一丈，盘古日长一丈。如此万八千岁，天数极高，地数极深，盘古极长，后乃有三皇。数起于一，立于三，成于五，立于七，

① 笔者在1986年前撰写的《汉民族发展史》（四川民族出版社1992年版）中曾认为盘古即盘瓠，《后汉书·南蛮传》中所记载关于槃瓠具有神秘色彩的历史，向我们透露出不少关于苗蛮的信息：其一，槃瓠是以狗为图腾的父系氏族公社时期的氏族或部落。其二，槃瓠“言语侏离”，说明苗蛮集团在语言上与炎黄、东夷两集团完全不同。其三，苗蛮集团在炎黄和东夷集团的尧、舜时期得到了较大的“滋蔓”发展。并帮助帝喾部落打败了犬戎。后来，不少学者详细论证了盘古与盘瓠为两个不同的神谱体系，两者之间不能打等号，见李本高《盘古非盘瓠——从瑶族文献中看盘古与盘瓠的区别》，《中央民族学院学报》1989年第6期；彭官章《盘古即盘瓠说质疑》，《广西民族研究》1988年第2期；赵廷光《试论盘古和盘瓠与瑶族的关系》，《中央民族学院学报》1989年第2期；陶立璠《试论盘古神话》，载《少数民族文学论集》，中国民间文艺出版社1987年版，第129页。故在此采用了盘古源于南方壮侗语民族说。

② 《三五历纪》和《五运历年记》，两书均已失传。现在所看到的是唐代欧阳询等编的《艺文类聚》卷一所引的《三五历纪》。

处于九，故天去地九万里。

在这个记述中未涉及故事的来源。到了南朝梁代任昉的《述异记》所载的盘古神话中，则进一步说明了其流传的大致年代、具体地域和盘古为夫妻：

> 昔盘古氏之死也，头为四岳，目为日月，脂膏为江海，毛发为草木。秦汉间俗说："盘古氏头为东岳，腹为中岳，左臂为南岳，右臂为北岳，足为西岳。"先儒说："盘古氏泣为江河，气为风，声为雷，目瞳为电。"古说："盘古氏喜为晴，怒为阴。"吴、楚间说："盘古氏夫妻，阴阳之始也。"今南海有盘古氏墓，亘三百余里，俗云后人追葬盘古之魂也。桂林有盘古祠，今人祝祀。南海中有盘古国，今人皆以盘古为姓。（任）按：盘古氏天地万物之祖也，然则生物始于盘古。

这就明确地点明了盘古神话在秦汉民间流传，"吴楚间说，盘古氏夫妻"，是当时传播的主要地区；南海有"盘古氏墓""盘古国""人皆以盘古为姓"，指出盘古神话最早产生于南海，即泛指岭南一带；而"桂林有盘古祠，今人祝祀"，说明当时的盘古祠首先见于桂林（今广西来宾市象州县一带），祭祀盘古活动自古传承至今，香火一直旺盛不息。这些仅见于1600年前的最早记载，显然是追述盘古氏故事来源的踪迹。

众所周知，南海、桂林及象郡，是秦始皇统一岭南之后建置的行政区划。秦代的南海郡，辖今广东的中部和东部，治所在番禺（今广州市）；桂林郡辖今广西中部、东南部至广东西部的茂名，治所在布山县（今广西贵港市①）；自汉武帝平南越后，将秦原在岭南所置三郡析为九郡，其中在郁林郡置桂林县，治所在今广西象州县境；三国时代，孙权建立吴国统辖该地，东吴凤凰三年（274年），又分郁林郡置桂林郡，郡治武安县，治所亦在今象州县境；隋朝分潭中、中溜两县置桂林县；开皇十二年（592年）置象州，此为象州得名之始。由此可见，秦汉至三国的南海和桂林一带是盘古神话产生的中心地区，应是盘古文化的重要发祥地，故有

① 一说为广西桂平附近。

“盘古国”之称。对此，茅盾（沈雁冰）以玄珠之笔名，早在1929年就在《中国神话ABC》中提出了“我们想象盘古的神话本产生于南方（假定是两粤）而渐渐北行”[①] 的观点。

实际情况正是如此，据覃乃昌等对古桂林郡、县所辖的今来宾市象州县及武宣县和兴宾区（原来宾县）一带的田野考察所提供的材料表明：仅来宾市就有25座盘古庙，8个盘古村，4座盘古山岭，3个盘古洞，构成了独特的盘古地名文化景观。不仅如此，当地还流传以各种形式表现和传颂盘古神话故事，不同地区有各种版本，有民间师承的古壮字抄本传世，其中有壮族民间宗教巫教、麽教、师教（师公）的祝词唱本，有短歌和叙述体长歌，有口承故事，还有师公戏等。更重要的是来宾市一带的盘古文化中，包括信仰观念、节日祭祀、地名标志、宗教祝颂、歌谣传唱等，渗透到生活的各个领域，形成了蕴藏深厚的盘古文化表达。由此可见，岭南盘古神话的主体，无论是从原始社会生产条件、原始思维层次、原始婚姻制度还是原始信仰，都具有南方族群鲜明的地域特征[②]。

为了进一步说明问题，还有必要作进一步的分析。南海，即指南海郡，秦始皇三十三年（公元前214年）置，秦汉之际，南海之地入南越，汉元鼎六年（公元前111年）灭南越后复置，郡治在番禺，即今广州市。辖境相当于广东翁江、大罗山以南，珠江三角洲及绥江流域以东，其后渐小。隋开皇九年（589年）废，唐以后又曾改番州、广州为南海郡。但是，在史籍文献中，南海大多是泛称，其所指因时而异，有时指我国南方，有时指岭南地区。《左传·僖公四年》云：“君处北海，寡人处南海。”《尚书·禹贡》说：“入于南海。”其确地不详。《诗经·江汉》说：“于疆于理，至于南海。”《史记·秦始皇本纪》说：“上会稽，祭大禹，望于南海。”《说文》曰：“秏，稻属。从禾，毛声。伊尹曰：‘饭之美者，玄山之禾，南海之秏’。秏，呼到切。”这里的“南海之秏”中的南海就是泛指岭南广大地区。因此，任昉所撰《述异记》中的“今南海有盘古氏墓，亘三百里”中的南海，也是泛指岭南广大地区。因为这里说的盘古氏墓，不是指具体的某一座墓，而是带着人们的精神寄托想象中的墓，

① 玄珠：《中国神话研究ABC》，上海书店出版社1990年版，第32页。

② 潘其旭：《华南—珠江流域盘古神话的北传——盘古神话来源问题研究之二》，《广西民族研究》2006年第4期。

也可以指岭南的山山岭岭，因为连绵三百里的墓是不可能存在的，再加上后面一句“俗云后人追葬盘古之魂也”，就更能证明这是人们想象中的盘古墓，是“俗云”而已，或者说是人们“追葬盘古之魂”的民间传说。由此可见，这里的南海不是指南海郡，而是泛指岭南地区。再说，汉代灭南越国以后再设的南海郡，其范围已经大大缩小，其后的范围则更是渐渐缩小。因此此处的南海不是指南海郡，而是泛指岭南地区。另外，再从最后一句“南海中有盘古国，今人皆以盘古为姓”看，如前所述，后世盘姓遗布岭南地区，因此“以盘古为姓”的居民构成的盘古国也不可能局限在南海郡，而是在广大的岭南地区[①]。此其一。

其二，任昉《述异记》所说的“桂林有盘古氏庙，今人祝祀”中的桂林则是指桂林郡。据文献记载，秦时的桂林郡治所在今广西桂平西南，南朝梁时在武熙（今广西象州县西北境内）。《象州县志》记载：

> 汉元鼎六年（前111年）在今县境置桂林县，此为行政建置之始。
>
> 吴凤凰三年（274年），今象州境置武安县、桂林县。武安县为桂林郡治。
>
> 晋太康元年（280年）今县境置武熙（武安县改称）、桂林2县。
>
> 南北朝梁于今县境置阳寿、武化、长风、淮阳4县。阳寿县治（今县城）为韶阳郡治。
>
> 隋开皇十二年（592年）置象州，今县境有桂林、西宁、淮阳3县。大业二年（606年）废象州，今县境置阳寿、桂林县，属始安郡。
>
> 唐武德四年（621年）复置象州。今县境置阳寿、西宁、桂林、武德、武化、长风6县[②]。

可见象州就是南朝梁任昉《述异记》中提到的古桂林郡的中心区域。古桂林郡所辖的范围，最大时达到大半个今广西地区。自西汉元鼎六年

---

① 覃乃昌：《壮侗语民族创世神话是盘古神话的主要来源——盘古神话来源问题研究之六》，《广西民族研究》2007年第3期。

② 象州县志编纂委员会：《象州县志》，知识出版社1994年版，第716页。

（公元前111年）至唐武德四年（621年）。这里称为桂林的时间长达680多年。

袁珂在《古神话选释》中，对南朝梁任昉《述异记》“桂林有盘古氏庙，今人祝祀”作过注释云：“桂林，秦置郡名。约有今广西壮族自治区的全部地方。其后三国吴也置桂林郡，治所在现在广西壮族自治区象州。其后南齐所置桂林郡，治所也在这里。此处所说的桂林，即指广西壮族自治区的象州……如今广西壮族自治区，介于岑溪县和容县之间，还有一个小镇，就叫‘盘古’。”①

值得重视的是盘古开辟型创世神话主源于壮侗语民族的开辟神话。在壮侗语民族中，普遍存在盘古神话的原型——“宇宙蛋”创世型神话，根据覃乃昌的研究有以下几种说法。

壮族《姆洛甲》神话说：在混沌时代，宇宙中旋转着一团大气，渐渐地越转越急，越转越快，最后变成一个蛋的样子，它里面有三个蛋黄，后来爆开分成三片，一片飞到上边成为天，一片沉下变为地，一片飞出去变成海洋。

壮族麽经《布洛陀》说：远古的时候，天和地紧紧叠在一起，结在一块，不能分开。后来，突然一声霹雳，裂成两大片。上面一片往上升，就成了住雷公的天，下面一片往下落，就成了住人的地。

布依族《混沌王》开辟天地神话说：在很古很古的年代，宇宙间一片迷蒙。混沌王哈气成雾，扇气成风，宇宙仍然混混沌沌，天地不分，东西南北不辨。这时盘果王出现了，他用鞭子一挥，把宇宙劈成两半，上浮者为天，下沉者为地，上有日月星辰，下有河流山川，天地从此就开拓出来了。

布依族《盘古开天辟地》神话说：很古很古的时候，天和地是合在一起的，没有天地之分。玉皇大帝就派盘古来开天辟地。盘古拿起一把大斧头砍了三年，才把天和地砍开。天和地砍开以后，轻的东西就朝上升，变成天上的云和雾；重的东西就沉下来，变成地上的石头和泥巴。

傣族《叭英开天辟地》说：很古很古的时候，没有天地，没有万物，只流动着气体、烟雾，呼呼地乱吹着狂风。不知又过了多少年，气体夹着

---

① 袁珂：《古神话选释》，人民文学出版社1979年版。转引自过伟《中国女神》，广西教育出版社2000年版，第149—150页。

烟雾，狂风吹着气体，三样东西渐渐地组合在一起，凝结成一个圆球。剩下的另外一些气体、烟雾和狂风，凝结成一个巨大的人形，这个巨大的人形就是后来创造天地和万物的始祖神叭英。叭英伸开双手，搓身上的污垢，将污垢糊在那黑色的圆球上。污垢圆体便慢慢地向四面八方扩大，形成了天地。壮侗语民族中的侗族、水族、仫佬族、黎族都有类似的神话。[①]

这些神话与盘古开辟型创世神话"天地浑沌如鸡子""天地开辟，阳清为天，阴浊为地"等十分相似。与此同时，在这些民族中还有把天撑高的神话，例如壮族《布洛陀》神话中说：天地造出来后，可是那时候的天很低，爬到山顶上，伸手可以摘下星星，扯下云彩。天地靠得近，人们日子很难过，太阳一照，热得烫死人；雷公轻轻打鼾，就使人们不能入睡，要是雷公大吼大叫，就好像天崩地裂一样，使人听了又惊又烦。为了使天地分开，布洛陀带领人们爬了九百九十九座山，找到一棵又粗又高的老铁木，布洛陀挥斧把它砍倒，大家把它抬到山顶，把天顶高。布依族创世古歌《造天地》中说：布灵真能干，布灵最聪明，扛着神竹竿，忙把天地摊。神竹实在少，撑天天不稳，撑了南面北面垮，撑了西边东边倾，布灵气呼呼，找来四根大神竹，一方撑一根，才把天撑住。神竹显神灵，节节往上伸，伸了十二节，天就有了十二层。壮侗语族其他民族中也有类似的神话。这些神话与盘古开天辟地神话中"天日高一丈，地日厚一丈"也十分相近。[②]

在此论证的基础上，覃乃昌在《盘古国与盘古神话》[③]中进一步提出盘古化生型创世神话也主源于壮侗语民族化生神话。在壮侗语民族中，布依族有《力戛撑天》神话：太初年代，力戛率领众人撑开了天地，为了不再使天地靠拢，他拔牙当钉把天钉牢，牙齿变成了满天星斗。拔牙流的血变成彩霞，喘的气变成风，淌的汗变成雨，眨眼成电，咳嗽成雷。没有光明，他又挖出自己的眼睛，右眼化为太阳，左眼化为月亮，大地才有了生机。力戛在天上劳累了九九八十一天，精疲力竭而死去。他累死了，身上的各个部位变成了万物。广西柳江县壮族师公的

① 覃乃昌：《壮侗语民族创世神话是盘古神话的主要来源——盘古神话来源问题研究之六》，《广西民族研究》2007年第3期。

② 同上。

③ 覃乃昌：《盘古国与盘古神话》，民族出版社2007年版。

唱词《造人歌》就云：

> 混混沌沌天地天，混混沌沌无乾坤。
> 法王生来无父母，五色祥云结为婚。
> 不觉将身来变化，将身变化置乾坤。
> 脸面上升为天界，肉化为泥气化风。
> 左眼化日右化月，牙齿化为满天星。
> 头发后来化草木，十指尖尖化山坡。
> 大肠大肚化湖海，小肠小肚化江河。

黎族创世神话《大力神造天地》亦说：

> 大力神拱天射日月以后，想平展展的一片大地，光溜溜的没有山川森林，人们又怎样生息繁殖？……他还把梳下来的头发往群山上一撒，山上便长出如头发般茂密的森林来……用脚尖踢划群山，凿通了大小无数的沟谷，他的汗水流淌在这些沟谷里，便形成了奔腾的江河……大力神为万物生息不辞劳苦，当他完成了造化大业后，已经筋疲力尽了，他终于倒了下来。临死前，他还深怕天再倒塌下来，他撑开巨掌，高高举起把天牢牢地擎住。传说那巍然屹立的五指山，就是黎族祖先的英雄——大力神的巨手！

这些与“首生盘古，垂死化身，气成风云，声为雷霆，左眼为日，右眼为月，四肢五体为四极五岳，血液为江河，筋脉为地理，肌肉为田土，发髭为星辰，皮毛为草木，齿骨为金石，精髓为珠玉，汗流为雨泽，身之诸虫，因风所感，化为黎氓”的盘古神话有着惊人的相似。正如《史记·货殖列传》所云：“楚越之地，地广人稀，饭稻羹鱼，或火耕水耨，果隋蠃蛤，不待贾而足。”在他们的生活中，“陆事寡而水事众”①。所以他们与大自然的关系就较为亲密，在感情上容易与大自然融为一体，神话也多为巨人取自己身上的物件创造天地。② 可见，盘古化生型创世神

① 《淮南子·原道训》。

② 刘亚虎：《南方史诗论》，内蒙古大学出版社1999年版，第190页。

话来源于壮侗语民族的“碎胎化生”创世传说。这也证明，徐整在世时，古越人“垂死化生创世”神话传说已大致定型。此其一。

其二，盘古再生创世型神话也主源于壮侗语民族兄妹结婚再造人类神话。在壮侗语民族中，洪水淹天下、兄妹结婚再造人类的神话，几乎每个民族都有，而且基本上包含以下几个要素：（1）射日；（2）为得到雨水与天上的雷公做斗争；（3）智捉雷公；（4）兄妹得到雷公送给的牙齿种成大葫芦；（5）雷公骗兄妹得水喝逃回天上降大雨淹天下；（6）兄妹坐进葫芦躲过灾难，世界只剩兄妹二人；（7）在仙人的劝说下兄妹结婚；（8）兄妹婚后生出磨刀石一样的肉团；（9）兄妹把肉团剁碎撒到四野再造人类。

从洪水兄妹婚神话在壮侗语诸民族中集中、广泛流传及其具有发源地种种特点考察，这一神话可能主源于壮侗语民族。因为，（1）在西南少数民族中，壮侗语民族是主要居住在大江大河流域——华南珠江流域的民族，历史上有可能受过洪水的侵害，这一神话是这些民族对洪水灾难的历史记忆。（2）壮侗语民族是典型的稻作民族，稻作农业对雨水的追求特别强烈，由此而反映的与雷王的斗争也特别突出。（3）如前所述，从壮侗语民族的远古神话序列看，洪水神话是这个序列中的一个链环，具有序列性的特征，是本民族固有的神话，没有吸收和接受其他民族神话的痕迹。（4）壮侗语各民族的洪水兄妹婚神话中几乎毫无例外的都是生下磨刀石一样的肉团，这在其他民族相类似的神话中是没有的，磨刀石是从新石器时代开始人类就必须依赖的生产生活工具，在华南珠江流域大量的新石器时代遗址中有许多磨刀石出土，磨刀石在人们的头脑中留下了难以磨灭的记忆。壮族麽经《布洛陀》中多处记录了磨刀石，壮族有崇拜磨刀石的习俗，这就说明这一神话反映了人们对远古（新石器）时代生活的回忆，也反映了它是壮侗语民族自己创作的反映本民族历史的神话。（5）水族民间还流传《兄妹种瓜》神话，它除了记述兄妹种葫芦，洪水到来后躲进葫芦避过灾难外，还记述了兄妹结婚生出磨石胎，兄妹切块后重新繁衍人类：

> 有两兄妹，自幼父母双亡，家里很穷，年年靠种地维持生活。
>
> 有一年，兄妹在地里种葫芦，其中有一只葫芦瓜，瓜藤有一里路长，叶大得像一幢房，瓜大得赛过一个谷桶。兄妹俩看见很喜欢，也觉得很奇怪。他俩就把这个葫芦瓜抬回家里用刀子割开，挖干净内瓤，找个地方藏起来。

过了一年，洪水淹了天下，兄妹俩不知怎么办了，就躲藏到那个葫芦瓜里。瓜浮在水上，漂去一处又一处。经过一个月左右，洪水退了。这个时候，天下的人都死光了，剩下的只有兄妹两人。

后来在神的劝说撮合下，兄妹成婚，后来生了一个像一块磨石的肉团，在天上的仙人指教下，他们用刀子割那肉团成几十块，爬上高山去，撒下肉块，就变成天下的人了。

这一神话传说没有射日、没有为得到雨水与天上的雷公做斗争、智捉雷公、兄妹得到雷公送给的牙齿种成大葫芦、雷公骗兄妹得水喝逃回天上降大雨淹天下等内容，讲的只是兄妹种葫芦瓜后的奇遇，应该是洪水兄妹婚神话最原始的版本，从而说明洪水兄妹婚再造人类的神话是壮侗语民族原生的神话。[①] 其实，蓝鸿恩早在1994年就曾撰文指出盘古神话当属当时乌浒人所流传的故事[②]。后来李福清也认为盘古神话具有“宇宙之卵”与“垂死化身”两个核心母题，中国南方畲族、瑶族、苗族、壮族都有盘古化身神话流传以及祭祀盘古的民俗，因此“中国南部民族有这类型神话，北方没有，甚至中原民间流传的神话也未提及盘古身体化宇宙的情节……这都证明盘古神话是从南方民族来的，吴地徐整很可能记录南部流行的神话（但不一定像茅盾所说是从两粤），大概是通过道教宣传，盘古这个神话人物列入汉族民间文学与一些章回小说（如明周游《开辟演义》），在民间神话传说中，有时也代替了伏羲，与女娲一起造或整理世界”[③]。刘亚虎亦认为，流传在百越后裔壮侗语族各民族中的这些神话，无论在形象及叙述方面都如此相似，很可能为百越古族分化迁徙以前的产物。如是，则其产生的年代较为古老。说百越各族为盘古神话或盘古神话某种类型的首创者之一，或者说在百越古族中很早就流传着盘古及同类型的其他神话，大约是可以成立的。[④] 这也就是说盘古族群是百越族群集团的重要成员。

---

① 覃乃昌：《壮侗语民族创世神话是盘古神话的主要来源——盘古神话来源问题研究之六》，《广西民族研究》2007年第3期。

② 蓝鸿恩：《层叠现象剖析——壮族古代文化反思之二》，《民族艺术》1994年第4期。

③ ［俄］李福清著、李明滨选编：《古典小说与传说》，中华书局2003年版，第193—194页。

④ 刘亚虎：《中华民族文学关系史》（南方卷），人民文学出版社1997年版，第183页。

（三）百越与华夏民族的族源关系

百越族群集团种类繁多，《吕氏春秋·恃君》云："扬汉之南，百越之际，敝凯诸夫风余靡之地，缚娄、阳禺、欢头之国，多无君。"高诱注亦云："越有百种。"见于史籍的西周至春秋有吴（又称于越）、越；战国之时又有扬越、东越（又称瓯越），闽越、骆越、西瓯等出现；秦汉时又有南越出现。罗泌《路史·后记》列入百越的种类最多，他说："越棠、骆越、瓯越、瓯人、且瓯、供人、目深、扶摧、禽人、苍梧、扬越、桂国、损子、产里、九菌、海葵、稽余、比带、仆句、区吴是诸百越。"

那么，百越族群集团与华夏民族以及汉民族的族源关系究竟如何？与苗蛮族群集团发展的情况一样，百越族群集团在形成民族的过程中，也出现了多元化的情况，其中的一部分经过多次分化和聚合，逐步形成为中国南方壮侗语族中的壮、傣、布依、侗、水、仫佬、毛南、仡佬、黎等少数民族。另一部分则在不同的历史时期或融合于华夏民族及汉民族，或同化于汉民族，成为华夏民族及其后的汉民族的组成部分。

西周至春秋时，活动在江、浙一带，百越族群集团中发展比较快的于越部落联盟发展形成越民族，分别建立了吴、越二国，公元前473年越灭吴，公元前334年楚灭越，于是越民族先融合于以楚为中心的华夏民族支系族群之中，后随着秦始皇统一六国及统一华夏民族，而最后融合于华夏民族中，成为华夏民族的组成部分。

由于历史发展的不平衡，在江、浙一带的于越形成越民族，后又融合于华夏民族的过程中，岭南地区的百越集团多处于原始社会各个不同发展阶段，至多进入阶级社会不久。公元前223年秦始皇灭楚时，"百越叛云"①，反对秦王朝的统治。秦始皇统一六国后立即派遣"尉（佗）屠睢将楼船之士南攻百越"②，经过多年的征讨，才统一了福建和岭南，设置了闽中、南海、桂林、象郡进行统治，并强迫大批华夏民族的劳动人民迁来"与越杂处"③。

但是，由于秦王朝历史很短，在秦末的动乱中，秦将赵佗据地称王，以番禺为中心，建立了南越王国，一面以"中国人相辅"，另一面行"和

---

① 《越绝书》卷二。

② 《史记·平津侯主父列传》。

③ 《史记·南越列传》。

集百越”[①] 的改革，“教民耕种”[②]，使越人“知书识礼”“渐见礼化”[③]。公元前 111 年汉武帝灭南越王国，统一岭南，置九郡，南越王国中之一部分越人遂融合于汉民族之中。

还有在秦始皇统一六国后被“废为君长”的闽越和东越的首领，在秦末的动乱中，也率众“从诸侯灭秦”[④]。西汉建立后，被分别封赐其首领为闽越王和东瓯王。但由于闽越和东越这两个部落联盟干戈不止，东越抵挡不住闽越的攻击，只得向汉王朝“请举国徙中国，乃悉举众来处江淮之间”[⑤]。而闽越也因其四出掠夺，终遭汉王朝的武力镇压，而“将其民徙处江淮间”[⑥]。于是闽越和东越之越人遂融合于汉民族之中。

总之，综上所述可见百越族群集团之于越于春秋战国之时融合于华夏民族之中，南越、东越、闽越则于西汉之时逐渐融合于汉民族，盘古神话也逐渐北传而融入汉民族的神话体系，盘古又成为汉民族的创世神。[⑦] 而百越族群集团中的其他一些族群，则在三国魏晋以后发展演变为俚人、傒人、僚人，经南北朝的民族大融合，俚人、傒人、僚人中的一部分也被融合于汉民族之中。对此问题当容在论述汉民族的发展时再详述。但仅此我们已可以得出结论：百越是汉民族的又一个支源。

三　支源之三——戎狄

（一）“戎、狄”名称小考

戎、狄是中国三代典籍中对中原之西、之北各氏族、部落或族群的泛称。《墨子·节葬下》云：“尧北教乎北狄，舜西教乎七戎。”《礼记·王制》亦云：“西方曰戎，被发衣皮，有不粒食者矣；北方曰狄，衣羽毛穴居，有不粒食者矣。”

何以称为“戎”“狄”？

---

① 同上。

② 《大越史记全书·越鉴通考总论》。

③ 《后汉书·南蛮传》。

④ 《史记·东越列传》。

⑤ 同上书，其《集解》说：“东瓯王广武侯率其众 4 万余人来降，家庐江郡。”

⑥ 《史记·东越列传》。

⑦ 详见潘其旭《华南—珠江流域盘古神话的北传——盘古神话来源问题研究之二》，《广西民族研究》2006 年第 4 期。

“戎”，《说文解字》曰：“兵也，从戈从甲。”盖“十”即“甲”字，古代中原之西部的氏族、部落多被甲执戈，故段注：“引甲为戎狄之戎。”亦即俗称的“西戎”也。

“狄”，《说文解字》曰：“赤狄本犬种，狄之为言淫辟也，从犬亦省声。”因古代中原之北部的氏族、部落多以狩猎为生，用犬助猎，故俗称“北狄”也。又“狄”又称为“翟”，此例甚多，如《国语·周语》中的“狄”和“狄后”，在《史记·周本纪》和《匈奴传》中均作“翟”和“翟后”。又如《国语·周语上》云：“我先王不窋，用失其官，而自窜于戎翟之间，不敢怠业。”此所称之“翟”，明道本中作“狄”。

其实，戎、狄之称冠以方位，始见于西周，在此以前戎、狄是互通的，古本《竹书纪年》即载：“周王季伐西落鬼戎，系十二翟王。”伐戎而称其王为翟。又《左传·庄公二十八年》称重耳之母为“大戎狐姬”，而《左传·僖公五年》又谓重耳母之国为“狄”。不仅如此，典籍中戎、狄还常常联用，如：“戎狄无亲而贪”“戎狄荐居”“戎狄高晋”[①]“戎狄是膺”[②]“戎狄之与邻”[③]“戎狄之道”[④]“戎狄叛之”[⑤]“戎狄豺狼”[⑥]，等等，不胜枚举。

“戎”“狄”之名始见于西周。西周以前，中原西部和北部的氏族、部落主要分为三大族群集团，即玁狁、鬼方、姜方。

玁狁，见称于《诗经》中《小雅·出车》《小雅·采薇》《小雅·六月》等篇中。据《史记·五帝本纪》和《匈奴传》所载，又称之为“玁狁”“荤粥”“山戎”“獯鬻”“薰育”“严允”等。相传远古时曾遭黄帝驱逐。殷周之际游牧于今陕西、甘肃北境及宁夏、内蒙古西部。西周初其势渐强，成为周王朝一大威胁。周宣王曾多次出兵抵御，并在朔方建筑城堡。《诗经·小雅·采薇》曰：

采薇采薇，薇亦作止。

---

① 以上均见《左传·襄公四年》。
② 《诗经·鲁閟》，又见《孟子·滕文公上》。
③ 《左传·昭公十五年》。
④ 《礼记·檀弓下》。
⑤ 《诗经·小鱼渐序》。
⑥ 《左传·闵公元年》。

曰归曰归，岁亦莫止。
靡室靡家，玁狁之故。
不遑启居，玁狁之故。
采薇采薇，薇亦柔止。
曰归曰归，心亦忧止。
忧心烈烈，载饥载渴。
我戍未定，靡使归聘。
采薇采薇，薇亦刚止。
曰归曰归，岁亦阳止。
王事靡盬，不遑启处。
忧心孔疚，我行不来。
彼尔维何，维常之华。
彼路斯何，君子之车。
戎车既驾，四牡业业。
岂敢定居，一月三捷。
驾彼四牡，四牡骙骙。
君子所依，小人所腓。
四牡翼翼，象弭鱼服。
岂不日戒，玁狁孔棘。
昔我往矣，杨柳依依。
今我来思，雨雪霏霏。
行道迟迟，载渴载饥。
我心伤悲，莫知我哀。①

---

① 译文为：采薇采薇一把把，薇菜新芽已长大。说回家呀道回家，眼看一年又完啦。有家等于没有家，为跟玁狁去厮杀。没有空闲来坐下，为跟玁狁来厮杀。采薇采薇一把把，薇菜柔嫩初发芽。说回家呀道回家，心里忧闷多牵挂。满腔愁绪火辣辣，又饥又渴真苦煞。防地调动难定下，书信托谁捎回家！采薇采薇一把把，薇菜已老发杈枒。说回家呀道回家，转眼十月又到啦。王室差事没个罢，想要休息没闲暇。满怀忧愁太痛苦，生怕从此不回家。什么花儿开得盛？棠棣花开密层层。什么车儿高又大？高大战车将军乘。驾起兵车要出战，四匹壮马齐奔腾。边地怎敢图安居？一月要争儿回胜！驾起四匹大公马，马儿雄骏高又大。将军威武倚车立，兵士掩护也靠它。四匹马儿多齐整，鱼皮箭袋雕弓挂。哪有一天不戒备，军情紧急不卸甲！回想当初出征时，杨柳依依随风吹；如今回来路途中，大雪纷纷满天飞。道路泥泞难行走，又渴又饥真劳累。满心伤感满腔悲。我的哀痛谁体会！

可见周代玁狁已十分强悍，经常入侵中原，给当时北方人民生活带来不少灾难。历史上有不少周天子派兵戍守边外和命将士出兵打败玁狁的记载。从《采薇》的内容看，当是将士戍役劳还时之作。诗中唱出从军将士的艰辛生活和思归的情怀。

《淮南子·齐俗训》："故四夷之礼不同，皆尊其主而爱其亲，敬其兄；玁狁之俗相反，皆慈其子而严其上。"《汉书·霍去病传》："骠骑将军去病率师躬将所获荤允之士，约轻赍，绝大幕，涉获单于章渠。"颜师古注引服虔曰："（荤允）尧时曰獯鬻，周曰猃允，秦曰匈奴。"《三国志·蜀志·马超传》："海内怨愤，归正反本，暨于氐、羌率服，獯鬻慕义。"晋陆机《饮马长城窟行》："冬来秋末反，去家邈以绵。玁狁亮未夷，征人岂徒旋？"

鬼方，《说文解字》谓"鬼"，"从人，象鬼头"。甲骨文即作此形。如"畀"[①]。《竹书纪年》云：上武丁"三十二年，伐鬼方"；《易经·既济》亦云："高宗伐鬼方，三年克之。"鬼方又称为"𩴾方""魃方""媿氏""鬼方氏""鬼方蛮"[②] 等。就文化遗存看，考古工作者在今陕西清涧殷代遗存中出土过一块带有似"鬼"字的陶片[③]。说明鬼方的地望是在这一地区。周原周初甲骨卜辞的"入（纳）鬼（使）呼宅（居）商西"[④]，也指明鬼方是住在商王畿之西即今陕西、山西交界的清涧、石楼一带。

姜方，《说文解字》谓羌"从羊，西羌牧羊人也。"甲骨文称之为羌方，如《前》曰："癸卯卜宾贞，叀甫呼命沚壱羌方？"[⑤] 又如《续》曰："余其隮遣告医田册獻方、羌方、羞方、繐方，余其从医田甾戋四邦方？"[⑥] 古文字"羌""姜"二字互作，周时羌方逐称为"羌氏之戎"[⑦]，或"姜戎"[⑧]。

这样看来，"戎""狄"之称实为后出，系中原之人对其之他称。若

---

① 《乙》6684，又《乙》4508。

② 见《梁伯戈》铭文。

③ 吕智荣：《陕西清涧李家崖古城址陶文考释》，《文博》1987 年第 3 期。

④ 徐锡台：《周原甲骨文综述》，三秦出版社 1987 年版，第 127 页，文谓"周原八号卜辞为入（纳）鬼使呼宅（居）商西"。

⑤ 《殷墟书契前编》6·60·6 又通 529。

⑥ 《殷墟书契续编》3·13·1。

⑦ 《国语·周语》。

⑧ 《公羊传·僖公三十三年》。

论汉民族及华夏民族的起源，应从玁狁、鬼方、姜方谈起，但由于“戎”“狄”之称自古已成为先秦时期中原之西部、北部之氏族、部落乃至少数民族的泛称，故本书仍从古俗。

（二）从玁狁、鬼方、羌方到戎、狄

玁狁、鬼方、羌方是如何演变为戎、狄的？弄清他们之间的渊源关系，对于我们了解戎、狄的种类分布，及其与华夏民族，乃至与汉民族的族源关系都是有意义和作用的。

先看玁狁。王国维在《鬼方昆夷玁狁考》中认为，玁狁在唐虞以上称熏鬻、熏育；古公亶父至周文王之时则称为昆夷、混夷、畎夷、犬夷等，春秋战国之时又被称为犬戎①。此说甚是，基本上自远古唐虞至春秋战国，把从玁狁到犬戎的线索理清楚了。

还有，春秋时期的白狄也是玁狁的一个族群。《山海经·大荒北经》云：“黄帝生苗龙，苗龙生融吾，融吾生弄明，弄明生白犬，白犬有牝牡，是为犬戎。”在此姑且不论黄帝与犬戎之间的关系是否可靠，有价值的是这里交代了白犬与犬戎的关系，《说文解字》已云：“狄本犬种”，故白犬当为白狄，而犬戎是春秋之时玁狁的别称，可见白狄亦即玁狁之后也。还有，《左传·庄公二十八年》载：“晋献公娶二女于戎，大戎狐姬生重耳，小戎子生夷吾。”杜预注曰：“小戎，允姓之戎。”“允姓之戎”即玁狁。所以晋国吕相在谈“绝秦论”时说：白狄“君之仇雠，而我之婚姻也”。又可见白狄即玁狁之后也。正因为白狄与玁狁有直接的渊源关系，所以《潜夫论·志氏姓篇》直截了当地说：“隗姓赤狄，姮姓白狄……汉有隗嚣、季孟、短，即犬戎氏。”② 此外，白狄的活动范围正是玁狁的分布地区。《左传·成公十三年》所记晋国吕相的“绝秦论”中说：“白狄及君同州。”指白狄与秦同处雍州。与此同时，白狄已渐东进，跨过黄河与晋边邑屈、蒲相邻，故《左传·僖公三十三年》有“晋侯败狄于箕，郤缺获白狄子”的记载。可见白狄在春秋时期的活动范围没有出今陕西、山西二省之北部，这正是西周玁狁分布的地区。

再看鬼方。鬼方是商周时居于中国西北方的族群，其活动载于《汲

---

① 见《观堂集林》十三。

② 汪继培校云：“短当作姮。”

家周书》《易经》《山海经》、古本《竹书纪年》《史记·殷本纪》和出土的《小盂鼎》及商周甲骨卜辞中。如《易经·既济》“高宗伐鬼方，三年克之”；《诗经·大雅》“覃及鬼方”；《竹书纪年》“武乙三十五年，周王季伐西落鬼戎，俘十二翟王”等。关于鬼方，后人多有注解。近世研究以王国维最著，其《鬼方昆夷玁狁考》以文献与铜器铭文互证，确定这一西北古老族群的存在。自王国维后，研究鬼方的学者日多。20 世纪 40 年代，王玉哲撰《鬼方考》一文，对王国维之说进行辩补，指出殷伐鬼方应包有山西。由于卜辞中屡见“𢀛方”，而鲜见“鬼方”，一些学者怀疑卜辞中𢀛方即鬼方①。但随着卜辞材料的增多，“鬼方”在卜辞中之独立名称渐为人们承认。此外，漠南地区多次发生讨伐鬼方的大规模战争，甲骨卜辞载“鬼方易”，即鬼方向远方逃走或迁走。约公元前 11 世纪，鬼方经常侵扰中原地区。周初，武王灭商后曾将其放逐至泾、洛（今陕西泾河、洛河）以北，令其按时入贡。后因周军镇压东方管叔、蔡叔和武庚的叛乱，进攻东部的淮夷等而放松了对西北方的控制，鬼方部落乘机从岐周（今陕西岐山）以西和陇（今陕西千阳、陇县）之间，经常对西周西北边境侵扰，威胁周都镐京（今陕西西安西）。周康王二十五年，为了消除边患，命盂率领大军进攻鬼方。鬼方亦调兵迎战。经两次大规模作战，周军斩杀鬼方 4800 多人，俘获其 4 名首领及以下 1.3 万多人，还缴获了很多车马和大量牛羊。周王朝的军队将鬼方又驱逐至远离镐京的汧陇和岐周以西。

考古材料也提供了证据，位于清涧县高杰村乡李家崖村西，无定河东岸的李家崖鬼方都城遗址，距今已有 3000 多年的历史。南、西、北三面环水。东西筑有城墙，南北以高到百米的悬崖为天然屏障。古城平面呈不规则长方形，南北 122 到 213 米，东西 495 米，总面积 67000 平方米。城内房址、道路清楚可辨。东城墙筑在土丘上，残长 128 米，复原长 160 米；西城墙残长 35 米，复原长 151 米。东西城墙为土石结构，用大小基本相同的小石块和土筑成，一层石块上敷一层土，其结构紧密，外壁平整坚固。遗址出土大量商至汉代的斧、棒、盆等石器；鬲、罐、碗等陶器；锥、铲、骨卜等骨器；圭、料珠等玉器；剑、矛、弩、印章、货币等青铜

① 代表说如董作宾《论𢀛方即鬼方》，载其《殷历谱》下编，艺文印书馆 1963 年版；于省吾《释𢀛方》，载《双剑誃殷契骈枝三编》，自印本，1944 年。

器。特别引人注目的是在城内的一组似为宗庙的建筑群的院庭中的一小坑内，出土了一尊石雕人像，其用阴线围绕一砂质石块雕刻而成，雕刻前石料经修整磨光；石块呈梯形，边角磨成圆角。雕像出土时下端和上端一角已残缺，残高 42 厘米，宽 25 至 27 厘米。这尊石雕刻的是一副人的骷髅像，正面是人的正面骷髅像，头顶呈半球形，面部两颊狭窄，方下颌，有眼鼻，口及口齿，布局合理，形象明确，胸部的肋骨围绕石块雕刻，脊椎骨用形呈介字状的图案表示，脊椎骨下有椭圆形圆圈，似为肛门。胸前和颈后雕刻有披戴在身体上的环形饰物，用线条串联，环形饰物直径 0.55 至 0.6 厘米。整个雕像用线粗犷而流畅，用简练而无夸张之意的手法雕刻出了人骷髅体的形象和人骨骼那种细致中有粗的坚实特征，视骷髅人之雕像，给人留有真实和恐威的感觉。据初步研究，这尊雕像与鬼方祭祀已死的人有关，可能是祭祀人所供奉的标志——“灵牌”之类物。

1983 年 5 月，经陕西考古专家确认，这个古城遗址其时代大约相当于商代晚期至西周中期，为商代鬼方都城遗址。①

西周之时，鬼方之称继续沿用，直到春秋以后才改称为赤狄。王国维在《鬼方昆夷玁狁考》中所言之鬼方、隗国、怀姓九宗、隗姓赤狄、赤狄之演变关系，也为学术界所认同。

鬼方的分布众说纷纭，王国维曾说：“有以为在北者，干宝《易》注云：鬼方，北方国也。有以为在西者，宋衷《世本》注云：鬼方，于汉则先零羌是也。有以为在南者，伪《竹书纪年》：武丁三十二年，伐鬼方，次子荆，则以鬼方为荆以南之国。”② 王国维于众说中，认同《后汉书 · 西羌传》及章怀太子注引《竹书纪年》“周王季伐西落鬼戎”的说法。王国维称之为“真《纪年》之文”。王国维又结合大小《盂鼎》《梁伯戈》等周器铭文，认为鬼族“其全境犹当环周之西北二垂而控其东北”③。

---

① 吕智荣：《陕西清涧李家崖古城址陶文考释》，《文博》1987 年第 3 期；吕智荣：《试论陕晋北部黄河两岸地区出土的商代青铜器及有关问题》，载《中国考古学研究论集》1987 年版，吕智荣：《鬼方文化及相关问题初探》，《文博》1990 年第 1 期；吕智荣：《李家崖文化的石雕骷髅人像》，《文物天地》1991 年第 6 期；吕智荣：《试论李家崖文化的几个问题》，《考古与文物》1989 年第 4 期。

② 王国维：《鬼方昆夷玁狁考》，载《观堂集林》卷十三，中华书局 1959 年版，第 584—585 页。

③ 同上书，第 586 页。

王国维所举《梁伯戈》残铭，乃记梁伯伐鬼方之事。《左传·桓公九年》有“梁伯”同其他诸侯国共伐曲沃，梁伯之国在今韩城，临黄河。梁伯伐鬼方，说明鬼族活动范围已达到山陕间黄河地带。“鬼方”的整体范围究竟有多大，不易确定，因为商人的“方”本来就不是一个表述确切的地域概念，但鬼方的一部或一支生活于山陕北部地区是没有问题的。鬼方的这一支对殷人、周人来说距离最近，很可能是殷周人心目中最主要的一支敌对力量。武丁克鬼方后，商人势力得以稳定于西北，鬼方服属于商，直至商末。卜辞有“小臣鬼”“王令鬼”。甲骨文中也屡见含有“鬼方（昜）”的卜辞，以有祸为正卜，说明鬼方是商王朝的直接敌人。《史记·殷本纪》记载纣以西伯、鄂侯、九侯为三公。“九侯”，《集解》：“徐广曰：一作鬼侯。”鬼为殷“小臣”，纣封鬼族为公，说明殷代末期鬼族与殷的密切关系。周武王克商后，将叔虞封于唐，并与之“怀姓九宗”，“怀姓九宗”即“媿国”，“怀姓九宗”与“九侯”“鬼侯”同指一族。“媿国”“魏姓”在周史上地位重要，曾与晋、毕、芮、郑通婚。传世带有“魏国”“魏”字的铜器很多，据研究，多属于西周晚期与春秋早期。[①]《左传·僖公二十三年》《集解》：“赤狄，隗姓。”以上“九侯”“鬼侯”“怀姓九宗”“怀姓九族”“赤狄”等均在晋西北之地。因此，后来在晋西北发展的“媿国”“怀姓九宗”均出自鬼方[②]。

最后看羌方。早在甲骨卜辞上就有羌方的记载。武丁时，曾令沚人伐羌方，如卜辞：“王叀北羌伐。”[③]“王乎伐马羌”[④]。武乙时曾命五族伐羌方，并祈祷多擒羌人。“王叀次，令五族伐羌方。”[⑤]“王求其羌方禽（擒）。”“贞吴弗其弋羌龙。”[⑥]“征羌，七月”，“亦征羌”[⑦]。《说文解字》云：“羌，西戎牧羊人也。从人，从羊，羊亦声。”应劭《风俗通》：“羌，本西戎卑贱者，主牧羊。故羌字从羊、人，因以为号。”于省吾指出：

---

① 陈公柔：《说媿氏即怀姓九宗》，载《古文字研究》第十六辑，中华书局 1989 年版。

② 王国维：《鬼方昆夷玁狁考》，载《观堂集林》卷十三，中华书局 1959 年版；陈公柔：《说媿氏即怀姓九宗》，载《古文字研究》第十六辑，中华书局 1989 年版；饶宗颐：《甲骨文地名通检前言》，载饶宗颐主编、沈建华编辑《甲骨文通检》第二辑，香港中文大学出版社 1994 年版。

③ 《殷墟书契前编》4·37·1。

④ 《龟甲兽骨文字》2·15·18。

⑤ 《殷墟书契后编》下 42·6。

⑥ 《铁云藏龟之余》7·1；《铁云藏龟》105·3。

⑦ 《库方二氏藏甲骨卜辞》529 及 7、6。

“追溯羌字构形的由来，因为羌族有戴羊角的习俗，造字者遂取以为象。”[①] 李绍明和冉光荣指出：“甲骨文中的‘羌’字系从羊从人。祖甲以后则形似在人颈上加一绳索，以示捕获、羁縻之义。因此，称这一部分人为羌，首先是针对他们的社会生产特征而言的。但也是一种专称，含有族别的意思。”[②]

关于羌方的起源亦莫衷一是。《山海经·海内经》云：“伯夷父生西岳，西岳生先龙，先龙是始生氐羌。”晋郭璞注《山海经》云：“伯夷父颛顼师，今氐羌其苗裔也。”刘尧汉在《羌戎、夏、彝同源小议》中说：“古羌人的发祥地在甘南天水一带及相连地区。”[③] 郑德坤则认为：“羌族种类不一，其源均出于今甘肃黄河、湟河、赐支河三水之间。”[④] 这是关于羌发祥地的最一般性的说法。但任乃强先生则认为：“羌族是在青藏大高原顶部辽阔的大草原上发展起来的”，“并向四方扩散派分出若干的支系种族”[⑤]。看来，古羌人发祥于陕甘地区或徙居于该地的论断应该是有道理的。

羌方的发展和演变较小，自商至周一直都称为羌方或羌，只是其中两支发展较快，对西周影响较大，一支是居关中渭水流域，与周人为邻的姜，一支是在今甘肃东部、陕西北部、宁夏以及内蒙古河套以南的地区的义渠国。其余的羌人，自春秋以后一般称为“戎”。因此，我们可以说春秋之时诸戎之主体就是包括义渠国在内的羌人。

弄清楚了獯狁、鬼方、羌方与戎狄之间的演变关系，下面我们就可以分述戎、狄的种类和分布了。

春秋之时，戎、狄种类甚多，《尔雅·释地》即有“九夷、八狄、七戎、六蛮，谓之四海”之称。

春秋时候有犬戎、山戎、北戎、西戎、无终戎、蛮氏戎等，其中山

---

① 于省吾：《释羌·笱·敬·美》，《吉林大学社会科学学报》1963 年第 1 期。

② 李绍明、冉光荣：《论氐族的族源与民族融合》，载《四川省史学会史学论文集》，四川人民出版社 1982 年版。

③ 转引自史文《古羌人的起源及其迁徙》，《民族论坛》1987 年第 2 期。

④ 郑德坤：《四川古代文化史》，巴蜀书社 2004 年版，第 149 页。

⑤ 任乃强：《羌族源流探索》，《民族研究通讯》1979 年第 2 期。

戎、北戎、无终戎皆是指北方之戎。[①]《左传·成公六年》亦记载，蛮氏之戎与陆浑、伊洛之戎、郑卫等国，联合侵宋。还有随地而名的，如居住在河南、山北的阴地的阴戎，居住在九州的九州之戎，居住在骊山的骊戎。居住在伊洛流域的伊洛之戎，还有陆浑之戎，杨拒、泉皋之戎等。这些称谓都是用来区分彼此的。

戎的分布十分广泛，崔述在《辩夷蛮戎狄》中说，《春秋经传》："公及戎盟于唐""公追戎与济西""齐侯伐山戎""无终子使孟乐如晋，请和诸戎""楚大饥，戎伐其西南，又伐其东南""是东与南北亦有戎也"[②]。不独西方有戎，东西南北四方也俱有戎也。据徐中舒的研究：

> 秦汉以来中国称四方之外族，东方曰夷，西方曰戎，南方曰蛮，北方曰狄。此种整齐划一之名称，最初见于《礼记》"王制"及"明堂位"。其后东汉经师所著书如《白虎通德论》、《说文》及郑玄、何休等经注，均沿用不改。在先秦著述中，本无此类严格之分别。如《周礼·职方氏》以四夷、八蛮、七闽、九狢、五戎、六狄并称，而不别其属于何方。《诗·大雅·韩奕》称王锡韩侯以北国之追貊，而总之曰"因时（是）百蛮"，虢季子白盘记伐玁狁之功，而称"用政蛮方"。梁伯戈称鬼方曰"鬼方蛮"，是蛮并指北族而言。春秋伐山戎北戎无终戎，乃在齐鲁之北境。《尚书》有徐戎，铜器有南淮夷南夷。《史记》《汉书》有"西南夷传"。则先秦之称蛮、夷、戎，实为外族之通称。独狄为专名，从不以称东西南三方之外族……盖狄居中国北方，种繁族钜，自来即不与他族混，以故其名独著。[③]

顾颉刚亦云："在东方者，有鲁西之戎；在北方者，有居今河北、山东、山西三省间之北戎、山戎，及无终氏之戎；在西方者，有居今陕西省

① 参阅唐嘉弘先生说，见《春秋时代的戎狄夷蛮》，载唐嘉弘《中国古代民族研究》，青海人民出版社1987年版。

② 童书业：《童书业历史地理论集》附录，中华书局2004年版，第176—177页。

③ 徐中舒：《北狄在前殷文化上之贡献》，台北《古今论衡》1999年12月第3期。也见李圃主编《中国文字研究》第一辑，广西教育出版社1999年版。

之犬戎、骊戎等；至于居今河南省者，最早则有伊雒之戎。”① 可见戎遍布九州。故所谓东方曰夷、西方曰戎、南方曰蛮、北方曰狄是为附会。先秦之蛮夷戎，为中原之外族群的通称，唯居北方之狄是专名。因此之故，崔述的《辩夷蛮戎狄》又说：“戎者，西方蛮夷之一，犹其有氐与羌也，狄者北方蛮夷之一，犹其有追与貊也。其见于经传者，数者之外，后有庸、蜀、髳、彭、微、卢、百濮、百越之属。然惟戎与狄为最盛，往往分居四方；故狄或居冀，或居席，而戎或邻于秦，或邻于楚，或邻于晋、于齐、于鲁、于燕，犹氐羌之盛于汉晋间也。”② 可见，戎狄不仅居于西方、北方，而是分居四方，甚至与诸夏为邻。

虽然四方不可以附会于夷戎蛮狄，但是先秦时候中原以外四面八方确实分布着许多的民族或族群，在西方岐丰之地有犬戎、西戎、羌，在北方有狄人。而且戎狄并非只一支，司马迁说戎狄“百有余部”，顾栋高把戎人分成七个大的类别，或称七大部：戎、北戎、允姓之戎、杨拒泉皋伊雒之戎、蛮氏、犬戎、骊戎。③ 而根据唐嘉弘的看法，就按传统的“随地易名的习俗，一名为一部，仍用他们历史上的称呼。犬戎，或称昆戎，实即犬夷（畎夷、昆夷、串夷、绲夷、混夷），住于河南、山北的阴地，因此称阴戎。居于九州，称九州戎。居于骊地，称骊戎。蛮戎子，又名蛮氏之戎，在汝水上游地区的嵩山南面，均有分布；夹在陆浑戎和杨拒、泉皋、伊洛之戎的中间，从梁、霍、郲垂诸邑以至茅津，亦有他们的足迹。住在茅津的，称为茅戎。④

由此可见，戎狄夷蛮并非只是对应的四方居住的族群，如《论语》中未出现“东夷”“南蛮”等配有方位的族群称谓。《左传·昭公十七年》孔子向郯子说：“吾闻之，‘天子失官，学在四夷’，犹信。”《孟子·梁惠王上》亦云：“莅中国而抚四夷。”《孟子·尽心下》也云：“国君好仁，天下无敌焉。南面而征北狄怨，东面而征西夷怨。”可见四方对应的四夷只是在华夏中心的观念上才存在的。戎狄大部分在北方和西方，但

---

① 顾颉刚：《九州之戎与戎禹》，见《古史辨》第 7 册，载《顾颉刚集》，中国社会科学出版社 2001 年版。

② 童书业：《童书业历史地理论集》附录，中华书局 2004 年版，第 176—177 页。

③ 唐嘉弘：《春秋时代的戎狄夷蛮》，载唐嘉弘《中国古代民族研究》，青海人民出版社 1987 年版。

④ 同上。

是也有杂居中原的。另外，戎狄迁徙十分频繁，更难说居住在哪一个地方了。但是可以肯定的一点是，对于诸夏而言，戎狄不仅是在四方、在中原，到处都有。戎狄分布犬牙交错，与诸夏密邻相接。正如唐嘉弘在《春秋时代的戎狄夷蛮》中所说："在今山西、山东、河北、辽宁、内蒙古等省区内亦有戎狄的踪迹。周景王使詹桓伯谴责晋国：'……允姓之奸，居于瓜州，伯父惠公归自秦，而诱以来，使偪我诸姬，入我郊甸，则戎焉取之。戎有中国，谁之咎也？后稷封殖天下，今戎制之，不亦难乎？'周王的眼中，当时的'天下'或'中国'，既为戎人所'制'，又为戎人所'有'，似乎满目皆戎。卫侯登其都城之上，即可望见戎州——戎人邑聚，并自城上望见戎人巳民之妻头发美好，'使髡之，以为吕姜髢'。在内乱时，卫侯仓皇逃亡，即奔戎人巴氏之家避难，国都和戎人居室密迩紧邻。夷夏杂居情况，由此可见一般。"[①] 所以，"春秋二百余年之际，与戎狄相终始。"[②]

大体上看，戎的种类和分布是：

> 陇以西的绵诸、绲戎、翟、䝠四种。绵诸在今甘肃天水，绲戎在今陕西凤翔，翟在今甘肃临洮，䝠在今甘肃陇西。
>
> 岐、梁山、泾、漆之北的义渠、大荔、乌氏、朐衍四种。义渠在今甘肃庆阳及泾川一带，大荔、乌氏在今甘肃平凉，朐衍在今宁夏宁武。[③]
>
> 伊、洛之间的扬拒、泉皋两种，在今河南卢氏、嵩县、汝阳等地。
>
> 骊戎，在今陕西临潼一带。[④]
>
> 茅戎[⑤]、条戎、奔戎、犬戎4种，茅戎在今山西平陆，条戎、奔戎在今山西安邑中条山北的鸣条岗一带，犬戎在今山西太原附近。

---

① 唐嘉弘：《春秋时代的戎狄夷蛮》，载《中国古代民族研究》，青海人民出版社 1987 年版。

② （清）马骕：《绎史》卷八十五。

③ 以上所述戎的种类参阅《史记·匈奴传》，参阅顾颉刚《史林杂识初编·秦与西戎》。

④ 以上所述戎的种类参阅《后汉书·西羌传》。

⑤ 茅戎又称贸戎。

羌氏之戎和陆浑之戎[①]二种，在今陕西凤翔一带。[②]

北戎、又称山戎，原在山西太原，后迁河北玉田县西北无终山，又称为无终。

戎蛮、又称蛮氏、戎曼，在今河南省境。

赤狄的种类和分布[③]是：

潞氏，在今山西潞城。

甲氏，在今河北鸡泽。

留吁，在今山西屯留。

铎辰，在今山西长治。

廧咎如，初在晋国西边，后转徙于今河北魏县、元城一带。

东山皋落氏，在今山西垣曲县北。

白狄原分布在今陕西正安、山西介休境，后东迁于今河北境内，分出鲜虞、肥、鼓等部。鲜虞以今河北正定为中心；肥一部分在今河北藁城西南，一部北迁在今河北卢龙西北；鼓在今河北晋县以西。

长狄[④]，流动于西起今山西临汾、长治，东至山东边境的山谷间。

总之，从种类上看，戎、狄种类甚多；从分布上看，戎、狄除主要分布在中原之西部、北部以外，也散布于中原各地。《国语·郑语》所记史伯叙述周初民族分布情况时说：

当成周者，南有荆、蛮、申、吕、应、邓、陈、蔡、隋、唐；北有卫、燕、狄、鲜虞、潞、洛、泉、徐、蒲；西有虞、虢、晋、隗、霍、杨、魏、芮；东有齐、鲁、曹、宋、腾、薛、邹、莒；是非王之支子母弟甥舅也，则皆蛮、荆、戎、狄之人也。

---

① 陆浑之戎东迁后又称阴戎。

② 历来都认为羌氏之戎、陆浑之戎所在的瓜州即今敦煌，顾颉刚考“瓜州”即九州，即今陕西凤翔县一带。

③ 参阅马长寿《北狄与匈奴》，生活·读书·新知三联书店 1962 年版，第 5 页。

④ 《公羊传·文公十一年》。

这段记载客观地反映了戎、狄在中原之西、北部，乃至包括中原在内与中原诸民族犬牙交错杂居的真实面貌。

（三）戎、狄与华夏民族的族源关系

戎、狄与华夏民族，及至与汉民族一直有着深远的族源关系。

首先，在远古的黄帝之时，白狄之先世玁狁就与黄帝有不可分之关系，《史记·五帝本纪》曾载黄帝“北逐荤粥，合符釜山”。荤粥即玁狁，釜山，《括地志》云在妫州怀戎县北。“合符釜山”，《索隐》谓“合诸侯符契圭瑞，而朝之于釜山，犹禹会诸侯于涂山然也。”又相传黄帝在同炎帝作战时，曾教练熊、罴、貔、貅、貙、虎6个氏族、部落参加战斗，取得胜利，这6个在北方以野兽为图腾的氏族、部落很有可能就有属于玁狁的氏族、部落，因此，黄帝之时，可能就有部分玁狁的氏族、部落参加了黄帝部落联盟。相传为黄帝衣冠冢所在地的陕西黄陵县，正是玁狁出没的地方，为玁狁与黄帝部落联盟的关系作了很好的注脚。由此可见，戎、狄与华夏民族的族源关系可谓深矣！

其次，在周民族形成的过程中，融合了羌方中重要的一支——姜部落。所以傅斯年曾说：“与其信周之先世曾窜于戎狄之间，毋宁谓周之先世本出于戎狄之间。”[①] 居于关中渭水流域的姜，与周部落相邻。据《史记·周本纪》所载，传说周人先妣名姜嫄，是姜部落之女。《诗经·大雅·生民》云：“厥初生民，时维姜嫄”，干脆把姜嫄当作周人的始祖。及至“古公亶文，来朝走马，率西水浒，至于岐下，爰及姜女，聿来胥宇”[②] 之时，姜与周的关系更加密切，建立了牢固的婚姻联盟，其后周王均娶姜女为后，武王妃名邑姜，成王妃名王姜等，这种婚姻关系一直持续到周王朝末年。周民族的形成过程本书将在下面详述，但仅此可见早在周民族的形成过程中，姜方中的姜部落已成为周民族的族源之一。

再次，在春秋战国的民族大融合之时，大部分戎、狄通过被晋、秦征服而成为华夏民族的一部分。

春秋时期，华夏民族与戎狄族群在互动中发生冲突的记载不绝于书。例如，《左传·桓公十年》所载的北戎病齐，这说明东方大国齐国犹不能

---

① 傅斯年：《与顾颉刚论古史书》，载《傅斯年全集》，（台湾）联经出版事业公司1980年版。转引自易华《夷夏先后说》，民族出版社2007年版，第71页。

② 《诗经·大雅·绵》。

抵御戎族的进攻，尚且需要乞师于郑，“郑太子忽帅师救齐。六月，大败戎师，获其二帅大良，少良，甲首三百，以献于齐。”[①] 才使得齐国转危为安。像这样的例子还有很多，如“郑昭公之败北戎”[②]。“冬，齐人伐戎。”[③]“二十有六年春，公伐戎。”[④]“齐人伐山戎。”[⑤]“二年春，虢公败犬戎于渭汭。”[⑥]“虢公败戎于桑田。”[⑦]“三十年春……狄间晋之有郑虞也，夏，狄侵齐。”[⑧]“狄围卫，十有二月，卫迁于帝丘。”[⑨]“秋，赤狄侵齐。”[⑩]“秋，晋人败狄于交刚。”[⑪]“晋中行穆子败无终及群狄于大原。”[⑫] 凡此等等，不胜枚举。

这些史料充分揭示了华夏民族与戎狄在春秋时期的军事互动是非常频繁，相当激烈的，连东方的齐国都无法幸免，御戎也成为齐国的当务之急。戎狄除了经常与华夏各诸侯国频繁发生战争外，还时常对周王室造成一定的威胁，《左传·僖公十一年》曾云：“夏，扬，拒，泉，伊，洛之戎同伐京师，入王城，焚东门……秦晋伐戎以救周。秋，晋侯平戎于王。”说的是诸戎族群共同进攻了周王朝的都城，进入了王城，焚毁了东门。秦国与晋国虽共同出兵征讨戎以救护周室。但由于戎族的强大，秦国与晋国也没有足够的力量将其打败，不得已只好与其讲和。《左传·僖公十六年》又云：“王以戎难告于齐，齐征诸侯而戍周。”说的是齐国也只能召集诸侯国去保卫周王室。

但是，就是在这种冲突式的互动中，戎狄逐渐融入了华夏民族。以晋国为例，晋初封国之时，像汪洋中的一个孤岛被戎狄包围着，正如《国语·晋语二》所云当时的晋国是“景霍以为城，而汾、河、涑、浍以为

---

① 《左传·桓公六年》。

② 《左传·桓公十一年》。

③ 《左传·庄公二十年》。

④ 《左传·庄公二十六年》。

⑤ 《左传·庄公三十年》。

⑥ 《左传·闵公二年》。

⑦ 《左传·僖公二年》。

⑧ 《左传·僖公三十年》。

⑨ 《左传·僖公三十一年》。

⑩ 《左传·宣公六年》。

⑪ 《左传·昭公元年》。

⑫ 《左传·昭公十五年》。

渠，戎、狄之民实环之，汪是土也”。及至春秋之时晋国的北面有山戎、赤狄；南面有陆浑之戎、姜氏之戎；东面有鲜虞，西面有白狄。但是，晋在与戎、狄的互动交往中，晋国吸取了戎狄步兵善战的经验，改革军制，于鲁僖公十年（即晋惠公元年，前650年）建立了步兵部队——左行和右行[①]，晋文公五年（前632年）正式建立独立的建制步兵——中左右三行[②]，逐渐强大起来，一方面有联姻“和戎”的改革，另一方面又采取了“以力服人”的方针，于是在晋国统治下的戎、狄，或垦耕于南鄙，或种田于河南，各得其所，经过长期的交汇融合，原来所谓“饮食衣服，不以华同”，“语言不达”[③] 的现象逐步消失，曾几何时，处于戎、狄汪洋大海中的晋国，反小为大，发展成为春秋时形成的华夏民族的一个重要支系，而戎、狄就是其中的一个主要组成部分。

秦的崛起，与诸戎有密切的关系。秦的先世本为戎人，《史记·秦本纪》云：“昔我先骊山之女，为戎胥轩妻，生仲潏，保西垂。”后因保周平王东迁有功，所以平王在始封秦襄公时宣布：“戎无道，侵夺我岐，丰之地。秦能攻逐戎，即有其地。”[④] 于是，从秦武公“伐邽、冀戎、初县之”[⑤] 开始，直到秦穆公“得戎人由余，遂霸西戎”[⑥] 时止，秦之西之绵诸、绲戎、翟、獂、义渠、大荔、乌氏、昫衍八戎均融合于华夏民族在西方的主要支系——秦之中，于是“自是中国无戎寇”。[⑦]

最后，汉民族形成之后，白狄之后裔匈奴，历经五六百年的历史，除北匈奴远遁以外，南匈奴全部被魏晋南北朝时民族大同化的潮流所吞没。

以上所述可以清楚地看出：自黄帝之时至春秋战国乃至魏晋南北朝之时，戎、狄各氏族、部落以及族群源源不断地加入汉民族的体系之中。但是，并不是全部戎、狄都被征服，他们或融合，或同化于华夏民族，乃至汉民族之中。有部分戎、狄迫于军事压力而向更远的地域迁徙，在新的历史条件和地理环境下，逐步发展形成另外的一些新的民族共同体。对此，

---

① 《左传·僖公十年》。
② 《左传·僖公三十八年》。
③ 《左传·襄公十四年》。
④ 《史记·秦本纪》。
⑤ 同上。
⑥ 《后汉书·西羌传》。
⑦ 同上。

《后汉书·西羌传》中有一段记载，透露出了这个信息，其云：

> 至爰剑曾孙忍时，秦献公初立，欲复穆公之迹，兵临渭首，灭狄䝠戎。忍季父卬畏秦之威，将其种人附落而南，出赐支河曲西数千里，与众羌绝远，不复交通。其后子孙分别各自为种，任随所之，或为牦牛种，越巂羌是也；或为白马种，广汉羌是也；或为参狼种，武都羌是也……及忍子研立，时秦孝公雄强，威服羌戎，孝公使太子驷率戎狄九十二国朝周显王。研至豪健，故羌中号其后为研种。及秦始皇时，务并六国，以诸侯为事，兵不西行，故种人得以繁息。秦既兼天下，使蒙恬将兵略地，西逐诸戎，北却众狄，筑长城以界之，众羌不复南渡。

确实，向西、向南以及向北迁徙的戎、狄，“其后子孙分别各自为种”，成为今日中国西南、西北藏族、羌族、彝族、纳西族、傈僳族、拉祜族、哈尼族等民族的族源之一。因此之故，戎、狄仅是汉民族的支源之一。

汉民族以炎黄族群集团和东夷族群集团为主源，苗蛮族群集团、百越族群集团和戎狄族群集团为支源的历史结构，多元、多姿、多彩地把汉民族起源的历史立体地呈现在世界民族的舞台上了。

第三章　汉民族的形成时代

汉民族从哪里来？多源的汉民族是如何形成统一的汉民族？

汉民族的形成波澜壮阔、气势恢宏。在美丽、富饶、辽阔的中华大地上，她以黄河流域和长江流域为摇篮，在沧海桑田的变迁之中，从点到线，从线到面，像滚雪球一样，融合了许多民族凝聚而形成。

公元前 2100 年前后，夏民族在黄河中游河洛流域的黄土地带首先崛起，开始了汉民族滚雪球形成的第一步。此后，从公元前 1600 年到公元前 770 年，商民族、周民族在黄河流域，楚民族、越民族在长江流域相继崛起，汉民族形成雪球的滚动出现了多元的态势。

春秋战国之时，汉民族形成雪球滚动的范围扩大了，不仅在夏、商、周、楚、越诸族之间滚动，而且还在部分蛮、夷、戎、狄中滚动。更重要的是在雪球的滚动中，各民族之间的界限逐渐消失，许多小雪球开始滚成大雪球，并融合成了一个非夏非商非周非楚非越，又非蛮非夷非戎非狄的新民族——华夏民族。

秦始皇雄才大略，将华夏民族这个雪球的滚动推上了统一的轨道。汉承秦制，华夏民族这个雪球在“大一统”中滚动发展而转化为汉民族。

这就是汉民族在历经两千多年的沧海桑田中，滚雪球形成的三部曲。

第一节　黄河和长江流域诸民族的崛起

一　夏民族的形成

在中国民族发生史上，在黄河流域第一个敲开民族大门的是夏部落。

茫茫中原大地，浩浩黄河和长江流域，是谁最先从原始人们共同体的丛林之中突破出来，进入民族的大门呢？是源于炎黄族群集团的夏部落。

夏文化脉络的考古发现，即河南龙山文化晚期和二里头文化，特别是河南登封王城岗夏代遗址发掘的突破性成果，一下子把笼罩在夏王朝和夏民族头上的迷雾拨开了。

据报道，在登封县告成镇西面约半公里处，当地群众习惯叫“王城岗”的地方，发掘出来了两座距今4000多年历史的古城遗址。两座古城东西相连，城墙是用土分层夯筑而成的。古城内残存有夯土筑成的房屋基础和储藏东西的地窖。在房屋夯土基础内，发现了埋有作为建房“奠基”的许多大人和小孩的牺牲者，并出土了大量当时人们使用过的陶器、石器生产工具和石箭头、骨箭头、蚌箭头等武器，以及特别引人注目的一件青铜器残片。不少考古工作者认为，登封王城岗的古城遗址，很可能就是夏王朝初期的“阳城”遗址①。早在1979年徐中舒先生就认为：河南的龙山文化和二里头文化的分布就是夏文化的中心地带，“夏史已见曙光”，②那么登封王城岗夏代遗址的发掘就是夏史光芒的四射了。

这样，我们就可以在一个科学的、坚实的基础上探讨夏民族的形成问题了。

（一）夏民族形成前夕的中国社会

公元前23至前22世纪左右，炎黄族群集团中的一支——夏部落进入了黄河中游的河、洛流域的黄土地带。这就是中国历史传说中的尧、舜、禹时代。这是中国原始社会开始崩溃，即氏族公社制度瓦解，阶级出现，国家和民族处在孕育之中的一个伟大的时代。

夏民族进入河、洛流域后，氏族公社制度开始瓦解的最重要的标志是文明的出现。对此，河南龙山文化晚期的二里头文化的墓葬又可以成为当时社会阶级产生和对立的历史见证。例如，在临汝煤山遗址的一个单身竖穴墓里，竟发现有觚、爵、盉等专用酒器和贝、玉、绿松石等21件随葬品。但是，在另外一些墓葬中，仅有一两件简陋的陶器，在矬李遗址的同期文化层的墓葬中甚至找不到一件随葬品。这些差别巨大的墓葬，有没有头骨或下肢骨的墓葬，甚至在灰坑中还发现了跪伏的一具人骨架，这些无疑都是被当作会说话的工具——奴隶。同样，近年来在登封王城岗古城遗址的城堡内发掘的几个筑有坚硬夯土的坑中，发现了包括男女性成年、青年和儿童的结构完整而姿态很不自然的骨架，一个坑少者2具，多者7

① 安金槐：《近年来河南夏商文化考古的新收获》，《文物》1983年第3期。

② 徐中舒：《夏史初曙》，《中国史研究》1979年第3期。

具。据考古工作者研究，这些埋有人骨架的夯土坑可能是大型夯土房基的“奠基坑”。无疑坑内死者的身份，也都是奴隶。又如，洛阳矬李遗址发现的两座墓也很能说明问题，一号墓埋葬的是一个生前被剁掉双腿的男性，二号墓是一个被砍了脑袋后埋葬的男性，两者均无随葬品[①]，可见，那时的奴隶确实是可以任意杀戮的。这一切都表明：夏史的文明曙光已照射到国家和民族的大门口了。

在原始社会生产关系发生急骤变化的时候，以夏部落为核心的炎黄族群集团社会也开始发生了质变前的量变，其表现就是部落联盟首领的变质。众所周知，早期部落联盟的成员之间是完全平等的，联盟的目的主要是为了抵御敌对部落的侵袭和掠夺而建立起来的。这种联盟由各部落首领组成议事会作为权威性的组织，主要应付对外的部落战争，同时也处理联盟各部落之间发生的种种问题。黄帝与炎帝组成部落联盟时正是这种情况。

但是，到了尧、舜、禹时代却发生了新的变化，联盟成员之间的平等已被联盟首领的权威所代替，最突出的事实就是尧、舜、禹在部落联盟中的首领地位，并不是真正由民主选举而产生的，而是他们凭借武力争夺来的。我们先来看尧的首领职位是怎样得来的。《淮南子·本经训》载：“逮尧之时……猰貐、凿齿、九婴、大风、封豨、脩蛇皆为民害。尧乃使羿诛凿齿于寿华之野，杀九婴于凶水之上，缴大风于青邱之泽，上射十日而下杀猰貐，断脩蛇于洞庭，擒封豨于桑林，万民皆喜，置尧以为天子。”这个记载告诉我们：尧的部落首领的位子是靠武力打出来的。再看舜的首领职位又是怎样得来的。盛传因舜贤，故尧让位于舜，其实当舜作尧的助手时，尧就不放心，“乃以二女妻舜以观其内，使九男与处以观其外”[②]，而舜一旦羽翼丰满便凭借武力取代了尧的首领地位，《韩非子·说疑》称：“舜偪尧”；古本《竹书纪年》云：“舜囚尧于平阳，取之帝位。”上行下效，“舜偪尧”，故禹也演出了“偪舜”[③] 的闹剧。历史上不少文人学士赞不绝口的“禅让”制，其实是已经向国家和民族的大门迈进的部落联盟首领手中的一块遮羞布，《列子·杨朱篇》就一针见血地指出：

---

① 洛阳博物馆：《洛阳矬李遗址试掘简报》，《考古》1978 年第 1 期。

② 《史记·五帝本纪》。

③ 《韩非子·说疑》。

“昔者，尧舜伪以天下让许由、善卷，而不失天下，享祈百年。”如此而已，岂有他哉？

于是，阶级的出现，部落联盟首领的变质，就向人们发出了一个重要的信息，那就是中国历史上的第一个国家和第一个民族即将诞生了。

（二）夏民族从部落发展成民族的历史过程

相传夏后氏在进入河洛流域以前，仍然处于原始社会末期的氏族部落时代，血缘关系仍然是维系人们的主要纽带。人们生活在氏族、部落的狭小世界里，个人的思想、感情和行动同氏族制度紧密地联系在一起，完全受血缘关系的支配。据司马迁在《史记·夏本纪》中说，传说中为黄帝后裔的夏后氏，姒姓，共 12 个氏族，有夏后氏、有扈氏、有男氏、斟寻氏、彤城氏、褒氏、费氏、杞氏、缯氏、辛氏、冥氏、斟戈氏。这些氏族组成为一个以夏后氏为核心的原始血缘的大部落。

马克思说：“社会生产关系，是随着物质生产资料、生产力的变化和发展而变化和发展的。”[①] 中国原始社会末期，特别是到了大禹时期，青铜工具的出现和使用，是生产力发生质变的主要标志。[②] 正如《越绝书》卷十一所记：“禹穴之时，以铜为兵，以凿伊阙，通龙门，决江导河，东注于海。”故《史记·封禅书》云：“禹以九牧之金铸九鼎”；《墨子·耕柱》亦云启派蜚廉铸鼎于昆吾。昆吾在今河南濮阳西南，是古代非常有名的一个产铜中心。更引人注目的是与历史文献中记载的夏王朝所在的中心地区大致相符的二里头文化遗址的分布地区，出土了形制和器种比较复杂的青铜器，其中有作工具用的铜凿、铜锛、铜锥等，有作兵器用的戚、戈，还有作酒器用的爵以及小件铜器铃、箭头、鱼钩等。在二里头还发现有铸铜手工业作坊的遗址，有冶铜时留下的铜渣、坩埚碎片，以及铸铜用的陶范残片。而登封王城岗古城遗址内四期的一个灰坑内发掘出土的一件无可置疑的青铜器残片，确切地表明，相当于夏王朝早期的河南龙山文化中晚期已经使用青铜器了[③]。这些文献资料和考古发掘都证明：历史已进入了青铜时代。对于夏民族的形成有意义的是：青铜工具的出现和使用，

① 《马克思恩格斯选集》第 1 卷，人民出版社 1972 年版，第 363 页。

② 唐兰：《中国青铜器的起源和发展》，《故宫博物院院刊》1979 年第 1 期。

③ 近年来学术界有学者认为如果二里头文化是夏文化，齐家文化就是夏早期文化；如果二里头文化是商文化，齐家文化也可能是夏文化。并从青铜、作物、家畜、玉器、卜骨等方面进行了系统比较。详见易华《齐家华夏说》，甘肃人民出版社 2015 年版。

促使“以铜为兵”的灌溉农业经济类型的形成，反映了大禹时期生产力有了极大的变化和发展，也反映了夏民族共同经济生活基础的形成。

这时，更有意义的是水井的发明。据《经典释文》引《周书》云：“黄帝作井。”《史记·五帝本纪》亦云：“舜穿井。”《世本·作篇》也云：“化益作井”，宋衷注说：“化益，伯益也，尧臣。”可见水井的发明大约在禹治水以前。对此，河南龙山文化晚期和二里头文化的考古遗址又提供了可靠的物证。在洛阳矬李遗址发现水井一眼，“形制竖穴，平面为椭圆形，直径 1.7 米，深 6 米多”①。在河南偃师二里头也发现水井②，在偃师灰嘴又发现一种长方形水井③。很明显，水井的发明和使用，可以使人们摒弃江河为日用水源，向纵深开阔的地方聚落定居生产、生活，这在一定的条件和程度上，必然促进夏部落在一定的地域范围内定居下来，也必然促进农业生产迈向精耕细作。这不仅对生产力的发展有实际的意义，对夏部落在向夏民族的过渡中形成稳定的共同地域也有特殊的意义。

生产力的这种发展和社会分工的进一步扩大，使交换和贸易成为可能。在二里头的一个土坑内一次就出土了 12 枚贝，在另一些二里头的遗址中还发现了仿海贝式样制成的小巧耐用的骨贝和石贝。很明显，在二里头出土的贝，以及玉和绿松石等，都不是当地的产品，而是通过贸易和交换等方式从外地引进的。对照古代文献，汉朝的《盐铁论·错币》中就记载：“夏后以玄贝，周人以紫石，后世或金线、刀布。”由此可见，夏王朝使用的是以贝为主的货币，是中国历史上最早的货币。它反映了夏部落在走向崩溃的历史进程中，商业经济的发展，以及对民族形成特别有意义的内部经济联系的加强。

生产力的发展，带来了私有财产的产生，这就使剥削成为可能，氏族公社里出现了贫富分化，而导致阶级的产生。例如，在有关夏王朝发动战争的誓词中，就决定对不愿为奴隶主去打仗的人处以“孥戮”④。“孥”通“帑”，指子女或妻子。“孥戮”即或以为奴，或加以刑戮。这些可以处以

① 洛阳博物馆：《洛阳矬李遗址试掘简报》，《考古》1978 年第 1 期。此遗址属河南龙山文化晚期。

② 方酉生：《河南偃师二里头遗址发掘简报》，《考古》1965 年第 5 期。

③ 河南省文化局文物工作队：《河南偃师灰嘴遗址发掘简报》，《文物》1959 年第 12 期。此遗址属二里头文化。

④ 《尚书·甘誓》。

“孥戮”的人就是奴隶。但是，本氏族、部落的人沦为奴隶，数量总是有限的。因此，在战争变为正常职业的“英雄时代”，黄帝的后裔们对南方的三苗进行了长期的战争，史载“尧战于丹水之浦，以服南蛮”①。舜在与共工和鲧交战的时候，也不放松对三苗的控制，《韩非子·五蠹》即说：“当舜之时，有苗不服，禹将伐之。舜曰：‘不可。上德不厚而行武，非道也。’乃修道三年，执干戚舞，有苗乃服。”禹时更是大举进攻三苗，他在出兵誓师大会上说：“济济有众，咸听朕言，非唯小子，敢行称乱，蠢兹有苗，用天之罚。若于既率尔群对（封）诸群（君）以征有苗。”② 在一次战斗中，禹射中三苗的军事首领，于是“苗师大乱，后乃遂幾”③，致使“子孙为隶，不夷于民”④。三苗的人大多数被俘成了奴隶。

阶级的产生对夏王朝的建立和夏民族的形成究竟有什么意义？从原始社会崩溃的一般规律来看，这就是已经成了奴隶主阶级的氏族贵族为了维护和扩大自己已经取得的权力和利益，把氏族部落的管理机构变成了国家机关。这个情况的出现也是逐步的。早在尧时，部落联盟内部就出现了初步的分职。《淮南子·齐俗训》即云：“尧之治天下也，舜为司徒，契为司马，禹为司空，后稷为大田师，奚仲为工，其导万民也。”舜时部落联盟的上层领导集团内部的分职更为明确，据《史记·五帝本纪》记载，以舜为首领的部落联盟的领导机构由 28 人组成，分司徒（民政）、司空（水利）、后稷（农业）、工师（手工业）、士（政法）、秩宗（礼）、虞（山林水产）、典乐（文化教育）、纳言（内务外交）、四岳（参谋）、十二牧（督察）11 个部门。这时国家虽然还没有正式诞生，但却具有了国家政权雏形的框架。

到了大禹之时，原始社会的崩溃加快了步伐，其标志就是城堡的出现。社会发展史告诉我们：在原始社会末期，城堡是奴隶主与奴隶两个对立阶级的矛盾发展到不可调和时的产物，也是奴隶主阶级内部争夺统治权力的重要设施。《孟子·万章上》就说：“禹避舜之子于阳城。”《史记·夏本纪》也说：“禹辞辟舜之子商均于阳城。”前已提及，登封王城岗古

① 《吕氏春秋·召类》。

② 《墨子·兼爱下》引《禹誓》。

③ 《墨子·非攻下》。“幾”即衰亡之意。

④ 《国语·周语下》。

城遗址很可能就是夏王朝初期的“阳城”。还有河南淮阳县平粮台发现的规模比王城岗大4倍的龙山文化时期古城堡遗址[①]，不仅用土坯砌墙，有城门和门卫房，还有排水的陶管道，甚至还发现了高台建筑。这样，正如恩格斯所说：“在新的设防城市的周围屹立着高峻的墙壁并非无故：它们的壕沟深陷为氏族制度的墓穴，而它们的城楼已经耸入文明时代了。”[②]所以，笔者认为：王城岗遗址以及平粮台遗址以及平粮台遗址的发现说明在河南龙山文化的中晚期，也就是大禹时代，社会已经进入奴隶制时代了。古本《竹书纪年》所云：“夏后氏，禹居阳城。”《世本》所云：“禹都阳城。”都表明这时氏族、部落乃至部落联盟的管理机关“从一个自由处理自己事务的部落组织转变为掠夺和压迫邻人组织，而它的各机关也相应地从人民意志的工具转变为旨在反对自己人民的一个独立的统治和压迫机关了。”[③] 这个机关就是国家。而在二里头遗址里发掘出来每边长约100米，总面积达10000平方米的宫殿遗址，也进一步证明夏国家政权的存在。于是，“大同”之世变成了“小康”时代。禹传位于儿子启，“世袭王权和世袭贵族的基础奠定下来了”[④]，我国历史上第一奴隶制国家——夏王朝宣告诞生。

恩格斯说：“建立国家的最初企图，就在于破坏氏族的联系。”[⑤] 在夏国家建立的过程中，夏部落与夷人部落、羌人部落以及居住在河、洛流域的其他氏族、部落逐渐杂居起来。在长期的战争中，这些氏族、部落原有的血缘关系渐渐丧失了自己的意义，他们之间不断相互影响，相互融合，在杂居一代比一代厉害的情况下，进行着新的整合。尊黄帝为始祖的夏部落，与分别尊颛顼、帝喾、伯益、皋陶为始祖的蛮夷部落，以四岳为宗神的羌人部落等结成新的部落联盟。也就是在征服三苗部落的过程中，以夏后氏为核心的部落联盟逐渐团结而为“永久的联盟”，由此“朝民族的形成跨出了第一步”[⑥]。

军事上的胜利，奴隶的不断增多，氏族公社制从被私有制打破缺口，

---

① 《淮阳县发现一座龙山文化古城址》，《河南日报》1981年1月25日。

② 《马克思恩格斯选集》第4卷，人民出版社1972年版，第160页。

③ 同上书，第161页。

④ 同上。

⑤ 同上书，第107页。

⑥ 同上书，第89页。

到阶级和国家产生的整个历史过程中，本氏族部落人员的流动迁徙，被征服氏族部落的强迫迁移，都不断地打破和瓦解了氏族公社的纽带——血缘关系，血缘关系开始逐渐向地域关系转化。而且杂居得愈厉害，不同始祖的各氏族、部落愈融合，“亲属性质的联系就愈让位于地区性质的联系”[①]。例如，早在舜时，这个部落联盟就发生过“流四凶族，浑敦、穷奇、梼杌、饕餮，投诸四裔”[②] 的事，说明氏族部落的分化和血缘关系的破坏早在进行之中。舜在对周围的氏部落进行征服战争的过程中，还“流共工于幽陵，以变北狄；放驩兜于崇山，以变南蛮；迁三苗于三危，以变西戎；殛鲧于羽山，以变东夷”[③]。对不同血缘的共工、驩兜、三苗、鲧等部落也进行分化瓦解，变其风俗。这样，各氏族、部落之间不断地相互融合，因此，到禹时，《左传》中所说的“禹会诸侯于涂山，执玉帛者万国”[④] 时的夏部落联盟，已不是以血缘关系为纽带的人们共同体了。正如恩格斯所论述古罗马民族形成时所指出的：这时“有决定意义的已不是血缘群体的族籍，而只是经常居住的地区了；现在要加以划分的，不是人民，而是地区了；住民在政治上已变为地区的简单的附属物了”[⑤]。“万国”就不是氏族、部落的籍别，而是地域的区分了。

面对这种新的历史局面，禹在制服水患后，“开九州，通九道，陂九泽，度九山”[⑥]，把全国划分为冀、兖、青、徐、扬、荆、豫、梁、雍九州[⑦]，就是水到渠成的事了。《尚书·禹贡》即云：“九州攸同，四隩既宅。”这就是说九州统一了，四方可居之地都奠定了。故《左传·襄公四年》说：夏统治者曾把其所统治的广大地区“通为九州，经启九道”。所以禹划九州，从一定的意义上来说，标志着血缘关系向地缘关系转化的完成。这时，也只有在这时，“相邻的各部落的单纯的联盟，已经由这些部落融合为统一的民族（Volk）所代替了”。[⑧] 我国历史上第一个奴隶社会

---

① 《马克思恩格斯选集》第 4 卷，人民出版社 1972 年版，第 148 页。

② 《左传·文公十八年》。

③ 《史记·五帝本纪》。

④ 《左传·哀公七年》。

⑤ 同上书，第 113 页。

⑥ 《史记·夏本纪》。

⑦ 《尚书·禹贡》。

⑧ 《马克思恩格斯选集》第 4 卷，人民出版社 1972 年版，第 106 页。

民族——夏民族，随着阶级和国家的产生，随着血缘关系向地缘关系转化的完成而基本形成了。

（三）夏民族从初型到定型的发育

民族的形成，特别是从部落发展来的最初民族的形成，不是一步登天，一下子就成为一个稳定的民族共同体的，它可分为初型和定型两个阶段，从初型到定型有一个相当的发育时期。夏民族从形成初型到发育成定型，又经历了一个相当长的历史时期。启以后，发生了太康失国之事，即传说中的东方夷族后羿，便乘机西进，“因夏民以代夏政”[①]，征服了夏民族。不久，后羿又被其亲信伯明氏的寒浞所取代。只是到了少康时代，又经过了许多氏族、部落的大混杂和融合，在夏遗臣靡的支持和配合下，在斟灌氏、斟鄩氏余众的拥护下，少康攻灭寒浞，杀其二子，重建夏朝，夏民族才稳定下来。其间，经过了100多年的时间。

夏民族从初型到定型的发育过程中，其民族特征也越来越鲜明，越来越稳定。

夏民族的地域，在黄河中游的河、洛流域的黄土地带，即西起今河南西部和山西南部，沿黄河东至河南、河北、山东三省结合部，南接湖北、北入河北。其居住的中心则是在今河南西部的河、洛流域。不少考古学家认为，河南龙山文化晚期和二里头文化遗址的分布，与上述夏民族活动的中心地带大致相符，最近公布的登封王城岗古城遗址发掘报告更具体地证明了这一点。而夏王朝把全国划分为冀、兖、青、徐、扬、荆、豫、梁、雍九州，不仅是夏民族形成的标志，也是夏民族共同地域的一个重要表现。所以“九州”后来又成了“中国”的一个代名词。

夏民族的共同语言就是“夏言”。《论语·述而》说：“子所雅言，《诗》《书》、执礼，皆雅言也。”所谓“雅”，荀子曾说过：“譬人越人安越，楚人安楚，君子安雅。”[②] 他又说过：“居楚而楚，居越而越，居夏而夏，是非天性也，积靡使然也。”[③] 由此看来，“雅”就是“夏”，而“雅言”就是“夏言”[④]。在二里头遗址出土陶器的口沿上，刻着20多种符

① 《左传·襄公四年》。

② 《荀子·荣辱》。

③ 《荀子·儒效》。

④ 参阅朱骏声《说文通训定声》“雅”字条。

号，是否就是表现夏民族共同语言的共同文字，这当然还有待于更多的考古材料来证明。但是，按照王力先生在《汉语史稿》中所说："殷墟甲骨文距离现在三千多年，但是，依照甲骨文字的体系相当完备的情况来看，如果说五千年前我们的祖先就创造了文字，还算是谨慎的估计。"① 于省吾先生在评价半坡文字时则更肯定地说："我认为这是文字起源阶段所产生的一些简单的文字。仰韶文化距今约有六千多年之久，那么，我国开始有文字的时期也有了六千多年，这是可以推断的。"② 这样，在二里头遗址发现的刻划符号就很可能是夏民族的文字。

夏民族的经济生活主要表现在"以铜为兵"的灌溉耜耕农业经济上。如前所述，青铜工具的出现和使用，是夏王朝建立前生产力发展的重要标志，登封王城岗古城遗址内一件青铜残片的出土，又是一个有力的证明。对于灌溉，《史记·夏本纪》云："禹浚畎浍而致之川。"郑玄注："畎浍，田间沟也。"《论语·泰伯》亦云：禹"卑宫室而尽力乎沟洫"。矬李遗址中还发现有宽 2 至 3 米，深约 1 米的水渠。对于耒耜，《韩非子·五蠹》说禹"身执耒臿，以为民先"，说明当时不仅有木耒，而且还有木臿作为翻土工具。《夏小正》中有"农纬厥耒"一句，也说明当时的主要农具是耒。在河南龙山文化煤山遗址就有木耒工具痕迹出土，更有力地证明木制耒耜是夏民族的主要农作工具。所谓"耒"，《说文解字》说："耒"是"手耕曲木"。即一根前端尖头弯曲的木棒，在耒的一端绑上一个石或骨制的耜头，就成为耒耜。耕翻土地时，以手持耒柄，以脚踏耜头，刺地而耕。所以夏民族的共同经济生活是"以铜为兵"的灌溉耜耕农业经济类型。这种农业经济类型由于生产力水平低下，所以还必须辅以渔猎和采集。《尚书·益稷》所记禹治水时就说过："暨益奏庶鲜食""暨稷播、奏庶艰食鲜食"。《夏小正》中也记载了夏民族除农业外，还有畜牧、渔猎、采集等生产政事。③

与此同时，大禹以治水开国的大量传说又证明夏王朝对水利灌溉是实行统一的治理和管理的。从农业发展的一般规律来看，古代利用河流灌溉

---

① 王力：《汉语史稿》下册，中华书局 1980 年版，第 596 页。

② 于省吾：《关于古文字研究的若干问题》，《文物》1973 年第 2 期。

③ 《夏小正》："正月。启蛰。雁北乡；雉震呴。渔陟负冰。农纬厥耒。囿有见韭。时有俊风；寒日涤冻涂。田鼠出。农率均田，獭祭鱼……"均为草木鸟兽等自然现象。

的国家，为了治理水患和管理水利灌溉，往往由国家来统一管理。古埃及把全国的水利系统置于中央集权政府的统一管理之下，两河流域的早期苏美尔城市国家就把兴修和管理水利作为国家的重要职能之一。所以，为了统一治理和管理水利灌溉的需要，脱胎于原始社会末期的土地分配制度，夏民族在“以铜为兵”的灌溉耜耕农业经济生活的基础上实行了“井田制”。《大戴礼·夏小正》说：正月“农率均田”。为什么要在正月“农率均田”？就是洪水泛滥的影响，每年必须在洪水过后，春耕以前把份地重新分配一次，以确定疆界划分，这也就是孟子所说的“经界”①。又为了统一管理水利灌溉系统的方便，实行水利灌溉的平原地区的“经界”就得十分整齐划一，形成外有封疆，内有阡陌的所谓“井田”。吕振羽先生曾肯定地说：“《周礼》《论语》《孟子》等儒家的作品中，所说关于‘夏代’‘井田制度’……必有其历史的一点根源，断不是他们所能凭空捏造，这似乎是可以肯定的。”② 因此，孟子所说的“夏后氏五十而贡”③，就很可能是夏民族表现为“以铜为兵”的灌溉农业经济基础上的早期的“井田制度”。这种“井田制”把夏民族紧密地联结成一个稳定的民族整体。

夏民族的文化，首先表现在对于吉凶祸福、寿夭贵贱等事听天由命的观念上。此即《论语·颜渊》中所说的“死生由命，富贵在天”。因此，《礼记·表记》记载：“夏道尊命，事鬼敬神而远之。”宗教信仰上这种低级形式与夏民族刚从原始社会进入阶级社会的门槛，生产力水平还比较低下的情况是相一致的。

其次，夏民族的文化，最突出的表现就是祖先崇拜。众所周知的夏铸“九鼎”，一个重要的目的就是表示对祖先的崇拜，《左传·宣公三年》说：“铸鼎象物”；哀公元年又说：“祀夏配天，不失旧物。”在鼎这样的国家重器上刻绘象征图腾的“物”就是表示不忘祖宗。所以，从某种意义上来说，“九鼎”不仅是夏王朝的国家象征，也是夏民族的民族象征。不仅如此，《论语·泰伯》还说：禹“菲饮食而致孝乎鬼神，恶衣服而致美乎黻冕”。这就是说禹自己吃得很差，却把祭祖宗的祭品办得很丰盛；

---

① 《孟子·滕文公上》。

② 吕振羽：《史前期中国社会研究》，生活·读书·新知三联书店1961年版，第119页。

③ 《孟子·滕文公上》。

穿得很坏，却把祭服做得极华美。由于祖先崇拜是鬼神崇拜的产物，是鬼神崇拜的一种形式，所以这里所称的"孝乎鬼神"，大约就是对祖宗先世的崇拜。因此，《礼记·祭法》中就说："夏后氏亦禘黄帝而郊鲧，祖颛顼而宗禹。"

再次，夏民族的文化又集中反映在《夏小正》上[①]。《夏小正》作为一本观象授时的历书，其从土地制度、社会生产结构到生产技术，为我们描绘了一幅完整的夏民族从事农业、畜牧、渔猎、采集的社会生产面貌，围绕着上述四项生产活动，又记述了物候、气象、星象、动植物等方面的知识。因此，我们可以认为《夏小正》是关于夏民族的一部"百科全书"。

还有，《礼记·表记》中所说的夏民族"先禄而后威，先赏而后罚，亲而不尊。其民之蔽、蠢而愚，乔而野，朴而不文"。则反映了夏民族纯朴、厚淳的民族性格。

此外，夏民族尚黑色，不仅衣服喜用黑色[②]，办丧事出殡也在黄昏，烧土为砖附于棺材四周[③]。夏民族喜以山为衣服的纹饰[④]；喜戴"毋追"和"收"式的帽子[⑤]；生活用具多用陶、木和石制成的"明器"[⑥]；祭社的牌位喜用松木[⑦]；岁首为农历一月，"年"称为"岁"[⑧]。凡此风俗习惯之种种特点，都表现了夏民族独有的民族风情和风貌。

二　商民族的形成

继夏民族之后，第二个敲开民族大门的是商部落。

（一）商民族的原始社会形态

商民族最早居住在今山东半岛，属传说中的东夷集团。自认是玄鸟所

---

① 《夏小正》经文产生的时代学术界有争论，笔者赞成《夏小正》为春秋前期杞国人所记之说。由于《夏小正》反映的社会历史情况比《诗经》为早，所以，笔者视其为研究夏王朝和夏民族社会历史的宝贵文献资料。此问题可参阅夏纬瑛、范楚玉《〈夏小正〉及其在农业史上的意义》（《中国史研究》1979年第3期）。

② 《礼记·檀弓上》："夏后氏堲周"；"夏后氏尚黑，大事敛用昏"。

③ 《礼记·王制》："夏后氏收而祭，燕衣而养老。"郑玄注："夏而改之，尚黑而黑衣裳。"

④ 《礼记·明堂位》："夏后氏，山；殷，火；周，龙章。"

⑤ 《礼记·郊特牲》："毋追，夏后氏之道也。周弁、殷冔，夏收。"

⑥ 《礼记·檀弓上》："夏后氏用明器。"

⑦ 《论语·八佾》："哀公问社于宰我。宰我对曰：'夏后氏以松，殷人以柏，周人以栗。'"

⑧ 《尔雅·释天》："夏曰岁，商曰祀，周曰年。"

生，所谓“天命玄鸟，降而生商”[①]。据胡厚宣考证，亥上所从的鸟，简化为隹字。王亥的亥字，上端所从，先从鸟舄，次作崔萑，最后作隹。从祖庚到武乙，五六十年之间，由象形而字化，由繁而简，由鸟而隹，其发展演变的痕迹，灼然可见。其实从鸟从隹，无论有冠无冠，或以手操持，都像是一只鸟，王亥之亥而从鸟，乃商族以鸟为图腾之确证。[②]，因此，王亥之亥从鸟就向我们提供了一个可靠的信息，确证远古时商是奉鸟为图腾的一个氏族部落。

相传商的始祖契，为帝喾的次妃简狄吞玄鸟卵而生，即《史记·殷本纪》所说：“殷契，母曰简狄，有娀氏之女，为帝喾次妃。三人行浴，见玄鸟堕其卵，简狄取吞之，因孕，生契。”这个卵生的神话传说表明当时还是只知其母，不知其父的母系氏族公社时期。

据历史记载，帝喾即舜，契因佐禹治水有功，而为舜的“司徒”，封于商，赐姓子氏[③]故商尊舜为远祖。《礼记·祭法》即云：“殷人禘喾”；《国语·鲁语》亦云：“商人禘舜。”甲骨文中商民族的先世也叙到“夋”。“夋”就是喾或舜。商与舜的这种关系，表明契时正是我国原始社会的尧、舜、禹时代。

但是，由于商部落这时还是以畜牧为主的游牧部落，所以商部落“无定处”[④]，“不常厥邑”[⑤] 的流动生活，见于记载迁徙就有 13 次，特别是从契至相土，不过 3 世，前后 5 迁，即契居蕃，昭明迁砥石，又迁商，相土再迁泰山下，又迁回商丘。相土时，由于农业生产的发展，商部落逐步安定下来。故相土后至汤建商王朝，虽经 13 世，但又迁徙 3 次，即帝芒三十三年，由商迁于亳，孔甲九年，殷侯由殷又迁回商丘，汤再由商丘近于亳[⑥]。这时商部落的农业和畜牧业都有了很大的发展。《世本》载“胲作服牛，相土作乘马”，这就是驯养牛马作畜力用于农业生产和交通运输。故《管子·轻重戊篇》说：“殷人之王，立皂牢，服牛马，以为民

① 《诗经·商颂·玄鸟》，玄鸟即燕。

② 胡厚宣：《甲骨文所见商族鸟图腾的新证据》，《文物》1977 年第 2 期。

③ 《史记·殷本纪》。

④ 同上。

⑤ 《商书·盘庚上》。

⑥ 《竹书纪年》。

利，而天下化之。”这表明商部落生产工具的改进。要发展农业，必须重视治理水患，兴建水利。史载冥治水而死，成了商部落的禹，而为后世隆重祭祀[①]，正是这种情况的具体反映。从王亥子上甲微以后，商的祖先都以干支为名号，说明他们已有比较精确的历法，反映商部落的农业已发展到一定的水平了。与此同时，商部落又“立皂牢，服牛马，以为民利”[②]。“皂”是牲口槽；“牢”是牲口圈。“立皂牢”即表明商部落的畜牧业从游牧发展到定居放牧了。在原始社会的生产力水平下，这些情况都说明男子在氏族公社的生产中占了主导地位，表明商部落大约在相土时已从母系公社过渡到了父系公社的时期。

农、牧结合的经济结构，使得商部落很快地强大起来。相土时，就乘夏王朝太康失位之机，迅速扩大了自己在东方的势力，控制了黄河下游以泰山为中心的广大地区。“相土烈烈，海外有截”[③] 的记载，不仅反映了商部落地域的扩大和商族后裔对相土功绩的追颂，更重要的是表现了氏族、部落首领在战争中的英雄气概，反映了战争正在“变为一种正常的营生”[④]。这样，奴隶就会出现，阶级就会产生，氏族公社制度的末日快来到了，商部落在开始走向崩溃的历史进程中，迎来了商国家和商民族的诞生。

（二）商民族在原始社会的崩溃中形成

就是在“相土烈烈，海外有截”，战争“变为一种正常的营生”的历史条件下，商部落在两个方面发生了重大的变革。

一方面是氏族首领的选举制度变成了世袭制（父子世袭或兄弟相继），促使了国家的诞生。历史上记载的冥的儿子王亥在进行贸易时，被北方有易氏部落杀死，并夺取了王亥的牛群。而王亥的儿子上甲微借助于河伯的武力杀了有易氏的首领緜臣，灭了有易氏，上甲微世袭了商部落的首领。在甲骨卜辞中不仅上甲微受到隆重的祭礼，连王亥也被尊称为商祖亥。从上甲微到汤的七代中，商部落的首领逐渐具有了国王的权力，使商部落的氏族公社组织逐步转变为国家机构。

---

① 《管子·轻重戊篇》。

② 同上。

③ 《诗经·商颂·长发》

④ 《马克思恩格斯选集》第 4 卷，人民出版社 1972 年版，第 104 页。

在这里，首先是商部落的氏族贵族们转化为“侯”。“侯”最初只是所谓“射侯”之意。因为“侯”是古代行射礼时用兽皮或布做成的靶子。《周礼·天官·司裘》就有“王大射，则共虎侯、熊侯、豹侯，设其鹄；诸侯则共熊侯、豹侯，卿大夫则共麋侯，皆设其鹄”的记载，所以《韩非子·八说》说：“狸首射侯，不当强弩趋发。”而在原始社会末期，射箭是贵族最重要的本领，商部落首领选派射箭本领最好的人建国畿外，守卫边疆，名之为“侯”。这种“侯”在甲骨文中还有的被称为男、子、伯、公等。拿男字来说，从甲骨文的字看从田从耒，表示它是氏族公社内善于组织和管理农业生产的氏族贵族。这都是商部落氏族公社组织逐步转化为国家机构的一个重要表现。

其次，是商部落的巫史转化为宗教官。原始社会的巫史，懂得一些天文气象医药知识，会占卜符咒，在氏族公社组织中，充当神与人之间的中介人。后来，随着商部落首领权力的不断扩大，这些巫史利用占卜符咒，假借天意，骗取信任，遂成为正在形成中的商王宗教官，甲骨卜辞中称之为“御史”“卿事”“夷”“尹”等。掌握神权的这种宗教官，同时掌握着文化知识，地位很高，权力很大。例如辅佐汤灭夏桀的重要人物伊尹，就是出身于掌王祭祀之事的小臣。由此可见，巫史向宗教官的转化，是商部落氏族公社组织逐步转变为国家机构的又一个重要表现。

在这个转变中，汤对商国家的最后形成起了重大的作用。《史记·殷本纪》记载：“汤征诸侯。葛伯不祀，汤始伐之。”汤灭了葛国后，连续灭了夏王朝在黄河下游的重要支柱韦、顾、昆吾等国，军威大振，正是“十一征而无敌于天下”[①]。最后与夏会战于鸣条，夏王桀败逃而死，夏朝亡，一个新的奴隶制国家——商王朝兴起。

另一方面是商部落从血缘关系向地缘关系的转化，促使了商民族的形成。首先是商部落内部氏族矛盾和阶级矛盾的一步步扩大，使得原来氏族赖以维系的血缘纽带逐步废弛。有些氏族成员纷纷离开氏族原来的土地，或者到新开垦的地区去，或者同没有血缘关系的氏族部落杂居。其具体情况现在虽然已很难考释清楚，但郑樵的《通志略·氏族略》关于夏商时代共有62国的记载，使我们可以想见个大概。在原始社会末期，氏族分化、瓦解之时，国与氏族几乎为同一东西，一国即等于一氏族，一氏族即

① 《孟子·滕文公下》。

等于一国，这 62 国虽然未必就是夏商以前实际存在氏族的全体，但却是一个起码的数目。对这 62 个氏族，我们可以断定：除一部分是商部落分化出来的氏族外，其余大部分是与商部落不同血缘的氏族，例如有扈氏、冥氏、斟氏、戈氏、褒氏，据《史记·夏本纪》记载就是属于夏民族的一部分。另外，我们知道，在商部落的发展中，从契至汤曾经 8 次迁徙。在这频繁的迁徙过程中，臣属于夏王朝的商部落又必然会与夏民族以及其他血缘的氏族部落逐渐杂居起来，“亥宾于有易”①，即是一例。

在商部落与不同血缘的氏族部落杂居越来越厉害的同时，由于手工业的发展和商业的兴起，商人和手工业工匠的来往奔走，混杂于各氏族部落之中，使商人交换的市肆迅速发展起来。又由于战争的需要，为了保卫氏族贵族的私有财产和生命安全，于是有围墙的城垣纷纷建立。这种市肆和城垣，商部落称之为“邑”。这样，氏族部落的完整性受到破坏，氏族成员之间的血缘联系逐渐消逝，而“邑”则成为不同血缘的氏族部落成员杂居的古代都市。杂居的结果，必然是使氏族部落的血缘关系逐渐丧失其本来的意义，丧失其维系氏族纽带的作用，血缘关系开始向地缘关系转化，在与夏王朝对抗以及征服葛、韦、顾、昆吾等“国”的过程中，商部落与其他氏族部落间的杂居更加普遍。因此，到汤时，支持汤灭夏的“万邦”②“万方”③，就都是按地域划分的人了。由于与汤一起去伐夏桀的并不都是本氏族部落的人，所以汤在动员时说：“尔尚辅予一人，致天之罚，予其大赉汝。尔不无信，朕不失言。尔不从誓言，予则孥戮汝，罔有攸赦。”④这就是说只要积极与他一起伐夏桀，不管你是那一个氏族部落的人，都可以受到酬劳。反之，则要受到处罚。故后来司马迁说：商人“其后分封，以国为姓”⑤，就不是以氏族部落的籍别为根据了。于是商王朝这种“国家基层单位已经不是血缘团体，而是地区团体了”⑥。

至此，商部落基本上完成了从部落到民族的过渡。但是，由于商王朝王室内部连续发生王位的纷争：太甲前大权旁落伊尹之手，中丁后又出现

---

① 《山海经·大荒东经》注引《竹书纪年》。

② 《尚书·商书·仲虺之诰》。

③ 《墨子·兼爱下》。

④ 《尚书·汤誓》。

⑤ 《史记·殷本纪》。

⑥ 《马克思恩格斯选集》第 4 卷，人民出版社 1972 年版，第 2 页。

“废嫡而更立诸弟子，弟子或争相代立”[①] 的混战局面，再加上从汤至盘庚迁都5次，“荡析离居，罔有定极”[②]，所以，直到盘庚都殷时，商民族才稳定下来，其从部落发展到民族的过程才最后宣告完成。

恩格斯在《自然辩证法》中曾经精辟地说：在原始社会，由于“劳动本身一代一代地变得更加不同、更加完善和更加多方面。除打猎和畜牧外，又有了农业，农业以后又有了纺纱、织布、冶金、制陶器和航行。与商业和手工业一起，最后出现了艺术科学；从部落发展成了民族和国家”。商部落也就是这样，在原始社会崩溃的过程中，发展成了商王朝和商民族。

（三）商民族的基本特征

商民族是一个一切特征统统具备了的古代奴隶社会民族。

商民族有共同语言。由于历史条件的限制，商民族共同语言的读音已不可考，但是，因为文字是记录语言的符号，字既是书写单位，又是读音的单位，所以商民族所创造的甲骨文应该是其共同语言的具体表现。甲骨文是一个体系完整精密的成熟文字，在十余万件占卜甲骨上，总共有近5000个单字。从文字结构上看，除占三分之一的象形字以外，已有以复杂意象表示的象意字，以抽象符号表示的指事字，有比类合谊的会意字，有利用谐声偏旁组成的形声字，有“本无其字，依声记事”的假借字，甚至还有少数转注字。这就是说所谓“六书”的构造方法均已齐备。可见，过去有人说甲骨文是象形文字的观点显然是错误的，因为甲骨文已经摆脱了纯形意文字的束缚，进入了把文字作为符号记录语言的成熟阶段。至于甲骨文的文法结构，据研究也已初步具备了汉语语法的基本形式，句子的组成，主要是主语—谓语—宾语。

更重要的是作为记录语言的甲骨文，已出现初步的文字形式。在卜辞中常见一些很简明而生动的单句：“今岁，秋不至兹商。”“令省（巡视）在南廪。”“今日，其从师西，亡哉？”在这里，以方位词“西”作动词用，极富艺术性。在卜辞中又有不少简洁而明了的复句：“日若兹晦，其惟年祸！”“方来人邑，今夕不蜃（振）王师！”“大方出伐我师，唯马小臣兮。”在卜辞中还有表达复杂情况的复句，交代了两种以

① 《史记·殷本纪》。

② 《尚书·盘庚下》。

上事物之间关系的，如："王曰：侯虎往（?）（逃逸），余不蕀（急），其合以乃事归。""君呼祝（?）曰：盂方供人，其出伐我屯师。高其令东迨（会）……"并列句采用对偶形式的如："土方征于我东部戋二邑；舌方亦侵我西部田！""我其祀宾（祭名），作（则）帝降若；我勿祀宾，作帝降弗若。"排偶句如："褅于东方曰析，风曰协；褅于南方曰炛（?）风曰夷；褅于西方曰韦（?），风曰彝；褅于北方曰伏，风曰役（烈）。"在卜辞中也有韵味明白而优美的韵语，如"其曰倬人矣！其曰毋妄矣！……毋执矣！"在卜辞中甚至出现了长篇成章的记叙文，《殷墟书契菁华》卷首八版龟甲卜辞，成篇记录武丁时西北边陲告急之事。晚期王室命令多田与多伯出征盂方的卜辞已有60多个字①，最长的一条记事刻辞则有150多个字。所有这些卜辞中的排偶句、韵语、复句、长篇的记叙文字、说理文字，以及丰富的格言，乃至成语，都可以总称之为"卜辞文学"。这就表明商民族不仅有共同语言，而且共同语言十分稳定。

商民族地域的形成和发展，汤起了决定性作用。汤建商王朝后，不仅从黄河下游发展到了黄河中游，而且势力还达到了黄河上游。对此商民族的后裔在追颂汤时说："昔有成汤，自彼氐羌，莫敢不来享，莫敢不来王，曰商是常。"② 盘庚迁殷以后，商民族完全抛弃了"不常厥邑"的习惯，其共同地域最后稳定了下来。

商王朝把全国地域（包括属国）划分为"五方"，即中商（或简称商）、北土、南土、东土、西土③。甲骨卜辞中就有"己巳，王卜贞……东土受年；南土受年；西土受年；北土受年"④ 的记载，卜问全国年岁是否丰盛。

中商，又称商，大邑商或天邑商。甲骨卜辞中有"中商"和"大邑商"的记载⑤，《周书·多士》亦云："肆予取求个于天邑商。"王国维

---

① 见《甲骨文合集》36511。

② 《诗经·商颂·殷武》。

③ 商朝地名，若从古籍方面考证，因资料不足，很难准确无误；若从甲骨文方面考证，又因卜辞过于简略，且多有不识之字，更是十分困难。吴泽同志曾就此问题对王国维、罗振玉、郭沫若、董作宾、孙海波等甲骨学家的有关考据著作作过整理。本文所引商朝五方之土的材料均参阅吴泽《中国历史大系古代史：殷代奴隶制社会史》，棠棣出版社1953年9月修订版，第二章第一节"政治地理"。

④ 《殷契粹编》907片。

⑤ 参阅《殷虚书契前篇》8、13和3、2、0259。

说：殷人“如以地名为国号，继以有为天下之号，其号，虽不常厥居，而王都所在，仍称大邑商，讫于失天下而不考。”[①] 因此，中商就是殷墟，是商王活动的中心地带。

东土，就是指今山东中、西部以及江苏北部。属国有肃国、兜国、攸国、蒙国、国[②]。都邑有杋、雇、来、滆、齐、良、鸡、旧、虞、栗、叉、芒诸地。

南土，就是指今安阳以南的河南、安徽以及浙江西部，属国有杞国、叡国。都邑有相、沬、温、登、梌、滳、潢、霍、潜诸地。

西土，就是指今河南西部、陕西中部、南部，四川北部、山西南部。属国有戉、戊、猷、雀、弜、缶、犬、吴、䡅、易、沓、沚、卑、召、噩、湔、光等国。都邑有向、衣、渑、章、宫诸地。

北土，就是指今山西中部、南部，河北中部、南部。属国有㫃国、蚁国、井国、冀国、盂国。都邑有稷、雝、耿诸地。

此外，商周边一些比较大的方国，土方、苦方、人方、鬼方、周方、羌方、蜀方、曹方等，有的为殷境之大敌，如鬼方、土方、苦方、人方等；有的则时服时叛，如羌方、周方、蜀方、曹方等。而商在北方分封的孤竹等国，也有强大的势力；在南方湘赣的某些地方又发现了商代遗址（如江西清江吴城的商代遗址），这大约正如《诗经·商颂》所说的：“宅殷土芒芒”“邦几千里，惟民有止，肇域彼四海。”可见商王朝的五方之土非常辽阔，大致据有今河南、山东、河北、辽宁、山西、陕西、安徽，以及湖北、浙江和四川的一部分，可能还有江西、湖南以及内蒙古的某些地方。由此可见，商民族的地域不仅广大，而且稳定。

商民族的经济生活有一个演化的过程，它从一个以畜牧业为主的部落，逐步发展，形成了以灌溉农业为主，农牧相结合的经济类型。商民族农业发展的水平，从甲骨文上可以得到证明，从农作物来看，甲骨文中有农、禾、麦、黍、米等字；从土地名称上看，甲骨文有田、畘、井、囿、圃、疆等字[③]，表明农作物品种已比较齐全[④]，不同地形的土地被大量开

① 《殷墟卜辞中所见地名考》，载《王静安先生遗书观堂别集补遗》。

② 此字不识，或在蒙之东，参阅吴泽《中国历史大系古代史：殷代奴隶制社会史》，棠棣出版社 1953 年版，第 37 页。

③ 甲骨文写法没有完全定型，一个字异体很多，有简有繁，为印刷方便起见，在此从略。

④ 参阅于省吾《商代的谷类作物》，《东北人民大学人文科学学报》1957 年第 1 期。

垦出来。同时，“犂”字，甲骨文作“物”，又作“[illegible]”，像牛拉犁的样子。而且“畴”字作“[illegible]”，像牲畜犁地时拐弯的犁纹。联系到夏王朝时就有“服牛乘马”① 的传说，说明商民族很可能已开始有了牛耕。另外，卜辞中有大量商王向上帝、祖先和河神祈问天象、年成的纪录，这种对农业生产丰歉特别的关心，反映了农业在商民族经济生活中的重要地位。还有，从历法上看，商民族“行夏之时”②，因袭了夏民族用六十甲子记日的文法，并进一步完善历法，采用了每年分为春、秋，大月 30 天，小月 29 天，并设置了闰月的阴阳合历。此外，商民族的奴隶主贵族大量酿酒，放肆酗酒，突出反映了商民族粮食生产的较高水平。

由于有了较高发展的农业，在畜牧业上，使得栏养和放牧相结合的方法被广泛采用。这时，不仅家畜种类比较齐全，牲畜的名称，在甲骨卜辞中名目繁多，后来汉民族所谓的“六畜”：牛、羊、豕、犬、马、鸡，这时都有了。而且由于战争、祭祀和殉葬的惊人需要，商王和贵族们每次祭祀，用牲的数目动辄几十、几百。如《殷虚书契后编》记载：“丁亥卜、口贞：昔日乙酉，箙武御口大丁，大甲、祖乙，百鬯、百羊、卯三百口牛。”③ 用百羊加三百牛来祭祖实在是一个惊人的数字。所以郭沫若说：“由此祭牲一项破天荒的滥用，已可断定商代是牲畜最蕃盛的时代。”④ 这样，商民族逐步发展成为一个以农业为主、农牧结合的先进民族。

更重要的是商民族的经济生活还表现在其内部的经济联系上。其表现之一是商业都市的繁盛。首先殷墟不仅是商王朝的政治中心，而且也是当时最大的商业都市。从安阳殷墟发掘报告中可以看到，殷墟内到处分布着炼铜工场遗址，还广泛分布着石工作坊，骨器作坊、兵器作坊、铜器作坊的遗址。手工业的发达，必然引起商人的云集，因此《尚书·商书·盘庚篇》中称殷墟为“邑”，为“肆”，或“邑肆”⑤。“肆”即“市”，就是交易买卖的场所。“邑”就是商王朝的京城，《诗经·商颂·殷武》中就说：“商邑翼翼，四方之极。”这说明殷墟已成商王朝最大的商业交换

① 《周易·系辞下》。

② 《论语·卫灵公》。

③ 《殷虚书契后编》上 28、3。

④ 郭沫若：《中国古代社会研究》，新文艺出版社 1952 年第 2 版，第 46 页。

⑤ 分别见《尚书·商书·盘庚上》《商书·盘庚下》。

的都市。所以甲骨卜辞中称殷墟为“大邑商”①。此外，如前已提及的曾作过商都邑的商、亳、蕃等也都是比较大的商业都市。同时东土的雇、溻、来、齐、芒、良、鸡、共、高等；南土的宫、滴、潢、霍、潜等；北土的盂、雍；西土的衣、尚、温、召等；中商四周的井、蚁、㫰、沚、肃、兜、杞、亚等属国诸侯的邑地，也都是市肆繁盛的商业都市。

表现之二是商业交通的发达。众所周知，商民族创造了辉煌灿烂的青铜文化，殷墟出土了大量铜锡合金的青铜彝器。可是，商民族活动的中心地带——黄河流域产铜不多，更没有锡。这样商王朝制造青铜彝器所需要的大量的铜、锡原料要从长江流域、华南、西南以及东北一带运来。此外，在殷墟的出土文物中，有大量的货贝、硃砂、鲸骨、绿松石等滨海物产。这种情况，正如孟世杰所说：“殷代之时，珣玗琪产于东方，竹产于广南，犀象产于南方，金石产于西南，珠玉产于西方，璆琳琅玕②产于西北，筋角产于北方，毛皮产于东北，五谷鱼盐产于中央。物产充盈，贸迁便利，国内交通，发达可知！”③

表现之三是货币经济的发展。根据殷墟发掘报告，殷墟出土了很多海贝。这种海贝的背已磨平并钻有孔，以便贯串作货币。后商业发展，货币的需求量越来越大，海贝供不应求，遂用骨头和玉类磨琢成贝状，供商业交换使用，称之为“骨贝”“玉贝”。罗振玉在《殷墟古物图录》中记载说：“往岁在磁州得骨制之贝，染以绿色或褐色状，与真贝不异；面有两穿或一穿，以便贯系。最后又得一真贝，磨平其背，与骨制贝状毕肖。”④在商王朝后期还出现了铜贝⑤。贝在当时具有充分的货币职能。甲骨文的“买”字字形从网从贝，《说文解字》也说：“买，市也，从网贝。孟子曰：登垄断而网市利。”所以网贝，就是获得市利之义。在商品流通中，可以充作买卖的媒介，支付手段和价值尺度。同时，由于贝本身具有交换

① 《殷虚书契前编》3、2、0259。

② 泛指美玉。《尔雅·释地》：“西北之美者，有昆仑墟之璆琳、琅玕焉。”郭璞注：“璆琳，美玉名。”《魏书·西域传·大秦》：“其土宜五谷桑麻，人务蚕田，多璆琳、琅玕、神龟、白马朱鬣、明珠、夜光璧。”

③ 孟世杰：《先秦文化史》，文化学社 1929 年版，第 190—191 页。转引自吴泽《中国历史大系古代史：殷代奴隶制社会史》，棠棣出版社 1953 年 9 月 6 版（修订本），第 267 页注 14。

④ 转引自吴泽《中国历史大系古代史：殷代奴隶制社会史》，棠棣出版社 1953 年 9 月 6 版（修订本），第 260 页。

⑤ 郭沫若：《中国史稿》第 1 册，人民出版社 1976 年版，第 199 页。

价值，所以它或被积蓄，或作赏赐，或借贷。因此甲骨文卜辞中许多有关财富的字，基本上是贝演化而成的，如买、卖、资、货、财、贮、货、宝等，均从贝。由此可见商民族货币经济的发展程度是很高的。

商民族的文化特点之一是创造了光辉灿烂的青铜彝器文化（可称青铜文化）。青铜彝器就是礼器，奴隶贵族所专有的，代表着奴隶主贵族的身份和等级，是奴隶社会中国家权力的象征。但是，它又是广大奴隶，特别是青铜工匠奴隶们高度智慧的珍贵成果。例如，举世闻名的司母戊大方鼎，重 875 公斤，通耳高 133 厘米，长 110 厘米，宽 78 厘米，这样形制雄伟的巨形铜器，据专家研究，需要二三百人的密切协作才能制成。又如一件龙虎尊，在肩腹部铸出 3 龙 3 虎，都是一首双身，蟠绕肩腹周围。龙身呈蜿蜒蝠动状，头角突起而成铺首；各个虎口下置一张惶惶欲逃的人像，以显虎威。再如一件豕尊，整体为一猪形，猪头长喙圆颈，两目圆睁，两耳招风，犬齿尖出，背鬃怒竖，腹臀滚圆，四肢刚健，形神逼真似一头活公猪。此外，类似的羊尊、象尊……无一不肖妙入微，而 1982 年 7 月在商城东南角外约 50 米处，发掘了一个商代的青铜器窑藏，出土大方鼎、大圆鼎、扁足浅腹圆鼎、卣、尊、罍觚、盘和带柱盂等 13 件精妙绝伦的王室珍贵的青铜器，反映了商民族青铜工艺的高度技术水平。所以，从某种意义上来说，我们可以认为青铜文化是商民族文化在美学观念上的一个集中表现。

文化特点之二是对祖宗一元神的崇拜。据古代文献和甲骨文的大量记载，商民族的奴隶主贵族特别迷信鬼神，他们认为鬼神世界有一个至高无上的神，被称为“帝”或“上帝”，商王宣称自己是“帝”的代表，这就是《尚书·盘庚上》所说的：“先王有服，恪谨天命……今不承于右，罔知天之断命。”也就是甲骨卜辞所说的“我其祀宾，作帝降若，我勿祀宾，作帝降不若”。① 同时，他们又自称是神的后裔，以帝俊为高祖，依靠先公先王的庇佑而发达兴旺，因此对祖先的祭祀极为重视，事无大小，均用占卜，求告于祖先。把占卜当作沟通人神的工具，视占卜的凶吉为体现神和祖先的意旨。这就是《礼记·表记》所说的：“殷人尊神，率民从事神，先鬼而后礼。”由此可见，在商民族的思想上认为，“上帝”统治着两重世界，一是“王”统治的人的世界，一是“先王”统治的鬼的世

① 《殷墟书契前编》7·38·1。

界。而人间世界的“王”，又是代表“天”或“上帝”来行使统治的，他不仅是“神意”的传达者，而且是“神意”与“人意”的联络者。一直以十干的日为名，并具有祖先崇祀意义的商王名字，到商末两王直接称为“帝乙”和“帝辛”（纣），就把这种传达和联络的作用点明了。可见，对祖宗一元神的崇拜，成了商民族文化在思想意识方面的一个突出特点。

文化特点之三是盛行人祭。甲骨卜辞中对人祭有大量的记载，最常见的是将羌人与牛、羊、豕等并列用于祭祀，祭祀的方法极端残忍，就可考者有伐（斩首）、𢼄（击死）、𡗞（烧死）、𤁋（活煮）、羌（磔）、冎（取血）等。祭祀次数频繁，数量惊人。少则二、三人，多则三、四百人①。人祭牺牲者的身份，包括各种类型的奴隶，除羌俘外，还有仆、臣、执、服、奚、妾、姬、姜等。商民族盛行人祭的情况，《帝王世纪》中也有所透露，其云：“汤自伐桀后，大旱七年，洛川竭，使人持三足鼎祝于山川曰：‘欲不节耶？使民疾耶？苞苴行耶？谗夫昌耶？宫室营耶？女谒行耶？何不雨之极也？’殷史卜曰：‘当以人祷。’”“人祷”就是人祭。人祭的情况在考古学上的发现更令人触目惊心。仅以在商王朝后期作为都城的安阳小屯及附近地区为例，在商王和贵族的大墓里，在大墓周围的祭祀坑、车马坑中，在宫殿遗迹的基址下面，无处不是或身首异处，或肢体残缺，或捆缚活埋，或处以腰斩的奴隶的尸体②，真可谓举世罕见。这里可能有人会说人祭是商代奴隶主的意识形态，不能作为商民族的共同心理素质的特点。我认为人祭本来是产生于原始社会时期的一种复杂的社会现象，其作用往往与巫术、祈年、自然崇拜等宗教活动有关，它是人们共同心理素质的一种表现。而商部落进入阶级社会，建立了商王朝和形成商民族后，把古老的人祭习惯与阶级压迫联系在一起，给民族的共同心理素质打上了奴隶制度的阶级烙印，这在刚进入阶级社会的民族中是很难避免的。所以，据胡厚宣先生统计，卜辞甲骨记有人祭资料的共有 1350 片，卜辞 1992 条，最低限度残杀了 14197 人③。从这些统计数字中，我们不难

① 《殷契卜辞》245：“戊子卜、穷贞，𠂤今夕用三百羌于丁用。”《南北·师友》1·40：“……卜……羌四百于且口。”

② 参阅胡厚宣《中国奴隶社会的人殉和人祭》（上篇），《文物》1974 年第 7 期；《安阳殷墟奴隶祭祀坑的发掘》，《考古》1977 年第 1 期。

③ 胡厚宣：《中国奴隶社会的人殉和人祭》（下篇），《文物》1974 年第 8 期。

看出人祭确实是商民族共同心理素质的一个特点。尽管其十分残忍，但却是历史的事实。正好反映和表现了商民族“尊而不亲。其民之敝，荡而不静，胜而无耻”① 的放荡、凶狠、好胜的民族性格。

另外，商民族“尚白，大事敛用白巾，戎事乘翰，牲用白”② 的风俗习惯；出殡在中午，棺材外要套一个外棺（称之为椁）的葬俗；交颈、右衽、短衣、短裙的服装③；“君子无故，玉不去身”④ 的重玉心理；铜器、陶器上的饕餮纹，夔纹和云雷纹；以安阳武官村大墓出土的纹饰瑰丽，音响清越的瞪目张牙虎形大石磬为代表的商民族音乐；祭“社”之牌位喜用柏木；规模宏大，有一定布局结构的商王朝都邑以及在台基上面安放柱础，竖立木柱，然后置梁架，盖屋顶，装门窗的木骨架结构的建筑方法⑤；以农历十二月为岁首，称年为纪的习惯。凡此等等，也都是商民族文化的表达。

三　周民族的形成

继夏民族和商民族之后，在以后的华夏民族中起核心作用的周部落也迈进了民族的大门。

（一）周民族形成的历史过程

周民族是一个具有悠久历史的古代民族。自称“夏”或“有夏”⑥，大概其远祖是古代夏族的一支。传说始祖名弃，母叫姜嫄，“厥初生民，时维姜嫄”⑦ 这是关于周民族始祖的最早记载。而“姜”“羌”古为一字，“羌”字甲骨文作“”或“”，从羊，从人，《说文解字》云：“羌，西戎牧羊人也。”⑧ 意指牧羊之人群。周民族以羌人为其始祖母，最初活动的地域在渭水上游自然条件比较优越的漆水、沮水之间。其兴

① 《礼记·表记》。

② 《礼记·檀弓上》。

③ 参阅沈从文《中国古代服饰研究》河南安阳出土的商代玉人；胡厚宣：《中央研究院殷墟出土展品参观记》，《中国艺术论丛》，商务印书馆 1936 年版，第 157 页。

④ 《礼记·玉藻》。

⑤ 参阅《湖北省黄陂县盘龙城商代中期的宫殿复原图》，载《中国青年报》1981 年 6 月 14 日。

⑥ 《尚书·周书·君奭》。

⑦ 《诗·大雅·生民》。

⑧ （汉）许慎：《说文解字》，中华书局 1963 年版，第 78 页。

起于夏、商之际，传说弃做过夏的“农师”[①]。早年是商的一个属部，殷武丁时，他们还参加过商攻伐鬼方的战争，卜辞中常称其为“周”或“周侯”[②]。

周民族是在“克商”的过程中形成和崛起的。其形成过程大体可分为两个阶段，自公刘到古公亶父为第一阶段，是周民族开始形成时期；自季历到武王为第二阶段，是周民族正式形成时期。

在第一阶段，公刘前，周部落已从母系氏族公社过渡到了父系氏族公社。公刘时，周部落开始定居于豳。《诗经·公刘》中详细描述了公刘率领族人满装干粮，携带弓矢干戈，一路察看地形，探找水源，以及盖房、修桥、造工具，在豳定居下来的情景，生动地反映了周部落生产力日益增长，社会分工日益扩大，阶级分化的历史背景。更重要的是，在这次迁徙过程中，周部落与其他一些氏族部落杂居起来。《史记·周本纪》说：“公刘虽在戎狄之间，复修后稷之业，务耕种，行地宜，自漆沮度渭取材用，行者有资，居者有畜积，民赖其庆。百姓怀之，多徙而保归焉。”在这里“百姓怀之，多徙而保归焉”。表明周部落与其他氏族部落在豳开始杂居，血缘关系开始向地缘关系转化。当然这仅仅是一个开始。

公刘后经9世，传到了古公亶父时代。这时，周部落在北方游牧部落的逼迫下，古公亶父不得不放弃豳，带领本部落的人迁到了岐山之南的周原定居。古公亶父走后，“豳人举国扶老携弱复归古公于岐下。及其旁国闻古公仁，亦多归之”[③]。可见这时各氏族部落的相互杂居，比公刘时更加厉害了。所以古公亶父只好“营筑城郭室屋而邑别居之”[④]，让归附的人以“邑”为单位居住。这时，古公亶父改“陶复陶穴，未有家室”的落后生活方式为“筑室”[⑤] 而居，既反映共同地域的固定，又反映了农业生产的发展，这就为周民族的形成奠定了物质基础。具有重要意义的是，从此以后，本来是姬姓的周部落以“周原”这个地名为据，称呼自己为“周人”了[⑥]。这不仅表明血缘关系向地缘关系的进一步转化，也表明居

① 《史记·周本纪》。

② 《殷墟书契前编》5·7，及6·30；《殷墟书契后编》下37；《新获卜辞》277片。

③ 《史记·周本纪》。

④ 同上。

⑤ 《诗·大雅·緜》。

⑥ 《史记·周本纪》。

住在周原的以周部落为核心的各氏族部落结成了一个“永久的联盟”。正如恩格斯所说：“这样就朝民族（Nation）的形成跨出了第一步”[①]。周原也就成了周民族崛起的根据地。

第二阶段，即从季历到武王阶段，是周民族正式形成的阶段。季历时，周部落已臣属于商朝。受商朝奴隶制的影响，在商的支持下，季历就“伐西落鬼戎，俘十二翟王”[②]，接着又先后伐余无之戎，始呼之戎和翳徒之戎，均取得了胜利。显然，周部落的氏族贵族在这些战争中获得了大量的奴隶和财富，而成了奴隶主贵族。因此，商王太丁封季历为“牧师”[③]。在季历的儿子文王统治的整整五十年中，周部落一面名义上是商朝的属国，一面对周围的方国、部落发动了一系列的战争，先后征昆夷，灭密须，克黎国，进邗地，使虞、芮归服，特别是灭崇国一举，周全力以赴取胜后，“作邑于丰”[④]，建立了新的都城——丰京（今陕西长安南沣河以西）。这时，周文王的军事首领的性质也变了，《诗经·大雅·文王有声》说：“文王烝哉”，“烝”即君也。文王成为国王，国家诞生了。文王死后，其子武王继位，出兵东征，行至孟津，四方小部落纷纷归附，加入到周部落联盟中来。公元前 1027 年，武王正式伐商，更有庸、蜀、羌、髳、微、纑、彭、濮等族军队参加，又有更多的氏族部落加入周部落联盟之中。所有这些都进一步瓦解了血缘关系，大大促进了周民族的形成。

恩格斯在《家庭、私有制和国家的起源》中明确指出：“国家和旧的氏族组织不同的地方，第一点就是它按地区来划分它的国民。”[⑤] 武王“克商”后，即“封邦建国”[⑥]，大规模分封诸侯。武王、周公、成王先后建置 71 国。分封的时候，还要举行授土授民的仪式，如周公长子伯禽被封于鲁国，得“殷民六族：条氏、徐氏、萧氏、索氏、长勺氏、尾勺氏”；武王弟康叔被封于卫国，得“殷民七族：陶氏、施氏、繁氏、锜氏、樊氏、饥氏、终葵氏”；唐叔被封于夏墟，得“怀姓九宗”[⑦]。周统

① 《马克思恩格斯选集》第 4 卷，人民出版社 1972 年版，第 89 页。

② 《后汉书·西羌传》注引《竹书纪年》。

③ 《后汉书·西羌传》。

④ 《诗·大雅·文王有声》。

⑤ 《马克思恩格斯选集》第 4 卷，人民出版社 1972 年版，第 166 页。重点号是原有的。

⑥ 《左传·僖公二十四年》。

⑦ 《左传·定公四年》。

治者这样做的目的，从主观上来说，虽然是为了“封建亲戚，以蕃屏周”[①]，但在客观上却表明了巩固对征服地区的统治，已“不依亲属集团而依共同居住地区为了公共目的来划分人民”[②] 了。“民族组织不知不觉地变成了地区组织，因而才能够和国家相适应。”[③] 所以“封”字，甲骨文作[④]或[⑤]，金文与甲骨文相似[⑥]，都像划分界限的标志。在其右旁加个“邑”字，即成邦字。刘熙《释名·释州国》即说：“邦，封也。”而且为了搞好地域的划分，西周还专门设大司徒“掌建邦之土地，与其人民之数，以佐王安抚邦国。以天下土地之图，周知九州之地域，广轮之数，辨其山、林、川、泽、丘、陵、坟、衍、原、隰、之名物”[⑦]。这样“封邦建国”就使周民族的共同地域最后稳定下来了。从民族形成的意义上来说，这就标志着周部落血缘关系向地缘关系转化的完成，也就标志着周民族的正式形成。

（二）周民族经济生活的先进性

周民族以方百里[⑧]的小国，六、七万人口[⑨]的小族，崛起于陕西甘岐丰之地而入主中原后，为什么能迅速稳定下来，并在其后华夏民族的形成中起核心作用？从民族的角度来看，其经济生活的先进性和经济联系的紧密性具有一定的作用。

恩格斯说过：“农业是整个古代世界的决定性的生产部门”[⑩]，因此，在古代哪一个民族有发达的农业，哪一个民族就是先进民族。相传周民族的祖先在原始社会时期就是一个农业部落。弃自幼即好农耕，传说他首先种稷和麦，被周民族尊奉为农神，号称“后稷”[⑪]，可见周民族的祖先一向是重农的。

---

① 《左传·僖公二十四年》。

② 《马克思恩格斯选集》第 4 卷，人民出版社 1972 年版，第 110、148 页。

③ 同上。

④ 《殷墟书契前编》2·10。

⑤ 《殷墟书契前编》上·2

⑥ 《康侯封鼎》。

⑦ 《周礼·地官·大司徒之职》。

⑧ 参阅《孟子·公孙丑》。

⑨ 参阅《孟子·尽心下》。

⑩ 《马克思恩格斯选集》第 4 卷，人民出版社 1972 年版，第 145 页。

⑪ 《史记·周本纪》。

在重农思想的支配下，农业生产逐步发展，其情况在《诗经》的《生民》《七月》《臣工》《丰年》《良耜》等篇目中有生动的记述。例如，到西周时，已知道应用人工灌溉，《诗经·小雅·白华》说："滮池北流，浸彼稻田。"已懂得利用休耕来恢复地力，《诗经·小雅·采芑》说："薄言采芑，于彼新田，于此菑田。"《诗经·周颂·臣工》又说："如何新畬。"这里所说的"菑""畬""新"，就是指耕种年数不同的田地，也已重视除草培苗的技术。《诗经·小雅·甫田》也说："或耘或耔黍稷薿薿。"《诗经·周颂·良耜》也说："其镈斯赵，以薅荼蓼，荼蓼朽止，黍稷茂止。"农具虽然多为木器、石器、骨器、蚌器，但金属工具大约也有所增加，《诗经·周颂·臣工》说："命我众人，庤乃钱镈，奄观铚艾。"钱即铲类，镈为锄类，铚、艾均为收割工具。而且在江苏仪征破山口的西周墓葬中出土了一件刃口锋利的青铜镰。[①] 由于奴隶的增加，土地利用率的提高，农作物的品种也随着增多。根据《诗经》的记载，重要的农作物有黍、稷、稻、粱、菽、麦等。种植最多的是黍稷。同一种作物中，还分出不同的品种，如"秬""秠"是黍的两种良种，"穈""芑"是粟的两种良种。[②] 桑、麻的种植很普遍，在《诗经》中经常提到，麻往往与禾麦并提。[③] 园艺有瓜、瓞，以及桃、李、梅、棘等果树。基本上具备了后世的主要农作物。与此同时，农作物的产量也有了较大的提高。《诗经·周颂·丰年》说："丰年，多黍多稌，亦有高廪，万亿及秭。"这里虽然是描写奴隶主贵族榨取到的各种粮食，多到数不清、装不完，到处是高大的仓廪，堆得像山峰一样，但却也是周民族农业经济发展的生动写照。所有这些，都说明了周民族共同经济生活的先进性。

（三）周民族经济联系的紧密性

周民族经济联系紧密性的特点是通过井田制表现出来的。何谓井田制？对此要作一点探源讨论。

根据最早记载井田之说的《孟子·滕文公上》说："夏后氏五十而贡，殷人七十而助，周人百亩而彻，其实皆什一也。"尽管学术界对此有

---

① 南京博物馆、南京市文物管理委员会、江苏省博物馆、江苏省文物管理委员会编：《江苏省出土文物选集》，文物出版社1963年版，图68。

② 《诗经·生民》："诞降嘉种，维秬维秠，维穈维芑。"

③ 参阅《诗经·豳风·七月》。

种种不同的解释[①]，但是，从农业发展的一般规律来看，古代农业发达的民族，利用河流灌溉时，为了治理水患和管理水利设施，往往由国家来统一管理。夏民族在正月要“农率均田”[②]，每年必须定期在洪水过后，春耕以前把份地重新分配一次，以确定“经界”[③]，从而形成外有封疆，内有阡陌的井田。《国语·齐语》有“陆阜陵瑾井田畴均，则民不惑”的“井田”与“陆阜陵瑾”区别之说；《左传·襄公二十五年》有“井衍沃”的统计方法；《周礼·小司徒》有“乃经土地而井牧其田野”的“井”“牧”之分。所以孟子所说的“夏后氏五十而贡”，很可能就是夏王朝实行的井田制。

到了商代，井田制有新的发展。甲骨文中有不少不同字形的“田”字，有的作“”，有的作“”，有的作“”，有的作“”等，虽然不是绝对方方正正，但实质应是井田。孟子所说的“经界”，甲骨文、金文的“疆”字表现得十分清楚，“”“”“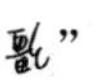”“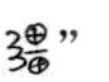”都从弓、从田。从弓，以弓计步，用弓丈量土地，分划田界。从田，二相北田界分明。商王把井田分封给奴隶主贵族的封地，在甲骨文中称之为“邑”，作“”或“”[④]，从口，下象人跪形。可见商朝的“邑”就是奴隶主贵族包括一定数量的井田以及一定数量耕种井田的奴隶的封地。“田”和“邑”的甲骨文象形，不仅说明商民族的耕地已有规则整齐的沟洫作为灌溉系统，还说明一定数量的井田既是课取的耕作单位，又是各级奴隶主贵族榨取奴隶劳动的形式。所以金鹗在《求古录礼说·邑考》中很有见识地说：“孟子云：乡里同井，出入相友，守望相助，疾病相扶持，则百姓亲睦。此可见一井亦可为邑矣。”此所谓“一井亦可为邑”当是一种最普遍的村落式的小封地。这与《周礼·地官·小司徒》的“四井为邑”之说，《国语·齐语》的“三十家为邑”之说，在把土地按井田划分的基本原则大体上是一致的。因此，孟子所说的“殷人七十而助”，就可能是商王朝实行的井田制。

在周代，建立了“溥天之下，莫非王土；率土之滨，莫非王臣”[⑤]的

① 参阅李剑农《先秦两汉经济史稿》，中华书局 1962 年版，第 127—140 页。

② 《夏小正》。

③ 《孟子·滕文公上》。

④ 参阅《卜辞通纂》，第 107—108 页；《殷墟书契菁华》，第 6 页；《殷契粹编》，第 801 页。

⑤ 《诗·小雅·北上》。

土地国有制，并发展了商王朝的井田制，使之有了完备的形态。这就是：

第一，有了准确的亩制。周制百步为亩，一夫百亩（约合今 31.2 亩），称为一出，是井田的基本单位[①]。根据不同地区的不同情况，有的"九夫为井"，以四进位上推，构成邑、丘、甸、县、都的体系[②]；有的"一里为井"以十进位上推，组成通、成、终、同、封、畿的体系[③]。

第二，有比较完整的灌溉和道路系统。西周时，无论哪一种体系的井田，在井田中间的灌溉系统都称遂、沟、洫、浍、川，与其相应的道路系统则称为径、畛、涂、道、路。所谓"土田附庸"[④] 在某种意义上来说，就是井田周围和中间启土开沟渠，筑墉修道路，形成灌溉和道路系统。这样，周王把井田分封给诸侯和百官，对奴隶主贵族来说，是其计算俸禄的单位，又是计算奴隶劳动价值的单位。对奴隶来说，井田则是他们的劳动对象，既要用劳动养活奴隶主，又用以获得维持自己生存的最低条件。所以，孟子所说的"周人百亩而彻"，就可能是周王朝实行的井田制。

这样，出现于夏朝的井田制，发展于商朝，完备于西周。对于周民族来说，不管其是统治者还是被统治者，都被井田制紧密地联系在一起，井田制成了维系周民族经济生活的纽带。这也就是我们所说的周民族经济生活联系的紧密性。

正因为周民族的共同经济生活具有先进性和紧密性的特点，所以其经济基础坚实，故能以小国、小族入主中原而迅速适应历史的骤变，稳定地、牢固地实行对被征服民族的统治，而成为一个有经济实力作基础的统治民族。这种统治民族的历史地位决定了周民族在以后形成华夏民族历史过程中的核心作用。

（四）周民族文化的伦理性和宗法性

周民族之所以能在以后华夏民族的形成过程中起核心作用，不仅因为其经济生活先进、经济联系的紧密作基础，还因为有在华夏民族形成过程中起主导作用的周文化为条件。

周文化为什么能在华夏民族的形成过程中起主导作用？我们必须先从

---

① 参阅《汉书·食货志》。

② 参阅《周礼·地官·小司徒》。

③ 参阅《汉书·刑法志》。

④ 《诗·鲁颂·闷宫》。

周民族的宗教信仰说起。

在周代，在宗教信仰上虽然周民族逐渐用人格化的“天”来称呼“帝”或代替“上帝”的概念，但其宗教思想占支配地位的，仍然是以“帝”或“上帝”为至高无上的神。尤其是在周民族早期的一些记载中，关于“天”的属性以及周民族对“天”的崇拜，与“上帝”的属性以及商民族对“上帝”的崇拜上是一致的。如康王时的大盂鼎的铭文中说：“丕显文王受天有大命，在武王嗣文作邦，辟厥匿，匍有四方，畯正厥民……粤我其遹省首王，受民受疆土。”[①] 其意就是说，周文王禀受天命，武王建立周朝，取得天下，今王则继承先王，拥有人民和土地。《诗经·周颂·昊天有命》也说：“昊天有命，二后（即文王、武王）受之。”这样人格化了的“天”，把周民族的统治者神化了。所不同的是，与商民族的“上帝”是一元神相反，周民族的“上帝”——“天”是二元神。《诗经·大雅·文王之什·文王之章》说：“文王在上，于昭于天。周虽旧邦，其命维新。有周不显，帝命不时。文王陟降，在帝左右。”在这里是与文王分离的，同时先王又是与天帝相配的。这样，在周民族的宗教崇拜中，“天”（即“上帝”）与祖先神分离了。对此，郭沫若的金文名作《周彝中之传统思想考》[②] 中有很多宝贵的材料。由于周民族在宗教信仰上是崇拜二元的上帝神和祖先神，这就导致他们在文化上出现了伦理性和宗法性的特点。

关于伦理性，周民族把宗教观念上的敬天，延长为伦理观念上的敬德，即《庄子·天下》所称的：周民族“以天为宗，以德为本”。又把宗教观念上的尊祖，延长为伦理观念上的宗孝，也就是以祖为宗，以孝为本。这样，德以配天，孝以对祖，形成周民族共同心理素质“有孝有德”[③] 的伦理性特点。

关于宗法性，就是因为周民族的形成和西周的建立是在“克商”的过程中完成的，一个本来比较落后的部落，一下子征服了一个先进的民族和一个强大的国家，这种突变使周民族的氏族管理机构在尚未全面、彻底地崩溃时，就被形势所迫迅速转变成国家机关。与此同时，其氏族的血缘宗族关系发生蜕变，发展成了宗法制度。所谓宗法，据《说文解字》释：

① 转引自郭沫若《奴隶制时代》图版三释文，科学出版社 1956 年新 1 版。

② 《金文丛考》，人民出版社 1954 年影印本。

③ 《诗经·大雅·卷阿》。

"宗，尊、祖庙也；从宀，从示"[①]"宀"是屋字，"示"是神王，其本义是宗庙。而宗法，就是宗族共同遵守的法规。这与周民族对祖先的崇拜，有共同的始祖和宗庙，有特定的祭祀是联系在一起的。所以周民族分封的指导思想就是"异姓则异德、异德则异族……同姓则同德，同德则同心"[②]。周民族宗法制度的具体内容是：天子世世相传，每代的天子都是以嫡长子继承父位，奉始祖为大宗，嫡长子的诸弟封为诸侯，为小宗。每代的诸侯也是以嫡长子继承父位，奉始祖为大宗，任命诸弟为卿大夫，为小宗。卿大夫与士的关系也是如此。简单地说，就是嫡长子继承制，凡大宗必是始祖的嫡系子孙。小宗对大宗来讲是小宗，但对本族来讲又是大宗[③]。在这里大宗小宗从血缘上说是兄弟关系，从政治上说则是君臣关系。于是大宗小宗从上到下地联结起来，就形成了周文化上以"大邦维屏，大宗维翰；怀德维宁，宗子维城"[④] 的宗法特点。

周文化的伦理性和宗法性集中表现在礼乐制度上。

首先，礼起源于周民族原始社会时代的日常生活和祭神活动。《礼记·礼运》云："夫礼之初，始诸饮食。其燔黍捭豚，汙尊而抔饮，蒉桴而土鼓，犹若可以致其敬于鬼神。"表明"礼"既起源于日常"饮食"生活的需要，又是为了"致其敬于鬼神"祭神活动的需要，而且"蒉桴而土鼓"，"礼"与"乐"并行。进入奴隶社会后，祀成了奴隶主贵族的"国之大事"[⑤] 之一。而祀则与礼密不可分，正如王国维在《释礼》中所指出的，古时的"礼"，指的是行礼之器，即徐中舒所云："象盛玉以奉神祇之器，引申之奉神祇之酒醴谓之醴，奉神祇之事谓之禮，初皆用豊，后世渐分化。"[⑥] 即从盛玉以奉神之器转化为奉神人事之礼。于是，礼与祀就密不可分了。周民族事事祀神，也就事事讲礼。前述周民族以德配天，就是通过礼来实现的。这个礼，就是历史上所谓的周礼。其大体分为五类：吉礼、凶礼、宾礼、军礼、喜礼，使每个人从生到死，从人间到鬼神，从日常生活到政治、军事活动，都处在与其身份相适合的礼乐之中。

---

① （汉）许慎：《说文解字》，中华书局 1963 年版，第 151 页。
② 《国语·晋语四》。
③ 参阅《礼记·丧服小记》《礼记·大传》。
④ 《诗经·大雅·板》。
⑤ 《左传·文公二年》："国之大事，唯祀与戎。"
⑥ 徐中舒主编：《甲骨文字典》，四川辞书出版社 1989 年版，第 523 页。

正如《礼记·礼运》所说："是故夫礼，必本于天，殽于地，列于鬼神，达于丧、祭、射、御、冠、指、朝聘。"后来人们熟悉的"三礼"，其中的《周礼》是讲周王朝的政治制度和政府组织；《仪礼》是讲周王朝奴隶主贵族各人按照等级所应遵循的礼节和仪式；《礼记》是后人从理论上概括和总结前人关于周礼的言论。从中我们可以清楚地看出周民族礼乐制度的起源就与周文化的伦理性和宗法性有关。

其次，礼乐制度制定的目的具有强烈的伦理性。大家知道，周礼制定的目的，既是为了巩固贵族统治阶级内部的等级秩序，更在于统治人民。《国语·鲁语上》即云："夫礼，所以正民也"。《左传·昭公二十六年》亦云："在礼……民还迁，农不移，工、贾不变。"所以孔子就一语道破地说："道之以政，齐之以刑，民免而无耻；道之以德，齐之以礼，有耻且格。"[①] 正是由以礼乐制度的伦理性，所以在周民族中"道德仁度，非礼不成；教训正俗，非礼不备；分争辩论，非礼不决；君臣上下，父子兄弟，非礼不定；宦学事师，非礼不亲；班朝治军，莅官行法，非礼威严不行；祷祠祭祀，供治鬼神，非礼不诚不庄。"[②] 鲜明地表现出了礼乐制度的伦理性。

正因为如此，所以周王朝"修六礼以节民性，明七教以兴民德"[③]。这就是《周礼·地官·大司徒》中所说："一曰以祀礼教敬，则民不苟；二曰以阳礼教让，则民不争；三曰以阳礼教亲，则民不怨；四曰以乐礼敬和，则民不乖……"于是在周民族中道德观念盛行，道德教化日益深入人心，正所谓"君子尚能而让其下，小人农力以事其上"[④]；"君子之德风，小人之德草，草上之风必偃"[⑤]。故《诗经·小雅·角弓》称："尔之教矣，民胥效矣！"周民族这种君仁、臣忠，父慈、子孝、兄友、弟恭的伦理观念，使礼乐制度成为周民族的"道德之器械"[⑥]，所以在周民族中才出现了"相鼠有体，人而无礼。人而无礼，胡不遄死"[⑦] 的认同心

① 《论语·为政》。
② 《礼记·曲礼》。
③ 《礼记·王制》。
④ 《左传·襄公十三年》。
⑤ 《论语·泰伯》。
⑥ 王国维：《观堂集林》（上）卷十，中华书局1959年版，第477页。
⑦ 《诗经·鄘风·相鼠》。

理。可见礼乐制度的伦理性是十分突出的。

再次，礼乐制度又具有强烈的宗法性，其表现就是严格的尊卑贵贱的等级规定。《大戴礼记·礼三本篇》云："王者天太祖，诸侯不敢怀，士大夫有常宗，所以别贵始，德之本也。郊止天子，社止诸侯，道及士大夫，所以别尊卑。尊者事尊，卑者事卑，宜钜者钜；宜小者小也。故有天下者，事七世；有国者，事五世；有五乘之地者，事三世；有三乘之地者，事二世；待年而食者，不得立宗庙。"在这里，按照宗法制度的规定，明确指出祭天的"郊祀"，只能由天子来祭；祭地的"社祀"，到诸侯为止；除丧服的"道"祭，到士大夫为止。而一般的劳动人民，连祭祖宗的"宗庙"都不能立，也就谈不上有资格参加任何祭祀。礼乐制度的这种宗法性，在周文化上也就打上了深深的烙印，故《礼记·曲礼》云："夫礼者，所以定亲疏，决嫌疑，别异同，明是非也。"所以在周民族中也就造成了礼乐制度"合于天时，设于地财，顺于鬼神，合于人心"的认同心理。可见礼乐制度的宗法性也是十分突出的。

最后，由于周文化浓厚的伦理性和宗法性，使得可以表现和反映民族认同的音乐也带上了伦理性和宗法性的色彩。按照周民族的风俗习惯，"礼"不能单独进行，必须有"乐"相配。否则不仅礼将失去庄严肃穆的气氛，就是行礼的节奏和顺序也将无法控制。所以《周礼·大司乐》云："以六律、六同、五声、八音、六舞，大合乐以致鬼神示，以和邦国，以谐万民，以安宾客，以说远人。"在这里，"以和邦国，以谐万民，以安宾客，以说远人"的话使礼乐制度中音乐的伦理性跃然纸上。与此同时，由于宗法性的制约，使得不同的祭祀又要按不同的音乐来进行，祭天神用的乐，从歌、舞、乐章、乐调到乐器等，都不同于祭地示，祭四望，祭山川，祭先妣、先祖的乐。① 至于王、诸侯、大夫、士的朝觐、宴会，迎送

① 《周礼·大司乐》："乃分乐而序之，以祭，以享，以祀"：
乃奏黄钟，歌大吕，舞云门，以祀天神；
乃奏大蔟，歌应钟，舞咸池，以祀地示；
乃奏姑洗，歌南吕，舞大磬，以祀四望；
乃奏蕤宾，歌函钟，舞大夏，以宗山川；
乃奏夷则，歌小吕，舞大濩，以享先妣；
乃奏无射，歌夹钟，舞大武，以享先祖；
凡六乐者，文之以五声，播之以八音。

宾客等日常生活都要按不同等级，各用不同的音乐，故形成“礼乐相须为用”[①] 的风俗习惯。

周文化的伦理性和宗法性在周代乃至其后的历史发展中，形成一股生命力极强的主流，不断地以各种形式，各种方法渗透到周民族乃至其后的华夏民族的血肉之体，骨之髓中，使之伦理性和宗法性色彩浓郁的周文化在其后形成的华夏民族中起了主导作用，从而培养出在华夏民族乃至汉民族的文化认同中占主流地位的儒家伦理思想。

四　楚民族的形成

夏、商、周三族在黄河流域相继崛起之后，楚民族也在长江流域的江汉地区崛起，揭开了长江流域民族发展史的序幕。

（一）楚民族形成的浮光掠影

由于历史材料的缺乏，我们现在还不能具体考察或讨论楚民族的原始社会形态。与黄河流域相比，长江流域社会发展的进程相对来说是比较缓慢的，《大戴礼记·千乘》即云：“南辟之民曰蛮”，《礼记·王制》亦云：“南方曰蛮。”可见，由于国家还没有出现，所以长江流域之各族群被人们统称为“蛮”。

在讨论楚民族形成问题之前，我们有必要对楚先祖为商、周之二说做出解释。

郭沫若先生在《殷粹编序》中认为长江流域之楚文化为殷人之嫡系，根据是《逸周书·作雒解》中所说：“三叔及殷、东、徐、奄及熊、盈以畔”“凡所征熊、盈族十有九国，俘维九邑。”这样，作为楚先世之一支的熊、盈在武庚叛周失败后，被迫从淮水下游南下，被长江所阻，又沿江西上，才开拓了长江中游的大片土地[②]。而舒之梅认为《国语·郑语》说祝融为楚先世，《左传·昭公十七年》又说：“郑，祝融之虚也。”祝融本发祥于中原，故先祖为周族人。[③] 查祝融的详情，《国语·郑语》云：“夫荆子熊严生子四人，伯霸、仲要、叔熊、季紃。叔熊逃难于濮而蛮，季紃

① 《礼记·月令》。

② 郭沫若主编：《中国史稿》第1册，人民出版社1976年版，第231页。

③ 舒之梅：《三苗与楚“祖源相同”说质疑——与俞伟超同志商榷》，《中南民族学院学报》（人文社会科学版）1981年第1期。

是至……夫其子孙必光启土，不可偪也。且黎之后也。夫黎为高辛氏火正，以淳耀敦大，天明地德，光照四海，故命之曰祝融。”[①]《注》亦云：“高辛、帝喾、黎、颛顼之后也。颛顼生老童，老童生重黎及吴回，吴回产陆终，陆终生六子，其季曰连，为芈姓，楚之先祖也。季连之后曰鬻，事周文王，其曾孙熊绎，当成王时封为楚子，黎当高辛氏为火正。”这两种说法，从历史事实情况来说，都是完全可能存在的。

为什么呢？因为熊、盈参加武庚叛周失败后，北为强大的周民族所迫，向南沿长江西上移徙，这是他们当时较好的出路。联想到中国在“五胡十六国”和“五代十国”时期北方汉民族人民大批南移，那么熊、盈的移徙就完全可以理解了。而熊绎作为周王朝文、武时期的“火正”之后代封于楚，居丹阳，从地理位置上看，前已述及丹阳之地有二，即丹浙丹阳和荆山丹阳，但无论哪一个丹阳，在周初是比较偏远的“蛮夷”之地，商时即有“维女荆楚，居国南方”[②]之说。“火正”即掌火官，是周时的五行官之一，其职为“掌祭火星，行火政”[③]，即掌管祭祀火星和有关火的政事。因官职微小，所以其后代被封于丹阳偏远之地就是理所当然的了。周成王为什么要封熊绎于楚呢？从西周初年的铜器铭文中看，周“伐楚荆”“伐反荆”的事一再被提到，可见周王朝对南方“楚荆”还是感到十分伤脑筋的，故从“封建亲戚，以藩屏周”的原则出发，在同姓贵族和有功之臣早已分封定了的情况下，分封当过“火正”官的后代也是可以理解的。这样，被封到丹阳当诸侯的熊绎，就很可能本来就是周民族人。问题是不能把事情绝对化，楚为商说也好，楚为周说也好，虽然都有一定的历史事实作根据，但是我们不能忘记当时长江流域总的历史环境是“南方曰蛮”，当时的情况很可能是土生土长在长江流域的“楚荆”或“荆楚”，已经开始了形成民族的过程，所以东来的熊绎、盈，或被周封于楚的熊绎，最后都变其风俗，被卷进楚民族形成的主流之中，而“蛮”化了。联想到历史上有不少汉民族人进入少数民族地区后被同化的事例，如部分进入东北地区的汉民族人的女真化、契丹化或蒙古化等，那么，周

---

① 《左传·昭公二十九年》也说：“颛顼氏有子曰梨，为祝融。”《史记·楚世家》说重黎及其弟吴回都当过火正，有祝融之号。

② 《诗经·殷武》。

③ 《汉书·五行志》。

初进入长江流域的人被楚化也是完全可能的。熊渠以及楚武王也就理直气壮地自称为“蛮夷”了。

解决了楚先祖为商、周二说，接触到楚民族形成的主题，笔者认为，根据目前所能了解到的材料，周成王“封熊绎于楚蛮”[①]，奠定了楚开国之基。虽然关于楚国最初建立情况的材料很少，但从原始社会解体的一般规律来看，正处在阶级产生，国家出现，民族形成前夜的“蛮”，由于把战争“变为一种正常的营生”[②]，而比较崇尚武功。《荀子·议兵篇》说：“楚人鲛犀兕以为甲，鞈如金石；宛巨铁釶，惨如蠡虿；轻利僄遬，卒如飘风。”一旦建立了国家，形成了民族，如虎添翼，如鱼得水，便不断向外发动战争，从而迅速强大起来。所以范文澜说：楚“五年不出兵，算是莫大的耻辱，死后见不得祖先。”[③] 也就是《左传·襄公十八年》记载楚康王所说：“国人谓不谷主社稷，而不出师，死不从礼。不谷即位，于今五年，师徒不出，人其以不谷为自逸，而忘先君之业矣。”于是，周夷王时，熊“甚得江汉间民和，乃兴兵伐庸、杨粤、至于鄂。熊渠曰：‘我蛮夷也，不与中国之号谥。’乃立其长子康为句亶王，中子红为鄂王，少子执疵为越章王，皆在江上楚蛮之地”[④]。明言左右驰骋、纵横捭阖在江汉地区的是以中原地区的夏、商、周三族不同的楚民族了。

楚民族崛起于江汉，发展于江南。前已述及，楚最早崛起于丹阳，发展到后来，到屈原之时，楚民族地域的中心范围，是在长江和汉水流域的江汉地区。《哀郢》说：“去故乡而就远兮，遵江夏以流之。”江夏，即长江；夏水，即为汉水。[⑤] 又说：“过夏首而西浮兮，顾龙门而不见。”夏首，为汉水入江外，即今汉口。还说：“惟郢路之辽远兮，江与夏之不可涉。”据史书记载，屈原写《哀郢》，正是公元前278年（楚顷襄王二十一年），秦国大将白起攻下楚国的郢都，迫使其迁都于陈（今河南惟阳县）之后。在这之前，楚都城曾由丹淅丹阳迁到荆山丹阳，又迁到今称楚皇城的郢，

---

① 《史记·楚世家》。

② 《马克思恩格斯选集》第4卷，人民出版社1972年版，第104页。

③ 范文澜：《中国史简编》修订本第1编，人民出版社1964年版，第166页。

④ 《史记·楚世家》。

⑤ 据《左传·昭公四年》：“冬，吴伐楚……楚沈尹射奔命于夏汭。”杜注：“夏汭，汉水曲入江，今夏口也。”夏口，即今汉口，又《左传·昭公十三年》：“王沿夏，将欲入鄢。”杜注：“夏，汉别名。顺流为沿，顺汉水南到鄢。”

又迁到今称纪南城的郢，又迁到上都，又回到今称纪南城的郢，共 5 迁。从这 5 次迁都中，可见楚民族的政治中心是从汉水上游逐渐向南，沿汉水而下，纵横于江汉地区，此可证楚民族活动的中心范围始终稳定在江汉地区。

楚民族崛起于江汉后，进而发展于江南。春秋时期，从公元前 8 世纪中叶熊通自立为楚武王始，楚民族进入大发展阶段。开始楚武王及其子楚文王主要向北发展，“北接中国”①。到公元前 7、6 世纪之间，楚民族的发展达于巅峰，《韩非子·有度》说：“荆（楚）庄王并国二十六，开地三千里。”到了战国之时，楚成为“地方五千里”② 的泱泱大族。据考，楚从春秋到战国，即从楚武王起至考烈王灭鲁止的 480 年间，灭国六十③，实则犹不止此数④，其中徐州、郳、莒、小郳、鲁在今山东境内，息、申、吕、江、蒋、杞、许等国在今河南南部外，其余大部分都在江汉地区以及长江中下游以南广大地区。《淮南子·兵略训》即云：“昔者楚人地，南卷沅湘，北绕颍泗，西包巴蜀，东裹郯、邳，颍汝以为洫，江汉以为池，垣之以邓林，緜之以方城……楚国之强，大（丈）地计众，中分天下。”《国语·楚语上》也说：“赫赫楚国，而君临之，抚征南海，训及诸夏，其大庞矣。”⑤ 加上战国时吴起“南平百越”，⑥ 可见兴起于江汉的楚民族，虽向北发展与中原地区相接，但其主要发展方向在长江以南。

对此，《楚辞》中也有反映。《哀郢》中说：“将运舟而下浮兮，上洞庭而下江。去终古之所居兮，今逍遥而来东。”屈原乘着小船随波逐流，进入洞庭湖离开了长江，离开祖先建立的老家，即楚民族兴起的江汉地区，恋恋不舍地“南渡”⑦，而“旦余济乎江湘”⑧。所以屈原常常寄希望

① 《左传·文公十六年·正义》。

② 《战国策·楚策》。

③ 何浩：《春秋时楚灭国新探》，《江汉论坛》1982 年第 4 期。

④ 梁启超：《国史研究·霸政前记》，见《饮冰室合集》专集第 12 册，《春秋载记》，中华书局 1932 年版。

⑤ 《左传·襄公十三年》载：“赫赫楚国，而君临之，抚有蛮夷，奄征南海，以属诸夏。”与《国语·楚语上》文异略。

⑥ 《史记·吴起列传》。

⑦ 《哀郢》：“当陵阳之焉至兮，淼南渡之焉如？”

⑧ 见《涉江》。

于南人[①]，即长江以南的楚国之人。

楚民族向长江以南发展的这个过程，大约是春秋中晚期以后发展到湘江流域的湘中地区，以及长江中下游的安徽、江西一带，到战国时，不仅推进到湖南全境[②]，过南岭，达苍梧，还东灭越，把地域范围扩大到了东南沿海，同时又派庄蹻入滇[③]，势力触及西南地区。由此可见，楚民族向北发展只不过在河南南部及山东一小部分范围，向南发展却西起四川，东到江浙，南达岭南及广西北部广大地区，包括了长江流域7省，并涉及珠江流域，南北地区发展之范围，实不可同日而语。

（二）楚民族文化特点的鲜明色彩

我们对楚民族形成过程的了解虽比较粗略，但是，由于材料的逐渐丰富，特别是楚民族哺育成长起来的伟大诗人屈原所作的《楚辞》，是根植于楚民族文化土壤之中的“绝唱”，正如宋人黄伯思所说“屈宋诸骚，皆书楚语，作楚声，纪楚地，名楚物”[④]，所以我们可以对具有鲜明色彩的楚民族文化的特点作比较具体的考察和讨论。

楚民族文化表现语言上的主要特点是：“兮”字文体和双音叠韵。

楚民族之所以有自己的鲜明特征，一个重要的根据就是他们有与夏、商、周诸民族不同的语言。鄂君子皙在河中泛舟何以听不懂打桨的越人唱的歌，而要人翻译？就是因为鄂君是楚族人，他只懂楚语[⑤]。孟子何以称农家许行为“南蛮鴃舌之人”？就是因为楚国人许行讲的是难懂的楚语。楚民族又何以被称为“楚蛮”[⑥]“荆蛮”[⑦]？就是因为楚民族的语言纠缠而难懂，所以金文“蛮”字作“䜌”，从言和二个系，而不从虫，形象地表示语言像束丝那样绕来绕去而难懂的意思。楚语为什么难懂？《吕氏春秋》解释为：“蛮夷反舌。”[⑧]《汉书·王褒传》载：“宣帝时，修武帝故

---

① 姜亮夫：《楚辞通故》南人，南夷诸条；《楚辞今译讲录》，北京出版社1981年版，第53页。

② 关于楚民族共同地域发展到湖南全境的问题，湖南考古发掘有不少材料可证，详见何介钧：《从考古发现看先秦湖南境内的民族分布》，《求索》1983年第4期。

③ 《史记·西南夷列传》。

④ 见《翼骚·序》。

⑤ 详见《说苑·善说篇》。

⑥ 《史记·楚世家》：熊王封三王“皆在江上楚蛮之地”。

⑦ 《国语·晋语》：“楚为荆蛮，……故不与盟。”

⑧ 见《吕氏春秋》中《为欲篇》《功名篇》。

事，讲论六艺群书，博尽奇异之好。征熊为《楚辞》九江被公，诏见诵读。”可见汉时能读楚音，即讲楚语者已很少了。到隋时，能讲楚语者更是罕见，《隋书·经籍志》记载：“隋时有释道骞，善读之，能为楚音，音韵清切。至今传《楚辞》者皆楚骞公之音。”以上都可证楚语确实是楚民族特有的共同语言。

楚民族虽是一个历史民族，但因《楚辞》“皆书楚语”[①]，素称难懂，被古人认为“恢奇奥衍”“语意杳冥”，这就给我们探讨楚语提供了宝贵资料。下面举几例说明之。

第一，《楚辞》中第一人称代词“余”和“予”的用法与中原地区先秦文献不同。在中原地区的先秦文献中“余”和“予”是没有分别的，一般都认为它们是同音词，不同时代的不同作者或用“余”，或用“予”，只是写法不同，没有形态的变化，所以都可以用主格、领格和宾格。[②] 而《楚辞》则不同，从王逸所定的屈宋作品中所有有关“余”和“予”的句子中，我们可以看出“余”可用于主、领、宾三格，而用于宾格时，除个别例外外，只出现在句尾。可见在楚辞中“余”和“予”不仅写法不同，而且用法也不同，甚至可以推断其声调也是不同的。[③] 此乃楚语在语法上与中原地区诸民族不同之一例。

第二，《楚辞》的文体与中原文化的代表——《诗经》不同。正如郭沫若所说：《诗经》的文体“四个字一句，呆板得像砖头彻成的方块”[④]。而《楚辞》则完全不同，其章法、句法，即整个文体都有其鲜明的楚民族所特有的语言特征。与《诗经》以四字为定格的形式不同，《离骚》和《九章》基本上是6字句，《九歌》则是以五言为主的长短句，形式上的变化很多，不受任何固定章法的限制。为了适应文体形式上这种浪漫主义的特色，《楚辞》吸收了古代江南地区被称为“南音”[⑤]，

---

① （宋）黄伯思：《翼骚·序》。

② 王力：《汉语史稿》中册，中华书局1980年版，第261页；潘允中《批判胡适的“吾我篇”和“尔汝篇”》，《中山大学学报》（社会科学）1955年第1期；洪诚：《关于上古汉语人称代词形态问题的讨论》，《南京大学学报》1962年第4期。

③ 参阅游国恩《楚辞讲录》，载《文史》1962年第1辑，第141页；董洪利：《〈楚辞〉中第一人称代词“余”和“予”的用法》，《北京大学学报》（哲学社会科学版）1983年第4期。

④ 郭沫若：《人民诗人屈原》，《奴隶制时代》，科学出版社1956年版，第144页。

⑤ 《吕氏春秋·音初篇》：禹……巡省南土。涂山氏之女乃令其妾候禹于涂山之阳。女乃作歌，歌曰：“侯人兮猗！实始作为‘南音’。”

或“南风”[①] 的民歌，如《侯人歌》[②]《越人歌》[③]《沧浪歌》[④]《接舆歌》[⑤]《徐人歌》[⑥] 等在句法上都参差不齐，并用“兮”字在句中或句尾进行调节的手法，创造了以“兮”字为文体特征的“骚体”诗，“以一人之手，创千古之业”[⑦]。此乃楚语在文体上与中原地区诸民族不同之一例。

第三，《楚辞》中运用了许多双音叠韵字，在词法上与中原地区各民族主要用单音词不同。例如双音字，《离骚》中有：郁邑、犹豫、欷歔、纬缅、赫戏、险戏、荣华、眩曜、耿介、鞿羁、规矩、蜷局、追逐、零落、陆离等。再如叠字，《离骚》中有：暧暧、翼翼、婉婉、忽忽、浪浪、冉冉、菲菲、缅缅、申申、謇謇、总总等；《悲回风》中有杳杳、凄凄、戚戚、悄悄等。所有这些双音叠韵字的运用，不仅仅大大增加了楚语语音上的音节美，而且表现了与中原地区各民族在词法上的一个区别。所以梁启超在《中国历史上民族之研究》中说：“楚吴越狄之人名地名为熊渠、执疵、熊挚红、寿梦、阖闾、夫差、勾践……等等似各组中多复音语系与诸夏之纯用单音语者不同也。”[⑧]

第四，《楚辞》大量采用楚语词使之极富楚文化色彩。据郭沫若考证，《楚辞》中屈原所用的楚国“方言”可考的有24个字[⑨]。另据瑞安李翘考证，《楚辞》中名词楚语词有34个字，形音词楚语词有18个字，动词楚语词有15个字[⑩]，这些楚语词有的至今仍有痕迹。例如“陵”字，《天问》中有“释舟陵行，何以迁之”之句，此“陵”就是“陆”的意思。所以朱季海《楚辞解故》中说：“陵谓陆也。楚人言陵，因其俗也。”至今在湖南与水相对的地名多用“陵”，如沫水边有茶陵，潇水边有零陵，渌水边有醴陵等，都是“陵”这个古楚语词在地名上的一个痕迹。

---

① 《礼记·乐记》：“舜作五弦之琴以歌南风。”

② 《吕氏春秋·音初篇》：“禹……巡省南土。涂山氏之女乃令其妾候禹于涂山之阳。女乃作歌，歌曰：“侯人兮猗！实始作为‘南音’。”

③ 见《说苑·善说篇》。又见《春秋·哀公十三年》。

④ 见《孟子·离娄上》。

⑤ 见《论语·微子》。

⑥ 刘向：《新序·节士篇》。又见《史记·吴世家》。

⑦ 《楚辞集注》，（明）李维桢《序》。

⑧ 《梁任公近著》下册，商务印书馆1924年版，第94页。

⑨ 郭沫若：《人民诗人屈原》，《奴隶制时代》，科学出版社1956年版，第144页。

⑩ 郭沫若：《屈原研究》，《历史人物》，新文艺出版社1954年版，第46—48页。

所有这些，可见楚语的“兮”字文体和双叠韵，是楚民族文化表现在语言上的鲜明色彩。

楚民族在“江南暑湿，近夏瘅热”的自然环境中形成了以稻米为主食的火耕水耨的水田农业经济类型。《史记·货殖列传》云：“楚越之地，饭稻羹鱼，或火耕而水耨。”[①] “火耕而水耨”就是刀耕火种[②]，水中耘田。这种农业生产方式在江南延续得很久，直到唐代，在唐人诗歌中还有不少记载。如杜甫《戏作绯谐体遗闷》云：“互卜傳神语，畲田费火耕。”原注“畲田”曰：“楚俗，烧榛种田曰畲。先以刀芟治林水曰斫畲”[③] 又如温庭筠《烧歌》云：“自言楚越俗，烧畲为旱田。”[④] 再如柳宗元《同刘二十八院长述旧言怀感时书事，奉寄澧州》云：“货积舟难泊，人归山信畲。”原注：“畲音赊。吴楚烧山而种曰畲田”。[⑤] 总之，据查唐诗中所讲楚民族刀耕火种遗习涉及的地域，上起三峡，至西楚，武陵，包湘赣五岭，及其东南诸地，正是楚民族共同地域的大致范围。所以《盐铁论·通有》说：“荆杨南有桂林之饶，内有江湖之利，伐木而树谷，燔莱而播粟，火耕而水耨。”

“饭稻鱼羹”，就是说楚民族的饮食文化生活以大米和鱼为主。当时，除江汉地区盛产稻谷外，洞庭湖以外的长沙、衡阳的广大地区，都是楚国的谷仓，故《史记·越王勾践世家》称：“雠庞、长沙、楚之粟也。”同时，江南楚越之地是我国栽培水稻的起源地之一，浙江余姚河姆渡遗址发现的水稻种子，距今已 7000 多年；被列为 1989 年中国考古重大发现之一的湖南澧县彭头山早期新石器文化遗址，发掘出土了经文物部门测定为 9000 年左右的稻谷遗存。此外，距今一万多年前的江西万年县仙人洞和吊桶环遗址水稻的植硅石，以及差不多同一时期的湖南道县玉蟾岩遗址出土的栽培稻谷的果实[⑥]，都说明“饭稻”的历史是很悠久的。而且《史记·货殖列传·正义》又说：“楚越水乡，足螺鱼鳖，民多采捕积聚，摇叠包

---

① 又见《史记·平准书》：“江南火耕水耨”；《汉书·武帝纪》：“江南之地，火耕水耨。”

② 人们常视刀耕火种为生产落后的表现，这种看法是片面的。其实从历史的发展的眼光来看，这在当时当地仍是一种有效的耕作方法，至今江南遍布的梯田不少是刀耕火种开垦出来的。

③ 见《杜诗分类注》卷十三。

④ 《温庭筠诗集》章三。

⑤ （唐）柳宗元：《同刘二十八院长述旧言怀感时书事，奉寄澧州》，载《柳先生集》卷四二。

⑥ 《谁在世界上最先栽培水稻》（http：//www. docin. com/p—309571381. html）。

裹，煮而食之。”所以，长江中、下游各地，至今仍被称为“鱼米之乡”。

楚民族“饭稻鱼羹”的饮食生活在《楚辞》中有不少记载。《大招》云：“五谷六纫，设菰粱只。”“五谷”，《楚辞补注》曰为“稻、稷、麦、豆、麻也。”稻为“五谷”之首。《招魂》云：“稻粢穱麦，挐黄粱些。”言将稻米与其他粮食相杂为饭。《离骚》云：“怀椒糈而要之。”椒糈，就是和有椒香的祭神精米。由于楚国盛产大米，所以楚民族常常用大米酿造清酒，《大招》说：“吴醴白蘖，和楚沥只。”就是将吴国人的酢醴和以白米之曲，酿制成楚民族特有的沥过的清酒。正因为楚民族的清酒酢美香冽，所以周王朝便责成楚国年年进贡用楚国物产的香茅滤过的大米清酒。《左传·僖公四年》所记齐桓公责楚“包茅不贡，无以缩酒”，就是指这种“香茅”清酒。

楚民族的副食以鱼类水产为主，并辅以其他各种禽兽和家畜。《招魂》云：“胹鳖炮羔，有柘浆些。鹄酸臇凫，煎鸿鸧些。露鸡臛蠵，厉而不爽些。”《大招》云：“内鸧鸽鹄，味豺羹只。”“鲜蠵甘鸡，和楚酪只。醢豚苦狗，脍苴莼只。”“炙鸹烝凫，煔鹑陈只。煎鲼逐臛雀，遽爽存只。”《天问》云：“鲮鱼任所?”《七谏》云：“鸡鹜满堂坛兮，蛙黾游乎华池。”这里所言之“鳖”“蠵”（大龟）、鲼（鲫鱼）、鲮（鲤鱼）、蛙等均是水产品。用这些水产品与其他肉食品烹饪，其味鲜美无比，清冽不败，令人爽口。所以《逸周书·王会解》所列贡品有“长沙鳖”；《战国策·楚策》说蔡圣侯“食湘波之鱼”，都是楚民族的水产名品。就是在今天南方人吃鱼之类的水产品也比北方人为甚。“饭稻鱼羹”实在是楚民族饮食文化民族色彩鲜明的形象概括。

（三）楚民族强烈的民族认同

楚民族有着强烈的民族意识。周夷王、熊渠便宣称：“我蛮夷也，不与中国之号谥。”公元前705年，楚武王之时仍自称“我蛮夷也”[①]，这都明确表示自己是与中原地区各民族完全不同的民族。所以到战国时，楚威王仍说：“楚国僻陋。”[②]不仅楚民族意识鲜明，就是中原诸侯各国，历来也把楚民族看作“蛮夷”。《国语·郑语》云：“当成周者，南有荆蛮。”“蛮芈，蛮矣。”《国语·吴语》亦云：“今伯父有蛮荆之虞。”从而把楚

① 以上所引见《史记·楚世家》。

② 《战国策·楚策》。

民族划在“中国”之外，《国语·晋语》云：“楚为荆蛮……故不与盟。”《诗·小雅·采芑》亦云：“蠢尔蛮荆，大邦为雠。”并遭到武力的讨伐，《诗经·鲁颂·閟宫》云：“戎狄是膺，荆舒是惩。”《诗·商颂·殷武》亦云：“挞彼殷武，奋伐荆楚。”

楚民族这种强烈的民族意识，还表现他们有一套自成系统的历史文献。《孟子·离娄下》说：“晋之乘，楚之梼杌，鲁之春秋，一也。”众所周知，《春秋》是鲁国的史书，所谓“一也”，是指三者性质一样，那《梼杌》也就是楚国的史书。楚国的史书自成系统，《左传·昭公十二年》载：“左史倚相趋过，王曰：‘良史也。子善视之。是能读三坟、五典、八索、九丘。’”倚相，是楚国的史官，此所谓“三坟、五典、八索、九丘”一定是楚民族的古代典籍，而不是汉儒所解释的是三皇、五帝、八卦、九州的书[①]。中原先秦学者所称的黄帝的传说，极盛于战国，集中于中原体系的《山海经》里，而《楚辞》的叙事却从尧舜开始，即《天问》所云：“舜闵在家，父何以鱞？尧不姚告，二女何亲？”此又可证楚民族的历史文献与中原历史文献之不同，而自成系统。这是楚民族强烈民族认同的主要表现的一个方面。

另一方面，楚民族又具有强悍刚劲的民族性格。因为楚民族兴起于江汉地区的“荆山”，所以史家往往把楚民族的气质，即民族性格与“荆”一词的含义联系在一起。西汉扬雄说：“包楚与荆，风飘以悍，气锐以钢，有道征服，无道先强”[②]。东汉应劭说：“荆，强也。言其气躁劲”[③]。此均可见楚民族“强”“悍”“刚”“劲”的民族气质。所以《橘颂》云：“受命不迁，生南国兮，深固难徙，更壹志兮。”以物喻人，也表现了楚民族刚毅的民族气质和性格。

楚民族这种强悍刚劲、崇尚英雄、崇尚武力的民族性格，在《国殇》中有充分的反映。《国殇》是祭为国牺牲将士们的祭歌，着力颂扬了将士们英勇作战的气概和为国牺牲的精神。他们出门作战时，就决心死战，即便身首分离，忠心也绝不改变，即“出不入兮往不反”“首身离兮心不惩”。在两军战车的车毂互相碰撞激烈交战的情况下，楚兵仍“矢交坠兮

① 胡小石：《屈原与古神话》，《雨花》1957 年第 1 期。
② 见《十二州箴》，清王谟辑本。
③ 转引自《读史方舆纪要·湖广》。

士争光”，“严杀尽兮弃原野。”这种“诚既勇兮又以武，终刚强兮不可凌”的气概，确实表现出了刚强威严，虽死犹生的崇武精神，说明楚民族是一个“身既死兮神可灵，子魂魄兮为鬼雄”的英雄民族！

所有这些，可见自认“蛮夷”的民族意识和强悍刚劲的民族性格，都是楚民族强烈民族认同的鲜明表现。

五　越民族的形成

在长江流域崛起的另一个民族是于越。

（一）于越的突起

分布在江苏、浙江到两广或云贵高原这一弧形地带的百越集团，虽然在语言、经济生活、生活方式、风俗习惯诸方面有着不同程度的共同特点，但终因社会发展的不平衡，长期以来处于“百越杂处，各有种姓”① 的状态。

但是，由于历史的机遇和地理位置的优越，商周之时，与中原诸民族邻接的百越在江、浙的一支——于越突起，开始了形成民族的过程。

于越的突起，首先得助于先进的夏、周两民族的影响和帮助。

《史记·越王勾践世家》载：“越王勾践，其先禹之苗裔，而夏后帝少康之庶子也。”正义《吴越春秋》云：“禹周行天下，还归大越，登茅山以朝四方群臣，封有功，爵有德，崩而葬焉。至少康，恐禹迹宗庙祭祀之绝，乃封其庶子于越，号曰无余。”贺循《会稽记》亦云：“少康，其少子号曰于越，越国之称始此。”

《史记·吴太伯世家》载：“吴太伯，太伯弟仲雍，皆周太王之子，而王季历之兄也。季历贤，而有圣子昌，太王欲立季历以及昌，于是太伯、仲雍二人乃奔荆蛮，文身断发，示不可用，以避季历……太伯之奔荆蛮，自句吴。荆蛮义之，从而归之千余家，立为吴太伯。”索隐颜师古注《汉书》，“以吴言‘句’者，夷语之发声，犹言‘于越’耳”。此记载可靠性颇大。1954年江苏镇江烟墩山出土一组铜器，其中有属于成、康时代的宜侯夨簋，从铭文内可知周初曾封夨于宜，宜侯与周定王同姓，可见吴国统治者的始祖系周民族成分之人是完全可能的。② 此乃周民族对于越

① 《汉书·地理志》注引臣瓒所言。

② 江应樑：《越族的形成》，《思想战线》1985年第1期。

发生关系之始。

由于夏民族的无余和周民族的太伯、仲雍的迁入，完全可以设想：与江、浙相邻的其他夏、商、周三族人民间的迁徙不仅是可能的，而且一定很频繁。这样，在夏、商、周三族先进的经济、文化的影响下，于越的经济得到了迅速的发展，主要表现在农业的发达、纺织业的进步和冶金术的高水平三个方面。

于越是一个以种植水稻为主的农业族群。于越活动的地区，湖泊密布、江河纵横、土地肥沃、气温暖湿、植被良好、物产丰富。[①] 在这样有利的自然环境中，他们开邗沟、围湖塘、筑堤造田[②]，不断克服“险阻润湿，又有江海之害”，促进了农业的发展。于越农业之发达情况，首先从其“独有鸟田之利”可证之。所谓“鸟田”就是利用农业益鸟参加大田作业。而“鸟田之利”即指“鸟田”给农业带来的好处。《越绝书》卷八云：“大越海滨之民，独以鸟田，大小有差，进退有行，莫将自使。”《水经注·渐江水》具体解释说：“有鸟来，为之耘，春拔草根，秋啄其秽。”众所周知，益鸟是众多农业害虫的天敌，它可以除草、灭虫、杀鼠、肥田，简直可以称之为古代农业的“保护神”。所以深刻认识到“鸟田之利”的于越人，“禁民不得妄害此鸟，犯则刑无赦”[③]。1973 年 8 月，在江苏六合县和仁的一座春秋战国时期的墓葬中，发现了一件被一层织物包裹着的极薄的铜匜残器的中心部位，刻画着一幅春耕祭祀图：在一片广阔的田野上生长着稻谷，行处有两个反向拱身的农夫，似在插秧。远处伫立着 4 只昂首的长喙鸟类。田野的左前方是一座大型两层台榭建筑，楼上设案，供陶制大罐两个，上下楼各有 3 人手持禾苗作跪拜状。[④] 从这一幅珍贵的春耕祭祀图中，我们既可以看到于越“鸟田之利”的生动写照，也可以了解到于越以水稻为中心的农业已发展到相当的水平。其次，从务农之风盛行又可证之。诸樊在推辞王位时说：“臣诚耕于野”，后“果耕于野”[⑤]。伍子胥奔

---

① 《史记·夏本纪》云：“淮海维扬州；彭蠡既都，阳鸟所居。三江既入，震泽致定。竹箭既布。其草惟夭，其木惟乔，其土涂泥……”

② 参阅《越绝书·越绝外传记吴地传》。

③ 《水经注·渐江水》。

④ 吴山菁：《江苏六合县和仁东周墓》，《考古》1977 年第 5 期。

⑤ 《吴越春秋·吴王寿梦传》。

吴后，“退而耕于野”[①]。所以吴王夫差打比喻说：“比如农夫是耦，以刈杀四方之蓬蒿。”[②] 再次，粮食生产的发展又可证之。由于农业技术的提高，耕地面积的扩大，粮食生产大大增加，吴国一次就借给越国“万石”稻谷。粮食的增产，一般老百姓家中也吃上饭了。所以伍子胥亡命吴国时，遇一女子，求其施舍，“女子知非恒人，遂许之，发其箪筥，饭其盎浆”。另一渔父也“持麦饭，鲍鱼羹，盎浆”[③] 与之。

于越纺织业的进步可以葛麻业的发达证之。《淮南子·原道训》载：“于越生葛絺。”说明于越人善织葛布。《越绝书》和《吴越春秋》中都更具体地记述了越人开辟“葛山”，专门种葛。勾践知吴王好美服，命女工织作黄丝细布10万匹献吴王[④]。此后，不仅《汉书·地理志》记越地多产布，颜师古《注》云：“布，葛布也”，或“布，谓诸杂细布。”及至近、现代，浙江与江西交界一带的农户仍盛产被称为“夏布”的葛布。可见葛麻业的发达既反映了于越纺织业的进步、又表现了于越纺织业的特点。

于越冶金术的高水平，以青铜宝剑之精可证之。青铜宝剑的铸造，堪称越冶金术之精华。《越绝书》卷十一载：越王勾践时的名剑分湛卢、纯钧、胜邪、鱼肠和巨阙等五“刑”，吴王阖闾也得此宝剑。勾践时知名鉴赏家薛烛评论“纯钧”时说：“手振拂扬其华捽如芙蓉始出，观其釽如列星之行，观其光辉辉如水之溢于塘，观其断岩如锁石，观其才涣然如冰释，此所谓纯钧也”[⑤]。可见越王剑的剑形优美、长短随手、刚柔适度、犀利无双。难怪一九六五年十二月在湖北江陵县望山一号楚墓中出土的，刻有“越王鸠浅（勾践）自乍（作）用剑”二行鸟篆铭文的越王剑，虽深埋于地下2400多年，仍保存完好，刃薄而锋利，至今还保持着耀目的光泽[⑥]，使现代冶金科学家都叹为观止。不仅反映了于越冶金术的高水平，也表现了于越科学技术的进步和发展。

于越经济的发展，促进了于越的突起，加快了越民族形成的步伐。

---

① 《史记·吴太伯世家》。

② 《国语·吴语》。

③ 《吴越春秋·王僚使公子光传》。

④ 《吴越春秋·勾践归国外传》。

⑤ 《越绝书》卷十一。

⑥ 湖北省文化局文物工作队：《湖北江陵三座楚墓出土大批重要文物》，《文物》1966年第5期。

（二）吴、越国的建立是越民族形成的标志

于越原始社会的瓦解和崩溃，形成民族的历史过程，由于历史典籍中缺乏记载，考古材料又甚少，目前尚难以作具体的论述。但是根据恩格斯“从部落发展成了民族和国家”① 的观点，我们仍然可以找到越民族形成的标志。这个标志就是吴、越两国的建立。

按照古代原生民族最初形成的一般规律，原始社会末期，在氏族、部落分化、瓦解以及重新融合的过程中，由于阶级的产生，国家的出现，血缘关系向地缘关系转化的完成，民族也就形成了。据《史记·吴太伯世家》记载，从吴太伯至寿梦，经过了19代②，约600年的发展，使一个本来还保留“文身断发”习俗的原始部落，逐步发展，产生了阶级，公元前585年，“寿梦立而吴始益大，称王”③，建立了奴隶制国家政权。寿梦之时所建立的吴国，与吴太伯所到之“荆蛮”已不可同日而语，故《吴越春秋》云：“凡从太伯至寿梦之世，与中国时通朝会，而国斯霸焉。”

越国的建立稍晚于吴。④《史记·越王勾践世家·索隐》云：“越在蛮夷、少康之后，地远国小，春秋之初未通上国，国史既微，略无世系。”所以史籍中只笼统地说自少康“后二十余世”⑤ 至允常，这样算来，大约也是经过了600年左右的发展，一个原来“文身断发，披草莱而邑”⑥ 的原始部落，也于允常之时称王建国，此即史籍所云：“越侯传国三十余叶，历殷到周敬王时，有越侯夫谭子曰允常，招土始大，称王。”⑦

此至，由于吴、越国家的建立，即反映了于越原始社会和瓦解和崩溃，标志着于越各部落血缘关系向地缘关系转化的完成，百越集团中之于越在突起中形成民族。

对此，人们不禁要问：如果说国家的产生可以作为古代民族形成的标志，

---

① 《马克思恩格斯选集》第3卷，人民出版社1972年版，第515页。

② 这19代为：太伯—仲雍—季历—叔达—周章—熊遂—柯相—馀桥疑吾—柯卢—周繇—屈羽—夷吾—禽处—转—颇高—句卑—去齐—寿梦。另《吴越春秋》则将“熊遂”作“熊”“遂”两代，则共20代。

③ 《史记·吴太伯世家》。

④ 《史记·越王勾践世家》。

⑤ 越国从寿梦称王，经五代：诸樊—馀祭—馀昧—州于（即王僚），到阖闾时，才称王建越国。

⑥ 《史记·越王勾践世家》。

⑦ 《史记·越王勾践世家》，又引《舆地志》。

那么吴、越两国是否是由两个不同的民族建立的呢？否。吴越是同一个民族所建立的两个不同的国家。对此，当时的人们都是确信不疑的。如：吴王夫差将要北征齐国，伍子胥认为不行，他说："夫齐之与吴也，习俗不同，言语不通，我得其地不能处，得其民不得使。夫吴之与越也，接土邻境，埌交通属，习俗同，言语通，我得其地能处之，得其民能使之。越于我亦然。"[①] 又如《吴越春秋》卷5《夫差内传》中记载大夫种说："吴与越同音共律，上合星宿，下共一理。"再如，越国的范蠡也说："吴、越二邦，同气共俗。"[②] 今人王文清撰有《论吴、越同族》[③] 一文所论甚详，余不赘言。

至于同一个越民族为何会建立两个国家，这当然是有其历史背景的。这与吴、越两国的建立分别受周民族和夏民族的影响不无关系。此外，吴国建立后，作为一个奴隶制国家，当然要掠夺和征服他人作奴隶，这样与吴"习俗同，言语通""得其地能处之，得其民能使之"的"越"就首当其冲了。而越强大起来后，也就理所当然地要与吴发生冲突，这种冲突的最高表现形式就是战争，于是在吴王阖闾与越王允常时，两国即开始发生战争，及至夫差和勾践之时，战争就更多了。勾践失败后之所以到吴国给夫差作奴养马，这正是由奴隶社会的性质所决定的。在这种尖锐的冲突对立中，虽然吴、越本同属于百越族群集团，但却建立了两个势力不同的国家。经过反复的较量，公元前473年最后由越灭了吴，越民族也就统一于越国。顺便指出，同一个民族建立两个或两个以上国家的情况在世界民族发展史上并非偶然现象，阿拉伯民族在其形成过程中先后建立了若干个国家是更为典型的例证。

因此之故，吴、越两国的建立也就成了越民族形成的标志。

（三）越民族特征的奇崛

从百越集团中突起的越民族，由于其与夏、商、周、楚诸民族的渊源不同，所以越民族的民族特征表现得十分奇崛，别具一格。

1. 地处太湖流域的地域

地域是一个民族长期共同生活、发生内部联系的空间条件。正如我们在起源编中已论述过的那样，越民族的先祖们，自河姆渡文化起，经马家

---

① 《吕氏春秋·知化篇》。

② 《越绝书》卷七。

③ 王文清：《试论吴越同族》，《江海学刊》1983年第4期。

浜文化，良渚文化到几何印纹陶文化，一脉相传地世世代代居住在东海之滨的太湖流域，即今苏南和浙北一带，在于越各部落经过原始社会末期各氏族、部落分化、瓦解、融合的过程中，血缘关系逐步转变为地缘关系。在这个转变过程中，吴国建都苏州，即《吴越春秋》卷 1 所记太伯在荆蛮之地筑城，“周三里二百步，外部三百余里，在西北隅，名曰故吴”。《汉书·地理志上》也记载汉之会稽郡吴县是“故国，周太伯所邑，具震泽在西，扬州薮，古文以为震泽”。又《淮南子·地形训》云：“越之具区”是天下“九薮”之一。高诱注曰：“具区，在吴、越之间也。”具震泽、具区泽即今之太湖，可见吴国在今太湖以东和以北。

而越建都会稽，即今绍兴，《国语·越语上》记载：“勾践之地，南至于句无，北至于御儿，东至于鄞，西至于姑蔑，广道百里。”韦昭曰：句无，“今诸暨有亭是也”；御儿，“今嘉兴御儿乡是也”；鄞，“今鄞县是也”；姑蔑，“今太湖是也”。可见越国在太湖以东和以南。

越民族地域的这种分裂状态，后来随着越灭吴而统一。

2. “同音共律”① 的语言

一般说来，一个民族的语言是以某种方言为基础发展起来的。由于吴国建国比越国稍早，在一个相当的时间内无论经济力量，还是军事力量，吴都强于越，所以越语是以“吴音”为基础发展起来的，这就是西汉时，扬雄在《方言》一书中所搜集的“吴越”“吴扬”“吴楚”“荆吴”之间的方言都离不开吴的原因。

春秋之时，越民族的语言被中原诸民族人称为“夷言”或“夷声”。《春秋·定公十四年》记载：“于越败吴于槜李。”孔颖达疏曰：“于越，越也，夷言发声谓之于越，从彼俗而名之也。”《汉书·地理志下》亦载：“太伯初奔荆蛮，荆蛮归之，号曰勾吴。”颜师古注曰：“勾音钩，夷俗语之发声也，亦犹越为于越也。”此即称越语为“夷言”之例。又《淮南子·缪称训》记载：“艾陵之战也，夫差曰：夷声阳，勾吴其庶手?”此即称越语为“夷声”之例。

越语在语音上的特点就是以复音节为主。最能说明这种情况的就是越人的名字，凡见于典籍文献的，都是复音，如“无余”“杨相”“疆鸠吏”“夷吾”“禽处”“屈羽”“勾毕”“馀乔疑吾”“颇高”“周繇”“无

① 《吴越春秋·夫差内传》。

晖”“寿梦”“阖闾”“勾践”等，从字面上读常常感到很不顺口，其实均是音译而已。由于音译，所以多数的人名在典籍文献中就有不同的写法，如“寿梦”一名，《史记·吴太伯世家》作“寿萝”，《春秋》三传均作“乘诸”[①]，《史记·吴太伯世家》索隐引《世本》又写作“孰姑”或“祝梦”，现存吴王所用的戈头上写作“是壄（即野字）”。由此可见“寿梦”一词是越语的人名。至于《说苑》卷十一《善说》中所记之《越人歌》歌词：“滥兮抃草滥予昌枑泽予昌州州湛州焉乎秦胥胥缦予平昭澶秦踰渗惿随河湖”则是最珍贵的越语材料。

罗香林先生在《百越源流与文化》中，对古越语与汉语进行了比较分析，认为古越语与汉语之不同是：发音轻利急速；有些词语同汉语不同，如大，越语叫濯等；名词类音缀，有复辅音和连音成分，如船，越语叫须卢等；词序倒置，如盐官，按汉语应译为“馀朱”，而越语却叫“朱馀”等[②]。

3.“其谷宜稻”“其畜宜鸡、狗、鸟、兽”“其利金、锡、竹箭”的经济生活

对于最初形成的民族来说，经济生活除包含人们在经济生活上相互依赖的紧密联系性以外，主要还包含有他们在经济生活类型上的一致性。《逸周书·职方解》云：“东南曰扬州，其山镇曰会稽，其泽薮曰具区，其川三江，其浸五湖，其利金、锡、竹箭，其民二男五女，其畜宜鸡、狗、鸟、兽，其谷宜稻。”这就是说世代土著在太湖流域的越民族在漫长的历史中所形成经济生活上相互依赖的紧密联系，通过“其谷宜稻”“其畜宜鸡、狗、鸟、兽”“其利金、锡、竹箭”的一致性表现了出来。

“其谷宜稻”，就是指民族以种植水稻为主的农业经济。本书汉民族的起源时代中已列举了河姆渡遗址出土的稻谷为例，在这里需要进一步补充的是，吴、越建国、越民族形成后依然如此。《国语·越语上》记载勾践被吴王夫差释放回越后礼贤下士，“四方之士来者，必庙礼之，勾践载稻与胜以行。”《国语·越语下》又记载了吴国曾发生“吴稻蟹，不遗种”的灾害。另据《吴越春秋》卷9所记：越王勾践于公元前484年向吴借

---

① 《春秋》三传本作“乘”，郭沫若在《奴隶制时代》中的“吴王寿梦之戈”一文中认为“乘”为“乘诸”之误夺。

② 转引自吴绵吉《越人文化特征及其形成条件》，载《百越民族史论丛》，广西人民出版社1985年版，第219—220页。

粮万石，尔后“拣择精粟（应为稻谷）而蒸，还于吴”，吴种之无收而发生大饥荒。正因为越民族是一个以种植水稻为主的农业民族，所以越王勾践还“身自耕作”[①]。所有这些，都表现和反映了越民族以种植水稻为主的经济生活的一致性。

“其畜宜鸡、狗、鸟、兽”，就是指越民族不仅家禽家畜饲养业发达，如吴国有养鸡的“鸡陂”[②]，越国有养鸡、狗、猪的“鸡山”“犬山”“豕山”[③]。而且还充分运用“三江、五湖之利”“蝉蛇”[④]“鲞鱼”[⑤]和“美蠃（螺）蚌”，甚至可能是中国最早饲养家鹅、家鸭的民族之一。所有这些，也表现和反映了越民族在家畜饲养上经济生活的一致性。

“其利金、锡、竹箭”，就是指越民族在青铜冶铸、陶瓷、竹器等手工业方面的一致性。在青铜冶炼方面，正如《周礼·考工记》所云：“吴、粤（越）之金、锡，此材之美者也”“吴、粤之剑，迁于其地弗能为良，地气然也。”所以吴国产的剑，或是越国出的剑，在尺寸规格和形制方面都基本相同，完全可以相互媲美。如苏州葑门河道出土的一把没有铭文的铜剑，与湖北江陵望山出土的有铭文的越王勾践铜剑就完全一样[⑥]。

至于陶器，无论是在吴国故地出土的，还是在越国故地出土的都带有几何形印纹这一特点。

还有竹器，也被人们赞之为“吴、越之竹”[⑦]，所有这些，也都表现和反映出越民族经济生活的一致性。

4. “同气共俗”[⑧] 的共同心理素质

“同气共俗”共同心理素质的主要表现有以下几点。

（1）断发文身

断发文身之俗是百越集团的传统习俗，少康之庶子封于会稽，太伯、仲雍奔吴，都入乡随俗而断发文身。越国建立后，便成为“国俗”。如战

---

① 《史记·越王勾践世家》。

② 《逸周书·王会解》。

③ 《越绝书》卷八。

④ 《逸周书·王会解》。

⑤ 《史记·货殖列传》；《盐铁论·论菑篇》：

⑥ 王文清：《试论吴越同族》，《江海学刊》1983 年第 4 期。

⑦ 《盐铁论·通有篇》。

⑧ 《越绝书》卷七。

国时期越国使者诸发出使梁（魏）国，梁王的大臣韩子玩弄诸发说："大王有命，客冠则以礼相见，不冠则否。"诸发坚持不肯说："愿无变国俗。"①

（2）裸以为饰

《列子·汤问篇》云："南国之人祝发而裸。"张湛注曰："断截其发而裸身。"越民族何以喜裸身呢？《左传·哀公七年》云：子贡对吴太宰嚭说："太伯端委以治周礼，仲雍嗣之，断发文身，羸（裸）以为饰。"孔颖达疏曰："羸以为饰者，羸其身体以文身为饰也。"此俗沿袭久远，直到东汉之时，吴郡之人仍"被发文身，羸（裸）以为饰"②。时至今日江、浙一带有的农民夏天下田劳动时仍喜裸身。

（3）男女同川而浴

《尚书·大传》云："吴、越之俗，男女同川而浴。"

（4）黑齿和凿齿

所谓"黑齿"，就是把牙齿染黑。"凿齿"，就是拔牙，又称为"擿齿"。《管子·小匡篇》记齐桓公云："南至吴、越、巴、牂牁、瓜、不庾、雕题、黑齿、荆夷之国，莫违寡人之命。"《管子·小问篇》又记："昔者，吴、干战，未龀（未换牙）不得人军门。国子擿其齿，遂入、为干国多。"《史记·赵世家》亦云："黑齿雕题，却冠秫缝，大吴之国也。"集解引刘逵曰："以草染齿，用白作黑。"

（5）契臂盟誓

盟誓时刻臂出血表示信约的风俗。《淮南子·齐俗训》云："胡人弹骨，越人契臂，中国歃血也，所由各异，其于信一也。"契，高诱注即"刻臂出血"。

（6）堆土坟墓

越民族除有挖墓穴，或用葬具埋葬死人外，还流行平地堆土起坟的葬式，在吴、越故地上海金山戚家墩、青浦寺前庄和浙江安吉县地铺都发掘过"采用平地起堆，无塘穴的葬式"的墓葬③。至今江、浙一带农村还流

① 《说苑·奉使篇》。

② （东汉）应劭，吴树平校释：《风俗通义校释》，天津人民出版社 1980 年版，第 434 页。

③ 江西博物馆"印纹陶问题"研究小组：《试谈南方地区几何印纹陶的分期和断代》，《文物集刊》（江西地区印纹陶问题学术讨论会论文集）1981 年第 3 期。

行这种堆土坟葬。

（7）鬼俗和鸡卜

《史记·孝武本纪》云："越人俗信鬼。"《集韵·七尾》载："南方之鬼曰魕，一说吴人曰鬼，越人曰魕。"又《淮南子·人间训》亦载："荆人鬼，越人禨。"禨与魕同。至今浙江武义方言中仍称"鬼"为"jù"，与"禨（jī）"同声母。

鸡卜是越民族从远古以来就盛行的占卜方法。《史记·孝武本纪》载："是时既灭两越，越人勇之乃言：越人俗信鬼，而其祠皆见鬼，数有效……乃令越巫立越祝祠，安台天坛，亦祠天神上帝百鬼，而以鸡卜。"①《正义》云："鸡卜法，用鸡一狗一生，祝愿讫，即杀鸡狗煮熟，又祭，独取鸡两眼骨上自有孔裂似人物形则吉，不足则凶。"

（8）图腾崇拜鸟、蛇

楚民族图腾崇拜鸟，本书起源编中已有论述，除此之外，他们还崇拜蛇图腾。

在中国古代，现实生活中的蛇，往往化为传说中的龙，此即闻一多先生所云：龙是蛇类，龙的基调是蛇②，所以越民族的蛇图腾崇拜也是龙图腾崇拜。而与蛇（龙）图腾崇拜关系最大的就是文身的作用问题。越民族为什么要文身?《说苑·奉使篇》载：诸发曰："（越人）断发文身，烂然成章，以象龙子者，将避水神也"；《汉书·地理志下》颜师古注"文身断发，以避蛟龙之害"之语时，引应劭曰："越人常在水中，故断其发、文其身，以学龙子。故不见伤害也。"《淮南子·原道训》中高诱注"劗发文身，以学鳞虫"之语时说："文身，刻画其体，内墨其中，为蛟龙之状。以入水，蛟龙不害也，故曰以学鳞虫也。"为什么越人会认为身上刻画了龙蛇之状后，就能不受蛇（龙）的伤害呢？对此清人屈大均在《广东新语·鳞语》中作了解释，他说："南海，龙之都会，古时入水采贝者皆绣身而为龙子，使龙以为己类，不吞噬。"一语道破了越人身文龙、蛇纹的根由，即视龙蛇为己类。也就是说奉蛇（龙）为图腾。

---

① 《史记·封禅书》所记亦同。

② 闻一多：《神话与诗》，上海人民出版社 2006 年版，第 26—27 页。

第二节　华夏民族在大融合中育成

夏、商、周、楚、越相继崛起，历时一千余年的沧桑起伏，进入周代以后，多元的夏、商、周、楚、越诸族，以及其他族群开始了走向一体的雪球滚动，奏起了汉民族形成的第二部曲。

一　周王朝是一个多民族的国家

（一）周王朝的民族分布

夏、商、周、楚、越诸民族在黄河流域和长江流域的相继崛起，可见时至周代，周王朝是一个多民族的国家。但是，由于社会历史发展的不平衡和多样性，在周代，除夏、商、周、楚、越诸民族以外，周王朝还存在着被称为夷、蛮、戎、狄的各种不同族群[①]，此即谓《礼记·明堂位》所言的“九夷、八蛮、六戎、五狄”[②]。

周代的夷，主要指淮河、徐泗一带和山东半岛的某些族群，就是笔者在起源中所说的东夷族群集团。直到春秋之际，东夷与中原诸民族还有着明显的区别，《左传·僖公二十七年》云：“春，杞桓公来朝，用夷礼……公卑杞。”故孔子修《春秋》时不称杞桓公为“公”而称之为“子”[③]。有的东夷人甚至还“杀人而用祭”[④]，保留着以人祭鬼的习俗。

周代的蛮，是对南方族群的总称，除上面所讲楚、越民族外，还有被称为“濮”的蛮。濮蛮大致分布在楚民族的西南。通观蛮之文化特点，大多有种稻、喜食鱼鲜、“文身”“凿齿”“翦发”（或“断发”）“交趾”“用舟”“住干栏”“悬棺葬”，以及“裸身”“君臣同川而浴”和“男女同川而浴”等与中原诸民族不同之风俗。

周代的戎，主要分布在周王朝的西北部，故又称“西戎”，是属于畜

---

① 周代的夷、蛮、戎、狄的情况比较复杂，有的可能处在氏族、部落阶段，有的可能已结成部落联盟，有的可能已联合成部族，有的可能已向民族过渡，有的可能已形成民族，但由于史料的缺乏，很难分辨清楚，故统称为族群。

② 《周礼·职方氏》亦云：“四夷、八蛮、九闽、九貉、五戎、六狄。”《尔雅·释地》也云：“九夷、八狄、七戎、六蛮。”

③ 《左传·僖公二十七年》。

④ 《左传·僖公十九年》。

牧和狩猎经济类型的族群。《左传·襄公十四年》所载西戎的一支戎子驹支即云："我诸戎饮食衣服，不与华同，贽币不通，言语不达。"有的如义渠和氐羌还行火葬习俗①。

周代的狄，系指周王朝北部的族群，故又称为"北狄"。其又分为两个集团，偏西者为猃狁、犬戎、狄，又分赤狄、白狄、长狄，战国时称为胡；偏东者为肃慎、貊、貉、山戎，战国时称为东胡②。无论胡或东胡都过着游牧生活。

周代夷、蛮、戎、狄的存在，正如《礼记·王制》所云：

> 中国、戎、夷五方之民，皆有性也，不可推移。东方曰夷，被发文身，有不火食者矣。南方曰蛮，雕题交趾，有不火食者矣。西方曰戎，被发衣皮、有不粒食者矣。北方曰狄，衣羽毛穴居，有不粒食者矣。中国、夷、蛮、戎、狄，皆有安居、和味、宜服、利用、备器。五方之民，言语不通，嗜欲不同。达其志，通其欲，东方曰寄，南方曰象，西方曰狄鞮，北方曰译。

又如《淮南子·地形训》所云：

> 东方，其人兑形小头，隆鼻大口，鸢肩企行，长大早知而不寿，其地宜麦，多虎豹。南方，其人修形兑上，大口决眦，早壮而夭，其地宜稻，多兕象。西方，其人面末偻，修颈卬行，勇敢不仁，其地宜黍，多旄犀。北方，其人翕形短颈，大肩下尻，其人蠢愚，禽兽而寿，其地宜菽，多犬马。中央四达，其人大面短颐，美须恶肥，慧圣而好治，其地宜禾，多牛羊及六畜。

可见周王朝这个多民族的国家不仅包括了夏、商、周、楚、越诸民族，也包括了夷、蛮、戎、狄诸族群，呈现出民族成分的多元性和复杂性。

---

① 《列子·汤问》："义渠之国者，其亲戚死，聚柴积薪而焚之。熏则烟上，谓之登遐，然后为孝子。"又见《墨子·节葬下》《吕氏春秋·孝行览》："氐羌之民，其虏也，不忧其系累，而忧其死不焚也。"

② 田继周：《周时的民族和民族政策》，《思想战线》1985 年第 2 期。

在民族分布上，周大夫詹桓伯曾描述过如下一幅民族分布图，他说：“我自夏以后稷，魏、骀（邰）、芮、岐、毕，吾西土地；及武王克商，蒲姑、商奄，吾东土也；巴、濮、楚、邓，吾南土也；肃慎、燕、亳，吾北土也。”[①] 似乎是人们常说的夏、商、周诸中原民族居中，楚、越民族以及夷、蛮、戎、狄居四方的整齐划一的情况。实际上，这只是大体的一种划分，夏、商、周三族虽然居中，但其西、北与戎、狄交错，东与夷交错，南与楚交错，西南与濮蛮交错，东南与越交错。以晋为例，晋国是周初的重要封国，其国除周民族和被统治的夏民族外，还与戎、狄交错杂居。《国语·晋语二》即云：晋是“景霍以为城，而汾、河、涑、浍以为渠，戎、狄之民实环之，汪是土也”。所以远离周王朝中心的晋与戎、狄为郊，竟出现了“拜戎不暇”[②] 的反常现象。因此，周民族姜姓集团的齐、纪、州、鄣等国与东夷、莱夷等夷人的接壤或杂居；申、吕等国与庸、卢、彭、濮等人的接壤或杂居；周民族姬姓集团的应、蔡、息、蒋、随、聃等国东与淮夷，南与荆楚，西与庸、卢、彭、濮等人的接壤或杂居；洛水、伊水之间的山区有杨拒、泉皋、伊洛之戎，山东曹县与兰阴之间有戎州已氏之，黄河与淮水之间有徐戎，河北永平一带有北戎（又叫山戎）；唐叔被封于晋时得狄族隗氏的“怀性九宗”等史实，都反映了中原诸民族与夷、蛮、戎、狄交错的情景。这种你中有我，我中有你，交错杂居的情况才是周王朝民族分布的真实情况。

（二）周王朝的民族关系

周初，周民族居于统治民族的地位，作为一个民族，它与其他民族是不平等的。

这种不平等的民族关系一方面表现在周民族对其他民族的歧视上。例如，宗法思想浓厚的周民族在明堂位的排列上，就排“九夷之国，东门之外，西面北上。八蛮之国，南门之外，北面东上。六戎之国，西门之外，东面南上。五狄之国，北门之外，南面东上”[③]。对夷、蛮、戎、狄的歧视昭然若揭。又如，在周代的著作中，常把戎、狄视为豺狼[④]，在书

---

① 《左传·昭公九年》。

② 《左传·昭公十五年》。

③ 《礼记·明堂位》。

④ 《左传·闵公六年》：管仲曰：“戎狄豺狼不可厌也。”《国语·周语下》：周大夫富良曰：“狄，豺狼之德也。”《左传·襄公四年》晋大夫魏庄子曰：“戎，禽兽也。”

写夷、蛮、戎、狄等人的名称时常常加一个犬字旁或一个虫字，歧视之意更为露骨。另一方面又表现在民族压迫的政策上。周王朝规定：“蛮夷要服，戎狄荒服。”“要服者贡，荒服者王。”[①] 这就是说夷、蛮、戎、狄等人不仅每年要向周天子贡献物品或承认天子的统治地位，而且还规定每代戎狄之王继位要朝见周天子，新的周天子即位也要觐见，此所谓“终王”[②]。为了维持周民族对其他民族的统治，周王朝还规定，若夷、蛮、戎、狄之王不照要服和荒服的规定办，就要名“尊卑职贡”之分和感之以德，即所谓“修台”和“修德”，使其来贡来朝，若还不行，就要使用武力“刑诛”，即穆王祭文谋父所说：“有不贡则修台，有不王则修德，序成而有不至则修刑。”[③] 《左传·僖公二十五年》云：“刑以威四夷”，一语道出了周王朝民族压迫政策的实质。

在这种不平等的民族关系的制约下，平王东迁之前西周的历史，是一部充满民族冲突的历史。周初，周民族与商民族之间的斗争成为西周民族斗争的主旋律。周“克商”后，虽然封商纣之子武庚续殷祀，但武庚却利用周民族内部的矛盾，勾结监视他的管叔、蔡叔，发动了反周战争。武庚之乱平服后，周公即将“殷顽民”分迁于宋、卫和成周三地。而西周东部地区商民族的反周斗争持续的年代更长久，《礼记·檀弓》说：“太公封于营丘，北及五世，皆反葬于周。”可见周、商二族的斗争不仅闹得姜太公的子孙五世不得安宁，还逼得他们不得不把死者送回“周原”去埋葬。这种冲突、斗争起码持续了一两个世纪，直到春秋时期，仍残存着商民族所建立的谭、萧等国。与此同时，周民族与东夷、淮夷；与楚；与鬼方、犬戎等都进行了长期的战争。东夷的薄姑和奄都参加过武庚之乱，历时三年才被周公征服。封于鲁的伯禽与淮夷、徐戎有过激烈的战争，有时甚至对鲁国造成严重的威胁，使得鲁国连国都的东门都不敢开。周穆王时，其强徙一部分犬戎于太原[④]，而淮夷中徐方的徐偃王却起兵反周，一直打到黄河边。直到周厉王时，仍出现“淮夷入寇”[⑤]。迟至周宣王时，还有北方的玁狁逼迫周都之事。

---

① 《国语·周语上》。

② 同上。

③ 同上。

④ 指今甘肃平凉、镇原一带。

⑤ 《后汉书·东夷传》。

所有这些，都表明西周之时各民族之间分明的界限，森严的壁垒。周王朝确实是一个多民族的国家。

二 民族大融合潮流的涌起

春秋时期是中国从奴隶社会向封建社会过渡的一个大分化、大混战的历史转型时期。这时，不仅社会政治、经济及文化、思想上发生了一系列深刻的变革，而且在民族关系上也出现了民族融合的新局面，中国历史上波澜壮阔的民族大融合的潮流在中华大地上涌起。

（一）夏、商、周三族融合的浪潮

风云渐变，西周时民族界限分明，壁垒森严的形势，在春秋时逐步被打破。进入春秋后期，由于铁器的推广使用[①]，生产力水平大大提高，各族和各诸侯国之间的政治、经济发生了新的不平衡。这时，在西周延续了两个多世纪的激烈、复杂的民族冲突已趋向缓和，民族大融合的浪潮首先在夏、商、周三族之间兴起。

晋惠公作“州兵”[②] 是一例。周襄王七年（前645年），秦晋之战中，晋惠公做了秦的俘虏。晋人为加强军事力量以雪耻而作“州兵”，打破了西周以来武装部队主要由被称为“国人”的周民族和效忠于周王朝的商贵族编成的规定。周制“王国百里为郊，二百里为州，三百里为野”[③]，各诸侯国也大致如此。居“州”之人本是被周民族征服的“庶人”，其地位与居都、邑内的“国人”（自由民）不同，没有服兵役的政治权利。作

---

① 据郭沫若《中国文稿》第1册研究：铁的发现大约是在商代，到西周时已成为习见的东西，但因其量很少，还不可能普遍应用。到春秋时，铁器才逐步推广到社会各个领域。《国语·齐语》所记管仲向齐桓公提出的以甲兵赎罪的建议时说：“恶金以铸鉏斲劚，试诸壤土”是一例证；齐灵公时的叔夷钟铭文中有“造戜（铁字的初文）徒四千”一句，更是有力的例证。

② 《左传·僖公十五年》：晋“于是乎作州兵”。

③ 《司马法》。又晋作“州兵”，《左传·僖公十五年》注：“五党为州，州，二千五百家也。因此又使州长各缮甲兵。”《国语·晋语三》也有此说法。故李亚农《西周与东周》（上海人民出版社1956年11月版，第170页），翦伯赞、郑天挺主编：《中国通史参考资料》第1册（中华书局1962年4月版，第112页）、1979年版《辞海》（缩印本第94页）以及《辞源》（商务印书馆1981年修订第2版，第950页）均采用此说。此说源于《周礼·地官·大司徒》。然此说本为六乡制度，六乡之人本来就要服兵役，无所谓作“州兵”。从当时的历史条件来分析，晋所谓作“州兵”的“州”，应是《司马法》中之王国“二百里为州”的“州”。故中国社会科学院经济研究所吴慧：《试论春秋时期的社会性质问题》（《中国社会经济史论丛》第1辑，山西人民出版社1981年版，第118页）一文采用此说是有道理的。

“州兵”后，情况就变了，被征服的“庶人”就与“国人”一同正式服兵役。这样，“州兵”的建立，不仅说明“国”与“州”对立的逐渐消除，夏、商、周三族的杂居越来越厉害，也说明征服者周民族与被征服者夏民族、商民族、“怀姓九宗”等之间的鸿沟也逐渐得以填平，民族间互相敌视的心理也越来越淡薄，所以，我们可以认为作“州兵”是晋国内夏、商、周三族融合为一的一个标志。

宋桓公迎卫文公又是一例。周惠王十七年（前660年），当狄人灭卫时，不仅周民族的齐，郑诸国出兵援助，连商民族的宋桓公也奔走相救。其在狄人未退的紧张状况中，乘夜迎接渡河而来的卫文公的重要原因之一，就是因为卫文公的妹妹为宋桓公的夫人，两族早已联姻[①]。可见周、商二族之间的民族隔阂没有了，民族间的界限也泯灭了。

孔子被周民族统治者称为“尼父”也是一例。孔子先祖是宋国人[②]，即是商民族人，孔子也从不讳言自己是商民族人。孔子死后，周民族的统治者鲁哀公却写了一篇诔文来追悼他。诔文又说：“天不遗耆老，莫予位焉！呜呼哀哉，尼父!”[③] 你看，商民族的孔子被美称为“尼父”；其死后竟使周民族的鲁哀公感到了如此的悲哀，心理认同何其一致！这哪里还有什么民族的隔阂？又哪里还有什么民族的界限？

秦晋联姻更是春秋时期夏、商、周三族融合基本完成的标志。大家知道，西周分封诸侯时，晋开国君王是周成王的弟弟唐叔虞，是周民族人；而秦则是非周民族人[④]。《史记·秦本纪》载秦的先祖“蜚廉生恶来……父子俱以材力事殷纣。”秦晋联姻混血，表明夏、商、周三族之间的民族界限完全被打破了。因而“秦晋”二字，成了中国古代婚姻关系的代名词。

历史的车轮滚滚向前，夏、商、周三族融合的浪潮逐渐发展成春秋时期民族大融合的主流。

（二）民族融合的浪潮向夷、蛮、戎、狄的波及和扩展

风云再起，由于夏、商、周三族以及楚、越二族与夷、蛮、戎、狄诸

---

① 参阅《左传·闵公二年》；《史记·宋微子世家》。

② 《史记·孔子世家》。

③ 《礼记·檀弓上》。

④ 秦人族属不定，有戎人说，又有夷人说。

族群的分布呈交错状态，所以春秋时期率先在夏、商、周三族之间涌起的民族大融合的浪潮，不可避免地要涉及和扩展到夷、蛮、戎、狄之间。

这个情况首先突出表现在各族间通婚、混血的事情不断发生。《国语·周语》记载：周襄王“德狄人，将以其女为后。”《左传·庄公二十八年》记载：“晋献公……又娶二女于戎。大戎狐姬生重耳，小戎子生夷吾。”看来春秋时声名很大的晋公子重耳原来是个混血儿。而重耳逃难到狄时，“狄人伐廧咎如，获其二女叔隗、季隗，纳诸公子。公子取季隗，生伯儵，叔刘；以叔隗妻赵衰，生盾。”① 廧咎如是赤狄的别种，重耳又与狄人通婚。又如东夷须句国人成风是鲁僖公之妾；赤狄别种潞子婴儿的夫人是晋景公的姐姐。凡此种种，不胜枚举。

这种民族大融合还表现在文化上。拿《诗经》来说，它是中原地区夏、商、周三族融合的产物，也可以说是周文化的代表。虽然其内容丰富，题材广泛，从祭祀到征伐，从恋爱到劳动，从阶级矛盾到统治阶级内部的斗争等无所不包，但反映的却基本上是夏、商、周三族的现实生活和历史。但到春秋后期，《诗经》从中原地区向四方传播普及。以在南方影响最大的楚民族来说，自称“蛮夷”的楚民族受周文化的影响，也能诵读《诗经》了。《左传·昭公元年》记载：“令尹享赵孟，赋《大明》之首章，赵孟赋《小宛》之二章。”《左传·昭公七年》又记载：“（芋尹）无宇辞曰：‘……故《诗》曰：普天之下，莫非王土；率土之滨，莫非王臣’。”不仅如此，楚庄王八年（前606年）攻打陆浑戎时，陈兵周郊，问九鼎大小轻重②，说明楚民族对夏、商、周三族都十分珍重的视为宝贝的“九鼎”，也同样是十分珍重和视为宝贝的，其中原因除“九鼎”是权力的象征外，也包含了对周文化的向往，可见楚民族已经被卷入春秋民族大融合的激流之中了。

与楚民族的情况一样，当周太王的儿子太伯和仲雍同避江南时，越民族乃为“文身断发”的“荆蛮”③。直到春秋初期，越民族与中原地所诸民族还没什么来往，所以史书缺乏关于吴国和越国的记载。但是到了春秋后期，形势也发生了极大的变化。最典型的莫过于吴公子季札到周文化的

① 《左传·僖公二十三年》。

② 《左传·宣公三年》。

③ 《史记·吴太伯世家》。

中心鲁国观周乐一例。《左传·襄公二十九年》记载相当长，极形象生动地反映了越民族接受周文化已达到相当的高度，特引述如下：

> 吴公子札来聘，请观于周乐。使工为之歌《周南》《召南》，曰“美哉！始基之矣，犹未也。然勤而不怨矣！”为之歌《邶》《鄘》《卫》，曰：“美哉！渊乎！忧而不困者也。吾闻卫康叔、武公之德如是，是其卫风乎？”为之歌《王》，曰：“美哉！思而不惧，其周之东乎？”为之歌《郑》，曰：“美哉！其细已甚，民弗堪也。是其先亡乎？”为之歌《齐》，曰：“美哉！泱泱乎，大风也哉！表东海者，其大公乎？国未可量也。”为之歌《豳》，曰：“美哉，荡乎！乐而不淫，其国公之东乎？”为之歌《秦》，曰：“此之谓夏声！夫能夏则大，大之至也！其周之旧乎？”为之歌《魏》，曰：“美哉，沨沨乎！大而婉，险而易行。以德辅此，则明主也！”为之歌《唐》，曰：“思深哉！其有陶唐氏之遗民乎？不然，何忧之远也？非令德之后，谁能若是！”为之歌《陈》，曰：“国无主，其能久乎？”自《郐》以下，无讥焉。
>
> 为之歌《小雅》，曰：“美哉！思而不贰，怨而不言，其周德之衰乎？犹有先王之遗民焉！”为之歌《大雅》，曰：“广哉，熙熙乎！曲而有直体，其文王之德乎？”
>
> 为之歌《颂》，曰：“至矣哉！直而不倨，曲而不屈；迩而不逼，远而不携；迁而不淫，复而不厌；哀而不愁，乐而不荒；用而不匮，广而不宣；施而不费，取而不贪；处而不底，行而不流。五声和，八风平；节有度，守有序。盛德之所同也。”
>
> 见舞《象箾》、《南籥》者，曰：“美哉！犹有憾。”见舞《大武》者，曰：“美哉！周之盛也，其若此乎！”见舞《韶濩》者，曰：“圣人之弘也，而犹有渐德。圣人之难也。”见舞《大夏》者，曰：“美哉！勤而不德，非禹其谁能修之！”见舞《韶箾》者，曰：“德至矣哉！大矣，如天之无不帱也，如地之无不载也！虽甚盛德，其蔑以加于此矣。观止矣！若有他乐，吾不也请已！”

我们知道，季札是吴王寿梦最小的一个儿子，他到鲁国观周乐时，正是周景王元年（前544年），而这时删定“六经”的孔子年仅8岁。但是鲁国乐工为季札所奏的各国风诗的次序与今本《诗经》基本相同，而季札对包括夏乐、夏舞和商乐、商舞在内的周乐、周舞的理解这样深刻，评论这样的精当，说明早在所谓孔子删订《诗经》以前，越民族也已置身于春秋民族大融合的激流之中了。

甚至自称“我诸戎饮食衣服不与华同，贽币不通，言语不达”[①] 的西边姜戎首领驹支，在驳斥了晋国大臣范宣子不让驹支参加盟会的攻击后，“赋《青蝇》而退”[②]。《青蝇》是《诗经・小雅》中的一篇，诗中有“恺悌君子，无信谗言”一句。驹支在此引这句诗对范宣子十分有针对性，故“宣子辞焉，使即事于会，成恺悌也。”[③] 即范宣子自觉失言，连忙赔罪，请驹支去参加盟会，以顾全自己恺悌君子的名声。可见戎族驹支不仅会讲“华”语，并且能赋《诗经》以达意，表现了相当的文化水平，这又说明诸戎在与晋的长期交往中，也被卷入春秋民族大融合的激流之中了。

另外，《左传・僖公二十一年》记载的东夷的须句国受到邾人攻击时，求救于姻亲鲁国。身为鲁僖公之妾的须句人成风说：“崇明祀，保小寡，周礼也；蛮夷猾夏，周祸也。”表现了周民族共同心理素质的周礼，也成了夷人维持社会政治秩序的根据，可见东夷人已被冲进春秋民族大融合的激流之中。

范文澜说过：“黄帝族与炎帝族，又与夷族、黎族、苗族的一部分逐渐融合，形成了春秋时称为华族、汉以后称为汉族的初步基础。”[④] 这样，在整个周王朝之内，无论东西南北，所有的民族及其他族群都被卷入春秋民族大融合的激流之中，形成了波澜壮阔的民族大融合的洪流，多元的西周各民族和族群的雪球逐渐向华夏民族的一体滚滚而去，成为春秋战国时期不可逆转的历史大方向、大趋势、大潮流。

三　华夏民族从初型到定型的发育过程

在春秋时期民族大融合的潮流涌起之中呱呱坠地的华夏民族，经历了一个从初型到定型的发育过程。

---

① 《左传・襄公十四年》。

② 同上。

③ 同上。

④ 范文澜：《中国通史简编》（修订本）第一编，人民出版社 1964 年版，第 91 页。

（一）华夏民族的横空出世

春秋时期在中华大地上横空出世的新民族，先秦的历史文献中多称为“夏”或“诸夏”。《尚书·虞书·舜典》有“蛮夷猾夏”的说法，《左传·闵公元年》又有“诸夏亲昵”的记载[①]。有的又称之为“华”或“诸华”。《左传·襄公十四年》中有“诸戎饮食衣服不与华同”的说法，又有“诸华必叛”[②]的记载。可见，古人时而以“夏”和“蛮夷”对称，时而又以“华”与“夷”对称，所以孔子干脆视“夏”与“华”为同义词，他说：“裔不谋夏，夷不乱华。”[③]最早把“华”“夏”连用的也是《左传》，即《左传·襄公二十六年》：“楚失华夏”，这是关于“华夏”一词的最早记载。虽然春秋之时文献中仍多以“夏”或“诸夏”，“华”或“诸华”称呼在民族大融合的潮流中横空出世的新民族，但随着历史的推移，“华夏”一词遂成为这个新民族的族称。

华夏民族横空出世之时，其民族的自我意识也开始产生。它的表现就是春秋时期民族关系朝着民族大融合的大趋势发展的同时，民族关系的另一个趋势也得到了发展，这就是随着华夏民族的形成，其与周边的“夷、蛮、戎、狄”的民族界限更加明显。首先是地域界限自此明确固定下来，所谓“内诸夏而外夷狄”的观念，正是这个时期形成的。春秋初期被称为“诸夏”的国家，主要包括姬姓的鲁、蔡、曹、卫、晋、郑、燕，姜姓的齐、许、申、吕，子姓的宋，妫姓的陈等国。至于与“诸夏”对称的所谓“夷、蛮、戎、狄”，则基本上不再指中原地区内的，而专指中原地区以外的。其次，不同的民族语言也明显表现出来，民族与民族之间的交往都需“重译而至”[④]，经过翻译方能了解。最后，在风俗习惯方面的区别也更为突出。例如服饰，华夏民族是头著冠，发著笄[⑤]，而戎狄是“被发”[⑥]，百越是“断发”[⑦]或“劗发”[⑧]，西南诸少数

---

① 《左传》中关于“诸夏”的记载颇多，此仅举一处为例。

② 《左传·襄公四年》。

③ 《左传·定公十年》。

④ 《淮南子·泰族训》。

⑤ 《淮南子·齐俗训》：“中国冠笄。”

⑥ 《淮南子·齐俗训》。

⑦ 《史记·吴世家》《史记·楚世家》。

⑧ 《淮南子·齐俗训》；也见《汉书·严助传》。

民族则是“盘发”① 或“编发”或“辫发”②。华夏民族的衣服为右衽、夷、蛮、戎、狄则多为左衽。华夏民族行土葬，夷、蛮、戎、狄则或行火葬，或行岩葬，或行悬棺葬等。因此，所谓“尊王攘夷”口号的提出，从华夏民族形成的意义上来说，正是民族自我意识开始产生的集中反映。

（二）华夏民族的族群结构

春秋时期民族大融合的结果，是华夏民族的横空出世。但是，由于华夏民族是由夏、商、周、楚、越诸族，以及部分夷、蛮、戎、狄诸人们共同体融合而形成的，而夏、商、周、楚、越诸族或源于炎黄族群集团，或源于东夷族群集团，或源于苗蛮族群集团，或源于百越族群集团，或源于戎、狄，因此，就造成不同地区的华夏民族在政治、经济和文化上发展的不平衡。特别是诸侯国的林立，春秋争霸的结果，使得华夏民族分成许多族群，而成为一个分散的、不统一的民族。民族的不统一，反映到战国时期的政治、经济、语言、文化以及地域上，是“田畴异晦，车涂异轨，律令异法，衣冠异制，言语异声，文字异形”③。族群问题的存在，正好说明横空出世的华夏民族，只不过是一个呱呱坠地的民族初型。一个民族共同体从初型到定型还有一个相当的发育过程。

一个初型民族发育成定型民族，一般有三条道路：一条道路是各个族群继续发展下去，一个民族也分化为几个民族，或出现一个民族建立多个国家的局面。或如西方蛮族进入西欧，建立了多个国家后，在不同的条件下，逐步形成为同一拉丁语系的几个不同民族；或如阿拉伯民族分散建立几个各自独立的国家。另一条道路则是沿着融合的方向继续发展下去，形成一个统一的民族建立一个统一国家的局面。第三条道路是在民族融合，族群统一的基础上，以一个民族为主体，建立一个包括若干少数民族在内的统一多民族的国家。历史证明，华夏民族走的是第三条道路。下面我们先讨论华夏民族的族群结构问题。

---

① 《史记·西南夷列传》：“自滇以北君长以什数，邛都最大；此皆魋结、耕田、有邑聚。”“魋结”，注（会证）了颜师古曰：结读曰髻，为髻如椎之形也。另见《史记·陆贾列传》：“陆生至，尉他魋结箕倨见陆生。”司马贞索隐：“谓为髻一撮以椎而结之。”今人王玉哲认为“魋结”就是“盘发”，参阅王玉哲编著《中国上古史纲》，上海人民出版社1959年版，第165页。此从王说。

② 《后汉书·南蛮西夷传》。

③ （汉）许慎：《说文解字》，中华书局1963年版，第315页。

战国时期是中国封建社会的开端，又是中国从分散的诸侯割据称雄的封建国家到统一的封建的中央集权国家的一个过渡时期。经过春秋时期的诸侯混战，到战国初期的形势是，在北起辽东，南抵长江流域的广大地区，形成了楚在南，赵在北，燕在东北，秦在西，齐在东，韩、魏两国夹在中间的七大国，史称“战国七雄”。七国四周，还有宋、鲁、卫、中山、越、巴、蜀等十几个不同民族的中、小国①。在七雄鼎立的形势下，华夏民族按地域分成了齐、燕、赵、楚、秦5大族群。

笔者在上面述及齐在山东先后征服了阳、莱、牟、任、薛、州等被称为“东夷”的小国以及东夷中最大的一支“东莱，”此即《韩非子·有度第六》所说：“齐桓公并国三十，启地三千里。”从而成为华夏民族在东方的一个主要族群。

燕在东北方与戎人杂居，春秋之时还是个弱国，常被山戎所攻掠。但到战国时已成为雄踞东北方的强国。燕将秦开，曾作人质于东胡族，回国后率军打败东胡，置上谷、渔阳、右北平、辽西、辽东等郡，大大扩展了燕国的领土。燕对辽河流域的开拓，不仅奠定了古代中国东北方的疆域，也使辽河流域各民族逐步融合进了华夏民族，从而成为华夏民族在东北方的一个主要族群。

再看北边的赵国。公元前453年，韩、赵、魏三家分晋，赵国遂成为战国后期在北方仅次于秦国的强国。早在战国初年，赵国就与戎人的代国关系密切。公元前473年，赵襄子则以宴请为名，密令宰人刺杀了代王，兼并了代国，确立了其在北方的地位。赵武灵王“胡服骑射”的史实，正是华夏民族也融合进了戎、狄等人的一个例证。开始，当赵武灵王穿胡服，即废去传统的上衣下裳，将下裳改为着裤，把大袖子的长袍改为小袖子的短褂，腰里系上一根附有若干小环的腰带，脚上穿了一双有筒的皮靴，头戴貂皮冠上朝时，群臣都被吓了一跳，认为穿胡服，会把中原文化丢掉，而大加反对。但是为了富国强兵，赵武灵王坚持变服，他说：“乡异而用变，事异而礼易”，“去就之变，智者不能一；远近之服，贤圣不能同”，所以必须顺应形势发展的需要而“制俗”②。由此之后，赵武灵王改革的服装形式遂成为华夏民族服装形式的一部分，赵也就成为华夏民族

① 参见《中国历史地图集》第2册，《战国时期全图》，中华地图学社1975年版。

② 以上所引均见《史记·赵世家》。

在北方的一个主要族群。

再看西边的秦国。秦居处关中，“自汧雍以东，至河毕，膏壤沃野千里”[①]，原系周民族先世地盘。周人东迁后，逐归于秦。其本是犬戎的一支[②]，因护送平王东迁有功，秦襄王始列为诸侯，开始吸收周文化。但在战国初期的百年中，仍不得参与中原地区各国的事务，只能局处西方。可是就是在这个时期内，秦与西方诸戎展开了激烈的搏斗。斗争的结果，是活动在陕、甘、宁、内蒙古及其以北地区的犬戎，緜诸、翟、貆、邽、冀、白翟、大荔、义渠、乌氏、昫衍以及白狄的一部分，大多先后被秦征服，有的则转移到了漠北地区。于是秦“益国十二，开地千里，遂霸西戎”[③]，成了华夏民族在西方的一个主要族群。

最后看南边的楚国。纵横于汉水、长江一带的楚国，经过长期的争霸战争，终于成为“挟天子以令诸侯”的“春秋五霸”之一。就是在这种霸威之下，当时楚国东面的群舒和淮夷诸部就受到楚的控制，在齐国称霸中原时，楚又乘机灭了弦、黄二国，打败了徐国；西、南两面的群蛮、百濮、卢戎等也多臣服于楚；楚北面周民族所建立的姬姓国及其他诸侯国或屈服，或被灭，如楚打败过随国，灭掉了申国、息国、邓国，控制了陈国和蔡国，并插手郑国的事务。在春秋时期的近 300 年中，楚国在与齐、宋、晋争霸中原时，向东、向南部得到很大的发展，致使“蛮夷皆率服”[④]，先后灭了四五十国[⑤]，除西周的一部分封国外，还有卢戎的一部分，东方群舒以及淮夷的大部分，商王朝遗留下来的徐国以及东夷的某些小国、群蛮和百濮的一部分[⑥]，统一了长江流域的大部分地区，北抵黄河，南达今云南，成为“地方五千里”[⑦] 的泱泱大国，以及华夏民族在南方的主要族群。

尽管华夏民族初型横空出世之后出现了众多的族群，但是，从春秋时

---

① 《史记·货殖列传》。

② 参阅蒙文通《周秦少数民族研究》，《秦即犬戎之一支》一节。

③ 《史记·秦本纪》。

④ 《史记·楚世家》。

⑤ 郭沫若：《中国史稿》第 1 册，第 302 页。

⑥ 《左传·鲁文公十六年》：“楚大饥……庸人帅群蛮以叛楚，麇人率百濮聚于选，将伐楚。”后由于“秦人、巴人从楚师，群蛮从楚子盟，遂灭庸”。

⑦ 《战国策·楚策》。

期开始涌起的民族大融合的潮流，到战国时期仍以不可阻挡之势向前奔腾，华夏民族这个雪球继续滚滚向前。

（三）华夏民族的统一

历史发展到战国后期，谁来完成这个伟大的历史使命？

纵观战国形势，从表面看来，楚国“地方五千里，带甲百万”①，是战国七雄中疆域最大，人口最多，兵力最强的国家。从实力地位上来说，楚国完全有可能担当起统一华夏民族的历史使命。但是，历史的发展并不以人们的主观意志为转移，楚国并没有能担当起这一使命，究其根源，那就是从全局和历史发展的深度来看，在长江流域发育起来的以楚为中心的华夏民族的族群，比在黄河流域发育起来的华夏民族的其他族群，无论在经济上、政治上、文化上、历史上，相对地说都要落后些、原始些。一句话就是其先天不足，无力承担统一华夏民族的历史使命。

在经济上，《汉书·地理志》云：“楚有江汉山川山森之饶，江南地广，或火耕水耨，民食鱼稻，以渔猎山伐为业。”可见以越为中心的华夏民族的族群的经济属于“火耕水耨”经济类型，与黄河流域华夏民族诸族群的灌溉农业经济类型相比，其原始性、落后性不言而喻。

在政治上，经春秋时期的大分化、大动荡和大混战，中国奴隶制度已土崩瓦解，进入战国时期，黄河流域华夏民族诸族群纷纷变法改革，新兴的地主阶级开始登上政治舞台，开创了中国封建社会的新时代。而楚国却一直是奴隶主贵族垄断了政治经济大权，春秋时期黄河流域各诸侯国奴隶制度的土崩瓦解，对长江流域楚国的冲击似乎不大，影响似乎甚微，所以《韩非子·和氏》中说楚国的旧传统是“大臣太重，封君太众”。战国时期，楚悼王虽然顺应历史发展的潮流，任用吴起进行变法，给奴隶主贵族在政治上和经济上以沉重的打击，但好景不长，不到两年，楚悼王死后，不仅吴起被奴隶主贵族复仇的乱箭射死，连变法的成果也付之东流。与黄河流域华夏民族诸族群相比，以楚为中心的这个华夏民族群在政治上的落后性也是不言而喻的。正是由于这种政治上的落后，加深了楚国社会的矛盾，国势如江河日下。

在文化上，以《楚辞》为代表的楚文化，虽然在一定程度上反映了楚民族的民族特征，但是终因其是南方“火耕水耨”经济类型的产物，

① 《战国策·楚策》。

与黄河流域以周为代表的文化相比，就显得较为僻陋，而带有边疆性、非正统性。因此，到战国时，楚威王还不得不谦让地说："楚国僻陋，托东海之上，寡人年幼，不习国家之长计。"① 所以楚文化虽然有《楚辞》为其总代表，但这又是其唯一的代表。黄河流域华夏民族诸族群的文化则截然不同，以周文化为代表的华夏文化，因为继承和发展了夏、商文化，而具有系统性和正统性。早在春秋时期，鲁国人孔子作为儒家学说的创始人，删定"六经"：《易》《诗》《书》《礼》《乐》《春秋》，使夏以来的古典文献得到整理，使周文化得以条理化和系统化。战国时期更形成了"百家争鸣"的繁荣局面。稍加排比，我们可以看到，战国"百家"的代表人物中墨子、孟子是鲁国人；庄子、惠施是宋国人；荀子、慎到、公孙龙是赵国人；孙膑、邹衍是齐国人；商鞅、吕不韦是卫国人；李悝是魏国人；韩非子是韩国人，申不害是郑国人。相传是楚国苦县人的老子，也因苦县在今河南鹿邑县东，也是被周文化熏陶大的。就是为楚国进行变法的吴起也是卫国人。而楚国唯一可以与黄河流域"诸子百家"齐名的就是屈原。从这个角度来比较，楚文化的落后性也就不言而喻了。

在历史上，楚国从周成王"封熊绎于楚蛮"算起，到公元前 223 年被秦所灭，前后共 800 余年，历史不可谓不悠久了。但是与黄河流域相比，就整整相差了夏、商二代，约 1000 多年的历史。所以，当黄帝的传说极盛于战国时期，为黄河流域的"诸子百家"赞不绝口之时，《楚辞》的叙事则从尧舜开始，可见以楚为中心的这个华夏民族群在历史时代上的差距也是十分明显的。

历史常常有它自己巧妙的安排，楚无力承担统一华夏民族的历史使命，似乎有点出人意料地被局处西方的秦国完成了，真所谓俗话所说，有心栽花花不开，无意插柳柳成荫。

秦为什么能完成统一华夏民族的伟大历史使命呢？公元前 395 年，秦孝公重用卫国人商鞅实行变法改革。商鞅变法的内容是大家所熟悉的，在这里笔者主要从秦吸收、继承和发展周文化方面来考察。一方面，商鞅"令民为什伍，而相牧司连坐"，实行编户制和"连坐法"；"有军功者，各以率受上爵"，"宗室非有军功论，不得为属籍"，从而"有功者显荣，无功者虽富无所芬华"，废除了世卿世禄制；并"集小都乡邑聚为县，置

① 《战国策·楚策》。

令丞，凡三十一县”。县，古称邦畿千里之地为县，后亦称王畿内都邑为县，其后诸侯境内之地亦称县。春秋时期，作为地方行政区划最初只是设置在边地，并封给有军功之臣，所以晋国赵简子说：“克敌者上大夫受县，下大夫受郡。”秦推行县制，不仅吸收、继承了周文化的传统，由于其作为法令在全国推行，就春秋以来出现的县制用法律的形式确定下来，从而大大发展了周文化。更重要的是秦实行编户制、“连坐法”，废除世卿世禄制度，推行县制这一系列变法，对西周以来一直存在着的氏族血缘关系是摧毁性的打击，从而为华夏民族的统一提供了地域关系的基础。

另一方面，商鞅“僇力本业，耕织致粟帛多者复其身。事末利及怠而贫者，举以为收孥”。又规定“民有二男以上不分异者，倍其赋”“令民父子兄弟同室内息者为禁”。宣布“为田开阡陌封疆，而赋税平。平斗桶权衡丈尺”①。秦这样奖励耕织，奖励个体小农经济，正是对周文化重农思想的继承；废井田，开阡陌虽然是对井田制的否定，但却是对正在各诸侯国中兴起的封建土地所有制的肯定和发展。秦在经济上的这一系列措施，既继承了周文化，又发展了周文化。这也正是秦国商鞅变法，比单纯“要在疆兵”② 的楚国吴起变法彻底、高明和伟大之处③。而统一度量衡是大大有利于加强民族共同体内部的经济联系性的。无疑，这些经济上的变法措施对华夏民族的统一，在构建共同经济生活方面是有着特殊意义的。

这样，秦对周文化的继承，特别是其顺应历史发展的潮流，对周文化创造性的发展，使之后来居上，无论在政治上、军事上，还是在经济上、文化上，都达到了历史前列。秦不仅打败了韩、赵、魏三国，夺得了魏在河西的全部土地，而且不断向西、向南、向北扩张，先后兼并了周围一些侯国和其他一些民族和族群，增置了黔中郡、巫郡、南郡、南阳郡、三川郡、上党郡、太原郡等，成为战国七雄中实力最强的国家。昔日西方落后的戎族小国，一跃而成了完成华夏民族统一伟大历史使命的承担者。

挑起完成统一大业重担的是秦始皇。从公元前 230 年灭韩，到公元前 221 年灭齐，秦始皇用十年的时间统一了六国，结束了长期以来诸侯割据

① 《史记·商君列传》。

② 《史记·孙子吴起列传》。

③ 李剑农：《先秦两汉经济史稿》，中华书局 1962 年版，第 24 页。

纷争的状态，建立了中国历史上第一个空前统一的中央集权的封建国家——秦王朝，这对中国历史的发展是有深远影响和重大意义的。仅就民族形成问题来说，秦王朝的建立，是华夏民族统一的标志。

自春秋以来涌起的民族大融合的潮流，历经近5个半世纪，终于以华夏民族的统一而告结束。

（四）华夏民族的定型

横空出世的华夏民族，“不是什么偶然的混合物，不是什么昙花一现的混合物”①。秦始皇凭借手中掌握的封建中央集权的国家机器，从政治到经济，从地域到语言文字，从思想意识到文化生活等方面采取了一系列措施，来统一华夏民族，以与统一的中央集权的封建王朝相适应。这样，在客观上促使华夏民族完成了从初型到定型的发育过程。

第一，秦始皇推行郡县制统一并稳定了华夏民族的共同地域。

实行郡县制还是分封制，这不仅是一个国家行政体制的问题，也是一个民族的共同地域能否统一和稳定的问题。前已提及，县，始于春秋时期在边地设置。后晋、楚、秦等国往往在新兼并的地方置县。到春秋后期，各诸侯国才开始把县制推行到内地，而在新兼并的地方置郡。郡，最早始于晋国，面积比县大，但地位比县低。战国时，边地逐渐繁荣，才在郡下设县，产生郡、县两级制。郡县制不仅对巩固中央集权的国家制度有巨大作用，而且对维护民族共同地域的统一和稳定也有重大意义。所以，从春秋到战国，郡县制的产生和发展，与民族融合的发生和发展是相吻合的。秦始皇统一六国后，决定废除分封制，把郡县制推广到全国，设置了36郡，后随着疆域的扩大，增至42郡，使郡县制确立为中国的地方行政制度，这既有利于新建立的中央集权的封建王朝的巩固，也有利于华夏民族共同地域的统一和稳定。于是“东至海暨朝鲜，西至临洮、羌中，南至北向户，北据河为塞，并阴山至辽东”②，成了华夏民族稳定的共同地域。

第二，秦始皇规定“书同文字”是华夏民族共同语言统一并稳定的标志。

由于战国七雄鼎立，华夏民族形成了几个具有不同地方特点的族群，所以西周以来的官方文字——金文，各诸侯国虽然大体上一致，但晚周的

---

① 《斯大林全集》第2卷，人民出版社1953年版，第294页。

② 《史记·秦始皇本纪》。

兵器刻款、陶文、印文、帛书、简书等民间文字则有很大的区域性的差别，如“马”字，齐作“”，燕作“”，晋作“”，楚作“”。字例很多，不胜枚举，表现了简体、异体和一字多形的情况。显然，这是不利于华夏民族的统一和稳定的。秦始皇统一六国后，丞相李斯“罢其不与秦文合者”[①] 的提议，得到秦始皇的同意，分别于始皇二十六年（前221年）和始皇二十八年（前219年）两次规定以整齐的秦国的小篆作为标准文字，以隶书作为日用文字。并令李斯、赵高、胡毋敬三人分别用小篆作《仓颉篇》《爰历篇》《博学篇》，程邈作隶书，作为法定的文字范本颁发全国，结束了战国时“文字异形”的状况。文字是人们用以记录语言的符号和交流思想的工具，是人们在劳动生活中，逐渐孕育、选练、发展出来的。所以秦始皇“书同文字”，可以说是华夏民族共同语言统一和稳定的标志。更重要的是小篆的产生还宣告了汉字的古文字阶段的结束；隶书的使用则在很大程度上抛开了古汉字的象形因素，使文字变成抽象、会意的记号，为现代方块汉字奠定了基础。

第三，秦始皇统一货币、度量衡和“车同轨”，是统一和稳定华夏民族共同经济生活的有力措施。

民族这个人们共同体除了有共同地域外，“还需要内部经济联系来把本民族的各个部分团结为一个整体”[②]。统一货币就是加强华夏民族内部经济联系的措施之一。战国时，由于各国自行铸币，所以货币的形式、大小、轻重都不相同。计算单位也不一致。这当然是不利于华夏民族进行共同经济生活的。秦始皇统一六国后，把货币统一为两种：黄金为上币，以镒（20两）为单位；圆形方孔的铜钱为下币，以半两为单位。并宣布珠、玉、贝、银、锡等为器饰宝藏，不为币。这不仅从根本上结束了币制混乱的状况，对经济交流和市场的扩大起了积极作用，加强了华夏民族内部的经济联系。在这里又需要指出的是：从此以后，方孔圆钱成了后来汉民族所用货币的主要形式，直到清朝末年为止。

统一度量衡是加强华夏民族内部经济联系性的措施之二。春秋时期诸侯国各自为政，使得度量衡制度十分混乱。例如齐国每斤合198.4克，而楚国每斤则合227.2克。春秋晚期的齐国田氏甚至还建立了自己的“家

---

① （汉）许慎：《说文解字》，中华书局1963年版，第315页。

② 《斯大林全集》第2卷，人民出版社1953年版，第293页。

量”。战国时，各国的度量衡仍不统一，如秦国的量制是一斛 20 斗 =100 升 =1000 合 =2000 龠；齐国的量制则分为升、豆、区、釜、钟；赵国每斗之值约为 2114 毫升，魏国每斗之值则约为 7140 毫升。这种差异，显然严重妨碍着各地区经济联系的交流。为了改变这种状况，秦始皇则用法律的形式统一了度量衡。他除亲自颁布统一度量衡的诏书，“器械一量”形式统一了度量衡[①]外，还由中央制造颁发度量衡标准器，作为各地制作和检定的标准。同时，每年对度量衡还要作一次鉴定。显然，度量衡的统一不仅便利国家征收赋税，也有利于社会经济的发展。秦的度量衡制度一直沿用到三国，以后虽有所变化，但各种基本单位及各种比值却长期延续了下来，基本上保持了一致，可见其对后来汉民族度量衡制度影响的久远。

“堕名城”“治驰道”，使“车同轨”[②] 是加强华夏民族内部经济联系的措施之三。战国时期，交通系统都是以各诸侯国国都为中心的互不联结的闭塞体系。“堕名城”“治驰道”，即是秦始皇在统一六国后，下令堕毁了战国时期各诸侯国所筑的城郭，拆除了交通要道上的堡垒，疏通了河道上的障碍。并以首都咸阳为中心，于始皇二十六年（前 221 年）宣布“车同轨”，始皇二十七年宣布“治驰道”，把战国时互不相联结的交通系统联结和统一起来，再加上在西北、西南，以及岭南地区开发的山区道路，从而构成了秦王朝以驰道为主干的全国性交通网。据有关史料记载，秦王朝共治驰道 9 条，形成了“东穷燕齐，南尽吴楚，江湖之上，濒海之观毕至”[③] 的新局面。这种驰道据说是按宽 50 步，道旁每隔 3 丈植青松 1 株的规格修建的，是谓“车同轨”。与此同时，又令常頞在云贵地区修筑“五尺道”，以及用兵百越时在五岭修筑了“新道”，开凿了沟通湘江和漓江的灵渠。这样就大大加强了华夏民族内部的经济联系性，正是“重装富贾，周流天下，道无不通，故交易之道行”[④]。

第四，秦始皇颁布统一的法律令，把“人伦”用法律的形式固定下来，以及长城的修建，统一和稳定了华夏民族的共同心理素质。

伦，即人伦，是阶级社会人与人之间的道德关系。《孟子·滕文公

① 见《史记·秦始皇本纪》。
② 同上。
③ 《汉书·贾山传》。
④ 《史记·淮南衡山传》。

上》说："使契为司徒，教以人伦：父子有亲，君臣有义，夫妇有别，长幼有序，朋友有信。"在西周的宗法思想和礼乐制度中已开始形成的父慈、子孝、君义、臣忠的共同心理素质，经过春秋孔子所创儒学的发展，经典性地提出了"仁"的道德伦理学说。"仁"的定义是"爱人"和"克己复礼"。孔子"仁"的学说的提出，不仅是当时思想史上的一次革命，对于华夏民族共同心理素质的形成来说也是一种飞跃。秦始皇以秦律为基础，吸取各国法律中有用的条文，统一法律令，使"法令出一"，把已成为华夏民族共同心理素质的人伦关系用法律的形式固定了下来。正如琅琊台石刻中所说："皇帝作始。端平法度，万物之纪。以明人事，合同父子。圣智仁义，显白道理。"正因为秦律的指导思想是"圣智仁义"，所以才要求全国人民"尊卑贵贱，不踰次行。奸邪不容，皆务贞良。"①故《礼记·中庸》托名孔子说："今天下车同轨，书同文，行同伦。"其所谓今，显然是指秦统一以后；"行同伦"，也就是指秦始皇以"圣智仁义"为指导思想的统一法令。这样，也就统一和稳定了华夏民族的共同心理素质。

秦始皇"筑长城"，把原有的秦长城、赵长城、燕长城重新加固，连成一条西起临洮，东至辽东的"万里长城"，阻挡了北方游牧民族对中原地区的侵扰，稳定了华夏民族的共同地域。更重要的是巍巍万里长城是汉民族发展史上的一个里程碑，既是华夏民族各族群统一的标志，又是华夏民族定型的象征。与此同时，万里长城不仅是建立在华夏民族共同地域上的长城，也是建立在民族共同心理素质中的长城，即建立在人们心中的长城，"不到长城非好汉"，至今，长城仍然是汉民族认同的一个象征。

秦始皇所有这一切措施，完全是借助于中央集权的封建王朝的权威进行的。我们可以设想，如果没有秦统一的中央集权的封建王朝的建立，华夏民族的发展很可能会走上西欧或阿拉伯的道路。所以，我们完全可以说秦统一的中央集权的封建王朝建立，对华夏民族各族群的统一，以及对华夏民族从初型到定型发育过程的完成，都是有决定作用的。我们甚至可以说，没有秦统一的中央集权的封建王朝的建立，也就没有华夏民族的统一，也就没有华夏民族定型的完成，更没有汉民族的形成。因此，从汉民族形成和发展史上来说，我们对于秦始皇的这个功劳，对于秦统一的中央

① 以上所引均见《史记·秦始皇本纪》。

集权的封建王朝的建立，都应该给予充分的肯定。

秦始皇采取的措施，促使华夏民族完成了从初型到民族定型的发育过程，这就大大加强了华夏民族的民族稳定性。所谓民族稳定性，就是民族的确定性、顽强性和长期存在。确定性，就是它的成员是明确的、清楚的，毫不含混，外部标志鲜明；顽强性，就是它在与其他人们共同体交往时，是坚强的，耐久的，经得起内忧外患，有巨大的聚合力和向心力；长期存在，就是它的历史范畴，它将在一个很长的历史时期内存在下去，有的直到将来的民族融合和消亡之时①。秦始皇巩固统一的一系列措施，使得华夏民族的共同地域、共同语言、共同经济生活、共同心理素质，都更加确定，而成为一个经得起任何狂风巨浪考验的“稳定的人们共同体”。因此，我们可以认为：民族的稳定性的形成，就是一个民族完成从初型向定型发育过程的标志。

华夏民族这个雪球，在历史的风雨中，经过 2500 多年，即 5 个半世纪的滚动，终于开始屹立在世界的东方。

第三节　汉民族在“大一统”中形成

对历史的发展是要有耐心的。汉民族的形成从夏族开始在黄河流域崛起，到秦始皇叱咤风云统一华夏民族，汉民族形成的这个雪球在历史的长河中整整滚动了 2500 多年，才临近汉民族形成的最后一个阶段——汉王朝，奏起了汉民族形成的第三部曲。

一　汉承秦制：华夏民族在“大一统”中向汉民族发展、转化

历史总是多层次、多侧面、立体地呈现在人们面前。当秦始皇以其赫赫大功，彪炳于中国历史和汉民族发展史之际，带给人民的却是繁役重赋，苛法酷刑，饥饿与死亡，社会的各种矛盾迅速地交汇而激化，强大一时的秦王朝统一后仅十五年的历史一瞬间，即在陈胜、吴广领导的农民大起义的狂飙之中土崩瓦解，继之而起的是继承“秦制”的汉王朝。华夏民族在这个历史的急骤转变过程中，也随之发展、转化，形成汉民族。“汉承秦制”，从汉民族形成的意义上来说，可以认为是汉民族完全继承，

---

① 彭英明：《试论民族的稳定性》，《中南民族学院学报》（人文社会科学版）1981 年第 1 期。

并发展了华夏民族的历史传统和民族特征。

华夏民族是如何发展、转化为汉民族的呢?

汉承秦制，汉王朝完全继承了秦王朝中央集权的封建国家政体，并根据其巩固统治的需要而大大发展了中央集权制。这种“大一统”的中央集权制，不仅大大强化了汉王朝的国家机器，也大大强化了汉民族的统一性。

政治学的国家学说告诉我们：中央集权是国家完整性的象征。中央集权的强弱程度，表明中央对地方控制能力的大小。强大的中央集权国家，在执行国家对外的职能上，能动员全部国力抵御外来侵略，保护国家领土的完整；在执行对内职能上，又能抵御自然经济产生的地方的离心力。同时，中央集权的政治、经济、文化等方面的措施，不仅能不断加强国内各地区之间的联系，使国家的统一日趋稳定，而且也能加强国内民族的内部团结，使统一的民族日趋稳定。

为了在下面能展开分析汉民族在“大一统”中形成的情况，在这里，我们有必要先简略地考察一下中央集权制在中国产生的理论基础和历史根源。

先秦时代，被称为“社稷”的国家政权，不仅象征着统治阶级的整体利益，也是民族赖以形成的前提条件。但是，从夏到西周，社稷与君主是合二为一的，其源盖出于君权神授。这个传统观念，不断地被历史上胡作非为的君主导致社稷不安的现象所冲击，荀子就明言：“有乱君，无乱国。”① 这就使人们不得不怀疑君主即社稷的观念。春秋时期的齐国大夫晏婴就大胆地把君主与社稷区分开来。战国时一些思想家进一步认为，君主虽然是社稷的中心人物，但君主的言行不一定符合社稷的利益，在两者发生矛盾时，应该把社稷的利益放到君主利益之上。对此，孟子有一句名言，即“民为贵，社稷次之，君为轻。”②

在战国另一些思想家的著作里，社稷被称为“公”、为“天下”。与社稷即君主的观念一样，春秋时期“公”与君主也是合二为一的。为“公”就是为君主。战国时期，“公”与君主也就逐渐一分为二了，把君主的个人行为、喜好等视为“私”。许多思想家提出了贵公而后私、尊公

---

① 《荀子·君道》。

② 《孟子·尽心下》。

而抑私等主张。《吕氏春秋》中有一篇《贵公》，把这种理论主张发展到了新的高度，“天下非一人之天下也，天下之天下也”就是其中最著名的一句话。从社稷与君主分析为二的历史过程中，我们可以看出，中国中央集权制产生的理论基础之一就是社稷与君主分析为二的观念。这是一个方面。

另一方面，春秋战国时，各大小诸侯国之间的斗争，使得君主专制在历史的实践中不断得到加强。从夏、商、周三个王朝来看，无论是夏王朝的“官百”，还是商王朝的“内服”“外服”，或是周王朝的“六卿”“五官”，都没有产生过制约君主决断的政治机构。商王朝初年，大臣伊尹还可以对不遵汤法的帝太甲“放之于桐宫”。但到商王朝末年，谁也奈何不了纣王的暴虐统治。西周虽行分封制，但周天子依然是最高权力的代表。春秋的争霸和战国的称雄，都使君主专制愈来愈强化。荀子对这种不断强化的君主专制进行了总结，提出“以善至者待之以死；以不善至者待之以刑”[①]，这就为中国封建专制主义思想开了先河，于是，社稷的理论与专制主义思想相结合，就形成了秦中央集权的封建国家体制。如前一节中所述，秦始皇建立的中央集权的封建王朝在政治、经济、文化等方面采取的一系列措施，使华夏民族诸族群得以统一。

“汉承秦制”，中央集权的秦王朝虽然覆灭于农民战争的洪流之中，但中央集权的封建国家经过农民战争风暴的洗礼，在汉王朝“大一统”思想的指导下，反而更加强大。特别是汉武帝“兼文武，席卷四海”[②]，在政治、经济、文化上加强中央集权国家的一系列措施，使“海内一统”[③]，华夏民族迅速完成了从华夏民族向汉民族的发展和转化。

在政治上，公元前106年，汉武帝创设了刺史制度，把全国分为13个监察区域，叫13州部。每部派一名刺史，巡行监察郡国，加强了中央对地方的控制，此其一。其二，实行“编户齐民”[④]，户口簿上登记了居民的年龄、性别、亲属关系以及土地财产等情况，并规定：非经政府允许，人民不得任意迁徙。使国家直接控制民户。其三，实行“削藩”，逐

① 《荀子·王制》。
② 《史记·建元以来侯者年表序》。
③ 《史记·自序》。
④ 《汉书·食货志》。

步剥夺各诸侯国的部分土地，归中央直接统辖。在这个过程中，汉景帝还以果断的行动，于公元前 145 年一举平定了“七国之乱”，把各诸侯王国的行政权和官吏任免权收归中央，侯国的独立地位被取消了。汉武帝时，为了进一步削弱侯国割据势力，还于公元前 127 年颁布了“推恩令”：诸侯王除以嫡长子继承王位以外，可以推恩把自己的部分封地分给子弟，由皇帝制定封号，于是由郡统辖的，只能衣食租税的小侯国越来越多，而诸侯王国的封地却越来越小。后又颁布“左官律”和“附益阿党之法”，限制诸侯王结党营私，进一步限制了诸侯王政治势力的发展。并以种种借口夺爵或废除侯王，使侯国的数目也越来越少。显然，这些政治上的措施，从民族形成的意义上来说，都有利于民族内部团结的加强，有利于民族共同地域的稳定。

在经济上，实行均输法和平准法。公元前 110 年，由大司农桑弘羊建议，汉武帝颁布均输法和平准法。均输法即由均输官掌管各地输京物品的买卖和运输。它的推行，消除了郡国运输“径来烦杂，物多苦恶，或不偿其费”① 的现象，有利于各地经济联系。平准法即在京师设平准官，统一调剂运输和平抑物价，“贵则卖之，贱则买之”②。这样，以京师为中心，建立起了规模巨大的全国范围的商业网，商品流通借助于中央集权国家的政治力量而大大发展。另外，又统一和稳定币制。汉初，因为“秦半两”太重，使用不便，允许私铸一种轻而小的“荚钱”，结果使铜钱轻重不一，造成货币混乱。公元前 113 年，汉武帝整顿了币制，把铸币权收归中央，并宣布销废郡国铸造的各种铜钱，颁行名为“三官钱”的五铢钱。因其质好量足，轻重合宜，适合于当时社会经济的需要，自汉至隋 700 多年间，虽经南北朝之钱制混乱，但隋时乃以“五铢钱”统一全国的钱制。显然，汉武帝的这些措施，对于民族认同来说，都是有利于加强汉民族内部的经济联系性，有利于汉民族共同经济生活的统一和稳定的。

在文化上，汉武帝接受董仲舒的建议，“罢黜百家，独尊儒术”，使“‘春秋’大一统”之义成为汉王朝立国的根本指导思想，使儒学取得了统治地位。

中国最早的一个大思想家孔子创立的儒学，其在世时通过删定“六

---

① 《盐铁论·本议篇》。

② 《汉书·食货志》。

经”，就形成了以“仁”为核心的完整的思想体系。通过聚徒讲学，使得儒学产生了越来越大的社会影响。孔子虽然出身于没落奴隶主贵族家庭，但在奴隶社会衰亡，封建制度兴起的春秋时期的社会大变动中，尽管其思想难免带有奴隶主贵族的种种烙印，由于其所创立的儒学适应了新兴封建地主阶级的需要，在中国封建社会里长期处于支配地位，所以，从本质上来说，孔子应该是新兴封建地主阶级的思想代表。其原因有以下几点。

第一，孔子的家庭早已从贵族下降到一般平民，他说过：“吾少也贱，故多能鄙事。”[①] 鄙事就是鄙贱的技艺，这种没落贵族的家庭出身，为其成为新兴封建地主阶级的思想代表提供了阶级基础。

第二，孔子所在的鲁国，春秋时期无例外地被卷进了社会大变动的历史旋涡之中。早在孔子出生前，鲁国的政权已掌握在季孙、孟孙、叔孙三家之手。以权势最大的季氏而言，其把所分得的人口全部解放为自由民，采用封建的征税制，显然这是对奴隶制度的革命。但是，在政治上季氏却没有胆量开夺君位的先例。这样，处在新旧社会制度交替之中，既有改革而改革又不彻底的鲁国的特定的政治经济条件，也必然反映在孔子的思想上，为其成为新兴地主阶级的思想代表提供了政治经济的基础。

第三，子产是春秋时郑国著名的政治家，其创立按“丘”征“赋”制度，把“刑书”铸在鼎上公布，不毁“乡校”以听取“国人”意见的种种改革，政绩卓著。特别是关于“乡校”一事，有人主张毁掉平日一般士大夫议论朝廷政治的集聚地——“乡校”，子产反对说：“其所善者，吾则行之；其所恶者，吾则改之，是吾师也，若之何毁之?”这时孔子至多11岁。他后来评论说：“以是观之，人谓子产不仁，吾不信也。”[②] 在这里，孔子以“仁”来赞扬子产的政治改革，足见他的思想和时代的步伐基本是合拍的。

正因为孔子是新兴封建地主阶级的思想代表，所以在封建制度确立的战国时期，儒家已成为“百家”中力量最强的一派。在其后发展的漫长历史过程中，日益渗透在广大人民的生活、习惯、风俗、行为方式以及思维方式之中。故秦始皇虽“焚书坑儒”，但其本来就置有包括儒学在内的博士官70员。更重要的是如前所述，秦始皇把以儒学的“圣智仁义”为

① 《论语·子罕》。

② 以上所引均见《左传·襄公三十一年》。

核心的人伦关系用法律的形式固定了下来。这种人伦关系，在无孔不入的渗透中积淀成为华夏民族共同心理素质的主要内容。汉初，并用儒学和黄老刑名之学，但为时不久，汉武帝即为巩固中央集权国家的需要，采纳了董仲舒“罢黜百家，独尊儒术”的建议，使儒学发展为经学，在形式上取得了占统治地位的优势，这对汉民族的民族性格影响极大。

在汉王朝，“‘春秋’大一统”之义成为中央集权国家的理论基础，不仅有力地推动了国家统一历史主流的前进，也是维系汉民族长期稳定的思想纽带。中央集权的大一统思想是孔子的政治理想，他说：“天下有道，则礼乐征伐自天子出，天下无道，则礼乐征伐自诸侯出……天下有道，则政不在大夫。天下有道，则庶人不议。”[①] 在这里，由于历史条件的限制，孔子所主张的大一统，只是要求天子治天下，诸侯治本国。但是这种中央集权的大一统思想的萌芽却是有进步意义的。董仲舒继承并发挥了“大一统”的思想，他在汉武帝策问贤良文学时说：“‘春秋’大一统者，天地之常经，古今之通谊也。”[②] 在这里，他宣称《春秋》提出的大一统思想，是谁也不可违抗的最高原则，是天地之常道，古今之通义。他的所谓“大一统”，就是损抑诸侯，一统于天子，并使四海“来臣”。于是，在孔子的旗帜下，他把儒家各派和“百家”学说在《春秋公羊》的名义下统一起来了，如他把儒家汤武革命、天命靡常的学说与阴阳五行家的五德终始学统一了起来，把儒家的仁义与黄老刑名之学统一了起来，把儒家与墨家的义利学统一了起来，把孟子的性善学与荀子的性恶学统一了起来。这种以孔子儒学为脊梁的“百家”学说的统一体，既为中央集权的封建王朝提供了理论基础，也为华夏民族向汉民族发展、转化为统一和稳定的民族共同体奠定了思想基础。

在汉王朝，“三纲”“五常”封建伦理观念的建立，“人伦”关系的系统化和理论化，使儒学成了汉民族共同心理素质的血肉部分。前已提及孔子经典性地提出了关于“仁”的道德伦理学说，认为人和人之间要相爱，“仁”的标准是“礼”。关于“仁”和“礼”，可以用孔子自己讲的一句话来概括，那就是“君君、臣臣、父父、子子”[③]。董仲舒则根据孔

① 《论语·季氏》。
② 《汉书·董仲舒传》。
③ 《论语·颜渊》。

子的仁义道德伦理思想和君君、臣臣、父父、子子的伦理纲常，又进一步发挥，系统地提出了“三纲”“五常”的封建伦理思想体系。他认为“唯天子受命于天，天下受命于天子”①。在天道之下，“贵贱有等，衣服有别，朝廷有位，乡党有序，则民有所让而民不敢争”②。董仲舒又吸收韩非子的学说，提出如同天地阴阳一样，由天的意志决定君为臣纲，父为子纲，夫为妻纲，即“三纲”。而维护和调整“三纲”的永恒不变的道德原则就是“仁、义、礼、智、信”，即“五常”。在此基础上，构成了维护整个封建制度的四大权利：神权、政权、族权、夫权。无须多言，董仲舒所提出和建立的这一整套封建的“人伦”的道德观念，对中国社会的消极影响乃至反动作用是人们共知的。但是，我们是马克思主义的历史唯物论者，在批判和认清“三纲”“五常”的消极影响和反动作用的同时，也必须充分估计到这种“人伦”道德观念，对汉民族共同心理素质的形成和发展的无孔不入的深远影响；必须历史地、辩证地看到其在汉民族共同心理素质中的重要地位。

这种影响和作用特别集中地表现在“孝”上。“孝”，作为集中反映和表现汉王朝时从华夏民族发展、转化而形成的汉民族共同心理素质的一种伦理观念，是有悠久的历史渊源和深厚的社会基础的。笔者在论述“周民族的形成”中曾指出：周民族把宗教观念上的尊祖，延长为伦理观念上的宗孝，也就是以祖为宗，以孝为本，形成“有孝有德”的伦理性特点。其实，再往上追溯，“孝”应该是原始社会末期父系氏族制的产物，是家族血缘关系在伦理观念上的反映。恩格斯说：“父亲、子女、兄弟、姊妹等称谓，并不是简单的荣誉称号，而是一种负有完全确定的、异常郑重的相互义务的称呼，这些义务的总和便构成这些民族的社会制度的实质部分。”③“孝”就是这种义务的具体表现和概括。由此我们还可以推断，“孝”的观念，还是原始社会末期祖先崇拜事实的反映，禹“菲饮食而致孝乎鬼神，恶衣服而美乎黻冕”④即是一例，而且从夏、商两代都重视祖先崇拜中也可以得到证明。正因为“孝”是“天之经”“地之义”

① 《春秋繁露》卷十一，《为人者天地篇》。

② 《春秋繁露》卷八，《度制篇》。

③ 《马克思恩格斯选集》第4卷，人民出版社1972年版，第24页。

④ 《论语·泰伯》。

“民之利”[①] “百所不通”[②] 的东西，所以“孝”的伦理观念在汉王朝的“大统一”中得到登峰造极的发展，出现了汉“以孝治天下”[③] 的历史景观。

首先，汉王朝把《孝经》立为经典，成为“七经”之一，确立了《孝经》在经学中与《春秋》并驾的地位。《孝经》是后世儒家根据孔子“孝慈，则忠”[④] 的思想阐发写成。所谓“孝慈，则忠”，就是说统治者若能以孝治家，老百姓就会效忠于他。所以“孝”被看成各种道德的根本，正如《孝经·开宗明义》所云：“夫孝，德之本也，教之所由生也。”于是《孝经》作为经师传授的主科之一，遂成为汉王朝通行的教科书。据历史文献和文物记载，汉代关于“孝”的教育十分普及，除经师传授外，又以碑刻、画像石等形式遍及各地，如武梁祠画像中有“曾子□□孝以通圣明”、老莱子“事亲至孝”[⑤]；山东嘉祥武氏祠画像中有“伯榆悲亲”“京师节女”“丁兰侍木人”[⑥] 等孝行故事入画。还对“孝子”进行颂扬，如乡里中著名的孝子死后，可直接以“孝子”题名墓碑[⑦]。这样不仅中原地区农村“令幼童读《孝经》”[⑧]，而且边远地区也“令家家习之”[⑨]。

其次，汉王朝以孝廉为选拔官吏的标准，确立了“举孝廉”的察举制。元光元年（前 134 年），汉武帝采纳董仲舒的建议，“初令郡国举孝廉各一人”[⑩]。元朔元年（前 129 年），又下诏：“兴廉举孝”“有司奏议曰：‘……不举孝，不奉诏，当以不敬论。不察廉，不胜任也，当免’。”[⑪] 此后，以“孝”为本的察举制遂成定制，到东汉和帝时，“二十万人者举

---

① 《孝经·三才章》。
② 《孝经·感应章》。
③ 《孝经·孝治章》。
④ 《论语·为政》。
⑤ 常任侠：《汉画艺术研究》，上海出版公司 1955 年版。
⑥ 吴曾德：《汉代画像石》，文物出版社 1984 年版。
⑦ 《隶续》卷十一有《都乡都里孝子严举碑》。
⑧ 《四民月令》。
⑨ 《后汉书·盖勋传》。
⑩ 《汉书·武帝纪》。
⑪ 同上。

一人，不足二十万二年一人，不足十万三年一人”[①]。于是孝廉遍布全国，有孝行的人可到地方乃至中央做官，正是：当官必走行孝之途。汉代不少名臣，如王吉、京房、师丹、孟喜均以举孝廉入仕[②]，赫赫有名的曹操少时也曾被“举孝廉”[③]。

再次，汉王朝在农村设乡官“孝悌”，掌握村社中农民伦理道德行为和社会风尚[④]，使“孝”成为封建皇权维系农村基层统治的纽带。汉景帝后元年（前143年）“初置孝弟、力田二千石（各一人）”[⑤]。汉代农村中关于孝行方面的教育、表彰、劝诫等事，均由乡官孝悌承担。正因为孝悌在汉王朝的农村基层组织中有这样重要的作用，所以汉王朝十分重视对“孝”的伦理道德的体现者——孝悌的奖挹，汉初惠帝时，即“举民孝悌力田者复其身”[⑥]，武帝时下诏“嘉孝弟力田”[⑦]，昭帝时又下诏“闵劳以官职之事，其务修孝弟以教乡里”[⑧]。这种优抚孝悌的诏令在汉代不断发布，几乎与汉王朝相始终。

最后，汉王朝以“孝”为谥，企图通过世代不绝的尊祖爱亲，以求刘家王朝一族一姓统治权的安享延续。从这个目的出发，汉代帝王可以因祥瑞、灾异“改元”，而不能去掉谥号上的“孝”字，所以除高帝刘邦和世祖刘秀外，自西汉惠帝、东汉明帝以下，帝王谥号都标以“孝”字，“孝”成了刘家王朝保证长治久安的“护身符”。

从上可见，汉“以孝治天下”，就是通过政治的、思想的、教育的、伦理的、艺术的、礼仪的种种渠道，渗透到汉代社会生活的各个方面和各个层次，进入人们的血液、骨髓之中，使“孝”在社会各个角落有形或无形地发生着巨大的作用，“得万国之欢心”，“得百姓之欢心”，“得人之欢心”[⑨]，从而使儒学成为汉民族共同心理素质的血肉部分，赵苞的故事就是一个活例。东汉时，辽西太守赵苞在母亲和妻子被鲜卑掳获作人质的

---

① 《后汉书·丁鸿传》。

② 参阅《汉书》:《王吉传》《京房传》《师丹传》《儒林传》。

③ 《三国志·武帝纪》注引《魏武故事》十二月己亥令。

④ 汉代乡官有三：孝悌、力田、三老，各有不同职守。

⑤ 《汉书·文帝纪》。

⑥ 《汉书·惠帝纪》。

⑦ 《汉书·武帝纪》。

⑧ 《汉书·昭帝纪》。

⑨ 《孝经·孝治章》。

情况下，仍率兵大破鲜卑，母亲和妻子都被杀害，其对乡人说：“食禄而避难，非忠也；杀母以全义，非孝也。如是有何面目立于天下？”① 说完，号哭呕血而死。因此，董仲舒提出“罢黜百家，独尊儒术”，对于汉民族共同心理素质的形成和稳定来说是有重大和深远的意义的。

汉王朝，特别是汉武帝时使“海内一统”种种措施的实施，都表明汉王朝时中央集权国家更集中、更强大，使“大一统”成了中国历史发展的主流，华夏民族就是在这种“海内为一”② 的“大一统”中完成了向汉民族的发展和转化，从此以后，汉民族以世界上最大、最古老民族的英姿，高耸于世界民族之林。

二　汉民族族称的确定

汉民族族称的确定，经历了一个曲折的交叉的发展过程，即先后出现“秦人”“汉人”“唐人”之称；同时，“秦人”“汉人”“唐人”三称又交叉使用。“汉人”之称在曲折、交叉发展的过程中，逐步取得主流地位，最后确称为“汉民族”，简称“汉族”。

历史具有发展速变的一面，同时又具有保守缓变的一面。华夏民族诸族群在秦始皇的武功面前迅速统一了起来，秦王朝的声威也风驰电掣般地飞扬四域。但是人们还没有来得及看清秦王朝的“庐山真面目”，其又俄顷土崩瓦解，为汉王朝所取代。于是，当四域各国称统一的华夏民族为“秦人”之时，华夏民族已发展、转化为汉民族了。由于这种“时间差”的产生，西汉之时，刚形成的汉民族仍被四域各国各族称为“秦人”。

司马迁在《史记》中首称汉民族为“秦人”。《史记·大宛列传》载：贰师与赵始成、李哆等计：“闻宛城中新得秦人知穿井，而其内食尚多。”据查，《汉书·李广利传》在抄录这段文字材料时，仅将“秦人”改为“汉人”，可见此所谓“秦人”即指汉民族。随后，班固在《汉书》中亦称汉民族为“秦人”。《汉书·匈奴传》载：“于是卫律为单于谋，穿井筑城，治楼以藏谷，与秦人守之。”这里的“秦人”，即“秦时有人亡入匈奴者，今其子孙尚号秦人”③。可见秦人后裔在汉代仍被匈奴称为

① 《后汉书·赵苞传》。
② 《史记·货殖列传》。
③ 《汉书·匈奴传》，颜师古《注》。

"秦人"。那么汉王朝之人是否也称之为"秦人"呢?《汉书·西域传》武帝征和四年下轮台之诏罪已,引军侯弘上书:"匈奴缚马前后足,置城下,驰言'秦人,我匄若马'。"对此,颜师古《注》中明确指出;"谓中国人为'秦人',习故言也。"宋代胡三省在注《资治通鉴》时亦云:"据汉时匈奴谓中国人为'秦人'。"可见汉王朝之人也被称为"秦人"。

除历史文献的记载外,历史文物也提供了例证,永寿八年石刻《刘平国治□谷关颂》:"龟兹左将军刘平国以七月二十六日发家,从秦人孟伯山、狄虎责、赵当卑、万日羌、石当卑、程阿羌等六人共来作□□□□谷关。"王国维考此石刻,证明汉代"皆谓汉人为秦人"。[①]

正因为汉王朝之时汉民族称之为"秦人",所以尽管秦王朝早已土崩瓦解,但因其声威远震,古代印度、希腊和罗马等国人仍称中国为Cina,Thin,Sinae等,后在佛教经典中译作"支那"、至那或脂那;近代日本曾称中国为"支那";现代西方各国称中因为China,其源盖出于:"秦"字[②]。

然而,随着历史岁月的蹉跎,东汉之时汉民族已有"汉人"之称,除上已提及的《汉书·李广利传》将"闻宛城中新得秦人知穿井"中"秦人"改称为"汉人"外,在《后汉书》中更是频频出现,如:

《后汉书·西域传》载:莎车国大人休莫霸"与汉人韩融等杀都末兄弟,自立为王寘王"。

《后汉书·南匈奴传》载:"比密遣汉人郭衡奉匈奴地图……求内附。""汉人韩琮随南单于入朝。"

《后汉书·西羌传》载:"霍去病破匈奴,取西河地,开湟中,于是月氏来降,与汉人错居。"

《后汉书·乌桓鲜卑传》载,议郎蔡邕在议及破鲜卑问题时曰:"汉人逋逃,为之谋主,兵利马疾,过于匈奴。"

《后汉书·耿恭传》载:车师王国后王夫人"先世汉人"。

又《后汉书·乌桓鲜卑传》所载建安十一年,"时幽、冀吏人奔乌桓者十万余户"一事,《资治通鉴》卷六十五记为:"乌桓乘天下大乱,略

---

① 王国维:《刘平国治□谷关颂跋》,《观堂集林》卷二十。

② 伯希和:《马可波罗游记注释》,第264—278页"Cin"字条。转引自贾敬颜《"汉人"考》,《中国社会科学》1985年第6期。

有汉民十余万户。”

可见汉王朝在通西域，伐匈奴，平西羌，征朝鲜，服西南夷，收闽粤南粤，与周边邻国和邻族进行了空前频繁的交往，逐渐被人们所认识，各邻国和邻族遂弃旧称，在称汉王朝的使者为“汉使”，称汉王朝的军队为“汉兵”的同时，顺理成章地改称“秦人”为“汉人”。当然，此时所称之“汉人”或“汉民”，均为汉朝人之义。同时，毋庸赘言，“汉人”之称则源于汉王朝。这也是现代一些史学家认为汉民族之名起于汉王朝的主要原因[①]。

其实，“汉人”一词真正赋予“汉民族”之义，指称汉民族是在南北朝之时。这时国运长达400年之久的汉王朝被魏、蜀、吴三国肢解后，经五胡十六国，到南北朝，正是北方少数民族入主中原之时。北方少数民族所建之割据政权，特别是北朝的北魏、东魏和北周的统治者都是鲜卑族，他们对所统治的中原居民，统称为“汉人”或“汉儿”[②]。对此“汉人”一词指称汉民族之缘起情况，清末文学家李慈铭在《越缦堂日记》中作了详细的论述，文字虽然较长，但为了弄清汉民族族称确定的历史情况，还是有必要引述如下：

> 中国人别称汉人起于魏末。北齐以高氏，虽云渤海蓨人，而欢之祖徙居怀朔镇，已同胡俗。故《北史·神武纪》云：“神武既累世北边，故习其俗，遂同鲜卑。”及执魏政，其姻戚同起者，如娄昭、尉景、刘贵等，皆非中国种族，遂目中原人曰汉人。如《文宣皇后李氏传》云：“帝将建中宫，高隆之，高德正言，汉妇人不可为天下母。”以李后为赵郡李希宗女也。《杨愔传》：“太皇太后曰；‘岂可使我母子受汉老妪斟酌？……’”以时愔等议，欲处娄后于北宫，改归李后，故娄后为此言也。《废帝纪》云：“文宣每言太子得汉家性质。”以废帝李后所生也。《愔传》：“废帝曰：‘天子亦不敢与叔惜，岂敢惜此汉辈？……’”指愔及燕子献、宋钦道、郑子默也。

① 如吕思勉在《先秦史》中说：“汉族之名，起于刘邦称帝之后。”（上海古籍出版社1982年版，第32页）；吕振羽在《中国民族简史》中说：“华族自前汉武帝章帝以后，便开始叫作汉族。”（生活·读书·新知三联书店1950年版，第19页。）

② 如《北齐书·祁武纪上》高观云：“今以吾为王，当与前异，不得欺汉儿。”《资治通鉴·梁纪》“汉儿”作“汉人”。

《斛律金传》："神武重其古质，每戒文襄曰：'尔所使多汉，有谗此人者，勿信之'。"《北齐书·高昂传》："高祖曰：'高都督纯将汉兵，恐不济事，今当割鲜卑兵千余人，共相参杂……'。"《高德政传》："显祖谓群臣曰：'高德政常言宜用汉人除鲜卑，此即合死……'。"《北史·高昂传》："刘贵与昂坐，外白治河役夫多溺死，贵曰：'一钱价汉，随之死！'昂怒，拔刀斫贵。"《薛修义传》："斛律金曰：还仰汉小儿守，收家口为质……'。"此类甚多，皆分别汉人之始①。

及至唐代，由于唐王朝是中国封建社会的黄金时代，繁盛的京都长安，丝绸古道上的骆驼商队，乘风破浪的日本遣唐使船，去印度取经的玄奘，以及诗坛上的千古绝唱，艺苑中的书法和绘画……写下了中国历史上最为灿烂夺目的篇章，其震古烁今的文明，千余年来不仅影响着中国，也影响着东方和世界，于是，唐王朝时，又出现了"唐人"一词指称汉民族的新情况。如唐沈亚之《沈下贤文集》称："自瀚海以东，神鸟、敦煌、张掖、酒泉，东至于金城、会宁，东西至于上郢、清水，凡五十郡、六镇、十五军，皆唐人子孙，生为戎奴婢。"②《新唐书·吐蕃传》刘元鼎出使吐蕃经过兰州时，所见"兰州地皆粳稻、桃李榆柳岑蔚，户皆唐人。见使者麾盖，夹道观。"又如元人吴鉴在《岛夷志略·序》中云："自时厥后，唐人之商败者，外蕃率待以命使臣之礼。"再如《明史·外国真腊传》云："唐人者，诸番呼华人之称也。凡海外诸国尽然。"关于"唐人"一词出现的原因，清初诗人王士禛在《池北偶谈·汉人唐人秦人》中作了明确的说明，其云："昔予在礼部，见四夷进贡之使，或谓中国为汉人，或曰唐人。谓唐人者，如荷兰、逻罗诸国。盖自唐始通中国，故相沿云尔。"可见称汉民族为"唐人者"，多为自唐王朝开始才与中国有往来的国家。所以至今东南亚一带及海外仍有人称华侨为"唐人"，不少国家华侨聚居的地方还建有唐人街。

但是，"唐人"一词作为族称，并没有被汉民族本身所认同，唐王朝

① 《越缦堂日记》第29册第51页下至52页上，《桃花圣解盦日记》辛集第二集光绪四年二月二十日。转引自贾敬颜《"汉人"考》，《中国社会科学》1985年第6期。

② 《沈下贤文集》卷十，《贤良方正能直言报谏策》。

时虽比汉王朝更繁荣、昌盛，但其在与周边邻国和邻族交往中仍自称“汉”。由于唐王朝是一个多民族的国家，加之实行了比较开放的民族政策，所以边疆少数民族在唐任高级武将的很多，如契苾何力、薛吐摩支、安禄山、哥舒翰、李光弼等，他们与汉人郭子仪、郭虔瓘等统领的军队均系蕃汉兵混编而成，故《唐书》上常称某某“率蕃汉兵”若干万。特别突出的是在与吐蕃的交往中，即称“蕃汉两家”①，在划定边界时也称蕃界、汉界，至今仍耸立在拉萨的《唐甥舅联盟碑》碑文中，就叠有蕃、汉两字，或分写，或联写。在新疆出土的藏文书信中，就有一封命令中说：“驻陇州大臣：猪年期间发布手令，据汉（蕃）两族官员呈报，先是，蕃松及相论亚耶二人，编造谎言，取沙州汉人女子，名为娶妻，实则用作奴婢。”② 可见唐时所称的“汉”，就是指唐地及唐人，“汉”字原来所指的汉朝人之义已完全消失，而指汉民族之义则由南北朝时北方少数民族对汉民族的他称而转变、发展为汉民族的自称了。

正因为“汉人”之称在唐代已从他称变为自称，所以唐以后，“汉人”（或“汉民”）一词的应用更为广泛了。

在辽代：

《五代史·四夷附录一》在记述阿保机建国过程中汉人所起的作用时说：阿保机起家于汉人的生产和技术不为过誉。

《辽史·地理志一》载：辽迁扶余人于京西与汉人杂处，迁渤海人于京西北与汉民杂处③。

《辽史·刑法志上》载：由于汉人居被统治地位，因此“契丹及汉人相殴致死，其法轻重不均”。由于辽王朝对汉人用汉法，使得“汉人”始具有血统编民的法律意义④，这对汉民族族称的确定有着一定的意义。

特别值得注意的是《旧五代史·张砺传》载，张砺在被契丹虏获后说：“砺，汉人也！衣服饮食与此不同，生不如死，请速就刃！”⑤ 张砺自称为“汉人”，民族自我意识感跃然纸上。

在金代：

---

① 《旧唐书·吐蕃传》。

② 转引自汶江《吐蕃治下的汉人》，《西藏研究》1982 年第 3 期。

③ 《辽史·地理志》上京道长泰、定霸二县之下。

④ 李一氓：《试释汉族》，《文史知识》1984 年第 8 期。

⑤ 又见《契丹国志·张砺传》。

阿骨打令完颜希尹创文字，“希尹乃依仿汉人楷字，因契丹字制度，合本国语制女真字”[①]。

《金史·张亨传》载：“世宗谓宰臣：‘汉人三品以上官常少得人，如张亨近令补外，颇为众议所归。’”

《金史·贺杨庭传》载：“世宗喜其刚果，谓扬庭曰：‘南人矿直敢为，汉人性奸，临事多避难。异时南人不习词赋，故中第者少，近年河南、山东人中第者多，殆胜汉人为官’。”此所谓“汉人”者，乃故辽境内的汉人及已汉化了的渤海人、契丹人；“南人”者，乃河南、山东之汉人。

又特别值得注意的是《金史·卢彦伦传》载临潢留守耶律赤狗儿云：“契丹、汉人久为一家”，“番汉之民皆赤子也”。“汉人”作为族称之意不言而喻。

在西夏：

成书于公元1190年，至今保存完好的西夏文汉语对照词典《番汉合时堂中珠》中说：“不学番语，则岂和番人之众；不会汉语，则岂入汉人之情。番有智者，汉人不敬；汉有贤者，番人不崇，若此者，由语言不通故也。”在这里，“汉人”一词指称汉民族是再明白不过的了。

在元代：

元王朝将全国人分为蒙古人、色目人、汉人、南人四等。此所谓“汉人”“南人”之分以宋、金疆域为界，实承袭金代的传统说法。后元王朝取消了“汉人”与“南人”之间的界限，统称为“汉人”。由此之故，原是南宋宫廷琴师的诗人汪元量，在元灭宋，随三宫被掳北去后所写的很多纪实诗中常以“汉人”或“汉儿”入诗，如《湖州歌》有“汉人歌罢楚人歌”“汉人犹惧夏爷爷”之句，《幽州歌》有“汉儿辫发笼毡笠”之句；《淮人水驿诗》中又以“汉儿”与“越女”相对称[②]。此所谓“楚安”“越女”即指“南人”。这里既说明了元代“汉人”一词的含义，又反映了宋王朝的人对“汉人”一词的认识。

关于“南人”指南方“汉人”之意，在少数民族语言中也有反映，女真语称“汉人”曰“泥哈”；满语称“汉人”曰 Nikan，其复数词作

---

① 《金史·希尹传》。

② 均见《湖山类稿》。

Nikasa；蒙古语曰 Nangiai[①]，均源于“南家”一词[②]。

这样，“汉人”一词作为汉民族的族称，一直延续到明、清两代亦然。明王朝行改胡姓为汉姓的民族政策，清王朝将全国分为满、蒙、汉三等，而汉人又分为隶属八旗的“汉军”和普通汉人两等。王士祯在《池北偶谈·汉军汉人》中云：“本朝制以八旗辽东人号为汉军，以直省人为汉人。”康熙实行“满汉一体”的民族政策，下令“各省督、抚，不论满洲、汉军、汉人，应选贤能推用”[③]。

纵观自汉至清2000多年的历史，“汉人”之称作为汉民族的族称，虽源于汉王朝，但在历史长河的衍变中，经过历史的冲洗，早已与历代朝号无关，基本上成了汉民族族称的专有名词。

近代以来，由于“民族”一词科学含义的传入和影响的扩大，“汉人”之称渐转为“汉民族”之称，如：

1901 年，梁启超在《亡国篇》说：“悲夫悲夫，吾汉人之有兮日也，虽然则亦幸矣……皇皇种族，乃使之永远沉沦，其非人心也哉！夫驻防云者，则岂不以防我汉民族哉！”[④]

1903 年，邹容在《革命军》云：“汉民族者，东洋史上最特色之人种……，自古司东亚文化之木铎者，实惟我皇汉民族焉。”

孙中山在《民族主义》中也说：“象亚洲的民族，著名的有蒙古族、巫来族、日本族、满族、汉民族。”[⑤]

这样，中华民国成立后，申明汉、满、蒙、回、藏是民国的五大民族，即“五族共和”之说，“汉人”正式成为具有科学意义的“汉民族”，至此，汉民族族称最后确定。

为什么汉王朝的朝号——汉，能蜕变衍化为汉民族的族称，而“秦人”“唐人”之称却被历史的筛选而淘汰？

---

① 蒙古语中“汉人”一词还有契丹的 Kitat；与“旗”字相对应的 lrgen，即民。

② 参阅伯希和《南家》，冯承钧汉译本，载《西域南海史地考证译丛续篇》，商务印书馆 1995 年版，第 71 页；冯氏自作《元代的几个南家台》一文，收入遗著《西域南海史地考证论著汇辑》，中华书局 1957 年版，第 200—216 页。转引自贾敬颜《“汉人”考》，《中国社会科学》1985 年第 6 期。

③ 《东华录》卷七。

④ 《亡国篇》，《国民报》1901 年第 4 期。见张枬、王忍之编《辛亥革命前十年间时论选集》第 1 卷，上册，生活·读书·新知三联书店 1977 年版，第 91 页。

⑤ 见《孙中山选集》，人民出版社 1981 年版，第 617 页。

原因之一是汉王朝国运长久。如前所述，华夏民族统一于秦王朝，一般来说，称其为“秦人”是顺理成章的事，西域各国乃至西亚即用“秦人”之称。但是，秦王朝好景不长，从公元前221年秦始皇灭六国，建立统一的中央集权的封建国家起，至公元前206年亡，前后仅仅十五年，这只是历史的一个瞬间。汉王朝则完全不同，从公元前202年刘邦登基建西汉，到公元220年曹丕代汉，建立魏国，前后长达四百多年，国运长久，这就为汉王朝之朝号——汉，取代国运短命的秦王朝之朝号——秦为汉民族的族称，提供了最起码的历史条件，也为它不被国运达289年的唐王朝的朝号——唐所取代，打下了基础。

原因之二是汉王朝国势强盛。秦王朝显赫一时，它所采取的加强中央集权，统一华夏民族的种种措施虽有进步意义，但终因其立国时间太短，并未真正彻底实行，何况其暴虐的统治更在人们的心灵中留下了永不消失的阴影。汉王朝则完全不同，正如史书所说，汉承秦制，秦王朝所制定的种种有利于政治、经济、文化发展的措施，不仅在汉王朝得到了实行，而且还进一步发展，使汉王朝成为一个统一、繁荣、强盛的世界大国屹立在东方，与西方古罗马王朝并驾齐驱。如此强盛的国势，是足以使人引以为荣的，所以“汉人”之称逐渐取代“秦人”之称就是很自然的事了。唐王朝虽然在统一、繁荣、强盛方面均超过了汉王朝，不仅是中国封建社会的顶峰，也是当时世界上最强大的国家。但是这一切都是在汉王朝的基础上的进一步发展，尽管海外已有称汉民族为“唐人”，但唐王朝之人仍自认为是“汉人”，绝无以“唐人”之称取代“汉人”之称的意思，所以，“唐人”之称也就无取代“汉人”之称之力。

总之，无论是他称还是自称，由于汉民族的政治、经济、文化以及心理素质的稳定性在汉王朝时已形成，所以“汉人”之称经得起历史的千锤百炼，这既从族称的角度和层次，反映了汉民族的稳定性和确定性，反过来，也从汉民族作为一个稳定的民族共同体的角度和层次，表现了汉民族族称的稳定性和确定性。

汉承秦制，华夏民族这个雪球，在历史的风雨之中，历经从夏到汉两千多年的滚动，从多元走向一体，终于形成历史悠久又人口众多，和而不同又高度认同的汉民族，屹立于世界的东方，确立于世界民族之林。

第四章　汉民族的发展时代

民族过程是系统的、动态的过程。汉民族从多元走向一体就是一个总的系统过程，一个相对完整的过程。这个总的系统过程又是由几个具体过程组成的。汉民族民族过程的具体过程是指汉民族的起源、形成、发展和演变过程。

具体过程总是有限的，又总是和其他具体过程相联系的。汉民族在黄河和长江这两个摇篮中，经过上述诸民族相继崛起的阶段；经过夏、商、周、楚、越诸民族以及部分夷、蛮、戎、狄大融合而育成为华夏民族的阶段；经过华夏民族在“大一统”中向汉民族发展、转化的阶段，终于完成了其形成史上的三部曲，谱写成了世界民族史上最宏伟、最壮丽的一部民族形成交响乐。

汉民族一出现在世界，便以世界历史上独一无二的稳定性，少有的凝聚力和吸收力屹立于世界民族之林。在历史的长河的滚雪球中，她战胜了无数次惊涛骇浪；在各种战争的烈火中，经历了千锤百炼，在魏晋南北朝至隋唐和宋辽夏金元至明清两个时期得到大发展，人口从两汉的五千多万，发展到清王朝道光年间的四亿以上，又发展到现在的十二亿以上，成为世界上人口最多的民族；地域从黄河、长江流域向南向东发展到珠江流域抵海南岛、台湾岛和南海诸岛，向东北发展到黑龙江流域。从而在世界民族发展史的历史舞台上，奏响了汉民族发展的三部曲。

第一节　魏晋南北朝至隋唐时期汉民族的大发展

东汉以后，中原大乱，中央集权的封建国家四分五裂，到处是纷争战乱和封建割据。在大分裂、大混战、大动荡之中，各民族或各族群四处流徙，北方匈奴、鲜卑、乌丸、氐、羌纷纷入主中原，江汉地区的部分蛮族也涌进中原，在中原地区形成汉民族与匈奴、鲜卑、乌丸、氐、羌及蛮族交错杂居的局面；而北方汉民族人民又大批南移，在长江及珠江流域形成汉民族与蛮、俚、僚、傒等南方少数民族或族群交错杂居的局面。在这种复杂多变的形势下，在阶级斗争和民族斗争的烈火中，是新生还是灭亡？汉民族第一次面临着生死存亡的严重危机。古代世界上有很多显赫一时的民族，如古埃及民族、古罗马民族、古希腊民族、古印加民族等，都由于战争或被消灭，或被征服同化而在历史上销声匿迹了。可是汉民族则不然，在东汉以后的魏晋十六国和南北朝时期这样长期的动乱、分裂的险恶形势下，不仅没有被消灭，也没有被他族所同化，恰恰相反，是汉民族同化了入主中原的北方少数民族，又南移同化了南方部分少数民族，发展壮大，创造了中国和世界历史上灿烂多彩的唐文化，博大清新的宋文化，辉煌大气的明文化，一次又一次地把汉民族文化推向了历史的高峰。

一 北方民族融合风起云涌

汉民族发展的第一部曲是东汉末年由北方少数民族和族群奏响的。

（一）北方少数民族向内地的大迁移

东汉末年，北方少数民族和族群，开始了中国历史上第一次大规模向内地的大迁移。

驰骋漠北300余年的匈奴，在东汉末年开始南迁，史载：

建武二十六年（50年）冬，“诏单于徙居西河美稷，亦列诸部王助为扞戌，使韩氏骨都侯屯北地，右贤王屯朔方，当于骨都侯屯氏郡，皆领部众，为郡县侦罗耳目”①。

甘露二年（52年），“呼韩邪单于携率部落入臣于汉，汉嘉其意，割并州北界以安之，于是，匈奴五千余部落入居朔方诸郡”②。

《晋书·载记序》亦云：“汉宣帝初纳呼韩，居之亭鄣，委以候望，始宽戎狄。光武亦以南庭（南匈奴）数万人徙入西河，后亦转

① 《后汉书·匈奴传》。

② 《晋书·匈奴传》。

至五原，连延七郡。”

从而揭开了北方少数民族和族群在中国历史上第一次大规模内迁的序幕。其后，匈奴内迁之势愈演愈烈，如风起云涌不可遏制。请看：

中平二年（185 年），南匈奴“单于羌渠使子于扶罗将兵助汉讨平黄巾，会羌渠为国人所杀，于扶罗以其众留汉，自立为单于，属董卓之乱，寇掠太原、河东、屯于河内”[①]。

建安二十一年（216 年），曹操编组匈奴部众，“分为五部，部立其中贵者为帅，汉人为司马以监督之，魏末，复改帅为都尉，其左部都尉所统可万余落，居于太原故泫氏县；右部都尉可六千余落，居祁县；南部都尉可三千余落，居蒲子县；北部都尉可四千余落，居新兴县；中部都尉可六千余落，居太陵县”[②]。

泰始二年（266 年），有塞外匈奴二万余落来降，使居河西故宜阳城下，与晋人杂居，由是平阳、西河、太原、新兴、上党、东平诸郡均有匈奴人居住。[③]

太康五年（281 年），有匈奴二万九千三百人降晋。太康七年（283 年）又有匈奴十万余口诣雍州刺史王骏降附。次年，匈奴都督率种落一万一千五百口降晋，都入居塞内。[④]

南下内迁的匈奴中，除南匈奴外，还有被称为“屠各胡”[⑤]“卢水胡”“羯胡”和“稽胡”的匈奴人。

屠各胡，汉末从武威向东，北地、五原、西河及至并州都已有其踪迹。魏晋以后，他们在内地的分布更为广泛，在太行山东麓，屠各胡与乌丸等人杂居[⑥]，从汉末到魏中期达 300 年之久。在凉州，除两汉时已

① 《晋书·刘元海载记》。

② 《晋书·匈奴传》。

③ 同上。

④ 同上。

⑤ 屠各胡名称繁多，或称休屠，或称休屠各、休著各、休著屠各等。参看唐长孺《魏晋南北朝史论丛》，生活·读书·新知三联书店 1955 年版，第 384 页。

⑥ 参阅《资治通鉴》卷一〇五“晋孝武帝太元九年”。

有屠各胡居武威外，曹魏时又迁来一批，《三国志·魏志·郭淮传》载："凉州休屠胡梁元碧等率种落二千余家附雍州。淮奏请使居安定之高平，为民保障，其后因置西川都尉。"在秦陇地区屠各胡的分布更广，更活跃，《晋书·刘曜载记》中有"黄石屠各路松多起兵于新平、扶风，聚众数千"的记载；《晋书·石勒载记》中有"秦州休屠王羌叛于勒"的记载；《晋书·苻坚载记》中有"屠各张罔聚众数千，自称大单于，寇掠郡县"的记载；《魏书·于栗磾附子洛拔传》中有"会陇西屠各王景文恃险窃命，私署王侯，高宗诏洛拔与南阳王惠寿督四州之众讨之，徙其恶党三千余家于赵、魏"的记载，凡此等等，直到北周之时还不绝于史。在渭北，苻秦郑能进任冯翊护军时，为邓艾祠所立的《邓太尉祠碑》中就明言邓太尉"统和宁戎、鄜城、洛川、定阳五部领屠各"①。《魏书·尉拨传》亦云："出为杏城镇将，在任九年，大收民和，山民一千余家、上郡徒（即屠）各、卢水胡八百余落尽附为民。"可见，汉以后，到北魏之时，屠各胡已内迁分布在西起凉州，夹秦陇抵东西，直至渭北的广大地区了。

卢水胡，其名始见于东汉明帝、章帝年间②，所居之地在今甘肃西宁附近。到汉末、三国之时，卢水胡分布逐渐广泛，其一部分南下进入四川汶山（今茂县）境内，不仅《后汉书·南蛮西南夷传》中有记载③，而且《华阳国志·大同志》中也有记载④。曹魏时，迁入凉州居武威附近的卢水胡曾经一度起事⑤；居于关中渭水北岸的卢水胡的声势已相当大了，不仅曾反抗过曹魏的统治⑥，而且还参加过西晋末年的反晋斗争⑦。十六

---

① （清）陆耀遹撰：《金石续编》，上海古籍出版社 1995 年版。转引自唐长孺《魏晋南北朝史论丛》，河北教育出版社 2000 年版，第 394 页。

② 参阅《后汉书·窦融附弟子固传》《后汉书·西羌传》。

③ 《后汉书·南蛮西南夷传》："冉駹夷者武帝所开，元鼎六年，以为汶山郡……其西又有三河槃于虏，北有黄石、北地、卢水胡，其表徼外。"

④ 《华阳国志·大同志》："汶山与乐县黄石、北地、卢水胡成豚坚、安角、成明石等广柔、平康、文降列紫利羌有仇。"

⑤ 《三国志·魏志·张既传》："凉州卢水胡伊健妓妾、治元多等反，河西大扰。"

⑥ 《三国志·魏志·郭淮传》：淮"护左将军张郃、冠军将军杨秋讨山贼郑甘、卢水叛胡皆破平之"。

⑦ 《晋书·惠帝纪》元康六年五月，"匈奴郝散弟度元帅冯翊、北地马兰羌、卢水胡反，攻北地、太守张损死之"。

国时，前秦瓦解之后，张掖的卢水胡乘机兴起，渭北的卢水胡也曾一度占领长安[①]。直到北朝时，关中的卢水胡还不断起兵反抗鲜卑拓跋部的统治[②]。太平真君六年（445 年）九月终于爆发了卢水胡盖吴在陕西杏城领导的反魏大起义[③]，范围扩大到秦陇的金城、天水、略阳，东及河东，南至渭水南岸长安、盩厔（今陕西周至）。卢水胡内迁的人数虽没有具体记载，但从盖吴在杏城领导的起义失败后，尉拨出任杏城镇将，“在任九年，大收民和，山民一千余家，上郡徒各、卢水胡八百余落尽附为民”[④]的记载中可窥一斑。

羯胡，主要指内迁河北、山西间的匈奴人，所以沈休文《齐安陆昭王碑》李善注引朱风《晋书》称：“前后徙河北诸郡县，居山间，谓之羯胡。”[⑤] 十六国时期闻名遐迩的石勒就是羯胡人[⑥]，故《魏书·羯胡石勒传》云：“其先匈奴别部，分散居于上党、武乡、羯室，因号羯胡。”

稽胡，又称山胡、生胡、步落稽。《周书·异域传》云：“稽胡，盖匈奴别种刘元海五部之苗裔也……自离石以西，安定以东，方七八百里，居山各间，种落繁炽……凶悍恃险，数为寇乱。魏孝昌中有刘蠡升者居云阳谷，自称天子，立年号，署百宫……蠡升遂分遣部众，抄掠居民，汾晋之间，略无宁岁。”《周书·韦孝宽传》亦云：“汾州之北，离石以南，悉是生胡。”

总之，上述这些情况都表明，并州以及雍州、凉州、幽州等地，已遍布匈奴及其别部。

在匈奴南下向内地大迁移的同时，乌丸、鲜卑、氐、羌也开始大举内迁。

乌丸，又称乌桓，原居西辽河地区，早在元光六年（前 129 年），汉武帝派霍去病击匈奴时，就把乌丸人徙于上谷、渔阳、右北平、辽东诸郡塞外。东汉时，建武二十五年（49 年），“乌丸大人郝且等 9000 余人率众诣关，封其渠帅为侯王者 80 余人，使居塞内，布列辽东属国、辽西、右

---

① 参阅《晋书·姚苌载记》。

② 见《魏书·沮渠牧犍传》《宋书·沮渠蒙逊传》。

③ 参阅《魏书·世祖纪下》。

④ 《魏书·尉拨传》。

⑤ 《晋书·石勒载记》：“上党武乡羯人也，其先匈奴别部羌渠之胄。”

⑥ 《文选》卷五九。

北平、渔阳、广阳、上谷、代郡、雁门、太原、朔方诸郡界。”[①] 建安十二年（207 年），曹操征辽西乌丸，首虏二十余万人，余部逃在辽东，被辽东太守公孙康截击，余众万余落，悉徙居内地[②]。所以《三国志·魏志·乌丸传》说：“幽州、并州，乌丸万余落，悉徙其族居中国，帅其侯、王、大人种众与征伐，由是，三郡乌丸为天下名骑。”于是，三国以后，乌丸已分别编入军伍了。

鲜卑，自 178 年至 184 年，东汉光和年间檀石槐以后，诸部落各自发展，分别迁入内地，其情况大致如下。

慕容部于曹魏初年，由大帅莫护跋率其部众入居辽西，跟从司马懿征讨辽东公孙渊有功，被封为率义王，居于棘城（今辽宁义县）之西；西晋时，莫护跋的曾孙幕容廆迁居大棘城；廆死后，其立者慕容皝迁居龙城，自称燕王，皝死后，第二子慕容儁继立，入中原征讨石闵，于是中原归入前燕慕容氏治下，儁迁都于邺城。

秃发部，八世祖匹孤始率其部自塞北迁于河西；西晋时，秃发树机能起兵秦州，占凉州之地；秃发乌孤时徙于乐部，自称西平王，建南凉。

乞伏部，于三国时魏置鲜卑人数万于雍、凉之间，其首领伏乞国仁在前秦亡后自称大单于，建立了西秦，并在他控制的地区设置了武城、武阳、安固、武始、汉阳、天水、略阳、漒川、甘松、匡朋、白马、苑川 12 部。国仁之弟乞伏乾归时又占据了陇西、巴西之地。

拓跋部，原居大兴安岭北段的东麓、嫩江支流甘河的上源，于宣“皇帝”推寅时南迁到大泽，又于洁汾时始居匈奴故地[③]，再于洁汾子力微时迁居定襄之盛乐（今山西归化城南）。及至拓跋珪建立北魏，挥师南进，消灭了夏、北燕、北凉几个政权，献文帝拓跋弘皇兴年间，又从南朝刘宋手中夺得三齐之地，北方完全纳入拓跋部治下。

宇文部，其先为辽西鲜卑之一部，至宇文泰时据关中，后为西魏之丞相，泰之子宇文觉篡西魏而建北周。

综上所述鲜卑内迁之情况，可见自十六国至北朝，鲜卑人已是遍布中原大地了。

---

① 《三国志·魏志·乌丸传》注引《魏书》。

② 《后汉书·乌桓传》。

③ 《魏书·序纪》。

羌人，自汉以来，迁入内地的很多。建武九年（33 年），班彪上书说："今凉州郡，皆有降羌与汉人杂处。"① 晋时，羌人迁入关中，江统在《徙戎论》中说："王莽之败，西部荒毁，百姓流亡，建武中，马援领陇西太守，讨叛羌，徙其余种于关中，居冯翊，河东空地，而与华人杂处。"② 其后，羌人继续内迁，《魏书·刘藻传》中即有北魏太和年间"北地诸羌数万家"的记载。除北地郡羌人甚多外，华州、泾州、河州也有不少羌人，其中以姚氏最著名，《晋书·姚弋仲载记》云："姚弋仲，南安赤亭羌人也……永嘉之乱，东徙榆眉，戎夏缀负随之者数万，自称护西羌校尉、雍州刺史、扶风公"所率的都是羌人。

氐人，主要居住在天水略阳一带，《宋书·氐传》云："略阳清水氐杨氏，秦、汉以来，世居陇石为豪族。"《三国志·魏志·乌丸传》注引《魏略》亦云："建安中，兴国氐王阿贵，自项氐王千万，各有部落万余，至建安十六年（211 年），从马超为乱。超破之后，阿贵为夏侯渊所攻灭，千万西南入蜀，其部落不能去，皆降。国家分徙其前后两端者置扶风、美阳，今之安夷、抚夷二部护军所典是也。其太守善分留天水、南安界，今之广平魏郡所守是也……今虽都统于郡国，然故自有王侯在其虚落间，又故武都地阴平街左右，亦有万余落。"西晋时，氐人大批内迁入蜀，最著名者为李特，《晋书·李特载记》云："元康中，氐齐万年反，关西扰乱，频岁大饥，百姓乃流移就谷，相与入汉川者数万家。"特随流人入蜀，生活无着的流民，"咸往归特，骋马属鞬，同声云集，旬月间众过二万。"后李特在蜀建成汉。

综观上述，可见从东汉末年以来，中国北方的少数民族和族群：匈奴、乌丸、鲜卑、氐、羌等大规模向内地迁移，正如西晋初年郭钦上书所说：魏初人寡，西北诸郡皆为戎居，北地、西河、太原、冯翊、安定、上郡尽为狄庭矣！③ 又如江统在《徙戎论》中所说：关中之人百余万口，戎狄居半。④ 于是，在中原大地形成了北方少数民族和族群在中国历史上第一次向内地大迁移的运动。

---

① 《后汉书·西羌传》。

② 《晋书·江统传》。

③ 《晋书·匈奴传》。

④ 《晋书·江统传》。

（二）北方各族人民的大混杂

北方少数民族和族群向内地大迁移的结果，不仅使中原地区人口激增，更重要的是造成了北方各族人民在中原大地上大混杂的态势。

我们先来看一看人口激增的情况。东汉末年以来，向内地大迁移的北方少数民族和族群的人口数量是很多的。以匈奴人为例，据《晋书·匈奴传》记载，魏时入塞的匈奴人有左部都尉所统万余落，右部都尉六千余落，南部都尉三千余落，北部都尉四千余落，中部都尉六千余落，共计三万落左右，以一落五口计，约有十五万口匈奴人内迁。晋时入塞的匈奴人，则有大水泥塞黑难等二万余落居河西，胡都大博及萎莎胡等十余万口诣雍州，大豆得一育鞠等万一千五百口，共有二十余万口。从魏至晋，两代相合内迁匈奴人达三十五万以上，故江统在《徙戎论》中极言匈奴人口之盛，谓"今五部之众，户至数万"[①]。而当时并州户数还不足六万。后来氐人李特入蜀，据《晋书·李特载记》云：相与入汉川者数万家，也有十余万口。此外，氐、羌人口，虽不可详考，但江统在《徙戎论》中乃称："关中之人，百余万口。率其多少，戎狄过半。"[②] 而晋时关中雍、秦、凉三州人口仅十六万数千户，又并州西河国有数千户，以一户五口计，约八十五万口左右，可知氐、羌约有四十二、三万口之多。至于鲜卑，在辽东与汉人杂处的就有十余万落[③]，也有五十余万人口。十六国时，早在前燕已有大批鲜卑人随慕容儁入居中原，公元370年，苻坚灭前燕，曾"徙暐（慕容暐）及其王公已下并鲜卑四万余户于长安"[④]。公元386年，西燕慕容顗率鲜卑男女四十余万口去长安而东。

这样，由于北方少数民族和族群的大量内迁，使内地的人口数量激增，查《晋书·地理志》，景元四年（263年）魏灭蜀时，魏蜀二国人口仅"户九十四万三千四百二十三，口五百三十七万二千八百九十一"。但17年后，到公元280年，即晋太康元年，此地区的所有户口如下表。

---

① 《晋书·江统传》。

② 同上。

③ 参阅《魏书·鲜卑传》注引《魏书》。

④ 《晋书·慕容暐载记》。

太康元年（280 年）魏蜀人口户数

州　名	户　数
司　州	475700
兖　州	83300
豫　州	116796
冀　州	316000
幽　州	59200
平　州	18100
并　州	59200
雍　州	99500
凉　州	30700
秦　州	32100
梁　州	76300
益　州	149300
宁　州	82400
青　州	35000
徐　州	357548
荆　州	311400
合　计	2302544

十七年中，由九十四万户激增至二百三十多万户，其中除自然增加的以外，大多是内迁的北方少数民族和族群。据估计，这时内迁的北方少数民族和族群其总数超过二百万人。

再来看民族大混杂的情况。东汉末年以来，中国北方少数民族和族群内迁，造成各民族大混杂的情况大约有以下四种。

第一，降附内迁的混杂。

以降附最多的匈奴人为例，前已述及，早在东汉初，公元 50 年时，南匈奴降汉，第一次大规模向中原地区迁徙，分其三十万部众居于西河、北地、朔方、五原、云中、定襄、雁门、代等八郡之地，“与汉人杂处”[①]。其后，由于南匈奴不断发生内乱，降附汉王朝的匈奴人南下内迁的为数更多。东汉末年，原居八郡之地的匈奴人多数集中到汾河流域的并州中部一带。公元216年，曹操分匈奴人五万余落为左右南北中五部，正如《晋书·匈奴传》所说，南匈奴“后复与晋人杂居。由是平阳、西河、太原、新兴、上党、乐平诸郡，靡不有焉”。于是，中原西北部地区遂出现了匈奴人与汉民族人大混杂的局面。

第二，当田客和沦为奴隶的混杂。

魏晋时，由于战争祸乱，人口锐减，劳动力严重不足，汉民族统治阶级常常招匈奴等北方少数民族和族群的人为“田客”。《晋书·王恂传》对此有详细的记载，其云：“太原诸部亦以匈奴、胡人为田客，多者数千。”更有甚者，有的统治者利用手中的权力，大肆贩卖少数民族和族群的人为奴隶。羯胡人石勒的身世就是一个典型。起初，石勒曾在商人郭敬、地主宇驰家作田客。晋惠帝末年，并州荒乱，石勒和本族人外出逃生，穷极无路，又回宇驰处。这时北部都尉刘监欲缚卖之，得宇驰保护而免。后外出纳降都尉李川时，路遇郭敬，石勒说：“今日大饿，不可守穷。诸胡饥甚，宜诱将冀州就食。因执卖之，可以两济。”提出了将并州“诸胡”卖到冀州为奴的办法。并州刺史司马腾就大规模地实行了这个办法，“虏群胡，将诣冀州”[②]。石勒也被捉去卖到了山东花平县。这种用少数民族和族群的人当田客和奴隶的情况，使得北方各族人民之间的混杂更为加深，出现了犬牙交错之势。

第三，流亡中的混杂。

西晋末年，“八王之乱”的爆发，黄河流域又发生了大蝗灾、大瘟疫。在天灾人祸的逼迫下，西晋统治下的各族人民被迫流亡。《晋书·食货志》说：“人多饥乏，更相鬻卖，奔迸流移，不可胜数。”盲目逃命的小股流民群多得数不清，大的流民群则有：关西略阳、天水等六郡以氐人李特为首的流民数万家十余万人经汉中入蜀求食；河东、平阳、弘农、上党诸郡流民数万家散在颍川、襄城、汝南、南阳、河南一带[③]，巴蜀人数

---

① 《晋书·匈奴传》。

② 以上均引自《晋书·石勒载记》。

③ 《晋书·王弥传》。

万家十余万人为避乱流入荆湘二州[①]，到幽州“乞活”的田禋一部就有五万人[②]。这种流亡所造成的人口大移徙，汉民族与北方少数民族和族群更加犬牙交错地混杂在一起。

第四，“散诸部落、同为编民”的混杂。

早在曹魏之时，为“天下名骑”的三郡乌丸，其家属住在指定的郡县内，到魏文帝时，又将与汉人杂居的乌丸改成向政府交租调的编户[③]。后来，随着历史的进步，到鲜卑拓跋部建立北魏之时，迁入内地的北方少数民族和族群，其原有的氏族军事组织不能再维持下去而渐趋于解体，遂与内地汉人民户一样同为“编民”了。《魏书·官氏志》云：“四方诸部，岁时朝贡，登国初，太祖（拓跋珪）散诸部落，始同编民。”《北史·贺纳传》亦云：“纳从道武平中原，其后分散诸部，分土定居，不听迁徙，其君长、大人皆同编户。”有的还“悉令造籍”[④]。这样，“散诸部落”的结果，使内迁的北方少数民族和族群原来的氏族制度被粉碎了；而“分土定居”“悉令造籍”“同为编民”的结果，又使得内迁的少数民族和族群各归里甲组织，与汉民族人民糅杂在一起了。

这样，东汉末年以来，南匈奴入居塞内，并逐步南迁居于并州汾水流域；鲜卑慕容部和拓跋部先后在中原建立了前燕、后燕、南燕、西秦及北魏等政权，大量迁居黄河流域，羯胡则徙居上党武乡一带，氐人、羌人不断迁入关中、四川以及西北诸郡，原居湘、鄂一带的部分蛮族也进入黄河流域，北魏宣武帝时，大阳蛮 28000 户内附，李崇还将鲁阳蛮 10000 多家迁至河北诸州及 6 镇。在长城以内及黄河流域的广大中原地区，造成了北方各族人民大混杂的形势，组成了一幅汉民族与北方少数民族和族群交错杂居的历史图画，为北方民族交往交流交融的风起云涌创造了条件。

（三）北方各族人民的大交融

民族大迁移造成了民族大混杂的形势，民族大混杂又促成了民族大交融的风起云涌。

---

① 《晋书·杜弢传》。
② 《晋书·石勒载记》。
③ 《三国志·魏志·牵招传》。
④ 《魏书·元遥传》。

魏晋南北朝时北方各族人民大交融的内涵，就是汉民族同化[①]内迁的北方少数民族和族群，这个大交融的过程大致是经过下面三条途径进行的。

第一条途径是汉民族先进的经济和文化的影响。

前述匈奴人迁入八郡之地，特别是曹操分匈奴为五部之后，在汉民族先进的农业经济的影响下，世代以游牧为生的匈奴人逐渐定居务农了。《三国志·魏志·梁习传》在叙述了匈奴壮丁经过改编调发之后，“部曲服事供职，同于编户”“百姓布野，勤劝农桑”。匈奴人与汉人杂居愈久，则接受汉文化也愈深。魏晋以后，匈奴人都改用汉姓，用汉语了。如前赵称汉王的刘渊，就以上党儒生崔游为师，学习《易》《诗》《书》三经，尤好《春秋左氏传》及孙、吴兵法，并博览《史记》《汉书》等汉民族文化史籍经典。刘渊子刘聪、侄刘曜都是精通汉文化的匈奴人。氐人也是这样，魏晋时，氐人散居扶风、始平、京兆等地，在汉民族先进的经济和文化的影响下，汉语成了氐人通用的语言。苻坚八岁从师学经，对经学造诣很深。他即位后，提倡儒学，很快汉化，“姓如中国之姓矣”[②]。鲜卑慕容部在建立前燕过程中，在汉民族士大夫指导下，仿照魏晋制度，建立学校，自编汉语课木，“考试优劣”[③]。而显赫有名的北魏孝文帝更是雅好读书，手不释卷，通五经百家文学，能文章辞赋。这些情况，正如恩格斯在《反杜林论》中所说：“在长时期的征服中间，文明较低的征服者，在绝大多数的场合上，也不得不和那个国度被征服以后所保有较高的‘经济情况’相适应；他们为被征服的人民所同化。”[④] 所以《晋书·慕容廆载记》云：“迁邑于辽东北，于是渐慕诸夏之风矣。”可见汉民族先进的经济和文化；对当时文明程度还比较低的北方少数民族和族群是有相当大的吸引力的。正因为此，慕容廆才坦然明言：“吾先公以来，也奉中国，且华裔理殊，强弱固别，岂能与晋竞乎?”[⑤] 汉民族的这种吸引力，既是其

① 同化的一般定义是一个民族丧失本民族的特征，变成另一个民族。同化又分为强迫同化与自然同化两个类型。笔者认为民族同化实质上也是民族交融的一种方式，这是一个重大的理论问题，当另文专述。

② 《三国志·魏志·乌丸鲜卑东夷传》。

③ 《晋书·慕容廆载记》。

④ ［德］恩格斯：《反杜林论》，人民出版社 1961 年版，第 189 页。

⑤ 《晋书·慕容廆载记》。

内聚力的表现，又是其同化力的反映。这样，文明程度较低的北方少数民族和族群，进入黄河流域的中原地区后，如同进入大熔炉，在越烧越旺的汉民族先进的经济和文化的烈火中，无一例外地汉化了。

第二条途径是少数民族统治者推行“汉化”政策的改革。

魏晋南北朝时期，在中国北方的民族大交融中，出现了一种一反常态的特殊的历史现象，那就是入主中原，建立了割据政权的少数民族的统治者，以征服者的资格，统治者的权力，推行被征服者——汉民族的制度和文化。也就是说不是强迫被征服者丧失民族特性，被征服者所同化，而是强制征服者丧失民族特性，被被征服者所同化。最典型的例子就是北魏孝文帝变俗迁洛，改姓制服，禁绝旧言的“汉化”改革。孝文帝为什么要推行汉化政策？《魏书·任城王云传》附《子澄传》中记述的孝文帝与拓跋澄的一段对话作了很好的解释，其言：

> 今日之行，诚知不易。但国家兴自北土，徙居平城，虽富有四海，文轨未一。此间用武之地，非可文治，移风易俗，信为甚难。崤函帝宅，河洛王里，因兹大举，光宅中原，任城意以为如何？澄曰：伊洛中区，均天下所据，陛下制御华夏，辑平九服，苍生闻此，应当大庆。

但是，孝文帝要在鲜卑本民族中推行汉文化政策谈何容易？不仅世居平城有了家业的鲜卑贵族不想迁动，而且要迁都洛阳，风土、人情以至气候的适应也不容易，更何况惯于“用武”的鲜卑贵族要进行“文治”，就意味着既得利益的行将丧失，所以在孝文帝推行汉化政策之初，几乎遭到了大部分鲜卑贵族的反对。因此，在迁都问题上，当孝文帝宣布：“欲迁者左，不欲者右”时，自安定王拓跋休以下“相率如右”，表示“不欲”①。可见，少数民族的统治者推行汉化政策，既不同于汉民族统治者强行推行同化的政策，也不同于各民族人民之间的自然同化，确实是一种一反常态的特殊的同化途径，因此实行起来“诚知不易。”

但是，在魏晋南北朝民族大交融风起云涌之时，顺应民族交融潮流的孝文帝，为了加强对中原地区的统治，坚定地强制推行了一系列的汉化政

① 《魏书·李冲传》。

策，他迁都洛阳；禁止鲜卑落后风俗，鼓励鲜卑人与汉人通婚；改服汉服，不准穿本族服装，改鲜卑二字、三字复姓为汉语单姓，本人即改姓“元”氏；禁说鲜卑话，改说汉语。凡此等等措施的落实，毫无疑义，其结果就是使鲜卑人从本质到形式上都迅速丧失民族特性，变成汉人了。

需要在此顺便说明的是，掌握了政权的少数民族统治者，如果在民族交融风起云涌之时，能顺应民族交融的历史潮流，推行汉化政策，那就必然会加速民族交融的进程。可见，从交融速度这个意义上来说，少数民族统治者推行汉化政策是加速交融的关键。至于魏晋南北朝时期会出现少数民族统治者推行“汉化”政策改革的原因，一方面固然是巩固其统治的需要，另一方面恐怕也是汉民族内聚力和同化力的集中表现。

这三条途径是各族人民联合反抗统治阶级压迫和剥削的共同斗争。

魏晋南北朝时，多次爆发了各族人民联合反抗反动统治阶级的压迫和剥削的斗争。西晋末年，各族人民的反晋斗争虽然出现民族斗争与阶级斗争交叉的复杂情况，但公元296年氐人齐万年领导关中各族的反晋斗争，公元301年氐人李特领导的益州流民起义，公元303年义阳蛮张昌在江夏领导荆州蛮和汉民族流民的起义，公元311年蜀人杜弢在长沙领导的流民斗争，都是汉民族劳动人民与流民中的匈奴、鲜卑、氐、羌等少数民族和族群的共同斗争，其性质既是反抗民族压迫，又是反抗阶级压迫。毫无疑义，这种反对统治阶级的共同斗争，必然会大大增进各族人民之间的相互联系和了解，促进各族人民心理的沟通和认同。就是少数民族上层发动的反晋斗争，虽然带有突出的民族斗争的性质，但在反晋之初，处在水深火热中的北方各族人民，包括汉民族人民在内，仍然纷纷响应。如匈奴人刘渊反晋之初，投奔者络绎不绝，不到20天就发展到5万人。而刘渊为了争取更多的汉民族人民的支持，宣称自己是汉王朝的合法继承者，自称汉王，立国号为汉。这种情况，不管反晋的少数民族统治者的本意如何，在客观上也是有利于各族人民的相互联系和了解，有利于各族人民心理的沟通和认同的。

北魏末年的各族人民大起义在更深、更广的范围内加强了各族人民之间的相互联系和了解。促进了各族人民心理的沟通和认同。众所周知，这次起义的主要特点，就是各民族被压迫阶级联合反抗共同的敌人——鲜卑贵族和汉民族地主的联合统治。如沃野镇匈奴人破六韩拔陵起义，得到六镇各族士兵和被压迫的各族人民的响应，高平镇人赫连因等起义，推敕勒人首领胡琛为高平王，而鲜卑人万俟丑奴则为其部属；秦州羌人莫折太提、莫折念生父子率秦州、关陇各族人民起义，氐人张长命在南秦州响应，河北农民起义的领袖鲜于修礼是丁零人，汉民族人葛荣则是其部将。在这里特别要指出的是破六韩拔陵起义失败后，余众被北魏政府安置在冀、定、瀛 3 州，突出表现了各族人民联合起义，反对共同敌人的战斗情谊。大家生死与共，民族成见和隔阂自然逐渐消除。

正因为有了各族人民这种血肉相连，生死与共的反对共同敌人的斗争，所以各民族人民之间的相互联系和了解，就从语言、经济、文化、风俗等民族的外部形态，发展到民族的心理的深层之中。而各民族心理的沟通，自然加速了民族界限的融解。“历史的活动是群众的事业，随着历史活动的深入，必然是群众队伍的扩大。”[①] 因此，民族交融这样宏大的历史活动，绝不是仅凭统治者的权力和意志就可以奏效的，而必须在各族人民参入之后，随着群众队伍的扩大，民族隔阂和成见才能真正消除，民族界限才会完全融解，其结果必是北方少数民族和族群汉化的扩大和加速。

就是在这样的历史背景下，北方少数民族和族群从大迁移到大混杂，从大混杂到大交融，打破了共同地域，改变了社会经济结构，改换了民族语言，甚至改变了民族意识和民族情感，经历了长达 300 多年的交融于汉民族的历史过程。

在十六国时期，匈奴人刘氏建立的前赵政权崩溃后，平阳及附近地区的匈奴、鲜卑、氐、羌以及乌丸 6 夷 20 万户，刘曜迁长安的上邽氐羌 20 余万口，都被汉民族同化了。匈奴羯胡人石勒建立的后赵聚集 20 万人，在被冉魏灭国后，也很快被汉民族同化了。建立前燕的鲜卑慕容部，早在幕容廆都棘城时，就收容汉民族流民和士族数万家，汉化已较深；慕容儁入都蓟，迁鲜卑胡羯 3000 余户；前秦灭前燕时，迁鲜卑 40000 余户到长安，这些鲜卑慕容部最后都被汉民族同化了。氐人苻坚建的前秦国，除掳获匈奴、鲜卑等“杂夷”以及汉民族人到长安外，还派出大量氐人出兵镇守关东，前秦之后，不仅长安城各族被汉民族同化，镇守关东的氐人也被汉民族同化了。羌人姚苌建后秦国后，也把大批汉民族人掳获到长安和关中地区，其后，这些羌人也被汉民族同化了。总之，到了北魏后期，早

① 《马克思恩格斯选集》第 2 卷，人民出版社 1972 年版，第 14 页。

期内迁的匈奴、乌丸、氐、羌，以及稍后的鲜卑慕容部，在中原地区已不复可见，在汉人和后起的胡人眼中，他们与汉人已没有什么区别了。

在北朝时期，由于文明程度较低的鲜卑拓跋部建立的北魏，在更大的范围内，以更大的规模掳获人口，充实都城，用作奴隶，所以这时民族同化的范围和规模比十六国时期更大更广，风更急，云更涌。据部分材料统计，北魏掳获和附降的各族人口达一、二百万。公元 396 年，魏道武帝攻后燕时出兵多至 40 万，足见北魏是一个人口众多的多民族大国。后经孝文帝推行汉化政策的改革，又经北周武帝在“先治心”“择贤良”为中心内容的“六条诏书”[①] 指导下，所进行的推行汉化政策的改革，不仅通过大规模地释放奴婢（包括官府控制的所有杂户和僧侣地主控制的僧祇户、寺户、沙门），使北方人户得到了澄清，而且通过创府兵制度的兵制改革，扩大了府兵中汉民族的成分，使北魏以来最顽固，也是最后的一个民族壁垒——兵制上的民族界限被打破了。于是后起的鲜卑拓跋部、宇文部入隋后也最后被汉民族同化了。及至唐代，尽管唐皇室以及诸多勋戚将相大臣的先世或出于北朝时期的少数民族，或杂有少数民族的血统，但他们已没有任何原有民族的心理状况和民族感情，所有的只是汉民族的一切特征了。这样，以黄河流域为中心的中原地区，自夏、商、周、秦、汉以来，中国北方前后出现的各少数民族和族群，经过魏晋南北朝时期的民族大融合，到隋灭周至唐王朝时，基本上都丧失了本民族的特性，销声匿迹，在民族交往、交流、交融中汉化了。

二　南方民族融合如火如荼

当北方民族的交往、交流、交融风起云涌之时，南方的民族交往、交流、交融也如火如荼。这就是说，魏晋南北朝时期，当中国北方汉民族大量融合入主中原的少数民族和族群之时，在中国南方也出现了汉民族融合部分少数民族和族群的情况。

（一）南方少数民族分布概况

东汉以来，中国南方，即在今湖北、湖南、四川、广东、广西、安徽、江西境内，散居着被统称为“南蛮”的一些少数民族和族群。到南朝时，“南蛮”名称虽然繁杂，但从分布来看主要是蛮、俚、僚、徯四族。

---

① 《周书·武帝纪下》。

先来看蛮族的分布。

南朝蛮族的分布，除今湖北、湖南全境外，还包括四川、河南、安徽、江西的部分地区，大约计有以下几种。

峡中蛮，居四川、湖北之间。《宋书·沈攸之传》中有“巴东（今奉节东）、建平（今巫山）为峡中蛮所破”，其后沈攸之“遣军入峡讨蛮帅田五郡等”的记载；《梁书·阴子春传》中有梁秦二州刺史阴子春曾“讨峡中蛮，平之”的记载。

丹淅二川蛮，居河南、陕西、湖北交界处。《宋书·张邵传》中有“丹淅二川蛮屡为寇”的记载。

雍州蛮，居湖北沔水（今汉水）两岸。《宋书·沈庆之传》中有“大破缘沔诸蛮”的记载；《宋书·蛮传》中有“随王诞又遣军讨沔北诸蛮”的记载；《南齐书·高帝本纪下》中有元嘉十九年“文帝遣太祖领偏军讨沔北蛮”的记载；《南齐书·张敬儿传》中有“伐襄阳诸山蛮”的记载，凡此等等记载很多。

荆州蛮，居湖北境内长江两岸及江北的沮水、漳水之间。《宋书·蛮传》中有“江北诸郡蛮所居”和“南郡临沮（今远安南）当阳蛮反”的记载，《南齐书·蛮传》中有“汶阳（今远安西北）本临沮西界……西北接梁州新城，东北接南襄城，南接巴、巫二边，并山蛮凶盛，据险为寇贼”的记载。

西阳蛮，居湖北东部的五水流域。除《宋书·文帝本纪》中有“江州刺史王骏统众军伐西阳蛮”的记载外，在《宋书·沈庆之传》《宋书·柳元景传》《南齐书·刘怀珍传》等均有攻打西阳蛮的记载。

湖阳蛮、南阳蛮，居河南西南。《南齐书·张敬儿传》中有“击湖阳（今唐河县南）蛮”“南阳蛮动，复以敬儿为南阳太守”的记载。

弋阳蛮、汝南蛮，居河南东南，弋阳即今潢川县西，汝南即今汝南县。《宋书·殷琰传》中有“弋阳西山蛮田益之起义”的记载；《宋书·臧质传》中有“伐汝南西境刀壁等山蛮”的记载。

晋熙蛮、庐江蛮，居安徽西部晋熙（今潜山）、庐江（今舒城）两县。《宋书·蛮传》中有“晋熙蛮梅式生亦起义，斩晋熙太守”的记载；《陈书·宣帝纪》中有“合州庐江蛮田伯兴出寇枞阳，刺史鲁广达讨平之”的记载。

江州蛮，居江西九江一带。《南齐书·曹虎传》中有“江州蛮动”的记载；《宋书·庾悦传》中有“寻阳接蛮”的记载。[①]

湘州蛮，居今长沙一带。《南齐书·柳世隆》中有“湘州蛮动，遣世隆以本官总督伐蛮众军”的记载；《南齐书·吕安国传》中有“湘川（川为州之误）蛮动，安国督州兵讨之”的记载。

莫徭蛮，居湖南零陵、衡阳等地。《梁书·张缵传》中有“州界零陵、衡阳等郡，有莫徭蛮者，依山险为居，历政不宾服，因此向化”的记载。

巴陵蛮，居今湖南岳阳。《梁书·太祖五王传》中有“巴陵马营蛮为缘江寇害”的记载。

凡此种种，归纳起来南朝蛮族大致可分为两大类：一类是据称为“盘瓠之后”[②]，崇拜犬图腾的“荆、雍州蛮”。他们在东汉时主要居住于湖北西部与湖南西部交界的武陵地区，故又称为“武陵蛮”；“至晋之末，稍以繁昌……渐得北迁”[③]，至于荆州（今江陵）、雍州（今襄阳），故史称“荆、雍州蛮”。另一类是据称为廪君后人[④]，由东汉时的江夏蛮演变而来的，崇拜白虎图腾的“豫州蛮”。由于西阳蛮是其核心部分，而西阳郡又包括在东晋侨治的豫州范围之内，故史称“豫州蛮”。其分布范围比较广，《宋书·蛮传》云：其“北接淮、汝，南极江、汉，地方数千里。”[⑤]

蛮族人口据有关史料的粗略统计，有140万人左右。正如史书所说，北齐时豫州境内“蛮多华少”，蛮人输租赋的有“数万户”[⑥]。刘宋王朝镇压蛮人，“系颈囚俘，盖以数百万计”[⑦]，其言虽过其实，但仍可见蛮族是南朝人口最多的一个少数民族。

其次看俚族的分布。

---

① 寻阳郡治在九江。

② 《宋书·蛮传》《南史·夷貊传下》。

③ 《魏书·蛮传》。

④ 见《宋书·蛮传》《南史·夷貊传下》。

⑤ 关于蛮族的分类参阅吴永章《南朝对“蛮”族的统治与“抚纳”政策》，《汉江论坛》1983年第6期；又万绳楠将魏晋南北朝时的蛮族分为板循蛮、廪君蛮、槃瓠蛮三类、见万绳楠《魏晋南北朝史论稿》，安徽教育出版社1983年版，第316页。

⑥ 《北齐书·元景安传》。

⑦ 《宋书·蛮传》。

俚族，本称“里”；而“里，蛮之别号，今呼为俚人”[①]。故《后汉书·南蛮西南夷传》中所提之珠崖儋耳、交趾、九真、日南、合浦的“蛮里”；日南、象林的“蛮夷”；九真徼外夜郎的“蛮夷”；苍梧的“蛮夷”；郁林、合浦的“蛮汉”；交趾、合浦、乌浒的“蛮”等，均为俚人。

俚族主要分布在岭南地区。东汉时，岭南交州的南海、郁林、苍梧、合浦、交趾、九真、日南七郡，除南海郡外，其余六郡都有俚人[②]。南朝刘宋时的广州包括南海、苍梧、晋康、新宁、永平、郁林、桂林、高凉、新会、东官、义安、宋康、绥建、海昌、宋熙、宁浦、晋兴、乐昌等 18 郡[③]，都是俚人的分布区，故《宋书·夷蛮林邑国传》云：“广州诸山并俚、僚，种类繁炽。”此外，湘州的南部也有俚人，《宋书·良吏·徐豁传》载，徐豁为姑兴太守，表陈三事，第一件说到剥削太重，“年及应输，便自逃逸，既遏接蛮、俚，去就益易”；第三件说到“中宿县俚民课银”问题。始兴郡则属湘州。

俚族人口，据《后汉书·南蛮西南夷传》记载，仅东汉末被称为“合浦蛮里”的合浦乌浒人，一次“内属”就有十万余而“开置七县”，即高凉郡。可见俚族是岭南地区最主要的一支少数民族。

再看僚族的分布。

僚族是由汉代的板循蛮以及一部分巴人和濮人融合而形成的[④]，后由南向北迁移，到魏晋时已分布在北至陕西汉中、甘肃南部，西及建南高原、岷江上游，几乎遍布整个四川盆地，故《华阳国志·李特雄寿势志》云：僚人“自巴至犍为、梓潼，布满山谷”。《魏书·獠传》亦云：“自汉中达于邛、笮，川洞之间，所在皆有。”

僚族人口，益州部分的分布在山谷，十余万落；梁州部分的约 20 万户。以 1 落为 1 户，1 户 5 口计，僚人共约 30 万户，150 余万人。

最后看傒族的分布。

傒族，南朝时亦作“溪”族，是与东北的奚族完全不同的一个南方少数民族。其主要分布在鄱阳、庐江、豫章、始兴等郡，即今江西赣水流

① 《后汉书·南蛮西南夷传》李贤注“九真徼外蛮里张游”。

② 参阅《后汉书·南蛮西南夷传》。

③ 广州是吴孙休永安七年（264 年）分交州立。

④ 童恩正：《古代的巴蜀》，四川人民出版社 1979 年版，第 46 页。

域一带。历来学术界对傒族论及甚少，其实魏晋南北朗时傒族中出了不少名人，仅东晋南朝的将帅就有陶氏、胡氏、黄氏、周氏、余氏、熊氏、侯氏7姓10人，[①] 如著名诗人陶渊明的祖先，东晋名将陶侃就是鄱阳郡的傒人，胡杨晖称之为小人，温峤嘲之为溪狗[②]。又如南齐将军胡谐之就是豫章南昌的傒人，"上方欲奖以贵族盛姻，以谐之家人语傒音不正，乃遣宫内四五人往谐之家，教子女语"[③]。

这样，在整个南朝，蛮、俚、僚、傒等族分布在东起安徽，西北达陕西，南到广州，西极四川的广大地带，涉及南朝的大部分地区。南朝国家掌握的最多人口数，据《宋书·州郡志》记载是大明八年（464年），人口数为546万多。而蛮、俚、僚、傒四族人口的极不完全的统计，人口数共约300万人左右，占了南朝国家掌握的总人口的一半以上[④]。

（二）汉民族向南方的大迁移

东汉末年以来，当北方少数民族和族群掀起了向内地大迁移的运动之时，北方的汉民族人民也开始了向南方的大迁移。

北方的汉民族人民为何要向南方大迁移呢？前已提及，东汉以后，中原大乱，从黄巾大起义开始，经三国鼎立的分裂。十六国的混战，直到南北朝的对立，在蔓延全国的大变乱之中，在国家处于四分五裂的状态下，田园既停止了生产的机能，战乱又增加了人民的恐怖，特别是北方少数民族和族群的大规模内迁，十六国的大混战，民族斗争和阶级斗争交织在一起的时候，故乡虽好，但却变成了难居之地，汉民族人民为了生存，也开始向四处迁移逃亡，正如古语所云："老弱转诸沟壑，壮者散而之四方"[⑤]。而当时相对来说变乱比较小的南方，由于甚少北方兵燹之灾，加之地广人稀，历来政府控制不严，所以成了汉民族人民迁移的主要方向。

汉民族人民大规模的南迁，在汉魏之际，中原大动荡时形成了第一个高潮。

首先，东汉末年黄巾起义，中原开始动乱，汉民族人民纷纷避难江南，史载：

---

① 陈连庆：《东晋南朝胡越出身将帅考》，《松辽学刊》1983年第1—2期。

② 《世说新语·容止篇》。

③ 《南史·胡谐之传》。

④ 朱大渭：《南朝少数民族概况及其与汉族的融合》，《中国史研究》1980年第1期。

⑤ 《孟子·梁惠王下》。

沛郡人桓晔，献帝“初平中，天下乱，避地会稽，遂浮海客交趾”①。

汝南人袁忠，献帝初平中客会稽上虞，“后孙策破会稽，忠等浮海南投交趾”②。

汝南南顿人程秉，“避乱交州”③。

沛郡竹邑人薛综，“少依族人避地交州”④。

《释名》的作者，北海人刘熙也迁往交州，曾为程秉、薛综的老师⑤。

苍梧广信的士燮，其先祖于两汉之际从山东迁来，因“谦虚下士，中国士人往依避难者以百数”⑥。

顾野王《舆地志》云：“葛姥者，汉末避黄巾‘贼’，出自（至）交趾……于此筑城为家。”⑦

黄巾起义失败后，中原地区的汉民族人民更是大量逃亡，除部分向西、向北外，主要是向南。南移的汉民族人民以益、荆、扬三处为集结点。大约关中一带的人，多移往益州和汉中，《后汉书·刘焉传》就说：“初南阳三辅民数万户流入益州。”《三国志·魏志·张鲁传》也说：“韩遂、马超之乱，关西民从子午谷奔从者万家。”关中一带的人移入荆州的也很多，《三国志·魏志·卫觊传》说：“关中膏腴之地，顷遭荒乱。人民流入荆州者十万余家。”诸葛亮就是从山东琅琊避难移入荆州的；鲁肃则因“中州扰乱”而率男女三百余口南徙江东的⑧。徐州及淮河流域的人则多移入扬州，《三国志·吴志·张昭传》即说：“汉末大乱，徐方士民多避难扬土。”山东青州的人也有移徙扬州的，琅琊阳都人诸葛瑾“汉末避乱江东”⑨。凡此等等，更是不胜枚举。

---

① 《后汉书·桓荣传附晔传》。

② 《后汉书·袁安传附玄孙忠传》。

③ 《三国志·吴志·程秉传》。

④ 《三国志·吴志·薛综传》。

⑤ 《三国志·吴志·程秉传》《三国志·吴志·薛综传》。

⑥ 《三国志·吴志·士燮传》。

⑦ 王谟辑：《汉唐地理书钞》，中华书局 1961 年版。

⑧ 《三国志·吴志·鲁肃传》。

⑨ 《三国志·吴志·诸葛瑾传》。

汉民族人民大规模的南迁，在西晋永嘉之乱以后，又形成了第二个高潮。

西晋虽然使中国暂时得到了统一，但随之而来的“八王之乱”给中原人民又带来了新的灾难，长达十六年的兵祸战乱，使田园荒芜，屋宇倾圮，天灾凶年接踵而来，中原人民或死于血泊之中，或流离失所。更不幸的是祸不单行，“八王之乱”招致的“永嘉之乱”，由于具有民族斗争的性质，入主中原的匈奴人刘聪和羯人石勒等率领部众，大肆屠杀汉民族人民，犹如雪上加霜。永嘉七年（313 年）刘曜攻陷洛阳，纵兵屠杀焚掠，洛阳化为灰烬。中原的汉民族人民在这种残酷，血腥的民族斗争面前无法忍受，别无他择，只有向比较安定的江南逃亡。史称“永嘉之乱……幽、冀、青、并、兖五州及徐州淮北流人，相率过江淮”。又称“胡寇南侵，淮南百姓皆渡江”。[①]《晋书·王导传》亦云：“洛阳倾覆，中州士女避乱江左者十六、七。”由于南方不少地方“地广人稀，且少陂渠，田多恶秽”[②]，南迁的汉民族人民可以按原籍聚居在一起，所以他们在南方建立了大批的侨郡、侨县。据《宋书》记载，仅长江下游，即今江苏一带就有 33 个侨郡和 75 个侨县。在东晋初年的几十年中，据《晋书》的粗略统计：

从雍州迁出的约四、五万户；
从并州迁出的约四万户；
从梁、益二州迁出的约二十万户；
从冀州迁出的约万余户；
从宁州迁出的甚众。
合计 30 余万户。

西晋时雍、并、梁、益、冀、宁诸州合计约 68 万户，可见南迁的户口已占其半了。若和西晋全国户口比较，则全国 245 万户中有 1/8 南迁；若户以 5 口计，则南迁者约 150 余万人，占全国 1600 余万人口之1/10[③]，占刘宋

---

① 以上所引均见《晋书·地理志》。

② 《元和郡县志》二五，《江南道》一，《润州丹徒县》。

③ 倪今生：《五胡乱华前夜的中国经济》，《食货》第 1 卷第 7 期。

时南方人口的1/6[①]。

（三）南方各民族的交往交流交融

从黄巾起义到隋的统一，在3个多世纪的动荡之秋中形成的一次又一次汉民族人民南迁的冲击波，一次又一次地冲击着南方少数民族地区，使南方少数民族也被卷进了魏晋南北朝时期民族交往、交流、交融的激流之中。

在北方汉民族人民不断地大规模南迁的冲击下，原来居住深山，少与汉民族交往的蛮、俚、僚、傒等族闭关自守的状况被打破了。

以蛮族为例，原来住在今湖南、湖北境内的蛮族，乘西晋末年战乱之隙，向长江以北的淮水、汝水、沔水流域迁移，占据了东晋、南朝统辖区域的腹心地带，加强了与汉民族封建政权的联系，加强了与汉民族人民的往来。历经魏晋，相当多的蛮族已与汉民族杂居，有的则已编入郡县地方行政体系。汉民族人民进入蛮区的方式是多种多样的。因刘宋规定“蛮人顺服者一户输谷数斛，其余无杂调”[②]，这比汉民族农民的负担轻得多，所以汉民族人民因“赋役严苦，贫者不复堪命，多逃亡入蛮”[③]，以避繁重的赋役。此外，又有汉民族经商入蛮者[④]，也有逃入蛮区为蛮族首领者[⑤]。这样一移一迁，汉民族与蛮族相互渗透，形成了交错杂居的局面。

俚、僚、傒等族的情况亦如此。汉末至东晋，中原汉民族人民也纷纷避难至交、广地带，加上东汉常以罪人徙于岭南地区，避役的汉人“年及应输”[⑥]，也往往逃入俚人村落。于是，在岭南珠江流域也逐渐形成了汉民族与俚族杂居的局面。俚族人民，也有许多被人掠卖为奴婢，所谓“小婢从戍，南方之奚”[⑦]。更多的则被抓当兵，进入汉区，与汉民族人民杂居。而本来比蛮族还要落后的僚族，在李成统治后期也逐渐向平地移居。东晋后，僚族人“与夏人参居者，颇输租赋”[⑧]。南朝刘宋时则置三巴校尉，治荆、益2州的蛮僚，肖齐时立平蛮校尉，专管梁、益2州僚

---

① 翦伯赞：《中国史纲要》第2册，人民出版社1965年版，第82页。

② 《宋书·荆雍州蛮传》。

③ 同上。

④ 《南齐书·张敬儿传》。

⑤ 《魏书·蛮传》《南齐书·陈显达传》。

⑥ 《宋书·徐豁传》。

⑦ 《初学记·乔道元与天公笺》。

⑧ 《魏书·僚传》。又见《北史·僚传》。

人，这表明在这个地区也终于出现了汉民族与僚族“参居”的局面。

本来，在中国南方，经过两汉以及孙吴的经营和开发，直到两晋时，汉民族及汉民族文化的发展，还只是限于长江流域的沿岸，限于从荆州南下，经湘州越五岭至广州的交通线上，限于沿海以广州为中心的一些点线。而长江和珠江流域的广大地区，特别是山区，都是由蛮、俚、僚、傒及其他一些少数民族或族群（甚至还有氏族、部落）居住着。汉民族的地狭人少，与少数民族的地广人多形成对照。但是，经过南朝宋、齐、梁、陈四代，从北方南迁的大批汉民族人民，与土著的汉民族人民会合在一起，与南方的少数民族在广大的地区内犬牙交错地杂居在一起了。除今江西西南部沿赣江流域，四川中部和北部沿嘉陵江和岷江流域，长江以北的淮河、汉水流域外，还从长江中游向南，沿湘水、赣水、郁水流域，向两岸地区伸延扩展，并波及钱塘江、瓯江、闽江流域，汉民族及汉民族文化的发展在南方出现了由点、线联结成面的新局面。

南方少数民族汉化的情况与北方有着不同的特点。北方的少数民族的汉化，是在汉民族的中央集权的封建政权崩溃以后，各少数民族入主中原，纷纷建立割据政权，汉民族处于被征服、被统治地位的形势下发生的，从某种意义上来说，是文明程度较高的被征服民族融合了文明程度较低的征服民族。南方则相反，魏晋南北朝时期，局处南方的汉民族封建王朝，特别是南朝时，由于土宇日蹙，人口日少，为了巩固和扩大统治区域，扩大劳力来源，增加财富，必然对居腹心地带，人口众多，对封建政权征收赋役，提供人力、物力有重要意义的南方各少数民族加强统治。从某种意义上来说，是文明程度较高的统治民族融合了文明程度较低的被统治民族。

蛮族，在南方少数民族中还是比较先进的，但其乘西晋之乱，从湖南、湖北扩展而出时，仍处于奴隶制社会。至刘宋时还是“衣布徒跣，或椎髻，或剪发。兵器以金银为饰，虎皮衣楯，便弩射，皆暴悍”，而且“言语不一”[①]。而俚族在东汉时代，由于汉民族封建官吏“教其耕稼，制为冠履，初设媒娉”，才“始知婚娶，建立学校，导之以礼义”[②]。有的在

① 《南齐书·蛮传》。

② 《后汉书·南蛮传》：“建武十二年，九真缴外蛮里张游，率种人慕化内属。”又唐李贤注：“里，蛮之别号，今呼为俚人。”因汉族官吏任延守九真时“教其耕稼”，故引此说明俚族社会发展的情况。

刘宋时还“皆巢居鸟语”[1]。可见俚族最早在东汉时才进入阶级社会。向居山险，少与汉民族人民交往的僚族则过着“略无氏姓之别，又无名字，所生男女，唯以长幼次第呼之”[2] 的原始社会生活。晋、宋时才进入“父死则子继，若中国之贵族”的奴隶社会[3]。显然，与汉民族先进的经济、文化相比，南方的这些少数民族或族群是大大落后了。

俗话说：人往高处走，水往低处流。民族交融的过程，实质上就是先进的生产方式与落后的生产方式之间斗争的过程。一般说来，由于经济基础的决定作用，总是代表先进生产方式的文明程度较高的民族，战胜代表落后生产方式的文明程度较低的民族。因此，汉民族先进的经济、文化像一块巨大的磁石一样，把蛮、俚、僚、傒等族吸引到自己的周围，故西晋太康七年（286 年）、东晋隆安五年（401 年）、刘宋元嘉十二年（435 年）、大明元年（457 年）和大明中期，先后有蛮、俚、僚诸族自愿“归化”，编入汉民族州郡县。南朝时，在汉民族的影响和帮助下，南方一些少数民族逐渐完成了向封建制的转化。

再以蛮族为例，首先，从生产力发展水平来看，蛮族与汉民族一样已有了发达的农业和手工业。其农业方面生产米谷，手工业方面生产布绢，南朝政府对属郡县的蛮族征收的资费与汉民族完全相同。其次，南朝蛮族逐渐归州郡县统辖，直接变为汉民族封建政权的编户齐民，服役纳赋。正如《宋书·荆雍州蛮传》所说：“蛮民顺附者”都输赋税。再次，蛮族上层有的拥有大量的部曲，刘宋末以功封为征虏将军的蛮帅田益宗有部曲 4000 余户；南新郡蛮帅田彦生有部曲 6000 余人。梁代沔东太守蛮帅田清喜、定州刺史蛮帅田超秀等，都有一批部曲。蛮族的部曲虽然不一定与汉民族的部曲相同，但部曲的身份近似农奴，则是蛮族社会从奴隶制向封建制转化的一个重要表现，其与蛮族社会发展的趋势是吻合的。而且蛮族中的大姓田氏、向氏、冉氏、樊氏、梅氏等，在政治、经济特权上都是世袭的，其中有的还有封地，食邑多的达 3000 户。

在南方少数民族封建化的过程中，汉民族封建政权顺应民族融合的大潮流，推行了一系列比较进步的民族政策，从而大大加速了南方少数民族

① 《宋书·徐豁传》。

② 《魏书·僚传》。

③ 《魏书·僚传》《周书·僚传》。

汉化的过程。这些政策的主要内容有以下几点。

第一，直接编入汉民族封建政权的州郡县。这从南朝州郡县增多的情况中可以得到充分的反映，刘宋大明八年（464 年）有 20 州，252 郡，1250 县[①]，至梁中叶大同元年（546 年）时，则有 104 州，586 郡。[②] 这些新增加的州郡县，很多是为开发少数民族地区而设置的。如越州，是宋末为了加强对俚族地区的统治所建立的，开始时只有 8 郡 7 县，齐末时发展为 20 郡，55 县。[③]

第二，设置左郡左县。南朝为了集中治理归属的少数民族，使之不因剧烈的变动而惊恐，又能按照汉民族封建政权既定的同化政策而发展，便在少数民族地区采取了设置左郡左县的办法，用渐变的形式，逐步把少数民族变为郡县编户齐民，其官吏有的用汉人，有的则用少数民族首领充任。史载刘宋泰始年间，已有左郡 11 个，左县 25 个。[④] 齐末增加到 51 郡，145 县，其中僚族建立了 5 郡 4 县（多数僚郡无属县）；俚族建立了 8 郡 22 县；蛮族建立了 38 郡，118 县。[⑤] 南朝左郡左县的设立有着重要的意义，这就是，虽然左郡左县利用“蛮酋”对少数民族地区实行统治，南朝政府并不打乱少数民族原来的组织形式，不干预其内部事务，仅具有“羁縻”作用，但是冠以郡县之名，则意味着这些少数民族地区已非“化外”之域，是南朝政府同化南方少数民族的重要一步。

第三，设置管理少数民族的地方官吏，具体推行民族融合政策。南朝设置校尉一职，专司少数民族事务，其地位高于一般州刺史，相当于“刺史领兵者”[⑥]，即为地方最高行政长官。据史书记载，蛮左校尉计有宁蛮校尉、南蛮校尉、安蛮校尉、平蛮校尉等。此外，校尉府与州府一样有一套较完整的机构，如宁蛮校尉置佐吏，见于史籍的有护军、长史、参军、主簿、功曹等。[⑦] 一般情况下，这些官吏不是采用武力俘虏“生口”

① 《宋书·州郡志》。

② 徐文范：《东晋南北朝舆地表》，《二十五史补编》第五册，第 6812—6813 页。

③ 《南齐书·州郡志》上“越州条”。

④ 《宋书·州郡志》。

⑤ 《南齐书·州郡志》。

⑥ 《宋书·百官志下》。

⑦ 吴永章：《南朝对“蛮”族的统治与“抚纳”政策》，《江汉论坛》1983 年第 6 期。

的镇压办法，而是采取撤关卡、省烦苛、布恩惠、减轻对少数民族人民的剥削，发展生产的办法，积极推行进步的民族同化政策。如刘宋元嘉七年至十九年（430—442年），刘道产为雍州刺史宁蛮校尉时，“善抚诸蛮，前后不附官者，莫不顺服，皆引出平土”[①]，“百姓乐业，民户千赡”[②]。又如梁大同九年（543年），张缵为湘州刺史时，其主张“省烦苛”，于是“历政不宾服”的湘州零陵、衡阳等郡的蛮族，“因此向化……流人自归，户口增益十余万，州境大安”[③]。又如陈太建八年（576年），沈君理为广州刺史时，“推心抚御”，使得“世相攻伐”的岭南俚族逐渐相安，“甚得民和”[④]。

第四，采取“以夷治夷”的方针。南朝为了保持内部的安定，对南方各少数民族的汉化，尽量采用非暴力的方式进行，敕封少数民族首领统治少数民族人民，“以夷治夷”，逐步汉化。此方针的确定曾经发生过争论，南齐初年，就对是否解除西阳蛮首领侯位问题有过一场争论，虽然解除派力主废除给少数民族首领封官加爵，但保留派终以“戎夷疏爵，理章前代；酋豪世袭，事炳前叶”为由，坚持“宜存名以训殊俭”[⑤]，取得了齐太祖的同意。宋、齐、梁三代都曾敕封少数民族酋帅为王、侯、将军、刺史、太守等爵位和官职，而且朝代更替，封爵和官职不变。这种“以夷治夷”的方针，就是为了达到“以训殊俭”，逐步汉化的目的。

第五，使用蛮兵，迁徙蛮民。南朝曾利用蛮酋统率蛮兵，或为前驱攻打北朝。《北史·蛮传》中就有“梁遣将围广陵，楚城诸蛮，并为前驱”的记载；或参与统治阶级的内争，《南齐书·刘怀珍传》中就有“怀珍遣建宁太守张谟、游击将军裴仲穆统蛮汉军万人出西阳”平定沈攸之反叛的记载；或“以蛮攻蛮”，《南齐书·蛮传》中就有利用归顺的北上黄蛮文勉德驱逐抗命南襄城蛮秦远的记载。不管南朝统治者使用蛮的用心何在，客观上总是加强了蛮兵与汉民族人民的联系和往来，有利于民族同化的发展。此其一。其二，南朝统治者当南方少数民族内附或对他们进行征伐之后，往往采取徙民措施，其迁徙方向大致有两种：一是移于京师，如

① 《宋书·荆雍州蛮志》。
② 《宋书·刘道产传》。
③ 以上均引自《梁书·张缵传》。
④ 以上均引自《陈书·沈君理传》。
⑤ 《南齐书·蛮传》。

元嘉二十二年（445 年）“雍州刺史武陵王骏讨缘沔蛮，移一万四千余口于京师”[①]。又如沈庆之“前后所获蛮并移京邑，以为营户”[②]。二是引出平土。如刘道产为宁蛮校尉、雍州刺史时，“善于临民，在雍州政绩尤著，蛮夷前后叛戾不受化者，并皆顺服，悉出缘沔为居”。[③] 显然，迁徙蛮民的结果，是使这些少数民族进入了汉民族的汪洋大海之中，大大加快了他们汉化的速度。

这样，自西晋后，经过南朝四代，169 年的历史熔铸，南方蛮、俚、僚、傒等少数民族的一部分被汉民族融合了。本来，中国南方是“南蛮杂种，与华人错居，曰蜒、曰獽、曰俚、曰僚，曰㐌，俱无君长，随山洞而居，古所谓百越也”[④]。经过魏晋南北朝时期如火如荼的民族大同化，则“浸以微弱，稍属于中国，皆列为郡县，同之齐人”[⑤]。《通典》对僚族被汉民族同化的情况有一段生动的记述，其说：僚“初，因蜀李势乱后，自蜀汉山谷出，侵扰郡县。至梁时，州郡每岁伐僚以自利，及后周平梁益，自尔遂同华人矣”。[⑥] 因此，到了隋朝时，汉中地区“杂有僚户，富室者颇参夏人为婚，衣服居处言语，殆与华不别”；原益州地区“又有獽、狿、蛮、賨，其居处风俗、衣服饮食，颇同于僚，而亦与蜀人相类”[⑦]；原荆州和雍州地区“多杂蛮左，其与夏人杂居者，则与诸华不别”[⑧]。很清楚，这里所谓“殆与华不别”“与蜀人相类”“与诸华不别”等都是说明蛮、俚、僚被汉民族同化后，丧失本民族的特征，在政治、经济、文化以及生活习俗等方面都与汉民族相同了。所以，隋唐以后，至迟到两宋之间[⑨]，反映蛮、俚、僚、傒等族聚居地区的左郡左县取消了，敕

---

① 《宋书·文帝本纪》。

② 《宋书·沈庆之传》。

③ 《宋书·刘道产传》。

④ 见《隋书·南蛮传》。

⑤ 同上。

⑥ 《通典》卷一八七《南蛮》。

⑦ 以上所引均见《隋书·地理志上》。

⑧ 《隋书·地理志下》。

⑨ 蛮、俚、僚、傒等族的一部分在魏晋南北朝时期基本上被汉民族同化了，但仍有部分因种种原因未被同化，而走上了独立发展或被中国南方其他少数民族同化的道路，如僚族的绝大部分至迟到两宋之际，即 11、12 世纪时被汉族同化，但其西昌、凉山地区的僚族后裔“曲鸣”，后来却被彝族同化。

封这些少数民族首领的制度废除了，专管这些少数民族的机构也不复存在了，许多少数民族的名称，如傒等，也完全消失了，他们中的一部或全部，都融合在汉民族之中了。

过去，史书在讲述魏晋南北朝的民族融合问题时，一般都只提北方匈奴、鲜卑、羯、氐、羌“五胡”入主中原后，被汉民族融合的情况。显然，这是片面的。实际上，如前所述，汉民族在北方融合入主中原的少数民族的同时，在南方也融合了蛮、俚、僚、傒等族的一部分。因此，隋统一全国后，在南北两个方向上同时发展的汉民族也统一了。特别有意义的是，隋唐时期的汉民族，已不再是两汉时的汉民族，而是吸收了北方的匈奴、鲜卑、乌丸、氐、羌，以及南方部分蛮、俚、僚、傒等民族和族群的新汉民族。这样，从魏晋南北朝至隋唐，汉民族第一次得到了脱胎换骨的大发展。

第二节　宋辽夏金元至明清时期汉民族的大发展

“历史的发展是曲折的，迂回的”①。唐以后，中国又进入了一个大分裂、大动乱的历史时期，又出现了汉民族人民大批南移，北方少数民族大量内迁的历史现象，民族大交往、交流、交融的风云再起于中华大地。

一　宋辽夏金元时期民族交融风云的再起

汉民族经过魏晋南北朝的交往、交流、交融，在唐代大融汇的新基础上，相对稳定了一个历史时期后，在历史上惊人相似的重演中，又开始了新的大发展。五代十国时的后唐、后晋、后汉就是西突厥的沙陀族人李克用、石敬瑭、刘知远分别所建。10世纪初，形成汉民族的北宋、契丹族的辽和党项族的西夏的“三国鼎立”。12世纪初金灭辽、灭北宋后，又出现了女真族以金国与汉民族的南宋“南北对峙”的局面。直到公元1276年蒙古族建立的元朝灭南宋，统一全中国，在被征服的民族危机面前，汉民族又面临着严峻的考验。但是，正如历史进程所表明的那样，通过这次民族危机的考验，汉民族的稳定性再次得到证明，汉民族的内聚力和吸收力再次得到表现，就是在被征服的过程中，汉民族先后融合了契丹族、党

① 《当前的主要任务》，载《列宁全集》第27卷，人民出版社1963年版，第149页。

项族、女真族及其他少数民族，在民族大融合风云的再起中又一次得到了大发展。

与魏晋南北朝时期一样，宋辽夏金元时期的民族大融合，也是从民族的大迁移开始的。拿辽来说，公元907年阿保机建立辽国后，便大举侵掠汉民族地区。公元921年，入居庸关、掠檀、良乡、遂城等10余城，并俘获大批汉民族居民而返。公元938年，燕云十六州又归辽。为了安置这些被俘获作为奴隶的汉民族人民及其他少数民族，从阿保机到辽太宗，先后建置了许多"投下州县"。这样在辽国的疆域内就出现了契丹族与汉民族，以及与傒族和勃海国人杂居的局面。金更是如此，从阿骨打反辽到吴乞买侵宋的初期，经常把掳获的大批汉人迁入东北，特别是在黑龙江流域地区，形成了汉民族与女真、契丹等族的交错杂居。后来，随着金统治地区的扩大。金统治者先后4次把女真族的"猛安谋克"[①] 迁入中原地区，正如文书所说："女真国土人散居汉地""棋罗星列，散居四方"[②] 迁入人口之多，仅第4次，即宣宗南渡后，把河北的"猛安谋克"迁入河南的军户有100多万人，经过淘汰后，还有"四十二万有奇"[③]。于是，在华北地区也形成了汉民族与女真、契丹等族交错杂居的局面。

民族交融作为一种历史现象，而且是发生在民族与民族之间的历史现象，当然是群众的事业，随着民族融合的深入，当然也必将是群众队伍的扩大。而要扩大群众队伍，即要加快民族交融的速度，加深民族交融的深度，就必须沟通民族的心理。在这方面，各族人民反对共同敌人的斗争有着特殊的意义和作用。这种切身利益，即阶级利益的一致，不仅把杂居在一起的各族人民更紧密地联系在一起，而且在加深互相了解的基础上，逐渐消除了民族隔阂和成见，不断沟通了民族的心理，民族融合的这种深层发展，促使民族界线逐步消失。辽、夏、金三国在征服汉民族和其他少数民族人民的过程中，都逐步形成了各族剥削阶级的联合统治。辽建国不久，即建立了"以国制治契丹，以汉制待汉人"[④]，北南并列的两套政治行政制度。圣宗时，汉人韩德让以南院枢密使兼北院枢密使，进封为大丞

① 女真族的社会基层组织，以100户到300户组成一个"谋克"，10个"谋克"组成一个"猛安"。

② （元）宇文懋昭：《大金国志》卷一二，《熙宗》四。

③ 《金史·陈规传》。

④ 《辽史·百官志》。

相，总管全国事务，这就标志着契丹族与汉民族剥削阶级在政治上的联合。西夏建国后也建立了蕃官和汉官并行的政治制度。毅宗时更是大量吸收汉民族人做官。全国建立了一个多民族的最高统治集团。世宗时，参与统治核心的女真贵族有 22 人，汉人有 14 人，契丹、渤海各 2 人。

各族剥削阶级在政治上的联合，使得本来较尖锐的民族矛盾有所缓和，而阶级矛盾则有所突出，这就使各族劳动人民容易看清民族压迫的本质就是阶级压迫，有利于民族隔阂和成见的消除。辽、夏、金都发生过各族人民的起义，反对他们的共同敌人，即各族剥削阶级的联合统治。辽各族人民联合反对各族剥削阶级联合统治的一个高潮是渤海大延琳起义。本来辽灭渤海国后，允其维持原来的制度，不仅无盐酒等税，而且关市商税也较少。但圣宗时汉民族人韩绍勋为户部使，强对渤海居民征税。户部副使王嘉又令渤海居民造船，将粟米运往燕地。渤海居民不堪忍受，于公元 1029 年 8 月在东京起义，推大延琳为首，建国号“兴辽”，年号“天庆”。邻近的女真族人也起而响应。起义坚持了 1 年多才遭失败。在金国，海陵王组建多民族成分的最高统治集团之时，正是各族人民联合反抗之日。除山东开山赵和东海张旺、徐元领导的汉民族人民的起义外，最著名的是契丹族人撒八、移剌窝斡等领导的起义。为反对征兵，契丹译史撒八等杀金招讨使起义，于是西北路各族人民奋起响应，形成了一支巨大的起义洪流。后移剌窝斡攻下临潢府，于正隆六年（1161 年）12 月称皇帝，建年号“天正”。这次起义一直坚持到大定四年（1164 年）5 月才被金世宗完全镇压下去。在这种反对共同敌人的斗争中，各族劳动人民从本民族的狭小眼光中进一步团结起来，加强了联系，加深了了解。这种共同斗争像吸尘器一样，消除了蒙在民族关系上的灰尘，即民族隔阂和民族成见，沟通了民族的心理，使民族融合，在群众队伍不断扩大的形势下，成了一股不可抗拒的历史潮流。

在古代社会里，民族交融作为一个历史现象，也必然受到掌握国家政权的统治者所执行的政策的影响和规定。在中国历史上，一则由于汉民族一向人口众多，入主中原的少数民族统治者，在汉民族人口的汪洋大海中，从巩固统治地位出发，就不得不同战国时期楚将庄蹻入滇“变服以其俗以长之”① 一样，实行汉化政策。二则由于汉民族的经济和文化一直

① 《史记·西南夷列传》。

处于领先地位，所以按照“一条永恒的历史规律”，即“野蛮的征服者总是被那些他们所征服的民族的较高文明所征服”[①]。入主中原的少数民族统治者为汉民族先进的经济和文化所吸引，“在绝大多数情况下，都不得不适应征服后存在的较高的‘经济情况’；他们为被征服者所同化”，[②] 问题的关键是掌握国家政权的少数民族统治者执行什么政策？恩格斯在论述国家权力对于经济发展的反作用时说：“它可以沿着同一方向起作用，在这种情况下就会发展得比较快；它可以逆着发展方向起作用，在这种情况下它现在在每个大民族经过一定的时期就都要遭到崩溃；或者是它可以阻碍经济发展沿着某些方向走，而推动它沿着另一种方向走，后一种情况，归根到底还是归结为前两种情况中的一种。但是很明显，在第二和第三种情况下，政治权力能给经济发展造成巨大的损害，并能引起大量的人力和物资的浪费。”[③] 同样的道理，如果掌握国家权力的少数民族统治者，顺应历史的潮流，推行汉化政策，那就有利于民族交融的加速。促使民族融合过程发生从量变到质变的飞跃。反之，如果统治者执行民族歧视和民族压迫政策，反对汉化，那轻者延缓民族融合的进程，重者加深民族隔阂，挑起民族斗争。辽、夏、金三国历史上都发生过主张汉化和反对汉化的斗争。辽在太宗死后，发生过主张汉化的耶律培派和反对汉化的述律后培的斗争；西夏景宗到毅宗时发生的皇族与后族的斗争，实际上反映了汉礼与蕃礼的斗争，也就是主张汉化与反对汉化的斗争；金世宗就极力保持女真旧俗，反对汉化。但是，在民族同化风云兴起，成为一股历史潮流之时，汉化就成了不以人们的意志为转移的客观规律。因此，辽、夏、金都先后出现过北魏孝文帝式的人物，顺应历史潮流，推行汉化政策。辽圣宗是辽国推行汉化政策的代表。圣宗本人不仅喜读《贞观政要》，而且善吟诗作曲，成了契丹族汉化的带头人。他推行的改革，如仿汉民族政权修史体制，编修实录，把《贞观政要》作为治国的经典，提倡汉化了的佛教，不仅使封建制确立，也有力地推进了契丹族的汉化。在西夏，毅宗、崇宗、仁宗都是推行汉化政策的人物。毅宗执政后，首先下令夏国人都不再

① 《马克思恩格斯选集》第2卷，人民出版社1972年版，第70页。

② ［德］恩格斯：《反杜林论》，《马克思恩格斯选集》第3卷，人民出版社1972年版，第222页。

③ 《恩格斯致康·施米特》1890年10月27日，《马克思恩格斯书信选集》，人民出版社1962年版，第471—472页。

用蕃礼，改用汉礼。后又改用汉姓，并增加官职，任用汉民族人。崇宗定汉学为“国学”。仁宗时又实行科举制，办学校，尊孔子为文宣帝，传授儒学。他们一个接一个地把汉化推向前进。在金朝，海陵王是女真族的孝文帝。他毫不逊色于孝文帝的魄力和措施，把都城从上京会宁府迁到燕京，同时把太祖、太宗的棺木也从上京迁到燕京大房山新建的“山陵”安葬和祭祀；又下令拆毁上京的旧宫殿和女真各大族的住宅，平作耕地，表明了汉化的决心。后来他又废除南北选制，统一了选取汉官的科举制。章宗继承海陵王的事业，成了金皇帝中汉化程度最高的一人。他规定各地对汉民族先祖帝王伏羲、神农、轩辕、少昊、颛顼、高辛、尧、舜、禹、汤、周文王、武王等要三年一祭。并在京师设女真国子学，诸路设女真府号，教授经书，科举以经书为标准，表明了对汉民族心理素质的继承。辽、夏、金的所有这些推行汉化政策的改革，都表明在人民还处于无权的被统治的历史条件下，掌权者执行什么政策，确实是民族交融能否实现的关键。

杂居的环境，心理的沟通，掌权者推行汉化政策，虽然都是汉民族融合其他少数民族的重要条件，但决定的因素仍然是汉民族先进的经济和文化的影响和吸引，这就是恩格斯所说的：“一切社会变化和政治变革的终极原因，不应该求之于人们的头脑之中，也不应该求之于人们对于永恒真理和正义的日益增长的理解之中，而应该求之于生产方式和交换方式的变更之中；这些原因，不应求之于哲学，而应求之于各该时代的经济。”[①]一句话，经济基础是历史发展的决定因素。以党项族来说，早在唐末宋初，即有接受了汉民族经济和文化的“熟户”出现。西夏建国后，“素鲜耕稼，专以畜牧为生”“畜牧甲天下”[②] 的党项族也逐渐发展了农业和手工业，由畜牧业逐渐转向农业。如陕西横山地区，是党项族迁至陕北后的主要聚居区，已是“延袤千里，多马宜稼”[③]。又如在葭、芦、米脂地区，有人们颂称的“歇头仓”“良田不啻一二万顷。夏人名为珍珠山、七宝儿，言其多出禾黍也”[④]。再如《番汉合时掌中珠》中载有犁、铧、子耧、

① ［德］恩格斯：《社会主义从空想到科学的发展》，人民出版社 1961 年版，第 60 页。
② 《金史·西夏传》。
③ 《宋史·种世衡传》。
④ 《宋史·食货志上三》。

镰、锄、镬、杴、锹，以及碌碡、刻叉、车、碾、碓、硙等，与原西北地区的农具大致相类。所以在西夏领域内，包括以河西走廊著称的今敦煌、酒泉、张掖、武威等地在内的河西陇右地区，不仅是有名的牧区，盛产良马，同时也有相当发达的农业，“民物富庶，与中州不殊”。[①] 在经济起决定作用的同时，汉民族先进的文化对党项族的被汉化也有重要的影响，这除了表现于西夏统治者大力提倡和宣扬在唐代已完全汉化了的佛教外，还集中表现于西夏统治者对汉民族传统的儒家文化的积极采用上，元昊以来使用新制西夏文字翻译汉文古籍，流传至今的就有：《论语》《孟子》《孝经》《贞观政要》《六韬》《十二国》《德行集》等，不胜枚举。依据汉文古籍编译成书的则更多，现存的有：《天盛年改新定律令》《猪年新法》《官阶封号表》《贞观玉镜统》《三世明言集》《掌中珠》《文海》《文海杂类》《钦定文海》《五音切韵》等。[②] 为了吸取汉民族先进的文化，西夏统治者经常向宋王朝请求各种经、史书籍，如《九经》《唐书》《册府元龟》等巨著[③]。于是在党项族中出现了像儒学渊深的斡道冲[④]，诗才超妙的王仁忠[⑤]，编修西夏实录的焦景颜、王金[⑥]，编纂《番汉合时掌中珠》的骨勒茂才[⑦]，撰写《夏国谱》的罗世昌[⑧]等善于汲取汉民族文化的代表人物。

契丹族也是如此，在“投下州县”和燕云十六州汉民族先进的经济和文化的影响下，不仅汉民族熟练的生产技术、先进的生产工具吸引了契丹族人民，而且还促使契丹族迅速封建化。本来契丹族在大漠之间“畜牧畋渔以食，皮毛以衣，转徙随时，车马为家”[⑨]。但是在汉民族的影响下，早在皇祖匀德实为大迭烈府夷离堇时，就“喜稼穑，善畜牧，相地

① 《文献通考》卷三二二，古雍州附案语。

② 陈振华：《评苏联近30年的西夏学研究》，《社会科学战线》1978年第2期。

③ 参阅《宋会要辑稿·礼》六二之四〇。

④ 虞集：《道园学古录·西夏斡公画像赞》。

⑤ 《西夏书事》卷三三。

⑥ 《宋史·夏国传下》。

⑦ 《番汉合时掌中珠》原序。

⑧ 《金史·西夏传赞》。

⑨ 《辽史·营卫志》。

利以教民耕"，而太祖平诸第之乱后，"弭兵轻赋，专意于农"[①]。这虽不代表契丹族人已经普遍经营农业，但却反映了契丹族人对农业已有了一定的重视。阿保机时，更是从被用长绳连头系之于木，驱往漠北充为奴隶的汉民族人民的反抗和逃亡中领悟到：是否学习汉民族的先进经济和文化，是关系到契丹国祚兴衰的大问题。于是，阿保机除"筑城郭立市里以处汉人，使各有配偶，垦艺荒田"[②] 外，还"为城郭宫室之制于漠北"[③]，并正居臣，定名分，设置州县，改用汉姓[④]，改变契丹族旧有的统治方式。936 年，辽从石敬瑭手中得到了燕云 16 州，无论怎样评价这一事件，其给契丹族学习汉民族先进的经济和文化在客观上提供了更有利的条件是无可置疑的。所以，经阿保机的经营已跨入封建制门槛的契丹族，在汉民族经济的影响下，迅速完成了封建化，景宗时下令说："诸州有逃户庄田，许番汉人承佃供给租税"[⑤] 的史料对契丹族的封建化作了最好的说明。在文化上，汉语、汉字一直与契丹文字一样通行，而契丹文字则是在汉民族人民帮助下创制的。汉民族传统文化的代表——儒学一直受到重视，阿保机于神州三年（916 年）下诏建孔子庙，"皇太子春秋释奠"[⑥]。及至道宗，更是"诏求乾文阁所缺经籍，命儒医校雠"，并"诏有司颁作《史记》《汉书》"，在学校颁"五经传疏"[⑦]，以便士子阅读。道宗本人则经常请人讲解四书五经，并不避夷、狄之讳，洪皓的《松漠纪闻》对此有一段生动的记述：

> 大辽道宗朝，有汉人讲《论语》，至北辰居其所而众星拱之，道宗曰："北极之下为中国，此岂其地耶？"至夷狄之有君，疾读不敢讲，则又曰："上世獯鬻獯狁，荡无礼法，故谓之夷，吾修文物，彬彬不异中华，何嫌之有？"卒令讲之。

---

① 《辽史·食货志》。

② 欧阳修：《新五代史·四夷附录》。

③ 薛居正：《旧五代史·外国列传第一》。

④ 《辽史·后妃传》："大祖慕皇帝，故耶律兼称刘氏，以乙里室、拔里比萧相国，遂为萧氏。"

⑤ 《宣府镇志》一四。

⑥ 《辽史·宗室传》。

⑦ 《辽史·道宗本纪》。

可见道宗汉化之深。在生活习俗上也多吸收和继承汉民族的风俗，如不仅一般情况下喜服汉服，兴宗后大礼时也服汉服了①。又如仿汉俗过端午节，重阳节。更有甚者，辽太宗并于会同三年（939 年）宣布："契丹人授汉官者，从汉仪，听与汉人婚姻。"② 契丹族民谣"垂杨寄语山丹，你到江南艰难，你那里讨个南婆，我这里嫁个契丹"③，都表明在民族同化的风云之中，契丹族与汉民族之间结为秦晋之好，民族壁垒最顽固的部分被打破了。

女真族更是如此。汉民族先进的经济和文化的影响，一使"善骑射，喜耕种，好渔猎""以物博易，无工匠"④ 的女真族的生产得到发展，出现了"收多支少"的丰收年景。二使女真族社会封建化。女真族从奴隶制向封建制的转化，主要表现为"猛安谋克"的封建化。几经南迁的"猛安谋克"领受耕地，散落在汉民族地主庄田的汪洋大海之中。金世宗时，租佃关系已经普遍存在。金章宗时又大量解放"二税户"⑤"定屯田户自种及租佃法"⑥，正式承认"猛安谋克"出租土地的合法性。三使女真语言、文化逐步汉化。不仅与汉民族人民杂居的"猛安谋克"户学会了汉语，连女真贵族也学会了汉语，甚至不会说女真语了。同时，女真人简译汉姓和改易汉姓的也越来越多，并且"好变夷狄风俗，行中国礼乐如魏孝文"⑦。最后不得不解除民族间婚姻界限，宣布"屯田军户与所居民为婚姻者听"⑧。于是，"猛安人与汉户今皆一家"⑨。女真族就是这样在被汉化的道路上迅速地前进着。

宋辽夏金元时期北方少数民族被汉民族同化的这种情况，还可以以苏轼（东坡）与契丹族人耶律楚材家族的关系作具体的说明。

苏轼，汉民族人，是北宋文学家和政治家。而与苏轼同时的正是耶律

---

① 《辽史·仪卫志》。

② 《辽史·太宗本纪》。

③ 转引自任崇岳《论辽代契丹族对汉族文化的吸收和继承》，《中州学刊》1983 年第 3 期。

④ 《大金国志》卷三九，《初兴风土》。

⑤ 所谓"二税户"原为契丹贵族俘虏去的汉族农民，既要向所属契丹贵族交租，又要向辽政府纳税。金灭辽后又为女真贵族所有。

⑥ 《金史·章宗纪》四。

⑦ 刘祁：《归潜志》卷一二，《辨亡》。

⑧ 《金史·章宗纪》四。

⑨ 《金史·唐括安礼传》。

楚材的曾祖父耶律内刺，其曾任辽国太师，对苏轼在宋朝的威望十分了解，并努力收集、精心保存苏轼的议奏和诗文。官至金国尚书右丞相的耶律楚材之父耶律履对苏轼也非常熟悉，甚至连苏轼的家庭生活情况都了如指掌，其特别佩服苏轼的诗文和政治才能。耶律楚材本人更是五体投地地崇拜苏轼的性格、品德和志向，称其为“坡仙”[①]。他在《勉景贤》诗中说：“既慕东坡才，当如东坡志；君才如东坡，其志未相似。诗似东坡诗，字如东坡字，胡不学东坡，且学长不死。”[②] 这种思想意识、学术风格、文化修养方面的关系，在耶律楚材时还进一步发展成亲缘关系，耶律楚材的继配夫人苏氏是苏轼四世孙苏公弼之女，其长期跟随耶律楚材生活在漠北和林，又曾伴同耶律楚材随蒙古大军西征，辗转跋涉于西域各地，生子铸、镛及女儿数人。耶律楚材在政治、经济、文化诸方面为元朝的种种建树，都与苏氏的支持和帮助密不可分。1242 年，苏氏逝世，葬于燕京瓮山（今北京颐和园万寿山）麓。1244 年，耶律楚材逝世，与苏氏合葬于此。[③] 显然，历经宋辽金元 4 朝的耶律楚材家族与苏轼的关系发展成亲缘关系绝不是偶然的，而是长期以来汉民族与契丹互相依存，不断往来，契丹族同化于汉民族的必然结果。

在民族大交融风云的席卷之下，杂居得愈久，民族心理沟通得愈深，掌权者推行汉化政策愈积极，汉民族先进经济和文化的炭火就越烧越旺，把契丹、党项、女真等民族都交融于汉民族的汪洋大海中去了。元统一中国后，把当时中国境内的人分成四等：第一等是蒙古人；第二等是色目人，包括西夏、回回、西域以及留居中国的一些欧洲人；第三等是汉人，包括契丹、女真、高丽和原来金统治下的汉人；第四等是南人，指南宋统治下的汉人和西南各民族人民。这种民族歧视的等级制，固然反映了元统治者分化汉民族，以利其统治的目的，但却客观地、真实地反映了中国北方自宋、辽、夏“三国鼎立”，以及金与南宋“南北对峙”以来民族同化基本完成的事实。元朝末年，即宣告免除北人与南人的界限。这正如斯大林所说：“历史的重演，不过是在新的基础上重演。”[④] 汉民族这个由多民

① （元）耶律楚材：《谢西方器之赠阮杖》，见《湛然居士文集》卷十，商务印书馆 1937 年版。

② 见《湛然居士文集》卷十二，商务印书馆 1937 年版。

③ 孟广耀：《苏东坡与耶律楚材家族的关系》，《民族研究》1982 年第 3 期。

④ 《十月革命的国际性质》，载《斯大林全集》第 10 卷，人民出版社 1954 年版，第209 页。

族混血而形成和发展的民族，这时经过宋辽夏金时期大分裂、大动乱的再一次重演，民族大交融风云的再一次兴起，在新的基础上，由于又汉化了契丹、党项、女真等民族，像滚雪球一样，越滚越大，越滚越结实，越滚越发展了。

二 从两宋到明清汉民族自我意识的增长

民族的自我意识，亦即民族意识。所谓民族意识，梁启超曰："谓对他而自觉为我。"[①] 费孝通称："同一民族的人感觉到大家是属于一个人们共同体的自己人的这种心理。"[②] 这就是说民族意识是民族自我存在的思想反映，也是联系民族思想、民族感情，即民族共同心理的纽带。它通常表现为对民族利益的一种感觉和维护，也包括对民族形式、民族历史、民族文化的自豪和热爱。也就是费孝通先生所说的：一个民族"总是要强调一些有别于其他民族的风俗习惯、生活方式上的特点，赋予强烈的感情，把它升华为代表这个民族的标志"[③]。

民族意识的强弱与民族稳定性的大小是成正比的。汉民族自西汉从华夏民族发展，转化形成以来，经历史的长期检验，经阶级斗争烈火的考验，经民族斗争风暴的洗礼，越来越稳定地屹立在世界民族之林。汉民族的这种稳定性不仅表现出强大的吸收力、交融力和凝聚力，发展和壮大了自己，而且还表现出强烈的内聚性和自识性，民族意识不断增长。汉民族的民族意识，经过魏晋南北朝亡国灭族的危机，及至隋唐的统一，在两宋到明清时期得到了特别显著的增长。

从两宋到明清，汉民族的民族意识增长并得到表现，根本原因在于汉民族的北宋政权面临着契丹族的辽和党项族的西夏两个政权的侵扰，后又被女真族的金所灭；汉民族的南宋政权一直受到金亡国灭族的威胁，后亡于蒙古族的元；元始终实行民族压迫和民族歧视政策，汉民族处于"民族监狱"之中；满族的清灭明后，汉民族又一次陷入亡国灭族的危机之中，民族矛盾在一个相当长的时期内一直是社会的主要矛盾，反映这个矛盾的民族斗争也就

---

① 梁启超：《中国历史上民族之研究》，载《梁任公近著》下册，商务印书馆 1924 年版，第 44 页。

② 费孝通：《关于民族识别问题》，《中国社会科学》1980 年第 1 期。

③ 同上。

成了当时社会阶级矛盾的主要表现形式。这样，当一个民族处于生死存亡的危难关头时，民族的内聚性和自识性所引发出来的内聚力和向心力，就会由于外力的作用而显得特别突出和强大。从两宋起，特别是自南宋起，经儒学传统伦理道德长期熏陶的汉民族的民族意识得到空前的增长，激烈复杂的民族斗争为汉民族自我意识的表现提供了广阔的历史舞台。

第一，民族英雄岳飞的抗金斗争，是汉民族民族意识增长的突出表现。

出身于农民的岳飞，在女真贵族灭了北宋，侵占了广大中原地区，进而威逼南宋，汉民族人民面临生死存亡的危机之时，呼出了“还我河山”的豪言壮语，表示了保族卫国的雄心壮志。自20岁开始从军，转战于抗金斗争的最前线，在强烈的民族意识的支使下，写出了传诵千古的《满江红》词：

> 怒发冲冠，凭栏处潇潇雨歇。抬望眼，仰天长啸，壮怀激烈。三十功名尘与土，八千里路云和月。莫等闲白了少年头，空悲切！
>
> 靖康耻，犹未雪；臣子恨，何时灭？驾长车踏破贺兰山缺。壮志饥餐胡虏肉，笑谈渴饮匈奴血。待从头收拾旧山河，朝天阙。

后来，汉奸秦桧卖国投降，以莫须有的罪名毒杀了仅39岁的岳飞。正因为在民族矛盾成为社会的主要矛盾之时，岳飞代表汉民族人民的根本利益和保卫民族生存的强烈愿望，英勇奋战了一生，所以他被誉为汉民族历史上的第一个民族英雄。

这样，岳飞的英名成了汉民族民族意识增长的一个象征，在中国历史上，800多年来很少有人不知道岳飞的名字。而他所开创的抗金事业，也培养和造就了一批又一批的爱国志士和民族精英，例如陆游、辛弃疾、陈亮等。他们继承了岳飞的事业，坚持抗金，用热血表明了他们不愧是黄帝的子孙、华夏的后裔、汉民族的精英；用诗词写出了汉民族“生当作人杰，死亦为鬼雄”① 的民族精神，反映了汉民族“一心中国梦”“愿睹汉旌旗”② 的民族意识的突出增长。陆游的《示儿》诗：

---

① （宋）李清照：《夏日绝句》。

② （宋）郑思肖：《德祐二年岁旦》。

死去原知万事空，
但悲不见九州同。
王师北定中原日，
家祭无忘告乃翁！

不仅是他的遗嘱，而且还是他抗金的最后号召，教育和鼓舞了汉民族后代无数的革命志士，直到五四时代，陆游的诗还鼓舞着反帝斗争中的人民，梁启超就热烈地赞扬说："诗界千年靡靡风，兵魂销尽国魂空。集中十九从军乐，亘古男儿一放翁。"① 还有，直接参加过北方人民抗金斗争的辛弃疾强烈的民族意识表现在他对被分裂的北方的怀念和对抗金斗争的赞扬上。他送杜叔高的《贺新郎》词就说：

起望衣冠神州路，
白日销残战骨，
叹夷甫诸人清绝。
夜半狂歌悲风起，
听铮铮阵马檐间铁，
南共北，
正分裂。

这样，陆游的诗和辛弃疾的词犹如一对号角，鼓励南宋人民力争抗金的胜利。

在这种强烈民族意识的熏陶下成长起来的宋末民族英雄文天祥，为了挽回南宋覆亡的命运，寸土血战，百折不挠，直到战败被俘，仍然坚持民族气节，誓死不屈，写下了极为光辉的"人生自古谁无死，留取丹心照汗青"的著名诗句②。他的杰作《正气歌》既表现了坚持民族气节的自豪感，又表现了他对民族光明前途的坚定信念。

为什么汉民族的民族意识如此强烈？南宋的思想家陈亮说得十分明确："尧之都，舜之垠，禹之封，于中应有，一个半个耻臣戎。万里腥膻

① 梁启超：《读陆放翁集》。

② 《过零丁洋》。

如许，千古英灵安在，磅礴几时通？胡运何须问，赫日自当中。”[①] 这就是说汉民族历史极为悠久，其浩然之气一定会压倒沾染中原的女真族的腥膻味，即“胡运何须问，赫日自当中”。正因为汉民族民族意识的历史作用，所以每当汉民族的民族危机深重的时候，岳飞、陆游、辛弃疾、文天祥等人的影响就越大，人们往往从他们的事迹和作品中吸取精神的鼓舞力量。及至当下，民族英雄岳飞，仍然是现代中国民族主义者在抵抗西方侵略，鼓吹推翻清朝统治，建立现代民族国家的斗争中，作为榜样而被推崇弘扬。岳飞作为民族英雄的当代意义在于，他是一个古老的榜样，他能激励汉民族在强势民族控制的世界中，在具体的危境困局中奋斗抗争，绝不屈服认命。而且，在海外的华人对自己的祖国也就是祖宗所在的地方，有一份永恒的忠诚，就像岳飞忠君那样忠于祖国，这是一种具有汉民族特色的道德理念[②]。

第二，朱元璋“驱逐胡虏，恢复中华”口号的提出，反映汉民族民族意识增长到了一个新的高度。

蒙古贵族建立的元朝统一了全中国，却实行民族压迫和民族歧视政策，汉民族被人为地分成“汉人”和“南人”。在政权机构和军队组织上排挤和歧视汉民族人，在刑法上重惩汉民族人，在征敛方面重收汉民族人都不必说，而且还规定汉民族人不得聚众畋猎和迎神赛会，不得执弓矢，甚至连养狗、养鹊鸟都不允许。因此，元朝民族矛盾一直处于尖锐状态，民谣说；“天雨线，民起怨，中原地，事必变”[③]。所以元于公元1271年建立后，仅80年，即1351年就爆发了红巾军大起义。

在起义过程中，义军首领刘福通，陈友谅、明玉珍先后建立过“大宋”“大汉”“大夏”政权，国号取名“宋”“汉”“夏”，都强烈反映了汉民族的民族意识。汉民族这股民族意识增长的浪头，在元末红巾军的大起义中。最后汇集在一起，形成一股巨大的洪流，朱元璋在北伐檄文中提出了“驱逐胡虏，恢复中华”[④] 的口号，明确地表示反对民族压迫和民族歧视，强烈地表示了汉民族的自我存在和民族光复的决心，反映自两宋以

---

① （宋）陈亮：《水调歌头》。

② 参阅单正平《岳飞的当代意义》（http：//www. studa. net/lishi/080806/10170534. html）。

③ 《元史·五行志》。

④ 《明太祖洪武实录》卷二一，《鸿猷录》五《北伐中原》。

来民族意识的增长到了一个新的高度。

第三，明末清初的抗清斗争，是汉民族用热血谱写的强烈表现民族意识的一曲悲歌。

公元1644年，清军入关后，民族矛盾上升为主要矛盾，汉民族又一次面临着亡国灭族的危机，抗清风云席卷中原大地，悲壮义烈的保族卫国的战斗遍及大江南北。史可法率领扬州军民困守孤城，誓死不降，最后英勇牺牲，表现了“宁为玉碎，不为瓦全”的崇高的民族气节，显示出强烈的民族意识。

公元1645年6月15日，清政府向全国发布“剃发令”，规定：全国官民，京城内外限十日，直隶及各省地方以部文到日亦限十日，全部剃发，“遵依者即为我国之民，迟疑者同逆命之寇，必置重罪，若迟疑惜发巧辞争辩，决不轻贷”，违抗者“杀无赦”剃发之后，衣帽装束随之改易，“悉从本朝制度，不得违异”①。自古以来蓄发是汉民族传统的风俗，是汉民族民族意识的外部表现。强迫剃发，实际上就是灭族，这是对汉民族的民族意识的公开挑战。太平天国的《奉天讨胡檄》就说：“夫中国有中国之形象，拖一长尾于后，是使中国之人，变为禽兽也。中国有中国之衣冠，今满洲另置顶戴，胡衣猴冠，坏先代之服冕，是使中国之人忘其根本也。”② 所以，当清朝严令“留头不留发，留发不留头”时，汉民族人民发出“头可断，发决不可剃”的誓言，奋起进行了悲壮勇敢的反剃发斗争。其中江阴和嘉定两地的斗争最为激烈。江阴人民推阎应元、陈明遇为领袖，在24万清军的攻击下，苦战了81天，誓死不剃发。嘉定人民组织乡兵，地自为守，人自为战，有10多万人参加反剃发斗争，坚持了一个半月，2万多人壮烈牺牲。汉民族人民用自己的热血，谱写了强烈表现民族意识的一曲悲歌。

在民族危机到了最危险的时候，明末农民起义军服从民族的最高利益，在汉民族民族意识的指导下，从反明转为联明抗清。李自成的余部在李过、郝摇旗等人率领下，与南明将领何腾蛟合作，奋战在湘鄂战场的最前线，与各地反清起义相呼应，掀起了南明抗清的第一次高潮。后来，张

---

① 《清世祖》卷十七，顺治二年六月丙寅。

② （清）杨秀清：《奉天讨胡檄》，载《中国近代史资料选编》，生活·读书·新知三联书店1954年版，第118页。

献忠的余部在李定国领导下，与南明的桂王政府联合抗清。出广西，攻湖南，入广东，败敌数十万，获得空前的大捷。这样，加上李过儿子李来亨领导的李自成的余部和东南沿海郑成功等人的配合，掀起了南明抗清的第2次高潮。农民起义军联合南明政府的抗清斗争最后虽然都归于失败，但他们以民族利益为重，英勇斗争，不怕牺牲，可歌可泣的事迹，在汉民族历史上留下了光辉的一页，他们也是用自己的热血，谱写了强烈表现汉民族民族意识的又一曲悲歌。

从两宋以来到明清时期，汉民族民族意识的不断增长，既是汉民族稳定性的表现，又对稳定汉民族有重大作用。在民族矛盾的旋涡和民族斗争的风浪中，锻炼了汉民族为反对外来民族压迫而不屈不挠，英勇斗争的民族精神，锤炼了汉民族"宁为玉碎，不为瓦全"的民族气节。清初满族贵族虽然灭了明朝，暂时征服了汉民族而成为中国的统治民族，但并没有也不可能征服汉民族人民的心，即汉民族强烈的民族意识。在被征服中，汉民族不仅顽强地生存了下来，而且还融合了大部分满族①。汉民族这个雪球，越滚越大，越滚越结实，越滚越发展了。这样，从两宋以来到明清，汉民族第二次得到了脱胎换骨的大发展。

第三节　近代史时期汉民族的新发展

历史是不会停止前进的。当汉民族这个雪球完成了第二次脱胎换骨的滚动发展之后，随着中国近代史②的开始，奏起了汉民族发展的第三部曲。

一　部分满族汉化：近代史上汉民族的发展

1840 年鸦片战争以后，贯穿中国历史的是伟大的资产阶级民主主义革命。从鸦片战争开始到 1919 年五四运动以前的中国近代史前期，是中国一步一步走向半殖民地半封建社会的历史，也是中国人民奋起反对帝国主义，反对封建主义，即旧民主主义革命的历史。从五四运动开始到 1949 年中华人民共和国成立的中国近代史后期，是中国工人阶级领导的新民主主义革命的历史，也是中国人民一步一步夺取反对帝国主义、反对

① 吕振羽：《中国民族简史》，生活·读书·新知三联书店 1951 年版，第 31 页。

② 本书中国近代史的断限从 1840 年到 1949 年，即从鸦片战争到中华人民共和国成立之说。

封建主义的伟大胜利，建立中华人民共和国的历史。

征服者被被征服者征服的历史在中国继续重演。

1644 年，清军入关后，满汉两族经过“留头不留发，留发不留头”的流血冲突，历经近 200 年的历史磨合，到 1840 年鸦片战争之后，满汉关系发生了根本性的转向，即从冲突转向融合，其主要表现就是在汉民族吸收满文化的同时，部分满族也在汉化。

满族的汉化由来已久，在此让我们追述一下清王朝前期、鸦片战争前满汉融合，满族汉化的历史。

满族对汉文化仰慕已久，清廷定鼎中原以后，满族的主体随之移居到广大中原地区，从而处于典型农耕文明，即汉文化汪洋大海的包围之中。尽管起初满族人以八旗的组织形式聚族而居，但这种相对封闭的小社会犹如一个个孤岛，散布在汉文化的汪洋之中，成为无根之木，无源之水，与被征服的汉人相比，不仅在人数上处于绝对劣势，而且在文化上则更是后进的地位，汉文化对满族如磁石般有着巨大的吸引力，此其一。

其二，清王朝皇帝已不再是八旗世仆的最高主子，已成为君临天下的帝王。这种角色的历史性转变，对清王朝的皇帝来说是无法回避的头等大事。而君临天下最大的难题是在中国传统的正统观中被视为蛮夷的满族统治者，怎样才能得到人数众多的汉民族，尤其是汉民族士大夫阶层在文化上的认同，更要认同以清代为名正言顺的正统。从这个意义上来说，文明程度低的征服者被文明程度高的被征服者征服就成了一种不可逆转的趋势。

清王朝在这样的历史背景下，满族的汉化，首先由皇帝们主导。康熙一生尊孔崇儒，读经重道，像海绵吸水一样充分接受汉文化的浸润和滋养。他在首次南巡途中向陪侍的汉臣们自述：

> 朕自五龄即知读书，八龄践祚，辄以学庸训诂询之左右，求得大意而后愉快。日所读者必使字字成诵，从来不敢自欺。及四子之书既已通贯，乃读尚书，于典谟训诰之中，体会古帝王孜孜求治之意，期见之实行。及读大、易，观象玩占于数，圣人扶阳抑阴，防微杜渐，垂世立教之精心，朕皆反覆探索，必心与理会，不使纤毫撼格。实觉义理悦心，故乐此不疲。①

① 《康熙起居注》第二册，中华书局 1984 年版，第 1249 页。

据历史记载，康熙汉文造诣极深。1696 年 4 月进兵漠北，经独石口，过多伦泊，瀚海砂碛，粮运困难，备尝征伐之苦，有感而赋诗，曰：

四月天山路，今朝瀚海行。
积沙流绝塞，落日度连营。
战伐因声罪，驰驱为息兵。
敢云黄屋重？辛苦事亲征。[①]

乾隆可以说是清王朝皇帝中吸收汉文化的代表，他一生徜徉于汉文化的海洋之中，嗜苏菜，喜昆曲，陶醉江南山水园林，纵横驰骋，挥洒自如，达到了很高的造诣，自谓“即以汉人文学而论，朕所学所知，即在通儒，未肯多让，此汉人所共知”[②]。乾隆一生九次巡行孔子的故乡曲阜，写下了大量诗作，内容丰富，感情真挚，充满对汉文化的圣祖孔子真诚的崇拜和敬仰。如乾隆三十六年（1771 年）二月，乾隆第六次驾临曲阜祭孔时，在孔庙举行了隆重的释奠大礼，向孔子行三跪九叩大礼，命大学士于敏中祭崇圣祠。并写了多首诗叙怀，其中《金丝堂赞》曰：

礼乐诗书，金丝万古。
岂系鲁恭，广宅斯举。
在左移西，亦惟其所。
悬瓮乃神，夫子不语。

对于祭孔，乾隆自己曾说：“朕自养德书斋，服膺圣教，高山景行之慕，寤寐弗释于怀……登夫子庙堂，躬亲盥献，瞻仰睟仪。展敬林墓，徘徊杏坛，循抚古桧，穆然想见盛德之形容，忾乎若接夫闻圣人之风。诵其诗，读其书，皆足以观感兴起。况亲陟降其庭，观车服礼器，得见宗庙之美富有，不益增其向慕俛焉。”[③] 而乾隆的诗作，正是对他尊汉文化情结

① 张菊玲：《清代满族作家文学概论》，中央民族学院出版社 1990 年版，第 51 页。
② 《清高宗实录》卷二〇二。转引自郭成康《也谈满族汉化》，《清史研究》2000 年第 2 期。
③ 乾隆十三年《大清皇帝躬诣阙里孔子庙庭御制碑文》。

的一种表达，也是“满汉一家”“满汉同心合力”[①] 的一种具体表达。

其次是满汉杂居相混。众所周知，清初曾严格划定旗民界限，使满汉各居一方，但为时不久，北京和畿辅的旗人和汉人就杂居在一起了。各地驻防旗人，也很快地打破了满汉居地的边界而杂居起来。康熙末年，关外奉天、锦州两府，已是“旗民土地，相互交错”[②]。“驻扎成都、荆州的满洲兵丁，与民甚是相安。”[③] 乾隆年间，“奉天各州县及旗庄地方，旗民杂处，并无旗界民界之分”[④]。嘉庆年间，吉林及伯都纳、阿纳楚喀等地，“多系旗民同居共处”[⑤]。这种杂居为满汉融合互动提供了地理条件，为满汉两种异质文化的接触、互动、碰撞、磨合和整合搭建了历史舞台，也是“满汉一家”“满汉同心合力”的又一种具体表达。

再次，学汉语习汉文流行。在满汉杂居的地方，汉人多，满人少，自然是以汉语、汉文为主。因此，满人入关以后，学汉语、习汉文的风气逐渐流行。乾隆说“我朝一统以来，始学汉文”[⑥]，就是这一事实的反映。雍正三年（1725 年），吏部奏请拣选精通汉文的官员说：各省题奏“命盗案件”及刑部咨稿，“俱系汉文”，满洲司官如不识汉字，必被猾吏欺隐，“以致误事”。建议今后刑部“满洲司官缺出”，拣选通晓汉文的人员补授，以便案件易于料理，“满洲习汉文者，愈加勉励矣”。这一建议得到雍正皇帝的允准[⑦]。

于是，在皇帝的提倡下，满洲八旗人学汉语、习汉文的越来越多，尤其是居住北京的旗人，很多已是只通汉文，不懂清语[⑧]了。康熙年间，已因各满洲官员“既谙汉语”，而裁去中央各部院及各省将军衙门的“通事”[⑨]。雍正年间，被选任知县的旗人艾深，在皇帝召见时，奏对履历，竟“不能清语”[⑩]。守卫皇宫的侍卫、护军等，“弃其应习之清语，反以汉语互相戏

① 《清世祖实录》卷四三。
② 《清圣祖实录》卷二六二，第 11 页。
③ 《八旗通志初集》卷二八，第 6 页。
④ 《清高宗实录》卷九九八，第 3 页。
⑤ 《吉林通志》卷四五。
⑥ 《清高宗实录》卷四四三。
⑦ 《清世宗实录》卷三五。
⑧ 清代文献多称满语为“清语”。
⑨ 《清圣祖实录》卷三五。
⑩ 《上谕八旗》雍正九年二月初十。

谑”。乾隆初年，在南苑的侍卫、官员、兵丁，也“俱说汉语”了[①]。嘉庆年间，已形成“满洲非惟不能翻译，甚至清语生疏，不识清字”的局面[②]。如担任广州将军要职的满洲旗人庄保，“具奏甄别官员一折，竟用汉字书写”，呈上的“请安折，亦用汉字”[③]。道光七年（1827 年），谕令满洲侍郎以下至五品京堂官员进内考试，以了解满洲官员通晓清文的程度，结果“翻译通顺及稍有错误者，不过十之三四，竟有不能落笔者过半”[④]。

不仅关内的满族学汉语、习汉文流行，就是满族发祥地东北各地，到了乾隆以后，也转而使用汉文、汉语了。如在盛京（沈阳）而言，许多满族人已经不会满语。乾隆二十五年（1760 年），乾隆谕：盛京所属地名，“多系清语，今因彼处满人不能清语，误以汉名呼之”[⑤]。又如黑龙江“通国语者寥寥，满洲多能汉语故也”[⑥]。尤其是呼兰府的旗营档案，自乾隆初到咸丰末年，皆用满文书写，汉军旗人和官庄壮丁，虽说汉话，而文稿往来，仍用满文，到光绪中叶，这里“语言文字，俱从汉俗”，旗人能通满语的，“千人中之一二矣”[⑦]。凡此种种学汉语习汉文流行事例，也是“满汉一家”“满汉同心合力”的一种具体表达。

再次是允许满汉通婚。在历史上，汉人同少数民族通婚是被禁止的，无论是成文法，还是习惯法，都没有规定民族间通婚。[⑧] 清初，制定和实行允许满汉通婚的政策是民族关系史上非常重大的突破。顺治五年（1648 年）八月，世祖向礼部发出指示：“方今天下家，满汉官民皆朕臣子，欲其各相亲睦，莫若使之缔造婚姻。自后满汉官民，有欲联姻好者，听之。”接着，世祖指令户部说：朕欲满汉官民共相辑睦，令其互结婚姻。“责令户部具体负责实施”，作了明确的规定：凡满族官员的女儿欲嫁汉人，应先向户部报告；满族人无官职，部册有名者，令各牛录章京报告户部后，才准予结婚；部册无名者，由各牛录章京自行批准；汉官之

---

① 《清高宗实录》卷三五。

② 光绪《大清会典事例》卷一一四七。

③ 《清宣宗实录》卷一二七。

④ 《清宣宗实录》卷七九。

⑤ 《奉天通志》卷二三。

⑥ 《黑龙江外纪》卷六，第 51 页。

⑦ 《呼兰府志》卷十《礼俗志》。

⑧ 因政治原因而与少数民族通婚如西汉与匈奴的“和亲”是例外。参阅李治亭《清史》上，上海人民出版社 2002 年版，第 503—504 页。

女欲嫁满族人，也须报部；没有任职的，“听其自便”，不须报部。对满族官民只有一条限制，即必须娶汉人之女为妻者，“方准其娶”，其意不准娶汉女为妾[①]。可见，在清王朝允许满汉互通婚姻，在民间已属自由通婚，仅有官职的人须履行申报手续。清王朝实施满汉通婚，是一项有伟大意义的开放性的政策，对沟通民族心理、消除民族隔阂、促进民族融合起了重大的作用，也是“满汉一家”“满汉同心合力”的另一种具体表达。

于是，满汉融合渐成趋势，到了清王朝开国一百多年后的乾隆时，包括语言文字、宗教习俗和思想信仰等在内的满文化日渐式微，日益汉化，满族兵丁与贵族宗室“习汉书，入汉俗，渐忘我满洲旧俗”“不学习清语，俱说汉话”。[②] 还有原来信仰萨满教的满族也尊崇佛教。顺治拜僧为师，法名“行痴”“痴道人”，甚至想出家为僧，遁入空门。雍正对佛教也推崇备至，亲自参与辑选佛家典籍《御选语录》，法号“圆明居士”。乾隆时，满族人对萨满教逐渐失去热情，也信奉起佛教来。

满族所有这些汉化的涓涓细流，进入近代后终于汇成满汉融合，满族汉化的潮流，席卷了中国近现代史。据定宜庄和胡鸿保研究，1911 年前后北京的旗人后裔总数约在 60 万以上。1924 年冯玉祥将溥仪驱赶出京，八旗俸饷停发，大量旗人生活陷入绝境。由于在升学求职等各方面受到歧视，旗人纷纷改名换姓，隐瞒民族身份。从 1924 年到 1949 年，短短二十余年，旗人就如水银泻地，几乎一下子消失无遗。据 1957 年北京市的人口统计，当时北京市的满族人口仅为 80411 人。在这八万多人中，应该还包括 1949 年以后移入京城的其他地方的满族人。[③] 到 1953 年全国人口普查时满族仅 2399228 人，由此，可窥满族汉化之一斑。

满族汉化还有一个重要的表现，就是满姓改汉姓。清雍正年间，满族

---

① 《清世祖实录》卷四十。

② 《大清高宗纯皇帝实录》，中华书局 1986 年版，第 181、183 页。

③ 定宜庄、胡鸿保：《寻找满族——思考“少数民族社会历史大调查”及其影响》，载《清华大学学报》2009 年第 2 期。定宜庄、胡鸿保认为，女真、满洲、旗人、旗族、满族这些族称，都是各有其特定意义的。如今学界则多以“旗人”来指称清朝的这个族群，这里所谓的“旗人”包括了八旗制度囊括的所有人在内而非仅指满洲旗人。但八旗中的蒙古旗人，在 1949 年之后，除了已经搞不清自己所在旗份的那些人之外，大多数都报了蒙古族。汉军旗人的情况则要复杂得多。本文为了叙述方便，且都作为满族论。

人民和汉民族人民已经能够更加和睦地相处了。这时候，满姓改汉姓风行的程度超乎想象，朝廷内的满族大臣也流行开来，随后，满族人改汉姓遂成潮流，到民国时，满族人基本上都改汉姓了，有关研究统计满族老姓改汉姓的情况试举例如下。

满族姓氏改汉姓对照表

满族姓氏	汉民族姓氏
爱新觉罗	肇、金、依
佟佳氏	佟、董
瓜尔佳氏	关、白
马佳氏	马
绰罗氏	曹、索
富察氏	富、付
叶赫那拉氏	叶、那、南
钮祜禄氏	郎、卜、钮
宁古塔	宁、刘
舒穆禄氏	徐、舒、正
赫舍里氏	高、赫、张、康
依尔根觉罗	赵
乌雅氏	吴、穆、仓、黄、邵
喜塔拉氏	图、祝

资料来源：https：//wenda. so. com/9/1510141762217106。

满汉融合，部分满族汉化的过程，应该说是以汉文化为主体的双向的互动过程，而绝非单向的——满族单向地接受，或汉民族单向地给予——满族逐渐汉化的简单过程。正如有的学者所说：

拥有悠久历史和博大精深文化的汉民族，也是以中原地区的华夏民族为主体融合了周边蛮夷戎狄等历史上业已消失了的民族而在秦汉时开始形成的，尔后又经历了一次次以汉民族为主体的与其他进入中原地区的民族经过双向互动的融合过程而愈益得到加强。中国的文明史有如长江黄河一样，从那天地浑沌的洪荒远古，就汩汩浩浩地流淌在中华大地上；如果说江河干流是汉民族，那么，百数十条汇入干流的支流和支流的支流就是现在中华民族各少数民族以及在历史上消失了的民族；从汉民族看，她气度恢宏地容纳百川，从其他民族看，正是由于她们前赴后继地竞相汇入干流，才共同成就了江河恢宏的气度，才不断注入江河奔泻入海的动力；干流离开众多的支流就会干涸，支流失去干流也无所依归；尽管干流和支流都有清波，也有浊流，有甘泉，也有泥沙，尽管百川交汇之时总要激起恶浪，荡起旋涡，但劫波度尽，又融融漾漾地向着太阳升起的方向，向着大海奔流前进了。满族与汉民族是两个各有不同历史谱系、文化传统的民族；有清三百年汉文化始终居于主体地位，而满文化则挟有政治优势在盛清时代发挥着主导作用；数量巨大的满文史料和满文史籍，遗留至今的物质的精神的历史印记；这一切，大概为人们提供了研究两种异质文化从冲突到融合全过程的最有价值的个案。①

二 中国民族融合方向开始转向

民族的发展是有其自身的规律的。当条件发生了变化之时，中国民族关系史上发展了几千年的民族融合，促使汉民族像滚雪球一样的发展开始转向，这就是为什么满族汉化并没有真正、彻底地最后完成的根本原因。是什么力量扭转了中国民族融合的方向呢？是近代民族概念的引入和民族意识的觉醒。

（一）鸦片战争后民族概念的引入扭转了中国民族融合的大方向

鸦片战争以前，由于清朝闭关政策的影响及历史条件的限制，中国人固守传统“夷夏之辩”和“天朝上国”的观念，对世界大势缺乏了解，甚至弄不清以往的“蛮夷之邦”与欧美资本主义国家的区别，鸦片战争一方面把中国推向半殖民地半封建社会的深渊，另一方而也打开了中国的大门。战败的惨痛教训深深地刺激了中国人，迫使他们不得不重新思考中国与世界的关系问题，开始重新认识什么是民族？什么是民族意识？

首先，民族概念的引入，破除了中国“夷夏之辩”的传统观念。鸦

① 郭成康：《也谈满族汉化》，《清史研究》2000 年第 2 期。

片战争之后，中国学术界引入并接受了西方的民族概念，如梁启超在研究民族史时，对民族的定义格外关注。他认为伯伦奇里（Bluntschli，J. K.，1808—1887年）以前的学者往往把民族和国家相混，所以伯伦奇里才给民族下了定义，认为“民族者，民俗沿革所发生之结果也。民族最要之特质有八：（1）其始也同居于一地（非同居不能同族也，后此则或同一民族而分居各地，或异族而杂处一地。此言其朔耳）。（2）其始也同一血统（久之则吸纳他族，互相同化，则不同血统而同一民族者有之）。（3）同其支体形状。（4）同其语言。（5）同其文字。（6）同其宗教。（7）同其风俗。（8）同其生计”。对此，梁启超认为“有此八者，则不识不知之间，自与他族日相阂隔，造成一特别之团体，固有之性质，以传诸其子孙，是谓之民族”[①]。对民族之所以成为民族的要素，梁启超特别强调语言、风俗、民族性，即“故夫民族者，有同一之言语风俗，有同一之精神性质”[②]。又如1924年，孙中山在系统阐述三民主文的内涵时，对民族的概念作了解读，他说：“英文中民族的名词是‘哪逊’，‘哪逊’这一个词有两种解释：一是民族，一是国家。”他认为自然力造成民族，霸道力造成国家；民族具有血统、生活、语言、宗教、风俗习惯等特征。[③] 孙中山对民族概念的解读影响极大，被人们称为民族五要素说。孙中山关于民族的这个概念，后来写入1936年出版的《辞海》而成经典。

凡此种种关于民族的概念，都彻底颠覆了中国传统的“夷夏之辩”或“华夷之辩”民族观，使中国人开始认识到民族并不是仅仅对华夏文化和汉文化认同的问题，认同则为“华”或“夏”，不认同则为“夷”或“蛮”的简单的划分。民族应该是具有血统、生活、语言、宗教、风俗习惯等特征的人们共同体。这种悄然而入的民族概念，真是四两拨千斤，轻而易举地拨转了中国民族融合几千年来以汉化为主流的大方向。

（二）甲午战争后的民族危机激活了中国人民族意识的觉醒

1894年的中日甲午战争，《马关条约》的签订，极大地震撼了中国人的心理。此后英、俄、德、法、美、日等列强争先恐后地在中国划分“势力范围”，使中华民族陷入空前严重的危机之中。从而引发了维新运

---

① 梁启超著，吴松等点校：《饮冰室文集点校》，云南教育出版社2001年版，第452页。

② 同上。

③ 《民族主义》，载《孙中山选集》，人民出版社1981年版，第617—620页。

动的兴起。严复在《马关条约》签订未久即撰《救亡决论》一文①，呼出救亡的时代强音。康有为、梁启超等维新派发动“公车上书”，痛陈中国所面临的民族危机之严重性，以强烈的民族忧患意识表达了中国人民族意识的觉醒。维新运动最后虽然以失败告终，但梁启超把这一震撼视为中国人民族意识普遍觉醒的开端，他说：“吾国四千余年大梦之唤醒，实自甲午战败割台湾，偿二百兆以后始也。”②

维新运动失败后，中国人民开展的救亡图存斗争非但没有停止，不久就发生了真刀真枪的义和团运动和革命派发动的广州起义。前者打出“扶清灭洋”的旗帜，试图以“笼统排外”方式抵制列强侵略，挽救民族危机；后者则要用民主革命的手段推翻清朝统治，把中国引上革命建国的道路，重建民族国家。救亡图存、挽救民族危机反而以更大的规模和气势磅礴发展，再一次走向新的高潮。

甲午战争的民族危机，真正激活了中国人民族意识的觉醒。1894 年 11 月，孙中山在檀香山成立了兴中会，提出“驱除鞑虏，恢复中华，创立合众政府”的口号。1901 年，梁启超在《国家思想变迁异同论》中用了“民族主义”“民族帝国主义”等概念，他说：“今日之欧美，则民族主义与民族帝国主义相嬗之时代也……十八、十九两世纪之交，民族主义飞跃之时代也。”③ 于是，不仅“民族”一词开始在 20 世纪初风靡于中国社会，更重要的是近代民族主义思想在国人中传播日广，逐步深入人心。这时，具有划时代意义的标志是梁启超提出了中华民族的概念。

为了更清楚地认识梁启超提出的中华民族概念的意义和价值，我们有必要详述梁启超提出中华民族概念的背景和过程。

1899 年，梁启超在《东籍月旦》一文中，第一次使用了“东方民族”“泰西民族”“民族变迁”和“民族竞争”等新名词。

1901 年，梁启超在《中国史叙论》一文中，首次提出了“中国民族”的概念。他将中国历史分为三个时代：“上世史，自黄帝以迄秦之一统，是为中国之中国，即中国民族自发达、自竞争、自团结之时代也；中世史，

---

① 《马关条约》签订于 1895 年 4 月 17 日，严复《救亡决论》发表于 1895 年 5 月 1 日至 8 日的天津《直报》。

② 梁启超：《饮冰室合集》专集之一，中华书局影印本 1989 年版，第 1 页。

③ 梁启超主编：《清议报全编》第 1 册，（日本）横滨新民社辑印 1901 年版。

自秦统一后至清代乾隆之末年，是为亚洲之中国，即中国民族与亚洲各民族交涉、繁赜、竞争最烈之时代也；近世史，自乾隆末年以至于今日，是为世界之中国，即中国民族合同全亚洲民族与西人交涉、竞争之时代也。”

1902 年，在“中国民族”的基础上，梁启超在《论中国学术思想变迁之大势》一文中论述战国时期齐国的学术思想地位时，正式使用了“中华民族”一词：“齐，海国也。上古时代，我中华民族之有海权思想者，厥惟齐。故于其间产出两种观念焉，一曰国家观；二曰世界观。”

不过，梁启超在具体使用“中华民族”一词时却比较混乱，有时指汉民族，有时又指中国的所有民族，直到 1903 年梁启超发表的《政治学大家伯伦知理之学说》一文中，才清晰地赋予“中华民族”以较为科学的内涵，提出了“大民族主义”和“小民族主义”这样一对概念：“吾中国言民族者，当于小民族主义之外，更提倡大民族主义。小民族主义者何？汉民族对于国内他族是也。大民族主义者何？合国内本部属部之诸族以对于国外之族是也……合汉合满合蒙合回合苗合藏，组成一大民族。”

1905 年，梁启超又写了《历史上中国民族之观察》一文，从历史演变的角度重点分析了中国民族的多元性和混合性，认为中国民族从总体上可以分为 9 个派系，第一是华族，其他 8 个派系为苗蛮、蜀族、巴氐族、徐淮族、吴越族、闽族、百粤族、百濮族，这些民族“皆组成中国民族最重要分子也。”并下结论说：“中华民族自始本非一族，实由多民族混合而成”。

由此，梁启超真正完成了“中华民族”一词从形式到内容的革命性创造。这就是，中华民族指中国境内的所有民族，汉满蒙回藏等为一家，是多元混合的。梁启超所提出的“中华民族”共同体的观点，不仅矫正了革命党人内部存在的狭隘的排满民族主义思想，而且也为革命党人、立宪派人士及满清开明贵族所接受，为消除民族歧视、促进各民族关系和谐、实现民族团结、维护国家统一，发挥了积极的理论指导作用。尤其是梁启超对“中华民族”内涵的界定，开创了中华民族大家庭构建的新起点。[①] 这正是中国人民族觉醒的标志。所以，1903 年 12 月孙中山在檀香山的一次演说中说：

① 赵志研：《梁启超：提出“中华民族”概念第一人》，载《中国民族报》2009 年 1 月 19 日。

> 我们一定要在非满族的中国人中间发扬民族主义精神，这是我毕生的职责。这种精神一经唤起，中华民族必将使其四亿人民的力量奋起，并永远推翻满清王朝。[①]

就是在这个背景下，1911 年武昌起义时湖北各界人士提出并议决实行“五族共和”的思想。同年在上海召开的共和联合会大会议决：“取五族共和的意义”，以五色旗为国旗。1912 年孙中山代表南京临时政府，向海内外宣布了“五族共和”思想及其政策主张。从而在中国历史上，在摒弃了传统的“夷夏之辨”或“华夷之辨”民族观之后，破天荒地第一次把汉、满、蒙、回、藏五个民族摆在同等的地位。中国民族融合的汉化之路从此不再复返！

因此，尽管这时中国人民族意识的觉醒主要集中在“推翻满清王朝”上，但坚冰已经打破，中国民族融合的大方向从此开始改变，几千年来，中国民族融合的雪球一直朝汉化的方向滚动，使汉民族这个雪球越滚越大，越滚越结实；近代以后，中国民族融合雪球的滚动将开始向中华民族凝聚的方向滚动。

（三）五四运动升华了中国人的民族意识

1919 年五四运动的爆发，表达了中国人民坚决反帝爱国的正义之声。使中国人的民族意识从自在开始转向自为，即从单纯反清转向反帝反封建，套用梁启超所言所谓民族就是“对他而自觉为我”，这时中国人的民族意识是对帝国主义列强而自觉为中华民族。正如毛泽东在《实践论》中所说：

> 中国人民对于帝国主义的认识也是这样。第一阶段是表面的感性的认识阶段，表现在太平天国运动和义和团运动等笼统的排外主义的斗争上。第二阶段才进到理性的认识阶段，看出了帝国主义内部和外部的各种矛盾。并看出了帝国主义联合中国买办阶级和封建阶级以压榨中国人民大众的实质，这种认识是从一九一九年五四运动前后才开始的。

---

① 《孙中山全集》第 1 卷，中华书局 1981 年版，第 227 页。

值得注意的是，五四运动后孙中山的民族主义思想发生了升华。1919年他在《三民主义》一文中说，中国的民族主义有“消极目的”和“积极目的”，推翻清朝只是达到了“消极目的”，而“积极目的”则是使整个中华民族“驾美欧而为世界之冠”[①]。1920年11月，孙中山在一次演说中批评了“清室推翻以后，民族主义可以不要”的论调，强调清朝虽然被推翻，但是各国列强还在压迫中国，“我们还要积极的抵制，……所以我们还是三民主义缺一不可”[②]。他把抵制和反对帝国主义侵略作为民族主义的任务提了出来，反映了他民族主义思想的升华，这种变化为后来新三民主义中的民族主义奠定了思想基础。在国民党“一大”《宣言》中，孙中山重新解释民族主义，把反帝国主义列入其中，从而与中国共产党在民主革命时期的最低纲领基本一致，成为中国第一次大革命时期出现反帝爱国斗争浪潮和争取民族独立运动高潮的重要政治条件。[③]

此后，轰轰烈烈的中国第一次革命战争，中国共产党领导了全国反帝反封建的伟大斗争，帮助并推进了国民党改组和国民革命军的建立，发动了历史上空前规模的人民革命战争——北伐战争，沉重打击了帝国主义、封建势力的反动统治，在中国人民族意识的历史性升华中写下了极其光辉的一页！

（四）抗日战争激发了中国人民族意识的全面高涨

1931年的“九·一八”事变，1937年的“七·七”事变，日本帝国主义发动了旨在灭亡中国的侵华战争，中华民族“处在生死存亡的关头”[④]。卢沟桥事变的第二天，中共中央在《中国共产党为日军进攻卢沟桥通电》中呼吁：“平津危急！华北危急！中华民族危急！只有全民族实行抗战，才是我们的出路!”号召“全中国同胞、政府与军队团结起来，筑成民族统一战线的坚固的长城，抵抗日寇的侵掠!”正是在中华民族生死存亡的民族大义面前，国共两党的合作终于在卢沟桥事变后正式形成，在抗日民族统一战线的感召下，中国人的民族意识空前高涨，主要表现有二。

---

① 《孙中山全集》第五卷，中华书局1985年版，第188页。

② 同上书，第394页。

③ 史革新：《略议近代中国民族意识的四次觉醒》，《高教理论战线》2009年第3期。

④ 《毛泽东文集》第2卷，人民出版社1993年版，第89页。

一是所有爱国的人们都义无反顾地投入到伟大的抗日战争之中。正是源于强烈的民族意识而爆发出的爱国激情，成为支持中国持久抗战的巨大精神源泉，中华民族的凝聚力、向心力发挥到最佳状态，中国人的民族意识从未如此强烈，正如晏阳初所说：

几千年来。中国人所怀抱的观念是“天下”，是“家族”，近代西方的民族意识和国家观念，始终没有打入我们老百姓的骨髓里。直到现在，敌顽攻进来的巨炮和重弹，轰醒了我们的民族意识，南北数千里燃烧的战线，才激动了我们的全面抗御、同仇敌忾的精神，我们从亡国灭种的危机中，开始觉悟了中国民族的整个性和不可分性。生则同生，死则同死；存则同存，亡则同亡，这是民族自觉史的开端，是真正的新中国国家的序幕。①

二是抗战时期中国人民族复兴意识的觉醒上。中华民族复兴的思想最初是孙中山在清末成立兴中会时提出来的，表述为“振兴中华”。民国后，随着国内民族运动的迅猛开展，中国人民族复兴的意识日益明显，到抗战时期达到一个新的高潮。当时的论者认为，日寇侵华固然给中国带来空前严重的民族危机，但也迫使国人猛醒，奋起拯救国家，图谋民族复兴。有人回顾中华民族几千年衰而复盛的历史，阐明了民族复兴的必然性和光明前途，指出：“几千年来的中华民族曾遭遇多少次的压迫，翻过来曾演出多少次的复兴，以这样悠久健全的民族精神，说是今后没有复兴性，这是万无此理”；“我们要自觉自信，中华民族的复兴，是必然的可能”，② 郭沫若认为“复兴民族”就是复兴中华民族精神，为此，他作了具体阐释：

复兴民族是要复兴我们中华民族的精神。我们中华民族的精神是什么？一，富于创造力；二，富于同化力；三，富于反侵略性……现在是我们民族复兴的时候，我们的民族精神渐渐地苏活转来了，我们

① 晏阳初：《农民抗战的发动》，《大公报》1937 年 10 月 11 日。

② 赵正平：《中华民族复兴问题之史的观察》，《复兴月刊》第 1 卷第 4 期，1932 年 12 月 1 日。

应该尽量地发挥我们的创造力、同化力和反侵略性。①

这样，从鸦片战争后民族概念的引入扭转了中国民族交融的大方向，到甲午战争后的民族危机激活了中国人民族意识的觉醒，再到五四运动升华了中国人的民族意识，最后到抗日战争激发了中国人民族意识的全面高涨，给我们勾勒出了中国民族融合方向开始转向的路线图。就是近代民族概念的引入和民族意识的觉醒，中国民族融合的方向开始锁定中华民族的大方向！

三　汉民族在反帝反封斗争中发挥了主体作用

鸦片战争以后，在中国逐步沦为半殖民地半封建社会的过程中，汉民族作为一个古老的封建制民族，也随之逐步转化为一个半殖民地民族。这虽然是汉民族的不幸，但却是汉民族发展史上的一个重大的变化。

在与中国沦为半殖民地过程同步兴起的民主革命中，汉民族处于什么样的地位，又起着什么样的作用呢？正如历史所表明的：自1644年清兵入关，满族贵族征服了汉民族，统一全国后，汉民族建立的国家政权是被消灭了，但有着强烈民族意识的汉民族，虽然成了一个被统治民族，但因其人口众多，经济、文化先进，民族内聚性和向心性强，仍然是清朝统治下的主体民族。清初汉民族人民的抗清斗争虽然失败了，但汉民族人民反对民族压迫的火种却保存下来了，反抗外来侵略的斗争精神也继承下来了。所以，鸦片战争作为中国历史的一个转折点，在帝国主义和封建势力的双重压迫下，中国人民日益贫困化，但同时也促进了他们的革命觉醒。在这里，首先是构成中国国家人口主体的汉民族人民的生活每况愈下，一年不如一年。因此，最先觉悟、起来与帝国主义和封建势力做不屈不挠的斗争，把中国人民的革命运动推进到伟大的资产阶级民主革命新时期的也就是汉民族。从此以后，汉民族人民与其他少数民族一起高举反帝反封建的革命大旗，不管在旧民主主义革命时期，还是在新民主主义革命时期，在统一多民族的中国，汉民族在革命中始终居于主导地位，起着主体作用。

---

① 蔡尚思主编：《中国现代思想史资料简编》第4卷，浙江人民出版社1983年版，第11、12页。

在反对外国资本主义和帝国主义侵略的斗争中，鸦片战争一开始，汉民族人民在广州三元里就鲜明地举起了“平英团”的旗帜，以落后的长矛和大刀，对先进的火炮和火枪，英勇抗击英国侵略军。在短短的3天时间里，从三元里一乡发起，进而发展到103个乡，又发展到广州郊区几个县，把英国侵略军打得落花流水。其后虽然断送在腐败无能的清朝统治者手里，但却是中国近代史上中国人民自发抵抗外国侵略斗争的第一声，表明了汉民族人民在反帝斗争中的主导地位和主体作用。

1894年，中日甲午战争后，汉民族人民为粉碎帝国主义强行瓜分中国的阴谋，为挽救民族危机，兴起了反帝爱国的“义和团”运动。“义和团”本称“义和拳”，是具有反抗外族压迫历史特点的白莲教的一个支派。朱元璋曾组织以白莲教为核心的农民起义军灭元建明。在清朝，白莲教又进行了“反清复明”的革命活动。但是，鸦片战争以后，由于中国社会性质的变化，特别是甲午战争后，中国面临被瓜分的危险，民族危机日益加深，整个中华民族与外国帝国主义侵略者之间的矛盾激化，上升为社会的主要矛盾的时候，义和团提出了“扶清灭洋”的口号，把斗争的锋芒集中指向了帝国主义。1900年，义和团运动从焚烧洋教堂，破坏铁路和电线，发展到抗击“八国联军”的武装斗争，以暴风骤雨之势横扫北京、天津，波及大江南北，关里关外。义和团运动最后虽然失败于清朝反动政府的叛卖和帝国主义的血腥镇压，但却粉碎了帝国主义瓜分中国的阴谋，“八国联军”的统帅瓦德西也不得不承认说：“无论欧美日本各国，皆无此脑力和兵力可以统治此天下生灵四分之一……故瓜分一事，实为下策”①。汉民族人民用自己的血肉之躯表现了其在反帝斗争中的主导地位和主体作用。

第一次世界大战后爆发的五四运动，更是以彻底地、不妥协地反对帝国主义的姿态，拉开了中国新民主主义革命的第一幕。当时，作为战胜国的中国，在巴黎和会上竟要把战败国德国原来在中国山东的一切权利转给日本。这种荒谬绝伦的规定，把中国人民近百年来蕴藏在心里的对帝国主义的愤怒激发了出来，犹如火山爆发一样，呼出了“外争国权，内惩国贼”“抵制日货”“拒绝和约签字”的反帝口号，火烧了赵家楼，迫使北

① 翦伯赞主编：《中国近代史资料丛刊》，《义和团》第3册，神州国光社1953年版。转引自谢本书《辛亥革命与近代爱国主义思潮》，《云南教育学院学报》1991年第4期。

洋军阀政府撤销了曹汝霖、陆宗舆、章宗祥三个卖国贼的职务，拒绝在对德和约上签字。汉民族人民从打先锋的学生到主力军的工人阶级，都以自己高度的革命觉悟和勇敢的革命行动，为中国人民赢得了自鸦片战争以来反帝斗争的第一个胜利。

此后，主要由汉民族的精英，中国无产阶级的优秀儿女组成的中国共产党，第一次明确提出了反对帝国主义的口号，第一次提出了彻底反帝反封建的民主主义革命纲领，不仅在理论上为中国各族人民的解放指明了道路，而且在实践上扛起了反帝反封建的大梁。在伟大的抗日战争中，在中华民族到了最危险的时候，中国共产党又以中华民族的利益为重，提出了建立抗日民族统一战线的方针、政策和策略，汉民族人民作为中华民族的主体，在共产党的领导下，以鸦片战争以来的最佳“竞技状态”投入了抗战。与各族人民一道，经过八年浴血奋战，打败了日本帝国主义，夺取了中国近、现代史上反对帝国主义斗争一次最辉煌的胜利。

同样，在反对封建主义的斗争中，汉民族也是居于主导地位，起着主体作用的。从太平天国起，不仅发布了《奉天讨胡檄》，令民蓄发，把斗争矛头直指反动的清朝政府，还颁布了《天朝田亩制度》，提出了“有田同耕，有饭同食，有衣同穿，有钱同使，无处不均匀，无人不饱暖”的反封建的伟大思想，实行了男女平等，反对封建宗法制度对妇女的歧视和压迫。经辛亥革命，以孙中山为代表的中国民族资产阶级，组织了全国性的近代资产阶级革命政党——中国同盟会，制定了“驱逐鞑虏，恢复中华，建立民国，平均地权”的革命宗旨，发动了武昌起义，一举推翻了中国历史上最后一个封建王朝，结束了中国2000多年封建专制的君主制度，建立了资产阶级民主性质的“五族共和”的中华民国。一直到在中国共产党领导下，经过了第1次国内革命战争，实行了第1次国共合作，出师北伐；经历了土地革命战争，发动了上亿农民同封建地主阶级进行斗争，在苏区实行了彻底的土地改革；经历了解放战争，全歼了中国大陆上的800多万国民党反动军队，推翻了压在中国人民头上的三座大山：帝国主义、封建主义和官僚资本主义，最后终于取得了新民主主义革命的伟大胜利，建立了统一多民族的中华人民共和国。

汉民族在中国近、现代史时期的这种主导地位和主体作用，向全国各民族人民，以至向全世界各民族人民表明了她是中华民族的主体，是中华民族的脊梁。

造成这种主导地位和主体作用的主要原因，首先是汉民族人口众多。西汉华夏民族发展、转化为汉民族后，据《通典·食货典》记载，公元2年，即平帝元始二年，全国有人口59594978人；东汉时，据《后汉书·郡国志》记载，公元156年，即桓帝永寿二年，全国有人口56486856人。后虽经魏晋南北朝的大动乱，隋、唐时漏报户口又较多，但据《新唐书·地理志》记载，公元740年，即开元二十八年，有人口48143609人。宋、元以后，从统计数字上看人口有了明显的增长，据《元史·地理志》所记载，公元1290年，即至元二十七年，不包括山区人口，全国有58834711人。明朝时，据《明史·食货志》记载，1393年，即洪武二十六年，全国人口上升为60545812人。而清朝，据《清史稿·食货志》记载，1764年，即乾隆二十九年，全国人口已上升到205591017人。而到1849年，即道光二十九年，竟增至412986649人。进入近代后，全国人口一直保持在4亿左右，据《申报年鉴》记载，1928年全国人口总数为474787386人。一直到1949年10月中华人民共和国成立，全国人口达548770000人。所有这些人口统计数字，如果扣除非汉民族人口，那么从西汉一直到元、明，汉民族人口大致保持在5千万至6千万左右，而在近、现代，汉民族人口又一直保持在4亿到5亿左右，这样众多的人口，在当时的世界上都是首屈一指的。所以在自秦以来形成的统一多民族的中国，汉民族人口总是最多，占了全国人口的绝大部分。这种在人口比例上的绝对优势，使之成为中国的主体民族，在资产阶级民主主义革命中居主导地位，起主体作用也就是理所当然的了。

其次，也是最基本的一个原因，即是在统一多民族的中国，汉民族自西汉形成以来，在经济和文化上始终处于先进的地位。1840年鸦片战争后，汉民族虽然与全国各民族人民一起陷入了半殖民地半封建的境地，但在国内各民族之间，其生产力发展水平以及文化的发展程度，仍始终高于其他少数民族。经济和文化上的这种先进地位，使其在民主主义革命中居于主导地位，起主体作用也就是理所当然的了。

再次，是近代工人阶级的队伍以及民族资产阶级最早是在汉民族中产生和形成的。其后，在整个中国工人阶级队伍中也是汉民族成分的工人最多。这就使得汉民族在中国进入近代后，作为先进生产关系的代表，也就必然在全国各民族反帝、反封建的民主主义革命中处于主导地位，起着主体作用。

最后，是汉民族接受马克思主义的真理较早，工人阶级的先锋队——

中国共产党又最早在汉民族中诞生，使得马克思主义最早在汉民族人民中得到传播和普及；马克思主义的普遍真理与中国革命的具体实践的结合，也最早在汉民族中进行。这样，在中国共产党这种领导作用的支配下，汉民族当仁不让地挑起了革命的重担。

所有这些与深深扎根于两千多年的文明史之中，根植于上下五千年历史源流中的汉民族强烈的民族意识和坚固的民族稳定性结合在一起，与汉民族反抗任何民族压迫的革命的民族精神和传统融汇在一起，就使得汉民族在国内民族关系上一直处于主导地位，起着主体作用，这也就是汉民族在中国民主革命时期的新发展。

对于古老的汉民族发展来说，如果说两汉是其幼年时期，隋唐是其青年时期，明清是其中年时期，近代则是其老年时期。这是民族发展规律之使然，从清王朝前期即开始的满汉融合，满族汉化，历经 267 年（1644—1911 年）最终并没有彻底完成，其根本原因是世界变了，时代变了，一个长期封闭自守的中国开始融入国际社会，民族概念的引入和应用，民族意识的觉醒和高涨，从此改变了中国民族交融的大方向，中华民族这个雪球，开始在中国滚动。汉民族将与中国其他所有的民族一道，凝聚和交融在中华民族之中！

试看未来的世界，中华民族必将以崭新的面貌出现在世界的东方！屹立于世界民族之林。

国家出版基金项目
NATIONAL PUBLICATION FOUNDATION

徐杰舜 主编

汉民族史记

2

历史卷（下）

徐杰舜 陈华文
彭清深 韦东超 著

中国社会科学出版社

目　录

汉民族区域史编

汉民族区域史编

俗话说：一方水土养一方人，一方山水有一方风情。

汉民族生于斯，长于斯的中华大地，东西南北中，地理差异、环境差异、族群差异、语言差异、经济差异、风俗差异、文化差异……不一而足。正是由于地大物博，状况多样，历史多态，所以每一个区域，生态都独具特色，历史都源远流长。故本编分华南、华东、华中、华北、东北、西北和西南等七个区域，来呈现汉民族样态鲜活而多彩的区域史。

第一章　华南汉民族史记

第一节　华南概述

一　华南汉族的地理空间范围

华南位于中国的东南沿海，在经纬线上的位置是西起东经 104°29′，东到 122°，南起北纬 4°，北到 28°19′。华南包括广东、广西、福建、海南 4 省、自治区和香港特别行政区，以及台湾省和澳门地区。

华南的总面积为 60.61 万平方公里，占全国总面积的 6.31%。华南面临东海、南海，海岸曲折，岛屿多，除台湾岛、海南岛、涠洲岛三大岛外，沿海岛屿面积约有 3.51 万平方公里，广西有海岛八百多个，广东有海岛一千一百多个，福建有面积在 100 平方米以上的海岛 1404 个。包括台湾、香港、澳门在内，人口为 18549.40 万人，其中广东、广西、福建、海南三省一区的汉族约为 13535.32 万人。①

1. 华南的行政区划

华南古为“百越”之地，自秦统一六国，在闽越地置闽中郡、在岭南置桂林、象、南海三郡以来，历代行政区划以两广变动频繁，福建、台湾较为稳定。

据中华人民共和国国家统计局 2010 年统计②：

广东省有广州、深圳、珠海、汕头、梅州、惠州、肇庆、湛江、茂名、韶关、佛山、江门、汕尾、东莞、河源、中山、阳江、清远、潮州、

---

① 国家统计局人口就业统计司编：《中国人口统计年鉴 1997》，中国统计出版社 1997 年版，第 68 页。下引人口数均见此书。

② 中华人民共和国国家统计局：《2010 年第六次全国人口普查主要数据公报（第 2 号）》（http：//www. gov. cn/test/2012—04/20/content_ 2118413_ 2. htm）。以下各省市区人口统计所引除注明外均据此。

揭阳、云浮21个地级市，30个县级市，42个县，3个自治县，42个县级区；人口104303132人，其中汉族102239726人，占98.02%。

广西壮族自治区有南宁、桂林、柳州、梧州、玉林、贵港、钦州、防城港、北海、河池、百色、贺州、来宾、崇左14个地级，7个县级市、55个县、12个自治县；人口46026629人，其中汉族2891.81万人。

福建有福州、厦门、三明、莆田、泉州、漳州、南平、宁德、龙岩9个地级市（含1个副省级城市），13个县级市，44个县；人口36894216人，其中汉族36097361人，占97.84%。

海南有海口、三亚、三沙、儋州4个地级市，5个县级市，4个县，6个自治县；人口8671518人，其中汉族7225726人，占83.33%。

台湾有台北、高雄2个“院辖市”，基隆、台中、台南、新竹、嘉义5个省辖市，16个县；人口23162123人①，汉族人口22628522人②，占97.69%。

香港特别行政区人口718.4万人③，澳门特别行政区区人口62.4万人④。港澳地区没有民族人口统计。

2. 华南的自然地理环境

华南地处中国的东南丘陵地带，南岭横亘在粤、桂与湘赣之间，武夷山斜贯于闽赣之间，使得华南成为一个相对封闭的地理空间。其间珠江横贯岭南地区，其源出云南东部沾益县，上游称南盘江，入桂纳北盘江后称红水河，至石龙附近纳柳江后称黔江，切割大瑶山成大藤峡，至桂平纳郁江后称浔江，至梧州纳桂江，入粤后称西江，与东江、北江汇合后称珠江，全长2129公里。闽江是福建最大的河流，全长577公里，其次为九龙江，全长258公里。

南岭山地，万山重叠，走向复杂，东西绵延千余公里，呈弧形向南突出，地势北高南低，为长江与珠江的分水岭，华中与华南气候的分界线。位于广西的猫儿山主峰海拔2141米，为南岭的最高峰。

---

① 此据2010年统计（http：//www. renkou. org. cn/china/taiwan/）。

② http：//news. ifeng. com/taiwan/2/detail_ 2014_ 02/16/33853378_ 0. shtml.

③ http：//hk. szhk. com/2013/08/13/2828493802 03197. html.

④《澳门最新统计数据：人口达62.4万承载臻瓶颈》，载《澳门日报》2014年8月12日（http：//news. dichan. sina. com. cn）。

武夷山山脉山势高大，海拔1000米左右，呈东北—西南走向，北接仙霞岭。南接九连山，为赣江与闽江的分水岭，位于崇安县西北的黄冈山海拔2158米，为武夷山脉的最高峰。

广西的地形特点是周高中低，其四周多为海拔1000米以上的山地、高原，中部为海拔200米以下的平原、盆地，称为“广西盆地”。由于受驾桥岭、大瑶山、莲花山、都阳山、大明山、白花山等弧形山脉的分隔，盆地又分为几个盆地、平原，即桂中盆地、右江盆地、南宁盆地、郁江平原、浔江平原，出现了大盆地内套小盆地的地形景象，此其一。其二山地多，平原少。据统计，广西山岭连绵，山地和丘陵占全区总面积的74.8%，平原占全区总面积14.40%，素有“八山一水一分田”之称。其三岩溶广布，山水独奇。据统计，广西裸露岩溶面积有9.77万平方公里，占广西总面积的41.29%；埋藏岩溶面积有2.48万平方公里，占广西总面积的10.46%，两者相加共有12.25万平方公里，占广西总面积的51.75%①，可见广西岩溶分布面积之广，地貌发育之完备，风景之秀丽，堪称世界第一。而桂林、阳朔一带奇丽多姿的山峰，曲折清澈的漓江，神奇绚丽的溶洞交相辉映，恍若仙境，所以自古以来就有“桂林山水甲天下，阳朔风景甲桂林”的赞誉广为流传。

广东的地形特点是南岭北峙，北高南低。从地形图上看，广东北部为山地，多绵亘于南岭以南，最高峰为石坑崆山，海拔1902米；中部为丘陵带，也有不少海拔1000米左右的山峰。南部有滨海平原和丘陵、台地，此其一。其二，山丘广布，农田碎细。由于北部沿省界群山集结，余脉南延，所形成的广东中部自东而西广阔的丘陵地带，又因梅江（韩江上游）、东江、北江、西江等河流的中上游贯穿于山地丘陵之间，使山地分割成许多河谷盆地，从而导致田块小、农田碎细。其三，珠江三角洲地势低平，河流纵横。由于珠江三角洲主要干流时分时合，纵横交织如网，并随着三角洲的发育，河口向海不断推移，从而形成了互相连接，又互相穿插，大三角洲中套小三角洲的景象，故广东素有“七山一水二分田”之称。其四海岸线长且曲折。据统计广东海岸线长达8400多公里，其中大陆海岸线长4300公里，岛屿海岸线长4100公里，是我国海岸线最长的省

① 廖正城主编：《广西壮族自治区地理》，广西人民出版社1988年版，第57—60页。

份。广东的海岸线还曲折绵延，从而形成了许多良港，广州、汕头、湛江都是著名的港口，天然渔港则有150多个①。

福建地形的特点呈马鞍形。被称为闽西火山带的武夷山脉在海拔1500—2000米，愈西愈高，占据福建全省西部的大部分面积；从北至南由鹫峰山脉、戴云山脉和博平岭组成的闽东大山带山势直逼海滨，两大山带之间形成一条狭窄的谷地，形成马鞍形的地形，此其一。其二，山多平地少。福建山势高峻，地形崎岖，山地占全省总面积的95%左右，而平地占5%左右。其三，半岛多、海岸曲折。由于福建山地占全省面积的95%左右，加上闽东大山带东侧的许多支脉直逼海滨或伸入海中，从而形成许多半岛及河湾，使福建的海岸线显得十分曲折，北起福鼎县的沙埕，南到诏安县的洋林，海岸线长3323.6公里，而从沙埕到洋林的直线距离仅535公里，海岸曲折率为1∶1.62，曲折度属全国第一②。

华南大陆以外，有台湾岛和海南岛，分别为中国的第一、第二大岛。

台湾岛总面积为3.576万平方公里，南北延伸约380公里，东西宽20公里至150公里。

台湾地形的特点是山地南北纵列，总面积的三分之二为山地和丘陵，除宜兰平原以及花莲与台东之间狭窄的断层谷地外，其中部和东部几乎全都是山地，此其一。其二，中部和东部台湾山脉山势雄伟，高峰连绵，多海拔3000—3500米，构成了台湾的“屋脊”，是纵贯全岛的分水岭，岭脊偏东，将台湾岛分为不对称的两半。玉山主峰海拔3950米，为台湾最高峰。西部则山势渐缓，阿里山脉西麓多丘陵和盆地，沿海有比较宽广的冲积平原和盆地。其三，山势直逼海岸，河流源短流急。因河流多发源于中部山地，向四方分流入海，河流坡度大，流量大，多险滩、瀑布，航行不利但水力丰富。其四，海港优良，著名的有基隆、高雄等。

海南岛总面积3.22万平方公里，与雷州半岛之间相隔20公里，全岛由山地、丘陵和盆地组成穹隆状海岛。

海南地形的特点是高峰耸峙，台地周环。其五指山脉耸立在中部，山

① 吴郁文主编：《广东省经济地理》，新华出版社1986年版，第14—18页。

② 赵昭昞：《富饶的福建海域》，福建科技出版社1980年版，第5页。

脉位置偏于海南南部，以二指为最高峰，海拔 1879 米。所谓台地是周围界以陡坡的广阔平台，形似梯级台阶。海南台地围绕着五指山脉，有土地总面积为 5 万余亩，大多可利用于农林牧渔业。此其一。其二，河流从五指山脉奔流四射，独流入海。其三，沿海港湾甚多，海口、三亚都是著名的海港。

3. 华南的气候

华南处于亚热带季风温润气候区域，其特点是平均气温高，热量丰富，雨量充沛，夏长冬暖，夏秋多台风，冬春有寒潮霜冻。

广西北回归线横贯中部，其气候的特点是高温多雨，干湿季节明显，由于广西地处低纬，太阳高，辐射强烈，辐射总量达 110 千卡/平方厘米，年平均气温为 17℃—22℃，是我国年平均气温较高的地区之一。全区无霜期长达 300 天以上，南部沿海地带终年无霜。与此同时，广西雨量约有 80% 集中在每年的 5—9 月，年平均降水量在 1100—2800 毫米，比全国年平均降水量和世界年平均降水量均高出 1 倍左右①。

广东北回归线横穿中部，其气候的特点也是高温多雨，据统计，其年均辐射量为 101—137 千卡/平方厘米，且南部多于北部、沿海多于内陆、年平均气温 10℃—28℃，南北之间的差异虽然比广西为大，但也是全国年平均气温较高的地区之一。全省无霜期为 295 天，南部沿海地区也终年无霜。与此同时，广东雨季大致集中在 5—10 月，雨量多达 120—160 天，年降水量达 1800—2200 毫米以上，比长江流域几乎多一倍。② 香港和澳门的气候与广东一样。

福建邻近北回归线，其气候的特点是由中亚热带向南亚热带过渡的海洋性气候，气候温暖湿润。在福建以连江到武平一线为分界线，中亚热带占全省面积四分之三强，南亚热带约占四分之一弱。夏季南北差异不大；7 月份的气温从北到南为 27℃—29℃，冬季差异较大，1 月份的气温从北到南为 5℃—13℃。受北方冷空气的影响，在中亚热带地区气温也可降至 0℃ 以下。与气温相反，降水量的分布是南亚热带少于中亚热带，沿海少于山区，从闽东南沿海地区到闽西北山区的山地。年降水量大致由 1100

---

① 黄贤林、莫大同主编：《中国人口 · 广西分册》，中国财政经济出版社 1988 年版，第 15—16 页。

② 朱云成主编：《中国人口 · 广东分册》，中国财政经济出版社 1988 年版，第 10 页。

毫米增至2000毫米。3—6月为雨季，占年降水量的50%—60%；7—9月为台风雨。

台湾地跨北回归线，其气候的特点也是高温多雨，台风频繁。据统计，台湾年平均气温为20℃—24℃以上，一般地区终年不见霜雪，唯海拔3000米以上高山可见积雪，年平均降水量在2000毫米以上，东北部降水多集中在12月至次年3月，西南部在6月至9月，为我国降水最丰富的地区。台湾每年6—10月有台风，以8月次数最多，是我国遭受台风入侵最频繁的一个省。

海南地处热带边缘，属热带季风气候，其气候的特点也是高温多雨，干湿季明显，水热同季。据统计，海南年平均气温除中部山区因海拔高低于23℃，其余各地均在23℃以上，月平均气温大于20℃的时间长达270天以上。全岛1月份最冷，但平均气温仍在16.2℃（琼中）—28.8℃（崖县）。海南的年平均降水量为1720毫米，多集中在4—9月，旱季缺水严重。此外夏秋亦受台风的侵袭。

二　华南汉族历史发展的基本线索

华南本是少数民族土著族群聚居的地方，自秦始皇统一六国以后，汉族始迁岭南，从此，揭开了汉族在华南发展的历史序幕。

汉族迁入华南及在华南发展的历史大致可分为5个时期。

1. 秦汉为汉族迁入华南的初始时期

秦王政二十五年（前222年），曾派60万大军灭楚，后于始皇帝二十八年（前219年）派屠睢率50万大军“南征百越之君”[①]，兵分三路向华南进军，汉族迁入华南自此而始。

秦征服了华南各少数民族族群后，置闽中、桂林、南海、象郡4郡。

两汉之间，汉族大规模迁入华南是从汉武帝平定南越国开始的。南越平定后，汉王朝在岭南地区设置了南海、苍梧、合浦、郁林、交趾、九真、日南、儋耳、珠崖九郡。紧接着，汉武帝又发兵进击闽越，除“将其民徙处江淮间”[②]外，并立“都尉”治其地。从此，华南进入了一个稳定发展的时期，汉族迁入人数大增，据有关学者统计，西汉之时整个华南

---

① 《史记·王翦列传》。

② 《史记·东越列传》。

汉族的人口在 80 万人以上，此为汉族迁入华南的初始时期。

2. 三国两晋南北朝为汉族迁入华南发展的第一个高潮时期

东汉之后，中国进入了一个大分裂、大动荡的时代，历经三国的鼎立，东晋十六国的分裂，南北朝对峙，北方战乱不休，而南方则相对安稳和平，于是中原汉族大量南迁，其中有相当一部分迁入华南，从而形成了汉族迁入华南的第一个高潮。

这时迁入华南的汉族一是流民，即难民。《资治通鉴》卷八十六云："吏民流入交州者甚众。"所以，及至东晋初年，"百姓乃从海道入广州"，"逃逸渐多"[①]，以致东晋不得不新置晋康郡（治所在今广东德庆）立侨宁县，以示为迁入岭南的汉族流民而立。二是流士，即获罪而被流放的官僚及其家属，如刘宋著名的山水诗人谢灵运不被重用而不满朝廷被流徙广州，其子谢凤和孙谢超宗因被牵连而流徙岭南。三是屯军，主要在福建。据《三国志・贺齐传》记载，贺齐进兵建安，分别设军屯于建安（今福建建瓯）、汉兴（今福建浦城）、南平（今福建南平），这是汉族大规模入闽的第一次记载。

此外，东晋末年孙恩、卢循起义失败后，退回岭南，其余部遂定居岭南，世居水上，成为疍民的一部分。

3. 隋唐为汉族迁入华南发展的第二个高潮时期

隋唐汉族迁入华南以"安史之乱"为界分为两个时期，前期以流士为主，后期以流民为主。

安史之乱前，从隋代开始将流刑定为 1000 里、1500 里、2000 里三等，俗称"三流"，岭南一带成了隋唐的主要流放地，著名的有柳宗元被流放到柳州，韩愈被流放到连州阳山（今广东阳山）和潮州。

安史之乱后，由于战乱，流民成了迁入华南汉族的主流，史载："天下大乱，中朝人士以岭外最远，可以辟地，多游焉。"[②] 如渤海吴氏，"散处中州，其后随王潮入闽，而入于粤之潮、嘉等处"。[③] 从而使岭南人口激增，据有关史籍记载，唐代广东的户口较隋增加一倍多，即从隋代的 102780 户[④]，

---

① 《晋书・庾翼传》。

② 《新五代史・南汉世家》。

③ 《崇正同人系谱》卷二《氏族》，转引自罗香林《客家研究导论》，南天书局有限公司 1992 年版，第 48—49 页。

④ 《隋书・地理志》。

增加到唐代的 209584 户①，从而形成了汉族迁入华南的第二个高潮。

4. 宋元为汉族迁入华南发展的第三个高潮时期

宋元之时，由于政治动荡，中原久乱不安，中原汉族迁入华南的记载不绝于书，断断续续地延绵了一个半世纪之久。

宋元之时，不仅是自秦汉以来中原汉族迁入华南人口最多的一个历史时期，而且还是华南不同的汉族族群形成的初始时期。

在广东，由于汉族的迁入，尤其是北宋汉族大批迁入南雄珠玑巷，以及南宋时人们经珠玑巷大规模南徙，广东各地尤其是分布在今珠江三角洲各县的汉族开始了形成广府人的过程。与此同时，从湖南境内骑田岭一带越岭入粤北，或从江西、福建境入循、梅、潮诸州的汉族后来形成华南汉族族群中的客家人和潮汕人（福佬人）。

在广西，自北宋始改变了入桂汉族少于入粤汉族的状态，入桂汉族以镇压侬智高的狄青官兵落籍广西为大宗。到北宋末，不仅作为静江府治的今桂林市多有汉族入迁，就是接近少数民族聚居的“沿边十三郡”② 也有避难的中原士大夫迁入。及至南宋末，元军南下伐宋时，为元军所败的抗元义军部众和一部分难民还迁入广西靖西一带落籍。所以南宋时周去非在《岭外代答》中“五民”条云：“钦（约今钦州市和灵山、东兴等县、市）民有五种……二曰北人，语言平易，而杂以南音，本西北流民，自五代之乱，占籍于钦者。……四曰射耕人，本福建人射地而耕地，子孙尽闽音。五曰蜑人，以舟为室，浮海而生，语似福广，杂以广东西之音，蜑别有记。”这样汉族入桂从数量到内涵都有了明显的发展，而且两宋之时也是平话人形成的初始时期。

在海南，两宋时迁入岭南的汉族有的渡海进入海南岛。绍兴年间谪居昌化军（治今临高县西南，在全岛的最西端）的李光说昌化军：“近年风俗稍变，盖中原士人谪居者相踵，故家知教子，士风渐盛。”③ 南宋初太学生陈东被诛，另一太学生福建人陈好，因畏株连而避居琼山之苍原，后子孙繁盛。据统计，北宋元丰初海南四军州共有户 10366 户，到元世祖至

① 《新唐书·地理志》。

② 《建炎以来系年要录》卷六三。

③ 《庄简集》卷十六《儋耳庙碑》。

元年间，增至 99885 户。[1] 不到 200 年间，人口增加了 9.6 倍，汉族大批入琼十分显然。

在福建，南宋时远离中原，又靠近南宋首都的福建成了人民逃避战乱的好地方，不仅宋皇族成员入闽，泉州成了他们的主要的迁居之地，而且流民也大批迁入泉州、福州，如今福州桥南三叉街一带旧称藤山，“唐末宋初，居民鲜少。赵宋南渡之后，避乱者渐次迁藤，至元朝始成村落”。[2] 由于入闽汉族经海、陆两路进入，故沿海港市福州和泉州，以及居江西入福建大道的邵武军（治今邵武）、建州（后改名建宁府，治今建瓯）、汀州都是移民较多的府州。这时也正是福州人、闽南人开始形成的时期。

在台湾，汉族大批入台也始于宋元时期，连横在《台湾通史》中说：“历更五代，终及两宋，中原板荡，战争未息，漳、泉边民渐来台湾，而以北港为互市之口，故台湾旧志有台湾一名北港之语。”[3] 由于汉族入台人口增加，南宋还在台湾推行“编户”。[4]

5. 明清为汉族迁入华南发展的第四个高潮时期

明清之时，中国的统一已成为不可逆转的历史大趋势，这时虽然汉族迁入华南的浪潮逐渐减弱，但仍连绵不断，由于明初实行卫所制，所以其中以军籍汉族移民规模最大。如广西桂林卫所军士合家属约有 5 万人，与当时桂林土著的人数差不多。这些卫所驻军“子孙世及”，世袭为屯兵，于是这 5 万人的军籍汉族移民成了当地最大的移民集团，加上柳州卫所的军籍移民，他们后来形成了桂柳人的核心。

但是华南汉族的第二次迁徙是明清之时华南汉族迁徙发展的主流。这个主流是由广东南雄珠玑巷汉族移民再次掀起南迁的浪潮，以及福建客家人再次大规模入粤、入桂的两大支流会合而成的。

南雄珠玑巷汉族移民的这一次南迁，除大多落籍广东中部和西南部珠江三角洲各县，次为两江下游的高原和韩江三角洲一带外，从清中叶以后，又大批溯西江而上，向广西南部迁徙，使桂东南一片遂成为广府人的分布地之一。

---

① 《元丰九域志》卷九，《元史·地理志》。

② 《藤山志》，转引自朱维干《福建史稿》上册，福建教育出版社 1985 年版，第 235 页。

③ 连横：《台湾通史》上册，商务印书馆 1983 年修订 2 版，第 5 页。

④ 《古今图书集成》卷一一一〇《台湾府部·杂录》。

客家人的第二次迁徙是从清初开始的。由于清政府在平定了郑成功政权后取消了迁海令，康熙二十三年（1684 年）下令恢复被迁人民的旧业，但当年被迫迁海的居民已远走他乡，各县便招徕外地流民前来垦殖，于是粤东、闽西、赣南的客家人便闻风而来，再次掀起了客家人入粤、入桂的移民潮。据统计，到清代中期为止，广东的客家移民及其后裔已达 410 万人左右，几乎占同期广东人口的 20%。[①] 而整个广东的客家人在嘉庆二十五年（1820 年）时至少有 1060 万人，约占全广东 2120 万人口的一半。[②] 而客家人的不断入桂，使得桂东南、桂东北，以及桂中部分地区都有了客家人的迁入，尤其是"郁江走廊"——浔州，即平南、桂平、贵县一带形成土客杂居的格局。

与此同时，明清时福建的闽南人向台湾的迁徙，广东的潮州人向海南的迁徙，使得地广人稀的台湾、海南人口激增。

此外，第一次鸦片战争前夕，香港岛约有 0.5 万中国居民；澳门半岛约有 0.7 万中国居民。英国割占香港后，人口迅速增加，到清末时，港英当局管辖下的香港岛、九龙和租借地新界，人口已达 36 万人，其中绝大多数是从广东迁入的广府人、"福佬人"和客家人。与此同时，澳葡当局管辖下的澳门半岛和氹仔、路环两岛到清末时，中国居民人口也已达 7 万人左右，其中除一部分是被称为"疍民"的土著族群外，还有三分之一是来自广东中山（香山）的广府人，以及部分福建人。[③]

综上所述，在汉族延绵不断地向华南迁徙的两千多年历史的风风雨雨中，在文化的涵化、互动和认同中，迁入华南的汉族不断发展，自宋元开始出现的族群认同过程到明清时基本上宣告完成。

三 华南汉族的族群结构

华南汉族的族群结构是汉族人文地理区中最复杂的。

中原汉族在向华南迁徙的过程中，不仅碰上了华南相对封闭的地理空间，南岭山地，万山重叠；武夷山脉，山势高大，使得迁入华南的汉族被

---

① 葛剑雄等：《简明中国移民史》，福建人民出版社 1993 年版，第 426 页。

② 同上。

③ 余绳武、刘存宽主编：《十九世纪的香港》，中华书局 1994 年版，第 337 页；周大鸣：《澳门的族群》，《中国社会科学》1997 年第 5 期。

千山万岭所隔绝，而容易形成相对独立的族群，如入闽汉族在被千山万丘割裂的福建，在被称为闽西大山带和闽东大山带的怀抱中发育形成了各具人文特征的闽南人、福州人、闽东人、兴化人（莆仙人）、闽北人和客家人；而且还遇上了不同的少数民族土著族群，如客家人在福建就吸收了畲、瑶文化，平话人在广西就吸收了壮族及其先民的文化，广府人就吸收了南越人的文化。这种复杂的地形所造成的地理环境相对的封闭性，以及所吸收少数民族土著族群文化之不同，就造成了华南汉族族群的复杂特点。

华南汉族族群的结构可分为三个层次：

第一个层次为主要族群，有广府人、客家人、闽南福佬人、福州人、平话人、桂柳人。

第二个层次为亚族群，主要为闽南福佬人，又可分为闽南人、潮汕人、雷州人、海南人。

第三个层次为族群岛，主要有疍民，广西的“高山汉”，广西富川的“本地人”，福建的兴化人等。

四　华南汉族的基本特征

华南汉族的族群虽然复杂，但其基本特征仍然十分鲜明。

1. 方言复杂

汉语有八大方言，即北方方言、吴方言、湘方言、赣方言、客家方言、粤方言、闽方言、平话方言，华南汉族就占有客家方言、粤方言、闽方言、平话方言4种，占了汉语方言的一半。此外，桂柳人还操北方方言的西南官话。

2. 族群众多

如上所述，华南汉族的族群与汉族各人文地理区相比是最多的，而且结构复杂。除本书将要着重分析的广府人、客家人、福州人、闽南福佬人、平话人、桂柳人以外，还有闽东人、闽北人、莆仙人、海南人、雷州人、疍民、广西富川的本地人、“高山汉”等。

3. 发展不平衡

华南汉族社会经济文化发展极不平衡，广府人、闽南人、潮汕人等具有浓郁的商业意识，敢拼敢闯，经济发达，而平话人、闽北人、闽东人，以及广西的“高山汉”、富川的本地人，却由于长期的封闭，形成了保守的人文特征，经济、文化都比较落后，“高山汉”甚至在当地被人们认为是“比少数民族还要少数民族”的族群。

4. 海洋情结

由于华南面向大海，在历史的发展中培育了广府人、潮汕人、闽南人以及福州人的海洋情结，他们开放、兼容，一方面许多人漂洋过海，俗称“下南洋”，所以福建、广东、广西为中国华侨最多的三个省、自治区；另一方面他们得风气之先，大胆吸收西方文化，成了中西文化交会的中心。改革开放以来，广东更是成了现代化的急先锋，成了改革开放的排头兵。

第二节　华南秦汉时期族群概况

一　远古时代的华南原始族群

华南这块美丽富饶的地方很早以来就有人类居住了，是中国人类起源和演进的重要地区。

（一）旧石器时代华南的原始族群

考古材料揭示，1939 年，德奥籍古生物学家孔尼华将在香港中药店的“龙骨”堆里发现的两颗被鉴定为“巨猿”（Gigantopithecus）牙的巨牙化石，命名为“中国人”（Sinanthropos officinales），就是来自两广的洞穴。1956 年，又在广西柳城，以及大新、武鸣、巴马发现了三个巨猿颌骨和 4 枚上颌化石①，说明在人类起源的亚洲南部的广大地区“两广地带就是远古人类东移的必经之路”。② 1958 年，在广东曲江县马坝镇狮子岩的狮头洞里，属于旧石器中期早期智人为黄种人的原始祖之一，距今 12.9 万年的“马坝人”的头盖骨出土。据专家研究马坝人的头骨呈卵圆形；颧骨向前突出；鼻根较宽，鼻梁侧面观稍呈凹形；颜面上部相当扁平；眼眶圆纯而稍高，具有黄色人种的一些重要特征。③ 此后，1978 年和 1989 年，在广东封开县渔涝区河儿口村的峒中岩发现了距今约 14.8 万年的“峒中岩”人，也是黄色人种的原祖之一。从此，华南大地有了人类社会。

① 方志钦、蒋祖缘主编：《广东通史·古代》上册，广东高等教育出版社 1996 年版，第 43 页。

② 贾兰坡：《广东在古人类学研究上的重要地位》，《纪念马坝人化石发现三十周年文集》，文物出版社 1988 年版。

③ 黄象洪：《马坝人的种族特征——试谈我国人种起源于南方》，《纪念马坝人化石发现三十周年文集》，文物出版社 1988 年版，第 14 页。

在旧石器时代中期，广州、深圳、佛山、河源等地发现了20—30处旧石器地点，其代表是番禺钟村镇大乌岗和深圳龙岗旧石器地点的发现，补充了华南旧石器时代中期的文化。

到了旧石器时代晚期，原始人类活跃在华南大地上的，主要有以下一些。

1. 罗沙岩人

1992年7月在封开县渔涝镇罗沙岩出土4枚古人类牙齿化石，一批打制石器和近千件动物化石，距今2.24万—7.9万年。①

2. 新马坝人

1984年以来，在曲江县马坝狮子岩马坝人洞穴周围的水洞和银岩，发现了6颗人牙化石，在狮头岩洞西面的飞鼠洞清理出1个带臼齿的左下颌骨化石。说明在马坝人之后，这一带曾长期有古人类生活在这里。②

3. 麒麟山人

1956年在来宾县桥巩圩附近的麒麟山盖头洞的表层石笋之下发现的，包括大部分上颌骨和腭骨，右侧的颧骨和大部分枕骨的古人类遗骸。③

4. 柳江人

1958年在柳江县新兴农场的通天岩发现的一个完整的头骨（缺下颌），以及最下的4个胸椎和全部5个腰椎、骶骨、右髋骨及左右股骨各一段，头骨显示了黄种人的特征。④

5. 灵山人

1960年在灵山县城郊马鞍山的东胜岩、葡地岩，石背山的洪窟洞3个地点的洞穴中发现的3个头骨的碎片。从门齿舌面铲形等特点来看，已具有黄种人的基本特征。⑤

6. 荔浦人

1961年在荔浦县两江公社苏村大队水岩东洞发现的1枚左下第二前

---

① 张镇洪：《广西旧石器时代考古有新突破》，《中国文物报》1992年12月20日。

② 方志钦、蒋祖缘主编：《广东通史·古代》上册，广东高等教育出版社1996年版，第49页。

③ 贾兰坡、吴汝康：《广西来宾麒麟山人类头骨化石》，《古脊椎动物与古人类》1959年第1卷第1期。

④ 吴汝康：《广西柳江发现的人类化石》，《古脊椎动物与古人类》1959年第1卷第3期。

⑤ 顾玉珉：《广东灵山洞穴调查报告》，《古脊椎动物与古人类》1962年第6卷第2期。灵山县现属广西。

臼齿化石。①

7. 都乐人

1975 年在柳州市的都乐蘑菇洞的角砾和土状堆积中发现的 1 段股骨和 1 枚上右侧第二乳臼齿化石。②

8. 九楞山人

1977 年 11 月在都安瑶族自治县地苏公社东风大队九楞山的一个溶洞中发现的 4 枚人牙化石。③

9. 宝积岩人

1979 年 5 月在桂林宝积岩内发现的 2 枚人牙化石。④

10. 隆林人

1979 年 6 月在隆林各族自治县德娥公社附近的洞穴中发现的人类头骨、肋骨、椎骨、肢骨。⑤

11. 白莲洞人

1980 年在柳州市白莲洞中发现的 1 枚人牙化石和大量的打制石器。⑥

12. 左镇人

1971 年在台南县左镇菜寮溪的臭屈和岗子林发现的 9 件有关人的化石，距今 2 万—3 万年前。台湾学者推测，左镇人可能是台湾旧石器时代“长滨文化”的主人。⑦

（二）新石器时代华南的文化遗址

新石器时代，中国的原始社会氏族公社制进入了由全盛到衰落的历史阶段，磨制石器、制陶和纺织的出现，使人们由依赖自然的采集渔猎经济

---

① 吴新智、赵资奎、袁振新、沈家瑜：《广西东北地区调查简报》，《古脊椎动物与古人类》1962 年第 6 卷第 4 期。

② 易光远：《广西柳州都乐溶岩（洞）群的新发现》，《古脊椎动物与古人类》1976 年第 14 卷第 3 期。

③ 赵仲如、刘兴诗、王令红：《广西都安九楞山人类化石与共生动物群及其在岩溶发育史上的意义》，《古脊椎动物与古人类》1981 年第 19 卷第 1 期。

④ 王令红、彭书琳、陈远璋：《桂林宝积岩发现的古人类化石和石器》，《人类学学报》1982 年第 1 卷第 1 期。

⑤ 张兴永、李长青：《广西隆林发现人类化石》，《人类学学报》1982 年第 1 卷第 1 期。

⑥ 易光远：《白莲洞发现古人类化石》，柳州市博物馆编印《文物通讯》1980 年第 7 期。

⑦ 张森水：《中国旧石器文化》，天津科技出版社 1987 年版，第 281—289 页。“长滨文化”是 1968 年在台东县长滨乡八仙洞海滨发现的旧石器时代的文化遗址。其遗址有数十个大小洞穴，出土了三千多件石器和一百多件骨角器。

逐渐进入了农耕和畜牧的生产经济，华南大地大约在公元前六千年已遍布新石器文化遗址。主要有以下几个。

1. 韩江三角洲贝丘遗址

其主要分布在广东潮州市及澄海一带，以潮州枫溪镇陈桥村和池湖凤地遗址为代表。各贝丘遗址是鱼骨、贝壳、兽骨和人们生活遗物的堆积，说明当时在这里的居民是以渔猎、捕捞为主的氏族和部落。

2. 珠江三角洲贝丘遗址

其分为两类：河岸型，分布在南海、佛山、三水、高要及东莞、增城、博罗等地，以南海观音庙口和高要夏江村的遗址为代表；海湾型，分布在江门、新会、高明、鹤山等地。两类均是以渔猎捕捞为主的氏族和部落，以新会罗山咀遗址为代表。只是河岸型的以捕捞和采集淡水或半咸水贝类鱼类为主，海湾型的以捕捞半咸水以及广盐性贝类鱼类为主。

3. 沿海及岛屿沙丘遗址

其主要分布于东起汕尾西至台山和雷州半岛沿海，南达香港、澳门等岛屿，以环珠江口岸地区的深圳、珠海、中山、香港、澳门、新会及汕尾较为广泛。当时的居民以渔猎和采集为生，以汕尾北沙坑，珠海淇澳岛后沙湾及三灶岛草堂湾，深圳盐田为小梅沙、大梅沙，香港大湾、深湾、铜鼓洲、龙鼓湾，澳门黑沙湾等遗址为代表。

4. 粤北山区遗址

其分布在马坝狮子岩山腰的石峡遗址下层和始兴县城南墨江沿岸中镇村遗址下层，以农业为主。[①]

5. 八桂洞穴遗址

其主要分布在广西的桂北、桂东北、桂中、桂西南一带，洞内堆积主要是螺蛳壳，出土遗物虽仍以打制石器为主，但已有磨制石器和粗陶片出现，居民生活以渔猎为主。以桂林的甑皮岩、柳州的鲤鱼嘴、那坡的感驮岩、大新的歌寿岩、平南的石脚山等遗址为代表。

6. 邕江贝丘遗址

其主要分布在左江、右江及其下游邕江、西江和柳江两岸。由于这类遗址的地表常常暴露出大片的粉白色的蚌壳和螺蛳壳，当地群众俗称之为

---

① 以上4处新石器文化遗址参阅方志钦、蒋祖缘主编《广东通史·古代》上册，广东高等教育出版社1996年版，第56—59页。

“螺蛳山”“螺蛳地”。这些遗址出土的磨制石器较多，表明当时的居民除以渔猎和采集为主外，已开始兼营农业。以横县西津、邕宁长塘、南宁豹子头等遗址为代表。

7. 北部湾海边贝丘遗址

其分布在防城港市和钦州一带，以海生的斧足类、腹足类和软体动物的硬壳堆积为特征，并出土了打制石器、磨制石器、骨器、蚌器和陶片，当时居民以采蚝、捕鱼为主，也上山狩猎和兼营农业。以东兴亚菩山、马兰咀、杯较山和钦州的独料等遗址为代表。

8. 桂邕山坡遗址

其在广西分布很广，桂北主要密集地分布在全州、灌阳、兴安等县沿湘江及其支流两岸，约有五十处遗址，以全州的卢家桥、灌阳的五马山遗址为代表，居民以原始农业和狩猎为主；桂中主要分布在融水、鹿寨、柳江、象州、武宣、桂平等地，约有七十处遗址，范围各达 1 万平方米，为广西新石器时代文化遗址之最，桂东、桂东南和桂西南主要分布地东从与广东相连接的各县往西，直达左、右江河谷地区，西与贵州、云南出有肩石器的地区相衔接，北到柳州地区，以南宁地区最为密集，以大石铲为特征，以隆安县大龙潭遗址为代表。①

9. 闽江下游贝丘遗址

其分布在福建闽江下游一带，石器以锛为最多，陶器以几何纹陶和绘红色条带、卵点的彩陶为文化特征，当时居民经营农业并有发达的渔猎经济。以闽侯县恒心乡的昙石山遗址为代表。

10. 台湾贝丘遗址

其分布在台北、台南、高雄、澎湖等地，出土有打制石器、磨制石斧、石锛、石镞等，骨角器与贝器主要是尖器和饰物，以及粗砂陶片，饰以粗绳印纹以及之字或条形划纹，还有彩绘纹和贝印纹，以渔猎为主，兼以种植根茎植物，台湾学者称之为“原始根栽农业”，以台北八里乡的大坌坑和高雄林园乡的凤鼻头等遗址为代表。②

---

① 广西文物考古训练班、文物工作队：《广西南部地区新石器时代晚期文化遗存》，《文物》1978 年第 9 期；广西文物工作队：《广西隆安大龙潭新石器时代遗址发掘简报》，《考古》1982 年第 1 期。

② 胡友鸣、马欣来：《台湾文化》，辽宁教育出版社 1991 年版，第 3—4 页。

这些考古材料向我们展示了华南的原始社会从旧石器时代中期到新石器时代发展的轨迹，作为黄种人先祖之一的马坝人、麒麟山人、柳江人、白莲洞人、左镇人等也就成了华南汉族的始祖，今天华南汉族的体质特征与北方汉族之不同，其源盖出于此！

（三）历史文献记载的华南原始族群

历史文献也曾透露出远古时代华南原始族群的一些信息。据考远古时代华南原始族群主要有如下几个。

1. 炎人国

《墨子·节葬》篇云："楚之南有啖人国者，其亲戚死，朽其肉而弃之，然后埋其骨，乃成为孝子。"① 这种崇拜祖骨的拾骨葬俗在两广的百越族群中颇为盛行，林谦光在《台湾纪略》风俗条中云："人死，结彩于门，所有器皿衣服，与生人均分。死者所应得之分，同其尸埋于床下。三日后，会集同社，将死者取出，各灌以酒，然后深葬。葬不用棺椁，移居仍取出再埋。"② 壮族则长期流行二次葬的风俗③，可见炎人国是华南的原始族群之一。

2. 啖人国和辂沭国

《墨子·鲁问》云："楚之南有啖人之国焉。其国之长子生，则解而食之，谓之宜弟。"《墨子·节葬》又云："昔者，越之东有輆沭之国者，其长子生，则解而食之，谓之宜弟。其大父死，负其大母而弃之，曰鬼妻不可与居处。"这种杀子而食之族，《逸周书》称之为"损子"。岭南的"乌浒人"和僚人曾流行此俗，《广州记》云：乌浒"其俗食人"。《永昌郡传》云："僚人喜食人，以为珍美。"可见啖人国和輆沭国均是华南的原始族群之一。

3. 裸国民

《列子·汤问》云："南国之人，祝发而裸。"据史籍所记，"昔舜舞有苗，而禹袒入裸国"④。而"禹入裸国，裸入衣出，衣服之制，不通于夷狄也。禹不能教裸国衣服"⑤。此后，据《史记·南越列传》所记，南

---

① 《墨子·节葬》和晋人张华《博物志》卷二的记载与此略同。

② 阙名：《台游笔记》亦云：以棺埋土后，"约百日，再行取出，捡骨于坛"。

③ 过伟等主编：《壮族风情录》，广西人民出版社 1991 年版，第 152—153 页。

④ 《战国策·赵策二》。《淮南子·地形训》亦记有"裸国民"。

⑤ 《论衡·问孔篇》。

越王赵佗对汉使陆贾道："蛮夷中间，其东闽越千人众号称王，其西瓯骆裸国亦称王。"可见汉代有"瓯骆裸国"。又据南朝梁任昉《述异记》所记，"桂林东南边海有裸川"。桓谭《新论》云："呈衣冠于裸川，海上有裸人乡。"可见汉代还有"桂林海上裸人乡"。此瓯骆裸国和桂林海上"裸人乡"的地望均在今广西境。及至宋代，广西西部僻远之地的"邕宜以西南丹诸蛮"尚有"跣足裸形"[①]之俗。直至清代台湾的平地近番"男女夏则裸体，惟私处围三尺布"。[②]凡此均说明远古大禹之时，裸国民也是华南的原始族群之一。

4. 雕题国

《礼记·王制》云："南方曰蛮，雕题交趾，有不火食者矣。"郑玄注："雕文谓刻其肌，以丹清涅之。"通俗地说"雕题"就是文身之俗。《战国策·赵策二》云："被发文身，错臂左衽，瓯越之民也。"此后，《淮南子·原道训》亦云："九嶷之南……人民劗发文身。"瓯越在广西境内，九嶷之南，意指岭南，可见远古之时雕题国也是华南的原始族群之一。

5. 儋耳国

《山海经·海内南经》云："伯虑国、离耳国、雕题国、北朐国皆在郁水南。"东晋郭璞注云："锼离其耳，分令下垂以为饰，即儋耳也。在朱崖海渚中。不食五谷，但噉蚌及藷薁也。"足见"离耳国"即"儋耳国"也。《后汉书·南蛮西南夷传》云："珠崖、儋耳两郡在海洲上，东西千里、南北五百里。其渠帅贵长耳，皆穿而縋之，垂肩三寸。"可知儋耳国由儋耳之俗而得名。当时，儋耳国乃处于原始社会时代。据《吕氏春秋·恃君览》篇云："雁门之北，鹰隼、所鸷、须窥之国，饕餮穷奇之地，叔逆之所，儋耳之居，多无君。"此后，《华阳国志·南中志》亦云："南中在昔盖夷越之地。……其地东西三千里，南北四千六百里，有穿胸、儋耳种、闽越、濮、鸠僚，其渠帅皆曰王。"可见，远古时代儋耳国也是华南原始族群之一。

6. 凿齿民

《淮南子·地形训》云："凡海外三十六国……自西南至东南方，结

---

① （宋）周密：《齐东野语》卷七。

② （清）郁永和：《裨海纪游》；又（清）傅恒：《皇清职贡图》卷三云：诸罗县诸罗等社熟番，男番"夏常裸体"。

胸民、羽民、讙头国民、裸国民、三苗民、交股民……凿齿民……”凿齿民实为有人工拔牙之俗的原始族群。《淮南子·本经训》云：“羿诛凿齿于畴华之野，杀九婴于凶水之上。”畴华即《山海经·海外南经》所记载的寿华，其云：“羿与凿齿战于寿华之野，羿射杀之。”可见凿齿民居南方之地。拔牙之俗在越、濮的一些族群中曾流行，可见远古时代的凿齿民也是华南原始族群之一。

7. 穿胸民

《山海经·海外南经》云：“贯匈国在其东，其为人匈有窍。”此后，《淮南子·地形训》云：“凡海外三十六国。……自西南至东南方……穿胸民……”此“穿胸民”之名源于着衣之俗，据汉人杨孚所记，“穿胸人，其衣则缝布二尺，幅合二头，开中央，以头贯穿胸不突穿”[①]。可见远古时代穿胸民也是华南原始族群之一。

8. 交趾民

《墨子·节用》云：“古者尧治天下，南抚交趾，北降幽都。”禹时也“陂九泽，通九道，定九州……至于荒服，南抚交趾”。[②]《吕氏春秋·求人》篇甚至说：禹“南至交趾、孙朴、续樠之国。”“交趾”之名源于以捕鱼捞珠贝为业之俗。这些捕鱼捞珠贝的人如鲛鱼，《述异记》云：“南海中有鲛人，水居如鱼，不废机织，其眼能泣则出珠。”这种类似神话的说法正好道出了鲛人采珠之俗。《经典释义》云：“鲛，本又作蛟。”故鲛人又作蛟人。[③] 因此，“交趾”早为“交止”“郊止”，[④] 东汉后才改为“交趾”。所以越南历史学家陶维英说：“推敲交趾二字的含义，人们可以断定是汉族人看见住在此地的人自称为蛟龙族，因而称他们蛟龙族或蛟龙人，把他们居住的地方叫作蛟龙人的地方，或蛟龙地即交趾。”[⑤] 可见，交趾也是华南的原始族群之一。

总之，与华南的考古材料相印证，历史文献所记的炎人国、啖人国、轸沭国、凿齿民、裸国民、雕题国、儋耳国、穿胸民、交趾民等氏族部落都是远古时代华南的原始族群。

---

① 《太平御览》卷七九〇引《异物志》。

② 《说苑·脩文》。

③ 何光岳：《百越源流史》，江西教育出版社1989年版，第202页。

④ 《汉书·武帝纪》载元鼎六年，定越地以为南海、郊止等郡。《地理志》景本载交止郡。

⑤ ［越］陶维英：《越南古代史》上册，商务印书馆1976年版，第45页。

二　先秦的华南族群

先秦夏、商、周三代及至春秋战国之时，华南的族群大多还处于原始社会的不同发展阶段上，《逸周书》记载，商朝初年，伊尹曾令四方的少数民族用土特产朝贡，对南方的少数民族的献令中云："正南瓯、邓、桂国、损子、产里、百璞、九菌，请以珠玑、玳瑁、象牙、文犀、翠羽、菌鹤、短狗为献。"可见"瓯""桂国""产里""损子""九菌"都是活动于华南岭南地区的族群。据诸家校释，"瓯"即瓯骆；"桂国"即秦置桂林郡；捝子或即瞫都，汉武帝置朱崖郡治地外，其余均不可考。而先秦之时华南族群可考的主要有如下几个。

1. 苍梧

"苍梧"在有关先秦三代的古史传说中就已经见到这一名称，一直至两汉仍不绝于史。如《逸周书·王会解》在说到南方各族向商王进贡时提到了"仓吾翡翠"；《淮南子》中说，"昔苍梧娆娶妻而美，以让其兄"；《史记·南越列传》集解引《汉书音义》说，"苍梧越中王，自命为秦王"。显然，"苍梧（仓吾）"是一个族称。因此，宋人罗泌著的《路史》中将苍梧列为百越的一支是有道理的。苍梧的地望在今桂粤湘交界一带。亲自到过九嶷山的司马迁在《史记·五帝本纪》记帝舜时说："践帝位三十九年，南巡狩，崩于苍梧之野，葬于江南九疑，是为零陵。"《淮南子·人间训》说，"舜道死苍梧"，注云："时舜死苍梧，葬于九嶷之山，在苍梧冯乘县东北，零陵之南千里也。"这一条史料，说明苍梧就是在今桂东北、湘东南、粤西北一带。汉武帝正是根据这一带为苍梧人聚居地的特点而在这里设置苍梧郡进行管理。

大约在春秋战国至秦相交之时，苍梧人逐渐从北往南迁移。苍梧的族称也逐渐消亡，到公元前 204 年赵佗立南越国时，"南越"这一汉味儿很浓的族称就取代了原来"苍梧"这自称的音译族称。[①] 桂东北、粤西北这一经济文化中心也就转移到了珠江三角洲。以后，在南来中原文化的强烈冲击下，迁移到珠江三角洲的苍梧人与外来民族发展成了操粤语的汉人；仍在原地的苍梧人的一部分与外来人融合成了今桂东北地区操"本地话"

---

① 陆明天：《秦汉前后岭南百越主要支系的分布及其族称》，载《百越民族史论丛》，广西人民出版社 1985 年版，第 150—158 页。

的汉人；一部分居住在比较偏僻和封闭地区的则演变成近现代操“标话”的汉族；另一部分苍梧人则西迁，逐渐分化形成居住于今广西大瑶山地区的茶山瑶和湘黔桂的侗族。[①]

2. 骆

《史记·南越尉佗列传·索隐》：“姚氏案：《广州记》云：‘交趾有骆田，仰潮水上下，人食其田，名曰骆侯，诸县各自为骆将，铜印青绶，即今之令长也。后蜀王子将兵讨骆侯，自称为安阳王，治封溪县。’”《水经注·叶榆水》引《交州外域记》亦说：“交趾昔未有郡县之时，土地有雒田，其田从潮水上下，民垦食其田，因名为雒民。设雒王、雒侯主宰郡县，县多为雒将，雒将铜印青绶。”这两条史料，说明在先秦未有郡县之时，交趾居住的族群名称是“骆（雒）”。当然，先秦时期的交趾并非是指越南北部。《墨子·节用》记载：“古者尧治天下，南抚交趾。”《大戴礼记·少间篇》说“虞舜以天德嗣尧……南抚交趾”，指的都是岭南地区。汉武帝所置的交趾刺史部，辖境也相当于今海南、广东和广西大部分以及越南北部、中部。东汉改交趾刺史部为交州时，治所即在广信（今梧州），后又移至番禺（今广州），但辖地没有多大变化。因此，先秦时期以桂南、粤西南为中心的广大地区的居民就是远古时被称为“交趾人”骆（雒）。

3. 从闽到闽越

《周礼·职方氏》所列战国时我国的少数民族中有“闽”人，因其部落众多故而有“七闽”之说。《国语·郑语》亦云：“闽、芈，蛮矣。”周王朝还以“闽隶”为奴，“掌役畜，养鸟，而阜蕃教扰之”[②]。据《山海经·海内南经》所记：“闽在海中，三天子障在闽西海北。”注曰：“在新安歙县东，今谓之三王山，浙江出其边也。”又《山海经·海内东经》所记：“浙江出三天子都，在其东，在闽西北，入海。”注曰：“浙江新安歙县南蛮中，东入海，今钱塘江是也。”以及郦道元《水经注》云“浙江又东注于海”。故闽人的地望在福建及浙江的一部分。此外，在福建和台湾又发现了新石器时代前后的文化遗址，即福建的昙石山文化与台湾的天

---

① 参阅张寿祺、黄新美《粤西“标语”人群乃古代苍梧族群遗裔考——兼论其与侗族的关系》，《贵州民族研究》1993年第1期。

② 《周礼·秋官·闽隶》。

坌坑文化、凤鼻头文化的密切关系，说明从远古到先秦，台湾的族群应是闽越的一部分。[①]

汉代“闽”被称为“闽越”。[②]《说文解字》云：“闽，东南越，蛇种。”《史记·吴太伯世家·索隐》释“荆蛮”云：“蛮者，闽也，南蛮之名，亦称越。”所以，《史记·东越列传》将“闽”与“越”连称为“闽越”。综观先秦闽越历史，其在夏商周三代时已活动在福建，并不受中原王朝的统治，故淮南王刘安上书汉武帝时曾追述说：“（闽）越，方外之地，劗发文身之民也。不可以冠带之国法度理也。自三代之盛，胡越不与受正朔。”所以秦统一前，福建还是一个由“无诸”统治的闽越王国。直到秦统一才“皆废为君长”。[③]

三　秦汉的华南族群

秦汉之时，从秦始皇统一六国后，发兵经略岭南始，华南族群的发展进入了第一个活跃时期，分分合合，合合分分，到两汉时，华南的族群主要有如下几个。

1. 南越

南越是由苍梧演化而来的。《史记·南越列传》云：“秦已破灭，（赵）佗即击并桂林、象郡，自立为南越武王。高帝已定天下，为中国劳苦，故释弗诛。汉十一年，遣陆贾因立佗为南越王。”“南越”之称，是“以其地为扬越南部，故称为南越”[④]。从此，迁徙到珠江三角洲一带的苍梧族遂称为南越族。

2. 从西瓯和骆越到乌浒和俚僚

秦汉之际，先秦时的骆已经逐渐分化形成西瓯、骆越两个族群。由于刚分化出来，秦汉之际，骆越和西瓯还往往并称，到东汉则渐明确南越之西为西瓯。《史记·南越尉佗列传》说：“赵佗以兵威边，财物赂遗闽越、西瓯、骆，役属焉，东西万余里。”《汉书·西南夷两粤朝鲜传》说：“蛮夷中，西有西瓯，其众半羸，南面称王。”这些记载说明西瓯分布在岭南

---

① 陈国强、蒋炳钊等：《百越民族史》，中国社会科学出版社 1988 年版，第 258 页。

② 《史记·东越列传》。

③ 同上。

④ 罗香林：《中夏系统中之百越》，独立出版社 1943 年版，第 114 页。

西部。具体在什么地方呢？晋人郭璞注《山海经》说："大闽海中，郁林郡为西瓯。"《旧唐书·地理志四》党州（今玉林市）条说：党州"古西瓯所居，秦置桂林郡"。《太平寰宇记》则明确指出："郁林郡为西瓯。"汉武帝置的郁林郡，治今贵港市贵城镇南江村，辖境相当于今广西除桂林、梧州两地区以及玉林地区的小部分以外的广大地区。三国以后辖地逐渐缩小，南朝的陈时约相当于以今贵港为中心，六万大山与大瑶山之间的郁江地区。由此可见，西瓯是聚居在以柳江流域和郁江地区为中心的桂中稍偏东偏南这一地区的。

及至东汉末年，西瓯又发展演化为"乌浒"。《后汉书·南蛮西南夷传》记载：建宁三年（170 年）"郁林太守谷永以恩信招降乌浒人十余万内属，皆受冠带，开置七县"。至于乌浒人内属的具体地点，据《旧唐书·地理志四》说：贵州郁平县，"汉广郁县地，属郁林郡，古西瓯、骆越所居。后汉谷永为郁林太守，降乌浒十万，开七县即此也"。唐朝的郁平县，治所在今贵港市东部的东津乡，辖地大致相当于今贵港市、桂平市和玉林市的交界地区。《读史方舆纪要·广西五》说：在横州（治所在今横县横州镇）东六十里有乌浒山，"昔乌浒所居之地，亦为乌浦"，"今山与贵县界相近，说谓之乌浦山，下有乌浦滩"。李调元《南越笔记》也说横州有"乌浒大滩"。可见，乌浒的聚居中心正是原西瓯聚居的地区也有乌浒人居住。《太平御览·四夷部七》引三国时万震所著的《南州异物志》中记载："交、广之界，民曰乌浒，东界在广州之南，交州之北，恒出道间，伺候二州行旅，有单迥辈者，辄出击之，利得人食之，不贪其财货也。"据《辞海·历史地理》分册，三国时的广州辖境相当今广东、广西两省区除广东廉江以西、海南岛、广西桂江中上游、容县和北流以南、宜州西北以外的广大地区；交州辖境相当于今越南北方部分及广西钦州地区（现已分为钦州、北海、防城港三市）和广东雷州半岛。这样，"交、广之界"，"东界在广州之南，交州之北"，正是原西瓯分布的地区。可见，乌浒是由西瓯演化发展而形成的。

而骆越的聚居地，据《旧唐书·地理志四》载邕州宣化县条说："驩水在县北。本在牂牁河，俗呼郁林江，即骆越水也，亦名温水。古骆越地也。"宣化县为隋开皇十八年（598 年）改晋以来的晋兴县而置，治所在邕江南岸。牂牁水在县西北，当指今邕江无疑。《百越先贤志·自序》说："译于宋旧壤，湘漓而南，故西瓯。牂牁西下邕容绥建，故骆越也。"

《汉书·贾捐之传》记载海南岛也是“骆越之地”。《后汉书·马援传》说：马援“于交趾得骆越铜鼓”。从这些文献记载来看，骆越的聚居地就是以今邕江及其上游的广大桂南为中心的地区，雷州半岛、越南北部和海南岛都属于骆越分布地区。

但是，由于西瓯和骆越本是从骆中分化出来的两个族群，所以在西瓯分布的中心区郁江地区与骆越分布的中心区邕江地区之间，包括今广西钦州、玉林两地市与广东湛江、茂名两市的这一带西瓯、骆越也往往是杂居在一起的。《元和郡县志·岭南道五》说：“贵州，本西瓯、骆越之地，秦并天下，置桂林郡。尉佗主越，改桂林为郁州，后又为桂林。”《太平寰宇记》贵州郁平县条引《舆地志》说：“故西瓯、骆越之地，秦虽立郡，仍有瓯越之名。”《旧唐书·地理志》潘州茂名县（治今广东茂名市）条说，茂名也是“西瓯、骆越所居”。

及至东汉，骆越又发展演化为“俚”。俚，作为族称，在东汉时也已经出现。《后汉书·南蛮西南夷传》记载：建武十二年（36年），“九真徼外蛮里张游率种人慕化内属，封为归汉里君。十六年（40年），交趾女子征侧起事，“九真、日南、合浦蛮里皆应之”。李贤注：“里，蛮之别号，今呼为俚人。”据《辞海·历史地理》分册，汉代合浦治所在今合浦县东北，辖境相当于今广东新兴、开平西南，广西容县、横县以南地区，也就是今桂南、桂西和广东西南部。日南、九真大抵相当今越南中北部和北部。这一分布区域正好与原骆越的聚居区基本吻合。因此可见俚人是由骆越发展而来的。

三国两晋南北朝时，关于俚人的记载相当多。《太平御览·四夷部六》引三国时吴万震《南州异物志》说：“广州南有贼曰俚，此贼在广州之南，苍梧、郁林、合浦、宁浦、高凉五郡中央地方数千里。往往别村，各有长帅，无君主，恃在山险，不用王，自古及今，弥历年纪。”苍梧郡治今广西梧州，郁林郡治今广西贵港，宁浦郡治今广西横县南，高凉郡治今广东阳江西。这些地区大致相当于今广西郁江、邕江及西江以南至南海海域的广大地区，比汉代俚人的分布有所扩大。晋朝时，俚人分布的地区，张华《博物志》记载：“交州夷名曰俚子，俚子弓长数尺，箭长尺余。”晋时交州统合浦、交趾、新昌、武平、九真、九德、日南七郡，其中新昌、武平、九德三个郡为新开拓俚人地区而设置。因此，晋时俚人的分布大致相当于今广西钦州、北海、防城港三市辖地和广西西南地区以及越南大部分地区。南朝时，俚人的分布仍大致如此，只不过是南朝各政权加强了对俚人的统治，《宋书·羊玄保传》《梁书·荀匠传》《陈书·萧允传》等史籍都有很多关于征剿俚人的记载。与此同时俚人在南朝也得到很大的发展，俚人酋帅已经成为岭南地方重要的势力，出现了陈檀、陈文彻、冼夫人、钟士雄、宁猛力、王仲宣、李光仕、李佛子等著名大姓。他们为协助朝廷维护岭南的社会安定和国家的统一做出了积极的贡献。

"僚"这个族称，汉代已有之，两晋至唐最为习见。但六朝时期，有关岭南"僚"的单独记载不多，史籍多以"俚僚"并称。如，裴渊《广州记》说："俚僚贵铜鼓，唯以高大为贵"；《宋书·杜慧度传》说：李奕等奔广州，"盘结俚僚，各有部曲"；《南齐书·州郡志》说：广州"虽民户不多，而俚僚猥杂"；《南史·夷貊传》记载："广州诸山并俚僚，种类繁炽。"这些记载表明，岭南地区的"僚"与居处牂牁、巴蜀的"僚"是不同的。在岭南地区从东汉至隋史籍中并称的"俚僚"，据著名史学家陈寅恪先生考证，实际上指的就是俚人。[①] 闻宥教授在《四川大学历史博物馆所藏古铜鼓考》和戴裔煊教授在《僚族研究》中还都进一步提出了骆越、俚、僚是一脉相承的观点。[②] 这些都是颇有见地的。至于后来"僚"被广泛用来作少数民族的泛称，则另当别论了。

3. 夷洲

先秦时台湾的族群本是闽越的一部分，但经秦汉的发展，台湾的族群从闽越中分化出来，被称为"夷洲"。《后汉书·东夷传》云："会稽海外有东鳀人，分为二十余国。又有夷洲及澶洲。""夷洲"《三国志·孙权传》作"夷州""夷州人"称为"山夷"。三国时的沈莹在《临海水土志》中云："夷州在临海东南，去郡二千里，土地无雪霜，草木不死。四面是山，众山夷所居。山顶有越王射石，正白，乃是石也。此夷各号为王，分画土地人民，各自别异。人皆髡头穿耳，女人不穿耳。作室居，种荆为蕃鄣。土地饶沃，既生五谷，又多鱼肉。舅姑子妇男女卧息，共一大床，交会之时，各不相避。能作细布，亦作斑文布，刻画其内有文章，以

---

① 陈寅恪：《魏书司马睿传江东民族条释证及推论》，《历史语言研究所集刊》第十一本，中华书局1987年版，第6—12页。。

② 江应樑：《百越族属研究》，《江应樑民族研究文集》，民族出版社1992年版，第379页。

为饰好也。其地亦出铜铁，唯用鹿角为矛以战斗耳。磨砺青石以作矢镞刀斧。环贯珠珰。饮食不洁，取生鱼肉杂贮大器中，以卤之，历日月乃啖食之，以为上肴。得人头，砍去脑，驳其面肉，留置骨，取犬毛染之作以鬓眉发编，具齿以作口，自临战斗时用之，如假面状。此是夷王所服。战，得头，着首还。于中庭建一大材，高十余丈，以所得头差次挂之，历年不下，彰示其功。又甲家有女，乙家有男，仍委父母，住就之居，与作夫妻，同牢而食。女以嫁皆缺去前上一齿。父母死亡，杀犬祭之，作四方函以盛尸。饮酒歌舞毕，仍悬着高岩石之间，不埋土中作冢椁也。"①

4. 山越

东汉之时，华南的秦汉间部分越与闽越发展演化成了山越。《后汉书·灵帝纪》云：建宁二年"丹阳山越贼围太守陈夤，夤击破之"。"山越"之称的来由，据胡三省给《资治通鉴》作注时所云："山越本亦越人，依山阻险，不纳王租，故曰山越。"② 山越基本上继承了闽越的风俗。如"语声似鸟"③ "悉依深山"④ "好武习战，尚有气力"⑤ 等。三国之时，山越成了吴国境内一支主要的族群。

综上所述，可见先秦之时，华南仍是少数民族族群繁衍的地方，这时的华南族群大多还处在原始社会发展的不同阶段上，而汉族仍处在形成的过程之中。自秦始皇统一六国后经略岭南始，华南的族群发生了剧烈的变化，苍梧发展演化成了南越，骆分化成西瓯和骆越两个族群，经过两汉的发展，西瓯又发展演化成了乌浒，骆越又发展演化成了俚僚。而汉族经过秦和两汉的大一统也完成了从华夏民族发展转化为汉族的历史过程。于是，随着汉族的迁入华南，从而揭开了华南汉族发展的历史序幕。

第三节　汉族向华南的迁徙和发展

一　秦代汉族迁入华南的开始

先秦之时，在中华大地上演出的中国民族发展史上最威武雄壮的汉民

---

① 《太平御览》卷七八〇，《叙东夷》引《临海水土志》。

② 《资治通鉴·汉纪》胡三省注。

③ 《后汉书·度尚传》。

④ （东吴）沈莹：《临海水土志》，《太平御览》卷七八〇引。

⑤ 《三国志·诸葛恪传》。

族形成的历史剧，从夏、商、周、楚、越诸民族先后崛起，到春秋战国夏、商、周、楚、越诸民族，以及部分蛮、夷、戎、狄熔铸成华夏民族，再到秦始皇统一六国，汉民族的前身——华夏民族的统一，汉族发展的雪球，自秦始皇经略岭南开始滚进了华南大地，从而揭开了华南汉族发展的历史序幕。

秦始皇二十八年（前219年）秋冬“乃使尉（官名）屠睢发卒五十万为五军，一军塞镡城之岭，一军守九疑之塞，一军处番禺之都，一军守南野之界，一军结余干之水”。[①] 兵分三路展开了向华南的进军。

东路“一军结余干之水”。余干在赣东，余干水即今上饶江，是通往闽北的一条要道。秦军集结于此一为威慑闽越，二为钳制南越东部。慑于秦军的威力，闽越王向秦王朝表示臣服，秦始皇二十九年（前218年）置闽中郡。

中路，“一军守南野之界”，“一军处番禺之都”。地处赣江上游的南野在今江西南康县，通大庾岭，是秦军进军番禺的重要通道。秦军中路越过南岭的大庾岭后，顺流直下，势如破竹，很快占领了番禺，征服了南越，于秦始皇三十三年（前214年）置南海郡。

西路，“一军守九疑之塞”，“一军守镡城之岭”。九嶷山在今湖南宁远县南，镡城在今湖南靖州一带。秦军从湖南江华越过南岭的萌渚岭，到广西贺州经今贺江转郁江；从镡城过南岭的越城岭，居湘、漓二水上游，秦军下漓水可直取桂林。但是没想到，秦军在西路的进展十分不顺利，遭到了土著西瓯人的顽强抵抗，到处致使秦军“三年不解甲弛弩”[②]，使屠睢丧师陨身。后来秦任命嚣和赵佗为统帅，他们一方面“将楼船之士南攻百越”[③]；另一方面实行了“和辑百越”[④] 的政策，很快击溃了西瓯的反抗，占领了整个西瓯地区。随后，又挥军南下，攻占了骆越居地，征服了西瓯、骆越，于秦始皇三十三年（前214年）置桂林、象郡2郡。

秦征服华南各少数民族土著族群，置闽中、桂林、南海、象郡4郡，汉族开始迁入华南，首批进入华南的汉族是入驻岭南的秦军。广州秦墓出

① 《淮南子·人间训》。

② 同上。

③ 《史记·主父偃列传》。

④ 《汉书·西南夷两粤朝鲜传》。

土刻有“十四年属邦工□□蕺丞□□□”铭文的铜戈，[①] 是秦王政十四年之物，是驻扎在此秦军的物证。1974 年在广西平乐银山岭墓掘得刻有“江鱼”“孱陵”的铜戈、铜矛各一件[②]，“江鱼”“孱陵”均在楚境，已归秦统治，亦可为秦军自楚入桂的佐证。这批秦军大约有 15 万人。[③]

此后，终秦之世，迁入华南的汉族有三批。

第一批是秦始皇三十三年（前 214 年）“发诸尝逋亡人、赘婿、贾人略取陆梁地……以适遣戍”[④]，“略定扬越……以适徙民，与越杂处”[⑤]。据说包括家属在内约有 50 万人。[⑥]

第二批是秦始皇三十四年，“适治狱吏不直者，筑长城及南越地”[⑦]。这些治刑狱有过失的低级官吏有三五万户。[⑧] 每户若以 4 口人计，总数有 12 万—20 万人。

第三批是秦始皇三十七年（前 210 年），“尉佗逾五岭攻百越。尉佗知中国劳极，止王不来，使人上书，求女无夫家者三万人，以为士卒衣补。秦皇可其万五千人”[⑨]。她们迁入华南后与留戍岭南三郡的秦军官兵婚配，定居于岭南。

秦王朝“因徙天下有罪适吏民，置海南故大越处”[⑩]，迁入华南的汉族总数为 80 余万人，这个数字可能有夸大，但表明汉族已大批迁入华南了。唐穆宗时龙川县进士韦昌明在《越井记》中就说：“秦徙中县之民于南方三郡，使与百越杂处，而龙川有中县之民四家。昌明祖以陕中人来此，已凡三十五代矣。”[⑪] 可见，早在两千年前，迁入华南的汉族就开始与当地土著少数民族一起共同开发了祖国的华南，共同创造了绚丽多姿的华南文化。

---

① 麦英豪：《广州东郊罗冈秦墓发掘简报》，《考古》1962 年第 8 期。

② 蒋廷瑜：《从银山岭战国墓看西瓯》，《考古》1980 年第 2 期。

③ 余天炽等：《古南越国史》，广西人民出版社 1988 年版，第 24 页。

④ 《史记·秦始皇本纪》。

⑤ 《史记·南越列传》。

⑥ 《史记集解》引徐广之语云：“五十万人守五岭。”

⑦ 《史记·秦始皇本纪》。

⑧ 方志钦、蒋祖缘主编：《广东通史·古代》上册，广东高等教育出版社 1996 年版，第 183 页。

⑨ 《史记·淮南衡山王列传》。

⑩ 《越绝书》卷八。

⑪ 《全唐文》卷八百十六。

二　两汉汉族向华南的迁徙和发展

两汉之时，天下大定，从公元前206年刘邦建西汉到公元220年曹丕废献帝灭东汉的426年间，大一统中的华夏民族完成了向汉民族的转化。在这个新的历史背景下，汉族不仅开始了向华南新一轮的迁入，也开始了与华南土著族群涵化和融合的过程。

此时汉族大规模迁入华南是从汉武帝平南越国开始的。元鼎五年（前112年）秋，汉武帝调遣罪人及江淮以南楼船将士十万，分五路大军进击南越。以卫尉路博德为伏波将军、主爵都尉杨仆为楼船将军，两路为主力，路博德出桂阳下湟水，从湖南入连州；杨仆出豫章下横浦，从江西入南雄。两路大军均取北江而下直捣番禺。另三路，以归义侯郑严、田甲分别为戈船将军和下濑将军，出零陵，或下漓水，或下贺江，取道西江，直逼番禺；以越驰义侯为第五路军遣别将巴蜀罪人，发夜郎兵，下牂柯江，取道西江，咸会番禺。[①] 第二年冬，平南越，在岭南地区置7郡，即南海、苍梧、合浦、郁林、交趾、九真、日南。紧接着，元封元年（前110年），汉楼船将军杨仆率军“自合浦徐闻南入海，得大洲”，置儋耳、珠崖2郡。至此，汉在岭南共置9郡。

汉武帝平南越后，于元鼎六年（前111年）秋，发兵进击闽越。经过一年多的战斗，于元封元年（前110年）冬灭了闽越。汉武帝根据“闽越悍，数反复，诏军吏皆将其民徙处江淮间”。[②] 但是，当时闽越和东瓯“其人数可能在百万上下”[③]，不可能全部移徙江、淮，“后有遁逃山谷颇出”[④]，故汉武帝立“都尉”[⑤] 治其地。

汉武帝灭闽越后，华南遂进入了一个安定、稳定的发展时期，汉族的迁入掀起了第一个高潮。据有的学者研究，两汉各有一次名籍（户口）

---

① 《汉书·武帝纪》云：“驰义侯遗兵来及下，上使令征西南夷。”故平南越实只四路军。

② 《史记·东越列传》。《汉书·西南夷两粤朝鲜传》所记亦同。

③ 陈可畏：《东越、山越的来源和发展》，载《历史论丛》1964年第1辑，第162页。

④ 《宋书·州郡志》。

⑤ 关于汉武帝在闽越地立“都尉”一事史载纷纭，《三国志·吴志·虞翻传》注引《会稽典录》朱育语曰“东部都尉”。《太平御览·职官部》三十九引《临海记》记载为“立都尉于侯官，以镇抚两越，所谓东南一尉也”。《宋书·州郡志》称：“后分治地为会稽东、南二部都尉。”分歧虽大，但设立都尉治闽越地是事实。

统计。第一次是在西汉平帝元始二年（2年），第二次是在东汉顺帝永和五年（140年）。两次间隔为138年。据《汉书·地理志》和《后汉书·郡国志》所记，其间全国人口从59194900人减至49150200人，下降约17%，而华南的南海、苍梧、合浦、桂阳诸郡因两汉之交没有遭到战祸，人口不但没有下降，反而有较大幅度的增加，南海郡从94253人增至250282人，增长约166%；苍梧郡从146160人增至466975人，增长约220%；合浦郡从78980人增至86617人，增长10%；桂阳郡从156488人增至501403人，增长约220%（桂阳郡所辖各县约有一半在岭北）[①]。4个郡增加的人口为829396人。值得注意的是就南海诸郡来说，奴婢不入籍，未归"王化"的少数民族不入籍，故东汉永和五年统计南海、苍梧、合浦、郁林、桂阳、岭南部分共有285993户1138527人，并不是这一地区的自然人口数，而主要是已入籍的少数民族和迁入华南的汉族。若按四六开，汉族占60%的话，那么两汉整个华南的汉族应在80万人以上。

两汉时，汉族迁入华南的形式主要有如下几个。

1. 汉军落籍

汉武帝平定南越的10万大军有的留戍驻守，久而久之落籍华南。如路博德副将、太原人郭孚留守桂阳，死后桂阳民"感其遗爱，恤其子孙之旅外者，于是立祠"[②]。东汉光武年间，伏波将军马援率兵南征交趾，事平之后，留兵今广西以戍边，嘉靖《钦州志·溪峒》云：青州人黄万定随马援军南下，留家合浦，其后裔世代充当溪洞首领。

2. 流放落籍

两汉之时，统治集团争权夺利争斗中的失败者，往往被流放到边远烟瘴之地，以示惩罚。华南的合浦郡就是西汉时流放罪人的一个重要地点。如汉成帝阳朔元年（前24年）时，京兆尹王章对大司马、大将军、领尚书事王凤专擅朝政不满，上书言王凤专权蔽主，推荐琅邪太守冯野代王凤，结果反被王凤设陷处死，其妻则被流放合浦。据《汉书》有关《传》和《表》所记，西汉末年被流放的官僚贵族，哀帝时有孔乡侯傅晏、方阳侯孔宠，平帝时有光禄大夫董恭、驸马都尉董宽信、京兆尹毋将隆、太仆史立、尚书令赵昌、关内侯张由和中山王后卫氏等，均被流放合浦，他

① 方志钦、蒋祖缘主编：《广东通史·古代》上册，广东高等教育出版社1996年版，第242页。

② （明）黄佐：《广东通志》卷五一。

们大多带家属随行而落籍合浦。

3. 避乱落籍

两汉末年，由于社会动乱，不少士民为避乱而迁入华南，如王莽时鲁国汶阳（今山东宁阳）士氏避乱落籍苍梧广信县；光武帝初年时山东青州王氏落籍珠崖；桓帝时颍川[①]唐氏，献帝时陈国（今河南淮阳）袁氏避乱落籍桂阳县。这些都是士大夫阶层的人避乱落籍，史书有所记载，而一般下层平民避乱落籍的虽然更多，但史书不可能对此有所记载，但合浦一带“自汉末至五代，中原避乱之人，多家于此”[②]。则是史家认同的史实。历史发展的一种趋势，两汉时迁入华南的汉族以比当地土著族群文明程度高的文化而吸引和融合了一部分土著族群，其突出的事例就是南越族的迅速汉化。

前已述及，南越族本是先秦的苍梧人与粤南及珠江三角洲的越人在汉初融合，以赵佗建南越国为标志而形成的一个族群。由于秦征服岭南时置南海、桂林、象郡三郡，并先后迁入80余万汉族，加上汉武帝平南越的10万大军直捣南越国都番禺；平南越后又将发动叛乱的吕嘉子孙宗族徙迁四川“置不韦县，以彰其先人之恶”。[③] 而留在粤南及珠江三角洲的南越人本来在赵佗统治时，由于赵佗实行了“和辑百越”的政策，大力推广中原汉族地区的先进生产技术，引进“金、铁、田器、马、牛、羊”[④]。1983年在广州象岗山南越王墓中出土了大型的南越式鼎，70多件冶铁工具，成捆的铁剑、铁矛等武器和完整的铁铠甲。[⑤] 在发展生产力的同时，又大力推广汉文化。《南粤丛录》引《粤纪》云：“广东之文始尉佗。”如南越国时期的墓葬中出土的木牍、木简、印章以及在铜器、陶器和漆器上写、刻、印、烙的都是汉字，南越王墓“文帝行玺”“泰子”“赵眛”“帝印”“左夫人印”“右夫人玺”等19枚印章即是实例。更重要的是还用汉字发布命令，“下令国中曰”[⑥]，可见汉字的使用已较广泛。又如，赵

---

① 颍川郡在今河南登封、宝丰以东。尉氏、郾城以西，密县以南，叶县、舞阳以北。

② （宋）苏轼：《伏波将军庙碑》。

③ 《续汉书·郡国志》注引《华阳国志》。

④ 《汉书·两粤传》。

⑤ 广州象岗汉墓发掘队：《西汉南越王墓发掘初步报告》，《考古》1984年第3期。

⑥ 同上。

佗仿效汉律，“除其故黥劓刑，用汉法，比内诸侯”①。再如，赵佗还鼓励汉越两族通婚，赵氏王族和南越首领吕嘉建立家族联姻，史载丞相“吕嘉年长矣，相三王，宗族官仕为长吏者七十余人，男尽尚王女，女尽嫁王子兄弟宗室，及苍梧秦王有连”②。由于有赵佗推行汉文化长达93年的基础，所以汉武帝平南越后，南越国中心地带，即包括番禺在内的粤中地区的南越人迅速地汉化了，而这些被汉化的南越人，就是今天汉族中讲粤语（又称白话）的广府人的先祖。南越人的汉化是秦汉时迁入华南汉族像滚雪球一样滚动发展的一个重要成果。

汉族迁入华南滚动发展的另一个成果是部分苍梧人的汉化。前已述及，先秦时居住在桂粤湘交界一带的苍梧人，除一部分在春秋战国至秦相交时南迁粤中及珠江三角洲与当地越人融合而成南越人，还有一部分苍梧人除西迁成为今天广西三江侗族和广西金秀茶山瑶（操拉伽语）以外，留在原地的苍梧人在迁入汉族的影响下也逐步汉化而成为今天粤西和桂东北约20万操“标话”的汉族。③ 这一些操“标话”的汉族之所以汉化速度比较缓慢，是因为西汉时，中原地区与岭南来往的主要通道是从湖南零陵，过营浦（湖南道县）、冷道（今湖南蓝山），再过九嶷山到封中（今之贺州市东南和封开县北部），然后循贺江、西江水道而到番禺。所以西汉曾是苍梧人聚居的苍梧郡居贺江下游和西江中下游，正处在这条中原与岭南的通道上，而使这一地区的土著苍梧人从秦代就开始受到中原汉文化的熏陶和影响而开始汉化。但是，东汉建武十五年（39年）以后，桂阳太守卫飒在粤北、湘南凿山通道5百里，列亭传，置邮驿，④ 使中原地区到岭南只要过长沙、耒阳、郴州、临武，直入粤北，顺北江水道可直抵番禺，不仅缩短了路程还可骑马快进，使北江的含洭（今广东英德）从此

① 《史记·南越列传》。

② 同上。

③ 张寿祺等：《粤西“标话”人群乃古代苍梧族群遗裔考——兼论其与侗族的关系》，《贵州民族研究》1993年第1期。所考讲标话的汉族分布在“以广东广宁县西南部‘木格’区‘金族’村为起点，引一条虚线，向北伸延，直达环集县闸岗镇东南，转向西北延伸，延至怀集县西部大岗、梁村、岗坪。包括怀集县的永固、诗洞、桥头几个大乡，以及整个怀集南部及其邻近的封开县‘七星’区一部分山村。再由怀集偏北的梁村、岗坪将虚线延展转向西。入贺县，沿粤桂边沿边山区向南伸，包括广东封开县长安区整个区；再南延，至广东封开县渡头区的社冲”。

④ 《后汉书·卫飒传》。

成为通道的中转站，苍梧郡却开始失去了通道地位。及至唐代，张九龄于开元十六年（728 年）修建粤北南雄跨大庾岭至赣南的通道，[①] 从中原至岭南，可从鄂州（今武汉）顺大江而下，到江州（今九江）转洪州（今南昌），再沿赣水而上，跨大庾岭过南雄，顺浈水转北江而下达番禺，使得从中原到番禺更便捷了。昔日的苍梧郡便成了一个封闭的孤岛，故使这一部分开始汉化了的苍梧人发展相对缓慢，致使苍梧文化的积淀便在语言上形成了与侗语、拉伽语相接近的标话[②]，而成为华南汉族中独特的一支。

三　魏晋南北朝汉族向华南的迁徙和发展

东汉之后，三国鼎立，中国进入了一个分裂战乱的历史时期，后历经两晋十六国分裂，及南北朝的对峙，到北周大定元年（581 年）杨坚代周称帝建隋，至开皇九年（589 年）灭陈统一全国，历时 369 年。在这个大分裂的时期，动荡不安，战乱不休的地方主要是中国北方，而南方，尤其是华南则相对安稳和平，于是中原汉族大量迁入华南，掀起了汉族迁入华南的第一个高潮。

三国两晋南北朝时迁入华南的汉族主要是流民、流士和屯军。

流民，即难民。中原地区从东汉末开始的战乱和灾祸，迫使百姓和士人举家、举族、举村源源南逃而迁入华南，寻求生计，落籍为民。如著名学者士燮，他的六世祖先本是今山东人，因王莽乱避居广西，他的子孙便定居苍梧。由于“燮体器宽厚，谦虚下士，中国士人往依避难者以百数”[③]。到西晋末年的“八王之乱”后不仅中原百姓流离失所，大量渡过长江，而由于江南和荆州又数经战乱，因此，汉族流民迁入华南者更多。《资治通鉴》卷八十六说：“吏民流入交州者甚众。”所以，及至东晋初年，“百姓乃从海道入广州”，“逃逸渐多”[④]。故东晋不得不新置晋康郡（治所在今广东德庆）立侨宁县[⑤]，以示为迁入岭南的汉族侨民而立。东

---

① 《新唐书·地理志》始兴郡注。

② 张寿祺、黄新美：《粤西“标话”人群乃古代苍梧族群遗裔考——兼论其与侗族的关系》，《贵州民族研究》1993 年第 1 期。

③ 《三国志·吴书·士燮传》卷四九。

④ 《晋书·庾翼传》。

⑤ 《宋书·州郡志》。

晋末义熙年间又在新置义安郡立义招县，史载此乃“昔流人营也”[1]。连甚为僻远的合浦郡，“自汉末至五代，中原避难之人，多家于此”[2]。

流士，即获罪而被流放的官僚及其家属。自三国孙吴起到南朝华南作为获罪官僚流放的地方主要是以广州、交州（治龙编，在今越南境内）为主，其次有始安郡（今桂林）、合浦（今广西合浦）、始兴（今广东韶关南）、建安郡（今建瓯）等。史载被流放到华南的流士主要如下。

吴国虞翻先因面斥孙权谈论神仙事而于魏黄初元年（220 年）被流放交州。后又为他人攻讦，又被流徙到苍梧猛陵（今广西苍梧西北），并于嘉禾五年（236 年）卒于徙所。孙霸与孙和争夺太子储位，两败俱伤，其党羽顾谭、顾承、张休均流徙交州，并死于戍所。王蕃因直言得罪孙皓被杀，其家属均徙广州。楼玄因人诬告谤讪政事被流徙广州，后又将他及其子流徙到交趾。

缪祎为奸佞陷害，从尚书降为衡阳太守，只因临动身前曾拜访过被两次流徙广州的薛莹而被小人所谮，被孙皓流徙桂阳（今广东连县）。陆凯生前数犯颜忤旨，其家属被流徙建安（今福建建瓯）。

刘宋著名的山水诗人谢灵运因不被重用而不满朝廷被流徙广州。其子谢凤和孙谢超宗因被牵连而流徙岭南。刘祥因对朝廷不满写诗寄怀被告发而流徙广州，并卒于徙所。颜竣被陷有与竟陵王刘诞勾结谋反之嫌，赐死后其妻流徙广州。傅亮以擅杀少帝及义真获罪被诛，其妻子及弟傅都被流徙建安郡。沈怀远因纳东阳公主养女王鹦鹉为妾，王鹦鹉曾参与巫蛊，至是事发，被流徙广州。顾近以泄露始兴王语而流徙广州。龙微生以罪夺爵而流徙广州。刘休擅称楚王，免为庶人，流徙始安郡。沈睦以与其弟“不睦”等罪，流徙始安郡。垣袭祖以事流徙岭南。刘谟以其母中毒暴死，疑为其毒害所致而流徙始安郡。

南齐桓崇祖被诬有无君之心，被杀，其子桓惠隆流徙番禺。

南梁萧正则以匿劫盗，削爵流徙郁林。元庆和以御魏师时“望风退走”而流徙合浦。思想家范缜因直言招致武帝不满被诬以“妄陈褒贬”的罪名而免官流徙广州。

屯军，主要在福建。《三国志·贺齐传》云：“侯官既平，而建安、

---

① 《太平寰宇记》卷一五八引《南越志》。

② （宋）苏轼：《伏波将军庙碑》。

汉兴、南平复乱。齐进兵建安……洪明、洪进、苑御、吴免、华当等五人率各万户，连屯汉兴（今福建浦城），吴五六千户别屯大潭（今福建建阳西），邹临六千户屯盖竹（今福建建阳南），同出余汗。”这里所说的建安郡是吴永安三年（260年）置，建安（今福建建瓯）、汉兴（今福建浦城）、南平（今福建南平）都是建安郡的属县，均是山越所居之地。这是汉族大规模迁入福建的第一次记载。此外，在这个时期，汉族迁入华南还有两个重要的事件，一是吴黄龙二年（230年）“春正月，遣卫温诸葛直将甲士万人，浮海求夷州及亶州。……得夷州数千人还”[①]。这是汉族进入台湾，并将台湾的山夷带入大陆的第一次正式记载，是汉族迁入台湾的先声。

二是东晋末年孙恩、卢循起义时，卢循曾于元兴三年（404年）3月攻占番禺，后北上失败后，又退回岭南，于义熙七年（411年）初再进围番禺，再败而西走苍梧、郁林，进入交州，欲取交州图存。但在与交州刺史杜慧度在龙编进行水上大战而中箭赴水死。[②] 其余众溃败，“奔于海岛野居，唯食蠔蛎，垒壳为墙壁”。这些人被称为“卢亭”[③]，有传说云：“万山群岛之守则，有南亭、竹没山，周围数十里内，有一种人名为卢亭，相传是卢循事。这种人能入水捕鱼，并能够将之生食，人们以棕叶、竹箨为上衣”[④]，世居水上，以捕鱼为生，成为疍民的一部分。[⑤]

三国两晋南北朝时期华南汉族这个雪球继续滚动发展。

华南这块“百越”族群聚居的地方，由于山多、河多，又远离中原，从进入原始社会以来发展缓慢而又极不平衡。从先秦，尤其是秦汉以后，由于汉族的迁入，有的在政权的急剧变迭中迅速走上了汉化的道路，如南越人；有的在汉文化的影响下逐渐开始汉化，如苍梧人。而有的则由于环境的封闭，与汉族接近较少，而仍然处在较原始的状态，如骆越人，直到两汉时，他们中的相当一部分人还是“巢居”[⑥] “鼻饮”[⑦]、尚“鸡卜”[⑧]、

---

① 《三国志·吴主传》。

② 《宋书·杜慧度传》《晋书·卢循传》。

③ 《太平御览》卷九四二引《岭表录异》。

④ 光绪《广州府志》卷十一《舆地略三》。

⑤ 张寿祺：《疍家人》，中华书局1991年版，第38—39页。

⑥ 《博物志》卷三；（晋）郭义恭《广志》（引自《说郛》）。

⑦ 《汉书·贾捐之传》。

⑧ 《史记·孝武本纪》正义。

“男女同川而浴”[①]、尚“铜鼓”[②]，“虽置郡县，而言语各异，重译乃通。人如禽兽，长幼无别”[③]。

但是，由于汉族的迁入“与越杂处”[④]，以及郡县地方官推行汉文化，使得这些社会发展较缓慢的土著族群也开始发生了变化。史载东汉光武帝时，“锡光为交趾，任延守九真，于是教其耕稼，制为冠履，初设媒聘，始知婚嫁。建立学校，导之礼仪”[⑤]。《后汉书·循史列传·任延传》云：任延为九真太守，“乃令铸作田器，教之垦辟，田畴岁岁开广，百姓充给。又骆越之民无嫁娶礼法，各因淫好，无适对配，不识父子之姓，夫妇之道。任乃移书属县，各使男年二十至五十，女年十五至四十，皆以年龄相配。其贫无礼聘，令长吏以下各家奉禄以赈助之，同时相娶二千余人。是岁风雨调节，谷稼丰衍”；锡光为交趾太守，“教导民夷，渐以礼义，化声侔于延”，于是“岭南华风，始于二守矣”。[⑥] 此后，建武十八年（42年）伏波将军马援抚交趾时“所过辄为郡县治城郭，穿渠灌溉，以利其民。条奏越律与汉律驳者十余事，与越人申明旧制，以约束之，自后骆越奉行马将军故事”[⑦]。《广东新语》云：“马援在交趾，尝衣都布单衣，都布者，络布也。……细者宜暑，柔熟者可御寒。”使骆越裸体的习惯也改为着衣之习了。《琼州府志》亦云：马援“往来海南，抚定珠崖，调立城郭，置井邑”[⑧]，是为海南开化之始。所有这些变化，随着时间的推移，效果越来越显著，而且由于南朝实行了一些有利于俚僚及其他少数民族土著族群发展的左郡左县和俚郡僚郡制，并轻其赋税，对于一般降附的少数民族，只输谷而无杂调，对于纳入郡县的俚人“计丁课米”[⑨]，对于“僚人”与夏人参居者，颇输租赋。以俚人为例，南朝时俚人的政治领袖洗夫人的崛起，凸显了俚人社会的进步和发展，刘宋时还“巢居鸟

---

① 《后汉书·南蛮传》。
② 《后汉书·马援传》。
③ 《后汉书·南蛮西南夷列传》。
④ 《史记·南越列传》。
⑤ 《后汉书·南蛮西南夷列传》。
⑥ 《后汉书·循吏列传·任延传》。
⑦ 《后汉书·马援传》。
⑧ 张岳松：《琼州府志》卷一九。
⑨ 《宋书·良吏·徐豁传》。

语”[①]，“鬻口为货，掠人为奴婢”[②]，到南梁冼夫人崛起时，“俚人始相率受约束”[③]，“政令有序，人莫敢违”[④]，“使从民礼”[⑤]。冼夫人还对任南梁州刺史的哥哥冼挺“恃其富强，侵掠旁郡”的暴行多所规谏，使俚人互相攻掠，互相残杀的局面得以平息，“自是溪峒之间，乐樵苏而不罹锋镝者数十年”[⑥]。于是仅海南儋耳的俚人归附冼夫人的就有一千多峒。这样，从梁到隋初，俚人渐统一在冼夫人之下。

与此同时，迁入岭南的汉族先进文化也进一步发生影响，《高州府志》云：“自冯氏浮海北来，世捍南服，驰声上国，风气日开。”[⑦] 汉族在岭南“建城邑，开设学校，华夷感教，称为大化”[⑧]。就是在俚人所居的农村也有琅琅的读书声了，故《冯融传》云：“（融）汲引文华士相与为诗歌，蛮中化之，蕉荔之墟，弦诵日闻。”[⑨] 特别有意义的是说“鸟语”的俚人也学会了汉语，如道光《广东通志·冯融传》云：“（融）每行部所至，蛮酋焚香具乐，望双旌而拜，迎者相望，辄戒其下曰：‘冯都老来矣，毋为不善而婴罪戮。’”记录了“蛮酋”与其下交谈俚、汉两语杂用的情况。有的俚人不仅讲汉语，还掌握了汉文，如冼夫人就是一个典型，清崔翼周的《诚敬夫人庙碑铭》中有“解环质佩，善读阃外《春秋》”[⑩] 一句。此铭虽晚出，但冼夫人受到汉文化的教育是实。隋仁寿初年，番州总管赵讷贪虐，诸俚亡叛，隋文帝敕委冼夫人招慰亡叛，她带着诏书，自称使者，跑了十几个州，不用翻译即能完读诏书。在此，还值得一提的是冼夫人嫁给了汉官冯宝，汉、俚之间的心理鸿沟也被填平，可见俚人的汉化程度已很深了。历史的规律是不可抗拒的，文明程度低的民族被文明程度高的民族涵化作为一条

---

① 《宋书·徐豁传》。

② 《新唐书·孔戣传》。

③ 温廷敬：《广东通志·列传》卷二，第17页，引（明）黄佐《广州人物传·冯融传》。

④ 《北史·谯国夫人冼氏传》。

⑤ 《隋书·列女传》。

⑥ （清）周广、郑业崇等辑：《广东考古辑要》卷三九，第9页，《人物·冯融传》（光绪十九年本）。

⑦ 光绪《高州府志》卷六。冯氏指冯业。

⑧ 《隋书·令狐熙传》。

⑨ （清）周广、郑业崇等辑：《广东考古辑要》卷三九，第9页，《人物·冯融传》（光绪十九年本）。

⑩ 《高州府志》卷九。

“铁律”在俚人身上也得到了充分的体现，经过南朝汉文化169年的熏陶，使一部分俚人“皆列为郡县，同之齐人（汉族）”[①] 而开始汉化了。仅以高凉县为例，刘宋时在高凉故地置高凉、宋康、海昌三郡，属广州，据《宋书·州郡志》高凉郡领县七，户1429，口8123；宋康郡领县九，户1513，口9131；海昌郡领县五，户1724，口4074。三郡共户4666，口21328，到隋时，高凉郡与上述三郡辖境相当，据《隋书·地理志》，高凉郡领县九，户9917（不著口数），虽经一百多年战乱，但户口比刘宋时增加了一倍多，可见这一带的俚人都“列为郡县”“属于中国”“同之齐人”[②] 了。这是南朝时期华南汉族滚动发展的一个重大成果，也是华南汉族自两汉开始形成广府人的重要一步。

四 隋唐汉族向华南的迁徙和发展

隋唐之时，天下大定，从隋开皇元年（581年）二月至宋建隆元年（960年）的379年间，经过了大动荡、大分裂、大同化的汉族，在烈火和战乱中，吸收了北方的匈奴、鲜卑、乌桓、羯、氐、羌，以及南方部分蛮、俚、僚等少数民族，混血发展成了一个新汉族。而华南的俚、僚等少数民族除一部汉化了外，大部分在隋唐时期开始了新的分化和民族过程，唐时华南的少数民族统称为“蛮”，少数称为“僚”。在华南见于记载的主要是广西的西原蛮，又称桂州山僚、抚水蛮、环州蛮、南丹州蛮、邕州僚；海南的黎人，福建的山越已被称为“蛮僚”。[③]

隋唐汉族迁入华南以“安史之乱”为界分两个时期，前期以流士为主，后期以流民为主。

安史之乱前，从隋更定新律，将流刑定为1000里、1500里、2000里三等，称为“三流”[④] 开始，由于统治阶级内部争权夺利斗争的激烈和复杂，以语言或文字获罪者，以谋反案株连者，以渎职获罪者，以反宦官斗争失败者，以贪污受贿而被流放的人越来越多，到唐代达到一个高峰。如隋文帝时，贝州刺史厍狄士文初上任，就曾将州内“尺布斗粟之赃”的

① 《隋书·南蛮传》。

② 同上。

③ 《闽书》，转引自陈国强、蒋炳钊等《百越民族史》，中国社会科学出版社1988年版，第304页。

④ 《隋书·刑法》。

各种大小贪官污吏千余人，全部流放岭南。[①] 又如唐时武则天中期补阙李秦授在与武则天的谈话中说："今大臣流放者数万族。"[②] 这是就全国而言。而唐流放到华南的流士也十分惊人，长寿二年（693 年）右台监察御史万国俊在岭南枉杀流人三百多人，然后诬奏流人谋反。武则天派监察御史刘光业、王德寿、鲍思恭、王大贞、屈贞筠等人，分往剑南、黔中、安南、岭南等六道审讯流人。他们滥杀流人，刘光业杀九百人，王德寿杀七百人，"其余少者咸五百人"[③]。连唐初有名的"四大家"之一的褚遂良，也曾被贬为潭州（今湖南长沙）都督，不久又贬为桂州（今桂林）都督，后再贬为爱州（今越南境）刺史。安史之乱后流士的数量虽然由于藩镇割据而有所减少，但名人被流放则更为突出，大诗人李白就曾被流放到广西藤县、柳州；大文学家柳宗元曾被贬流放到柳州；大文学家、古文运动的倡导者韩愈曾被贬流放到连州阳山（今广东阳山）和潮州；一代良相李德裕被贬潮州等，不胜枚举。这些"唐世名臣谪死南方者往往有子孙，或当时仕宦遭乱不得还者，皆客岭表"[④]。值得注意的是唐代流放流士的地点华南占了大部分，主要有崖州（今海南琼山东南）、潮州（今广东潮安）、循州（今广东惠州市东）、钦州、贺州、琼州（今海南琼山县）、雷州（今广东海康）、连州（今广东连县）、桂州（今广西桂林）、象州（今广西象州及附近）、柳州、端州（今广东肇庆）、振州（今海南崖县）、泷州（今广东罗定）、汀州（今福建长汀县）等地。

安史之乱后，流士虽然还有，但由于战乱，从安史之乱到五代十国流民就成了迁入华南汉族的主流，形成了比两晋规模更大的移民浪潮，正如史籍所云："天下大乱，中朝人士以岭外最远，可以辟地，多游焉。"[⑤] 这些流民一般从福建、江西、湖南进入粤东、粤北，扩散至粤中，远及海南。如渤海吴氏，"散处中州，其后随王潮入闽，而入于粤之潮、嘉等处"[⑥]。洪州人古蕃，"当五季之世，中原扰攘，遂南迁岭表；长（子）

---

① 《北史·厍狄士文传》。

② 《新唐书·裴炎传》。

③ 《旧唐书·万国俊传》。

④ 《新五代史·南汉世家·刘隐传》。

⑤ 《新五代史·南汉世家》。

⑥ 《崇正同人系谱》卷二《氏族》。转引自罗香林《客家研究导论》，南天书局有限公司 1992 年版，第 48—49 页。

曰全交，次全规，居江下，三全则，居自沙，四全望，居增城，五全让，居惠州。六全赏，居高州”；滑州人刘浚，“以中原乱离相继，避来岭表”，[①] 所以，位于今广东的潮州、封州（治今广东封开县境），广西的钦州（治今广西钦州市境）以及海南，这时都有北方汉族流民的迁入，唐后期潮州城东瓷业发达，产品质量甚高。当地人皆操中原口音，很可能为来自河南的移民。[②] 清海牙将刘知谦，本寿州上蔡人，于唐末避乱客居封州。周去非《岭外代答》记述钦州部分汉族“曰北人，语言平易，而杂以南音，本西北流民，自五代之乱，占籍于钦者也”。海南岛的移民，也多于五代迁入。例如在儋州，五代末中原来避乱的大家世族，便有杜、曹、陈、张、王等 12 姓。[③] 安史之乱后流民的大批迁入岭南，使岭南的人口激增，《新唐书·徐申传》载，徐申于安史乱后四十年任韶州刺史，“始来韶，户止七千，比六年，倍而半之”。六年间户口增加一倍半。《元和郡县志》所载元和户口多于天宝的全国十一州，其中岭南道的广州元和户（74009）比天宝户（42235）增加 75%、三万多户。所以，五代十国时，刘岩在广州称帝建立南汉后，就在粤东、粤北、粤中地区增置了齐昌、韶州两府，祯州、敬州、英州、雄州等 4 州。广东流民大增，广西亦然。唐咸通年间，广西附近数道破产的游民，为求活命，大量流入邕州一带，[④] 容州地区遂形成“广人与蛮杂处”[⑤] 的格局。

在汉族大批迁入岭南之时，也大批迁入福建。仅贞元四年（788 年）“奔闽之僧尼士庶”一次便达到五千人。[⑥] 唐文学家徐彦伯的儿子徐务、宋代筑木兰陂的李宏的祖先、河南考城人江文蔚等皆于此时避乱入闽。[⑦]

---

① 《南汉书·刘浚》。

② 《永乐大典》卷五三四三“潮”字载宋《三阳志》：“郡以东，其地曰瓷窑。曰南水，去城不五七里，仍外操一音，俗称环老。或谓韩公出刺之时，以正音为郡人诲，一失其真。遂不复变。市井间六七十载以前，犹有操是音者，今不闻矣。”韩愈在潮仅 1 年，云操正音为韩教育所致。应误。“环”与“河”谐音，疑“环老”，即“河老”（又称“福佬”），即入闽之河南人。

③ 司徒尚纪：《海南岛历代民族迁徙和人口分布初探》，载《历史地理》第 7 辑，上海人民出版社 1990 年版，第 76 页。

④ 《韩云卿平蛮颂并序》，《广西少数民族地区石刻碑文集》，广西人民出版社 1982 年版，第 135 页。

⑤ 《新唐书·王锷》。

⑥ 《全唐文》卷八二六，（唐）黄滔《福州雪峰山故真觉大师碑铭》。

⑦ 见（宋）刘克庄《后村先生大全集》卷一一一中《跋徐氏二诰》；弘治《兴化府志》卷四八《李宏传》；《全唐文》卷八八五，（宋）徐铉《江公墓志铭》。

及至唐末，光州固始人王潮率兵入闽，有众数万，后王氏割据福建，部众皆居留福建。王氏部众以光州人为多，史载“光人相保聚，南徙闽中”[①]。五代福建观察使王审知为人俭约，好礼下士，不少士人皆自中原迁居福建，如“王淡，唐相溥之子；杨沂，唐相涉从弟；徐寅，唐时知名进士，皆依审知仕宦”[②]。

由于唐后期五代移民较多，福建人口迅速增加，北宋初，福建户数较唐开元增加三倍多，以唐天宝福建各州辖境为单位，唐开元至北宋初太平兴国年间和各州户数增长百分比，以西部建州为最高，达837%；依次向汀州、福州、泉州递减。可见唐后期五代迁入福建的汉族流民主要来自江西、浙江西部，然后经闽江而向东，向南、北两侧转徙。

隋唐之时迁入华南的汉族除了流士和流民以外，也有驻守落籍的军人。如唐王朝在与南诏相争之时，还派大批军队到广西驻防，仅大中年间，派到邕州驻防的军队就有一万人左右。又如总章二年（669年），福建南部漳州地区“蛮僚”起兵反唐，光州固始（今河南固始）人陈政奉命率将士一百一十三员、府兵三千六百名进入闽南，后其母和兄弟又带领五十八姓军校前来支援。平叛后，陈氏子弟及其部下皆定居在漳州一带，[③] 成为今漳州、潮州居民的先祖。

隋唐汉族的大批迁入华南，推动了华南汉族的进一步发展，其结果是汉族这个雪球的继续滚动，一方面使得已开始汉化的俚人进一步汉化，经过隋唐民族融合熔炉的熔炼，与汉族杂处的俚人“自隋唐之后渐袭华风，休明之化，沦洽于兹，椎跣变为冠裳，侏𫚉化为弦诵，才贤辈出，科甲蝉联，彬彬然埒于中土”[④]。与此同时，华南汉族中的广府人在其形成的道路上走完了最后一个阶段，即将最终形成。所以唐代广东的户口较隋增加了一倍多，即从隋代的102780户，[⑤] 增加到唐代的209584户。[⑥] 可见，

---

① （宋）陆游：《陆游集·渭南文集》卷三三《傅正议墓志铭》，中华书局1976年版，第2312页。

② 《新五代史·闽世家·王审知传》。

③ 据漳州《颍川开漳族谱》和《重纂福建通志》卷一二一《陈元光传》。

④ 《古今图书集成·职方典》卷一三五七《高州府部汇考三·高州府风俗考》。

⑤ 《隋书·地理志》。

⑥ 《新唐书·地理志》。

俚人确实已“列为郡县”“属于中国”“同之齐人”[①] 了。

五 宋元汉族向华南的迁徙和发展

历史的惊人相似，使得天下大定的隋唐以后又出现了与三国两晋南北朝相似的宋辽夏金的分裂时期。这一时期从契丹神册元年（916 年）阿保机建辽到元至元十六年（1279 年）南宋灭亡，共 364 年，其间先是辽、北宋、西夏的鼎立，后是金与南宋的对峙，最后由元朝统一了中国。元朝共历 89 年，于明洪武元年（1368 年）在元末人民大起义中灭亡。

在这动乱的时代，北方汉族以更大的规模向南方迁移，从宋靖康之乱以后始，经南宋与金对峙，南宋与元对峙及至南宋灭亡，断断续续地延绵了一个半世纪之久。在这次中国历史上空前绝后的大迁移中，又有大批的汉族迁入华南。

（一）迁入广东的汉族

宋元之时，中原汉族迁入广东有两次大的浪潮。

第一次是北宋末年，金兵入汴后，中原大乱，宋高宗南逃，中原汉族随之大规模南迁，《宋史·高宗纪》：建炎三年（1129 年）二月，朝廷命“出米十万斛”以济太湖一带各州府“东北流寓之人”。但是金兵穷追不舍，从两浙打到今江西南昌，迫使迁到这一带的中原汉族士民辗转南逃而入粤。这次入粤的汉族既有流士，又有流民。

建炎三年（1129 年）七月，隆祐太后率部分官吏士民入江西，曾在岭北的虔州停留一年。隆祐太后返回临安时，“士民既没有随太后赴临安的条件，又势不能北还，因而不得不更南度大庾岭，求安身之地”。[②] 建炎四年，李纲自海南流放回来，自广西入广东，作《江行即事八首》，诗中提到“衣冠避地成侨寓，风月留人长往还”[③]，显然是针对沿途所见有感而发。入粤汉族多以今南雄县珠玑巷为翻岭进入广东的第一站，然后经此转迁各地。嘉靖《广东通志》引《南雄府图经》：“岭上古有珠玑巷……今南海衣冠多其子孙。”乾隆《南雄府志》说：“广州故家巨族，多由此迁居。”故宋高

---

① 《隋书·南蛮传》。

② 陈乐素：《珠玑巷史事》，载南雄珠玑巷人南迁后裔联谊会筹委会编《南雄珠玑巷人南迁史话》，中山大学出版社 1991 年版，第 92 页。

③ 《梁溪集》卷二十五。

宗绍兴三年（1133 年）下诏令给在岭南避难的中原士大夫以“廪禄”[①]。而入粤的流民亦不绝于书，如陈猷，“其先汴梁人，仕宋。金陷汴，迁南雄珠玑里”[②]。陈息卿，“其先汴梁人。祖铎，宋承事郎。钦宗靖康末，扈跸（指随宋高宗）于杭。遂入广，家于番禺、增城之间”[③]。“汤氏，邑（新会）之著姓也，自言其先汴人，随宋南渡，居岭南南雄。”[④] “逻冈钟氏，番禺巨族也。其先汴梁人，宋靖康避地来广州……卜居逻冈。”[⑤] 这些南迁者，也多从江西越大庾岭入广东的南雄县珠玑巷为第一站。故明清纂修的广州府各家谱，记其祖先宋代辗转来自珠玑巷的，比比皆是。

北宋汉族迁入南雄珠玑巷移民一览

地区	姓氏	原居地	迁至珠玑巷时间
佛山	霍	太原霍山下	宋靖康（1126 年）
	梁	福建泉州	宋靖康年间
南海	邝	南京庐州府庐江县 后迁宣国府宣城县	宋宝元年间
	黎	开封	宋靖康年间
	梁	福建泉州	宋靖康年间
	谭	开封府	北宋初年
	陈	南昌	北宋
	林		北宋
	罗	祥符县	北宋
顺德	罗	祥符县	北宋
	温	福建	宋初
	黄	福建莆田	北宋
	黎	江西卢宁县	靖康建炎

① 《建炎以来系年要录》卷六十三。

② 同治《番禺县志》卷一一五。

③ 同上。

④ 康熙（新会县志）卷十一，引（明）陈献章《汤氏族谱序》。

⑤ 光绪《广州府志》卷三十一，引（明）何维柏《钟氏大宗祠碑记》。

续表

地区	姓氏	原居地	迁至珠玑巷时间
广州	简		北宋末年
从化	郭	江苏扬州	宋真宗咸平三年
中山	何	中原	北宋末年
鹤山	陈		北宋金人入侵
番禺	黎	姑苏	崇宁五年（1106 年）
	李	江西泰和	宋大观年间
开平	梁	山东郓州	宋大观年间
	司徒		宋建炎年间
	罗		北宋初年
东莞	翟	安徽休宁	宋靖康年间（1126—1127 年）
	李	陇西江西吉安	宋真宗时
	黎	虔州	宋熙宁年间（1068—1077 年）
	何		北宋末年
	钟		宋雍熙年间（984—987 年）
	房	山东定陶	宋代中叶
	谢	会稽	宋末
宝安	陈	洛阳	北宋末年

资料来源：曾祥委、曾汉祥主编：《南雄珠玑移民的历史与文化》，暨南大学出版社 1995 年版，第 83—116 页。

第二次是南宋末年，元世祖大举攻宋，江西、湖南等地的汉族人民被迫纷纷举家入粤。如赵昰、赵昺“二王”行朝期间文天祥在江西、福建募集的众多部属，行朝由闽入广所率大量军兵，以及随行朝入广的大批宗室，在行朝灭亡后，一部分残存者也散居于广东各地，如赵氏宗室有定居于新会者，文天祥族人亦有定居宝安者。[①] 黄慈博先生辑的《珠玑巷民族

① 方志钦、蒋祖缘主编：《广东通史·古代》上册，广东高等教育出版社 1996 年版，第 805 页。

南迁记》记载了40个氏族迁入珠玑巷前的迁移情况，宋代迁入的有36个，占了90%。其中自北方迁入的有14个氏族，又占宋代迁入的39%。他们的迁移简况是：

> 屈氏（屈大均祖先），南宋初自祥符迁此；
> 佛山霍氏，本家霍山（在今安徽境），南渡时抵此；
> 新会陈氏，本汴人，南宋初迁此；
> 香山小榄何氏，居北方，北宋末迁此；
> 南海关氏，咸淳元年自解州（今山西境）迁此；
> 新会雷氏，本祥符人，理宗时来居此；
> 顺德梁氏，汴梁人，咸淳迁顺德；
> 番禺韩氏，本山东博野人，南渡初迁会稽，后迁南雄；
> 新会石头陈氏，本汴梁人，南宋初迁此；
> 新会凌村陈氏，南宋初自汴梁迁此；
> 南海鼎安坊程氏，程明道后裔，南渡时迁此；
> 东莞房氏，本定陶人，宋中叶迁南雄；
> 番禺房氏，南宋绍兴迁此，原自山西太平府；
> 开平陈氏，陈洪进后裔，北宋迁此。由于陈氏在北宋初已迁开封，也有可能迁自北方。

上述14族中，北宋时迁入2族，南宋时迁入12族（东莞房氏迁入之“宋中叶”暂作南宋）。①

南宋之时，汉族迁入广东以浈水—大庾岭—赣江这条水陆通道，为南宋京城与广东间往来的必经之道。南宋初流亡到虔州的大量士民，大多是循赣水上溯然后越过大庾岭，再迁到广东境；同样，元兵入广东以前，从江西方向迁移到广东的人，也大多走这条路线。从这条路线入粤的汉族后来形成华南汉族族群中的广府人。此外是从湖南境内骑田岭一带越岭入粤北，或从江西、福建境入循、梅、潮诸州。从这条路线入粤的汉族后来形成华南汉族族群中的客家人

① 见《南雄珠玑巷人南迁史话》，转引自吴松弟《北方移民与南宋社会变迁》，文津出版社1994年版，第118—119页。

和福佬人。

南宋入粤汉族的分布，据广东一些方志、族谱、墓碑、文集，绝大多数分布在今珠江三角洲各县，次为西江下游的高要和今韩江三角洲一带，其余各地均较少。仅据广州孙中山文献馆所藏广东各姓的部分族谱资料，在 275 部 75 姓族谱中，就有 187 部 64 姓的族谱含有宋代人口南移广东的内容。

两宋部分南移人口在广东的分布一览

州县	南宋		北宋	
	户	姓数	户	姓数
广州南海	45	29	7	7
广州番禺	23	19	6	6
广州新会	34	21	4	4
广州东莞	12	12	3	2
广州香山	8	7	6	6
广州增城	3	3		
广州清远	3	1	1	1
肇庆府高要	4	3	2	2
四会	2	2		
潮州各县	13	8	3	2
南恩州	1	1	1	1
新州	1	1	1	1
英德府	2	2		
韶州			1	1
梅州	2	2		
循州	4	3		
惠州	1	1	2	2
高州	1	1	1	1
化州	1	1		

续表

州县	南宋		北宋	
	户	姓数	户	姓数
雷州	1	1		
海南四州军	2	2		
共计	163	120	38	23

资料来源：说明：凡一个家族迁至某县不另迁者为1户，一个家族至某县后随即分居数县者为数户，在一县分居数处仍作为1户。姓数按各州县累计。泛言“宋时”迁粤者未列入。所据各《谱》均列入1986年广东中山图书馆《馆藏广东族谱目录》。此表包含全广东范围数字，与《珠玑巷民族南迁记》所载有异，后者仅限于从珠玑巷迁至珠江三角洲各地的数字；宋至元初共73姓，164族。

方志钦、蒋祖缘主编：《广东通史·古代》上册，广东高等教育出版社1996年版，第807—808页。

由此可见南宋入粤汉族人口数倍于北宋，并以迁居广州南海、番禺、新会、东莞、香山（南宋初新置县）以及潮州、高要为多。广、潮二州人口增加幅度较大：广州淳熙年间共有185713户，比元丰年间多42452户；潮州端平年间共有135998户，比元丰年多61361户。[①] 广南西路的7州军皆在沿海。据仅存的个别州的户口资料，雷州在南宋绍熙年间共有68309丁，按宋每户平均不过2丁计，比元丰年间的人口似有成倍增加，而另一则资料说南宋雷州有91134户。高州在绍熙年间有26486户，亦比元丰年间增长1倍多。[②]

由于入粤汉族甚多，故广东一些县志中还设“氏族”门类记载。如迁入高要县的北宋有29姓，南宋有32姓61户；迁入香山县的北宋有4姓5户，南宋24姓29户。[③] 清末，“考新会全境乡村无虑七百余，男口逾万者十余族（指氏族）……然约查各谱，其始迁本境之祖，皆唐以后人。至宋度宗咸淳九年（1273年），由南雄珠玑巷迁至者，约占全邑民族（此民族乃氏族之意）之六七焉”[④]。南海县（今西江旁）的九江乡有古

---

① 《大德南海志残本》卷六；《永乐大典》卷五三四三《潮州府》引《三阳志》。

② 《宋会要辑稿》食货二十八之三十至三十三；（明）郭棐：《广东通志》卷五十五。

③ 民国《高要县志初稿》卷二；民国《香山县志续编》卷三。

④ （清）卢子骏：《卢氏族谱·芦鞭开族琐记》（新会），宣统三年刊本。

迹名“破排角”，相传是南宋咸淳年间珠玑巷民聚众结筏顺流南下登岸之地，即所谓“至九江大洋湾，筏破登岸散处”。“本乡生聚，自此始繁。”①

此外，落籍广东的汉族还有驻军。绍兴三年（1133年）七月，由于广东盗贼作乱，朝廷令岳飞差官兵三千人并家小前去广州驻守②，这些军人主要来自北方，如以每位军人有家属2人计，军人及家属有万余人，这支由韩京率领的军队称为摧锋军，以后基本驻在广东。③ 南宋末年，张世杰、陆秀夫奉二王率几十万江淮军民入广，兵败后，幸存者除少数人流落海外，一些人藏匿于东莞、新会、番禺诸县。④

（二）迁入广西的汉族

自东汉建武十五年（39年）卫飒开通湘南通粤北的通道，尤其是唐代又开通了粤北南雄跨大庾岭至赣南的通道后，迁入岭南的汉族多先入粤北南雄珠玑巷后再转徙广东各地，入桂的汉族相对较少。及至宋代，这个状态才有了改变。北宋皇祐年间（1049—1053年），壮人首领侬智高率众反宋，立国称王。宋朝廷派狄青领数万大军南征侬智高。事平之后，留下的戍兵“逾二万四千人，以四千人屯邕州（今南宁市），二千人屯宜州（今宜州市），千人屯宾州（今宾阳县），五百人屯贵州（今贵港市）”⑤。对当地产生了很大的影响，《大明一统志》引元志即云：“今邕人皆其种类，故语言类襄汉。”此后，宋王朝为加强对壮族地区的控制，在今桂西的左江、右江、柳江流域一带设立寨这一军事行政机构。每寨管辖若干个土州、县、峒。寨筑城堡营盘，由汉官提举领官兵屯防。左、右江一带屯兵五千人，分驻横山（今田东县城）、太平（今崇左县城）、古万（今崇左县江州）、湖润（今靖西县湖润圩）、迁隆、永平（均在今宁明县境内）等寨。柳江一带屯兵八千人，分驻武阳（今罗城仫佬族自治县）、融州（今融水苗族自治县）等寨。钦州一带屯兵五百人，分驻如昔、抵棹二寨。⑥ 北宋末，迁入广西路的移民也甚多。如《建炎以来系年要录》卷六三载：绍兴三年三月癸卯，“直徽猷阁知静江府许中降职一等。时中原士

① 顺治《南海九江乡志》。

② 《宋会要辑稿》兵五之一七。

③ 《建炎以来朝野杂记》甲集卷十八《殿前司摧锋军》；《宋史·崔与之传》。

④ 《南雄珠玑巷人南迁史话》，中山大学出版社1991年版，第147页。

⑤ 《南宁府志》卷二一。

⑥ 《岭外代答》卷三。

大夫避难者多在岭南，上数诏有司给其廪禄。中言：‘本路诸州赋入微薄，请禁寄居官毋得居沿边十三郡，见寓止者皆徙之，乃毋给其禄。’上恶之，乃有是命”。静江府治今桂林市，许中所言之“本路”即静江府所在之广西路。可见两宋之际不仅静江府，就连接近少数民族聚居的“沿边十三郡”，也有避难的中原士大夫。许中之所以降职正是因他企图禁止并迁出已寓居在此的移民而获罪。又如蔡絛说：“岭右顷俗淳物残。吾以靖康岁丙午（1126 年）迁博白时，虎未始伤人，村落间独窃人家羊豕……十年之后，北方流寓者日益众，风声日益变，加百物涌贵，而虎浸伤人。今则与内地勿殊，啖人略不遗毛发。”① 入桂汉族人口的增多大大改变了博白的自然环境。北宋灭亡前后，难民流入广西的记载尚有多处。如在容州（今容县）一带“宋南渡后，北客避地者多”②。在柳州、三江一带，“六甲人，宋大观元年，金兀术侵扰中国时，福建河民曹、荣、龙、李、潘、杨、欧、马、蓝、侯、龚、谢十二姓由福建汀州逃难，经广东达柳州，而至古宜（今三江侗族自治县县城），沿河以居，生齿繁衍，历元及明，史称其为民”③。

南宋末，元军南下伐宋。时江西广丰人张天宗组义民投文天祥抗元，后为元军所败。张天宗遂率部众及一部分难民退入广西西南边陲的归顺州（今靖西县）落籍。而且广西的军人相当一部分来自北方，如隆兴元年（1163 年）全州军士骚乱，知州王次张便“密召邓州一二以为腹心，从容治事如常事”，遂得以平叛。④

总之，中原汉族进入湖南以后，有的溯湘水而上进入广西。广西的宾州、浔州（治今桂平）、柳州、静江府（治今桂林）、全州、融州（治今融安县）、郁林州（治今玉林）、贺州（治今贺州）、贵州（治今贵港市）、容州、宜州（治今宜州市）、梧州、邕州、钦州、雷州都留下移民的踪迹。就现有资料来看，一些州的移民数量相当可观。如绍兴十四年（1144 年），高登流放容州，次年与一些人士一起赋《深衣铭》诗，共有 14 人，其中 2 人分别来自大名和黄州。⑤ 所以，《岭外代答》“五民”条

① （宋）蔡絛：《铁围山丛谈》卷六，点校本，中华书局 1983 年版。

② 光绪二十三年《容县志》卷三。

③ 民国《三江县志》。

④ 《南涧甲乙稿》卷二一《王公墓志铭》。

⑤ 《东溪集》卷下。

云：钦州（约今钦州市和灵山、东兴等县、市）民分五种，“二曰北人，语言平易，而杂以南音，本西北流民，自五代之乱，占籍于钦者也。……四曰射耕人，本福建人射地而耕也，子孙尽闽音。五曰蜒人，以舟为室，浮海而生，语似福广，杂以广东西之音，蜒别有记”。容州（约今容、北流、陆川等县）、廉州（约今北海市、合浦、浦北等县）等地也有福建移民。《容州志》亦云：“闽、楚、江、浙人多有侨寄此者。”[①]

（三）迁入海南的汉族

两宋时，迁入岭南的汉族有的渡过琼州海峡进入今海南岛。绍兴年间谪居昌化军（治今临高县西南，在全岛的最西端）的李光说昌化军：“近年风俗稍变，盖中原士人谪居者相踵，故家知教子，士风渐盛。”[②] 明人丘浚云海南岛的故家多来自中原，“其散在四州者，琼为多。琼属邑文昌大族可数者五六家，邢其一也。邢之先自汴来。盖在宋南渡初，至今子孙繁衍，散居邑中者殆居他姓什三四焉”[③]。与此同时，海南也有外籍人士避难避乱迁来定居谋生。如，南宋初太学生陈东被诛，另一太学生福建人陈好，因畏株连而避居海南琼山之苍原，后子孙繁盛。[④] 正如正德《琼台志》卷七《风俗》所云：“琼僻居海屿，旧俗殊陋，唐宋以来多名贤放谪，士族侨寓，风声气息先后濡染。”“建炎托名，避太学上书之祸，于是有苍茛陈家；汴都分牋，启万安文学之守，于是有水北邢家；纲使留子孙，大昌忠惠之宗，于是有叠树蔡家……”入琼汉族不断增加，故周去非《岭外代答》卷二云：“熟黎多湖、广、福建之奸民也。”范成大《桂海虞衡志》亦云：“熟黎贪狡，湖、广、福建之奸民亡命杂焉，侵轶省界，常为四郡患。”“闽商值风水荡去其资，多入黎地，耕种不归。”[⑤] 据统计，琼州、昌化军、万安军、吉阳军等各州军元初的户数皆比北宋熙宁年间户数有较大的增加，分别达 746%、263%、244% 和 470%。[⑥] 而北宋元丰初海南四军州共有户 10366，到元世祖至元年间，增至 99885 户[⑦]，

① 转引自雍正《广西通志》卷三二。

② 《庄简集》卷十六《儋耳庙碑》。

③ 《重编琼台稿》卷十《文昌邢氏谱系序》。

④ 正德《琼台志》卷三四。

⑤ 《文献通考》卷三三一。

⑥ 葛剑雄、曹树基、吴松弟：《简明中国移民史》，福建人民出版社 1993 年版，第 306 页。

⑦ 《元丰九域志》卷九；《元史·地理志》。

不到200年间，人口增加了9.6倍，显然是汉族大批入琼所致。

（四）迁入福建的汉族

宋元时，远离中原，重山阻隔的福建成了人民逃避战乱的好地方。尤其是南宋时，因其距离南宋的首都比岭南近得多而迁入便捷。南宋初年一些原居住在江南的北方移民为避金军复迁入建州一带，如宗室赵不悥便因之“转徙浙东、闽之建上”①。建炎三年（1129年），管理皇族成员的西外、南外二宗正司分别迁至福州和泉州，当年迁入的宗属分别为180余人和349人。② 至南宋中期，仅南外宗正司管理的宗属已有2300余人。③ 使得泉州汉族人口大增，郑思肖《大义略叙》载宋末事即云：“泉州素多宗子，闻张少保至，宗子纠集万余人出迎王师，叛臣蒲寿耕闭城三日，尽杀南外宗子数万人。”④ 可见泉州、福州成了皇室成员主要迁居之地，与此同时，流民也大批迁入泉州、福州，如长安人张汉英南渡后居福州。⑤ 今福州桥南三叉街一带旧称藤山，“唐末宋初，居民鲜少。赵宋南渡之后，避乱者渐次迁藤，至元朝始成村落”⑥。济州（治今山东巨野县南）人李氏、孟州（治今河南孟县南）人傅自得、秦州（治今甘肃天水市）人林某、高密（今山东高密）人赵存诚及其弟思诚一家，南渡后皆居泉州。⑦

此外，建炎四年（1130年）李纲自广东结束流放，打算到江西德兴与在那里避难的家人团聚，由于江西等地“颇有群盗啸聚”，不得不自广东绕远道经惠州、潮州、汀州，不久又携家入闽避难。⑧ 绍兴元年（1131年），原居江南的翟汝文因“金人南渡”，也“避地闽峤”。⑨ 据统计，嘉定十六年（1223年）福建户数比崇宁元年（1102年）增加了50.6%，增

---

① 《叶适集·水心文集》卷二六《赵公行状》。

② 《建炎以来系年要录》卷三十，建炎三年十二月。

③ （宋）真德秀：《西山先生真文忠公文集》卷十五《尚书省乞拨降度牒添助宗子请给》，《四都丛刊》本。

④ （宋）郑思肖著，陈福康校点：《郑思肖集》，上海古籍出版社1991年版，第171页。

⑤ 《夷坚志》支戊卷一《张汉英》。

⑥ 《藤山志》，转引自朱维干《福建史稿》上册，福建教育出版社1985年版，第235页。

⑦ （宋）真德秀：《西山先生真文忠公文集》卷四二《李公墓志铭》；道光《福建通志》卷一七六；《夷坚志》补志卷二三《林巡检奉人》。

⑧ 《梁溪集》卷二四《立春日……偶成三篇》。

⑨ 《忠惠集》附《翟氏公巽埋铭》。

幅仅次于广西路，居第二位；户数次于江西、两浙而居第三位。[①] 入闽汉族经海、陆两路进入，故沿海港市福州和泉州，以及居江西入福建大道的邵武军（治今邵武）、建州（后改名建宁府，治今建瓯）、汀州都是移民较多的府州。如建炎年间福州户数比元丰三年（1080年）增加58649户，年平均增长率达4.9‰；淳熙年间又比建炎年间增加51083户[②]，年平均增长率达2.9‰。又如庆元四年（1198年），邵武军户数达14.2万，比北宋元丰三年（1080年）的8.8万增加5.4万户，其间的年增长率为4.1‰；咸淳七年（1271年）有21.1万户，比庆元四年又增加了7.8万户，其间的年平均增长率为5.3‰；二者皆超过同期全国的平均增长率。南宋时邵武军的人口密度已赶上位于沿海平原、路治所在的福州和重要港市泉州。[③] 嘉靖《邵武府志》卷5也说："宋都杭，入闽之族益众，始无不耕之地。"再如汀州为开发较晚地区，长期地广人稀，北宋元丰年间（1078—1085年）才8.1万户，平均每平方公里4.7户，但到南宋庆元年间（1195—1200年）达21.8万户，较元丰时增加13.7万户，此期间年平均增长率达8.3‰；隆兴二年（1164年）比元丰时增加9.3万户，此期间的年平均增长率约为9.1‰，远远高于同期全国平均数。庆元年间人口密度达每平方公里12.5户，已接近于十几年前福州的水平。[④] 绍兴三年（1133年）并增设了莲城县。[⑤] 汉族大量迁入使得"汀俗颇类中州"[⑥]。

（五）迁入台湾的汉族

汉族入台的记载虽然很早，但大批入台始于宋元时期。连横在《台湾通史》中说："历更五代，终及两宋，中原板荡，战争未息，漳、泉边民渐来台湾，而以北港为互市之口，故台湾旧志有台湾一名北港之语。"[⑦] 福建省德化县城郊浔中乡宝美村发现的《德化使星坊南市族谱》中，苏氏七世孙苏钦所写的族谱序云："南宋绍兴三十年（1160年）苏氏一族分于仙游南门、兴化涵头、泉州、晋江、同安、南安塔口、永春、龙溪、台

---

① 葛剑雄、曹树基、吴松弟：《简明中国移民史》，福建人民出版社1993年版，第299页。

② 据《淳熙三山志》卷一〇，元丰户211546，建炎户270201，淳熙户321284。

③ 葛剑雄、曹树基、吴松弟：《简明中国移民史》，福建人民出版社1993年版，第299页。

④ 同上书，第300页。

⑤ 《临汀志》，《永乐大典》卷七八九二"汀"字。

⑥ 光绪《长汀县志》卷三〇引陈一新《碑记》。

⑦ 连横：《台湾通史》上册，商务印书馆1983年修订2版，第5页。

湾、散居各处。”[①] 由于汉族入台人口增加，故南宋孝宗乾通七年（1171年），汪大猷因“毗舍邪掠海滨居民，岁遣戍防之，劳费不赀。大猷作屋二百区，遣将留屯”。[②] 不仅如此，南宋时还在台湾推行“编户”，《古今图书集成·方舆汇编·职方典》称：“台湾之北曰澎湖，二岛相连，互为唇齿，在宋时编户甚蕃。”[③] 所以无论是在澎湖还是在台湾都有大批宋钱出土，故台湾在南宋时已隶属于福建晋江县。[④] 及至元代在澎湖设立巡检司，台湾仍隶属晋江县。这一切都表明汉族已大批入台，开始了与土著共同开发台湾的历史。

（六）华南汉族的第二次迁徙

自秦汉以来迁入华南的汉族一般迁入某地后就落籍于某地，很少人再进行第二次迁徙，更没有大规模地进行第二次迁徙。宋元之时，迁入华南的汉族中却出现了一种新的动向，即成规模地进行第二次迁徙。

华南汉族第二次迁徙的序幕是由入粤南雄珠玑巷的汉族揭开的。

南雄珠玑巷汉族移民进行第二次迁徙的导火线据说是由苏（胡）妃事件引起的。传说绍兴元年（1131 年）[⑤]，皇妃胡氏（或苏氏）被黜，潜逃出宫，由珠玑巷富商黄贮万带回作妾。朝廷闻知，乃借口在珠玑巷一带建立营寨，把居民尽行驱逐。珠玑巷人大惧，97 家居民遂商议南迁，认为“南方烟瘴地面，田野宽平，及无势恶把持之处，众相开辟基址，共结婚姻，朝夕相见，仍如今日之故乡也”[⑥]。这就是关于汉联入粤史上有名的珠玑巷传说。

其实南雄珠玑巷汉族移民之所以会进行第二次迁徙的主要原因一是闽、粤、警、湘边的动乱，如绍兴元年八月，张忠、邓庆、刘军一等据南雄，江西统制传枢讨之；绍兴三年（1133 年）江彭友等农民起事，占江西、湖南 8 县，虔、吉盗连兵寇掠循、梅、广、惠、英、韶、南雄、南

---

① 转引自徐本章《台湾唐山是一家》，载《泉州文史》1979 年第 1 期。

② 《汪大猷行传》所记亦云：“初则每遇南风。遣戍为备，更迭劳扰。公即其地造屋二百间，遣将分屯，军民皆以为便。”

③ 《古今图书集成》卷一一一〇《台湾府部·杂录》。

④ 张崇根：《台湾历史与高山族文化》，青海人民出版社 1992 年版，第 104 页。

⑤ 关于南雄珠玑巷汉族移民进行第二次迁徙的时间各族谱说法不一，除绍兴元年一说外，还有云开禧元年（1205 年），或云咸淳九年（1273 年）、咸淳十年（1274 年）等几说。

⑥ 《东莞英村罗氏族谱》，见黄慈博《珠玑巷民族南迁记》，转引自方志钦、蒋祖缘主编《广东通史·古代》上册，广东高等教育出版社 1996 年版，第 805—806 页。

安、建昌、汀、邵武诸郡。正如《易氏族谱》所云："宋乾道末，赣之坡洞豪顽啸聚为乱，蔓及雄、韶。公谓陈妣曰：'吾祖宗屡世积德，料必无恙。不若预为之避，尤为明哲。'淳兴（兴为熙之误）十一年甲午辰五月，遂负神主弃广，挟赀入广之城南小市街石亭巷居焉。"① 二是元军入粤，引起闽、赣、粤军民的激烈反抗，雄、韶、虔、汀一带沦为战场，南雄更是成为战场的中心战区，双方争夺数度易手，从咸淳末（1273 年前后）至祥兴二年（1279 年）的六七年间，元军两过大庾岭，三占雄、韶，珠玑巷处在交通要道上，加上自然灾害的频繁，"天灾地劫，民不堪命，十存四五，犹虑难周"，② 而纷纷南迁，开始了入粤汉族以珠玑巷为起点的大规模的第二次迁徙。

珠玑巷汉族移民进行第二次迁徙的情况所记甚多，如《开平方志》云："狮子罗村，其先世室兆随宋太祖渡江讨叛，至广东南雄始兴县，遂家居焉，七代贵翁绍兴元年从南雄迁莨底，即今新会良溪也"；"北谭梁族……宋大观中由山东郓州入广始兴郡，子绍迁居南雄珠玑里，绍孙永保由南雄徙新会城内仓步巷……""潭边园谢族……其先景宋元祐间徙居广东南雄，温孙才甫由南雄珠玑巷始迁于古冈州登明里豫富村，即今之开平谢边是也。"又如《香山县志》云："（隆镇）涌边曾族……六十一传世季青，因避乱徙居保昌县珠玑巷，传至汝富，历六代，如遨游来香山，止于涌边乡，遂家焉。"再如《司徒氏族谱》云："我司徒氏，祖居南雄珠玑里，自北宋以前谱帙残缺，莫可考证，至宣翁值有南宋渡，中原多寇盗窃发，自南雄迁居广州城，是一世祖也。"凡此等等，不胜枚举。

南宋末年，入闽聚居在汀州的汉族，开始进行第二次迁徙，他们迁徙的方向一是广东梅州诸县，二是广东潮州。

迁入梅州的主要是客家人。光绪《嘉应州志》卷三二《谈梅》说："元世祖至元十四年（1277 年），文信国（文天祥）引兵出江西，沿途招集义兵，所至响应，相传梅民之从者极众（父老流传，松口卓姓有八百人勤王，败后只存卓瑞一人）。至兵败后所余遗孑只杨、古、卜三姓，地

① 转引自曾祥委、曾汉祥《南雄珠玑移民的历史与文化》，暨南大学出版社 1995 年版，第 36 页。

② 《赴始兴县志等迁徙词》，载黄慈博《珠玑巷民族南迁记·南迁来由》，转引自曾祥委、曾汉祥《南雄珠玑巷移民的历史与文化》，暨南大学出版社 1995 年版，第 33 页。

为之墟。闽之邻粤者相率迁移来梅，大约以宁化（今宁化县）为最多。所有戚友询其先世，皆宁化石壁乡人。”迁入梅州的客家人主要是为避元军兵乱而从汀州迁来的客家人。《五华魏氏族谱》说，魏氏入粤是为了避兵，“元主起兵二十余万，从建昌而来。杀戮人民，在此经过，是谁敢当？我祖兄弟，惊恐流涕，商议只得移别处逃生”[①]。《兴宁黄陂曾氏族谱》载曾氏“因宋元兵扰，不能安居，由宁化徙广东长乐县家焉”[②]。据李绍云《岭东地理与客家文化》一书统计。[③] 宋末移入梅州的客家人，约有1686户，共6989人。故杨恭恒据客家各姓宗谱云，客人来梅州，“多在宋末元初。由汀来者十之八，由赣来者十之二”[④]。

迁入潮州的主要是被称为“闽人”的福建人。福建本来就“土地迫狭，生籍繁夥，虽硗确之地，耕耨殆尽”[⑤]，是南宋人稠地狭最严重的地方，故入闽汉族往往多从福州、泉州和兴化军顺着海岸地带从闽入粤，即进入广东潮州地区。据史所载迁入潮州的闽人为数甚多，南宋大臣王大宝的祖先、潮阳程氏、海阳林氏、后来由潮迁闽的郑成功的祖先，均迁自福建。[⑥] 乾隆《潮州府志·宦迹》载游宦留居潮州的10人中有9人是闽人。由于闽人甚多，南宋时潮州“有广南、福建之语……虽境土有闽广之异，而风俗无漳（州，属福建）、潮之分”[⑦]。这些入粤居潮州的闽人遂形成广东的福佬人（潮汕人）族群。

宋元之时，迁入华南汉族的发展虽然表现在数量上仍然很突出，是北方中原汉族在中国历史上最后一次大规模的迁徙运动的重要组成部分，但更重要的是迁入华南的汉族内部发生了深刻的社会文化变迁，即华南大地滚滚而来的汉族移民，与秦汉至隋唐迁入华南的汉族会合，在不同的历史条件、地理环境、迁徙源流、迁入时间以及吸收华南少数民族土著族群语言文化之不同等情况下，至宋元时初步形成了若干不同的族群，主要有分

---

① 罗香林：《客家源流考》，中国华侨出版公司1989年版，第20页。

② 同上。

③ 载《地理杂志》1930年第3卷第5期。

④ 转引自林语堂《闽粤方言之来源》，载《国立中山大学语言历史研究所周刊·方言专号》。

⑤ 《宋史·地理志》。

⑥ 《宋史·王大宝传》；乾隆《潮州府志》卷三十；光绪《海阳县志》卷二八；庄为玑《福建历史地理》第二册，1963年油印本，第255页。

⑦ （宋）王象之《舆地纪胜》卷一〇〇引余崇龟《贺潮州黄守》。

布在广东、广西南部的广府人；分布在福建、广东梅州、广西部分地区的客家人；分布在广东潮汕地区及雷州半岛和海南的福佬人；分布在广西的平话人；分布在福建福州一带的福州人；分布在福建泉州、漳州一带的闽南人；分布在福建莆田、仙游一带的兴化人；分布在福建建瓯、建阳一带的闽北人；分布在福建沙溪流域的永安人；分布在两广江河上的疍家人等十余个各具语言文化特点的族群，从而基本上构成了华南汉族族群体系。与隋唐前迁入华南的发展情况相比，宋元时华南汉族在历史的风雨中，在文化的互动中，在民族的涵化中其民族内部发生了深刻的社会文化变迁，从而形成了各具不同文化人类学特点的族群，这是一种质的发展。

六　明清汉族在华南的迁徙和发展

中国自元统一后，统一已成为中国历史不可逆转的大趋势，在元末农民起义中崛起的朱元璋于洪武元年（1368 年）在南京称帝，建立明朝，至崇祯十七年（1644 年）李自成攻占北京，崇祯帝自缢，清兵入关历时 276 年。清兵入关后统一全国，建立了一个疆域空前辽阔的清朝，至宣统三年（1911 年）辛亥革命后皇帝被废，历时 268 年。明、清两朝共历 544 年。

众所周知，汉族自秦汉形成以来虽历经国家分分合合，合合分分，多次面临民族危亡之际，但是她在中华这一块占据亚洲大陆大部分土地而又相对封闭独立的大地上，以其高于这个地方其他民族的文明程度的涵化力和凝聚力，像滚雪球一样地越滚越大，越来越发展，成为中国人口最多的一个民族。与此同时，以宋元为界，北方的契丹、党项、女真等族入主中原后先后基本上被汉化，南方的蛮、俚、僚不是部分被汉化，就是开始或基本上完成了演化为壮、侗、水、毛南、仫佬、黎、布依等民族，到明清之时，就华南来说，民族格局基本稳定，除汉族外，华南的少数民族，包括土著和迁入在内的有壮、侗、水、毛南、仫佬、彝、瑶、苗、京、黎、畲、回、满，以及台湾的高山族等。这是一方面的背景情况。

另一方面，宋元以后，汉族的发展不仅表现在同化其他少数民族以及人口的增长上，还表现在民族意识的增长上。明朝开国皇帝朱元璋在北伐檄文中提出了“驱逐‘胡虏’，恢复中华”的口号，强烈地表示了汉族的自我存在和民族光复的决心，反映出汉民族的民族意识的增长提高到了一个新的高度。[①] 清朝处于被统治地位的汉族对处于统治地位的满族巨大的涵化，再一次显示了汉族巨大的涵化力。正由于汉族具有巨大的涵化力，所以迁入华南的汉族，自两宋以来，如前所述根据不同的历史条件、地理环境、迁徙源流、迁入时间，以及吸收华南土著族群语言文化之不同，开始形成不同的族群。

就是在国家长期统一，民族相对稳定，华南汉族族群开始形成的历史大背景下，明、清两朝中原及岭北的汉族虽然仍有迁入，但已成减弱之势，重要的是已迁入华南的汉族在华南开始或继续进行第二次迁徙，这次迁徙是在华南地区内进行的。华南汉族就是在这种第二次迁徙中完成了新的滚动发展。

（一）汉族迁入华南的浪潮虽然逐渐减弱，但仍连绵不断

明朝之时，迁入华南的汉族以军籍移民稍具规模。明初实行卫所制：卫下设千户所，千户所之下设百户所。每百户所 112 人，千户所 1120 人。卫统率 5 个千户所，共 5600 人，“自京师达于郡县，皆立卫所”[②]。据统计，明初在广东设了广州左卫、右卫、前卫、后卫，以及南海、清远、惠州、肇庆、潮州、碣石、广海、神电、雷州、廉州、海南等 15 卫和 100 余千户所。[③] 在广西设了桂林左卫、右卫、中卫，以及南宁、柳州、南丹、庆远、浔州等 8 卫和 20 余千户所。[④] 在福建设了建宁左卫、右卫、廷平、邵武、汀州等 5 卫和 5 千户所。[⑤] 这些卫所驻军一般是七分守城、三分屯田[⑥]，如广东各卫所共有旗军 125440 名，其中守城 81984 名，屯田 43456 名。[⑦] 而广西洪武年间黄册统计人口仅 140 余万人。卫所军士合家属在内不过 10 万人，其中桂林 3 卫合家属约有 5 万人，与当时桂林土著的人数差不多。[⑧] 这些卫所驻军“子孙世及”，世袭为屯兵，于是这 5 万

① 徐杰舜：《汉民族发展史》，四川民族出版社 1992 年版，第 291 页。

② 《明史·兵志一》。

③ 嘉靖《广东通志》卷十。

④ 《明实录·明太祖实录》卷五〇、六四、七三、一〇一、一二六、一三四、一七八、二〇七。

⑤ 《明史·兵志二》。

⑥ 《明实录·明太祖实录》卷二四五。

⑦ 嘉靖《广东通志初稿》，转引自蒋祖缘、方志钦主编《简明广东史》，广东人民出版社 1987 年版，第 187 页。

⑧ 葛剑雄、曹树基、吴松弟：《简明中国移民史》，福建人民出版社 1993 年版，第 388 页。

人的军籍移民成了当地最大的移民集团，加上柳州卫的军籍移民，他们后来形成了广西汉族桂柳人的核心。与此同时，明洪武年间前后发往南宁卫的驻军就有 20146 名①，也“子孙世及”，与北宋狄青镇压侬智高起义后屯守南宁的军籍移民一起，后来形成了广西汉族平话人的核心。此外，明时，广西壮瑶人民先后发动了八寨起义、古田起义、大藤峡起义，朝廷调各省大军围剿镇压。事后留军戍守，如明“永乐初，调湖广、贵州军征广西蛮，遂留戍其地。……留楚军万人，分戍桂林、柳州、平乐诸邑。……其戍守梧州，则粤东军，原以万数”②。

明代屯田是汉族迁入华南的主要形式。以广西为例，据《明实录》的记载：

洪武五年（1372 年）正月壬子。诏“今后犯罪当谪两广充军者，俱发临濠屯田”。

洪武九年（1376 年）三月癸来。广西贺州屯军陈华四等作乱，桂林卫指挥姜旺率击斩之，俘其众千余人。

洪武二十五年（1392 年）九月甲辰。置广西迁江县屯田千户所。

洪武二十九年（1396 年）四月乙丑。广西布政使司言：“新设南丹、奉议、庆远三卫及富川千户所，岁用军饷二十余万石，有司所征不足以给。”上命，俱屯田。既而奉议卫奏：“本卫地控蛮峒，若俱出屯种，设有缓急，卒难调用，宜以三分守城，七分屯田为便。”

洪武二十九年（1396 年）七月己巳。遣中使至桂林等府，市牛给南丹、奉议等卫屯田军士。③

洪熙元年（1425 年）二月甲子。广西总兵官镇远侯顾兴（祖）奏：“臣奉命率广西、湖广、贵州（兵），剿捕蛮寇。势已平，还军驻桂林。今农事方兴，请止留贵州兵二千、湖广兵一千守备，余遣归屯种。”从之。④

宣德十年（1435 年）二月丙午。广西都指挥佥事田真言：“洪武

① 嘉庆《广西通志》卷一五五。

② 《粤西丛载》卷二四。

③ 以上见《明实录·明太祖实录》卷七一、一〇五、二二一、二四五、二四六。

④ 《明实录·明仁宗实录》卷七。

> 间，各卫军事屯田十分之七。近年征差逃故者多，遂将余丁老幼足之；且余丁递年供应正军，复令屯田，实为重困。乞将老幼如例屯，余丁优免。”事下行在户部复奏。从之。①

两广如此，台湾亦然。从明天启四年（1624 年）荷兰殖民者占据台湾到郑成功在清康熙元年（1662 年）驱逐荷兰殖民者的 38 年中，入台的汉族移民在赤嵌附近就形成了一个约有 2.5 万名壮丁的移民区，据估算当时全岛有汉族移民 4.5 万—5.7 万人。② 明天启年间（1621—1627 年）从当时占据台湾的荷兰殖民者的描述中可以看出汉族移民已遍及全岛，陈碧笙在《台湾地方史》中云：

> 荷兰殖民者在 1622—1624 年侵入台湾时，在萧垄看见有“两三个或五六个汉人住在部落中，以米盐供应土人”，继又发现“在从来不知道的河川中，有汉人伪装捕鱼，煽动土人反抗（东印度）公司”，他们又听说“台湾有很多汉人与当地妇女成婚”，“萧垄有土人懂得汉语”，在东南部的卑南觅各村也有“汉人与土人交易并进行煽动”。1626 年前后，西班牙殖民者也在鸡笼发现有汉人在那里收购硫磺，在淡水有汉人与土人交易等。③

明末清初，汉族入台更甚。明亡后避难入台的明宿儒沈文开云：“土番种类各异，有土产者，有自海舶漂来者，及宋时零丁洋之败遁亡至此者。聚众以居，男女婚配，故番语处处不同。”④ 所以我们从台湾和福建的族谱中可以看到福建各县有陈、林、王、李、黄、蔡等 20 多姓移民在明末清初入台，仅南靖县就有萧、黄、庄、简、吴、张 6 姓。曾参加过鲁王领导的抗清斗争的黄宗羲在《赐姓始末》中记载崇祯年间熊文灿抚闽时值大旱，“乃招饥民数万人，人给银三两，三人给牛一头，用海船载至台湾，令其芟舍，开垦荒土为田”。于是漳、泉之人前

---

① 《明实录·明英宗实录》卷十二。

② 陈孔立：《清代台湾移民社会研究》，厦门大学出版社 1990 年版，第 7 页。

③ 陈碧笙：《台湾地方史》，中国社会科学出版社 1982 年版，第 39—40 页。

④ （清）沈文开：《杂记》，已佚。这段文字最早见于康熙《诸罗县志·外记》。此转引自胡友鸣等《台湾文化》，辽宁教育出版社 1991 年版，第 34 页。

往台南安平镇者，“赴之如归市”。[①] 郑成功收复台湾，从1662年至1683年的21年中，入台的汉族移民约有6万人，其中郑成功的军队有3万—4万人，其他汉族移民有2万—3万人。[②] 这样，康熙二十三年（1684年）时入台的汉族总数有10万—12万人。此后，汉族入台仍连绵不断，据统计，清朝台湾人口乾隆二十八年（1763年）为666040人，乾隆四十七年为912920人，嘉庆十六年（1811年）为1901833人，在约半个世纪的时间里人口增加了1.8倍多。扣除台湾土著族群，入台汉族有五六十万人。到道光二十三年（1843年）时，台湾包括高山族在内人口达250万人了。[③]

此外，海南的汉族移民也有较大的增长，据嘉靖《广东通志》记载洪武二十六年（1393年）的统计，共有68522户298030人，比元初有了成倍的增长，其中相当一部分应是入琼的汉族移民。故而明代的海南出现了“习礼义之教，有华夏之风”[④] 的气象。

（二）汉族在华南的第二次迁徙是明清时期华南汉族迁徙的主流

明、清两朝迁入华南的汉族虽然仍连绵不断，但与宋元相比，已呈减弱的态势。而已迁入华南的汉族自宋元时开始出现进行第二次迁徙的新动向，到明、清时则发展成为华南汉族迁徙的主流。这个主流是由广东南雄珠玑巷汉族移民再次掀起南迁的移民潮和福建的客家人再次大规模入粤、入桂的两大支流会合而成的。

南雄珠玑巷的移民潮是从元末明初开始掀起的。元末明初，南雄战乱频仍，人祸与天灾并至，史载至正十六年（1356年），红巾军将领熊天瑞攻陷南雄、韶州路。至正十八年（1358年）红巾军陈友谅陷江西，元师治兵梅岭以图江西。至正二十四年（1364年），朱元璋令常遇春攻赣，下韶州、南雄，诛熊天瑞。这是人祸。至正十三年（1353年）南雄大旱，至正十九年（1359年）春夏，南雄大疫，至正二十二年（1362年）三月，南雄路地震，八月雨雹，如桃李实。这是天灾。在这种背景下，南雄珠玑巷又一次出现移民潮：

---

① （清）徐鼒：《小腆纪年》。

② 以上均参阅陈孔立《清代台湾移民社会研究》，厦门大学出版社1990年版，第7页。

③ 连横：《台湾通史》上册，商务印书馆1983年修订第2版，第61页。

④ （清）顾炎武：《天下郡国利病书》卷一〇二《广东六》。

庆州李氏始祖李汝湞自南雄珠玑巷迁居东南堪都庆洲村，时在元末明初……

湖坑朱氏，明洪武间朱亮洪自南雄珠玑巷迁居县南湖坑村，为其始祖。至今传十七世，丁口六十余人，建有宗祠。

勒竹园何氏，始祖名一壮，字启元。据基碑谓居南雄珠玑巷，明初迁高要勒竹园。

西岸何氏，始祖名称昌，明初由南雄珠玑巷迁居县东南头溪西岸村，至今传二十一世，丁口约六十人……

砚东李氏，其先居南雄珠玑巷。有李珩省，字天通，号琼卷。明洪武举人，因事挈家来肇庆，旋择地于城东砚冈卜居焉。

腰冈李氏，其先南雄珠玑巷人，明初有名元其者，迁居县东南傍湖都腰冈村，为其始祖，至今二十一世，丁口五百余人，建有宗祠。

围边李氏，官塘系，明初有名葵芳者，自南雄珠玑巷迁县东南白土都围边时，为其始祖，今传二十三世，丁口约九十人，有宗祠。

新潘李氏，其先居南雄珠玑巷，明初有名泽安者始迁县东白土都潘村，为其始祖，至今凡二十世，丁口五十人。

塘基头李氏……始祖李灿，字自明，号秋月，明永乐二年由南雄珠玑巷迁居县南新江都塘基头村，至今凡二十一世，有丁口二百余，建有宗祠。

龙沙李氏：其先南雄珠玑巷人，明时有名孙者始迁县东南白土龙沙村，为其始祖，至今凡十五世，丁口约一百人，建有宗祠。

新村李氏，其先来自南雄珠玑巷，明嘉靖间有名成全者迁居县南新江都新村，为其始祖，至今凡十六世，丁口六十余人，建有宗祠。

茶冈吴氏，明初有名敬泽者，由南雄珠玑巷迁居县东南桂平都茶冈村，为其始祖，至今凡十九世，丁口约一百人，其后分支竹园及沙头各有丁口四五十人。

凤山吴氏，明时有名常者，由南雄珠玑巷迁居大湾之迳口。即今凤山，为其始祖，至今十三世，丁口约五十人。

隔布杜氏：明初有名仲恩者，自南雄珠玑巷迁居县西桂林都隔布村，为其始祖，至今二十世，丁口约一百五十人，建有宗祠。

龙泽岑氏，始祖岑绍祖明初由南雄珠玑巷迁来，卜居县南白渚龙泽村，传至今二十二世，丁口约五十人，建有宗祠。

大基头徐氏：其先来自南雄珠玑巷，明初有名伦者始迁县南白诸堡大基头村，为其始祖，至今传二十三世，丁口约一百人，建有宗祠。①

凡此等等，不胜枚举。《元史·地理志》载至正十五年（1355 年）南雄路有 10792 户，而到《大明一统志》估计南雄只有 4840 户，始兴 770 户，共 5610 户，较之《元史》的记载人口耗减近半，可见这次珠玑巷汉族移民第二次迁徙的规模之大，声势之大。

明清之交，人祸与天灾再至，顺治七年（1650 年）初清军破南雄，斩 6000 余人，此次屠城，民十存二三。连岁告饥，路有饿殍。于是珠玑巷汉族移民再次掀起了移民潮：

长旗李氏，活村系，其先由南雄珠玑巷迁来，清顺治间居县南长旗村，至今凡十五世，丁口约四百人，建有宗祠。

牛围李氏，其先由南雄珠玑巷迁来，清顺治间始居县牛围村，今传十五世，丁口约一百五十人。

东坑口余氏，清初有名汝安者，由南雄珠玑巷迁居南东坑口村，为其始祖，至今十三世，丁口约一百五十人。

耕沙徐氏：此族谓自南雄珠玑巷迁来，始迁者名载明，居于县南安怀堡耕沙村，时在清代，至今传九世，丁口约七十。②

凡此等等，亦不胜枚举。珠玑巷汉族移民的这一次移民潮使南雄的人口进一步下降。明洪武初南雄府犹有 67031 人，到《大清一统志》统计，只“原额人丁共 17650”，康熙元年（1662 年）至十一年（1672 年）“实在人丁 11720”，亦可见这次移民潮的规模之大，声势之大。

珠玑巷汉族移民第二次迁徙后，大多落籍在今广东中部和西南部珠江三角洲各县，次为西江下游的高要和韩江三角洲一带。清中叶以后，广东的这一支广府人便大批溯西江而上，向广西东南部迁徙。《来宾县志》云：“田氏之族……其先世居广东南雄珠玑巷，后转徙广西至武宣

① 以上所引均见 1947 年《高要县志初编》卷三。

② 同上。

县属之七星村，清顺治间分支至泥陂村。”[①]《信都县志》亦云：“信都（今贺州境）民族之来源……惟地方各姓佥云自前明由金陵珠玑巷迁来。”[②] 故乾隆五十八年桂平县《粤东会馆序》说：“我东粤相距不远，枌榆接壤，亦何殊于父母之邦耶？然而吾乡之来游西粤者，不但在桂平也；即左右西江，所至辄有千人。”这就是说在广西左右江流域到处可见由广东迁入广西的汉族！故桂东南一片遂开始成为广府人的分布地之一。

客家人的第二次迁徙浪潮是从清初开始的。史载顺治十七年（1660年）清政府用坚壁清野来困灭郑成功而下令迁海，即将东南沿海居民内迁。从福建沿海开始，扩及广东、浙江、江苏甚至山东四省。在广东，从顺治十八年（1661 年）到康熙六年（1667 年），先后将惠州、潮州府属沿海各县及西南沿海各县界外居民尽行内迁，形成了东起饶平、南至钦州防城，长达数百公里、宽二三十公里的无人地带。直到台湾郑成功政权被清政府平定后，清政府才于康熙二十三年（1684 年）下令恢复被迁人民的旧业。但是当年的居民早已迁徙他乡，各县便招外地流民前来垦殖，粤东、闽西客家人便闻风而来。“于是惠、潮、嘉及闽赣人民，挈家徙垦于广州府属之新宁，肇庆府属之鹤山、高明、开平、恩平、阳春、阳江等州县，多与土著杂居。”[③] 另有一些客家人来自赣南诸县。于是再次掀起了客家人入粤、入桂的移民潮。康熙间分番禺立花县，就招募了客家人前往垦殖。民国《花县志》卷七载：“袁剑字燕北，其先赣人，康熙中割南（海）、番（禺）西北壤置花县，募民开垦，其高祖才应募至，遂家于邑之蓝坑乡。”故 20 世纪 30 年代初，罗香林先生在广州沙河等地作客家状况调查后云“番禺一邑，以旧募德里司及鹿步司二地为客人杂居，其地在广州东北，各有客家三四万人，昔年称东北六社。二司客人多自嘉应州及惠、韶二州所迁入。出广州小北门，迤北至沙河、瘦狗岭、龙眼洞、柯木塱，其间除少数系本地人外，大部分居民皆为客家。其中以徐、杨、张、范、陈、同、王、李、刘等姓丁口最多。徐姓多来自蕉岭，张姓则来自惠州及江西二派，杨姓则自兴宁。各姓迁移的年代，大概皆在雍乾二

① 民国二十五年《来宾县志》，第 184 页。

② 民国二十五年《信都县志》卷二。

③ 民国《赤溪县志》卷一。

朝，迄今多传至八九代”①。

除番禺外，潮州一带的客家人还迁往雷州、高州及廉州。尽管官府未同意他们入籍，并企图将他们遣回原籍，但显然并未成功。更有意思的是韶州、南雄因珠玑巷汉族移民大量南迁进入珠江三角洲一带，客家人后来也便乘虚而入，致使韶州、南雄也成了纯客家居县。发展到后来，广州、肇庆、高州、罗定、廉州，以及海南等地作为清代客家人移民接纳区，据统计，到清代中期为止，清代的客家移民及其后裔已达410万人左右，几乎占同期广东人口的20%。② 整个广东的客家人在嘉庆二十五年（1820年）时至少有1060万人，约占全广东2120万人口的一半。③

客家人不仅迁入番禺一带，也陆续迁入广西。史载道光二十四年（1844年）清政府下令广西及云、贵、川、湘招商开矿，广西开矿亦最多，故从广东召来开矿的客家人甚众，正如《贵县志》所记：贵县“招商试办，无赖之徒纷纷而至，不一年，深山穷谷，居住尽系游民”。而且当时广西的三大圩市：苍梧的戎圩、平南的大乌、桂平的江口几乎被广东客商所垄断。这些广东客商大多是客家人入桂的先导，这股股入桂细流汇集在一起，在鸦片战争前后出现了广东客家人入桂的浪潮。如平乐府的昭平县清代的移民大多来自粤东，民国时已经形成“土客丛集”的局面。④ 迁入桂东贺县和富川2县的都是来自广州、肇庆的客家人。咸丰四年（1854年）的形势是：“在富川则土强客弱，贺则土弱客强。”⑤ 又如钦州情况是：“雍正初地尚荒而不治，自乾隆以后，外府州县迁钦者，五倍土著。”⑥ 钦州是客家语言区，所以这里的“外府州县”就是粤东客家人。客家人的不断入桂，使得桂东南、桂东北，以及桂中部分地区都有了客家人的迁入，尤其是“郁江走廊”——浔州，即平南、桂平、贵县一带形成土客杂居的格局。

就是在广东汉族移民包括广府人和客家人的第二次迁徙中，到清嘉庆二十五年（1820年）从广东入桂的汉族移民及其后裔大约为110万，约

① 罗香林：《客家研究导论》，兴宁希山书藏1933年，第86页。

② 邓迅之：《客家源流研究》，天明出版社1982年版。

③ 葛剑雄、曹树基、吴松弟：《简明中国移民史》，福建人民出版社1993年版，第426页。

④ 民国《昭平县志》卷七。

⑤ 民国《钟山县志》卷一五。

⑥ 道光《钦州志》卷一。

占当时广西人口总数743万的15%。[①]

明清时期，华南的汉族就是在民族自我意识增长到一个新高度的背景下，第一方面继续迁入而连绵不断，到清嘉庆二十五年（1820年），广东、广西人口分别比明洪武二十六年（1393年）增长6倍和4倍，增长速度仅次于四川和湖南、湖北。而福建则是人口输出的地方，明代广东新设13个县，复置8个县，大多与福建移民有关。这样，积近两千年的历史发展，到清末民初时总人口已达68594844人，其中福建23157796人，广东33178709人，广西12258339人。其中绝大部分是汉族，少数民族的人口已只占很小一部分了。

第二方面，部分华南汉族所进行的第二次迁徙使得华南汉族的分布更广了。原来汉族迁入的主要地方是广东和福建，宋元时这种情况尤其突出，对此上文中已述，自明代开始，由于福建的“闽人”向台湾的迁徙，客家人向广东以及广西的迁徙，广东潮州人向海南的迁徙，使得在明代以前“地广人稀”的广西、海南、台湾人口激增，对此，前文已有叙述，在此还可举证的是广西。康熙二十年（1681年）天河县（今属罗城）“原额人丁281人”，“宜山2327人，思恩（今属环江）2200人，河池1462人”。到道光六年（1826年），“调查人口总数宜山240872人，思恩255516人，河池61715人”。[②]从1681年到1826年，相隔145年，宜山人口增加105倍，思恩增加115倍，河池增加42倍，天河增加350倍，这一统计数是否准确无误，当然可以考证，但这些数字即使减去一半，也足以反映汉族大量迁入广西的历史事实。

第三方面，华南汉族在两千多年历史的风风雨雨中，在文化的涵化、互动和认同中，自宋元开始出现的族群认同过程到明清时基本上宣告完成，广府人、客家人、福佬人、闽南人、福州人、兴化人、桂柳人、平话人、疍民等族群都以独特的方言，别具一格的文化人类学的特征而屹立于华南大地。

---

① 葛剑雄、曹树基、吴松弟：《简明中国移民史》，福建人民出版社1993年版，第427—428页。

② （清）杨家珍编：《天河县乡土志》。

第二章　华东汉民族史记

第一节　华东概述

一　华东汉族的地理空间范围

华东位于中国的东部沿海，东起东经 123°08′，西到东经 114°54′，南到北纬 26°50′，北至北纬 35°06′，包括江苏、安徽、浙江三省和上海市；面积 33.6 万平方公里，占全国总面积的 3.5%；人口 19362.58 万人，其中汉族 19296.10 万人。①

华东地处长江下游，面临东海、黄海，海岸线曲折，多岛屿，长江口的崇明岛面积 950 多平方公里，是我国仅次于台湾、海南的第三大岛；浙江沿海有 2000 多个岛屿，是我国岛屿最多的省份，其中舟山群岛是我国最大的群岛，舟山岛为我国第四大岛。

1. 华东的行政区划

华东古称百越之地，春秋为吴、越国地，战国属楚，秦置东海、会稽、九江、泗水等郡，汉属徐、扬、豫等州，元属河南、江浙行省，明属南直隶、浙江布政司；清初置江南、浙江 2 省，后析江南置江苏、安徽；民国，析江苏置上海市，至今未变。

据中华人民共和国国家统计局 2010 年统计②：

上海市有黄浦、徐汇、静安、长宁、普陀、虹口、杨浦、宝山、闵行、嘉定、浦东，奉贤、松江、金山、青浦、崇明 16 个区；人口

① 《中国人口统计年鉴 1997》，中国统计出版社 1993 年版。下引人口数均见此书。

② 中华人民共和国国家统计局：《2010 年第六次全国人口普查主要数据公报（第 2 号）》（http：//www. gov. cn/test/2012—04/20/content_ 2118413_ 2. htm）。以下各省市区人口统计所引除注明外均据此。

23019148 人，其中汉族 22743327 人，占 98.80%。

江苏南京是副省级城市，有无锡、苏州、常州、南通、徐州、连云港、淮安、镇江、盐城、泰州、宿迁、扬州 12 个地级市，21 个县级市，20 个县；人口 78659903 万人，其中汉族 78277203 人，占 99.51%。

浙江有杭州、宁波、温州、嘉兴、湖州、绍兴、金华、衢州、舟山、台州 10 个地级市，丽水 1 个地区，25 个县级市，38 个县、1 个自治县，23 个县级区；人口 54426891 人，其中汉族 54027191 人，占 99.00%。

安徽有合肥、淮南、淮北、蚌埠、滁州、芜湖、马鞍山、铜陵、安庆、黄山、阜阳、宿州、六安、亳州、池州、宣城 16 个地级市，58 个县；人口 59500510 人，其中汉族 59100510 人，占 99.34%。

2. 华东的自然地理环境

华东地处长江中下游平原东端、华北平原南端，地势低平，河道水网密布；东面濒临黄海、东海，海岸线长，多深水港；长江横贯而过，流入东海，便于发展内河航运，形成华东开放性的地理空间。根据境内地形地势，全境可分为淮北平原区、长江中下游区、江南丘陵区和浙南丘陵区四个区域。

淮北平原原为侵蚀平原，目前除尚存有少数浑圆形侵蚀残丘与局部剥蚀平原以外，均覆盖有黄河、淮河近代冲积物，厚 10—50 米，宜于耕作。平原上各个河流，由于黄河数度南泛，水系紊乱，新槽旧谷，已无法严格划分；并由于泥沙淤积，河床抬高，排水不畅，皖北淮河南岸形成有一连串湖泊，苏北运河沿岸有骆马湖等湖泊。

长江中下游区位于淮河以南，江南丘陵与杭州湾以北的地区。全区地势低平。长江以北的淮阳丘陵，起伏平缓，仅皖西大别山脉有少数高峰在 1000 米以上。长江以南，以宁镇山脉为主的江苏西南部与安徽沿江一带的丘陵，一般高度都在 200—300 米，由于谷地开展，对交通影响不大；低缓坡地亦多或耕垦为梯田，或为次生林与灌木林。长江从西南流入区内，在镇江以上，拥有面积较大的鄱阳平原与巢芜平原。镇江以下，江面宽广，冲积有长江三角洲，并与黄河、淮河合力冲积形成中下游平原。本区平原之上，冲积土层深厚，水面面积广大，具有调节水流作用，对航运、灌溉、淡水养殖均极有利，水量亦比较稳定。

安徽黄山以南，浙江天目山、浦阳江以西的地区，是我国江南丘陵的一部分，由九华山脉、黄山山脉、天目山脉、千里岗山脉、白际山脉和昱岭山脉等组成。全区多为海拔 200—400 米的丘陵，以红色岩层为主，由于久经风化，大多呈浑圆状，宽广河谷、山间盆地比较发达，较大的有金衢、歙县等盆地，不仅有疏松沉积层覆盖，且有河流近代冲积物，丘陵缓坡，宜于开辟梯田进行耕垦。主要山峰高度一般只有 500 米左右，其中黄山、九华山、天目山、莫干山为旅游胜地。

浙南丘陵区位于杭州湾以南，武夷山、仙霞岭以东地区。全区地形十分崎岖，也比较高峻。大体上愈西愈高。西部武夷山、仙霞岭高度在海拔 1500—2000 米。由于降水充沛，森林茂密，瓯江流域尚保存有部分原始森林。再东为低丘与沿海平原，为本区耕地最集中所在，如宁绍、台州、温州等平原均是，只是平原面积较小。海拔 500 米以下地区，红壤丘陵面积较大，全区各地均有错综分布；中间所夹杂的河谷低地与局部盆地，均可利用耕作；本区山丘迫临海边，岸线曲折，港湾众多，岛屿罗列，分布有约占全国 70% 的岛屿。沿海地带水产资源亦极丰富，其中舟山群岛为全国著名渔场。

华东区河流以长江为主，从安徽流入，经江苏、上海汇入东海；北部有淮河，为我国第 5 大河，源自河南，流经江苏入黄海；南部有钱塘江，源于浙皖赣山区，干流长 410 公里，经杭州湾流入东海。境内水网密布，湖泊众多，江浙交界处的太湖，苏北的洪泽湖、高邮湖，苏鲁交界处的微山湖，以及淮南的巢湖，都是我国著名的淡水湖。京杭大运河纵贯江苏，直抵浙江杭州，也为华东区内重要河流。

上海地形，全境除西部有少数海拔 100 米左右的残丘外，全为坦荡低平的平原，系长江三角洲平原的一部分，海拔不超过 5 米，东、南、北部略高于西部。境内天然河港密如蛛网，多属太湖水系。源出太湖的黄浦江及其支流吴淞江是主要河流。黄浦江全长约 114 公里，水量约占太湖流出水量的 80%，对境内的农田灌溉、交通运输等意义重大；吴淞江全长约 125 公里（包括境外部分），是苏州与上海之间水上主要通道。

江苏的地形特点是平原辽阔，河湖众多，水网密布。全省绝大部分地区在海拔 150 米以下，是我国地势最为低平的一个省区。平原约占总面积的 68%，低山丘陵占 14%，水面占 18%。地形可分苏北黄淮平原、长江三角洲、宁镇丘陵、苏北丘陵四区。苏北黄淮平原，大致位于通扬运河以北，苏北丘陵以南。主要由黄河、淮河冲积而成。由于历史上黄河夺淮，除东北部新沂河以北的沂沭河平原外，主要分布着黄泛冲积物。平原北部，废黄河两侧地势较高，徐州附近海拔 30 米左右，向东南逐渐降低。平原上河道较少，河道两侧多洼地。京杭大运河以东，苏北灌溉总渠和通扬运河之间的广阔平原，习惯上称为里下河地区。长江三角洲，大致西起镇江，北至通扬运河，南到杭州湾，面积约 5 万平方公里，由长江及钱塘江冲积而成。海拔多在 10 米以下，长江以南江苏境内的三角洲平原，习惯上也叫苏南平原或江南平原。宁镇丘陵，位于江苏省西南部镇江、扬州二地区的西部，主要为宁镇山地和茅山丘陵，海拔 200—400 米。紫金山（钟山）、汤山、栖霞山、青龙山和茅山为著名的山峰。河流南岸分布有较宽阔的冲积平原。苏北丘陵，位于江苏省北部的徐州地区，为山东省的低山丘陵向南延续的侵蚀残丘，海拔大都在 200 米左右，黄海边的云台山为本省最高峰。江苏省大河网稠密，分别为长江、淮河、沂沭河三大水系；大运河纵贯南北，沟通往来交通。长江干流由安徽流入江苏省，在南京附近受丘陵约束，江面宽 1—2 公里，江阴以下江面展宽，南通附近入海口一带宽达 18 公里以上，江海相连，水天一色，极为壮观。属淮河和沂沭河水系的河流，在江苏省境内有淮河、沂河、沭河、泗水，流域面积共达 59800 平方公里。淮河本向东独流入海，从宋至清，黄河几度夺淮，使淮河改道辗转南下，经洪泽湖、高邮湖入长江。江苏省西南部还有秦淮河，在历史上颇有名气。境内大小湖泊有 200 多个，以洪泽湖、太湖、高邮湖最为著名；最大的湖泊是北部的洪泽湖，洪水期面积达 3780 平方公里；次为太湖、高邮湖。

浙江的地形特点是以丘陵、山地为主，地势自西南向东北倾斜；沿海岛屿星罗棋布，全省共有大小岛屿 1100 多个，以舟山、玉环、岱山、洞头等岛屿较大。海岸曲折多港湾，主要有杭州湾、象山港、三门湾、温州湾等，宁波港、舟山港、乍浦港、海门港为著名良港。境内地形可分浙北平原、金衢盆地、浙西丘陵、浙东丘陵、浙南山地五区。浙北平原，包括杭州湾以北的杭嘉湖平原和以南的宁绍平原，均为河流冲积湖沼淤积平原，海拔 20 米以上，水网密布，土壤肥沃，是浙江省粮食高产区和著名的蚕丝产区。中部金衢盆地，海拔 50—250 米，呈浅丘状起伏，自东北向西南延伸，包括金（华）衢（县）盆地、东阳盆地和浦江盆地，钱塘江中上游及其支流流经其间。盆地内耕地集中，旱地面积较大，是浙江省稻米和杂粮产区。浙西丘陵位于杭嘉湖平原和金衢盆地以西，包括天目山、龙门山、千里岗山等山脉，海拔多在 500 米以下，西天目山海拔达 1500

米。地形破碎，是浙江省毛竹、茶叶的重要产区之一。浙东丘陵：包括会稽山、四明山、天台山等山脉，海拔在200—1000米。山间小型盆地较多，如新（昌）嵊（县）盆地、诸暨盆地等，是浙江省重要粮食产区。浙南山地：包括仙霞岭、洞宫山、雁荡山、括苍山等山脉，海拔1000米以上的山峰连绵不绝，山间峡谷深切，林木葱郁，山色秀丽，南、北雁荡山悬崖深谷，多奇特的峰峦，是浙南名胜，龙泉、遂昌、云和等县是浙江省主要林区。灵江、瓯江下游分别有黄岩、温州等平原。境内河流多与山脉走向平行，或切割山地，呈格子状分布组成苕溪、钱塘江、曹娥江、甬江、灵江、瓯江、飞云江、鳌江等八大水系，其中以钱塘江水系最大。钱塘江源于浙、皖、赣山区，干流长410公里，流域面积约42000平方公里，境内约35000平方公里。浙江省河流源短流急，河谷深切，多峡谷急滩，具山溪型河流特色，水力资源丰富。浙江省湖泊多分布在浙北平原，著名有杭州西湖、嘉兴南湖、宁波东钱湖和绍兴鉴湖等。

安徽的地形特点是：平原、丘陵、山地俱全，河流和湖泊交错。地形可分五区：淮北平原，是华北平原的一部分，自西北向东南倾斜，一般海拔20—40米，河流平行流入淮河。江淮丘陵，西起大别山麓，东迄省境，北至淮河，南到巢湖和张八岭南麓；大部分为霍山，主要山岭呈东北—西南走向；东部海拔多在100—300米，为安徽省东部淮河与长江流域的分水岭；西北部海拔多在50米以下，河谷平原宽阔。大别山山地，位于安徽省西部皖豫鄂边境，是大别山的主体部分，呈西北—东南走向，海拔1000米左右，为淮河与长江流域的分水岭，淮河支流切割山地，形成许多峡谷。皖中平原，为长江中下游平原的一部分，包括巢湖流域的湖积平原和长江沿岸的冲积平原，海拔多在20米左右，天然河流、湖泊与人工开辟的纵横沟渠，构成了密集的水网，为安徽省鱼米之乡。皖南低山丘陵，位于长江以南，系江南丘陵的一部分，大部分海拔在200米至600米，峦圆谷低；黄山、九华山等高峰耸立，黄山最高峰海拔1841米，雄伟而挺拔，山间云海、温泉、奇松、怪石，景色壮观，为游览胜地。境内河流基本上属长江、淮河两大水系，只有东南部分地区属钱塘江水系；长江自西南向东北斜贯安徽省南部，长100公里，支流有皖河、秋浦河、运漕河、青弋江、滁河等；长江沿岸湖泊众多，主要有巢湖、大官湖、泊湖、菜子湖等。巢湖面积约800平方公里，是安徽省第一大湖。淮河横贯安徽省北部，境内流域面积66000平方公里，因受地势影响，南岸支流短小，水流湍急，北岸支流较长，水流平缓，主要支流有颍河、西淝河、涡河、浍河、淠河等。淮河因河床坡度小、支流多、附近地区夏季降水集中，易发洪水，沿河分布着一系列湖泊，主要有城东湖、城西湖、瓦埠湖等。

3. 华东的气候

华东的气候特征是暖温带亚热带气候兼备，气候温和湿润，四季分明，最冷月平均气温在2℃—4℃，年降水量在750—2000毫米，无霜期为7—8个月，江南地区春末夏初为“梅雨”季节，东南沿海7、8月份有台风影响，进入盛夏，降水减少，容易引起伏旱。

上海市气候温和、湿润，四季分明，年平均气温15℃左右。最冷月（一月）平均气温3℃左右；最热月（八月）平均气温27℃左右。全年无霜期8个多月。年平均降水量约1100多毫米，夏季降水量约占全年降水量的40%左右。夏秋之交，常受台风侵袭。

江苏地处暖温带向亚热带过渡的地方，气候温和，雨量适中，四季分明，而淮河、苏北灌溉总渠一线南北有差异，年平均气温从北往南由13℃，递增到16℃。最冷月（一月）平均气温大部分地区在0℃—4℃，北部徐州地区为13℃—16℃；最热月（七月）平均气温，从北往南由26℃，递增到28℃。全年无霜期由北往南为7个月至8个多月。年平均降水量从西北往东南，由800毫米递增到1200多毫米，降水的季节分配不匀，夏季盛行东南季风，降水丰富，降水量占全年的40%—60%，以北部地区最为集中；冬季降水较少。春夏之交多梅雨，夏末秋初多台风雨。

浙江气候温暖、湿润，四季分明。夏季除少数山地比较凉爽外，大部分地区气温较高，年平均气温从西北往东南，由16℃左右递增到18℃以上。最冷月（一月）平均气温从西北往东南，由3℃左右递增到7℃以上；最热月（七月）平均气温，全省多在28℃左右，金衢盆地是全省最热的地区，高达30℃以上。全年无霜期从西北往东南，长达7个多月至9个多月。年平均降水量从北往东南，由1200多毫米递增到1800毫米以上，雁荡山西南部是全省降水量最多的地区。降水主要集中在4—9月，以春雨、梅雨和台风雨为主。梅雨以后的7—8月晴热少雨，常有旱象。夏秋之交，易受台风侵袭，易造成灾害。

安徽气候温和、湿润，四季分明，并具有明显的过渡性气候特征，年平均气温从北往南，由 14℃递增到 16℃以上。最冷月（一月）平均气温在淮北为 -2℃—2℃，绝对最低气温在 -20℃左右；淮河以南为 0℃—3℃，1 月 0℃，等温线基本上与淮河干流吻合。淮河是我国河流冰冻的最南界线，平均每年有半个月的冰冻期。最热月（七月）平均气温在淮河以北为 27℃—28℃，以南多在 28℃以上；全年无霜期，淮北约为 7 个月，江淮之间 7 个多月，江南 8 个月以上。降水以南部较多，一般在 800—1600 毫米，淮北为 700—800 毫米，大别山地区超过 1600 毫米，皖南黄山一带达 2000 毫米以上，为本省两个多雨中心。淮北地区各年降水变化较大，全年降水量的 60% 集中在夏季汛期，易产生春旱夏涝现象。

二　华东汉族历史发展的基本线索

华东的土著族群于越、勾吴作为汉民族起源的支源之一，在春秋战国的民族大融合中都被卷入了华夏民族形成的浪潮之中，其后在秦、汉“大一统”的大趋势下，随着华夏民族向汉民族的转化和发展，华东也就成了最初形成的汉族的聚居地之一。在其后的历史发展中，华东汉族经历了一个直线上升式的发展。这个发展过程大致分为 5 个时期。

两汉为华东汉族第一次直线上升发展时期。

西汉之时，华东“地广人稀”①，到汉武帝元狩四年（前 119 年）已有黄河下游的汉族迁入会稽郡。② 两汉之交，在绿林、赤眉大起义的打击下，许多北方地主官僚纷纷逃到江南避难，如《后汉书·任延传》所言：“时天下新定，道路未通，避乱江南者，皆未还中土，会稽颇称多士。”及至东汉末年，初平三年（192 年）董卓挟献帝迁都长安，王允设计杀了董卓，关中大乱，约有数十万难民东迁至今徐州一带。这样使华东汉族在两汉时得到了第一次直线上升的发展。

魏晋南北朝为华东汉族第二次直线上升发展时期。

三国之时，在魏吴相争之中，沿江郡县之民为曹操所掠，“自庐江、九江、蕲春、广陵户十余万皆东渡江，江西遂虚，合肥以南惟有皖城”。③ 西晋“永嘉之乱”后，中原汉族纷纷南迁形成了持续一百多年的移民潮，

① 《史记·货殖列传》。

② 《汉书·武帝纪》。

③ 《三国志·吴志·吴主传》。

其中华东的苏南、皖南及浙北地区是这次移民潮的主要迁入地。

在这次大规模的移民浪潮中，华东汉族得到了一次大发展，这个时期迁入华东的北方汉族移民以侨民户计算，以江苏最多，有 26 万户，安徽有 17 万户。而据学者研究，到宋元明年间，北方汉族移民及其后裔的总数至少应是户口数的一倍有余，即 200 万人左右。[①]

隋唐为华东汉族第三次直线上升发展时期。

华东汉族在隋唐时期的发展始于“安史之乱”，当时“衣冠士庶……家口亦多避地于江淮”[②]，“多游寓于江南”[③]。

“安史之乱”后，唐末出现了藩镇割据，接着黄巢大起义，以及五代十国的战乱，这一个接一个的战乱，使得北方汉族一批又一批地南迁，华东各地获得大量中原汉族移民，且分布范围很广，以长江南岸诸州及越州、杭州等州较为密集，如天宝时苏州北方汉族移民 20 余万人，占了苏州人口的三分之一。[④] 这样华东汉族再一次直线上升了。

两宋为华东汉族第四次直线上升发展时期。

两宋的动荡，特别是南宋建都江南临安，导致了北方汉族南迁的最大一次移民潮的爆发。据学者研究仅迁入临安的汉族人数近百万人，使临安府“士庶服饰乱常，声音乱雅”。[⑤] 临安如此，华东其他地方也大多如此，如本江府（今苏州）也是这样，到淳熙十一年（1184 年）外来移民及其后裔约有 13.15 万户[⑥]，以每户 5 人计，约有 65 万人，正是“莫道吴中非乐土，南人多是北人来”。[⑦]

所以，从南宋开始，中国南方与北方汉族人口数从此颠倒，汉代元始二年（2 年），北方汉族有 965 万户，南方仅 111 万户，但到宋元丰三年（1080 年），北方仅 459 万户，南方已有 830 万户了。[⑧] 从这个变化中可见两宋之时华东汉族直线上升的发展达到惊人的地步，达到了中原汉族迁入

① 葛剑雄主编：《中国移民史》第二卷，福建人民出版社 1997 年版，第 410—412 页。

② （唐）姚汝能：《安禄山事迹》卷下，四库全书本。

③ （唐）权德舆：《王公神道碑铭》，载《全唐文》卷五〇〇卷。

④ 《新唐书·地理志》。

⑤ 《宋会要辑稿》刑法二之一二二。

⑥ 《宋史·地理志》。

⑦ 《涧泉集》卷一七，《次韵》。

⑧ 陈正祥：《中国文化地理》，生活·读书·新知三联书店 1983 年版，第 10 页。

华东的最高潮。

明清为华东汉族第五次直线上升发展时期。

明初，在洪武时，有明政府组织的移民中，迁入华东的汉族移民也不少，如洪武六年（1373 年）十月，凤阳接受来自山西北部的移民近 4 万人[①]，洪武七年（1374 年）“徙江南民十四万实中都”[②]，凡此等等，在短短的十几年时间里向凤阳府的移民达 30 万人左右[③]；而对安徽长江两岸的安庆、池州、庐州等地移民约有 61.2 万人，占当地总人口的 70% 以上[④]，表现了直线上升的发展趋势。

进入清代以后，华东汉族由直线上升式的发展，改为在华东地区内呈扩展式的发展：一是向山区移民扩展，如清初“三藩之乱”时平原的汉族向浙南山区县、安徽与浙江交界的山区县移民；二是农村的汉族向城市移民，最突出的就是清末农村的汉族纷纷向上海、宁波等城市移民。

三　华东汉族的族群结构

华东汉族的族群结构为双层类型。

纵观华东汉族历史发展的基本线索，从西汉到明代这样一个漫长的历史时期里，其人口一直呈现直线上升式的发展状态。北方每一次动乱的结果就是造成北方中原汉族的纷纷南迁，掀起了一个又一个移民潮，而华东作为北方中原汉族移民的重要迁入地，无论江苏汉族还是浙江汉族，或是安徽汉族，都不断得到了发展，而其中杭州和南京都曾做过首都，所以在这一个层次上形成了杭州人、南京人。但是，除此以外，又形成了一些另具人文特征的族群，如苏州人、徽州人、苏北人等。

清代以后，尤其是近代以来，由于通商口岸的开放，现代城市的发展，华东汉族中又形成了一个新的族群层次，即上海人、宁波人、温州人等。

由此观之，华东汉族的族群结构呈双层次类型。

第一结构层次是南京人、杭州人；

---

① 《明太祖实录》卷八五。

② 天启《凤阳新书》卷五。

③ 葛剑雄主编：《中国移民史》第五卷，福建人民出版社 1997 年版，第 60 页。

④ 同上书，第 61—77 页。

第二层次结构是上海人、宁波人、温州人、苏州人、徽州人、苏北人等。

四　华东汉族的基本特征

华东汉族既有深厚的历史积淀，又有近代的开放发展，从而形成了别具一格的特征。

1. 族群都市化

分析汉族的族群，我们不难发现有一类汉族族群是因其有独特的人文特征和方言而形成的，如客家人、广府人、闽南福佬人等；另一类是因历史的发展造成的地域特征而形成的，山东人、湖北人、河南人、河北人、山西人等。华东的主要族群，却都是以城市为中心形成的，如以政治中心而形成南京人、杭州人，以经济中心而形成的上海人、宁波人、温州人等。这是华东汉族的一大特色。

2. 方言古老

华东汉族的方言中，占主要优势的吴语是一个十分古老的汉语方言，其源于吴越之时的越语，而又早从春秋之时开始受中原雅言的影响而开始形成，是汉语言中最古老的一种方言之一，华南古老的闽语之中还会有早期吴语的因子。

而江淮虽然属北方方言，但是形成时期也可追溯到魏晋南北时期，当时北方话开始大量南下之时，江淮地区建立了大量北方汉族移民的侨置郡县，而造成了吴语萎缩，江淮官话的形成，算起来也有 1600 余年的历史了。

徽语是介于吴语和赣语等方言之间的一种方言，人们常常将它暂归于吴语之中，可见其也是一种很古老的方言，只是由于这种方言的复杂性而使得语言学家们还不知如何安排它为好。

3. 性格精明

华东汉族大多机灵聪明，表现出精明的人文性格。

华东汉族的精明表现多样化，如上海人的精明在于他们“思维活跃，目光敏锐，于学术的发展趋势与走向，往往得风气之先；为文重灵气、才情，洒脱而少拘谨”①，表现出一种“海派”风格。宁波人的精明在于他

① 凌宁:《从“京派”与“海派”之争谈起》,《上海文化》1994 年第 2 期。

们善于经商，如宁波煤炭大王刘鸿生所言："我并没有让我所有的鸡蛋都放在一个篮子里。"① 宁波商人精明地把冒险精神与商业经营结合了起来。徽州人的精明在于他们的创造精神，他们所创造的徽调、徽菜、徽画以及"青砖白瓦马头墙"的民居都是具有地方特色的文化。温州人的精明在于他们在经商中会造市场，温州的十万供销大军，无孔不入地跑遍全国，精明又机动灵活地做成一笔又一笔生意，同时温州有在全国有影响的纽扣市场、机电市场、打火机市场、皮鞋市场、眼镜市场等。杭州人的精明在于把什么都与文化联系到了一起，如普通的油条，杭州人叫"油炸桧"，把油条比作秦桧和王氏背对背地拿到油锅里去炸以解人们的心头之恨。

4. 民风重教

华东汉族自古以来人文荟萃，其根源之一在于民间历来好学重教。如宁波人的好学重教表现于书院发达，比较著名的有甬东书院、泽山书院、姚江书院等，为某种名学者的讲学和当地人读书学习提供了场所，此风久盛不衰，直至今日包玉刚还捐建了宁波大学。徽州人的好学重教表现于子弟大都能发奋读书，所谓"人喜读书，虽十家村落，亦有讽诵之声"②，所以宋明清三代徽州府中进士者达322人。温州人的好学重教表现在历史上不仅出过永嘉学派，而宋时还出了文科进士1200多名，武科进士300多名，就是在近现代还出了晚清的经学大师孙诒让，现代的历史学家周予同、考古学家夏鼐、词学家夏承焘、数学家苏步青等，当代发了财的温州人更是重教育，他们想的不是把钱财留给下一代，而是给下一代提供好的教育，为此，他们可以不惜一切代价！

第二节　华东秦汉时期族群概况

一　远古时代的华东原始族群

在远古时代，华东地区就已经有了人类生活的足迹。其中新石器时代中晚期的原始族群对于生活于整个中国大地的原始族群来说，其文化发展程度也是处于先进的水平。因此，这一地区原始族群的文化发展对于整个

① 《中国城市综合实力五十强丛书——宁波市》编委会：《中国城市综合实力五十强丛书——宁波市》，中国城市出版社1995年版，第11页。

② 光绪《婺源乡土志·婺源风俗》。

中华文化的发展，尤其是对于汉族文化的发展，具有至关重要的作用。

（一）旧石器时代华东的原始族群

据考古发现，生活于旧石器时代早中晚期的原始族群，在华东地区被考古发现的主要有以下几个。

1. 和县人

1980 年 7—11 月发现于安徽省和县陶店镇汪家山的龙潭洞，在棕红色砂质黏土层，出土有一个较完整的头盖骨、一块左下颌和五颗单个牙齿，代表着三个不同个体。[①] 同时出土的还有东方剑齿象、大熊猫、小型猪等约 40 种动物化石，另外还伴有出土打制石器、骨器和火烧的骨头与灰烬等器物。时代和北京猿人相近，距今 24 万—28 万年。[②]

2. 南京人

1993 年 3 月在南京东郊江宁县汤山镇的葫芦洞里发现了一具古人类的头骨化石，同年 4 月，考古工作者在收集到的化石中又发现了另一具人类的头骨化石。前者为一个成年女性个体，后者为一男性个体。根据头骨形态和初步测定，其年代大约在中更新世，距今约 30 万年，大致与"北京人"的中期相当，属于猿人。[③]

3. 建德人

1963 年在浙江省建德县（原寿昌县）李家公社新桥大队乌龟洞发现了一枚古人类牙齿和十余种古动物化石，[④] 1974 年又在此洞发现了一颗人类犬齿和哺乳动物化石，经鉴定为浙江的原始人类，其身体结构和现代人区别不大，属于新人阶段，时间距今 5 万年左右[⑤]。但最近的研究证明，建德人的生活时间要比 5 万年早，根据铀系列法所做的新的年代测定，其年代值有两个，一个是 9.7 ± 0.8 万年，另一个是 10.8 ± 0.9 万—0.8 万年。[⑥]

---

① 吴汝康、董兴仁：《安徽和县猿人化石的初步研究》，《人类学学报》1982 年第 20 卷第 1 期。

② 安徽省文物考古研究所：《十年来安徽省的文物考古工作》，《文物考古工作十年》，文物出版社 1991 年版，第 127 页。

③ 王桂芳主编：《金陵文化概观》，南京师范大学出版社 1997 年版，第 25 页。

④ 黄正维、孟子江：《浙江哺乳动物化石新产地》，《古脊椎动物与古人类》1964 年第 8 卷第 1 期。

⑤ 倪士毅：《浙江古代史》，浙江人民出版社 1987 年版，第 7 页。

⑥ 陈铁梅：《我国旧石器考古年代学的进展与评述》，《考古学报》1988 年第 3 期。

4. 巢县人

1982 年 3 月在安徽省巢县银屏区岱山公社岱山大队银山发现第四纪哺乳动物化石和在第四堆积层中发现一块人类枕骨化石（更新世中期），同时出土有一件有明显打制痕迹的石核。[①] 巢县化石与北京人、和县人有明显的区别，属于早期智人。

5. 下草湾人

1954 年在江苏（原文为安徽）泗洪县下草湾发现，为人的右侧股骨上半段化石，股骨较直，骨壁较厚，髓腔较大，和北京周口店山顶洞人接近，介于中国猿人和现代人之间，其指数为旧石器时代晚期的人类化石，属于更新世纪晚期的人类，即旧石器时代晚期。[②]

另外，自 20 世纪 80 年代以来，在安徽和江苏两省还发现了许多旧石器时代遗址。安徽有 12 处，“主要集中在宁国县的河沥溪镇，宣州市的敬亭、双河、孙家埠、向阳、河北等地。共采集石器 500 余件，有砍砸器、尖状器、石片、石球、刮削器、石锥等”。[③] 在江苏省最大的收获是 1985 年发现了位于太湖之中的吴县三山岛旧石器时代遗址，共出土了 5000 余件石制品，包括石核、石器和石片等不同种类。[④] 三山岛旧石器时代遗址的发现，填补了我国旧石器文化（在长江下游）分布上的空白。在江苏旧石器时代的遗址，除了三山岛文化之外，还有在 1981 年于丹徒县莲花洞发现的一枚智人臼齿和一批更新世晚期的哺乳动物化石[⑤]，以及 1984 年在新沂县何庄到东海县中寨的 60 多平方公里的马陵山中段范围内，发现何山头、南山、石碑、范顶子、爪墩等多处属于旧石器时代的遗址。[⑥]

（二）新石器时代华东的文化遗址

进入新石器时代之后，尤其是进入新石器时代中晚期之后，作为整个

---

① 许春华、方笃生：《安徽又发现人类化石》，《人类学学报》1982 年第 1 卷第 2 期。

② 吴汝康、贾兰坡：《下草湾的人类股骨化石》，《古生物学报》1955 年第 3 卷第 1 期。

③ 安徽省文物考古研究所：《十年来安徽省的文物考古工作》，《文物考古工作十年》，文物出版社 1991 年版，第 127 页。

④ 陈淳等：《三山文化》，《南京博物院集刊》1987 年第 2 期。

⑤ 李文明等：《江苏丹徒莲花洞动物群》，《人类学学报》1982 年第 1 卷第 2 期。

⑥ 南京博物院：《近十年来江苏考古的新成果》，《文物考古工作十年——1979—1989》，文物出版社 1991 年版，第 101 页。

中华文化组成部分的华东原始文化，已经具有了很高的文明程度。当时生活于这一带的土著居民，在自己的土地上创造了独领世界风骚的稻作农业及其他器物文明，并在四五千年之前的父系氏族社会后期，萌芽了私有制等级观念。创造这些文化形态的原始族群，从7000多年前开始就活跃于华东区，其新石器文化遗存遍布整个华东地区，主要有以下几个。

1. 河姆渡文化遗址

其遗址位于杭州湾以南的宁（波）绍（兴）平原上的余姚市河姆渡村，西距余姚市约25公里，百里姚江像绿色的彩带绕过这里，隔江与四明山相望，北为平原，村庄周围有平原湖泊和丘陵山地，山清水秀，地肥水美，既可狩猎也可捕鱼。同时又适宜种植谷物。经1973年11月和1977年10月的两次发掘，证明河姆渡文化遗址上下叠压着四个文化层，以第三、四层的内容最为丰富。四个文化层可以明显地看到相互之间的因袭关系。其中三四层为一二期，属早期文化，一二层为三四期，属晚期文化。据C^{14}测定，第四文化层距今已约7000年，此文化层大约延续了400—500年，第三文化层平均年代值为距今6141年，第二文化层距今为5713年，它与马家浜文化的C^{14}测定年代基本相近，第一文化层为距今5200—4700年。①

河姆渡文化遗址中出土了大量的石、陶、骨和木制作的生产和生活用具，仅生产工具就出土了几千件，以骨器为最多，种类有凿、锥、针、耜、镞等，特别是骨耜，为当时主要的生产工具，是河姆渡文化的典型器物之一，仅在第四层就出土有170余件，数量大，做工精，非常引人注目。除骨器外，陶器的数量也较多，但种类较少，主要器形有釜、罐、盘、盆、钵等几种，其中以釜的造型和装饰最为丰富和精致。木器中除铲、矛等外，还有木耜。这些做工精致、式样新颖的骨、木器的出土，证明在距今约7000年的河姆渡人已经在从事相当发达的农业生产。这一点从河姆渡文化遗址中出土的大量水稻遗物，更可以证明。在第四文化层居住区发现了大量的米粒、稻谷、稻秆、稻壳、稻叶的堆积，其厚度为20—50厘米，最厚的达一米有余，它的数量之巨，保存之完好，在新石器考古史上非常罕见。

在河姆渡文化的第四层，还发现了大量的木桩、梁、柱等干栏式建筑的木构件，这些有榫卯的木构件，让人难以置信的是，它是用石器工具制作的。说明当时的木作手工艺已非常发达。另外，在河姆渡文化遗址中还

---

① 林华东：《河姆渡文化初探》，浙江人民出版社1992年版，第16—17页。

出土了数量可观的珠、璜等原始艺术品。[①]

河姆渡文化与中原地区的仰韶文化相比，时间上稍早，在物化形态上也有着明显的区别，说明它们有着不同的文化源头，是中华民族起源的另一个摇篮。

2. 马家浜文化

其遗址位于浙江省嘉兴市城南偏西7.5公里处，北和东北临九里港，西有坟屋浜，是一个三河交叉的平原。1959年3月经考古发掘发现有建筑遗迹、灰坑3个，葬地分布于遗址的西部及西北面（T1—4），距遗址十余米。出土遗物有骨器、石器、玉器、陶器及鹿、水牛、野猪等动物遗骨。[②]

马家浜文化是与河姆渡文化有着较大区别的浙江地区新石器时代的另一支原始文化，主要分布在长江下游和浙北平原，桐乡罗家角、吴县草鞋山、常州圩墩等都属于马家浜文化类型。基本上分为早中晚三期，早期以桐乡罗家角遗址第四层、马家浜和吴兴邱城遗址的下层为代表，距今约7000年或稍早。中期以马家浜遗址上层、罗家角遗址第一、二、三文化层和圩墩遗址下层及草鞋山遗址第十文化层为代表，距今约6000年。晚期以圩墩遗址上层、草鞋山遗址第八、九文化层、吴江县梅堰和崧泽遗址下层为代表，距今5500年左右。可知马家浜文化与河姆渡文化和中原地区的仰韶文化基本上处于相同时期。

马家浜文化时期的生产工具和生活用具以石器为主，磨制较精，有石锛、石斧、石刀等，陶器以夹砂陶为主，泥质陶次之。夹砂陶质地粗糙，多为炊器，泥质陶多为容器，出土的陶罐最多。骨器有狩猎用的骨镞、切割或钻孔用的凿锥、缝制兽皮用的骨针，其中以骨镞为最多，证明狩猎经济在马家浜文化类型中仍占有主导地位。不过，种植农业，尤其是稻作生产，在马家浜文化中也占有一定的位置，在桐乡罗家角和常州圩墩都出土了栽培稻，时间都在距今6000多年前，其中罗家角的上限时间在7000年以上。

---

① 浙江省文物管理委员会：《河姆渡遗址第一期发掘报告》，《考古学报》1978年第1期；《浙江河姆渡遗址第二期发掘的主要收获》，《文物》1980年第5期。

② 浙江省文物管理委员会：《浙江嘉兴马家浜新石器时代遗址的发掘》，《考古》1961年第7期。

3. 北阴阳营文化

北阴阳营文化主要是因北阴阳营遗址的发掘而获得命名的新石器晚期文化，时间大约距今5000年，上层则为铜石并用时代。其分布主要在南京北阴阳营、窨子山、锁金村和小市遗址，江苏丹徒的大港葛村遗址，江苏江宁的太岗寺、卸甲甸、庙山，江浦的蒋城子和安徽滁县的朱勤大山等处。北阴阳营遗址位于南京大学职工宿舍西院里，抗日战争前已被发现，1954年和1955年因南京师范学校和南京大学的建筑需要而被发掘。在1955年和1956年共进行了两次发掘，共发现住宅遗迹一处、灶穴遗址两处、灰坑18个，并在葬地清理出人骨225具。器物出土有石器、陶器、骨器、玉器、玛瑙器、小件铜器、卜骨、卜甲等3381件。从出土的遗物情况来看，当时处于母系氏族向父系氏族过渡时期，主要从事着农业生产，兼有渔猎。[①] 北阴阳营文化与太湖、浙江的良渚文化存在一定的差异，其中最主要的是北阴阳营文化中的彩陶，在太湖流域是极为罕见的。北阴阳营文化后来发展为宁镇地区的湖熟文化，并直接影响和造就了吴文化。[②] 说明北阴阳营文化在一定程度上对后来历史上形成的汉族文化有着“血缘”关系上的因子。

4. 薛家岗文化

因薛家岗遗址而获得命名的新石器晚期文化，时间距今为5000余年。1979年发现于安徽省潜山县，其遗址距城南7.5公里处。在1979年到1982年期间，进行了五次发掘，出土遗物1000多件。[③] 薛家岗文化遗址主要分布在皖河流域，西到鄂东龙感湖，东达巢湖，北抵大别山的岳西县境内。主要遗址除了潜山县的薛家岗外，还有潜山县的天宁寨，望江县的汪洋庙，太湖县的王家墩，怀宁县的黄龙和岳西县的祠堂岗等遗址。从出土的遗物来看，陶器有鼎、豆、壶、盆等，石器有锛、斧、铲、镞等，玉器有琮、璜、环、珮、管等。其二、三期文化明显地存在承袭发展关系。而从墓葬的随葬品拥有多寡不一情况来看，已存在贫富的分化。从出土的农业生产工具和稻壳等遗物，则可知当时的人们过着定居的以农业为主的生活。

---

① 南京博物院：《南京市北阴阳营第一、二次的发掘》，《考古学报》1958年第1期。

② 李伯谦：《吴文化及其渊源初探》，《考古与文物》1982年第3期。

③ 安徽省文物工作队：《潜山薛家岗新石器时代遗址》，《考古学报》1982年第3期。

5. 良渚文化

因良渚遗址而获得命名的新石器时代文化，其早期时间距今5200多年。1934年首先发现于浙江的吴兴钱山漾，1936年因发掘了具有代表性的良渚遗址而在1959年被命名为良渚文化。其主要分布在太湖地区，南以钱塘江为界，西北至江苏省常州市一带，长江北岸的江苏海安县的青墩上层也含有该文化的一些因子。① 良渚文化的主要文化特征是石质工具非常发达，有磨制精细的大型三角形犁形器、长方形穿孔石斧、半月形石刀和耘田器、石镰等；陶器以夹细砂的灰陶和泥质灰胎黑皮陶为主，其陶器胎壁较薄，已普遍采用轮制，圈足器、三足器十分常见；装饰品中玉器丰富，出现了众多的大型琮、璧等玉器；竹编织品和丝麻编织品非常常见。②

良渚文化分早、晚两期，早期以钱山漾和张陵山等遗址为代表，晚期则以良渚和雀幕桥等为代表。良渚文化的先民们主要从事农业生产劳动，过着稳定的定居生活，这从出土的当时大量农业生产工具和水稻、芝麻、蚕豆、花生和甜瓜等农作物中可以得知。其中花生、芝麻和蚕豆的发现，说明它们不是汉代之后从国外传入的。③ 另外，良渚文化时期，手工业方面也已非常发达，形成了分工细致的专业队伍，如玉器的制作、陶器的制作、纺织品的制作都已专门化，达到了当时的最高水平。在社会结构方面，氏族制正在解体，贫富不均已极其明显，大型墓葬不仅随葬有大量的玉器，还有奴隶殉葬。

良渚文化与马家浜文化存在着明显的地层叠压和器物文化方面的承袭关系，同时，良渚文化对后来的吴越文化也存在着影响和延续关系④，因此，在长江下游地区新石器文化对先秦文化的影响方面，具有决定性的作用。

---

① 中国大百科全书总编辑委员会编：《中国大百科全书·考古卷》，中国大百科全书出版社1986年版，第271页。

② 牟永抗、魏正瑾：《马家浜文化和良渚文化——太湖流域原始文化的分期问题》，《文物》1978年第4期。

③ 浙江省文物管理委员会：《吴兴钱山漾遗址第一、二次发掘报告》，《考古学报》1960年第2期。

④ 牟永抗、魏正瑾：《马家浜文化和良渚文化——太湖流域原始文化的分期问题》，《文物》1978年第4期。

这些考古文化向我们展示了华东地区从旧石器时代到新石器时代的史前社会发展状况，不仅说明长江下游地区也存在悠久而源远流长的文化，也说明它是中华民族文明起源的摇篮之一，而且是区别于黄河流域粟作文化的稻作文化的起源地之一。今天生活于这一带的汉族，其所从事的稻作生产方式，就与原始先民的稻作生产有着渊源关系。

另外，部分神话传说和文献记载，也透露出一些华东区原始族群的信息，如凿齿民。《山海经·海外南经》载，“羿与凿齿战于寿华之野，羿射杀之。在昆仑虚东。羿持弓矢，凿齿持盾。一曰持戈”。《山海经·大荒南经》也载，“大荒之中，有山名曰融天，海水南入焉。有人曰凿齿，羿杀之”。凿齿，据郭璞注“亦人也”。《淮南子·本经训》也载，“尧之时，十日并出，焦禾稼，杀草木，而民无所食。……凿齿……皆为民害。尧乃使羿诛凿齿于畴华之野”。可见，原始的凿齿民不仅生活在华南地区，也生活在华东地区，这从文献记载中透出一些信息来，据《管子·小问》载，“昔者吴、于战，未齿者不得入军门。国子摘其齿，遂入，为干国多”。干国位于淮水流域，《墨子·兼爱中》载，“（禹）南为江汉淮汝，东流注之五湖之处，以利荆楚、干、越与南夷之民”。后来，干与越融合，成为一个族群，称干越。[①] 考古发现也说明，在长江下游流域的新石器文化如江苏邳县大墩子、苏南的常州圩墩和上海的崧泽等遗址中，都曾大量出土凿去牙齿的成人墓葬，而百越后裔民族如仡佬族等，在 1949 年以前还一直流行凿齿习俗。

二 先秦的华东族群

如果说远古时代的文化大致限于自己的区域、根据自己的生存环境和文化传统而发展的话，那么，到了文明程度达到一定高度之后，随着人们生存空间的不断扩大，各种文化必将碰撞、选择、组合，从而形成以较先进的文化类型为主体的新型文化样式。华东在先秦时便处于这样一个时期：一方面原有的文化得到保持和发展；另一方面文化融合显示出前所未有的态势，扮演这一主角的除了东夷之外，便是在先秦历史上著名的勾吴和于越。

---

① 何光岳：《干越的来源与迁徙》，见中国百越民族史研究会编《百越史研究》，贵州人民出版社 1987 年版，第 195—196 页。

（一）东夷

夷是非夏地域的氏族、部落或民族体的统称，由于夷与居住于黄河流域的华夏族人来说是在东方，故也称东夷。《礼记·王制》曰："东方曰夷"，其意就是指居住于黄河流域东方的人。《说文》解释说，"从大、从弓，东方之人也"。在甲骨文中，夷作"⻖夌"、"夌"，像带绳的利箭，用以射飞禽走兽，发射出去之后，还可以收回利箭和猎物。"⻖"即表示箭头升降的方向。因此，夷的一个主要被称呼的原因，乃是这一带山清水秀、林草茂密、鸟兽栖息，原始人生活于此，上射飞禽，下捉野兽，其最具代表性的工具就是人们用以自卫和猎取食物的弓箭[①]，所以被称为夷。

东夷有广义和狭义之分，"狭义专指秦以前居今山东、江苏、安徽等省自淮以北沿海一带之异民族。广义则为秦汉以后……指满洲、朝鲜、日本、琉球等为东夷"。[②] 原始社会时期的东夷，当然指的是狭义概念。不过值得注意的是，远古社会的东夷不是单一的氏族、部落或部落联盟，而是众多氏族、部落因居住于黄河流域之东，而得到的泛称，人们习惯上称其为东夷集团。

关于东夷集团的组成，学术界有不同的观点。有的认为东夷分为隅夷、莱夷、淮夷、徐戎（或徐夷）、岛夷（或鸟夷）、介夷和根牟夷七种；[③] 有的认为东夷分为太皞（或太昊，实为大皞）、少皞（少昊，实为小皞）和蚩尤三部分；[④] 有的认为分为太皞、少皞、皋陶、伯益、颛顼、帝喾六部；[⑤] 有的认为分为"土著""外来户""移民"和"逸民"等四类。[⑥] 但我们根据具体的历史发展事实来看，东夷集团主要可分为蚩尤、帝俊、莱夷、徐夷和淮夷五大氏族或部落。[⑦]

从具体的居住地望来看，五大氏族或部落或部落联盟组成的东夷集团，有着很大的差异。蚩尤部主要居住在今山东西南一带，帝俊部居今山东和河南交界的地区，莱夷居今山东东部地区，徐夷居今苏北淮河以北徐

---

① 陈广忠：《两淮文化》，辽宁教育出版社 1995 年版，第 2 页。

② 林惠祥：《中国民族史》（上册），上海文艺出版社 1990 年版，第 73 页。

③ 同上书，第 76—83 页。

④ 徐旭生：《中国古史的传说时代》（增订本），文物出版社 1985 年版，第 48 页。

⑤ 田昌五：《古代社会断代新论》，人民出版社 1982 年版，第 36 页。

⑥ 李白风：《东夷杂考》，齐鲁书社 1981 年版，第 16—17 页。

⑦ 徐杰舜：《中国民族史新编》，广西教育出版社 1991 年版，第 31 页。

州一带，淮夷则居今淮河以南的苏北、皖中和皖南地区。因此，从我们现在的人文地理区划来看，只有徐夷和淮夷与华东有着直接的地域联系，所以，我们所叙述的东夷，基本上也就限于徐夷和淮夷。

1. 徐夷自称为“虎”，殷卜辞中称之为“虎方”。“徐”是周时对他盼称呼，为“徐虎一声之转”。[①] 因其勇悍，又被称为“徐戎”。[②] 其活动的地方大约相当于今安徽泗县以北至江苏徐州一带。

2. 淮夷是东夷的主体族群之一，在夏商周三代对此有不同的称呼。夏代时称九夷，商代称夷方、人方、夷，西周时则以居住地名而称之为淮夷，也有称南夷、东夷、南淮夷或夷楚的。其主要居住地是安徽中部、江苏北部及山东、河南的部分地区。

淮夷在四五千年之前就已生活在这一片土地上，新石器时代中后期的山东龙山文化和大汶口文化，据认为就是东夷人所创造。他们分布在山东南部、江苏淮北地区及皖北、河南等地，过着以农业为主的比较定居的生活。据有关史料记载，淮夷地区的自然环境优越，出产丰富。当时属淮北的“淮、沂其乂；蒙、羽其艺，大野既潴，东原底平。厥土赤植坟，草木渐包。厥田惟上中，厥赋中中。厥贡惟土五色，羽畎夏翟，峄阳孤桐。泗、滨浮磬，淮夷蠙珠暨鱼。厥篚玄纤缟。浮于淮泗，达于河”。[③] 其意是淮水、沂水已经治理，蒙山、羽山也已整治，大野泽已经蓄满了水，东原一带已平定。这里的土地颜色发红，有黏性而且肥美，草木相互包裹着，生长得非常茂盛。这里的田地属于第二等，税赋则为第五等。所进献的贡品是五色土和羽山山谷所产的雉、峄山南面所产的独生桐木、泗水边露在水面上可以制磬的石头，淮水下游所产的蚌珠及美鱼，以及这里用筐子盛着进贡的黑绸和柔细的白绸，它们用船载着，由淮水入泗水转入河水（运抵冀州）。而淮南是“彭蠡既潴，阳鸟攸居。三江既入，震泽底定。筱荡既敷，厥草惟夭，厥木惟乔。厥土惟涂泥，厥田惟下下，厥赋下上错，贡惟金之品，瑶琨筱簜，齿革羽毛惟木。岛（鸟）夷卉服，厥篚织贝，厥包橘柚锡贡。沿于江、海，达于淮泗”。[④] 其意是说，彭蠡既已聚

① 徐杰舜：《汉民族发展史》，四川民族出版社 1992 年版，第 41 页。

② 《尚书·费誓》。

③ 《尚书·禹贡》。

④ 同上。

水成了大泽，于是就成了大雁冬天居住的地方。三条江水既已注入海中，因此，震泽也就平定了。地上已经长满大大小小的竹子，这里的草长而美，这里的树木都是高耸的，这里的土壤下湿为泥土，田地属于第九等，税赋是第七等，可也夹杂着第六等。进贡的有三色铜、美丽的玉石、大小的竹子、象牙兽皮、鸟羽以及旄牛尾巴。海岛中的夷人[①]，他们的衣服都是用草编织而成的。这里用筐子盛着进贡的是美丽的水贝连缀成的细缯，包装起来进贡的是橘子和柚子。这些贡品都是沿江、淮进入淮水、泗水（再转运到冀州）的。[②] 可见两淮地区的淮夷已有了相当发达的农业和其他经济生产方式，并利用天然的江河作为交通要道，有着发达的船运业。可见它与中原华夏文化有着密切的交往，已深受中原华夏文化的影响和控制。

这种影响和控制是随着氏族部落间的不断征伐而完成的。传说禹娶涂山氏女而生启。涂山在今安徽淮河之畔的怀远，启即夏代的始君。史载："禹授益而以启为吏，及老，而以启为不足任天下，传之益也。启与支党攻益而夺之天下。"[③] 启的庶兄有扈氏不服，"启伐之，大战于甘，遂灭有扈氏"。可知启是用武力夺取政权的。正是这个先例，不仅打破了天下以贤者居之的禅让制，而且开创了只要有武力，就可以夺取天下为己有的方式。所以，当夏的第三代国君太康荒淫残暴时，东夷族的首领有穷氏后羿便联合夷族，西进中原，赶跑了无道昏君，夺取了夏朝天下。一直过了40年之后，夏代第六代国君少康，才重新夺回了政权。当时，在淮水流域分布着9个强大的夷族部落，即畎夷、于夷、方夷、黄夷、白夷、赤夷、玄夷、风夷、阳夷。孙诒让《墨子间诂》卷五说："此九夷与吴楚相近，盖即淮夷。"

夏少康中兴复国后，曾派兵征讨过淮夷。《竹书纪年》载："帝相元年，征淮夷、畎夷。二年，征风夷、黄夷。七年，于夷来宾。"这种征伐一直到后相即帝位，并经过六七年的长期战争，才平定了淮夷。从此，淮夷部落世代臣服夏朝，并经常前往进贡。《后汉书·东夷传》载："自少

---

① 有的学者认为岛为鸟之误，非为住在海岛中的夷人。而是以鸟为图腾的夷人，即后来的百越族人。见童书业《"岛夷"说》，载《中国古代地理考证论文集》，中华书局1962年版；张崇根：《鸟夷、东鳀补证》，《贵州社会科学》1981年第3期，等等。

② 有关今译参阅陈广忠《两淮文化》，辽宁教育出版社1995年版，第4页。

③ 《战国策·燕策一》。

康已后，世服王化，遂宾于王门，献其乐舞。”《竹书纪年》则说得更清楚：“少康即位，方夷来宾。后芬即位，三年，九夷来御。后泄二十一年，命畎夷、白夷、玄夷、风夷、赤夷、黄夷。”“帝泄二十一年，加畎夷等爵命。”“后发即位，元年，诸夷宾于王门，诸夷入舞。”这种征伐、封爵和进献，极大地加强了中原夏族文化与淮夷部族群文化的交流、影响。夏代最后一位国君桀，由于他荒淫残暴而被商汤所灭，并被放逐到南巢，即今淮水之南的安徽巢县而亡（当然对南巢还有其他的解释，详后）。《竹书纪年》云：“汤遂灭夏，桀逃南巢氏。”《尚书·仲虺之诰》曰：“成汤放桀于南巢。”南巢便属于淮夷人的领地。

商代与淮夷也不时发生战争，武丁时对东夷征伐有加，但到商代第五代国君时，国势衰败，因此，“东夷浸盛，遂分迁淮岱，渐居中土”。[①] 商纣王还在大规模的征伐东夷战争之后，致使国力大耗，民穷财尽，国人怨声载道，矛盾加剧，很快被国人送上断头台。因此，史家有“纣克东而殒其身”[②] 之说。

周代立国后，与淮夷也是时有争战。周武王去世后，“三监及淮夷叛”。[③]《竹书纪年》载：“二年，奄人、徐人及淮夷入于邶以叛。”于是，震动周朝的三监、武庚及淮夷大叛乱开始了。此时，周公作《大诰》，毅然镇反。“奉成王命，伐诛武庚、管叔、放蔡叔。”[④]《史记·鲁周公世家》中载：“宁淮夷东土，二年而毕定。”然后分封宋等十一国诸侯，以屏蔽周室。但是，周公的东征并未消灭淮夷的主力，所以，周成王自己亲率王师，开始了“成王践奄”的第二次东征。《竹书纪年》载：“成王四年，王师伐淮夷，遂入奄。”《史记·周本纪》也载：“召公为保，周公为师，东伐淮夷，遂践奄，迁其居薄姑。”此后，周人的势力才真正到达淮河流域。

（二）三苗

三苗也称有苗或苗民，属南蛮民族集团。三苗集团的分布极其广大，但大部分不在今天华东的范围。然而，不可否认，三苗集团在尧舜时就曾

---

① 《后汉书·东夷传》。

② 《左传·昭公十一年》。

③ 《尚书·大诰》。

④ 《史记·周本纪》。

生息于江淮地区。《史记·五帝本纪》载："三苗在江淮、荆州数为乱。于是舜归而言于帝，请流共工于幽陵，以变北狄；放驩兜于崇山，以变南蛮；迁三苗于三危，以变西戎；殛鲧于羽山，以变东夷，四罪而天下咸服。"可知在江淮一带"作乱"的三苗，与东夷集团应该是有区别的。是其势力扩大之后，延及于东夷集团地区。商周之后，三苗族称消失，但"并不是这个族体不存在了，而是改用它称了"。①

（三）勾吴

勾吴又称攻敔、攻吴和吴等，勾吴一名首见于《史记·吴太伯世家》，其云："太伯之奔荆蛮，自号勾吴。"

勾吴是否属于百越，学术界存在不同的看法。有周人一支与当地居民融合说，有土著说，还有越族说等，我们暂且不去一一作讨论，先让我们看看在勾吴崛起的这片土地上的考古文化再下定论吧。

大约与河姆渡文化、马家浜文化在时间上相比稍后的是宁镇地区的北阴阳营文化，这种分布于环太湖流域西北的文化形态，与河姆渡和马家浜文化有着一定的差异。这儿出土了大量的石器和陶器，其中石器制作精良，主要有锄、刀、铲、斧，狩猎工具较少，说明此地居民主要从事农业生产为主。其中彩陶是北阴阳营文化最具代表性的器物，这在太湖流域极为罕见。因此，有许多学者认为，从北阴阳营文化到湖熟文化到吴文化，是具有自我发展轨迹的文化类型。然而，也有学者通过整体研究，认为这些文化"如把它们作为一个整体来考察，也有共性的东西存在。例如，这一地区作为主要生产工具的石器，普遍有穿孔石斧、有段石锛，造型相仿，演变顺序一致；陶器都以鼎、豆、盉、壶为主；都以璜、玦、珮、为主要装饰品。……到崧泽文化期，共性的东西明显增多。到良渚文化，内涵基本趋于一致。自此整个长江下游地区步入文明的门槛"。②

不过，由于地域位置决定了勾吴文化更多地受中原文化的影响，这也是情理之中的事情。被称为先吴文化的湖熟文化，是1951年被发掘后命名的。这种文化类型在江苏、安徽的长江沿岸也多有发现，除了继承北阴

① 翁独健主编：《中国民族关系史纲要》，中国社会科学出版社1990年版，第40页。

② 曾骐、蒋乐平：《长江下游新石器时代文化的考古学编年》，载《中国原始文化论文集》，文物出版社1989年版，第207页。

阳营文化之外，考古发现的烧灼过的龟甲、牛羊的肩胛骨等和小件的青铜器，显然是受殷商文化影响的结果。可以说，吴文化就是在这样的基础上成长起来的具有自己个性又融入了中原文化特点的百越文化的一支。这种融合，在勾吴形成的早期就非常的明显。司马迁这样写道：

> 吴太伯，太伯弟仲雍，皆周太王之子，而王季历之兄也。季历贤而有圣子昌。太王欲立季历以及昌，于是太伯、仲雍二人乃奔荆蛮，文身断发，示不可用，以避季历。季历果立，是为王季，而昌为文王。太伯之奔荆蛮，自号勾吴。荆蛮义之，从而归之千余家，立为吴太伯。①

说明勾吴在创始之初便受中原文化的影响，至少在贵族上层拥有中原文化的特征。只是在语言、习俗等方面贵族文化未占主流地位。太伯仲雍为了自己的生存发展，甚至采用荆蛮之俗，“断发文身”以示与中原文化的诀别。因此，我们认为，勾吴是在土著文化中发展起来并深受中原文化影响的百越族的一支。这一点，在 1954 年江苏丹徒烟墩山出土的宜侯夨簋也可以作为证据。宜侯夨簋有铭文 12 行，残存 118 字，现陈列于中国历史博物馆。20 世纪 50 年代唐兰先生就已经指出宜侯夨簋是一件吴国早期的器物。我们从铭文里叙述作器者的虞（即吴，同音通假）侯的封土，有“厥川三百……”即侯国有 300 条河流，这必定是太湖一带的水网区。按铭文所记，吴当时迁都到了一个叫“宜”的城市，城市里的人口以“王人”即周人为主，至少有 67“里”。周代的“里”有多少家，古书说法不一，最少有 50 家，那么，67“里”约有三千三百五十余家。在宜的郊外则为土著人民，有七个官第进行管理，从事农业生产。宜侯夨簋的时代是周康王、昭王之间（前 1004—前 947 年），可知那时的吴国规模已经可观。而周人与土著文化的交流融合也必定有了很高的程度。

这种融合还表现在吴人对周文化的学习和吸收上。吴王寿梦就非常喜欢周朝礼乐，其第四子季札赴鲁观乐并对周乐所做的评论，曾令世人震惊不已。表明勾吴文化与中原文化的交流和影响已非常的直接。正是在吴王寿梦时，吴国开始走向中原文化的舞台。《史记・吴太伯世家》载：“寿

---

① 《史记・吴太伯世家》。

梦立而吴始益大，称王。”使勾吴成为与中原各诸侯国可以争衡的一个方伯。

吴国的强大是在不断蚕食和吞吐周边侯国的征战中完成的，因此，从统治者本身的目的看是国家的安宁而称霸，而从客观目的看，则加速了与周边文化的交流，尤其是与中原侯国的联盟，使中原文化极大地渗透到勾吴文化之中，最终融入汉民族文化。

西周之后，王室衰微，诸侯崛起，原来作为“共主”的周天子地位一落千丈，谁也不再把他放在眼里，许多诸侯国都想吞并邻近的小国，扩大自己的版图，以便称王称霸。当时吴国所处的形势是，江北岸有一个干（邗）国，溯江而上是楚国的势力，东边太湊，隔湖之间为奄国，而南边则有于越。春秋初年，吴干经过一番激战，干败吴胜，干国被吴国吞并。[①] 吴灭奄之事虽无明文记载，但奄城遗址至今可寻，传说奄君凭借高垒深堑的奄城，拒吴数载，最后吴国收买了奄王的亲信作内应，才将奄国消灭。[②] 左思《吴都赋》中所描述的“拓土画疆，卓荦兼并，包括于越，跨蹑蛮荆”，就是当时吴国向外扩张的写照。

勾吴在完成了兼并周边小国之后，必然要与当时的楚国发生争战，其中要争霸中原，必须与已经夺取了两淮流域的楚国争锋。当时的形势是从楚文王到楚昭王的近二百年间，楚国由西向东，纵横驰骋，先后夺取淮水上游的弦（今河南息县之南）、息（今河南息县）、江（今河南正阳西南）、道（今河南确山北）、柏（今河南舞阳县东南）、黄（今河南潢川）、英（今湖北英山县东北）等侯国，又深入淮水中游，夺取陈（今河南淮阳）、顿（今安徽亳州之北）、城父（今河南商水）、舒（今安徽舒城）等，最后是淮水下游的徐国（今江苏泗洪、淮河下流一带），牢固地控制了两淮地区。历史发展到这时，楚国和吴国都发生了内乱。首先是穷奢极欲的楚灵王留恋于乾溪（今安徽亳县南 75 里）河畔修建的章华之宫，造成楚国内部大乱，接着三个弟弟又是一场残杀，最后楚平王在腥风血雨中夺得政权，自立为王。楚平王宠幸奸臣费无忌，平王为太子建娶秦女，见秦女貌美便自娶之事，便有费无忌谋划之功。时费无忌为太子少

---

① 《管子·小问》：“昔者吴、干战”即记其事。

② 徐伯元：《江南古城——奄城》，载《江苏哲学社会科学联合会（1980 年年会论文选）》（考古学分册），1982 年铅印本。

傅，伍奢即伍子胥之父为太子太傅。费无忌怕事泄，日后太子即位对他不利，便唆使平王废太子另立。伍奢力争太子无罪，反被诬陷。结果太子逃亡到宋，伍奢、伍尚（伍子胥之兄）父子被杀，伍子胥出逃。

吴国在寿梦去世后，由长子诸樊继位，之后其弟馀祭、馀昧也在其兄之后称王。馀昧去世后，子僚继位。而按嫡长子继替制，王位应由寿梦的嫡长孙诸樊之子公子光继承。僚的继位使公子光极不甘心，他时刻觊觎王位。为图谋恢复嫡长子继替制，他四处招揽人才。这时，出逃在外的伍子胥来到了公子光身边，在他的谋划下公子光夺得王位。公子光就是著名的吴王阖闾。接着阖闾又接受伍子胥的“凡欲安君治民、兴霸成王，从近制远者，必先立城郭、设守备、实仓廪、治兵库，因地制宜”[①] 的建议，由伍子胥负责建筑了阖闾大城。同时，吴王则让齐人孙武在吴国“选练士，习战斗”，训练精良部队。加上吴王在寿梦时就接受由公申巫臣帮助训练的射御乘车等中原战术和后来的大造战船、刀剑，使得吴国兵库充盈，兵将精良。开始了与楚国从楚灵王时就发生的接连不断的战争，并且在吴王阖闾时由吴胜少败多，转为吴胜多败少。公元前 506 年吴军大败楚师，直捣楚国郢都。史载，“九年，吴王阖闾请伍子胥、孙武悉兴王师，与唐、蔡西伐楚。比至郢，五伐，楚五败。楚昭王出郢，奔郧。而吴兵遂入郢”。[②] 获得大胜。伍子胥则掘平王墓，鞭尸三百，以报家仇。至此，勾吴将楚国赶出了两淮流域，声威大振，成为一方强国。

吴军之所以能大败楚军，在很大程度上是学习、接受中原和其他文化的结果，其中与晋国的联盟，起了很大的作用。战争的结果是各种文化获得前所未有的交融，加快了文化的一体化。

吴王阖闾未完成霸业，在与越国的战争中受伤而死，其子夫差立，吴越结怨。夫差二年（前 494 年），吴军大败越军，直捣会稽，逼越求和，越王勾践入吴为质。吴王夫差从此开始了北上中原争霸的事业。夫差七年（前 489 年），吴王兴师北伐齐，九年（前 487 年）伐鲁，十四年（前 482 年）再度率师北上，邀请晋定公和其他诸侯在黄池会盟，与晋国争盟主，搬出自己是太伯之后而自称“于周室我为长”，吴的霸业达到登峰造极的地步。

---

① 《吴越春秋·阖闾内传》。

② 《史记·吴太伯世家》。

然而，正当吴王在争盟主的时候，经过卧薪尝胆的越王勾践，与秦联合伐吴，数败吴师，并于夫差二十三年（前 473 年），逼吴王自杀，吴国遂为越国所灭，成为越的一部分。

不管吴国形成的历史如何，在后期与诸侯国的不断征战中，都在不同程度上学习吸收了中原和其他地区的文化，并加速了文化融合，尤其是加速了中原文化向四周扩布的进程。

（四）于越

于越又称内越或大越，是百越族群中最为著名的一支。于越之称最早见于《竹书纪年》，周成王二十四年（前 1040 年）“于越来宾”。同书记载周成王二十五年“大会诸侯于东都”，其时于越也参加朝贡。[①] 说明于越在周初即与中原文化有了很高层次的交往。

于越是在当地发展起来的土著文化，是中华民族起源的另一个摇篮。不过，对于于越的信史记载，我们也仍然要予以足够的重视，那就是以司马迁《史记》为代表的越为夏后说。即“越王勾践，其先禹之苗裔，而夏后帝少康之庶子也。封于会稽，以奉守禹之祀”。[②]《吴越春秋》则更明确所封庶子名叫无余。[③]

那么无余为什么会被封到会稽（今浙江绍兴）呢？主要原因是“帝禹东巡狩，至会稽而崩”，后葬于会稽，因而需要“奉守禹之祀”，[④] 但事实上，在大禹时期的部落联盟活动范围，绝不可能延伸到远在中原数千里外的东南地区。汉代的王充便指出：“禹时，吴为裸国，断发文身，考之无用，会计如何?”[⑤] 不相信禹到会稽大会诸侯。但由于越为禹后说在一定程度上与中华民族一元说相符，从民族情感上仍然博得许多人的赞同。不过，也曾有学者很有信服力地论述了安徽涂山和浙江会稽是附会不实之

① 成王在位年限，有多种说法。今本《竹书纪年》记载”三十七年夏四月乙丑，王陟”，称成王在位三十七年（含周公摄政七年）：“夏商周断代工程”称成王在位二十二年（含周公摄政七年），并将其在位时间定为公元前 1042 年至公元前 1021 年。其实，这两种说法都不正确。成王在位时间说法不一。成王元年，可以通过《尚书·周书》中的《召诰》和《洛诰》推算出；成王末年，可以通过《小盂鼎》推算出。据此青铜器铭文、史料的记载，得知成王元年为公元前 1037 年，成王来年为公元前 1008 年，前后共计三十年（含周公摄政七年）。

② 《史记·越王勾践世家》。

③ “乃封其庶子于越，号曰无余。”见《吴越春秋·越王无余外传》。

④ 《史记·夏本纪》。

⑤ 《论衡·书虚篇》。

说，但仍然把越作为中原夏族的一支，以为他们是夏朝被商族打败后，逃迁于浙江绍兴一带的。[①] 我们不管典籍确无记载这一中原古戊国人的逃迁路线和事实，仅从中原民族并无断发文身等习俗，也可知于越决非由中原逃迁而来，否则，迁徙之后原有文化决不会消失殆尽而改头换面重新学习新的文化和说起“鸟语”来。因此，我们相信，于越是在东南地区发源的河姆渡文化和马家浜文化到良渚文化再到硬纹印陶文化这一百越族文化基础上形成的一支具有百越个性又具有地方文化个性的文化。正如有的学者所说的，“于越不是外来的民族，而是杭嘉湖平原、宁绍平原和金衢丘陵地区生长的，是根植于当地新石器文化，并由当地新石器时代文化孕育而成的。考古资料说明这一地区‘印纹陶文化’既受良渚文化影响，又较多地继承了河姆渡文化因素。……从浙江地区原始文化和印纹陶前后的承继关系，便可以看出于越是来源于当地原始土著民”[②]。这一文化形态与中原文化有着极大的差异，如种植的粮食作物，吴越地区是水稻，中原是粟；使用的农具，吴越地区是骨耜，中原则无此工具；建构的房屋，吴越地区以榫卯结构的干栏式建筑为主，中原则“半地穴式”或平地建筑为主。但它与在相同或相近文化土壤中成长起来的勾吴文化，有着相同的因素。因此，我们称吴和越文化时，既可以单称，也可以合称。历史典籍中常说的吴越“同音共律”“同俗共气”“同俗拜土”和言语相通就是文化相同的明证。

吴与越虽然在文化上具有共性，但在各自建国称霸中有着自身不同的利益，因此，在历史的发展过程中，两国不断发生摩擦和战争。由于勾吴文化在地理上的优越性，使它更多地吸收中原文化，从而比越文化走在更前面。但到越王允常时，越开始逐渐强大，勾践时国力大振。

吴越早期都是楚国的附庸，但吴在晋国的帮助下，开始叛楚，两国不断发生战争。当吴晋联盟伐楚时，越却与楚相联而制吴，从而不断发生战争。公元前 546 年（鲁襄公二十九年），吴伐越。公元前 537 年（鲁昭公五年）越联楚及其他国家伐吴。公元前 496 年（鲁定公十四年）吴又伐越，吴王阖闾伤重而死。夫差即位，吴越结怨加深。公元前 494 年，勾践不听范蠡劝阻，拟先发制人攻吴。“吴王闻之，悉发精兵击越，败之夫

① 黄伟城：《古越地望刍议》，载《百越民族史论丛》，广西人民出版社 1985 年版。

② 蒋炳钊等编著：《百越民族文化》，学林出版社 1988 年版，第 43 页。

椒。越王乃以余兵五千保栖于会稽。吴王追而围之。"① 被吴王夫差打得大败，只得重贿与吴讲和。吴王夫差不听伍子胥"今不灭越，后必悔之"的劝告，听信太宰伯嚭之言，同意议和。勾践夫妇和范蠡入吴为奴，被夫差拘囚三年。期间，为吴宫洒扫，管理马厩。为了取悦吴王，不仅向吴纳越米、葛布，还将美女西施、郑旦等送入吴宫，以博取吴王的欢心，可谓受尽屈辱。后来重贿伯嚭才得以返国。

归国后的勾践，时刻不忘会稽之耻，他励精图治，事必躬亲，"身自耕作，夫人自织，食不加肉，衣不重采，折节下贤人，厚遇宾客，振贫吊死，与百姓同其劳"。② 在外交上则交结四邻，争取了楚、晋、齐等国的支持。对百姓则"葬死者，问伤者，养生者，吊有忧，贺有喜，送往者，迎来者，去民之所恶，补民之不足"。③ 且置一苦胆于屋内，坐卧皆尝之，以不忘亡国之耻。这就是历史上著名的卧薪尝胆。

经过"十年生聚，十年教训"，勾践遂在公元前 482 年吴王夫差北上黄池争霸时，发兵袭吴，杀太子友等人，使夫差厚礼与越讲和。公元前 478 年，吴国大灾，越伐吴，吴师败于笠泽（今苏州市南）；公元前 475 年，越大举攻吴，围吴城。公元前 473 年，越发动了对吴的决战，越军攻破吴都，将夫差围于姑苏山上。夫差仿当年勾践卑词厚礼，与越求和。勾践听从范蠡劝谏，拒绝吴王求和，逼使夫差自刎而亡，称雄一时的勾吴被越所灭。

勾践灭吴后，"乃以兵北渡淮，与齐、晋诸侯会于徐州，致贡于周。周元王使人赐勾践胙，命为伯。勾践已去渡淮南，以淮上与楚，归吴所侵宋地于宋，与鲁泗东方百里。当是时，越兵横行于江、淮东，诸侯毕贺，号称霸王"。④ 并迁都琅琊，成为越国最兴盛发达的时代。

勾践死后，越国开始衰弱，加上国内三代君王相互残杀，政局不安，国都也从琅琊迁回吴。至其第七代孙越王无疆时，伐楚大败。周显王三十五年（前 334 年），"楚威王兴兵伐之，大败越，杀王无疆，尽取吴故地至浙江，北破齐于徐州。而越以此散，诸族子争立，或为王，或为君，滨

---

① 《史记·越王勾践世家》。

② 同上。

③ 《国语·越语》。

④ 《史记·越王勾践世家》。

于江南海上，服朝于楚”。[1] 具体情况是，“楚威王灭无疆，无疆子之侯窃自立为君长。之侯子尊，时君长，尊子亲失众，楚伐之，走南山”。[2] 进入东瓯地。其留下的越人，则融入楚人之列，秦始皇统一六国后，楚为秦灭，楚人则融入华夏民族之中。这样百越族群也就成了汉民族的支源之一。

三 秦汉的华东族群

楚被秦灭后，吴越的传统区域被秦朝正式统治，成为其治下的一个郡。《史记·秦始皇本纪》载：“王翦遂定荆江南地。降越君，置会稽郡。”但事实上，就在楚灭越后各族群仍然活动在这一区域，并自称君长。秦朝的统一，只是在部分地区建立了有效的统治，其中在华东的局部区域还存在于越后裔如东瓯和部分退入山区的越族人，即后来的山越。这些族群在秦汉，甚至在后来的历史发展过程中，才完全融入汉族之中。

（一）东瓯

东瓯属越人之后，是于越贵族在被楚国打败，退入南山后在东瓯建立起来的政权，因此，它是一个融入了于越贵族、人民和当地土著百越的族群。

《史记·东越列传》载：“闽越王无诸及越东海王摇者，其先皆勾践之后也，姓驺氏。秦已并天下，皆废为君长，以其地为闽中郡。……孝惠三年（前192年），举高帝时越功，曰闽君摇功多，其民便附，乃立摇为东海王，都东瓯，世俗号为东海王。”司马迁非常清楚地记载了东瓯王被封建国的经过，应当是可信的。不过从其发展的过程来看，东瓯族群的活动，则要远远超过汉代立国之时。《山海经·海内南经》所说的“瓯居海中”，大约就是后来的东瓯的瓯。郭璞注“瓯”时说：“今临海永宁县，即东瓯。”《逸周书·王会解》中提到的“东越”“瓯人”“越沤”等，当都与“东瓯”有关。因此，可以肯定，它在周代时便已活动在浙江南部地区。待秦末爆发了农民起义，东瓯也参与反秦之事，并在后来的楚汉之争中，先附楚再佐汉，因而立了功，被刘汉册封为东海王，定都东瓯，以地名族群，故称东瓯。

---

[1] 《史记·越王勾践世家》。

[2] 《越绝书·越绝外传记地传》。

那么，东瓯地望在哪儿呢？郭璞说在“临海永宁县”。《浙江通志》卷四六也说：“东瓯居海中，今临海永宁县也。”临海即今台州临海，那么，永宁在哪儿？永宁即今浙江黄岩。“武后天授元年（690年），改永宁为黄岩县，因黄岩山而名。”① 但我们常常将东瓯认定为建都温州，其原因正如有的学者所说的有二：“一个是瓯江流域的政治经济中心在温州，则推断东瓯的活动中心也在温州。二为《浙江通志》的‘永嘉县，汉初瓯国，后汉置永嘉县’的记载所误，认为瓯国在永嘉县，而今天的永嘉县在温州地区，温州也自然是东瓯国都了。其实，这个永嘉县并非今天的永嘉县，它在后汉时已改为永宁县了，也就是黄岩县，即永嘉县＝永宁县＝黄岩县。这样看来，东瓯的活动中心在台州地区，都城在黄岩县内，就很清楚了。”②

随着西汉王朝政权的日益巩固，为了加强中央集权统治，着手解决异姓诸侯王问题，因而导致了中央政权与异姓侯国的矛盾不断激化。“孝景三年（前154年），吴王濞反，欲从闽越，闽越未肯行，独东瓯从吴。及吴破，东瓯受汉购，杀吴王丹徒，以故皆得不诛，归国。”③ 东瓯开始从吴王造反，最后慑于汉朝兵威，又反戈一击，杀了吴王向汉廷谢罪。东瓯的这一行动，得罪了虽未参与谋反，实际上是支持吴王的闽越。加上吴王刘濞被杀后，“吴王子子驹亡走闽越，怨东瓯杀其父，常劝闽越击瓯”。④ 终于使闽越在建元三年（前138年）“发兵围东瓯。东瓯食尽，困，且降，乃使人告急天子”。⑤ 汉武帝接受东瓯请求，派严助发会稽兵浮海救东瓯。闽越自知敌不过汉兵，于是趁汉兵未至，即“引兵而去”。而东瓯王怕闽越再度袭扰，便请求归汉，“乃悉举众来，处江淮之间”。⑥ 东瓯国从此被除。东瓯国民也在江淮之间，彻底同化为汉族的成员。

（二）山越

山越是越人之后，其名最早见于《后汉书·灵帝纪》，文曰：建宁二

---

① 万历《黄岩县志》卷一。

② 王克旺等：《关于东瓯的建都与内迁》，载《百越民族史论丛》，广西人民出版社1985年版，第169页。

③ 《史记·东越列传》。

④ 同上。

⑤ 同上。

⑥ 同上。

年（169 年）七月，“丹阳山越贼围太守陈夤，夤击破之”。山越因其为越人或百越之后，故常有沿袭旧称而称山越为“百越”“扬越”“夷越”“东瓯”“闽越”和“南越”者，从此也可以看出，山越之民族成分的由来。有时山越也被污称为“山贼”“山寇”，或者因其组织形式而被称为“宗民”。其中“山民”“山夷”则因其居住特点而来。故胡三省认为：“山越本亦越人，依阻山险，不纳王租，故曰山越。”[①] 还说：“山越，越民依阻山险而居者。”[②] 应该是正确的。

山越从汉代出现，在三国时达到高潮。其分布区域则非常广泛，吴属的有丹阳郡、会稽郡、新都郡、建安郡、吴兴郡、东阳郡、豫章郡、鄱阳郡、庐陵郡、长沙郡、零陵郡、苍梧郡和夷州及魏属的庐江郡等，均有山越居住，即今安徽、江苏、浙江、福建、台湾、江西、湖南、广东、广西等省的边远山区。[③] 基本上与秦汉间的越和闽越、南越等越族旧居地相吻合。其中在今属华东区的安徽、江苏、浙江等地，山越极其活跃。

山越是一个具有民族特征的族群，他们在语言上有自己的“鸟语”，即“语声似鸟也”。[④] 居住地基本上是深山，且与外界罕有接触，其民“未尝入城邑，对长吏，皆仗兵逸野，自首于林莽。……山出铜铁，自铸甲兵。俗好武习战，高尚气力”。[⑤] 因此，基本上保持了秦汉时越人的特点。

山越拥有自己的社会组织，称为“宗伍”“宗部”或“宗”。其首领则称“宗帅”[⑥]“渠帅”[⑦] 或“大帅”[⑧]。有人认为“宗”，“应是取自汉族‘宗族’的形式，而其实质则是氏族部落或部落联盟的组织”。[⑨] 而宗帅之类，“实质是氏族或部落联盟的贵族或酋长”。但宗与宗之间并无统属关系，只有在需要时，才临时组合，投入战斗。所以，“战则蜂进，退则鸟

---

① 《资治通鉴·汉记》胡三省注。

② 《资治通鉴·汉记》，灵帝建宁二年，胡三省注。

③ 叶国庆：《三国时山越分布之区域》，载《禹贡》1935 年第 2 卷第 8 期。

④ 《后汉书·度尚传》。

⑤ 《三国志·吴志·诸葛恪传》。

⑥ 《三国志，吴志·孙策传》。

⑦ 见《三国志·吴志·虞翻传》注。

⑧ 《三国志·吴志·周鲂传》。叶国庆、辛土成：《关于山越若干历史问题的探讨》，载《百越民族史论集》，中国社会科学出版社 1982 年版，第 259 页。

⑨ 《三国志·吴志·诸葛恪传》。

窜”。[①] 其队伍并不庞大。

孙吴政权花了很大力气才控制了山越的造反，他们有的被抓去当兵，有的从山区迁往平地，最终都在与汉民族的杂居中逐渐被同化，唐以后则少见山越之记载，说明他们已经完全汉化，成为汉族的基本成员了。

第三节　汉族向华东的迁徙和发展

一　两汉汉族向华东的迁徙和发展

西汉时，华东经济并不发达，这儿人口稀少，更没有广积财富的豪强大家。故司马迁说：“楚越之地，地广人稀……是故江淮以南，无冻饿之人，亦无千金之家。”[②] 汉武帝元狩四年（前119年）有大量黄河下游的汉人被迁入会稽郡，史载：“关东贫民徙陇西、北地、西河、上郡、会稽凡七十二万五千口。”[③] 因为72.5万人是同期被迁往上述五郡的，并没有每郡所迁入的具体数字，若按平均计算，则会稽应有14.5万人，相对于当时历史的具体情况来说，这个数字已经是非常庞大了。[④] 这些由中原迁入的汉人，必定带来先进的生产技术，并使江南地区获得前所未有的开发。

西汉末年，绿林、赤眉大起义，使中原地区出现了空前的动荡不安，所以，许多北方地主官僚便逃到没有卷入起义洪流的江南来避难。更始元年（23年），任延为会稽都尉时曾说：“时天下新定，道路未通，避乱江南者，皆未还中土，会稽颇称多士。”[⑤] 像董子仪、严子陵及东汉时的王充等都是自己或祖先从北方迁入江南的汉人。另外，还有一些是在西汉早年以“徒强宗”的名义迁入江南的，如郑氏大族就是从山东临淄迁入浙江山阴（今绍兴）来的。[⑥] 这些北方大族和一些优秀人物的迁入，同时带来了北方先进的生产技术和大量宗族和随行人口，使江南的经济得到快速发

---

① 《三国志·吴志·诸葛恪传》。

② 《史记·货殖列传》。

③ 《汉书·武帝纪》。

④ 葛剑雄则认为，“会稽二字明显是衍文”。因此，并无北方汉族的迁入。见其著《中国移民史》第二卷，福建人民出版社1997年版，第150页。

⑤ 《后汉书·任延传》。

⑥ 《后汉书·郑弦传》注引（东汉）谢承《书》。

展。东汉之后，豪强鹊起，生活富比王侯。正如仲长统所描述的，当时“豪人之室，连栋数百。膏田满野，奴婢千群，徒附万计。船车贾贩，周于四方；废居积贮，满于都城。琦赂宝货，巨室不能容；马牛羊豕，山谷不能受。妖童美妾，填乎绮室，倡讴妓乐，列乎深堂，宾客待见而不敢去，车骑交错而不敢进。三牲之肉，臭不可食，清醇之酎，败而不可饮”。[①] 与西汉时，“无冻饿之人，亦无千金之家”相比，已有了天壤之别。

东汉末年，汉廷衰落，诸强争霸，挟天子以令诸侯，造成天下大乱，引起各地人口因避乱而大迁徙。其中数次与华东相关。董卓挟献帝迁都长安，引起了许多朝臣的不满，王允设计杀了董卓后，自己也被董卓的部将李傕、郭汜等杀，造成官兵自相残杀，关中大乱。数十万难民为了逃避战乱而东迁至今江苏徐州一带，投奔徐州刺史陶谦。时为东汉献帝初平三年（192 年），但到初平四年，迁往徐州的数十万人即被曹操全部屠杀。[②]

从上可知两汉汉族迁入华东的人数虽然不多，但对于华东汉族来说其人口的增加开始显现出直线上升的趋势。

二 魏晋南北朝汉族向华东的迁徙和发展

三国之时孙策在汉献帝初平三年渡江南下经营江东，建安四年孙策攻下皖城（今安徽潜山），俘获袁术留下的“百工及鼓吹部曲三万余人”，将之迁于吴（今江苏苏州）。[③] 不久之后，曹操与孙权相持不下后北归，他怕沿长江各郡县为孙权所征略，于是在建安十八年（213 年）下令将沿江郡县之民内移（北移），但“民转相惊，自庐江（今安徽庐江西南）、九江（今安徽凤阳南）、蕲春（今湖北蕲春县）、广陵（今江苏扬州）户十余万皆东渡江，江西遂虚，合肥以南惟有皖城”。[④] 虽然这次迁入的汉族主要来自华东本身的西北部，但由于紧接着的三国鼎立局面的形成，使这些迁入汉族基本上定居了下来，并融入或影响当地文化，成为汉族开发三吴地区的有生力量。

西晋在经历了短暂的统一之后，由于统治者内部的争权夺利，导致史

① 《后汉书·仲长统传》。

② 《后汉书·陶谦传》。

③ 《三国志·吴书·孙讨逆传》注引《江表传》。

④ 《三国志·吴书·吴主传》。

称“八王之乱”的连绵战争，西晋政权也在匈奴刘曜的不断打击下，终于在晋愍帝司马邺建兴四年（316 年）为刘曜所灭。司马邺被掠往平阳（今山西临汾），并于次年被杀。琅琊王司马睿则在江南建立了政权，史称东晋，开始了与北方十六国的对峙局面。

“八王之乱”使北方经济遭受了前所未有的破坏，民生凋敝，人民死伤无数。加上干旱和蝗灾等自然灾害及随之而来的疾疫，使中原各地民众四处流徙就食。少数民族入主中原，加剧了民族矛盾，而东晋政权的建立，又使中原汉族人有了一种“正宗”的认同感，于是，南下过江，大批汉族人迁徙于江南地区，开始了中原汉族人第一次南迁的高潮。因为这次中原汉族大迁移开始于永嘉年间（307—312 年），所以，在历史上也被称为“永嘉南迁”，持续时间一百多年。

永嘉南迁的路线大致是北方东部地区的汉族，迁移到我国南方的东部为多。北方西部地区的汉族，则大体迁移到我国南方的西部为多。而华东的苏南、皖南及浙北地区，迁入的汉族移民最多。

“永嘉南迁”在华东造成了汉族入迁的五个高潮。第一个高潮是永嘉元年（307 年），司马睿移镇江东，北方流民相率过江，在江南建立了许多侨州郡县，以安置迁入的汉人。《宋书·州郡志》序载：“自夷狄乱华，司、冀、雍、凉、青、兖、豫、幽、平诸州，一时沦没，遗民南渡，并侨置牧司，非旧土也。”《晋书·地理志》徐州后序也说：“永嘉之乱，临淮、淮陵并沦没石（勒）氏。元帝渡江之后，徐州所得惟半，乃侨置淮阳、阳平、济阳、北济阴四郡。又……置……琅琊郡……割吴郡之海虞北境，立郯、朐、利城、祝其、厚丘、西隰、襄贲七县，寄居曲阿，以江乘（今江苏句容县）为置南东海、南东平、南兰陵等郡，分武进（今江苏武进市）立临淮、淮陵、南彭城等郡，属南徐州。又置顿丘郡，属北徐州。明帝又立现沛、南清河、南下邳、南东莞、南平昌、南济阴、南濮阳、南太平、南泰山、南济阳、南鲁等郡，以属徐、兖二州。”大量侨州郡县的建立，表明当时北方汉族迁入此地人数之巨。

第二个高潮是大兴四年（321 年），祖逖病死，郗鉴自邹山（今山东邹县东南）退屯合肥，祖约自谯城（今安徽亳县）退屯寿春，于是尽失黄河以南、淮河以北地区，造成大批流民南渡。《宋书·州郡志》载，“中原乱，胡寇屡南侵，淮南民多南渡。成帝初，苏峻、祖约为乱于江淮，胡寇又大至，民南渡江者转多，乃至江南侨立淮南郡及诸县”。晋成帝时，“立南兖州，寄治京口（今江苏镇江市），时又立南青州及并州”。[①]“成帝咸和四年（329 年），侨立豫州……治芜湖（今安徽芜湖）。”[②]

第三个高潮是东晋与前秦淝水之战后，苻坚败亡，黄河流域再度分裂，中原汉族相率渡江，其中有部分在淮南设立侨州郡县。[③]

第四个高潮是刘宋元嘉二十七年（450 年），北魏南侵至瓜步[④]，使北方流民大量南下。元嘉二十八年冬，“徙彭城（今徐州市）流民于瓜步，淮西流民于姑熟，合万许家”[⑤]。另外在刘宋时还设立了魏郡、顿丘、高阳、勃海等侨郡，以安置北方迁入的汉族。[⑥]

第五个高潮是刘宋泰始二年（466 年），因失去淮北四州及豫州淮西之地，致使当地民众大量南迁，渡过江淮，在江南或苏北南部建立侨郡州县。据《宋书·州郡志》载，宋末失淮北，侨立兖州，寄治淮阴，高平则宋明帝泰始五年（469 年）侨立，寄治当涂，东平则是宋末侨立于淮阴。徐州则因明帝时“淮北没寇”而侨立，治于钟离（今安徽凤阳东北）。

这些持续不断的移民，使各地移民人口大增，从全国情况看，以江苏为最多，计 26 万人，安徽列第三，有 17 万人。据谭其骧的统计，今江苏长江南部的南京、镇江、常州一带，长江北部的扬州市及淮阴一带，当时所接受的汉族移民，以今山东地区及苏北移民为主体，河北副之。[⑦] 而且，移民相对集中，像江苏镇江、常州一带的南徐州有侨口 22 万人，占了江苏省迁入民总数的 9/10，当地户口的一半以上。

设有侨州郡县的地方有大量的汉族移民，这一点已无可怀疑，而未设侨州郡县的地区不等于没有移民。正如谭其骧所指出的，最明显的例子就是江苏太湖以东地区和浙江北部地区（当时三吴境内），居然没有设置任何侨治单位，而这些地区与江苏镇江、常州地区相邻，地理条件同样非常优越，开发也较早，完全具备接纳移民的条件。之所以没有设立侨治单位，大约是当地土著势力强大，立足未稳的北方统治者不愿激化与当地豪

① 《宋书·州郡志》。
② 同上。
③ 同上。
④ 瓜步，在江苏六合东南。古时瓜步山南临大江，南北朝时屡为军事争夺要地。
⑤ 《宋书·文帝纪》。
⑥ 《宋书·州郡志》。
⑦ 谭其骧：《晋永嘉丧乱后之民族迁徙》，《燕京学报社》1934 年。

强的矛盾。据《晋书·地理志》所载，三吴地区三郡户数，吴郡为 2.5 万户，吴兴为 2.4 万户，会稽为 3 万户；而《宋书·州郡志》已增加到吴郡 5 万户，吴兴 4.9 万户，会稽 5.2 万户。对比之下，三郡所属的扬州在晋时有户 31 万，到宋朝时相应的扬州和江州仅 30 万户左右，反而略低些；就是京师所在的丹阳郡，也从 5.1 万户下降到 4.1 万户。南朝宋时户口隐漏相当严重，在这种情况下户口大幅度增长只能说明实际人口增长的幅度更大，这种增长合理的解释，就是在此期间有大量的外来人口迁入。

从北方迁入南方的除了上层人物，包括宗室贵族、官僚地主之外，还有许多文人学者，他们的社会地位高、经济实力强、接受的文化教育水平也高，当然随之而来的数量最大的是农民。正是这些不同层次的北方汉族的大量迁入，对华东的政治、经济、文化、艺术诸方面产生了极大的影响，尤其是刺激了华东经济的发展。其中表现最突出的是兴修水利。东晋时在曲河（今江苏丹阳县）立新丰堰，“溉田八百余顷”①；在吴兴乌程县（今浙江吴兴县）筑荻塘，“溉田千顷”②；宋末在乌程县筑吴兴塘，“灌田二千余顷”③；齐时在今江苏句容县西南筑赤山塘，上接九源，下通秦淮，有石门为闸以调节水源④；梁时在豫州（今安徽寿春）的苍陵立堰，“溉田千余顷”。⑤ 除了筑堰以灌溉良田外，还修建江河中的堰闸，以调节水位。旱时放水溉田，涝时启闭以防洪。当时建有钱塘江西岸的柳浦埭、东岸的西陵埭，曹娥江东岸的南津埭、西岸的北津埭。水利设施的建设和大量湖田的开垦，使江南的农业获得迅速的发展。当时会稽郡有良田数十万顷，“膏腴上地，亩值一金”。⑥ 使中原最为发达的农业区陕西长安户县等地的土地价值相形见绌。如此高的地价，表明此地农业收获之丰。其次是农业技术方面的改进。一是粪肥法得到推广，它与江南传统的“火耕水耨”稻作农业相结合，使农作物增产有了更坚实的保证。二是区种法的实行，这种精密的耕作方法，保证了干旱地区的丰收。⑦ 三是在江

---

① 《晋书·张闿传》。

② 《元和郡县图·湖州乌程县》。

③ 《晋书·孔愉传》。

④ 《梁书·良吏·沈传》。

⑤ 《梁书·夏侯弟夔附传》。

⑥ 《宋书·孔季恭等传论》卷五四。

⑦ 《晋书·隐逸郭文传》载，郭文，河内（今河南沁阳）轵人，“洛阳陷。乃步担入吴兴、余杭大山中……区种菽麦”。

南地区推广麦菽种植。这固然在于满足大批北方南下汉族的饮食习惯，但在更大的方面则是为了解决因人口迅速增加而带来的粮食不足。《宋书·文帝纪》载，元嘉二十一年（444 年）诏："比年谷稼伤损，淫亢成灾，亦由播殖之宜，尚未有尽。南徐、兖、豫及扬州浙西属郡，自今悉督种麦，以补阙之。"

另外，在手工业和商业方面也获得了长足的发展，养蚕和纺织业有了新的突破。织锦业在刘裕（宋武帝）灭后秦以后将关中锦工迁至江南，在丹阳（今江苏南京市）斗场成立锦署后，成为继蜀锦之后又一个重要产地。至于制盐、冶铸、造纸和制瓷业方面，也都有突破或新的发明。浙江的海盐和江苏的盐城为重要的产盐地，《太平寰宇记》卷九五引《吴郡记》称海盐是"海滨广斥，盐田相望"。冶铸业方面当时在华东区的著名作坊有梅根冶（今安徽贵池县东 50 里），齐时上虞人谢平还创造杂炼生铁法以炼优质钢。造纸业方面，当时的藤纸非常著名，做文书"皆用藤角纸"。[①] 而藤纸的产地即在今剡县（今浙江嵊州市）剡溪（今曹娥江上游）和余杭的由拳村。制瓷业也有了长足发展，青瓷窑分布在今绍兴、温州一带。而农业与手工业的发展，进一步带动了商业的发展，两晋南北朝时的南方著名商业城市有建康、京口、山阴、寿春、襄阳、江陵、成都、番禺等八个，而华东区就占了前四个。当时的建康在梁时"城中有二十八万户（以一户 5 口计，约有 140 万口），东西南北各四十里"。[②] 都城内有四市，附近有大小市十余所。京口也是连接南方和西部的大市，山阴是著名的绢米交易中心，寿春则是连接南北交易的大市。

这些经济成就的取得，都与北方汉族的大量迁入和统治中心建立在这片土地上分不开。此期的经济发展，终于使西汉时还处于比中原地区落后得多的华东，开始成为全国著名的经济中心，出现了江南"地广野丰，民勤本业，一岁或稔，则数郡忘饥。……荆城（荆州）跨南楚之富，扬郡（扬州）有全吴之沃，鱼盐杞梓之利，充仞八方；丝绵布帛之饶，覆衣天下"，[③] "以区区吴越，经纬天下十分之九"[④] 的局面。人们可见的是"良畴

① 见《初学记》卷二一引。

② 《太平寰宇记》卷九〇引《金陵记》。

③ 《宋书·孔季恭等传论》。

④ 《晋书·王羲之传》。

美柘，畦畎相望，连宇高甍，阡陌如绣”① 的兴旺景象。华东“简直成为全国的谷仓和衣料的取给地，中国的经济重心，从此由北方移到南方了”。②

三 隋唐汉族向华东的迁徙和发展

随着隋朝建立，南北统一，动荡的政局和战乱开始结束。虽然隋朝是一个短命的王朝，但不久之后建立的唐朝，则开始了封建社会文化的鼎盛时期。周边各少数民族在唐王朝的扩张过程中不断被同化，成为汉族中一个组成部分。而华东自从东吴立国，再到东晋南朝政权的更迭和经济文化的发展，活动于此的大量山越，也在被征剿和移居平地后，在南北朝尤其是到唐代时被同化，成为华东汉族的一个组成部分。江南经济的不断发展，使华东区最终成为单一汉族聚居的区域。

不过，正当人们分享盛唐繁荣的时候，横扫华北的“安史之乱”爆发了。从天宝十四年（755 年）始，到宝应二年（763 年）止，经过 8 年激战，中原地区是“宫室焚烧，十不存一，百曹荒废，曾无尺椽。中间畿内，不满千户，井邑榛棘，豺狼所嗥”③；关上地区“闾井萧然，百不存一”④。大量为躲避兵乱的流民，进入相对稳定的江南。“三川北虏乱如麻，四海南奔似永嘉”⑤ 便是当时历史真实的写照。华东的江北地区，成了北方难民一个重要的栖息地。

当时北方汉族为逃避兵火而南迁的路线大致分东、中、西三路，其中东路通过大运河南下，到达江北地区，尔后有的还经过江西进入福建，有的则进入岭南。因此，江淮是接受北方汉族移民最多的地区之一。虽然史无确切数字记载，但从各种典籍中，我们仍然可以感受到庞大的北方汉族迁入，并对华东经济文化产生了深远的影响。

淮南由于地处南北两地的连接地带，逃避安史之乱的北方汉族首先乘此路南下，加上安史之乱时，许远、张巡死守睢阳（今河南商丘南），使淮南得以保全，给避难者以一种安全感。所以大批南下的流士、流民便在此地居留下来。许多文献记载，当时为避安史之乱，“衣冠士庶……家口

---

① 《陈书·宣帝纪》。

② 王仲荦：《魏晋南北朝史》（上册），上海人民出版社 1979 年版，第 496 页。

③ 《旧唐书·郭子仪传》。

④ 《唐大诏令集》卷一〇一，商务印书馆 1959 年版。

⑤ （唐）李白：《永王东巡歌》，见《李白集校注》卷八，上海古籍出版社 1980 年版。

亦多避地于江淮"[①]。"中国（中原地区）新去乱，人士多避处江淮间。"[②]当时江淮间的扬州，在兴元（784 年）时，因"侨寄衣冠及工商等多侵衢造宅，行旅拥弊"[③]，造成一定的社会问题。和州（今安徽和县）在唐大历年间（766—779 年）其户数比天宝年间（742—756 年）的户数增加数倍[④]。这种情况的出现，除非有大量外来人口的迁入，否则，绝不可能增殖得如此之快。

与淮南一江之隔的江南，主要指的是苏南、浙江和皖南地区，当时也称江南、江东或江外，与淮南等地合称则为江淮，同样接纳了大批北方迁入的汉族移民。江南因有六朝立国的基础，经济文化相对发达，因此，当安史之乱发生后，不少人以为朝廷又将仿永嘉南迁之举，政权中心可能移向东南地区，于是纷纷向这一地带迁徙。史载："中原不宁，士子之流，多投江外。"[⑤]　"两京（今长安、洛阳）蹂于胡骑，士君子多以家渡江东。"[⑥]　因此，当时"荐绅先生，多游寓于江南。"[⑦]　这些流士及大量的流民迁入江南，使此地人口急剧增加。宣州（治今安徽宣州）、润州（治今江苏镇江）濒临长江，为北方移民首先达到的地区，户口上升趋势十分明显。顾况曾说当时"宣州户五十万"。[⑧]　而天宝年间，宣州只有 12. 12 万户[⑨]。这儿说"五十万"或许有些夸大，但在宝应二年（763 年）宣州增置了旌德县；永泰元年（765 年）又自宣州析置一个新州池州，复又置石埭县；会昌五年（845 年）宣州更升为望州，则表明宣州的人口，在安史之乱后大量增加应该是事实。至德（756—758 年）后一度升润州的江宁县为江宁郡，除因其地理位置重要外，人口的大量增加是一个重要的原因。大历年间，由于户口增加、经济发展，润州刺史萧定被评为理行第一。

常州在安史之乱后户口也有一定增加，这种增加的原因，大约就是北方汉族的迁入。同样由于人口增加显著，经济发展迅速，大历年间常州刺

---

① （唐）姚汝能：《安禄山事迹》卷下，四库全书本。

② （唐）韩愈：《考功员外卢公墓志铭》，见《韩昌黎集》卷二四。

③ 《旧唐书·杜亚传》。

④ 《新唐书·穆宁传》。

⑤ 《全唐文》卷四三，肃宗《加恩处分流贬官员诏》。

⑥ 《旧唐书·权德舆传》。

⑦ （唐）权德舆：《王公神道碑铭》，载《全唐文》卷五〇〇。

⑧ 《宛陵分署记》，载《华阳集》下卷，《四库全书》本。

⑨ 《新唐书·地理志》。

史萧复被评为天下理行第一。在会昌五年，常州也升为望州。相对于常州更南些的苏州是当时东南的重要都会，它也是另一个重要的移民聚居地。梁肃《吴县令厅壁记》载："自京口南被于浙河，望县十数，而吴为大。国家当上元之际，中夏多难，衣冠南避，寓于兹土，叁编户之一。"① 则南迁的人口已占苏州治所吴县编户的1/30而天宝时，苏州有户7.6万左右，依此推算，移民数在2万—3万户。难怪顾况说："安禄山反，天子去蜀，多士奔吴，为人海。"② 若以每户5人计，则有10万—15万的北方汉族在安史之乱时迁入此地。

当时的越州（今绍兴地区）也是接受迁入汉族较多的地区之一。鲍远曾说："自中原多故，贤士大夫以三江五湖为家，登会稽者，如鳞介渊薮。"③ 因此，相当一部分南迁的流士定居在越州。由于户口增加，贞元年间（785—804年）越州增置上虞县，会昌五年同样升为望州。

除上述州县有大量汉族迁入之外，在杭州、歙州（今安徽歙县）也有许多北方汉族迁入。其中歙州的58姓中，有28姓为安史之乱后迁入④，而黄巢起义后还有大量姓氏迁入，因而使得此地风俗大为改观。诚如罗愿在《新安志》卷一中所说："黄巢之乱，中原衣冠避地于此，后或去或留，风俗益向文雅。"

安史之乱被平定之后，并没有完全进入和平稳定阶段，面对残破不堪的山河，继之而来的是藩镇割据、军将叛乱而造成的政局动荡，人民继续流失，人口恢复非常缓慢，甚至根本没有恢复。根据《元和郡县志》所载，长安所在的京兆府，开元时（713—741年）共有36万户，元和时（806—820年）只有12万户，仅得1/3。洛阳所在的河南府，开元时有12万户，到元和时仅有1.8万户，减少了6/7。这些损失的人口，除了部分死于战火外，大部分则外迁他乡。

在中原安史之乱后进入藩镇割据的混战和五代时的朝代更替时，南方，尤其是华东区所在的江南，却获得北方大量的汉族移民，使劳动力增加，经济开始长足地进步。"南方已超越北方；北方依赖南方的接济，愈

① 《全唐文》卷五一九。

② （唐）顾况：《送宣歙李衙推八郎使东都序》，载《全唐文》卷五二九。

③ （唐）鲍远：《鲍方传》，载《全唐文》卷七八二。

④ （明）程尚宽：《新安名族志》。

来愈殷切。”[①] 这一点当时人的文章、史籍中也多有谈到，如《全唐文·故太子少保赠尚书左仆射京兆府君神道碑》（卷六三〇）中说：“天宝（742—756年）以后，中原释耒，辇越而衣，漕吴而食。”李肇也说：“凡东南邑郡，无不通水。故天下货利，舟楫居多。转载使岁运米二百万石输关中，皆自通济渠入河而至也。”[②] 大量粮食通过运河而黄河输往关中。而江南的财政收入，也成为国家的财政支柱。韩愈称：“当今赋出天下，江南居十九。”[③] 杜牧谓：“今天下以江淮为命。”[④] 而三吴地区，“国用半在焉”[⑤]。这一点，白居易也承认，“当今国用多出江南，江南诸州，苏州为大，兵数不少，税额至多”[⑥]。因此，经济重心已在江南，只是政治、文化中心尚在北方而已。江南的发展，除了拥有相对稳定的社会环境外，兴修水利，改进农具，多种经营是此期江南经济获得长足发展，并最终压倒北方的重要原因。而在劳动力增加和工具的改善方面，北方汉族移民的迁入是一个非常关键的因素。从此，中原汉族为正统的观念开始打破，华东汉族的发展在经济上取得优势之后，其正统地位也开始得到认同。

四　宋元汉族向华东的迁徙和发展

北方汉族的南迁，往往总是与政局动荡、战乱不已或少数民族入主中原而引发的战争等事因相一致。北宋灭亡，金人入主中原，南宋王朝的建立，从而导致了中国历史上最大的一次移民的发生。这是一次因长期的动荡不安和持续的反复争战相结合的阶段性的移民迁徙，有人将它分为七个阶段。第一阶段是靖康元年至绍兴十一年（1126—1141年），是北宋灭亡南宋建立时期，人民潮涌而至。第二阶段是绍兴三十一年至隆兴二年（1161—1164年），金主破坏宋金和约，大举南侵，造成大批汉族南迁。第三阶段是开禧二年至嘉定元年（1206—1208年），宋军北伐失利，金军攻入淮河流域，民众再次南迁。第四阶段是嘉定十年至十七年（1217—1224年），金朝因受蒙古威迫，迁都南京（今开封），并大举攻宋，加上

① 陈正祥：《中国文化地理》，生活·读书·新知三联书店1983年版，第4页。

② 《国史补》卷下。

③ 《韩昌黎集》卷一九。

④ 《樊川文集》卷一六。

⑤ 《文苑英华》卷一九。

⑥ 《文苑英华》卷五八一。

蝗、旱灾难，北方汉族大批南迁至淮南。第五阶段是绍定四年至端平元年（1231—1234 年），宋和蒙古联合攻金并灭之，北方汉族为避战乱而南迁。第六阶段是端平二年至景定元年（1235—1260 年），蒙古军攻打南宋，造成大批汉人迁徙。第七阶段是德祐二年至宋亡（1276—1279 年），大批军人、民兵南下进入广东等地。① 七个阶段的移民与华东比较密切的则是第一、第二、第三、第四和第六阶段，移民数所占比例也非常大，许多地方甚至超过了当地的土著居民。

与华东相关的行政建置宋元户数

路	崇宁 1（1102）	绍兴 32（1162）	乾道 9（1173）	嘉定 16（1223）	至元 12/13（1275—1276）	至元 27（1290）
淮南东	356044	110879	104468	127369	542624	390586
淮南西	709919	52174	126811	218250	513827	136183
两　浙	1975041	2243548	2295863	2220321	2983672	3381237
江南东	1096737	966428	930066	1046272	831852	1740047

资料来源：葛剑雄、曹树基、吴松弟：《简明中国移民史》，福建人民出版社 1993 年版，第 288 页。

与华东相关的行政建置南宋户数升降

路	崇宁 1—绍兴 32（1102—1162）	绍兴 32—乾道 9（1162—1173）	乾道 9—嘉定 16（1173—1223）	嘉定 16—宋元间（1223—1290）	崇宁 1—嘉定 16 升降%	嘉定 16—宋元间 升降%
淮南东	－245147	－6429	＋22901	＋415255	－64. 2	＋326. 0
淮南西			＋91439	＋295577	69. 0	＋135. 0
两　浙	＋268507	＋52315	－75542	＋763351	＋12. 4	＋34. 0
江南东	－130309	－36362	＋116206	－214420	－4. 6	－20. 5

资料来源：葛剑雄、曹树基、吴松弟：《简明中国移民史》，福建人民出版社 1993 年版，第 287 页。

① 葛剑雄、曹树基、吴松弟：《简明中国移民史》，福建人民出版社 1993 年版，第 283—289 页。

也许附表并没有直观地表达这次移民的特点，因为在江南的许多汉族迁入地的原居住民，往往因战争而逃离或被杀殆尽，损失人口相当严重。因此，我们很难从表中看出实际迁入汉族绝对数的大幅度增长，而事实上，两宋之际的北方汉族迁入华东的人数，比历史上任何一次规模都要大得多。它对华东经济、文化的影响，则一直持续到现代。

北宋末，金兵的铁骑不仅踏灭了北宋王朝，也踏碎了北方汉族过和平安宁日子的梦想。随着金兵长驱直入中原大地和淮河流域，紧接着北宋朝廷覆灭和南宋王朝的建立，使大批朝廷和地方官员以及成千上万的北方汉族，随着躲避战乱的滚滚洪流而南迁到江淮地区。当时的运河是北方人口南下的通道，加上高宗未渡江前一度驻跸于扬州，所以，官员百姓便纷纷进入淮南。高宗渡江后，这些人又随之南行，其“众数万”[①]。由于淮河南北曾成为宋金的前沿，双方争战不断，因此，大量进入淮南的人口不久又重新南迁，或进入浙江或再迁入福建等地。同时，两淮等地的居民为躲避战乱也同样南迁，造成了淮南人口的锐减。为了改变这种局面，政府曾采取了屯田等方法，但效果都不太理想。直到南宋后期，金朝衰弱，两淮战争减少，移民才得以居留下来。嘉熙四年（1240 年），朝廷为安置北方流民，分别于淮河以南边城 35 里内和长江以北 70 里内分田耕垦，“遇警则用以守城”或守江[②]。景定元年（1260 年），蒙古江淮统帅李擅降宋，宋取淮北涟水等三城居民于通（今江苏南通）、泰（今江苏泰州）二州之间[③]。同年，聚集在扬州的北方人达数万以上，李庭芝在城中“募汴（今河南开封）南流民二万人以实之（扬州大城）”[④]。南宋后期，淮南东、西两路的人口分别比嘉定十六年增加 326% 和 135%，如果没有外来移民的迁入是不可想象的。

华东除了两淮的人口波动较大外，其他地区北方汉族的迁入人口也极其庞大，尤其是浙江，因南宋建都临安（今杭州）而使人口激增。史载“四方之民云集二浙，百倍常时”，而“天下贤俊多避地于此”[⑤]。不过，与崇宁元年（1102 年）相比，绍兴三十二年时的户数也只增加 26.9 万

① 《宋史·赵密传》。
② 《宋史·食货志》。
③ 《宋史·李庭芝传》。
④ 同上。
⑤ 《建炎以来系年要录》卷一五八、卷二〇。

户。看上去增长不大的原因是因为两浙路在金兵入寇时，土著居民被杀戮过多所致。绍兴二十六年（1156 年）起居舍人凌景夏言："切见临安府自累经兵火之后，户口所存十之二三。而西北人以驻跸之地，辐辏骈集，数倍土著，今之富室大贾，往往而是。"① 有的学者对此进行了研究，认为："依崇宁元年杭州户数及其后 28 年年平均增长率 3.8‰，并扣除因方腊起义可能减少的口数计算②，全国户 2026.4 万，大观四年（1110 年）是 2088.2万户，年平均增长率为 3.8‰。据《元丰九城志》卷 5，元丰三年（1080 年）杭州户 202816；据《宋史·地理志》，崇宁元年杭州有户 203574,年平均增长率仅为 0.2‰，疑有误，故不取。以年平均增长率 3.8‰计，宣和二年（1120 年）方腊进入杭州前应有户 21.8 万，如估计乱时居民死十分之二，乱后另有十分之一的居民系外地迁入，则应有户 19.6 万。此后到建炎四年又有十年时间。建炎三年金兵未入侵前应有户 20.4 万。如以十分之七的损失折算，屠城后应余下 6.3 万户。据《咸淳临安志》，乾道年间（1165—1173 年）有户 26 万，扣除土著人口 7.1 万（建炎屠城后剩余人口为基数，建炎三年至乾道年间年平均增长率仍取 3.8‰），外来移民及其后裔为 18.9 万户左右。此数与凌景夏所言西北人数倍土著之说大致相符。即使以金兵过后所余人口为原来的十分之四计，北方移民及其后裔仍当有 16.5 万（户）左右。"③ 若每户以 5 口计，则有 82.5 万至 94.5 万北方汉族及其后裔迁入。加上后来仍源源不断的北方汉族移民，使临安府"士庶服饰乱常，声音乱雅"④。

其他府县的情况也与杭州基本上相似。平江府（今苏州）在建炎年间遭金兵屠城，"城中几于十室九空"。⑤ 李心传也说："死者近五十万人，得脱者十之一二而已。"⑥ 两者所言基本相同，应该可信。据《宋史·地理志》崇宁元年后平江有户 15.3 万，如以年平均增长率 3.8‰，建炎四年（1130 年）屠城前应为 16.9 万户。以十分之二计，幸存者为 3.38 万

① 《建炎以来系年要录》卷一七三。
② 据《宋史·地理志》。崇宁元年（1102 年）。
③ 葛剑雄、曹树基、吴松弟：《简明中国移民史》，福建人民出版社 1993 年版，第 292 页。
④ 《宋会要辑稿》刑法二之一二二。
⑤ （宋）范成大：《吴郡志》卷一。
⑥ 《建炎以来系年要录》卷 32。

户，但到淳熙十一年（1184 年）平江有户 17.3 万余①，55 年间的年平均增长率高达 30.7‰，如此之高的增长率，只能解释成是外来人口迁入造成的。如果按和平时期 3.8‰的增长率计，到淳熙十一年土著居民约为 4.15 万户，外来移民及其后裔约有 13.15 万户，已绝对多于当地人。诚如韩诗所写："莫道吴中非乐土，南人多是北人来。"② 形象地概括了这一现实。

除平江府外，当时的建康府和镇江府也有大量的汉族移民迁入。南宋初金兵南下曾对建康进行屠城，而幸存者又被北掠，脱逃者仅为十分之一③。而北宋晚期建康有居民 17 万人，虽然至乾道九年前，其建康府所在的江南东路户数呈下降事实，但主要原因可能是移民迁入难以抵消屠城的居民损失；同时，有些人则因惧怕金兵再次南下而迁移他乡。因此此期的移民迁入是不可否认的事实。《至正金陵新志》卷八引戚氏语，"在建炎中，绝城境为墟，来居者多汴洛力能远迁巨族仕家。视东晋至此，又为一变，岁时礼节、饮食、市井负衔讴歌，尚传京城故事……习气大率有近中原"。说明北方迁入汉族数量相当可观。除府城外，溧阳等县迁入的移民也不少，史载："名儒胜士多因避地来寓溧上，往往乐其风土而定居焉。"④ 与建康不远的镇江府，所迁入的移民数量也不少。建炎三年金兵驱河南人民为金军南下攻宋，结果过江后约一万人乘机逃走，他们都居住在建康、镇江一带⑤。而每当淮南有事，过江避难第一站往往是镇江。

浙江因为朝廷所在，因此，各府县的移民也都极其可观。绍兴曾为南宋的临时首都，为此，皇室成员和各地官员纷纷迁入，一个时期为接待移民的祠堂庙宇全部人满为患。陆游后来说："予少时犹见赵、魏、秦、晋、齐、鲁士大夫渡江者。"⑥ 说明北方各地的汉族移民都有。明州（今宁波）也有大量北方移民迁入。《宝庆四明志》卷十六载："自南渡以来，衣冠日盛，户口日繁"，便是明证。浙江境内的湖州、秀州（今嘉兴）移民也

---

① 《吴郡志》卷一。

② 《涧泉集》卷一七《次韵》。

③ （宋）叶梦得:《建康集》卷四《掩骼记》。

④ 《景定建康志》卷四二。

⑤ 《景定建康志》卷一四引汪藻言。

⑥ 《陆游集·渭南文集》卷三四《杨夫人墓志铭》。

不少，如秀州所辖的崇德县洲钱市一地，“宋南渡初，士大夫来寓者殆二十家”[①]。当时的婺州（今金华）“去国都（杭州）为甚迩，其地宽衍饶沃，有中州之风，故士之自北至者，多于婺家焉”[②]。李清照在南宋初的金华就曾住过数年，并写下了“只恐双溪舴艋舟，载不动许多愁”及《八咏楼》等著名诗词。另外，在衢州则有后来称为南孔的孔氏后裔迁入[③]，温州等地则有皇族横行不法[④]。都说明北方汉族迁入浙江确实为数极多。而且这种迁徙，随着后来宋金关系的变化还在持续发展，在不同阶段都有北方汉族迁入。

南宋时的这一次北方汉族的大迁徙，不仅使北方经济日益衰退，而且使在南北朝到唐代时就形成的南方发达的经济更以绝对优势压倒北方。唐代以前北方在人口上处于优势的情况在宋代时已被扭转，并一直再也没有超过南方。

中国南北户数增减的演变

时代	北方户数（万）	南方户数（万）	南方所占%
汉（元始二年，2 年）	965	111	10.3
唐（天宝元年，742 年）	493	257	34.3
宋（元丰三年，1080 年）	459	830	64.4
明（隆庆六年，1572 年）	344	650	65.4

资料来源：陈正祥：《中国文化地理》，生活·读书·新知三联书店 1983 年版，第 10 页。

不仅是人口、经济重心已南移，文化中心和政治中心也南移，这种南移主要是向东南江浙地区的转移。“苏湖熟，天下足”的谚语，便表达了太湖流域对全国的重要性，而朝廷的财赋也依靠江南。“两浙之富，国用所恃；岁漕都下米百五十万石；其他财赋，不可胜数。”[⑤] 其实，东南地区在经济上的举足轻重作用，早在南北朝和唐代时已显露无遗，只是建立在北方的汉族政权不愿承认而已。但随着南宋时人口的大规模南迁，以及

① 《至元嘉禾志》卷三。
② （明）方孝孺：《逊志斋集》卷一三，《吴氏宗谱序》，《四部丛刊》本。
③ 《宋史·孙子秀传》。
④ 嘉靖《温州府志》卷三。
⑤ （宋）苏轼：《东坡奏议集·进单谔吴中水利书状》卷九。

政权中心建立在江南，文化、政治中心南移也成了不争的事实。江南人开始在各个方面主导国家的命运。据万斯同所编《东晋将相大臣年表》，东晋15位尚书令，北人占了12位；40位尚书仆射，北人占了30位；31位吏部尚书，北人占了24位[①]。到北宋时，虽然宋真宗、仁宗打破了南人不为相的祖规，起用王钦若（临江人）、丁渭（苏州人）为相，但北方人轻视南方人的现象，仍然比比皆是。当南方人在进士考试中占有绝对优势后，又采用南北分卷制，给北方人以特别优惠。朝廷南移后，局面开始改变。陆游曾说："伏闻天圣以前，选用人才，多取北人，寇准持之尤力，故南方士大夫沉抑者多。仁宗皇帝照知其弊，公听并视，兼收博采，无南北之异。于是范仲淹起于吴，欧阳修起于楚，蔡襄起于闽，杜衍起于会稽，余靖起于岭南，皆为一时名臣。……及绍圣、崇宁间，取南人更多，而北方士大夫复有沉抑之叹。"[②] 有人统计，仅南宋考取进士的浙江人就有6000多名[③]，不可谓不巨。而主导政治最高职位的宰相，两宋共有134人（北宋72人，南宋62人）。"如果以河南代表黄河以南，浙江代表长江以南；河南共有21人作过宰相；北宋18人，南宋3人。浙江曾有24人担任过宰相；北宋4人，南宋20人。"[④] 鲜明地表达了政治、文化中心的南移。

与此同时，文学艺术方面也是人才辈出。代表有宋一代文学最高成就的宋词，许多著名词人都是南方人或与南方关系极其密切者，像前期的晏殊、欧阳修、张先、柳永等，后期的苏轼、黄庭坚、秦观、周邦彦等，南宋时的陈亮、陆游、范成大、吴文英、张炎、王沂孙等都是南方人。李清照、辛弃疾虽为山东人，但其创作生涯则主要在南方。而使书与画合而为一的画坛巨匠董源和巨然，也生长于江南。为了满足众多读书人的需要，当时江浙一带是刻书精良、书院林立，学术研究蔚然成风。

这些成就的取得，本质上都与北方汉族，尤其是高素质的优秀人士迁入江浙地区分不开。如果说南北朝及隋唐时，东南地区的汉族以及他们的经济文化尚需北方的认同，处于附从地位的话，那么，到南宋之后，江

---

① 转引陈正祥《中国文化地理》，生活·读书·新知三联书店1983年版，第12页。

② （宋）陆游：《渭南文集》卷三，《论选用西北士大夫札子》。

③ 张荷：《吴越文化》，辽宁教育出版社1991年版，第177页。

④ 陈正祥：《中国文化地理》，生活·读书·新知三联书店1983年版，第22页。

南，尤其是长江下游的华东则已超越北方，成了中国汉族文化的渊薮，汉族已不可动摇地屹立于这片土地上。

五　明清汉族在华东的迁徙和发展

对于华东来说，有宋一代以压倒北方经济优势的繁荣，不仅仅是农业、手工业和商业的繁荣，同时也是人口的繁荣。据有的学者根据典籍记载统计，西汉时江南户口只占全国的1/15，到北宋末已占一半以上。“元丰八年（1085 年）的全国户数为 14852684 千户，江南包括四川合计 9852016，约占 2/3。当时两浙、淮南、江南东、江南西等四路，个别数量都超过 100 万；其中两浙路接近 200 万户，冠于全国。”① 这种人口的繁荣，一直持续发展。明万历六年（1578 年），南方有 8200180 户。北方只有 3422256 户。南直隶有 2069067 户，加上浙江的 1542408 户，便已超过整个北方的户数。② 这种现实，使明清汉族在华东的迁徙方式，发生了很大的变化。不仅未有大量北方汉族的迁入，本区还有大量的人口外迁，并且即使在造成大量人口耗减的情况下，也能根据自身情况，通过局部迁徙来给予调节，保持经济的繁荣。因此，明清时期华东区的汉族的迁徙表现出这样几个特点。

1. 迁徙由从前的自发方式到由政府组织的有序进行。元末的战乱使华东区人口损失十分严重，宋明以前，这种损失往往由自发的迁徙来加以弥补，表现出无序性。虽然有时政府也给予引导，但效果并不是非常明显，以致有些地方在很长一段时间内，经济无法得到恢复。而明初，这种针对人口大量损失的移民，则由政府有组织地进行，既有的放矢，也表现出有序性。

我们以朱元璋的故乡临濠（今安徽凤阳）为例，可鲜明地感受到这一特点。洪武十一年（1378 年）清点旧民（土著）时，仅有 3324 户③，若以每户 5 口计，也不过 16620 人。为此，朱元璋进行了有目的和有组织的移民。第一是将战败的张士诚、方国珍的旧部迁入凤阳，史载，元至正二十七年（1367 年）九月，朱元璋军“克平江，执张士诚。十月乙巳，

① 陈正祥：《中国文化地理》，生活·读书·新知三联书店 1983 年版，第 9 页。
② 同上。
③ 成化二十三年《中都志·户口》。

徙苏州富民实濠州”[①]。同年十一月，朱元璋又攻下庆元（今宁波），十二月“徙方（国珍）氏官属刘庸等二百余人居濠州”。[②] 洪武七年十月，“迁朔州（今山西朔县）故元士卒及家属往泗州（今泗洪，当时属凤阳府）虹县”，数量为4820人。[③] 洪武十五年（1382年）九月，“迁广东番禺、东莞、增城降民二万四千四百余人于泗州屯田”[④]。实际上也是战俘被迁徙。这种迁徙一方面在客观上是为了防止战败者死灰复燃；另一方面也是为了便于更好地控制异己者。第二是有组织地进行移民。洪武三年（1370年）六月，“上谕中书省臣曰：‘苏（州）、松（江）、嘉（兴）、湖（州）、杭（州）五郡地狭民众，细民无田以耕，往往逐末利而食不给。临濠，朕故乡也，田多未辟，土有遗利，宜令五郡民无田者往临濠开种，就以所种田为己业’……于是徙者凡四千余户。”[⑤] 若以每户5人计，有2万余人。同时，朱元璋还从山西、广东等地迁入大批移民。洪武六年十月，凤阳接受了来自山西北部的移民“凡八千三百三十八户，计口三万九千三百四十九”[⑥]。洪武七年又“徙江南民十四万实中都”[⑦]。两次移民共有江南16万人迁入凤阳。洪武九年以后，又“徙山西及真定（今河北正定）民无产业者于凤阳屯田”[⑧]。洪武十六年又迁广东清远县1307人于泗州[⑨]。这些有组织的迁徙，在短短十几年间，使迁入凤阳府的移民达24万人左右[⑩]。第三是屯戍。洪武年间凤阳屯戍人口增加非常迅速。当时，中都留守司有八卫一所驻军，明代一卫兵士为5600人，共计46000。又有直隶所辖的泗州、寿州二卫及宿州千户所属河南都司的颍州卫和颍上千户所，共计19040人。凤阳府各州县共驻军11卫三所，共计64960人。[⑪]

---

① 《明太祖实录》卷七。

② 《明太祖实录》卷二〇。

③ 《明太祖实录》卷九一。

④ 《明太祖实录》卷一四八。

⑤ 《明太祖实录》卷五三。

⑥ 《明太祖实录》卷八五。

⑦ 天启《凤阳新书》卷五。

⑧ 《明太祖实录》卷一一〇。

⑨ 《明太祖实录》卷一五六。

⑩ 参见葛剑雄、曹树基、吴松弟《简明中国移民史》，福建人民出版社1993年版，第332、335、335—342、337页。

⑪ 同上。

洪武年间规定屯戍兵士必须携带家眷，军人年轻，以一家三口计，则有军籍移民 19.5 万余人①。加上在此期间迁入宿州、怀远、寿州、霍丘等地方的各地移民，凤阳府接受移民约为 50 万人，移民总数约占总人口的 80%。

凤阳府如此，其他州县的情况也是如此。在安徽长江两岸的安庆、桐城、池州、巢湖平原等地，都有大量根据政府组织而迁入的各地移民，据《简明中国移民史》作者的测算，总计大约有 79 万人，其数量占当地总人口的 70% 以上。②

2. 南方区域间内部移民突出。就安徽凤阳府接受的移民的籍贯来看，江南（主要是华东）的移民占了大部分，排除其户口来源复杂的军籍，则当时迁入凤阳的民籍是江南移民 16 万人，山西及河北移民约 5 万人，山东移民约 5 万人，江西移民约 1 万人，广东移民约 2.5 万人。区域间内部移民占了总移民（排除屯戍移民）人口的 5596，若以南方计则占 66%。可见区域或南方之间的移民已远远超过北方进入此地的移民。

若以地域计，安徽的移民以江西最多。据潜山、怀宁、桐城等地族谱统计，36 个家族有 26 个自称来自江西，另外 5 个来自安徽的徽州，属本省移民③。安徽宿松县与江西交界，这种现象就更为突出。从民国十年《宿松县志·氏族表》的情况来看，元末明初由江西迁入的移民占当时总人口的 69.7%。另外，还有本省及其他省份的移民，无怪乎清初宿松人朱书说："元以后至今，皖人非古皖人也，强半徙自江西，其徙自他省会者错焉，土著才十一二耳。"④ 池州也与江西交界，接受其移民也非常多，至今东至县全县 95% 的地区流行赣方言。随着地域上往北推移，江西移民的比例逐渐减少。南陵、繁昌一带，11 个移民家族全部来自徽州。巢湖地区则江西与徽州移民比例相当，后者可能还略占优势，而江苏的移民则增多。在巢湖片移民中，江苏句容的移民占 16%。滁州、和州（今安徽和县）等地则在洪武二十二年接受过杭、湖、温、台、苏、松等地的

① 参见葛剑雄、曹树基、吴松弟《简明中国移民史》，福建人民出版社 1993 年版，第 332、335、335—342、337 页。

② 同上。

③ 同上。

④ 朱书：《杜溪文集》卷三。

江浙无田贫民[①]，只是人数不详。

江苏是元末战乱人口损失最惨重的地区之一，朱元璋攻下扬州时，偌大的扬州，“城中居民仅余十八家”[②]。整个苏北平原一片萧条之象。后来，陆续接受的移民有65万之众[③]。其民籍则以苏州为多，浙江、安徽徽州和江西也占有很大的比重。南京的迁入民则以军士及其家属和官员为主，后来当都城北迁之后，则又有40余万随迁，人称“减户口过半”[④]。其民籍也非常庞杂。

总之，与宋元之前的人口大都以北方迁入为主不同，明清时期表现出南方及其区域之间人口流动以弥补不足的特点。这种特点在清末太平天国起义失败后表现得尤为突出。太平军与清军作战的主要战场就是苏、浙、皖地区，其损失的人口江苏为2448万人，浙江为1500万人，安徽为2258万人，总计约为6206万人[⑤]。然而，战后进入三省的移民总数仅600万人，跨省迁入不足500万人。因此，大部分是通过区域间移民或人口自身增长来完成。苏北人由于受战乱影响小（还有许多苏南人战时逃入苏北），向苏南和其他地区移民不少。句容县“同治初，虽承平未久，民气未复，而居乡者多土著，即所招佃户，大半江北之人”[⑥]。在浙江，绍兴移民也占有很大的比重，如余杭县，光绪二十四年（1898年）共有外来移民28499人，其中绍兴移民为14336人，占50.3%；其次为宁波、温州、河南、苏南和台州等地移民。[⑦] 这两地的移民情况，基本上代表了此期的共有特征，表明了人口迁徙的新动向。

3. 由平原向山区移民。由于平原地区经济发展较快，人口相对集中，战乱的人口损失很快就得到弥补，而山区则相对落后，加上清初的“三藩之乱”，使人口锐减，所以，在江西和浙江等地形成了长达数百年的向山区移民的现象。这当中许多人定居了下来，许多人则不断迁徙、垦荒，

---

① 《明太祖实录》卷一九六。

② 《明太祖实录》卷五。

③ 葛剑雄、曹树基、吴松弟：《简明中国移民史》，福建人民出版社1993年版，第346页。

④ （明）顾起元：《客座赘语》卷二。

⑤ 参见葛剑雄、曹树基、吴松弟《简明中国移民史》，福建人民出版社1993年版，第460—474页，原文为6300万，见第474页，此处6206万为三个数字之和。

⑥ 光绪《续修句容县志》卷六。

⑦ 光绪《余杭县志稿·户口》。

最后又回到原籍地。

直接导致向山区府县移民是“三藩之乱”。当时浙江的江山、常山、开化、永嘉、瑞安、云和、龙泉等七县，“被陷三载，仳离困苦，备极颠连。……惟见百里无人，十里无烟”①。为了改变战乱带来的人口锐减、抛荒严重的局面，便招民开垦，以期恢复经济生产。当时的“青田自耿（精忠）藩平，荒田特多。康熙四十年（1701 年）后，前县令郑新令招民开垦，大率毕有粮之荒田，谓之垦复”②。到雍正时，外籍前来垦复的移民约占县中人口的一半，因此，有“民异籍居半”之说③。而青田在“三藩之乱”中并不是受害最重的县。

沿龙泉溪往上游是云和县，这儿的移民大部分是福建人，据乾隆年间统计，“康熙三十年以前云和烟户一千三百耳，今将计五千，闽中客强半”④。因此，在赤石、桑岭之间形成了“纯乎闽音”的客家方言区。

浙江的江山、泰顺、龙游、汤溪（今属金华县）等县也有大量福建棚民迁入。而在常山、开化等县则除了福建籍移民外，还有大量的江西籍移民。清雍正时，“离（常山）城未十里，三五来迎者已为闽、徽、江右之垦户，无复土著之民矣”⑤。他们被称为“江（西）闽人”，人数有数万之众，最后都逐渐地定居下来。开化的移民稍为复杂一点，他们“多为安庆、徽州之人以及江西之中部、东部，福建之闽北、闽西并其沿海各县之民”⑥。

这种以垦山为业，迁入山区的移民，在浙江与安徽交界的一些县市也极其活跃。在建德“近招江、闽无业闲民开山种麻，结棚聚处，愚民见短，利其荒税一时有补，未能远谋，遂致棚民联络盘踞，岁引日多”⑦。引起了社会的不安。与此同时，皖南的棚户垦山，还引起环境问题，导致与土著的冲突。如安徽绩溪县在乾隆三十年间，“安庆人携苞芦入境租山垦种，而土著愚民间亦有效尤而自垦者”，到嘉庆年间，“漫山遍野，驱

---

① 康熙《衢州府志》卷五。

② 光绪《青田县志》卷四。

③ 乾隆《青田县志》卷七。

④ 同治《云和县志》卷一五。

⑤ 雍正《常山县志》卷一。

⑥ 民国《开化县志稿》。

⑦ 乾隆《建德县志》卷二一。

逐为难”[①]。这种以垦山为业者在皖南的祁门、黟县、宁国、旌德等地都存在。由于水土流失严重，徽州府曾令驱逐棚民，导致与土著冲突，酿成命案。

4. 农村向城市的移民。农村向城市的移民主要是因为战乱、赋税过重而导致破产和现代的城市的形成。在华东区，清末被迫开放的通商口岸有上海、宁波等地，尤其是上海租界区，成为农村向城市移民的典型代表。

鸦片战争前，上海全县人口为50余万，县城及近郊人口仅20余万。鸦片战争后，上海开放为对外通商口岸，西方殖民者开始进入上海。最早是英国人，1845年在上海县城北面设置了英国“居留地”。此后，美、法也相继在上海建立“居留地”，这些居留地即后来我们习称的“租界”。租界内的航运、商业和现代工业的迅速崛起和繁荣，吸收了大批劳工和投资者。这当中最早进入上海从事商业活动的是广东的买办，人数也最多。王韬《瀛壖杂志》说，“沪地百货阗集，中外贸易惟凭通事一言，半皆粤人为之”。接着发展起来的是为外国殖民者和买办服务的佣人、厨师、车夫、船夫和其他苦役等，他们大都来之上海城乡各地，也有来自全国各地的。与此同时，随着运输业的兴盛，吸收了大批搬运工人。而近代工业的兴起，像船厂、机器制造厂及外加工企业等工厂企业，则铸造了中国最早的产业工人。他们来自全国不同的地方，但大多数为江苏、浙江、广东和安徽等省人。这是上海吸收外来人口的一个重要原因。

旧上海“华界”上海籍人口与非上海籍人口（一）

年份	上海籍人口		非上海籍人口	
	人　数	百分比（%）	人　数	百分比（%）
1930	436337	26	1255998	74
1932	430875	28	1140214	72
1934	488631	25	1426063	75
1936	513810	24	1631507	76

资料来源：邹依仁：《旧上海人口变迁的研究》，上海人民出版社1980年版，第112页。

---

① 嘉庆《绩溪县志》卷三。

旧上海公共租界上海籍与非上海籍人口（二）

年份	上海籍人口		非上海籍人口	
	人　　数	百分比（%）	人　　数	百分比（%）
1885	15814	15	93492	85
1895	40470	19	178836	81
1905	67600	17	322797	83
1915	91161	17	448054	83
1925	121238	17	660848	83
1935	236477	21	884383	79

资料来源：邹依仁：《旧上海人口变迁的研究》，上海人民出版社 1980 年版，第 112 页。

旧上海“华界”非上海籍人口籍贯构成（三）　　千人

年份	江苏	浙江	安徽	广东	湖北	河北	山东	合计
1930	669	342	60	40	24	15	27	1177
1932	619	284	65	22	27	15	26	1058
1934	752	358	87	49	34	30	32	1342
1936	869	413	95	57	35	33	35	1537

说明：1. 各年平均为 9 月份人数；2. 江苏项中不包括上海籍人口；3. 外国人除外；4. 北平人口列入河北人口中；5. 原表中的其他作北方人口处理。

资料来源：邹依仁：《旧上海人口变迁的研究》，上海人民出版社 1980 年版，第 115 页。

旧上海公共租界非上海籍人口籍贯构成（四）　　百人

年份	江苏	浙江	安徽	广东	湖北	河北	山东	合计
1885	396	413	27	210	6	19	4	935
1895	1012	775	26	312	11	22	7	1787
1905	1690	1340	74	546	47	47	29	3227
1915	2304	2012	155	448	80	72	52	4481
1925	3081	2291	265	514	149	158	122	6010
1935	5912	3889	310	533	97	114	148	8844

说明：1. 江苏籍中不合上海籍；2. 外国人未计入。

资料来源：邹依仁：《旧上海人口变迁的研究》，上海人民出版社 1980 年版，第 115 页，表 22 及上表（二）。

第二个原因是租界具有特殊的地位，它不受中国政府的管辖。这种特殊地位表现为在战争时期它是“中立区”，在和平时期它是中国政府异己力量的聚居地。前者第一次大量人口涌入是在太平天国时期上海小刀会起义占领县城，数量在2万人以上。因此，太平天国时期，由于南京为中心的长江下游地区处于太平军和清军拉锯式的纷飞战火之中，使大量人口为躲避战乱而迁入租界。1860年时华人在租界的人数突增到30万人，1862年则已达50万人[①]。不仅是平民百姓，那些在战乱或革命中被赶下台的官员，也大量逃入租界。如武昌起义后，湖广总督瑞澂就逃离武汉躲进上海租界。1911年11月3日上海光复，上海道台刘燕翼、江南制造局总办张楚宝也先后逃入租界。1937年“八·一三”日本进攻上海，战区内的逃难者更是纷纷拥进上海，租界的人口达200万以上。上海租界完全成了一座“避难城”。至于政府的异己力量利用上海的特殊地位，出刊物、宣传革命、组织社团等，更是不胜枚举。早年的康有为、黄遵宪得租界力量的庇护逃脱清廷的缉捕，后来的革命党人如龚超、章太炎、邹容也因租界的特殊地位而获释或轻判。黄兴、陈天华、张继、蔡元培、吴稚晖、章士钊、于右任、龙泽厚、汪康年、张元济等大批革命党或新派人物都曾云集上海，光复会（1904年）、中华同盟会中部总会（1911年）、中国共产党（1921年）等组织也相继在上海诞生。他们都吸收了大量的人员。另外，商业和娱乐业的繁荣和畸形发展，不仅吸收了大批从业者，也吸收了大批有钱的寓公。

正是基于以上几方面的原因，使上海人口飞速增长，20世纪初已突破100万人，20年代前夕，上海人口过了200万人，20年代末达到300万人，到抗日战争爆发已近400万人，如此庞大的人口，上海本地籍则只占约20%，从中我们可见出农村或其他区域人口向城市，尤其是大城市迁移的迅速。

纵观明代以来到民国时期中国人口在华东迁徙的特点，我们可以发现以下两个值得注意的动向。

第一，北方向南方大规模的移民结束，即所谓汉民族正统文化区域向非正统文化区域的移民结束。代之而起的是区域间的移民，它标志着民族文化认同已经结束。

第二，随着南北民族认同的结束，在华东的居住民，不管是原居住民

---

① 《费唐法官研究上海公共租界情形报告书》卷一，工部局华文处1931年版。

还是迁入民，已完全汉化，隔阂消除。

不过，民族认同虽然已经结束，但由于居住的环境不同，各自的历史渊源不同，以及经济文化发展的不平衡性，地方文化特点日趋突出。以语言和宗族为代表的地方性集团在社会生活中占有重要地位。这就使华东区明清之后的移民，除了向城市移民是例外之外，其余地方的移民，大都以地方或家族为主体，它带来华东不同地域大量的相异文化现象，其中方言岛是其典型代表。目前在各方言区内部都有不同程度的方言岛存在，便是这一时期移民特点所决定的。

长达2000多年的移民，主要是北方汉族向江南地区的移民，使江南蛮夷迅速汉化，并成为汉民族中的有机组成部分。而华东的经济，也在一浪高过一浪的移民浪潮中，得到迅速的发展，终于成为整个中国的经济和文化中心，独领风骚千年，至今它仍然是中国经济、文化最发达和最具活力的地区之一。在只有全国面积3.5%，人口15.75%的情况下，却创造了占全国30%以上的财富，这不能不说是华东汉族人民创造的奇迹。

第三章　华中汉民族史记

第一节　华中概述

一　华中汉族的地理空间范围

华中位于中国中部内陆地区，东起东经 119°32′，西至东经 107°30′，南至北纬24°36′，北到北纬33°18′，包括湖南、湖北、江西3省，面积55万多平方公里，占全国面积的5.73%；人口16695.79万人，其中汉族15544.93万人。[①]

华中处于长江中游，长江从本区北部横贯东西，境内流域面积基本属于长江水系，水网稠密，湖泊众多，是著名的“水乡泽国”。

1. 华中的行政区划

华中古为“南蛮”之地，春秋战国时属楚，秦时属九江郡、长沙郡，汉时属扬州、荆州；元时置湖广行省、江西行省，明置湖广布政司、江西布政司；清时析湖广为湖南和湖北两省，江西省因之，以后基本未变。

据中华人民共和国国家统计局2010年统计[②]：

湖南省有长沙、株洲、湘潭、衡阳、邵阳、岳阳、常德、张家界、益阳、娄底、郴州、永州、怀化13个地级市，湘西土家族苗族1个自治州；37个县级区、19个县级市，65个县、7个自治县；人口65683722人，其中汉族59132322人，占90.03%。

湖北省有武汉、黄石、十堰、荆州、宜昌、襄阳、孝感、荆门、随

---

① 国家统计局人口与就业统计司编：《中国人口统计年鉴1997》，中国统计出版社1997年版，第68页。下引人口数均见此书。

② 中华人民共和国国家统计局：《2010年第六次全国人口普查主要数据公报（第2号）》2011年4月29日，中央政府门户网站，http：//www.gov.cn/test/2012—04/20/content_2118413_2.htm。以下各省市区人口统计所引除注明外均据此。

州、咸宁、黄冈、鄂州 12 个地级市，恩施土家族苗族 1 个自治州，24 个县级市，42 个县、2 个自治县，1 个林区，32 个县级区；人口 57237740 人，其中汉族 54407740 人①，占 95.32%。

江西有南昌、九江、景德镇、萍乡、新余、鹰潭、赣州、宜春、上饶、抚州、吉安共青城 12 个地级市，11 个县级市，70 个县，15 个县；人口 44567475 人，其中汉族 44415064 人，占 99.66%。

2. 华中的自然地理环境

从地图上看，华中处于长江中下游平原西部，长江从本区北部横贯而过，将平原分割为南北两块，南边一块又为湘鄂赣山地所阻，分为东西两片，东为鄱阳湖平原，西为洞庭湖平原；北边为江汉平原。平原四周山岭环绕，内部地势低平，海拔大概在 50 米以下。由于地势低洼，水系紊乱，洪、涝、渍害严重。洞庭湖以南，低山丘陵、盆地交错，湘、资、沅、澧四水汇集其间。由于长期受湿热气候的风化水土流失比较严重。

华中的山地主要有湘鄂赣山地、湘鄂西山地、南岭山地和赣东山地。湘鄂赣山地的南部为罗霄山脉，绵亘于赣、湘边界，海拔 1500—2000 米，为赣江、湘江流域的分水岭，位于罗霄山脉中段的井冈山，是我国第一个农村革命根据地；北部为九岭山、武功山和在赣鄂两省边界上的幕阜山，海拔 500—1500 米。庐山位于幕阜山余脉的东端，耸立于鄱阳湖畔，主峰海拔 1400 余米，有仙人洞等胜迹，为我国著名风景区和休养、游览胜地。湘鄂赣山地为湘江与赣江流域的分水岭，各山脉间比较低平宽广的谷地为湘赣间的交通孔道。湘鄂西山地由于长江的切割，又分为湘西山地和鄂西山地两块。湘西山地西部与贵州高原的东缘相邻，东部以雪峰山为界，北部为武陵山脉盘亘，地势崎岖，大部分地区海拔 1000 米以上，沿河分布着一些小型红层盆地。雪峰山呈东北西南走向，绵延 300 多公里，主峰海拔在 1900 米以上，是沅江与资水流域的分水岭。鄂西山地由武当山、荆山、大巴山、巫山等一系列山脉组成，是我国地势第二级阶梯的东部边缘，比起江汉平原来，显得相当高峻。山间沟谷深切，峡谷、盆地相间，各盆地为农业区。大巴山东段主峰神农架，最高点大神农架海拔 3052 米，

① 《湖北少数民族及民族工作情况介绍》（http：//www. cnhubei. com/xwzt/2012/fzxc/xgzs/201206/t2109112. shtml）。湖北少数民族人口为 283 万人，是一个约数。

是华中第一高峰，森林茂密，为一原始林区。大巴山、荆山是长江与汉水的分水岭。巫山绵延在鄂川边境，大体呈东北西南走向，平均海拔700—800米，长江切空巫山，形成著名的长江三峡，为鄂川间的天然孔道。长江三峡以南主要是巫山、武陵山、大娄山的余脉，溪谷深切，山岭顶都宽阔平坦，具有高原山地的特点，有恩施、宣恩等较大的河谷盆地，为农业区。本区石灰岩分布普遍，常有溶蚀洼地、落水洞、溶洞和伏流河。南岭山地位于本区南部，主要包括本区的八面山、阳明山、越城岭、都庞岭、萌渚岭、骑田岭，以及九连山、大庾山、诸广山、万洋山等，海拔多在1000—1500米，山间有众多大小不等的红层盆地，河流切割山地形成峡谷，贯穿盆地形成很多冲积平原，为主要农业区。南岭山地是长江与珠江流域的分水岭，又是华中与华南气候的分界线。大庾岭又名梅岭，为南岭中的五岭之一，梅岭古驿道中小梅关海拔仅300—400米，向为岭南、岭北的交通咽喉。赣东山地为武夷山脉盘踞，沿赣闽界绵延达500公里，为赣江、闽江流域的分水岭，一般海拔1000—1500米，最高峰达2000余米。

华中境内河流除长江干流外，主要有赣江、湘江和汉水，皆为长江支流。境内湖泊有鄱阳湖平原的鄱阳湖、洞庭湖平原的洞庭湖和江汉平原的湖泊群。鄱阳湖洪水期蓄水面积达5005平方公里，为我国第一大淡水湖；洞庭湖洪水期蓄水面积为3900多平方公里，为我国第二大淡水湖；江汉平原上分布着大小湖泊1000余个，其中最大的是洪湖和梁子湖。

湖南的地形特点是东、南、西三面环山而向北敞开，形成马蹄形盆地，地形大致可分为洞庭湖平原、湖中丘陵、南岭山地、湘东山地和湘西山地五区。洞庭湖平原位于东北部，由长江和湘、资、沅、澧四条河流冲积而成，同湖北的江汉平原连成一片，海拔多在50米以下，港汊纵横，湖塘众多，土壤肥沃，耕地连片，号称“鱼米之乡”。湘中丘陵，包括雪峰山以东，武功山以西，八面山和阳明山以北，湘阴、益阳以南的广大地区，海拔500米以下的平岗低丘广布，多有宽阔的盆地和谷地，以衡阳盆地最大。衡山耸立在衡阳盆地的北缘，为我国名山之一。南岭山地位于湘粤边界；湘东山地属湘鄂赣山地的西部，是湘江水系和赣江水系的分水岭；湘西山地是贵州高原的外缘，区内的武陵源一带，奇峰林立，洞穴幽深，是著名的旅游胜地。

境内河网密布，大小河流共有4700多条，以湘、资、沅、澧四条河流较大，都汇注于洞庭湖。湘江源出广西东北部的海洋山西麓，全长 817 公里，在湖南境内流域面积约 85400 平方公里，是湖南最重要的河流。沅江源出贵州东部云雾山，水量仅次于湘江；资水源出广西东北部苗儿山，纵贯湖南中部，滩多流急。洞庭湖西、南纳湘、资、沅、澧四水，北纳长江松滋、太平、藕池三口汛期泄入的洪水，在岳阳县城陵矶汇入长江。

湖北的地形特点是三面环山，向南敞开，略成一个不完整的盆地，地势西高东低，地形可分为江汉平原、鄂西山地、鄂东南低山丘陵和鄂东北低山丘陵四个区域。江汉平原位于本省中南部，由长江及汉水冲积而成，同湖南省的洞庭湖平原相连，合称两湖平原。平原上河道曲折，河网交织，湖泊密布，大多是古代大湖云梦泽残留部分。鄂西山地多奇峰异岭，森林茂密，是重要产林区。鄂东南低山丘陵属湘鄂赣山地幕阜山脉向北倾斜部分，海拔在 700 米以下，平行岭谷相间，沿河谷地为农业区。鄂东北低山丘陵位于鄂、豫、皖边境，是秦岭向东的余脉，主要有桐柏山、大别山，呈西北—东南走向，是淮河与长江流域的分水岭。经长期侵蚀，地面十分破碎，大部分在海拔 500 米以下，个别山峰海拔 1000 米以上，丘陵和平原都为农业区。

湖北境内大小河流有 1100 多条，以长江为主干，支流从两侧汇集，形成单一的长江水系。长江自四川入境，横贯全省，在枝江至湖南城陵矶之间一段称为荆江，河道曲折，形成著名的“荆江河曲”，水位高出江汉平原地面。汉水又称汉江，发源于陕西省西南部，流至武汉注入长江，是长江最大的支流。湖北省湖泊多分布在江汉平原，共有大小湖泊千余个，以洪湖、梁子湖为最大，可以调节长江、汉水的水量。

江西的地形特点是三面环山，地势渐次向郡阳湖倾斜。山地和丘陵占全省面积的 60% 以上，地形大致可分为鄱阳湖平原、赣东北山地、赣中丘陵、赣东南赣南丘陵和赣西山地五区。鄱阳湖平原，亦称豫章平原或鄱阳盆地，是长江中下游平原的一部分，为鄱阳湖水系赣江、抚河、信江、鄱江、修水等河冲积而成的冲积平原，面积约 2 万平方公里。大部分地区海拔 50 米以下，河渠交织、湖泊众多，向称“鱼米之乡”。赣东北山地包括怀玉山以及黄山的余脉，山体呈东北—西南走向，一般海拔 500—1000 米，个别山峰在 1500 米以上。赣中丘陵位于本省中部，绝大部分地区为丘陵和红岩低丘，一般海拔 300—600 米，丘陵中有许多红层盆地相间分布，以吉安盆地为最大，是重要农业区。赣南赣东南山地位处省境东部和南部，属武夷山地的西部和南岭山地的北区；赣西山区位于省境西部，属湘鄂赣山地的东区。

江西境内的河流主要有赣江、抚河、信江、鄱江、修水等。赣江自南向北，纵贯本省中部，流域面积约占全省面积的一半，是江西省水力资源最丰富的河流。虽说鄱阳湖是我国第一大淡水湖，但枯水期与洪水期的湖泊面积相差很大。

3. 华中的气候

华中所处纬度稍低，属亚热带季风气候；加以地势向北敞开，低洼中陷，故具有冬季寒冷，夏季酷热，梅雨显著，无霜期较长等特点。全年日照时数 200 小时，百分率为 40%—50%；由于各季阴雨天气多，云量多，日照少，每平方厘米年辐射总量均低于 120 千卡。年平均气温 16℃—18℃，一月平均气温 2℃—6.5℃，绝对最低气温为 -12℃左右；七月平均气温27℃—30℃，绝对最高气温可达 42.0℃，是我国著名的酷热地区之一，武汉、南昌、长沙有“火炉”之称。无霜期 230—310 天，日平均气温≥10℃，积温 4900℃—5700℃，具有热量丰富、生长季长的特点，大部分地区可一年三熟或两年五熟，水稻年可两熟。全年降水量 1000 毫米左右，季节分配比较均匀，尤其春、夏之交的“梅雨”，对水稻生长非常有利，但因雨量变率较长，降水量不够稳定，常导致旱涝灾害发生。

湖南气候具有冬寒期短、四季分明、生长期长等特点，年平均气温，从西北向东南由 15℃递增到 18.5℃。最冷月（一月）平均气温从北往南由 3℃递增 8℃，平地冰雪少见；最热月（七月）平均气温从北往南由 27℃递增到 30℃，长沙、衡阳等地绝对最高气温均超过 40℃，与武汉、南昌等同为我国夏季最热地区之一。全年无霜期从东北往南，由 8 个多月递增到 10 个多月。年平均降水量为 1300—1700 毫米，雪峰山、九岭山和诸广山可达 1800 毫米，为湖南省三个多雨地区。每年四至六月降水量约占全年 40%，春夏之交多暴雨，七至九月大部分地区常有伏旱、秋旱现象。

湖北气候四季分明，春季阴雨多，气温升降剧烈；初夏雨量集中，湿度大，盛夏闷热晴旱；秋季鄂东、江汉平原秋高气爽，鄂西山地秋雨连绵；冬季寒冷少雨。全省气温由北向南逐渐升高，年平均气温大部分地区在 15℃—17℃之间，长江三峡河谷和幕阜山北侧为两个高温区，其中以长江三峡河谷地区为最高，达 18℃左右。最冷月（一月）平均气温大部分地区在2℃—4℃之间，长江三峡达6℃左右。最热月（七月）平均气温大部分地区在27℃—29℃之间，鄂东南近30℃，武汉地区的绝对最高气温达40℃以上。全年无霜期大部分地区在七八个月之间，鄂西南河谷地区为9—10个月。年平均降水量从西北往东南由800毫米左右递增到1500毫米以上，幕阜山和鄂西南山地为两个多雨地区。夏季降水约占全年降水量的35%—50%，春雨多于秋雨，五至八月间多暴雨，其中以大别山、幕阜山及清江流域为最。

江西的气候特点是温暖多雨，春秋短而夏冬长，年平均气温从北往南由16℃递增到20℃，最冷月（一月）平均气温，从北往南由4℃递增到9℃；最热月（七月）平均气温普遍在28℃—30℃，南昌等地夏季绝对最高气温可达40℃以上。全年无霜期从北往南为8—10个月，年平均降水量1300—2000毫米，赣东北山区是本省多雨中心。四至六月多暴雨，降水量占全年降水量的一半左右。春季多梅雨，夏季多暴雨，秋季燥热少雨，易引起夏涝秋旱，冬季常有冷空气侵入。

二　华中汉族历史发展的基本线索

华中本是汉民族形成历史舞台的一部分，当华夏民族在秦汉时从统一转化、发展为汉民族之时，分布在华中主要居住于华中北部边缘的商人、周人，江汉地区的楚人，以及湖南湘江干流地区和江西赣中平原的部分扬越人等也都无一例外地卷入了华夏民族到汉民族形成的历史潮流之中。

秦汉之后，华中汉族经历了三个发展时期，最后于明清时才稳定下来。

魏晋南北朝为华中汉族初步发展时期。在这个我国历史上著名的民族大迁徙和大同化的时期，处于南北中间地带的华中，一方面接受了大量饱受战乱之苦而迁入的中原汉族移民；另一方面是大批少数民族土著族群的“出山”，而最终走上了汉化之路。

从三国之时起，孙吴在今江西地区为接受北方汉族移民而增设了大批新的行政建置；永嘉之乱后，随着洛阳的被攻破，开始了中原汉族南迁的移民潮，而这时华中首当其冲地成了接受北方移民较多的地区之一。据学者研究进入华中的汉族移民有22万人以上。[①]

与此同时，少数民族族群纷纷“出山”，与汉族杂居。如孙吴政权多

① 葛剑雄主编：《中国移民史》第二卷，福建人民出版社1997年版，第412页。

次对江西地区的山越用兵，并迫使部分山越出居平地；又如原来居于川鄂山区的巴人在魏晋时乘乱而大量外迁，其中相当一部分迁到了襄阳一带，东晋时侨置雍州，被称为“雍州蛮”。这时“出山”的还有相中蛮、江夏蛮、豫州蛮、傒人等。

这些“出山”的少数民族族群与华中汉族在长期的杂居中，最后都汉化而融于汉族之中，使得华中汉族像滚雪球一样得到了一次滚动式的发展。

唐宋为华中汉族全面发展的时期。华中汉族经过了唐代的稳定发展，社会经济也得到了长足的进步，所以当唐中期安史之乱后，华中作为比华北相对稳定的地区而成了中原战乱时期北方汉族移民的重要迁入地。但是由于社会经济和地理条件的不同，华中三省的情况各异。

江西为北方汉族移民大量迁入地。由于中唐以后江西经济文化的发展和社会相对稳定，又不曾受到战争的直接影响，故而北方汉族移民蜂拥而入，据学者研究，安史之乱迁入南方的133位移民中，有25人迁入江西，占全部移民人数的19%，仅次于占35%的江南地区。南宋时，当蒙古军进攻两淮地区时，淮南汉族大批迁入江西，仅嘉熙三年（1239年）秋天经江洲进入的移民便达十余万人。[①] 这样大量接受移民的江西人口得到高度的增长，许多府州如洪州、袁州、信州、饶州、吉州等到宋代时已成为人稠地狭的地区，使江西面临巨大的人口压力。

湖北为汉族移民大起大落的地方。由于湖北在历史上就与中原地域相邻，交通方便，故而战乱也往往波及这里，安史之乱时，湖北襄阳一带一开始就接受了大量北方汉族流民。但随着战火烧及襄阳，不仅北方来的移民，就是土著也纷纷南迁至长江以南的今荆州、武汉，以及湖南北部一带。致使这一带人口猛增，江陵城在乾符五年（878年）竟一度有30万户。及至唐末，由于荆襄一带也成了藩镇征战的主要战场之一，曾有30万户的江陵城一度仅剩17家。这种状况到五代和北宋时，因流民的迁入才有了改变，使湖北汉族的人口有了较快的恢复。但是靖康之乱后，由于战乱迅速波及湖北，人口数量又严重下降。直到战乱停息后，受政府的招徕和人地矛盾的压力，南北各方汉族移民的迁入，才使湖北渐成“五方杂处”的地方。

湖南为汉族人口的增长与移民的迁入同步的地方。从唐代的安史之乱

① 《宋史·董槐传》。

起，直到宋代的靖康之乱，都有不少中原汉族移民迁入湖南。此外，江西及南方其他地方向湖南的移民也十分活跃，尤其是江西人自五代开始自发迁入湖南开垦。由于移民的大量迁入，到宋代时，除湘西山区外，汉族已发展到了湖南全境。

元明清为华中汉族大发展的时期。元代湖北、湖南受战乱的影响，人口大减，地广人稀，而江西则相对稳定，地少人多，于是在明初的洪武大移民中出现了“江西填湖广”的移民潮。这样，由于大量移民的迁入，加速了两湖的经济开发，导致明中期出现了“湖广熟，天下足”的繁荣景象。加上清代改土归流政策的实施，不少汉族移民迁入了湘鄂西山区，从而改变了山区人烟稀少的面貌，至此，华北汉族分布的格局基本定型。

三　华中汉族的族群结构

华中汉族的族群结构属汉族各人文地理区中层次单一的类型。

华中汉族历史发展的线索从汉族形成后，经三国两晋南北朝的初步发展，不仅接受了部分北方汉族移民，还吸纳了山越、相中蛮、雍州蛮、江夏蛮、豫州蛮、徯人等“出山”的少数民族族群，汉族经历了大起大落的发展，江西汉族经历了大进猛增的发展，湖南汉族经历了移民迁入与人口增长同步的发展，直到明代洪武“江西填湖广”的大移民中才基本稳定了华中汉族，至清代改土归流，汉族迁入湘鄂西少数民族土著族群聚居的山区，使华中汉族的分布格局基本定型。在这样的历史背景下，造成了华中汉族族群层次单一的特点。

华中汉族族群结构只有一个层次，即可分为湖北人、湖南人、江西人以及赣南的客家人。

四　华中汉族的基本特征

华中汉族地区位于中国中部地区，在吸收四方文化中形成了颇具个性的特征。

1. 方言比较复杂

华中汉族的方言比之华南汉族的方言可谓之简单，比之华北汉族的方言又可谓之复杂，故称之“比较复杂”。

华中汉族方言之所谓简单，是因为它不像华南汉族方言之间，有的完全不能通话，如广府人的粤语与桂柳人的桂柳话。而华中汉族各方言之间虽然有差异，但尚无完全不能通话的情况。而其之所谓复杂，是因为它不像华北汉族的方言都属北方方言系统，而华中汉族方言不属一个系统，湖北话属北方方言体系中的西南官话；湘语是汉族方言中一支非常独特的方言系统；而赣语由于形成历史背景比较特殊，是北方方言与江西土话融合的结果，加上又受周围方言的影响，因而与周边方言的界限非常模糊，交叉现象突出。

2. 族群结构单一

华中汉族的族群结构，根据现在的研究如上所述属于单一层次类型，这就造成了其族群结构单一的特点。所以华中汉族一般只划分为湖北人、湖南人、江西人和赣南客家人。

3. 性格刚直尚义

华中汉族位居中部地区，在长期的历史发展中锻铸了刚直尚勇的人文性格。如湖北人自古民风强悍，不服输，开口闭口自称“老子”，把湖北人的豪爽刚直，尚勇斗狠的性格活灵活现地表现了出来，“天上九头鸟，地上湖北佬”之说不仅表现了湖北人的精明，更表现了湖北人的尚勇。湖南人更是受楚人尚武忠勇的影响而锻炼了自己刚直忠勇的人事性格，至近代以来，湖南忠勇爱国之士辈出，以身殉法的湖南人谭嗣同在就义前所说：“各国变法，无不从流血而成。今中国未闻有因变法而流血者，此国之所以不昌也。有之，请自嗣同始！”何等慷慨，何等忠勇，实乃湖南人刚直忠勇的典范。江西人在历史的沧桑中熔铸了自己刚直尚义的人文性格，他们自古重视名节，不趋炎附势，有宁折不弯的刚直之气，宋末在俘后宁死不屈，高唱“人生自古谁无死，留取丹心照汗青”的江西庐陵（今吉安）人文天祥就是江西人刚直尚义的代表。

4. 民俗沉淀楚风

华中是古代可与中原文化相媲美的楚文化的滋生地，在华中汉族民间民俗中沉淀了大量的楚风楚俗。

表现之一是楚人先民以凤为图腾的崇拜在湖北逐渐转化为对鸡和鸡蛋的崇拜而延续至今，甚至说盘古就是从鸡子中出来的，故而称男性生殖器为“卵”“卵子”，或称“鸡鸡”“雀雀”。湖北人从对凤—鸡的崇拜出发，还赋予它们以特殊的神圣含义，如黄冈团风一带，正月初一，家家都喝鸡汤，届时据俗规，家长吃鸡头，挣钱的主力吃鸡爪，最有前途的吃鸡翅膀，全都隐含有象征意义，因此，在杀鸡时一面为它送死；一面却祈祷它再生，并念一首歌谣道：

鸡子鸡子你莫怪，
你是人间一碗菜；
今年持刀将你宰，
变只凤凰再飞来。[①]

表现之二是湖南人的岁时节日中沉淀了楚人信鬼好巫的风俗，如旧时湖南许多地方盛行以某一节日的天气情况或活动的有关内容占卜人事吉凶和气候灾变的风俗，岳阳就有在人日（即正月初七）“以天气晴雨占人民疾病，年岁有无”[②] 的记载。而傩戏盛行于湘中及湘西的许多汉族地区，更是楚遗风的残存。

表现之三是江西人的民间风俗中沉淀了楚人尚傩舞的风俗。江西号称“吴头楚尾”，但楚风中的傩文化在江西人中流行最广，其足迹几乎遍及全省；表现最典型，在近几年民间歌舞调查中，全省 1500 多个节目中，傩舞占了 1/4。[③]

第二节　华中先秦族群概况

一　远古时代的华中原始族群

华中地处长江流域中游，这里气候宜人，水土丰美，是远古人类重要的活动区域之一。

（一）旧石器时代华中的原始族群

迄今为止，华中已在相当广泛的范围内发现了从旧石器时代早期到晚期的旧石器遗物，其发展序列相当完整，说明从旧石器时代开始，远古人类就已在这里生息繁衍了。在湖北，旧石器时代的文化遗存在长阳、大冶和郧西、郧县等地都有重大的发现[④]；在湖南，自从 1987 年首次在新晃

① 蒋宝德、李鑫生主编：《中国地域文化》，山东美术出版社 1997 年版，第 643、644 页。

② 《古今图书集成·方舆汇编·职方典》卷一二二三。

③ 余悦、吴丽跃主编：《江西民俗文化叙论》，光明日报出版社 1995 年版，第 13 页。

④ 《湖北省文物考古工作新收获》，载《文物考古工作三十年》，文物出版社 1979 年版，第 295 页。

发现旧石器遗存以来，至今已发现近200个遗址，范围广及湘、资、沅、澧四水流域和洞庭湖平原，尤其集中在湖南西部的沅水和澧水流域[①]；江西地区的旧石器也有零星发现。

尤为可喜的是，在一些旧石器时代文化遗址中，还发现了古人类化石，主要有以下几个。

1. 郧县人

1975年发现于湖北郧县龙骨洞，发现了三枚猿人牙齿化石，共存物有经人工打击的石核和二十多种动物化石。其年代与蓝田猿人相当或稍早。[②]

2. 郧西人

1976年发现于湖北郧西县白龙洞，共发现了六枚猿人牙齿化石，共存的动物化石与前者大致相同，年代亦大致相当。[③]

3. 长阳人

1956年发现于湖北鄂西清江流域的长阳县赵家堰龙洞，发现的化石为一块左侧颌骨断片连同两颗牙齿，还有一颗前臼齿。长阳人已进化到早期智人阶段，年代在距今10万年左右。[④]

（二）新石器时代华中的文化遗址

发展到新石器时代后，华中考古发现的文化内涵更为丰富，覆盖面也更广。目前基本确定的新石器时代文化遗址主要有以下几个。

1. 彭头山文化

首先发现于湖南澧县彭头山，目前发现的遗址往南不出澧水北岸，往北可能到达邻近的湖北境内。其年代在距今9000—8200年前，属新石器时代早期文化。遗址发现有磨制石器和陶片，并发现了丰富的稻作遗存和大型的居室遗址。[⑤] 这说明彭头山文化的主人已懂得栽培和种植水稻（这

---

① 袁家荣：《湖南旧石器的埋藏地层》，载《湖南史前考古论文选编》，湖南省文物考古研究所1995年油印本。

② 王善才：《郧县猿人化石发现经过简记》，《古脊椎动物与古人类》1976年第3期；《湖北省文物考古工作新收获》，《文物考古工作三十年》，文物出版社1979年版，第295页。

③ 湘江：《湖北郧西发现猿人牙齿化石》，《古脊椎动物与古人类》1977年第4期；《湖北省文物考古工作新收获》，载《文物考古工作三十年》，文物出版社1979年版，第295页。

④ 贾兰坡：《长阳人化石及共生的哺乳动物群》，载《古脊椎动物与古人类》1957年第3期。

⑤ 湖南省文物考古研究所、澧县文物管理所：《湖南澧县彭头山新石器时代早期遗址发掘简报》，《文物》1990年第8期。

也是目前为止我国发现的最早的稻作遗存），发展起了原始农业和家畜饲养业。

2. 石门皂市下层文化

截至目前，已发现遗址近20处，分布地域较彭头山文化大大扩展，有慈利、石门、临澧、澧县、津市、常德、桃源、南县等县市，即包括澧水中下游和沅水下游。其文化仍以打制石器为主，磨制石器不多且种类单调，但陶器制作比彭头山文化有了长足的进步，器形较规整，胎壁较薄和均匀。其年代在距今7000—8000年。①

3. 城背溪文化

最早发现于湖北宜都县境内，是长江三峡峡口一带新石器时代早期文化遗存的代表，年代在距今7000年以上。其文化特点，磨制石器多石斧，陶器多夹砂红褐陶，并已采用泥片贴筑法制作。②

4. 大塘文化

首先发现于湘江中游的长沙县南托大塘，属于该文化的遗址目前发现的还有湘潭县老虎坑、汨罗县附山园和茶陵县独岭坳。所出陶器以夹砂红陶和泥质红褐陶为主，器表纹饰多为篦点连成的细线，然后构筑成水波纹、横人字纹、圆圈纹等图案。陶器火候较高，质地较坚硬，胎的厚度较均匀。其年代与皂市下层文化同时或稍晚。③

5. 大溪文化

以1958年首先发现于四川巫山县大溪而得名。目前发现的属于该文化的重要遗址有湖北松滋县桂花树、枝江关庙山、江陵毛家山，湖南安乡汤家岗、澧县梦溪三元宫等。④ 其范围跨越了长江南北，但主要在长江两

---

① 参见何介钧《洞庭湖区新石器时代早期文化探索》，载《湖南史前考古论文选编》，湖南省文物考古研究所1995年油印本。

② 杨权喜、陈振裕：《宜都县城背溪新石器时代早期遗址》，载《中国考古学年鉴（1985）》，文物出版社1985年版，第176页。

③ 参见何介钧《湖南早期新石器时代文化遗存》，载《湖南史前考古论文选编》，湖南省文物考古研究所1995年油印本。

④ 湖北省荆州地区博物馆：《湖北松滋县桂花树新石器时代遗址》，《考古》1976年第3期；中国社会科学院考古研究所湖北工作队：《湖北枝江县关庙山新石器时代遗址发掘简报》，《考古》1981年第4期；湖南省博物馆：《湖南安乡县汤家岗新石器时代遗址》，《考古》1982年第4期；湖南省博物馆：《澧县梦溪三元宫遗址》，《考古学报》1979年第4期；纪南城文物考古发掘队：《江陵毛家山发掘记》，《考古》1977年第3期。

岸，西自三峡，东至洪湖西岸。其文化特点：经济生活以原始农业为主，已经开始种植水稻；石器有石斧、带肩石锄等，晚期还出现圭形石凿和较厚的穿孔石铲；房屋建筑采用编竹夹泥的方式，内外焙烧；地面铺垫红烧土块，墙基和立柱下的沟、洞也常填筑红烧土，说明已知道防潮技术；陶器为手制，流行泥条盘筑，不规范，晚期出现了慢轮修整；多泥质红陶和黑陶，红陶表面多施以鲜红或深红的陶衣；圈足器特别发达，同时有相当多的圜底器。从发现的大型公共房屋来看，大溪文化的母系氏族社会已相当发达。其年代在距今6300—5300年。

6. 屈家岭文化

1955年首先发现于湖北京山屈家岭。[①] 屈家岭文化的范围要比大溪文化的范围扩展了很多。北面伸至原属仰韶文化的部分地区，达到河南的南阳地区，南界至少到了洞庭湖东岸，东界到了黄岗和黄石一带，西界直到三峡。其典型遗址主要有：湖北京山朱家嘴、郧县青龙泉、房县七里河、河南淅川下王岗等。[②] 屈家岭文化分布范围广阔，地区差异较大，而且带有明显的承上启下的过渡性质，因此很难概括它的特点和全貌。大体说来，这个时期，在原始农业中已经普遍种植了水稻，所出土的石器工具也多与水稻种植有关，如翻土用的扁平钻孔石铲等；陶器普遍采用慢轮修整，胎壁均匀，大部分器形规范化；出土有石祖或陶祖，说明盛行男性崇拜；房屋建筑出现了长方多间的复杂结构，有70—80平方米，多至29间的。说明屈家岭文化可能已步入了父系氏族社会。其年代距今5000—4600年。

7. 石家河文化

1956年首先发现于湖北天门石家河。此前学术界或称之为青龙泉三期文化、湖北龙山文化、长江中游龙山文化。何介均先生主张命名为“石家河文化”。其文化范围北至河南南阳盆地中、南部，东北越过武胜

① 中国科学院考古研究所：《京山屈家岭》，科学出版社1965年版。

② 湖北省文物管理委员会：《湖北京山朱家咀新石器遗址第一次发掘》，《考古》1964年第5期；长江流域规划办公室文物考古队直属队：《1958—1961湖北郧县和均县发掘简报》，《考古》1961年第10期；湖北省博物馆等：《房县七里河遗址发掘的主要收获》，《江汉考古》1984年第3期；河南省博物馆、长江流域规划办公室文物考古队河南分队：《河南淅川下王岗遗址的试掘》，《文物》1972年第10期；石河考古队：《湖北省石河遗址群1987年发掘简报》，《文物》1990年第8期。

关，东至鄂皖边界，南到沅水和湘水中游，西至三峡峡口。典型遗址主要有随州西花园、大悟吕王城、天门石家河、当阳季家湖、通城尧家林、湘乡岱子坪等。[①] 石家河文化的经济和社会发展水平与中原龙山文化相近。出土的大量红陶小杯应是作饮酒用，说明粮食生产已发展到一定水平，有了较多的剩余；随州西花园出土的一件红陶小杯上发现了规整的云雷纹，天门邓家湾遗址出现了铜块和孔雀石，透露出石家河文化可能已进入了铜石并用时代；在多处墓地中，出现了贫富悬殊、等级分明的现象，说明石家河文化已出现了社会分层现象，处于早期国家形成的前夜。其年代距今4500—4200年。

何介均先生认为，从彭头山文化到石门皂市下层文化、大溪文化、屈家岭文化、石家河文化，存在着密切的因承发展联系，后者在前者的基础上发展而来。[②] 这就是说长江中游两湖地区的文化从萌芽期开始即自成一发展序列。当然，它并没有排斥外来文化的影响，而是在积极吸收外来文化如北方的仰韶文化和龙山文化因素的基础上不断繁荣发展的。

8. 江西万年仙人洞遗址

该遗址位于万年县城东北15公里的小河山，属新石器时代早期的文化遗存，距今9000年前后。石器以打制石器为主，磨制石器较少，而且比较粗糙，器类也简单；陶制以夹红陶为主，陶色不纯，内壁凹凸不平，表现出明显的原始性。未见确凿的家畜骨骼。结合出土工具分析，当时人们主要依靠渔猎和采集为生。[③]

9. 山背文化

以江西修水县山背村遗址命名。1961年首次发现。出土石器有石锛、石刀、石斧、石铲等，陶器以夹砂红陶居多；居址为地面建筑，平面呈圆角长方形，筑墙泥土中掺有稻壳、稻秆。反映出当时居民以稻作农业为

---

① 方殷：《随州西花园与庙台子遗址发掘简述》，《江汉考古》1984年第3期；孝感地区博物馆：《大悟吕王城重点调查简报》，《江汉考古》1985年第3期；湖北省博物馆：《湖北当阳季家湖新石器时代遗址》，《文物资料丛刊》第10辑；武汉大学历史系考古专业等：《湖北通城尧家林遗址的试掘》，《江汉考古》1983年第3期；湖南省博物馆：《湖乡岱子坪新石器时代遗址》，载《湖南考古辑刊》第2辑。

② 何介均：《长江中游原始文化初论》《洞庭湖区新石器时代早期文化探索》《石家河文化浅析》，均载《湖南史前考古论文选编》，湖南省文物考古研究所1995年油印本。

③ 江西省博物馆：《江西万年大源仙人洞洞穴遗址第二次发掘报告》，《文物》1976年第12期；江西省文物管理委员会：《江西万年大源仙人洞洞穴遗址试掘》，《考古学报》1963年第1期。

主，兼营渔猎。[1]

10. 樊城堆文化

1977年首先发现于江西樟树市（原清江县）三桥乡庙下村附近。据近年调查发掘，该文化的南界可达于都，北界到达长江南岸，是分布于赣江—鄱阳湖水系地区的新石器时代晚期文化遗存。重要遗址有：营盘里、筑卫城、盘子岭、凤凰山等，均在今樟树市境内。该文化陶器以夹砂红陶为主，以鼎、豆、罐为主要器形，并盛行三足器，有为数不多的几何印纹陶；石器有段石锛、石刀、石铲等。

上述考古发现向我们展示了远古时代华中原始族群灿烂文化的风貌，并向我们揭示了该区土著族群文化与邻近地区如中原地区、吴越地区、岭南地区古代族群文化的悠久联系。

（三）历史文献记载的华中原始族群

传说资料也向我们透露出华中地区远古原始族群的一些信息。

1. 三苗氏

三苗是传说中广泛分布于南方长江中游地区的一个原始族群。《战国策·魏策一》载吴起说："昔者三苗之居，左彭蠡之波，右有洞庭之水，文山在其南而衡山在其北。"彭蠡即今安徽龙感湖、大官湖一带，与今鄱阳湖隔江相望；衡山为今大别山或桐柏山，文山无考。也就是说，传说中的三苗主要活动于今江汉平原以东至江西北部地区。

在传说中，三苗氏是一个比较强大而先进的族群。《墨子·尚同中》云："逮至有苗之制五刑以乱天下。"表明三苗社会政治已近于较发达的形态，出现了刑法。

三苗氏与北方的炎黄集团的接触早就开始了，到传说中的尧舜禹时期，双方的关系更为密切，不过这种关系在传说中主要以战争冲突的形式表现出来。

相传尧时曾出兵丹江流域，以征服南蛮。《吕氏春秋·召类》云："尧战于丹水之浦以服南蛮。"丹水为今汉江上游的一条支流，南蛮是以

① 江西省文物管理委员会：《江西修水山背地区考古调查与试掘》，《考古》1962年第7期；江西省文物管理委员会：《江西清江营盘里遗址发掘简报》，《考古》1962年第4期；江西省博物馆、北京大学历史系考古专业、清江县博物馆：《清江筑卫城遗址发掘简报》，《考古》1976年第6期。

三苗氏为首的南方部落联盟。尧的这次军事行动很可能取得了胜利，因此《史记·五帝纪》有尧“迁三苗于三危”的记载。

舜也曾出兵征三苗。《吕氏春秋》上条引文下又说：“舜却苗民，更易其俗。”看来这次苗民败得更惨，一些被征服者被迫接受强制同化。舜的这次南征很可能深入了江汉平原甚至更远，所以现在湖南一带流传有关于舜的传说。最动人的莫过于舜南征不归，他的两个妃子娥皇和女英追踪南下，到洞庭之滨得知舜的死讯后殉情于潇湘之间的传说。

禹时炎黄集团继续攻打三苗。《墨子·非攻下》云：“昔者三苗大乱，天命殛之……禹亲把天之瑞令以征有苗……苗师大乱，后乃遂几。”

经受炎黄集团数次大规模的打击后，三苗确实衰落下去了。它的后裔，或者并入后起的楚民族，或者辗转退入山区，发展成后来的苗瑶等民族。而历次的战争，也把北方炎黄文化扩散到了江汉以南地区，加速了两湖地区的文化融合。

2. 廪君蛮

廪君传说始见于先秦人所著的《世本》，《后汉书·南蛮列传》将其系统化：“巴郡南郡蛮本有五姓：巴氏、樊氏、瞫氏、相氏、郑氏。皆出武落钟离山。其山有赤黑二穴，巴氏之子生于赤穴，四姓之子皆生黑穴。未有君长，俱事鬼神，乃共掷剑于石穴，约能中者奉以为君。巴氏子务相乃独中之，众皆叹。又令各乘土船，约能浮者，当以为君。余姓皆沈，唯务相独浮。因共立之，是为廪君。……廪君于是君乎夷城，四姓皆臣之。”

这是关于巴人起源传说的较为系统的记载。其发源地的武落钟离山，据考证在今湖北长阳县境内。可以据此认为今鄂西的清江流域是古代巴人的发源地。

从传说可见巴人集团主要由五个氏族或部落组成，五姓中巴姓处于最高的统治地位，独用红色作标志，其余四姓处于依附地位，皆用黑色。

3. 盘瓠蛮

盘瓠传说仍流行于今天苗瑶畲诸族中。《后汉书·南蛮列传》载：“昔高辛氏有犬戎之寇，帝患其南侵，而征伐不克。乃访募天下，有能得犬戎之将吴将军头者，购黄金千镒，邑万家，又妻以少女。时帝有畜狗，其毛五采，名曰盘瓠，下令之后，盘遂衔人头造阙下。群臣怪而诊之，乃吴将军首也。帝大喜，而计盘瓠不可妻以少女，又无封爵之道，议欲有报而未知所宜。女闻之，以为帝皇下令，不可违信，因请行。帝不得已，乃以女配盘瓠。盘瓠得女，负而走入南山，止石室中。所处险绝，人迹不至。于是女解去衣裳，为仆鉴之结，著独力之衣……经三年，生子一十二人，六男六女。盘瓠死后，因自相夫妻。织绩木皮，染以草实，好五色衣服，制裁皆有尾形。”

高辛氏即传说中的帝喾。这个传说反映了盘瓠蛮与中原炎黄集团悠远的联系。

相传武陵郡地之武溪，为盘瓠蛮的发祥地。《水经注·沅水》说武溪源出武山，“水源石上有盘瓠迹犹存”。武溪流经今湘西吉首市和泸溪县。说明湘西地区从远古时候起，即为人类重要的生息繁衍之区。

4. 烈山氏

烈山氏是中原炎黄集团的炎帝族向东迁徙过程中分布最南的一支。烈山，又作历山，在今湖北省随州市境内。

烈山氏是一个农业经济较为发达的氏族，传说其首领柱，曾被祀为稷，即掌管农业的神。《左传》昭公二十九年说：“稷，田正也。有烈山氏之子曰柱，为稷，自夏以上祀之。”

由于烈山氏善于农耕，因此，当更具神格的农业之神炎帝神农氏的传说出现后，柱发明农业的荣光逐渐被他掩盖了，柱也就成了神农。[①]《国语·鲁语上》韦昭注即云：“烈山氏，炎帝之号也。”今湖北随州市有炎帝陵，这个炎帝陵即是以柱为炎帝的结果。

5. 祝融氏

这是与南方江汉地区有密切联系的传说中炎黄集团的一支，被后来的楚民族指认为自己的先祖。

祝融是古代传说中的火正，是司火的官或神。由于这个职位长期由一个部落或氏族的酋长世袭，因此这个部落或氏族被称为祝融氏。

传说祝融是颛顼之后。《山海经·大荒西经》云：“颛顼生老童，老童生祝融。”这个祝融的名字，史书有的说叫重，有的说叫黎，有的又说叫重黎。这并不重要，关键都是说他是颛顼之后，因居“火正”而被名为祝融。重黎死后，又有其弟吴回“复居火正为祝融”[②]。

---

① 徐旭生：《中国古史的传说时代》，科学出版社1960年版，第228—229页。

② 《史记·楚世家》。

祝融氏的发祥地在郑，[①] 约在今河南新郑县一带。他的后代十分繁昌。《国语·郑语》说有八姓，即己、董、彭、秃、妨、曹、斟、芈。《史记·楚世家》不提祝融八姓，但说吴回之子陆终有六子：昆吾、参胡、彭祖、会人、曹姓、季连芈姓。他们广泛分布于中原地区，北自晋南，南至鄂北，西起豫西，东达鲁西。[②] 其中与华中地区关系最为密切的是芈姓季连这一支。

季连是陆终的幼子，可能即是祝融部落最后分裂出来的氏族。祝融部落曾经盛极一时，到夏代以后，由于受到强国大族的打击而逐渐分崩离析，部落离散。少子季连这一支离开中原，历尽千辛万苦向西南迁移，最后在豫西南鄂西北地区的丹水流域定居下来，并逐渐与当地的苗蛮部落相融合，发展成后来的楚民族。这就是《史记·楚世家》所说的“季连生附沮，附沮生穴熊。其后中微，或在中国，或在蛮夷，弗能纪其世”。

二　先秦的华中族群

从夏代开始，中原进入了国家发展阶段，而至迟从商代开始，中国也进入了有文字记载的文明史时代。这时期，受中原先进文化的影响，华中地区的一些族群也先后进入了国家发展阶段，完成了从部落到民族的转变，同时，也有一些族群仍处于原始社会的发展阶段。

先秦时期生活于华中的族群主要有以下十个。

1. 楚人

楚人的主体居民属于传说中苗蛮集团中的某一部，或者说就是楚蛮。但楚蛮部落的核心则可能是来源于中原炎黄集团中的祝融氏后裔的某一支，即前述的季连。

上一节中我们曾经提到，祝融氏在夏代以后由于受到主要来自夏商等强国大族的冲击而分崩离析。瓦解之后的祝融氏除一部分成员成为夏民族或商民族之一员外，其余部分很可能逃到了周围的蛮夷之中。其中少子季连这一支的后代，向西南方向逃到了当地的楚蛮当中，并成为当地一个部落的首领。

---

① 《左传》昭公十七年说：“郑，祝融之虚也。”

② 徐旭生：《中国古史的传说时代》，科学出版社1960年版，第63—66页。

到周文王时，季连的后裔鬻熊终于在楚蛮中崭露头角，开创了楚国的基业。从此，楚人进入了信史时代。

由此，祝融和鬻熊成了楚人崇拜的先祖。《左传》僖公二十六年记有一事，说楚国的别封之君夔子因不奉祀祝融和鬻熊，楚王竟忍无可忍，兴师问罪，把夔国灭掉了。这说明楚人确实把祝融视为自己的先祖。

《史记·楚世家》说鬻熊“子事文王”，也就是说他背弃了当时已丧失人心的中原盟主殷纣王，转而亲附深孚众望的周文王，说明他是一位有政治头脑的大首领。在他的率领下，楚人渐渐兴盛起来。

这时候楚人的居地在丹阳。这个丹阳在豫西南一带，因位于丹水之阳而得名。这一带是商朝和新崛起的周朝鞭长莫及之处，又是宜耕宜牧的膏腴之乡。是楚人理想的安身立命之地。

但随着周朝势力的扩张，新兴的楚人不得不再次迁移，以避其锋芒。鬻熊之子熊丽继为酋长后，便因此迁到了睢山。睢山即雎山，后世称柤山、祖山、沮山，今称主山，在今湖北西漳县西北近谷城县交界处。这里的自然条件要比丹阳差，若非势不得已，楚人不会远离富饶的旧土的。

为了谋求更好的发展环境，到熊丽的孙子熊绎时，楚人再迁丹阳。这个丹阳在睢山与荆山之间，蛮河中游近上游处，即今南漳县城附近。这里正处鄂西北山地与鄂中丘陵错接的边缘地带，虽算不上膏腴沃壤，但进可攻，退可守，对楚人的早期发展十分有利。

也就在这时候，熊绎被周成王封为楚子，正式跻身于诸侯的行列，时间在公元前1010年左右。我们也可以把这个事件视为楚人立国的开始。

随着楚国的建立，楚民族也就正式形成了。它是一个兼有炎黄集团因子和南蛮集团因子的混血民族。这个特点使楚民族极富开拓和尚武精神，成为楚民族不断发展壮大的标志。

相传熊绎“筚路蓝缕，以处草莽；跋涉山川，以事天子”①，为楚人的生存和发展费尽了毕生的精力。而“筚路蓝缕”这一成语，也常被后人用来形容创业的艰辛。

从熊绎到熊渠，计五代六君，历时约一个半世纪，楚人惨淡经营，境况大为改善。当熊渠在位时，显示了转弱为强的势头。《史记·楚世家》

① 《左传》昭公十二年。

说，周夷王时，王室衰微，诸侯交相攻伐，“熊渠甚得江汉间民和，乃兴兵伐庸、扬粤，至于鄂”。鄂，在今河北鄂州一带。这显示了楚人向江汉平原及以东扩张的态势。而伐鄂的胜利还使楚国得以染指鄂东南的铜矿资源，这对于楚人的振兴起着莫大的作用。正如张正明先生评价所说：“熊渠一生所曾做出的最重大的决策，以及所曾建树的最辉煌的功业。就是伐鄂。”①

公元前 740 年，熊通即位，这就是后来的楚武王。他在位期间，楚国和楚民族进入了一个新的大发展时期。武王的功绩，不仅在于他北伐东征，将楚的势力推进到了汉水以北以东，还在于他攻灭了近在肘腋的权、罗、卢、鄢等国，以及较远的州国和蓼国，降服了绞国，击败了濮人，从而基本肃清了江汉平原地区的敌对势力，将江汉平原辟为自己的庭院，给楚民族开辟出了一块广阔而稳定的生存发展空间。从此，江汉平原成为楚民族生息发展的基地，原来散处在江汉平原地区的众多南蛮集团后裔部落，以及部分越人等，逐渐融进楚人之中。②

楚民族此后又以江汉平原为中心，随着楚国势力的扩张而发展到湖南、河南、安徽和江西等地，影响所及，甚至远达岭南和云贵高原，成为与中原华夏族同时并存的中国南北两大主要民族。

楚人有自己鲜明的民族特征。它有自己的语言。《左传》宣公四年说：“楚人谓乳谷，谓虎于菟。”但楚语与北方诸夏语言的区别，还远不止个别词语的不同，它根本就是一个自成系统的一种语言。《孟子·滕文公下》有一段话说：“孟子谓戴不胜曰：‘子欲子之王善与？我明告子，有楚大夫于此，欲其子之齐语也，则使齐人傅诸？使楚人傅诸？’曰：‘使齐人傅之。’曰：‘一齐人傅之，众楚人咻之，虽日挞而求其齐也，不可得矣。引而置之庄岳之间数年，虽日挞而求其楚，亦不可得矣。’”对于中原之人来说，楚语竟如此难学，说明楚语确与诸夏语言有根本的区别。

楚人“信巫鬼，重淫祀”。③ 信巫鬼，是说楚人崇拜多神，并盛行巫觋。“淫祀”，是指不合华夏民族礼法的祭祀。说明楚民族有着与华夏民

① 张正明：《楚史》，湖北教育出版社 1995 年版，第 45 页。

② 以上主要参考了张正明《楚史》第二章和第三章，湖北教育出版社 1995 年版。

③ 《汉书·地理志下》。

族不同的宗教信仰和祭祀仪式。

楚人尊凤。楚人也崇拜龙，但远不及凤之甚。凤是楚先民的图腾，因此，楚人对凤有着异乎寻常的感情。《山海经》的作者一般认为主要是楚巫，该书一提到凤就流露出压抑不住的激动心情，以为凤的出现是莫大的祥瑞。如《山海经·海内经》说："南方……有鸾鸟自歌，凤鸟自舞……见则天下和。"如《山海经·南山经》说："丹穴之山……有鸟焉，其状如鸡，五采而文，名曰凤凰……是鸟也，饮食自然，自歌自舞，见则天下安宁。"

由于尊凤，因此楚人好以凤喻己或喻人。这在先秦各族中是独一无二的。按照一个夸张的传说，楚庄王即位后三年不理政事，还下令要处死进谏者。大夫伍举求见，楚庄王左手搂着郑姬，右手抱着越女，接见了伍举。伍举请庄王猜个谜语，说："有鸟在于阜，三年不蜚不鸣，是何鸟也？"庄王答道："三年不蜚，蜚将冲天；三年不鸣，鸣将惊人。"① 在这个为后人所津津乐道的故事中，伍举以鸟喻庄王，庄王则以鸟喻己。这个飞能冲天，鸣能惊人的鸟，非凤莫属。《九章·怀沙》有句曰："凤皇在笯兮，鸡鹜翔舞。"显然，这是屈原以凤喻己。类似的例子还不少，说明楚民族之于凤，确有特殊的关系。②

楚人性格直率热情，做起事情来风风火火。这或许就是司马迁所说的西楚之人，"其俗剽轻，易发怒"。③ 楚庄王一世豪杰，相传也有这样的性格特征。一次文无畏奉庄王之命出使齐国，归途经由宋国，宋人以他不曾请求"假道"为借口，把他杀了。消息传到楚国，"庄王方削袂，闻之，曰：'嘻！'投袂而起……"当即快步走出宫外。侍者慌忙追去，在庭院里才给他穿上鞋，在大门口才给他佩上剑，直到一个叫作"蒲疏"的闹市才使他登上车。当晚，庄王在城郊住下，随即兴师伐宋。④ 这个故事虽有夸张，却也事出有因，符合楚人的一般性格。⑤

楚人好乐舞，这或许与他们崇凤有某种关联。前述关于凤的引文，即多与"舞"相连。楚人的乐舞，借助于跳动的声和态，抒发了楚人的艺

① 《史记·楚世家》。

② 张正明：《楚史》，湖北教育出版社 1995 年版，第 15—16 页。

③ 《史记·货殖列传》。

④ 《吕氏春秋·行论篇》。

⑤ 张正明：《楚文化史》，上海人民出版社 1987 年版，第 120 页。

术情怀，显示了楚人的艺术素养，也显示了楚人乐观豪放的民族性格。

楚人的舞姿已在长曳千年的流光中消失了，但楚伯乐声凝结在出土的乐器上，缭绕在文献的字里行间，至今恍若在耳。八音之中，楚人所爱以钟为最。尚钟之风，于楚为烈。诸夏以鼎为宝器或重器，九鼎是王权的象征。两国交兵，胜者攻入败者的国都，往往要迁其重器。楚国就大不一样了，它的重器，与其说是鼎，不如说是钟。春秋晚期，楚王有“九龙之钟”，后来吴师攻入楚国郢都，曾破其“九龙之钟”。再后来秦人入郢都，也是把所能找到的钟都搬走了。随州市曾侯乙墓出土的编钟，让我们依稀可见当年楚地钟的盛行。而身处草莽的钟子期竟如此精通音律，以至于“俞伯牙摔琴谢知音”的佳话流传千古，足见楚地乐舞之盛和楚人对音乐的偏爱。[①]

楚人鲜明的民族特点，使楚民族形成了强烈的民族自我意识。熊渠和熊通均曾宣称“我蛮夷也”[②]，强烈地表现自己与中原华夏族不同的民族认同。

由于有强烈的民族意识，楚人的民族感情也就特别浓烈，因此楚民族史上产生了许多忠君爱国感人至深的事迹。

楚国的将帅，如有覆军之败，往往自尽以谢国人和国君。虽贵为公子王孙，位至令尹、司马，也很少有委过和偷生的。楚庄王曾命其子屈瑕伐罗，败绩，屈瑕自缢。城濮之战，楚国属县申、息之师损失惨重，成王派人对令尹子玉说：“大夫若入，其若申、息之老何？”[③] 子玉遂自缢于方城之外。鄢陵之战，统率中军的司马子反醉酒败事，共王派人去责备他，也表示宽恕他，但令尹子重以子玉自尽的故事提醒他，子反还是自尽了。康王时，令尹子囊为吴师所败，整军而还，感到无颜见君，途中伏剑而死，死前犹不忘国事，嘱咐司马子庚一定要修筑郢都城垣。

平民的爱国义行，也感人至深。伍子胥复仇之师攻入郢都后，昭王出奔，但楚国人民自觉奋起抗战，“相率而为致勇之寇，皆方命，奋臂而为之斗。当此之时，无将，率以行列之，各致其死，却吴兵，复楚地”。[④]

① 张正明：《楚文化史》，上海人民出版社 1987 年版，第 121—124，271—283 页。

② 《史记·楚世家》。

③ 《左传》僖公二十八年。

④ 《淮南子·泰族训》。

有个叫屠羊说的商人，一路侍奉着昭王。事平之后，昭王要给他高官厚赏，他辞谢了，依旧去做他的屠羊生意。楚国人民忠君爱国的自发行动，是其民族自尊心和民族自豪感的自然流露。而楚国上下强烈的忠君爱国精神，是楚国能够变小为大，转弱为强，并能长期保持强盛的坚强基础。[①]

然而，随着与中原华夏族交往的日渐加深，春秋战国以后，楚民族正逐渐与华夏民族走向认同，直至完全融为一体。

楚人由于其特殊的族源背景，造就了它特殊的夷夏结合，以夏为主的民族文化特点。在心理上，它虽自卑于诸夏，但又自矜于蛮夷。出于对源出中原炎黄集团的祝融始祖的认同，以及这种特殊的文化和心理特点，楚人从一开始就积极地向中原诸夏学习，吸收其先进的文化，并不断向中原推进。春秋时期中国的政局，可以说就是围绕着楚人的北进和中原华夏族诸国联合抗楚的斗争轴心而展开的。然而，楚人向北发展得越深，它卷入这场以华夏民族为核心的民族大融合的程度也就越深。

楚人原有自己的民族语言楚语，但随着楚国的北进以及与诸夏交往的增多，越来越多的楚人学会了中原通用的语言——夏言。楚语从词汇到语法也因此受到了夏言越来越深的影响。楚人的代表文献《离骚》，虽说是以楚语为基础写成，但不可否认，由于夏言已给楚语留下了深深的烙印，因此，《离骚》对中原华夏民族来说虽然难懂，但还不至于是不可读解的天书。

华夏民族的文字对楚族的影响更大。楚族虽有自己的语言系统，但没有文字，它的文字完全是借自诸夏，然后再稍加改变和创造。张正明先生即认为，楚地的文字字体虽与中原有些变异，但两者还是属于一个系统的。[②]

对华夏族语言和文字的学习和使用，大大促进了楚人对华夏文化的学习和吸收。从此，楚人的意识形态便日深一日地纳入了华夏族意识形态体系中去了。

至迟在楚成王（前671—前626年在位）之世，楚国的贵族已熟知华夏族的某些重要典籍。这些贵族像中原的贵族那样，往往引经据典，借以

---

① 张正明：《楚文化史》，上海人民出版社1987年版，第108—110页。

② 同上书，第268页。

判是非，明利弊，决疑定策。被他们援引最多的是《诗》《书》和《军志》[①] 等。显而易见，他们的政治理想、道德规范乃至战略战术等，在许多方面已经类同于华夏。从文化上看，这时候的楚人已经跻身于诸夏之列了，只是在心理上他们还不能被华夏民族接受，仍被视作“非我族类”。

但文化上的接近以及双方交往的日深，双方心理上的歧视或敌视心理终将被磨平。尤其在战国中后期以后，随着秦国势力的崛起和扩张，楚国不再是中原各国的公敌，华夏民族对楚族的歧视和敌视心理逐渐消于无形，两族融合的步伐大大加快了。随着楚国的灭亡，已经与华夏族高度融合的楚人，在新的国家体制中重新定位了自己，他们放弃了自己原来的民族意识，完全与华夏民族认同了。从此，“楚人”不再是一个民族，而是华夏——汉民族中一个具有浓厚地域特色的族群。

2. 扬越

扬越，或作扬粤、杨粤，是广泛分布于我国长江中下游及以南地区的百越族群中的一支。

扬越得名于扬水。扬水在江汉平原中部，发源于今荆州市附近，东流于今潜江入汉水。所谓扬越，即扬水以东和以南的越人。[②]《史记·楚世家》记载熊渠“伐庸、杨粤，至于鄂”的“杨粤”，就是这个“扬越”。但后来扬越所指的范围越来越广，实际上成为春秋战国时代东南地区除建立越国的于越之外的所有百越族群的泛称。在此我们使用狭义的“扬越”概念，来介绍华中这部分越人的活动情况。

考古发现证明，先秦时期江西省的绝大部分，湖南省的湘江流域和洞庭湖一带，以及湖北省的江汉平原东部和鄂东南，都曾是越人分布活动的地区。但这一带又曾是传说中三苗的主要活动地区，那么，古三苗与扬越之间是否有渊源关系呢？学术界持肯定和否定意见的人均有，就目前的考古发现，还不足以完全解开这个谜。持否定意见者认为，越人最早发源于长江下游地区，大约在新石器时代中期以后迁徙到了长江中游地区，并取代三苗成为当地的主人。湖北黄冈螺蛳山遗址的文化内涵，兼有长江下游和中游的因素[③]，为越人由下游向中游迁徙的西进论者提供了支持。

① 《军志》是中国早已失散的一部古代兵书。

② 张正明：《楚史》，湖北教育出版社 1995 年版，第 24 页。

③ 黄冈地区博物馆：《湖北黄冈螺蛳山遗址墓葬》，《考古学报》1987 年第 3 期。

不管华中的越人是土著还是由长江下游地区迁来，总之，到夏商周时期，他们已拥有了较为发达的文化，进入了青铜时代。湖南安仁县的何古山新石器时代遗址，所出器物有越文化特征，其中发现了青铜管和青铜牌。据考证，这个遗址的年代与商代相当，说明至迟在商代，华中的扬越人即已掌握了青铜冶铸技术了。西周以后，扬越的青铜文化获得了进一步的发展。湖北大冶的铜绿山，至迟从西周初年起，就是一个重要的产铜基地。而以大冶县为中心的新石器时代文化遗存，都有越文化的特征，可以肯定，上古铜绿山周围的居民是扬越，当时的矿工至少可以说主要是扬越。

由于铜矿资源丰富，扬越以青铜铸造的器具也就很多。现今考古工作者在湖南、江西、湖北均发现了大量的具有越文化特征的青铜器，显示了扬越发达的青铜铸造业和高超的技术。如湖南地区出土和采集到的 46 件西周时期铜乐器，据研究都有越文化的风格，应是出自当地越人匠师之手；1984 年在湖北广济县长江航道中挖出的二十余件青铜器，年代从西周晚期至春秋中期，据研究也应是越文化的遗物。[①] 江西的清江、余干、万年、都昌及新干、萍乡等地，也都发现商周时代具有地方风格的越式青铜器。这说明，先秦时期整个华中的越人青铜文化都达到了相当高的水平。

以发达的青铜文化为依托，华中的扬越曾建立过两个国家：鄂与干。

鄂，中心在今湖北鄂州市。鄂立国甚早。张正明先生认为鄂国源于中原，商末在河南南阳盆地，入周后不久东迁至今鄂州市。[②] 这个观点还有待进一步研究。从现在考古发现的鄂东南一带新石器时代晚期至商周时期文化来看，越文化的特征十分明显，因此我们把鄂视为当地越人建立的一个古国。退一步说，即使其核心部分来自中原，其主要居民仍应是当地的扬越之人。

鄂国很可能控制了大冶铜绿山的铜矿资源，因此一度相当强盛，鄂侯也一度获得周夷王的恩宠。但也正因此，鄂国引来了亡国之祸。铜矿是当时重要的战略资源，早在商代时期，为了获得东南地区的铜矿，商朝曾远征南下，在今湖北武汉市黄陂县境内建立起了一个军事据点。黄陂盘龙城

---

① 张正明：《楚文化史》，上海人民出版社 1987 年版，第 52—53 页。

② 张正明：《楚史》，湖北教育出版社 1995 年版，第 45 页。

遗址就是商人所建的据点。商亡之后，大冶铜矿重归越人控制，但中原共主周王，以及新崛起的楚国，均对它垂涎三尺。周厉王时，鄂国与周朝关系恶化，厉王遂派兵灭鄂，擒获了鄂侯。楚王熊渠却趁火打劫，抢先一步袭取鄂都，控制了鄂地，独霸铜绿山铜矿资源。

鄂国灭亡后，鄂地之越从此衰微，当地越人沦为楚国臣民，并逐渐与楚族融合。

干，中心在今江西余干县。干国的范围，应为整个鄱阳湖平原，东连吴越，西接强楚。其建立者为干越。《汉书·食货列传》颜师古注引孟康曰："干越，南方越别名也。"为叙述方便，我们把它视为扬越的一支。

干国，文献记载多不详，较为确切的是它亡于吴国。《管子·内业篇》云："昔者吴干战，未龀，不得入军门。国子擿其齿，遂入，为干国多。"看来这场战争相当残酷，许多未换牙的干国儿童为了保家卫国而拔牙参战。但由于力量对比过于悬殊，干国还是被吴灭亡了。其具体时间大约在春秋以前，至迟也当在春秋初年。①

干国虽亡，由于地处吴楚两强之间，该地在春秋至战国初年多次易手，或属楚或属吴及后起的越，成为各方统治均较薄弱的地区，因此当地的越人能较完整地保持自己的文化传统。直到秦末，当地越人还在番君吴芮的领导下参加了反秦起义。汉代以后，江西越人才逐渐融于汉族之中，但僻处山区的越人仍继续延续着自己的民族传统，直到三国时期以"山越"的面貌再次展现于世人的面前。

湖南地区的扬越，随着楚国的向南扩张也逐渐沦为楚国臣民。由于楚国实行"抚有蛮夷"② 的宽松政策，即奉行相安共处而不是歧视和压迫的民族政策，使扬越在楚国统治下仍获得较为宽松的自由发展空间。这本应有利于扬越自身民族传统的保持，但它在客观上却加速了楚越两族的融合。尤其在楚国统治较强的两湖地区，由于两族的长期共处，到战国时期，平原一带的越人已基本上与楚族融为一体了。考古发现的湖南楚墓出土的文物，与湖北出土的楚文物相同的就较多，而与同期广东、广西、福建（均为百越之区）相同的较少。当然，湖南地区较为僻远的越人仍然

---

① 刘美崧：《试论江西古代越族的几个问题》，载《百越民族史论集》，中国社会科学出版社1982年版，第149页。

② 《左传》襄公十三年。

保持着自己的文化传统。

3. 濮人

濮是一个古老的族群，属传说中的南蛮系统，由于部落众多，又有“百濮”之称。

濮的居地，约在江汉平原西部，楚国的西南方。另据吴永章先生的考证，濮的地望，以鄂南为基地，西邻陕川边地、川南及湘西地区。[①]

早在商朝初年，濮就与中原王朝有了联系。《逸周书·王会解》说：“伊尹受命，于是为四方令曰：……正南瓯邓、桂国、损子、产里、百濮、九菌，请令以珠玑……为献。”

至商末，濮人参加了周武王伐纣的战争，从此改臣于周，成为周的邦国。《左传》昭公九年载：“及武王克商，蒲姑、商奄，吾东土也；巴、濮、楚、邓，吾南土也。”

直到周初，濮人仍然压倒楚人，是江汉地区势力最大的集团之一。但随着楚国的日渐强盛，这种格局正在发生变化，到西周末期，楚国已经压倒濮人，并不断向濮地扩张。《国语·郑语》载：“及平王之末，而秦、晋、齐、楚代兴。秦景、襄于是乎取周土，晋文侯于是乎定天子，齐庄、僖于是乎小柏，楚蚡冒于是乎始启濮。”蚡冒的年代在公元前757—前741年。“始启濮”是楚国兴起的重要契机。继蚡冒而起的楚武王熊通，继续向濮地扩张，终于“开濮地而有之”。[②] 从此，楚国进一步走向强盛，而濮人不得不沦为楚的附庸。

不甘屈服的濮人后来曾掀起了几次反楚斗争。如楚庄王四年（前611年），楚国遇到严重饥荒，曾被征服的庸人、濮人趁机而起，联合反叛，致使“楚人谋徙于阪高”。[③]

不过，由于力量对比悬殊，濮人的反叛每次均遭失败，并引来更大规模的镇压。濮人不得不向西南方向迁移。战国中期以后楚境已没有濮人活动的记载。没有迁走的濮人，应已融入楚人之中。部分濮人西迁进入巴中之地，融于巴人之中。

4. 庸人

庸也是一个古老的族群。与濮一样，他们也曾参加商末武王伐纣战

---

① 吴永章主编：《中南民族关系史》，民族出版社1992年版，第32页。

② 《史记·楚世家》。

③ 《左传》文公十六年。

争，并由此建立庸国，成为周的邦国之一。

庸人的活动区域在今鄂西北及邻近地区，湖北的竹山县是其中心。

早在楚王蚡冒"始开濮地"之前，熊渠已举兵伐庸①，并最终使庸也沦为它的属国。

前述楚庄王四年，庸濮趁楚大饥而联合叛楚。这次起兵初时对庸十分有利，但庸人未能掌握有利时机主动出击，最终被楚联合秦人、巴人，并拉拢先已归附庸人的群蛮击败。庸人从此亡国。由于这一结果的突发性，大部分的庸人可能死于这场战争以后的屠杀之中，所以史书中不见有庸人外迁的记载。

5. 卢人

卢人，又称卢戎。《左传》桓公十三年杜预注曰："卢戎，南蛮。"可见"卢"虽称戎，却属南蛮系统。

卢人也是一个古老的族群，也是参加武王伐纣的八大方国之一。所谓"庸、蜀、羌、髳、微、卢、彭、濮"是也。

卢人的居地，约在今湖北南漳县一带，② 与楚国的早期发展基地十分邻近，因此，当楚国向外扩张时，卢人必然首当其冲。不过，卢人与楚人的早期关系目前尚不清楚。据张正明的意见，楚王熊渠伐庸时，为了解除后顾之忧，很可能同它东面的卢、罗、邓三国修好，让他们保持善意的中立。③

楚武王熊通时，国势强盛，扫平江汉平原成为武王的毕生追求。公元前 699 年，武王兴兵伐罗、卢等国，"罗与卢戎两军之，大败之。莫敖缢于山谷，群帅囚于冶父，以听刑"。④ 但这次惨败似乎也没有能阻挡楚人东征的步伐。经过几年的休整之后，楚国再次出兵，终于灭掉了近在肘腋的卢、罗等国。⑤

卢国灭亡之后，卢戎之名不复见于史籍，其主体应逐渐融入楚族之中或随罗人外迁。

---

① 《史记·楚世家》。

② 吴永章主编：《中南民族关系史》，民族出版社 1992 年版，第 44 页。

③ 张正明：《楚史》，湖北教育出版社 1995 年版，第 44 页。

④ 《左传》桓公十三年。

⑤ 吴永章主编：《中南民族关系史》，民族出版社 1992 年版，第 78 页。

6. 罗人

罗是春秋时期江汉地区一个重要的国家。其族别，从它与卢国长期处于同盟关系来看，很可能与卢戎同族。不过据《通志·氏族略》，罗国“熊姓；一曰祝融之后。妘姓”，似乎说它源于中原炎黄系。但即便如此，其主体居民主要是卢人应是没有疑问的。

罗的地望与卢紧邻，在今湖北省宜城市境。罗人在亡国之后的命运，是被大量外迁。先是被迁到枝江，后迁到湖南湘阴。湘阴在西汉时有罗县，应劭曰：“楚文王徙罗子自枝江居此。”① 此后罗人应与当地居民融为一体，并成为湖南省境内最初汉人的一部分，为湖南地区的早期开发做出了重要的贡献。

7. 巴人

巴人也是一个十分古老的族群。商代称巴方，势力曾达于江汉地区。周代为国之“南土”，被封为巴子国。其活动区域在今川东鄂西一带，清江流域是其发祥地。

春秋至战国中期，巴国数与楚、蜀为敌，其后势力渐衰。公元前361年为秦所灭，巴人从此散入川鄂之间山区。

巴人之后主要分为两支。一支称“廪君巴”，或“廪君蛮”。上节提到的廪君传说就是其始祖传说。他们主要以鄂西清江流域为活动中心。

另一支称“板楯蛮”，以手执板楯作战而得名。主要分布于川东鄂西山区。该支巴人主要有七大姓：罗、朴、督、鄂、度、夕、龚，因此又称“板楯七姓巴”。

8. 盘瓠蛮

盘瓠蛮因崇拜盘瓠而得名。关于盘瓠传说可见上节。

盘瓠蛮的活动不见于先秦文献中，但汉魏时期今湖南境内以地名冠称的长沙蛮、武陵蛮和五溪蛮等，几乎都是盘瓠种属。由于秦汉间该地区并无蛮人大量迁入的证据，因此我们可以认为盘瓠蛮至迟在先秦时期已经生息繁衍于今湖南中西部地区，沅水流域是其活动中心。

9. 商人

商人在黄河中下游地区建立商朝后，有一部分商人因种种原因南迁到江汉地区，他们为传播商文化，促进长江流域的开发和两大流域间的文化

---

① 《汉书·地理志下》长沙国罗县条注引。

交流做出了特殊的贡献。

商朝中期以后，商人对于南进突然变得急切起来。吸引商人跋山涉水深入南方的，是华中丰富的铜矿资源以及冶炼青铜所需的铅和锡。[①] 由于中原铜矿资源严重缺乏，高度发达的青铜冶铸技术和庞大的社会需求迫使商人必须寻找和控制新的铜矿资源。很可能这时候商人已了解到华中富有铜矿资源，因此，以强大的军事实力为后盾，商人南征了。

20 世纪 50 年代发现的武汉市黄陂县盘龙城商代遗址，目前学者已比较一致地认为是南下商人所建的一个重要的军事据点，始建年代约在商代中期武丁时期。作为商文化在长江中游地区的一个前哨阵地，这个据点对华中地区古代文化的影响是十分深刻的。它把商人高超的青铜冶铸技术带到了南方，促进了当地越人青铜文化的发展。

1988 年江西瑞昌县铜岭发现的古铜矿，开采年代上限为商代中期。由瑞昌县往西偏北方向走，是湖北的阳新县和黄石市，连成一线，也发现有古铜矿，目前已知开采年代上限为西周。由于附近有不少商代的炼铜遗址，估计以后也会找到商代的矿井和炼炉。江西万年县、新干县、清江吴城、九江县神墩等商代遗址中，均出土有典型的商文化风格遗物，商文化对该地区的影响显而易见。湖南也发现了不少商代中期和晚期的铜器，其造型和纹饰既有纯属中原商文化风格的，也有富于江南特色的。[②] 这说明商代文化和商人的确已经深入了长江中游地区。

文献记载也透露出商人南下的足迹。

江汉地区有一个古国叫权国，故地在今湖北当阳东南，其公族为子姓。张正明认为是商代中期以后南迁的殷人所建。[③] 这个国家国土虽不广，实力却不弱。楚人从熊渠到蚡冒都未能把它击灭，直到熊通时期才最终将它消灭。权国的商人同样为传播商文化，开发江汉地区做出了巨大的贡献。

10. 周人

周朝建国后，分封了大量的同姓和异姓诸侯，到西周晚期，几个姬姓

---

① 张正明：《楚史》，湖北教育出版社 1995 年版，第 23—24 页。

② 同上书，第 24 页；《江西考古三十年》，载《文物考古工作三十年》，文物出版社 1979 年版，第 240 页。

③ 张正明：《楚文化史》，上海人民出版社 1987 年版，第 68—69 页。

和姜姓诸侯陆续迁到了淮汉之间，被称为“汉阳诸姬”和“汉阳诸姜”。这样，一部分周族之人南迁到了长江中游地区，他们对于促进中原华夏文化的传播，以及未来华夏族与楚族的融合，无疑具有深远的影响。

最终迁到江汉地区姬姜等姓的封国，主要有曾（随）、唐、贰、轸等国，这些都是姬姓。姜姓以中国为大，但因地在南阳盆地，不属本区范围，故不论。另有一姜姓厉国，在今随州市，它是早在传说时代已迁至本区的炎帝支系烈山氏的后裔所建。

曾，在今随州市；唐，在今随州市唐县镇；贰，在今应山县；轸，在今应城县。这“汉阳诸姬”之中，以曾为大。他们和厉国一起，构成一个半岛形状，伸进江汉地区蛮夷的海洋。他们的东南方向，是扬越之人；西有楚蛮、庸等人；西南有巴、濮之人；往南更远一点，有苗蛮。他们背靠着黄河中下游平原这个强大而广阔的文化大陆，其肩负的文化使命和实际产生的影响之大是显而易见的。目前两湖和江西地区发现的大量西周和春秋战国时期具有中原文化风格的遗物，无疑与它们的直接影响是分不开的。

曾（随）、唐等国后来均灭于楚。他们中的一些杰出人才，如随国的季梁，在国家灭亡或成为楚的属国后转而为楚所用，这无疑有利于提高楚人的中原文化水平。因此，各国之入楚，为未来楚与华夏族的融合奠定了更坚实的基础。

先秦时期华中还有一些族属不明的方国，如邓（在今湖北襄樊市）、鄢（在今湖北宣城市东）、州（在今湖北仙桃市南）等，表明华中在先秦时期是一个多族群杂居的地区。而这些族群最后大多并于楚国，并构成楚民族的一部分。后随着楚国的灭亡和楚族与华夏民族融合的完成，他们又成了秦汉时最早的汉族的一部分。

第三节　汉族在华中的迁徙和发展

一　秦汉汉族在华中的发展

秦汉时期，随着中央集权制的大一统封建国家的建立和稳固发展，华夏民族完成了向汉族的转化，发展成为汉族。

华中本是汉民族形成的历史舞台的一部分，汉族最初的组成部分，分布在华中的主要是居住于本区北部边缘的商人、周人，江汉地区的楚人，以及湖南湘江干流地区和江西赣中平原的部分扬越人等。他们在春秋战国之时无一例外地卷入了华夏民族熔铸的潮流，在秦汉时又都无一例外地随华夏民族的发展转化而成了汉族。但是就整个华中而言，及至西汉中期以前，除上述地区是汉族的聚居区以外，其余大部分地区仍然是少数民族土著族群的聚居地。

西汉中期以后有汉族移民陆续迁入，这从今湖南境有不少的汉族移民迁入使该地区当时的人口增长可以看出一些迹象。从文帝七年（前 173 年）至平帝元始二年（2 年），原长沙国范围内的人口平均增长率达到 9.2‰，超过全国同期的 7‰的水平，与大致同期的长江下游地区相比则更高，原吴国范围内从公元前 154 年至公元 2 年的年平均增长率只有约 4‰。东汉时期情况也基本相似。从元始二年到永和五年（140 年），零陵、桂阳、长沙三郡（相当于原长沙国范围）人口的年平均增长率分别达到 13.5‰、8.3‰和 11.6‰，均远高于全国平均水平。尽管湖南当时尚处于开发初期，人口增殖的潜力很大，但持续的高增长绝不是自然增长的结果，应考虑到有大量移民的迁入。[①] 由于中原地区人口相当稠密，迁入的人口应主要来自中原，即汉族。中原汉人的大量迁入显然大大改变了当时湖南省的人口构成，扩展了汉族在湖南的分布面。

江西最早的汉族，主要是由楚人和部分越人在春秋战国的民族大融合中发展而来。西汉末年以后，江西省也有不少中原汉族迁入。如从 2 年至 140 年，豫章郡（约相当于今江西省）的人口年平均增长率达到 11.2‰。没有汉族和其他区域的人口迁入补充，这种增长率是不可想象的。

二　魏晋南北朝汉族向华中的迁徙和发展

魏晋南北朝是我国历史上民族大迁徙和大同化的时期。这个时期，由于饱受战乱之苦的中原汉族人民的大量南迁，以及大批少数民族土著族群的“出山”并最终走上了汉化之路，华中汉族进入了一个新的发展时期，民族互动和同化成为这个时期华中汉族发展的主旋律。

（一）中原汉人的大量南迁

华中地邻中原，因此，历史上中原每发生一次较大规模的社会动乱，均有大量的人口流入本区。

东汉末年，中原混乱不堪，而同时期荆州在刘表的割据统治下相对稳

① 葛剑雄主编：《中国移民史》第二卷，福建人民出版社 1997 年版，第 262、270 页。

定，因此这时期就有大量中原流民迁入本区。《三国志·魏书·卫觊传》说："关中膏腴之地，顷遭荒乱，人民流入荆州者十余万家。"又《后汉书·刘表传》说到刘表抵定荆州后，"关西兖豫学士归者盖有千数"。说明相对安宁的荆州在汉末吸收了不少外地移民。这些移民应主要迁入今襄樊和江陵一带。但上述迁入的人口很少在荆州长期定居下来。原因先是孙权两征荆州，每次都将数万人劫往江东；赤壁大战后，曹操又差不多把所控制的荆州居民全部北迁；刘备入川时，其军队主要是由荆州人组成，荆州为此也减少了不少人口。

孙吴时今江西地区可能接受了不少北方移民。据记载，东汉时它仅有豫章一郡 13 个县，后增至 5 郡一都尉，辖 57 个县。江西行政建置的大量增加除了与孙吴开山越有密切关系外，但移民的迁入也应是一个重要的因素。

而早在永嘉（307—312 年）之乱前，今两湖地区就接受了来自巴蜀的流民。西晋末年，氐人首领李特李雄父子率流民在蜀中起义，304 年李雄攻占成都建立成汉政权，迫使一部分蜀人逃离巴蜀，顺江而下迁入荆湘一带。他们初出巴蜀时至少有 30 余万人，但经四五年的战争残杀和被晋军俘虏别迁，最终能在荆湘定居的大约只有二三万人。[①] 据《晋书·地理志》载："时蜀乱，又割南郡之华容、州陵、监利三县别立丰都，合四县置成都郡，为成都王颖国，居华容县。愍帝建兴（313—315 年）中，并还南郡，并并丰都于监利。"可见蜀地流民主要安置在今湖北沙市、潜江、仙桃、嘉鱼、洪湖、监利之间。

永嘉五年（311 年）匈奴人刘曜攻破洛阳，开始了中原汉族大量南迁的浪潮。这场大规模的人口迁移运动，依葛剑雄先生的观点，可划分为五个主要阶段：

第一阶段，永嘉乱后（307—324 年）

第二阶段，东晋太宁三年至永和五年（325—349 年）

第三阶段，东晋永和六年至咸安二年（350—372 年）

第四阶段，东晋宁康元年至南朝宋永初二年（373—421 年）

第五阶段，宋永初三年至泰始五年（422—469 年）

华中是接受北方移民较多的地区之一，而移民又主要集中在湖北的江

---

① 葛剑雄主编：《中国移民史》第二卷，福建人民出版社 1997 年版，第 319 页。

汉地区，江西的北部沿江地区，以及湖南的北部。移民的迁出地，以河南、山西、陕西居多，部分来自皖北、河北、甘肃等省。

东晋南朝历代政府曾设置了大量的侨州郡县，以安置北方流民。尽管北方移民并非全部都定居于侨州郡县内，但侨州郡县的设置大体上还是能够反映北方移民的大致分布情况。

从表 10 可见，本区接受的移民以湖北为多，尤其集中于汉水流域，而江西、湖南二省由于距中原已远，移民到达的较少，所以仅在北部一小部分设置了几个侨郡县。

到达本区的移民大约有多少？据谭其骧先生统计，自永嘉之乱后至刘宋止，南渡人口（移民及其后代）约有 90 万人，其中居住于今湖北境的约 6 万人，湖南、江西各 1 万余人[①]，总计本区约有 9 万人。但考虑到当时南迁的以及南方土著豪强地主均极力吸收北方移民作为部曲、佃客，并加以隐匿的事实，以及侨州郡县之外亦有部分移民定居的情况，华中这时期接纳的北方移民应更多。葛剑雄先生补充说，“大明八年（464 年）移民及其后裔占迁入地人口比例应高于六分之一，他们的总数可能在 200 万左右”。[②]而这还没有包括侨置在郡县之外的移民人口，因此，大明时移民及其后裔的数目还应更多，“200 万无论如何只是一个下限”。[③] 如仍按先前的比率九分之一计，这 200 万人北方移民及其后裔中，华中应有 22 万人以上。

华中区侨州郡

今省	实有地及今地	侨置州郡
湖北	新蔡（黄梅）境	北江州、（南）新蔡郡
	寻阳（黄梅西南）	安丰郡
	武当（丹江市西北）	始平郡
	均（丹江市境）	义成郡
	酂城（老河口市西北）	雍州
	阴城（老河口市西北）	南阳郡
	筑口（谷城东）	扶风郡

① 谭其骧：《晋永嘉丧乱后之民族迁徙》，《燕京学报》1934 年第 15 期。

② 葛剑雄：《中国人口发展史》，福建人民出版社 1991 年版，第 374 页。

③ 葛剑雄主编：《中国移民史》第二卷，福建人民出版社 1997 年版，第 412 页。

续表

今省	实有地及今地	侨置州郡
湖北	襄樊市西北	京兆郡
	安养（襄樊市北）	河南郡
	襄阳（襄樊市）一带	司州、雍州、秦州、梁州、河南郡、北河南郡、北上洛郡、广平郡、京兆郡、冯翊郡、扶风郡、始平郡、建昌郡、昌国郡、南天水郡、义成郡、义阳郡、北京兆郡
	五垄（疑在襄樊、河南南阳间）	弘农郡
	臼（疑在襄樊、南阳间）	南上洛郡
	大堤（宜城北）	华山郡
	都（宜城东南）	冯翊郡
	上洪（宜城东）	新野郡
	岩州（宜城境）	南天水郡
	上黄（南漳东南）	长（永）宁郡
	新化（大悟东）	湘州
	安陆（安陆）	（南）司州
	孝昌（孝感北）境	（南）司州，南义阳郡、汝南郡
	新洲境	边城郡
	罗田（罗田东）	义州
	邾城（黄冈西北）	豫州
	西阳（黄冈东南）	西阳郡
	武昌（鄂州市）	豫州、西阳郡、竟陵郡
	江夏（武汉市武昌）一带	汝南郡、绥安郡、东牂柯郡
	安兴（江陵东北）境	新兴郡
	南郡（江陵）一带	义阳郡、东义阳郡
	上明（松滋西北长江南岸）境	南荆州、弘农郡、（南）河东郡
	公安（公安西北）	荆州
	吉阳（竹溪西南）	新兴郡
	上津（郧西西北）	北上洛郡

续表

今省	实有地及今地	侨置州郡
湖南	武陵（常德市）	荆州
	安乡西南一带	南义阳郡、平阳郡、左义阳郡
江西	彭泽（彭泽西南）	太原郡
	寻阳（九江市西南）境	弘农郡、松滋郡

资料来源：葛剑雄主编：《中国移民史》第二卷，表 13“东晋南朝境内的侨州郡”，福建人民出版社 1997 年版，第 391—398 页。表中加“——”表示侨寄未久即迁移他处。

中原移民的大量迁入对华中汉族发展的影响是十分巨大和深远的。首先，来自中原的汉族移民对华中汉族原有的语言和文化心理产生了巨大的影响。西晋以前，今华中绝大部分属古楚方言区，赣东北属吴方言区，仅北部邻近中原的边缘地区属中原官话系统①。永嘉之乱以后，由于大量中原移民迁入江汉地区、洞庭湖平原和赣北，使本区原有方言格局被打破，现代汉语方言地理的基本格局粗具雏形。赣客方言的先声像一个巨大的楔子打进江西地区，把吴语和湘语（古楚语）的联系切断；而在两湖，从江汉平原到洞庭湖北部则出现了西南官话的最初雏形。② 也就是说，江西赣方言族群开始奠定了其发展基础，江汉平原和湘北一带的早期汉族也在与中原移民的大范围混杂交汇中发生了有如脱胎换骨般的变化。据南朝梁宗懔《荆楚岁时记》记载，原来盛行于北方的寒食节，这时期也已经在荆楚民间盛行起来。这昭示着荆楚地区早期汉族在文化心理上正与中原汉族进一步认同起来。这是南方人学习和接受中原语言文化的必然结果。我们甚至可以说，前述将之划入汉族的那些南方土著族群，他们的汉化过程这时期才有了实质性的进展。

其次，魏晋南北朝时期华中原居山区或边远地区的少数民族土著族群大批出山，活跃于江汉平原、洞庭湖平原等地，而这些地区又正是北方移民迁入较多的地区，加上战乱时期移民流动性较强，他们与出山的少数民族土著族群错居的机会更大，这无疑对出山的少数民族土著族群产生巨大

① 参见周振鹤、游汝杰《方言与中国文化》图 4—3，上海人民出版社 1986 年版。

② 周振鹤、游汝杰：《方言与中国文化》，上海人民出版社 1986 年版，第 41 页。

的影响，加速他们的汉化进程。另外，一些中原移民还可能为了避乱而深入山区与少数民族土著族群杂居，虽然他们因人数较少而可能无力同化当地少数民族，但在传播汉文化，加强汉族与少数民族的感情和文化交流，无疑具有深远的意义。

（二）少数民族族群的“出山”

魏晋南北朝时期华中汉族的大发展还表现在它吸收和同化了大量的少数民族人口。这不仅意味着汉族人口的增多，还意味着汉族人口分布面的扩大，从早期的平原谷地扩展到了南方的部分山区。

这时期“出山”与汉族高度杂居并最终融入汉族的少数民族土著族群主要有：

山越。山越即山居的越人，又称“山民”“宗民”“山夷”，或辱称为“山贼”“山寇”等。他们主要是先秦时期广泛分布于南方地区的越人之后，但也包括了部分由于种种原因逃往山区与越人共处杂居的汉人。

秦汉时期，当江南平原地区或交通要道沿线的越人因与汉族杂居而逐渐融入汉族之时，居住在山区的越人仍保持着自己的民族特色，继续着传统的生活道路。东汉后期以后，伴随着中原汉人的大量南迁，南方的开发逐渐深入，汉族不断向原为越人居住的地区推进。这样，原来“与世隔绝”的山居越人与汉族的接触频繁起来，“山越”活动的记载便频频见于史书，尤以三国时期为甚。

山越的活动广泛见于东南各省，华中的江西和湖南也是山越重要的活动区域。

湖南的山越主要见于湘江干流流域和湘南山区，即相当于东汉时的长沙郡、桂阳郡和零陵郡。这一带地区先秦时期曾是扬越的重要活动地区，秦汉时期由于有属盘瓠蛮种属的长沙武陵蛮迁入，因此不能排除史书记为“山越”有属盘瓠蛮的可能。三国时期长沙郡内之有山越，已见上一节中。零陵郡的山越也见于《三国志》中，该书卷六一《陆凯传》载，五凤二年（255 年），陆凯曾“讨山贼陈毖于零陵”。不过总的来说，三国时期湖南境内的山越势力不大，而且随着汉族人口的不断渐入和历代王朝统治的不断加强，湖南山越逐渐融入汉族之中，残余部分可能与向东南方向迁徙的盘瓠蛮融合，发展成南朝时期湘南山区的莫徭。

江西的山越势力颇大，分布的地域也很广。仅据《三国志·吴书》的有关记载，山越的活动就达于今赣西北的永修、奉新，赣南和赣东南的吉水、乐安，以及赣东北的鄱阳等县市境内。不过江西境内所谓的“山越”，有的本已成为编户齐民，如《三国志·吴书·贺齐传》载：建安十八年（213 年），“豫章东部民彭材、李玉、王海等起为贼乱，众万余人”；二十一年，“鄱阳民尤突受曹公印绶，化民为贼”。这些所谓的“贼”，有的研究者也把它视为山越。按《三国志》的行文风格，这一类的“贼”至少是土著，有别于北来汉族。而江西土著族群主要是越人之后，因此把他们也视为山越，似无不可，而且它是否还意味着到三国时期那些已成“编户齐民”的越人土著之后尚未完全汉化呢？

孙吴政权曾多次对江西地区的山越用兵，并迫使部分山越出居平地。如《三国志·吴书·周鲂传》载，周鲂在诱杀了一支山越的首领董嗣后，“嗣弟怖惧，诣武昌降于陆逊，乞出平地，自改为善”。对于仍居住在山区的越人，孙吴政权也将他们处于严密的统治之下。前述孙吴时期今江西境内新增了大量的郡县，由东汉时期的 1 郡 13 县增至 5 郡 1 都尉 57 县，江西行政区划的大量增加与汉族的迁入有关，更应与山越的汉化有关。

应该说，江西地区山越绝大部分本来已有相当的汉化基础，前述“化民为贼”者也被视为山越可证，而随着封建王朝政府统治的深入，加上不断有汉族迁入杂居，江西地区的山越加快了汉化的进程。东晋以后，江西地区已几乎不见山越活动的记载。残存的极少部分山越之后可能后来同化于畲族之中。由于畲族从古至今在江西都只有零星分布，因此，随着江西人口最多分布最广的越人土著最终融于汉族，我们可以说这时汉族已遍布江西各地了。

柤中蛮和雍州蛮。魏晋南北朝时期，在今湖北省的南漳、宜城一带兴起了一支蛮夷，称“柤中蛮”或“柤中夷”，他们很可能就是东汉时期活动于这一带的“中庐骆越”的后裔。《三国志·吴书·朱然传》注引《襄阳记》说：“柤中在上黄界，去襄阳一百五十里。魏时夷王梅敷兄弟三人，部曲万余家屯此，分布在中庐、宜城西山，鄢、沔二谷中。土地平敞，宜桑麻，有水陆良田，沔南之膏腴沃壤，谓之柤中。”梅姓是越人大姓，因此柤中蛮很可能是中庐骆越之后。

柤中地近襄阳重镇，正当曹魏和孙吴争战之区，因此柤中蛮屡受孙吴的进攻。徐晃、朱然、诸葛瑾等均曾讨柤中。赤乌九年（246 年）朱然第二次攻打柤中时，还曾迫使当地夷夏万余家北迁汉水以北。《晋书·宣帝纪》说，魏正始七年（240 年），“吴寇柤中，夷夏万余家避寇北渡沔”。

由此可见租中蛮还是与汉族杂居的，这种情况在魏晋南北朝时期的华中还可能是比较普遍的。租中蛮在遭到这次打击之后逐渐衰落，北渡沔投靠曹魏者可能融于汉族之中，余部则可能汇入后起的“雍州蛮”。

雍州蛮的主体应是巴人种属，魏晋以后，中原和江汉地区动荡不安，原来居住于川鄂山区的巴人趁机大量外迁，其中相当一部分迁到了襄阳一带，并以地名被称为“襄阳蛮”。东晋太元（376—396 年）中于襄阳郡侨置雍州后，他们又被称为“雍州蛮”。由于他们的势力相当大，残余的租中蛮的活动被掩盖起来了。

侨置雍州治襄阳，在南北朝对峙时期，这里地处南北势力的交会之区，因此战略地位十分重要，也使活动在这里的雍州蛮备受各方重视。南朝在这里设置有宁蛮校尉以镇服诸蛮，并多由雍州刺史兼领。

元嘉八年（431 年），刘道产出任宁蛮校尉、雍州刺史兼襄阳太守。由于他抚治有方，“蛮夷前后叛戾不受化者，并皆顺服，悉出缘沔为居”。[①] 但元嘉十九年（442 年）道产一死，雍州蛮又大乱，引得刘宋政权多次派大军征讨，并将俘获的蛮人大量迁往京师建康（今江苏南京市）。如元嘉二十二年（445 年）刘骏“讨缘沔蛮，移 14000 余口于京师”。[②] 后来沈庆之也将“前后所获蛮，并移都下，以为营户”。[③] 这些被迁往京师的蛮人，其结果必然是被汉族同化。

但留在雍州的蛮夷仍有很多，他们利用雍州的特殊地理位置，依违于南北两大势力之间，时而北投，时而南附，在夹缝中求生存。直到西魏时期，雍州蛮才完全被宇文泰的西魏政权控制。

雍州蛮在出居沔水（汉水）谷地后，已广泛与汉人杂居在一起，逐渐汉化。但他们之被完全汉化，当在隋唐之后。据《新唐书·循吏韦景骏传》，唐玄宗时韦景骏出任房州（治今湖北房县）刺史时，见当地犹“有蛮风，无学校，好祀淫鬼”。房县是当时雍州蛮活动的边缘地带，他们的后人到唐中期时就未完全汉化。当然，这个事实也反证襄阳一带的雍州蛮主体的后人，至迟在唐中期已完全汉化了。

江夏蛮和豫州蛮。我们在上一节中曾经提到，东汉时期有部分巴人东

① 《宋书·刘道产传》。

② 《宋书·文帝纪》。

③ 《宋书·沈庆之传》。

迁到江夏郡，并以地名被称为江夏蛮。魏晋南北朝时期，他们更加活跃，部落也更盛，广泛分布于江汉平原以东至大别山地区，北部达河南的淮河以南地区。由于居地分散，他们往往又以所在地名见称，如西阳蛮（郡治今湖北黄冈）、新蔡蛮（刘宋置新蔡郡，治今湖北黄梅）、义阳蛮（侨置义阳郡颇多，此义阳郡当为南义阳郡，治今湖北孝感市北的孝昌）、大阳蛮（得名于大阳戍，在今湖北蕲州西北）等。又由于他们主要活动于后来的侨置豫州境（州治今湖北黄冈），故又称“豫州蛮”。《宋书》卷九七即列有《豫州蛮传》。

西阳蛮是豫州蛮的核心部分，又因郡内有五水，故又称“五水蛮”。《宋书·豫州蛮传》说：“西阳有五水，巴水、蕲水、希水（今浠水）、赤亭水（今举水）、西归水（今倒水），谓之五水蛮，所在并深阻，种落炽盛，历世为盗贼，北接淮汝，南极江汉，地方数千里。”可见西阳蛮势力相当繁盛。顾祖禹所说，“当六朝之际，五水群蛮，薮聚于此，山川纠结，难驯易扰”[①]，是有充分的历史根据的。

义阳蛮的势力也曾相当大。西晋太安二年（303 年），其首领张昌于安陆县首义后，旬月之间，众至三万，其中有不少汉人起而从之。义军西攻宛（今河南南阳）、襄阳，东破江、扬二州，南攻长沙、湘东、零陵诸郡，举国震动。西晋政府派三路大军，历时一年多才将他们镇压下去，而义阳蛮亦从此势衰。

为了稳定豫州蛮活动地区的局势，南朝历届政府在这里设置了许多左郡左县，并委任蛮族首领担任左郡太守和左县长官。这一措施收到了较好的效果，安定下来的蛮人在与汉族长期杂居的过程中，不断接受汉族的语言与文化，逐渐融合于汉族之中。

隋朝时期，豫州蛮及前述的雍州蛮之后已出现了明显的汉化趋势。《隋书·地理志下》载：“南郡、竟陵、沔阳、沅陵、清江、襄阳、舂陵、汉东、安陆、永安、义阳、九江、江夏诸郡，多杂蛮左，其与夏人杂居者，则与诸华不别。其僻处山谷者，则言语不通，嗜好居处全异，颇与巴渝同俗。”也就是说，迁出山区与汉族杂居的少数民族土著族群，历经汉魏六朝时期的发展，已逐渐与汉族同化了。而随着这个过程的完成，汉族也基本上完成了在湖北的分布，仅剩鄂西南清江流域尚未有汉人分布了。

① 《读史方舆纪要》卷七六《湖广三·黄州府》。

还有一个傒人。傒人又称溪人，以居于山区平坝地带（所谓溪洞）而得名。《魏书·司马叡传》载："巴、蜀、蛮、獠、溪、俚、楚、越……言语不同……嗜欲皆异。"可见傒人也是南方地区一个较为古老的民族。

关于傒人，文献记载极少，学术界对其源流和族属的认识也意见不一。吴永章先生认为傒人属盘瓠蛮种属。① 傒人的分布，大致以湖南为中心，向东扩散到赣水流域，向南延及今广东韶关一带。

上述傒人分布的地区，自秦汉以来已有汉族大量居住，因此傒人到南北朝时期已有长期与汉族杂居的历史，汉化程度相当高，其中不乏具有较高汉文化水平的著名人物。如东晋重臣陶侃、南齐大臣胡谐之等，都是傒人。虽然如此，至迟在南北朝时期，傒人仍保留有自己的语言。《南史·胡谐之传》记载，南齐高帝建元二年（480年），胡谐之为给事中、骁骑将军，"上方欲奖以贵族盛姻，以谐之家人语傒音不正，乃遣宫内四五人往谐之家教子女语。二年后，帝问曰：'卿家人语音已正未？'谐之答曰：'宫人少，臣家人多，非惟不能得正音，遂使宫人顿成傒语。'"

唐以后，傒人已不再见于记载，他们应已融入汉族之中。

傒人和前述的湖南地区山越之融入汉族，使汉族在湖南的分布面有所扩大。但湘西、湘西南山区、湘中雪峰山区仍几乎没有汉族迁入定居；湘南地区，汉族也主要集中居住在由岭北通往岭南的两条交通要道沿线附近（一条溯湘江过灵渠下漓江，另一条由今衡阳溯来水越岭而下）。也就是说，至魏晋南北朝时期，湖南汉族是成面状分布的，主要在湘江干流，及资、沅、澧三水下游地区，其他地区虽也有汉族分布，但人数并不占优势。

总之，魏晋南北朝时期是中国历史上一次民族大融合时期，这一特点在华中汉族同样表现得十分明显。除上述列举的几个少数民族土著族群融于汉族之外，尚有其他种类的少数民族土著族群如盘瓠蛮等部分融于汉族之中。这说明，今天人口众多的汉族是由多民族的血统融合而成的。

三　唐宋汉族向华中的迁徙和发展

经过魏晋南北朝时期的发展之后，华中汉族在经济和文化方面均具备了良好的发展基础。到唐宋时期，随着中国封建经济和文化步入高度繁荣

---

① 吴永章主编：《中南民族关系史》，民族出版社1992年版，第88—89页。

的发展阶段，华中汉族的发展也谱写了新的篇章。而这一时期迁入江西、两湖的汉族数量也都相当可观。

（一）汉族向江西的迁入和发展

由于中唐以后江西经济文化的发展和社会的相对稳定，使江西成为历次中原战乱时期移民（无论是上层移民还是下层移民）重要的迁入区，而这又反过来促进了江西经济文化的发展，并对江西汉族的发展影响深远。

安史之乱期间，江西不曾受到战争的直接影响，因此北方汉族移民蜂拥而入。尽管乱后有部分上层移民北返，但大部分仍继续留居江西（吴松弟统计的25个移民个案中，有10人北返或归葬，占40%），下层移民北返者应更少。这时期的移民主要集中在赣北和赣东北地区，赣南也有可能有部分下层民众迁入。

除因黄巢等北方武装力量经过而发生过局部战乱外，整个唐末五代时期江西全境相对安宁，加之经济文化基础已有极大提高，这时期北方移民迁入江西定居者更多，分布也更为广泛，遍及江西各州，而以洪州（治今南昌市）、江州（治今九江市）、饶州（治今波阳）、信州（治今上饶市）和吉州（治今吉安市）为多，赣南的虔州（治今赣州市）也已见有上层移民迁入的记载[①]。

到两宋时期，北方汉族移民迁入江西者更多，而以靖康乱后为最。据史料记载，金兵大举南侵后，高宗自己率一支官员由绍兴而宁波并经舟山而到温州。同时，安排"隆祐皇后率六宫宗室近属，迎奉神主，前去江表"[②]，并派一万名军人护送。而高宗要求"百司州预军旅之事者悉从之"，在洪州设立三省和枢密院的分部处理日常事务。[③] 因此，大批官员和百姓随之迁入江西，这些人大部分在江西定居。以后还有大量北方的归正军民迁居江西，如淳熙十四年自江州军中退役的归正北军大多愿居江西。[④] 嘉熙三年（1239年）秋天，因蒙古军进攻两淮，大批淮南人民迁入江西，其数在十余万人。[⑤]

---

① 葛剑雄主编：《中国移民史》第三卷，福建人民出版社1997年版，第291—300页。

② 《建炎以来系年要录》卷二四。建炎三年六月乙亥。

③ 《建炎以来系年要录》卷二五。建炎三年七月壬寅。

④ 《宋会要辑稿》兵一六之五。

⑤ 《宋史·董槐传》。

靖康乱后迁入江西移民分布

府州名	移民总数	始迁者	府州名	移民总数	始迁者
吉州	52	40	临江军	9	5
信州	38	28	南康军	5	3
江州	17	17	筠　州	2	2
抚州	20	15	建昌军	8	2
饶州	29	13	赣　州	1	1
洪州	19	10	南安军	2	1
袁州	13	6	合　计	215	143

资料来源：葛剑雄主编：《中国移民史》第四卷，福建人民出版社 1997 年版，第 329 页。

唐宋时期北方人民大量迁入江西，对江西汉族及其语言的发展变化影响十分深远。据周振鹤、游汝杰先生的研究，中唐以后这样大量的北方人民迁入江西，使赣客语基本形成，而且随着北方移民逐步向赣南推进，赣客语这个楔子也越打越深，不但把吴语和湘语永远分隔开来，而且把闽语限制在东南一隅。而两宋之际发生的由北而南的第三次移民浪潮，使客家话最终形成，并且扩散到闽西南和粤东北。① 客家人这个独具特色的汉族族群，终于在第三次移民浪潮中于闽赣交界地区形成了。

需要指出的是，唐宋时期江西接受的移民并非仅限于来自北方，南方籍移民亦有较多的迁入，尤其在唐末五代江西经济大开发，文化大发展时期，应有不少的邻近地区的南方籍移民迁入江西。

唐宋时期江西人口的高速增长，使江西开始面临人口的巨大压力，一些开发较早和条件较好的府州，如洪州、袁州、信州、饶州、吉州等，到宋代已成为人稠地狭的地区。据统计，北宋元丰年间（1078—1085 年），江西路官民田总计达 45223146 亩②，已接近江西全省可开发面积的极限水平（1949 年江西省的耕地面积也只有 4789 万亩）。以崇宁元年（1102 年）全路人户 1664745 户计，户均耕地仅 27 亩多一点，如以一户 5 口计，

① 周振鹤、游汝杰：《方言与中国文化》，上海人民出版社 1986 年版，第 42 页。

② 据梁方仲《中国历代户口、田地、田赋统计》乙表 10，上海人民出版社 1980 年版，第 290 页。

人均拥有耕地不过5亩多。在亩产量不高的古代，这几乎是维持一个人温饱状态的最低数字了。尽管南宋初期由于宋金战争的破坏，江西人口有相当损失，但人口密度仍高居不下。嘉定十六年（1223年），江西路（约相当今江西省）的人口密度达每平方公里37.7人，居东南各路之最，仅次于成都府路和潼川府路而列南宋全境的第三位。[①]

为此，从五代开始，江西省已开始向邻近省份输出移民，以减轻日渐严重的人口压力。迁出的江西人，以流入土地耕垦未尽、人口密度较低的两湖、广东为多，江淮之间在宋金战争停息后，亦有部分江西人迁入复垦。

（二）汉族向湖北的迁入和发展

湖北地邻中原，黄河流域稍有风吹草动，便有大量移民涌入，但随后战乱往往也波及这个地区，不但迫使北方移民继续南迁，而且一部分土著居民也随之迁往长江以南，加之战争中人口死亡较多，使湖北人口数量呈现出大起大落的特点，湖北汉族的发展历程也就十分曲折。

安史之乱开始后，北方人民开始向南迁移，湖北因地邻中原接受了大量的流民，主要集中于襄阳一带。但随着战火烧及襄阳，北来移民及当地土著又纷纷南逃到江陵及长江以南地区，致使今荆州市和武汉市及湖南北部一带聚集了大量的移民。《旧唐书·地理志》载：“自至德（756—757年）后，中原多故，襄、邓百姓，两京衣冠，尽投江湘，故荆南井邑，十倍其初。”户口猛增的荆州因此析置新县，治所江陵城在乾符五年（878年）竟一度有30万户，成为“衣冠薮泽”。鄂州（治今湖北武汉市武昌）元和时户口数比天宝时多了一倍，并已从一个下州升为观察使治所，增领蕲、黄二州，成为中央财赋主要来源的东南八道之一。[②]

唐末藩镇混战和农民起义，又有大量移民流入湖北，但由于荆襄一带也是藩镇征战的主要战场之一，因此湖北人口损失也很大。如前述江陵曾有户30万，但乾符五年王仙芝军队大掠江陵时，“江陵城下旧户三十万，至是死者十三四”。[③] 此后江陵又迭遭战乱，城中居民一度仅剩17家，在

---

① 据梁方仲《中国历代户口、田地、田赋统计》甲表40，上海人民出版社1980年版，第164页。

② 葛剑雄：《中国人口发展史》，福建人民出版社1991年版，第375页。

③ 《资治通鉴》卷二五三，僖宗乾符五年正月。

成汭的抚辑下，到天复三年（903 年）因流民的迁入才恢复到近万户。[①] 由于原有人口严重减少和北方移民的大量迁入，唐末北方移民可能已在今湖北的一些州中占了优势。[②]

由于乱后居民稀少，五代和北宋时期，不少移民开始自发迁入湖北垦殖，他们主要来自人口密度较高的江西和福建。例如，蕲州蕲水（治今浠水县）"民杂江、闽"。[③] 张国雄的研究也表明从五代至宋代已有不少的移民迁居湖北。[④] 这个时期是湖北汉族人民恢复发展较快的一个时期。

但靖康之乱后不久，由于战乱迅速波及湖北境内，当地人口数量又严重下降。文献载："自鄂渚至襄阳七百里，经乱离之后，长途莽莽，杳无居民"[⑤]；"旧荆南户口数十万，寇乱以来几无人迹"。[⑥] 当战乱停息后，受政府的招徕和人地矛盾的压力，"江南狭乡百姓，扶老携幼，远来靖佃"。[⑦] 由于南北各方移民的迁入，遂使湖北省渐成"皆五方杂处之民"的局面。《大明一统志》卷五九武昌府下引宋代《图册》也说："自往昔军兴，土民颇鲜存者，而西北避地者萃焉，东南趋利者辐焉，五方杂寓，家自为俗。"

总之，唐宋时期湖北汉族的发展表现出人口数量起伏不定，居民流失、变动较大的特点。和平时期发展起来的人口，多次因战乱而大大耗减，随后又有大量的移民迁入补充，使湖北逐渐变成一个移民的社会。而这种反复发展的历程尚未结束，元明时期还有一次规模更大的阵痛。

（三）汉族向湖南的迁入和发展

与湖北的情况不同，湖南人口的增长与移民的迁入，成同步的趋势。安史之乱、唐末五代的藩镇混战、宋代靖康之乱，均有不少中原移民迁入湖南，他们不仅及于湖北平原和湘中的长沙一带，还远达湘南。如北宋理学家周敦颐的祖先，就迁居于道州宁远县的大阳村。他们对湖南汉族的发展具有深远的影响。现代湖南汉族在沅水流域基本属于北方

---

① 《资治通鉴》卷二五七，僖宗文德元年四月；《新唐书》卷一九〇《成汭传》。

② 葛剑雄主编：《中国移民史》第三卷，福建人民出版社 1997 年版，第 314 页。

③ （宋）刘挚：《忠肃集》卷一六《长句送跂之官蕲水》。

④ 张国雄：《明清时期的两湖移民》，陕西人民教育出版社 1995 年版，第 15 页。

⑤ （宋）洪迈：《夷坚志》支景卷一《阳台虎精》。

⑥ 《建炎以来系年要录》卷一六七，绍兴二十四年十一月甲寅。

⑦ 《宋史·食货志上二》。

方言区，虽然这一基础在永嘉之乱后已初步奠定，但最终形成这一格局还在唐宋时期。这显然是北方移民大量迁入的结果。北方话区的扩展意味着古楚方言区的萎缩。现代湘语区已退缩到洞庭湖以南地区，而湘语又分为新湘语和老湘语，老湘语仅分布于湘西南的七八个县。新湘语由于有大量的北方话成分，一些学者甚至主张将新湘语“划归西南官话”。[①] 由此可见，北方移民不仅改变了湖南沅水流域的汉语方言，还对以长沙为中心的湘江地区汉语方言带来了根本性的影响。由于宋以后北方移民南下浪潮已经结束，因此可以认为，上述湖南汉语方言格局是在唐宋时期最终形成的。

这时期除了北方人民大量入迁湖南外，处于大开发初期的湖南省也吸引了南方邻省人多地少地区的人民，他们的迁入对湖南汉族发展的影响同样巨大。

另外，江西及南方其他地方向湖南的移民也非常活跃。从五代开始，就陆续有江西人自发迁入湖南开垦。《宋史·地理志四》说：荆湖“南路有袁（治今江西宜春市）、吉（治今江西吉安市）接壤者，其民往往迁徙自占”。谭其骧也认为：“五代以前，湖南人多来自北方；五代以后，湖南人多来自东方。南宋以前，移民之祖籍单纯。几尽是江西人；南宋以后，移民的祖籍渐臻繁，始多苏、豫、闽、皖之人。”[②] 曹树基先生在其师基础上所作的研究也指出，至1947年，湖南历代移民后裔竟占了湖南全省人口的90%，全省人口中56%是元代以前移民后裔；全部移民后裔中70%左右来自江西，而其中58%又是元以前移民的后裔。[③] 可见从五代至宋湖南确实接受了大量的南方籍移民，而以来自江西者为多。

移民的大量迁入大大加速了湖南地区的开发，如潭州在北宋中后期已成为“土广民稠”的地区。由于平原地区已开发殆尽，后来的移民只好向山区发展，从而促使湖南汉族的分布面大大扩大。

今湖南西部的雪峰山区和武陵山区，宋代以前几乎是纯少数民族土著族群的聚居区；只有极少数的汉人或逃入或被掠入而杂居于这里。宋神宗

① 周振鹤、游汝杰：《方言与中国文化》，上海人民出版社1986年版，第6页。

② 《湖南人由来考》，载《方志月刊》1993年第6卷第9期。

③ 曹树基：《湖南人由来新考》，载《历史地理》第九辑，上海人民出版社1990年版，第114页。

熙宁五年（1072年），宋朝用兵梅山蛮所在的雪峰山区，设新化、安化二县。七年，又用兵南江蛮所在的湘西南地区，设沅州（治今芷江县），下辖卢阳、麻阳、黔阳三县；后又置诚州（后改渠阳军、靖州，治今靖县），下辖会同、通道等县。与此同时，辰州（治今沅陵）的地位也得到加强，对湘西山区的渗透也已开始。

为了加强对新开发地区的统治，宋朝在这一带设置了大量的寨堡，并派官兵驻守。据《元丰九域志》《武经总要》等文献记载统计，宋朝于辰州先后设立有卢溪等19寨，于澧州（治今澧县）设有伏求等10寨，于沅州设有安江等9寨，于诚州设有狼江等4寨，于邵州和武冈军设有惜溪等10寨。另外，湘南的衡、道、全、永诸州也设有不少寨堡，显示出宋代对湖南少数民族土著族群聚居区的开发呈全面的态势。实际上除湘西山区外，宋代汉族已发展到了湖南全境。

中央王朝统治的深入必然导致汉族移民的迁入。宋代上述地区的汉族移民以戍卒弓兵及其家属为最多。

北宋后期驻守湘西的戍兵人数，辰州为1400余人，靖州为3000人，沅州有3000人左右，武冈军约有2000人，如加上邻近的鼎（治今常德市）、澧、邵等州的驻军，总人数可达一万五六千人左右。宋朝在各地的驻军一般携带家属，连其家属可达四五万人。由于长期驻守，应有相当一部分人定居于此。除戍卒外，宋朝政府还在辰、澧、邵、道、永诸州通过组织弓弩手的形式，招募外地移民前往非汉族地区屯田。弓弩手亦有本地人，但由于本地人不多，只能招募外地人担当。而由于弓弩手以弹压当地非汉族为目的，其成员只能是汉族。① 这些人也是宋代湖南非汉族地区移民的重要组成部分。

总之，唐宋时期湖南汉族获得了较大的发展，北方移民的迁入最终基本确定了现代湖南汉语方言的分布格局，而南方籍移民的迁入向山区的开发，则奠定了除湘西山区以外今天湖南汉族的分布格局。

四 元明清汉族在华中的迁徙和发展

元明清时期，随着“江西填湖广”过程的基本结束和两湖经济的全面发展，华中汉族步入了基本同步发展的时期，人口大增，分布也扩展到

---

① 以上参见葛剑雄主编《中国移民史》第四卷，福建人民出版社1997年版，第226—227页。

湘鄂西山区，使汉族在华中全面分布的格局最终形成。

（一）“江西填湖广”的移民潮

南宋与元之间的长期战争，使华中人口损失严重，尤以两湖为甚。湖北的襄阳是南宋重兵防守的重镇，宋元双方在这一带进行了长期的攻守战，致使这一地区人口损失特别惨重。此后元兵南下，围武昌城数月而解去。湘中的长沙，也被元兵围城达三个月之久，城破之后，守将李芾等人自杀，“潭民闻之，多举家自尽，城无虚井，缢林木者累累相比”。[①] 乱后的襄阳路，直至顺年间（1330—1332 年）也只有钱粮户 5090 户[②]；“湖湘之间，千里为墟，驿驰十余日，荆棘没人，漫不见行迹”。[③] 到元末明初，由于战乱，两湖地区人口损失更大。元末群雄并起，黄州一带有徐寿辉与陈友谅组织起义，并在相当长的一段时间里在长江沿线摆开战场，与朱元璋决战，邻近地区也深受其害；襄阳一带，南琐、北琐红军以此为根据地起义，致使襄阳地区更成人稀之地；湘中湘北地区，也难逃战火之灾，《醴陵县志・氏族志》称：“元明之际，土著存者仅十八户。”

江西除赣北一小片地区受到影响较大外，绝大部分地区保持相对稳定，人口损失不大。明初洪武二十六年（1393 年）的户口统计显示，湖广布政司有 775851 户 4702660 口，人口密度为每平方公里 12.98 人；而江西布政司有 1553923 户 8982481 口，人口密度为每平方公里 58.37 人。[④] 当战乱平息后，向人烟稀少的两湖地区的移民便势不可当，而邻近的江西人必将成为这股移民浪潮的主力军。“江西填湖广”的高潮就在这样的背景下展开了。

江西是长江流域开发最早的地区之一，也是历次北方汉族重要迁入地之一，加上长期社会相对稳定，受战乱影响较小，因此社会经济文化发展较快，到宋代已步入全国先进行列，成为全国经济文化最发达的地区之一。但也面临着沉重的人口压力，从而开始了邻近省区大量输出人口的历史。由于两湖地邻江西，自然条件优越而且气候条件与江西相近，所以成为江西移民的首选目的地。而由于自唐末五代以来，江西人一直占据着湖

① 《宋史・李芾传》。

② 《元史・地理志二》。

③ （元）余阙：《青阳先生文集・青阳县尹功铭并序》。

④ 据梁方仲《中国历代户口、田地、田赋统计》甲表 69、甲表 72，上海人民出版社 1980 年版，第 203、207 页。

广移民的主体地位，所以民间以“江西填湖广”来指称这场移民运动。[①]

为了恢复和发展两湖地区经济，明朝政府十分重视向两湖地区的移民，并组织了多次的迁移运动。今湖北人称上厕所为“解手”，据称即源于先民被强迫迁徙途中要方便必先呼押送官兵解开手上绳索的特殊经历。文献也对明初有组织的移民有所反映。如洪武三十年（1397 年），湖广常德府武陵县民在当地自战乱之后，“人民逃散，虽或复业，而土旷人稀，耕种者少，荒芜者多。邻近江西州县，多有无田失业之人，乞敕江西量迁贫民开种，庶农尽其力，地尽其利”，于是明太祖“命户部遣官于江西，分丁多人民及无产业者于其地耕种”。[②]

不过，相对于政府有组织的移民，江西民间自发的向两湖地区的移民规模更大。这类移民最重要的起因，一方面由于原住区的人口压力；另一方面也由于迁入区能提供更多改善物质生活条件的机会所产生的诱惑力和拉力。于是明初就出现了“其由江右而播迁荆楚者，几如江出西陵”[③] 壮观的“江西填湖广”的移民浪潮。邱浚《江右民迁荆楚议》也指出了这一点：“以今言之，荆楚之地，田多而人少；江右之地，田少而人多。江右之人，大半侨寓于荆湖。盖江右之地力所出，不足以给其人，必资荆湖之粟以为养也。”[④]

当然，元末明初向两湖的移民并非全部来自江西，苏、浙、皖、闽、粤各省也占一定分量，而襄樊一带的鄂北地区，还有不少来自山西、河南等地的移民迁入。

（二）“湖广熟，天下足”

大量移民的迁徙，给华中尤其是给两湖地区注入了大量的劳动力，加速了两湖地区的开发和发展。

首先，江西与两湖地区自然条件十分接近，这就使江西移民对迁入地的适应过程十分短暂，他们原来掌握的生产技术，所熟悉的耕作方式均无须改变，一旦在迁入地安顿下来，即可有效地投入正常的生产活动。其次，元明之际的向两湖的移民主要是自发移民，他们是为了寻求更好的生

---

① 张国雄：《明清时期的两湖移民》，陕西人民教育出版社 1995 年版，第 64 页。

② 《明太祖实录》卷二五〇，洪武三十年三月。

③ 民国二年江陵《胡氏宗谱》，转引自《明清时期的两湖移民》，第 16 页。

④ 《明经世文编》卷七二。

活条件而远走他乡的，因此他们都具有吃苦耐劳、艰苦创业的精神，回迁率也很低。正是由于以江西籍移民为主的广大移民及其后裔的艰苦创业，才使湖广地区经济得到了迅速的恢复和发展，导致在明中期以后出现了“湖广熟，天下足”的民谚。张国雄指出“没有移民就没有两湖的经济大开发”① 是十分正确的。

随着平原和低平丘陵地区完全得到开发和人口迁入的饱和，这时华中移民还形成了另一个特点，即向山区等僻远地方移民。

赣东北的移民主要来自福建（操闽南和闽北方言），部分来自浙江和安徽，江西当地亦有迁居山区者。他们大多是清初乾隆中期迁入。外省移民人数，至乾隆中期，贵溪南部山区约有0.3万，如加上散处中部河谷地区，约有0.5万；铅山约有3万，占全县人口的23%左右；上饶约有13万，占全县人口的48%左右；玉山约有8.4万，比例与上饶相当。②

赣南和湘赣边界以及赣东北山区，在地理分布上连成一片。对该山区的移民在明中叶后已陆续展开，但高潮仍在清代前期。

这一大片山区的移民，其来源可分为两大部分。一是闽西粤北的客家人，二是操赣方言的来自腹地的江西人，湖北人也有部分迁入赣西北山区。

赣南和湘东南山区主要是客家人迁入区。这是今天赣南几乎成为纯客家住地的根本原因。湘东南的桂东、酃县、茶陵、攸县等地的客家人，也主要是这时期从粤北、赣南迁入的。

赣中、赣西北和湘东北部山区，也有不少的客家人迁入。今赣西北的铜鼓县大部分地区通行客家话，即是明证。不过，相对于客家人，操赣方言的本地江西人迁入更多，或者因为客家人迁入该区的已经较少，现代湘东北区以东是赣方言占主导地位的地区。

明末清初向山区的移民，根本改变了山区地旷人稀的面貌。如赣南地区，洪武年间人口不过40多万，但到乾隆中期，其人口总数已达260万左右，至嘉庆年间，更增加到397万。昔日荒凉的赣南山区，已成为一个新的人口稠密区，人口密度达到每平方公里100人左右。③ 但由于山区耕

① 张国雄：《明清时期的两湖移民》，陕西人民教育出版社1995年版，第183页。

② 参见葛剑雄主编《中国移民史》第六卷，福建人民出版社1997年版，第239—248页。

③ 同上书，第220—221页。

地面积小，山地面积大，过高的人口密度必然以破坏森林为代价，导致水土流失严重和生态环境的恶化，不利于当地人民的发展。

这时汉族移民还有一个特点，即向少数民族土著族群聚居区迁徙和发展。湘鄂西山区大致相当于今湘西和鄂西这两个土家族苗族自治州。这里自古以来就是土家族和苗族先民的聚居区，明清时期中央王朝均在这里设立土司，实行间接统治，并规定了“蛮不出境，汉不入峒”的禁令。因此，到清代改土归流以前，除极少数被掠入或逃入的汉人外，几乎没有汉人在这里定居。改土归流主要集中在雍正年间，改流后鄂西设立了施南府，湘西设立了永顺府等府州厅。

随着改土归流的完成，“蛮不出境，汉不入峒”的禁令也被废除，从此，汉族人大规模迁入该地区。

移民的来源，主要是本省和江西，贵州、四川也有部分灾民流入。如《来凤县志·人口》[①] 载：“改土归流后，废除‘蛮不出境，汉不入峒’的禁令，江西、湖南等地汉人大量向来凤迁徙。”建始县“由是荆州、湖南、江西等处流民竞集”[②]；湘西龙山县，“客民多长（沙）、衡（州）、常（德）、辰（州）各府及江西、贵州各省者”[③]。

曹树基先生对清代湘鄂西山区的汉族移民人口作了如下估测：

嘉庆二十五年施南府人口约有 92 万人，按客户占全区总人口的 50% 计，移民人口约有 46 万人。如加上宜昌府接纳的移民，合计应有移民及其后裔 50 万人。

同期永顺府人数为 64 万余，其中约 33% 为清代移民，则有移民人口 21 万人。

永绥、乾州、凤凰、晃州等四厅的汉人比例大约为 30%。嘉庆二十五年四厅有人口共 19 万余人，移民人口则有近 6 万人。[④]

由此可见清代改土归流后有不少汉族移民迁入了湘鄂西山区。他们的迁入改变了山区人烟稀少的面貌，加速了山区的开发，使“昔日禽兽窝巢，今皆膏腴之所”。[⑤]

---

① 《来凤县志·人口》，湖北人民出版社 1990 年版，第 45 页。

② 同治《建始县志》卷六《风俗》。

③ 嘉庆《龙门县志》卷十一《风俗》。

④ 葛剑雄主编：《中国移民史》第六卷，福建人民出版社 1997 年版，第 146 页。

⑤ 《容美土司史料汇编》第五部分《其它·甄氏族谱》，1984 年铅印本。

至此，华中汉族的分布格局最终基本完成。江西全省除局部的极少片地区为汉族与土著畲族杂居区外，其余为纯汉族居住区（不计元明以后迁入的回、满等族）；湖北全省仅鄂西州为汉族与少数民族土著族群杂居区，余为纯汉族分布区；湖南省，湘西、湘西南、湘南部分地区为汉族与少数民族土著族群杂居区，余为纯汉族区。这种格局延及现代而未变。

第四章　华北汉民族史记

第一节　华北概述

一　华北汉族的地理空间范围

华北位于中国的北部，东起东经 122°42′，西到东经 97°08′，南起北纬 31°23′，北到北纬 53°32′；面积为 177.78 平方公里，占全国总面积的 18.52%；包括北京、天津 2 个直辖市，河北、山西、河南、山东 4 个省和内蒙古自治区；人口 32713.04 万人，其中汉族 31694.64 万人。①

1. 华北的行政区划

华北古时分属中原、东夷、北狄之地；春秋战国时为晋、郑、齐、鲁、宋等国及周天子属地；汉设冀、徐、豫等州；以后历代行政区划多有变动。明代，设北直隶和山东、山西、河南 3 个布政使司；清设直隶和山东、山西、河南 4 个省以及 1 个内蒙古地方。此后，除直隶和内蒙古外，其他各省基本稳定。民国，改直隶为河北，并析其地置北平、天津 2 个中央直辖市，在内蒙古地方设绥远、热河、察哈尔 3 个省。1947 年，内蒙古自治区建立；1949 年改北平为北京；1950 年撤销绥远、热河、察哈尔 3 个省，大部分地方归内蒙古，至今未变。

据中华人民共和国国家统计局 2010 年统计②：

北京市有东城、西城、朝阳、石景山、丰台、海淀、门头沟、通州、顺义、房山、大兴、昌平、怀柔、平谷、密云、延庆 16 个区，人口

---

① 国家统计局人口与就业统计司编：《中国人口统计年鉴 1997》，中国统计出版社 1997 年版，第 68 页。下引人口数均见此书。

② 中华人民共和国国家统计局：《2010 年第六次全国人口普查主要数据公报（第 2 号）》（http：//www. gov. cn/test/2012—04/20/content_ 2118413_ 2. htm）。以下各省市区人口统计所引除注明外均据此。

19612368 人，其中汉族 1881.1 万人，占 95.9%。

天津市有和平、河西、南开、河东、红桥、河北、滨海新区、东丽、西青、津南、北辰、武清、宝坻、宁河、塘沽、静海 16 个区，蓟县 1 个县；人口 12938224 人，其中汉族 12550077 人，占 97%。

河北省有石家庄、唐山、秦皇岛、邯郸、邢台、保定、张家口、承德、沧州、廊坊、衡水 11 个地级市，23 个县级市，109 个县、6 个自治县；人口 71854202 人，其中汉族 68776337 人，占 95.66%。

河南省有郑州、开封、洛阳、平顶山、安阳、鹤壁、新乡、焦作、濮阳、许昌、漯河、三门峡、商丘、周口、驻马店、南阳、信阳 17 个地级市，57 个县级区（其中包括 3 个回族区），89 个县，23 个县级市；人口 94023567 人，其中汉族 92648967 人①，占 98.64%。

山东省有济南、青岛、枣庄、淄博、东营、烟台、潍坊、济宁、泰安、威海、日照、滨州、德州、聊城、临沂、菏泽 16 个地级市，27 个县级市，56 个县；人口 95793065 人，其中汉族 9017.30 万人，占 99.32%②。

山西省有太原、大同、阳泉、长治、晋城、朔州、晋中、运城、忻州、临汾、吕梁 11 个地级市；11 个县级市，85 个县；人口 35712111 人，其中汉族 35608545 人，占 99.71%。

内蒙古自治区有呼和浩特、包头、乌海、赤峰、通辽、鄂尔多斯、呼伦贝尔、巴彦淖尔、乌兰察布 9 个地级市，兴安、锡林郭勒、阿拉善 3 个盟；11 个县级市，49 个旗、3 个自治旗，17 个县；人口 24706321 人，其中汉族 19650687 人，占 79.54%。

2. 华北的自然地理环境

华北地区面积辽阔，地貌类型较多，既有平坦的平原和高原，又有连串的盆地和高度不等的山地与丘陵。由于各类地形高低相差悬殊，以及纬度位置和距海远近的不同，各地自然环境也相当复杂。华北地区自黄海沿岸到内蒙古西北部大致可分为山东丘陵区、华北大平原、冀北山地、豫西山地、山西高原、内蒙古高原和大兴安岭山地等 7 个区域。

---

① 据《河南省人口民族概况》（http：//www. he - nan. com/show—30840. html）。

② 据《山东省第五次人口普查主要数据》（http：//wenku. baidu. com/view/01dd13d733d4b14e8524685e. html）。

山东丘陵区，由于长时期的风化侵蚀，浑圆形丘陵已成为该区占优势的地貌。山间谷地也相当开阔，可以农耕。特别是鲁中丘陵北部与西部山麓地带，有规模较小的冲积扇平原，排水良好，并有丰富的地下水可供灌溉，对于农业生产尤其有利。胶东丘陵突出于黄海、渤海之间，大部分都是岩岸，岸线曲折多港湾，有青岛、烟台等天然良港。

华北大平原辽阔坦荡，由河北平原、鲁西北平原和黄淮平原组成。河北平原位于燕山以南、太行山以东的河北省和京、津两市境内，属华北大平原的北部，主要由古黄河、海河水系和滦河等冲积而成。地势平坦，土层深厚，是北方主要农业区。鲁西北平原主要由黄河泥沙冲积而成，深厚而肥沃，坡度平缓，极利农耕；鲁西地区，由于北有黄河高堤阻梗，南受淤黄河夹持，西部常受黄河泛滥，东面承受鲁中丘陵来水，而大运河又告淤浅，排水困难，过去洼涝面积较大，其最低部分，形成东平、微山等浅湖。黄淮平原属华北大平原的南部，主要由黄河、淮河、卫河合力冲积而成，在地质构造上是沉降地带。平原积留厚度，在开封、周口一带达5000米，自此往北、往南两侧有所减薄，地势自西北向东南倾斜，西北部海拔多在100米以上，如郑州海拔100米，而向东和东南到商丘、淮阳、汝南一线，则仅50米，坡度很小。

从地图上看，大兴安岭山地、冀北山地、山西高原和豫西山地连成一线，形成内蒙古高原和黄土高原的边缘。大兴安岭山地纵贯内蒙古东北部，分隔着松辽平原与内蒙古高原，在地貌形态上主要由中山、低山、丘陵以及山间盆地、山间冲积—洪积平原和河谷冲积平原组成。海拔高度在1000—1500米，山顶浑圆，岭脊坦缓。山岭西坡和缓，连接内蒙古高原；东坡陡峻，呈阶梯状逐渐下降，进入松辽平原。

冀北山地位于河北平原和内蒙古高原之间，以潮白河为界可分为东西两部。东部主要有燕山和七老图山，山地海拔800—1000米，高峰超过1200米，最高峰雾灵山海拔达2116米。山区平地不多，仅河谷内分布着小片冲积平原。潮白河以西主要是一系列断层构成的地垒式山岭和陷落盆地。军都山、北京西山、小五台山等分布在这里，以小五台山为最高，海拔2870米，是河北省境内的最高峰。山地中断层陷落盆地很多，较大的有宣化、阳原、蔚县和怀来等盆地，是重要的粮食和水果产区。

山西高原夹峙在黄河中游谷地和太行山之间，海拔约1000米，是黄土高原的一部分。由于深受断层作用影响和流水切割，整个高原岭谷交错，地形可分为三个部分：高原中部为一大断陷带，断陷带中形成一连串的陷落盆地。自东北向西南依次分布着大同、忻（县）定（襄）、太原、临汾、运城五个面积宽阔的盆地。盆地的海拔高度由东北部的 1000 米，降到西南部的 250 米。这些盆地地表平坦，土层深厚，河流汇集，地下水和山泉水丰富，是山西高原最主要的农耕地区。在中部大断陷带以东和以西是山脉连绵、丘陵广布、盆地众多的破碎高原，即晋东和晋西高原。晋东高原分布着一系列东北—西南向的山地，主要有五台山、恒山、系舟山、霍山、中条山和太行山。山地一般海拔 1500—2000 米，其中五台山的主峰海拔 3058 米，是山西省的最高峰。山地间分布着许多盆地，地势平坦，土质肥沃，有利于发展农业。晋西高原是以吕梁山为主体的山地和高原。吕梁山长约 400 公里，海拔 1500— 2500 米。晋西不仅山地广阔，平原狭小，黄土梁、峁错综分布，地面崎岖不平，植物稀少，水土流失比较严重，给农业生产带来一定困难。

豫西山地在构造上属于秦岭、伏牛山的主干，海拔高度大都在 1000 米以上，各山在西部丛集于一处，构成海拔 2000 米以上的山岭，向东则逐渐分散而低落。在山岭间夹有平缓的盆地，如洛阳、伊川、临汝等，是重要的农业区。在豫、鄂边界上，蜿蜒着桐柏山和大别山，为淮河与长江的天然分界线。

内蒙古高原在晋、冀两省以北，基本上是一个海拔 1000—1500 米的开阔高原。阴山以北的高原地面起伏不大，相对高差不足 200 米，是缓穹岗阜与宽广平地相间的典型波状高原。阴山以南的内蒙古高原包括河套平原和鄂尔多斯高原两部分。河套平原沿黄河北岸延伸 300 公里，地势平坦，土壤肥沃，水利条件优越，是农业发展条件最好的地区。鄂尔多斯高原海拔 1100—1500 米，地面起伏平缓，基本属于高平原地形。高原上河流稀少，盐碱湖较多，风沙地貌发育。黄河以南的库布齐沙漠大都为流沙或半固定沙丘所组成。长城附近的毛乌素沙漠，沙丘多呈固定或半固定状态，丘间洼地水草丰美，是我国沙漠中水源较丰富的地区之一。

华北的河流，从南到北分别属于淮河水系、黄河水系和海河水系。淮河发源于河南的桐柏山，横贯河南南部，流入安徽，河南境内长 300 余公里，流域面积 83500 平方公里。黄河流经内蒙古、山西，横贯黄淮平原和鲁西北平原，在利津东北入渤海。海河接纳北运河、永定河、大清河、子牙河和南运河等8大支流，全长1090公里，流经天津入渤海。此外，本地区主要河流还有河北境内的潭河，全长877公里，入渤海；山西境内的汾河，全长716公里，是黄河的第二大支流；纵贯河北、山东两省的大运河，也是本区域的主要河流。

北京的地理特征是地势西北高东南低。西部和北部是连绵不断的群山，东南部是一片缓缓向渤海倾斜的平原，山地约占全市面积的62%，平原约占38%。西部山地，南起拒马河，北至南口附近的关沟，总称西山，属太行山脉，是一系列东北—西南走向，大致平行排列的褶皱山脉。北部山地统称军都山，属燕山山脉，是一片镶嵌着若干山间盆地的断块山地。北京市山地一般在海拔1000—1500米，个别山峰可达2000米以上。主要河流有永定河、潮白河、北运河、拒马河和拘河，均属海河水系，永定河是流经本市最大河流，在三家店以下进入平原，向东南流至天津入海河，北京城区就建立在永定河冲积扇的背脊上。潮白河上游是潮河与白河，分别注入密云水库，下游经潮白新河入海。北运河上游叫温榆河，到通县以下称北运河。

天津的地理特征是地势低平、多淀洼。历史上黄河曾有三次流经天津附近入海，古黄河和海河水系各河挟带的大量泥沙沉积，形成了海河三角洲，一般海拔2—5米。海河是天津最重要的河流，长74公里，别名沽河，河道曲折。海河流域的各支流，经改道分别由永定新河、海河、独流减河、子牙新河入海。这些河流构成了平原上的水网。市内多常年积水或季节性积水的大小湖泊和洼地，以南部的北大港面积最大。

河北的地理特征是西北山峦重叠，东南平原辽阔，高原和山地约占全省面积的3/5，平原约占2/5，地形可分为张北高原、冀北山地、冀西山地和河北平原等四区。张北高原俗称“坝上”，为内蒙古高原的东南边缘部分，海拔1200—1500米之间，地表波状起伏，多内流、咸水湖淖和草地，是优良的天然牧场。冀北山地是内蒙古高原同华北平原之间的过渡地区，燕山山脉处山地的南部边缘，山峰大都在海拔1000米以上，山间有不少盆地，以宣化、怀来、承德等盆地较大；河流切断山岭形成险要的关隘，著名的有喜峰口、古北口等；山地东北角的山海关，西北依山，东南濒海，形势特别险要，素有“天下第一关”的称号，是明长城唯一与大海相交会的地方。冀西山地绵亘于晋冀之间，是太行山脉的一部分，海拔1000米以上，山势陡峭挺拔；山间的“太行八陉”是河北平原进入山西高原的交通要道；太行山脉北端的小五台山，海拔 2870 米，为河北省最高峰。河北平原是华北大平原的北部，由黄河、海河、滦河等冲积而成，海拔多在 50 米以下，地形坦荡，自西向东缓缓倾斜，分为山麓平原、中部冲积洪积平原和滨海平原；平原上土层深厚，利于耕种；中部平原和滨海平原地势低平有著名的白洋淀等湖泊洼淀，号称“鱼苇之乡”。河北省河流大部分属海河水系，分为南北两系，南系包括永定河、大清河、子牙河、南运河，北系包括北运河、潮白河、蓟运河。海河的主要支流源出燕山、太行山、五台山、恒山和黄土高原，坡陡流急，河水含有大量泥沙。滦河发源于冀北山地，流贯河北省东北部，干流全长 877 公里，流域面积 44600 平方公里。省内湖泊主要分布在河流的中下游地区，多为浅盆式的洼淀，如白洋淀、文安洼、衡水湖、七里海等，以白洋淀为最大，面积约 500 平方公里。

山东的地理特点是中山、低山和丘陵约占全省面积的 3/5。平原约占 2/5。东部海岸线长，有龙口港、烟台港、威海港、青岛港、日照港等良港，以青岛港为著名；近海有长岛、刘公岛等岛屿。全省地形可分鲁西北平原、胶莱平原、鲁中南丘陵、胶东丘陵和鲁西南平原五区：鲁西北平原略呈弧形环抱在鲁中南丘陵的西、北，黄河、大运河穿行其间，是华北平原的一部分，地面大部分在海拔 50 米以下，黄河河床高出地面，为平原中的分界脊轴；在山麓冲积与黄河冲积之间的低洼地带有带状湖群分布，其中最大的微山湖面积达 660 平方公里；利津、小清河口与徒骇河口之间为形成于近代的黄河三角洲。胶莱平原位于鲁中南丘陵与胶东丘陵之间，主要由潍河、白浪河、胶莱河、大沽河等河流冲积而成，大部分在海拔 50 米以下，东西边缘地势呈波状起伏，散布着一些残丘；沿海有盐沼地。鲁中南丘陵的地势特点是中部凸起，逐渐向四周低下：泰山、蒙山、鲁山、沂山等断块山地耸峙于丘陵的中北部，海拔 1000 米以上。四周则是逐级降为海拔500—600 米的石灰岩低山，边缘为海拔 300 米以下的山麓丘陵；石灰岩形成的方山，当地称崮子，如孟良崮、抱犊崮等；泰山主峰海拔 1524 米，为山东省最高峰，山峰挺拔，气势雄伟，为我国名山之一。胶东丘陵大部分地区海拔 400 米以下，呈广谷低丘形态，由坚硬的片麻岩、花岗岩组成的一些山峰，巍峨挺拔其间；崂山海拔 1000 多米，耸立在青岛市东北的黄海之滨。鲁西南平原由黄河历次决口、泛滥、冲淤而成，土层深厚，地貌呈岗、坡、洼相间；大部分地区地势平坦甚至低洼，是山东省淡水储备比较丰富的地区，境内河流众多，湖泊密布；鲁西南地区东部与鲁中南低山丘陵地区临界，东部及显示山地丘陵地形特点明显。整个鲁西南平原从东向西，地形由山地、丘陵发展到平原地带，自然地理条件有着较为明星的变化。山东省境内的主要河流为黄河和大运河。黄河斜贯鲁西北平原，在利津东北入渤海，在境内全长571公里；大运河沿着湖群洼地开挖，纵贯西部平原，在东平湖附近和黄河相交，境内全长约630公里。位于鲁北平原的小清河独流入海，全长约240公里。

河南的地理特点是北、西、南三面分别由太行山，伏牛山、桐柏山和大别山环抱。东部为平原，山地约占全省面积的26%，丘陵约占18%，平原约占56%。地形可分五区：黄淮平原、豫北山地、豫西山地、南阳平原、豫南山地。黄淮平原，属华北平原的西南部分。主要由黄河、淮河冲积而成，多在海拔100米以下，略向东南倾斜，土壤肥沃，地下水丰富，为河南省主要农业区。孟津以东有巨大黄河冲积扇；平原北部多沙丘和黄土岗地。豫北山地，位于太行山东麓，黄河以北，有林虑山、王屋山等因断层作用形成海拔1500米左右的单面山；山前有海拔300—400米的丘陵，山间多小型盆地，较大的有林县、沁阳等盆地；盆地和山坡上黄土分布普遍。豫西山地，由秦岭东延的崤山、熊耳山、外方山和伏牛山组成，西高东低，海拔500—2000米，呈折扇形由西向东展开；山地西部林木茂密，是河南省主要林区。外方山向东北延伸为嵩山，嵩山主峰海拔1440米，山势峻拔，为我国名山之一；伏牛山、嵩山为淮河流域同黄河、长江流域的分水岭。南阳盆地，也叫南阳平原，位于豫西山地与豫南山地之间，为汉江支流唐河、白河的侵蚀及冲积平原。盆地面积约26000平方公里，为河南省重要的农业区。东北部山势中心处有著名的南襄隘道，自古为南北交通要冲。豫南山地，由桐柏山、大别山组成，与安徽省的霍山合称淮阳山脉，一般海拔800米左右；桐柏山、大别山是淮河与长江流域的分水岭；豫、鄂之间的鸡公山，风景秀丽，是著名的疗养地。河南省境内河流众多，由西向北、东、南呈辐射状分流，以黄河、淮河为主。黄河自陕、晋边境折向东流入境，横贯北部，境内长约700公里，流域面积为26000平方公里。淮河发源于桐柏山，横贯南部，流入安徽，境内长300余公里，流域面积83500平方公里，南侧支流河短流急，北侧支流坡平湾多。此外，境内河流还有北部属于海河流域的卫河及南部属于长江流域的唐河、白河、丹江等。

山西的地理特点是地势由东北向西南倾斜，大部分地区海拔1000米左右，地表多覆盖着深厚的黄土，习惯称山西高原，是黄土高原的东部。

由于深受断层作用影响及流水切割，整个高原岭谷交错。地形可分为晋中盆地、晋东山地和晋西高原山地三区：晋中盆地纵贯中部，自北向南有大同、忻县、太原、临汾、运城等河谷盆地，都因断层陷落而成。盆地底部由北部的海拔 1000 米逐渐降到南部的 250 米，并有桑干河、滹沱河、汾河、涑水河等流贯其中，土壤肥沃，灌溉便利。晋东山地主要分布于省境的东部与东南部，以太行山脉为主，自北往南还有恒山、五台山、系舟山、太岳山和中条山；山岭多呈东北—西南走向，海拔都在 1500 米以上；山间有长治、平定、晋城、寿阳等较大的盆地；太行山脉耸峙山西高原与华北平原之间，山间娘子关、天井关等是山西高原通向华北平原的天然孔道；北部有雁门关、平型关等内长城的险要关隘。晋西高原山地介于黄河谷地与晋中盆地之间，以吕梁山为主体，主峰关帝山位于本区中部，周围山岭都在海拔 2000 米以上；南部海拔 1500 米左右，黄土层厚达 10—30 米，被切割成无数沟壑，水土流失严重。黄河流经山西省与陕、豫间断层峡谷较多的地带，在昕水河以南切穿吕梁山西南端，造成壶口瀑布及龙门等急流。壶口瀑布宽 30—50 米，落差 20 米，激流澎湃，声震数里，十分壮观。其他河流都为黄河、海河的支流，主要有汾河、涑水河、沁河等。汾河为黄河的第二大支流，流贯中部盆地，全长 716 里，含沙量很大。东部河流都属海河水系，从北到南，依次有桑干河、滹沱河、清漳河、浊漳河等。运城附近的解池（盐池），是境内最大湖泊。

内蒙古的地理特点是全区基本上处在一个海拔 1000 米左右的开阔高原，地形可分 6 区，包括大兴安岭山地、内蒙古高原、阴山山地、河套平原，鄂尔多斯高原、丰镇丘陵。内蒙古北部高原位于阴山山脉以北，包括东部锡林郭勒高原、中部乌兰察布高原和西部巴彦淖尔高原，约占全自治区面积的一半以上。地表起伏微缓，多宽广的浅盆地；局部地方有波状起伏的风蚀残丘和流沙分布；北部与蒙古人民共和国接壤处，有一片砾石戈壁；高原上草原辽阔丰美，是我国优良的天然牧场之一。阴山山地横亘本区中部，大部分海拔 1500—2000 米，是我国内流区与外流区的分水岭之一，阴山山脉南麓为断层陷落的河套平原，相对高差达 1000 米，北坡较平缓。河套平原位于鄂尔多斯高原与阴山山脉之间，海拔约 1000 米；分为东西两部分：西部叫后套平原，为黄河及其支流乌加河冲积而成；东部叫土默川平原，由黄河及其支流大黑河冲积而成，是著名的“塞上谷仓”。鄂尔多斯高原位于本区南部，东、北、西三面为黄河环绕，南界长城，海拔1000—1300米；地表呈波状起伏，中部高、岩裸露，四周低、沙丘很多；桌子山耸立于西部黄河之畔，海拔达2149米；北部有库布齐沙漠，南部有毛乌素沙漠；高原上盐、碱湖群广布。丰镇丘陵位于河套平原以东，是阴山山脉的东延部分，海拔多在1300米以上；山间盆地和平缓山丘交错分布，相对高差约300米；不少地方有火山熔岩形成的台地，山间盆地是重要的农牧区。内蒙古阴山山脉以北和鄂尔多斯高原的大部分地区属于内流区，河流较少，多为季节河；一些河流在低洼地区潴水，形成许多大小湖泊。阴山山脉以南大部分属黄河流域；黄河流经内蒙古西南部，流量大，流势缓，多灌溉之利。区内较大的湖泊有乌梁素海、岱海、黄旗海、达布苏盐池、察汗淖等。

3. 华北的气候

华北地区幅员辽阔，地形复杂，故各地气温也随地理位置、地形地貌的不同而有所差异。大兴安岭山地位于我国最北端，冬季严寒而漫长，土壤冻结期长达半年以上。无霜期80—120天。年降水量在300—500毫米之间，春季少雨而多风。内蒙古高原具有显著的大陆性气候特点。冬季严寒温长，夏季凉爽短促，雨热同季，但降水量少，年仅150—400毫米，春旱严重，风沙较大。无霜期90—150天，不利于农作物生长。河北平原无霜期在200—220天，年平均降水量在500毫米上下，但年际和年内变化大；多雨年份容易形成洪涝灾害，少雨年份往往出现旱灾，春季降水过少，容易造成春旱，夏秋降水过多，常形成洪涝灾害。山西高原与同纬度河北平原相比，不但气温低，而且也比较干燥，有显著的大陆性气候特征。全年无霜期约150天（雁北地区最短为100天左右，南部盆地则高达200天以上）。全年降水量400—600毫米，由西北向东南递增。夏季占全年降水量的60%以上，且多暴雨，有时夹有冰雹；春季降水较少，春旱频繁；由于植被稀疏，夏季又多暴雨。燕山南麓兴隆、遵化等地，位于夏季风的迎风坡，年降水量超过700毫米。张家口一带，因受小五台山的阻挡，降水量约400毫米。无霜期大部分在140—180天。黄淮平原地区因位于中纬度地带，气候上适处于亚热带和暖温带的过渡区，四季分明。全年日照时数为2100—2530小时，年日照百分率达50%—60%；每平方厘米年辐射总量为100—130千卡；年平均气温在12.5℃—15.0℃之间，比较适中，唯冬、夏气温变化较大，冬季寒冷，夏季干热，年较差和日较差一般较大，显示出大陆性气候的特点；冬季因受西伯利亚极地大陆气团的控制，寒冷干燥，一月平均气温自南向北从2℃下降到－2℃，极端最低气温，大都在－23℃—－12℃之间；夏季全区干热，七月平均气温在27℃—28℃之间。全年无霜期为195—240天，春季气温上升快，蒸发旺盛，土壤水分缺乏，常引起春旱。夏季因受太平洋热带海洋气团的影响，带来丰富的雨量，全年降水量从北到南由550毫米增至1300毫米，以七八月份最多，占全年降水量的45%—60%，常高温、多雨同季出现；但是夏季降雨的集中性，又易形成涝灾，秋季多晴天，云量低，日照充足。山东西北平原地区夏温较高，冬季深受极地大陆气团影响，全年无霜期为225—240天。年平均雨量约六七百毫米，60%以上集中夏季，且多暴雨。常造成洪涝灾害。冬雨较小，进入春季，由于气温上升快、风力强、蒸发盛，又易引起干旱。可见春季少雨容易干旱，夏季多暴雨容易涝灾是华北地区气候的共同特点。

北京气候特点是夏季炎热多雨，冬季寒冷干燥，是华北平原降水量最多的地区之一。年平均气温为8℃—10℃。最冷月（一月）平均气温在－8℃—－4℃，绝对最低气温－22℃以下；最热月（七月）平均气温为23℃—26℃，绝对最高气温达40℃以上。全年无霜期5—6个多月。年平均降水量为600多毫米，多雨区在西部和西南部山前地带，可达700毫米左右。降水季节分配很不均匀，夏季降水约占全年降水量的74%，七八月常有暴雨。

天津气候特点是海洋对境内气候影响不大，而西部有较强的大陆季风影响，故气候大陆性较强，四季变化明显：冬季寒冷干燥，夏季炎热多雨，春秋较短促。年平均气温为13℃左右，最冷月（一月）平均气温为－4℃，绝对最低气温达－22℃以下；最热月（七月）平均气温26℃左右，绝对最高气温达40℃。全年无霜期6个多月。港口结冰期80多天。年平均降水量550毫米左右，70%以上集中在夏季。

河北气候属温带大陆性气候。年平均气温，从北往南由1℃递增到14℃。最冷月（一月）平均气温，从北往南由－22℃递增到－3℃；最热月（七月）平均气温，从北往南由17℃递增到28℃。全年无霜期除西北部高原地区少于4个月外，其他大部分地区为5—7个月。冰期为2—4个月。年平均降水量在400—800毫米之间，70%集中在夏季；太行山脉北段山麓和燕山山麓地带是全省多雨的地区，年平均降水量达700毫米以上。春季降水较少，常有春旱。

山东气候特点是夏季多雨，冬季晴朗干燥。由于距海近，比华北平原其他地区较为温和湿润。年平均气温，从东北沿海向西和向南由12℃递增到14℃多。最冷月（一月）平均气温，从北部沿海往南由摄氏-4℃递增到-1℃左右；最热月（七月，沿海为八月）平均气温，从沿海往西南由24℃递增到27℃左右。全年无霜期从东北沿海往南由6个月递增到7个多月。年平均降水量从西北往东南由500毫米递增到900多毫米，沂蒙山区东南麓是全省多雨地区。夏季降水量占全年降水量的60%—70%，东南沿海春秋季降水也较多，春夏季多雨雾；西北部春秋季较干旱。河南省黄河河段春季解冻比山东省境内河段早，易造成凌汛。

河南气候特点是冬长寒冷雨雪少，春季干旱风沙多，夏热多雨且丰沛，秋季晴和日照长。年平均气温一般在13℃—15℃之间，由北向南递增。最冷月（一月）平均气温颍河、沙河以南为-1℃—2℃，以北为0℃—2℃；最热月（七月）平均气温为摄氏27℃—28℃，豫西山地西部不到26℃。全年无霜期从北往南为6—8个月。年平均降水量从北往南，大都在600—900毫米之间，大别山区为1000毫米左右；50%的降水量集中于夏季。

山西由于地势较高，东面和南面又为山岭环绕，与华北平原同纬度各地相比，气温较低。故气候特点是：冬季寒冷，夏无酷暑。如娘子关内外的寿阳和获鹿，两地相距100多公里，寒暖却相差悬殊，有“冷寿阳，热获鹿”的俗语。年平均气温，从北往南由5℃递增到15℃。最冷月（一月）平均气温，从北往南由-12℃递增到-2℃；最热月（七月）平均气温，从北往南由22℃递增到27℃。全年无霜期，从北往南为4—7个月。年平均降水量，从北往南由330毫米递增到600毫米。以东南部陵川县一带最多，达600毫米以上。夏季约占全年降水量的60%以上，多暴雨，有时夹有冰雹；春季降水较少，常形成春旱。

内蒙古气候特点是冬季严寒，为寒潮南下首当其冲的地方；夏季温暖，降水集中。年平均气温从东北往西南，由-1℃递升到8℃左右。最冷月（一月）平均气温从东北往西南，由-25℃递升到-10℃；最热月（七月）平均气温从东北往西南，由19℃递升到24℃。冬季多暴风雪，因此储草保畜过冬为牧区生产的主要任务之一。全年无霜期从东北往西南，为2—4个多月。年平均降水量从西往东，由150毫米递增到400毫米左右，夏季降水量约占全年降水量的70%以上。春季易产生春旱现象。

二　华北汉族历史发展的基本线索

华北是汉族形成崛起的中心地方，自春秋战国华夏民族在民族融合中横空出世，秦始皇统一中国并统一华夏民族后，汉承秦制，华夏民族在“大一统”中以华北为中心“舞台”发展，转化为汉民族。

汉族形成后，华北的汉族在西汉以后的历史发展中经历了两次大换血，即一方面是华北汉族在中国大分裂的战乱中纷纷向四处流徙；另一方面是北方和东北的少数民族族群不断内迁华北，入至中原而纷纷汉化，使华北汉族像滚雪球一样呈滚动式的发展。

第一次大换血是两晋南北朝时期华北汉族的南迁和发展。东汉以后，中原大乱，在大分裂、大混战中，华北汉族纷纷向四处流徙，北方匈奴、鲜卑、乌桓纷纷入主华北，在华北形成汉族与少数民族族群交错杂居的局面。

史载初平元年（190年）董卓挟献帝迁都长安，将洛阳200里内数百万汉族强行西迁，此为华北汉族大规模外迁之始。而三国时从华北南迁的汉族大多在蜀国、吴国定居下来。从此华北汉族南迁的浪潮久兴不止，北魏太平真君三年（442年），华北青、兖、冀州二万家汉族南迁入宋。

在华北汉族向四处流徙，纷纷南迁之时，北方少数民族族群大规模内迁进入华北，最典型的一次是建安二十一年（216年）曹操将匈奴“听其部落，散居六郡”，[①] 并将居住在汾晋的匈奴分为左、右、南、北、中五部。与此同时乌桓、鲜卑也纷纷内迁入华北，正如西晋初年郭钦上书所说：魏初人寡，西北诸郡皆为戎居，北地、西河、大原、冯翊、安定、上郡尽为狄庭矣！[②]

在华北汉族与内迁入主中原的匈奴、鲜卑、乌桓等族群交错杂居的态势下，在汉族与匈奴、鲜卑、乌桓等族群的互动中，华北汉族第一次大换血，像滚雪球一样地滚动发展了。

第二次大换血是宋元时期华北汉族的南迁和发展。华北真是中国的多事之地。宋元时期宋与辽、夏、金、元的鼎立和对峙，使得华北又成了战场，在大分裂、大动荡中，一方面是华北汉族的纷纷南迁；另一方面则是契丹人、女真人、蒙古人的纷纷内迁华北，入主中原。

自靖康元年（1126年）闰十一月二十六日，金军占领开封，徽宗和钦宗沦为俘虏，并挟在京宗室、大批工匠北归的“靖康之难”始，华北

---

① 《晋书·江统传》。

② 《晋书·北狄匈奴传》。

汉族纷纷南迁，掀起了规模浩大的移民潮，据有的学者研究估计在绍兴和约签订前大约有500万的北方移民迁入并定居在南方[①]，其中华北汉族应在一半以上。

就在华北汉族南迁的移民潮风起云涌之时，东北和北方的少数民族族群首先是契丹人内迁华北的燕云十六州，据有的学者研究，辽时定居在燕云的契丹人的数量仅为11万人[②]，而金时内迁华北的女真人和奚、渤海等其他东北少数民族族群有300余万人[③]，今京、津、河北、豫北是女真移民最多的地区。

这些入主中原的契丹人、女真人、奚、渤海等东北少数民族族群在与华北汉族的互动中都走向了汉化的道路，到元统一中国时统统被蒙古统治者称为“汉人”，使得华北汉族完成了第二次大换血，又得到了滚动式的新发展。

华北汉族经过了这二次大换血后，吸纳了大批少数民族族群，混血而成为一个与秦汉时华北汉族的内涵完全不同的宋元华北汉族，但这时的华北汉族还不是现代意义的华北汉族，因为明灭元后，华北又发生了历史有名的洪武大移民中的山西填河南、河北和山东的移民潮。

在这个移民潮中，迁入河南的移民大约有93.4万人，其中山西移民占了绝大多数，从山西迁入山东的移民大约有121.4万人，从山西迁入河北的移民大约有32万人，这次洪武大移民，山西填河南、山东和河北，初步奠定了现代华北人的基础。但是明代洪武时期的华北汉族还不完全是现代意义的华北人，只是经过了永乐“靖难之役”后，北京成了明代的政治中心，大约有87.5万南京人迁入北京城，有39.5万人迁入顺天府，华北汉族才真正走上了稳定和发展的道路。

综上所述，华北作为汉民族形成的中心舞台，在秦汉的“大一统”中完成了从华夏民族到汉民族的转化。此后，华北汉族的发展经历了两晋南北朝和宋元时期的两次大换血，像滚雪球一样地呈滚动式地不断获得了新的发展，经过洪武大移民的“山西填河南、山东和河北”，以及永乐大移民，使得华北汉族终于进入了稳定发展的时代。

---

① 葛剑雄主编：《中国移民史》第四卷，福建人民出版社1997年版，第414页。

② 韩光辉：《辽代中国北方人口的迁移及其社会影响》，《北方文物》1989年第2期。

③ 葛剑雄主编：《中国移民史》第四卷，福建人民出版社1997年版，第134页。

三　华北汉族的族群结构

华北汉族的族群结构也属汉族各人文地理区中层次单一的类型。

华北汉族历史发展的线索是直线式的，就是说从秦汉汉族以华北为中心舞台完成了从华夏民族转化，发展为汉民族后，从三国两晋南北朝起，一直到明清，近二千年的历史风雨中，无论是河南还是河北，无论是山东还是山西，也无论是北京还是天津，所经历的历史过程基本上是一样的，都经历了两次大换血。所不同的是在洪武大移民中是山西填河南、山东和河北，在永乐移民中有一大批南京人迁入北京，这种历史发展的直线性，决定了华北汉族族群层次的简单化。

华北汉族族群的结构只有一个层次，即按省、市划分为北京人、天津人、河南人、河北人、山东人、山西人。

四　华北汉族的基本特征

华北汉族的族群层次简单，其基本特征的趋同性更强。

1. 方言基本趋同

华北汉族的方言除了山西省及其周边地区的汉族使用晋语外，华北的大部分属于北方方言区，其中虽然也可分为北京官话、东北官话、中原官话、胶辽官话、冀鲁官话，但这些官话之间的语音、语法、词汇特征差异不大，相互之间可以通话。

2. 族群结构单层

正如上述华北汉族族群结构所言，华北汉族的族群结构呈单层性。

3. 性格豪爽朴实

华北汉族性格的一个共同点就是豪爽朴实。说到豪爽，河南人凡事不黏黏糊糊，只要能做的，一句话“中!”所有的问题便不需再重复，豪气冲天；河北人古道热肠，拔刀相助所表现出来的任侠气概，也是豪情满怀；山东人的爱打抱不平，常常是该出手时就出手，也是豪放不已。而说到朴实，人们不能不想到山西人的厚道，笔者 1992 年底曾碰到过一位从山西到广西北海市图发展的山西人，与一位浙江温州人谈合作开发项目时，在协议还没有正式签订前，就毫不犹豫地把几十万元钱转到了人家的户头上，防人之心全无，真是纯朴而诚实。至于河北人的忠厚老实，河南人的朴实，山东人的朴直那也是举世皆知的。

4. 民间尚武成风

尚武是华北汉族从古沿习下来的一种民间风俗，表现了华北汉族血统中含有北方游牧民族的性格因子。如河北人的尚武之俗源于燕赵习武之风，所以历史上河北的武进士、武举人特别多，而河北沧州至今仍是全国著名的武术之乡。河南人的尚武也是尚武侠义的一种表现，不仅许多著名的武术拳师，如陈氏太极拳等发源于河南，而且由于少林寺在河南，故有“天下功夫出少林”之说。而山东人由尚武所形成的讲义气之风，在《水浒传》中得到了活生生的表现。山西人的尚武虽没有山东、河北、河南那样有名气，但“俗尚武艺，风声气习，日昔而然”① 的记载，在方志中不胜枚举，以薛仁贵为代表的薛家将，以杨业为代表的杨家将，以呼延赞为代表的呼家将更是在民间广为传颂。

第二节　先秦华北族群概况

一　远古时代华北的原始族群

华北地区是中华民族的重要发祥地之一。自有人类以来，华北地区就是我国各族祖先栖息和开发的地区，近年来在这里发现了许多古人类化石和石器时代的文化遗存。但据发现的资料和研究成果，尚难确切地了解这一地区远古人类发展的情景，只能按照考古学的序列，大致勾画出华北原始族群及其文化的发展轮廓。

（一）旧石器时代华北的原始族群

根据考古发掘，旧石器时代的华北原始族群主要有以下几个。

1. 北京人和山顶洞人

北京是人类重要的发祥地之一。北京地区的旧石器时代，经历了从“北京猿人”到“山顶洞人”的漫长的历史发展过程。位于北京西南的周口店洞穴遗址，是“北京猿人”曾居住过的洞穴遗址。近年在这里发现了许多人骨化石、石器和动物化石。“北京人”距今约有 50 万年。在全世界同一阶段的人类遗址中，“北京人”保存下来的材料最为丰富。“山顶洞人”也发现于北京周口店，这里除发现有人骨化石外，还有工具的饰物，是旧石器时代晚期文化的重要代表，距今有 1.8 万余年。“山顶洞

① 胡朴安：《中华全国风俗志》，上编“山西”条，河北人民出版社 1986 年版，第 41 页。

人”已会磨制骨器，属于晚期智人。

2. 南召人

1978 年，在河南省南召县杏花村，发现了一颗猿人右下第二前臼齿化石，这一化石大致与北京猿人的时代相当，此后又在三门峡、安阳小南海等地发现了旧时器时代中晚期的人类遗址，这说明河南也是中国民族的先民们活动的中心区域之一。

3. 沂源人

据考古发现，最早的山东人即“沂源人”，距今有四五十万年。1981 年在山东沂源县发现的“沂源人”化石计有：一块头盖骨，六颗牙齿等，此外还发现数十种哺乳动物化石。据科学家研究，“沂源人”和“北京人”在体质上极为相似，猎获的食物也大体相同，由此可知，“沂源人”和“北京人”生活于同一时代的相似环境之中。继“沂源人”的发现之后，在山东又发现了两处旧石器时代文化遗存，一处在沂源，一处在新泰县乌珠台。这两处遗址发现的资料表明，在“沂源人”之后，山东人逐渐改变了猿人的特征，跨入了智人阶段，开始向氏族制度过渡。“沂源人”的发现证明，山东人是祖国大家庭中资格较老的成员之一。

4. 许家窑人、丁村人和峙峪人

在国内已发现的 80 余处旧石器时代文化遗址中，山西约占 1/4。从属于旧石器时代早期的芮城县遗址中，发现有原始人用火烧过的鹿角。从许家窑遗址的发掘中可知，规模宏大的“许家窑人”是“北京人”的继承，“许家窑人”距今有 8 万—11 万年。①

比北京人稍晚的古人类及文化是“丁村人”和“河套人”，距今有十几万年。这时，人类的体质已脱离猿人阶段。“丁村人”是介于北京猿人和现代人之间的古人阶段的人类。

在山西朔县峙峪遗址发现了智人枕骨和打制石器、动物化石，其石器细小精致，类型多样，具有原始细石器的特征，是研究亚洲细石器的起源的重要材料②。

5. 河套人

“河套人”发现于内蒙古自治区伊克昭盟的萨拉乌苏河沿岸和宁夏的

① 安金槐主编：《中国考古》，上海古籍出版社 1992 年版；贾兰坡、卫奇、李超荣：《许家窑旧石器时代文化遗址 1976 年发掘报告》，《古脊椎动物与古人类》1979 年第 17 卷第 4 期。

② 贾兰坡等：《山西峙峪旧石器时代遗址发掘报告》，《考古学报》1972 年第 1 期。

水洞沟。“河套人”属于新人。

6. 大窑文化

“大窑文化”是近年来内蒙古自治区旧石器时代的重要发现。[1]这一发现不仅把呼和浩特一带的远古人类的活动年代大大提前了，而且也把北京猿人的活动范围扩大到大青山地区。

（二）新石器时代华北的文化遗址

新石器时代的出现，对人类社会历史来说是一次质的飞跃。人类的社会组织由氏族公社代替了原始群并经历了由全盛到衰落的历史阶段，磨制石器、制陶、纺织和定居生活使人们从依赖大自然的狩猎、采集经济进入到农业和畜牧业。从7000多年前开始，华北地区的先民们，在与自然界的斗争中创造出颇具特色的灿烂的文化。华北大地上的新石器文化遗址主要有以下几个。

1. 仰韶文化

黄河中游（包括今山西、河北、河南、内蒙古等地）的新石器时代中期遗址，主要是仰韶文化，它因首先发现于河南渑池仰韶村而得名，以彩陶和磨制石器为标志。仰韶文化以其分布广泛、延续持久、内涵丰富、影响深远而闻名。其中心区域在山西南部、陕西关中地区和河南大部，它的年代是公元前5000年到公元前3000年。仰韶文化的原始居民已过着定居的农业生活，发掘出的陶器上有类似文字的简单刻划，这也许就是中国原始文字的雏形。

2. 北辛文化、大汶口文化

北辛文化（又称青莲岗文化）是以山东滕县北辛遗址命名的，距今7000年到6000年，属于山东新石器时代早中期，其分布范围大致以泰山为中心，地跨今鲁中南、苏北等地。北辛文化的人们尚过着氏族公社生活，处于母系氏族社会阶段。

大汶口文化距今6000年到4000年，以特点鲜明的陶器为特征，已发现的墓葬有两千余座，此遗址展现了那个时代山东先民活动的情景，此时人类已进入父系氏族公社时期。

3. 龙山文化

从公元前3000年到公元前2000年这一千年间，是中华民族起源时代

---

① 《呼和浩特市东郊旧石器时代石器制造场发掘报告》，《文物》1977年第5期。

社会进化以空前速度发展的时期，部落与部落间的战争兼并，加速了部落间的交往，形成了众多的军事民主制古国，表现在文化上，出现了龙山文化。龙山文化为新石器时代晚期文化遗存，主要分布在今山东、河北、陕西等地。龙山文化的农业生产规模比仰韶文化有所扩大。黄河流域的新石器时代文化发展到龙山文化阶段，由于社会生产力不断提高，引起了社会经济的变化。到龙山晚期，母权制逐渐为父权制所代替。龙山文化还与以后的夏文化有明显的继承关系，龙山文化衰落后，夏文化就是在它的基础上发展起来的。

（三）历史文献中记载的华北原始族群

远古的历史由于年代久远而无法详考，传说中的华北地区的部落和部落联盟主要有：黄帝部落、炎帝部落、蚩尤部落、太昊部落、少昊部落等。

据古史传说，黄帝族渊源于少典氏（有熊氏）和有蟜氏（蛇氏）部落集团。黄帝族最初在姬水流域活动，后来进入中原地区，与九黎部互相争雄，结果九黎部战败，黄帝部落遂成为中原地区的一个强大的部落集团。黄帝集团“北逐荤粥，合符釜山。而邑于涿鹿之阿，迁徙往来无常处，以师兵为营卫”。① 据《括地志》可知，釜山即今河北省涿鹿县南桑干河南岸，由此可见，黄帝族的势力已扩展到华北的大部分地区。在长期的发展过程中，黄帝族融合了来自不同祖先的其他民族共同体成员，为后来华夏民族的形成奠定了基础。

在古代父系氏族公社时期，华北地区和黄河中下游地区分布着来自不同远祖的族群，其中与母系氏族社会时期的神农氏即黄帝族有血缘关系的炎帝族，就是当时一个著名的民族共同体。炎帝族最初的活动范围在渭水流域，后发展到今河北、山东、河南一带，与东夷、九黎杂处。

在传说时代，分布于东方的部落族群，统称之为“东夷”。东夷的活动范围大致在今山东中、南部，后扩展至海。东夷族族群中最早的一个氏族部落集团，称为太昊氏。太昊氏首领太昊被尊称为海岱一带东夷族的明神和始祖。东夷族中的另一个氏族部落集团，称为少昊氏。少昊氏的统治中心在今山东曲阜一带。《左传》昭公十七年记载：“少昊挚之立也，凤鸟适至，故纪于鸟，为鸟师而鸟名”，可见，少昊氏是以鸟为图腾。由于

① 《史记·五帝本纪》。

太昊和少昊都以鸟为图腾，古人又称之为“鸟夷”。自从炎、黄之族向东发展而定居于黄河中下游及其周围地区，出现了东夷、炎、黄三族杂处的局面。三族之间时有联合，时有斗争，最后东夷族的一部分融合于黄帝族。到传说中的尧舜时期，活动于今山东境内的长夷、鸟夷、凤夷等族群，均属东夷族，后来也渐渐与黄帝族融合，尊黄帝为始祖，成为汉族在东方的先民。

中国古代文献中记载的不少原始部落联盟的传说，与山西有关的甚多，如尧都平阳（今临汾市），舜都蒲板（今永济县），禹都安邑（今夏县）。尽管这只是传说，可能有虚构的成分，但“传说中亦往往有事实之素地”①，它至少说明今天的晋南一带，曾经是原始部落联盟的首领们活动较多的地方。

传说中的两次规模最大、影响最深远的部落集团间的战争都发生在华北地区。一次是黄炎阪泉之战，一次是黄帝与两昊、蚩尤间的冀州涿鹿之战。据考证，阪泉在今山西运城市。阪泉之战，是两大亲缘部落集团间的兼并，结果黄帝战胜了炎帝，成为炎黄两集团的共主。涿鹿，今人考证在今河北涿州、保定一带。冀州涿鹿之战是黄河中下游地区两大部落集团间的兼并。

按照《史记·五帝本纪》等书的记载，从黄帝到尧、舜、禹，都出自黄帝一系，中原、华北地区的部落联盟首领始终在黄帝一系中世选或禅让，黄帝一直是新形成的部落大联盟的象征，后世成为中华民族统一的象征和始祖。

以黄帝为共同天神与共祖的部落大联盟，经过无数岁月，促进了原有各部落集团的融合，在此基础上形成夏、商、周三族，与此相应的，出现了前后相继的夏朝、商朝、周朝三个国家。

二　先秦的华北族群

先秦时期，经历了夏、商、周三代，到西周时，华北的族群主要有以下几个。

1. 周人

居住在陕甘渭水上游的溱、沮流域之间的周人，原来是商王朝部属的

---

① 王国维：《古史新证》。

周部落，在臣属于商王朝的历史条件下，完成了从原始社会向阶级社会的过渡，在“克商”中建立了周王朝，发展成了周民族。因周民族崛起于周原，故简称“周人”。①

周民族的形成大体可分为两个阶段，自公刘到古公亶父为第一阶段，是周民族开始形成时期；自季历到武王为第二阶段，是周民族正式形成时期。

在第一阶段，公刘前，周部落已从母系氏族公社过渡到了父系氏族公社。公刘时，周部落开始定居于豳。《诗・公刘》中详细描述了公刘率领族人满装干粮，携带弓矢干戈，一路察看地形，探找水源，以及盖房、修桥、造工具，在豳定居下来的情景，生动地反映了周部落生产力日益增长，社会分工日益扩大，阶级分化的历史背景。更重要的是，在这次迁徙过程中，周部落与其他一些氏族部落杂居起来。《史记・周本纪》说："公刘虽在戎狄之间，复修后稷之业，务耕种，行地宜，自漆沮度渭取材用，行者有资，居者有畜积，民赖其庆。百姓怀之，多徙而保归焉。"在这里“百姓怀之，多徙而保归焉”，表明周部落与其他氏族部落在豳开始杂居，血缘关系开始向地缘关系转化。当然这仅仅是一个开始。

公刘后经 9 世，传到了古公亶父时代。这时，周部落在北方游牧部落薰鬻戎狄的逼迫下，古公亶父不得不放弃豳，带领本部落的人迁到了岐山之南的周原定居。古公亶父走后，“豳人举国扶老携弱复归古公于岐下。及其旁国闻古公仁，亦多归之”。② 可见这时各氏族部落的相互杂居，比公刘时更加厉害了。所以古公亶父只好“营筑城郭室屋而邑别居之”③，让归附的人以“邑”为单位居住。这时，古公亶父改“陶复陶穴，未有家室”的落后生活方式为“筑室”④ 而居，既反映共同地域的固定，又反映了农业生产的发展，这就为周民族的形成奠定了物质基础。具有重要意义的是，从此以后，本来是姬姓的周部落以“周原”这个地名为据，称呼自己为“周人”了。⑤ 这不仅表明血缘关系向地缘关系的进一步转化，也表明居住在周原的以周部落为核心的各氏族部落结成了一个“永久的

① 以上参阅徐杰舜《汉民族发展史》，四川民族出版社 1992 年版，第 97—106 页。

② 《史记・周本纪》。

③ 同上。

④ 《诗・大雅・绵》。

⑤ 《史记・周本纪》。

联盟”。周原也就成了周民族崛起的根据地。

第二阶段，即从季历到武王阶段，是周民族正式形成的阶段。季历时，周部落已臣属于商朝。受商朝奴隶制的影响，在商的支持下，季历就“伐西落鬼戎，俘十二翟王”①，接着又先后伐余无之戎、始之戎和翳徒之戎，均取得了胜利。显然，周部落的氏族贵族在这些战争中获得了大量的奴隶和财富，而成了奴隶主贵族。因此，商王太丁封季历为“牧师”。②在季历的儿子文王统治的整整50年中，周部落一面名义上是商朝的属国；一面对周围的方国、部落发动了一系列的战争，先后征昆夷，灭密须，克黎国，进邘地，使虞、芮归服，特别是灭崇国一举，周全力以赴取胜后，“作邑于丰”③，建立了新的都城——丰京（今陕西长安南沣河以西）。这时，周文王的军事首领的性质也变了，《诗·大雅·文王有声》说：“文王烝哉”，“烝”即君也。文王成为国王，国家诞生了。文王死后，其子武王继位，出兵东征，行至孟津，四方小部落纷纷归附，加入周部落联盟中来。公元前1027年，武王正式伐商，更有庸、蜀、羌、髳、微、纑、彭、濮等族军队参加，又有更多的氏族部落加入周部落联盟之中。所有这些都进一步瓦解了血缘关系，大大促进了周民族的形成。

武王“克商”后，即“封邦建国”④，大规模分封诸侯。武王、周公、成王先后建置71国。分封的时候，还要举行授土授民的仪式，周统治者这样做的目的，从主观上来说，虽然是“封建亲威，以蕃屏周”⑤，但在客观上表明了巩固对征服地区的统治，已“不依亲属集团而依共同居住地区为了公共目的来划分人民”了。⑥“氏族组织不知不觉地变成了地区组织，因而才能够和国家相适应”。⑦所以刘熙《释名·释州国》即说：“邦，封也。”而且为了搞好地域的划分，西周还专门设大司徒“掌建邦之土地，与其人民之数，以佐王安扰邦国。以天下土地之图，周知九州之地域，广轮之数，辨其山、林、川、泽、丘、陵、坟、衍、原、隰之

① 《后汉书·西羌传》注引《竹书纪年》。
② 《后汉书·西羌传》。
③ 《诗·大雅·文王有声》。
④ 《左传》僖公二十四年。
⑤ 同上。
⑥ 《马克思恩格斯选集》第4卷，人民出版社1995年版，第110页。
⑦ 同上书，第148页。

名物”。[①] 这样“封邦建国”就使周民族的共同地域最后稳定下来了。从民族形成的意义上来说，这就标志着周部落血缘关系向地缘关系转化的完成，也就标志着周民族的正式形成。

周人也是一个人文特征十分鲜明的族群，他们一向务农，农业生产的情况在《诗经》的《生民》《七月》《臣工》《丰年》《良耜》等篇目中有生动的记述。并建立了“溥天之下，莫非王土；率土之滨，莫非王臣”[②] 的土地国有制，并发展了商王朝的井田制，使之有了完备的形态。（1）有了准确的亩制。周制百步为亩，一夫百亩（约合今 31.2 亩），称为一出，是井田的基本单位。[③] 根据不同地区的不同情况，有的“九夫为井”，以四进位上推，构成邑、丘、甸、县、都的体系[④]；有的“一里为井”，以十进位上推，组成通、成、终、同、封、畿的体系。[⑤]（2）有比较完整的灌溉和道路系统。西周时，无论哪一种体系的井田，在井田中间的灌溉系统都称遂、沟、洫、浍、川，与其相应的道路系统则称为径、畛、涂、道、路，所谓“土田附庸”。[⑥]

在宗教信仰上，周人崇拜二元的上帝神和祖先神，所谓“文王在上，于昭于天。周虽旧邦，其命维新。有周不显，帝命不时。文王陟降，在帝左右”。[⑦] 把宗教观念上的敬天，延伸为伦理观念上的敬德，即《庄子·天下篇》所称的周人“以天为宗，以德为本”；又把宗教观念上的尊祖，延伸为伦理观念上的宗孝，也就是以祖为宗，以孝为本。这样，德以配天，孝以对祖，形成“有孝有德”[⑧] 的伦理观。在此基础上建立了宗法制度，即天子世世相传，每代的天子都是以嫡长子继承父位，奉始祖为大宗，嫡长子的诸弟封为诸侯，为小宗。每代的诸侯也是以嫡长子继承父位，奉始祖为大宗，任命诸弟为卿大夫，为小宗。卿大夫与士的关系也是如此。简单地说，就是嫡长子继承制，凡大宗必是始祖的嫡系子孙。小宗

---

① 《周礼·地官·大司徒之职》。

② 《诗经·小雅·北山》。

③ 参阅《汉书·食货志》。

④ 参阅《周礼·地官·小司徒》。

⑤ 参阅《汉书·刑法志》。

⑥ 《诗·鲁颂·閟宫》。

⑦ 《诗经·大雅·文王之什文王》。

⑧ 《诗经·大雅·卷阿》。

对大宗来讲是小宗，但对本族来讲又是大宗。[①] 在这里大宗小宗从血缘上说是兄弟关系，从政治上说则是君臣关系。于是大宗小宗从上到下地联结起来，就形成了周人族群意识上以“大邦维屏，大宗维翰；怀德维宁，宗子维城”[②] 的宗法性特点。

事事讲礼也是周人突出的人文特征。周礼大体分为五类：吉礼、凶礼、宾礼、军礼、喜礼，使每个人从生到死，从人间到鬼神，从日常生活到政治、军事活动，都处在与其身份相适合的礼乐之中。正如《礼记·礼运》所说：“是故夫礼，为本于天，殽于地，列于鬼神，达于丧、祭、射、御、冠、昏、朝聘。”而且按照周人的风俗习惯，“礼”不能单独进行，必须有“乐”相配，否则不仅礼将失去庄严肃穆的气氛，就是行礼的节奏和顺序也将无法控制。所以《周礼·大司乐》云：“以六律、六同、五声、八音、六舞，大合乐以致鬼神示，以和邦国，以谐万民，以安宾客，以说远人。”与此同时，由于宗法性的制约，使得不同的祭祀又要按不同的音乐来进行，祭天神用的乐，从歌、舞、乐章、乐调到乐器等，都不同于祭地祇，祭四望，祭山川，祭先妣、先祖的乐。[③] 至于王、诸侯、大夫、士的朝觐、宴会，迎送宾客等日常生活都要按不同等级，各用不同的音乐，故形成“礼乐相须为用”的风俗习惯。

2. 夏人

夏民族形成于“五帝”时期，夏朝的建立是它形成的标志，简称“夏人”。夏人是西周历史最悠久的一个族群。

公元前23至前22世纪，夏民族在黄河中游河、洛流域的黄土地带首先崛起。

相传夏部落在进入河、洛流域以前，仍然处于原始社会的氏族公社制

---

① 参阅《礼记·丧服小记》《礼记·大传》。

② 《诗经·大雅·板》。

③ 《周礼·春官·大司乐》：“乃分乐而序之，以祭，以享，以祀；
乃奏黄钟，歌大吕，舞云门，以祀天神；
乃奏大蔟，歌应钟，舞咸池，以祀地示；
乃奏姑洗，歌南吕，舞大磬，以祀四望；
乃奏蕤宾，歌函钟，舞大夏，以宗山川；
乃奏夷则，歌小吕，舞大濩，以享先妣；
乃奏舞射，歌夹钟，舞大武，以享先祖；
凡六乐者，文之以五声，播之以八音。”

时代，血缘关系仍然是维系人们的主要纽带。据《史记·夏本纪》说：夏部落姒姓。共十二个氏族，即夏后氏、有扈氏、有男氏、斟寻氏、彤城氏、褒氏、费氏、杞氏、缯氏、辛氏、冥氏、斟戈氏。他们以夏后氏为核心组成为一个有共同血缘的大部落。随着生产力的变化和发展，到了大禹时期，青铜工具开始出现并使用。正如《越绝书》卷十一说："禹穴之时，以铜为兵。"对此，与历史文献中记载的夏王朝所在的中心地区大致相符的二里头文化遗址的分布地区，出土了形制和器种比较复杂的青铜器提供了考古例证。这些青铜器中既有工具，又有兵器，还有酒器等生活用具，二里头的铸铜手工业作坊遗址还留下了冶铜时留下的铜渣、坩埚残片以及陶残片。而河南登封王城岗古城遗址内四期的一个灰坑内挖掘出土的一件无可置疑的青铜器残片，又提供了新的例证。青铜器的出现和使用，对于夏民族崛起的意义是促使"以铜为兵"的灌溉农业经济类型的形成，反映了夏民族共同经济生活基础的形成。

与此同时，水井的发明，为夏部落向纵深开阔地带聚集定居提供了新的条件。在洛阳铿李，河南偃师二里头、灰嘴等遗址发现的水井，都表明夏部落已基本上摒弃江河为日用水源，这不仅促进夏部落在一定的地域范围内稳固地安居下来，也必然促进农业向精耕细作发展，对于夏民族在崛起中形成稳定的共同地域有特殊的意义。

生产力的这种发展，把夏部落迅速引上了原始社会解体，出现阶级，产生国家，形成民族的道路。在原始社会解体过程中，战争成为正常的职业，奴隶不断增多，本氏族部落人员的流动迁徙，被征服氏族部落的强迫迁移，都不断地瓦解着氏族公社的纽带——血缘关系。血缘关系开始向地缘关系转化。在舜时就发生过"流四凶族：浑敦、穷奇、梼杌、饕餮，投诸四裔"[①] 的事。经过长期的融合，到禹时，《左传》哀公七年中所说的"禹令诸侯于涂山，执玉帛者万国"时的夏部落联盟，已不是以血缘关系为纽带的人们共同体了，"万国"是地域的区分，而不是氏族或部落的籍别了。

在这种新的历史转折时期，禹在治服水患后，"开九州，通九道，陂九泽，度九山"[②]，把全国划分为冀、兖、青、徐、扬、荆、豫、梁、雍

① 《左传》文公十八年。

② 《史记·夏本纪》。

九州[①]就是水到渠成的事了。《尚书·禹贡》:“九州攸同，四隩即宅。”就是说九州统一，四方可居之地都奠定了。因此，禹划九州，就标志着夏部落血缘关系向地缘关系转化的完成，从民族形成的意义上来说，也就标志着夏民族的形成。于是，随着我国第一个奴隶制国家——夏王朝的建立，我国第一个奴隶制民族——夏民族也崛起了。主要分布在今华北河南西部和山西南部，沿黄河东至河南、河北、山东三省结合部，南接湖北，北入河北。其居住的中心则在今河南西部的河流流域。

夏人以“雅言”为共同语言，此即孔子所云：“子所雅言，《诗》《书》、执礼，皆雅言也。”[②]“雅言”即是夏言。[③] 而二里头遗址发现的刻划符号很可能是夏人的文字。他们的经济生活属“以铜为兵”[④] 的灌溉耜耕农业经济，每年正月“农率均田”[⑤]，行“夏后氏五十而贡”[⑥] 的井田制度。夏人崇信“死生由命，富贵在天”[⑦]，故如《礼记·表记》所载：“夏道逆命，事忽敬神而远之。”但对祖先崇拜甚笃，所以禹也“菲饮食而致孝乎鬼神，恶衣服而美乎黻冕”[⑧] 在风俗习惯上尚黑，喜穿以山为纹饰的衣服，戴“毋追”和“收”式的帽子，用松木做的牌子祭社，以岁首为农历一月。“年”称为“岁”。[⑨]

3. 殷人

商民族形成于夏商之交，因其以殷为都城，故史称“殷人”。

由于社会发展的不平衡，当夏民族在黄河中游崛起之时，地处山东半岛，奉鸟为图腾的商部落还过着原始社会“无定处”[⑩]，“不常厥邑”[⑪] 的流动生活，见于记载的迁徙就有 13 次之多。但是，生产力的不断发展，

---

① 见《尚书·禹贡》。

② 《论语·述而》。

③ 《荀子·荣辱》云：“譬人越人安越，楚人安楚，君子安雅。”而《荀子·儒效》又云：“居楚而楚，居越而越，居夏而夏，非天性也，积靡使然也。”可见“雅言”即是“夏言”。

④ 《越绝书》卷十一。

⑤ 《大戴礼记·夏小正》。

⑥ 《孟子·滕文公上》。

⑦ 《论语·颜渊》。

⑧ 《论语·泰伯》。

⑨ 参阅徐杰舜《汉民族发展史》，四川民族出版社 1992 年版，第 86—91 页。

⑩ 《史记·殷本纪》。

⑪ 《尚书·商书·盘庚上》。

商部落也毫无例外地走上了原始社会解体的道路。“相土烈烈，海外有截”[①] 的记载就是一个信息。于是，本来臣属于夏王朝的商部落，在商国家建立的过程中，完成了从血缘关系向地缘关系的转化，而发展成商民族，崛起于黄河下游。

在商民族的崛起中，汤起了重大的作用，史载：“汤征诸侯”[②]，“十一征而无敌于天下”[③]，最后在鸣条会战中大胜灭夏，夏王桀败逃而亡，汤建立了一个新的奴隶制国家——商王朝。与此同时，由于战争的需要，本来已是各氏族部落杂居在一起的，被商部落称为“邑”的城垣，由于保卫氏族贵族的安全和私有财产，更加发展起来，因而各氏族部落间的杂居更加厉害。这样，氏族部落的完整性受到越来越严重的破坏，氏族成员之间的血缘联系越来越淡薄。“邑”完全成了不同血缘的氏族部落成员杂居的古代都市。于是，到汤时，支持汤灭夏的“万邦”[④]“万方”[⑤]，就都是按地域划分的人了。所以汤灭伐夏桀时动员说：“尔尚辅予一人，致天之罚，予其大赉汝，尔无不信，朕不食言。尔不誓言，予则孥戮汝，罔有攸赦。”[⑥] 表示只要积极伐夏桀，不管哪一个氏族部落的人，都可以受到酬劳；反之，则要受到处罚。故后来司马迁说：商人“其后分封，以国为姓”[⑦]，而不是以氏族、部落的籍别为根据了，盘庚都殷以后，殷人就稳定地屹立于先秦族群之林。主要分布在今华北的河南、河北、山东、山西，以及华北周围一些省的部分地区。

殷人是一个人文特征十分鲜明的族群，他所用语言的读音虽已不可考，但他们创造的甲骨文已是一个体系完整精密的成熟文字，并初步具备了汉语语法的基本形式，句子的组成，主要是主语—谓语—宾语。他的经济形成了以灌溉农业为主，农牧相结合的经济类型，并创造了光辉灿烂的青铜彝器文化（简称青铜文化）。在殷人中盛行对祖宗一元神的崇拜，认为鬼神世界有一个至高无上的神，被称为“帝”或“上帝”。事无大小，

---

① 《诗经·商颂·长发》。

② 《史记·殷本纪》。

③ 《孟子·滕文公下》。

④ 《尚书·商书·仲虺之诰》。

⑤ 《墨子·兼爱下》。

⑥ 《尚书·汤誓》。

⑦ 《史记·殷本纪》。

均用占卜，求告于祖先。把占卜当作沟通人神的工具，视占卜的吉凶为体现神和祖先的旨意。此即《礼记·表记》所云："殷人尊神，率民以事神，先鬼而后礼。"与此同时还流行人祭，甲骨文中称为"人祷"。人祭的情况在考古发现上令人触目惊心，反映和表现了殷人"尊而不亲。其民之敝，荡而不静，胜而无耻"[①] 的放荡、凶狠、好胜的性格。在风俗习惯上尚白，重玉，喜用饕餮纹、夔纹和云雷纹，用柏木为牌祭"社"，穿交颈、右衽、短衣、短裙，以农历十二月为岁首。称年为纪。

三　华夏民族的横空出世

平王东迁后，被称为东周的周王朝进入了春秋战国时代。在春秋战国民族大融合的大趋势之中，华夏民族在华北横空出世。

华北，是夏、商、周三族活动的中心地区，尤其是河南及其附近地区，古称"中原"[②]，又称"中土"[③]"中州"[④]"中夏"[⑤]"中华"。[⑥] 而春秋时横空出世的华夏民族的主要族群多建都于黄河中下游南北。战国夏、商、周三族在中原这个民族大熔炉里融合、认同，并席卷了越、楚及部分蛮、夷、戎、狄，所以华北中原就成了华夏民族的摇篮。

春秋时期在中华大地上横空出世的华夏民族，先秦的历史文献中多称为"夏"或"诸夏"。《尚书·虞书·舜典》有"蛮夷猾夏"的说法，《左传》闵公元年又有"诸夏亲昵"的记载。[⑦] 有的又称之为"华"或"诸华"。《左传》襄公十四年中有"诸戎饮食衣服不与华同"的说法，

---

① 《礼记·表记》。

② 《国语·晋语三》："耻大国之士于中原，又杀其君以重之……虽微秦国，天下孰弗患？"此中原广义指整个黄河流域，狭义指今河南一带。

③ （汉）陆贾：《新语·怀虑》："鲁庄公据中土之地，承圣人之后。"此"中土"指中原地区。

④ （汉）王充：《论衡·对作》："建初孟年，中州颇歉，颍川汝南民流四散。"此"中州"指今河南一带。《三国志·吴志·全琮传》："是时中州士人，避乱而南依琮者以百数。"此"中州"指中原地区。

⑤ （晋）陆机：《辨亡论》："魏人据中夏，汉氏有岷益，吴制荆扬，而奄有交广。"刘师培：《南北文学不同论》："河、济之间，古称中夏，故北音谓之夏声，又谓之雅言。"此"中夏"指中原地区。

⑥ （宋）张淏：《云谷杂记·侍郎徐公帖》："枞阳张监镇，其先中华人，自其祖寓武义，邦宪与之邻居有年矣。"此"中华"指中原。

⑦ 《左传》中关于"诸夏"的记载颇多，此仅举一处为例。

又有“诸华必叛”[①] 的记载。可见，古人时而以“夏”和“蛮夷”对称，时而又以“华”与“夷”对称，所以孔子干脆视“夏”与“华”为同义词，他说：“裔不谋夏，夷不乱华。”[②] 最早把“华”“夏”连用的也是《左传》，即《左传》襄公二十六年云：“楚失华夏”，这是关于“华夏”一词的最早记载。虽然春秋之时文献中仍多以“夏”或“诸夏”，“华”或“诸华”称呼在民族大融合的潮流中横空出世的新民族，但随着历史的推移，“华夏”一词遂成为这个新民族的族称。

华夏民族横空出世之时，其民族的自我意识也开始产生。它的表现就是春秋时期民族关系朝着民族大融合的大趋势发展的同时，民族关系的另一个趋势也得到了发展，这就是随着华夏民族的形成，其与周边这些“夷、蛮、戎、狄”的民族界限更加明显。首先是地域自此明确固定下来，所谓“内诸夏而外夷狄”的观念。正是这个时期形成的。春秋初期被称为“诸夏”的国家，主要包括姬姓的鲁、蔡、曹、卫、晋、郑、燕，姜姓的齐、许、申、吕，子姓的宋，妫姓的陈等国。至于与“诸夏”对称的所谓“夷、蛮、戎、狄”，则基本上不再指中原地区内的夷、蛮、戎、狄，而专指中原地区以外的“夷、蛮、戎、狄”了。其次，不同的民族语言也明显表现出来，民族与民族之间的交往都需“重译而至”[③]，经过翻译方能了解。最后，在风俗习惯方面的区别也更为突出。例如服饰，华夏民族是头著冠，发著笄[④]；而戎狄是“被发”[⑤]，百越是“断发”[⑥] 或“劗发”[⑦]，西南诸少数民族则是“盘发”[⑧] 或“编发”或“辫发”[⑨]。华夏民族的衣服为右衽，夷、蛮、戎、狄则多为左衽。华夏民族

---

① 《左传》襄公四年。

② 《左传》定公十年。

③ 《淮南子·泰族训》。

④ 《淮南子·齐俗训》：“中国冠笄。”

⑤ 《淮南子·齐俗训》。

⑥ 《史记·吴世家》《史记·楚世家》。

⑦ 《淮南子·齐俗训》；又见《汉书·严助传》。

⑧ 《史记·西南夷列传》：“自滇以北君长以什数，邛都最大；此皆魋结、耕田、有邑聚。”“魋结”，颜师古曰：结读早髻，为髻如椎之形也。另见《史记·陆贾列传》：“陆生至，尉他魋结箕倨见陆生。”司马贞索隐；“谓为髻一撮以椎而结之。”今人王玉哲认为“魋结”应是“盘发”，参阅王玉哲编著《中国上古史纲》，上海人民出版社1959年版，第165页。此从王说。

⑨ 《后汉书·南蛮西南夷传》。

行土葬，夷、蛮、戎、狄则或行火葬，或行岩葬，或行悬棺葬等。因此，所谓“尊王攘夷”口号的提出，从华夏民族形成的意义上来说，正是民族自我意识开始产生的集中反映。

春秋时期民族大融合的结果，是华夏民族的横空出世。但是，由于华夏民族是由夏、商、周、楚、越诸族，以及部分夷、蛮、戎、狄诸人们共同体融合而形成的，而夏、商、周、楚、越诸族或源于炎黄集团，或源于东夷集团，或源于苗蛮集团，或源于百越集团，或源于戎、狄，因此，就造成不同地区的华夏民族在政治、经济和文化上发展的不平衡。特别是诸侯国的林立，春秋争霸的结果，使得华夏民族分成为许多族群，而成为一个分散的、不统一的民族共同体。民族的不统一，反映到战国时期的政治、经济、语言、文化以及地域上，是“田畴异亩，车涂异轨，律令异法，衣冠异制，言语异声，文字异形”。[①] 这样，经过春秋时期的诸侯混战，到战国初期的形势是，在北起辽东，南抵长江流域的广大地区，形成了楚在南，赵在北，燕在东北，秦在西，齐在东，韩、魏两国夹在中间的七大国，史称“战国七雄”。七国四周，还有宋、鲁、卫、中山、越、巴、蜀等十几个不同族群的中、小国。[②] 在七雄鼎立的形势下，华夏民族按地域分成了齐、燕、赵、楚、秦 5 大族群，在华北的族群主要有以下几个。

1. 齐人

齐人是华夏民族在东方的一个主要族群，分布在今山东。齐人建立的齐国在春秋前期，已是东方的大国，其疆域“东至于海，西至于河，南至于穆陵（今山东临朐），北至于无棣（今山东无棣）”[③]，背山面海，有鱼盐之利，但在齐襄公时由于政治黑暗，剥削残酷，阶级矛盾十分尖锐。齐桓公继位后，任用管仲为相，进行改革使国势日益强盛。在春秋诸国中，齐国素以仁义著称。齐桓公曾率军北伐山戎，保卫了燕国。狄人侵邢，齐桓公又救邢国，并把邢人迁到夷仪（今山东聊城），另筑新城以安置之。齐桓公救卫国，将卫的部分人口迁到楚丘（今河南滑县）。史称

① （汉）许慎：《说文解字》，中华书局 1963 年版，第 315 页。

② 参见中国历史地图集编辑组《中国历史地图集》第 2 册，《战国时期全图》，中华地图学社 1975 年版。

③ 《左传》僖公四年。

“邢迁如归，卫国忘亡”。齐桓公的救患扶危的行为使他在诸侯国中的威信大增。难怪司马迁称赞齐国：“洋洋哉，固大国之风也。”① 公元前651年齐桓公在葵丘（今河南兰考东）大会诸侯，参加会盟的有齐、鲁、宋等国的国君，周天子也派代表参加。“齐桓公并国三十，启地三千里”②，成为中原诸侯的霸主，史称齐桓公始霸。战国时期，齐国为“七雄”之一，占有今山东北部、河北东南部。齐泯王时，齐对外发动了一系列战争，齐联合三晋等国“合纵”攻秦，之后齐又与燕战于桓之曲。但不久，齐因连年征战，造成“民憔悴，士罢弊”的局面，公元前284年，燕联合三晋、秦、楚而大举伐齐，齐大败，从此，齐国一蹶不振。秦统一全国后，齐人也成了统一的华夏民族的一个组成部分。

2. 晋人

晋人是华夏民族在西北方的一个主要族群，分布在今山西。晋人建立的晋国原是汾水下游的一个小国，到春秋前期，逐渐强大起来。晋建都于翼（今山西翼城），它的疆域包括今晋南、汾水流域一带，晋献公时迁都于绛（今山西翼城东），晋先后合并了耿（今山西河津）、霍（今山西霍县）、魏（今山西芮城）、虞（今山西平陆）等华夏诸侯和北方戎、狄之族所建立的小国的，此后，戎、狄之族中同晋人长期杂居的部分，已同晋人融合为一体，与此同时，晋国开始强大起来。晋文公时，采取了一些整顿政治、经济的措施，使晋成为诸侯国中的强国。公元前632年，晋楚城濮（今山东濮县）之战中，楚大败，战后，晋文公大会诸侯于践土（今河南原阳），于是晋成为中原诸侯的霸主。

晋在春秋中期为六卿所控制。公元前403年，周威烈王承认韩、赵、魏三家为诸侯，晋国已名存实亡。三家分晋后，晋人的赵氏占据晋的北部地区，以晋阳（今山西太原）为都城；韩氏占据晋的中部地区，以平阳（今山西临汾）为都城：晋君只有绛和曲袄（今山西翼城东和闻喜）两小块土地。战国之时，韩、赵、魏三国虽然都成为强大的诸侯国（魏占有今山西南部、河南北部、中部、西部；赵占有今山西北部、中部和河北的中部、西南部以及内蒙古自治区的一部分；韩占有今河南中部、西部和山西东南部），但他们仍然属于晋人族群，战国初期，魏国变法最早，通过

① 《史记·齐太公世家》。

② 《韩非子·有度第六》。

李悝变法，魏国首先强大起来。魏惠王时，迁都于大梁（今河南开封），并“率十二诸侯，朝天子于孟津”，魏遂称霸天下。之后魏齐争雄，魏势力衰弱。“赵四战之国，其民习兵”①，赵武灵王时实行“胡服骑射”，改革了军事装备和作战方法，增强了军队的战斗力，武灵王曾向北进攻，“攘地北至燕、代，西至云中、九原”。当时关东各国除齐国以外，以赵国的国力最为强盛。公元前260年，赵军被秦军围困于长平（今山西高平），赵军四十余万人被坑杀。从此，赵国的实力受到严重的损伤。秦统一全国后，晋人也成了统一的华夏民族的一个组成部分。

3. 燕人

燕人是华夏民族在东北方的一个主要族群。燕人建立的燕国是西周时期主要封国之一，与周同姓姬。燕人在东北方与戎人杂居，春秋时期还是一个弱国，“（外）迫蛮貉，内措齐晋，崎岖强国之间，最为弱小，几灭者数矣”②，常为山戎所攻掠，但到战国时，由于燕召公招贤纳士，燕国成为雄踞东北方的强国，燕将秦开，打败了势力强大的东胡，置上谷、渔阳、右北平等郡，大大扩展了燕国的领土。燕对辽河流域的开拓，不仅奠定了古代中国东北方的疆域，也使辽河流域各民族逐步融合于华夏民族。秦统一全国后，燕人也成了统一的华夏民族的一个组成部分。

第三节　汉族在华北的形成和发展

一　秦汉华夏民族从统一到向汉民族的发展

（一）华夏民族的统一

华夏民族要统一，这已成为战国时期不可逆转的历史大趋势。这个伟大的历史使命出人意料地落到了秦国身上。

秦为什么能完成统一华夏民族的伟大历史使命呢？公元前395年，秦孝公重用卫国人商鞅实行变法改革。商鞅变法的内容是大家所熟悉的，在这里笔者主要从秦吸收、继承和发展周文化方面来考察。一方面，商鞅“令民为什伍，而相牧司连坐”，实行编户制和“连坐法”；“有军功者，各以率受上爵”，“宗室非有军功论，不得为属籍”，从而“有功者显荣，

① 《史记·燕召公世家》。

② 同上。

无功者虽富无所芬华”，废除了世卿世禄制；并“集小乡邑聚为县，置令丞，凡三十一县”。[①] 县，古称邦畿千里之地为县，后亦称王畿内都邑为县，其后诸侯境内之地亦称县。春秋时期，作为地方行政区划最初只是设置在边地，并封给有军功之臣，所以晋国赵简子说：“克敌者上大夫受县，下大夫受郡。”[②] 秦推行县制，不仅吸收、继承了周文化的传统，由于其作为法令在全国推行，就春秋以来出现的县制用法律的形式确定下来，从而大大发展了周文化。更重要的是秦实行编户制，“连坐法”，废除世卿世禄制度，推行县制这一系列变法，对西周以来一直存在着的氏族血缘关系是摧毁性的打击，从而为华夏民族的统一提供了地域关系的基础。

另一方面，商鞅“僇力本业，耕织致粟帛多者复其身。事末利及怠而贫者，举以为收孥”。又规定“民有二男以上不分异者，倍其赋”，“令民父子兄弟同室内息者为禁”。宣布“为田开阡陌封疆，而赋税平。平斗桶权衡丈尺”。[③] 秦这样奖励耕织，奖励个体小农经济，正是对周文化重农思想的继承；废井田，开阡陌虽然是对井田制的否定，但是对正在各诸侯国中兴起的封建土地所有制的肯定和发展。秦在经济上的这一系列措施，既继承了周文化，又发展了周文化。这也正是秦国商鞅变法，比单纯“要在疆兵”[④] 的楚国吴起变法彻底、高明和伟大之处。[⑤] 而统一度量衡是大大有利于加强民族共同体内部的经济联系性的。无疑，这些经济上的变法措施对华夏民族的统一，在共同经济生活方面是有着特殊意义的。

这样，秦对周文化的继承，特别是其顺应历史发展的潮流，对周文化创造性的发展，使之后来居上，无论在政治上、军事上，还是在经济上、文化上，都赶到了历史前列。秦不仅打败了韩、赵、魏三国，夺得了魏在河西的全部土地，而且不断向西、向南、向北扩张，先后兼并了周围一些侯国和少数部落、部族或民族，增置了黔中郡、巫郡、南郡、南阳郡、三川郡、上党郡、太原郡等，成为战国七雄中实力最强的国家。昔日西方落后的戎族小国，一跃而成了完成华夏民族统一伟大历史使命的承担者。

---

① 以上所引均见《史记·商君列传》。

② 《左传》哀公二年。

③ 《史记·商君列传》。

④ 《史记·孙子吴起列传》。

⑤ 参阅李剑农《先秦两汉经济史稿》，中华书局1962年版，第24页。

挑起完成统一大业重担的是秦始皇。从公元前230年灭韩，到公元前221年灭齐，秦始皇用10年的时间统一了六国，结束了长期以来诸侯割据纷争的状态，建立了中国历史上第一个空前统一的中央集权的封建国家——秦王朝，这对中国历史的发展是有深远影响和重大意义的。仅就民族形成问题来说，秦王朝的建立，是华夏民族统一的标志。自春秋以来涌起的民族大融合的潮流，历经近5个半世纪，终于以华夏民族的统一而告结束。

秦始皇凭借其手中掌握的封建的中央集权的国家机器，从政治到经济，从地域到语言文字，从思想意识到文化生活等方面采取了一系列措施，来统一华夏民族。

秦始皇所有的措施，完全是借助于封建中央集权国家的权威进行的。我们可以设想，如果没有秦统一的中央集权封建国家的建立，华夏民族的发展很可能会走上西欧或阿拉伯的道路。所以，我们完全可以说秦统一的中央集权的封建国家的建立，对华夏民族各支系的统一，以及对华夏民族从初型到定型发育过程的完成，都是有决定作用的。我们甚至可以说，没有秦统一的中央集权的封建国家的建立，也就没有华夏民族的统一，也就没有华夏民族定型的完成，更没有汉民族的形成。

华夏民族经过5个半世纪的风雨，开始屹立在世界的东方。

（二）汉民族在“大一统”中形成

历史总是多层次、多侧面、立体地呈现在人们面前。当秦始皇以其赫赫大功，彪炳于中国历史和汉民族发展史之际，带给人民的却是繁役重赋，苛法酷刑，饥饿与死亡，社会的各种矛盾迅速地交会而激化，强大一时的秦王朝统一后仅15年的历史一瞬间，即在陈胜、吴广领导的农民大起义的狂飙之中土崩瓦解，继之而起的是继承“秦制”的汉王朝。华夏民族在这个历史的急剧转变过程中，也随之发展、转化，形成汉民族。“汉承秦制”，从汉民族形成的意义上来说，可以认为是汉民族完全继承，并发展了华夏民族的历史传统和民族特征。

华夏民族是如何发展、转化为汉民族的呢？

汉承秦制，汉王朝完全继承了秦王朝中央集权的封建国家政体，并根据其巩固统治的需要而大大发展了中央集权制。这种“大一统”的中央集权制，不仅大大强化了汉王朝的国家机器，也大大强化了汉民族的统一性。

中央集权的秦王朝虽然覆灭于农民战争的洪流之中，但中央集权的封建国家经过农民战争风暴的洗礼，在汉王朝“大一统”思想的指导下，反而更加强大。特别是汉武帝“兼文武，席卷四海”[①]，在政治、经济、文化上加强中央集权国家的一系列措施，使“海内一统”[②]，华夏民族迅速完成了从华夏民族向汉民族的发展和转化。

在政治上，公元前106年，汉武帝创设了刺史制度，把全国分为十三个监察区域，叫十三州部。每部派一名刺史，巡行监察郡国，加强了中央对地方的控制，此其一。其二，实行“编户齐民”[③]，户口簿上登记了居民的年龄、性别、亲属关系以及土地财产等情况，并规定：非经政府允许，人民不得任意迁徙。使国家直接控制民户。其三，实行“削藩”，逐步剥夺各诸侯王国的部分土地，归中央直接统辖。在这个过程中，汉景帝还以果断的行动，于公元前145年一举平定了“七国之乱”，把各诸侯王国的行政权和官吏任免权收归中央，侯国的独立地位被取消了。汉武帝时，为了进一步削弱侯国割据势力，还于公元前127年颁布了“推恩令”：诸侯王除以嫡长子继承王位以外，可以推恩把自己的部分封地分给子弟，由皇帝制定封号，于是由郡统辖的，只能衣食租税的小侯国越来越多，而诸侯王国的封地越来越小。后又颁布“左官律”和“附益阿党之法”，限制诸侯王结党营私，进一步限制了诸侯王政治势力的发展。并以种种借口夺爵或废除侯王，使侯国的数目也越来越少。显然，这些政治上的措施，从民族形成的意义上来说，都有利于民族内部团结的加强，有利于民族共同地域的稳定。

在经济上，实行均输法和平准法。公元前110年，由大司农桑弘羊建议，汉武帝颁布均输法和平准法。均输法即由均输官掌管各地输京物品的买卖和运输。它的推行，消除了郡国运输“往来烦杂，物多苦恶，或不偿其费”[④]的现象，有利于各地经济联系。平准法即在京师设平准官，统一调剂运输和平抑物价，“贵则卖之，贱则买之”[⑤]。这样，以京师为中心，建立起了规模巨大的全国范围的商业网，商品流通借助于中央集权国家的政治

① 《史记·建元以来侯者年表序》。

② 《史记·自序》。

③ 《汉书·食货志》。

④ 《盐铁论·本议篇》。

⑤ 《汉书·食货志》。

力量而大大发展。另外，又统一和稳定币制。汉初，因为“秦半两”太重，使用不便，允许私铸一种轻而小的“荚钱”，结果使铜钱轻重不一，造成货币混乱。公元前113年，汉武帝整顿了币制，把铸币权收归中央，并宣布销废郡国铸造的各种铜钱，颁行名为“三官钱”的五铢钱。因其质好量足，轻重合宜，适合于当时社会经济的需要，自汉至隋700多年间，虽中经南北朝之钱制混乱，但隋时仍以“五铢钱”统一全国的钱制。显然，汉武帝的这些措施，对于民族共同体来说，都是有利于加强汉民族内部的经济联系性，有利于汉民族共同经济生活的统一和稳定的。

在文化上，汉武帝接受董仲舒的建议，“罢黜百家，独尊儒术”，使“‘春秋’大一统”之义成为汉王朝立国的根本指导思想，使儒学取得了统治地位。这对汉民族共同心理素质的影响极大。

第一，“‘春秋’大一统”之义成为中央集权国家的理论基础，不仅有力地推动了国家统一历史主流的前进，也是维系汉民族长期稳定的思想纽带。中央集权的大一统思想是孔子的政治理想，他说：“天下有道，则礼乐征伐自天子出，天下无道，则礼乐征伐自诸侯出。……天下有道，则政不在大夫。天下有道，则庶人不议。”① 在这里，由于历史条件的限制，孔子所主张的大一统，只是要求天子治天下，诸侯治本国。但是这种中央集权的大一统思想的萌芽是有进步意义的。董仲舒继承并发挥了“大一统”的思想，他在汉武帝策问贤良文学时说：“‘春秋’大一统者，天地之常经，古今之通谊也。”② 在这里，他宣称《春秋》提出的大一统思想，是谁也不可违抗的最高原则，是天地之常道，古今之通义。他的所谓“大一统”，就是损抑诸侯，一统于天子，并使四海“来臣”。于是，在孔子的旗帜下，他把儒家各派和“百家”学说在《春秋公羊》的名义下统一起来了，如他把儒家汤武革命、天命靡常的学说与阴阳五行家的五德终始学统一了起来，把儒家的仁义与黄老刑名之学统一了起来，把儒家与墨家的义利学统一了起来，把孟子的性善说与荀子的性恶说统一了起来。这种以孔子儒学为脊梁的“百家”学说的统一体，既为中央集权的封建国家提供了理论基础，也为华夏民族向汉民族发展、转化为统一和稳定的民族共同体奠定了思想基础。

---

① 《论语·季氏》。

② 《汉书·董仲舒传》。

第二，“三纲”“五常”封建伦理观念的建立，“人伦”关系的系统化和理论化，使儒学成了汉民族共同心理素质的血肉部分。孔子经典性地提出了关于“仁”的道德伦理学说，认为人与人之间要相爱，“仁”的标准是“礼”。关于“仁”和“礼”，可以用孔子自己讲的一句话来概括，那就是“君君、臣臣、父父、子子”[①]。董仲舒则根据孔子的仁义道德伦理思想和君君、臣臣、父父、子子的伦理纲常，又进一步发挥，系统地提出了“三纲”“五常”的封建伦理思想体系。他认为“唯天子受命于天，天下受命于天子”[②]。在天道之下，“贵贱有等，衣服有别，朝廷有位，乡党有序，则民有所让而民不敢争”[③]。董仲舒又吸收韩非子的学说，提出如同天地阴阳一样，由天的意志决定君为臣纲，父为子纲，夫为妻纲，即“三纲”。而维护和调整“三纲”的永恒不变的道德原则就是“仁、义、礼、智、信”，即“五常”。在此基础上，构成了维护整个封建制度的四大权力：神权、政权、族权、夫权。无须多言，董仲舒所提出和建立的这一整套封建的“人伦”的道德观念，对中国社会的消极影响乃至反动作用是人们共知的。但是，我们也必须充分估计到这种“人伦”道德观念，对汉民族共同心理素质的形成和发展的无孔不入的深远影响。

这种影响和作用特别集中地表现在“孝”上。汉代把“孝”看成各种道德的根本，确立了“以孝治天下”的方针，使“孝”通过政治的、思想的、教育的、伦理的、艺术的、礼仪的种种渠道。渗透到汉代社会生活的各个方面和各个层次，使“孝”在社会各个角落有形或无形地发生着巨大的作用，“得万国之欢心”“得百姓之欢心”“得人之欢心”[④]，从而使儒学成为汉民族的心理素质的血肉部分。

汉王朝，特别是汉武帝时使“海内一统”的种种措施的实施，都表明汉王朝时中央集权国家更集中、更强大，使“大一统”成了中国历史发展的主流，华夏民族就是在这种“海内为一”[⑤] 的“大一统”中完成了向汉民族的发展和转化，从此以后，汉民族以世界上最大、最古老民族

① 《论语·颜渊》。

② 《春秋繁露》卷十一《为人者天篇》。

③ 《春秋繁露》卷八《度制篇》。

④ 《孝经·孝治章》。

⑤ 《史记·货殖列传》。

的英姿，高耸于世界民族之林。

二　魏晋南北朝华北汉族的南迁和发展

东汉以后，中原大乱，中央集权的封建国家四分五裂，到处是纷争战乱和封建割据。在大分裂、大混战、大动荡之中，华北汉族向四处流徙，北方匈奴、鲜卑、乌桓纷纷入主华北，江汉地区的部分蛮族也涌进华北，在华北形成汉族与匈奴、鲜卑、乌桓及蛮族交错杂居的局面。

（一）华北汉族的南迁

东汉末年，在黄巾起义和董卓之乱中，华北一片混乱，汉族人民被迫南迁。初平元年（190 年）关东州郡起兵讨伐董卓，董卓挟献帝迁都长安，将洛阳 200 里内数百万汉族强行西迁①，此为华北汉族大规模外迁之始。《三国志》所载，从华北迁入蜀国的汉族移民实例如下表所示：

迁蜀人物实例

姓名	原籍（括号内为今地）	所见卷数
刘备	涿县（河北涿州）	31
张飞	同上	36
简雍	同上	38
赵云	常山真定（河北正定南）	37
胡潜	魏郡（河北临漳西南）	42
孟光	河南洛阳（河南洛阳）	42
郤正	河南偃师（河南偃师东南）	42
黄忠	南阳（河南南阳）	37
陈震	同上	39
吕义	同上	39
杜祺	同上	39
李严	同上	40
王连	同上	41
许慈	同上	42

① 《后汉书·董卓传》。

续表

姓名	原籍（括号内为今地）	所见卷数
宗预	河南安众（河南镇平东南）	45
刘备穆后	陈留（河南开封东南）	34
陈祗	汝南（河南平舆北）	39
许靖	河南平舆（河南平舆北）	38
胡济	义阳（河南新野）	39
魏延	同上	40
傅肜	同上	45
郝普	同上	45
来敏	义阳新野（河南新野）	42
邓芝	同上	45
刘干	南乡（河南淅川东南）	39
费袆	江夏黾（河南信阳东北）	44
刘琰	鲁国（山东曲阜）	40
诸葛亮	琅邪阳都（山东沂南南）	35
孙乾	北海（山东昌乐）	38
伊籍	山阳（山东巨野东南）	38
关羽	河东解（山西临猗西南）	36

资料来源：陈寿：《三国志》，中华书局 1959 年版。括号内所注今地以县治为准，仅有郡者即注郡治所在。

上表所列的实例都是蜀国上层人物，下层平民从华北迁入蜀国的也不少，如初平三年（192 年）从南阳和关中迁入的有数万人，被刘焉编为“东州兵”①。这些“东州兵”加家属，数量当有一二十万人。但从《三国志》所载的材料中可知这时从关中入蜀的人很少，因此，这一二十万人中可能大部分是从华北河南南阳入蜀的汉族移民。据葛剑雄先生统计，从华北入蜀汉族的原籍主要有河南的安众、义阳郡、南阳郡、汝南郡、平兴、陈留郡、偃师、洛阳、平舆、南乡、江夏、黾等地；山东的北海郡、

① 《后汉书·刘焉传》。

阳都、鲁国、山阳等地；河北的涿县、常山郡、真定、魏郡等地；山西的河东郡、解县等地。[①]

从《三国志》所载中从华北迁入吴国的汉族移民实例也不少，见下表所示：

迁吴人物实例

姓名	原籍（括号内为今地）	所见卷数
浩周	上党（山西长子西南）	47
张梁	河南（河南洛阳）	53
征崇	同上	53
赵达	同上	63
郑泉	陈郡（河南淮阳）	47
冯熙	颍川（河南禹州）	47
周昭	同上	52
濮阳兴	陈留（河南开封东南）	64
陈化	汝南（河南平舆北）	47
何定	同上	48
屈晃	同上	59
程秉	汝南南顿（河南项城西）	53
吕蒙	汝南富陂（安徽阜南东南）	54
吕范	汝南细阳（安徽太和东南）	56
胡综	汝南固始（安徽临泉）	62
孙权王夫人	南阳（河南南阳）	50
李肃	同上	52
谢景	南阳宛（河南南阳）	59
隐蕃	青州（山东淄博东北）	62
刘惇	平原（山东平原南）	63
孙邵	北海（山东昌乐西）	47

① 葛剑雄主编：《中国移民史》第二卷，福建人民出版社 1997 年版，第 278 页，图 8—1 移民迁入蜀国。

续表

姓名	原籍（括号内为今地）	所见卷数
是仪	北海营陵（山东昌乐东南）	62
滕胤	北海剧（山东昌乐西）	64
刘基	东莱牟平（山东福山西北）	48
太史慈	东莱黄（山东龙口市东）	48
孙权王夫人	琅琊（山东诸城）	50
诸葛瑾	琅琊阳都（山东沂南南）	52
徐盛	琅琊莒（山东莒县）	55
潘璋	东郡发干（山东冠县东南）	55
马普	济阴（山东定陶西北）	51

资料来源：陈寿：《三国志》，中华书局 1959 年版。括号内所注今地以县治为准，仅有郡者即注郡治所在。

从华北迁吴的汉族移民不少人是率领大批余族和部曲同行的，南迁入吴的基本上在吴国定居下来，也据葛剑雄先生的统计，从华北入吴汉族的原籍主要有河南的宛县、南阳郡、河南郡、颍川郡、陈留郡、陈郡、南顿、汝南郡等地；山东的济阳郡、平原郡、发干、青州、北海郡、黄县、牟平、营陵、莒县、阳都、琅琊郡等地；山西的上党郡等地。①

西晋“永嘉之乱”后，在天灾人祸的威逼之下，华北汉族更是大规模南迁。永康二年（301 年）聚集在荆州的流民有十余万户，从皇家“太乐”的伶人也逃至荆州②来看，从洛阳和中原其他地方避乱荆州的人不少。永嘉四年（310 年），华北幽、并、司、冀等州爆发严重蝗灾，洛阳饥荒严重，怀帝向各处求援无果，东海王越以讨百勒为名率四万甲士离洛阳，并将朝廷日常机构全部带走。文武官员、士人、百姓纷纷逃经周边避难。

建武元年（317 年）七月，司马睿称晋王之时，华北又大旱，司、冀、并、青等州大蝗灾，冀、青州次年又爆发蝗灾，迫使百姓继续南迁。

① 葛剑雄主编：《中国移民史》第二卷，福建人民出版社 1997 年版，第 282 页，图 8—2 移民迁入吴国。

② 《晋书·刘弘传》。

这次南迁到东晋建立时达到高潮，其中以东晋政权的支柱，大族和官员的南迁为代表，如以王导等为首的琅琊临沂（今山东费县东）王氏[1]，以王承为首的太原晋阳（今山西太原市西南）王氏[2]，以谢鲲为首的陈郡阳夏（今河南太康县）谢氏[3]，以袁瓌为首的陈郡阳夏袁氏[4]，以庾亮为首的颍川鄢陵（今河南鄢陵县西北）庾氏[5]，以荀崧为首的颍川（今河南许昌、临颍一带）荀氏[6]，以羊曼为首的泰山南城（今山东平邑县南）羊氏[7]，以蔡谟为首的济阳（陈留）考城（今河南民权县东北）蔡氏[8]，济阳考城江氏[9]，以刁协为首的渤海饶安（今河北盐山县西南）刁氏[10]，以卞壶为首的济阴冤句（今山东曹县西北）卞氏[11]，以郗鉴为首的高平金乡（今山东嘉祥县南）郗氏[12]，以诸葛恢为首的琅琊阳都（今山东沂南县南）诸葛氏[13]，以颜含为首的琅琊临沂颜氏[14]，鲁国（今山东曲阜市）孔氏[15]，以毛宝为首的荥阳阳武（今河南原阳县东南）毛氏[16]，河东安邑（今山西夏县西北）人卫玠[17]，太原祁（今山西祁县东南）人温峤[18]等。

---

① 《晋书·王导传》。

② 《晋书·王承传》。

③ 《晋书·谢鲲传》。

④ 《晋书·袁瓌传》。

⑤ 《晋书·庾亮传》。

⑥ 《晋书·荀崧传》。

⑦ 《晋书·羊曼传》。

⑧ 《晋书·蔡谟传》。

⑨ 《宋书·江夷传》。唯此传称夷为晋护军将军霦孙，而不及霦父散骑常侍统；而《晋书·江统传》作陈留圉人，祖谯郡太守蕤，父南安太守祚。又《晋书·江逌传》也称逌陈留圉人。曾祖蕤谯郡太守，祖允芜湖令，则允与江统之父祚应为兄弟；然《宋书·江秉之传》已稳定逌孙秉之为济阳考城人，《南史本传同》至《陈书·江总传》始称“济阳考城人，晋散骑常侍统之十世孙”。按晋惠帝分陈留置济阳，但圉（今河南杞县西南）似不得并入考城；而各传均不及江统，亦颇可疑。

⑩ 《晋书·刁协传》。

⑪ 《晋书·卞壶传》。

⑫ 《晋书·郗鉴传》。

⑬ 《晋书·诸葛恢传》。

⑭ 《晋书·孝友传·颜含》。

⑮ 《晋书·儒林传·孔衍》。

⑯ 《晋书·毛宝传》。

⑰ 《晋书·卫玠传》。

⑱ 《晋书·温峤传》。

此外，东晋初的北伐主将祖逖和其弟祖约、发动叛乱的长广掖（今山东莱州市）人苏峻[①]，也是在这一阶段南迁的。[②]

正如葛剑雄先生的研究所示，这个时期华北汉族外迁最大的特点是大多以原籍或宗族为单位，或依附于原籍的强宗大族、地方官员，集体行动。这既是在迁出地长期形成的乡土情谊和宗族观念[③]的必然延续，也是在战乱环境中长途迁移的需要。至于北方名门大族的首领、地方官员、豪强、士人，因具有军政实力、社会地位或指挥组织能力，自然成为各个移民团体的领袖。对他们来说，这既是尽了道义上的责任，也是维护本人、本家族或本地人的利益基础的手段。所以一个移民团体往往有数百上千人，甚至数万人，如上述褚裒所率。又如河北范阳道县人祖逖家“世吏二千石，为北州旧姓”，“及京师大乱，逖率亲党数百家避地淮泗，以所乘车马载同行老疾，躬自徒步，药物衣粮与众共之，又多权略，是以少长咸宗之，推逖为行主”。[④] 东莞姑幕（今山东诸城市西北）人徐澄之为州治中，“遂与乡臧琨等率子弟并闾里士庶千余家，南渡江，家于京口（今江苏镇江市）”。[⑤] 由于华北汉族大批南迁，东晋初大兴三年（320 年）七月，元帝以从琅琊国（都开阳，今山东临沂市北，辖境约相当周围数县）迁来的近千户在其侨居地建康置怀德县[⑥]，是专为北方移民设置的第一个政区。以后又在北方移民集中定居的淮河以南、长江以北和江南沿江一带设置了以安置华北汉族移民为主的侨州、侨郡和侨县，如在江北置有兖、幽、冀、青、并等州。[⑦]

华北汉族南迁的浪潮直到北朝仍不止，北魏太平真君三年（442 年），华北青、兖、冀州汉族移民约 2 万家南迁入宋，何承天向宋主献策称：“今青、兖旧民，冀州新附，在界首者 2 万家，此寇之资也。今悉可内徙，青州民移东莱、平昌、北海诸郡，兖州、冀州移泰山以南、南至下

① 《晋书·苏峻传》。

② 以上均参阅葛剑雄主编《中国移民史》第二卷，福建人民出版社 1997 年版，第 315—316 页。

③ 如《宋书》卷四六《王懿传》称：“北上重同姓，谓之骨肉，有远来相投者，莫不竭力营赡；若不至者，以为不义，不为乡里相容。”类似记载甚多。

④ 《晋书·祖逖传》。

⑤ 《晋书·儒林传·徐邈》。

⑥ 《晋书·元帝纪》。

⑦ 《宋书·州郡志》南徐州序。

邳，左沭右沂，田良野沃，西阻兰陵，北扼大岘，四塞之内，其号险固。民性重迁，暗于图始，无虏之时，喜生咨怨。今新被钞掠，余惧未息，若晓示安危，居以乐土，宜其歌忭就路，视迁如归。"[①] 对此条史料葛剑雄先生认为从当时形势分析，已经聚集在宋魏交界处的数万难民迁入宋境的可能性是很大的。[②] 此外，太平真君六年（445 年）河东汾阴（今山西万荣县西南）薛永宗起兵，次年败死，族人薛安都投宋，又北上召集，至以魏兵势盛而退回襄阳。薛氏"世为强族，同姓有三千家"，安都虽战败而归，带回的族人也还不少[③]。

永嘉之乱所引发的华北汉族南迁的高潮历时一百多年，计其余波更长达近三百年，其南迁的路线据葛剑雄在《中国移民史》中研究前后大致相同，主要有东、中两线：

东线以淮河及其支流（包括当时入淮各水）汝、颍、沙、涡（涡）、睢、汴、泗、沂、沭等水和沟通江淮的邗沟构成主要水路，辅以各水间陆路。不仅在今河南、山东和安徽、江苏北部的司、豫、兖、青、徐诸州移民大多由此线南渡，就是在今山西、河北的并、冀、幽州的流民也多数在渡过黄河后循此线而南。由今河南和淮北渡淮的北人往往居留于淮南，或继续由陆路南下，渡江后定居于皖南、赣北沿江地带。由今山东、豫东而下的流人一般居于沿泗水的彭城、下相、淮阴一带，或渡淮居于苏北，或由邗沟南下广陵（今扬州市西北），过江至京口（今镇江市），聚居于江南。还有少数人由山东或苏北航海至广陵或江南，甚至直接到达东南、南方沿海。此线的起点是西晋、十六国和北朝经济文化最发达、人口最稠密的地区，终点又是东晋、南朝政治中心所在和经济文化最发达地区，所以是最重要的一线。永嘉后的北人南迁，特别是宗室贵族、文武大臣、世家大族，多数经由此线。江淮间和苏南、皖南是侨州郡县的主要设置区，也是北方移民最集中的地方。

中线起点主要是洛阳，由洛阳经南阳盆地至襄阳，然后再由汉水东南下。在今山西和河南西部的流民大多走此线，南迁后往往定居于襄阳、江陵等汉水流域和长江中游地区。也有一部分人从南阳盆地东南越过桐柏

---

① 《宋书·何承天传》。

② 葛剑雄主编：《中国移民史》第二卷，福建人民出版社 1997 年版，第 330 页。

③ 《宋书·薛安都传》。

山、大别山的隘口进入江汉平原。

（二）北方少数民族族群向华北的大迁移

东汉末年，北方少数民族族群，开始了中国历史上第一次大规模向华北的大迁移。

驰骋漠北300余年的匈奴，于光武帝建武二十四年（公元48年）分裂为南北二部后，南匈奴内附，入居塞内，从此掀起了匈奴人南迁的移民潮。

《晋书·载记序》亦云："汉宣帝初纳呼韩，居之亭鄣，委以候望，始宽戎狄。光武亦以南庭（南匈奴）数万人徙入西河，后亦转至五原（治所在今包头市西北），连延七郡。"

公元185年（中平二年），南匈奴"单于羌渠使子于扶罗将兵助汉讨平黄中，会羌渠为国人所杀，于扶罗以其众留汉，自立为单于，属董卓之乱，寇掠太原、河东、屯于河内"。①

公元216年（建安二十一年），曹操编组匈奴部众，"分为五部，部立其中贵者为帅，汉人为司马以监督之，魏末，复改帅为都尉，其左部都尉所统可万余落，居于太原故兹氏县；右部都尉可六千余落，居祁县；南部都尉可三千余落，居蒲子县；北部都尉可四千余落，居新兴县；中部都尉可六千余落，居太陵县"。②

公元266年（泰始二年），有塞外匈奴二万余落来降，使居河西故宜阳城下，与晋人杂居，由是平阳、西河、太原、新兴、上党、东平诸郡均有匈奴人居住。③

公元284年（太康五年），有匈奴2.93万人降晋。公元286年（太康七年），又有匈奴十万余口诣雍州刺史王骏降附。次年，匈奴都督率种落1.15万口降晋，都入居塞内。④

南下内迁的匈奴中，除南匈奴外，还有被称为"屠各胡"⑤"卢水胡""羯胡"和"稽胡"的匈奴人。

① 《晋书·刘元海载记》。

② 《晋书·北狄传》。

③ 参阅《晋书·北狄传》。

④ 同上。

⑤ 屠各胡名称繁多，或称休屠或称休屠各、休著各、休著屠各等。参阅唐长孺《魏晋南北朝史论丛》，生活·读书·新知三联书店1955年版，第384页。

屠各胡，汉末从威武向东，北地、五原、西河及至并州（治所在今太原市西南）都已有其踪迹。魏晋以后，他们在华北的分布更为广泛，在太行山东麓，屠各胡与乌丸等人杂居。[①]

羯胡，主要指内迁河北、山西间的匈奴人，所以沈休文《齐故安陆昭王碑》李善注引朱凤《晋书》称："前后徙河北诸郡县，居山间，谓之羯胡。"[②] 十六国时期闻名遐迩的石勒就是羯胡人[③]，故《魏书·羯胡石勒传》云："其先匈奴别部，分散居于上党、武乡、羯室，因号羯胡。"

稽胡，又称山胡、生胡、步落稽。《周书·异域传》云："稽胡，盖匈奴别种刘元海五部之苗裔也……自离石以西，安定以东，方七八百里，居山谷间，种落繁炽。……凶悍恃险，数为寇乱。魏孝昌中有刘蠡升者居云阳谷，自称天子，立年号，署百官。……蠡升遂分遣部众，抄掠居民，汾晋之间，略无宁岁。"《周书·韦孝宽传》亦云："汾州（治所在今山西隰县）之北，离石（今山西离石县）以南，悉是生胡。"

总之，上述这些情况都表明，当时华北的并州和幽州等地，已遍布匈奴及其别部。

在匈奴南下向内地大迁移的同时，乌桓、鲜卑也开始大举内迁。

乌桓，又称乌丸，原居西辽河地区，早在公元前 129 年（元光六年），汉武帝派霍去病击匈奴时，就把乌桓人徙于上谷、渔阳、右北平、辽东诸郡塞外。东汉时，公元 49 年（建武二十五年），"乌丸大人郝且等九千余人率众诣关，封其渠帅为侯王者八十余人，使居塞内，布列辽东属国、辽西、右北平、渔阳、广阳、上谷、代郡、雁门、太原、朔方诸郡界"。[④] 公元 207 年（建安十二年），曹操征辽西乌桓，首虏 20 余万人，余部逃往辽东，被辽东太守公孙康截击，余众万余落，悉徙居内地。[⑤] 所以《三国志·魏志·乌丸传》传："幽州、并州，乌丸万余落，悉徙其族居中国，帅其侯、王、大人种众与征伐，由是，三郡乌丸为天下名骑。"于是，三国以后，乌桓已分别编入军伍了。

鲜卑，自公元 178 年至 184 年，东汉光和年间檀石槐以后，诸部落各

---

① 参阅《资治通鉴》卷一。五晋考武帝太元九年。

② 《晋书·石勒载记》："上党武乡羯人也，其先匈奴别部羌渠之胄。"

③ 见《文选》卷五九。

④ 《三国志·魏志·乌丸传》注引《魏书》。

⑤ 见《后汉书·乌桓传》。

自发展，分别迁入内地，其情况大致如下。

慕容部于曹魏初年，由大帅莫护跋率其部众入居辽西，跟从司马懿征讨辽东公孙渊有功，被封为率义王，居于棘城（今辽宁义县）之西；西晋时，莫护跋的曾孙慕容廆迁居大棘城；廆死后，其立者慕容皝迁居龙城，自称燕王，皝死后，第二子慕容儁继立，入中原征讨石闵，于是中原归入前燕慕容氏治下，儁迁都于邺城。

乞国仁在前秦亡后自称大单于，建立了西秦，并在他控制的地区设置了武城、武阳、安固、武始、汉阳、天水、略阳、漒川、甘松、匡朋、白马、苑川 12 部。国仁之弟乞伏乾归时又占据了陇西、巴西之地。

拓跋部，原居大兴安岭北段的东麓、嫩江支流甘河的上源，于宣“皇帝”推寅时南迁到大泽，又于诘汾时始居匈奴故地[①]，再于诘汾子力微时迁居定襄之盛乐（今山西归化城南）。及至拓跋珪建立北魏，挥师南进，消灭了夏、北燕、北凉几个政权。献文帝拓跋弘皇兴年间，又从南朝刘宋手中夺得三齐之地，北方完全纳入拓跋部治下。

综上所述鲜卑内迁之情况，可见自十六国至北朝，鲜卑人已是遍布中原大地了。

综上所述，可见从东汉末年以来，中国北方的少数民族族群：匈奴、乌桓、鲜卑等大规模向华北迁移，正如西晋初年郭钦上书所说：魏初人寡，西北诸郡皆为戎居，北地、西河、太原、冯翊、安定、上郡尽为狄庭矣！[②]

（三）华北汉族与入迁华北北方少数民族族群的大混居

北方少数民族族群向内地大迁移的结果，不仅使中原地区人口激增，更重要的是造成了华北汉族与入迁华北的北方少数民族族群在中原大地上大混居的态势。

我们先来看一看人口激增的情况。东汉末年以来，向内地大迁移的北方少数民族族群的人口数量是很多的。以匈奴人为例，据《晋书 · 北狄匈奴传》记载，魏时入塞的匈奴人有左部都尉所统万余落，右部都尉 6000 余落，共计 3 万落左右，以 1 落 5 口计，约有 15 万口匈奴人迁入华北。故江

① 《魏书 · 序纪》。

② 《晋书 · 北狄匈奴传》。

统在《徙戎论》中极言匈奴人口之盛，谓“今五部之众，户至数万”[①]。户数还不足6万。十六国时，早在前燕已有大批鲜卑人随慕容儁入居中原，公元370年，苻坚灭前燕，曾“徙（慕容）暐及其王公已下并鲜卑四万余户于长安”[②]。公元386年，西燕慕容觊率鲜卑男女40余万口去长安而东。

这样，由于北方少数民族族群的大量迁入华北，使华北的人中数量激增，查《晋书·地理志》，公元263年（景元四年）魏灭蜀时，魏蜀二国人口仅“户九十四万三千四百二十三，口五百三十七万二千八百九十一”。但17年后，到公元280年，即晋太康元年，此地区的所有户口如下表所示：

晋太康元年人口统计

州名	户数
司州	475700
兖州	83300
豫州	116796
冀州	326000
幽州	59020
平州	18100
并州	59300
雍州	99500
凉州	30700
秦州	32100
梁州	76300
益州	149300
宁州	83000
青州	53000
徐州	81021
荆州	357548
合计	2100685

资料来源：《晋书·地理志》。

① 《晋书·江统传》。

② 《晋书·慕容暐载记》。

17年中，由94万户激增至230多万户，其中除自然增加的以外，大多是内迁的北方少数民族土著族群。据估计这时内迁的北方少数民族土著族群其总数超过200万。由于属于华北的司州、兖州、豫州、冀州、幽州、平州、并州共有1128296户，占总户数的49%，故迁入华北的北方少数民族族群人数也应在100万左右。

再来看民族大混居的情况。东汉末年以来，中国北方少数民族和部族内迁，造成各民族大混居的情况大约有以下四种。

1. 降附内迁的混居

以降附最多的匈奴人为例，前已述及，早在东汉初，公元50年时，南匈奴降汉，第一次大规模向中原地区迁徙，分其30万部众居于西河、北地、朔方、五原、云中、定襄、雁门、代等八郡之地，“与汉人杂处”[①]。其后，由于南匈奴不断发生内乱，降附汉王朝的匈奴人南下内迁的为数更多。东汉末年，原居八郡之地的匈奴人多数集中到汾河流域的并州中部一带。公元216年，曹操分匈奴人五万余落为左右南北中五部，正如《晋书·匈奴传》所说，南匈奴“后复与晋人杂居。由是平阳、西河、太原、新兴、上党、乐平诸郡，靡不有焉”。于是，中原西北部地区遂出现了匈奴人与汉族人大混居的局面。

2. 当田客和沦为奴隶的混居

魏晋时，由于战争祸乱，人口锐减，劳动力严重不足，汉族统治阶级常常招匈奴等北方少数民族和部族的人为“田客”。《晋书·王恂传》对此有详细的记载，其云：“太原诸部亦以匈奴、胡人为田客，多者数千。”更有甚者，有的统治者利用手中的权力，大肆贩卖少数民族和部族的人为奴隶。羯胡人石勒的身世就是一个典型。开初，石勒曾在部人郭敬、地主宇驰家作田客。晋惠帝末年，并州荒乱，石勒和本族人外出逃生，穷极无路，又回宇驰处。这时北部都尉刘监欲缚卖之，得宇驰保护而免。后外出纳降都尉李川时，路遇郭敬，石勒说：“今日大饿，不可守穷。诸胡饥甚，宜诱将冀州就谷。因执卖之，可以两济。”提出了将并州“诸胡”卖到冀州为奴的办法。并州刺史司马腾就大规模地实行了这个办法，“虏群胡，将诣冀州”。[②] 石勒也被捉去卖到了山东花平县。这种用少数民族和部族

① 《晋书·北狄匈奴传》。

② 以上均引自《晋书·石勒载记》。

的人当田客和奴隶的情况，使得北方各族人民之间的混居更为加深，出现了犬牙交错的互嵌之势。

3. 流亡中的混居

西晋末年，“八王之乱”的爆发，黄河流域又发生了大蝗灾、大瘟疫。在天灾人祸的逼迫下，西晋统治下的各族人民被迫流亡。《晋书·食货志》说：“人多饥乏，更相鬻卖，奔迸流移，不可胜数。”盲目逃命的小股流民群多得数不清，大的流民群则有：河东、平阳、弘农、上党诸郡流民数万家散在颍川、襄城、汝南、南阳、河南一带①；到幽州“乞活”的田禋一部就有5万人②。这种流亡所造成的人口大移徙，使汉族与北方少数民族族群更加犬牙交错地混居在一起。

4. “散诸部落、同为编民”的混居

早在曹魏之时，为“天下名骑”的三郡乌丸，其家属住在指定的郡县内，到魏文帝时，又将与汉人杂居的乌丸改成向政府交租调的编户。③后来，随着历史的进步，到鲜卑拓跋部建立北魏之时，迁入内地的北方少数民族族群，其原有的氏族军事组织不能再维持下去而渐趋于解体，遂与内地汉人民户一样同为“编民”了。《魏书·官氏志》云：“四方诸部，岁时朝贡，登国初，太祖（拓跋珪）散诸部落，始同编民。”《北史·贺讷传》亦云：“纳从道武平中原，其后分散诸部，分土定居，不听迁徙，其君长、大人皆同编户。”有的还“悉令造籍”。④ 这样，“散诸部落”的结果，使内迁的北方少数民族族群原来的氏族制度被粉碎了；而“分土定居”“悉令造籍”“同为编民”的结果，又使得迁入华北的少数民族族群各归里甲组织，与汉族人民糅杂互嵌在一起了。

这样，东汉末年以来，南匈奴入居塞内，并逐步南迁居于并州汾水流域；鲜卑慕容部和拓跋部先后在中原建立了前燕、后燕、南燕、西秦及北魏等政权，大量迁居黄河流域；羯胡则徙居上党武乡一带；原居湘、鄂一带的部分蛮族也进入黄河流域，北魏宣武帝时，大阳蛮28000户内附，李崇还将鲁阳蛮10000多家迁至河北诸州及6镇。在长城以内及黄河流域的

① 参阅《晋书·王弥传》。

② 参阅《晋书·石勒载记》。

③ 参阅《三国志·魏志·牵招传》。

④ 《魏书·王遥传》。

广大华北地区，造成了北方各族群大混居的形势，组成了一幅汉族与北方少数民族族群交错杂居的历史图画。

（四）北方少数民族族群的汉化和汉族的发展

民族大迁移造成了民族大混居的态势，民族大混居又促成了民族大同化的风起云涌。

所谓民族同化，即一个民族丧失本民族特征，变成另一个民族的问题，不外乎有暴力和非暴力，或称为强迫同化和自然同化两种，但民族同化的途径是多种多样的。魏晋南北朝时北方各族人民大同化的内涵，就是汉民族同化内迁的北方少数民族和部族，这个同化过程大致是经过下面三条途径进行的。

第一条途径是汉民族先进的经济和文化的影响。

前述匈奴人迁入八郡之地，特别是曹操分匈奴为五部之后，在汉民族先进的农业经济的影响下，世代以游牧为生的匈奴人逐渐定居务农了。《三国志·魏志·梁习传》在叙述了匈奴壮丁经过改编调发之后，“部曲服事供职，同于编户”“百姓布野，勤劝农桑”。匈奴人与汉人杂居愈久，则接受汉文化也愈深。魏晋以后，匈奴人都改用汉姓，用汉语了。如前赵称汉王的刘渊，就以上党儒生崔游为师，学习《易》《诗》《书》三经，尤好《春秋左氏传》及孙、吴兵法，并博览《史记》《汉书》汉民族文化史籍经典。刘渊子刘聪、侄刘曜都是精通汉文化的匈奴人。氐人也是这样，魏晋时，氐人散居扶风、始平、京兆等地，在汉民族先进的经济和文化的影响下，汉语成了氐人通用的语言。苻坚8岁从师学经，对经学造诣很深。他即位后，提倡儒学，很快汉化，“姓如中国之姓矣”①。鲜卑慕容部在建立前燕过程中，在汉族士大夫指导下，仿照魏晋制度，建立学校，自编汉语课本，“考试优劣”。② 而显赫有名的北魏孝文帝更是雅好读书，手不释卷，通五经百家文学，能文章词赋。这些情况，正如恩格斯在《反杜林论》中所说：“在长时期的征服中间，文明较低的征服者，在绝大多数的场合上，也不得不和那个国度被征服以后所保有较高的‘经济情况’相适应；他们为被征服的人民所同化。”③ 所以《晋书·慕容廆载

① 《三国志·魏志·乌丸鲜卑东夷传》。

② 《晋书·慕容皝载记》。

③ ［德］恩格斯：《反杜林论》，人民出版社1961年版，第189页。

记》云："迁邑于辽东北，于是渐慕诸夏之风矣。"可见汉民族先进的经济和文化，对当时文明程度还比较低的北方少数民族和部族是有相当大的吸引力的。正因为此，慕容廆才坦然明言："吾先公以来，世奉中国，且华裔理殊，强弱固别，岂能与晋竞乎？"① 汉民族的这种吸引力，既是其内聚力的表现，又是其同化力的反映。这样，文明程度较低的北方少数民族族群，进入黄河流域的中原地区后，如同进入大熔炉，在越烧越旺的汉民族先进的经济和文化的烈火中，无一例外地被汉民族同化了。

第二条途径是少数民族统治者推行"汉化"政策的改革。

魏晋南北朝时期，在中国北方的民族大同化中，出现了一种一反常态的特殊的历史现象，那就是入主中原，建立了割据政权的少数民族的统治者，以征服者的资格，统治者的权力，推行被征服者——汉民族的制度和文化。也就是说不是强迫被征服者丧失民族特性，被征服者同化，而是强制征服者丧失民族特性，被被征服者同化。最典型的例子就是北魏孝文帝变俗迁洛，改姓制服，禁绝旧言的"汉化"改革。孝文帝为什么要推行汉化政策？《魏书·任城王云传》附《子澄传》中记述的孝文帝与拓跋澄的一段对话作了很好的解释，其言：

> 今日之行，诚知不易。但国家兴自北土，徙居平城，虽富有四海，文轨未一。此间用武之地，非可文治，移风易俗，信为甚难。崤函帝宅，河洛王里，因兹大举，光宅中原，任城意以为如何？澄曰：伊洛中区，均天下所据，陛下制御华夏，辑平九服，苍生闻此，应当大庆。

但是，孝文帝要在鲜卑本民族中推行汉文化政策谈何容易？不仅世居平城有了家业的鲜卑贵族不想迁动，而且要迁都洛阳，风土、人情以至于气候的适应也不容易，更何况惯于"用武"的鲜卑贵族要进行"文治"，就意味着既得利益的行将丧失，所以在孝文帝推行汉化政策之初，几乎遭到了大部分鲜卑贵族的反对。因此，在迁都问题上，当孝文帝宣布："欲迁者左，不欲者右"时，自安定王拓跋休以下"相率如右"，表示"不

---

① 《晋书·慕容廆载记》。

欲”。[①] 可见，少数民族的统治者推行汉化政策，既不同于汉民族统治者强行推行同化的政策，也不同于各民族人民之间的自然同化，确实是一种一反常态的特殊的同化途径，因此实行起来“诚知不易。”

但是，在魏晋南北朝民族大同化风起云涌之时，顺应民族同化潮流的孝文帝，为了加强对中原地区的统治，坚定地强制推行了一系列的汉化政策，他迁都洛阳，禁止鲜卑落后风俗，鼓励鲜卑人与汉人通婚；改服汉服，不准穿本族服装，改鲜卑二字、三字复姓为汉语单姓，本人即改姓“元”氏；禁说鲜卑话，改说汉语。凡此等等措施的落实，毫无疑义，其结果就是使鲜卑人从本质到形式上都迅速丧失民族的特性，变成汉人了。

需要在此顺便说明的是，掌握了政权的少数民族统治者，如果在民族同化风起云涌之时，能顺应民族同化的历史潮流，推行汉化政策，那就必然会加速同化的进程。可见，从同化速度这个意义上来说，少数民族统治者推行汉化政策是加速同化的关键。至于魏晋南北朝时期会出现少数民族统治者推行“汉化”政策改革的原因，一方面固然的巩固其统治的需要；另一方面恐怕也是汉民族内聚力和同化力的集中表现。

第三条途径是各族人民联合反抗统治阶级压迫和剥削的共同斗争的结果。

魏晋南北朝时，多次爆发了各族人民联合反抗反动统治阶级的压迫和剥削的斗争。西晋末年，各族人民的反晋斗争虽然出现民族斗争与阶级斗争交叉的复杂情况，但在反晋之初，处在水深火热中的北方各族人民，包括汉族人民在内，仍然纷纷响应。如匈奴人刘渊反晋之初，投奔者络绎不绝，不到20天就发展到5万人。而刘渊为了争取更多的汉族人民的支持，宣称自己是汉王朝的合法继承者，自称汉王，立国号为汉。这种情况，不管反晋的少数民族统治者的本意如何，在客观上也是有利于各族人民的相互联系和了解，有利于各族人民心理素质的沟通的。

北魏末年的各族人民大起义在更深、更广的范围内加强了各族人民之间的相互联系和了解。促进了各族人民心理素质的沟通。众所周知，这次起义的主要特点，就是各民族被压迫阶级联合反抗共同的敌人——鲜卑贵族和汉族地主的联合统治。如沃野镇匈奴人破六韩拔陵起义，得到六镇各族士兵和被压迫的各族人民的响应。在这里特别要指出的是破六韩拔陵起

① 《魏书·李冲传》。

义失败后，余众被北魏政府安置在冀、定、瀛三州，而作为镇兵的杜洛固和丁零人鲜于修礼分别率河北农民起义，后又都为汉族人葛荣所统率，突出表现了各族人民联合起义，反对共同敌人的战斗情谊。大家生死与共，民族成见和隔阂自然逐渐消除。

正因为有了各族人民这种血肉相连，生死与共的反对共同敌人的斗争，所以各民族人民之间的相互联系和了解，就从语言、经济、文化、风俗等民族的外部形态，发展到民族的心理素质的深层之中。而各民族心理素质的沟通，自然加速了民族界线的溶解。“历史的活动是群众的事业，随着历史活动的深入，必须是群众队伍的扩大。”① 因此，民族同化这样宏大的历史活动，绝不是仅凭统治者的权力和意志就可以奏效的，而必须在各族人民参入之后，随着群众队伍的扩大，民族隔阂和成见才能真正消除，民族界线才会完全溶解，其结果必然是迁入华北的北方少数民族族群的汉化。

就是在这样的历史背景下，北方少数民族族群从大迁移到大混居，从大混居到大同化，打破了地域范围，改变了社会经济结构，改换了民族语言，甚至改变了民族意识和民族情感，经历了长达 300 多年的汉化的历史过程。

在十六国时期，匈奴人刘氏建立的前赵政权崩溃后，平阳及附近地区的匈奴、鲜卑、氐、羌以及乌丸 6 夷 20 万户，刘曜迁长安的上邦氐羌 20 余万口，都汉化了。匈奴羯胡人石勒建立的后赵聚集 20 万人，在被西魏灭国后，也很快汉化了。建立前燕的鲜卑慕容部，早在慕容廆都棘城时，就收容汉族流民和士族数万家，汉化已较深；慕容隽入都蓟，迁鲜卑、胡羯 3000 余户；前秦灭前燕时，迁鲜卑 40000 余户到长安，这些鲜卑慕容部最后也都汉化了。总之，到了北魏后期，早期迁入华北的匈奴、乌桓，以及稍后的鲜卑慕容部，在中原地区已不复可见，在汉人和后起的胡人眼中，他们与汉人已没有什么区别了。

在北朝时期，由于文明程度较低的鲜卑拓跋部建立的北魏，在更大的范围内，以更大的规模掳获人口，充实都城，用作奴隶，所以这时汉化的范围和规模比 16 国时期更大更广，风更急，云更涌。据部分材料统计，北魏掳获和附降的各族人口达一二百万。公元 396 年，魏道武帝攻后燕时

① 《马克思恩格斯全集》第 2 卷，人民出版社 1995 年版，第 104 页。

出兵多至40万人，足见北魏是一个人口众多的多民族大国。后经孝文帝推行汉化政策的改革，又经北周周武帝在以“先治心”“择贤良”为中心内容的“六条诏书”[1] 指导下，所进行的推行汉化政策的改革，不仅通过大规模的释放奴婢（包括官府控制的所有杂户和僧侣地主控制的僧祇户、寺户、沙门），使北方人户得到了澄清，而且通过创府兵制度的兵制改革，扩大了府兵中汉族的成分，使北魏以来最顽固，也是最后的一个民族壁垒——兵制上的民族界限被打破了。于是后起的鲜卑拓跋部、宇文部入隋后也最后被汉化了。及至唐代，尽管唐皇室以及诸多勋戚将相大臣的先世或出于北朝时期的少数民族，或融有少数民族的血统，但他们已没有任何原有民族的心理状况和民族感情，所有的只是汉民族的一切特征了。这样，以黄河流域为中心的中原地区，自夏、商、周、秦、汉以来，中国北方前后出现的各少数民族族群，经过魏晋南北朝时期的民族大同化，到隋灭周至唐王朝时，基本上丧失了本民族的特性，销声匿迹，被汉化了。而华北汉族经过这一个历史时期血的洗礼以后，也已脱胎换骨发展成为一个“混血”的新汉族。与秦汉时的华北汉族已不可同日而语了。

三　隋唐五代华北汉族的南迁

经历了三国两晋南北朝的大分裂、大动荡、大迁徙、大同化后，随着隋的统一，及至唐前期，在安定繁荣中，华北汉族经历了一个稳定发展的时期。但是安史之乱后，华北又经历了安史之乱、藩镇割据、唐末战争和五代十国的战乱，于是又掀起了华北汉族南迁的移民潮。[2]

（一）安史之乱时期华北汉族的南迁

唐代天宝盛世之时，乐极生悲，天宝十四年（755年）十一月，安禄山拥兵20万在范阳（今北京市区南）反叛，不久夺取了东都洛阳。在不到一年的时间内，战火燃遍了华北，首乱之区是黄河以北地区，史云：“自禄山肇祸，瀛、博流离；思明继衅，赵、魏堙厄。枌榆井邑，靡获安居，骨肉室家，不能相保。”[3] 东都洛阳一带是唐军和叛军屡次争夺的地方，数百里内，“井邑榛棘，豺狼所嗥”，人口不满1000户，甚至东到徐

① 《周书·武帝纪下》。

② 本节参阅葛剑雄主编《中国移民史》第三卷，福建人民出版社1997年版，第232—352页。

③ （唐）代宗：《贬田承嗣永州刺史诏》，《全唐文》卷四十七，第225页。

州，北至相州（治今河南安阳市）的广大区域。也是“人烟断绝，千里萧条”①。

为了避乱，华北汉族纷纷逃难，杜甫诗“故国莽丘墟，邻里各分散”；“我里百余家，世乱各东西”②，即是对这一情景的写照。避难者“不南驰吴越，则北走沙朔”③；“或遁世山谷，或浪迹他邦”④，但主要的迁徙方向是淮河—秦岭以南的南方地区。顾况说：“天宝末，安禄山反，天子去蜀，多士奔吴为人海。”⑤ 李白诗：“三川北虏乱如麻，四海南奔似永嘉。”⑥《旧唐书》卷一四八《权德舆传》载：“南京蹂于胡骑，士君子多以家渡江东。”这些诗、文，都展示了安史之乱以后华北汉族人民南迁的情景。

乾元元年（758 年）曾降唐的史思明反叛，战火又燃。次年三月，史思明在安阳大败唐军，东京洛阳“士民惊骇，散奔山谷”⑦，使洛阳成为一座空城。⑧ 华北汉族人民又掀起了南迁的移民潮。苏州治所吴县（今江苏苏州市）是江南人口较多的望县，肃宗上元（760—762 年）中人口的三分之一是来自华北的汉族。⑨ 紧靠中原的荆襄地区也是北方移民极多的一个区域，由于移民迁入，“荆南（指今湖北荆州市江陵区及其周围地区）井邑，十倍其初”。⑩ 据有的学者研究，安史之乱结束时，大约有 250 万移民定居南方⑪，其中华北汉族应占了大部分。

（二）藩镇割据时期华北汉族的南迁

安史之乱后，唐中央力量大为削弱，遂出现了掌握军权的节度使割据地方，“自国门以外，皆分裂于方镇”⑫ 的局面，史称“藩镇割据”。

---

① 《旧唐书·郭子仪传》。

② 《逃难》《无家别》，分别载《全唐诗》卷二三四，第 2582 页；卷二一七，第 2284 页。

③ （唐）于邵：《河南于氏家谱后序》，《全唐文》卷四二八，第 1933 页。

④ 阙名：《唐故郑府君墓志铭并序》，载周绍良主编《唐代墓志汇编》，上海古籍出版社 1992 年版，第 2346 页。

⑤ 《送宣歙李衙推八郎使东都序》，《全唐文》卷五二九。

⑥ 《永王东巡歌十一首》，《全唐诗》卷一六七，第 1725 页。

⑦ 《资治通鉴》卷二二一，肃宗乾元二年三月壬申，第 7069 页。

⑧ 同上书，肃宗乾元二年九月丁亥，第 7083 页。

⑨ 据（唐）梁肃《吴县令厅壁记》，《全唐文》卷五一九，第 2335 页。

⑩ 《旧唐书·地理志》。

⑪ 葛剑雄主编：《中国移民史》第三卷，福建人民出版社 1997 年版，第 260 页。

⑫ 《新唐书·兵志》。

藩镇坐大以后，自德宗建中元年（780 年）起，藩镇之间争夺地盘和藩镇与朝廷之间的战争时有发生，于是藩镇割据最严重的华北又成了战场，华北汉族又纷纷南迁。如建中四年（783 年），李希烈叛军包围郑州，游骑至洛阳近郊，“东都士民震骇，窜匿山谷”[①]，许多人逃往外地。例如，洛阳李氏家族亲友逃散，李某向东避地济源（今属河南省）。[②] 有的河南人还迁往南方避难，在陈州（治今河南淮阳县）任职的孙起，因“淮右不庭，中原多故”，奉父母逃入江南，便是一例。[③] 又如长庆元年（821 年），白居易族人由于“河南经乱，关内阻饥”，白居易“兄弟离散，各在一处”。大兄在浮梁（今江西景德镇），七兄在于潜（今浙江临安县西），十五兄在乌江（今安徽和县东），另有一些弟、妹在符离（今安徽宿州市）和下邽（今陕西大荔县境），白居易则受贬在江州（治今江西九江市）。定居婺州（今浙江金华市）的北方人何晋，则是在会昌年间（841—846 年）朝廷平定泽潞节镇时自河东避兵南迁的。[④]

（三）唐末战争时期华北汉族的南迁

唐末黄巢起义和继之而起的军阀混战，使华北陷入长期战乱之中，华北汉族南迁的移民潮再次触发。

嘉宗乾符五年（878 年），黄巢自号冲天大将军，“驱河南，山南之民十余万”，进入淮南。[⑤] 洛阳人许浑迁居丹阳（今属江苏）不久，其在洛阳的旧友也相继迁入，他不由地发出“全家南渡远，旧友北来频”的感慨[⑥]。此外，《金华子杂编》作者刘崇远一家在黄巢军攻占洛阳时开始流寓江南[⑦]，恒州人倪氏一家因天下大乱被迫迁居江浙[⑧]。这时，华北汉族的南迁，除了以一家一户为单位的零散迁徙，还有一些是在州官和州将带领下的集体

---

① 《资治通鉴》卷二二八，第 7339 页。

② （唐）契臣：《李公墓志铭并序》，载周绍良主编《唐代墓志汇编》，上海古籍出版社 1992 年版，第 1881 页。

③ （唐）保衡：《孙府君墓志铭并序》，载周绍良主编《唐代墓志汇编》，上海古籍出版社 1992 年版，第 1989 页。

④ （明）苏伯衡：《苏平仲集》卷二《何邈山先生赞并序》，四部丛刊本。

⑤ 《新唐书·黄巢传》。

⑥ 《江上喜洛中亲友继至》，《全唐诗》卷五三一，第 6068 页。

⑦ （五代）刘崇远：《金华子杂编》卷下，上海古籍出版社点校本，第 55 页。

⑧ （宋）倪朴：《倪石陵书》附《倪朴传》，四库全书本。

迁徙。如光启元年（885年），光州（治今河南潢川县）汉族的南迁是其中最著名的一次。为避开秦宗权的进攻，光州刺史王绪“悉举光、寿（州，治今安徽寿县）兵五千，驱吏民渡江”，经长途跋涉进入福建[①]，随其迁入的移民可能达二三万人。又如兖州节度使朱瑾和前往支援的河东将领史俨、李承嗣，于乾宁四年（897年）二月率残部并“拥州民俱来”，投附淮南杨行密[②]，也是一次较大规模的集体迁徙。

此外，南迁华北汉族或因在大乱前由于任官、出使、经商、当兵、流放等原因暂住南方，后因战乱而定居南方；或因随黄巢军纵横南北，在黄巢起义失败后而流落南方；或因镇压黄巢起义军的唐政府军在南方作战，驻守而成为移民，这样，使得大批北方汉族南迁，据有的学者研究，“唐末估计有400万移民定居在南方或不至于离事实太远”[③]，其中华北汉族起码占一半以上。

（四）五代十国时期华北汉族的南迁

在五代十国的半个世纪中，中原仍动荡不安，华北汉族南迁者仍不绝于书。

后唐同光末（926年），河南诸郡多乱。蔡州军校王彦俦乘乱刺杀刺史，自领州事。不久，在唐军进攻下偕父母逃入吴国。[④] 原居曲阜的孔子后裔孔桧，原居北海的文人韩熙载，均在同光年间南下避乱，分别迁居温州平阳和江南地区。[⑤]

五代后期，契丹占领燕云十六州（相当今北京市境和河北、山西、天津三省市北部），以此为基地数次侵入中原，甚至一直进到黄河北岸和开封。契丹军在中原作战过程中，多有杀掠之举，如后汉天福十二年（947年）在相州（今河南安阳市）屠城，全城仅剩男女700人。[⑥] 为了躲避契丹南侵引起的战乱，河北、河南的一些官吏和人民迁入南方。密州（治今山东诸城市）刺史皇甫晖，棣州（治今山东惠民县东南）刺史王

---

① 《资治通鉴》卷二五六，僖宗光启元年正月，第8320页。

② 《十国春秋》卷一《吴一·太祖世家》。

③ 葛剑雄主编：《中国移民史》第三卷，福建人民出版社1997年版，第260页。

④ 《十国春秋·南唐八·王彦俦传》。

⑤ 见（宋）赵孟頫《松雪斋集》卷六《阙里谱系序》，四部丛刊本；（唐）徐铉《韩公墓志铭》，《全唐文》卷八八六。

⑥ 《旧五代史·汉书·高祖纪》。

建，俱率州人南奔，迁入南唐[①]，就是其中规模较大的一次集体迁移。

从唐后期安史之乱起至五代十国的动荡，华北汉族南迁一浪接一浪，其南迁的路线据吴松弟先生的研究，主要有东、中二线，东线自华北平原进入淮南、江南，尔后进入江南，再分两支，一支溯赣江翻越大庾岭进入岭南，一支翻越武夷山进入福建。中线北端起自华北平原西部，连接东都洛阳，迁入邓州（今河南邓州市）和襄州（今湖北襄樊市）一带，即可分水陆两路南下。陆路经过荆门和江陵，渡过长江，从洞庭湖西岸进入湖南，到达岭南。[②] 水路经汉水、长江运道，溯长江而上入蜀中。

四　宋元华北汉族的南迁和发展

华北真是中国的多事之地，自秦汉汉族在华北形成后，从东汉末起，历经三国两晋南北朝的大分裂、大动荡、大迁徙、大同化，华北汉族大批南迁，北方少数民族族群入主中原后基本上被汉化，使得华北汉族进行了一次大换血，而发展成隋唐汉族。隋唐汉族在华北稳定发展的时间并不长，随着安史之乱的开始，华北汉族又开始了颠沛流离的南迁移民潮。紧接着就进入了更大动乱的宋元时期。

宋元时期。由于两宋与辽、夏、金、元诸少数民族建立的王朝斗争不已，再一次造成了中国的分裂局面，华北再一次出现了大分裂、大动荡、大迁徙、大同化的时代。

（一）华北汉族的南迁

在中国移民史上规模最大，影响最深远的移民潮是北宋末靖康之乱以后所发生的华北汉族的南迁，从此揭开了宋元时期华北汉族南迁的序幕。

北宋徽宗宣和七年（1125 年）十月，女真人建立的金国开始攻宋。十二月，宋徽宗匆忙让位于太子赵桓，是为钦宗。靖康元年（1126 年）正月，金兵攻至黄河北岸，徽宗慌忙带着亲信大臣南下避难。闰十一月二十六日，金军攻陷开封，军民十数万人（一族 4 万人）夺万胜门出逃。[③] 金军占领开封以后，徽宗和钦宗沦为俘虏。靖康二年四月，金军挟徽、钦二帝和在京宗室、大批工匠北归。五月，宋徽宗第九子赵构即位于南京

① 《十国春秋·南唐十·皇甫晖传》。

② 参见（唐）韩愈《燕喜亭记》，《全唐文》卷五五七，第 2495 页。

③ 《三朝北盟传会编》卷七〇，靖康中帙四十五，引《遗史》。

（今河南商丘县南），改元建炎，是为高宗，开始建立南宋政权。原在开封的元祐太后（后改称隆祐太后）及未被金人带走的一些大臣不久也迁到南京。自金军攻宋以来短短几年间，战火几乎烧遍整个华北，庄绰说："建炎元年秋，余自穰下（今河南南阳市）由许昌以趋宋城（今商丘县），几千里无复鸡犬。"① 河北、河东、山东等地地区也好不了多少。"初，敌纵兵四掠，东及沂（治今山东临沂市）、密（治今诸城市），西至曹（治今定陶县西）、濮（治今河南濮阳市）、兖（治今山东兖州市）、郓（治今东平县），南至陈（治今河南淮阳县）、蔡（治今汝南县）、汝、颍（治今许昌市），北至河朔（指宋代黄河以北地区），皆被其害，杀人如刈麻，臭闻数百里，淮泗之间亦荡然矣。"②

在这种不逃即死的局势下，不仅仅皇室、官僚、士大夫纷纷南迁，平民百姓也纷纷南迁，从此掀起了华北汉族南迁的移民潮。

建炎元年（1127 年）十一月，张遇率领北方流民渡过长江，进入池州（治今安徽贵池市）。③ 十二月，西京（今河南洛阳市）留守孙昭远引余兵南迁。④

建炎三年正月，金军进入淮南。二月初，高宗下令"听士民从便避兵"，并令刘正彦部兵护卫皇子和六宫自扬州迁杭州。⑤ 三日，金军陷天长，离扬州只有百里，高宗闻讯大惊，匆匆忙忙带五六内侍和亲军数人乘小渡船渡过长江⑥，百官和百姓约有数万人纷纷跟随南渡。⑦ 史载"高宗南渡，民之从者如归市"。⑧ 从此兵败如山倒，二月，知沧州刘锡率马军数百人千里迢迢经山东退往江南⑨；三月，阁门祗侯张昱自陕府（今河南三门峡市西）弃城引兵南撤，进入和州（治今安徽和县）⑩；四月，御营平寇前将军范琼自寿春（今安徽寿县）渡过淮河，又经蕲州（治今湖北

---

① （宋）庄绰：《鸡肋编》。

② 《建炎以来系年要录》卷四，建炎四年庚申朔，第 87 页。

③ 《建炎以来系年要录》卷一〇，建炎元年十一月戊子，第 239 页。

④ 《建炎以来系年要录》卷一一，建炎元年十二月癸亥，第 249 页。

⑤ 《宋史》卷二十五《高宋纪》。

⑥ 《建炎以来系年要录》卷二二，建炎三年四，第 478 页。

⑦ 《建炎以来系年要录》卷二四，建炎三年六月戊申朔，第 491 页。

⑧ 《宋史》卷一七八《食货志》。

⑨ 《三朝北盟会编》卷一二一，炎兴下帙二十一。

⑩ 《建炎以来系年要录》卷二一，建炎三年三月癸巳，第 436 页。

蕲春县北）过长江，进入洪州（治今江西南昌市）[①]；六月，河北人耿坚率所部义军迁入淮南，东京留守杜充引开封军队迁入南方[②]；七月，东京副留守郭仲荀也因缺少粮食率余兵赴行在（今江苏南京市），开封居民万余人随行，"自此京师人来者遂绝矣"。[③]

建炎四年八月，光州（治今河南潢川县）守将刘绍先引所部迁至江西九江。[④] 同年，知蔡州程昌寓率"竭城人民、军兵"，自河南迁入鼎州（治今湖南常德市）。[⑤]

在靖康之乱后南迁北方汉族的总数，据学者研究，绍兴三十二年（1162 年）两浙路、江西路、江东路、建康府、淮南东路、淮南西路、京西南路、湖北路等已有移民及后裔 145.3 万户，约 726 万人（以每户 5 口计）。由于此时距绍兴和约签订不过 21 年，一般不可能繁衍第三代，还有相当一部分人因年龄关系不可能繁衍第二代，估计其中的 1/2 即 360 万人为始迁者。如果加上迁入四川、湖南、福建、岭南的移民以及 26.4 万人左右的军人[⑥]，在绍兴和约签订前估计大约有 500 万人的北方移民迁入并定居在南方[⑦]，其中华北汉族应在一半以上。

这时华北汉族南迁的路线据吴松弟先生的研究大体上同于晋、唐，南段较晋、唐伸展得更远，不少移民经江浙和福建沿海地带进入广东，或从湖北经湖南，过南岭进入广西和广东。

（二）东北和北方少数民族族群入迁中原

两宋之时，就在华北汉族大批南迁的同时，东北和北方少数民族族群，如渤海人、契丹人、女真人、蒙古人却内迁进入华北。

1. 契丹人和渤海人内迁华北

契丹人所建的辽国经略华北的燕云十六州时，将大批契丹人和被征服的后渤海人迁入这一地区。

天显元年（926 年），太祖耶律阿保机灭渤海国，除将大部分渤海人

---

① 《建炎以来系年要录》卷二二，建炎三年四月，第 478 页。

② 《建炎以来系年要录》卷二四，建炎三年六月戊申朔，第 491 页。

③ 《建炎以来系年要录》卷二六，建炎三年七月庚子，第 515 页；八月乙丑，第 523 页。

④ 《建炎以来系年要录》卷三六，建炎四年八月丙戌，第 694 页。

⑤ （宋）岳珂：《金陀续编》卷二五《鼎澧逸民叙述杨么事迹》。四库全书本。

⑥ 《建炎以来朝野杂记》甲集卷一八《绍兴内外大军数》《关外军马钱粮数》。

⑦ 葛剑雄主编：《中国移民史》第四卷，福建人民出版社 1997 年版，第 414 页。

迁到辽东外，还将其贵族千余户迁于燕，并“给以田畴，捐其赋入，往来贸易关市皆不征”，予以种种优惠，使之定居下来[①]；会同五年（942年），为了加强对燕云地区的控制，太宗下令契丹人户分屯南边[②]，迁入燕云地区。此后，陆陆续续都有契丹人民迁居燕云。其中，南京（今北京）一带是契丹和渤海移民最多的地方。北宋大中祥符初年（1008年），路振出使辽朝，看见南京城内有穿非汉族服装的人，“盖杂契丹、渤海妇女耳”；城中有渤海人组成的兵营，“即辽东之卒也。屯幽州（即南京，宋人仍用唐代的州名）者数千人，并隶元帅府”。[③] 经过几次迁移，渤海人已广泛分布在华北今内蒙古西拉、木伦河流域和今河北山海关附近。[④]

当时契丹人和渤海人，以及其他东北少数民族族群定居燕云的数量，据曹树基先生研究，根据《辽史·兵卫志》推测，辽末天祚帝初年（1101年），设在南京（今北京市）、西京（今山西大同市）、平州（治今河北县卢龙县）和奉圣州（治今河北涿鹿县）的宫卫提辖司共37个。宫卫提辖司是既领宫卫兵丁，又领户口的军事行政组织，每提辖司约管宫卫户1500户，37个提辖司共管5.5万余户，如以每户5口计算约27.5万人；其中，契丹户大约2.2万户11万人；包括汉人和其他少数民族在内的蕃汉转户3.3万户16.5万人。[⑤] 由于在辽国占领以前，生活在燕云地区的非汉族人民数量有限，上述契丹户和蕃汉转户中的非汉族人民绝大多数是外来移民。[⑥]

太宗天会三年（1125年）金灭辽后，大部分契丹人在金军的武力驱迫下离乡背井，一部分契丹人被编入军队，进入中原作战，尔后定居中原；另一部分契丹人则在东北、今内蒙古中部及蒙古国境内进行迁移。经过金初的移民，今华北内蒙古草原的中部、东部及其边缘成为契丹人的重要分布地区。金在此设东北路（治泰州）、西北路（治桓州，今内蒙古正蓝旗西北）和西南路（治丰州，今内蒙古呼和浩特市以东）三个招讨司。

---

① （宋）洪皓：《松漠纪闻》，学津讨原本。

② 《辽史·太宗纪》。

③ 载（宋）江少虞《宋朝事实类苑》卷七七《安边御寇·契丹》，上海古籍出版社点校本。

④ 葛剑雄主编：《中国移民史》第四卷，福建人民出版社1997年版，第90页。

⑤ 韩光辉：《辽代中国北方人口的迁移及其社会影响》，《北方文物》1989年第2期。

⑥ 葛剑雄主编：《中国移民史》第四卷，福建人民出版社1997年版，第22—23页。

2. 女真人内迁华北

女真人灭辽建金并开始攻宋后，一批女真人进入华北，有的即留居于此，裴虎山、乌延吾里补、纥古石烈石胡等人便是他们的代表。[①] 此外，金将挞懒在占领山东之后，“久居潍州（治今潍坊市）”，“每认山东以为己有”。[②] 到太宗天会十年（1132年），“沿河、沿淮及陕西、山东等路，皆驻北军”。[③] 从此掀起了女真人以及东北其他少数民族族群内迁华北的移民潮。

史载，从天会十一年（1133年）秋，金“起女真国土人散居汉地”，有组织地将女真人迁入中原。文献记载此事：“尽起本国之土人，棋布星列，散居四方。令下之日，比屋连村，屯结而起。”[④]《建炎以来系年要录》甚至说：“悉起女真土人散居汉地，惟金主及将相亲属卫兵之家得留。”[⑤] 从熙宗天眷年间到皇统初年（1138—1141年），女真人“自本部族徙居中土，与百姓杂处”，“非止女真，契丹、奚家亦有之”。这些在政府组织下，“计其户口给以官田，使自播种，以充口食”的移民，在皇统五年（1145年）被称为屯田军。[⑥] 屯田军分布地域极广，“自燕山之南，淮陇之北，皆有之，多至六万人，皆筑垒于村落间”。[⑦]

皇统九年（1149年），海陵王完颜亮杀熙宗为帝，于贞元元年（1153年）将都城自上京（今黑龙江阿城市南）迁至燕京，并将女真人特别是上京路的女真人大批迁入中原，关于这次迁移，据《金史》卷四四《兵志》所载大约有12个猛安的女真人内迁华北。[⑧]

在女真人大批内迁华北的同时，契丹、奚、渤海、霫等东北少数民族族群，或由于女真的胁迫，或因女真人以“金帛子女”所诱[⑨]，也一起进入中原作战。天会四年（1126年）十一月，在中原作战的燕人回答当地

---

① 见《金史·裴满亨传》《乌延吾里补传》和《纥石烈胡剌传》。

② （宋）宇文懋昭：《大金国志》卷一〇《熙宗孝成皇帝二》，第149页。

③ 《建炎以来系年要录》卷五三，绍兴二年四月庚寅。

④ 《大金国志·太宗文烈皇帝六》。

⑤ 《建炎以来系年要录》卷六八，绍兴三年九月。

⑥ 《大金国志·屯田》。

⑦ 《大金国志·熙宗孝成皇帝四》。

⑧ 据日本著名金史女真史学家三上次男研究应为正隆元年（1156年），见金启孮译《金代女真研究》，黑龙江人民出版社1984年版，第178—183页。

⑨ 《三朝北盟会编》卷九八，靖康中帙七十三。

人“北中来者是几国人？共有多少兵马”的问话，说：“此中随国相来者，有达靼家，有奚家，有黑水家，有小葫芦（勃律）家，有契丹家，有党项家，有黠戛斯家，有火石家，有回鹘家，有室韦家，有汉儿家，共不见得数目。”[①] 故《三朝北盟会编》记载：“河东、河北州县镇防守，每州汉人、契丹、奚家、渤海、金人，众寡不同，大州不过留一千户，县镇百户，多阙额数。”[②]

内迁华北的女真人和其他东北少数民族族群，据张棣《金虏图经》，世宗大定（1161—1189 年）前后中原共有 130 余猛安[③]，而大定二十三年金共有 202 个猛安，615624 户，6158636 口（其中正口 4812669）[④]，中原猛安约占总数的 2/3，约有 40 余万户，400 余万口，其中由女真、契丹和奚人组成的正口 300 余万[⑤]，今京津河北豫北是女真人移民最多的地区，其次是山东和内蒙古阴山以南。这些内迁华北的女真、契丹、奚、渤海等东北少数民族星罗棋布地散布在中原各地，聚族而居，“与汉人错居，每四五十户结为保聚”。[⑥]

3. 蒙古人内迁华北

一代天骄成吉思汗崛起于蒙古草原。元世祖至元十三年（南宋恭帝德祐二年，1276 年）灭宋统一中国，建立了元朝。随着蒙古军队的挺进华北，蒙古人也纷纷内迁华北。

许多蒙古人是随军作战或驻守而内迁华北的。按蒙古人的习惯出征时可带家属同行，作战时屯驻在离前线不远的地方，称为“老小营”。南宋

---

① 《三朝北盟会编》卷九九，靖康中帙七十四。

② 同上。

③ 《三朝北盟会编》于南宋绍兴三十一年（金大定元年，1161 年）下载此文，估计此文成于大定前后。

④ 《金史》卷四六《食货志》。

⑤ 《金虏图经》载：“今日屯田之处，大名府路、山东东西两路、河北东西路、南京路、河南路、关西路四路皆有之，约一百三十余千户，每千户止三百人，多不过五百。”《大金国志·屯田》所载略同，唯缺“多不过五百”一语。依此计算，当时迁入中原的屯田人户不过五六万人。此估计与《大金国志·熙宗孝成皇帝四》说屯田户“自燕山之南，淮、陇之北，皆有之，多至六万人”大体相同。但依据《金史·食货志》所载大定二十三的猛安谋克和户口数字，平均每猛安的正口（女真人及契丹人、奚人）23830 余口，大大超过张棣所说的“每千户止三百人，多不过五百人”之数。一般说来，《金史·食货志》户口记载比较可靠。此注转引自葛剑雄主编《中国移民史》第四卷，福建人民出版社 1997 年版，第 134 页。

⑥ 《金史·食货志》。

使者孟珙记载道："其俗出师，不以贵贱，多带妻孥而行，自云用以管行李、衣服、钱物之类。其妇女专管张立毡帐，收卸鞍马、辎重、车驮等物事。"[①] 因此，随着蒙古军队的前进，大量的蒙古人全家离开漠北草原，散布到包括华北在内的广阔地区。

《元文类》卷四一《屯戍》载元统一后的驻兵制度，"及天下平，命宗王将兵镇边徼襟喉之地（如和林、云南、回回、辉和尔、河西、辽东、扬州之类），而以蒙古军屯河洛、山东，据天下腹心，汉军、特默齐军戍淮江之南以尽南海，而新附军亦间厕焉。蒙古军即营以家，余军岁时践更，皆有成法"。这样华北大地驻扎了不少蒙古军人，他们世代驻守一地而不得变更便在华北定居了下来。

在内迁华北的蒙古人中还有因任官而内迁的，元朝法律规定只有蒙古人或色目人可以任达鲁花赤，而到各地任达鲁花赤的蒙古人往往携家眷赴任，选择较早并且环境尚可的任官地为定居地。如蒙古人塔本默色任卫辉路（治汲县，今河南卫辉市）监郡，遂家汲县。[②]

除内蒙古在元代已成为蒙古人居住的主要地方以外，元代将今北京市和晋冀两省的北部，划属中书省辖地。并定都大都城，因为以今北京区为中心的大都路是蒙古皇室、达官贵人和军人最为集中的地方，蒙古移民较多。自世祖时起，在大都周围先后设置左翊蒙古侍卫、右翊蒙古侍卫、隆福宫左右都威卫使司等蒙古卫军机构，文宗时有百户 288 员，大约统军 14000—20000 人。[③] 此外，在大都周围的驿站也有很多蒙古族站户，至元十八年（1281 年）以这些站户实行屯田[④]。

大都西面的大同路（治山西大同市，原称西京，又称云州）和朔州由于邻近塞北草原，是元代漠北蒙古人的主要迁入地之一。世祖至元元年随阿里不哥南迁的一部分蒙古移民迁入两地。[⑤] 海都叛乱时，南迁的 70 余万人民大多散居两地之间；至大元年（1308 年）漠北贫民大量南迁，朝廷又将其安排在大同、隆兴（今河北张北县）屯田；延祐七年（1320 年）又有一批蒙古人民迁入大同一带垦种。大同为朝廷安置此次南迁漠

① （宋）孟珙：《蒙鞑备录·妇女》，丛书集成初编本。

② （元）王恽：《秋涧集》卷五一《李公神道碑》。

③ 《元史·泰定帝纪》。

④ 《纪行》，载（元）王恽《秋涧集》卷一〇〇。

⑤ 《元史·世祖纪》。

北人民的地区之一[①]，难免有许多人会定居在这一带。

大都之南的河间路（治今河间县）和真定路（治今正定县）是蒙古军的重要驻地。英宗延祐七年朝廷曾赈济两路的蒙古军人。此外，河间路辖下的清州（治今青县）和沧州及靖海（今天津静海县）还是元朝重要的军屯地区，至元二十二年蒙古军3000人在此屯田。[②]

大都以东的永平路（治今卢龙县）是元后期蒙古人的一个重要聚居地。英宗至治二年（1322年）朝廷于此置营，收养被卖到各地的蒙古人子女共3000户，并立宗仁侍卫亲军都指挥使司统之。[③]

今华北的河南和山东两省境，在元代分别属河南行省和中书省东南部。这个地区是金朝覆灭前的统治中心，在元统一全国之前又是宋元交界地带，故屯驻的蒙古军队特别多。泰定四年（1327年）前后元朝在此屯驻11万户蒙古军，其中河南省（治今开封市）以西3万户，以南1万户，以北2万户，山东一带5万户。[④] 这个地区又是元代屯田的重点地区，蒙古军是屯田生产者的主要组成部分之一。世祖至元二年（1265年），朝廷下令将黄河南、北的荒田分给蒙古军耕种。[⑤] 有时，还有一些蒙古平民自外地迁入河南，仅至元二十九年一次迁入益都（今山东青州市）耕田的拔都儿部畸零户便有347户。[⑥]

4. 内迁少数民族族群的汉化和华北汉族的发展

少数民族族群的汉化是中国族群关系中一个十分突出的历史现象，前述三国两晋南北朝时在中国历史发生了一次波澜壮阔的入主中原的匈奴、鲜卑、乌桓等北方少数民族族群文化的运动。宋元之时，这种入主中原的少数民族族群再一次掀起了一个更加波澜壮阔的汉化运动。

在中国这个封建中央集权制根深蒂固的国家中，少数民族族群的“汉化”，作为一种特殊的历史现象，必然受到掌握国家政权的统治者所执行的政策的影响和规定。在中国历史上，一则由于汉民族一向人口众多，入主中原的少数民族统治者，在汉族人口的汪洋大海中，从巩固统治

---

① 《元史·英宗纪》。
② 《元史·世祖纪》。
③ 据《元史·英宗纪》《百官志》。
④ 《元史·兵志》。
⑤ 《元史·世祖纪》。
⑥ 同上。

地位出发，就不得不同战国时期楚将庄跻入滇“变服以其俗以长之”[①] 一样，实行汉化政策。二则由于汉民族的经济和文化一直处于领先地位，所以按照“一条永恒的历史规律”，即“野蛮的征服者总是被那些他们所征服的民族的较高文明所征服”。[②] 入主中原的少数民族统治者为汉民族先进的经济和文化所吸引，“在绝大多数情况下，都不得不适应征服后存在的比较高的‘经济情况’；他们为被征服者所同化”。[③]

辽、金两国历史上都发生过主张汉化和反对汉化的斗争。辽在太宗死后，发生过主张汉化的耶律培派和反对汉化的述律后培的斗争；金世宗就极力保持女真旧俗，反对汉化。但是，在民族同化风云兴起，成为一股历史潮流之时，汉化就成了不以人们的意志为转移的客观规律。因此，辽、金都先后出现过北魏孝文帝式的人物，顺应历史潮流，推行汉化政策。辽圣宗是辽国推行汉化政策的代表。圣宗本人不仅喜读《贞观政要》，而且善吟诗作曲，成了契丹族汉化的带头人。他推行的改革，如仿汉族政权修史体制，编修实录，把《贞观政要》作为治国的经典，提倡汉化了的佛教，不仅使封建制确立，也有力地推进了契丹族的汉化。在金朝，海陵王是女真族的孝文帝。他的魄力和措施毫不逊色于孝文帝，把都城从上京会宁府迁到燕京，表明了汉化的决心。章宗继承海陵王的事业，成了金皇帝中汉文化最高的一人。他规定各地对汉民族先祖帝王伏羲、神农、轩辕、少昊、颛顼、帝喾、尧、舜、禹、汤、周文王、武王等要三年一祭。并在京师设女真国子学，诸路设女真府号，教授经书，科举以经书为标准，表明了对汉民族心理素质的继承。

杂居的环境，心理的沟通，掌权者推行汉化政策，虽然都是汉民族同化其他少数民族的重要条件，但决定的因素仍然是汉民族先进的经济和文化的影响和吸引，如契丹人，在“投下州县”和燕云十六州汉民族先进的经济和文化的影响下，不仅汉族熟练的生产技术、先进的生产工具吸引了契丹族人，而且还促使契丹人迅速封建化。本来契丹人在大漠之间“畜牧畋渔以食，皮毛以衣，转徙随时，车马为家”。[④] 但是在汉族的影响

① 《史记·西南夷列传》。

② 《马克思恩格斯选集》第2卷，人民出版社1972年版，第70页。

③ 《马克思恩格斯选集》第3卷，人民出版社1995年版，第222页。

④ 《辽史·营卫志》。

下，早在皇祖匀德实为大迭烈府夷离堇时，就“喜稼穑，专意于农”。[1]这虽不代表契丹人已经普遍经营农业，但反映了契丹人对农业已有了一定的重视。阿保机时，更是从被用长绳连头系之于木，驱往漠北充为奴隶的汉族人民的反抗和逃亡中领悟到：是否学习汉族的先进经济和文化，是关系到契丹国兴衰的大问题。于是，阿保机除“筑城郭立市里以处汉人，使各有配偶，垦艺荒田”[2] 外，还“为城郭官室之制于漠北”[3]，并正君臣，定名分，设置州县，改用汉姓[4]，改变契丹人旧有的统治方式。公元936 年，辽从石敬瑭手中得到了燕云十六州，无论怎样评价这一事件，其给契丹人学习汉族先进的经济和文化在客观上提供了更有利的条件是无可置疑的。所以，经阿保机的经营已跨入封建制门槛的契丹人，在汉族经济的影响下，迅速完成了封建化，景宗时下令说：“诸州有逃户庄田，许番汉人承佃供给租税。”[5] 这一史料对契丹人的封建化作了最好的说明。在文化上，汉语、汉字一直与契丹语、契丹文字一样通行，而契丹文字则是在汉族帮助下创制的。汉族传统文化的代表——儒学一直受到重视，阿保机于神册三年（918 年）下诏建孔子庙，“皇太子春秋释奠”[6]。及至道宗，更是“诏求乾文阁所缺经籍，命儒臣校雠”，并“诏有司颁作《史记》《汉书》”，在学校颁“五经传疏”[7]，以便士子阅读。道宗本人则经常请人讲解四书五经，并不避夷、狄之讳，洪皓的《松漠纪闻》对此有一段生动的记述：

> 大辽道宗朝，有汉人讲《论语》，至北辰居其所而众星拱之，道宗曰：北极之下为中国，此岂其地耶？至夷狄之有君，疾读不敢讲，则又曰：上世獯鬻猃狁，荡无礼法，故谓之夷，吾修文物，彬彬不异中华，何嫌之有？卒令讲之。

---

① 《辽史·食货志》。

② 《新五代史·四夷附录》。

③ 《旧五代史·外国列传第一》。

④ 《辽史·后妃传》：“大祖慕高皇帝，故耶律普称刘氏，以乙里室、拔里比萧相国，遂为萧氏。”

⑤ 《宣府镇志》一四。

⑥ 《辽史》卷七十二《义宗倍传》。

⑦ 《辽史·道宗本纪》。

可见道宗汉化之深。在生活习俗上也多吸收和继承汉族的风俗，如不仅一般情况下喜服汉服，兴宗后大礼时也服汉服了。[①] 又如仿汉俗过端午节、重阳节。更有甚者，辽太宗并于会同三年（940年）宣布："契丹人授汉官者，从汉仪，听与汉人婚姻。"[②] 契丹族民谣："垂杨寄语山丹，你到江南艰难，你那里讨个南婆，我这里嫁个契丹"[③]，都表明在民族同化的风云之中，契丹人与汉族之间结为秦晋之好，民族壁垒最顽固的部分被打破了。

女真族更是如此，汉族先进的经济和文化的影响，一使"善骑射，喜耕种，好渔猎"，"以物博易，无工匠"[④] 的女真人的生产得到发展，出现了"收多支少"的丰收年景。二使女真人社会封建化。女真人从奴隶制向封建制的转化，主要表现为"猛安谋克"的封建化。几经南迁的"猛安谋克"领授耕地，散落在汉族地主庄田的汪洋大海之中。金世宗时，租佃关系已经普遍存在。金章宗时又大量解放"二税户"[⑤]，"定屯田户自种及租佃法"[⑥]，正式承认"猛安谋克"出租土地的合法性。三使女真语言、文化逐步汉化。不仅与汉族人民杂居的"猛安谋克"户学会了汉语，连女真贵族也学会了汉语，甚至不会说女真语了。同时，女真人简译汉姓和改易汉姓的也越来越多，并且"好变夷狄风俗，行中国礼乐如魏孝文"。[⑦] 最后不得不解除民族间婚姻界限，宣布"屯田军户与所居民为婚姻者听"。[⑧] 于是，"猛安人与汉户今皆一家"。[⑨] 女真族就是这样在被汉族同化的道路上迅速地前进着。

在民族同化风云的席卷之下，杂居得愈久，民族心理沟通得愈深，掌权者推行汉化政策愈积极，汉族先进经济和文化的炭火就越烧越旺，把契丹、女真等民族都汇合到汉族的汪洋大海中去了。元统一中国后，把当时

---

① 《辽史·仪卫志》。

② 《辽史·太宗本纪》。

③ 转引自任崇岳《论辽代契丹族对汉族文化的吸收和继承》，《中州学刊》1983年第3期。

④ 《大金国志》卷三九，《初兴风土》。

⑤ 所谓"二税户"原为契丹贵族俘虏去的汉族农民，既要向所属契丹贵族交租，又要向辽政府纳税。金灭辽后又为女真贵族所有。

⑥ 《金史·章宗纪》四。

⑦ （金）刘祁：《归潜志》卷一二，《辨亡》。

⑧ 《金史·章宗纪》四。

⑨ 《金史·唐括安礼传》。

中国境内的人分成四等：第一等是蒙古人；第二等是色目人，包括西夏、回回、西域以及留居中国的一些欧洲人；第三等是汉人，包括契丹、女真、高丽和原来金统治下的汉人；第四等是南人，指南宋统治下的汉人和西南各民族人民。这种民族歧视的等级制，固然反映了元统治者分化汉民族，以利其统治的目的，但客观地真实地反映了中国北方自宋、辽、夏"三国鼎立"，以及金与南宋"南北对峙"以来民族同化基本完成的事实。元朝末年，即宣告免除北人与南人的界限。汉民族这个由多民族混血而形成和发展的民族，这时经过宋辽夏金时期大分裂、大动乱的再一次重演，民族同化风云的再一次兴起，在新的基础上，由于又同化了契丹、党项、女真等民族，像滚雪球一样，越滚越大，越来越发展了。而华北汉族在这个汉族滚雪球式的发展中再一次大融合，而发展成为一个与隋唐华北汉族不可同日而语的元明华北汉族了。

五　明清华北汉族的迁徙和发展

经过元末农民战争，华北汉族进入了明代。自入宋以来到明初，经数百年战乱，华北平原人口大量亡徙，使得华北平原呈现出一片荒凉和空虚。

洪武时，都督府左断事高巍在他的一份上疏中说到河南洪武初年的情况："臣观河南、山东、北平数千里沃壤之土，自兵燹以来，尽化为榛莽之墟。土著之民，流离军伍，不存什一。地广民稀，开辟无方。"[①] 这对明初华北社会经济的恢复和发展是极不利的。祸不单行，14 世纪中叶，蒙古草原和华北平原陷入了一场空前的劫难之中，即鼠疫的流行。[②] 从而造成华北人口的进一步损失。明朝政府面对这种局势，在饱受战乱的华北大地恢复了和平和安宁之时，对人口稀疏地区的移民就成了兴国安邦的一件大事了，从而出现了历史上著名的洪武大移民。

在洪武大移民中，华北汉族的迁徙出现了与历史上以南迁为主完全不同的特点，这个特点主要是山西人东迁填河南、河北和山东。

（一）山西人东迁填河南

洪武年间河南接纳移民的成分除少部分来自江西、山东以外，大部分

---

① （明）宋端仪：《立斋闲录》卷一。

② 葛剑雄主编：《中国移民史》第五卷，福建人民出版社 1997 年版，第 11—12 页。

来自山西，各府、州的主体移民都是山西人。①

——彰德府（今安阳市），据成化《河南总志》，洪武二十四年接纳政府组织的移民2.5万人，在磁县的中岔口、白土、南开河、申庄、讲武城、都党等6个乡镇和涉县的一些乡镇中，共抽取了43个明初及明初以前的村庄进行考察，其中洪武迁入的有10村，“明初”迁入有7村，皆称为从山西迁入。

——卫辉府（今卫辉市），洪武年间接纳政府组织的山西移民大约为2.2万人。有洪武二十五年仲秋所立的汲县郭全屯结义庙的迁民碑为证，碑载：“山西泽州建兴乡大阳都为迁民事。系汲县西城南社双兰屯居住。里长郭全，下人户一百一十户。”②

——怀庆府（今沁阳市），接纳政府组织的山西移民也约为2.2万人。如民国《杨氏家乘》上卷记：“杨克成，配布氏，明洪武初年，自洪洞迁河内之柏乡镇。”又如《孟县志·大事记》中说：“洪武三年徙山西民于河北，而迁至孟州者，十九皆山西洪洞籍。”

——开封府，洪武时期辖43个州县，洪武时有山西籍移民近16万人。民国《重修襄城县志》卷九《氏族》中说：“襄城民族，明初自山西洪洞迁襄者，约居十之五六，自他处迁来，亦约十之二三，其宋元旧族，约十之一二而已。”

——河南府（今洛阳市），约有山西籍移民7万人，民国《新安县志》卷九称：“新安率为汉族，其氏族之来咸云迁山西洪洞，然多无可考。”

——南州府，约有山西籍移民5万人。《明太宗实录》卷一八中有一条移民裕州（今方城县）的记载：永乐元年，“河南裕州言：本州地广民稀，山西泽、潞等州县地狭民稠，乞于彼无田家，分丁来耕。上命户部如所言行之。”③

——汝宁府，约有山西籍移民1.8万人。《西平县志》云：“洪武年间，山西、陕西、河北、山东等省及河南西部人迁至西平者最多。”④ 从

① 葛剑雄主编：《中国移民史》第五卷，福建人民出版社1997年版，第244—265页。

② 转引自葛剑雄主编《中国移民史》第五卷，福建人民出版社1997年版，第245页。

③ 捱曹树基先生考，此所言永乐年应是对洪武年间移民迁入的一个追认。见葛剑雄主编《中国移民史》第五卷，福建人民出版社1997年版，第258页。

④ 西平县史志编纂委员会：《西平县志》第三编《人口·姓氏》，中国财政经济出版社1990年版。

该志所做的统计看迁入西平的 27 族中有 16 族是从山西迁入的，占移民的 59%。

总之，在洪武年间河南的移民总数约有 93.4 万人[①]，其中从山西迁入的移民占了绝大多数。

（二）山西人东迁填山东

洪武年间，山东接受 180 余万移民中，有自山西的移民达 122 万人，占移民总数的 66%，也是山东移民的主体。

——东昌府接纳山西籍移民 29480 户，约合 147400 人。《明太祖实录》卷一九七云："后军都督朱荣奏：山西贫民徙居大名、广平、东昌三府者，凡给田二万六千七十二顷。"《明太祖实录》卷二四三又云："后军都督佥事朱荣言：东昌等三府屯田迁民五万八千一百二十四户，租三百二十二万五千九百八十余石，棉花二百四十八万斤。左都督佥事陈春言：彰德等四府屯田，凡三百八十一屯，租二百三十三万三千三百一十九石，棉花五百零二万五千五百余斤。"另据曹树基的统计，洪武年间东昌府属 7 县共有 130 个移民屯，而土著屯仅 38 个，可见东昌府是一个重建式的移民区。

——兖州府在明初接纳了 57 万人左右的外来移民，其中 80%—90% 来自山西，有人口 50 万左右。如光绪《平阴县乡土志》列举该县的 15 个大族，其中只有 1 族为宋代末年的迁入者，9 族于元代末年及洪武年间迁入，余为以后之迁入者。洪武年间迁入者，有 5 族称从山西洪洞县迁入的，1 族自青州迁入，1 族自苏州迁入，余不详。可见平阴县洪武年间的移民也是以山西人为主。

又如滕县也是一个山西移民的聚居区。《滕州史话》称："全市一千二百多村庄中，明代立村的约占二分之一，其中一百多个村是明初从山西洪洞等县迁滕的。"[②]

——青州府也接纳了一定数量的山西移民，如沂水县有 51 个土著村有 46 个山西洪洞籍的移民村。故青州南部的 20 万移民中，山西籍的移民约有 9 万人，占移民总数的 45%。青州北部的 22.8 万移民中，山西籍的移民约有 2 万人，仅占移民总数的 8%。

---

① 葛剑雄主编：《中国移民史》第五卷，福建人民出版社 1997 年版，第 264 页。

② 李广星：《滕州史话》，中华书局 1992 年版，第 102—103 页。

——莱州有山西移民约 6 万人，如潍坊的移民来源广泛，但仍以山西移民为大宗，据民国《潍坊志》卷十二《民社志·氏族》记载，明初迁入的山西移民有 23 族，洪武迁入的山西移民有 90 族。

——登州有山西移民约 11.8 万人，占移民总数的 64%。

——济南府有山西移民 24.5 万人，占移民总数的 60%。如从齐河县自然村建村的情况看，明初山西籍的自然村有 28 个，洪武年间有 29 个①。

总之，洪武年间从山西迁入山东的移民总数约有 121.4 万人②。

（三）山西人东迁填河北

河北洪武时亦有山西籍移民迁入。

——河间府洪武时接纳了约 5 万山西籍移民。如从南皮等 7 县抽取了 455 个村庄进行统计，洪武时代建村的村庄仅有 12 个，其中山西籍的村庄有 5 个，占总数的 41.66%。

——保定府洪武时接纳了约 3 万山西籍的移民。

——广本府、大名府的山西籍移民在《明太祖实录》卷一九七和二四三中与山东东昌府混在一起，无法析出，据载到洪武二十二年九月为止，徙居大名、广本、东昌三府的山西移民约有 24736 户，或 123681 人；到洪武二十五年十二月为止，大名、东昌、彰德等七府从山西迁来的移民总数达到 65780 户，约 328900 人。

总之在明初洪武年间的大移民中，山西人填河南、河北、山东成了这次华北移民潮的主流，使华北补充了人口，开垦了荒野，社会经济开始得到初步的恢复。

但是洪武大移民中山西人填河南、河北、山东，恢复华北社会经济的好景不长，建文元年（1399 年）燕王朱棣起兵北平（今北京）以讨齐泰、黄子澄为名，号称“靖难”。建文四年，朱棣兵破南京，即位为成祖，史称“靖难之役”。

这个历时三年的“靖难之役”，又把华北推进了战火之中，重造了一大批新的无人区，明成祖即位后又不得不展开新一轮的移民运动以补人口和劳力之不足。与此同时，明成祖迁都北京。政治中心从南方转移到北

① 《齐河县志》编纂委员会编：《齐河县志》，中华书局 1990 年版，第 91—108 页。

② 葛剑雄主编：《中国移民史》第五卷，福建人民出版社 1997 年版，第 214 页。

方，为了拱卫京畿，也需要进行政治移民，于是就有了华北的永乐移民运动。

华北永乐移民的重点地区是北京城和顺天府，这次山西籍的移民仍然十分活跃，但南京也成了一个主要的移民输出地。据曹树基先生的研究，在永乐移民中，迁入北京城的南京人有 87.5 万人，迁入顺天府的山西人有 39.5 万人。

永乐时期各地接受的民籍移民和军籍移民　　（万人）

地区	民籍	身份	主要迁出地	军籍	主要迁出地	合计
河北						
北京城	17.5	富户、工匠、官吏	南京	70	南京	87.5
	0.2	内附蒙古女真	内蒙古及东北			0.2
顺天府	14.5	农民和罪囚	山西及各地	25	山西	39.5
隆庆、保安州	2.2	农民和罪囚	晋、鲁等地	0		2.2
永平府	4.0	农民和罪囚	南方及各地	10	山东和山西	14.0
河间府	20.0	农民	山东及山西	14	山东和山西	34.0
保定府	2.5	农民	山西	7	小兴州	9.5
真定府	15.0	农民	山西	2		17.0
山东						
东昌府	1.0	农民	山西及胶东	1.5		2.5
兖州府	6.5	农民	山西及胶东	0		6.5
济南府	0.6	农民	枣强	0.6		1.2
登州、莱州府	0	—	—	6.0	云南及四川	6.0
合计	84			136.1		220.1

资料来源：葛剑雄主编：《中国移民史》第五卷，福建人民出版社 1997 年版，第 373 页。

永乐以后，由于华北成为政治中心的所在地，华北汉族从这时起才真正走上了稳定和发展的道路。而这时的华北汉族已非宋元时的华北汉族，也非隋唐时的华北汉族，还非三国两晋时的华北汉族，更非秦汉时的华北汉族了！几经沧桑，以华北为中心舞台而形成的汉族，在历史的风雨中已经过多次的大混血和大换血，一方面是华北汉族一批又一批地南迁；另一方面是入主华北的一批又一批少数民族族群不断地被汉化。华北汉族就是在这样磨难中发展了起来。

清建朝时，随着清兵的入关，有26万—27万满族内迁，北京及华北不少地方成了满族的主要聚居地。经过清至民国近300年的发展，满族人已大部分汉化。据曹树基先生研究，清初北京城的满、蒙人口约为30万人，清末八旗人口为63万余人，但1949年时北京市满族人口仅为3.1万人，仅及清末满族人口的4.9%。到1951年随着民族政策的落实，满族人口才增至7万人，1952年超过8万人，1982年为11万多人。

所以，纵观华北汉族的发展史，其在民族大融合中形成，在两千多年的历史沧桑中，历经三国两晋南北朝和宋元时期的大分裂、大动荡、大迁徙和大同化，一方面是华北汉族的大批南迁；另一方面又是北方和东北的少数民族族群入主华北，在这个民族大熔炉中无一例外地被汉化，所以华北汉族又是在大融合（或大同化）中发展的。[①]

---

① 李慕真、仇为之主编：《中国人口·北京分册》，中国财政经济出版社1987年版，第330—335页。

第五章　东北汉民族史记

第一节　东北概述

一　东北汉族的地理空间范围

东北位于中国的东北部，东起东经135°05′，西到东经118°52′，南起北纬38°42′，北至北纬53°34′。面积为80.2万平方公里，占全国总面积的8.4%。包括辽宁、吉林、黑龙江3省。人口10691.91万人，其中汉族9414.04万人。[①]

1. 东北的行政区划

东北古称“肃慎”地。元朝在此设岭北、辽阳两个行中书省，明朝设奴儿干都司。清代后期设奉天、吉林、黑龙江3省，民国时期改奉天为辽宁。以后，东北地区的政区有较大变动。1954年恢复设辽宁、吉林、黑龙江3省，至今未变。

据中华人民共和国国家统计局2010年统计[②]：

辽宁省有沈阳、大连2个副省级市，鞍山、抚顺、本溪、丹东、锦州、营口、阜新、辽阳、盘锦、铁岭、朝阳、葫芦岛12个地级市，16个县级市，17个县、8个自治县，57个县级区；人口4213.65万人，其中汉族3453.697万人。

吉林省有长春、吉林、四平、辽源、通化、白山、白城、松原8个地级市，延边朝鲜族1个自治州，以及长白山保护区；20个县级市，16个

---

① 国家统计局人口与就业统计司：《中国人口统计年鉴1997》，中国统计出版社1997年版，第68页。下引人口数字均出此书。

② 中华人民共和国国家统计局：《2010年第六次全国人口普查主要数据公报（第2号）》（http：//www. gov. cn/test/2012—04/20/content_ 2118413_ 2. htm）。以下各省市区人口统计所引除注明外均据此。

县、3个自治县；人口2668.85万人，其中汉族2376.21万人。

黑龙江省有哈尔滨、齐齐哈尔、牡丹江、佳木斯、大庆、伊春、鸡西、鹤岗、双鸭山、七台河、绥化、黑河12个地级市，大兴安岭1个地区；19个县级市，43个县、1个自治县；人口38312224人，其中汉族3693.92万人，占96.41%①。

2. 东北的自然地理环境

山环水绕，沃野千里是东北区地面结构的基本特征。东侧，有鸭绿江和图们江，组成中朝的国界；北侧，有兴凯湖、乌苏里江和黑龙江，是中俄的天然界河；南面，黄海和渤海环绕在辽东半岛的两侧，海岸线长达2178公里。水界内侧又为一系列山地所环绕：西部有大兴安岭山地纵贯，北部有小兴安岭横卧；东部有长白山脉、张广才岭、老爷岭、那丹哈达岭、龙岗山、千山等一系列山脉纵向绵延，为长白山地；西南部还有努鲁儿虎山、七老图山、医巫闾山等排列。中间是辽阔的东北大平原。

大兴安岭山地，山脉宽200—300公里，海拔一般为1000—1400米，山峰林立，蔚为壮观，大部分为火成岩构成，受流水长期冲蚀，山顶浑圆；山脉东陡西缓，过渡到呼伦贝尔高原。小兴安岭山地长约400公里，海拔600—1000米；谷地和山麓丘陵区多宽平的“甸子”；部分地区有火山爆发，五大连池即是火山活动后形成的堰塞湖。长白山地一般海拔1000米以上，大部分为熔岩构成，长白山高峰白头山上的天池是火山口湖，湖面海拔2155米；山谷间多小盆地和狭窄的河谷平原。

东北大平原由辽河平原、松辽平原和松嫩平原组成，是我国最大的平原。辽河平原为东北大平原的南部，一般在海拔500米以下，主要由辽河及其他河流溃积而成；平原西北部有河丘分布；北部为平原、丘陵相间，海拔在200米左右；辽河下游为低平的三角洲平原，海拔在20米以下。松辽平原属东北平原的中部，呈波状起伏，有山丘点缀；中部为低丘，海拔250米左右，为松花江和辽河的分水岭；平原西部地势低平，有不少沼泽和碱地、碱泡子，并有草原和河丘分布。松嫩平原属东北大平原的北部，由松花江和嫩江侵蚀和冲积而成，海拔在150—200米。

在小兴安岭和张广才岭东侧的三江平原，由黑龙江、松花江和乌苏里

① 《黑龙江省少数民族人口基本状况分析》（http：//www.hljdpc.gov.cn/jjjc/29155.html）。

江冲积而成，一般海拔 80—100 米，沿江地区海拔不到 50 米；东部有大片沼泽、湿地，适宜于垦殖。

东北区内最大的河流是黑龙江，发源于蒙古国，流经俄罗斯，注入鄂霍次克海，在我国境内全长 2900 多公里，是我国的第三大河；其次是辽河，全长 1430 公里；再次是松花江，全长 1370 公里；鸭绿江，全长 785 公里。

辽宁的地形特点是山地、丘陵分列东西两侧，中部平原广大，平原约占全省面积的 30%，东侧为辽东山地丘陵，由长白山脉的延续部分及其支脉千山山脉组成，从东北向西南延伸，海拔多在 500 米以下，个别山峰海拔 1000 米以上。鞍山市东南的千山，全称千朵莲花山，海拔 898 米，重峦绝壁，风景秀丽。辽河口至鸭绿江口一线以南，称辽东半岛，有千山山脉贯穿，久经侵蚀，大部为低丘，沿海海蚀阶地发达，海岸曲折，多岩岛和天然良港。其中大连港、营口港、丹东港是著名的良港。沿岸有许多岛屿，有长兴岛、凤鸣岛、广鹿岛、大长山岛、海洋岛等。西侧为辽西山地丘陵，是内蒙古高原与辽河平原间的过渡地带，主要由努鲁儿虎山、松岭、医巫闾山等几条东北—西南走向的山岭组成，努鲁儿虎山海拔 1000 米左右，松岭和医巫闾山大部分为海拔 300—500 米的丘陵，渤海沿岸为狭长的滨海平原，习惯上叫"辽西走廊"，背山面海，形势险要，是沟通关内外的重要通道。锦州湾上的葫芦岛港，为北方重要港口之一。中间为辽河平原，地势向渤海倾斜，土壤肥沃，是该省的主要农业产区。

境内河流主要属辽河流域。辽河以老哈河为源，全长 1430 公里。辽河有东西两源，西辽河上流老哈河源出七老图山，流程长，流量小；东辽河源出吉林东辽的哈达岭，流程短，流量大。东西两河于古榆树附近汇合后始称辽河，流贯辽河平原，经盘山注入辽东湾。鸭绿江为中朝界河，发源于白头山天池，注入黄海，全长 795 公里。

吉林的地形特点是地势东南和西北高，中部低，山地、丘陵和平原兼而有之。山地，东有长白山地，西有大兴安岭山地，中有吉东低山丘陵。长白山地绵亘于东南部边境，区内多山间小盆地和狭窄的河谷平原，如延吉、浑江和敦化等盆地，都以富庶著称。大兴安岭山地向东南成梯级下降到中部平原，海拔大都在 500 米以上，山峰海拔大多超过 1000 米。吉东低山丘陵包括龙岗山、老爷岭、哈达岭等，大部分在海拔 500 米以下，仅老爷岭和龙岗山在海拔 1000 米左右，由于长期受松花江及其支流的侵蚀，地表呈低丘宽谷，山形浑圆，多山间盆地和河谷平原。中部为松辽平原，是主要农牧业基地。

境内河流除西部少数内流河外，分属松花江、辽河、鸭绿江、图们江和绥芬河五个流域。松花江源出白头山天池，全长约900公里，与嫩江汇合后始称松花江，是吉林省最大的河流。松辽平原的西北部有许多湖泊，较大的有月亮泡、查干泡、大布苏泡等。

黑龙江的地形特点是地势大体西高、东低，地形可分为松嫩平原、三江平原、大兴安岭山地、小兴安岭山地和东南山地五区。松嫩平原在黑龙江省中部，三江平原位于黑龙江省东部，是黑龙江省主要农业区；大兴安岭山地位于黑龙江省西部，属大兴安岭山脉北段；小兴安岭山地位于黑龙江省北部，西北接伊勒呼里山，东南抵松花江岸，长约400公里，海拔600—1000米，谷地和山麓丘陵区多宽平的湿地，当地称“甸子”。东南山地位于黑龙江省东部，以张广才岭和老爷岭为主干，海拔多在600—1000米之间，南高北低。山地经流水切割，多平顶方山，当地称为“平岗”，老爷岭的北支完达山海拔200—500米。

境内河流主要有黑龙江和松花江，黑龙江在黑龙江省境内（包括中苏界河段）长2900多公里，松花江在黑龙江省境内长约939公里。松花江支流牡丹江发源于吉林省，在黑龙江省境内长约700公里，是黑龙江省东南部的重要河流。乌苏里江发源于苏联境内，为中苏界河。境内湖泊有东南部的兴凯湖，面积4380平方公里，为中苏界湖；西北部有呼伦池，面积2200平方公里；此外，还有中蒙边界上的贝尔湖及松嫩平原上的小湖泊，当地叫作“泡子”。

3. 东北的气候

东北大部分地区属温带与暖温带范围，仅大兴安岭北部山地属寒温带，大陆性季风型的气候特征极为明显。大陆东岸的位置，复杂的地面结构，又形成东北区各地不同的气候条件。最明显的差别是热量的南北变异和水分的自东南向西北递减。≥10℃的积温，南部可达3600℃，北部则仅在1000℃上下。本区的年降水量在300—1000毫米之间，东多西少。

辽宁的气候特点是夏季温暖多雨，冬季寒冷，春季短促、多风。年平均气温，从东北和西北往南由－5℃递增到10℃，最冷月（一月）平均气温，从东北和西北往南由－18℃递增到－5℃；最热月（七月）平均气温，从东北和西北往南由22℃递增到26℃。全年无霜期从东北和西北往南为5—6个月。年平均降水量从西北往东，由400毫米递增到1200毫米，是东北地区降水最多的省份，而辽东山地丘陵则可高达1200毫米以上；六、七、八三个月约占全年降水量的60%以上。西北地区春季雨水较少，易发生春旱。

吉林的气候特点是冬长寒冷，夏短温暖，降水丰富；春秋两季风大、常有寒潮入侵，天气多变。年平均气温从西北往南，由-3℃以下递增到7℃。最冷月（一月）平均气温大部分地区在-18℃—-14℃，长白山地低至-23℃以下，西北部的大兴安岭山地低至-26℃以下；最热月（七月）平均气温大部分地区在20℃—30℃之间，仅西北角和长白山地的局部地区低至18℃。全年无霜期大部分地区为4—5个月，高寒山区少于3个月。年平均降水量从西部向东南由300多毫米递增到900毫米左右，白头山天池一带、老爷岭以南地区为最多，达1000毫米以上；中部平原为400—600毫米。全年60%的降水量集中于六、七、八三个月。

黑龙江是我国最北的一个省份，其气候特点是冬季漫长寒冷，夏季短促湿润，最西北部无夏。年平均气温从北往南为-5℃—-4℃，最冷月（一月）平均气温，从西北往东南由-30℃递增到-18℃；最热月（七月）平均气温，从西北往东南由18℃递增到23℃。全年无霜期大部分地区为3—4个月。年平均降水量300—600毫米，东部多、西部少，以小兴安岭和张广才岭最多，可达600毫米以上；大兴安岭以西最少，不足300毫米。全年降水量的60%集中在六、七、八三个月；冬季和春季降水量少，往往发生春旱夏涝。秋季冷空气活动频繁，降温较快。寒潮来得早时，易发生早霜危害。

二　东北汉族历史发展的基本线索

汉族迁入东北的历史十分悠久，据《后汉书·东夷传》的记载，秦末农民战争时，居住在今河北和山东一带汉族的先民，为避中原战乱，纷纷逃往东北和朝鲜半岛，“齐、赵人经辟者数万口”。两汉时迁入东北谋生的汉族，有发配到东北屯田和筑城的刑徒，有被高句丽和乌桓掳掠到东北的百姓，如史载“三郡乌丸（桓）承天下乱，破幽州，略有汉民合十余万户”。① 此后，魏晋南北朝被招募到东北和因罪发配到东北的汉人屡

① 《后汉书·东夷传》。

见不鲜，如北燕太平年间（409—430 年）北燕主冯跋劝课农桑，苦于地广人稀，曾派人到中原招募汉人，河间人褚匡招其从兄褚买，从弟褚睹从长乐（今河北冀州市）至 5000 户，2 万多口人辗转迁入东北。

隋唐及至宋元汉族迁入东北仍不绝于书，辽代约有七八十万汉族流民被掠入东北。金代天会年间（1123—1137 年），金军"掠致宋国男妇不下二十万"。① 元代在东北建立了大宁路海阳等打捕屯田所、浦峪路屯田万户府、金复州万户府和肇州蒙古屯田万户府，迁入一大批以汉族为主的新附军到东北屯田。及至明代汉族仍不断迁入东北，洪武年间，辽东军卫中约有军士 13 万人，合家属约有 39 万人②，到明末光宗泰昌元年（1620 年），将流入东北的山东流人及其后裔和明末补充入辽的将士考虑在内，辽东人口约为 300 万人。③

但是，在这漫长的历史岁月中，尽管从秦汉起历朝历代都有成千上万，甚至几十万的汉族迁入东北，但迁入东北的汉族始终没有形成为一个稳定的族群，而是被一茬又一茬兴起的东北少数民族族群同化了，也就是说自秦汉以来一批又一批迁入东北的汉族基本上少数民族土著化了。所以，我们查阅史书，只见历朝历代有汉族迁入，也见历朝历代有东北少数民族土著崛起后入主中原，远的有汉魏朝及北朝的鲜卑、乌桓；中的有宋元时的契丹、女真；近的有满族，而极少见到有汉族在东北发展的情况。

这种情况到清代才发生了根本性的变化。

清代前期对其祖宗兴起之地，实行封禁的政策，顺治年间（1644—1661 年）沿明代辽东边墙旧址修筑柳条边，长 900 余华里，严禁自由进入边外。

所以在清前期迁入东北的汉族主要分布在辽东和辽西。这些汉族移民后来发展形成沈阳人和大连人。而清中期，为进入长白山采参捕珠、淘金伐木，山东、河北的汉族移民大批迁入东北，许多人闯过柳条边进入吉林地区，人们谓之"闯关东"。这些"闯关东"者在进入吉林乌桓、伯都讷地区的同时，还沿辽河和柳条边墙北上，进入伊通河流域，并大多居留在伯都讷和吉林乌拉地区的交通要道——长春。乾隆二十五年（1760 年）

---

① 佚名：《燕人麈》。

② 葛剑雄主编：《中国移民史》第五卷，福建人民出版社 1997 年版，第 274 页。

③ 葛剑雄主编：《中国移民史》第六卷，福建人民出版社 1997 年版，第 27 页。

吉林汉族闯关东者约有 30 万人。[①] 这就是后来形成的长春人的基础。清后期，从咸丰开始，汉族移民才大批迁入黑龙江进行开发。至光绪末年黑龙江省几乎所有的地区都有汉族迁人。光绪三十三年（1907 年）置黑龙江将军，设黑龙江巡抚，改为行省。民国后汉族迁入达到高潮，1923—1930 年达 187.5 万人，1932 年设哈尔滨市，哈尔滨人形成。

综上所述，可见清代以前迁入东北的汉族移民大多土著化了，所以到明末清初辽东 300 万汉族竟有 2507 万人外迁，所剩仅 15 万人。清代以后，汉族迁入东北经历了前期、中期和后期的发展，从辽东、辽西扩展到吉林，再扩展到黑龙江。在东北汉族的这个波浪式的推进发展过程中，由于迁入时间和地域的不同，先后形成沈阳人、大连人、长春人和哈尔滨人等汉族族群。

三　东北汉族的族群结构

正因为汉族迁入东北的时间虽然很悠久，从秦汉算起有 2000 多年了，但由于历代迁入东北的汉族在白山黑水的怀抱中大多少数民族土著化了，就是明末辽东的 300 万汉族，也随着清兵入关而大多离开了东北，所剩仅 15 万人。[②] 所以东北汉族的发展，严格说来仅能从清代开始算起，这是一方面。

另外，入清以后，又由于汉族迁入东北从清前期开始呈波浪式地占据式的移民，先占据辽东、辽西，清中期后又进而占据吉林，清后期后再进入占据黑龙江。所以东北汉族之间差别不大，族群结构呈单一式的类型，大而言之，可以总称为东北人，有人为其专写了一本书，名曰《东北人》，略加细分也可分为沈阳人、大连人、长春人、哈尔滨人。

四　东北汉族的基本特征

1. 方言统一

东北汉族的语言由于与以北方方言为基础的普通话很接近，内部相当一致。当然，细究起来，内部也还有一点差异，就辽宁省而言，辽东半岛方言与辽西方言就有些不同，辽东的方言特点与胶东半岛相同，故有人将

---

① 葛剑雄主编：《中国移民史》第六卷，福建人民出版社 1997 年版，第 482—483 页。

② 同上书，第 27 页。

胶、辽方言划为一个方言区，即胶辽官话。而辽西由于与河北北部毗邻，故与冀州官话相近。

2. 族群年轻

在汉族的族群中，若比年龄，即形成历史的早晚，东北的几个族群都很年轻，资格老一点的是沈阳人，从清初算起，为350多年。哈尔滨人最年轻，若以1932年哈尔滨设市开始算起，充其量不过60多年。

3. 性格勇悍

东北汉族在严寒的自然环境中，由于“闯关东”的特殊经历锤炼出了勇悍的族群性格。在旧社会动荡荒乱的年代，这种勇悍的性格造就了“胡匪”现象，人们熟悉的《智取威虎山》中座山雕、小炉匠、许大马棒等均是这类胡匪的典型。当然，这种勇悍性格也使得东北人豪爽，请起客来餐桌上堆得满满的，酒不喝足，决不罢休，所谓“酒是英雄胆”。无须讳言，东北人的勇悍也使他们打起架来天不怕地不怕，常常捅刀子闯大祸，人称“东北虎”。

4. 民风粗犷

东北的黑土地孕育了东北人“傻大黑粗”的粗犷民风。

原始而富饶的东北黑土地，赐给了东北汉族丰富的生活资源，无论是山林狩猎，还是湖海捕鱼，或是荒原拓耕，黑土地都给东北人的劳动付出以丰厚的回报，大森林、大草原、大沃野、大垦区、大工厂、大油田、大煤田，陶冶了东北人的豪放，使之衣、食、住、行无不带有粗犷简陋的特点，所以民间流行东北有五大“怪”的说法，即“草坯房子篱笆寨，窗户纸糊在外，烟筒安在山墙外，养了孩子吊起来，大姑娘出门叼烟袋”。

第二节　东北秦汉时期族群概况

一　远古时代东北的原始族群

在东北这片五彩斑斓的土地上，很早以前就有人类在这里生存、劳动和繁衍着。

（一）旧石器时代的东北原始族群

从考古资料上看，生活在这片土地上的人类可以追溯到20万年前的旧石器早期。

1. 金牛山人

1984 年 9 月到 12 月，北京大学考古系旧石器时代考古研究生在金牛山进行教学实习时，发现了一批较完整的人类化石和第四纪哺乳动物化石，这一发现被列为 1984 年我国三大考古发现之首，金牛山人的学术价值在国内外学术界引起了极大的轰动，1984 年金牛山遗址成为全国重点文物保护单位。

金牛山位于辽宁省营口市永安乡，周长为 1240 米，海拔约为 69.3 米，面积为 0.308 平方公里。金牛山在当地人们的心中是一座宝山，传说在很早很早以前，在这一带住着一只金牛，一天它散步来到这座小山下的一个洞穴旁，它探头向洞里望去，只见洞内宽敞明亮，山上古树参天，山的周围是一片开阔地，地上野草繁茂，百花争艳，小河和池塘里的清水碧绿见底，它觉得这里很适合居住，就在小山的洞穴里住了下来，从此，人们就把这座小山称作金牛山了。考古学者们在这里发现了大量的犀牛化石，其中有较完整的上下颌骨、肢骨和脊椎骨等。在这里还发现了其他哺乳动物化石达 76 种之多，以及旧石器和人类用火的遗迹，考古学家把金牛山遗址定为旧石器时代早期遗址。

在金牛山遗址共发现 4 个化石地点，其编号为 A、B、C、D，其中 A、C 两处是主要发掘地点，金牛山人的大部分化石出自 A 洞。A 洞现有洞口宽约 3 米，洞顶残破、整个堆积层厚约 13 米（尚未到底），堆积层自上而下共分 8 层。第四层以上发现的动物化石有鼩鼱、黄鼠、翁氏野兔、鼬、棕熊、东北马鹿、转角羚羊等，这些动物生活的地质年代为晚更新世早期。在第五层以下的堆积层里出土的动物化石，主要的有拟布氏田鼠、大河狸等古老动物，属于更新世典型的标准化石。

金牛山遗址还出土了一批打制的石器，金牛山人使用的石器是用锤击法和砸击法打成石片，然后又经过第二步加工成各种不同用途的工具，主要是刮削器和尖状器。刮削器是用来刮削和切割猎物的主要工具，尖状器是用来割裂和肢解猎物以及用来采集挖掘植物根茎的主要工具。能否制造工具，这是区别人与猿的主要标志，人类最早的工具是用石头制成的，而用石头打击石头制成简单工具的时代，在人类发展史上称旧石器时代。金牛山人使用的刮削器和尖状器是我国旧石器时代人类最常用的工具。

在发现金牛山人骨化石的同层地面上，还发现了燃烧过的灰烬，灰烬里夹杂着一些烧成黑色的兽骨，这表明金牛山人已经懂得用火了。

1986年，考古学家在距洞顶12.5米的第七层底部，距洞穴南壁约2米处的1.6平方米的范围内，发现了金牛山人骨化石，计有头骨、脊、椎骨、肋骨、尺骨、腕骨、指骨、跗骨、趾骨等50余件。根据这些人类化石集中地分布在同一地层上，化石的颜色相同，其中跗骨、趾骨和腕骨的各关节都能吻合连在一起，考古学家认为这些人类化石是属于同一个人的个体。考古学家称它为金牛山人。经古人类学家对这些古人类化石进行复原，发现其头骨较大而且粗壮，额结节和顶结节不明显，面部宽大，显示出男性特征。从骨缝愈合程度看，冠状缝部分愈合，矢状缝、人字缝和鳞缝都未愈合，以及第三臼齿刚萌出尚未磨损的情况来分析，金牛山人应该是一位20多岁的男人。

考古学家和古人类学家经过对金牛山人化石的检测和分析，发现金牛山人既具有北京猿人的某些原始特征，又比北京猿人进步，认为其生存的地质年代为中更新世晚期，其文化时代为旧石器时代早期。

2. 庙后山人

庙后山遗址是1978年5月采石工人在开采石灰石时发现的，位于辽宁省本溪县山城子乡山城子村东庙后山的南坡上，是一个天然洞穴，海拔450米，山前是开阔的汤河谷地，洞穴高于汤河近60米。1978年考古工作者对庙后山遗址进行了试掘，第二年进行第一次正式发掘，出土了大量的动物化石、石制品和骨制口以及人类化石等重要文化遗物。经考古学家认定，庙后山遗址所处的文化时代为旧石器早期。这也是我国迄今发现的最北边的一处旧石器早期的文化遗址。

庙后山遗址的天然山洞里的文化堆积层厚约13.5米，层次清楚，堆积层里含有大量哺乳动物的化石。就其地质时代看，上洞的第七、八层，应属于距今10万年到7万年的晚更新世。下洞，即第四、五、六层，是距今40万年到14万年的中更新世，在这三个文化层中，出土了古人类化石和大量的动物化石、石器。

庙后山人骨化石中有一枚老年右侧上犬齿，一枚右侧成年人下臼齿和一枚残左侧幼年股骨化石。经古人类学家检测，其体质特征比北京猿人进步，属于直立人和智人之间的古人。

庙后山遗址出土的文化遗物有石制品、骨制品和用火的遗址。

庙后山遗址出土的十多件石器中，主要是刮削器、砍砸器、尖状器和石核等，从制作技术看，主要是用锤击法打击石片，而用这种方法打制石器在东北尚属首次发现。庙后山人制作的石器还很粗糙，器型也不太规整，又大又重，而且品种也很单调，与周口店人的石器相似。庙后山人制造石器使用的材料是汤河阶地砾石层中俯拾即是的灰绿色的石英砂岩。

庙后山遗址还发现了用火的遗迹，其中有烧过的土块、灰烬和木炭粒等。用火，这是人类原始文化中的一项重要成就，火的使用，是一件划时代的大事，它使人类获得一次解放，开创了人类征服自然的新纪元。

3. 鸽子洞人

鸽子洞是辽宁首次发现的旧石器时代的文化遗址，也是东北地区旧石器中期代表性的文化遗址。鸽子洞文化遗址位于辽宁省喀喇沁蒙古自治县水泉乡瓦房村。大凌河咆哮着从洞前流过，距大凌河水面34米对面是开阔的扇形台地。鸽子洞一带有奥陶纪石灰岩和侏罗纪紫红色砂岩裸露在地表面，由于长期受地下水的溶蚀，形成许多口袋形和垂直竖井式岩洞。鸽子洞就是其中一个天然溶洞，成狭长甬道式洞穴，顶部都是高敞的岩棚，洞口东南向，宽约2米，洞内宽敞明亮，面积约30平方米。是远古人类理想的生活繁息的地方。

这个溶洞里，过去曾栖息着成群的野鸽子，当地人便称它为鸽子洞。洞里的文化层厚约5米，可分6个地层，从上往下数，第一层为灰烬文化层，第二、三层为灰岩角砾层，古人类的遗物主要是出自这两层，尤其是第三层，四、五、六层没有人类活动的遗迹。

考古工作者在鸽子洞遗址进行了为期两年的发掘，出土人类化石3件，旧石器3000多件，26种动物化石和丰富的用火遗迹。

人类化石包括一块头骨残片，一块颞骨残块和一块膑骨。头骨为右侧顶骨残片，保留人字缝，缝线波曲，里面脑膜动脉后枝压迹清晰，其原度、曲度和形状特征都接近于现代人。颞骨残破较重，只保留着鼓部外耳门处，呈斜椭圆形，乳突较粗壮。膑骨是右侧肢骨的膑骨（膝盖骨），后面的膑尖部位和内侧关节面，都有破损，可见到骨松质的蜂窝状结构，古人类学家经检测和形态观察，认为鸽子洞的人骨没有比现代人更原始的特征，而与智人相似，定名为“鸽子洞”人。

鸽子洞遗址出土的石器不仅数量大，而且种类多，其石器的特点是：都是用打制方法制成的旧石器，以石片石器为主，石核石器也占一定比例；石片大多是自然台面，很少经过加工修理；刮削器型繁多，可分为单直刃、凸刃、凹刃和复刃多种，制作精细；刃缘匀称、刃角锐利，石器以中、小型居多，一般长在60毫米之内，说明鸽子洞人使用的工具以小型为主体。

鸽子洞遗址的用火遗迹丰富，灰烬层最厚处可达一米以上，灰烬中含有大量烧骨、烧炭和被烧裂的石块，这说明当时鸽子洞人一方面为了长期保存火种；另一方面是把猎获的动物在火上烤熟了吃，所以当时洞内篝火熊熊，长期燃烧不息。

考古学者通过对鸽子洞人文化遗址的地层、人类化石、动物群、气候，以及石器的原始性的综合研究，确认鸽子洞人生活在距今7万—5万年前，生活的时代是旧石器时代中期，地质年代为晚更新世中期。

4. 仙人洞人

仙人洞遗址是1975年发现的，位于辽宁省海城市东南的孤山满族自治镇。

仙人洞洞口向南偏西，宽5.8米，高6米，洞纵深19米，洞内面积约90平方米，既宽敞又亮堂，是古人生活的理想的天然场所。洞内文化堆积层厚约6米，包括更新世和全新世地层，出土的古人遗物主要是在更新世地层中，包括古人类牙齿5枚，幼儿股骨残片一段，石制品一万余件，骨角制品6件，穿孔兽牙等装饰品7件。还有大批的动物化石和很厚的灰烬层。

仙人洞遗址出土的石片和石器，除少量是用闪长岩和玉石外，几乎都是用脉石英加工制成的。这里出土的玉石石器，是我国迄今为止发现的最早用玉石制作的石器。这里出土的石器多是用砸击法和锤击法制作的，这是旧石器时代人类最常用的制作石器的方法。石器的类型以刮削器数量最多，其次是砍砸器和尖状器，其中尖状器是经过精心压制的。这里出土的大量石器，不论从石料的选择，制作石器的方法，还是从形器的规格来看，都和华北地区的小石器文化相似。仙人洞人遗物中，最有价值的应该是那批制作精美的骨制品，包括骨锥、骨针、骨鱼叉和钻孔牙饰品，这批骨制品的工艺造型在旧石器时代文化中是极其少见的，特别是古鱼叉的出土，又是我国同期遗址中首次发现。这批珍贵古人遗物的发现，对我们研究原始社会人类生活状况、服装的起源、人类的审美观念以及渔猎经济的发展等诸多方面，都提供了重要的实物资料。

仙人洞遗址还发现了大量的动物化石，不少于38个种属，大部分是古人狩猎的动物，其中很多种动物已经灭绝。在仙人洞洞口附近有厚达

1.5 米的灰烬，里边有很多火烧过的兽骨、石块和炭块。

据考古学家测定，仙人洞人时代比山顶洞人时代略早些，距今约 4 万—2 万年。

5. 哈尔滨人

哈尔滨人是 1982 年发现的，位于黑龙江省哈尔滨市西南 25 公里的阎家岗农场。

阎家岗地处松花江和运粮河之间高出河水水面 10 米的第二级阶地上。这里出土的古人类遗物为人头骨残片一块，石制品、骨器和分属 20 个种属的 31 种动物化石。

阎家岗遗址出土的人头骨残片是一件右侧顶骨的后部，靠枕角区保留有人字缝锯齿一部分，内颅可见脑膜中动脉压迹，分叉又粗又简单，比现代人原始，古人类学家认定属于晚期智人，定名为“哈尔滨”人。

在阎家岗遗址中发现的两处由大量的哺乳动物骨骼围筑而成的半圆形的古人类临时居住址，引起了国内外考古学家和古人类学家的浓厚的兴趣，引起了他们的极大关注。其中一个居住地是由大量动物骨骼密集而有规律地排列在一起，酷似一堆矮墙，门口朝南偏西，弧残长 5 米、宽 40— 60 厘米，边壁整齐。从侧面可以清楚地看出是由四层动物骨骼重叠地摆放在一起的。内壁比外壁稍为平直，个别部位还具有一定倾斜角度。在骨骼与骨骼之间填充砂质黏土，起黏合料作用，将骨骼牢牢地砌筑在一起，使之不易错动。阎家岗出土的动物化石，主要有野牛、野马、大角鹿、羚羊、猛犸象、披毛犀等。这些动物化石的特点是，大型动物较多，食肉类动物和食草类动物并存，在一些碎骨中的骨体表面遗留着人工打击和食肉动物啃咬的痕迹。另一个居住地为直径 5 米的大半圆形骨化石圈，门口朝东偏北，上下叠置三层，下层为骨骼粗大的犀牛头骨、肢骨和猛犸象门齿臼齿；中层是个体稍小的野牛、野马、羚羊和大角鹿的骨骼；上层是小型动物的肢骨和被人工砍砸过的碎骨。在居住址内还有零星的炭粒和烧过的黑色骨片，这是古人燃烧篝火和烧烤野兽的遗址。

古人类学家和考古学家们认为，阎家岗遗址出土的大型骨化石建筑结构遗迹是旧石器时代人类与狩猎有关的临时居住地，古人经过长途跋涉，艰苦奋斗，把捕获的大批野兽带到这里，进行屠宰、分割，同时架起了篝火，把割下来的兽肉放在火上烧熟，然后分吃，还有人把兽骨敲碎，吮吸里面的骨髓，古人为了躲避风雨和防止野兽的侵害，用吃剩下的兽骨构筑起临时的营地。实际上，阎家岗这种肢解猎物，剔肉和熟食的场所就是古人们的最原始的屠宰场。

据考古学家测定，哈尔滨人生活的时代属于旧石器时代晚期，距今2万年左右。哈尔滨人是迄今为止在黑龙江省发现的最早的人类化石。

6. 前阳人

1982年3月，辽宁省丹东市考古工作者在东港市前阳乡山城村一个洞穴中，出土了人类头骨化石，命名为前阳人。和前阳人化石同时出土的还有动物化石和一些石制品。洞穴的原洞口已被破坏，现有洞口2—3米，高2米，洞内呈窄长的通道，在距洞口10米处是一个宽敞的大厅，面积约为500平方米。岩壁和洞顶有石钟乳、石灰华和石笋。洞内的遗迹堆积层可分为四层，人类化石、动物化石和一些石炭屑颗粒，是在二至三层中发现的。

前阳人的人骨化石包括头盖骨、下颌骨和一枚门齿。头盖骨保存着脑颅骨的大部分，包括较完整的两侧顶骨，大部分额鳞、枕鳞和颅底，遗憾的是面骨全部缺失，头骨保留部分长176毫米，宽145毫米，指数为82.9，属于圆头型。内外骨壁还没完全愈合，骨壁较薄，顶枕骨厚3—4毫米，颞骨乳突较小，顶结节和额结节明显、肌附着处不太明显，骨表面光滑，脑容量较小，脑内膜中动脉迹明显，前枝大于后枝。下颌骨保存完好，下颌角不外翻，翼肌粗隆不太明显，智齿尚未出全，前臼齿磨损甚微，从上述这些特征看，前阳人为年龄不足20岁的女青年。经著名的考古学家贾兰坡先生鉴定，前阳人生活的地质年代相当于更新世晚期，经过科学检测，前阳人距今约1.86万年，相当于北京周口店“山顶洞人”时期。

在前阳洞穴中，伴随着人类化石出土的还有一些石制工具，一件用变质岩制成的小型砍砸器，两件用脉石英制的两端石片。

前阳人的发现对研究古人类的发展，分布范围和人类文明的起源都提供了重要的实物资料。

7. 安图人

1963年，在吉林省安图县明月镇东南5华里的石门山南坡的石灰场的洞穴中，发现了古人类遗迹，称明月沟洞穴。1964年5月，吉林省地质局地测大队、东北地理研究所和吉林省博物馆组成联合发掘小组，对明月沟洞穴进行了系统的发掘，在洞穴的堆积中发现一枚古人类牙齿化石，考古学家命名为“安图人”。

安图人牙齿化石是右下第一前臼齿，保存完整，牙冠近中侧呈乳白色，远中侧为浅黄色，牙冠和咬合面有数条轻度的隐裂。从颊面观看，牙齿上宽下窄近似梯形。牙冠的近中缘角比远中缘角小。牙根较长，近根尖部 1/3 处弯向中远侧，根尖部有轻度吸收，在根颈 1/3 的舌侧有粗糙面。牙齿咬合面的釉质磨损较重。齿质已暴露，可以看出颊尖和舌尖的形状与现代人相似。从安图人牙齿咬合面磨损的程度看，相当于现代人的四级磨损程度，估计是中年人或壮年人的牙齿。

经过对安图人牙齿做 X 光射线检查和病理检查，发现安图人牙齿患有龋病和牙周萎缩等疾病。安图人牙齿形态结构表明，安图人牙齿化石属于晚期智人的牙齿。

在明月沟洞穴中的古人遗迹堆积中，还出土了鼠兔、花鼠、狼、貉、狐、棕熊、鬣狗、猛犸象、披毛犀等动物化石 16 种，其中除 4 种已灭绝外，大部分是现代动物群中的属种。

考古学家对明月沟洞穴中出土的猛犸象肩胛骨和臼齿化石以及对披毛犀臼齿化石的碳 14 测定结果表明，安图人生活的时代属旧石器时代晚期，安图人牙齿化石属于晚期智人。

8. 凌源八间房遗址

凌源八间房遗址，位于辽宁省凌源县西北 16 华里西八间房村西南的草帽山的东坡下，在黄色的沙质土中发现了具有细石器打制法的石制品。

凌源八间房遗址出土的石器计 49 件，石器的原料是颜色秀美的火石、水晶石、玛瑙石和石英岩、火成岩等，经过细致的打制而成。这些石器的特点是石核较小，其中最小的只有 16 克重。石器的类型有尖状器、刮削器、石核和石片等，特别值得注意的是在石片中，有一种带背石片，这是一种罕见的器物，是在石片一侧边沿上经过轻敲细击，使边缘增厚，这种修理成背的刃类器物都称为带背石器，其用途类似刮削器。还出土一件带背雕刻器，这样的器物也是少见的。这些特殊的石器的出现，说明古人此时已经掌握了高超的制作石器的技术。

在遗址中与石器同时出土的还有多种动物化石，它们是中华鼢鼠、东北鼢鼠、长尾黄鼠、普氏羚羊、鹿属和原始牛的化石，这些动物生存的地质年代，属于晚更新世时期。

经考古学家认定凌源八间房遗址受华北地区细石器的影响，具有早期细石器的雏形，是属于旧石器晚期后一阶段。

9. 呼玛十八站遗址的古人

1976 年在黑龙江呼玛县发现了一处旧石器晚期古人类遗址。这是我国迄今为止最北部的一处旧有器时代的古人类遗址。

呼玛十八站遗址，位于大兴安岭东坡，呼玛河左岸的二级阶台地上，清澈的呼玛河水，潺潺地在台地下边流过，这是一面近水向阳的台地，是古人生活繁衍的理想场所。

1976 年中国科学院古脊椎与古人类学研究所在这里进行发掘，遗址的地层分为上下二层，上层是黑龙江地区常见的含有“细石器”和陶片共生的地层；下层不见陶片，却含有大量的打制石器：刮削器、尖状器、雕刻器、圆头刮削器、石叶、石核、石片等，石器的打制方法也比较进步，采用的是压制和打制并存的技术，石器制作的精致美观，型制各异，石制品总计一千多件。

呼玛十八站出土的石器器型和制法，与中原地区同一时期的文化具有共同性，如楔状石核和河北阳原虎头梁遗址的同类器物相似，这说明了东北地区古文化与中原地区古文化是有密切关系的。据考古学家认定，呼玛十八站遗址所处的时代为旧石器晚期的尾声阶段，距今 1.2 万年左右。

10. 建平人

1957 年在辽宁省建平县南地乡采集到一块古人的上臂骨（肱骨），定名为建平人。同时还采集到披毛犀、转角羚羊、野驴等动物化石。古人的上臂骨为右侧，化石呈乳白色，石化程度较深，残长为 255 毫米，骨干粗大缘脊较锐，属男性成年个体。

经考古学家认定，建平人生活的地质时代为更新世晚期。

11. 沈家台遗址

1977 年发掘，遗址位于辽宁省锦县沈家台乡杏树沟附近小凌河支流东岸的山坡上。出土石制品 6 件：其中刮削器 1 件、石片 3 件、石核 2 件。石片较长。厚薄均匀，比较规整，趋向小型，向细化发展。是用锤击法打制而成，石料为质地坚硬的燧石和玛瑙石。和石器同时出土的还有 14 种动物化石，包括中华鼢鼠、蒙古黄鼠、沙狐、葛氏斑鹿、虎和河套大角鹿等，其中河套大角鹿已经绝种。

经考古学家认定，沈家台遗址的地质时代为晚更新世中期。

12. 榆树人

1951 年，东北工学院（今东北大学）地质系师生在吉林省榆树县周家油坊村进行野外实习时，采集到古人的一根胫骨化石和两块头骨碎片化石，定名为“榆树人”。

1977 年对周家油坊遗址进行了科学的发掘，出土了一批旧石器时代的文化遗物和动物化石。石制品主要有石片、石核、刮削器和尖状器。石器制作得比较精致，如刮削器的制作加工是采用由劈裂面向背面的办法，使器物呈圆弧形凸刃；尖状器的尖端是采用交互打击的方法制作的，使器物呈心形。制作石器的原料是脉石英、玄武岩和安山岩等。出土的动物化石有普氏野马、猛犸象、披毛犀、葛氏斑鬣狗和虎等。这些动物是东北地区晚更新世常见的，故可以确认其地质时代为晚更新世。

旧石器时代的古人遗址在东北各地都有发现，除上述比较典型的遗址外，还有一些有代表性的旧石器时代的古人遗址，它们是：辽宁省大连古龙山洞穴遗址，辽宁省长岛遗址，吉林省前郭县的青山头人等。

（二）新石器时代的东北文化遗址

新石器时代的东北原始人群仍然和中原地区的原始人群保持着密切的联系，他们彼此之间相互影响，相互吸收，共同促进了东北地区经济文化的发展，同时，东北地区的原始族群，又给东北的古文化打上了地方的烙印，形成了东北古文化系统和文化发展演变的序列。

1. 新乐遗址

新乐遗址位于辽宁省沈阳市北郊的北陵公园西侧的新乐工厂宿舍，故称新乐遗址。这是一个东西长 500 米，距今约 7200 年的古遗址，为新石器时代的早期文化遗存。

1973—1978 年先后发掘两次，出土了大批新石器时代居民的文化遗物。

新乐的古代居民使用的工具都是石器，制造石器的方法有打制、磨制和压制三种。打制的石器有砍砸器、石铲、网坠、磨盘、磨棒，多以卵石为材料；磨制的石器有斧、锛、凿和断面呈六边形的长三角形的石簇；压制的石器有石叶、石镞、尖状石核等，多以燧石、玉髓石、玛瑙石为材料。

新乐的古代居民使用的生活用具是质地粗糙的陶器，绝大多数为夹砂红褐陶，泥质陶很少。陶器是手工制作的，火候较低，器型简单，主要有直口筒形深腹罐、鼓腹罐、斜口器和高足钵等。为了美观在陶器上装饰有花纹，主要是压印“之”字纹，少量压印弦文。“之”字纹多竖压些横带，少量为横竖间用的，另外还有两种以上纹饰组合的图案：有弦纹和之字纹、有之字纹和篦点弦纹的组合纹。

在新乐古代居民的遗物中最引人注目的是煤精制品，共有 120 多件，并成品和原材料则更多，煤精制品的造型有圆泡形、耳珰形、圆珠形、圆饼形、椭圆形等，造型复杂、工艺较高。对于这些煤精制品的用途，学者们众说纷纭，莫衷一是。有人认为是装饰品；有人则认为是娱乐品；也有人认为是与占卜等巫术活动有关的用品。这些煤精制品是我国迄今为止发现的最早煤精制品，从而使我国利用煤精制造工艺品的历史提早到 7000 多年以前。

在新乐遗址中，还出土了其他工艺制品，必须指出的是在 2 号房址中出土的炭化木雕鸟，这是一件木雕制品，它是被火烧炭化后保存下来的，长 38.5 厘米，宽 48 厘米，厚 6 厘米。由嘴、头、身、尾、柄五个部位组成，除了柄为一细木棒外，其他全身两侧面雕出相同的禽首雀，有人说是鹏鸟。木雕鸟的发现，表明这一氏族集团可能是以鸟为图腾。雕塑品中还有两件陶塑兽头，其中一个似猪，另一个是狗，这表明当时人们已开始饲养业。此外，出土的工艺品还有穿孔石串珠，骨簪等装饰品。

新乐遗址还发现了当时人们居住的房址，迄今为止在新乐遗址的下层发现了 12 座住房遗址，房子都是长方形，半地穴式，大小不一。大的房址一般长 9—10 米，宽 7—8 米；小的房址一般长 5 米，宽 4 米。室内中央有椭圆形凹境火塘，墙壁有柱洞，有的柱洞底部有不规则的卵石，柱洞的周围有的用沙填充加固，有的柱洞成倾斜角度，可能是戗柱。房址内有烧土面，这说明烧火取暖和生活用火都在房内。还在两座房址发现有门。

在新乐遗址内还发现了猪、羊、鹿的骨头和炭化的谷物（2 号房址内），经检测为黍类，此外还发现了植物果实遗骸，其中榛子、橡子和山里红，这些可能是当时人们采集的食物。

在新乐遗址下层文化遗址中，发现房址分布密集，每隔 3—5 米就有一座，在 50 平方米内就发现了 16 座，房址有大有小、小房是氏族成员的居住房，大房则是氏族成员的公共活动场所。从新乐遗址出土的遗物上，可以看到新乐人当时过着以农业生产为主的定居生活。

2. 小朱山遗址

小朱山遗址是1978年发掘的，位于辽宁省长海县广鹿岛中部吴家村西的小朱山东坡上，遗址面积南北长100米、东西宽50米。

小朱山遗址是由当地古代居民吃剩下的海贝壳遗物堆积而成的，年深日久遗弃的贝壳越多，堆积得越高，渐渐成丘，丘层中包含着当时人们的生活遗址。人们通常称这种文化堆积为贝丘遗址，又叫贝冢。

小朱山遗址分上、中、下三个文化层，在下层遗址中，房址为圆角方形半地穴式。规模较小，室内有红烧土硬面，没有发现柱洞。当时人们使用的陶器多为夹砂红褐陶，大都含有滑石粉，胎质较厚，手工制作，烧制的火候较高；陶器上饰纹主要是压印席纹和之字纹；器形多为直口筒形罐、侈口筒形罐和小口鼓腹罐。出土的石器多为打制的石英岩石片石器，有刮削器，尖状器和盘状器，这些石器都是用来切割和刮削动物的工具，打制的石器还有亚腰长条网坠、石球等。磨制的石器有：石斧、石刀、有沟网坠、石磨盘、石磨棒等。此外，在同一处文化层中，还出土了陶片、纺轮和骨锥等。出土的兽骨以鹿骨最多，其次是獐子和狗骨，没有发现猪骨。

小朱山遗址下层文化特点是：当时人们以渔猎经济为主，也有了一定的原始农业，已能纺线制衣，并开始了家畜饲养业。

在小朱山遗址中层文化层中，房址仍为圆角方形半地穴式，有的有门道。出土的陶器呈红褐色，器形为直口筒形罐，平底钵和少量实足鬶等，出土的石器分打制石器和磨制石器，其中以磨制石器居多数，此外，还出土了骨镞、陶刀、蚌刀和蚌镰等生产工具，以及大量的猪、狗骨骼。

小朱山遗址中层文化的特点是：原始农业比较进步，渔猎经济仍占有重要地位。

在小朱山遗址上层文化中，房址仍是圆角方形半地穴式，有柱洞，柱洞里有础石，居住面为烧红土。出土的陶器呈黑褐色，仍是手工制作。器形有直口筒形罐、鼓腹罐以及豆壶、碗、鼎、钵和三环足器等，陶器上的纹饰有堆纹和划纹。出土的石器以磨制为主，形制多样，有直背弧刃、双孔石刃、双斜肩厚体石斧、有段石锛和穿孔石铲等，出土的打制石器极少，主要有网坠、磨盘、磨棒。出土的农作物有粟。出土的兽骨以猪、狗为最多，此外，还有鹿、獐和鲸鱼骨。

小朱山遗址上层文化的特点是：以农业经济为主，渔猎经济仍占有一定的地位。

纵观小朱山文化，其下层文化和新乐文化有着密切的关系；其中层文化，从出土的实足鬶等可以看到是受大汶口文化的影响；其上层文化，从出土的三环足器等可以看到是受山东龙山文化影响的。但是不容置疑的是小朱山文化的主体仍然是东北地区的原始文化。

小朱山文化主体分布在辽东半岛黄海沿岸，小朱山遗址的上、中、下三个文化层分别代表了辽东半岛黄海沿岸地区从6000年至4000年间新石器时期早、中、晚三个时期文化特点。

3. 后洼遗址

后洼遗址，位于辽宁省东沟市马家店乡三家子村后洼屯东的台地上，面积达15000平方米。这是一处距今有6000多年的新石器时代的遗址。

1981—1984年，考古工作者对后洼遗址进行了发掘，出土的遗迹遗物非常丰富，遗址可分上下两层。

遗址的下层发现房址31座，都是半地穴式其中圆角方形大房址五座，每座面积约60平方米，是氏族公共活动场所，大房址周围分布着若干圆形小房址，每座面积约10平方米，是氏族成员居住的。出土的文化遗物有磨制的石器：斧、镐、锄、刀、磨盘、磨棒等；打制的石器：网坠、盘状器、刮削器等。陶器：压印席纹和“之”字形纹的筒形罐、鼓腹罐、壶、杯、碗、勺等，这些都是生产工具和生活用品。此外还出土了一批雕塑品，其中有用滑石雕塑的人像、猪、鸟和虎头形、鱼形、鸟形、猪头形、蝉形坠饰等。陶雕塑品有：人头、猪头和动物形。

遗址的上层发现房址12座，多为圆角方形半地穴式，大房址面积为50平方米，小房址面积为10平方米。出土的文化遗物有磨制的石器：斧、刀、锄、凿、镞、磨盘、磨棒等，打制的石器有：砍砸器、刮削器等；陶器有侈口深腹筒形罐、直口圆腹壶、折腹碗等。出土的雕塑品有滑石雕人头像、鸟头像和陶塑人头像等。

后洼遗址出土的滑石雕塑和陶塑的装饰艺术品，不仅具有很高的艺术价值，也反映了6000多年前生活在后洼遗址的古代居民的宗教意识。他们在当时生产力低、科学落后的条件下，对自然界的一些现象产生一种神秘感和敬畏心理，从而产生了对大自然的崇拜，把他们奉为神明，对之顶礼膜拜，祈求其保护和赐福。在后洼遗址出土的鸟类雕像中，有一件滑石雕刻的鸟人合一像，一面是人，另一面是鸟。这一雕像说明了人鸟之间的密切关系，鸟则是人的图腾崇拜物。大汶口文化、山东龙山文化，都出土了鸟形雕塑品和器物，这就说明了古代山东、辽东半岛和东北部地区的居民都是崇拜鸟的，甚至以鸟为图腾。这种图腾崇拜的一致性，反映了这些地区在古代文化上有密切的关系。

后洼遗址下层文化遗存和小朱山遗址下层文化层有很多相似之处，这说明后洼遗址和小朱山遗址有密切联系，从后洼遗址下层文化遗存中的石器工具是以磨制为主的，农业生产工具较多，可以认定后洼遗址上的古代居民是从事以农业为主的多种经济。

4. 左家山遗址

左家山遗址，位于吉林省农安县城东北约八里的伊通河二级阶地上，南距伊通河约 50 米，北距高家屯约 500 米，当地群众称左家山，故定名为左家山遗址。遗址高出河面约 20 米，南北长约 30 米，东西长约 40 米，总面积约 1200 平方米。1984 年春天，吉林大学考古专业师生对左家山遗址进行了发掘，发掘面积约 400 平方米，出土了一批陶器、石器、骨器和大量的蚌壳、鱼骨和动物骨骼等，同时发现房址一座，烧土遗迹两处，灰坑 20 个。

左家遗址的遗存分为四期，据放射性碳素断代，一期至四期的年代距今为 7000 年至 4800 年之间，属于新石器时代文化遗址。

一期遗存主要以砂质灰褐陶为主，也有少量的夹蚌黄褐陶，以及砂质红陶、砂质黑陶。陶器都是手工制作，表面磨光。纹饰多为刻划的菱形纹、弦纹、席纹、平行线纹和印压的“之”字纹、连点线纹、篦点“之”字纹等。器形种类简单，主要是筒形罐、也有少数的鼓腹罐和钵等。

二期遗存，陶器的陶质，纹饰和器形基本上和一期相同；不同的是发现了直口器和斜口器。出土的石器以磨制为主，也有少量是压制的，主要有石斧、石盘、石棒、石叶；骨器有锥、针、镞、矛以及棱形器等。发现的遗迹为 1 号房址，房址破坏较为严重，居住面不甚清楚。房址的平面呈方形，有 8 个柱洞。房址的西南部有门道、中部偏北有一瓢形灶，灶口向南。房址内出土的遗物有沙质灰褐陶器，陶器的饰纹多为划刻弦纹、席纹和压印“之”字纹等，以及骨针、骨锥和骨角料等。

三期遗存，出土的陶器，有沙质灰褐陶和夹蚌黄褐陶；饰纹以刻划“之”字纹和压印“之”字纹构成的组合纹饰为主，也有少量的带状篦点纹、波浪纹和附加堆纹等；器形主要是筒形的罐和钵。出土的石器有磨制的斧、锛、矛、镞、磨盘等，以及用石叶压制的小石钻，特别值得一提的是一件石灰岩质石龙，呈卷曲状，首尾衔接如璧，头上有凸起的五官，周身光滑无纹，背上有一孔，它与辽宁省新石器时代遗址出土的石龙极其相似，为研究龙的起源和演变提供了重要的实物。发现的遗迹有 3 个灰坑，其中 2 号灰坑坑口，呈长方形，直壁、平底，在近底处的西南角有一个生土二层台，上面有一束东西向的鹿骸骨。

四期遗存，出土的陶器以夹蚌黄褐陶为主，夹蚌灰褐陶次之，砂质陶数量较少。陶器为手工制作，器物表面未经打磨，器形主要为筒形罐、斜口器、杯、钵和带流器等，此外还有陶支架、陶纺轮、陶塑兽头等。陶器以素面陶为主，纹饰陶较少，器物的下身都不施纹饰，陶纹多为横向单一纹饰带和横向平行的复合纹饰带，主要有刻划的“人”字形纹、“之”字形纹、三角形内填斜线纹、网格纹，和戳压的鱼鳞纹、指甲纹、花边口沿等。出土的石器以磨制为主，其次是打制和雕琢石器，石器种类有斧、锤、杵、磨盘、磨棒、砺石、矛、镞、砸砍器和尖状器等。石料是沙岩、大理石、片麻石、页岩、花岗岩、泥岩和燧石岩等。出土的骨器和角器有：刀、锥、镞、凿、匕、铲、镖、笄，以及棱形器和刻纹骨等，使用的材料多为动物的长骨和鹿角被剁（锯）断，在半成器上残留着大量的劈裂、打磨和刮削的加工痕迹。发现的遗迹有灰坑 16 个，烧土遗迹两处。烧土遗迹中一处形状不规则，烧土面上有一个破碎的筒形罐，南侧有灰烬和蚌壳堆积，烧土面附近分布着几十个大小不等的柱洞。另一处呈椭圆形，北部面积较大，呈红色，为长期烧烤所致；南部的烧土面为块状，呈暗红色，硬面凹凸不平，上面有一层灰烬堆积，遗迹内不见遗物，可能是露天窑场残迹。

左家山遗址的一至三期文化遗存，是目前吉林省松花江流域发现较早的新石器文化。这一文化的发现，说明了早在 6000—7000 年以前松花江流域的左家山居民是过着定居的生活，这里农业经济占重要地位，也有一定的狩猎活动，左家山遗址出土的斜口器，和压印“之”字纹的陶器，和沈阳新乐下层文化相似，说明这一时期松花江流域和辽河流域的居民，有着密切的经济文化来往。

5. 新开流遗址

新开流遗址，位于黑龙江省密山县兴凯湖和小兴凯湖之间的新开流河的东面的湖岗上，遗址面积为 24000 平方米。新开流遗址分上下两层，据放射性碳素断代，遗址下层年代距今为 6000 年，是新石器时代文化遗址。

1972年考古工作者对新开流遗址进行了发掘，在下层遗存中发现了10座大型鱼窖和一座土坑墓。鱼窖有圆形和椭圆形两种，窖内下部堆满了鱼骨，上部填充土，这在其他新石器文化遗址中是没有的。经鉴定鱼骨为鲢鱼、鲶鱼、鲤鱼、青鱼和鳖类的骨骼。出土的遗物中，渔猎工具较多，又以细石器居多数，其中三角形圆底镞、柳叶形凹底镞、有柄圆头刮削器、鸟喙形尖状器是其特征性器物。出土的骨器、角器和牙器种类繁多，其中有鱼镖、鱼叉、鱼卡、针、锥、投枪头、刀柄、匕、镞等。这些渔猎工具，充分地显示了新开流遗址的古代居民们的渔猎经济的特点。出土的陶器只有罐、钵两类，为夹砂灰褐陶和黄褐色陶。陶器上的装饰花纹刻划得很深，有菱形纹、三角纹、短竖线纹、折线纹以及拍印的三角纹、方格纹和鱼鳞纹等。土坑墓的尸骨已腐朽，墓中随葬品有凹底石镞、玉饰件等。在遗址的上层遗存中，发现了3座土坑墓葬，墓坑比较集中，排列整齐有序。墓葬分一次葬和二次葬，以二次葬最多。一次葬都是单人葬，二次葬有单人葬和多人合葬，还有将二次葬附于一次葬旁边的现象，葬式以单人仰身直肢葬居多，也有屈肢葬。墓葬中的随葬品多少不等，多数墓葬中只有一至二件陶罐或少量的石器，有些墓葬还没有随葬品。只有6号墓中的随葬品极其丰富：有斧、凿、镞、鱼叉、鱼镖、鱼网坠和投枪头等生产工具；有针、锥、匕、笄等生活用品。墓的主人显然是母系氏族部落中一位地位崇高的人物，这些随葬品中有陶器、石器和骨器。随葬品中发现一位骨雕的鹰首和一件角雕的鱼形饰物，造型生动、栩栩如生。上层出土的陶器以夹砂灰褐陶最多，也有少量的泥质红陶、烧制的火候较高，质地坚硬，器形比较单一，只有钵和罐。

在新开流遗址的上、下两层遗存中，都出土了狍、鹿、狗、獾、狼和野猪等动物骨骼。两层遗存中的石器和陶器也都相同，这说明它们属于同一文化。这一文化向我们展示了6000多年前新开流地区的居民生活，是以捕鱼为主，狩猎和农业为辅的定居生活，他们是兴凯湖畔的早期渔民。

6000多年前，北起黑龙江下游、南到兴凯湖畔，西起松花江下游，东到日本海的广大地区，都属于新开流文化区。

6. 昂昂溪遗址

昂昂溪遗址，位于黑龙江省齐齐哈尔市西南郊区的昂昂溪，故以昂昂溪命名，属于新石器文化时代遗址。

1928 年、1930 年在昂昂溪发掘两座新石器时代墓葬。后来，又在这里进行过多次调查、采集和发掘，出土一批石器、陶器和骨器。

昂昂溪遗址发掘的两座墓葬都是土坑墓，其中一座为男性，另一座为女性。在男性墓中随葬的多为渔猎工具，有骨枪头、骨鱼标等；在女性墓葬中随葬的多为刮削切割工具，这说明生活在昂昂溪遗址上的古代居民已有明确的劳动分工。

在遗址中出土了许多细石器，加工精细，有三角形凹底和平底石镞、长条形石片、石叶等，磨制石器较少。出土的陶器种类单一，只有小口罐和带流钵两种，陶器的纹饰有三角形刻划纹和附加堆纹。出土的骨器很多，主要有带倒刺的枪头、镶嵌细小石刀的带槽刀柄、骨锥、骨鱼镖和穿孔骨器。

从昂昂溪出土的遗物，考古学家们认定昂昂溪遗址的先民们过着以渔猎为主的经济生活，属于母系氏族时期。

7. 铜钵好赉文化

铜钵好赉文化，属新石器时代文化，是以发掘的铜钵好赉遗址和墓葬为代表而命名的。

铜钵好赉遗址，位于黑龙江省新巴尔虎左旗铜钵庙北的一条干涸了的古河道的西侧，现在这儿是一片荒滩，在 6000 年前，这里却是水草丰美、鲜花遍野、禽兽众多的大草原，是古人生存繁息的理想地方。

遗址的面积较大，在遗址上发现了一些古墓葬，考古工作者对其中的 7 座墓葬进行了发掘。都是土坑墓，墓葬排列没有固定方向，一般是直肢葬，墓葬中随葬品极少；没有发现石器和陶器，仅在骨架的胸部放有数量不等的河蚌，这表明当时尚无贫富分化。

在铜钵好赉遗址中出土了很多石器，是用玛瑙、石髓、石英、蛋白石、黑曜石制作，其中以压制石器居多，有石叶、石镞、圆锥形和圆柱形石核、长形刮削器、圆头刮削器和石核刮削器等；其次是打制石器，有敲砸器、盘状器等；磨制的石器较少，如石盘等。遗址中还出土了少量的夹砂黄褐陶片，很厚，上边没有装饰的花纹。陶片的出土表明呼伦贝尔地区的古代居民已经进入了新石器时代。从遗址中出土的遗物上看，这里已经有了原始的农业，大约距今已有 6000 年的历史了。

8. 牛河梁遗址

牛河梁遗址是新石器时代红山文化遗址，全国重点文物保护单位，位于辽宁省建平县与凌源县两县交界的山梁上，因山梁为牛河之源头，故称牛河梁。

1983年，考古工作者开始在这里进行调查和发掘，已发现有女神庙、积石冢群、“金字塔”式巨型建筑遗存以及精美的玉器、陶器、石器等文化遗存。

女神庙坐落在牛河梁北山山顶上，山顶上有广场、平台，南北长约175米，东西长约159米，平台边缘砌有石墙，平台南侧为女神庙。从庙址上看，女神庙是由一个多室和一个单室两组建筑组成。多室南北长达18.4米，东西宽为6.9米，由一个主室和几个相连的侧室和前后室组成；单室在南为附属建筑，长6米，宽2.65米。庙的顶盖和墙，都是用木架草筋、内外敷泥，还在表面压光后画上彩绘。目前仅发掘了一部分，出土了很多泥像的残块，大约分属于6个个体，其中最小的和真人一般大小，主室出土的人像的鼻子、耳朵，相当于真人鼻子、耳朵的三倍，最难能可贵的是出土了一尊较完整的女神头像，头像塑造的比例准确，生动细腻，是典型的蒙古人种，头像运用圆雕技术，在写实的基础上加上大胆的夸张，头像眼睛的处理更是别具匠心，用黑色珠玉镶嵌，有神有光，更具神韵，是难得的雕塑佳品。出土的其他泥塑人体的上臂、手、乳房、耳、鼻等部位，以及其他物件，无一不是精美绝伦的艺术精品。

在女神庙周围环列着20多处积石冢，这些积石冢与猪头山峰相呼应，形成一个互为联系的祭祀建筑群。积石冢一般长、宽约20米，有方形的，有圆形的，有的冢外砌有石场，或围有石桩，冢内有大小棺墓葬，石棺用石板，或石块砌成长方形，以石封顶，但是各自的形制、构造以及性质完全不同。如2号冢群的中心大墓就是一座大型石椁墓，平顶，像一石砌方台，边长3.6米，方台中部为长方形椁室，长2.21米，宽0.85米，高0.5米，由于早年被盗，仅存一段人骨、少量红陶片和牛、猪骨骼。另一个中心大墓，葬的是一位男性，随葬品十分丰富，出土的有大玉环，勾云形玉珮、玉龟、玉镯等玉器。除大型墓外，还有不少小型墓，环列在大型墓边，这些墓葬有一次葬，也有二次葬，有的随葬少量的玉器，也有的没有随葬品。从随葬的多少，可以看出墓主生前的地位有明显的差别，说明当时氏族成员的等级分化已经十分明显和严格了。

在牛河梁遗址上，有一“金字塔”式巨型建筑，外包巨石，内面围砌成规整的圆形，直径近 60 米，中心为人工夯筑的土丘，直径近 40 米，高 25 米，整个范围大约近 10000 平方米。

牛河梁遗址上的“女神庙”、积石冢群、“金字塔”式巨型建筑的遗存，以及大量的具有礼仪性质的玉器的发现，不仅表明了红山文化时期的生产力已达到相当高的水平，私有制已经产生，而且可能产生凌驾于氏族公社之上的社会组织形式。所以，牛河梁遗址的发现，对探索中华文明的起源和研究原始宗教的起源都提供了重要的真实的资料。也正因为如此，红山文化才被誉为 5000 年前的文明曙光。

9. 东山嘴遗址

东山嘴遗址，位于辽宁省喀左县城东南约 4 公里的大凌河西岸黄土山梁顶部的台地上，长约 60 米，宽约 40 米，据放射性碳素断代并经校正，年代约为公元前 3500 年，属于新石器时代红山文化遗址。

1979—1982 年，考古工作者对东山嘴遗址进行了发掘，这是我国新石器时代考古中首次发现的大型石砌祭祀建筑群遗址。这个祭祀建筑群基址，几乎占据了整个东山嘴遗址。其建筑布局按南、北中轴分布，有中心，有两翼，讲究对称，注重对应。中心部分是座大型方形基址，东西长 11.8 米，南北宽 9.5 米，基址的四边是用加工过的石块砌成的墙基，基址内竖立着三堆长条石块，基址内出土的遗物有双龙玉璜、石弹丸和陶片等。两翼分南北两部分，北部是用加工过的长条石砌成的两道南北走向的互相对称的石墙基，石墙基内有大块的半卧的石块，和红烧土面，石墙基外堆着大面积的石块。南部现存着东西两堆石块，其中东侧的石堆形成一条长 11 米，宽 2 米的石带。从南北两翼的建筑布局和石块排列状况看，应为互相对称的建筑遗迹。基址的前端为圆形台址和多圆形石砌基址，圆形台址距方形基址南墙 15 米，直径为 2.5 米，周围用石片镶边，石圈内铺着大小相近的河卵石。多圆形石基址在圆形台址南约 4 米，可以分辨出是三个直径约为 3 米的相连的圆形基址，用单层石块砌成，石圈用小石块铺成石台面，在石圈的周围出土了几个妇女陶塑像。

陶塑人像多为人的肢体部分，未见头部，都是用红色泥塑的，计有二十多件。可以看出形体的有两种：其中一种是两件小型的孕妇塑像，女性特征明显：腹部凸起，臀部肥大，左臂弯曲着，左手贴在上腹部，塑像体高约 5 厘米，头和臂已残缺，裸体，塑像造型表现出的孕妇体态自然。另一种为大型人物塑像的上身和下身各一块，从这两部分的形态可以看出是盘膝而坐的姿势，塑像的大小相当于真人的1/2。在石圈形台址附近，还出土了同样姿态的其他陶塑人的上、下身残块，据分析这可能是在当时的特定环境下的一种特定姿态。

在遗址中还出土了红山文化常见的陶器、石器和玉器。出土的陶器造型奇特，如镂孔塔形器等；石器有小型饰件，如鸮形绿松石饰；玉器十分精致，如双龙首璜形玉饰。这些陶器、石器和玉器都不是日常生活用品，可见这里是祭祀用的场所，是要耗费大量劳动力的，一个氏族，或者是一个部落，都是难以完成的。所以它可能是几个氏族或部落联盟共用的祭祀场所。它标志着当时东山嘴地区的古代居民的生活已经进入一个崭新的历史时代。

10. 大六道沟遗址

大六道沟遗址，位于吉林省珲春市春化乡大六道沟村东南珲春河右岸南团山顶部，南团山是一座东西长约180米，南北宽约14米，相对高度约20米的小山丘，东南和西北各有一个伸出的山脚，大六道沟遗址的遗存就分布在这两个山脚的顶部。

1972—1973年，吉林省博物馆在这里进行两次发掘，发现并清理居住址7处、窑地2处，出土了一批石器和陶器。

在西北山脚的顶部发现和清理了7座房址，其中北面一排自西向东5座，南面1座较完整，东面1座破坏严重。房址间距约3米，房址为浅穴式，穴深为0.3—0.5米；分别为正方形、长方形和不规则圆形三种。正方形的边长为4米多，长方形的长边约7米，短边约5米。北面和南面房址的四角有较深的柱窝，有的半嵌入穴壁内；东面房址的居住面中部有圆形柱洞。房址中有两处以上的“篝火”式烧土痕，有的烧土痕近处有二至三块石头。发现和清理窑址两处。其中一处形制较清晰，是从地面下挖成椭圆形浅穴，在穴的西壁掏成一个半球形横凹窝，没有窑箪，是相当于原始的陶窑。另一处因破坏严重，形制不清，仅见成堆的炭块、碎陶片和灰烬。

出土的器物有石器、陶器、骨器和桦皮器。石器分打制、压制和琢制3种，其中打制的石器有斧、矛、镐、镞、砍伐器、刮削器和网坠等，石料为凝灰岩和砾石；压制的石器有刮削器、尖状器和带使用痕迹的形状不规则的小石片，石料为黑曜石；琢制的石器为磨盘；同时出土的还有几件用燧石和流纹岩制作的细石器，其中有一件是楔状石核。出土的陶器以夹砂红褐陶和亚红陶为主，都是手工制作，器表多经磨光，亚红陶的器面为磨光，火候较低。陶器都是平底大口器，有直壁筒形瓮、罐、杯、敞口碗和浅腹钵。瓮和罐的上腹两侧有对称的器耳，形状分瘤状和短舌状两种。陶器以素面为主，在一件小碗和部分陶片上见有刻划纹，纹样有席花形、叶脉形和人字形等平行线纹，也有枣核状浅凹窝纹。

在东南山脚顶部，清理了一个居住面，中间有直径约1米的“篝火”址，周围出土了打制石矛、石镞、石网坠和很多黑曜石片，其中部分石片有使用过的痕迹。出土的陶器都是碎片，手工制作，火候较低。器形是直唇的小罐、碗、钵、杯类器物，无大型陶器，多为素面的夹砂红褐陶和带有刻划和压印纹饰的夹砂褐陶。刻划纹主要是平行线、枣核状狭长凹窝和“人”字形，压印纹有横向密排的浅凹点纹。

大六道沟遗址中，东南山脚居住面较早，居民主要以渔猎经济为主，西北山脚的六座房址和窑址的时间早晚，反映出当时居民的经济生活水平较前进步，过着以农业生活为主的定居生活。但是这早、晚两期遗存，属于同一文化类型，所处的时代为新石器时代。

二　先秦的东北族群

在夏、商、周三代和春秋战国之时，生活在东北大地上的族群，大多数处于原始社会的不同历史阶段上，但是居住在环渤海湾和黄海岸边的东北地区的族群，紧步中原华夏民族的后尘，在4000年前，已先后进入了青铜器时代。他们虽然大多数像天上的流星，在历史上匆匆而过，没有留下自己的族名，但是他们在东北大地上生活的遗迹随处可见，他们留下的生活遗物也是随处可寻的。当然，在先秦时代的东北族群中，也并不是都没有留下族名，箕氏朝鲜、肃慎、东胡、秽貊等族群的名字还是赫然地写在中华民族史册上的。

1. 庙后山文化

考古工作者在辽宁省东部山区发现了多处洞穴遗址，洞穴内有烧火居住的遗迹和使用过的陶器残片，有的洞穴里还发现了古墓。这是一支习惯于在洞穴内生活的古老的族群的遗存。以本溪县山城子乡庙后山上的考古发现最有代表性，故称作庙后山文化。

考古工作者在辽宁省本溪县山城子乡庙后山上出现了3个洞穴，洞穴内都有墓葬，其中一个洞穴内竟有古墓多达11座。经清理发现：葬式有仰身葬、火葬和二次葬，在火葬墓中的骨灰上，多压有薄石片，有的墓用不规则的石块砌成长方形的墓坑。在另一个洞穴内发现了12座互相交错叠压的墓葬，其中有两座为火葬墓。

考古工作者发现，每座墓内都有多少不等的随葬品，多的10件，少的1—2件。随葬的陶器多是专为殉葬特制的明器（仿制实用器的陶器），男性墓中多葬有石斧、石锛；女性墓中除随葬陶器外，还有石纺轮，这说明当时这个部族男女已有了劳动分工。随葬的陶器有壶、罐、碗、钵等，没有发现三足陶器，在壶的腹部全凿有供灵魂出入的圆孔。有的葬中还有随葬的猪和鹿的骨骼，说明这个部族也有养猪业。

这里人们使用的陶器都是夹砂红褐陶，用手工制作，陶器上多数都没有纹饰，只有少数陶器上有纹饰，为刻划纹、水波纹和圆点纹。陶器上多带耳，有桥状耳、竖板状耳、乳丁耳和方板状耳。壶的底部多有圈足，罐的颈部多为直口。

随葬的石器多为磨制的，也有少量是打制的，个别墓葬中还有骨器。

经考古工作者考证，庙后山文化距今已有3300多年了。

2. 西团山文化

相当于西周初期，在吉林省吉林地区生活着一支古老的族群，他们在以吉林市为中心包括其周围地区，留下了很多遗址，和排列整齐的古墓群。

考古工作者在吉林市郊区西团山遗址发现了这支古老的族群留下的众多遗迹，从中可以看到这支部族在公元前1000年时的生活和风俗习惯以及文化面貌，故称为西团山文化。

3000年前西团山人住在江河岸边的山坡上，顺着山势修建长方形半地穴式的房子，上坡面以坑壁为墙，下坡面用石块垒砌为墙。为了防潮，屋内地面多经过火烧。他们使用的生产工具，主要是磨制的石器，种类很多，有斧、锛、凿等手工工具；有锄、石刀、石铲等农业生产工具；有石矛、石镞、石剑、环状石器等武器。这个部族最具特征的工具是长大的半月形的穿孔石刀、打制的亚腰石锄和环状石器，青铜制器中工具较多，有小刀、锥、斧和凿等；矛、剑和镞较少。矛分为直刃和曲刃两种，前者接近中原式矛，后者与曲刃青铜短剑相近。陶器均为夹砂红褐陶，采用泥条盘筑法制作，器表多经刮磨，罕见纹饰，有罐、鬲、单孔甑、筒型杯、长颈圆腹壶等。

西团山文化的古墓群，都是有规律地排列在较高的山坡上，用石块或石板砌成石棺，用石板做棺盖。有的墓还多修出一个盛放随葬陶器的副棺，随葬品也都是按照一定的习俗摆放的，装饰品如白石管、猪牙等都放在头和胸附近；石斧、石刀、网坠等工具，都放在腰部和腿部；陶罐、陶壶、陶碗多放在脚下或副棺内。多数墓里都葬有猪的颌骨和牙齿。在随葬器物上，男性多为镞、斧、武器；女性多为陶纺轮和石刀，没有石镞。这说明在当时的生产和生活中，男、女已经有了明确的分工。从出土的这些生产工具来看，这支古老的部族除了原始的锄耕农业外，家畜饲养和渔猎仍然在他们的生活中占有一定的地位。

3. 白金宝文化

在距今 3000 年左右，以嫩江中下游和松花江中上游为中心的松嫩平原上，生活着一支强大且古老的族群，考古工作者在黑龙江省肇原县白金宝发现了这支古老族群的大量文化遗存，故称为白金宝文化。

考古工作者从白金宝遗址出土的大量石器、陶器、蚌器、骨器和青铜器在内的文物，科学地描述了当时这支古老族群的生活和生产的情况。他们住在长方形半地穴式的房子里，房门朝东南方向，进门有一条斜坡门道。房子中央有椭圆形的灶坑，既能供人们做饭，又能供人们取暖，说明这支古老的部族已经过着定居的生活。他们使用的陶器，全是手工制作的，主要是黄褐色和灰褐色夹砂陶，烧制的火候较高。质地坚硬，种类很多，并饰以多种纹饰。他们使用的陶器中比较有代表性的是，在口沿上装饰着锯齿形细泥条的直口筒腹鬲和筒形深腹罐。用仿桦树皮来装饰陶器，在陶器身上用划纹表示树皮的接缝，用锥刺纹表示接合桦树皮的针迹，不仅表现了陶器的地方特色，又反映了这支古老族群的艺术情操和审美观点。在陶器上的仿羊纹饰和牌饰上的动物形态，说明这支古老的族群已经从事畜牧业生产；陶器上的纹饰还有仿商周青铜器的蝉纹和回纹，标志着这支古老的族群已经受到中原文化的影响；陶纺轮的出土，反映了这支古老的族群已经掌握了早期的纺织技术。

白金宝文化居民的生产工具不仅有石器，还有许多蚌器和骨器，如蚌镰、蚌刀、蚌镞、骨鱼镖、骨镰、骨矛等，这些生产工具的出土，说明这支古老族群的农业生产已经达到一定的水平。同时，渔猎和畜牧业也是他们生活中必不可少的经济活动。

白金宝遗址出土镞和剑柄的铜范，雄辩地说明了这支古老的族群已经跨进了青铜时代。

从白金宝文化居民的墓葬中看到，多是一男一女的合葬墓，也发现了一个中年男性和两个青年女性的合葬墓，这表明这支古老的族群已经进入了一夫一妻制的父系氏族社会。

从白金宝遗址出土的遗物遗迹中，可以看到这支古老的族群在保持着自己固有的地域性特点的同时，也和中原文化发生了联系并受到其影响，从而推进了松嫩平原原始文化的发展。

先秦时代，在广袤的东北大地上，除了上述一些没有留下名字的古老族群外，还有一些族群已载入史册。

1. 孤竹国

《括地志》："孤竹故城在平州卢龙县南十二里，殷时诸侯孤竹国也，姓墨胎氏。"

《吕氏春秋·诚廉篇》："昔周之将兴也，有士二人，处于孤竹，曰伯夷叔齐。二人相谓曰：'道者，今吾奚为乎此哉！'二者西行如周，至于岐阳，则文王已殁矣。"

《通典·州郡八·冀州上》："营州（今柳城县），殷时为孤竹国地。春秋时，地属山戎。战国时，属燕。秦并天下，属辽西郡。两汉及晋皆因之。慕容皝以柳城之北，龙山之南，所谓福德之地也，乃营制宫庙，改柳城为龙城，遂迁都为龙城，号新宫曰和龙宫。"

综上所述，商朝对边远地区的一些族群采取分封办法进行统治，在河北北部和辽宁西部地区有一位孤竹侯，就是"殷时孤竹国也，姓墨胎氏"。[①] 据史书记载，孤竹国的疆域在今河北的迁安卢龙县，沿渤海北岸，东到辽宁省兴城市，北经朝阳市直达北票县。

在辽宁的一些地方志书中也有关于孤竹国的记载："宁远州、金汤、海阳，商孤竹国地。"[②] 现在朝阳市南还有一地名叫"孤竹营子"，这里很可能就是孤竹国人民居住过的地方。中华人民共和国成立以来，在辽宁省的兴城市、朝阳市周围，特别是在大凌河上游的喀左县、先后出土了许多窖藏商周时期的青铜器，经专家们认定，这反映了商周文化在辽宁西部地区的兴盛情况，这也和孤竹国人民在这一地区的活动是分不开的。

---

① （唐）李泰：《括地志》。

② 《锦州府志》。

早在殷朝末年和西周初年，孤竹国就出了两位有名的贤人，他们的道德行为使孤竹国这个鲜为人知的小诸侯国在中华民族的历史上大放光彩。据《史记·伯夷叔齐列传》记载，孤竹国的这两位贤人是一乳同族亲兄弟，哥哥叫伯夷，弟弟叫叔齐，是孤竹国国君墨胎初的儿子。墨胎初临死前欲立小儿子叔齐为国君，他死后，叔齐认为伯夷是长子，当立，便让位给伯夷。伯夷则以立叔齐是父亲生前的遗嘱，不可违，便婉言拒绝了。叔齐认为自己是少子，不当立，也躲开了。于是国人立墨胎初的中子为国君。伯夷叔齐听说周文王敬老惜贫，招贤纳士，便一起去投奔周文王。后来，周文王死了，他的儿子周武王举兵讨伐商纣王，伯夷和叔齐认为周武王伐纣的行为，是以臣犯君，以下犯上，是不道德的。于是他们就到周武王军前叩马面谏，请求周武王停止伐纣的军事行动，结果没有被采纳。周武王灭掉商朝后，伯夷和叔齐为了保持自己忠于商朝的气节，发誓不吃周朝的禄米，隐居在首阳山，采薇而食，结果饿死山中。

《太平寰宇记》中引了《郁图经》中的一个故事说：汉灵帝时，辽西太守廉翻夜里做了一个梦，梦见一个人对他说："我是孤竹君之子，伯夷的弟弟，我的棺椁被辽海冲走了，听说你为人仁义，乐善好施，拜托你将我的棺椁掩埋起来。"第二天廉翻差人去海边看看，果然有一副棺椁漂浮在岸边。廉翻派人把棺椁捞上岸，重新改葬，并为之立祠。这件事《搜神记》记载说："汉不其县有孤竹城，灵帝光和元年，辽西人见辽水（今辽宁省浑河）中有浮棺，欲砍破之，棺中人语曰：'我是周伯夷之弟孤竹君也，海水坏我棺椁，是以漂流，汝砍我何为。'人惧不敢砍，因为立庙祠祀。"人死不能复言，但可以反证孤竹国是实有其国的，且位于辽宁西部。

2. 肃慎

东北族群中最早见于史册的，当属肃慎族，早在虞舜之时，肃慎族就和中原族群发生了联系。

《史记·帝王本纪第一》："方五千里，至于荒服。南抚交趾、北发，西戎、折枝、渠廋、氐、羌，北山戎、发、息慎、东长、鸟夷：四海之内，咸戴帝之功。"郑玄注释曰："息慎，或谓之肃慎，东北夷。"

《淮南子·原道训》："昔舜能理三苗，朝羽民，徙裸国，纳肃慎，未发号施令而移风易俗者。"

这些记载说明了，在遥远的神话传说时代，肃慎人就和中原族群的首领有了往来。

到了周初和春秋时期，在史册上肃慎的名字更是屡见不鲜。

《竹书纪年·周纪篇一》：“（周武王）十五年，肃慎氏来宾……（成王）九年，肃慎氏来朝、王使荣伯，锡肃慎之命。”

《尚书·序篇》：“成王既伐东夷，肃慎来贺。王俾荣伯，作贿肃慎之命。”

《逸周书·王会解》：“王使詹桓辞于晋曰，肃慎、燕、亳、吾北土也。”

这些记载向人们昭示了在西周初年，成王讨伐东夷取胜时，肃慎曾派使臣前来祝贺，成王命荣伯给肃慎的首领写了一封热情洋溢的感谢信。肃慎曾向周王进献当地的土特产楛矢名砮和四不象等动物。春秋时期，周王曾明确地向晋侯表示过肃慎和燕、亳一样都是周朝的疆土，可见，当是时，肃慎已归服周王朝，成为周王朝的北疆。

《国语·鲁语下》记载了这样一件有趣的故事：孔夫子在周游列国时，来到了陈国，住在馆驿中。这一天，忽然有一只大鸟从空中掉下来，死在陈侯的院子里，人们拾起大鸟一看，原来是被一支长一尺八寸的石镞箭射死的，当时人们都不知道这支石镞箭来自何方。陈惠公就让人带上大鸟和石镞箭到馆驿去请教孔子。孔夫子接过大鸟和石镞箭看了看，向来人解释说：“这只大鸟来得可不近啊！是从北方肃慎那里飞来的，这支箭就是有名的肃慎人朝贡天子的楛矢名砮。说来话长了，早在周武王灭了商纣王，平定了四方的九夷百蛮，让九夷百蛮各带本地的土产品和名产品前来朝贡，祝贺周王朝的胜利。当时北方的肃慎带来的就是这种楛矢名砮，其长一尺八寸。周武王为了让后人们了解自己的文治武功，让后人们永远记住这些光辉的业绩，曾在箭杆上刻上‘肃慎氏之贡矢’六个字，然后把这些楛矢名砮分赐给皇室、亲戚和功臣们，当时你们陈家也曾得到了。古人讲究礼节，把珍贵的东西分给本家，表示亲近的意思，把远方的贡品分给异姓功臣，让他们时刻牢记自己应尽的义务，所以当时陈侯也得到肃慎进贡的楛矢名砮，你回去让惠公派人到府库里去找一找，一定能找到这种楛矢名砮。”来人回去以后，把孔子的话向陈惠公学说一遍。陈惠公立即让人去府库里查找，果真找到了，是装在一个包金的匣子里，和射杀大鸟的楛矢名砮一模一样，一点也不错，正像孔夫子说的，上边还刻有“肃慎氏之贡矢”六个字。这个故事和史书上记载的肃慎向周王进贡楛矢名砮相印证，进一步地说明了周朝初年，肃慎族和周王朝建立了密切的关系，谙熟历史掌故的孔夫子对此则记得滚瓜烂熟，所以事隔几百年后，讲出来竟分毫不差。

肃慎人生活在长白山以北的牡丹江中游地区。

《山海经·大荒北经》上说："大荒之中，有山名曰不咸山，有肃慎氏之国。"晋人郭璞注释曰："今肃慎国去辽东三千余里……《后汉书》所谓挹娄国也。"

《晋书·四夷传》载："肃慎氏在不咸山北。"不咸山即今之长白山。按：晋时里小，三千里相当于今二千多里。晋时辽东治所即今辽宁省辽阳市，从辽阳往东北二千余里恰是长白山北，牡丹江中游一带。

借助考古发掘的材料，大致可以了解到300年前的肃慎人的生活情况。考古工作者在黑龙江省宁安县镜泊湖东南的莺歌岭上发现了距今3000多年的文化遗址，从地理位置和所处时代来看，很可能是肃慎人的古文化遗存。莺歌岭遗址出土有用青石磨成的石镞，和晋郭璞在《山海经》注释中说到的肃慎人"青石为镝"的记载，两相印证，这无疑就是孔夫子讲到的那种"楛矢名砮"了。从莺歌岭遗址上清理出的用石头砌墙的半地穴式房址，出土了大量的磨制石器，有斧、锛、刀、凿、矛、磨盘、磨棒等；压制石器，有镞、刮削器、切割器等，出土的骨器较多，有锥、针、簪、匕、镞、凿、鱼钩、枪头、甲片等，出土的陶器种类很多，有罐、碗、杯、盅，特别值得提出的是，还有乳丁状小纽，深腹罐和齿状花边口沿罐等，都是手工制作。还出土了一些陶塑的狗、猪、熊等动物，这说明了当时的制陶技术已有了很大的提高。从考古发掘的实物可以看出，当时肃慎人已经过着定居的生活，以渔猎为主要谋生手段，已有了早期农业活动。从出土的陶釜和陶甑等生活器皿来看，这种当时中原用的炊事用具相似，而出土的直背刀和长方形穿孔石刀，也与中原地区使用过的同样的收割工具相同，可见肃慎人受中原文化影响之深了。

3. 东胡

东胡是生活在我国东北西部地区各有名号的大小族群的总称，汉代服虔在为《史记·匈奴列传》作注时说："东胡乌丸之先，后为鲜卑，在匈奴东，故曰东胡。"又称作土方或屠何，早在商周之际，就已出现在北方边境一带。关于东胡的居住地区，《山海经·海内西经》上说："东胡在大泽东。"《史记·匈奴列传》说：东胡"与匈奴间，中有弃地，莫居，千余里，各居其边为瓯脱”。韦昭注释曰：瓯脱，“界上屯守处”。意为在匈奴和东胡之间有一片一千余里的无人居住的地方。匈奴人生活在蒙古高原，而蒙古高原东边的大泽，则有达赍湖和达来诺尔湖等，而这些湖泊中最大的当为达赍湖。又达赍湖的东边有呼伦贝尔大草原，恰和《史记·匈奴列传》中所说的千里无人居住的地方相吻合，由此可以断定，东胡人曾生活在今呼伦贝尔盟及大兴安岭山脉一带，过着靠山吃山靠水吃水的渔猎和游牧生活。

春秋时期，东胡和山戎一起向南游动，直抵燕国的北方一带，与燕国为邻，诚如《史记·匈奴列传》所说：“燕北有东胡。”过着“各分散居溪谷，自有君长，往往而聚者百有余戎，然莫能相一”。可见，当时的东胡已成为拥有许多民族的强大力量，给燕国造成一定的威胁，但是当时的东胡还处于分散的状态，没有形成统一的强大部落联盟，所以在齐桓公高举“尊王攘夷”大旗的救燕战争中，东胡军和齐国的军队一接触，就被齐桓公打得大败，齐国取得了“破屠何而骑寇始服”[①] 的巨大胜利。

战国时期，东胡在频繁的对外掠夺战争中，逐渐地统一起来，并形成了强大的部落联盟，活动在西起今辽河上游，东到辽宁朝阳、锦州、大连一带，给燕国造成了极大的压力。燕国为了缓和和摆脱东胡的威胁，不得不把大将秦开送到东胡作人质，并得到了东胡的信任，从而了解和掌握了东胡内部的虚实情况和动向，便乘机逃回燕国，领兵偷袭东胡，大破之，把东胡赶出千里之外。“燕有贤将秦开，为质于胡，胡甚信之，归而袭破走东胡，东胡却千余里。”[②] 夺取了辽西和辽东地区。燕国虽然打败了东胡，但是，为了防止东胡势力死灰复燃，不得不采取有效措施，“筑长城，自造阳至襄平，置上谷、渔阳、右北平、辽西、辽东郡以拒胡”[③]，加强对东胡的防御工作。东胡被燕打败后，向北退却千余里，又回到了大兴安岭的深山密林之中。

4. 秽貊

秽貊是我国东北地区的一个古老民族。早在西周和春秋战国时，秽貊就和中原的华夏政权发生了关系，使者往返不断，在史书上屡见不鲜。

---

① 《管子·小匡篇》。

② 《史记·匈奴列传》。

③ 同上。

《逸周书·职方解》记载说：“职方氏掌天下之图，辩其邦国都鄙、四夷八蛮、七闽、九貉、五戎、六狄之人民。”

《诗经·大雅·韩奕》写道：“王锡韩侯，其追其貊，奄受北国。”

《管子·小匡篇》曰：“桓公北至于孤竹、山戎、秽貊。”

《大戴礼记·礼蔡第四十六》：“汤武置天下于仁义礼乐，而德泽洽禽兽草木，广育被蛮、貊、四夷，累子孙十余世，历年久五六百岁，此天下之所共闻也。”

《左传》昭公九年：“王使詹桓辞于晋曰：肃慎、燕、亳，吾北土也。”

上述史书中记载的貊、貉、亳都是指秽貊，秽貊即貊人的复称，历史上的扶余（也作夫余）和高句丽族源，都出于秽貊。

秽貊的居住地在东北的东北方。

《山海经·海外西经》记载说：“肃慎之国在白民北。”白民即亳人也，是为貊人或秽貊的异称。也就是说秽貊居住地位于肃慎之南。

《山海经·海内西经》又说：“夷人在东胡东。”晋郭璞注释说：“今扶余国即秽貊故地，在长城北，去玄菟千里，出名马、赤玉貂皮，大珠如酸枣也。”夷人即指白民或秽貊，也就是说秽貊居住在东胡之东。

由上述可见，秽貊的居住地当在肃慎之南和东胡之东相交之处，即今东北地区的中部和南部地区，秽貊人中的一支曾到了小兴安岭以南的松嫩平原一带。

西周时期，秽貊人的经济以渔猎为主，由于西周初年大量殷人的流入和箕子率部众“教以礼仪，田蚕，又制八条之教”。[①] 秽貊人中逐渐出现了农业活动和畜牧业，并逐渐发展起来，尤其是养猪业。当时，秽貊已经和中原的华夏政权有一定的联系，《逸周书·王会解》中曾记载有秽貊人在周成王时派使臣出使西周，并进献贡物前儿：“稷慎大麈、秽人前儿——前儿若猕猴，立行，声似小儿。”可以断言地说秽貊和肃慎一样，臣服于周王朝，所以，在《左传》昭公九年上才出现了这样的记载：“王使詹桓辞于晋曰：肃慎、燕、亳，吾北土也。”也就是说秽貊居住的地区，和肃慎、燕地一样，被周王看成周王朝的属地。

春秋时期，随着经济的发展，秽貊人的势力日益强大起来，对于燕构

① 《后汉书·东夷传》。

成一种威慑力量，所以齐桓公在救燕的战争中，秽貊自然而然地也就成了齐国的打击目标了。

三　秦汉的东北族群

秦汉之时，居住在东北的少数民族族群由于受到中原经济文化的影响，也发生了很大的变化，加速了发展的步伐。一方面是加强了他们和中原政权的联系；另一方面是随着各族群经济的发展，和其他因素的影响，内部也发生了很大的变化：有的族群改换了族名，如肃慎改称为挹娄，有的族群又分化出新的族群，如扶余（也作夫余）、沃沮、鲜卑等。

1. 夫余

《史记·货殖列传》曰：燕“北邻乌桓、夫余”。

《后汉书·东夷传》记载说：“夫余国，在玄菟北千里，南与高句丽，东与挹娄，西与朝鲜接，北有弱水，地方两千里，本秽地也。”

《字汇补》上说：“凫臾，东方国名，即夫余也。”

《论语疏证》则说九夷源于东北，即东北夷，所列举的第五夷即“凫余”。

从上述记载中可知，夫余是东北的古老族群秽貊人中的一支，居于秽地北方，在两汉时期已经建立了政权，其政治经济已经达到一定的水平，与当时东北诸古老民族相比较，应处于领先的地位。由此可推断，夫余建立政权的时间应早于秦汉之际，但到底始于何时，还有待于考古资料来证实。

夫余国的创始人是北夷索离人东明。因为东明是夫余国的创始人，所以，被人们披上了一层神话的外衣。《后汉书·东夷传》载：“初，北夷索离国王出行，其侍儿于后妊大身，王还欲杀之。侍儿曰：‘前见天上有气，大如鸡子，来降我，因以有身。’王囚之，后遂生男。王令置于豕牢，豕以口气嘘之，不死，复徙于马栏，马亦如之。王以此神，乃听母收养，明曰东明。东明长而善射，王忌其猛，复欲杀之。东明奔走，南至掩淲水，以弓击水，鱼鳖皆聚浮水上，东明乘之得渡，因至夫余而王之焉。”剥去其神话外衣，就可以看到，东明本是索离国王的庶子，既勇敢又聪明，因受中原政权嫡长子继承制的宗法制度的影响，不能在索离存身，便来到同族的夫余中，做了国王。

早在东明到来之前，夫余人就世代居住在今松辽平原北部的吉林长春地区，因受天时地利影响，其经济文化和社会的发展水平都在同族索离之上。汉魏时，夫余王的府库中还保存有“秽王之印”的印章，这显然是中原汉人政权册封秽貊王的印信，它既可证明夫余原为秽貊人的一支，又能证明在改称夫余之前，生活在这里的秽貊人已产生了奴隶制政权的雏形。“国有君王”，国王是夫余政权的最高统治者，下设许多官职，都由大小贵族担任。

夫余的经济以农业为主，农业生产水平很高，渔猎和畜牧业也很发达。

夫余国和中原汉族政权关系密切，在政治、经济、文化以及生活习惯上都受到汉族的影响。饮食皆用俎豆，发式冠弁近似中原，正月祭天，迎古大会，都和殷人相同。“会同、拜爵、揖让升降”之礼，“有似中国（中原）”。

汉时，夫余为汉王朝的附属国，由汉玄菟郡节制，夫余王所用印玺，也由汉庭颁发。王莽代汉时，为了现换夫余王印玺，曾派王威到夫余进行换发。东汉政权建立后，夫余的使臣往还于汉庭不绝，建武二十五年（公元 49 年），夫余“遣使奉贡，光武厚报答之，于是使命岁通”。双方来往日益频繁，关系日益密切。永宁元年（120 年），夫余王遣嗣子尉仇台诣阙朝献，天子赐尉仇台印绶金彩。顺帝永和元年（136 年），“其王来朝京师，帝作黄门鼓吹、角抵戏以遣之”。东汉末年，夫余由归玄菟郡管辖改为辽东郡管辖。

2. 挹娄

《后汉书·东夷列传》载：“挹娄，古肃慎之国也。”

挹娄人，是肃慎的后裔。先秦时代称肃慎，到了汉朝时候，改称挹娄。挹娄人生活“在夫余东北千余里，东濒大海，南与北沃沮接，不知其北所极”的辽阔地区，即今天的张广才岭和小兴安岭以东，长白山以北，直到海滨的广大地区。在这片辽阔的大地上，除了三江平原外，全是崇山峻岭。这一特殊的地理环境，使挹娄人仍然保持着他们的祖先肃慎人的能骑善射的特长，狩猎业仍然是他们的生活主要来源。不过，随着时间的推移，社会的进步，挹娄人的狩猎工具已经有了明显的改进，其威力更强，杀伤能力更大了，他们使用四尺长强劲如弩的弓，虽然还是原封不动地使用祖上传下来的一尺八寸长的楛矢，因为在箭镞上施以毒药，从而产生了祖先使用的楛矢无法比拟的杀伤力，“中人皆死”。当时挹娄人已经有了铁器，铁器的使用，也大大地促进了狩猎业的发展。

挹娄人住在半地穴的房子里，过着定居的生活，住房以深为贵，社会上已经出现了贫富分化，有钱有地位的人的住房，深“至接九梯”。

三江平原上纵横交错的河道和湖泊以及辽阔的大海，为挹娄人的捕渔业提供了良好的条件，渔业生产则成了他们生活的重要来源。挹娄人继承祖业，养貂和猪仍然是他们的本行，挹娄人生产的“好貂”，闻名海内。养猪业的发展，为他们的衣食提供了保证，同时开始牧养牛和马。这一时期，挹娄人已经从事原始的农业生产。粟和黍已成了他们餐桌上的不可缺少的食品。

随着社会生产的发展，挹娄人已经进入了父系家长制社会，个体家庭成为挹娄人社会中的基本细胞，社会上已经出现了明显的社会分化。地域性的社会组织代替了以血缘关系为纽带的氏族公社组织，“大人”成为各邑落的公共事业的管理者，其地位凌驾于邑落其他成员之上。由于山高谷深，交通不便，各邑落之间彼此缺少联系，还没有形成部落联盟，所以还没有大君长和法纪。“自汉兴以来，臣属夫余”①，成为夫余的种族奴隶，夫余对挹娄人苛以重租赋，强取他们的好貂和赤玉。挹娄人对夫余进行了长期的反抗斗争，在东汉末年，终于摆脱了夫余人的桎梏。

3. 乌桓

乌桓人是东胡人的后代，因居住在乌桓山，故称乌桓。

东胡人和匈奴人为邻，东胡居东，匈奴居西，中间隔着一片无人居住的千里大草甸子，把两国分开。西汉初年，匈奴单于名头曼，太子名冒顿。头曼单于所爱阏氏生少子，于是单于欲废冒顿另立少子。太子冒顿养死士，乘单予出猎时射杀头曼，并杀死后母与弟弟，屠戮反抗不听命的大臣，遂自立为单于。

当时东胡十分强大，听到冒顿杀父自立的消息后，便想趁机大兴问罪之师，以掠夺匈奴的领地。于是派使臣去见冒顿，制造战争的借口，要求得到头曼单于的千里马。冒顿听后便问群臣“这件事如何处理为是?”群臣异口同声地说：“千里马是我们匈奴的宝马，不能给!”冒顿沉思有顷，小心翼翼地说：“东胡和我们是邻国，不要因为一匹马而挑起事端，还是给他吧!”便让东胡使者把千里马牵走了。过了不久，东胡以为冒顿做贼

① 《后汉书·东夷列传》。

心虚，害怕东胡讨伐他，于是，又派使者去见冒顿，要求单于把他心爱的一位阏氏送给东胡王为妃。冒顿听后，便问群臣："这件事该怎么办?"群臣都愤怒地说："东胡王无道，要我阏氏为妃，真是欺人太甚，我们应该出兵和他决一雌雄!"冒顿想了想，小心翼翼地说："东胡和我们是邻国，不要因为舍不得一位女人而挑起事端，还是给他吧!"便把自己喜欢的一位阏氏叫出来，交给东胡使者，让他领走了。东胡王得到冒顿的阏氏后，以为匈奴怕他，更加骄横不可一世，想要把西边的那片与匈奴共有的草甸子据为己有，就派使臣去见冒顿，说："我们大王要我来告诉冒顿单于，我们两国之间这片'千余里'大草甸子你们也无力经营，就让我们来管理吧!"冒顿听后问群臣道："你们说该怎么办?"群臣中有人说："这是一片没人住的弃地，留着也没用，他们要就给他们吧！免得引起麻烦!"有的人则坚决反对把这片大甸子给东胡，双方争吵不休。冒顿单于听后，气得脸红脖子粗，怒发冲冠，大声吼道："地者，国之之本也，奈何予之!"于是下令，凡是主张割让土地给东胡的大臣全都杀无赦。冒顿下令，实行全国总动员，冒顿亲自统帅匈奴军，去攻打东胡。

东胡王很看不起冒顿单于，以为他软弱可欺，没有任何准备。当匈奴大军兵临城下时，又惊慌失措，仓促迎战，结果被匈奴打得大败，东胡王被杀，东胡人作鸟兽散①。此时大部分人口和畜产被匈奴人掠走，一部分人则逃走了，据《后汉书·乌桓鲜卑列传》载，"乌桓者，本东胡也。汉初，匈奴冒顿灭其国，余紫保乌桓山，因以为号焉"。可见东胡人一支逃到乌桓山，称为乌桓人。

乌桓与乌兰音同，蒙古语称红日乌兰，《后汉书·乌桓鲜卑列传》有："俗贵兵死……使护死者神灵归赤山。"意为乌桓山即赤山，在今内蒙古赤峰一带。

乌桓人过着逐水草而生的游牧生活，居无长处，以穹庐为房舍，以毛皮为衣，以牛羊肉和奶酪为食，并有简单的原始农业。手工制造业很进步，妇人能刺韦做文绣，织氀毼；男子能做弓矢鞍勒，锻金铁为兵器。其土地宜穄及东墙（即稗子）。东墙似蓬草，实如穄子，至十月而熟。

乌桓的社会基层组织为邑落，数百千落组成部，邑落的头人叫小帅，部的首领为大人，由邑落推荐勇健能决斗者担任。大人、小帅都由选举产

① 以上参阅《史记·匈奴列传》。

生，不能世袭。“大人以下各自畜牧营业，不徭相役”①，过着平等的没有压迫的生活。乌桓人无文字。部落有事，则刻木为信，以招众人。“其约法：违大人言者，罪至死；若相贼杀者，令部落自相报，不止，诣大人先告之，听出马牛羊以赎死；其自杀父兄，则无罪；若亡畔，为大人所捕者，邑落不得受之，皆徙逐于雍桓之地，沙漠之中。”② 大人是由部落选举而产生的，是代表整个部落联盟的，具有至高无上的权威，所以违大人言者处以死刑。

乌桓人的习俗是以少为贵，以老为贱，“以髡头为轻便。妇人自嫁乃养发，分为髻，著句决，饰以金碧，犹中国有簂步摇”。③ 其婚俗是“嫁娶则先略女通情，或半岁，或百日，然后送牛马羊畜，以为聘币。婿随妻还家，妻家无尊卑，旦旦拜之，而不拜其父母。为妻家仆役，一二年间，妇家乃厚遣送女，居处财物一皆为办。其俗妻后母，报寡嫂，死则归其故夫”④。还保留着原始的抢婚遗俗。妇女是家中主要劳动力，平时权力很大，主持家计，只有战斗时，男人才有自主权。

乌桓被匈奴打败以后，势孤力单，臣服于匈奴，每年以牛马羊皮向匈奴纳贡。如不能按时纳贡，则没收其妻子以抵债。直到汉武帝时，骠骑将军霍去病率军击败匈奴左地，才使乌桓摆脱了匈奴的奴役，并把乌桓人迁徙到上谷、渔阳、右北平、辽西和辽东五郡寨外，让他们替汉廷侦察匈奴动静，乌桓大人每年到长安朝见一次，汉廷为了加强对乌桓的控制，设置了护乌桓校尉，使乌桓和匈奴脱离关系，以免为患边境。从此，加强了乌桓与汉朝的关系。

东汉初年，光武帝刘秀对乌桓采取羁縻政策，建武二十五年（公元49年），边西乌桓大人郝旦等900余人率众归化，到洛阳朝贡，进贡奴婢、牛、马、弓和虎、豹、貂皮等。光武帝封其渠帅为侯王君长者81人。使居塞内，分布在辽东属国、辽西和右北平诸郡，让他们召集分散在各处的乌桓人，由汉政府供其衣食，帮助汉廷防范匈奴和鲜卑的进攻。

---

① 《后汉书·乌桓鲜卑列传》。

② 同上。

③ 同上。

④ 同上。

东汉末年，汉政权势力衰落，乌桓势力逐渐强大起来，不时侵扰东汉诸郡。汉灵帝初年，乌桓大人楼班居上谷，有众 9000 多邑落；大人丘力居辽西，有众 5000 多邑落，各自称王；大人苏仆延居辽东属国，有众 1000 多邑落，自称峭王；大人乌延居右北平，有众 800 多邑落，自称汗鲁王。中平四年（187 年），前中山太守张纯叛逃到辽西丘力的乌桓邑落中，为其张目，自称弥天安定王，把乌桓诸部联合起来，攻打青、徐、幽、冀四州。幽州牧刘虞悬重赏收买张纯首级，杀张纯，击败乌桓，安定了北方诸册。献帝初平（190—193 年）中，丘力死，从子蹋顿继位，领辽西乌桓诸邑落，总摄三郡乌桓。当时，东汉北方诸处军阀互相混战，蹋顿乘机率三郡乌桓入塞，帮助冀州牧袁绍打败汉前将军公孙瓒，被乌桓诸部推举为王，时扰东汉北方诸部。建安十二年（207 年），曹操亲率大军北征乌桓，在柳城大破蹋顿军，斩蹋顿、收降汉虏 20 多万人。楼班、乌延等去辽东，其余万余落入居北方诸郡，逐渐融合于汉人之中，不复为识别。战争结束后，曹操踌躇满志地写下了《观沧海》一诗："东临碣石，以观沧海。水何澹澹，山岛竦峙，树木丛生，百草丰茂。秋风萧瑟，洪波涌起，日月之行，若出其中，星光灿烂，若出其里。幸甚至哉，歌以咏志。"

4. 鲜卑

《后汉书·乌桓鲜卑列传》载曰："鲜卑者，亦东胡之支也，别以鲜卑山，故因号焉。"这就是汉朝初年，东胡被匈奴击败后逃至鲜卑山的一支，被称为鲜卑人。

1980 年，考古工作者在内蒙古鄂伦春族自治旗阿里河镇西北 10 公里的"嘎仙洞"，发现了北魏太平真君四年（443 年）祭祀祖先的石刻祝文，共 201 字。该祝文与《魏书·礼志》中所载的祝文大体相符，证明这里就是《魏书》中所说的鲜卑人的祖庙石室，从而证实了鲜卑人祖庙石室所在的大兴安岭（北段）群峰，就是当年的大鲜卑山了。这就是说，鲜卑人早期是生活在今大兴安岭北段的群山中。鲜卑人的居住地，南接乌桓，因地处偏远的深山老林之中，又受乌桓的阻隔，故有很长一段时间，失去了和汉廷的联系。

鲜卑和乌桓同属东胡种人，故其语言和生活习惯与乌桓人相同。其社会经济以游牧狩猎为主，同时也有了早期的农业经济。社会形态处于部落联盟时代。邑落首领小帅和部落的首领头人都由选举产生。其地盛产野马、角端牛、原羊等。角端牛的角可制弓，称为角端弓。还出产貂、豽、鼲子，皮毛柔软，制成的裘，备受人们的喜欢，称为天下名裘。

汉武帝元狩四年（前119年），骠骑大将军霍去病率军攻破匈奴的左地，将匈奴人统治的乌桓人迁徙到辽东、辽西、左北平、渔阳和上谷五郡的塞外（今老哈河、大小凌河和滦河上游地区），让其为汉朝侦察匈奴的动静。这时鲜卑人趁机进入原乌桓人居住的饶乐水（今西拉木伦河）流域，仍处于匈奴人的控制之下。

西汉末年，中原多事，匈奴乘此机会，又强大起来，并控制了鲜卑和乌桓。光武帝刘秀建立东汉政权后，匈奴率领鲜卑和乌桓，经常袭扰北方各郡，杀人越货，岁无宁日。建武二十一年（公元45年），鲜卑伙同匈奴万余骑，侵扰辽东郡，当时辽东太守祭彤操练兵马，早有准备，亲率数千人迎击，大破鲜卑匈奴军，鲜卑人死伤过半，损失战马数千匹，鲜卑大伤元气。祭彤深感匈奴乌桓和鲜卑联合，很难对付，形势十分严重，便采取“以夷治夷”的办法，利用鲜卑对付匈奴和乌桓。这时匈奴分裂，南匈奴归顺汉廷。建武二十五年（公元49年），祭彤主使鲜卑都护偏何等，攻击匈奴左伊育訾部，杀伤2000多人，从此鲜卑人和匈奴人岁岁相攻，战争不息，在祭彤的支持下，鲜卑人连连获胜。建武三十年（公元54年），鲜卑大人于仇贲、满头等率领使团到洛阳朝贺，愿意归化内属，光武帝封于仇贲为王，满头为侯。永平元年（公元58年），祭彤又主使偏何率鲜卑军征讨居住在赤山一带的乌桓人，斩乌桓大人歆志贲，大破乌桓。乌桓人内迁附汉，被安置在辽西、右北平、上谷三郡的北部。鲜卑大人率众归服汉廷，在塞外取代了乌桓的地位，很长一段时间，鲜卑和汉廷和睦相处，边郡无事。

东汉和帝永元中，东汉政府军大败匈奴军，北匈奴逃走，鲜卑趁机占领了北匈奴地，当时，北匈奴留下来的不下十余万落，也自称鲜卑人，使鲜卑人口大增，势力逐渐强大起来，对汉廷叛服无常。内服时，诣阙朝贺，通互市；叛乱时，则围州打县，骚扰北方边郡。

汉桓帝（147—167年）时，鲜卑中出了一个能人，叫檀石槐。檀石槐的父亲叫投鹿侯，投鹿侯年轻时在匈奴军中当了3年兵，他妻子在家生了一个儿子。投鹿侯当兵回来，听说妻子生了个私生子，非常气愤，就要杀死他。妻子编了一套谎言说：有一天大白天忽然乌云密布，雷电交加，她仰起脸来看天色变化，忽然有一颗冰雹落到她口中，她还没有反应过来，就吞咽到肚子里了，后来就有了身孕，过了十个月就生下了这个孩子，这孩子方头大耳，一脸福相，想来是个命大福大的人，还是留他一条命吧。投鹿侯不信，不让家里收养这个孩子，妻子没法，就让家人抱去养了，取名檀石槐。一晃十四五年过去了，檀石槐长得又高又壮，聪明伶俐，遇事有办法，能说会道，为人处世都有一套。有一次其他部落大人把檀石槐外公家的牛羊给抢走了，他听说后来不及回去找人，就一个人单枪匹马追赶上去，经过一场厮杀，赶跑了抢牲口的外族人，把牲口如数地夺了回来。这件事使檀石槐在部落中崭露头角，大家都很佩服他。有人打架斗殴，就去找他评理，他秉公处理，没有敢不服的。他也热心部落里的事情，为了把部落管理好，他想了很多办法，从此声誉鹊起，在部落里很有威信，被推选为大人。檀石槐办公地点设在弹汗山歠仇水上，他整兵经武，部落日益强大，附近邑落的大人们，都归服于他。檀石槐率兵“南抄缘边，北拒丁零，东却夫余，西击乌孙，尽据匈奴故地，东西一四千余里，南北七千余里，网罗山川水泽盐地”。[①] 于是檀石槐便加强对汉廷边郡的侵扰，当时汉廷势力衰微，便想采用汉廷对少数民族惯用的“和亲”办法来招抚他，并派人持印绶封他为王，都被檀石槐拒绝了。檀石槐为了加强对他控制地区的管理，“自分其地为三部，从右北平以东至辽东，接夫余、秽貊二十余邑为东部，从右北平以西至上谷十余邑为中部，从上谷以西至敦煌、乌孙二十余邑为西部，各置大人主领之，皆属檀石槐”。[②] 这是鲜卑人最早建立的政治实体，已具有政权雏形了。当时居住在匈奴故地的鲜卑人，因为同匈奴人、汉人接触较多，在经济文化方面受其影响，社会发展较快，已进入了奴隶社会，汉灵帝光和（178—183 年）中，檀石槐死了，其子和连立，从此以后，“诸大人遂世相传袭”。[③] 当时留在大兴安岭的鲜卑人，因为和外界接触较少，社会发展较迟缓，还处于原始社会末期。

第三节　汉族向东北的迁徙和发展

一　秦汉汉族向东北的迁徙

秦始皇二十一年（前 226 年）十月，秦军攻破燕都蓟城。燕王喜、

① 《后汉书·乌桓鲜卑列传》。
② 同上。
③ 同上。

太子丹率精兵战车退保辽东，以襄平（今辽宁辽阳市）为据点，苟延残喘。“后五年，秦卒灭燕”，俘虏燕子。从此，辽西和辽东都纳入秦国版图。秦灭燕后，在今辽宁地区置右北平（含今辽宁省一部分），辽西、辽东3郡，29县。随着秦代对东北地区的管理和统治，将会有一大批汉族官吏和士兵进入东北，虽然史料阙如，但这是可以肯定的。

秦统一六国后，很快发生了农民战争，当时，居住在今河北和山东一带汉族的先民，为避中原内乱，纷纷逃往东北和朝鲜半岛，“齐、赵人往避者数万口”。[①] 这些逃往东北地区的汉人是从陆上经山海关和从海上经辽东半岛这两个方向过来的。

两汉之时是汉族向东北迁入和发展时期。汉武帝元封三年（前108年），击溃卫氏朝鲜，在今辽宁东部和朝鲜半岛，设置乐浪、玄菟、临屯、真番4郡。随着汉代对东北地区统治的加强，汉人迁往东北的也越来越多。迁入东北的汉人主要有这么四种人。

（一）西汉时期迁入东北谋生的汉人

在秦末大规模的农民战争中，中原地区战火熊熊，杀掳不止，广大人民的生命财产和生产活动没有保障。东北地区没有受到战争的破坏，是一片安静祥和的圣地，是人们向往和追求的世外桃源，大批汉人从关内涌入东北地区的辽东和朝鲜半岛谋生，尤其是临近东北的今河北和山东人民，“齐、赵人往避者数万口”。当然，移居到辽西地区的汉人之多更是可想而知了。中原地区汉人这种自发的向地广人稀的东北地区移民的潮流，终汉朝一代，不曾止息。

（二）西汉时期发配到东北屯田和筑城的刑徒

元凤五年（前76年），“发三辅及郡国恶少年、吏有告劾亡者，屯辽东”[②]，第二年春天正月，“募郡国徒，筑辽东玄菟城”。[③] 这时玄菟郡治所已从朝鲜半岛迁到辽东高句丽县（今辽宁新宾县西南）。第一次发配到辽东的三辅和各郡国无赖少年和被人告发而逃亡的吏，是到辽东屯田的，时间较长。第二次招募各郡国刑徒到辽东筑玄菟城，时间是短期的，以筑城工期为限。当时在东北地区人烟稀少、冬天苦寒，被人视为畏途，是流

---

① 《后汉书·东夷传》。

② 《汉书·昭帝纪》。

③ 同上。

放罪徒的场所，这两次征发罪徒到辽东，不管是屯田还是筑城，显然都是为了加强辽东边防和巩固玄菟郡的地位。关于这两批流徒人数的多少。已无从稽考。

《汉书·哀帝纪》中载：建平元年（前 6 年）正月，“侍中骑都尉新成侯赵钦、成阳侯赵沂，皆有罪，免为庶人，徒辽西”。

赵钦和赵沂是汉成帝皇后赵飞燕的弟弟和侄儿，因裙带关系，被封为侯。后来，成帝暴病身亡，举朝哗然，归罪赵氏姐弟，哀弟下诏“免新成侯赵钦、钦兄子成阳侯赵沂，皆为庶人，将家属迁辽西郡”[①]。这一案例，为我们揭示了西汉将罪人发配到东北的大致情况。

西汉时期，在辽东屯田的规模有多大，流徒有多少，都不见史料的确切记载。但是，《后汉书·顺帝纪》载：阳嘉元年（132 年）十二月，“复置玄菟郡屯田六部”。这里指的是恢复西汉昭帝以来的屯田规模。安帝时，玄菟郡治已从今新宾县迁到沈阳市西，所以，东汉顺帝时的“屯田六部”地区的位置应在今抚顺、沈阳及浑河西岸。有六部的屯田规模，必须保持与其相适应的军事和生产人员的人数。

《续汉书·郡国志》载：顺帝永和五年（140 年），玄菟郡的户口数：1594 户，人口为 43163 人，平均每户人口为 27 人，这样大的家口，绝不是一种普遍现象。为什么会出现这种奇怪现象呢？其原因有两种：一种是因为年代久远，数字本身在传抄和印刷中发生错误；另一种是把屯田人口和流动人口计算进去了，因为屯田者和流动人口是没有户籍的。这就是说，从玄菟郡的总人口数中，减去有户籍的人口数和流动人口数，就是屯田的人口数了，估计当时在玄菟郡屯田的不下万余人。

（三）被高句丽和乌桓掳掠到东北的汉人

西汉以来，高句丽接受汉化较深，经济发展较快，势力日见强大，不断地骚扰玄菟和辽东地区。东汉光武帝建武二十五年（公元 49 年）春，“句丽寇右北平、渔阳、上谷、太原”。[②] 高句丽骚扰汉边缘诸郡是以掳掠人口和财物为目的的，掠夺的人口，充作奴隶，开发其本土。东汉末年，中原地区出现了军阀混战的局面，“三郡乌丸（桓）承天下乱，破幽州，

---

① 《汉书·外戚传》。

② 《后汉书·东夷传》。

略有汉民合十余万户”[①]。十余万户，就是几十万口，其中一部分被掠到今辽宁省，由此可见，两汉时期被东北少数民族掳掠到东北的汉人也是很多的。

（四）因避中原战乱逃到东北的汉人

东汉末年，爆发了黄巾军大起义，中原大乱，当时，刘虞任幽州牧，“青、徐（今山东和江苏北部）士庶避黄巾之难归虞者百余万口”。[②] 幽州包括今辽宁西部地区，也就是说，这百余万人口中有一部分是避难到辽西地区的。公元200年，官渡之战后，河北军阀袁尚等率残部投奔辽东的公孙瓒，三十多年后，毌丘俭率部攻打公孙度时，“昔随袁尚奔辽东者，率众五千余人降”。[③] 可见当时随袁尚等奔辽东的人是远远超出5000人的。

东汉末年，避乱侨居在辽东的士人也不在少数，他们有的是只身一人，有的是携家带口，也有的是举族迁入东北。安乐盖县（今山东沂源县东南）人国渊；北海朱虚（今山东临朐县东南）人邴原、管宁；平原（今山东东北部）人王烈，他们来到东北，将中原汉族先进的生产技术和儒学传到东北，促进了辽东地区经济的发展和文化的进步，起了安贤化俗的作用。

管宁避难辽东时，住在郡的北部山区，“因山为庐，凿壤为室”[④]。从山东来辽东避难的人们，多慕名来到管宁住的小山村里，人口越来越多，小山村就成了大村镇了。管宁在村里办学堂，亲自为学生讲学，教四书五经和礼仪，教人们懂得礼节谦让。管宁的声望日重，消息传到公孙康的耳中，公孙康称赞他是贤人，百姓们受其教化都懂得礼义。管宁住的村子里，人们汲水的柳罐少，有时候很多人遇到一起，男女混杂，你争我夺，很不雅观；更有甚者，为了争个先来后到，竟拳脚相加，秽语伤人。管宁自己出钱，买了几只柳罐，偷偷地放在井边，供人使用，这件事被村里人知道后，大家都非常感动，过去为汲水发生口角和争斗的人，都感到很惭愧，从此，再也没有人为汲水斗讼了。有一次，邻居的牛跑出来，把管宁

① 《后汉书·东夷传》。
② 同上。
③ 《三国志·魏志·毌丘俭传》。
④ 《三国志·魏志·管宁传》。

家的庄稼践踏坏了，管宁悄悄地把牛牵到阴凉处拴好，像照顾自己家的牛一样，又喂草又饮水，比牛主人还用心。牛主人来牵牛的时候，十分难为情，连声称谢。管宁的行动，就像无声的命令，净化了环境，中原汉族的礼貌文明行为在当地传播开来。

邴原避中原战乱，来到辽东。辽东荒凉，林木丛生，多虎患。邴原雄伟有勇略，他组织村民自保，所以，邴原住的村子里从来没有发生过老虎伤人的事。有一天，他在村中散步，在道上拾到一挂钱，他没对任何人说明，将钱挂在路旁树上。事过之后，不仅树上的钱没人认领，而且往树上挂钱的人越来越多，结果树上挂满了钱。他先前不知道这是怎么回事，后来向村里人一打听，才知道人们误把这棵树当作神树，便争先恐后地往神树上挂钱，求神树保佑平安。邴原知道情由后，很后悔，因为自己一时疏忽，竟成淫祠。于是，他就挨家逐户地向村里人解释他往树上挂钱的原因，村里人便把树上的钱搜集到一起，作为村社活动经费。邴原的行为起到了移风易俗的作用。

二　魏晋南北朝汉族向东北的迁徙

三国之时，迁入东北的汉人主要有两种人。

第一是辽东太守公孙渊扣留吴国使运及其随员兵士。东汉末年，辽东太守公孙度乘中原军阀混战之机，割据今辽宁地区，建立了独霸一方的地方割据政权。其孙公孙渊统治时期，为了自保，表面上拥戴魏国，暗中又勾结吴国，以牵制魏国。吴嘉禾二年（233 年）正月，吴大帝孙权封公孙渊为燕王，派太常张弥、执金吾许晏、将军贺达及中使秦旦、张群、杜德、黄疆等人率兵万人，携带“金宝珍货、九锡备物乘海授渊”。

公孙渊是一个反复无常的小人，他在魏吴两国之间，首鼠两端。当吴国使臣来到辽东时，公孙渊害怕魏国知道此事，会兴兵来讨，吴国远离辽东，无可依靠，于是，采取讨好魏国的政策，杀了张弥和许晏等人，将他们的首级送给魏国。扣留了秦旦、张群、杜德、黄疆等人以及他们的随员 400 余人，分置辽东各县。后来，秦旦、黄疆、杜德和张群等人，历尽千辛万苦，饱尝忧患，返回吴国。他们率领的万名士兵，失于记载，结局不详。

第二是魏国派出政府官员和兵士及其家属。魏明帝景初二年（238 年），司马懿统率魏军消灭了割据辽东地区的公孙氏政权，将原公孙氏政权辖区纳入魏国版图。魏国在今辽宁地区设置一整套郡县和其他统治机构，并派官员和士兵及其家属随员到辽东，对其进行统治，并在襄平（今辽阳市）设护东夷校尉管理东北各族。

西晋之时，在中原大乱之中，幽冀等地也战火熊熊，广大人民群众处于水深火热之中。这时，鲜卑人慕容廆控制了辽东。慕容廆从小就受到汉文化教育，得到晋安北将军张华的赏识，被晋封为鲜卑都督，他在拜会护东夷校尉何龛时，“巾衣诣门，执士大夫礼”。[1] 可见其汉化程度之深。慕容廆在辖区内仿效中原政权，实行汉制，“教于农桑，法制同于上国”[2]，其辖区和汉人居住区已没有多大区别。永宁元年（301 年），幽州洪水泛滥成灾，慕容廆开仓救济，灾民纷纷涌入辽东，受到晋政府的嘉奖。由于慕容廆接受晋封。向晋朝称臣纳贡，在政治上取得了合法地位，辖区内又奉行晋朝制度，这为汉人迁入辽东扫除了文化和心理上的障碍。所以，当中原群雄逐鹿战乱不止的时候，慕容廆统治的辽东地区就成了人们逃避战争灾难的避风港，中原地区的汉人纷纷携家带口成群结队地来到辽东地区。慕容廆对来投奔他的汉人“虚怀引纳”，来者不拒，多多益善。一时之间，辖区内人口剧增。慕容廆为了妥善安置，便于管理，特在棘城附近设置新政区，置侨郡侨县，进行安置。为冀州人设冀阳郡，为豫州人设成周郡，为青州人设营丘郡，为并州人设唐国郡。据《晋书·石勒载记》记载：“时司、冀、并、兖州流人数万户在于辽西，迭相招引，人不安业。”估计当时为避难逃到辽东的汉人不下 30 万人，他们往往是全家、全族、全村一起行动。渤海蓨（今河北景县）人高瞻，永嘉之乱后，与叔父高隐率数千家来到辽东，投奔慕容廆。魏郡斥丘（今河北成安县）人黄泓率宗族投奔慕容廆。

在这数十万来投的难民中，有些是中原大族门阀之家，也有一些人是饱学多才的名士和社会名流，还有些是中原政权的落魄官员，慕容廆都能折节接纳，并能“举其英俊，随才受任，以河东斐嶷，北平阳耽、庐江黄泓、代郡鲁昌为谋主；广平游邃、北海逢羡、北平西方羡、西河宋爽，及封抽、斐开为股肱；平原宋该、安定黄甫岌、岌弟真、兰、

① 《晋书·慕容廆载记》。

② 同上。

陵、缪、恺，昌黎刘斌、及封奕、封裕、典机要”。[①]“会稽朱左东、泰山胡毋冀、鲁国孔纂，以旧德清重，引为宾友；平原刘钻，儒学皆通，引为东庠祭酒，其世子皝率国胄束修受业焉，廆览政之暇，亲临听之，于是路有颂声，礼让兴矣”[②]。由于慕容廆对中原人士礼贤下士，推心置腹，委以重任，得到了中原士人的好评和拥戴，竭尽心力地为他出谋划策，制定方略，排忧解难，流寓在辽东的士人和难民逐渐安定下来。

及至东晋鲜卑人慕容部强大以后，不断地对邻近进行战争。在战争中，每占领一地，就强制性地将当地居民迁往辽东，充实辽东人口，开发辽东土地。

太宁三年（325 年），慕容廆打败了鲜卑人宇文部的进攻，并攻下宇文部的城池，将其人民数万户迁入辽东。宇文部生活在塞外老哈河和滦河上游（今河北北部），也不断地掳掠中原汉人。所以，可以肯定地说，这数万户被强制性迁往辽东的人口中，必定有很多汉人。

咸康四年（338 年），前燕主慕容皝打败后赵石虎，将居住在会支（今河北迁安县西）一带的鲜卑人段部数万户全部迁入辽东，这数万家中，有很多汉族流民，如右北平无终（今天津市蓟县）人阳裕，西晋末年投奔段眷，做了大官，历任段氏五王，阳裕被慕容皝俘虏后，迁往辽东，受到重用，成为慕容皝的智囊人物。

咸康六年（340 年），慕容皝突袭后赵冀州北部地区，进入蓟城（今北京市西南）和高阳（今河北高阳县东）一带，将幽冀二州三万多户迁入辽东。

太元十三年（388 年），赵王慕容麟打败许谦，攻下伐郡。许谦尽徙代郡之人去龙城。

隆安元年（397 年），北魏军攻下后燕都城中山（今河北定州市），后燕余众东迁龙城。后燕东迁的人口中有很多汉人，长乐信都（今河北冀州市）人冯跋就在其中。

鲜卑人慕容部在近三十年的时间里，接受和强制迁入人口十余万户，其中绝大多数为汉族，一时之间，在前燕辖区内出现了地少人多的现象，

① 《通鉴》卷八八。

② 《晋书·慕容廆载记》。

产生了人满为患的难题。为了缓和这一矛盾，慕容皝只得开放禁苑，让无地平民耕种，使用公家耕牛的，政府收取八成；使用自己耕牛的，政府收取七成。当时，担任慕容皝记室的封裕曾就这一形势和慕容皝的政策，提出自己的看法和意见："自永嘉丧乱，百姓流亡……先王（慕容廆）以神武圣略，保全一方，威以殄奸，德以怀远，故九州之人，塞表殊类，襁员万里，若赤子之归慈父，流人之多，旧土十倍有余，人殷地狭，故无田者十有四焉。殿下以英圣之资，克广先业，南摧强赵，东灭勾丽，开境三千，户增十万，有高西伯。宜省罢诸苑，以业流人。人至而无资产者，赐之以牧牛。人既殿下之人，牛岂失乎……且魏晋虽道消之世，犹削百姓不至于七八，持官牛田者，官得六分，百姓得四分；私牛而官田者，与官中分，百姓安人，人皆悦乐。臣犹日非明王之道，而况增乎……句丽、百济及宇文、段部之人，皆兵势所徒，非如中国慕义而至，咸有思归之心，今户垂十万，狭凑都城，恐方将为国家深刻，宜分其兄弟家属、徙于两境诸城，抚之以恩，检之以法，使不得散在居人，知国之虚实"。[①] 从这段记载中，可以看到仅龙城附近就迁入十多万户，近50万—60万人，汉人当在一半以上。

南北朝时迁入东北的汉族主要有两种人。一是被招募到东北的汉人。北燕太平年间（409—430年），北燕主冯跋劝课农桑，发展经济，苦于地广人稀，劳动力不足，派人到中原招募汉人。曾派河间人褚匡招其从兄褚买，从弟褚睹从长乐（今河北冀州市）率5000户，二万多口人，先从陆路至章武（今河北黄骅市西北），然后渡渤海至临榆（今河北抚宁县东）登陆，再取陆路到辽西龙城。几经周折，辗转来到东北。这是见于史书上的唯一一次记载，但是，可以肯定，类似的情况是不止这一次的。二是因罪被发配到东北的汉人。北魏孝文帝拓跋宏为巩固其统治，实行改革。孝文帝的改革触犯了鲜卑贵族利益，遭到顽固守旧贵族们的抵制和反对，首先跳出来的是太子恂，太子恂妄图从洛阳逃回平城发动叛乱，被孝文帝发现后处死。接着又发生了恒州刺史穆泰、定州刺史陆睿、安乐侯元隆等密谋拥戴朔州刺史、平王元颐叛乱自主。元颐怕事不成受牵连，将此事向孝文帝告发，孝文帝闻讯后，立即将穆泰和陆睿逮捕处死，将陆睿的夫人和长子陆希道等一干罪犯家属发配到辽西郡安置。北魏时期，类似这种在统

① 《晋书·慕容皝载记》。

治阶级内部的频繁斗争中，失败的一方被流放到东北服苦役的实例是屡见不鲜的。

三　隋唐汉族向东北的迁徙

隋唐之时，由于国家统一，中原地区比较安定，故迁入东北的汉族比较少。

隋朝迁入东北的汉人主要有两种人，一是隋朝派出的政府官员及其家属。开皇三年（583 年），隋文帝击败割据今辽宁西部的营州刺史高室宁后，在其地设置营州都督府，对今辽宁西部地区各族人民进行统治。隋炀帝统治时期，实行改革，废州设郡，在今辽宁西部地区设柳城郡和辽西郡。二是在征高句丽战争中流落在东北的隋军官兵。

西晋“八王之乱”后，东北的高句丽王国趁中原内战无暇顾及东北的时机，势力迅速膨胀，占据了辽东大部地区。

隋朝统一中国后，于开皇十八年（598 年）、大业八年（612 年）、大业九年、大业十年，先后四次出兵攻打高句丽，都无功而返。尤以大业八年征讨高句丽战争损失最重，隋军三十多万人，渡过辽水（今辽河），与高句丽作战，结果被高句丽打得一败涂地，被迫后退。当隋军退到辽东城时，只剩下二千七百多人，除一部分战死外，大部分被俘虏流落在今辽宁东部地区和朝鲜半岛。

唐武德五年（622 年），应唐朝政府的要求，高句丽归还隋军战俘一万多人，还有大批隋军战俘因在辽东和朝鲜半岛成家，未能返回中原。这些被俘流落在东北的隋军及其后裔也就成了东北地区汉人了，他们和东北各族人员一起在开发东北、发展东北的政治经济和传播汉族文化方面，做出了不朽的贡献。

及至唐代，虽然加强了对东北的统治和管理。但迁入东北的汉人仍然比较少，除唐朝派出的政府官员及其家属外，主要是屯田的汉族移民。唐初，为了加强对东北地区的统治和管理，设置营州都督府。总章元年（668 年）九月，唐朝灭掉高句丽国以后，特设安东都督府，治所初设以平壤，后迁至辽东郡故城（今辽阳市）。唐朝为了加强对东北地区少数民族的统治，在营州都督府下设置了燕州、崇州、慎州、昌州、师州、瑞州、带州、夷宾州、黎州、信州 10 州，作为管理少数民族的羁縻州，任各少数民族首领为刺史等官，同时，唐朝政府又派官员进行监督管理。这些唐政府派到东北的官员及其家属，是唐代迁入东北汉人的一部分。

唐开元四年（716年），营州都督治所从幽州迁回柳城，为解决驻军吃粮问题。都督宋庆礼在柳城实行屯田，计80余处。参加屯田的人，除了从外地迁回来的原有居民外，就是从中原招募的汉人和驻军。

四　宋元汉族向东北的迁徙

宋代，在大分裂中形成宋、辽、夏、金分治的局面，及至元宋对峙，都有大批汉族迁入东北。

（一）辽代汉族向东北的迁入

辽代汉族迁入东北的主要有两种人。

一是因避战乱灾荒流入东北的汉人。唐朝末年，政局动荡不安，各地军阀混战，民不聊生。河北、河东边缘地区的人民为避战乱灾荒，携儿带女举家迁入东北。《新五代史·四夷附录》载："（幽州节度使）刘守光暴虐，幽、涿（今河北涿州市）之人。多亡入契丹。"

二是被辽军等强行迁入东北的汉人。契丹统治者为了掠夺财物和人口，为了扩大疆域，不断地对外发动战争，在对中原地区后梁、后唐、后晋等国发动的战争中，除了掠夺大量财物外，还采取徙民实内地（契丹故地）政策，将在战争中俘获的大批汉人，强行迁徙到东北，在契丹故地设置州县，安置被强迫迁徙来的汉人。有的是整州整县被迁徙到东北，为了便于管理和统治，仍然用被掠汉人原居州县名称加以命名，如从檀州掠来的汉人建檀州，从三河县掠来的汉人建三河县等，先后建置这种侨乡侨县达五十多个。辽太祖阿保机是一位心胸豁达、目光远大的人，他深深懂得利用汉人劳动力和先进生产技术发展契丹社会经济，扩大自己力量的重要性。他接受汉人韩延徽的建议，"树城郭，分市里，以居汉人之降者。又为定配偶，教垦艺，以生养之"①，使汉人安心在契丹故地定居下来。

辽代对中原地区频频发动战争，俘获甚重，如天复二年（902年）七月，阿保机率兵40万，攻打今山西境内的河东和代北地区，攻下九州，俘获生口9.5万人。又如天禄元年（947年），辽军放弃定州，把人口尽数迁徙到东北内地，只剩下一座空城。

究竟有多少汉人被迫或自愿迁到东北，史料无确切记载。邹逸麟先生

---

① 《辽史·韩延徽传》。

根据《资治通鉴》卷二九一记载：后周广顺三年（953 年）十月，“契丹瀛、莫、幽州大水，流民入塞散居河北者数十万口……中国民先为所掳，得归者什五六”。元刊本《契丹国志·穆京纪》载此事曰：“四十万。”故可推测，被掠去流民在七八十万以上，迁到长城外辽河流域的人口为三四十万口，其中大部分是汉族。[①]

（二）金代汉族向东北的迁入

阿骨打于公元 1115 年建立金国后。女真的强悍骠骑兵，驰骋四方，所向无敌，不仅征服了东北地区的各民族，灭掉辽国，而且挥戈入关，逐鹿中原，灭掉北宋，饮马长江，虎视江南，与南宋政权隔江对峙。金国在向中原用兵的时候，将大量被掠汉人强行迁入东北，一时之间，迁入东北的汉人远远地超过辽代，形成了一股强劲的移民浪潮，从而展开了一幅汉人向东北迁徙的腥风血雨的流动画卷。

金代，迁往东北的汉人主要有两种人。

一是战争中被俘的官员、军士和百姓。东北地区开发较晚，地广人稀。金国连年对外战争，青壮年人都辗转在战场上，金国内地劳力缺乏，后防空虚。为了解决国内劳力不足问题，金国统治者将在战争中俘获的战俘和百姓，强行迁徙到东北，称之为实内地。“太祖每收城邑，往往徙其民以实京师（今黑龙江阿城市）……及以燕京与宋，独以空城与之”。[②]这些内迁的战俘和百姓中，包括一些契丹人和其他少数民族族群，但是，绝大多数是汉族。

金代将中原汉人迁往东北实内地的活动，主要有下列几次：天辅六年（1122 年），金军攻占山西诸州县后，命耶律佛顶率兵押解被征服州县人民到东北实内地，被安置在浑河路。天辅七年，猛安祥隐留住率兵押解被征服地区的黎民百姓迁入东北，安置在辽阳地区。天辅六年十二月，金军攻占燕京，第二年初，又降服邻近的一些州县。四月，将燕京及其周围六州势族、富强和有一技之长的手工业者，迁徙到东北，充实内地，被安置在沈州（今沈阳市）。同年十月，金将南京留守张觉叛乱，兵锋威逼迁州（今秦皇岛市）、润州（今秦皇岛市西北）等州县，金廷命令诸州守将尽

① 邹逸麟：《辽代西辽河流域的农业开发》，载《辽金史论集》（第二辑），书目文献出版社 1987 年版。

② 《金史·张觉传》。

迁百姓到东北内地，安置在沈州。宣和四年，北宋两次出兵攻打燕京，都没能取胜。同年底，金军从居庸关进攻，大败辽军，攻占了燕京。这样，金国表示不再把燕云诸州交还北宋。经过艰难的反复多次交涉，又约定：金国把燕京和涿、易、檀、顺、景、蓟六州交还北宋；北宋在原定岁币外加纳钱百万贯，并且同意金国将该地区的金帛子女官绅富户席卷而去。结果，当金国向北宋政府交割燕京及其6州时，将百姓驱赶到东北内地，只剩下几座空城交还给北宋了。天会五年（1127年），金军攻陷汴京，俘获了宋徽宗和钦宗二帝，及“其妻孥三千余人，宗室男妇四千余人，贵戚男妇五千余人，诸色目三千余人，教坊三千余人”。[①] 总计1.8万人，其中汉人1.5万人。金军北撤时，分道分期被押解到东北。事实上，金军从汴京北撤时，强制迁移到东北的汉人，除了上述与宋室有关人员外，还有为数众多的黎民百姓和被俘的军士，“华人男女，驱而北者，无虑十余万”。[②] 当时，被驱赶北迁的百姓以500人为一队，男女老少混杂在一起，几十名金军骑在马上，如同放牧牲畜一样，挥鞭驱赶，行动稍有迟缓就遭鞭打，一路上哭爹喊娘，哀唤之声不绝于耳，一路上缺吃少喝，风餐露宿，很多人不堪折磨，病死途中，其状惨不忍睹。

与此同时，金军在华北其他地区，也大肆掳掠汉人，押解迁往东北内地。当时，东起今安徽濉溪县西南，西至今洛阳市，南到今湖北汉水流域，位于这广阔的华北平原和汉水流域的州县人民，几乎都不同程度地遭到金军铁蹄践踏和掳掠，财产被掠，房屋被焚，田畴抛荒，被俘获的百姓都被迁往东北地区。

从当时东北地区汉族人口猛增的情况，可以看到迁往东北汉族之多了。南宋初年，曹勋出使金国，他在金上京会宁府时看到：“自燕山向北，部落以三分为率，南人居其二。闻南使过，骈肩引颈，气梗不得语，但泣数行下，或以慨叹，仆每为挥涕惮见也。”[③] 曹勋以其所见，推测当地居民中的2/3为汉族，虽不很准确，但能说明当地汉族之多了。据佚名《燕人尘》估算，整个天会年间（1123—1137年），金军“掠致宋国男妇不下二十万”。

---

① 佚名：《宋俘记》。

② 《建炎以来系年要录》卷四。

③ 《松隐集》卷七《古诗序》。

二是被金国扣留在东北的南宋使臣。南宋时期，曾向金国派出各种名目的使臣，如通问使、祈请使等，每逢正旦（正月初一）、万寿节等重要节日，南宋都派使臣前往金国庆贺。在“绍兴和议”签订以前，南宋派往金国的使臣，多被金国扣留，有的接受金国官职；有的则保持汉节，被金国押解到东北，如洪皓、张邵、朱弁等人，多年始放归。他们在东北的生活，有如流徙，历尽千辛万苦，饱尝了人间的冷暖和世态的炎凉。他们出使时，一行几十人，如众星捧月，得生还者，则寥若晨星。洪皓在东北的经历，富有代表性。

洪皓（1087—1155 年），字光弼，饶州鄱阳人，《宋史》本传称他“少有奇节，慷慨有经略四方之志”。建炎三年（1129 年）五月，被任命为大金通问使、假礼部尚书，出使金国。

洪皓来到金兵占领的太原，被金国扣留，金国授以官职，遭洪皓拒绝。后迁往云中（今山西大同市），金元帅宗翰威逼他出仕刘豫伪齐傀儡政权，洪皓誓死不从，被押解到东北冷山（今黑龙江省五常县）。和洪皓同行的有假吏沈珍、隶率丘德、党超、张福、柯辛。

冷山地苦寒，四月始生小草，八月已落霜雪。洪皓到冷山后，生活极其艰苦，盛夏还穿着粗布夹衣，以野菜充饥，自己砍柴生火。十冬腊月，大雪封山，有时柴草烧尽，拾马粪、牛粪取暖烧饭。后来，他为金国尚书陈王完颜希尹的孩子及其他女真贵族子弟教书。因为当地没有教材，纸张奇缺，洪皓就用晒干的柔软洁白的桦树皮做纸，凭着自己的记忆，默写出《论语》《孟子》《大学》《中庸》全文，做课文，教授学生，被人们称为《桦叶四书》，在中华文化史上留下一段千古佳话。洪皓在教书的同时，还笔耕不辍，所著诗文，被人们争相传诵，他用自己的教书实践和著书立说，在东北这片荒原上，传播了汉文化。

（三）元代汉族向东北的迁入

元代迁徙到东北的汉人，主要集中在辽东半岛和水达达路以及广宁和沈州地区。见诸史册的是三种人。

一是迁徙到东京屯田的新附军。元代灭掉南宋后，将原南宋的军队改名为新附军。元朝统一中国后，为了巩固其统治，仿效汉族的统治办法，采取发展经济的措施，“内而各卫，外而行省，皆立屯田，以资军饷”。[①]

---

① 《元史·兵三·屯田》。

在东北的辽阳行省建立四大屯田基地：大宁路海阳等打捕屯田所、浦峪路屯田万户府、金复州万户府和肇州蒙古屯田万户府。

至元二十年（1283 年）八月，元政府将驻屯在腹里大名、真定、北京、卫辉路的新附军迁至北京（今辽阳市）屯田。第二年，新附军 1281 户在金州（今大连市金州区）、复州（今辽宁瓦房店市）开始屯田，置金复州万户府。至元二十六年（1289 年），再迁京师新附军 1000 人到金复州万户府屯田。至元三十年（1293 年），又迁新附军 1360 户到东京屯田。

二是将无户籍的汉族迁到东北开矿和屯田。元朝时期，对户籍控制得很严格。至元三十一年（1294 年），元政府将查出的无户籍的逃奴 240 户，强行迁徙到东北的广宁（今辽宁北镇市）和沈州（今沈阳市），开采银矿和屯田。

三是因罪流放到东北的汉族。元成宗大德八年（1304 年）十一月，诏书规定："内郡、江南人凡为盗，黥三次者，谪戍辽阳；诸色人及高丽三次免黥，谪戍湖广。"① 元英宗时颁布的《大元通制》对流徙的规定说："流则南人迁于辽阳迤北之地；北人迁于南方湖广之乡。"对流放到东北的罪人做了明确的规定，主要戍所是奴儿干、水达达路和肇州。

因罪被流放到东北的汉族见诸史册的有因上书言事得罪上司被流放的。至治元年（1321 年），元英宗继位，中书右丞相铁木迭儿持权邀宠，为非作歹。在铁木迭儿怂恿下，英宗下诏书，在京西寿安山广建佛寺。当时，正是春耕大忙时节。广征民夫，大兴土木，广建佛寺，有违农时，不利于农业生产，有碍于国计民生。监察御史李谦亨、成珪上书，请求停止修建佛寺。铁木迭儿在英宗面前大进谗言，英宗震怒，将李廉亨、成珪等人黥其面，发配到东北奴儿干。

有因参与叛乱获罪被流放的。致和元年（1328 年）十一月，四川行省平章囊加台起兵叛乱，杀死四川省平章宽彻等人，自称镇西王，以前云南廉访使杨静为右丞。第二年，元政府镇压了这次叛乱。十月，杨静被革职，杖 107 棍，籍没家产，流徙辽东。

五 明清汉族向东北的迁徙

明清时期是汉人大量迁入东北的重要时期，也是东北地区政治经济和

① 《元史·刑法一》。

文化发展繁荣的历史时期。

（一）明代汉族向东北的迁徙

明代时期迁入东北的汉人，排除自然流入者，主要有这么两种人。

一是政府派驻东北的驻屯军。明洪武元年（1368年）八月，明军攻陷北京，标志着元朝灭亡。但是，元朝的残余势力，仍然拥兵东北，与明朝相对抗。明太祖朱元璋对东北的经营是十分重视的。

洪武四年二月，故元辽阳行省平章刘益奉表投降，明廷在辽阳设置辽东卫指挥使司，“国初置辽东，即发兵数万戍辽”。七月，改辽东卫指挥使司为定辽都卫指挥使司，招降纳附，开拓疆域，增设卫所。洪武八年（1375年）十月，改定辽都卫指挥使司为辽阳都指挥使司，简称辽东都司，是当时东北地方最高的军政机构，下辖25个卫和安乐、自在2州。

永乐七年（1409年），明朝在黑龙江入海口特林设置奴儿干都指挥使司，简称奴儿干都司。下辖384卫、20所、7个地面、7个站和1个寨，成为与辽东都司平行的东北地区最高军政机关。

明代，在东北的驻军和流戍犯人，主要集中在辽东都司管辖区内。

明初，辽东因战乱，居民大都逃逸，田畴荒芜，辽东驻军的粮饷主要靠海运。随着辽东卫所和驻军的增加，庞大的军饷单靠海运已不能解决，尤其是海运事故频频，军饷损失过大。于是，明政府便把屯田作为解决军饷的一种重要手段。辽东军队屯田，早在洪武四年就开始了，屯田规模与年俱增。到了洪武二十八年，辽东都司下辖各卫士兵都实行屯田自食，并且取得了显著效果，不但实现自给自足，还有了剩余。

据曹树基先生估算：洪武年间，辽东军卫中约有军士13万人，合家属约有39万人①，其中从内地迁徙到辽东的军籍人口约5万人，大部分是原山东诸卫的军人。按常理推算，每位军士应服役30—40年，在明代277年统治中，须更换七至八届军士。这样，明朝从中原来辽东的汉军人应有35万人至45万人，至少不会少于30万人。

二是流放到东北的汉族。明代法网甚密，法禁甚严。洪武六年（1373年），制定了《大明律》，加之统治阶级又往往以权代法，致使人民无所措手足，动辄触犯法禁。《明史·刑法志》直言不讳地说：“明初法严，（充军之人）县以千数，数传之后，以万计矣”，“辽东军士，多以

---

① 葛剑雄主编：《中国移民史》第五卷，福建人民出版社1997年版，第274页。

罪谪戍”。[①] 据曹树基先生估算，明初谪戍辽东的犯人不下 2 万人。[②] 有明一代，谪戍东北的犯人应有几十万人，其中绝大多数是汉族。

明代流放到东北的汉人，有黎民百姓，也有政府中的官吏。

景泰七年（1456 年）四月，山西平定州人赵能，在直隶获鹿县与刘珊等人“潜谋不轨”，被人告密。十多人被捕，赵能等 3 人被斩，其余的人被流放到东北。

天顺元年（1457 年）五月，河南武陟县流民徐郎和马磷，借传教进行宣传和组织群众，发动反明起义，被人告密，两人牺牲，数十人被官府逮捕，都被流放到铁岭卫充军。

永乐九年（1411 年）六月，翰林学士解缙出于忠君爱国之心，直言犯上，得罪了明成祖朱棣，又遭汉王朱高煦陷害。明成祖借口“私觐太子，径归，无人臣礼”[③]。将解缙逮捕，永乐十三年被杀，妻子亲族被徙居辽东。

天顺元年正月，英宗复辟后，以“谋逆罪”，将兵部尚书于谦、大学士王文、太监王成、舒良、张永、王勤等人处死，6 人家属充军口外及开原等处。

这些流放到东北的罪人罪官，他们不仅把中原地区的先进的生产技术和生产工具带到东北，加速了东北地区的开发，促进了东北地区经济的发展。也把中原汉族的先进文化带到了东北，他们有的以舌耕为业，讲学授徒，并从事撰著，传播了汉族文化，促进了东北文化的发展和繁荣。

（二）清代汉族向东北的迁徙

清代是汉族向东北地区迁入最多的时期，是历史上汉族迁入东北的一个高峰期。据李兴盛《东北流人史》统计，清朝入关前被掳掠到东北的汉人有一百一十多万人，清朝入关后因各种原因迁入东北的汉人有四十多万人，总计在 150 万人以上。

清代迁入东北的汉人主要有四种人。

一是八旗官兵掳掠到东北的汉族。明万历四十四年（1616 年），努尔哈赤在赫图阿拉（今辽宁省新宾县）建立了后金政权。从此，辽东战火纷飞，

① 《明宣宗实录》卷一〇七。

② 葛剑雄主编：《中国移民史》第五卷，福建人民出版社 1997 年版，第 280 页。

③ 《明史·解缙传》。

越烧越旺，辽东地区的汉人纷纷内迁，逃离这是非之地。明泰昌元年（1620 年），辽东汉人约为 300 万口，其中有 250 万左右外迁到今河北、山东、山西、朝鲜等地；还有一些被后金军掠走了以及死于战乱者，亦不下 20 万人。所以，到清朝初年，辽东的汉人大约只剩下 30 万人口了。

后金政权占领辽东后，为了解决辽东地区劳动力奇缺问题，在和明朝战争中，除了掠夺财产，就是掠夺人口，押解回东北，给女真人为奴。

后金天聪六年（1632 年）四月，皇太极率兵进攻察哈尔，顺路掳掠山西边境州县，俘获人畜十余万。

天聪九年二月，皇太极命贝勒多尔衮和豪格等率一万大军去察哈尔接收林丹汗部降众，完成接收任务后，多尔衮又乘机进攻山西。自平虏卫入边，毁长城，经宁武关，略代州、沂州，至崞县、应州，再返回平虏卫。九月，胜利归来，这次出征，俘获人畜 7.6 万有余。

崇德元年（1636 年），皇太极改国号为清，开始了对明朝的大规模战争。先后三次大举进攻明朝，将掳掠的大批汉人迁徙到辽东。

第一次是崇德元年五月，皇太极命武英郡王阿济格率师出征明朝。七月，阿济格率大军占领延庆州（今河北宣化），俘获人畜 1.5 万多。然后挥师入长城，经保定，至安州（今保定市东），兵锋所至，所向披靡，连下定兴、房山、宝坻、文安、永清、漷州、迁安、雄县、定州、香河、顺义等 12 县，十八万有余。[①] 九月，胜利归来。

第二次是崇德三年八月，皇太极命睿亲王多尔衮为奉命大将军，统左翼兵；命贝勒岳托为扬武大将军，统右翼兵，分兵两路，进攻明朝。岳托率军从密云毁边墙入关；多尔衮自董家口毁边墙入关。两路大军横冲直撞，如入无人之境，长驱直入，在通州西河会师。然后合兵一处，绕过北京，南下涿州，向西穿行，兵分八路，在北京南部各县往来穿行，摧枯拉朽，势如破竹，一直打到山西界。接着回师向东，攻陷济南，大肆屠掠后，经天津卫东归。这次征明，清军掠获人口四十六万二千余人。

第三次是崇德七年十月，皇太极命阿巴泰为奉命大将军，统率清军征明。清军入关后，连下山东兖州、直隶顺德和河间 3 府，大获全胜。第二年六月凯旋，俘获人口 36.9 万人。

仅上述三次战争，清军就从中原地区掠获人口一百多万，绝大多数是

① 李兴盛：《东北流人史》，黑龙江人民出版社 1990 年版，第 172 页。

汉族。这些被掳掠到东北的汉族，除一部分赏赐给满洲贵族家内使用外，绝大多数编庄生产，既补充了辽东地区劳力不足，又带来了中原地区先进的生产技术和生产工具，促进了辽东地区经济的发展。

在这一百多万被掳掠的汉族人中，绝大多数是平民百姓，也有一部分是明朝的军士和官吏。平民百姓的真实姓名和生平事迹都不见于史册，已湮没无考。值得庆幸的是清初思想家颜元的父亲颜昶，因颜元千里寻父而被记载下来了。

颜昶，直隶博野（今河北博野）人，明崇祯十一年（1638 年），清将多尔衮和岳托大举进攻京南各县时，颜昶随难民一起被清军掳掠到东北。当时，颜元只有 4 岁，过了很久，父亲仍音讯皆无，母亲改嫁了，这些事情在颜元幼小的心灵上留下了深深的创伤，每当他思念起父亲时，就不免伤心流泪。后来，他听说有人在沈阳见过颜昶，在他心里埋下了寻父的种子。几十年过去了，他刻苦学习终于成为一代名儒。康熙二十三年（1684 年）四月初八，颜元只身北上寻父。这时，他已经是 50 岁的皤然老翁了。他往返于沈阳、辽阳和铁岭之间，四处张贴寻亲海报，向老人们打听父亲的消息，却没有得到一点线索。突然有一位自称金定国的人来请他。原来金定国的妻子看了颜元张贴的寻亲海报后，觉得所寻的人就是自己的父亲，于是让丈夫把颜元请到家中。颜元把寻父的缘由一五一十地讲给金定国夫妇听，金定国的妻子听后，又惊又喜地说："你要找的亲人，正是我的父亲!"颜元听后，喜出望外，详细地向妇人寻问其父的名字、年龄、相貌特征和身上的疤痕，妇人所说和他掌握的一一相符。于是就追问父亲现在何处？妇人详细地介绍了颜昶到东北后，思念家中的妻儿，曾偷偷地逃往关内，不曾想在山海关又被清军抓回来了，受尽了磨难，就对返回故乡绝望了，在东北娶刘氏为妻，生下自己。颜昶已于康熙十一年（1672 年）四月十二日死了，葬在韩英屯。颜元听后且悲且喜，悲的是老父已死，喜的是不但找到了父亲的下落，又找到了自己的胞妹。颜元按妇人提供的线索，访问了父亲的故旧，所言皆同。四月初一日，颜元祭奠了父亲的亡灵，告别众亲友，捧着颜昶的神主回到老家博野。

二是清政府"招垦"进入东北的汉人。清朝入关后，辽东人口锐减，较之明代人口减少了 2/3 以上。原来人烟辐辏的繁荣城乡，现在只剩下败瓦颓垣；原来肥沃的农田，现在变成了杂草丛生的荒原。《黑龙江外纪》的作者在从沈阳到齐齐哈尔一路所见，到处是荒凉的原野，"中间数百里无居民”。顺治十八年（1661 年），奉天府尹张尚贤在谈到辽东时，感慨万千地说：“沃野千里，有土无人，惟几处荒城、废堡、败瓦、颓垣，点缀在茫茫原野中而已。”①

吉林和黑龙江地区比辽东地区更加荒凉。吉林的伯都讷直到康熙后期还是“满地荒草，沙漠无际，黄羊山雉群集，古木怪石嵯峨”。② 吉林乌拉（今吉林市）以东的山林地区，“崎岖阴惨，不类人间”，“树根盘错，乱石坑呀，秋冬则冰雪凝结，不受马蹄；春夏高处泥淖数尺，低处汇成波涛……山魈野鬼呼啸，堕人心胆”。③ 黑龙江宁古塔地区，“弥望无庐舍，常行数日，不见一人”。④

清朝在全国的统治稳定下来后，为了增加政府的财政收入，开辟新的税源；为了恢复满洲祖宗故土，发展辽东经济，便开始了辽东的重建工作。重建工作从增加辽东人口开始，顺治八年（1651 年），清政府号召和鼓励关内人民到东北垦荒：“以山海关荒地甚多，民人愿出关垦荒者，令山海关道造册报部，分地居住。”⑤ 顺治十年，又颁布了《辽东招民垦荒条例》：“辽东招民垦荒，至百名者，文授知县，武授守备……招民数多者，每百名加一级。所招每名口给月料一斗，每地一垧，给种六升，每百名给牛二十只。”⑥

随着东北地区社会局面的稳定，肥得流油的关东黑土地，便成了农民理想的安乐窝。在清朝政府招民垦荒政策的鼓舞下，大批汉人涌进关东。东北地区人口增加了，荒田被开垦出来了，昔日荒凉沉寂的关东大地，又展现出新的生机。关内汉人的大量迁入，把先进的生产技术和生产工具带到东北。黑龙江宁古塔地区原来盛行“火田法”，每年每垧只收一至二石，汉人迁入后，将中原地区的“休闲法”和“轮作法”传到当地，大大提高了产量，每年每垧可收获四至五石，多者七至八石。汉人还把中原的蔬菜和瓜果带到东北，从而增加了东北地区的蔬菜瓜果品种，丰富了东北人民的饮食生活。汉人还将制作蜂蜜的方法、制作玫瑰糖的方法和制作蜡的方

① 《清圣祖实录》卷二。

② 魏声和：《鸡林旧闻录·张先生传》，吉林吉东印刷社 1913 年版。

③ （清）杨宾：《柳边纪略》卷一。

④ （清）杨宾：《柳边纪略》自序。

⑤ 《皇朝文献通考》卷一。

⑥ 《古今图书集成》卷五一《食货典》。

法传入东北，不仅丰富了人民的生活，也促进了东北手工业的发展。

三是“闯关东”自发流入东北的汉族。康熙七年（1668 年），清政府中止辽东招民授官的政策，将关外之地列为禁地，即不允许汉人出关进入东北地区。其原因是东北为满洲贵族龙兴之地，要加以保护，更重要的原因是害怕汉人出关后和蒙古人联合起来反抗清朝统治。自此以后，封禁之令时紧时松。灾荒年代，黄河流域各省百姓为了谋生，就携家带口，成群结队涌向东北，人数之多，来势之猛，难以阻挡。每当这时，清政府也只好睁一只眼闭一只眼，听之任之。如乾隆八年（1743 年），关内出现百年不遇大旱，赤地千里，百姓无以为生，逃往东北的汉人，络绎于途。乾隆皇帝只好下令开禁，让流民通过。乾隆九年、乾隆五十七年，也出现过类似的变通情况，允许难民出关的事情。

除了上述年份汉人大规模迁往东北外，平时单身一人或全家，乃至小规模的偷渡性迁往东北的汉人，年年岁岁不绝于途，累计起来也是一个庞大的数目。

这些迁往东北的汉人是在封禁情况下进行的，老百姓称为“闯关东”。

四是因触犯清朝法律被流放到东北的汉族。清朝入关后，将大批反抗清朝统治和触犯刑律的汉人流放到东北。清代法册之严，刑法之苛是造成大量犯人被流放到东北的重要原因。一人犯法，会株连九族，邻里连坐。这样，流放到东北的犯人，往往不是一人独行，而是几个人，几十个人，乃至几百个人同行，形成一支浩大的流放队伍。顺治九年（1652 年），在“丁西南闱科场案”中，万章铖被牵连在里边，流放到黑龙江宁古塔，同行的是全家数十口人。左懋泰被流放到辽东时，全家百口，形成一支流放大军。清代因触犯法律被流放到东北的汉人，其数量是相当惊人的。王源在《柳边纪略》序中说：“数十年士庶徒兹土者，殆不可以数计。”[①] 流放到东北的汉人，来自全国各省，张缙彦在《域外集·六博围棋说》中谈到宁古塔的流放犯人来源时说：“流徙来者，多吴、越、闽、广、齐、楚、梁、秦、燕、赵之人。”方拱乾在《绝域纪略》中说：“华人则十三省，无省无人。”东北地区则出现了“南国佳人多塞北，中原名士半辽阳”的现象，可见流放到东北地区汉人之多，成分之复杂了。

清代迁入东北的汉族奠定了现代东北汉族的基础。

---

① （清）王源：《居业堂文集》卷一三，《柳边纪略》序。

第六章　西北汉民族史记

第一节　西北概述

一　西北汉族的地理空间范围

西北位于中国内陆腹地，东起东经 114°14′，西至东经 73°26′，南起北纬 31°39′，北至北纬 49°11′；包括陕西、甘肃、青海 3 个省和新疆、宁夏 2 个自治区；面积 303 多万平方公里，占全国总面积的 31. 56%；人口 8835. 66 万人，其中汉族 7121. 61 万人。①

西北地域辽阔，自然条件复杂，我国最高的高原、最大的沙漠、最大的盆地、最长的内陆河、最大的咸水湖、最低的陆地都集中分布于这一地区。

1. 西北的行政区划

西北古为雍、梁两州地，春秋战国时属秦和西戎，秦统一中国，此地属内史及汉中郡、上郡、陇西郡和北地郡，汉属司隶和并州、盖州、凉州、朔方、西域都护府；元设陕西行省、甘肃行省和宁夏路；清为陕西省、甘肃省、新疆省和宁夏府；民国时增设青海省、宁夏省；1955 年成立新疆维吾尔自治区，1958 年成立宁夏回族自治区，至今未变。

据中华人民共和国国家统计局 2010 年统计②：

陕西省有西安、宝鸡、咸阳、渭南、铜川、延安、榆林、安康、汉中、商洛 10 个地级市，1 个地级杨凌示范区，4 个县级市，74 个县；人

---

① 国家统计局人口与就业统计司：《中国人口统计年鉴 1997》，中国统计出版社 1997 年版，第 68 页。下引人口数均见此书。

② 中华人民共和国国家统计局：《2010 年第六次全国人口普查主要数据公报（第 2 号）》2011 年 4 月 29 日，中央政府门户网站，http：//www. gov. cn/test/2012—04/20/content_ 2118413_ 2. htm。以下各省市区人口统计所引除注明外均据此。

口37327378人，其中汉族37162804人，占99.53%。

甘肃省有兰州、嘉峪关、金昌、白银、天水、酒泉、张掖、武威、定西、陇南、平凉、庆阳12个地级市，甘南藏族、临夏回族2个自治州，4个县级市，58个县、7个自治县；人口25575254人，其中汉族23164756人，占90.57%。

青海省有西宁、海东2个地级市，玉树、果洛、黄南、海南、海北藏族和海西蒙古族藏族6个自治州，3个县级市，29个县、7个自治县；人口5626722人，其中汉族2983516人，占53.02%。

宁夏回族自治区有银川、石嘴山、吴忠、固原、中卫5个地级市，2个县级市，11个县；人口6301350人，其中汉族348.39万人。

新疆维吾尔自治区有乌鲁木齐、克拉玛依、哈密、吐鲁番市4个地级市，伊犁哈萨克、博尔塔拉蒙古、昌吉回族、巴音郭楞蒙古、克孜勒苏柯尔克孜5个自治州，哈密、阿克苏、喀什、和田、塔城、阿勒泰6个地区，11个县级市，62个县、6个自治县；人口21813334人，其中汉族4069412人，占64.58%。

2. 西北的自然地理环境

西北地区地势高峻，地形复杂，内流区域辽阔，荒漠、半荒漠植被和干燥土类广布是该区自然地理环境的总特征。区内地势大部在海拔1000米以上，而青海高原更高在3000—4000米以上。海拔500米以下的地区仅见于关中盆地、准噶尔盆地、吐鲁番盆地等少数地区。阿尔泰山地、天山山地、祁连山地、秦巴山地和昆仑山地等是区内主要森林和草地分布区。山地间分布着许多下陷的河谷盆地，便于发展农垦和东西交通，但对南北交通则造成一定的阻碍。

西北地区高原面积辽阔。在秦岭以北，长城以南，乌鞘岭以东的地区为黄土高原，原面覆盖着疏松而深厚的黄土，受长期流水的侵蚀，分割成千沟万壑，使原面变得支离破碎，仅少数地方原面保存比较完整。由于水土流失严重，影响了土壤肥力和作物单产的提高。黄土高原北面的银川平原和东南面的渭河平原，渠道纵横，是全国著名的农业区。青南高原位于青海省南部，海拔高而坡度较平缓，大部分为良好牧场。

西北地区是我国大型盆地比较集中的地方。新疆的准噶尔盆地、塔里木盆地，青海的柴达木盆地都是著名的大型盆地；甘肃的河西走廊也具盆地形势。陕南还有汉中盆地。这些盆地除汉中盆地气候温暖湿润，生产亚热带产品和特种经济林外，其余皆深处内陆，形势闭塞，气候干旱，分布着广阔的沙漠。这些沙漠的部分地区，只要开发水源，则可得到改造，绿洲面积还可不断扩大。西北地区的河流由于受地形和气候的影响，一般水量较小，落差大，内陆流域面积广阔。全区分属四大水系，内陆水系面积最大，包括新疆大部分地区及河西走廊、柴达木盆地。在外流水系中，以黄河水系面积最大，次为长江水系。北冰洋水系（新疆北部额尔齐斯河）面积最小。

黄河全长5400多公里，流域面积74万平方公里。其中流经西北地区的地段长4500多公里，流域面积近70万平方公里，全属中上游地区。从河源到内蒙古托克托为上游，水多沙少，流量均匀，比降大，峡谷多。从源地到石嘴山，除银川平原一段外，大体是川流在峡谷山地间，黄河干流的峡谷主要集中在这一阶段。著名的峡谷有青海境内的龙羊峡、积石峡；甘肃境内的刘家峡、盐锅峡、八盘峡、桑园峡、大峡、乌金峡、黑山峡以及宁夏境内的青铜峡等。黄河在西北地区，由于坡降大，峡谷多，蕴藏着极为丰富的水力资源，是黄河梯级开发最密集的地段。

长江水系包括两部分，一部分为青海高原西南部的通天河流域，一部分为陕、甘南部的汉水流域和白龙江流域。长江流域河流，水量都比较丰富，含沙量较小，河流在峡谷山地间穿行，坡降大，水力资源比较丰富。

宁夏贺兰山和甘肃乌鞘岭以西以及青海的柴达木盆地和新疆的大部分地区，由于气候和地形的影响，不仅降水少，而且河、湖都不能入海，成为广大的内流区域，面积约占西北地区总面积的2/3，全国著名的内陆河、湖多集中在这里。内陆水系的河流水量主要由高山融雪供给，河流短小，水量不足，大多数河流流到山麓即行消失，只有少数支流较多、水量较大的河流，才能流入沙漠，潴为内陆湖泊。西北区最大的内陆河是新疆境内的塔里木河，它是由阿克苏河、和田河、叶尔羌河等汇集而成的，流经塔克拉玛干沙漠北缘，全长2179公里，是我国最长的内陆河。

青海省境内的青海湖，是我国最大的咸水湖。

陕西的地形特点是：自南而北可分山地、平原、高原三部分。秦巴山地，又称陕南山地，包括秦岭、大巴山和夹于两山之间的汉水谷地。秦岭海拔1000米以上，为黄河流域与长江流域的主要分水岭，是我国地理上南方和北方的重要分界线。主峰太白山海拔3666米，是青藏高原以东的著名高峰；秦岭北坡有明显的断层，沿断层线有许多温泉分布，著名的有骊山温泉；位于断层线南侧的华山，断崖千尺，雄伟非凡，为我国名山之一。大巴山绵延于陕、川、鄂边境，为汉中、四川两盆地的界山，在陕西省境内海拔1000—2000米。汉水谷地中峡谷、盆地相间，著名的汉中盆地从洋县至勉县，东西长约80公里。南北宽10—15公里，为主要农耕地区。关中平原，又名渭河平原或关中盆地，东起潼关，西至宝鸡，南接秦岭，北抵陕北高原，东西长约300公里，宽30—80公里，是断层陷落地带经渭河及其支流泾河、洛河等冲积而成，平均海拔500米左右，号称“八百里秦川”，以土壤肥沃、农产富饶著名。陕北高原亦称陕北盆地，位于凤翔、铜川、韩城一线以北，是黄土高原的中心。地势西北高东南低，平均海拔800—1200米，多数地方覆盖着深厚的黄土，经流水长期侵蚀，形成塬、梁、峁、沟、壑等多种黄土地形。富县以北大部地区侵蚀比较强烈，是全国水土流失严重地区。高原北部长城一带多风沙地形。

境内河流属黄河、长江两大流域。秦岭以南属长江流域，约占全省面积的1/3，河流含沙量小，水量季节变化不大；以北属黄河流域，约占全省面积的2/3，河流含沙量大，水量季节变化大。黄河纵贯陕、晋边境，沿途多峡谷，流经黄土高原的无定河、延河、洛河、渭河等支流携带大量泥沙流入黄河，是黄河下游泥沙含量的主要来源。渭河是黄河最大支流，全长787公里，发源于甘肃省渭源县西南的鸟鼠山，流贯关中平原至潼关附近注入黄河。汉水是长江最大支流，全长1532公里，发源于陕西省西南部米仓山西端的宁强县，流经秦巴山地，向东至湖北省武汉市注入长江。

甘肃地处青藏高原、内蒙古高原和黄土高原的接触地带，海拔大都在1000米以上。地形可分七区：陇南山地、陇中高原、陇东高原、河西走廊、祁连山地、北山山地和阿拉善高原。陇南山地大致位于渭河以南。西高东低，海拔2000—6000米，山间河谷深陷，有徽（县）成（县）盆地。甘川边境的岷山海拔4000米左右。西部甘南高原海拔3000米以上，地面起伏不大，是青藏高原的一部分。陇中高原大致位于陇南山地以北、六盘山以西，又称陇西高原，是黄土高原最西部分，海拔2000米左右。岛状山之间黄土层广泛分布，厚度10—40米，被河流切割，形成黄土沟壑和黄土丘陵地貌。陇中高原位于六盘山以东，是黄土高原的一部分，海拔1000米以上，黄土层厚达150米。高原面比较完整，以董志塬一带最为典型。河西走廊以在黄河之西而得名，也叫“甘肃走廊”，在甘肃省西北部祁连山以北、北山山地以南，西北起疏勒河下游，东南止乌鞘岭，大部分海拔1000—1500米，沙碛、戈壁间绿洲断续分布，间有相对高度200米左右的低山，自古是通往新疆及中亚的要道，兰新铁路经此，农牧业较盛。祁连山地位于甘、青两省交界处，西起当金山口，东南接秦岭、六盘山，一般海拔4000米以上。山间谷地多冰积、洪积与冲积平原。北山山地位于河西走廊以北，主要包括北山、包尔乌拉山、合黎山和龙首山，海拔1500—2500米，山间与山地周围有广泛的洪积与剥蚀平原。阿拉善高原位于甘肃和宁夏回族自治区的北部。甘肃境内高原面比较平缓，大部分海拔1000米左右，流沙、戈壁广泛分布，著名的有巴丹吉林沙漠等。嘎顺诺尔（居延海）一带水草丰美，为良好的牧场。

甘肃境内河流以乌鞘岭一带为界，东南部为外流区，西北部为内流区。外流区可分为黄河、长江两大流域。黄河流域除干流横贯中部外，主要支流有洮河、渭河、祖厉河等。黄河大部分流经黄土地带，下切到古老岩层，形成许多峡谷，自西往东有刘家峡、桑园峡、红山峡、黑山峡等。东南部嘉陵江上游支流白龙江、西汉水属长江流域。白龙江长535公里，水量大、水流急、冬不结冰，是陇南山地最大的河流，与秦岭、淮河同为我国地理上重要分界线。内流区的河流流程短、流量小、落差大。主要有石羊河、弱水、疏勒河等。西北部有少数内陆湖，主要有嘎顺诺尔（居延海）、索果诺尔、雅布赖盐池等。

青海地势高峻，海拔多在3000米以上，4/5以上的地区为高原盘踞。地形可分为祁连山和阿尔金山山地、柴达木盆地、青南高原三区。祁连山和阿尔金山山地中的祁连山地由一系列北西西一南东东的平行山脉与谷地组成，一般海拔在4000米以上，4500米以上的山峰和山谷常年覆盖着积雪和冰川。黄河及湟水谷地海拔约2000米，是青海省最低的地区，为主要农耕地区。祁连山地东段的青海湖盆地中，湖积平原广阔，可农可牧。阿尔金山脉东段位于本省西北边境，是柴达木盆地与塔里木盆地之间的界垒，东端在当金山口与祁连山脉衔接，一般海拔3500—4000米。柴达木盆地位于该省西北部，被昆仑、阿尔金、祁连等山脉环抱，面积20多万平方公里，是我国三大内流盆地之一。盆底海拔2600—3000米，自西北向东南微缓倾斜，从边缘至中心，依次为戈壁、丘陵、平原，平原最低部分因流水积潴，形成许多盐湖和沼泽，蒙古语“柴达木”为“盐泽”之意。青南高原位于柴达木盆地及青海南山以南，占全省面积的一半以上。

主要由昆仑山脉及其支脉可可西里山、巴颜喀拉山、积石山（阿尼玛卿山）等组成，海拔在4500—5000米以上，常年积雪的山峰很多。高原西部和南部同藏北高原、川西北高原连成一片，高原面相当完整，仅东南部被河流深切，形成高山峡谷。长江、黄河和澜沧江均发源于本区山地，故青南高原有“江河源”之称。巴颜喀拉山是长江和黄河发源地的分水岭。高原上河、湖沿岸牧草丰美，是良好的畜牧区。

青海境内河流大致以可可西里山、布尔汗布达山和日月山为界，分为内流区和外流区两部分。东南为外流区，约占全省总面积的2/3；西北为内流区，约占全省总面积的1/3。外流区河流分属黄河、长江和澜沧江三大流域，共有大小河流1000多条，黄河、通天河（长江的上游）、扎曲（澜沧江的上游）、湟水、大通河为较大的外流河，河道深长，水量丰沛，水力资源丰富，黄河、长江两流域蕴藏的水力资源约占全省水力资源的70%。河源地区雨雪较丰，地面平缓不易排水，形成许多湖泊和沼泽，鄂陵湖盆地及其附近地区，共有大小河流80多条，均发源于昆仑山脉和祁连山脉，大多分流向各盆地中心，构成向心状水系。主要内流河有柴达木河、格尔木河、黑河、党河、疏勒河等，河短、流量小、水量季节变化大。多为间歇性河流。青海省内陆湖泊80余个，多为咸水湖，东北部青海湖（库库诺尔）是我国最大的咸水湖，面积4427公里，湖面海拔3177米，最深处38米。

宁夏地跨黄土高原和内蒙古高原，海拔1000米以上，地势南高北低。地形可分为宁夏平原、贺兰山地、东部黄土高原、六盘山山地和西北部高原等五区；宁夏平原在贺兰山脉与鄂尔多斯高原、黄土高原之间，为断层陷落后经黄河冲积而成。南起中卫的沙坡头，北止石嘴山，海拔1100—1200米。横亘平原中部的山脉，被黄河切割，形成著名的青铜峡，以北为银（川）吴（忠）平原，以南为卫（中卫）宁（中宁）平原。银吴平原南北长约1500公里，东西最宽40多公里；卫宁平原长不到100公里。宁夏平原地形平坦，引水便利，为主要农业区。贺兰山地中贺兰山南北长200多公里，东西宽15—50公里，一般海拔2000米以上。西侧平缓，接阿拉善高原；东侧以断层临银吴平原，为银吴平原天然屏障，能阻挡住寒风的侵袭和腾格里沙漠东移。贺兰山是我国内流区与外流区的分界线。大武口等山间缺口为东西交通孔道。山区有森林、草甸，适于林、牧业发展。东部黄土高原位于黄河和鄂尔多斯高原以南，六盘山和屈吴出的东北，是我国黄土高原的一部分。黄土覆盖厚度可达百余米，大致由南向北厚度渐减。六盘山山地跨宁、陕、甘三省区，山体大致为南北走向，长约240 公里，一般海拔 2000 米，峰脊岩石裸露，为陕北黄土高原和陇西黄土高原的界线及渭河与泾河的分水岭。西北部高原属阿拉善高原东部，北部银根盆地海拔 820—850 米，为阿拉善最低洼的地区，盆地中部有相当规模的盐沼，盐沼外围为砾石戈壁和沙丘；中部为海拔 1600 米以上的高地横亘；南部为腾格里沙漠，海拔 1300—1500 米，盐沼和湖盆面积约占腾格里沙漠面积的 20%，腾格里沙漠的流沙，在卫宁平原北缘山脉的缺口处随风向东南移动，直逼黄河。境内重要河流有黄河及其支流清水河、苦水河、泾河、茹水河、葫芦河等。黄河自中卫以下水流缓慢，多沙洲，每年 11 月至次年 3 月上旬有凌汛；清水河源出固原县境六盘山东侧，流经同心县境，下切黄土层下的红色地层，河水溶解了大量硫酸钠盐类，不宜人畜饮用和灌溉。较大的湖泊有吉兰泰盐池。

新疆的地形特点是边境多山，盆地广大，沙漠约占全区面积的 22%。天山山脉横亘中部，习惯把天山以南地区叫南疆，以北地区叫北疆，哈密、吐鲁番盆地一带叫东疆。地形可分为阿尔泰山地、准噶尔盆地、天山山地、塔里木盆山和南疆山地五区。阿尔泰山地位于新疆北部、蒙古人民共和国西部，西北延伸到哈萨克斯坦境内，在我国境内的是其中一段，山麓呈阶梯状逐级升高，海拔 2000—3000 米以上，有天然草场呈带状分布，是牧业发达地区。准噶尔盆地介于天山山地与阿尔泰山地之间，盆地西端有阿拉山口和额尔齐斯河谷，大西洋的水汽由此进入北疆，对气候有很大影响；盆地底部由东向西倾斜，平均海拔 500 米左右；盆地中部为古尔班通古特沙漠，多固定和半固定沙丘，为冬季牧场；盆地南缘冲积扇平原广阔，是宜农地区。天山山地由数条大致东西走向的平行山脉组成，约占新疆面积的 1/5，海拔多在 3000—5000 米，山峰终年积雪；中、哈、吉边界上的汗腾格里峰海拔 6995 米，为天山最高峰；山间多陷落盆地和谷地，如伊犁谷地和吐鲁番、哈密、焉耆等盆地。塔里木盆地位于天山以南，约占自治区面积一半以上。平均海拔 1000 米左右。塔克拉玛干沙漠在盆地中部，面积约 33 万平方公里，为我国最大的沙漠，多新月形沙丘，沙漠外围的冲积平原为水草丰茂、农产富饶的绿洲。南疆山地由喀喇昆仑山地、昆仑山地、阿尔金山地和帕米尔高原组成，环列于塔里木盆地南缘，一般海拔 5000—6000 米，多冰峰雪岭。喀喇昆仑山脉中段的乔戈里峰为世界的第二高峰，海拔 8611 米，其属中国的一侧，在新疆维吾尔自治区塔什库尔干塔吉克自治县境内。

新疆境内河流绝大部分为内流河，水源多靠山地降水和高山雪水供给。额尔齐斯河为外流河，又是我国属于北冰洋水系的河流，境内长 442 公里，流域面积 44000 多平方公里。最大河流是塔里木河，为我国第一大内流河，全长 2179 公里。湖泊以罗布泊为最大，是我国内流区最大咸水迁移湖；博斯腾湖是新疆最大淡水湖。

3. 西北的气候

西北深处内陆，距海遥远，加以丛山阻隔，海洋对本区影响较小，因此降水稀少，气候干燥，大陆性异常明显。全区除秦岭山地以南气候温暖湿润外，其余大部分地区属干燥半干燥气候。就气温而言，西北冬季比较寒冷，一月均温除陕南外，都在 0℃ 以下，但夏季又普遍高温，七月均温除青南高原和部分山地外，都在 22℃ 以上。各地无霜期差别较大，秦岭以南地区一般在 200 天以上；关中平原、黄土高原的南部、塔里木盆地、河西走廊的西部在 200 天左右；气温较低的柴达木盆地和北疆大部分地区在 90—130 天之间；青南高原在 120 天以下。

西北地区绝大部分地方降水稀少，雨量变率较大。除陕西省、甘肃东南部的高山迎风坡以外，其他地区的年降水量都不足 300 毫米。其中塔里木盆地、河西走廊、柴达木盆地等地的年降水量，更在 100 毫米以下，不仅降水少，而且蒸发量大，是全国干燥度最大的地区。在贺兰山以西，祁连山、巴颜喀拉山、西昆仑山以北，除阿尔泰山、天山以外，大部分地区干燥度在 4 以上，柴达木和塔里木两盆地竟达到 16，成为世界上著名干旱区之一。陕西省和甘肃省东南部的降水量虽然较多，干燥度小（1—4），但由于降水过分集中，而且变率大，干旱的威胁也很严重。西北只有陕南地区降水量比较丰富，年降水量在 600 毫米以上，蒸发量不大，干燥度在 1 以下，为区内水分条件最为良好的地区。西北气候由于大陆性比较显著，降水少，气候变化剧烈，因而经常出现霜冻、冰雹、风沙等自然灾害。另外，由于气候干旱，云量少，所以晴天日数多，辐射强，日照时间长，境内全年日照时数达 2600—3200 小时。尤其夏季日照强烈，气温甚高，日差较大。

陕西的气候特点是：由于秦岭阻挡冷空气南下和夏季风北上，南北气候差异显著。秦岭以南最冷月（一月）平均气温在 0℃ 以上，最热月（七月）平均气温在 22℃—28℃，全年无霜期长 7—8 个月，年平均降水量 750—12000 毫米；关中平原最冷月（一月）平均气温 -12℃— -3℃，最热月（七月）平均气温在 24℃以上，全年无霜期约 6 个月，年平均降水量 570—700 毫米；陕北高原最冷月（一月）平均气温 -32℃— -10℃，最热月（七月）平均气温 22℃—24℃，全年无霜期 5 个月左右，年平均降水量 300—600 毫米。陕西省七至九月降水量占全年降水量一半以上，且多暴雨，常引起山洪暴发；冬春降水少，易发生春旱，且受风沙和寒潮的侵袭。

甘肃深居内陆，温湿的海洋气流仅可影响到乌鞘岭一带，具有明显的向大陆性气候过渡的特征。年平均气温由祁连山的 0℃向北递升到 8℃，向东南的白龙江流域递升到 16℃。最冷月（一月）平均气温，从祁连山和北山山地向东南白龙江流域。由 -14℃递升到 4℃，河西走廊在 -10℃左右；最热月（七月）平均气温，从祁连山向北和向白龙江流域，由 16℃递升到 28℃。全年无霜期，甘南高原只有 2 个月，河西走廊约 8 个半月，天水一带约 6 个多月，白龙江流域达 8 个月左右。年平均降水量，在西峰镇、天水、武都一线以东，年平均降水量都在 500 毫米以上，是全省降水最多的地区；乌鞘岭以西急剧减少，河西走廊西部和阿拉善高原年平均降水量都只有 50 毫米左右。甘肃西北部日照充足，但春季风沙大；东南部夏季多暴雨，并有冰雹为害。

青海的气候特点是：大部分地区气候干燥寒冷，冬长夏短，多风少雨，日照时间长，日温差大。年平均气温，青南高原和祁连山区在 -8℃—0℃，其他地区都在 0℃—6℃。最冷月（一月）平均气温，多在 -8℃以下，青南高原西部达 -20℃；最热月（七月）平均气温从东南部和西南部向盆地中部和西北递增，在 0℃—20℃之间。夏季昼夜气温较大达 15℃左右，盆地有时可达 30℃。全年无霜期在黄河、湟水谷地长 3 个月以上，柴达木盆地的大部分地区仅 1 个多月，其他地区不足 1 个月。西南部高原几乎没有无霜期，但由于这里蒸发快，水汽少，看不见霜，当地称“黑霜”。年平均降水量一般在 300 毫米以下，东南部边缘可达 500 毫米；柴达木盆地西部不足 25 毫米。

宁夏位于我国西北内陆高原，气候大陆性显著，降水较少；气温的年较差和日较差都较大。年平均气温宁夏平原为 8℃—9℃，六盘山区 6℃，阿拉善高原北部 8℃；最冷月（一月）平均气温，从北往南由 -13℃递升

到 -7℃左右；最热月（七月）平均气温，从南往北由17℃递升到26℃，宁夏平原在23℃左右。全年无霜期，以宁夏平原最长，达4—5个月；南部山区最短，为3—4个多月。年平均降水量从北往南，由不足100毫米递增到700毫米左右，宁夏平原不足200毫米。全区夏季降水量约占全年降水量的60%左右，有利于作物生长，但时有冰雹为害，以南部山区为甚。春、秋季有风沙。

新疆地处亚洲内陆，大陆性气候非常明显，气温变化剧烈，日照充足，降水稀少。最冷月（一月）平均气温在准噶尔盆地为 -20℃以下，盆地边缘富蕴、青河一带绝对最低气温可达 -52℃，是全国最冷的地区之一；塔里木盆地在 -10℃。最热月（七月）平均气温在全国海拔最低的吐鲁番盆地为33℃以上，绝对最高气温可达48℃，向有“火洲”之称；而高山地带气温仍在零下，有永久积雪和现代冰川活动。全年无霜期在准噶尔盆地为4—5个月，吐鲁番盆地和塔里木盆地为6—7个月。全区年平均降水量为150毫米左右，各地降水量相差很大，如阿尔泰山、天山山地年平均降水量可达500—600毫米，而塔里木盆地东南缘的且末、若羌年平均降水量仅约10毫米，为全国降水量最少的地区。北疆多冬雪，阿尔泰林区、伊犁河谷积雪可厚达1米以上。新疆区内峡谷、山口多大风、冷空气入侵时，常有12级强风。

二　西北汉族历史发展的基本线索

西北自古既是汉族的起源地，又是西北少数民族土著族群原居的地方。汉族的支源之一姜炎集团就是从陕南的渭水流域兴起，而汉族的支源之一戎狄集团也是西北的土著族群，华夏民族的主干夏、周两族也是从陕南的渭水流域崛起的。秦汉以华北中原为中心舞台，华夏民族完成了从统一向汉族的转化和发展，与此同时也开始向西北的迁入和发展。

西北汉族的发展大致可分为以下5个时期。

1. 秦汉为汉族迁入西北的初始时期

秦始皇统一全国后就实行了开疆拓土政策，并把六国宗族强制内迁和互迁，秦始皇八年（公元前239年）贵族上官氏和大姓权氏被迁到陇西上邽（今甘肃天水），此大约为秦汉华夏民族迁入西北之始。此后秦始皇三十三年到三十六年又两次向河套移民约20万人，此次大约为秦代向西北移民人数最多的一次。

汉代，汉族向西北移民是从汉武帝时开始的。迁民的主要方式是移民和屯田。如在朔方元狩四年（公元前 119 年），关东水灾连年，汉武帝“乃徙贫民于关以西，及充朔方以南新秦中”[①]，总数有 72.5 万人。[②] 又如在西域的轮台（今新疆轮台县东）、伊循（今新疆若羌县东）、车师（今新疆吐鲁番盆地）、荷车（今新疆荷车县）等地屯田，“更置都尉”。[③] 据《史记》《汉书》的记载，在汉武帝时，大批量向西北长期移民共有七次，总计人数超过 200 万以上，使得汉族移民遍及河西及陇右，甚至河西四郡等基本上由汉族移民组成。

2. 魏晋南北朝为汉族迁入西北，并与部分内迁的少数民族族群互动融合初步发展时期

东汉末年，中原大乱，在长达三百六十余年的时间里，一方面是汉族移民迁入西北避乱，当时主要迁入地是河西走廊，如苻坚安南太守（治今甘肃陇西县东南）、河内温县人常珍“因世乱遂居凉州”。[④] 另一方面，高昌、吐谷浑地区也有不少汉族迁入聚居。史载汉族迁入高昌有两次高潮：一次是西汉李广利西征疲兵和屯田卒留居高昌；一次是沮渠无讳率北凉残部“一万余户”西迁。[⑤] 而吐谷浑在形成过程中更是吸收了不少汉人。

另外是西北少数民族族群的不断内迁，如大月氏人支氏迁至敦煌世居，粟特人即又称康居人中也有部分迁入河西走廊，羌人和氐人更是大批内迁，卢水胡人、秃发鲜卑人也有不少迁入西北。这些内迁进入西北的少数民族族群与迁入西北的汉族在互动中基本上汉化了，从而使西北汉族得到了一次滚雪球式的发展。

3. 隋唐为汉族继续迁入西北，并与新的一批内迁的少数民族族群互动融合大发展的时期

隋唐之时，随着唐代经济的高度繁荣，作为首都所在地的西北，汉族迁入掀起高潮。这时汉族迁入西北的主要形式是掳掠、战俘、流放、屯田、逃户、留戍、和亲等，如河西走廊的凉、甘、肃、瓜四州贞观十三年

---

① 《史记·平准书》。

② 《汉书·武帝纪》。

③ 《汉书·地理志》。

④ 《魏书·儒林传·常爽》。

⑤ 《魏书·高昌传》。

(639年)，著籍户口为14052户，56150口，至天宝十一年（752年）达31553户，155836口，分别增加了1.25倍和1.78倍。[①] 又唐朝在西域广开屯田，据《唐六典》卷七所记，安南都护府有20屯，疏勒和焉耆各有7屯，北庭都护府有20屯，伊吾军和天山军各1屯。

与此同时到贞观年间西北少数民族族群内迁掀起高潮，据记载，这时内附入迁的突厥人、铁勒人和粟特人便有四五十万人之多。到高宗和武周时期再掀高潮，此时内迁的突厥人、吐谷浑人等总数可达一百万人。

这样汉族（加上唐代入迁西北的汉族）与内迁的少数民族族群在互动中，汉化融合，西北汉族像滚雪球一样再一次得到了滚动式的发展。

4. 宋元为汉族继续迁入西北，并与西北少数民族族群互动融合再发展的时期

屯田移民，一直是汉族迁入西北的主要形式，北宋时继续向西北屯田移民，如真宗咸平四年（1001年），建镇戎军（今宁夏田原县），并在军城四面屯田，而且北宋最后收复的西宁、湟、廊等州，屯田也很有成效，不仅募士七千四百万余人，且开出善田2.6万顷，修复了汉唐故渠。[②] 及至元代，随蒙古远征军进入西域的部分汉族将士遂定居西域，就是在阿里麻城（今伊犁霍城西）“汉人尤多”，“加纥与汉民杂居”；城北面有关名铁术文忏察，“守关者皆汉民”[③]；城南西有赤木儿城，居民多前（今太原市）、汾（今山西汾阳县）人。

宋辽夏金鼎立对峙时期，迁入西夏的汉族有逃入者，也有被俘掠者，还有被买入者。金代的女真人也大批内迁，也有部分猛安谋克户在西北与“百姓杂处”。[④] 在这种态势下，按照中国民族关系发展的规律，西北汉族与部分吐谷浑、女真等西北少数民族族群在互动融合中又一次像滚雪球一样得到了滚动式的新发展。

5. 明清为汉族向西北大迁入的时期

明代实行卫所制，在西北设置了陕西都司和陕西行都司，管辖会陕、甘、宁、青大部分地区。这种卫所军士除戍守外，还要屯田自给。如洪武

① 《旧唐书·地理志》。
② 《宋史·何灌传》。
③ （元）刘郁：《西使记》。
④ 《大金国志·屯田》。

年间陕西行都司的12卫2所，作为移民的军人为3.5万人，合家属共有10万人左右。

清代为了巩固在西北的统治和开拓新疆，首先向陕南大规模迁民，从乾隆初年至道光初年，在历时九十年左右的时间里向陕西南迁入汉族移民约为310万人①，乾隆四十二年（1777年）向新疆除乌鲁木齐和巴里坤外的其他地区移民为23万余人，加上移入乌、巴两地人口约为12万人，全疆共有移民35万人左右，其中绝大部分应是汉族。

综上所述，汉族在西北的发展犹如走了一个“之”字，即主源于西北炎黄的汉族从西北出发，以华北为中心舞台完成了民族形成的过程后，从秦汉开始不断迁入西北，在魏晋南北朝、隋唐、宋元、明清都出现过高潮，并与西北不同时期少数民族族群的互动认同融合中，吸收了部分西北少数民族，像滚雪球一样不断得到了滚动式的发展，从而形成了今天西北汉族的分布格局和人文特征。

三　西北汉族的族群结构

西北汉族的族群结构比较单纯。

自汉族的主源炎黄集团兴起于陕南的渭水流域、支源戎狄集团世居西北，最后以华北为中心舞台形成汉族后，从汉高帝五年（前202年）定都于长安（今西安）开始，东汉、西晋、前赵、前秦、后秦、西魏、北周、隋唐皆定都于此，在长达一千一百多年的历史中，中国的政治中心一直在西北。在辽阔的西北高原和盆地上，由于气候干燥，降水稀少，无论是迁入西北的汉族，还是内迁的少数民族族群，大多会聚在比较适合人们生活的地方，陕西作为西北的发达地区且不说，进入甘肃后，人们便会聚在丝绸之路沿线的陇右和河西走廊，以及宁夏平原和天山南北的绿地。在这种自然环境条件下，各族群之间的认同范围大；与此同时在语言上也较一致，基本上属于北方方言区，其中大部分属于兰银官话和中原官话，小部分汉族操西南官话和北京官话，陕北汉族操晋语。所以，西北汉族虽然在不同时期的民族互动中融合了不同的少数民族族群，但由于语言认同的一致性，没有出现如同华南族群结构复杂的态势。

---

① 葛剑雄主编：《中国移民史》第六卷，福建人民出版社1997年版，第128页。

西北汉族族群的结构可分为两个层次：

第一个层次为关中西安人、陕北人、秦州天水人、河西人、河湟人、兰州人、新疆汉人；

第二个层次为族群岛，主要有敦煌人，以及陕南各族群。

四　西北汉族的基本特征

1. 方言基本统一

西北汉族除陕北人操晋语外，其余汉族族群，无论是关中人还是陕南各族群，天水人还是河西人，新疆汉人还是敦煌人都讲北方方言。虽然他们之间可分为几种不同的官话区，但基本上是统一的，彼此之间可以通话，绝不像华南汉族族群之间常常不能通话。

2. 族群结构复杂

西北汉族的族群有关中西安人、陕北人、秦州天水人、河西人、河湟人、兰州人、新疆汉人等。再加在清初时从川、鄂、豫、皖、陇等省迁入的陕南人，由于操不同官话，如“下河话”、江南话、安徽话、关中话、四川话、湖北话等，又可以分成若干个小族群，这样就使得西北汉族族群结构显出一定的复杂性。

3. 内陆性格凸现

西北汉族的性格是典型的内陆型性格，其特征是憨厚而粗犷，保守而耐劳。在辽阔的高原和草原上长大，又处在险峻的高山封闭之中的西北汉族自然而然地养成了他们性格的内陆性。千百年来，他们大口地吃肉，大碗地喝酒，大盆地吃面条，粗犷而朴实；他们老实地在黄土地上耕耘，安于拥有“二亩地，一头牛，老婆孩子热炕头”的家园；他们温厚诚实，总是给人以一种厚道可靠的感觉。这几年在宁夏银川郊区张贤亮开的影视城拍摄的几部西部片，无不表现了西北汉族这种敦厚、粗犷、吃苦、耐劳、保守的内陆性格。

4. 民风民俗朴实

西北汉族民风民俗古朴敦实，笔者到西北考察无不被西安羊肉泡馍和兰州拉面的比人脸还要大的大海碗而震住。故人们称陕西人有十大怪：面条似腰带，锅盔像锅盖，辣子也是一道菜，房子一边盖，大姑娘不对外，板凳不坐蹲起来，羊肉泡馍大碗卖，碗盆难分开，帕子不装头上戴，唱戏大声吼起来。这种以陕西人为代表的西北汉族民风民俗确实古朴而敦实，与华南、华东汉族的民风民俗相映成趣。

第二节　西北秦汉时期的族群概况

一　远古时代的西北原始族群

在西北这片底蕴深厚的土地上，很早以前就有人类在这里生存、劳动和繁衍。

（一）旧石器时代西北的原始族群

西北地区旧石器时代早期的人类遗骸及文化遗存十分丰富，分布范围很广，陕西的关中、陕南和陕北均有发现。除著名的蓝田县公王岭、陈家窝外，还有蓝田的陈家村、司马沟、赵村等九处及锡水洞人类洞穴遗址；陕南的梁山，南郑县的龙岗寺东嘴、黄龙寺疙瘩，洋县倪家大坝等旧石器点。① 这说明了西北在一百多万年前，就是古人类活动比较集中的地区。

1. 蓝田猿人

中国科学院古脊椎动物和古人类研究所野外调查队，于 1963 年夏在关中蓝田地区新生代地质进行调查时，发现了一具猿人下颌骨化石，次年春，在蓝田公王岭考古发掘中，又发现一颗猿人牙齿化石，后经科学院研究整修出了一个猿人头盖骨，定名为“蓝田中国猿人”，又称蓝田人。经专家鉴定，它比北京人原始。测定蓝田猿人的时代距今 80 万—100 万年。② 考古最新资料公布为距今 110 万—115 万年。从而找到了华夏祖先的连续发展环节，填补了我国人类学和考古学的空白。

公王岭蓝田猿人化石遗址中，先后共发现二百多件石器和石制品，这些石器工具所具备的一定程度的分化、整修上的程序和方法，又呈现一定的进步性。③ 公王岭动物化石中，如大熊猫、东方剑齿象、猎豹、中国貘、华南巨猿、中国爪蹄兽、毛冠鹿等，从动物地理学观点看，属于华南及南亚中更新世动物群的成员，而其中的中国鬣狗、李氏野猪、三门马、曹氏梅花鹿④则又属于华北中更新世动物群的成员。百余万年前，南北动

① 《陕西省考古研究所三十年来研究工作的主要收获》，《考古与文物》1988 年第 5、6 期。

② 陈全方：《建国以来陕西省史前考古发掘主要成果》，《文博》1990 年第 4 期。

③ 戴尔俭等：《蓝田旧石器的新材料和蓝田猿人文化》，《考古学报》1973 年第 2 期。

④ 胡长康等：《陕西蓝田公王岭更新世哺乳动物群》，载《中国古生物志》总号 155 册，新丙种 21 号。

物群的迁徙和混合，使我们间接地看到当时南北方、东西方猿人的迁徙、会合情况，从而说明蓝田猿人时期，属森林草原气候，温暖而湿润，秦岭不太高，猿人及动物可自由往来。

蓝田辋川锡水洞旧石器文化遗存，同蓝田人时代相当，属中更新世早期或更早，出土有石器、骨角器[①]，动物化石有猕猴、中国犀牛、西藏黑熊、水牛、水鹿、羚羊、豪猪、蝙蝠等。动物群属种成分及动物群南北混合特色，以及亚热带森林性动物群性质和公王岭动物群十分接近。[②] 锡水洞洞穴中发现的十多种脊椎动物化石，从动物生态学特征看，属于森林沼泽地带的动物，皆为东洋界的动物，说明中更新世早期或更早一些的锡水洞地区，是森林茂密、草原分布的山谷盆地地区。气候属于热带、亚热带的温暖湿润型。由此可知，适应在此生活的猿人，也必然是南方迁徙来的。他们在这种森林草原的自然环境中，依靠双手和十分简陋的工具，进行采摘、狩猎、捕鱼等活动，以维持极为艰苦的生活。

2. 陈家窝猿人

蓝田陈家窝位于灞河右岸，猿人下颌骨化石与公王岭猿人牙齿化石一样，出土于最高一级阶地的红色土壤中，属于一老年女性个体。经专家测定，其年代距今五六十万年，将它称为“直立人陈家窝亚种”，俗称“陈家窝人”。其遗址出土的哺乳动物化石有 14 种。[③] 陈家窝动物群则显示了以草为主的草原森林自然环境。它是以华北类型为代表。从古地壤层看，气候与公王岭、锡水洞地区相比，则变得稍微寒冷而干燥。这说明，陈家窝猿人时期，秦岭山势高峻，南方的猿人和动物已不易迁徙岭北，因此，我国北方的猿人和动物群便成为这里的主人。

3. 洛南猿人

1977 年，在洛南东河村一洞穴中采集到一颗人牙化石，命名为“洛南人”。经鉴定，与湖北和县人、郧县人或爪哇人相近，属直立人范畴，地质年代为中更新世早期或更早，是秦岭南麓与蓝田猿人同期的猿人化石。

陕南的旧石器早期遗存，主要是分散在梁山地区三十多处，它们分布

① 魏京武、尹申平：《陕西的旧石器时代考古》，《考古与文物》1988 年第 5、6 期合刊。

② 陈全方：《建国以来陕西省史前考古发掘主要成果》，《文博》1990 年第 4 期。

③ 周明镇：《陕西蓝田中更新世哺乳类化石》，《古脊椎动物与古人类》1970 年第 3 期。

在汉中盆地东西 100 公里、南北 30 公里的范围内。出土的石器与石制品，砾石石器占一半以上，与华南百色等地的旧石器文化相似；而整个梁山旧石器又以三棱大尖状器、石球为主，和华北旧石器的特点相近。它说明陕南梁山旧石器既属华北旧石器范围，又有南方旧石器特点，是华北、华南旧石器的交会地区。

到了中更新世中期后一阶段，距今约二三十万年至五万年前，人类发展到由直立人到早期智人（古人）阶段。早期智人生产力的发展和开始实行外婚制，引起社会结构的改变，导致了以母系关系为纽带的氏族组织的萌芽。这个时期的早期智人化石及其遗存主要有以下几个。

1. 大荔古人

1978 年在大荔县段家乡甜水沟崖壁上，发现了保存基本完好的头骨化石，命名为大荔人。大荔人头骨化石上存有明显的“印加骨”，说明它与黄种人有着极为密切的关系，是正在形成和发展中的黄种人。[①] 大荔人头骨化石的发现，填补了我国乃至东亚古人类研究上的空白。[②]

2. 涝池河古人

1963 年在蓝田县城东北厚镇涝池河，发现了一批更新世晚期的旧石器和哺乳动物化石，并发现一段属于人肱骨远端部分的化石，称涝池河人。[③] 这些都是华北地区晚更新世地层中比较常见的种属，其性质与萨拉乌苏动物群比较接近，其文化属于旧石器中期的早一阶段。[④]

3. 长武古人

1972 年中国科学院古脊椎动物与古人类研究所在陇东进行第四纪考查时，在陕西长武县窑头沟及鸭儿沟的晚更新世地层中，发现了许多打制石器和哺乳动物化石，征集到一枚智人牙齿化石。将它称为长武古人。石器以小型为主，动物化石有鼢鼠属、披毛犀、大角鹿属、牛类等。这类石器点，可称为泾渭文化。

旧石器时代晚期，其年代约距今 5 万年至 1 万年前，早期智人（古

---

① 陕西省考古研究所：《十年来陕西省文物考古的新发现》，载文物编辑委员会《文物考古工作十年（1979—1989）》，文物出版社 1991 年版。

② 吴新智：《陕西大荔县发现早期智人古老类型的一个完好头骨》，《中国科学》1981 年第 2 期。

③ 计宏祥：《陕西蓝田涝池晚更新世哺乳动物化石》，《古脊椎动物与古人类》第 12 卷 3 期。

④ 魏京武、尹申平：《陕西的旧石器时代考古》，《考古与文物》1988 年第 5、6 期。

人）约从5万年前逐渐发展为晚期智人（新人）阶段。因受生活地域环境的影响，逐渐分化成各色人种，现代人开始形成，西北地区的晚期智人化石及旧石器文化点多集中在北部的黄土高原地区。

1. 河套新人

河套人是以1922—1923年在今陕西和内蒙古交界的萨拉乌苏河、宁夏灵武水洞沟发现的人类化石而得名。目前共有河套人化石23件，经专家鉴定和研究，认为已接近现代人，属于晚期智人。①

2. 黄龙新人

1975年在陕西黄龙县徐家山南坡，出土了一具人类头盖骨化石，属于晚期智人。黄龙人是早期智人向晚期智人的过渡类型。

3. 禹门口人

1973年在韩城东北的禹门口，出土了一批旧石器。文化遗存有石制品、用火痕迹和一些动物化石。石器比较粗糙，动物化石有草原性种类的牛、犀牛、鹿等，洞穴中有灰烬层，有木灰屑、烧骨及石块。禹门口人比黄龙人在年代上要晚一些。

西北地区旧石器时代的文化还有陇东庆阳地区旧石器地点和青藏高原唐古拉山托托河沿、霍霍西里旧石器文化。② 中石器文化我国发现不多，西北的沙苑文化可做这一时期的代表。③

（一）新石器时代西北的文化遗址

及至新石器时代，中国的原始氏族公社进入了由全盛到衰落的历史阶段，磨制石器、陶器、纺织的出现，使人们由依赖自然的采集渔猎经济，逐渐进入了农耕和畜牧的生产经济，西北大地遍布公元前六千多年的新石器文化遗址，主要有以下几个。

1. 老官台遗址

位于陕西华县城西南，以陶器最具特征，手制，胎壁较薄，少量内壁留存刮划遗痕。纹饰以划纹为主，绳纹次之，也有少量线纹、锥刺纹，附加堆纹，彩陶极少。器形以罐为主，鼎极少。器形有钵碗、杯和小口鼓腹

---

① 贾兰坡：《河套人》，龙门书局1951年版；魏京武、尹申平：《陕西的旧石器时代考古》，《考古与文物》1988年第5、6期。

② 邱中郎：《青藏高原旧石器的发现》，《古脊椎动物学报》1958年第2卷第2、3期合刊。

③ 安志敏：《关于我国中石器时代的几个遗址》，《考古通讯》1956年第2期。

平底瓮。同时，还发现磨光的石凿、骨铲及骨锥。

2. 大地湾遗址

位于甘肃秦安邵店村东，面积约 12 万平方米。为新石器早期及仰韶文化早、中、晚各期文化遗址，距今 7800—5000 年。这里不仅有保存完好的新石器时代的房址、灰坑、墓葬、窑址和壕沟，而且还有精致的地画、彩陶和面积很大、构造复杂的房屋遗迹。清理各类文物八千多件，为甘肃新石器文化遗址之最。大地湾遗址系我国最早的彩陶文化，其发现为探讨仰韶文化半坡类型，研究仰韶文化的分期，乃至我国古代文化的起源问题，提供了新的实物例证。

3. 李家村遗址

位于陕西西乡县城西，汉水上游支流牧马河南岸的第一台地上。以磨制石器、陶器为主，与大地湾文化相当或稍晚。

4. 北首岭遗址

位于陕西宝鸡金陵河西岸，遗址面积约 6 万平方米。文化堆积可为三期。北首岭遗址的发掘，揭示了仰韶文化起始和早期阶段的面貌和变化脉络；为仰韶文化的聚落布局和文化内涵，增添了较多的新资料。[①]

5. 半坡遗址

新石器时代仰韶文化的遗址，位于陕西西安东浐河东岸的半坡村，遗址面积约 5 万平方米。文化遗存分早晚两期，早期遗存内涵丰富，也最典型，半坡类型以此而得名。晚期遗存很少，称西王村类型或半坡晚期类型。半坡遗址的发掘，为复原中国母系氏族的社会生活，提供了宝贵资料。[②]

6. 姜寨遗址

新石器时代以仰韶文化为主的遗址。位于陕西临潼县城北，地处临河东岸的第二台地上。面积约 5 万平方米。该遗址仰韶文化堆积由下到上依次为半坡类型、庙底沟类型和西王村类型。姜寨的发掘为研究关中地区仰韶文化的发展序列提供了重要依据，发现了大量遗迹、遗物，充实了仰韶文化的内容。[③]

---

① 中国社会科学院考古研究所：《宝鸡北首岭》，文物出版社 1983 年版，第 4—12 页。

② 中国科学院考古研究所、半坡博物馆：《西安半坡》（原始氏族公社聚落遗址），文物出版社 1963 年版，第 1—8 页。

③ 巩启明：《姜寨遗址考古发掘的主要收获及其意义》，《人文杂志》1981 年第 4 期。

7. 元君庙墓地

位于陕西华县柳子镇东南。墓地内共有57座墓葬分属东西两个同时并存的墓区。主要随葬器物有泥质红陶绳纹小口尖底瓶、素面夹砂红陶罐以及磨光细泥红陶钵，个别墓随葬黑彩宽带纹或几何图案的钵碗、盆和罐，少数墓葬中发现蚌刀、骨针、骨镞、陶纺轮一类生产工具和骨笄、骨珠等装饰品。说明了男子主要从事渔猎，妇女主要担任农业、纺织与缝纫。

8. 泉护村遗址

新石器时代仰韶文化和龙山文化的遗址，位于陕西华县城东柳子镇附近，地处华山脚下，渭河两岸。出土包含绘有两种花卉图案、一种鸟形图案的彩陶盆，并有重唇小口尖底瓶、葫芦小口平底瓶和砂陶罐。五种陶器特征鲜明。在该类型遗存中，有半地穴式方形房基，坑底有烧灶的“居穴”，横穴式陶窑群等主要遗迹。

9. 客省庄遗址

位于陕西西安市西南的沣河西岸，出土有红地黑彩和白地赭彩的弧线圆点纹彩陶，该遗址出土了不少狗、猪、水牛、黄牛、羊等家畜骨骼，盆、盘、碗、豆等食器多样，表明饮食生活水平较高。农具以石刀为代表，数量众多，其穿孔多接近刃部。当时氏族成员信仰占卜，用羊的肩胛骨进行烧灼，依照出现的兆文以断吉凶。①

新石器时期的文化类型，在西北地区主要表现如下。

① 以上遗址多属仰韶文化和陕西龙山文化，为避冗长，谨作注释。仰韶文化，属新石器中期文化，早于龙山文化。延续时间较长，距今约6000年。经济生活以农业为主。辅以渔猎和家畜饲养。生产工具以磨制的石器为主，打制石器仍占一定数量，骨器相当精致。日用陶器以细泥红陶和夹砂红褐陶为主。细泥红陶上常有彩绘的几何形图案或动物性花纹。故又称仰韶文化为彩陶文化。制陶技艺以手制为主，有的也用慢轮修整口沿。器形有钵、盆、罐、鼎以及特殊的陶储。在半坡、姜寨等遗址出土的陶器上还发现刻有几十种符号，学者们认为可能是我国最原始的文字。遗址面积都比较大，地下灰质也较厚，可见有长期定居的习惯，且有集中的大村落。房屋已普遍出现，村落周围还掘有壕堑以为防御。居民有公共墓地，墓坑整齐，头向基本一致。有单人葬和多人合葬。还有二次葬的多人合葬墓，小孩瓮棺葬是一个特点。墓中有陶器、石器等随葬品，说明有灵魂不灭的意识。仰韶文化地域分布广，延续时间长，按各遗址的差异性又可分为半坡类型、庙底沟类型、后岗类型、大司空村类型、西王村类型、大河村类型和马家窑类型。龙山文化也即黑陶文化，黑陶多为轮制，质细而薄，色黑而光，素面无纹饰，陕西龙山文化系一种类型，以灰陶为主，器形多鬲少鼎，纹饰多绳纹，制作方法基本采用手制，轮制较个别。在龙山文化的某些遗址中发掘到铜器，则揭开了青铜器文化的序幕。

1. 马家窑文化

黄河上游地区新石器晚期的文化。因甘肃临洮县马家窑而得名。主要分布区东起陇东山地，西到河西走廊和青海东北部，北达甘肃北部和宁夏南部，南抵甘南山地和四川北部。它上承仰韶文化的庙底沟类型，下接齐家文化。年代为公元前3300—前2050年。马家窑文化的突出特征是彩陶特别发达，随葬品中的彩陶多达80%以上。许多细泥陶的外壁和口沿布满花纹，不少大口径器物的黑面和其他夹砂的炊器上也常画彩，纹饰繁缛多变而又具有明显的格律，表明画彩技术已达成熟的程度。其类型有马家窑期、半山期、马厂期，马家窑文化的居民，经鉴定属蒙古人种东亚类型，是戎、羌族系的祖先。其民经营旱地，种植粟和黍。谷物加工工具有石磨盘、石磨棒、石杵和石臼等。饲养猪、狗、羊等家畜，家禽仅见鸡一种。有些遗址只出土了石镞，还有骨镞，都是用于狩猎的，遗址中往往发现鹿骨，说明狩猎的对象主要是鹿。还有很大的制陶窑场，石斧、石锛、石凿很普遍，纺织工具有石纺轮和陶纺轮。

马家窑文化的葬俗同中原地区仰韶文化有很大不同，表明它的居民有自己的宗教信仰。柳湾的一件彩陶壶上，用彩纹和捏塑方法塑造出一个似为男性老人的全身裸体像，在甘谷灰地儿曾发现过陶祖，即陶质的男性生殖器。这两种生殖崇拜物的出现可能与祈求丰收有关，也可能是父权制建立后在意识上的一种反映。

马家窑彩陶花纹，已达实际生活的艺术再现，记数的概念已常见“十”“一”“卐”等，在柳湾有一百三十余种，当是文字产生以前用来记事的符号。①

马家窑文化分布较大的遗址有：位于甘肃武山城关镇的石岭下遗址；位于临洮马家窑村南麻峪沟口，地处洮河西岸一级阶地上的马家窑遗址；位于甘肃和政县洮河西岸二级台地的半山遗址；位于青海民和县马厂塬的马厂遗址；位于青海乐都县城东的柳湾村北，地处湟水北岸的柳湾遗址。②

2. 齐家文化

新石器时期晚期至青铜时代早期文化，因首先发现于甘肃广河县齐家

① 严文明：《甘肃彩陶的源流》，《文物》1978年第10期。

② 张学正、张明川、郭德勇：《谈马家窑、半山、马厂类型的分期和相互关系》，载中国考古学会编《中国考古学会第一次年会论文集（1979）》，文物出版社1980年版，第213页。

坪遗址而命名。主要分布在甘、青境内的黄河沿岸及其支流渭河、洮河、大夏河、湟水流域。宁夏南部和内蒙古西部有零星发现。齐家文化上承马家窑文化，早期的年代为公元前2000年左右，下限还当更晚。该文化展现了黄河上游地区原始氏族解体和阶级产生阶段的生产水平和社会急剧变化状况。

齐家文化的特征主要是一群独具特征的陶器，主要为泥质红陶和夹砂红褐陶，还有少量灰陶。器表纹样疏朗简化且造型富有特色。另一特点是出现了红铜器和青铜器，都属于生产工具和装饰品。齐家文化的经济生活以原始农业为主，主要种粟。生产工具以石器为主，其次为骨器。齐家文化的畜牧业相当发达，从出土的动物骨骼可知，家畜以猪为主，还有羊、狗、牛、马等。从出土的野生动物骨骼可知，鼬、鹿、狍等是当时狩猎的主要对象。

制陶业比较发达，陶器多系手制，已掌握了氧化焰和还原焰的烧窑技术。陶容器制作精致，器型多样。在居址和葬墓中，普遍发现有陶、石纺轮与骨针等纺织工具，有的墓葬人骨架和陶罐上有布纹的痕迹。冶铜业已出现，在皇娘娘台、大何庄等地已发现红铜器与青铜器共有五十多件，种类有刀、锥、凿、环、匕、斧、钻头、泡、镜、铜饰品和铜渣等。表明齐家文化发展到晚期已进入青铜时代。从出土的各类物器与墓葬、房屋建筑、宗教习俗鉴定，齐家文化处于原始社会行将崩溃的军事民主制阶段。[①]

齐家文化遗址发现九十多处，具代表性的主要有齐家坪遗址；位于甘肃永靖县莲花城西南部的大何庄遗址；位于大何庄遗址隔沟相望的秦魏家遗址；位于甘肃武威城西北的皇娘娘台遗址。

3. 细石器文化

新疆境内的细石器遗存，是我国北方各省（区）细石器文化的一个组成部分。它分布很广，东起三道岭、七角井、吐鲁番县和吉木萨尔县；西至喀什西北区、阿克苏河；南沿昆仑山西北部，罗布诺尔湖台地；北至伊犁哈萨克自治州的伊宁市郊[②]。新疆的新石器遗址中，有以磨制石器为主的文化遗存。磨制石器中，两面凿孔的石斧最多，其特点是孔大、面

---

① 谢端琚：《试论齐家文化》，《考古与文物》1981年第3期。

② 李遇春：《新疆维吾尔自治区文物考古工作概况》，《文物》1962年第Z2期。

宽，与中原、关中出土的两面穿凿成孔的石斧大同小异。在同一类型的文化遗址中出现的彩绘陶，在制作、形制和彩绘上，接近甘、青一带的彩陶。尤其是哈密地区巴里坤哈萨克自治县石人子遗址中，出现的两尖状黑陶器，和陕西宝鸡北首岭仰韶文化（半坡类型）中船形壶的形制非常相似。①

（一）历史文献记载的西北原始族群

前仰韶文化时期，境内陕西地区的氏族，除由旧、新石器时代发展而来的当地氏族外，又从黄河中、下游迁入了一些古氏族，主要有以下几个。

1. 古华胥氏

华胥的族群较多，遍布于黄河流域，以至江淮地区，都以老祖华胥为号，故形成诸地许多传说和遗迹，出生地也形成多种说法。学术界多认为华胥系东夷的老祖先，后成为“天下”共祖；部分学者认为华胥生于今甘肃东部的华池一带或天水市北古成纪；还有的认为华胥生于今日陕西蓝田县。《拾遗记》载：“华胥是九河神女。”《尚书·禹贡》云：黄河流至河北平原中部后，“又北播为九河”。《尔雅·释水》云：徒骇、太史、马颊、覆釜、胡苏、简、絜、钩盘、鬲津九条河。今已不能确指。《列子·黄帝》记载：“华胥氏之国，在弇州之西、台州之北。”台，一说在今甘肃、陕西，台与邰、骀相通，即今陕西武功杨陵；一说在山西骀地（今闻喜县）；一说在山东，《左传·哀公六年》云：郃在今山东章丘县。弇，《左传·襄公二十五年》及《哀公十四年》均云弇中在山东博山县。是知，华胥氏部族，主要分布在山东，支或裔族西迁入山西、甘肃及陕西。《庄子》书中又有赫胥氏，注者谓炎帝。赫华纽音俱通，赫胥即华胥。华胥为东方伏羲之旧族，散居泗水一带。泗水，曲阜接壤，并在一方。族之所居，亦以华胥为号。② 至于甘肃东部之华池、华亭，陕西之华胥诸、华山，皆系华胥旁支或裔支迁居之地。

从华胥的含义言之，可证其部族分布广泛。《说文解字》：“华，荣也。”《尔雅·释草》：“华，荂也。华荂，荣也。木谓之华，草谓之荣。”华与荂通，又作瓠。瓠是原始社会人们采食的葫芦瓜类，蔓生于土壤疏松

① 李遇春：《从出土文物看新疆和祖国的历史关系》，《民族团结》1964 年第 9 期。

② 王献唐：《炎黄氏族文化考》，齐鲁书社 1985 年版，第 48 页。

深厚而肥沃的黄土高原。“华胥氏利用煮瓠瓜为食，正与其丈夫燧人氏发明钻木取火有关。瓠瓜关乎着黄土高原原始社会人类的生存，故此瓠花比什么都更美丽，更动人。以后渐变成华美、华丽等形容词。而华胥氏亦被华夏族奉为始祖”；“华胥氏族对花（华）崇拜，华以五彩缤纷、色泽鲜艳为美观，原始社会人类审美观发展到了高级阶段。女人往往采花织花环，戴在头上，或挂在颈上，有时把花的花纹印在陶器上，或岩画上。因而产生了彩陶文化。彩陶文化的产生，约距今七八千年，正与华胥时代相符合”。[①] 河南、陕西、山西交界地区前仰韶文化的产生，与华胥部分族人与当地土著民众的融合，进而传播彩陶文化有直接关系。

2. 少典氏

少典氏族十分古老，活动和居住于河南新郑一带，约与古华胥同期。梁玉绳《古今人表考》云：“少典始见《晋语》四，少又作小（《路史·后纪五》）。”少典族后向东发展，有今河南东部地；华胥裔支向西迁徙，与少典部族交错相处，关系密切。华胥氏向陕甘迁徙时，少典氏也随迁入今甘肃天水一带。[②] 因二者关系密切，故也有人认为少典与华胥同祖。

3. 有蟜氏

古代口耳相传的故事，在同一时期，大都有两个或两个以上的氏族，以与族外婚相适应。少典居地附近的氏族除华胥支族外，又有以蟜虫为图腾的氏族，称有蟜氏。《山海经·中次六经》云：“平逢之山（今洛阳东北），南望伊洛，东望谷城之山”，“有神焉，其状如人，而二者，名蟜虫，是为螫虫，实惟蜜蜂之庐”。按《说文解字》释，蟜、娇、乔、桥相通。有蟜部落分布于洛阳至陕西华山一带，与少典、华胥族关系密切。后它又向南、向西、向北发展，支族有入秦岭以南之陕南的，有入居秦岭以北之渭水南的，有入居北洛水乔山一带的。这个氏族以善于造桥著名，有蟜与少典互为通婚，繁衍后代。

4. 炎帝

在半坡晚期类型阶段（距今5200—4800年），在渭水流域兴起了炎帝神农氏部族。中国古史传说时代的“三皇”乃燧人氏、伏羲氏、神农氏。燧人氏的传说，反映的时代较长，伏羲氏太昊、神农氏炎帝，一

---

① 何光岳：《炎黄源流史》，江西教育出版社1992年版，第16、20页。

② 徐旭生：《中国古史的传说时代》，科学出版社1960年版，第38页。

是代表了东方诸氏族，一是代表了西方诸氏族。其氏族公社延续的时间，大约距今 5285—4500 年。其后裔，如炎帝八世孙（约距今 4785 年）榆罔时，已是父系氏族公社的首领。仰韶文化晚期或早至中期偏晚，由前仰韶文化时期，从今河南新郑一带西迁入今甘肃天水地区的有熊支族[①]，以及由今河南洛阳西迁入今宝鸡的“有蟜氏”氏族公社部落也与之结盟。陕北的山戎或北狄，陕甘交界的戎族，陕南的巴、叟等氏族等，也都归服于它。著名的临潼姜寨、西安半坡之有蟜氏族支族，以及蓝田、临潼、商洛、汉中、安康的古华胥氏族，均成为其成员，氏族成员也融合到了炎帝氏族公社部落。《山海经・大荒西经》云：“有氐人之国。炎帝之孙名曰灵恝，灵恝生氐人。”郭璞注曰：氐人，“人面鱼身”。[②] 西安半坡村落遗址，有人面鱼纹盆，说明半坡氏族公社成员系炎帝的后裔（半坡晚期）。炎帝氏族别支还有迁于今山西、河南、河北、四川及甘肃的。

5. 黄帝

《国语》云：“昔少典氏娶于有蟜氏，生黄帝”“黄帝以姬水成”“故黄帝为姬。”《史记・五帝本纪》云：“黄帝者少典之子，姓公孙，名曰轩辕。”《帝王世纪》云：“黄帝有熊氏，少典之子，姬姓也。母曰附宝，其先即炎帝之母有蟜氏女，世与少典氏婚。”黄帝是居于今甘肃天水地区的有熊氏族，与居于华县以西的有蟜氏族通婚而派生的氏族，即有熊氏的后裔。黄帝生于寿丘，居于轩辕之丘。寿丘，《史记・五帝本纪・正义》说在山东曲阜；《路史・后纪》罗苹注云在上邦（今甘肃天水）。轩辕之丘，一说在今河南新郑，一说在甘肃天水，一说在陕西渭南。姬水即古岐水。笔者认为，黄帝氏族初活动于关中西北及天水地区，后向东北发展，居于渭北及陕北南部。位于北洛水流域的黄陵乔山是其中旧地。关中渭水流域是炎帝八世孙榆罔氏族公社部落的活动地，中心在宝鸡地区。其后，榆罔率部分氏族沿渭水至黄河，再沿黄河西岸向中原迁徙时，黄帝也率部分氏族沿洛河南下，从大荔一带渡河，沿晋南向河北迁徙。晋南在春秋时存在的杨（今洪洞）、魏（今芮城）、荀与贾（今新绛）、耿（今河津）等古国，都是黄帝族的后裔。

---

① 徐旭生：《中国古史的传说时代》，科学出版社 1960 年版，第 53 页。

② 袁珂校注：《山海经校注》，上海古籍出版社 1980 年版，第 415 页。

二 先秦时期的西北族群

先秦夏、商、周三代及至春秋战国之时，活动在西北大地的族群，除炎黄东夷融合形成的华夏民族外，还有戎、氐、羌、狄诸族群。西戎、北狄是古老的游牧族群，活动于陕、甘、宁以西、以北的广大地区。马长寿先生《氐与羌》认为：远在尧舜时代，戎、氐、羌人就东徙入陕西、山西、河南地区助禹治水，分布相当广泛。其中在陕西者，夏代有戎族姜氏之戎；北狄的荤粥、畎夷。《竹书纪年》记载：夏王后相、后泄时期有畎夷，“帝癸即位，畎夷人于岐以叛。元年趾鍾戎来朝”。《路史》云：“癸不务德”，“于是犬戎侵岐居之”。《史记·周本纪》云：不窑失农官后，逃往戎狄之间。这说明在夏末，岐山以西、以北都是戎、狄部族的活动地带。《史记·匈奴列传》云：“桀崩，其子淳维妻其众妾，循于北野，随畜转徙，号荤育，逮周日盟，曰猃狁。”荤育、荤粥、猃狁、畎夷、犬戎都是北狄部族，即秦代匈奴的祖先；氐、羌属西戎别支。

到了商代，北狄的犬戎、猃狁、混夷等逐渐壮大；西戎的氐、羌等族也日益发展，形成了对商及先周的威胁，文献与甲骨卜辞多有记载。

（一）戎族

根据古籍文献记载，戎族族群十分众多，其名称不少于30种，他们是绲戎、义渠戎、朐衍戎、翟戎、邦戎、乌氏戎、卢戎、绵诸戎、大荔戎、骊山戎、大戎、泉皋戎、扬拒戎、陆浑戎、阴戎、太原戎、奔戎、条戎、申戎、伯士戎、六济戎、燕京戎、余无戎、始呼戎、翳徒戎、蛮氏戎，等等；[①] 实际上还不止这些。[②]

戎族分居于黄河中、上游诸省区，以散居甘、青、陕一带为主干，位于古代中原之西，故称西戎。分布在晋南、豫西诸戎虽杂居一部，但大多源于陕甘，如洛阳东侧伊、洛间的陆浑戎是今甘肃敦煌（瓜州）迁去的；大戎则从陕西渭水边过去的。燕京戎（山西汾阳）、太原戎（秦晋北部）、余无戎（山西长治），多是从陕西因征战北上与狄人杂居后形成的；豫西部分戎人则与南方北上三苗（羌人先祖）杂居后形成的。诸戎是在与各族群的往来中，不断演变而向前发展，最后融合在秦汉各族群之中。

---

① 上述名称散见于《史记》《汉书》和《后汉书》。

② （唐）杜佑：《通典·边防》有“东夷二十，西戎七十八”的记载。

1. 绲戎

一些史籍又称犬戎或畎戎。其先祖为东夷的畎夷，夏末参加商的联军西征而滞居关中。在《后汉书·西羌传》中还指出具体的地点和时间，即"后桀，畎夷入居坯岐之间"，岖、岐乃今陕西旬邑和岐山界处，位于肥沃的泾渭平原，这是犬戎入陕后初居之地。后又向南、向西发展。[1] 从族源上看，西戎中的绲戎与中原华夏族历史关系最为密切。犬戎与周人的矛盾深远，周先祖古公、西周文王都先后发兵征伐畎戎，周宣王时还命为其附庸，当时的西垂大夫秦攻犬戎，使周戎矛盾激化，导致了犬戎倾全族之力攻打新君幽王并使之死于骊山之下，使西周覆亡。犬戎一度据有关中腹地，到秦穆公时才受到抑制，后来被迫徙入河套地区，最终归秦管辖并日益融合。

2. 义渠戎

其名称首见于《竹书纪年》（商武乙），"三十年，周师伐义渠（戎），乃获其君以归"。可见，商周之际，义渠戎已活跃在甘陕地区。到春秋时，义渠戎北移，并建立君长之国。这就是《史记·匈奴列传》说的"义渠之戎，筑城郭以自守"。义渠戎之国在秦的北地郡，即宁州（甘肃正宁）、庆州（甘肃庆阳）、原州（宁发、固原）一带，这便是"西戎之地"。秦穆公时，义渠戎辖地辽阔，后来义渠戎归服秦国，使秦的实力大为加强。义渠戎大部分融入秦人，成为以后汉族的成员；但有部分义渠戎北逃匈奴，加入匈奴之中。"盖义渠既灭，余众北走，以后为匈奴，居河套南北"[2]，继续与秦对抗成为秦在西北的强劲对手。

3. 朐衍戎

其故地据载在秦的北地郡，与义渠戎相距不远，彼此虽相处，但往来较少，朐衍戎比义渠戎活动范围小，实力也稍弱。依《元和郡县图志》的记载（关内道条）应在盐州，即今陕西定边县境，宁夏盐池一带，由于朐衍戎居地偏北，无关大局，所以穆公时，全心全意表示归服于秦，其居地并未归并入秦的版图。

4. 绵诸戎

西戎八国之中，若以陇山以南而论，当以绵诸戎为首，乃西戎中重要

---

① 王宗维：《西戎八国考述》，载西北大学西北历史研究室编《西北历史研究》，三秦出版社 1987 年版。

② 蒙文通：《周秦少数民族研究》卷七，龙门联合书局 1958 年版，第 72 页。

的支系。兴于夏商，历史悠久，周时形成部落，为周一方国。其位置据《汉书·五行志》："惠帝三年（前192年）陨石于绵诸"以及《水经注·渭水》："清水又西南，得绵诸水口。……绵诸水从清水下游汇入，位置在清水县西南"的记载和清水入渭处在今甘肃天水县东莫家寺，绵诸在其北，绵诸水因绵诸道得名，道名又因绵诸戎居地而得名的事实，可以推定，绵诸戎故地，于今渭水上游两岸，西与上邦县相接。即天水东、渭水南甘肃清水周围这一广大地区。据传周代在这里所建的绵诸戎故城，唐代犹存。

在西戎系统中，绵诸戎与秦几乎同步兴起于北地郡，又长期杂处，西周末互相征战，互有胜负。春秋初，绵诸戎乘秦南下东向之机获得发展，成为西戎中的强者。

5. 翟戎

翟戎又称狄，兴起于夏商，与周之先祖早有往来和战争。如周初周先祖"不窋失其官，而奔戎狄之间"①，周太王（文王父）居豳时，为戎狄所攻而迁岐，聚集力量后伐狄。到秦穆公时，用由余计，方使翟戎臣服秦国，翟戎历史上下越千年有余。

翟戎故地据《后汉书·地理志》载，陇西郡治狄道。颜师古注："其地有狄种，故云狄道。"《读史方舆纪要》卷十六狄道县条记："狄道故城在今（临洮）府治西南。"武始县条记："武始县在汉狄道县地。"《后汉书·西羌传》："渭首有狄（翟）。"可知当在今甘肃临洮、东乡县以东的洮河中游、武山以西的渭河上游及天水西北这一广阔地区。

6. 獂戎

与翟戎一样活动在今甘肃等地。《史记·匈奴列传》记有獂戎之名。《史记·正义》引《括地志》指出："原道故城在渭州襄武县东南七十里，故之獂戎邑。"据《读史方舆纪要》载，襄武城在陇西东南5里，原道城在陇西县东南20里。可见穆公灭西戎八国之一的獂戎国当在今甘肃陇西县境，与临洮的翟戎故地相距二三百里。

7. 乌氏戎

乌氏戎是位于秦北部的一支西戎部落。据《括地志》载："乌氏故城，在泾州安定县东三十里，周之故地，后入戎。"《汉书·地理志》云："安定郡有乌氏。"汉之安定郡在今宁夏固原东的清水河以北至黄河间，

---

① 《史记·周本纪》。

其邑地在今甘肃、宁夏境的南侧。秦穆公时，乌氏戎虽归服秦，但许其自主发展，这算是秦采取了不同方式以霸西戎。

8. 大荔戎

根据《后汉书·西羌传》断定，周平王之际，洛川一带确有大荔戎存在。大荔戎的主源在晋南，约在春秋时，受到晋之攻伐而迫迁大荔，其时限当在秦穆公卒后。

三代之际西戎族群散居于黄河上中游的广大的秦、晋、豫地区，其辖境相当于今宁夏贺兰山、青铜峡、清水河以东，甘肃环水、马莲河流域在内，并向东至华山、北至榆林、南至秦岭方圆千里之地。秦霸西戎除了提高了其在中原大国称霸的分量外，对西北古代族群的融合，无疑起到了促进作用。

（二）鬼方

《史记·匈奴列传》云：“桀崩，其子淳维妻其众妾，循于北野，随畜转徙，号荤育。”又称为獯鬻，这说明夏人与荤育关系密切。商代称其为鬼方。《论衡·订鬼》篇引《山海经》云：“北方有鬼国。”干宝《易经》注云：“鬼，北方国也。”鬼方活动在今晋西北、陕北及内蒙古一带。以陕北清涧为活动中心的鬼方部落，商代中期已进入奴隶制社会，过着半耕半牧的生活，并建立了王城。鬼方族群至商代中、晚期，贫富、阶级分化很明显，由游牧转入定居，相对稳定。西周建立后，多次伐鬼方，至中期灭之。鬼方灭国后，部分内徙，与周人融合，部分远徙或留居，改称猃狁。猃狁从周中期，一直是周的边敌。周穆王时，猃狁与周不断发生战争，周宣王时，猃狁入侵至今泾阳、高陵一带，秦庄公奉命援周，在泾、渭河流域大败猃狁。终西周一代，周人同猃狁作了长期艰苦的斗争。

（三）舌方与土方

郭沫若《卜辞通纂考释·征伐》云：“舌方或更在河套附近也”，“其国当长于为矢，故殷人求之也”。马长寿《北狄与匈奴》云：今内蒙古“河套至陕西北部无定河流域”① 为舌方。陕西西部及以北还有土方。土方与舌方与殷人发生关系最多，战争也最为频繁，最剧烈；均远在殷之西

① 马长寿：《北狄与匈奴》，生活·读书·新知三联书店 1962 年版，第 3 页。

北部，为猃狁之二族。[①] 商、周灭土方、𢀛方后，变称玁狁或獫狁。

（四）羌方

殷墟卜辞中，提到羌方有八九处，商王朝多次对其征伐。诸羌中，以羌方势力最大，地位最高，称羌伯。“羌方是一个游牧邦国，流动性比较大，其活动的东境当达今山西西南和河南的西北，其西应在陕西境内，北接鬼方。今陕西大荔县西十五里有羌白镇，可能与卜辞中的羌方白（伯）有关。”“北羌可能在羌方之北，马羌可能在羌方之东”，其他方国，也在“山西南部和河南西北部”，均处于“殷之西方”。[②] 武丁时期，命妇好伐羌方，动用军队 1.3 万人，足见羌方力量之强大。殷不断对羌讨伐。在羌人和其他被奴役部族的不断反抗下，终于灭亡。《尚书·牧誓》记载参与周武王伐商纣的八族中，羌居其一。

（五）氐人

氐曾与羌并列为古老族群，氐与羌境地相邻，且多混居错处，关系十分密切，在先秦古籍中往往氐羌连用，直至魏晋南北朝尚多连用合称之例。氐乃华夏人所加之称谓，氐人直至汉魏尚自称“盍稚”。称其为氐与地域分布的特点有关。《说文》云：“巴蜀名山岸胁之旁箸欲落者曰氐，氐崩闻数百里。”又云：“阪，秦渭陵阪曰阪。”[③] 扬雄赋有“响若坻聩”之词[④]，应劭曰：“天水有大坂，名曰陇坻，其山堆旁着，崩落作声，闻数百里，故曰坂聩。”[⑤] 陇坻一带正好是氐人分布区，由于其与羌相邻，先秦人乃目之为氐地之羌，又觉察出其与羌有别，乃称之为氐羌，或单称氐，氐乃由地名而转为族名。三代之际，号曰白马。武丁征服西羌鬼方之后。氐亦世一朝见。秦汉之际，世居岐陇以南、汉水以西，自立豪帅。氐种非一，以肤色名之，有青氐、白氐、蚺氐；以其地名之，有武都氐、武兴氐、南岐氐、阴平氐、葭芦氐、厨中氐、略阳氐、清水氐、安夷氐、啖提氐等。汉魏之际，氐人“其嫁娶有似于羌”，而到了南北朝已是“婚姻备六礼”“知书疏”“言语与中国同”，[⑥] 绝大部分与汉族相融合，少部分

---

① 郭沫若：《中国古代社会研究》，人民出版社 1964 年版，第 240 页。

② 黄烈：《中国古代民族史研究》，人民出版社 1987 年版，第 135 页。

③ 《说文解字》卷十四下。

④ 《文选》卷四五。

⑤ 《文选》卷四五《解嘲》注引。

⑥ 《南史·夷貊下》卷七九。

与宕昌羌、党项羌相结合。吐蕃崛起，诸氐遂绝于史。

三　秦汉时期的西北族群

秦的统一，使华夏民族得到稳定和发展。秦并六国、统一“诸夏”建立秦王朝后，夏或华夏又总称为秦人。战国末期，统一天下已成了不可抗拒的历史潮流，以华夏作为主干把蛮夷戎狄联结在普天一统之中，秦始皇巩固统一的措施，使这一理想变为现实。

汉王朝的建立使统一的多民族国家更加巩固，也使华夏民族发展到一个新的阶段。秦汉时期及至以后的魏晋，西北族群的发展依然活跃，进进出出、合合分分，随着历史进程在不断整合。

（一）匈奴

乐彦《括地谱》云：“夏桀无道，汤放之鸣条，三年而死。其子獯鬻妻桀之众妾，避居北野，随畜移徙，中国谓之匈奴，其言夏后苗裔，或当然也。”《史记·匈奴列传》说桀子名淳维。荤育属北狄，与华夏同样古老。桀后裔只是北逃后，与狄杂处。桀子獯鬻（淳维）成为北狄的一支首领后，该部族遂以其名命之。服虔对《史记·匈奴列传》注曰：“尧时曰獯鬻，周曰猃狁，秦曰匈奴。”秦汉之际又称匈奴为“胡”，“匈奴”和“胡”并非汉人对其族群蔑称，而是他们的自称，匈奴狐鹿姑单于在致西汉汉武帝的文书中就说：“南有大汉，北有强胡。胡者，天之骄子也。”多数学者认为，内蒙古河套地区是古匈奴人的历史摇篮，它与商周以来的鬼方、山戎、北狄等部族有密切的渊源关系。

春秋末期，匈奴与中原汉人接触渐多，匈奴人学习汉人的农耕技术，汉人学习匈奴人的养马经验，中原铁器输入匈奴，促进了匈奴社会经济的发展，赵武灵王提倡胡服骑射，中原始有骑兵。到了战国晚期，匈奴由原始氏族制迅速向奴隶制转变，掠夺性加强，匈奴常入边扰掠，秦、赵、燕三国先后筑长城以御匈奴。秦始皇统一六国后，又将三国长城联结起来，筑成举世闻名的“万里长城”。

匈奴之称，始于战国。它是一直留居在北部边境的荤育和春秋战国从内地逃回的狄人会合，于公元前 3 世纪兴起于大漠南北的游牧族群，从荤育（粥）、犬（畎）、猃狁到匈奴，渡过了三千余年的历程。

公元前 209 年，冒顿杀其父头曼自立为单于，建立了奴隶制政权。单于名位一般是在挛鞮氏贵族内传袭，确立长子继承制，无人则兄终弟及，最高行政机构“单于庭”，直辖匈奴中部地区。最高地方行政机构叫左、右贤王庭，分辖东西两部。行政长官统辖万骑，此时的匈奴已形成了行政、军事、社会生产三位一体的政权。冒顿时期（前209—前174年）是匈奴鼎盛时期，他乘中原楚汉相争之机，东灭东胡，西击月氏，南并楼烦，北服丁零、鬲昆。控地东尽辽海，西至葱岭，南邻长城，北达贝加尔湖。控弦之士数十万，不断扰掠汉地。公元前200年，汉高帝刘邦率兵北击匈奴，反被冒顿围困于白登，后以重礼贿赂冒顿阏氏。才得逃出重围。汉只好与匈奴和亲，并与单于约为兄弟，大量赠金缯绣，边关设市贸易，关系渐趋和好。武帝继位后，为解除边患，多次北伐匈奴，迫单于退出漠南，西域诸侯尽附于汉，及宣帝时，联合乌孙、出兵20万人，兵分五路，再次给匈奴以毁灭性打击。到公元前61年匈奴呼韩邪单于继位后，由于内部混战，伤亡惨重，遂归服汉朝。汉政府大力支持呼韩邪，逼漠北匈奴郅支部内乱而互相残杀，从而使塞外也归服于汉。呼韩邪娶汉元帝后宫女王嫱为妻，表示友好。从此结束了匈奴150年（前201—前51年）的战争状态，开创了汉匈友好的新局面；打破了自夏商周以来，边远族群只朝贡、不肯直接受中原王朝管辖的习俗，开创了汉政府直接统治匈奴的先河，促进了塞内外的统一。

公元9年，王莽篡权建立“新”朝，对匈奴实行歧视压迫政策，激起匈奴不满，双方再次兵戎相见，匈奴内部也再次分裂。公元48年，统率匈奴南八部的右薁鞬日逐王被拥立为单于，匈奴遂分裂成南北二部。南匈奴单于慕汉文化，率众附汉入居塞内，接受汉帝颁赐的黄金印绶。退居漠北的北匈奴内外交困，加之四邻夹击，内讧迭起，东汉乘机出击，于公元91年大破北匈奴于金微山（今阿尔泰山）。北匈奴西逃康居，转经里海、黑海北岸，进入东欧。推动了欧洲民族大迁徙，加速了欧洲社会奴隶制向封建制的转变。

匈奴政权瓦解后的北匈奴人，除部分西迁外，或留居漠北，或南迁入塞。其后鲜卑、柔然先后崛起，进入大漠南北，与匈奴人杂处通婚，有的完全与鲜卑、柔然融合，有的成为新的族群。历魏晋南北朝，匈奴大部分与汉族融合，只有山胡、稽胡一直延续至隋唐才与汉族融合。从此后，史籍中已不再有匈奴之名。匈奴与汉族的融合，历时四千余年，他们由阴山、河套一带不断内徙，和汉人杂处，接受汉人的生产技术、文化、习俗，相继建立封建政权，至隋唐与汉族完全融合，其足迹遍及江北整个地区。

（二）东胡与乌桓、鲜卑

东胡兴起于战国末期，至汉初（前206年）被匈奴冒顿单于击破，部众逃散，其中主要的两支分别逃至乌桓山和鲜卑山。从此便以乌桓族和鲜卑族出现于史册，而东胡之名遂被湮没。东胡之名出现于战国时的史书，反映出当时东胡已活跃于历史舞台。《史记》中亦多次提到东胡的活动及事迹，更上溯到公元前7世纪中期，即周襄王时期。战国后期，东胡已逐渐强大，并与燕赵两国发生频繁的接触和交往。东胡最盛时期当在秦汉之际，势力向西发展，从而引起与匈奴冲突。《史记·匈奴列传》云："冒顿大怒，领兵袭击，遂大破东胡王，而虏其人民及畜产。"东胡被击破后，其众散为三支：一入匈奴，二为乌桓，三为鲜卑。东胡之名并非自称，而是一个包括众多部落的部落联盟。故而服虔云："东胡，乌桓之先……在匈奴东。故曰东胡。"

乌框之称，如《后汉书·乌桓鲜卑列传》载："乌桓者，本东胡也。汉初，匈奴冒顿灭其国，余类保乌桓山，因以为号焉。"马长寿认为："乌桓名称的来源并不等于乌桓族就是起源于乌桓山，在公元前2世纪以前，不论其名称为何，事实上已经有乌桓族存在。"[①]

乌桓族没有建立过独立政权，汉武帝时霍去病击破匈奴左地，因把乌桓内徙至上谷、渔阳、左北平、辽西、辽东五郡塞外，并在幽州的治所蓟设置护乌桓校尉以监领之。东汉建武二十五年，乌桓更从塞外移入塞内辽东属国、辽西、右北平、渔阳、广阳、上谷、代郡、雁门、太原、朔方等十郡障塞之内。乌桓在以后的发展中逐渐强盛，东汉末灵帝时，上谷、辽西、辽东、左北平四部乌桓首领称王，再加上渔阳、雁门、朔门、代郡等郡，乌桓人口可达50万人[②]，乌桓的势力在北方已相当可观。建安五年（公元200年）官渡之战后，袁绍败北，绍子袁尚、袁熙投奔辽西，依附蹋顿，就是企图借助乌桓的力量"复图冀州"。[③] 建安十二年（207年），曹操亲征乌桓，大破蹋顿于柳城（今辽宁朝阳县）。曹操班师易水，代郡

---

① 马长寿：《乌桓与鲜卑》，上海人民出版社1962年版，第114页。

② 《后汉书·乌桓鲜卑传》。

③ 《三国志·魏志·乌桓传》。

和上郡的乌桓亦前来归附，此后，绝大部分乌桓人归属于曹操。[1]

此后乌桓分两大支：一部分居今华北，另一部分留居东北。居住华北的乌桓人初隶属曹操，到公元3世纪末，部分乌桓隶属于拓跋部，后南奔并州。4世纪初，乌桓诸部大部降附石勒，后又降附慕容燕。留居东北的乌桓一部分先属鲜卑，后隶属宇文，最后加入库莫奚之中；另一部分居住于嫩江流域，夹杂于室韦诸部之中。乌桓人的流向较为复杂，其中，迁入华北的大部分融入了汉族，留居东北入奚族者最终也融入汉族，其余则融入蒙古族之中。[2]

鲜卑始名，以居鲜卑山为号。鲜卑族群在先秦时已活动于大兴安岭山脉中、北部，而兴起则晚于乌桓，其名始显于东汉初年。

秦汉之际，匈奴灭东胡，乌桓、鲜卑受匈奴役属。汉武帝元狩二年（公元前121年）、四年（公元前119年），霍去病两次击败匈奴左贤王，因徙乌桓于塞外五郡，原分布在鲜卑山的鲜卑人随之南迁至乌桓人故地饶乐水（今西拉木伦河）流域，而分布在大鲜卑山（大兴安岭北段）的鲜卑拓跋部远祖不久也南迁至大泽（呼伦贝尔草原）。东汉初，乌桓由五郡塞外内迁，鲜卑也随之自饶乐水一带南迁至五郡塞外。东汉和帝永元三年（公元91年），北匈奴被汉朝与乌孙、丁零、乌桓、鲜卑等族击败被迫西迁，于是鲜卑大规模成扇形南迁与西迁，进至匈奴故地，留居故地的匈奴余众十余万落，亦自号鲜卑。汉桓帝时，鲜卑首领檀石槐（？—181年）建庭于高柳北弹汗山，组成诸部军事行政联合体，分为东、中、西三部，各置大人率领。檀石槐任用汉人，制定法律，由汉地输入铁器，促进了鲜卑社会力量的发展。以其军事力量，东败扶余，西击乌孙，北拒丁零，南扰汉边。檀石槐死后，诸部联合瓦解，有步度根、轲比能等首领，稍能号令各所拥部，附属汉魏。鲜卑南迁与西迁后，复与匈奴、丁零、乌桓、汉等融合形成许多新族群。晋与十六国时期，鲜卑中的慕容氏、宇文氏、段氏、乞伏氏和拓跋氏（甘青间的秃发氏，实与拓跋同源，同音异译），都曾与汉人及其他民族中的统治阶级结成雄踞一方的政治势力。其中慕容氏曾建立前燕、后燕、西燕、南燕，乞伏氏曾建立西秦，秃发氏曾建立南凉等割据政权。而拓跋氏则先建立代国，后终于统一北部中国，成为南北朝

---

① 《三国志·魏志·武帝纪》。

② 孙进己：《东北民族源流》，黑龙江人民出版社1987年版，第37—38页。

时强大的北魏王朝。北魏分裂为东、西魏之后，鲜卑化的汉人高氏，与鲜卑宇文氏分别建立北齐、北周。另有出自慕容氏的吐谷浑，自辽西迁至陇上河湟羌人地区，形成吐谷浑部，鲜卑贵族统治羌人诸部，直到唐初才为吐蕃所灭。

（三）柔然

拓跋鲜卑穆帝猗卢（304—316年）时，木骨闾坐法当斩，逃亡广漠，“收合逋逃，得百余人”，依纥突邻部。子车鹿会继承，“始有部众，自号柔然”，并且成为拓跋鲜卑之属部。柔然部长为东胡出身的拓跋鲜卑人，而且长期隶属于拓跋鲜卑，所以柔然部在当时被称为“河西鲜卑”①，事实上，柔然是木骨闾集合百余逃亡牧民，逐渐发展而成的地缘部落，其部众大都来源于匈奴、鲜卑等不同民族，是当时一支典型的杂胡部落。北魏天兴五年（402年），柔然部帅社仑兵败，“远循漠北，侵高车，深入其地，遂并诸部”，声威大张，移帐弱洛水（土拉河），立军法。破匈奴余种拔也稽部于頞根河（鄂尔浑河），尽并之。疆界所至，“西则焉耆之地，东则朝鲜之地，北则渡沙漠，穷瀚海，南则临大碛”。于是社仑自号丘豆伐可汗，建牙庭于敦煌、张掖之北，柔然国创立，社仑是第一位可汗。柔然汗国内部族群如林，因而矛盾极为尖锐。487年，高车副伏罗部帅阿伏至罗，统高车之众十余万落，挣脱了柔然可汗的羁绊，西迁至车师前部（今新疆交河故城一带）西北，自立为王，建立高车国。自此高车国与柔然互相侵伐，柔然大困。《梁书·西北诸戎芮芮传》说：芮芮“永明中（483—493年）为丁零所败，更为小国，而南移其居”。逐渐走向衰微。552—555年，曾经是柔然“锻奴”的突厥部起兵终于摧毁了柔然政权。柔然汗国前后维持了一个半世纪。

柔然立国于漠北，适值南北朝时期，当时除柔然外，在中原建立政权的有北魏、北齐、北周，江南建有东晋、宋、齐、梁、陈，青海则吐谷浑，新疆分属于高昌、悦般、哌哒等。柔然汗国与这些政权之间均有交通线路通达，保持着密切的经济和文化接触。《南齐书·芮芮虏传》云：“芮芮常由河南道而抵益州。”益州，今四川，“河南”为时人对青海吐谷浑的别称。这条通道上的另一个要冲是高昌、伊吾。大约423年西凉残部

① 《晋书·赫连勃勃传》载记：“河西鲜卑杜仑献马八千匹于姚兴。”

唐契兄弟携李氏后裔李宝北据伊吾，臣于柔然，柔然以契为伊吾王。[①] 460 年柔然杀沮渠安周，灭盘踞高昌的沮渠氏北凉，以阚伯周为高昌王。[②] 柔然控制了高昌、伊吾，便可以绕道北魏的西垂，进入青海，与南朝交通。[③] 由于特殊的地理位置和政治环境，柔然还曾经起过各地区经济文化交流中介的作用。

（四）羌

羌人族群庞杂，枝蔓烦冗，前有所述。聚居甘、青的羌人，从西汉开始就陆续内迁。“景帝时，研种留何率种人求守陇西塞。于是徙留何等于狄道、安故，至临洮、氐道、羌道县。”[④] 汉武帝“北却匈奴，西逐诸羌，乃渡河、湟，筑令居塞”，又于河西走廊置武威、张掖郡，以“隔绝羌、胡，使南、北不得交关”。其后羌与匈奴勾结，企图夺回金城、河西地，均未成功。[⑤] 至宣帝神爵二年（前 60 年），赵充国平定先零等羌种，“置金城属国，以处降者”[⑥]。

更始、赤眉之际，中原大乱，诸羌大举进入金城、陇西诸郡。隗嚣虽拥兵而不能讨，乃就慰纳，因发其众与汉相拒。故东汉初年，“凉州部皆有降羌”。建武十一年（35 年）夏，“先夏种复寇临洮，陇西太守马援破降之。后悉归服，徙置天水、陇西、扶风三郡”[⑦]。明帝永平元年（58 年），窦固、马武等大破烧当羌滇吾，“滇吾远引去，余悉散降，徙七千口置三辅”。次年，滇吾降。后子东吾立，“以父降汉，乃入居塞内，谨愿自守。而诸弟迷吾等数为寇盗”。和帝永元元年（89 年），迷吾弟号吾率种人降。永元九年（97 年），谒者耿谭“设购赏，诸种颇来内附”。十三年（101 年），侯霸破迷唐，“降者六千余口，分徙汉阳、安定、陇西”。[⑧] 此后，仍有羌人不断内迁。其“居安定、北地、上郡、西河者，谓之东羌；居陇西、

---

① 《魏书·唐和传》。

② 《魏书·高昌传》。

③ 唐长孺：《魏晋南北朝史论拾遗·南北朝期间西域与南朝的陆道交通》，中华书局 1983 年版，第 194 页。

④ 《后汉书·西羌传》。

⑤ 同上。

⑥ 《汉书·赵充国传》。

⑦ 《后汉书·西羌传》。

⑧ 同上。

汉阳，延及金城塞外者，谓之西羌”。[①]

东汉时期，蜀汉塞外的羌人也不断入居内地。“建武十三年（37年），广汉塞外白马羌豪楼登等率种人五千余户内属，光武封楼登为归义君长。至和帝永元六年（94年），蜀郡徼外大牂夷种羌豪造头等率种人五十余万口内属，拜造头邑君长，赐印绶。至安帝永初元年（107年），蜀郡徼外羌龙桥等六种七千二百八十口内属。冬，广汉塞外参狼种羌二千四百口复来内属。”[②] 这些降羌，都安置在蜀郡西北部、蜀郡属国、广汉属国及武都郡西部。

内迁的羌人，由于受到汉人的歧视，又遭汉族和本族统治者的双重压迫和剥削，从东汉初年起，就不断举行反抗。至东汉中后期，遂引发为三次大起义。历时11年，东汉耗军费44亿。羌族的三次起义虽被镇压去了，但更激起了羌人对东汉政府的仇恨。东汉政府也因为镇压羌人起义，以致国库空虚，加重了对汉族人民的盘剥搜刮，中平元年（184年），遂爆发了声势浩大的黄巾起义，羌族也与马腾、韩遂等同反，东汉王朝迅速瓦解。

魏晋时，羌人与匈奴、鲜卑、羯、氐等族入居内地。“关中之人百余万口，率其少多，戎狄居半。”[③] 其中羌人主要分布在冯翊、北地、新平、安定郡境。此外，在陇山以西的广魏、天水、南安、陇西郡、凉州、武都、汶山等郡及其塞外，还有为数众多的羌族。

这些内迁的羌人，经过南北朝长期的民族融合，绝大多数融入汉族中了。塞外青海地的羌人，十六国时为慕容鲜卑吐谷浑所征服，建立吐谷浑国。居住陇南的宕昌羌，曾臣属于北魏，后为北周所灭。分布在今甘肃文县至四川松潘一带的邓至羌，也曾臣服北魏，后为西魏所灭。居住在今青海南部的白兰羌曾向北周朝贡，隋大业时为吐谷浑所并。散布在今青海东部和四川松潘以西一带的党项羌，魏、周之际，数来扰边，隋初一再大举寇掠，至后为隋所破，遂臣服纳贡。唐初，因受吐蕃压迫，迁至今陕、甘、宁一带，后又迁至夏州。至北宋，建立大夏国，史称西夏。只有岷江上游，故冉駹中的一部分茂文羌，一直延续至今。

（五）氐

氐族的发祥地乃今陇南武都地区，早在商代就同诸夏有紧密的政治关

---

① 《资治通鉴》卷五十二“永和六年正月”条注。

② 《后汉书·西羌传》。

③ 《晋书·江统传》。

系。汉武帝元鼎六年（公元前111年），灭氐王，以冉駹地为汶山郡（在今四川茂县北），以广汉郡西部及白马氐地为武都郡（在今甘肃成县以西），这是氐人主要的聚居地区。元封三年（公元前108年）汉武帝徙部分氐人于酒泉。至东汉末氐王阿贵、杨千万反对曹操，建安十九年（公元214年）被夏侯渊击破，西南亡走入蜀，“其部落不能去，皆降”[①]，曹操“徙氐五万余落出居扶风、天水界”[②]。又“前后徙民、氐，使居京兆、扶风、天水界者万余户”。[③] 以后徙氐众于关中、蜀汉。至魏晋时除在武都、阴平二郡外，又在关中、陇右形成与汉人杂居区。

西晋之时，不仅武都、阴平、略阳、扶风郡有大量的氐人聚居，而且关中平原始平、京兆郡境内，也有很多氐族部落。由于内徙的氐人在风俗习惯、社会形态上与汉人有很大不同，以及魏晋统治者剥削、压迫的加重，民族矛盾日益尖锐，元康六年（296年）爆发了氐族首领齐万年领导的雍、秦州各少数民族大起义，义军屡败官军。元康六年十二月，氐王杨茂搜自称辅国将军、右贤王，关中人士避乱者多往依之，后遂据有武都郡。又有巴守賨人李特率领流民起义，经四年多拼死决斗，终于占领了梁、益二州，永兴元年（304年），李特自立为成都王，后改称帝，建立了五胡十六国中的第一个国家——大成国。

在东晋十六国时期，氐族甚为活跃，曾先后建立过前秦、后凉、仇池及其分支武兴、阴平等国家。

到了隋唐，关中及汧陇的氐族消失，有的同汉族融合，有的同羌族融合。但在武都还是存在下来，《武阶备志》卷二十《蕃夷志》云：“在周以后，庐落耗散，其种人留固武都者，有符氏、杨氏、窦氏、荀氏、毛氏诸巨姓，皆与汉民杂处，不复寇盗。唯杨窃据爵土三百余年。四魏灭武兴。其子孙流移叠、宕、沙、岷等州者，仍为酋豪，迄今千余年，世承不绝。”这些氐族后裔日后也已融合到汉族和藏族中了。

（六）月氏

月氏在秦汉之际，活动于河西走廊地区，曾北凌匈奴，西击乌孙，是势力强大的一个族群。然而，它与东渐陇右的诸戎相反，大部月氏人渐次

① 《三国志·乌丸鲜卑东夷传》。

② 《三国志·张既传》。

③ 同上。

西迁，在中亚以及世界历史上都产生过重大影响（西迁后，百年之内在中亚建立了贵霜帝国，从而形成古代世界汉、贵霜、安息、罗马四大帝国并峙的历史格局）。

月氏一名，最早见于《史记·大宛列传》。公元前 3 世纪月氏已活动在河西地区。汉文帝时，月氏族内发生分化，史籍中西走“塞地”的一支称为“大月氏”，留居祁连山一带的月氏余众称为“小月氏”。[①] 有关月氏的族源，国内外学者观点不一，但国内学者据《后汉书·西羌传》的对小月氏的记载，认为月氏“与羌相近”，是河西地区“土生土长的古老民族”。[②] 迁居河西走廊东部的月氏族，在与东邻中原以及周围当地土著文化的交流过程中，约在战国中晚期开始逐步向铁器时代过渡，并成为西部地区拥有控弦之士一二十万的荦荦大族。秦时，“东胡强而月氏盛”[③]，以致北方强族匈奴头曼单于送子质于月氏，以子为质本身表明匈奴惧服于月氏。

约汉高祖六年（前 201 年），冒顿蓄势“大破灭东胡王而虏其民人及畜产。既归，西击走月氏”。[④] 月氏在匈奴的军事压力下，逐步向河西中西部收缩，在这样背景下，发生了月氏西击乌孙，杀难兜靡“夺其地”的事件。[⑤]

汉文帝前元三年（前 177 年），月氏方破乌孙不久，匈奴又发良卒、劲骑再次攻月氏[⑥]，经过这次打击，月氏大部撤出河西地区，沿天山北道去伊犁河上游“西破走塞王”，“大月氏居其地”。留居祁连山一带的小月氏，为月氏部落中的“羸弱”“不能去者”，他们在依诸羌居止的过程中，很快适应了新的环境和生活条件，恢复了民族生机，“皆勇健富强”，“常以少胜多”[⑦]，成为汉王朝在西北地区积极争取的重要力量。经与河湟诸羌“杂居、共姻”，以至武帝元狩（前 122 年）时，小月氏与“汉人错

---

① 《史记·大宛列传》《汉书·张骞传》《汉书·西域传》《后汉书·西羌传》。

② 杨建新：《中国西北少数民族史》，宁夏人民出版社 1988 年版，第 72 页。

③ 《史记·匈奴列传》。

④ 同上。

⑤ 《汉书·西域传》“乌孙”条及《汉书·张骞传》。

⑥ 《史记·匈奴列传》。

⑦ 《后汉书·西羌传》。

居”[①]，到魏晋时，一部分融合于羌族，另一部分与汉族同化。

（七）乌孙

乌孙族群在战国秦汉之际已进入奴隶社会，并建立乌孙王国。早期位于匈奴西，约当今新疆阿尔泰地区。汉文帝前元三年（前 177 年）秋，为匈奴右贤王所灭，乌孙王难兜靡被杀，余众全部被虏至匈奴。[②]时其子猎骄靡刚生，被“弃于野。乌嗛肉飞其上，狼往乳之。单于怪以为神，而收长之。及壮，使将兵，数有功”。老上单于“复以其父之民予昆莫，令长守西城”[③]。驻地在今新疆焉耆北。汉文帝后元三年（公元前 161 年），老上单于“死，昆莫乃率其众远徙，中立，不肯朝会匈奴。匈奴遣奇兵击，不胜，以为神而远之，不大攻”。这就是后来的乌孙王国。其地在今伊犁河、伊塞克湖流域。王城赤谷城，在今吉尔吉斯伊塞克湖东南部。

西汉后期，乌孙有 12 万户，63 万人，骑兵近 20 万人，是西域都护府统领下的最强大的国家。汉武帝时，其国分为三部：昆莫（国王）猎骄靡自领一部；太子岑娶将万骑，为一部；中子大禄统领约万骑，为一部，均羁属昆莫。其基层单位为部落。乌孙居地水草丰美。畜多马、牛、羊、驼、驴，其中尤以马闻名，汉时著名的“西极马”就是出自乌孙，马是乌孙人财产的主要标志。乌孙很早就与汉王朝建立了政治关系，张骞“凿空”西域，为断匈奴右臂，再使乌孙国，说服昆莫东迁河西牧地。昆莫年老，不能决断，乃发使送骞归，献良马数十匹示谢。其使见汉人众富厚，回国报告，乌孙始尊重汉。匈奴闻乌孙与汉通，大怒，欲击之，乌孙王恐，使人到汉献马，请婚公主。元封（前 110—前 105 年）中，汉武帝乃以江都王建女细君为公主，嫁乌孙昆莫为右夫人。从此乌孙同汉建立起亲密的政治、经济、文化关系。细君公主死后，汉复以楚王戊之孙女解忧公主，嫁乌孙昆弥军须靡。乌孙与汉的关系逐渐变成臣服，而隶属于西域都护府。遂后乌孙国的内外事端，皆由西域都护援，倚都护以自存。

东汉初年，乌孙与西域城郭诸国皆臣服匈奴。章帝时，乌孙仍为“控弦十万”的西域大国，顺帝永建二年（127 年），班勇击平车师、焉

① 《后汉书·西羌传》。

② 陈可畏：《月氏、乌孙原居地及其迁徙考》，《西北史地》1989 年第 3 期。

③ 《史记·大宛列传》。

耆，“于是色龟兹、疏勒、于阗、莎车等十七国皆来服从，而乌孙、葱岭已西遂绝”。[①] 桓帝时，鲜卑檀石槐崛起，累败乌孙，乌孙进一步衰弱。魏晋时期，乌孙与中原王朝没有官方来往，史书也无记载。其后，累为柔然所破，余众逃入葱岭。至隋，乌孙王国便已消失，仍有一部分人留居原地，清乾隆时，哈萨克境内尚有乌孙部落，乃是乌孙后裔。

第三节　汉族向西北的迁徙和发展

一　秦汉汉族向西北的迁徙

商、周以来，中原和西北，就保持着广泛而密切的联系；进入战国时期，这种联系就更为深入发展，几个主要的诸侯国已把周围的少数民族族群逐渐统一到自己的领地以内。地处西北关陇的秦国，经过数百年的励精图治，终于在秦嬴政时“六王毕，四海一”[②] 统一华夏民族，实行开疆拓土设置行政区域的方略。

为了政治的需要，秦始皇把六国宗族强制内迁和互迁，自秦始皇八年（前 239 年）灭魏至二十四年灭楚，都有一系列的移民措施：贵族上官氏和大姓权氏被迁至陇西上邽（今甘肃天水），[③] 其他权贵裔族迁地不一。二十六年，最后灭齐，强迁王室宗族至共（今甘肃泾川县北）。[④] 对本国的罪人也是强迁西北边地，秦王政八年（前 239 年）王弟长安君成蟜将军击赵；反，死屯留，军吏皆斩死，迁其民于临洮（今甘肃岷县）[⑤]。这种对宗室豪门的强遣迫迁，人数有限，迁入地较分散。但三十三至三十六年的两次河套移民约计有 30 万人。这一移民区的范围即以秦长城为北界，南界大致在战国时秦长城一线，地域乃今蒙西高原西南部和陕甘宁东北部的地区，这一地区大多未开发或仅能作为游牧区，但河套平原的水源丰富，土地肥沃，新设了九原郡及 44 个县，迁民开始开垦和农耕。这是第一次把中原的农业人口向西北推进，阴山南麓成为中国农业区新的北界。

---

① 《后汉书》，西域传。

② （唐）杜牧：《阿房宫赋》。

③ 《通志·氏族略》：楚王子兰为上官大夫，因以为氏。秦灭楚，徙陇西之上邽。《新唐书·宰相世系表》：称权氏，“秦灭楚，迁大姓于陇西，因居天水”。

④ 马非百：《秦集史·迁民表》，中华书局 1982 年版，第 927 页。

⑤ 《史记·秦始皇本纪》。

第一批拓边垦殖的主要来源是“谪戍”，采取强制手段，修通了自京城咸阳，经过云阳到九原的直道。因拓略之地广阔，实民不足，“又迁北河，榆中三万家，拜爵一级”[①]，可见第二批迁入河套平原的实边对象已是平民，所以才有物质的奖励。但嬴政三十七年（前210年），秦始皇暴亡，蒙恬即被秦二世赐死，“蒙恬死，诸侯叛秦，中国扰乱，诸秦所徙戍边者皆复去。于是匈奴得宽，复稍度河南，与中国界于故塞”。[②]

汉初，国内休养生息，人口逐渐增殖，至文帝时，便出现了“天下殷富，粟至石十余钱；鸣鸡吠狗，烟火万里”[③] 的富庶景象。面对匈奴贵族的不断侵掠，汉文帝接受了晁错徙民实边的建议。晁错在《宁边备塞疏》中，首先总结历史，认为秦之败在于向周边民族发动了“贪戾而欲广大”疆域的战争，加上秦之戍卒不适应北边水土，而秦政府又采用强制手段“以谪发之”。戍卒去到边塞“有万死之害，而亡铢两之报，死事之后不得一算之复”，以故陈胜于大泽“为天下先倡，天下从之如流水”。又分析到现状，指出汉匈矛盾是匈奴贵族侵掠，汉朝则是防御，是“卫边地而救民死”，由于匈奴部众常“转徙”于塞下“以候备之卒”，卒少则入塞侵掠，而汉边塞线长，备塞之卒少，因而边郡人民受到严重侵害。晁错又不断强调只有官吏“存恤，善遇，徙民”，才能“使先至者安乐而不思故乡，则贫民相募而劝住矣”；只有安排好徙民的生活、生产，使之“至有所居，作有所用，此民所以轻去故乡而劝之新邑也”；还要尊重徙民的信仰习俗，“为置医巫”，使之“以修祭祀，男女有婚，生死相恤，坟墓相从”，“此所以使民乐而有长居之心也”。[④] 但汉代汉族真正向西北移民是从汉武帝开始的。

（一）向朔方的迁徙及屯田

元朔二年（公元前127年），“收河南地，置朔方、五原郡”，即收复了阴山以南的秦朝故地。当年夏，“募民徙朔方十万口”[⑤] 安置于黄河、乌加河一带的河套平原及其黄河以南地区。朔方初始之辖地在黄河以南，后来扩充至黄河以西、以北地区。这里土地“肥饶”，离河较近，灌溉方

---

① 《史记·秦始皇本纪》。
② 《史记·匈奴列传》。
③ 《汉书·昭帝记》。
④ 《汉书·晁错传》。
⑤ 《汉书·武帝纪》。

便，是最早的屯田区之一。其屯田情况，文献记载简略，可知者至少有两个屯点，即“北假”屯田点与乌兰布和屯田点。秦汉时称今内蒙古河套以北、阴山以南为“北假”，主要在朔方郡。北假有田官设置，即所谓“往往通渠，置田官吏卒”，“开田官、斥塞卒”“戍田之”①。估计其规模不会少于10万人。据《汉书·元帝纪》载，北假屯田在汉元帝时一度罢止；初元五年（公元前44年）四月“诏罢北假田官、盐铁官、常平仓”②，这说明元帝初元五年以前，北假设有专管屯田的“田官”。北假屯田从武帝元狩年间到元帝初元五年，大约经营了70年，有良好的屯垦基础。乌兰布和沙漠北部的屯田点在黄河之西，属于“汉渡河自朔方西至令居”的范围。这里设有二县，即窳浑、三封县，东靠黄河，以北、西北临阴山南麓，有“引河及川谷以溉田”的便利条件，而且土层较厚，地下水位较深，是最宜开垦的地区；加之地处塞外通道口，在军事上是戍卒且守且田的重要地区③。

屯田是西汉王朝且田且守、亦兵亦农，军事活动与农业生产相结合的一种治边措施。戍边是汉代农民负担的徭役之一，每个成年人都必须负担戍卒徭役，因此汉政府便以征发戍卒的名义，把大批的农民调发到边疆及新占领的地区戍守或田耕。屯田的戍卒都有一定期限，一般是一年，到期就遣归故里。屯田卒亦兵亦农，既是国家的边防军，又是耕种国有土地、交纳地租的农民。屯田的收获，不仅解决边防给养，同时，当内地发生灾荒时，还可调拨边郡屯田积谷以救灾。

汉王朝在西北的屯田，“斥塞卒六十万人戍田之”④，60万人是一支强大的武装力量，配合给边境地区的设郡置县，为移民实边打下了物质基础。

元狩四年（公元前119年），关东水灾连年，流民无处安置，“乃徙贫民于关以西，及充朔方以南新秦中”；⑤ 总数有72.5万人⑥，这是汉王朝对西北边疆移民最多的一次。这次移民的外因固然是自然灾害，但内因

---

① 《史记·河渠书》

② 《资治通鉴·晋纪三十五》卷一一三。

③ 侯仁之：《乌兰布和沙漠北部的汉代垦区》，《治沙研究》1965年第7期。

④ 《史记·平准书》。

⑤ 《汉书·武帝纪》。

⑥ 《史记·平准书》。

还是为了巩固新拓的领土。“于是汉已得昆（浑）邪，则陇西、北地、河西益少胡寇，徙关东贫民处所夺匈奴河南地新秦中以实之，而减北地以西戍卒半。”[①] 这一迁入区的范围，大致包括今内蒙古西部、山西西北部、陕西西北部、宁夏南部和甘肃中西部。

（二）在河西的置郡与屯田

河西地区正式归入汉朝版图后，汉武帝为了继续加强与西域的交通，隔断羌、匈之间的联系以孤立匈奴，便在河西地区推行了一系列政治、经济措施，郡县的设置就是一项重要的措施。汉武帝在河西地区所设置的武威、张掖、酒泉、敦煌四郡的时间和顺序，《汉书》中的说法不一，但自元狩四年后，迁置四郡的人口不断有所增加，部分移民随着汉朝势力的扩张，逐步由内向外缘（西域）迁徙。对河西地区的经营起始于汉军占领河西之后（元狩二年），汉武帝曾派张骞第二次出使西域，联络原居于“祁连、敦煌间”的乌孙，“招以东居故地”[②]；由于乌孙大臣“皆不欲迁”，张骞未达到目的，于元鼎二年（公元前 115 年）回到长安。于是武帝决定“始筑令居以西”[③] 的边塞。令居屯田随边塞的西迁而逐步推进到河西走廊地区。河西原有居民乃羌、月氏、乌孙和匈奴等族，匈奴占据河西后，月氏、乌孙西迁，主要是匈奴族人。河西战事结束后，当地人口大大减少，要设置郡县，加强河西边防，就必须向河西大量移民。移民对象据《汉书·地理志》记载：“其民或以关东下贫，或以报怨过当，或以背逆亡道，家属徙焉。”其中的“关东下贫”系绝大多数。元狩四年因受水灾之难的流民，也有部分迁至河西，这次大规模的移民，是在政府“赈”“贷”都不能解决，饥乏之中的一次西徙，除大多数的“下贫”外，还有不少刑事犯和政治犯。如武帝时附和戾太子之乱的官吏、士卒都被迁徙到敦煌郡；还有一些自愿迁徙到河西的，也有一些屯田戍卒在服役期满后，自愿留屯戍边县，并把家室接到其地的，还有一些少数民族也由于各种原因，而被强制迁徙到了河西。

河西移民主要是在汉武帝时代。通过移民，使河西人口大增，改变了

---

① 《汉书·匈奴传》。

② 《汉书·张骞传》。

③ 《汉书·西域传》。

人烟稀少的状况，到西汉末年，河西四郡共有 61270 户 280211 口[①]。

随着河西的设郡，内地徙民源源而来。为解决内地长途转输的困难，西汉政府又开设了屯田点：令居（今兰州市黄河以北以西）、番和（今张掖北）、居延（今内蒙古大额济纳旗）、敦煌、酒泉、武威等。

（三）在西域屯田

西域屯田，是汉朝实现“断匈奴右臂”战略的重要措施之一。屯田点大致分布在具有交通、军事意义的绿洲上。当时，“自敦煌而至盐泽，往往起亭，而轮台（今新疆轮台县东）、渠犁（今新疆库尔勒市）皆有田卒数百人”。[②] 元凤四年（前 77 年），又在伊循（今新疆若羌县东）屯田，后“更置都尉”。[③] 宣帝时，屯田车师（姑师）（今新疆吐鲁番盆地）、莎车（今新疆莎车县）、北胥鞬（今新疆鄯善[④]），设有屯田校尉。汉在车师屯田，对匈奴控制西域威胁极大。所以元康二年（前 64 年），匈奴派骑兵进攻汉田卒，“（郑）吉乃与校尉尽将渠犁田士千五百人往田。匈奴复益遣骑来，汉田卒少，不能当，保车师中”[⑤]。匈奴骑兵还往来扬言：“单于必争此地，不可田也。”郑吉遂上书请宣帝“益田卒”。汉王朝经过讨论决定，“可且罢车师田者”，并派兵救郑吉归渠犁[⑥]。

神爵二年（前 60 年），匈奴日逐王降汉后，汉朝在西域设置都护，“至元帝时，复置戊已校尉，屯田车师前王庭”。[⑦] 汉之车师屯田，据罗布泊汉简记录有：“交河壁”“交河曲仓”，可推知交河城附近有屯田。戊已校尉驻地高昌壁，亦应为屯田点之一，经汉之世，车师屯田一直进行着。

宣帝末年在赤谷城屯田（乌孙国都），当时乌孙大、小昆弥在领民问题上发生矛盾，汉朝派遣常惠“将三校屯赤谷，因为分别其人民地界，大昆弥户六万，小昆弥户四万余”。又《汉书·辛庆忌传》载，庆忌“任为右校丞，随长罗侯常惠屯田乌孙赤谷城”。是为了解决乌孙内部矛盾而

---

① 《汉书·地理志》。

② 《汉书·西域传》。

③ 《汉书·地理志》。

④ 参阅刘国防《西汉比胥鞬屯田与戊已校尉的设置》，《西域研究》2006 年第 4 期。北胥鞬又称“比胥鞬”。

⑤ （宋）徐天麟：《西汉会要》蕃夷（下）。

⑥ 《汉书·地理志》。

⑦ 同上。

采取的临时性措施。赤谷城屯田规模较大，常惠所以将“三校”为屯田士卒。但主要是为了完成“分别其人民地界”任务的一支有威慑性的镇压力量。其人数在两千左右[①]，所负任务是双重的，因为不能在短期内完成，故所率三校部众就地屯田。西域屯田范围较小，迁入人口不多而且不稳定。

（四）在河湟设县与屯田

河湟屯田始于汉宣帝神爵元年（前61年）秋末。湟中羌人请求“渡湟水北”畜牧，未得汉朝允许。然大批羌人强渡湟水，郡县不能禁止。汉宣帝派官视察。而汉官到达羌地后又采取屠杀政策，折其酋豪，遂激起羌人反抗。[②] 汉朝派赵充国率大军镇压，充国到前线后从实际出发，提出了分化胁从、独立恶首的策略，收到初步成效。接着，充国又提出“欲罢骑兵，屯田以待其敝”的主张，留步卒万余人屯田湟中。自临羌至浩门间，开垦羌人故田及公田两千多顷，修挖渠道，改变农业条件，赵充国在《屯田奏》中提出屯田“十二便”[③]，对屯田的好处做了详尽的阐述，提出了一整套屯田的理论，并亲自付诸实践，不仅在当时收到了显著的经济效益，取得了平羌战争的胜利，而且对以后也产生了深远的影响。

神爵二年（前60年），汉王朝在湟水流域置破羌（今青海乐都县老鸦城）、安夷（今青海平安县平安镇）和临羌（今青海湟中县境）三县，均属金城郡。赵充国在湟中地区大兴屯田和设置郡县，隔断了匈奴与羌之间的联系，巩固了汉王朝在河湟地区的统治，并促进了农业的发展。

元始四年（公元4年），安汉公王莽执政，利诱羌人首领献地称臣。王莽立法五十条，违法者皆徙置西海郡，徙者以千万数。西海郡的设置既侵犯了羌人的利益，又给千万无辜百姓带来灾难，因此在王莽覆灭后，羌人又将郡地夺回。[④] 被迫迁出的“罪犯”四处逃散，移民也不复存在。

东汉历时近200年，于西北经营，虽不能与西汉相比，但基本上维持了前朝的局面，尤其是东汉前、中期的经营颇为用心。光武帝立国之初，

---

① 据《赵充国传》载：“步兵九校，吏士万人。”一校所部之兵在一千人以上。此处三校，当在三千人以上，惟乌孙远在西域，故一校以一千以下计之，或在两千人左右。

② 《后汉书·西羌传》。

③ 以上所引均见《汉书·赵充国传》。

④ 《后汉书·西羌传》卷八十七。

西域再次绝通，匈奴、西羌蠢动，东汉王朝意在稳定政局，对外族采取妥协政策。于西北尚无全面的经略。适值匈奴连年遭逢旱蝗，牧草尽枯，赤地千里，人畜饥疫死耗大半；更因内讧失和，再度分裂为南北两部。南匈奴重新臣服于汉，内附入塞，北匈奴则却地千里，游弋于河西、西域不断扰掠。东汉之初，羌人频频入寇，金城属县多被侵占。光武帝任马援为陇西太守，率步骑三四千人反击，迫使羌人西退。马援在金城、破羌以西缮城起坞，召集逃亡客民各返旧邑，陇右地区一时晏清。汉明帝时经营西北战略遂转强硬，效法武帝反击匈奴，开通西域。永平十六年（73年）分兵四路出击，深入天山东部，收复伊吾等地，就地屯田，置宜禾都尉。第二年再出敦煌，平定车师前后部，重新设立西域都护和戊已校尉。并以此为根据地，派出班超为首的使团折中诸国间，与北匈奴展开争夺西域的斗争。章帝继位对西北经营无大进展，唯准班超留居西域，仅带从兵千人纵横诸国，控制西域局势。班超在西域30年，不动中国，不烦戎士，先后定莎车、却月氏、降龟兹、平焉耆等国，昭昭勋绩当可与万马千军之功相比。

纵观两汉400年持续开发，西北地区的农区范围空前扩大，农牧区分界线几乎推向黄土高原西北边缘，并与河西走廊和天山南部农区连为一体，唯有极为干旱的荒漠和草原区还保留为畜牧地。除关中以外的河套、河湟、河西、南疆等农业区域，通过西迁汉族人民和当地土著百姓融为一体，披荆斩棘，共同开拓，加之中原地区传统农业技术的应用，建成为西北的基本农业区。

根据《史记》《汉书》统计，在西汉武帝数十年间，大批量的西北移民共有7次，总计人数超过200万以上。数百万汉族克服了创业艰难，终于安居于黄土高原地区。

西北边区的汉族移民遍及朔方、五原、西河、上郡、北边、安定、陇西、天水、金城、武威、张掖、酒泉、敦煌诸郡，而以朔方、五原、金城及河西四郡最为集中。葛剑雄先生分析指出：河西四郡、金城、朔方、五原等郡基本由移民组成，北地、西部、上郡的居民中移民约占一半以上，陇西、天水、安定也有一定数量的移民。[①]

① 葛剑雄：《西汉人口地理》，博士学位论文，复旦大学，1983年，第43页。

西汉元始二年（2年）西北各郡人口统计

郡名	人口	面积（平方公里）	人口密度（人/平方公里）
陇西	236824	25443	9.31
天水	261348	23238	11.25
安定	143294	54807	2.62
北地	201688	55100	3.82
西河	698963	55000	12.71
上郡	606658	63025	9.63
武威	76419	24243	3.15
张掖	88731	45264	1.96
酒泉	76726	37301	2.06
敦煌	38335	28236	1.36
金城	149648	34888	4.29
朔方	136628	9063	25.52
五原	231328	9063	25.52
合计	2946590	464671	5.75

资料来源：葛剑雄：《西汉人口地理》，人民出版社1986年版。

二 魏晋南北朝汉族在西北的迁徙和发展

“永嘉之乱”西晋灭亡，在大批中原汉族南迁的同时，也有一部分汉族迁入西北。西北的主要迁入地是当时较为安定的河西走廊。

早在西晋永宁元年（301年），曾在朝中任散骑常侍的安定乌氏（今甘肃平凉西北）大族张轨，“以晋室多难，阴图保据河西”，[①] 求得凉州刺史一职。张氏家族之所以能在一个相当长的时期内，相对稳定地保有河西走廊，甚至“南逾河湟、东至秦陇、西苞葱岭，北暨居延”[②]，与其笼络大族、爱护百姓、奉晋正朔、折中樽俎乃至弘扬儒教、兴立学校等一系列政治策略及文化建树密切相关。张轨在凉州，增置郡县，安集中州避难者，任用干才之士为股肱，修明本州政治，行五铢钱，活跃地方经济。同

① 《十六国春秋辑补·前凉录》。

② （清）顾祖禹：《读史方舆纪要》卷三。

时组织军民抗击进犯的鲜卑军队，威名震于西州。西晋灭亡后，张氏在凉州实际已割据自立。前赵和后赵先后动用数十万大军征伐，前凉以富庶的河西为根据地，坚壁抵抗，固守了凉州，与两赵并存，立国共76年。张骏、张重华父子统治时，是前凉的盛期。为了加强对西域统治，前凉全部接管了西晋的都护机构，同时在高昌设立郡县，使郡县制度行于西域地区，西域行政机构首次与内地趋于一致。这一时期，河西和西域政局稳定，“刑清国富”，大批中原流亡的汉族人民能够安居乐业。在此条件下，前凉的人口增长率也有所提高，人口迅速增加。晋乱之后，前凉成为保存发展汉族文化的重要据点。

东晋太元元年（376年，前秦建元十二年），苻坚灭前凉，迁凉州豪右七千户于关中。[①] 前凉王张天锡被俘至长安，封为归义侯，使豪强贵族远离本土，既便于控制他们，又利于统治当地民众。建元十五年，攻占襄阳[②]，“江汉之人万余户”徙于敦煌（今甘肃敦煌西南），同时被迁的还有“中州之人有田畴不辟者”七千余户。[③] 这两批人都属惩罚性移民，受到强制措施的控制，所以到西凉李暠建初元年（405年）时还居留于敦煌。此前的后凉龙飞三年（398年）发生内乱时，[④] 武威、张掖及其以东有数千户逃亡至敦煌和晋昌（今甘肃安西县东南）。在敦煌一带居住的移民多达二万三千余户，十万余人。当年李暠由敦煌东迁酒泉，将这批迁民重新安置，以其中5000户南方（江汉）人置为会稽郡，5000户中原人置为广夏郡（均在甘肃安西一带），其余一万三千余户分别安置在新设的武威、武兴、张掖三郡（在今甘肃敦煌市南一带）。

后凉时期，随吕光西征的七万多人中多数是汉族，这些人因前秦的覆灭和后凉的建立而留在河西，这也是中原汉人的一次规模不小的迁移。此间，中原战乱未息，还有些人因避乱而迁往较为安定的河西，如苻坚安南太守（治今甘肃陇西县东南）、河内温县人常珍“因世乱遂居凉州”[⑤]，因此移民人数还在增加。403年（东晋元兴二年），后凉亡。三年后南凉主秃发傉檀接收姑臧，原凉州别驾宗敞由他列举当地人物时提到：“段

---

① 《晋书·苻坚载记》。
② 《晋书·苻坚载记上》。
③ 《晋书·李玄盛传》。
④ 《晋书·吕光载记》。
⑤ 《魏书·儒林传·常爽》。

懿、孟韦，武威之宿望；辛晁、彭敏，秦陇之冠冕；裴敏、马辅，中州之令族；张昶，凉国之旧胤；张穆、边宪，文齐扬、班；梁崧、赵昌，武同飞、羽。”[①] 可见中原移民的后裔不多，并且都是早期迁入的。

此外，高昌地处新疆吐鲁番盆地，自汉以来就有汉人聚居，西晋设高昌郡，前凉、后凉、西凉、北凉皆设郡置守。史载汉族迁居高昌有两次高潮，一次是西汉李广利西征疲兵和屯田卒留居高昌，另一次是沮渠无讳率北凉残部“一万余户”的西迁。[②] 421 年，北凉灭西凉时，晋昌冥安（今甘肃安西县东南）人唐和、唐契兄弟与外甥李宝避难于伊吾（今新疆哈密市西北），“招集民众二千余家，臣于蠕蠕（柔然）”[③]；这万余人主要是汉族。460 年蠕蠕杀沮渠安周而立阚伯为高昌王，先后称王者四姓十六王，都是汉族，王国居民基本以汉族为主。故《魏书·高昌传》称：“国有八城，皆有华人。”高昌王四姓有阚氏、敦煌张氏、马氏、金城榆中（今甘肃榆中县西北）麴氏，麴氏成为世袭高昌王。[④] 高昌在西域城邦中，与中原的联系最为密切。两汉以来，汉族因屯田、戍边、打仗、经商来到高昌定居不归。尤其是十六国时期，大批汉族流落迁居此地，所谓“彼之氓庶，是汉、魏遗黎，自晋氏不纲，因难播越，成家立国，世积已久”。[⑤] 随着汉族移民的增加，汉文化在此也得到传播，如高昌王在北魏明帝正光年间曾向北魏王朝求借五经诸史，“置学官弟子，以相教授”。[⑥] 高昌王国长期内属，汉族移民聚居，是一个以汉族为主体的民族融合的地方政权。

吐谷浑在形成的过程中，曾吸收了相当多的汉人。由于西北的汉族早已流入羌戎地区，汉族随归入吐谷浑。慕璝时，“召集秦凉亡业之人及羌戎”杂夷众至五六百落，南通蜀汉，北交凉州、赫连，部众转盛。这主要是汉族。431 年（宋元嘉八年，北魏神䴥四年），夏主赫连定灭西秦，西秦主乞伏暮末降。同年，赫连定拥所获西秦人十余万口在治城（今甘

---

① 《晋书·秃发傉檀载记》。

② 《魏书·高昌传》。

③ 《魏书·唐和传》。

④ 杜斗城、郑炳林：《高昌王国的民族和人口结构》，《西北民族研究》1988 年第 1 期。

⑤ 《北史·高昌传》。

⑥ 同上。

肃临夏县西北）渡黄河，企图西进河西，遭到慕璝袭击，赫连定被俘。[①]慕璝仅将赫连定送交北魏，而西秦故地汉人是多数，故有相当多的汉族被迁入吐谷浑境内。

后凉、南凉、西凉、北凉各政权都有过一定规模的人口迁移，但都限于河西内部，没有超出河湟地区的范围；西秦、赫连夏政权进行的强制性或掠夺性迁移一般也不限于关中和秦陇地区；这其实只是西北地区内部的迁移。这一阶段北方战事纷然，政权更迭繁乱，其他地区的人口也有间断的迁入，但数量有限，且又乏具体的记载，此时汉族的发展主要表现在西北少数民族族群的汉化上。

1. 大月氏人的内迁和汉化

2 世纪中叶，贵霜帝国战乱不绝，大批大月氏人（又称大月支）东迁西域诸国，一部分迁至敦煌，就此定居。如晋高僧竺法护，“其先月支人，本姓支氏，世居敦煌郡”。竺法护于晋武帝时（265—290 年）“还归中夏，自敦煌至长安”。[②] 大月氏人内迁后多以支氏为姓，此一支氏既世居敦煌，其迁入时间应在西晋前数代，正是 2 世纪后期避乱移民的一支。另一部分月氏人继续东迁，至少有数百人到达洛阳。《出三藏记集·支谦传》：“支谦字恭明，大月支人也。祖父法度，以汉灵帝世率国人数百归化，拜率善中郎将。”东汉末在洛阳等地传道译经的月氏人，见于《高僧传》的还有：支楼迦谶、支曜等。董卓的西凉胡兵中有人名支胡赤儿[③]，西晋末年石勒起兵的十八骑中有支雄，据《资治通鉴》卷八七《晋纪九》永嘉三年注引后赵《支雄传》：“其先，月支胡人也。”依时上推，这一支氏也是在西晋前就迁入中原的。

2. 粟特人的内迁和汉化

粟特，中亚古国，在中亚七河流域。《后汉书·西域传》称为粟弋国、康居国，汉以后往往将粟特人称为康居或康国人。粟特人以善于经商著称，汉王朝为了维持“重致远人”的声望。一直保持对康居使者（商人）的接待。康居商人走西域南道入敦煌、酒泉等郡到达关中。当时沿途接待深感沉重，可见康居商人数量之多。后来一部分康居人定居于河西

① 《资治通鉴·宋纪四》卷一二二。

② （梁）释慧皎：《高僧传》卷一，中华书局 1992 年版。

③ 《后汉书·董卓传》。

走廊。如《梁书》卷一八《康绚传》："其先出自康居。初，汉置都护，尽臣西域，康居亦遣侍子待诏于河西，因留为黔首，其后即以康为姓。晋时陇右乱，康氏迁于蓝田。绚曾祖因为苻坚太子詹事，生穆……宋永初（420—422 年）中，穆举乡族三千余家，入襄阳之岘南。"康氏经过多次战乱和迁徙还能有乡族三千余家，从这一点观之，定居在河西的康居人数量是相当可观的。由于粟特人足迹甚广，不少人在天竺（印度）接受佛教，成为高僧，东汉时随粟特商胡来中国，或从他处辗转来中原。《高僧传》有：康巨、康孟祥、释昙谛、康僧会等。可见康居高僧在汉，魏时都曾长期居留中原，从事译经传道。

3. 羌人的内迁与汉化

元帝永光二年（公元前 42 年）秋，陇西羌彡姐旁种反。冯奉世率军镇压，余众逃往塞外。彡姐羌住地在大夏河与洮河之间，这一带西汉一直未设郡县，世居其地的彡姐羌经此兵乱，二万多羌人迁往境外。建武十一年夏，先零羌等被马援击败，被安置在天水、陇西、扶风三郡。永平元年（公元 58 年），窦固在西汉水击败羌人首领滇吾，余众 7000 人投降，被安置在三辅（京兆尹、左冯翊、右扶风）。永元十三年（101 年），迷唐羌被击败，降人六千余口，分别迁至汉阳（原天水郡）、安定、陇西境内。当时，散居在凉州的羌人很多，永元十六年汉朝出征匈奴时，在敦煌、酒泉、张掖、武威、陇西、天水、北地、西河都征发了"羌胡"。[①]永初元年（107 年）都尉王弘征西域，在金城、陇西、汉阳三郡征发"数百千骑"。永初元年冬，羌人全面反抗，汉军大败。二年，羌人向东攻至赵、魏，向南攻入汉中。五年，羌人攻至河东和河内。在此情况下，汉朝只得全面撤退。由于汉人已撤至关中，羌人内迁的规模更大了。永和元年（136 年），羌人又起反抗，规模增大，攻至关中，至永嘉元年（145 年）才平息下去。经过如此两阶段的"羌乱"，迁至内地的羌人越来越多，如汉安元年（142 年）赵冲招降罕种羌有五千余户；降于凉州刺史的有三万余户；永嘉元年左冯翊梁并招降有五万余户，仅这几次合计就有 8 万多户，约 40 万人。以后羌人的反抗从未停止，到东汉末年，西北各地几乎都已聚集了大量羌人。在东汉末年战乱中，关中平原的人口大量死亡或外迁，由于羌人聚居在渭北高原或盆地边缘，损失远比汉人为小。所以在曹

---

① 《后汉书·窦固传》。

操统一北方时，羌人在关中和西北人口比例大大上升，已成人数仅次于汉族的第二大族群。

从东汉初年羌人内迁开始，到三国末期，前后历时二百多年，大量羌人与汉族杂居，从事农耕，同汉族差异越来越小，经过两晋南北朝民族的同化，到隋初时，内迁的羌人已全部汉化了。

4. 氐人的迁徙与汉化

氐人原住在今陕、甘、川交界处，武帝元鼎六年（前 111 年）设置武都郡“自汉开益州，置武都郡，排其种人，分窜山谷间，或在福禄（今甘肃酒泉），或在汧、陇左右”。① 氐人的迁移并非一次完成，置郡之后的元封三年（前 108 年），“武都氐人反，分徙酒泉郡”。② 西汉后期，氐人分布均在西北地区，尽管经过了强制外迁，但武都仍是氐人的基地，人口也最为集中。

东汉建安十六年（211 年），马超、韩遂起兵时，“兴国氐王阿贵，白项氐王千万各有部落万余”参加。马、韩兵败后，“阿贵为夏侯渊入灭，千万西南入蜀，其部落不能去，皆降。国家分徙其前后两端者，置扶风、美阳，今之安夷、抚夷二部护军所典是也。其本守善，分留天水、南安界，今之广魏郡所守是也”。③ 这两支氐人共有二万余落，人口接近 10 万，如逃、亡占一半，尚存四五万人。扶风、美阳地处关中，距雍州行政中心很近，将曾经参与反叛的氐人安置在此便于控制；而广魏郡治所在今天水县东北，离雍州中心较远，故安置了未参与反抗的氐人。

三国时期，氐人聚居地分属魏、蜀二国，相互间时有争夺性的迁徙。建安二十四年，曹操在放弃汉中前，将氐人五万余落迁至扶风、天水界。④ 以小槐里一带最为集中。⑤ 被徙的氐人中有一支巴郡宕渠（今四川渠县东北）迁来的巴氐，被安置在略阳郡（今甘肃天水县东北）⑥。魏延康元年（220 年）“武都氐王杨仆率种人内附，居汉阳郡（由白龙江流域

---

① 《三国志》《魏略·西戎传》。

② 《汉书·武帝纪》。

③ 以上所引均见《三国志·东夷传》注引《魏略·西戎传》。

④ 《三国志·魏书·张既传》。

⑤ 《三国志·魏书·杨阜传》。

⑥ 《晋书·李特载记》。

迁至渭河流域)”①；正始元年（240 年），魏国郭淮从魏蜀边境迁三千余落氐人至关中②。至隋唐时，内迁西北关、陇、汧、渭的羌人也汉化了。

5. 卢水胡人的内迁和汉化

卢水胡源于小月氏、匈奴支族等二说不一，后融合了月氏、羌等族的成分。东汉初，卢水胡已迁至河西的张掖属国（在今弱水、黑河流域），后有的向东北或西北迁徙。③ 魏晋之际，卢水胡从青海沿湟水、洮河、白龙江南下抵汶山郡境内（今四川茂汶）。后沮渠氏建立北凉，北魏攻下姑臧，收其城内户口二十余万，诸郡杂胡降都又数十万，徙沮渠款犍宗族及吏民 3 万户于平城。部分卢水胡西奔高昌等地。太平真君年间（440—451 年），卢水胡尖盖起义，联合汉、屠各、氐、羌等，有众十余万，据分析，卢水胡内迁人数不低于十万，至隋初时也汉化了。

6. 秃发鲜卑的西北入迁和汉化

东汉桓、灵帝时，鲜卑檀石槐称汗，分其地为三部，共五十余邑，统众达数十万户。檀石槐死后，联合体瓦解，步度根、柯比能各拥所部附属汉魏。在东起辽东、西抵河西边境线上分数路向内地迁徙。拓跋支系秃发氏迁至陇右，与氐、羌杂居。十六国时秃发氏建立南凉；还有乞伏部，于魏晋间自漠北南出阴山，迁往陇西，进而向陕甘伸展，后建立西秦。这几部鲜卑因邻近汉区，深受汉文化影响，建立政权后大多采用汉制，吸收汉族士人辅政，至隋初时也汉化了。

总之，魏晋南北朝时期的西北汉族在吸收西北部分少数民族族群的互动中得到了发展和壮大。

三　隋唐汉族向西北的迁徙和发展

隋唐之时，随着唐代经济的高度繁荣，一方面是汉族继续向西北迁徙；另一方面是西北少数民族族群进一步内迁，使西北汉族在民族互动和涵化中得到新的发展。

（一）汉族继续向西北迁徙

历史上汉族人民往边疆的迁移，主要有被掳掠、被俘、被流放；参加

---

① 《三国志·文帝纪》。

② 《三国志·魏书·郭淮传》。

③ 《后汉书·窦固传》载有明帝永平十六年（73 年），窦固率张掖甲卒及卢水羌胡万二千出酒泉击匈奴之事。

屯田；躲避战乱、逃避赋税、犯罪潜逃等三大类型。除了最后三类及部分屯田者是自愿前往之外，前三类都属于强制性的迁徙。就人数而论，被强制性迁徙的人远超过自愿迁徙者。

1. 掳掠

隋唐之际，由于东突厥大举侵入中原扰掠，安史乱后，吐蕃军队屡次进犯关中，都大肆掳掠汉族人民，带回本境，充其为奴。从史书及《全唐诗》《全唐文》的载录粗计的有 30 万人之多。[①]

安史之乱时，回鹘应唐之邀，助唐作战，进入中原，掠人之举被诗人戎昱揭露："回鹘数年收洛阳，洛阳士女皆驱将。"又有刘商诗云："一朝虏骑入中国，苍黄处处逢胡人，忽将薄命委锋镝，可惜红颜随虏尘"[②]。可见在洛阳掳掠人数不少。

2. 战俘

天宝十年（751 年），安西节度使率 2 万人击大食（即阿拉伯帝国），兵败怛罗斯城（今哈萨克斯坦江布尔城）。此后唐帝国于中亚失势，多数军士被俘被杀。[③] 据阿拉伯史料记载，战俘中有造纸、造兵器和各种工艺的人，自此中国造纸术西传[④]。撒马尔罕遂成造纸中心，战俘流散西亚。[⑤]

3. 流放

隋初，更定新律，将坐法之人以罪行远徙边地，[⑥] 安史乱前唐从之。入唐后党锢之争日烈，流人大增，所徙之地乃瘴蛮之岭南、夜郎或荒漠之塞北、西域，安西四镇是安置流人主要地区，安史乱后，兵士、屯田农民、流人成了此处的汉族移民。龙朔（661—663 年）时，流放地扩大到庭州（今乌鲁木齐、玛纳斯、昌吉、奇台、木垒等市县）等地。大臣裴伯、杨德裔、李义府诸子及婿，均流于此地，庭州"甚汉户，皆龙朔已

---

① 《资治通鉴》卷一九三"太宗贞观五年月乙丑"条；《旧唐书·张公谨传》卷六八，《全唐文》卷八。

② 《全唐诗》卷二七〇、卷二三。

③ 《旧唐书·李嗣业传》。

④ ［美］卡特：《中国印刷术的发明和它的西传》，吴泽炎译，商务印书馆 1991 年版，第 112 页。

⑤ 张广达：《海舶来天方、丝路通大食》，载《西域史地丛刊稿初编》，上海古籍出版社 1995 年版。

⑥ 《隋书·刑法》。

后流移人也”。[①] 塞上漠南也是主要流放地，后成汉族人口的重要来源。武则天时，越王贞谋反牵连而缘坐者六七百人，籍没者5000口，全部流放到丰州[②]。宣宗大中四年（850年），朝廷规定：“徙流比在天德（天德军，今内蒙古乌拉特前旗）者，以十年为限，既遇鸿恩，便减三载。但使循环添换，边不阙人，次第放归，人无怨苦。”[③] 流人之放归，能造成边地缺人，可见流人在当地汉人中所占比重之高。直到唐末时懿宗、僖宗的《赦文》中都提到漠南天德五城的流人，流放年限期满的流官“如情愿便住者，亦听”[④]。可见，漠南之地包括流人的汉族仍有很多。

4. 屯田

隋唐时为了加强边防、就地解决军队给养，都在沿边屯垦。隋之屯区主要在长城以北和河西走廊沿边地带，唐乃东起辽宁、西至新疆及青海沿边都有屯垦。屯垦分军、民两种，军屯系主要以军队组织，士兵耕作。唐开元之后，士兵长驻防地，允许携带家口，某些军屯已有移民性质。中唐后政府规定：士兵服役将满，“有愿留者，即从所开田为永业，家人愿来者，本贯给长牒续食而遣之”[⑤]。这些军人家属自然就成为边地迁民的一部分。

唐代大规模屯田始自玄宗时期，全国有屯田992屯，各道合计为1039屯，除盐屯29屯外，留有1010屯，而西北地区陇右、河西326屯，关内道240屯，合计566屯，占全国总数的一半以上，可见西北屯田的重要。唐前期的民屯，多来自服徭役的农民，还不能算移民。贞元六年（790年）德宗下诏：“天下应荒闲田，有肥沃堪置屯田处……以诸色人及百姓情愿者使之营佃。”[⑥] 此后，各地民屯，流民浮客应募如云，西北边地屯区同样如此。民屯内包括大量流犯，年限大多以六七年为期，但穆宗长庆元年（821年）《改元赦文》流放天德军的流人十年期满方可放归，“情愿往者亦任”。[⑦] 边地流放者，也因地方官以边防要地不可放为由，至

---

① 《元和郡县志》卷四〇。
② 《旧唐书·狄仁杰传》。
③ 《旧唐书·宣宗纪》。
④ 《全唐文》卷八五、卷八九。
⑤ 《唐六典·屯田郎中》卷七。
⑥ 《全唐文》卷四六一。
⑦ 《文苑英华》卷四二六。

死不得归乡[1]。这些流人就自然成为边地的移民。德宗以后，漠南屯田达到高峰。建中元年（780年），宰相杨炎征发关中汉人到此开陵阳渠，渠未挖成，但振武军（今内蒙古和林格尔县）和天德军一带“良田广袤千里”，垦荒收到成效。疏勒七屯，焉耆七屯，北庭二十屯，伊吾军和天山军各一屯，按州镇诸军每屯“五十顷”计标有屯耕地二千八百顷。今巴里坤、焉耆、库车、轮台等地，仍保存许多唐代屯田的遗址。[2]

5. 逃户

唐代的逃户问题相当严重，因北塞常驻边军镇守，可安居垦耕而无后顾之忧。平原地区租赋税收繁重，而偏地深山沟，则十分缓轻，边地远离中原，政府统治鞭长莫及，一些逃避赋税劳役的汉人便移向边区。民族杂居地更有蠲免优待，平川汉人为逃避急征暴敛，纷纷背井而来。至唐中叶后，关中多故，中原动乱，战乱之中流民又大量进入高原，久居常处，即成郡县的正式编户。庆州怀安县（今甘肃华池县西北）原本是党项部落的生活区域，不设县，由于汉族逃户迁入，并形成一定的数量和固定人口，开元十年（722年）设县。[3] 开元十六年十月，玄宗下诏：“诸州客户有情愿缘边州府者，召取情愿者，随其所乐，具教奏闻。”[4] 由于政府采取鼓励措施，关中、中原一些为生计所迫的汉族农民主动迁往人少地多的丘陵地带和边疆地区垦种，这些徙边的汉族农民一部分参加屯田，一部分则在垦殖出的土地上新建家园。

6. 留戍

安史乱后，西域通往中原的通道河西走廊和青海全境均为吐蕃占领，西域东部的一些城镇也为吐蕃攻占。但北庭节度使李元忠、安西节度使郭昕仍率唐军在二地坚守孤城。贞元六年（790年）二城相继沦陷，唐军无人返回中原[5]。西域屯田戍民及流人也未见文献记载返回中原。只能滞留当地，成为移民。吐蕃攻入陇右和关中后，许多汉人被掠入河西走廊。此外，唐末又有一批西迁的汉族移民来到河西。大中二年（848年）敦煌世族张义潮率众驱逐吐蕃守将，后又夺回凉州，唐授张义潮为节度使，发郓

---

① 《全唐文》卷六一五。

② 钮仲勋：《历史时期新疆地区的农牧开发》，《中国历史地理论丛》1987年第1期。

③ 《元和郡县图志》卷三。

④ 《唐会要·移户》卷八四。

⑤ 《唐会要·安西都护府》卷七三。

州（今山东平东县）兵2500人前往守戍。唐亡，天下大乱，凉州为党项所隔，郓州军士无法返回，只好留居凉州，繁衍裔支。[①] 张乔诗作《河湟旧卒》咏叹一位戍守河湟几十年而不得归里的军人："少年随将讨河湟，头白时清返故乡。十万汉军零落尽，独吹边曲向残阳。"这是河湟留戍，也是移民。还有留宦不得归者，河西瓜州长乐县（今甘肃安西县）民曹通的祖先，本是沛国谯人。"近代因官遂居瓜州之长乐县"[②] 也是移民一例。

7. 和亲

唐代曾有22位公主远嫁边疆民族首领，其中有西北周边的突厥、回鹘、吐谷浑、突骑施、吐蕃等。公主和亲往往要随带一批侍从、工匠、艺人等，朝廷为和亲满足边外政权的要求，委派"中国识文之人典其表疏"[③]。这一大批人也就在所入之地适俗融化了，把中原文化播及周边，他们把造酒、造纸、制墨、打井、勘测、歌舞、雕塑、画技等通百艺之人带到了西北，把汉文化带到西北。

（二）西北少数民族族群的内迁

自隋末以来，雄踞漠北的突厥趁中原混乱，不断南侵沿边。唐太宗时，随着国力的恢复，于贞观四年（630年）平定东突厥。不久，又向西击败吐谷浑。贞观末。薛延陀崛起漠北，复被唐军攻灭，铁勒各部纷纷降附。吐蕃兴起以后，不断向北扩张，唐军在今青海东北部给以阻击。大唐帝国在安史之乱前，疆域稳定，东到东北。西至葱岭，北讫大漠，南到南海，国力臻于极盛。南北朝胡化流风至唐仍盛，宗室朝廷、文臣武将不少出身周边民族，故而在君臣的思想认识中，并无鲜明的华夷之分。尤其是一代明主唐太宗具有各民族平等的博大胸怀，自表："我在，天下四夷有不安安之，不乐乐之，如骥尾受苍蝇，可使日千里也。"[④] 故而被周边各族称为皇帝天可汗。隋唐时期周边民族之间争战频繁，由于唐朝在周边民族中的崇高威信，斗争失败一方无法立足，往往投附唐朝，迁入沿边地区。西北地区常成为首选之地。

---

① 《新五代史·四夷附录·吐蕃传》。

② 《全唐文》卷一九四；（唐）杨炯《曹君神道碑》。

③ 《旧唐书·吐蕃传》。

④ 《新唐书·回鹘传》。

隋唐时内迁入居的西北周边民族主要有突厥、回纥、吐谷浑、党项等族。由于前承数百年民族融合的历史传统，隋唐民族政策最为宽宏大度，内迁入居少数民族可在朝廷做官，也可领兵戍守，上层贵族尤备受优待，平民也较少受民族歧视。所以自隋之后，西北周边民族内附风气有增无减。唐高祖建国不久，即律定："夷獠之户，皆从半输。蕃胡内附者，上户丁税十文，次户五文，下户免之。附经两年者，上户输羊二口，次户一口，下三户一口。"① 这样轻薄松缓的赋役，很能吸引西北少数民族族群内附，也利于他们由游牧走上定居农业的道路。但是隋唐时期西北少数民族族群内迁不再像战乱时期那样焚烧攻掠，驱杀汉族而后占据其地，大多是以和睦移居的方式杂处于汉族之中，而且多系唐朝军队征伐所得降附的少数民族族群。唐太宗时灭东突厥，得附户十余万户。然而此时入居人口日益增多，朝廷关于安置降附民的战略问题曾引起一场争论。太宗否定欲将少数民族远迁中原的分割政策，最终采用温彦博的主张，将附民迁于河北道的幽州与关内道的灵州之间。这里地属农牧交错区，内迁民族容易适应其环境。高宗时突厥人又陆续内附，均安排在河曲六州，即西北丰、胜、灵、夏、朔、代各地。后吐谷浑内附，唐政府专于延安府置二郡安抚。

贞观年间（627—649年），西北少数民族族群内迁掀起高潮，贞观三年，唐派兵进攻东突厥。当年十二月，突利可汗及郁射设、荫奈特勤等并率所部南迁。四年二月，唐灭东突厥，李靖和李勣两部分别俘男女十余万和五万余人南归。突厥首领苏尼失督部落5万家，亦于三月间举众降唐。

> 贞观三年九月，拔野古、仆骨、同罗酋长并率众降唐。次年三月，思结俟斤率众4万人降唐。依附于东突厥的粟特人史善应部、康苏密部和安菩部南迁。此外，安胐汗部五千余人亦内迁。
>
> 贞观六年，契苾何力和其母率部落六千余家自西域至沙州（今甘肃敦煌县西）。
>
> 贞观十年，东突厥拓设阿史那杜尔率众一万余人内迁。
>
> 贞观十五年，唐军击败薛延陀，俘获五万余人。
>
> 贞观二十年，唐军大败薛延陀，俘获老孺3万人。

① 《旧唐书·食货志》。

这些内附入迁的突厥人、铁勒人和粟特人便有四五十万人。此仅系有记载的内迁人数而言，如将不见记载之数计算在内，总数可达一百余万人，其中在贞观三四年间大约有七八十万人。

《通典》卷七载："（贞观）三年，户部奏，中国人因塞外来归及突厥前后降附、开四夷为州县，获男女一百二十余万口。"关于此事，《新唐书》卷五十一《食货志》解释为"四夷降附者百二十万人"。按贞观三年系唐军灭突厥开始之年，十二月始有突厥降人来奔，因此《通典》所言之"三年"实际代指三年、四年平定东突厥一事。据上所言及《新唐书》解释，此一百二十余万口中，大部分是西北少数民族族群的移民，隋唐之际迁入塞外复归的中原民族只占小部分。

高宗和武周时期唐朝国力强盛，西北少数民族族群内迁再掀高潮。在这个时期：

> 天授元年（690年），西突厥继往绝可汗二世阿史那斛瑟罗率众六七万人内迁。
>
> 高宗开耀元年（681年），薛延陀达浑等五州四万余帐降唐。在此前后，回鹘部的都督及其亲属和部落征战有功者自漠北移居甘州。
>
> 垂拱元年（685年）以后，铁勒系各族纷纷南迁陇右，仅陈子昂于同城了解到的数字，便已过数万人。
>
> 因吐蕃向青海高原扩张，吐谷浑约有10万名移民迁入陇右和关中。党项部落也纷纷向中原迁移，咸亨二年以后许多部落迁入庆州一带。此外，在长寿元年二月和麟德中，又有两批至少四万余人自青藏高原迁入陇右。德宗时党项继续内迁，散处邠宁、富延、灵武、河西、麟府等地，入乡随俗，渐成农户。

以上略计已达七八十万人，如加上未提到的零星迁移，内迁总数可达一百万人。[①]

自中宗以后，特别是玄宗开元、天宝时期周边民族的内迁仍在进行

---

① 显庆五年，唐灭百济，国王夫余义慈，太子夫余隆和酋长等五十八人及部分百姓被迁入中国。总章元年，唐灭高丽，国王高藏和大臣泉男生，泉男建等人迁入中国。次年，又将高丽人二万八二百户迁到中原。

着，且规模并未减小，仅开元初铁勒各部的内迁人数便有二三十万人。唐后期，因回鹘国灭和契丹勃兴又产生了一定规模的迁移浪潮。[①]

唐王朝除安置整批内附少数民族族群外，还有大量的以零散方式入居的少数民族族群，如回纥西迁时，许多回纥人流入内地。吐蕃控制河西和西域地区时期，当地少数民族族群不堪压迫剥削，大量辗转内流，改牧从农。唐中叶由府兵制改行募兵制，边镇军中就近招募少数民族族群，谓之"蕃兵"，作战勇敢者提为将官。这些蕃兵将士后多半退役关陇，解甲归田，成为农夫。隋唐时期内附迁入西北的少数民族族群从未间断。

这些内迁的西北少数民族族群与迁入西北的汉族在互动中融合，使西北汉族似滚雪球式地得到了较大的发展。

四　宋元汉族向西北的迁徙和发展

唐末五代十国的战乱，关中失都不立，西北不仅失去了经济重心地位，继而失去政治中心位置。经济和政治重心的历史性转移，经宋、辽、夏、金、元的鼎立和对峙，及至元的统一，汉族又不断迁入西北，在与西北少数民族族群的互动中，像滚雪球一样地再一次得到新的发展。

（一）北宋在西北的屯田和移民

自夏州地方政权的首领彰德军节度使李继捧族弟李继迁公开反宋后，宋朝陕西沿边一带岁无宁日，边防费用随之增加。到元昊称帝建夏国以后，宋夏战争逐步升级，宋朝在陕西路的驻军数量也与日俱增。"屯兵四十万，招刺宣毅、保捷者二十五万人。"[②] 当时宋王朝将陕西分为四路：秦凤路、泾原路、环庆路、鄜延路。驻有中央禁军二十余万人，此外"义勇、弓箭手、番兵倍之"。如此众多的军队对西夏用兵，不仅增加了陕西、河东人民的负担，而且也增加了全国人民的负担，"伏见西事以来，应付边备，天下被其劳，凡百赋率至增数倍"[③]。北宋政府照依历代传统办法，命令地方驻军就地屯垦，或募民耕种无主荒地，大兴营田。"以停西顾之忧。"[④]

---

① 葛剑雄主编：《中国移民史》第三卷，福建人民出版社 1997 年版，第 137—140 页。

② 《文献通考·兵考》卷一五三。

③ 《续资治通鉴》卷一三五。

④ 《宋会要辑稿》第一二一册，《食货》二三四。

边区屯、营田的基本劳力，来自三部分：一是驻军，二是弓箭手（民兵乡兵），三是内地迁入的“中土人”。《文献通考》卷七《田赋考》所载：“正以极边两不耕之地，并边多流徙之余。”表明民屯的主要劳力大多数来自移民。屯田大量招募的弓箭手是宋代乡兵的一种，是由边地农民或牧民组成的壮丁队。他们耕战自守，有警即配合正规军作战，平时除从事耕作外，还维持当地治安。北宋河东、陕西的弓箭手，因战斗力较强，成为抵御西夏的劲卒。为了管理好这支劲旅，北宋于沿边州县设提举弓箭手，置司“掌沿边郡县射地弓箭手之籍，及团结、训练、赏罚之事”。[①] 弓箭手分为汉弓箭手和蕃弓箭手两类，都归沿边帅司所属将领管辖。“中土人”当指流徙之余，从远距离迁去的汉族。

自宋太宗至道二年（996 年）到宋英宗治平四年（1067 年），首尾 73 年，这是北宋在西北屯田的兴起时期。当时，由于李继迁的扰边，宋政府的固边，解决军队给养，开始沿边屯田。宋仁宗宝元元年后，边防形势险恶，在“陕西屯驻重兵，罄本路租税，加上内库钱帛，以及四川岁输而犹军储未备”[②] 的状况下，下令在陕西置“营田务”[③]，具体兴屯之事，由四路总管及转运使兼任。

陕西是北宋抵御西夏的主要战线，屯田较盛。庆历元年（1041 年），延州（今延安市）在险隘之地修筑 11 个城堡，招民垦荒，“可食之田尽募民耕之，延安遂为乐土”。[④] 治平末，陕西十州箭手并砦户达 46300 人。[⑤] 同时，范仲淹与葛怀敏率兵驱逐了塞门（今安塞县北）等砦蕃骑出境，并于其地招“募弓箭手，给地居之”以屯田。[⑥] 庆历二年四月，延州知府庞籍，命部将狄青带领一万余人，击败数万西夏军队，筑堡砦于桥子谷旁，名曰招安塞，“募民耕植，得粟以济军”。[⑦] 与此同时，右骐骥使周美在击败元昊入侵军于野家店之后，驻军延州东北永平寨（今延川县永坪镇），为了阻止西夏军队深入宋境，筑栅栏于葱梅官道边，于此屯田，

---

① 《宋史·职官志》。

② （宋）司马光：《传家集》卷七六“庞公墓志铭”。

③ 《文献通考》卷七《田赋考》七。

④ 司马光：《传家集》卷七六“庞公墓志铭”。

⑤ 《宋史·兵志》。

⑥ 《宋史·仁宗本纪》。

⑦ 《续资治通鉴长编》卷一二八。

耕战自守，“岁收谷六千斛”。[①]

陇东的屯田也具一定规模，真宗咸平四年（1001年），建镇戎军（今宁夏固原县），并在军城四面屯田，以下军2000人开田500顷。不久，原州（今甘肃镇原县）和渭州（今平凉市）也开方田，安置内迁的边民垦荒[②]。大中祥符四年（1011年），泾原路在陇山外笼竿川一带立堡塞，募弓箭手屯田。[③] 仁宗皇祐三年（1051年），泾原路经略使夏安期募人耕塞下荒田，“岁得谷百万石”[④]。庆历四年，韩琦报告朝廷：“泾原路沿边地土最为膏腴，自来常有弓箭手及内地浮浪之人诸城寨官员求充刺手，皆修有空闲地土标占，谓之强人。”[⑤] 在熙宁七年（1074年）前，泾原路又召人开垦塞下荒地。[⑥] 哲宗元祐三年（1088年），渭州以荒地万余顷招弓箭手5261人耕种。[⑦]

自神宗熙宁元年（1068年）至钦宗靖康元年（1126年），首尾56年，是宋代西北屯田的发展时期。此时重视武备，朝廷派王韶“熙河开边”。用武力夺取被吐蕃长期盘踞的河、洮、熙、岷等，置熙河路、通远军（今甘肃陇西县）；针对蕃汉杂居的情况，招募蕃汉弓箭手营田。这一阶段后期，自哲宗绍圣（1094—1098年）到徽宗大观（1107—1110年）年间，由于朝廷继续对吐蕃、西夏用兵，疆域有所扩大。“自绍圣开斥以来，疆土至广”，[⑧] 在“熙河开边”的基础上扩大到西宁州、湟州、廓州、积石军等今青海东部地区。为了巩固新边区，王韶在熙宁五年五月，招募汉人九百余人，耕田100顷，建酒坊三十余处。[⑨] 十月，由于王韶报告洮河一带可开稻田，朝廷诏南方各路“如有谙晓耕种稻田农民犯罪该刺配者”，刺配熙州，至300人止。[⑩] 七年，王韶又以河州（今甘肃临夏市）

---

① 《宋史·周美传》。

② 《宋史·食货志》。

③ 《续资治通鉴长编》卷七六。

④ 《续资治通鉴长编》卷一七〇。

⑤ 《续资治通鉴长编》卷一四九。

⑥ 《宋史·兵志》。

⑦ 同上。

⑧ 《宋史·兵志》卷一九〇。

⑨ 《续资治通鉴长编》卷二三九。

⑩ 同上。

近城平边招募汉弓箭手屯田，其山坡地则招募蕃弓箭手。[①] 由于“拓境益远”，需要新开的边区屯田，熙河路将本地汉、蕃弓箭手每家选一丁，“官给口粮，团成耕夫（赴新区）使佃官庄”。[②] 此后，青海河湟的西宁（今青海西宁市）、湟（今青海乐都县）、廓（今青海尖扎县）、洮（今甘肃临潭县）和积石（今青海贵德县）等州军，也进行了屯田。除了弓箭手屯田，还有一批汉族在此买田[③]，进行垦殖。

北宋西北屯田，不仅部分解决了宋军的给养问题，更大大促进了西北的开发。在宋夏主要交通线所经的延河、无定河、马莲河、清水河和渭河中下游的河谷地带，以及兰州和定西一带，都有相当多的边地被开发出来[④]。北宋最后收复的西宁、湟、廓等州，屯田也很有成效，不仅募士七千四百余人，开出善田 2.6 万顷，还修复了汉唐故渠[⑤]。北宋在陕甘地区的大量屯田，是经唐末五代战乱和宋夏战争破坏之后，沿边经济“凋耗殆尽”，出现大量荒地旷土，屯田之举势在必行。屯营范围广泛，至今陕甘各地几乎还有称为营田堡、开荒川之类的村镇，大都是在宋时得名而流传下来的。

西北屯田的第三阶段，已是南宋偏安江南，“东画长淮，西割商秦之半”[⑥]，河南、陕西等广阔的北方地区被金人占领。

（二）西夏境内的汉族移民

党项族在唐末农民起义风起云涌，藩镇割据力量膨大，唐王朝摇摇欲坠的情况下，崛起于西北，北宋时与辽、宋形成三国鼎立的局面。

淳化元年（990 年），辽国册封李继迁为夏国王。五年，李继迁将绥州居民迁到平夏城（在今宁夏固原）[⑦]。真宗咸平六年（1003 年），银、夏诸州的人民中，“衣食稍丰者”均被西迁到灵州（今宁夏灵武）一带[⑧]。西夏景宗天授礼法延祚五年（1042 年），建都灵州，后又迁到兴庆

---

① 《宋史·兵志》。

② 同上。

③ 同上。

④ 郭厚安、陈守忠主编：《甘肃古代史》，兰州大学出版社 1989 年版，第 405 页。

⑤ 《宋史·何灌传》。

⑥ 《宋史·地理志》。

⑦ 《宋史·夏国传》卷四八五。

⑧ 《续资治通鉴长编》卷五十四。

府（今银川市）。

西夏国自元昊执事至北宋靖康之难的近百年中，北宋与西夏处于时战时和的状态。也由于各种因素，宋夏之间存在着双向性的人口迁移。[①] 迁入西夏的北宋士民，主要有三部分人。

1. 逃入者

西夏极力招徕宋境的各种人才，凡“举子不第，贫贱无归”的豪杰均收为己用，“或授以将帅，或任之公卿，推诚不疑，倚为谋主”[②]。在西夏的招徕下，“陕西戍兵、边人负过必逃”，“四方豪士稍不得志则攘臂而去”，逃入西夏境内。[③] 洪迈在《容斋随笔》卷十一《记张元事》中载，夏主李元昊的谋士张元、吴昊都是华州（今陕西华县）士人，因不为宋用，遂进西夏，“夏人倚为谋主，以抗朝廷”。

此外，关陇地区的一些贫民，在饥荒时为生计所迫，往往流入西夏。[④] 某些原住于宋边的少数民族部落，因宋边“失于抚御”[⑤]，也迁入西夏。

2. 被俘掠者

西夏军队在攻入宋地时，常将宋边的人民迁入夏境，仁宗庆历三年（1043 年）九月，负责对西夏作战的大臣范仲淹向神宗汇报，特意提到“近年缘边汉户被西戎俘掠不少”[⑥]。徽宗崇宁四年（1105 年），西夏军队攻入镇戎军（今宁夏固原县），掠走数万人[⑦]。兴州、灵州等地汉人较多，他们大多是被西夏军队从宋境俘掠来的汉族人民。

3. 被买入者

逢饥荒年头，边民为生存将子女卖入西夏。[⑧] 为此，宋曾数次发布禁令。如淳化二年（991 年）六月太宗下诏：“西路诸州山川路口、镇寨，不得放过贩卖人口入蕃，及指挥汉户不得停泊”，否则要受到严惩。[⑨]

---

① （宋）王称：《东都事略·西夏传》卷一二七。

② 《续资治通鉴长编》卷一二四。

③ 《续资治通鉴长编》卷一三九。

④ 《续资治通鉴长编》卷二十四。

⑤ 《宋史·蛮夷三》。

⑥ 《续资治通鉴长编》卷一四三。

⑦ 《续资治通鉴长编》卷三一六。

⑧ 《续资治通鉴长编》卷一四三。

⑨ 《宋会要辑稿·兵》二七之三。

在西夏国内，党项人和汉人是人口的基本组成部分。

西夏的官制和礼仪制度均仿照唐宋，孔子和儒学经典得到尊崇，汉字和西夏文字同样是通行文字，并建立太学等各种学校。党项族在唐代迁入以后即开始接受汉文化，西夏走向汉化是这种进程的继续和发展。而立国后自北宋迁入的汉族，不仅对西夏的经济发展做出贡献，也大大加速了党项人的汉化进程。

（三）金朝在西北的屯田与移民

女真族建立的金国，北灭辽国，南驱宋朝，与南宋、西夏鼎立一百二十多年。金的政治经济中心本是东北、华北，在西北仅承袭了北宋统辖区域，农牧业经营也未出北宋的规模。金入主中原后将大量的女真人和东北少数民族族群内迁，使其“棋布星罗、散居四方”。西北边境是女真迁居的重要地区，陕西、陇右也分布着许多猛安谋克户，他们和西北当地的“百姓杂处，计其户口，给以官田，使自播种，以充口食”①。

除女真人迁入西北外，汉族也迁入不少，当时西北边地就成了山西等地区汉族迁入的重要地区。大定二十一年世宗说：“山西一带田地多为权要所占，有一家一口占田至三十顷者”，“以致小民无田可耕，徙居阴山之恶地”②。章宗明昌二年（1191 年），朝廷采纳李愈的建议，在临潢至西夏沿边设重镇十数，选猛安谋克勋臣子孙居职镇守，由军队支配的国家田地则募汉人佃种③，此次也有一定数量的汉族人民迁入西北边地。

（四）元朝在西北的移民和屯田

元统一全国后，在恢复西北的社会经济中也实行移民实边的政策，使大批汉族迁入西北。

1. 元时汉族入迁西域

随着蒙古军队向西域进发，汉族移民也来到广阔的西域地区。在蒙古远征队伍中，有部分汉族将士。如华州郑县（今陕西华县）人郭宝玉举军降蒙，后从成吉思汗征西辽，攻城守屯，驰骋大漠。其子郭德海从蒙将柘柏西征，越岭渡海，驰骋西北万里。其孙郭侃从旭烈兀西征，一直攻到

① 《大金国志·屯田》卷三六。

② 《金史·食货志》。

③ 《金史·李愈传》。

西亚的密昔儿和天房。[①] 郭氏三代只是许多随蒙军西征汉人的代表。在西征过程中，一些汉族军人和随军工匠、伎乐人等，便在西域定居了。

天山北疆地带，为蒙古高原进入中亚之必经之地，定居于此的汉人较多。蒙哥汗九年（1259 年）常德西行，在龙骨河（今乌伦古河）西北近 500 里处看见当地“多汉民、有二麦黍谷”。阿里麻里城（今伊犁霍城西）“汉人尤多”“回纥与汉民杂居”；他们受汉人影响，“其俗渐染，颇似中国”。城北面有关名铁木尔忏察，“守关者皆汉民”。城南面有赤木儿城，居民多并（今山西太原市）、汾（今山西汾阳县）人。[②]

天山以东的别失八里（今新疆吉木萨尔县北）和哈喇火州（今吐鲁番市东南），扼蒙古高原、中亚和中原之间的交通要道，也有汉族移民西征时定居于此。蒙古国曾在平阳（今山西临汾市）搜刮纺织工匠，并将一些人迁到哈喇和卓。[③]

忽必烈继位以后，西北诸王屡屡发动叛乱。至元十三年平定南宋，忽必烈开始腾出手来对付西北叛王，元军陆续开进西域，又一批汉人随军进入新疆。

2. 元时汉族入迁陕甘[④]

蒙宋战争开始不久，蒙古军即将大批俘掠的南方人安置于陕甘（因西北离江淮主战场较远），陕西是南方俘户较多的地区，由于土著居民在金末战争中大量死亡，许多地区，例如京兆府“其居民大半南驱放良、归顺等户”[⑤]。宁夏境内的中兴府（今银川市）是另一南方俘户较多的地区，至元元年（1264 年）以前，已有一定数量的来自四川的俘户在此当奴仆。[⑥] 至元以后，随着蒙古军对宋战争的胜利进展，迁入陕甘，特别是迁入中兴府及其河西地区的南宋移民人数大增。

至元七年十二月，原已迁入怀孟路的南方人一千八百余户迁入河西。[⑦] 八年，来自随州（今湖北随县）和鄂州（今湖北武昌）的人民1107

---

① 《元史·郭宝玉传》。

② （元）刘郁：《西使记》，丛书集成初编本。

③ （元）同恕：《榘庵集》，卷七“陈君墓志铭”。

④ 陕甘，相当于今之陕西、甘肃、宁夏三省区，元代属陕西、甘肃两行省。

⑤ （元）王恽：《秋涧集》，卷八五：“论关陕事宜状。”

⑥ 《元文类》卷五八“中书左丞张公神道碑”。

⑦ 《元史·世祖本纪》。

户的万人迁入中兴府居住，十一年被编为屯户。[①] 十二年三月，迁四千八百余户南方人至中兴府，增设怀、灵武二县以安置之。[②]

窝阔台汗十年（1238 年），南宋姓雷和姓李的二员战将率民户降蒙，迁到成州（今甘肃成县），在此设金洋州，朝廷同意他们“自行金、洋州事”[③] 南宋时金州、洋州均隶属于兴元路，治所分别在今陕西的安康市和洋县，显然是因金洋二州的部分遗民随雷、李二将迁入成州，故在此设立金洋州。据此推测，在宋蒙战争过程中迁入陕甘南部山区的南宋移民为数不少，只是缺乏类似金洋州记载的史料。

至元十六年元朝平定南宋，大批编入新附军的南宋军人迁入陕甘。此后在陕甘各地全面展开的屯田，即是以迁徙来的南方汉族为主力而进行的。

3. 元代在西北的屯田

元代兴置屯田，是忽必烈“帝中国当行中国事”[④]，“必行汉法，乃可长久”[⑤]。其屯田目的，统一中国前后有所不同。在统一前，屯田军事性质很强，“随营地立屯”，“且耕且战”[⑥]，是为了争城夺地，保证军事胜利。统一之后，“寓兵于农”，“以省粮饷”[⑦]，主要是为了解决驻军的兵饷粮运问题，尤其是西北边疆地区的屯田，更是如此。

在西北的兴屯，除了军事、经济原因外，还有政治上的原因，即通过调遣新附军和迁徙汉民的办法使汉族军民与西北少数民族杂居屯种，从而将汉族化整为零，以达到巩固其统治的目的。至元十三年七月，“徙甘州新附军千人屯田中兴（今宁夏银川市），千人屯田亦里黑（属甘肃行省，具体地点不详）”[⑧]，别失八里因控制中原进入西域的交通要道，成为主要的屯军地区。至元十八年，万户綦公直率汉兵 1000 人。首次进入别失八里[⑨]。次年，在此设工场，生产农具。[⑩] 二十三年十月，来自南方的新附

① 《元史·兵志》。
② 《元史·世祖本纪》。
③ 《元史·地理志》。
④ 《元文类》卷六〇“中书左丞姚文献公神道碑”。
⑤ 《元史·许衡传》。
⑥ 《元文类》卷四〇“经世大典序录·屯田”。
⑦ 《元史·世祖本纪》。
⑧ 同上。
⑨ 同上。
⑩ 同上。

兵 1000 人，又被派到别失八里屯田，并置元帅府以统之。十一月，又增派新附军 400 人。[①] 不久，屯田地区扩大到合迷玉速曲之地（今地不详）。[②] 在此之先，在斡端（今和田市）和曲先（今库车市）都驻有新附军和汉军。[③]

陕西的屯田，主要由陕西屯田总管府、陕西等处万户府和贵赤延安总管府分管。陕西屯田总管府所管屯田，计有栎阳（今临潼县栎阳镇）、泾阳、终南（今周至县终南镇）渭南四处屯田，至元十一年（1274 年）正月兴办，属民屯。四地共有屯地 4199.5 顷，屯户 3064 户。

定西平凉屯田，至元十九年兴办，属民屯。元政府“设提领所以领之”[④]，两处共有 582.98 顷，屯户 1012 户。其中定西 467.78 顷，屯户 724 户；平凉 115.20 顷，屯户 288 户。

凤翔镇原彭原屯田，至元二十九年兴办。屯田性质变化多次，创办伊始为民屯，不久变为军屯，并置千户所管理，后又“复更为民屯”。三处屯田总计为 1062.83 顷，屯户 3278 户。其中凤翔屯田 90.12 顷，屯户 1127 户；镇原屯田 426.85 顷，屯户 913 户；彭原屯田 545.68 顷，屯户 1238 户。

以上九处屯田共有屯户 7354 户，耕种 5853.68 顷土地。

陕西万户府所管屯田，分布于周至、宁州（今甘肃宁县）、文州（今甘肃文县）、德顺等地。周至、宁州屯田于至元十九年二月始，周至县境三处共有 215.90 顷，屯户 847 户。宁州大昌原屯田，计 158.79 顷，屯户 474 户。

文州、德顺州屯田，至元二十一年“立屯开耕”[⑤]。两处计有屯田 433.39 顷，屯户 1363 户。

以上四州县共有屯田点六处，屯户 2684 户，耕种 808.08 顷土地。

贵赤延安总管府所管屯田，分布于延安路探马赤草地（今地不详），至元十九年兴置，属兵屯，该处有屯田 486 顷，屯户 2027 户。

甘肃行省境内的屯田主要由管军万户府、宁夏营田司、宁夏路安抚

---

① 《元史·世祖本纪》。

② 同上。

③ 《元史·兵志》。

④ 同上。

⑤ 同上。

司、亦集乃总管府分管。肃州、沙州、瓜州、甘州屯田，兴置于至元十八年正月，同年，又于甘州境内的黑山子、满峪、泉水渠、鸭子翅等地兴办屯田。以上四州有屯田1100.64顷，屯户2294，属兵屯，归管军万户府管理。枣园、纳岭站、唐徕渠灌溉区屯田，兴置于至元八年正月忽必烈调湖北随州（今随县）、鄂州（今武昌）降民1107户到中兴府（今银川）居住，至元十一年正式编为屯户，让其在中兴府西的枣园、纳岭站、唐徕渠灌溉区一带屯田三处计有屯田1800顷，屯丁2400丁。至元二十年又增“渐丁”三百。[①] 该屯田属民屯，归宁夏营田引管辖。鸣沙州（今宁夏中卫县）屯田，至元十一年兴办的民屯，有屯田446.50顷，屯户904，由宁夏路放良官管理。[②] 亦集乃屯田，至元二十二年，忽必烈调甘州新附军200人，前往亦集乃（今内蒙古额济纳旗）凿合即渠，并留居屯田。计有田91.50顷，属军屯，归亦集乃路总管府管理。[③] 塔塔里屯田，至元十九年至二十一年间，忽必烈命于“西安州置司，塔塔里置屯”[④]，西安州即今宁夏海原县，塔塔里在海原县西。塔塔里屯田达1498.33顷，有屯户2340户，属军屯，归宁夏等处新附军万户府管理。

总之，元代西北的屯田，对扩大耕地面积发展经济，起了积极作用。巩固了西北边防，在一定程度上减轻了国家负担和人民的徭役。同时，促进了民族融合，元政府在兴办屯田的过程中，往往将汉族和少数民族的民众，有目的地进行迁徙。至元十九年，将太原的汉民迁到甘州、中兴。[⑤] 成宗大德五年，又将河西畏兀儿人迁到南阳，拨地给粮，“俾耕以自赡”[⑥]，这种移民屯垦政策，不仅加强了西北边疆与中原内地在农业生产技术方面的交流，而且加速了西北一些少数民族族群汉化的进程。

五　明代汉族向西北的迁徙和发展

明初，朱元璋为了巩固统治地位，建立了卫所制度，以维护一支强大

① 《元文类·屯田》卷四一。按《元文类》卷四一《军制》记载：“屯聚牧养，孩幼稍长，又籍之，曰渐丁。”

② 《元史·地理志》。

③ 《元史·兵志》。

④ 《元文类·屯田》。

⑤ 《元史·世祖本纪》。

⑥ 《元史·成宗本纪》。

的军事队伍。卫所制的推广以及洪武时期的大移民，随着大批汉族军卫将士家属的迁入，西北汉族在明初大迁徙中得到了新的发展。

明代的边卫不仅是疆域的一部分，而且往往构成边境地区唯一的政区单位，“从东北到西北以至西南，这些大致构成半个明帝国疆域的地方，在明代（特别是明初）一般不设行政机构，而由都司（行都司）及其下属卫所管理”。[①] 在西北，陕西都司与陕西行都司管辖今陕、甘、宁、青大部分地区。在西北边区，军士及其家属成为移民的主体，戍守和屯垦成为移民的主要形式。明代在西北设陕西布政使司，管理民政。陕西布政司的管辖范围除今陕西外，还包括甘肃及青海、宁夏的部分地区。该范围内的西北卫所，分属陕西都指挥使司（简称陕西都司）和陕西行都指挥使司（简称陕西行都司）统领。

（一）陕西都司的屯田和移民

陕西都司比较复杂，所辖军卫部分属于边卫，部分属于内地卫所。内地卫所与州县犬牙交错，而边卫则孤悬边地，不设州县。卫所军士除戍守外，还要屯耕自给。边地卫所军士戍屯的比例，一般是戍三屯七，也有戍四屯六或戍屯各半的。“边腹内外，卫所棋置，以军隶卫，以屯养军”，卫所与屯田相互表里，构成一个完整的体系。

明代宁夏为九边之中，明初即在此大兴屯政。自洪武至崇祯，屯田均以“九边为多，而九边屯田又以西北为最”[②]。洪武五年（1372年）废府，迁其民于长安。九年置宁夏卫，后增宁夏前卫、宁夏左屯卫、宁夏右屯卫和宁夏中屯卫。不久并中屯卫于左、右屯卫。二十六年庆王朱㮵徙宁夏，置中护卫为其扈从。正德五年（1510年）改中护卫为中屯卫。此外还有宁夏中卫（今中卫县），宁夏后卫（今盐池县）及灵州守御千户所（今灵武县）、兴武守御千户所（今盐池县）、宁夏群牧千户所等。宁夏诸卫各设五个千户所，加上上列直辖三所，计七卫三十八个户所。《嘉靖宁夏新志》载宁夏诸卫“即广且庶，周回千里。北邻大漠，南扼关秦，东接榆延，西边甘肃，形势犄角，腹里所必须之大障也”[③]。

① 顾诚：《明帝国的疆土管理体制》，《历史研究》1989年第3期。

② （明）顾炎武：《天下郡国利病书》卷六二；《陕西八·延安屯田议》。

③ 《嘉靖宁夏新志》卷一；《宁夏总镇·公署》。

1. 宁夏诸卫

洪武九年设宁夏卫后，从中原及江南调发军民移居宁夏，其中以吴越之人居多，这些移民带来了生产技术和文化，生活习俗也具有“江左之风”[①]。

明代初年，宁夏的军卫设置过程相当复杂，其中有多次的撤卫和复卫、卫名变更等。洪武以后，又有新的军卫增设于此。洪武年间宁夏大致有四卫兵力，所以至成化年间，倪岳说：“宁夏之兵，至二万三千，而骑兵精勇者，仅六千人。”[②] 按标准配置，这些兵员确实只够充实四卫兵力。弘治十一年（1498 年）四月，“协守宁夏副总兵都指挥使张安奏：宁夏等四卫原额旗军二万四千名，今逸其半，战守乏人，请募敢勇以实行伍”[③]，与倪岳所说基本相符。

按标准配计算，宁夏的 2.3 万军人与家属合计为 6.9 万人。这些军人和家属都是移民，有些可能来自陕西地区。总人口中 20% 的人口为军卫带管的土著民籍人口，就有人口 1.8 万人。这批人口除了安置在灵州之外，还有安置到其他地区的。

2. 绥德卫

设于洪武年间，地处今绥德县，周围为一批民州、民县所包围，属于内地卫所的性质，却因临边，颇具边卫的特征。杨一清说：“绥德独以一面之险，遮千余里之冲，昔人谓之可守不可弃者。”又说：“绥德编氓，多散居乡落，城中居民，不数十户，比屋边巷，俱是卫所丁藉。”[④] 以后从绥德卫中分出榆林卫，绥德卫城因此迁往榆林，成为一个完完全全的边卫。

延绥镇在西北边镇中设置较迟。明英宗正统（1436—1449 年）以前，蒙古瓦剌、鞑靼部相继势盛，尤其是进据河套的鞑靼部不断南向侵扰，延绥地区的边防地位日渐突出。从成化九年（1473 年）余子俊奏修边墙城堡后，延绥驻军分堡屯驻，“墙内之地悉分屯垦”[⑤]。据《明会典》记载，延绥镇经制官兵为 55379 名；据《延绥镇志·食货·屯田》记载，榆林

① 《明史纪事本末·故元遗兵》卷一〇。

② （明）倪岳：《屯御疏》，《明经世文编》卷六九。

③ 《明孝宗实录》卷一三六。

④ （明）杨一清：《论绥德卫迁改榆林城事宜状》，《明经世文编》卷一一八。

⑤ 《明史·余子俊传》卷一七八。

卫屯地 36117 顷，绥德卫屯地 6636 顷，延安卫屯地 3072 顷，总计 45825 顷；共征粮 65895 石。此后榆林以南之地，又招军民屯田，新开辟不少屯地。

洪武年间，绥德卫的军人有相当一部分是从当地土著中征集的，在《明太祖实录》卷一一五中记载洪武十年（1377 年）陕西延安、庆阳两卫，因“今军士有客居、土著之名”① 而待遇不同，朱元璋下令纠正。可见陕西地方的土著充军卫所是洪武年的事，绥德卫军人中相当一部分是从当地土著中招募的。以土著兵占全体兵员的半数计之，则当地的军籍移民约为 3.3 万人。洪武年间，绥德卫周边的土著民籍仍属延安府和庆阳府管辖。

3. 洮州卫和岷州卫

这两卫均在今甘肃西南部，洮河流域。洮州卫（今甘肃临潭县新城）、岷州卫（今甘肃岷县）。虽然陕西行都司相隔临洮府（今甘肃临夏市）但临洮府位于吐番人居住区，是一种特殊的边府。从地理上说，洮州卫和岷州卫以及驻于临洮府的河州卫，均和陕西行都司所辖的边卫，是连成一线的边卫。

洮、岷、河三卫有兵力约 1.7 万人口，合家属则为 5 万人口。岷州一带也有土著民人，宣德初年，“谕行在户部尚书夏原吉曰：‘岷州临边疆，其土民旧令卫所带管者，盖欲使得安业……’”②。因不知当地土著在总人口的比例，作一类比，若带管民籍人口占总人口的 20%，则有了 3 万人口。

根据《明史·兵志》记载：陕西都司至少都有十六卫并不属于边卫，合计应有 9 万兵员，合家属为 27 万人口。陕西在明初，属于人口密集的省份，其卫所军士的主要来源是当地土著。

（二）陕西行都司的屯田和移民

洪武七年（1374 年），明廷在河州卫设立了西安行都司，次年，改名为陕西行司。洪武十二年将治所迁于庄浪卫城，洪武二十六年又迁于甘州（今甘肃张掖市）。

陕西行都司所辖有十二卫四所，各卫所建立的时间及变动情况见下表：

---

① 《明史·余子俊传》。
② 《明宣宗实录》卷五。

陕西行都司所属卫所的设置

卫所	设置年代	变动情况	卫所	设置年代	变动情况
甘州左卫	洪武二十三年	洪武二十七年罢次年复置	甘州右卫	洪武二十七年	
甘州中卫	洪武二十五年		甘州前卫	洪武二十五年	
甘州后卫	洪武二十九年		肃州卫	洪武二十七年	
山丹卫	洪武二十三年		永昌卫	洪武十五年	
凉州卫	洪武九年		镇番卫	洪武中	原名临河卫
庄浪卫	洪武五年		西宁卫	洪武六年	
碾伯所	洪武十一年	本为卫，后废	镇夷所	洪武三十年	
古浪所	正统三年		高台所	景泰七年	

资料来源：《明史·地理志》。

最先在此区域所置的军卫为东部诸卫，洪武后期才在河西走廊的西部设置一批军卫，表明明帝国的直接统治已达到嘉峪关下。再向西或南就是明廷的羁縻卫所，也就是通称的关西七卫。再往西就是哈密卫，就位于嘉峪关外。

军卫人口的由来，除了当地征募的土著以及故元降附的士卒外，随军征战的明朝士兵占很大比重。如西宁卫卫所军丁和军户，全由江淮移入，有数万人。洪武时青海人口并不多，以藏族言，万历十八年（1590 年）兵部尚书郑雒经略青海时，招抚 160 部共 8 万人，而且包括牧区各地，明初不会有此半数。土族，据《秦边纪略》载，明末清初有十多万人，明初为数万人。撒拉族到嘉靖时为 1 万人，明初不过二三千人，回族也不过数千人，据《西宁志》洪武中西宁卫民户 7200 人口 15580，回族包括在内。在明初短时间内有数万汉族军人和军户民户涌入，对当时人口的民族构成，不能不是重大改变。① 明初从征留戍定居西宁卫，如：康熙时任过知县的郭守邦纂《郭氏家谱》："高祖讳玉，明初从戎西宁"；"魏寰，西宁人，始祖魏善，本泗州人，从明太祖起兵……授世袭千户，管西宁卫中左所副千户事，因家焉"②；《湟南魏氏家谱》云："祖籍为南京应天府临

① 芈一之：《青海汉族的来源、变化和发展（下）》，《青海民族研究》1996 年第 3 期。

② 以上见《西宁府新志》。

淮县人，明初从戎”；湟中徐家寨《徐氏家谱》：“徐勇，如皋县人，于常遇春麾下从军。洪武十八年授百户，十月调西宁卫前所流官百户”；湟中花园村种氏坟茔乾隆十一年所定墓碑云：“始祖种远，扬州江都人，为明常遇春将军部下，充任百户，于明洪武十八年随军来戍西宁”；乐都大古城周氏，其始祖是洪武时带军戍守碾伯千户所的，其后裔分居西宁、碾伯二邑，浸成大族；巴燕戎《石氏家谱》：“祖籍南京，明初因公务来宁”；等等。

此外，明初也有从山东来西宁的，如“先王大父，隆出青齐，徙西宁卫，世爵户侯”（大通县出土柴国柱墓志），九传至柴国柱。查《明史·本传》，先世登州人，明初率军移戍西宁。《乐都县志》《民和县志》中对明洪武、永乐时从南京、陕西等地迁入本邑的汉民状况均有记载。

明初拨户或移民西宁，如西宁南滩出土的明万历时任过赵城知县的李世荣墓志云：“先世应天府人，始祖侨居西宁”，至李世荣已传九代。又，湟中大才乡《侯氏家乘》，洪武时“拨户来宁”。孙家窑王氏坟茔民国时之墓碑，“原籍南京，徙居西宁……世代相传，历有年矣”。属拨户移民。

谪贬移进入居西宁的自明初而后续之，如：“王友，燕山卫百户。以靖难定京师，论功当侯……封清远伯……永乐十二年，夺爵，未几卒。仁宗即位，官其子顺为世袭西宁卫指挥佥事，因家焉。本荆州人。”李奈，籍本河南彰德，“父惠，楚王府长史……谪湟中，遂聚族而居焉。奈……弘治、正德间，以荐历官鸿胪寺卿。嘉靖十年，致仕归，筑舍以居”①。

而在保安四屯，文献记载：“屯兵之初，皆自内地拨往，非番人也。故今有曰吴屯者，其先盖江南人，余亦有河州人。”② 由于征战留戍的士兵中江淮一带的人口较多，以至于民国年间，“今吾人于西宁附近所见妇女之弓鞋，犹存明代之遗风，甘肃临潭、岷县一带妇女亦著弓鞋，《洮岷志》称之曰凤阳婆，盖明初军队多安徽凤阳籍，开抵洮湟，移民屯田，淮上妇女随之俱来，故一部分女子服饰犹存故风”③。

《明史·地理志》中载有洪武九年凉州卫设立之前，曾于洪武七年设立过“凉州土卫”。凉州卫极可能由土卫改来，这说明当地土著人民有相

① 芈一之：《青海汉族的来源、变化和发展（下）》，《青海民族研究》1996 年第 3 期。
② 嘉夫《循州志》卷四。
③ 张其昀：《青海之山川人物》，载《西陲宣传公署月刊》1936 年第 1 卷第 4、5 期。

当一部分，在洪武年间被征入军伍，充当卫所的士卒。

在陕西行都司的辖境中，已经没有民州、民县，但仍有民人的存在。梁材在论及当地的军屯问题时说："可仿古人募民以实塞下之意，出榜召募附近陇右、关西一带人民，令其纳粮以资口食，而不当差，以足屯额之数。"① 这说明在明代初年当地的土著被征集入军卫以后，残存的土著可能被军卫所带管。在民籍人口中，包括内附的故元士兵。洪武年间对内附降人，有安置于沿边地带的，也有安置于边后地带的。如洪武十一年三月，"凉州卫奏：'所获故元官二十五人，甘肃降人一千九百六十口。'上曰：'人性皆可以为善，用夏变夷，古之道也。今所获故元官并降人宜内徙，使之服我中国圣人之教，渐摩理义，以革其故俗。'于是，徙其众于平凉府，给粮赡之"。② 这种内徙也并非深入内徙，只是安排在离边境稍远一点的地区而已。

永乐三年，"鞑官"把都帖木儿等归附，其部属5千余人，驼马2万匹，安置于凉州。朱棣并"给与牛羊孳牧。今以所给牛羊之例付尔观之。自今尔处有归附者，给与如例"。③ 这些人口，由卫所带管。

洪武二十五年凉国公蓝玉奏："凉州卫民千七百余户，附籍岁久，所种田亩宜征其赋，令输甘肃。"④ 以每户五人计，合计人口约8500人。陕西行都司共有十一卫，以此数额平均计，陕西行都司共有民籍人口9万余人。

洪武年间陕西行都司的十二卫二所，按标准配置应有军人7万左右。假如说有一半土著军人，则作为移民的军人为3.5万，合家属所有10万左右的人口。这和陕西都司的边卫移民人口相同。

明初洪武时期的大移民，对于西北的开发起了积极作用。以卫所建置屯田自给，使大量荒芜的田地得以垦辟。元朝西北十分荒凉，加之近20年的元末混战，人民十室九空，背井离乡，熟田抛荒随处可见，荒敝已极。明朝建立后，在西北的驻军达25万之多，按三分守城，七分屯种之比例，屯田军达17.5万人。大量内地的汉族人民前往西北边地屯田，如

---

① （明）梁材：《会议王禄军粮及内府收纳疏》；《明经世文编》卷一〇三。

② 《明太祖实录》卷一一七。

③ 《明太宗实录》卷四四。

④ 《明太祖实录》卷二一六。

宁夏曾“迁五方之人实之”，西宁卫也有大批的江淮儿女携家留戍河湟。明太祖诏示陕西等地布政司“民间田土，许尽力开垦，有司毋得起科”①，曾迁内地人民屯田甘肃等。这些移民，携妻子儿女来到边地，垦荒屯种，以谋生路。明廷对移民采取种种优惠条件，比如给予种子、农具、车，蠲免租税，延长起种年限，甚至永不起科，以便招抚更多的流民前往屯垦。这样既可解除流民问题带来的社会不安因素，又可把流民与土地结合起来，巩固国防。在这种情况下，西北大量荒地被垦辟出来，荒凉的景象逐渐有了改观。在驻军兴屯过程中，兴建或扩建了不少城镇，其中一些虽已成为废墟，但有很多为清代沿袭，并发展成现在的城市。明朝大量的军队、流民、内地农民，或派遣或迁往边地，从事耕垦，并带去大量的生产工具和生产技术，政府帮他们解决耕牛和农具，如当“陕西行都司所属屯田多缺耕牛、耕具”时，便令“官市牛给之，耕具于陕西布政司所属铸造”②，使边地屯田广泛用牛。普遍使用内地铸造的生产工具，从而为提高生产量创造了前提。大量的汉军、汉民迁入少数民族集中的甘肃、宁夏等地，形成了互相错居的局面。顾炎武云：“国初屯地，非止一方，不徒为垦辟之谋，且有犬牙相制之意。”③ 犬牙相制是统治者的主观愿望，客观上却对各民族间的沟通了解、共同进步、趋向融合、推动经济发展起了积极的作用，使西北汉族滚动式地得到了新的发展。

六 清代汉族向西北的迁徙

清王朝是中国历史上又一个疆域辽阔的大帝国，凭借国势，清政府对西北进行了大规模的开拓和经营，文治武功，实不逊于汉唐。

（一）汉族向陕南的迁徙

明末清初的几十年中，各种武装力量频频往来于陕南汉中，给汉中社会带来巨大的破坏。陕南地方志载：“国初时而田园长蒿莱，行百里间绝人烟矣”④，“民死于锋镝、饥馑、瘟疫者十分之五”⑤，很多地方“较昔

① 《明太祖实录》卷一一七。

② 《明太祖实录》卷二五。

③ （明）顾炎武：《天下郡国利病书》卷五《北直》四。

④ 乾隆《雒南县志》卷四《食货·土田》。

⑤ 民国《汉阴县志·大事记》。

之盛时尚不及十分之二三”[①]。人口死亡达到十分之七，就可见其残破颓废了。“三藩之乱”平息后，陕南也面临着招民垦荒，恢复经济的问题。以湖广人为主的移民进入与四川毗连的陕南，是自然的延伸。入陕移民分北、南、东三个方向迁入。北则取道西安、凤翔；东则取道商州、郧阳；西南取道重庆、夔府。陕西巡抚毕沅也说：“汉中、兴安、商州各府州属，延亘南山，水土饶益，迩年楚、豫、陇、蜀无籍穷黎，扶老携幼前来开垦者甚众。”[②] 所言涉及陕西南周边各省的移民人口。

1. 商州的汉族移民

商州，乾隆十年至二十年间，已有相当的外来人民在此“包工开荒”[③]。商南县，“乾隆二十年后，江南安庆数县人襁负迁商，爰得我所，闻风兴起，接踵者日益众，此商南有‘小太湖’之名也”[④]。迁入商南县的安庆人，以安庆府太湖县人为最多。雒南县，“及四十三四年，安徽、两湖数省屡被灾祲，小民络绎前来”，“渐次开垦，安然乐业”[⑤]。镇安县，“客籍中湖北、安徽两省居大多数，查均为乾隆二十七八年以后迁来者”。[⑥] 山阳县，“向来树木丛杂，人烟稀少，不过一万余口，近来各省客民渐来开山，加至十倍之多”[⑦]。商州至乾隆四十年左右，各县几乎为外省移民所布满。

2. 兴安州的汉族移民

兴安州（今安康市）“通计地方四千余里，从前俱系荒山僻壤，土著无多。自乾隆三十七八年以后，因川楚间有歉收处所，穷民就食前来，旋即栖谷倚岩，开垦度日，而河南、江西、安徽等处贫民，亦多携带家室，来此认地开荒，络绎不绝，是以近年户口骤增至数十余万”[⑧]。人口的骤增使兴安州的面貌发生巨大变化，十年以后，升州为府。嘉庆以后，移民迁入陕南，更多的是迁入秦岭和大巴山区。大巴山区的镇坪地方，乾隆时

---

① 嘉庆《汉阴厅志》卷九。

② （清）毕沅：《陕西省农田水利牧畜疏》；《皇朝经世文编》卷三六。

③ 嘉庆《山阳县志》卷十二。

④ 民国《商南县志》卷二。

⑤ 同上。

⑥ 民国《镇安县志》卷九。

⑦ （清）卢坤：《秦疆治略》，成文出版社 1960 年版。

⑧ 嘉庆《安康县志》，卷十七《文征》。

领荒开垦时尚不足 80 户，嘉庆间川鄂之人迁入约八千余户。①

3. 汉中府的汉族移民

清初汉中府各平坝（盆地）地区“老民”（土著）尚多。南北两山及西乡、凤县、宁羌、略阳、留坝、定远之属老民则十之二三，其余则为“客民”（移民）。“安徽、两湖、四川无业贫民转徙垦荒，依亲傍友，日聚日多，镵岩邃谷皆为民居。略阳所管辽涧河林内外至一万数千户，凤三四千，沔五六千，留坝二千余，两当、徽县两邑亦盈千。”②

陕南汉族的迁移，从乾隆初年至道光初年，历时长达九十年左右。移入陕南的外省农民，据嘉庆年间记载：“侨寓其中，以数百万计。”③ 据曹树基先生检测统计约为 310 万人。④

（二）汉族向西北西部的开拓

清王朝对于西北的经营用力最勤，所花代价极大，同时也是其开拓经营最为成功的地区。清代的西北地区，由于在政治、经济、军事、文化、民族、地理等方面，较之全国其他地区独具特点，因此，在战略上有着十分重要和突出的地位。康熙帝三次御驾亲征，彻底平定了准噶尔，统一了天山南北。

西北大局既定，清政府随即驻军设治，全力守边善后。乾隆很快意识到武定功成后宜大力发展边疆农业，于是敕命施行广泛驻兵与大规模屯垦相辅而行的政策。

1. 在关西的屯田和移民

关西是河西走廊西部自嘉峪关外至敦煌一带的区域。明代初年陕西行都司设七卫于此，明中期后卫所被吐鲁番蚕食，关西成为蒙古人的游牧地，“千里沃壤，鞠为茂草，无复田畴井里之遗”⑤。清军平准时，关西地区乃是距前线最近之后方。康熙决定在此实施屯垦。

康熙五十四年（1715 年），吏部尚书富宁安在关西的西吉木、达里图一带招民垦种。五十六年，甘肃巡抚绰奇招募无业贫民，官费送赴关西安插，于“西吉木地方安插民人二百七十户，达里图安插民人五百三十户，

① 民国《镇坪新编简要县志》。

② 嘉庆《汉中府志》卷二十一。

③ （清）卓秉恬：《川陕楚老林情形亟宜区处》，《三省边防备览》卷十四《艺文下》。

④ 葛剑雄主编：《中国移民史》第六卷，福建人民出版社 1997 年版，第 128 页。

⑤ 乾隆《重修肃州新志·柳沟卫》。

锡拉谷尔安插民人一百六十户”[①]。这是关西地区的第一次移民。关西第二次徙民规模更大。雍正四年，川陕总督岳钟琪建议，“招甘肃无业穷民二千四百户开垦屯种”[②]。沙州屯户来源于平凉、庆阳、临洮、巩昌、甘州、凉州、西宁、肃州八处，于雍正五六两年分两次迁徙至沙州。两次移民共计三千三百余户。设定三年起科，每户分土地百亩，二年后改为“近水地五十亩”[③]。在康熙移民成功的基础上，雍正年间的移民规模有所扩大。雍正十一年，清廷设立安西兵备道，四卫一所俱归该道统辖。至乾隆元年，关西四卫一所共有民户 3560 户，升种土地 148919.7 亩，待升种土地 1021.6 亩，每户耕种土地 45 亩。已接近户均 50 亩土地的规模。

乾隆二十四年（1759 年），关西卫所改为府县，标志着该地区的开发进入了新阶段。嘉庆二十五年（1820 年），安西州人口达 77873 人。

2. 在新疆的屯田和移民

乾隆二十二年（1757 年），清军剿灭阿睦尔撒纳叛乱，接着又在二十四年战胜了大小和卓势力。为了巩固西北边防，加强对新疆的统治，从内地或关外盛京等地派遣八旗绿营军队，前往伊犁及各重要城市驻防。其中伊犁地区驻军 11147 人；塔尔巴哈台地区 2110 人；乌鲁木齐 10700 人；乌苏地区 300 人；古城地区 1500 人；巴里坤地区 3000 人；吐鲁番地区 1100 人；哈密地区 800 人；喀什噶尔、南路八城 4766 人；其中绿营军士 16053 人，乌鲁木齐、巴里坤两地 5400 人，总计驻疆官军为 35423 人。乌鲁木齐的绿营兵，原定每五年与陕西驻军轮换一次，乾隆五十八年（1793 年）起改为携眷常驻。这些携眷长驻的兵士，便成从内地迁到新疆的最早住户之一。

乾隆二十六年，清政府开始招募外省移民来新疆屯垦。新疆的移民事务由陕甘总督负责，首先从甘肃安西、肃州、甘州、凉州所属州县招募贫民携带家属前往新疆。政府提供车辆、粮食、衣服、帐篷，甚至建房以候移民。新疆欢迎各省资送移民，由于朝廷的支持和鼓励，各省资送移民十分踊跃。甘肃在乾隆四十一年迁往新疆为 624 户，三年后武威等县迁往乌鲁木齐一地的就有 1887 户。成千上万的移民从甘肃、陕西和四川等省奔

---

① 《清圣祖实录》卷二。

② 乾隆《重修肃州新志·沙州卫》。

③ 同上。

向新疆。

自乾隆二十三年开始，把原来罪犯流放地改发为新疆巴里坤、乌鲁木齐等地。罪犯可减轻刑期，服刑屯田时期可携带家属，刑满之后编入民屯，成为平民。这一时期，新疆的犯屯包括家眷约有 1 万人。

自由垦殖是新疆移民迁入的主要方式，开始时对商人认垦土地还有限制，以后"听其广垦，均给执照永远营业"，商人在认垦大批土地后，又招募雇工前往耕种，由此迁入的移民数量很大。

汉族移民主要的定居区是乌鲁木齐和巴里坤。乾隆三十一年至四十年。每年平均移民约 4500 人，四十一年至五十年，每年平均移民约3400人，五十一年至六十年，每年平均移民约 1800 人，乾隆六十一年至嘉庆十七年（1796—1812 年），每年平均约 1700 人。

据《西域图志》卷三十三记载：除乌鲁木齐和巴里坤外，乾隆四十二年新疆其他地区各族人口计 31 万余人，同年移民人口为 23 万余人。减去商人迁入数，当年乌、巴两地人口约为 12 万，这样，全疆共有移民 35 万人左右。至乾隆六十年，乌鲁木齐和巴里坤两地的移民人口，已达 17 万余人，[①] 其中绝大部分是汉族。

通过各种形式的屯田经营，天山南北土地进一步开发，据乾隆四十二年统计，仅北疆民屯就达到 68 万亩。说明边疆安宁太平，久居当地的兵民繁衍旺盛，同时也说明西去的汉族拓荒者日益增多。

汉族在西北的开拓与发展，清代乾嘉时期是一个高峰。尔后，同光时期（19 世纪末叶）左宗棠平定阿古柏，西征大军的供给由河北、山西的许多"赶大营"的小商人承应，随军西出阳关。战事平定后，这批人也逐渐定居新疆，成为清代西北移民的余绪。

---

① 《乌鲁木齐事宜·户口》。

第七章　西南汉民族史记

第一节　西南概述

一　西南汉族的地理空间范围

西南位于中国西南部内陆地区，东起东经110°04′，西至东经79°28′，南起北纬21°06′，北到北纬34°04′；包括四川、云南、贵州三省和西藏自治区，面积达233万平方公里，占全国总面积的24.3%；人口19494万人，其中汉族15975.11万人。①

西南地区幅员辽阔，国境线长，地理条件复杂，其中四川盆地为我国四大盆地之一，西藏高原有“世界屋脊”之称。

1. 西南的行政区划

西南古为巴蜀、西南夷、羌戎之地，秦时设巴郡、蜀郡、黔中郡，汉屑益州、梁州和荆州；元属四川行省、云南行省和宣政院所辖乌思藏、纳里速、古鲁孙等三路宣慰使司地；明析四川、云南、湖广三省地置贵州布政使司，其他因之；清沿置四川、云南、贵州三省和西藏地方，民国循之；1965年成立西藏自治区，1997年析四川置重庆直辖市，其余未变。

据中华人民共和国国家统计局2010年统计②：

四川省有成都1个副省级市，绵阳、自贡、攀枝花、泸州、德阳、广元、遂宁、内江、乐山、资阳、宜宾、南充、达州、雅安、广安、巴中、眉山17个地级市，以及阿坝藏族羌族、甘孜藏族、凉山彝族3个自治州，

---

① 《中国人口统计年鉴1997》，中国统计出版社1997年版，第68页。下引人口数均见此书。

② 中华人民共和国国家统计局：《2010年第六次全国人口普查主要数据公报（第2号）》（http：//www. gov. cn/test/2012—04/20/content_ 2118413_ 2. htm）。以下各省市区人口统计所引除注明外均据此。

16 个县级市，112 个县、4 个自治县。人口 83296587 人，其中汉族 75510249 人，占 90.65%。

重庆市有渝中、大渡口、江北、沙坪坝、九龙坡、南岸、北碚、渝北、巴南、涪陵、綦江、大足、长寿、江津、合川、永川、南川、璧山、铜梁、潼南、荣昌、万州、黔江、开州、梁平、武隆 26 个区；忠县、垫江县、云阳、奉节、巫山、巫溪、武隆丰都、城口 8 个县；石柱、秀山、酉阳、彭水 4 个自治县。人口 28846170 人，其中汉族 26909170 人，占 93.30%。

云南省有昆明、昭通、普洱、玉溪、曲靖、保山、丽江、临沧 8 个地级市，楚雄彝族、红河哈尼族彝族、文山壮族苗族、西双版纳傣族、大理白族、德宏傣族景颇族、怒江傈僳族、迪庆藏族 8 个自治州，9 个县级市，79 个县、29 个自治县；人口 45966239 人，其中汉族 3062.90 万人，占 66.63%。

贵州省有贵阳、六盘水、遵义、安顺、毕节、铜仁 6 个地级市，黔南布依族、黔东南苗族侗族、黔西南布依族苗族 3 个自治州，8 个县级市，53 个县、11 个自治县，1 个特区，6 个县级区；人口 34746468 人，其中汉族 22198485 人，占 63.89%。

西藏自治区有拉萨、日喀则、山南、昌都、林芝 5 个地级市，那曲、阿里 2 个地区，68 个县；人口 3002166 人，其中汉族 245263 人，占 8.17%。

2. 西南的自然地理环境

西南地区的地势地形，总的呈现为西高东低、自西北向东南逐级下降的基本格局。其西部为号称“世界屋脊”的青藏高原主体部分，平均海拔 4000 米以上，其中藏北高原的海拔更是平均高达 4500 米以上，并由此向四周倾斜，至藏南谷地、藏东峡谷和川西高原、滇西北迪庆高原一线，下降为 3000—4000 米。这一地区，面积约 150 万平方公里，大体上可称为西南的西部地区。在西南地区的东北部，为我国四大盆地之一的四川盆地及其周围地区，面积 20 余万平方公里，习惯上称为“巴蜀地区”或“成渝地区”。四川盆地的底部，海拔多在 300—800 米，主要由东部的平行岭谷、中部的方山丘陵和西部的成都平原三部分组成。其中，成都平原又称川西平原，面积约 6000 平方公里，为西南地区最大的平旷之地。由巴蜀地区往南，即为相互连为一体的云南、贵州两大高原。云贵高原在地理上属青藏高原向东南方向的延伸部分，海拔一般在1500—2500米，高原上地势起伏不平，山峦连绵不绝。群山怀抱之中，散布着数以千计、星星点点的山间小盆地，俗谓之"坝子"，较大的如云南的昆明、大理、曲靖、陆良、玉溪和贵州的贵阳、安顺、都匀、遵义等。云贵高原的南部，则多为海拔1500米以下的低山、丘陵、河谷地带，位于滇东南河口县境内的中越边界界河红河、南溪河交汇处，海拔仅76.4米，为整个西南地区的最低点。

区内山脉，西部地区耸立着喜马拉雅山、冈底斯山、唐古拉山、念青唐古拉山、可可西里山以及横断山等高大山系。其中喜马拉雅山主峰珠穆朗玛峰海拔8848米，为世界第一高峰和区内最高点。北部巴蜀地区的山脉，主要有环绕在四川盆地周围及其边缘地带的大巴山、巫山、岷山、邛崃山、大凉山等，海拔多在1000—3000米。南部滇黔地区的山脉，以滇西为最，计有属横断山系支脉的高黎贡山、怒山、云岭等，海拔一般达4000米以上，其余如位于滇、黔两省结合部的乌蒙山、滇西南的哀牢山、黔北的大娄山、黔东北的武陵山和黔东南的苗岭山区等，海拔则自1100—4000米不等。

西南地区的水系，北部巴蜀地区，主要河流有长江及其支流岷江、沱江、嘉陵江、乌江、大渡河、青衣江、涪江等数十条。其中，长江干流自青海省蜿蜒南下流经川西高原进入滇西北，然后调头而上横贯四川盆地南部逶迤东去。区内河段自宜宾以上称金沙江，以下称长江，别名"川江"，至万县市境内奔泻于巫山山脉的崇山峻岭之中，形成举世闻名的长江三峡自然奇观。西部地区的水系与河流相对较为复杂，大体上分为内流区与外流区。内流区主要分布在藏北高原，河流一般较为短小，多由高山冰雪融化汇积而成，下游消失在荒漠之中或在低洼地带潴留成湖。外流河以雅鲁藏布江为著名，发源于藏西杰马央宗冰川，尔后几乎横穿整个藏南谷地流往印度。此外，西部地区的外流河还有狮泉河。南部贵州境内主要河流属长江水系的有乌江及其支流清水江、猫跳河等，属珠江水系的则有南、北盘江，为珠江的两大干流。云南境内的主要河流有怒江、澜沧江、金沙江、元江和南盘江，其中元江、南盘江发源于省内，其余为过境河流，除金沙江、南盘江外，其他的都是流往境外东南亚诸国的国际河流。

西南湖泊众多，主要集中分布在两个地区：其一为藏北高原，合计达1000多个，水域面积近3万平方公里，多由附近高山冰雪融化而来的内流河汇集成湖，其中纳木错（藏语意为“天湖”）面积1920平方公里，为我国第二大咸水湖；其二为云南高原，计有大小湖泊40多个，水域面积1100余平方公里，较大的如滇池、洱海、抚仙湖、星云湖、阳宗海、程海、剑湖、异龙湖等，大部分属金沙江、澜沧江、珠江三大水系，且均为淡水湖。其余如黔西北的草海、川西南的邛海以及滇、川交界处的泸沽湖等，也都是区内较大的湖泊。

四川的地形特点是：地貌复杂，以山地为主要特色，具有山地、丘陵、平原和高原4种地貌类型，分别占全省面积的74.2%、10.3%、8.2%和7.3%。位于中国大陆地势三大阶梯中的第一级和第二级，即处于第一级青藏高原和第二级长江中下游平原的过渡带，高低悬殊，西高东低的特点特别明显。西部为高原、山地，海拔多在3000米以上；东部为盆地、丘陵，海拔多在500—2000米。全省可分为四川盆地、川西高山高原区、川西北丘状高原山地区、川西南山地区、米仓山大巴山中山区五大部分。其中最具代表的是四川盆地、川西高原和成都平原。

四川盆地西依青藏高原和横断山脉，北近秦岭，与黄土高原相望，东接湘鄂西山地，南连云贵高原，盆地北缘米仓山，南缘大娄山，东缘巫山，西缘邛崃山，西北边缘龙门山，东北边缘大巴山，西南边缘大凉山，东南边缘相望于武陵山。面积26万余平方公里，占四川行政面积的33%。四川盆地这里的岩石，主要由紫红色砂岩和页岩组成。这两种岩石极易风化发育成紫色土。紫色土含有丰富的钙、磷、钾等营养元素，是中国最肥沃的自然土壤。四川盆地是全国紫色土分布最集中的地方，向有“紫色盆地”的美称。

川西高原一般海拔在300米以上，海拔4500米以上为万年雪山，大雪山主峰贡嘎山海拔7590米，是全省最高峰，本区峡谷纵列，雪山重叠。高原北部，是青藏高原主体的一部分，高原面相当完整，有大片沼泽、草地分布，富藏泥炭资源。高原南部属横断山区北段，山高谷深，岭谷相间，自西向东有金沙江、沙鲁里山、雅砻江、大雪山、大渡河、邛崃山等，岭谷高差向南逐渐增大，可达200米左右，会东至雷波附近的金沙江沿岸，达3000米以上，峡谷中森林广布，为四川的主要林区。成都平原，即川西平原，又称盆西平原，为中国西南最大平原、河网稠密地区之一，中国最大芒硝产地，位于四川盆地西部。广义的成都平原介于龙泉山、龙门山、邛崃山之间，北起江油，南到乐山五通桥，包括北部绵阳、江油、安县间的涪江冲积平原，中部岷江、沱江冲积平原，南部青衣江、大渡河冲积平原等。三平原之间有丘陵台地分布，总面积近23000平方公里。狭义的成都平原仅指灌县、绵竹、罗江、金堂、新津、邛崃六地为边界的岷江、沱江冲积平原，面积8000平方公里，是构成川西平原的主体部分。四川境内河流除松潘草地各河注入黄河外，其余均属长江流域，长江是本省最大的河流，自青海玉树至本省宜宾一段称金沙江，长1918公里，是长江的上游。雅砻江又名小金沙江，是长江上游重要支流，源出青海省巴颜喀拉山，至攀枝花市东入长江，全长1187公里。境内湖泊不多，以西昌的邛海为著名，湖水由溪河注入安宁河。高山冰川地区有冰蚀湖。

重庆地处中国西南部，长江上游地区，其北部、东部及南部分别有大巴山、巫山、武陵山、大娄山环绕。地貌以丘陵、山地为主，坡地面积较大，有“山城”之称。重庆地势由南北向长江河谷逐级降低，西北部和中部以丘陵、低山为主，东北部靠大巴山和东南部连武陵山两座大山脉。流经重庆的主要河流有长江、嘉陵江、乌江、涪江、綦江、大宁河、阿蓬江、西水河等。长江干流自西向东横贯全境，流程长达665公里。嘉陵江于渝中区汇入长江，乌江于涪陵区汇入长江。长江自宜宾至湖北省宜昌一段习惯上又称川江，长1020公里，其中从奉节至宜昌间一段又称峡江。长江自万县以下切穿巫山，造成西起奉节县白帝城附近的滟灏堆、东至宜昌市附近南津关，长达204公里的峡谷区，河道滩峡相间，两岸高峰壁立，形势极险，为世界著名的长江三峡——瞿塘峡、巫峡、西陵峡（该峡位于湖北省境内）所在地。川东石灰岩地区丘陵上有许多溶蚀陷穴潴水而成的“天池”。

云南地处云贵高原，西部与青藏高原相接，其地形特点是：地势西北高，南部低，地形错综复杂，大致可分为滇东高原、滇西南高原、滇西高原和滇西北横断山高山峡谷等四区。滇东高原大致位于元江、礼社江接下关、剑川、丽江一线以东，是云贵高原的主体。北部山地一般海拔2000米左右，北高南低，高原地形比较完整。高原上石林、溶洞、伏流河等岩溶地形广泛分布，以路南石林最著名。滇西南高原大致位于元江、礼社江的西南，下关至保山一线的东南。高原面海拔1600米左右，被许多呈折扇状分布的河流切割成平顶的高山和陡狭的河谷，主要山脉有哀牢山、无量山等。山顶宽达数十公里，其上丘陵和盆地交错分布，高差约100米，较大的盆地有甸索塘、普洱、允景洪等。滇西高原大致位于怒江以西，营盘街以南。局部地区高原面保持比较完整，大部分地区由于东北——西南流向的河流发育，已被侵蚀成低山地形。盈江、陇川、瑞丽、潞西、畹町等地的河谷平原相当开阔。河流至边境附近始流下高原，形成峡谷。滇西北横断山高山峡谷，大致位于丽江、剑川、下关一线以西，巍山、保山、营盘街一线以北。海拔多在 3000 米以上，高山超过海拔 5000 米，山脉多南北向平行排列，山麓冲积扇和冲积锥广泛分布。在高黎贡山、碧罗雪山—怒山、云岭—点苍山、雪山，绵绵山之间夹有怒江、澜沧江、金沙江。河流穿过高山，常形成陡峻峡谷，谷底与山岭的相对高度多超过 1000 米。金沙江石鼓以下的大峡谷，两岸山岭拔立江面之上约 3000 米，为世界最雄伟的峡谷之一。境内河流多为入海河流的上游。怒山以东属太平洋水系，主要有金沙江、南盘江、元江和澜沧江；怒山以西属印度洋水系，主要有怒江和独龙江，东南部和石灰岩地区多伏流河，水系不发达。著名的湖泊有滇池、洱海、抚仙湖、程海等。

贵州的地形特点是地势西部较高，中部稍低，自中部向东面以颇为陡峻的坡度下降，岩石嶙峋的悬崖峭壁很多，是我国地势第二级阶梯东部边缘的一部分，大致可分为西部高原、中部山地高原和黔北山地三区。西部高原自西向东由咸宁县的海拔 2200 米降低到黔西县的 1250 米左右。高原面相当破碎，黔西地区高原面和谷底高差可达 200—500 米。赫章、威宁一带保存着比较平坦的高原面，相对高度 50 米左右。大方、水城一带多梁状山脊，顶部平缓，两侧陡峻，当地人称为“梁子”。区内的谷地和缓坡多已开垦。中部山地高原地面起伏较大。苗岭山地岭谷起伏，脉络不明显，山峰海拔在 1100—1500 米，是长江和珠江流域的分水岭。贵阳至安顺之间及遵义、都匀附近，有许多小型山间盆地和宽谷，当地称为“坝子”，是人烟稠密的农业地带。南部为石灰岩地区，有广泛的岩溶地形分布，岭谷起伏，很少平坝。黔北山地包括大娄山、武陵山等，大致为东北—西南走向，宽阔高峻的山岭间夹有盆地和低丘。大娄山一般海拔 1500 米左右，北坡陡急，下降为四川盆地，南坡比较平缓。山间盆地海拔在 500 米以下。娄山关形势险要，是黔、川交通孔道。境内河流多发源于西、中部，顺地势向北、东、南三面分流。河谷狭窄深切，河床坡度大，多瀑布、暗礁和险滩，水流急湍，水位暴涨暴落的现象明显。乌江是长江在本省的最大支流，流域占全省面积的十分之四，支流有猫跳河等。乌江上游流经石灰岩地区，多溶洞、伏流，中游穿行在大娄山、武陵山间，深切石灰岩层达一二百米，谷深水急、险滩相接。赤水河为长江支流，流经川黔两省边界西段，亦多滩险。南部河流流经石灰岩峰林区，河水多渗漏或潜入地下，成为伏流，以南盘江、北盘江为主要河流，北盘江支流打帮河上游的黄果树瀑布宽约 20 米，自 50 多米高的悬崖上直泻犀牛潭中，气势磅礴，是我国著名大瀑布之一。省内湖泊不多，多系沙石堵塞石灰岩盆地底部的落水洞而成，以西部的草海最大，面积约 45 平方公里。

西藏的地形特点是全区为喜马拉雅山脉、昆仑山脉和唐古拉山脉环抱，是青藏高原的主体，平均海拔 4000 米以上，地形可分为藏北高原、藏南谷地、藏东高山和喜马拉雅山地四区。藏北高原位于昆仑山脉、唐古拉山脉和冈底斯山脉、念青唐古拉山脉之间，长约 2400 公里，宽约 700 公里，平均海拔 1500 米以上。地面相当开阔，浑圆而坡度平缓的丘陵之间夹着许多盆地，高差不过三五百米，低处常潴水成湖。藏南谷地在冈底斯山脉与喜马拉雅山之间，雅鲁藏布江和它的支流流过的地方，有一连串长短宽窄不一的河谷平原，海拔大都在 4000 米以下，统称藏南谷地，以拉萨河谷平原最宽广，是西藏主要的农业区，山腰和山麓有良好的牧场。藏东高山峡谷；位于那曲以东，为一系列由东西走向逐渐转为南北走向的高山深谷，是著名的横断山脉的一部分，北高南低，北部海拔 5200 米左右，山顶平缓；南部海拔 4000 米上下，山势比较陡峻，山顶与谷底高差可达 250 米；山顶终年不化的白雪，山腰浓密的森林与山麓四季常青的田园构成了南部峡谷区的奇物景色。喜马拉雅山地位于西藏南部，喜马拉雅山脉平均海拔 6000 米，是世界上最高的山脉；位于我国和尼泊尔边界处的珠穆朗玛峰海拔 8848 米，是世界第一高峰。西藏的主要河流有雅鲁藏布江和怒江、澜沧江、金沙江等，雅鲁藏布江在西藏境内长 1787 公里，是境内最大的河流。藏东、藏南多外流河，一般坡陡流急，水力资源丰富；藏北高原多短小的内流河。藏北高原是我国湖泊分布最多的地区之一，著名的有纳木湖和奇林湖；喜马拉雅山北麓的山间盆地里，分布有 60 多个咸水湖和淡水湖，著名的有羊卓雍湖、珀莫错等。

3. 西南的气候

西南地区的气候因受海拔、地形及纬度等因素的影响，各地区之间差异较大，一般来说西部的西藏高原地区气候高寒，年平均温度 8℃左右，无霜期在 100—140 天，年降水量 300—500 毫米。由于光照充足，年总辐射量为 195—200 千卡/平方厘米，日照时数长达 3000 小时以上，拉萨素有“日光城”之称。藏北高原地势平缓，湖泊广布，气候干寒，平均气温在 -2℃左右，没有明显的无霜期；藏东南则气候较温暖湿润。南部云贵高原气温冷暖适中，冬无严寒夏无酷暑，四季不太分明，但贵州境内多淫雨而俗有“天无三日晴”之说，云南地区则干湿季分明。滇南、滇西南低热河谷，气候湿热，长夏无冬，全年无霜或基本无霜，寒潮、台风影响小，是我国发展热带作物条件优越地区之一。东部四川盆地气候温暖湿润，具有冬季暖、夏季长、春来早、秋雨绵的特点，年均气温 16℃—18℃，无霜期长达 280 天—340 天。由于北有秦岭、大巴山的阻挡，故有显著冬暖，一月均温为 5℃—8℃，比长江中、下游同纬度地区高出 2℃—5℃，霜雪少见，适宜于农业生产。

四川由于地形的显著不同，东部、西部的气候有很大差异，东部盆地地区冬暖、春早、夏热，无霜期长；湿度大、云雾多、日照少，秋季多绵雨。长江沿岸气温最高，向盆地边缘逐渐降低。最冷月（一月）平均气温 3℃—8℃，较同纬度的长江中、下游高 2℃—4℃，最热月（七月）一般为 25℃—28℃，长江沿岸可达 29℃左右，绝对最高气温达 40℃以上，是我国夏季最热的地区之一。无霜期南部长达 11 个月，盆地边缘也有 9 个月左右。由于温湿的夏季风可以从东南面河谷吹入，西北面又有高大山岭挡住去路，所以降水相当丰富。大部分地区年平均降水量在 1000 毫米左右，但季节分配不均匀，盆地西部冬、春少雨，常有干旱发生，夏季降水集中、多暴雨，形成洪涝；东部春雨较多，利于大春作物播、栽，夏季降雨虽多，但常有连晴高温天气出现，形成伏旱。盆地西南部年日照仅 800— 1100 小时，是全国日照最少的地区之一；川西高原寒冷干燥，日照强烈。高原北部、中部最冷月（一月）平均气温 -9℃—3℃，最热月（七月）仅 11℃—17℃，无霜期一般不到 3 个月，阿坝、若尔盖及理塘附近仅 1 个月左右。年平均降水量在 600—900 毫米，高原南部高山峡谷区气候垂直差异特别明显。金沙江、安宁河河谷地区纬度较低，海拔较高，加以北部群山阻隔，冬季冷空气不易侵入，气候冬暖夏凉，四季不显著而干湿季分明，最冷月（一月）平均气温 8℃—13℃。最热月（七月）一般为 22℃—26℃，可栽培多种热带经济作物；年平均降水量 800—1200 毫米，绝大部分降于雨季（六至十月）。

重庆气候主要特点可以概括为：四季分明，冬暖春早，夏热秋凉，四季分明，无霜期长；空气湿润，降水丰沛；太阳辐射弱，日照时间短；多云雾，少霜雪；光温水同季，立体气候显著，气候资源丰富，气象灾难频繁。重庆年平均降水量较丰富，大部分地区在1000—1350毫米，降水多集中在5—9月，占全年总降水量的70%左右。而最具特点的是重庆为中国年日照最少的地区之一，冬、春季日照更少，仅占全年的35%左右。重庆属亚热带季风性湿润气候，重庆多雾，素有“雾重庆”之称。重庆年平均雾日是104天，有世界雾都之称的英国伦敦年平均雾日只有94天，远东雾都的日本东京也只有55天。重庆是名副其实的“雾都”，而重庆璧山区的云雾山全年雾日多达204天，堪称“世界之最”。

云南的气候特点是干湿季节分明，气候垂直变化显著，而气温季节变化不大明显。年平均气温，从西北向元江河谷由7℃递增到22℃以上。最冷月（一月）平均气温，西北山区在0℃—7℃，其他广大地区都在8℃以上，以元江河谷最暖，可达16℃；最热月（七月）平均气温，全省都在16℃以上，元江河谷可达26℃。全年无霜期，从西北往南为6个多月至11个多月。由于夏季受来自印度洋的西南季风和来自太平洋的东南季风影响，湿润多雨，气候变化无常，有“十里不同天”之说。滇西南和元江谷地降水最多，年平均降水量可达2000毫米以上，向中部和北部减少为500—600毫米；冬季温暖干燥，天气经常晴朗。五至十月为雨季，雨季降水量约占全年降水量的80%；十一月至次年四月为旱季，蒸发很盛，蓄水抗旱很重要。西北部高山地区冬、春有时降温危害。

贵州夏季较凉爽，而冬季受寒潮影响小，故具有湿润温和、阴雨天多，冬无严寒、夏无酷暑，四季不甚分明的特点。最冷月（一月）平均气温，全省大部分地区在4℃—9℃之间，南部罗甸一带达10℃以上；最热月（七月）平均气温，中部为23℃左右，南部、东北部及赤水河谷27℃—28℃，西北部20℃左右。全年无霜期各地不同，威宁、毕节地区一般7个多月，中部地区9个月左右，南部、东部边境及赤水河谷可长达10个月。年平均降水量在900—1500毫米，西南部和中部山区较多，向西北部明显递减。全年降水日数在160天以上，夏季降水量约占全年降水量的一半，春季多冰雹，秋季多阴雨，冬季多雨凇，干湿季不如邻近各省明显。贵州是我国阴天最多的省份，贵阳地区年平均阴天总日数有220天，遵义有240天。

与我国大部分地区相比，西藏的气候特点是气温较低，降水较少，空气稀薄，日照充足，南北气候差异很显著。藏北高原年平均气温在0℃以下，一年中约有半年时间冰雪封冻，最冷月（一月）平均气温从西北往东南由－20℃以下递升到－10℃左右，那曲绝对最低气温为－41℃；最热月（七月）气温不超过10℃。年温差小而昼夜差很大，七月夜间亦可出现霜冻。藏北高原年平均降水量在200毫米以下，噶尔仅50多毫米。但因日照充足，一年中仍有几个月适宜植物生长。高原多风，夏季多热雷雨和冰雹，危害牲畜。藏南谷地北有丛山阻挡寒流，沿河谷又吹来印度洋湿润的季风，气候远比北部温和湿润，如拉萨年均气温8℃左右，最冷月（一月）平均气温在0℃以下，绝对最低气温可达－16℃，最热月（七月）平均气温16℃；全年无霜期4—5个月。藏南谷地年平均降水量从西往东南由200毫米递增到2000毫米左右，每年六至九月的降水量占全年降水的90%左右，为西藏的雨季；从十月到次年五月，高原上多西风和偏北风，往往一连几个月都是晴朗少云的天气。

二　西南汉族历史发展的基本线索

西南汉族的历史，肇自公元前4世纪末的战国中叶，迄今已达2300年之久。其间，曾经历了极为复杂的发展历程，并最终形成了今天这样一个人口逾亿、分布广泛的恢宏局面。但从另一个角度上看，由于西南地区自古即为多民族杂居区，在漫长的历史岁月里，汉族曾吸收、融合了部分少数民族族群发展了自己，但同时又曾有大量汉族人口融入少数民族族群之中，因而西南汉族与少数民族族群之间，自古及今都是“你中有我，我中有你”而密不可分。而且，受所处自然、人文地理环境和诸多错综复杂的社会历史因素的影响，西南汉族的发展历程，在具有整体共同性的基础上，各地区之间又存在较明显的差异而呈现出各自的区域性特征与不尽一致的发展轨迹。

北部巴蜀地区无论在历史上还是今天都是西南汉族的主要聚居区，同时又是整个西南地区汉族发展史上的核心地带和根据地。史载公元前316年，位居“战国七雄”之首的秦国国君秦惠王乘巴、蜀内乱，遣大将张仪、司马错率兵越过秦岭南下，一举击灭当地土著居民建立的巴、蜀两国，将这一地区纳入了秦国版图之内，并随即设置了巴、蜀两郡以统其地。此后，为了巩固对巴蜀地区的封建统治，秦国在置吏施政、遣兵驻防之余，又大举遣发移民，其中仅首次便“乃移秦民万家实之”,[①] 自此在巴蜀地区形成了较大分布面、较多人口和较为稳定的汉民族集体而拉开了西南汉族发展史的序幕。是时，为周郝王元年即公元前314年。然而需要指出的是，当时遣发的移民，主要是来自秦国的腹地关中一带，而据学术界研究，汉民族形成的时间上限，较可信的结论是在稍后的秦、汉大统一时期[②]，因而这批最早植入巴蜀地区的“秦民”，仅是华夏民族族群还不是严格意义上汉族，但可称为“汉族先民”。

降及秦、汉之世，随着大一统局面的出现和汉民族的最终形成，那批早期移居巴蜀地区的“秦民”等汉族先民，也同步转化为汉族而成为其有机整体的重要组成部分，并从此迈开了2000余年的漫长发展历程。其间，除自身的生息、繁衍之外，区外汉族人口的不断徙入和区内少数民族的大量融入，也是巴蜀汉族得以发展壮大的不可忽视的两大源泉。由此所构成的三条主线，自始至终贯穿着巴蜀汉族的整个历史发展进程。其中，区外汉族人口的移入，据研究仅较大规模的便有秦汉之际、东汉末年、南宋初年、元末明初、清代前期，以及20世纪三四十年代抗日战争期间和60年代“开发大西南，建设大三线”时期等共计七次。[③] 特点是元明以前的汉族移民，以来自关陇、晋冀、齐鲁等地的北方人为主；元明以后的则以南方荆楚、闽粤、江浙人居多，故史有“湖广填四川”之说；[④] 延至当代，其来源更是广泛涉及全国大部分省区。至于对少数民族族群的吸收与融合，则魏晋之前主要是与区内巴、蜀两大土著民族的融合，入晋后曾吸收了大量分别由关西、陇东和黔北等毗邻地带迁入巴蜀的氐、羌、僚等古代少数民族，以后随汉族人口数量的增加和分布面的拓展，所融合、吸收的少数民族成分进一步扩大，并日趋广泛而持续至今。

滇黔汉族的发展历程，较之巴蜀既有共性又有个性，其共同点是汉族先民涉足滇、黔一带的历史，同样可以追溯到先秦之世；汉族向滇黔地区的迁徙和植入，同样是上起秦汉下迄当代而络绎不绝；同时，在长达2000多年的发展历程中，滇黔汉族也同样吸收和融合了大量少数民族人

① （晋）常璩：《华阳国志·蜀志》，巴蜀书社1984年版，刘琳校注本，第194页。

② 徐杰舜：《汉民族发展史》，四川民族出版社1992年版。

③ 崔荣昌：《四川方言与巴蜀文化》，四川大学出版社1996年版，第36—48页。

④ 光绪《大邑县乡土志》。

口加入自己的民族集体且更加广泛、频繁，也更具典型意义。不同点则主要有三。

其一是较多人口和较大分布面的汉族集体在滇黔腹地的出现，始于公元前 2 世纪末西汉武帝“开西南夷置郡县”之际，在时间上略晚于巴蜀地区 100 多年。

其二，从滇黔汉族历史发展的全过程看，其运行轨迹呈现出较明显的曲折性特征，即西汉中叶以前移居滇黔地区尤其是云贵高原腹心地带的汉族及其先民，由于人数有限并远离其民族母体，故绝大多数或迟或早地融入当地土著民族之中而逐步消失，即便是诸如战国晚期随著名的“庄跻入滇”而迁入的数千名楚人那样较大数量的移民亦概莫能外。及至西汉武帝大举“开边置郡”“徙民实边”之后，汉族一度在滇黔地区造成了以“南中大姓”为代表的庞大势力且盛极一时，后随东汉末年以降，尤其是两晋之际长达半个多世纪的战乱纷争，汉族人口逐渐减少并最终于南北朝时期全部融入当地少数民族族群。此后，尽管仍有一定数量的汉族移民通过各种方式不断进入这一地区，但除了黔东北一隅之外，其余绝大部分地区均始终未能形成较稳定的汉族移民聚居区与分布面。这种情况，从南北朝时期开始，先后经历隋唐、五代、两宋诸朝约 1000 年的漫长岁月而大体相循不变，直至元明以后特别是明朝初年由中央王朝再次组织更大规模的“移民屯田”之后，才发生了根本性的改变，并由此确立了沿袭至今的西南汉族与众多少数民族族群共存并立、交错杂居的局面。

其三，再从汉族在区内所占的人口比重看，直至 14 世纪末明朝初年以前，汉族及其先民在滇黔地区曾长期居于相对少数的地位，延至明初以后才逐渐上升为占人口大多数的主体民族。而这一转化过程，在北部巴蜀一带，最迟不晚于汉晋之世便已基本完成，相形之下，滇黔汉族至少滞后了整整 1000 多年。

西部汉族的历史进程，相对滇黔地区更为特殊。据有关历史文献的记载分析，虽然包括今西藏自治区和川西高原、滇西北迪庆高原在内的西部地区，早在汉、唐时期便已与邻近的巴蜀、滇黔地区和内地的封建王朝开始了交往联系，并有零星或批量的汉族人口不断进入这一地区经商、游历、营建或公干，其中有的遂落籍定居下来。较大规模的如唐代文成、金城两公主先后进藏“和亲”，都曾带有成百上千的侍卫、吏佐、工匠、仆役随行前往，但由于所处自然、人文地理环境较为特殊，故一直未能形成较稳定的汉族移民的聚居区。

延至公元13世纪中叶元王朝建立前后，西部地区陆续纳入了元帝国的版图之内，成为我国统一多民族国家的重要组成部分。此后，随着历代封建王朝对西部地区控制的逐渐加强和交往的日趋密切，汉族人口也接踵而来，并于明、清时期逐渐形成了以藏族为主体，藏、汉、回、羌、门巴、珞巴等众多兄弟民族水乳交融、毗邻而居的格局。其间，据记载仅在川西、藏东一带，明清两代封建政府便相继组织了五次较大规模的军、民屯田，合计徙入主要由汉族移民构成的军、民屯户20万人。再至1951年西藏和平解放后尤其是1962年波及西藏、川西、滇西北和青海、甘肃部分地区的平叛斗争胜利结束后，为了促进西部藏区尤其是西藏自治区的社会、经济、文教、科技、卫生事业的全面发展，党和人民政府从内地抽调了一批批以汉族为主体的干部、职工、科技人员前往支援，使得西藏地区汉族的整体数量在原来的基础上有所增长，但在当地人口中所占的比例依然很小，据2010年统计西藏自治区汉族人口仅245263人，占全西藏一人口的8.17%，初步形成为一个较稳定的族群。

三　西南汉族的族群结构

西南汉族迁入和发展的历史从一开始就基本上分巴蜀和滇黔两个部分。其中巴蜀汉族经过长期的发展，走过了汉唐及两宋的昌盛和辉煌，又经历了魏晋南北朝之世和宋元之际的劫难和苦哀，呈波浪形地向前发展着，直到明代“湖广填四川”之后从根本上改变了自公元前4世纪末“秦民”徙蜀以来主要为北方汉族南下巴蜀的传统移民模式，而转变为以东部南方汉族大举西进占据主导地位，从而决定了传衍至今的巴蜀汉族文化与北方汉族文化的差异以及与南方汉族特别是荆湘汉族文化的趋同，因此西南汉族族群中四川人是一大宗，且族群认同深，人文特征显著。

滇黔汉族由于所处的人文环境是少数民族土著族群人多势众，加上自然地理环境的艰险和封闭，所以自秦汉迁入滇黔的汉族基本上夷化了，只是到了明清时代，由于军屯，以及少量的民屯、商屯及流民的迁入，才逐渐发展成了滇黔汉族，并分为云南人和贵州人两个族群。

在滇黔汉族发展的过程中，由于政治的、地理的、经济的、文化的种种原因，在贵州还形成了屯堡人这样的族群岛。

这样西南汉族的族群结构就分为两个层次：

第一层次是四川人、重庆人、云南人和贵州人；

第二层次是族群岛，即屯堡人。

四　西南汉族的基本特征

西南汉族在汉族族群中是一个既古老又年轻的族群，其主要特征是：

1. 方言统一

西南汉族中除极少数的客家人使用客家话，屯堡人使用屯堡话以外，其余均使用西南官话。四川话、重庆话、云南话、贵州话之间虽然有种种差异，但仅是大同小异的差异，其内部的一致性很高。

2. 族群古老而又年轻

西南汉族是古老的，因为从先秦开始就有汉族先民迁入巴蜀和滇黔，此后便延绵不绝。但西南汉族又是年轻的，当代的四川人、重庆人、云南人、贵州人，以及屯堡人。大都是自明代以后才开始形成的，虽然与从清代开始形成的东北的沈阳人、长春人、哈尔滨人、大连人相比要早一个朝代，但在整个汉族族群中仍属于年轻的一类。

3. 性格坚毅

西南汉族是在大山中成长发展起来的，所以锻铸了他们与岩石一样坚毅的性格。如四川人在“难于上青天”的地方，硬是用双手一锤一锤地凿通了悬崖峭壁，架起“离天三尺三”的蜀道，沟通了四川与三秦的联系。正是由于性格坚毅，所以四川人不尚空谈，注重实干，不尚形式，注重实效。

西南汉族的这种坚毅性格，在云南人、贵州人中表现出来的是勤劳坚忍，移民屯田到滇黔的汉族，“士喜尚学，讲习维勤；妇女习女红、勤纺绩，每深夜犬闻机杼之声；田多瘠薄，农夫耕用两牛，前挽后驱，胼手胝足，终岁勤劳不休”[①]。正是由于他们的坚韧不拔，才能在高山峻岭、千山万壑的云贵高原上扎下根来。

4. 民俗喜辣

西南汉族在饮食上有一个显著的特点，那就是喜辣，笔者到四川成都出差，由于怕辣点了一个炒青菜，结果是红辣椒炒青菜，不能接受，服务

① 《石屏县志》。

员换了一盘清炒青菜，看看没有辣椒了，但一尝仍然辣得不能入口，究其原因是四川人炒菜从来没有不放辣椒的，故而连炒菜的锅也辣了，在成都想吃一点也不辣的菜，实在是很不容易。到了贵州，仍然是样样菜都少不了辣椒，如果说四川以麻辣为特色，而贵州就以咸辣为特色，故俗话说"四川人怕不辣、贵州人辣不怕、湖南人不怕辣"，笔者到云南去也是少不了辣椒这一调味品，所以云南人也应属于不怕辣这一类汉族族群，其与四川人、重庆人、湖南人不同的是爱咸辣。

第二节　西南秦汉时期的族群概况

一　远古时期的西南原始族群

我国是举世公认的人类发祥地之一，西南地区又是我国境内原始初民最早的一大栖息地。大量考古资料表明，从远古时代起，就有人类频繁地活动在这片辽阔、美丽而神奇的土地上。

（一）元谋人

元谋猿人是我国境内已知的最古老的人类之一。1965 年 5 月初，地质科学工作者在滇中元谋县大那乌村附近发现两颗化石程度极深的古人类门齿。经鉴定，属与"北京猿人"基本相似的直立人遗物且更加原始，年代为距今 170 万年前的早更新世。后又经几次大规模的发掘与考察，出土和采集到了大量打制粗石器，即旧石器、哺乳动物化石和炭屑、烧骨、烧石等人工用火的痕迹。从而进一步证实了早在旧石器时代早期，云南高原腹地便已活动着最古老的人类初民。①

（二）桐梓人

贵州高原也是西南地区重要的人类起源地之一。1972 年，考古工作者在黔北桐梓县北坝乡岩灰洞发掘出一处古人类遗址，出土物中除 12 件打制石器和一些烧骨、烧石之外，还有两枚古人类的牙齿化石，分别为两个不同的个体的右上侧门齿和右上第一前臼齿。经研究，其体质特征已进化到"古人"阶段，距今 10—20 万年以前，石器则与此前从黔西县观音洞出土的数以千计的打制石器属同一类型，都是旧石器时代中期的古人类遗物。

---

① 张永兴：《"元谋人"是我国现知最早的人类》，《云南社会科学》1985 年第 4 期。

（三）资阳人

资阳人是北部巴蜀地区古老人类的代表。1951年，在四川盆地中部的资阳市黄鳝溪发现了一个古人类的头骨化石，被命名为“资阳人”。据测定，资阳人约生活在距今数万年前，属旧石器时代晚期的“新人”。①

除此之外，在西南地区境内，属旧石器时代的古人类遗物、遗址还有：云南滇东北的“昭通人”、滇西北的“丽江人”、滇东南的“西畴人”和滇中的“昆明人”，贵州黔西的“水城人”和“猫猫洞遗址”，以及西藏自治区境内藏南定日县的苏热、藏中申扎县的多格则和珠洛勒、藏西日土县的扎布和普兰县的霍尔区等。② 这些旧石器时代的古人类遗迹，与上举“元谋人”“桐辞人”“资阳人”一道，在时间上跨越了上千万年的漫长岁月，并构成了由古猿→猿人→古人→新人的较完整的人类进化链环，空间上则覆盖了包括青藏高原高海拔地带在内的西南大部分地区。

二　先秦西南的族群

西南地区的原始人类，在经历了长时期的发展、进化之后，到了距今三万五千年以前，陆续进入了以磨制石器（细石器、即新石器）和农、牧业及制陶、纺织手工业出现为标志的新石器时代，以后又进而向铜、石并用时代和青铜器时代迈进。在这一历史时期内，古人类的活动范围较之以往更加广泛而几乎遍及境内的绝大部分地区。同时随着生产力水平的提高和社会的进步，在文化上的差异也逐渐显现出来而形成不同的族群。先秦时期西南的古代族群，按其历史渊源与文化特征，一般分氐羌、百越、苗瑶、百濮（滇濮）、巴蜀五大族群。

（一）氐羌

氐羌族群从历史上直至今天都在西南地区占有突出的地位，而且还是与北方汉族其有着共同渊源的近亲民族集团。据研究，氐羌族群的先祖多源于西北甘、青高原至川西北的河、湟流域和岷江上游一带，最初由数以百计往来迁徙不定的游牧部落组成，史称“西羌”或“众羌”③，是我国

---

① 裴文中、吴汝康：《资阳人》，科学出版社1957年版。

② 童恩正：《西藏考古综述》，载《藏族史论文集》，四川民族出版社1988年版。

③ 《后汉书·西羌传》。又，据研究氐和羌分别为古氐羌族群中的两大主干且相互交叉，然“氐”主要分布在甘、陕一带，故本文以讨论“羌”为主。

境内最强盛的原始部落群之一。从公元前5000年左右起，氐羌族群中的一部分，开始向周边地区迁徙扩散。其中，先后分批向东迁徙进入关中和中原地区的几支，发展壮大为黄帝族、夏族、周族等，再经与“东夷之人”商族和众多的中原土著民族交会融合后，逐步形成了汉族的直系先民——华夏民族。

约当与此同时或稍后，古羌人中的另一部分则相继取道川西高原南下西南地区，同样经与各地的土著或外来民族交会融合后，在北部地区衍化为古蜀人等众多民族集体，辗转南下进入南部地区尤其是云南高原一带的，形成了庞大的“昆明”游牧族群和古滇人等古代民族。延至公元前5世纪中叶和前4世纪初的秦厉公、秦献公时，随着居住在关中平原一带的秦人国力日益强盛，并不断向其西部的甘、青地区扩张，因“畏秦之威”，古羌人又陆续大举南下西迁。其中以“卬”为首的一支由湟水流域迁至藏北“羌塘”地区，与同属“众羌”之一的当地“唐牦”部落会合，成为藏北地区藏族的直系先祖。不久之后，又有从中分衍出来的以“舞”和“忍”为首的两支，自藏北地区南下深入藏区腹地，与同族群的土著“发羌”等诸部落相互融合，形成了后世藏区南部、中部一带藏族的直系先民①。

氐羌族群很早就与中原地区建立起了密切的交往联系，并不远千里前往参与其重大的军事、政治活动。例如，据《尚书·周书·牧誓》记载，公元前11世纪，周武王率师伐纣，大会诸侯于黄河孟津渡（今河南孟津县东北），盟誓曰：“嗟，我友邦冢君……及庸、蜀、羌、髳、微、卢、彭、濮人，称尔戈，比尔干，立尔矛，予其誓!”对此，孔安国《传》云：“羌在西，蜀、叟、髳、微在巴、蜀，卢、彭在西北，庸、濮在江汉之南。”孔颖达《正义》则说：“此八国皆西南夷也。”据研究，其中的羌、蜀、叟、卢、彭等，都属古氐羌族群。

氐羌族群的文化形态，根据历史文献的记载并与考古资料相对照，最初多为较典型的草原游牧文化。据考，“羌”字早在商、周甲骨文中便已反复出现，其形为一个人肩上扛着一头羊。《说文解字》亦云：“羌”字从人从羊，意为牧羊之人。因而在考古学界，有学者干脆称其为“骑马民族”。但在以后的历史发展进程中，由于远距离大跨度的民族迁徙、多

① 《后汉书·西羌传》；郑汕主编：《西藏发展史》，云南民族出版社1992年版，第16—19页。

次的民族融合，以及由此所导致的自然、人文地理环境的变迁，除了迄今仍分布在川北茂汶羌族自治县和汶川、理县、黑水、松潘、北川一带的近20万古羌人直系后裔为现代羌族之外，其余绝大部分或融入包括汉族在内的其他兄弟民族族群而消失在历史的长河之中，或衍化为其他少数民族族群。文化形态则已多在历史上逐步转化为农耕文化或以农耕文化为主导形式，昔日的草原游牧文化，仅作为基因而沉淀在各相关民族传统文化的底蕴之中，较著名的如历史上的古蜀文化、古滇文化和由彝、白等族先民共同创造的南诏、大理文化，藏族先民的吐蕃文化以及传统的藏传佛教文化、纳西族别具一格的东巴文化、哈尼族特有的山地梯田文化和彝族的毕摩文化、白族的本主文化等。而先秦时期的古代巴文化，据研究也与氐羌族群的文化基因不无内在关联。

（二）百越

百越族群是我国南方人口众多、分布广泛且历史悠久、文化恢宏的古代民族集团，同时也是我国东南沿海诸省区汉民族的主要来源之一。

百越族群的渊源，最迟可以追溯到六七千年前的浙江余姚“河姆渡文化”时期。降及春秋战国之世，古越人的分布范围，遍及北起长江中下游，南至北部湾沿岸的广大地区，并向西蔓延到今广西西部、贵州大部和云南南部及境外越、老、缅、泰、印等国。因其部落众多且各据一隅互不统属，从先秦时起仅见于记载的先后便有越、于越、句吴、杨越、瓯越、闽越、东瓯、东越、南越、骆越、西瓯、山越、滇越及僚、鸠僚、山僚等数十种之多，故史称“百越”。[①] 后随秦汉大一统局面的出现和历代封建王朝的不断经营与开拓，东南沿海地区的越人绝大部分陆续融入汉族之中而消失，分布范围也逐步收缩到广西、湖南、广东西部、海南南部和西南地区及境外，并经若干次的迁徙与分化组合和融入大量其他民族的人口后，衍化为今汉藏语系壮侗语族的各语支少数民族。

百越族群的文化形态，最突出的是自古及今都是以相对稳定的定居农耕文化为其基本特征，而且是我国乃至世界范围内水田稻作农业的开创者之一。其余如滨水而居、干栏建筑、断发文身、雕题漆齿、喜热畏寒等，

---

① “百越”之称，首见于《吕氏春秋·恃君览》：“扬汉之南，百越之际……”又，《汉书·地理志》颜师古注：“自交趾（今越南北部）至会稽（今浙江绍兴一带），七八千里，百越杂处，各有种姓。”

也是其自先秦以来因循至今的共同文化基因。在西南地区，较著名的地方民族文化有历史上的夜郎文化、滇越文化和绵延近千年的傣族南传佛教（亦称“上座部佛教”或“小乘佛教”）文化等。

（三）苗瑶

苗瑶族群也是我国最古老的族群集团，数千年来一直以历史悠久、文化辉煌、分布面广、流动性大和反抗精神强而著称于世。而且，据有关历史文献的记载，苗瑶族群的先民与汉族一样，也不是西南地区的原住民，而是历史上陆续由内地迁入的外来移民。

苗瑶族群的渊源，可上溯到远古时期的“三苗”“九黎”诸部落。其最初分布在江、淮平原一带，《史记·五帝本纪》云：“（帝尧之时）三苗在江、淮、荆州，数为乱。”同书《吴起传》亦云：“三苗氏，左洞庭，右彭蠡（即今鄱阳湖）。”而在此之前，“三苗”“九黎”的势力，一度向北拓展到黄河中下游地区，相传其始祖蚩尤曾率兵与黄帝“战于涿鹿之野”（今河北涿鹿县境）[①]，被击败后又退回南方。及至西周初年即公元前11世纪，“三苗”中的一部分分化出来形成楚族，史称“楚蛮”[②]“荆蛮”[③]，到春秋战国时发展为我国南方最强大的诸侯国——楚国，并位居“五霸”“七雄”之列。再至秦、汉之世，楚族中的绝大多数逐渐融入汉族而消失。

大约还在战国后期，“三苗”“九黎”中的其他部分，为楚国的兵威所迫而开始向四周迁徙。其中的一支向西南方向运动，并率先到达今湘、黔、渝三省市结合部的武陵山区，入汉后被称为“武陵蛮”。[④] 此后，苗瑶先民在自身的生息繁衍、发展壮大和多次反抗历代封建王朝失败而惨遭屠戮、驱赶等错综复杂的历史原因的作用下，连续不断地向西、南方向迁徙扩散，并最终形成了今天这样一个以贵州、广西两省区为中心，遍及湖南、湖北、云南、四川、重庆、广东、海南、浙江、福建等十余个省区并部分蔓延到境外越、老、缅、泰诸国的宏大局面。其间，由于大面积迁徙扩散和随之而来的自然、人文地理环境的变异，最迟不晚于南北朝晚期至

① 《史记·五帝本纪》。

② 《史记·楚世家》。

③ 《后汉书·南蛮传》。

④ 同上。

唐宋之世，瑶族、畲族先后分衍出来，并相继出现了所谓“莫徭”（瑶族）①“苗众”（苗族）② 和“畲民”（畲族）③ 等族称。

苗瑶族群的文化，因原居于江、淮平原一带，故自古即以农耕为传统。但由于从先秦以来持续不断地辗转迁徙，所以无论是生息在中西部各省区尤其是西南滇、黔以及川南崇山峻岭之间的苗、瑶两族，还是散布在东南闽、浙山区的畲族，都以刀耕火种、粗放耕作的山地砍烧农业为其主要经济形式。由此，又反过来促使其不断地迁徙流动，并在长期的历史发展进程中，逐步形成了独具特色的“游耕文化”而传袭至今。其中，西部滇黔地区“桃树开花，苗族搬家”和“过山瑶，四海苗”之类的民谣，东部闽浙一带“畲客”的别称，都是对这一文化特征的生动概括和直观反映。

此外，在苗瑶族群的传统文化体系中，还要特别一提的是著名的“盘瓠”传说和“盘瓠”崇拜。有关“盘瓠”的传说，散见于《后汉书》《晋纪》《搜神记》《玄中记》等汉、晋古籍及更早的《山海经》，内容大同小异。其梗概，据《后汉书·南蛮传》所载为：上古高辛帝时，有神犬“其毛五彩，名曰盘瓠”，因助高辛帝杀犬戎吴将军，帝乃以女妻之。盘瓠遂携帝女“走入南山，止石室中，所处险绝，人迹不至”。后子孙繁衍，“好入山壑，不乐平地，帝顺其意，赐以名山广泽，其后滋蔓”，即汉世“长沙武陵蛮是也”。以现代民族学的眼光看，这其实就是苗瑶族群先民的“创世纪”传说，而所谓神犬“盘瓠”，则是远古图腾崇拜的遗迹。降及后世，“盘瓠”崇拜丰富发展为包括盘瓠传说本身和盘王节、盘古歌（亦称“高皇歌”）、盘诗会、盘柴槌（一种民间武术）、盘古圣皇榜文（即“过山榜”）在内的“盘瓠文化”，并为瑶、畲两族所笃信与恪守。为此，在有的论著中，又把苗瑶族群称为“盘瓠族群”或“盘瓠系统”。然而令人费解的是，在瑶、畲两族的同源近亲民族苗族中，却无“盘瓠”崇拜的传统。对此，部分学者认为这是在历史发展进程中的文化变异所致，另一些人则认为苗族的先祖原本就是古“三苗”“九黎”中的非“盘瓠系统”部分。事情究竟如何，固然还有待进一步探讨，但可以

① 《后汉书·南蛮传》。

② 《蛮书》卷十。

③ （宋）刘克庄：《漳州谕畲》。

相信的是，这一点或许正是苗族与瑶、畲两族分野的关键所在。

苗瑶族群在历史上的迁徙与分布，自先秦之世“三苗”遗裔的主体陆续进入武陵山区之后，曾有过一段相对稳定的集结时期并一度造成了强大的势力。但到了东汉初、中叶，在多次抗击封建王朝的“进讨”失利后，苗瑶先民又向西南方向开始了大规模的民族迁徙。其西迁部分进入今贵州腹地，并大约于宋元时期形成了以苗岭山区为中心，遍及省内大部分地区的分布格局。明清以后，又逐渐向西部蔓延到云南境内。南迁部分则向今广西境内进发，且进一步扩散到黔东、粤西和滇东南、滇南境内外广大地区。

（四）百濮（滇濮）

百濮族群是西南地区历史最为悠久的古老族群集团，其渊源之深远，甚至不亚于氐羌、百越两大族群，且早在商、周时期便与中原地区建立了联系。史称殷商初年，伊尹受命，令四方纳贡，“百濮”即为其中之一。[①]后至武王伐纣、孟津盟誓之时，“濮人”亦跻身其间[②]，再至“成周之会……卜人以丹砂”为贡。[③]“濮人”的分布，史称“濮在楚西南”[④]，当今川南、滇黔一带，同样是因其部落众多、分布广泛而名之为“百濮”。但据研究分析，先秦时期的“百濮”，并非专指某一特定的民族集团，其中至少囊括了今孟高棉语诸族的先民和古“百越”族群中的相当一部分[⑤]，而前者因自古以来都主要是居住在今云南一带，故又有“滇濮”之说以示区别。[⑥]

百濮（滇濮）族群的分布，其北界最初曾达于滇中偏西南一带。元江——红河古称“濮水”[⑦]，沿岸当为古濮人的栖息地，以后其分布面逐渐向元江下游及滇南、滇西南收缩，并往南延伸到东南亚越、老、缅、泰诸国尤其是柬埔寨。云南境内的濮人，南北朝以前称“濮”、滇濮或“闽

① 《逸周书·商书·伊尹朝献》。
② 《尚书·周书·牧誓》。
③ 《逸周书·王会解》。
④ （唐）张守节：《史记正义》。
⑤ 尤中：《中国西南的古代民族》，云南人民出版社1980年版，第13—15页。
⑥ （晋）常璩：《华阳国志·南中志》：“南中在昔盖夷越之地，滇濮、句町、夜郎……”
⑦ 《汉书·地理志》。

濮”[①]，入唐后有“扑（濮）子蛮”“望蛮”以及“文面濮”“赤口濮”，“黑僰濮”诸部[②]，元明以降改称“蒲人”“蒲蛮”，并大量见于文献记载。其分化，大约从隋唐时期即已开始，并逐渐衍化为今南亚语系孟高棉语族的佤、布朗、德昂（原称“崩龙”）三族，主要分布在澜沧江、怒江中下游及境外广大地区。

百濮（滇濮）族群的传统文化，基本上属于以定居、半定居的山地砍烧农业为主，林牧及狩猎、采集为辅的旱地农耕文化类型，整体上相对滞后于百越族群诸族和氐羌族群中的先进部分。但在不少方面有其独创之处，例如西双版纳的千年“茶树之王”，即为布朗族的先民所栽，在我国乃至世界的“茶文化”发展史上占有重要地位。再如唐代曾名扬天下的良种骏马“越赕骢”，则为滇西德昂族、佤族的先祖“越赕扑（濮）子”“望苴子”精心培育而成。[③] 又如举世闻名的“沧源崖画”，据考乃是当地佤族先民留下的文化遗存[④]。其余如由来已久的佤族“木鼓文化”等，也都是其传统文化中最具特色的部分。

（五）巴蜀

巴蜀族群是先秦聚居在四川盆地的主要族群。巴蜀族群又分为巴人和蜀人两个族群，他们分别建立过巴国和蜀国。

古蜀国位于四川盆地西部成都平原一带及其边缘地区，曾先后以今乐山、广汉、郫县、双流、成都等地为国都。其疆域，《华阳国志·蜀志》云：“蜀之为国，……其地东接于巴，南接于越，北与秦分，西奄峨嶓。”大体上东隔嘉陵江、涪江与古巴国为邻，南达云贵高原北部金沙江沿岸，北抵今川、陕、甘三省交界处的广元一带，西及四川盆地与川西高原结合部的峨眉山、嶓冢山一线。古蜀国的由来，《文选·蜀都赋》注引扬雄《蜀王本纪》说：“蜀王之先名蚕丛、柏濩、鱼凫、蒲泽、开明，是时人萌椎髻左言，不晓文字，未有礼乐。从开明上至蚕丛积三万四千岁，故曰兆基于上代也。”文中所谓“三万四千岁”之说，固属夸张虚幻之词而不足为训，但应该肯定的是，蜀国的历史渊源确实相当久远。另据“甲骨

---

① 《华阳国志·南中志》。

② 《新唐书·南蛮传》。

③ 《蛮书》卷六《云南城镇》、卷七《云南境内物产》。

④ 汪宁生：《云南考古》，云南人民出版社 1980 年版，第 126 页。

文中已有蜀人与殷王朝之间发生征战、朝贡关系的记载”[①]，可知最迟不晚于公元前17—前11世纪的殷商时期，古蜀国便已存在。然而若据《华阳国志·蜀志》“周失纲纪，蜀先称王。有蜀侯蚕丛，其目纵，始称王”和“开明立，号曰丛帝。……（传）九世有开明帝，始立宗庙”等记载分析，则蜀之开国国王蚕丛，乃是公元前770年“平王东迁”前后的人物。对此，史界歧义丛生，众说纷纭。我们认为，此类抵牾乃古籍中常见之事而不可过于拘泥，较为合乎逻辑的理解应是：古蜀人诸部，早在殷商之世甚至更古老的年代就已生息在这一地区，延至蚕丛称王始，完成了各部的统一而建立起了古代王国，传九世至开明氏尊为“丛帝”，时间当在战国初叶的公元前400年左右或稍早。

古蜀国的社会发展水平，史称其地有“滇、僚、賨、僰僮仆之富”[②]，又说丛帝孙保子帝“攻青衣，雄张僚、僰”。[③] 由此可知古蜀人已跨入了阶级社会，是为古代奴隶制国家。奴隶的来源，主要是向周边地区掠取滇、僚、僰等异族人口为奴（即僮仆）。而其经济生活，据《华阳国志·蜀志》所载，三传蜀王“鱼凫田于湔山……后有王曰杜宇，教民务农，一号杜主”。按照这一传说推算，古蜀人向农耕经济转化，肇自春秋前期“鱼凫王”时，至战国初年杜宇为王大力倡导发展农业生产，当随之完成了游猎经济向农耕的最终过渡。与此同时，冶金、纺织诸业亦有较大的发展。[④]

巴国为蜀之东邻，是西南地区北部的又一重要古国。巴国的地望，史称：“其地东至鱼复，西至僰道，北接汉中，南极黔涪。”[⑤] 其中，鱼复、僰道、汉中分别为今重庆奉节、四川宜宾和陕西汉中，黔涪则为后世之黔中、涪陵两郡。这一地域范围，约当比今重庆市辖区而略大，中心为古代江州即今重庆直辖市驻地重庆一带，向西南延伸到川南，向北达于秦岭南麓今陕西汉中一线以南，东南方向则延至今重庆、湖南、贵州三省市结合部的武陵山区。

古巴国的由来，《华阳国志·巴志》说：“《洛书》曰：人皇始出，继

---

① 见刘琳《华阳国志校注》，巴蜀书社1984年版，第176页注㈠。

② （晋）常璩：《华阳国志·蜀志》。

③ 同上。

④ 同上书：“（蜀国）其宝则有璧玉、金、银、珠、碧、铜、铁、锡、赭、垩、锦、绣、罽、氂、犀、象、毡、毦、丹黄、空青、桑漆、麻、苎之饶……”

⑤ （晋）常璩：《华阳国志·巴志》。

地皇之后，兄弟九人。分理九州，为九囿……华阳之壤，梁岷之域，是其一囿，囿中之国则巴、蜀也。五帝以来，黄帝、高阳之支庶世为侯伯。”又说：“（夏禹）会诸侯于会稽，执玉帛者万国，巴、蜀往焉。周武王伐纣，实得巴、蜀之师，著乎《尚书》。巴师勇锐，歌舞以凌殷人，前徒倒戈，故世称之曰‘武王伐纣，前歌后舞’也。武王既克殷，以其宗姬封于巴，爵之以子。——古者远国虽大，爵不过子，故吴、楚及巴皆曰子。”根据这段史料，可知古巴国与蜀国一样，也有着极为久远的历史，而且很早就与中原地区黄帝、夏、周等族建立了交往联系，但其区域性相对统一的地方民族政权即古代王国的出现，估计在时间上与古蜀国相距不会太远。

巴国的社会经济发展水平，《华阳国志·巴志》说：“土植五谷，牲具六畜。桑、蚕、麻、苎、鱼、盐、铜、铁、丹、漆、茶、蜜、灵龟。”看来是一种以农耕为主，畜牧业为辅，且冶金、纺织等手工业也取得同步发展的较发达的农耕经济。其文化形态，也应属定居农耕文化的范畴，同时还出现了古老的文字。① 至于古巴国农耕经济全面普及的历史进程，从《华阳国志·蜀志》“巴亦化其教而力务农，迄今巴、蜀民农时先祀杜主君（即杜宇）”等记载看，亦大体上与古蜀国相当。

三　秦汉西南的族群与古国

秦汉时期，在西南曾出现了一系列的“古国”，仅明确见于历史文献记载的便有滇、夜郎、僰侯、句町、且兰、进桑、漏卧、乘象、哀牢、建宁等，其余名不存史者更是不计其数。然严格来说，这些所谓的“古国”，大多数是尚居于原始社会不同发展阶段上的族群，有的虽已进入阶级社会具备了阶级压迫、行政司法的职能并拥有军队、法律（包括习惯法）等国家机器和一定的疆域界限，但与现代意义上的“国家”仍有着质的区别，主要有以下几个。

（一）古滇国

古滇国位于南部滇中高原腹地一带，以相毗邻的滇池、抚仙湖、星云湖沿岸地区为中心。关于古滇国的情况，历史文献记载均较为简略而

① （晋）常璩：《华阳国志·巴志》：“其名山有涂籍、灵台，石书刊山。”刘琳注：“‘石书刊山’者，当谓刻字于山石之上也。”见巴蜀书社 1984 年版，刘琳校注本，第 28 页。

仅寥寥数语。例如，《史记·西南夷列传》说："始，楚威王时，使将军庄跻将兵循江上，略巴、蜀、黔中以西。庄跻者，故楚庄王苗裔也。跻至滇池，地方三百里，旁平地，肥饶数千里。以兵威定属楚。欲归报，会秦夺楚巴、黔中郡，道塞不通。因还，以其众王滇，变服从其俗，以长之。"又说：秦汉时期，自黔西、滇东至滇池沿岸地区的情况是"此皆椎髻，耕田，有邑聚"等。幸而自20世纪50年代以来，相继在滇池东南岸的晋宁县石寨山、东岸的呈贡县天子庙和抚仙湖畔的江川县李家山，以及楚雄万家坝、祥云县大波那等地，发掘出了数以万计的古滇王国时期的各类青铜器、玉器、玛瑙器、铁器、骨石器等遗物和相当数量的古墓葬群，从而为人们深入了解古滇国的全貌，提供了极为丰富、直观的实物资料。

根据出土文物结合历史文献的记载分析，秦汉之世的古滇国，已进入了奴隶社会，分为奴隶主、奴隶和平民三大阶级。其中，奴隶主贵族高高在上，作威作福，不仅生前穷奢极侈，死后还要将大量社会财富带入冥冥"地府"之中。奴隶则多属战俘和掳掠而来的异族人口，主要又是头梳双辫的"编发"民族古"昆明"人。奴隶被广泛使用到农耕、畜牧、纺织、冶金等生产劳动中，有的还被转卖甚至在宗教活动中被用作"人祭"的牺牲品。平民则多为与奴隶主同族的滇国主体民族"椎髻之民"，是生产活动的主要承担者，所收获的粮食必须缴纳一部分给奴隶主，而且还得人背马驮送进仓房。[①] 此外，古滇人奴隶主贵族还豢养着庞大的军队，用以镇压奴隶、平民的反抗并进行对外战争，有的还亲自担任军事统帅[②]。同时，古滇人还有了早期的刑法，并以鼎和铜鼓作为统治权力的象征，在宗教生活中，奴隶主贵族往往又是大巫师，成为集政权、军权、神权于一体的特权人物。[③]

古滇人的社会经济，先秦时便已获得了较大发展，从呈贡天子庙战国古墓葬及其出土文物看，"是一种农业、牧业、手工业并茂的定居农业经济，代表着战国时代滇地区经济发展的最高水平"。[④] 其中，农业

① 汪宁生：《云南考古》，云南人民出版社1980年版，第71—72页。

② 鲁刚：《从呈贡天子庙战国古墓葬及其出土文物看滇地区的古代社会》，载云南民族学院四十周年校庆《学术论文集》，云南教育出版社1991年版。

③ 同上。

④ 同上。

生产主要是旱地锄耕农业，并有迹象表明可能已出现了早期的犁耕。[①]牧业、手工业则为从属于农耕的次级产业，在古滇人的经济生活中占有重要地位。与此同时，商业也有所发展，“在内部实行集市贸易，以‘赶街子’的方式交换剩余农副产品”[②]，并以贝作为交换的媒介和财富的象征。对外贸易主要是向北部巴蜀地区输出牛、马和名为“僰僮”的奴隶。

古滇人的文化形态，基本上也属于定居农耕文化的范畴，但有学者指出，在其底蕴中沉淀着大量北方草原游牧文化（亦称“斯基泰文化”）的基因[③]。而在古滇文化中，又以闻名遐迩的古滇青铜文化最具代表性。在云南一系列的古滇文化遗址的出土文物中，青铜器不仅数量众多、种类齐全，而且精品迭出，美不胜收。突出的如祥云大波那出土的巨型房式铜棺，江川李家山出土的“牛虎铜俎”“牛虎鹿贮贝器”“青铜葫芦笙”，呈贡天子庙出土的“巫师纹铜鼎”“五牛盖铜筩”“隼嘴式双钺铜弋”，晋宁石寨山出土的“战争场面贮贝器”“杀人祭祀贮贝器”“奴隶纺织贮贝器”和“纳贡场面贮贝器”等，都是举世无双的古代地方民族文化瑰宝。这些精美的青铜器，在生动、形象、直观地反映古滇人社会生产、生活的方方面面的同时，也展示了其高超的青铜冶炼技术、铸造工艺水平和包蕴其中的审美情趣、观念意识、价值取向、艺术风格以及信仰崇尚等较深层次的文化内涵。

古滇国的源流，因古史失载而不得其详，若按各古滇文化遗址的考古年代，则万家坝古墓群“主要应属公元前五六世纪，约当中原地区春秋中、晚期”[④]。大波那主墓测定年代为公元前 465 ±75 年，即春秋战国之际[⑤]；天子庙古墓群从战国前期延续到秦汉之世[⑥]；李家山、石寨山古墓群的可信年代为“早期从战国时期到西汉初年，晚期从汉武帝到西汉末年”，兴盛

① 鲁刚：《从呈贡天子庙战国古墓葬及其出土文物看滇地区的古代社会》，载云南民族学院四十周年校庆《学术论文集》，云南教育出版社 1991 年版。

② 汪宁生：《云南考古》，云南人民出版社 1980 年版，第 70 页。

③ 张增祺：《古代云南骑马民族及其相关问题》，载云南省博物馆编《云南青铜文化论集》，云南人民出版社 1991 年版。

④ 汪宁生：《云南考古》，云南人民出版社 1980 年版，第 39 页。

⑤ 同上。

⑥ 昆明市文物管理委员会：《呈贡天子庙滇墓》，《考古学报》1985 年第 4 期。

期约在西汉中叶[①]。总的来说，古滇国存在的时间大约从春秋中叶到西汉末年，较之古巴、蜀两国恰恰下移了200年左右。

关于古滇人的族属，学术界是仁智各见、众说纷纭而几乎囊括了氐羌、百越、苗瑶、百濮等西南地区的各古代族群，具体又分白族先民说、彝族先民说、越人说以至苗族先民说、佤族先民说等十余种之多。我们的看法是，上举各种意见虽然也都不无道理和根据，但以文献记载结合考古资料和当时的历史背景及自然、人文地理环境等多重因素综合考虑，当以第一种即白族先民说较为合理。因为在历史文献尤其是秦汉时期的史籍中，“滇”与既是地名又是国号同时也是族称的古巴、蜀的明显区别，就是“滇”仅为地名和国号而非族称。古滇国的主体民族，历史文献称之为“僰”或“滇僰”，并有大量相关词汇见诸记录。[②] 而自古及今都是云南高原腹地的“非汉主体民族”之一的白族，源于古代滇中“僰人”的说法在史界争议不大，故而古滇人应为今白族的直系先民，属氐羌族群。

不过，对此需要补充说明。首先，在先秦、两汉之世，古“僰”人也是广泛分布于自西北湟水流域至川西、川西南、川南再至滇东北、滇东、滇中一线广大地区的古代民族，并曾于先秦时期在川南宜宾一带建立了另一个以“僰”人为主体的古国——“僰侯国”[③]。因而古滇人仅为“僰”人中的一支，即“滇僰”。其次，古滇文化的性质与内涵，因其以较为发达的旱地定居锄耕农业为主导，故而性质上应属农耕文化的范畴。但其内涵，又绝非是单一的农耕文化，如前所述，在其底蕴中，沉淀着大量从氐羌族群母体中带来的游牧文化基因，后又融入了由“庄跻入滇”所带来的源于苗瑶族群的楚文化，再加上民族融合和文化传播的作用，又渗入了分别来自百越、百濮以及巴、蜀、夜郎、哀牢乃至华夏等多种文化的因素，从而构成了一种多元多层次的复合型古代地方民族文化。

（二）古夜郎国

夜郎国堪称西南边疆民族历史上的一大神秘古国。一方面，有关夜郎国的记载，在秦汉以来的历史文献中频频出现而不绝于书，时至今日，

---

① 汪宁生：《云南考古》，云南人民出版社1980年版，第67页。

② 《史记·货殖列传》：“南御滇僰、僰僮。”

③ 《汉书·地理志》：“南贾滇僰僮。”《史记·西南夷列传》：“巴蜀民或窃出，取其筰马、僰僮、牦牛，以此巴蜀殷富。”见《汉书·地理志》“僰道县”注及《水经·江水注》“僰道县”条。

“夜郎自大”的成语在我国仍可谓家喻户晓、人尽皆知；但另一方面，由于史料支离破碎且相互抵牾而不成系统，加之缺乏足够的考古发现以资印证，故迄今为止，史界对其地望、渊源、文化、族属等相关问题均尚无定论而各执一端。在此，仅据有关资料对夜郎国的基本情况大致概括如下，以供参考。

古夜郎国的地望，从《史记·西南夷列传》所云“西南夷君长以什数，夜郎最大。其西靡莫之属以什数，滇最大”和《后汉书·西南夷列传》所称庄跻入滇，“从沅水伐夜郎，军至且兰，椓船于岸而步战”等记载看，古夜郎的地理位置，应在滇国之东、且兰以西，即今滇东、黔西一带。其腹部地区，据《史记·西南夷列传》中“夜郎者，临牂柯江，江广百余步，足以行船”以及“牂柯江广数里，出番禺（今广州）城下”等语，可知其地当在珠江上游某地。而滇东、黔西一带，恰为珠江上游南、北盘江两大干流所在。唯南盘江在今滇东曲靖及其以南，北盘江在今安顺西南关岭、晴隆、贞丰、册亨一线附近，且两江相距不远，故孰是孰非，尚在两可之间。

古夜郎的社会经济，据《史记·西南夷列传》所载，其与古滇国一样，同属“耕田，有邑聚”的定居农耕经济。但应注意的是，按《华阳国志·南中志》的记载，直至汉、晋时期，在包括黔西北盘江流域在内的今贵州大部分地区，仍处于“畬山为田（即刀耕火种），无蚕桑……寡畜产，虽有僮仆，方诸郡为贫”的相对滞后状态，因而对其经济发展水平不可估计过高。当然，如果古夜郎国的腹地不在黔西而是位于滇东南盘江流域今云南曲靖一带，从曲靖城东珠街八塔台等地出土的秦汉考古资料看，其情况则又另当别论，而是与古滇国大致持平。

至于古夜郎的文化形态，总的来说应与其社会经济及其发展水平相对应，而为定居、半定居农耕文化的范畴，且同样是由多种文化融合而成并呈现出较明显的内部差异。对此，贵州学者据各地零星出土的青铜器已作过较为中肯的评说：“贵州西部各县（市）收集和发掘的青铜器，如靴形铜钺，饰有翔鹭、羽人竞渡纹的铜鼓，与滇文化的风格极为相似；而黔西北一带出土的青铜饕餮纹无胡铜戈，又系殷商典型器和纹饰的变种；这带地区出土的柳叶形铜剑，又属巴蜀文化的系统。这些资料生动地说明，夜郎濮人地区从新石器时代以迄春秋、战国，就与邻近地区以至中原有了比较频繁的经济文化联系。大体来说，今黔西北一带受巴蜀、滇以及中原文化的影响较多；而黔南至黔西南则与古代百越各部的关系比较密切。”[①]

古夜郎人的族属，《后汉书·西南夷列传》和《华阳国志·南中志》分别称为“夷僚”“夷濮”，《太平御览》卷七七一引《异物志》则称其王为“越王”，故夜郎国的主体民族应属古越人之一支。其苗裔，后世发展衍化为今黔西一带的布依、水、仡佬等壮侗语族各语支少数民族。

（三）古哀牢国

古哀牢国位于澜沧江、怒江中下游及其以西、以南地区。史称“其地东西三千里，南北四千六百里”[②]，若非夸大之词，则古哀牢国的疆域当以今滇西南保山、德宏两地州为中心，向西、南方向延伸到缅甸北部克钦邦、掸邦一带，向东南方向则可达于今中缅边界下段及中老边界沿线境内外广大地区。在秦、汉西南地区众多的五大古代王国中，以其地域辽阔而雄居第一。

哀牢国的起源，《华阳国志·南中志》说：“永昌郡，古哀牢国。哀牢，山名也。其先有一妇人，名曰‘沙壶’，依哀牢山下居，以捕鱼自给。忽于水中触有一沉木，遂感而有娠。度十月，产子男十人。后沉木化为龙出，谓沙壶曰：‘若为我生子，今在乎？’而九子惊走，惟一小子不能去，陪龙坐，龙就而舐之。沙壶与语，以龙与陪坐，因名‘元隆’，犹汉言‘陪坐’也。沙壶将元隆居龙山下。元隆长大，才武。后九兄曰：‘元隆能与龙言，而黠有智，天所贵也。’共推以为王。时哀牢山下复有一夫一妇，产十女，元隆兄弟妻之。由是始有人民，皆象之，衣后着尾，臂胫刻文。元隆死，世世相继，分置小王，往往邑居，散在溪谷。绝域荒外，山川阻深，生民以来，未尝通中国也。”这一古老传说，是为西南古代民族中的又一“创世纪”，在南部滇、黔地区及境外少数民族中间流传极广，一般称为“沙壶（或沙壹）故事”，亦称“九隆传说”。除《华阳国志》之外，《后汉书》、唐《册府元龟》、元《纪古滇说》、明《哀牢世传》以及一些少数民族文字的历史典籍中，也有类似的记载。其中，《后汉书·西南夷列传》还注引东汉杨终《哀牢传》说：“九隆代代相传，名号不可得而数，至于禁高，乃可知记。禁高死，子吸代。吸死，子建非代。建非死，子哀牢代。哀牢死，子桑耦代。桑耦死，子柳承代。柳承

① 侯绍庄等：《贵州民族关系史》，贵州民族出版社1991年版，第56页。

② （晋）常璩：《华阳国志·南中志》“永昌郡”条。

死，子柳貌代。柳貌死，子扈栗代。”据考，《哀牢传》所载最后一代哀牢王扈栗为东汉初建武二十三年（47年）时人[①]，若以此为基点按每代25年上溯八代至禁高，当为西汉武帝“开西南夷置郡县”前后。再至哀牢始祖九隆（即元隆），则应为先秦时人无疑。

古哀牢人的社会经济与相应的文化形态，《华阳国志·南中志》所载甚详，云：“土地沃腴，（有）黄金、光珠、虎魄、翡翠、孔雀、犀、象、蚕桑、绵绢、采帛、文绣。……有梧桐木，其华柔如丝，民绩以为布，幅广五尺以还，洁白不受污，俗名‘桐华布’。以覆亡人，然后服之及卖与人。有兰干细布——‘兰干’，僚言苎也，织成文如绫锦。又有罽旄、帛叠、水精、琉璃、轲虫、蚌蛛。宜五谷，出铜锡……”《后汉书·西南夷列传》亦云：古哀牢国“土地沃美，宜五谷蚕桑，知染彩文绣……”根据这些记载，古哀牢人也以定居农耕经济和农耕文化为其主导形式，且农业和纺织、冶金等手工业均较为发达，而以纺织业尤为突出。加之与东南亚地区乃至海外联系较为密切，故早在秦汉时期便以“多异物”而著称于世。

古哀牢人的族属，是西南边疆民族历史研究中的又一悬而未决的热点问题。在学术界，凡氐羌、百越、百濮（滇濮）诸说并立而尽皆有之。但从历史的高度审视，古哀牢国地处我国大陆与中南半岛的结合部和藏缅、壮侗、孟高棉三大语族古代民族集团的交会地，自古及今都是多民族杂居区，在先秦两汉之世，还居住着东迁北上而来的“身毒（印度）之民”和缅系“僄越”等外来民族[②]，因而随民族迁徙、民族融合和文化传播而导致的众多民族“共祖”九隆的文化现象应属正常。反映到历史文献的记录和民族民间的口碑传说中，出现多种不同族系、语言的少数民族都追溯哀牢、九隆为其故土和始祖亦当不足为奇。如果确有必要对古哀牢国的主体民族提出倾向意见，我们认为当以方国瑜先生“滇濮”说即今云南孟高棉语诸族先民说最为可信。[③]

上述西南族群所建的“古国”，分别为秦汉时期西南一带氐羌、百越、百濮、苗瑶族群社会经济和文化形态的集中代表。从中表明，西南各

---

① 王叔武：《云南古佚书钞》，云南人民出版社1996年版，第4页。

② （晋）常璩：《华阳国志·南中志》永昌郡条“有闽濮、鸠僚、越、倮濮、身毒之民”。

③ 方国瑜：《方国瑜文集》，云南教育出版社1994年版，第63页。

少数民族族群的先民，不仅都有着悠久的历史和辉煌的古代文化，而且曾对西南地区的早期开发做出了卓越的贡献，并为后世汉族移民的植入和各兄弟民族族群共同开发、建设“大西南”奠定了坚实的基础。同时，这些光辉灿烂的古代地方民族文化，也是西南汉族传统文化的重要源泉之一。

第三节　汉族向西南的迁徙和发展

一　先秦汉族先民向西南的迁徙

西南汉族的历史，肇自公元前4世纪末秦、楚两国对西南的开拓与移民，但由于汉族在当时尚未形成，故而那时最早迁入西南的“汉族先民”乃是秦人和楚人。

（一）秦国对西南的开拓与“秦民”徙蜀

秦国与西南的交往联系，最迟不晚于春秋之世便已开始并发生过争战，但由于秦岭山脉的天险阻隔，故直至战国中叶秦军才越过秦岭大举南下“灭蜀取巴”。其大致情况，史载秦惠王时，“蜀王别封弟葭萌于汉中，号苴侯，命其邑日葭萌焉。苴侯与巴王为好，巴与蜀仇，故蜀王怒，伐苴侯。苴侯奔巴，求救于秦。秦惠王方欲谋楚，群臣议曰：‘夫蜀，西僻之国，戎狄为邻，不如伐楚。’司马错、中尉田真黄曰：‘蜀有桀、纣之乱，其国富饶，得布帛金银，足给军用。水通于楚，有巴之劲卒，浮大舶船以东向楚，楚地可得。得蜀则得楚，楚亡则天下并矣。’惠王曰：‘善。’”① 又说：“周慎王五年（前316年，亦即秦惠王后元九年）秋，秦大夫张仪、司马错、都尉墨等从石牛道伐蜀。蜀王自于葭萌拒之，败绩。王遁走，至武阳，为秦军所害。其相、傅及太子退至逢乡，死于白鹿山，开明氏遂亡，凡王蜀十二世。冬十月，蜀平，司马错等因取苴与巴。”②

秦并巴、蜀之后，除了相继设置巴、蜀、汉中三郡以统其地，更重要的措施便是遣发移民。对此，《华阳国志·蜀志》说：“周赧王元年（前314年），秦惠王封子通国为蜀侯，以陈壮为相，置巴郡。以张若为蜀国守。戎伯尚强，乃移秦民万家实之。”据考，这是先秦时期内地汉族先民

---

① 《华阳国志·蜀志》。

② 同上。

向西南地区进行的最早、同时也是规模最大的一次有组织的移民活动。其主观动机与功能，诚如引文中所说是因为“戎伯　尚强”即当地土著民族上层尚保有较雄厚的实力，故大批徙入来自秦国本土的移民以建立其必要的统治基础，但在客观上自此在巴蜀地区植入了较多人口与较大分布面的汉族先民社会群体，从而拉开了西南汉族发展史的序幕。至于这批约四五万人的“秦民”的分布状况，虽史缺有载不得其详，然可大致推知主要是安置在蜀、巴、汉中三郡郡县据点周围和交通沿线，即今四川盆地西部成都平原、中部方山丘陵、东部平行岭谷以及秦岭南麓今陕西省汉中一带。

另据有关历史文献记载，巴蜀平定以后，秦国的兵锋和统治势力，还曾向南推进到了滇黔地区的北缘地带。其中，史有明载的一是公元前 280 年，秦昭襄王“使司马错以陇西（士卒），因蜀攻楚黔中（郡），拔之”[①]，控制了今湘、黔、渝三省市结合部的武陵山区；二是公元前 285 年，秦蜀郡守“张若因取笮及江南地”。[②] 具体的地望，据汪宁生先生考证：“‘笮’是今天四川盐源、盐边和云南华坪、永胜、宁蒗地区，‘江南地’当然就是指这些地区的金沙江对岸的丽江、大姚、姚安一带而言。由此可见，早在公元前 4 世纪末 3 世纪初，秦国的统治势力已越过金沙江，到达今云南北部和西北部地区。”[③] 不过，当时是否已有汉族先民在这些地区落籍定居下来，则因史料所限不得而知了。

（二）楚国对西南的经略与“庄跻入滇”

楚国与西南地区的交往和联系，几乎自其立国之初的西周年间便已开始而世代不绝，尤其是与相毗邻的巴国之间，更是时而争战不已、“数相攻伐”，时而握手言欢、通婚联姻乃至相互出师救援。[④] 但时至公元前 316 年秦将张仪、司马错“灭蜀取巴”和公元前 223 年为秦军所最终击灭为止，楚国对西南地区的经略，却长期停滞在大巴山、巫山、武陵山一线边缘地带而裹足不前，原因当与崇山峻岭构成的天然屏障、巴人的勇武强悍以及后来秦军南下所造成的阻隔均不无关联。然而，其间也曾有过一次例

---

① 《史记·秦本纪》。

② 《华阳国志·蜀志》。

③ 详见马曜主编《云南各族古代史略》，云南人民出版社 1977 年版，第 26 页。

④ 详见《华阳国志·巴志》。

外，这就是著名的“庄跻入滇”之举。

“庄跻入滇”亦称“庄跻开滇”或“庄跻王滇”。史载战国中、后期，楚人庄跻率兵西进“略巴蜀、黔中以西”①，经今贵州中、西部长驱直入，最后抵达云南高原腹地的滇池沿岸地区，将其地“以兵威定属楚。欲归报，会秦夺楚巴、黔中郡，道塞不通。因还，以其众王滇，变服，从其俗，以长之”②。

关于“庄跻入滇”，同样是由于历史文献记载的相互抵牾与矛盾，学术界在其率部西进的具体时间究竟是楚威王时（前339—前329年）还是楚顷襄王时（前298—前263年），进军路线是“循江（长江）上”还是“泝沅水”而西行，以及庄跻本人的身份是“将军”“楚庄王苗裔”还是“盗”（农民起义军首领）等一系列问题上，众说纷纭。同时，因种种不同社会历史条件和自然地理环境所造成的差异，与在此前后“秦民”徙居巴蜀的明显区别是，庄跻及其所部楚国将士在抵达滇池沿岸地区之后，大约仅经过了不太长的一段时间，便逐渐“变服、从其俗”而融入当地土著民族之中。然而尽管如此，从历史的高度的审视，“庄跻入滇”仍不失为先秦时期楚国对西南地的一次较为成功的开拓与经略。这一壮举，不仅是有史以来批量的汉族先民社会群体首次深入了云贵高原的腹心地带，对于沟通内地与边疆的联系和滇黔地区的开发、民族文化的传播都发挥了不可低估的重要作用，而且这批以楚人为主体的为数可观的汉族先民的到来，为西汉时期滇黔汉族的形成也打下了一定的基础，故而从汉、唐之世起，便有“西南外徼，庄跻首通”③之说，且历来为史界所认同。

二　秦汉汉族向西南的迁徙和发展

汉民族在秦汉大一统中从华夏民族转化、发展而成的过程中继续向西南迁徙。而由于西南的巴蜀和滇黔在地理上的分隔，故从一开始西南汉族的发展就分巴蜀和滇黔两个部分。

（一）汉族向巴蜀的迁入和发展

汉族在巴蜀发展的主要社会历史条件，首先是由公元前4世纪战国中

① 《史记·西南夷列传》。

② 同上。

③ 《史记·索隐·述赞》。

叶秦惠王“灭蜀取巴”而完成的区内统一及其与秦国本土关陇地区之间的区域性统一，以后又进一步演进而成的全国性“大一统”局面，为其提供了必要的政治基础。与此同时，随着郡县制的推行和巴、蜀、汉中三郡设置，以“蜀侯”为代表的地方奴隶主贵族势力被铲除①，以及随封建统治逐渐加强而出现的相对稳定，则是其较为有利的社会基础。

其次是建立在农耕经济长足发展之上的物质基础。其中，最值得称道的是举世闻名的古代水利工程杰作都江堰的兴建。都江堰位于今成都西郊都江堰市（即原灌县）境内的岷江上，由鱼嘴、金刚堤、飞沙堰、人字堤及宝瓶口等组成，据记载为秦蜀郡太守李冰率各族人民修筑而成。建成后基本解决了川西平原一带由来已久的水旱灾害，使得蜀中的社会经济向前迈进了一大步，成为当时仅次于秦国腹地关中的“沃野”之地和“天府”之国。对此，《华阳国志·蜀志》说：“周灭后（前 249 年以后），秦孝文王以李冰为蜀守，冰能知天文地理……乃壅江作堋（堤堰），穿郫江、检江，别支流双过郡下，以行舟船。……溉灌三郡，开稻田。于是蜀沃野千里，号为‘陆海’。旱则引水浸润，雨则杜塞水门，故记曰：水旱从人，不知饥馑，时无荒年，天下谓之‘天府’也。”

最后是随着北达关中、南入滇黔、东出荆湘等水陆通道的全面开通，初步形成了“栈道千里、无所不通”② 的交通网络，极大地加强了地区内部乃至与全国各地的交往联系。加之蜀郡郡治成都（今成都）、巴郡郡治江州（今重庆）和雒县（今广汉）、南安（今乐山）、僰道（今宜宾）等一大批集政治、经济、文化中心和军事据点、商贸市场与交通枢纽等多功能于一身的区域性中心城市的相继兴起，更是有力地促进了区内的一体化的发展趋势。其中，素有“巴蜀首邑”之称的古城成都始筑于秦惠王二十七年（前 311 年），史载其“周回十二里，高七丈”，分为“太城”与“少城”，城内“营广府舍，置盐、铁、市官并长丞，修整里阓，市张列肆，与咸阳同制”③。初成时军民人户便已逾万，入汉后激增至 7 万余户约 30 万口，为当时除首都长安（今西安）之外的全国第二大城市。④

---

① 《华阳国志·蜀志》。

② 《史记·货殖列传》。

③ 《华阳国志·蜀志》。

④ 据《汉书·地理志》载，西汉时成都县编户达“七万六千二百五十六”，仅次于“八万八百”余户的首都长安县而位居全国第二。

上述种种社会历史条件，均从不同角度与不同层次上为汉族在巴蜀的发展奠定了坚实的基础。

汉族在巴蜀发展的历史，肇自公元前4世纪末秦并巴蜀之初的万余户“秦民”徙蜀。以后，各类移民遂源源而来。其中，秦国在为巩固封建统治而不断派遣官吏、士卒进入巴蜀地区的施治驻防的同时，还惩罚性地将一些犯罪的本国达官显贵和兼并战争中俘获的其他诸侯国豪强贵族徙配巴蜀落籍，尤其是到了统一大业完成的前夕，更是日趋频繁络绎不绝。前者如公元前238年（始皇九年）秦王嬴政平定缪毒之乱后，仅其舍入门客便“迁蜀者四千余家”；[①] 紧接着又废吕不韦相位，并强令其家属舍人“徙处蜀”。[②] 后者如公元前228年（始皇十九年）秦军破赵后，曾将赵国富豪卓、程等家族徙配蜀郡辖下临邛县（今邛崃县）而谓之“山东迁虏”。[③] 除此之外，据《华阳国志·蜀志》临邛县条“本有邛民，秦始皇徙上郡民实之”等记载可知，在当时徙蜀的外来移民中，一般平民百姓亦当为数不少。这批早期徙居巴蜀的外来人户，因主要由来自秦国腹地关中一带的“秦民”和“上郡民”构成，间有部分“山东迁虏”即今华山以东地区的华夏诸族人户，故所融合而成的族群，应与北方秦人最为接近或可直接视为秦人的南部族群。

延至秦、汉“大一统”时期，一方面，随着秦、楚对峙局面的终结，大批南方楚人逶迤西迁进入巴蜀地区，特别是在江州（今重庆）以东长江沿岸一带，降及后世甚至到了“其人半楚”的程度。[④] 其中，西汉著名文学家扬雄，据记载便是秦汉之际由楚国故地巫山迁至江州，后又溯江而上辗转西行并最终达于成都西郊郫县落籍定居下来的楚人后裔之一。[⑤] 另一方面，由于秦国在统一战争中的过度杀戮与洗劫，加之相隔不久便爆发的秦末农民战争和继之而起的“楚、汉相争”战火的反复涤荡，致使包括中原、关中、江淮等地在内的广大地区遭到了近乎毁灭性的破坏，于是物阜民安、社会相对稳定的巴蜀地区便自然而然地成为人们迁徙流动的理想之地。对此，扬雄在其《蜀都赋》中，曾将其高度概括为“秦汉之徙，

---

① 《史记·秦本纪》及《吕不韦列传》。

② 《史记·秦本纪》及《吕不韦列传》《三国志·蜀志·吕凯传》注引晋人孙盛《蜀世谱》。

③ 《史记·货殖列传》。

④ 《华阳国志·巴志》。

⑤ 《汉书·扬雄传》。

元以山东”的名句。而见诸史册的亦不乏其例，如高祖二年（前 205 年），“关中大饥，米斛万钱，人相食”，“死者过半”，刘邦遂令关中百姓“就食蜀汉”[①]。后至西汉初年，大约是出于同样的原因，汉高祖在犒赏功臣、分封诸侯时，还将其至亲好友特意安置到蜀中食封。突出的如刘邦的同乡“沛豪”雍齿，便被封为“什邡侯”落籍成都北什邡县（今什邡县境）食“二千五百户”[②]。秦、汉之际大量新移民的到来，无异于为巴蜀汉族先民注入了新的血液。

巴蜀汉族先民与巴、蜀等土著居民之间的族群互动融合，早在汉民族形成之前便已开始，以后又随着巴蜀汉族的发展而步入高潮。其中，尤以所谓“文翁化蜀”最具代表性。据记载，文翁本名文党翁，省称文翁，原籍庐江舒县（今安徽庐江县境），史称其人“少好学，通《春秋》，以郡县吏察举”，西汉景帝时官迁蜀郡太守，就任后眼见蜀中“僻陋有蛮夷风”，于是大力倡导封建文教，“修起学宫于成都市中，招下县子弟以为学宫弟子，为除更繇。高者以补郡县吏，次为孝弟、力田”。[③] 后又“遣隽士张叔等十八人东诣博士受七经，还以教授。学徒鳞萃，蜀学比于齐鲁。巴（郡）、汉（中郡）亦立文学。孝景帝嘉之，令天下郡国皆立文学，因翁倡其教，蜀为之始也”。[④]

文翁首倡儒学于蜀，不仅在我国古代教育史、文化史和儒学传播史上占有举足轻重的地位，而且有力地推动了巴蜀地区的族群互动融合和汉族的发展。简单来说，主要是促使儒家文化在巴蜀地区得以广泛传播，从而既增强了巴蜀汉族的内聚力，又对当时仍大量存在的巴、蜀等土著族群产生影响与催化，使其逐渐发生文化上的蜕变而陆续融入汉族。其具体情况，尽管也是史缺有载不得其详，但透过历史文献中诸如“降及建武以后，爰迄灵、献，文化弥纯，道德弥臻……其忠臣孝子、烈士贞女，不胜咏述，虽鲁之咏洙泗，齐之礼稷下，未足尚也”和“《雅》《颂》之声，充塞天衢，《中和》之咏，侔乎《二南》。蕃衍三洲，土广万里，方之九

① 《汉书·高祖本纪》及《食货志》。

② 《汉书·高祖本纪》及《功臣表》。

③ 《汉书·循吏传·文翁》，另见《华阳国志·蜀志》：“翁乃立学，选吏子弟就学。……始，文翁立文学精舍、讲堂，作石室，一曰玉室，在（成都）城南。”

④ 《华阳国志·蜀志》。

区，于斯为甚”[①] 之类的溢美之词，仍可大致推知最迟不晚于东汉中叶以后的公元2世纪左右，汉族及其所负载的以儒学为核心的汉文化，已在巴蜀地区占据了主体民族和主流文化的位置。

汉族移民徙居巴蜀，自西汉前期汉族形成之后便无较大规模者见于记载，直至东汉末年天下大乱才又重新活跃起来。其中，较为可观者一是灵帝中平五年（188年），刘焉入蜀领益州牧，史称“焉既到州，移治绵竹，抚纳离叛，务行小惠。时南阳、三辅民数万家避地入蜀，焉恣饶之，引为党与，号‘东州士’。”[②] 二是献帝建安十六年（211年），刘备从诸葛亮《隆中对》之策，自荆州“率步卒数万人入益州”，[③] 后建立了“三足鼎立”之一的蜀汉王朝。三是建安十九年（214年），马超自汉中“从武都逃入氐中，转奔往蜀”[④] 投刘备时带入的西凉“部曲”约数千人。仅以上三批以汉族为主的外来移民，合计人数便可达一二十万之众，据研究其原籍若按今天的行政区划，至少涉及河北、河南、安徽、山东、山西、湖南、湖北、陕西、甘肃、江苏等十余个省。[⑤] 其中的高层人物，又多为来自河北（刘备、张飞、赵云）和山东（诸葛亮）、山西（关羽）、河南（黄忠）、陕西（马超）等地的北方人，骨干则以随刘备入蜀的荆州旧部为主，故史有“豫州入蜀，荆楚人贵”之说。[⑥]

这些外来移民徙居巴蜀后，一般是集中分布在今成都、重庆、涪陵、阆中等大中城镇及其周围和交通沿线的据点之内，曾先后成为刘焉、刘备两大割据政权的政治支柱和基本力量。从西南汉族发展史的角度看，东汉末年内地汉族向巴蜀地区的大规模迁徙，不仅从数量上使得巴蜀汉族得以大大增强，同时在素质和影响方面也有所提高，尤其是被后世奉为中华民族智慧化身的蜀汉丞相诸葛亮，虽亦属汉末外来汉族移民中的一员，但在后人眼中其神话般的人物形象，却更多的是与巴蜀汉族连在一起。

这时巴蜀汉族人口，自先秦之世迁蜀的万余户“秦民”而发端，到西汉前期汉民族集团形成之初，据各方面的情况分析估计不会超过100万

---

① 《华阳国志·蜀志》。

② 《华阳国志·公孙述刘二牧志》。

③ 《三国志·蜀志·先主传》。

④ 《三国志·蜀志·马超传》注引《典略》。

⑤ 葛剑雄主编：《中国移民史》第二卷，福建人民出版社1997年版，第274—275页。

⑥ 《华阳国志·李寿志》。

人，主要分布在各郡县据点及交通沿线附近并以此为基本格局，其中尤以川西平原密度较大。后经两汉400余年的平稳发展（包括巴蜀汉族自身的繁衍增殖、外来移民的徙入和区内的民族融合三个方面），延至东汉后期，据《后汉书·郡国志》记载，在汉族人口数量较多、相对比重也较大的蜀郡、广汉郡和犍为郡等“三蜀”地区，合计为57.8万户227.13万口，按汉族占70%估算，大约为40.46万户158.99万口；其余巴郡31.07万户108.6万口，按汉族占50%计为15.54万户54.3万口；地跨今滇、川两省的越嶲郡13.01万户62.34万口，按滇川各一半和汉族占20%计为1.3万户6.23万口；再加上北部汉中郡涉蜀部分和西部广汉、蜀郡两属国汉族约3万户12万口，共计为60.3万户231.52万口。如果上列估算误差不是太大，那么两汉之世巴蜀地区汉族的人口大约增长了至少一倍以上，是为巴蜀汉族发展史上的第一个人口高峰期。

汉族在巴蜀的发展，使之在秦汉时便已覆盖了四川盆地底部的大部分地区。其中，东、北方向基本上与荆湘、关陇及汉中一带的汉族分布区连成一片，西、南一线则据《后汉书·筰都夷传》所载西汉时蜀郡“置两都尉，一居旄牛主徼外夷，一居青衣（今芦山县）主汉人”和《华阳国志·蜀志》所称“僰道县（今宜宾市）……本有僰人，故《秦纪》言僰僮之富，汉民多，渐斥徙之”等零星记录，可推知已延伸到了四川盆地与川西高原结合部的边缘地带和川南金沙江——长江沿岸地区。不过，对此需要强调指出的是，在上述区域内尤其是东部巴郡辖下的广大丘陵河谷地带，除了汉族之外，当时还分布着大量巴、蜀、濮、夷等土著或外来的少数民族族群，他们与迁入巴蜀的汉族移民一道，共同构成了巴蜀多族群交错杂居的分布格局。

（二）汉族向滇黔的迁入和发展

汉族向滇黔的迁入与汉“开西南夷”有密切的关系。

所谓汉“开西南夷”，指的是公元前2世纪晚期封建王朝对西南边疆民族地区的开疆拓土和置吏施治活动。“西南夷”的空间范畴，通常又有狭义与广义之分：狭义限指今云南、贵州两省大部分地区和滇、川结合部的大、小凉山一带；广义则在上述地区之外，还包括今甘肃东南部和川西高原。盖因这一广大地区在地理上位于西汉王朝的首都长安（今西安）和四川盆地的西南方向，且在此之前基本上是非汉民族的分布区，故史册概以“西南夷”称之。

根据有关历史文献的记载，汉“开西南夷”始于西汉武帝建元六年（前135年），历时20多年至元封二年（前109年）初步完成，其间先后在“西南夷”地区设置了犍为、牂柯、越嶲、汶山、沈黎、武都、益州共七个“新郡”，将其纳入了西汉帝国的版图之内并相对稳定下来。其中，与滇黔地区相涉的共有四个郡，即：牂柯郡，郡治且兰（今贵州都匀、黄平），辖区、地望当在今黔中、黔西及滇东一带；犍为郡，初治鳖县（今贵州遵义），旋即移治南广（今四川筠连），再移治僰道（今四川宜宾），后又移治武阳（今四川彭山），辖地当在今川、滇、黔三省结合部；越嶲郡，治邛都（今四川西昌），辖区当在今川西南至滇西北一带；益州郡，治滇池县（今云南晋宁县晋城镇），辖今云南大部分地区。

汉“开西南夷”，据记载，在继先秦之世“张若因取笮及江南地”[①]和“庄跻入滇”之后，降至秦朝初年，还曾大举开凿“五尺道”并将其统治势力自川南僰道（今宜宾）经滇东北、黔西北向南延伸到了今滇东曲靖一带，惜不久便随着秦王朝的灭亡而崩溃。对此，《史记·西南夷列传》说：“秦时，常頞略通五尺道，诸此国颇置吏焉。十余岁，秦灭。及汉兴，皆弃此国而开蜀故徼。”（按：此句似有误，《汉书·西南夷列传》作“关蜀故徼”，当是）然而，民间的商贸往来并未因此而中断，史称“巴蜀民或窃出商贾，取其笮马、僰僮、旄牛，以此巴蜀殷富”[②]。有的甚至还深入了今澜沧江、怒江西岸的中缅边界附近。[③] 正是这种割舍不断的血肉关系，为后来的汉“开西南夷”和滇黔汉族的形成打下了深厚的经济基础。而在其间，业已先期形成的巴蜀汉族，又曾发挥了不可低估的重要作用。较典型的如临邛卓、程两大家族，《史记·货殖列传》说：“蜀卓氏之先，赵人也，用铁冶富。秦破赵，迁卓氏。……致之临邛，大喜，即铁山鼓铸……倾滇蜀之民，富致僮千人。……程氏，山东迁虏也，亦冶铸，贾椎髻之民，富埒卓氏，俱居临邛。”

进而言之，汉“开西南夷”，还与巴蜀商人的活动有过不解之缘。据《史记·西南列传》说：西汉武帝建元六年（前135年），汉番阳令唐蒙

---

① 《华阳国志·蜀志》。

② 《史记·西南夷列传》，《汉书》略同。

③ 《史记·大宛列传》：“昆明……西可千余里有乘象国，名曰‘滇越’，而蜀贾奸出物或至焉。”据考，“乘象国”“滇越”在今滇西南德宏州一带，详见尤中《中国西南民族史》，云南人民出版社1985年版，第46—47页。

奉命出使南越到达番禺（今广州），“南越食蒙蜀枸酱，蒙问所从来，曰：‘道西北牂柯，牂柯江广数里，出番禺城下。’蒙归至长安，问蜀贾人，贾人曰：‘独蜀出枸酱，多持窃出市夜郎。夜郎者，临牂柯江，江广百余步，足以行船。南越以财物役属夜郎，西至桐师，然亦不能臣使也。’蒙乃上书说曰：‘南越王黄屋左纛，地东西万余里，名为外臣，实一州主也。今以长沙、豫章往，水道多绝，难行。窃闻夜郎所有精兵，可得十余万，浮船牂柯江，出其不意，此制越一奇也。诚以汉之强，巴蜀之饶，通夜郎道，为置吏，甚易。’”

唐蒙的奏议，得到了汉武帝的赞许，“乃拜蒙为中郎将，将千人，食重万人，从巴、蜀筰关入”。不久即恩威并用收服了夜郎及其“旁小邑”，并于其地设县置吏隶属于犍为郡，同时“发巴蜀卒治道，自僰道指牂柯江”。

另据《史记·司马相如列传》记载，大约在与唐蒙开“南夷道”略通夜郎的同时或稍后，汉武帝又从司马相如之议，拜其为中郎将率众“建节使往……除边关，关益斥，西至沫、若水，南至牂柯为徼，通零关道、桥孙水，以通邛都”，即从川西南一线开路进入滇黔地区，沿途还“略定”了邛、筰、冉駹、斯榆等“西夷”诸部。但此后一度停滞下来，原因是西部对匈奴的战事吃紧、朝中御史大夫公孙弘等人极力反对①，加之开路工程艰巨，“数岁道不通，士罢饥离湿死者甚众，西南夷又数反，发兵共兴击，耗费无功”，于是“上罢西夷，独置南夷、夜郎两县一都尉，稍令犍为自葆就”。② 直到相隔十余年后，才又重新开始。史载“及元狩元年（前122年），博望侯张骞使大夏来，言居大夏时见蜀布、筇竹杖，使问所从来，曰‘从东南身毒国（印度），可数千里，得蜀人市’。或闻邛西可二千里有身毒国，骞因盛言大夏在汉西南，慕中国，患匈奴隔其道，诚通蜀身毒国道近，有利无害。于是天子乃令王然于、柏始昌、吕越人等使间出西夷西，指求身毒国”。③ 又说：“初，汉欲通西南夷，费多，道不通，罢之。及张骞言可以通大夏，乃复事西南夷。……是置益州、越巂，牂柯、沈黎、汶山郡，欲地接以前通大夏。”据此可见，汉

① 《史记·西南夷列传》，另见《平津侯主父列传》。

② 《史记·西南夷列传》。

③ 《史记·大宛列传》。

"开西南夷"之所以能够在停滞多年后再次展开，又是包括汉族在内的"蜀人"的早期商贸活动，发挥了先导和启发的作用。

而从汉"开西南夷"的实施过程和最终结果看，尽管每一重大举措的决策和部署，几乎都是出自雄才大略的汉武帝刘彻本人，但具体实施起来，又自始至终莫不是以巴蜀地区和巴蜀汉族作为依托而得以完成。其中，作为最终的结果之一，便是随西汉帝国的疆域向南拓展，西南汉族的分布面也相应地由巴蜀地区扩大到了南部滇黔一带。因而可以说，汉族在滇黔的发展，乃是汉"开西南夷"的历史产物，时间在公元前2世纪末的西汉中叶。

汉族在滇黔发展之初的具体情况，虽因年代久远史料奇缺而不得其详，但透过一些零星的记载仍可知其大概如下。

其一，汉族移民在滇黔地区最初的分布格局，多是星星点点地聚居在由巴蜀向南延伸而来几条主要交通干道线和新设置的部分郡县据点周围，在当时有如汪洋大海般的"西南夷"各部栖息地内，植入并构成了一个个连点成线、连线成面的汉族移民聚居点和分布带，且分别与各自所在地的滇僰、昆明及僚、濮、邛、筰等土著民族交错杂居、朋比为邻。其中，较大的聚居点，一是益州郡郡治周围，即当时的古滇国腹地今滇中地区滇池、抚仙湖、星云湖等三大淡水湖沿岸地带（即汉滇池、谷昌、建伶、俞元、昆泽等县），以及益州郡辖下南盘江上游今滇东曲靖（汉味县）、陆良（汉同劳县）和滇西洱海沿岸大理（汉叶榆县）、澜沧江西岸保山（汉不韦县）等地。二是牂柯郡郡治今黔东南都匀（汉故且兰县）、黔北遵义（汉鳖县），尤其是北盘江上游今黔西安顺、镇宁（汉夜郎县）即当时的夜郎国中心区一带。三是犍为郡南部今滇东北昭通（汉朱提县）和邛家、会泽、东川（汉堂琅县）及黔西北威宁、水城（汉汉阳县）等滇、川、黔接合部。四是越嶲郡郡治今川西南西昌（汉邛都县）及其南部今滇西北大姚（汉青蛉县）、华坪（汉姑复县）、永胜（汉遂久县）等金沙江两岸地区。至于汉族移民的分布带，则主要是沿"南夷道"（一说即秦"五尺道"）、"西夷道"（即"零关道"）、"博南汉道"和"庄跻故道"等所谓"古西南丝路"各干线，经上举四郡郡县据点和古代城镇而呈断断续续的带状分布格局。

其二，迁入滇黔的汉族移民，据有关记载分析主要是由落籍屯户与寄籍军政吏卒两部分组成。其中，屯户又可再划分商屯与民屯两种，商屯见于记录的如《史记·平准书》所载：“当是时，汉通西南夷道，作者数万人，千里负担馈粮，率十余钟致一石，散币于邛、僰以集之。数岁，道不通，蛮夷因以数攻吏，发兵诛之。悉巴、蜀租赋不足以更之，乃募豪民田南夷，入粟县官，而内受钱于都内。”民屯则如《华阳国志·南中志》所云：“晋宁郡，本益州也。元鼎初属牂柯、越嶲。汉武帝元封二年，叟反，遣将军郭昌讨平之，因开为郡，治滇池上，号日益州。……汉乃募徙死罪及奸豪实之。”此类人员，因“募徙”而来的主要目的是垦荒屯田以就地提供租赋粮草，故一经徙入便多落籍定居下来，是为滇黔汉族移民中较为稳定的基本成分。至于那批随开边置郡而来修路开道、转运辎重、征战驻防或署理军民政务的将校士卒和官吏僚佐，则一般属暂驻性质，往往遇事奉调而来，事毕即返，但其中也有不少人因各种缘故而从此滞留不归，成为汉族移民中的又一重要组成部分。

其三，在移民的来源与身份上，相毗邻的北部巴蜀地区，历来是滇黔汉族最主要的来源地，其次是西汉王朝的统治中心关陇一带。不过，从历史文献的记载看，移民的身份，似乎又因来源地不同而略有区别。一般而言，来自巴蜀地区的不仅人数众多，而且多为具有合法身份而被征调遣发南来的“吏卒”和“士”“兵”“卒”之类的从征将士。例如唐蒙初“开西南夷”时，史载其“以巴蜀吏卒千人，郡又多为发转漕万余人”；① 后司马相如略西夷，亦“发巴、蜀、广汉卒，作者数万人”；② 再至益州郡设置前后，又“因巴蜀士数万人，遣两将军郭昌、卫广等往击昆明之遮汉使者……”③ 其间，还曾因征发过度引起了“巴蜀民大惊恐”④。而与此不同的是，来自关陇一带的移民，则多为“三辅罪人”⑤“京师亡命”⑥等类的囚犯刑徒。究其缘由，大概与当时的宏观人口布局和“徙民实边”的某些法令政策均不无关联。此外，据后世的记载追述，在当初的滇黔汉族移民中，还有部分属来自巴蜀、关陇以外其他地区者，但其中的大多数也是先由内地徙居巴蜀一段时间以后，再辗转南迁进入滇黔一带。如滇西

① 《史记·西南夷列传》。
② 《史记·司马相如列传》。
③ 《史记·大宛列传》。
④ 《史记·司马相如列传》。
⑤ 《史记·大宛列传》。
⑥ 《汉书·武帝纪》。

不韦县（今保山市）吕氏家族的来历。按《三国志·蜀志·吕凯传》注引晋人孙盛《蜀世谱》的追叙为："初，秦徙吕不韦子孙宗族于蜀汉。汉武帝时，开西南夷置郡县，徙吕氏以充之，因曰不韦县。"故而可以肯定的是，最初的滇黔汉族，主体是由巴蜀"吏民"向南迁徙蔓延而来，同时也汇入了相当一部分来自关陇等地的北方移民。

最后，还要补充说明两点。一是从历史文献的记载看，尽管早在汉"开西南夷"以前，已有一定数量的汉族从巴蜀陆续进入滇黔地区，但因为人数有限，且多属来去匆匆的商旅，间有少量留居下来者，亦当与先秦之世的"庄跻入滇"一样，不久便"变服、从其俗"而融入当地土著民族之中。因而滇黔汉族历史的开端，严格意义上应从汉武帝开边置郡、徙民实边始。二是基于汉世之巴蜀同样也是多民族杂居区，而当时迁入滇黔地区的外来移民又以各类巴蜀人户为主，所以移民中除汉族之外，势必还杂有相当数量的非汉族成分。

在滇黔，汉族最初随汉"开西南夷"迁入的同时，汉王朝还加封了"滇王""夜郎王""句町王"以及"漏卧侯"等相当一批土著族群上层，并通过这些夷王、侯来"复长其民"[①]，即继续按其原有的方式统治各自属下的本民族成员及其他土著民族群众。这种与郡县制并行的统治制度，历史文献中称为"羁縻"。

"羁縻"制度的推行，在一定程度上缓和了当时较为尖锐的民族矛盾，使封建统治秩序在西南边疆民族地区得以逐步建立起来。然而由此所构成的"夷、汉分治"或者说"土、流并举"的政治格局，同时也对区内的民族融合产生了抑制作用。具体来说，就是在"夷、汉分治"的历史条件下，尽管随区内各族人民交错杂居、友好往来所产生的相互影响与文化渗透势在必然，但由于政治体系的制约而少有民族融合现象发生。这种状况，大约持续了将近一个世纪，直到西汉末年以后才逐渐发生变化。

史载西汉末年天下大乱，原已矛盾重重、少数民族土著族群反抗斗争此起彼伏的西南边疆地区更是动荡不安。及至新莽代汉（9 年）以后，又进而演化成为"三边蛮夷愁扰尽反"和滇中僰人大起义的全面冲突。[②] 为此，汉王朝曾连连发兵而一再惨败，后随王莽政权的垮台，西汉对滇黔地

---

① 《史记·西南夷列传》。

② 《汉书·西南夷传》。

区的封建统治亦陷入瘫痪之中。两汉之际的大动乱，前后历时达70余年。以后，重新建立起来的封建统治秩序，较之西汉时期已发生了一系列显著变化。其中，最突出的是“滇王”“夜郎王”等夷王、侯及其分别统治下的“滇国”“夜郎国”均已成为历史的遗迹而不复存在，出现在历史文献中的多是一些层次较低甚至无法定名分为“汉叟夷长”或“夷帅”“叟帅”之类的土著民族上层，表明以往那种“夷、汉分治”的政治格局已被打破，随之而来的是大量土著民族人户被陆续纳入郡县的直接统治之下成为编户齐民。

根据有关历史文献的记载，郡县接纳土著民族人户大约始于西汉末益州太守文齐时。对此，《后汉书·西南夷传》说：“及王莽政乱，益州夷栋蚕、若豆起兵，杀郡守。……（朝廷）以广汉文齐为太守……率厉兵马，修障塞，降集群夷，甚得其和。”文齐在动乱的局势中“降集群夷”并将其纳入郡县的直接统治之下，至东汉初年文齐死后“郡人立庙祀之”[①]。在这些立庙纪念文齐的“郡人”中，便包括由其所“降集”并“甚得其和”的滇中各土著民族群众。可见东汉时期的郡县编民，已不限于汉族而是由多种少数民族族群成分构成。此外，据记载当时郡县的接纳对象，还有相当一部分是来自内地以巴蜀汉族为主的各族群人户。例如，西汉末年滇中僰人大起义时，史称：“王莽大发天水、陇西骑士，广汉、巴蜀、犍为吏民十万人，转输者合二十万人击之。始至，颇斩首数千。其后军粮前后不相及，士卒饥疫，三岁死者数万。”[②] 这批为数达二十余万人的南征将士，王莽垮台后不知所终，其中当多为滇黔地区各郡县所收容成为编民。

“夷、汉分治”政治格局的打破，少数民族土著族群人户大量入编，为东汉时期的民族融合提供了较为有利的客观条件。然而在族群成分已复杂化的郡县编民里，民族融合的趋向是汉族融合其他非汉民族还是反之？现代民族学研究的结论十分有助于解决这一问题：“在一定的区域内，民族融合的进程通常是人口少的一方融合在人口多的一方中，这是人口占多数的民族其文化内聚力在‘量’上的作用，人口少的一方首先自觉接受人口多的一方的语言和某些习俗，进而在生产、生活方式上向多的一方逐

① 《后汉书·西南夷传》。
② 《汉书·王莽传》。

渐靠拢，甚至被取代。”[1] 据此，在民族融合中，人口的比例乃是决定融合趋向的主要因素。而在东汉时期的郡县编民里，汉族仍然占据优势。理由是当时的郡县编民，本来就是由那批随西汉开边置郡而来的汉族移民及其后裔构成，加之两汉之际又有数以十万计的南征将士流落边地纳入郡县，因而尽管汉族人口在整个滇黔地区不占多数，但在郡县内部却依然居于相对的优势地位，并由此决定了这时的族群互动，是以“汉化”的历史趋势为主流。

另据记载，当时滇黔地区的民族融合，还有一个重要的有利因素，这就是封建文教事业的兴起。众所周知，几乎就在汉“开西南夷”设置郡县的同时，汉武帝接受董仲舒“罢黜百家，独尊儒术”的建议[2]，确立儒家学说为封建正统思想，且“乃令天下郡国皆立学校官”。[3] 然而，由于某些有待探明的原因，在信史的记载中，业已纳入封建帝国版图的滇黔地区，终西汉之世却一直无设置学校、讲习儒经的明确记录，直到东汉时期才率先发端于东部牂柯郡。据《华阳国志·南中志》说：“明、章之世（58—88 年），毋敛人尹珍，字道真，以生遐裔，未渐庠序，乃远从汝南许叔重受五经，又师事应世叔学图讳，通三材，还以教授，于是南域始有学焉。”

尹珍万里求学，还乡教授的自发行动，标志着封建儒学教育在滇黔一带逐渐兴起，并对当时区内的民族融合起到了有力的促进作用。与此同时，官办学校亦应时而生，史载：“肃宗元和（84—87 年）中，蜀郡王追为（益州）太守，政化尤异……始兴学校，渐迁其俗。”[4] 对此，尤中先生解释道：“王追兴起学校之后，发挥了‘渐迁其俗’的作用，这里的‘其’字所代表的是当地少数民族（僰族），即改变了当地僰族的文化生活状况……”[5] 而文化生活状况的改变，恰恰也就是少数民族土著族群汉化的关键所在。

东汉时期滇黔汉族的发展，除了外来汉族移民的植入和郡县编民中的民族融合之外，另一表现形式是汉族分布面的扩大，主要是随永昌郡的设

① 蔡家祺：《云南盏西地区民族融合初步考察》，《民族学与现代化》1985 年第 2 期。
② 《汉书·董仲舒传》。
③ 《汉书·循吏传·文翁》。
④ 《后汉书·西南夷传》，另见《华阳国志·南中志》。
⑤ 尤中：《中国西南民族史》，云南人民出版社 1985 年版，第 80 页。

置而向西部地区拓展。关于永昌郡的设置，《华阳国志·南中志》说："永昌郡，古哀牢国也。……绝域荒外，山川阻深，生民以来，未尝通中国也。……（西汉）孝武时，通博南山，度兰沧水、漕溪，置嶲唐、不韦二县。……行人歌之：'汉德广，开不宾。渡博南，越兰津。渡兰沧，为他人'。"据此，早在西汉武帝"开西南夷"之时，汉族移民的分布面便已抵达澜沧江西岸的今保山市一带。延至东汉初年，史云哀牢国王扈栗慕"汉威神明，即遣使诣越嶲太守，愿率种人归义奉贡，世祖纳之，以为西部属国"。[①] 再至明帝永平十二年（69年），哀牢王抑狼再次奉贡求内属，汉王朝遂"以其地置哀牢、博南二县，割益州西部都尉所领六县，合为永昌郡"。[②] 自此，"东西三千里，南北四千六百里"的古哀牢国地，也纳入了东汉王朝的版图之内。其中，永昌郡辖下新设置的哀牢县地在今澜沧江以西怒江中游两岸德宏、腾冲一带，部分地区甚至突破了今滇缅边界达于境外。与此相应，汉族的分布范围亦当延伸到了上述地区。不过，对此需要说明的是，两汉滇黔汉族的分布，与巴蜀地区早期的情况基本一致，也是多集中在郡县据点及其周围和各交通干道沿线，在永昌郡辖下新拓展的怒江中游沿岸地区当然也不例外，且人数当更为有限。

总之，自西汉中叶汉族入滇黔起，经过两汉之世300余年的平稳发展，尤其是降及东汉时期，随着社会历史条件的变化和区内土著民族汉化历史趋势的形成与封建文教事业的兴起，加之郡县疆域向怒江中游沿岸地区的拓展，故而滇黔汉族无论是在人数还是分布面上都有了较明显的长进。反映在人口统计数字上，据《后汉书·郡国志》记载，东汉滇黔地区益州、牂柯、永昌、越嶲四郡及从犍为郡分割出来的犍为属国等五个郡级政区的在编人口总值，共计为43.05万户293.59万口，较之西汉时期增长了将近一倍。其中，扣除越嶲郡今四川省所属部分，再以汉族占郡县编民的50%左右估算，这时滇黔内的汉族人口可达100万人以上。这一数据，大概也就是明清之前滇黔汉族1000多年发展史上的最高水平。

三　魏晋南北朝汉族向西南的迁徙和发展

三国、两晋、南北朝之世凡360余年，是我国历史上持续时间较长的

---

① 《华阳国志·南中志》。

② 同上。

大分裂、大割据、大混战的动荡年代。其间，自先秦以来一直相对稳定的巴蜀地区也卷入了无休无止的战乱纷争之中，曾相继被置于蜀汉、曹魏、西晋、十六国成汉与前秦、东晋、南朝宋、齐、梁和北朝西魏、北周等大小十几个封建王朝的控制之下。而滇黔一带则被称为“南中”，行政区划则经汉末蜀初的调整后，衍化为建宁、云南、兴古、朱提、水昌、牂柯、越嶲等“南中七郡”，入晋后又屡经置省析割而多有变更，但空间范畴仍基本上因循汉世无大增损。及至西晋太康七年（286 年）设置宁州以后，滇黔地区逐步摆脱了“巴蜀附庸”的地位，正式成为当时全国十九个州级大行政区之一并延续到隋朝初年。值此期间，受全国性大分裂、大割据和大混战的影响，南中地区也发生了一系列的战乱纷争，在这种背景下，巴蜀汉族与滇黔汉族的发展走上了完全相反的道路。巴蜀汉族走的是融合少数民族土著族群的发展之路，而滇黔汉族走的是“夷化”之路。

（一）巴蜀汉族的发展

魏晋南北朝时期巴蜀地区与汉族相关的人口迁徙和民族融合，根据诸史志的记载主要如下。

首先是据《华阳国志·南中志》记载，蜀汉后主建兴三年（225 年），诸葛亮南征平定滇黔地区益州、越嶲、牂柯等“南中诸郡”的叛乱后，作为安定局势的措施之一，曾“移南中劲卒、青羌万余家于蜀，为五部，所当无前，号为飞军”。这批由夷、汉等多种民族成分构成的万余户“劲卒、青羌”徙居巴蜀后，被编入骑兵部队为蜀汉政府服役[①]，往后当逐渐融入巴蜀汉族而消失。

其次是曹魏元帝咸熙元年（264 年，即蜀汉后主炎兴元年）魏灭蜀后，曾强行将后主刘禅及原蜀汉宗室、王公贵族和民户 3 万余家迁往洛阳、河东（今山西）等地[②]，并“劝募蜀人能内移者，给廪二年，复除二十岁”。[③] 曹魏此举，意在借移民以削弱蜀汉残余势力杜绝后患，但不少于 10 万人口大举内迁，再加之战争的损耗，使得巴蜀汉族元气大伤而自此一蹶不振。

接下来是西晋末年关陇大旱，饿殍遍野，至惠帝元康八年（298 年），

① 鲁刚：《“飞军”考辨》，《思想战线》1987 年第 6 期。

② 《华阳国志·大同志》。

③ 《魏志·陈留王奂纪》。

“略阳（今甘肃清水县一带）、天水六郡民李特及弟庠、阎式、赵肃、何巨、李远等及氐叟、青叟数万家，以郡土连年军荒，就谷入汉川（汉中）……户曹李苾开关放入蜀，布散梁州及三蜀界”。不久，朝廷下令遣返，新任益州刺史罗尚更以兵威催逼，流民“人人愁怨、不知所为”①。遂聚集绵竹推李特为主举兵与官军相互攻杀，为此蜀中大乱。永安元年（304年），李特子李雄率流民攻破成都自立为王，三年后称帝，号“大成”，至东晋咸康四年（338年）改国号为“汉”，故后世统称“成汉”。再至东晋永和三年（347年），晋将桓温伐蜀，成汉主李势降，遂亡。

成汉小王朝是所谓“五胡十六国”中建立最早的地方割据政权，自西晋永康二年（301年）李特率流民聚众起事开始，至东晋永和三年亡，凡六世共47年。其间无论是人口迁徙还是民族融合，都是巴蜀历史上最为频繁的阶段。其中，较大规模的人口迁徙，除成汉王朝本身就是以从关陇迁入的十余万流民为主体所建立之外，史载其立国之初，曾因连年战乱而使“三蜀民流进，南入东下，野无烟火”，一片凄凉。以后随着局势趋稳才又“附者日月而至”，并再现“年丰谷登”“闾门不闭，路不拾遗”的升平景象。② 而这一转机的出现，主要又是与当时的民族融合直接相关。

成汉时期巴蜀地区的民族融合，起主导作用的当首推成汉国主李氏家族。据《华阳国志·李特志》记载：李氏“本巴西宕渠（今川东宕渠县境）民”，汉末“移于略阳，北土复号‘巴人’。”及至西晋末年偕关陇“氐叟、青叟数万家”南下入蜀后，一度因“主客不能相饶”而与“蜀民”发生摩擦冲突，并最终演化为流民大起义。这种“不能相饶”即互不相容，以今天的眼光看，至少包蕴着“主客”之间以及不同民族之间的双重隔阂。对此，李氏家族似乎从一开始就采取了较为主动的态度，史称李雄率流民攻克成都后，便立即派人前往西郊青城山“奉迎范贤，欲推戴之。贤不许，更劝雄自立”。后来李雄称王，“迎范贤为丞相……尊为天地太师，封西山侯，复其部曲，军征不预，租税皆入贤家”。③ 据记载，范贤本名长生，原籍涪陵丹兴（今重庆市辖下涪陵彭水县一带），后

① 《华阳国志·大同志》。

② 同上。

③ 《华阳国志·李雄志》。

徙蜀入青城山修炼，为早期著名道教首领，至成汉初年已“年近百岁，蜀人奉之如神”[①]。李雄尊尚范长生，用意无非借助其人在巴蜀地区的宗教影响以笼络人心稳定局势，但同时也起到了促进外来“氐叟、青叟”流民与巴蜀汉族之间民族融合的历史作用。如《晋书·周抚传》所云：“贤为李雄国师，以左道惑百姓，人多事之。”进而言之，史载李氏据蜀，国号初称“大成”，后李寿时改为“汉”，且建元“汉兴”并自称“汉皇帝”，又说李雄“乃兴文教，立学官”而大倡儒学，末代成汉主李势则“乃更命祀成始祖、太宗，皆谓之汉”[②]。……从中所反映出来的，正是以李氏为首的“氐叟、青叟”等外来流民主动向巴蜀汉族靠拢并逐渐汉化的历史进程，与后世北魏孝文帝时的情况，颇有异曲同工之处。

此外，同期巴蜀的人口迁徙与民族融合，规模较大的还有所谓“僚人入蜀”。据《蜀鉴》卷四引李膺《益州记》说：成汉李寿时，“以郊甸未实，都邑空虚，乃徙旁郡户二千以上实成都。又从牂柯引僚入蜀境，自象山以北尽为僚居。蜀本无僚，至是始出巴西、渠川、广汉、阳安、资中、犍为、梓潼，布在山谷，十万余家。僚遂挨山傍谷，与土人参居。居家颇输租赋，在深山者不为编户”。这批数十万人之众的徙蜀“僚人”，按尤中先生的见解为今壮、布依、仡佬等壮傣语族先民之一部[③]，直到南北朝时仍分布在汉中以南广大地区[④]。延至后世，其中的绝大部分也陆续融入巴蜀汉族而消失。

成汉灭亡之后，巴蜀与关陇、荆湘、滇黔等毗邻地区之间汉族人口的对流以及区内的迁徙，虽依然时有发生而持续不断，例如东晋永和六年（350 年）关陇流民的南下，太元十年（385 年）东晋从前秦手中收复巴蜀后北方流民的徙入，义熙十四年（418 年）晋军自关中溃退时汉族的南迁，刘宋元徽年间（473—477 年）巴峡流民的东移等，但规模和影响较大的已不多见。与此同时，巴蜀汉族也历尽磨难而逐渐步出低谷得到了初步的发展。

（二）滇黔汉族的夷化

滇黔汉族的“夷化”与滇黔汉族中的“大姓”和土著民族上层“夷

---

① 《资治通鉴》卷九〇。

② 《华阳国志·李雄志》。

③ 尤中：《中国西南民族史》，云南人民出版社 1985 年版，第 131—132 页。

④ 《魏书·僚传》。

帅”两大地方民族势力的历史活动息息相关。

所谓“大姓”，简单来说就是人尽皆知的封建宗法制大家族，在汉晋时期曾大量见于历史文献记载，空间分布上遍及全国大部分地区而尤以巴蜀一带汉族聚居区最为常见。[①] 南中地区的大姓，据《华阳国志·南中志》记载，在当时的“南中七郡”里几乎都有分布，其中建宁郡有“大姓焦、雍、娄、爨、孟、董、毛、李”，朱提郡有“大姓朱、鲁、雷、兴、仇、递、高、李”及孟氏，牂柯郡有“大姓龙、傅、尹、董”及谢氏家族，永昌郡则有“大姓陈、赵、谢、杨氏”及首姓吕氏家族，等等。

关于南中大姓的由来，尽管学术界迄今仍在探索与讨论之中，但可以断定的是，其中的大部分，多为那批随西汉开边置郡而来的内地汉族“豪民”“奸豪”徙居南中后重新滋蔓发展起来。如吕不韦“子孙宗族”初徙于蜀、汉，后至汉“开西南夷”时又被转徙于滇西不韦县（今保山市一带），降及东汉末年发展成为永昌首姓[②]；建宁大姓雍氏家族源出汉初徙蜀封“什邡侯”的江淮“沛豪”雍齿等。[③] 其余如东晋以后称霸南中历数百年之久的头号大姓爨氏家族“自云本河东安邑（今山西南部运城）人”[④]，后大约于东汉时“迁运庸蜀，流薄南入”而落籍定居滇东同乐县（今陆良县一带）。[⑤] 此外，在南中大姓里，据研究还有相当一部分系由外来或土著的非汉民族上层经汉化以后发展演变而来。[⑥]

南中大姓的活动，最早见于记录的是两汉之际公孙述据蜀称帝时，牂柯“大姓龙、傅、尹、董与功曹谢保境为汉”与其对抗。[⑦] 表明至迟不晚于东汉初年，南中大姓便已拥有了造成局面的雄厚实力。延至魏晋之世，更是盛极一时并屡屡扰乱边地、左右南中局势达数百年之久。其间，作为滇黔汉族中的上层集团，随着接二连三的战乱纷争和汉族人口的持续减少，以及主要由此所导致的族群互动融合历史趋势的逆转，南中大姓也不

---

① 《华阳国志·蜀志》及《巴志》《汉中志》。

② 《三国志·蜀志·吕凯传》注引晋人孙盛《蜀世谱》及本传。

③ 《三国志·蜀志·吕凯传》所载《吕凯答雍檄》及《汉书·高祖本祀》《功臣表》和《水经注·江水》等。

④ 《通典·边防典》。

⑤ 云南陆良刘宋《爨龙颜碑》。

⑥ 鲁刚：《汉晋南中大姓族属新论》，载《广西民族学院学报》，1998年刊庆二十周年专辑增刊。

⑦ 《后汉书·西南夷传》，另见《华阳国志·南中志》。

可避免地走上了夷化的道路，并最终无一例外地融入当地各土著族群转化为“鬼主”“蛮酋”。因而，魏晋南北朝时期整个滇黔汉族的发展脉络及其夷化历史进程，在一定程度上可以透过南中大姓及其民族成分的演变而窥其大概。

根据有关历史文献的记载，魏晋南北朝之世约360年，与南中大姓直接相关并对南中地区冲击和影响较大的战乱纷争主要为下列三次。

第一次发生在蜀汉初年，滇中大姓雍闿、孟获乘蜀先主刘备夷陵败死，“主少国疑”内外不安之机，外结东吴、内联朱提大姓牂柯太守朱褒和越巂叟帅高定等发起反蜀大叛乱。建兴三年，蜀汉丞相诸葛亮兵分三路大举南征，首战越巂斩高定，继而“五月渡泸，深入不毛”[①]，自越巂追击北援高定的滇中叛军直达滇池，途中曾转战千里屡次交锋而史有“七擒七纵”孟获之说，其间大量人口殁于兵火当势在必然。与此同时，偏师中路军李恢、东路军马忠分别率先攻入滇中和牂柯，战斗亦十分激烈。史载“恢案道向建宁，诸县大相纠合，围恢军于昆明。时恢众少敌倍”，李恢遂以计怠敌，叛军“故围守怠援，于是恢出击，大破之，追奔逐北，南至盘江，东接牂柯，与（诸葛）亮声势相连”[②]。于是又一大批以汉族为主的“诸县”人口丧生于兵火之中。南中平定后，诸葛亮在采取移“庲降都督”进驻建宁、调整南中政区、启用亲蜀派大姓以及安抚各族群众等一系列善后措施以安定南中局势的同时，为了削弱大姓、夷帅势力减少隐患，还下令：“移南中劲卒、青羌万余家于蜀……”[③] 这批为数四五万人的徙蜀“劲卒、青羌”，据考即为孟获麾下的南中叛军残部，兼有汉、夷等多种民族成分。[④] 随其奉征北上，使得南中的郡县人口在业已蒙受了战争的巨大损耗之后又进一步减少。为此，战后蜀汉政府曾采取了部勒战俘为“部曲”、鼓励大姓富豪“出金帛聘策恶夷为家部曲”，以及从永昌郡“迁濮民数千落于云南、建宁界以实二郡”等措施[⑤]，以弥补郡县人口之不足。这样一来，在由大姓、部曲、“家部曲”和“濮民”四个部分所组成的郡县人口中，汉族无论是在绝对数量还是相对比例上，都已退

① 诸葛亮：《前出师表》。
② 《三国志·蜀志·李恢传》。
③ 《华阳国志·南中志》。
④ 鲁刚：《汉晋南中大姓族属新论》，载《广西民族学院学报》，1998年刊庆二十周年专辑增刊。
⑤ 《华阳国志·南中志》。

居少数和劣势地位，故战后政府的赋税，遂转由南中土著民族“叟、濮”来承担。[①] 按照民族融合的一般规律，南中地区族群互动融合的历史趋势，大约也自此由当地少数民族土著族群汉化转向为汉族夷化。

第二次发生在魏、晋之际，史载曹魏景元四年（263 年，亦即蜀汉后主炎兴元年），魏灭蜀，南中归魏（两年后西晋代魏）。次年东吴交趾郡内乱，于是“南中监军霍弋表遣建爨牙谷为交趾太守，率牙门将军建宁董元、毛炅、孟通、爨熊、李松、王素等率部曲以讨之”[②]。战争共进行了七年（264—271 年），南中大姓率部曲与吴军连年激战于交州界内交趾、郁林、九真、日南、合浦五郡地区（地望当今越南北部和我国两广南部一带），最后在东吴 30 万大军的全力反扑之下，南中远征军终因寡不敌众而全军覆灭。[③] 这次战争，据方国瑜先生估计，足足损失南中精壮“夷、汉部曲”达十万之众[④]，故战争虽未发生在南中境内，却同样使人口本来就相当有限的滇黔汉族又遭到了一次重创，以致稍后便有人上书朝廷指出：“南中形势，七郡斗绝，晋（汉族）弱夷强。”[⑤]

第三次是两晋之际历时数十年的大动乱。其间，先是西晋末年宁州刺史、南夷校尉李毅与建宁大姓毛诜、李睿和朱提大姓李猛、夷帅于陵承等相互厮杀，战乱中“晋民或入交州，或入永昌”四处逃散。[⑥] 紧接着天灾又起，“南土频岁饥疫，死者十万计”[⑦]。而夷帅奴隶主贵族则乘机大肆抄掠，“破坏郡县，没吏民，……牂柯亦半为夷所困虏”。[⑧] 再往后，随着割据巴蜀的成汉势力南下，局势更加恶化。据《晋书·李雄载记》说，时“南夷校尉李毅固守（州城）不降，雄诱建宁夷使讨之。毅病卒，城陷，杀壮士三千余人，送妇女千口于成都”。至此，南中诸郡特别是滇东、滇中一带的汉族人户，或死或散或为夷帅所虏，所剩者寥寥无几。然而祸乱尚远未结束，史载李毅困死孤城后，“朝廷以广汉太守魏兴王逊为南夷校尉、宁州

---

① 《三国志·蜀志·李恢传》：诸葛亮南征平定南中诸郡后，“赋出叟、濮，耕牛、战马、金银、犀革。充继军资，于是费用不乏”。

② 《华阳国志·南中志》。

③ 《晋书·陶璜传》《三国志·吴志·孙皓传》《华阳国志·南中志》等。

④ 方国瑜：《云南民族史讲义》，云南人民出版社 2013 年版。

⑤ 《华阳国志·南中志》。

⑥ 同上。

⑦ 《晋书·李雄载记》。

⑧ 《华阳国志·南中志》。

刺史，自永嘉元年（307 年）受除，四年乃至”。[①] 初到任时，迫于“吏士散没，城邑丘墟”[②] 和“仓无斗粟，众无一旅，官民虚竭，绳纪弛废”[③] 的严峻局面，王逊还做了些安抚工作，但很快便又举起屠刀，先后“诛豪右（大姓）不奉法度者数十家”[④]，并“以五苓夷昔为乱首，……遂讨灭之，及讨恶夷刚僚数千落”，[⑤] 从而再次挑起祸乱。最后，王逊也暴死于内外交困之中。

上举三次大战乱，都对滇黔汉族人口的持续减少产生了较大影响，特别是两晋之际李毅、王逊与大姓和夷帅之间的厮杀混战，是当中历时最长、破坏也最为严重的一次。经此浩劫，南中地区在总人口、郡县人口和汉族人口三个层面上，均下降到了历史的谷底。以后，随着爨氏称霸局面的逐渐形成，南中局势虽平静下来，然而人口数值一直徘徊在较低的水平上。直至南北朝初年，据《宋书·州郡志》记载，时宁州刺史辖下凡 15 郡 81 县共有编民 10253 户，仅为东汉时期的 2.38%。即使是充分考虑到当时“夷、汉部曲”多附籍于南中诸大姓名下而增加十倍估算，则是时整个滇黔地区的郡县人口亦不过十来万户，四五十万人，其中包括南中大姓在内的汉族能有多少也就不言而喻了。

魏晋、南北朝时期滇黔汉族的“夷化”历程，自蜀汉初年随郡县内部人口结构的改变和与此相应的民族融合历史趋势转向而起步，以后逐渐加深，到南朝萧齐时基本完成。据《南齐书·州郡志》说：“宁州，镇建宁郡，本益州南中。……蛮夷众多，齐民甚少，诸爨氏强族，持远擅命，故数有土反之虞。”据此，在当时的南中诸郡辖下，不仅“齐民”——汉族下层群众业已为数相当有限，而且从引文中的“爨氏”一词可以看出，连南中霸主、头号大姓爨氏家族到了此时，也已跟“氐”——当地氐羌族群众的土著民族相差无几了。再往后，《梁书·徐文盛传》说：“徐文盛，……大同末，以为持节督宁州刺史。先是，州在僻远，所管群蛮，不识教义，贪欲财贿，劫窃相寻，前后刺史莫能治。”根据这一记载，还在徐文盛入滇之时的梁武帝大同末年即公元

① 《华阳国志·南中志》。
② 《晋书·王逊传》。
③ 《华阳国志·南中志》。
④ 《晋书·王逊传》。
⑤ 《华阳国志·南中志》。

546 年以前，南中郡县政府“所管”之下已经没有了汉族人口而都是“群蛮”了。由此可以相信，最迟不晚于五六世纪之交的萧齐后期，历经 600 余年，滇黔汉族中的绝大多数人户，均已基本完成夷化而全部融入南中各少数民族土著族群。

四 唐宋汉族向西南的迁徙和发展

唐宋至元之世，是西南汉族发展史上的一个较为特殊的历史阶段。值此期间，巴蜀汉族在历经魏晋南北朝时期的劫难之后，呈现出欣欣向荣的长足发展态势，及至宋元之际遂又由盛转衰而再次步入历史的低谷。与此相反，滇黔地区自公元五、六世纪之交的南北朝中叶滇黔汉族全部夷化之后，唐宋之时便长期成为汉族分布的空白地带并延续了六七百年之久，直至以后的元明时期由于汉族的大批迁入才重新开始走上了新的发展道路。

（一）巴蜀汉族的继续发展

在唐代，素有“天府之国”美称的巴蜀地区，更是国泰民安、经济繁荣，文化昌盛。到了中唐以后，又进一步发展成为全国范围内仅次于江南的富庶之地而有“扬（州）一益（州）二”之说。再至晚唐和前、后蜀割据巴蜀的五代十国近百年间，内地战乱频仍、狼烟四起，唯巴蜀境内五谷丰登，安享太平。史称其时蜀中“斗米三钱，国都子弟不识菽麦之苗”，成都“城头尽种芙蓉，秋间盛开，蔚加锦绣”；城内“弦管歌诵盈于闾巷，合宴社会昼夜相接，……”[①] 其间，巴蜀的汉族，也走过了其发展史上最辉煌的岁月。

隋唐及五代十国时期的巴蜀汉族，总的来说是在社会相对稳定、经济持续繁荣的历史条件下，呈现为长足发展、不断壮大的整体态势，但前、后略有不同而以唐中叶的“安史之乱”为其分界线。

“安史之乱”以前，海内晏平而鲜有战乱，故除隋、唐之际有一定数量的关陇、荆湘汉族人户为“避乱”流入巴蜀地区之外[②]，基本上未出现较大规模的人口迁徙。间有少量流入迁出者，亦多为游宦、经商、求学、游历、流寓之类的零星人户。及至唐天宝十四载（755 年）“安史之乱”爆发后，

---

① 《十国春秋·后蜀二·后主纪》。

② 《全唐文》卷二所载唐高祖《遣使安抚益州诏》说：“西蜀僻远，控接巴夷，厥土沃饶，山川遐旷。往者隋末丧乱，寇盗交侵，流寓之民，遂相杂挠，游手坠业，其类实繁。”

大批北方流民蜂拥南下逃避战火，毗邻唐帝国统治中心的巴蜀一带，遂又成其首选之地。史载天宝十六载（757 年）六月，安史叛军攻陷关中门户潼关，京师长安危在旦夕。慌乱之中，唐明皇竟以“亲征”为名，携贵妃杨玉环、宠臣杨国忠、阉宦高力士及太子、亲王和随从官员、宫女太监仓皇逃往蜀中。[①] 此次“天子南幸”，虽众不过 1300 余人，但引发了一次不小的移民南迁的浪潮。史称是时三辅为之震动，“士庶恐骇，奔走于路”，加上随即而来的战火蹂躏，扶老携幼南行者络绎不绝，当数十百倍于皇室和显贵。延至代宗广德元年（763 年）初“安史之乱”平息后，唐明皇等王公贵族多悉数返回长安，然不少平民百姓自此流落巴蜀成为移民。对此，剑南西川节度使高适曾上书朝廷说：“比日关中米贵，而衣冠士庶颇亦出城，山南、剑南道路相望，村坊市肆与蜀人杂居，其升合计储皆求于蜀人矣。”[②] 其中，“一代诗圣”杜甫便是当中的一员并终老于蜀。

无独有偶，当晚唐广明元年（880 年）黄巢农民起义军攻入关中之时，另一位皇帝唐僖宗也效仿其先祖夺路而逃，于次年初到达蜀中，尔后又有大批文武百官、王公贵族和平民百姓接踵而来。其中大将王建率兵入蜀“勤王”后逐渐坐大，领有巴蜀及汉中之地，唐末天复三年（903 年）被封为蜀王，唐亡后称帝，建立前蜀地方割据政权，传二世于同光二年（925 年）为后唐所灭。再往后，驻蜀后唐主将孟知祥又拥兵自立，于应顺元年（934 年）称帝，建立后蜀小王朝并延续到北宋初年。

除上述两次因唐朝皇帝南逃而引发的北方移民大举南迁之外，规模较大的外来人口徙居巴蜀主要发生在唐末和五代十国时期，尤其又以王建据蜀时最为活跃。例如，唐乾宁二年（895 年）及乾宁四年，关中军阀李茂贞部将李颜昭、李继溥各率数千人相继投奔王建[③]；天祐二年（905 年），唐荆南节度使赵匡明又率 2 万余人来投[④]；后梁开平六年（912 年），保胜节度使李继岌也率 2 万人奔蜀[⑤]，及至后唐灭蜀之后，驻守巴蜀的北方军士 3 万余人[⑥]，亦多随后蜀割据政权的建立而落籍下来。

---

① 《旧唐书·玄宗纪》。

② 《全唐文》卷三五七《请罢东川节度使疏》。

③ 前者见《资治通鉴》卷二六〇，后者见《十国春秋·前蜀一·高祖纪》。

④ 《资治通鉴》卷二六五。

⑤ 《资治通鉴》卷二六九。

⑥ 《新五代史·安重诲传》。

另据记载，隋唐时期巴蜀汉族中也曾有相当数量的人户因各种缘故徙居区外，突出的如“安史之乱”前夕在唐朝与南诏之间爆发的“天宝战争”中，因唐军惨败而几近全军覆没流落滇西一带的十余万南征大军中的巴蜀籍将士，以及后来南诏、吐蕃多次攻入西川时被掳掠而去的数十万各类人户等。

在此，还要略作讨论的是巴蜀汉族的人口沿革及其分布格局在隋唐时期的变化。

前已述及，两汉时巴蜀汉族约有231.52万人，但是随着汉来的动乱和蜀汉对期的连年用兵，到曹魏灭蜀之时（264年），有确切记载表明区内的人口已剧减为户28万、口94万、军士10.2万、吏4万，合计为108.2万人。[①] 其中，汉族估计为70万—80万人，仅及汉世的1/3左右。再至成汉初年，更是跌入了历史的谷底，据《华阳国志·大同志》记载，当时在汉族较为集中的成都平原一带，李雄所部面临的局面是：“野无烟火，卤掠无处，亦寻饥饿。唯涪陵民千余家在江西，依青城山处士范贤（即范长生）自守。”此后，经过长达300余年的漫长岁月，到了隋末大业五年（609年），区内的总人口才又缓慢增长到36万户，初唐贞观年间再上升为57万户，唐大中年间据卢求《成都记》所说仅西川便已达到了100万户，其中汉族当不少于80万户约320万口，从而创下了有史以来的又一个新纪录。这一数据，还不包括东川地区和当时曾大量存在的“逃户”。

隋唐时期的所谓“逃户”，见于记载者颇丰，主要是指那些自发流入深山老林和边远地区而脱离了政府控制的以汉族为主的各民族人户。这种现象，在当时曾较为普遍而尤以巴蜀地区最为突出。史载武周圣历三年（700年），剑南道辖下蓬（治今四川仪陇县）、渠（治今四川渠县）、果（治今四川南充市）、合（治今四川合川市）、遂（治今四川遂宁市）等五州境内，“逃走户有三万余”[②] 即十多万人。天宝年间南宾郡（今重庆市辖下忠县一带）亦“逋亡襁负而至者不可胜数”[③]。从理论上讲，“逃户”现象的产生，主要是根源于封建政府的狂征暴敛和豪强地主的肆意

① 据《三国志·蜀志·后主传》注引王隐《蜀记》说：时魏军兵临城下，后主“遣尚书郎李虎送《士民簿》，领户二十八万，男女口九十四万，带甲将士十万二千，吏四万人”。

② 《全唐文》卷二一一陈子昂《上蜀川安危事》。

③ 《唐代墓志汇编》所载佚名氏《和府君墓志铭并序》。

兼并，致使部分贫苦农民不得不离乡背井另觅生路。与此同时，也是区内平坝地带因人口剧增、土地日趋紧缺而导致的结果之一。为此，诗人杜甫约在天宝年间便已较为明确地指出："蜀之土肥，无耕之地。流庸之辈，近者交互其乡村而已，远者漂寓诸州县而已，实不离蜀也。"[①] 但从另一个角度看，随着大量"逃户"离乡"不离蜀"而向广大山区迁徙，不仅大大拓展了区内汉族的分布范围，而且逐渐改变了巴蜀汉族自先秦以来延续了1000多年的基本分布格局。

两宋及元初巴蜀汉族的历史发展，可概括为"盛极而衰"四个字，且集中反映在区内人户数量的剧烈变化上。巴蜀汉族的人口，自公元9世纪中叶晚唐大中年间达到了约80万户320多万口的新高度之后，经200多年的持续增长，到北宋崇宁元年（1102年），区内成都府、潼川府和利州、夔州等四个路的人口总值，又进一步上升为198.8万户[②]，扣除利州路辖下今陕西汉中及夔州路所属今湘、黔两省部分地区，再以汉族占75%估算，则是时巴蜀汉族的人口为400万左右；延至南宋绍兴三十二年（1162年），又再次创下了253万多户的历史新高；后至嘉定十六年（1223年）略有下降，但仍保持在245.6万户的水平上。[③] 其中汉族大约为500万人。然而仅仅到了相隔不过60多年后的元世祖至元二十七年（1290年），巴蜀汉族的人口便骤然降至十多万户不足100万人，仅及南宋时期的20%左右。

对于巴蜀汉族人口的大起大落，认真分析下来，导致人口增加的原因，不外乎区内人口的自然增殖、外来移民的大量徙入和民族融合亦即少数民族族群的汉化等三个方面，锐减的原因则主要是宋、元之际长时间的战乱所致。

先说人口增长的原因及其大致情况。据研究，巴蜀地区特别是四川盆地西部的成都平原一带，早在初唐贞观年间便已跻身全国四大人口密集区之一[④]，到了北宋崇宁年间更是跃居首位并长期维持在较高的水平上。按

---

① 《全唐文》卷三六〇杜甫《东西两川说》。

② 该户数系据胡焕庸等编著《中国人口地理》上册，华东师范大学出版社1984年版，第41页表列有关数据汇总而成。

③ 上举南宋时期的两组数据，系以北宋崇宁年间的198.8万户为基数，据葛剑雄主编《中国移民史》第四卷，福建人民出版社1997年版，第458页表列有关百分比计算而来。

④ 费省：《论唐代的人口分布》，《中国历史地理论丛》1988年第2期。

照人口学的基本理论，在人口增长率相同的情况下，基数越大者其增殖的绝对数量也就越大，加之区内数百年间无大战乱，人口增长率理应不低，故而此期巴蜀汉族人口持续增长的原因，当首推区内人口的自然增殖。

其次是汉族移民的大量迁入。宋代外地移民入川，尤以两宋之际的“靖康之乱”前后最为活跃，且动辄便以万数计。例如南宋初绍兴二年（1132年），驻川宋军主将张浚上奏朝廷说：是时仅“舍伪从正”即弃金投宋而南下入川的北方汉族将士便达15万人。[①] 其余自关陇一带涌入的溃兵、难民、流人更是不可胜数，以致宋廷曾下令在今宝鸡市南大散关设置关卡加以限制。[②] 此次由金灭北宋而引发的移民入川浪潮，直至绍兴十一年宋金达成和约禁止互相接纳对方人员才暂告平息。但不久又因金海陵王率兵南侵再起波涛，史载南宋隆兴元年（1163年）有人奏称：时川中“新附之众”已达“几十余万”[③]。以此观之，终两宋之世300余年，移民入川的人数，也不少于创历史纪录的百万之众。

最后是区内的族群互动融合。如前所述，还在唐天宝年间，巴蜀地区的平坝地带尤其是成都附近便出现人口饱和、土地紧缺的迹象。为此，杜甫曾有“蜀之土肥、无耕之地”的议论。及至两宋时期，在人口迅速增殖和外来移民大量涌入的双重压力下，受自然规律支配，巴蜀汉族人户纷纷向地广人稀之地迁徙，主要又是由人口较为密集的成都平原一带向东部平行岭谷和周边地区蔓延扩散。其中，部分是由政府募集前往，如位于四川盆地南部边缘地带的今泸州以南地区，北宋时仍“华戎错居，土旷而弗耕”。[④] 后经人奏议布置屯田，到熙宁七年（1074年）“凡得夷所献地二百四十里，均已募人垦耕”[⑤]。而更多的则是自发流徙，据记载有的还深入边远民族地区，如地处渝州（治今重庆）南部南平、巴县一带的“夷人”李、王、梁三大家族，时“各有地客数千家”，且“间以威势诱胁汉户，不从者屠之，没入土田，往往投充客户”[⑥]。此外，流入矿区充当民工也不在少数，如陵州井研县（今井研县）境内时有盐户百余家，

① 《续宋编年资治通鉴》卷三。

② 《宋史·高宗纪》。

③ 《宋史·宁宗纪》。

④ 《襄陵文集》卷一《张域转官制》。

⑤ 《续资治通鉴长编》卷二四九。

⑥ 《续资治通鉴长编》卷二一九。

各役使工匠数十人，“皆是他州别县浮浪无根著之徒”，甚至还不乏“变易名姓，尽来此佣身赁力”的来历不明者混迹其间。①

两宋时期区内汉族迁徙扩散所产生的社会功能，探究起来至少有三：一是致使巴蜀汉族的分布面在唐代的基础上又有所拓展；二是进一步开发了四川盆地东部的广大山区和盆地边缘地带的多民族杂居区；三是促进了上述地区少数民族土著族群的汉化。关于后者，南宋人真德秀在《西山文集》卷二八《送南平江守序》中曾有过一段较为生动的描述：“南平（今重庆市南綦江县一带），故汉巴渝地，至唐犹以僚名。我朝元丰（即1078—1085年）中，声教远浃，始即其地置军焉。百三四十年间，浸以道德，薰以诗书，彬彬焉与东西州等。”另据研究，成汉时从牂柯郡北上并广泛散布于巴蜀境内的僚人，到南宋时也已基本完成了与汉族或区内其他民族的融合而陆续消失②。

至于元代巴蜀地区人口的锐减，诸史志均有较为明确的记载，主要是由于宋元之际的长期战乱所致。史载公元13世纪前期，刚刚兴起于北方草原的蒙古帝国挥师南下，于南宋理宗宝庆三年（1227年）击灭西夏之后兵临巴蜀北界关陇、汉中一带，并曾数次突入川北大肆掳掠。后与南宋联兵于端平元年（1234年）灭金，且于次年即大举南下攻宋。于是，安享太平600余年的巴蜀地区自此陷入了旷日持久的战乱之中，成为宋、蒙两军对阵的西部主战场。直至元朝初年世祖至元十五年（1278年）前后，才以重庆城的陷落为标志而告结束。

宋、蒙巴蜀之战，不仅历时半个多世纪，而且堪称历史上最为酷烈的攻防争夺战之一。其间，双方投入的兵力累计超过100万，成都城数次易手，蒙军统帅蒙哥大汗战死合州（今合川市境）钓鱼城下。战乱之中，巴蜀汉族及少数民族族群，也遭受了无穷无尽的苦难乃至滥肆的屠杀。有记载说，蒙古大军攻陷成都后曾下令屠城，数日之间城内陈尸街头者竟达140余万人，城外的还尚未计算在内。③ 其余如民国《内江县志》卷一二引曾庆昌《内江旧户多楚人说》云：“宋、元争蜀，资内三得三失，残民几尽。迨元一统则已地荒民散，无可设官，一时资州、

① 文同：《丹渊集》卷三四《奏为乞差京朝官知井研县事》。
② 蒙默、刘琳等编著：《四川古代史稿》，四川人民出版社1989年版，第303页。
③ （元）袁桷：《清容居士集》卷三四。

内江、资阳、安岳、隆昌、威远（诸）州县并省，终元代九十年未复。”民国《名山县新志》也说：“元代名山惨遭杀戮，死亡转徙，县中古户，几无孑遗。”

这些记载，虽有耸人听闻之嫌而不可全然相信，但元朝初年巴蜀地区的人口一度降到了历史的最低水平是客观事实。据《元史·地理志》记载，元初四川行省辖下成都、重庆、广元、顺庆等四路和怀德、绍庆两府境内，至元二十七年（1290 年）的人口数据仅为 9.86 万户 60.4 万口，加上缺漏户口数的潼川、嘉定、叙州、永宁、马湖等路、府，则是时巴蜀汉族充其量不过将近 100 万人①，较之南宋绍兴、嘉定年间整整减少了 80% 以上，是为巴蜀汉族发展史上的又一个低谷期。

总而言之，自公元前 2 世纪初的西汉前期到 13 世纪末的元朝初年近 1500 年里，巴蜀汉族曾走过了极其漫长而曲折的发展历程，其间既有过汉、唐及两宋时期的昌盛与辉煌，又经历了魏晋南北朝之世和宋元之际的劫难与苦衷，呈波浪形地向前发展着。

（二）滇黔汉族继续夷化

唐宋之时滇黔地区为少数民族土著族群上层割据，其中影响最大的是南诏和大理的建立。

在这种政治背景下，从南北朝时期延伸而来的滇黔汉族的夷化，至唐中叶随南诏崛起又进一步深化，唐宋之世内地汉族向滇黔地区的迁徙流动，大体上以发生在公元 8 世纪中叶的唐、南“天宝战争”为界分做两个时期。在此之前的近 200 年间进入滇黔的汉族移民，主要为游宦、驻防、征战三大类型，其次为出使、游历、流寓等。其中，游宦者见于文献记录者如隋南宁州总管韦冲②，西宁州刺史梁毗③，唐南宁州都督韦仁寿④、党仁弘⑤，越巂都督竹灵倩⑥，云南太守张虔陀⑦等。这些封疆大吏，不仅

① 上列至元年间巴蜀地区的人口统计数字，因《元史·地理志》已言明“蛮夷种落；不在其数”。故其中的绝大部分均为汉族。

② 《隋书·韦冲传》。

③ 《隋书·梁毗传》。

④ 《旧唐书·韦仁寿传》。

⑤ 《册府元龟》卷六九二。

⑥ 《南诏德化碑》。

⑦ 《唐会要》卷九九。

多领有一定数量的将校士卒，有的还带有子侄妻儿等亲属，如《隋书·韦冲传》说："韦冲为南宁州总管，……其兄子伯仁随冲在府，掠人之妻，士卒纵暴，边人失望。"驻防者则多为轮流戍边的士卒，如唐代曾从麟德元年（664 年）起，"于昆明之弄栋川置姚州都督府（治今云南大姚），每年差兵募五百人镇守"[①]，延至武周圣历元年（698 年）仍维持"每岁遣兵五百人戍姚州"的定制[②]。推算下来，其间 36 年里仅轮流前往姚州驻防戍边的内地汉族士卒，便累计可达 18000 人左右。至于因征战而随军进入滇黔地区的汉族将士，更是史不绝书，较大规模者如隋代史万岁、杨武通、刘哙三次征西爨[③]，唐初贞观年间梁建方击"松外蛮"[④]，永徽年间赵孝祖讨"白水蛮"[⑤]，唐中叶景龙年间唐九征破"姚川蛮"[⑥]，开元年间张审素伐"西南蛮"[⑦]，等等。以上各类人员，虽然人数众多、活动频繁且络绎不绝，但其中的绝大多数未能落籍定居下来，间有少数例外者，亦当逐渐融入当地少数世族土著族群，因而始终未能形成稳定的汉族族群。

相形之下，自天宝十年（751 年）第一次"天宝战争"爆发之时起，由内地向滇黔地迁徙流动的汉族人口更多，但相对集中在天宝十年、十二年和十三年的唐、南三次大战期间及晚唐时南诏对邻近地区的大肆抄掠过程中。且与以往明显不同的是，此期流落南诏境内的汉族人口，主要是战败被俘的南征将士和被掠吏民。其人数，据记载唐军在三次战争中共投入了将近 20 万兵力，主体为来自"关辅、河南、京兆"等地的北方人。[⑧]及至惨败之后，史称"去者万不一全"[⑨]，"千去不一回"[⑩]，故即使是以三分之一估算，自此落籍边地的汉族战俘亦当不少于六七万人。而自晚唐大和年间（827—835 年）以后，在南诏"两陷……邕管，一入黔中，四

---

① 《通典·边防典》。
② 《资治通鉴》卷二〇六。
③ 《隋书·史万岁传》《册府元龟》卷三五七及《资治通鉴》卷一七九。
④ 《资治通鉴》卷一九九。
⑤ 《新唐书·南蛮传》。
⑥ 《新唐书·吐蕃传》。
⑦ 《资治通鉴》卷二一三。
⑧ 《通典·食货典》。
⑨ 同上。
⑩ （唐）李白：《古风》，载《全唐诗》第一函第六册。

犯西川”[①] 的数十年战争中，被掠汉族人口更是动辄以万数计。有记载说：“其所剽掠，自成都以南、越巂以北，八百里之间民畜为空。”[②] 其中，仅大和三年（829 年）南诏攻破成都外廓后，便“大掠子女百工数万人及珍货而去”[③]。再至咸通五年（864 年）攻陷邕州时，史载“五道兵八千人皆没”[④]，若加上被掠百姓，当又是数万人之众。

这些战俘和被掠人口的下落和景况，虽诸史志多语焉不详，从零星的记载看，除少数人后来被“放还”[⑤]，或由亲友等出资赎回之外，更多的是被当作奴隶投入生产劳动且遭遇极差。作为个案，据《太平广记》卷一六六注引《纪闻》说：当时有一个名为郭仲翔的人，于开元年间任姚州都督府判官，后在与南诏作战时被俘押回“赐蛮首为奴”，再后曾因逃跑而多次被转卖，及至最后一次，“蛮又追而得之，复卖他洞，洞主得仲翔，怒曰：‘奴好走，难禁止耶！’乃取两板，各长数尺，令仲翔立于板，以钉自足背钉之。钉达于木。每役使，常带二木行，夜则纳地槛中……如此者七年”。以此观之，郭仲翔身为朝廷命官尚且遭此磨难，其他被俘士卒和被掠平民的景况便可想而知了。进一步说，唐代中、后期大批汉族移民流入南诏境内而始终未能形成汉族族群，其原因所在也就不难理解了。

当然，任何事物都不是绝对的。据记载，在南诏时被掠的汉族人口中，也不乏受到善待甚至重用的人。例如，唐西泸县令南诏清平官郑回，即为其中之一。关于郑回，史载曰：“初，云南王阁罗凤陷巂州，获西泸县令郑回。回，相州（治今河南安阳市）人，通经术，阁罗凤爱重之，其子凤伽异及孙异牟寻、曾孙寻梦凑皆师事之。每授学，回得挞之。及异牟寻为王，以回为清平官。清平官者，蛮相也，凡有六人，而国事专决于回，五人者事回甚卑谨，有过则回挞之。”[⑥] 不过，像郑回这样以俘虏身份而跃升为南诏重臣的汉人，毕竟只是极少数。而且经过一段时间以后，郑回的后裔也同样不可避免地融入滇西“白蛮”中，据杨慎《滇载记》说，唐末灭蒙氏（南诏）而自立，改国号曰“大长和”的“白蛮”大贵

---

① 《资治通鉴》卷二五三。

② 《孙樵集》卷三《书田将军边事》。

③ 《资治通鉴》卷二四四。

④ 《资治通鉴》卷二五〇。

⑤ 《册府元龟》卷四二九。

⑥ 《资治通鉴》卷二三二。

族郑买嗣，便是郑回之后。

另据记载，在唐、宋之世，也有一定数量的内地汉族农户自发流入南诏、大理界内偏僻山区垦荒自养，如北宋熙宁八年（1075 年）杨佐奉命进入大理国境内买马。行至“束密之墟（约在今云南姚安一带），……有老髽自山而下，问佐何来……老髽涕泣而徐言：‘我乃汉嘉（今四川雅安地区）之耕民也。皇祐（1049—1054 年）中以岁饥来活于兹，今发白齿落垂死矣，不图复见乡人也’”[①]。此类自发流入的内地汉族“耕民”，亦因人数有限且多为散布于广大山区的零星人户，故更不足以形成汉族族群。

此外，还有记载表明，大理国时期，随其东部疆域收缩到今滇东、黔西一线，封建王朝的统治势力一度推进到了今贵州中部一带，并遣发过几支以汉族为主的军队进驻戍守。但同样是受当时的社会历史条件所制约，在后来的发展历程中，这些徙居滇黔地区东部的汉族人户，逐渐与当地少数民族土著族群相融合而形成了一种似汉非汉的特殊社会族群。突出的如贵州历史上著名的“宋家”，据明弘治《贵州图经新志》卷三说：“宋，宋景阳，河北真定人也，开宝八年（975 年）累官至宁远军节度使，时广右诸蛮作乱，诏景阳率师征之，悉定广右，复进兵都匀、贵州等处。西南以平，诏建总管府于大万谷落等处，授景阳宁远军节度使都总管以镇之。景阳抚绥劳来，甚得远人之心，而柳州、庆远（今广西宜山一带）之民多归附”。据此，在元初便见于记录的“宋家”之称[②]，乃源于戍边镇将宋景阳之姓氏，而宋景阳本人是地地道道的汉族，其所领徙黔军民人户中多数也当是汉族，但在后世的历史文献中，有的将“宋家”列为“夷”之一种[③]；有的将其归入苗族且云：“（宋家）与苗同化，黔中苗族之有宋姓者盖以此”[④]；还有的则干脆将宋氏及其所部统称为“夷汉民”[⑤]。这些记载，除了说明“宋家”也是由汉化夷之外，同时还充分反映了中国古代族群互动融合的复杂性与多样性。

---

① 《续资治通鉴长编》宋熙宁八年八月条注引杨佐《云南买马记》。

② 《元史·地理志》普安路条。

③ 弘治《贵州图经新志》卷十一。

④ 民国《贵州通志·土民志》引《贵阳府志》“宋家”条注。

⑤ 嘉靖《贵州通志》卷一。

五　元明清汉族向西南的迁徙和发展

元、明、清以降，是我国宏观政治局面由分裂割据再次走向统一的历史新阶段。在西南地区，除了元明、明清之际又出现的两次较大的动乱之外，其余大部分时间均处于相对安定的社会环境之中。在此历史背景下，随着外来汉族移民持续不断地迁入，北部巴蜀汉族逐渐走出了历史的低谷并发展壮大成为汉族最庞大的族群之一；与此同时，永远告别了地方民族割据时代的南部滇黔地区，通过元、明两代尤其是明初洪武年间大规模的移民屯田之后，又重新开始发展并延续至今。

（一）巴蜀汉族的发展

如前所述，巴蜀的汉族，在唐宋时期曾获得了较为充分的发展，但经过宋元之际历时半个多世纪的大战乱，又再次跌入了历史的低谷。入元以后，最初的汉族人口总值仅为十多万户将近 100 万人，尚不及南宋绍兴、嘉定年间的 20%。为此，还在战争结束前的元初至元十一年（1274 年），为了增加财税收入和解决驻川元军的供给，元政府便开始在自然条件较好且又破坏最为惨重的成都平原一带布置屯田。[①] 到至顺元年（1330 年），成都附近共有军屯 14，屯户 9700 约 4 万人，屯田 1500 余顷，并以此为中心将垦区逐步扩大到今重庆、宜宾、广元、阆中等广大地区。

与此同时，民屯也有较大发展，据欧阳玄《圭斋文集》卷九所载《虞集神道碑》说：仅在四川盆地东部的夔州路一带，自元初“立保置屯田”以来，先后“得流民三十九万，以实边郡”。再至元代中、后期，随着关陇、荆湘等毗邻地区的汉族农户“见彼中田畴广阔”“土饶利厚”而纷纷迁入，到顺帝至元四年（1338 年），计“开垦成业者，凡二十余万户”。[②] 如果以上记载出入不是太大，那么元末巴蜀地区的汉族人口，较之元初至少增加了一倍以上。而且，在相当一部分地区，外来移民甚至远远超过了当地的土著汉户，如明代泸州《图经志》说：“昔元时地广人稀，四方人民流寓于泸者，倍于版籍所在。”

及至元至正十二年（1352 年），元末农民大起义中的著名红巾军将领明玉珍率部 20 万众自荆湘溯长江而上攻克重庆，以后又逐步占领了巴蜀

---

① 《元史·兵志》：至元十一年，世祖“命西蜀四川经略使起立屯田”。

② 《元史·百官志》及《赡思丁传》《顺帝纪》等。

大部分地区，并于1362年在重庆建立“大夏”农民政权，后至洪武三年（1370年）为明将汤和、傅友德所击灭。值此十余年间，明玉珍及其子明异率红巾军先后与元、明军队激战于巴蜀界内，致使区内本来就较为有限的汉族人口又急剧下降。延至明初，据《明太祖实录》说：洪武五年二月“户部奏：四川民总八万四千余户，其伪夏故官占为庄户者二万三千余户”。这一数字，甚至比元初至元二十七年（1290年）的官方统计数据还要略低。不过，这仅仅只是农户而不包括驻川明军和“大夏”红巾军残部，因而区内汉族人口的实际数量还要更高一些，但参照元初的户、口之比仍很难超过100万人。

明代巴蜀地区的人口数量，据研究明初洪武十四年（1381年）为146万余人。至明中叶弘治十五年（1502年）上升为266万人，再至万历六年（1578年）达310万人①。近200年间增长了一倍多，其中汉族当不少于80%即250万人左右。增加的原因，除了人口的自然增殖之外，更重要的还是外地汉族移民的大量植入。其具体情况，正史记载不多而主要见于方志和家谱的追述，如道光《邻水县志》说：“今合邑祖籍，多系明初入蜀，谓之‘老民’。”宣统《广安县志》也说：“洪武四年，廖永忠平蜀，大肆杀戮，复徙楚之麻黄人来实兹土。”且云：“（广安）户籍以明初土籍曰‘旧’，以康熙客籍曰‘新’。凡楚人居其大半，而以明之麻黄籍最早，……”民国《荣县志》则称：“明太祖洪武二年，蜀人楚籍，动称是年由麻城孝感乡入川，人人言然。”其余如民国《名山县志》云：“明洪武十四年，徙楚实蜀，名山号为乐都，来者尤众。”民国《汉源县志》亦云：“明代之初，秦楚填蜀，……一时编户齐民。秦楚籍者十九焉。”民国《简阳县志》则据调查结果说：“洪武二年，湖广麻城居民迁至简州者众多。”

根据上举方志所载，至少可以得到两个初步印象：一是清代以前徙居巴蜀的汉族“老民”，多声称来自荆楚一带即当时的湖广地区，重点又是“麻黄”即湖广行省辖下黄州麻城县（今湖北麻城县），尤其是该县的孝感乡；二是迁入的时间多在明朝初年洪武年间，特别又是洪武二年（1369年）至洪武十四年（1381年）之间的十余年内。这一历史现象，早在民国年间便已引起了四川学者的注意而做出了一些颇有见地的解释，如民国《南溪

① 崔荣昌：《四川方言与巴蜀文化》，四川大学出版社1996年版，第43页。

县志》说："……今蜀南来自湖广之家族，溯其始多言麻城县孝感乡。核其人数，即使尽乡以行，亦不应有若是这多；且湘楚州县与蜀邻比者，尽人皆可以移住，何以独适孝感一乡？……抑明（玉珍）氏隶籍随州（今湖北随州市），随州距孝感不远，彼从龙之彦，人众势强，土民或他兵皆冒籍以自求庇乎？"再如民国《资中县志》说："本省当元之际，伪夏明玉珍据蜀，尽有川东之地，蜀号长安。玉珍为楚北随州人，其乡里多归之，逮今五百余年，生齿甚繁。考其原籍，通曰湖广麻城孝感人为尤多。"

延至当代，又有学者进行了更加深入的研究并得出结论说："……由此可见，在（四川）移民史上，麻城孝感是一个内涵相当丰富的地理概念。既有麻城孝感乡人迁入四川，也有外地移民在孝感乡稍作停留后向四川迁移。有些外地移民在孝感乡停留时间很短即入川，有的则定居数代成为土著后再迁移。大多数湖北移民迁入四川后以麻城作为故乡，而言麻城者必言孝感，其中有的确实是从麻城外徙的移民，但也有从其他地区外迁的移民。总之，麻城孝感几乎成为四川移民祖籍的代名词。"[①] 对此，我们表示完全赞同，但需略作补充的是：巴蜀汉族中广为流传的麻黄祖籍说并非孤立的社会现象，在巴蜀以外的其他地区也有类似的说法，如在云南汉族中流传极其广泛的"南京高石坎柳树湾"或"南京柳树湾高石坎"祖籍说，山东、河南一带汉族中的"山西洪洞老槐树"祖籍说等。若细加探究，除了上引研究结论中所列举的种种情况之外，我国汉族传统文化中的"从众心理"与功利主义也是不可忽视的重要因素。而且，其中的大多数都是所谓"托籍""冒籍"者而不可信以为真。

明代外地汉族徙居巴蜀，自洪武初年的高峰期过后，见于记录的还有洪武二十年（1387 年），"汉阳县知县郭叔文言：'四川所辖州县，居民鲜少。地接边徼，累年馈饷，舟车不通，肩任背负，民实苦之。成都故田万亩，皆荒芜不治，请以迁谪之人开耕，以供边食，庶少纾民力。'从之"[②]。洪武二十四年（1391 年），于今川西南一带"置建昌、苏州二军民指挥使司及会川军民千户所，调京卫及陕西兵万五千余人往戍之"。[③] 正统元年（1436 年），"四川布政司奏：'重庆府武隆县民逃徙死亡，乡

① 葛剑雄主编：《中国移民史》第五卷，福建人民出版社 1997 年版，第 157 页。

② 《明太祖实录》卷一八一。

③ 《明史·四川土司传》。

落空虚，乞补编户，以承租税。’事下行在户部议：‘以四川、湖广所问罪囚应徙流迁者，连家室迁往为民。’从之”[①]。这些移民的到来，不仅壮大了巴蜀地区汉民族集体的力量，而且使得汉民族的分布面又延伸到四川盆地边缘川滇、川黔交界处的少数民族地区，并与同期重新形成的滇黔汉族在空间分布上连成一片。

总而言之，明代巴蜀的汉族，在外来汉族移民不断植入与区内汉族自身生息繁衍的双重作用下，呈现为平稳发展持续壮大的整体态势。但降及17世纪的明清之际又再度陷入了空前绝后的大劫难之中，到了清代初年，整个巴蜀地区的人口总值，按学术界较一致的研究结论，仅残存50万—60万人而达到了有史以来的最低水平。[②] 对此，巴蜀民间盛传为明末农民起义军首领“八大王（张献忠）剿四川”所致，而著名川籍大学者郭沫若先生也在其《我的童年》一文中说：“四川人在明末清初的时候遇到过一次很大的屠杀，相传为张献忠剿杀四川。四川人爱说：‘张献忠剿四川，杀得鸡犬不留’。这虽然不免有些夸大，但在当时，地主杀起义农民，农民杀反动地主，满人杀汉人，汉人杀满人，互相厮杀的数量一定不小……”[③] 这些传言，虽严格说来都有所本，然而又远远不是事实之全部。根据有关历史文献的记载，造成明末清初包括汉族在内的巴蜀人口锐减并创下最低历史纪录的原因，按时间顺序至少可归纳为下列三个方面。

首先是天灾，具体又可分为瘟疫、洪涝、大旱以及古今罕见的虎灾等若干类型。其中，较早见于记录是瘟疫，史载万历二十六年（1598年），“全蜀诸郡邑大疫”[④]“人民死伤甚众”。[⑤] 这场瘟疫，自明代后期开始，一直流行到清初顺治、康熙年间仍肆虐不止[⑥]，“有‘大头瘟’，头发肿赤，大几如斗；有‘马眼睛’，双目黄大，森然挺露；有‘马蹄瘟’，自膝至胫，青肿如一，状似马蹄；三病中者不救”。[⑦] 曾使巴蜀地区各民族

---

① 《明英宗实录》。

② 详见孙晓芬编著《清代前期的移民填四川》，四川大学出版社1997年版，第15页。另见葛剑雄主编《中国移民史》第六卷，福建人民出版社1997年版，第77页。

③ 见《郭沫若选集》第一集卷上，四川文艺出版社1994年版。

④ 详见光绪《谢洪县志》卷一七。

⑤ 详见道光《大足县志》卷八。

⑥ 据民国《雅安县志》载，康熙十五年（1676年）。县内流行“瘟疫，上南之人，死亡严重”。

⑦ （清）彭遵泗：《蜀碧》卷三。

群众深受其害，如清初川南内江一带“瘟疫大作，人皆徙散，数百里无烟”，今重庆市南部綦江县“大头瘟”流行，竟至“死者卧床榻，无人掩葬”。据研究，所谓“大头瘟”，实为鼠疫大面积流行的别称。[①] 其余“马眼睛”“马蹄瘟”等，亦多与此类恶性传染病有关。自然灾害的情况，较早见于记录的也是明代万历年间。史载万历三十七年（1609 年）巴蜀大旱[②]，次年“全蜀荒旱，殍死无数”。[③] 降及清初顺治元年（1644 年），“成都大雨雹”[④]，以后又是连年大旱，“饥民大逃亡，百里无烟，都江堰淤废”[⑤]。且水旱灾害与瘟疫、兵灾、匪患相互交织，“大旱大饥大疫，人自相食，存者万分之一”[⑥]。至于千古未闻之奇祸虎灾，有记载说：清初川北南充一带“群虎自山中出……县治、学宫俱为虎窟”[⑦]；川南富顺县境内“数年断绝人烟，虎豹生殖转盛，昼夜群游城郭村圩之内”[⑧]；川东綦江县一带“群虎白日出游，下城楼窥破残人户”[⑨]。

其次是战乱。明清之际巴蜀地区的战乱纷争，自明崇祯七年（1634 年）张献忠率农民起义军由湖北经长江三峡入川，后又自川东翻越大巴山北上陕西开始，至康熙十九年（1680 年）清兵平定“三藩之乱”首恶吴三桂所部驻川叛军为止，历时将近半个世纪。值此期间，曾三次入川的张献忠农民军与明军、明军与清兵、清兵与南明军队以及清军与吴氏“西府兵”先后大战 20 余次，小战不可胜数，致使巴蜀境内“荡为血肉之场”[⑩]。其中，既有“八大王”张献忠的成都、丹陵、峨眉、顺庆、邛州之屠[⑪]，也有明、清军队的滥肆杀戮，如《蜀记》说：清顺治四年（1647 年），几经战乱后。“成都残民多逃雅州，采野菜而食，亦有流入土

---

① 曹树基：《鼠疫流行与华北社会的变迁》，《历史研究》1997 年第 1 期。

② 详见道光《乐至县志》卷十六。

③ 光绪《荣昌县志》卷十九。

④ 详见《成都水旱灾害志》，成都科技大学出版社 1995 年版。

⑤ 同上。

⑥ 新修《苍溪县志·大事纪》，四川人民出版社 1993 年版。

⑦ （清）刘石溪：《蜀龟鉴》。

⑧ 乾隆《富顺县志》卷五。

⑨ 王纲：《清代四川史》，成都科技大学出版社 1995 年版，第 175—176 页。

⑩ （清）彭遵泗：《蜀碧》卷四。

⑪ 详见任乃强《张献忠屠蜀辩》《八大王剿四川辩》，载《四川文艺报》1995 年 9 月 5 日；《张献忠》，陕西人民出版社 1986 年版，及各有关府、州、县旧志。

司者，死亡满路，尸才出，臂股之肉少顷已为人割去，（官兵）虽斩之不可止。”及至清兵入据成都时，城内“残民无主，强者为盗，聚众掠男女，屠为脯。继以大疫，人又死。是后虎出为害，渡水登楼，州县皆虎……”而当清兵退出之际，又“驱残民干余北去，至绵州，复尽杀之”，致使“成都之人，竟无遗种”①。

最后是匪患。明清之际的巴蜀匪患，也是一大祸害。其中尤以川东股匪“摇黄”最为凶悍。“摇黄”之起，始自明末，史称其以“通江、达州、巴州为巢穴，而蔓延于岳池、广元、定远、合州、巴县。凡川东之北岸，任其出没。掳掠人口，则责人取赎。当耕种时，则敛兵暂退，及收成后则复来。……因土人强悍，乡兵四起，相约杀贼，而贼遂逢人即杀。”②又说：“（摇黄）惟川北、川东诸州县恣意去来，……久之，数百里寂无烟火，燕巢林上，虎入城市。”③ 延至清初顺治二年（1645 年），“摇黄贼屠巴州、通江、东乡、太平、达州、梁山、新宁、开县各地方，人烟俱绝”④。

由此可见，明清之际巴蜀人口的锐减，乃是由天灾人祸等错综复杂而又相互交织的多重因素造成，其中最根本杀伤力也最大的，又是由各种社会矛盾激化所引发的战乱纷争，而绝非“八大王剿四川”一句话所能包蕴得了。然而无论怎么说，到了清朝初年，巴蜀境内的总人口和汉族人口都已降到了历史的最低值，随之而来的是所谓“湖广填四川”的大规模移民活动的兴起。

清初外地人户徙居巴蜀的移民活动，据研究最先是从就地招徕流民而发端，以后才转为从区外招募移民入川，原因都是为了增加赋税收入以缓解地方财政的严重不足。其时间上限，以往学术界多认为肇自顺治十年（1653 年）清政府颁布“四川耕地，官给牛种，听兵民开垦，酌量补还价值”⑤ 和“凡抛荒田地，无论有主无主，任人尽力开垦，永给为业”⑥ 等鼓励措施之后。但有资料表明实际上还要更早，如顺治七年四川巡抚张瑃

① 《鹿樵纪闻》卷中。

② 《客滇述》，转引自葛剑雄《中国移民史》第六卷，福建人民出版社 1997 年版，第 71 页。

③ 《滟滪囊》卷三，出处同上。

④ （明）欧阳直：《蜀乱》。

⑤ 嘉庆《四川通志·食货志·田赋》。

⑥ 《清代钞档·地丁题本五十·四川二》。

在其《揭帖》中便曾说道："窃照川中见有保宁、顺庆二府，……自献逆、摇黄大乱，杀人如洗，遍地无烟。幸我大清恢靖三载，查报户口，业已百无二三矣。方图培养生聚，渐望安康。奈频年以来，城市鞠为茂草，村疃尽变丛林，虎种滋生，日肆吞噬。……据顺庆府附郭南充县知县黄梦卜申称：原报招徕户口人丁五百零六名，虎噬二百三十八名，病死五十五名，见存二百一十三名；新招人丁七十四名，虎噬四十二名，见存三十二名。造册具申到职……"[①] 据此，最迟不晚于顺治七年，在清军的控制区内，部分州县已开始着手就地招徕流民归籍入编，然而限于战乱未息且天灾正炽，故收效甚微。

及至康熙三年（1664 年）平川战事结束后，清政府转向省外招徕川籍流民回乡复业，并于康熙七年下令："蜀中流民寄居邻省者，现在查令回籍，而山川险阻，行李艰难，地方各官有捐资招抚，使归故土者，请敕议叙"[②]。再至康熙十年，又由川湖总督蔡毓荣提出："蜀省有可耕之田而无可耕之民，招民开垦，洵属急务"[③]，且辅以放宽垦荒起科年限、降低招民授官和晋升的标准，以及允许外省籍贫民携妻儿入川垦荒等优惠政策。于是，大规模的移民入川活动自此拉开序幕，以后虽因"三藩之乱"爆发而一度中断，但整体上仍呈现为方兴未艾、汹涌澎湃之势而持续了一个多世纪，直到 18 世纪后期的乾隆年间（1736—1795 年）中、晚期才逐渐平静下来。再往后，随着人口的剧激增长，巴蜀一带逐步上升为全国范围内人口最多、密度也最大的地区之一并延续到当代。其间，无论是在人口数量还是分布面上，巴蜀汉族都实现了历史性的突破而呈直线上升和迅速扩大的趋势，且最迟从乾隆中、晚期起转而向邻近的滇黔、陕甘和西部藏区大面积蔓延扩散。

清初的移民入川浪潮，高峰期在康熙二十年（1681 年）"三藩之乱"平定以后至乾隆初年的康、雍、乾三朝约六七十年间。最初的情况，据康熙四十年湖广提督俞益谟在奏折中说："湖南衡、永、宝三府百姓，数年来携男挈女，日不下数百口，纷纷尽赴四川垦荒……"[④] 后至康熙五十二

---

① 顺治七年《四川巡抚张琫揭帖》，载中央研究院历史语言研究所《明清史料》甲编，商务印书馆 1930 年版，第 6 本，第 519 页。

② 《清圣祖实录》卷一三六。

③ 《清圣祖实录》卷三六。

④ 《康熙朝汉文朱批奏折汇编》第一册，档案出版社 1984 年版，第 923 页。

年，有人又上奏说："查楚南入川百姓，自康熙三十六年以迄今日，即就零陵一县而论，已不下十余万众"①。再至雍正五年（1727 年），又有人奏称："湖广、广东、江西等省之民，因本地歉收米贵，相率而迁移四川者，不下数万人。"② 降及乾隆年间，有记载表明，从乾隆八年至十三年（1743—1748 年）间，自湖南、广东经"由黔赴川就食者，共二十四万三千余户"③，平均每年达 4 万多户。此后，遂逐渐趋缓，如从乾隆十八年至二十年合计仅迁入 6374④ 户。

反映在人口统计数字上，巴蜀地区的在编人口总值，从清初康熙十年（1671 年）的约 50 万人起步，到康熙六十一年上升为 57.9 万户 231.6 万人⑤，以后又进一步上升为乾隆四十一年（1776 年）的 779 万人⑥，则仅仅 100 余年间便增长了 15.42 倍。其中既有外来移民植入的因素，又有当地原住民的自然增殖。唯其比例限于史缺有间不得而详，若参照明代由洪武十四年（1381 年）的 146 万人到弘治十五年（1502 年）的 266 万人的增长率和增长值，那么清初 100 余年间外来移民及其后裔的数量，当在 600 万人以上，按百分比则不低于 80%。这一数据，与有关地方志中诸如成都府郫县"当清始垦殖，如两广，如两湖，如陕西，如江西，如福建，占籍几十之九"⑦，重庆府璧山县"明末……土著几空，国初招徕复业者，十分之一二，余皆楚、粤、黔、闽人"⑧，泸州江安县"自明季兵燹后，土著仅十一二，余皆五方杂处"⑨ 等记载大体相符。

与此同时，最迟从乾隆晚期开始，区内人口日趋饱和并进而严重超载的问题日益显现出来。所产生的后果，是人口数值呈滚雪球般地持续膨胀，自乾隆四十一年（1776 年）达到 779 万人以后，仅到嘉庆十七年（1812 年）便上升为 511.3 万户 2071 万人⑩，再至清末宣统二年（1910

① 同上书，第五册，第 336 页。
② 嘉庆《四川通志》卷首之二《圣训》。
③ （清）彭遵泗：《蜀故》卷三。
④ 同上。
⑤ 嘉庆《四川通志·食货志·田赋》。
⑥ 同上。
⑦ 民国《郫县志》卷六。
⑧ 同治《璧山县志》卷一。
⑨ 民国《江安县志》卷八。
⑩ 详见嘉庆《四川通志·食货志·田赋》。

年）又上升为 4414 万人。[①] 降及中华人民共和国成立后的 1953 年第一次全国人口普查时为 6568.5 万人，1990 年第四次全国人口普查时突破亿人大关而达 10721 万人。其间，若以增长速度而论，自乾隆四十一年（1776 年）至 1990 年间凡 214 年共增长了 13.76 倍，仅为此前 105 年间 89.23%。然而以绝对值计算，则整整增加了将近一个亿！

另外，随着人口的持续增长和“昔之蜀，土满为忧；今之蜀，人满为患”[②] 的危机率先在成都平原一带出现，并逐渐向四川盆地底部广大地区扩散且不断加重，故虽外来移民的植入自始至终从未间断，但人口流动的整体趋势大约从乾隆晚期起，转变为迁入、迁出双向对流而以向区外迁徙流动为主并沿袭至今。其中，外地移民的迁入，规模较大者主要有两次：一次是 20 世纪三四十年代抗日战争时期约流入近 200 万人；另一次是中华人民共和国成立以后的 60 年代前后“开发大西南，建设大三线”期间迁入 184.4 万人。[③] 对此，有人将其称为巴蜀历史上的第六、第七次大规模移民入川活动。[④] 至于区内人口的外流，大体上也可分为两个层次。

一是由以成都平原为中心的平坝、丘陵地带，向盆地周围与甘陕、荆湘、滇黔等省相毗邻的广大山区及西部藏族地区迁徙扩散。例如在今川、滇两省接合部的宁远府（治今西昌市）一带，仅至嘉庆初年便已流入移民 8.8 万户 42 万余人[⑤]，其中会理州境内史载“男携女负，十百为群，不数年新户增至八九千家矣”[⑥]。二是流向其他省区。经研究，“至道光初，迁入陕南的四川移民及他们的后裔已经达到了 60 万人之多，同时迁入云南、贵州的川人也不在少数，合计约有 100 万人左右，约占四川在籍人口的 6% 左右”[⑦]。延至当代，伴随着 20 世纪 70 年代末以来全国性人口流动大潮的兴起，雄居我国人口大省之冠且早已“人满为患”的四川省，

---

① 见宣统年间户部清册，转引自葛剑雄主编《中国移民史》第六卷，福建人民出版社 1997 年版，第 109 页。

② 道光《新都县志》卷三。

③ 崔荣昌：《四川方言与巴蜀文化》，四川大学出版社 1996 年版，第 47 页。

④ 同上。

⑤ 同治《会理州志》卷九。

⑥ 同治《会理州志》卷七。

⑦ 葛剑雄主编：《中国移民史》第六卷，福建人民出版社 1997 年版，第 105 页。

又顺理成章地成为当之无愧的“人口输出大省”①。据报道到90年代初，四川全省外出打工的青壮年劳动力已达600万人，其余经商、求学等类人员尚未包括在内，足迹则遍及全国除台湾、香港、澳门以外的每一个省区。在部分边境沿线地区，甚至越过国界进入印度、缅甸、老挝、越南、俄罗斯、蒙古国及哈萨克斯坦等周边邻国境内，故世有“川人满天下”之说。综上所述，从巴蜀汉族2000多年发展的整体过程看，“湖广填四川”最具实质性的内涵，便是从此改变了自公元前4世纪末“秦民”徙蜀以来主要为北方汉族南下巴蜀的传统移民模式，而转化为以东部南方汉族大举西进占据主导地位，并由此而决定了传衍至今的巴蜀汉族地方文化与北方汉族文化的差异，以及与南方汉族特别是荆湘汉族文化的趋同。

（二）滇黔汉族的发展

自南北朝之世随着迁入滇黔汉族移民的夷化，此后，虽仍有批量或零星的汉族移民户陆续进入这一地区且历代络绎不绝，然同样是由于诸多社会历史条件的制约和以汉族夷化为主流的族群互助融合历史趋势所致，使得滇黔地区长期处于“有汉人而无汉族”的状态之中并延续了数百年之久，直到元明时期才又伴随着大量汉族移民的迁入，而使汉族移民开始在滇黔发展为一个稳定的族群。

汉族在滇黔的发展，滥觞于13世纪中叶的“元世祖平云南”。史载南宋宝祐元年（1253年），为完成对宋王朝的战略包围，后来成为元朝开国皇帝元世祖的蒙古帝国统帅忽必烈亲率十万大军从甘肃临洮出发，取道川西高原迂回南下攻入云南击灭大理国，并征服了区内土著族群诸部而将滇黔地区纳入了蒙元帝国的版图之内。稍后，又在消灭南宋前夕的元初至元十一年（1274年，亦即南宋咸淳十年）设置了“云南行中书省”，进而将滇黔一带牢牢掌握在封建中央王朝的控制之下，最终结束了自唐中叶以来持续了500多年的割据局面，为滇黔汉族的重新发展提供了政治基础。

根据有关历史文献的记载，元代较大规模的汉族徙居滇黔，在今云南境内见于记录的主要有两批。其一是据《元史·兵志·屯田》说，元代曾在云南各地广置军民屯田，屯户除驻滇蒙古军外，多为签发当地少数民族土著族群组成“爨白军”“罗罗军”等立屯，但其中有一名为“梁千户

① 郝在今：《八千万流民部落》，中国社会出版社1996年版，第66页。

翼军屯”者为“汉军”。其由来，据记载为：“梁千户翼军屯，世祖至元三十年（1293 年），梁王遣使诸云南行省言，以汉军一千人置立屯田。三十一年，发三百人备镇戍巡逻，止存七百人，于乌蒙（今滇东北昭通）屯田。后迁于新兴州（今玉溪），为田三千七百八十九顷。”其二亦见于《元史·兵志·屯田》所载，云：“乌蒙等处屯田总管府军屯，仁宗延祐三年（1316 年），立乌蒙军屯。先是云南省臣言，乌蒙乃云南咽喉之地，别无屯戍军马。其地广阔，土脉膏腴，皆有古昔屯田之迹，乞发畏吾儿及新附汉军屯田镇遏，至是从之。为军户五千人，为田一千二百五十顷。”

上举两批“汉军”和“新附汉军”屯兵，合计三四千人，加上随军家属可达万人以上，尽管在当时众多的少数民族土著族群和蒙古、畏吾儿（即维吾尔）、色目等外来民族中犹如凤毛麟角而不足为道，且元朝时期的“汉人”“汉军”在概念上除了北方汉族以外，还包括原金朝统治下的契丹、女真、渤海等古代民族，但在滇黔汉族 2000 余年的发展史上，占有异乎寻常的重要地位。因为这些以汉族为主体的军屯户的迁入，既不同于隋唐之世进入滇黔一带游宦、戍边、征战的汉族流动人口和“剑南逋逃”“京师亡命”之类的乌合之众，又不同于南诏时因被俘被掠而来分隶于各地奴隶主手下被肆意驱使奴役乃至辗转倒卖的汉族战俘和民户，同时较之大理国时期自发流入区内广大山区的零星汉族农户也不可相提并论。从理论上讲，这是一批以军事化的形式组织起来，拥有一定规模的人口数量，且长期稳定在一定的空间范畴内（即聚居区内）而世代传衍不息的移民群，因而可以将其视为已具备了所谓“世居民族”基本特征的民族集体。如果以上看法不误，那么汉民族集体在滇黔地区的重新形成，便理当以此作为开端，时间在公元十三四世纪之交。

当然，在肯定滇黔汉族重新形成于元代的同时，也要清楚地看到，当时区内刚刚出现的汉民族集体，还仅仅只是非汉民族汪洋大海中的几个孤岛而已，不仅无法与两汉之世的滇黔汉族相比，较之明清以后更是望尘莫及。有记载表明，即便是在当时的云南行省省会昆明城内，汉族人口亦寥寥无几。例如，在著名的《马可波罗游记》中，作者便曾说道：“押赤城（昆明），大而名贵，商工颇众。人有数种，有回教徒、偶像教徒及若干聂斯脱里派基督教徒。”在这里，“偶像教徒”主要是指笃信佛教的今白族先民“白蛮”，“回教徒”“基督教徒”则与汉族无缘，说明是时昆明城里“颇众”的各民族人口中，汉族尚居于无足轻重的地位。不过，这种状况并未持续得太久，便随着“洪武开滇”和移民大潮的来临而成为过去。

史载明初洪武十四年（1381 年），明王朝在平定了巴蜀地区之后，为扫荡仍盘踞在滇黔一带的蒙元残余势力，由明太祖朱元璋亲自部署，遣“征南将军傅友德、左副将军永昌侯蓝玉、右副将军西平侯沐英率大军由辰源（今湖南沅陵一带）趋贵州”，一路上连克普定、普安数城进入云南[①]；并于滇东曲靖城下“白石江大战”中一举击溃元军主力，次年即初步平定了云南全境。以后又屡经征战镇压了蒙元余孽的多次叛乱，到洪武二十年前后将局势逐步稳定下来。这段历史，后世多称为“洪武开滇”。

从历史的高度看，“洪武开滇”的意义，除了使得滇黔地区也纳入了明王朝的控制之下而避免了再度出现地方割据局面以外，更重要的是由此而直接引发的移民大潮及其在滇黔汉族发展史上所产生的决定性历史作用。简单来说，就是不仅使得已先期于元代迁入滇黔的汉族移民迅速发展壮大起来，而且随着汉族人口的持续增长和分布面的不断扩大，而上升为滇黔人口最多，分布最广的主体民族并沿袭至今。其发展壮大的脉络，可以从汉族移民的陆续迁入、分布面的逐步拓展、区内的民族互动融合以及汉族人口的增长情况四个方面来考察。同时考虑到明初永乐十年（1410年）贵州建省后，辖区范围系由原云南、四川、湖广三省部分地区组成。故而讨论的空间范畴亦将随之而有所扩大。

先说汉族移民的迁入。明、清以来内地汉族徙居滇黔地区的移民浪潮，始于“洪武开滇”之初的商屯、军屯和民屯，其中又以商屯最早。史载洪武十四年（1381 年）底明太祖用兵云南之时，总共投入兵力将近 30 万[②]，由于山道险阻交通不便，故虽战前做过较充分的准备，但军粮供给不足的问题仍很快便凸显出来。为此，明政府遂求助于商人。据《明太祖实录》卷一四二说：“洪武十五年二月……上以大军南征兵食不不继，命户部令商人往云南纳盐粮以给之。于是，户部奏定商人纳米给盐之例：凡云南纳米六斗者给淮盐二百斤，米五斗给浙盐三百斤，米一石者给川盐二百斤……”这一办法，史称“开中”，本意是鼓励商人运粮助战，然同样是基于交通不便转运困难，不少商人便自行募人前往屯垦就地耕种

① 《明太祖实录》卷四十。

② 据《明太祖实录》卷一三八说：时自江南遣发的将士“凡二十四万九千一百人”，加上“分遣都督胡海洋等率兵五万由永宁（今四川叙永）趋乌撒”。共计合 29.91 万人之数。

并由此衍化为商屯。明初滇黔一带的商屯，诸史志屡有提及，然开屯的地点、人数、田亩等具体情况又多略而不叙，故仅知曾有较大的发展和较多汉族移民的徙入。

相形之下，继之而起的军屯规模更大，是为明初内地汉族迁入滇黔地区的主要形式。立屯的时间，则尤以洪武十六年至二十二年（1383—1389 年）之间最为频繁。其中，较早见于明确记录者，在云南境内是“洪武十六年五月……给凉州诸卫所征南士卒十四万四百余人钞十五万五千余锭，命六安侯王忠、安庆侯仇成、凤翔侯张龙督兵往云南品甸（今祥云县一带），缮城池、立屯堡、置邮传，安辑其民人”①。以后，又相继有十余批屯军进驻云南，规模较大的如洪武二十年八月，“诏景川侯曹震及四川都指挥使司选精兵二万五千人，给军器农具即云南品甸之地屯种，以俟征讨”②。洪武二十年十月，“诏长兴侯耿文炳率陕西土军三万三千人，往云南屯种听征”③。洪武二十九年九月，“湖广都指挥使司言：‘前奉诏以靖州五卫及辰、源等卫新军选精锐四万五千人于云南听征。今又令市牛二万往彼屯种，请令诸军分领以往，庶免劳民送发。’从之”④。仅以上所列四批屯军，合计便达 24 万余人，分别来自凉州（今甘肃）、四川、陕西、靖州（治今湖南靖县）等地，明初屯军进驻云南人数之多、来源之广，由此可见一斑。

民屯的情况，正史中见于《明太祖实录》卷一八六说：“洪武二十年冬十月……诏湖广常德、辰州二府，民三丁以上出一丁，往屯云南。”其余方志、稗史中亦多有记载，如《滇系·事略》称：“洪武十七年，移中土大姓以实云南。”《滇略》则说：“高皇帝既定滇中，尽迁江南良家闾左以实之，及有罪窜戍者，咸尽室以行。”其人数，据《滇粹·云南世守黔宁王沐英传附后嗣略》说：洪武二十二年（1389 年），“（沐）英还镇，携江南、江西人民二百五十余万入滇，给予籽种、资金，区别地亩，分布于临安、曲靖……各郡县。（沐）春镇滇七年（1392—1398 年），再移南京人民三十余万（于云南）”。这一数字，显系盲目浮夸而不足为训，但

---

① 《明太祖实录》卷一五四。

② 《明太祖实录》卷一八四。

③ 《明太祖实录》卷一八六。

④ 《明太祖实录》卷一八五。

可以肯定的是，明初以民屯的形式徙居云南的内地汉族移民，亦当数以十万计。而且多来自江南一带，后世云南汉族中广为流传的“南京高石坎柳树湾”祖籍说，即本于此。

另据记载，自“洪武开滇”始，明王朝还在滇黔一带广置卫所，从某种意义上讲，这是一种更为稳定也更加严密的军屯组织。所谓“卫所”，《明史·兵志》说：“明以武功定天下，革元旧制，自京师达于郡县，皆立卫所。……大率五千六百人为卫，千一百二十人为千户所，百十有二人为百户所。所设总旗二，小旗十，大小联比以成军。……其军皆世籍，此其大略也。”据尤中先生解释：“明代卫所兵制有如下几个特点：（1）军皆世籍，父死子继，不得辄改。（2）驻地固定，除非朝廷命令，否则驻地不能变动。（3）军队在驻地屯田戍守，安家落户，不得任意流动，更不允许逃亡，如军户死绝，必得从其原籍另调其家族中人前来充抵。（4）凡为军者必须结婚，携同妻室前往驻地。……明代卫所兵制的这些特点，使进驻云南少数民族地区的汉族军队，成为了以军屯形成进入云南的汉族移民。”①

明初在滇黔地区建立的卫所，云南境内最早的是洪武十五年设置于省城昆明附近的云南前、后、左、右、中五卫，后经陆续增置达 18 个卫 117 个所（含单列“御”“所”12 个）②；贵州境内若以稍后的贵州省辖区计，设置最早的是贵州卫，始立于洪武四年（1371 年），地在今省城贵阳周围③，以后亦增至 18 个卫，加上原属云南、湖广两省辖下的 7 个卫，合计为 25 个卫 134 个所（内含驻四川境内 6 个，驻云南境内 1 个）；共计云、贵两省为 43 个卫 251 个所，若按明代卫所的正规建制，应为 24.08 万人，加上“军余”即随军家属则可达将近 100 万人。卫所兵的来源，从有关历史文献的记载看，大部分为“洪武开滇”时南征大军中的留守部队④，其余为从内地调防而来的军卫将士且与上举屯军互有交叉。

根据以上所叙，仅明初洪武年间徙居滇黔地区的各类的内地汉族移民合计便达 100 万人以上。这一数字，如果不考虑明代贵州辖区的扩大，则

① 尤中：《云南民族史》，云南大学出版社 1994 年版，第 353—354 页。

② 方国瑜：《中国西南历史地理考释》下册第六篇，中华书局 1987 年版。

③ 《明史·兵志》及明弘治《贵州图经新志》卷一。

④ 《明太祖实录》卷一四三：洪武十五年三月，太祖谕傅友德等：“云南既平，留江西、浙江、湖南、河南四都司兵守之，控制要害。”

已略为超过东汉末年滇黔汉族人口的总值而创下了有史以来的最高纪录，同时较之北部巴蜀地区同期的人口数值亦已相差无几。因而可以说，洪武大移民乃是滇黔汉族2000年发展史上继汉开“西南夷”以来的又一次划时代的事件。自此以后，滇黔汉族便进入了不断发展壮大的上升通道持续至今。其间，规模和影响较大的移民活动，据记载主要有明中叶正统年间“三征麓川”时80万大军中流落滇黔一带的内地汉族将士，明末张献忠余部“大西军”及南明永历皇帝入滇时带来各类人员，清初吴三桂平滇时的所部“西府兵”，以及20世纪初修筑“滇越铁路”时招募而来的外地民工，20世纪三四十年代抗日战争时期由内地而来的后撤人员、战争难民和赴缅北—滇西战场的抗战将士，60年代前后进入滇、黔两省“开发大西南、建设大三线”的内地员工，自60年代末至70年代中期响应号召而来的“上山下乡知识青年”等。以上这些外来人口，少则数万，多则数十万乃至上百万，其中的绝大多数都是汉族且不少人遂就此落籍滇黔。

考察了自明初洪武年间以来内地汉族徙居滇黔的历史脉络之后，让我们再来看滇黔汉族的分布和演变。总的来说，滇黔汉族最初的分布格局，与汉晋之世和巴蜀地区早期的情况基本一致，也是主要聚居在城镇据点及其周围平坝地带和交通沿线，以后才随着汉民族的发展壮大由平坝向山区、由靠内地区向边境沿线乃至境外蔓延扩散，而最终覆盖了区内的大部分空间。其大致情况如下。

明初滇黔汉族的分布格局，无须广征博引而仅据卫所屯军的分布便可知其大概。例如，在云南境内的18个军卫中，共有5个布置在省城昆明周围，至永乐初年原驻滇东南的广南卫调入后[①]，合计为6个卫共33600人，加上屯兵家属“军余”为13万人左右。同时考虑到城内的督抚、“三司”及工商和城郊的商屯、民屯尤其是臭名昭著的“沐氏勋庄”的存在，则明代滇池沿岸的昆明坝中，汉族人口至少已达20万人左右。再如现为云南第二大城市的滇东曲靖市，明代曾于曲靖坝子内设有曲靖、越州两卫，加民屯则汉族人口亦可达5万人以上。依此推之，明代云南汉族的主要聚居区，还有临安卫（今建水）、景东卫（今景东）、永昌卫（今保山）、大罗卫（今宾川）、澜沧卫（今永胜）、大理卫（今大理）、楚雄卫

① 尤中：《云南民族史》，云南大学出版社1994年版，第354页。

（今富源）、陆凉卫（今陆良）、洱海卫（今祥云）等；次一级的则为通海御（今通海）、鹤庆御（今鹤庆）、宜良所（今宜良）、安宁所（今安宁）、易门所（今易门）、杨林所（今杨林）、马隆所（今马龙）、木密所（今寻甸）、中屯所（今大姚）等。特点是以滇池、洱海两大区域和珠江上游今曲靖一带较为集中，其余则沿滇川、滇黔、滇缅、滇越四大交通干道而分布，形成连点成线、连线成面的分布格局并与川、黔两省的汉族分布区连成一片。

贵州境内的情况也大体相似，省城贵阳周围设有贵州卫和贵州前卫2个卫共10个所，合计四五万人；其次为黔西片的普定（今安顺）、普安（今盘县）、安南（今晴隆）、平坝（今平坝）、威清（今清镇）、安庄（今镇宁）等6个卫沿滇黔交通线与云南汉族连成一片，连接四川的为黔北毕节（今毕节）、乌撒（今威宁）等卫，连接湖广的则为清浪（今岑巩）、镇远（今镇远）、平越（今福泉）、平溪（今玉屏）等黔东片十余个卫。

而作为更次一级的居民点，还有沿交通线而设置的“堡”和“铺舍”。据明正德《云南志》卷二说：“云南有驿无递，故以堡代之。有驿必有堡，堡主递送领以百户。世职其事，实以军士，世役其事。官军皆国初拨定人数，环堡居住，有田无粮。”又说：“云南铺舍，大抵与江南、中州不同，江南、中州铺兵俱民户轮流，一年一换；云南或以民户，或系国初调来军士，俱环铺居住耕种，子孙世役。”这种“堡”“铺”，大约是由各卫所管辖，设于连接省、府、州、县的大小交通线上，堡兵世司其职，且环堡而居，屯田自养，久而久之遂形成一个个汉族聚居的村镇，绵延千里而散布于崇山峻岭之中。类似的情况，在贵州境内，虽明确见于记载得不多，但据调查在今黔西安顺、平坝一带，有20余万自称为“屯堡人”的汉族群众，他称则有“屯田子”“堡子”“屯军堡子”等。① 据民国《平安县志》卷五说：“屯堡（人），即明洪武时之屯军。”则“屯堡人”为明初屯军之后当无疑问。唯细揣其称，“屯”字自不待言，“堡”“铺”在滇黔方言中同音（pu），故“屯堡”之名似为“屯军”与“堡兵”各取一字之简称。

---

① 《贵州民族调查》卷13《屯堡人专辑》，贵州省民族研究所、贵州省民族研究学会编印，内部铅印本。

明初以后滇黔汉族的分布，整体上是在沿袭洪武年间形成的基本格局的前提下，随区内汉族人口的不断增殖和外来移民的陆续植入，而逐渐由平坝地带向广大山区、由靠内地区向边境沿线蔓延扩散，并最终形成了今天这样一个汉族与区内各兄弟民族交错杂居而覆盖了滇、黔两省绝大部分地区的恢宏局面。但在不同的历史时期和不同的空间范畴内情况亦不尽一致，扼要来说，除了受人口迁徙流动的内在规律所支配之外，主要又与下列几个方面密切相关。

第一，明清时期滇黔汉族分布面的拓展，首先是与“改土归流”有关。所谓“改土归流”，即废除主要由当地土著民族上层世袭的土司土官，改为由中央政府直接委派且定期更换的流官充任地方军政长官。据研究，土司土官制度的渊源，可以追溯到汉、唐时期曾广为推行过的“羁縻”制度。降及元、明之世曾盛极一时，诸土司土官各据一隅，相互画地为牢，轻者不时争战杀伐糜烂地方，重者陷州克府围攻省城，乃至踞地称王自立为“国”（如麓川王国），成为西南边疆民族地区的一大不安定因素。为此，贵州境内从明初永乐十一年（1313 年）废思南、思州两宣慰使司始，云南则自明中叶正统八年（1443 年）鹤庆府土改流起，相继拉开了“改土归流”的序幕。入清以后，又在云贵广西总督鄂尔泰等封疆大吏的极力主张和操持下，按照“（澜沧）江外宜土不宜流，江内宜流不宜土”[①] 的原则，于清初雍正年间（1723—1735 年）全面铺开“改土归流”。

对于“改土归流”尤其是在其实施过程中清政府对边疆各族人民的血腥屠杀，学术界历来颇多非议，但从滇黔汉族发展史的角度看，“改土归流”清除了由封建政府和土司土官在空间上共同设置的人为障碍与界限，使得汉族人口向广大山区和边疆地区迁徙流动成为可能，并大大拓宽了区内汉民族集体的空间分布范围。例如，贵州北部的思南地区，自明初改流后至正德、嘉靖年间，“流民入境者络绎道途，布满村落，已不下数万”。以后又“亲戚相招，缠属而至，日积月累，有来无去”，以致“蜀中、江左之民，侨寓于此者甚众”[②]。云南的情况更为典型，如滇南一带，据清道光《普洱府志》卷九说：“国初改流，由临元分拨营兵驻守，并江

① 魏源：《圣武记·雍正西南夷改流记》。

② 转引自葛剑雄主编《中国移民史》第五卷，福建人民出版社 1997 年版，第 412—413 页。

左、黔楚、川陕各省贸易之客民，家于斯焉。于是人烟稠密，田土渐开，户习诗书，士教礼让，日蒸月化，浸浸乎具有华风。”再如滇东北地区，改流前不仅土官土目对外来汉族采取排斥态度，而清兵对汉人之入“土司地”而娶当地彝女为妻者，亦“必以汉奸杀之”[①]。及至雍正年间改流后，一驻防军总兵曾说：“昭郡郭北，一望沃野，平冈一带，周环荒土万亩，即余奏明拨戍新疆兵丁。越四年土渐成熟，变为农桑醉饱之乡。”[②]而最具参考价值的，又莫过于民国《广南县志稿》的一段叙述：“在二三百年前，汉族人至广南者甚稀，其时分布于四境者，附郭及西乡多侬人，南乡多倮倮，北乡多沙人。其人滨河流而居，沿河垦为农田。山岭间无水之地，尽弃之不顾。清康、雍以后，川、楚、粤、赣之汉人，则散于山岭间，新垦地以自殖。伐木开径，渐成村落。汉人垦山为地，初只选择肥沃之区，日久人口繁滋，由沃以及于瘠。入山愈深，开辟愈广。山间略为平广之地，可以引山水灌田者，则垦之为田……”

第二是社会经济发展的带动。在这方面，突出的如滇西澜沧江、怒江两岸今保山、德宏一带，自古为我国西南内陆地区通往东南亚诸国和印度洋、波斯湾、地中海沿岸的陆上交通孔道。史称早在西汉初年便已有“蜀贾奸或至焉”[③]，及至汉开“西南夷”置不韦县（今保山市）后，一度成为滇黔汉族的主要分布区之一，再至东汉设置永昌郡，又将汉族的分布面进一步推进到了怒江西岸今中缅边界沿线地带。降及魏晋南北朝以后，虽古道仍旧保持畅通，但已没有了汉族分布。[④]延至“洪武开滇”后，随着永昌府、卫的设置，大量汉族移民的植入和对外贸易的活跃，汉族不仅在境内迅速发展起来，而且还漫过边界在缅甸北部形成较大规模的聚居区。据《西南夷风土记》的作者朱孟震于明万历年间到过这一地区后在其书中说：“江头城（今缅甸北部杰沙）外有‘大明街’，闽、广、江、蜀居货游艺者数万……”

再如明、清时期，随着矿冶业在云南普遍兴起，曾吸引了大批省内外人户蜂拥而至，不仅促使东川汤丹、个旧老厂以及云龙、会泽、双柏等原

① （清）倪蜕：《云南事略》。

② 民国《昭通县志稿》卷八，载（清）徐成贞《省耕塘碑记》。

③ 《史记·大宛列传》。

④ 《南齐书·州郡志》：“永昌郡，有名无民，曰空荒不立。”

来较荒僻的地区迅速崛起而集聚了数以万计的汉族人口[①]，而且不少人还深入一些以往汉人从未涉足过的边远地区乃至境外，从而使得汉民族的分布面拓展到了前所未有的广阔空间。其中，著名的缅北大山银厂，史载其时“彼土人不熟炼法，故听中国人往采。彼特税收而已。大山厂多江西、湖广人”[②]。又说：缅北有一山，“山谷前为波龙厂，有银矿，往时内地贫民至彼采矿者以万计”[③]。

第三是某些特定的历史事件，有时也会使得汉族的分布面在一定的空间范围内发生剧激变化而有所扩大。如明清之际张献忠余部“大西军”拥南明永历帝据滇抗清，后为吴三桂清兵所逼而逃缅，史载“官兵男妇马步从者数十万人，从古奔播（波），未有若此之众者”[④]。后来，永历帝被吴三桂从缅甸俘回，其所随“数十万人”多自此流落滇西中缅边界内外。今云南四千多公里的边境线两侧，尤以滇西保山、临沧一段汉族人口分布最广也最为密集，当与此不无内在联系。

总而言之，滇黔汉族的分布，在各种社会历史因素的作用下，自明初以来便一直呈不断蔓延扩大之势，这是滇黔汉族发展壮大的重要表现形式之一。

至于元明以来滇黔的民族互动融合，大体来说，元代汉族移民虽人数和分布面都极其有限，但因当时滇黔一带业已纳入了元王朝的直接统治之下，加之无论是滇中新兴州（今玉溪）的“汉军”，还是滇东北乌蒙（今昭通）的“新附汉军”，都是组织严密的军事化社会群体，故而这批最先移入的汉族移民的下落，尽管史缺有间不得其详，然可以相信当于数十年后汇入随“洪武开滇”而来的汉族移民大潮之中。

及至明初以后，由于大量汉族移民的迁入，因而汉族与当地少数民族土著族群之间的互动融合，几乎从一开始便以汉族吸收、融合少数民族土

① 明清时期云南矿冶业的情况，历史文献记载极其丰富，其中关于矿工矿主的人数和来源，如《清高宗实录》卷七六四说：乾隆三十一年（1766年），“大学士云南总管杨应琚奏：滇省矿厂甚多，各处聚集砂丁人等不下数十万，每省流寓之人闻风而至，以致米价日昂”。清《皇朝经世文续编》卷四九载岑毓英奏疏说：“从前大厂动辄数十万，小厂亦不下数万，非独本省穷民，凡川、湖、两粤力作劳苦之人，皆来此以求生活。”

② （清）吴楷、王昶：《征缅纪略》。

③ （明）周裕：《从征缅甸日记》。

④ （明）客溪樵隐：《求野录》。

著族群为历史趋势，但其间也有一个从量变到质变的过程。例如滇东曲靖市一带，魏晋南北朝时曾为南中首府和滇黔汉族最主要的聚居区，以后随汉族集体的消失成为“西爨白蛮”的腹心地带，再至唐中叶南诏徙“西爨”之后，便一直是今滇东彝族直系先民中“普么”“磨弥”两部的世居之地。及至明初“洪武开滇”时，于其地设曲靖府和曲靖、越州二卫，徙入了不少于五六万人的军民屯户。降及明中叶，据景泰《云南图经志书·曲靖府》说：当时的情况是“郡中夷、汉杂处，列屋于府、州、县之近者，大多汉、僰武人（即卫所屯兵）。……其曰罗罗者，则散居村落”。但到了清代，彝族不仅在人数上已退居少数，而且在分布上也由坝区收缩到山区和半山区丘陵地带。[①] 这一历史现象的出现，除了汉族移民自身的生息繁衍之外，重要的原因之一便是民族互动融合的结果。居住在平坝地区的“海罗罗”，因“其属性与汉人不相远”[②]，即经济文化发展水平比较接近，且“衣冠礼仪一如汉人”[③]，故而在长期的杂居共处中逐渐融入汉族而消失。在今曲靖市境内，存在着大量以彝语命名而无彝族人户的村寨，据调查基本上是民族融合后的遗迹。其中最突出的是曲靖城北今沾益县境内的“小麻拉”村（“麻拉”彝语意为“针线箩”），原为沾益州土知州安氏土司的故里，但目前村中已没有了彝族人户，对此无论是按村老的解释还是据有关碑刻文献考证，答案都是已融入了汉族。

贵州境内和云南其他地区的情况，亦与此大体相似。如据弘治《贵州图经新志》卷一四说：明中叶黔西平坝一带，“自开建以来，百年于兹，渐被王化，风俗渐移，而登科入仕者，累有其人矣”。普定卫则“附郭夷民五种，习尚不同，自立军卫以控制，卫之熏陶，渐中原衣冠之俗，亦尚礼而重文，服食器用、婚丧之礼皆可视也”。再如成书于明末万历年的《滇略》说：当时云南境内已是“人文日渐兴，其地夷、夏杂处，然亦蒸蒸化洽，淳朴易治，庶几所谓一变至道者也”。

当然，以上所叙，主要是指靠内地区，在边境沿线地带和边远偏僻山区则又另当别论，如直至清乾隆年间仍颇繁活动在中缅边界境内外的“大西军”余部后裔“桂家”，国内外学术界曾对其族属是汉族还是“桂掸”

① 光绪《沾益州志·田赋》。

② 光绪《沾益州志·风俗·彝风》。

③ 光绪《沾益州志·兵防》。

（傣族，缅甸称掸族），乃至“桂拉瓦”（佤族）、“倮黑”（拉祜族）争论颇大。其实，如果从民族融合的角度着眼，自清初顺治十五年（1658 年）“大西军”护送南明永历帝逃缅，至 18 世纪中叶时被誉为“边防两虎”之一的宫里雁率“桂家”称雄于滇边内外之时，其间已相隔 100 年左右约四代人，故而将其视为已经融入或正在融入当地“掸”（傣）、佤、“倮黑”（拉祜）等土著民族的汉人，似乎是更加符合逻辑的理解。

滇黔汉族的人口数量及其在区内人口总值中的所占比重，是汉民族发展史研究中必不可缺的量化指标。元代云南省辖下滇黔地区的总人口，《元史·地理志》失载。据清人冯苏《滇考》称，至元十三年（1276 年）为 128.7 万户。折算下来可达 500 余万口，显系偏高而不可信。另据《元世祖平云南碑》载：为“总府三十七、散府八、州六十、县五十、甸部寨六十一、见户二十八万七千七百五十三，分隶诸道，立中书省于中庆以统之”。这一数字，相对较为合理，但仅为元初云南建省时的数据，以后当有所增长。据此，元初区内的人口总值大约为 120 万，汉族人口以一万人左右估算，约占区内总人口的 0.8%。

明代分省后云南境内的人口，据《明史·地理志》记载，洪武二十六年（1393 年）的统计数据为 5.96 万户 25.93 万口。至明中叶据正德《云南志·赋役志》记载，弘治十五年（1502 年）为 12.69 万户，折算下来为 50 多万口。再至明末，据天启《滇志·赋役志》记载为 15.12 万户 146.85 万口，较明初大约增长了 5.66 倍。以上数据，反映了明代云南人口发展的大致脉络，但用来作为估算汉族人口的依据不可取，因为这些数字中应包括多种民族成分，而其本身又仅为民户数，故而还需加以修正：首先，假设明初民户中汉族占 60%，约为 15.56 万人；其次，按前举 18 个军卫计，屯兵为 10.8 万人，加“军余”（家属）约为 40 万人；合计两项 55.56 万人，扣除其中的回族等非汉民族成分，则修正值大约为 50 万人较为可信。以后，按省内人口增长的同比计算，到明末为 280 余万。此外，还要注意到的是洪武二十年前后调入的约 24 万驻屯军，这些人若加上“军余”合计可达 100 万左右。但据记载可知，其中的大多数主要是用来防范麓川的进犯，大体上相当于今天的野战部队而显然未纳入地方户口统计，同时亦当多未纳入云南都司辖下的卫所建制，故可暂且略而不计。

贵州的情况与云南有所不同，洪武年间因尚未建省而无统计数字，唯据其都司辖下 25 个军卫计算加“军余”为 50 万人左右，若以屯兵中的回族等非汉民族成分与民户中的汉族相互冲抵，则亦大约为 56 万人。后至弘治四年（1491 年）有明确记载为 4.34 万户 25.87 万人。大致与云南明初的数字相当。明末的人口数据，参照云南的同比大约也达将近 300 万人。如此，则明代后期滇黔两省的汉族人口为 580 万左右。

清代以后云南人口统计数据较丰，特点是清初的人口基数较之明末有大幅下降，这主要是因为明末土司混战以及"大西军"拥永历帝抗清、逃缅和清初以吴三桂为首为"三藩之乱"等一系列的战乱纷争所致；另一特点是不再有军户、民户的严格区分。清代云南的人口，据清《皇朝文献通考》记载，顺治十八年（1661 年）为 11.76 万丁，康熙二十四年（1685 年）为 15.86 万丁，雍正二年（1724 年）为 14.52 万丁。而据道光《云南通志》所载《案册》的统计数字则为：乾隆十三年（1748 年）有"民屯男妇"194.62 万人，四十年（1775 年）达 308.35 万人，嘉庆元年（1796 年）为 408.82 万人，二十五年（1820 年）达 606.72 万人。再至清末宣统元年（1909 年）为 720.99 万人。

贵州汉族人口的发展，与云南基本同步，也是自明初的 50 多万人起步，到明末为近 300 万人，再至嘉庆年间达到 414 万左右①，则人口数量和比重都与云南十分接近。

综上所述，自元初以来 600 余年间，在国家统一的宏观社会历史背景下，在汉族移民的大量迁入、滇黔汉族自身的生息繁衍以及当地少数民族土著族群的不断融入三大源泉的滋润下，滇黔汉族也逐步发展起来。

---

① 葛剑雄主编：《中国移民史》第六卷，福建人民出版社 1997 年版，第 164 页。

漢民族史記

国家出版基金项目
NATIONAL PUBLICATION FOUNDATION

徐杰舜　主编

汉民族史记 3

族群卷（上）

徐杰舜　刘冰清　著

中国社会科学出版社

目　　录

绪论编

东北汉民族族群编

华北汉民族族群编

华中汉民族族群编

华南汉民族族群编

绪论编

族群（ethnic group 或 ethnicity）是指有人类历史以来，以文化特征区分我族及“他者”的分类方式之一。族群概念的引入和使用，极大地拓展了中国人类学、民族学研究的空间。在使用族群概念的过程中，人们不难发现族群问题有一个很重要的人文现象，即族群是有结构的，尤其是对历史悠久、人口众多的汉民族进行深层次的研究时，其族群结构的特征就凸显无遗。

族群结构研究的价值在于可以从结构的角度解剖民族共同体，可以从结构的深层次认识民族的整体性，可以从结构的可变性把握民族过程。现代汉民族历经五六千余年的沧桑，在合合分分和分分合合之中，构成汉民族的族群繁多，人口多少不等，文化因素的认同也不一，有的成片聚居，有的处于少数民族的包围之中呈“族群岛”，有的聚居在城市，有的聚居在农村。若以人文地理划分，可将汉族分为华南汉族、华东汉族、华中汉族、华北汉族、东北汉族、西北汉族、西南汉族，构成了汉族庞大的族群体系。

第一章　族群结构理论

族群概念的引入，对中国人类学、民族学以及其他一些相关学科产生了巨大的学术冲击波，族群概念学术魅力的磁性，以不可阻挡之势在中国学术界逐渐被广泛使用。北京大学出版社还出版了马戎教授编著的《民族社会学——社会学的族群关系研究》。这部著作虽然是马戎给研究生上课的教材，但却集近十几年来中国关于族群研究之大成，并提出了“族群社会学”学科构建的设想。因此，我们可以说，族群概念的引入和使用，极大地拓展了中国人类学、民族学研究的空间，可以预计，族群概念的进一步研究和使用，必将推动中国人类学、民族学的发展。

在使用族群概念的过程中，人们不难发现族群问题有一个很重要的人文现象，即族群是有结构的，尤其是对一个历史悠久的人口众多的民族进行深层次的研究时，其族群结构的特征就会凸显无遗。

一　结构概念:族群结构论的出发点

要讨论一个历史悠久、人口众多民族的族群结构，有必要了解什么是结构主义?

法国当代著名的“年鉴学派”学者弗朗索瓦·多斯（Francois Dosse）在他的名著《从结构到解构——法国20世纪思想主潮》的“序言”中说：

> 结构主义一词，既令人热血沸腾，又令人芒刺在背。结构在拉丁语中是struere，直接来自structura，最初只具有建筑学的意义。结构指的是“一种建筑样式”。在17和18世纪，“结构”一词的意义被更改和拓宽了，有人以之类比活的生灵。丰特内勒把人体视为建筑，沃拉热和贝尔诺把语言视为建构。渐渐地，这个术语开始用来描述具

> 体物体的各个部分构成一个整体所采取的方式，因而也能够用来描述形形色色的结构了，包括解剖学、心理学、地质学、数学的结构。在此之后，结构方法才被应用于社会科学。对于斯宾塞、摩尔根和马克思而言，这个术语描述的是把整体之部分连接成整体的持久现象（phénoménedurable）。“结构”一词在黑格尔那里全无踪迹，在马克思那里也是偶尔用之，唯一例外的是《政治经济学批判》（1895）序言。“结构”一词是在1895年由涂尔干在《社会学方法之规则》（*Les Régeles de laméthode sociologique*）一书中确立的。在1900—1926年期间，结构派生了结构主义，安德烈·拉朗德在《辞海》（*Vocabulaire*）中还称之为新词。对于心理学家来说，结构主义是在20世纪初应运而生的，它是专门用来反抗功能心理学的。但是就其现代意义而言，就其应用于全部人文科学的规模而言，此一实践的真正起源得益于语言学领域的发展。索绪尔在其《普通语言学教程》（Cours de lin－guistiquegénérale）中，只有三次用到“结构”一词。后来，布拉格小组（特鲁别茨科伊和雅各布森）概括了“结构”与“结构主义”的用法。丹麦语言学家叶姆斯列夫声称，可以把“结构主义”一词当成一个基本范式来用，而他的所作所为进一步明确了这个倾向。1939年，他找到了一卷《语言学学报》（Acta linguis－tica），其首篇论文就以“结构语言学”为题。从这一角度看，此一术语在所有社会科学领域都带来了真正的革命，并成为20世纪的核心。各门社会科学都相继承认，它们受到了科学的洗礼。①

多斯的这一段话讲得十分精炼，既指出了“结构”一词的起源，又概括了“结构主义”一词形成的过程。

但是，对于结构的概念，20世纪80年代以来，学者们对客体主义和主体主义的二元论，以及功能主义对结构的无解释性陈述都有批判，安东尼·吉登斯（Anthong Giddens）批评他们“含糊不清”，② 他认为“结构

---

① ［法］弗朗索瓦·多斯：《从结构到解构——法国20世纪思想主潮》序，季广茂译，中央编译出版社2004年版，第7—8页。

② ［英］安东尼·吉登斯：《社会的构成》，李康、李猛译，生活·读书·新知三联书店1998年版，第79页。

化理论的‘结构’，指的是社会再生产过程里反复涉及的规则与资源；我们说社会系统的制度化特性具有结构性特征，就是指各种关系已经在时空向度上稳定下来”。[①]

吉登斯的结构概念遭到了中国学者的批判，王水雄在《结构博弈》一书中认为吉登斯的“定义太过抽象，太过模糊”，他提出的结构概念是：“所谓结构，这里并非指作为分析对象的总体性的社会结构，而是指人们先赋具有的或在互动活动和其他社会行为中沉积和积累的，具有一定规范性或至少获得了一定数量的行为者认同的，具体的人与人之间的关联模式。结构可以在时空向度上借助一定的物质条件稳定下来，另一方面又可以演化为人们可以操作的一套符号系统。它包括进入到人们意识中的人与人之间在身体、物质资源和社会资源上的相同性和不同性——光是资源不足以构成结构。”[②] 王水雄提出的这个概念无疑是一个更具操作性，更便于解释的、外延更狭小的定义。这个概念，对我们观察和研究族群结构具有直接的意义。从这个定义出发，我们不难发现族群结构是人类在互动活动中沉积和积累的，具有一定规范性，具体的人与人之间的关联模式。而具体到族群问题上，人与人之间的关联模式就是族群结构，这正是我们研究族群结构的出发点。

在此要说明的是，根据中国的实际情况，以及族群概念的灵活性特点，笔者主张在使用“族群”时，同时也可以使用“民族”，族群可以是一个民族，也可以是一个民族之下的“支系”“分支”等。事实上，在实际应用中绝不会产生歧义或造成误解。

二 结构特征:族群结构研究的价值取向

结构主义大师列维-施特劳斯（Claude Lévi-Strauss）在《结构人类学》中强调结构主义的特点主要有：第一，结构是一个完整的整体，组成各元素之间是严密地相互制约的，以致其中任何一个都无法独自发生变

---

① ［英］安东尼·吉登斯：《社会的构成》，李康、李猛译，生活·读书·新知三联书店 1998 年版，第 52 页。

② 王水雄：《结构博弈——互联网导致社会扁平化的剖析》，华夏出版社 2003 年版，第 7 页。

化，即结构的整体性；第二，如果一个结构中的某些元素发生了特定的变化，该结构就不复存在，即结构的可变性；第三，结构的意义在于可以直接地认识被观察到的一切事实，即结构的可识性。①

结构的含义以及结构主义的这些特点，对于我们观察和研究历史悠久、人口众多民族的族群结构有重要的意义，其价值取向在于：

（一）可以从结构的角度解剖民族共同体

任何一个民族共同体都是由或多或少的族群构成的。学者们都知道，结构主义的“结构”一词包含两个方面的含义，即一方面是指各个事物的构造形式或外表；另一方面是指各个事物的组成成分或构成原料。由此，我们可以很清楚地观察到民族共同体是由或多或少的“最小的元素”构成。这个“最小的元素”应该是族群。

族群概念具有灵活性和可操作性，其所指的范围可大可小，大的可指一个民族，如拥有十二亿人口的汉族，小的可指保持特殊生活方式的人群，如疍民。正因为如此，笔者才认为民族这个人们共同体“最小的元素”是族群，或多或少的族群构成了民族。从结构的角度切入，我们可以对民族共同体进行学术解剖，从而可以分析民族的构成，对民族共同体进行深层次的研究。笔者在《雪球——汉民族的人类学分析》一书中正是运用了族群的理论，对汉民族进行了人类学的学术解剖，按不同的类型，对汉民族的族群结构做了解剖和分类。从结构角度切入对汉民族的这种学术解剖不啻是一个学术创新。

（二）可以从结构的深层次认识民族的整体性

有的学者担心，若把民族内部的方言差别或地区文化变异定为“族群”，有分裂民族之嫌。② 从理论上来说，这是对人类学的结构主义缺乏了解所造成的。前已述及，结构主义的一个重要特点是结构的整体性。在结构主义眼中，结构是一个完整的整体，组成它的各元素之间是严密地相

① ［法］克洛德·列维－施特劳斯：《结构人类学》，谢维扬、俞宣岳译，上海译文出版社1995年版。

② 阮西湖：《民族，还是“族群”——释 ethnic group 一词的涵义》，《广西民族学院学报》2004年第3期。

互制约的，以致其中任何一个都无法独自发生变化。

从结构主义的整体性出发，我们也不难发现，汉民族也是一个“多元一体”的整体，即北京人、客家人、广府人、闽南人等诸多大大小小的族群是“多元”，汉民族是“一体”。对于这个现象，我们在《雪球——汉民族的人类学分析》一书的“题识”中就说过：

> 汉民族这个雪球的“一体”，是由许多大、小族群的“多元”组成的。而汉民族这个雪球又具极强的整合性。在汉民族形成和发展的上下五千年的历史中，一切外来的因素都逐渐变成汉民族这个雪球整体的一部分。在这种整合状态中，汉民族“一体”内的各个族群单位有着相互的联系，他们互助认同、依赖而成为一个整体。正因为汉民族有这种整合性，所以汉民族这个雪球从形成到发展越滚越大，越滚越实，成为世界上一个有众多的人口，悠久的历史，灿烂的文化，稳定的特征的民族。①

正因为汉民族具有这种结构性的整体性，所以，无论是甘肃永昌县的“古罗马人”，还是河南开封府的“犹太人”，或是福建泉州市锡兰王子后裔，或是广东鹤山市鲜卑族后裔，他们在与汉民族的长期磨合中整合成了汉民族的一部分，他们填写有关表格时，在民族一栏上，都工工整整地写着：汉族。② 也正因为结构主义的整体性特点，所以费孝通先生提出，中华民族“多元一体”的理论，形象地表达了中华民族是一个完整的整体，组成中华民族的被称为“民族”的族群之间“是严密地相互制约的，以致其中任何一个都无法独自发生变化”。对此，费先生做过深刻的阐述，他在《中华民族的多元一体格局》中说：

> 中华民族作为一个自觉的民族实体，是近百年来中国和西方列强对抗中出现的，但作为一个自在的民族则是几千年的历史过程所形成的。它的主流是由许许多多分散孤立存在的民族单位，经过接触、混

① 徐杰舜主编：《雪球——汉民族的人类学分析》，上海人民出版社 1999 年版，第 9 页。

② 徐杰舜等：《从磨合到整合——贺州族群关系研究》，广西民族出版社 2001 年版，第 251—259 页。

杂、联结和融合，同时也有分裂和消亡，形成一个你来我去、我来你去，我中有你、你中有我，而又各具个性的多元统一体。中华民族这个多元一体格局的形成还有它的特色：在相当早的时期，距今三千年前，在黄河中游出现了一个由若干民族集团会集和逐步融合的核心，被称为华夏，像滚雪球一般地越滚越大，把周围的异族吸收进入了这个核心。它在拥有黄河和长江中下游的东亚平原之后，被其他民族称为汉族。汉族继续不断吸收其他民族的成分而日益壮大，而且渗入其他民族的聚居区，构成起着凝聚和联系作用的网络，奠定了以一个疆域内许多民族联合成的不可分割的统一基础，成为一个自在的民族实体，经过民族自觉而成为中华民族。①

（三）可以从结构的可变性把握民族过程

万事万物都是可变的，族群结构虽然具有整体性，但也具有可变性。族群结构的变化关联着民族过程。

所谓民族过程就是民族产生、发展和消亡的全部过程。② 具体地说就是一个民族产生、发展、吸收、扩散、聚合、分解、消亡的过程。而如何观察和把握民族过程，关键在于抓住构成民族的族群这个结构标识物的变化。③

为什么呢？因为任何一个民族，即使是最初的原生民族，其在起源、形成的过程中，都是由许多不同的被称为“部落”的族群构成的。马克思曾以古代雅典民族的形成为例，他说：“融合是这一过程的最高阶段……雅典的 4 个部落由于混居于同一地区及彼此间地理界线之逐步消失，而在阿提喀融合为一个民族。”④ 在这里原来雅典的 4 个部落就构成了新形成的雅典民族的 4 个族群。而民族共同体虽然有相对稳定的结构，但其始终是一个不断变化着的动态体系，这就是民族共同体的动态性。因

① 费孝通等：《中华民族多元一体格局》，中央民族学院出版社 1989 年版，第 1—2 页。

② 王希恩：《关于“民族过程”的两个问题》，《宁夏社会科学》1997 年第 3 期。

③ 王水雄在《结构博弈——互联网导致社会扁平化的剖析》中提出：“所谓结构标识（structure—marking）指的是，人们通过外物来对人们互动和其他社会行为所沉积的，具有一定的规范性的‘人与人之间的关系模式’（即结构）进行表征的行为。而结构标识物（mark of structure）则指的是在该行为和活动中所运用或建构的外物。”见该书第 8 页。

④ 马克思：《摩尔根〈古代社会〉一书摘要》，人民出版社 1965 年版，第 115 页。

此，我们要观察、研究一个民族的动态变化，就必须抓住民族结构的动态变化。

族群结构的动态变化一般有两种类型，一种是族群分解过程，其可表现为一个民族的族群分解出去，形成几个单独的民族，原生的民族就不复存在了。如中国古代的吐谷浑族，这个由鲜卑族中的慕容氏、段氏、乙那楼氏、素和氏、阿若于氏、薛干氏、乞伏氏、乙弗氏、匹娄氏等族群与姜族中的姜氏、钟羌、白兰羌、宕昌羌、党项羌、姚氏等族群，以及部分氐、敕勒、突厥人族群构成的民族共同体，历经六代，近一个世纪的时间，最后由于族群分解，及至五代以来，居于河东、朔方等地的吐谷浑族，在宋辽夏金元时期民族大同化的潮流中汉化了，而居于青海的一支，后来演化为今天的土族，吐谷浑族此后就不复存在了，又可表现为从一个民族中分化出去的族群形成几个与原生的民族并立的单独的民族。如中国古代赫赫有名的羌族，其族群结构极为复杂，到汉代时期可考的族群就有先零、烧当、卑湳、罕、牢姐、封养、乡姐、勒姐、当煎（或煎当）、当阗、烧何、钟存、滇零、牢羌、虔人、沈氐、巩唐、累姐、吾良、全无、且冻、傅难、乌吾、煎巩、黄羝、效功[①] 26 个族群。但是，历经魏晋南北朝的民族大分化，入主中原的羌族都汉化了，而留居西北的羌族在族群分解的过程中，除留在岷江上游的一支得以保存至今外，大多数自隋唐以来分别参与了西北乃至西南许多新形成的民族的构成，如土族、藏族、纳西族的族群结构中都有羌人族群的成分。

另一种是族群结合过程，即若干单独存在的族群或从其他民族中分化出来的族群相互接触而产生地域和经济联系上的统一性、语言和文化上的同质性的过程。这种民族过程的例子甚多，最典型的莫过于汉民族形成的过程。前 21 世纪左右，夏民族在黄河中游河洛流域的黄土地带首先崛起，此后，从前 16 世纪到前 770 年，商民族、周民族在黄河流域，楚民族、越民族在长江流域相继崛起。春秋战国之时，不仅夏、商、周、楚、越诸族之间的结合深化，而且还发展到部分蛮、夷、戎、狄之中。在这种结合中，各民族之间的界限逐渐消失，融合成了一个非夏非商非周非楚非越，又非蛮非夷非戎非狄的新民族——华夏民族。这时的华夏民族作为汉民族的前身，其由秦人、齐人、楚人、赵人、燕人等族群构成。秦始皇雄才大

---

① 马长寿：《氐与羌》，上海人民出版社 1984 年版，第 107—110 页。

略，统一了华夏民族。汉承秦制，华夏民族在“大一统”中发展转化为汉民族。此后，汉民族在历史的发展中不断吸收各民族或族群，其中最重要的是魏晋南北朝至隋唐之时，汉民族在发展中，在北方吸收了入主中原的匈奴、鲜卑、乌丸、羯、氐、羌及部分蛮、俚、僚、傒等，族群结构扩大性的变化使汉民族从汉代的5900余万人，发展到唐代前期达8000万—9000万人之间。以及宋辽夏金元之时，汉民族在北方吸收了契丹、党项、女真等少数民族，族群结构的再一次扩大性的变化，使汉民族从唐代前期的8000万—9000万人发展到北宋大观三年（1109年）突破1亿，有10441万余人。①

由上可知，汉民族从形成到发展不断地吸纳了许许多多民族或族群，像滚雪球一样地越滚越大，越滚越结实，在此，人口的增加是汉民族族群结构的形式或外表，而族群的增加，族群结构的扩大变化是其深层次内涵。反过来，如果要把握汉民族的民族形成与发展过程，抓住其族群结构的变化就是抓住了关键，有关汉民族形成过程的种种问题就可以迎刃而解了。

族群概念的引入已经打破了中国人类学、民族学界传统“民族”概念的坚冰，尽管分歧仍然存在，争论还在继续，但族群概念的使用将不以任何人的意志为转移地会逐渐普及开来。在这个背景下，认识和运用族群概念和结构特征，对族群结构进行探讨，不仅会进一步丰富族群理论，也将会进一步帮助人们去应用族群理论，所以我们认为运用人类学的结构主义理论去研究族群结构应该是一个有价值的尝试。

① 王育民：《中国人口史》，江苏人民出版社1995年版，第213、297页。

第二章　汉民族的族群结构

汉族这个雪球是有结构的。众所周知，物质是由分子构成的，分子是由原子构成的。同理，汉族作为世界民族之林中的一个民族，无疑是由族群构成的。

一　汉族形成时的族群结构

汉族从形成开始就具有族群结构，本书第一卷汉族全史编中已论述，汉族的形成不是一蹴而就的，她经历了夏、商、周、楚、越等族从部落到民族的发展过程，又经历了夏、商、周、楚、越等族及部分蛮、夷、戎、狄互动融合成华夏民族，最后形成于汉代，这是漫长而复杂的三个历史阶段。在这两千余年的形成时期，多源的源流，导致汉族族群结构复杂而多变。

（一）汉族起源时代的族群结构

汉族起源时代，在中华大地上大致有五个大的族群集团，即炎黄族群集团、东夷族群集团、苗蛮族群集团、百越族群集团、戎狄族群集团。炎黄族群集团大约由黄帝和炎帝两个族群组成，而黄帝族群又由熊、罴、狼、豹、蟜、虎等族群构成。[①]《史记·五帝本纪》云："黄帝二十五子，其得姓者十四人为十二姓。"从中窥黄帝族群的结构。炎帝族群因败于黄帝族群，故其族群结构不详，但从炎帝的生父是牛氏，生母是有蟜氏[②]来

---

① 《列子·黄帝》云：阪泉之战，黄帝"帅熊、罴、狼、豹、貙、虎为前驱，雕、鹖、鹰、鸢为旗帜"。

② 《史记·正义》引《帝王世纪》："神农氏，姜姓也。母曰任姒，有蟜氏之女，登为少典妃。游华阳，有神龙首，感生炎帝。人身牛首。"

看，其族群结构也不是单一的。

东夷族群集团主要由蚩尤、帝俊、莱夷、徐夷和淮夷五大族群组成。先秦古籍中常号称“九夷”（《论语·子罕》《尔雅·释地》）。苗蛮族群集团，史称“三苗”（《尚书·舜誓》《国语·楚语》《战国策·魏策》等），而据多种史料分析，大约由女娲、盘古、颛顼、驩兜、祝融等族群组成。此外，据《左传·文公十八年》记载，颛顼由“仓舒、隤敳、梼戭、大临、尨降、庭坚、仲容、叔达”八个族群组成。《国语·郑语》记载，祝融由“已、董、彭、秃、妘、曹、斟、芈”八个族群组成。

百越族群集团的结构极为复杂，罗泌在《路史》中列举属于百越的族群有“越棠、骆越、瓯越、瓯人、且瓯、供人、目深、扶摧、禽人、苍梧、扬越、桂国、损子、产里、九菌、海葵、稽葵、稽徐、比带、仆句、区吴”等，号称“百越”（又见《吕氏春秋·恃君》高诱注云：“越有百种”）。

戎狄族群集团由猃狁、鬼方、羌方三方族群组成。①

（二）夏商周三代的族群结构

公元前23世纪至公元前22世纪，源于炎黄族群集团的夏民族的形成拉开了汉民族形成的序幕。

中华大地的族群结构在互动中变迁，出现了新的组合。

夏民族的形成过程中由颛顼、帝喾、伯益、皋陶、羌人、共工、驩兜、三苗、鲸等族群互动构成，到禹时，夏族的族群结构已号称“万国”。②

商族在形成过程中族群结构虽然很难考释清楚，但通过郑樵的《通志略·氏族略》关于夏商时期共有62国的记载，可以窥视商民族结构的复杂性，所以汤灭夏时，商族的族群已号称“万邦”（《尚书·商书·仲虺之诰》）、“万方”（《墨子·兼爱下》）了。

周族在形成过程中的族群结构更为复杂，史载武王“克商”后“封邦建国”（《左传·僖公二十四年》），举行授士授民时，周公长子得“殷

① 戎、狄之称始见于西周。西周之前，中原西部和北部的族群则称为猃狁、鬼方、羌方。参阅《诗经·出车》《诗经·六月》《竹书记年》《易经·既济》《国语·周语》等。

② 《左传·襄公七年》：“禹会诸侯于涂山，执玉帛者万国。”

民六族：条氏、徐氏、萧氏、索氏、长勺氏、尾勺氏”；武王弟康叔“得殷民七族：陶氏、施氏、繁氏、锜氏、樊氏、饥氏、终葵氏”，唐叔得“怀姓九宗”（《左传·定公四年》），所有这些“氏”其实也都是周族属下的族群了。

（三）春秋战国时代的族群结构

春秋时期是汉族前身——华夏族形成的初始阶段，此时在中华大地上横空出世的华夏族被称为“诸夏”（《左传·闵公元年》）。《左传》中关于“诸夏”的记载颇多，所谓“诸夏”实际上反映了春秋时族群结构的复杂。这时作为“诸夏”的族群主要有姬姓的鲁、蔡、曹、卫、晋、郑、燕，姜姓的齐、许、申、吕，子姓的宋，妫姓的陈等。

及至战国时期，经过春秋时期的诸侯混战，到战国初期形成“战国七雄”，由齐、燕、赵、楚、秦五大族群构建了华夏族。除此之外，还有宋、鲁、卫、中山、越、巴、蜀等中小族群。

总之，纵观先秦时代，在汉族形成时期，其族群结构复杂而多变，在历时两千余年的沧桑中呈动态之势。

二　现代汉族的族群结构

现代汉族历经五千余年的沧桑，在合合分分和分分合合之中，构成汉族的族群繁多，人口多少不等，文化因素的认同也不一，有的成片聚居，如闽南人、广府人等；有的大分散、小聚居，如客家人、平话人等；有的处于少数民族的包围之中呈“族群岛”，如广西的“高山汉”等；有的聚居在城市，如北京人、苏州人等，有的聚居在农村，如贵州的屯堡人等。

汉族究竟有多少族群，目前还无法统计，但大致可以分为几种不同的类型：一类是以方言为特征划分的族群，如客家人、广府人、平话人、闽南福佬人、桂柳人等；一类是以地域为特征划分的族群，如湖北人、湖南人、江西人、陕北人、河湟人、河北人、河南人等；一类是以大城市为代表划分的族群，如北京人、沈阳人、长春人、哈尔滨人、大连人、杭州人、温州人、宁波人、南京人、苏州人等；一类是以风俗习惯为特征划分的族群，如疍民、广西的“高山汉”、贵州的屯堡人等。

这样，由许许多多不同类型的族群组成的汉族，构建了汉族“多元一体”的结构模式。在这里，各个族群单位是“多元”，汉族是“一体”。

汉族多元一体的结构一是由汉族起源的多元性所决定。汉族起源有两个主源，即炎黄族群集团和东夷族群集团；三个支源，即苗蛮族群集团、百越族群集团和戎狄族群集团。这种起源的多元性为汉族多元一体结构奠定了基础。

二是由汉族形成的多元性所决定的。汉族的形成分为三个阶段，即夏、商、周三代之时黄河和长江流域夏、商、周、楚、越诸族群相继崛起为第一阶段；春秋战国到秦之时夏、商、周、楚、越，以及部分蛮、夷、戎、狄在大融合中育成华夏民族为第二阶段；西汉之时为华夏民族在“大一统”中发展、转化成汉族为第三阶段。这种形成以多元性为主构建了汉族多元一体的雏形。

三是由汉族发展的多元性所决定的。汉族自秦汉形成发展至今，两千多年来，在族群互动中表现出了特有的吸引力、向心力和凝聚力，使得在中国历史上曾经出现过的匈奴、鲜卑、乌丸、羯、氐、羌、契丹、党项、女真，以及部分蛮、俚、僚、傒等少数民族族群大多“汉化”而成了汉族的新鲜血液，所以史书中少数民族被“汉化”后“同之齐人”①，“遂同华人”②，“与蜀人相类”③，“殆与华不别”④，“与诸华不别”⑤的记载不胜枚举，于是汉族的发展“像滚雪球一样越滚越大”⑥，这就造成了汉族多元一体的伟岸身躯。

总之，由于汉族起源、形成和发展的多元性，才导致了汉族结构多元一体模式的形成。

汉族的族群结构可分为三级。

1. 第一级族群结构

以汉族的人文地理划分，可将汉族分为华南汉族、华东汉族、华中汉族、华北汉族、东北汉族、西北汉族、西南汉族。

---

① 《隋书·南蛮传》。

② 《通典》卷一八七《南蛮》。

③ 《隋书·地理志上》。

④ 同上。

⑤ 费孝通等：《中华民族多元一体格局》，中央民族学院出版社1989年版，第13页。

⑥ 关于汉民族起源、形成和发展多元的详细论述，参阅徐杰舜《汉民族发展史》，四川民族出版社1992年版。

2. 第二级族群结构

在一级族群结构之下，华南汉族可分为广府人、客家人、闽南福佬人、福州人、平话人、桂柳人等族群。

华东汉族可分为上海人、南京人、杭州人、徽州人、苏州人、宁波人、温州人等族群。

华中汉族可分为湖北人、湖南人、江西人、河南人等族群。

华北汉族可分为北京人、天津人、河北人、山东人、山西人等族群。

东北汉族可分为沈阳人、大连人、哈尔滨人、长春人等族群。

西北汉族可分为河湟人、河西人、关中人、西安人、陕北人、秦州天水人等族群。

西南汉族可分为四川人、重庆人、云南人、贵州人等族群。

3. 第三级族群结构

主要指"族群岛"，如广西的"高山汉"、富川本地人，贵州的屯堡人，福建的惠安人，以及疍民等族群。

汉族这三级族群结构，构成了汉族庞大的族群体系。

东北汉民族族群编

一方水土养一方人，东北的水土养育了东北人。

东北汉族族群从其形成来讲，无论是沈阳人、大连人，还是长春人、哈尔滨人基本上是一致的。从这个意义上来说，东北汉族就是一个族群——东北人。

历史上，东北少数民族土著族群兴起一茬，迁入中原汉化一茬；又兴起一茬，迁入中原，又汉化一茬，几成规律，君不见汉魏时的鲜卑、乌桓入主中原后汉化了，宋元时的契丹、女真入主中原后也汉化了，就是清代的满族入主中原统治全国后大部分也汉化了。反之，历代迁入东北的汉族，进入白山黑水少数民族土著族群的摇篮，大概在少数民族土著族群的包围之中而大部分土著化了。而现代汉族族群——东北人大多是在清代山东人、河北人“闯关东”形成的。

第一章　沈阳人

沈阳，简称“沈”，别称盛京、奉天。沈阳是一座历史文化名城。位于中国东北地区的南部，辽宁省的中部，北依长白山麓，南连辽东半岛，是辽宁省的省会，东北第一大城市。曾拥有历史文化名城的灿烂和悠久，也曾拥有中国工业重镇的辉煌和骄傲。因此，独特的地理位置和历史因素造就了与众不同的沈阳人。

第一节　沈阳人的语言

沈阳话，通俗地说是沈阳城区和郊区通行的土话。语言学上沈阳话属于汉藏语系汉语族汉语北方方言东北官话辽沈片。

一　沈阳话的形成

一般认为沈阳话形成于清代。1625 年，后金大汗努尔哈赤迁都沈阳；1644 年，清顺治皇帝迁都北京后，以盛京为陪都，成为东北地区政治、经济、文化中心的大都市。清军入关后，沈阳人大批进入北京，北京等地的关里人也大量移居沈阳，从而加强了语言交流。清代康熙、乾隆等皇帝，多次带领大批官员东巡盛京祭祖，并把包括北京话和沈阳话的“官话”作为官场、公共场所和知识分子的通行语言。20 世纪初，沈阳人大批进入北京，再次促进了两地语言交流。以北京话（由北京方言和沈阳方言构成）为中心的北方方言，在近代已经成为汉民族共同语的基础。1955 年，中国推广普通话后，对沈阳话起到了整合作用。推广“以北京语音为标准音，以北方方言为基础方言”的普通话，促进了沈阳话和普通话的趋同。

对上述说法，沈阳民俗学者马忠礼认为未必。他认为沈阳话至少有千余年历史。如建于 1044 年的辽代“无垢净光舍利塔”[①] 内石函上，刻有“打砖人”“烧灰匠”等称谓，与沈阳话称谓相似；“胡同”一词，为元代蒙古语言等。在后金、清代之前，女真人就在沈阳地区生活，所以，满语的“秃噜”“屙淋”“倒腾”“哈拉”“划拉”“个棱”“骨碌”“磨叽”“咋呼”等词语，便潜移默化地融进汉语之中。[②]

二　沈阳话的特点

沈阳话刚健、清新、质朴的特色与其语音的特点有密切的关系。

沈阳方言共有声母 19 个，与普通话相比，少了“zh、ch、sh、r”四个翘舌声母。沈阳话中的 19 个声母和对应的普通话声母发音相同。普通话中声母为“zh、ch、sh”的字，它们的声母在沈阳话中分别会变为“z、c、s”。普通话中声母为“r”的字，它们的声母在沈阳话中会变为“l”或“y”。

沈阳方言共有韵母 23 个，与普通话相比，少了单韵母“o”。沈阳话中的 23 个韵母和对应的普通话韵母发音相同。

沈阳方言共有五种声调：阴平、阳平、阴上、阳上、去声。

阴平：调值为 44，与哈尔滨话的阴平调值相同，比普通话的阴平略低。但是该声调在沈阳方言中不常出现，只有在变调的时候才会出现，后面会有介绍。

阳平：调值为 35，与普通话的阳平相同。

阴上：调值为 32，普通话中无此调。音调比阴平更低。普通话中读作阴平的字，在沈阳话中一律读作阴上。这是普通话和沈阳话的最显著区别。这种区别主要是由于古汉语原有的“入声”消失所造成。

阳上：调值为 214，与普通话的上声相同。

去声：调值为 51，与普通话的去声相同。

同普通话一样，沈阳话中也会有变调现象。普通话中如果连续出现两个上声，前一个上声要读成阳平。沈阳话中如果连续出现两个上声（包

---

① 无垢净光舍利塔：辽宁省文物保护单位。位于沈阳市皇姑区塔湾街黄土岗上。建于辽重熙十三年（1044 年），清崇德五年（1640 年）重修。是沈阳市现存较古老的建筑之一。

② 邱宏：《咱沈阳话从来就贼逗：再谈“沈阳方言”的历史渊源》，《沈阳晚报》2007 年 8 月 9 日。

括阴上和阳上)，前一个上声要读成平声（如果是阴上则读成阴平，如果是阳上则读成阳平)。

有意思的是，在语音、词汇、语法上，沈阳话与北方方言特别是北京话，有许多共性，即语音比较简单，语汇大同小异，语法基本一致。但两者有一定的区别。

第一，在语音方面，像“四、十、四十、十四、姓施、姓司”这样的字词，在沈阳方言中区分起来比较困难。再有缺少 r 声母，日与意也不容易说得分明。

第二，在词语方面，沈阳话有大量的方言词汇是普通话所不说的。如普通话说的：“天气”，沈阳方言叫“天头”；“太阳”叫“日头”；“葵花籽”叫“毛嗑”；“玉米”叫“苞米”；“说话”叫“唠嗑”；“乌鸦”叫“老鸹”；“麻雀”叫“家雀（qiào)”；“鹰”叫“老鹞子”；“手套”叫“手巴掌”等。据统计，沈阳方言的这一类土语词汇多达三、四千个，其中有一部分已被普通话所接受。在沈阳话中还吸收了不少其他民族的词语，如满语的“秃噜”、蒙语的“胡同”等。此外，沈阳话中还含有极为纷繁多样的语气词、叹词、拟声词和“黑不溜秋”“酸拉巴唧”“干巴呲咧”“花里胡哨”一类形容词生动化表达格式。沈阳话词语在变成书面语言时，写法不太固定，如“叽咕”“唧咕”“脚丫子”。并有方言专用字，如“旮旯”“蔫”，同时在词义上又有较大变化，如：“饥荒”，有“债”和“矛盾、纠纷”两义；“忌讳”，也可以指“醋”。此外，在沈阳话中，吸收了很多少数民族词语，如满语的“秃噜”“业障”“斗楞”“吧嗒”，在满族集居地区则把“上哪去”说成“上哪咯”，满语“咯”是汉语“去”的意思；在沈河区小西关地区居民之间就通行与回民习俗有关的借词，如“主麻儿（宗教仪式)”“油香”（油炸饼)；蒙语的“胡同”等。

第三，在语法方面，沈阳话中常用倒装或追加句式，如“吃了么，你?”“十点了都”“干啥玩意儿，你?”，等等，与普通话规范语法不同。

随着时代变迁，沈阳话也潜移默化地发生着变化。目前，老沈阳话和新沈阳话交融，已逐渐成为当代的“沈阳方言”。土生土长的老沈阳人，老沈阳话味道比较浓郁，俗称“大北关味”或“苣荬菜味”。如把“做什么”说成“干哈（啥）呀”，把“上哪去”说成“上哪疙瘩”，等等。新沈阳话节奏较快，语调简单，语音清晰。沈阳的年轻人还不断创造一些新的沈阳“土语”，如“要呢”“忽悠”“扔大个儿”“潮乎地”“贼拉好”

“掉价”“铁子”“少扯里根儿扔”等。随着网络传媒发展，沈阳青年人口中，又时常蹦出“郁闷”“能行不”等口头禅。[①]

三 沈阳话举例

近几年来，由于电视小品《相亲》和《超生游击队》等在春节晚会上的演出，把具有浓郁地域特色的沈阳话词语迅速传播到全国，几乎家喻户晓，人人皆知，故人们感到沈阳人说话贼逗，举例如下：

瓜子叫“毛客”
聊天叫“唠嗑”
挖苦人叫“熏人”
走叫“闪”
吃叫“撮”
地方叫“旮旯”
问题叫“直来的”
厉害叫“狠”
脏叫“埋汰”
难看叫“砢碜”
颜色叫“散儿”
干啥叫“干哈”
肥皂叫“胰子”
蜻蜓叫“蚂螂”
腼腆叫“秀咪”
摔跟头叫“卡了”
自己叫“各个儿”
故意叫“净隐儿”
摩托车叫“屁驴子”
撒谎：“扒瞎”
忘记别人情份或心意狠毒的人：“白眼狼儿”
猜测、预料：“备不住 ”

① 参阅邱宏《别具特色的“沈阳话”》，《沈阳晚报》2007年7月11日。

有实力，有钱的叫“有电”

说某处所脏乱：“皮儿片儿的”

说某两件事情发生的时间相差无几：“差前差后”

说某人说话本地口音重：“苦瘮瘮的”

说自己说话没吹牛：“一点不拦玄”

介绍一个情况先加上个疑问句，“你知道不？”

还有一些小痞话：“拉硬”“不惧”

恼怒生气的样子：“鼻子不是鼻子，脸不是脸”

理智不健全，说话办事不着边际：“彪”

心眼少：“彪乎乎”

烦闷，心里不痛快：“憋屈”

不要那样：“别介”

交通不便：“别脚”

用面粉制作的食物：“饽饽”

不错，不坏：“不赖”

不是好人：“不是物”

了不起，不寻常：“不善”

做事不认真、不务正业：“不着调”

办事大方：“敞亮儿”

办事利索，说话很流畅：“不打锛儿”

不讲面子：“不开面儿”

背后传瞎话，搬弄是非：“扯老婆舌”

痒：“刺挠”

方才：“才刚儿”

喜形于色，臭显摆：“嘚瑟”

太好啦，好得不得了：“贼毙”

揍你，报复你：“削你”

拌嘴、吵嘴：“叽咯浪”

旁边：“边儿拉儿”

喋喋不休，废话多：“磨叽”

办事没准，戏弄人：“耍大刀”

好的意思：“毙”

最好，比贼毙更好的意思："太毙了"

乳房："砸儿"

婴儿吃奶的意思："吃砸儿"

当老大，黑社会用词，也有挑衅成分，隐含这地方今后我罩着："立棍（gùnr）"

开工资："开饷"

马上，立刻："麻溜儿的"

束手无策："麻爪"

形容穿着不整齐，邋里邋遢，或者办事不周全，拖泥带水[①]："水裆尿裤"

第二节　沈阳人的形成

沈阳人起源和形成历史虽然悠久，但其路线图却呈马鞍形。

一　沈阳人的原始时代

沈阳人的起源和形成先要从太阳鸟说起。

太阳鸟出土于新乐文化遗址。新乐遗址位于沈阳市区北部、浑河故道北岸的黄土台地。它是中国原始社会新石器时代的一处聚落遗址，遗址面积达17.8万平方米，中心区域为2.25万平方米，并发现多处房址，最大的面积有100平方米，中型的面积有70平方米，小型的面积有20平方米，平面呈长方形或圆角方形，中间有火膛，四周有柱子洞。自1973年遗址被发现，经考古发掘与调查，证明在此地区存在着三种不同时期的文化堆积层[②]。

（一）新乐上层文化

新乐上层文化距今约4000年前（相当于新石器时代晚期至青铜时代），出土文物以石制收割工具和鼎、甗等煮食用具为主，和沈阳大部分地区的文物发现类近。

---

① 见沈阳晚风博客《沈阳人说话贼逗》（http://blog.sina.com.cn/s/blog_4a1140cf0100rgib.html）。

② 高凡：《沈阳历史的源头——新乐文化》，《侨园》1998年第6期。

（二）新乐中层文化

新乐中层文化距今约6000年前，出土文物以陶器群为主，和新民市出土的偏卜子文化相类。

（三）新乐下层文化

距今约7200年前，新乐先民居住遗址及生活器具文物。其中于1978年在二号房址出土的鸟形炭化木雕艺术品，距今有7200多年的历史，被认为是氏族崇拜的图腾信物。它是在沈阳地区发现的年代最久远的文物，也是世界上年代最久远的木雕工艺品。

新乐文化遗址文化非常丰富，主要特征为以下几点。

1. 生产工具，以石器为主，压、磨、打均有，数量多，专业工具已形成，压剥的细石器和打制石器约占石器总数的一半以上。细石器多不作二次加工，细石镞多在腹面作二次加工。磨制石器精细，仅有斧、凿、串珠、雕刻器等中小器形，但通体磨光，形体规整。

2. 制陶工艺已发展到一个相当阶段。以夹砂红褐陶为主，器面通体压印“之”字形花纹和平行凹带纹为辅的陶器群，是新乐文化的突出特点。器形有大中小深腹罐、刻划纹高足钵及少量斜口器等。

3. 半地穴式的房子建筑已发现四十余座，房子内均在中间设有火塘。房子之间相距很近，沿古河道北岸形成聚落居住状态。

4. 出现木质雕刻品，玉质串珠等装饰品，并以煤精加工成工艺品。

5. 农业经济处于原始阶段，黍是唯一发现的品种。采集、狩猎、渔猎仍是重要的经济活动。①

新乐遗址的发现，将沈阳有人类活动的历史推溯到7000年前，它是沈阳最早的村落遗址和历史文化的源头。而在新乐文化下层出土的太阳鸟的原型——木雕大鹏鸟，雕刻精致细腻，刻法精湛传神，即使已经相隔7000余年，而且还遭受过火烧、掩埋等破坏，可是其出土时依旧能够清晰地辨认出雕刻的形象，甚至其中的一些细纹都清晰可辨。现在，太阳鸟已成为沈阳的象征。由这只鸟的形态做成的雕塑，今天耸立在市政府广场上，已成为沈阳市城市发端的标志。②

沈阳人的历史是很悠久的，近两年，考古学的“太阳鸟”又给我们

① 曲瑞奇、沈长吉：《沈阳新乐遗址试掘报告》，《考古学报》1978年第4期。

② 小山：《沈阳絮语》，《炎黄纵横》2009年第1期。

带来了新的信息，沈阳市文物考古研究所近期考古发现的是旧石器时代的打制工具，这意味着沈阳地区人类活动的历史已经从 7200 年前的新乐文化，提前至 2 万到 3 万年前。据考古研究他们是 3 万年前石器时代的生活者。

2011 年 4 月，考古调查主要围绕康平、法库两县进行，以已发现的晚更新世时期的古生物化石出土地点和文物普查中发现的细石器地点为线索，并以河流沿岸的 2—3 级阳坡阶地为重点，围绕山脉走势和河流沿岸，展开区域性拉网式考古调查，在康平县及法库县北部发现旧石器地点 14 处。

这 14 处地点主要分布在辽河、秀水河、利民河沿岸的Ⅱ、Ⅲ级侵蚀阶地或基座阶地上，且在秀水河、利民河流域分布较为密集。其中分布于侵蚀阶地的地点有康平县东小陵村西山、杨家窝堡后山，法库县哈户硕村黑山头、后大屯二岭山、五里山村五里山、柏家沟西山、苇子沟白虎山、邢家屯威虎山 8 处，分布于基座阶地的地点有康平县李家窝堡北山、王力岗窝堡东山、刘家屯老山头、吴家窝堡东山、后靠山屯北山，法库县石桩子村北山 6 处。

特别有价值的是，这次调查发现的旧石器地点，属旧石器时代晚期有 10 处、旧石器与新石器时代之间有 4 处。石器的年代跨度为 3 万多年至 1 万年，相当于旧石器时代晚期向新石器时代过渡阶段。这些发现不仅填补了沈阳地区以前没有发现过旧石器的空白，还将本地区有人类活动的历史向前推进至 3 万多年。①

二　沈阳人的形成时代

沈阳人的形成与沈阳的建城有密切的关系。

前 221 年，秦始皇统一中国后，分天下为 36 郡，沈阳隶属辽东郡。从春秋战国时期燕国设立方城起，沈阳的建城史已 2600 余年。西汉时期，沈阳已具有城市轮廓，称为“侯城”。唐代，改称“沈洲”。921 年，辽太祖移民到此，修筑土城。金代时期，金太祖攻占沈洲，沿用“沈洲”之名。1296 年，元代重建土城，改沈洲为“沈阳路”，归辽阳

---

① 付永平、陈全家：《沈阳旧石器时代考古调查成果填补空白》，《中国文物报》2011 年 8 月 12 日第 004 版。

管辖。由于沈阳地处沈水（浑河）之北，以中国传统方位论，即“山北为阴，水北为阳”，故改沈洲为沈阳。从此，“沈阳”这一名称正式出现在史料上，距今已有702年的历史。1386年，明朝改“沈阳路”为“沈阳中卫”。沈阳的辉煌始于1625年，满族的“龙虎将军”努尔哈赤推翻明朝，把都城从辽阳迁到沈阳，并在沈阳城内着手修建皇宫（今沈阳故宫）。沈阳加冕为中国的新都城。1643年，清太宗皇太极改称沈阳为“盛京”。1644年，清朝迁都北京后，沈阳为陪都。故沈阳素有“一朝发祥地，两代帝王都”之称。1657年，清朝以“奉天承运”之意在沈阳设奉天府，沈阳又名“奉天”。1911年，辛亥革命后，沈阳成为奉系军阀统治的首府。1923年，正式设立奉天市政公所，沈阳首次出现市的建制。1929年，张学良在“东北易帜”后，改“奉天市”为“沈阳市”。就是在沈阳建城的悠悠过程中，迁入沈阳的汉民族移民逐渐演化成沈阳人。

沈阳建城虽有上述记载，但历史对汉民族移民迁入沈阳却缺乏记载，所以，只能从迁入辽宁汉民族移民的有关记载中窥视大概。

（一）汉民族先民迁入辽宁

汉民族秦汉时期由华夏民族发展转化而来的历史，在《汉民族史记》第1卷中已有详述。与汉民族先民迁入辽宁有关系的是箕人、孤竹人和古燕人。

1. 箕人迁入辽宁

箕人的历史十分悠久，早在商代，其族名在甲骨文中一般刻作“其”。箕人与殷商王朝的关系极为密切，主要原因是因为它们都出自东夷族系。1976年发掘的殷虚妇好墓[①]，出土了21件箕人铜器[②]。所以《史记·宋微子世家》记载：“箕子者，纣之亲戚也。”正因为箕人与殷商王朝属同一族群、又是“亲戚”关系，所以箕人的首领累世在商王朝内为官，位列居爵。特别是其首领之一的“矣”，历武丁、祖庚、祖甲三朝，充任“贞人”，故青铜器铭中众多的“亚其”人形徽识，所指就是此人。学者丁山指出：“凡鼎彝铭文著亚字者，都是殷王畿内甸男之徽识，

① 妇好是商王武丁的重要配偶，其地位十分显赫，箕族器成批出土于妇好墓中，表明箕族在商王朝中的地位及与王室关系非同一般。

② 中国社会科学院考古研究所：《殷虚妇好墓》，文物出版社1980年版，第97页。

箕侯诸器均著亚字，可见箕确为畿内的侯亚。”[①] 可见，商末周初在现今辽西地区的箕人，即是东夷族系中箕人之一部。

箕人迁入辽宁始于商代末年。箕人之首领为箕子，文献记载其名为胥余[②]，为商纣王之诸父[③]，官至太师，仍袭侯爵。因纣王荒淫无道，“箕子谏不听……乃被发佯狂”[④]，遂被纣王囚禁。周灭商后，“武王胜殷，继公子禄父，释箕子之囚”[⑤]。箕子虽然被释放，但不愿事周。根据《史记·周本纪》所载，箕子被释后，武王乃“问箕子殷所以亡，箕子不忍言殷恶，以存亡国宣告。武王亦丑，故问以天道”。再后，“箕子不忍为周之释，走之朝鲜。武王闻之，因以朝鲜封之”[⑥]。于是，箕子率领一部分箕人迁到了辽西地区，张博泉在《东北地方史稿》中就说：“箕氏于殷末迁来东北，其初地在辽西，今大凌河流域。”[⑦] 近年在大凌河流域的喀喇沁左翼蒙古族自治县所发现的箕侯铜器，是箕子及其箕人曾在此地立脚的证据[⑧]。箕人于周初在今天凌河流域暂时觅得了一块生存之地而居住下来，并得到了中央王朝的认可。但由于时间过于短暂以及文献的失载，此一时段箕子及箕人的活动文献记述甚少，但箕人后来有五千人迁入朝鲜的记载却明确无误，正如《朝鲜史略》所云：“周武王克商，箕子率中国人五千人朝鲜。”[⑨] 但应该有部分箕人留下来，他们可能就成了沈阳人的先民之一。

2. 孤竹人迁入辽宁

孤竹人，是商代初期直到春秋时代辽西一个著名的族群，在甲骨文和金文中都有记载。在董作宾的《小屯殷虚文字乙编》之 4525 中，其族名作“竹”。饶宗颐的《海外甲骨录遗》之 507 中，同样称为“竹”。1973 年，在辽宁省喀喇沁左翼蒙古族自治县的北洞，出土一件涡纹铜罍，属商代晚期器，器上有铭文：“父丁，孤竹，亚微。”[⑩] 文献中对“孤竹”也有

---

① 丁山：《商周史料考证》，龙门联合书局 1960 年版，第 210 页。

② 《史记·宋微子世家》。

③ 同上。

④ 同上。

⑤ 《尚书大传》卷四《周传·洪范》。

⑥ 同上。

⑦ 张博泉：《东北地方史稿》，吉林大学出版社 1985 年版，第 41 页。

⑧ 李德山等：《中国东北古民族发展史》，中国社会科学出版社 2003 年版，第 103 页。

⑨ 同上书，第 104 页。

⑩ 晏琬：《北京、辽宁出土铜器与周初的燕》，《考古》1975 年第 5 期。

记载，《逸周书·王会篇》云：“孤竹距虚，不令支玄貘，不屠何青熊。”《国语·齐语》亦云：“遂北伐山戎，制令支，斩孤竹而南归。”

孤竹人的都城，史称其为“孤竹城”。《汉书·地理志》“辽西郡令支县”条下说：“有孤竹城。”《水经注·濡水》引《魏土地记》：“肥如城西十里有濡水，南流径孤竹城西，右合玄水，世谓之小濡水。”“玄水又西南迳孤竹城北，西入濡水。”附近有孤竹君祠，并说：“祠在山上，城在山侧，肥如县南十二里，水之会也。”《史记·伯夷叔齐列传》之《正义》引《括地志》云：“孤竹故城在平州卢龙县南十二里。”肥如县，唐武德时改名为卢龙。所以，《水经注》与《括地志》所载都是一地。孤竹人的居住地和活动范围，南境当抵今渤海北岸，北境当在今辽宁北票县和内蒙古自治区敖汉旗南部，东境当在今辽宁兴城附近，西境当在今河北迁安至乐亭一线。①

商被周灭亡后，孤竹人的境遇不佳。孤竹人之地，先是“封于箕子”②，故《周易》第三十六明夷卦象之六五爻辞中有“箕子之明夷”的记载。但不久，箕子又率其族人东迁入古朝鲜之地，孤竹人又隶属于燕国，成为燕国的附庸。当山戎强大并南下进入辽西之际，孤竹人再受制于山戎，又成了山戎的附庸，甚至可能被胁迫参与了山戎的“伐燕”活动，故《史记·齐世家》云：“（桓公）二十三年（前663年），山戎伐燕，燕告急于齐，齐桓公救燕，遂伐山戎至于孤竹而还。”对于这次战争，《国语·齐语》云：“（桓公）遂北伐山戎，刜令支③、斩孤竹而南归，海滨诸侯莫敢不来服。”《管子·小匡》亦云：“北伐山戎，制泠支④，斩孤竹，而九夷始听。”《说苑·权谋》也云：“齐桓公将伐山戎、孤竹，使人请助于鲁。鲁君进群臣而谋，皆曰：师行数千里，入蛮夷之地，必不反矣。”在这次战争中，孤竹国君被斩杀⑤，孤竹人尽为齐桓公所俘。自此以后，孤竹人通过齐国最后融入了华夏民族之中，但应该有部分孤竹人留

---

① 李德山等：《中国东北古民族发展史》，中国社会科学出版社2003年版，第275页。

② 《隋书·裴矩传》。

③ 令支，今河北省迁安、迁西和滦县北部地区，春秋时期为令支国，一度为山戎所统治，秦时为离枝县，属辽西郡。汉改名为令支县。

④ 此“泠支”为古代北方少数民族名。见章炳麟《封建考》：“东周既弱，桓文起而扶衰，卒令邢卫復胙，泠支受戮。”

⑤ （唐）尹知章注：《管子·小匡》。

居辽西，他们也可能就成了沈阳人的先民之一。

3. 燕人迁入辽宁

燕人之燕，甲骨文、金文作“晏”，已具有都邑的含义。国君姬姓，是西周封宗室召公之后。古代，在北京地区有一个相当大的族群以“晏（燕）”为图腾，为族徽，为族名，并进而为地名、国名。古燕形成于何时已不可考。考古工作者在北京市房山区琉璃河乡董家林、黄土坡村一带发现了一处规模相当大的商周遗址。包括建于商末延续至西周的城址。一些学者认为这就是商末时期古燕都城的遗址。西周时，蓟国成为周国的封国。《礼记·乐记》载：“武王克殷返商，未及下车而封黄帝之后于蓟”。《史记·周本纪》载：武王褒封“帝尧之后于蓟”。蓟国都于蓟城，在今北京市区西南广安门一带，约前7世纪为燕国所并。燕国是中国历史上西周到春秋战国时期，汉民族在中国北方和东北地区建立的一个诸侯国。

春秋时《管子·地数篇》载：“燕有辽东之煮”，表明至迟到春秋时，燕对辽东已经有了一定的管理关系，但真正将辽东纳入燕国版图，则是在战国的末期。此后，在东胡做人质，很受东胡的信任，通晓民情风俗的燕国将领秦开，在燕昭王即位后逃回燕国，于前300年大破东胡，迫使东胡北退千余里，又曾渡过辽水进攻箕子朝鲜，直达满番汗（今鸭绿江）为界，据有辽宁全境。并开辟辽东，置上谷、渔阳、右北平、辽西、辽东五郡，筑燕长城①。这时燕人当有相当数量迁至辽宁一带，此事虽不见史籍记载，但东北史专家孙进己认为：在辽东、辽西普遍发现燕人活动遗迹。据考古工作者调查，东北南部地区发现属于燕时的古城遗址有二三十座，各地星罗棋布的大小城市，有的是郡县官署所在地，有的是燕军屯戍的城堡②，都可证明确有燕人迁至辽宁。

燕人大批迁至辽宁，是在秦灭燕时。秦攻占燕都蓟城，燕王逃亡，迁居辽东，燕人大批流亡东北。秦灭燕，筑长城，自造阳至襄平（今辽阳），秦人更大批流入东北。秦末，中原战乱，燕人迁至东北者甚多③。这当中应该有部分燕人留居辽西，他们也可能就成了沈阳人的先民之一。

这样，从商代及至春秋战国到秦，迁入辽宁的箕人、孤竹人和燕人，

---

① 《史记·匈奴列传》：“置上谷、渔阳、右北平、辽西、辽东郡以拒胡。”

② 程妮娜主编：《东北史》，吉林大学出版社2001年版，第28页。

③ 参阅孙进己《东北民族源流》，黑龙江人民出版社1989年版，第260—261页。

甚至还包括一些齐人、赵人，都可能成为沈阳人的先民。正因为如此，所以汉代扬雄的《方言》一书记载，燕北、辽东至朝鲜半岛北部方言大体相同，说明这一地区民族融合的结果是形成早期汉人，这里的文化已经成为汉人文化中的一种亚文化，而不是少数民族文化了①。

（二）两汉到两晋：汉民族迁入辽宁的第一个高峰

两汉以来，中原汉民族迁入辽宁的移民不断增多。据《汉书·地理志》载：西汉时，右北平郡有户六万六千六百八十九，口三十二万零七百八十；辽西郡户七万二千六百五十四，口三十五万二千三百二十五；辽东郡户五万五千九百七十二，口二十七万二千五百三十九。据孙进己研究，这时辽西、辽东等郡的居民已都是汉人，没有疑问②。东汉时，特别是东汉末年到三国时天下大乱，汉民族中有不少人流入辽宁，《三国志·魏书·武帝纪》云："三郡乌丸承天下乱，破幽燕，略有汉民十余万户"。朝鲜《三国史记》载："（故国川王）十九年，（197 年，汉建安二年）中国大乱，汉人避乱来投者甚多。"③ 当时汉民族迁到辽西、辽东地区的也不少。如《三国志·魏书·管宁传》云："天下大乱，闻公孙度令行于海外。遂与邴原及平原王烈等至于辽东，度虚馆以候之。既往见度，乃庐于山谷。时避难者，多居郡南，而宁居北，示无迁意。后渐来从之。"《三国志·魏书·邴原传》亦云："原在辽东，一年之中，往归原居者数百家。"正如孙进己所说：在东汉三国时期流入东北地区的汉人总数当有数十万人，东北的汉人增加一倍左右。④

西晋后期中原更是战乱不休，迁往辽宁各地的汉民族更日益增加。如《晋书·慕容廆载记》云："高瞻，字子前，渤海蓚人也……属永嘉之乱……乃与叔父隐率数千家北徙幽州。既而以王浚政令无恒，乃依崔毖，随毖如辽东。""永嘉初，中原战乱，百姓失业，流亡归（慕容氏）附者日月相继"。及"幽、冀沦陷，（慕容）廆乃立郡以统流人。冀州人（今河北）为冀阳郡，豫州（今河南）人为成周郡，青州（今山东）人为营丘郡，并州（今山西）人为唐国郡"。可见其主要移民来源是今河北、山

---

① 程妮娜主编：《东北史》，吉林大学出版社 2001 年版，第 25 页。

② 孙进己：《东北民族源流》，黑龙江人民出版社 1989 年版，第 262 页。

③ 同上书，第 262—263 页。

④ 同上书，第 263 页。

西、山东、河南等中原地区。能够为这些移民专门设置侨郡，也说明移民的数量相当可观。到了慕容廆之子慕容皝时代，对侨郡进行了调整，“罢成周、冀阳、营丘等郡。以勃海人为兴集县，河间人为宁集县，广平、魏郡人为兴平县，东莱、北海人为育黎县，吴人为吴县，悉隶燕国”[①]。

在大批汉人迁居今辽宁地区的同时，慕容氏还不断从中原地区掳掠大批汉人，迁到今辽宁地区。如340年一次就掠迁幽、冀百姓三万余户[②]。据《晋书·慕容皝载记》载：“流人之多旧土，十倍有余。”据孙进己推算，西晋时期东北地区的汉人要达到数百万人，这是东北地区历史上，除清朝外，汉人最多的一个时期。这时与《史记·货殖列传》所载的“地踔远、人民希”已大不相同，而是像《晋书·慕容皝载记》所载是“人殷地狭”了[③]。此后，409年，汉人冯跋建立北燕，代替了鲜卑人的慕容燕。以后慕容氏融入汉族之中，至今汉人姓氏中有慕容之姓。冯跋为加强其统治实力，又派人越海经章武到长乐（今安阳附近）招来亲属五千余户，辽西汉人更是有增加。而所有这些迁入辽宁的汉民族应该有一部分进入了沈阳地区，成为沈阳人雏形。

（三）宋元到明清：汉民族迁入辽宁的第二个高峰

隋唐之时，由于政治稳定，除了唐军队征伐高句丽时落伍的士卒和留守的官员以外，中原汉民族主动向东北地区移民的人并不多。“安史之乱”时，安禄山与史思明从东北的辽宁等地带走了一批汉族，侯希逸一次带走二万人至青州。因而使辽西地区的汉族人口又有所缩减[④]。直到宋元及至明清，辽宁乃至整个东北迎来了汉民族迁入的第二个高峰。

1. 宋元时期“掠获”汉人入关

宋元时期是中国历史上又一个大分裂、大动荡、大迁徙的时代。这时多个民族政权并存，先是中原的北宋与东北的辽和西北的西夏，三国长期

---

① 《晋书·慕容皝载记》，这其中最引人注目的是居然还有专门为来自江南的吴地人设置了吴县。江南地区在西晋末年一直是移民的净迁入地区，怎么可能会有大批吴人千里迢迢移民到东北地区呢？而且当时慕容廆慕容皝父子向东晋中央政府汇报请示工作，都只能从海路到达建康，为什么到了慕容皝时代会有大批吴人移民到东北呢？这不可不谓一个历史之谜！

② 孙进己：《东北民族源流》，黑龙江人民出版社1989年版，第263页。

③ 同上。

④ 参阅李德山等《中国东北古民族发展史》，中国社会科学出版社2003年版，第303—304页。

对峙；继而又是东北的金与南宋的南北对峙；最后由蒙古族建立的元王朝完成了对中国的统一。在此态势下，战事频繁，造成了全国性的各族人口大流动，于是开始掀起了汉民族迁入辽宁的第二个高峰。

辽宋对峙之时，辽王朝从中原等地掠获了大批汉人迁入东北，宋初，辽军还屡屡侵入华北地区，攻陷城邑、掳掠人口。到辽宋签订《澶渊之盟》时，被掠去的汉人约有七八十万，而迁至辽河流域的又有三四十万，合计约 120 万左右[①]。这些汉人主要分布在今内蒙古东南部的西辽河流域和辽宁省境内。东京辽阳府（今辽阳市）本为渤海国故地，辽“既灭渤海，几尽徙其户上京（今内蒙古巴林左旗境），其地空，乃以汉俘实之焉……渤海人之渤海，至是乃为汉人之渤海矣”[②]。

这些被掠夺到东北的汉人，归属到辽朝所置州县或由诸王、外戚等贵族所创设的投下军州之内，“筑城郭，立市里，以处汉人，使各有配偶，垦艺荒田”[③]。根据记载，与辽宁有关的在东京道（今辽东）有宗州、乾州、海北州、贵德州、沈州、广州、遂州、双州、成州、信州、宾州、连州、棋州；中京道（今辽西）的有中京、惠州、武安州、榆州、泽州、潭州、松江州、兴中县、安德州、黔州、宜州、锦州、川州、建州等[④] 27 个州县居住的都是汉民族。每个州县的人数从 500 户到数千户不等，以平均每个州县一千户五千人计，大约有二万七千户，十三万五千人。但辽代迁入辽宁的汉人总数当还不止这些，可能还有相当数量的汉人沦为奴隶，未计入内[⑤]。

金王朝建立后，掠夺汉民族人口仍是它进攻中原的主要目的之一。《金史·食货志》云：“天辅六年（1122 年），既定山西诸州，以上京为内地，则移其民实之。”“天辅七年（1123 年）二月，尽徙六州氏族，富强工技之民于内地”。《金史·太祖本纪》亦云，天辅七年（1123 年）四月，“命习古乃、婆卢火监护长胜军及燕京豪族工匠，由松亭关徙之内

---

① 参阅邹逸麟《辽代西辽河流域的农业开发》，载《辽金史论集》第 2 辑，上海古籍出版社 1987 年版。

② 谭其骧：《辽代“东蒙”“南满”境内之民族杂处——满蒙民族史之一页》，载《长水集》上册，人民出版社 1987 年版，第 247 页。

③ 《契丹国志》卷十六。

④ 《辽史·地理志》。

⑤ 参阅孙进己《东北民族源流》，黑龙江人民出版社 1989 年版，第 268 页。

地”。此外，《平燕录》记载：“金人用阿骨爽计，……将燕城职官、民户、技术、嫔嫱、倡优、黄冠、瞿昙、金帛、子女等席卷而东。”[①]《北征纪实》记载：“金人……因尽括六州之地，上户几二三万起发，由松亭关去。”[②] 此后，金兵南下及攻灭北宋后，“其所得汉人，并削发使控马荷担，得妇女好者掠去”[③]。当时“华人男女，驱而北者，无虑十余万”[④]。攻占北宋都城开封后，将徽、钦二帝以及在开封的宗室、百官、宫女、宦官、工匠、娼妓等数千人掠至金源内地，绝大多数没能返回中原故乡。

这些汉人迁居东北后，大都分布在北京路（今辽西、内蒙古东部）、东京路（今辽东）、咸平路（今辽北）、上京路（今吉林及黑龙江省）。金代，上京、咸平、东京、北京四路有户六十多万，人口比辽时上京、东京、中京三道增长数倍，由于增长的主要是迁来的汉民族人，所以汉人占了相当大比例。此外女真人的202个猛安[⑤]中，还有充奴婢的汉人达数十万，其中也有将近一半居住在今东北地区。因此，金代东北地区汉人的总数约二百万人，比辽朝增加许多倍[⑥]。其中，相当一部分分布在今辽宁地区。

元代对于沈阳人的形成有决定性的意义，那就是“沈阳”名称的出现。元贞三年（1297年），元代重建土城，改沈洲为“沈阳路”，归辽阳管辖。由于沈阳地处沈水（浑河）之北，以中国传统方位论，即“山北为阴，水北为阳”，故改沈洲为沈阳。从此，“沈阳”这一名称正式出现在中国文献上，距今已有七百余年的历史。尽管由于战争的原因，元代辽宁汉人的总户数减少，据《元史·地理志》所载：辽阳路仅户三千七百八，口三万三千二百三十一；广宁府路，至顺钱粮户数四千五百九十五；大宁路，户四万六千六，口四十四万八千一百九十三；沈阳路，至顺钱粮户数五千一百八十三。与金代相比仅有十分之一。总户口数减

---

① 《三朝北盟会编》卷十六《政宣上帙十六》。

② 同上。

③ 《三朝北盟会编》卷三六《靖康中帙十一》引《靖康遗录》。

④ 李心传：《建炎以来系年要录》卷四《建炎元年四月辛酉》，中华书局1956年铅印本。

⑤ 金王朝军政合一的社会基层组织编制单位及其主官名称。金初，军队主要编为猛安、谋克，是一种军政合一的社会基层组织编制单位。大体上一猛安，号称千户，实际统兵数百人而已。

⑥ 孙进己：《东北民族源流》，黑龙江人民出版社1989年版，第269页。

少，汉人当也相应减少。史载辽金时的许多州县到元代大都“徒存其名而无城邑”[①]。且沈阳路的主要居民还是包括部分汉民族在内的高丽降民。这些高丽降民是唐朝灭高句丽后，将高句丽人大规模迁回东北。这些被迁回的高句丽民户，应该包括了一部分汉族家庭和汉、高句丽混合式家庭。尽管如此，“沈阳”名称的出现，为沈阳人的形成奠定了一块标志性的基石。

2. 明清时期汉人“闯关东”入关

明清之时，在“大一统”的历史格局下，随着东北地区的民族结构根本性的变化，汉人“闯关东”入关，汉民族一跃而成为东北地区人数最多的民族。

明洪武四年（1371 年），明朝在辽东设定辽都卫，二年后又置辽阳府县。洪武八年（1375 年），改都卫为辽东都指挥使司。辽东都司下设 25 卫、2 州，以足额计应有汉族将士 14 万，根据《明会典》记载，实际为 9.5 万，与家属合计约有 30 万[②]，但《全辽志·赋役志》却记载户数有 96441，口 381496。如果取平均值，有 35 万左右人口是可信的。又洪武二十五年（1392 年），蒙古纳哈率部二十万降明，据《明太祖实录》记载：

> 丙辰，遣使赉诏谕降达达曰：“闻尔等将人口、头匹来，远涉道途，甚为艰辛。朕初命辽阳、海州（今海城）、盖州（今盖县）、复州（今复县）、金州（今金县）、崖头（今辽阳市地）、大宁旧省口内之人，各照原所居住。不意文书到迟，总兵官将尔等往程迂远。若已入迁民镇，可留彼暂住；若未入口，到瑞州（今绥中县北）、闾山（今锦州医巫闾山）左右，朕见命官运布一十七万匹给赐尔等，且就彼关领。”

这二十万人中一部分原是口内居民，是被蒙古人掳掠而北的。这次随投降的蒙古部落南下，本可返回故乡，由于文书往返耽误，使其中大部分人只能在辽东定居。[③] 可见，明代辽宁汉民族的人口已大大超过元代，且

① 《元史·地理志》。

② 葛剑雄等：《简明中国移民史》，福建人民出版社 1993 年版，第 385 页。

③ 同上书，386 页。

基本上是明初从中原各地新迁来的汉人，如《辽副总兵题名记》所载："辽阳实一方都会，我太祖混一区宇，建立都司，隶城六卫。东宁则即土人为卫，五卫与所辖诸卫则迁天下人填实之，以洗辽金之陋。"[①] 这些新迁来的汉人，显然进一步充实和补给了辽宁地区汉族人口的数量。

明清之交，后金于天命六年（1621 年，明天启元年）相继攻陷沈阳、辽阳，基本占领了辽东，以后又将明军压缩到山海关以内。为加强对新占领区内的统治，后金统治者首先将以前散布辽东各地的汉人相对集中。如 1621 年，努尔哈赤下令迁镇江、宽甸、瑷河、汤山、镇东、镇西和新城等地称为"新民"的战争中幸存的明军及其家属往萨尔浒[②]；次年又把广宁等九卫汉民迁往辽东，把锦州二卫迁往辽阳，右屯卫迁往金州、复州；义州二卫迁往盖州、咸宁营；广宁四卫迁往沈阳、蒲河和奉集堡。其目的主要是将周边的汉民族向辽东腹地靠拢，以便从东边割断他们与朝鲜的联系，从南边断绝他们同明朝的来往。

满族兴起于东北后，自 1636 年至 1642 年，清军三次攻入关内明境，最远逼近江苏徐州，每次都掠回大批人口，累计超过百万[③]。顺治元年（1644 年）清军入关，关外的满族绝大多数都随军入关，据统计，明末清初满族人口约 100 万，迁入关内的就达 90 万之多[④]。被编入汉军旗的汉民族和大批汉民族奴婢也随之入关，留居辽东的人数已非常之少，如《清圣祖实录》卷三所云，辽东"沃野千里，有土无人。惟几处荒城废堡、败瓦颓垣点缀于茫茫原野中而已"；《黑龙江外纪》卷七亦云："自沈阳至卜奎（今齐齐哈尔），中间数百里无居民。"

清朝入主中原后，以东北为"龙兴之地"，禁止汉人自由迁入，并沿着明代辽东边墙旧址插柳结绳，构筑警戒线，称为"柳条边"。边外之地即为封禁区，关外边内之地允许并鼓励汉人前去开垦。《清朝文献通考》卷一即载，顺治八年（1651 年）规定："民人愿出关垦地者，令山海关造册报部，分地居住。"

但由于辽东、辽西地区在顺治年间（1644—1661 年）是汉民族移

---

① 《全辽志》卷五《艺文志》。

② 萨尔浒山在今辽宁抚顺东浑河南岸，1619 年后金努尔哈赤大败明兵于此。1620 年努尔哈赤自界藩城（今辽宁新宾西北）迁此萨尔浒山下，建萨尔浒城。

③ 葛剑雄等：《简明中国移民史》，福建人民出版社 1993 年版，第 449 页。

④ 张璇如：《清初封禁与招民开垦》，《社会科学战线》1983 年第 1 期。

民的世外桃源。康熙初年移民便大量涌入。如康熙二年（1663 年）上谕："盖州、熊岳地方，安插新民……并令海城县督率劝垦。"[①] 康熙五年（1666 年），"以奉天之白旗堡、小河西两处地亩，令民耕种……广宁、宁远两县旷地，给民开垦"[②]。可见"柳条边"挡不住关内汉民族大量迁入辽宁及东北其他地方。这使清政府极为恐慌，故到乾隆年间，清政府发布措词严厉的封禁令，并命令驱逐已经安家立业的流民，包括已经在蒙古地方定居的流民。雷声虽大，雨点却小。实际上，这项禁令并没有得到有效的执行。而是物极必反，越封越有人要闯。特别是遇有灾害年景，黄河流域诸省百姓往往蜂拥闯关，人数之多，难以阻挡。乾隆八年（1743 年）大旱灾，流民增多，乾隆帝下诏开禁让流民通过；乾隆九年（1744 年）、乾隆五十七年（1792 年）也分别有变通放民出关的事例。除了这些年份大规模的集中移民外，平时单身佣工或偷渡性移民也已累积成庞大的数量。由于这一切移民形式都是在封禁条件下进行的，所以俗称"闯关东"。

在汉民族"闯关东"的态势下，为了适应汉民族移民人口增长的局面，康熙元年至四年（1662—1665 年），辽阳改置为州，并增设锦州府，领锦县、广宁县、宁远州，又设承德（1914 年改名沈阳）、盖平、开原、铁岭四县，隶属奉天府。可见，沈阳这时已在辽宁脱颖而出，成为辽宁地区汉民族移民分布最为密集的区域之一。据葛剑雄的统计，清帝国前期奉天府（今沈阳）的人丁数康熙七年（1668 年）为 7953；雍正十二年（1734 年）为 23796，平均增长率为 16.7‰；乾隆六年（1741 年）为 28258，平均增长率为 25.4‰[③]。在此要说明的是这些人丁数不是全部移民的人口数，也不是全部移民成年男子数，而是入籍的移民成年男子数。人丁的增长，反映了迁入沈阳的汉民族移民已形成一定的规模，沈阳人在"闯关东"中最终形成东北汉民族中一个重要的族群。

此后，汉民族移民不断涌入沈阳。嘉庆二十五年（1820 年），锦州、奉天（含兴京）人口分别达 43.4 万和 132.3 万，从康熙初年至此时，两

---

① 《清圣祖实录》卷八。

② 《清朝文献通考》卷二。

③ 葛剑雄等：《简明中国移民史》，福建人民出版社 1993 年版，第 451 页。

府人口的年平均增长率分别为 15.7‰和 18.5‰；两府平均人口年平均增长率为 17.7‰，略高于人丁数的增长。在一个半世纪的漫长时间中，移民的人口增长似乎长期保持一个相当均匀的速度，这是在封禁条件下有限制的人口迁移造成的。据曹树基先生研究，乾隆四十一年（1776 年）的辽东人口约为 96 万。咸丰元年（1851 年）辽宁人口达到 258.1 万。[①]

所谓好戏在后头。"闯关东"的移民，进入近代后才真正进入高潮阶段。民国以后，关内农民移民东北的浪潮持续高涨，特别是到 20 世纪二三十年代，出现了一个每年进入东北的移民达数十万以至百万之巨的高峰时期，从 1923 到 1931 年间，移居东北的关内移民达 582 万余人，其中 265 万余人在东北长期定居[②]。又据南开大学对东北三省千余户农业移民的调查表明，有 10% 是在清朝末年以前去的，1912 至 1931 年间去的占 90%，其中 1925 年至 1930 年间去的则占 50% 以上[③]。

奉天（沈阳）汉民族人口增长　　单位：人

年代	奉天
1771	750896
1776	764440
1780	781093
1907	87289744
1910	10696004
1914	12924779
1928	13775000
1930	15233000

资料来源：吴希庸：《近代东北移民史略》，载《东北集刊》1941 年第 2 期。转引自孙进己《东北民族源流》，黑龙江人民出版社 1987 年版，第 274 页。

由上可见，近代关内移民成为东北人口增长的最重要来源，其移民规

① 葛剑雄主编：《中国移民史》第六卷，福建人民出版社 1997 年版，第 481 页。

② 参阅［日］天野元之助《满洲经济的发达》，南满铁道株式会社 1932 年版，第 63 页。转引自周春英《近代东北三省关内移民动态的分析》，《中国边疆史地研究》2004 年第 2 期。

③ 参阅章有义《中国近代农业史资料》第 3 辑，生活·读书·新知三联书店 1957 年版，第 880 页。

模之大、时间之长，可以算得上是“人类有史以来最大的人口移动之一”[①]，从而铸就了沈阳人。

第三节 沈阳人的人文特征

德国歌德学院（中国）总院长阿克曼曾说过：“沈阳现在给我留下的最深印象不是高楼，也不是高速公路，而是沈阳人的豪爽性格。”“沈阳人很爽快，我喜欢！”[②] 这是一个外国人对沈阳人人文特征的评价。

一 沈阳人人文性格的自我评价

网络上沈阳人自我评价说：

真正的沈阳人，没有不爱吃鸡架的，无论是煮的、烤的、煎的、炸的、拌的、铁板的……（外地没有啊！）

真正的沈阳人，都不管沈阳站叫沈阳站，而叫南站……（赞同）

真正的沈阳人，都特别爱吃韩式烤肉、新疆羊肉串、大锅老汤煮的麻辣烫……

真正的沈阳人，买了肉串以后，无论多大的风，当街就能吃掉……（从来不带回去吃）

真正的沈阳人，没有不爱雪的，不爱玩雪的……

真正的沈阳人，没有不爱运动的，管他是足球、篮球、乒乓球、长跑、短跑、象棋、围棋、游泳、跆拳道……

真正的沈阳人，没有不喝酒的，管他能喝不能喝，喝多喝少，不能喝的，哪怕只能喝一口，但感情在那呢，只要别人举杯，咱也一杯陪着，能喝的，更是踩着箱套，与君共醉三万场……（实在!!!）

真正的沈阳人，没有不怕冷的，在外面要捂得严严实实，回到咱家里，咱家比哪都暖和……（我们很怕冷啊）

---

① 章有义：《中国近代农业史资料》第2辑，生活·读书·新知三联书店1957年版，第638页。

② 肖江：《“沈阳人豪爽性格让我印象深刻”——专访德国歌德学院（中国）总院长阿克曼》，《沈阳日报》2009年5月13日。

真正的沈阳人，没有怕环境差的，曾经的世界十大污染城市前三，曾经的世界失业人口数量最多的城市，那么多年艰苦的日子咱都挺过来了，现在有点沙尘暴，有点工业烟雾，有点暴风雪，金融危机，那都不算啥……

真正的沈阳人，没有不恨小日本的，尽管也赞叹日本人的气节，尊重日本的文化，甚至交日本朋友，但是给咱那个特殊按钮，目标还是小日本……

真正的沈阳人，没有不喜欢范伟的，彪哥发飙的时候比谁都搞笑，但是干正经事的时候，比谁都正经，无愧于沈阳市十大杰出青年的称号……

真正的沈阳人都管发小，叫光屁股长大的……

真正的沈阳人都管哥们儿，叫铁子……（找到没有啊?）

真正的沈阳人都知道沈阳故宫、大帅府，但是进去看过的，却没几个……

真正的沈阳人，男的都打过架，打过别人，也挨过别人打……（此条虽是真理，但是要改变这现象）

真正的沈阳人，见到比自己大的陌生人，就叫哥、姐，见到比自己小的就叫弟、妹，不是跟你套近乎，是咱这儿，就这么个称呼习惯……

真正的沈阳人，都知道北陵后山闹鬼，但北陵公园晚上，人比哪都多，比哪都热闹，省政府建在陵园正门，省长天天盼着和皇太极的灵魂支上一桌，打打麻将，斗斗地主。友谊宾馆在后山，哪届主席、总理、外国总统来了，都得住那……

真正的沈阳人，从来不用“我的、俺”等这类的字眼，咱就说“咱”，咱爸咱妈咱祖宗，外地人，你还别挑理，说咱占你便宜；咱家咱娃咱媳妇儿，说这些时，你是不也跟着过瘾!

真正的沈阳人嘴上说沈阳的毛病，实际上心里爱沈阳胜过一切!

真正的沈阳人刚刚说了一个优点，一定要马上跟上来一个缺点表示谦虚；

真正的沈阳人只在沈阳几个区里面转悠，并没有走出沈阳城；

真正的沈阳人几乎都认为沈阳有一天会变成直辖市或者已经拥有了资格，只是心照不宣；

真正的沈阳人面对沈阳的衰落、崛起内心中有种说不出的滋味；

真正的沈阳人在外面听到沈阳两个字的时候内心会莫名的激动（沈阳的任何事情我都会关注啊）；

真正的沈阳人忘不了故宫、中街、太原街、西塔等；

真正的沈阳人内心饱经沧桑，对沈阳又爱又恨，情绪复杂；

真正的沈阳人如果从未离开过沈阳，那么有一个机会他一定会走出沈阳看看外面的世界，而且一旦走出去就知道沈阳的好，于是，也一定会在某一天，再次回到沈阳而且永远留在沈阳（还是家乡好）。

真正的沈阳人，说话从来都不拐弯抹角，对人评价豪爽痛快。

真正的沈阳人，在对于沈阳的评价的时候，丝毫不留情。

真正的沈阳人，对陪伴自己成长的建筑物情有独钟，总是在那里徘徊留恋过去。

真正的沈阳人，其实高傲的内心中又夹杂着些许自卑；

真正的沈阳人，都认为沈阳如果得到了亲妈（中央）的养护会发展得更牛×；

真正的沈阳人，不可能不知道老四季抻面、李连贵熏肉大饼、老边饺子、许家抻面、回回营、宋家馄饨、奉天、盛京、北市场、南市场、马家烧麦……

真正的沈阳人，凑在一起说沈阳好处的时候，会觉得不够谦虚。

真正的沈阳人，其实也比较冷漠，遇到困难的时候其实谁也靠不住只有自己。

真正的沈阳人，能够读懂上面的很多话……

真正的沈阳人，没有不爱辽宁的，十四个城市一条心，4200万儿女共努力，让咱热辣的关东风，传遍这浩瀚中华……①

这种自我评价，有褒有贬，有实写有反思，形象而真实，幽默而意深。若九九归一，沈阳人性格经典的关键词：豪爽，性格开朗，好交朋友。一句话概括沈阳人：人人都是热心肠，个个都是活雷锋。

---

① http：//wenku. baidu. com/view/2580e032b90d6c85ec3ac690. html.

二　豪爽与胡子文化

沈阳人豪爽似乎是天生的，其实是“闯关东”闯出来的。

前已述及，汉民族“闯关东”的由来，所以对于入关的汉族来说，长白山地区的人参采运比农业垦殖具有更大的吸引力。于是，有清一代，凡遇有灾害年景，山东、河北的百姓往往蜂拥过关，人数之多，难以阻挡。这种“闯关东”式的移民，在清帝国封闭东北的背景下，是需要有一股豪爽之情的。

豪爽之情，意指豪迈的感情，一种强烈的情感表现形式。往往发生在强烈刺激或突如其来的变化之后，具有迅猛、激烈、难以抑制等特点。人在激情的支配下，常能调动身心的巨大潜力。表现出果断肯吃亏，不小气，该计较的东西决不含糊，不该计较的事情决不啰唆，并有足够的智慧区分什么是该计较的什么是不该计较的。所以沈阳人性情豪爽，为了朋友甘愿两肋插刀，把友情看得比命都重要；交朋友遇到知己能把心掏出来。以喝酒为例吧，沈阳男人的酒力和沈阳人豪爽的性格是紧密相关的。酒永远都是沈阳男人交际中最不可或缺的部分。沈阳人养成了“大碗喝酒，大口吃肉”的习惯，招待客人热情大方，毫不吝啬，让人有宾至如归之感。大喝特喝，不醉不休，“宁伤脾胃，不伤感情”，往往把客人往死里灌，似乎不喝得爬桌子腿，就不够朋友①，此一方面。

另一方面，沈阳人的豪爽之情包括胆大心直，典型的吃软不吃硬，“不到北京不知道自己官小，不到深圳不知道自己钱少，不到沈阳不知道自己胆小”。胆大心直就是坦诚，换句话叫直心眼子没心眼子；俗话说是“狗肚子里存不住二两香油”。有啥就唠啥，对什么不满就要发泄，这种发泄又缺乏南方人的含蓄，而是一竿子插到底，并且对任何事都采取倔驴式的做法。有些人也许抓住了沈阳人豪爽耿直心理，和沈阳人处得宛如一家人，亲兄弟姐妹一样，生意也做得红红火火。

另外，沈阳人的豪爽性格又往往以粗犷、带野性的方式表达出来。比如说，张三帮了李四的忙，李四觉得很实在，免不了要打过来一拳，骂道：“你这浑小子，倒是蛮能干大事。”而张三倒也很实在，很哥儿们，回敬一拳，应道：“我不帮你这个小杂毛，谁来帮你?”于是大家都很快

---

① 刘丹编著：《品读：中国城市人性格》，大众文艺出版社2009年版，第76页。

活。这也符合东北人的性格，不骂几句，恐怕令大家觉得不太舒服。

往历史深处讲，这种带野性的暴力行为表达，集中在沈阳人的“立棍”概念上。“立棍”的意思跟“笑傲江湖”差不多，在语言色彩上更酷一些，有挑战天下之意。实际上必然会有人出来迎战，即所谓与“立棍”对应的“撅棍”，意思是你就立吧，我给你撅折喽。在前些年沈阳市法院的判决书上常常出现这样的用语：某某某一贯横行立棍……如今30岁上下的沈阳人在上中小学时都开过这样的玩笑：“你立棍啊？找死啊？”现在在年轻人中流行的是：“行，你够狠。”支撑这个过程的是非常强烈的快感，是“非功利”的，可以与港台黑帮片中主角出场时诱惑观众快感的慢动作相参照，很难不让人联想到胡子文化的基因[①]。

所谓胡子文化就是土匪文化。在东北地区，大多把土匪称作“胡子”。东北的土匪多啸聚深山老林，为的是防止政府和地方武装清剿，隔段时间出来打家劫舍一番，然后又窝居老巢，时间一久胡子长了，又懒于打理，自然就都面戴乱糟糟的长胡子，所以当地人一看这种长相的人就知道是土匪。久而久之，“胡子”就成了土匪的俗称，并在全国广为流传。

包括沈阳在内的东北胡子文化源远流长。自从西汉以后，各个朝代都有“流人”被流放到东北，到了清代，被发配流放到东北的“流人”数量之多，流放地域之广，是我国历史上任何一个朝代都无法比拟的，是东北“流人”史上的最高峰。大量的“流人”在东北安家立业，处于天高皇帝远的特殊环境和地广人稀的自然条件下，其中的一些不安分的人，一旦有机遇，便揭竿而起，落草为寇。东北胡匪的大批出现，则是日俄战争期间及以后，清王朝对外国人在本国领土上进行的战争保持中立，广大东北民众得不到政府的保护，任由外国侵略者宰割，为了自保和求生存，他们“揭竿而起”，“无法无天”，一时间，东北“胡子”蜂起。一直到中华人民共和国成立前，东北大大小小的土匪有上千股，胡匪人数有上万、上十万之多[②]。

在这种背景下，胡子文化曾经是东北地区文化的一个组成部分。早期的“胡子”大多数属于逼上梁山的，由农民而成为“胡子”，张作霖就是

---

① 《长日孤独的城市——沈阳人的性格、文化、生活和希望》（http：//www. douban. com/group/topic/9765859/）。

② 姚远：《萧军作品中的“胡子文化”》，硕士学位论文，吉林大学，2011年，第5页。

典型代表，在他们身上还存留着东北农民的一些特征。因此在作家萧军的思想里认为当“胡子”并不是什么坏事，胡子里也有好汉，他们抢夺、吃喝、杀人越货，但那是用自己的脑袋做抵押的，表现出中国传统的“侠义”精神，是一种豪侠生活。因此，在那些失去了土地的农民，离开了人生正常轨道，生活于历史与人生夹缝中的“胡子”身上，沈阳人顽强的生命力则更加明显地张扬出来。正如“东北作家群”的领军人物，知名的左翼作家萧军所说：

> 东北胡子是社会政治、经济、道德分裂后从东北土地上萌生出的野性力量，他们的行为实质上是对一切束缚压迫他们的社会与自然的原始性的顽强反抗和对自身生产权利的奋力争取……东北胡子实质是以扭曲的形式对个体生命以及由个体生命所构成的整体东北生命力的顽强肯定。①

这种胡子文化，一方面确实有打家劫舍、劫掠财物的一面，但也有不抢贫者、弱者，不欺凌妇女的一面，有些“胡子”甚至还会把自己抢来的物品分给穷苦人一部分，客观上起到了一定的平衡社会财富的作用。历史是游动向前的，随着中国社会的发展，“胡子”这种社会历史现象随之消失，但其思想意识和影响却以胡子文化的形式沉淀到了沈阳人的豪爽性格之中。

三　幽默与猫冬文化

辽宁乃至整个东北的气候冬长严寒，夏短温暖。由于纬度高，冬季太阳高，度角小，太阳辐射少，气温低，加上冬季东北地区受蒙古高压影响较强，大陆性气候强，气温低，所以入冬以后，极端最低气温辽东山区一般为 -36℃— -40℃，最低达 -43℃左右。此时大地江河封冻，土壤封冻期可达 3 个月左右。另外，由于强冷空气入侵，极易出现大风或暴风雪。再加上辽宁东西部山区、辽北及中部平原寒潮次数较多，年平均为 5—8 次，其中西丰最多达 10 次，在每年的 9 月至翌年 5 月各月均可出现寒潮

① 萧军：《第三代》，黑龙江人民出版社 1983 年版。转引自姚远《萧军作品中的“胡子文化”》，硕士学位论文，吉林大学，2011 年，第 9 页。

天气，大部地区11月出现最多。天寒地冻，雪深没膝，这样漫长的冬季，沈阳人开始了“猫冬”。

所谓猫冬，就是每逢冰封雪覆的严冬到来之时，农民们收完田里的庄稼，脱粒后准备过冬用的柴草便开始猫冬了。“猫冬”一词是东北方言，其意思是冬天大雪封门，一家子人待在热炕头上避寒不出门。原来“猫”是躲藏的意思。过去的年代，老百姓缺吃少穿，生活十分贫困，漫长的冬季人们无法下地，无事可做，又抵御不住寒风的侵袭，只好成天待在家里过冬，直至来年开春冰雪融化，人们才结束猫冬开始新的一年生产生活，一般来说，猫冬时间长达五个月左右。

有人是这样描述猫冬文化生活的。

> 在这段时间里，多数男人们没有什么真正的事情，除了清一下家里的积雪，给猪舍添点柴草，给家里弄点米面油盐等。一帮帮要好的便凑齐喝起小酒来。女人们串着门，一伙伙聚在谁家盘腿大坐，一边嗑着瓜子一边嬉笑着谈论着东家长西家短，并不时地评论他人的是非，谈论到高兴处大家共同发出爽朗的笑声。一些不怕冻的男孩子们或是在冰面、雪地里玩冰爬犁、抽冰尜或是捕雪雀、踢毽子。姑娘们则几人围坐在一起玩嘎拉哈游戏，将猪、羊的腿骨头关节随意丢在火炕上，将一只自缝的装有粮食粒的布口袋抛向空中（也有用串好的一串古钱币），然后用一只手按嘎拉哈的正、反、侧面去抓，看谁抓的多，谁就获胜，输者要给胜者新的嘎拉哈，或从家里拿来一些地产的关东烟供大家边玩边抽，霎时屋内烟雾缭绕，姑娘和媳妇们在烟雾中不时地传出阵阵爽朗的笑声。冬季天短加上口粮有限，家家都吃两顿饭，大家玩起来就要一个白天连着半个晚间。难怪当时东北流传四大怪：“馒头赛锅盖，窗户纸糊在外，姑娘媳妇叼烟袋，养个孩子吊起来。”
>
> 自从有“猫冬”一说，数百年来东北人就创造出了许许多多跟猫冬有关的饮食文化，锅里炖上半下子小鱼，锅沿四周贴上发了面的玉米面饼子，灶内填一把柴，抽袋烟的工夫锅里就传出了悠悠的饭香，咬一口金黄的玉米面饼子松软可口，再吃上一口小鱼那真叫香，再喝几口地产的小烧酒真是美极了。还有那猪肉炖酸菜、小鸡炖蘑菇等菜肴成了东北最具代表性的美食。一进腊月便有了年味，家家淘黄米蒸黏豆包，有条件的要杀一口肥猪，尽管外面零下三十几度，但室

内的人们吃着肥肉、血肠，喝着酒浑身直淌汗，那真是舒坦。农村有“耍正月，闹二月，哩哩啦啦到三月”之说，男人和女人整日无所事事，借助于春节期间尽情地享受，直至农历三月大地回春备耕开始了，人们则开始务农活了，标志着猫冬结束。[①]

这里需要明白的是闯关东的人还要有乐观的心态，没有乐观的心态，初到地广人稀自然条件恶劣的关外，有上顿没下顿，今天活着明天还不知是怎样的日子，悲观的人只有崩溃。再加上寒冷的冬季黑夜漫长，那年月农村几乎没有什么文化生活，农闲时间又太长，整天坐在炕上实在无聊，于是，人们就弄个火盆土炕上围坐一堆，唱地方戏“二人转”，讲故事、说笑话，你一句我一句，传统的，现代的，逗得大伙儿哈哈一笑，各种情绪、情感就都得到了宣泄。而辽北语言又充满了生动、鲜活的因子，生命力非常旺盛，特别是地方戏“二人转”，男演员就叫“丑”，女的叫“旦”，三分“旦”七分“丑”，丑角在二人转里调解气氛，制造笑料，一串串即兴的说口，非常生活化，加之，沈阳人性格豪爽，说话一步到位，形成东北文化中特有的幽默感，于是就使沈阳人有了幽默的基因。

谁也没想到二人转会从炕上转到了舞台，并从沈阳走出了笑翻全国的赵本山、范伟、小沈阳……

四　沈阳女人：热情奔放与细致淡定

沈阳女人浓缩了东北女人的热情奔放兼拥有南方女人的细致淡定。

沈阳女人在外形上秉承了东北女人的高度和宽度，林黛玉似的纤细绝对不是地道沈阳女人的特征。沈阳女人的美和南方女人截然不同，最让她们为之骄傲、也是让南方女人汗颜的大概是她们的身高，她们的妩媚和淡定，在街头上一站，俨然模特般，分外养眼。

沈阳女人的热情奔放还表现在饮酒上。南方人的习惯是酒要慢慢地品，菜要精致地尝，他们往往不能了解“大块吃肉，大碗喝酒”有什么乐趣可言。可是东北人的概念是，菜不论是不是能吃完，一定要足够；酒要一杯接一杯地喝，喝少了就是没把对方当成朋友。在这样习俗下长大的沈阳女人，酒量是令人吃惊的，和李清照的“三杯两盏淡酒”的婉约成

---

① 张津友：《猫冬》（http：//blog. sina. com. cn/u/5721304254）。

为鲜明的对比。

沈阳女人在性格上，她们性格直爽，说话坦白，有着关外人特有的豪情。和沈阳女人交朋友，她会和你推心置腹；可是如果选择她们做敌人，则是一件很尴尬的事情。沈阳女人我行我素，不在乎别人的眼光，但是她们相当介意朋友的背叛，对于背叛，她们大多选择没有顾忌地痛骂，毫不留情地报复。所以一个人的背叛往往被众人喊打，他的劣行很快成为所有人的谈资，最后也就成了这个社交圈子里最不受欢迎的人。

沈阳女人对于爱情虽然表现得比较粗犷，但是内在却非常执着。她们敢爱敢恨，往往缺乏成熟女性应有的市侩和稳重。她们会为了爱死死拖住你；她们也会为了恨，拿出平常不屑一顾的恶毒招数全数用于负心的情人身上。

沈阳女人都比较独立，她们很少依赖男人，很少花他们的钱。跟她们逛商场会非常放心，她们绝不会拉着你的胳膊要这要那，这是沈阳女人的最大优点。一帮人在一起吃饭，沈阳女人会抢着结账，不像某些南方姑娘，坐在那儿一副吃定了你的样子①。

沈阳女人的细致淡定是遇事不惊，常常会泰然处之。笔者有一沈阳籍的女学生，博士毕业后到南部非洲某国做田野调查，不仅能深入非洲村落进行深入访谈，晚上在住房内遇到持枪歹徒抢劫时，不惊不慌，态度淡定，不仅保护了自己，还总结出了三句对付非洲黑人歹徒的英语。师生们闻之，无不赞叹沈阳女人的胆识和淡定。

---

① 刘丹编著：《品读：中国城市人性格》，大众文艺出版社 2009 年版，第 74—75 页。

第二章 大连人

大连人是一个很有个性的汉民族族群，它属东北地域，但没有一个大连人有东北人的感觉。他们一般也不说自己是辽宁人，只说自己是大连人。就像深圳人不说自己是广东人一样，只说自己是深圳人，尽管各自的城市都不是直辖市。但是，你要是走在大连的街巷，听到大连人那一口胶东沿海海蛎子味的语言，往往感到是走在山东烟台或青岛的城市里。大连的地理条件也很奇特：三面环海，你在任何一条路上朝任何一个方向走，几乎都会走向大海。为此。大连人有一种岛屿意识——孤立而独立，自卑并自负，封闭却又充满想象。被浪涛簇拥的城市，恰恰更认定自己的稳固。所以，大连人走出大连，总有惶惶然的漂泊感，无论走得多远或混得多么出色，却总像高飞的风筝，最终也要收线归本，恋乡情结重于其他城市。

第一节 大连人的语言

由于大连人多是山东移民，所以，大连话带一口胶东沿海海蛎子味的语言，加上日语、俄语的融入，使之显得很特别，有人甚至称它为“混血话”。虽然大连话只是在一定区域内通行，但本身却也有自己完整的系统，即语音结构系统、词汇结构系统、语法结构系统，并且都有自己的特点。故而风趣的大连话，以其独特的发音，幽默的词语，给不熟悉大连话的人们留下了深刻的印象。

一 大连话的形成

大连话是混血形成的。清帝国时，胶东人首先迁移到辽东半岛，把胶东话带到了大连至丹东一带。就现代方言的特点来说，大连等地的方言跟胶东方言同是一个体系，都是属于胶辽官话登连片，虽然主要特点有相同之处，但由于受东北话、河北话等影响，又吸收了日语、俄语的一些词汇，大连话经过了长期的演变，形成了独特的胶辽口音与东北官话兼备的地方话。大连话属于登连片，由于大连的地理位置，早在上古时期就已经有同山东通商联姻的传统，甚至在元明两朝，大连地区有一段相当长的时间归属于山东省登州府管辖，而登州就在今天烟台地区。所以山东烟台话有大量语汇是大连话的根源。而大连又因为其位于辽东的客观原因，自然地受到东北官话的影响，形成了今天词汇生动，语言泼辣顽皮的风格。

而民间因大连人当中绝大部分是当年“闯关东”的山东人的后代，所以方言的基调是胶东味，人们俗称大连话是胶东沿海海蛎子味的语言。什么是海蛎子味的话？“海蛎子”就是牡蛎，一种贝类，大连的海特产之一。牡蛎味道鲜美，营养丰富，生吃熟食皆宜，大连当地人尤其喜欢生吃，而外地人特别是北方人却吃不来。有人比喻说：初识大连话，好比食生蚝虽腥却鲜，久之细品，又若嚼炸蛎黄抑或喝海蛎子汤般令人回味。我们可以读读下面几段话来感受一下：

看 nǎn（你，下同）tě 勒的，满哪撒摸什么，木滋滋的，脑病啊，把腚垫儿拿起来，熊 biang 样，别磨叽了，诅囊，半潮，我 sàn（算，下同）磕了。俺儿（读一声）太小，没那章程，也不 gǎshī（割舍）。kǎ（瞌）睡死了，těi（腿）也坏了，都不敢 dēn（蹲），遭老鼻子 zèi（罪）啦。撒谎没有了，nǎn 老 dèr（对）儿赖叽叽的嘎古，是泡将，总抓唬人。他家小小真待人亲，闺宁干净可辣眼，别攒欺她。

穿个卡乎乎的晚霞子看眼儿要彪，展扬什么，闹妖啊？nǎn 个老小子不是物，扎咕得血姿势，嘚瑟大好掉毛啦。踩俺 juě（脚）干什么？诅贱，咯应人，真让 nǎn 我翻了。卷 nǎn、乎 nǎn、揳死 nǎn sàn 了。

这天热（发音 yè）毁了，蜓蜓、蝴铁好看，咪咪嘎叫得烦躁，zěi（嘴）里八苦八苦的。白泡了，还不够啊，对象还等着走家哈酒呋饭。有事放声啊。哎呀妈呀，可害了，钥匙棍儿丢了！

翻译成普通话就是：

看你邋遢的，到处瞧什么，木呆呆的，脑袋不好使啊，把褥垫拿起来，熊色样[1]，别磨蹭了，窝囊，神经病，我算没辙了。儿子太小，没那本事，也舍不得。困死了，腿也坏了，都不敢蹲，遭老了罪啦。不是撒谎，你同桌古怪不爽，就会玩嘴，总欺负人。他家儿子倒是可爱，闺女漂亮却厉害，可别招惹她。

穿土气衬衫看热闹卖傻，牛气什么，出洋相啊？你个老小子不是东西，收拾这么精神，抖擞大好掉毛啦。踩我脚干什么？犯贱，烦人，真让你气死了。踢你、扇你、打死你算了。

这天太热了，蜻蜓、蝴蝶好看，知了叫得烦人，嘴里很苦很苦。别吹了，没完没了啊，老婆（或老公）还等着回家喝酒吃饭。有事吱声啊。哎呀妈呀，可坏了，钥匙丢了！[2]

胶东话虽然是大连话的主体，但也吸收了不少古音、日语、俄语和词汇。如大连老地名泡崖子，外地人疑议那个 yá，为什么大连人偏偏读成 ái 其实那是古音。民歌《弥渡山歌》便是按照古音来唱“山对山来崖对崖，蜜蜂采花深山里来，蜜蜂本为采花死，梁山伯为祝英台……”至今，山东还遗留着许多带“崖”字的地名，如海阳的黄崖、乳山的崖子、文登的崖子头等。

又如上了岁数的大连人习惯把俄罗斯人叫作“大鼻子”，其实大连话里便夹杂了许多俄语发音。谙熟大连街的老人都知晓捷山山麓的葵英小区、石葵秀景一带曾是“笆篱子”。“笆篱子”是老话，即监狱之意，源自俄语警察局，音译“巴里斯”。100 年前，老大连人多不懂俄语，所以被抓进警察局就叫“笆篱子”，话传久了，蹲局子、坐牢统称“蹲笆篱子”。

再如大连话中还吸收了一些日语词汇，例如衬衫，至今仍有人喜欢叫“晚霞子”。“晚霞子”系日语的读音。还有“马葫芦”，就是日语“下水道”的意思。日语的这个词是英语“manhole”的转音，传到大连成了“马葫芦”[3]。

这样，经过百余年的融合，大连话形成了大连人口中的“混血话”。

---

① 形容人窝囊、胆小怕事的样子。

② 云涛雪海：《海蛎子味语言》（http：//blog. sina. com. cn/s/blog_ 5a90e5480100gkhd. html）。

③ 海南丢：《舌尖上的大连话》，《东北之窗》2013 年第 10 期。

二　大连话的特点

大连话的特点主要体现在语音和词汇两大方面：

（一）声母方面

从大连话语音的声母上看，大连人把普通话的舌尖后音 zh 、ch、sh 读为舌尖前音 z、c、s 也就是所谓的齿音字现象。

（二）韵母方面

大连话在韵母的发音上，往往将合口呼韵母（u 或以 u 开头的韵母）读成开口呼（e 或 e－），或者把合口呼韵母（“uɑn”“uen”“uei”）中的“u”省略。

（三）声调方面

大连话在声调方面与普通话的差异较大，缺少高平调，所有的阴平声调均由上声（214）或者 31（去声）或 311.5（鼻音重的去声＋拖音）代替，基本遵循遇到阴平声调要变成上声调，或者去声词的规律①。

大连话中有很多具有特殊意义的词及词组，如：

1. 彪——笨，傻（最著名的一个大连话用词）

走在大连的大街小巷，最常听到的一个词便是“彪”。大连人常说：“你彪啊?”（你傻子的意思）有时，在“彪”前还会加上“血（血，在大连话中表示程度）”字，表示“彪”的程度。

2. 走家——回家

在大连，上了年纪的人经常会说“去哪儿啊？走家”。一个“走”字比“回”显得更有动感，更能传神地描绘出大连人那种说走就走，风风火火的爽快利索劲儿。另外，这个词一出口，还给人一种踏实感和归宿感。“走家”这个词还充分体现了一个地区的方言，是这个地区文化背景和人文等诸多方面的反映。

3. 放声——吱声，吭声

在普通话里，人们经常说“吱声，吭声”。而大连人很少说“吱声”，

① 参阅赵蓉《混血话——大连话浅谈》，《林区教学》2007 年第 12 期；滕藤：《浅析大连话的语音特色》，《华章》2013 年第 28 期。有很多丹东人认为大连话与丹东方言属于同一系统，其实有误。丹东方言属于胶辽官话盖桓片，在发音与平翘舌上与大连话有本质的不同，例如“上胜利百货买书”，大连话没有平舌音，而丹东话则全部是平舌音。

也许是因为“吱”字太柔弱太纤细了。相反的是，“放声”给人一种爽快的感觉。在大连，不仅男人说“放声”这个词，就连娇小纤细的女人也这么说，体现了大连人集体性的豪爽以及东北人的性格。同时，也暴露了部分东北人爱冲动、讲大话且不计后果的性格弱点。

4. 章程

这个词是由海南人传到东北地区的，被大部分东北人所使用，沈阳人、哈尔滨人、长春人都说，而大连人用的较多。从字面上看，“章程”这个词应该理解为章法程序，甚至有人会误解为群团组织的条款。其实，“章程”在大连话中是有本事的意思。改革开放以后，那些腰包鼓起来的人被称为有章程的人。大连人常说：“没有章程，怨谁啊?”我们可以看出，在大连，人们把能够将办不到的事办到的人，叫作“有章程的人”。近几年来，在大连经常会听到：“小小的百姓有什么‘章程’? 托人办事，没有‘章程’，怎么行?”可见，“章程”一词已经向“神通”转变了。

5. 当盘菜

“当盘菜”是“被重视”的意思。比方说，一个人受到信任拥戴被重用，调离工作的时候被真诚挽留，他（她）就是被大家“当盘菜”了。在日常生活中，大连人经常用“当盘菜”这个词来批评人，如：“你还把自己当盘菜了?”

6. 火人

大连人把发怒了叫“火人”了，让人联想到人怒火中烧时心里那团熊熊的火焰。经常听大连人用“火人了”来形容愤怒的人。

7. 轻次溜

大连人在做一件事情之前或者接受别人委托之后，经常爱说：“这个事，轻次溜。”即使明知事情要费一些周折，也要如此表态，是一种吹捧自己，让别人放心的词。

除此以外，大连话中的“没有抗”“急捞捞”等词也具有大连的味道，体现了当地的风俗和人文色彩。①

第二节　大连人的形成

大连人是年轻的，这是很多人的共识。大连作家邓刚曾说：“大连

① 参阅赵蓉《混血话——大连话浅谈》，《林区教学》2007 年第 12 期。

只有一百年的历史，而且还是俄国沙皇侵略者建起的城市。这片土地实在是太年轻，几乎没有一个历史巨人或文化名人踏足过，文学巨著中没有一个故事与这个城市相关。近代史中爆发的日俄战争，倒是在这里杀得昏天黑地，战胜者竟然将大连划为日本版图：大日本国关东州。也就是说大连是日本的一个省。至今，城市还顽固地保留着殖民者的痕迹。中国的传统建筑格局是横平竖直的井字，而大连的街道却是以圆形广场为中心向四面八方辐射。长长的马路像串珍珠项链一样串着一个又一个广场：几何式的街道旁，竖立着一栋栋哥特式尖顶塔楼。整整一个世纪过去了，洋建筑却依然是城市的主要风景，而且还正在影响着城市今天的建设风格。”① 其实，这是对大连人历史的误读。大连人的历史与中国历史一样相应也是古老的。

一　大嘴子人：大连人的先祖

4000 多年前的大嘴子人是大连人的先祖。

大嘴子人是大连青铜文化大嘴子遗址的主人。

大嘴子遗址位于大连市甘井子区大连湾镇李家村东北约 2 公里，黄海北岸伸向大连湾的一处半岛台地上，半岛南、北、东三面环海，西面与陆地相接。从大连市内到开发区，走过振兴路跨海大桥时，在大桥南端会看见一座红土高地，裸露着泛红色的山岩的高地，北、东、南三面环海，大概由于海浪冲击或者地震的原因，形成高出海平面约 20 米的悬崖峭壁，像蹶起的一个动物嘴，以咄咄逼人之势，高高地伸进海里，当地渔民一直称之为“大嘴子”。

大嘴子遗址发现于 1959 年、1987 年和 1992 年，先后两次进行发掘。大嘴子遗址可以分为三期，其中发现遗物最多、遗迹最为丰富的是大嘴子遗址第三期。

大嘴子遗址的发现对探讨大连人的起源和形成有重要意义。其证实了 4000 年前，即我国原始社会末期大嘴子一带就有人群居住。遗址的总面积将近 1 万平方米，南北长 100 余米，东西宽 90 余米，共发掘出 48 座房址，分为石筑和半地穴两种。最大的一座房屋，室内长 4.6 米、宽 4.2 米，盘有火炕和锅灶。火炕是石砌的，上面铺着石板，这可能就是沿袭至

① 邓刚：《说说大连》，《作家》2007 年第 4 期。

今的东北人“热炕头”生活方式的源头。遗址西部有一道距今约有 3500 年左右的半圆形围墙，把村落围在里面。半圆形的墙外，堆积着高高的土堆，当考古学家们挖开泥土时，发现里面竟然全是牡蛎壳。大嘴子人主要靠从黄海中捕捞的牡蛎、鱼虾、贝类等果腹生存。挖掘中还发现了骨针、陶土和石头做的网坠、鱼钩，而且在陶罐中还发现了海豚、鲟鱼、鲈鱼等海洋动物遗骸，可见，大嘴子村是一个地地道道的渔村。

不仅如此，大嘴子遗址出土了 2000 多件文物，陶器以壶、罐为主，其余还见有器底、碗、豆、盆、簋，以及少量钵、舟形器及器座等；石器以石斧、石刀、石球、磨石多见，少量石钺、石镞、石剑、石锛等，偶见石矛、纺轮、石杵等；贝类有项链、勺等；骨器主要是鱼卡和骨锥等。

特别有价值的是在大嘴子遗址第三期文化的 F3 出土了盛装在 6 个陶罐里的粮食。

经过专家鉴定，绝大多数人的意见是其 3 罐为稻米，3 罐为高粱，是人们精心保存的稻种和高粱种子，稻米属于粳稻。这不仅说明大连在距今 3000 多年前，就有了水稻和高粱的种植，更重要的是已经掌握了成熟和发达的农业技术。其中的高粱种子是目前中国东北地区发现最早的高粱实物标本，将中国东北地区高粱栽培的历史提前了 1000 年。

当黄河、长江流域鸡犬之声相闻、炊烟袅袅之时，辽东半岛黄海岸边的大嘴子村也传来了大连人的先祖——大嘴子人男耕女织，渔舟唱晚之声。[①] 大连人应该骄傲，因为他们拥有 4000 年前的先祖——大嘴子人，更应该珍惜这一份历史文化遗产！

二　自清至民国：大连人的形成时代

俗话说：不是不报，时候未到。虽然大连人的先祖大嘴子人出现在青铜时代，但大连人的最终形成却慢慢悠悠地运行了近 4000 年。

（一）大连人的孕育时代

万事总有个开头。大连人的孕育时代从一开始，就与山东半岛的胶东地区结下了不解之缘。夏王朝建立时，大连地区尽管地广人稀，但因与山

① 以上参阅陈国永、华玉冰、刘俊勇《辽宁大连市大嘴子青铜时代遗址的发掘》，《考古》1996 年第 2 期；徐昭峰、易航舟：再论大连大嘴子遗址第三期聚落形态》，《文物春秋》2011 年第 4 期；王栋：《“大嘴子”：不仅仅是一处历史遗址》，《大连日报》2004 年 12 月 19 日。

东半岛联系密切并深受影响。及至先商第三代王相土从今辽东一带移居河南商丘，因怀恋故土，往返辽豫之间，开辟了今蓬莱至大连的航线，使大连与山东北部沿海地区的经济文化交流更加紧密。约在前17世纪，商汤灭夏。至帝辛（纣）时期，大连地区社会已由地区性组织转化为方国。今营城子地区双坨子遗址出土的轮制陶器等文物证明，山东岳石文化已影响到大连。

商末周初，今大连地区建有多处石棚，是辽东半岛石棚分布最广、类型最全、数量最多的地区，多数坐落在河流附近的丘陵上，其中大石棚7座、中小石棚18处38座，主要分布在金州区及普兰店、瓦房店、庄河三市。金代辽东提刑使王寂《鸭江行部志》中对万家岭的“西山石棚”作了记述。庄河大荒地石棚盖石长7.50米，宽5米，为辽东半岛石棚之最。石棚内出土有人骨和随葬品，专家认为是青铜时代墓葬，反映了青铜时代大连地区的社会形态和生产力发展水平。

春秋时期，大连地区青铜文化日趋繁荣，至今发现的遗址有近百处之多，其代表性文物为曲刃青铜短剑。前685年，齐桓公即位。齐桓公为开发辽东，向辽东地区批量移民，其间齐国还出兵伐山戎以救燕国，进一步确立了霸主地位。齐灵公六年（前576年），齐国灭莱国（今胶东地区），齐控制区扩大到山东半岛东部沿海。莱国人战败后，渡海逃亡，大规模移居辽东半岛，大连地区人口有较大增长，官府在移民区建立村社组织并派官吏管理。齐、莱居民的大批北徙，使山东与辽东的文化进一步交融，生产力发展水平迅速提高。此外，黄河下游一带居民逢战乱和荒年也沿上述路线避难辽东，这些徙民部分在大连地区定居，部分向东北腹地迁徙，逐渐形成了由旅顺至东北腹地的古道，大连地区出土的西周末、春秋时期的重要文物除青铜短剑外，还有铜凿、铜斧、铜刀、铜矛、铜镜及陶器等。

齐桓公死后，诸子争位，内乱不息，齐国渐失霸主地位，大连地区在内的辽东成为燕国领地。此后大连的历史照着自己的轨道慢慢悠悠地运行，即自战国时期燕昭王在辽东设置“辽东郡”以来，一直到秦汉时期，大连地区都属辽东郡辖区。西汉时期大连地区设置“遝氏县”，三国时期又改称“东遝县”，魏晋时称三山。唐朝初期，大连地区属安东都护府积利州的辖区，称三山浦。辽代时属东京辽阳府的辖区。明清时称三山海口、青泥洼口。

在清朝时，因为清政府东北封禁政策而处于人烟稀少的状态，直到

19 世纪 80 年代，清政府于今大连湾北岸建海港栈桥、筑炮台、设水雷营，才成为小镇。1897 年，俄国人开建了这个城市。当时沙俄设计师揣着法国巴黎的城建图纸想在东方再造就一个以广场为主的城市，于是就来到了中国大连，给她起名“达尔尼”，意为遥远的城市，一个远离莫斯科和圣彼得堡的地方。1905 年，日本人占领了这个城市，把“达尔尼”音译过来就成了汉语的“大连”。从此真正开始了大连人形成的历史。

（二）大连人的形成时代

清帝国时，大连人迎来了自己的形成时代。

大连人的形成与“闯关东”紧密相连。在“闯关东”的人群中，山东人最多，其次是河北人、山西人、天津人、北京人、河南人。有史料说：流亡东北的难民一向是山东人最多。据长春总商会会长董立广先生的估计，1927 年到 1929 年过长春的难民，山东人占 95% 强，河北南部人 4% 强，其余的是河南、安徽和热河人[①]。有统计资料显示，民国十六年（1927 年）至十八年（1929 年），关内各地“闯关东”人数列前三位的分别是山东、河北、河南，其中山东人 1927 年占 87%，1928 年占 86%，1929 年占 71%[②]。所以，正如刘德增在《山东移民史》中所说：“山东人‘闯关东’，无所不至；在东北一带，山东人无所不在。以山东某地人为主形成的自然村落，也所在多有。”[③] 如在辽东半岛南部的低山沟谷中，有一个红亮村，距大连市约 50 公里，由关屯、莽屯、崔沟、王沟、肖沟五个自然村构成。到 20 世纪 80 年代，当地土著人，特别是 50 岁以上者，还以“南蛮”或“hǎn nán 人”称呼“闯关东”的山东人，其中更多的是以后者相称，他们说“hǎn nán 人”奸诈、鬼心眼多。从前，“hǎn nán 人”要饭到了这里，他们的许多宝贝都被“hǎn nán 人”骗去了[④]。所谓“hǎn nán”用汉字的同音字无法表达，故用拼音代替[⑤]。刘德增认为，

① 章有义编：《中国近代农业史资料》第 2 辑，生活·读书·新知三联书店 1957 年版，第 899 页。

② 何廉：《东三省之内地移民研究》，载《经济统计季刊》第 1 卷第 2 期。转引自刘德增《山东移民史》，山东人民出版社 2011 年版，第 376 页。

③ 刘德增：《山东移民史》，山东人民出版社 2011 年版，第 376 页。

④ 王沪宁：《当代中国村落家族文化——对中国社会现代化的一项探索》，附录《案例 14 辽宁：红亮村》，上海人民出版社 1991 年版，第 559—561 页。

⑤ 同上书，第 558 页。

"hǎn nán" 应为"海南"，"hǎnnán 人"就是"海南人"[①]。东北人、特别是辽南人，称山东为"海南"，"闯关东"的山东人为"海南人"[②]。据不完全统计，有清一代，"闯关东"的山东人有700万—800万人[③]；民国年间，"闯关东"的山东人达1800多万人[④]。自清迄民国，"闯关东"的山东人多达2500万人。这其中到大连以及从大连到东北各地的山东移民，据当时的《东方杂志》记载：

> 无人可与中国之苦力竞争。此种苦力近数月间蜂拥至满洲，其数目如是之巨，致不得不在大连限制上岸之数，为每日一万二千人[⑤]。
>
> 据一般推测，谓1927年中足达百余万人。计由大连上陆者七十余万人，营口上陆者二十余万人。由京奉路来者十万人。又据大连某船长调查，谓难民北来，以由大连上陆者为最多，一至八月末由青岛来者五十二万七千一百人，斯时在青岛候船来者尚有十余万人。由营口上陆者三十一万人，加以京奉路来者，总在百万人左右[⑥]。
>
> 在过去的一年中，从轮船与民船到大连上岸的华人，平均每日有一千多人，在多的几天，常至五千人之上，统计全年的总数几达五十万。我常见他们千余成群，男的、女的、小孩，老态龙钟的祖母，怀抱着黄口幼稚的孙儿，伛偻曲背的老祖父，背上负着许多家用必需的零星什件，他们齐挤在一只小轮的甲板上，是从青岛或芝罘、龙口、天津等处来的[⑦]。

---

① 刘德增：《山东移民史》，山东人民出版社2011年版，第378页。

② 《民族问题五种丛书》，辽宁省编辑委员会：《满族社会历史调查》，辽宁人民出版社1985年版，第50页。

③ 路遇：《清代和民国山东移民东北史略》，上海社会科学院出版社1987年版，第20页。

④ 同上书，第49页。

⑤ 朱偰：《满洲移民的历史和现状》，载《东方杂志》卷25第12号，民国十七年（1928年），第10页。

⑥ 同上书，第17页。

⑦ W. Young：《美报之华人满洲移民运动观》，载《东方杂志》卷25第24号，民国十七年（1928年），第50页。

正是由于从夏代开始，山东胶东地区与大连在历史上亲密的地缘关系，所以成千上万的山东移民涌入大连，尤其是从山东胶东地区从海路来的移民，成了大连的主体。从胶东半岛最北端的蓬莱到辽东半岛最南端的铁山岛，直线距离约100公里，还有长岛、庙岛群岛等点缀其间；从胶东半岛的烟台到辽东半岛的旅顺口，直线距离约140公里；从胶东半岛的威海到辽东半岛的旅顺口，直线距离约160公里。因此，古时胶东半岛到东北的捷径是海路。入明清以后，胶东半岛与辽东半岛之间的海上交通更加频繁。清人顾祖禹说：

> 由新开海口，西北至沙门岛六十里。又正北行一百二十里，至砣矶岛。又北至钦、木二岛六十里。又北至南半洋六十里。又北至北半洋二十里。又北经双岛、洋头洼、黄洋川、平岛、和尚岛共二百余里，至辽东铁山旅顺口，通计五百五十里。诸岛相望，俱可湾船避风①。
>
> 惟登、莱三面岛屿环抱，几及千里，若从利津至直沽，亦六百里而近耳。明洪武及永乐初，转输辽、蓟，亦取道于此（详川渎海道）。既而海运废，登、莱至旅顺之道亦禁绝，然南北两岸渔贩往来，动以千艘，官吏不能尽诘也。②

胶东半岛一带特别是今烟台、威海一带的民人“闯关东”，多浮海北上。海路便捷，风险亦大。

路遇曾于1984年对济南、德州、惠民、潍坊、烟台5个地市的9个县、22个乡、33个村“闯关东”情况进行了访谈，访谈的重点之一就是“闯关东”路线：

> 山东与东三省毗邻，地理条件优越，交通便利。山东在地理位置上靠近东三省，西有陆路，东有海路，两相交往，十分便利。山东移民东三省，有两条路线：一是西路，这是一条陆路，由京奉铁路入关，然后沿京奉、南满、打通、四洮等路分散。此外，还有许多贫苦农民拖儿带女、肩挑步行，从柳条边威远堡门、法库门、辽东边墙的

---

① （清）顾祖禹：《读史方舆纪要》卷三十六《山东七》。

② （清）顾祖禹：《读史方舆纪要》卷三十《山东一》。

> 各边口以及喜峰口、古北口等处进入东三省。鲁西、鲁北以及鲁中、鲁南的一部分移民大都走西路。第二条是东路，这是一条海路。移民大都是坐车或步行到烟台、威海、青岛、石臼港，然后坐火轮船到大连登陆，由南满转赴长春、滨江等各地。有的在沿海的小渡口，如黄县的龙口、蓬莱的兰家口、刘家旺、蓬莱城等渡口，移民坐帆船到对岸营口、丹东登陆。两岸隔海相望，近处只有九十海里，一夜即可到达对岸。由于路程近，交通便利，路费也较便宜，迁移者只要变卖点家产，或亲朋相助即可解决。①

从1984年路遇访谈的人员情况来看，鲁中地区“闯关东”，则以海路为主，陆路次之。如山东邹平县孙镇公社管委会主任孙××回忆说：“闯东北的路线，一是到周村东站，坐火车到青岛，然后坐船到大连。二是步行过黄河到天津，然后坐火车入山海关。”②又如山东临朐县辛中镇辛中大队大队长赵永达回忆说：“去东北的路线，大都是讨饭步行到青岛或烟台，再坐船到大连登陆，再到辽宁、吉林两省的一些地方，如抚顺、本溪、同化、辽阳、沈阳等”③。英国人琼斯在《1931年以后的中国东北》一书也曾说：“大概有三分之二的人是由海道去的，从青岛、烟台或天津出发到大连或营口。在这些港口航行的主要是日本轮船，低廉的运价，助成了这个人数众多的劳动人民的移动；东北铁路的低廉运价，对于这种移动也有很大便利。其余三分之一的人，则乘火车或者步行，是经由陆路去的。”④

而胶东半岛一带的汉民族人闯关东则几乎全走海路。如山东莱阳县政府办公室主任王学先回忆说：“闯关东的路线，大都从水路走，步行一百二十里跑到烟台，乘火轮船或帆船到大连，再到东北三省各地；走水路的占百分之九十五，走陆路者极少，仅占百分之五。”⑤ 又如山东蓬莱县北沟镇草店村村民委员会主任高绪洪回忆说：“1949年全村一百八十户，八

① 路遇：《清代和民国山东移民东北史略》，上海社会科学院出版社1987年版，第59—60页。

② 同上书，第85页。

③ 同上书，第99页。

④ ［英］琼斯：《1931年以后的中国东北》，胡继瑗译，商务印书馆1959年版，第8页。

⑤ 路遇：《清代和民国山东移民东北史略》，上海社会科学院出版社1987年版，第114页。

百人。1912 年至 1949 年去东北三省的达二百户，三百五十人。去东北的多为穷苦农民，为生活所逼迫，不得已而出走的。多是从兰家口、刘家旺、蓬莱城、龙口、烟台坐船到丹东、大连、营口等地。”①

因此，可以说从清代到民国的一百多年中，以胶东人为主体的山东移民，挟裹着胶东文化，又吸收了俄、日文化，从而形成大连人。作家、诗人韩作荣先生曾经有过一段精彩而严谨的论述，其云：

> 辽宁人体质强健，而其中出类拔萃者多为大连人，七运会大连籍运动员得金牌 26 枚。大连人自称“海南丢子”，是说自己是渤海之南“丢”过来的山东人。辽宁人 80% 的原籍都在山东。辽东和胶东就隔着渤海湾，说山东黄河闹水害，地里闹蝗灾，讨饭的人走遍全国，都知道关东好过，人烟稀少，海边有鱼、山上有果、水田种稻、荒地种麦、旱涝保收。敢闯关东的都是不安现状的人，按时下的话是“思想解放型”人才，心理素质好。一个村子走了 18 户，拖家带口都是这类人。剩下的，不是一扁担打不出个屁来的，就是老弱病残，或是宁可吃观音土、啃树皮，也恋着土屋不走的人。那些山东人到了沈阳、大连，或煤都抚顺、钢都鞍山，以及煤铁基地本溪、文化古都辽阳，能到这些地方逃荒者，都是体力特别好的人，差些的，未出山海关就贫病交加饿死累死了。而乘小船奔大连的人更不容易，正儿八经需要两下子。一个大连朋友的父亲，当年在海上颠簸得精疲力竭，爬上大连海岸，又被日本人一枪将胸口崩出个血窟窿，竟奇迹般活了下来，这需要何等顽强的生命力！另一位大连朋友常常诧异自己的婶婶竟比叔叔小二十多岁，忍不住问其原因，叔叔叹口气说：当年矿上从山东拉来一船女人，一条麻袋装一个，分给谁背上就走，碰上谁算谁。这是天意。试想被装在麻袋里像货物一样被运来的女人，又有什么苦不能忍受？
>
> 问题的结论是：最优秀的山东人与努尔哈赤的后代杂交，产生了更为健壮的后代。这话听起来似乎有点乱侃的味道，但也并非胡说。遗传学中远缘杂交的优势是事实而并非虚妄的杜撰……②

---

① 路遇：《清代和民国山东移民东北史略》，上海社会科学院出版社 1987 年版，第 126 页。
② 韩作荣：《“马家军”的奥秘》，《人民文学》1994 年第 2 期。

第三节　大连人的人文特征

大连人在东北独树一帜，身在东北，不称自己是东北人；地属辽宁，也不称自己是辽宁人，而称自己是大连人。可见大连人个性十分张扬，故而有人给大连人列出了十二怪：

第一怪：海里捞出来的都是菜
海里捞出来的都是菜，
大连人请客特别实在。
海螺海蜇海兔和海带，
就着啤酒越吃越痛快。

第二怪：电车比汽车跑得快
电车汽车常比赛，
不知哪个跑得快。
电车脚下滑双轨，
汽车拥挤很无奈。

第三怪：不拿冠军就算败
说的是胜也爱来败也爱，
看的是星星经常头上戴。
于是乎老二等于拉末丢，
于是乎不拿冠军就算败。

第四怪：姑娘比小伙更厉害，
姑娘比小伙更厉害，
小的比老的脾气坏。
魔鬼般身材天使脸，
一张开嘴来都哇塞。

第五怪：大连话越听越可爱

说碰不叫碰那叫“乖”，
说不不是不那是“败”，
说这是真的“撒谎没有了”，
说酸菜好吃翠花上“三菜”。

第六怪：三副扑克滚子赛
三副扑克滚子赛，
逢十必打决胜败。
步步为赢摆擂台，
男女老少都喜爱。

第七怪：焖子[1]带着叉子卖
煎得热乎卖得快，
外焦里嫩人人爱。
蒜汁浇罢话当年，
笑问叉子今何在？

第八怪：埋在沙滩晒一晒
埋在沙滩晒一晒，
露着手脚和脑袋。
一方水土一方人，
顶着太阳也凉快。

第九怪：模特都在街上赛
模特都在街上赛，
内衣也敢穿在外。
满街花开一朵朵，
不论姑娘老太太。

---

① 焖子是大连一种独特的地方风味小吃。将地瓜粉制作的凉粉用平底锅煎炒而成，吃的时候需兑上蒜汁和芝麻酱。一直以来，焖子的特色不仅在于食之有味，更在于持之有叉。用细铁丝编织的小叉子拿在手里，一叉一块，一口一嚼，吃来十分有趣。

第十怪：男人爱把围裙戴
男人爱把围裙戴，
回家能做几道菜。
不是患有妻管严，
而是表现一片爱。

第十一怪：咸鱼饼子高档菜
咸鱼饼子高档菜，
粗粮细做很好卖。
边吃边喝边唠嗑，
都说日子过得快。

第十二怪：自行车只能跑郊外
公交车方便又实在，
自行车只能跑郊外。
想一想当年苦日子，
蹬起来身心都愉快。[①]

这个概括是否准确大可讨论，但多少反映了大连人的人文风貌和风情。

一　海蛎子味：大连人的文化底蕴

我们在大连时，曾问在大连的朋友：大连人有什么特点？他们一口说定：海蛎子味。当时大为不解，海蛎子味是个什么性格？比喻什么呢？深问下去，年轻的大连朋友也说不出个子丑寅卯。我们在大连期间果然受到了朋友极热情的接待，而其中最突出的表现就是买包括海蛎子在内的各种海鲜给我们吃，烹饪方法却极为简单，不是过水捞，就是隔水蒸，蘸着蘸水吃，甚至生食牡蛎和海虹，带有浓郁的海洋味。喜食海鲜，无腥为餐，我们以为这就是大连人所说的“海蛎子味”了。其实，这只是其一。

---

① 张嘉树：《大连十二怪》，《东北之窗》2011 年第 5 期。

后来才明白大连人的海蛎子味，更重要的表现在语言、风俗和性格上。

大连人的海蛎子味，表现在语言上笔者虽在前述“大连人的语言”时已有详述，但在此还是有必要引述大连作家协会主席素素的论述，她说：

> 大连人祖祖辈辈生活在海边，举止言行不可能不带着海的气息。然而，即使是与海有关系，海里面可打比方的东西多了，为什么单单拿海蛎子说事儿呢？不外乎两个理由，一个是味道鲜美，只要说了，立刻就能感知到；一个是俯拾即是，近在海边，退了潮就能看到。它属于特定的地方，而且可亲可爱，大家都能听懂。
>
> 大连话的源头是胶东话。胶东因地处山东半岛、距海很近，这里人说一口与山东别处明显不同的胶东方言。大连在辽东半岛，大量的胶东人闯关东之后，把乡音也装在包裹里一起携带了过来。所以，大连话与胶东话一脉相承。
>
> 海蛎子味儿的大连话，有三个特点：第一是“土”，大连话的土与大连城市的洋气特别冲突。这种土与移民者大多为闯关东后代有关。当年大量从胶东半岛出发的农民迁徙到大连这座新建城市，虽然做了城市居民，可他们的语言仍然带有浓重的原乡味道；第二是“狠”，大连话的狠，目的就是为了把话说到位。比如把“我打你”说成“我砸你”，把“我踢你”说成“我踹你”，打和踢都有点花拳绣腿，砸和踹却掷地有声，充满了力量感；第三是“简”，大连话简单明了，没有废话，却非常有张力和弹性。①

简言之，大连话不仅承袭了古老的胶东语音，海潮裹着齐鲁之韵，又吸收了许多外来语而流溢着洋风，经过慢慢沉淀，便形成了极富混血特色的大连土语。

大连人的海蛎子味，表现在性格上，更是发扬光大了胶东人豪放、热情和彪悍的性格。

大海赋予了大连人豪放的性格，他们都很酷，大声说话、大碗喝酒，

① 王春燕：《大连人的性格》（http：//blog. sina. com. cn/s/blog_ 7f7ef91d01013doo. html）。

大大咧咧，表现出爷们儿的豪爽和强悍。大海也练就了大连人抗击海浪的胆量，于是在大连男人中有一群性格粗犷彪悍、身怀绝技的海碰子，不需要任何潜水器具，一口气扎进浪涛里，潜进二三十米的海底，在水下能睁着眼睛捕鱼捉蟹，在暗礁丛生、急流涌动的海底捕捞海参、鲍鱼等海珍品①。仅凭一口气的潜水都是与死神的一次较量，大连男人真是豪气冲天。

有意思的是由于男人对女孩的关怀不像江南男人那样细致入微，久而久之，女人们也被熏陶蜕变而酷，如《大连十二怪》所说："姑娘比小伙更厉害，小的比老的脾气坏，魔鬼般身材天使脸，一张开嘴来都哇噻；模特都在街上赛，内衣也敢穿在外，满街花开一朵朵，不论姑娘老太太。"这样，与江南女子相比，大连女人身上少了份婉约却多了豪气；与其他地方的东北女人相比，大连女人身上少了份豪气却又多了婉约，同时大连女人有东北女人的高挑却没有东北女人的块头，是一种南北兼容的整合美。这无疑具有胶东风情的海蛎子味。

大连人的热情，笔者深有感受。笔者在大连多次，都受到朋友的热情接待，每次都安排我们住在他家，连笔者的学生去大连进修，时间长达一年有余，他都安排住在他家，吃、住全包了。在大连有一个经典的的士故事：

> 大连的哥是一个特殊的群体，他们的言行举止和精神风貌都折射出了整个大连人的性格和精神状态。大连的士每天都承载着这个城市的欢乐，每天穿梭在城市的大街小巷，给每位乘客或游客带来了便利和欢乐。
>
> 大连的哥虽不善侃，可会看人而"煽"。不论是拉了个女士，还是拉了个先生，即使岁数比他小，他也先是甜甜地叫一声"大姐"或"大哥"来套近乎。要是拉了一个外地客人，一听说是头一次来大连，他就会拿出一本《大连风光》给人家看。接着，就开始铆着劲地"煽"："大连美啊，东有老虎滩，西有星海湾，两头连着滨海路。"说着，他又指着自己的两边耳朵比划地说："老虎滩呢，是女人的这个耳环。星海湾呢，是女人的这个耳环。滨海路就是女人脖子

① 思源：《海碰子 野刺参 特色大连》，《海洋世界》2011 年第 5 期。

上的金项链了，你要是去逛一圈多受用啊。”乘客一听心动了：“反正没啥事儿，您就拉我们去逛一逛吧。”逛完了市区风景，他又开始接着“煽”：“去过旅顺口没有？旅顺口可是闻名的水兵城，是中国半部近代史。俗话说，不到旅顺口，枉来大连游啊。”游完了旅顺口，他又拉人家去了冰峪沟。最后，他又绕口令似的说：“前轱辘转，后轱辘转，不到金石滩是瞎乱转。”3 天下来，他名正言顺地赚了一把钱不说，乘客还夸他是“旅游观光的导游员”，说以后来大连还要叫他的车。①

的士司机热情似火的故事，使大连成为一座充满爱的城市，她用热情、善良和宽容拥抱着每一个生活在其中的人，不管是土生土长的本地居民，还是前来大连追求梦想的外乡人。这无疑也是胶东风貌的海蛎子味。

对于大连人的性格，大连作家协会主席素素对记者有一段入木三分的论述：

大连人的性格图谱，不可否认地与大连人的籍贯有关。老大连人的祖辈或父辈大都是闯关东者，所以，在多数大连人身上，有一种逞强好胜的闯荡劲儿，而没有江浙人那种精致儒雅的书卷气，也没有徽州人晋城人那种精打细算的商贾气。关于大连人的性格，我认为有以下几个方面的特点：

一是大连人说话直白爽快，拐弯抹角、拖泥带水、娘娘腔等，都不入大连人的眼。大连人还发明了很多土话，专门窝囊和贬损此类人。

二是大连人做事讲究够意思。够意思带着几分江湖气的仗义，因为多数大连人是闯关东的后代，闯关东，也是走江湖。大连人身上有前辈留下的痕迹，够意思成为一种潜规则，平时就以这个标准来评断朋友是否可交。

三是大连人生性爱面子。一种是爱自己的面子，最典型的表现就是喜欢穿，喜欢打扮，喜欢收拾家，喜欢听表扬。另一种是爱城市的面子。喜欢自炫的大连人出门最喜欢问别人：“你到没到过大连？”这样的问话实际隐含了答案：“我们大连好呵！”即使从未离开过这个城

① 郭俊：《中国城市人性格地图》，万卷出版公司 2006 年版，第 90 页。

市，即使出去游走了很多地方，大连人一直固执地认为，我们大连就是好。热爱自己城市的方式有N种，大连人表达热爱的方式就是这种。[①]

二　崇尚美丽：大连人的文化表达

大连人特别爱美，大连人爱美之心超过生命。

笔者早在20世纪六七十年代就风闻大连人爱美，在收拾得干干净净的房间里，姑娘们用自己的双手，用白线勾织成美丽大方的勾纱来装饰，床上、桌上、椅子上、茶几上、沙发上铺上各种图案的勾纱，韵味无比，成了不少大连人家庭中的一道风景线。

大连出身的作家邓刚对大连人崇尚美丽有细致入微的观察，他在《话说大连》中向人们娓娓道来：

> 由于城市的洋气与自然的风光，使大连人对美有一种近乎极端的追求。还在上个世纪五十年代，整个中国朴实和贫穷得犹如山野里的农夫时，大连人就讲究高级毛料服装。所以民间有顺口溜：苞米肚子，毛料裤子。这其实也说明大连人爱美甚于性命。到了冬天，大连人往往用毛线织个领子和袖口，缝在布衣的外面，让人家看到他里面套着羊毛衣。过节或走亲戚，借手表戴借皮鞋穿，甚至借个度数不合适的眼镜架在鼻梁上，显摆文雅的美。那时大连人到北京出差，往往惊讶于首都人嘴巴闪着油条的光亮，身上却穿洗得发白并缀着补丁的布衣，对这种讲吃不讲穿的风俗，大连人总是撇着嘴不以为然。“四人帮”压制最凶的灰色年代，大连的女孩子也要在灰色外套里面偷偷地穿一件桃红或粉红色的衣衫并将粉红色的领口顽强地探出来，冒天下之大不韪，勇敢地显示“资产阶级”的美。
>
> 大连人收入并不高，但穿戴服饰在全国城市中却几乎是最现代也最鲜亮的。特别是女孩子，她们对美的追求达到了登峰造极的程度。改革开放初期，她们就敢于为美而往自己的脸上涂抹浓重的色彩，犹如京剧演员画脸谱一样，几乎把自己画成一个假人。那时来大连旅游的外地人，看到大连女孩子那张色彩斑斓的花脸，往往目瞪口呆……

---

① 王春燕：《大连人的性格》（http：//blog. sina. com. cn/s/blog_ 7f7ef91d01013doo. html）。

大连的女孩子对服装款式的要求更有“前瞻性”。甚至可以说很勇敢，外国人敢怎么穿，大连人就敢怎么穿，后来，连外国人不敢穿，大连人也敢穿。特别是夏天，大连的女孩子真是出尽了风头，那种大胆的露和透，那种敢于显示身材细部的优美，连男子汉也望而怯“眼”。

大连人对住房的审美要求不断地“更上一层楼”。早在全国其他城市还在为解决住房的难题困扰时，大连就已经讲究两厅（客厅和餐厅），进而讲究两卫（两个卫生间）。后来就更要命了，从“平层式”建筑跨越到“跃层式”，很快又飞跃到“复合式”。多么漂亮的楼房，只要不是“落地窗”，绝对就像古人的服装一样陈旧；几年前盖的新房仅因为形式原因，就无人问津。然而，只要是购置了房子，即使是口袋里分文不剩，也得来个豪华装修，也要铺地板吊天棚镶瓷砖，把房子装修得五光十色，甚至五花八门。倘若谁家分了新房不装修，那就像光了屁股一样，绝对羞于让别人进门的。装修费超过买房费简直就是正常，有时，一座房子的装修费就能再买两座房子。在其他一些方面也死要美的面子，例如买车，无论钱多钱少，绝对要买辆“像模像样”的车。否则宁肯挤公交或走路。①

大连人崇尚美丽还表现在保持城市的清洁上。到过大连的人恐怕都有切身体验，那就是行走在大连街头，很难看到有随处丢弃的废纸、塑料等杂物，以至于外地人在惊叹之中，也不得不把吸过的烟头掐灭后，放在了自己衣袋里。正如大连市城建局翟克义所说：“任何的城市文化都是一个沉淀的过程。从他记事起，打扫卫生便是一种全民的义务。大连的干净，是代代相传下来的城市卫生文化的结果。”“这种早已渗透在人们行为中的文明意识，影响和改变了许多城市陋习，如以往上车不排队、肆意践踏绿地等行为，如今已很难见到了。怕是没有哪座城市可以比拟的。”② 可见，大连人不仅崇尚外在的美丽，同时也做到了心灵的美丽。

三　酷爱足球：大连人的文化精髓

为足球痴狂的城市，在中国唯大连，因为大连人酷爱足球。

---

① 邓刚：《话说大连》，《作家》2007 年第 4 期。

② 唐志军：《崔克义的大连三问》，《招商周刊》2007 年第 14 期。

到过大连的人都会有一种感受，那就是人们来到的绝不仅仅是一个美丽的海滨花园城市，尽管大连干净洋派漂亮得让你有到了欧洲某个城市的感觉；也绝不仅仅是一个“北方的香港”，尽管大连是东北经济发展最快的城市，而且还是一个充满男性阳刚之气的足球世界，整个城市对足球的热情比比皆是。漫步大连街头，人们不难发现足球已经成为大连城市形象的象征，大大小小的足球雕塑造型在这座城市的广场、公园被树立起来；在市内穿梭于各条街道的公交车上，本该是登商业广告的位置同样让位给了足球，街边的售货亭也做成了足球模样；在市中心街道上高挂着的画着邓小平同志肖像、印着邓小平同志语录的广告宣传牌上，也别出心裁地画着一个大足球；街头巷尾那些把踢足球当成主要课余活动的少年们就更是疯狂了，可见这个城市的男子汉的魅力被张扬到了一种无以复加的地步。所以有人讲“大连的精髓是足球”①。

在辽宁省重点中学大连八中担任体育老师和足球教练已经25年的潘日明的记忆里，“大连人喜欢足球是有传统的，过去，几乎每个家长都希望自己家的男孩会踢球，家里能出个足球运动员是很光荣的事。历史上，大连出过很多国脚，我们学校也曾培养过。在20世纪90年代初，中国足球职业化改革之后，大连的足球热也达到了顶峰。那个时候，像我们这样的足球传统校根本不用为选材发愁，因为有足球天赋又有兴趣的孩子实在是太多了”②。

大连人为什么会对足球疯狂？因为足球与大连的发展史相伴走过，生动地体现了城市精神。

据记载：20世纪初，现代足球传入了大连。大连足球先辈们在殖民当局统治下，发现洋人玩的足球很潇洒，于是造船厂的“臭工人”，邮电局的邮递工也照猫画虎地玩了起来，而且忘记了生活的痛苦，个个自得其乐起来。他们也用洋人的方法称呼自己的伙伴：“快马”射手就是“欧得拜”，尽管他们并不知道这些称谓含义，但在足球场上，他们获得了在生活中从来得不到的平等。“大鼻子、小鼻子”通通都败在他们的脚下。

更令人可歌可泣的是，爱国报人傅立鱼先生（1882—1945年）组织

---

① 刘丹：《品读：中国城市人性格》，大众文艺出版社2009年版，第81—90页。

② 慈鑫：《传统足球城大连遭遇人才寒流　家长不愿孩子踢足球》，《中国青年报》2010年7月28日 。

了中华青年会，认为“民族兴旺之理，国家盛衰之迹，系国民元气之消长”，旨在向大连的中国人灌输文化科学知识和增强人民体质的理念，使大连的中国人“身体强壮，精神刚健”。足球爱好者在小树林空地立起杉木杆球门，称之为“小树林球场”，大连足球运动由此传入。1921 年 3 月 10 日中华青年会在宋子仁、吕健生倡议下，成立了全市第一支有组织的足球队——中青队。由于日本人当时在大连实行殖民统治，竟不准中青队沿用此名，非让改成大青队，后来还以莫须有之罪名把傅先生赶出了大连。另一支 20 世纪 30 年代由一群小学生组成的童子军足球队后来成为足坛四强之一的华青队，最后也被勒令更名为新青队。后来成立的龙华足球队更是盛极一时，曾 7∶0 大胜当时的日本冠军队拓止大学队。英国报纸曾称之为“龙花”（Dragon Flower），可见龙华队之影响远大。1945 年日本投降后，大连足球第一个全盛时期开始了。苏军球队的参与使大连足球水平进一步提高，1946—1948 年成立的东北风足球队屡战屡胜。

大连真正成为足球之城的历史第一页是一群农民写下的。1949 年，当原金县大连湾的一群农民成立了一支农民足球队，跑到大连城里来跟城里人叫板的时候，大连市的各行各业便掀起了一场组织单位足球队的高潮。1952 年中华人民共和国第一届足球比赛大会，大连人为主组成的东北队夺冠。20 世纪 70 年代差一步就冲进世界杯的中国国家足球队中，有 7 名大连人。

1983 年 11 月，大连市政府在首次足球工作会议上提出了大连足球队要在三年内由乙级队晋升为甲级队的要求。1984 年起，组建大连队参加了当年全国乙级联赛，并获得冠军，同年又参加了第一届全国足协杯比赛，打入前十名，提前两年完成晋升甲级球队的任务，从此告别了甲级队尽是大连人却没大连队的尴尬。1985 年，大连队冲入甲级联赛的第二年即夺得联赛第三名，当年冠军辽宁、亚军八一、第四名沈阳和大连队加起来四支球队竟有 76 名大连球员，堪称中国足球“大连年”。但是从 1984—1994 这十年间，联赛冠军基本被辽宁队垄断，大连足球正在为第一次真正崛起储备力量。这期间，1992 年中国第一个足球特区在大连成立，大连队参加亚洲优胜者杯并夺得冠军。1999 年，辽宁队夺得全运会足球冠军，圆了十冠王之梦，这与场上八九名大连队队员不无关系。

1994 年 3 月 8 日，大连万达足球俱乐部成立，从此造就和续写了大连足球的一次又一次辉煌。至 2002 年 11 月 24 日，大连足球在中国九年职业足球联赛中 7 次夺冠，真正留下了中国足坛霸主烙印。至今大连足球仍旧是中国足球的代表，大连男足在中国足球界依旧是足坛大哥大。在许多城市，因为乒乓球成为“国球”而大有全民齐乒乓之势时，大连人的足球却越踢越上瘾，直到踢出了一个足球城，踢出了一代又一代中国足球英雄。[①]

① 以上参阅郭俊《中国城市人性格地图》，万卷出版公司 2006 年版，第 88—90 页；刘丹：《品读：中国城市人性格》，大众文艺出版社 2009 年版，第 88—81 页。

第三章　长春人

长春人是东北汉民族中与沈阳人、大连人大同小异的族群。说“大同”，他们都是“闯关东”的移民，都具有豪爽、胆大的“虎性”。说“小异”，则其地理位置、语言特征、形成轨迹、人文特征略有差异。

长春人居住的范围包括长春市（含双阳区，即曾为双阳市），榆树市，德惠市，九台市，农安县。长春市是吉林省省会，全省的政治、经济、文化和交通中心。位于北半球中纬地带，欧亚大陆东岸的中国东北松辽平原腹地，居北纬43°05′—45°15′；东经124°18′—127°02′。幅员20604平方公里。西北与松原市毗邻，西南和四平市相连，东南与吉林市相依，东北同黑龙江省接壤。截至2010年年中，总人口7677089人（吉林省2010年第六次全国人口普查数据公报），其中市区人口315万人。①

第一节　长春人的语言

长春话，通俗地说是长春地区的土话。语言学上长春话属于汉藏语系汉语族汉语北方方言东北官话吉长片长哈小片。②

一　长春话的形成

长春话的形成，一与蒙古语和满语有关，二与“闯关东”的移民有关。

① 朱剑、景体渭：《长春地区方言语音探析》，《吉林华侨外国语学院学报》2011年第2期。

② 同上。

（一）长春话的形成与蒙古语和满语有关

长春作为吉林省的省会，地处辽宁和黑龙江两省之间，南接辽宁、北靠黑龙江。历史上长春在“柳条边”外，所以长春作为东北地区柳条边外最大、最近的城市，而柳条新边又是一条重要的民族活动分界线，具体来说，就是长春以西基本上是蒙古民族活动区域，长春以东基本上是满族活动区域。这样，长春地处过渡带上，故而在语言上长春地区的地名兼有满族语言和蒙古族语言的存留，既有像拉拉屯、伊通、卡伦这样的满语地名，也有哈拉海镇这样的蒙古地名。

正因为长春有这样的历史背景，所以虽然汉语普通话是以北方方言为基础，长春话与普通话在语法方面区别较小，但长春话与普通话之间仍有差别，主要表现在语音和词汇两方面，具体讲在语音上调直高、喷口强，抑扬顿挫、铿锵有力；在词汇上幽默、生动、诙谐，还带有一点夸张的特点。比如吃饭，长春人很少用“吃”这样比较文雅的词，有时还用一些比较硬的词，比如，孩子不好好吃饭，大人追着满地喂，急眼了，就说，“快塞饭，多塞点，不塞拉倒”。还有一些土语，长春人在生活中经常使用，比如“半拉咔叽的”“鼻涕拉瞎的”“委屈巴拉的”“潮的乎的”“二虎巴叽”“抽筋儿巴骨的”“欻尖儿卖快儿”“呆呵儿症歪的”“疙瘩溜秋儿”等，这样的土语很多，也经常用。这些土语，虽然可以用汉字表达出来，但是给人们感觉它们更像是“音译”，这里有些字在标准汉语看来是“虚词”，比如“半拉咔叽的”的“咔叽”“鼻涕拉瞎的”的“拉瞎”，“委屈巴拉的”的“巴拉”。单独拿出来，并没有实质上的语义，更加是突出一种生动性，久而久之这些土语变成了长春话中加强语义重要修饰和特色的固定搭配。还有，由于清帝国的建立，满族贵族成为统治者，长春就自然有一些满族语言的残留，比如说“埋汰”“勒特”，这个人怎么那么勒特！“胳肢”，你别胳肢我，我受不了这个！还有“嗯哪”是长春话中最具特征的词语之一，考察起来，“嗯哪”来源于女真语“一那”，汉语意思为“是”。后来又演化为清代满语“义讷”，在此基础上，由于音节变化，演化成为长春话中的“嗯哪”。长春人的“嗯哪”更是可以在不同的语境和语言形式中承担着各种不同的情感与含义，表现出极为丰富的感情色彩，而这“嗯哪”久而久之既成了长春人语言的标签，也从另一个方面展现了长春人多元丰富的人文性。

（二）长春话的形成与“闯关东”的移民有关

长春话的形成与“闯关东”的移民有关已是题中应有之义，本书在下节“长春人的形成”中详述。在此，仅要说的是清代中期以后，长春开始出现垦荒式移民，他们开垦荒地，经过几代人努力，把不毛之地开垦为农耕乐土。有人曾经这样记述“移民们披荆斩棘，极端艰苦。节衣缩食，以备其家，以窝棚为根据地，在附近放火烧荒，第一年种荞麦，第二年起顺序栽种高粱和谷子。他们聚族而居，其语言风俗一如旧惯”①。

二　长春话的特点

（一）声母方面的特点

长春方言声母单独发音和普通话相同，但在与韵母结合时会有所不同，主要体现在以下几方面。

1. 声母齿龈化。在长春，人们容易把后齿龈音发成齿龈音，即 zh、ch、sh 与 z、c、s 的混用。很多人把桌子说成 zuō zi，把戳苞米说成 cuō bāo mǐ，这样的例子非常多，如吹牛（cuī niú），涮火锅（suàn huǒ guō）等等。从这些例子可以看出，这也许和寒冷的天气有关。

2. 增音现象，即零声母变 n 声母现象。在汉语普通话中，有很多字是没有声母的，现代汉语中称其为零声母。如：饿、安、挨、袄等。但在长春地区，很多人会在这些字前加声母 n，变成 nè，nān，nài，nǎo 等。但在普通话日益普及的当下，这种现象在明显地减弱减少。

3. 声母硬腭化，即 r 声母变成零声母/韵母 y 现象；或边音化现象（Lateralization），即 r 变成 l 声母现象。在普通话里，“日子”要读成 rìzi，身体弱的“弱”读成 ruò，让座的“让”读成 ràng，软乎的“软”读成 ruǎn。但在长春的大部分地区都会把这些字分别说成：yìzi，yào，yàng，yuǎn。同样的情况还有光荣（guāng yóng），绕圈（yào quān）等。这种现象在现代汉语里称为零声母现象。此外，还有 r 声母变 l 声母现象，如“扔东西”的“扔”字，普通话应发作 rēng，但在长春，很多人说“lēng 东西”，还有“锐，瑞”等都说成 luì。这些都是长春话

① 《长春人和东北话（三）》，载《流年碎影——老曹说长春》（http：//blog.sina.com.cn/88980499lnsy）。

里的特殊现象。

4. 送气与不送气的混用，这种现象分为两种情况，一种为普通话不送气而长春方言送气，如一朵花的“朵”字在普通话中标为 duǒ，声母为不送气的 d，而在长春地区，该字读作 tuǒ，声母为送气的 t。同样现象也见于“捕鱼”的“捕”，“撞车”的“撞”，“歼灭”的“歼”等；另一种为普通话送气而长春方言不送气，如“活泼”的“泼”，普通话中标为 pō，而在长春地区，该字经常被读作 bē，还有“皮肤粗糙”的“糙”，很多人也会说成 zào。

（二）韵母方面的特点

长春方言在韵母方面与普通话的区别没有声母方面那么明显，主要区别在以下两方面。

1. 音位前移

在普通话中，发韵母“o”时，嘴唇应该是收拢的（rounded），在长春方言中，该韵母在复韵母 ou，uo 中与普通话基本一致，但当这个韵母与 b，p，m，f 相拼时，则有所不同：嘴唇不收拢（unrounded），但又受声母的影响不完全展开，读音与 e 差不多，如菠萝（bē luó），墨水（mè shuǐ）。

2. 音位三合化

音位三合化，即 ue 后响二合复韵母变成三合复韵母 iao 或 yao。这种现象非常普遍，而且几乎成为长春话的标志了；在小品、电视剧等节目中经常被刻意强调。如：“感觉”的“觉”，在普通话中读作 jué，而长春地区都读作 jiǎo；“学习”的“学”，普通话读作 xué，长春话为 xiáo，“略微”的“略”读作 liào，“姓岳”的“岳”读作 yào。

除这两种现象外，还有一些韵母与普通话发音不同，但比较零散不容易分类，如“农民”的“农”，长春读作 néng，“暖壶”的“暖”读作 nǎn，“请客”的“客”读作 qiě，“乱糟糟”的“乱”读作 làn 等。

（三）声调方面的特点

汉语是一种声调语言，分为阴平、阳平、上声和去声四种声调。在汉语拼音中标为“ －，／，√，＼ ”。普通话中这四声调值分别为 55，35，214 和 51。长春话与普通话相比，在声调方面有以下两点稍有不同。

1. 调值方面

长春话调值与普通话相比稍显平稳，没有普通话调值高、起伏大。见下表。

值调＼声调	阴平	阳平	上声	去声
普通话	55	35	214	51
长春话	44	24	213	53

从上表可以看出，长春话的调值阳平阴平调值最高只达到4，去声最低只达到3。所以长春人听到北京、河北一带的人说话，会感到他们说话一挑一挑的，这实际是因为调值不同引起的。

2. 调类方面

除调值方面的不同外，长春话的调类也有很多与普通话不同，但这一点不像调值那样普遍，而且在长春内部各地区也有不同。笔者尽量选择一些相对普遍的例子加以说明。

类别	调类	类别	调类	例字
普通话	阴平	长春话	阳平	夹，跌，都，出，叔，姑，虽
			上声	插，割（部分地区），几（～乎），扑，曲（～折）
			去声	压，剔，供（～给），冠（～心病），吸
普通话	阳平	长春话	上声	得（～到），革，国，觉（感～），职

除上表所列之不同外，还有很多不同之处，但不太容易分类。如“涩”字，在普通话中为去声，但长春话中为阳平，“复习”的“复”字长春人也发作阳平，“凡是”的“凡”，长春人读作去声等，不一而足。①

第二节 长春人的形成

长春是一座“森林城”，城市绿化率达到78%，居于亚洲大城市之冠。不仅市区绿树成荫，就连城市周边也是绿色的海洋，环城高速公路（五环路）两侧90公里长、550米宽的绿化带，是城市一道美丽的风景。

① 以上均参阅朱剑、景体渭《长春地区方言语音探析》，《吉林华侨外国语学院学报》2011年第2期。

长春人就在这个美丽的地方源起。

一 长春的传说和记忆

据说“长春”一名来自距今约7000年前古老的肃慎语“茶啊冲”，是古代肃慎祭天时候的祈福之语。因为祈福之地在喜都，后世渐用“茶啊冲”取代喜都（汉译转音为“长春”），成为地名。但是“茶啊冲”历史早于喜都数千年，实则后人混为一谈。“茶啊冲”是长春最早的古典历史称谓。

长春始建于前2103年（帝舜二十五年），是早期肃慎王国之第二个王都。时为肃慎南支（满族先祖）的主要聚集地，称为喜（为纪念肃慎击败外族报喜之义而得名），肃慎的第二代王室在此修建土坯城墙和宫殿，称为喜都。此时已有人口约千户，这是长春最早的历史，所以“喜”也应该是长春的简称。

前约1800年，肃慎南支的惠（秽）、漠（貊）两族逐渐迁徙在喜都融合成为惠漠（秽貊）族群（满族前身一支），为了纪念两大族群融入肃慎国，肃慎王遂改国号为“德惠”（得秽），改“喜都”为“合龙（合隆）城”。西汉时期建立扶余国，渐与中原汉文化交流。道教传入扶余，全民信仰灌口二郎（考满语“关口二郎”当为灌口二郎转音，实为秦太守李冰次子），城内有许多二郎神庙。改国都合龙城为“天罡城”。此时人口已经过万，城墙和宫殿也改为石质建筑。南北朝时期并入逐渐兴盛的高句丽。在此后漫长岁月里，这座古都虽改过很多不同名字，但一直是东北古代王国的王都。

唐朝开元时期，长春地区成为唐“安北都护府”的一部分，时被中原人士称为“书山府”，是唐朝发配文字狱犯人的地方，当时书山城被冤枉发配的文人很多，也使之成为文化之城，是许多中原学子向往的学习之地，所以“书山有路勤为径”广为流传至今。此时长春已是人口近十万的大城市，城墙面积扩大了数十倍。也因为这一时期中原汉文化广泛传入东北亚地区，此后千年一直影响东北民族文化发展方向。846年，粟末靺鞨领袖大祚荣在此建立渤海郡国，改“书山府”为“隆州府”，定为国都。后迁都“敖东城”，但隆州府仍为渤海国文化经济中心和第一大城市，人口已近50多万。

916年，契丹建国，逐渐强大。长春地区成为契丹管制女真的重地，由于契丹的一个王子在此地出生，遂将隆州府改成以契丹王子名字命名为“耶律德光城”。1115 年女真人崛起，建立大金国，将长春地名改回祖先的隆州白龙府，迁都中都（北京）之后，改称隆州为“宽城府”（宽城子），为北方的军事、政治、文化中心。此时的大金国，国富民强，从西方传来的景教（基督教）成为大金三大国教之一（道教、佛教、景教），全民信仰，宽城子成为东北亚最大的基督教圣地，全城大小教堂很多，信仰民众有数十万，此时的宽城子人口近百万，城市已具备规模。

此后蒙古日益强大，攻占宽城子，用了近一年的时间才攻下来，蒙古族由于信仰藏传佛教，所以认为这里是景教的不祥之地，才会久攻不下，遂下令将宽城子城墙拆毁，百姓迁移到辽阳和中原等地，这座千年古都变为一片废墟，又将废墟挖地三尺，夷为平地，所以今天几乎找不到这座古城的任何痕迹，只有在今天小城子村附近留下一点残存的遗迹。

明朝后期女真再次勃兴，建立大清帝国，长白山成为满族（皇太极改女真为满族）祭祖的圣地，在原来古南部伊通河畔的驿站成为去长白山的必经之路，乾隆几次在夏季到长白山祭祖路过这里时，都发现这里的气候比盛京凉爽很多，而且风景宜人，便顺口说出“长白千载古喜州，春光无限在宽城”的诗句，后来嘉庆登基后去长白山祭祖，来到这个驿站时也发现这里气候很凉爽，又听说先帝说过的话，便在嘉庆五年（1800 年）开始在此建立地方行政机构，取乾隆诗句第一字设“长春厅”，从此揭开了长春历史的新篇章。①

道光五年（1825 年），长春厅署移址于宽城子（长春旧城的名称，位于今长春市南关区民康路以东，伊通河以西，长春大街以南，解放大路以北一带），厅署修筑于今四道街，厅名依旧，厅之所在地名宽城子与长春并用，长春之名正式使用于此。

1865 年建筑城垣，占地 5 平方公里。1881 年理事通判改抚民通判。1883 年，人口达 9 万余人。这是新长春的开始，也是现代长春的起源。

传说归传说，学者翁有利的研究表明：既然 1800 年长春厅的设立标志着长春城市的起源，那么包括长春厅的治所所在地的整个长春厅的

---

① 《长春春常在——一段心绪话“长春”》（http://blog.sina.com.cn/s/blog－1423c35280102w88h.html）。

行政辖域就应该作为长春城市的地域源头。在长春厅设治之前，长春地方有一个较大的村落叫长春堡，清政府的各级文书都称当时的长春为长春堡地方，所以设厅时就以长春堡地名为源命名长春厅。如果说1800年长春厅的设立是长春城市的时间源头的话，长春堡地方就应是长春城的地域源头。《长春县志》载："嘉庆五年（1800年），于长春堡设理事通判，名长春厅。"[①] 李健才《东北史地考略》载："当时的长春厅置于长春堡东十余里的新立屯，在这里，至今还有长春厅衙门遗址。设厅治当时，此地尚无村落，因其地属长春堡辖境，故以长春为厅名，这就是长春地名的由来。长春之名，虽早见于《辽史地理志》的长春州、长春县，但它和今长春地名的由来无关，两者虽是前后同名，但两者建置的时间、地点，均相差很远，根本联系不上。"[②]所以，长春的名称直接来源于长春堡，其他任何说法都是不能成立的。长春很早就有人类活动，在古代不同时期有不同辖属。1800年长春城市起源于长春堡，长春由此得名。长春起源后，经历了长春厅、长春府、长春县、新京市、新京特别市、长春特别市，直到1949年3月10日，才正式称为"长春市"[③]。

二　长春人的形成

长春人的形成过程，犹如一个大哑铃，一头是长春人的先祖，一头是现代长春人，中间是悠悠几万年、几千年的岁月。

（一）榆树人和青山头人：长春人的先祖

1. 榆树人

长春人最早的先祖是榆树人。

1951年，当时东北工学院（今东北大学）地质系的师生在榆树县（今榆树市）周家油坊野外实习时，发现两块古人类头骨化石和一根胫骨化石，引起了考古界的广泛兴趣。1977年，考古学家们联合在榆树县周家油坊进行大规模考古发掘，发掘出土化石总数十余种70余件。由于在

---

① 于泾校注：《长春厅志·长春县志》，长春出版社2002年版，第68页。

② 李健才：《东北史地考略》，吉林文史出版社2001年版，第215页。

③ 翁有利：《长春城市地名源流考释》，《吉林师范大学学报》（人文社会科学版）2012年第5期。

榆树地区发现，它所代表的晚期智人被命名为“榆树人”。

特别有价值的是这些出土化石，经过中国科学院古脊椎动物与古人类研究所测定，为距今4万—2万年的地层沉积物，而且地下发掘和地上发现化石相一致，从而证明了在旧石器晚期，长春一带就有人类活动。

“榆树人”所处的社会环境属于母系氏族公社时期，婚姻主要是血缘婚或者族外婚，按血缘关系组成的人们共同体——氏族公社，一般有几十人到百人左右。当时榆树地区的年平均气温在零下3摄氏度左右，这样的气候条件是相当严寒的①。冬季冰天雪地寒风凛冽，草木枯萎。夏季气温较为温暖，草木丛生。“榆树人”主要以捕猎和采集为生。夏季主要从事采集和渔猎活动，冬季主要以捕猎森林草原动物为主的耐寒动物为生，当时使用粗糙的打制石器，猎取猛犸象、披毛犀、野牛等大型动物，个人甚至几个人，在当时的生产力水平低下的情况下都是无能为力的，必须是十几人或几十人共同行动。

据学者研究，这种艰苦的自然环境下，人类生存十分困难，人的生育和繁殖能力十分低下，所以，当时长春地区活动的人口十分有限，具体数量有多少，在语言文字还未出现的当时无法确定，只能是估测。当时处于氏族公社阶段，人们认为当时的氏族公社不可能孤立存在，周围至少要有2—3个。据此人们推断：距今4万—2万年前，长春一带的人口，在300人左右②。这是通过考古发掘经过科学鉴定证明的最早在长春地区活动的长春地区人口的祖先。翁有利说得对：虽然“榆树人”人数少，以氏族部落的形式散居长春各地，但它是长春地区居住人口的先驱者，它最先证明此地可以生存，它的居住、生产和生活以及生育繁殖，吸引后来更多人来居此地③。

“榆树人”是迄今为止发现最早的在长春一带活动的远古时期的人类群体。

2. 青山头人

历史悠悠，几万年之后，继“榆树人”在长春地区而起的原始族群

① 姜鹏：《吉林旧石器时代晚划人类生活环境的探讨》，载东北考古与历史编辑委员会《东北考古与历史》第1辑，文物出版社1982年版，第77页。

② 孙乃民主编：《吉林通史》第三卷，吉林人民出版社2008年版，第285页。

③ 翁有利：《长春人口发展与城市变迁研究（1800—1945）》，博士学位论文，吉林大学，2012年，第14—15页。

是“青山头人”。

青山头位于前郭尔罗斯蒙古族自治旗查干泡北岸，与长春毗邻。1981年，吉林省地震局在此进行地质考察时，发现一具古人类头骨化石，第二年，吉林省地震局又在此处进行发掘发现了一批人骨化石和很多脊椎动物化石。后来人们在此又陆续进行一些小规模发掘，发掘出古人股骨古化石。这些化石所代表的古人类群体被命名为“青山头人”。据测定，“青山头人”属于一万年前的旧石器末期智人，以捕鱼和狩猎为主要生活方式。

长春一带的松花江流域、饮马河流域、拉林河流域，水草丰满，猛犸象、披毛犀等动物群集，河中鱼虾成群，这些都是“青山头人”极佳的食物来源。

“青山头人”的婚姻已由血缘婚过渡到族外婚，与周围其他氏族通婚往来，广泛活动于吉林省中部、西部、东南部地区。活动区域广泛，人口分布面积扩大。据此学者们推测，从“榆树人”到“青山头人”发展的几万年间，长春地区人口已有所增加，大约增加到近千人左右[①]。

此外，1958年，在伊通河畔发现原始部落遗址，这是长春地区发现的最早的居民定居点。1985年前后，在今长春辖区内的南岭、南湖、儿童公园、伊通河两岸、大屯、刁家山、马家沟、黑嘴子、杨家沟、张家店、红石砬子、农安的左家山和元宝沟出土了大量的磨制石器和陶器。其中，元宝沟遗址是目前吉林省已知较早的一处新石器时代遗址，其出土的陶片多达3145片，陶器以夹砂褐陶为主，有零星的泥制陶和黑陶，火候较高，器壁较薄而且坚硬。器形种类较少，以罐、钵为主。罐以筒罐较多，直口、小平底或略弧小平底，均为手制。纹饰除了素面以外，以刻画为主，还有一定数量之字纹、撮点纹、印压纹等；出土的动物骨骼中，猪的骨骼数量最多，应属于饲养家猪，为食肉宰杀的结果[②]，是当时人们在这里长期定居生活的佐证[③]。上述发掘，经过碳14测定，证明长春地区活动的人类进入距今7000—4000年的新石器时代。因此，长春新石器时

---

① 翁有利：《长春人口发展与城市变迁研究（1800—1945）》，博士学位论文，吉林大学，2012年，第15—16页。

② 吉林省文物考古研究所：《吉林农安县元宝沟新石器时代遗址发掘》，《考古》1989年第12期。

③ 孙乃民主编：《吉林通史》第一卷，吉林人民出版社2008年版，第20页。

代遗迹面积大，遗物数量多，表明人口数量增多，活动范围广泛。

这一时期，长春人的婚姻制度，已由对偶婚向一夫一妻的单偶婚过渡。原始农业、饲养业、定居生活、单偶婚和生产工具的改进以及生产效率的提高，都为人口的繁衍生息创造了比过去更为有利的条件。历史的记忆为长春人的源起谱写了多彩的序曲。

（二）长春厅：长春人形成的标志

几万年虽不是弹指一挥，却也是星移斗转。榆树人和青山头人在长春地区披荆斩棘，为长春人的形成开拓了天地，悠悠的沧桑岁月，把历史的接力棒传到了清王朝。

清王朝是满族入主中原建立起来的封建帝国。入关前，满族人口在东北少数民族中约有几十万人。为了扩大兵力人口不足，清太祖努尔哈赤将东北地区的蒙古人、汉人与满族人编为“八旗”以充实其实力；通过对外战争获取战俘，努尔哈赤曾对其下属说战争所得“财帛虽多不足喜，惟多得人为可喜也”。[①] 但清初，长春地区与明代相比，人口非但没有增加，反倒大幅度削减，其原因主要是由于清军“从龙入关”[②] 以及清朝统治者推行“封禁”政策造成的。长春地区一片荒野，人口锐减。出现“荒城废堡，败瓦颓垣，沃野千里，有土无人，全无可恃”。[③] 再加上清王朝“虑及如人烟绝迹，必呈空虚，其他异族势必从外地侵入，祖宗发祥的圣地有被外人染指之虞”。[④] 故认为“东三省为我满族根本重地，尚许移民杂居，私垦荒地，日久必妨害旗民生计，故不得不加禁止”。[⑤] 遂将该地封为蒙古郭尔罗斯领地，实行封禁，除少数旗人镇护外，禁止其他民族入内。所以，后来清王朝出于防卫考虑，康熙二十年（1681 年）前后，

---

① （清）王先谦：《东华录》。转引自翁有利《长春人口发展与城市变迁研究（1800—1945）》，博士学位论文，吉林大学，2012 年，第 25 页。

② ［日］稻叶岩吉：《满洲发达史》，杨成能译，东亚印刷株式会社奉天支店 1940 年版，第 267 页。转引自翁有利《长春人口发展与城市变迁研究（1800—1945）》，博士学位论文，吉林大学，2012 年，第 26 页。

③ 《清圣祖皇帝实录》卷二，中华书局 1985 年影印版，第 65 页。

④ ［日］伊原幸之助：《长春发展志》，邹元植等译，长春市地方史志编纂委员会编：《资料选译》，第 10 页。

⑤ 全国图书馆缩微资料复制中心：《伪满洲国史料》（第 23 册），2002 年，第 568 页。转引自翁有利《长春人口发展与城市变迁研究（1800—1945）》，博士学位论文，吉林大学，2012 年，第 29 页。

在“东自吉林北界，西抵开原县威远堡边门”，修建吉林柳条边，总长690余里，长春地区长度为342里。设置了边门、边台，共有4个边门，28个台站，长春地区有2个边门，13个台站。同时修建了吉林至盛京的大驿道，设置了驿站、马场，伊通河也出现航运。出于管理的需要，相应地有了一些驻防点，将关内的罪犯以及“三藩之乱”的降服者陆陆续续发遣来，安排到边台、驿站作台丁、站丁，从事苦役，也有少量分配给旗人做家奴。当时长春计有边门官兵46人，站丁2340人，其家属按每户六人计，合计人口为16702人，加上当地八旗驻军及随同家属和犯禁的稀有住户，人口约有2万人左右。[①] 可见清初接历史接力棒的艰难。

但是，历史的趋势不以清王朝的意志为转移，长春人在汉民族“闯关东”中的兴起已成大势，“终难遏止”[②]。正如史书所述：“汉人之北出山海关，咸惙惙然与豺虎有北之感，然一般从军来满者，见其所至之处，皆沃野云连，物产绕足，往往以此激动其东出之念。将从前畏惧之心自然消灭。更因朝廷于南北满重镇设置驿站，以整顿交通，藉便行旅。虽此时汉人东出，不能享有满人之同等自由，然渡满之欲望已萌芽，终难遏止。及至吴三桂叛乱讨平之际，云贵二省之俘虏，配属于满洲各驿站服役者，人数极多，其亲戚故旧，因探视骨肉而前后来满者，明知触犯禁令而亦不违愿也。”[③] 于是，“南方汉人则通过辽东半岛到来，逐渐开垦荒地，最后几成为其私有的土地。清廷虽曾因此破坏封禁制度而拘禁或驱逐，但彼等神出鬼没，终防不胜防，且亦有旗人雇佣汉人而垦荒或种田者。以后，清廷也认为旗人中的武士，舍刀剑而执锄镐，实为可怜，遂送来关内的犯人，令其开垦、种植。如此犯禁而流入满洲者络绎不绝”。[④]

其实，上有政策下有对策。清政府的封禁令下到地方，一些地方官吏不仅不认真照章执行，而且纵容外来人口的进入，开垦荒地以坐收渔人之利。“清廷禁止流民之文告，虽三令五申，而直隶山东之流民依然接踵东

---

① 万春主编：《长春市志·人口志》，吉林人民出版社1999年版，第16页。

② 全国图书馆缩微资料复制中心：《伪满洲国史料》（第23册），2002年，第565页。转引自翁有利《长春人口发展与城市变迁研究（1800—1945）》，博士学位论文，吉林大学，2012年，第29页。

③ 同上。

④ ［日］伊原幸之助：《长春发展志》，邹元植等译，长春市地方史志编纂委员会编《资料选译》，第10—11页。

出，其势反岁有增加……当时所以成为此种现象者，实由于地方官吏对于流民非特不照章取缔，亦且欢迎助长，方欲藉流民之力以垦辟闲荒，化无用为有用，以坐收年贡粮米，而渡其安闲之岁月为得计。对于流民之垦地，且伺适当之时期，没收归官，另由官方认可佃权，而增加收入。”①

历史上有这样一个故事：清乾隆五十六年（1791 年），郭尔罗斯（今长春一带）扎萨克辅国公恭格喇布坦从增加收入考虑，私自征招流民垦荒种植。这样，长春地区的人口逐渐增多，逐渐形成了 200 多个户数不等的自然屯。恭格喇布坦觉得这样下去不是长久之计，于是向清廷奏报了实情，并且提出了蒙古王公领地解除封禁、如何安置流民、如何进行地方行政管理等一些重大政策性问题。此折惊动清廷，理藩院和户部开始考虑如何处理。同时，当时的吉林将军富俊也向清廷建议，为防止北方的俄国入侵，应鼓励移民建立屯田制度。于是清政府决定由当时监督郭尔罗斯前旗政务的吉林将军秀林对此进行详细调查。结果“清嘉庆五年，议准查出郭尔罗斯地方流寓内地民人二千三百三十户。均系节年租地垦种，难以驱逐”。② 此调查结果上报后，清廷认为，流民垦植蒙荒多年，已与蒙人确立了租佃关系，民蒙之间相安已久，汉人垦荒有利于生计，蒙人收租也有利于生计，同时考虑驱逐汉人会引起民族纠纷。于是决定：不追究蒙古郭尔罗斯辅国公违令开禁的责任，同意该旗继续容留流民，“借地养民”，流民继续向蒙旗缴纳地租③。

这个故事虽结束了，但此口一开，“于是各地移民有如潮涌、雪崩，其中以来自山东、山西、直隶的移民最多，尤其山西省尚有资本流入。移民首先从长春开始，逐渐波及各地，伴随户数的增加，各地不断出现新城市、新部落”④。人口增加，才迫使清王朝做出安官设治的决定。如《伪满洲国史料》所载：“郭尔罗斯一部开放后，亦盛行流民之招集，长春堡

---

① 全国图书馆缩微资料复制中心：《伪满洲国史料》（第 23 册），2002 年，第 567 页。转引自翁有利《长春人口发展与城市变迁研究（1800—1945）》，博士学位论文，吉林大学，2012 年，第 30 页。

② （清）刘锦藻：《清朝续文献通考》（一），卷二五，户口一，户口考一，商务印书馆万有文库本，中华民国二十五年（1936 年）版，考 7757。

③ 翁有利：《长春人口发展与城市变迁研究（1800—1945）》，博士学位论文，吉林大学，2012 年，第 30 页。

④ ［日］伊原幸之助：《长春发展志》，邹元植等译，长春市地方史志编纂委员会编《资料选译》，第 11 页。

流民之额，在数个年间，已超过一万以上，已非一小吏如通判者，所能处理，故未几即由堡一跃而升为厅焉。”① 清嘉庆五年（1800 年）五月十七日，清政府将设置长春厅的决定通知吉林将军，礼部铸发“吉林长春厅理事通判之关防”。长春设治后，在伊通河东岸的新立城选址挖壕筑土围墙，内修衙署，在今天新立城一带仍能见到遗址。

至此，人们可以认为，1800 年长春厅的设立，不仅标志着长春城市的起源，也标志着长春人的形成。从此以后，长春人经过 200 多年的发展，成为现代东北汉民族中重要的一个族群。

第三节　长春人的人文特征

长春人是东北人中的一只“虎”。有网民在网络上发帖说：

南湖公园砍过树，伪皇宫里盗过墓，人民大街超过速，般若寺里剃过度；

净月山上劓过匪，电影城里亲过嘴，伊通大桥跳过水，长吉高速轧过腿；

亚泰主场倒过票，吉大门口撒过尿，北郊监狱睡过觉，朝阳沟里报过到；

省委门口耍过赖，文化广场结过拜，滚石里面喊过麦，文化宫里卖过菜；

中东市场欺过行，南岭里面放过羊，妇产医院帮过忙，动物园里骑过狼；

长江路上骑过车，会展中心唱过歌，黑水路上当过托，香格里拉掀过桌；

……②

① 全国图书馆缩微资料复制中心：《伪满洲国史料》（第 23 册），2002 年，第 571 页。转引自翁有利《长春人口发展与城市变迁研究（1800—1945）》，博士学位论文，吉林大学，2012 年，第 31 页。

② 《在长春，顺口溜！》（http：//tieba. baidu. com/p/1671510341）。

这个帖子把长春人的“虎”气描写得活灵活现，但另一个帖子却把长春人的坚强也表达得淋漓尽致：

在那山滴那边海滴那边，有一群长春人，他们一会儿穿衬衣，他们一会儿穿棉衣 。他们开春以来穿越在那赤道与南北极，每天涨跌十度真是够刺激！哦，坚强的长春人 。哦，铁打滴长春人 。他们春捂秋冻拼过各种奇葩的天气，经过锻炼身体棒棒滴！

在那山滴那边海滴那边，有一群长春人，他们一会儿开车堵，一会儿坐车挤，他们修路以来穿越在那坑包和围栏中间，每天上班上学真是够着急！哦！坚强的长春人，哦！铁打的长春人，他们这边堵了那边封路不耽误上学上班，经过锻炼身心更健康！

长春至今只有两百多年的历史，穷凶极恶的日本关东军司令部曾设在这里。1932 年日本侵略军的傀儡政权伪满洲国在这里宣布成立，并称这里为“新京”。伪皇宫至今犹存。宫内走廊狭窄、曲折、黑暗，连同房间有如迷宫，大门两侧设有暗堡，给人以强人巢穴的感觉。但长春街道宽阔、笔直，南北与东西交错，整齐犹如棋盘，很有格局，而且多栽树木，颇有气派的林荫大道成为该城一道独特的风景线，所以后来这里有北国“春城”之称。春城孕育了长春人的人文特征。

一　强悍而豪放

长春人是典型的东北人。在东北城乡，一丁点小事儿，三句话说不合，立刻动手，仅仅拳脚相加还是“文明”的，某些无聊的看客还会觉得没劲。长春人善打架，其他许多地方的人也善打架，这有什么不同啊？但是，只要你稍加留意便不难发现，长春人打架是一个“猛”字，一个“虎”字，外地人似乎缺了这两点。比如说，打起架来，长春人一定要就近找到武器。如果地上有砖头，决不会捡土坷垃；地上有铁棒，决不会捡木棒；地上有斧子，决不会捡镰刀，什么解决问题找什么。而在攻击的部位上，也是找准要害：如果能打脸，决不打屁股；如果能打心口，决不打腿；如果能抡拳头，决不抡巴掌。细想起来，其实，这也是符合长春人“虎”气豪放的性格[①]。

① 《长春人的情性》（http：//www. era18. com/_ d273721721. htm）。

二　纯朴而保守

长春人的纯朴也是闻名遐迩。据说，有句话总体而形象地评价辽宁、黑龙江和吉林三省人的特点，说：“前有狼，后有虎，中间夹个二百五。”尽管有的出版物引此为评论辽宁、黑龙江和吉林省的证明，公平一点讲，这话不仅刻薄，虎、狼之喻已失之公允，以“二百五”来说吉林省人更属荒唐。真有见识和文化品位的人是不会这么讲的。辽宁南接关内，黑龙江北邻俄罗斯，吉林介中，工业不如辽宁，却强于黑龙江；农业亚于黑龙江，却胜于辽宁。这种情况对东三省的风尚不可能不产生影响。以前东北大中型工业企业多，国家实行计划经济，讲求的是按计划生产和调拨，致使东北人的商业意识淡薄。这已在客观上使东三省人极为纯朴。何况，城市居民不少来自农村，而从事农业生产的人们，日出而作，日落而息，东北又地广人稀，一年只能一熟，吉林省既无黑龙江省那种长久冰天雪地的严寒，又无辽宁省农业面临的人多地少困境，怎么都可丰收，所以更是不烦不躁，不紧不慢，从容不迫，久而久之，自然养成习惯，所以长春人与哈尔滨、沈阳、大连人相比较，尤其显得纯朴、散漫，甚至多些惰性，亦缺乏开创精神。论衣着打扮，长春人最朴实，朴实得近于文化人。长春人一般在穿戴上也不甚讲究，流行什么，大体跟上也就罢了，比如冬季穿皮夹克，你穿我也穿而已，不追求品牌。

精明是从事商业活动所不可或缺的。长春人纯朴、憨厚有余，精明不足，故有“二百五”之讥。其实，东北人都具备纯朴有余，精明不足的特点，不独长春人如此。况且如今的所谓精明中其实有不少已属奸猾。假、冒、伪、劣产品即属奸猾者所为。相比之下，东北较少此类产品，长春更少。奸猾只能得逞于一时，纯朴、憨厚不等于弱智，因此长春乃至整个东北人在商业大潮的冲击下也会精明起来，实际上他们已经较以前精明多了。

由于长春人在计划经济的模式下封闭得太久了，以至于到 1992 年，长春人才想起利用长春电影制片厂的盛名，举办个中国长春电影节，而且一下子就引来了 3 万来宾，外贸成交额和商品物资科技成果展销额分别达到 2 亿美元和 55 亿元人民币，然而号称“春城第一大剧场”的活动中心却只能容纳 1600 人，很是困窘了长春人。

三　刚烈而热情

长春的原居民本尚武，移民又多为生活所迫而闯荡，不乏颟顸亡命之徒，在这个天高皇帝远的地方，“王法”也往往鞭长莫及，因此，长春人也培植起一种好勇斗狠的豪气。长春人善打架，但只要你稍加留意便不难发现，长春人打架是一个“猛”字，一个“虎”字，外地人似乎缺了这两点。人说“不到东北不知道胆小”，道出了东北民风的刚烈。而这恰恰是长春人性格中的重要一部分。

在长春这片土地上，孕育了长春人的豪爽和热情，而这四季分明的气候，造就了长春人的刚烈而大气①。在这两百年中，长春这片沃土吸引着五湖四海、天南海北的精英奇才，铸就了这个移民城市热情包容，宽广大气的博大胸怀。长春人的热情大气，更源于这近代长春两百年中在交流、互动、熟悉过程中形成的不排外欺生，乐于助人的生活习惯。

尽管这种刚烈在外人眼中不尽如人意，让人觉得难以接触，但是这是民风刚硬的一部分。其实在和谐的社会中，长春人对待任何事儿，都是抱有一颗热情的心。现在的长春人中，从赵本山塑造的东北农民形象“刘老根”，到雪村唱红了全中国的《东北人都是活雷锋》，都展现了当下长春人热情朴实的一面，就像长春的语言中，无时无刻都透着一种热情，一种纯朴，长春话语的煽动性和热辣辣的亲热，会让你不知不觉被感染，被感动，在长春，常听到“哥们儿”“姐们儿”，还称彼此的父母“咱爸”“咱妈”，透着一股子亲切，让许多外来人不知不觉地融入了长春的和谐大氛围当中。

四　丰富与多元

长春人生活在文化品位较高的长春市。从 1897 年长春龙王庙小学的建立至现代大学城的出现，长春城市的校园文化已有一百多年的历史②。600 万长春人拥有 60 所大专院校，其中如吉林大学、吉林工业大学、东北师范大学等都是很有名气的，就是中等教育也很出名。东北师大附中在历年高考中，升学率都在全国居于前列，经常排名非一即二，每年都向北

① 《宽容大气长春人 自强不息图振兴》，载《长春日报》2008 年 10 月 24 日。

② 何青志：《关于长春城市文化的思考》，《长春大学学报》2008 年第 5 期。

大、清华等名牌大学输送不少学生。长春还拥有100多个独立的科研单位和30万名专业技术人才。在这种教育环境下培养出来的长春人纯朴却不缺少智慧。

与此同时，长春作为东三省腹地的大型城市，有着不局限于“白山黑土”的多元主题文化，这些文化的形成不仅代表着长春的历史与荣誉，也展示了长春人多元化，与众不同的一面。长春市素有“汽车城”和“电影城”的美誉，这也是长春人引以为豪的称呼。汽车与电影构筑了半个多世纪长春城文化的主体特征，这是因为它们创造了中华人民共和国汽车发展史与电影发展史上的两个第一，即：中华人民共和国第一个汽车制造厂——长春第一汽车制造厂和中华人民共和国第一个电影制片厂——长春电影制片厂。长春作为中国汽车工业的摇篮，长春第一汽车制造厂始建于1953年，毛泽东主席曾亲笔题名奠基。半个多世纪来，长春一汽从小到大、由弱变强，由单一生产变成合资经营，由品种单一向“轻、中、重、轿、客、微”多品种、宽系列的产品格局发展，由内销转为出口，创立了“解放”“红旗”两大民族品牌，并与国外众多汽车企业合资，与大众集团、丰田集团、福特集团等展开了积极的合作，国产化了一汽大众、一汽奥迪、一汽马自达等家喻户晓的品牌。在这短暂而又漫长的几十年中，长春一汽不仅取得了众人瞩目的傲人成绩，更在发展建设中形成了一套自己的“汽车文化”即：艰苦奋斗的开拓创新精神、实事求是的严谨科学态度以及团结和睦甘于奉献的团队精神。而这些“汽车文化”不仅是长春一汽人的企业文化精神，更在这半个世纪中将这种内化的精神映射在每个长春人的心里，影响着这个城市人们的生活品位和行为方式。即使在欲望化的城市生活中，长春汽车人仍在坚守着他们颇具时代特征的价值取向：不畏艰苦、团结奉献、开拓创新、永不停步。

长春电影制片厂成立于1946年10月1日。简称“长影”，被誉为“新中国电影的摇篮”，前身为东北电影制片厂，1955年改为“长春电影制片厂”。从1947年到1949年，长影创下了中国共产党领导下中国电影事业的六个第一：第一部木偶片《皇帝梦》、第一部科教片《预防鼠疫》、第一部动画片《瓮中捉鳖》、第一部短故事片《留下他打老蒋》、第一部长故事片《桥》和第一部译制片《普通一兵》（苏）。而在这之后，又拍摄了家喻户晓的《白毛女》《上甘岭》《董存瑞》等电影。长春电影制片厂在译制外国影片方面是有极大贡献的。至今人们仍然铭记的《列宁在一九一八》《夏伯阳》和《瑞典女皇》这样的优秀影片，都是由它介绍给中国观众的。20 世纪 60 年代以后迎来了长影的春天，无论是剧本的创作，摄影的技术，美工服饰的设计都是国内的佼佼者，而这个时代的人，更是受到了长影文化的熏染，感受到了电影给予人们正义的力量、爱国的激情、青春的热望和生活的热爱以及对一切美好的向往。物是人非的今天，长影的影视出品日渐稀少，但是它所留给几代中国人与长春人的时代主旋律是永恒不变的，这种对生活的热爱、对世界的包容、对祖国的热爱是长影献给长春人乃至中国人最宝贵的文化遗产。这些既是长春城市的品牌，又打造了长春人的精神品牌。

长春人另外一个重要的主题文化就是雕塑文化，自 20 世纪 90 年代起，长春每年举办“长春国际雕塑展”，2000 年建立的世界雕塑公园，是国内唯一冠以“世界”名头的雕塑公园，园内拥有由来自世界 212 个国家和地区的 397 位雕塑家创造的 441 件涵盖当今世界多样艺术风格，融合各种艺术流派的精美雕塑作品。而这一主题文化正向世界展示着新长春人改革开放走向世界的精神风貌。

第四章　哈尔滨人

哈尔滨人是东北汉民族中最年轻的一个族群。哈尔滨原是一个小渔村，其名字源于满语哈尔锦，是晒网场的意思。特殊的历史进程和地理位置造就了哈尔滨人。

第一节　哈尔滨人的语言

与哈尔滨人接触最令人吃惊的是：哈尔滨人讲的话怎么比北京人讲的普通话悦耳好听啊？清晰，明亮，不仅语音好听，而且表达标准。连一些外国人都认为，哈尔滨话好听，地道，没有声音奇怪的语调。大约也正是这个原因，哈尔滨为全国各地的电台、电视、文学艺术组织培育和提供了大量成功的播音员和主持人。

一　哈尔滨话的形成

哈尔滨是处于中国东北部黑龙江省的省会城市，距北京一千多公里，又相隔辽宁、河北等说浓重地方方言的省份，却和北京话是惊人的类似，相似度甚至远高于北京的周边地区和各大城市。此外，哈尔滨市的历史只有短短的100多年，却出现这样一个与普通话相似的地方方言，真的是一个有趣的语言现象。

须知东北方言分为辽东方言和辽西方言。辽东方言与隔海相望的胶东相同，辽西方言与毗邻的河北近似。清代末期，随着东北北部的开禁放垦，操着辽东方言的山东人和操着辽西方言的河北人开始向哈尔滨地区迁徙。由此，辽东方言、辽西方言、土著方言一起在哈尔滨地区互动，经过几代人的融合，最终形成了十分近似于普通话的“哈尔滨话”。

二　哈尔滨话的特点

哈尔滨话最大的特点就是它不是汉语普通话标准音的标准音。为了证实这一点，笔者特意打电话给在哈尔滨一家出版社工作的朋友，咨询她平时对我们讲的话是原生态的，还是专门对我们讲的普通话？她说我从小到大就这样讲话，没有特意对你们讲普通话。说实话，人们对北京人讲的所谓地道的北京话不敢恭维，含混不清，听不懂；而哈尔滨话好听好懂。但哈尔滨话也有自己的一些特点，据学者研究，主要表现在语法上。

（一）构形法的特点

哈尔滨话词的构形方式的种类与普通话大体相同。比方普通话中词的重叠、词的曲折变化等方式，哈尔滨话中都有，而且也很发达，只是在具体的语言结构中其变化方式不同。

1. 形容词的重叠形式与普通话不同

“慢、好、高兴、干净”等形容词的重叠形式，在普通话中经常要在后面加“儿的”或“儿地”，而且重叠音节要变为阴平调。但哈尔滨话却不同，有的加“儿”，有的加“地”，而不加“儿的”或“儿地”。而且重叠部分的音节变调情况也不同，即如果加“儿”则与普通话相同，重叠音节变为阴平，如加“地”，则仍读原调。重叠音节后面的“地”读为（ti），字调变为轻声。

哈尔滨话中形容词重叠之后，它在句中的功能经常是放在动词前面作状语，很少作定语。普通话形容词重叠式定语所表示的语法意义，哈尔滨话通常是在形容词前面加副词“很”或“挺”来表示。如：

普通话	哈尔滨话
高高儿的鼻子	挺高的鼻子
亮亮儿的眼睛	很亮的眼睛
黑黑儿的头发	挺黑的头发
红红儿的脸	很红的脸

口语上“贼”比通常用的“很、挺”程度更为重。如：

贼聪明的一个人，做了糊涂事。

这本书写得贼好。

“贼”这个表示程度的副词，在更多的情况下是说明带有贬义色彩的对象。如“这个人贼坏”。

2. 词的分裂特点

有些动词或形容词的合成词，在普通话中可以用肯定否定的重叠形式构成疑问，而在哈尔滨话中却表现为词的分裂。如：

普通话	哈尔滨话
知道不知道	知不知道
明白不明白	明不明白
热闹不热闹	热不热闹

另外，在词的曲折方面和词形变化有关的如合音词。合音词这种形式在哈尔滨话中显得比普通话更为发达。即哈尔滨话中除了和普通话相同的“这一”“啥”“俩”“仨”等外，还有些特有的合音词。如“怎么”“干啥”“疙瘩”。如“这事该咋办呢?”“你们干啥去?”“你家住在哪疙瘩?”在这里特别是“疙瘩”（gēda）一词，是连续音变产生的合音现象。“疙瘩”在这里不是打结的意思，而是表示“地方”的意思，这是东北方言中的土语词。它不是普通话“疙瘩”词的多义，而是一种同音现象，借用了“疙瘩”一词的文字符号。

（二）副词的特点

“没、别”这两个词作副词用时，在哈尔滨话中有较特殊的用法。

在哈尔滨话中“没”也可放在句末，仍然表示否定，不过需和前面的肯定语词构成肯定否定的结构表示疑问。如“他来了没?”“活儿干完没?”而普通话在句尾一般不能用“没”，而必须用“没有”。哈尔滨话“没”和“没有”在句子末尾表示它们是两种不同的词性。即“没”是副词，“没有”是动词。如“这本书你看了没?”“这本书你有没有?”前者的“没”是副词，而后者的“没有”是动词，分工是极为明确的。

“别”也是表示否定的副词，意思相当于普通话的“不要”“不用”。“别”经常用在命令句中。普通话“别”和“不要”有时可以通用，但语气和感情有所不同。如“一切都有人负责，你甭管了”。“事情不会有结果，你就别想了”。前句的“甭”是“不用”之意，后一句的“别”是“不要”之意，把它们互换或两句话都用“别”是不确切的。而哈尔滨话却都可用“别”，而且句义和感情都一样。哈尔滨话并无“甭”一词，普通话“甭”的意思一律可以用“别”来表示。如“这事你别管了。”“事情已经很清楚了，别再说了。”

（三）助词的特点

哈尔滨话中有的助词所表示的语法意义及其应用范围跟普通话不尽相同。如“着”作助词时，哈尔滨话读作轻声。它只用来表示行为的持续，这一用法和普通话相同。但普通话“着”这个助词的其他用法，如表示行为的进行，表示曾有过的行为，表示程度之甚，或表示行为持续的重叠形式等，在哈尔滨话中的表现形式就不同了。如有的用“的”（ti）（轻声）表示；有的则用其他语法手段表示。用“的”表示的，如“说的说的就笑起来”。“走的走的就不想走了”。“我刚才洗衣服来的”。“他昨天上医院来的。”前两句的“的”，表示行为的持续，后二句表示曾有过的行为。“来的”，相当于普通话的“来着”，但它们的差异绝非单纯语音问题。如有的用副词“正”或“在”表示行为的进行。如“他正说话呢”。“小王在等你呢”。上面两句话中的“正”和“在”是表示时间的副词，它们在句子里所起的句义作用，相当于普通话里的助词“着”。有的用副词“可”或“很”表示程度之甚。如“活儿可多了。”“路还很远呢。”

哈尔滨话中的语气助词不只这几个，不过只是这几个助词在其使用范围方面与普通话略有出入。至于普通话中使用“呢（表疑问的）、啊”的句子，哈尔滨话一般不用语气助词，这和普通话不同。这一特点集中表现于反复、选择、特指等疑问句中。如：

普通话	哈尔滨话
你来不来呢？	你来不来？
你是谁呀？	你是谁？
这是怎么回事呢？	这咋回事？

上例中普通话用“呢、啊”的句子，哈尔滨话都不用语气助词，但所表达的句义和情态跟普通话没有什么不同。这里可以说明一个问题：哈尔滨话利用语调来表达句子语气和情感的要比普通话宽得多。因此，普通

话利用语气助词表达的句子，哈尔滨话很多不用语气助词，直接依靠语调表达。[1]

第二节　哈尔滨人的形成

哈尔滨人的形成，与汉民族移民黑龙江有密切的关系，所以论述哈尔滨人的形成要从汉民族移民黑龙江的历史谈起。

一　黑龙江与哈尔滨的追忆

黑龙江省是中国最东北的省份，西北部为东北—西南走向的大兴安岭山地，北部为西北—东南走向的小兴安岭山地，东南部为东北—西南走向的张广才岭、老爷岭、完达山脉，东北部的三江平原、西部的松嫩平原，是中国最大的东北平原的一部分。黑龙江省冬季长而寒冷，夏季短而凉爽，南北温差大，北部甚至长冬无夏。1 月平均气温 -31℃至 -15℃，极端最低气温达 -52.3℃（漠河 1969 年 2 月 13 日）。

黑龙江省的省会是哈尔滨。哈尔滨是中国东北北部政治、经济、文化中心，也是中国省辖市中面积最大、人口居第二位的特大城市。全市面积 5.31 万平方公里，辖 8 区 7 县，代管 3 个县级市。户籍总人口 1063.5 万人，其中市区人口 587.9 万人。

哈尔滨的历史源远流长，是一座从来没有过城墙的城市。最早可追溯到 22000 年前的旧石器时代晚期，那时这里就已经有人类活动。大约 5000 年前，哈尔滨地区进入新石器时代。大约 3000 年前，殷商晚期，哈尔滨进入青铜时代，属于黑龙江地区最早的古代文明国家——白金宝文化[2]的分布区域。历史的镜头摇到了金、清两代，哈尔滨成了金、清两代王朝的发祥地。1115 年，金代在上京（哈尔滨）建都。19 世纪末，哈尔滨已出现村屯数十个，居民约 3 万人，交通、贸易、人口等经济因素开始膨胀，为城市的形成与发展奠定了基础。

哈尔滨一名的来历就复杂了。从 21 世纪初起，便众说纷纭，莫衷一

---

① 以上均参阅郭正彦《哈尔滨话的一些语法特点》，《学习与探索》1981 年第 2 期。

② 白金宝遗址属青铜时代遗址，位于肇源县城西 50 公里民意乡大庙村白金堡屯，嫩江左岸的台地上。

是。中国的《辞海》将哈尔滨解释为“晒渔网的场子”，台湾省的《中文大辞典》将哈尔滨解释为“平地”，而中译本《简明不列颠百科全书》又将哈尔滨解释为“光荣或荣誉”之义。[①] 但东北地方史学者于 2001 年又提出了一个“天鹅论”。这一说法主张哈尔滨的原始语音是“galouwen”，女真语中“天鹅”一词是摹声词，天鹅叫起来是“嘎鲁—嘎鲁”即“kaloun—kalou”，即“哈尔温”，本意是“天鹅”之意。“哈尔滨”为女真语“天鹅”说得到了广泛认同，成为哈尔滨地名由来的“通说”。[②] 但事情并没了结，2008 年，又有一位地方史学者提出了“官渡”说，认为“哈尔滨”的“哈尔”，是满语，“官”的发音为“哈楞”（北京满语发音为“哈番”），特别近似哈尔滨的土语发音“哈拉”。“滨”是汉语文言“津”的音转，即渡口。这在史籍中可以找到佐证，如《金史·腊醅、麻产传》中，有一个渡口叫“妒骨鲁津”，大致方位就在今天哈尔滨沿江南岸。

九九归一，无论哈尔滨之名如何扑朔迷离，它荟萃了北方少数民族的历史文化，融合了中外文化，是中国著名的历史文化名城和旅游城市，素有“丁香城”“冰城”“天鹅项下的珍珠”以及“东方莫斯科”“东方小巴黎”之美称，使哈尔滨人的称号包含了丰富的内涵。

二 从辽至明：汉民族迁入黑龙江的前奏

汉民族迁入黑龙江的前奏从辽代开始。1956 年在黑龙江省泰来县塔子城（清代称绰尔城）出土的辽大安七年（1091 年）刻石上记有四十七个汉族人姓氏，证明在十一世纪末就有一些汉族移民迁徙到黑龙江地区了[③]。当时塔子城属辽王朝上京道管辖，是辽代时主要控制室韦诸部的北方军政重镇泰州的旧址，又是汉族早期移民迁入地之一。可见大安七年刻石是中国历史上汉民族人民北迁黑龙江第一次高潮的历史见证。

及至金代，金太祖阿骨打在反辽战争中总是把俘获的汉族人迁入东北，谓之“实内地”。“太祖每收城邑，往往徙其民以实京师”[④]。天辅六年阿骨打“既定山西诸州，以上京为内地，则移其民而实之”[⑤]。天会元

① 参阅纪凤辉《哈尔滨地名由来与哈尔滨城史纪元》，《学习与探索》1993 年第 2 期。

② 王禹浪：《哈尔滨地名含义揭秘》，哈尔滨出版社 2001 年版。

③ 谔士：《跋黑龙江泰来塔子城出土的辽大安残刻》，《考古》1960 年第 8 期。

④ 《金史·张觉传》。

⑤ 《金史·食货志·户口》。

年（1123 年）又将“燕京豪族及工匠由松关亭徙之内地”[①]。同年“以山西诸部族……命皇弟昂与孛堇稍曷等以兵四千护送，处之岭东（张广才岭东）”[②]。据《三朝北盟汇编》记载：在迁徙途中，“五百人为一队，虏（应改为“敌”）以数骑追之，如驱羊豕”[③]。以四千兵护送，可见迁徙的汉民族移民至少有几万人。[④]

而历史文献记载比较详细的一次汉民族移民，是建炎元年（1127 年）金军在破开封时将北宋徽、钦二帝及其后妃、公主、宗室、大臣以及技艺工匠三千多人带走北徙[⑤]。《鸡林旧闻录》载：“金人安置徽钦二帝于五国城中。”据学者考证，五国城当在今黑龙江省依兰县[⑥]。可见，以徽、钦二帝为首的三千多汉民族人民，于 1127 年以后经过长途跋涉迁入黑龙江地区。金军从汴京北撤时，“华人男女，驱而北者，无虑十余万”。[⑦] 这些北迁的汉人多被视为奴隶，到了金源内地之后，从事着各种劳务，更有些成为宫内奴隶，史书上便有“金上京城内为金主晟（金太宗）服役的南方汉人占半数”[⑧] 的记载。

到了明代，黑龙江地区的汉族移民逐渐增多，前奏的旋律逐渐加强。明初奴尔干都司在黑龙江下游，特林地方修建永宁寺，先后立碑两块，分别记有《永宁寺记》和《重建永宁寺记》的碑文，碑文是由汉、蒙、藏、女真四种文字写成。经过学者考证，在碑文中得出百余人姓名，其中既有土著居民，也有汉族人民，既有明朝官员，也有汉族的各种手工业者。如碑文中所载的烧砖匠熊闰、泥水匠王六十、状塑匠方善庆、画匠孙义、铁匠雷雨春、木匠金卯白、石匠于海、漆匠李八回等，均为汉族姓氏。再如有些移民本是辽东军丁，因服役不堪其苦，便逃到女真地区谋生。明初期，辽东都指挥刘清曾先后两次领军到“船厂”督造“巨舡”，因军丁不堪服其苦役，经常逃散。此外，由于明朝繁重的苛税杂赋，人民无法谋

① 《金史·太祖纪》。
② 《金史·食货志户口》。
③ 《三朝北盟汇编》卷九十九《靖康中帙七十四》引《汴都记》。
④ 参阅李德滨、石方《黑龙江移民概要》，黑龙江人民出版社 1987 年版，第 11 页。
⑤ 《建炎以来系年要录》卷一。
⑥ 文炬：《五国城考》，《黑龙江史志通讯》1983 年第 3 期。
⑦ 《建炎以来系年要录》卷四。
⑧ 张博泉等：《东北历代疆域史》，吉林人民出版社 1981 年版，第 189 页。

生，纷纷逃离家乡到边远地区以求生存。特别是明朝后期，政治腐败，人民负担沉重。明万历三十六年（1608 年），统治者对辽东居民“万般克剥，敲骨吸髓，以致小民各处逃去。无法生活，穷极计生，遂率合营男女数千北走”[①]。在辽东一地的居民数千北走，可知定有相当数量的汉民族人民迁入黑龙江地区[②]，把哈尔滨人形成的前奏推向了高潮。

三　从清代到民国：哈尔滨人形成的时期

从清代到民国是哈尔滨人形成的时期。

清初，黑龙江被视为“龙兴之地”，受到长期封禁。清雍正十二年（1734 年）在哈尔滨地区始设呼兰城，经过一百多年的开发，到光绪中叶后，呼兰号称“满洲粮仓”，城内店铺林立、舟车辐辏、商贾云集，成为南北经济交流的中心。汉民族移民也越来越多，到清末黑龙江地区人口已达到三百多万人。在这三百多万人口当中，除了少数的土著居民外，大部分是从关内北方各省迁徙来的汉民族移民。仅以呼兰地区为例，乾隆十五年（1750 年）时，呼兰地区人口 4420 人，其中汉族人口只有 1711 人，占该地区人口的 38.7%，到宣统元年（1909 年）时，呼兰地区人口增至 673370 人，其中汉民族人口 665336 人，占该地区人口的 98.9%，即汉民族人口在百余年间增长近四十倍。[③]

（一）汉民族向黑龙江移民的类型

在这些连年激增的大量汉民族移民中主要有流人、流民、垦民、修路移民四种类型。

1. 流人移民

顺治中期以后，清王朝为维护其统治，将一些罪犯流放边地。这种流放罪犯的做法是明代充军籍以实边制度的沿袭，分迁徙、充军、发遣三种。当时的黑龙江地区是全国的极边苦寒之地，经济落后，交通不便，人烟稀少，因而成为主要的流放地之一。“凡旗民杂犯重罪载在刑律者，或以免死，或以加等，发遣兹土分管束，安插。”[④] 这种被发遣到边地的

---

① 《明神宗实录》卷五二四。

② 李德滨、石方：《黑龙江移民概要》，黑龙江人民出版社 1987 年版，第 12 页。

③ 同上书，第 28 页。

④ （清）徐宗亮：《黑龙江述略》卷六。转引自李德滨、石方《黑龙江移民概要》，黑龙江人民出版社 1987 年版，第 30 页。

“罪人”，历史上称为流人。

清代黑龙江地区安置流人的地方主要有宁古塔、黑龙江城、齐齐哈尔、三姓、呼伦贝尔、墨尔根等地。清初期宁古塔一地尚未开发，关内人视之如畏途。流人在顺治年间放于宁古塔一地，到康熙初年又改放于齐齐哈尔等地。地方史料对流人的状况有所记载。《黑龙江外纪》写道：“杂犯每岁踵接而至，无虑数百人，向皆分递诸城……齐齐哈尔留大半，外地不过十之二，约计齐齐哈尔今有三千余名。”《黑龙江志稿》写道：“康熙年间，命盗重犯，减等发往黑龙江，分别当差为奴，至数千人。”《吉林通志》写道：“拟外遣之犯，应发宁古塔、吉林、黑龙江等处安置，谘部差役递解。”等等①。清初发往黑龙江地区的流人举例如下：

——顺治十年（1653年）李呈祥以条陈部院衙门，应裁去满官，专用汉人，巧言乱政，流徙宁古塔。

——顺治十四年（1657年）科场事发，士子吴兆骞、孙旸、陆庆曾、钱威等，俱重责四十板，家产籍没，父母妻子，流徙宁古塔。

——康熙四十七年（1708年）李光远以朱三太子案，发往宁古塔，凡因朱三太子案株连诸人，分别发往宁古塔，齐齐哈尔，伯都讷等地安插，约百余人。

——康熙二十一年（1682年）平定三藩之后，附逆诸人，分别治罪……《黑龙江志略》，“康熙年间，命盗重犯，减等发往黑龙江分别当差为奴，至数千人”，当在此时。②

2. 流民移民

“流民”与“流人”有所不同，指的是破封禁偷渡出关的汉族移民。本书在辽宁人、大连人和长春人中均已论及，清代实行封禁政策，不准汉族移民出关，并在东北边地设置“柳条边”限制出入。但关内北方各省的破产农民仍采取种种办法冲破封禁，络绎前往关外寻觅生存出路。山海关、古北口、喜峰口等地稽查严密，他们便从海上乘船而北，大路设卡盘查，他们便翻山越岭，“肩负行囊，手持一棒，用以过岭作杖，且资捍卫，故称

① 李德滨、石方：《黑龙江移民概要》，黑龙江人民出版社1987年版，第30页。

② 同上书，第30—34页。

之为‘山东棒子’”[①]。可见，汉民族移民的闯关步伐是难以阻挡的。

清代进入东北地区的流民以山东、直隶两省为多。山东流民大部“泛海”，直隶流民大部“闯关”，从两条路线向东北流徙。据清末的统计，关内北方各省农民平均离村人口估计在9.1%—10%之间[②]。进入东北的流民以山东的为最多，其次是直隶，以天津、保安、滦州、乐亭等府县较多。再次是河南和山西两省。泛海和闯关而来的山东、直隶两省流民，开始大部分定居于辽河流域，之后渐次北进，至嘉庆道光年间，已经大量地进入黑龙江地区。流民沿奉天至吉林官道北进，大体在1796—1820年，先进入吉林地区，其后又进入黑龙江地区，其中有一路的流民经双城堡至呼兰，以此为据点沿旧官道北上，进入今绥化、海伦、青冈、拜泉一带，也有的进入宁古塔等东部地区。嘉庆十二年（1807年）拉林河两岸聚集流民千余户，私垦地九千余亩。嘉庆二十二年（1817年）呼兰大荒沟等处查出流民四千余家，私垦地一万五千余垧。[③]

面对大量涌入的流民和增多的垦地，清政府已经无法控制，地方官吏更加感到垦民人数众多，难以驱逐，因而在光绪年间被迫采取了开禁的办法。这样，以黑龙江地区流民的合法化为终点，清政府“维系了数百年封禁之地利，遂至荡然无存”[④]。

3. 垦民移民

1904年日俄战争爆发以后，日俄两国重新划分了在东北的势力范围，沙俄加紧了在黑龙江地区的殖民统治。清政府为了实边，在黑龙江地区开始招垦移民。吉林、黑龙江两省的各县都设立了招垦局，统一管理移民事务，因此关内北方各省的贫苦农民先期来黑龙江省定居之后，往往呼亲引朋相继来黑龙江，聚族而居。黑龙江地方政府则丈量土地，大放余荒，并采用了催垦、抢垦、自由垦殖等促进措施，同时还制订了《黑龙江省殖民计划大纲》等条例，印刷成册，派招垦员分发辽宁、河南、河北、山东等省。这样一来，汉民族移民大批涌入包括哈尔滨在内的黑龙江地区，

---

① 魏声和：《鸡林旧闻录》，民国二年（1912年）版，吉林文史出版社1986年影印本，第47页。

② ［日］田中忠夫、汪馥泉：《中国农业经济研究》，大东书局1934年版。转引自李德滨、石方《黑龙江移民概要》，黑龙江人民出版社1987年版，第34页。

③ 李德滨、石方：《黑龙江移民概要》，黑龙江人民出版社1987年版，第35页。

④ 《穆宗实录》卷二四一。

致使移民数量在清末的一段时间里达到了高峰。1907 年全黑龙江地区人口总计 2577380 人，到 1911 年达到了三百多万人[①]。仅仅四年时间就增加了近五十万人。又据宽城子（长春）车站 1908 至 1911 年四年的客流统计，由此进入黑龙江地区的人数为 690209 人。据学者分析，扣除一部分回流人口，同黑龙江地区的人口增长数字基本吻合。此外，这些移民乡土观念都较浓厚，稍有积蓄，便返回故里，省亲探友，频繁往来，经年不断。正是这种南北流动，将黑龙江地区的一些信息，带给了家乡的亲朋好友，从而吸引了更多的人向黑龙江迁徙。[②]

4. 修路移民

中东铁路的修建更是招来了大批汉民族移民。众所周知，中东铁路的修建，在客观上为黑龙江地区移民的迁徙带来了便利的条件。清朝后期即 1897 年，沙俄侵略者攫取了中东铁路的修筑权，1903 年铁路建成后，给移民提供了便利的交通条件，促进了铁路沿线地区移民事业的发展，铁路所到之处，移民便蜂拥而来。

有学者研究，安达县自光绪三十二年（1906 年）开始招民开垦，但因无路与中东铁路连接，至宣统元年（1909 年）的四年里，移民事业进展迟缓。出于无奈，地方政府和富商大贾商定“于安达青冈之间铺柴为路，遂使青冈与中东铁路之间距离较近，移民移动、方向为之一变，向来移民裹足不前者，争相前往”[③]。此外，中东铁路的修建对劳动力产生了极大的需求，除雇用当地的民工外，沙俄的筑路人员还前往关内北方各省招收贫苦农民前来修路。《一个俄国军官的满洲札记》的作者在书中承认，“在异国他乡的满洲，要完成像中东铁路这样一项庞大的工程，没有中国劳动力是不堪设想的，实践证明，从俄国向满洲输送劳动力的尝试，是行不通的”。此书还记载了 1899 年工程师依格纳奇乌斯曾亲自前往上海和芝罘招收七万名工人的情况。1900 年为修筑铁路主干线，铁路商务代办卡尔波夫又招募了十万名工人。这些从外地招募来的劳工，基本上来源于关内各省人多地少、生活艰苦的地区，所以在中东铁路工程结束后，其

① 孙占文:《黑龙江省史探索》，黑龙江人民出版社 1983 年版，第 274 页。

② 参阅李德滨、石方《黑龙江移民概要》，黑龙江人民出版社 1987 年版，第 36 页。

③ 中东铁路局商业部编：《黑龙江》（东省丛刊），汤尔和译，商务印书馆民国二十年（1931 年）初版，民国二十二年（1933 年）国难后第一版。转引自李德滨、石方《黑龙江移民概要》，黑龙江人民出版社 1987 年版，第 42—43 页。

中大部分就在铁路沿线的村庄里落脚，从事农业劳动谋生，成为黑龙江移民的一部分。[1] 所以，哈尔滨这个过去的渔村，在很短的时间内迅速发展成为一个市肆繁华的城市，很重要的原因是由于中东铁路的修建，这是刺激哈尔滨勃然兴起的根本因素。

这种汉民族移民为哈尔滨人的形成奠定了人口基础。

（二）汉民族对黑龙江的开发

在汉民族移民的这种态势下，与哈尔滨人的形成有关的黑龙江省的开发大致可分为三个时期。

1. 咸丰前为汉族移民初步开发黑龙江时期

清初今黑龙江省东部的长白山区，是清代宁古塔副都统辖区，从属吉林将军。顺治年间，以前流放在开原东尚阳堡的罪犯改拨于此，大小官庄中的耕作者都是流放的犯人。到康熙初年，又改发罪犯于齐齐哈尔。《黑龙江外纪》卷六说："其杂犯每岁接踵而至，无虑数百人……齐齐哈尔今有三千余名，余城亦千名以外。"至嘉庆、道光年间，移民沿嫩江两岸逐次进入了黑龙江西部地区，多成为郭尔罗斯后旗（今黑龙江省肇源县）、杜尔伯特旗（今黑龙江省安百县附近）等地蒙古王公的佃户。更多的移民则是经双城堡至呼兰，进入今绥化、海伦、青冈、拜泉一带，有的也进入宁古塔东部地区。嘉庆年间（1796—1820 年），在拉林河和呼兰大荒沟查出的流民各达几千人之多。据统计，嘉庆二十五年（1820 年），黑龙江地区有人口约 16.8 万。[2] 乾隆四十一年（1776年）移民人口约 11 万。

2. 咸丰后为汉族移民开发黑龙江时期

康熙年间黑龙江地属黑龙江将军。咸丰十年（1860 年），黑龙江将军特普钦奏准开放呼兰平原，并制有《呼兰放荒章程》，于是"民屯大起，直隶、山东游民流徙关外者，趋之如鹜"。光绪初年，呼兰地区已是"三城相望，粮产丰饶，商贾因之麇集，流民居户不下十有余万尤以呼兰厅城为最"。[3] 稍北的通肯河地区开垦较迟，光绪二十一年（1895 年）黑龙江将军增祺奏请开放通肯河流域，光绪三十年（1904 年），在新垦地置海伦

---

① 参阅李德滨、石方《黑龙江移民概要》，黑龙江人民出版社 1987 年版，第 42—43 页。

② 葛剑雄主编：《中国移民史》第六卷，福建人民出版社 1997 年版，第 483 页。

③ 徐宗亮：《黑龙江述略》卷二《建置》。

厅，四年后升府。

此外，今吉、黑二省西部和内蒙古东部郭尔罗斯前旗在光绪十六（1890年）、光绪十九年（1893年）开放了新安镇、伏龙泉地，至光绪二十二（1896年）、二十三年（1897年）前后大体开放完毕。光绪二十六年（1900年）开放扎赉特旗，四年后设大赉厅。郭尔罗斯后旗于光绪二十七年（1901年）由黑龙江将军招垦，五年后设肇州厅。同期杜尔伯特旗也全面开放，光绪三十三年（1907年）设安达厅。同年，光绪罢黑龙江将军，设黑龙江巡抚，改为行省，此为哈尔滨人形成的开始。

光绪末年，黑龙江省几乎所有的地区都有汉族移民的迁入，也都有府、州、县的设立，但汉族移民的迁入主要集中在南部呼兰平原和肯通河流域。光绪三十四年（1908年）黑龙江巡抚程德全奏准《沿边招垦章程》以后，分别在汉口、上海、天津、烟台、长春等地设立边垦招待处，对应招者减免车船费，不增押租。对招垦有功人员也进行奖励。移民本身能招徕移民十人者，既抵垦地后，为百户长；百名者为屯长；三百名以上者，以土地四方照半价卖给。尽管如此，进入黑龙江垦荒者主要还是北方几省人口，尤以山东移民为多。他们往往先单身而来，然后回原籍携带家小、引亲朋同来定居。至宣统三年（1911年）黑龙江人口达322.1万。①

3. 民国后为汉族移民大开发黑龙江时期

1914年黑龙江省拟定了《黑龙江省招垦规则》和《黑龙江省清丈规则》，并在此基础上制定各种措施广招移民。同时，在齐齐哈尔设立清丈兼招垦分局，规定了以嫩江、萝北、呼玛、宝清、瑷珲等十二处放招垦，即把放荒重点确定在沿边地区。在一些以前已经开发的垦区如呼兰、肇州一带，重点放在清丈。这一时期，关内及关外吉林、辽宁一带的农民开始向黑龙江省内迁移。1917年《吉林农报》载："江省招垦局去春在外省招得垦户万余户，奈地广人稀，不敷分布，复派员分往各灾区招徕垦户。"到1917年，黑龙江省一年也只招得万余户，约几万人，5年共计约30万人。

1921年，黑河道尹向黑龙江省督军兼省长提出边疆招垦的四条办法，即特许耕种、宽减赋税、保护治安、厉行奖励。1918—1922年的五年中，合计迁入汉族移民约70.6万人。1923年后至1930年的汉族移民迁入达

① 葛剑雄主编：《中国移民史》第六卷，福建人民出版社1997年版，第500—502页。

到高潮，计有187.5万人。1928年公布《黑龙江省沿边各属荒地抢垦试办章程》，规定移民可以免交三年租税，这对于移民产生很大的吸引力，当年迁入的就达43.5万人之多。移民仍以来自山东东南部为主，他们除进行农业垦殖外，还从事森林采伐，矿山挖掘等非农业生产。[①]

从清到民国黑龙江汉族移民的迁入和发展为哈尔滨人的形成奠定了社会基础。

（三）哈尔滨人名称的确定

一个族群的形成，族称的出现和确定是一个标志。

哈尔滨地方史专家考证：据同治六年（1867年）《阿勒楚克档案右司11号卷》载："为劄饬事，同治六年六月初六日据拉林属界哈尔滨地方丁民武及选迎、舆控称情，因小的正在家中，于五月十七日乡约张越青、地方赵幅、拉林民役李亮、张姓等向小的要钱五十吊……"可见"哈尔滨"一词早在同治六年（1867年）就已经出现了。光绪元年（1875年）六月二日《左司为窜扰呼兰"金匪"已被官军击败潜逃》等事咨将军衙门等文中，也载有"哈尔滨"之名。[②] 光绪五年（1879年）十月初五关于《阿勒楚喀副都统衙门所报拉林地方街市村屯开设铺户商民籍贯姓名清册》又载："哈尔滨地方开设当铺生理人姜全仁，系山西太原府孟县民……"[③] 以上所引官府公文中多次出现的"哈尔滨"三字，早已成为地方的专有名称了。

可见，哈尔滨这个地方，至少在光绪元年（1875年）至光绪五年（1879年）这段时间内，已经发展为比较大的聚落或集镇。那时的哈尔滨位于呼兰、阿城、双城之间，又濒临阿什河，水陆交通相当便利，而且利于农耕和捕鱼业的发展。从其存在着当铺来分析，说明这里商业发达，店铺、饭馆、旅店当达到了一定的数量。由此可见，哈尔滨已是一个相当繁华的聚落或集镇。

根据国际推算城史纪元的惯例，一般来讲，都是以村落扩建并形成中心作用的起点来确定城史纪元的。《哈尔滨考》充分证实了光绪元年（1875年）

---

① 李德滨、石方：《黑龙江移民概要》，黑龙江人民出版社1987年版，第67—72页。

② 中国第一历史档案馆满文部：《清代黑龙江历史档案选编》，黑龙江人民出版社1988年版，第34页。

③ 同上书，第291页。

阿什河附近的“哈尔滨”指的就是今天的哈尔滨，这样，“哈尔滨”一名出现的时间，不会晚于同治六年（1867 年）。《哈尔滨考》又认为，“把古村名阿勒锦按阿伯方言的语音用汉字标出的哈拉宾，正式改为哈尔滨，是光绪二十五年（1899 年），在官印的《黑龙江舆地图》上反映出来的，从此即成了该城名称的定译”①。但另一说是 1898 年，因为在哈尔滨历史上，曾以 1898 年 6 月 9 日为哈尔滨城史纪元举行过两次庆典活动：一次是 1923 年举行的 25 周年纪念，当时东省铁路管理局董事会在铁路俱乐部明确召开“哈尔滨诞生 25 周年”纪念大会。另一次是 1948 年举行的哈尔滨诞生 50 周年纪念大会。第一次纪念大会是为了庆祝中国政府收回中东铁路路权②，第二次纪念大会是为了庆祝哈尔滨回到了人民的怀抱。③ 但无论是哪一年，光绪二十四年（1898 年）到光绪二十五年（1900 年）间，“哈尔滨”之名已出现。

还有一点需要指出的是，哈尔滨是一个典型的“以路立市”的城市，几乎与中国所有城市的兴起不同，它是因清末民初由中东铁路的修筑而崛起的。可见，中东铁路给哈尔滨城市发展带来了历史机遇，在动荡的晚清社会，哈尔滨保持了相对的稳定。所以，哈尔滨人的形成在某种意义上也与中东铁路的修筑有关。如果说哈尔滨市“以路立市”，那么哈尔滨人也可以说是“以路”形成。因为自哈尔滨成为中东铁路的中心枢纽后，外力成为其近代城市化过程的启动器。哈尔滨地区原为松花江岸边的渔村，“仅三五渔人，不过为萧瑟寒村而已”，四周边总人口不足 4000。④ 1896

---

① 关成和：《哈尔滨考》，哈尔滨市地方史研究所，1980 年。转引自李小菊《“哈尔滨”一名由来已久》，《北方文物》1989 年第 3 期。

② 19 世纪末 20 世纪初沙俄在中国东北修筑的一条“丁”字宽轨铁路，亦称东清铁路、中国东省铁路。其干线西起满洲里，中经哈尔滨，东至绥芬河；支线从哈尔滨起向南，经长春、沈阳，直达旅顺口，全长 2489 公里。1895 年，俄国决定将西伯利亚大铁路穿过中国东北。1896 年和 1898 年，先后强迫中国签订《中俄密约》和《旅大租地条约》等不平等条约，攫取建筑和经理中东铁路干支两线的特权。1897 年 8 月，中东铁路开始动工兴建，到 1903 年 2 月，全线竣工通车，交给设在哈尔滨的中东铁路管理局管理和运营，名义上是中俄共同修筑、经营，实为俄国独占的侵略工具。日俄战争后，按照《朴茨茅斯条约》规定，俄国将长春至旅顺口的铁路让给日本，称“南满铁路”。1924 年，中东铁路由中苏两国共同经营。1933 年中东铁路改称“北满铁路”。1935 年，苏联以 1.4 亿日元将北满铁路卖给伪满洲国。1945 年 8 月，根据有关协定，北满铁路和南满铁路合并，改称中国长春铁路，简称中长铁路，归中苏共同所有和共同经营。1952 年 12 月，苏联将中国长春铁路移交给中国。参阅杨天亮《中东铁路沿革简介》，《历史教学问题》1988 年第 6 期。

③ 参阅纪凤辉《哈尔滨地名由来与哈尔滨城史纪元》，《学习与探索》1993 年第 2 期。

④ 哈尔滨市地方志编纂委员会：《哈尔滨市志》，黑龙江人民出版社 1997 年版。

年，中东铁路建设局进驻“田家烧锅”，哈尔滨遂成了中东铁路建设的重心。沙俄通过曲辨条约，在哈尔滨地区获得了面积达 98.32 平方公里的附属地。随后，建设部门将哈尔滨地区划分为八个建设区，并在此区域内建设了行政中心、商业中心、兵营区、居民区等新城区，由此构成了哈尔滨城市早期的空间形态。在中东铁路开工至全线通车的五年间（1898—1903 年），由中东铁路修筑所营造出的氛围，促使外国工商企业及内地先期起步的一些民族资本纷纷于此投资牟利，计创办了市政、金融、通信、电力、工商企业、文教卫生等企事业近 70 家。强行介入的西方文明从一开始就把哈尔滨推上了高起点的发展之路，中东铁路的中心枢纽作用从根本上改变了哈尔滨与附近地区经济社会的原有格局，标志着哈尔滨已经脱离了农业社会的窠臼，显露出近代城市的风姿和风貌，此为一方面。另一方面，由于建设铁路和城市的需要，大量的民工劳动力也涌入附属地，哈尔滨在 1900 年初其建筑工人竟达 6.5 万人，此后随着建设高潮的到来，铁路及城市建设民工曾多达 17 万人。[①] 而附属地城区的建设出众，市政条件良好，关内外的大清国民也“扶老携幼，结队成群，相率逃荒于奉锦各属，以觅宗族亲友”[②]。有学者称“自 1898 年中东铁路征招劳工开始，关内移居东北的人数开始增长，到 1907 年，每年进入东北的关内短期移民和永久移民约三十万人左右”[③]，标志着哈尔滨人的正式形成。

第三节　哈尔滨人的人文特征

哈尔滨人是东北人中的“虎王”。他们的人文性格是东北人的范本。

一　哈尔滨的男人与女人：东北人的范

东北人咋样，看哈尔滨人的范就清楚了。因为近几年来人们一提起哈尔滨人，想到的一是出美女，当今活跃在 T 型台上的模特大多出自哈尔滨；二是产“东北虎”。网络上有人给哈尔滨的男人列举了八大特点：

① 哈尔滨市地方志编纂委员会：《哈尔滨市志》，黑龙江人民出版社 1997 年版。

② 《论山东难民多往奉锦二府事》，《申报》1876 年 10 月 11 日。转引自程琳《中东铁路与区域城镇化问题再探》，《黑龙江史志》2008 年第 15 期。

③ 曲晓范、谢春河：《清末民初第三次关内移民浪潮与东北中、北部地区交通近代化和城市化》，《黑河学院学报》2011 年第 4 期。

1. 能喝酒，超级能喝啤酒。哈啤全国驰名，但是当地人很少喝易拉罐，因为不过瘾。我的同学一般在8瓶左右。最快速度是8秒6一瓶。白酒也不在话下。据说，“不喝酒的男人不是男人！不喝烈酒的男人就更不能称为男人了!”

2. 敞亮。所谓敞亮就是说话办事痛快、豪爽，直来直去不绕弯子，特给人面子。要是抠门或者磨叽会让人看不起。

3. 仗义。为朋友两肋插刀。有事儿您说话，到我这儿绝对好使。

4. 善于保护女生。从来不让女生拎包、拿重物。要说刷碗这种活哈尔滨男人干得比较少，但要是出门或碰到什么难办的事儿，有人给你作主，女生根本用不着操心，放心跟着就行了。但有时大男子主义。

5. 嗓门高，天王老子咱不怕。你要是惹着他或者不干人事儿，哈尔滨男人不扁你一顿也得骂你一顿。找打架？你试试。

6. 非常幽默。不动声色地说句话，能让你乐半天。要不然就一脸坏笑逗你玩儿。

7. 个头普遍较高。1米7以下比较少。

8. 对爱情浪漫且投入。可以为所爱的人抛弃一切。较之其他地区，哈尔滨男人爱得更投入，只有投入才能更深切地体会到真爱。就算没结果，爱过、痛过，俺们不后悔。①

这八大特点，把哈尔滨男人的性格特点表达得淋漓尽致。哈尔滨的女人也毫不逊色，网络中也有描述：

哈尔滨女人共同的特点，那就是她们不畏寒冷，她们像生活在北极的爱斯基摩人的女人一样，为自己能生活在寒冷的冰城而感到自豪。如果女人能为此感到自豪，这座城市也会因此变得容光焕发，朝气蓬勃。这是哈尔滨女人很显著的一个特点。至少，我从未听说过生活在南方的女性说她们喜欢炎热。

哈尔滨女人另一个让人肃然起敬的，也多少有点让人感到悲怆与迷惘的特点是，无论她们怎样的风流，怎样的时髦，怎样的摩登，怎

① 《哈尔滨男人八大特点》(http://blog.sina.com.cn/s/blog_48efe0cc010002mo.html)。

样的小资，怎样的白领，怎样的王熙凤和茜茜公主，但在骨子里，她们个个都很能吃苦、很节约，比如，只要能吃的剩饭，她们绝不扔掉，而且奉行一生，老中青三代女人个个如此。因此，这座城市是有韧性，有耐力，不可小视的。

哈尔滨的女人是自信的，几乎她们个个都认为自己是美女。这已经成了她们恪守的信条。因此，哈尔滨女人的爱情是欢乐的，有灵性的，健康的，有活力的。哈尔滨的女人们对待爱情像对待钞票一样充满着爱惜之情。

哈尔滨女人的感觉总是良好的，在单位，在家中，在街上，在商店，在餐厅，在酒吧，从来自我感觉良好。有时候你都糊涂了，糊涂了她们也感觉良好。当然，偶尔她们也有感觉不良好的时候，但那都很短暂，像夏日里的急雨一样，一阵就过去了，然后又感觉良好了。让你叹服，让你不胜感慨。

哈尔滨的女人们又是宽容的一族。在这座城市里，你很难发现那种像林黛玉似的酸不叽的女人，再说这种小酸性的女人之方式也太古典、太老套了，有点阉人了。哈尔滨的女人绝少对异性采用这种过时的方式。这一点她们有点像欧美的女人，大方、热情、开朗、嘎嘎大笑。别忘了哈尔滨是一座移民城市，移民城市的女人必然豁达与透明。

对哈尔滨的女人来说，没有她们吃不了的苦，也没有她们享不了的福。她既可以义无反顾朝前走，淑女、贵妇人、女强人、白领丽女，全部演习一遍，并且永不言悔。同时，她也可以抛弃这一切，回到起点，一切从头开始。①

从这个描述中，我们多少可以感受到哈尔滨女人的万种风情了。

可见哈尔滨的男人和女人就是东北人的范。

二　土气与洋气：哈尔滨人的气质

哈尔滨人既有黑土地的土气，又有俄罗斯情调的洋气。这种“茶与咖啡”文化的融合造就了哈尔滨人的气质。

黑土地孕育出了哈尔滨人粗犷而简单的土气性格和古朴民风。

---

① 所依：《哈尔滨的女人》（http：//blog. sina. com. cn/s/blog_ 5e85640101011jnj. html）。

粗犷而简单表现为不精于加工，或对自然物做一些粗略加工，不精细。对他们来说，衣服就是保暖，食物就是充饥，无论是山林狩猎、湖河捕鱼、荒原拓耕，还是衣、食、住、行无不带有粗放简单的特点。与讲求精细的江南人相比，“猪肉炖粉条”就是对这种“粗犷而简单”最好的诠释。“猪肉炖粉条”和“酸菜炖肉”，是哈尔滨人是最喜欢吃的菜。这个酸菜就是用大白菜放在齐胸高的缸里腌制的。酸菜还有多种的吃法，可以炒着吃，可以生着吃，还可以剁成馅儿，包包子，或者包酸菜馅饺子。哈尔滨人特别喜欢吃猪肉炖粉条子，是因为绝大多数哈尔滨人是伴随着多年的贫困而进入当代的。在过去那些清苦的日子里，猪肉炖粉条无疑给哈尔滨人留下了难以磨灭的印象。现在再吃这种菜，恐怕就是吃一种回忆，吃一种乡情了。但最传统的吃法，还是酸菜炖肉。

在哈尔滨人的心中，吃酸菜炖肉，人间的一切烦恼，一切都不在话下了。酸菜炖肉这道菜，几乎成了哈尔滨人的灵魂了。很难想象，一个地道的哈尔滨人，在一年之中没吃过一次酸菜炖肉是怎样熬过来的。对哈尔滨人来说，一年中，可以不发财，可以没有爱情，可以处处不尽如人意，可以一事无成，但无论如何不能没有酸菜炖肉。

哈尔滨人喜欢吃肉、吃猪肉炖粉条子，是跟先祖的游牧渔猎生活分不开的。这一区域土著人的主要食物是肉：大块肉，或者用火将肉烤得半生半熟、半筋半血的那样吃，抑或用大铁锅将肉炖个稀巴烂，再放上土盐吃。而作为粮食的主食，却成为次要的了。为此，他们常常显得剽悍、威武、人高马大，个个都粗犷豪放而骁勇善战，能吃苦耐寒。喜欢吃肉的哈尔滨人就具备这一特征。所以哈尔滨人一进关，出公差或者旅行在外，京城的人一瞧就说：“嚯，东北虎下山了呀!”直到今天，哈尔滨人仍旧喜欢吃大块肉。过去哈尔滨人很喜欢吃肥肉。买回大块的肥肉，最土的吃法，是用利刀割成豆腐大小的块，放在大锅里白水煮。煮烂了，捞出来，晾凉了，蘸大酱吃。早期，哈尔滨人形容这样吃肉叫“过年”了。那些从南方流放到黑龙江哈尔滨的“罪身”，见哈尔滨人这样吃肉，吓得缩成一个小球球了，他们无论如何也想象不出，人怎么能这样吃肉？太原始了。[①]

哈尔滨人所依托的黑龙江是一个黑土极肥沃，物产极丰美的地方，他

① 《外冷内热的哈尔滨人》（http：//www.era18.com/_ d275367461.htm）。

们对于白山黑水间出产的人参、貂皮、鹿茸、乌拉草、东珠、松子等由衷地感到自豪。民国初年设治依兰的东北路道尹阮忠植在《三姓土风》云："觅参夸贡品，剖蚌耀奇珍。水獭皮堪贵，山貂性最驯。鹿茸医弱病，熊掌宴嘉宾。萝卜红心脆，蘑菇白色匀。"一派黑土情结。据黑龙江省《东宁县志》载："绥芬河流域，土质肥沃，气候和暖，出产丰富……稍事勤劳者，无不丰衣足食，日用富裕。"由于黑土的富庶，人口的稀少又熏陶出古朴的民风。"凡出门不带路费，经过之处，随意上宿，人马俱供给，少陵所谓'马有青刍客有粟'也。"[①] 在长白山"遇到人家，遇上啥吃啥，一不用给钱，二不用留东西。如果主人不在家，你从东面来的，就把小包和棍子放在门的西面，你从西面来的，就把小包和棍子放在门的东面。屋里有现成饭就吃，否则自己动手做。吃罢饭，把碗筷刷好，放回原处，把自己脚上穿的靰鞡找出一把草，放在外屋地当间。主人回来后不但不怪，还说：'今天来客了'"[②]。过去，哈尔滨人的民风就是纯朴。

现在，哈尔滨人流行野餐，特别是在风景宜人的太阳岛上，约上几个"酒肉"朋友，从微风送爽的初夏，到凉风轻袭的初秋，找个有山有水的地方，带上简单的餐具，摆上面包、红肠、啤酒，采用原始的烹制方法，把酒言欢，来一顿"野"味十足的野餐，充分享受这难得的"野趣"，这就是哈尔滨人特有的野餐"情结"。作为一个哈尔滨人，上到耄耋老者，下到襁褓婴儿，几乎没有没享受过野餐乐趣的。[③] 形式虽然在变，但却可以窥视古朴民风的影子。

说到哈尔滨人的洋气，到过哈尔滨的人都会感受到他们的表现，一是房子，欧陆风格的建筑随处可见；二是服装，哈尔滨人高大、帅气，穿得"野"；三是吃，就是西餐。到了哈尔滨，登了太阳岛，看了大教堂，然后再吃上地道西餐，这才算是领教到了哈尔滨人的洋气，才能明白哈尔滨被称作"东方莫斯科""东方小巴黎"的原因。

哈尔滨人的洋气表现在吃西餐上可称是在全国力拔头筹。因为哈尔滨城市一出现，就涌入了大量的外侨。俄罗斯、法国、希腊、德国、波兰、

---

① （清）吴振臣撰：《宁古塔纪略》，上海古籍出版社 1995 年版，第 93 页。

② 孙文采：《乌拉草、靰鞡及其传说和民俗》，《社会科学战线》1990 年第 1 期。

③ 薛明、慕海燕：《野餐，哈尔滨夏日风景线》，《哈尔滨日报》2008 年 8 月 24 日第 003 版。

美国等十多个国家的侨民一下子进入了哈尔滨。没有多久，外侨的人数就占了全部市民的1/3，在中央大街一带，外侨的人数甚至超出了中国人。那个时候，到沿海的外国人多是商人、冒险家，而哈尔滨的外国人则多是技术人员与工人，你中有我，我中有你。所以讲到吃西餐，有些城市可能比哈尔滨人还要早些，但是，若讲普及，别的城市可就望尘莫及了。最早的西餐，在上海、广州，那是一种身份，是特权，是奢华，而在哈尔滨则不然，它一开始就进入了寻常百姓家。在其他地方吃西餐只是潇洒走一回时，哈尔滨吃西餐则是真的过日子，俄国式的大面包、红肠、酸黄瓜、草莓酱、俄罗斯式菜汤，至今仍然是哈尔滨人的日常食品。故而有人说哈尔滨人吃西餐，就像是成都人吃火锅，西安人吃泡馍，北京人喝豆汁。晨练后，就去排队买刚出炉的大“列巴”；上街走累了，就坐下吃牛排。哈尔滨人喝啤酒是闻名的，不论男女全能喝啤酒。这些啤酒多是配着红肠喝下的。哈尔滨人牛奶喝得最多，牛奶多是跟着面包端上早晨餐桌的。这就是哈尔滨人独具俄罗斯情调的洋气。

土气加洋气，使哈尔滨人个性十足。他们就应该住尖顶的红房子，哈尔滨人就应该穿“布拉吉”、高筒靴子，哈尔滨人就应该喝啤酒、吃“列巴”，哈尔滨人就是哈尔滨人。[①]

三　豪放而勇悍：哈尔滨人的性格

哈尔滨所依托的黑龙江有大小兴安岭、松花江、黑龙江、乌苏里江、镜泊湖、五大连池以及大森林、大草原、大沃野、大垦区、大工厂、大油田、大煤田，显得大气磅礴，气象万千。这种独特的地域生态风貌，陶冶出哈尔滨人的性格。而且他们又生活在靠近俄罗斯的寒冷之地，长得高大、结实、耐寒，既有山野之人的豪爽，又有受俄罗斯民族及其文化影响而形成的粗犷，还有边地人特有的勇悍。他们豪爽，请起客来餐桌上堆得满满的，酒不喝足，兴致未尽，决不罢休；他们粗犷，在小事上不大计较，大手大脚；他们勇悍，打起架来天不怕地不怕，常常闯大祸。

这种豪放而勇悍的民风在旧社会动荡、荒乱的年代，便出现了“胡匪”现象。“胡匪”又叫“红胡子”“马胡子”“马贼”等，民谚云：“山东出响马，关东出胡匪。”“九一八”以前关东胡匪已达10万人。这些

① 参阅张港《说说哈尔滨人的西餐》，《食品与生活》2003年第5期。

“胡匪”有的由于生活所迫，铤而走险，走上杀富济贫的道路；有的因性格豁达，结交绿林豪客投身绿林；有的则是社会渣滓——地痞流氓、恶棍，乘社会混乱聚敛财货，趁火打劫。现在所出现的“东北虎”现象正是这种勇悍民风的一种反映。

哈尔滨人的豪放还表现在很讲义气，他们做生意，以诚相待，很重朋友之情。他们做生意时，经常能听到这样一句话：“别谈钱，一谈钱感情就远。”尽管这只是一句客套话，但从一个侧面反映了哈尔滨人重义轻利的心态。一位长期与中国人做生意的意大利客商私下里曾说：“跟上海人谈买卖很累，跟东北人做生意倒挺轻松。南方人精细且斯文，北方粗放而率直。”

哈尔滨人最讲义气，性情豪爽，为了朋友甘愿两肋插刀，把友情看得比命都重要，东北汉子心眼都挺好，交朋友遇到知己能把心掏出来。

哈尔滨人喝酒也豪放，拿喝啤酒来说，不是一杯一杯地喝，而是一瓶一瓶地喝；不是一瓶一瓶地买，而是一箱一箱地买。酒席筵上，一人喝十几、二十几瓶是一般水平，多的可以喝二三十瓶，往往把客人往死里灌，似乎不喝得爬桌子腿，就不够朋友。男人如此，女人也有海量。

哈尔滨的男人豪爽而勇悍，他们刚烈不羁，为朋友可以两肋插刀，小事情从不斤斤计较，可以为正义挺身而出；哈尔滨的女人美丽而多情，她们爱憎分明，爱一个人可以如火如荼，不爱时又放得下，不去纠缠不休，可以一怒为豪情。

华北汉民族族群编

一方水土养一方人，华北的水土养育了华北人。

华北是汉民族根的所在地。从自然地理范畴上看，华北包括黄土高原，南起秦岭—淮河，北至长城—燕山，西起太行山，东至渤海黄海。其中，华北平原是黄河、淮河、海河三大河系的冲积平原。

华北的汉民族族群在汉民族发展史中占有根的历史地位，他们大多从原始时代开始，就随着华夏民族的形成，以及转化和发展为汉民族的路线图，逐渐成为当今汉民族中最具历史底蕴和文化品质的汉民族族群。

华北的汉民族族群主要有河北人、山东人、山西人、北京人和天津人。

第一章 河北人

河北省是华北地区的腹心地带，地处华北、渤海之滨。燕赵大地，辽阔广袤，燕山南北，长城内外，大部分地区古属冀州，故简称冀。河北的历史变化多端，早在商代时期，邢台曾为都城，西周时为燕国、邢国之地，春秋战国时为燕、赵之地，汉、晋时置冀、幽二州，唐属河北道，元属中书省，明属京师，清为直隶，1928 年始称河北省。民族过往复杂，历经多次游牧民族南下的袭扰，但汉民族始终是这块大地的主体民族。而河北北部的长城沿线更是被历代的中原王朝视作保卫汉族农耕文明的生命线，即便在五代后晋时期河北北部的燕云十六州被割让给辽国，但汉民族始终是这一地区的主要民族。

河北，作为北京、天津的外围，自古就是京畿要地；河北人，作为传统的农耕族群，一直是华北重要的汉民族族群。

第一节 河北人的语言

河北话是汉民族北方方言的主要部分。在汉民族滚雪球式发展的悠悠历史岁月中，包括河北话在内的北方方言是古汉语在广大北方地区经过数千年发展起来的。

一 河北话形成的背景

要了解河北话的形成，就必须弄清楚北方方言的形成。明白了北方方言的形成，河北话的形成也就清楚了。

（一）雅言：北方方言核心的形成和发展

什么是“雅言”？《辞海》说：雅言，“古时指‘共同语’，同‘方言’对称。‘雅’有雅正的意思。《论语·述而》：‘子所雅言，诗、书、执礼，皆雅言也。’谓当时诵读诗书，执行典礼，都用所谓‘雅正’的合于规范的语言。”① 所以，孔颖达在《正文》中说：“雅言，正言也。”“雅言”就是汉民族的前身——华夏民族最早的通用语，相当于现在的普通话。

关于先秦夏、商、周三个民族本身如何互动、磨合、整合和融合，又如何与部分蛮、夷、戎、狄如何互动、磨合、整合和融合，形成华夏民族的“滚雪球”过程，《汉民族史记》第1卷已有专章论述，在此不赘。本书要了解的是雅言如何形成，并发展成汉语北方方言的基本轨迹。

1. 雅言的形成

据语言学家郑张尚芳②研究：雅言来自夏言。“雅”“夏”古代互通的例证很多：《左传》“公子雅”，《韩非子》作“公子夏”；近年出土的郭店楚简《孔子诗论》“大雅”“小雅”作“大夏”“小夏”；《墨子》引“大雅”也作“大夏”。尤其《荀子·荣辱》“越人安越，楚人安楚，君子安雅”，《儒效》作“居楚而楚，居越而越，居夏而夏”。这个与楚越相对的“雅”或“夏”明显指中原。先秦古籍中所记夏代歌谣可能是口头相传的记录：《尚书·汤誓》记夏民骂夏桀“时日曷丧？予及汝皆亡！”《孟子》所记《夏谚》《逸周书》所记《夏箴》，这些谣谚都押韵，押韵系统也类似周代古音。所以我们可推断夏商周的语言差不多③。

据史料记载，我国最早的“雅言”是以周朝地方语言为基础，周朝的国都丰镐（今西安西北）地区的语言为当时的全国雅言。前770年，周平王迁都洛邑（今河南洛阳），自此，洛邑的语言就成了整个东周时期雅言的基础。孔子在鲁国讲学，他的三千弟子来自四面八方，孔子正是用雅言来讲学的。故前引《论语·述而》中说：“子所雅言，《诗》、《书》、

① 辞海编辑委员会编：《辞海》（1979年版缩印本），上海辞书出版社1980年版，第1358页。

② 郑张尚芳，男，1933年生，温州瓯海人。中国社会科学院语言研究所研究员，著名语言学家、中古汉语和上古汉语语音研究大师，长期以来，他从事汉语方言、古音、汉藏语言比较研究，他所建立的上古音体系，被海内外汉藏语学界所认同。他也因此成为国内语言学界古音韵研究的权威，汉语古音学说有代表性的八大家之一，1991年晋升研究员，1994年起享受政府特殊津贴。现为中国语言学会、汉语方言学会、国际汉语语言学会会员，中国音韵学研究会理事、学术委员，兼北京语言大学、上海师范大学语言所教授和南开大学教授等。

③ 柳霞：《中国古代的“普通话”——访音韵学家郑张尚芳》，《光明日报》2006年12月26日。

执礼，皆雅言也。”对于这个推断，是有根据的，那就是《尔雅》对雅言的沉淀。

《尔雅》[①] 是汉民族最早的一部解释词义的书，是中国古代的词典。其中“尔”是近正的意思；“雅”是“雅言”，是某一时代官方规定的规范语言。“尔雅”就是使语言接近于官方规定的语言。

2. 洛音：雅言的基础方言

西周“封邦建国”，先后分封诸侯国 130 多个。此后各诸侯国互相攻占，大诸侯国逐渐吞并小诸侯国，与此相应，原来各小国用的小方言逐渐融合成几个相对稳定的大方言。与此同时，周王朝为天下宗主，各诸侯国定期要去王廷朝觐；诸侯国之间交往频繁；商业发展，都市出现，这就要求有一种各地都能通行的共同语。这种共同语就是“雅言”。据向熹研究：《诗经》305 篇，采自 15 个国家，用韵基本一致，各国参加外交宴会的人都能赋诗言志。两周金石文的用韵也基本一致。故王国维说：“昔人于有周一代韵文，除群经、诸子、《楚辞》外，所见无多。余更搜其见于金石刻者，得四十余篇。其时代则自宗周以讫战国之初，其国别如杞、鄀、邾娄、徐、许等，并出《国风》十五之外。然求其用韵，与三百篇无乎不合。”[②] 可见周代的确存在一种能够通行各地的共同语——雅言。

对于《论语·述而》所言：“子所雅言，《诗》、《书》、执礼，皆雅言也。”刘台拱在《论语骈枝·释雅言》解释说：“夫子生长于鲁，不能不鲁语，惟诵《诗》、读《书》、执《礼》，必正其音，所以重先王之训典，谨末学之流失。”[③] 孔子平常在家里说的是鲁国方言，但在正式隆重的场合得说官话，就是雅言。

这个雅言的基础方言是什么呢？对此，历来有两说，一说认为是陕音，清人刘宝楠认为“周室西都，当以西都音为正。”[④] 另一说认为是洛

---

① 《尔雅》是后代考证古代词语的一部著作。它的作者历来说法不一，有的认为是孔子门人所作，有的认为是周公所作，经后人增益而成。后人大都认为是秦汉时人所作，经过代代相传，各有增益，在西汉时被整理加工而成。

② 王国维：《周代金石文韵读·序》，《观堂集林·卷八》“艺林八”，河北教育出版社 2003 年版，第 203 页。

③ （清）刘台拱：《论语骈枝·释雅言》，载向熹《简明汉语史（修订本）》上，商务印书馆 2010 年版，第 25 页。

④ （清）刘宝楠：《论语正义》，载向熹《简明汉语史（修订本）》上，商务印书馆 2010 年版，第 25 页。

音，向熹认为洛阳自周公营建以后，发展迅速。“此天下之中，四方入贡道里均。”① 周初迁居成周的殷之“顽民”，大都是富商巨贾和有文化修养的人。由于他们的传播，加上这里是殷的旧地，语言上逐渐变得很有势力。东周时洛阳为全国政治文化中心，它的方言很自然地变成了雅言。正是雅者，正也。雅言就是全国通行的标准音②。

“雅”又通“夏”。《说文》：“夏，中国之人也。”此“中国”一词所指何在？据考：“中国”一词最早出现是在周代《诗经》中，如《大雅·民劳》：“惠此中国。”但《诗经》中的此类“中国”实为“国中”，还不是真正指国家。称国家的“中国”一词，在战国诸子书中已屡见不鲜了。如《孟子·滕文公上》云：“陈良产地，悦周公仲尼之道，北学于中国”，又“兽蹄鸟迹之道，交于中国”；《庄子·田子方》：“中国之君子，明乎礼义而陋于知人心”……这些都说明：上古所谓“中国”，即指后世“中原”。但地域不及后世中原广，而相当于今山西、陕西、山东、河南、河北一带。“中国”一词的频繁使用，主要在周以后。《礼记·王制》有云：“中国夷戎，五方之民，皆有性也……中国、蛮、夷、戎、狄，皆有安居、和味、宜服、利用、备器。”十分明显，此时的“中国”一词，是与蛮、夷、戎、狄对举而使用的。如果说《礼记》的成书时间较靠后，则《左传·庄公三十一年》有“凡诸侯有四夷之功，则献于王，王以警于夷。中国则否”的说法，足见春秋前期，“中国”一词就已经与蛮、夷、戎、狄对举。那么“中国”究竟指谁呢？《公羊传·禧公四年》称：“南夷与北狄交，中国不绝若线。桓公救中国而攘夷狄，卒荆，以此为王者之事也。”齐桓公救援邢国、卫国等国，被称作“救中国”，足见此时的“中国”，已经扩大到被认为是“诸夏”的国家。故当时南方的楚王自称：“我蛮夷也，不与中国之号谥！”③

由此可见，雅言形成于中原地区河洛一带，这里曾是商王朝统治的中心，也是夏王朝统治的中心，所以叫作夏。“雅言”就是夏言，就是夏族和夏地通行的语言。发展到周代时以洛阳语音为雅言的基础方言已成定局。因此，郑张尚芳确定地说：“雅言的标准音点是洛阳。东周‘雅言’

① 《史记·周本纪》。

② 向熹：《简明汉语史（修订本）》上，商务印书馆2010年版，第25—26页。

③ 《史记·楚世家》。

应以王都洛邑语音为准，往上承自周人学习殷商文字，商则继承夏文化。夏起于晋南豫西，长期建都于伊洛地区，洛阳边上的偃师二里头古都遗址，考古界认为属夏文化。甲骨文虽发现于安阳，但周灭商后即于洛阳建造成周来集中殷商贵族，并在那里向他们学汉字。学汉字必须出于师授，字得一个一个学，在士族中有极其古老的代代相传的传习传统。故历代都以洛阳太学教书音为标准音，作为读书音相传授。”“通过上古音研究，雅言的音我们已经重新构拟出来了，现在已经能够把《诗经》《论语》用孔子时代的上古音来读。”①

3. “书同文”：雅言的发展

从春秋战国到秦统一六国时期的“书同文”，是雅言的发展时期。

从春秋到战国，诸侯“争霸”变成战国“七雄”。这一时期雅言的发展呈现着两种趋势。一方面，各诸侯国之间的方言差别仍极显著。孟子称楚人为“南蛮鴃舌之人”，楚人学齐语，要“引而置之庄岳之间数年”，否则“虽日挞而求其齐也，不可得矣”②。可见差别很大。《左传·哀公十二年》记载卫侯会吴于郧，被吴扣留，后来回到卫国，“效夷言”。称吴语为“夷言”，与中原语言不同。这种方言的差别主要表现在语音上。

另一方面，各诸侯国之间战争和外交活动频繁，人民迁徙，民族杂居，学术发达，百家争鸣，都促进了雅言的传播和发展。儒、道、墨、法、名、兵、农各学派的著作，语言上基本一致，甚至代表南方文化的《楚辞》也相差无几。可见当时的雅言的确具有广泛的影响。李亚农说：“当时各族间统治阶层的混血已经变成了司空见惯的平常事；则夏、殷、周以及其他诸古老民族，由于杂居的结果，民间的大混血，自不必说了。甚至中原内部的戎狄，在春秋末期，亦已和诸夏各族杂居……入战国以后，我们既不见周人、殷人、夏人的区别，也不见中原内部还有戎狄的存在。各族通婚的结果，许许多多的民族的血统溶而为一了……至于语言，我们在前面已经看到，春秋时代还有不同于华语的越语，有些稍不同于华语的楚语，甚至有言语衣服都不与华同的姜戎；但在进入战国以后，我们已经找不到列国语言不同的痕迹。读者不妨把《战国策》翻开来读一读

① 柳霞：《中国古代的“普通话”——访音韵学家郑张尚芳》，《光明日报》2006年12月26日。

② 《孟子·滕文公下》。

中山的历史，谁能从中发现异族的气味呢？然而中山是鲜虞的别名，原属白狄的别种。由此可见，从北而南，中华民族的共同的语言形成了。”①

毋庸讳言，春秋时期，“五方之民，言语不通，嗜欲不同”② 的情况并没有消失。其实至今，汉语仍方言林立，更何况是春秋战国时期。但是，上述材料可以确定，当时确实存在着一种通行各地的共同语——雅言，所以在书面用语上表现了惊人的一致性。

秦始皇统一中国，实行中央集权制和郡县制，采取大规模的移民和戍边措施，如徙天下豪富 12 万户于咸阳，徙黔首 3 万户于琅琊台下，徙 3 万家于丽邑，5 万家于云阳，迁吕不韦等 4000 家于蜀地；派屠睢、任嚣率军 50 万平南粤，戍守五岭；发民工数十万筑长城等措施，在客观上促进了共同语的传播和使用。秦又实行“书同文”的政策，使书面语言得到统一。而书面语的统一也会在一定程度上促进口语的统一。③

（二）从两汉到隋唐：洛音—正音—北音的演进

进入汉帝国后，雅言进一步发展，走过了洛音—正音—北音的演进历程。

汉承秦制“海内为一，开关梁，弛山泽之禁，是以富商大贾，周流天下”④，国内出现了长安、洛阳、邯郸、临淄、成都等大商业城市。在这个背景下，方言在一定程度上向共同语集中。所以扬雄在《方言》卷一中说：“初别国不相往来之吉也，今或同。”与此同时，汉帝国尊崇儒术，学者纷纷聚徒讲学，传授儒学经典。儒家经典的传习和书面语言的规范化，不可避免地会促进共同语的传播。

那么，汉代共同语的基础又是什么呢？仍然是中原（河洛一带）语言。长安是西汉首都，但汉帝国王室成员大都不是关中人。西汉之时，天下很不安定，吴楚七国之乱相继发生，地方割据严重，致使长安方言并没有成为共同语的基础。此后东汉迁都洛阳，洛阳成为政治和经济中心，使洛阳语音又获得保持共同语标准音的地位。曹魏上承东汉，下启西晋，也是以洛阳一带的语音为共同语的标准音的⑤。可见，两汉之时洛音牢固地

---

① 李亚农：《西周与东周》，上海人民出版社 1956 年版，第 172—174 页。
② 《礼记·王制》。
③ 向熹：《简明汉语史（修订本）》上，商务印书馆 2010 年版，第 25—26 页。
④ 《史记·货殖列传》。
⑤ 向熹：《简明汉语史（修订本）》上，商务印书馆 2010 年版，第 27 页。

占据着汉语基础方言的位置。

进入魏晋南北朝时，中国经历了一个大动乱、大分化、大迁徙的时代。对此，《汉民族史记》第1卷已有详述，在此不赘。对于北方方言来说，在这个大动荡的时代，由于北方成为少数民族统治的地区，对汉语的发展起了两方面的重要影响。

就北方而言，中原汉族人民和少数民族杂居，促使民族之间发生大规模的融合，也使汉语得到大规模的推广。其中洛阳为北方许多王朝的首都，洛阳话一直保存着共同语标准音的地位，而且得到进一步的推广。《三国志·魏志·梁习传》在叙述了匈奴壮丁经过改编调发之后，"部曲服事供职，同于编户"，"百姓布野，勤劝农桑"。匈奴人与汉人杂居愈久，则接受汉文化也愈深。魏晋以后，匈奴人都改用汉姓，用汉语了。鲜卑慕容部在建立前燕过程中，在汉族士大夫指导下，仿照魏晋制度，建立学校，自编汉语课本，"考试优劣"[①]。所以《晋书·慕容廆载记》云："迁邑于辽东北，于是渐慕诸夏之风矣。"其他如羌、羯等族也大致如此。少数民族的统治者有的推行汉化，提倡着汉服，讲汉语。例如显赫有名的北魏孝文帝更是雅好读书，手不释卷，通五经百家文学，能文章辞赋，采取了"断北语""用正音"[②]的措施。《魏书·咸阳王禧传》："高祖（指魏孝文帝）曰：'自上古以来及诸经籍，焉有不先正名，而得行礼乎？今欲断诸北语（指鲜卑语），一从正音。年三十以上，习性已久，容或不可卒革；三十以下，见在朝廷之人，语音不听仍旧。若有故为，当降爵黜官，各宜深戒。此如渐习，风化可新。若仍旧俗，恐数避之后，伊洛之下复成被发之人。'"北魏以洛阳为首都，孝文帝所要遵从的"正音"，正是洛阳一带的语音。[③]可见，北方少数民族入主中原后，受汉民族正统观的影响而视洛音为"正音"，而"断北语"。

就南方而言，以洛阳一带语言为代表的共同语大量传播到东南一带。陈寅恪在《从史实论〈切韵〉》中对此有详细的论述，他说："泊乎永嘉乱起，人士南流，则东晋南朝之士族阶级，无分侨旧，悉用北音。"[④]这

---

① 《晋书·慕容廆载记》。

② 《魏书·献文六王传·咸阳王禧》。

③ 向熹：《简明汉语史（修订本）》上，商务印书馆2010年版，第28页。

④ 陈寅恪：《从史实论〈切韵〉》，《岭南学报》1949年第2期。

个“北音”，正是洛阳及其附近的音。所以陈寅恪又说：“更有可论者，永嘉南渡侨寓建邺之胜流，率皆典午中朝仕居洛下之名士。此类名士，其父若祖，本多为翊成司马氏帝业之功臣，其远祖则又东汉时以经明行修致身通显之儒士也。洛阳者，东汉、曹魏、西晋三朝政治文化之中心，而东晋南朝之侨姓高门，又源出此数百年来一脉绵延之仕族，则南方冠冕君子所操之北音，自宜以洛阳及其近傍者为标准矣。”① 清人汪垣《诗韵析》也说过：“昔晋室当五胡之乱，中原成墟，故东晋之世尝侨立州郡于江淮之间以处南渡之民，则江左之民皆中原之民而非南蛮之民，江左之音皆中原之音而非鴂舌之音也。”可见，因洛音随北方中原汉人南迁而来，故被人们称为“北音”。

隋唐时期，中国又形成了大一统的局面。唐代经过“贞观之治”和“开元之治”，社会政治、经济、文化都有很大的发展。史载开元、天宝年间，“耕者益力，四海之内，高山绝壑，耒耜亦满。人家储粮，皆及数载”。文化上，唐诗达到了中国诗歌发展的顶峰，数量之多，质量之高，都是空前的。韩愈、柳宗元提倡和坚持的古文运动，继承和发展了先秦延续以来的共同书面语。唐时出现的许多韵书和音义之书，对于汉语共同语的规范化和传播都有非常重要的作用。唐代语音的标准还是洛阳一带的语音。隋炀帝以洛阳为东都，天下富商大贾数万家徙居于此。唐初以洛阳为“神都”；高宗、武后、中宗、玄宗、昭宗都以洛阳为东都，这里是文人荟萃的地方，繁荣的文化事业和重要的政治地位，使洛阳语音仍然保持着共同语的标准音的地位。李涪《刊误》说：“凡中华音切，莫过东都，盖居天地之中，禀气特正。”在唐代学者的心目中洛阳语音乃是天下的“正音”②。

这样，经过从两汉到隋唐 1113 年的沧桑变迁，特别是经过了魏晋南北朝大动荡、大分裂、大迁徙的考验，汉民族的雅言在吸收了北方少数民族的语言元素后，被包括北方少数民族在内确认为“正音”；在南方则被确认为“北音”。

（三）从两宋到元明清：中原雅音的认同

宋代，对汉民族的北方方言又是一次重大的考验。众所周知，宋代再

---

① 陈寅恪：《从史实论〈切韵〉》，《岭南学报》1949 年第 2 期。

② 向熹：《简明汉语史（修订本）》上，商务印书馆 2010 年版，第 28—30 页。

次经历了大动荡、大分化和大迁徙的沧桑，辽、金的割据一直到大明帝国的统一，在历时460余年动荡不安的时代，汉民族北方方言在不断吸收北方少数民族语言文化之中，不仅得到广泛的认同，也发展壮大了自己。首先，北宋以汴梁（今开封）为首都，与洛阳邻近，洛阳则仍然拥有文化古城的地位。周祖谟在《宋代汴洛语音考》说："夫有宋一代，洛阳文教最盛，风流儒雅，并世而有。"① 因此，宋代汉语共同语的标准音仍然是洛阳、开封一带的语音。重要的是南宋政治中心移到杭州，洛阳语音还被认为是天下正音。所以，陆游《老学庵笔记》卷六说："中原惟洛阳得天下之中，语音最正。"

元代伊始，元帝国建都北京，北京虽然成为全国政治文化的中心，但元代汉民族共同语的标准音仍然是中原语音。所以，元人周德清的《中原音韵》云："以中原为则，而又取四海同音而编之。"元人孔齐《至正直语》亦云："北方语音端正，谓之中原雅音，今汴、洛，中山等处是也。"元人范德机在《木天禁语》中说："东夷、西戎、南蛮、北狄，四方偏气之语，不相通晓，互相憎恶。惟中原汉音，四方可以通行，四方之人皆喜于习说。"甚至到了明初，乐韶凤、宋濂等人奉敕编撰的《洪武正韵》，也"壹以中原雅音为准"。可见，所谓元代的"中原雅音"，就是洛阳一带的语音②。中原雅音得到了认同。

由于元代是非汉民族为全国统一政权的统治者，所以，元代仍以"中原雅音为准"，对北方方言的发展意义特别重大，明人吕坤在《交泰韵》中就说："中原当南北之间，际清浊之会，故宋制中原雅音，会南北之儒，酌五方之声，而一折衷于中原。谓河洛不南不北，当天地之中，为声气之萃。"③ 这就表明汉民族的北方方言，经过一千五百余年的沧桑变迁，在动荡中发展，在迁徙中传播，在异质中壮大，在元代稳定了下来。

于是从元到清，中原雅音在这三个朝代的发展主要表现在文学上辉煌的成就。用白话写成的元代戏曲、明清小说，从口头到书面都扩大了中原雅音的影响。但是由于当时的北京音还不是汉族共同语的标准音，所以元

---

① 周祖谟：《宋代汴洛语音考·问学集》（下册），中华书局1966年版，第581页。

② 向熹：《简明汉语史（修订本）》上，商务印书馆2010年版，第30页。

③ （明）吕坤：《交泰韵》，载向熹《简明汉语史（修订本）》上，商务印书馆2010年版，第31页。

明之时共同语的标准音仍然是中原语音。直到清初，这种情况也没有改变。所以，清初学者与中原“正音”相对，把北京音叫作“北音”。正如清人莎彝尊在《正音切韵指掌·十问》中所说：“何为正音？答曰：遵依钦定《字典》《音韵阐微》之字音，即正音也……何为北音？答曰：今在北燕建都，即以北京城话为北音。”①

为什么在元明清三代中原雅音会得到广泛的认同？还是王力说得好，他说：

> 中国政权统一的时候，一向是建都在北方的。这一个事实非常重要，因为一个政治中心往往同时就是经济和文化的中心。斯大林曾经引证马克思的话说：“方言集中为统一的民族语言是由经济和政治的集中来决定的。”② 可见经济和政治对语言的影响很大。其中应该特别提出北京来说。自从 1153 年金迁都燕京（即今北京）以来，到今天已有八百多年，除了明太祖建都南京和国民党迁都南京共五十多年以外，都是以北京为首都的。这六百多年的政治影响，就决定了民族共同语的基础。
>
> 用北方话写出的文学作品，对民族共同语的形成起了很大的作用。唐人的小说一般还是用“古文”，到宋人的话本就变了语体。这种语体自始就是以北方话为基础的。元明清小说如《水浒传》《西游记》《儒林外史》《红楼梦》等，都是用北方话写的，其中《红楼梦》还是用北京话写的。这些作品不但流行于北方话地区，而且往往在非北方话地区刊印，可见影响很大。这样就把普通话（民族共同语）的词汇和语法基本上肯定下来了。③

元、明、清三代，尤其是元、清两朝所出现的两极态势，即少数民族大量入居中原，政治上少数民族占主导地位，但语言文化却是汉语占主导地位，直到后来被少数民族全部接受。所以汉民族北方方言的形成过程，一方面是随着政权中心的不断扩大、巩固、深入而扩大其范围，另一方面

---

① （清）莎彝尊：《正音切韵指掌·十问》，上海古籍出版社 1995 年版。

② 斯大林：《马克思主义与语言学问题》，人民出版社 1950 年版，第 12 页。

③ 王力：《汉语史稿》，中华书局 2012 年版，第 46 页。

也是在与周围少数民族不断交流、融合中发展的。加上华北地区平原广阔，交通便利，为人员往来、语言交流提供条件，结果在华北地区出现了共同语。元明清三代对中原雅音的认同，才使汉民族北方方言作为汉语的基础方言而定于一尊。

（四）河北话对中原雅音的坚守

河北话是居住在河北省境内各地方言的统称，是各种方言的集合。河北省作为中原文化和塞外文化接触的前沿，其语言也呈现出塞外与中原，移民与原住，游牧狩猎与农耕民族多种差异，多元共存的特征，可以划分为包括东北官话区（秦皇岛承德）和北京官话区（靠近北京的部分地区）这些塞外民族语言与中原汉语混合后的标准音（或胡音，接近普通话）以及包括晋语区（邯郸张家口部分地区）和冀鲁官话（唐山及北京天津一线以南大部分地区）的方言音（与普通话差别较大），且近年来，以省会石家庄为代表的部分地区逐渐显示出语言向北京官话接近的现象。

河北虽然靠近京津，但语言方面有较大的差异，主要表现在调子上。河北话发音较平，而且一般句子的结尾多用去声。这样的发音模式就会显得缺乏韵味儿，也可以说比较平实。河北话以保定话、唐山话为代表。

二　河北话的形成

在元明清三代认同中原雅音的大背景下，我们再来看河北话的形成。

据语言学家的研究，汉语中的入声调类在上古时期已经存在，历经几千年的演变，这一调类仍然保留在现代汉语的众多方言中，但在现代普通话和现代普通话的基础方言——北方方言的大部分地区却已经消失。但是，河北人中有相当一部分人保留有入声调类的方言。这就成为我们了解河北话形成的切入口。

熟悉语言学的人都明白，汉语的声调经历着由繁到简的过程，入声的消失便是其中的重要内容。入声在汉语方言声调的古今关系中十分复杂，研究汉语入声调在汉语不同方言中的变化，对建立汉语语音的历史具有不可或缺的意义。这是因为方言特点的地域性之异，常常是语言发展历史的投影，尤其是处于过渡地区的方言，某种语言现象或产生，或消失的过程，有时正可以从这些方言共时分布的对比中看清楚发展的脉络。河北话从四周包围着北京，全省分属晋语、北京官话、中原官话、冀鲁官话等不同的方言区片，是古入声从保留到消失的过渡地带。[1] 正如王力所言：近代汉语的特点是：“（1）全浊声母在北方话里的消失；（2）－m 韵尾在北方话里的消失；（3）入声在北方话里的消失”[2]。而在这两大音变特点中，官话入声的消变是最复杂的。这主要体现在官话区入声演变过程的持久性和各地入声演变的不平衡性上。这一点对我们认识河北话的形成非常重要。

河北省特殊的地理位置决定了它在官话方言中占有特别重要的地位。一是首都北京位于河北省境域之中。二是河北省西边与山西省接壤，北边与内蒙古相连，处于入声区向非入声区的过渡地带。河北省有 149 个县市，至今西部及西北部、西南部的 33 县市仍保留着入声。袁家骅在《汉语方言概要》中已经谈道：“方言的过渡地带，好像语言发展的过渡阶段，在描写研究和比较研究上都有特殊重要意义。”[3] 因此，明析中古入声字在河北的读音情况及演变规律，可以为入声消失的途径、官话方言的形成等重大问题的解决提供一定的理论和事实根据。三是《中原音韵》是一部具有划时代意义的杰作。自其问世以来，受到语言学界的高度重视，影响极为深远。这部韵书所反映出的音系特点是：（一）“平分阴阳”，入派三声。（二）宕、江、通三摄入声字韵母有文白异读。（三）曾摄一等入声守与曾摄开口三等庄组、梗摄二等入声字读音不同，前者属齐微韵部，后者属皆来韵部。可以看出，这部韵书的音系特点，多体现在古入声字方面。这部韵书的基础方言究竟在哪里？学术界莫衷一是。有没有可能在河北呢？这只有在对古入声字在河北方言的读音进行比较全面系统的调查研究之后，才能作出回答。[4] 正是因为入声字对河北话的这种学术价值，刘淑学抓住了这个关键问题，进行了田野考察。

河北省共有 149 个市县，目前仍保留入声的有 33 个市县。下文称它们为入声区。它们是：

张家口市所辖的张家口市区、张北县、康保县、沽源县、尚义县、阳原县、怀安县、万全县、宣化县、崇礼县、怀来县、涿鹿县、赤城县，共

---

① 钱曾怡：《中古入声字在河北方言中的读音研究·序》，刘淑学：《中古入声字在河北方言中的读音研究》，河北大学出版社 2000 年版，第 1 页。

② 王力：《汉语史稿》，中华书局 2012 年版，第 44 页。

③ 袁家骅：《汉语方言概要》，文字改革出版社 1989 年版，第 12 页。

④ 刘淑学：《中古入声字在河北方言中的读音研究》，河北大学出版社 2000 年版，第 1 页。

13 市县。

石家庄市所辖的灵寿县、平山县、元氏县、赞皇县、鹿泉市（城关以西），共 5 市县。

邢台市所辖的沙河市、邢台县（城关以西）、卣和县（东部、北部边沿地除外），共 3 市县。

邯郸市所辖的邯郸市区、邯郸县、涉县、武安市、磁县、永年县、肥乡县、鸡泽县、曲周县（县城周围及西部）、广平县（城关以西）、成安县、临漳县，共 12 市县。

通过考察和研究分析，刘淑学认为整个大河北方言及处于大河北方言包围中的北京话，其宕摄、江摄、通摄入声字的文、白读音及曾摄一等、曾摄开口三等庄组、梗摄二等入声字的白读音与阴声韵的合流叠置与《中原音韵》是一致的，只是大河北方言比北京话保留的白读语素更多些，顺平一带方言比大河北方言的其余市县方言保留的白读语素更多些。但是，如果我们再以《中原音韵》音系另一些鉴别特征，即："平分阴阳""入派三声"来加以衡量，那么在大河北方言中就只有顺平一带方言与《中原音韵》一致了。① 为此，刘淑学对顺平、唐县方言做了重点考察，发现有如下两个特点。

第一，山区发音人口中清入转上声的比例高于平原发音人。

如：顺平县城关镇四朝阳村（地处平原）发音人张琪口中清入转上声的比例是 70%，而顺平县刘家庄村（山区，位于朝阳村西北方向 30 公里处）发音人刘建民口中，清入转上声的比例为 75%。

第二，以顺平、唐县为中心，四周各县方言清入归上声的比例递减，而且幅度比较大。伴随而来的是归阴平、阳平、去声的比例递增。越来越接近北京话清入声的归调模式。只是清入归上声的比例程度小同地高于北京话。如：与顺平、唐县桐邻的望都县（安庄）清入声字归上声的比例是 67%。顺平县、唐县两边的曲阳县、阜平县清入归上声的比例分别是 58%、43%。顺平、庸县东边、北边的高阳县、清苑县、满城县（这三县位于历史文化古城保定市周围，语言的发展比较快），清入归上声的比例分别为 46%、33%。

由此可见，《中原音韵》音系"平分阴阳，入派三声"的特点，也保

① 刘淑学：《中古入声字在河北方言中的读音研究》，河北大学出版社 2000 年版，第 125 页。

留在顺平县、唐县一带方言中。为此，可以肯定地说，《中原音韵》音系保留在河北省中西部顺平一带方言中。而以《中原音韵》可以作为鉴别标记的音系特点，衡量北方官话，可以看出，有可能做《中原音韵》基础方言的方言区域，就只有河北省中西部一带方言了。到此，也就可以肯定地说，《中原音韵》音系保留在河北省中西部顺平一带方言中。

笔者认同刘淑学的结论，从《中原音韵》音系保留在顺平一带方言中，可以明白河北话的形成其实就是汉民族北方方言形成的过程，从雅音到正音、北音，及至中原雅音，到了元代又有了《中原音韵》的沉淀。元以后，在汉语北方方言流变之中，只有河北话中的一部分保留了入声字。在这里，把北方方言形成与发展的轨迹与河北顺平一带保留入声字联系在一起，就是河北话形成的轨迹。

三　河北话的特点

河北在地理区域划分上属于北方，从方言区域划分上属于典型的北方话，而且北京被河北省环绕，环北京的地区廊坊、承德一带方言的语音、语调基本与北京话一致，河北话在语音、语调及词汇方面较其他方言区与普通话更接近。但由于河北面积较大，西部山区、中部平原与东部沿海地区的方言差异较大，除环北京的地区外，大部分地区的方言与普通话相比，在声母、韵母及声调方面都有自己独特的发音方法。

（一）韵母的特点

1. 单、复韵母混淆

河北方言中存在少数词语的单、复韵母混淆现象。如廊坊方言把塑料读作 sua liao，摸摸读作 rmo rmo，仙鹤读作 xian huo，大伯读作 da bai，唾沫读作 tuo mei，叔读作 shou（一声）、shou（二声），邢台、保定的部分县市把 z、c、s 后面的韵母 e 读作 ai，声母、声调也有相应的变化，如泽、册、色读作 zhai、chai、shai，这些字多是古入声字。

2. 文白两读

河北话中有些字的韵母有文白两读现象，即在读书时读一个音，在口语中说另外一个音，主要有以下几种情况：普通话读 üe 韵母的：略、掠、爵、觉、角、雀、鹊、确、削、学、约、跃、岳、乐等，大名、魏县、馆陶、文安、大城、霸州、同安、永清以及衡水部分县市和邢台许多地方念成 iao 韵母，或在读书时念成 üe 韵母，口语说成 iao 韵母，正音时注意把这些字都读成 ü 韵母。普通话的 ruo 音节字，河北许多地方念成 rao，还有的地方存在两读现象，如保定一带，把若、弱两字，读书时念 ruo，口语中说 rao。普通话的非 uo 韵母字，像部分 le、ke、he 音节字，河北有些地方分成 e、u 诵读，如鹿泉读书时把科、课、棵读成 ke，口语中说成 kuo，读书时把贺、荷读成 he，口语中把它们说成 huo。一部分普通话读 u 韵母的古入声字，河北有些地方读 uo 韵母，或有 u、uo 两读，如鹿泉把粟说成 suo，把足读成 zu，说成 zuo，把入读成 ru，说成 ruo。

3. 前鼻音韵母与后鼻音韵母不分

河北西部部分山区如武安、井陉、平山、赞皇等地在发后鼻音韵母时，前鼻音韵母与后鼻音韵母不分，大部分地区只有 eng、ing、ong 韵母，没有 en、in、un 韵母。如：针 = 正、真 = 征；镇 = 阵、圳 = 症。把敏、民、珉读作酩、名等；把林、临、凛、吝读作拎、灵、另；把军、云、群、孙、屯、吞等读作扃、佣、穷、松、东、通。

（二）声母的特点

1. 舌尖前音（平舌音 z/c/s）与舌尖后音 zh/ch/sh 不分；舌尖前音和舌尖后音这两组声母的使用在河北省大部分地区与普通话基本相同，但在部分地区问题比较突出，如井陉、平山、赞皇等西部地区，把普通话中的舌尖前音和舌尖后音一律读为舌尖前音。主要有三种情况：

（1）只有 z、c、s 组没有 zh、ch、sh，所有的 zh、ch、sh 组字都读成 z、c、s 组字，如将山读作三，纸读作紫。

（2）有 zh、ch、sh 组，没有 z、c、s 组，所有的 z、c、s 组字都读成 zh、ch、sh 组字，如将四 si 市 shi 均读成 shi，存在这种情况的主要有魏县的大部分地区，临漳南部，抚宁，卢龙北部和乐亭，迁安两县的部分地区。

（3）z、c、s 和 zh、ch、sh 组字都有，但使用情况与普通话不同，如“春”在方言中读为 cun，而读书时则和普通话的声母一致；存在这种情况的主要有沧州东部各市县，新河、清河及隆尧的部分地区，张家口市、怀来、尚义、赤城地区，还有雄县、昌黎等地区。从发音原理上看，这两组声母的卷曲是发音部位的，即二者在发音时成音部位是不同的。z 组声母是舌尖和上齿背成阻，zh 声母则是舌尖和硬腭前部成阻。前者叫平舌音，后者叫翘舌音。正音时不要为追求翘舌而使得舌尖过于靠后，从而影响了发音的准确性。

2. 零声母加声母。河北有些地区将一些普通话的零声母字读作辅音声母字；解决这类问题需要加强普通话与方言的声母比较，找出规律，加强记忆和练习。如 an 常常加声母 n 读作 nan，如案、按、安均读作南；再如 ao 常常也加声母 n 读作 nao，如袄、傲均读作恼音。

3. 声母 l、r 不分。河北南部如邢台，魏县一带只有声母 l 没有声母 r。如让 = 浪、嚷 = 朗、扔 = 塄、荣 = 龙等。

（三）声调的特点

1. 调类的特点

河北话调类的数目，有的是三个，有的是四个，有的是五个。从古今声调的演变关系看，调类数目相同的方言，古今调类的对应关系未必相同；即使对应关系相同，同一调类的字在不同方言中的调值也不一定相同。例如滦县、定州都是三个声调，滦县等处是平声、上声、去声，定州等处是阴平、上声、去声；保定、张家口都是四个声调，保定等市县是阴平、阳平、上声、去声，张家口等市县是平声、上声、去声、入声；邯郸和万全、怀安都是五个声调，邯郸等市县是阴平、阳平、上声、去声、入声，万全、怀安则是平声、上声、去声、阴入、阳入。

2. 调值的特点

保定话的阳平为低平调，调值是 22，保定人学普通话应把阳平的低平调改读成中升调，调值是 35，保定话的阴平、上声、去声的调值与北京话相同。石家庄话阴平是低升调，调值是 24，阳平是高降调，调值是 53，上声是高平调，调值是 55 去声是半降调，调值是 31。石家庄人学说普通话，四个声调的调值都要改读。[①]

四 河北话举例

河北话有不少独具特色的方言土语，举例如下：

奏——做。如：你奏啥呢？

浪窜（cuan）——玩（贬义）。如：你到哪儿浪窜去了？

① 以上均参阅贾俊花《河北方言与普通话发音的主要差异》，《现代语文》2006 年第 4 期。

滋洇滋洇——指慢慢喝酒。如：王哥，晚上到俺那滋洇两口去啊？

丝孬——指食物变质，起初指变质后食物里的丝状物质，后泛指变质物体。

死眉塌哈眼的——指办事不看眼色不灵活。

洋获（货）——指臭美。如：你看这个女的真洋获啊（济南老人的解释：洋货是以前的外国货，所以当一个人用了“洋货”时，人们会说他臭美）。

拾漏毛儿——指钻空子得了便宜。如：老王病了，让他小子拾个漏毛儿占人家名额出国了！

哩哏儿棱——指装糊涂，办事敷衍。

腻歪——指使人厌烦和无休止的纠缠。

没没（木木）答答的——指对事情漫不经心，不置可否的态度（没读 mu）（这里的木有形容人像木头的意思）。

木乱——指心绪很乱，理不出头绪来而烦躁不安。如说身体部位木乱，则指该部位既不是疼，也不是酸麻，但又好像有点什么似的。

母量——估量的意思。

拔腚——指滚开，滚蛋。据说此词来源于“起锚拔锭”，有开船走人的意思。是一中性介词，后演变为骂人的话（不常用）。

秫（shu 四声）米——指办事不利索，好事办瞎了，还含有不懂事，说话不当之意思；或遇事不顺利。如：我今天把钱包丢出租车上了，真秫米啊！

尧巧——指奇巧，有奇怪的意思。

捞么——指拖拖拉拉，没有时间观念。例：快迟到了，你还捞么啥？

拉呱（三声）儿——指聊天说话。

迂磨/黏痰——指说话办事不利索。

甜么索的——指一个人嬉皮笑脸，故意讨好的样子。也指食物有甜味但不好吃。

瞎包——指不学好，没出息，不成器（歇后语：虾米皮包包子——瞎包）。

滴溜圆——指非常圆的东西。

皮塌——指食物受潮不脆不酥，不好咬。

死孙——指办事不灵活，呆板的人。（骂人的话）

刺挠——指讽刺挖苦人，也指身体发痒。

毛哥儿——指外行不懂。

地场——场地儿。

郎贤（也做狼闲）——之类的，也指没用的、繁杂的东西。例如："这里卖煎饼果子郎贤。""你看你家里这堆郎贤。"奶奶还告诉我一很经典的说法："郎贤芝麻盐。"好像是第二种用法的意思。

跐着鼻子上脸——得寸进尺。例如："给你个面子，你就跐着鼻子上脸了。"

谝（pian 三声）拉——炫耀自己。例如："你看她刚买了新衣裳就穿出来谝拉谝拉。"

挤油油儿——拥挤。形容一堆人挤在一起。例如："今天超市里人忒多咧，都成了挤油油了。"

闹阵侯——闹毛病。例如："你看他家的孩子这几天又闹么阵侯咧！"

仓——耍心眼，不实在。

将万眼来（lai 轻声）——脾气倔，钻牛角尖。

赛——好玩，有趣。例如：你看那杂技冈赛来！①

第三节 河北人的形成

河北地区的历史虽然悠久，但现代河北人作为汉民族的一个族群，其形成的历史并不与河北地区的历史同步。

一 "河北"之称的由来

"河北人"之称从何而来？这是在了解河北人形成之前必须弄明白的问题。

"河北"之称出现之初是作为自然区的地名，指的是黄河之北的广大

① 《河北方言》（http://wenku.baidu.com/view/49de5fc10740be1e64oe9aa7.html）。

地区。其实，河北之地开始并不称“河北”而是称“河内”。为什么呢?这与汉民族的地理方位和风俗习惯有关。由于上古时代中国的核心地区多处于北温带，为了采光和取暖的需要，人们的居室处所多是坐北朝南，因此形成了北为上南为下、北为内南为外、北为里南为表的心理和习俗，如称岭南为岭外或岭表，称江南为江表等。所以古人习惯称“河北”为“河内”。如《史记·货殖列传》所谓“三河”之说，“昔唐人都河东，殷人都河内，周人都河南。夫三河在天下之中，若鼎足，王者所更居也。”这里所谓“殷人都”指的是商朝后期的都城，即今安阳一带的殷墟，因位于黄河之北而称为河内。《汉书·地理志》第八上仅对“三河”作过界定，称“河东曰兖州”“河内曰冀州”“河南曰豫州”。明确将位于黄河之北的冀州称为河内。《史记·魏世家》中还有“任西门豹守邺，而河内称治”之语。唐人司马贞《史记索隐》对此解释道：“大河在邺东，故名邺为河内。”可见都说明了河北与河内为异名同指，皆指黄河以北地区。

及至东汉末年，“河北”之称开始作为大军区的名称出现。东汉建安九年（204年），曹操即以荀衍为监军校尉，都督河北诸军事，治邺城[①]。都督是当时中央派驻地方的最高军事长官。这里的河北是指黄河以北，这也是河北作为军区名称见于史籍的最早记载。曹魏时期，都督区作为军区的设置逐渐趋于稳定，河北是当时为数不多的几个大军区之一，统辖范围包括冀州、幽州、并州，治所在信都（今河北冀州），先后担任者有吴质[②]等。西晋以后，都督河北诸军事也长期存在，如何曾、成都王司马颖、王濬等均曾都督河北诸军事。

到了南北朝时期，“河北”之称的使用又与行台[③]的设置有关。行台最初是中央尚书省的派出机构，以后逐渐成为带有地方政区性质的常设机构。而“河北”作为行台区至迟在北魏末年的孝庄帝时期已经出现。《北

---

① 《魏书·荀彧传》。

② 《三国忠·吴质传》：“（吴质）假节都督河北诸军事。”《三国志·陈群传附子泰传》云：“（陈本）迁镇北将军，假节都督河北诸军事。”

③ 行台魏晋始有之，为出征时随其所驻之地设立的代表中央的政务机构，北朝后期，称尚书大行台，设置官属无异于中央，自成行政系统。唐贞观以后渐废。金、元时，因辖境辽阔，又按中央制度分设于各地区，有行中书省（行省），行枢密院（行院），行御史台（行台），分别执掌行政，军事及监察权。行省实即继承前代的行台制度。

齐书·魏兰根传》云："庄帝之将讨尔朱荣也……仍以兰根为河北行台，于定州率募乡曲，欲防井陉。""永安末，兰根为河北行台，引明郎为左丞。"永安是北魏孝庄帝的年号（528—530 年），魏兰根是北魏至北齐的大臣。魏末已经形成了相对稳定的八个地方行台区，河北行台区是其中之一，这是目前所见河北作为大行政区名称最早的史料①。

唐贞观元年（627 年）二月，唐太宗鉴于民少吏多，开始对政区制度进行改革，除并省州县之外，又因山川形便，将全国划分为十道，河北道便是其中之一。不过，这时的河北道为监察区，还不是行政区。至唐玄宗开元二十一年（733 年），又"分天下为十五道，每道置采访使"②，诸道开始具有政区性质。河北采访使驻治于魏州（今河北大名），魏州成了河北道的政治中心，河北道也成了真正的政区。唐代的河北道尽管不是最早冠以河北之称的一级政区，但从此以后这一区域的名称和地理范围基本趋于稳定，维持了几百年的时间，宋代的河北路即其延续，今日的河北省一称也来源于此。③

从自然区的地名到军区名再到政区名，这就是"河北"之称的由来。

二　河北人的形成

河北人的形成在汉民族形成和发展的整体视野中，与汉民族在北方滚雪球式发展的路线图是一致的。远的不说，从秦汉华夏民族发展、转化成汉民族起，河北一带就是汉民族与北方少数民族互动、磨合、整合和融合的大舞台。对此，《汉民族史记》第 1 卷有详述，此不赘言。在这里要叙述的是随着汉民族滚雪球式的演进，河北人是怎样形成的。

（一）从秦汉到隋唐：河北人的第一次重构

司马迁在《史记·货殖列传》中曾划出了当时中国北部农耕区与游牧区的分界线，即碣石到龙门一线。这条线从东部起，由碣石（今河北昌黎）向西偏北，沿着今燕山南麓西行，再折向西南，经过恒山（今河北唐县大茂山）和汾水上游，循吕梁山而至龙门（在今山西河津、陕西

---

① 有关行台的内容可参考牟发松《北朝行台地方官化考略》，载《文史》第 33 辑下；《北镇起义前的北魏行台·魏晋南北朝隋唐史资料》第 11 期，武汉大学出版社 1991 年版。

② 《旧唐书·地理志一》。

③ 戴长江、孙继民、李社军：《论河北历史文化的阶段和地位》，《河北学刊》2011 年第 1 期。

韩城之间），正好穿过河北北部和东北部。[①] 这样，河北正处于中原农耕文化和少数民族游牧文化接合部的特殊地理区位上。所以，秦汉以后，魏晋十六国时期，氐族建立的后赵定都襄国（今河北邢台），后迁都邺（今河北临漳），鲜卑慕容氏建立的前燕、后燕分别都邺和中山，河北都是其统治的核心区。由于大量少数民族迁居河北，改变了河北的民族结构，汉民族与北方氐、鲜卑等北方少数民族交错杂居在河北，在民族互动、磨合、整合和融合中，汉民族吸收了北方少数民族的新鲜血液，实现了一次重构。

汉末的战争，使河北的人口损失非常严重，据《汉书·地理志》所记，西汉时河北的人口曾达 171 万余户，7317881 人。[②] 到西晋时，只有 41 万余户[③]，若以户均 5 口计，也只有 200 多万人，与西汉时相比，损失人口 500 多万。南北朝时，在河北建立的政权有后赵、后燕等，他们不仅带入了大量少数民族移民，还征掠各地各民族人民迁入河北。如赵汉刘渊时（304—310 年），石勒部将石越乘河东蝗灾饥荒，招引 20 万户奔冀州。[④] 这种迁入在后赵建都襄国（今邢台市）时，极其普遍。如 318 年石勒在攻下茌平、东燕、酸枣后迁入降人 2 万户，平原乌丸展广等部落 3 万余户，东武阳宁黑之众万余人；319 年迁入的有陈川部众五千余户；328 年击败前赵对洛阳所俘氐、羌三千余人，同年石虎攻河西、平秦陇后，徙氐、羌 15 万户落于司（河南中部）、冀二州；329 年灭前赵后迁入的“台省文武、关东流人、秦雍大族九千余人”[⑤]；339 年攻晋荆、扬二州北部，掠 7 万户而还，迁于幽、冀。[⑥] 这些迁入的族群，必然与当地的土著和文化发生互动、磨合、整合和融合。延至隋唐时期，在汉民族的重构中，河北更是多民族聚居，号称“河朔胡化”。《新唐书·史孝章传》云：“天下指河朔若夷狄然。”陈寅恪亦云：“当日河北社会全是胡化，非复东汉、魏

---

① 戴长江、孙继民、李社军：《论河北历史文化的阶段和地位》，《河北学刊》2011 年第 1 期。

② 《汉书·地理志》。

③ 《晋书·地理志》。

④ 《晋书·刘聪载记》。

⑤ 《晋书·石勒载记》。

⑥ 《晋书·石季龙载记》。

晋、北朝之旧。”①

所以，两汉时期河北的赵国之都、燕国之都、中山国之都、代国之都等众多诸侯王之都属于统一王朝管辖之下的封国之都；魏晋南北朝时期河北出现的邺都、襄国、中山等分别属于曹魏、后赵、冉魏、前燕、后燕、东魏、北齐时期的偏霸之都或割据政权之都。在这种态势下，河北是民族流动很频繁的地区。隋唐及至“安史之乱”以后，河北地区便“胡化”了，如处于河北中部和南部的河朔三镇占支配和领导地位的是胡人或胡化之人。据《新唐书》所记卢龙镇镇帅中，除朱希彩、杨志诚、史元忠三人出身或族别不明外，只有陈行泰、张绛二人系过往之客，在位时间总共不足一年，其他李怀仙为柳城胡，朱泚、朱滔、刘怦、刘济、刘总、朱克融、朱延嗣等皆出自胡境幽州昌平，无论在人数上还是在在位年限上都占绝对优势。魏博镇镇帅中除李怒为中央所派任期极短外，其他镇帅中史宪诚出身奚族；田承嗣、田悦、田绪、田季安、团怀谏、田弘正、田布、何进滔、何全葎、韩允中、韩简、乐行达、罗弘信、罗威等人出身胡化之人。镇冀镇更甚，十二位镇帅中，除田弘正为中央所派，在位时间不到一年外，其他十一位李宝臣、李惟岳是范阳内属奚人；王武俊、王士真、王承宗是契丹人；王廷凑、王元逵、王绍鼎、王绍懿、王景崇、王镕是回纥人，几乎全是清一色的少数族人。既然河朔三镇部众常常拥立胡人或胡化之人为镇帅，那么这些部众当亦多为与这些镇帅们“气类相通”的胡人或胡化之人了。② 据学者研究，唐前期移居幽州的少数族移民可考户数15000余，实际户数过之。经过“安史之乱”的变故，河北藩镇的建立，分布范围扩大，河朔地区的居民结构发生了变化。③ “胡化”正是唐代“安史之乱”的一个重要社会背景。但是“胡化”并没有成为河北民族互动的主流，天宝时，河北道147万余户，中晚唐虽有粟特人相继向河北地区迁徙，但移民仍只能是河朔居民的一小部分，汉民族仍是主体居民，移民仍然生活在以汉人为主体的文化、经济环境中。如北方少数民族移居到汉民族人居住地区后，即使曾经以游牧或狩猎为主的移民，也放弃了固有

---

① 陈寅恪：《唐代政治史论述稿》，商务印书馆1943年版，第27页。

② 参见《新唐书·藩镇镇冀》《新唐书·藩镇卢龙》《新唐书·藩镇魏博》《新唐书·逆臣中》；《旧唐书》卷180各传。

③ 王义康：《唐代河朔移民及其社会文化变迁》，《民族研究》2007年第5期。

的生产、生活方式，走上汉民族人以农耕为主的生产、生活方式。天宝时幽州 67000 余户，移民可考户 15000 余户，几占当地居民的 1/5。其中幽州移民以从事畜牧业为主的民族居多，畜牧需要广阔的草地，若移民仍然以游牧或狩猎为主要的谋生之道，难免对幽州农耕业区域的面貌产生若干影响，然而唐代河北道北部农耕区较之前代仍然在扩大。可见，由于诸族移民选择了定居农耕为主的生产、生活方式，因而幽州农耕区域的面貌并没有发生变化。即使部分移民依然从事畜牧，但畜牧业仅是移民家庭经济生产、生活的一种而不是全部。只能是有限范围的“圈养”，与“逐水草而畜牧”的游牧经济性质完全不同，不足以改变当地农业生产的基本面貌，更不会影响到汉民族人的生产、生活方式。这样，在文化软实力的作用下，“汉化”很快成为河北民族互动的主流。为什么会出现这种逆转呢？

第一，汉民族许多学者士人内地不得志，遂入河北供职。如李山甫“数举进士，被黜，依魏幕府”。李益进士出身，但“久之不调，而流辈皆居显位，遂北依幽州为幕职”[①]。《唐冀州阜城县令荥阳郑君墓志铭》曰：“……公之大父河南府寿安县（今河南宜阳）主簿府君讳翰，主簿生公之列考皇大理司直兼穆州悯庐（浙江桐庐）县令府君讳锶，公则府君之第二子也……授沧州长芦县尉……迁冀州信都县尉……授德州录事参军…迁冀州阜城县令。”[②] 其爷、其父皆于内地为官，而其本人却于冀州入仕。这类案例很多，在《唐代墓志汇编》比比皆是。[③] 这些入职河北的汉民族士人一般有进士等很高的文化素养，又多主持河北地方实际政务，有较高的社会地位。欧阳修也曾指出河北诸镇“竞引豪英，士之喜利者多趋之，用为谋主”[④]。能产生较大的社会影响。这无疑是河北从“胡化”向“汉化”逆转的一个重要因素。

第二，河北一些节度使被一定程度汉化后，又大力招纳汉化人士，推

① （唐）杜牧：《唐故范阳卢秀才墓志》，《樊川文集》卷 9，上海古籍出版社 2007 年版。

② 《唐冀州阜城令荥阳郑君墓志铭》，周绍良、赵超主编《唐代墓志汇编》下册—贞元 110，上海古籍出版社 1992 年版，第 1916 页。

③ 周绍良、赵超主编：《唐代墓志汇编》下册—贞元 110，大和 066 号，大中 018 号，上海古籍出版社 1992 年版。

④ 《新唐书·李石传》。

行汉化政策。如魏博田悦上台后，“招致贤才，开馆宇，礼天下士”①。李彦祯“好延儒术之士”②。酋罗绍威更甚，聚书万卷，厚币结纳江东大诗人罗隐。③ 节度使作为一镇之长，这种做法会使胡人形成一种对汉文化的“社会心理群趋之鹄”④ 的效果，这无疑是河北从“胡化”向“汉化”逆转的又一个重要因素。

第三，“安史之乱”后，河北地区原有汉人大量流失，汉文化受到惨重打击和破坏，但不至于达到荡然无存的程度，必定还有一定分量汉人汉文化得以保留，这无疑也是河北从“胡化”向“汉化”逆转的又一个基本因素。

第四，这些新的地方社会势力往往与河北当地的豪族发生姻亲关系。如史思明妻即当地大豪辛氏之女，“安史之乱”中，史思明妻族成员就为其心腹党羽。谷那律，魏州昌乐人，唐初大儒，为河北士族。谷那律曾孙崇义天宝为幽州大将，“遂客蓟门”。至义子从政时，谷氏一族与成德节度使李宝臣、易定节度使张孝忠均有姻亲关系。易定节度使的陈楚，为张孝忠子茂昭之甥，《旧唐书·田承嗣传》即云：“楚家世久在定州。”⑤ 更有意思的是唐一些公主下嫁河北，如永乐公主下嫁田承嗣子田华，嘉诚公主下嫁田绪⑥，等等。这些公主自幼居于汉文化中心京师，入降河北后又多有节度使或节度使之子夫人的显赫地位，其自身浓郁的汉文化习俗必会对其夫和其子，对周围将帅部众，产生重要影响。如：田季安在母亲嘉诚公主的管教下，至少在初期“颇循礼法”⑦。成德王景崇在祖母寿安公主影响下，“居表如里”“时人称之”⑧。值得指出的是，公主们对节度使产生汉化影响，节度使转而会对整个地区产生更大的汉化影响，这无疑又是河北从“胡化”向“汉化”逆转的又一个基本因素。⑨

---

① 《新唐书·田悦传》。

② 《册府元龟》卷四一六《将帅》。

③ 《旧唐书·罗绍威传》。

④ 陈寅恪：《唐代政治史述论稿》，生活·读书·新知三联书店 2001 年版，第 210 页。

⑤ 《旧唐书》卷一四一《张孝忠传附陈楚传》，王义康：《唐代河朔移民及其社会文化变迁》，《民族研究》2007 年第 5 期。

⑥ 《新唐书·藩镇魏博》。

⑦ 同上。

⑧ 《新唐书·王景崇传》。

⑨ 马文军：《试论唐代河北地区胡化与汉化的两种趋向》，《洛阳师专学报》1996 年第 6 期。

这种从“胡化”向“汉化”的逆转，使得汉民族在唐代得到重构，今非昔比，唐代的河北人与秦汉时的河北人已不可同日而语了。

（二）两宋到明清：河北人的第二次重构

北宋时期，宋与契丹族建立的辽国中分河北，河北更成为当时民族冲突和融合的前沿。这时，由于辽金政权的中心在河北一带，大量契丹和女真等民族迁入此地。据有的学者研究，辽代时迁入河北（包括北京和山西大同）的契丹和非汉族人口，约有 27.5 万人，其中契丹人约 11 万。[①] 由于这一带少数民族迁入人数相当巨大，对当地的文化产生了直接影响。苏辙在出使辽国时，在南京（今北京）附近见到许多穿着非汉族服饰的人，便感叹说“哀哉汉唐余，左衽今已半”。[②] 不过，这些少数民族族群，在辽金的汉化政策和后来大量汉民族人口迁入本地后，也逐渐被汉化，成为地道的汉族人。但随着北宋的灭亡，河北的汉民族人口再次大量流失，一直到元天历三年（1330 年）时，其户口也只有 60 万余户[③]，可知流失的人口没有很好地得到恢复。加上元末明初的战乱，如当时的北京城中人口原为 80 万，战后却只剩下 1.2 万[④]，即使乡村的情况要好一些，其损失的人口也非常可观。

因此，可以说，今天的河北人有很大一部分是来自明代之后的移民。这种移民的高峰分为两次，第一次是在明洪武时期，第二次是在靖难之后。洪武时期，在永平府（治今卢龙县）、河间府（治今河间市）、保定府（治今保定市）、广平府（治今永年县）和大名府（治今大名县）都有大量人口的迁入，其中永平府、北平府和河间府等则属于重建式移民，迁入人口占土著人口的比重非常之大。据曹树基的研究，北平府的民籍移民占 52.1%，军籍移民占 38.1%，土著只占 9.8%；永平府土著占 38.5%，河间府占 48.6%，广平府和大名府占 48%，移民人口都超过了土著人口。而这些移民人口的原籍贯，山后占了 55.8%，山西占了 40.7%，山东占 3.5%。[⑤] 但是，这些移民也没有成为现代河北人真正的

① 韩光辉：《辽代中国北方人口的迁移及其社会影响》，《北方文物》1989 年第 2 期。

② （宋）苏辙：《栾城集》卷一六《奉使契丹二十八首·燕山》。

③ 《元史·地理志》卷五八。

④ 《宛署杂记》卷五。

⑤ 葛剑雄主编：《中国移民史》第五卷，福建人民出版社 1997 年版，第 242 页。山后指今河北宣化至辽宁辽阳地。

祖先，有许多在靖难之役中被彻底杀戮，如民国《青县志》记载："畿南之民多起义抗燕军者，燕军恨之，遂赤其地，至今犹呼'燕王扫北'云。邑之土著，问无元人，率以永乐二年迁。此邦之人为燕兵所屠戮，死无遗类，可想而知矣。"① 因此，靖难之后永乐移民成为重建式移民，从河北省南皮、盐山、孟村、河间、青县、吴桥、沧县 7 县自然村建村时间的调查情况来看，在元末到洪武时建村的为 39 个，永乐时建村的达 416 个，后者，除了河北本身移民建村 77 个，339 个村的移民来自山西、山东和其他一些地方，其中山西、山东移民占有绝对多数，而山西又比山东要多。② 至今许多河北人在教育自己的孩子不忘历史时还常说："孩子，别忘了咱家的祖上是从山西洪洞大槐树底下迁来的。"

可见移民对于河北人的重构，起着至关重要的作用。这种格局的形成，一直到清代之后，即使有满族等移民的迁入，基本上只是对原有人口的补充，没有根本上改变河北人的结构。

由此可见，河北人的形成，经过二次族群重构，在战争和移民过程中，一直到明代永乐移民之时，才对现代河北人的形成产生了直接影响，促成了现代河北人的最终形成。

第三节　河北人的人文特征

河北人长期处在"天子脚下"，从元代"腹里"，到明代北直隶，再到清代直隶的组成部分，形成了拱卫京都的"畿辅"人。对于河北人的人文特征，有一句民谣云："东北虎，西北狼，河北人，小绵羊。"③ 此民谣把河北人的性格刻画得入木三分。

一　文化底蕴深厚的河北人

河北人的文化底蕴非常深厚，几乎承载了汉民族文化最厚重的部分。

汉民族人文始祖黄帝、炎帝和蚩尤，是古史传说时代三个不同族群部落联盟的首领。黄帝姬姓，为游牧民族；炎帝姜姓，为农耕民族；蚩尤是

① 民国《青县志》卷十八。

② 葛剑雄主编：《中国移民史》第五卷，福建人民出版社 1997 年版，第 344 页。

③ 《河北人的性格特点》（http：//blog. sina. com. cn/s/blog_ 50323e3b0100begi. html）。

东夷族。据《史记·五帝本纪》记载，黄帝、炎帝、蚩尤都曾在今河北一带活动。黄帝先是在阪泉（今河北怀来）与炎帝打了三仗，炎帝战败，部族并入黄帝部落。之后，蚩尤带领九黎部众由南向北发展，与黄帝族发生涿鹿之战，蚩尤战败被杀，九黎部众一部分与黄帝族融合。涿鹿之战后，黄帝作为盟主，与各部落首领“合符釜山”，即黄帝各部落在釜山（河北境内）会盟庆祝胜利。整个部落联盟出现了兵祸息、万国和的局面。“千古文明开涿鹿”，通过阪泉之战、涿鹿之战，最后以合符釜山为标志，成就了以黄帝为首的众多部落的大联合，初步奠定了汉民族的人文基础。

先秦商民族的祖先长期活动于河北中南部。据《世本》记载，契居于蕃，封于商。蕃地，学者一般认为在今河北平山县境。契之子昭明，居于砥石，砥石在今河北元氏、平山一带。到了王季、王亥、上甲微时，商族活动于易水流域。王亥是商朝开国之君汤的七世祖，上甲微为其子。《竹书纪年》明确记载了王亥上甲微父子在易水流域活动的确凿事实。商祖祖乙时期，迁都今河北邢台。后来，盘庚迁殷（今河南安阳市），商王朝以殷为中心进入极盛时期，但追溯其源，商族祖先出自河北，河北是商王朝的肇源地。这就把河北人的文化之根扎进了历史的深处。

河北又是汉民族传统文化的传承基地。荀子、董仲舒是河北学术思想的开创者，二人的学说奠定了汉民族“北学”[①] 的基础。战国时期，赵国人荀子在先秦儒家中最具客观精神和实用精神，兼收并蓄，集成众家，并由此构成了北学的基本特征，他的外王之学也成为北学的重要标志。西汉时，董仲舒承袭了孔孟道统，对儒学加以改造，构建了一套新的儒学理论体系，强调君权受命于天、天人感应和大一统等，还提出了“罢黜百家，独尊儒术”的建议，使儒学从民间走向庙堂，成为延续两千余年的官方意识形态，开启了儒学的新时代。西汉时期，河北是《诗经》研究的中心，当时能讲解《诗经》的只有韩、鲁、齐、毛四家，其中有韩、毛两

---

① 中国古代很早就有了南人、北人之分，在不同历史时期，或以黄河、淮河为界，或以长江为界，在古代学术界也相应产生了“南学”和“北学”的概念。作为学术范畴的“北学”一词，较早出现在唐初编纂的《隋书·儒林列传》中，云“大抵南人约简，得其英华；北学深芜，穷其枝叶”。本书所说的“北学”，特指南北朝时期北朝的经学。明清以来，“北学”往往特指以河北之学为核心的北方之学。河北之学被称为“北学”，不仅缘于河北的地理位置，更缘于北方之学长期以河北为中心。

家在河北，特别是毛诗影响尤大，以后齐、鲁、韩三家诗逐渐散佚，只有毛诗流传下来，成为《诗经》的独脉。自东汉以来，河北经学盛行，并始终处于北方学术的中心。东汉卢植为当时大儒，门生弟子遍天下。魏晋北朝以来，河北地区有崔、卢、李等世家大族，这些大族以经学传家，在北方战乱纷扰中延续了学术薪火。隋代全国分裂割据局面的结束，使经学上的南北统一也开始提上了日程，刘炫和刘焯为隋代最著名的经学融合之先声。唐初，冀州衡水人孔颖达主持编纂的《五经正义》兼采南北学，促成了儒学的统一，南北经学之争随之终结。唐代各级学校均以此为教材，科举考试亦以此为标准答案。除了孔颖达外，贾公彦、啖助、李翱等也是当时大儒。于是，河北进一步巩固了北方学术中心的地位。宋明时期，儒学在批判吸收佛、道等诸家的基础上，形成了宋明理学。范阳（今河北涿州）邵雍名列北宋五子，为北宋理学创始人之一。元代时，河北理学家的代表人物是被誉为元代三大儒之一的刘因。刘因独承有元一代儒学之坠绪，使理学广播于北方，对元初北方思想文化的重振产生了积极影响，更对北学的传承发挥了重要作用。清初，学术界以孙奇逢为代表的北学主张躬行实践，与黄宗羲代表的南学、李颐代表的关学形成三足鼎立之势，北方学者多受其影响，尊其为泰山北斗。颜元和其弟子李塨所创的颜李学派，重视实践和实用，是清初颇具影响的一个学术流派。崔述《考信录》对于先秦诸书，即使奉为经典的六经也大胆质疑，其学术精神对后来顾颉刚古史辨派的出现有直接影响。晚清时，河北南皮人张之洞不仅为著名的政治家、洋务运动的中坚，还是著名的学者、思想家，著有《书目答问》《劝学篇》等，影响深远。晚清保定莲池书院人才辈出，士子书生云集，直隶学术之盛，甲于全国。

总之，自先秦至清代，河北名儒硕学辈出，率治趋实之学，与南学长于思辨，崇尚心性的治学路数迥异，具有典型的北方学术风格，堪称北方学术的代表地①，同时也为河北人人文特征的熔铸奠定了深厚的文化基础。在这种传统儒学文化土壤上形成的河北人只能是“羊”，绝不会是“虎”和“狼”。

---

① 戴长江、孙继民、李社军：《论河北历史文化的阶段和地位》，《河北学刊》2011 年第 1 期。

二　侠义忠诚：河北人的特质

唐人韩愈在《送董邵南序》中曾云："燕赵古称多感慨悲歌之士。"[①]的确，燕赵之地，自古英雄辈出，产生过一批享誉中国历史的豪杰侠士。有不食周粟、饥饿而死的商末孤竹国（今河北卢龙西）君长子伯夷；有"风萧萧兮易水寒，壮士一去兮不复还"的燕地刺客荆轲；有擅长于用兵之术，接连攻破齐城七十余座的战国时燕国将领，中山国灵寿（今河北灵寿西北）人乐毅；有黄巾起义军首领，太平道创始人，钜鹿（今河北宁晋）人张角；有三国时蜀汉政权的创立者，涿郡（今河北涿县）人刘备；有"当阳桥头一声吼，喝断了桥梁水倒流"的猛张飞；有三国时蜀国将领，常山真定（今河北正定）人赵云；有隋末农民起义军领袖，清河漳南（今河北故城东北）人窦建德；有武艺高强，创太祖长拳的宋朝开国君主，涿州人赵匡胤；有刺配沧州道、雪夜上梁山的好汉林冲；有元末农民起义军（红巾军）领袖，原为栾城（今河北栾城）人的韩山童；有血染沙场、舍身报国的狼牙山五壮士；有舍身炸碉堡的怀来县人董存瑞……古往今来，唱出了一曲又一曲激烈、高亢的浩浩燕赵之歌。于是后人将"感慨"改为"慷慨"，"自古燕赵多慷慨悲歌之士"成为河北人侠义忠诚特质的生动写照。

侠义而尚武，这是一种源于古代燕赵习武之风的人文性格特征，这种特征在河北人中一直被保存下来。其中的原因是河北地理位置特殊，兵家争战频繁，人们为了自卫生存，不得不习武以自保。燕赵人"只能在血气的夹缝中寻找一小片适合自己的生存夹缝，他们必须使自己的力量更强大，斗志更坚贞勇敢，如果不这样的话，他们将很难存在下去"。[②]因此，河北的武进士、武举人也就特别多，明清时雄县有武进士 23 人，武举人 74 人；文安县有武进士 25 人，武举人 128 人；枣强、饶阳、冀、深四县有武进士武举人 364 人。[③]有关河北人习武并出产著名拳师之类的传说和史事，在民间有流传在典籍中也有记载。《水浒传》大名府的卢俊义，蓟州的公孙胜、石秀，沧州的柴进和清河的武松便都是河北人。在近代，王

① （唐）韩愈：《送董邵南序》，《韩昌黎全集》卷二十，世界书局 1935 年版。

② 和文军：《人文地理与中华伟人》，天津人民出版社 1997 年版，第 150 页。

③ 蒋宝德、李鑫生主编：《中国地域文化》下册，山东美术出版社 1997 年版，第 2140 页。

子平、霍元甲、朱国福等都是河北籍的著名拳师，他们在上海击败欧美各国的拳击家大力士。如沧州全能武术家王子平，号称“神力千斤王”，1902 年应邀到上海与欧人康斯顿比武。“王至沪后住孟渊旅馆，当晚在旅馆练功时，曾在高楼栏杆上做一‘倒立’，康斯顿闻讯后，连夜离沪逃走。次年，王子平再次击败在沪摆擂的美人沙利文、英人乔治、法人彼得。名画家齐白石欣然书写了‘南山搏猛虎，深潭驱长蛟’贺联，赠送王子平。”①

河北人的尚武性格，使河北的沧州等地成为全国著名的武术之乡，许多武术拳种在河北形成或在河北发扬光大，如形意拳、太极拳、八卦拳、六合拳、八极拳、八闪翻等。这些拳种目前在全国仍然具有很大的影响。

有人说河北人的侠义之气已经不再有了。其实并不是那么简单，只不过侠义已经化作河北人的一种集体无意识，融入了他们的日常生活之中。在河北古道热肠，真诚相助的事随处可见。比如简单的问路，河北人会非常热情地为你解说半天，若你还是没明白，干脆他就会带你去。你要问河北人借钱，只要他身上有，保准会不假思索地掏出来。因此，在他们的身上依然流淌着侠义的热血，河北人的侠义忠厚已融入他们的血液之中。民间流传这样一个段子：

> 说有一天，东北人、广东人、河南人、上海人、北京人、浙江人和河北人共乘一架飞机，飞机升空后发现超重，需要一个人跳下去才能确保安全。谁该跳下去？广东人掏出一张支票：“哪位跳下去，这张支票就是他的了。”北京人慷慨陈词：“生命是能用钱买的吗？人固有一死，或重于泰山，或轻于鸿毛。不就一条命吗？我——”当众人敬佩地看着他的时候，北京人却话头一转：“我今天要和联合国秘书长特使谈论国际维和问题，事关全人类的大事，我不能死，只好把青史留名的机会留给诸位了。”上海人说：“我认为谁该跳下去，要由一个人在社会经济生活中的价值来决定。我的宝贵生命是为大上海的经济地位服务的，没有理由不珍惜！”河南人忽然泪流满面：“俺是农民，俺该跳下去，可俺家还有 80 岁老娘。”东北人不耐烦了，亮出拳头说：“整那么多废话干吗？谁的拳头硬谁就留下！”于是大家都看着

① 蒋宝德、李鑫生主编：《中国地域文化》下册，山东美术出版社 1997 年版，第 2140 页。

瘦小的浙江人，浙江人拿出一个小秤说："我才80斤4两，即使我跳下去也解决不了问题啊!"这时河北人站出来了，啥也没说就拉开了舱门。从驾驶舱又过来一个河北人，拍着他的肩膀说："关键时刻还得看咱河北爷们，老哥陪着你一起跳!"机舱里一片赞叹声！突然，飞机剧烈下坠了——陪老乡一同跳下去的河北人是驾驶员。[①]

正因为河北人侠义忠厚，所以，河北人说话虽不好听，一口浓浓的地方口音，伴着憨厚朴实的语言，踏踏实实做事的风格，从而熔铸了河北人忠诚的品质。而这忠诚的品质，渗透沉淀在河北人的心灵深处，一旦他们认准了值得为之忠心耿耿的事或人，就会忠诚有加，不会有丝毫懈怠，为朋友同生死，共患难，两肋插刀，忠于爱人，忠于家庭，忠于朋友。笔者有一个学生是河北人，才华横溢而待人忠诚，爱上了一个柳州妹，呵护有加，毅然放弃考博，落户柳州，做了上门女婿。所以，跟河北人交朋友，你可放心地去交往，绝对可交！可见，从侠义忠厚中化出来的忠诚，是河北人历来的优良品德。[②]

三　恋家恋乡：河北人的心态

农耕和近畿文化又锤炼出了河北人的"内陆心态"。所谓"内陆心态"，即恋家恋乡的自我封闭意识。

河北人恋家恋乡其实就是恋土，这是由河北人的生活方式所决定的，当面对的是决定你生存质量的土地，而一旦失去这土地，你就失去生存的机会，那么，谁也不会放弃对土地的执着。河北人的恋土就来源于对土地的热爱，还加上移民者若失去土地将变得一无所有这一空前的压力。《高邑县志》这样描述生活于他们土地上的人民："居民多耕读相兼，勤作苦俭，用度务实践，不尚文采。以故见闻不广，失之固陋，而淳谨朴讷，犹存敦庞忠厚之风。务本力田，衣食粗恶，长于保守，少进取性。"[③] 这样一种足不出户老死于土地上的正宗传统的农民，岂能不养成恋土的习惯。

---

① 《河北人的性格》(http://www.kaixin001.com/repaste/8571737_767396244.html)。

② 同上。

③ 民国三十年《高邑县志》卷十二，载丁世良、赵放《中国地方志民俗资料汇编·华北编》，北京图书馆出版社1989年版，第109页。

恋土的性格也可以从河北农村中以村为单位的宗族聚居得到诠释。河北是平原，少有山水可依，村落星散地建造于大路两侧，各村内部布局严密，房屋错落、等级有序，各村之间有田地相隔相望，但只有小路相通。每村多以一姓为主，各村之间除了集市贸易、争夺水源或婚丧嫁娶之外，几乎没有什么往来。有人说原因是“河北人经历了太多战乱与动荡，头脑里早生了一层保护壳，求稳怕乱是河北人的一大心理特征，所以河北人虽在平原，犹如处于深山；虽距京都不过百余里，却如在天涯海角一般”。[①] 其实不仅是河北人怕乱，更深层的是河北人的恋土。宗法社会就是这样铸造着传统农民的人格：在有序的人伦血缘温情下，磨合每一个生于斯、长于斯的族人，使性格脾胃都符合社会宗族的口味。而一旦这种口味形成，那么你就再也离不开这个环境了。否则，你就无法正常地生存下去，更何况你还有家庭的牵累呢？这正合了那句北方盛传的“老婆孩子热炕头”的俗语，而如果一个中国农民，土地能满足他们的最低生存需要时，他们更是决不会贸然离开而去做他们并不熟悉的活计。

在这种文化背景下，河北人恋家恋乡的心态表现得特别充分和突出。河北人普遍认为，千好万好不如家好，这亲那亲不如乡亲。反映到眼界上，就是只有我家、我村、我乡、我县、我市；反映到关系上，就是只有我爸、我妈、我哥、我弟、我姐、我妹、我同学、我同乡；反映到行动上，就是只愿在一亩三分地上打转转，一切围着老家转，一切围着老乡转，一切围着老事转，交友找老乡，出门靠老乡，做买卖认老乡。这样的恋家恋乡心态，必然造成故步自封、自我封闭的意识。[②] 于是不少河北人取得一点成绩就容易自我满足、自我陶醉，小进即满、甘愿平庸；不少人追求稳定与舒适，不愿意闯荡，不愿意“吃苦受罪”，对安稳的祈求胜过对发展的祈求；还有不少人过分留恋单位，留恋“吃公家饭”，不想自谋职业，更不敢自主创业，对做“单位人”的祈求胜过对做“社会人”的祈求。对此，有人举例说：在张家口，一些青年农民冬天蹲在墙根晒太阳，当问他们为什么不出去打工时，他们说：“我们又没有饿着，所以就愿意坐着”，“虽然我们很穷，但是我们闲着。”这种懒文化，慢腾腾地、

---

① 倪建中主编：《人文中国》下册，中国社会出版社 1996 年版，第 798 页。

② 李炳亮：《河北人的“内陆心态”亟待改变》，《领导之友》2007 年第 1 期。

"幸福指数"很高地到处游荡，说它慢，它也没有停下来；说它快，它又跑不起来，就是在屁股上抽两鞭子，它也跑不到前面去。[①]

恋家恋乡无可厚非，但异化成自我封闭的内陆心态，就会成为河北人的精神包袱。

① 李炳亮：《河北人的"内陆心态"亟待改变》，《领导之友》2007年第1期。

第二章　山东人

“孔孟之乡”和“礼仪之邦”的山东，孕育出来的山东人，好客，耿直，善良。国学大师钱穆曾在《中国历史精神》一书中说：“若把代表中国正统文化的，譬之于西方的希腊，则在中国首先要推山东人。自古迄今，比较上最有做中国标准人的资格。”①

第一节　山东人的语言

山东话是汉语北方方言的一种，其细分可划归三个不同的官话小区：冀鲁官话、中原官话、胶辽官话。冀鲁官话指通行于山东省济南、聊城、德州、滨州、淄博、泰安等40余县市在内的方言，以及河北省、天津市；中原官话指分布在山东省鲁南、鲁西南包括菏泽、济宁、枣庄、临沂等近30个县市在内的方言，以及河南省、陕西省、安徽北部、江苏北部；胶辽官话分布在山东省有青岛、烟台、威海等40个县，大致相当于人们常说的“胶东方言”的范围，以及辽东半岛。但总的来说，山东方言是能被人听懂但又带有自己独特的地方语调色彩的方言。

一　山东话的形成

山东的历史虽然悠久，可以追溯到四五十万年前沂源人，但关于语言的记载却因材料所限，不得不跳过原始时代，也不得不跳过五帝时代。

（一）陶文：东夷语言的影子

最晚在距今7000多年前，山东地区已经有了相当发达的新石器文化，相继是后李文化、北辛文化、大汶口文化、龙山文化和岳石文化。考古材

---

① 钱穆：《中国历史精神》，东大图书股份有限公司1986年版，第104页。

料显示，新石器文化在龙山文化时期达到鼎盛的阶段。龙山文化距今4600—4000年，属于新石器时代晚期的一种遗存，史学界称之为“龙山时代”。山东学者认为，创造龙山文化的主人是山东的原始土著居民，即东夷人。“夷”，《礼记·王制》：“东方日夷。”《说文·大部》：“东方之人也，从大从弓。”正是“一方水土养一方人”。

考古的遗物提供不了文字产生之前具体的语言信息，至少可以推测不同时期的语言也存在地域性的特征。语言学告诉我们：方言是一种语言在某一局部地区的实际存在形式，是语言发展到一定历史时期的产物。方言的产生跟人类开始定居生活密切相关，恩格斯说：“部落和方言本质上是一致的。”① 所以，可以说山东方言发展到新石器时代，其分区格局大体已定，这从现代山东话的分区及考古学家对山东龙山文化的分类比较中可以看得十分清楚。山东话分为东西两区，两区又各分为两片；按照目前一些学者的说法，山东的龙山文化可以分为六种类型。方言的两个层次，两区四片的分区结果跟山东地区龙山文化的类型分布基本符合。

方言区片跟龙山文化的分布关系对照

<table>
<tr><td colspan="3">东区</td><td colspan="3">西区</td></tr>
<tr><td colspan="2">东莱片</td><td>东潍片</td><td colspan="2">西齐片</td><td>西鲁片</td></tr>
<tr><td>杨家圈类型</td><td>姚官庄类型</td><td>两城镇类型</td><td>城子崖类型</td><td>尹家城类型</td><td>鲁西南类型</td></tr>
</table>

资料来源：钱曾怡：《山东方言研究方法新探》，《山东大学学报》2002年第2期。

以上龙山文化的“杨家圈类型”“姚官庄类型”“城子崖类型”“尹家城类型”四种都是处于山东东西四片方言的中心位置。“两城镇类型”处于山东、江苏之交的日照、赣榆等地，“鲁西南类型”则处于山东、河南、安徽之交的曹县、商丘、宿县等地。这两个类型在山东地区的分布范围较小，其文化类型也带有过渡性的特点，如日照的尧王城遗址就发现过人工栽培的稻米，“鲁西南类型”的文物则跟河南省的龙山文化比较一致，而与其东部地区差别很大。

龙山时代的语言现在虽然无法听到，但从考古材料中还是可以看出一些蛛丝马迹的。《荀子·正名》曾云：“名也者，所以期类实也。”“名闻

① 《马克思恩格斯选集》第四卷，人民出版社1972年版，第87页。

而实喻，名之用也。”这就是说语言的名称概念是用来表达客观事物的，听到名，就会知道他所代表的实际事物，这是名的用处。如此看来，典型龙山文化的代表性器物“蛋壳陶”，质地精细轻巧，形状各异，制作方法多种多样，有手制、模制和轮制，说明当时的制作陶器的轮制技术已经相当成熟。龙山时代丰富的陶制品遗存，为山东方言的早期历史提供了重要的信息。名由实而生，多种多样的黑陶器皿，肯定有相应的多种多样的名称，还有对用以制作的不同工具、不同工序的说法等等。很难想象，没有语言，如何能协调这么复杂的操作过程？如何传授技艺经验？可见，创造了以蛋壳陶为代表的龙山文化的东夷人的方言，在当时的地位和影响是有重要意义的。正说明龙山文化时期已经处于中国文明的前夜。

更有价值的是，邹平丁公文化遗址发现了龙山文化时代的一件陶器上有文字，其时代比甲骨文要早八九百年。这些陶文线条流畅，结构稳定，1993 年 1 月 6 日中央电视台新闻联播称其“为文字无疑”。文字是记录语言的工具，也是文明时代开始的一大标志。东夷人在山东创造的原始文字，以“陶书”的形式呈现，作为东夷人的影子，证明山东话已经到了相当发达的程度。[①]

（二）齐语：山东话最早的记忆

《礼记·王制》载：“中国戎夷五方之民，皆有性也，不可推移。东方曰夷……南方曰蛮……西方曰戎……北方曰狄……五方之民，语言不通，嗜欲不同。”所以，直到春秋时期，山东地区仍有一些与正在形成中的华夏民族“语言不通”的被称为“夷”族的小国家。如莒营国（在今莒县）、根牟（在今营县东南沂水流域）、牟（在今莱芜）、郑（在今郑城）、介（在今胶州市与诸城之间）、莱（在今莱州、龙口及其以东地区）。文献中有一些记载就反映出当时山东地区的语言与其他地区确有一些差异。《论语·述而》云：“子所雅言：《诗》《书》、执礼，皆雅言也。”由此可知，孔子平时说的话（当是当时的曲阜话）不是“雅言”，而只有在比较郑重的场合才用“雅言”。所以《论语》等文献极有可能是用当时的“雅言”写的。

山东话与“雅言”是不一致的，孔子之后百余年，《孟子》中则有如

---

① 钱曾怡：《山东方言研究方法新探》，《山东大学学报》（人文社会科学版）2002 年第 2 期。

下的一段话：

> 孟子谓戴不胜曰："……有楚大夫于此，欲其子之齐语也，则使齐人傅诸？使楚人傅诸？"曰："使齐人傅之。"曰："一齐人傅之，众楚人咻之，虽日挞而求其齐也，不可得矣。引而置之庄岳之间数年，虽日挞而求其楚，亦不可得矣。"①

在这里，孟子的话本是为说明环境能影响人而打的一个比方，但却明白地告诉我们，齐语与楚语差别是很显著的。此外，据传是战国时公羊高所撰的《公羊传》被后人认为多杂齐语，后汉时何休在注中对此作了不少说明。如《隐公元年》："母欲立之，己杀之，如勿与而已矣。"何休注："如即不如，齐人语也。"《隐公五年》："公易为远而观鱼？登来之也。"何休注："登读言得来。得来之者，齐人语也。齐人名求得为得来，作登来者，其言大而急，由口授也。"何氏是山东人（东汉任城樊人，在今济宁市东北），他关于"齐人语"的注释当是有实际语言根据的。根据以上材料，可见当时的汉语已经有不同的方言差异，而山东话——齐语，就是当时很有特点的一种方言。这就是山东话最早的记忆。

秦始皇统一全国之后，虽实行了"书同文"的政策，但方言的差异不会随之消失。所以汉高祖六年（前 201 年），刘邦立长子刘肥为齐王，"王七十余城，民能齐言者皆属齐"②。这段史料说明，汉初的"齐言"一定是与周围语言有明显不同的，并且"齐言"的界限也是比较清楚的，以致可以拿作行政区划的界限。当时的齐国大体相当于战国时代齐国故地的大部，有临淄、济北、博阳、城阳、胶东、胶西、琅邪七郡，这也就是"民能齐言"的范围了。③

可见，汉初的齐地是有着独特方言的。及至西汉末年，扬雄所著的《方言》以及两汉经学家的传注也还明显地反映出山东方言是一种特点突出、内部具有相当一致性的方言。

据山东学者研究，西汉扬雄的《方言》总共收录词语 675 条，有方

---

① 《孟子·滕文公下》。

② 《史记·高祖本纪》。

③ 张树铮：《山东方言历史鸟瞰》上，《古汉语研究》1996 年第 2 期。

言词语内容的约 340 条，其中记述山东地区方言现象非常突出。

《方言》对山东地区方言记录的地名组合统计

地名	出现次数	单列次数	并列次数	并立中出现最多的地名、次数、百分比
东齐	62	29	33	海岱 24 72.7%
海岱	29	1	28	东齐 24 85.7%
齐	60	13	47	鲁 13 27.7%
鲁	27	1	26	齐 13 50%

资料来源：吴永焕：《从〈方言〉所记地名看山东方言的分区》，《文史哲》2000 年第 6 期。

从以上《方言》出现的地名组合数字来看，东齐、海岱方言一致性很强，齐、鲁方言也有许多共同特点，说明秦汉时期山东方言东西两区的分别十分明显。再从各地出现的总数字来说，四地方言各有特色：东齐方言自古就有独立的文化，单列次数达到 29 次之多，方言自成系统不在话下。海岱方言独立的特点不多，除了跟东齐有较强的一致性以外，也跟“青徐”“大野”“齐”等地并举，这个方言有一定的过渡性特点。齐方言因齐国的强国地位而在当时有重要影响，与齐并举的地名较杂，除了鲁以外，还有卫、宋、陈、燕、赵、晋、楚等，齐方言所具有的这种开放性，是齐国长期实行开放政策的结果。鲁方言单独列举一次，在 26 次并举的次数中，除了跟齐并举以外，其他大多是宋、卫、陈，其中宋有 9 次之多，鲁方言也是属于过渡性的方言。

具体的语言状态，还可试举几例：《方言》卷一第一条：“党、晓、哲、知也……齐宋之间谓之哲。”同卷：“棱、忧、矜、悼、怜，哀也。齐鲁之间曰矜……”同卷：“郁悠、怀、叔、惟、虑、愿、念、靖、慎，思也。晋宋卫鲁之间谓之郁悠；……东齐海岱之间曰靖。”为此，语言学家们的看法比较一致，罗常培、周祖谟将“齐鲁、东齐、青徐”列为当时七大方言分区之一①；丁启阵根据《方言》地名的组合，在《秦汉方

① 罗常培、周祖谟两先生就根据《方言》资料把当时汉语方言涉及地域分为七大区，它们分别是：（一）秦晋、陇冀、梁益；（二）周郑韩、赵魏、宋卫；（三）齐鲁、东齐、青徐；（四）燕代、晋之北鄙、燕之北鄙；（五）陈楚江淮之间；（六）南楚；（七）吴越。周祖谟、罗常培：《汉魏晋南北朝韵部演变研究》，科学出版社 1958 年版，第 72—73 页。

言》中把山东话作为当时八个方言区划之一，称为海岱方言[①]；林语堂即分“齐鲁”与“东齐海岱之间淮泗（亦名‘青徐’）”为不同“系”的方言，认为“东齐”系语言“杂入夷语”[②]。所以，用西汉扬雄《方言》的地名组合关系，来跟今天山东方言两大区四小片的分区结果进行对照，基本上是一致的，这近两千年的时空沧桑，对山东话没多大的改变，可见山东方言的超级稳定。

两汉时代经师的传注材料中也有相当数量的关于山东话的记载。这些材料比较集中的有：东汉时期许慎的《说文解字》，郑玄的注文，高诱的注文，刘熙的《释名》，何休的《公羊传注》。何氏发现《公羊传》中的“齐言”及“鲁语”，肯定是以汉时山东话的情况为基础的。此外，服虔、杜子春、应韵、如淳、赵歧等人的传注中也有对山东地区方言的少量记录。如《礼记·丧大记》郑玄注：“今齐人谓棺束为缄绳。”《礼记·给衣》郑玄注：“资，当为至，齐鲁之语声误也。”《周礼·考工记·冶氏》郑玄注：“今东莱称，或以大半两为钧，十钧为环。”《淮南子·时则训》高诱注：“曲，薄也，青徐谓之薄。”《淮南子·时则训》高诱注：“晚，伏也，青州谓伏为晚。”《汉书·儒林·王式传》注引如淳：“齐俗以不知为丘。”《释名》中有不少关于山东方言的记载。如《释兵》：“摘，敌也，可以御敌也，齐人谓之敬。”《释道》：“九达曰逵，齐鲁谓道多为透市。”《释宫室》：“篱，……青徐曰据，据，居也，居于中也。”《释疾病》：“癣，徙也，浸淫移徙处日广也，故青徐谓癣为徙也。”《释亲属》：“兄，荒也，荒，大也，故青徐人谓兄为荒也。”这些关于山东话的记录，主要反映的是山东地区独特的词汇，也有少量是关于山东话语音特点的，如《礼记·中庸》：“壹戎衣而有天下”，郑玄注：“齐人言殷声如衣。”《吕氏春秋·慎大》：“亲郼如夏”，高诱注：“韦肠读如衣，今兖州人谓殷氏皆曰衣。”凡此等等，不胜枚举。[③]

总之，山东人关于齐语的记忆，一直保存到两汉。那时的山东话或多或少都还是有别于汉民族其他的北方方言的。

（三）明清：山东话的形成

从东汉灭亡（220 年）开始一直到元帝国灭亡（1368 年），在这 1148

---

① 丁启阵：《秦汉方言》，东方出版社 1991 年版，第 28—29 页。

② 林语堂：《前汉方音区域考》，《语言学论丛》，开明书店 1931 年版。

③ 张树铮：《山东方言历史鸟瞰》上，《古汉语研究》1996 年第 2 期。

年的沧桑中，中国历史经过了三国魏晋南北朝的大动荡、大分裂，到隋唐的大统一、大繁荣；再到宋辽夏金的大动荡、大分裂，再到元代大统一“U”字形发展的路线图。山东话也遵循着这个路线图，随着汉语北方方言的发展，在汉民族“滚雪球”式的发展中，经过明清的整合和融合，发展成为现代汉语北方方言的重要组成部分。

明清两代对现代山东话来说是非常重要的时期。这是因为，经过元末的大动乱后，山东地区的居民锐减，明代多次从山西、河北，以及河南、江苏、湖北、四川，甚至云南等地大量向山东移民。外地移民来到山东，必然带着他们的乡音而来，自然而然地会与原有的山东话发生接触，互动、磨合、整合和融合。此后，山东境内就再也未发生过大规模的移民，这样，山东话又经过六百余年的发展，现代山东话中既没有保留下明初移民的方言岛，也没有保留古老的“正宗”的山东话。

明清时期反映山东话的材料比较多。拿明代来说，主要是一些山东人士写的小说和剧曲，以及外省人士所写但反映山东地区生活并运用山东话的小说或剧曲。如元末明初的长篇巨著《水浒传》，描写梁山好汉的事迹，尽管作者不是山东人，但却运用了一些山东方言词语。长篇小说《金瓶梅》以临清为背景，作者为“兰陵笑笑生”，今多数人指“兰陵”为山东峰县（今枣庄市峰城区），则作者即为山东人。也有学者认为该书为吴人所作，然而书中大量运用山东话词语，特别是其反映的语音特点与今山东方言非常吻合，恐怕非山东人士难能为之。此外，章丘人李开先的戏剧、临朐人冯惟敏的散曲等，也是研究明代山东话的重要材料。反映明代山东方言语音的重要资料是明末（崇祯十五年，1642 年）成书的《韵略汇通》，是掖县（今莱州）人毕拱宸以云南兰茂的（韵略易通）（书成于正统七年，1442 年）为基础进行“分合删补”而编成的。这是一部在汉语语音史上具有重要价值的韵书，此书分韵为十六类：一东洪，二江阳，三真寻，四庚晴，五山寒，六先全，七支辞，八灰微，九居鱼，十呼模，十一皆来，十二萧豪，十三戈何，十四家麻，十五遮蛇，十六幽楼。声母二十，以兰茂的（早梅诗）二十字为代表：“东风破早梅，向暖一枝开，冰雪无人见，春从天上来。”声调分为上平（即阴平）、下平（即阳平）、上、去、入五声。如此看来，当时的韵母系统及声母系统已经与今山东话相去不远，但声调还保留入声，不过他把入声分六部归在阳声韵中。而《金瓶梅》已明确反映出入声韵尾的消失。此外，《金瓶梅》一书中对声母、韵母以及儿化的情况都有所反映。

清代反映山东话的材料就更多了，比较重要的有淄川人蒲松龄《聊斋俚曲集》和《日用俗字》等；署名为“西周生”（一说即蒲松龄）的长篇小说《醒世姻缘传》。他们反映山东话特点较为全面、细致。《醒世姻缘传》中的人物对白、《聊斋俚曲集》中对白及唱词（特别是对白）是用非常地道、纯熟的鲁中方言写的，大量的鲁中方言词汇，非常严格而忠实的鲁中方言语法的运用，使我们今天读来仍觉得那么亲切而产生对作者驾驭方言能力的由衷敬佩，因此对于研究清代前期的鲁中方言词汇、语法以及语音具有非常重要的意义。比如“你”和“您”、“我”和“俺”，在现代山东话中其用法是有一定区别的，尽管两者的区分是比较细微的，而在《聊斋俚曲集》中作者对此的使用把握得非常准确。又如俚曲《俊夜叉》中有一句歇后语：“章丘的话头——好日子（‘日’读‘二’音）”，这正说明了现代章丘话“日”“二”同音的现象早在清代已然，并且还说明当时的淄川这两个字是不同音的。

此外，明清以来山东运河区域商品经济的发展对方言也有一定的影响。明永乐年间大运河疏浚之后，运河成为漕运和商品流通的重要途径，出现了像临清、济宁、德州、张秋等许多工商城镇，主要是来自江南的徽商、江浙商、闽广商，以及来自辽东的外地商人大量涌入。如临清“四方商贾辏集，多于居民十倍”①；济宁“江淮货币，百贾会集”②；“其居民之鳞集而托处者，不下数万家，其商贾之踵接而辐辏者，亦不下数万家”③。外地商人不仅带来了他们的商品，而且还带来了他们的方言，对山东方言必然会产生一定影响。如现代山东话中一个突出的现象，即沿运河两岸地区不区分“z、c、s”和“zhi、chi、shi”两类声母，这无疑是受外地商人所说的南方方言影响的结果。

通观明清时代反映山东地区方言的材料，可以看出，山东话虽然还有一定的差异，但明清时代的已经与现代山东方言比较接近了，山东话正式形成。④

① 乾隆《临清州志》卷三《公署志》。（明）穆孔晖：《修蓄锐亭记》。

② 万历《兖州府志》卷四《风土志》。

③ 乾隆《济宁直隶州志》卷二“地域·街箱”。

④ 张树铮：《山东方言历史鸟瞰》下，《古汉语研究》1996年第3期。

二　山东话的特点

山东方言，是一种与以北京话和东北话为代表的北方方言差异较大，在发音上具有独特个性的方言。

（一）山东话语言学的特点

山东方言语音的特点为声母丰富，韵母、声调呈简化趋势。山东话虽然自鲁西到胶东是慢慢过渡的，山东人的发音习惯以郯城、临沂、蒙阴、沂源（或莱芜）向北，以东的所有地区（包括东部临沂，整个潍坊地区、青岛地区、烟台地区、威海地区的各县市）在发“r”这个音时，均为“y”，例如：“人，日头，热”发音成“银，易头，耶”；以西，特别是鲁西南地区（枣庄济宁、菏泽聊城、泰安、临沂市的费县、平邑县）“s”音发为“f”，例如“水”“睡觉”“说话”“树”等发音为“非”“费觉”“佛话”“富”基本情况就是这样。但淄博博山、东营的广饶、潍坊的寿光、青州、临朐北部、济南的章丘有特例，“人”“热”等发音为“len”“le”。这在山东是最为奇特的。但山东话有共同的来源，有共同的语音特征，其内部一致性是比较强的，也有比较系统的类关系，这是山东方言共性和一致性的反映，这种一致性反映了这一区域的方言在漫长的历史发展程中相互影响、同步演化的历史。主要表现是：

1. 声母

山东话中的古全浊声母今全部清化。古浊塞音、塞擦音平声送气，仄声不送气。全浊擦音古并、奉、定、从、邪、澄、崇、船、禅、群、匣 11 个全浊声母在今山东话中已全部清化。其一，并、定、从、澄、群 5 母清化以后今音为塞音或塞擦音。其二，奉、邪、崇、船、禅、匣 6 母清化以后今音为擦音。

2. 韵母

（1）山东话各地的韵母呈简化趋势，特点是双元音韵母呈单元音化。

山东话复韵母的动程变化趋势是从东到西逐渐减小直到没有动程，成为单纯的单元音为止，这种变化从东往西呈渐变的过程。

（2）咸山臻深四摄的前鼻辅音韵尾呈弱化，方式是主要元音鼻化。

（3）介音的失落。

山东话的东部地区存在着介音失落的现象，主要指胶莱河以西的沿河地区，如荣城、牟平等地方言中的凡中古端系字逢蟹、止、山、臻合口字读为开口。再往西部的即墨、青岛、平度等地处于过渡地带，部分字读开口，部分字读合口。山东西部地区方言点基本上合口仍然读合口，古今对应非常整齐，但也有个别的字读为开口，这也是东西部方言不同的地方。“暖”字在山东话的大部分地区都有开合口的文白异读。还有，山东方言东部地区的梗摄的“兄、拥”在东部的平度和诸城两地韵母非圆唇化。

（4）音类合并。

与中古音相比较，山东方言韵母的简化趋势是比较明显的，所以音类合并的现象较为突出。第一，阴声韵类：蟹摄开口一二等大部分字、合口全部字与止摄开口少数帮组、合口字全部今韵母合流，都读 ei 和 uei。第二，阳声韵类：山东话阳声韵在长期的发展过程中发生了归并的现象：宕江摄合流、通与曾梗一部分字合流、咸山合流、深臻合流，以主要元音相同或相近为归并的条件。这些韵类的归并是山东话自身演化的结果。第三，入声韵类：山东话的入声韵已基本消失了，入声韵依主要元音的不同分归到不同的阴声韵中。

3. 声调

山东话的声调与普通话及中古汉语比较，还是可以看出呈现比较严格的对应关系。

山东话东部的一部分地区和西部全部地区声调的特点是：平分阴阳，浊上变去，入派三声。声调呈简化，调型呈合并的趋势，多数地方四个声调，东部地区三个调类，除了靠西北地区的利津等方言点有清声母入声调以外，其余各点入声已经消失。调值与普通话比较起来可以看出，山东方言的阴平调多为曲折调，上声多为平调，阳平为降调，这正与普通话相反。但各调类的字归类与普通话大致一样。总之，山东话的声调具有明显的内部一致性：呈合并趋势，调类较少，入声渐趋消失。①

（二）山东话的人类学特点

人类学对语言的关注集中在文化的表达上。山东人的语言人文特征浓郁，有学者②列举主要有：

1. 山东话字音简单，单音节多

山东话音韵简洁，单音节多，去声多，语言有力度；拙于言，敏于

① 王晓军：《山东方言语音研究》，硕士学位论文，上海师范大学，2004 年，第11—14 页。

② 参阅马立荣《山东方言探析》，《华北电力大学学报》（社会科学版）2001 年第 S2 期。

行，踏实能干，不作长篇大论，动辄动手解决问题。山东人对懒惰有一种天然的免疫力。山东人也喜欢动手，但多数是做，去干，打架也止乎礼。山东人骑车相撞了，被撞的一个扶起车子横眉立目："咋（去声调）"，仅用一个字把疑问、愤怒、责骂的感情表露无遗。与此相关的还有一字"么（去声）"，带有一点疑问，问别人买什么、怎么了、要什么、干什么，均可用这一字解决，此字鲁西南的人用得最多，也可说是济南话。山东还有一个意义丰富的动词"捞（老音）"，说你白忙活、白搭，干着急，得不到，就说"你捞不着"。得着了没得着，问："你捞着了吗?"，这个动词是否写作"捞"，不一定，但在口语中存在着。

2. 指称东西、事物也有独特的说法

山东话膝盖叫"勃拉盖儿"，两个人顶拐（一腿膝盖提起，顶膝盖的游戏），一个狠狠碰了另一个的膝盖，对方就叫："你碰着我的勃拉盖儿了!"。哥哥叫"锅锅"，类似"蝈蝈儿"的音，但发音时还靠近舌根一些儿；关系不近的叫"八百杆子打不着"；看人屏耳细听，说"支棱着耳朵听什么?"；说人模样不周正，是"斜棱儿"的音，但发音时还靠近舌根一些儿；说人眼睛大是"鸡蛋碗子眼"，有骂人嫌疑；打你一拳，不说打人，说"蓑皮锤"；说人不精神，是"懈松"，"你这个人浑身懈松"，就是浑身不精神；脸色蜡黄是"黄干儿干儿地个脸"；人要死了，说"快咽气了"，骂人也用这个词；说人傻是"二旺"；东西不多了说"还有京崽儿了"，也说"一星半点儿的东西"；说人判断事物不准确是"寻思的"，"寻"念二声，说人说事不准确，或安慰人不要往坏处想，就说"别瞎寻思"；叫人说话小声点或不说话是"截不声的"；说可怜是"慈念人"，如：人临死的状态，拼命挣扎就说是"慈念人"；拼命努力，但显得笨拙，也可说"真慈念人"。凡此等等，举不胜举。

3. 鲁西南、鲁西一带，往往变调，声调上把一声变成三声

由于山东话的变调，山东人出来和别人交流，一句话往往重复几遍才能让人听懂。天黑了把"黑"说成三声，吃了、喝了，"吃""喝"均读成三声类似于去声。喝酒喝干说"赶了吧"，意思是"干了吧!"说相声、说快板，有的演员用山东话来表演，或用东北话，原因在于东北话、山东话（尤其是鲁国辖区后人）虽是方言，但只变调，不变音，能猜出来。所以，山东方言虽有个性，但外人仍听得懂。

4. 胶东一带有些字的变音

声母或韵母发生改变，就很难懂了。这大约是古齐国的地域。比如："肉"念成"又"，油也念"又"，所以说烟台人"肉""油"不分。原因在于胶东人发不好声母"r"，说"这小孩的手肉乎乎的"，她说"又乎乎的"；安丘人发不好"东"这个音，"向东去"，他说"向灯去"，一本书难以看懂，他说"看一遍不等，看两遍不等，看三遍还不等"。胶东人说话变音变调，即使山东人也听不懂。据说海边的人喝的水咸、水硬，所以说话舌根不打弯，自己跟自己较劲。烟台地区口音"肉来肉去"，全是练习舌根打弯的；而青岛口音与烟台口音又有很大差别。青岛人说话急抓抓像跟人吵架，开音就冲，像骂人，声速快、舌根硬的特点一览无余。青岛妹子长得水灵，皮肤好，但一开口就让人不敢恭维了。古代的入声字是一个短促的调子，在现代的语言中已经消失，山东人之所以把现在的一声字念成三声，是古代入声字变化使然。

有一则沂源话贺新年短信很有代表性：天正晴，岗蓝来；云彩丝绺子也木加（临朐话是"木嘎"）；一群剥果在天上转悠，怪滋啊；天喃火开勒，估堆在北墙跟晒太阳，就号坐在鏊子窝里阔罗后头式底。沂蒙银（人）实诚，勤利，还望着银好，天老爷都知道，明年难为不着。译文：晴空万里鸽翔集，暖阳高照是新春。惯察秋毫老天爷，明年厚待沂蒙人。①

第二节　山东人的形成

杜甫《望岳》诗云：

岱宗夫如何，齐鲁青未了。
造化钟神秀，阴阳割昏晓。
荡胸生层云，决眦入归鸟。
会当凌绝顶，一览众山小。

说的是：泰山呵，你究竟有多么宏伟壮丽？你既挺拔苍翠，又横跨齐

① 马立荣：《山东方言探析》，《华北电力大学学报》（社会科学版）2011 年第 S2 期。

鲁两地。造物者给你集中了瑰丽和神奇，你高峻的山峰，把南北分成晨夕。望层层云气升腾，令人胸怀荡涤，看归鸟回旋入山，使人眼眶欲碎。有朝一日，我总要登上你的绝顶，把周围矮小的群山们，一览无遗！这就是中国大陆最东端的胶东半岛。它北临渤海，南临东海，有蜿蜒一千多公里的海岸线；西倚巍峨的泰山山脉，气候温润，物产多样，文化底蕴深厚。“最有做中国标准人的资格”[①] 的山东人，就是在这块风水宝地上孕育形成的。

山东人形成历史与山西人、河南人一样，悠久而系统，又是一个汉民族从多元走向一体的案例。

一　沂源人：山东人的远古先祖

鲁中南山地是山东人的发祥地。鲁中南山地是山东省地势最高、山地面积最大的地区。丘沂河、沭河、大汶河、泗水、淄水等河流从中部山区发源，呈辐射状向四方分流。山间河谷平原、盆地及山前平原，土地肥沃，雨水充足，气候宜人。山东人的远古先祖就繁衍生息在这块宝地上。

生态环境好的地方，“上帝”是不会忘记的。

比北京猿人稍晚一点的时候，沂源人在山东大地脱颖而出。1981年9月至10月，在沂源县土门乡骑子鞍山东坡的一个石灰岩裂隙中，发现了距今四五十万年的古人类化石，计有：头盖骨一块，股骨、肋骨各一块，眉骨两块，牙齿二枚。次年5月，又发现了两枚牙齿。这些人类化石可能分属两个成年人的骨骼。[②] 按照考古学习惯，他们应被称作“沂源人”。属于猿人或直立人晚期阶段。“沂源人”作为最早的山东人[③]，在四五十万年前开始了人猿揖别之后的进化过程。

值得注意的是，在沂源人脱颖而出之时，大体与沂源人同时代的文化遗址在鲁东南地区还有两处重要的发现。一处是在距沂源人发现地点仅45公里，同属沂河上游的沂水县诸葛乡范家旺村西南山顶部的南洼洞。1983年6月和1984年3月，在这里分两次出土了7件石制品，砍斫器部

① 钱穆：《中国历史精神》，东大图书股份有限公司1986年版，第104页。

② 吕尊谔、黄蕴平、李平生、孟振亚：《山东沂源猿人化石》，《人类学学报》1989年第4期。

③ 李启谦主编：《山东通史》（第一卷·先秦卷），山东人民出版社1993年版，第8页；刘德增：《山东移民史》，山东人民出版社2011年版，第23页。

分边缘有明显的修理和使用痕迹。石器的制作时代为旧石器时代早期。[①]另一处是1983年4月在日照市丝山乡竹溪村北山和秦家官庄发现的旧石器地点。竹溪村北山地点共采集到230余件石器；秦家官庄旧石器地点发现有10件石器，第二步加工修理的石器达半数以上，人工痕迹清晰。堆积地层共分三层，第二层底部发现的石器属于旧石器时代早期的文化遗物。这是鲁东南沿海地带首次发现的旧石器时代早期文化遗址。[②]

从以上两处遗址的年代与沂源人生活的时代大体相当来推测，沂源人的脱颖而出，不是单枪匹马，而是与沂水和日照的古人类牵手的整体亮相。[③] 沂源人就这样脱颖而出，刻在了历史的“硬盘”上了。

二　大汶口文化与龙山文化：山东人的原始记忆

在整个中国新石器文化格局中，黄河下游，以泰山为中心，东濒大海，西抵今天河南东部和安徽北部的广大地区，是一个相对独立和稳定的文化区。在新石器较早阶段，泰山北麓有后李文化，其后续者北辛文化的范围扩大了很多，包括了今天山东的大部分地区，唯胶东半岛有些特殊，那里的同时期为白石村文化。再以后，山东腹地的文化过渡为大汶口文化后不久，胶东半岛的文化逐渐与腹地文化融为一体。至前2500年或稍晚，大汶口文化再演变发展为山东龙山文化。考古学上，取古文献中的“海、岱惟青州”[④] 句意，将这个文化区称为海岱古文化区。[⑤] 在山东地区，大汶口文化与龙山文化一脉相承。所以，历史在穿过时空的运行中，给山东人留下的原始记忆主要是大汶口文化和龙山文化。

（一）大汶口文化与大汶口人

以泰山地区为中心的大汶口文化（前4300—前2500年），是新石器时代后期父系氏族社会的典型文化形态。其东起黄海之滨，西到鲁西平原东部，北至渤海南岸，南及今安徽的淮北一带，河南省也有少部分这类遗存的发现。因首先发现于泰安大汶口，遂把以大汶口遗址大汶口文化遗存

---

① 徐淑彬等：《山东省沂水县南洼洞发现旧石器》，《考古》1985年第8期。

② 徐淑彬、杨深富：《山东日照秦家官庄发现旧石器》，《考古》1985年第5期。

③ 李启谦主编：《山东通史》（第一卷·先秦卷），山东人民出版社1993年版，第8—10页。

④ 《尚书·禹贡》。

⑤ 严文明主编：《中华文明史》第一卷，北京大学出版社2006年版，第67页。

为代表的一类遗存，命名为“大汶口文化”。据不完全统计，山东境内已发现大汶口文化遗址 547 处，经过正式发掘的遗址约有 60 余处，主要有泰安大汶口、邹县野店、滕州西公桥、枣庄建新、兖州王因、曲阜西夏侯、临沂大范庄、日照东海峪、长岛北庄、胶县三里河、诸城呈子、前寨、莒县陵阳河、大朱家村、五莲丹土、潍坊前埠下、栖霞杨家圈、广饶五村、傅家等遗址，以及江苏境内有邳县刘林、大墩子和新沂花厅遗址，安徽主要是蒙城尉迟寺遗址。可见大汶口文化在山东覆盖面非常大。其中尤以大汶口文化遗存最具代表性。年代跨度距今大约 6100—4600 年，前后延续一千五百多年。分为早、中、晚三个大的发展阶段，早期距今约 6100—5500 年，中期距今约 5500—5000 年，晚期距今约 5000—4600 年。大汶口遗址比较全面反映了早、中、晚三个发展阶段的面貌、特征和社会经济形态的变化规律。[①] 在这里，我们完全可以说山东经历了一个长达 1500 年左右的大汶口时代，其居民作为山东人的先民，亦可称为“大汶口人”。

大汶口人以农业生产为主，兼营畜牧业，并具有相当高的水平。他们使用的石器以农具和手工工具为主，多通体磨光，制作精良，是同时代中的佼佼者，具体器形以石锄、锛、铲、凿、刀等最常见。石器之外的农具还有骨镰、角锄、蚌镰等。很多遗址都发现黄河地区的主要农作物——粟。在三里河遗址的一个窖穴中，曾发现 1 立方米的碳化粟。大汶口人的家畜饲养也很发达，有大量的猫、羊、牛、狗骨骼被发现，如莒县大朱家村遗址 18 座墓葬放置猪下颌骨 80 多个，陵阳河遗址 45 座墓葬中 25 座随葬猪下颌骨 160 多个，每墓平均 7 个左右，最多者 33 个，这除了说明墓主人比较富有外，也说明猪的饲养量大而面广。此外，还发现了有大量的矛、匕首、镞、鱼镖等渔猎工具，说明狩猎和捕捞也是大汶口人经济中的必要补充。

大汶口人的手工业也相当发达，手工业包括制陶、建筑、工具制作等。陶器制造是大汶口人农业文明主要特征之一，其周色可分为红嗣、灰离、黑圈、白陶四类，制圈技术也从手制发展成轮制，加上纹饰和颜色纷呈，使陶器种类相当丰富，他们采用素面或磨光技术进行装饰。特别是薄胎镂孔黑陶高柄杯，代表了当时制陶工艺的最高水平。

① 何德亮：《大汶口文化考古五十年历史回顾》，《南方文物》2009 年第 4 期。

大汶口人的大量墓葬反映了很多当时的社会现象，大汶口文化早期墓葬多合葬墓，更多的是单身葬，合葬墓以同性合葬最多。随葬品相对较平均，可以看出，当时还处在母系氏族公社时期，财产公有，平均分配。而后期墓葬中，出现了夫妻合葬和夫妻带小孩的合葬，男性有的仰身直肢，处于墓的中心位置，而女性有的则侧身屈肢，处于墓圹的一侧，位从属地位。而且贫富分化严重，墓葬中陋葬品多寡不一的现象比较突出，富有的大墓，不但随葬品多，而且很精致。有的墓葬形制较小，仅有一两件粗糙的陶器或工具来随葬。这就标志着大汶口人开始或已经进入了父系氏族社会。

大汶口人创造了很高的原始文化，如普遍使用水井；酿酒业非常盛行，墓葬中大量陶鬶、壶、高柄杯盉等专用酒器的发现；雕塑工艺品，始象牙雕筒、象牙琮、象牙梳、骨雕筒、玉铲、玉珠、骨筒及陶塑动物等数量多且水平高。特别重要的是在大汶口文化分布区的相当大范围内存在着形状相对固定的、比较复杂的刻画符号。这些刻画符号主要发现在莒县陵阳河、大朱家村、杭头、诸城前寨以及尉迟寺遗址的陶尊或陶瓮上面，故而也称为陶尊文字。目前，陶尊文字或符号共发现 20 多例。其形状有的像自然物体的日、月、山，有的则像工具和兵器，如斤、斧、锛、炅、戌、旦、封、皇、凡南、享等。这些刻画符号，曾被誉为“远古文明的火花”，不少研究者认为其已是最早的文字，至少是象形文字的直接前身，对中国文字的起源和发展具有重要影响。[①]

人们不禁会问，大汶口人在山东地区生息繁衍了 1500 年左右，与文献中的哪一个时代相吻合？又与哪一个族群相属呢？常兴照曾撰《少昊、帝舜与大汶口文化》把大汶口时代与五帝时代[②]联系了起来，他说：“有关大汶口文化就是少昊与太昊氏族共同创造的物质文化；太昊与少昊本为有着亲缘关系的两个部族，在长期的发展历程中，其族或分或合，相互替代，最后在西入中原的历史大业中形成合力，以一个统一的东方昊族称霸中原，创造了一个众说纷纭的帝喾或虞舜时代……从‘殷人谛誉’[③] 的记

---

① 利人：《大汶口文化》，《中学历史教学研究》2001 年第 4 期；何德亮：《大汶口文化考古五十年历史回顾》，《南方文物》2009 年第 4 期。

② 徐杰舜：《论汉民族的五帝时代》，《青海民族研究》2013 年第 4 期。

③ 《礼记·祭法》。

载而观察，帝誉是商人敬祖的尊称。帝俊之名主要出现在《山海经》。许多学者指出，《山海经》所记地名，特别是《海经》中的山川、疆域，是山东中部的一些地区①，此为卓见。不排除随着东夷人的西进，有些地名也随之乔置，但是与帝俊有关联的地名或氏族，多在海岱一带斑斑可考，是故帝俊之名当是东方民族自己的尊号。”② 此一说写在这里供读者参考。

（二）龙山文化与东夷人

龙山文化是中国原始社会的一个时代，山东龙山文化学术界称之为“典型龙山文化”。龙山文化泛指中国黄河中下游地区约相当新石器时代晚期的文化遗存，因发现于山东章丘龙山镇而得名，距今4350—3950年，分布于黄河中下游的山东、河南、山西、陕西等省。历经七十余年的考古调查和发掘，发现山东龙山文化遗址一千余处，经过发掘的遗址和墓地也达六十余处。发现了一大批城址、房址、水井、墓葬和陶窑等龙山文化时期遗迹，出土了大量的陶器、玉器、铜器、石器和动物骨骼。特别是在一些地方，宛然一幅列国林立的人文景观。③ 再现了一幅栩栩如生的龙山文化时期先民生活和生产的画卷。由于龙山文化是中国原始社会独具文化特征的一个时代，又处在从原始社会向文明社会转型的过渡时期，故可称其原居民为“龙山人”。

龙山人定居在山东地区已形成城镇密集的分布格局，大约每隔50公里就有一座。④ 由于房屋建筑有了巨大进步，房址多为半地穴式，也有地面建筑。房址平面形状有圆形、方形和长方形。房址以单间为主，也有双间和连间。建筑方式上采用挖槽筑墙的方法。建筑材料上出现了土坯，并采用错缝叠压垒砌技术。在许多房址发现用白灰涂抹墙壁和地面。在属于龙山早期的东海峪中层，发现了采用夯筑技术建造，由台基、护坡、室内地基和土墙组成的高出地面的房屋建筑，为营建大规模的城堡奠定了技术基础。在山东地区，经过正式发掘或钻探的城址有章丘城子崖、寿光边线王、邹平丁公、临淄桐林田旺、阳谷景阳冈和五莲丹土等六处。最典型的

① 何幼琦：《〈海经〉新探》，《历史研究》1985年第2期。

② 常兴照：《少昊、帝舜与大汶口文化（下）》，《文物春秋》2004年第1期。

③ 严文明主编：《中华文明史》第一卷，北京大学出版社2006年版，第67页。

④ 张学海：《论山东地区的龙山文化城》，《张学海考古论集》，学苑出版社1999年版，第155—180页；赵辉、魏峻：《中国新石器时代城址的发现与研究》，北京大学中国考古学研究中心、北京大学古代文明研究中心：《古代文明·第1卷》，文物出版社2002年版，第1—34页。

莫过于城子崖城址：早在20世纪30年代就发现了城墙遗迹。在90年代，山东省文物考古研究所又发掘了该遗址：城址平面略呈方形，东、南、西三面城垣比较规整平直，北面城垣弯曲并向外凸，城垣拐角处呈弧形。南北长约530米，东西宽约430米，面积约20万平方米，墙基宽10米左右，残高约3米。城墙大部分挖有基槽，并经过多次修补：有的部位在沟壕淤土上夯筑起墙，城墙夯土结构分为两种，一种用石块夯筑，另种用单棍夯筑。城内文化层厚者3—5米，薄者1.5米左右。城内遗迹种类繁多，发现有房基、窖穴、水井、墓葬以及大量精美的陶器、石器和蚌器等，说明城内居民不仅数量多，而且居住时间长久：该城址始建于龙山文化早期，一直延续到岳石文化时期。据推算，城内居住着大约5000人。这些人中，除农业生产者外，家庭手工业者、巫医、统治者等非农业生产者和非生产者占一定比例。另外，在城子崖遗址周围分布着40处以上的龙山文化遗址，一般面积在几千至上万平方米，文化内涵并不特别丰富，显然是一些村落遗址；其中若干面积较大的，其地位犹如今天的乡镇。它们依托着城子崖，分布在方圆20余公里的范围内，“都、邑、聚”的三级社会结构和城乡差别、城乡对立的格局昭然若揭，由此可见，这些城址已脱离了单纯军事防御，即以往称之为“城堡”的性质，而是更具有经济、政治、文化中心的城市意义。[①] 而城子崖遗址则是海岱地区一个突出的政治、经济、文化中心，是中国东方某一方国的中心[②]。从中我们可以想象龙山人经济社会是何等繁荣！

龙山人有两大文化成就创造了历史的辉煌。

一是“蛋壳陶”。龙山人的手工业发展十分突出。表现在制陶业上，是快轮制陶技术的发明与推广，即便是鬶、甗一类形态十分复杂的三足器，也用快轮分别制出各部件，再拼接成整器，大量颜色漆黑发亮、胎壁轻薄的盒、簋、杯等器物是这一技术的精品，其中，被称为薄如蛋壳的高柄杯，更集中代表了龙山制陶技术的最高水平。蛋壳黑陶高柄杯的质料全系细泥，不含任何杂质，胎厚0.3—0.5毫米，个别为0.2毫米。制作工

---

① 逄振镐：《山东龙山文化城址的发现及其历史地位》，《山东社会科学》1995年第3期。

② 《城子崖遗址又有重大发现》，《中国文物报》1990年7月26日；张学海：《城子崖与中国文明》，《纪念城子崖遗址发掘60周年国际学术讨论会文集》，齐鲁书社1993年版；何德亮：《大汶口文化考古五十年历史回顾》，《南方文物》2009年第4期。

艺复杂，一般先由快轮做出各个部件（包括盘口、杯身、器柄、底座），待其稍微阴干再对陶坯进行快轮刮磨加工，后经过精心组装黏接才成为一件完整的陶坯，最后送入窑室烧制成器。[①]

不仅有大量磨光黑陶的精品，即便普通陶器也大而气派。[②] 仅桐林遗址的一座灰坑里，就出土陶器几十件，其中七件带盖陶鼎最为重要，皆为磨光黑陶，形制完全一样，唯大小不同，排列开来，竟成一列，令人叹为观止。还有三件陶器，亦大小等差，最大一件体高近 1 米，大气磅礴。此外，还有磨光黑陶盆、白陶鬶等，皆数件并存。龙山人创造的“蛋壳陶”，薄如蛋壳，表面光亮如漆，代表了史前时代制陶业的顶峰，“即使在近代一般也难做到”[③]。

二是“陶书”。如果说“蛋壳陶”代表了龙山人在物质创造的辉煌，那么原始文字的出现则代表了龙山人在文化创造的辉煌。1930 年发掘城子崖遗址时就多有发现。1992 年 1 月，在整理丁公遗址发掘资料时，发现了 1 件长 4. 6—7. 7 厘米、宽约 3. 2 厘米、厚 0. 35 厘米的陶片，其右起一行为 3 个字，其余 4 行每行均为 2 个字。这些刻文笔画流畅，排列有序，独立成字，刻写有一定章法，排列也很规则，已经脱离了符号和图画的阶段，有些是象形字，如第 2 行的两字像侧身跑的人形，第 4 行下一字似盘身翘首的蛇形，文字中除一部分为象形字外，有些字已可分出偏旁，当属会意字，已经具备了文字的基本要素。可见，丁公陶文是一种比较成熟的早期文字，全文很可能是一个短句或辞章。

学者们对“丁公符号”进行了解读：冯时破译为：“魅卜，阿普渎析，告。吉长，百鸡拐爪。”它们是一种古彝文，“魅卜”，即占卜鬼魅；“阿普渎析”，是乞求彝族之祖公渎；“告”，祭祀名称；“吉长”，长久吉利；“百鸡拐爪”，说的是各种鸡卦均已应验[④]。李学勤解读为：“何父以夒（猱）犬（献），又（有）册（俭），孚抑。口。”全文可理解为：名叫何父的人以驯养的犬上献，有邪佞的行为，把他交付惩治，最后是签

---

① 杜在忠：《试论龙山文化的“蛋壳陶”》，《考古》1982 年第 2 期。

② 北京大学山东临淄桐林遗址田野考古资料。转引自严文明主编《中华文明史》第一卷，北京大学出版社 2006 年版，第 68 页。

③ 刘敦愿：《龙山文化若干问题质疑》，蔡凤书、栾丰实：《山东龙山文化研究文集》，齐鲁书社 1992 年版，第 23—40 页。

④ 冯时：《山东丁公龙山时代文字解读》，《考古》1994 年第 1 期。

名，这件陶片是一份文书。[①] 日本学者松丸道雄将全文释读为："荷父以爱犬 A 于 B。（署名）。CD。"他说这批陶文是一封传递公文，大意是："荷父率领夔地的犬（武官官名）们，攻下了 B 地。"下面是署名，CD 是收信人的地址。[②]

但不管如何解读，都表明龙山文化时期已开始进入了用文字记载历史的阶段。所以，田昌五先生建议将"丁公陶文"，称为"陶书"[③]。

如此看来，山东人的先民——龙山人社会已进入了文明时代。按"夏商周断代工程"2000 年研究结果推断，禹即位之年为公元前 2070 年。[④] 而从公元前 2070 年前后算起，上溯至公元前 3000 年前后，正是考古学上所谓的龙山文化时期。也就是说，在禹之前的五帝时代，应当是与龙山文化时期重合或部分重合的。[⑤] 对于龙山人，在中国文献中已有记载，夏商时期的中原人把山东视为东方，称其民为"夷"或"东夷"。"夷"的族称，今所见为当时确证的，以甲骨卜辞关于尸（夷）方的记录为最早；古籍则记载夏代的东方已有众多夷人的方国部落。《后汉书·东夷传》说："夷有九种，曰畎夷、于夷、方夷、黄夷、白夷、赤夷、玄夷、风夷、阳夷。"这九种夷都见于古本《竹书纪年》关于夏朝与东方诸夷关系的记载中。故而龙山人亦即文献中所称的"东夷人"。

对于"东夷人"，《汉民族史记》第 1 卷在论述汉民族的主源时，已列专节作了详细的论述，在此不赘。但我们必须明确的是东夷作为汉民族的主源之一，经过先秦三代及春秋战国中国各民族的互动、磨合、整合和融合，在从多元走向一体的滚雪球中，无一例外地融合进华夏民族，两汉时也都发展、转化为汉民族了，所以我们可以确定认为，山东人的形成与汉民族的形成同步，汉民族形成之时正是古代山东人形成之时。

---

① 李学勤：《邹平丁公陶文试探》，载《国际汉学》第 2 辑，大象出版社 1998 年版，第 8—9 页。

② 转引自刘德增《山东移民史》，山东人民出版社 2011 年版，第 51 页。

③ 何德亮：《山东龙山文化与中国古代文明的起源》，《文物春秋》2002 年第 1 期；刘德增：《山东移民史》，山东人民出版社 2011 年版，第 50—51 页。

④ 夏商周断代工程专家组：《夏商周断代工程 1996—2000 年阶段成果概要》，《文物》2000 年第 12 期。

⑤ 金宇飞：《龙山文化与古史传说的对比研究》，《阿坝师范高等专科学校学报》2010 年第 3 期。

二　山东人在混血中形成

山东人的形成是汉民族从多元走向一体发展的一个案例。

（一）从魏晋南北朝到宋辽夏金：山东人的第一次大混血

与中华大地上所有地方的汉民族族群一样，现代山东人也不是历史上从原始时代开始，并且一脉相承地发展过来的具有某种血缘关联的山东人。现代山东人的形成，是在汉民族滚雪球式发展运动的过程中，与历史前进的阵痛一起，承受着血与火的洗礼，在失去家园又重建家园的多次重构中，与迁入山东的北方少数民族互动、磨合、整合和融合，在实现了与北方少数民族的第一次大混血之后，迈出了第一步。

众所周知，西晋“永嘉之乱”，以及此后的唐代“安史之乱”和北宋“靖康之难”，都导致北方汉民族南迁的大移民[①]，战乱的中心地区今河南一带南迁人口最多，其次是山东。就是在这大分裂、大动荡、大融合的时期，既有山东人的迁出，又有包括北方少数民族在内的非山东人迁入，而且在不同的分裂和动荡时期，就有不同时代的山东人迁出，同时又有不同时代包括北方少数民族在内的非山东人迁入，这样，从三国魏晋南北朝到宋辽夏元的一千多年中，山东人经历了多次“换血”式的大移民，到元帝国建立时终于完成了第一次大混血。

1. 魏晋南北朝时期：山东人第一次大换血

在中国历史上造成晋室倾覆的“永嘉之乱”，把中国带入了大动荡的五胡十六国南北朝时期。此时，作为主要战场的山东，其人口大量流失，其中士家大族等大部分迁居江南。史载山东长广、东海、高平、琅琊、鲁国、平昌、北海、兰陵、东莞、平原、任城、泰山、东平、乐安等地的山东人纷纷南迁到建康（今南京）、京口（江苏镇江）、荆州、广陵（江苏扬州市西北）、武进（江苏丹阳市东）等地[②]。《宋书州郡志》云：“晋乱，琅邪国人随元帝过江千余户。”[③]《晋书·苏峻传》亦云：“苏峻，字子高，长广掖人也。父模，安乐相。峻少为书生，有才学，仕郡主簿。年

① 徐杰舜：《从江河走向海洋——汉民族移民千年走势分析》，《思想战线》2014 年第 1 期。

② 刘德增：《山东移民史》，山东人民出版社 2011 年版，第 173—175 页、第 182—183 页。

③ 《晋书·元帝纪》作“近有千户”。

十八，举孝廉。永嘉之乱，百姓流亡，所在屯聚，峻纠舍得数千家，结垒于本县。于时豪杰所在屯聚，而峻最强。遣长史徐玮宣檄诸屯，示以王化，又收枯骨而葬之，远近感其恩义，推峻为主。透射猎于海边青山中。元帝闻之，假峻安集将军。时曹嶷领青州刺史，表峻为掖令，峻辞疾不受。嶷恶其得众，恐必为患，将讨之。峻惧，率其所部数百家泛海南渡。”据葛剑雄的研究，山东人以王导为首的琅琊临沂（今山东费县）王氏、以羊曼为首的泰山南城（今山东平邑县南）羊氏、以卞壶为首的济阴冤句（今曹县西北）卞氏、以郗鉴为首的高平金乡（今嘉祥县南）郗氏、以诸葛恢为首的琅琊阳都（沂南县南）诸葛氏、以颜含为首的琅琊临沂颜氏、鲁国（今曲阜）孔氏等大量旧家大族，携其族人数百家或数千家一起南迁至江南，其中有名有姓见诸记载的始迁者或其后裔就有343人。① 这样，造成了山东人大批外迁。

与此同时，山东先后被置于后赵、前燕、前秦、后燕、南燕、东晋、刘宋、北魏、东魏、北齐、北周的统治下。这些包括鲜卑、羯、氐等北方少数民族在内的割据政权，往往大肆掠夺人口，很多山东人被后赵、北魏等政治实体迁往国都附近。黄河以北的豪族、黎民为了逃避战乱，也往往迁入山东。形成了山东人在北方的互动换血态势。

如后赵，其以襄国（今河北邢台）为都，每攻陷一地，即将当地人口掠往襄国。从山东一带掠夺人口往襄国，见于文献记载者有三次，即《晋书·石勒载纪上》所载：“逯明攻宁黑于茌平，降之，因破东燕酸枣而还，徙降人二万余户于襄国”；“徙平原乌丸展广、刘哆等部落三万余户于襄国”；“支雄、逯明击宁黑于东武阳，陷之，黑赴河而死，徙其众万余于襄国”。仅这三次，山东一带被掠往襄国的人口即达6万多户。

而咸和八年（333年），石勒之侄石虎废杀石弘，自立为帝，迁都于邺（今河北临漳西南）。石虎统治期间五次从西部和北部边区掠夺人口，安置于已纳入后赵统治的区域，山东是重要的安置区之一，即《晋书·石勒载纪下》所载：“徙秦州三万余户于青、并二州诸郡。”《晋书·石季龙载记上》亦载：“索头郁鞠率众三万降于季龙，署鞠等一十三人亲通赵王，皆封列侯，散其部众于冀、青等六州”；“伐辽西鲜卑段辽……迁其

① 葛剑雄主编：《中国移民史》第二卷，福建人民出版社1997年版，第340—375页。表10—1的有关内容统计。

户二万余于雍、司、兖、豫四州之地”；“徙辽西、北平、渔阳万户于兖、豫、雍、洛四州之地”。这是非山东人的迁入。

又如南燕，其疆域东至海，西到今山东巨野，南滨泗水，北临黄河。慕容德在东进过程中，兵无私掠，赢得了百姓的拥戴，争相依附。《晋书·慕容德载记》云：“徐兖之士附者十余万，自琅邪而北，迎者四万余人。”加上青州一带土地肥沃，物产丰富，所谓“青、齐沃壤，号曰东秦”[①]。于是，河北豪族纷纷南迁，投靠慕容德，如清河崔逞之妻张氏，携四子南奔广固[②]；清河人傅融，南迁磐阳（今山东淄博市淄川区）[③]。渤海蓨县（今河北景县东）人高轨，迁居北海剧县（今山东昌乐西）[④]；太原祁县（今山西祁县西北）人王牢，南迁青州[⑤]等。除了这些豪族之外，还有大批平民南迁青齐地区。这又是一批非山东人的迁入。

再如北魏，其在与南朝刘宋相争之中，青齐“土人”不想做北魏的臣民，起而反抗。这些战败被俘的崔道固、沈文秀、刘休宾、房崇吉等官员，以及冀、青两州的大姓豪族被迁往北魏都城平城（今山西大同），北魏特设“平齐郡”安置他们。《魏书·显祖纪》云：“（皇兴三年）五月，徙青州民于京师。”《魏书·慕容白曜传》亦云：“崔道固及兖州刺史梁邹守将刘休宾并面缚而降。白曜皆释而礼之。送道固、休宾及其僚属于京师。后乃徙二城民望于下馆，朝廷置平齐郡、怀宁、归安二县以居之。自余悉为奴婢，分赐百官。”所以明人顾祖禹《读史方舆纪要·山西六》云：“平齐城：府西三十里。汉平城县地。”《魏书》：“皇兴三年，徙青州齐人于京师，置平齐郡及威宁、归安二县以处之。”这又是山东人迁出了。

而正光五年（524年）三月，高阙戍破六韩拔陵揭竿而起，拉开北魏末年六镇大起义的序幕。于是河北大地烽烟四起，战乱不已。而山东一带则相对安定，遂成为河北士民的主要去处。如史载迁入山东的有：右北平无终（今天津蓟县）人阳弼、阳休之，与宗族及乡人数千家南逃章武

① 《晋书·慕容德载记》。
② 《魏书·崔逞传》。
③ 《魏书·傅竖眼传》。
④ 《魏书·高聪传》。
⑤ 《南史·王玄谟传》。

（今河北大城），辗转至青州[①]；赵郡柏（今河北柏乡南）人李浑，河间（今河北献县东南）邢邵，奉老母、偕妻子，同赴青州[②]。此次南迁往往以世家大姓为核心，宗族、乡里有组织地南下。南下青齐的河北士民，数量颇众。《魏书·孝庄纪》记载，邢杲起义，河北士民“十余万户”参加。据王仲荦研究，南下青州的河北士民达20多万户[③]。这则是又一批非山东人的迁入。

这样迁出迁入，再迁出再迁入，使山东人在进进出出、出出进进之中完成了魏晋南北朝时期的大换血。

2. 宋辽金时期：山东人第二次大换血

靖康元年（1126年）闰十一月二十五日，金兵攻陷宋都开封，史称“靖康之难”。山东一带也饱受兵燹。《建炎以来系年要录》卷四云：“建炎四年（1130年）四月辛酉条记曰：敌纵兵四掠，东及沂、密，西至曹、濮、兖、郓，南至陈、蔡、汝、颍，北至河朔，皆被其害，杀人如刈麻，臭闻数百里，淮泗之间亦荡然矣。”于是，山东人与其他北方汉民族一起为躲避战乱，纷纷南下，又一次掀起南迁浪潮。山东一带南下避难者，为数甚众。据葛剑雄主编《中国移民史》第四卷的统计，从历史文献中检录出“靖康之难”及其以后渡江南下的第一代北方移民1006例，山东有127例，占总数的12.6%，居第二位[④]。南迁的山东人中，最著名的是李清照、辛弃疾、孔端友等。这是山东人又一次比较大规模的迁出。

有出就有进。以金代为例，在大批东北少数民族迁入华北之时，自然而然地也有不少迁入了山东。主要史实如下。

其一，为了便于控制其他东北民族，女真统治者往往采取强制迁移的措施，迫使他们离开故乡迁入内地。本来辽东辽阳一带是辽末渤海人的主要聚居地，女真起兵反辽以后，这一带的渤海人趁机起兵，不久为金军击破。“金人虑其难制，频年转戍山东”。开始时，“每徙不过数百家”，到熙宗皇统元年（1141年），“尽驱以行”，其中不少迁入山东。[⑤] 山东和燕京都是渤海移民的主要聚居地之一。

---

① 《北齐书·阳休之传》。

② 《北齐书·李浑传》。

③ 王仲荦：《魏晋南北朝史》，上海人民出版社2003年版，第537页。

④ 葛剑雄主编：《中国移民史》第四卷，福建人民出版社1997年版，第246—424页。

⑤ 以上均引自（宋）洪皓《松漠纪闻》。

其二，滨（治今山东滨州市北）、棣（治山东民县北）二州是金初奚军的重要驻屯地，奚王后裔萧恭自江南追宋军返回后任德州防御使，负责管辖这一带奚人。[①]

其三，由于女真、契丹、奚人都编制在猛安谋克组织中，猛安谋克的分布地就是这些少数民族的聚居地。张棣《金虏图经》中统计：世宗大定（1161—1189 年）前后中原共有 130 余猛安[②]，而大定二十三年（1183 年）金共有 202 个猛安，615624 户 6158636 口（其中正口 4812669）[③]，中原猛安约占总数的三分之二，有 40 余万户，400 余万口，其中由女真、契丹和奚人组成的正口 300 余万。[④] 由于山东和苏北是金防御南宋的前沿地带，出于军事上的需要而屯驻较多东北移民。其中，河北和山东的契丹人以大名府和东平府最为集中，大定二十一年（1181 年）金朝曾将遥落河和移马河的 2 个契丹猛安迁入两府。[⑤] 又据刘德增在《山东移民史》的统计，分布在今山东和江苏的淮河以北地区有 19 猛安、6 谋克、2000 户[⑥]。因此，山东成为移民迁入较多的地区，造成了金人以为山东本来就是自己属地的认同感。这些金初就占有山东的金军，“回易屯田，遍于诸郡，每认山东为已有”。[⑦]

其四，采用猛安谋克的组织形式，聚族而居，“猛安谋克与百姓杂处”[⑧]；“与汉人错居，每四五十户结为保聚”[⑨]。于是，久而久之，少数民族移民逐渐放弃旧有的生活方式，采纳中原人民的生活方式，金世宗时大多数的女真人已不会女真音乐，大定十三年（1173 年），世宗说：

---

① 《金史·萧恭传》。

② 《三朝北盟会编》于南宋绍兴三十一年（金大定元年，1161 年）估计此文成于大定前后。

③ 《金史·食货志》。

④ 《金虏图经》载：“今日屯田之处，大名府路、山东东西两路、河北东西路、南京路、河南路、关西路四路皆有之，约一百三十余千户，每千户止三百人，多不过五百。”《大金国志》卷 36《屯田》所载略同，唯缺“多不过五百”一语。依此计算，当时迁入中原的屯田人户不过五六万人，此估计与《大金国志》卷十二说“屯田户自燕山之南，淮、陇之北，皆有之，多至六万人”大体相同。但依据《金史·食货志》所载大定二十三年的猛安谋克数和户口数字，平均每猛安的正口（女真人及契丹人、奚人）约 23830 余口，大大超过张棣所说的“止三百人，多不过五百人”数。一般说来，《金史·食货志》户口记载比较可靠。

⑤ 《金史·兵志》。

⑥ 葛剑雄主编：《中国移民史》第四卷，福建人民出版社 1997 年版，第 135 页。

⑦ 《大辽金国志·熙宗孝成皇帝二》卷一〇。

⑧ 《金史·曹望之传》。

⑨ 《金史·食货志》。

“今之燕饮音乐，皆习汉风。”[①] 后来，连颁布过禁令的世宗、章宗本人所穿的礼服、祭服等，也无不是“即前代之遗制”“参酌汉唐”[②]。最有价值的是明昌二年（1191 年），由于“齐民与屯田户往往不睦”，章宗接受了“若令递相婚姻，实国家长久安宁之计”的建议，鼓励不同民族间的通婚[③]。泰和六年（1206 年），章宗又下诏：“屯田军户与所居居民为婚姻者听。”[④] 南宋人蔡勘说女真人：“后来生于中原者，父虽虏种，母实华人”，“非复昔日女真”[⑤]，可见不同民族通婚已相当普遍。

在东北少数民族大批迁入的态势下，金代包括山东在内的华北人口不断增多。金初由于受金宋战争影响，金国人口数量较少，至三十余年以后的大定初仍不过 300 万户。此后迅速增长，大定二十七年（1187 年）已达近 679 万户 4470 万口[⑥]。中原地区占金代户口的 83.45%[⑦]。大定二十三年（1183 年）全国共有 202 个猛安，615624 户 6158636 口（其中正口 4812669）[⑧]。中原猛安约占猛安总数的 2/3，其中由周边民族移民组成的正口 300 余万人，约占全国人口的 7%—8% 左右。据此可以推测，在山东等东北移民较多的地区，移民的迁入是人口增加的一个重要因素。山东人在宋辽金时期又一次完成了大换血。与此同时，山东人之族称已出现。本来，“山东”之名在金代以前为地理概念，泛指崤山、华山或太行山以东的黄河流域广大地区。金代大定八年（1168 年）置山东东、西路统军司，山东遂成为正式行政区划名称。所以，作为地域概念汉民族的山东人已基本形成。

大换血的结果是迁入山东的北方少数民族与汉民族的大混血，即大融合。至元二十一年（1284 年）元朝制定《军官格例》规定不同民族担任不同的职务：“女真、契丹同汉人。若女真、契丹生西北不通汉语者，同蒙古人；女真生长汉地，同汉人。”[⑨] 显然，在蒙古统治者看来，

① 《金史·世宗纪》。
② 《金史·章宗纪》。
③ 同上。
④ 同上。
⑤ 《论征伐》，载杨士奇编《历代名臣奏议》卷 234，四库全书本。
⑥ 《金史·食货志》。
⑦ 漆侠、乔幼梅：《辽夏金经济史》，河北大学出版社 1998 年版，第 303 页。
⑧ 《金史·食货志》。
⑨ 《元史·世祖纪》。

生长汉地、能讲汉语的女真人和契丹人，与生长西北不通汉语的女真人、契丹人是不一样的，前者同于汉人，后者同于蒙古人。陶宗仪《辍耕录》卷一云："汉人八种契丹高丽女真竹因歹里阔歹竹温竹亦歹渤海（女真同）。"因此，有理由认为居住中原的女真人、契丹人及其他东北移民的后裔，元代已经与汉族相融合。[①] 至此，山东人的第一次大混血也宣告完成。

（二）明清：山东人的第二次大混血

山东人真正形成的最关键时期，是明代的洪武和永乐移民，正是这一时期的移民与山东原居住民的互动、磨合、整合和融合，使山东人在换血中完成了第二次大混血，铸成了山东人的最后形成。

山东重要的地理位置及政治影响，使其成为历代统治者的必争之地，尤其是位于南北交通要道的东昌、济南、兖州、青州等府。元末，朝廷连年对外用兵，民怨沸腾，激起了连续十余年的红巾军起义，元帝国对农民起义军残暴镇压，两淮、山东、河南之民十亡七八。除兵乱之外，水、旱、蝗、疫亦暴发一时，当时的灾况，较以前任何朝代都要严重！据邓拓《中国救荒史》的统计，元代一百余年间，受灾总共达 513 次。其频度之多，实在惊人！计水灾 92 次；旱灾 86 次；雹灾 69 次；蝗灾 61 次；歉饥 59 次；地震 56 次；风灾 42 次；霜雪 28 次；疫灾 20 次[②]。其中仅元朝末年的雨旱灾害，山东达 18 次之多[③]。"造成"漂没民庐、死者众"[④]，"禾不入地，人相食"，至正元年到二十六年（1341—1366 年），几乎每年都有特大洪水泛滥，至正元年，"六月癸丑夜，济南山水暴涨，冲东西二关，流小清河，黑山、天麻、石固等寨及卧龙山水通流入大清河，漂没上下居民千余家，溺死者无算"。同时，危害极大的瘟疫又多次流行于山东[⑤]。进入明初，"靖难之役"[⑥] 又接踵而至，对山东的影响也非常大，四年的战争加剧了齐鲁大地的荒凉局面，

---

① 葛剑雄主编：《中国移民史》第四卷，福建人民出版社 1997 年版，第 135—151 页。

② 邓拓：《中国救荒史》，武汉大学出版社 2012 年版，第 22—23 页。

③ 《元史·五行志》。

④ 《元史·顺帝本纪》。

⑤ 以上所引均见《元史·五行志》。

⑥ 朱元璋死后，长孙朱允炆（即建文帝）继位并决定削藩。位于北平的燕王朱棣先发制人，以清君侧为名，向南京进兵，这就是"靖难之役"。

出现“千里无鸡鸣”“人烟绝迹”的悲惨境况，再次加剧了山东人口的衰落局面。故有的族谱载：“盖自金元而降，燕赵齐鲁之邦，被异族盘踞凡三百年。蒙古自漠北奄至，遇城不降辄屠，每城下，死马蹄者恒数百人……又遭至顺之乱，中原无干净土，几至千百里无鸡犬。明祖屡大举移民，……故山东居民自移地迁移而来者十之八九，其土著曾十无一二焉。”[①] 因此，“靖难之役”，加剧了中原地区荒凉局势，民非杀即逃，战争加上自然灾害，从而使山东人口大减。如山东东昌府（治今聊城）40%的县被撤，其原因主要是“户少地狭”。[②] 为此，洪武时朱元璋有组织地对山东进行了移民，一是将山东人稠地狭的府县人民向人口稀少地区移民，如青州、兖州、济南、登州、莱州等向东昌的移民就达1511户，4666口[③]；二是组织大量的外省移民进入山东，其中山西等地的移民占了很大的比重。在明初多达18次的洪洞移民中，明确记载着向山东移民的只有两次，一次是《明太祖实录》卷一九三载：“（洪武）二十一年（1388年）八月，徙山西泽、潞二州民之无田者，往彰德、真定、临清、归德、太康等闲旷之地。”另一次是《明太祖实录》卷一九三载：“（洪武）二十二年（1389年）九月，后军都督朱荣奏：‘山西贫民徙居大名、广平、东昌三府者，凡给田二万六千七十二顷。’”粗略的统计，明初从山西迁来山东移民的总数大概在10万至15万人之间[④]。下列两表可以清楚地看到当时移民的比例和籍贯。

洪武年间山东各府迁入的移民与土著比例　　单位：万人

府别	总人口	土著	百分比（%）	民籍移民	百分比（%）	军籍移民	百分比（%）
东昌	28.7	5.3	18.5	21.7	75.6	1.7	5.9
兖州西部	78.0	24.0	30.8	52.8	67.7	1.2	1.5
兖州东部	23.3	20.0	85.8	3.0	13.0	0.3	1.2

① 张达民：《关于自然村名称来历及含义的几个问题》，青州市地名委员会办公室《山东省青州市地名志》，天津人民出版社1992年版，第375页。

② 《明太祖实录》卷五〇。

③ 《明太祖实录》卷二三九。

④ 叶涛：《移民·山东人·山东民俗》，《东岳论丛》1997年第6期。

续表

府别	总人口	土著	百分比（%）	民籍移民	百分比（%）	军籍移民	百分比（%）
青州南部	72.0	50.0	69.4	20.0	27.8	2.0	2.8
青州北部	90.1	67.3	74.4	21.1	23.4	1.7	1.9
莱州	82.0	69.9	84.0	8.8	10.7	4.3	5.3
登州	78.7	56.0	71.2	18.5	23.5	4.2	5.3
济南	141.5	95.5	67.5	41.0	29.0	5.0	3.4
合计	594.3	387.0	65.1	186.9	31.5	20.4	3.4

资料来源：葛剑雄主编：《中国移民史》第五卷，福建人民出版社 1997 年版，第 213 页表 5—23。

洪武时期山东外来民籍移民的原籍分布

单位：万人

地区	山西	河北	江苏	河南	其他省	东三府	合计
东昌府	18.0	0.2	0.2	—	—	5.0	23.4
兖州府西	47.5	0.6	2.8	0.6	0.5	0.8	52.8
兖州府东	2.6	—	0.4	—	—	—	3.0
青州府南	9.0	2.0	6.0	—	3.0	—	20.0
青州府北	2.0	18.5	0.3	0.3	—	—	21.1
莱州府	6.0	1.8	0.2	—	0.8	—	8.8
登州府	11.8	—	—	—	2.5	—	14.3
济南府	24.5	12.3	—	—	4.2	—	41.0
合计	121.4	35.4	9.9	0.9	11.0	5.8	184.4
百分比%	65.8	19.2	5.4	0.5	6.0	3.1	100.0

资料来源：葛剑雄主编：《中国移民史》第五卷，福建人民出版社 1997 年版，第 213 页表 5—24。

从表中我们可以非常明显地看到，这一时期移民迁入多的地方移民人口占了 81.5%（东昌），最少也占 14.2%（兖州府东部）。可想而知，如此众多，同时也是如此集中地迁入山西籍移民（占总移民数的 65.8%），必定对山东的文化生活等诸方面产生深刻的影响。不过这些移民中许多人，很快又被靖难之役所血洗。因此，永乐之后的移民，在东昌、兖州、济南及莱州和登州等府州中随处可见，像东昌府的馆陶、武城新移民占了全部人口的80%左右。

还有从地名命名的时间上看，除了以零星的人口迁移命名的地名，大规模的自然村地名主要产生在明代洪武、永乐年间，产生的时间相对比较集中。如泗水县元末以前有51个村庄，除一个以姓氏得名外，都是以自然地理实体或少量的历史地名命名，而从明洪武年间由山西迁来的移民所建的113个村庄，全部以姓氏命名。青州市在调查中发现，全市1164个自然村中，唐代以前几千年间建村命名的仅5.5%，宋、金、元建村命名的占18%，明代占62%，清代占11%①。寿光市共有自然村落958个，洪洞“大槐树”移民村落245个，占村落总数的25.57%；建置于洪武年间者多达158个，占洪洞大槐树“移民村落总数的64.49%”②。与此同时，在考查自然村命名的名称由来时，查得许多族谱、碑碣都有，“明初，吾祖自山西洪洞县大槐树老鸹窝迁来”的记载。据《明实录》《明史》载：从明洪武九年（1376年）十一月至永乐十五年（1417年）五月，我国历史上最有组织、最广泛的移民活动有16次，每次移民动辄数千户，甚至逾万户。当时的移民主要来自太原、平阳二府和潞、泽、辽、沁、汾五州，以山西洪洞县为集散中心。这一时期，迁往山东的移民主要分布在当时的东昌、济南、兖州、青州等府，而同时自然村地名的产生也较为集中在今济南、聊城、济宁、潍坊、青州等市。③ 由于人口的回迁，山东在洪武二十六年（1393年）人口增至562万人④，居当时全国十三个布政司的第五位。

前已述及金代大定八年（1168年）置山东东、西路统军司，山东遂成为正式行政区划名称，标志着山东人基本形成。而明代山东布政司（又称行省）的设置，其所管辖的6府、104县，大致奠定了今山东省行政区域范围；清代山东基本沿袭明代山东的版图，称山东省，山东人为山东省的汉民族族群才名正言顺，故明清山东省的设置，才是山东人最后形成的标志。

---

① 安宏：《试谈人口迁移对山东地名命名的影响》，《中国地名》2001年第2期。

② 刘德增：《山东移民史》，山东人民出版社2011年版，第246页。

③ 安宏：《试谈人口迁移对山东地名命名的影响》，《中国地名》2001年第2期。

④ 曹树基：《中国人口史》第四卷，复旦大学出版社2000年版，第109—111页。明洪武山东各府人口统计。

第三节　山东人的人文特征

国学大师钱穆评价说："若把代表中国正统文化的，譬之于西方的希腊，则在中国首先要推山东人。自古迄今，比较上最有做中国标准人的资格。"[①] 这对山东人是极为荣誉的高度评价。确实，一方水土养一方人。山东的山山水水、博大精深的齐鲁文化，造就了山东人鲜明诚实、尚义、节俭、好客、粗犷、豪放的性格特点。[②]

一　好汉山东

说到山东人，人们首先想到的是高大威猛、性格豪爽、勇敢憨厚、路见不平、拔刀相助的"山东大汉"形象。笔者有一位山东友人，是武汉大学的教授，1993 年曾一起去泰国开会，在曼谷一家冷饮店遭到店主的敲诈，在差不多将要发生冲突之时，我们的这位山东教授边卷袖子边站起来。这一站不打紧，人高马大的山东教授比店主高出一个头还多，加上脸上的络腮胡子，一下子在气势上压倒了店主。店主一看形势不妙，最后和平解决。可见，好汉山东正好概括了山东男人的人文特征。

山东男人，高大威猛的帅哥，从古到今，名声很大。有人概括山东男人一般具有七大特征：

> （1）山东男人吃大馒头，吃章丘大葱。坊间流传着这样的说法：要找山东男人，只要站在食堂门口，看见那些手拿章丘大葱和 6 个馒头以上的，定是山东男人无疑。
>
> （2）山东男人乡音不改。要说山东口音，那叫个难听，土得掉渣，不提也罢。可山东男人就爱这一口，不论外出多久，乡音终难改变。偶有改变的，也是带着抹不掉的山东棒子味，被人笑作"山普"，济南人的普通话更被笑作"济普"。
>
> （3）山东男人打勾技[③]。勾技几乎就是山东男人的专利，不管在

① 钱穆：《中国历史精神》，东大图书股份有限公司 1986 年版，第 104 页。

② 刘德龙、刘德增：《齐鲁文化与山东人性格》，《中华读书报》2009 年 4 月 22 日。

③ 扑克的一种玩法。

外求学还是出外打工，有山东人的地方就有勾技。

(4) 山东男人讲义气，打抱不平，忠心耿耿。

(5) 山东男人爱得含蓄，朋友面前好面子，老派的山东男人，要让他说个爱字，那难了去了。其实不是不爱，是山东男人实在。

(6) 山东男人孝顺至极。孝顺是山东男人的优秀品质，即使口粮只剩下了一口，为了老人，山东男人决不吃半口。山东男人喜欢过年的时候带媳妇回老家，这正是孝顺的表现。

(7) 山东男人喝酒一流，劝酒超一流。[①]

山东男人的这七大特点很民间化、草根化。其实“好汉山东”古已形成，明代《水浒传》中的梁山好汉，就是“好汉山东”[②] 的代表。梁山好汉作为一种“形象原型”的意义就在于，“英雄崇拜”“好汉主义”作为一种精神内核已经影响到了山东人的深层心理结构。

一是梁山好汉的外在勇力代表了山东男人的形象。梁山好汉给人最直观的印象就是高大威猛的体形和强悍粗犷的外貌。《水浒传》虽然写了一百多位英雄好汉，但作者花费大量笔墨着力塑造的只有鲁智深、林冲、武松、李逵、燕青等人，他们不但是作者塑造的代表梁山好汉群像整体特征的“上上人物”（金圣叹语），也最符合民众心中理想的英雄形象。小说对这些好汉一出场就做了这样的描写：“（鲁智深）生得面圆耳大，鼻直口方……身长八尺，腰阔十围”；“武松身长八尺，一貌堂堂，浑身上下，有千百斤气力……”；“（林冲）生得豹头环眼，燕颔虎须，八尺长短身材……”这些外在形体的“大”的特点，正是“山东大汉”的形象之一。只有具备这样的体形才能蕴含无尽的勇力和豪情；只有具备这样的体形才有惩恶扬善、锄强扶弱的可能。与此同时，又通过异乎寻常的行为举动展示了其超常的力量和武艺。如鲁智深的倒拔垂柳、拳杀镇关西，武松的景阳冈打虎、醉打蒋门神、大闹飞云瀑、血溅鸳鸯楼，李逵的沂岭杀四虎等。这些神奇的力量、非凡的本领使梁山好汉身上充满了传奇色彩，他们

---

① 《山东人性格特点》（http://wenda.so.com/q/1362487689061584）。

② 《水浒传》中山东籍有三十人，即宋江、吴用、阮小二、阮小五、阮小七、李应、花荣、朱仝、李逵、黄信、雷横、解珍、解宝、邹渊、邹润、朱贵、乐和、时迁、白胜、孔明、孔亮、扈三娘、萧让、金大坚、李云、宋清、朱富、郁保四、樊瑞、燕顺。

铲奸除恶、济困扶危的英雄故事散发出一种雄奇、粗犷、刚健、豪放的美感气息。尤其是众英雄惊人的食量、对酒肉的迷恋，更给人以形而下的感性印象。梁山好汉经常活动的场所就是充满了酒气肉香的酒店旅馆，“大碗喝酒、大块吃肉”不仅是英雄们的物质追求，更是一种自由生存状态、生命意志的写照。据王前程教授统计，《水浒传》120 回中有 114 回写到喝酒，“酒”字出现 2021 次；有 83 回写到吃肉，“肉”字出现 368 次；并且酒和肉不分家，有酒就有肉，“酒肉”一词出现 73 次。[①] 在民众的眼里，充填到梁山好汉肠胃中的酒和肉，能够全部转化为征服敌人的能量，把吃喝当作战斗的有机组成部分。在梁山好汉身上，酒肉与生命力、创造力紧密相连，酒肉不再是充饥解渴之物，而是勃发青春豪情的兴奋剂，是胆量和强力意志的来源。

二是梁山好汉讲义气、爱武艺；疏财仗义、慷慨大方；不贪女色而嗜食贪杯的内在品格，代表了山东男人的文化品格和精神特质。梁山好汉虽然表面上有动辄实行暴力的行为，但好汉独特的人生信条和内在品格，以及不惜牺牲生命去践行，有着独特人格魅力。夏志清在《中国古典小说史论》中对“好汉信条”作了这样的概括：重名誉、讲义气、爱武艺；疏财仗义、慷慨大方；不贪女色而嗜食贪杯[②]。事实上《水浒传》充分体现了山东民间野性思维和草根价值理想。逐渐凝聚成备受人们推崇的“梁山好汉精神”，其主要内容也往往概括为：劫富济贫、除恶扬善，敢于扫荡人世间一切不公平、不合理现象的理想道德；重承诺、讲义气，为朋友两肋插刀的理想品格；真诚、坦荡、耿直豪爽、不虚伪、不矫饰的理想性格；不畏强暴、勇往直前，象征人类勇敢和力量的理想行为。[③]

这样，《水浒传》中的“梁山好汉”从文学形象的角度，折射出山东人的“好汉”特征。于是，中国就有了宋代爱国词人好汉辛弃疾（济南历城人），坚决主张抗击金朝，反对妥协投降，在临终之时，还大喊：杀贼、杀贼！抗金报国之心至死不渝；有了明代抗击倭寇的著名将领好

① 王前程：《〈水浒传〉酒肉文化与北方游牧习俗的关系及其意义》，《江汉论坛》2004 年第 10 期。

② ［美］夏志清、胡益民：《中国古典小说史论》，江西人民出版社 2001 年版，第 86—95 页。

③ 孙峰：《“好汉山东”的文学记忆——〈水浒传〉与山东英雄叙事研究》，硕士学位论文，山东师范大学，2007 年，第 3—5 页。

汉戚继光（山东蓬莱人），他率领“戚家军”痛击倭寇，连连告捷。时人誉为“足称振古之名将，无愧万里之长城”；有了唐代农民领袖好汉黄巢（山东曹州冤句，今山东曹县西北人）率众几十万起义，转战十几省，持续十几年，第一次提出“均平”的战斗口号，建立了革命政权，把中国农民战争发展到了一个新阶段。清代以来，更有成千上万的山东好汉“闯关东”，1912—1949 年，山东人闯关东的总数竟超过 1830 万人，除去回返者，留住东北的山东人有 792 万人之多，形成中国历史上最大的移民潮。

好汉山东这种人文特征，通过中国古典文学名著《水浒传》而得到全国人民的认同，又通过电视剧《水浒传》而获得更广泛的传播。“路见不平一声吼，该出手时就出手”，正是山东人好汉特征的生动写照。

二　好客山东

“好客山东”，作为山东旅游在中央电视台的广告词，已中外闻名。

子曰：“有朋自远方来，不亦乐乎？”早在 2500 多年前，孔子就向天下发出了诚挚邀请。这个“好客”的文化之根深深地融入了山东人的血脉当中，两千余年来，“好客”的传统绵延不断，已经凝练为山东人的性格，也形成了大家对山东这种口碑的共识。它并没有随着岁月的流逝而淡化，反而内化成山东人热情友好的态度和仁爱淳朴的性格。[①]

有一个段子形象地说出了不同地方待客的不同人文特征，即“北京人看谁都是下级，上海人看谁都是乡下人，广州人看谁都是北方人，山东人看谁都是老乡”。

“北京人看谁都是下级。”北京人当官的人多，“北京人到外地，外地人请客，外地人到北京，还是外地人请客。”

“上海人看谁都是乡下人。”这是上海人的传统思维。

“广州人看谁都是北方人。”广州在岭南，有这样的观点是非常正确的，也是一个正常的地理概念。

“山东人看谁都是老乡。”山东老乡热情，看到谁都有一种亲近

---

① 杨光超：《“好客山东”唱响海外》，《商周刊》2011 年第 6 期；李玉国：《评析“好客山东”的形象定位和品牌定位》，《山东行政学院学报》2013 年第 5 期。

的感受，没有任何隔阂和距离。①

“山东人看谁都是老乡”是有深厚文化底蕴作基础的。因为山东是至圣先师孔子的故乡，更是以“孔孟颜曾”为代表的儒家思想发源地，“好客山东”不仅体现了管仲的“以人为本”，又体现了孔子的“仁者爱人”和“有朋自远方来，不亦乐乎”的理念；巍巍泰山矗立其间，古往今来，无数帝王将相、文人墨客俯拜于斯，祈望天佑中华、国泰民安。一部《水浒传》，道不尽山东好汉义气干云；一曲《如梦令》，讲不完齐鲁儿女温婉多情……唯一句“好客”，方能表现山东人民热情、质朴、义气、豪爽的真性情②。

“好客山东”重在“好客”。

第一，“好客文化”是齐文化、鲁文化共有的文化基因，已经沉淀为特色鲜明的“山东性格”。山东是中国古代东夷部族的主体分布地域，传说中的三皇五帝大都在山东活动过。上古时期的诸位圣贤中，大舜的品德最令人称颂，他勤劳能干，曾耕于历山，传说其仁爱助人，以德报怨，孝顺谦让，为后世文化的发展和山东人品格的形成留下了优秀的内在基因和行动准则。自西周初年齐鲁建国至春秋，是齐、鲁两大文化体系的形成时期。齐、鲁两国人文环境、地理条件的不同和建国方略的差异，形成了两种风格迥异的文化体系。齐地靠海，土地相对瘠薄，因此，除了继承西周的“重农”传统外，又实行“通商工之业，便鱼盐之利”的政策，以农业为主，农、工、商并举；政治上主张“举贤而尚功”；文化上，倡导宽松自由，兼容并包，“因其俗，简其礼”。最终成为一种善于权变，崇尚力量和智慧，注重商业利益，具有尚武、侠义、开放和革新精神的“功利型”文化传统。鲁国位于泰山以南的平原地带，靠近中原，土地肥沃，适于农耕，一开始就具有鲜明的农耕文化特征；鲁国文化讲求秩序、仁义、诚信与和谐，重义轻利，本分自守，逐渐发展成为一种尊传统、尚伦理、贵仁和的道德型文化传统。尽管两种文化的气质和走向不同，但崇仁尚义的内在品质和包容天下的地域胸怀却得以合流，经过历代山东人的完

---

① 《山东人热情　看谁都是老乡》（http：//laoxiang. iqilu. com/fengqing/2010/0224/186494. shtml）。

② 杨光超：《“好客山东”唱响海外》，《商周刊》2011 年第 6 期。

善以及不断实践，形成了几千年来具有鲜明地域文化特色的“山东性格”，那便是“重礼仪，讲义气，尚豪侠，贵朴质”，就是今天山东人“注重诚信，质朴好客”的品格。

第二，“好客文化”在山东根深蒂固，已经完全凝练为充满仁爱的“山东精神”。山东是“孔孟之乡”“礼仪之邦”。作为儒家思想精华的孔孟之道，一向提倡“仁义礼智信”和“温良恭俭让”。孔子思想以“仁”为核心，以“礼”为准则，思想上注重“爱人”“重民”，就是关心爱护别人，宽厚待人，体现了以人为本的精神关怀。行为上重礼仪，讲礼貌，体现了最朴素的接人待客之道。“老吾老以及人之老，幼吾幼以及人之幼”，这种推己及人的博大情怀奠定了好客文化的品德基础。儒家经典《礼记》更是明确提出了“礼尚往来”的主张。齐文化的好客，更多地表现在政治上的开明，学术上的包容，思想上的创新和言论上的自由，体现了东方大国的开放心态和好客情怀。管子最早提出了“以人为本”的思想，以豁达开放的主体心态，选才崇良，重贤任能，在政治上尊贤尚功，“揽天下诸侯宾客”；在经济上农商并重，达到了“齐冠带衣履天下”的富庶；在学术上兼容并包，有了中国历史上独有的“诸子蜂起，百家争鸣”的俨然气象。可以说，好客文化推动了齐鲁文化传播，奠定了山东经济发展的诚信基石。

第三，“好客文化”规范着山东人的行为准则，演变为品行合一的“山东民俗”。在评价山东人基本的性格和品格时，人们往往使用“耿直豪爽，行侠仗义，勤劳朴实，诚信善良”等诸多美好的语汇。而山东人在与外人交往中的一个显著特征就是“热情好客”，这种好客情怀每每见于历代传奇。齐国国君齐桓公，广招天下有识之士，“稷下学宫”成为吸纳诸子百家开展争鸣的学术殿堂。战国四公子之一的孟尝君，轻财下士，门下食客数千人；隋唐好汉秦琼、程咬金、罗成等在瓦岗寨“以仁义结交天下”，为朋友两肋插刀；宋代梁山好汉宋江一百单八将，推崇“八方共域，异姓同心”；宋代豪放派词人辛弃疾“系爽气节，识拔英俊，所交多海内知名士”。现代山东人继承了好客的优良品德。电视剧——《闯关东》中的主人公朱开山，以山东人特有的豪情仗义和热情好客，结交了无数宾朋挚友。每当朱开山一家遇到困难甚至绝境时，都有朋友鼎力相助，绝处逢生，化险为夷。一直到现在，一旦山东人家里有朋友来，无论家境贫富，都要让客人酒足饭饱，让客人有“宾至如归”的亲近感。

总之，山东人朴厚的心地，朴实的品性，朴素的感情，朴质的行为，构成了历代传承而相沿不辍的好客文化。[①]

孔孟之道一向提倡“仁义礼智信”和“温良恭俭让”：思想上注重“仁”“义”，就是仁为本，义为先，体现了以人为本的精神关怀；行为上注重“礼”“信”，就是重礼节，讲诚信，体现了朴素的待客之道。儒家思想文化的这些精华，早已内化成了山东人热情友好的态度和仁爱淳朴的性格。可见“好客山东”既是对齐鲁文化的凝练和浓缩，也是传统的儒家文化在现代社会的提升和发展。[②] 重要的是“好客文化”根植于齐鲁文化，同时更多地积淀到山东人的性格特征、言行举止和为人处事上，从而形成了独具特色的好客传统。[③]

对于山东人的好客，山东人自己经常用“实在”二字来自我表白。可能有人不信，如果你在山东城乡旅行，饿了，渴了，随便进一户农家，这家主人就会像对待老朋友一样，用最好的饭菜款待你。山东人既不会把你当作敌人来对待，也不会把你当作乞丐看待。在山东有一个流传很广的故事：

> 一个外地人路过本乡，碰上大雪天气，向一位老者请问什么地方能找到旅馆，老者摇头不答。那人又向老者求宿，老者说：“你张口就找旅馆，俺当你嫌恶俺家里肮脏，容不得你这个贵客呢！”老者把客人安置在客房里，脸色冷冷地往里院去了，客人不敢再兴求食之想，就饿着肚子睡了。一会儿，老者转来，一看客人上了床，勃然大怒，骂道：“你怎的这么看不起人？当俺一顿饭也管不起你？”客人举眼一看，竟然摆下好几样菜肴，有酒有肉。大雪数日不停，老者天天酒肉招待。雪霁之日，客人不敢不告而别，留在客房里等老者出来。老者出来了，一看客人没走，怪生气地说：“怎么，你想叫俺养你一辈子么？”客人表示连日打扰，于心不安，想付给老者饭钱，老

① 于冲：《齐鲁文化与好客山东（上）》，《中国旅游报》2008年5月21日。

② 李玉国：《评析“好客山东”的形象定位和品牌定位》，《山东行政学院学报》2013年第5期。

③ 于冲：《齐鲁文化与好客山东（上）》，《中国旅游报》2008年5月21日。

者大声嚷着："你从哪点儿看俺像个卖饭的？"客人急忙收回钱来，向老者道谢，老者更火了："谢啥？几顿饭也不能把俺吃穷喽！"①

山东人好客，古已有之。唐开元廿四年（736年），36岁的李白携妻女迁入山东，旅居二十三年，作《客中行》云：

兰陵美酒郁金香，玉碗盛来琥珀光。
但使主人能醉客，不知何处是他乡。

李白的这四句诗正是对山东人热情好客最真实的写照。

三　礼仪山东

古来就有"夷俗仁"② 和"东夷天性柔顺"③ 的说法。在济南大明湖湖心，有座亭子叫历下亭，著名诗人杜甫与书法家北海太守李邕相聚于此，留下了一副楹联："海右此亭古，济南名士多。"所谓名士，历史上指以诗文等著称的人或名望很高而不做官的人。据粗略统计，《二十四史》中涉及的山东人有1000多位，如巨匠鲁班，医圣扁鹊，笔圣蒙恬④，算圣刘洪⑤，智圣诸葛亮，书圣王羲之，农圣贾思勰，文学评论鼻祖刘勰，爱国词人辛弃疾、李清照，短篇小说家蒲松龄等。他们都是继承了"周孔遗风"，坚持"孔颜人格"，被山东礼仪文化熏陶出来的杰出代表。儒家孔孟之道，向来讲究"仁义礼智信"，"温良恭俭让"，也就是说，做人要谦逊、诚实、厚道。生活在"圣人之乡"的山东人，千百年来受孔孟之道的熏陶最直接、最充分，因此，山东人的民风和性格最突出的特征就是讲究礼仪。

山东人讲究礼仪，特别重视做到"忠孝两全"。孔子说："父母在，不远游，游必有方。"山东人历来奉行"百善孝为先"的信条。对生育自己的父母，对生他养他的家乡，对老祖宗传下来的道德文化，都是百依百

① 刘德龙、刘德增：《齐鲁文化与山东人性格》，《中华读书报》2009年5月13日。
② 《说文解字》羊部段注。
③ 《汉书·地理志》。
④ 秦朝蒙阴人，大将，传说毛笔发明者。
⑤ 东汉蒙阴人，珠算创始人，天文历算学家。

顺，毕恭毕敬。世代相传的“二十四孝”中“孝动天地”的 24 个故事中，有 10 个出自山东：孝感动天的虞舜，啮指心痛的曾参，单衣顺母的闵损（字子骞，春秋鲁国人），为亲负米的仲由（字子路，春秋鲁国人），鹿乳奉亲的郯子（春秋郯城人），戏彩娱亲的老莱子（春秋楚人，隐居蒙山之阳），卖身葬父的董永（东汉高青人），行佣供母的江革（东汉临淄人），卧冰求鲤的王祥（晋代琅琊人），闻雷泣墓的王裒（魏晋昌乐人）。此外，还有一位没有被列入二十四孝的女孝星颜文姜。而当今唱遍全国的《常回家看看》这首歌的作者之一戚建波是山东人，另一个作者车行祖籍也是山东。以拍摄《俺爹俺娘》著称于全国的摄影作者焦波同样是山东人。

有人说很难做到忠孝两全，但山东人做到了。在山东大地上，忠孝仁义之风源远流长，概括起来主要是逐层递进的四个字：“孝—爱—忠—义。”因为孝敬父母，所以热爱家乡，因为热爱家乡，所以忠诚国家，因为忠诚国家，所以特别重义气，讲气节。据统计，抗日战争打了八年，中国曾出过汉奸、伪军 200 多万人。但是在山东，当汉奸、伪军的特别少，为人民解放参军和支前的却特别多，革命烈士特别多。光是一个沂蒙山革命根据地，就有 20 多万青年参军，100 多万民工支前，登记在册的烈士有就 4 万多名。在全世界反法西斯战争的战场上，战死沙场的军衔最高的将领，是山东临清籍的张自忠上将。

山东人讲究礼仪，特别重情。亲情，讲究忠孝两全，尊老爱幼；爱情，大多选择从一而终，不离不弃；友情，更是可以两肋插刀，同患难，共生死。因此山东人的家庭特别稳定。齐鲁文化中“修身，齐家，治国，平天下”的观念，始终对山东人的人生价值取向起着主导作用，其中“齐家”占中心地位。人们常说，不能齐家，何以治国平天下？可见，“齐家”是山东人人生价值的一个重要标准。山东人习惯“父母在，不远游”，既有“孝”的成分，又反映其家庭观念比较强烈。齐鲁文化提倡“忠孝节义”，“君君、臣臣、父父、子子”，使家庭中每个成员都能找到自己的角色，各安其位，各行其是，长幼有序，和谐相处。这样就促成了山东人的家庭特别稳定。

山东人具有一套特殊的家庭价值体系，对妇女特别是家庭主妇有严格的要求。山东家庭中对男人女人在家庭中的分工要求很明确，概括为“男主外，女主内”。妇女们肩负着家庭的全部重担和教育子女的责任。

她们需要恪守妇道，“三从四德”（三从，指未嫁从父，既嫁从夫，夫死从子。四德，指妇德、妇容、妇言、妇功。就是说做女子的，第一是品德，能正身立本；然后是相貌，要端庄稳重持礼，不轻浮随便；言语要会随意附义，理解别人所言，并知道自己该说什么、不该说什么；妇功是治家之道，包括相夫教子、尊老爱幼、勤俭节约等）。经过两千多年的熏陶，一代代传承，山东妇女特别能吃苦耐劳，任劳任怨，贤良守节，忍辱负重，尊老爱幼，团结互助。她们给家庭带来温暖，为社会做着贡献。孔子之母，孟子之母，就是其中的典型代表。近代以来，山东又涌现出成千上万的红嫂、好军嫂、石油大嫂、兵团大嫂等。① 山东妇女是中国贤妻良母的代表。

山东人讲究礼仪，既善待自己，又善待他人。儒家孔孟之道，向来讲究“仁义礼智信”，“温良恭俭让”，提倡做人要做“君子”，也就是说，做人要谦逊、诚实、厚道。生活在“圣人之乡”的山东人，千百年来受孔孟之道的熏陶最直接、最充分，他们既善待自己，又善待他人，铸就了追求立德、立功、立言的价值取向。

“立德”讲做人，就是要有高尚的道德情操。官员要做百姓的表率，教师要为学生的师表，长辈要为晚辈树立榜样，前人要做后人的楷模。“立功”，讲做事，就是要为国家、民族做贡献，为黎民百姓谋福利。“立言”，讲学问，就是要会写文章，著书立说。通过立德、立功、立言，可以做到名垂青史，流芳百世。这种价值取向，成为山东人进取精神的动力。中华人民共和国成立前，山东总人口 4000 万，其中男子 2000 万，除去老弱病残，青壮年男子最多不过 1000 万。然而在抗日战争和解放战争中，却有 1100 万人次支前，100 万人当兵，22 万人牺牲。解放战争后期阶段，随着共产党军队往江南推进，山东有 10 万干部下江南，开辟和建设新的解放区。朝鲜战争中，中国出兵百万赴朝鲜半岛作战，其中山东将士 28 万，有 2 万人长眠在朝鲜战场。中华人民共和国成立后，王震将军率领的 20 万人的野战军，在新疆就地转为生产建设兵团。为了解决兵团老战士的婚姻问题，山东姑娘 8000 人应征入伍，义无反顾地奔赴新疆。

“好汉山东”“好客山东”“礼仪山东”，构建了山东人人文特征的亮丽风景图。山东籍学者张天麟先生说，有两个人物支配着山东人的心灵与

① 王修智：《齐鲁文化对山东的深远影响》，《理论前沿》2008 年第 13 期。

言行，一个是孔子，一个是梁山泊的好汉。孔子的道德是他们内心的信仰，“梁山泊好汉”是他们外在的言行。无论山东人走到什么地方，不论混杂在多少人中间，人们总会从言谈话语，举手投足，待人接物中辨认出他们来。与山东人有过接触或交往的外地人对山东人的描述是：敦厚仁义，朴实无华，真诚坦率，朴素爽直，善良忠厚，就像一棵红高粱[①]。

① 刘德龙、刘德增：《齐鲁文化与山东人性格》，《中华读书报》2009年5月13日。

第三章　山西人

对于山西，有一首《人说山西好风光》的歌，在汉民族中广为传唱：

人说山西好风光
地肥水美五谷香
左手一指太行山
右手一指是吕梁
站在那高处望上一望
你看那汾河的水呀
啊哗啦啦流过我的小村旁
杏花村里开杏花
儿女正当好年华
男儿不怕千般苦
女儿能绣万种花
人有那志气永不老
你看那白发的婆婆
挺起那腰杆也像十七八[①]

唱着《人说山西好风光》的歌，行走在山西黄土高坡上，可以触摸到山西人厚重而真切的历史文化。在三晋大地上，山西人承载着太多的中国汉民族的历史与文化，这曾经的周秦汉唐盛地虽然在几千年的沧桑中苍

---

① 《人说山西好风光》是张棣昌谱曲、乔羽作词，郭兰英演唱的一首山西民歌，是电影《咱们村里的年轻人》的插曲，创作于1959年，20世纪60年代开始响遍大江南北，成为中国汉民族民歌的经典之作。

老了，然而仍值得我们尊敬和寻味。

第一节　山西人的语言

山西人的语言有晋语、中原官话和北方官话三种。晋语分布于山西、河北、河南、陕西和内蒙古五个省区，其中在山西有七十八个县市，一千九百多万人；河北有三十五个县市，九百多万人；河南有十七个县市，八百多万人；内蒙古自治区有二十八个县市，七百多万人；陕西省有十六个市，二百多万人。总计有一百七十四个县市，总人数约四千五百多万人使用晋语。中原官话汾河片主要分布于山西省西南部的二十八个县市，人口六百四十多万。河南的灵宝县、陕县和三门峡市也属于汾河片，这三县市的人口有一百多万人。汾河片合计人口七百四十多万人。另讲北方官话的广灵县有十八万多人。

晋语是山西人的主要语言，是汉语北方官话中独具特色的一种方言。那么，什么是晋语呢？李荣在《官话方言的分区》中对晋语做了一个界定："晋语指山西省及其毗连地区有入声的方言。"这一界定体现出了晋语的地域特征和语言特征。晋语的地域特征是"包括太行山以西山西的中西部、北部、东南部，内蒙古黄河以东中西部地区以及陕西北部、河南北部、河北西部邻山西的地区"[①]。五省区的一百七十四个县市，使用晋语的总人数约四千五百多万人。[②] 方言特征是有入声。晋语在五个省区中，山西所占的比例最大，也就是说晋语的主体在山西，其他地区的晋语与历史上山西移民或同属一个政区有关。[③] 这样，把晋语从官话里分出来，成为与吴语、闽语、粤语、湘语、赣语、客家话、徽语、平话等相并列的一个方言区。

一　晋语的形成

晋语作为黄河流域、黄土高原上的一支古老的方言，可以说它是汉语方言中一个非常重要的组成部分。

---

① 李荣：《官话方言的分区》，《方言》1985年第1期。

② 侯精一：《晋语的分区（稿）》，《方言》1986年第4期。

③ 王利：《从晋语的研究看汉语方言研究的方法》，《河北理工大学学报》2009年第3期。

（一）雅言与原始晋语

晋语的形成与先秦时雅言有密切关系。本书在河北人一章中曾详细地叙述了雅言的形成。与晋语有关的是雅言。既然发源于黄河流域，山西又地处黄土高原东部，自然应该包含了许多生活在黄河流域的山西先民的语言成分。所以学者们认为雅言的基础方言在大约今天河南—山西—陕西这个三角地带。① 特别是20世纪五六十年代以来，山西境内发现大批原始文化遗址，这些古文化遗址很大程度上集中于山西境内原始文化时期最先进、人口最集中的晋南地区，即运城和临汾两个地方，而且西侯度遗址被考古学家认定为世界上已知的最早的文化遗址之一，此其一。其二，地处最北边的雁北地区拥有的文化遗址数量仅次于运城和临汾，而且具有很明显的连续性。可见山西自古以来南北就是一个整体，就其使用的语言来讲，今山西境内各地在这一时期应是大同小异的，原始晋语曾通行在今天的晋南一带。②

1. 古晋语的形成

古晋语的形成和晋国的历史轨迹是一致的。关于晋国的兴起，本书下节将详述。与古晋语形成有关的是，在晋国领土扩张的过程中，伴随着人口的流动。一方面是晋国将新的领土分封给诸侯，诸侯由晋国的发源地晋南迁移到中、北部；一方面是战败的戎狄势力不断萎缩，大量戎狄沦为奴隶。如："晋侯赏桓子狄臣千室，亦赏士伯以瓜衍之县，曰：'吾获狄土，子之功也。"这一过程中势必会有文化和语言的传播、融合，促进古晋语形成。因此，有学者认为：

> 晋国初建之时，其臣民由周朝迁来，语言应该与周朝王畿一带的语言相差不多。但其初建之时仅"方百里"，周围都是当地土著，在相互的接触征战中，势必会相互影响，晋国的语言也会在不知不觉中发生变化，与周朝王畿一带的语言差异逐渐增大，而自身的方言特征逐步加强，成为一种独立的方言。到春秋时期，晋国成为中原霸主，其疆域已领有今晋南、晋东南、晋中的大部分地区。

---

① 这里山西指山西西南部，是晋国初立的疆域。华学诚：《周秦汉晋方言研究史》，复旦大学出版社2003年版，第6页。

② 王临慧：《汾河流域方言的语音特点及其流变》，中国社会科学出版社2003年版，第132页。

战国时，又领有今雁北地区。随着其领土的扩张，它的语言也相应由晋南带到晋东南、晋中、晋北。此时的晋语由南向北传播扩张，虽然也在同戎狄语言的接触中悄悄发生着变化，但总体说来内部差异并不明显，这一时期晋语的情况应该就是其早期的面貌，我们称之为古晋语。[①]

对此，陈庆延也认为："晋方言的主源方言是关中方言。唐叔虞封国，来到今山西侯马一带的应是来自关中的移民。他们带到晋地的是古关中方言，可以推论周部落方言为晋方言的祖源方言。"[②] 可见，晋国初封时，当时的语言状况是：方圆百里之内是以周人从关中带来的移民方言为主体。这种方言与当地土著方言发生交流，所以，可以把晋之初百里之内的汉语方言叫古晋语。

2. 古晋语范围的扩大

及至战国，韩赵魏三国的进一步开拓，促使古晋语的范围逐渐扩大。就方言地域而言，晋国和其后的韩赵魏三国当时所占的疆域，大致涵盖了今地跨 5 省区的晋方言区和山西西南部汾河片方言区；就方言特征来看，先秦时期的古晋语是周朝王畿一带语言同晋地戎狄语言交融的产物，自身特征很强，内部保持一致，其使用范围由南至北逐步扩大[③]。

3. 古晋语的分化

秦汉时期，古晋语分化形成两大方言。古晋语原生地语言与秦地语言靠拢，发展为秦晋方言，古晋语扩展地（北、中、东南部）语言则演变为赵魏方言。在随后的一千多年时间里，这种分化由于行政区划、文化格局等多方面的因素而逐渐稳定，最终形成今山西境内的两大方言：晋语和中原官话。

（1）秦晋方言

秦、晋两国语言同为黄帝时华夏语、周秦时的雅言的基础方言，在早

---

① 孙小花：《山西方言语音历史层次研究》，博士学位论文，上海师范大学，2006 年，第 16 页。

② 陈庆延：《晋语的源与流》，《首届晋方言国际学术研讨会论文集》，山西高校联合出版社 1996 年版，第 33 页。

③ 孙小花：《山西方言语音历史层次研究》，博士学位论文，上海师范大学，2006 年，第 18 页。

期应该是有很大的共同之处的。到了战国时期，晋国的分裂促进了晋语使用范围的扩大。秦始皇统一六国后，山西设六郡：河东、太原、上党、云中、雁门、代郡，这六郡也大致与今山西境内方言片相合。西汉时，河东与京师等地共隶属于司隶校尉部。太原、上党、云中、定襄、雁门、代郡隶属于并州刺史部。这种行政区划进一步加深了河东方言和山西其他方言的差异。今晋西南一带（古晋国和古晋语的发源地）与秦地相邻，来往密切，逐渐形成秦晋方言。

为什么会形成秦晋方言？有学者做过专门分析。

第一，秦、晋两国有很深的历史渊源，在各自的发展中又来往不断。据载，秦国的先祖就曾是由“西垂”（今甘肃天水市西南）迁入河东的移民，居住在赵城一带，即今洪洞赵城镇。后一支永久居住在河东地区，成为显赫的赵氏家族，另一支在周孝王时被封于秦，离开了河东。这种亲密的历史渊源为秦晋两国的关系营造了特殊的氛围。

第二，秦晋间自上而下的迁移非常频繁。由于两国的密切交往关系和地缘上的便利，秦国成为三晋之人外迁的主要去处。这种迁移主要有三种类型：一是秦孝公即位之前以两地间人口的自由迁移为主；二是商鞅变法时，招徕三晋之民入秦垦荒；三是秦汉时期有所谓“实关中”①。

第三，政治经济、历史文化的地缘向心力。秦统一六国后，关中地区成为全国的政治、经济、文化中心，对晋南产生了很大的影响，从而使晋南在文化、方言等方面都向其靠拢。秦以后的行政区划进一步巩固了这种靠拢的趋向。

第四，便利的交通为两国的来往交流提供了条件。晋南地近三秦，虽与关中地区隔黄河相望，但从北至南有禹门口、夹马口、风陵渡、茅津渡等古渡口和“汾河—黄河—渭河”水路相通，所以秦、晋之间的人口往来、商贸往来不断。

这样，到秦汉时期，秦晋方言已成为一个整体。《方言》中，秦出现109次，秦晋并举88次，并举占到了81%。但是需要指出，《方言》中的“晋”并不是指山西全境，而是指晋国初兴时的主要区域，即山西南部运城、临汾地区。

---

① 《新唐书·郭虔瓘传》。

（2）赵魏方言

在《方言》中，赵魏的关系很密切，赵被提到35次，其中与魏并举就达18次。说明秦汉时期赵魏方言有很大的一致性。一方面，赵魏方言同出于古晋语，其方言具有一致性是很自然的；另一方面，赵魏两地相邻，其间交通非常方便，两地往来较多，所以尽管两地分属不同国家，其语言仍保持了较强的一致性。

于是，赵魏两地在由晋西南向东、向北的扩张过程中，语言面貌逐渐与古晋语形成差异。山西《临晋县志》记载："盖自秦汉以来，内史三辅而外，以河东为首都，临邑当时逼进西京，语言文字犹近于雅，迄永嘉南渡，五部分居，音之变易弥多矣。"《左传·文公十三年》中有一条材料可以证明当时秦、魏的方言难于相通。《左传》该处先述六卿谋划于诸浮，使魏寿余伪以魏叛者诱士会还晋，而后说："秦伯师于河西，魏人在东，寿余日，请东人之能与夫二三有司言者，无与之先。使士会。"士会是东人，能说东边魏地的话，所以秦人不得不派他去。这一段话说明当时秦、魏之间的方言差异还很大，通话不便，所以魏人才有可能借要通话诱使"士会还晋"。《方言》一书材料的来源既有扬雄自己通过方言调查收集的资料，也有其同乡严君平收罗的从国家图书馆散失出来的千余字的资料以及他本人在国家图书馆看到的前人收集的方言材料[①]，《方言》里提到的前代国名地名应该和这些材料有关，所以这些材料可能反映了更为早期的方言面貌。《方言》里面有一些秦、晋对举的材料，也可以说明两地的语言差异。如：

> 虔、儇，慧也。秦谓之谩，晋谓之惷。（第一）
>
> 台，陶，养也。晋卫燕魏曰台，秦或曰陶。（第一）
>
> 缝、挈，特也。晋曰缝，秦曰挈。（第六）
>
> 娥，好也。秦曰娥。秦晋之间凡好谓之娥。自关而西秦晋而轻者之故都日妍。（郭璞注："秦旧都今扶风雍丘也。晋旧都今太原晋阳县也。"）（第一）[②]

---

① 赵振铎、黄峰：《〈方言〉里的秦晋陇冀梁益方言》，《四川大学学报》1998年第3期。

② 《方言》据四部丛刊影印南宋李孟传刻本。孙小花：《山西方言语音历史层次研究》，博士学位论文，上海师范大学，2006年，第17—18页。

尽管这一时期山西境内的方言是秦晋方言和赵魏方言，但同时也应注意到赵魏方言内部的差异。赵地领土广袤，其北部与燕地方言接触较多，南部则与魏地接近。所以，虽然赵魏是一个方言区，因幅员过于辽阔，又有外族影响，内部差异还是较大。这种差异一直延续至唐宋时期。[①]

4. 唐宋时期晋语基本定型

秦汉以降，从行政区划来看，山西河东和并州分立的这种行政区划被历代沿袭下来加以巩固。曹魏郡国建制与汉略同。河东与平阳、河内、河南、原武、弘农、野王属司隶州，太原、上党、乐平、西河、雁门、新兴属并州。西晋统一后其建制为河东、平阳等十二郡属司州。太原、上党、雁门等四郡二国属并州。可以看出，500 余年内河东郡与京师、河南等地同属一个管辖范围，其他六片始终为一个管辖范围。自此可知，河东片方言当与长安、洛阳地区方言接近；并州等其他几个方言片关系紧密：河东、平阳与晋方言的其他片差异拉大。

唐初因隋旧制，设河东道，辖二府十九州，二府为河中府（蒲州）、太原府（并州）。北宋除将山西南部的河中府解州等与京兆同归永兴军路外，其余全为太原府归河东路。晋南大部分归太原府时间相对要短。辽金后太原、平阳基本上是分多合少。

隋唐时期，山西境内的文化布局是：（1）长平上党区，今晋东南地区；（2）河东西河区，今运城、临汾两地区以及吕梁地区的一部分；（3）太原区，今晋中地区大部；（4）离石雁门马邑楼烦区，包括今吕梁地区大部以及雁北、忻州两区。虽有四区，但有明显的趋同性。及至北宋，地缘趋同性更为明显。据《太平寰宇记》的记载，并州、汾州、石州风俗相同，忻州、代州、岚州、蔚州习尚一致，而代州又与并州风俗略同，这些区域实际上形成了一个以并州为核心的风俗区。[②] 可见，自秦汉以来，晋南地区即河东地区一直是一个整体，而北部、中西部、东南部则一直存在差异，经魏晋南北朝的民族融合，到唐宋时期，北部、中西部、东南部的差异逐渐减少，共性逐渐增多，成为一个文化区。而“晋语”

---

① 孙小花：《山西方言语音历史层次研究》，博士学位论文，上海师范大学，2006 年，第 18—19 页。

② （宋）乐史撰：《太平寰宇记》卷四十、四十一、四十二、四十九、五十一。

一词最早见于宋陆游《老学庵笔记》中“晋语儿、人字通用”①，用以指山西方言。

这一时期山西方言的特点，主要体现为以并州为中心的中北部方言形成，与以运城、临汾为中心的南部方言对峙。前者可以称为并州方言，后者可以称为河东方言。而这种格局正是今天山西境内方言的基本格局：晋语区与中原官话区并存。这种格局自战国时期三家分晋肇端，经秦汉时期发展巩固，至唐宋时期已基本定型，表明晋语的正式形成。此后，元明清三代北京音借助政治经济文化的力量而崛起，到清代有了“国朝建都于燕，天下语音首尚京音”② 的呼声，北京音对北方方言的影响越来越大，但是，由于山西地势封闭，东亘太行山，南临黄河，同时山西境内多山、沟壑、盆地，这些天然屏障使晋语保持了较强的稳定性，并给晋语独立发展演变留下了空间，所以今天的山西方言才会保留有较多的古代特征，成为一种很有特点的方言。

后来，经过明清以来的移民运动和晋商的商业活动，山西方言逐渐扩散到河北、河南、陕西、内蒙古一带，形成今天的山西境外的晋语区。③

二　晋语的特点

晋语，这个在汉语北方方言中独树一帜的方言，最重要特征是有入声，这和北京话很不相同，晋语比北京话的语言特点古老很多，有学者戏称之为“北方话中的山里话”④。

（一）晋语语言学上的特点

1986 年，侯精一在《晋语的分区（稿）》中提出“入声多带有明显的喉塞音”是晋语的特点，他指出：晋语入声韵母的区别性特征主要有以下两点：第一，通摄一等入声精组字与通摄三等入声精组字今韵母读音多有分别，一等今多读合口呼，三等今多读撮口呼；第二，曾摄开口一等入声帮组字、梗摄开口二等入声帮组字今韵母多读齐齿呼。并认为通三等

① 史维生：《魏晋南北朝晋语研究》，硕士学位论文，西南交通大学，2011 年，第 14 页。

② 清朝学者陈冲庆语。

③ 孙小花：《山西方言语音历史层次研究》，博士学位论文，上海师范大学，2006 年，第 20 页。

④ 《关于晋语特点及其独立性之成因的个人看法及参考资料》（http：//blog. sina. com. cn/s/blog_ 7689b2420101dll7. html）。

入声精组字与曾开一、梗开二入声帮组字今韵母多读细音是晋语区与非晋语区相当重要的区别。[①] 对于现已发现的晋语特点，可以从不同角度进行多层面的分析和概括。后来，侯精一的《晋语总论》和《晋语研究十题》，又从语音（声、韵、调；音值、音类）、词汇、语法三个层面归纳出来晋语十个方面的特点。在这十个方面的特点中，最值得重视的是文白异读和与入声有关的特点。[②③] 温端政在《晋语区的形成和晋语入声的特点》（1997 年）一文中又将晋语入声的特点进一步完善，即入声调类有进一步合并的趋势；入声的调值多和舒声某调接近；入声韵母系统趋向简化；程度不同地存在古入声今"舒化"和古舒声今"促化"两种相互矛盾的现象；入声的喉塞尾明显而稳定，入声音节里有系统的构词能力很强的不表义音节的特点[④]。

除此之外晋语还有一些共同点，即：

> （1）有入声，入声收喉塞尾［ʔ］，调型与舒声的某个声调调型相同；（2）部分古崇母平声字今读擦音；（3）古全浊声母今平声读不送气的塞音、塞擦音；（4）蟹、止两摄合口部分字今读［y］；（5）鼻音韵尾合流、消失；（6）有文白异读和变读现象；（7）有表音词缀"圪"；（8）有分音词；（9）指示代词三分。[⑤]

（二）古老而优雅的晋语

晋语是汉语中古老而优雅的一种方言。这主要表现在晋语里的字词的组合结构不但有感情色彩，也有概念的区别，风韵古老。比如说"牛"，一般不会说这一个字，而是说"牛儿"，这是指大的牛。说小牛，不说小牛，说"牛牛"，就有了可爱的情感色彩。但是"牛牛"还有另外的意思，是指那些可爱的小虫子。再比如"狗"，也是这样，称大狗为"狗儿"，称小狗为"狗狗"。狗狗也有另外的意思，是父母对年幼的孩子的最亲切的称呼。再比如，吃饭用的勺，山西人说"勺子"，是指用来从锅

---

① 侯精一：《晋语的分区（稿）》，《方言》1986 年第 4 期。

② 文熙：《首届晋方言国际学术研讨会论文综述》，《语文研究》1995 年第 4 期。

③ 和红艳：《晋语入声研究综述》，《现代语文》（语言研究版）2007 年第 8 期。

④ 温端政：《晋语区的形成和晋语入声的特点》，《山西师大学报》1997 年第 4 期。

⑤ 温端政：《试论晋语的特点与归属》，《语文研究》1997 年第 2 期。

里往碗里舀饭[①]的大勺，至于放在碗里碟里的小勺，山西人称之为“勺勺”。

“兀的”——语气助词，意思比较宽泛，类似“那么”“当然”“可不是嘛”等意思。例：“你会唱京剧?”“兀的哩!”（意思是“那当然啦!”）这个词在元曲里常常看到，现在仍然是当地人的口头语。

“箸秸”——一种灌木，秸秆很直，质地坚硬，过去老乡很少用竹筷，就是用“箸秸”杆来做筷子的。

“舁”（读 yú）——抬的意思。这个字好像很古老了。《说文解字》解释是：“舁，共举也。”

“荷”（读 hě）——承担、搬动的意思，也引申为一般的“拿”“携带”。这是非常普遍的口头语。“荷不动”，就是拿不动的意思。这个用法也很古老，汉朝张衡《东京赋》有“荷天下之重任”一句。

“恶色”——就是垃圾。这也是很古老的用语。色，是种类的意思（如：各色人等）。恶，是“丑恶”“卑劣”的意思，和“美”“好”反意。现在台湾人讲的“国语”中把“垃圾”读作“lèsè”和山西方言接近。

“恶水”——是指脏水、污水，不是我们一般说的“穷山恶水”的“恶水”。说“恶”而不说“脏”，是不是也很文雅?

“巡田”——就是秋天看护庄稼。别的地方叫“看秋”“护秋”，远不如“巡田”富有韵味。每到秋天，村里会指定专人担负巡田的职责，担负这种责任的人被称为“巡田的”。“巡田的”很厉害，一般都会几下拳脚。基本的装饰是，腰里缠一条长长的蓝布做的腰带，腰间别一个小小的“马床”。所谓马床，是一种三条腿的袖珍小凳子。马床有两个用途，一是巡田的累了可以随地坐下休息，更重要的用途是用来打人——打那些偷庄稼、蔬果的大人小孩。一般是打屁股。据说打上很疼，但是又不至于打坏筋骨。

“胡阑”——圆圈、环的意思。引申为“那一片地方”。元曲《高祖还乡》（作者睢景臣）有云：“一面旗白胡阑套住个迎霜兔，一面旗红曲连打着个毕月乌”，这里“胡阑”是环的意思，曲连是圈的意思。现在的山西中部和北部也还是这样的说法。这是一种单字复音的语言现象。胡阑，取“胡”字的声母，和“阑”字的韵母，连在一起快读，就近似于

① 山西人把盛饭说成“舀饭”。

是“环”；曲莲，取“曲”字的声母，和“连”字的韵母，连在一起快读，也就近似于“圈”。在山西中部、西北，以及内蒙古西部的方言里，这样的现象还可以举出许多。比如，“圪劳”是“角”的意思（角，在古音里读如“高”，现在江浙一带还是这样的读音），山西民谚：“得过且过，阳圪劳劳暖和”，“阳圪劳劳暖和”就是靠着墙角晒太阳；“不阑”，是“拌”的意思。山西有一种面食，是用莜麦面（就是燕麦粉）拌成小块状然后蒸熟，称为“不阑子”；再比如，木板受潮变形，普通话谓之“翘”，山西方言说“圪料”等。据有的语言学者说，这种单字复音，是更加古老的一种语言现象。据说，有很多单音的词汇，本来就是复音，比如上面说的“环”“圈”等，但是在文字产生以后，古人为了减少刻、写文字的工作量，就尽可能地用单音的字来表达，这就是“胡阑”变成“环”、“曲莲”变成“圈”、“不阑”变成“拌”的原因。

“恓惶”——山西人不说“可怜”，说“恓惶”。山西口语中的“恓惶”所表达的含义和情感，就包含了上述三个词语的意思。比如：“看那孩子哭得真恓惶哩”——意思就是说那个孩子哭得很“悲伤”；“那年月，日子过得真恓惶”——是说为生活奔波不定，受苦受难的意思。不过，山西话里的“恓惶”可能比字典上的解释有了更加丰富的感情色彩，比如，母亲说儿子“俺孩恓惶的可是个好孩！”——是说自己的孩子孝顺、听话、辛苦，言语中饱含了母亲对儿子的疼爱之情。对别人谈论自己的朋友或相识“某某恓惶的可是个好人”——就不仅是同情，更多的是赞赏了。

“咥”——一个土得不能再土的方言词，写下来却是一个古的不能再古的字眼。猛吃猛喝，在北京的俗语中，大概是“甩开腮帮子狠吃”之类，在山西太原、榆次、祁县、太谷一带，说法就简单多了：“咥吧！”“咥”，读“dié”，吃的意思，但不是一般的吃，是指老虎、狼等猛兽的咬嚼，如《易经·履卦》：“履虎尾，不咥人，亨。”又如明朝马中锡《中山狼传》：“是狼为虞人所窘，求救于我，我实生之，今反欲咥我。”“不咥人”就是不吃人，“咥我”就是吃我。“咥”，就是狼吞虎咽似地大快朵颐。说打某人的秋风，吃他一顿，也说：“咥他一顿。”

“窈窕”——说来你也许不信，这个几千年前的“艳词”至今仍然活活泼泼地保持着青春的魅力，她不仅存在于那些引经据典的文字里，而且就活在老百姓的口语中。晋中一带的人评价一个妖艳的年轻女子的时候，会这样说：“那妮子，可‘yāodiào’哩。”这“yāodiào”该怎样写？是

“妖调”吗？读音差不多，可是意思好像不是很准，而且也不是一个规范的词汇啊。这需要以晋中方言的发音为依据来分析。在这一带，许多声母为“t”的字，读如“d”，比如“柳条”不是“liǔtiáo”是“liǔdiáo”，说“桃子”不说“táozi”，说“dáo er”（桃儿，读如“刀儿”）。那么，窈窕，用晋中方言说，就是“妖调”，倒过来，现在人们形容女人说“妖调”，很有可能就是诗经里的“窈窕”（至于四声，山西方言中的四声和现在的普通话是完全对不上号的）。当然，我这里有推测的成分，但是又有哪种考古能避免推测呢？

“倒插插”——是指衣服上的口袋，不是其他口袋！“倒插插”，也简称“倒插”，这是晋中一带的方言。为什么把口袋说成倒插插？这也是有些来历的。在古装戏里（所谓古装实际上大体是明朝的服装样式）有个显著的特点，就是袖子普遍很宽。到了清朝，推行马蹄袖，袖口变窄了，就没有这么宽了。明朝以前的衣袖和现在相比，不仅宽敞，而且多一个功能，就是可以装一些小的物件，如手帕之类。戏曲里也会看到这类细节。袖子里怎么能装住东西呢？原来，袖口里面缝有口袋。这口袋的口子和袖口的方向是倒着的，装东西要倒着插进去，所以就叫“倒插”。晋中人讲话，凡是指称小一些事物的名词喜欢用叠音来表示，这种缝在袖口的口袋当然不会有多大，所以就说叫“倒插插”。到了清朝，改穿满式的马蹄袖，袖口变窄了，不便装东西了，口袋就不再缝在袖口，改在衣襟底下了，方向也不是倒着的，但是“倒插插”这个名字还是保留了下来了。

可是为什么别的地方不这样说呢？这是因为，本来意义上的“倒插插”是明朝以前的服饰，满清人从关外来，不是这种装扮，人家也没有这种说法。统治者的语言总是时代语言的主导，京城地方的说法当然也就随着变了。京城话历来是官话的基础，“倒插插”被满族人挤出京城话，不入流了，渐渐地就边缘化了。至于山西，不知道是因为闭塞，还是山西人执拗，保留了“倒插插”的说法。①

这一类的例子很多，在山西曲艺家曹强的相声《山西方言》中，有这样一个顺口溜：有一个人，“喝着水（fǔ），靠着树（fù），吃着红薯（fǔ），看着书（fū），你说他舒服（fūfu）不舒服（fūfu），你说他舒服（fūfu）不舒服（fūfu）。”这是晋南一带的顺口溜。语言学上把这种现象称为“文白

---

① 《山西方言》（blog. sina. com. cn/s/blog－14c4dfe4d0102VSXP. html）。

异读”。山西这样一个历史悠久的地区，一些极古老的文言词现在仍然保留在山西方言中。所以，晋语就显得很古老，很优雅，很有韵味。

第二节　山西人的形成

山西人是一个具有地域性质的汉民族族群。其历史悠久，堪称汉民族中最古老的族群之一。

一　原始轨迹：山西人的开端

汉民族的历史悠久而连绵，山西人的原始轨迹可以作证。

山西西侯度文化遗址在 180 万年前就开了汉民族山西人先祖之滥觞。西侯度文化遗址位于运城市芮城县风陵渡镇以北约 10 公里处的西侯度村一带，其不但是迄今所知中国境内最古老的一处文化遗址，也是世界范围最古老的文化遗址之一，比云南的元谋人早十万年左右。[①] 它的文化遗存证明西侯度人当时已经开始用火，把中国古人类用火的时间推前了 100 多万年，这不但是迄今所知中国人类用火的最早记录，也是世界上人类用火的最早记录之一。[②] 西侯度文化是迄今所知在黄河流域所发现的最原始的文化，它奠定了以后在华北地区居主导地位的旧石器文化发展基础。

匼河文化遗址，位于芮城县风陵渡西北约 7 公里的匼河村一带，距西侯度村约 3 公里，是山西地区又一有代表性的旧石器时代早期文化遗址，距今约六七十万年。这说明在晋西南地区的黄河拐角处，一直是我国早期人类生产生活的核心地带，已经形成了相当规模的原始人群落。

丁村文化遗址，位于临汾市襄汾县丁村附近的汾河沿岸，距今约 10 万年，是山西地区旧石器时代中期最为典型的文化遗址。丁村文化这种分布密集、范围广阔、年代跨度大的显著特点，在中国和世界范围都属罕见，正如裴文中、贾兰坡教授所说：“无论在中国和在欧洲从前都没有发现过类似的文化。它是在中国黄河中下游、汾河沿岸生活的一种人类所特

---

① 元谋人，因发现地点在云南元谋县蚌村西北小山岗，定名为“元谋直立人”。1976 年根据古地磁学方法测定，生活年代为 170 万年前左右，差距最多不超过前后十万年，但也有学者认为其年代不应超过 73 万年，即可能为距今 60 万至 50 万年或更晚一些。

② 李元庆：《三晋古文化源流》，山西古籍出版社 1997 年版，第 52 页。

有的文化。”①

许家窑文化遗址，位于大同盆地北部阳高县许家窑村，距今也约 10 万年，是山西地区旧石器时代中期又一典型的文化遗址。许家窑遗址的石制品极为丰富，数量相当大，先后共获得 2 万余件，包括石核、石片和石器。石器包括砍斫器、刮削器、尖状器、雕刻器、石钻、石球等各种类型，几乎都是加工精致的细小石器，最小的仅 1 克，粗大石器非常少见。特别引人注目的是发现了 1100 多个石球，这在国内外都属罕见。许家窑文化的细小石器有其显著特色，与西侯度、匼河、丁村文化的粗大石器传统形成鲜明的对照，它属于华北地区旧石器文化两大传统之一的“小石器传统”，在中国华北旧石器文化的小石器传统系列中处于承前启后的地位，也是山西原始文化的一个拐点。

峙峪文化遗址，位于朔州市峙峪村附近，距今约 2.8 万年。它不仅是山西地区，而且也是中国旧石器时代晚期最具代表性的文化遗址之一。由打制技术跃进到磨制技术，意味着古人类将要由漫长的旧石器时代进入新石器时代。峙峪文化细小石器的文化风貌，说明由北京人所开创的华北旧石器文化的小石器传统，经过许家窑文化的发展，到峙峪文化已经成熟。峙峪文化是华北旧石器文化小石器传统链条上的重要环节，也是山西原始文化链条上重要的一环。

下川文化遗址，位于晋城市沁水县下川附近，距今约 2 万年。它不仅是山西地区，而且也是中国旧石器时代晚期最具代表性的细石器文化遗址之一。下川文化细小石器与粗大石器并存，这与丁村遗址群的“丁家沟文化”极为相似，说明下川文化是由“丁家沟文化”演进而来的，两者之间有着文化传承关系。下川文化的粗大石器，最为引人注目的是石磨盘、石锤、锛形器、带锯齿的石镰刀等，这些生产工具与原始农业的出现有关，使我们看到由原始采集经济向原始农业经济过渡的先兆，预示着新石器时代的即将到来，也可看作山西人原始农业的开端。

陶寺文化遗址，位于襄汾县城东北约 7.5 公里的陶寺村南，面积约 300 万平方米，距今 4500—3900 年，是山西地区新石器时代晚期最具代表性的文化遗址，因其个性特征鲜明被称为“龙山文化陶寺类型”。陶寺

① 裴文中、贾兰坡：《丁村旧石器》，载《山西旧石器时代考古文集》，山西经济出版社 1993 年版，第 166 页。

遗址丰富的文化遗存，对于探讨汉民族文明的起源具有重要的意义。20世纪80年代就有学者认为“陶寺类型龙山文化，是夏代以前帝尧陶唐氏时代的文化，陶寺遗存可能就是陶唐氏的文化遗存之一”，或者说曾是“帝尧陶唐氏的所都和所居之地”[①]。陶寺遗址还发现了中国最古老的文字遗迹。在一件陶扁壶上有朱书的“文字”符号，一个被厘定为“文”字，另一个或被认为是甲骨文、金文中的“易”字，或被厘定为“尧”。陶寺字符是迄今为止在考古中发现的中华民族的最古老和最典型的文字符号。它的存在和出现本身，就已经把汉民族的文明推演到了4500年以前。还有陶寺墓地不同类型的墓葬，显示了死者生前的社会地位和财富多寡的悬殊，说明了氏族成员之间原始的平等关系已被破坏，阶级对立已经产生。这样，陶寺文化墓地是了解陶唐集团社会组织结构的重要遗存，是一个多氏族部落联盟的初期国家形态。陶寺遗址的考古发掘及其丰富的出土文物，尤其是文字、铜器、城邑和礼仪祭祀等遗迹的发现，不仅证明了汉民族历史的源远流长，而且也证实了山西的晋南地区是汉民族文明的重要策源地，是中华文明的源头之一。[②] 正如苏秉琦所言：“小小的晋南一块地方曾保留远自七千年前到距今两千余年前的文化传统。可见这个‘直根’在中华民族总根系中的重要地位。”[③]

从西侯度文化遗址、匼河遗址、丁村文化遗址、许家窑文化遗址、峙峪文化遗址、下川文化遗址，一直到陶寺文化遗址，不仅形成了山西原始文化连绵不断的历史轨迹，也把汉民族文化之根深深地插进了历史的纵深之处。

二　晋国与晋人：山西人孕育在襁褓之中

晋国与晋人的起点要从以古唐国讲起。

先秦之初，活动于山西一带的是古唐国。唐国是殷周之际存在于今天山西南部的翼城、曲沃、襄汾和绛县之间的一个小国，其历史可以追溯到传说中的唐尧时代。在唐尧势力兴盛时期，古唐国是他们活动的中心区

---

① 田昌五：《华夏文明》第一集，北京大学出版社1987年版，第106—107页。

② 山西省地方志办公室编：《山西通史》，山西人民出版社2012年版，第1—7页。

③ 苏秉琦：《华人·龙的传人·中国人——考古寻根记》，辽宁大学出版社1994年版，第90页。

域。大约在翼城和曲沃一带。据考古发掘的材料证明：翼城、曲沃两县交界处曲村—天马遗址的北赵村晋侯墓地，共发掘出9组19座墓葬，其中有晋侯墓9座，晋侯夫人墓10座。考古队和夏商周断代工程推断这9组墓主的年代衔接紧密，应该是世系相次的九代晋侯及其夫人墓，即晋侯燮父、武侯宁族、成侯服人、厉侯福、靖侯宜臼、釐侯司徒、献侯籍、穆侯费壬、文侯仇，这说明从晋国的第二代国君开始至两周之际的晋国第十代国君都葬在曲村—天马遗址。也就是说，西周时期晋国的都城应该在这一带[①]。在古唐国的发展中，有迁入者，也有迁出者，是各种外来移民的结合。周成王灭唐后，将该地封给了其弟叔虞。所以，晋国历史的开端一般从唐叔虞受封说起。据《史记·晋世家》记载："唐在河、汾之东，方百里"。后叔虞之子燮将国号改为晋，"晋国""晋人"之名由此而来。

经过夏、商两代的沧桑之后，武王伐纣时，古唐国也被征服。前1043年，周公平定"武庚叛乱"后，实行"封邦建国""授土授民"。如周公长子伯禽被封于鲁国，得"殷民六族：条氏、徐氏、萧氏、索氏、长勺氏、尾勺氏"；武王弟康叔被封于卫国，得"殷民七族：陶氏、施氏、繁氏、錡氏、樊氏、饥氏、终葵氏"[②]；唐叔被封于夏墟，"分唐叔以大路、密须之鼓，阙巩（之甲）、沽洗（之钟），怀姓九宗，职官五正"。[③] 据学者研究，怀姓九宗很可能是夏遗民的后裔[④]。所以，周天子不仅赏赐叔虞稀世的战利品和授土授民，而且还规定了唐叔的治国方略为"启以夏政，疆以戎索"[⑤]，即要求"夏政"与"戎索"兼施并举，也就是在汉民族的先祖之一夏人的故墟，又在多山的戎狄地区；既发扬夏人的文化传统，又尊重戎狄的风俗习惯。

周王室对分封极为重视，为封唐叔曾举行过盛大的册封典礼和隆重的授土授民仪式。周公为晋国制定的这一治国方针，与为鲁、卫制定的"启以商政，疆以周索"的治国方针相比较，体现了较大的灵活性，允许晋国在一定程度上因地制宜，不要过分拘泥于周礼制法。这一治国方针，

---

① 山西省地方志办公室编：《山西通史》，山西人民出版社2012年版，第11页；邹衡：《论早期晋都》，《文物》1994年第1期。

② 《左传·定公四年》。

③ 同上。

④ 蒋宝德、李鑫生主编：《中国地域文化》，山东美术出版社1997年版，第741页。

⑤ 《左传·定公四年》。

对晋国社会的发展产生了巨大的影响，奠定了晋文化求同存异、宽厚包容、顺时应序等特色的社会基础。

晋国最早的都城是翼（今临汾翼城东南），晋献公八年（前669年），晋国迁都于绛，即所谓“故绛”（今临汾翼城城关）。而早在唐叔虞受封之前，在今山西地区已有不少小的方国，如虞、芮、黎、霍等。近年有学者根据甲骨刻辞确定了一些当时居住于山西境内的方国芮、黎、霍等。又有学者根据甲骨刻辞确定了一些当时居住于山西境内的国族，如先、丕、缶、亘、基、重等。我们对于这些小国的了解大都只限于它们的名称，晋国发展的历史首先便是吞并这些族群。

晋国建立之初是一个“方百里”[①] 的小国，直到东周初年，晋国只是当时北方众多小诸侯国之一。晋国发展的拐点在晋献公时期[②]，他实行了对外吞小食大开疆拓地的战略。献公十六年（前661年），晋作上下二军。《周礼·夏官·叙官》曰：“凡制军，万有两千五百人为军。王六军，大国三军，次国二军，小国一军。”晋国由武公时一军的小国升为二军的次国，一年之内向南北用兵，先后灭掉了耿（今河津市南）、魏（今芮城县北）、霍（今霍州市西南），使晋国疆域随即扩展到了晋南地区的北部边沿。献公十九年（前658年），献公用大夫荀息之计，以“屈产之乘”和“垂棘之璧”赂于虞君，先后两次假道于虞以伐虢。三年后，晋国不仅消灭了虢国，而且在还师的途中顺便也灭掉了虞国。灭虢后，晋国疆域又跨越黄河而达河南境内。与此同时，也开始了对戎狄用兵。当时，对晋国威胁最大的是黄河两岸的白狄和太行之野的赤狄东山皋落氏。献公命太子申生伐东山皋落氏，“败狄于稷桑而返”[③]，又命大夫里克讨伐白狄，“败狄于采桑”[④]。这样，晋国的声势已非昔日可比。“当此时，晋强，西有河西，与秦接境，北边翟，东至河内。”[⑤] 晋献公去世之年，时人宰孔曾云：“晋侯将死矣！景霍以为城，而汾、河、涑、浍以为渠，戎狄之民实环之。”[⑥] “景霍”即今霍山。晋惠公夷吾为回国继位，曾“赂秦伯以

① 《史记·晋世家》。

② 即鲁庄公十八年（前676年），僖公九年（前651年）。

③ 《国语·晋语一》。

④ 《春秋·僖公八年》。

⑤ 《史记·晋世家》。

⑥ 《国语·晋语二》。

河外列城五，东尽虢略，南及华山，内及皆梁城。既而不与”，杜预注曰：“河外，河南也。华山在弘农华阴县西南。”① 强大起来的晋国，不仅基本占据了今天的临汾、运城两地区的大部，而且拥有一部分河南、陕西靠近运城地区的区域。

周王朝时，以并州晋阳为内涵的“太原”是戎狄的一个著名的聚居区。最早见于记载的晋国与戎狄的战争发生在前 790 年，“晋人败北戎于汾隰，戎人灭姜氏之邑”②。杜预注曰：“汾隰，汾水边。”前 636 年，晋文公重耳即位，他以晋南为基地，以汾河河谷为通道，向北拓展，在消灭了诸多戎狄后把晋中、晋北大部分地区划入了自己的版图。前 627 年（晋文公去世之年），晋国败狄于箕。“箕”位于太原附近。《左传·成公十三年》载晋卿吕相在与秦绝交时回忆狄难情况称：“入我河县，焚我箕、郜，芟夷我农功。”杜预注曰：“太原阳邑县南有箕城。”说明在晋文公时，晋国的疆界已扩展到山西中部。晋国北上的路线依然以汾河为主。前 541 年，晋国与北面的戎狄进行了一场大战，取得了决定性胜利，从此在晋中地区建立了稳固的统治。戎狄在这次失败后活动范围收缩至今吕梁地区及黄河以西。之后，晋国又进一步将东部边界推到了太行山一线。事实证明晋国的“和戎”政策取得了很大的成功。《左传·襄公十一年》载：“晋侯（悼公）以乐之半赐魏绛，曰：‘子教寡人和诸戎狄，以正诸华。八年之中，九合诸侯，如乐之和，无所不谐。’”可见，对戎狄的用兵是一箭双雕，既有效地戍守了晋国的边疆，又能使晋国集中精力开拓。

晋献公坚持不断地对外用兵开拓的疆土二三倍于晋侯时，再加上武公时所扩张的领土，使晋国的地理界域大大突破了“河、汾之东方百里”③的范围，不仅覆盖了几乎整个晋南地区，而且跨越黄河到达今河南豫西部分地区。《左传·襄公二十九年》载：“虞、虢、焦、滑、霍、杨、韩、魏，皆姬姓也，晋是以大。若非侵小，将何所取？武、献以下，兼国多矣。”这样，晋献公在位二十六年，是晋国由小到大、由弱到强的大发展时期。在此期间晋国成为四强之一，“唯齐、楚、秦、晋为强”④，因而他

① 《左传·傅公十五年》。
② 《古本竹书纪年辑证·周纪》。
③ 《史记·晋世家》。
④ 《史记·齐太公世家》。

被称为晋国的“始盛之君”①。

晋国自西周初年立国至战国初年三家分晋，历时600余年，是一个“河、汾之东方百里”的小国，发展成为“挟天子以令诸侯”一个半世纪的霸主之国崛起的路线图。与之相应，这也是其先祖——晋人崛起的轨迹。

三　三晋开拓：山西人孕育在摇篮之中

晋国在西周分封诸侯的运作中，与其他周代诸侯国有很大的不同。各诸侯国通常都将公室子孙分封为大夫，各家大夫都有封地，以血缘关系作为公室的屏卫。而晋国在经过骊姬之乱②时，晋献公却逐杀诸公子，从此晋国不再立公子、公孙为贵族，史称“晋无公族”③。到晋成公时以“宦卿之适子而为之田，以为公族，又宦其余子，亦为余子，其庶子为公行晋于是有公族余子公行”④。晋公室的力量由此衰微，对于作乱的异姓卿大夫没有可靠的制约力量。于是，久而久之，大权逐渐旁落，一向称为中原霸主的晋国，到了春秋末期，国君的权力也衰落了，实权由六家大夫——韩、赵、魏、智、范、中行氏六卿把持。他们各有各的地盘和武装，互相攻打。后来有两家被打散了，剩下智家、赵家、韩家、魏家。这四家中，又以智家的势力最大。但历史的发展有时不是以强弱论胜败。晋国到春秋末期，不是强大的智家灭了韩、赵、魏三家，而是三家灭了智家。前453年，历史演出了一曲“三家分晋”的大剧，韩、赵、魏三家瓜分了晋国，建立了韩国、赵国、魏国，成为战国时期三个强盛的诸侯国，即所谓“三晋”⑤。前403年，周威烈王正式封三家为侯国。《资治通鉴》记载：“周威烈王二十三年，初命晋大夫魏斯、赵籍、韩虔为诸侯……”⑥ 随着

---

① 山西省地方志办公室编：《山西通史》，山西人民出版社2012年版，第14—15页；徐杰舜：《先秦民族政策特点试析》，《广西民族学院学报》1997年第S1期。

② 骊姬是春秋时山西人，本是骊戎首领的女儿，前672年，被晋献公虏入晋国成为献公的妃子，她使计离间了献公与申生、重耳、夷吾父子兄弟之间的感情，并设计杀死了太子申生，制造了“骊姬之乱”。见《左传·僖公四—六年》（前657—前651年）。

③ 《左传·宣公二年》。

④ 杜注：余子，“亦治余子之政”；“庶子，妾子也，掌率公戎行”。公族大夫与余子、公行都是晋国的官职。

⑤ 《韩非子·难三》。

⑥ 《资治通鉴》卷第一，周纪一，威烈王二十三年。

中国历史从春秋进入战国，山西人的孕育也随着春秋战国汉民族的前身——华夏民族的横空出世而进入了摇篮时期。

三家分晋后，先看赵国的开拓。其最初定都晋阳（今山西太原西南），前 425 年迁都中牟（今河南鹤壁市西），前 386 年迁都邯郸（今河北邯郸市）。其国土有今山西中部、河北东南部、陕西东北部，兼有山东西边一角及河南北端。全境东北与东胡和燕国接界，东与中山及齐国接界，南与卫、魏、韩三国交错接界，北与楼烦、林胡接界，西与韩、魏两国交错接界。赵武灵王胡服骑射的改革，放弃了中原华夏民族的宽衣博带和战车战术，换以短衣紧袖、皮带束身、脚穿皮靴的胡服和单人骑兵战术，国力大强。赵于东北攻灭了中山国，西北打败了林胡、楼烦。在北边新开辟的地区设置了云中（今呼和浩特托克托县）、雁门（今山西忻州市代县）、代（今河北蔚县）三郡，并从今天的河北张家口到内蒙古巴彦淖尔盟五原县修筑“赵长城”，使赵国最终成为战国七雄之一。赵国自前 453 年分晋建赵，至前 228 年为秦所灭，共经历了 225 年的发展历程。

再看韩国的开拓。其先定都平阳（今临汾市西北），前 416 年迁都宜阳（今河南省宜阳西南），后来又迁阳翟（今河南省禹县），前 317 年，韩哀侯灭郑，又迁都新郑（今河南新郑）。《汉书·地理志》云：“秦既灭韩，徙天下不轨之民于南阳，故其俗夸奢，上气力，好商贾渔猎……”也就是说，秦灭韩后，韩地移民甚多。韩国北临魏赵，东有齐，南有楚，西有秦，四面受敌。幸而韩国以其著名的兵器——弩，为各国所畏惧。所谓“天下之强弓劲弩皆从韩出”，韩国的弩能射 800 米之外，“远者括蔽洞胸，近者镝弇心”①。前 375 年，韩便曾以其厉兵灭了中原传统古国郑国。而韩国国势最强要数韩厘侯在位之时。他用法家的申不害为相，内政修明，国成小康之治。

最后看魏国的开拓。其最初定都安邑（今山西夏县西北禹王村），经魏文侯、魏武侯两代国君的努力，魏国变法革新，国富兵强，西遏强秦，南伐荆楚，东雄田齐，北灭中山，尤其是魏武侯攻取了郑、宋、楚三国间的大片土地，又于武侯五年（前 391 年），组织三晋联军再次攻楚，攻占了大梁（今河南开封市北）、榆关（今河南中牟南）、鲁阳（今河南鲁山县北）等地，把魏国的疆域扩展到黄河以南，称雄中原长达半个世纪之

① 《战国策·韩策一》。

久。随着魏国统治区域向东部的扩展，为了加强对东方诸侯的控制和有效地统治东部地区，魏国于魏惠王六年（前 364 年），把都城从西部的安邑迁至东部大梁（今河南开封市）。从此，魏国的政治中心发生了转移。魏惠王迁都大梁，实现了魏国政治中心的东移，这对于促使魏国把霸业推向顶峰确实起了重要的作用，但是却为西秦的迅速崛起和问鼎中原创造了有利的时机。魏国自前 453 年分晋建国，至前 225 年被秦所灭，共经历了 228 年的发展历程。

这样，三晋疆域最大的时候，除了占有今山西省的全部之外，还据有今河北省的大部、河南省的大部、陕西省的东部、北部有内蒙古自治区南部的部分地区。这么大的地域范围在为夏、商、周、楚、越民族，以及部分蛮、夷、戎、狄各族群互动、磨合、整合和融合成华夏民族的同时，也为山西人的孕育构筑了成长的摇篮。对于这个时期的民族融合促进华夏民族的形成，以及山西人的孕育有关的移民，安介生作了整体的分析，他认为：

> 与晋国及三晋（韩、赵、魏）发展与扩张相关的迁移。这类迁移主要发生在今天山西境内。一是由晋国国都迁移而引起的国人的迁移。首先，从古唐国的开始，到向翼、故绛、新绛等地的迁徙，晋国国都作为最重要的聚居中心区经过多次迁移，晋国公族及士民必然随着国都转移而迁移。二是由晋国扩张兼并引起的移民。最初，姬姓诸国大都集中在山西南部地区，晋国的发展首先是从兼并这些姬姓国家开始，这种兼并本身就是人口分布的再调整。姬姓国家又处于戎狄之国的包围之中，晋国领土的拓展正是与戎狄之众争夺土地的过程。这种扩张必然引起以下几种类型的人口迁移，一是大量戎狄人口被掠进入晋人聚居区（主要为晋南地区）；二是晋国士民向新占领的地区移居；三是戎狄之民的外迁。晋国及三晋的最终胜利宣告了华夏族向山西各地区移居的完成，戎狄之民要么退却，离开山西地区，要么在长期与晋人杂居之后，与华夏族人融而为一了。①

① 安介生：《山西移民史》，山西人民出版社 1999 年版，第 41—42 页。

四　从秦汉到魏晋：山西人的童年

历史的运行是有其自身的规律的，山西人的形成与汉民族的形成有着不可分的同步关系。《汉民族史记》第 1 卷已详述了汉民族形成和发展的历史过程，从中我们可以清晰地看到汉民族形成的时空是在中原，主要在黄河中、下游地区，这中间包括了山西在内。而汉民族的发展，则是一个南北共进的过程，即北方是少数民族入主中原，在与汉民族互动中汉化，重新改造汉民族的过程；南方是中原汉民族南迁，在与南方少数民族互动中融合了部分少数民族，壮大汉民族的过程。正是这种滚雪球式的发展，汉民族才从多元走向了更大的一体。也就是在这个过程中，山西人随着汉民族在北方的重构而进入了自己的童年。

（一）山西人与匈奴的互动融合

山西人的重构首先是与匈奴的互动融合。

1. 西汉时匈奴的迁入开始改变了山西的民族结构

汉武帝时，匈奴人大批南迁，西汉政府设置属国予以安置，其中安置在山西境内的匈奴王侯有：元朔四年（前 125 年）安置匈奴相国襄城侯桀龙在上党襄垣（晋东南襄垣县）；元狩二年（前 121 年）安置匈奴王下麾侯谇毒尼在河东猗氏（运城临猗县）。这就开始改变了山西的民族结构。

王莽篡政时，乱改朝纲，致使汉匈关系恶化，匈奴单于又大举南下。始建国三年（11 年）后，“单于历告左右部都尉、诸边王人塞寇盗，大辈万余，中辈数千，少者数百，杀雁门、朔方太守、都尉，略吏民、畜产不可胜数，缘边虚耗”[①]。从而造成边地汉人北奔匈奴，《汉书 · 匈奴传》中所云“边人”自然包括山西中北部地区的百姓，而且在自愿投奔匈奴的汉人中，山西中北部居民应占相当高的比例。[②] 这种双向的移民，进一步改变了山西的民族结构。

2. 东汉时匈奴的迁入进一步改变了山西的民族结构

及至东汉，据《后汉书 · 南匈奴列传》的记载，匈奴侵袭山西地区的记载很多：如光武帝刘秀即位初，匈奴数与卢芳等共侵北边。建武九年

---

① 《汉书 · 匈奴传》。

② 安介生：《山西移民史》，山西人民出版社 1999 年版，第 49 页。

（33 年）遣大司马吴汉等击之，经岁无功，而匈奴转盛，钞暴日增。又如建武十三年（37 年），匈奴遂寇河东，州郡不能禁。再如建武二十年（44 年），匈奴入侵至上党、扶风、天水。北边无复宁岁。从这些记载中我们可以看出，西汉时期匈奴对山西地区的进袭最远至晋阳城下，即今天晋中地区中部。而到东汉初年，匈奴骑兵很轻易地横扫到河东、上党地区，即今临汾、运城、晋东南三地区。这时，山西汉人为了避难，不是北奔而是就近内徙了。《后汉书·光武帝纪》云：建武九年（33 年），“徙雁门吏人于太原”；建武十年（34 年），“是岁，省定襄郡，徙其民于西河”[①]；建武十五年（39 年）二月，“徙雁门、代郡、上谷三郡民，置常（山）关、居庸关以东”，《后汉书集解》引惠栋曰：“徐志记此次迁民总数达六万余口”；建武二十年（44 年），“是岁，省五原郡，徙其吏人置河东”。从上述记载得知，东汉初年边民内徙安置的主要地区为今山西与河北地区，而雁北属受侵扰严重的边区，故对于今山西地区而言，东汉初年的内徙边民便有两种安置类型：一是其他边区的百姓大量迁入山西中部和南部地区；二是雁北地区的不少民户进入今河北省。这种波浪式的迁徙不仅打破了“边民不得内徙”的常规[②]，而且又为匈奴人进入这些地区提供了不可多得的机遇。“匈奴左部遂复转居塞内”[③]。建武二十六年（50 年），东汉政府允许南单于入居云中，并置匈奴中郎将将兵护之。[④]《后汉书·南匈奴列传》云：“使中郎将段彬及副校尉王郁留西河拥护之，为设官府、从事、掾史。令西河长史岁将骑二千、弛刑五百人助中郎将卫护单于，冬屯夏罢，自后以为常。”东汉西河郡包括今黄河西岸吕梁地区的大部。这是一次对山西地区的大规模的合法入居。当时南匈奴各部的分布情况是：使韩氏骨都侯屯北地，右贤王屯朔方，当于骨都侯屯五原，呼衍骨都侯屯云中，郎氏骨都侯屯定襄（位于山西省北中部，今忻州市所辖），左南将军屯雁门（位于山西代县），要籍骨都侯屯代郡，皆领部众为郡县侦罗耳目。[⑤] 光武帝在允许南部匈奴南下的同时，“悉复缘边八郡”[⑥]，也重新恢

---

① 李贤注曰：西河，郡名，今石州离石县。

② 《后汉书·张奂传》。

③ 《后汉书·南匈奴列传》。

④ 《后汉书·光武帝纪》。

⑤ 《后汉书·南匈奴列传》。

⑥ 《后汉书·光武帝纪》。

复了被迫放弃的缘边郡县的设置，下令遣返原边民内徙者。《后汉书·光武帝纪》载：建武二十六年（50 年），“于是云中、五原、朔方、北地、定襄、雁门、上谷、代八郡民归于本土，遣谒者分将弛刑，补治城郭。发遣边民在中国者，布还诸县，皆赐以装钱，转输给食”。李贤注引《东观记》曰：“时城郭丘墟，扫地更为，上悔前徙之。”这种边区都处于恢复重建的局面，促进了山西汉民族与匈奴的互动、磨合、整合和融合。这样，东汉时山西的民族结构得到了深入的整合。

3. 魏晋南北朝时匈奴的迁入从深层次上改变山西的民族结构

经两汉至三国，山西中部及南部已成为南迁匈奴人最集中的聚居区，南匈奴也完成了由“塞外虏”向“并州胡”的演变。内迁匈奴人已覆盖了山西绝大部分地区。[①]《晋书·北狄匈奴传》云：

> 建安中，魏武帝始分其众为五部，部立其中贵者为帅，选汉人为司马以监督之。魏末，复改帅为都尉。其左部都尉所统可万余落，居于太原故兹氏县（吕梁汾阳）；右部都尉可六千余落，居祁县（晋中祁县）；南部都尉可三千余落，居蒲子县（临汾隰县）；北部都尉可四千余落，居新兴县（忻州市）；中部都尉可六千余落，居大陵县（文水县东北）。

可见，匈奴五部之众所居涉及今山西忻州、晋中、吕梁、临汾四个地区，而以晋中地区为其中心。对此，《晋书·刘元海载记》云，作为匈奴王族中坚力量的刘氏主要居留在晋中地区，“刘氏虽分居五部，然皆居于晋阳汾涧之滨”。刘渊（元海）之父刘豹正是於扶罗单于之子、呼厨泉单于之侄。与此同时，河东地区也有匈奴人的分布，南部三千余落即居于蒲子县（临汾隰县），蒲子县地处汾河之北，故而魏正始八年（247 年），“分河东之汾北十县为平阳郡”[②]。自秦置河东郡（包括今运城和临汾地区）以来，这是第一次内部分区，这也可算作匈奴人内迁对山西地区行政区划产生影响的一个表现。[③]

---

① 安介生：《山西移民史》，山西人民出版社 1999 年版，第 94 页。
② 《三国志·魏书·三少帝纪》。
③ 安介生：《山西移民史》，山西人民出版社 1999 年版，第 59 页。

西晋初年，塞外匈奴内附的记载还有不少，《晋书·北狄匈奴传》云：太康五年（284 年），匈奴胡太阿厚率其部落二万九千三百人归化；太康七年（286 年），又有匈奴胡都大博及萎莎胡等各率种类大小几十万余口，诣雍州刺史扶风王司马骏降附；太康八年（287 年），匈奴都督大豆得一育鞠等复率种落大小万千五百口来降。值得注意的是《晋书·北狄匈奴传》所列匈奴与山西汉人杂居之郡有平阳、西河、太原、新兴、上党、乐平等，均在今山西境内。而且这时上党地区（即今晋东南地区）也有大批匈奴人迁入。这样一来，我们看到就山西全境而言，除句注山以北（雁北地区）与汾河以南（河东郡）的地区外，其他区域基本上已变为“狄庭”了。对此，文献记载，到建安年间（196—220 年），匈奴五部之众合计 3 万余落，以每落 5 人计，山西境内的匈奴部众至少已有 15 万人。西晋初年，塞外匈奴向山西境内的迁居一度形成高潮，仅《晋书·北狄匈奴传》载，内迁的匈奴部众就接近 15 万人，估计多数转入了山西境内，前后累计，山西境内的匈奴人至少有二三十万之众。又据《晋书·刘聪载记》载，刘聪即位后，进一步完善了各种制度，并实行“胡汉分治”，设置“单于左右辅，各主六夷十万落，万落置一都尉”。所谓“六夷”即指除汉族外以匈奴部众为主体的其他部族之人，以每落 5 人计，刘氏汉国所辖“六夷”之众应在百万人左右。刘氏汉国兴盛之时，辖境主要集中于山西中南部。因此，西晋末年山西境内的匈奴人有一百万人左右。[①] 数量如此庞大的匈奴族群，分布于如此广袤的区域，与山西人交错杂居，互动磨合，进而整合和融合，必然会对山西人的结构产生深刻的影响。这种影响深刻的程度，安介生有一个精当的评估，他说：

> 在漫长的南北对峙与对抗之后，匈奴人南迁山西的步伐并不快，至少跨越整个东汉，长达 200 多年。不过这一入居相当彻底，除晋南汾水以南的地区外，匈奴人基本覆盖了整个山西地区。另外，匈奴人入居山西，并不是依靠武力的强大，而是在中原政权的允许下自发而缓慢地渗透，这在山西移民史上是不多见的，故其影响也是相当深远的，与后来其他入居山西的少数民族相比，这一特征更加值得

① 安介生：《山西移民史》，山西人民出版社 1999 年版，第 63—64 页。

重视。①

（二）山西人与羌人的互动融合

从两汉到隋唐，迁入山西，与山西人互动融合的还有西戎中的羌人。

据安介生研究，东汉开国不久，由西羌所构成的“边难”对汉帝国的威胁已不亚于匈奴。在进行武力征讨之后，东汉政府采用了内徙降人以弱其势的策略。较早的有建武十一年（35 年）后，马援将降众徙置天水、陇西、扶风三郡。② 内徙的安置区域似乎并不仅限于此，江统在《徙戎论》中即云：“建武中，以马援领陇西太守，讨叛羌，徙其余种于关中，居冯翊、河东空地，而与华人杂居。数岁之后，族类蕃息，既恃其肥强，且苦汉人侵之。”东汉河东郡（包括今山西运城地区和临汾地区）在地域上紧毗关中，同属司隶校尉部。可见羌人已迁入山西。还如永平元年（58 年），窦固、马武在击破滇吾种羌后，徙七千口置三辅。③ 与前同理，这些羌人也有部分进入山西南部和西部。这样，山西西部靠近黄河的区域就有相当数量的羌人迁入，故成为有名的羌人聚居地之一，著名种类有虔人种。

在东汉军队多次强有力的打击下，反叛羌人破败之余，大量降附，入居汉地的数量相当可观。但是他们备受欺凌，“时诸降羌布在郡县，皆为吏人豪右所徭役，积以愁怨”。于是在东汉永初元年（107 年），内附群羌大反叛，其中最有名的首领是滇零。滇零等自称“天子”于北地，召集武都、参狼、上郡、西河、诸羌，“东犯赵、魏，南入益州”④。可见，羌人“东犯赵魏（即今河北中南部地区）”，从西河到赵魏，必要横贯山西，山西中南部地区必然蒙受袭扰，河东地区尤为突出，如《后汉书·西羌传》载：永初五年（111 年）“羌遂入寇河东，至河内，百姓相惊，多奔南度河”。东汉侍御史任尚曾击众羌于上党羊头山⑤，也可为一证。

有意思的是在羌人袭扰之时，山西境内的匈奴族反而站在东汉军队这一边，如元初三年（116 年），度辽将军邓遵率南单于及左鹿蠡王须沈万

① 安介生：《山西移民史》，山西人民出版社 1999 年版，第 94—95 页。

② 《后汉书·西羌传》。

③ 同上。

④ 同上。

⑤ 同上。

骑击破羌众后，封须沈为破虏侯。之后，羌人力量大耗，“于是西河虔人种羌万一千口诣邓遵降”[①]，致使大批入降的羌人居留在并、凉一带。永和四年（139 年），大将军梁南告诫即将赴任的并州刺史来机等人道：“……其务安羌、胡，防其大故，忍其小过。”可是来机等人“天性虐刻，遂不能从，到州之日，多所扰发”。[②] 可见，在羌人的袭扰被击败之后，并州（包括今山西大部）也成为羌人的主要入居地之一[③]。这无疑为山西人的重构增添了新鲜血液。

（三）山西人与乌桓和鲜卑人的互动融合

从两汉到隋唐，参与山西人重构的还有东胡中的乌桓和鲜卑人。

东汉是一个民族多元互动的时代。继匈奴人之后，在塞外漠南的辽阔原野上迅速崛起的是“东胡”后裔——乌桓和鲜卑。

乌桓与汉民族的关系由来已久。汉武帝时，霍去病在击走匈奴之后，置护乌桓校尉监领之，于是，乌桓部众较早地入居辽东一带。东汉光武末年，大约在南匈奴南下降附的同时，乌桓也在东汉政府的允许下，入居塞内，迁入山西的许多地区，史载：“建武二十五年（49 年），乌桓大人郝旦等九千余人率众诣阙，封其渠帅为侯王者八十余人，使居塞内，布列辽东属国、辽西、右北平、渔阳、广阳、上谷、代郡、雁门、太原、朔方诸郡界，招来种人，给其衣食，置校尉以领护之，遂为汉侦备，击匈奴、鲜卑。”[④] 在这里，乌桓安置地区与今山西有关的是代郡、雁门、太原三郡，即今雁北、忻州、晋中三大地区，已相当深入了。后来，山西这些地区逐渐成为乌桓固定的家园，甚至这些地区的名称成为当时人划分乌桓部众的名号。如东汉安帝永初三年（109 年）秋，“雁门乌桓率众王无何，与鲜卑大人丘伦等，及南匈奴骨都侯，合七千骑寇五原”[⑤]。这里所云“雁门乌桓率众王无何”，必为居留于雁北地区的乌桓部落的一位首领。

乌桓的第二次大规模南下发生在东汉建安年间。建安十二年（207 年），曹操亲统大军北征乌桓，取得决定性的胜利，“首虏二十余万人”[⑥]。

---

① 《后汉书·西羌传》。

② 同上。

③ 安介生：《山西移民史》，山西人民出版社 1999 年版，第 64—66 页。

④ 《三国志·魏书·乌丸鲜卑东夷传》裴松之注引。

⑤ 《后汉书·乌桓鲜卑列传》。

⑥ 同上。

在此之前，阎柔已率不少鲜卑、乌桓人归降曹操，被任为乌桓（或为乌丸）校尉。在这次重大胜利后，史载阎柔所统幽州、并州乌桓万余落，“悉徙其族居中国，帅从其侯王大人种众与征伐”①。这也就是说，在这次重大胜利后，曹操为防止变乱再起，以及让乌桓骑兵作为自己四处征讨的得力的帮手，将原来居留在幽州、并州地区边缘地带的乌桓部众向内郡迁徙，“悉徙其族居中国”，这其中必定包括山西的大部分地区。

乌桓的大量内徙，使山西的民族结构更趋复杂。这里曾发生过一个哀婉悱恻的爱情故事，《魏略》云：“（建安）二十二年（217 年），太祖拔汉中诸军，还到长安；因留骑督太原乌丸王鲁昔，使屯池阳，以备卢水。昔有爱妻，住在晋阳。昔既思之，又恐遂不得归，乃以其部五百骑，叛还并州，留其余骑置山谷间，而单骑独入晋阳，盗取其妻。已出城，州郡乃觉。吏民又畏昔善射，不敢追。（并州刺史梁）习乃令从事张景募鲜卑，使逐昔。昔马负其妻，重骑行迟，未及与其众合，而为鲜卑所射死。”这个故事告诉我们当时入居汉地乌桓人的坎坷遭遇。所谓“太原乌丸王”也就是居留于并州地区乌桓部落的首领，他虽然被射杀，但其部众一般还会居留在此地区。又如当时裴潜为代郡太守，面临的形势是另一番景象。“乌丸王及其大人，凡三人，各自称单于，专制郡事。”裴潜外宽内严，诛杀郡衙中与乌丸勾结的官吏，重挫了乌丸首领的气焰，境内大治②。裴潜离任后，代郡乌桓复叛，请求归附于鲜卑大人扶罗韩，实际上他们并未离开山西，因为这时鲜卑也已大量迁入雁门了。

鲜卑与乌桓同属“东胡”，但鲜卑的族群结构比乌桓复杂得多，大而言之分“东部鲜卑”和拓跋鲜卑两大族群。与山西人的形成有关的是“东部鲜卑”。在当时北方少数民族分布的态势下，鲜卑人南下侵掠，首当其冲的是山西雁门和代郡。《后汉书·乌桓鲜卑列传》记载：元初五年（118 年）秋，代郡鲜卑万余骑遂穿塞入寇，分攻城邑，烧官寺，杀长吏而去；延光元年（122 年）冬，鲜卑复寇雁门、定襄，遂攻太原，掠杀百姓；永建元年（126 年）秋，鲜卑其至鞬寇代郡，太守李超战死。可见，鲜卑的迁入，为山西人的重构又开始增添了新的血液。

---

① 《后汉书·乌桓鲜卑列传》。

② 《三国志·魏书·梁习传》裴松之注引。

到了东汉末年，当檀石槐充当鲜卑部落首领时，东部鲜卑的力量进一步崛起，其“尽据匈奴故地，东西万二千余里，南北七千余里”。“至灵帝时，大钞略幽、并二州。缘边诸郡，无岁不被其毒。”[①] 魏文帝曹丕即位后，鲜卑族群主要分为两大对立派别：一支以单于步度根为主在南。史载单于步度根“部众稍寡弱，将其众万余落保太原、雁门郡”。“至黄初五年（224 年），步度根诣阙贡献，厚加赏赐，是后一心守边，不为寇害。”[②] 步度根因此而成为“保塞鲜卑大人”[③]。《三国志 · 魏书 · 牵招传》载：当时“鲜卑大人步度根、泄归泥等与轲比能有隙，将部落三万余家诣郡（雁门郡）附塞”。鲜卑步度根部迁居山西的范围包括今山西忻州、晋中地区，人口数量也相当可观，达“三万余家”，起码有数万之众。另一支以大人轲比能为首在北。史载轲比能部的活动区则主要在塞外，时降时叛，势力更加强大，“控弦十万余骑”[④]。

其实，早在曹魏初年，陉岭已成为中原政权的北方边界，此线以北（包括今雁北地区）已成为北方少数民族驰骋的天地。步度根所保之塞也只是今天的内长城一线。在魏青龙元年（233 年）鲜卑两部合流后，曾联合“寇钞并州，杀掠吏民”。在魏军的征讨下，鲜卑大人泄归泥将其部众归降，被授“归义王……居并州如故”[⑤]。可见，此后很大一部分鲜卑人又重新回到了并州，进入了今山西地区中部。所以，从曹魏末年乃至西晋年间，史载中的鲜卑部众基本上都在向山西地区聚拢，几乎每一种落都在山西地区出现了[⑥]，而且数量庞大，居留区域十分广泛，其声势已远远超过乌桓[⑦]。

从两汉到魏晋，塞外匈奴大量内迁，总数在 30 万人以上。羯族随匈奴迁入山西，集中于上党的武乡（今榆社北），被称为“匈奴别部”。鲜卑族集中于代县、大同。山西人的形成童年期是在与迁入山西的匈奴、羯、羌、乌桓和鲜卑的互动、磨合、整合和融合之中走过来的。

---

① 《三国志 · 魏书 · 乌丸鲜卑东夷传》裴松之注引。

② 《三国志 · 魏书 · 乌丸鲜卑东夷传》。

③ 《三国志 · 魏书 · 明帝纪》。

④ 《三国志 · 魏书 · 乌丸鲜卑东夷传》。

⑤ 同上。

⑥ 《三国志 · 魏书 · 牵招传》。

⑦ 安介生：《山西移民史》，山西人民出版社 1999 年版，第 67—72 页。

五　从北朝到隋唐：山西人的形成

魏晋以后，山西经历了历史上最动乱、最动荡的“五胡十六国”和北朝①时期，也是山西人形成的最后一跳。

“五胡十六国”时期，山西处在这一全过程的各种力量、各种政权角逐聚合的交汇地。在少数民族内迁的大潮中，山西是抗击少数民族入侵的前沿阵地。五胡各族中除氐族外，其余都是从河北、山西进入中原的。南匈奴、鲜卑、羯等族进入中原以后，主要聚集在山西的北部、西部和中部地区。从西晋末年开始，迁入中原的少数民族，在汉民族传统的繁衍生息之地“大闹天宫”，不仅推翻了汉族的中原王朝，并且建立了少数民族为主的地方政权，中国进入了“五胡十六国”② 的历史轨道。

首先在山西建立政权的是匈奴刘渊建汉。304 年，北部匈奴刘渊乘西晋内乱机会，起兵反晋，在汾河流域建汉国，自称“汉王”，308 年称帝，迁都平阳（今山西临汾县西南）。318 年，羯人石勒与汉国争夺地盘，攻陷平阳，刘曜被迫迁都长安，改国号为赵，史称前赵或曰汉赵，在平阳立国 10 年的汉国宣告结束。对山西人的形成有影响的是从刘聪即位后开始，刘氏汉国的军队即四处征讨，抢掠人口，向平阳一带集中。《晋书·刘聪载记》年：永嘉四年（310 年）刘聪军队攻克洛阳后，“纵兵大掠，悉收宫人、珍宝”，“迁（晋怀）帝及惠帝羊后、传国六玺于平阳”。永嘉六年（312 年）攻陷长安后，刘曜“驱掠（长安）士女八万余口，退还平阳”。在攻陷三渚（河南孟县南）后，迁其二万余户于平阳县。由于大规模的

---

① 北朝（386—581 年）是我国历史上与南朝同时代的北方王朝的总称，其中包括了北魏、东魏、西魏、北齐、北周等数个王朝（继承北周疆域的隋由于灭亡南朝陈，完成了统一大业，所以没有被称作北隋，而是被后世单独称为隋朝）。北朝结束了我国从八王之乱起将近一百五十年的中原混战的局面。后世的隋唐两朝都是继承了北朝，他们的开国皇帝们的祖先都是北朝名贵，并且又从军事和政治制度等各个领域都沿袭北朝并加以更好的发展和创新。

② 五胡十六国（304—439 年），自 304 年刘渊及李雄分别建立汉赵（后称前赵）及成汉起至 439 年北魏拓跋焘（太武帝）灭北凉为止。范围大致上涵盖华北、蜀地、辽东，最远可达漠北、江淮及西域。在入主中原众多民族中，以匈奴、羯、鲜卑、羌及氐为主，统称五胡。十六国为五胡和汉民族的河西张氏建立的前凉、后凉、南凉、西凉、北凉、前赵、后赵、前秦、后秦、西秦、前燕、后燕、南燕、北燕、胡夏、成汉等十六国，此外还有在当时具有较大影响的仇池、代国、高句丽、冉魏、西燕、吐谷浑、谯蜀和内迁丁零之翟魏等，实际远不止十六国，其中谯蜀、前凉、西凉、北燕、冉魏等国均系汉民族所建。

驱掠和周围百姓的归附，刘氏汉国在以平阳为中心的区域里聚集了相当庞大的人口。刘聪“置左右司隶，各领户二十余万，万户置一内史，凡内史四十三。单于左右辅，各主六夷十万落，万落置一都尉”[①]。

接着是石勒建赵。汉光初二年（319 年）十一月，石勒称赵王，以河内二十四郡，二十九万户为赵国。史称石勒赵国为后赵。按《禹贡》复冀州之境，罢并、朔、司三州，通置部司以监之，其郡治与今山西地区相涉的有上党、乐平、定襄等郡。后赵至 351 年亡国，历时 33 年。赵国的都城虽建在襄国（今河北邢台），今山西大部分地区皆为石勒赵国所辖，对山西人的形成有较大的影响，如石勒统治中心区（今河北中部）所辖百姓的很大一部分是来自山西境内的汉族移民。又晋永和五年（349 年），石虎病死，后赵一片混乱，天灾人祸，出现了境内百姓的大逃亡，《晋书·石季龙载记下》载：“青、雍、幽、荆州徙户及诸氐、羌、胡、蛮数百余万，各还本土，道路交错，互相杀掠，且饥疫死亡，其能达者十有二三。诸夏纷乱，无复农者。”对此，山西移民史专家安介生评论说：“这是一次震撼天下的大动荡，后赵国因此分崩离析，烟云散。如此大规模的逃亡对山西境内人口分布必然造成相当严重的冲击。这是因为后赵末年大逃亡的主体，就是石虎即位初期所迁徙的那些人口，这些人口有相当一部分被安置在今山西境内，在大动乱中他们中的绝大部分会离开山西。由于河北地区的混乱，原来自愿进入或被迫迁入河北地区的山西百姓也极有可能回到太行山以西，特别是文献中提到的‘胡’人。”[②]

再就是慕容建燕。后赵于永宁二年（351 年）被汉族冉闵推翻，建立冉魏政权。但为时不久，冉魏就为南下的鲜卑慕容部于晋永和八年（352 年）所灭。鲜卑慕容儁建前燕。前燕虽先都于蓟（今北京市），后又迁都于邺岭（河北临漳），统一了北方，但对山西人的形成影响也不小，因慕容氏政权兴起的契机是在后赵灭亡之时，后赵的残余势力有一部分盘踞在山西，最具实力的要算张平。“张平跨有新兴、雁门、西河、太原、上党、上郡之地，垒壁三百余，胡、晋十余万户，遂拜置征、镇，成鼎跱之势。”张平所据范围大致相当于今山西忻州、吕梁、晋中与晋东南诸地区之和。境内汉族与少数民族合计户数达十余万，这基本上就是后赵末年山

① 《晋书·刘聪载记》。

② 安介生：《山西移民史》，山西人民出版社 1999 年版，第 87 页。

西（除晋南与雁北外）地区人口之状况。这些民户基本上依垒壁而居。在燕国军队的进攻下，张平逃往平阳，其所据地区民户又成为前燕国的子民[①]。又据《晋书·慕容俊载记》载：永和六年（350年）慕容氏军队“徙广宁、上谷人于徐无，代郡人于凡城（今河北平泉县南）而还”。至此慕容氏军队之兵锋已掠及山西地界。357年，“匈奴单于贺赖头率部落三万五千降于俊，拜宁西将军、云中郡公，处之代郡平舒城（今山西广灵西）”[②]。可见，前燕统一北方的时间仅18年（352—370年），但却是山西在十六国时最动荡的一个时期，也是山西人形成过程中汉与匈奴、羯、鲜卑互动，磨合、整合和融合最复杂的一个阶段。

最后是拓跋建魏。晋永嘉二年（308年），鲜卑拓跋猗卢总摄拓跋三部，重新统一了拓跋部，这时晋朝“八王之乱”正愈演愈烈，那时，刘琨将马邑（今朔州市镜）、阴馆（今朔县东南）、楼烦（今原平县境）、繁峙（今繁峙县）、崞县（今浑源县西二十里麻庄）5个县的汉民族居民迁于陉南[③]，猗卢则迁10万拓跋部于陉北，此即《魏书·序纪》所云：“帝乃徙十万家以充之”[④]。于是鲜卑拓跋部拥有北部山西的大部分河山。晋建兴二年（314年），西晋愍帝加封猗卢为代王，这时拓跋部开始设置官属，“明刑峻法”，与山西汉人互动、磨合，开始走上了汉化的道路。

代国的发展十分曲折，代定盛乐为北都，建兴元年（313年）修秦汉故平城（今大同）为代国南都，建国三十九年（346年）前秦苻坚发兵击代。什翼犍兵败奔逃，被子寔君所杀，代国灭亡。但后来代国又被什翼犍的孙子拓跋珪重建于晋孝武帝太元十一年（386年）元月。这年四月，拓跋珪改代国为魏国，称魏王。

魏国的建立又拉开了山西各民族之间互动、磨合、整合和融合的新的一幕。史载“登国三年（388年），六月，大破库莫奚，获其四部杂畜十余；十二月，讨解如部，大破之，获男女杂畜数万；二月，至女水，讨叱突邻部，大破之；五年（390年）三月，袭高车袁纥部，大破之，虏获生

---

① 《晋书·慕容俊载记》。

② 同上。

③ 《资治通鉴·晋纪九》怀帝永嘉四年胡注。

④ 安介生认为《魏书》定“为十万家，恐为史臣的夸大”。刘琨《与丞相笺》记为“三万余家”，是他大致的估计。《资治通鉴》晋纪九怀帝永嘉四年，根据当时拓跋鲜卑发展的状况追记为“万余家”，是较为合理的。

口、马牛羊二十余万；十一月，车驾出讨刘卫辰。大破卫辰子直力鞮军于山南，获其器械辎重、牛羊二十余万”[①]。除了这些征讨以外，拓跋珪为了有效控制如此广大的地区，除了派军队镇守各战要地外，天兴元年（398年）又大举移民，《魏书·太祖纪》云：

> 春正月……车驾将北还，发卒万人治直道，自望都铁关凿恒岭至代五百余里。帝虑还后山东有变……徙山东六州民吏及徒何、高丽杂夷三十六万，百工伎巧十余万口，以充京师。

这次大迁徙的来源情况较为明确，即所谓“山东六州（今河北平原大部）”的吏民，也就是原后燕统治区的民户，安置地点主要还是在山西雁北地区。

天兴元年（398年）秋七月，北魏正式迁都平城（今山西大同）。于是，先前北魏政权强徙而来的大批人口，尤其是各级官吏与百工伎巧随之进入了雁北地区。与此同时，北魏为“实京师”而徙来的人口一般也都进入平城一带居留。《魏书·太祖纪》载，第一批向平城的移民发生在当年十二月，“徙六州二十二郡守宰、豪杰、吏民二千家于代都”。此次迁民应有数万人之众。据安介生估计，北魏从河北地区向雁北移民至少应在20万人以上[②]。于是，平城成了一座移民城市，山西各民族互动、磨合、整合和融合在雁北大同得到了深化。

这样，公元400年前，即北魏始迁都平城的几年中，正是平城地区人口骤增的时期。对于山西北朝时期复杂多变的移民，安介生有一个小结，他在《山西移民史》中说：

> 拓跋鲜卑代国原有人口就至少有40万左右，再加上后燕移民及高车部众，那么，平城地区人口合计有70余万人，这也就构成了北魏代都的最初的人口规模，如果按年增长率7%计算，经过80年之后，原有这批人口的数量便增至139.78万人。将80年移民过程中较复杂、规模不大的迁入与迁出的变化忽略不计，仅几次大规模的移民

---

① 《魏书·太祖纪》。

② 安介生：《山西移民史》，山西人民出版社1999年版，第116页。

数量就达 30 余万，那么，到北魏太和初年，平城地区的人口就将近 170 万人！可以说，这是该地区在中国古代史上人口数量的最高纪录。[①]

正如《三国演义》的开篇所云："话说天下大势，分久必合，合久必分"。中国历史从东汉建安二十五年，曹魏黄初元年（220 年）起，经历了魏晋南北朝 361 年的大分裂后，"分久必合"，终于隋开皇元年（581 年）迎来了新的统一。

这个新的大一统，从中华民族从多元走向一体的意义上看，是汉民族一次大的洗礼，在滚雪球中脱胎换骨，实现了重构；对于山西人的形成来说，也是一次洗礼，经过这三个半世纪的沧桑，迁入山西的匈奴、羌、乌桓、鲜卑、羯等民族与汉民族的互动、磨合、整合和融合，基本上都是以山西为中心进行的。他们在山西逐渐完成了汉化的过程，到隋唐时，迁入山西匈奴、羯、羌、乌桓、鲜卑诸族的名称，终于成为历史上的名词，从此不再见于文献的记载，汉民族在魏晋南北朝的血与火中涅槃重生。随着汉民族的重生，山西人最终形成，其标志是隋炀帝以李渊为山西河东道慰抚大使，山西之名始于此。据《新唐书·高祖纪》载，李渊曾官居山西河东慰抚大使；《旧唐书·高祖本纪》亦载：大业十一年（615 年）李渊受"命往山西河东黜陟讨捕"。这样，以太行山为基准的"山西"概念确定，山西人的名称也正式确定。

六　山西人的发展

历史是有惯性的。由于山西地处农耕文化与游牧文化交界之地，北方或西北少数民族的迁入一直没有停止过，所以山西人形成后，仍继续吸收不断迁入的少数民族。

在唐代，由于盛唐的疆域拓展和"安史之乱"，大量少数民族内迁，并州地区素号唐帝国的"北门"[②]，其中进入山西的有回纥人、沙陀人、铁勒人、稽胡人、党项人、室韦人等。如元和三年（808 年），沙陀首领朱邪尽忠与朱邪执宜（即李克用之父李国昌）不堪吐蕃的压迫，率部至

① 安介生：《山西移民史》，山西人民出版社 1999 年版，第 146—147 页。

② 同上书，第 194 页。

灵州归附唐朝，“众且万人”①。不久，范希朝转任河东节度使之后，奉命镇守太原，“因诏沙陀举军从之。希朝乃料其劲骑千二百，号沙陀军，置军使，而处余众于定襄川。执宜乃保神武川之黄花堆，更号阴山北沙陀”②。从此，沙陀部众的主体开始进入了山西地区，沙陀骑兵成为唐朝军队中的中坚力量，至唐太和年间（827—835 年），河东节度使柳公绰对沙陀的安置又进行了调整。“大和中，柳公绰领河东，奏陉北沙陀素为九姓、六州所畏，请委执宜治云、朔塞下废府十一，料部人三千御北边，号代北行营，授执宜阴山府都督、代北行营招抚使，隶河东节度。”③ 委任朱邪执宜治理云朔塞下废府，则雁北一带就正式成为沙陀人的地盘。据载柳公绰对沙陀的安置取得了成功，即《旧唐书·柳公绰传》所载：“陉北有沙陀部落，自九姓、六州皆畏避之。（柳）公绰至镇，召其酋朱耶执宜，直抵云、朔塞下……沙陀感之，深得其效。”及至中和元年（881 年）十一月，“代北二监军使陈景思奉诏赦沙陀部，许讨贼自赎。由是沙陀五部数万人南下，不敢蹈境（指并州），乃自岚、石（今吕梁一带）沿河而南”④。这样，沙陀骑兵奉诣南下，协助唐朝军队收复了长安，控制了关中地区。李克用以功代替郑从谠任河东节度使，李克用受诏后立即前往雁北迎接家眷。从此，沙陀人合法地入居山西中部地区⑤。凡此等等，在唐代迁入山西的北方少数民族大部分都在与山西人的互动、磨合、整合中“汉化”。

北方少数民族的迁入和融合，在北宋灭亡之后的金朝时期，依然在继续。金兵灭北宋后，指挥中原金军的左副元帅宗维曾驱兵大索南人，这些人后来被“尽以铁索锁之云中（今大同市），于耳上刺官字以志之，散养民间，既而立价卖之”。像安徽寿州（今凤台县）便有 450 人被掠卖。⑥这些人必定大多在当地居住了下来。到金朝迁都燕京后，随着女真人大量向关内迁移，其中有相当数量的女真人迁入山西的大同府和朔州府一带。同时还有大量的奚人迁入山西，至少有 9 猛安奚军人迁入山西的中部和南

① 《旧唐书·范希朝传》。

② 《新唐书·沙陀传》。

③ 同上。

④ 《旧唐书·郑余庆附从谠传》。

⑤ 安介生：《山西移民史》，山西人民出版社 1999 年版，第 195—199 页。

⑥ 《建炎以来系年要录》卷四〇。

部（时为河东）。[①] 这些大量迁入的女真和其他少数民族，凭着他们的优越特权，大量占据田地，造成了山西原居住民无田可耕而外迁。史载："山西田亦多为权要所占，有一家三口至三十顷者，以致小无田可耕，徙居阴山之恶地。"[②] 这些移民也在与山西人的互动、磨合、整合中"汉化"。他们说汉语、与汉人结成婚姻、改姓汉人之姓，加上生产生活习惯等方面的改变，其身份已很难简单地区别。所谓"今之燕饮音乐，皆习汉风"[③]，便是当时情形的写照。

还有，元朝在取得全国的过程中对于山西的大量移民。由于大同路（今大同市）和朔州（今朔州市）地近塞北草原，因而是蒙古人的主要迁入地之一。世祖至元元年（1264 年）随阿里不哥南迁的一部分蒙古移民迁入此两地，海都叛乱时南迁的 70 余万人也大多散居两地。后来，还以优惠政策招引更多的蒙古人迁入此地。[④] 另外在高平县等也有蒙古移民迁入。这些地区后来在蒙古人统一北方各民族过程中，也往往成为不同民族的迁入地。如蒙古灭西夏后，大同便是党项人的强制迁入地之一。由于蒙古人对京畿及其中书省辖地的晋冀两地在会试等方面都有特殊的政策，这些迁入山西的少数民族也都在与山西人的互动、磨合、整合中"汉化"。

山西人的形成和发展，可以说是汉民族形成和发展在中国北方的一个典型案例，其几乎浓缩了汉民族在北方滚雪球形成和发展的路线图。

第三节　山西人的人文特征

山西人过去俗称"老西儿"，也叫"老西""老西子"。为什么会有这样的称呼呢？有人解释说：

第一，和地理位置有关——山西在太行山以西；

---

① 《金史·兵志》。
② 《金史·食货志》。
③ 《金史·世宗纪》。
④ 《元史·世祖纪》。

第二，和山西人的习俗有关——山西人饮食离不开醋，醋的古称为“醯”，读音为xī（山西晋中一带现在仍有醯醋的说法），和“西”谐音；

第三，明清乃至民国时代山西生意人足迹遍及天下，山西商人给别人的印象是抠门，有钱舍不得花，显得寒酸。山西人其实是因为做买卖才落了这么个不太雅致的称呼。比如，吴趼人《二十年目睹之怪现状》里的人物“老西儿”就是一个开钱庄放账的角色。

其实山西人准确来说应该叫“老醯儿”，而不是“老西儿”。主要是因为“醯”字是属于山西人自己方言里自创的一个字体，在现在的字体中是没有的，所以现在说“老醯儿”都用“老西儿”代替了。①

山西人“正方脸，棱角分明，鼻短而大”，被人们俗称“老西儿”。其实，“老西儿”之称正是对质朴厚道、淳朴勤俭，男耕女织，远离奢华，但求温饱，过着恬淡生活，古朴得不事雕琢的山西人的形象概括。作为一个内陆的汉民族族群，特别是由北方少数民族与汉民族互动、磨合、整合和融合而形成的山西人，其文化带有更多的异质性，尤其是一些少数民族迁入较多的地区，这种异质性就更加明显。如忻州一带盛行摔跤便是源于蒙古族的习俗；兄终弟及婚则是北方游牧民族如匈奴等民族的遗习；刚毅剽悍也同样源于北方的游牧民族等。所以，山西人既是中国汉民族古老先民遗风最忠实的传承者，又是中国北方各民族或族群从多元走向一体最完美的融合体。

一　朴实厚道：山西人的特质

山西人从晋北到晋南莫不朴实厚道。例如：天镇“人性朴鲁”（《天镇县志》），怀仁“人性直朴”（《怀仁县志》），忻州“民性质朴”（《古志·忻州》），岢岚人“质朴无华”（《祝志·岢岚》），交城“人性朴实”（《穆志·交城》），沁源“民多质朴”（《沁源县志》），芮城人“朴实直憨”（《祝志·芮城》）。正因为山西人具有朴实厚道的秉性，所以“礼让文雅”也是山西人重要的性格特征。在许多古籍县志中都有这样的记载，

① 《老西儿》（http://baike.so.com/doc/453411.html）。

如《晋赋》载山西“士尚谦恭，民多醇古”，《古志·忻州》载忻州“士尚文雅”，《旧志》载太原人“尊卑有序，内外有序，亦庶科知礼者”，《山西通志》载晋中人“守礼好义”，《晋问》载临汾人“有温恭克让之德”①。据有的学者研究，山西方志中对于厚道与朴直概括的出现频率是山西人性格特征中最高的，达 26.1%。②

“聪明人做小买卖，老实人做大买卖”。这是山西“晋商”传给后代的古训，正是山西人朴实厚道、质朴憨厚、礼让文雅、善良真诚，不怕吃亏的“说老实话，办老实事，做老实人”的做人原则的概括。山西商人崇信尚义，名闻四海的晋商之所以能将生意越做越大，越做越红火，就因为他们忠厚诚实，讲究信义。晋商认为，经商“虽亦以营利目的，凡事则以道德信义为根据……故力能通有无……近悦远来”。像“贵忠诚，鄙利己，奉博爱，举善事”“平则人易亲，信则公道著，到处树根基，无往而不利”的警谕遍布。晋商严守诚笃与信义的行为准则，坚持义利统一，义利互惠和义利相促，提倡“君子爱财，取之有道”“信义为本，禄利为末”，告诫自己要“重信义，除虚伪，节情欲，敦品行，贵忠诚，鄙利己，奉博爱，薄嫉恨，喜辛苦，戒奢华”。明代晋商王文显就经营信誉教育其子说：“夫商与士异求而同心，故善商者处财货之场，而修高明之行，是故虽利而不污。”又如著名的晋商范永斗，就是由于“与己左通货财，久著信义”受到清政府的垂青当上皇商而获得厚利。梁启超曾说：“晋商笃守信用”，这揭示了晋商获得成功的法宝。③

所以，历史上山西票号财大气粗，其势力几乎左右全国的金融市场，但他们既不欺行霸市，也不以势压人，而是义中取利，同舟共济，互利互惠，尤其是对一些资金少、规模小的钱庄、店铺、典当、账局，他们不但不排挤，反而不时给予资金上的资助。这样，山西票号就避免了矛盾激化和一些不正当的竞争，而是凭借雄厚的资金、良好的信誉、灵活的经营和优质的服务，招徕了客户，扩展大量业务，从而风生水起，取得了一流的经济效益。如清末光绪年间，介休侯氏的个人资产高达 800 万两白银，可

① 韩向明、辛志勇、刘丽：《山西人性格特征研究》，载王茂林主编《山西人的性格与社会心理》，山西人民出版社 2010 年版，第 13 页。

② 辛志勇等：《山西人性格特质的初步研究》，《晋阳学刊》1994 年第 4 期。

③ 王继军、何建华：《晋商诚实信用法律文化特点研究》，《理论探索》2002 年第 4 期。

以说是山西商人的首富；太谷曹家财产有六七百万两，祁县乔家、渠家也都在三五百万两之上。仅这几户晋商的个人财产相加，便可偿付鸦片战争后中国向英国交付的全部赔款。①

其实，厚道就是纯朴、诚实而决不伪饰。大多数的山西人看上去就特别像中国的老农民，即使是城市里的人，也具有这种个性。关于厚道的性格，许多学者认为是来自厚重的汉族礼教，比如说儒学的影响等，但事实上，山西人的厚道更多地是来自天然而未经雕饰的农耕文化。这种文化的特点就是，越随着自给自足的农耕经济占有更大的比重，那么人性的天然的一面也就越大。在不依赖别人生存的环境中，就没有必要整天为了与别人发生关系或矛盾冲突而苦恼，人情味也就特别的浓烈。所以，山西人的朴实厚道还表现在许多民情风俗中。如拿待客来说，山西广大农村居民待客，不搞什么形式，而是实实在在：一大锅猪肉、粉条、豆腐烩菜，一壶烧酒，大碗的面或大个儿的馒头。更有极端的：在一些种植小麦极稀少的山区，待客时吃大碗的白面条，只加盐、醋，不准加调面用的菜，否则，便认为"掺了假"，会被邻居耻笑。山西人的"质朴憨厚"可见一斑。②

再讲远一点，三国时的关云长是山西人"忠"的模范代表，被历代皇帝册封为"关帝"，比岳飞的爵位"岳王"要高一个档次，山西解州"关帝庙"的规模也比"岳王庙"的规格大。关云长的"忠"的程度，的确没人可比，曹操给他高官厚禄、骏马美女，都留不住他，非要去找他那个落魄的刘备大哥。虽然关云长是千余年前的古人，但关云长的性格还是可以作为山西人性格的代表，这就是"忠厚老实"。恐怕是民性之故，山西历史上尽出忠臣，却很少出奸臣。中国历代的"汉奸排行榜"中，似乎没有几个山西人，这大概也是山西人"忠厚老实"的缘故吧。这是山西人最值得骄傲的事了。

二　勤俭耐劳：山西人的表象

表象是外物呈现的一种方式，山西人呈现给国人的印象就是勤俭耐劳。

---

① 董维涛：《一方水土一方人》，中国工人出版社 2003 年版，第 75—76 页。

② 韩向明、辛志勇、刘丽：《山西人性格特征研究》，载王茂林主编《山西人的性格与社会心理》，山西人民出版社 2010 年版，第 13 页。

关于山西人的节俭，在山西的许多方志中都有记载，如《祝志·山阴》载山阴人“俭约朴素，唯务农桑”，《神池县志》载神池人“务俭崇朴，衣唯韦布，食鲜膏粱”，《穆志·祁县》载祁县人“俗尚勤俭，男耕女织，殆无遗力”，《祝志·临汾》载临汾“其民甘粗粝，力稼穑，俭朴而不奢”[①]。此外，还有太原府“其风勤俭，不好词讼”。[②] 平阳府是“俭啬耳，甘辛苦，薄滋味，勤于耕织”[③]，等等。

山西人的“土”在国内是“有口皆碑”的，穿着上，蓝衣黑裤为主色调，头上扎的白羊肚毛巾，被看作陕晋人的象征；他们在饮食上不讲究，不求奢侈，但求温饱，住的也是土窑洞，吃的是土豆、粉条、面食和杂粮，除了主食刀削面外，似乎找不到第二个山西名吃。山西作家赵树理虽然不像鲁迅、巴金那样有名，在中国文学史上还是个值得一提的人物，因为他是“山药蛋派”文学的开山老祖。山西人比较保守，喜欢坚持中国老的传统风格，于是山西人的行为举止就成为“土气”的代表，陈永贵头上裹一块白毛巾，就被大家传为“土气”的笑料，但他在一个特殊的年代成为中国农民的标杆。

有人对于山西人的这种节俭性格特征在方志中出现的频率进行了研究，得出的结论是76.6%的县州有节俭的习俗，仅低于力耕织之风（78.7%），而事实上，所谓力耕织之风是节俭的前提，两者互为表里。[④] 所以，丰城朱氏《诗说》说：“唐（晋）俗勤俭，勤者生财之道，俭者用财之节。圣人教之，不越乎勤俭而已。”[⑤] 不努力耕织也就不知道劳动成果的来之不易，自然也就会缺乏节俭的这种性格特征。

忻州地区的人民勤劳、朴实极为突出。《五台县志》中记载“本县人老实忠厚，心地善良，有吃苦耐劳的精神”；《永乐大典》卷五二〇一载，五台人民“讼朴民淳，不尚浮靡，学务经书，民勤稼穑”；《代县志》记载“县人勤劳特点最为显著”；《岢岚县志》载“人民勤劳善良、老实忠厚、生活俭朴、待人纯真实感，不会客套虚伪”。在《贫困

① 韩向明、辛志勇、刘丽：《山西人性格特征研究》，载王茂林主编《山西人的性格与社会心理》，山西人民出版社2010年版，第12页。

② 嘉靖《太原府志》卷九，引《一统志》。

③ 成化《山西通志》卷二。

④ 张正明：《明中叶以来山西民风的变化》，《晋阳学刊》1995年第3期。

⑤ 胡朴安：《中华全国风俗志》上册，河北人民出版社1986年版，第28页。

与出路》一书中，用“勤劳老实”来形容岢岚人[①]；偏关人则以“勤劳朴实”著称[②]。

事实上，山西长期以来是一个农耕社会，由于自然条件特别恶劣，使他们的生存要比其他地方的农耕民族的人更为艰难。为了有足够的资源让自己活下去，就必须节俭以度日，决不能有任何的浪费。如忻州的很多县，像偏关、岢岚、保德、河曲、宁武都属于偏远山区，地理环境恶劣，故山西旧谣云：“河曲保德州，十年九不收，男人走口外，女人挖野菜。”正因如此，山西人世世代代为了解决温饱问题而辛勤地劳作，勤勤恳恳，脚踏实地地走上一代人走过的路，传上一代传下的品质，久而久之，就形成了一方地域生存者的一种鲜明的性格特征。因此，《山西通志》云：由于“地瘠则民劳而贫，自三帝三王以来，勤俭之俗未偿改过”，“河东地瘠民贫，风俗勤俭”，“晋有唐虞之遗风，其俗节财而俭啬”[③]。特别有价值的是，“山西人善积蓄，家有窖藏”。正是在节俭的基础上，山西人才形成了这样一种极强的节财储蓄风俗。而且这些节俭储蓄的意识，并非局限于家乡僻壤，就是在太原、大同、临汾、上党等昔日的通都大邑也基本若此。

正是在这种储蓄民俗的土壤上，滋生出了山西人曾经独领风骚于中国大地的金融意识，发明了票号，并使它独行于明清时代。所以山西商人可谓是勤俭耐劳的典范。有“天下第一乔”之称的祁县乔家，资产达千万两白银以上，属晋商中屈指可数的富商大贾。其最初财富是先祖乔贵发只身一人去塞外，靠磨豆腐一点点磨出来的，其创业艰难可想而知。乔家子孙为了守住祖先一点一滴积聚的家财，继承了祖先艰苦创业的精神。乔家发迹后只是在旧院里盖了个像样的四合院，教导子女要勤俭持家，绝不能奢侈浪费。到乔致庸时代，乔氏“在中堂”又比较明确地制定了家规家法，约束子弟。其家规主要是：一不准纳妾；二不准虐仆；三不准嫖娼；四不准吸毒；五不准赌博；六不准酗酒。乔家大院老宅门上的“慎俭德”三字，至今尚存。正是这几个字，让乔家在长达两个多世纪的经商岁月

① 纪馨芳主编：《贫困与出路》，中国统计出版社 1995 年版。

② 连一平：《忻州人的性格特点》，载王茂林主编《山西人的性格与社会心理》，山西人民出版社 2010 年版，第 89—90 页。

③ 伍豪：《可怕的山西人：晋商卓越经营智慧》，东北师范大学出版社 2011 年版，第73 页。

里，节约勤俭，创下了乔家偌大的家业。还有“大盛魁”的祠堂前和财神座前供奉着老祖宗创业时的一条扁担、两个货箱、一块石头、一碗稀饭。扁担是纪念创始人是以户挑贸易起家；货箱是创始人用过的装财物的木箱；石头是创业时曾经用做秤砣作为称银子的衡器；稀饭则是纪念当年三人曾因极度贫苦在除夕之夜合吃一碗稀饭的心酸。扁担、货箱、石头、一碗稀粥，警戒着后世子孙要牢记祖宗创业的艰辛，要保持勤俭节约之风。大盛魁人在大年三十晚所吃的年夜饭不是大家都要吃的象征团圆美满的饺子，而是每人喝一碗小米粥。平时，每当大摆酒席时，也总有一道独特的食物，那就是小米粥！大盛魁人对极普通的小米粥情有独钟，盛魁人都明白，“一粥一饭，当思来之不易；半丝半缕，恒念物力维艰”。他们长期供奉三件“硬东西”于财神像前的目的，就是以此传家宝来教育后代不忘艰苦创业的传统。①

三　外向内敛：山西人的特征

从民族心理学的视角去看山西人的人文特征，山西学者程人乾有深入的考察和精辟的分析，他认为：山西人性格具有外向开拓与内敛自守的两重性。这种两重性有时似影随形，形影不离；有时若即若离，或隐或现。山西人历史上和现实中的盛衰荣辱均与这种性格的两重性有关联②。这话说得极是。

确实，山西人的性格始终是个矛盾的统一体，既豪爽大气又愚顽固执，既质直侠气又保守悭吝，既有强悍的内质，又常常表现得胆小软弱，外向开拓与内敛自守这种两重性的人文性格③。这种两重性在山西古籍县志可得到证明，描述山西人性格特征的词目出现频率前十位为：朴实厚道、节俭勤劳、刚毅豪放、机智勇敢、保守恋土、愚昧迷信、喜争好斗、侈靡鄙啬、忧深思远，体现了外向与内敛的两重性。还有近现代史文献中描述山西人性格特征的词目出现频率前十位为：顽强坚毅、善于经营、热情随和、本分劳作、谨慎稳重、正直无私、地域观念强、敦厚朴实、忠诚

---

① 伍豪：《可怕的山西人：晋商卓越经营智慧》，东北师范大学出版社 2011 年版，第 7—9 页。

② 程人乾：《山西人的性格解读》，载王茂林主编《山西人的性格与社会心理》，山西人民出版社 2010 年版，第 2 页。

③ 同上书，第 1 页。

坦荡、豪爽大方，也体现了外向与内敛的两重性。而研究山西风俗习惯的的文章中，描述山西人性格特征的词目出现频率前十位为：粗犷豪放、质朴憨厚、勇武强悍、坚韧刚烈、热情慷慨、务实洒脱、善良真诚、幽默乐观、活泼和善、古朴深沉，也体现了外向与内敛的两重性。在山西作家、评论家的作品和论著中描述山西人性格的词目与前述大同小异，出现频率前十位为：勤劳勇敢、保守愚昧、节俭自私、纯朴厚道、认真踏实、耿直好强、善良知足、热情乐观、自尊自信、温文尔雅①，也体现了外向与内敛的两重性。

山西人外向与内敛的两重性的表现很多，有学者从文学折射的角度作了分析。如山西人性格中豪爽与细致的双重性，在中国第一部诗歌总集《诗经》中就依稀看到踪影。《诗经》中收入了“魏风”多篇。当时的“魏”就在山西南部，“魏风”就是山西南部的民歌。“魏风”中有两首传诵至今的名篇《伐檀》和《硕鼠》。其中《硕鼠》以一个饱受残酷剥削，无法在原地生活的农民身份，传达了要逃离当地另觅“乐土”的思想情绪。他把压榨农民，吃他“黍”“麦”“苗”的奴隶主称为“硕鼠”，形象生动而深刻。这说明，山西人即使在艰难困顿的生存状态下，既有强烈的反抗性，又有丰富的想象力，融豪爽与细致为一体。

又如柳宗元的为人淋漓尽致地显示了山西人的性格特征。一方面，艰辛坎坷的人生经历并未消磨掉他的开拓创新精神，“虽万受摈弃，不更乎其内”，是他内心的自白，写了《封建论》《六逆论》《天说》《天对》等政论，阐发自己的政治信念；另一方面，他的诗“言婉而情深”，他的散文尤其是山水游记如《永州八记》晓畅俊逸，他的寓言如《黔之驴》《永某氏之鼠》寓褒贬世事于幽默，是内容与形式完美统一的典范，有力地说明了他性格中有细致婉约的一面。

再如元代，出身解州（今山西运城）的关汉卿是中国古代最杰出的戏剧大师。他的性格也具有山西人豪放与细腻的两重性特征。他自称“是个蒸不烂、煮不熟、捶不扁、炒不爆、响当当一粒铜豌豆”。他最负盛名的代表作《窦娥冤》，通过描述一弱女子蒙冤屈死的事迹，表达了他慷慨悲歌、鞭挞现实的豪爽之气。而他的散曲则细腻缠绵、委婉动人，如

---

① 韩向明、辛志勇、刘丽：《山西人性格特征研究》，载王茂林主编《山西人的性格与社会心理》，山西人民出版社2010年版，第12页。

描写情人饯行的《沉醉东风》：“咫尺的天南地北，霎时间月缺花飞。手执着饯行杯，眼阁着别离泪。刚道声保重将息，痛煞煞教人舍不得，好去者，望前程万里！”

还如明初，太原人罗贯中创作的历史小说《三国演义》是中国四大古典文学名著之一，性格中豪放开朗与细腻生动的两重性在小说中也得到了绝好体现。且看《三国演义》的卷首词：滚滚长江东逝水，浪花淘尽英雄。是非成败转头空，青山依旧在，几度夕阳红。白发渔樵江渚上，惯看秋月春风。一壶浊酒喜相逢，古今多少事，都付笑谈中。这首词气势雄浑，内涵深刻，其思想穿透力是犀利而深入的，充分表达了他性格中豪放的一面。与此同时，他在书中对人和事的细节刻画上却又是细致入微，短小精悍，生动逼真，十分传神，如蒋干盗书、草船借箭、失街亭、华容道等，不一而足。[①]

文学上对山西人外向与内敛的两重性有如此生动形象的呈现，山西人还用自己的双脚作了表达，这就是“走西口”和“大槐树”。山西小调《走西口》唱：

哥哥你走西口，小妹妹我实在难留，
手拉着哥哥的手，送哥送到大门口。
哥哥你出村口，小妹妹我有句话儿留，
走路走那大路的口，人马多来解忧愁。
走路走那大路口，人马多来解忧愁。
紧紧地拉着哥哥的袖，汪汪的泪水肚里流，
只恨妹妹我不能跟你一起走，
只盼哥哥你早回家门口。
哥哥你走西口，小妹妹我苦在心头，
这一走要去多少时候，盼你也要白了头。
紧紧地拉住哥哥的袖，汪汪的泪水肚里流，
虽有千言万语难叫你回头，
只盼哥哥你早回家门口。

---

① 程人乾：《山西人的性格解读》，载王茂林主编《山西人的性格与社会心理》，山西人民出版社2010年版，第2—4页。

众所周知，汉民族从总体上说作为定居的农业民族，历来有内敛保守“安土重迁”的习惯，即留恋故土不愿迁徙。但山西人却一反内敛的常规，从明代开始外向迁徙，历史上发生过人口大规模外迁的现象，如在地瘠民贫的晋西北，久远以来青壮年男子就有名曰“出口”的习俗，“口”指张家口，即出张家口到内蒙古或更远的地方寻找生活出路，打工挣钱以养家糊口乃至企望发家致富，他们是名副其实的古代“打工仔”，而且往往一走多年，杳无音信，生死难卜。悲凉的《走西口》，由此应运而生，不胫而走，流传千古。它既反映了离别与思念之情，更寄托了对美好生活的憧憬与期盼之意。还有著名的洪洞大槐树下曾集结过一批又一批外迁的山西移民，他们举家老小从这里出发流散全国各地，另觅生计，直至福建、广东和广西，甚至海外的东南亚地区，面对不确定的未来，勇敢地踏上了追求美好生活的征途，其情其景令人感佩，这正是山西人性格中外向开拓精神的突出表现，也是山西人坚韧不拔的创业精神的一种体现。[①]

---

① 程人乾：《山西人的性格解读》，载王茂林主编《山西人的性格与社会心理》，山西人民出版社2010年版，第6页。

第四章　北京人

皇城根下的北京人是华北汉族族群中重要的一支。北京人自豪于元明清三朝的皇家胜地，更自豪于五星红旗的升起。

北京坐落于东经116°，北纬40°，四周被河北省所包围。

北京既是中华人民共和国的首都，又是一个地域范畴。

第一节　北京人的语言

北京人的语言，即北京话，人们俗称“京味儿”，在汉语方言中独具特色。北京话的生动、鲜活、简洁、明快，它的谦恭、潇洒，它的嘣响溜脆、海聊猛侃，都融入北京人的生活之中。

一　北京话的形成

北京话的形成是中国古代北方民族与南方民族融合的一个范例表达。

先秦之时，处于现北京地区的燕国成为中国古代北方民族与南方民族互动、交会、融合之地。属周民族的燕人与属戎狄族群集团的山戎人交战互动，燕人与山戎人的语言自然发生了接触。这种语言的接触详情虽已不可考，但有互动交流应是必然的。

此后，历经两汉、三国两晋南北朝时期，也就是到了1700年前的晋代，中国出现了长达300多年的战乱和分裂。东晋政权在南方，北方则是匈奴、鲜卑、羯、氐等少数民族的天下。此时北京成为北方少数民族的政治中心。隋王朝时北京成为大运河的终点被称为涿郡，唐王朝时唐太宗集大军于北京，自水陆两路攻打辽东高丽，此时的北京被称作幽州。北京经过从两汉到隋唐1110多年的发展，已集政治、军事和经济中心于一身，成为北方重镇。在这长达千余年的历史长河中居住在北京的各民族族群语言的互动交流虽是必然的，但可惜没有找到相关史料可据、可证。

对北京话的形成起关键作用的是辽金时期，这时大量的北方少数民族迁入北京。

契丹统治者在吞并燕云十六州后不久，便改国号为辽，建都临潢府（今内蒙古巴林左旗），并在幽州城建立陪都。因为这个陪都位于它所统辖的疆域南部，所以称为南京，又称作燕京，于是幽州城自然而然地成为辽在华北的政治中心。当时的辽南京城已成为整个北方人口稠密、市井繁华的城市，据《辽史·地理志》记载南京道所辖32县有247000户，若每户以4口人计，有人口988000人。而南京城有30万人，包括了汉、契丹、奚、渤海、女真等民族①，这些民族杂居在南京城，语言的互动影响也应是情理之中的事。更重要的是，北宋王朝灭亡以后，金贞元元年（1153年）金王朝的完颜亮把首都从松花江上的会宁府（今黑龙江阿城白城子），迁移到燕京，改燕京为中都。这个历史的大拐点，使得北京城在中国的地位发生了根本性的变化。从此，真正揭开了北京作为中国封建王朝统治中心的历史序幕。与此同时，北京话的形成进入了滥觞时期。

正是在辽金时期，北京人和大量涌进北京的北方少数民族杂居在一起，在互动交流之中，使北京话处在和其他汉语方言完全不同的语言生态之中。有学者研究宋金时期的北京，汉胡之间对峙是一个事实，交融也是一个事实，两国相争龙虎斗，各为其主统貔貅，既有战场上的刀剑相向，也有营帐间的唇舌往来，语言的交融也就在烽火间不自觉开始了。《燕云奉节使录》一类史料笔记论证其语言风格与《史记》《汉书》已迥然有异，原因就是北方少数民族语言里的一些语汇和句式已大量融入汉语中，北京作为这种政治交往的要冲，语言上受到的影响也是最为深刻的。致使北京话在辽金时期成为我国发展最快、结构最简单的汉语方言。金代的北京人，就以中原伊洛地区方言为标准，洛阳读书音为正音，所谓“雅言”。

蒙古族统治者灭金建元后，金中都燕京改建大都，大批蒙古人来到大都，元朝统治者强迫汉人学蒙语，有少数蒙语词汇如“胡同”等也确实被大都话所吸收，但两种语言接触比较突然，加上时间不到一百年，蒙语对大都话的影响并不很大，官方场合所用仍是中原口音，只是与本地方言

① 张松：《南京析津府，大辽国的“钱袋子”》，《辽沈晚报》2013年3月27日。

有所结合，形成了大都话。所谓大都话，实际是辽金两代居住在北京地区的汉族人和契丹、女真等族经几百年密切交往逐渐形成的北京话。大都话的面貌，以元杂剧和散曲的大量流传而得以让后人全面了解，关汉卿、王实甫、马致远、白朴等都土生土长在大都，因此他们的作品最能反映大都话的真实面貌。[①]

及至明代，采取了大量移民政策充实北京，其范围从山西、山东直到浙江，五十多年间，移居北京的汉族人估计达几十万，据《中国人口史》的研究，永乐时期北京城市人口约有 70 万，嘉靖后期北京人口可能达到 120 万。[②] 明代参修《永乐大典》的周忱曾指出苏州、松江两府外出人口的一个最大去处，就是北京和南京，其云："其所谓豪匠冒合者，苏、松人匠，丛聚两京。"[③] 此外，还有国子监的学生，外来的轮班工匠以及商人等，他们人口众多，与民籍人口一道，构成北京居民的主体。这样，使得明代与北京方言接触频繁的是来自长江以南及中原各地的汉族方言了，大都话日渐式微。又由于河北移入人口较多，故北京民间方言以河北口音为主，而官方则使用"雅言"，即河南官话。到朱棣迁都北京，江淮官话等也对北京方言产生了一定影响。清入关后，前期和中期上朝均用满洲话，汉臣必须学习满语，但民间则出现了旗下话、土话、官话三者杂糅的趋势，北京话正是这三者结合的产物，北京话音调高，又受东北话影响，故而很多方言来自东北土话。清代北京话分文读、白读两种，文读是旧的标准音，多为读书人所用，但到了清后期，基本失传，只剩下了白读。所以纯正的北京话又叫"京白"。于是，汉语的幽燕方言逐渐成为北京城的通用语言，尤其是以徽戏和汉戏为基础，吸收了昆曲、秦腔、弋阳、乱弹等剧种，经过五六十年的融汇演变而形成的京剧为标志，最后形成京味儿的北京话。

对于定形于清代的北京话，《红楼梦》一书是样本。有学者评论说："《红楼梦》更是京味儿语言的一部巨大的历史教科书，它既不像《三国演义》有过多超语体色彩和《水浒传》用通语、吴语间的折中，也不像

---

① 张宁：《读〈京味儿——透视北京人的语言〉》，《北京社会科学》1995 年第 3 期。

② 曹树基：《中国人口史》第四卷，复旦大学出版社 2000 年版，第 286—287 页。

③ 周忱：《与行在户部诸公书·皇明文衡》卷 27，四部丛刊初编本，转引自曹树基《中国人口史》第四卷，复旦大学出版社 2000 年版，第 286 页。

《西游记》用淮安话与文言折中，它在中国小说史上首次以北京话为基础方言创作长篇小说，俞平伯先生说：‘北京话是全中国最优美的语言，《红楼梦》里的对话几乎全部是北京话，是经作者加工洗练过的北京话，真是生动极了。’”①

二　北京话的特点

北京人生动、鲜活、简洁、明快的语言特点在北京话中表现得淋漓尽致，先看北京话的一些说法：

姑娘不叫姑娘，叫小妞儿。
美女不叫美女，叫蜜。
他不叫他，叫丫。
你不叫你，叫您呐。
女人不叫女人，叫娘们儿。
男人不叫男人，叫爷们儿。
朋友不叫朋友，叫瓷器。
妻子的姐妹的丈夫不叫姐妹的丈夫，叫担儿挑。
情人不叫情人，叫傍尖儿。
小女孩不叫小女孩，叫丫头片子。
吃奶不叫吃奶，叫嘬咂儿。
火柴不叫火柴，叫剔灯儿。
墙角不叫墙角，叫旮旯儿。
散步不叫散步，叫遛弯儿。
急了不叫急了，叫抓挠。
叫板不叫叫板，叫拔份。
拔腿不叫拔腿，叫撒丫子。
靠边站不叫靠边站，叫边儿稍着去。
不给面子不叫不给面子，叫甩脸子。
起哄不叫起哄，叫塔儿哄。
可以不叫可以，叫得嘞。

① 张宁：《读〈京味儿——透视北京人的语言〉》，《北京社会科学》1995 年第 3 期。

来劲不叫来劲，叫上脸。

胡说不叫胡说，叫扯淡。

没戏不叫没戏，叫歇菜。

说大话不叫说大话，叫吹牛。

没正经不叫没正经，叫没溜儿。

老流氓不叫老流氓，叫老炮儿。

外行不叫外行，叫棒槌！

生气不叫生气，叫搓火！

见人不敢说话不叫见人不敢说话，叫怵窝子。

没有良心不叫没有良心，叫操蛋！

专家不叫专家，叫大拿！

接吻不叫接吻，叫打奔儿！

寻开心不叫寻开心，叫逗闷子！

耍贫嘴不叫耍贫嘴，叫逗咳嗽！

走了不叫走了，叫颠儿！

到此为止不叫到此为止，叫打住！

丢面子不叫丢面子，叫跌份！

小孩儿哭不叫小孩儿哭，叫掉金豆子！

从小一起长大的朋友不叫从小一起长大的朋友，叫发小儿！

等着不叫等着，叫候着！

虚情假意不叫虚情假意，叫假招子！

吝啬不叫吝啬，叫抠门儿！

开玩笑不叫开玩笑，叫开涮！

丢脸不叫丢脸，叫露怯！

扔下事情不管了不叫扔下事情不管了，叫撂挑子！

明白的事不叫明白的事，叫门儿清！

脸皮薄不叫脸皮薄，叫面软！

长本事不叫长本事，叫能个儿！

小气不叫小气，叫鸡贼！

仗义不叫仗义，叫局气！

快点不叫快点，叫麻利儿！

脾气执拗不叫脾气执拗，叫轴！

没见过世面的人不叫没见过世面的人，叫土鳖！
话多不叫话多，叫碎嘴子！
花招儿不叫花招儿，叫幺蛾子！
说话不叫说话，叫言语！

从上述语言材料中我们可见北京话有两大特点：

（一）儿化

北京话儿化现象在现代北方话儿化现象当中最具典型性，这不仅是北京话的一种词汇现象，而且也是汉民族共同语中的一个语言项目。从语义特征上讲，北京话的儿化有诸多意义，一是具有表示细小、喜爱、亲昵等正面的语义色彩，这是“儿”的初始语义和基本语义特征，如：“发小儿”“一时半会儿”“胡同儿”“媳妇儿”等。

二是表示灵巧、活泼、俏皮、诙谐、有活力等语义特征。旧时的“北平音系小辙儿”，被称作“民众文艺近代语言中间缺少不了的音”。遍看以“小辙儿”（儿化）押韵的词曲儿歌，一致的风格是“俏”：即幽默、诙谐、俏皮、逗乐儿。老北京的歌谣有不少押“儿”韵的，有的表现儿童的天真、纯朴、亲切的感情，有的则在调皮中透出嘲讽。如：“小小子儿，坐门墩儿，哭着喊着要媳妇儿。要媳妇儿干吗？点灯说话儿，吹灯做伴儿，到明儿早晨梳小辫儿。”把北京人将内心的亲近、喜爱之情，透过这个“儿”表现了出来。

三是带有轻蔑、鄙视、令人厌恶等感情色彩。带“儿”后缀的词除了可以表达喜爱、亲切的感情色彩之外，也可以表达不好的感情。如：“光棍儿”“浑球儿”“小偷儿”“傻帽儿”等。[①]

北京话儿化现象所包含的内容太丰富了，尽管我们运用了名词化标记、小称、爱称、蔑称，用了亲热、戏谑、喜爱、卑微、轻蔑、厌恶等术语概念来说明，也无法概括儿化的全部作用。儿化相对于没有儿化的词来说有标记形式，内涵也就更为复杂。所以，北京话儿化词总量很大，贾采珠《北京话儿化词典》（语文出版社 1990 年版）收了近七千条，即使扣除一半不太常用的，也有三四千条之多[②]。可见虽然儿化并不是北京话所

① 彭宗平：《北京话儿化词研究》，博士学位论文，北京语言大学，2004 年，第 12—15 页。

② 周一民：《北京话儿化的社会文化内涵》，《北京社会科学》2011 年第 5 期。

专有的语言现象[①]，但北京话的儿化典型、影响大。

（二）爱说“您”

对于第二人称代词，各地的汉语方言都称“你”，而北京话则称“您”，表示尊敬和友爱。

《当代北京口语语料》对 301 人使用“您”的情况进行了统计，有几组数据值得关注。

第一，总使用频率较高。在总数 301 人中有 131 人在谈话中使用到了“您”，占其总数的 43.52%。由于“您”的使用受交际者之间的关系影响较大，所以我们认为实际生活中“您”的使用频率还会高于我们的统计数据。

第二，性别上没有差异。即无论男性女性都会使用“您”，且使用频率都比较高。在 143 名男性中，使用者 63 人，占其总数的 44.06%；在 158 名女性中，使用者 68 人，占其总数的 43.04%，二者之间没有显著差异。

第三，与年龄没有关系。即无论是哪一年龄段者都会使用“您”。在 131 名使用“您”的被调查者中，老年人 39 位，占总数的 29.77%；中年人 45 位，占总数的 34.35%；年轻人 47 位，占总数的 35.88%，三者之间也没有显著性差异。

第四，与教育程度相关。低文化水平者在交际中使用“您”的频率高于高文化水平者。在这 131 名被调查者中，我们将其教育程度分为初中及以下、高中及中专、大专以上三个层级，结果显示：谈话中使用了“您”的初中及以下文化水平者为 71 人，占总数的 54.20%；高中及中专文化水平者为 36 人，占总数的 27.48%；大专以上文化水平者为 24 人，占总数的 18.32%。三者之间的差异显著，即“您”的使用频率随文化水平的提高而有所降低。

北京话第二人称代词单数尊称“您”的使用，构成了幼对长、下对上、卑对尊的权势关系，即“您”用于交际者之间中。但与此不同的是北京话“您”还会在交际者之间处于一致关系中使用，甚至在不表示交际者之间关系时也使用。

---

① 钱曾怡在《论儿化》（《中国语言学报》1995 年第 5 期）一文中指出“北方方言区内也存在没有形成儿化韵的地方”，所举的地方有山西交城、晋中、青海西宁、安徽省的很多地方。而且南方方言也有儿化韵存在，如浙南、皖南、湖南等地。

这些常态和超常态用法除受交际者关系、交际者的社会身份、交际情境、情感态度等因素的影响外，深层原因当是北京地域文化作用的结果。可以说，“您”在北京话中是一个具有明示权势关系、凸显北京地域文化——京味儿文化双重意义的尊称代词。到过北京的人多深有感触，走进商店，售货员笑脸相迎：“您要点什么?”“啊，您要哪一件？您看这件怎么样？您试试看，不要没关系……您好走。”走进餐馆，服务员彬彬有礼：“您好！请您里边坐。要雅座或单间请您跟我来。这是菜单，不知哪种适合您的口味，请您自便。”不胜枚举。

从这个意义上看，排除交际者关系、交际者社会特征、交际情境、情感态度等因素，北京话“您”的使用特点可以归纳为以下三点：第一，“您”指称交际对象，即在交际过程中交际一方指称另一方，我们概括为对人用；第二，“您”指称交际者本人，我们概括为对己用；第三，“您”泛化到指称任何人甚至无所指，我们概括为泛化用。①

总之，由于元代以后，北京成了政权、文化中心，北京话也就有了博采众家之长的条件，在逐步形成的过程中，一方面克服各种方言的缺陷，如东北话的齿音，西北话的鼻音，湖北话的刘牛不分，湖南话的发花不分，上海话不会说二（只好说两），广东话的王黄不分，“我姓三横王，不是大肚黄”等，另一方面又汲取苏扬话的清脆，北方话的平实易懂，达到发音清晰，咬字真切，字正腔圆，并不断丰富了自己的语汇，提高了表达能力②，从而成为汉语普通话的标准音。

第二节　北京人的形成

北京人既古老又年轻，说古老，因为在50万年前③北京猿人就生活在北京近郊的房山周口店；说年轻，现代族群意义的汉民族的北京人形成于有清一代，其历史有300年左右，此为一方面。另一方面，北京地区自

---

① 郭风岚：《北京话的“您”与京味儿文化》，《北京社会科学》2008年第4期。

② 赵大年：《京味小说·北京人·北京话》，《前线》1996年第4期。

③ 见邱中郎、顾玉珉、张银运、张森水《周口店新发现的北京猿人化石及文化遗物》，《古脊椎动物与古人类》1973年第2期；但1976年学者用古地磁方法对北京猿人洞穴堆积物进行研究，从而得出北京猿人的年代不早于距今69万年的结论。见马醒华、钱方《古地磁与旧石器时代考古》，《考古》1978年第5期。

古以来就是汉民族与北方少数民族交会、互动、磨合、整合和融合的历史舞台，北京人的形成也正是汉民族滚雪球式发展的一个案例。

一 北京猿人与山顶洞人：北京人的先祖

现在，我们虽然无法直接证明现代北京人与旧石器时代的北京猿人和山顶洞人是否有血缘联系，但由于他们是居住在北京的最早居民，从地缘关系上来说，北京猿人与山顶洞人可以被认为是北京人的先祖，更何况他们本来就是揭开中华文明序幕的中国猿人之一。[①]

（一）北京猿人

北京猿人学名“中国猿人北京种”（Sinanthropus Pekinensis），简称“北京猿人”或“北京人”[②]。从名称上可见北京猿人已独占“北京人”名称之鳌头。

在北京城西南 50 公里的房山周口店，有一座“龙骨山”。就是这座在连绵群山中毫不显眼的龙骨山，则是北京最早的居民——北京猿人生活的地方。

龙骨山“北京人遗址”是世界上罕见的埋藏极其丰富的原始人类居住的洞穴之一。从 1921 年开始发现龙骨，到 1929 年 12 月 1 日发现了一块完整的原始人的头盖骨，以及 40 多个男女个体的面骨、下颌骨、牙齿、股骨、胫骨、肱骨、锁骨、肢骨等，可见北京猿人的体质结构已具备了人的基本特征，但仍残存着现代类人猿的一些特点。和现代人比较起来，身材较矮，男性平均高 162 厘米，女性平均高 152 厘米；其面部较现代人稍短而向前伸出；前额低平，不像现代人那样隆起；脑壳大约比现代人要厚一倍；鼻子宽扁，颧骨高突；眼眶上缘有两个互相连接的粗大眉骨，像屋檐一样遮着两眼；牙齿粗大，臼齿咀嚼面比现代人复杂得多，齿面上具有许多皱脊；上下腭骨向前突出，没有下颏；脑容量平均为 1075 毫升，比年代更早的蓝田猿人（脑量 780 毫升）大得多，比现代类人猿（脑量平均为 415 毫升）则大一倍以上，与现代人相比，只等于现代人（脑量平均为 1400 毫升）的 80%。更值得重视的是北京猿人的下肢骨基本上具备

① 最早的中国猿人是距今 170 万年前云南的元谋人，以及距今 65—80 万年前陕西的蓝田人，其次才是北京猿人。参阅王玉哲《中华远古史》，上海人民出版社 2003 年版，第11—22 页。

② 王玉哲：《中华远古史》，上海人民出版社 2003 年版，第 15 页。

了现代人的形态，只是骨壁厚、髓腔小。虽然可以肯定已能直立行走，但多少还具有若干原始性质。至于上肢骨则发展得几乎与现代人极为相似了。①

北京猿人自从在周口店生活时起，就进行着艰巨的劳动。当时他们已经掌握了两种征服自然的知识：一是制造石器，一是用火。

根据发掘出的大量化石、石器、兽骨等遗物，可见北京猿人已经懂得选取砾石或石英石，打击成具有棱角的石片，当作武器或原始的生产工具使用。在他们居住过的山洞里，发掘出来的石器有十多万件，所发现的石器的用途也是多种多样的，其中有用来砍伐树木和狩猎用的木棒和砍斫器，有比较锋利的刮削器、尖状器，捕猎野兽，切割兽皮。北京猿人处于旧石器时代初期，已经会制造石器工具。在龙骨山的山洞里，这些石器是用石块打砸而成，有锐利的锋面，可用来砍削树枝。

在龙骨山的洞穴里，考古学者还找到了一层层色彩鲜艳的灰烬。在厚达 4 米至 6 米的灰烬里，还保留了很多燃余的紫荆炭屑和烧酥的兽骨、石块。这就是北京猿人懂得用火并且学会保存火种的明证。北京猿人作为最初的人类社会——原始族群，白天制造工具，采摘果实，猎取野兽，晚上返回龙骨山的山洞里，用火驱寒照明，烧烤食物，并用简单的语言加上手势交谈。北京猿人的生活极其艰苦，猛兽、自然灾害和饥饿，常使他们丧失生命，能活到 30 岁以上的人是少数，约有 1/3 的人只活到十三四岁。就是这样，北京人的先祖，北京猿人仍然用最原始的工具，揭开了北京人走进文明的历史。②

（二）山顶洞人

历史的星斗移到了约两万年前的山顶洞人时期。

山顶洞人也居住在北京周口店龙骨山上，因位于北京猿人遗址顶部的山顶洞而得名。山顶洞人的个体数目至少是 8 个，而不是 7 个。还可能是 10 个。8 个人是，男性：老人、壮年各 1 人；女性：中年 2 人，青年 1 人；不明性别之少年 1 人，5 岁小孩 1 人，初生婴儿或胎儿 1 人。另两个可能存在的个体是男、女性中年或壮年各 1 人。③ 据碳 14 测定，山顶洞

① 王玉哲：《中华远古史》，上海人民出版社 2003 年版，第 16—17 页

② 侯仁之、邓辉：《北京城的起源与变迁》，北京燕山出版社 1997 年版，第 5—6 页。

③ 吴新智：《周口店山顶洞人化石的研究》，《古脊椎动物与古人类》1961 年第 3 期。

人距今19000年前后。[1]

山顶洞人有了很大的进步，渔猎已是山顶洞人的主要生存策略，开始有了劳动的自然分工，男子主要从事狩猎渔捞，女子和老人、儿童则从事采集，以血缘关系为基础的氏族社会开始出现了。他们猎取最多的是鹿、野牛、野猪、羚羊等。山顶洞里发现了火烧的灰烬，大约这时的人类已学会了人工取火的方法。他们已经能够制作各式各样比较精致的石器和骨器。特别是一件长82毫米磨制骨针的发现，可以推测当时人类已有连缀兽皮制作为衣服的能力。洞内还发现了很多晶莹美丽的石器，还有带孔的石珠、兽牙、海蚶壳、钻孔的小砾、鲩鱼眼上骨和刻沟的骨管等一系列装饰品。此类装饰物，大概都用皮革穿起来，系于衣服或项、臂之上，反映了山顶洞人的爱美观念，也反映出当时生产力有了很大的提高。而山顶洞人在尸骨的周围撒有赤铁矿的红色粉末，头骨附近还有穿孔石珠的殉葬物的文化表达，很可能与他们的原始宗教有关系。更重要的是在山顶洞中还发现一些异乡之物，如海蚶、厚壳蚌及鱼卵状之赤铁矿等。专家研究认为海蚶产于东南海中，厚壳蚌产于黄淮流域，赤铁矿产于宣、龙地区（距周口店约有300里）。得来之法，或与他族“以物易物”交换而来，或从他族掠夺而来。[2]

山顶洞人如此丰富多彩的社会生活，表明他们的文化是北京人的源文化之一。

北京猿人与山顶洞人的历史虽然遥远，但他们所创造的史前文化灿烂无比，是北京人当之无愧的先祖。

二　蓟与燕：北京人形成的滥觞

北京人形成的开端，须从蓟与燕谈起。大约在三千年前，即前1045年，周武王伐纣胜利后建立了周王朝，实行“封邦建国”，其中就有蓟与燕。

“蓟”国，最早见于《礼记》中的《乐记》篇：“武王克殷，反商，未及下车，而封黄帝之后于蓟。”讲的是周武王消灭了殷商势力之后，立

---

① 王玉哲：《中华远古史》，上海人民出版社2003年版，第34页。

② 同上书，第35—37页；侯仁之、邓辉：《北京城的起源与变迁》，北京燕山出版社1997年版，第9—10页。

即着手分封黄帝的后代于蓟的情况。“蓟”既是西周分封在北方的诸侯国名，也是当时的国都所在。可见，至少在西周初年的时候，“蓟”就是北京城最早的称呼。与此同时，周武王还在北方分封了另一个诸侯国，这就是燕国。《史记·燕召公世家》记载：“周武王之灭纣，封召公于北燕。”[①] 为此，《史记·周本纪》亦云，周“武王追思先圣王，乃褒封……尧之后于蓟……封功臣谋士……封召公奭于燕”。于是，在西周初年的时候，现在的北京城及邻近的地区里，实际上有两个西周的诸侯国，一个是在北京原始居民点上建立的蓟国；另一个是在蓟国附近建立的燕国。

到了东周时，北京地区的政治格局发生了很大的变化，这就是位于蓟国以南的燕国势力增加，逐渐兼并了北面的蓟国，并且将国都迁移到蓟城。《韩非子·有度》记载说：“燕襄王（前 657—前 618 年）以河为境，以蓟为国。”说的是东周燕襄王时，燕国的南疆以黄河为界，它的国都是蓟城。从此以后，就有了燕都蓟城的说法。后来北京又被称作燕京，盖源于此。

总之，今天的北京城的前身，是西周初年周武王分封的蓟国的国都——蓟城，今天的北京城便是在这个基础上发展起来的。只是到了东周的时候，蓟国被燕国兼并以后，蓟城转而成为燕国的都城，但是城址并没有变化。这就是说，北京建城的历史应该从周武王分封蓟国的时候算起。从前 1045 年蓟城初建，到 2013 年时，正好是北京建城 3058 周年。司马迁在《史记·燕召公世家》中说：周武王封功臣召公奭于燕。这一年可以说是北京建城的开始。[②] 可以说没有蓟与燕的开拓，就不会有今天的北京人。所以，蓟与燕的出现，可视为北京人形成的滥觞。

三　辽南京和金大都：北京人形成的启动时期

历史的发展有时很缓慢，有时又呈跳跃式的跨越。先秦之后，北京地区历经两汉、三国两晋南北朝时期，曾为周民族的燕人融入华夏民族后，随着秦始皇的统一及汉帝国的“大一统”而转化成汉民族，却不曾想到在 1700 多年的沧桑中，包括北京地区在内的北方，在晋代却成了匈奴、

---

① 这里所说的北燕，就是燕国，因为当时在今河南省境内还有一个同名的燕国，所以有南燕、北燕的说法。

② 侯仁之、邓辉：《北京城的起源与变迁》，北京燕山出版社 1997 年版，第 19—32 页。

鲜卑、羯、氐等少数民族的天下。

（一）前燕初都幽州推动了汉民族与鲜卑族的融合

西晋末年，匈奴贵族刘曜攻破洛阳和长安，山东、河北汉民族的世家大族，有一部分北徙幽州，投奔西晋所任命的幽州刺史世族大地主王浚。[①] 王浚既残暴嗜杀，又昏聩无能。他联合的鲜卑女婿攻下邺城时，鲜卑人到处强抢妇女，王浚助纣为虐，下令说“敢有挟藏者斩，于是沉于易水者八千人”[②]。让石勒兵不血刃进了幽州城。于是投靠王浚的汉民族世家大族，逐渐从幽州转至辽西，投靠平州刺史世族大地主崔毖。鲜卑族慕容氏据有辽西之后，他们也就投靠慕容氏了。这些投靠慕容氏的世家大族有河东裴嶷、裴开，右北平阳耽、阳裕，广平游邃，渤海封抽、封弈、封裕、高瞻，平原宋该、刘瓒，兰陵缪恺，鲁国孔纂，西河宋奭，安定皇甫岌、皇甫真等。他们迁徙时大都率领了他们的宗族、乡里、部曲、佃客，如高瞻“与叔父隐率数千家”[③] 归慕容氏。求生不得的中原汉民族人民便纷纷迁入辽水流域。慕容氏政权为了更好地掌握汉民族流民，以巩固其统治起见，于 310 年开始，在辽水流域成立中原流亡的地方政府——侨郡、县，“以统流人，冀州人为冀阳郡，豫州人为成周郡，青州人为营丘郡，并州人为唐国郡”[④]。对中原流亡来的汉民族人民，慕容铣给予一些优待办法，如把过去圈为园苑、牧地的土地都予以开放，任凭流民垦种，并免除徭役，贷给流民以耕牛等。因此，辽水流域的流民更为增多，正如《晋书·慕容锐载记》所云：“九州之人，塞表殊类，襁负万里，若赤子之归慈父，流入之多旧土十倍有余，人殷地狭，故无田者十有四焉。”可见汉民族移民多过以鲜卑族为主的原居民十倍以上。这种汉民族与鲜卑族互动交流的态势，使鲜卑族得到了很大的发展。352 年，鲜卑族慕容儁建前燕国，初都蓟城，从而大大提升了蓟城的政治地位。从此之后，北京开始成为北方少数民族的政治中心，为北京人的形成开辟了道路。

（二）辽南京的设立为北京人的形成奠定了第一块基石

北京人形成真正起步始于辽代。

---

① 王浚的官职全称为：晋使持节、侍中、都督幽州诸军事领护乌丸校尉、幽州刺史、骠骑大将军、博陵公。

② 《晋书》卷三十九列传第九。

③ 《晋书·慕容庞载记高瞻附传》。

④ 《晋书·慕容庞载记》。

947年，契丹的统治者吞并燕云十六州后，便改国号为辽，建都临潢府（今内蒙古巴林左旗），并在幽州城建立陪都。因为这个陪都位于它所统辖的疆域南部，所以史称“南京”，即辽南京，又称作燕京，于是幽州城自然而然地成为辽在华北的政治中心。

其实，自阿保机崛起以来，契丹境内的汉人日渐增多。在辽代，从事农业、手工业生产的汉民族“城郭以居”，世世代代过着定居生活，契丹统治者以建头下的办法来安置他们。由头下构成的汉人居民点都称为“汉城”。后汉乾祐二年（949年）二月，“晋李太后诣契丹主，请依汉人城寨之制，给田以耕桑自赡，契丹主许之”①。五代时期战乱连连，给契丹南下幽蓟提供了机会。“会后唐庄宗领兵人洛，诛灭梁氏，寻亦翦除刘守光父子，于是幽蓟不复有抗捍焉。阿保机攻云朔诸州，安次、潞县、三河、渔阳、怀柔、密云等县，俘掠赤子万数人蓄”②。此外，还有许多汉族人民是因为不堪忍受刘守光这些军阀的残暴统治而逃亡至契丹，《新五代史·四夷附录》云：“是时，刘守光暴虐，幽、涿之人多亡入契丹。阿保机乘间入塞，攻陷城邑，俘其人民，依唐州县置城以居之。”《辽史·韩延徽传》亦云：契丹“树城郭，分市里，以居汉人之降者。又为定配偶，教垦艺，以生养之。以故逃亡者少”。

在辽以前由于北京地处边陲，汉族与少数民族杂居，加上曾经有过的各种不同政权，它曾吸引过大量不同的少数民族族群。如永嘉乱后，北京所在的幽州、冀州地区成了民族间争斗的战场，不仅使当地居民流失，同时也必定造成新的移民迁入和民族间的融合。隋唐时，尤其是安禄山任幽州节度使时，常滥捉奚人和契丹人，如天宝九载（750年）十月辛未一次献奚俘便达8000人。③ 除了被送往云南等地戍边外，大部分成了移民和安禄山管辖的军人。因此，待天宝十四载（755年）安禄山反唐时，其15万叛军的主力便是契丹和奚人。④ 此其一。

其二，幽蓟地区在历史上又一直是汉族聚居的地区，以韩、刘、马、赵等为大姓。契丹占领幽蓟以后，这些大族投靠契丹统治者，同时契丹统

---

① 《资治通鉴》卷二八八。

② 《宋朝事实》卷二〇《经略幽燕》。

③ 《资治通鉴》卷二一六。

④ 《资治通鉴》卷二一七。

治者也以他们作为在这一地区建立统治的依靠力量。如韩延徽，幽州安次（今河北廊坊）人，官为幽州观察度支使，后奉派使辽，投降了契丹阿保机，为守政事令、崇文馆大学士，中外事悉令参决。卒于穆宗应历九年（959 年）。“赠尚书令，葬幽州之鲁郭，世为崇文令公”[①]。韩延徽在塞外是只身一人，致仕后返乡，死后葬于故里。1981 年北京市文物工作队在八宝山殡葬管理所院内清理出一座辽代壁画墓，墓主就是韩延徽之孙韩佚。[②]

又如河间刘氏，在辽代也是著名的望族。契丹占据幽蓟之后，刘守敬出任南京副留守。其子刘景则以“好学能文”，被燕王赵延寿辟为幽都府文学。穆宗应历初，迁右拾遗、知制诰，为翰林学士。景宗即位，又以刘景为南京副留守，与留守韩匡嗣子德让共理京事。统和六年（988 年）致仕。其子慎行，官至北府宰相、监修国史。孙一德、二玄、三嘏、四端、五常、六符[③]，都位贵名大，刘二玄就为辽圣宗之弟秦晋国王隆庆之妃的第三任丈夫[④]，及故至金朝，刘氏仍然是“宗党在仕途者数十百人”[⑤]。

此外，幽蓟地区和西京大同附近地区还有为数不少的汉民族自耕农，与地主一起被称为“正户”，亦即主户。据富弼《上神宗答诏问北边事宜》，熙宁八年（1075 年），辽宋议地界，宋割与契丹之河东地区，原有“主户约一千五百余户，客户三四倍之”[⑥]。在这种民族交会杂居的格局中，当时的辽南京城已成为整个北方人口稠密、市井繁华的城市，据《辽史·地理志》记载南京道所辖 32 县有 247000 户，若每户以 4 口人计，有人口 988000 人。而南京城有 30 万人，包括了汉、契丹、奚、渤海、女真等民族[⑦]，这些民族杂居在南京城，各民族之间的互动、交流和融合应是题中之义，这也就为汉民族与契丹、奚、渤海、女真等民族的互动、融合构成了空间。

---

① 《辽史·韩延徽传》。

② 李锡厚、白滨：《辽金西夏史》，上海人民出版社 2003 年版，第 319 页。

③ 《辽史·刘景传》。

④ 向南：《辽代石刻文编》，河北教育出版社 1995 年版，第 341 页。

⑤ （元）郝经：《陵川集》卷三五《房山先生墓铭》，转引自李锡厚、白滨《辽金西夏史》，上海人民出版社 2003 年版，第 320 页。

⑥ 《辽史·食货志》。

⑦ 张松：《南京析津府，大辽国的“钱袋子”》，《辽沈晚报》2013 年 3 月 27 日。

（三）金中都的设立为北京人的形成揭开了序幕

在北京城发展的关键时刻，金王朝海陵王完颜亮崛起。

1113 年（辽天庆三年，北宋政和三年），女真族完颜部的杰出酋长阿骨打继位为首领。在反对辽王朝腐败不堪的统治中，于 1115 年初，正式建国称帝，国号为金，建都于会宁（今黑龙江阿城县）。新生的力量总是会战胜腐朽的势力，在与辽争夺中国北方的统治中，金军连续取胜，辽军节节败退，女真族迅速入主中原，汉人已占其治下总人口的 2/3 以上。据孔进己研究，金代从中原掳掠了大批汉人，作为女真族的奴隶。金代奴隶在女真族总人口中占比例极大。据《金史·食货志》所载："（女真）猛安谋克户六十一万五千六百二十四，口六百一十五万八千六百三十六，内正口四百八十一万二千六百六十九，奴婢口一百三十四万五千九百六十七。"正口为女真人，奴婢口则大都为汉族。而金王朝占据了北中国后，为了加强对所占地区汉族人民的统治，又把约占总数的一半左右女真人成批从东北迁徙到包括北京地区在内的中原各地。[①] 正是在这个政治背景和民族互动深化的态势下，海陵王完颜亮脱颖而出。

海陵天德元年（1149 年），完颜亮于上京登基称帝。此时他所面临的是太祖、太宗时期留下的东临大海、西出天山、南至淮河、北达外兴安岭以北的纵横万余里的广阔土地上建立起的强大帝国。弹指约四十年的时间，偏居东北一隅的"狄夷小邦"金王朝，发展壮大成为雄居中国北方的大金帝国[②]。金灭北宋后，与南宋划淮为界，占有中原和中国北部的疆土。大金帝国威服高丽、西夏等国，所辖地域广袤，而首都却偏于东北一隅，物资运输与公文传递多有违误，使节往来也艰于行旅，致使政令无法及时畅达内外。于是，随着政治、经济和文化重心的南移，上京会宁府日益失去了驾驭全国的地位。[③] 这样，拐点出现，经过从两汉到辽金 1350 多年的发展，已成为北方贸易中心、军事重镇的北京，终于等到了真正成为政治中心的千年机遇，海陵王完颜亮决定迁都燕京。

金天德三年（1151 年）三月，完颜亮命梁汉臣、孔彦舟等人在燕京城的基础上扩建新都。扩建工程中，单是役使的民夫、工匠就有 80 万之

---

① 孙进己：《东北民族源流》，黑龙江人民出版社 1989 年版，第 196 页。

② 李星建：《也论海陵王》，硕士学位论文，辽宁师范大学，2009 年，第 18 页。

③ 李小菊：《论金完颜亮迁都燕京》，《东北师大学报》（哲学社会科学版）1984 年第 6 期。

多，另外还有兵士40万。金贞元元年（1153年）完颜亮正式迁都，改燕京为中都。金泰和七年（1207年）中都地区总计25万余户，161万余口，其中中都城市约6万余户，40万人[①]。此时，北京已集政治、军事和经济中心于一身。正如有学者所评价的那样，海陵王“定都中都之后，便以‘若坐堂隍，俯视庭宇’之地理优势，积极借鉴汉族封建文明成果，推行了诸多加速女真族封建化的改革。如发展金国女真族教育，首创女真族国子监（太学）；大行科举，以经义、辞赋取士，首开金国殿试制；改革军制，撤除金国都元帅府，改设枢密院，完颜亮独掌军权；推行尚书省一省六部制，加强金国中央集权制；兴修水利，发展农耕经济；铸造金国新铜币——正隆通宝。终使完颜亮一朝各项事业有发展，金国呈现出盛世景象，足证完颜亮迁都至中都有着重大的历史意义，首开了北京作为一朝国都的历史，对上开历史之先河，对下足为后世几代王朝效法。元世祖忽必烈以北京定为元朝国都，名为大都；明成祖朱棣以北京为明朝国都，恢复旧名为燕京；清世祖福临以北京作为新国都，定名北京，直至今日还沿用，可见完颜亮明智决断迁都，经得起历史验证”[②]。

从此，北京作为中国封建王朝统治中心，揭开了汉民族与北方少数民族互动、磨合、整合和融合成北京人形成的序幕。

（四）元代女真人的汉化迈出了北京人形成的关键一步

北京人的形成在汉民族滚雪球式发展的视野中，它是汉民族在北方与少数民族互动融合的一个典型案例。

从以上辽、金两帝国的民族关系来看，无论契丹还是女真，他们在建立政权前后都俘获、掳掠了大批汉人入境，同时，为了寻求相对安全的地方为生，也有不少汉人流入辽金。在这个民族互动、磨合和整合过程中，当时，确有不少汉人契丹化或女真化。正如孙进已所言：汉人大约有“一百多万奴婢口，以后大都融入于女真族之中了”[③]。

元帝国统一中国前后，随之迁入中都的女真人，也逐渐改变了原有的

---

① 韩光辉：《辽金元明时期北京地区人口地理研究》，《北京大学学报》（哲学社会科学版）1990年第5期。

② 刘肃勇：《金朝完颜亮定都北京真相》，《中国社会科学报》2010年7月15日。

③ 孙进己：《东北民族源流》，黑龙江人民出版社1989年版，第196页。

狩猎、畜牧经济，转而从事农业经济。他们接受了汉族的语言文字，有不少女真人甚至连本民族的语言文字也不会了。他们把女真姓氏改成汉姓。他们抛弃了本民族的传统服装，改穿汉民族的服装。他们从信萨满教，改为信奉佛教。在生活习俗各方面逐步汉化了。到元代，迁居中都的女真人进一步汉化，逐步加入汉族之中。在元代，女真族与汉族进一步互相通婚，两者的血统联系更加密切。女真人改易汉姓的现象更为普遍，据陶宗仪《辍耕录》载：改易汉姓的女真姓氏有三十一姓之多。女真人和汉人在文化上更为接近，女真人已接受了汉族的伦理观念及儒家思想。在民族心理上，也和汉族渐趋一致①。女真“故家遗俗，存复无几”②，非“自叙其为女真人”世人已绝不知其“非我族类”了③。故而《辍耕录》卷十载：元代女真人已列入汉人八种之中。这当指迁居中原地区的女真人而言。孙进己在《东北民族源流》中明确指出：“这时，他们虽然保留着对自己族属的记忆，但已列入汉人之中，已和汉人没有多大差异。到明代，这些人已不再称作女真人了，已完全和汉人没有区别了。”④ 所以《元史·世祖纪》云：“至元二十一年（1284 年）八月拟军官条例……女真、契丹同汉人，若女真、契丹生西、北不通汉语者同蒙古人，女真人生长汉地，同汉人。”

从上述可见汉民族与女真族的互动、磨合、整合和融合，走了一个马鞍型的路线图，即金时包括燕京地区在内的汉民族大批迁入东北被女真化，金迁都燕京后又有大批的女真人被汉化。这些被汉化的女真人，当然还有部分契丹人、奚人、鲜卑人，在历史的磨合中也被汉化，从而使北京人的形成迈出了关键的一步。

据有的学者统计，金代先后迁入北京一带的女真、契丹、奚人等有 3.05 万户 24 万人，另有官吏民户 2.10 万人。这种大规模的迁徙与前期的女真族的迁入一起。另外，元王朝还对北京地区实行特殊的政策，“凡四方之民欲居中都（北京）者，给复十年，以实京城”，⑤ 这就必定吸引了大批外地人包括汉民族的迁入。蒙宋灭金之后，北京罹难，包括其附近

① 孙进己：《东北民族源流》，黑龙江人民出版社 1989 年版，第 198 页。

② 《济南路总管奥屯公神道碑》，载《至正集》卷五一。

③ 《古里氏名字考》，载《静修文集》卷一九。

④ 孙进己：《东北民族源流》，黑龙江人民出版社 1989 年版，第 198 页。

⑤ 《金史·张浩传》。

地区的人口损失达 130 万。[①] 但接着元代迁都北京（大都），又给北京增添了新的人口动力，大量蒙古和其他少数民族迁入北京。这当中有大量的不同职业的匠人，诚如《经世大典·诸匠》所载："国家初定中夏，制作有程，乃鸠天下之工聚之京师，分类置局，以考其程度而给之食，复其户，使得以专于其艺，故我朝诸工制作精巧，咸胜往昔矣。"[②] 这些匠户，同时包括军人、官员及其家属、罪没的官员、被俘的军人和他们的眷属的大量的迁入，使元大都的人口迅速增加。北京的城市户口自至元元年（1264 年）到十八年（1281 年）间，由 4 万户增加到近 22 万户，增加了 450%。汉民族的迁入在后来的不同时期仍然在断断续续地进行，其中大量是汉族人口。到泰定四年（1327 年）大都地区总计 49.8 万户，221 万人，其中大都城区约 21.2 万户，93 万人[③]。

汉民族的移民运动，就是这样的一个规律，即北方汉民族一次又一次，一浪又一浪地南迁，先迁移到长江边，再过长江到江南，再过岭南到东南沿海，然后走向海洋[④]。此一方面。另一方面，未迁出北方的汉民族则与入主中原的北方少数民族互动、磨合、整合和融合，在战乱和移民基础上，在血与火中，使汉民族在吸取新鲜血液中不断地重组而重生，北京人的形成就是其中的一例。

（五）明清：北京人的最后形成

明清，是北京人形成的最后时期。由于影响最为深远的中国最末两个王朝——明、清，都以北京作为自己的首都。这种特殊的历史地位，为北京人的最后形成铺平了道路。

随着元朝的灭亡，元大都的繁荣和人口也随之灰飞烟灭。徐达大军攻入大都时，人口几乎逃尽，北京城中的人口只有 1.2 万。[⑤] 于是朱元璋进行了有针对性的移民，将降民等迁入北平府（今北京），洪武四年（1371

---

① 韩光辉：《辽金元明时期北京地区人口迁移研究》，载《历史地理》第 11 辑，上海人民出版社 1993 年版，第 172 页。

② 《元文类》卷四二。

③ 韩光辉：《辽金元明时期北京地区人口地理研究》，《北京大学学报》（哲学社会科学版）1990 年第 5 期。

④ 徐杰舜：《从江河走向海洋——汉民族移民千年走势分析》，《思想战线》2014 年第 1 期。

⑤ 《宛署杂记》卷八。

年）三月一次就徙其民 17274 户、93878 口于北平诸卫屯戍。[①] 这种迁入以后还在陆续地进行，其中“靖难之役”的人口大量损失和朱棣的最后定都北京，给移民的迁入提出了最迫切的需求和动力。因此，有的学者形象地概括，“永乐的新移民是踏着洪武老移民的尸骨迁入的”。[②] 这时期的移民成分主要包括五类，即罪犯及其家属、山西山东的民籍移民、江南的富户和来自南京的工匠、永乐朝的文武百官及其属员、卫所移民，总计人口在 130 万。[③]

这样，永乐时期北京城市人口以驻军及其家属、南京迁来的工匠、力士、仓脚夫、皇室成员为主。据曹树基在《中国移民史》第五卷《明时期》中的研究，永乐迁入的非军（卫）籍人口大约有 20 万。加上原有的土著，北京城市居民约有 70 万。[④] 到了嘉靖后期，北京城市的在籍人口约有 100 万。由于浮居客商不在编查之列，轮班工匠及国子监的学生也不在编查之列，所以，此时北京城的人口应当超过 100 万。成化五年（1469 年）十二月丁卯，“京师居民，不下数十百万”[⑤]；邱浚也说：“京师城内外不下百十万人家”[⑥]，应是指城市和近郊的总人口[⑦]。然而，这种移民并没有完成北京人的最后形成。随着明代帝国的灭亡和清帝国的建立，北京人处于重组当中。战争使人口大量流失，同时，清代的建都北京，不仅带来全国各地不同类型的人口，也带来了入主中原的大量满族人口，康熙时在北京的满族人口就已达 48 万。[⑧] 他们在历史进程中逐渐汉化，有的则融入汉族中。因此，现代的北京人是有清一代及其以后的长时期过程中，通过移民和首都的吸纳力招致各种人才而最后定型形成的。

---

① 《明太祖实录》卷八八。

② 葛剑雄主编：《中国移民史》第五卷，福建人民出版社 1997 年版，第 322 页。

③ 同上书，第 327—330 页。

④ 曹树基：《中国人口史》第四卷，复旦大学出版社 2000 年版，第 286 页，据曹树基考证，《明史·兵志》的记载，永乐年间驻扎在北京城中的军卫有 72 个，但查具体的卫所名单，只见 54 卫所。约有军人及其家属 70 万。也假设其 2/3 居于北京城中，1/3 居于郊县，实际驻于城内的军籍人口只有 47 万左右。

⑤ 《明宪宗实录》卷 74。

⑥ （明）邱浚：《遏盗议》，《明经世文编》卷七五。

⑦ 曹树基：《中国人口史》第四卷，复旦大学出版社 2000 年版，第 289 页。

⑧ 葛剑雄主编：《中国移民史》第六卷，复旦大学出版社 2000 年版，第 35 页。

北京是一个移民的城市，北京人是汉民族与许多北方少数民族，主要是宋辽金元以来北方的少数民族互动、磨合、整合、融合，最终于清代形成的一个汉民族族群。

第三节　北京人的人文特征

血与火的洗礼和北京作为元明清的首都的特殊地位，不仅每一次的战争和朝代更替都在最大程度上，改变了所谓北京人的构成成分，同时，它总是在最高的层次上吸纳全国各地最为优秀的人才，并带入不同的文化背景和习惯，使北京的文化和北京人一样具有鲜明的个性。

一　众人评说北京人的性格特征

北京人作为皇城根下锤炼出来的汉民族族群，究竟具有什么样的人文特征？有人说北京人豪爽，富有正义感；北京人特懒，又死要面子，宁可在家“赋闲”，也不肯干伺候人的活儿；北京人又特宽厚，不论什么人，只要有一技之长，小有来头，皆可称爷：贾宝玉是宝二爷，赛金花是赛二爷，二道贩子是倒爷，蹬平板三轮车的是板爷，和尚道士是陀爷，暴发户是款爷，耍嘴皮子的是侃爷，最不济的背插小旗儿还可以当兔儿爷呐；北京人特挑剔，爱挑剔的北京人推动着京味文化的发展提高。[①] 又有人说北京人内心民主平等，不自卑，不自傲；北京人有骨气，敢向不公挑战；北京人心态平和，有公民意识，对社会负责。[②] 还有人在网络上发帖评述了北京人的性格特点，入木三分：

> 老派北京人重礼数，善待人，颇有尊贤礼让之风。但现在这种古风似乎已经日趋式微，总的印象是，此地市民身居京畿之地，见多识广，既受官文化熏染，又承八旗子弟余风沐浴，常以“官”的眼光居高临下，又以玩世的心态体味人生。居高，故睥睨世界，纵横捭阖，尤其在“地方上”的人面前，总觉得自己是“中央的人”，就像处长对科长一样，盛气凌人；玩世，故油嘴滑舌，善打

① 赵大年：《京味小说·北京人·北京话》，《前线》1996 年第 4 期。

② 《北京人的特点和性格》（http：//bbs. tianya. cn/post—39—960984—1. shtml）。

哈哈，于是侃爷辈出，背上了“京油子”的恶名。读读王朔的小说，看看冯小刚的电影，一股子“痞气”扑面而来，但它痞得有文化，痞得够味道，说穿了这是北京人的幽默感，一种居高临下，睥睨一切的幽默感。

北京人干什么都带“大”字，官大、街道大、级别大、学问大，还有派头大、口气大、架子大。“大气”可说是北京人的一种普遍特性。他们的生活方式，无不带有“大”的味道：干大事、说大话、讲大道理、讨论大问题，就连聊天，也叫“侃大山”；喝茶，也钟爱“大碗茶”。他们对小打小闹不感兴趣，他们向往的是做“大款”，成“大腕”，最好是当“大官”，所以，有句俗话说“不到北京不知道自己官小”。

北京的文化是兼融的，官方体制文化、知识分子文化和民间民俗文化处于一种多层共生状态，现代文化和传统文化和平共处。各拿各的调，各吹各的号，相安无事。在这里，既有林立的高楼，也有古旧的胡同；既有历史悠久的京剧，也有曲高和寡的实验话剧；既有时尚的各类主题酒吧，也有平民化世俗化的茶馆。都市气息和乡土气息如此奇妙地融合在这座城市里，北京人真是做到了从大俗到大雅。

北京人大气而不大方。北京人生在皇城根下，信息灵通，一般都十分注重人际关系，见了谁都是一副客客气气的模样。在人群中，北京人起着润滑剂的作用，只要有北京人在就会出现你好、我好、大家好的一团和气的局面。北京人能说会道，到处都是侃爷，上至国家大政方针，下至明星绯闻小道消息，北京人无所不知，知无不言，和北京人在一起很容易感到身为外地人的孤陋寡闻。生活中的北京人很热心，大事小事都爱掺和。但是如果你把北京人的大气认为是大方，那就大错特错了。北京人对人的帮助多半停留在言语上，很少付诸行动。而要北京人掏腰包的事情他们更不会干。这比起东北人的讲义气，为朋友两肋插刀，北京人的大气略显虚伪，他们有圆滑、世故的一面。

北京人虽然注重人际关系，但也常常会流露出自以为是、自我感觉良好。爱面子是北京人的一大特点。在外地人眼里，仿佛个个北京人的祖上都是老北京城里的皇上爷，其实不过是普通老百姓而已。可是谁叫他们出生在皇城根下，自然比外地人多了几分牛气。①

这些评说从不同层面和角度呈现了北京人的人文性格。

二　京味：北京人的底色

北京人人文性格最大的特点是什么？是京味。这是其他任何一个汉民族族群所不具备的。

所谓京味，就是北京人带有浓厚的天子脚下宠儿的性格特征。京味的关键是“京”字，京味与其他汉民族族群的根本差异在于具有皇城京都的韵味。北京号称五朝帝都，其中仅有一个是汉民族建立的王朝，有四个是少数民族建立的王朝。故北京人的京味以汉文化为主体，又包含诸多少数民族文化，特别是满族的文化成分。

北京人的京味大致由乡土味、传统味和市井味所构成。

乡土味，这主要是指北京区别于其他地方的地域特色，如北京的小胡同、四合院、大杂院、古城墙，天桥的杂要，白塔寺的庙会，厂甸的春节，乃至小酒铺闲聊，马路边唱戏，无不浸透着一种独特的乡土气息。

传统味，或者可以称作“古味”“文化味”。北京城已有三千多年的历史，近九百年来又为历代王朝的故都，是全国的政治、文化的中心。中华民族的历史、文化传统在这里留下了最深的印记，从古老的礼仪风俗，到传统的伦理道德，都积淀于北京人的心灵之中，体现出北京人独有的那种精神气质，如人际交往中重礼节、讲规矩，比较宽容、谦和，也较豁达，善于自我解嘲，有某种幽默感，比较重视文化素养等。传统文化中的落后方面对北京人的思想束缚也较重，表现出一定的保守性、封闭性，接受新事物、风气比较缓慢，封建的宗法观念、伦理道德的残余较浓等。

市井味，这是指下层市民身上体现出来的一种品格、气质。例如小手工业者、小商贩、小职员以及主要以体力谋生的洋车夫、搬运工、街头艺人、匠人、用人等，即旧社会所谓“引车卖浆之徒”。他们的生活环境比较简陋，谋生条件又较艰苦。他们一方面保持着劳动人民的一些素朴美德，如勤劳、善良、宽厚、克己；同时又受到统治阶级思想的浸染和传统

① 《北京人的性格特点》（http：//wenku. baidu. com/view/2c220fed102de2bd9605881d. html）。

规范的影响，下层市民的许多弱质、缺陷，如自私、狭窄、虚荣、平庸等所谓“小市民”习气，也在他们身上体现得最为鲜明。

这三味互相渗透，融会一气，共同熔铸成北京人人文性格的底色。[①]

三　善侃：北京人的写照

能言善侃，是对北京人最传神的写照。

北京人能侃，嘴皮子滑溜溜得如同油桶。大多数北京人是口若悬河、滔滔不绝的侃爷、京片子。[②] 但是，他们注重的不是“侃什么”，也不是“怎样侃”，“怎样侃得漂亮”，只是为侃而侃，仿佛他们没什么事情可干，既不要形式，大多也没有目的，大到国家大事，小到鸡毛蒜皮，什么都可以侃上三天三夜。这种神聊海侃，有上知天文下知地理，天下事无所不包无所不聊的劲，北京人侃的话题极为广泛，吃喝玩乐、衣食住行、花鸟虫鱼、奇闻逸事、政经文体、东西南北，无所不包，无所不有。确实在全国无出其右。于是，现代专以侃为主的室内剧出自北京，中国长达 80 集、100 集的长篇电视剧也出自北京，一些天马行空的书籍也出自北京。《人文中国》的作者说，北京人爱侃是因为北京人穷，“只有说才能是他们唯一不能被剥夺的财产了，有了这个财产，他们就仍能笑傲于江湖，不为处境的卑下而痛心疾首，仍能保持自己至尊的虚幻的面子，不为丧失往昔的荣华而悲哀。这是绝望中的希望，悲观中的乐观”。说得实在动听些，“北京人用此法以退为进地保全自己，困顿中的北京人更是如此。与没落的八旗子弟一样，他们到处‘逗闷子’，以说找乐，自娱、娱人。这也许是对物质匮乏的从精神文化方面的补偿吧。以‘逗’为乐，得到的是类似于喝豆汁、杏仁茶的满足感，以及生理与心理的安适，并且和豆汁、杏仁茶比较起来，‘说’更是一种随处可得的满足”。[③] 固然，侃完之后可以什么责任也不负，神情舒畅地各自回家拥自己的老婆热炕头，然而却什么事也没有解决。与其他省市相比，北京人历来都不能算穷，为什么别的地方的人没有北京人这么大的侃劲？而且随着现代文化的发展，北京人是越

① 于启莹：《京味·市井·小说——京味市井小说三家》，博士学位论文，东北师范大学，2008 年，第 21—22 页。

② 郭俊：《中国城市人性格地图》，万卷出版公司 2006 年版，第 23 页。

③ 倪建中主编：《人文中国》下册，中国社会出版社 1996 年版，第 880 页。

来越爱侃，乃至名声越来越大，听众越多，反映越热烈，他们侃得越来劲。这种语言表达能力是其他汉民族族群望尘莫及的。“侃”是北京人特有的休闲方式，“善侃”成了北京人的生动写照。

四　傲慢：北京人的负面

世代皇帝的恩宠、京都的繁华，使北京人产生了强烈的优越感而傲慢不已。

这种人文性格上的傲慢体现在日常生活中，就是北京人无论经济贫富、地位高低，在场面上都讲大方、好义气、要“脸面”、好“脸面”。北京人的自傲有其本钱，因为北京是京师，住在京师的人自然也就不同于其他地方的人。其实，北京人的自傲除了来自京师这一特殊的城市之外，更重要的是北京有皇帝，有着无数官员，有着无数通过皇帝和官员建立起来的官僚衙门，而这些衙门全部都面向着全国发号施令。所有的地方官除了要向皇帝称臣纳贡外，也必须向北京的官员表示最崇高的敬意。因此，北京不仅是皇帝有特权，官员也有特权，也带着北京人都有了自傲的性格。天子脚下宠儿的自傲是谁都无法替代的，因此，北京的官叫“京官”，北京的商叫“京商”或“京贩”，北京的手艺人叫“京匠”，北京人也就叫“京里人”。这些京里人不仅信息比别的地方的人灵通，关系也比别的地方的人要多、要宽、要广。即使沦落了，骨子里的自傲却难以掩饰。刘心武在《钟鼓楼》中对于卢胜七这位北京的最下层的乞儿这样描述道：“卑贱之中又掺有邪恶，求人哀悯而又盛气凌人，信奉弱肉强食又不知道自己是强者还是弱者，一旦有了耀武扬威支使别人的机会，当然要借机满足自己那小小的支配欲。”这种自傲成了大部分北京人的特征，有人对此这样描述：“北京遍布优于他人一等之臣民。即使这种都市优越感并未给底层市民带来多少好处，他们仍然觉得脸上有光。所谓‘宰相府里看门的也是七品官’，即可写照。”① 不过现代的北京人也可自傲，马路修得最宽广的不是北京吗？立交桥最多的现代城市不是北京吗？马路上跑着的最豪华或豪华车最多的不是北京吗？

北京人的傲慢源于贵族文化。有学者研究认为：北京自元代以来便成了京都，几百年的帝京历史使京味文化中充满了贵族气。贵族文化可以说

① 倪建中主编：《人文中国》下册，中国社会出版社1996年版，第841页。

是宫廷文化、官文化和士大夫文化的衍生文化。宫廷的奢华，官场上的应酬周旋，士大夫文人雅致的生活情趣，都渐渐浸润到北京的城市文化中，渐渐形成独特的京派贵族文化。庞大的消费阶层和较高的消费水平，刺激促进了北京的商业、饮食业、服务业，围绕宫廷、王府奢华的生活方式和官员、士大夫的人情酬酢，消遣娱乐，则发展了北京的建筑、园林工艺、景泰蓝、玉器、雕漆、玻璃、镌刻、珐琅、石刻等工艺，更不必说戏曲、字画、书肆等文化行业的发达了。贵族的养花、玩鸟、喝茶、遛弯儿成为贵族生活中的必备内容。他们优雅、闲适、从容、舒服地享受着生活。浓厚的消费空气和享乐要求，刺激着文化艺术的繁荣，由此形成北京带有贵族气的舒适、优雅、享乐、颓靡的文化氛围。[①] 这种贵族气浸淫在北京人的性格中形成与生俱来的一种傲慢气质。

在这样的历史文化熏陶下，皇城根儿下的北京人受着政府的重视，从不会为物质生活担忧，不必为生计而奔波劳碌，从而培养了北京人闲情逸致的人文特点。所以他们更注重精神上的享受，这份优越性也养成了他们的惰性心理，懒得打拼，只要过这种安逸的生活就好。而这份优越感也让他们带着一股与生俱来的傲慢，觉得自己身在皇城，受着政府的优待，各个方面都高人一等，对于北京的外来人口，多少有些瞧不起。[②]

其实，也正是由于北京一直以来备受政府呵护，来北京的人一旦成就了事业，站稳了脚，积淀了家业，那么他们的后代也就顺理成章地开始享受，也就逐渐形成了他们的满不在乎、大气、优越感以及能说善侃的特点。而北京的发展重担又落在后来者的肩上。而等那些人家业败尽也就不得不从头再来，但是这时他们已经不是外来人了。北京是一个古老的城市，有着古老的文化传统。然而，当我们回头审视北京人时却发现，这里有的是一种熟透了的文化，而且也不是正儿八经北京人创造的原型。就像北京人只要你往上溯，大致不要几代便可以发现，原来自己的祖先是移民一样，北京没有自己的文化。它只是在吸纳在攫取不同地区乃至不同民族的文化。如此循环发展下来，就形成了北京人傲慢的负面特征。

---

① 于启莹：《京味・市井・小说——京味市井小说三家》，博士学位论文，东北师范大学，2008 年，第 17—18 页。

② 余守斌：《中国人性格地图》，新世界出版社 2013 年版，第 6 页。

第五章　天津人

天津，号称“一方宝地”[①]，其处华北平原的东北部，海河流域下游，东临渤海，北依燕山，西靠首都北京，是海河五大支流南运河、子牙河、大清河、永定河、北运河的汇合处和入海口，素有“九河下梢”“河海要冲”之称[②]。就是在北京近旁簸箕形[③]的空间里，铸出了一个世世代代安于做平民的“卫嘴子”——天津人。

第一节　天津人的语言

天津话是汉语方言中的一朵奇葩，它以独特的魅力，成为天津人民生产和生活中的有力工具。这是因为天津虽然紧邻北京，但天津话在语感上却与北京话大相径庭，“天津话连读变调之谜”[④]，使之在周边汉语方言里显得十分“另类”而被称为“飞来峰”。

一　天津话的形成

听天津人“嘛”字连连的讲话，给人以个性另类的感觉，说它是北方话，又不同于北京话、东北话，说它像南方话，只是有一点南方话的韵味而又不同于安徽话、苏北话。那么，天津话这朵奇葩是如何形成的？

---

① 余守斌：《中国人性格地图》，新世界出版社2013年版，第20页。

② 刘丹：《品读：中国城市人性格》，大众文艺出版社2009年版，第37页。

③ 天津平原往西通过冀中平原和太行山脉相连，往北和燕山山前平原接壤，东南面越过鲁西北平原是泰山山脉，整个地势像一只不规则的簸箕向渤海倾斜，天津处于簸箕口。

④ Chen，Matthew Y.（陈渊泉），*The Paradox of Tianjin Tone Sandhi*，1986. 转引自曾晓渝《论天津话的源流》，《南开语言学刊》2010年第2期。

（一）关于天津话来源的争论

对天津话来源，语言学界有三种看法：

第一种根据传说，推论在“燕王扫北”前后苏皖地区不断移民到这里，江淮人逐渐占了压倒优势，才形成了“天津方言岛”。语感上觉得天津话与宿州话是一种方言。因此“确定天津方言的‘母方言’就是来自以宿州为中心的广大淮北平原”，认为天津话源自以安徽宿州为中心的淮北方言。[①]

第二种认为天津话的声调格局与宿州话没有血缘关系。天津话知系声母读音老派同东北话官话和固镇方言，新派属东北官话的长春型；天津话宕江摄入声字的文白异读与冀鲁官话、北京官话的同步发展，其底层不可能是淮北平原的方言；明初洪武年间安徽淮北一带人口稀少，根本就没有向外移民的条件；明永乐初天津三卫戍卒的来源并无文献记载，因此，“天津方言的底层是冀鲁官话，但在形成、发展过程中受到北京官话、东北官话、胶辽官话的影响”[②]。

第三种认为上述两种看法各有偏颇。天津话的形成应与天津卫的建立有关，天津话的“源”以明代“南京”（辖安徽江苏区域）的中原官话为主，天津话的“流”则在周边北京、冀鲁官话的浸透过程中延续。[③]

（二）对天津话源流的人类学考察

认识天津话，不能不了解人类学家李世瑜对天津话的人类学考察和研究。

李世瑜[④]师从著名方言学专家比利时人贺楼登崧（Grootaers）研习语言学理论，对天津话有开创性的研究。谭汝为在《李世瑜：天津方言研

① 李世瑜、韩根东：《略论天津方言岛》，《天津师范大学学报》1991 年第 2 期。

② 王临惠、蒋宗霞、唐爱华：《关于天津方言语音演变的几个同题的讨论——兼论天津方言的源流关系》，《语文研究》2009 年第 3 期。

③ 曾晓渝：《论天津话的源流》，《南开语言学刊》2010 年第 2 期。

④ 李世瑜（1922—2010）出生于天津，辅仁大学社会学系、研究院人类学部毕业，1948 年获硕士学位。1982 年获美国亨利·路斯奖金并终身“路斯学者”称号。曾在辅仁大学、天津社会科学院、天津师范大学、历史教学杂志社、天津古籍出版社等单位任职，兼任美国宾州大学、日本学习院大学客座教授。曾应邀至美国、日本、加拿大、英、法、爱沙尼亚、保加利亚等国讲学。1940 年开始，李先生以田野工作方法调查研究民间秘密宗教及结社，后又旁及人类学范围内所属相关学科，如历史学、考古学、宗教学、民俗学、方言学、方志学、文献学等。著有《现代华北秘密宗教》《宝卷宗录》《天津的方言俚语》《社会历史学文集》等。

究之巨擘》的文章中，对李世瑜的天津话研究有系统的述评，他认为李世瑜对天津话研究的贡献主要有三点。

1. 首创“天津方言岛”学说

天津人都知道，杨柳青、咸水沽一代人说的话，似乎很“各色”。在天津这地界，似乎有这么一条无形的线，线的这头儿是“您（ní）老这（jiè）是干（gǎ）嘛（mà）呀”的天津话，一脚迈到线那头，就好像到了外地。根据天津话在语调上的特点，世瑜先生于20世纪50年代，就进行了实地调查，绘制出《天津方言区域图》。这个区域呈倒置的等腰三角形，天津旧城是中心，东、南、西三面被静海音系所包围，北面则被北京音系所包围。几百年来，天津话仅能“占领”九平方华里的旧城和十几座村镇，始终陷入其他音系的重重包围之中。

世瑜先生出生在天津西头梁家嘴。从小他就发现：家中用人，街巷上做小生意的，卖青菜、卖西瓜的，淘粪的……都不说天津话。他们不是说杨柳青、静海的话，就是说海下、咸水沽的话，要么就是说武清、白洋淀那边的话。他还发现：天津人口语用词，大多与课本、书报上的不一致，在字典上也查不到。从20世纪40年代初，李世瑜就开始搜集记录这些土话。他发现，天津方言与附近地区的方言有许多差别，住在市区的人到郊区去，走不太远的一段路，就会发现语言变了。

于是，李世瑜就试图用方言岛理论对天津话进行调查研究。所谓方言岛，就是因大批移民，使外来的方言势力占据了原某方言区的一片地域，形成被原来方言区域包围着的独立的犹如孤岛的新方言区。天津方言区，它的东南西三面都被静海方言区包围着，这种现象在语言学上就称为“方言岛”。天津话这棵特立独行的方言之树的根，并不是海河两岸土生土长的，而是从外乡漂浮来的。天津话的地区范围是一个三角形的方言岛。这个方言岛的底边距旧城北约1公里，尖端距旧城南约22公里。方言岛以北的居民，语言接近北京话，东北接近唐山方言，西南和东南接近静海一带方言。李世瑜经过细致的田野作业、实地考察，确定了天津地区四面八方的语言分界线，画出了《天津方言区域图》，使“天津方言岛”的学说得以确立。

2. 确定了“天津方言岛”之成因

天津方言岛是怎样形成的呢？在天津民间流传着“燕王扫北”的故事。明代朱元璋称帝后，封了很多藩王。四子朱棣握有重兵，且屡建战功，故遭朱元璋忌惮。为削弱他的实力，朱元璋封朱棣为燕王，让他带领大批老弱残兵到北京、天津一带戍边。燕王朱棣不但扫北得胜，还把他从家乡安徽带来的士兵安置在天津地区戍边屯垦。朱棣夺取帝位后，为天津赐名，设立了天津卫。史书载："明初有戍天津者，因家焉"（《天津县新志·汪来传》）；"天津近东海，故荒石芦荻处。永乐初始辟而居之，杂以闽、广、吴、楚、齐、梁之民"（《天津卫志·毛恺德政碑》）。这说明明初天津人口的主要构成是"军事移民"。

这些移民实行军事建制聚居，"家庭承袭，邻里相望"，形成相对牢固的"语音社区"，于是，具有低平调的江淮方言成了天津卫的通用语。在燕王扫北前后，苏皖地区不断有移民到天津地区，江淮人逐渐占压倒优势，天津方言岛因以形成。而从山西或其他地方定居天津的移民，由于不是大批的，加之散居，无论操何种方言，几十年后即被当地方言同化。

3. 寻觅到"天津方言"的根

确立了天津话的来源，还要弄清天津话的"母方言"究竟在哪里？20 世纪 80 年代，年逾花甲的李世瑜先生先后两次南下，开始了天津话寻根之旅。安徽大小城镇，洪泽湖畔，都留下了李老的身影。在南下绕江淮及高邮湖、洪泽湖地区跑了一圈后，天津话的"母方言"似乎还在云里雾中。李世瑜决定再到安庆寻访，在从徐州乘火车前往安庆的途中，却有意外收获。火车车厢拥挤，李世瑜和很多人一样是"站票"。火车过宿州后，李世瑜身边的两个人因抢座吵起来。一口纯正的天津话，从两个人嘴里硬硬地甩出来。李世瑜以为碰到了老乡，便劝架说："出门在外，都不容易，别吵了。"抢座的人眼眉一立："嘛！嘛出门在外！我，我就这儿的。"

一句话，让李世瑜大喜过望，安庆不去了！他干脆跟着这两个人下了火车。下车这站叫固镇，在蚌埠北 48 公里处。到了固镇火车站，李世瑜以为回到了天津，充斥两耳的都是他从小听到大、说到大的天津话。车站茶摊老掌柜和他们搭起话，"共同语言"使彼此相谈甚欢。李老的录音带还留存着精彩对话。"两位同志，你们哪儿人哪？""您听我们是哪的人？"老人迟疑一下："听你们的口音是本地人，可我怎么没见过你们啊？"原来，固镇来来往往的人都要经过这个火车站，老掌柜差不多都认识。

老掌柜告诉李世瑜，固镇属于宿州市，宿州市距离固镇 45 公里。李世瑜立即马不停蹄赶回宿州。历经数月调查，天津话的“母方言”终于浮出水面——天津话来自以宿州为中心的广大的淮北平原。[①]

无疑，李世瑜对天津话的研究是开创性的，基本上解决了天津话的源流问题。

（三）天津话形成的历史轨迹

那么，天津话究竟是怎么形成的呢？

1. 金元时期：奠定了天津话形成空间基础

水有源，树有根。天津话的源头始于金代，1153 年，金海陵王把首都迁到中都（今北京附近），每年需要把大批粮食由河北、河南、山东用漕船经过运河送到中都。这样地处南北运河与海河交汇处的三岔河口，便成为金朝漕运的重要枢纽。于是三岔河口成了天津的发祥地，史称“三会海口”。

元代把中都改为大都。这时，由于通向大都的一段运河经常淤浅，不能行驶漕船，所以漕船只好先停靠在三岔河口附近的直沽办理交接手续，然后再驳船运到大都。直沽就成了元朝漕粮中转的枢纽。当时漕船分春、秋两季北上，每次的运输量都有一百七八十万石，差不多要用两个月的时间在直沽办理中转接运工作。其间，大量漕船聚集在三岔河口一带。为了储存等待运转的粮食，元帝国在直沽建立了规模庞大的广通仓和海运仓，在河西务建立了十四仓。为了加强对漕粮的保卫，还在直沽设海津镇和镇抚司，派重兵把守。与此同时，天津一带的制盐业也发展起来了，在天津附近的渤海湾沿岸一带共设有 22 个盐场，其中“三汊沽”和“丰财”两个盐场就在今日的天津市区之中。伴随着漕运和制盐的发展，三岔河口及直沽人口不断增加，河海通津地位进一步得到加强，为天津话的形成奠定了最初的空间基础。

2. 明代：奠定了天津话形成的族群基础

明帝国时，对天津话的形成有决定影响的有两件事，一是“燕王扫北”，二是天津卫的建立。

燕王是明太祖朱元璋的四子，名棣，领重兵镇守北平（即今北京）。朱元璋长子朱标早死，朱元璋死后，根据传长不传嫡的传统，朱标的大儿

---

① 《李世瑜：天津方言研究之巨擘》（http：//blog. sina. com. cn/s/blog _ 4b6668a10100c7w3. html）。

子朱允炆继皇帝位，年号建文。建文帝听从齐泰、黄子澄等大臣建议，大力削藩，剥夺分封全国各地的叔父们的兵权。燕王以讨齐、黄为名，起兵反抗，号称“靖难”。建文帝派兵平叛。于是在河北和山东一带进行了长达三四年之久的大战。史称“靖难之战”，即民间流传的“燕王扫北”。“靖难”之役，以燕王的胜利告终，1403年，燕王军攻占南京，建文帝于乱军中失踪。燕王即皇帝位，改年号永乐，是为明成祖这一场“靖难之变”，河北一带民众被杀或流亡甚多，人口锐减，于是明成祖移民实河北。正因为如此，所以李世瑜说：

> 有的天津土著人说他们的老辈是燕王扫北时从安徽（或山西）迁来的。燕王是安徽凤阳人，他带兵北上定会从他的家乡及附近招募，包括随军家属或其他移民，而且这些人有“明初有戍天津者，因家焉”[①]。所以《卫志》户口有军籍，官籍。通过上述逃荒、漕运、戍边等，大批人定居到天津。而更重要的还是从天津方言本身所表现出来的语言现象来证明。什么地方的人说什么地方的话，这是规律，也是证据。
>
> 《天津卫志·毛恺德政碑》记载：“天津近东海，故荒石芦荻处。永乐初始辟而居之，杂以闽、广、吴、楚，齐、梁之民”。这些史料，说明了明朝初期天津人口结构发生了根本性变化。其中从军经商的吴人成了天津卫人口的重要构成成分。再加上这些人的政治地位和经济地位比较高，于是，具有低平调的江淮方言成了天津卫的通用语，从而奠定了天津方言具有低平调这一特点的基础。不论从何处来的移民，其子孙也必然讲天津话，于是天津方言岛形成。当然原来的方言也会留下一些痕迹，实际上天津方言是江淮方言和静海方言杂交的产物。[②]

历史的发展正是这样，“燕王扫北”前后苏皖地区不断移民到这里，江淮人逐渐地占了压倒优势，从而奠定了天津话形成的族群基础。这个族群基础后来不断扩大，“天津卫”的设置就是一个实例。

---

① 《天津县新志·汪来传》。

② 李世瑜、韩根东：《略论天津方言岛》，《天津师范大学学报》1991年第2期。

永乐三年（1405 年），明成祖在直沽设立了天津卫、天津左卫和天津右卫，并在三岔河口的西南修建了卫城。“卫”是明代的一种军事建置，每卫有驻军 5600 人。在直沽设立三个卫，目的在于保卫首都的安全，以及保证漕粮储存、运输的正常进行。《天津通览》记述说：“明代永乐二年（1404 年）明政府设‘天津卫’，同年十二月设‘天津左卫’，永乐四年（1406 年）又设‘天津右卫。‘卫’是明代的一种军事建置，天津三卫共有驻军 16800 人，目的在于拱卫京师和保障漕运的安全。”[①] 显然，这三卫之兵扩大了天津话形成的族群基础。

3. 清代：天津话的最后形成

清代是天津话形成的时期。在这个时期，天津卫的军籍转民籍是一个拐点。顺治九年（1652 年），天津左卫、右卫与天津卫合并为一卫，到雍正三年（1725 年）改天津卫为天津州[②]。从此，天津三卫人员的军籍转为民籍。这对天津话的最后形成有决定性的影响，为此，曾晓渝研究分析了《新校天津卫志》[③] 详细记录了天津三卫 297 位军官的籍贯，其中以安徽、江苏籍为最多，总共占 45.7%，其余分散来自全国各地。由于明代实行军官世袭制，又因军官所带士兵及其家属基本都是同乡，所以从“官籍”比例可以推知“兵籍”“民籍”。而安徽、江苏在元、明时期均分别统辖于同一个行政区（元代“河南江北行省”和明代的“南京”），即可推测“天津三卫”中近一半人是“南京（南直隶）”的同乡。天津城的开拓者近一半人所操的“南京”中原官话（今苏皖中原官话和江淮官话底层），无疑是这个移民大群体的主流语言，其他各地戍卒及家属受其感染，同时也将自己语言的特点交融其中。[④] 这就是说以明代“南京”（辖安徽江苏区域）的中原官话为“源”，以周边北京、冀鲁官话为“流”的天津话，是在历史的浸透过程中形成的。

此后，对天津话的形成有凝固作用的是李鸿章的淮军。淮军是李鸿章一手创办起来的。太平天国起义发生后，李鸿章从京城回到家乡合肥，募集乡勇，举办团练，最后发展而为淮军。淮军由组建开始，直到后来的发

---

① 董坤靖主编：《天津通览》，人民日报出版社 1988 年版，第 38 页。

② 罗澍伟主编：《近代天津城市史》，中国社会科学出版社 1993 年版，第 74 页。

③ （清）薛柱斗：《新校天津卫志》，易社校印 1934 年版，第 13—16 页。

④ 曾晓渝：《论天津话的源流》，《南开语言学刊》2010 年第 2 期。

展壮大，其主要人员都是合肥及合肥周边的肥西、肥东、长丰等地人。天津祠堂祭祀的六位安徽籍高官，就有周盛传、周盛波、聂士成、张树声四位是合肥及合肥周边人；戍守天津的卫汝贵、叶志超是合肥人；吴育仁是肥东人。由于李鸿章在晚清的特殊地位和淮军在晚清的影响，京城北京当时流传有这样的话："会讲合肥话，就把长刀挂。"淮军战士很多是子承父志，自己年老了，就叫儿子来顶替。

1870 年李鸿章在出任直隶总督时，调淮军护卫营到天津卫驻防。为方便淮军的亲属来天津卫探亲和祭祀因不服水土而死去的淮军将士，也为方便为淮军服务的安徽客商，使他们有聚会、住宿的场所，李鸿章在天津修建了一座"安徽会馆"。由于天津是淮军的大本营，随着大批淮军的到来，当时安徽来天津可以调动的淮军有卫汝贵部淮系盛军 11384 人；叶志超直隶练军、武毅军 10357 人。两三万的淮军将士，加上他们的家属，加上投奔他们而到天津经商、从事实业的亲朋故旧，总共有六万多人。这占人口绝对优势的六万多淮军或与淮军有关的人在天津，对天津话的形成无疑会起凝固作用。

对于天津话这种方言互动融合族群的层次，曾晓渝在她的研究中曾有过分析，她说：

> 就语音特点而言，天津话的声调格局与宿州、固镇话最为近似，而清入声归派与北京话基本相同，古知庄章声母字的读音则与静海话类似，韵母字的读音既与东北、胶辽官话接近，又有自身不同之处，因其移民语言的融合性形成连读变调的创新。
>
> 就词汇、语法特点而言，根据《汉语方言地图集》（曹志耘，商务印书馆2008 年版），天津话大部分的词汇和语法现象与周边官话方言相同相近，也与安徽、江苏的中原官话、江淮官话有较多一致性。不过，其中天津话独有或特有词例中，一小半与安徽、江苏的方言有相同相近的关联。上述种种语言特点组合成听起来"另类"的天津话，其声调格局、独特词语与今皖北苏北官话的牵连，透露着她的底层色彩，这多少印证了"语言是人文历史的 DNA"的说法。[①]

① 曾晓渝：《论天津话的源流》，《南开语言学刊》2010 年第 2 期。

总之，金元时期奠定了天津话形成的空间基础，明代奠定了天津话形成的族群基础，清代天津话最后形成，这就是天津话形成的历史轨迹。

二　天津话的特点

天津话在汉语北方方言中独树一帜，形象、生动、有韵味。

天津方言与普通话比较，最主要的是语音和声调的不同。从声母上看，天津话一般是将普通话的舌尖后音 zh、ch、sh，分别读为舌尖前音 z、c、s，如 zhōng 中读为 zōng 宗，chǎn 产读为 cǎn 惨，shān 山读为 sān 三，shui 水读 sui；i 和舌尖后音 r 混用，如："人"读"银"，"肉"读"又"；如果是开口韵母自成音阶时，就要在前加声母"n"，如"爱"读"耐"，"鹅"读"挪"等。再说语词，天津方言中有一些特殊的语词，如用途很广的"嘛"（即什么，干什么）、"哏儿"（即有趣）、"打镲"（开玩笑）、"造改"（即破坏原貌）等，在外地极为少见。有的个别语汇听起来令人相当费解，如"觉闷"（觉发脚音）即自觉的意思，不觉闷即不自觉，觉不过这个闷来，即是"不明白"之意。

（一）天津话的语音特点

1. 普通话 zh、ch、sh 这些卷舌声母的字，在天津话里有一部分被读成平舌声母的 z、c、s，例如"展览"的"展"（zhǎn），天津话却读为 zǎn；"招考"的"招"（zhāo），天津话却读为 zāo；"生产"（shēng chǎn），天津话却读为 sēng can；"上车"（shàng chē），天津话却读为 sàng cē；"事由"的"事"（shì），天津话却读为 sì；"山脉"的"山"（shān），天津话却读为 sān 等。这就是人们通常说的——天津话"齿音字"多。

2. 普通话带有 r 声母音节，在天津话里一般读成零声母，把辅音 r 换成了元音 i，例如"人"（rén）、"热"（rè）、"肉"（ròu）、"润"（rùn）等字，天津话却分别读成 yín、yè、yòu、yùn 等。再如"用、泳、勇"等字，普通话读为 yòng、yǒng、yǒng，而天津话却读为 ròng、rǒng、rǒng；"让、嚷、壤"等字，普通话读为 ràng、rǎng、rǎng，而天津话却读为 yàng、yǎng、yǎng。

3. 天津话习惯于在 a、o、e 开口呼音节前加声母 n。例如把"安全"的"安"读成 nān，把"超额"的"额"读成 né，把"熬鱼"的"熬"读成 náo，把"可爱"的"爱"读成 nài，还有"欧洲""海鸥”等。

（二）天津话的声调特点

天津话最突出特点表现在声调上。虽然天津话与普通话都有四个声调，但在调值（每个声调的实际读音）上却有明显的差别，特别表现在阴平声调上，普通话读为高平调，天津话则读为低平调。如“天”字，天津话不但起音低，落音更低，呈现出低而略带下降的调值，音程短促。阳平和上声与普通话也有差别，如“菊”字读“居”音，“笔”读“鼻”等。天津方言由上古音发展而来，其中保留了许多元、明朝代流行的词汇，与普通话有明显差异。名词后面的字一般发音较轻，如“天津”一定要把“天”字读重，读低，先走平调紧跟低沉向下，“津”的发音绝对要轻。而动词、形容词则无此现象。

天津话声调上的这个突出特点，使之与周边地区的语言有明显的不同。既不同于北邻的北京，也不同于环围东西南的鲁官话，好像是个“飞来峰”，遂成为一个“方言岛”。

三　天津话的世俗性

天津话海纳百川，不说官话，不打官腔，只求通俗易懂，语境准确，干净利落，突出就是“咯嘣脆”的世俗性。正因为天津话的世俗性，才使得天津话能转化成相声艺术，从汉语众多方言之中脱颖而出，成为“知名品牌”。

天津话的世俗性特点表现在语言简练上。有一个相声段子，说的是各地的方言，这里面在说到天津话的时候，相声演员说天津话的特点，就是两个字一句。譬如一个人夜里起来，要到院里去小解，惊动了他哥哥，于是他哥哥就向外面问道：“谁呀?”这时，弟弟就回答说：“是我。”哥哥又问：“干嘛?”弟弟就答：“尿尿”（niào suī），说得大家哈哈大笑。有一些本来不是两个字的话，天津人也能把它简练成两个字。譬如，天津最有名的劝业场，天津人就说成是“劝—场”，那个“业”字，就不发声了。

天津话的世俗性特点又表现在把陌生女子统称为“姐姐”。用曾任《实话实说》主持人阿忆的话说，就叫“到了天津，就没有妹妹”。六岁的小女孩去商店，柜台后面的阿姨会叫：“这小姐姐……”

天津话的世俗性特点更表现在方言中。这些方言，外地人就更不好理解了。如听一段地道的天津话说："夜格雀蒙眼的时候，老爷儿早就下去了，打洼里上来一个老爷们儿，一见面就闹炸猫子，说了归齐也没嘛过不去的来，就是他这人各色，总跟人犯矫情，早晚我拿大鞋底子掴他。"这句话是说，"昨天晚上天快黑的时候，太阳早就下去了，这时候从乡下来了一个人，见了面就闹个没完，也没有什么大不了的事，就是他这人和别人不一样，总和别人吵架，迟早我用鞋底子打他一顿"。①

天津话世俗性的方言土语词语还有许多，如：

管胡说不叫胡说，叫胡铲；
管说大话不叫说大话，叫吹大梨；
管没正经不叫没正经，叫没溜儿；
管急了不叫急了，叫火了；
管拳击不叫拳击，叫捣皮拳儿；
管贫嘴不叫贫嘴，叫贫气；
管开玩笑不叫开玩笑，叫开涮；
管仗义不叫仗义，叫板槽；
管吃醋不叫吃醋，叫抱醋坛子；
管菜咸不叫咸，叫吃了变成燕巴虎儿；
管不切实际的愿望，叫抱热火罐儿；
把无中生有虚构的事情，叫编八造魔儿；
把油条，叫棒槌果子；
管讨厌不叫讨厌，叫腻歪；
管什么不叫什么，叫嘛玩儿……②

第二节　天津人的形成

"嘛味"十足的天津人是一个草根族群，从一定的意义上讲，它是在大运河与海河哺育下，为了保卫漕运的背景下逐渐形成的。其形成的路线

① 《咱天津话的特点是嘛，就是介个》（http：//blog. renren. com/share/265277668/2217322449）。

② 李春艳：《展现天津人性格的天津方言》，《社科纵横》（新理论版）2012年第3期。

图，大约经历了“肇端—孕育—定局”三个阶段。

一 唐代：天津人形成的肇端

养育和繁衍了天津人的天津平原，可以说是黄河冲积而成的。据考，公元前5世纪以前，黄河下游处于尚未筑堤的天然状态，华北平原的众多支流均汇入其中，拥有多条分流河道，从渤海湾北部入海。根据历史文献记载，公元前8世纪至公元前5世纪，黄河的主要分流河道是禹贡河、汉志河和山经河，另外还有12条次要的分流河道。在前350年之前，从分流河道地区，未发现任何城邑聚落遗址推测，这个时期黄河下游也不是古人活动的中心。[①] 正如《孟子·滕文公上》所记：在史前洪荒时代，“当尧之时，天下犹未平，洪水横流，泛滥于天下。草木畅茂，禽兽繁殖，五谷不登，禽兽逼人。兽蹄鸟迹之道，交于中国。尧独忧之，举舜而敷治焉。舜使益掌火，益烈山泽而焚之，禽兽逃匿。禹疏九河，瀹济漯，而注诸海；决汝汉，排淮泗，而注之江，然后中国可得而食也。”

到了三千年前的商周时期，黄河挟带着大量泥沙，流经到这里入海。据记载，历史上黄河的入海口有8次大的移动，其中3次移到天津附近入海。黄河水挟带的泥沙，在入海处逐渐淤积成平坦的滩涂，也使海岸线逐步向东推进了几十公里。所以长期以来，人们说天津是“退海之地”。

黄河的冲积作用，使天津一带成了宜于耕种的平原农垦区，到了两千年前的战国时期，由于铁工具的普遍使用，天津平原进入了全面开发的阶段。近30多年来，考古工作者陆续在天津郊区发现50多处战国遗址和墓葬。每个遗址几乎都有各式铁制农具，如镘、锄、铲、镰等出土，其形状与现在农村使用的非常相似。在南郊的巨葛庄，方圆10里发掘出9座聚落遗址，可见当时人烟的散布，真可说是“村烟相望、鸡犬之声相闻”了。

经过战国时期两百多年的开发，天津平原逐渐人烟稠密。西汉初年，这里设置了5个县，即属于渔阳郡的泉州和雍奴，属于渤海郡的东平舒、章武与文安。其中，现在的天津武清区城上村，就是当年泉州的遗址，天津宝坻区的秦城是当年雍奴的遗址，天津静海县的钓台村，则是当年东平

① 陈蕴真：《黄河泛滥史：从历史文献分析到计算机模拟》，博士学位论文，南京大学，2013年，第26页。

舒的遗址。

隋帝国修筑了大运河，把海河与黄河、淮河、长江连接起来，这样便凸显了地处运河北端，兼有河、海运输之便天津一带的地位。所以从唐朝时起，这里开始有了正式名称，这就是“三会海口”（又称“三岔河口”），即大运河、海河与渤海交汇的地方。具体地说，所谓三岔河口，就是子牙河、南运河、北运河汇入海河之处。

“三会海口”，天津这个最早地名的名称，在唐人杜佑在所纂《通典》卷一百七十八州郡八中有记载。隋唐时期从塘沽城区往北推 20 公里才是海岸线，当时具有这样的地理地形只有三岔河口。① 具体地讲，“三会海口”指的就是永济渠、潞河等多条河流在天津三岔口会合入海而言。②

小荷才露尖尖角，这就是天津人形成的肇端，天津人就是以“三会海口”为起点，开始走向世界的。所以天津学者谭汝为说：

> 三岔河口就是天津市区最早的居民点、最早的水旱码头、最早的商品集散地，也是中国最早的南北物资交流的中心点。如果说海河是天津的母亲河，那么三岔河口则是天津城市的发祥地，是孕育天津的摇篮。③

二　宋元：天津人形成的孕育

河流入海的总汇是天津的特征之一，海河水系形成于曹操开凿平虏渠的三国时代，迄今已一千七百多年，流域面积 22 万平方公里。上游较大的河流有 300 多条，进入河北平原后，逐步汇聚成南运河、北运河、子牙河、大清河、永定河 5 大干流，在市区三岔河口汇合成海河，东流 70 多公里至大沽入海。整个海河水系的分布像一把蒲扇，天津位于扇把的顶端，所以有“九河下梢”之称。众多河流汇聚于此，使天津得天独厚地成为华北平原河、海交通的枢纽，首都北京的水上门户。与此同时，天津又与渤海紧密相连。天津海岸线全长一百三十多公里，辽阔的海域、宽广

---

① 李玉塘：《天津最早拆迁地》，《天津日报》2010 年 4 月 20 日。

② 《三岔河口：孕育天津的摇篮》（http://blog.sina.com.cn/s/blog_4b6668a101000bef.html）。

③ 同上。

的滩涂和良好的港湾，使天津得以尽享海洋的渔盐之利和航运之便。[①] 在这个生态环境下，三岔河口之所以会崛起，成为天津最早的港口，是因为漕运。唐初，为防御北方游牧民族的侵扰，在幽、蓟驻守重兵，所需大批军饷，由江南漕运而来，在三岔河口储存转运。诗圣杜甫于天宝年间作的《后出塞》诗，就写道："渔阳豪侠地，击鼓吹笙竽。云帆转辽海，粳稻来东吴。越罗与楚练，照耀舆台躯"；在《昔游》中，又写道："幽燕盛用武，供给亦劳哉。吴门转粟帛，泛海凌蓬莱。肉食三十万，猎射起黄埃。"可见当时三岔河口漕运蔚为壮观的景象。

宋元时期，黄河不再由渤海湾入海，天津的海岸及河流基本稳定。自海河口到三岔口60余公里，以及自三岔口北溯潞水至杨村20公里为潮汐河流，成为一条可通航海、河漕船的良好的港内航道。这就为天津人的形成，建构了一个得天独厚的空间。

得天独厚的天津，还是一个多民族纠结之地。那时，海河以北属辽，以南属宋，在北方形成了宋、辽两朝对峙的局面。由于海河成了宋辽的天然分界线，所以今天的海河、大清河一线在当时被叫作"界河"。宋朝为了防备辽兵南下，在界河以南设置了"寨""铺"等军事据点，分兵把守。其中独流、当城、沙窝、小南河、双港、泥沽等寨名一直沿用到今天，对天津人的孕育助了一臂之力。

（一）宋代的漕运促进了天津人的孕育

宋帝国改"三会海口"为"劈地口"，史书记载就是今三岔河口。"劈地"一词应与黄河改道有着密切的联系，宋庆历八年（1048年）黄河决商胡埽（今河南濮阳东北），至次年形成一新道，自今河南濮阳东北折西北经内黄东，北流经河北大名西、南宫东，枣强、武邑西、献县东，至青县南，由今南运河经天津市由海河入海。可见黄河这最后一次改道就是走的南运河、界河入海。《宋史·河渠志·塘泺》记载界河以西为"塘泺缘边诸水"，由此可见当时红桥以西河道纵横，沼泽遍布。而宋辽时期战争频繁，"澶渊之盟"后，出现了百余年的和平，宋以南运河、辽以北运河为水上运输线，双方设立"榷场"进行商品交易。在榷场外，宋朝官府为了笼络边民，边贸的政策放得较宽，《宋史·食货下》记载："河北盐听人贸易，官收其算。"宋方有香药、茶叶、缯帛、麻布、瓷器、粳

① 郭蕴静主编：《天津古代城市发展史》，天津古籍出版社1989年版，第4—5页。

糯等，辽方有羊、马、银、皮革、北珠等，此时三岔河口边境贸易已经形成，从而促进了天津人的孕育。

及至宋金对峙之时，海陵王迁都到中都（今北京附近），每年需要把大批粮食经南运河运抵三岔河口一带，于是三岔河口便成为金朝漕运的重要枢纽，其地位大大提升。金代天津北部隶中都路，大定十二年（1172年），分香河县东部地析置宝坻县，县治在新仓镇（今宝坻县城），计有武清、渔阳、宝坻三县；南部隶河北东路，原沧州北部地划入青州，明昌四年（1193 年），以青州窝子口置靖海县，后改名静海县（今静海县城），是为天津地区南部置县之始。这时的天津，为了保证漕船运输的安全，金帝国在武清和柳口派有巡检，又在三岔河口一带建立了直沽寨，设正、副都统，率兵守卫。《金史·完颜佐传》记载："完颜佐本姓梁氏，初为武清巡检，完颜鲛住本姓李氏，为柳口镇巡检。久之，以佐为都统，鲛住副之，戍直沽寨"。尽管直沽寨在当时还是个军事据点，但这个记载，显现了武清、柳口和直沽的地理关系和建置沿革。武清为古泉州（故城在今武清县城上村），汉以来一直是水运要津和榷盐重地；柳口镇系杨柳青，属靖海（为古东平舒，今静海县），很早即为集镇。直沽一地原分属武清、靖海两县，久之，因经济、政治、军事形势的发展，其重心才移往直沽。换句话说，因为当时天津已上升到新的地位，才派都统率兵戍守，并在史籍中首见。这一点十分重要，表明直沽成了今日天津的原始聚落点。[①] 正是名正言顺，"直沽"成了天津城市发展史上第一次出现的正式名称，并一直使用到今天。[②]

直沽寨是一个港口，其航路的四通八达，北溯潞水（今北运河），经武清、香河、漷阴至通州，转入闸河，漕船可直达中都；南航御河及永济渠，经清州之会川、兴济，沧州之长芦镇，景州之东光、将陵，恩州之历亭、临清，大名府之馆陶、元城、魏县，以达浚州之黎阳、淇门镇；西南循漳水以达洺、磁二州，滹沱河以连献、深二州；西沿拒马河经柳口、信安，以连霸、雄二州；东经海河至泥沽与海路相连，兼有河港与海港的性质，成为海陆联运的枢纽。距中都仅一百余公里，成为中都通向各地水路的咽喉。当时有三条航线的漕船，即内黄经黄河来滑州、大名、恩州、景

① 《天津的历史变迁》（http：//news. enorth. com. cn/system/2003/04/17/0005464 51. shtml）。

② 罗澍伟：《天津史话》，社会科学文献出版社 2011 年版，第 2—3 页。

州、沧州、会川境内濒河十四县之粟；自漳水行御河，通苏门、获嘉、新乡、卫州、浚州、黎阳、卫县、彰德、磁州、洛州之馈；自衡水经深州会于滹沱，以来献州、清州之饷，集结柳口及直沽一带。再加上拒马河及沙河来自霸、雄二州的运粮漕船，皆合于信安海壖①，也集结于直沽，然后溯潞水至通州，以达中都。金世宗大定二十一年（1181 年），经直沽运往中都的漕粮即达一百七十万石以上。有金一代，直沽港作为漕粮运输的转运港口，曾发挥了巨大的作用，同时也大大促进了直沽人口的增长。据《金史·太宗纪》记载：各河漕船“皆合于信安、海壖，溯流而至通州”。信安是当时霸州的一个县，“海壖”就是今西青区和红桥区之间的运河与泻湖，也就是《宋史·河渠志》记载的“塘泺缘边诸水”，信安与海壖在地图上直线距离四十多公里。金帝国时红桥区沿运河泊满了粮船，这些漕船至少来自于拒马河、鲍河、漕河、濡水、易水、唐河、滹沱河、漳河、御河（南运河）等流域，漕粮在信安县、柳口镇（杨柳青镇）、直沽寨（红桥区）之间停泊，等待运往金中都（北京）。直沽寨，“初仅一渔堡耳”，原只有少数渔民、船户居住，后来来了一些女真、契丹族的军人，而漕运又使得直沽寨南运河两岸人口增长迅速，从而促进了天津人的孕育。

（二）元代的漕运强化了天津人的孕育

元代的漕运使天津人的孕育进一步强化。

在完颜佐戍守直沽寨后不久，蒙古铁骑进入，使直沽社会发生了两大变化。

一是出现了盐场。元王鹗《三汉沽创立盐场碑记》说：“甲午（1234 年）之秋，三岔沽之地，未霜而草枯，滩面宽平，盐卤涌出。”② 最初允准高、谢等 18 户设灶煮盐，很快“招徕者日益众”“商贩幢幢往来”。经过两年的发展，就设置了三汉沽、大直沽两个盐使司，盐民出现在当时的天津市区，从而丰富了孕育天津人的族群结构。

二是元设大都后，食货“无不仰给于江南”③。至元十九年（1282 年）试行海运江淮米 4.6 万余石，第二年抵直沽。延祐三年（1316 年）

---

① 《宋史·河渠志》。壖指城下宫庙外及水边等处的空地或田地。

② 《天津的历史变迁》（http：//news. enorth. com. cn/system/2003/04/17/000546451. shtml）。

③ （元）危素：《元海运志·海运编·明漕运志》，中华书局 1985 年版，第 1 页。

改直沽为海津镇。至正九年（1349 年）在此设镇抚司。到终元之世，还派知枢密院事这样的重臣买闾防守海津镇。由于通向大都的一段运河经常淤浅，不能行驶漕船，所以漕船由渤海湾进入海河以后，只好先停靠在三岔河口附近的直沽办理交接手续，然后再换用吃水比较浅的驳船运到大都。这样，漕粮运输采用海、陆、河接运的方式，无论走哪条路，直沽都是元帝国漕粮中转的枢纽。当时漕船分春、秋两季北上，每次的运输量都有一百七八十万石，差不多要用两个月的时间在直沽办理中转接运工作，“舟将抵直沽，即分都漕运官出接运”①。《元史·世祖本传》载：“至元二十五年四月，增立直沽海运米仓。”《元史·百官志》也提到“直沽设广通仓”，很明显是为了海河转运临时庋藏之所。每年南粮北运分春秋两季，运量与年俱增，成宗大德三年（1299 年）漕粮增到 300 万石，到天历二年（1329 年），最高达到了 350 余万石。由于舟车辐辏，聚落始繁，大直沽发展成为一个较大的乡镇。正如元人王懋德所说：“东吴转海输粳稻，一夕潮来集万船。”② 元代诗人张翥作诗赞叹说：“晓日三汊口，连樯集万艘”③，形象地描绘出漕船在三岔河口云集的盛况。

想当年，由大都南下的粮船经直沽之海河扬帆出海，或经直沽之南运河直达江浙，自江浙北上大都的丝绸画舫经三岔口之北运河直达京师，舟楫往来，帆影桨声，人声鼎沸，这通河达海的物流和人流，成就了天津“北拱京都，南达江淮”的要冲地位，也会集了汉民族南北不同的族群。可见，漕运带动了海上贸易，既有北来的“去年吴人赴燕蓟”④，使天津地区的范围由三岔口一隅之地，扩大成东到大直沽，经马家口、三岔口、侯家后，西抵马头一带，形成天津人沿海河狭长地带而居的基本状况，所以明人汪来曾说天津人“万灶沿河而居”⑤。又可见元帝国从直沽寨到海津镇这种经济、政治的发展特点，使天津的人口“兵民杂居久。一半解吴歌”⑥，把元代天津的族群结构清晰地呈现了

① （元）贡师泰：《玩斋集》，台湾商务印书馆 1972 年版。

② （元）王懋德：《直沽海口》，杨琳《天津民俗文化寻根》，《寻根》2006 年第 4 期。

③ 曹燕：《三岔河口集运入海 一时风云汇聚津门》，《新京报》2013 年 7 月 3 日。

④ （元）黄镇成：《直沽客行》，载《秋声集》别集类四，钦定四库全书集部五。

⑤ （明）汪来：《天津兵备副使毛公德政去思碑颂》，载浙江省江山市档案局编《清漾毛氏族谱·艺文选》，中国档案出版社 2008 年版，第 257 页。

⑥ （元）傅若金：《傅若金集（元代别集丛刊）》，吉林文史出版社 2010 年版。

出来。

在此，特别要提及的是，对于天津人的孕育有价值的一件大事，那就是元代在大直沽和三岔河口修建了两座天妃宫，以乞求海神对漕船往来的保佑。当时，东起大直沽，经宫南、宫北大街、侯家后，西抵“马头”（即今北大关），这一早期天津沿海河、南运河发展的狭长地带，是商贩云集的地区。所谓“万灶沿河而居”，就是很好的写照。兴于宋代的妈祖信仰，是东南沿海汉民族独具的民间信仰，元代开辟了东南沿海到直沽的海漕运，使妈祖信仰自然而然地传到了天津。大直沽天妃宫建于元代延祐年间（1314—1320 年），号称“天津第一庙”，不久因该庙被火焚烧，又在三岔河口以下的海河西岸，另建一座天妃庙。泰定三年（1326 年）重建大直沽天妃庙。于是便有东、西庙之称。东西二庙并存实为历史之罕见，两座天妃庙不仅成为天津古代城市的重要标志，也成就了“天津东南第一村”的繁荣，成为天津人孕育的文化地标。①

三　明清：天津人形成的定局

明代是天津人形成的关键时期。

天津人的形成，在明代进入了关键期，其标志是天津卫的建立。永乐三年（1405 年），明帝国先后在直沽设立了天津卫、天津左卫和天津右卫，并在三岔河口的西南修建了卫城。后来明王朝才把首都迁到北平，并改名为北京。“卫”是明代的一种军事建置，每卫有驻军 5600 人。在直沽设立三个卫，目的在于保卫首都的安全，以及保证漕粮储存、运输的正常进行。《天津通览》记述说：“明代永乐二年（1404 年）明政府设‘天津卫’，同年十二月设‘天津左卫’，永乐四年（1406 年）又设‘天津右卫’。‘卫’是明代的一种军事建置，天津三卫共有驻军 16800 人，目的在于拱卫京师和保障漕运的安全……永乐三年（1405 年）天津修建城墙……今市区内的东、西、南、北四条马路即为当年旧城基的遗址。”② 可见，天津城始建于 1405 年，其城墙遗址处正是天津人的核心区。为此，天津卫的建立是天津人从孕育转向形成

---

① 现在“西庙”已于1986 年修复重建成目前天津古文化街上的“天后宫”，成为与福建湄洲妈祖庙、台湾北港朝天宫齐名的中国三大妈祖庙之一。“东庙”即为现在的天妃宫遗址。

② 董坤靖主编：《天津通览》，人民日报出版社 1988 年版，第 38 页。

的拐点，从此以后，所有迁入天津卫的汉民族移民，无论是驻军，还是经商；也无论是漕运留驻，还是打工做事，大都开始卷入了天津人形成的潮流之中。

说到天津，对这个天津人的名称我们有必要多言几句。

天津的学者对“天津”之名的来由做过详细的考证，据说有星座说、缘河说、关口说、“天朝津梁”说，以及赐名说。[①] 虽众说纷纭，尚无定论，但史料最充分、记载最清楚、最有说服力的说法是赐名说。

据天津学者谭汝为的研究，明朝建文四年（1402年），明成祖朱棣登基，翌年改元“永乐”。永乐二年（1404年），在直沽设卫筑城。为了纪念“靖难之役”的胜利，朱棣赐名“天津”，意谓“天子经由之渡口”。这是因为：

其一，明朝文人李东阳撰写的《天津卫城碑记》记载：

> 我朝文皇帝（指明成祖朱棣），兵下沧州，始立兹卫……立为今名，则象车驾所渡处也。

其二，程敏政在重修《天津涌泉寺碑记》中亦云：

> 我文帝入靖内难，自小直沽渡河易南，命其地曰天津。

其三，1961年，在和平区南门外大街路东民居发现的明代嘉靖二十九年（1550年）四月立的《重修三官庙碑》记载：

> 夫天津小直沽之地，古斥卤之区也。我朝成祖文皇帝，入靖内难，圣驾尝由此渡沧州，因赐名曰天津，筑城凿池，而三卫立焉。

以上历史记载基本属实，明初镇守北方的燕王朱棣，为从侄子惠帝手中夺取皇帝的宝座，率领部队从天津（当时名为海津镇，别名直沽）渡河南下，直捣沧州，最后攻占南京。燕王当了皇帝之后，遂将海津镇改名天津，“天”指天子，“津”为渡口，其含义就是天子由此渡河的

---

① 谭汝为、刘利祥：《天津地名故事》，天津人民出版社2012年版，第3—5页。

津梁。[1]

这样，“天津”之名横空出世，理所当然地成为天津人从孕育转向形成的标志。

清代天津人的形成已成定局。顺治九年（1652 年），天津左卫、右卫与天津卫合并为一卫，到雍正三年（1725 年）改天津卫为天津州[2]。从此，天津三卫人员的军籍转为民籍。

军籍转民籍，对天津人形成的定局事关重大。因为这个转型全面沉淀了迁入天津的汉民族各地的族群，也清晰地展示了沉淀在天津人中汉民族族群的结构。对此，《新校天津卫志》有详细的记载。据曾晓渝的研究，《新校天津卫志》[3] 记录了天津三卫 297 位军官的籍贯。

1. 安徽籍的最多，有 26.2%，其次是江苏籍的占 19.5%，总共是 45.7% 的比例，占将近一半的人数。从所列的籍贯地名看，这些县州府在元代基本上全都归属于同一个行政区“河南江北行省”，在明代则基本上全都归属于同一个行政区“南京（南直隶）”[4]。相同的行政区域对于语言的相似度及趋同有很大的约束力。与北方官话相比较，这些县州府主要分布在今安徽、江苏省的中原官话与江淮官话相连区域，语言共性多，在方言地图上区域色彩非常接近[5]。

2. 山东籍的有 11.8%，河北籍的有 6.7%，加起来共 18.5%，比例不算小。

由此可见，其中安徽、江苏籍的最多，总共占 45.70%，其余分散来自全国各地。由于明代实行军官世袭制，又因军官所带士兵及其家属基本都是同乡，所以从“官籍”比例可以推知“兵籍”“民籍”。而安徽、江苏在元、明时期均分别统辖于同一个行政区（元代“河南江北行省”和明代的“南京”），即可推测“天津三卫”中近一半人是“南京（南直隶）”同乡。可见，参与天津人形成的汉民族族群，有近一半人是操“南

---

① 郭蕴静主编：《天津古代城市发展史》，天津古籍出版社 1989 年版，第 72—73 页，又见谭汝为、刘利祥：《天津地名故事》，天津人民出版社 2012 年版，第 5—6 页。

② 罗澍伟主编：《近代天津城市史》，中国社会科学出版社 1993 年版，第 74 页。

③ （清）薛柱斗：《新校天津卫志》，易社校印 1934 年版，第 13—16 页。

④ 谭其骧主编：《中国历史地图集》，中国地图出版社 1996 年版。

⑤ 中国社会科学院、澳大利亚人文科学院主编：《中国语言地图集·官话方言之二》，朗文出版（远东）有限公司 1987 年版。

京”中原官话（今苏皖中原官话和江淮官话底层）的族群。①

更重要的是，天津筑城设卫之后，明、清两代，中国出现了南北统一之势，直沽（今三岔口至大直沽一带）骑河临海，位于南北运河交汇入海河的三岔河口，河船、海船在此处向京城转运货物较为方便，遂成为漕运枢纽。于是，天津城接纳了漕运船民、移居商贾、垦戍军士、破产农户和外省务工人员，在这个地方也就逐渐形成依海河而建的繁杂的聚落。1845 年编写的《津门保甲图说》就显示天津城市人口中移民占了绝大比重，其中河北、山东、山西一带的农民成为天津移民的另一主流。此时移民基本是下层劳动者，多从事小手工业、运输业、服务业，并伴有大量无业游民。天津最终发展成一个“五方杂处”的移民城市。②

总之，清代天津人形成的定局表明，天津人是以讲“南京”（辖安徽江苏区域）的中原官话的汉民族族群为主，融合了周边部分讲冀鲁官话，以及讲晋语的汉民族族群而形成的。

四　天津人的族群结构

天津人形成的族群结构比较清晰，主要由以下一些族群融合构成。

（一）戍军及其家属

前已述及，直沽寨及天津卫都是因为军事需要而设，故戍军及其家属一开始就占了主要的地位。明代作为军事建置的天津卫，其人口主体是军士及其眷属和后裔。据《天津县志》记载：“天津向止七姓，明永乐年间设卫筑城，调有官、军二籍，户口渐繁。”又据《天津县新志》记载：“明之置卫也，录名官籍者三百有九，则此三百九人皆卫官属也。三百九人子孙世世以其职承袭者，又莫非卫官属也。何其盛欤！”官军二籍的调防使天津人口固定化，有了户籍统计。这些军官及其家属，据说来自淮南，他们的风格在天津人身上留下了烙印，今天天津话中的大量淮南土话可以看作是历史的传承。到了清末，天津又是北洋军阀的发源地，“小站练兵”形成的七千人的“新建陆军”，成为袁世凯一生军事活动的重要基石。可见，戍军及其家属是天津人形成的第一种重要成分。

① 曾晓渝：《论天津话的源流》，《南开语言学刊》2010 年第 2 期，第 2 页。

② 王学斌：《天津历史街区特色与天津文化个性》，载《城市规划和科学发展：2009 中国城市规划年会论文集》，天津科学技术出版社 2009 年版。

（二）漕运船民

漕运船民是天津人的第二种重要成分。天津历史上是漕运中心，大批漕船停泊天津卸粮、运货，经过世代衍续，形成了一大批靠从事撑船、搬运粮米杂货、治水浚河为营生的居民，同时也会聚了一大批为漕运服务的造船、修舶、制器、修械的手工工匠。如元朝起用张煊、朱清二人主持海运，张煊是江苏宜兴人，他手下的船工、舵手也多为宜兴人，这些人在天津集居落户，这就是今天宜兴埠的来历。永乐九年（1411 年），明王朝正式迁都北京后，天津三卫从事漕粮转输与河防工役的卫所军丁春兑秋归，勤苦终年，按明代律令，他们的家小与后代要列为军籍，世代承袭此业。及至清代，漕运较明代有了进一步的发展。清代实行“里河运粮”，带动了天津地方经济的迅速发展。雍正年间天津由卫升州，又由州升府，完成了由军事城堡向商业经济城市的演变，从而促使外来人口大量增加，天津居民出现了“土著者少，流寓者多”“比间而居者，率多流寓之人”[①] 的情况，遂使漕运船民成为融入天津人的重要成分。

（三）各地商贾

各地移居天津的商贾是天津人的第三种成分。天津自古以来既有富渔盐之利，又有天然的河海码头，地势平坦，腹地广阔，为商业活动提供了极为有利的条件。明人汪来就说过：

> 天津无沃田，人皆以贾趋利；既以贾趋利，彼必与时俯仰。然不平其值，人皆散之鱼盐、蠃蛤，不贩天津而贩都会。絮、帛、粟、稻，不之天津而之丰台；曲纸板木，不泊天津而泊河西务。阛阓之中，惟薪藁满车、酱盐满瓿；彼贾者，性苦而图善保物，不以予人，彼安得不散！[②]

明中叶以后商品经济迅速发展，各地商旅乘大运河水道畅通之便，百舸竞逐，大批的商品货物进入天津市场，《天津卫志·艺文》中记载，

---

① 王守恂：《天津政俗沿革记》卷五“户籍”，民国天津金钺精刊，转引自莫振良《简论天津城市的文化特质》，载《城市史研究》2000 年第 C1 期。

② （明）汪来：《天津兵备副使毛公德政去思碑颂》，载浙江省江山市档案局编《清漾毛氏族谱·艺文选》，中国档案出版社 2008 年版，第 258 页。

闽、越、吴、楚、齐、梁等地商民在此杂沓而居。到了清代，随着天津升卫为府，经济和政治地位进一步提高，逐渐成为“舟楫之所式临，商贾之所萃集，五方之民所杂处”“商贾宦幕初或侨居于此，数世之后，子孙孳息，而户口始密如”[①]。天津商贾的另一个重要部分是盐商，尤其是康熙二年（1663 年）清帝国为发展盐业，用各种利益吸引各地商人来津业盐，先后有山西、安徽、浙江、江苏等地的商人来津业盐，久而久之，各地商贾也就成了融入天津人的一部分。

（四）内地贫民

内地来津的贫民是天津人的第四种成分。在天津城市形成和发展的过程中，尤其是明朝中后期，天津虽然还是一个军事屯区，但是商业已相当发达，原来以军卒为主体的居民结构已被市民为主体的居民结构所代替。这些市民除了随漕运从各地会聚来的贫民充当拉纤工、码头工、修补船只的船工，还有从河北盐山、山东惠民一带招募来的破产农民充当的盐工。除此之外，天津历史上的屯田也吸引了部分内地贫民，如天启初年，明清在辽东作战，由于“广宁失守，辽人转徙入关者不下百万”，这些入关难民被称为“辽民”，时任巡按御史的张慎力主将这些“辽民”召集于天津地区“买民田四十二万余亩，合闲田凡十八万亩”，召“辽民”屯田[②]。当然，入津的“辽民”仅是一部分。

（五）产业工人

1860 年被迫开埠后，天津变成了一个北方的工商业大都市，“泰西诸国逾越洋海，通商互市，工作运输，异乡来者渐夥。”[③] 清末民初，外国资本和侨民涌入天津，例如 1901 年英商建立了济安自来水公司，1902 年法国租界建立了发电厂，1904 年比利时电车电灯公司成立。民国初年，天津的民族工业又有所发展，各工厂采用各种方法招募熟练工和技术工人，例如华新公司天津纱厂 1918 年开办时，“北方风气初开，熟手工人甚少，不得不多招南方工人”。裕元纱厂 1917 年底“以上海招来熟练的纺织男工百余名开始开工”。据统计，20 世纪 30 年代初，天津地毯工业中

---

① 《天津政俗沿革记》卷五“户籍”，转引自莫振良《简论天津城市的文化特质》，载《城市史研究》2000 年第 C1 期。

② 郭蕴静主编：《天津古代城市发展史》，天津古籍出版社 1989 年版，第 171 页。

③ 《天津政俗沿革记》卷五“户籍”，转引自莫振良《近代天津人性格形成的社会历史因素》，《城市史研究》第 22 辑，天津社会科学院出版社 2004 年版，第 119 页。

河北、山东籍的工人占总数的96.33%，织布工业中河北、山东籍的工人占总数的94.32%。[①]

历史就是这样，在北京“咫尺之遥”的天津，铸成了一个与北京人迥异的天津人。

第三节　天津人的人文特征

说到天津人的人文特征，人们多喜欢将其与北京人比较。北京和天津，相距只有120公里，是中国两个距离最近的特大城市，同属于中国北方重要的历史文化名城。但两个城市的文化积淀却有着很大的差别。一个是从金、元以来就作为国家首府，而逐渐形成的政治、文化中枢；一个是明清及近代依赖其港口和交通枢纽的区位而兴盛起来的商业都会和经济、贸易中心。但是，天津人和北京人文化心理之间的距离，却比这120公里要远得多。在长期的城市形成和积淀过程中，由于两个城市各自所处的历史氛围不同，各自所具备的政治、经济、地理、人文等环境有别，因此就形成了各自的城市文化特色。北京和天津，皇城文化和草根文化呈现出巨大的反差。所以，历史上北京人说天津人粗，而天津人却说北京人酸，“粗”与“酸”，是很难融到一起的。[②] 就其文化的主流特质来说，北京城市文化突出一个“正”字，贯穿着“正统”“皇权”“等级”的传统气息。往往表现出主导、规范、圆滑的优越意识，属于政治文化的范畴。天津城市文化突出一个“杂”字，其特质则是兼收并蓄的商人文化，或者说是市井文化、市民文化，它形成于工商业的发展过程中，贯穿着商业气息，注重利益、竞争和服务，追求娱乐、刺激和享受，也就是自由发展，随意发挥的近代商人意识。[③] 正因为此，童年随家在天津定居的学者来新夏说：

> 天津是我的第二故乡。我父母都在天津，我大学毕业当然就回到天津来了。我始终认为是客居天津。我待的时间长，对天津人、天津

① 罗澍伟主编：《近代天津城市史》，中国社会科学出版社1993年版，第462—463页。

② 林希：《其实你不懂天津人》，天津人民出版社2007年版，第6页。

③ 王兆祥：《北京—天津城市文化之比较》，《城市史研究》2000年第C2期。

事比较熟悉。他们说天津是海河文化，甚至有人说是殖民文化。实际上天津是很包容性的文化，能把各种东西都拿进来，有很好的美食，也有西餐，可以玩乐，西方的东西也可以在租界享受到。各地来人也不排斥。天津比较包容，是一种杂糅各方的文化。①

其实，对于天津人的习性，明人汪来于嘉靖四十四年（1565 年）早有评述，他在《天津兵备副使毛公德政去思碑颂》② 中说：

盖天津近东海，故荒野芦荻处，永乐初，始辟而居之，杂以闽、广、吴、楚、齐、梁之民，风俗不甚统一，心性少悖朴。官不读书，皆武流拙者；竖子不解事，巧者能辩有口，且万灶沿河而居，日以戈矛弓矢为事；兵马倥偬之际，而欲其和辑小民，不亦难乎？既不读书，争相骄侈为高，日则游猎从，歌舞俱在衣襦纨绔之间，而欲其道德揖让，不亦难乎？

可见，天津人的人文特征文人多有论述，不一而足。③

一　草根：天津人的特质

天津人的族群构成，不是军人就是船工，不是商人就是贫民，这种处于中国封建社会底层的各色人员，因漕运而融合在一起，这就决定了这个汉民族族群的草根性。

所谓“草根”（grassroots）一说，始于 19 世纪美国，那时美国正浸

① 来新夏：《我们这一代知识分子都在笑与泪间活过来》，《时代周报》2013 年 12 月 19 日。

② （明）汪来：《天津兵备副使毛公德政去思碑颂》，载浙江省江山市档案局编《清漾毛氏族谱·艺文选》，中国档案出版社 2008 年版，第 258 页。毛公即毛恺（1506—1570），字达和，号介川，晚号节斋居士，明朝浙江江山县人。明世宗嘉靖十四年（1535 年）进士。授行人，擢御史。因事触犯朝中当权者，谪宁国推官。三十三年，以瑞州府知府升任天津兵备副使。时津属五方杂处之地，斗殴经常发生，居民又多有与权贵相关者，触犯法律后往往靠贿赂逍遥法外，因而更为难治。毛恺到任，即以大振公道为先，以不信私书为本，三年后习俗大变。另组织居民筑堤堰，兴屯田，发展生产；革杂差，去妄费：加之自奉俭约，声誉大著。

③ 这方面的论述主要有林希《其实你不懂天津人》，天津人民出版社 2007 年版；李春艳：《展现天津人性格的天津方言》，《社科纵横》2012 年 9 月，总第 27 卷；徐凤文：《天津人把日子过成段子》，《环球人文地理》2012 年第 23 期。

于淘金狂潮，当时盛传，山脉土壤表层草根生长茂盛的地方，下面就蕴藏着黄金。后来“草根”一说引入社会学领域，“草根”就被赋予了“基层民众”的内涵，天津人正好具备了这种内涵，所以草根性就成了天津人的特质。

你只要在天津待上几天，随便走上几处地方，逛一逛老街老巷，大杂院里没有围墙，八方居民都住在这儿，杂到一个大院里几乎住了几百户人家。走进院来，东转西绕，绕不了多少时间，你就再也休想绕出去了。在这个大杂院里，每户人家的门外都有一辆卖货用的车，每辆车子的橱窗上都写着大红字，什么李记烧鸡、正宗老号锅贴，等等。看得出来，住在这个大杂院里的人家全都是做小生意的，日子虽然还能过得去，但全是底层的城市平民。再到天津的“篱笆灯”看一看，那景象就连大杂院也比不上了，家家户户都是用捡来的半头砖，在铁路边上搭起来小矮房，只有一个门，后墙上开一个小窗子，也能进些光，天津人管这叫“篱笆灯”。所以，看一看各种大小民居，尝一尝狗不理包子、十八街的麻花、煎饼果子、嘎巴菜等本地特色的风味小吃，听一听当地茶馆市井气息浓郁的曲艺相声，听一听马路边、菜市场、球场里、牌摊上标准的津腔津骂，便可知晓。如有的姑娘经常睡到很晚起来，会披头散发，睡眼惺忪地跑去买早点，一边等着小卖部的两个阿姨给热牛奶或是煎鸡蛋，一边有一搭没一搭地跟她们闲聊。两个阿姨都健谈，尤其喜欢问问你的家世出身，或者有无男友，总是喜眉笑眼。[①] 偶尔有来打电话的女孩，跟男朋友吵架哭鼻子，她们就拉到一旁掰开揉碎地劝，劲头很像居委会大娘给小两口劝架，透着一股久久不散的世俗气。

天津女人不浮躁，不动荡，有条不紊，滋滋润润，踏踏实实。在追求时尚潮流方面，天津女孩不太在行，但居家过日子，她们可在行了。对她们来说，生活就像是她们的盛宴，她们懂得怎样去精心准备一桌的美食、点上蜡烛、营造浪漫的气氛，她们懂得怎么把物质消费变成一种精神享受，知道怎么把平淡的生活加上佐料，过得有滋有味。有一部分天津女人更世俗，她们觉得过的是日子，哪有那么多讲究，什么理想、浪漫、时尚，她们会直接说一句：“快拉倒吧您啦！”如果你和她谈恋爱，想在她面前显显自己的知识品位，她十有八九会转身就走，一本正经地告诉你：

---

① 徐凤文等：《天津人把日子过成段子》，《环球人文地理》2012 年第 12 期，第 23 页。

"我听不懂你的话，我得回去查查字典。"① 天津女人最知道怜惜自己，她们常挂在嘴边的一句话就是"什么都成，就是不能委屈了自己"②。

天津人并不以本地出名人为荣，也不以本地没出名人为耻，他们认为一个人出了名，就不再是天津人了。因为天津人一旦成了名，就不在天津待了，就算哪天再回天津，天津人也和他没什么关系了。在他们的意识里，没有名人和富人，这些名人、富人也别想在天津人面前充大爷。可见天津人不像有贵族气的北京人，北京城的富人，很可能有一大帮穷亲戚，谁也不能不认谁。你不认他，他认你，论起来，他比你还金贵，你家老爷子还是他家老爷子的奴才呢！天津则不然，天津人富了，和穷亲戚就"断道"了，穷亲戚也不讨那个"没味儿"去了，日久天长，同姓不同宗了。在他们心里，天津是属于千百万的天津平民的。所以，生活草根化了的天津人可贵，人穷志不短。你有金山银山，那是你的造化，我一文不名，汗珠子落地摔八瓣，我也饿不死。所以，天津人不仇富，人家富那是人家的造化；天津人教育子女"长本事"，来日凭实力参与残酷竞争；天津人以攀附权贵为耻，天津人认为即使是贩夫走卒，只要是凭本事吃饭，就不嫌"寒碜"。在人前"拿"大的人，大多会受到冷遇，更多还受到他人的戏弄，"偶像崇拜"在这里是一个不存在的字眼。大款们不敢在天津飞扬跋扈，这里的人不崇拜贵族，不宠明星，不买大款的账，社会平等是天津民心顺畅的第一要因，平民从而活得扬眉吐气。

而平民则有自己传统的生活方式，恪守自己的道德底线，坚信自己的善恶观念。汗珠子落地摔八瓣是传统的生存模式。天津人笑贫、笑娼，笑"大尾巴鹰"。

有人统计说，就整体而言天津的城市人口中，平民大约占到 70% 左右，贫民的比例也不小，但大多数贫民，也就是住房情况不好，而收入却未必就比其他阶层的人家少，生活水平也不比一般人家低。看天津人的生活水平，你不能光看他的居住条件，许多人家虽然住在"篱笆灯"里，但饭菜的水平却不比任何人家低，每天也是鱼呀肉呀地吃着，姑娘们出来进去，也是绸呀缎呀地穿着，走在路上，谁也看不出来谁家是在什么地方住。

---

① 余守斌：《中国人性格地图》，新世界出版社 2013 年版，第 29—30 页。

② 郭俊：《中国城市人性格地图》，万卷出版公司 2006 年版，第 37 页。

草根性化入了天津人的潜意识之中。天津人就是有了钱，也不想让下一代做什么贵族，天津人认为做老百姓最好，过小日子，是天津人最高的人生理想。天津人信奉平安是福，家里没有病人，外面没有罪人，是天津人最高的生活理想。[①] 所以，天津有个现象很奇怪，马路上很多摆摊儿的，大家很喜欢那种购买和交流的方式，他们觉得，那种市井生活很好很方便，一边逛了马路，一边买了自己需要的东西。[②] 大多数天津人一直迷恋大城小民的世俗生活：海河边总有淡定从容的天津闲人在垂钓，沈阳道上那些身份不明的世家子弟看着昔日旧物默然无语，天津站对面的解放桥上“狗骑兔子”们在那里等着宰客，曾经的法国花园一到周末就成了大爷大娘们给子女找对象的婚市儿，五大道睦南花园里每到夜晚唱京剧的、玩萨克斯的、唱红歌的彼此相安无事……

二　混搭：天津人的文化

天津人的人文特征有一个鲜明的文化表达，那就是混搭性。

混搭（mix and match），原是一个时尚界专用名词，指将不同风格、不同材质、不同身价的东西按照个人口味拼凑在一起，从而混合搭配出完全个人化的风格。简言之，混搭就是不要规规矩矩穿衣。有学者借用“混搭”一词[③]，形容天津人对文化的表达，十分贴切。

历史上的天津先是“五方杂处”，后又“华洋杂处”，各种不同风格的文化汇聚天津，五光十色，五彩缤纷，表现出了古今中外混搭的特点。

（一）五方移民文化的混搭

五方移民铸成天津人性格的混搭。

在天津人的性格中既有屯兵军人气质，又有燕赵移民的特性，还有江南漕运船工的习性，以及南北商贾的秉性。

1. 屯兵军人气质的混搭

天津在相当长的一段时间内，军人及其家属是天津高度集中的群体，屯守的军士携家带口，只懂得玩刀玩枪、玩拳玩脚，所以民风中有一搭为

① 林希：《其实你不懂天津人》，天津人民出版社 2007 年版，第 10—20 页。

② 王学斌：《天津历史街区特色与天津文化个性》，转引自《城市规划和科学发展：2009 中国城市规划年会论文集》，天津科学技术出版社 2009 年版。

③ 徐凤文等：《天津人把日子过成段子》，《环球人文地理》2012 年第 12 期，第 23 页。

“勇武好斗”。如天津男孩儿街头打架，一拍胸脯：“这爷们儿不含糊你。”其实还不到十岁，要的是个气势。天津男孩讲究“戳棵儿”，要的是体形，更要有精气神，精气神足，体形好，戳棵儿就好，就是男子汉。又如天津人容易戗火，天津爷们儿一戗火，什么事情都敢干，不管后果如何，所以，酒席上天津爷们儿戗火喝酒，不溜桌子不收场，豁出去了，要的也是个男子汉。还有“拔闯”，更是天津军人特色了。自己的哥们儿吃了亏，找朋友给自己壮威风，不问青红皂白，为朋友两肋插刀，挺身而出，找到对手：“你敢欺侮我哥们儿？”围上来就打，气倒是出了，后果也只能自负了。

天津人性格的军人气质一搭还表现在服从上。近百年来，天津卫城头变幻大王旗，今天袁世凯，明天段祺瑞，没几天又来了张大帅。改朝换代归改朝换代，天津人照样是天津人，天津不出死党，除了青帮、洪门，别的，都可以一脚门里一脚门外，惹惹成了，有我的一份儿；惹惹不成，又惹惹别的去了。所以，天津人缺少农民的认真，看不起农民的执拗，天津人说那是“拧”（nìng）。找死理儿、钻牛犄角、打破砂锅问到底的人，在天津没有饭吃。

2. 燕赵移民特性的混搭

天津人中还有河北、山东、山西一带的农民是天津移民的另一主流，所以，民风中又有一搭是燕赵豪情，形成了天津人的性格文化的主调——豪爽直率、爱憎分明、疾恶如仇、见义勇为、扶弱济贫。所以，一个外地人走在天津的大马路上，问个路，或者找个人帮帮忙，要比北京、上海方便得多，因为天津人骨子里的淳朴、善良，使他们身上少有对外地人的歧视和排斥。天津的出租车司机也比其他大城市的热情，帮你扛个东西、指路、介绍风土人情等，简直就是有求必应、有问必答。

见义勇为、扶弱济贫在天津有历史的渊源。《续天津县志》记载天津人“以气节相高，无论贫富，见义必为，饶有古遗风”[①]，反映了天津人的燕赵侠义之风。清末学者俞樾曾记载天津人的这种性格：

> 光绪丙子、丁丑间，直隶大无有兄嫂二人，挈其妹至天津求食。行至紫竹林，日将暮矣，有以小车载糕而鬻者，适驻其旁。嫂饥欲

① 《续天津县志》卷八“风俗”。

食，兄因出钱数十买糕，夫妇共食，而不与妹。其妹旁坐啜泣。卖糕者大不忍，乃推车就女曰："吾糕垂尽矣，所值无多，尽以乞汝，不责直也。"已而三人皆食毕，兄嫂起而招妹偕行。女曰："前路茫茫，行将安往？往而无食，亦无生理。吾受此人一饱之恩，不如从彼去，免为兄嫂累也。"卖糕者喜曰："吾固无妻者，得此女为妻，何幸如之。"转求之兄嫂，兄嫂曰："既彼此皆愿，吾何间焉？"卖糕者乃以车载女，并招兄嫂同至其家，翌日成礼，扫旁舍居其兄嫂。其家固不甚贫，有骡二头，分一与其兄，使赁于人而食其值焉。①

一个卖切糕的小贩见兄嫂对其妹妹不公，遂起而相助，其见义勇为、扶弱济贫豪情跃然而上。②

天津人性情直率，带着股"嘎劲儿"，嘴皮子利索，办事爽快。由于性格使然，天津人往往用很少字甚至一个字来评价，例如：故意使对方尴尬、无趣——天津就说"淡"；衣服打扮不合乎时代潮流——天津人就说"侉"；言行尖酸刻薄——天津人就说"损"；痴呆、精神不振——天津人就说"茶"；损人利己、道德差劲——天津人就说"缺"；居心叵测、手段狠毒——天津人就说"黑"；财迷吝啬守财奴——天津人就说"抠儿"；反应迟钝、行动迂拙——天津人就说"肉"，不胜枚举。

燕赵豪情的反面是天津人爱打架，为此天津学者林希在他写的《其实你不懂天津人》中专写了《天津人爱打架》一节，其云："天津人爱打架，远近驰名。天津人为什么爱打架？原因可大可小，大到争房子争地，小到没有任何原因，有时候打了好半天，也打不出个所以然来，这叫无事生非。但是尽管如此，架还是要打的，而且不打个水落石出，双方决不收兵。进入现代社会以来，天津卫大规模的打群架现象已是不多见了。"③

3. 漕运船工习性的混搭

漕运船工以及相关的移民是天津移民的又一主流，所以，民风中又有一搭是讲义气的习性。包括靠从事撑船、搬运粮米杂货、治水浚河为营生

① 俞樾：《右台仙馆笔记》。

② 莫振良：《近代天津人性格形成的社会历史因素》，载《城市史研究》第22辑，天津社会科学院出版社2004年版。

③ 林希：《其实你不懂天津人》，天津人民出版社2007年版，第56页。

在内的漕运船工，以及为漕运服务的造船、修舶、制器、修械的手工工匠们，到天津来谋生，衣食住行，生老病死谁也少不了有难处，还要抵御官府、恶棍的欺侮，所以同甘苦、共患难是生存的需要，一事当头，远亲不如近邻，同舟共济的意识极其强烈，这就奠定了天津人讲义气的社会基础。所以，天津人讲义气与漕运码头有密切的关系。清代，在漕运船民中形成的青帮，到民国时期在天津已经演变为帮会势力，在社会下层中的影响极其广泛。帮会中的江湖义气渗透到各个行业，尤其是脚行的搬运工中，起到了潜移默化的作用，融入天津人讲义气的性格中。

天津人十分注重“义气”，这种“义气”调节了人与人之间的关系，及至近代发展为善结帮派的习气。据统计，20世纪初的二十年中，每年迁入天津城区的移民都达万余人，占年净增人数的95.86%。1910年天津人口为60多万，到1936年达到120多万，20多年间增长了1倍。1937年，据天津伪警察局统计，天津本籍人占总人口的41.6%，非本籍人占58.4%（不包括各租界人口）。这么多的人进入天津谋生，互相之间必然要形成一定的互相关照、互相提携的生存关系。据1929年对织布和针织企业430名工人的抽样调查表明，自荐入厂者仅有38人，其余392人，亦即90%以上的工人均系经人介绍入厂。介绍人绝大多数为企业主的朋友、同乡、亲戚和师兄弟。[①] 这种以同乡、亲朋为纽带织成的关系网在动荡的社会中形成了一股力量，演变为在工商业中同籍移民行业垄断的现象，构成了以地缘关系为纽带的帮派，其中出名的有“广帮”“宁波帮”“山西帮”“山东帮”“冀州帮”“天津帮”，等等。

讲义气如果不讲原则，有时会走向反面。最可怕的是“扛河霸”打架。“扛河霸”就是在码头上做苦力。主家货物运到码头上，苦力们就把大包的货物扛在肩上，踏着颤颤巍巍的踏板，把几百斤重的货物扛到船上。“扛河霸”的苦力为什么会打架呢？当然也就是为了争这口饭，和主家有了什么争执，或者和一个什么人争这个差事，若无论什么道理也不管用了，这时就只能是打架了。而且，“扛河霸”的人打架，还有特殊的一种打法，这种打法就是动作大、时间短，而且效果显著，非常简单，也非常刺激。那就是找上门来打架的人，手里拿着一块砖头，站在他要找的那个人的门口，冲着大门一声大喊：“谁谁谁，你出来!”这时候，无论那

① 罗澍伟主编：《近代天津城市史》，中国社会科学出版社1993年版，第547—548页。

个人出来还是不出来，这个找上门来打架的人，立即就举起手中的砖头，然后，一道黑光从天而降，砖头从半空中落下来，只听见“啪”的一声巨响，这时就见一片血光飞起，这位找上门来打架的人，就把自己“开”了。至此，这场架就算打完了，对方看见出了事，立即就派出人来“说事”。什么原因？什么条件？然后双方就到后面谈判去了。这就是天津码头上传统的打架方式，全过程不超过一分钟。这种方式不能不说是天津民风的负能量。①

4. 南北商贾秉性的混搭

南北商贾是天津移民的一个支流，所以，民风中又有一搭是做生意赚钱的秉性。天津“地当九河要津，路通七省舟车”，有利于商旅往来与物产集散，是北方重要的水陆码头。咸丰十年（1860 年）开埠以后，由于贸易迅速增长，码头经济更趋活跃，促使天津商人聚财思想十分鲜明。所以，平日最敬财神和利市天官。天津人常用“富贵无三辈，庄稼钱，万万年，买卖钱，四十年”警告子孙，还特重“财能生财”，一个小钱也要变俩；善于“喜本图利”，死钱变活钱。这无疑是追求资金在流动中扩大或增值。天津商人不把顾客看成衣食父母，买多买少一样，百挑不厌，最后做到“买卖不成仁义在”。在经营管理上，合资（伙）人必须忠于本店，很多商行就用双义成、三合义、聚义做字号，标明几名合伙者信守同心同德的原则。用人时，要找“穿过木头裙子（柜台）”的，也就是业务熟、懂规矩的职员。而“买卖家不招三爷——姑爷、少爷、舅爷”，免得长支短欠，因亲缘关系恃宠，扰乱店规。这种种民俗心态，实际构成不成文的俗信，并在商业中传承下来。

天津商人还很注意职业道德，把道德规范变成口头传承的信条，如货真价实、公平交易、童叟无欺等。再如交易上讲求“要奸（精打细算，看准了宰一刀）不要赖（假冒伪劣、欺诈违约）”之类，都是约定俗成的经营规则。所以，天津商人没有太多的“王婆”意识，他们的主要精力全放在商品的质量上。天津商人坚信忠厚不折本，刻薄难赚钱。与天津商人做生意，很少有坑、蒙、拐、骗的现象发生。

天津人五方杂处，性格各异，混搭在一起，活出了天津人的精彩。

---

① 林希：《其实你不懂天津人》，天津人民出版社 2007 年版，第 56 页。

（二）华洋杂处文化的混搭

近代以来，五方杂处的天津，由于西方列强的侵入，又发展成了“华洋杂处”的城市。1860 年第二次鸦片战争爆发，英法联军攻陷天津，与清王朝签订了中英、中法《北京条约》，在天津开埠通商。1860—1903 年，英、法、美、德、日、俄、意、奥、比九国陆续在津划定租界后，美租界并入英租界，故称八国租界，总占地面积达 23350.5 亩，约合 15.57 平方公里[①]，天津八国租界差不多是天津旧城的 8 倍。在一个城市里有这么多这么大的外国租界并立，这在世界上也是独一无二的。[②]

八国租界的划定，打破了天津城市的旧有格局，导入了西方城市建设理念，改变了城市功能和风貌。中国近代开辟多国租界的仅天津、上海、武汉三座城市，而天津是华北唯一且租界最多的。对外贸易的飞速发展，使天津聚集了大量资金与人口，从此，天津成为旧中国典型的殖民地和半殖民地的城市，也成为华北地区最大的港口商埠城市。值得注意的是近代天津，特别 1902 年天津卫城，因为《辛丑条约》的规定被拆除了，天津变成“筑有城垣的无城垣城市”，加之八国租界的并立，西方文化进入天津。外来文化再一次被兼并、吸收、转化，天津城市码头文化又被融入新的元素[③]。这样，天津也就成了中国最先引进并接受西方文化的城市之一。

20 世纪初叶，天津的报业空前繁荣，处于全国领先地位。著名报纸《国闻报》创刊于 1893 年，由维新派人物严复、夏曾佑等编辑出版，是当时全国维新变法运动的产物。该报纸批判旧制度，宣传维新变法，风靡海内，成为当时全国最有影响的政治性日报。而后成名的《大公报》《益世报》《庸报》《商报》等报纸，基本上接受了西方的办报思想和编排方法。与此同时，天津也是最早推行西式教育，兴办新型学校的城市。天津最早的一批学校，是随着洋务运动的兴起而出现的。天津北洋西学学堂兴办于 1895 年，是北洋大学的前身。学堂引进了西方的科学技术和资产阶级民主思想，培养出一批新型的知识分子。我国早期派往国外的留学生，

---

① 任云兰：《600 年天津：历史上的城市规划》，《北京规划建设》2005 年第 5 期。

② 罗澍伟：《天津史话》，社会科学文献出版社 2011 年版，第 22 页。

③ 王学斌：《天津历史街区特色与天津文化个性》，转引自《城市规划和科学发展：2009 中国城市规划年会论文集》，天津科学技术出版社 2009 年版。

很多是从这批学生中选拔的，后大都成为杰出的人才。天津兴办新式教育的实践，在中国起到开风气的作用，具有一定的开创性。[①]

第二次鸦片战争以后，天津被辟为通商口岸，英、法、美三国开始在天津强设租界，地址均选在城南方向的沿河一带，外国商船纷纷涌入天津，随着紫竹林新关的设立，租界内的商业贸易日见繁盛，据《津门杂记》所记，中法战争以前的天津租界内已是“行人蚁集蜂屯，货物如山堆累，车驴轿马，昼夜不休”[②]。这时的天津商业文化，既受传统文化的影响，又受到来自租界的外来思想影响，表现出中西结合的特点。民国以后以及天津沦陷期间，滨江道、劝业场一带又有了新的发展，开辟成天津新的商业市区。

这样看来，同处于燕赵之地，跟帝都北京比，天津欠了点积攒下来的“王朝局气”；而同为通商大埠，与魔都上海比，如果说上海是一座从内到外穿着“西装”的城市，那么天津则是在“西装”的外套之下，里面套着老式的长袍马褂。只要看一看天津旧城场面里严整方正的四合院与旧租界地争新斗奇的小洋楼，让人迷糊的大杂院与简陋之极的“篱笆灯”之间的相得益彰，可知这就是天津“华洋杂处”混搭的形象比喻。从此，天津这座城就像一锅西洋高汤尚未煲好，便赶上了一拨又一拨翻天覆地的巨变。

总之，天津设卫建城后，逐渐确立了河海通津、南北交融的文化品格。开埠后，各国租界自海河上游向下发展，又形成了天津城市发展“夹河而立”的总格局，这种“华洋杂处”混搭的文化，也决定了中国“百年风云看天津”和天津东、西文化荟萃的文化走向。

三 乐呵：天津人的性格

天津人是天生的乐天派。

2008 年，天津获选中国最具幸福感城市。这一年，天津最流行的一句话，是天津方言电视剧《杨光的快乐生活》中的一句台词：“嘛钱不钱的，乐呵乐呵得了。”

---

① 郭武群：《论卫派文化的移民特征》，《城市史研究》1997 年第 C1 期。

② （清）张焘撰：《津门杂记·游艺山庄》，光绪十年（1884 年），转引自王兆祥《天津商业文化的形成及其内涵》，《城市史研究》1997 年第 C1 期。

乐呵不乐呵与幸福有关。天津人冯巩主演的电影《没事偷着乐》中的张大民撂下一句够板的天津话：“我妈说过，床上没病人，狱里没亲人，这就是幸福！”在 2013 年央视“你幸福吗”的采访中，天津大胡同一摊主竟然反问记者一句：“你嘛意思？”这些天津话，基本上反映了天津人乐乐呵呵的人文特征。

关于天津人的乐呵，有不少段子，下面试举两例：

> 段子 1：“来到天津卫，嘛也没学会，学会了开汽车，轧死 200 多。”这是天津话版《猫和老鼠》的开篇，也是在天津流传了几十年的一首儿歌。这是属于天津式幽默的都市之声，虽谈不上特别精彩，也不够逗乐，却体现了天津人幽默的平民性格。
>
> 段子 2：十年前就有人曾评价天津男人：“有风度的体面男人躲藏起来养尊处优，没风度的男人就满街乱窜”。在天津，要是你打电话找人，对方说忙得不可开交，但你真要在街边的哪个狗食馆里遇着他，却可能是嘛事没有。不少天津男人，要不就离了卫、进了京，要不就在哪儿的犄角旮旯里窝着藏着悠闲着。你要问他过得怎么样，他就用屌丝的口气告诉你：乐呵乐呵得了。①

于是，乐呵的天津人得了个“卫嘴子”的外号。这是因为天津人非常爱说。从小孩儿就爱说，街头巷尾，常见到一些孩子们在一起，也不做什么游戏，也没有什么事情要做，就是凑到一起说天道地，一个接着一个地说，说起来没完没了。再大一些，一群青年人，也是爱说，常听见老人们问孩子：“你干嘛去？”要出门的孩子回答他的老人说：“我找谁谁谁说说话去。”你看，没有正经的事情要做，就是说说话。可见，说话是天津人的一项生活乐趣。没有指定话题，没有预定议程，说话就是想说什么说什么，说到哪里是哪里，东拉西扯，除了政治之外，什么都可以说。衣食住行，亲朋近况，往年旧账，吃喝玩乐，说起来就是大半天。天津居民区的妇女，天刚明就出来，提着板凳儿，坐在大院里，也不必有人开头，才见面就说起来了，一直说到午饭，午饭后稍事休息再出来，再一直说到黄昏，晚上不出来了，看电视剧。

① 徐凤文：《天津人把日子过成段子》，《环球人文地理》2012 年第 12 期，第 23 页。

天津地处九河下梢，在陆路交通还不发达的过去，天津有了这九条大河，那就已经是一个八方民众聚会的地方了。这里有一个趣的现象，陆地上的人见了面，未必全都要说话，但是两只船遇到一起，那是一定要相互说上几句。所以，依附于土地的人，就沉默；而生活于行船上的人，就爱说话。这许多天南地北的人聚到一起，第一件事，就是要互相沟通，用什么沟通？自然是用语言。这一下，天津人就要说话了，先要说说自己是从哪里来的，再要说说自己的家乡是个什么样子，然后再听你说说你们家乡是什么情形，还要听你说说你为什么到天津来，这样你说我说，综合到一起，那就是天津人一起在说。

再加上天津人见多识广。从九条大河来的人，也算得上是来自五湖四海了，后来再加上开埠通商，办洋务，天津又成了一个开放城市。市井间的城市民谣唱道："你吃过洋白面吗？你喝过自来水吗？你打过特律封吗？你坐过四轮电吗？"可见，天津卫有这么多新鲜事，见到外地人，天津人能不向他们炫耀炫耀自己的见识吗？所以，和外地人在一起，天津人就是爱说，天津人成堆儿的地方，那就更是说得没完没了。这样，天津人就落了一个"卫嘴子"的绰号。

天津人崇尚的幽默是"逗你玩"，而不是"耍贫嘴"，不是装出来、憋出来的幽默。于是，说着说着，就崛起了一门曲艺艺术——相声。面对压力，苦中作乐，腻歪了的天津人就自己给自己找乐，天津娃娃个个听着相声长大，空气里都飘着相声的味道，遂形成了天津全民幽默的城市气质：不但能说会道，而且张嘴就是一个包袱，顺口就是一个段子，直至把日子过成了段子。于是乎，在天津，相声成了这座城市的大众意识形态和城市宗教，一种充斥在日常生活中的审美情趣，一种只有本地才熟稔的话语娱乐方式。而在外地人眼中，则成了外地人眼中"最幽默的城市"和充满了平民气质的"屌丝之城"①。2013 年天津再次获得"2013 中国最具幸福感城市"的称号。

① 徐凤文：《天津人把日子过成段子》，《环球人文地理》2012 年第 12 期，第 23 页；林希：《其实你不懂天津人》，天津人民出版社 2007 年版，第 24—31 页。

华中汉民族族群编

一方水土养一方人，华中的水土养育了华中人。

华中地区在自然地理上指中国黄河以南，南岭以北，巫山、雪峰山以东的广大地区。华中地处华北、华东、西北、西南与华南之间，京广铁路、焦柳铁路纵贯南北，黄河与长江、陇海铁路、浙赣铁路横贯东西，具有全国东西、南北四境过渡的要冲和水陆交通枢纽的优势，起着承东启西、沟通南北的重要作用。严格意义上的华中地区包括：河南省、湖北省和湖南省。本书将江西省列入华中编，其原因是江西人的形成和发展，与华中地区的湖北省和湖南省有密切的关系，即民间所称的“江西填湖广”。

华中的汉民族族群主要有河南人、湖北人、湖南人和江西人。

第一章　河南人

河南是一个地域概念，两千多年前，为中国九州中心之豫州，简称“豫”，又称“中州”“中原”。

在此，要特别提出的是河南不仅被称为“中原”，在历史上还曾被称为“中国”。所谓“中国”，在西周周武王时期意为“中央之国”。三千多年前，周公在阳城（今河南登封，在洛阳附近）用土圭测度日影（今登封高山有周公测影台遗址），测得夏至这一天午时，八尺之表于周围景物均没有日影，便认为这是大地的中心，因此周王朝谓之中国，并在附近营建了成周洛邑。洛阳也因此被历代文人认为“居天下之中”。今天的“中国”是中华人民共和国的简称，但历史上最早的“中国”却是指以洛阳为中心的河南一带。

大量的历史文献也可以证明“中国”一词源于河南。“中国”一词，曾见于《诗经·民劳》中：“中国，京师也”，而当时的“京师”正是东周国都洛邑（今洛阳）。《诗经·大雅·民劳》云：“惠此中国，以绥四方。”《诗经·小雅·六月序》亦云：“《小雅》尽废，则四夷交侵，中国微矣。”考古材料也可证明，“中国”一词最早见于1965年陕西省宝鸡市所出土的青铜器“何尊”铭文中。其文曰：“唯王初迁宅于成周，复禀王礼福自天，在四月丙戌，王诰宗小子于京室，曰：昔在尔考公氏克文王，肆文王受兹因（命），唯武王既克大邑商，则廷告于天，曰：余其宅兹中国，自之乂民。”可以看出，这里的“中国”，即指周王朝疆域的中心地区，即成周，也即今洛阳一带。①

---

① 《河南与“中国”的得名》（http://blog.sina.com.cn/s/blog_5dc65d8c0100be7x.html）。“中国”一词，在不同时代有不同的含义。大致统一时期略指全国，分裂时多指中原（今天河南一带）。随着皇帝统治疆土的变化，中国包括的范围也相应有所不同。由于河南不仅是汉民族和中华文明的重要发源地，而且数千年都是这片广阔土地的政治、经济和文化中心，所以“中国”一词渐渐成了正统国家的代称。

在行政区划上，西汉时即有河南郡，为河南得名的开始。明帝国时置河南省，后改河南布政使司；清帝国时复改为河南省。河南作为中华文明和汉民族最重要的发源地，承载着中华大地几千年的文化根脉，是汉民族文化的象征之地。

第一节　河南人的语言

河南境内的方言有两类：中原官话和晋语邯新片。晋语的形成及特点，本书在山西人一章中已有详述，本章主要论述河南人使用的另一种方言——中原官话。

一　中原官话的形成

中原官话分布在远古华夏族的传统居住区，今陇海线南北。中原官话又细分为河南方言、关中方言东府话、关中方言西府话、秦陇方言、陇中方言、南疆方言。中原地区是汉民族文化主要发祥地之一，中原官话的形成也就必然与原始汉语有密切的关系。

原始汉语最初分布于黄土高原（含渭河流域—洛阳地区—汾河流域南部）和华北平原西半部。其中炎黄融合而成的华夏语是汉语的一支，分布于渭河流域—洛阳地区—汾河流域南部和华北平原西部。据学者研究，中原官话的源头：一是夏王朝统治今河南省西部、山西省南部，其语言是受东夷一定程度影响的华夏语；二是商民族语言，最初是华夏化很深的东夷语，流行于中原东部（今鲁西南—冀南—豫北—皖北—徐州），商王朝统治中原几百年后，商语、半华夏化的中原东部东夷语被中原地区的华夏语所融合，成为今日中原官话的雏形——洛阳华夏语；三是以洛阳为标准音的华夏语后来成为东周通用全国的雅言，《诗经》的语言就是雅言，孔子讲学用的就是雅言，而不是鲁国方言，孔子成为推广民族共同语的先驱。秦朝时推行“书同文”等文化政策，使民族共同语的传播有了政治上的保障。[①]

关于雅言，本书华北编北京人、河北人和山西人诸章中多有论述，在

① 刘雪霞：《河南方言语音的演变与层次》，博士学位论文，复旦大学，2006 年，第 10—11 页。

此不赘。讨论河南人的中原官话的形成时，要了解汉代雅言演化为“通语、凡语”的问题。西汉扬雄的《方言》就是用“通语”来解释各地的方言的，这是中国第一部方言著作。魏晋南北朝时，以洛阳语音为标准的“通语”从中原传向北方和江左一带。《魏书·咸阳王禧传》就有北魏孝文帝通令“断胡语，用正音（洛阳话）”的记载。南朝宋、齐、梁、陈都建都于金陵（今南京），当时的金陵话就是洛阳话的沿用。

此后，隋统一中国后，隋炀帝以洛阳为首都，把数万户富商大贾从全国各地迁徙到洛阳，推广以洛阳为代表的正音和正语。唐朝时，洛阳话仍然被看作汉民族共同语的基础。如孔颖达对经学的传述和注疏，韩愈、柳宗元等在文学上的创作活动等，促进了汉民族书面形式的共同语的广泛流传。唐代科举时，赋诗作文也提出了语音方面的要求，即要符合从魏晋南北朝流传下来的以洛阳语音为标准音的《切韵》的规范。北宋都汴梁（今开封），洛阳话和汴京话十分接近，两地流传的语音被称为“中原雅音”。南宋定都于杭州，中原雅音也随之在杭州扩大了影响，以至于今天的杭州话还同中原官话有许多相似之处。但当时洛阳话仍处于标准音的地位，“中原惟洛阳得天下之中，语音最正”[①]。北宋时期中原之音基本定型，与今日河南方言几乎完全一样。今日北方官话之所以与河南方言大同小异，是历史上北方官话区长期以河南方言为标准来规范自己的语汇和语法系统而形成的。

中原官话的形成，不能不提元明著名的音韵学家周德清（1277—1365 年）。他家境贫困，一生未仕，却工乐府，善音律，酷爱元曲，对名家曲作进行了广泛搜集，并认真研究，不仅发现了隋朝和元朝之间汉语语音发生的变化，还发现了北方语言体系的特质、结构、演变及其规律，同时，又总结了作词十法，撰成理论著作《中原音韵》。那么，《中原音韵》的基础音系与中原官话有什么关系呢？

《中原音韵》的基础音系与中原官话有密切的关系。《中原音韵》是以中原方言为基础写成的，换句语言学的话说，就是以洛阳音为主体的河南音说。[②] 为此，李新魁先后在《关于〈中原音韵〉音系的基础和入派三

---

① （宋）陆游：《老学庵笔记》卷六，中华书局 1979 年版。

② 关于《中原音韵》究竟是以哪个方言为基础的问题，学界一直存在争议，至今没有定论。概括起来主要有三种观点：北方官话说、大都音说、以洛阳音为主体的河南音说。本书从河南音说。

声》《〈中原音韵〉的性质及其代表的音系》两篇论文，及《〈中原音韵〉音系研究》[①] 论著中阐述自己的观点。李新魁此说的主要根据是：（1）周德清之书不可能“杂采无前贤词曲，掇拾成编”的，因为各地元曲作者有方言分歧，语音不能完全一致，同时用元曲韵脚的字数也不足以编制韵书。因此周德清据以撰作的应当是一个实际的口语。（2）洛阳当时是全国或北方的政治、经济、文化中心，洛阳话在长时间内被作为民族共同语和标准音。（3）唐宋元明时代古人所谓的“中州”“中原”，都是指河南洛阳一带。（4）在《中原音韵》音系中，虽然某些特点跟北京音相合而跟其他方言不合，但也有许多特点跟北京音不合而跟其他方言相合，不能以此断定其音系是大都音。其结论认为：“《中原音韵》所代表的，不是当时的大都音，而是当时以洛阳音为主体（即基础方言点）的河南音。周德清在《中原音韵》中所记述的语音系统，正是那时候代表河南音（中原音）的洛阳音系。”[②]

“洛阳音说”虽然比较接近《中原音韵》语音基础的实际，但是仅把《中原音韵》的语音基础定在“洛阳”，范围又过于狭窄，有不够确切之处，其原因有：一是宋元时期，从文化、经济、政治地位来说，汴京比洛阳更为重要，当时的文化中心是位于河南中心地带的汴京；二是从近代戏曲的起源来说，据近代文献记载，近代戏曲起源于以汴京、洛阳为中心的中原地区，而《中原音韵》是一部为戏曲用韵而作的韵书；三是从现代的中原官话与《中原音韵》的语音特点来说，并非某一个城市或地区的语音与《中原音韵》有联系，而是河南境内大多数中原官话区方言的普遍特征与《中原音韵》有联系；四是一种基础方言不可能只是某一个城市或地点的方言，而应有一个相对广泛的区域。有鉴于此，《中原音韵》的语音基础应该是以汴京、洛阳为中心的“汴洛音”，即今天中原官话的主体——河南境内的中原官话。[③] 因此，可以认为《中原音韵》是中原官话形成的标志。

---

① 李新魁：《关于〈中原音韵〉语音系的基础和入派三声》，《中国语文》1963 年第 4 期；李新魁：《〈中原音韵〉的性质及其代表的音系》，《江汉学报》1962 年第 8 期；李新魁：《〈中原音韵〉音系研究》，中州书画社 1983 年版。

② 李新魁：《〈中原音韵〉音系研究》，中州书画社 1983 年版，第 11 页。

③ 刘雪霞：《河南方言语音的演变与层次》，博士学位论文，复旦大学，2006 年，第142 页。

二　中原官话的特点

要了解中原官话的特点，须先弄清楚中原官话的分区，才能弄清楚中原官话的特点。

（一）中原官话的分区

据贺巍的研究，河南境内中原官话的分区情况：

（1）郑开片二十四个县市，其中河南省有：郑州市、开封市、开封县、荥阳市、荥阳县、滑县、长垣县、封丘县、原阳县、兰考县、民权县、杞县、通许县、中牟县、尉氏县、新密市、新郑市、鄢陵县、南乐县、内黄县、清丰县。

（2）洛嵩片十六个县市：洛阳市、嵩县、巩义市、登封市、堰师市、孟州市、孟津县、伊川县、新安县、宜阳县、渑池县、洛宁县、三门峡市、义马市、栾川县、卢氏县。

（3）南鲁片三十个县市：南阳市、鲁山县、长葛市、临颍县、郾城县、许昌市、许昌县、平顶山市、舞钢市、襄城县、郏县、禹州市、汝州市、汝阳县、宝丰县、叶县、舞阳县、西平县、遂平县、方城县、南召县、西峡县、淅川县、内乡县、镇平县、社旗县、泌阳县、唐河县、邓州市、新野县。

（4）漯项片十四个县市：漯河市、项城市、扶沟县、西华县、周口市、淮阳县、商水县、上蔡县、汝南县、驻马店市、确山县、正阳县、平舆县、新蔡县。

（5）商阜片二十三个县市，其中河南省有：商丘市、太康县、宁陵县、柘城县、虞城县、鹿邑县、夏邑县、永城市、郸城县、沈丘县。

（6）信蚌片二十一个县市，其中河南省有：信阳市、桐柏县、息县、淮滨县、罗山县、潢川县、光山县、新县、商城县、固始县。

此外，还有属跨省的兖菏片，河南省有范县、郸城县、台前县三个县。[①]

河南境内方言是中原官话的核心成分，整个中原官话共有 381 个县市，河南境内有 107 个；中原官话八个次方言片中，河南境内有七个方言片，其中郑开片、洛嵩片、南鲁片、漯项片四个方言片内的方言是纯粹的

---

① 贺巍：《中原官话的分区（稿）》，《方言》2005 年第 2 期。

河南方言。[①]

（二）中原官话的特点

中原官话的特性，从声调来说，最主要的是古入声清音声母和次浊声母字今读阴平，古入声全浊声母字今读阳平。

中原官话的特性是和其他官话相比较而言的。它属于官话的中心地带，和其他官话既有共性，又有特性。共性是官话的基础，特性是区别于其他官话的依据。如：

中原官话今无入声，江淮官话有入声可以和中原官话相区别。

中原官话和西南官话相比，西南官话的古入声字今读阳平；中原官话和西南官话的差别在于中原官话古清音声母和古次浊声母字今读阴平。

中原官话和兰银官话相比，两种官话的区别在于兰银官话的古入声清音声母和次浊声母字今一律读去声。

中原官话和冀鲁官话相比，古清音声母入声字今读阴平、古全浊声母入声字今读阳平是这两种官话的共性，古次浊声母入声字今读阴平是中原官话的特性，今读去声是冀鲁官话的特性。

中原官话和胶辽官话相比，古清音声母入声字今读上声、古次浊声母入声字今读去声是胶辽官话的特性，可以和中原官话相区别。

中原官话和北京官话、东北官话相比，其差别在于古清音声母入声字北京官话和东北官话今分归阴平、阳平、上声、去声；而东北官话以今读上声字为数多。[②]

具体到中原官话的特点，如郑汴片声母24个，韵母40个，单字调4个，阴平24、阳平42、上声55、去声31。有尖团音之分，零声母开口呼之前带有浊擦音，上声煞尾音有时下降，一般是平调。古清声母和次浊声母入声字，绝大多数今读阴平，古浊声母入声字绝大多数今读阳平。古知、庄、章3组字的今声母都读舌尖后音，古精组字的今声母都读舌尖前音，二者不相混同。古知、庄、章和精4组组字演变为今声母，前3组今读舌尖后音，后1组今读舌尖前音，这一点与北京语音古今声母的演变规律相同。[③]

---

① 刘雪霞：《河南方言语音的演变与层次》，博士学位论文，复旦大学，2006年，第12—13页。

② 贺巍：《中原官话的分区（稿）》，《方言》2005年第2期。

③ 河南省地方史志办公室编纂：《河南省志·方言志》，河南人民出版社1995年版，第4—6页。

又如洛嵩片声母25个，韵母39个，单字调4个，阴平24、阳平42、上声55、去声31。古知、庄、章三组字中，知组二等和庄组以及章组止摄开口呼的字，今读舌尖前音，与古精组相同。有唇齿浊擦音v。有尖团音之分。①

河南中原官话的特点还表现在词汇上，如：

河南方言/普通话/形状特征
扁食/饺子/河南大多地区包成的饺子呈扁形
扁嘴儿/鸭子/嘴特别扁
大刀/螳螂/腿很像两个大刀
长虫/蛇/特点是体形很长
冰糕/冰棍/形状是块状
老鸹/乌鸦/乌鸦叫声
马迹鸟/知了/知了叽叽叫
喷喷/谈天/说话的声音
红萝卜/颜色/是红的
变蛋/松花蛋/经过加工变化而来
趿拉板儿/拖鞋/后面没有跟，鞋底像板子
待客/置酒席/主要是招待客人

这一类的例子不胜枚举。

第二节　河南人的形成

河南古称豫州。《尚书·禹贡》将天下分为九州，豫州位居九州之中，故有中原、中州之称，所以现在河南也简称为豫。河南因地处黄河以南，所以也被称为河南。狭义的中原概念指的就是河南。河南人就是在中原大地上形成的一个古老的汉民族族群。

① 河南省地方史志办公室编纂：《河南省志·方言志》，河南人民出版社1995年版，第7—10页。

一　南召人、卢氏人、许昌人：河南人的原始记忆

河南是中国出现人类最早的地区之一。河南人的原始先祖为南召人、卢氏人、许昌人。

（一）南召人

1978年9月，考古工作者在杏花山上，发现了一批古脊椎动物化石和一枚古人类牙齿化石。这枚牙齿化石，经世界著名古人类学家吴汝康先生等人鉴定为早期人类的右下第二前臼齿。同年10月，中国科学院古脊椎动物与古人类研究所组队，对这一化石点进行了发掘，又发现了一批古脊椎动物化石，计有剑齿虎、剑齿象、肿骨鹿等20余种，根据伴生动物化石及地层等综合分析，认定这里发现的古人类与“北京猿人”所处的时代大体相当，距今约五六十万年，并正式把这种古人类定名为“南召猿人”。

杏花山南召猿人遗址，位于南召县云阳镇西北3.5公里的杏花山上。这里背风向阳，光照充足，雨量充沛，温暖湿润，形成了适宜生物生存发展的良好环境。河南人最古老的先祖、中原人类鼻祖——“南召猿人”就是在这样的环境中繁衍生息的。

（二）卢氏人

1976年，卢氏县横涧乡刘家岭村发现4片古人类头盖骨化石和2枚牙齿化石。后经中国古人类学专家贾兰坡教授鉴定，被确认为距今10万年前的“智人”化石，即真人、直立人，并根据出土地点命名为“卢氏智人”。1983年，由季楠和牛树森联合署名，将相关报道发表在《中国古人类学报》上，“卢氏智人”的发现被国家公之于世，同时，也把河南文明史推至10万多年前有实物可考的旧石器时代。①

卢氏县属三门峡市，位于河南省西部，邻接山西省和陕西省，位于洛河上游，属暖温带大陆性季风气候。河南人的“智人”先祖在此脱颖而出。

（三）许昌人

1965年春，中国科学院古脊椎动物与古人类研究所的周国兴，在

① 《卢氏，人猿相揖别的地方》（http：//niuam. blog. 163. com/blog/static/7606407320086984227654/）。

位于河南省许昌市西北约15公里的灵井镇西侧，一个村民挖井挖出的堆积物中，采集到一批动物化石和打制石器，认为属“中石器时代”，引起史前考古界的重视。2005年，河南省文物考古研究所对这处史前遗址进行考古发掘，发现了头盖骨化石。这个10万—8万年前的许昌人的发现，填补了中国古人类进化的空白。据研究，许昌人的身份可能有几种推测，一是从北京猿人一直延续下来的中国人种中的一环，二是从非洲来到亚洲的非洲人，也有可能是两个人种进行杂交后的“新人类”。中国专家经过多学科研究倾向于第一种说法，不仅是因为头盖骨信息含量的一致性，遗址中出土的大量石器、骨器都是本土文化面貌，少见外来因素影响。

当然，无论许昌人的真实面目将来会如何解读，作为河南人的先祖总是当之无愧的。

此外，在河南人的原始记忆中，新旧石器时代的考古文化遗址非常丰富，除上述南召人、卢氏人和许昌人外，还有小南海遗址和后来的裴李岗、仰韶及商周文化遗址，成为河南具有悠久历史的见证。传说中的三皇五帝，也多以中原为中心展开活动。因此，河南在原始社会时期便已成为汉民族先民的活动中心。

二　河南人在汉民族重构中形成

河南作为汉族的发祥地之一，河南人的形成与山东人、山西人、河北人的形成，走的几乎是同一个路线图，即从夏、商、周到春秋战国，随着华夏民族的横空出世，以及在汉代转化、发展成汉民族中形成。这时形成的河南人可以称之为“原生河南人”。

原生河南人后来又随着汉民族的发展，在汉民族的不断重构中逐渐形成。

由于中原位居天下之中得天独厚的地理优势，自古乃为兵家必争之地，得中原者得天下，因此群雄逐鹿，战乱频仍，原生河南人有的在战乱中死去，有的在战乱中迁徙流散。同时，又有其他民族或族群不断迁入河南，他们在河南开始一轮又一轮的互动、磨合、整合和融合。

（一）河南人的第一次重构

第一次重构在西汉末年到西晋时期。东汉末初平元年（190年），董卓强行迁都长安，将洛阳周围数百万人口裹挟至关中，同一时期，部分河南士人、军民为避战乱，或投奔荆州牧刘表，或在新野追随刘备，以后进入湖北，再进入四川。以洛阳为例，西汉末期，由于战乱使人口大量流失，人口尽徙长安，史载“二百里内无复孑遗”[①]。光武帝建都洛阳后，人口得到了大量的补充，其中有内迁的边民、功臣官僚、大量的读书人和边疆西域的许多少数民族。[②] 曹魏时，钟繇为司隶校尉时曾徙民实河南。《三国志·钟繇传》称：“自天子西迁，洛阳人民单尽，繇徙关中民，又招纳亡叛以充之，数年间民户稍实。”这种迁民政策，大大充实了河南的人口。黄初二年（221 年），又诏“立石表，西界宜阳，北循太行，东北界阳平，南循鲁阳，东界郏，为中都之地。令天下听内徙，复五年”[③]。对愿意迁入这一地区的，免除五年租赋。又下令，徙冀州士家 10 万户充实河南，实际迁徙 5 万户。[④]

在曹魏西晋时期的近百年中，北方的匈奴，西北的氐、羌，东北的鲜卑、乌桓、高句丽等民族陆续从塞外迁入内地，在这里生息、繁衍。有些少数民族已经迁居都城洛阳附近。如洛阳西南的宜阳，有匈奴人居住；洛阳东的荥阳，则有句骊人[⑤]人迁入。史称：“荥阳句骊本居辽东塞外。正始中，幽州刺史毌丘俭伐其叛者，徙其余种。始徙之时，户落百数，子孙孳息，今以千计。”[⑥] 到了西晋后期，少数民族在中原居民中的比例已相当大。

可见，在河南人的第一次重构中融入了不少匈奴、高句丽等北方少数民族。

（二）河南人的第二次重构

第二次重构是在西晋“八王之乱”（291—307 年）到南北朝时期（420—589 年），历时近三个世纪。

西晋“八王之乱”后，随之匈奴攻入长安，至东晋建都建康（今南

---

① 《汉书·地理志》。

② 葛剑雄主编：《中国移民史》第二卷，福建人民出版社 1997 年版，第 130—146 页。

③ 《三国志·文帝纪》注引《魏略》。

④ 程有为、王天奖主编：《河南通史》第二卷，河南人民出版社 2005 年版，第 173 页。

⑤ “句骊”亦作“句丽”。古国名。在今朝鲜境内。《后汉书·东庭传·高句丽》：“骊，一名貊。”《通典·边防二》：“朱蒙弃夫余东南走，渡普述水，至纥升骨城，遂居焉，号曰句丽，以高为氏。”

⑥ 《晋书·江统传》。

京），遂有307—312年的“永嘉南迁”，直到南朝刘宋元嘉（453年）年间，时间长达一个半世纪。中原由于战祸连绵，北方汉民族人口大量南迁，与河南有关的是迁徙西线：循汉水而下，会集襄阳，再进入鄂东、江汉平原甚至湖南。河南南部淮河流域也设有若干侨县，主要安置了3万流民。[①] 当这些人融合入河南人后，西晋的“八王之乱”和随之而来的民族间的混战以及少数民族的入主中原，使洛阳“山川无改，城阙为墟，宫庙隳顿，钟虡空列，观宇之余，鞠为禾黍，廛里萧条，鸡犬罕音”。[②] 但是随着北魏迁都洛阳，洛阳及河南各地的人民再一次得到了重组。当时平城的人口绝大部分南迁洛阳了，但史料中未记载具体数字。到天平元年（534年）从洛阳迁都邺城时，号称有“四十万户”[③]；如以每户平均四口计，应有160万人。自太和二十年（496年）至此的三十八年间，一方面还继续有移民迁入洛阳，另一方面也有人迁出。特别是在建义元年（528年），北魏末年将领契胡族尔朱荣入洛以后，已有大量人口外流。若以迁入与迁出相抵，此期间的人口年平均增长率以7‰计，则太和二十年（496年）洛阳应有128万人口。

可见，在河南人的第二次重构中融入了不少鲜卑等北方少数民族。

（三）河南人的第三次重构

河南人的第三次重构是唐“安史之乱”（755—763年）至宋太宗时期（939—997年），历时约二个半世纪。

唐天宝十四年（755年）冬，爆发“安史之乱”，战祸延续八年，洛阳以东至徐州一线被难尤重，“宫室焚烧，十不存一；百曹荒废，曾无尺椽。中间畿内，不满千户，井邑榛棘，豺狼所嗥”[④]，汴河沿岸“百姓凋残，地阔人稀”[⑤]。随后又发生黄巢起义，终至造成“五代十国”的割据战乱。

五代时，后梁建都开封府，称为东京。后唐灭后梁，移都洛阳。后晋重新迁都开封，后汉和后周依之。而唐末五代初，洛阳遭受战争的严重破

① 葛剑雄、曹树基、吴松弟：《简明中国移民史》，福建人民出版社1993年版，第148、150页。

② （南朝宋）傅季友：《为宋公至洛阳谒五陵表》，《昭明文选》卷三八。

③ 《魏书·孝静纪》。

④ 《旧唐书·郭子仪传》。

⑤ 《全唐书》卷四六，唐代宗《缘边河置防援诏》。

坏。后唐建都时，洛阳“荒凉至甚，才通行径，遍是荆榛”。此后，移民渐次迁入，“集人开耕，便许为主，或农或圃”，城市逐渐恢复生气。经三十年的移民，“居人渐多”。由于里巷狭隘，开始修建富室，完善城市管理制度。①

在洛阳的新居民中，有一批来自前蜀的上层移民。同光三年（925年），后唐灭前蜀，迁蜀主王衍与王室、宗族、侍从，及王锴、张格、庾传素、许寂、李昊等朝臣，并将佐家族数千人东迁洛阳。② 除了王衍途中被杀，一些人复归蜀中以外③，相当一部分人留居洛阳，如北宋王彦升的祖先便如此。④ 除永平节度使马全绝食而死外，宰相王锴以下的后蜀官员都分别被授以诸州府刺史、少尹、判官、司马等职。⑤ 在侍从中，形形色色的各种人物，例如乐工200人，也迁到洛阳。⑥ 唐末五代正是开封开始发展的重要时期。自朱温占领开封以后，开封的地位便直线上升，一批批来自其他军阀统治区的人民被迫迁入。此后，后梁、后晋、后汉、后周四朝都以开封为移民中心，迁入辖境内或从敌对藩镇掳掠来人民。五代十国时期，中国北方地区后梁、后唐、后晋、后汉和后周五个朝代相继，在今山西境内另有割据政权北汉国；南方地区则先后有前蜀、后蜀、南平、吴、南唐、吴越、闽、楚、南汉九国。经数十年的变迁，到北宋统一前夕，仍有北汉、后蜀、南平、南唐、吴越、清源、湖南、南汉等割据政权。

及至宋太祖和太宗先后平定各割据政权，统一南北，并采取强制性的措施，将各国的王室、贵族、百官和部分人民迁到首都开封一带。如据有今湖北部分地区的南平（又称荆南），宋太祖建隆四年（963年）被灭后，国主高继冲、贵族高保绅等人迁入开封⑦；据有今湖南和广西的东北部的南唐，在保大九年（951年）被灭后，节度使周保权和下属李观象等人被迁入开封⑧；据有今四川和陕西南部、甘肃东南部及湖北西部的后蜀，宋乾德三

① （唐）崔穗：《请正街坊疏·全唐文》卷八三九，第3916页，转引自葛剑雄主编《中国移民史》第三卷，福建人民出版社1997年版，第427页。

② 《旧五代史·张居翰传》；《十国春秋》卷三七《前蜀三·后主纪》。

③ 《资治通鉴》卷二七五，明宗天成元年。

④ 《十国春秋》卷三七《前蜀三·后主纪》。

⑤ 《宋史·王彦升传》。

⑥ 《资治通鉴》卷二七四，明宗天成元年正月。

⑦ 《宋史·荆南高氏世家》。

⑧ 同上。

年（965年）被灭后，后主孟昶与其弟、两子、宰相及其他官属均举族北迁开封[①]，仅“护送孟昶血属辎重之众，百里不绝，至京师犹然”。时人作诗记孟昶北迁的规模：“全家离锦水，五月下瞿塘。绣服青蛾女，雕鞍白面郎。累累辎重远，杳杳路歧长”[②]；据有今广东和广西之地的南汉宋开宝四年（971年）被灭后，宋将潘美派人将后主刘鋹和王室成员，以及大臣龚澄枢、李托、薛崇誉、刘保兴等人及他们的家属，迁到开封[③]；据有今江苏、安徽两省的江淮地区、江西及福建、湖北、湖南的部分地区的南唐，开宝八年（975年）被灭后，宋将曹彬将后主李煜并其宰相汤悦等45人送到开封，鄂国公李从诵、江王逖之子李季操、清源郡公李仲寓等贵族也迁到开封[④]；据有今浙江全省和江苏的一部分的吴越，宋太平兴国三年（978年）向北宋降服，被太宗留下。太宗下诏两浙路发钱俶“缌麻以上亲及管内官吏悉归阙”，共装船1044艘，经运河北上到开封[⑤]。

在五代末和宋初迁入河南的移民中，特别值得提出的是据有今山西北部和陕西、河北的部分地方的北汉移民。开宝二年（969年）春，宋太祖亲征北汉，包围太原。闰五月，徙太原诸县人民万余家于山东、河南。[⑥]开宝五年（972年）十二月，北汉民2248户至乾宁军（治今河北青县）降宋[⑦]。开宝九年（976年），宋军分路进攻北汉，进入北部的忻、代诸州，俘北汉及山后诸州人民48000余口，“尽驱其民分布河（黄河）、洛（洛阳）之间”[⑧]。

经屡次迁徙，北汉人口数量剧减，国力迅速衰弱。太平兴国四年（979年），宋太宗亲征，一举攻占太原，平定北汉。此时，北汉所统11州军仅剩人民35220户，兵30000人[⑨]。宋朝不仅将北汉主及其亲属迁到

① 《续资治通鉴长编》卷六，乾德三年三月、四月乙酉。

② （宋）吴曾:《能改斋漫录》卷十三《纪事·下蜀辎重百里不绝》。

③ 《续资治通鉴长编》卷十二，开宝四年三月壬辰。

④ 《宋史·南唐李氏世家》。

⑤ 《续资治通鉴长编》卷十九，太平兴国三年八月丙辰。所谓“缌麻以上亲”，一般指本宗的高祖父母、曾伯叔祖父母、族伯叔父母、族兄弟及未嫁族姐妹乃至中表兄弟、岳父母等。

⑥ 《续资治通鉴长编》卷十。

⑦ 《续资治通鉴长编》卷十三。

⑧ 《宋史北汉刘氏世家》。

⑨ 《续资治通鉴长编》卷二十，太平兴国四年五月癸未。

开封，也将平民迁到开封、洛阳、大名府（治今河北大名县东北）等地①。甚至到第二年的正月，太宗还下诏要求抚慰那些躲入山林的北汉官吏将卒，将其传送上都，“随以处之”②。

可见，开封府、河南府（西京所在）③、邓州（今河南邓州市）、唐州（今河南唐河县）、汝州（今河南汝州市）等府州军都有北汉移民，开封府所在的京畿地区可能移民较多一些。据葛剑雄估计，在太祖、太宗两朝外迁的北汉移民大约有二三十万人。以开封、洛阳为中心的京畿及其周围，是北汉移民的主要迁入区④。

可见，在河南人的第三次重构中又融入了不少新鲜血液。

（四）河南人的第四次重构

河南人的第四次重构是从南宋（1127—1279 年）至元代（1379—1368 年），历时约二个半世纪。

金灭北宋时，将徽钦二帝及开封的皇族宗室、百官、宫女、工匠、娼妓数千人掳掠而去，“华人男女驱而北者，无虑十余万”⑤。南宋建都临安（今杭州）以后，先与金，后与蒙元反复争夺，战乱不绝，而江淮之间是主要战场，于是包括河南在内的中原移民再次南迁，致使河南人口已减少到顶点。

元代，河南最早的汉民族人口迁移，发生在窝阔台汗四年（1232 年）蒙古军大破金兵于钧州（今河南禹州市西）三峰山以后。当时，“天下荒饥，独山北为乐土，四方之人其来如归”⑥，很多人迁入河南和陕西交界的山区。三年后，蒙古军又将邓、唐、钧三州十余万人民迁到洛阳以西。第二年攻至襄阳一带，又将襄阳人民迁到洛阳。

于是，在蒙元与南宋交战期间，河南是蒙古军的前沿地区。由于战争旷日持久，而“河南兵荒之后，遗民无几”，既无人力也无财力支持战争，屯田成了急务。蒙哥汗二年（1252 年），在汴梁（今开封市）设立

---

① 参见《续资治通鉴长编》卷二十，太平兴国四年五月戊子、丙申；穆修《穆参军集》卷下《东海徐君墓志铭》；《宋史·阎守恭传》。

② 《续资治通鉴长编》卷二一。

③ 唐代，河南郡改为都畿道河南府。北宋时期河南府以西京洛阳为中心，元朝设河南江北行省，清代，府治洛阳（今河南省洛阳市）。

④ 葛剑雄主编：《中国移民史》第四卷，福建人民出版社 1997 年版，第 40 页。

⑤ 李心传：《建炎以来系年要录》，卷四《建炎元年四月辛酉》。

⑥ （元）姚燧：《牧庵集》卷十六《瓜尔佳公神道碑》。

河南道经略司，以杨惟中等人为使，在唐、邓、申（今南阳市）、裕（今方城县）、嵩（今河南嵩县境）、汝、蔡（今河南汝南县）等州屯田，“授之兵、牛，敌至则御，敌去则耕”，并在邓州设立屯田万户府以统之①。世祖至元二年（1265 年），朝廷下令“孟州（今河南孟县）之东，黄河之北，南至八柳树、枯河、徐州等处，凡荒闲地土，可令阿术、阿刺罕等所领士卒，立屯耕种，并摘各万户所管汉军屯田”②。一时间，河南经略司“总兵十万，屯田千里”，达到相当规模。③ 元人姚燧曾说：世祖潜蕃岁壬子（1252 年），“尝置屯田万户府于邓，后易为都督府，又易为统军司。戍兵积谷，与襄（阳）犄角，凡十五年。乃大集天下之兵，又长围六年而下之”④。这就是说，在蒙古军包围南宋边防重镇襄阳之前，河南屯田已进行了十五年。此后，世祖中统二年（1261 年）七月，朝廷将“渡江新附民留居蔡州（今河南汝南县）者竹，徙居黄河以北的怀孟路（今河南沁阳市）。同月，自鄂州（今武汉市武昌）青山矶、浒黄洲等地迁到长江以北的人民，再迁到怀孟路（今焦作市所辖市县）。⑤ 在这种态势下，位于河南的南京路（今开封市）屯田户近 2 万户⑥，而蒙哥汗二年（1252 年）南京路户数只有 30018 户。⑦ 可见南京路的户数中半数以上是屯田户。元代中原的屯田户或系军户，或系由外地迁入的民户，很少有入屯的当地人。⑧ 因此，南京路的人口主要是外来移民。而河南的民屯则以南阳府（今河南南阳市）的规模最大，文宗至顺元年（1330 年）有屯田户 6000 户，垦田 10600 顷。⑨

除了因参加屯田而进行的迁移，还有很多南北人民自发迁入江淮地区垦荒。如光州（治今河南固始县）在宋蒙战争中为双方拉锯之地，人民死亡者“无虑十八九”，田亩荒芜，成为“虎豹之所宫，狐狸之所号”的荒凉之地。世祖至元十二年（1275 年）归元后，“不四十年，陈、蔡、

① 《元史·世祖纪》；《元史·杨惟中传》。

② 《元史·兵志》。

③ （元）姚燧：《江汉堂记》，《元文类》卷二八。

④ 《牧庵集》卷七《南平楼记》。

⑤ 《元史·世祖纪》。

⑥ 《秋涧集》卷八七《为除豁河南屯田户差发事》。

⑦ 《元史·地理志》。

⑧ 见王颋《元代屯田考》，《中华文史论丛》1983 年第 4 期。

⑨ 《元史兵志》和《经世大典·屯田》，载《元文类》卷四一。

曹、宋、吴、楚、瓯越之民”纷纷迁入垦荒，“杂耕于野，交居于郛”[①]。

可见，在河南人的第四次重构中，又再次融入了东西南北的新鲜血液[②]。

（五）河南人的第五次重构

河南人的第五次重构，即最后一次重构是在明洪武至永乐年间（1368—1424 年），历时半个世纪有余。

经过元末的农民战争，河南与全国各地一样经济残破，人口锐减，土地荒芜。洪武时，都督府左断事高巍在他的一份上疏中说到河南洪武初年的情况：“臣观河南、山东、北平数千里沃壤之土，自兵燹以来，尽化为榛莽之墟。土著之民，流离军伍，不存什一。地广民稀，开辟无方。”[③]于是，在历史上著名的洪武大移民中，及至整个明代，河南不都是移民迁出地，还是移民迁入地。[④]

如彰德府（今安阳市）的移民 2.5 万人，据成化《河南总志》，洪武二十四年（1391 年）彰德府有 13.2 万人。这就是说《明太祖实录》中记载的山西移民，已经迁入并在此入了民籍。彰德府又有彰德卫驻扎其地，故总人口应为 14.9 万。这样，彰德府接纳政府组织的移民共约 2.5 万人，与军籍移民合计为 4.2 万人，移民占总人口的 28.2%[⑤]。

又如卫辉府（今卫辉市），属于洪武华北七府移民的一个组成部分。卫辉辖六县，仅占七府 90 个县的 6.7%，洪武年间接纳政府组织的山西移民大约为 2.2 万人。对此，有汲县郭全屯结义庙立于洪武二十四年（1391 年）仲秋的迁民碑所记为证：“山西泽州建兴乡大阳都为迁民事。系汲县西城南社双兰屯居住。里长郭全，下人户一百一十户。”并开列户主姓名[⑥]。据曹树基研究，卫辉土著占 46%，洪武移民占 54%，卫辉府洪武时代的移民数量大致与土著相当。

再如开封府（今开封市），因属于《明太祖实录》中移民七府之

① （元）马祖常：《石田集》卷八《固始县重建县治记》。

② 以上参阅葛剑雄主编《中国移民史》第四卷，福建人民出版社 1997 年版，第 655—657 页。

③ （明）宋端仪：《立斋闲录》卷一。转引自葛剑雄主编《中国移民史》第五卷，福建人民出版社 1997 年版，第 244 页。

④ 罗福惠：《战乱、定都、城市化与河南的人口迁移》，《中州学刊》2007 年第 4 期。

⑤ 葛剑雄主编：《中国移民史》第五卷，福建人民出版社 1997 年版，第 244 页。

⑥ 此碑藏汲县（卫辉市）文化馆。参阅葛剑雄主编《中国移民史》第五卷，福建人民出版社 1997 年版，第 245 页。

一，依照比例，至洪武二十五年（1392 年），有山西民籍移民近 16 万人迁入该府屯田①。

在河南，除了一部分是《明太祖实录》中记载的屯田移民外，还可能有大批自发的移民在洪武二十五年（1392 年）前后迁入。万历《卫辉府志·里甲》记载了新乡县的乡、社名称，当时共五乡：新中乡、嘉善乡、南嘉平乡、归德乡、贵贤乡，这些乡都是与移民有关的地名，或许反映了新乡人口的绝大部分是由移民构成的事实。② 就如开封府所属延津县 1989 年的《延津县地名志》所载该县现存的 18 个乡镇 400 个自然村，几乎所有的村庄，都自称明初从山西迁入的。③

总之，据曹树基的研究，明初河南接受了约 100 万移民，还有军籍移民 30 余万。④

洪武时期河南地区接受的各类移民　　单位：万人

府名	总人口	土著	百分比（%）	民籍移民	百分比（%）	军籍移民	百分比（%）
彰德府	14.9	10.7	71.8	2.5	16.8	1.7	11.4
卫辉府	11.8	5.9	50.0	4.2	35.6	1.7	14.4
怀庆府	21.4	10.7	50.0	9.0	42.1	1.7	7.9
开封府	126.7	63.3	50.0	54.9	43.3	8.5	6.7
河南府	58.0	45.9	79.1	7.0	12.1	5.1	8.8
南阳府	31.4	14.0	44.6	14.0	44.6	3.4	10.8
汝宁府	21.7	16.5	76.0	1.8	8.3	3.4	15.7
合计	285.9	167.0	58.4	93.4	32.7	25.5	8.9

资料来源：葛剑雄主编：《中国移民史》第五卷，福建人民出版社 1997 年版，第 264 页，表 6—15。

在河南人的第五次重构中，汉民族移民大部分来自山西、山东等地，其中山西占多数，因此，至今不少河南人还自称来自山西洪洞大槐树下。

① 葛剑雄主编：《中国移民史》第五卷，福建人民出版社 1997 年版，第 252 页。

② 同上书，第 249 页。

③ 同上书，第 253 页。

④ 葛剑雄、曹树基、吴松弟：《简明中国移民史》，福建人民出版社 1993 年版，第 383 页。

后来虽然还有部分移民不断地补充进入河南，但已经无法改变洪武移民的整体结构。而正是这一次移民与原先河南土著（指洪武移民前的所有居住民作为土著）的互动、磨合、整合和融合，形成了现代意义上的河南人。

第三节　河南人的人文特征

河南人，从历史和文化的角度看，历来讲大局、大义、大仁、大气。大局，就是热爱自己的国家和民族；大义，就是重气节、重情义；大仁，就是深怀仁爱之心；大气，就是具有大胸怀、大境界。①

一　怀旧情结

如果把汉民族比喻成一棵大树，那么河南人不是哪一根树枝，也不是哪一段树干，可能就是根系的一部分。如今露出地面的仅仅是个小脸面，大部分被埋在历史的地层深处，只能够去感受、去体会、去意会、去领悟。② 所以，翻开各种有关河南的书籍，最醒目地映入眼帘或出现频率最多的便是“河南历史悠久……”这一开场白或用语。

确实，河南的历史非常悠久，而且，这种悠久不仅是传说时代或考古文化，而是信史。

从商周一直到北宋，中原王朝的活动中心基本上都在河南及其附近地区，这儿的历史遗迹像天上的星星般数也数不清，如二里头、仰韶、安阳等著名原始文化遗址，商丘、安阳、洛阳、郑州、许昌、开封等著名的古都古城，洛阳白马寺、登封的少林寺、开封的相国寺、汤阴的岳飞庙、鹿邑的太清宫等著名宫观寺庙；这里的历史名人曾独领政治、经济、军事、文化的风骚，如楚国令尹孙叔敖，秦朝丞相李斯，汉代丞相陈平、著名将领灌婴、政治家晁错，三国两晋南北朝时的书法家钟繇、文学家谢灵运、诗人庾信、文学评论家钟嵘；唐代之后，如书法家褚遂良、画圣吴道子、

---

① 2011 年 3 月 3 日，全国两会的第一天。河南省委、省政府在北京举行河南在京人员代表座谈会，省委书记、省人大常委会主任卢展工在讲河南人的精神时讲的话。见乔法容《河南人的真精神：“大局、大义、大仁、大气”》，《河南日报》2011 年 3 月 16 日第 14 版。

② 董维涛：《一方水土一方人——中国各地居民性格评点》，中国工人出版社 2003 年版，第 213—214 页。

诗人或文学家杜甫、岑参、李商隐、韩愈、刘禹锡、史学家李延寿、薛居正、军事家岳飞，等等。这些有着三四千年历史的遗迹和不同时期的历史名人，每一处遗迹都有无数个传奇，每一个历史名人都有无数个动人的故事，加上王朝的兴衰，可以让河南人一代一代地传说下去。这就形成了河南人浓郁的怀旧情结，这是一种赶不走、驱不散、说不清、道不明的情绪、心态。尤其是北宋灭亡之后，中原地区在中国历史舞台上的主角位置便让位于江南和北京，从此，河南人就成了失去精神支柱和家园的弃儿，只能沉浸于自己辉煌的历史中了。

胡朴安在写到河南人时曾记下了三件同时与南方人相比的事：

> 娼妓俗呼曰马班子，上等居于客栈，下等住于窑内。其上等品貌装饰，不过南方花烟间相俦，下等不言而喻。然嫖价非常之贵，况除唱之外，别无佳趣。可见北地胭脂，终不及南朝金粉耳。
>
> 演戏有三调：二簧、越调、梆子。俱系土音，听之无所区别。衣衫褴褛，面形菜色，诚南人所云“三只破箱子，十个叫化子”者也。而本地人叫好之声，连连为绝，莫明其好处何在也。
>
> 沿街乞丐，皆手执檀板，高唱梆调，挨户求乞所与。南方之哀的、强的、弄蛇的、善骗的种种行为，除哀的稍有，余竟鲜有耳。①

其所表达的意思，除了南北的差异外，更主要的是传达了这样一种观念：河南人连乞丐的水平也比南方人差，除了哀的，余皆不会。河南人的生存质量和生存之道也实在值得怀疑了，除了历史没有更多值得炫耀的。

如新乡，在较长的历史时期内，处于临近政权权力中心的辐射范围，所以时至今日，新乡人作为京畿之地的优越感很强。而伴随着南宋在杭州建立政权之后，中国的政治统治中心从北方转移到了南方。自此以后，政权中心不在南方就在北京，豫北地区的政治优势丧失。1949 年中华人民共和国成立初期，曾设立平原省，而其省会就是新乡。三年以后，该省被撤销建制。当盛景成为过去，优越感不得不伴随着历史渐渐尘封，转而孕育出了一种怀旧情怀。新乡市对于“平原”等字眼的保留便是明证。今

① 胡朴安：《中华全国风俗志》下编“河南”“洛阳风俗琐录”条，河北人民出版社 1986 年版，第 121 页。

天，新乡市还保留着平原省的旧迹，如新乡的主干道被称为平原路，还有《平原晚报》今天还在发行，平原新区、平原商城等，甚至诸如新乡市平原电力设备有限公司的名称，都是新乡人怀旧的证明。新乡的怀旧中，夹杂更多的是失望与遗憾。

因此，与河南人在一起，最好的办法就是与他们谈历史，而河南人最擅长的，也就是可以明晰地告诉你从前历史上王朝兴替盛衰。沉浸于历史之中的河南人保守着自己的传统价值观念，他们生儿育女，漠视外面世界的变化，至今仍是中国各省人口的老大。所以，河南男人的一个特点就是喜欢谈古，却不愿意论今。他们喜欢谈古，完全是因为河南有着辉煌的历史，喜欢谈洛阳和开封的古迹名胜，洛阳号称九朝古都，在洛阳城里转转，你会发现现代的东西不多，历朝历代的文物倒是转个身就能遇到。河南男人不喜欢论今，是因为那些光辉的历史过去以后，河南就没落了。中华人民共和国成立后，河南发展速度较慢，要面子的河南男人谈起来时，自然会有点底气不足。①

尽管现代河南人有点底气不足，但河南人的历史悠久，是汉民族的根之地却是永恒的。据考，百家姓中有 73 姓出自河南，中国的十大姓氏（李、王、张、刘、陈、杨、黄、赵、周、吴）和海外四大姓氏（陈、黄、林、郑），也都出自河南。有人记录了一个著名的段子：

> 在北京的一次聚会上，外地作家问河南作家：你们河南人和其他地方的人有什么不同？河南作家竟久久答不上话来。在一再追问下，河南作家乔典运开口了，他说话有一点结巴，但是并不妨碍他语出惊人。他说：一句话，河南人就是咱中国人的妈。人们轰一下子笑了。但马上静下来。在平静中默认了。有人接着问：那么爹在哪里？老乔说：爹在山西。②

二　朴实秉性

河南是农业大省，1994 年农业人口所占的比重是 84.51%，在全国除

---

① 参阅余守斌《中国人性格地图》，新世界出版社 2013 年版，第 40 页。

② 董维涛：《一方水土一方人——中国各地居住性格评点》，中国工人出版社 2003 年版，第 217—218 页。

台湾外的30个省市中，排在云南、贵州、西藏之后列第四位。[①] 长期的脸朝黄土背朝天的农业生产方式，一成不变地侍候那片既充满了自己的期待，也常常让自己失望的土地，不需要激情、不需要创造、不需要变化，只要有耐心和经验便可以过上温饱生活，这种生存方式必定会养成朴实无华的性格特征。河南人的朴实便来源于悠久的和无法回避的农业生产。"人情朴厚……习俗淳厚，喜勤尚质。重本而轻末"。[②]

河南人非常朴实，听天由命，靠天吃饭，有俗语"病靠命，房靠墙，地靠天"，表达的就是这种观念。因此，在小农经济的影响下，河南人越来越自我封闭，表现出守旧、墨守成规、知足常乐的特点；同时具有排他、排外、排异的价值取向。二律背反在河南人身上表达得极其鲜明：一方面是河南人由于朴实而非常易于治理，只要给他们一个温饱的生活，他们就守着家乡的土地、守着老婆孩子热炕头，安安静静地过自己的日子；另一方面则在迫不得已的情况下，出没绿林。历史上河南多豪强之徒，便是社会生活环境的重压造成的。河南人经受了太多的战争苦难，而这种苦难都是群体的，所以，当朴实无法作为自己生存的手段时，便为群体的豪强之气注入了动力。

拿三门峡的河南人来说，历史上，这里是陕州古城，老百姓的性格朴实仗义，路不拾遗，民风淳朴。逢年过节，还保留着远古文化遗留下来的节庆礼仪习俗。每年的正月十五最为热闹，各乡的社火队都要进城表演，踩高跷、划旱船、舞狮子、百佛点灯，无不体现农闲节庆时期人们张弛有度的生活节奏，一年的紧张、劳累、仇怨都在喜庆耍闹当中得到释放，所以，豫西人心里很单纯实在，人与人之间没有什么大的过节，更不做坑害他人的事情。农民也会将自家土特产品拿到集市上卖，买方不用担心出现缺斤少两或假冒伪劣现象。这里的人们不注重生活的奢华享受，一样过着知足常乐的生活，即使改革开放以后生活条件好了，他们依然保持着简朴的作风。老子住函谷关写下的《道德经》，三门峡人未必仔细钻研过，但是他们却深得"大道至简"的真传。

这种朴实秉性可以说是古代圣贤品德的渗透。春秋战国时期，商丘称作"宋国"。此时期的商丘便是大范围的，也是现在文化意义上的大商

① 《中国人口统计年鉴：1995》，中国统计出版社1995年版，第406页。

② 胡朴安：《中华全国风俗志》上编，河北人民出版社1986年版，第55页。

丘。老子的故乡周口鹿邑与商丘接壤，而老子曾长期隐居于古宋国，即今商丘，是道家学派创始人。孔子，祖籍今商丘夏邑，后定居于今山东曲阜，距离商丘 200 公里左右，是儒家学派的创始人。墨子、惠子、庄子都为商丘人。中华民族的先哲们都曾长期居住于豫东（古宋国）这块古老的土地上，成就了后来中国文化的最博大精深的部分。作为圣贤集聚的宝地，老庄的思想对商丘影响深远。老子生于鹿邑，庄子生于商丘梁园区，二人在地域范围上同属于豫东，是同一文化圈，而且二人都曾长期居住于商丘，因此二人的思想深深地影响着商丘文化和商丘人的性格。庄子思想中的“天人合一”和“清静无为”，对商丘影响的最好体现便是在宋代。在宋王朝商丘被称为“应天府”。“应天”的称呼来自宋太祖的尊号“应天广运仁圣文武至德皇帝”。到明代时，商丘一直延续该名称。应天，乃顺天道而为之之意，这种思想体现在商丘古城的建设上，古城的建设是依照“天圆地方”的古老思想而建造。世世代代生活在商丘这块古老的土地上，自然孕育了商丘人的性格，顺天意、顺民道。此外，百家优秀的传统文化在商丘成长、渗透，孕育了朴实善良的商丘人。同时，开阔的平原，养育了中原人博大开阔的胸怀，加上商丘在全国重要的交通枢纽地位，四通八达的便利交通，使这里能够接触天南海北客商，各种文化在这里能够交融，各地的文化在这里大都能找到缩影，这里的包容性、接纳性最强。这些因素也造就了商丘人豁达、容忍、热情、好客的性格特点。

朴实的河南人非常重乡土之情，他们耐得住寂寞，且乐在其中，能生活在自己的乡土上，觉得无比亲切。河南人这种乡土情怀，体现了他们团结的宗亲力量。正因为这样，多数的家庭都会在成长为一个大宗族后，上一辈一声令下，子侄辈的小伙子们就卖力地干。在河南流传着这样几句话，从中就能看出河南人对家乡的依恋：“家家守村业，白头不出门”“生者不远别，嫁娶先近郊”“父母在，不远游”“好出门不如歹在家”，这就是河南人恋家的真实写照。[①]

朴实的河南人很看重情义二字，不敢说他们学到了孟子舍生取义、大义凛然的修为，但是在大是大非面前，河南人绝不退缩。他们喜欢和意气相投的人交朋友，朋友有难，绝对不会坐视不管。他们也很注重亲情，对于父母，会尽儿女应尽的孝道，对于兄弟姊妹，也会相互扶持帮衬。

---

① 参阅余守斌《中国人性格地图》，新世界出版社 2013 年版，第 39 页。

朴实的河南人的爱情婚姻，男人不会花言巧语、甜言蜜语，不太懂讨女人欢心，但是一旦结婚会对另一半忠心耿耿，但表面有时还是会装作一幅大男人的模样，实际上，他们每个月都会把工资乖乖上交到老婆手里。河南女子也有一股“谁说女子不如男”的豪气，一旦看上眼的男人，她们不管亲朋好友怎么看，会义无反顾地和有情人在一起。结了婚的河南女子更懂得享受生活的真谛，在她们的脸上写满了自信和美丽。

在这种氛围下，河南男人的特点就是简单质朴，不拘泥于小节，说话干净利索。他们不讲究吃穿，不管有没有钱，都是简朴的装束。如“中华民国”第一任大总统袁世凯就是河南人，他的不拘小节是人所共知的，吃饭的时候不讲究，弄得衣服上都是。河南男人去饭店里吃饭，也很少铺张浪费，就算没有菜，吃着包子也能喝酒。在河南朋友家吃饭，主人让您吃，您就开始吃，千万不要跟他们客套，因为河南人实在，你吃得多、吃得好，他们才高兴，否则会觉得自己招待不周。他们有句老语：“河南老乡，吃馍喝汤。”就是在描述这种待客方式。他们待客用的是大海碗，像个小锅一样，三斤面条也装得下。从河南老深的碗就能看出，河南男人多实在。①

因此，河南人的朴实是一种集自然、社会等渊源于一身的非常特殊的族群性格，“既没有北方人粗犷的野性，也缺少南方人浪漫的灵气”，他们是“悠悠然不慌不忙，稳健，老成持重，心眼多，有分寸，近情近理，不偏不倚，不露头角而具有最大适应性的潜力”的一个族群。②

三　知足常乐

河南人朴实、听天由命，因此，河南人就知足常乐。这是农耕经济的典型表现。面对数千年农耕生产方式，面对黄河不时地怒吼发威，庄稼在顷刻之间化为乌有，温饱立刻成为问题，河南人除了忍耐和接受事实之外，别无选择。这就养成了河南人知足常乐的性格。据对河南人的一项调查表明，当问到你最大的幸福是什么时，19.4% 的人选择了家庭和睦；19.4% 的人选择了有吃有穿；11.4% 的人选择了儿女双全；11.4% 的人选择了受人尊重；10.5% 的人选择了有理想配偶；选择事业成功、自由自

① 参阅余守斌《中国人性格地图》，新世界出版社 2013 年版，第 40 页。

② 和文军：《人文地理与中华伟人》，天津人民出版社 1997 年版，第 26 页。

在、帮助他人和为社会做贡献的人总共占27.8%。[①] 而前几项可以说是人生在世时最低层次的要求，说明河南人并没有过高的要求。事实上，所有的这些性格特征，都来自传统的河南社会。河南是一个宗法极严的社会，家庭和睦与稳定必然是最重要的；有吃有穿则源于农耕的艰难；儿女双全是对家庭稳定的一种外在的表达；受人尊重既是宗法的同时也是对有吃有穿的一种肯定，是家庭、财富和儿女双全等的综合表达；理想配偶是对以上所有义项的最好诠释。因此，河南是传统的，河南人是知足常乐的一个族群。所谓“其地负山面河，土旷民淳。男耕女织，村落连延，颇尚节俭之风，自得恬熙之乐”[②]，便是这种性格的真实写照。

地道的、土生土长的郑州人，具有一种与生俱来的不讲究的气质，他们常常以大大咧咧的形象与人共事，我行我素，不太在意别人怎么评价。他们性格直率，说话简朴，不善表达，在外地人看来甚至显得有点横冲直撞，但事实上，憨厚质朴就是他们说话的方式。这种性格确实有点让人容易产生误解，似乎显得冷漠生硬。但郑州人知道，他们其实是暖水壶装饺子——内热外凉，且有话不太好意思说出口。相声大师侯宝林先生很佩服郑州人的率直简洁利索：“谁？”“我。”“咋？”“尿。”如果真正理解了郑州人，就会觉得郑州人有点大智若愚的味道。

四　吃苦尚义

河南人能吃苦，是因为河南人长期以来一直从事农业生产劳动，这是一种需要付出体力和时间的劳作方式，没有持之以恒的精神，起早贪黑的勤劳，就什么也别想获得。长期的农业生产劳动，养成了河南人的特别能吃苦的性格特征。这种吃苦，表现在以下几个方面：一是能安于农业生产劳作的辛苦，勤勤恳恳地侍弄土地。至今河南是农业人口比例最高的几个省份之一，这也表明，这种劳作在河南人身上依然是最鲜明的特征；其次是不求华饰只求温饱。没有过高的人生企求；二是面对没完没了的天灾人祸，随时准备建起也随时能建起自己的新家园，表现出一往无前的精神。

能吃苦，事实上并非是河南人独有的性格特征，在土地上从事农耕劳作的任何族群，都具有这种性格特征，浙江人、江苏人、湖南人等都是，

① 倪健中：《人文中国》下册，中国社会出版社1996年版，第966页。

② 胡朴安：《中华全国风俗志》上编，河北人民出版社1986年版，第56页。

只是河南人所面对的历史上的天灾人祸，比任何地方的人都要多，也都要深重而已，所以，河南人特别能吃苦，如河南的孩子个个学习刻苦，河南学子在各地高校分布很多，而且学历高的河南学子也很多。河南人再穷也重读书，有一个故事：

> 有一天快要下雨的时候，小李在北京遇到一位乞丐，70 多岁了，一脸皱纹、一个破烂的搪瓷碗。小李觉得厌恶，抽身就跳到雨地里想走，当小李跳到老人身后的时候，听到他说话了："娃啊，你就是不给也别走哇，雨正下着哩。"小李一下子愣住了，老乡！小李回身拉过老人，拉他到一个酒店的大堂门口，小李和老人一起蹲在那里，小李给老人点了根烟。小李站在那里没动，想听听这奇怪的老人在说些什么。"我腰不好，我坐了啊。"老人抽着烟坐在地上，讲起了他的家事。他的孙子、孙女都考上了大学。"还是本科呢。"老人显得很骄傲，那神气绝不输于酒店霓虹灯的光芒。老人的两个儿子和儿媳都离家打工了，"见月往学校寄钱，我也出来了，能要几个是几个，不能当包袱。"老人讲得很高兴，没有丝毫的悲伤和凄凉。①

能吃苦的人讲义气。这里的义气既是侠义也是礼义，是河南人的人文特征在人生观上的集中表达。

地处中原的河南，有着靠近天子脚下得天独厚的优势，然而，当天下多事之秋，河南人也就首当其冲地遭受血与火的洗礼。这就在根本上养成了河南人的自卫本能和所谓的强悍气。河南人尚武，如著名的少林寺便在河南的嵩山，所谓"天下功夫出少林"，便是对少林寺武术发源地的概括。除少林拳，河南还有许多著名的武术拳种，如发源于温县陈家沟的陈氏太极拳，是内家拳的佼佼者，而内外皆修的形意拳，据说也源于河南。尚武的河南人，加上耿直朴实和具有良好的传统儒家文化的熏陶，自然而然便具有侠义之风，爱打抱不平，为朋友的事两肋插刀，常常是该出手时就出手。1997 年发生在郑州的张金柱驾车肇事案，肇事后不仅不停车还拖带被撞者，肇事者就是在当地出租车司机的拦截下被当场擒获的。

还有，吃苦尚义的河南人，在单位只要是该他们做的事绝不推脱，并

---

① 郭俊：《中国城市人性格地图》，万卷出版公司 2006 年版，第 191 页。

且会做得像模像样，对于报酬也不会斤斤计较。他们从小就被教育要成为“中用”的人，不论男女，做错事敢作敢当，干一件事，认准了别管好坏，只管埋头苦干。在家里，男人、女人都会勤俭持家。在外地人的眼里，河南人属于那种干得多、说得少的类型，他们很少会在领导面前表功抢功。遭遇困难挫折，他们大多会表现出无所谓的样子，委屈了就将苦水咽到肚里，脸上依然一副中庸的样子。

河南人尚义的另一个方面是知礼义。这是河南作为上千年中国政治文化中心的帝王之乡而耳濡目染的结果。其表现在：一是宗法发达；二是儒家的三纲五常、三从四德被民众所普遍认同；三是等级森严、长幼有序。这些礼义，除了对河南人的男人产生影响之外，对女性的影响尤其突出。有一个段子讲：如果在夏威夷海滩上，海风同时掀起了腿上的裙子和头顶上的草帽，这时日本女人做出的反映是赶紧用双手捂住裙子而不会去管草帽，美国女人会抓住草帽而不理会裙子，中国女人则一手抓住裙子一手抓住草帽。这事要摊到河南女人身上，她除了一手抓裙子一手抓草帽外，还会立即环顾四周是否有人在往她的腿上看。对此，有人说“河南人是中国传统礼教观念最重的一个群体，他们保守而注重实惠，尤其注重自己在家族或周围人群中的名声。儒家传统礼教……至今在许多河南人看来这仍是做人重要的准则之一”。①

从小处讲是这样，从大处讲是“忠臣不事二主”。明朝忠将史可法，被清军俘虏后，宁死不降，和他同朝为官的洪承畴，在松山之败后降清。后来黄石斋先生被清兵抓住关押起来。洪承畴前去看他，黄先生对他不理不睬。洪承畴出来后，黄先生拿起笔来迅速写下一副对联：“史笔流芳，虽未成名终可法；洪恩浩荡，不得报国反成仇。”这副对联暗嵌着史可法和洪承畴两人的名字，意在歌颂史可法的忠贞不贰，嘲讽洪承畴的变节。洪承畴虽然也为大清朝立下了汗马功劳，但乾隆修清史时却因他为叛明降清的人，所以将他列入《清史·贰臣传》。由此可见，谁都尊重从一而终的人，而看不起变节之人。史可法就是河南人，但河南像他这样铁骨铮铮的英雄还有很多，他们有的是对民族的热爱和绝对的忠诚。抗日战争时期，河南也涌现出吉鸿昌、杨靖宇等一批为国捐躯、舍生取义的忠烈

① 和文军：《人文地理与中华伟人》，天津人民出版社1997年版，第24—25页。

之士。[1]

五　我们光荣的名字：河南人

众所周知，河南人在外地名气不好。有这样一个小故事：一个河南男孩在一家网站聊天室里和一个年轻女孩聊了起来，本来聊得很好，接着女孩无意间问起了男孩是哪里人，男孩说是河南人，女孩立刻回了一句："防火防盗防河南，不和你聊了。"河南人到底招惹谁了？为什么其他省的人都对河南人有偏见？北京、上海、广州、深圳这些大城市的公司，招工的时候都不愿意雇用河南人，深圳甚至打出了这样的条幅：严厉打击河南籍犯罪团伙[2]。其实，这中间既包含着误解、偏见，也有河南人文化特性的问题。但有悠久历史的河南人是不会倒的！河南诗人王怀让的《我们光荣的名字：河南人》喊出了河南人的心声：

滔滔滚滚……
滔滔滚滚……
滔滔滚滚……
啊，黄河，我们亲爱的母亲，
我们是她的儿女，
我们的脉搏中，
跳动着她的涛音。
这就是我们遗传的基因：
坚毅、坚定、坚强、坚韧，
——啊，我们河南人！

巍巍峨峨……
巍巍峨峨……
巍巍峨峨……
啊，中岳，我们敬爱的父亲，
我们是他的儿女，

① 参阅余守斌《中国人性格地图》，新世界出版社2013年版，第38页。
② 同上书，第45页。

我们的身体里
生长着他的骨筋。
这就是我们的天然性格：
自强、自立、自豪、自信，
——啊，我们河南人！

我们的黄河，
是华夏文明的火盆——
燧人氏钻木取火，
就在我们的黄河之滨，
从此，世间便有了光明，
火，如同口令，
一代一代传递，
指引着时间向前挺进！
直到今天，
我们这群黑眼睛们，
还自豪地把自己叫作
火的传人……

我们的中岳，
是中华民族的树根，
轩辕帝驱车征战，
就在我们的中岳附近，
从此，中国便有了姓氏，
姓，如同大树，
一代一代繁衍，
生长出历史的青枝绿荫……

直到今天，
我们这群黄皮肤们，
仍骄傲地把自己称为
炎黄子孙……

……

啊，这就是我们
我们河南人——
如同黄河的纤夫，
埋着头，躬着腰身，
为今天拉纤，
我们实际、实在、实干、实心，
一步一滴热汗，
一滴热汗一簇鲜花芬芳！
啊，这就是我们，
我们河南人——
如同中岳的挑夫，
赤着膀，挑着重任，
为明天挑运，
我们奋发、奋斗、奋力、奋进，
一步一个脚印，
一个脚印一片前程似锦！

啊啊！这就是我们——
一群青春的黄河的后裔，
我们光荣的名字叫作：河南人！
既然我们是黄河的后裔，
我们就像黄河一样，
向着世界打开大门——
呼吸四面风雨，
吞八方烟云，
我们大步走向世界，
同时，也让世界
大步走向我们！

啊啊！这就是我们——
一代崭新的中岳的子孙，

我们骄傲的名字叫作：河南人！
既然我们是中岳的子孙，
我们就像中岳一样，
向着太阳敞开胸襟——
沐浴时代光辉，
身披世纪霞锦，
我们大步走向未来，
同时，也让未来
大步走向我们！

第二章　湖北人

“湖北人”被称为“九头鸟”，是汉族中一个地域性的族群。湖北省这个行政区划，是现代湖北人族群认同意识的地理基础。

第一节　湖北人的语言

历史上，湖北境内使用的语言是“楚语”，最早有资料记载可以追溯到春秋时期。湖北地处楚国核心区域，楚语和中原夏言之间的区别非常大。《左传·庄公二十八年》载：楚令尹子元伐郑，入郑都外郭后不得已“楚言而出”，楚言与夏言难以相通。孟子还发表过对楚语的评价：

> 曾子曰：“不可；江汉以濯之，秋阳以暴之，皜皜乎不可尚已。”今也南蛮鴂舌之人，非先王之道，子倍子之师而学之，亦异于曾子矣。吾闻出于幽谷迁于乔木者，未闻下乔木而入于幽谷者。[①]

汉末以后，人口的迁移也带来了语言的流动，北方方言与楚语发生融合，也影响了楚语的变化。即使如此，南朝时，南方方言与北方方言的差异也比较大，直到“永嘉之乱”后，楚语才逐渐被移民所使用的官话所取代。明清时期，江西移民大量迁入鄂东北地区，甚至可以占移民总数的88%[②]，他们带去了江淮官话以及赣语在鄂东南的盛行。

湖北境内使用三种方言：西南官话、江淮官话和赣语。西南官话分为四片，省境西南部属成渝片，北部属鄂北片，中部属武天片，南部属常鹤

① 《孟子·滕文公上》。

② 张国雄：《明清时期的两湖移民》，陕西人民教育出版社1995年版，第15页。

片。江淮官话主要分布在省境东北部，为黄孝片；赣语则分布在东南部，为大通片。①

西南官话以武汉话为代表。武汉历史悠久。自商周、春秋、战国以来，一直是重要城镇。元明两代，武汉成为长江中游的商业都会，明末清初，汉口与朱仙镇、景德镇、佛山镇同称天下“四大名镇”，成为“楚中第一繁盛”的城市。据《续辑汉阳县志》记载，至道光年间（1821—1850年），汉口的汉正街已是“华居陋室密如林，寸地相传值寸金”的繁华街区。“武汉”这一名称最早出自清道光二年（1822年），范锴所著《汉口丛谈》中“遂陷武汉等郡”一句，但当时这一名称实际上只指武昌、汉阳，汉口并不在内。汉口的独立地位是在光绪二十五年（1899年）才确立的，当时名为“夏口”。20世纪20年代国民政府将汉口市（辖汉阳县）与武昌合并，作为首都，并建立统一的武汉市政府，此时，武汉才取得了作为政区、市区的称谓。中华人民共和国成立后，政府将汉口、武昌、汉阳（县府所在地及邻近地区）合并为武汉市，武汉市人民政府设在汉口。至此，武汉三镇才名副其实地合三为一了。② 在这个过程中，武汉作为一个移民城市，九省通衢，南来北往的人很多，需要一个大家都能接受的口语作为交流的标准，就这样，以武昌官话为基础，再在汉口与各种语言“杂交”，武汉话就逐渐形成了。

武汉话漂在长江里、系在码头上，它在三镇贩夫走卒的肩膀上晃荡，随着武汉商业的兴旺而发扬光大。武汉话的发展有两个重要时期。一是清代康熙、雍正、乾隆三朝，汉口和北京、佛山、苏州四个地方成为全国四大物资集散地；二是近代以来，张之洞督鄂的十八年间，武汉成为全国最大的商业城市之一，商业的流通带来了文化的吐纳，南北文化在此融合，不仅锻造出心直口快、热情细腻的武汉人，也逐渐历练出一套极富个性的武汉话，演绎着属于自己的喜怒哀乐。1949年前，汉正街、花楼街一带是武汉人口最密集的地方，也是武汉话最正宗的地方。这两个地方南来北往的人最多，他们在这里求生计，当然要学说武汉话，同时他们也影响了武汉话的发展。汉正街和花楼街正是武汉最市井的地方，难怪武汉话少了几分咬文嚼字的绉绉之感，多了几分直率的铿锵烟火气。

---

① 张伟然：《湖北历史文化地理研究》，湖北教育出版社2000年版，第3页。

② 参阅赵葵欣《武汉方言语法研究》，武汉大学出版社2012年版，第1—2页。

武汉话是汉语北方方言的一个分支。现代武汉话属于北方方言的西南官话次方言区。武汉方言，是指以武汉市区汉口话为代表点的方言。因为汉口话有 20 个声母，包括零声母[①]，没有 n 和 l 声母的对立。中古泥、来母字读 n 声母。n 声母字只有开口、齐齿和撮口韵，没有合口韵。韵母有 52 个[②]，包括 15 个变韵，没有儿化韵。m 声母只拼开口、齐齿，不拼合口和撮口呼。f 声母只拼开口和合口，n 声母只拼开口、齐齿和撮口呼。单字调 4 个，阴平 55，阳平 213，上声 42，去声 35，另外还有轻声。阴平、阳平、上声、去声作后字不变调，阴平、上声、去声作为前字则变调。阳平作为前字，在阳平前面变成 13 调，在阴平、上声、去声、轻声前变 21 调。[③] 名词、动词的重叠式，后一个音节变轻声。[④] 在肯定与否定相叠的疑问句里，如果是关于事物的有无时，用“有不有”，如果是关于行为的话，用“了冒”，例如：你吃了冒？[⑤] 武汉话里，动词“要”的后面带“宾语 + 动词”的结构，表示某种动作和行为所联系的事物是大量的。

武汉话给人的第一感觉就是豪爽，小孩子有时说武汉话就会感到很成熟，大人说的话就觉得一种“江湖气”，女人说的话就有一点“喳人”(声音大，音调高)。因此武汉人爽快、讲话也直白，没有“艺术性”。武汉话的主要特点。

1. 没有卷舌音。和北方大量的卷舌音相比，武汉话语音中几乎找不到 zh、ch、sh、r 这些卷舌音，即便是武汉的近邻荆门等地区，卷舌音都相当厚重。没有卷舌音的结果使得语音过于裸露，少了一些修饰。

2. 武汉话语音中可以清楚分出五个声调，可是没有轻声。而是在三声调旁边加了一个调，比如“污、物、武、吴、误”这五个字的字音，武汉话区分得非常清楚，在北方话里，“物误”分不开。音阶多可以使得音色丰富，可是没有轻声调，又使得语音过硬。

3. 前鼻音和后鼻音分不清。武汉话里，“陈程”不分、“身生”不

---

① 朱建颂：《武汉方言研究》，武汉出版社 1992 年版，第 42 页。

② 朱建颂编纂：《武汉方言词典》，江苏教育出版社 1995 年版，第 4 页，认为韵母有 43 个，包括三个自成音节。

③ 朱建颂编纂：《武汉方言词典》，江苏教育出版社 1995 年版，第 5 页。

④ 朱建颂：《武汉方言研究》，武汉出版社 1992 年版，第 28 页。

⑤ 同上书，第 24 页。

分、“真争”不分。

对于武汉话的描述，网上有一个《有种语言叫武汉话》的帖子，形象而生动，其云：

> 在湖北武汉，有种饮食叫奇饭，有种掩饰叫冒得四，有种扫地工具叫条举，有种小吃叫乐干面，有种拼搏叫板沙，有种骂人叫个板马，有种恶心叫沃心，有种失败叫掉得大，有种厉害叫杂食，有种调情叫煤，有种放纵叫窝 sei，有种帅哥叫体面苕，有种夸奖叫四辣个四，有种佩服叫火姐①。

武汉话举例②：

（1）称谓常用语。

老特（=爸爸）
老俩（=妈妈）
拐子（=哥哥）
外外（=外甥）
舅辫子（=妻子的弟弟）
老亲爷（=岳父大人）
老亲娘（=岳母大人）
老几（=人，常与“个”连用，如“那个老几”，“有个老几”）
麻木（=人力三轮车）
扁担（=挑夫）

（2）生活常用语。

蛮扎实（=厉害）
苕吃哈胀（=猛吃很多东西）
条子（=身材）

---

① http：//blog. sina. com. cn/s/blog_ 6bfbe6110100w887. html.

② 赵东华主编：《武汉的性格》，中国经济出版社 2005 年版，第 321 页—323 页。

胯子（=腿，胯读3声）

灵醒（=整洁、好看，也有聪明之意）

称透（=整洁，好看之意，“称”读1声，“透”读3声）

打赤巴（赤裸上半身，多用于男性）

打挑瓜（全裸）

条举（扫帚）

浮子（毛巾\抹布等）

岔巴子：喜欢插嘴和多管闲事的人。

弯管子：武汉人讲得很不标准的普通话。或指普通话讲得不好的武汉人。

麻木：一天吃三餐饭喝四次酒的人，没有菜也要喝酒，但每次喝得不多。多是蹬人力三轮车的，且腰间别一个小酒瓶。

麻木的士：人力三轮车，常简称麻木。电麻木：电动三轮车。电驴子：助动车。

靠杯，靠杯酒：夏天晚上人们在路边小店喝酒，常吃臭干子、毛豆、红虾子，喝啤酒等。人们把这种小店也叫靠杯。也是挖地脑壳的一种。

地脑壳，挖地脑壳：摆地摊或摆地摊的人，撮虾子的人。

菜，一盘菜：很容易做的事或很被人看不起的人，不在话下。常说：你是我的菜；你是我的一盘菜。

鼻涕虫：不讲卫生的人，多指小孩或蛮缠人就说这人像个鼻涕虫。

斜货：麻将中的3筒，意即邪货，指说话有点流里流气的人。

撇胯子、撇脚、坏（huái）货：水平很差的人。

（3）聊天常用语。

么斯（什么）

冇得（=没有。准确地说，冇，音同“冒”。）

是说唦（=表示赞同）

要拉（=麻利）

铆起/铆倒（=一个劲儿地、努力地干某事）

喔涩（意思同上，“喔”读2声）

是/不是那个事（=是/不是那回事；像/不像样）

晕（=慢性子）

豆里（=里面）

第二节　湖北人的形成

在历史上创造了编钟的湖北人，从荆楚走向中国、走向世界，屹立于荆楚大地。在历史的沧桑中，昔日的荆楚土著，变成了今天的移民社会。学者的研究表明：有超过80%的家族是移民家族，相应的有90%以上的人口是历代移民的后裔。① 俗话说“天上九头鸟，地下湖北佬”。正是多元族群移民融合，形成湖北人的生动写照。

一　先秦至南北朝：湖北人形成的起步时期

湖北历史源远流长。夏商（前21世纪—前11世纪）以前，南方民族长期在这里劳动和生活。春秋时（前770—前476年），国土主要在今湖南、湖北地区的楚国，在南方诸国中最为强盛。战国时（前475—前221年），南方诸国统一于楚。前221年，统一的秦朝分天下为四十郡，湖北大部属南郡，西北、北、西南各一部分属汉中、南阳、长沙和黔中等郡。西汉划天下为十三部（州），湖北以汉水为界，西为南郡，东为江夏，均隶属于荆州。三国时，吴魏分治湖北，都称荆州。经两晋至南北朝，刘宋置荆州、郢州，又侨置雍州，萧齐继承了刘宋建制。梁以后建制紊乱，至隋统一，仍称荆州，一度称鄂州，故湖北简称鄂。

其实，夏商时期，湖北已进入华夏文化的范围。西周之时，湖北出现诸多小国。春秋战国，属楚国。秦代，湖北大部属南郡，西北、西南一部分属汉中、南阳、长沙、黔中和九江郡。

西汉时，湖北大部属荆州部，东汉沿置南郡、南阳郡、江夏郡以及汉中郡、庐江郡等。“岘首山南至宜城百余里……汉宣帝末其中有卿士刺史

① 张国雄搜集了湖北339个家族的档案，其中只有22族是世居于湖北的家族，其余都是唐代以后迁入的，移民家族占总数的93.5%。这个数字属随机抽样性质，有一定的代表性。参见张国雄《明清时期的两湖移民》，陕西人民教育出版社1995年版，第15、35页。

二千石数十家，朱轩骈辉，华盖连延，掩映于太山庙下，荆州刺史行部见之，钦叹其盛，敕号太山庙道为冠盖里”[①]。东汉永元十四年（102 年），官兵镇压巫山乡民起义，徙其徒于江夏。[②] 三国时期，置江夏郡、武昌郡、南郡等。三国时期，荆州尤其是长江以北的江汉地区一度是各方割据势力征战的主要战场之一，受战乱的影响，湖北土著汉族或死于战火或大量外迁，导致土著大量减少。东汉永和五年（140 年），位于江汉平原中部以西的南郡有 162570 户，位于该郡以东的江夏郡有 58434 户。但在战乱过后，并有部分移民迁入补充的情况下，到西晋太康初年（280—282 年），与东汉南郡范围略相当的西晋南郡、南平郡、襄阳郡、宜都郡、建平郡五郡人口合计仅有 106600 口；西晋江夏郡和武昌郡二郡合计也只有 38800 户，比东汉的江夏郡户口大约下降了 34%。[③] 所以三国期间，湖北土著汉人的流失和死亡是十分严重的。而这种情况在整个魏晋南北朝时期都在延续着。直到两晋，湖北大部分仍属荆州之江夏、襄阳、南郡等郡。东晋咸和年间，颍州汝南郡难民避难到湖北来，移民人数众多，规模大，原沙羡县改侨置汝南郡。[④] 南北朝时期，湖北主要属南朝。汉末至东晋，鄂北的襄阳成为中心，汉末刘表领荆州牧，移治襄阳，“以荆州八郡为全楚与中国抗衡”[⑤]。鄂东的夏口成为政治中心；南朝以后，荆、襄、鄂三个中心鼎足而立。[⑥]

湖北汉族土著大量减少的同时，来自中原的汉族移民却大量涌入湖北，加之出山的南方少数民族土著族群逐渐融入汉族之中，据葛剑雄的研究，在南北朝时的大移民中，移入湖北的路线有两条。

一条起点主要是洛阳和关中，分别由洛阳经南阳盆地，由关中越秦岭东南经南阳盆地，由关中越秦岭至汉中盆地顺汉水而下，最后都会聚于襄阳，然后再由汉水东南下。在今甘肃、陕西、山西和河南西部的秦、雍、梁、司、并流民大多走此线，南迁后往往定居于襄阳、江陵等汉水流域和

① 《太平寰宇记》卷一四五襄州引，（晋）盛弘之《荆州记》。

② 武昌县志编纂委员会：《武昌县志》，武汉大学出版社 1989 年版，第 79 页。

③ 据梁方仲《中国历代户口、田地、田赋统计》甲表 7、甲表 15；谭其骧主编《中国历史地图集》第二册、第三册，中国地图出版社 1982 年版。

④ 武昌县志编纂委员会：《武昌县志》，武汉大学出版社 1989 年版，第 79 页。

⑤ 《后汉书·刘表传》。

⑥ 张伟然：《湖北历史文化地理研究》，湖北教育出版社 2000 年版，第 261 页。

长江中游地区。也有一部分人从南阳盆地东南越过桐柏山、大别山的隘口进入江汉平原，称之为中线。

另一条从甘肃、陕西、宁夏、青海境内的凉、秦、雍流人，由穿越秦岭的栈道进入汉中盆地。继续南迁者循剑阁通道南下蜀地，部分利用嘉陵江水路，定居于沿线和成都平原。也有人在今甘肃南部沿白龙江而东南。在蜀地发生战乱时，部分流人又循长江东下，进入长江中下游，称之为西线[①]。

在大量移民进入湖北的态势下，使湖北汉族在魏晋南北朝时期发生了第一次较大的变化，非土著的汉族可能在全省汉族总人口中占了相当高的比例。永嘉丧乱，襄阳受到严重破坏，咸康八年（342 年）尚书殷融奏言："襄阳、石城，疆场之地，对接荒寇，诸荒残寄治郡县，民户寡少，可并之。"[②] 正如葛剑雄的研究认为，刘宋大明八年（464 年）移民及其后裔占迁入地人口的比例达到 1/6 以上。[③] 考虑到湖北省土著流失较大，本区移民及其后裔所占的比例应更高，说达到 1/4 也不为过。到这个时期结束时，随着少数民族土著族群与汉族的融合基本完成，湖北人与秦汉时期相比可以说已面目全非了。原来湖北的主导方言即古楚方言在江汉地区的全面退缩，有力注解了湖北人在这个时期所发生的巨变。

二　隋唐至元明清：湖北人形成的时期

进入隋唐之后，湖北人逐渐形成。

隋大业三年（607 年）湖北绝大部分属荆州。隋开皇九年（589 年）鄂州成为治所，"鄂"的简称即源于此。唐初，全国分为十道，后增至十五道。湖北西部为山南东道，东部为淮南道，东南部为江南西道，西南部为黔中道，有襄州、随州等十五州。唐代，襄阳的经济文化再次复苏，"宋玉、王逸、张悌、习凿齿之徒实生此土，故民尚文，其地近被二京之饶富，远通三川之游佚，北鱼（洪）南徐（鲲）之习不替，故其俗尚侈"[④]。五代十国时期，湖北境内的襄州等七州一直属于五代，黄、蕲、

① 葛剑雄主编：《中国移民史》第二卷，福建人民出版社 1997 年版，第 340 页。

② 《南齐书·州郡志》。

③ 葛剑雄主编：《中国移民史》第二卷，福建人民出版社 1997 年版，第 410 页。

④ 《舆地纪胜》卷八二襄刚府引《襄阳图志》。

鄂三州初属吴，后属南唐；黄、蕲二州复又归后周。江陵地区的南平国（924—963 年）建都江陵，据荆、归、峡三州；施州属蜀。宋代在湖北中部设荆湖北路（湖北之名始此），占湖北大部；北部设京西南路；东部约以长江为界，北部属淮南西路，有蕲、黄二州（辖县 5 个），南部属江西南路，为兴国军（辖县 3 个）；西部的施州属夔州路。

隋末唐初、唐“安史之乱”后到五代时期，以及宋金对峙、宋元战争和元末明初的战乱，湖北损失了大量的人口，不仅秦汉时期土著汉人的后裔难觅踪影，就是永嘉之乱后南迁汉人的后裔能逃脱数次劫难而幸存下来的也很少，“襄阳承唐乱，地荒民散”[①]。我们且再引几条史料，以见当时湖北土著稀少之一斑。《宋史·食货上二》载：淳熙三年（1176 年）臣僚言：“今湖北惟鼎澧（二州均在今湖南境）地接湖南，垦田稍多，自荆南（治今荆州市）、安（治今安陆市）、复（治今天门市）、岳（治今湖南岳阳市）、鄂（治今武汉市武昌）、汉（治今武汉市汉阳）、沔（不详），汗莱弥望，户口稀少，且皆江南狭乡百姓，扶老携幼，远来请佃。”与此同时，新的移民又不断涌入。

唐后期及五代之时，湖北荆襄的一隅之地则为南平国所割据。荆襄距关中和河南较近，黄河流域稍有风吹草动，便有北方人民向此迁移。因此，是北方移民涌入最早，人数较多的地区。唐天宝十四载（755 年）安史乱起，北方人民开始向荆襄地区移民。是年，鲁山（河南今县）人、进士元结召集乡邻 200 余户，奔往襄阳（今襄樊市襄阳）[②]。至德元载（756 年），唐将鲁炅在颍川（今河南许昌市）为叛军击败，携百姓数千人奔往南阳（今河南邓州市）[③]。次年，南阳失守，鲁炅复率余兵数千人奔往襄阳[④]。广德元年（763 年），因吐蕃占领长安，长安“衣冠皆南奔荆、襄，或逋栖山谷”[⑤]。故《旧唐书·地理志》载：“自至德后，中原多故，襄、邓百姓，两京衣冠，尽投江、湘，故荆南井邑，十倍其初。”“荆南井邑，十倍其初”。可见荆州继襄阳之后，成为北方移民新的集

---

① 《后山谈丛》卷三。

② （唐）颜真卿：《元君表墓志铭》，《全唐文》卷三四四，第 1545 页。原文将鲁山误为鲁县。另《唐国史补》卷上载“保全者千余家”。

③ 《资治通鉴》卷二一八，肃宗至德元载五月丁巳，第 6962 页。

④ 《资治通鉴》卷二一九，肃宗至德二载五月壬戌，第 7025 页。

⑤ 《新唐书·吐蕃传》。

中地。

又唐末，荆襄为唐军和农民军激烈作战的地区之一。乾符三年（876年）王仙芝进入荆襄。乾符五年（878 年），唐将曾元裕在黄梅大破王仙芝军，余众败散。[①] 乾符六年（879 年）十月，黄巢军自桂州（治今广西桂林市）沿湘江顺流而下，在荆门败于唐军，许多人成为俘虏。[②] 王仙芝和黄巢部进入荆襄时往往有数十万之众[③]，败后流散在荆襄的部众至少应有数万人，其中一部分可能定居在当地。

唐末中原大乱的程度超过安史乱后，因避难自发迁入荆襄的北方人民为数甚多，湖北荆襄是唐末北方移民最多的地区之一。朱氏原家长安万年县，乱起后看见"关中旧族多散荆、湖南"[④]，便是一例。江陵城在战乱之余，只有 17 家，在成汭的抚辑下，到天复三年（903 年）因流民迁入恢复到近万户。[⑤] 江陵府作为唐后期五代北方移民在荆襄地区的集聚中心，因此"江陵在唐世，号衣冠薮泽。人言琵琶多于饭甑，措大多于鲫鱼"[⑥]。关于唐后期江陵府的人口，因《元和郡县图志》脱漏，已无从得知。《资治通鉴》载乾符五年（878 年）王仙芝军队大掠江陵时，提到"江陵城下旧三十万户，至是死者十三四"[⑦]。"安史之乱"前的天宝十一载（752 年）全府有户 30192[⑧]，如以 86800 户为唐后期某一年代的户数，则人口增加了近两倍，即使扣除土著人口的自然增长数，移民人数大约是当地人口的一倍以上。[⑨]

毫无疑问，"安史之乱"后的历次战乱使湖北损失了大量的人口，而一俟战乱停息；江南狭乡百姓便迁入垦殖。他们与因战乱而南逃的中原移民一起，根本上改变了湖北省的居民面貌，使湖北变成了一个移民社会。

尽管明末清初的战乱也使湖北省损失了部分人口，随后又有部分人口

---

① 《资治通鉴》卷二五三，乾符五年二月，第 8199 页。

② 《新唐书·黄巢传》载："巢惧，度江东走，师促之，俘什八。"

③ 例如，王仙芝部陷江陵前，有众号三十万。见《资治通鉴》卷二五三，僖宗乾符五年二月下胡注，第 8200 页。

④ （宋）王珪：《华阳集》卷五五《朱氏墓志铭》。

⑤ 《资治通鉴》卷一五七，僖宗文德元年，第 8378 页；《新唐书·成汭传》。

⑥ （宋）孙光宪：《北梦琐言》逸文卷三，第 159 页。

⑦ 《资治通鉴》卷二五三，僖宗乾符五年正月，第 8195 页。

⑧ 《旧唐书·地理志》。

⑨ 葛剑雄主编：《中国移民史》第三卷，福建人民出版社 1997 年版，第 311—316 页。

迁入，但向湖北的移民高潮业已结束，湖北省人口的重建至迟在明代已经完成。

那么，现代的湖北人主要来源何方？在张国雄先生搜集的《移民档案》中，确知迁自两湖以外的家族有487族，其中308族迁入湖北。现表列这308族的原籍如下：[①]

湖北人来源数据一览　　单位：人

江西	安徽	江苏	浙江	四川	山东	河北	河南	内蒙古	陕西	山西	广东
254	19	7	2	1	8	2	3	1	3	7	1

资料来源：张国雄：《移民档案》，陕西人民教育出版社1995年版。

另外，福建的会馆也见于湖北，张国雄统计的49个州县镇的范围中，福建会馆有28个[②]，可见福建也有部分移民迁入湖北。由上表可见，现代湖北人主要来自江西、安徽、江苏等长江下游各省，部分来自中原的山东、陕西、山西、河南和河北，其他地区很少。其中江西占的比例最大，占全部外省移民家族总数的82.5%。

清初沿用明制，至康熙三年（1664年）湖广分治，大体以洞庭湖为界，南为湖南布政使司；北为湖北布政使司，定为湖北省，省会武昌。清康熙雍正年间，农民起义失败后在湖北境内流落。[③] 清乾隆三十七年（1772年），武汉三镇约20万人。汉阳县城乡和近郊的建中坊、东阳坊、西阳坊、崇信坊、凤栖乡为4.87万人，汉口镇（属汉阳县）的仁义、礼智两个巡检司的4坊和风栖、丰乐2里为9.94万人，武昌约7、8万人。嘉庆十九年（1814年），武汉三镇人口接近30万人。其中汉阳城区和近郊8.32万人，汉口镇（4坊）12.91万人，武昌城区约10万人。道光二十年（1840年）前，三镇大体有30万人。[④] 民国时期，湖北省区划变化不大，直至1949年中华人民共和国成立。综上所述，现代湖北人有90%以上的人口是自唐以来历代移民的后裔，而以江西籍为多。现代湖北人的这种居民构成格局在明代已基本形成，至清代完全定型。由于“湖北人”

① 张国雄：《明清时期的两湖移民》，陕西人民教育出版社1995年版，第63页。

② 同上书，第65页。

③ 武昌县志编纂委员会：《武昌县志》，武汉大学出版社1989年版，第79页。

④ 武汉地方志编纂委员会办公室：《武汉市志（1840—1985）》，武汉大学出版社1988年版。

名称与湖北单独建省密切相关，因此我们可以把“湖北人”这个地域性族群的正式形成定在清初。

第三节　湖北人的人文特征

位于“九省通衢”中国中部的湖北，是一个“五方杂寓”的移民社会，南昌人的小气、上海人的精明、湖南人的“抖狠”、四川人的仗义，在历史文化的长期互动中，整合出了湖北人直爽的人文性格。

一　九头鸟的符号

湖北人直爽的人文性格须从九头鸟的形象说起。

说到湖北人，不能不提那句几乎国人皆知的俗话：“天上九头鸟，地下湖北佬。”九头鸟似乎成了湖北人的图腾或符号。

九头鸟的出现与湖北人的先祖楚人有关。九头鸟最早源于楚地的九凤神鸟。《山海经》是记载九头鸟原型的最早传世文献，《山海经·大荒北经》说：“有神九首，人面鸟身，名曰九凤。”九凤，顾名思义，就是长着九个头的凤鸟，因而民间又称之为九头凤，它正是楚人崇拜的图腾。据传楚人的始祖祝融是凤的化身。《国语·郑语》等文献明确指出楚人的始祖是祝融，荆门包山二号楚墓出土竹简记录墓主人奉祀的祖先的名单上，祝融的位置也十分显赫。《白虎通·五行》说：“其神祝融……其精为鸟，离为鸾。”鸾为文彩斑斓之凤。

中国古代传说中将凤视为神鸟，是鸟中之王，是吉祥幸福的象征，传说古代帝王少昊、周成王即位时，都曾有凤凰飞来庆贺。典籍中的凤大多生于南方。《楚辞·抽思》就说：“有鸟自南兮，来集汉北”，明确指出了凤与汉水的关系。而当时汉水一带恰好是古代楚国。屈原在《离骚》中写到神游天国部分时，第一句就是：“吾令凤鸟飞腾兮，继之以日夜；飘风屯其相离兮，帅云霓而来御。”先秦时期，以凤喻人的也唯有楚人，如《论语·微子》中，楚狂人接舆就对孔子作歌云：“凤兮凤兮！何德之衰？往者不可谏，来者犹可追。已而，已而！今之从政者殆尔！”《史记·滑稽列传》记载楚庄王曾把自己比作一只“三年不飞，飞将冲天；三年不鸣，鸣将惊人”的神鸟——凤。20 世纪 70 年代以后，在湖北等地出土的大量楚文物中，楚国艺术的中心母题就是凤鸟。在楚人看来，凤是至真、至善、至美的化身。故而楚人尊凤，是图腾崇拜的表达。图腾崇拜和祖先崇拜都以亲缘关系为基础，相互联结，相互贯通，乃至图腾成为祖先的化身。因此，正如楚文化专家张正明先生所说："楚人尊崇凤，就是尊崇自己的祖先；楚人钟爱凤，也就是钟爱自己的这个民族。"①

楚人崇凤也得到考古资料的充分证明。20世纪60年代以来在湖北、湖南等故楚地发现的木雕虎座凤架鼓和大量漆木器、丝织刺绣品上的凤的雕像或图像，虽有形形色色的体形和姿态，但都显得雍容华贵，伟岸英武。尤其值得注意的是，在湖南长沙子弹库楚墓出土帛书上，画有十二神怪图，其中有一种神怪长有一大二小三个头，双肩也分别长有三个酷似头的圆状物，这或许是迄今所见最早的九头凤形象。

但是，自然界的鸟类只有一个头，楚人为何要给凤"装"上九个头并称之为"九凤"呢？这是因为古人对"九"这个数字有一种特殊的神秘感。如天高曰九重，地深曰九泉，疆域广曰九域，数量大曰九钧，时间长曰九天九夜，危险大曰九死一生……而楚人对"九"的神秘感更是有过之而无不及，如屈原的名篇有《九歌》《九颂》《九章》，他的弟子宋玉的佳构则取名《九辨》。《楚辞》中"九"字出现的频率之高令人叹为观止，如九天、九畹、九州、九疑、九坑、九河、九重、九子、九则、九首、九衢、九合、九折、九年、九逝、九吴、九千、九侯等，不胜枚举。正因为楚人既崇九又崇凤，所以要把凤"装"上九个头，美其名曰"九凤"，作为其图腾的象征和祖先的化身。

《山海经》中的九凤，无疑是九头神鸟。然而，自秦汉以降，九头凤却从中国文献上神秘地消失了，取而代之的冠以不同名称的九头鸟。从汉末至唐宋，古文献中的"九头鸟"有着各种各样的称呼，如《孔子集语·博物》称之为"鬼鸟"、《韩诗外传》称之为"奇鸧"、《玄中记》和《天中记》称之为"姑获鸟"、《三国典略》称之为"九头鸟"。之所以会出现这么多不同名称，可能是九头鸟形象从楚地传开后，各个地区对它的不同称呼，这也是文化多样性的折射。②

以凤到鸟，楚人的圣鸟蜕变成了世俗的九头鸟。这个蜕变虽然仍然带

① 张正明：《楚史》，湖北教育出版社1991年版。

② 以上参阅刘玉堂《九头鸟的来龙去脉及其与湖北人的瓜葛》，《今日中国论坛》2009年第2—3期。

有神秘性，但它在明代以后进入民俗生活后，才与湖北人联系了起来，一是与明代湖北人张居正为相有关。这里又有两种说法，其一是说张居正为相时，大权在握，整顿吏治，声誉日增。他患病时，各地官绅纷纷为之建醮，极为铺张，事为九大御史前后参奏，而张之地位并未动摇，九大御史反被张居正一一整肃，因此当日民间便生出“天上九头鸟，地下湖北佬”之谣，以为九头鸟再厉害，也敌不过一个湖北佬。在这个说法里九头鸟乃指九御史，并非湖北人。其二是说张居正在整顿朝政时，保荐了九位御史，这九人都是他的湖北老乡，对贪官污吏严厉制裁，革新政风大有成效，那些受到整顿的贪官污吏，心怀不满，因而咒骂“天上九头鸟，地下湖北佬”。由此可以看出，这九头鸟的谣传，原是当日政敌散布出来以攻击张居正的。但它并没有明确而稳定的含义，有时用以象征湖北人的丰富智慧和对邪恶强暴势力的强有力抗争，有时则用以嘲讽在人际交往中的狡诈。

另一说是这句俗语出于清初满人对湖北人的诅恨。据有关史料记载，鄂之圻黄地区，曾据山岩拼死抗清。大局既定后，那些难忘故国的遗民，又拒绝同清廷合作，如有受清廷笼络所利用的，众所共弃；乃使满人为官湖北者，莫不恼恨交加。在无可奈何之下，因荆楚向有九头鸟传说，于是编造了这句谚语。后来武昌辛亥首义的成功，再次证实了这句谚语的活力。因而在台湾出版的《湖北文献》上刊出的诗作，高唱：“武昌一夕鸟飞鸣，满族政权难自保，九头徽号称鄂鸟，鄂人听了不烦恼。”①

九头鸟的这个由来及蜕变，沉淀成了湖北人人文性格的底色：直爽。因为无论是神圣的九头凤，还是世俗的九头鸟，对神界、对俗世都没什么使自己感到害怕。

二　码头文化的张扬

长江从三峡进入湖北后，从宜昌开始到黄梅，蜿蜒横穿过湖北，沿岸建立了许许多多的码头，形成了具有江湖气息的码头文化，其中尤以武汉的码头文化为代表。

武汉码头文化源远流长。有人将其分为内河经济时代、大江经济时

① 以上参阅《九头鸟的故事》（http：//new.060s.com/article/2011/01/30/236655.htm）。

代、海洋经济时代。[1] 王玉德的《武汉码头文化的历史源流与发展演变》论述得特别清晰，他认为码头是武汉的一个起始点，一个关键的链接点。武汉的码头文化演进，大致可以从三个时期进行分析，其一是汉水改道之前以长江为主的码头，其二是汉水把武汉分成三镇之后形成的码头，其三是西方文化传入武汉之后形成的码头。他将武汉码头文化分为三个时期：

1. 长江码头时期（明成化年以前）

长江从宜昌破峡而出，九曲肠回，来到江夏地面，只见有龟蛇夹江相迎，且有白沙州、天兴州以缓水势，可供西来东去的船舶歇息。久而久之，形成了江上码头。

长江在武汉一带的最早码头，可以上推到黄陂盘龙城。那时江水浩渺，无遮无挡，从鄂东运到中原的铜矿，经盘龙城转运，盘龙城实际上就是一个中转码头。

公元前9世纪，楚熊渠封中子红为鄂王，武昌属其封地，公元前538年，楚国“以繁阳之师会于夏内。”

春秋战国时期，楚人往来于吴越，必经武昌。在鄂东发现了鄂君启节，表明商人在江上是很活跃的。

汉代，蔡邕写过《汉津赋》，描述了武汉一带的码头与商业。他描述夏口“南援三州，北集京都，上控陇坂，下接江湖，导财通货，贸迁有无。”

三国时，东吴孙权于223年在江夏山即今蛇山，依山傍水建夏城。这是历史上第一次在武汉城区筑城。吴国水军在武汉一带训练，军事后勤物资都在武昌分发。武昌有南浦，是过往船只的避风港。武汉是长江中下游的重要码头。吴国有许多人认为武昌是个交通要地，但地理条件不宜于建都，主要是江水直淌，无回环。据《三国志·陆凯传》记载，孙皓迁都武昌，陆凯极力反对，上疏说：“武昌土地，实危险而脊确，非王都安国养民之处，船泊则沈漂，陵居则峻危，且童谣言：‘宁饮建业水，不食武昌鱼；宁还建业死，不止武昌居。’”

南北朝时，江北的汉阳有却月城，江南的武昌有黄鹄山城，都是

---

① 《武汉的码头文化讲解》（http://wenku.baidu.com/view/b05cd0c06137ee06eff9185c.html）。

码头所在。

隋朝时以武昌为江夏县，改江津县为汉阳县。汉阳之名，一直用到现在。

唐初，把江夏郡改为鄂州，把汉阳并入鄂州，这意味着武汉一带成了一个行政区。李白有诗云："万舸此中来，来帆过扬州。"唐代诗人鱼玄机在《江行》中说："大江横抱武昌斜，鹦鹉洲前万户家。"这句诗说的似乎是鹦鹉洲在武昌。唐代时，汉阳很热闹，罗隐有《忆夏口》诗云："汉阳渡口兰为舟，汉阳城下多酒楼。"①

唐宋时，长江两岸船来船往，南北的文化在此频繁交流，许多诗人登上黄鹤楼，写诗作赋。史书记载"贾船客舫，不可胜计，衔尾不绝者数里"。南宋时，武昌有南市，南市在城外，沿江数万家。武汉一带已是全国性的水陆交通中心。武昌解放路的历史可追溯到宋代，它是在蛇山与长江之间形成的一条街，宋代祝穆的《方舆纪胜》、陆游的《入蜀记》对这条街有描述。

明代，朝廷在武汉设立税课、巡检司。朝廷派官员征收税款。

清人顾祖禹在《读史方舆纪要》说："扼束江汉，襟带吴楚，自东晋之后，谈形势者，未尝不以武昌、夏口为要会。"又说："自昔南北相争，沿江上下所在比连，不特楚地之襟要，亦为吴会之上游也。"又说："荆楚之有汉，犹江左之有淮，唇齿之势也，汉亡江亦未可保也，国于东南者，保江淮不可不知保汉，以东南而向中原者，用江淮不可不知用汉，地势得也。"《读史方舆纪要》说天下东南的重心在武昌。

2. 汉江码头时期（明成化年以后）

明代中期以前，汉水从秦岭发源，从陕西的汉中，历经襄樊、汉川等地，流到武汉一带进入长江。汉水流到低洼的江汉平原时，与众云梦泽中的湖泊与小河汉汇聚，沿河发展出一些小城镇。但是，汉水在武汉一带没有一个主河道，没有造就一个有影响的码头。不过，商业与物流的贯穿力是存在的。《汉书·地理志》记载的"沙羡"，有可能是武汉地区最早的城邑名称。唐代，黄陂武湖一带曾是汉刘表部将黄祖练兵之所。

① 民国《夏口县志》。

从明代成化年间，汉水径直由龟山以北入江，改变了过去散漫入江的状况。从此，汉阳一分为二，汉口低洼之地从汉阳分开。不过，沿着汉水边渐渐有人筑圩居住，形成一条临水的街道。于是，陕西的、鄂西北的货物沿着汉水而下，到达今汉口的码头等待集散。久而久之，汉水边形成了许多码头，沿着码头形成了汉正街与花楼街。这是以木船人力为主的内陆货物转运时期。同时，长江上的码头也分外繁忙，与汉江上的码头共同构筑了武汉三镇的繁荣。“硚口”，因筑土堤修石硚而得名的。

汉口的码头，有不少故事。由于汉水是重要的通道，从汉水中游过的人都要经过汉口。传闻明代正德年间，嘉庆皇帝进京登基，驾临汉口，于是硚口有了集稼嘴（接驾嘴）、魏家巷（卫驾巷）、宋家墩（送驾墩）这样的地名。这些传闻有多大真实性，我们姑且不必计较，就当作口头文化遗产罢。明武宗正德元年（1506年），确定汉口为漕粮交兑口岸。后来，淮北一带的物资也以汉口为转运港口。原来在江边的汉阳刘家隔码头，还有长江中间的鹦鹉洲码头渐渐衰落。

清代，汉口与朱仙镇、景德镇、佛山镇合称天下四大名镇。汉口有“户口二十余万，五方杂处，百艺俱全”。康熙年间，刘献庭在《广阳杂记》说：“汉口不特为楚省咽喉，而云贵四川湖南广西陕西河南江西之货，皆于此转输，虽欲不雄于天下，而不可得也。天下有四聚，北则京师，南则佛山，东则苏州，西则汉口。然东海之滨，苏州而外，更有芜湖、扬州、江宁、杭州以分其势，西则唯汉口耳。”可见，汉口在“四聚”中具有特殊地位。

清人叶调元在《汉口竹枝词·自序》认为汉口是个物流的码头城市，他说：“汉口东带大江，南襟汉水，面临两郡（汉阳郡、江夏郡），旁达五省，商贾麇至，百货山积，贸易之巨区也。夫逐末者多，则泉刀易聚；逸获者众，则风俗易隤。富家大贾，拥巨资，享厚利，不知黜浮崇俭为天地惜物力，为地方端好尚，为子孙计久远；骄淫矜夸，惟日不足。中户平民，耳濡目染，始而羡慕，既而则效，以质朴为鄙陋，以奢侈为华美，习与性成，积重难返。”

3. 长江与汉江的码头共同繁荣时期（有租界之后）

鸦片战争后，1861年，汉口被迫开埠，沿江出现了英、法、俄、德、日等国租界，轮船载客载货来往于长江之上。这是以汽轮机作为动力的时期，货物运输更加便捷，并走向海洋。近人陈夔龙（1855—1948 年）在《梦蕉亭杂记》卷二说："武汉居天下上游，夏口北倚双江，又为武汉屏蔽。龟蛇二山，遥遥对峙，岷江东下，汉水西来，均以此为枢纽。地势成三角形，屹为中流鼎峙。余服官鄂渚，适英美水师提督乘兵舰来谒，谓游行几遍地球，水陆形势之佳，未有如此地者，推为环球第一。不仅属中国奥区，窃兴观止之叹。"

（1）长江码头

1858 年中英《天津条约》，规定汉口为通商口岸，1861 年 3 月，英国人来汉查看地势，筹备租界与码头事宜。外国人是从水路进入武汉的，所以沿江划分地盘。英租界从江汉路到合作路。俄租界从合作路到车站路。法租界从车站路到一元路。德租界从一元路到六合路。日租界从六合路到三元里。租界有栏栅、巡捕房、领事馆，驻军，停船，发行钞票，开设教堂、赌场，有一套特别的行政管理，俨然是国中之国，中国国已不国，中国人在租界如同外域。

其后，先后来汉设领事馆或代理领事馆的国家有英国、法国、俄国、美国、德国、日本、意大利、比利时、墨西哥、挪威、荷兰、刚果、秘鲁、瑞典、丹麦、葡萄牙、芬兰、西班牙、奥地利、菲律宾、印度、巴西 22 个国家。

1863 年美国旗昌轮船公司的"惊异号"进入汉口港，开辟沪汉航线。1865 年，沙皇俄国资本家在汉口开设顺丰砖茶厂，在江边修建了顺丰砖茶厂码头，这是武汉第一个洋码头。此后，英、法、德、日等国的轮船公司也以汉口为中心，开辟长江航线，经营轮运。1875 年招商局在汉口设立轮船公司，则标志着民族轮船运输业在汉口的立足。以轮运为主导的水路航路的开辟，使长江航道变成黄金水道。1905 年，日本大阪商船会社又开辟了汉口至神户、大阪的直达航线，使汉口港成为国际港。至清末，由汉口驶向国外的轮船，已可直达德国的汉堡、不来梅，荷兰的鹿特丹，埃及的塞得港，法国的马赛，比利时的安特卫普，意大利的热诺瓦等。1908 年，有九个外轮公司在汉口从事航运，如美国的旗昌轮船公司、英国的怡和轮船公司、太古轮船公司、日本的邮传株式会社、大阪商船会社。

沿着长江，汉口沿江修建了许多码头，从集家嘴到一元路，下到谌家矶，形成了一个码头带，有的码头是客运码头，如奥汉码头是过江到武昌的码头，往返于武昌与汉口之间。从重庆到上海的客轮，每天都有上十班停靠码头，武汉港是人们东来西去的主要口岸。从武汉到重庆，或到上海，坐船都得两天半的时间。时间虽长，但坐船别有情趣。在船上有餐厅，可以打扑克，还可以悠闲欣赏沿江的风光。武昌的鲇鱼套、文昌门、汉阳门、中和门都有码头。滨江的大道有许多仓库，库房高大。有些工厂与仓库连接在一起，如和记蛋厂。

（2）汉水码头

1899 年，置夏口厅，治今汉口，始有三镇之别。

汉水边的主要码头有舵落口、罗家墩、硚口、杨家河、关圣庙、永宁巷、集家嘴。集家嘴码头有汉口到汉阳的客轮。与沿江码头不同的是，沿汉水的货运主要是从汉中、鄂西北、鄂北的建筑材料与农副产品，如木材、砂石、大米等。

由于汉阳有钢铁厂、兵工厂、棉纺织厂，所以，汉阳也有码头。如龟山脚下有砂石码头，形成露天大货场。在月湖与汉水之间的码头，主要转运汉阳钢厂的物资。

在汉水入江处，水的冲刷力量最大，形成一种煞气。于是，硚口的市民在集家嘴一带修筑了龙王庙，从心理上满足镇水的愿望。

硚口临水形成的汉正街起初都是一些破房子，正如《汉口竹枝词》所记载的那样“石填街道土填坡，八码头临一带河，瓦屋竹楼千万户，本乡人少异乡多”。

硚口的汉水码头一直有打码头的现象。外地来的人，谁先抢占了一块地方，谁就是“地头蛇”。沿汉水的 30 多个码头分别有宝庆帮、汉宁帮、徽州帮、荆州帮、黄州帮、成宁帮。公馆、会所、黑社会共同维持着码头各种势力的平衡。①

当年毛泽东在武昌农讲所工作过，曾写有一首词《菩萨蛮·黄鹤楼》，非常形象地描述了武汉居东西南北之中的交通位置：“茫茫九派流中国”，指的是长江；“沉沉一线穿南北”，指的是从北京到广东的铁路。可见武汉地理位置的得天独厚，不仅武汉三镇之间船舶交通依靠码头，来自四面八方的船舶运输更加需要码头。以前的船舶都是木舟帆船，经不起

① 王玉德：《武汉码头文化的历史源流与发展演变》，《世纪行》2011 年第 5 期。

长江的大风大浪，所以多在汉水小河活动，即现在的江汉区、硚口区沿河一带。全国有名的汉正街，就是因为紧靠这段码头而发展演变形成的，成为本帮码头文化的历史见证。由于汉江流域上游的许多农副产品都依靠船运来到这里，汉水与长江交汇之处成了最为繁忙拥挤的码头所在，近有本地嘉鱼、天门、沔阳的农夫渔民，远至湖南洞庭湖放簰人，以及来自长江流域的四川、江西、江浙等各地商人。因此，争占拼抢码头的现象经常发生，并且难免为此大打出手。交汇于江汉、硚口两区之处的宝庆码头就是由湖南宝庆帮打下来的码头。中华人民共和国成立初期，汉口集家嘴对面的汉阳南岸嘴沿河岸都是湖南吊脚楼式的木板房，一半搭建在岸边，另一半从河边撑起。[①] 经过这样一个历史发展过程，武汉成为一个典型的码头城市。

清代，三镇的主要行业为食盐、大米、竹木、纺织品、币材、典当等。三镇有最大的米市，“湖广熟，天下足”。以此为依托的汉口自然成为全国著名的商品粮基地。两湖、四川各地的粮食经过各个层次的收购、汇集，先运到汉口，然后再由江浙、江西、广东等地商人将米粮运销各地。三镇是淮盐运到内地销售的最大口岸。淮盐溯长江而上，浩浩荡荡，运到汉口，再由汉口销到湖南、湖北等地，汉口年分销淮盐占其总产量的一半左右，因此，被称为“销盐第一口岸”。汉口“盐务一事，已足甲天下”。三镇依赖其水运优势，及周边丰富的竹木资源，成为最大的木材交易市场，其中最有名气的是白沙洲、鹦鹉洲的木材交易市场。此外，鄂南的茶叶，外地的瓷器、海味、药材、京广杂货都大批行销汉口，中转贸易一片繁忙。而与之配套的早期金融业、钱庄、典当行，也十分兴盛。汉口有晋商、徽商、宁波商、广东商，均有会馆，还有茶楼、酒楼、剧院、典当、赌馆、妓院。1898 年，汉口始设商务总局。至今，汉口仍旧是全国闻名的商业城市，汉正街被称为“天下第一街”。

特别是张之洞主政之时，在湖北发展物流，设立商务局，推行劝导、奖励商业的政策。武汉由内贸型的商业重镇一跃而为国内屈指可数的国际贸易商埠。汉口的直接对外贸易，到 1903 年已突破 1200 万两，1905 年更突破 3500 万两；汉口的间接对外贸易亦然，张之洞督鄂前，间接贸易进出口最高数字是 1880 年的 4200 万余两，到 1899 年达到 6700 余万两，

---

① 董宏猷：《武汉的码头文化》，《图书情报论坛》2007 年第 1 期。

1904 年突破 1 亿两大关。无论是直接贸易还是间接贸易，都有数倍增长。以致有人声称：“汉口商务在光绪三十一二年间，其茂盛较之京沪犹驾而上之”。在张之洞的督办下，1906 年，汉口至北京正阳门全长 1200 余公里的芦汉铁路通车，并改称京汉铁路，这是纵贯中国南北的第一条铁路。汉口有江岸车站、大智门车站、循礼门车站、玉带门车站。京汉铁路的贯通，不但使武汉的货物流通更加畅快，而且使武汉的地位更加凸显。1936 年，粤汉铁路通车，在徐家棚、鲇鱼套有车站，标志着武汉成为贯穿中国南北的中枢点。①

总之，武汉的码头文化是随着码头的发展而逐渐蔚为大观。对此，出生南京，长在武汉的作家方方也评论说：

> 武汉的发展是从水路开始的，所以武汉文化有着浓厚的码头气息。武汉的市民气也带着强烈的码头味道，这就在有些行侠仗义的同时也有些痞气、有些油滑、有些狡黠。
>
> 武汉的本土文化实际上是码头文化和小商品文化结合的产物，带有浓重的江湖气。②

正是这种“带有浓重的江湖气”的码头文化，造就了武汉人的直爽性格。在武汉生活过的学者易中天也认为“武汉人最大的优点是直爽”③。他曾对武汉人的直爽作过生动的评述：

> 武汉人肚子里没那么多“弯弯绕”，最痛恨“阴倒搞”，他们看重朋友之间的友谊，喜欢交“梗朋友”。易中天说，这让武汉人把艰难的人生，变成了“铆起唱”的生命劲歌。④

他还进一步举例说：

---

① 王玉德：《武汉码头文化的历史源流与发展演变》，《世纪行》2011 年第 5 期。

② 周洁、陈道林：《行云流水的武汉——与著名作家方方的对话》（http：//www.haozuojia.com/wzzx/zjdt/250992.shtml）。

③ 《易中天评武汉人》（http：//blog.renren.com/share/233615502/1166960930）。

④ 《易中天解读武汉人：多元文化孕育“大气”武汉人》，《楚天都市报》2007 年 1 月 7 日。

武汉人痛恨“阴倒搞”，所以他们有什么不同意见，也要痛痛快快地当面说出来，包括说你“瞎款”。这好像有点奇怪。武汉人不是挺讲究“就不就味”的怎么能这样不给人面子，也许武汉人并不认为这是“不就味”吧！至少，我在武汉生活多年，还没见过因说“瞎款”而翻脸的。相反，如果一个武汉人会当面说你“瞎款”，则多半是把你当作了自己人。因为这说明他和你之间没有芥蒂，没有隔阂，可以随便说话，包括说你“瞎款”。

武汉人心眼不多，至少不像上海人那样精于算计，事事精明，或像福州人那样深于城府，处处周到。他们甚至常常会做蠢事，而且不讲道理。比方说，你到武汉的商店去买东西，问价的时候，如果碰巧那售货员心里不太痛快，便会白眼一翻：“你自己不晓得看!”这是一种很没有道理的回答，也是一种很不合算的回答。因为假设这件商品价值十元，回答“十块”，才说两个字；回答“你自己不晓得看”却是七个字。多说了五个字，还不落好。可武汉人不会去算这笔账。他们宁肯不落好，也要毫不掩饰地表现自己的不耐烦。

武汉人的处世哲学比较朴素，而且大体上基于一种“江湖之道”。武汉人的确是比较“江湖”的。他们远不是什么“最市民化”的一族。尽管武汉建市已经很久，武汉人也都多少有些市民气，但他们在骨子里却更向往江湖，无妨说是“身处闹市，心在江湖”，与北京人“身居帝都，心存田野”颇有些相似。这大约因为北京周边是田园，而武汉历来是水陆码头之故。

总之，武汉人是很可爱的。他们为人直爽，天性率真，极重友情。①

笔者从小在武汉长大，住在汉口鼎鼎有名的江汉路华中里，从小学读到大学毕业，近二十年一直生活在武汉的核心城区，与武汉码头文化有关的汉正街、花楼街、居巷、黄陂街、江汉关、沿江大道、循礼门、硚口等都是笔者熟悉的地方，在汉口与武昌、汉口与汉阳之间的往来，都是在长江和汉水之间穿梭，对武汉人直爽的人文性格有切身的体验，对易中天的评述深有同感。其实早在唐代，诗仙李白也独钟武汉，他在武汉游玩，与

---

① 《易中天评武汉人》（http：//blog. renren. com/share/233615502/1166960930）。

史郎中在黄鹤楼上饮酒，边饮酒边欣赏音乐，喝到了兴头上，李白诗兴大发，于是写下一首名叫做《与史郎中饮听黄鹤楼上吹笛》诗：

一为迁客去长沙，西望长安不见家。
黄鹤楼中吹玉笛，江城五月落梅花。

为武汉人留下了“江城”的佳名，于是武汉人又自号江城人。今天，我们以武汉人的直爽性格为样本，重新审视码头文化，它所承载的历史文化是那样的厚重、博大。它不仅只是一些船工号子、浣女小调、袍哥黑话、青楼调笑，更是人的集散与流通，物的集散与流通，信息的集散与流通，风俗的集散与流通的开放格局，所谓“来如行云，去如流水”，坐而能知天下事，一日看尽五洲花。于是，码头文化给予湖北人的，首先是开阔而不保守的眼界，是包容而不狭隘的心胸，是善于接受新鲜事物、敢为天下先的探索、开拓意识。从这个视角考察湖北人码头文化的张扬，主要表现在：

1. 包容的张扬

湖北的大小码头，古往今来万商云集，像磁石一样吸引着八方来客，如到汉口逐利的行商坐贾、游贩走卒大多是外地人，其中有一部分是由武汉地区周边广大的农村地区迁徙而来，另一部分是来自全国各地的商人和手工艺人，人称“人到武昌心自大，货到汉口自然活”①。他们也带来了各自独特的生活习惯和价值观念：“徽客爱缠红白线，滇商喜捻旱烟筒，西人不说楚人语，三处从来习土风。”② 这种移民的多元性，使湖北人具有包容心而不排外，正如作家方方所说：“武汉人远不像上海人和广州人那么排外，那里的人一听到你说的不是本地方言，便立即态度恶劣起来，武汉人却不。相反的，武汉人对外地人格外热情，至少比对本地人还要友善得多”③。

湖北人心胸开阔，善于吸收新鲜事物，货物来如行云，去如流水，各

① 转引自张军、蒋昕《论武汉旅游业九省通衢区位优势的潜移与再兴》，《学习与实践》2005年第10期。

② （清）叶调元：《汉口竹枝词》卷五《杂记》（一）。

③ 方方：《武汉人》，南京大学出版社2012年版，第206页。

种信息也是这样，交汇如此，真是“一日看尽五洲花”，所以他们什么都能包容，拿武汉的小吃来说，就不是单一的地域特色，而是全国各地的都有，除热干面、豆皮这些小吃真正属于武汉的小吃以外，南北各地的小吃据不完全统计有 240 多种，如汤包是扬州的，六渡桥的东来顺是西北清真的特色，火锅是川味，过去的江汉路冠生园是广东口味。所以在武汉各种口味的餐馆都有，武汉人的口味杂，口福好①。所以易中天说“武汉人的态度大体上比较开明。不排外，也不媚外，不妄自尊大，也不妄自菲薄。海货、港货和汉货一样平等地摆在柜台上卖，京剧、豫剧、越剧和汉剧、楚剧一样拥有大批的观众，不像河南、陕西那样是豫剧、秦腔的一统天下。甚至武汉的作家们也不像湖南、四川、陕西那样高举‘湘军’‘川军’‘西北军’的旗号在文坛上张扬。武汉，总体上说是开放的，而且历来是开放的”。②

2. 抗冷热的张扬

湖北地处中国中部，位于南北之间，气候便兼有了南北方各自的短处：夏天的高温湿热和冬天的天寒地冻。南方人认为你是北方，北方人认为你是南方。于是，在南方的办公室里装冷气时，湖北被认作北方；在北方的家中开暖气时，湖北又被当作南方。这时候，湖北人真是不幸。正如作家方方所说：“万般无奈的武汉人，只好冷时比北方冷，热时比南方热。为此，武汉人的性格便也呈南北兼容之状：既有北方人之豪爽，亦有南方人之聪慧；换一种词汇，也可谓既有北人之蛮，亦有南人之狡。”③

湖北人的这种抗冷热的张扬性格，还表现于他们在三伏天也要吃油炸食品，在酷热的夏天，不少湖北人依然排队去买油饼油条。厨师们汗流浃背地站在油锅前炸，食客们则汗流浃背地站在油锅前等，大家都不在乎！有个笑话就说，一个人下了地狱，阎王把他扔进油锅里炸，谁知他泰然自若。阎王问其所以，答曰“我是湖北佬”。你说这湖北人连下油锅都不怕，还怕什么？④

3. 拿来主义的张扬

湖北人居中兼收并蓄，常以折中主义、中庸之道的姿态对待世界万

① 董宏猷：《武汉的码头文化》，《图书情报论坛》2007 年第 1 期。

② 易中天：《读城记》，上海文艺出版社 1997 年版，第 408—409 页。

③ 方方：《武汉人》，南京大学出版社 2012 年版，第 208—209 页。

④ 《湖北人性格分析》（http：//blog. sina. com. cn/s/blog_ 476219b10100ei31. html）。

物，所以少有极端主义者，所以湖北人的“拿来主义”运用得最为充分，也最为成功：道教并非起源于湖北，湖北人吸收之后，武当山就成了道教圣地；佛教更是来自印度的“舶来品”，可一经湖北黄梅五祖寺的“加工改造”，就成了最具中国特色的禅宗，后经日本传至西方，还在世界上掀起了一股不大不小的“禅宗热”；湖北蕲州人李时珍博采众长，留下了一部集中医之大成的《本草纲目》，被誉为“中国古代药学百科全书”；诞生于湖北天门的陆羽在吸收他人研究成果的基础上，撰写了世界上第一部茶书——《茶经》，建立了中国茶文化构架与体系……[①]

拿来主义的张扬，使湖北人具有很强的开放性，开阔的视野和灵活的头脑，不僵化，不保守。由于码头上的信息传播快，人们见到的新事物多，因此，湖北人更容易接受新事物，所以，中国共产党第一次党代会的13名代表中，竟然有5个湖北人，即董必武、陈潭秋、李汉俊、包惠僧、刘仁静。他们在时代洪流中涌现，为新中国的开天辟地做出了伟大的贡献，是湖北人的骄傲。

4. 南北通吃的张扬

湖北人的直爽还表现在南北通吃的张扬上。北方人喜吃面，南方人喜吃粉，湖北人则面和粉通吃，热干面固然成了武汉人的招牌早点，已名扬天下，但热干粉的味道一点也不比热干面差。笔者在武汉生活时经常热干面与热干粉（还有热干豆丝[②]）换着吃。还有味道香浓的牛肉粉。方方在《武汉人》中记述了一个近百岁的老人，为了70多岁时在汉口福庆和吃过的一碗牛肉粉，二十多年后，老人越来越想吃，不顾近百岁的高龄，在保姆的陪同下，从武昌打的到汉口，花了100多元吃了一碗心仪的牛肉粉，解了馋后不久，才心满意足地离开人世。[③] 故而武汉是米文化和面文化并重，武汉人戏称“面是爹，粉是娘”[④]。

三　好勇斗狠的民风

湖北人好勇斗狠的民风表现为爱“赌狠”，赌狠就是湖北人陋性的表

---

① 参阅曾纪鑫《湖北人》，《啄木鸟》2007年第12期。

② 豆丝，是典型的湖北乡土民食。《汉口竹枝词中》云：“绿豆粉和米粉摊成片，切为丝，名‘豆丝’，土人嗜之。”

③ 方方：《去汉口吃粉》，载《武汉人》，南京大学出版社2012年版，第206页。

④ 董宏猷：《武汉的码头文化》，《图书情报论坛》2007年第1期。

达。以武汉人的赌狠为例：“赌狠”，就是赌狠气，赌谁厉害。过去说要打码头了，双方说好在哪个地方见面。过去后，互相开始赌狠，最厉害的叫“三刀六眼”，即自残。双方各派一人，拿一把尖刀朝自己的大腿“唰”的一下刺进去，一刀捅穿了就是两个眼，然后问对方，你敢不敢来？对方也拿一把刀，“唰”的一插，然后再插，又一把刀，两把刀四个眼，你敢不敢？不敢就退出码头，那边“啪”的一插，这边又“啪”的一刀，三把刀六个眼，血流如注，对方不敢了，一拱手，大哥，后会有期！马上退却，这就叫赌狠，看谁厉害。所以斗狠的时候常常会丢出一句话来：“你是那个码头的！”①。

赌狠这种江湖习气，深深影响了湖北人的性格，使湖北自古民风强悍，好勇斗狠。《史记·货殖列传》就说西楚之人，“其俗剽轻，易发怒”。就是说楚人性格暴烈，极易动怒，甚至睚眦必报。《隋书·地理志》亦云：“蕲春人性躁劲，风气果决，包藏祸害，视死如归，此则旧风也。”湖北人赌狠的传统，以及总是不很太平的生存环境，即号称九省通衢，极易受战乱波及，因而成为历史上移民进出最多、最频繁的地区之一，社会生存环境的复杂和艰难，使湖北人至今依然显得比较暴烈，好勇斗狠。故湖北人好斗，常自称“老子”，喜欢说“老子不服周”②，从不服输，一有机会，就表现出“好事”与“好斗”陋性，每一个湖北人都是潜在的勇士、武士、斗士和战士，如辛亥革命第一声枪响，推翻了中国千年帝制，辛亥首义发生在武昌，绝不是偶然的。就是这个地方的人，赌狠敢为天下先。过去楚国人有句老话：“楚虽三户，亡秦必楚。”推翻秦国的，必是楚人。又如湖北红安一县就出了221位解放军将军，数量之多世上少有。

赌狠的湖北人脾气坏，说话凶狠，口气强硬，喜武好斗，蛮劲十足，喜欢骂娘。有一网络暴强语录叫“湖南人什么牛都敢吹，广东人什么钱都敢赚，四川人什么妞都敢脱，湖北人什么娘都敢骂”③。爱骂人，就是他们直爽的一种表现。尽管表现得不大文明，但却至少也说明他们喜怒哀乐胆敢形之于色，骨子里有一种率真的天性。这种天性使他们极其厌恶

---

① 《武汉的“码头文化”》（http：//blog. sina. com. cn/s/blog_ 824e88d001012bun. html）。

② 湖北话“不服周”，就是不服气的意思。

③ 《丑陋的湖北人》（http：//blog. sina. com. cn/s/blog_ 4aee52060100ay2t. html）。

“啫”，厌恶“鬼做”，同时也就使他们不太注意修养，给人一种“少有教养”的感觉。武汉人说话直通通的，很少拐弯，也不太注意口气和方式。比方说，到武汉的机关单位去办事，门房会问：“搞么事的？”而不会问：“您是哪个单位，有什么事？”甚至做生意，他们也不会说：“你看我们怎么合作？”而会说：“你说么样搞哵！”[①]

赌狠的湖北人还有几分侠义，喜欢做路见不平拔刀相助的事。只要是朋友的麻烦，不管是不是乡亲，也不管这事是对是错，但凡觉得是“自己人”被欺负了，就一定要上前帮忙的。

但有意思的是，湖北人的赌狠虽张扬，其实是斗嘴皮子，“要么样”，“你等着”，一边喊“你等着”，一边互相退去，安然无事，阿Q精神，双方都认为自己赢了，如果真有人在那等着对方派人来打架，那肯定是个苕。他觉得心里安慰了，狠我已经赌出去了，还等着干什么[②]？所以湖北人会知难而退。与湖南人一条道走到黑的“霸蛮”精神不同，湖北人常常是遇到困难立马掉头，“为山九仞，功亏一篑”，取得大成功者一定是执着而坚忍，所以，总爱东张西望、极目楚天，往往不能坚持到底的湖北人，注定只能是小打小闹，很难做成什么大事。[③]

四 湖北女子：带刺的玫瑰

湖北女子中有一朵天下人皆知的带刺玫瑰——李娜。李娜是当今世界网球名人，中国女网的许多第一次都是她创造的，多次改写中国女网历史。

2000年在塔什干获中国第一个WTA女双冠军。

2001年在中国北京举行的世界大学生运动会上，一举包揽大运女单冠军、女双冠军和混双冠军3块金牌，成为大运会上最闪亮的一颗明星。

2004年在WTA广州国际女子公开赛决赛中，战胜了当时世界排名第91位的斯洛伐克选手苏查，夺得了中国网球历史上的首个职业

① 易中天：《读城记》，上海文艺出版社1997年版，第400—401页。

② 参阅董宏猷《武汉的码头文化》，《图书情报论坛》2007年第1期。

③ 参阅《丑陋的湖北人》（http：//blog.sina.com.cn/s/blog_4aee52060100ay2t.html）。

巡回赛单打冠军。

2006年在伦敦逆转10号种子瓦伊迪索娃，成为中国首位打进大满贯8强的选手、第一位打进温网8强的中国选手。

2008年北京奥运会，在女单1/4决赛中，李娜击败世界第一大威历史性地杀入奥运会女单四强；在WTA二级赛事斯图加特保时捷公开赛第2轮第一次击败在任世界第一小威廉姆斯。

2009年战胜斯齐亚沃尼成功打进美网8强，成为目前中国选手在美网的最好战绩。

2010年李娜凭借在大满贯的优异表现，澳网之后的二月份成功闯入世界前十，这也是中国历史上第一个打进WTA前十的选手，并成为中国首位进入年终总决赛的选手。

2011年在悉尼力克三届大满贯得主小克收获中国首个顶级赛冠军，成为第一个WTA顶级赛冠军；同年澳网，李娜成为首位打进大满贯单打决赛的选手。李获得澳网亚军；2011年在巴黎李娜连续两项大满贯赛事进入决赛，最终战胜斯齐亚沃尼，为亚洲赢得第一个网球大满贯单打冠军，同时她的世界排名历史性地上升到世界第4位。

2012年美国超五系列赛上首次折桂。

2012年李娜逆转底线防守有如铁桶阵的德国新晋一姐科贝尔，也实现了生涯首度在超五系列赛（级别仅次于大满贯和四大皇冠赛）上折桂的突破。

2014年李娜获澳网冠军。

最高排名：2011年6月4日世界排名第4。

最新排名：2014年1月27日世界排名第2。

特别有意义的是，有近1.16亿观众见证了李娜2011年在罗兰加洛斯封后的辉煌，法网夺冠使得李娜成为亚洲网坛历史上首位单打大满贯冠军得主；2014年在墨尔本封后的辉煌，澳网夺冠使得李娜再次成为亚洲网坛历史上首位两次获单打大满贯冠军得主。从此以后，李娜成为中国球员中的“里程碑”式人物。但是，李娜作为湖北女子，生性直爽、倔强、坚韧、自信、豪情、任性，一直以性格火暴、口无遮拦而著称。

2008年奥运会时李娜叫球迷“闭嘴”；2011年罗兰加洛斯的女单封后，使得李娜成了当之无愧的中国英雄。但2012年李娜在参加某站比赛时，表示自己“并非代表国家参赛”；2013 年 5 月底的法网比赛被淘汰后，当一位来自新华社的记者向李娜提问道，输球后对于中国的球迷有什么要说的吗？李娜火爆地回应，“我输掉了比赛，仅此而已，难道我要对他们三叩九拜?”这番言论事后引发争议，李娜一度被众多媒体抨击为“任性无底线”；6 月在温布尔登，当李娜赢得了比赛，顺利晋级温网女单 16 强后，这位记者再次问了相同的问题，而这次李娜的回应更加激烈：“他怎么还敢在这？难道他不害羞吗?”李娜的任性和率真，引起了强烈的反应，2013 年 7 月 2 日《人民日报》发表以“李娜孙杨贡献无可替代 任性应有底线”为题，发表了评论文章；新华社也以《想说爱你不容易》，文章认为，李娜在温网的话，有些伤人：“回顾李娜的语录，从北京奥运会针对观众的‘闭嘴’到法网针对球迷的‘三叩九拜’，再到温网针对记者的‘他还有脸来’，李娜的惊人之语更倾向于伤人之语。”外媒称，火爆脾气加上岁月不饶人将成为李娜前进路上的阻碍。①

总之，人们对李娜的脾气太火爆，不够尊重领导，不像其他运动员那样时刻以集体利益为重，不配合媒体，还曾在赛场上怒吼观众和姜山多有评论。面对这样强大的压力，李娜仍然淡定以待。当美国某媒体采访时，李娜再度强调，自己只是一名普通的运动员：“我不是一个圣人，我和所有人一样，也是一个普通的人，我也会有状态起伏跌宕的时候。我能做的就是关注自己的工作本身，能代表的也就是自己。当人们说我是代表国家，这种言论就像是‘高帽子’，对我来说实在太大了。”② 的确，正如《长江商报》所言：“如果天天纠结于他人的言语，甚至因此强行改变自己，我们不见得还能看到今天如此辉煌的李娜。”如今，随着李娜一次又一次成功，关于李娜个性的评语，也已经由坏的多变为好的多。而李娜依旧淡定。她和王菲那么像，只是一心一意地做着自己想做的事，全心爱着自己最爱的男人。所以，还是不要给李娜太多“定义”了，也许她并没有那么在乎!③ 正是，带刺的玫瑰、话题女王，一笑而过，在 2013 年 9 月美网比赛中，再一次以秋风扫落叶般的速胜挺进半决赛，有记者形容其

---

① 孙嘉晖：《美网莎娃退赛李娜升位 外媒：火爆脾气将阻李娜夺冠》，《广州日报》2013 年 8 月 23 日。

② 《美网开打前李娜一席话怎么又起风波了?》，《江西日报》2013 年 8 月 26 日。

③ 周玥廷：《李娜个性的背后 犹如王菲淡定执着》，《长江商报》2011 年 1 月 30 日。

比赛击球殷实爽脆，进攻果断干脆，意志毫不黧脆。[①]

湖北女子注定是上天的宠儿，因为湖北的观念似乎就是那样的前卫，女子是宝贝，是父母手中的明珠，是哥哥弟弟保护的对象；湖北女子是美丽的，美丽得棘手，美丽得耀眼，因为与生俱来的那分自信；尽管湖北女子霸道，强悍，刁蛮，任性，可是却又那样的可爱；湖北女子的骨子里就带着侠女精神，能人不能，敢人不敢。[②]

其实，李娜这朵湖北玫瑰是有内涵的。曾记得，一年前，李娜曾闯进过2013年澳网女单决赛，但功亏一篑的结果依然被很多人视为娜姐的命数。2013年10月，李娜曾受邀参加澳网官方在中国举行的一次活动，当时她就坐在今天捧起的达芙妮·阿克赫斯特杯的一旁，奖杯触手可及，李娜却向记者说出了“坚持的勇气比夺冠更重要”这样更有内涵的话。从而使李娜这朵带刺的玫瑰，更是美丽、棘手和耀眼，更是霸道，强悍，任性而又可爱；骨子里更是带着侠女精神；更是能人之不能，敢人之不敢。

---

① 王远：《话题女王，一笑而过》，《全体育》2013年8月30日A20版。

② 《湖北的女孩大多的性格是怎么样的?》（http：//wenwen. soso. com/z/q194874713. htm?sp = 4001&pos = 3&ch = 2013ww. tw. xgzs）。

第三章 湖南人

浏阳河，
弯过了几道弯，
几十里水路到湘江……
江边有个湘潭县哪，
出了个毛主席……

湖南，这个人杰地灵的地方，除了毛泽东，人们往往会还会想起更多的湖南名人：王船山、魏源、曾国藩、左宗棠、谭嗣同、黄兴、宋教仁、刘少奇、彭德怀、雷锋、朱镕基、李谷一……

湖南因大部分地域处长江中游洞庭湖之南而得名。因湘江贯穿省境南北，是湖南全境中最早得到文明开发的地域，因此又简称为“湘”。湘江流域过去多植莲花（水芙蓉），故湖南又有“芙蓉国”之称。湖南东邻江西，北承湖北，西靠川渝贵，南接两广。我们把“湖南人”基本界定为一个地域性的族群，是指湖南境内除客家人以外的所有汉人。湖南省这个行政区划范围，是湖南人族群认同意识的地理基础。湖南古为三苗之地，周代为荆州南境，春秋战国属楚，秦置长沙、黔中二郡，汉建长沙国，汉以后郡、州更迭，至唐广德二年（764 年）置湖南观察使，湖南之名自此而始。清康熙三年（1664 年）置湖南布政使司，为湖南单独建省开始。这有助于我们认识湖南人的形成，我们可以把这一年视为湖南人正式形成的标志。

第一节 湖南人的语言

湖南是一个方言复杂的地区，俗话说“五里不同音”，有的甚至就连两个邻近的乡镇间也存在语言交流上的困难。对于湖南的汉语方言，目前有学者将其划分为六大区域，即湘语、西南官话、赣语、客家话以及未分区的非官话方言——土话和乡话。其中，湘语是湖南省最具代表性的方言，在湖南省分布地域最广。据陈晖、鲍厚星 2007 年分类统计，湖南境内的湘语使用人口约 3438 万，西南官话使用人口约 1891 万，赣语使用人口大约 1042 万，客家话使用人口约 118 万，乡话使用人口总数约 40 万，湘南土话因属西南官话的双方言区，人数尚待清理。[①]

一 湘语：湖南人使用最广泛的方言

湖南在春秋战国时期属于楚国。秦统一中国后，实行郡治时将湘资流域和沅澧流域分开，分设长沙郡和黔中郡，奠定了湖南历代政区的基础。从 1985 年湖南省汉语方言分区来看，湘语主要分布在长沙、湘潭、株洲等湖南中央区域，西南官话主要在湖南西部和东南部的广大区域，赣、客方言主要在湖南东部，土话主要在湘南一带，瓦乡话集中在沅陵周边县。据此，鲍厚星认为，湖南境内汉语方言在各个历史时期的发展与演变同上述政区的划分不无关系。由北方移民浪潮形成的官话方言主要在黔中郡（所属 29 个县：常德府 4，辰州府 4，沅州府 3，永顺府 4，澧州 6，靖州 4，乾州直隶厅 1，凤凰直隶厅 1，永绥直隶厅 1，晃州直隶厅 1）所及的范围，而继承古湘语的现代湘语显然是以长沙郡（所属 46 个县：长沙府 12，岳州府 4，宝庆府 5，衡州府 7，永州府 8，桂阳州 4，郴州 6）所及的范围为主要地盘，由东方（主要是江西省）移民运动所形成的赣、客方言主要插入长沙郡的范围内。[②]

湘语是湖南人使用最广泛的方言，也是湖南人最具标识性的一种方言，主要分布于湖南的湘江、资江流域和沅江中游少数地区。此外，在广西、四川、陕西等地也有分布。湘语是怎样形成的？它的源头来自何方？林语堂、罗常培、周祖谟、周振鹤、游汝杰、刘君惠、华学诚等根据西汉末年扬雄所撰的《輶轩使者绝代语释别国方言》（简称《方言》）所记载的汉代不同地域的词汇，对汉朝方言分区进行研究，均将楚和南楚分开[③]。周赛

① 陈晖、鲍厚星：《湖南省的汉语方言》，《方言》2007 年第 3 期。

② 鲍厚星：《湘方言概要》，湖南师范大学出版社 2006 年版，第 3 页。

③ 丁启阵：《秦汉方言》，东方出版社 1991 年版；华学诚：《周秦汉晋方言研究史》，复旦大学出版社 2003 年版；罗常培、周祖谟：《汉魏晋南北朝韵部演变研究（第一分册）》，科学出版社 1958 年版。

红、彭建国等在对“楚语”“南楚语”历史进行追溯的基础上，认为汉朝的南楚方言就是湘语的直接源头①。在《方言》中多次出现“南楚”“江湘之间”“南楚江湘之间”的地名，此外，还有“湘沅之会”“湘沅之间”“荆衡之郊”“沅湘之间”“湘潭之原”“九嶷湘潭之间”“江湘之会”“江湘郊会”，等等。这些地点应该说就是古湘语流行的地区，虽然我们无法确定古代湖南境内的方言群体究竟是一个什么样的范围，但显然今天湖南境内湘资流域是在古湘语区域之内的。正如《方言》卷十中载：“崽者子也，湘沅之会凡言是子者谓之崽，若东齐言子也。”穿越时间的隧道，我们在两千多年前的湖湘大地上，听到的不正是如今耳熟能详的词语吗？

湘语地域分布广泛，可划分为5个片区②，即长益片分布在湘江、资江中下游，包括长沙市、株洲市、湘潭市、益阳市、汨罗市、湘阴县、平江县、南县、安乡县等18个县市，长株潭一带可看成核心地区；娄邵片分布在湘中和湘西南部分地区，包括湘乡市、娄底市、双峰县、安化县、衡山县、冷水江市、新化县、邵阳市、邵阳县、邵东县、新邵县、隆回县、洞口县、武冈市等共23个县市，湘乡、双峰一带是其核心地区；衡州片分布在旧衡州府的中心部分，衡阳市、衡阳县、衡南县、衡山县、衡东县5个县市；辰溆片分布在沅江中游，包括辰溪县、溆浦县、泸溪县等3个县的绝大部分地区；永全片分布在湘南永州部分地区和广西北端部分地区，其中湖南境内永全片有永州市、东安县、祁阳县、祁东县、道县、江永县等8个县市。

二　湘语的形成

先秦之时，长江流域居住着的蛮、巴、濮等民族或族群，很早就孕育了古老的文化。但这种文化一直被中原视为非正统的文化，因而长江流域也被称为“蛮夷”之地。故《诗经·小雅·采芑》说“蛮荆来威”，又说“蠢尔蛮荆，大邦为雠。”《诗经·商颂·殷武》：“挞彼殷武，奋伐荆楚……维女荆楚，居国南乡。”殷末之际，诸夏势力开始进入长江流域，

---

① 周赛红：《湘语的历史》，《长沙理工大学学报》（社会科学版）2006年第4期；彭建国、彭泽润：《湖南方言历史研究》，《湖南社会科学》2008年第1期。

② 陈晖、鲍厚星：《湖南省的汉语方言》，《方言》2007年第3期。

楚人崛起。《史记·楚世家》说："楚之先祖出自帝颛顼高阳。""吾先鬻熊，文王之师也。""熊绎当周成王之时，举文、武勤劳之后嗣，而封熊绎于楚蛮。"可见楚的先民是来自中原。南下的华夏文化与当地的蛮夷文化相结合，最终形成一种既与中原文化相联系但又保持自身强烈特征的楚文化。而华夏势力进入湖南，则始于战国时期。正如谭其骧所言："战国初吴起相楚悼王，南并蛮、越，取洞庭、苍梧之地，于是湖南之东部湘、资二流域入于楚。其后复西向并吞沅、澧二流域，曰巫中，而湖南之全部皆入于楚矣。"①

（一）湘语的源头：古楚语与南楚语

1. 古楚语

诸夏势力进入湖南之时，必然也带来了他们的语言。最初这种语言可能与诸夏语言差异不大，虽然楚政权建立后，一直与中原政权长期处于敌对状态。中原政权称楚为"蛮夷"，而楚也不屑周王朝政权，"我蛮夷也，不与中国之号谥。"② 这样，战争频繁的互动，彼此领地不断消长，久而久之形成了一种既不同于当地少数民族语言，又与北方汉语有较大差别的语言，即"古楚语"。语言学家袁家骅说："上古汉语以黄河中游为中心，但今天的吴语、湘语、粤语也开始播种和萌芽了。古楚语包括湖北、湖南（'南楚江湘之间'）和长江中游南岸一带，所以在一定意义上可以说是今天湘语的前身。"③ 周振鹤、游汝杰也认为"在战国秦汉时代，整个湖南地区也许通行一种内部存在差异的古湘语"。④

星移斗转，古楚语的原貌已不可考，现在只能从一些历史陈迹中来窥测其一鳞半爪。"楚言"一词最早见于《左传》。《左传·庄公二十八年》记载楚令尹子元伐郑时，"众车入自纯门，及逵市。县门不发，楚言而出"。可见当时楚人操"楚言"，与中原诸国及其他地区是不一样的。孟子在嘲笑、讥讽楚人许行时也说"今也南蛮鴃舌之人，非先王之道，子倍子之师而学之，亦异于曾子矣"⑤。但是既然许行能够"自楚之滕"去宣扬他的学说，而且能与"自宋之滕"的陈相兄弟进行交流，所以当时

① 谭其骧：《长水集》上册，人民出版社 1987 年版，第 300 页。

② 《史记·楚世家》。

③ 袁家骅等：《汉语方言概要（第二版）》，文字改革出版社 1983 年版，第 19 页。

④ 周振鹤、游汝杰：《湖南省方言区划及其历史背景》，《方言》1985 年第 4 期。

⑤ 《孟子·滕文公上》。

的楚语应该还是汉语的一种。

楚语虽然还是汉语的一种方言，但与北方的汉语方言还是有差别的。《孟子·滕文公下》即云："孟子谓戴不胜曰：'子欲子之王之善与，我明告子，有楚大夫于此，欲其子之齐语也，则使齐人傅诸？使楚人傅诸？'曰：'使齐人傅之。'曰：'一齐人傅之，众楚人咻之，虽日挞而求其齐也，不可得矣；引而置之庄、岳之间数年，虽日挞而求其楚，亦不可得矣。'"说明当时齐、楚语的差别明显。《左传·宣公四年》在解释楚国令尹子文的名字时说："楚人谓乳榖，谓虎於菟，故命之曰斗榖於菟。"这又说明古楚语不仅在语音上与中原汉语有较大的差别，词汇上也有许多独特的地方。而且《楚辞》中的语辞"兮""些"则可视作古楚语在语法上的特征。

从上述古楚语的点滴透露，足见其对湘语的影响是底蕴式的。

2. 南楚语

前221年，秦始皇一统天下。为了有利于统治，秦王朝在文字上进行了改革，实行"书同文字"的政策，"罢其不与秦文合者"。汉兴，因秦旧制。这种汉字定型化的工作在一定程度上约束了方言的发展，但方言的分歧依然严重。春秋战国时候的古楚语到了汉代也有了新的变化，这一变化在西汉扬雄的《方言》中可以反映出来。在《方言》中与"楚"地有关的地名，前列地名，后列数字，表示该地名在《方言》中出现的次数①：

（1）楚42/陈楚江淮之间9/陈楚之间5/楚郢以南2/陈楚2/荆楚1/楚部1/自楚之北郊1/楚以南1/陈楚之郊1/陈楚之内1/自关而东陈楚之间1/楚颍之间1；

（2）南楚27/南楚之外11/南楚江湘之间7/南楚江淮之间6/南楚江沔之间2/南楚之间4/南楚宛郢1/南楚涯瀑之间1/南楚以南1/陈楚之郊南楚之外1/南楚江湘1/陈楚之间南楚之外1；

（3）江湘之间8/江沔之间2/沅澧之间2/江沅之间2/江湘郊会1/湘潭之原荆之南鄙1/湘潭之间1/江湘之会1/九嶷京郊之鄙1/九嶷湘潭之间1/沅澧之原1/沅湘之间1/江滨陈之东鄙1/湘沅之会1/楚郢江湘之间1。

---

① 丁启阵：《秦汉方言》，东方出版社1991年版，第30页。参阅彭建国《湘语音韵历史层次研究》，博士学位论文，上海师范大学，2006年，第10页。

对此，有学者进行了详细的分析：先看第三类。第三类的地名有具体所指，因此比较容易确定：

江，即今长江。

湘，即今湘江。《水经注》卷三十八："湘水出零陵始安县阳海山，流经零陵县、洮阳县、泉陵县、重安县、酃县、阴山县、醴陵县、临湘县、罗县、下隽县，北至巴丘入于江。"

沅，即今沅江。《水经注》卷三十七："沅水出牂柯且兰县，流经镡成县、无阳县、临沅县，东至长沙下隽县西，北入子江。"

澧，即今澧水。《说文》："澧，水出南阳雉衡山，东入汝。"《汉书·地理志》曰："充县历山，澧水出焉。"《水经注》："澧水出武陵充县西。"

潭，晋郭璞《方言注》："潭，水名，出武陵。"《汉书·地理志》："玉山，潭水所出，东至阿林入郁，过郡二，行七百二十里"。《补注》卷四二："按潭当作镡，县所名也。"《汉志》："武陵郡镡成县玉山，潭水所出。"汉代镡成县的治所在今湖南省靖县西南，潭水即今广西的融江。

沔，即今汉水。《尚书·禹贡》："嶓冢导漾，东流为汉，又东为沧浪之水，过三澨，至于大别，南入于江。"《水经注》云："汉水出陇坻道县嶓冢山，初名漾水，东流至武都沮县，始为汉水，东南至葭萌，与羌水合，至江夏安陆县名沔水，故有汉沔水之名。又东至竟陵，合沧浪之水，又东过三滋，水触大别山南，而入江也。"

九嶷，即今湖南九嶷山，在今宁远县城东南。《史记·五帝本纪》载："舜南巡狩，崩于苍梧之野，葬于江南九疑。"《山海经》第十四云："南方苍梧之丘，苍梧之渊，其中有九嶷山，舜之所葬，在长沙零陵界中。"郭璞《求方言注》："九嶷，山名，今在零陵营道县。"①

可见第三类所举地域，除沔水外，其余均在今湖南境内。

---

① 彭建国：《湘语音韵历史层次研究》，博士学位论文，上海师范大学，2006 年，第 10—11 页。

再看其余两类。第一类为“楚”，第二类为“南楚”。“楚”与“南楚”的关系到底如何？换句话说，“南楚”是应包括在“楚”里面，还是应该独立？学术界对此虽有过争论①，但大多数认为“南楚”方言是独立的。因为扬雄的《方言》既然是一部提供方言词语的分布情况的著作，那么自然也就应该而且也只能以这种分布来给汉代的方言分区。事实上，从《方言》中也可以看到，“楚”多与“陈”并举。《史记·货殖列传》称：“陈在楚、夏之交。”楚顷襄王二十一年（前278年），秦将白起率军攻下楚都郢，楚国被迫迁都陈城（今河南淮阳）。所以“陈楚”当指今湖北的大部以及河南的部分地区。而“南楚”多与“江”“湘”等并举。《史记·货殖列传》云“衡山、九江、江南豫章、长沙，是南楚也。”此处的“衡山、九江、豫章、长沙”是指当时四个郡或诸侯国，包括今湖南、江西的大部分以及湖北、广东和广西的部分地区。可见，“楚”与“南楚”的界线是比较清楚的。

“南楚语”的确定，对湘语的形成来说意义重大。因为在“南楚语”的阶段，湘语的发展已经基本成形。如果说要从现代湘语的角度出发来命名一个“古湘语”的话，我们也可以把“南楚语”称作“古湘语”。

总之，楚语、南楚语是湘语的源头，历史上未曾出现大的断层，所以在现代湘语中保留了历史上楚语、南楚语的遗迹。

（二）从“古湘语”到湘语

“古湘语”的发展呈现两种态势。

一方面，“古湘语”不断通过小规模移民的方式向非汉语地区扩散。虽然湘语在湖南境内的历史非常久远，但湖南境内的少数民族势力一直很

---

① 1927年，林语堂在《西汉方音区域考》一文中最早对汉代方言进行分区，他以《方言》为材料，把汉代方言分为十四系，其中第十系为“楚”，范围包括陈、汝、颍、江淮，但又注明荆楚亦可另分为一系。第十一系单独为“南楚”。主张“南楚”独立，其依据是“凡特举一地之某部，其次数多者，则可知某部有特别方音，别成一类，由该地分出（如齐分出东齐，73次。楚分出南楚，85次。燕分出北燕，43次）。”罗常培、周祖谟与林语堂先生持有相同意见，1958年在《汉魏晋南北朝韵部演变研究》（第一分册）中，分汉代方言为七区，其中第5区为“陈楚江淮之间”，第6区为“南楚”。华学诚分汉代方言为12区，“楚”与“南楚”也是分立的，第9区为“楚方言区”，第10区为“南楚方言区”（华学诚：《周秦汉晋方言研究史》，复旦大学出版社2003年版，第126—128页）。仅丁启阵持不同意见，他认为“在当时的社会条件下，相对独立的行政区域，其内部语言的一致性往往是比较高的，东齐、北燕、南楚最多只能作为次方言层独立出来”（丁启阵：《秦汉方言》，东方出版社1991年版，第3页）。

强大。《汉书·南越传》载南越王赵佗白："西北有长沙，其半蛮夷亦称王。"公元 8 年，王莽篡位，曾改长沙国为"填蛮郡"，可见当时湖南境内少数民族势力之大。但汉民族已有进一步的发展，据考，秦汉时期汉民族在湖南主要分布在三个地方：以常德为中心的沅澧二水中下游地区；以今长沙为中心的湘江中下游地区；沿湘赣两省的交界线直达广东的狭长地带。除此而外，整个湖南地区的广阔腹地，仍然是古苗瑶语民族的居住地或未经开发垦殖的原地，其间可能还零零星星地散布着一些"桃花源式"的汉族移民点。[①] 其实，这应该是秦汉时代古湘语的分布范围。唐代后期刘禹锡谪官武陵时曾有文说："湘沅之滨，寒暑一候，阳雁才到，华言罕闻。"[②] 说明当时湘江、沅江流域还有大量非汉族地区。由于湖南境内气候温润，土地肥沃，百姓向未开垦地区移民相对便利，因此这种潜移默化的扩散式移民运动，从汉末到明代都不曾停息。

另一方面，湘语从其成熟的那一天起，也就开始了她自身的衰退，这是受到北方官话的挤压和邻近赣语的侵蚀造成的。我们先来看北方官话对湘语的挤压情况。语言的扩散主要是通过使用它的人的扩散进行的，因此北方官话对湘语的挤压，自然是由于北方汉人不断南下进入湘语区而形成的。如军屯对于湘语的影响当与军屯兵卒的数量有关，人数少的，很可能被当地方言所同化，明代薛碹有诗为证，"边城父老旧乡邻，弭节从容问所因。绿鬓已应辞故里，白头犹解识先人。衣衫尚有唐风旧，童稚皆传楚语新。为说好安耕凿计，只今雨露万方匀"[③]，可见"从戎者"的后一代即已被当地"楚语"所同化。人数多的，则可能保持自身官话不变，道光《永州府志》引《旧志》云"州县各在乡谈，听之绵蛮，侪偶相谓如流水，男女老幼习用之，反以官话为佶屈。惟世家子弟与卫所屯丁则语言清楚，不类鴂舌"。

还有赣语向湘语的侵蚀大约从唐五代开始。现代湘东的赣语区以及湘中的新化等地带有的赣语色彩，就是赣语向湘语不断渗透的明证。地方志中也有大量这方面的记载，如康熙《浏阳县志·拾遗志》载："浏

---

① 李蓝：《湖南方言分区述评及再分区》，《语言研究》1994 年第 2 期。

② 《全唐文》卷六〇三《上杜司徒书》。

③ 《敬轩文集》卷八《过沅州见故乡父老从戎者与道家乡事多有识先人者因赋此》，引自《文渊阁四库全书》电子版。

鲜土著，比闾之内，十户有九皆江右之客民也。”民国《醴陵乡土志》载：“县境之内，率多聚族而居，在数百年前皆客民也……醴陵近江西，故族姓亦以来自江西者为多。”[①] 另一些历史记载似乎还可以反映出赣语向湘语区蚕食的过程，南宋词人刘克庄从江西萍乡进入醴陵后有句云：“市上俚音多楚语。”[②] 说明南宋时期醴陵与萍乡方言的差距明显。当时醴陵的赣语尚未形成，否则刘克庄从江西的赣语区进入醴陵境内不会有此印象。

从三国两晋到明代，经过1100多年的移民互动，到了明清时期，近代湘语分布的格局基本形成：湘江流域以西到沅江流域以东地区（相当于南楚语的湘沅片），发展为湘语区的一部分，这一地区受移民影响较少，较多地保留了古南楚语特色；湘江流域地区（相当于南楚语江湘片的一部分），也发展为湘语区，但受赣语影响较大，有人称为新湘语。此外，湖南南部地区（南楚语的湘潭片），在南楚语形成之初，就是“以越文化为主体”的楚越大杂烩，又因为其地广人稀，接受了各地移民，成了系属不明的湘南土话。[③]

三 湘语的特点

湘语内部驳杂纷繁，语音上却有共同的主要特点，就是古全浊声母舒声字今逢塞音、塞擦音时，无论清浊，一般念不送气音。但具体而言各片区又有差异：长益片，古全浊声母今逢塞音、塞擦音清化，舒声字一般不送气，入声字部分不送气，部分送气；娄邵片，古全浊声母今逢塞音、塞擦音时，舒声字一般读不送气浊音，入声则是读送气清音占主要地位；衡州片，古全浊声母今逢塞音、塞擦音时读音清化，大部分地区无论平仄，一般不送气，小部分地区平声送气，仄声不送气；辰溆片，古全浊声母舒声字今逢塞音、塞擦音时平声读不送气浊音，仄声（上、去）基本上读不送气清音，古全浊声母入声字今读绝大多数清化，派入阳平的大多不送气，派入阴去的大多送气；永全片，古全浊声母今逢塞音、塞擦音时无论

---

① 以上参阅彭建国《湘语音韵历史层次研究》，博士学位论文，上海师范大学，2006年，第9—14页。

② 《后村先生大全集》卷三《醴陵客店》，转引自张伟然《湖南历史文化地理研究》，复旦大学出版社1995年版，第67页。

③ 参阅周赛红《湘语的历史》，《长沙理工大学学报》（社会科学版）2006年第4期。

清浊、无论平仄，一般念不送气音。

如果说音韵特点是形成该片方言的基础，反映了该片方言内部的一致性，但这种一致性是相对的，在片区内部，还存在这样那样的差异，根据这些差异往往又可以划出几个小片。如长益片就可划分为长株潭小片、益沅小片、岳阳小片；娄邵片内可划分出湘双小片、涟梅小片、新化小片、武邵小片、绥会小片；永全片大致分成东祁小片、道江小片、全资小片。辰溆片是湘语中唯一没有划分小片的方言地区。虽未划分小片，但三处方言在声调、来母细音今读等方面仍然存在某些差异。可见，湘方言经过漫长的历史发展，呈现出了种种复杂的不平衡局面，并且语音发展中的新老更替表现尤为明显。在鲍厚星看来，湘方言语音更替最常见的表现是：以尖团合流来替代保留尖团；以浊音清化来替代保留浊青；以入派舒声来替代保留入声。同时，湘方言里存在许多复杂的音韵现象，与湘方言里丰富的文白异读现象密切相关。[①]

由于有新老更替现象的产生，湘方言自然出现了老派和新派，即新湘语和老湘语。新湘语流行于长沙、湘潭、株洲、益阳等大中城市中，受西南官话和赣语的影响比较大，语音上突出的表现是由繁到简，古全浊声母字一般都已念为清声母字。老湘语广泛流行于湖南中部湘乡、双峰、娄底、邵阳、武冈等地，受外部方言影响较小，语音基本上仍保留古浊音声母。因此，新老湘语之间互通程度较低。而从语法上来看，湘语则具有词序倒置的特点。如下：

打不他赢（动词 + “不” + 宾语 + 补语）——打他不赢（动词 + 宾语 + “不” + “补语”）——打不赢他。

赚的钱到（动词 + “得” + 宾语 + 补语）——赚得到钱。

把本书我（“把” + 宾语 + 主语）——给我一本书。

我搞不砣清来！——我弄不清楚。

个键盘打不得字出。——这个键盘打不出字；

张爹，把杯水我啰！——老张，给我一杯水啦！

我还冒把钱你来！——我还没给你钱呢！

个火就有蛮大，烧得水开！——这火还真是大，能烧开水了！

① 鲍厚星：《湘方言概要》，湖南师范大学出版社2006年版，第9—60页。

第二节　湖南人的形成

湖南的自然地理呈马蹄形，三面环山，北部为洞庭湖平原。在远古时代并不是华夏族的范围。从新石器时代到西周，在湖南境内活动的主要是蛮人、濮人和越人。越人主要分布于整个湘江流域及资水中下游地区，蛮濮则活跃于沅澧流域与湘西南地区。他们是当时湖南地区居民的主体，组成一些相对独立的族群集团。他们的社会经济生产力较为落后，尚未建立起统一的国家，所谓“濮夷无君长总统，各以邑落自聚，故称‘百濮’也”。[①] 湖南虽属传说中由夏禹所定“九州”中的荆州之域，但事实上直到西周，湖南仍未纳人中原王朝直接统治范围，而被视为“荒服”之地。西周之后，从楚人进入湖南开始，随着华夏民族的形成，湖南的汉民族，即湖南人也在这个民族大融合的潮流中发轫。

一　楚人入湘：湖南人的发轫

湖南与中原地区的联系可以上溯到尧舜禹时期。据说尧舜禹时代，主要分布在洞庭湖和彭蠡湖（今江西鄱阳湖）之间，即长江中游以南一带的三苗作乱，舜、禹都曾亲自率军南征，并深入湖南境内。《史记·五帝本记》载：舜“代尧践帝位三十九年，南巡狩，崩于苍梧之野，葬于江南九疑，是为零陵”。这里所说的“苍梧”“九疑”，即九嶷山，古属零陵，今属湖南宁远县地。可见，舜在同三苗集团的最后一次战争中，曾越过长江、洞庭，进入三苗腹地，并溯湘江而上，直抵湘南的苍梧之野，葬身九疑。舜死后，随征的族人、宗亲有不少滞留南方，成为在史籍中有明确记载的早期徙居湖南的一批华夏族人。《山海经·大荒南经》载：“赤水之东，有苍梧之野，舜与叔均之所葬也。”晋郭璞注：“叔均，商均也。舜巡狩，死于苍梧而葬之。商均因留，死亦葬焉。墓在今九疑山中。”也就是说，舜之子商均曾随父南征三苗，并且在父死后留居在了湖南。舜的弟弟象也可能是在战争过程中被封在了湖南。《水经注·湘水》载：零陵北部的应阳县（在今东安县东北），县东五里为“有鼻墟”，“言象所封也”。《大清一统志·永州府》载：“有鼻墟，在道州北，接东安县境。”

① 《左传·文公十六年》孔疏引杜氏《释例》。

湖南境内有关禹的遗迹和传说亦很多。《吴越春秋·越王无余外传》："禹乃东巡，登衡岳……南到计于苍梧。"罗含的《湘中记》、赵晔的《吴越春秋》、郦道元的《水经注》、徐灵期的《南岳记》、王象之的《舆地记胜》等，对南岳衡山"禹碑"均有记述。而从湖南境内出土的商和西周时代的青铜器分析判断，商朝中期以后和商末、西周初年，部分商人族群确已生活与活动于湖南的一些地区。也就是说，春秋以远，北方和中原的华夏族人曾不断进入湖南，使南北的经济文化开始有了联系和交流。但由于人数少，这些南下的华夏族人很快也就为当地"蛮夷"所融合。《国语·郑语》韦昭注："濮，南蛮之国，"又云："濮，蛮邑……叔熊逃难奔濮，而从蛮俗。"

1. 楚人入湘之始

楚人入湘之始在西周末和春秋初。前822年（西周宣王在位），楚熊霜卒，"三弟争立，仲雪死，叔堪亡，避难于濮，而少弟季徇立"[①]。所谓"濮"地应在今湖南西北一带。这是文献记载的楚人首次进入湖南。

楚人分东西两路入湘。西路自郢都（今湖北江陵）一带越江南下，进入洞庭湖西部和澧水中下游及沅水下游地区；东路从鄂（今湖北鄂县）一带沿洞庭东岸南进，入湘江中下游，即今岳阳和长沙地区。根据文献记载并结合考古材料推断，楚人和楚国势力首先是由西路进入湖南，到达洞庭湖西北岸和澧水中下游及沅水下游地区的，即今常德地区各市、县。时间约在两周之际。这一地区，北与湖北松兹、公安等地连成一体，隔江与楚郢都相望。当时这里的居民主要是属于"荆蛮"部落集团，与楚人属同一个族系；其次是"百濮"的某些族群。[②]

楚的军事和政治势力正式进入湖南，据伍新福的研究，应始于春秋初年的蚡冒时期。《国语·郑语》载："及平王之末，而秦、晋、齐、楚代兴……楚蚡冒于是乎始启濮。"所谓"启"，即开拓之意。从此，楚人将其军事政治势力开始深入被称为"濮地"的湖南西部地区。至公元前704年，楚熊通"自立为武王，与随人盟而去。于是始开濮地而有之"[③]。自蚡冒"启濮"后，又经过四十年左右的征伐，楚人才据有了"濮地"，开

---

① 《史记·楚世家》。
② 参阅伍新福《湖南民族关系史》上卷，民族出版社2006年版，第52页。
③ 《史记·楚世家》。

始在湖南澧水中下游一带站住了脚跟。①

2. 楚人向湘中、湘西的推进

楚人入湘后从鄂地出发，沿洞庭湖东岸和湘江下游南进，在今岳阳、汨罗一带建立军事据点，再南溯湘江而上，发展到湘中地区。

楚人进入洞庭湖东南岸地区，始于楚文王时期。据《汉书·地理志》应劭注“罗”，“楚文王徙罗子自枝江居此”。汉之罗县，即今汨罗和岳阳。罗子国故城址即在今汨罗西北部的屈原农场。考古发掘材料证明，故城遗址的年代属春秋中期。据此可断定，最迟在春秋中期以前，楚人和楚国势力已正式进入岳阳、汨罗一带，并在该地建立了战略据点罗子城，以其为楚国屏藩，镇抚和开拓湘北、湘东的“蛮”“越”地区。

春秋中晚期，楚人以洞庭湖东、西两岸的澧水、沅水下游一带和岳阳、汨罗地区为基地，又分东、西两路开发湖南境内其他地区。在西路，一方面继续征服“蛮、濮”民族，将势力扩张到沅水中游即今湘西自治州和怀化市所属地区，同时偏东进入资水中下游和益阳地区。东路，自岳阳、汨罗沿湘江而上，进入湘中。两路楚人在长沙地区会合，然后向湖南纵深发展。至春秋晚期，完成了对整个湘中地区，即今长沙、益阳、湘潭、株洲所属各市、县，以及邵阳和衡阳部分市、县的推进。②

《左传·昭公三年》载：前539年，楚灵王与郑伯和子产“以田江南之梦”。杜预注：“楚之云梦跨江南北。”“田”即狩猎。“梦”即云梦泽，春秋时期其范围包括洞庭湖区和湖北的安陆、云梦一带大片地域和沼泽。显然当时这些地区已处于楚国的牢固控制之下。楚平王时期（前528—前516年），楚人进一步向沅水中游扩展。《舆地纪胜》引南朝伍安贫《武陵记》云：武陵（即今常德、桃源）有湖“产菱”，“壳薄肉厚，味特甘美，楚平王尝采之，有采菱亭”。采菱亭，又称“采菱城”，据《武陵记》云，在“桃源县东北二十五里”。今桃源、常德交界的茅草街附近，有古城遗址，其位置与文献所载的采菱亭和采菱城相吻合。这说明，当时武陵地区，即今常德、桃源一带已正式归入楚国政治版图，所以楚平王巡游该

① 近几十年在澧县、临澧、华容、安乡等地发掘出大批楚墓和楚人文化遗址，其中年代最早的属春秋早期，即相当于熊通在位时及其以后的一段时期。这恰好印证了有关文献资料的记载。

② 参阅伍新福《湖南民族关系史》上卷，民族出版社2006年版，第54页。

地，并建亭筑城。

又据《左传》记载：昭公十九年（前523年），楚平王还采纳费无极的建议，“为舟师以伐濮”。据考证，楚平王进行的这次征伐战争，“应是自长江进入沅水，水陆并进，席卷百濮散居的澧、沅流域”[①]。实际上，通过这次征伐，楚人已将澧水和沅水中游地区，即今张家界市和桃源县以上的沅陵、泸溪、辰溪、溆浦、古丈、保靖、麻阳等县地，都已纳入了楚国版图，并向东达资水和湘江中游地区。正是在此基础上，楚设置了黔中郡。从考古资料看，溆浦、保靖、沅陵、麻阳等地发掘清理的楚人墓葬和遗址，年代早的属春秋中晚期、战国早期。这同文献记载的楚平王“为舟师以伐濮”的时间大体相符合[②]。

这个态势，表明楚人已完成了对湘中和湘西的推进和开发，《史记·楚世家》载：“成王恽元年，初即位，布德施惠，结旧好于诸侯。使人献天子，天子赐胙曰：‘镇尔南方夷越之乱，勿侵中国’。于是楚地千里。”与此同时，湖南境内的楚人已被卷入华夏民族大融合的潮流之中。故《国语·楚语》云：“赫赫楚国，而君临之，抚征南海，训及诸夏。”《左传·襄公十三年》载：楚“抚有蛮夷，奄征南海，以属诸夏。”

3. 楚人向湘南的开拓

楚人在巩固对澧、沅二水下游和洞庭西部地区开发的同时，继续向越人控制的湘南推进。约前385年，楚悼王对南方以古越人为主的地区发动全面征服战争。《史记·吴起列传》称：“楚王素闻起贤，至则相楚，明法审令……于是南平百越。”“百越”，《后汉书·南蛮传》中又称之为“蛮越”，是指洞庭湖以南（今湖南至广东北部地区）的土著“荆蛮”和“杨越”族群，将整个湘中、湘南地区及广东北部地区都纳入楚国版图，故《后汉书·南蛮传》称“吴起相悼王，南并蛮越，遂有洞庭、苍梧”。

通过吴起的大规模军事行动，楚人完成了向湘南的开拓，同时也基本上完成了对湖南全境的开拓。考古资料表明，至战国中期，以随葬鼎、敦、壶、陶礼器等为特征的楚人墓葬，已遍布湖南全境，楚人的文化遗存已全面扩展到原土著“蛮”“越”民族生活地区。例如，在湘南郴州地区，楚人的军事力量虽然于春秋晚期一度到达这里，因而留下郴州市高山

① 参见何浩、殷崇浩《春秋时楚对江南的开发》，《江汉论坛》1981年第1期。

② 参阅伍新福《湖南民族关系史》上卷，民族出版社2006年版，第56页。

背遗址等春秋晚期的楚人墓葬。

对此，考古发掘提供了证据，现存战国墓葬中，春秋时期的墓葬全为越族墓，而战国早期的墓葬，楚文化的影响就有了明显的反映。战国中期以后，楚人墓葬大大增加。目前，湖南全省已发掘数千座楚墓，其中战国中晚期的占大部分，分布区域遍及全省。这说明，自战国中期以后，楚国已完全征服和统治了湖南，楚人已构成湖南境内居民的主要成分，楚文化也就取代原土著“蛮、濮”和“百越”文化，而占据了统治地位。[①]

楚人入湘，在春秋时代主要分布在洞庭湖周边和澧、沅、资、湘四水下游地区及湘中一带；春秋战国之际和战国早期，进入资水和沅水中上游地区；战国中、晚期和吴起“南平百越”之后，逐步达到湘江上游和整个湘南地区。从已发掘的楚人墓葬和遗址分布看，楚人最集中的地区是以长沙为中心的湘中一带，其次为洞庭湖西岸、澧水和沅水下游地区，楚人所占比例最小的，是湘南和湘西南。[②]

楚人入湘后，湖南境内的土著“蛮”“濮”“越”民族，部分离开洞庭湖周边和湘、资、沅、澧四水下游及湘中一带等楚人主要分布区，迁居湘南、湘西山区，很多则很快地融合于楚人。反映在墓葬上，出现了不少湖南土著文化与楚文化相互融合的现象。如土著“蛮、濮”民族聚居地区的澧水和沅水流域，发掘的楚墓形制中有大量设头龛土坑墓，这类设头龛的楚墓大多数应是“蛮、濮”民族的墓葬。[③] 1956 年在长沙发掘的春秋晚期的沙湖桥 36 号墓，随葬物中既有楚式陶鬲，又有一印纹硬陶罐置于腰坑之中，墓葬设置腰坑和鳡纹硬陶罐都是典型的越人风格，而陶鬲则是典型的楚炊器。显然，楚人进入湖南，使华夏族文化开始扎根于湖南蛮族地区，形成了湖南汉民族的重要源头，南来的楚人吸收和融合了部分土著居民，所以，谭其骧说：

> 上古世荆、楚称为蛮夷。《诗》曰：“蛮、荆来威”，又曰：“蠢尔蛮、荆，大邦为仇”[④] 是也。故更在楚南之今湖南地，几不为中原

---

① 参阅伍新福《湖南民族关系史》上卷，民族出版社 2006 年版，第 57 页。

② 同上。

③ 曹传松等：《试论楚带龛墓》，载楚文化研究会编《楚文化研究论集》第三集，湖北人民出版社 1991 年版。

④ 《小雅·采芑》。

人所知。《尚书》中有所谓“崇山”，有所谓“苍梧”，[①] 其地皆在今湖南境，然当时中原人对于此诸地之知识，其模糊隐约盖与秦汉人之视蓬莱、方丈等耳。《春秋》桓公十三年蛮与罗子共败楚师，杀其将屈瑕。[②] 罗，当今湘阴、平江二县境。文公十一年楚子伐麇。[③] 麇，当今岳阳、临湘之地。自是湖南之东北境始入于历史时期。至诸夏势力之侵入湖南，则要始于战国初吴起相楚悼王，南并蛮、越，取洞庭、苍梧之地，于是湖南之东部湘、资二流域入于楚。其后复西向并吞沅、澧二流域，曰巫中，[④] 而湖南之全部皆入于楚矣。是时湖南境内之民族，除土著之蛮夷而外，外来之移入者，当即为湖北境内之荆、楚民族。观夫屈原以楚之王室，而徘徊于沅、澧之间，啸傲以汨罗之畔，是湖南之已为楚人所熟知熟至也可知矣。秦汉时之湖南人，盖即此时移入之荆、楚民族之后裔也。[⑤]

二　秦汉至南北朝：湖南人雏形的形成时期

秦汉是华夏民族发展成汉民族的转型时期，本书第一卷已详述。湖南在楚国统治时期，作为主体居民的楚人已经融入华夏民族，在政治、经济和文化等方面，均加强了同中原及全国其他地区的互动和融合，特别是秦汉王朝所实施的“大一统”政策，使原主体居民楚人，同南下的北方和中原华夏族人，以及部分土著“蛮夷”族居民进一步融合，促成了具有湖南特色的汉民族的雏形形成。

1. 秦始皇的“大一统”加速了湖南人与整个华夏民族的融合

秦始皇修筑驰道，其中一条南北主干线直达吴、楚。据宋代祝穆《方舆胜览》和清康熙《永州府志》等方志记载，零陵县（今永州市）有“秦驰道”，其中一条向南直达湖南，“之（至）衡山”。贯穿湖南境内的驰道，经今之临湘、岳阳、长沙达衡阳。从衡阳入粤，又分为两条主要通道，一是出桂阳入粤北，为东线；一是出零陵入广西，为西线。据记载，零陵的“秦驰道”在“县东八十里，阔五丈余，类今之河道，两岸

---

① 《尧典》。

② 《左传》。

③ 《左传》。

④ 《后汉书》卷一一六《南蛮传》。

⑤ 谭其骧：《长水集》上册，人民出版社 1987 年版，第 312—313 页。

如削，夷险一致”[①]。从而加强了湖南同中央王朝的联系，不仅成为统一国家的有机组成部分，也加强了湖南汉民族与整个汉民族的紧密联系。

秦始皇“戍五岭”，对湖南人的直接影响更大。所谓“戍五岭”，就是以军事力量征服、控制“五岭”南北一带和“南越”地区。据《史记·秦始皇本纪》记载，始皇三十三年（前214年），“发诸尝逋亡人、赘婿、贾人，略取陆梁地”。即征调大批流亡人口和商人等，去掠取和开拓“南越”。继之，又派遣尉屠睢“发卒五十万为五军”，进取越地。其中，“一军塞镡城之岭，一军守九疑之塞”[②]。镡城，即西汉置镡成县，今靖州和通道县地，为越城岭西麓。九疑，即九嶷山，在今永州地区东南部，与都庞岭及萌渚岭相接。“戍五岭”的“五军”，有两军驻扎于湖南境内。同时，又发军卒凿“灵渠”“以转饷”[③]。这沟通和加强了两广中经湖南同中原的联系，进一步加强了中央王朝对湖南地区的直接控制。而由关中一带南下的“逋亡人、赘婿、贾人”和50万大军，后来滞留和落籍于湖南的当不在少数，有人认为湖南境内秦墓的墓主多为南下的秦人士卒和下层官吏[④]，而陶渊明《桃花源记》所描述的那群人的祖先，在江南地区避秦乱而逃亡山林，以后“不知有汉，无论魏晋”，也必定有其原型。他们与原居民融合，更直接成为湖南汉民族，即湖南人的组成部分。

2. 汉代的“大一统”加强了湖南人与整个汉民族的联系

西汉之时，在湖南以临湘（今长沙市）为中心，置长沙国，先后分封异姓功臣吴芮和景帝之子刘发为长沙王，共传袭210年。此外，还设置武陵、桂阳、零陵3郡。一国3郡下辖47县，属地在今湖南境内者36县。自汉初始，又广封诸王子建侯国。历代长沙王子受封侯国共计25个。其中封地在湖南境内的有便（治今永兴县）、沅陵（治今蓝溪口）、容陵（今攸县地）、路陵（今溆浦县境）、攸舆（今攸县东攸溪南）、茶陵（今茶陵县地）、夫夷（今新宁县地）、舂陵（今宁远县地）、都梁（今武冈县地）、泉陵（今永州市地）、钟武（今衡阳县地）、湘乡（今县地）、昭陵（今邵东县地）、承阳（今衡阳市地）等，共14侯国。[⑤] 湖南的建制基本成型。

---

① 转引自伍新福《湖南民族关系史》上卷，民族出版社2006年版，第81页。

② 《淮南子·人间训》。

③ 同上。

④ 贺刚：《论湖南秦墓、秦代墓与秦文化因素》，载《求索》1989年增刊。

⑤ 参阅伍新福《湖南民族关系史》上卷，民族出版社2006年版，第83页。

湖南郡县设置的严密，特别是与西汉王朝同始终的长沙国的建立，以及遍布湖南各地的诸王子侯国的存在，使中央王朝进一步强化了对湖南的统治，促使湖南人同中原及全国其他地区的联系更加密切。而随着长沙国和各、县、侯国的设置，以及军事布防的需要，大批官吏、将士和军卒不断进入湖南，还有随之而来的众多眷属、宗亲、仆隶、匠役等，这使湖南地方文化与统一的全国性的汉文化的趋同性进一步增强。因此在西汉王朝统治的两百多年间，中央王朝更是长期屯驻重兵于长沙，并于其南境严密布防，以镇绥和防范当时南越赵佗割据势力，长沙马王堆汉墓出土的《驻军图》即反映了西汉前期长沙国南部的驻军与人口分布，而这些军队大多是由北方汉人组成的，湖南汉民族的雏形得以形成。

西汉的遗址和墓葬则相当多，遍布于湖南各地，其中又以长沙地最为集中。自 20 世纪 50 年代迄今，在湖南境内经调查和发掘的西汉墓葬已达数千座，仅长沙地区即在 2000 座以上。这些墓葬分属于西汉早、中、后期，绝大多数为中小型墓，其中也有一批王侯级的大型墓葬。如已经发掘的有：长沙市湘江西岸象鼻山、陡壁山、望城坡一带的吴氏长沙王和王后墓，长沙市杨家山、柳家大山、汤家岭一带刘氏长沙王室墓，长沙马王堆长沙国丞相轶侯家族墓，永州市鹞开岭泉陵侯家族墓。从考古发掘来看，西汉墓中原汉民族所共有的文化习俗日趋增多，原来楚人的文化因素则日益减退和消失。如服饰，楚人多着直裾式长袍，而中原地区齐、秦、晋诸国多着一种曲裾式长袍。长沙马王堆汉墓出土的木俑、帛画人物的服饰，有楚式长袍，也有中原式长袍，但中原式长袍已占绝对优势。据初步统计，马王堆 1 号墓出土的 12 件长袍中，直裾长袍仅有 3 件，其余均为曲裾长袍。又如，文、景之前西汉早期墓，还随葬大批楚国货币“郢称”，同时又随葬四铢钱，其文曰“半两”。但自文、景之后所随葬的冥币，已全是“半两”和“两”，而“郢称”则完全消失。武帝行“五铢钱”后，又主要随葬泥五铢或铜五铢钱。还有，在西汉前期墓葬中出土的随葬陶器，形制上虽仍部分保留战国晚期的风格，但器物的组合却发生了变化。如除鼎、合、壶之外，出现了折肩折腹罐。考古界认为，这是受秦文化影响的结果，“具有划时代的意义”①。此外，从西汉中期以后，墓葬中随葬

① 宋少华：《试论长沙西汉中小型墓葬的分期》，载《湖南考古辑刊》第二辑，岳麓书社 1982 年版。

陶制的仓、井、灶等模型明器，这是战国楚墓和西汉早期墓所未见的。而这一套随葬品，最早出土于中原地区的西汉墓，在湖南境内的出现，显然是受中原文化影响的结果。可见，在西汉之时，湖南原有的楚人和楚文化已逐步融合于汉民族和汉文化，成为统一的汉民族和汉文化的一部分[①]。

据《汉书·地理志》记载，西汉平帝元始二年（2 年），长沙国和桂阳、零陵、武陵三郡，总计户 126858，口 717449。这是湖南有史以来的第一次人口统计数。不过，西汉时期汉族在湖南境内居民中并未取得绝对优势。《汉书·两粤传》载南越王赵佗曾称“长沙，其半蛮夷，亦称王”。颜师古注：“言长沙之国，半杂蛮夷之人。”即汉代的长沙国（郡）地域内，“蛮夷”民族居民占了人口的一半。当时，湖南蛮族见于记载的就有武陵蛮、长沙蛮、桂阳蛮、零陵蛮等。

东汉是湖南接纳外来移民的重要时期。入湘移民，一部分与政府的行政、军事手段有关，如建武十九年（43 年）马援“破交趾，斩征侧、征贰等，余皆降散。进击九真贼都阳等，破降之。徙其渠帅三百余口于零陵”[②]；也有因灾荒而组织的移民，如安帝永初二年（108 年），黄河流域“连年水旱灾异，郡国多被饥困”，樊宏上疏建议，将“困乏者，徙置荆、扬熟郡”，“令百姓各安其所”[③]；更多的则是为避战乱而零散持续的自发性移民，谭其骧先生指出：“中原人之开始大量来移湖南，湖南之始为中原人所开发，其事盖促成于莽末更始之世。方是时中原大乱，烽烟四起，田园尽芜，千里为墟，百姓皆无以为生，必有南阳、襄阳诸郡之人，南走避于洞庭、沅、湘之间，筚路蓝缕，以启此荒无人居之山林旷土也。”[④]《后汉书·卫觊传》亦载：东汉后期“关中膏腴之地，顷遭荒乱，人民流入荆州者十余万家”。大批中原人南迁进入湖南，促进了湖南汉族的机械增长。据《后汉书·郡国志》记载，东汉永和五年（140 年），湖南境内所置 4 郡，总计有户 649839，口 2813266。相较于西汉平帝元始二年（2 年）户 126858，口 717449 而言，前后相距仅 138 年，户数增加将近 4 倍，人口增加近 3 倍。在少数民族人口基本不入籍的情况下，官方所统计的基本上都

① 参阅伍新福《湖南民族关系史》上卷，民族出版社 2006 年版，第 83—85 页。
② 《后汉书·南蛮列传》。
③ 《后汉书》卷六十二《樊宏传》。
④ 谭其骧：《湖南人由来考》，载《长水集》（上册），人民出版社 1987 年版，第 313 页。

只是汉民族的户口数，户口的增长，实际上反映了汉民族的扩大和发展。

与此同时，中央王朝将湖南“蛮夷”民族置于郡县的统治之下，采取某些措施，发展当地生产，兴业办学，进行经济开发和文教“化导”，客观上促进了汉文化的传播、汉民族与各少数民族之间的交往和交流。如《后汉书·卫飒传》载：卫飒迁桂阳太守。“飒下车，修庠序之教，设婚姻之礼。期年间，邦俗从化。”又，“桂阳，民居深山、滨溪谷”，“去郡远者或千里”，卫飒“乃凿山通道五百余里”，大大改善了交通状况，省去累民的“传役”。后来，南阳茨充“代飒为桂阳太守”，也“善其政”，“教民种植桑柘麻纻之属，劝令养蚕织履，民得其利”。《后汉书·宋均传》载：建武中武陵郡辰阳县（今湖南辰溪）“俗少学者，而信巫鬼”，县令宋均“为立学校，禁绝淫祀，人皆安之”。《后汉书·应奉传》载：永丰年间应奉为武陵太守，“兴学校，举仄陋，政称变俗”。因此，不少蛮族人口在此过程中也被卷入了大融合的潮流而被汉化。

据伍新福研究，两汉时期湖南人口的大幅度增加，有自然繁殖的结果，也有由于天灾人祸或其他原因，北方汉民族人口大量南迁。这种南迁有时是由官府组织进行的，规模相当大。如东汉安帝永初二年（108 年），黄河流域“连年水旱灾异，郡国多被饥困”。樊宏认为“百姓凋残，恐非赈给所能胜赡”，故上疏建议，将“困乏者，徙置荆、扬熟郡”，“令百姓各安其所”①。其结果使包括湖南在内的荆州汉民族居民户口大大增加，反映了汉代湖南汉民族的发展规模②。

3. 魏晋南北朝从分裂到“大一统”促进了湖南人与整个汉民族的新融合

魏晋南北朝之时，汉民族经历了自秦汉形成以来的第一次大动荡、大分裂、大融合的过程。从东汉末年三国鼎立，到隋灭陈的近 400 年间，战争连年、灾祸频仍、政局动荡，其中北方地区受害尤深。因此从东汉末年开始，北方汉民族人口除一部分死于战乱和饥荒，其余有相当多的人大举南迁。对此，本书第一卷中已有详述。与湖南人形成有关的是，从东晋王朝开始，将北方和中原地区原有的郡、县“侨”置于南方各流民集中地。在今湖南安乡、澧县地置南义阳侨郡，下辖厥西、平氏二侨县，就是为安

---

① 《后汉书·樊宏传》。

② 参阅伍新福《湖南民族关系史》上卷，民族出版社 2006 年版，第 85—86 页。

顿原河南平氏县一带的义阳郡流民而设置的。迁徙到长沙地区的流民主要是巴蜀流民，《晋书·杜弢》载："时巴蜀流人汝班、蹇硕等万余家布在荆、湘间。"由于荆州刺史荀眺"欲尽诛流人"[①]，以防造反，结果引发了达数年之久的巴蜀流民起义，波及湖南全境，最后为陶侃所镇压。但这些流民大多就在这里散居下来，有的迁居到地广人稀的偏僻地区。南北朝时，长沙地区仍有北方和中原人口涌来，据《宋书·州郡志》记载，顺帝昇明三年（479 年），南义阳郡共计户数为 1607 户，人口为 9741 人。南朝各代于湖南境内新置的一些郡县，大多也是为安顿流民而置的侨郡、侨县。如南朝宋元元徽二年（474 年），湘州刺史王僧虔为安置巴峡流民，上表割罗县、益阳、湘西三县部分地置一新县，名湘阴。又如梁初的湘州屡经齐末的战乱，人烟稀少，一片荒凉，杨公则是萧梁王朝的第一任湘州刺史。他虽为武将，但性情宽厚，为政不苛。来长沙后，他奉行"轻刑薄赋"、与民休息的政策，使流落四方的百姓纷纷归来，湘州从此"户口充复"[②]，社会又安定下来。后张缵任湘州刺史时，在任时招诱流亡，"州界零陵、衡阳等郡有莫徭蛮者，依山险为居，历政不宾服，因此向化。益阳县人作田二顷，皆异亩同颖。在政四年，流人自归，户口增十余万，州境大宁"。[③] 梁时，析益阳县（今属沅江县）地置药山郡和药山、重华二县；于湘阴县置罗州。这些州、郡、县的设置，都同安置流民有关。大多数流民都是北方的汉民族。

经过魏晋南北朝的大迁徙和大融合，北方大量的汉民族进入湖南，及至隋代实现新的"大一统"，迁入湖南的北方汉民族与当地原土著的汉民族也逐渐完成了新的融合，一方面增加了湖南境内汉民族的人口；另一方面也引起湖南汉民族内部结构的变化：即源于楚人的土著汉民族成分所占比例减少，而来自北方的汉民族成分不断增加，于是有了汉民族中湖南人的雏形。

三 隋唐至两宋：湖南人雏形的发育时期

隋统一了中国，在大融合之后，汉民族以全新的面貌屹立在世界的东

---

① 《晋书·杜弢传》。

② 《南史·杨公则传》。

③ 《南史·张缵传》。

方。湖南人进入了曲折雏形的发育时期。

1. 唐代湖南人人口的变迁

隋唐之时，在新“大一统”的态势下，已成雏形的湖南人随着汉民族滚雪球式的发展，进入了一个稳定的发育时期。

唐代前期，由于战乱少，政局稳，社会比较安定，湖南的人口增长很快。据《隋书·地理志》所载户数统计，隋大业五年（609 年），湖南境内各郡县总计为 54687 户。每户平均以 4 口计，共有人口 218748 口。按《旧唐书·地理志》所载户口数统计，唐天宝元年（742 年），湖南各州县总计为 178374 户、1081481 口。前后比较，在 133 年间，湖南地区户数净增 123687 户，口数净增 862733 口，户数增长 3 倍以上，口数增加 5 倍以上。又据统计，唐前期贞观至开元的 100 年间，湖南境内各州县的户数由 65436 户增加到 223256 户，口数由 312630 口增至 1238504 口。户数增加 3 倍以上，口数增加近 4 倍[①]。由于隋代“蛮夷”“苗徭”一般仍未编户入籍，正如刘禹锡《莫徭歌》所云：“莫徭自生长，名字无符籍。”[②]所以上述官方的统计基本上只能是汉族居民的人口，基本上反映了湖南汉族人口的增长，使雏形的湖南人得到了一个难得的良好发育。

唐中后期，出现了两次移民湖南的高峰。一次是“安史之乱”后，《旧唐书·地理志》云：“自至德（756—757 年）后，中原多故，襄、邓百姓，两京衣冠，尽投江湘，故荆南井邑，十倍其初。”所谓“江、湘”，即指长江以南和湘水流域地区，“荆南”即荆州的南部，主要属今湖南地区。北宋周敦颐之先世就是“安史之乱”后不久自青州迁来，《鹤山集》5 卷 48《长沙县四先生祠堂记》云：“周元公先生之先世居青州，自唐永泰中有为廉、白二州太守曰崇昌，徙道之宁远县（唐代为延唐县，即今宁远县）大阳村，至裔孙虞宾之中子从远又徙营道之西曰濂溪。”另一次是唐末天下大乱时，大批北方和中原人随着迁徙浪潮，进入湖南。王珪《华阳集》卷五五《朱氏墓志铭》称“关中旧族多散荆湖南”。韦庄《湘中作》亦有“千重烟树万重波，因便何妨吊汨罗。楚地不知秦地乱，南人空怪北人多。”

---

① 参阅伍新福《湖南民族关系史》上卷，民族出版社 2006 年版，第 124 页。

② （唐）刘禹锡：《莫徭歌》，见《刘禹锡集》第二十六卷，上海人民出版社 1975 年版。转引自伍新福《湖南民族关系史》上卷，民族出版社 2006 年版，第 124 页。

五代是湖南移民史上的重要时期，尤以后唐同光年间进入湖南的外省人为多。谭其骧先生在《湖南人由来考》一文中说："五代移入湘阴者十八族，移入新化者三族，皆在后唐之同光中。故同光实为湖南开发史上最可纪念之一日也。此时由江西移入湖南者盖不只蔡邦所领自洪州至潭州之三百户而已，他州人亦已有之。即如湘阴十八族中，白茅村许氏，九桥王氏，一都彭氏，桃林吴氏，铜盆里吴氏，其先并吉州人，亦于同光中迁湘阴。吉州与洪州接壤，意者当时吉州人中，必亦有若洪州之蔡邦其人者，率领乡人，大举来移斯土也。"[①] 安化丰乐首兜冲李氏族谱称"始祖唐时德裕公，长子璋，居江西吉安府泰和圳上。后唐同光三年（925 年）子孙四十九人由吴人楚，同至善化槲梨，后徙各处。"[②]

特别是昭宗乾宁元年（894 年）许州鄢陵（今河南鄢陵县）人马殷随刘建峰率 10 万大军由江西进入湖南，乾宁三年（896 年），刘建锋为部曲所杀，殷被推为主帅。随即略取邵、衡、永、道、郴、朗、澧、岳、朗、澧、辰、叙等二十余州等州，控制了湖南全境及广西、广东的部分地区，任武安军节度使。朱温建后梁，马殷受封为楚王。后唐天成二年（927 年），其以潭州为长沙府，建立楚国。马殷及其诸子统治湖南达 56 年之久，采取一系列政策措施，保持湖南境的独立和地方安定，发展经济，使楚国在五代十国中强盛一时，来自河南的马氏家族、部属、亲信，遍布湖南各州县[③]，这对北方汉民族迁入湖南，也起了重要的推进作用。《资治通鉴》卷二六七"后梁开平二年条"称马殷"土宇既广，乃养士息民，湖南遂安"。南北各地的百姓、官僚和士人纷纷来到湖南。据王勇统计分析，江西在当时是入湘移民的主要来源地，移民迁入以今长沙地区最多，其次是岳阳地区，再次是益阳、湘乡，此外，郴州、株洲、衡阳等地也接纳了不少移民[④]，为湖南人的发育增添了新的血液。

但整个唐代湖南人的发育并不顺利。自"安史之乱"以后，湖南的人口的发展总的趋势是锐减。据《元和郡县图志》记载，湖南各州总户数，开元年间（713—741 年）为 159841 户（缺澧州、朗州数），元和年

---

① 谭其骧：《湖南人由来考》，载《长水集》（上册），人民出版社 1987 年版，第 346 页。

② 湖南图书馆编：《湖南氏族源流》，岳麓书社 2006 年版，第 366 页。

③ 参阅伍新福《湖南民族关系史》上卷，民族出版社 2006 年版，第 128 页。

④ 王勇：《湖南人口变迁史》，湖南人民出版社 2009 年版，第 299 页。

间（806—820 年）为 85619 户（缺澧州、朗州、锦州数）。数字虽然不全，但两项比较仍大致可看出，从开元至元和的 100 年左右，湖南地区的人口（基本上也就是汉族人口），减少了将近一半。其原因大多与战乱相关，致使许多人家园被毁，背井离乡，如湖南兵马使臧玠乱时，杜甫恰好在湖南，以亲身经历写下《入衡州》《逃难》《白马诗》等诗篇，淋漓尽致地描述和记载了当时的悲惨情景。据记载，湖南潭州户数，开元年间为 21800 户，元和年间降至 15444 户。[①] 作为这次战乱中心地潭州，户数净减 6356 户。凡此等等，不胜枚举。[②] 这种变迁，在一个相当长的时期影响了湖南人雏形的发育。

2. 两宋的开发和移民为湖南人发育补充了新鲜血液

北宋之初，推行与民休息、劝课农桑等一系列恢复与发展社会经济的政策，因而经济发展，社会安定，湖南的人口随全国人口大幅度增加而增加。《元丰九域志》记载，元丰年间（1078—1085 年），湖南境内各州及桂阳监户数总计为 1070923 户。与唐开元年间 223256 户比较，三百多年之间，户数净增 847667 户，增幅在 4 倍以上，又据《宋史·食货志》记载，崇宁元年（1102 年），湖南各州（监）总户数为 1195500 户。与元丰年间比较，20 年左右，户数又净增 124577 户，增幅达 4782000 口，将近 500 万人。由于神宗熙宁（1068—1077 年）年间，相继开发“梅山蛮”地区和“南江诸蛮”地区，新置安化、沅州、诚州等州县，北宋时湖南人口统计数，可能包括了已编入户籍的“蛮夷”，但为数很少，绝大多数依然是当时湖南境内的汉族居民。户口数的增加，所反映的基本上仍是汉族的扩大和人口的增长。到嘉定十六年（1223 年），湖南总户数增加到 1251202 户，超过了北宋时期的最高户数。湖南人口的这种上升趋势至南宋末年始告结束。

宋代湖南汉民族人口的增加来自两个方面，一方面是宋神宗熙宁年间（1068—1077 年），任用王安石变法革新，国力增强，决意“开疆辟土”，遂将“开拓”“梅山蛮”提上了日程。据光绪《湖南通志》卷八二记载：“宋有天下一百一十三载，梅山之地犹列溪峒。熙宁天子，励精求治。顾宰相曰：‘重湖之间，蛮徭错处，非所以一教化、同风俗，宜开拓而统领

---

① 参见《湖南省志·地理志》，湖南人民出版社 1987 年版。

② 参阅伍新福《湖南民族关系史》上卷，民族出版社 2006 年版，第 125—126 页。

之。’”熙宁五年（1072年），神宗任命章惇为荆湖南北路察访使入梅山地传檄招谕，负责对“梅山蛮”地的“开辟”和“经制”“南、北江蛮”。

梅山蛮地包括今新化、安化两县以及邻县的部分地区。《宋史·蛮夷传·梅山峒传》载：“蛮徭争辟道路以待。得其地，东起宁乡县司徒岭，西抵邵阳白沙砦，北界益阳四里河，南止湘乡佛子岭。籍其民，得主客万四千八百九户，万九千八十九丁。田二十六万四百三十六亩，均定其税，使岁一输。乃筑武阳、关硖二城，诏以山地置新化县，并二城隶邵州。”从此，梅山蛮地纳入版籍，在湘中地区消除了“化外”，加速了原“蛮徭”族的“汉化”进程，又招徕汉民耕垦，使该地区的汉族人口激剧增加并占据了绝对优势地位。

所谓“南、北江蛮”，是以沅江及其支流所处位置划分的。宋人将沅江中游及酉水流域称北江，将沅江上游及南部的辰、巫等支流称南江。“南、北江蛮”也就是原来所习称的“武陵五溪蛮”。据《宋史·蛮夷传·西南溪峒诸蛮传》载，熙宁六年（1073年），章惇“进兵破懿州，南江州峒悉平，遂置沅州，以懿州新城为治所，寻又置诚州”，完成了对南江诸蛮的开拓。与此同时，又鼓励外地民迁入经营田土，沅州等地“拘籍地土，拨充屯田，作营田，其余召人请佃，租米约有万计”①。置博易场使少数民族与内地互市，还建立学校以教化“蛮民”，加速了当地的汉化进程。除直接管辖少数民族聚居地外，宋代还经常将内附的少数民族首领及俘虏迁往内地，如宋乾德五年之彭允足和彭允贤，大中祥符五年之魏进武，天禧二年之李顺同等八百余人及彭仕汉、彭儒霸和彭儒聪，天圣三年之彭儒素等九十二人，熙宁九年之彭师晏等十八人，熙宁十年舒光勇等，他们在迁入内地后，很快就会被周围的汉人所同化。如《默记》卷中载，舒光勇本溪洞生黎首领，因招降置内地，监安州酒税，并且很快喜欢上了汉人胡饼之类的生活饮食。

此外，两宋之际移民入湘，也进一步带动了迁入地少数民族的汉化。尤其是当时湖南北境的鼎州、澧州，由于位于自中原经襄阳、江陵和洞庭湖西北南下湖南和岭南的大道上，移民较多。洪迈《夷坚志》三志辛卷四称：“西北士大夫遭靖康之难，多挈家南寓武陵。”因此，当地的汉化

① 《宋会要辑稿》食货二之七。

程度也较高。于是，湖南“南、北江蛮”的汉化，从一个新的层面为湖南人的发育补充了新鲜血液。

另一方面，及至南宋，中国又进入了一个大动荡、大分裂、大迁徙和大融合的时期，宋、辽、金的对峙争战和南宋偏安后，导致战火兵燹，北方汉民族又一次大规模南迁。北方汉民族的南迁，在“靖康之难”时形成新的浪潮，出现了“中原士民扶携南渡几千万人”的局面。这些成千上万的中原人，大多都进入了“有膏腴之田；亘数千里，无人可耕”[①] 的荆湖、两浙等地。所谓“荆湖”，即今湖北、湖南。

后来，一些迁入湖南的北方汉民族，不少还发展成湖南的大姓巨族。这就使湖南人在发育中发生了结构性的变化，即原湖南土著的汉族居民所占比例日益减少，而北方和中原人在湖南汉民族居民中的成分大大增加。如湖南汉族中的张姓，多源于唐僖宗时任国子监祭酒的张璘。唐朝末年，张璘追随唐僖宗由长安南下，避难于四川。其后人落籍绵竹，南宋时绵竹张家出了个坚决抗金的宰相张浚。他东进抗金，进入湖南，死后葬于衡山脚下。其子张械、张杓落籍湖南宁乡龙塘。他们的后裔，后来有的再迁浙江和江西，有的或迁福建，而其中的一支则繁衍于宁乡、益阳、龙阳（今汉寿），后又逐渐散居于沅陵、泸溪、溆浦、邵阳、祁阳、新化、安化各地。张械的曾孙张镗，于宋景炎二年（1277 年），曾响应文天祥号召，在湖南安化、宁乡各地招募民兵抗元，并一度收复衡山、湘潭、攸县。后兵败被杀。其子张惟考，隐居安化三洲，为该地张姓之祖。[②] 这就使湖南人的结构发生了相当大的变化，即原湖南土著的汉族居民所占比例日益减少，而北方汉民族在湖南人中的成分大大增加，使湖南人的发育获得了更多的新鲜血液。

四　元明至清：湖南人形成的定型时期

元代之后中国的“大一统”，为湖南人形成的定型提供了稳定的舞台。

1. 元代湖南人的大发展

元初，由于长期战乱等原因，全国整体人口一度锐减，而湖南的状况

---

① 《文献通考・田赋考》。

② 邓洪波：《中华姓氏通史——张姓》，东方出版社 2000 年版。

有所不同，与南宋时相比，户口数仍有较大的增长。如南宋嘉定十六年（1223 年），荆湖南、北两路，户 1621022，口 3790440①；元至顺元年（1330 年），湖广行省，户 2010708，口 6795614②。元代所置湖广行省，辖湖南、湖北两道，相当于宋代荆湖南、北两路。一百多年间，户数增加近 1/4，人口增加近 80%。仅就湖南而言，增长的幅度也是相当大的。

实际情况正是这样，由于元代对少数民族分而治之，在湖南少数民族的主要聚居地区即武陵五溪地区（今张家界市和湘西自治州所属各市县）建立了一批由土官治理的大小土司，又在以腊尔山为中心的湘黔边形成一大块既未设置土司，又未派流官治理的所谓“生苗”区。而这些土司辖地和“生苗”区的各族居民均未编户入籍。元代湖南户口统计数，基本上还只是汉民族居民的户口数，户口的增长主要还是反映了汉民族人口的增加和发展。究其原因，主要是湖南相对而言受战火兵燹影响较小，湖南与北方、中原地区以及苏杭江浙等地比较，所遭受的损失和破坏相对较小，而且在元朝统治的数十年间，湖南境内也相对比较平静，未出现什么大的动乱。所以湖南成了当时移民的主要迁入地。据王勇研究，尽管正史中对移民个案记载不多，但据《湖南氏族源流》所载资料统计，在元代迁入湖南的移民有 657 户，年均 7.4 户，超过了两宋时期。迁入地以江西最多，有 512 户，占 77.9%，其次是湖北，还有江苏、浙江、福建、安徽、上海、河南、山东等地。③ 有因征伐与戍守入湖南定居的，如宁乡符氏，始祖“彦文，字成章，元季授万户侯，由福建汀州协镇长沙，卒葬宁乡枫梓庙”；有因仕宦入籍湖南的，如麻阳聂氏，“始祖登先公，元朝江西泰和县东乡人，任长沙府通判，生四子，西徙湘乡、辰州、宝庆、新化”；有因经商入湘的，如桃江增塘彭氏，“始迁祖寿三公，元末由江西经商，卜居增塘”；有因爱湖南山水、风俗而在此定居的，如麻阳吴氏，“始迁祖富可公，原籍金陵，后徙江西泰和县枣子湾隐居。元皇庆元年（1312 年），宦贵州铜仁，途经麻阳新营而甚爱之，解组后遂卜居于此”；有因求学、讲学入湘的，如衡山汤氏，“始祖万一郎，元时官太常，生子护生、广生，由云阳教授来楚，初徙茶陵。其后谕、珉、寅、审、真、

---

① 《文献通考·户口考二》。

② 《元史·地理志六》。

③ 王勇：《湖南人口变迁史》，湖南人民出版社 2009 年版，第 315 页。

贤、宇、端八公先后开籍衡山”；更多的是前来避难或受兵难阻挡、无法返乡而定居湖南的，如麻阳刘氏，“始祖彦九公，元至正元年自江西南昌府梓溪任湖广靖州牧，任满归途遇红巾军阻隔鄱湖，遂卜居黔阳铜湾”。[①]这些入湘移民不仅增加了湖南汉民族的人口，也大大推进了土司区外的汉化过程，从而使湖南的户口和汉民族人口得到了大幅的增长。

所以，宋崇宁元年（1102 年），湖南所属各府、州总计，户约 120 万，口约 260 万。[②] 而到元至顺元年（1330 年），湖南所属各路、州总计，户数为 182 万以上，口逾 571 万。[③] 二百余年间，湖南境内户数增加 1/3，人口则增加了 1 倍以上。

2. 明代湖南人结构的大拐点

明代是湖南人形成的一个大拐点。出现拐点的原因是明代湖南人口及其结构发生了很大的变动。

元末明初的连年战祸与兵燹，使湖南大部分地区，特别是汉民族集中的湘北、湖中滨湖和沿江平原地带，田园荒废，庐舍为墟，原来居住在湖南的居民大量散亡，导致人口锐减。

据明隆庆六年（1572 年）统计数字，岳州府，户 46172，口 283780；衡州府，户 51961，口 358916；永州府，户 23881，口 141632；宝庆府，户 20636，口 221207；辰州府，户 20332，口 156714；常德府，户 21145，口 144544；郴州，户 15886，口 94390；靖州，户 9976，口 88690。明代在湖南境内所置的七府和二直隶州，总计户 276101，口 1917047。这是明王朝建立两百年后的户口数。如果同元至顺元年（1330 年）湖南所属 14 路、3 州的户口数（1823146、5719050）比较，户减少 1547045，口减少 3802003。242 年间，湖南户口不但没有增加，反而分别减少近 6 倍和 3 倍，真是令人难以置信。正如伍新福所言：如果考虑到明王朝对户口登记和统计所存在的差漏，其实际数字可能会多一些。因为明代及全国和全省各地的官田、王庄内的佃户，以及豪强地主的私人佃户，均未进行户口登记（即记人黄册），而是打人“另册”。成千上万的佃户未能独立成户，

① 湖南图书馆编：《湖南氏族源流》，岳麓书社 2006 年版，第 941，796，983，442，282，292 页。

② 《宋史·地理志四》。

③ 《元史·地理志六》。

其丁口又多被诸王侯和官绅豪强所隐瞒，所以官府登记和统计的户口数，特别是户数，大大少于实际的数字，这完全是可能的。但这并不能否定明代湖南的人口较元代明显下降的事实。据记载，岳州府（含元代澧州辖地），洪武年间（1368—1398 年）有户 70867，口 207743；隆庆六年（1572 年）有户 46127，口 283780。常德府，洪武二十四年（1391 年）有户 29277，口 128895；隆庆六年有户 21145，口 144544。一百八十多年间，岳州、常德两府地区，户数不增反减，而人口数，岳州府地区增加 76037，常德府地区增加 15649，增幅分别为 36% 和 12%。这可能比较接近于实际情况。[①]

而之所以说明代是湖南人形成的一个大拐点，是因为明代湖南在原居民大量散亡和人口下降的同时，外省人特别是江西一带的人口，大批涌入，即历史上所传的“江西填湖广，湖广填四川”，引起湖南境内汉民族从结构上发生了一次大的变迁。“历朝鼎革，荼毒生灵，惟圭元、明之际为惨。”湘潭剩下的原土著汉族居民“仅有数户，后之人多自豫章来”。醴陵“古老相传土著亦仅存 18 户，全皆无复存在”。洪武初，“招集流亡，皆来自他省，而豫章人尤多”[②]。又如，沅陵县，“邑中老籍，有开封者，有江南者，尤以江西为最多。其来自开封者盖宋时之游宦，其来自江南者盏明初之屯卫，其来自江西者则明时宦于屯卫……流转迁移于此者也。父老相传，有‘江西填湖广，湖广填四川，之说。今所指土著十之九皆江西人，可见其说之非无据也”[③]。大庸县（今张家界市永定区）初设永定卫时，“无一土著之民，官军俱各省调集，以实卫城”[④]。清光绪《永定乡土志》记载的大庸 38 大姓 60 始祖，有 24 姓 33 始祖均为明初从外省迁来的。其中，来自江西的有 20 始祖，“从征”来的有 5 始祖，属卫所军官的有 8 始祖。[⑤] 谭其骧经过实地调查也发现：

> 一曰：湖南人来自天下，江、浙、皖、闽、赣东方之人居其什九；江西一省又居东方之什九；而庐陵一道，南昌一府，又居江西之

① 参阅伍新福《湖南民族关系史》上卷，民族出版社 2006 年版，第 170—171 页。

② 同治《醴陵县志》卷六。

③ 民国《沅陵县志》卷六。

④ 光绪《永定乡土志》。

⑤ 参阅伍新福《湖南民族关系史》上卷，民族出版社 2006 年版，第 172 页。

什九。

二曰：江西人之来移湖南也，大都以稼穑耕垦；江苏、安徽、河南、山东人之来移湖南也，大都以为官作宦，以经商服贾。而长沙都会之地，五方杂处，尤多江、浙、皖长江下流之人。

三曰：江西南部之人大都移湖南南部，江西北部之人大都移湖南北部，而湖南南北部之分，以湘阴、平江作之界。

四曰：湖南人来自历古，五代、两宋、元、明居其什九；元、明又居此诸代之什九；而元末明初六七十年间，又居元、明之什九。

五曰：五代以前，湖南人多来自北方；五代以后，湖南人多来自东方。南宋以前，移民之祖籍单纯，几尽是江西人；南宋以后，移民之祖籍渐臻繁杂，始多苏、豫、闽、皖之人。清代以前，江西移民与其他外省移民相较，其他外省相差悬如；至清代而湖北、福建之人，有崛起而与江西并驾齐驱之势。清代以前，本省移民与外省移民相较，本省移民地位甚低；至清代而本省移民之地位，有崛起而超越于外省移民之上之势。①

可见，南昌、庐陵两地迁了大量的人口到湖南。李维桢在《大泌山房集》（明刊本）卷 87 中谈到当地居民来源时指出："自豫章徙者十之七。"谭日峰在《湘乡史地常识》② 中指出："试查各姓族谱，其先祖多数由江西迁来，土著尚有一部，但人口不甚发达。"在长沙甚至高达 88% 至 100% 的移民祖先来自江西。

又据谭其骧统计，宝庆府（即今邵阳市地区），明代从江西迁入的共 89 族，其中落籍邵阳的有 38 族，新化有 15 族，武冈有 24 族，新宁、城步各为 6 族。此外，还有从宝庆府又再迁靖州等地的③。还有一些方志记载：湘阴县明代自江西迁入的共 83 族；益阳县移民共 400 余族，其中明代移入的为 271 族，而洪武年间移入的又占 109 族；醴陵县，明代从江西迁入的共 296 族，其中洪武年间迁入的占 200 族；沅江县琼湖镇和草尾、

① 谭其骧：《湖南人由来考》，载《长水集》（上册），人民出版社 1987 年版。

② 谭日峰：《湘乡史地常识》，湘乡铅印局印本 1935 年版，转引自邓必哲《明初"江西填湖广"的历史探微》（http：//www. dsnyt. com/article_ show. asp？ articleid = 576）。

③ 谭其骧：《湖南人由来考》，载《长水集》（上册），人民出版社 1987 年版。

团山等乡 29 姓中，有 18 姓是明初由外省迁来的，而其中有 15 姓来自江西，明中叶后又有 6 姓从江西迁入。[①]

明代所发生的这种人口大迁徙，使湖南人的形成路线图出现了大拐点，即导致了湖南境内汉民族内部结构和成分的根本性的变迁：宋、元以前的“土著”居民，留存下来的已十分稀少，而外省移民，特别是江西的移民，在明代构成了湖南汉族的主体。从明清以来所撰修的各姓氏谱牒看，现今湖南境内汉民族的一些主要大姓，追溯其家族姓氏渊源时，几乎是“异口同声”地首说祖籍江西某地，次云江苏和南京，而大多数又都说是明代移居湖南某地的。

如南昌及周边地区一些邓氏家谱对移民到湖南的记载，均以邓禹为第一世算起：新建县的大洲支（现属南昌县管辖，是邓禹第四十代孙邓天骑后裔），47 代孙显顺（字孝先，行五，明英宗正统十年乙丑生，明武宗正德十五年庚辰殁，娶背岭谢氏，明代宗景泰二年辛未生，明武宗正德十六年辛巳殁）曾远游长沙，客亡长沙澧州围，葬其地曰：邓家山西卯兆，其长孙时蕴后又率二子良善、良坤再客居湖广长沙府；潘源支（是邓禹第二十八代孙邓宗仁后裔）43 代孙文华携三子伴哲、勇贵、士贵举家迁往湖南。南昌县的厚田支（邓禹第四十代孙邓季成后裔）48 代孙光铁、光钗、光钊俱客居华容县；51 代孙文瀛、文洲、文启、文观、文海俱客居宝庆府。[②]

又如以王夫之、王文清、王闿运、王先谦，即“湘学四王”为代表的湖南王姓望族，也均是明代进入湖南的。其中两支祖籍江西，两支祖籍江苏[③]。再如衡阳王氏，兴于元末明初，并以武功起家。一世祖王仲一，原籍江苏高邮，元末率兄弟 9 人及其乡人起兵响应朱元璋反元起义，明初以功封骁骑都尉。其子王成，永乐年间（1403—1424 年），因随成祖南下灭建文帝势力有功，擢升衡州卫指挥佥事、晋衡州同知世袭，遂落籍衡阳。数世之后，其子孙转向文教，精于经学儒术者又代不乏人。明末清初，伟大的思想家、哲学家王夫之（1619—1692 年）的成就，更使衡阳

① 参见光绪《湘阴县志·氏族志》；民国《益阳县志·氏族志》；同治《醴陵县志》卷六；新编《沅江县志·人口管理》。

② 邓必哲：《明初“江西填湖广”的历史探微》（http：//www. dsnyt. com/article_ show. asp? articleid = 576）。

③ 参见王大良《中华姓氏通书王姓》，东方出版社 2000 年版。

王氏名声大振，从地方大姓发展为湖南乃至全国的名门望族。至今王夫之的后裔仍大多居于湖南衡阳地区。

再如宁乡县铜瓦桥王氏，系江西吉安府庐陵县王氏分支。明初，庐陵王氏有王贵者，任北直隶辽东都指挥使。永乐二年（1404 年），王贵及其子辅征云南，屯田长沙卫。后王辅袭职长沙卫指挥使，以征云南有功，授怀远将军，奉旨屯长沙卫中舍，即今宁乡铜瓦桥一带，遂落籍。明清之际子孙繁衍，成为大族，并诞生了著名湘学大师王文清（1689—1779 年），即“九溪先生”。

还如湘潭王氏家族，源出太原王氏，元末明初避乱迁居江西赣州。两代之后由江西徙居湖南衡阳西乡。明成化年间（1465—1487 年），有王东山者，再迁湘潭城郊黄龙巷。数世后，湘潭王氏发展至鼎盛时期，拥有田地过万亩，成为当地巨富。入清后，湘潭王氏子孙繁衍于湘潭、长沙各地。清朝末年官翰林院检讨加侍讲、民国初年任国史馆馆长的湘学泰斗王闿运（1833—1916 年），原籍湘潭，生于长沙，即湘潭王氏一脉相承的后裔。[①]

明代湖南人形成路线图的大拐点，为湖南人的形成奠定了最后的基础。

3. 清代湖南人最后形成

明清之际的战乱，使湖南人口与全国一样曾一度锐减。如：明天启元年（1621 年），全国人口为 5165 万以上[②]；到清顺治十八年（1661 年），下降为 1920 万。嘉庆《沅江府志》卷八《赋役户口》亦载：顺治年间“知县张时到任裁除故绝，豁免逃亡，挨户编审，实在人丁仅一千〇一”。但自康熙年间平定“三藩”之乱以后，人民经过休养生息，经济得到恢复和发展，社会逐渐安定，再加上实行丁税改革，人口开始大幅度地增加。

自康熙年间平定“三藩”之乱以后，比较安定，人民生产生活条件得到改善，据记载：康熙六十年（1721 年），全国人口已达 2914 万以上，至乾隆六十年（1795 年），激增为 29696 万口，比康熙末年增加 9 倍多，比顺治十八年增加 14 倍以上。嘉庆二十四年（1819 年），全国人口超过

---

① 参阅伍新福《湖南民族关系史》上卷，民族出版社 2006 年版，第 173—174 页。

② 《续文献通考 · 户口三》。

3 亿，为 30126045 人。[①] 与此相应，湖南人口也获得大幅度的增长。据《清朝文献通考》统计，乾隆十四年（1749 年）湖南人口为 8672433 口；乾隆四十五年（1780 年），增至 15423842 口。嘉庆二十一年（1816 年），为 18754259 口。[②] 与乾隆十四年相比，67 年间，湖南人口增加 1 倍以上。又据记载，同治五年（1866 年），即再过 50 年，湖南人口达 20997000 口，首次超过两千万。至宣统三年（1911 年），又增加到 23402992 口。[③] 与清乾隆十四年相比较，162 年间，湖南人口增幅近 3 倍。

据伍新福研究，在湖南，汉族居民占绝对优势的府县，更为突出，其增幅大大超过全省平均水平。如长沙府，明万历六年（1578 年），为 66065 户、427164 口；嘉庆二十一年（1816 年），增至 691742 户、4348883 口。238 年间，户、口数均增加 10 倍以上。常德府，万历六年（1578 年），户 21145、口 144540；嘉庆二十一年（1816 年），户 202562、口 1249996。户、口增长幅度均近 10 倍。在这两个府境内，所居住的基本上是汉族居民，而其户、口数所占比例将近全省的 1/3。在少数民族聚居或分布较多的府县，人口增长的幅度则较小。如辰州府，明万历六年（1578 年），户 20332、口 156724；嘉庆二十一年（1816 年），户 131093、口 908902。同样 238 年间，户口仅增长 6 倍左右。靖州（含靖州本州和绥宁、会同、通道县），明万历六年（1578 年），户 9976、口 88690；嘉庆二十一年（1816 年），户 35020、口 266150。增长幅度仅在 3 倍左右。[④]

湖南汉族居民在省内的移动也较大。他们主要是沿湘、资、沅、澧四水向西、向南迁徙，而其中相当大的一部分是移居到土著各少数民族聚居地区。据民国《溆浦县志·氏族志》记载，清代有大量汉族农民迁入溆浦，其中由沅陵而上的最多，约 160 族。此外，还有新化人、邵阳人、辰溪人等。民国《蓝山县图志·户籍卷》记载，全县汉族人口从外地迁入的 300 余族，其中以清代迁入的为最多。同治《永顺县志》记载，永顺县，雍正十二年（1734 年）“改土归流”时编户为 10072 户、44024 口，其中“客民”（即汉族人）1344 户、5226 口。至乾隆二十五年（1760

① 《清史稿·食货志》。

② 光绪《湖南通志·户口二》。

③ 参见《湖南省志·地理志》，湖南人民出版社 1982 年版。

④ 参阅伍新福《湖南民族关系史》上卷，民族出版社 2006 年版，第 250 页。

年），编户为34187户、185023口，其中“客民”9155户、46123口。不到30年，徙入以土家族为主的永顺县的汉族居民，户数增加5.8倍，口数增加7.8倍。原属“六里生苗”区的永绥厅，雍正八年（1730年）建厅编户时，全部为苗族居民，无汉民村户，至乾隆十六年（1751年），已有“民村”109，客民（汉人）1914户，男妇大小8721口。[①]“开辟”后仅20年，迁入的汉族居民即将近两千户，近一万人。[②]

值得注意的是，以汉族居民占绝对优势的府县人口，增幅大大超过全省平均水平，长沙、常德两府的人口比例将近全省的1/3，少数民族聚居或分布较多的府县，人口增长的幅度则较小。[③] 这表明，清代湖南人口的增长，主要还是汉民族迅速发展的结果。其后，由于实行“改土归流”，清政府在湘西废土司置永顺府，又完成了对“生苗区”的开辟，设置凤凰、永绥、乾州、古丈坪四厅，取消了“土蛮不许出境，汉人不许人峒”的禁令，还先后颁发了一系列强制性的措施以移风易俗，大批汉族官吏、士兵、商人与平民涌入这一地区。据同治《永顺县志》记载，永顺县，雍正十二年（1734年）“改土归流”时编户为10072户、44024口，其中“客民”（即汉族人）1344户、5226口。至乾隆二十五年（1760年），编户为34187户、185023口，其中“客民”9155户、46123口。不到30年，徙到永顺县的汉族户数增加了5.8倍，口数则增加7.8倍。曹树基也估计，嘉庆期间“永顺府人口数为64万余，其中约33%为清代移民，则有移民人口21万。永绥、乾州、凤凰、晃州四厅的汉人比例大约为30%。嘉庆二十五年四厅有人口共19万余，移民人口则有近6万人”。此外，辰州府、沅州府、靖州，清代迁入的汉人可能有10万。[④] 移民以本省为主，同治《龙山县志》卷三《风俗》载龙山县“客民多长、衡、常、辰各府及江西、贵州各省者”。

汉族人口的大量涌入，促使原土司区少数民族的汉化程度不断提高。同治《龙山县志》卷七载：土妇“向不知制履，市之肆中。近皆自制，与客妇同”，“男女衣服……土民渐与客民同。惟土女习耳贯多环，累累

① 乾隆《永绥厅志》卷三。

② 参阅伍新福《湖南民族关系史》上卷，民族出版社2006年版，第252页。

③ 光绪《湖南通志·户口一》。

④ 曹树基：《中国移民史》第六卷，福建人民出版社1997年版，第146页。

然几满”。1934 年湖南省政府印发的《湖南全省社会调查》中对于少数民族的记载有:“蛮夷有五种，曰苗、曰徭、曰僮、曰僚、曰仡佬。苗、僚、仡佬多居今之湘西，徭多居今之湘南。”即当时湖南少数民族多聚居在雪峰山以西以及湘桂、湘粤边的山区，与现今湖南少数民族的分布情况是基本一致的。这说明，明清以后，湖南少数民族的分布格局并没有发生大的变化，现代湖南民族构成与分布格局在明清时期已基本形成。据曹树基研究，1947 年湖南总人口（25557926 人）中，少数民族血统的土著及其他土著后裔也仅占 10% 左右，除去少数民族人口所占部分，历代移民后裔占了湖南汉族人口的 90% 以上。迁入湖南的移民氏族中，有 2%—6% 迁自宋代以前，13%—17% 为宋代，8%—12% 为元代，31%—34% 为明初，13%—17% 为明代中后期，22%—26% 为清。以人口计，则移民后裔中，17% 左右人口是宋以前迁入氏族的后裔，39% 为宋代，11% 为元代，24% 为明初，4% 为明中后，5% 为清。可见，宋代是现代湖南人形成的一个十分关键的时期。尽管明代迁入的氏族最多，移民后裔人口却比宋代少。除局部地区外，“元末明初对湖南的移民属于人口补充式的移民”[①]。由此可见，现代湖南人发育于唐宋，形成于明清。

综上所述，现代湖南人的形成，实际上是一个外来汉民族人口的涌入以及土著民族源源不断地被汉化的过程。

秦汉时期，先后进入湖南的楚人及其他华夏族系成员与部分土著蛮越族融合，形成了湖南境内的汉民族，并逐渐在湖南居民中占据了较优势地位；西汉元始二年（2 年），湖南约有在籍人口 50 余万。两汉之交中原战乱，湖南开始第一次较大规模地接受来自中原的汉族移民，致使人口大增，到永和五年（140 年）达到 200 万左右。平江县有一汉代迁入的氏族（我们把它列为土著），经过近 1950 年的发展后，至 1947 年全族人口也只有区区 200 余人，年平均增长率只有 2%，而唐宋以后的移民一般都能保持 7% 左右的人口年平均增长率。[②] 唐宋时期，大批外来移民以及“开边湖南”，湖南汉化进入了加速阶段，先后完成了洞庭湖周围及湘江中下游地区、资江中游及毗邻的湘江上中游、沅江中下游右岸地区的汉化；明清时期，湘江上游、沅江上中游地区的汉化程度得到了加深，尤其是“改

---

① 曹树基:《中国移民史》第五卷，福建人民出版社 1997 年版，第 125 页。

② 同上书，第 90 页。

土归流”后，原土司区汉人所占比例逐渐加大；民国时期，湖南少数民族地区的汉族人口又进一步增加。湖南90%左右的人口是唐以来历次外省移民的后裔。如张国雄搜集的两湖《移民档案》中，湖南有191族，其中178族是唐以后历代迁入的，移民家族占了总数的近93.2%。[①] 曹树基估计1947年湖南总人口（25557926人）中，少数民族血统的土著及其他土著后裔也仅占10%左右，[②] 除去少数民族人口所占部分，历代移民后裔占了湖南汉族人口的90%以上。

1948年湖南全省人口约有2556万人，1982年人口普查时全省少数民族人口约占人口总数的4.08%（这时大量的土家族人口已被重新确认），如仍以这个比例计算，则1948年湖南汉族人口约为2452万。如以唐以前汉人土著占6%计，不过147万余人；如果把这个比例扩大到10%，也只有245万。谭其骧认为，湖南人来自历代，五代至元明居其十九，元明又居此诸代之什九，而元末明初六七十年间又居元明之什九；移民的来源，五代以前多来自北方，五代以后多来自东方江、浙、皖、闽、赣等省，而江西一省又居东方之什九。无论如何，湖南都是一个典型移民社会，并且移民主要来自唐代以后。[③]

第三节　湖南人的人文特征

湖南人在独特的历史文化环境以及湖南特有的地理环境中，不断造就了自己独特的族群个性。对此，谭其骧说：“清季以来，湖南人才辈出，功业之盛，举世无出其右，窃以为蛮族血统活力之加入，实有以致之。”[④] 钱基博也总结道：“湖南之为省，北阻大江，南薄五岭，西接黔蜀，群苗所萃，盖四塞之国，其地水少而山多。重山迭岭，滩河峻急，而舟车不易为交通；顽石赭土，地质刚强，而民性多流于倔强。以故风气锢塞，常不

① 张国雄：《明清时期的两湖移民》，陕西人民教育出版社1995年版，第19、35页。

② 曹树基：《湖南人由来新考》，载《历史地理》第九辑，上海人民出版社1990年版。

③ 本书的统计中有些数据包含了湖南客家人人口，而在我们关于“湖南人”的限定中，并没有包括客家人。由于未见湖南客家人的单独统计数据，我们只好笼统论之了。

④ 谭其骧：《近代湖南人中之蛮族血统》，载《长水集》（上册），人民出版社1987年版，第410页。

为中原人文所沾被。抑亦风气自创，能别于中原人物以独立。”[①] 近来，网络流传一个关于湖南人性格的帖子：

> 湖南人号称“南方的北方人”，张扬刚烈，火暴像辣椒，嗓门也较大。史书最多的赞誉都给了湖南人：“惟楚有材，于斯为盛”（岳麓书院）、“楚虽三户能亡秦”“无湘不成军”“湘人不倒，华夏不倾”“天下不可一日无湖南”。曾国藩、左宗棠的湘军把大清朝的香火延续了将近半个世纪，共产党的开国元勋也有很多来自湖南，可以说中国近代史和半部中国现代史都是湖南人用鲜血和生命写就的。湖南人聪明勇敢，刚烈果决，敢任大事，以天下兴亡为己任，“若道中华国果亡，除非湖南人尽死”，集中了中华民族的优秀美德，读书、当兵打仗、做劳力都不错。不过近些年却有世风日下之势，长沙是个典型的消费城市，洗浴城遍地都是，消费一点也不低，很多当地人没钱也洗，广东人也过来凑热闹；双峰是中国的“假证之乡”，辐射全国，从业人员有数万之多；据说桃江的美女不错；邵阳盛产黑社会；郴州全是贪官；湘潭人生活节奏很慢，很多人嚼着槟榔悠哉悠哉。湖南人有三气：灵气、匪气和霸气，一旦成了暴力团伙，危害极大，广东严打的“飞车党”主要是湖南人，“湖南帮”超过“东北帮”和“广西帮”，广东本地的犯罪团伙反而不多。湖南盛产美女，精干聪慧，做事麻利，做老婆不太可靠，素有“湘女多情”之说。[②]

这个帖子从古至今把湖南人的人文性格做了一个扫描，有褒有贬，颇为接地气。

一　湖广情结

湖南人自古就与湖北人难分你我。从地形上看，湖南与湖北同处长江中游，两湖构成了一个完整的地理单元，如同一个巨大的盆地。地理上的相对独立和封闭，使两湖在历史上曾长期同属一个大的行政区。先秦的楚国，其经济、文化的腹地就是两湖；汉晋的荆州，也几乎涵盖了两湖之

---

① 钱基博、李肖聃：《近百年湖南学风·湘学略》，岳麓书社 1985 年版，第 1 页。

② http：//www. sohu. com/a/203580096_ 163277.

地。但对现代两湖人民心理影响最大的还是明代和清初的湖广行省。明代洪武大移民“江西人填湖广”就把湖南和湖北紧紧地捆绑在一起了。所以，后来尽管康熙初年以后两湖已经分省，但湖广总督的设立多少仍维持了人们“湖广一家”的心理。至今，不少人仍习惯认湖北人为老乡。对许多湖南人来说，来到湖北就像走进亲戚家，没有身处异地他乡的感觉。这是湖广情结的地理元素所起的作用。

湖广情结的另一个元素是文化。从文化的土壤来审视，湖广情结是从湖湘文化土壤中生长出来的一种不同于正统中原文化的边缘文化、另类文化，钱基博、李肖聃在《近百年湖南学风·湘学略》中说过：

> 湖南之为省，北阻大江，南薄五岭，西接黔蜀，群苗所萃，盖四塞之国。其地水少而山多。重山迭岭，滩河峻急，而舟车不易为交通。顽石赭土，地质刚坚，而民性多流于倔强。以故风气锢塞，常不为中原人文所沾被。抑亦风气自创，能别于中原人物以独立。人杰地灵，大儒迭起，前不见古人，后不见来者，宏识孤怀，涵今茹古，罔不有独立自由之思想，有坚强不磨之志节。湛深古学而能自辟蹊径，不为古学所囿。义以淑群，行必厉己，以开一代之风气，盖地理使之然也。①

可见，湖南自古被视为卑湿之地，又是王化不至之所，是流放贬官谪吏的场所。清代王先谦《湖南全省掌故备考》就载有历代湖南“流寓”人的名录。湖南株洲茶陵县是炎帝陵的所在。炎帝的部落本在中原，但是和黄帝争天下失利后，一路栖栖惶惶来到湖南，殁于一个当时的穷乡僻壤（即今天的茶陵）。“长太息余掩涕兮，哀民生之多艰”的屈原“遵江夏以流亡”“上洞庭而下江”（《离骚·哀郢》），在今天湖南境内溆浦等地漂泊、流亡，最后自沉于汨罗江。还有贬嫡到长沙的贾谊，贬斥巴陵郡的滕子京，贬朗州（今常德）的刘禹锡，贬永州的苏辙、柳宗元，贬郴州的秦观，贬衡阳的寇准，贬龙标（今洪江市）的王昌龄，以及在湘江上颠沛流离的杜甫，更有蔡邕、李白、黄庭坚、杨万里、姜夔、辛弃疾、王守仁等许许多多迁客骚人都在湖南留下了他们的足迹。而恰恰这些人在民间都具

① 钱基博、李肖聃：《近百年湖南学风·湘学略》，岳麓书社1985年版，第1页。

有极其重要的影响，一直到今天。比如每年农历五月初五划龙舟祭屈原的习俗被保存下来，范仲淹的“先天下之忧而忧，后天下之乐而乐”的精神影响着、激励着无数湖南人，已成为湖南人心灵深处最普遍的情感。

也许正是湖南在古代被边缘化，于是湖南人也就具有了叛逆精神，而恰恰又是这种边缘化的文化，使湖南人受传统文化对人思想的禁锢相对不深，故而保存了中国文化中最鲜活的一面，在民间，对湖南人激励最大的是屈原、贾谊等人。这是湖广情结的文化元素所起的深层次作用。

有意思的是，在这种湖广情结的态势下，开天辟地的中共一大代表13名中，除了有董必武、陈潭秋、李汉俊、包惠僧、刘仁静5位湖北人以外，还有4位湖南人，即毛泽东、李达、何叔衡、周佛海。

湖广情结是湖南人永远割舍不掉的心理底蕴。

二　抱团意识

湖南人地方、宗族、民族、国家观念的强烈，是中国其他任何地方所不及的。这使他们往往将自身与团体联结在一起，并从团体中获得自身存在的意义。当面对外敌时候，不同地区、不同家族、不同民族的人往往紧密团结起来一致对外，而当外敌消失的时候，他们又在内部争斗不休。近代湘军的坚强战斗力，正是来源于湖南人的这种团体意识，使他们对团体的忠诚无与伦比，他们可以毫无畏惧地赴死，并以此为荣誉。曾国藩所采用的以家族、地方关系组成兵团的原则，正好符合了湖南人的这种本性。[①] 而对于这种团体意识，蔡少卿先生指出，在湖南，“血亲复仇常常是延续数代人，涉及几个家庭”[②]。在湖南地区，流传着不少关于宗族械斗的传说。在这些传说中，仇恨与械斗往往是没有起因的，或者仅仅起因于某次很小的事件，而今看来，这些事件并不存在什么正邪对错之分。如今在外地，湖南人也大都能抱成团，大多能相互帮助，如果有人受了欺侮，很快就会有湖南老乡出面帮你讨公道。

值得一提的是，与团体观念和团体生活相联系，湖南人有着明显的敌我区分的思维方式和对待敌我的典型态度。湖南人雷锋有一句名言：“对

---

① 陈代湘、黎跃进：《胆识 + 霸蛮 = 湖南人——解读湖南人》，湖南人民出版社2003年版，第65—66页

② 蔡少卿主编：《民国时期的土匪》，中国人民大学出版社1993年版，第191页。

待同志要像春天般的温暖……对待敌人要像严冬一样残酷无情。”① 的确，湖南人在对待朋友时，像春天般温暖，表现出憨实淳厚，真诚率直的一面。所以，与湖南人处事，最重要的是要保持想法的同一或至少是不冲突，否则得到的只能是“像严冬”一样的“残酷无情”。

但也有人说湖南人不抱团。刘健安在《湖南人的性格》中说：我看见好些写湖南人的书，都认为湖南人重乡情，好抱团结伙，其实不然。实际上，湖湘精英行事多“崇独”而不“崇群”，往往喜欢单枪匹马闯天下。广受近代湖湘精英崇拜的王船山老先生就明确力主“独”而不赞成“众”，主张个人修德励行、丹心壮节，反对互相唱和，反对哄然而起。湖南人的不抱团结伙，也许只有湖南人才能感觉到。湖南人与湖南人打交道，仿佛中间有堵隐形的墙。因此，中国当代历史上的重头戏，几乎都是湖南人与湖南人对着唱。“美不美山中水，亲不亲故乡人”这句话对湖南人不大灵。② 1959 年庐山会议，面对势不可当的冒进之风，只有湖南人敢于硬碰，“彭德怀、黄克诚、张闻天、周小舟”四人中就有三个半湖南人（张闻天是长沙的女婿，算半个长沙人）。

一个说湖南人抱团，一个说湖南人不抱团，其实只是审视角度不同。这恐怕也是湖南人特立独行性格的一种使然。

三　嗜食辣椒

一提起湖南人，许多人准会首先想到湖南人爱吃辣椒。湖南民间广泛流传着这样一首《辣椒歌》③：

远方的客人你请坐
听我唱个辣椒歌哟
远方的客人你莫见笑
湖南人待客爱用辣椒
虽说是乡里的土产货

---

① 李桥铭、徐远林：《让雷锋精神在改革强军中释放时代力量》（http://www.xinhuanet.wm//politics/2016－03131/c－128852576.htm）。

② 刘健安：《湖南人的性格》，载《读书文摘》（文史版）2010 年第 12 期。

③ 《辣椒歌》（http://fc.5sing.com/6505782.html）。

天天不可少依呀子哟
……
油煎爆炒用火烧
样样有味道
冒得辣椒不算菜
一辣胜佳肴
……

的确，在湖南，辣椒是最受欢迎的蔬菜，有句俗话："无辣不成宴。"辣是湘菜的灵魂，湖南人将辣椒当成与味精一样普及的调味品，湖南的厨师，如果叫他们在炒菜时不放辣椒，他们就傻眼了。即使席前特别关照厨师不放辣椒，但端上来的菜还是免不了辣。在湖南境内，你几乎找不到一个不吃辣椒的地方。湖南人无论男女老幼，皆嗜辣成癖，没有辣椒吃不下饭。特别是湖南妹子喜欢吃辣椒，她们对辣椒的钟爱，甚至比过了男同胞，即或怀孕期间也不示弱。网络上《长沙细伢子策长沙》里就有"驮哒崽要呷辣椒，她港不然难产"。① 辣椒有助于御寒，有助于刺激寡淡的口味，提升冲动的气质。我国著名语言学家王力先生在《辣椒》一文中则说："辣椒之动人，在辣，不在诱。而且它激得凶，一进口就像刺入了你的舌头，不像咖啡的慢性刺激，只凭这一点说，它已经具有'刚者'之强。"② 天长日久，湖南人的性格也就在吃辣椒的过程中形成了。湖南人作风凌厉的个性十分明显，大多是急性子，那种走起路来慢腾腾、晃悠悠、说起话来慢条斯理的人是很少见的。

其实，全国普遍吃辣的省份不少，像贵州、四川、重庆、江西、广西、云南等，但唯有湖南人视辣椒为精神的象征，把吃辣椒当成了与自己的秉性相吻合的一种行为了。从毛泽东说的"不吃辣椒不革命"到第14届桂林书市出版湘军打出的"湖南人能吃辣椒会出书"的巨大横幅，湖南人能吃辣椒那可是赫赫有名的。同样吃辣椒，各地都有不同的吃法，如四川人吃麻辣，广西人吃酸辣，贵州人吃腌辣，江西人吃咸辣，而湖南人吃纯辣，要么是红红的一堆，要么是绿汪汪的一片，他们可以空口吃干辣

① 《长沙细伢子策长沙》（http：//wenku. baidu. com/view/8caffa0516fc700abb68fc98. html）。

② 张胜友等主编：《中华百年经典散文·闲情谐趣卷》，作家出版社2004年版，第535页。

椒面、干辣椒丝、油炸干辣椒，喜欢火辣辣的纯正的辣味，辣得嗓子冒火，额头冒汗，那才叫够劲，才叫过瘾。

嗜食辣椒，成了湖南人人文特征的一个鲜活亮点。

四 根性刚烈

美国人类学家奥天柏（Ottemberg）曾把湖南人的血型列为世界六大血型之一，名之曰湖南型。奥氏从血型上将世界人类分为：1. 欧洲型；2. 中间型；3. 湖南型；4. 印度满洲型；5. 非洲南亚型；6. 太平洋美洲型。而且在湖南型之下，包括日本人、华南人、匈牙利人、罗马尼亚系犹太人。在1921年左右，日本的人类学者不愿将日本人列入湖南型之内，正式向奥氏提出，请求将湖南型这一名称改为日本型，可是奥氏始终不愿意更改，仍然保留着湖南型这个名称。[①] 奥天柏为什么不愿意更改？就是因为湖南人太典型了。

确实，湖南人和湖北人一样，深受楚文化的浸润，但湖南人似乎更得楚文化的精髓。楚人尚武忠勇的个性，在近代湖南人身上以刚烈的性格得到了充分的体现。所谓“无湘不成军”，说的是打仗离不开湖南人，如果没有湖南人参加的军队，这样的军队是没有战斗力的，为什么要这样讲呢，因为打仗不仅需要勇，还需要智，更重要的是需要义，这三者湖南人都具备，因而湖南人是天生的战士了。

湖南人无不充满着极强的刚烈个性，无论是做人还是做事往往都具有一种舍我其谁、睥睨四海、横扫千军的霸气，岳麓书院大门及柱台上的对联：“惟楚有才，于斯为盛”和“吾道南来，原是濂溪一脉；大江东去，无非湘水余波”，恐怕也只有霸气纵横的湖南才子才敢书写。湖南人更有着“义无反顾”“必达极端而后矣”的韧性。特别是中国近代以来，每在民族存亡的关键时期，湖南籍的爱国志士总是以天下兴亡为己任，立于历史的潮头，置身风口浪尖之上，紧握祖国命运之弦，用自身血与泪混成的音符，在这根弦上弹奏出鼓舞人心的乐章，他们前仆后继、舍身殉国的精神可歌可泣。可以说，革命和爱国成为近现代湖南人性格的最突出表现。梁启超称“可以强天下而保中国者，莫湘人若也”[②]。孙中山也说，“革命

---

① 《古今中外说湖南性格》，《长沙晚报》2012年2月13日。

② 梁启超：《南学会叙》，《饮冰室合集·文集》第1册，中华书局1989年版。

军用一个人去打一百个人"，"像这样不可以常理论的事，还是你们湖南人做出来的"[①]。高度评价了湖南人刚勇的爱国主义精神。

湖南人的刚勇包含着忠肝义胆，服膺义而非服膺人，或为宗族，或为民族，或为国家，或为天下，不仅仅是忠于其王、其主、其人、其事，而且是忠于其仁、其义、其国、其天下。所以，即便是湖湘鸿学大儒也都在皓首穷经的背后隐藏着驰骋疆场的壮志雄心。衡阳人王夫之、邵阳人魏源、娄底人曾国藩、湘阴人左宗棠、浏阳人谭嗣同，个个莫不如是。

在推翻帝制的辛亥革命等旧民主主义革命中，湖南人更是勇往直前，涌现了黄兴、蔡锷、宋教仁、陈天华、禹之谟、刘道一、刘揆一等一批杰出的革命英雄。如湖南新化人陈天华的一个《猛回头》，发出《狮子吼》，敲响《警世钟》，留下万言《绝命书》，满怀忧愤，为激励国人斗志，在日本毅然蹈海而死。灵柩运回长沙，禹之谟[②]提出葬之于岳麓山，好让大家知道志士是为国而捐躯，以便继承其遗志救国图强。此建议遭到反对派守旧官僚的阻挠，禹之谟便联合广大学生与之斗争，终于获胜。毛泽东听说此事，曾评价说这是湖南"惊天动地可纪的一桩事"。[③]

在新民主主义革命中，湖南更诞生了一批杰出的无产阶级革命领袖和革命家：毛泽东、刘少奇、蔡和森、彭德怀、贺龙、罗荣桓、任弼时、林伯渠、李富春、邓中夏、李立三，等等。毛泽东以改造中国与世界为己任。他说："天下者我们的天下，国家者我们的国家，社会者我们的社会。我们不说，谁说？我们不干，谁干?"[④] 后来带领全国人民经过二十多年艰苦卓绝的努力，最终把蒋家王朝掀了个底朝天，取得了"天翻地覆慨而慷"的伟大胜利。

总之，无论是思想还是实践，近代湖南人的爱国主义精神都表现得十分突出，举世无以出其右者。有这样耳熟能详的说法："湖南人流血不流

---

① 孙中山：《对驻广州湘军的演说》，《孙中山选集》，人民出版社 1956 年版，第 882 页。

② 禹之谟（1866—1907），字稽亭，汉族，湖南双峰县人。民国奠基者。民主革命党人，同盟会会员。近代资产阶级革命家、实业家。曾以幕友身份随湘军参加甲午战争，运送粮弹，后去上海研究实业，与谭嗣同等相识，主张变法维新。光绪三十年入华兴会，次年入同盟会，任湖南商会会长。教育会会长。三十二年被捕入狱，次年被绞杀。

③ 《中国民间故事集成·湖南卷娄底地区分卷》编纂委员会：《中国民间故事集成》湖南卷娄底地区分卷，中国文联出版公司 1992 年版，第 50—55 页。

④ 《砥柱中流——纪念建党 90 周年系列述评"脊梁篇"》（http：//www. people. com. cn/h/2011/0619/c25408 –98327646. html）。

泪，在中国近代史上，广东人革命，浙江人出钱，湖南人流血”；钱锺书先生说：“中国有三个半人，两广人算一个，江浙人算一个，湖南人算一个，山东人算半个，而湖南人的影响尤为深远。”[①] 美国哈佛大学教授克里尔在《毛泽东传》中曾说：“其他地方的中国人不得不提防湖南人的暴烈和固执，但是，他们不否认火性子是和英勇相伴而生的。全国都知道这样的说法：‘若道中华国果亡，除非湖南人尽死。’湖南人好斗、好诅咒人，喜欢表达自己的见解。他们大多都有宽宽的前额、深眼窝、红面颊，他们是中国的普鲁士人。”[②] 可以说中国近代史和半部中国现代史都是湖南人用鲜血和生命写就的。

故而有人写了一本《湖南人是天下的胆》[③] 的书，从一个独特而深刻的角度，刻画、分析和评论湖南人的坚毅执着、卓越敢为的气势风度；还有人写了一本《敢为天下先：湖南人凭什么纵横中国》[④]，通过一个个传奇的人物和生动的故事，把湖南人“蛮”“辣”“勇”“智”四大特质写得淋漓尽致：

> 他们够蛮，屡败屡战，不胜不归，打脱牙齿和吞；
> 他们够辣，药石心肠，霹雳手段，快刀斩乱麻；
> 他们够勇，坚心任事，锐意成功，敢为天下先；
> 他们够智，顺天应人，通权达变，慧眼识潮流。

根性刚烈，这就是湖南人人文特征最大的亮点。

五　湘女多情

一方水土养一方美女。多水的地方，多半都出美女。三湘四水哺育的女人，天生丽质。湖南古属楚地，湖南人大多有一种浓烈的浪漫气质，野性中透着浪漫，浪漫中略显野性。这种浪漫，其特征表现为率真自然，真情激荡。特别是“湘女多情”更是一句在全国各地广为流传的俗语。

---

① 转引自《古今中外说湖南性格》，《长沙晚报》2012 年 2 月 13 日。

② ［美］罗斯·特里尔：《毛泽东传》，何宁光、刘加英译，中国人民大学出版社 2006 年版，第 28 页。

③ 邓皓、极光：《湖南人是天下的胆》，团结出版社 2009 年版。

④ 王开林：《敢为天下先：湖南人凭什么纵横中国》，经济日报出版社 2007 年版。

“潇湘雨，君山青，湘女多情醉古今，手中丝线身上衣，几多牵挂几多情……湘女多情贵如金，寒冬腊月一盆花，几多笑容几多春。”[①] 性格倔强而又霸得蛮的辣妹子，却又是心思细腻、温柔多情的贴心爱人。湖南号称三湘四水，四水就是湘、资、沅、澧，著名的桃花江就是资水的一条支流。那首中国人耳熟能详的歌曲《桃花江美人窝》，把湘女的漂亮渲染了个够。依山傍水长起来的湖南妹子，大概得了水的滋养，因此就显得格外水灵。小巧的身段，娇嫩的肌肤，拥有水白的肤色，特别是一双眼睛，就像汪着一股清亮亮的泉水，总流动着水样的光彩，眼波流转之间生出风情无限，加上歌儿似的话音，使得清纯可人的湘女，又多了几分娇俏，更添几分迷人，有了多情的资本。追溯湘女多情之源，不能不谈到有名的娥皇、女英的故事，传说中的娥皇、女英姐妹二人千里寻夫，对爱情坚贞不渝，落泪成斑。这个最煽情的美丽传说，千百年来一直在楚湘之地流传不衰，感化着湖南的女性，成为“湘女多情”的精神源头。屈原《九歌》中的湘夫人，就是一个漂亮又多情的湘女形象。

“湘女多情”，是执着，是痴情。湘女个性率真，想笑就笑个淋漓尽致，想哭就哭个昏天黑地。在找对象方面，她们的要求不像北京、上海的姑娘们那样，是时代的“阴晴表”“温度计”，似乎不是特别的功利，她们要是看上一个男人，绝对是非理性成分特别多。她们用情浓烈，一旦爱上一个人，便会一往无前、义无反顾地倾心相爱，爱得轰轰烈烈，爱得彻彻底底，凸显生命本色。她们更懂得坚守，即使跟着所爱的男人过再苦的日子，她们也心甘情愿。

“湘女多情”，是柔情，兼顾着爱情和亲情。湘女对倾心的人，似乎天生就有一种本能，知晓对方所需所想，温柔娇媚，细致体贴。她们会照顾自己，更具备温暖羽翼般的母性，爱家护家，心疼自己的男人，在生活上给男人提供无微不至的照顾。她们明白男人的艰辛和不易，有为他们牺牲奉献的血性，督促并支持他们成就事业。她们不要求奢华的生活，只要男人的心里有她，实实在在地爱她就心满意足了。她们勇于承担家庭和社会的责任。无论是在婚前还是婚后，她们都是自立的，不把自己的命运和前途拴在男人身上。在湖南，你很少能见到专职的主妇，而事业型的女性比比皆是。湘女讲究的是和男人共同承担，一起开创共同的美好生活。

---

① 陈思思演唱《湘女多情》，佘致迪词，谭盾曲。

湘女多情，是通情达理。20世纪50年代初，为了让垦荒戍边的兵团人员安心地扎根新疆，扭转军内严重的性别比例失调，湖南人王震向中共中央军委和政务院汇报，请求组织出面，动员湖南、山东等年轻女性通过参军、支边等多种形式和多种渠道，到新疆参加建设。正是在这样特定的历史条件和环境下，8000湘女满怀豪情从山清水秀的家乡，来到天山脚下。当时有一首打油诗，反映了这些湘女们的命运："婚姻法，婚姻法，男四十，女十八，跑到新疆找爸爸，配的是夫不是爸，生儿育女把根扎。"①

湘女多情，可谓一半是暴风骤雨般的激情，一半是桃花潭水似的宁谧。她们的爱真切而从容，深沉而缠绵，从而使很多男人生出一种情思，湘女成为他们追求的对象。有人说，湘女就是一壶酒，让你长饮不思醉！

有人在《我是湖南人》中专门论述"湘女多情"说：

> 研究沈从文，必须研究湖南人。他认为"屈骚忧患""桃源梦"和"湘女多情"是湖南人挣不脱的三张网。忧患是现实的关切，梦幻是理想的憧憬，"湘女多情"则关涉文化性格与行为的塑造。凌宇先生曾说"湘女多情"，消受的是男人，湘女为人母，为人妻，为人女，她们用情浓烈的秉性必然影响到儿子、丈夫、父亲的心智与行为。有蛮骚的女子，就会相匹蛮犟的汉子，扎硬寨，打恶仗，认死理，屡败屡战，愤而蹈海，杀身成仁……风流被男人占了，而精神乳汁却连着"湘女多情"，一部近代史可以为证。②

湘女多情应该是湖南人人文性格最性感的一个亮点。

六 信鬼好巫

楚地自古信鬼好巫，巫风甚盛。旧时的湖南人，受古楚遗风影响，也十分迷信巫鬼。"沅湘之间其俗信鬼而好祀，其祀必使巫觋作乐，歌舞以

① 《八千湘女上天山内幕》（http：//cul. jschina. com. cn/system/2012/12/04/015431339. shtml）。

② 参阅王纪卿《我是湖南人》第32节《湘女多情》，书海出版社2006年版。

娱神。”[1] 展阅湖南地方志中的风俗卷，似有一股巫风袭来。

巫鬼信仰是原始宗教的产物，源于先民万物有灵的观念。其表现形式颇多。

巫舞傩戏可以说是湖南人信鬼好巫的突出表现之一。古代傩戏之风曾普遍盛行于湖南各地，近现代以来，虽然湖南傩戏的重点已转至少数民族地区，但在湘中、湘西及湘南的许多汉族地区，仍有傩戏的遗风。如现存于郴州临武县大冲乡油湾村的临武傩戏，存于冷水江市金竹山乡、岩口镇、中连乡、毛易镇、三尖镇、渣渡镇、铎山镇、梓龙乡等地的冷水江傩戏，溆浦傩戏等。湖南汉族民间的傩戏有许多派别，相互竞争，且各具特色。如“元黄教”（信奉张天师），擅长于傩坛法事；“先天教”或“茅山教”（信奉老子李聃），以傩坛歌舞著称；其他如梅山教、五尊教、王母教、洪君教、玉皇教、纪君教等，也各有自己的师承和特点。

湖南人的信鬼好巫，在一些节日习俗中也得到体现。湖南不少地方，旧时盛行以某一节日的天气情况或活动的有关内容卜占人事吉凶气候灾变的习俗。如岳阳一带在人日（即正月初七），“以天气晴雨占人民疾病，年岁有无”。[2] 衡阳一带民间亦有类似的风俗，民间在立春日以土牛颜色“占岁水旱，黄主谷，黑主水，赤主旱，白主兵”；在四月八日，“以是日晴为有年之兆。谚云：四月八日晴，担秧种茅坪；四月八日雨，踏断水车嘴”；在七月七日，“以此后数夜天河隐现定来岁米价，归早米贵，归迟米贱云”；在中秋日，“若是夜雨则云来岁无元宵……是夜月明则明年湖中鱼少，以鱼皆赶月光溯流而上也”；在十月，“俗以朔一二、十一二、廿一二数日占来年米价，风雨则贵，晴明则贱”。[3] 常德一带视正月初一至初十之阴晴为一年人畜、庄稼好坏的征兆。有一鸡、二犬、三猪、四羊、五牛、六马、七人、八谷、九麻、十豆之说。是日天晴，则兆其兴旺；是日天阴，则兆其有灾厄。湖乡农民以中秋夜月亮的明暗占鱼之多少，推测渔业丰歉，月暗则多鱼，月明则少鱼。[4] 沅陵人则认为“除夕出星兆棉花好；吹风兆笋好”。“元旦鹊叫兆丰年；鸦叫兆包谷好；麻雀叫

---

① （宋）朱熹：《楚辞集注》。

② 《古今图书集成·方舆汇编·职方典》卷一二二三《岳州府风俗考》。

③ 《古今图书集成·方舆汇编·职方典》卷一二四九《衡州府风俗考》。

④ 常德市地方志编纂委员会：《常德市志》，湖南人民出版社 2002 年版，第 644 页。

兆饥荒。”① 这些占断除有些源于历年气象观察的总结，尚有一定根据外，大多属迷信，反映了旧时湖南人迷信的一面。

信鬼好巫在湖南民间的极端表现是有些人有病不求医问药，而是请巫师来跳神，祈求神灵的保佑和救助。

如今，湖南人的鬼神信仰虽有所淡化，但孑遗依然，也是湖南人人文性格中不可忽视的一个特点。

① 沅陵县地方志编纂委员会：《沅陵县志》（民国十九年），中国社会出版社 1999 年版。

第四章　江西人

江西地处中国东南偏中部，长江中下游南岸，东邻浙江、福建，南连广东，西靠湖南，北毗湖北、安徽而共接长江，为长江三角洲、珠江三角洲和闽南三角地区的腹地。江西省，简称赣。因733年唐玄宗设江南西道而得省名，又因为江西省最大河流为赣江而得简称。古谓江西为“吴头楚尾，粤户闽庭”，乃“形胜之区”。江西山清水秀，自古以来就是一个人文荟萃的地方，唐代诗人王勃在《滕王阁序》中就称江西“物华天宝、人杰地灵”。

我们所谓的“江西人”仅指操赣语的江西汉族人，他们在江西省的分布面最广，人口也最多，并在文化上有相当的代表性。

第一节　江西人的语言

江西人的语言比较复杂，在江西境内除赣语外，还有客家话、吴语和江淮官话、西南官话等汉语方言分布。

江西人主要使用赣方言，俗称“赣语”，主要通行于江西大部、湖南东南部、湖北东南部、安徽西南部和福建的西北部等地区，是这些地区事实上的公用语。使用赣语的人口在2000万—5000万之间[①]，约占中国人口的3%，世界排第三十八位。

一　赣语的形成

中国学术上经常使用“赣方言”这一称谓称呼“赣语”，但“赣语”

① 一说4000万人。见侯精一主编《现代汉语方言概论》，上海教育出版社2002年版，第141页。

一词亦同时使用。因为对赣语的现代学术研究始于20世纪30年代，最初又和客家话纠结在一起，“赣语”这一称谓因此并没有在生活中完全广泛使用，日常交流中是以称呼“江西话”较为频繁。但因有很大一部分赣语人口分布在江西周边的省份，所以“江西话”是不严谨的俗称。

赣语的形成众说纷纭。目前论及赣语形成的专著主要有四部。袁家骅《汉语方言概要》虽说：“今天的赣方言区——江西省，春秋时代是吴、越、楚三国的交界处，汉代介乎荆、扬二州之间。按照合理的推测，古代这片土地上的居民的语言可能包括在吴语和楚语以内，或者至少同吴语和楚语有亲密的关系。可是在扬雄《方言》一书中，这个地区简直是一片空白。郭璞《方言》注中的所谓江东，也可能包括这个地区。到了东晋末年，中原汉族受北方部族的侵扰，为逃避战乱大举南迁，到达江西中部。以后客家人的两次由北往南的迁徙，也几乎以江西为中心站。这样的历史背景要是给今天的赣方言留下一些不易磨灭的痕迹，倒是不难想象的。”① 但没有明确谈到形成的时间，只指出客语对赣语形成的影响。罗常培在抚州赣语的开山之作《临川音系》中也只提到：对于临川话与客家话，“我颇疑心他们是同系异派的方言”②。周振鹤、游汝杰在《方言与中国文化》中进一步发挥了上述两先生的观点，明确指出“赣语”在汉语方言分化史上是较晚才形成的，它应该是跟客家话共生的。③ 有的学者甚至认为从历史层次分析的角度，客赣关系比它们与其他方言的关系都要密切，应该把它合为一个大方言。④ 而陈昌仪在《赣方言概要》则提出：两汉县的设置在赣语形成的第一阶段起了决定性的作用。中原人第一次大批涌入，促使了中原文化的传播，促进了中原汉语与土著语言的融合。这一融合过程大约到东汉末期才完成。后来，客家先人的大迁徙对赣语产生了深刻的影响，赣语便再次经历了中原文化、语言与土著文化、语言融合的过程。这个过程大约在宋元之际完成。⑤ 有的论文也提出了自己的观点，如周静芳认为赣方言自秦汉时期萌芽至唐末五代完全形成，进入宋代及元明清，则受到江淮移民和闽粤客家移民所操江淮方言与客家话的深刻

---

① 袁家骅等：《汉语方言概要》第2版，语文出版社2001年版，第126页。

② 转引自陈昌仪《赣方言概要》，江西教育出版社1991年版，第7—8页。

③ 周振鹤、游汝杰：《方言与中国文化》，上海人民出版社1986年版，第102页。

④ 刘泽民：《客赣方言历史层次研究》，博士学位论文，上海师范大学，2004年。

⑤ 陈昌仪：《赣方言概要》，江西教育出版社1991年版，第4页。

影响。[1] 此外，还有不少论述，不一一列举。

考察赣语的形成，当然要与江西居民的迁来移去结合起来，对此本书下节将详述。就赣语本身的形成来说，大致可分为三个阶段。

（一）先秦到南北朝：原始赣语阶段

原始赣语由楚语分化而来，楚人最早给赣语地区带来了华夏语的基础。

商、周之时，江西曾经有过“艾国”[2] 和“干越国”[3] 等诸侯国家。春秋晚期，吴国大力拓疆。前 504 年，吴王夫差“伐楚取番（鄱阳县）”[4]，而后尽占鄱阳湖之楚地，今之赣境全属吴。前 473 年，越灭吴，尽取其地，干越国也为吴国所灭，其中心地带可能位于今余干一带，今之赣境又归越。之后，楚国复兴，越国退至余干以东。至前 306 年左右，楚灭越，位于今修水、武宁一带的艾国，也被楚国所灭，今之赣境最终归楚。可见春秋战国时期，吴、越、楚三国交替入主赣地。在这个政治态势下，当时江西境内通行的应是吴越语和楚语。吴国、越国等诸侯国的主体民族为百越族群集团，侗台语是其语言的底层元素。[5] 吴为越并，语言并未变化。越后为楚国所灭，而上古南方汉语只有楚语，原说非汉语的江南各地最初也是被楚国征服的，即楚人给赣语地区带来了华夏语的基础。楚治吴始于前 249 年，至西晋“永嘉之乱”洛阳陷落的 310 年，也已有 560 年的发展，处于“吴头楚尾”的江西和各方有不可分割的关系，使赣语中积淀下了不少古吴语和古楚语的词汇。楚语和古吴越语相融合形成一种有地方特色的语言，这应该是原始赣语。

---

① 张静芳：《赣方言的形成与发展初论》，《南昌大学学报》（人文社会科学版）1998 年第 3 期。

② 艾国是中国商朝时期的一个诸侯国，其范围大致位于今江西修水附近。《宋史·郡县志》曾记载：“分宁，古艾地也，县西一百二十里，龙岗坪有艾城存焉。”据出土的印纹陶等文物，学者推定艾国属于三苗、百越文化。

③ 西周武王时期，活动在鄱阳湖一带的邗越人建立方国，称干越国（名称来源于邗越）。干越国的范围在今江西省北部一带，及安徽省皖南地区。后为勾吴所灭，干越国的遗民分化成居住在平原地区的干越族和居住在丘陵地区的山越族。

④ 《史记·吴太伯世家》。

⑤ 据刘泽民研究，得出 70 余个客赣方言与侗台语的关系词，可见客赣方言与侗台语的关系可能是更深层的关系。见刘泽民《客赣方言历史层次研究》，博士学位论文，上海师范大学，2004 年。

西汉扬雄在其著作《輶轩使者绝代语释别国方言》中，提到“南楚”方言达85次，其中单言“南楚”、不并引其他地名有42次，提到“南楚之外”“南楚之南”10次。而《史记·货殖列传》中则注明道：“衡山、九江、江南豫章、长沙，是南楚也。”同时，《方言》中提及的吴越、吴杨越、吴楚等地亦被认为包括江西的部分地区，该时期的江西话是一种似吴类楚的独具特色、有别于周畿雅言的原始赣语。因此，有学者认为三国时期的“江西地区，尤其是赣北沿长江及鄱阳湖平原地区，基本上转变为以南下北方汉族居民为主体的社会，赣语初步形成”①。

所以至今赣语还和吴语、湘语有许多语音、词汇上的共同点。甚至在江西近江，至今还保留有一条浊音走廊，从湖口、星子、都昌、永修、德安、武宁、修水到湖北的通城、崇阳、赤壁，到湖南的临湘、岳阳、平江这十三点，全浊声母还读浊音。赣语除全浊、次清声母混以外，韵尾保持比较完整，二等有些点有［i］介音，三等［i］介音也比其他南方汉语多，影母洪音读［埃］，表现出古代中原的音韵特点，可能是中原汉音结合南方土语的产物。正因为如此，所以南朝时金陵人因赣语异于当时的金陵官话而讥称赣语为“傒语”。南朝时期赣语和与当时洛阳话的变体金陵话已经存在相当明显的区别。《南史·胡谐之传》记载：“胡谐之，豫章南昌人也……建元二年，为给事中、骁骑将军。上方欲奖以贵族盛姻，以谐之家人语傒音不正，乃遣宫内四五人往谐之家教子女语。二年后，帝问曰：‘卿家人语音已正未？’谐之答曰：‘宫人少，臣家人多，非唯不能得正音，遂使宫人顿成傒语。’”有学者指出：傒，按韵书即江右人，也即今江西地区之人，傒语就是江右人的发音和土语。而当时所谓正音，则是南渡已久、帝室所在建康一带侨姓士族的中原方言“南染吴越”后形成的独特的语音。本来就有异于江东方言的江南方言，与中原南迁汉人的北方方言相互影响后，自然不同于那种“正音”了。但两者差别不会太大，否则宫人之语不可能顿成“傒语”②。

中原汉人的北方汉族方言与江西地区的江南方言即傒语融合的结果是什么呢？正如有学者所言：当时以大族为中心集体南迁的北方移民，拥有

① 万波：《赣语声母的历史层次研究》，商务印书馆2009年版。转引自许飞进、扶名福《历史移民对鄱阳湖地区赣语形成与分布的影响》，《南昌工程学院学报》2012年第5期。

② 周静芳：《赣方言的形成与发展初论》，《南昌大学学报》（社会科学版）1998年第3期。

先进的生产技术，较高的经济文化水平，但人数不及土著居民，他们与土著居民不能相互兼并，只能相互为用。同时两方言毕竟是同属汉语，其间不可能有天壤之别，相互接近是比较容易的。两者融合的结果形成了一种新的汉语方言——赣方言的前身，即原始赣语。①

原始赣语直接继承了上古汉语的语言系统。如在音韵方面，赣语没有受到近古时期汉语系语音演变的影响。例如，今一般认为上古汉语有 19 个子音，而赣语的子音亦为 19 个，亦即上古汉语的 19 个子音，赣语全部得以保留。在语法方面，古汉语中定语、状语后置的结构依然继续存在。词汇方面更是保留有许多古汉语中的字词句构，以及和其他汉语不一样的古汉语的词汇和表达，如：日头（太阳）、月光（月亮）、霍闪（闪电）、日上（白天）、夜里（夜晚）、当昼（昼时）（中午）、第日（明朝）（第二天）、屋里（家）、灰面（面粉）、清汤（馄饨）、眠梦（做梦）、通书（黄历）、话（哇）事（说话）、吃赢手（占便宜），等等。此外还有大量保留古音、古义的词汇作为日常使用语。所以，周静芳认为："在江西地区土著居民基本上为南下的北方汉人同化之时，其语言也与北方汉语融合，且为后者同化，仅作为底层遗留在先民的语言中了。这种融合现象的发生，奠定了现代江西居民及其语言的最深层的基础。赣方言由此开始萌芽。"②

（二）隋唐至五代：赣语发育阶段

隋唐之时，随着魏晋南北朝中国历史上第一次大移民时代的结束，赣语进入了发育阶段。

赣语在发育阶段最大的特点，是吸收和融合移民到江西各地汉民族族群的语言，来丰富和发展自己。正如严学窘所说："汉族是多源的，通过长期的民族迁徙，交错杂处，语言亦当如此，产生影响。所以很难说哪个当代方言或古代汉语是单一的血缘延续。"③

1. 赣语在发育中吸收、融合了湘语

"吴头楚尾"的江西，吸收、融合湘语是必然的。袁家骅认为，"按

---

① 周静芳：《赣方言的形成与发展初论》，《南昌大学学报》（社会科学版）1998 年第 3 期。

② 同上。

③ 严学窘：《新的技术革命浪潮与汉语音韵学的探索》，《音韵学研究通讯》1985 年第 7 期，第 2 页。

照合理的推测，古代这片土地的居民的语言可能包括在吴语、楚语以内，或者至少同吴语、楚语有亲密的关系”①，这说明江西、湖南古代的通行语应该同古楚语非常接近。而古楚语是今天湘语的源头之一，因此在所有汉语中赣语和湘语有很大的共同性。如“细伢子”“堂屋”“崽”这些基本词汇，在两种语言中字音和字义都是一样的。再如量词“只”，在赣语和湘语中都被广泛使用，这一情形在其他汉语中都比较少见。对于雌性动物，二者都加“婆”于名词后，如“鸡婆”“狗婆”等。有研究指出，中原雅音历史上是由湘地带入江西的，赣语和湘语之间自然也就有比较多的相似性。

但是，湘语与赣语之间这种亲密关系，注意到的人不是很多。袁家骅却指出：“把南昌话作为赣方言的代表也许是最合适的。我们发现南昌话在词扩方面似乎更接近吴、湘、江淮诸方言，而与客家话并没有特殊的关系。”② 徐通锵在《历史语言学》中利用斯瓦迪士编制的百词表，测算了这些词在汉语七大方言中的同源百分比后指出，长沙、南昌这两个方言与其邻近的方言的同源百分比也都比较高，说明以长沙话为代表的湘语和以南昌话为代表的赣语，与其周围方言之间的接近性的程度都比较大，在研究汉语方言之间的相互关系时，湘语和赣语可能占有重要的地位。③

2. 赣语在发育中吸收、融合了吴语

同样，“吴头楚尾”的江西，吸收、融合吴语是必然的。晋朝以后南迁至江西的北方移民在给赣地带来中原官话的同时，亦吸收了当地古吴语的语言成分。最明显的例子是，古吴语中有非常多的名词都是以“子”结尾的。这一痕迹在赣语中保留了下来。比如在南昌话中，这一现象就非常的普遍，如“奸雀子”“甲巴子”“璧蛇子”等，这一现象在其他的汉语中是不常见的。此外，像“找头”“看头”“想头”等，以“头”结尾的词汇，据分析亦来自古吴语，并且这些词汇依旧保留在现今的吴语中。刘泽民在对赣语进行历史层次分析时发现，客赣方言和吴语（尤其南部吴语）都存在鱼虞有别的中古层次，知章组按等分立，似乎也是吴语的格局，这些历史层次提示我们注意它们之间的深层联系。我们粗略比较了

---

① 袁家骅等：《汉语方言概要》第 2 版，语文出版社 2001 年版，第 126 页。

② 同上书，第 126 页。

③ 徐通锵：《历史语言学》，商务印书馆 2001 年版，第 466 页。

客赣方言与吴方言的词汇，发现它们的共同词汇相当多，相同的虚词也不少，典型的如“渠、底、个、许”等。语法方面也有不少共同点。[①]

就现实的分布而言，赣语和吴语在赣东北交汇。赣东北的主要方言是赣语、吴语和徽语，此外还散布着众多的方言岛。吴语主要分布在上饶市信州区、上饶县、广丰县和玉山县。如果不算吴语区的其他赣语方言岛，铅山县是江西赣语分布的最东端，当地汉语方言以赣语为主，使用人口约占全县人口的 87.4%，吴语主要分布在县境东北的傍罗、青溪和鹅湖（傍罗、青溪现已并入鹅湖），使用人口约占 9.7%。

铅山赣语和吴语的并立局面可能较早以前就已存在。宋代朱熹《铅山立春之一》云：“雪拥山腰洞口，春回楚尾吴头。欲问闽天何处，明朝岭水南流。”诗中称铅山为楚尾吴头。清代程夔《河口竹枝词》说：“鸣榔晚起渔舟唱，半是吴歌半楚歌。”信江从青溪进入铅山，流经鹅湖镇政府所在地江村后，又经过铅山的新县城河口。河口现在通行赣语，到说吴语的江村只有十公里。所谓“半是吴歌半楚歌”，可能是指河口附近信江上的渔夫音杂吴楚，语音兼有吴语和楚语（赣语）的成分，也可能是指有的渔夫操吴语，有的操楚语，似以后者为是。就铅山划入吴语的方言点而言，比如江村话，也受到了不少当地赣语的影响。而附近上饶话与铅山话的核心词共有率要高于上饶话与广丰和玉山吴语的共有率，说明上饶话与铅山话发生了很深的接触关系，只是上饶话在音系上还保留着浊音（老派）和四声八调的吴语格局。

3. 赣语在发育中吸收、融合了徽语

江西北接安徽，徽语学术划分一直有争论，一说应划入“赣语”，一说应划入“吴语”。而地理上徽语的南、西、西北面都受赣语的包围，在赣语的巨大影响之下，形成一种似赣非赣的语言，尤其在声母方面古全浊声母在徽语中全部清化。《中国语言地图集》中列出徽语共同的九条音韵特征，其中多达七条和赣语一致。词汇上，日本学者平田昌司在《徽州方言研究》[②] 中列出 18 条徽语共有的基本词，而其中过半都与赣语相同。因此，美国汉学家罗杰瑞在《汉语概况》中认为“把绩溪话划入赣语的问题不大”。从移民的路线图上看，一般是中原汉人从北向南迁徙，所

---

① 刘泽民：《客赣方言历史层次研究》，博士学位论文，上海师范大学，2004 年。

② 平田昌司主编：《徽州方言研究》，好文出版株式会社 1998 年版。

以，从情理上分析应该是徽语影响赣语，赣语在发育中吸收和融合了部分徽语，才使得徽语有七条音韵特征和赣语一致。

正如李葆嘉所说："依据现代苗瑶壮侗语言一般都存在声母的清浊对立，可以推断与闽语、客家话、南部赣语、粤语接触的或作为这些方言的底层古老土著语言都存在声母清浊对立。因此具有浊声母的母语的吴语、徽语、北部赣语和老湘语可能是没有浊音清化的唐代以前的北方移民运动形成的结果，而没有浊声母的客家话和南片赣语可能是浊音清化以后的唐宋北方移民运动形成的结果。"[①] 法国语言学家，上古汉语、汉语方言和南岛语系的专家沙加尔（Laurent Sagart）也认为，"北赣语能成为一个与相邻地区有着共同底层但又能独立出来的一种方言成形于唐初"[②]。理由是唐初有大量北方移民进入鄱阳湖平原，到天宝年间，赣北移民达到每平方公里 10—50 人，其时赣南人口每平方公里 1—10 人。这些移民的北方话和当地语言接触形成了保留全浊声母的原始北部赣语。"安史之乱"及后期的黄巢起义，使得大量中唐和晚唐的北方移民带来了接近长安的北方话，和原始北部赣语接触以后，形成全浊声母消失的原始南部赣语。有意思的是，中唐以后大量的北方人民进入江西，使赣客语基本形成，而且随着北方移民逐步向赣南推进，赣客语这个楔子也越打越深，不但把吴语和湘语永远分隔开来，而且把闽语限制在东南一隅。西晋末年北人南下大潮波及江西北部，形成赣语的最初源头。唐代中期至五代时，迁入江西北部和中部的大量移民像楔子一样，把吴语区和湘语区永远分隔了开来，赣语就在移民聚居区内形成[③]。正如周振鹤、游汝杰所言：此时，晋末以来形成的赣方言前身，受到了这股巨大的移民浪潮带来的中古时期北方汉语的强烈冲击，加速了形成步伐，进一步向北方方言靠拢了。唐末至五代，江西地区北部、中部的开发程度已经很高，转向邻省湖南输出移民。这为湖南方言赣语片的形成奠定了最初的基础。[④]

由此可见，赣语在唐初及隋末以前变化巨大，此时逐渐形成自己较独立的风格。这样，经隋唐阶段到了五代十国的割据时期，经过盛唐及五代

---

① 李葆嘉：《中国语言文化史》，江苏教育出版社 2003 年版，第 124 页。

② 转引自许飞进、扶名福《历史移民对鄱阳湖地区赣语形成与分布的影响》，《南昌工程学院学报》2012 年第 5 期。

③ 周振鹤、游汝杰：《方言与中国文化》，上海人民出版社 1986 年版，第 41、51 页。

④ 周振鹤、游汝杰：《湖南省方言区划及其历史背景》，《方言》1985 年第 4 期，第 270 页。

近 380 年的发育、发展和沉淀，赣语的主要特点已基本上发育成型。

（三）宋元至明清：赣语定型阶段

北宋时，赣语进入了定型发展阶段。起初赣语还被称为“楚语”。因《史记·货殖列传》将江南豫章包括在南楚范围之内，故将江西的方言称为楚语。北宋张舜民《画墁录》云：“张（先）议事府中，再三未答，晏公作色，操楚语曰：‘本为辟贤，会贤会道‘无物似情浓’，今日却来此事公事。’”将晏殊所操之语称为“楚语”，这可能是从地域出发而作的称呼，意在显示晏殊一着急没有说“雅言”。明代，因赣语使用人口多居于广义的江南地区的西部，因此赣语有“江右语”的称呼（右 = 西）。如明代袁子让在《字学元元》曾言：“江右音或以朝为刁，以昼为丢去声，盖误知于端也。”

宋代是江西历史上最辉煌的时代，出现了令后世惊羡的政治、经济和人文景观。而客家先人的大迁徙对赣语产生了深刻的影响，使赣语再次经历了中原文化、语言与土著文化、语言融合的过程。

这个过程从“靖康之难”之后，促发了中国历史上第二次北方汉人南迁。江西在这场大移民潮中所接纳的移民人数仅次于安徽、河南。而移民语言也给已经形成的赣语带来了深刻的影响，使得赣语同北方方言尤其是江淮一带的方言关系更为密切。以赣东北地区为例，据周静芳①研究：

宋时，地处赣东北的饶州领 6 县：鄱阳（今波阳）、余干、浮梁（今景德镇）、乐平、德兴、安仁（开宝八年即 975 年，以余干县地置安仁场，端拱元年即 988 年升为县）。大批北方汉人移入，其中安徽籍为最，而安徽籍又以徽州地区占多数。景德镇市郊（旧浮梁县），德兴县居民今操徽语，就可能是由于该两县地理上与徽州地区交界，历史上居民来往比较频繁造成的。景德镇市区居民使用由邻县都昌、乐平、鄱阳 3 县的方言混合而成的一种赣方言，比较接近乐平话。万年县是明正德八年（1513 年）以余干姚源寨为中心割余干、贵溪、乐平、波阳之地设置的，其移民、语言情况也颇能说明问题，所以虽非宋县，我们加入其中叙述，这样，我们就选择无论是移民乃至语言都具有代表意义的余干、乐平、万年

① 周静芳：《赣方言的形成和发展初论》，《南昌大学学报》（社会科学版）1998 年第 3 期。

3县，来概括赣东北这一地区，即宋代的饶州。

余干：今安徽籍移民后裔至少占全县人口的三分之一。移民始于唐代，盛于宋元明清。张姓为该县大姓，分布范围广，人口数量多，而这些张姓居民大多源于南宋自婺源迁至余干后街沿巷（今址）的张姓。全县各地张姓大都由此分派出来。

乐平：据该县地名志编写同志统计，全县现有1113个自然村是县内居民迁徙而成，占自然村总数的2/3，531个自然村是县外居民迁入形成，占自然村总数的1/3。其中婺源籍迁入建村达188个之多。据不完全统计：外省移民后裔占全县人口的16%，其中安徽籍又占14%。此外，宋代自河南迁入的居民也为数不少。有的乡差不多都是河南移民的后裔。乐平方言内部差异的形成，与这种移民不同籍的情况不无关系。

万年：外省移民主要由安徽籍和浙江籍组成，移民高潮在宋代。两省移民后裔各占全县人口的17%。现今使用徽语的本州浮梁、德兴移民后裔占35%，这些移民也以最后来自徽州一带的为多。因此，安徽籍移民后裔占人口比例略大于浙江籍。

上述3县所接纳的大批移民基本上与当地居民融合了，有的如乐平很可能是后来者居上。据调查，乐平赣方言与江淮方言、徽语的关系是相当密切的。可以肯定，它是当时移民所使用的江淮方言，特别是徽州一带的土语与当地居民所使用的赣方言混合，而产生的一种自具特色的赣语次方言。万年、余干方言也与此类似。由上所述，我们可以看到宋以后一直到元明清时期，北方方言尤其是江淮一带方言对赣方言产生的强烈影响，及其因之而引起的发展变化。

元明时期除明代流民运动而逃到江西的移民外，最大的移民浪潮要数明嘉靖之后的“棚民流徙”。当时，闽粤两省的客家人，因当地人多地少，生活困难，许多人携家带口到与之相邻的赣边境山区搭棚种苎麻为生，故被称为“棚民”。“棚民流徙”自明中叶开始后一直延续到清嘉庆年代，而且在清前期形成了大波大澜。其分布大势，近人吴宗慈在《江西棚民始末记》一文作了综述：“棚民原籍仅云闽广之人，观其历次举义绵亘于赣南、赣西、湘东、赣东各县，知其自粤出发越山至江西东南部如石城、瑞金、于都、寻乌、会昌而西进至赣南、上犹及湘属酃郴，再循此北上进至赣南及吉安、安福、宜春、万载、萍乡及湘属醴陵、浏阳、平江，向北进至铜鼓、修水，大致言之，即从江西东南部循一弧形线行至江西西北部。”可见，明清时期闽粤客家人在江西分布地域之广几乎覆盖全省。这一移民浪潮不仅对包括赣南在内的江西客家及其客家方言的形成，而且对赣语地理分布的变化，客、赣两方言相互影响、变化及发展都产生了重大的作用。

这样，盛于明清的闽粤客家移民潮所带来的客家方言，在江西南部乃至中部（如遂川）、西北部（如铜鼓）等，同化、取代了当地赣语，形成了客方言另一支——江西客家话；在江西其他地方，则因客家话与赣语的交互影响，使两方言在同一区域内产生了一些新的变化。所以，正如有学者指出：“客赣方言早期一体，都属于古赣语——南下至江西（赣北、赣中）的北民带来的北方话在楚语一支即傒语的底子上形成的古代江西方言，后来异地分居，各自发展：赣北、赣中等地的古赣语因为处在开阔的近江、近湖地带而以开放方式发展演变（大量吸收北方的方言的成分），形成现代赣语——赣方言；随客家先民进入赣南、闽西的古赣语由于处在闭塞的山区而以封闭式方式发展演变（保存了多得多的古赣语成分），形成客家话（后来随移民延伸至粤东、粤中），它们最终一分为二是由于方言差距的拉大[①]。”赣语与客家话的纠结可见一斑。

通过对江西地区历史上出现的人口迁移、融合现象的考察，宋以后至明清的江淮移民和闽粤客家移民所操的江淮方言和客家方言，深刻地改变了赣语的面貌，使今日赣语与其他南方方言相比，呈现出与北方方言关系更为密切，而内部特征又极为复杂的状况。[②]

陈昌仪就说过：“赣语从整体上，完成古全浊塞音、塞擦音声母向送气清塞音、塞擦音声母演变过程，应在两湖赣语片大批赣语先人迁入之前，……它的下限应在宋朝南迁，建都临安之前，也就是说，完成这一演变，至迟应在北宋期间。”[③] 可见，北宋之时赣语已定型。

总之，除南宋外，元明清时期，中央朝廷都将首都设置在今日的北京，此间形成的北方话作为“正音”。长江作为一道天然的屏障，再加上

---

① 温昌衍：《客赣方言关系词与客赣方言的关系》，《南昌大学学报》（人社版）2003 年第 2 期。

② 以上均参阅周静芳《赣方言的形成和发展初论》，《南昌大学学报》（社会科学版）1998 年第 3 期。

③ 陈昌仪：《赣方言概要》，江西教育出版社 1991 年版，第 4 页。

江西地域山脉纵横，河流交错，于是赣语受北方话的影响比较少，比如赣语至今没有北方官话在这段时期发展所形成的卷舌音、儿化等语音现象，因此赣语与官话之间的差异也就此不断拉大。同时因为江西地理上几乎和各个汉语接壤共界，使得其边缘地区也在一定程度上受到周边语言影响。江西处于中国历史上历次中原汉人南迁的中心地带，因此赣语对我国文化、文学有着重要的历史影响，并且是我国古典戏剧赣剧、采茶戏、弋阳腔等重要艺术流派的说白语言，故历代有过不少夹杂赣语的作品。

二　赣语的特点

在汉语方言中独具一格的赣语，具有以下几个特征。

（一）多源性

历史上的江西是个北方移民南下的中转站，不同时期不同地区的移民把不同的方言带进江西，经过长期演化，才慢慢形成了今天既有一致性，内部又有不小差异的赣语。它们并不是都由一个共同的祖语分化而来的，这些差别与方言的来源不同有关①。

事实上，中国移民史所论及的几大移民区，先后都出现了自己独特的方言系统，鄱阳湖地区也不例外。其方言移民特征主要有以下几点。第一，移民方言成分来源复杂，融合是湖区赣语的最大特点。从春秋时的干越、赣人到唐宋的北人，移民方言融合后的历史层次可以在湖区赣语中发现一些蛛丝马迹。第二，从鄱阳湖移民方言的过程来看，宋元是一个转折点，在这之前以移入为主，而这之后以移出为主。因此，形成区域性方言的时限不会晚于宋元之际。第三，鄱阳湖地区水网密布，离湖区稍远一些又属丘陵地区，因此由交通不便造成的方言内部差异也在所难免。所有这些因素是造成今天鄱阳湖地区赣语复杂歧异的主要原因②。

到过江西的人都知道，赣语的次方言之间确实不能或很难通话，历代郡府所在地和一些比较开放的市镇，如南昌市、景德镇、抚州市、吉安市等，近代以来受北方话影响较大，大多磨去了一些棱角，有明显的向北方话靠拢的趋势，因此比较平和好懂。而一般县城和广大农村情况就大不相

---

① 许飞进、扶名福：《历史移民对鄱阳湖地区赣语形成与分布的影响》，《南昌工程学院学报》2012 年第 5 期。

② 同上。

同，不要说来自不同片，未出过远门的都昌人、余干人、永新人、南丰人、萍乡人相聚彼此无法通话，即使属于同一大片，南昌人对纯粹的星子话、都昌话、武宁话也无法听懂。

（二）多层性

由于赣语的多源性、差异大，而导致形成多层性的特点。为此赣语可分为九片方言，即昌都片、宜浏片、吉茶片、抚广片、鹰弋片、大通片、怀岳片、耒资片、洞绥片。

昌都片以南昌话为代表，通行于江西的南昌市、南昌、新建、安义、永修、德安、星子、都昌、湖口和修水、高安、奉新、靖安、武宁、铜鼓的部分地区，景德镇市城区以及湖南的平江。其特点是去声分阴阳。入声多数地方分阴阳，阴入调值高，阳入调值低。多数地方今声母送气与否影响到调类的分化。

宜浏片以宜春话（也有以新余话）为代表，通行于江西的宜春、上高县、樟树市、新干县、新余、分宜县、萍乡、丰城市、万载县和宜丰县的部分地方，以及湖南醴陵和浏阳的部分地方。其特点是去声不分阴阳。大部分地方入声不分阴阳（分宜、萍乡市无入声，丰城、万载入声分阴阳）。除新余市外，声母送气不影响到调类的分化。止摄开口三等精、庄组字和知三、章组字因为声母的不同韵母而有差别，但丰城例外。

吉茶片以吉安话为代表，通行于江西的吉安市、吉水、峡江、莲花、安福和泰和、永丰、吉安县、永新、宁冈、井冈山、万安、遂川的部分地方，以及湖南的酃县和攸县、茶陵的部分地方。其特点是绝大部分地方（永丰例外）没有入声，（茶陵、酃县例外）去声不分阴阳。“八、发”等字韵母多位（崁）、（崂）。有丰富的鼻化韵，吉安市、峡江例外。韵母数目较少，一般在三十几个到四十多个。古清声母入声字除遂川外，今都读作阴平。古全浊声母入声字今大多读作去声。遂川古清声母入声字今读作阴去，古全浊声母今读作阳去。万安、永丰、醴陵有入声调而无入声韵。

抚广片以抚州话为代表，通行于江西的抚州市、临川、崇仁、宜黄、乐安、南城、黎川、资溪、金溪、东乡、进贤、南丰和广昌的部分地区，以及福建的建宁、泰宁。其特点是古透定母今开口呼字度作声母［h］，多数地方来母齐齿呼字读作声母［t］，与端母读法相同。阴去或去声大都读作降调。入声调值大都是阴入低、阳入高。古透定母开口一等字声母白读为［h］。部分方言开口四等声母白读为［h］或［崂］，合口一等白读为［h］或［f］。宜浏片和吉茶片少数方言也有此特点。入声分阴阳的方言，阴入调值低，阳入调值高，但广昌例外。古全浊上声今有部分字读作阴平。吉茶片和鹰弋片少数方言也有此特点。抚广片有些方言次浊上声今也有一部分读阴平，如南丰、广昌。东乡、资溪、抚州市、黎川、南丰、广昌韵尾－m、－n、－ŋ、－p、－t、－k。古来母字今齐齿呼多数方言读作声母［t］。

鹰弋片以鹰潭话为代表，通行于江西的鹰潭市、贵溪、余江、万年、乐平、景德镇市（部分）、余干、鄱阳、彭泽、横峰、弋阳、铅山。其特点是“佢”读作送气清音［k］崂或［崂］，但余山、弋阳、铅山例外。第一人称代词多说“阿”“阿俚”。多数方言梗摄字没有［a］崁、［ia］崁、［ua］崁蓎绝读系统。

耒资片以耒阳话为代表，通行于湖南的耒阳、常宁、安仁、永兴、资兴市（此处有争议，资兴方言，属于湘南土话，混合型方言，不属于赣语范围）。其特点是“搬班”同音。安仁、永兴、资兴等地古全浊声母今读塞音、塞擦音时，少数字读不送气音。

洞绥片以洞口话为代表，通行于湖南的洞口、绥宁、隆回等地。其特点是古透定母字今白读声母［h］。古透定母读［h］与抚广片相同，但来母齐齿呼不读［t］声母，有的地方没有入声，与抚广片不同。

怀岳片以怀宁话为代表，通行于怀宁、岳西、潜山、太湖、望江、宿松、东至、石台、贵池等地。其特点是古入声和上声的全浊声母今读阳去。

（三）赣语较好地保留了中古汉语的声调格局

赣语各方言大体上都继承了古汉语平、上、去、入四声调的分类，并因古清浊分类而再分阴、阳二类。上阴入、中入、阳入声调的音高，与阴平、阴去、阳去是一样的，不过是用－p、－t、－k韵尾的入声字用以区分。由于声调的定义是包括抑扬性（即实际音高）和顿挫性。而入声韵尾－p、－t、－k正是影响了其顿挫性。因此，即使只以1至6标示，我们仍然要说是有九个声调，或者说有“九声六调”，不能称作只有六个声调。

赣语是一种典型的以声调为特征的语言，各赣语方言大多拥有大量的文白异读、频繁的连音变调，并且皆无唇齿咬合发声的唇齿音。所以，声调在语句中起到辨义的功能，但亦有一些变调规则。古汉语的“平上去入分阴阳”的特点在赣语中得到体现，四声分阴、阳二类，共八个声调。部分方言阴平、阴上、阴去、阴入、阳平、阳上、阳去、阳入八个声调全部保留。数量上赣语的各方言声调多少不一，最少的有如宁冈，只有三类；最多有如永修、德安、都昌等地，多达十类。古代的平、上、去、入四声在赣语中或有分化，或有归并，而对赣语声调的分化有影响的主要因素有古声母的清浊。赣语的声调往往会受到古汉语声母的清、浊的影响。一般来说，各声调的清声母字为阴调，浊声母字为阳调。赣语各方言有的平声不分阴阳；上声则多数不分阴阳；有的去声不分阴阳，有的就没有去声；有的只有一个入声调，更有的没有入声等。①

赣语虽然内部百里不同音，但是表现在音韵方面，却仍有不少彼此相通之处，各赣语方言大多拥有大量的文白异读、频繁的连音变调，并且皆无唇齿咬合发声的唇齿音。声母上，古次清和古全浊的塞音塞擦音声母合流，演变为全浊的塞音塞擦音声母。大多数县市无舌尖后音，精组洪音、庄组和知组二等字一般今读为舌尖前清塞擦音和擦音。江西境内的赣语分为五片：南昌片、余干片、抚州片、吉安片和宜春片。

南昌片：声母一般有19—22个，包括零声母，南昌市有19个声母，石岗、厚田则有22个声母。有些县市的塞擦音塞音浊母字不论平仄都是读送气的塞音塞擦音清声母。江宕二摄、梗摄白读音一致。一些县市分尖团音，一些不分。

余干片：调类5—7个，声母有19、20、23个三种类型。韵母有38—68个，前者如彭泽县，后者如余干县。

抚州片：调类6—7个，声母有三种类型：19、20、22。韵母有59—73个，前者如黎川县，后者如抚州市、临川县等。

吉安片：调类3—6个，声母有两种类型：19、20。韵母36—40多个，前者如永新县、井冈山。

宜春片：调类4—7个，声母包括零声母有19—23个，有40—70个，前者如萍乡市，后者如宜春市。

① 参阅《现代汉语——赣语》（http：//www.doc88.com/p-9485491962864.html）。

三　赣语举例[①]

赣语是一种非常生动的方言，以南昌话为例，比如对于颜色的形容，红叫旷红，绿叫唧绿，黑叫蔑黑，白叫瑟白，黄叫森黄，后一个字说的是表面的色彩，前一个字说的就是这种色彩给人带来的心理感受，非常准确传神，形象生动。

赣语民俗特点也很典型，仍以南昌话为例。

（一）词语举例

你—嫩；我—握；他/她—解；男人—男客火哩；女人—女客火哩；小孩子—细伢子；男孩子—崽俚子；女孩子—女崽子；厚—哒厚；薄—奢薄；轻—飘轻；重—脱重；软—东软；硬—壳硬；冷—冰冷；热—飞滚；松—乓松；脆—博脆；干—焦干；湿—辣湿；圆——纠圆；黏—哒粘；大—托大；小—嗲子大；胖—哒壮；什么—哂哩；漂亮—克气；故意—特试；没有—冒有；这样—咯样；作对—斗把；赶快—咋戏；泄密—腥水；吹牛—梭泡；耍小聪明—玩脑浆；光说不做—帕雀；转个圈—打个都包；品质差—万老巴；男子醉酒后小便—摆柳。

（二）造句举例

犀利 = 什么，如“搞犀利东西啊”

结棍 = 好厉害，如“你好结棍哦”

坐顾拧真 = 非常认真，非常严肃，如“我坐顾拧真地和你说”

雀博 = 坏，如“你怎么这么雀博哦”

嫩 = 你，如“嫩最近在做犀利东西哦，老看不到嫩是”

解 = 他或她，如“解最近到广东去了”

握 = 我，如“握最近过得不错，嫩怎么样”

切 = 去，如“你赶快切家，妈妈在倾嫩”

屋里 = 家里，如“你在屋里怎么样？”

刮刀布 = 形容衣服脏得可以

钵子 = 女朋友

崽俚子 = 小男孩

作兴 = 看得起，在乎的意思

---

① https：//zhidao. baidu. com/question.

细伢子 = 小孩子

（三）俗语举例

“老坐”——“老坐”这个“老坐”跟“你老坐在凳子上”完全是风马牛不相及的两个意思，在南昌话中，“老坐”可算是个尊称，叫你一声“老坐”就是称你一句“师傅”的意思。一天到晚“老坐”着不动的人，肯定是在认真钻研什么大学问，坐久了、学久了，自然也就成了行家里手，“老坐”等同于“师傅”的原因大概就源于此吧。当然，并不非得是“师傅”级的人才有资格叫“老坐”，在现实生活中，对那些年级较大的老者，小辈还是会老老实实地称他一句“老坐”。

“斗把”——“斗把”这个词在南昌话中的出现频率还是蛮高的，两人一言不合，就常把这个词“搬”出来。“把子”就是把手的意思，要将“把子”安到另一个器物上，即把两个东西“凑起来”，南昌话称此为“斗”。“斗把子”难免要使劲，一使劲就要“运气”。因此，“斗把”在南昌话中就逐渐引申为双方对着干，最后惹得大家都动了气上了火，也叫“兜老尿”。至于为什么叫“兜老尿”，有人解释：存着隔夜的小便故意不倒（熏你），当然就是在与人作对啦。

南昌话中的“搭子”，其实就是普通话中的“褡裢”，是一种背在肩上的口袋。“搭子”驮在背上，自然累人，自然负担不轻。所以由“驮了搭子”一句可以看见南昌话表意表义的真实与幽默。

“夹生糕”——有一种叫“比喻”的修辞手法在南昌话中广为运用，一来是显得生动幽默，二来也不会让被比喻的对象下不了台，既过了嘴瘾，又不伤和气。在此类词中，“夹生糕”算是个经典比喻。一块原本松软、香糯的糕点，要是火候不够就急于出炉上桌，吃起来会是什么感觉？轻则皱着眉头，一吐了事；重则恐怕以后再也不想碰这种糕点了。你看看，就因为差了几把火，少蒸了些时间，就白白浪费了上好的糕点，真是可惜。所以南昌人把不懂事、不成熟、处事莽撞的人比作“夹生糕”，也许是因为糕点喷香、柔软的特性，这个词多对女子使用。

“作兴”——“作”在南昌市井俚语里单独使用是指“乱搞”“作怪”的意思，“作”与“兴”组合在一起和分开用的意思却天壤之别，“作兴”含有赞赏、崇拜之意。某人办事特别利索，事事都能摆平，用普通话来表扬这个人可用“能力强”，用南昌话则可说“作兴”。如：我好“作兴”他，头儿都不能谈下的业务，他做下来了。与“作兴”相反使用的是“扒了窝”。某人办事效率不高，形容这个人可用“扒了窝”。如：这事给都不晓得怎么弄，真是扒了窝哟。

“活命活得精，裤头子改背心”——精，精明之意；南昌人称贴身短内裤为“裤头子”，短内裤穿破之后，居然有人能将其改成背心，上下调换位置，继续使用，真是厉害。不知这改出来的背心，穿上之后会不会有“走光”之忧？太夸张了吧?！不错，夸张是产生幽默的一种方式。这句话有双重意思。褒义，是夸奖他人处世、处事精明。贬义，是说他人交朋待友小气吝啬。这句话还可以说成：“活命活得辣，裤头子改背褡（背心）。”

“玩脑浆”——外地人第一次听到南昌人说“玩脑浆”时，肯定会吓一跳：“脑浆”怎么能拿来玩？呵呵，“脑浆”就是指一个人的脑子，而脑细胞越多当然也就越聪明。顾名思义“玩脑浆”就是指动脑筋、要花招、用手段，它的意思有褒有贬，通常是暗示对方“此路不通时，也可以想想其他办法”，所以往往又和“得转”“不得转”连用，比如：为追求女孩子的小伙子出主意“你就不晓得‘玩脑浆’，她不理你，你不知道找她妈妈‘造角’呀，不得转!”当然也有聪明过头的人，要的小花招被对方一眼识破，“你还在我面前‘玩脑浆’，也不看看，我年纪比你爸爸还大，什么事没见过，哼。”

第二节　江西人的形成

“吴头楚尾”的江西，在“初唐四杰”之首王勃笔下的“物华天宝，人杰地灵”之省，自古就是富庶的“鱼米之乡”。历史上文化名人灿若星斗，陶渊明、王安石、欧阳修、黄庭坚、文天祥、汤显祖……在中国思想史上占主导地位的程朱理学、陆王心学、禅宗佛学、老庄道学，要么发源于江西，要么在江西成型。可以说，江西撑起了中国传统文化的半壁江山。江西人是怎样形成的呢？

一　先秦到秦汉：江西人形成的滥觞期

（一）文明曙光初照“吴头楚尾”的江西

江西文明的曙光大约在四五万年以前开始出现，今天的江西乐安县涌山岩、安义县龙津镇和新余市罗坑镇等地就有人类活动。

更让人们重视的是万年县大源乡的仙人洞。1962年在万年县大源乡发现了当时认为属于新石器早期的仙人洞遗址。[①] 1986年县博物馆又在其附近发现了吊桶环遗址。1993年至1995年，中美考古队对仙人洞与吊桶环遗址进行取样和发掘。发掘结果表明，两洞穴保存有从旧石器时代末期至新石器时代早期文化堆积，年代为距今约8000年至2000年，有1千余件石、陶、骨、蚌质的人工制品，其中原始陶片500余块。此外，还发现数万块兽骨。从人工制品种类判断，两遗址上下两大层出土的文化遗物似有一个连续发展过程，是华南地区乃至中国境内新、旧石器时代之交，年代序列最完整，出土遗物最丰富的地点。

旧石器末期的石器多为细小的燧石和石英石，新石器早期堆积中卵石器较多，并出现刃部磨光卵石器和穿孔石器。各种磨制的骨镞、骨鱼镖及穿孔蚌器也在这里出现。其中原始陶片，年代可能达到1万年以上。更重要的是洞穴中不同层位的孢粉和植硅石样品，反映出更新世晚期的非农业旧石器文化逐渐融进全新世早期的新石器文化中去，在新石器早期地层中发现有野生稻的同时，还发现有经人工干预的栽培稻信息，更进一步显示了长江中下游地区很可能是人类稻作农业的一个重要发祥地。

此外，在江西还发现了旧石器时代中期和晚期的考古遗址。赣江支流潦河二级台地的安义县龙津镇郊发现3处旧石器地点[②]，采集到50余件石制品。这些石器出自网纹红土中，有石核、石片、砍砸器、刮削器和尖状器，其石器加工技术与华南地区砾石器传统相近，时代相当于旧石器时代中期。20世纪60年代初期，地处赣东北的乐平涌山岩洞发现了多种哺乳动物化石及有人工打制痕迹的石片[③]，经贾兰坡先生鉴定，属旧石器时代晚期。

值得注意的是，新石器晚期遗存主要分布于鄱阳湖四周、赣江及其支流。20世纪60年代发现樟树营盘里、南昌齐城岗、修水山背等遗址。20世纪80年代中期的全省文物普查，一批新石器晚期遗存被发现，初步统计有近百处。重要的有新余拾年山、靖安郑家坳、永丰尹家坪、九江神

---

① 江西省文物管理委员会：《江西万年大源仙人洞洞穴遗址试掘》，《考古学报》1963年第1期；江西省博物馆：《江西两万年大源仙人洞遗址第二次发掘报告》，《文物》1976年第12期。

② 徐长青：《江西发现旧石器时代遗存》，《江西文物》1989年第1期。

③ 黄万波等：《江西乐平"大熊猫—剑齿象"化石及其洞穴堆积》，《古脊椎动物与古人类》1963年第6期。

墩、樟树樊城堆、湖口史家桥、进贤城墩等遗址。

新余拾年山为江西新石器晚期最为典型的遗址。20 世纪 80 年代先后进行了三次发掘，共清理墓葬 100 余座、房址 10 余处，出土文物 3000 余件①。还有，靖安郑家坳新石器时代墓地②，其文化面貌与拾年山类型有很大不同：陶器中的实足鬶类器发达，豆类器中的镂孔和折棱作风十分流行，尤其是竹节状豆把最具特色，它所反映的文化面貌与薛家岗文化相似，这表明薛家岗类型的文化已进入赣鄱地区。

江西新石器时代晚期文化遗存，均处在鄱阳湖平原和赣江流域的丘陵盆地，居址多为台地，其面积往往在 1 万平方米以上，说明这一带原始农业发达，氏族部落繁荣，为日后社会发展奠定了基础。③

正是，江西文明的曙光初照“吴头楚尾”的江西。

（二）艾人和干人：江西人的先祖

江西文明的曙光照到了江西人的土著先祖艾人和干人身上。

江西最早的土著，文献称之为“三苗”。《战国策·魏策一》载吴起说：“昔者三苗之居，左彭蠡之波，右有洞庭之水。”这个“三苗”本书第一卷已有详述，其分布在今汉水中下游、长江中游、沅江、湘江、赣江的中下游和淮河中上游的广大平原地区。包括今湖北、湖南、江西三省的大部分地区和安徽、河南两省的部分地区，并不为江西专有。而为江西专有的是艾人和干人。

1. 艾人

殷商时期，江西有一个被称为“艾”的诸侯国，其范围大致位于今江西修水附近。位于江西省西北部的修水县，历史悠久，商封艾侯国，春秋为艾邑，先后属吴、楚、越管辖。汉建艾县，隋代并入建昌县，唐代为武宁县，唐德宗贞元年间（800 年前后）析武宁县西八乡建分宁县，唐宋两代因之。元代升为宁州，清嘉庆六年（1801 年）改名义宁州。民国元年（1912 年）改名义宁县，1914 年改名为修水县，因境内修河得名，沿袭至今。对于这个艾国，何光岳曾云：

---

① 刘诗中、李家和：《江西新余市拾年山遗址》，《考古学报》1991 年第 3 期。

② 李家和：《江西靖安郑家坳新石器时代墓葬清理简报》，《东南文化》1989 年第 Z1 期。

③ 刘诗中：《江西考古的世纪回顾与思考》，《考古》2000 年第 12 期。

艾氏，最早起源于商代艾国，为侯爵。从《逸周书·世俘解》记载周武王盟津会盟之后，大举伐商，先将商朝周围的亲属诸侯逐个消灭，其中也有艾侯。“乙巳陈本命新荒、蜀、磨至，告禽霍侯、艾侯，俘佚侯小臣四十有六，禽御八百有三百两，告以馘俘。”由此看来，霍侯、艾侯、佚侯是商纣王的亲属国和死党是毫无疑问的，而霍乃子姓商王武丁的一支，武丁有六十余子，皆封以采邑，开周礼封建制分封的先河。则艾侯也或为武丁之后。《路史·国名纪已》商世侯伯：“艾，侯爵，《穆鼎》有艾侯，作嫂，王俅以为共，误，并之广阳。汉之上艾，后汉石艾也。又吴有艾县，隋入建昌，有艾城，今在武宁。”即武宁州之修水县。[①]

确实，殷商时修河上游出现诸侯国，即为建都渣津龙岗坪的“艾侯国”。《罗泌·路史》云：“艾，商侯爵，有艾侯鼎。”《黄长睿·钟鼎遗文》载：“商，艾侯鼎铭云：维无祀王命艾侯作鼎曰，锡尔侯，丰尔稼穑，使尔子子孙孙永保用享。”《逸周书·世俘解》亦云：“乙已陈本新荒蜀磨至告禽霍侯，艾侯俘佚侯，小臣四十有六，其为侯国无疑。”说明辖今修水、铜鼓、武宁、永修一带的艾侯国，可见，这些地方已是商王朝的势力。所以，《左传·哀公二十年》所说“吴公子庆忌骤谏吴子曰不改必亡。弗听，出居于艾”的“艾”地即此。而这个修水历史悠久，人文荟萃，以出了北宋著名诗人、书法家黄庭坚和近代著名国学大师陈寅恪而闻名于世，但却不知古艾人是今江西人的土著先祖之一。这个江西人形成滥觞时期先祖之谜最近被揭开。

2008年1月13曰《江南都市报》发表了《古艾国谜踪》一文：

古艾国谜踪

渣津，这个有些奇怪的名字是修水县西部的一个重镇，它还有另外一个充满神奇的称号“古艾遗都”。史料上记载得很清楚，早在商周时期就出现“古艾”诸侯国，所辖范围包括修水、铜鼓、武宁、永修等修水河流域一带，而渣津镇龙岗坪即为当时的古国都。以艾称谓的政区地名，自商到隋更是延续了两千多年才被改变。那么，“艾

① 何光岳：《艾国考》，《南方文物》1995年第2期。

侯国”退出历史舞台后，给后人留下了怎样的蛛丝马迹？

古艾国国都遗迹何在？

公元前 17 世纪至公元前 256 年，是中国历史上的商周时期，也是奴隶制从兴盛到崩溃的时期。

“当历史进入到商朝的时候，在修水河上游，就出现了艾国的领地和治所，为当时的一个诸侯国。”今年 64 岁的熊耐久老人曾经主编《渣津镇志》，多年从事地方历史文化研究。2008 年伊始一个阳光明媚的下午，老人向记者娓娓道来。罗泌《路史》记载：“艾，商侯爵，有艾侯鼎。”有鼎必有其侯，商朝时期班爵制度，已经较普遍实行公、侯、伯、子、男等爵称，而铜鼎即为权力的象征，由此可见艾国诸侯的存在。

古艾国遗留下来的文化痕迹还有什么？它的都城到底在什么地方？

《宋史·郡县志》说：分宁，古艾地也，县西一百二十里，龙岗坪有艾城存焉。道光版《义宁州志》卷二《艾县考》中有：南昌之州，龙安之场。上缭艾县，古城之岗。并且按有“龙安为现渣津龙岗坪”的语句。按这些记载，古艾侯国都城应该设在渣津集镇东两公里处的龙岗坪，是现在的水车村和龙坪村所在地。

站在高处登望，龙岗坪是一个后面依山前面环水的平地，田畴平整、土地肥沃、阡陌交通、鸡犬相闻，总面积达 4 万多亩。这块鱼米之地，养育的人口一直都有着数千之众。如今，这块到处冒着现代化建设的土地上，很难使人与三千多年前的古艾侯国都城联系在一起。但自古以来龙岗坪的村民们经常能在自己田间屋后，拣到一些古老的东西。1988 年，龙岗坪水车村一组村民车金华家准备做新房子，正当车金华给房子下脚之时，他的锄头碰到一块坚固的石头——是一块墓碑。墓碑上镌刻有这样的字：嘉祐二年，丁酉岁十月六日己酉，葬于龙坪古城之西，从先翁姑营也……嘉祐是宋仁宗的年号，证明此碑乃是宋朝的墓碑。

敏感的村民注意到，墓碑上“龙坪古城之西”这一行字，这说明他世代居住的龙岗坪在宋代有一座古城存在。在墓碑出土处以东的一片田地里，村民还说，此地曾有一块宽约 5 米、长 10 多米的凸起地块，不像一般意义上的田塍。按村民的说法，这就是商周时期艾侯国遗留下来的土城。

虽然这只是种猜测。但熊耐久认为，按照史料上的记载，古艾国都城必是此处无疑，也许几千年下来国都土城早已被风雨摧毁。

艾侯国的居民为越族之说

熊耐久老人如此坚信不疑，除了依靠史料记载，龙岗坪积淀深厚的历史也是一大原因。

商周时期，龙岗坪先民在这里进行过怎样的活动？1974 年，在龙岗坪发现的商周遗址揭晓答案。熊耐久说，整个商周遗址，长达 200 米、宽 100 米，地面遗物以石器居多，陶片次之，这些器具多为生产工具和生活器皿，陶器烧制技术明显提高，而且纹饰更加多样化。石器有石斧、渔网坠等，其中一件为石斧，造型别致，刃部锋利。渔网坠利用自然石在两边各打一缺口，用以系绳，“由此可以知道，当时生活在这里的人是以农业和渔业为主的，商周时期龙坪岗已经成为一个中心点”。

修水县长期从事文物研究的陈靖华先生则认为，新石器晚期到夏朝，修水的氏族部落属三苗族，后来被中原民族打败，分化瓦解，三苗之称逐渐消失，随后中原民族一部分人南下，又与瓦解的三苗族杂处，融合成一个新的民族——越族，而艾侯国建立时，江西区域处在中原文化的边缘，史书称为蒙昧荒蛮之地，艾侯国的居民就是属于越族。修水古文化遗址上的遗存集合印纹陶，都被历史学、考古学认定是三苗族、越族文化遗存。

……

古艾国的消失

到了春秋战国时代，偏远的古艾国就不复存在。

那个时候，南方地区主要存在三个比较强大的诸侯国，江浙一带的吴国、越国和长江中游的楚国，江西正处于这三个诸侯国疆域的交界处，周边小国不断被灭。古艾国也被吴人所占领，被划归吴国管辖，艾侯国由此改称为艾邑，但治所仍在龙岗坪。

到了东汉时期，艾作为县一级行政机构，隶属于豫章郡管辖，治所仍在龙岗坪，直到隋朝开皇三年，实行裁郡并县的政策，艾县治所龙岗坪才被撤除，艾县名称逐渐消失。

但几度作为古艾地区中心的龙岗坪，却有古迹不断被发现。在距离龙岗坪古国遗址 2100 米的地方，这里是渣津镇坪上，原为耕地，现在一个机砖厂已经在这里四处开挖。在地面上许多土层被推开的地方，随处可以见到一些方砖，呈青灰色，多为长方形，甚至有些地方没有完全被推开，还保留着原来砌成的形状，每块砖都有一面饰有图案。

"毫无疑问，这里是个古墓群"，熊耐久说。1974 年，当地地质大队在此修建大批住房，墓葬都被压在地底下。两年后，江西省博物馆现场清理考证了一座古墓，墓内出土遗物有陶罐、陶盉、陶壶、陶盘、铁刀等共计 15 件器物，经考古鉴定为东汉早期墓葬。"不仅如此，有些居民在坪上也能捡到一些东西。"有居民就曾经从坪上拣来两个陶罐，一个是大口大肚的，另一个是小口大肚的，外面都印有布纹。在以前，在坪上的古墓群中随处可以发现这种陶器。

"从墓室规模、墓砖图案，以及陶器、铁器出土于此处墓葬群，充分表明了当时艾地的手工业技术有较高水平。"在熊耐久看来，不论古艾国消失之后变成艾邑还是艾县，龙岗坪一直都属于古艾侯国延伸下来的部分，地底下还隐藏着多少古国秘密，在被发掘之前依然是个谜。①

这篇报道，把深藏在历史深处的艾国展示到了世人面前。其中与江西人的形成有关的，是艾国被历史学、考古学家认定是三苗族、越族文化遗存。从其后历史的演进中，我们从《汉民族史记》第 1 卷中已知三苗和越人有相当一部分已融合进了华夏民族及其后的汉民族之中，因此艾人应是今汉民族中江西人的先祖。

2. 干人

干人在江西人形成的滥觞时期具有重要地位，今江西简称"赣"，虽其源有章贡合流说和赣巨人②说，但"赣"与"干"同"gàn"音，不能说没有一点联系。故何光岳说："赣与干又音相通，如江西赣江、赣州，皆因干人曾居于此而得名。"③

---

① 刘国伟、胡长春：《古艾国谜踪》，《江南都市报》2008 年 1 月 13 日。

② 章贡合流说是最流行的一种说法。章水和贡水在赣州汇合为赣江，左章右贡构成"赣"字。此说的问题在于"赣"字先秦就已产生，而"赣"字则出现在唐代以后。赣巨人最早见于《山海经·海内经》："南方有赣巨人，人面长臂，黑身有毛，反踵。"晋郭璞注《山海经》："今交州南康郡深山中皆有此物也。长丈许，脚跟反向，健走、被发、好笑，雌者能作汁，洒中人即病，土俗呼为山都。南康今有赣水，以有此人，因以名水。"

③ 何光岳：《干越的来源和迁徙》，《江西社会科学》1986 年第 1 期。

干人早期的历史虽很不清晰，但可以追溯到黄帝时代。《路史》有“青阳娶干类之女，生少皋”之说，或谓青阳即少昊，《帝王世纪》云：“少昊帝名挚，字青阳。”又说青阳是黄帝子，《国语·晋语四》云：“黄帝之子二十五人，其同姓者二人而已：唯青阳与夷鼓皆为已姓。”青阳何许人？《史记·五帝本纪》说，黄帝“生二子，其后皆有天下，其一曰玄嚣，是为青阳，青阳降居江水”。《国语·晋语四》韦注则云：“青阳，金天氏帝少皞。”正如宋镇豪所言：“青阳未必有其人，不如视为黄帝族余裔，为东夷少皋族落之一支。”[①] 且青阳族居地是在汉代豫州汝南郡境内，位于河南东南淮水上游流域一带，相当今息县和正阳之间，其南与罗山县隔淮水相望，有支流竹杆河，疑干族早期居地即在这一带。罗山高店曾出土春秋早期铜匜、铜盘，有铭“奚君单”[②]。传出河南潢川铜鼎有铭“黄孙子傜君叔单”[③]。李学勤谓两者系一人，是黄国公族，奚君是其称号，封邑约在罗山与信阳之间[④]。若果如此，“单”似为奚君所出族氏名，古干、单一字，奚君或即干人支裔，是一土著族落君长，为春秋时黄国贵族之一。可见干族早期居地应在河南省东南部，大别山北麓，淮河南岸的罗山县境[⑤]。

《吕氏春秋·当染》有“夏桀染于干辛”“殷纣染於崇侯”之说。知夏代干族“以同为氏”，曾服属夏王朝，其人有出任为夏重臣者，《慎大》谓“干辛任威，凌礁诸侯”。《路史·国名纪》云：“干，桀臣干辛邦也。”干辛当如殷代崇侯一样，既为夏臣，又有其固有的领土领邑。

殷商时期，干人的部分支裔可能仍淹留罗山县境早期居地，春秋时的奚君单是其后人。但干人的大部则已举国北迁。甲骨文中有一些以干（单）命名的地名，如“王干”（《屯南》2658）、“东单”（《合集》28115）、“南干”（《屯南》4362）、“西单”（《合粲》9572）、“北单”（《后》上13·5）等。它们均是殷商王朝直接控制的领地，或为内祭、外祭场所，或为军事要地，或为农垦区，多与干人的迁徙开发活动有关。然此均非干族北迁后最后立国所在，武丁时甲骨文云：“癸巳卜，犬干氏。”“干不其氏”（《乙》4680反）。据宋镇豪研究：氏有致送、贡献之

① 宋镇豪：《商周干国考》，《东南文化》1993年第5期。

② 欧潭生、朱跃和：《河南罗山县发现春秋早期铜器》，《文物》1980年第1期。

③ 《宝蕴》上·25。

④ 李学勤：《论汉淮间的春秋青铜器》，《文物》1980年第1期。

⑤ 以上参阅宋镇豪《商周干国考》，《东南文化》1993年第5期。

义。“干氏”如同“龙氏羌”“周氏巫”“雀氏石”“行氏女”“并氏”等等，均是臣属诸侯或方国向殷商王朝表示一种友好行为或义务。干应是干人的立国名，“犬干”一名，类于“亚雀”“周侯”之称，受职于商而为犬官，表明干国已为殷商王朝的臣属国，干国君长又兼为商的犬官。“犬”官之设，一般通由各地土著国族首领担任，如“夷犬”（《合集》11000）即是。“犬干”也称“干犬”（《合集》21729），是干国君长因臣服商王朝而被委任为地位很低的犬官。[①]

干人为什么称之为“干”？据宋镇豪研究：干者，盖干族之圣物，或指图腾干之类，是上古拜物信仰之孑遗，因干神圣不可侵犯，故族人守而捍卫之，其人形背干朝外，正寓意于监视周围而捍守神干。传世殷代铜簋有一徽识字（《三代》6·26·8），当为同一国族之器，在干的四周置人目，以人体视觉器官替人形，即所谓局部代全体，正显监视周围而捍守神干之意。干或写作单，似干上增饰幖识圣物之象，主要用以神化干作为族保护神的形象、色彩或气氛，应是宗教拜物心态使然。[②]

干国与商王朝的关系密切，武丁以后，干、殷关系有了新的发展，主要表现：一是这时干国已被商王朝统治者视为自己版图中的一个属国；二是干国君长已由前代的“犬官”上升为“戍官”，可以率领本国族众参与王朝的军事行动；三是干国君长能够参加商王朝的某些祭祀活动；四是两国之间还持有双向的通婚关系；五是干国成员能够为殷商王妃殉葬的“殊遇”；六是干国铜器的铸造反映有强烈的商文化风格，凡此等等，表明商人视干人“非类非族”的意识已相当淡化。[③]

周武王灭殷之后，干国离析，部分干人归降于周。周初《小臣单觯》铭云：“周公锡小臣单贝十朋”（《三代》14·55·5）。这是周公平定武庚之乱后赏赐小臣单的记事。小臣单应是殷属国干国族系分支的首领，因降周反戈有功而在成周受赏。周初铜簋有“戈仟册册”的徽识（《怀米》上30）。应是这支干人还曾受到周朝的册命。但大部分干人，则因周初王朝的东方经略，被迫向东南迁徙，最后立国于苏北淮水流域下游一带，其国春秋中期尚存，铜器有“邗王是埜戈”（《录遗》569）。据宋镇豪研

① 宋镇豪：《商周干国考》，《东南文化》1993 年第 5 期。

② 同上。

③ 同上。

究，这个铜器自是干国器，王自是史籍失载的干国君主之一位，《说文》："邗，国也，今属临淮，从邑干声。"临淮位于淮水下游，相当今苏北泗洪县境，是干人迁徙东南后的立国所在。[①]

春秋中叶，吴国崛起，为争霸权，挑起了吴干之战。对此战役《管子·小问》曾有记述："昔者吴、干战，未龀不得入军门，国子擿其齿，遂入，为干国多。"尹注："战功曰多，言于干战，国子功多也。"约于前655年，干国被吴国吞并而灭亡。

干国虽亡，但中原人出于习惯上的原因，一直有把大江南北的东南地区称为"干"，干几乎成为区别中原华夏族与东南蛮夷的代名词。如《墨子·兼爱中》云："南为江汉淮汝，东流注之五湖之处，以利荆楚、干越与南夷之民。"《荀子·劝学》云："干越夷貉之子，生而同声，长而异俗。"《大戴礼记·劝学》作"干越戎貉之子，生而同声，长而异俗者，教使之然也"。《汉书·货殖列传》云："戎翟之与干越不相人。"《吴都赋》云："包括干越，跨躡蛮荆。"历史学家刘节在分析其原因时认为，"江淮间古有邗国可知也，邗既并人於吴，故春秋以后学者皆以于越为吴越"[②]。把东南吴地称干的得名与干国联系起来了。干人也就成了江西人的先祖。

（三）干越人、徐人和楚人：江西人的先民

艾人和干人是江西人的先祖，进入春秋战国后，干越人、徐人和楚人则是江西人的先民。

1. 干越人

历史有时是交叉的。在干人顺着自己成为干人发展轨迹运行时，一个与干人有着一定联系和渊源关系的干越人，在商周之际悄然登上了江西的历史舞台。

干越人又称邗越。长期以来，学术界在讨论百越族群集团时，大多只论于越而不论干越。[③] 有学者认为史书上的"于越"是干越的误写。[④] 其

---

① 参阅宋镇豪《商周干国考》，载《东南文化》1993年第5期。

② 刘节：《说攻吴与禺邗》，载《禹贡半月刊》7卷1至3期合刊，1937年。转引自宋镇豪《商周干国考》，载《东南文化》1993年第5期。

③ 王锺翰主编：《中国民族史》，中国社会科学出版社1994年版；蒋炳钊、吴绵吉、辛土成：《百越民族文化》，学林出版社1988年版；田继周：《先秦民族史》，四川民族出版社1996年版；胡绍华：《中国南方民族发展史》，民族出版社2004年版，均不见有论干越。

④ 黄现璠等：《壮族通史》，广西民族出版社1988年版，第3页。

实不然。于越与干越是百越族群集团中两个不同的族群。

于越以浙江绍兴为中心，主要分布在浙江的宁绍平原、杭嘉湖平原和金衢丘陵地区。正如《国语·越语上》所云：于越的地望范围“南至于句无（今诸暨），北至于御儿（今嘉兴），东至于鄞（今鄞县），西至于姑蔑（今龙游）”①。春秋时建越国，即称“于越”，为春秋五霸之一，因第39代越王勾践卧薪尝胆而闻名于世。而干越以江西，今鄱阳湖滨的余干县为中心，主要分布在今安徽、江西及江苏相邻地区。周武王时期，活动在鄱阳湖一带的邗越人建立方国，称干越国。干越人的事迹，在历史上流传最久远的是干将炼剑的故事。干将是干人后裔，《吴越春秋·阖闾内传》谓其曾为吴王采“五山之铁精，六合之金英”，铸作两剑，“阳作龟文，阴作漫理”。此后，吴国包括越国的利剑通常与“干”名相系，如《战国策·赵策三》云：“吴干之剑，肉试则断牛马，金试则截盘匜”；《吕氏春秋·疑似》云：“患剑之似吴干者”；《庄子·刻意》云：“干越之剑，押而藏之，宝之至也”；《尸子·劝学》云：“使干越之工铸之以为剑”；《新序·杂事》：“剑产于干越。”凡此等等，不一而足。可见，一个是因勾践卧薪尝胆的故事使于越永垂，另一个干将炼剑的故事却没有让人们关注干越。

正由于人们长期忽视了干越及干越人，故而学术界对干越或邗越的研究非常薄弱②。但是对于干越的分布和活动范围，学者们利用文献和考古材料还是做了有价值的认定，彭适凡曾从皖南、苏南和浙北、赣东北部分地区较广泛分布着无圹穴土墩墓，以及几何印纹陶等诸种文化因素相同或相近等特征分析，认为“约当西周时期（实际应指商周时期），它们（指赣东北）和苏南、浙北以及皖南地区是自成一个文化系统，同属于一个古代族系的文化。这个族系，应该就是古代的干越”。③ 他还具体将赣东

---

① 参阅蒋炳钊、吴绵吉、辛土成《百越民族文化》，学林出版社1988年版，第42页。该书认为姑蔑为今太湖有误，应为今龙游。

② 仅见刘美崧《试论江西古代越族的几个问题》，载《百越民族史论集》，中国社会科学出版社1982年版；《干越续论》，载《中南民族学院学报》1986年增刊；《三论干越》，《江西社会科学》1989年第5期。何光岳：《干越的来源和迁徙》，《江西社会科学》1986年第1期；王卫平：《由“句”说到干国的历史与族属》，《学术月刊》1990年第8期；宋镇豪：《商周干国考》，《东南文化》1993年第5期；周榜师、刘筱蓉：《论赣东北干越人的生活时空和断发文身习俗》，《南方文物》2000年第2期。

③ 彭适凡：《试论武夷山地区悬棺葬的族属》，《江西师大学报》1988年第2期。

北诸如万年肖家山商代墓葬和鹰潭角山商代窑址等一些遗存所反映的文化特征，与鄱阳湖以西——赣江中、下游吴城文化的异同进行了分析比较，提出“在鄱阳湖以西的赣江中、下游两岸发现有一支具有浓厚土著特色的吴城青铜文化，而这支青铜文化与鄱阳湖以东的赣东北万年类型青铜文化既表现出很多共性又有某些差异，共性表明它们都同属百越文化系统，某些差异说明它们分属不同的支系，后者乃干越文化，前者是扬越文化”。[①] 所以说不仅赣东北，从皖南、宁镇地区和浙西北地区考古学遗存所反映的一些商周文化特征分析，似都应是一个大的文化区系，也即干越文化范围。他还评论说：“刘美崧先生早年提出‘干越族最初建立方国的地方当在江西余干一带’的观点固然可以商榷，但他认为干越族的活动范围是：‘相当今赣东北、皖南及苏南、浙西北相毗邻的地区’，倒是和这一广阔地域的考古学物证相吻合的”[②]。这就可以确定干越人的活动范围主要在今赣东北、皖南及苏南、浙西北相毗邻的地区。

从历史上看，西周建立之初，周武王将自己的小儿子分封在“邗”，即是邗国。邗国是诸侯国，邗地以后历为广陵国。在同一时期，活动在鄱阳湖一带的邗越人建立方国，称干越国。邗越（hán－yuè）与干越（gān－yuè）的区别在于，邗越包括干越、江都、缚娄三支。而干越只能指江西省境内的邗越。从名称的类同来看，干越国应该是邗越中最具代表性的一个族群。后来，干越人融合于华夏民族，秦汉后发展转化为汉民族的一部分，因此，干越人可视为江西人的先民之一。

2. 徐人

江西在春秋战国时期并非完全由百越族群居住，还有其他一些民族或族群成分，徐人是其中之一。

徐国是春秋时期安徽淮南江北一带一个比较大的诸侯国。周穆王时，徐偃王率领东南夷人反抗周人，“以伐宗周，西至河上”[③]。后被周联合楚人所败。至春秋后期，徐国在东吴、西楚的挤压下，国势渐弱，最后灭于吴国。《左传·昭公三十年》记载：“吴子灭徐，徐子章禹断其发，携其

---

① 伏牛山铜矿调查小组：《南京伏牛山古铜矿遗址》，《东南文化》1988 年第 6 期。

② 彭适凡：《论扬越、干越和于越族对我国青铜文化的杰出贡献》，《东南文化》1991 年第 5 期。

③ 《后汉书·东夷列传》。

夫人以逆吴子。吴子唁而送之，……奔楚。”徐子奔楚后，被楚统治者安置在今江西北部一带。1979 年江西修水县潦河北源靖安水口乡，出土春秋末期“徐王义楚盘”及“雁（偃）君之孙徐之君稽型盘”等窖藏徐器。光绪十四年（1888 年）在今高安县清泉市出土“徐王义楚”铜耑等 12 件徐器[①]。这些都是徐人奔楚后所遗。此外，从贵溪、靖安和高安等地出土的大量具有徐国文化特征的器物来看，曾经居住在江北的徐人，他们给江西地区的文化发展带来了新鲜血液。[②]

徐人迁入江西，族谱中也有记载，南昌县《大塘徐氏族谱》云：“徐子章羽为吴所灭，偃王子孙遂迁入江西”，“世为南昌著姓”[③]。可见，徐人迁入江西当无可疑。

后来，徐人也融合于华夏民族，秦汉后发展转化为汉民族的一部分，因此，迁入江西的徐人也可视为江西人的先民之一。

3. 楚人

春秋战国时期，楚国一直是一支影响和控制江西地区的重要力量。史载楚共王和楚昭王末年时，楚的势力已东抵于豫章、番、宗、巢、州来及赣江上游。番即楚昭王十二年（前 504 年）时，“吴复伐楚，取番”[④]。《史记》正义引《括地志》云：“饶州鄱阳县，春秋时为楚东境。”即今江西鄱阳县，包括赣东北和昌江、乐安江流域，因这一带在秦时都属鄱阳县之境，秦因楚制，大概差别不大。王先谦《汉书补注》卷二八豫章郡鄱阳县云：“故曰番，春秋楚地，吴取之。”州来[⑤]和巢，是楚、吴拉锯战之地，时得时失；东北则到萧；北到陈、顿、胡、应、东不羹、西不羹、蛮氏一带；西北达商于、锡穴以西；西达巫峡东段及神农架；南面的“湘西北可能早就是楚国之境……在今长江以南的长沙，常德、衡阳一带，都发现了春秋中期以后的楚墓；可见楚人是在此沿湘江向南发展的”。[⑥] 还有考古材料表明：“春秋时期楚人的墓葬在湖南的分布就更多了，

① 参阅楚仲生《豫章得名考》，载 1991 年徐州“全国徐淮夷学术讨论会”论文。

② 参阅陈文华主编《江西通史》，江西人民出版社 1999 年版，第 60 页。

③ 参阅李修松《徐夷迁徙考》，载《历史研究》1996 年第 4 期。

④ 《史记·楚世家》。

⑤ 州来，即州来国，是商周和春秋时江淮地区的一个小方国，亦称“下蔡”。

⑥ 俞伟超：《关于楚文化发展的新探索》，载湖北省社会科学院历史研究所编《楚文化新探》，湖北人民出版社 1981 年版。

如澧县、常德、益阳、长沙、湘乡、衡阳、郴州，从南到北，都有早期楚墓出土。”[①] 甚至南达广东连江流域北江上中游一带。熟悉湘、赣、粤地理的人都知道，从长沙、株州经衡阳到郴州，与江西修水、萍乡、宜春、永新、遂川、赣州，基本上从北到南平行相连，山连山、水连水，在楚国势力到达之时，恐怕很难分得清湘、赣。而北江作为珠江的中国珠江北支，东源浈水出江西省信丰县石碣大茅山，西源武水出湖南省临武县西，两源南流在广东韶关汇合后始称北江。可见，大约在春秋中后期，楚国的势力就到达了江西的西部和北部，所以何光岳认为，春秋之时，江西除信水流域外已为楚国的疆域[②]。

及至战国时期，楚国国力渐强，并往南发展，雄距江淮。《吕氏春秋·贵直论》云：“荆国兼国三十九。”[③]《韩非子·有度》云：“荆庄王并国二十六，开地三千里。”楚悼王用吴起谋“南平百越”，使江南洞庭等地纳入楚之版图。在《战国策》中，苏秦说楚威王曰：“楚天下之强国也……楚地西有黔中、巫郡，东有夏州、海阳，南有洞庭、苍梧，北有汾陉之塞郇阳，地方五千里，带甲百万，车千乘，骑万匹，粟支十年。”[④]张仪也曰：“凡天下强国，非秦而楚，非楚而秦。”[⑤]《淮南子·兵略训》云：“昔者，楚人地南卷沅湘，北绕颍泗，西包巴蜀，东裹郯邳，颍汝以为洫，江汉以为池……楚国之强，大地计众，中分天下。”及灭越后，楚又包括江西的豫章、九江等郡。

于是，就是在楚国在战国“中分天下”，称雄南中国的过程中，楚人迁入江西当是自然而然的事了。后来，楚人也融合于华夏民族，秦汉后发展转化为汉民族的一部分，因此，迁入江西的楚人也可视为江西人的先民之一。

（四）秦汉：汉民族形成潮流漫卷江西

秦灭六国统一之后，江西成为秦帝国的组成部分。

从族群的分合来说，秦汉时，干越国遗民自干越国亡后，迁入福建的

① 高至喜、熊传新：《楚人在湖南的活动遗迹概述——兼论有关楚文化的几个问题》，《文物》1980 年第 10 期。

② 何光岳：《楚灭国考》，上海人民出版社 1990 年版，第 13 页。

③ 高诱注：《说苑》作兼国三十。

④ 《战国策·楚策 1》。

⑤ 同上。

演变成山越人，仍留在赣北地区的干越遗民，以及春秋战国迁入江西的徐人、楚人无一例外地卷入汉民族形成的大潮流。后来，就是山越人也无例外地卷入汉民族形成的大潮流。

从地缘关系来说，在秦始皇推行郡县制的过程中，早在始皇二十四年（前 223 年），即秦“分天下三十六郡”[①] 的前二年，秦灭楚后，就在寿春（今安徽寿县）设立九江郡[②]，辖境相当今安徽、河南淮河以南、湖北黄冈以东和江西的九江、南昌、景德镇、上饶、抚州、吉安、赣州等地区。今江西的萍乡和宜春大部分地区却归长沙郡管辖。由于江西境内人口尚少，秦未设郡治，但秦在江西境内设立了两个县级行政机构，即位于今修水县西修水上游的艾县和位于今鄱阳县东面的番县。

从国家层面来说，始皇建立秦朝后，由于政治和经济上的需要，组织了一系列强制性的人口迁移，其中著名的就有蔚屠睢发卒 50 万戍边。其将 50 万士卒分为 5 军，其一军“结余干之水”[③]。余干之水即在今江西余干县境内。

秦在统一华夏民族中，把江西的干越人、徐人和楚人一个也不剩地都融合进华夏民族了。与湖南和广西不同，此后，在江西境内几乎没有什么少数民族了。此所谓华夏民族形成潮流漫卷江西。融合潮流的进一步推行，使江西与汉民族共同的地缘联系更紧密、更牢固了。

汉高帝五年（前 202 年），以英布为淮南王，置淮南国，领衡山、九江（包括后来的六安国）、庐江、豫章四郡。汉武帝时曾分徙汝南上蔡（今河南新蔡县）人于建城（今江西高安、上高两县）。新莽期间，饱受天灾人祸之苦的黄河中下游地区的灾民纷纷南迁，江西接纳移民甚多。汉平帝元始二年（2 年），豫章郡领县十六、侯国二，即南昌县（治所，南昌市）、庐陵县、彭泽县、鄱阳县、历陵县、余干县、柴桑县、艾县、赣县、新淦县、南城县、建成县、宜春县、雩都县、鄡阳县、南野县，以及海昏（侯国，《汉书·地理志》失注）、安平（侯国）。有 67462 户，351965 人。其郡辖地大致相当于今江西省。

---

① 《史记·秦始皇本纪》。

② 《水经注·淮水注》。据《晋太康地记》记载，九江的得名源于“刘歆以为湖汉九水（即赣水、鄱水、余水、修水、淦水、盱水、蜀水、南水、彭水）入彭蠡泽也”。

③ 《史记·秦始皇本纪》。

王莽时改称九江。汉和帝永元年间增置临汝县、建昌县（分庐陵置）、石阳县（分海昏置）三县。顺帝永和五年（140年），豫章郡领二十一县：南昌、建城、新淦、宜春、庐陵、赣、雩都、南野、南城、鄱阳、历陵、余汗、鄡阳、彭泽、柴桑、艾、海昏（侯国）、平都（侯国，即西汉时安平侯国）、石阳、临汝、建昌。有406496户，1608906人。豫章郡人口由公元2年的将士35万余人猛增至公元140年的167万余人，净增近132万人。在当时中国一百多个郡中，豫章郡的人口名次由53位跃居第4位，实增加户、口达5倍之多，其中除了人口自然增殖的数量外，北方南迁汉族占有相当大的比重[①]。在扬州的六个郡中，其由第五位跃居第一位。当时，扬州总人口的2/5都住在豫章郡。对此，葛剑雄还专门做了一个统计分析，豫章郡公元2年的人口为351960，公元140年增至1668906，净增人口1316941，增长474%，年均增长率为11.3‰。与南方零陵、桂阳、武陵、长沙、丹阳、吴郡6郡相比，人口增长率名列第三，仅次于零陵和长沙[②]。这样高的增长率，是在东汉永和五年（140年）的户口总数比西汉元始二年（2年）要少，全国大多数郡级单位的口数下降，户口统计数年平均增长率是负数的背景下。江西出现人口大幅度的增长，肯定是人口的机械流动所致。而江西和湖南是这个时期吸收外来移民的主要地区。[③]

据江西地方志记载，赣语区的主要大姓，相当一部分是汉代从中原地区迁来的。以宜春为例，全县人口最多的大姓是“易”“刘”“彭”“袁”“李”，而以“易”姓居首位。易姓先民就是西汉镇南王率兵来建县时的官兵及其眷属，来自今山西省。刘姓是长沙王侄子刘成的后裔，来自今陕西省，时间也在西汉。彭姓祖先彭构云是位高士，他在王莽篡位时来宜春隐居，东汉帝国一再请他出仕，没有应诺，后用“蒲轮车”把他接到京师，但当了几年京官，又辞官回宜春过隐居生活。“诏君乡”这个村庄，据传就是为纪念这件事而命名的。可见，从秦到汉，随着郡县制在江西的推行，江西人几乎无一例外地卷入了融合为汉民族的大潮流，正所谓汉民族形成的潮流漫卷江西。

---

① 陶元珍：《两汉之际北部汉族南迁考》，《禹贡》半月刊第4卷第11期。转引自周静芳《赣方言的形成与发展初论》，《南昌大学学报》（社会科学版）1998年第3期。

② 葛剑雄、曹树基、吴松弟：《简明中国移民史》，福建人民出版社1993年版，第136页。

③ 同上书，第137页。

从先秦到秦汉，历时约二三千年，伴随着汉民族的形成，江西人才走完了自已形成的滥觞期。

二　魏晋南北朝到隋唐五代：江西人形成的雏形期

从三国魏晋南北朝到唐末五代的二次大移民波，在北方中原汉民族南迁中，江西又接纳了不少北方移民。

三国时，江西全境属吴。建安十八年（213 年），曹操与孙权相峙，《三国志・吴书・吴主传》云：曹操“恐沿江郡县为权所略，征令内移。民转相惊，自庐江、九江、蕲春、广陵户十余万皆东渡江，江西遂虚，合肥以南惟有皖城”。魏正元二年（255 年），扬州刺史毋丘俭与文钦等起兵讨司马氏，失败后，淮南有数万人渡江南迁至吴国境内。从四世纪初的晋永嘉年间到五世纪中叶的南朝宋元嘉年间（307—453 年），江西距中原尚远，移民到达的较少，仅在北部一小部分设置了几个侨县，有的侨民后来又返回中原，没有多少人在迁入区定居。因此，并没有对江西的居民结构产生太大影响。

两晋南北朝时期，因“永嘉之乱”，移民南下的浪潮此起彼伏，持续了 100 多年，其中出现过 7 次高潮。据谭其骧先生统计，北方南渡人口达 90 万人之众，占北方总人口的 1/7。[①] 且实际数目因种种原因当远超出可以算出的侨寓人口。当时政府在江西九江侨立松滋、安丰、弘丰 3 郡，接纳、安置流民逾万，《晋书・刘胤传》载：“自江陵至于建康三千余里，流人万计，布在江洲。”[②] 连汉灵帝也避乱于江西，死而葬在于都县。《明一统志》云：“于都县南七十二里有汉柴侯刘叔齐墓。灵帝时避地于此，卒葬焉。”《豫章记》亦云：“许子将（邵字）墓在郡西四里。昔子将以中国大乱，远来渡江，随刘繇而卒葬昌门里。”[③]

西晋永嘉之乱后及至南朝时，江西虽距中原已远，移民的迁入比江苏、安徽要少得多，但在江西北部仍设置了几个侨县，户口约有 1 万余[④]。南迁

---

① 谭其骧：《晋永嘉丧乱后之民族迁徙》，《燕京学报》1934 年第 15 期。转引自周静芳《赣方言的形成与发展初论》，《南昌大学学报》（社会科学版）1998 年第 3 期。

② 胡焕庸、张善余：《中国人口地理》（上册），华东师范大学出版社 1984 年版，第 333 页。

③ （清）王仁圃：《江西考古录》。

④ 参阅葛剑雄、曹树基、吴松弟《简明中国移民史》，福建人民出版社 1993 年版，第 149—150 页。

汉人最初建立侨郡，与土著加以区别，被称为“侨民”。东晋建立之初，即清理登记户籍。为体现对侨民的优待，并使土著和侨民有所区别，土著的户籍用黄纸，称黄籍；侨民的户籍用白纸，称白籍。黄籍登记每个民户成员的姓名、性别、年龄及在家庭中的地位、健康状况、婚姻状况及配偶的家世背景、由远祖至本人的仕宦情况、门第等级等。白籍内容较黄籍稍减，但必须注明民户的原籍。为了招怀流民，凡持白籍者（即侨民）给予免除赋役的优待，称“优复”。后来，随着时间的推移，东晋政府又采取“土断”措施，即在侨民居住地设置乡里，把他们的户籍编入所在郡县，废除“优复”政策，向他们征收租调徭役。《晋书·范汪传附子宁传》载：“昔中原丧乱，流寓江左，庶有旋反之期，故许其挟注本郡。自尔渐久，人安其业，丘垄坟柏，皆以成行。无本邦之名，而有安土之实。今宜正其封疆，以土断人户，明考课之科，修闾伍之法。”就是说，通过土断，明确侨州郡县的境域范围，使其据有实土；按乡里组织把侨民编制起来；按规定向侨民征调租赋徭役。实质就是取消对侨民的“优复”，把侨民断为土著。经过历次“土断”，侨民落藉而融合于土著民之中了[①]。这样，整个魏晋南北朝历时 270 多年，中原汉人与江西土著居民互动、融合，一个操一种新的汉语方言——赣方言的汉民族族群，即江西人的雏形开始出现。

隋唐五代时期，经“贞观之治”，唐帝国空前繁荣，后来却因“安史之乱”，再度使百姓遭受背井离乡之灾。当时受战祸最严重黄河流域的河北、关中两道以及河南、淮南两道人口锐减，而汉江中下游襄、鄂二州及长江中下游的饶、洪、吉、苏 4 州等地的人口大增。正如当时有人说：“洪州富且饶，行者如归。”[②] 京兆人印某、秦州人权皋皆迁居洪州[③]；吉州（治今吉安市）元和户口比天宝增加近 10%。此外，蒲州人卢简辞避地波阳（今鄱阳）[④]；京兆华原人郑元素，“避乱南奔，隐居庐山青牛谷四十余”[⑤]。可

① 胡焕庸、张善余：《中国人口地理》（上册），华东师范大学出版社 1984 年版，第 333 页。

② 《全唐文》卷四二七，（唐）于邵《送王司仪季友赴洪州序》。

③ 《全唐文》卷八八六，（宋）徐铉《唐故印府君墓志铭》；《江西通志》卷九五《寓贤》引《豫章书》。

④ 《旧唐书·卢简辞传》。

⑤ （清）吴任臣：《十国春秋》卷二九《郑元素传》，中华书局 1983 年版。

见江西其他地区亦应有北方移民进入。①

唐后期，江西吸收移民较多。鄱阳湖地区在唐天宝年间属江南西道，天宝元年（742年）时江西的人口占全国总户数的3%。《元和郡县图志》记载开元年间的户数，也记载元和时的户数，为我们研究安史之乱前后各地户口的变动提供了重要佐证。该书卷二十八志江南道的“江西观察使”开元时（713—742年）洪州为55405户、饶州为14062户、吉州为34481户，元和时（806—821年）则分别为91129户、46116户、41025户，分别增长64.5%、228%、19.0%。冻国栋就说这时江南道西部诸州多有增加，洪州增2/3，饶州则增加3倍。② 到五代结束后的北宋太平兴国年间（976—983年），江西已占全国户数的1/10左右，户数比天宝年间（742—755年）增加了140%。据《中国人口史》统计，天宝中江西的洪州（今南昌）户数已列入5万到7万户的行列，而饶州（今上饶）、虔州（今赣州）、袁州（今宜春）、抚州（今抚州）、吉州（今吉安）、江州（今九江）等6州均已列入2万到5万户的行列。③《元和郡县志》还记载：饶州因移民涌入，接连分置上饶、永丰、贵溪、至德四县。洪州则净增亦达64%。尤其是洪州附近的大量移民，为江西人雏形的发育增添了新鲜血液。

从魏晋南北朝到隋唐五代（220—979年），历时759年，江西人走完了自己形成的雏形期。

三　两宋到明清：江西人形成的定型期

从两宋到明清，是江西人形成的定型时期。在这个时期，江西人的定型发展，走了一个马鞍形的路线图。

（一）两宋是江西人形成定型的一个高峰

两宋是江西人形成定型的关键时期。

南宋时，江西属江南西路和江南东路的信州、饶州及南康军。两宋时江西人形成定形的高峰，主要表现是北方汉民族移民的大量迁入，与两宋前居于江西的土著融合。

崇宁元年至绍兴三十二年（1102—1162年），江西路增加了22.7万

---

① 参阅葛剑雄、曹树基、吴松弟《简明中国移民史》，福建人民出版社1993年版，第248页。

② 冻国栋：《中国人口史》第二卷，复旦大学出版社2002年版，第205页。

③ 同上书，第202页。

户。建炎年间因金兵屠杀和流兵作乱，当地人口减少较多，《建炎以来系年要录》卷三十，建炎三年（1129 年）十二月乙未记载："是日，金人屠洪州。"《三朝北盟会编》卷一四七，绍兴元年（1131 年）六月亦载："九江新遭李成所破，被祸最酷……入潭州界，有屋无壁；人袁州界，则人屋俱无。"如没有大量北方人口迁入，户口的增加是不太可能的。而江西被屠过城的府州，北方南迁移民应也占多数。[①]

南宋初迁入江西的移民较多，与建炎三年（1129 年）隆祐太后率官民南迁有关。史载隆祐太后率官民入江西后，遇金兵追击，自洪州沿赣江逃吉州，又至虔州，次年八月始回临安。陈乐素的《珠玑巷史事》一文认为，建炎南渡的官吏士民大部分随隆祐太后进入江西。[②] 由于沿途艰难，一般的士民皆难以返回临安，除了留虔州的那部分人有可能翻越五岭进入岭南外，其余大多应定居江西了。[③]

南宋末年乾道年间（1165—1173 年），据《宋史·五行志》记载，"江东西、湖南十余郡饥，江、筠州为甚，人食草实，流徙淮甸"[④]，江西、江东路人口均有下降，但此后又有较大增长。乾道九年至嘉定十六年（1173—1223 年）江西路增加 40.5 万户，居各路第一，此后增长势头不减。蒙古军进攻两淮后，不少淮民进入江西，仅嘉熙三年（1239 年）秋天经江州进入江西的难民便达 10 万。[⑤] 据葛剑雄的统计，江南西道从崇宁元年到绍兴三十二年（1102—1162 年），增加了 226647 户；从绍兴三十二年到乾道九年（1162—1173 年），减少了 28778 户；从乾道九年到嘉定十六年（1173—1223 年），增加了 405369 户，从崇宁元年到嘉定十六年增加了 36.20%。[⑥]

遗憾的是有关江西各府州的移民史料相当缺乏，尤其遗憾的是缺少江西路治所洪州（后称隆兴府，治今南昌市）的资料。据葛剑雄分析研究：

位于今浙赣铁路沿线的信州、饶州以及赣江谷地的赣州（原名虔州）、扼入闽大道的建昌军，应是当时移民较多的州军。信州治今上饶

① 参阅葛剑雄、曹树基、吴松弟《简明中国移民史》，福建人民出版社 1993 年版，第297 页。
② 陈乐素：《珠玑巷史事》，《学术研究》1982 年第 6 期。
③ 参阅葛剑雄、曹树基、吴松弟《简明中国移民史》，福建人民出版社 1993 年版，第297 页。
④ 《宋史·五行志》。
⑤ 《宋史·董槐传》。
⑥ 参阅葛剑雄、曹树基、吴松弟《简明中国移民史》，福建人民出版社 1993 年版，第287 页。

市。元代自号“清容居士”的袁桷说：“建炎初，中原缙绅家多居是州。”侍郎王某、秘书少监赵暘皆自北方寓居信州之贵溪和玉山县。相州（治今河南安阳市）应氏也有一支居信州。[①] 韩元吉说饶州（治今鄱阳县）“物产丰美，土壤平衍，故北来之渡江者，爱而多寓者焉”[②]，余干、鄱阳等县皆有皇族成员居住。[③] 据《嘉靖赣州府志》卷四绍兴年间（1131—1162 年）记载：赣州户近 12.1 万，淳熙年间（1174—1189 年）为 29.3 万户，年平均增长率达 25.6‰，远高于全国的年平均增长率，这也只能是北方汉民族移民迁入的结果。而建昌郡（治今南城县）扼北方移民入闽要道，必然会有一些人留居于此。崇宁元年（1102 年）建昌军有户 11.2 万，南宋初已达 40 万[④]，由于人口剧增，绍兴八年（1138 年）析置新城县和广昌县[⑤]。其他府州也留下北方移民的踪迹。有皇族成员居袁州宜春，京师人郭主簿亦迁此[⑥]，郑州人周沈居吉州。[⑦] 江州为北方移民渡江上岸之处，必定也有一些人留居于此。[⑧]

两宋时期，特别是南宋时迁入江西的中原汉民族移民，与两宋前居于江西的土著融合，随着汉民族雪球的滚动发展，促使以赣语为特征的江西人基本定型。

（二）明代是江西人形成定型的低谷

江西经两宋以来的发展，成为全国经济、文化最为发达的地区之一。如前所述，北宋时期，江西人口曾居各路之首，经济开发在南方属于先进地区。及至明代，虽然江西人口较浙江稍逊一筹，居全国十三布政司的第二位，但每年所纳税粮有时甚至要超过浙江。地处内地的江西，以农为主的单一经济结构，承担着沉重的赋税，使其发展水平日趋下风，当地百姓的生活水准是每况愈下。

---

① 《清容居士集》卷二十《梅亭记》，丛书集成本。

② 《夷坚志》丙志卷十七《仙岩三羊》；《宋史·赵蕃传》。

③ （宋）袁燮：《挈斋集》卷二十《应氏墓志铭》。

④ 转引自许怀林《试论宋代江西经济文化的大发展》，载《宋史研究论文集》，上海古籍出版社 1982 年版，第 646 页。

⑤ 《宋史·地理志》。

⑥ 《宋史·赵希泊传》；《夷坚志》补志卷二《乔郭两贤》。

⑦ 《陆游集·渭南文集》卷三八《周公墓志铭》。

⑧ 以上均参阅葛剑雄、曹树基、吴松弟《简明中国移民史》，福建人民出版社 1993 年版，第 291、297—298 页。

及至元末明初，元至正二十四年（1364年），明太祖朱元璋派大将徐达攻打长沙，与陈友谅旧部和元王朝残余势力血战四年，损兵折将，最后才在洪武元年（1368年）夺得胜利，确立明王朝在长沙的统治。元末明初这场连年战祸，使湖广地区田园荒芜，百姓亡散，庐舍为墟，许多地方渺无人烟。如同治《汉川县志》云："（元末）川沔一带，烟火寂然，至明初仍是土旷赋悬，听客户插草立界。"又据道光《安陆县志》载："（元末）兵燹以来，晨星而列雁户者又几何，闻之老父，言洪武初大索土著弗得，惟城东有老户湾屋数楹，而无其人。鸟兔山之阴穴土以处者几人而无其庐舍，徙黄麻人以实之，合老妇孺子仅二千余口，编里者七。"湖北不仅遭受兵灾荼毒，而且天灾肆虐。如《元史・五行志》载："至正七年五月黄州大水……六月己丑，中兴路松滋县骤雨，水暴涨，平地深丈有五尺余，漂没六十余里，死者一千五百人……九年七月中兴路公安、石首、潜江、监利等县及沔阳府大水。夏秋，蕲州大水伤禾稼……十二年六月，中兴路松滋县骤雨，水暴涨，漂民居千余家，溺死七百人。"这类记载见于国史方志谱牒者比比皆是[①]。于是，明王朝就近从江西大量移民迁入湖广[②]，并允许"插标占地"，江西人开始大量迁入湖广，史称"江西填湖广"。

江西填湖广除战争的原因外，还有个重要的原因——赋税过重且不合理而被迫成批逃亡，近的逃入两湖，远的到达四川、贵州和广西。据《江西通志》的记载，从洪武二十六年到万历六年（1393—1578年）江西人口共减少312万，袁州所属四县减少40多。袁州、吉州的逃亡者主要进入湖南，南昌的逃亡者有进入湖南的，也有进入湖北的，鄱阳湖地区的逃亡者主要进入湖北。如据万历《南昌府志》卷7《户口》的记载，南昌府在元代至元二十七年（1290年）有户371436，口1485744，到明代洪武十四年（1381年）减少到户163780，口804848。户减少了207656，即减少了55.90%；口减少了680896，即减少了45.82%。又如与大槐树相类的移民集散地——瓦屑坝的出现，是因为饶州府属各县的外

---

① 参阅王振忠《江西填湖广》，《读书》1997年第4期。

② 行政上的湖广指位于中国南方的"湖广行省""省"，为元朝和明朝时期直属中国中央政府管辖的国家一级行政区。其包含湖北南部、湖南、重庆东南部、广东北部韶关以北一带和广西少部分地区，在一段时期中，湖广曾经与广东、广西、福建南部行政区，即两广合并，亦称大湖广。元朝时期一级行政区湖广等处行中书省简称；明朝时期一级行政区湖广承宣布政使司简称。

迁人口沿昌江、乐安河（婺水）及其众多的支流顺流而下，出饶州府城后，在鄱阳湖边的瓦屑坝集中，然后登舟北上。到达湖口后，多数人就近在安庆府属各县定居，少数人或溯长江而上，迁入湖广（今湖北湖南），或顺长江而下，迁往安徽及其他省份。虽然瓦屑坝只是一个集散地，对绝大多数移民来说，还不是他们真正的故乡，但当年留给后代的记忆只是他们的出发地——瓦屑坝。瓦屑坝也就成了外迁江西人的一个永恒记忆。还有一个“筷子巷”之说，即从江西迁入湖北者中，大都认江西“筷子巷”为祖籍。至今鄂东、鄂北、江汉平原大部地区的湖北人，多在祭祖之供品“刀头肉”上插筷，以表示不忘祖根。

据估计，两湖人口中有十之六七系江西移民的后裔。直到现在，不少湖南、湖北的乡村百姓都声称自己是“江西种”，并煞有介事地说——凡是江西人后裔，其小脚趾的指甲多一块。[①] 这样，明代江西人的锐减，使江西人形成定型的历史跌入低谷。

江西填湖广的大移民，还有两个极具符号意义的故事。

一个是“腊鸡”绰号的来历。据万历时人沈德符的记载，某次，首辅严嵩生日，在京的江西士绅麇集鳞聚，候于严宅。当时，只见严嵩长身耸立，诸绅皆鞠躬屏气，俯身趋谒。此情此景，令在场的河南新郑人高拱忍俊不禁。严嵩见他旁睨而笑的样子，颇感莫名其妙，高氏只得含笑道出个中的盎然趣味：“看到您出来时，在座诸君屏声敛息的样子，让人陡然间忆起韩昌黎《斗鸡行》中的两句诗：‘大鸡昂然来，小鸡悚而待。’”严嵩听罢为之破颜，在场的江西人亦哄堂大笑。

《万历野获编》中的这则“谐谑”，亦见于清人褚人获《坚瓠乙集》卷一的“各省地讳”条。后书更曰：“各省皆有地讳，莫知所始。如畿辅曰响马，陕西曰豹，山西曰瓜，山东曰胯，河南曰驴，江南曰水蟹，浙及徽州曰盐豆（浙又曰呆），江西曰腊鸡（元时江南亦号腊鸡），福建曰癞，四川曰鼠，湖广曰干鱼，两广曰蛇，云贵曰象，务各以讳相嘲。”元时江南亦号“腊鸡”，故明人李时尝以“腊鸡独擅江南味”戏称夏言，对此，夏言及严嵩等江西人，似亦未以为忤。

据考，腊是一种干肉，腊鸡是指风干的鸡肉。作为一种腌腊制品，其做法是将鸡宰杀后放尽血污，在腹部切口，除掉内脏，斩去翅爪成鸡坯，

① 这种所谓江西种的生理特征是否有遗传学上的依据目前并没有得到证明。

用盐、糖、硝、酒、酱油和香料等擦抹，入缸腌渍。然后晾干水气，并烘烤至干。制成的腊鸡色泽金黄，鸡形完整，油润味鲜。食用时，或蒸或煮，腊香浓郁。江西人究竟是什么原因被称作“腊鸡”不得其详，但揆情度理，这与江西作为一个移民社会当有着密切的联系。因为在长途移徙的过程中，不仅风干的腊鸡更易于保存，而且给遍布全国的远方亲人捎点土宜，腊鸡无疑亦是不易变质的上品。大概是元明时代的江西人随处可见，江西人制作腊鸡的工艺及食用习俗更是别致，久而久之，也便有了“腊鸡”的绰号。①

另一个是关于“解手”一词的由来。明代时期的迁徙，和南北朝时到唐宋年间的这一迁徙不同。南北朝到唐宋这一阶段的移民主要是民间自发的。由于外族的入侵和北方生存环境的恶化，当一个家族决定迁徙后，整个家族几乎都搬迁了，搬迁后的家族仍然聚集生活在一起。而明代则不一样，洪武年间，朱元璋强迫江西人迁往两湖。这种由政府组织的强制性迁徙，背井离乡的江西人大都被反绑着双手，用船押送到湖广的江汉平原。迁徙途中想方便时，必定先要让押送官兵解开手上的绳索。据说，这就是称上厕所为“解手”的来历。

在明代的洪武大移民中，江西人的定型虽然跌入低谷，但他们的先民们如同顽强的种子一般，落在大邑通途，撒在穷乡僻壤，直至根深叶茂，成为湖北人、湖南人，乃至四川人的重要组成部分。

（三）清代是江西人形成定型期

清代是江西人形成最后定型的时期。在这个时期，江西人形成的路线图从马鞍形的低谷走向高峰。

明末，张献忠曾率义军进入赣西，清兵南下时又与南明军在赣州激战，“三藩之乱”的战火也延及江西。正如时人所言：“自遭诸逆变叛，人民死徙，田土荒芜，伤残蹂躏之状，荡析仳离之惨，倍什他省……杀戮逃亡人丁七十余万口，抛荒陌地一十七万顷。”② 如包括赣县盆地、南康盆地、雩都盆地和兴国盆地在内的赣南中部，本是赣南农业区的精华所在，但在明末清初也都成了地荒人稀的穷乡僻壤。据康熙《赣州府志》，州城在战前有十万八千户，“丙戌（1646 年）城破，存者三千户”，城区

① 以上参阅王振忠《江西填湖广》，《读书》1997 年第 4 期。

② 转引自葛剑雄等《简明中国移民史》，福建人民出版社 1993 年版，第 405 页。

以外的沿江盆地也是“兵燹以来，十不存一”[①]。同一地区的信丰县，“丙戌、戊子（1648 年）破城，焚杀之惨，尤小忍言。”“顺治三年丙戌，邑中大疫，人民死者三之一，市之为虚。”[②] 正是在这样的历史背景下，外地流民得以大量迁入江西。[③]

江西接受移民的主要地区是山区。江西山区划分为赣南、赣西北和赣东北三片，三大山区彼此孤立。

1. 移民迁入赣南山区

赣南东部以宁都为中心，从清初开始，福建汀州人迁入宁都、广昌、石城、瑞金等县的山地。从现有自然村的分布看，他们在广昌和瑞金的南部最为密集。而赣南中部的兴国县，据康熙《兴国县志》，该县顺治十四年（1657 年）招徕男妇共 4596 人，著于户籍。康熙九年（1670 年）又安插郑成功旧部千余人，“扶家又数倍到县”，共几千人。由于地广人稀，这些军籍户并不自耕，而是招募闽广流人赁种[④]。《兴国县志》又载：“兴国土著少而流寓多。彼生齿既不列于兴之版图，姓名复不载于烟户，各居一方，不与土著处。”“流移浮于土著，辄肆狂逞。”康熙间外来移民已超过土著人口，土客不混，至今仍然如此。

赣南西北部包括今天的遂川、井冈山、上犹、崇义等县市。顺治三年（1646 年），明末啸聚于此的流民受南明的招抚，参加了赣州城的抗清守卫，失败后仍回上犹县屯垦。不久金声恒乱起，他们又群起暴动，结果仍因失败返回上犹。顺治十六年（1659 年）招募移民，他们就趁机聚居于此，并从原籍招来新的流民，一时遍布于上犹、崇义二县，并蔓延到北面的龙泉县（今遂川、井岗山一部）。“三藩之乱”中，这批流民又群起响应，被平息后退回上犹山区垦殖。同治《上犹县志》称之为“三招三叛”。当地官府对这一批桀骜不驯的流民实在无可奈何，有人建议将他们驱逐回原籍，但上司的态度却很暧昧。因为这一带人烟稀少，如驱逐流民，就无人承担赋役，而且要驱逐他们也并不容易。于是，这批流民最后实际上都成为合法移民定居下来了。

---

① 康熙《赣县志》卷三。

② 康熙《信丰县志》卷八十。

③ 参见曹树基《明清时期的流民和赣南山区的开发》，《中国农史》1985 年第 4 期；曹树基《明清时期的流民和赣北山区的开发》，《中国农史》1986 年第 2 期。

④ 同治《兴国县志》卷八。

据葛剑雄等人的研究，嘉庆二十五年（1820 年）赣州、南安二府有人口 386 万[①]，假定其中 30% 为清代移民及其后裔，则为 115 万人。如果把时间也统一到乾隆四十一年（1776 年），按我们在赣西北根据家谱所作客家人口增长率的研究结果，年平均增长率以 15‰计，则 1776 年有移民及其后裔 50 万人左右。加上赣中吉安府所属山区（包括龙泉即今遂川、泰和、吉安、永丰、万安等县山区），1776 年有移民及其后裔共约 60 万人。[②]

2. 移民迁入赣西北山区

赣西北南部的闽籍客家人反抗性很强。明代崇祯末年，他们群起抗清，顺治五年（1648 年）响应金声恒之乱，顺治十年郑成功军兴，他们又在山中揭竿，康熙三十三年（1674 年）“三藩之乱”，他们干脆拉起队伍，四年中屡破县城，最后才被镇压下去。二十余年中，赣西北的客家人四次抗清，四次被镇压。顺治六年（1649 年），地方官将他们“各编乡甲，造册人籍……岁纳丁徭，永输国赋”[③]。流民被编入“棚籍”，但还不是当地正式的居民。由于“棚民”的活动伤害了土著的利益，康熙十六年（1677 年），宜春、萍乡等地乡绅纷纷要求官府驱逐棚民回原籍，以便“永杜乱源”。这次驱逐进行得相当彻底。

大规模地驱逐“棚民”，虽能给当地社会带来一时的安宁，却不能带来繁荣。十余年后，即从康熙二十九年（1690 年）起，“始招徕闽粤之人，渐次垦辟”[④]，重新招闽粤人垦荒的中心区是万载县。根据民国《万载县志》氏族的统计，新招入的棚民以粤东籍为主体，占 60%，闽人和赣南人各占 20%。

赣西北北部地区由今天的铜鼓、修水，武宁三县组成。康熙三十年（1691 年），“闽广诸省之人散处各方。分宁地广人稀，因而诸省之人扶老携幼，负耒而至”[⑤]，和南部招民垦荒属同时，赣西北北部山地布满了湖北移民建立的村庄，他们几乎全来自幕阜山北侧的阳新、通山等县。直到

① 嘉庆二十五年人口数据《嘉庆一统志》，以下同。

② 参阅葛剑雄、曹树基、吴松弟《简明中国移民史》，福建人民出版社 1993 年版，第 407—408 页。

③ 同上书，第 409 页。

④ 雍正《万载县志》卷六。

⑤ 同治《义宁州志》卷六。

今天，他们仍自称为“湖广人”。修水中南部还有 140 个由来自赣东南丰县移民建立的村庄。武宁县移民的分布为“南客北湖”，中部沿江两岸全为土著。“武宁山谷荒僻……近自湖广、闽粤异民遍乡开垦，万山童秃。”①

据葛剑雄等人的研究，万载、武宁两县到乾隆四十一年（1776 年），各接受移民约 5 万人：修水（含铜鼓）有 10 万人。赣西北山区移民共约 20 万人。②

3. 移民迁入赣东北山区

赣东北地区主要指清代广信府，其西部是贵溪、弋阳、铅山、横峰四县，毗邻鄱阳湖平原，地势较平坦，有较宽阔的河谷平原。

以贵溪为例，在丘陵河谷地带，明代以前的古老村庄占总村数的 30% 左右，反映了南宋以来，北方移民聚集于此，区域经济迅速发展的状况。贵溪南部山地是武夷山西侧绵延高耸的峰峦，全部村庄中，明代以前的古村仅占 10% 左右。若以清代以前所建村庄为指标，则在丘陵河谷地带占 58% 左右，在山地占 25% 左右。尽管如此，无论在丘陵河谷还是在山地，清代前期都经历了一次较大的人口扩充。建于这个时期的自然村，在丘陵河谷地带占 20%，在山地则占 30%. 河谷丘陵区接受的明代移民主要来自徽州，清代的移民则自福建越界而来。

广信府东部包括上饶、广丰、玉山三县。“三藩之乱”使广信府人口受到很大损失，东部尤其严重，根据玉山县地名档案所作统计，可以证明这一点。玉山县北部，清代以前所建村庄仅占总村数的 4%，中部低丘平原占 16%，南部丘陵也是 16%，与西部贵溪相比，差距很大。清代前期，移民大量迁入，今天玉山县北部山区建于清代前期的村庄中，有 85% 是福建及本省南丰移民建立的，在玉山县中部也达 72%，在南部丘陵区达 95%。

清代初年，进入玉山北部山区的移民不少，但进入怀玉山腹地的移民还不多。在今天玉山县怀玉山和游击两个垦殖场中，顺治、康熙迁入的村庄仅见 7 个。据乾隆《怀玉山志 · 土产》载，在雍正年间，怀玉山仅有

① 乾隆《武宁县志》卷三十。

② 参阅葛剑雄、曹树基、吴松弟《简明中国移民史》，福建人民出版社 1993 年版，第 408—411 页。

“佃人数十户”，整个山区仍然是“树木丛杂，竹箐蒙密，时有麋鹿成群，游卧道旁，雉兔遍山，取之应手”。景观非常原始。到乾隆初年，地方政府开放怀玉山被禁部分，流民闻风而上，不久“竹树扩清，人烟稠密竹”，景观大变。

地处广丰、上饶县境南端的铜塘山是封禁的重点，与浙、闽二省毗连，袤延三百余里，江西占7/10，闽、浙二省占3/10。乾隆年间怀玉山全面开放后，铜塘山开禁的呼声也日益高涨。主开派认为开山可尽地利，主禁派认为开山必致祸乱。结果近山的棚民入山砍柴垦荒，形成“有禁之名，无禁之实”的局面。主张开禁的官员默认了这一事实，主管人员将禁山碑不断内移，“久之，棚民移之尤内矣”。乾隆时江西巡抚胡宝瑔称“约计禁内不过百里”，表明禁山已被垦去了2/3。嘉庆、道光、咸丰年间，一直不断有人迁入。①

赣东北清代移民以福建和本省南丰县人为主，安徽徽州人次之。在赣东北的南丰人比在赣西北的要多得多，他们的分布由西向东逐渐增多，直到浙西和浙南。闽人来自泉州、汀州、建宁、邵武等地。

据葛剑雄等人的研究，嘉庆二十五年（1820年）广信府有人口1445万，其中60%属西部四县，40%属东部三县。清代移民人口在西部占20%，为17万；东部占70%，有40万。以年平均增长率15‰，乾隆四十一年（1776年）有29万人。加上浮梁、德兴的棚民，赣东北移民及其后裔在30万人以上。此外，清前期景德镇还接受了几万手工业、商业移民。②

综上所述，从两宋到明清，江西人的定型发展走了一个马鞍形的路线图。两宋时随着汉民族雪球式的滚动发展，江西人已基本定型，成为江西人形成定型的一个高峰。元代开始确立行中书省制度（简称行省或省）。虽然江西行省辖区远远大于今天的江西省区③，但江西人的称呼已出现。明朝虽然由于人口的大量迁出，使江西人的形成路线走向低谷，但却保留

---

① 同治《上饶县志》卷五。

② 参阅葛剑雄、曹树基、吴松弟《简明中国移民史》，福建人民出版社1993年版，第411—415页。

③ 江西行省除包括今江西绝大部分地区外（原江西东北地区隶属于江浙行省），还包括了今天广东省的大部分。元行省下设路、直隶州、州（同县级行政机构）和县。江西行省下辖龙兴、吉安、南康、赣州、建昌、江州、南安、瑞州、袁州、临江、抚州、饶州、信州等13路和南丰、铅山2直隶州以及48个县、16个县级州。

了元朝省区建制，仅改行中书省为布政使司（习惯上仍然称省）。且江西布政使司辖南昌、瑞州、饶州、南康、九江、广信、抚州、建昌、吉安、袁州、临江、赣州、南安13府，下辖78县，地域基本等同今天的江西省区，为江西人形成定型的重要标志。清代改江西布政使司为江西省，行政区域基本承袭明建制，从而标志着江西人形成的最后完成。

第三节　江西人的人文特征

江西“物华天宝、人杰地灵”[①]。几千年来，勤劳、好学、聪慧的江西人，在农耕经济基础上创造了独特的物质文化和灿烂的精神文化，所以俗语说：“三个九头鸟，比不上一个九江佬。”

一　“江西老表”：江西人的昵称

江西人俗称“江西老表”。“老表”，是江西人对同省老乡的称呼，带有一定的亲昵性。江西老表也成为外省人对江西人的一种较亲切的称呼。据民间传说，此俗称是朱元璋封的：

元朝后期，农民起义首领朱元璋为了争夺天下，与占据汉口、湖广一带，号称汉王的另一起义首领陈友谅，在江西鄱阳湖一带久战了18年。陈友谅出身渔民，兄弟众多，个个能征善战。据《余干县志》记载：公元1363年，陈友谅出动巨舰数十艘，水兵60万围洪都（南昌），在这次战斗中，陈军骁将张定边把朱元璋几乎打得全军覆没。朱元璋带着残兵败将，慌不择路，钻进港汊苇丛逃命。

八百里鄱阳湖浩瀚无边。朱元璋走投无路。有一天，他们终于靠近一块半岛陆地。经打听，此处叫康郎山，属余干县地。村民们发现湖上漂来的几条破战船，上前盘问，原来他们就是打过“扫除群寇，解除人民疾苦，实行仁义，不要贪图财货”旗子的朱元璋大军。大伙把他们救上岸来，安顿他们治伤养病，各家各户送来了粮食、猪肉，像亲人一样关照着他们。朱元璋身中数箭，伤势很重，村民把他藏进一个山洞里，请郎中给他拔箭消毒，熬药治伤，使朱元璋很受感

① （唐）王勃：《滕王阁序》。

动。朱元璋问村民贵姓，村民说，他们全村都姓陈。朱元璋听后十分高兴，有缘分啊，我凤阳老家的娘舅也姓陈，说不定五百年前还是一家哩。如此说来，我和你们还是姑表兄弟罗。自此以后，双方都称对方为“老表”。

朱元璋康复后，以此为据点，招兵买马，收罗旧部，操练水兵，广积粮草，经过两年的努力，重整军威，20万水师在康郎山列阵而呼。在当地百姓的支持下，朱元璋把大批渔船装上芦苇草人，内藏火药油料，乘东北风大攻陈营。一场历时36天的水上大战，陈友谅被流矢射中头颅而毙命。这一仗为朱元璋统一全国，建立明王朝打下了坚实的基础。

公元1368年，朱元璋在应天府（南京）即位，万人簇拥，山呼万岁，登上了明朝开国皇帝的宝座。没过几年，江西连年水灾，鄱阳湖平原一片泽国，颗粒无收，老百姓挣扎在饥寒交迫之中，苦不堪言。于是，康郎山人推选了三名有胆有识的青年人去找朱元璋。

三个青年日夜兼程，水陆并进，历尽千辛万苦来到南京。乡下人进京，哪知皇宫大院的森严，怎么也见不到皇帝。出于无奈，冒死来到皇宫前打钟撞鼓。钟鼓声果然惊动了朱皇帝，他喝问：“何人大胆惊驾?”太监回报：“三个江西来的百姓，说是圣上的老表，口口声声要求见驾。”朱元璋听说江西来的老表，大手一扬：“快开中门，大礼相迎。”

朱元璋接见了江西“老表”，问明了缘由，好言相慰，好酒相待，当即下旨，拨出大批银钱粮草赈济江西灾民，康郎山一带则永远免交粮赋税收，传谕全国。自此之后，江西老表便在全国各地传开了。[①]

---

① 《江西老表的来历》（http：//www. douban. com/group/topic/4200477/）。还有一个版本说：为了争夺天下，朱元璋和陈友谅在鄱阳湖展开了激战。当时，碧波荡漾的八百里湖面到处闪动着刀光剑影。有一次，朱元璋打了败仗，被陈友谅在后面紧追不放。正当朱元璋走投无路之际，一位善良的渔民出现了，他把朱元璋领到船上藏了起来，然后摇着橹向湖心扬长而去。朱元璋得以安全脱险了。在离开的时候，他含着眼泪对这位渔民说：“谢谢你的救命之恩！如果以后我打下江山做了皇帝，你就去京城找我。臣子和卫兵如不让见，你就说是我的亲戚江西老表来了。”过了几年，朱元璋终于战胜了陈友谅，在南京如愿以偿地穿上了皇袍。这位渔民带着几个同乡去看望当今的天子，果然，他们在皇宫内外不论遇到什么人，只要说一声“我们是皇上的亲戚江西老表”，就一路绿灯，畅通无阻。江西老表也就从此叫开了（见刘上洋《江西老表》，《百花洲》2011年第1期）。

其实，“江西老表”一词的起源，没有公认的看法，但有多种说法：

一说元末明初之际，湖南湘东许多地区因战乱而一片荒芜，大批江西人迁入湖南。后来在明清之际又有大批江西人迁入，甚至有些地方十户之八九来自江西。而这些迁入湖南的江西人后代回到江西祭扫祖陵时，喜以老表称呼当地的江西族人，意为表兄堂亲。此即江西填湖广的相关传说，也是关于“老表”一词起源最为流行的说法。

二说源于赣南客家地区，从粤东迁来的广东人称当地人为“老表”（因为两地人同是客家人），后来流传到江西全境，成为“老乡”的别称。

三说江西自古盛行道教和风水之术，附近省份的人看风水喜欢请江西的风水先生，作为风水术士，表盘是必带之物，外省人便以老表称呼这些江西风水师。久而久之，也就用来称呼所有江西人。

江西人对“老表”的青睐由来已久，最早的说法恐怕要追溯到图腾时代。据考，“表”在旧时多指木，如《左传·宣公十二年》云：“明日，以表尸之，皆重获在木下。”杜注：“表，所指木。”而清江吴城遗址发掘清理出商代红土祭坛，“分布着大小不一的柱洞上百个，多成行排列或间有错叠”。这显然是江淮流域及江南展延区东夷族群的原始崇拜物教图腾表柱信仰。在商中期到战国末“老表”就有文字记载。于是便有说法说“老表”本是图腾表柱的土俗语，是图腾印象在江西族群中的记忆残留。但江西老百姓更倾向于把“老表”理解为姑表亲。

但究竟是江西省的表亲，还是江西与相邻省份的表亲关系？这传说又有两种说法。

一种说法是“老表”的称谓，是江西客家人为适应陌生的生存环境而自发倡起的。秦汉以来，中原汉人或被贬，或驻扎，或寻找新的生存空间，举族南迁，大都定居于关山重重阻隔的闽、粤、赣山区。土著人自诩为“坐地虎”，称客家人（即中原汉人）为“过山虎”。土客相争，夺田夺山，两虎相争甚为激烈。而彼此不同籍、不同姓、不同宗的客家人，便睿智地用“老表”这种似亲非亲、似故非故的称呼，来加强与其他客家人的感情，以达到携手团结、同舟共济、患难相依的目的。久而久之，“老表”便约定俗成，成了江西客家人之间联谊，建立新型人际关系的亲切称谓。

另一种说法却不是迁入江西，而是迁出江西，“老表”则是周边省份赋予江西始祖的昵称。福建人觉得只有他们才能叫江西人“老表”；广东人也认为自己和江西人有着姑表亲缘；湖北则有传说，是当年湖北人曾被杀戮一空，后来是靠着江西的三兄弟迁徙过来，才得以传承，至今仍有地方存有纪念这三兄弟的祠堂。

最有意思的是湖南人，传说 1368 年，朱元璋灭元，在南京登基做了皇帝。他手下的各路人马，纷纷入京向他朝拜和庆贺。他见如此多的人马一下涌入京城，不但住宿困难，自己也难以应付。于是赶紧下令，要各路人马按顺序进京。当他听说西南的一路人马日夜兼程，已达长沙府时，就急传口谕，命这支人马“在长沙歇息三天，然后听旨进京”。手下人听错口谕，误将“歇息”听成是“血洗”——“在长沙血洗三天”。皇帝金口玉牙，出口成旨，违旨者斩。于是明军在长沙府进行了一场血腥的大屠杀。他们见人就杀，不分男女老幼，杀得长沙十室九空，尸横遍野，血流成河，不见人迹。却说过了许多年，有一天，从江西那边“吱呀，吱呀”推过来一辆土车子，车子上坐着一美丽的少女，少女的身后是一位英俊的青年男子。他稳稳地推着车，赶着路，出江西，过浏阳，一路来到长沙东乡，见这里山清水秀，土地肥沃，气候宜人，就在这里住下了，男耕女织，安居乐业，繁衍后代，直至百岁而终。以后许多长沙人都视从江西过来的那对少男少女为自己的祖先；江西是他们的父母之地，江西人是他们的亲戚。于是，称呼江西人为老表。在邹华亨先生的《湖南家谱简》中这样陈述道：“迁湘始祖多来自江西。现所见湖南家谱中，在缕述世系源流时，有 60% 以上的家谱都称始迁祖在宋元明之际来自江西，特别是元末明初从江西吉安府泰和、庐陵、吉水，南昌府的丰城、南昌诸县……元末明初的连年战祸和兵燹，使湖南大部分地区田园荒芜，庐舍成为废墟，原有居民大量散亡。随后，苏、浙、皖、闽、赣人，特别是江西人大批涌进湖南……民谣便传出‘江西填湖广’的说法。现在，湖南人一讲江西人，多称江西老表，笔者茫然不知何意，鉴于湖南人的祖先多来自江西的历史渊源，姑妄释之：表，有表亲之意，指父亲姊妹和母亲兄弟姊妹所生的孩子都称表亲；老，祖宗之谓也。‘老表’即祖宗的表亲，‘江西老表’，指江西、湖南两省人的祖宗存在表亲关系，是湖南人对江西人的一种昵称。”①

除此之外，还有一些说法在民间流传。一是风水罗盘说，即赣南是风

---

① 《“江西老表”的由来》（http：//bbs. tianya. cn/post – free – 5341272 – 1. shtml）。

水文化的发祥地，赣南客家笃信风水在地方志上也有载：“好谈风水，多惑形家言，清明、冬至改葬者纷纷。”“俗信风水，往往葬后十余年，自行开视，以验穴之吉。”唐朝末年杨筠松避居赣南，开创风水“形势派”。有人便根据这些史实，判断赣地先人相信风水，同时为了在迁徙中便于掌握方向，江西人爱随身携带一只表，即古时的罗盘，因此被外乡人称为“老表”。

二是张天师画裱说。张天师擅长画符，即画裱。他曾“占得天下年熟三十七年，但人民多灾难。乃是皇王大帝旨懿，三元三品三官大帝下凡察看人间善恶，善者多传于人，免得一家灾难。若抄得一张与人免得一家灾难，抄得十张免得十家之灾”。他的符裱得到皇上的赞赏，民间便流传出“江西老裱”，后来才异化为“老表”。①

但不管“江西老表”的来历有多少说法，由于“江西填湖广，湖广填四川”的移民流动，使江西人与周边省区形成了亲戚关系，于是，“江西老表”一语也就成为江西人的昵称，流传四方了。

二　务实好学：江西人的特质

江西人不同于开放的广东人、刚烈的湖南人、斗勇的湖北人、精明的浙江人、爱拼的福建人，其特质是务实好学。

江西人的务实，可以说在全国都是有口皆碑的。他们对人对事，有一说一，有二说二，是好就好，是坏就坏，不会忽悠人，也不会耍心眼。而且缺乏灵活性，遇到问题不会随机应变，遇到困难不会伸手，老实得简直有些可爱。

这样也给江西人带来了不幸，其所在的江西省虽自成一个地理单元，东、南、西三面环山，北有长江阻隔，由于腹地较小，在古代政治、经济文化的发展上长期无法与上游的荆楚和下游的吴越抗衡，以至于落下一个“吴头楚尾”令人尴尬的称谓。虽然江西青铜时代的文化并不比邻近的吴楚落后，但在进入群雄争霸的春秋时代后，江西地域政治的发展大大落后了，从此长期沦为吴楚的附庸，本土文化的发展进程被迫中断。唐宋以后，虽然在中原移民的影响下江西文化有所振兴，但似乎仍不为世人所重，无法摆脱吴楚附庸的地位。如宋代是江西政治、经济、文化大发展的

① 《为什么都把江西人叫作江西老表?》（http：//wenda. so. com/q/146443645172999）。

时期，涌现出像王安石、欧阳修等这样的大政治家和文学家，但时人却称他们为“楚人”而不是“江西人”。

从一些民谚上也可以看出“江西人”很容易被人忽视。下游古来就有“苏湖熟，天下足”和“人文渊薮”之称，上游亦有“湖广熟，天下足”和“唯楚有才”之说，而经济文化并不比他们落后的江西，在这里显然被人遗忘了。怪不得今人有称江西为“中国之盲肠”。

即使是这样，务实的江西人似乎不屑于去争这些虚名。江西人很实在，在农业社会里，江西的小日子应该是过得最红火的。你哪时听过江西饿死过人吗？即使在三年困难时期，江西也是向外调粮。改革开放前，许多的安徽人、浙江人、福建人都跑到江西来，但现在反过来了。因为人多地少，浙江人才到处闯，闯出了今天的局面。而江西呢，反正饿不死，从小就生活在悠闲的环境里，吃饱了，穿暖了，实实在在，所以比起湖南人，少了份血性；比起浙江人，少了份闯劲。江西人的务实，所表达出来的内敛、含蓄、不张扬的行为方式，使江西人很善于“守弱守拙”，他们的治家之道和工作作风以务实著称。这种处世之道最大的好处，就是杨柳清风，左右逢源，人际关系比较和谐。正因为务实，凡事只求安全，所以江西人有钱了，普遍想的第一件事就是做房子，在老家盖个漂亮的房子，这其中虽有安慰老人，给孩子好的环境，但可能最重要的是证明自己比邻居强。如果家中江西妹子的老婆，虽比不上湘女风情万种，但却是贤良淑德，而且都能烧得一手好菜，那就幸福至极了，多么实在啊！务实的江西人给人的印象总是那样美好，没有首领意识，却有治国平天下的才干；不求声名远达，却总是孜孜不倦。在务实的风格中，隐含着一种伟大的建树。

所以有人说：“在漫长的岁月里，江西人的务实获得了好口碑，办事循规蹈矩，当官不越权限，种田安守本分，茅草棚里、土坯房里安身——认命，替人打长工、做短工——认命。极少抗争是江西人的天性，俯首帖耳似乎成了君子之风。只要别人的巴掌不打到自己脸上，一切都好商量，天塌下来有高个子顶着，忍耐是老表典型的性格特征。”①

在务实中，江西人似乎最懂得“书中自有黄金屋”。他们明白：在农业社会中要“脱颖而出”，只有读书。所以，江西人的好学就是会读书。

① 陶江：《唤一声“老表”》，《创作评谭》2008 年第 1 期。

曾任江西省政协副主席的刘上洋提供过一组数字，足以说明江西老表具有超乎寻常的读书天赋。自从隋朝创办科举制度直至清代末期的一千三百多年间，全国共考录进士约十万人，其中江西就达一万人，占全部进士的1/10。在江西吉安、临川等地，曾经出现“一门三进士，五里十状元”的盛况，“唐宋八大家”之一的曾巩，一门五人同登进士科，祖孙六代有三十八人考中进士。

在中国历史上，第一个书院诞生在江西，这就是唐代德安陈氏宗族创办的东佳书院；第一个在全国最具规模最具影响的书院也在江西，这就是庐山白鹿洞书院[①]。正如刘上洋所说：“遥想当年的赣鄱大地，那是怎样的一种景象啊！在数以万计的私塾里，在遍布各地的书院里，多少学子正襟危坐，在老先生严厉目光的监视下，诵读着四书五经。每当考试来临，学子们又纷纷告别书斋，穿上长衫，不辞辛苦，跋山涉水，行色匆匆地奔走在通往城里考场的乡间小道上。特别是参加殿试，从江西到京城，那可是几千里之遥，一走就是几个月，途中要经受多少风雨，历尽多少艰险！为了中榜，多少人从青丝熬成了白发，从耳聪目明熬成了老眼昏花。读书奔科举，构成了江西历史上一道最为亮丽的文化风景线。”[②] 及至今日中国的两个“博士县”，一个是临川，一个是玉山，也全在江西，从而构成了江西一道最为亮丽的教育风景线。

江西人从务实和好学的特质出发，形成了全民考科举的价值观念和价值取向。只要有条件，所有家族都愿意走这条路，都资助家庭或家族里最聪明的孩子读书考科举。正是，一人当官，全家乃至全族蓬荜生辉。这样，务实与好学就成了江西人的特质。

三　当官与行商：江西人的梦想

古往今来，江西人的梦想是什么？一是当官，二是做生意。

江西人的第一个梦想是当官。由此在江西人中形成浓郁的“官崇拜”情结。江西省政协原副主席刘上洋曾说过：

> 不论走到赣鄱大地的哪一个角落，人们都会产生一个相同的感

① 刘上洋：《江西老表》，《百花洲》2011 年第 1 期。

② 同上。

受，这就是江西老表“官崇拜”的情结非常浓厚。

在一座座姓氏宗祠里，祖先中谁的官最大谁的牌位就最显眼。

在一本本厚重的家谱里，最引人注目的是那些为官进士者的名字。

在一个个古老的村庄里，最使村里人自豪的是那些陈旧斑驳的官邸、官牌和官匾。

在一次次茶余饭后，人们谈论最多的话题之一就是当官。特别是那些业余组织部长，更是趁机发布有关干部的“新闻”，什么某某人要到哪任职了，某某人要提拔重用了，某某人是一匹“黑马”，讲得绘声绘色，听得大家直瞪眼。

在一个家庭，不论是父亲母亲还是儿子儿媳，或是女儿女婿，只要有人提拔当官了，全家都会情不自禁地举杯相庆。倘若长期没有人升迁，就会悲观丧气，尤其是男性会有一种无形的压力，感到抬不起头来。

同样，在一个地方，在一个单位，一个人如果提拔得快，官做得大，大家都会赞他有本事并刮目相看。反之，一个人如果提拔得慢，或者久未得到任用，大家就会说他能力差，甚至投以鄙视的目光。怪不得在全省的每个地方和单位，都以出了大官而感到无比的光荣和骄傲。

一切以是否当官为尺度，一切以官职大小来衡量，这就是深深浸透在江西老表血液里的官本位意识。①

自古云：苏湖熟，天下足；无徽不成镇；江右多朝士。江西既有王介蒲、文天祥这样的名相；也有严嵩这样的奸臣，张勋这样的笑话；更有不为五斗米折腰的陶渊明。在古代，做官要考上进士，所以会读书的江西人做官的人就特别的多，故而有了天下1/10强的进士。江西人科举中榜的多了，在外做官的多了，便让江西人腰粗了，口气也高了，往往不怕官，而是告官。正是因为这种浓厚的官本位意识，在江西老表中形成了一种强烈的“官磁场”。许多人对做官趋之若鹜，有的人甚至为了捞个一官半职，不惜跑门子、拉关系，使出浑身解数，甚至无所不用其极。这样，南辕北辙，会读书却走向了官本位的泥坑而难以自拔。美好的成名梦，不幸常常变成了“官本位”的噩梦。

---

① 刘上洋：《江西老表》，《百花洲》2011年第1期。

江西人衡量一个家庭或家族在一个地方是不是显赫，主要看三点：首先是不是有人在外面做大官；其次是不是有人在外面赚大钱；再次是不是家里生了多个儿子。[①] 若读书当官不成，就做生意。于是，当某个人考不取进士、举人的时候，就放弃读书去经商。经商赚了钱以后，培养自己的儿子、孙子去读书、做官，让第二代、第三代人去解决官位的问题，所谓“曲线做官”。

明时，大批江西人或离开家园、赶赴他省经商行贾，或留于本地、集商成市，掀起了行商之潮，因其从商人数之多，势力之大，而名声大噪，其规模与影响仅次于徽商，与晋商齐名。于是，江西商人在明代兴盛一时，并逐步形成了带有区域特色的商人集团，如江西茶商、赣南木商、南城杂货商、樟树镇药材商等至今都是很有知名度的，在湖南就流行着“无江西人不成商场”之谚。[②]

及至清代，江西商人仍活跃在各地。据清朝的《海关十年报告(1882—1891)》记载：“蒙自设有六个省的会馆，而会馆数却达七个。它们大多建置于本朝兴盛年代，康熙、乾隆年间各建了两个会馆。会馆之中，有四个是以江西捐助的基金筹建的，其中两个代表着整个江西省，另外两个分别为吉安帮和南昌帮的代理者。一省之所以拥有如此众多的会馆，是江西人在以往鼎盛的年代中对矿冶业极感兴趣的缘故。”[③] 可见，直至晚清时期，云南的矿业也多由江西商人经营。乾隆九年（1744 年），江西巡抚陈宏谋在一份奏疏中曾说：“云贵各省矿厂甚多……近者广东亦复开厂。而各省矿厂，大半皆江西之人。”[④] 有资料统计，从明至清，江西商人在全国各地兴建的万寿宫共有一千多座，而在北京的江西会馆则从明初的十四所增加至清光绪年间的五十一所，五百多年来一直位居全国的榜首。[⑤] 万寿宫也成为外地江西同乡的“江西会馆”。遍布全国各地的万寿宫，正好应了“无江西人不成市场”[⑥] 这一句俗语。

当然，江西人都明白，江西商人的优势只是善于经营小生意。“一个

---

① 方志远：《江西人的官本位情结》，《书摘》2005 年第 2 期。

② 余龙生、赖明谷：《简论明代江西商人的行商特色》，《江西社会科学》2003 年第 5 期。

③ 彭泽益：《中国工商行会史料集》，中华书局 1995 年版。

④ 方兴：《明清时期的江西商人与西南矿业》，《江西社会科学》2011 年第 2 期。

⑤ 刘上洋：《江西老表》，《百花洲》2011 年第 1 期。

⑥ 余龙生：《明清江西商人与晋商的比较》，《中国市场》2006 年第 52 期。

包袱一把伞，跑遍全国做老板”。江西商人以其独特的经营方式创造了小农和自然经济时代商业的辉煌，被称为与徽商、晋商齐名的全国三大商帮之一。然而，江西人只有小商人的天分。江西虽然是长江流域著名的“鱼米之乡”，但由于人口增长过快，使江西在宋代即成“人稠地狭”之区，为生计所迫的贫苦农民才不得不走上经商之路。由于本钱少，他们大都“多持空囊”[①]而“贸易四方”。[②]所以，江西人一般都只作小生意。德国来华旅行的地质学家利希霍芬也注意到了江西人的这一特点，他说：“江西人与邻省的湖南人明显不同，几乎没有军事倾向，在小商业方面有很高的天分和偏爱，掌握长江中游、下游地区的大部分小商业……（他们）对计算的兴趣和追求利益的念头发达。江西人和山西人、广东人一样善于算计，但仅限于做小商人，开杂货店。”[③]所以，江西商人的生意无论怎样也难以做大，既没有出现像徽商那样坐拥巨资、堪与王侯相比的富商大贾，也没有形成像晋商那样经营票号行业的垄断巨头。这不能不说是江西老表的一个悲哀。[④]这种悲哀延及当下，江西老表的生意都始终在“小”字上打转转，他们也还只是会做小生意，不太会搞市场经济。正如现实所表现的那样，江西人不像浙江人那样可以把小商品做成大产业，不像江苏人那样可以把小企业做成大公司，不像广东人那样勇于渡船出海下南洋做商贸，不像上海人那样敞开胸襟打造国际商埠，江西人似乎对商品和市场表现得非常迟钝，在市场经济面前，江西人几乎是一张白纸。

说来说去，江西人的人文性格有许多不同角度，不同层次，不同学科的表述，其中刘上洋曾概括江西人的性格有六点，即温和守矩而缺乏敢为天下先的精神；不排外，但会搞内耗；有小聪明，但缺乏大视野；会读书，但缺乏创造力；有着强烈的官本位意识而缺乏市场经济观念；朴实热情，但缺乏勤劳刻苦精神[⑤]。非常全面而辨证，既论及了江西人正能量的性格，也谈到了江西人不足的一面。但笔者从与江西人的接触中，深感务实和好学是江西人的深层特质，当官和行商是江西人的世代梦想。

---

① 《古今图书集成·方舆汇编·职方典》卷八五〇《南昌府风俗考》。

② 《古今图书集成·方舆汇编·职方典》卷八八一《建昌府风俗考》。

③ 转引自辛向阳、周树兴等《人文中国》（上），中国社会出版社 1996 年版，第 26 页。

④ 刘上洋：《江西老表》，《百花洲》2011 年第 1 期。

⑤ 同上。

华南汉民族族群编

一方水土养一方人，华南的水土养育了华南人。

华南地区位于中国南部，以武夷山、南岭为分界线，北与华中地区、华东地区相接；南面包括辽阔的南海和南海诸岛，并与菲律宾、马来西亚、印度尼西亚、文莱等国相望；西南界线是中国与越南的边界。

华南包括广东省、广西壮族自治区、海南省、香港特别行政区、澳门特别行政区。本书还按汉民族族群形成和发展的态势，将台湾省、福建省包括在内。

华南的汉民族族群在汉民族发展史中占有特殊的历史地位，他们大多是在不同的历史时期，从北方不同的地方，迁徙到华南不同的地方，又与当地不同的少数民族或族群发生不同程度的互动融合而形成的，是当今汉民族中最具活力的汉民族族群。

华南的汉民族族群大体上可分为二类：第一类为跨省（区）的汉族族群，主要有广府人、客家人、闽南福佬人、平话人、疍民等；第二类为省（区）内的福州人、桂柳人、高山汉等。

第一章　广府人

广府人是华南汉族的主要族群之一。

广府人是岭南主要居粤境广州与珠江三角洲境的南海、番禺、顺德、东莞、四会、中山、新会、台山、开平、恩平等地的一个族群。其后向北扩散，居北江岸畔的清远、英德、韶关、连县；向西，徙去阳江、阳春、高州、信宜、茂名、化州、电白、吴川、湛江；沿西江，又迁入高要、德庞、郁林、封开；溯西江，还徙入了桂东南浔江之梧州、藤县、南平，及郁江的桂平、贵县、横县、容县、玉林、陆川，沿北流江，还直抵博白、合浦、浦北、灵山，乃至进入桂中部邕宁等地；循正南方，并迳入香港、澳门，然后自此越海，再扩徙入南洋群岛中的新加坡与澳洲、南北美洲、欧洲、非洲等地区。所操方言，为一种以广府话（即粤语或称广东话）相称的方言，俗多称作“白话”。因此方言自秦汉以来，便一直都在秦置南海郡，汉代赵佗所建南越国国都境中流传，故又称粤语，操此方言的人，也被统称作广府人或粤人。现在，广府人在中国分布在粤中、粤西南、粤北，以及桂东南一带，人口约有 5100 万，其中广东约有 3800 万，广西约有 1300 万。

粤人之称，早在汉代的《汉书·高帝纪下》中已出现，此“粤人”非完全意义之粤人，但却透露出了广府人与古代岭南“百越”的渊源关系。而“广府人”之称，至今无人论及。依笔者之见，此称应源于三国吴永安七年（264 年）分交州置广州，故粤语又称为“广州话”，讲粤语的人亦可称为“广州人”。元代改为广州路，明代改为广州府，此即《明史·地理志》云：“广州府，元广州路，属广东道宣慰司，洪武元年（1368 年）为府。”这样自明代以后，粤语亦称为“广府话”，而讲粤语的人也就被称为“广府人”了。

第一节　广府人的语言

要探讨广府人的源起，必先了解广府人的语言——粤语。粤语，就是汉语方言体系中的粤方言，俗称“白话”。

粤语流通范围以广州为中心，遍及广东的中部、西南部，广西的东南部，一百余县、市以及香港、澳门地区。使用粤语的人口有 7000 余万。广州话俗称“广府话”，是粤语的标准音。

一　粤语的形成

粤语的形成经历了一个漫长的历史过程。春秋战国之时，各国的语言是不同的，楚人使用的是楚语，越人使用的是越语，中原人使用的是夏语，故荀子云：“居楚而楚，居越而越，居夏而夏，是非天性也，积靡使然也。”① 可见楚语、越语、夏语都是战国时华夏民族的方言。

但是，随着楚国自前 704 年吞并南方 45 个诸侯国，辟地千里，更称“及楚子称霸，朝贡百越”；② 到楚成王（前 671—前 626 年）时“南海服属于楚”，在广州“作楚庭”③；及至前 401 年，楚悼王平定百越，入粤的楚人把楚文化也不断地带到了包括广东在内的百越地区。1982 年 4 月，在广东始兴顿岗张屋村发现一处战国墓群，征集剑、斧（钺）、矛、匕首等 10 件青铜器和罐、瓿、盂、盒等 8 件陶器。这批青铜器与湖北楚王宜城战国墓相似，具有鲜明的楚文化特征，而陶器则与本地印纹陶的特点一致，④ 即显示了楚文化对广东越人的影响。与此同时，入粤楚人所讲的楚语与先秦岭南土著族群的语言，即语言学上所称的古台湾闽南语，也就不可避免地发生了涵化，这就是说楚语和古台湾闽南语是粤语的两个源头。

楚语，作为粤语的源头之一，在扬雄的《方言》一书和其他古典文献所述的楚语的许多词语中，已透露不少信息。如扬雄《方言》谓“陈

① 《荀子·儒效》。

② 《后汉书·南蛮西南夷列传》。

③ 屈大均：《广东新语·人语》。广州最早的名称即为“楚庭”，故屈大均亦云：“筑城以朝楚。”

④ 杨式挺：《五年来广东文物工作的重要发现》，转引自李新魁《广东的方言》，广东人民出版社 1994 年版，第 42—43 页。

楚之间，南楚之外曰睇”（《说文》引《方言》作“南楚谓眄曰睇”），这个“睇”就是粤语所用的词语。《方言》卷十曰：“崽者子也，湘者子也，湘沅之会，凡言子者谓之崽”，粤语称“子”也用这个词。又如粤语称缝衣服的动作为“纫”［jɐn^{35}］，这也是楚方言词。《方言》卷六云：“擘，楚谓之纫。”《离骚》：“纫秋兰以为佩。”《礼记·内则》：“衣裳绽裂，纫箴请补缀”，说的都是这个词。粤语谓“这样”为“咁”［kɐm^{35}］，此词也是楚地方言，它本写作“淊”［kɐm^{35}］。《方言》曰：“‘淊’，或也，沅澧之间凡言或如此者曰淊如是。”这说明粤语与先秦的楚语有着密切的渊源关系。台湾闽南语，就是指壮侗语族和苗瑶语族。而壮侗语族先民使用的语言即为“古台湾闽南语”，其作为粤语的又一个源头，在粤语中有不少的积淀。众所周知，粤语一些语法特点与壮语、苗语等相近，如汉语的副词一般都放在动词、形容词之前，如说“先走”“多买点”，但粤语却说成“行先”“买多啲”。这种语法格式与苗语是一样的。汉语的形容词修饰名词时也是置于名词之前，如说“红花”“蓝布”等，而粤语则把修饰语放在中心语之后，把“客人”说成“人客”，“公鸡”说成“鸡公”，“母鸡”叫作“鸡乸”，“干菜”称为“菜干”等。这种语法格式也与苗语一样。还有，粤语称呼亲属或其他人，常使用词头“阿”，如说“阿哥”“阿女”“阿婆”等。这个“阿”就是古台湾闽南语各种语言所具有的。粤语中有一个兼表语气的副词“添”，常置于句末，表示数量、程度、范围等的扩充，另外，还有表示不满足或遗憾的语气作用，如说“今日唔出日头重落雨添”“你搞错咗重埋怨我添”等，这个副词就是来自壮语。此外在词语方面，粤语与壮、苗语有同源关系的词就更多了。如粤语在形容词之前加“几”［kei^{35}］表示对该形容词的强调，如说“呢碟菜几好食”，这个“几”与武鸣壮语的［ki^{55}］是同一语源。粤语称“一点”、“一些”为“一［ti^{55}］”这个词也是壮语的词。此外，粤语还有许多语词与壮语相同或相近，如“啱”［ŋam^{55}］、“烂”（煮得烂）［nɐm^{35}］、“跖”［mɑu^{55}］（蹲）、“呖”［lɛk^{55}］（能干）、“郁”［jok^{55}］（动）等，都见于广西龙州等地的壮语；又如“谂”［nɐm^{35}］（想）、“漱口”［lɔŋ^{35}hɐu^{35}］、“裤裆”［fu^{33}nɔŋ^{22}］、“尾”（后）［tok^{55}］等，均与属于苗语分支的瑶语勉话很接近。[①] 这种语言底蕴的同源性绝对不是偶然

① 以上均参阅李新魁《广东的方言》，广东人民出版社 1994 年版，第 47—52 页。

的巧合，而只能是共同渊源关系的必然凸显。

粤语的形成大致分为四个阶段。

自春秋至战国为第一阶段。在这个阶段，如前所述，由于楚人入粤，楚语与岭南土著越人族群的古台湾闽南语发生了涵化和融合，从而形成既保留了岭南土著越人族群古台湾闽南语的语词、语音和语法特点，又吸收了较多楚语方言成分，上述现代粤语中沉积下来的古楚语和古台湾闽南语的表现，在先秦时也已经出现[①]，这种古楚语和古台湾闽南语涵化和融合而成的方言，可以称之为“先秦粤语”，就是粤语最早的雏形。

自秦汉至三国为第二阶段。自秦始皇经略岭南开始，汉族不断迁入岭南与“百越杂处”，河北真定人赵佗还曾在番禺称王建南越国。尤其是两汉汉族连绵不断地迁入岭南，汉族人口在广东所占的比重也越来越大。在这个汉族与“百粤杂处”的环境中，虽然“凡交趾所统，虽置郡县，而言语各异，重译乃通”，但是，迁入岭南的汉族与土著越人“杂居其间”后，“乃稍知言语，渐见礼化”。[②]

这种“稍知言语”的情况到了三国时有了进一步的发展。《三国志·吴书》卷八《薛综传》说：“吕岱从交州召出，综惧继岱者非其人。上疏曰：‘（汉武）开九郡，设交阯刺史以镇监之。山川长远，习俗不齐，言语同异，重译乃通，民如禽兽……自斯以来，颇徙中国罪人杂居其间，稍使学书，粗知言语……由此已降，四百余年，颇有似类。’”于是历经自秦汉到三国三百余年的涵化和融合的发展，先秦粤语受中原汉语的影响而逐渐向汉语靠拢，从而蜕变成一种既受中原汉语强烈影响，又保留了先秦粤语的基本特点的汉语方言，我们可以称之为“秦汉粤语”或“秦汉白话”，这是粤语形成的关键性一步。

自两晋至南北朝为第三阶段。秦汉粤语一出现就表现出了与中原汉语不同的语言风貌和风格，故两晋以后迁入岭南的汉族虽“占籍各郡”，但却感到“言语不同”，[③] 可见秦汉三国时开始形成的广东汉语方言——粤语，与汉语的北方话已有较大的差别，当时迁入岭南的汉族，如同现代初到广州的汉族一样，由于语言差别较大感到像到了“外国”一样。

---

① 李新魁：《论广州方言形成的历史过程》，《广州研究》1983年第1期。

② 《后汉书·南蛮西南夷列传》。

③ 《广东通志·舆地略十》。

在这个阶段，随着汉族比秦汉时更大规模地入粤，给粤语以更大更强烈的影响，其主要表现：一是使粤语接受更多的汉语共同语的特点；二是在语音方面，受北方书面语读音的影响更多；三是对汉字的认同，所以北方汉人虽听不懂粤语，但写成文字却是相通的。这个时期的粤语，可以称之为“南朝粤语”，它的出现表明粤语已开始成为不同于北方汉语的一个独立的汉语方言了。

自唐至宋为第四阶段。两晋南北朝时从汉语中已脱颖而出的粤语，在唐、宋移民潮的冲击下，虽然北方汉语仍不断地对其施加影响，如众多的名臣、仕宦、学者入粤以后，带来了中原汉语书面语的读音，这就促使粤语所接受的汉语语音更加规范化，进一步形成一支既有相对独立的语音体系、词汇系统以及语法结构的方言，又是与北方汉语共同语的语音有较为严整的语音对应规律①的方言，使得粤语日趋成熟。但是它自身所固有的“先秦粤语”的特点，却使它与北方汉语的差距在越来越大的方向上发展，从而正如李新魁先生所说：粤语“从原来的‘求同’（受中原汉语的影响、接受它的同化）转而向‘求异’（自身的演变）的方向变化了”。② 故而宋代周去非在他的《岭外代答》卷三中谈到钦州（也属粤方言区）的语言情况时说：“钦民有五种：一曰土人，自昔骆越种类也，居于村落，容貌鄙野，以唇舌杂为音声，殊不可晓，谓之萎语。二曰北人，语言平易，而杂以南音，本西北流民，自五代之乱，占籍于钦者也。三曰俚人，史称俚獠者是也。此种自蛮峒出居，专事妖怪，若禽兽然，语音尤不可晓。四曰射耕人，本福建人，射地而耕也，子孙尽闽音。五曰蜑人，以舟为室，泛海而生，语似福广，杂以广东、西之音，蜑别有记。”显然，当时的广东、广西之音已有自身突出的特点，所以周去非在描述疍家话时用它来作比较。而这个“广东、西音”，周去非“又尝令译者以礼部韵③按交趾语，字字有异”。可知当时的粤语语音，距离北方汉语的读书音，已有很大的差异，如若现代北方人听粤语“字字有异”了。

唐宋粤语除与北方汉语的差异越来越大以外，广州粤语作为粤语的标

① 现代粤语语音与宋初《广韵》音系的对应规律一样。

② 李新魁：《广东的方言》，广东人民出版社 1994 年版，第 65 页。

③ 礼部韵指宋人丁度等修订《韵略》而成的《礼部韵略》。

准音的特点也开始形成。唐、宋之时，由于南雄珠玑巷汉族移民进行第二次迁徙，并多以广州附近一带为迁徙目标，使得广州人口激增，日渐繁荣，唐时广州城人口已达30万左右，而流动人口竟达80万。加上唐宋统治者把贬到广东作为对犯罪官吏的惩罚，一些文人被贬来广东，他们入粤以后，兴办教育，传授中原文化，特别是传授北方地区汉语的读书音。如据道光《广东通志》、光绪《广州府志》及有关文献记载，南宋时，岭南各州都开办了州学，大部分县都有县学，共68所；所办书院有33所，其中广州就有8所，中进士的有135人。[①] 由于广州在唐宋时已成为广东政治、经济、文化教育的中心，故以广州话为粤语的标准音也就是水到渠成的事了。宋代的粤语，与现代的粤语已相去无几。宋人吴处厚《青箱杂记》说："岭南呼村市为墟"，说的正是现代粤语所用的词；宋人黄彻《䂬溪诗话》卷十："东坡'倦看涩勒暗蛮村'，盖岭南竹名"，粤语称有刺之竹为"勒"，与苏东坡所写一样。

粤语，经过自春秋战国的萌芽，经秦汉三国的起步，两晋南北朝的发展，到唐宋时完成了其形成汉语一支独立方言的过程。

形成于宋代的粤语，明清以来获得了较大的发展，而成为汉语中一个成熟的重要的方言。清初屈大均在《广东新语》"土言"中所列举的粤语语词，已与现代粤语的说法相当一致。如说："广州谓平人曰佬……谓平人之妻曰夫娘……谓新妇曰心抱，谓妇人娠者曰有欢喜……谓子曰崽……玄孙曰塞，息讹为塞也……广州谓母曰妳，亦曰妈……亦曰毑，凡雌物皆曰毑……妇谓舅姑曰大人公、大人婆，亦曰家公、家婆……子女谓其祖父曰亚公，祖母曰亚婆。母之父曰外公，母之母曰外婆。母之兄弟曰舅父，母之兄弟妻曰妗母，母之叔伯父母曰叔公、曰叔婆……广州凡物小者皆曰仔……游手者曰散仔……觋巫曰师公、师婆……广州谓横恣者曰蛮……海外者诸夷番鬼……广州谓美曰靓，颠者曰废等等"。对于北方汉族来说白话之"音韵之谬"[②]，言语之"不可了了"[③]，表明了其在汉语方言中独树一帜的特殊地位。

---

① 方志钦、蒋祖缘：《广东通史·古代》上册，广东高等教育出版社1996年版，第901、908页。

② （明）陆容：《菽园杂记》。

③ （清）赵翼：《檐曝杂记》。

二　粤语的特点

方言奇崛的粤语，有着许多别具一格的语言特点，主要如下。

第一，语音的奇崛。粤语与普通话之间之所以差异巨大，主要因为粤语声母较普通话少，但却从古汉语中继承下来了一套普通话没有的唇化声母；粤语的韵母系统比普通话丰富、复杂，现代普通话的韵母（带介音）只有39个，而粤语以广州话不带介音的韵母来说，就有50个，如果就新市区各个带［i］、［u］、［y］介音的方言点的韵母来统计，一般在80个以上，大致上相当于普通话的两倍；粤语有两个声化韵母，普通话中没有；粤语没有“卷舌”的发音现象；普通话的儿化韵是一特点，粤语没有；粤语有“十一声七调”，普通话只有四声。

第二，语法的奇崛。粤语在构词法或词法结构上都有许多与普通话不同的别具一格之处，主要表现是：

——独特的词头词尾。如粤语常用的词头“阿”，加于亲属称谓之前，如“阿爸”“阿爷”“阿女”“阿哥”，加于人名之前，如“阿莲”“阿杰”“阿兰”，用作对比较亲近、熟悉的人的称呼。又如常用的词尾“仔”，其作用甚多：加于名词之后，表示“细小”，如“亭仔”“狗仔”“鸭仔”“雀仔”；加于人称词之后，表示亲昵或亲切的意味，可以是名，也可以是姓，如“杰仔”“东仔”“郭仔”“何仔”；加于一些表示人体各部位名称的词语之后，也表示小称，如“鼻仔”“眼仔”“肚仔”；加于一些职业名称之后，也表示小称，如“打工仔”“耕田仔”“擦鞋仔”。

——独特的实词重叠。如形容词本身不重叠，只是“衬音”重叠，如“黑纹纹”“滑脱脱”“青悲悲”；“主语”部分不重叠，由形容词充当的“谓语”部分重叠，如“鼻勾勾”“眉长长”“气促促”，“老友鬼鬼”“口牙哑哑”“手指尖尖”；单音动词带“下”或“埋”[①]字重叠，如“睇下睇下”“跳下跳下”，“凑埋凑埋”“执埋执埋”；动词本身不变，所带宾语可变，如“阻手阻脚”“顶嘴顶舌”“系威系势”。

——独特的代词。粤语第三人称的人称代词不是“他”，而是“佢”；人称代词的复数，是在单数代词之后加“们”，说成“我哋”“你哋”“佢哋”。粤语的指示代词近指与远指用“呢”与“听吖”相对举；用于表示性

① “埋”包含有收拢、聚合的意思。

质、状态或方式或表示程度则用“噉”和“咁”两个指示代词表示。粤语的疑问代词表示对事物属性的询问，一般用“乜”或“乜野”表示，如询问确指的人，用“边个”，对处所的询问则用“边度”或“边处”，也可以单用“边”；对数量的询问，用“几”或“几多”；对原因或目的的询问用“点解”“为乜”“为乜野”“做乜”“做乜野”等。

——独特的情貌副词。粤语经常使用一些副词附加于述语之后陈述动作、行为发生的种种情况和状态，如用“乜滞”表示情况“差不多”、不过分、差不离、庶几接近的意思，“你唔瘦乜滞（你不算瘦）”，“佢细佬无食饭乜滞（他弟弟几乎没有吃饭）”，“电影放完甘滞，唔好出去（电影差不多放完了，不好出去）”。用“晒”表示东西净尽、事情完毕，所指称的范围都包括在内，如“图书馆既书都唔见晒（图书馆的书全不见了）”，“我重未食晒呢的米（我还没有吃完这些米）”。常用“住”与否定副词“唔”“唔好”“未”等配合，表示先做某事再做此事，如：“呢本书唔好还住，等我借去睇先（这本书先不要还，让我先借去看）”，“唔好椤走住，等我分好先（不要先拿走，让我分好再拿）”。

第三，词汇的奇崛。粤语与普通话的差异之大，还表现在词汇的别具一格上，主要是：

——古汉语语词的大量积淀。有古语词的积淀，如：

指动物背脊两旁的肉（如指猪肉），白话有“脢肉”一词。《广韵》灰韵：“莫杯切，脊侧之肉。”

下小雨，粤语称下小雨为“落雨溦”。《集韵》微韵：“无非切，《说文》：小雨也。”

粤语称洗过米、洗过菜等之水为“潲水”。《玉篇》水部：“山教切，臭汁也。”

屙，排泄大小便。屙屎，屙尿。《玉篇》“乌何切，上厕也。”

用尖锐的物体刺的动作。《广韵》敕角切，“授也，刺也”，又直角切，“舂也，筑也。”

拎：手拿。《广韵》郎下切，“手悬捻物”。《玉篇》：“手悬捻物也。”

有古词义的积淀，如：

走古代汉语“走”的词义为“跑”，现代用以表示“行走”。粤语仍用“跑”义。

执，古代汉语有“抓”“拾”“握”等词义，现代汉语已很少用这个词，只在某些成语或较为抽象的词语（如“收执”“回执”“执照”等）中出现，但粤语则仍常用于具体的动作，如“件衫跌落地下，执但起来”。

食，古代汉语的“食”用于表示物件进入口中的动作，现代用“吃（喫）”这个词来代替古词“食”。食只用于“食物”“食品”等词，只起作为一个词素的作用。但粤语仍用“食”这个词，吃固体的东西用食，吃液体（如“水”）和气体（如“香烟”）也可用“食”。它还保存古代“食”这个词的基本义项。[①]

——岭南风情的大量积淀，如大天二（土豪、黑社会头目）、自梳女（从前珠江三角洲农村终身不嫁的妇女）、马仔（狗腿子）、炒友（炒卖票证的人）、龙虎斗（蛇和猫合烹的菜肴）、马蹄（荸荠）、水货（非法流入的货物）、炒更（业余兼职，找外快）、冲凉（洗澡）、帮衬（给人增添光彩，或给人以利益，如到某商店买东西）、跳槽（到别的单位工作）、炒鱿鱼（解雇）、鸡项（未下过蛋的母鸡）、拍拖（谈恋爱）、威水（美观、漂亮）、靓（漂亮、好看）、识做（懂得给别人以好处，如送礼等）。

——近代以来外来语的大量积淀。如摩登、模特儿、摩托、马达、泵、俱乐部、啤（酒）、恤（衫）、波（球）、梳利（对不起）、巴士、的士、士的（手杖）等。

第二节　广府人的形成

华南汉族族群中之所以会形成广府人，是与汉族的入粤，以及入粤汉族与粤地土著族群的互动有密切的关系。广府人的形成是南越人与汉族移民，自秦汉到宋明长期互动、磨合、整合和融合的结果。

早在先秦之时，中原汉族的先民就与岭南的原居族群有交往、互动、

① 李新魁：《广东的方言》，岭南文库编辑委员会，广东中华民族文化促进会编《岭南文库》，广东人民出版社 1994 年版，第 224—225 页。

磨合和融合。《史记·五帝本纪》云，颛顼“南至于交趾”，继续又称“（尧）申命羲叔，居南交”。《索隐》解释“南交”为“交趾”，并称：“放驩兜于崇山，以变南蛮”。驩兜是谁？汉孔安国注为“臣名”；神话学者袁珂在《山海经校注》中认为这是尧子丹朱一名的异称。不管具体指向正确与否，颛顼之际，已远涉交趾，到了尧时，则把儿子丹朱也派到了南方。值得注意的是颛顼到交趾去干什么？《史记·五帝本纪》明言“以变南蛮”。这就是中原的汉族先民与岭南的“南蛮”互动、磨合、融合的一个典型案例。

此外，舜“南抚交趾，北发”[①]之说（“北发”据考证为“北户”之误，即后来的“日南”，这已是今天越南中部了[②]）；尧巡狩至“含洭县”[③]之说（今英德境内）。都说明，中原汉族先民早已进入岭南一带，他们与岭南土著百越或“南蛮”的互动、磨合、融合早已开始了。

考古材料也提供了证据。据广东学者研究，西周晚期至战国，南来的中原文化不仅数量大增，而且内涵变得丰富。中原文化除各种青铜器之外，继二层台之后，中原商至春秋流行的墓葬形制或葬俗如棺椁制、墓1道、腰坑、积石积炭和头脚箱等，以及好用青铜鼎、钟等随葬的习俗也先后出现在粤地。同时，中原的语言、文字和其他习俗，以及先进的技术如青铜铸造术等，也随着中原人的南来而传人广东。可见，中原文化已多方位、多层次地向岭南播散……当时的诸越人已有部分粗知甚或通晓中原的语言文字。其一，中原文字无疑已传到粤地，德庆落雁山战国墓就出土一把有六个字铭文的青铜剑。其二，广东出土刮刀甚多，虽其主要用于竹器编织，但疑部分与修治竹简刊刻文字有关。其三，从刘邦起义之张戍，能因功荣膺侯爵，恐非一个对中原语言文字毫无所知的徼外“蛮夷”所能做到。再者张戍之子张买，据《百越先贤志》，“少善射知书，拜中大夫，孝惠帝

---

① 《史记·五帝本纪》。

② 参阅谭元亨《广府寻根——中国最大的一个移民族群探奥》，广东高等教育出版社2003年版，第25页。

③ （刘宋）王韶之《始兴记》：“含洭县有尧山。尧巡狩至于此，立行台也。”有文史专家考证，认为尧帝不但南巡狩猎至古含洭地界，且筑室而居行使王令，登山瞭望“南交”风光。当地的居民为纪念尧帝南巡至此，就把尧帝登临的山叫“尧山”，把源于尧山的水叫“陶水”（现称麻坜河），把尧帝浮槎而下的河叫“洭水”（古代“洭”与“匡”可借代，“洭”为水，即河流）。

（前195至前188年）时侍游苑池，鼓棹能为越讴，时切规讽”。据《汉书·百官公卿表》，中大夫为郎中令（汉武帝时改为光禄勋）之高级属官，秩比二千石，职掌议论朝政，须具备通今博古的知识和通晓中原语言方能胜任。这反映出战国末年粤地已有部分越人具有较高的中原文化水平。[①]

从上述记载中，在族群交往和互动的意义上，我们甚至可以说广府人的形成在先秦时代就开始了。但是，正如本书第1卷中所叙，汉族形成于秦汉之际，故从学术范畴上说，广府人的形成也就应从秦汉开始。自秦汉至宋明，这个长达两千余年的过程，大致可分为雏形、发育和形成三个阶段。

一　秦至汉：广府人雏形阶段

自秦始皇经略岭南始，随着汉族入粤，也就开始了入粤汉族与粤地土著族群的互动。

（一）秦始皇统一岭南为广府人的雏形奠定了基础

先秦时岭南之地基本上是百越中之南越、西瓯、骆越和闽越的天下。南越以珠江三角洲和粤北为中心；西瓯在南越以西，以桂江、浔江流域为中心；骆越在西瓯的西南面，中心在邕江流域和越南北部红河流域一带；闽越则在粤东、闽西南。前219年，秦始皇挟平六国之雄风，挥师南下攻略岭南，开广府人源起之滥觞。他“使尉屠睢发卒五十万为五军；一军塞谭城之岭，一军守九疑之塞，一军处番禺之都，一军守南野之界，一军结余干之水”[②]。

秦始皇经略岭南在东、西两个战场得到不同的结果，在东战场，一军的攻势如破竹，很快打到了番禺。但在西战场却受到西瓯的顽强抵抗，使秦军进退维谷。战争从秦始皇二十八年（前219年）起至三十三年（前214年）岭南统一，足足打了五年。秦统一了岭南后，即在岭南置桂林、南海、象郡。在今广东省境内共置五县，即番禺、龙川、博罗、揭阳和四会。其中前四县属南海郡，四会县属桂林郡。南海郡治番禺，其辖境相当于今广东大部分地区。海南岛及南路地区属象郡，西江流域及粤西部分地区属桂林郡。从此岭南正式归入中央王朝版图，为进入岭南的汉族与土著

① 练铭志、马建钊、朱洪：《广东民族关系史》，广东人民出版社2004年版，第21、37页。
② 《淮南子·人间训》。

族群的互动、磨合、整合和融合铺平了道路。

秦始皇统一岭南后，即不断移民实边，先后五次迁徙各色“中县之民”或“中县人”[①] 至岭南，“与越杂处”[②]。第一次是秦始皇二十八年（前 219 年），亦即秦用兵岭南的头一年。《史记·南越传》云：“秦时已并天下，略定扬越，置桂林、南海、象郡，以谪徙民，与越杂处十三岁。”第二次是在秦与西瓯战争期间。《淮南子·人间训》载：“（越人）夜攻秦人，大破之，杀尉屠睢，伏尸流血数十万，乃发谪戍以备之。”《史记·平津侯主父传》则作“秦兵大败。秦乃使尉佗将卒以戍越”。第三次是秦始皇三十三年（前 214 年），即统一岭南战争的最后一年。“发诸尝逋亡人、赘婿、贾人略取陆梁地”[③]。第四次是秦始皇三十四年（前 213 年），即统一岭南之后，“谪治狱吏不直者，筑长城及南越地”[④]。第五次是应带兵官赵佗之请，将 15000 位未婚女子及寡妇迁至岭南。据《史记·淮南王安传》载，“（秦始皇）使佗逾五岭攻百越。尉佗知中国劳极，止王不来，使人上书，求女无夫家者三万人，以为士卒衣补。秦皇帝可其万五千人”。此外，秦始皇还把攻打岭南后活着的士兵全部留下。[⑤] 于是，在秦始皇攻略岭南前后，不同身份的汉族一批又一批地迁入岭南，特别是迁入广东，为广府人雏形的形成奠定了最初的基础。

历史有时很具讽刺性。雄踞天下的秦始皇虽然不可一世，但历史给他统一中国的时间却只有区区十五年，秦国便在农民起义的海啸冲击之下覆亡，真是弹指一挥就走下了历史舞台。

（二）赵佗建南越国“和辑百粤”推动了汉越融合

汉高祖三年（前 204 年），当时行南海尉事之赵佗，乘秦破灭，西汉帝国还无暇顾及之时，“即击并桂林、象郡”，建南越国，自立为南越武王。赵佗所建南越国作为一个地方割据政权，大力推行“和辑百粤”[⑥] 的政策，有力地推动了汉越融合。

---

① “中县之民”或“中县人”首见于《汉书·高帝纪》，意为中原人。

② 《史记·南越传》。

③ 《史记·秦始皇本纪》。陆梁地，系岭南的代义语。

④ 《史记·秦始皇本纪》。

⑤ 《资治通鉴》卷七，《秦纪二》载：“（秦始皇三十三年）谪徙民五十万，戍五岭。”

⑥ 《汉书·南粤传》：“（高祖）十一年（前 196 年），遣陆贾立佗为南粤王，与剖符通使，使和辑百粤，毋为南边害。”

赵佗“和辑百粤”政策的主要内容有：

第一，弃冠带，从越族风俗。赵佗系赵国真定（今河北省正定县）人，祖坟及兄弟均在中原，是个道地的“中县人”。据《史记·陆贾传》载，赵佗入粤后，主动“反天性，弃冠带”，依从诸越之俗。他初见汉使陆贾时，按诸越族俗例行事，“魋结箕倨见陆生”。在致汉文帝书中，他自称“蛮夷大长”①。

第二，用骆将，以越人为官。“骆将”就是越人的首领。南越国的职官大多由越人充任。如越人吕嘉被任命为相，“居国中甚重”，且其“宗族官仕为长吏者七十余人”。② 又如赵佗攻破交趾蜀王子安阳王时，用“骆将”为交趾、九真二郡长官，“令二使典主交趾、九真二郡民”③。还有，揭阳令史定、桂林监居翁和粤郎都稽等都是越人。著名的越人将领郑严、田甲、何遗、毕取等文献上都有记载，如“（吕）嘉弟为将，将卒居宫外”④ 便是一例。

第三，倡通婚，行越汉联姻。族际通婚是族群互动、融合的重要标志。南越王室越汉通婚十分普遍。丞相吕嘉就是“男尽尚王女，女尽嫁王子弟宗室”⑤。远在数百里外的苍梧秦王赵光亦与其联姻。此外，第二代南越王的一位夫人赵蓝可能是越女。⑥ 南越国末代王赵建德是第三代南越王婴齐之越妻所生的庶子。在上层人士的带领下，南越国很快形成越汉通婚的风气，秦时中原移民男多女少，婚嫁困难的局面已不复再见。

第四，行汉制，坚持汉文化。赵佗十分清楚文化的力量，所以他一直坚持汉文化，一方面沿袭秦汉之制，南越国之政治制度如郡县制、官制、军事制度等，文化制度和礼制如纪年、度量衡、礼乐和丧葬制度等基本上都从秦汉；另一方面积极推广汉语言文字。⑦ 西汉初年，诸侯王国百官建制如同京师。南越国的官制，中央的有太傅、丞相、御史、中尉、郎、中大夫、将军、左将等，地方的有假守、郡监、使者、县令、啬夫等，都和

---

① 《史记·南越传》。《汉书·南粤传》同。

② 《汉书·南粤传》。

③ （北魏）郦道元：《水经注·叶榆河》引《交州外域记》。

④ 《汉书·南粤传》。

⑤ 同上。

⑥ 广州象岗汉墓发掘队：《西汉南越王墓发掘初步报告》，《考古》1984 年第 3 期。

⑦ 张荣芳等：《南越国史》，广东人民出版社 1995 年版，第 100 页。

内地诸侯国相仿。广州象岗山南越王墓有墓道、棺椁，凿山为勾藏，布置多个侧室、耳室，以及墓主身着玉衣等也都与中原同期汉墓相同或相似。又墓中出土数套青铜编钟、编磬、勾鑵，不仅证明南越国设有仿效汉朝乐府的主管音乐机构，更证明它也盛行汉朝的礼乐制度等。[①]

赵佗在“和辑百粤”的同时，又坚持中原的汉文化，并努力使两者有机地整合在一起，使族群关系在和谐中开始走向融合。因此，汉高祖对赵佗治理岭南给予很高的评价，他说：“粤人之俗，好相攻击。前时秦徙中县之民南方三郡，使与百粤杂处。会天下诛秦，南海尉佗居南方长治之，甚有文理，中县人以故不耗减，粤人相攻击之俗益止。俱赖其力。”[②]汉高祖的诏书，肯定了赵佗的两条功绩：第一，保护中原徙民，使中原之人与在越人杂处中得以生息繁衍；第二，越人相攻击之俗有了改变，使南海诸郡的局势得到了稳定。近人徐松石从更高的层面评价说：“始皇用兵五十万，而越人挺身抗拒。后来赵佗孑身处于岭外，鲜动兵革而百越靡然顺从。僮（即指越人）得与北支汉族即姬姓汉族和平化合，使今日两粤具有南北汉族混合的优良文化。最大的关键，在于南越（国）将近百年的历史。赵佗功绩不可没也。”[③] 可见，赵佗及南越国近百年治越史正是越汉融合，广府人雏形形成的拐点，从此之后，广东越人与汉族的融合之势已成大方向。

（三）汉代“以其故俗治”促进了广府人雏形的形成

元鼎五年（前112年）秋，汉武帝发楼船将士10万，兵分五路直指南越国，中央王朝第二次用兵岭南。翌年冬，南越国平，以其地置南海、苍梧、郁林、合浦、交耻（一作趾）、九真、日南、珠崖、儋耳九郡。为监督各郡官吏，汉武帝设立13个常驻监察机构，称“刺史部”。岭南设立交趾刺史部，初驻羸娄（今越南河内西北），元封五年（前106年）移驻苍梧广信。

汉武帝平南越国之后，在岭南实行与内地有别的“以其故俗治”政策。《史记·平准书》载：“汉连兵三岁，诛羌、灭南越，番禺以西至蜀

① 练铭志、马建钊、朱洪：《广东民族关系史》，广东人民出版社2004年版，第66页。

② 《汉书·高帝纪》。

③ 徐松石：《粤江流域人民史》，载《徐松石民族学研究著作五种》上册，广东人民出版社1993年版，第168页。

南者置初郡十七，且以其故俗治，毋赋税。”在此西汉帝国“以其故俗治”是“和辑百粤”的继续和发展。而在尊重越人风俗的同时，“毋赋税”，又注意到与民休息、发展生产。与此同时，西汉也十分注意任用部分越人为官。汉武帝平南越国兵分四路：路博德为伏波将军，出桂阳，下湟水；主爵都尉杨仆为楼船将军，出豫章，下横浦；故归义粤侯二人为戈船、濑将军，出零陵，或下离水，或抵苍梧；使驰义侯因巴蜀罪人，发夜郎兵，下牂柯江，其中后两路由越人率领。可见归义粤侯郑严、田甲，驰义侯此前就已为汉王朝所任用。[1] 平南越国后，无论归降先后，原越人军官或将领多有封赏，加以任用。粤郎都稽得吕嘉，为临蔡侯；揭阳令史定闻汉兵至，降，为安定侯；桂林监居翁，谕告瓯、骆四十余万口降，为湘城侯；粤将毕取曾率兵与伏波将军路博德战，后以军降，亦封膫侯。[2]

此后，在汉帝国400余年的治理下，岭南进入了一个相对稳定的发展时期，中原汉族更是大量入粤。如武帝平南越国后，西汉王朝常将罪犯流至岭南。正如有的史书所说：“汉武帝诛吕嘉，开九郡，设交趾刺史以镇监之……自斯以来，颇徙中国罪人杂居其间。”[3] 如成帝（前32年至前7年）时，北地郡（今甘肃环县东南）浩商兄弟杀县官妻子等多人，浩商被捕伏诛，家属徙合浦。[4] 与此同时，自行迁入岭南者不断增多，《后汉书·卫飒传》云，“含洭、浈阳、曲江县，越之故地。武帝平之，内属桂阳。民居深山，滨溪谷，习其风土，不出田租”。对此，近人吕思勉云：“其所居者虽越地，其人固多华夏也。”“云‘习其风土’，则其本非越人审矣。”[5] 可见这居“越之故地”者基本上是从中原迁入的汉族。西汉末年，由于统治集团内部互相倾轧，被流放者更众。王莽时期，曾诏“敢非井田、挟五铢钱者，为惑众，投诸四裔……（于是）夕坐卖买田宅、奴婢、铸钱、抵罪者，自公卿大夫至庶人，不可称数”[6]。而不少不满王莽篡政的中原士人迁入岭南，如原鲁国汶阳（山东宁阳）士氏族人，“至

---

① （明）欧大任：《百越先贤志》卷一。

② 《史记·建元以来侯者年表》；《汉书·南粤传》；《汉书·景武昭宣元成功臣表》。膫，《史记》作“瞭”。

③ 《三国志·吴书·薛综传》。

④ 《汉书·翟方进传》。

⑤ 《吕思勉读史札记》，乙帙“山越”，上海古籍出版社1982年版。

⑥ 《汉书·食货志》。

王莽之乱，避地交州"，落籍苍梧广信，七世至士燮。[①] 汉魏之际，中原大乱，南迁的士人有增无减，仅广信士燮，"中国士人往依避难者以百数"[②]。见于记载的如南阳（今河南南阳）的许慈、汝南南顺（今河南项城县西）的程秉、郡扶乐（今河南太康县西北）的袁徽、沛郡竹邑（今安徽宿县北）的薛综和北海（今山东寿光市）的刘熙等。据广州学者分析，两汉进入岭南的中原汉族，不仅有擅长于从事物质交换的贾人，有掌握各种先进技术或技能的普通农民和手工业工人，有具有一定军事知识和作战经验的士兵和军官，还有具有一定文化知识和管理才能的各级官吏，以及造诣较高的名士、经学家等。[③] 虽然他们在岭南居住的时间长短不一，但他们"与越杂处"，越汉文化亲密接触，直接交往，使越汉两族之间的互动、融合在更深更广的层面开展起来。

在此期间，汉帝国实行了许多促进岭南社会经济发展的措施和族群互动融合的政策，主要有：

第一，办学校，推教化。岭南私学先官学而出现。有的学者认为秦统一岭南后，赵佗为推广中原文化及其礼乐制度，曾兴办学校[④]；有的学者以文翁于蜀地办官学为例，引证武帝时岭南已有传播儒家文化的太学。[⑤] 而官学之始则自卫飒始，汉武帝诏"天下郡国皆立学校官"[⑥]，平帝元始三年（3年），令天下立官学，郡国曰学，县道邑侯国曰校，乡曰庠，聚曰序[⑦]。建武初，卫飒为桂阳太守，"下车，修庠序之教"[⑧]。学校的兴办，对教化的推行，越人素质的提高大有裨益，这对越汉民族的互动和融合大有促进。

第二，铸铁器，教耕稼。两汉之时教民耕稼是地方官员的职责，如九真太守任延以当时"俗烧草种田"，"不知牛"，乃"令铸作田器，教之垦辟"，使"田畴岁岁开广，百姓充给"[⑨]。任延虽为九真太守，但其所行职

---

① 《三国志·吴书·士燮传》。

② 同上。

③ 练铭志、马建钊、朱洪：《广东民族关系史》，广东人民出版社2004年版，第77页。

④ 张荣芳等：《南越国史》，广东人民出版社1995年版，第100页。

⑤ 李权时主编：《岭南文化·百越文化圈和汉越文化的融合》，广东人民出版社1993年版。

⑥ 《汉书·循吏传·文翁传》。

⑦ 《汉书·平帝纪》。

⑧ 《后汉书·循吏传·卫飒传》。

⑨ 《后汉书·循吏传·任延传》。

责具有普遍意义，即运用行政手段推广铁器工具和铁器的铸造、耕、养蚕绩丝，以及灌溉施肥等中原的先进生产工具和耕作技术。建武（25—55年）中，茨充守桂阳，“教民种植桑柘、麻苎之属，劝令养蚕、织屦，民得利益焉”[①]。建武十八年（42 年），伏波将军马援征交趾，“所过辄为郡县治城郭，穿渠灌溉，以利其民”[②]。

第三，定婚姻，移风俗。移风易俗是越汉互动融合的重要方面，如卫飒至桂阳，“设婚姻之礼，期年间邦俗从化”[③]。和帝（89—105 年）时卫飒之继任者许荆，仍要“设丧纪、婚姻制度，使知礼乐”[④]。乃至顺帝（126—144 年）时之栾巴，也还要“定婚姻、丧纪之礼”[⑤] 等。明帝永平（58—75 年）年间，原儋耳太守僮尹，还至珠崖，亦“劝谕其民，毋镂面颊，以自别于峒俚。雕题之习，自是日变”[⑥]。

第四，整道路，开通道。交通便利与否，对族群互动和融合有重要的意义。本来岭南与中原之间横亘着五岭，交通十分不便，从而造成岭南社会发展的滞后。秦始皇攻略岭南，除开灵渠外，还修葺和整治了原有的道路，开辟了新的通道，迨至东汉，岭南又进行了两次大规模修路。东汉初，卫飒守桂阳郡（治今郴州市），凿山通道 500 余里，列亭传，置邮驿[⑦]，开辟了一条与今京广铁路的走向大致相同的新道，称湘粤溱水道或湘粤宜章道。章帝建初八年（83 年），大司农郑弘奏拓宽修治零陵、桂阳峤道。经郑弘修治之后，道路宽平，途经者众。[⑧] 灵帝熹平三年（174年），桂阳太守周憬又将湘粤宜章道乐昌境内路段加以修葺，疏浚河床，河道裁弯取直，陆路拓宽。“由是小溪乃平直，大道允通利，抱布贸丝，交易而至。”[⑨] 道路的修筑或拓宽夷平，大大缩短了进入岭南的路程，既方便了商旅和民间的来往，又有利于岭南与中原的文化交流。

---

① 《后汉书·循吏传·卫飒传》。

② 《后汉书·马援传》。

③ 《汉书·南粤传》。

④ 《后汉书·循吏传·许荆传》。

⑤ 《后汉书·栾巴传》。

⑥ 道光《琼州府志》卷二九，《官师志·僮尹传》。

⑦ 《后汉书·循吏传·卫飒传》。

⑧ 《后汉书·和帝纪》李贤注引谢承《后汉书》。

⑨ 道光《广东通志》卷二三一，《宦绩录一·周憬》。曲江作“曲红”。《隶释》云，“曲江之为‘曲红’，音同之故”。曾巩《南丰集》谓，“江、红，字古通用”。

于是，经过两汉400余年的互动、磨合和整合，岭南粤地越汉融合有了较大的进展，其表现之一是汉语言文字的广泛使用，如《史记·南越传》载，南越国相吕嘉谋反时，曾用汉文通告国中称："王年少，太后中国人也，又与使者乱，专欲内属，尽持先王宝器，入献天子以自媚。多从人，行至长安，虏卖以为僮仆。取自脱一时之利，无顾赵氏社稷，为万世虑之意。"汉武帝中期，番禺人邓宓已被交趾刺史部举为"茂才"（秀才），后官至日南太守[①]。久而久之，岭南逐渐形成番禺和广信两个文化中心，西汉中期以后，岭南出现一批具有较高汉文化水平的人才，两汉之交苍梧广信的陈钦及其子陈元，东汉末年的士燮等都曾"游学京师"，后来都成为全国闻名的学者便是典型的案例。

在这个大的背景下，人们不禁会问：入粤的汉族聚居在什么地方呢？据《史记·南越列传》所载秦末的南海尉任嚣分析形势时所言："且番禺负山险，阻南海，东西数千里，颇有中国人相辅，此亦一州之主也，可以立国。"说明入粤的10万—15万汉族移民，主要定居在珠江三角洲，以及东江、北江和桂江沿岸的河谷平原和连接中原的交通线上，[②] 番禺（今广州）则是入粤汉族移居聚居的中心。所以到西汉中期，番禺已成为全国重要的都会之一。《史记·货殖列传》云："番禺亦一都会也。珠玑、犀象、玳瑁、果布之凑。"为什么秦汉以后珠江三角洲一带的土著族群——南越大部分都销声匿迹了？就是因为他们在与入粤汉族的互动中被汉化了。这就是为什么粤语中既有先秦岭南土著族群古台湾闽南语的底蕴，又有古汉语的留存。两汉时以珠江三角洲为聚居中心，吸收了粤地土著族群的入粤汉族就是广府人最早的雏形。

二　魏晋南北朝至隋唐：广府人的发育阶段

任何一个族群的形成不是一蹴而就的。广府人自秦汉有了雏形后，经历了自魏晋南北朝至隋唐这样一个漫长的发育阶段。

（一）"永嘉之乱"引起汉族南迁入粤第一次高潮

自西晋末年"永嘉之乱"至隋统一中国的近300年间，中原兵祸连连，人民无法生活。《晋书·食货志》载："至于永嘉，丧乱弥甚。雍州

---

① （明）郭棐：《粤大记》卷二〇。

② 葛剑雄主编：《中国移民史》第二卷，福建人民出版社1997年版，第73页。

以东，人多饥乏，更相鬻卖，奔进流移，不可胜数。幽、并、司、冀、雍六州大蝗，草木及牛马毛皆尽。又大疾疫，兼以饥馑，百姓又为寇贼所杀，流尸满河，白骨蔽野。”为了逃避战祸，百姓相率向相对稳定的南方流徙。广州西晋墓砖有铭曰：“永嘉世，天下荒。余广州，皆平康。”[①] 于是形成汉族第一次规模南迁入粤的高潮。有的为避难而入粤，《晋书·庾翼传》云：“百姓乃从海道入广州。”由于入粤者较多，在晋曾在新置的晋康郡（治所在今广东德庆）立侨宁县。[②] 有的被流放而入粤，且多被流放广州境内，孙皓时流放官员及其家属到广州的甚多。《南越志》亦云罗州“招义县（今广东化州），昔流人营也”[③]，流人营的设置可见入粤汉族之多。流入广东的除中原汉族外，还有江东汉族。据《晋书，庾翼传》载，“时（东晋）东土多赋役，百姓乃从海道广州”。又嘉靖《广东通志·事记》引晋黄恭《交广二州记》曰：“西晋建兴三年（315 年），江、扬二州，经石冰、陈敏之乱，民多流入广州，诏加存恤。”

所以，道光《广东通志·舆地略·风俗》道：“自汉末建安至于东（西）晋永嘉之际，中国之人避地者多入岭表，子孙往往家焉。”中华人民共和国成立后，广东先后发现数百座西晋至南朝的墓。这些墓葬的结构形制和随葬品都与中原同期墓葬无别，而且有不少“合族而葬”的墓地，如位于湘粤湟水道入口的粤北连州市的附城镇，阳山县的七拱、新圩等区和处于闽粤通道上的粤东潮安县的归湖镇等都发现有此类墓地。这些墓位于交通要道，且有“合族而葬”的风俗，墓葬形制又与中原同期墓葬相类，尤其是出土陶卧室暖床（即今北方的“炕”）模型等，无疑是北人南徙的证据[④]。此即光绪《高州府志·风俗》谓，高凉一带“自冯氏（冯业）浮海北（南）来，世捍南服，驰声上国，风气日开”。所以道光《广东通志》载：“东晋南朝，衣冠望族，向南而迁，占籍各郡……其流风遗韵，衣冠气习，熏陶新染，故习渐变，而俗庶几中州。”可见，来自中原“衣冠望族”的汉族，逐渐左右了俚人地区的政治、经济和文化的发展方向。

---

① 麦英豪：《广州西郊发现古墓六座》，《文物参考资料》1955 年第 1 期；《文物考古工作十年 1979—1989》，文物出版社 1991 年版，第 224—225 页。

② 《宋书·州郡志》。

③ 《太平御览》卷一七二。

④ 杨式挺：《五年来广东文物工作的重要发现》；广东省博物馆、香港中文大学文物馆：《广东出土晋至唐文物》图一、图三，1985 年。

（二）“安史之乱”引起汉族南迁入粤第二次高潮

从“安史之乱”到五代十国，流民就成了迁入岭南汉族的主流，形成了比两晋规模更大的移民浪潮，正如史籍所云：“天下大乱，中朝人士以岭外最远，可以辟地，多游焉。”① 这些流民一般从福建、江西、湖南进入粤东、粤北，扩散至粤中，远及海南。如渤海吴氏，“散处中州，其后有随王潮入闽，而入于粤之潮、嘉等处”。② 洪州人古蕃，“当五季之世，中原扰攘，遂南迁岭表；长（子）曰全交，次全规，居江下，三全则，居白沙，四全望，居增城，五全让，居惠州。六全赏，居高州”；滑州人刘濬，“以中原乱离相继，避来岭表”，③ 所以，位于今广东的潮州、封州（治今广东封开县境），广西的钦州（治今广西钦州市境）以及海南，这时都有北方汉族流民的迁入，唐后期潮州城东瓷业发达，产品质量甚高。当地人皆操中原口音，很可能为来自河南的移民。④ 清海牙将刘知谦，本寿州上蔡人，于唐末避乱客居封州。周去非《岭外代答》记述钦州部分汉族“曰北人，语言平易，而杂以南音，本西北流民，自五代之乱，占籍于钦者也”。

“安史之乱”后，大批流民迁入岭南，使岭南的人口激增，《新唐书·徐申传》载，徐申于安史乱后四十年任韶州刺史，“始来韶，户止七千，比六年，倍而半之”。六年间户口增加一倍半。《元和郡县志》所载元和户口多于天宝的全国十一州，其中岭南道的广州元和户（74009）比天宝户（42235）增加75%、三万多户。所以，五代十国时，刘岩在广州称帝建立南汉后，就在粤东、粤北、粤中地区增置了齐昌、韶州两府，祯州、敬州、英州、雄州等4州。广东流民大增，广西亦然。唐咸通年间，广西附近数道破产的游民，为求活命，大量流入邕州一带，⑤ 容州地区遂

---

① 《新五代史·南汉世家》。

② 《崇正同人系谱》卷二《氏族》。转引自罗香林《客家研究导论》，众文图书股份有限公司1981年版，第48—49页。

③ 《南汉书·刘濬传》。

④ 《永乐大典》卷五三四三“潮”字载宋《三阳志》：“郡以东，其地日瓷窑。日水南，去城不五七里，仍外操一音，俗称环老。或谓韩公出刺之时，以正音为郡人诲，一失其真。遂不复变。市井间六七十藏以前，犹有操是音者，今不闻矣。”韩愈在潮仅瞉年，云操正音为韩教育所致。应误。“环”与“河”谐音，疑“环老”，即“河老”（又称“福佬”），即入闽之河南人。

⑤ 《韩云卿平蛮颂并序》，《广西少数民族地区石刻碑文集》，广西人民出版社1982年版，第135页。

形成“广人与蛮杂处”[①] 的格局。

（三）冼夫人在俚汉互动和融合中的作用

岭南的百越族群集团的社会发展是不平衡的，在番禺、广信等地区的越族融合于汉族的两汉之后，其余广大地区的百越族群集团，被称为“俚”，或“俚僚”“夷僚”并称。他们仍停留在较低的社会发展阶段，有自己独特的语言；贵铜鼓，风俗好杀，多构仇怨，欲相攻击，鸣此禁鼓，众到者如云[②]；部落酋长称为“都老”；住干栏[③]，过着原始社会的生活。正如《隋书·南蛮传》云：“南蛮杂类，与华人错居，曰蜒、曰獽、曰俚、曰僚、曰㐌，俱无君长，随山洞而居，古先所谓百越是也。”

魏晋南北朝时，俚人遍布广东、广西东南部和海南，其中古高凉地区、西江流域和海南岛等地为其聚居中心。吴万震《南州异物志》云：俚“在广州之南，苍梧、郁林、合浦、宁浦（治今广西横县）、高凉（治今广东恩平县）五郡中央，地方数千里”[④]。从这个态势上看，在这些地区俚人的数量多于汉族，俚人在社会生活和俚汉关系中居于主导地位。所以，汉官冯融为了取得俚人的支持，为子求婚于俚人大姓，通过联姻来协调俚汉关系即为一例。

在俚强汉弱的大背景下，从魏晋南北朝直到隋末唐初，俚汉互动、磨合和整合成了岭南民族关系发展的主流，时而汉人俚化，时而俚人汉化。在俚汉互化的近400年中，由于俚族首领冼夫人主张学习汉文化，从而促进了俚汉融合向汉化方向的倾斜和发展。

岭南冼氏原是拥有十几万户的俚族首领，跨据广东恩平、阳江一带山区。冼夫人幼年时叫冼百合，自幼随同父兄逞勇斗狠，稍长习武艺及韬略，颇有侠勇气概，深得俚人的器重和信赖，甚至海南儋耳诸族群也望风归附。正如《隋书·谯国夫人传》云：“在父母家，抚循部众，能行军用师，压服诸越”，“海南儋耳归附者千余洞”[⑤]。南朝梁武帝大同（535—

---

① 《新唐书·礼乐志》。

② （晋）裴渊：《广州记》，载（清）王谟辑《汉唐地理书钞》。

③ 干栏，史籍又称“巢居”“栅居”或“楼居”。《南齐书·州郡志》载：“广州镇南海，滨际海隅，委输交部，虽民户不多，而俚僚猥杂，皆楼居山险。”《隋书·地理志》云：“俚人……巢居崖处，尽力农事。”

④ 《太平御览》卷七八五，《四夷部六》引。

⑤ 又见《北史·谯国夫人冼氏传》。

546 年）初年，冼夫人成为汉族高凉太守冯宝的妻子。在南北朝时候，中原大乱，起初岭南作为化外之地风平浪静，平安无战事；而后则有赖冼夫人的筹谋划策，抚慰部众，德威得宜，于是当地老百姓都称她为“圣母”；到隋朝时，隋文帝册封她为“宋康郡夫人”，后又册封她为“谯国夫人”，赐食汤沐邑一千五百户，死后追封她为“诚敬夫人”。

在魏晋南北朝至隋唐广府人的发育阶段，冼夫人是一个非常关键的人物。她顺应自秦汉以来岭南民族关系发展大方向，在与汉族的互动、磨合和整合中，走汉化的路，她从自身做起，与汉族通婚联姻，积极支持隋代桂州总管令狐熙在俚人地区“建城邑，开设学校，”[①] 的措施，在俚人地区建立了郡县乡学制度；与此同时，提倡学习汉文化，并以儒家经典为主，“诫约本宗，使从民礼”，“修庠序之教，设婚姻之礼”，仿效汉族礼俗和伦理观念，鼓励越人和汉人通婚，改革俚人“掠人为奴婢”等陋习，出现了“以礼义威信镇于俗，汲引文华，士相与诗歌，蛮中化之，蕉荔之圩，弦诵日闻”[②] 的社会图像，是谓“华夷感敬，称为大化”[③]，即显示了俚人社会已基本汉化。凡此等等，均可见冼夫人在广府人的发育中所起的关键作用。

（四）俚汉融合发育广府人

经魏晋南北朝至隋代近 400 年的磨合沧桑，旧的民族被一点点融合，新的民族逐渐孕育。到唐代，俚人与南迁汉族的融合已基本完成，那些被汉化的俚人史称“内属”“宾服”或“归化”。

俚人融合于汉族发育为广府人的标志是成为封建王朝的编民。据考，晋初，苍梧郡有丁留县，系西晋太康七年（286 年），“以苍梧蛮夷宾服立”[④]。这是广府人发育的开端。此后，系晋恭帝元熙二年（420 年）新会郡分南海郡立，领宋元、新熙、永昌、始成、招集、盆允、新夷、封平、封乐、初宾、义宁、始康等 12 县。其在宋元县下注曰：“文帝元嘉九年（432 年），割南海、新会、新宁三郡界上新民，立宋安、新熙、永昌、始成、招集五县入新会郡。二十七年（450 年），改宋安为宋元。”在

① 《隋书·令狐熙传》。
② 《太平环宇记·岭南道十一》。
③ 《隋书·令狐熙传》。
④ 《宋书·州郡志》。

封乐县下又注："元嘉十二年（435 年），以盆允、新夷二县界归化民立。"① 这些"新民""归化民"就是俚人融合于汉族者。至隋唐之交，俚人大量与汉族融合，广府人的发育进入高潮。高凉地区和西江流域等俚人聚居中心，隋代编户比南朝初年成倍或两倍地增加。刘宋先后于高凉郡地析置宋康、海昌两郡，属广州。据宋孝武帝大明八年（464 年）统计，三郡的户口共户 4666，口 21328。② 隋大并郡县，凉郡与上述三郡辖境相当。据《隋书·地理志》，大业五年（609 年），该郡领县九，户 9917（未著口数）。照常理经过 145 年的战乱，人户本应大量减少，但事实却完全相反，人户非但不减反而成倍地增长，西江流域一带户口增长得更多。这一带刘宋时设苍梧、晋康、新宁三郡。据《宋书·州郡志》，三郡户口共户 137693，口 9977。至隋大业五年（609 年），苍梧、信安、永熙三郡辖地上户共 36684，几为刘宋的三倍。

到了唐初，两地的户口又在隋代的基础上继续大幅增长，其中以冼夫人的故乡为最。《旧唐书·地理志》所注口有"旧领"和天宝年间两项数据。"旧领"系指唐初贞观十四年（640 年）至十六年（642 年）的统计数字。③ 隋高凉郡，唐析为高、潘、辩、罗、恩、春等六州，有"旧领"户凡 53662④。与大业五年（609 年）比较，三十年间，户口陡增四倍多。这些新增户，除部分为自然增长和外地（主要是中原地区）移入者外，大部分应与俚汉融合，广府人在发育中将俚人成为编户而成。

对此态势，《古今图书集成》卷一三五七，《职方典，高州府部汇考三》载："自隋唐以后，渐袭华风。体明之化，论治于兹，椎跣变为冠裳，侏⑤化为弦诵，才贤辈出，科甲蝉联，彬彬然埒于中土。"⑥《隋书·南蛮传》也云："南蛮杂类，与华人错居，曰蜒，曰獽，曰俚，曰僚，曰龟……稍属于中国，皆列为郡县，同之齐人，不复详载。"足见俚汉融合对广府人的发育起着关键性的作用。除粤东之外，俚人基本上都融合到广府人之中。随着广府人分布范围的扩大和确定，语言也大致

① 《宋书·州郡志》。

② 同上。

③ 赵文林等：《中国人口史》，人民出版社 1988 年版，第 157—158 页。

④ 高、恩二州无"旧领"，分别以乾元元年和天宝十一年数字代。

⑤ 侏为西夷之乐。

⑥ 《古今图书集成》卷一三五七，职方典"高州风俗"。

形成，如唐代诗人张籍在其《永嘉行》中云："北人避胡多在南，南人至今能晋语。"

在这个发育阶段，一方面是汉族继续入粤，另一方面则是岭南的土著族群——俚人在与入粤汉族的互动中被汉化。所以唐代广东的户口较隋增加了一倍多，即从隋代的 102780 户，[①] 增加到唐代的 209584 户。[②] 可见，俚人确实已"列为郡县""属于中国""同之齐人"[③] 了。广府人在其形成的道路上即将迈入最后一步。

三　自宋至明为广府人的形成阶段

自宋至明为广府人的形成阶段。宋代是中国历史上一个最动荡不安的王朝，从宋"靖康之乱"始，经南宋与金的对峙，南宋与元的对峙及至南宋灭亡的 150 年间，北方汉族向南迁移延绵不绝，而入粤汉族多以南雄珠玑巷为进入广东的第一站。对广府人的形成有决定意义的是，北方汉族入粤聚集在南雄珠玑巷后，在战乱波及岭南以后，聚集在南雄珠玑巷的汉族移民大规模地向珠江三角洲南迁。从而跨出了形成广府人有决定意义的一步。

其实，熟悉广东族谱的人都了解，广府人所居地区各姓氏族谱大多记载自己的祖先来自南雄珠玑巷。而这些与广府人的源起有关的族谱，如《南雄珠玑巷人南迁史话》和《南雄珠玑巷南迁氏族谱、志选集》[④] 等书中，所搜集的粤中、珠江三角洲近 30 个市县、140 余姓氏的珠玑巷南迁民后人的族谱和家谱，多是明清时期所修纂。

从族谱中还可知，南雄珠玑巷在广府人源起中地理位置的重要意义，明末清初的"岭南三大家"之一[⑤]、有"广东徐霞客"美称的屈大均在《广东新语》两处写到珠玑巷，一处讲望族先祖的来历：

---

① 《隋书·地理志》。

② 《新唐书·地理志》。

③ 《隋书·南蛮传》。

④ 南雄县政协文史资料研究委员会、南雄珠玑巷人南迁后裔联谊会筹委会：《南雄珠玑巷南迁氏族谱·志选集》，1994 年 6 月铅印本；南雄珠玑巷人南迁后裔联谊会筹委会编：《南雄珠玑人巷南迁史话》，中山大学出版社 1991 年版。

⑤ 明末清初"岭南三大家"为屈大均、陈恭尹和梁佩兰三位学者。

吾广故家望族，其先多从南雄珠玑巷而来。盖祥符有珠玑巷，宋南渡时诸朝臣从驾入岭，至止南雄，不忘榗榆所自，亦号其地为珠玑巷，如汉之新丰，以志故乡之思也。[①]

一处讲珠玑巷之名的来历：

珠玑巷得名，始于唐张昌。昌之先，为南雄敬宗巷义门人，其始祖辙，生子兴，七世同居。敬宗宝历元年，朝闻其孝义，赐兴珠玑绦环以旌之。避敬宗庙谥，因改所居为珠玑。[②]

据屈大均所言，珠玑巷之得名有张九龄的14世孙张昌七世同堂，受赐珠玑而得名之说；又有因祥符（开封）有珠玑巷，宋南渡时诸朝臣来到南雄以后，称其地为珠玑巷以志故乡之思之说。但不管何说，都说明珠玑巷是中原通往岭南驿道上的重要枢纽地。所以《开平县志》卷二云："述故乡必曰珠玑巷，此乃由中入广东必以珠玑巷为停驿或即因而侨寓。"[③] 这样，在广府人的心目中，珠玑巷就是一个象征。象征什么呢？象征他们先祖的故乡。

据黄慈博所辑的《珠玑巷民族南迁记》[④]，以及《南雄珠玑巷南迁氏族谱·志选集》[⑤] 所记，分布在今珠江三角洲广府人的211个氏族中有191个氏族是从南雄迁入的，而其中有187个氏族是宋代从南雄迁入珠江三角洲的，占了总数的98%。[⑥] 珠江三角洲由于泥沙淤积，河岸成滩，河道变浅，沼泽地多，自然条件比南雄山区优越得多，故自南雄珠玑巷南迁到此的汉族围堤造田，据曾昭璇先生统计，宋代在东、西、北江下游修筑

① 屈大均：《广东新语》，中华书局1997年版，第49页。

② 同上书，第50页。

③ 转引自南雄县政协文史资料研究委员会、南雄珠玑巷人南迁后裔联谊会筹委会合编《南雄珠玑巷南迁氏族谱·志选集》，1994年6月铅印本，第151页。

④ 黄慈博：《珠玑巷民族南迁记》，载《南雄珠玑巷人南迁史话》，中山大学出版社1991年版。

⑤ 南雄县政协文史资料委员会、南雄珠玑巷人南迁后裔联谊会筹委会合编，1994年6月铅印本。

⑥ 参阅葛剑雄主编，吴松弟《中国移民史》第四卷，福建人民出版社1997年版，第176—205页。

简易土堤35条，长约90000丈以上，护田30000多顷以上。[①] 从此南迁移民安居于此，使得珠江三角洲人口大增，据《南海志》记载，南海县为143259户，南宋时达195713户，南宋与唐比，700多年间人口增加了153470户，南宋的户数是唐时的4.6倍。唐时珠江三角洲每平方公里有1.2户。到宋时已有4.8户。[②] 广州的主户与客户之比北宋时为45∶55，客户超过主户，南宋时为44∶56，客户仍然超过主户[③]，而客户大多是从南雄珠玑巷迁去的。

南雄珠玑巷人的大量南迁珠江三角洲，给正在发育中的广府人注入了新鲜血液，加上唐宋时广州话作为粤语的标准音已经水到渠成，故广府人的形成已基本上完成而呼之欲出了。

及至元末明初，由于南雄战乱频仍，人祸与天灾并至，再次掀起了南雄珠玑巷人南迁的移民潮。这些移民进一步充实了珠江三角洲，明政府遂新置顺德、三水、开平、恩平、新安、从化、高明、广宁、长乐（今五华）等县安置南迁的南雄珠玑巷人。这些移民多集中在西、北江三角洲的高要、四会、三水、南海、顺德、新会、香山诸县围堤造田，有明一代的270多年间珠江三角洲共筑堤围181条，总长度为220400丈。[④] 与此同时，随着明初改路为府，广州府辖南海、番禺、顺德、东莞、新会（今宝安）、三水、增城、龙门、香山（今中山市）、新会、新宁（今台山）、从化、清远、连州（今连县）阳山、连山等1州15县，“广府”之名遂成为广州府一带汉族的俗称。而由于广府人以讲粤语为特征，故粤西南、粤中，以及桂东南讲粤语的汉族均被称为广府人。

“广府”一词之所以成为广府人的俗称，是由广州在广东的中心地位所决定的。广州，地处珠江三角洲北端，位于东、西、北三江的汇合处，濒临南海，背靠白云山，气候温暖湿润，四季如春，历史悠久，商业繁荣，文化发达。自秦始皇三十三年（前214年）置南海郡，郡治番禺，

---

① 曾昭璇、曾宪珊：《宋代珠玑巷迁民与珠江三角洲农业发展》，暨南大学出版社1995年版，第15页。

② 徐俊鸣：《隋唐宋之间广东人口分布变迁的初步分析》，《广东人口》1980年第2期。

③ 据《元丰九域志》和《南海志》。参阅曾昭璇、曾宪珊《宋代珠玑巷移民与珠江三角洲农业发展》，暨南大学出版社1995年版，第17页。

④ 《珠江三角洲农业志（初稿）》第2册，转引自蒋祖缘、方志钦主编《简明广东史》，广东人民出版社1993年版，第209页。

即今广州，至今已建城2200多年。所以，广州建城一开始就是广东的政治中心，汉初赵佗建南越国，都番禺，更加强了广州的政治地位，此后广州一直保持着广东政治中心的地位至今。不仅如此，广州又是广东，乃至岭南和全国的商业和对外贸易中心，早在西汉时，广州已是南海海上丝绸之路的基地和起点，《汉书·地理志》即云：番禺“处近海，多犀象，玳瑁、珠玑、银、铜、果布之凑，中国往商贾者多取富焉。番禺其一都会也”。唐代商业更是兴盛不已，史称“高地要会，俗号殷繁，交易之徒，素所奔凑”[①]，“番禺巨镇，雄藩夷之宝货，冠吴越之繁华”[②]。广州商业和对外贸易繁荣昌盛的这种态势久盛不衰，到明清之时，以广州产品为代表的“广货”在国内外贸易中已享有盛誉。此后，广州一直保持着商业和对外贸易中心的地位至今。

此外，广州还是广东，乃至岭南的文化中心。早在赵佗建南越国后，一方面在番禺一带“与越杂处”[③]“和辑百越”[④]，推行中原地区先进的汉文化，使得秦汉时的上古汉语与少数民族的古台湾闽南语涵化而形成了最早的粤语。而由于南越族没有文字，所以汉字作为南越国的官方文字而流行于岭南，从而造成了讲粤语北方汉族听不懂，但写汉字却可与北方汉族交流的局面，这种讲粤语、写汉字的文化传统一直延续下来，无论两汉，还是六朝；也无论隋唐，还是宋元，或明清，凡迁入珠江三角洲一带的汉族移民无不被粤语文化所吞没。广州从古至今在政治、经济和文化上所处的这种中心地位，决定了广府人在其孕育的整个过程中，都以广州为中心，故“广府”成为讲粤语的汉族族群的名称是十分自然的。

至此，广府人最终在珠江三角洲形成汉族在岭南的一个重要族群。

第三节　广府人的人文特征

《人文中国》一书说广东人（实指广府人）的面相是“形体瘦小，脚步轻快，踏地无声，面尖唇薄，颧骨高耸，眼睛碌碌转”。[⑤] 这是因为广

① （唐）陆贽：《陆宣公奏议全集》卷三，《论岭南请于安南置市舶中使状》。

② （唐）陆扆：《授陈佩广州节度使制》，《全唐文》卷八二七。

③ 《史记·南越尉佗列传》。

④ 同上。

⑤ 倪健中主编：《人文中国》上册，中国社会出版社1996年第2版，第502页。

府人属蒙古南亚人种。广府人不仅体质特征上有鲜明的特点，人文特征也极具个性。

有人曾将广府人的人文特征归纳为“广东人生活‘十大’一级方程式”：

> 广东人生活一级方程式之第一式：“走先”观念：敢为天下先。
>
> 广东人生活一级方程式之第二式：“食得”观念：务实不谈理想。
>
> 广东人生活一级方程式之第三式：“炒更”观念：经济至上。
>
> 广东人生活一级方程式之第四式：“霸王”观念：市井化。
>
> 广东人生活一级方程式之第五式：“饮胜”观念：讨口彩爱迷信。
>
> 广东人生活一级方程式之第六式：“拍拖”观念：爱情看得轻松。
>
> 广东人生活一级方程式之第七式：“我明”观念：惜言如金不空谈。
>
> 广东人生活一级方程式之第八式：“甫士”观念：积极接纳外来文化。
>
> 广东人生活一级方程式之第九式：“水货”观念：水文化性格。
>
> 广东人生活一级方程式之第十式：“倾偈”观念：保留大量古语言重传统。①

这个概括很形象，基本上为我们勾勒出了广府人的人文特征。

一　敢为天下先

人们习惯称广府人为“广东人”。

广东人习惯将“我先走”说成“我走先”，特别强调了“先”。这正是广东人“敢为天下先”鲜明性格特征的语言文化表达。

广东人“先行一步”性格的形成得益于它背山靠海，是一个对于内陆相对封闭，而对于海洋则完全敞开的地理格局。这种独特的地理环境，使广东地处蛮荒之地，高山隔断了中原文化，远离中央王权的统治，造就了“我是南蛮我怕谁”的秉性，人们喜欢闯荡，喜欢冒险，喜欢我行我

① 陈泽中：《广东人生活“十大”一级方程式》（http：//www. southcn. com/opinion/bbs/200410270559. htm）。

素。所以广东人天生就有一种敢为天下先的勇气，无论在衣食住行方面，还是在政治、经济、文化、科技、工艺等各个方面，他们都敢于探索，敢于走前人没有走过的路，敢于做别人没有做过的事，正如人们常说的“遇到绿灯赶快走，遇到红灯绕道走”，从而常常能走在时代发展的前列。

其实，“敢为天下先”是一种高风险行为。因为中国人喜欢“枪打出头鸟”，从来都是“誉见即毁随之，善见即恶从之”。因此，要“为天下先”，在大多数时候，往往是万谤集于一身的箭靶。但广东人不信邪，他们认为吃别人嚼过的馍没有味道，喝汤就要喝“头啖汤”。因此，他们傲立潮头，有变成刺猬的心理准备，才炼成了胆大包天、敢为天下先的人文性格。

广东人敢为天下先的这种人文性格，使他们成为中国近代史上“开眼看世界”的先行者。他们从中西文化的比较中，往往得风气之先，在热衷于学习西方的制炮、造船、铁路、电报、电灯、电话、望远镜、钟表等工艺技术的同时，又敏锐地认识到，西方国家之所以强盛，不仅因为他们拥有这些“淫巧奇技”，更重要的是，他们在政治、经济、教育、舆论、立法、司法等方面，都比中国先进，代表了世界发展的方向和潮流。在这种比较中凝练了广东人“天变不足畏，祖宗不足法，人言不足恤”[①] 的英锐之气。如 1842 年出生于香山（今中山市）三乡镇雍陌村的郑观应，曾在上海英商宝顺洋行任职。1878 年以后，受直隶总督李鸿章重用，筹办上海机器织布局，并正式委派为织布局总办，后来又担任上海电报局总办。1882 年，接受李鸿章之聘，出任轮船招商局帮办。晚年退隐澳门，埋头著述。他先后写出了《救世揭要》和《易言》。中法战争之后，他在《易言》基础上完成 5 卷本《盛世危言》，于 1894 年出版。中日甲午战争和义和团运动时期，他又两次增改，最后形成 8 卷本 30 多万字的《盛世危言》。在书中他提出设议院，实行君主立宪，指出国弱民穷的根源在于专制政治，并首次提出“兵战”不如“商战”的观点。郑观应数十年任职于洋行、参与洋务运动和创办经营近代企业，对西方政治、经济、文化、科学有深刻的认识。从《救世揭要》到《易言》，他提出学习西方先进技术，以自强之道战胜列强，被誉为“救世之良药”。

---

① 《宋史·王安石列传》。

当时，这样一本敢为天下先的《盛世危言》刊出后，人们竞相传阅，一时“洛阳纸贵”。1895年光绪皇帝看到此书，命印刷2000部，分发给大臣阅读，被时人称为“医国之灵枢金匮”。更重要的是郑观应的观点以及《盛世危言》对年轻的孙中山影响很大，他的《上李鸿章书》就是接受郑观应的观点写成的；对后来康有为领导的“戊戌变法”起到了先导的作用，对五四时期的进步青年也起到启蒙和激励作用。美国著名的学者R. 特里尔在他写的《毛泽东传》中也说：“一本倡导改良呼吁技术进步的书——《盛世危言》，使毛泽东形成了这样的思想：为了拯救自己的文明，中国必须借鉴西方的东西。这本书的作者是一位具有改良思想的买办。他使毛泽东产生了这样的考虑：为了中国，他应该走出韶山，去学习更多的知识。”①

此后，为中国革命，敢为天下先的广东人前赴后继。1891年，南海举人康有为在广州开设万木草堂，聚徒讲学，“大发求仁之义，而讲中外之故，救中国之法”。他在万木草堂主持完成了《新学伪经考》和《孔子改制考》等重要著作的分纂和校勘，为托古改制做好了舆论准备。1898年，鉴于外患日深，光绪皇帝被康有为的改革主张所打动，封他为总理衙门章京上行走，推行新政。于是，康有为及其追随者在朝野刮起了“百日维新”的改革风暴，所触及的范围包括：经济方面，鼓励开垦荒地，提倡私人办实业，奖励新发明、新创造，修筑铁路，开采矿产，改革财政，编制国家预算；文教方面，改革科举制度，废八股，改试策论，设立学堂，提倡西学，派人出国留学、游历，允准创立报馆、学会；政治方面，删改则例，裁汰冗员，裁撤闲散重叠的机构，允许大小臣民上书言事；军事方面，严查保甲，实行团练，裁减旧军，督练新军。这些改革的举措，已扣住了国家体制的命门。“百日维新”最后虽然失败，但却起到了“千年暗室，一灯即明”② 的作用，开中国“三千余年来一大变局也”。③

---

① ［美］罗斯·特里尔：《毛泽东传》，何宇光、刘加英译，中国人民大学出版社2006年版，第42页。

② 见（明）达观真可《书黄龙寺藏经阁毗卢佛记后》，载《紫柏尊者全集》，收在《万续藏》第一二六册、一二七册，《禅宗全书》第五十册。

③ 李鸿章原话是“合地球东西南溯九万里之遥，胥聚于中国，此三千余年一大变局也”。引自李鸿章同治十一年五月《复议制造轮船未可裁撤折》，载（清）李鸿章撰，吴汝纶编《李文忠公奏稿》卷十九，民国刻本。

孙中山组织革命党在广东发动反清革命时，被天下视为大逆不道的“反贼乱”。1900 年，革命党发动三洲田暴动，民间几乎没有支持者。当时孙中山自叹道：“吾人足迹所到，凡认识者，几识为毒蛇猛兽，而莫敢与吾人交游也。”① 但在这种绝境之下，孙中山独能坚守其宏愿孤怀，仍敢为天下先，建立兴中会，提出了“驱除鞑势，恢复中华，创立合众政府”的口号，1911 年领导了辛亥革命，推翻了清王朝，建立了共和国。

搞革命敢为天下先，搞建设也敢为天下先。近代以来，中国第一家民族资本主义工业就是由南海的陈启源于 1872 年创办的继昌隆缫丝厂；中国第一家电灯公司是台山的黄秉常在 1890 年创办的；中国第一家火柴厂是肇庆的卫省轩于 1879 年创办的佛山巧明火柴厂；中国的第一家造纸厂是南海的钟星溪于 1882 年创办的宏远堂造纸厂；凡此等等，造就了中国最早的一批民族资产阶级。

中华人民共和国建立以后，尤其是改革开放以来，广府人这种敢为天下先的精神得到发扬光大，在珠江三角洲，不仅有深圳、珠海两个经济特区成了中国改革开放的开路先锋，还有中山、佛山、顺德、东莞四小龙腾空而飞，更有珠江三角洲乡村都市化的日新月异。所以改革到了广东人那里，不存在敢用不敢用的问题，只有够用不够用的问题。在改革开放中，广东创造了许多的第一：第一个在国营宾馆中试行经营管理责任制；第一家商业银行向外发行股票；开办中国第一家超级商场；第一家中外合资的旅游酒店；第一家合资医院；中国第一盒立体声录音带是在广东生产的；第一台模拟移动电话是在广东开通的；正因为如此，所以新民谣说：“要看中国的两千年，请到西安；要看中国的五百年，请到北京；要看中国的一百年，请到上海；要看中国的近十年，请到广东。”② 这正是广府人敢为天下先而写出了中国当代改革开放史上最辉煌的一页。

写到这里，我们不得不说的一件事，就是改革开放先行一步，并不是中央对广东人的“特殊照顾”，也是敢为天下先的广东人争取来的。叶曙明在《其实你不懂广东人》③ 一书中透露说：

---

① 孙中山：《建国方略之一·孙文学说——行易知难》，载《孙中山全集》第 6 卷，中华书局 1984 年版，第 235 页。

② 杨东平：《城市季风　北京和上海的文化精神》，东方出版社 1994 年版，第 11 页。

③ 叶曙明：《其实你不懂广东人》，广东教育出版社 2005 年版。

> 1978 年底，当邓小平提出让“一部分地区、一部分企业、一部分工人农民”的收入先多一些，生活先好起来时，并没有确定是哪些地区；中央提出有些地区可以先走一步时，也没有一个明确的对象。广东可以争取，其他省也可以争取；深圳、珠海、汕头可以争取，上海、大连、秦皇岛、天津、温州、宁波、烟台、青岛、北海等城市也一样可以争取。中央并没有特别垂青广东。然而，全国上下，北京是雷打不动的，上海是左右观望的，只有广东看准了这个千载难逢的机会，全力争取。事实上，不是中央逼广东“先行一步”，而是广东主动要求先行一步的。1979 年 1 月，作为建立经济特区第一声起程炮的《关于我驻香港招商局在广东宝安建立工业区的报告》，就是由广东省和交通部联合向国务院报送的。就这样，蛇口凭着努力争取回来的审批 500 万美元项目自主权，和交通部招商局利润留成中 5000 万元投资自主权，在两平方公里多一点的海滩上，开始了历史性的冒险改革……

历史是公正的。当广东人“走先”在中国近现代史和改革开放史上留下了一串又一串脚印之时，他们敢为天下先的人文性格也凸显无遗。

二　骨子里浸着的移动性

因移民而形成的广府人，移动性深深地浸入在他们的族群性中。所谓移动，顾名思义就是改换原来的位置。[①] 移动性（mobility）则是指表示事物的移动性质。[②] 而移动本来是人类最基本的行为模式。广府人在移动中形成，又在移动中发展。其社会自宋至明形成以来，随着历史的演进，尤其是近代以来，在与西方世界的种种接触中移动性不断加强。

且不说先秦之时已有人“羁旅侨士”[③]，到了广府人形成的明代，移居海外的华侨，主要是海商和破产的农民、手工业者两类人，而商人又是最主要的。他们出洋后多从事商业贸易和手工业活动。据统计，在马尼拉帕利安（Parian）的华侨中，商贩和亦商亦工者约有万余人，占华侨总数

---

① 中国社会科学院语言研究所词典编辑室编：《现代汉语词典》，商务印书馆 2005 年版，第 1606 页。

② 同上书，第 1528 页。

③ 《韩非子·亡征》。

的60%—70%。明末马来半岛的成年华侨男子几乎全是华商。在籍贯上，这些华侨以闽人为最多，其次是广东人，再次是江浙人。[①] 近代的契约华工，即“猪仔”贸易一词就源于广府话，而“猪仔”又以福建和广东最多。如以广东著名的侨乡新会县为例，新会沙堆独联乡民林德利，于19纪50年代当契约华工去美国，劳役七年后返国成亲，后又将13岁的儿子带出国，发展七八代，以至独联乡旅美华侨竟达700多人。该乡著名文人林绍德，因贫困，命儿子林启为、林启党应募当“契约华工”赴古巴开荒种蔗、修路，世代相引相传，至1937年独联乡旅古巴华侨也达700余人。还有旅古独联乡华侨林生、林宇福、林宇泽等人，1920年乘木船偷渡加勒比海，进入委内瑞拉北部加利纳斯角马拉开波埠，后亦发展至700多人，其聚居地被称作“独联新村”。及至当代，新会的华侨、外籍华人和港澳同胞已达67万余人；归侨、侨眷、港澳同胞家属有63万多人。[②] 又如广东另一个著名的侨乡澄海县，东里、澄城、隆都、上华是该县海外移民最多的4个镇，据1986年统计，澄海全县海外移民（现定居海外者）共559888人（包括移居香港澳门92071人在内），其中东里有71374人，澄城113838人，隆都103872人，上华121560人。[③]

广府人的这种移动性，正是自古受海洋文化影响的结果。早在两汉时代，靠着海上丝路，当年的广东商人，驾驶着远洋大船，满载丝织品、陶器、青铜器，扬帆出海。《汉书·地理志》上就说：番禺“处近海，多犀、象、毒冒、珠玑、银、铜、果、布之凑，中国往商贾者多取富焉。”隋朝对南海贸易十分重视，广东的贸易地位迅速上升，据唐相李吉甫追述：“（隋）炀帝开通济渠，自扬、益、湘，南至交、广、闽中等州，公家运漕，私行商旅，舳舻相继。”[④] 一派兴旺繁盛的景象。唐代广东人的远洋商船，早已乘风破浪，到达印度洋、波斯湾和东非海岸了，天下财富滚滚而来。美国著名汉学家谢爱华教授说：“南方所有的城市以及外国人聚居的所有的乡镇，没有一处比广州巨大的海港更加繁荣的地方，阿拉伯

① 参阅巫乐华主编《华侨史概要》，中国华侨出版社1994年版，第16—17页。

② 孔庆榕、梁山主编：《新会侨乡凝聚力》，中山大学出版社1994年版，第22—25页。

③ 袁丁：《广东澄海东里的海外移民》，载周大鸣、柯群英主编《侨乡移民与地方社会》，民族出版社2003年版，第119页。

④ 李吉甫撰、贺次君点校：《元和郡县图志》卷五《河南道·河南府河阴县》，中华书局1983年版，第137页。

人将广州称作‘Khanfu’，印度人则将广州称作‘China’”。[①] 宋代的宋太祖在开宝四年（971 年）在广州设立市舶司，管理海上通商事宜。据史书所载，当时通过广州与宋朝通商的国家共有 50 多个。[②] 元朝对商船出海鼓励有加，南海航线上风帆浪舸，甲于宋朝，致使元时与广州有贸易往来的国家和地区 140 多个，[③] 地域也进一步扩大，许多港口名字还是第一次出现，如文诞（今班达群岛）、文古老（今摩鹿加群岛）、古里地闷（今帝汶岛）等。

及至明代，虽然实行海禁，并屡禁海民通番，禁止使用番货，甚至连出海捕鱼也属违法，就是一块木板也不准下海。嘉靖皇帝在上谕中下令："查海船但双桅者，即捕之，所载即非番物，俱发戍边卫。"[④] 嘉靖年间，朝廷取消了福建、浙江两个市舶司，只留下广东市舶司，成为中国海上丝路的唯一港口。而内地的货品，也只能长途贩运至广州出口，人们把这叫作"走广"。虽然如此，但据叶曙明在《其实你不懂广东人》中所引："山高皇帝远，海阔疍家强"，明万历年间，广东商人纷纷合资造船，结成贸易团伙，冒险出海。"闽粤之人，驾双桅船，挟私货，百十为群，往来东西洋。"故《明史・食货志》云："广州通占城、暹罗、西洋诸国。"[⑤] 此后，"广东船舶往诸番，出虎头门，始入大西洋分东西两路，东洋差近，西洋差远"[⑥]。这时由广州起航，经澳门出海，形成了三条与世界许多国家交往的航线，即广州至东南亚各国航线、至欧洲航线、经菲律宾至拉丁美洲墨西哥航线。[⑦]

到了大清开国之初，由于郑成功在台湾反清，朝廷继续厉行海禁，但后来台湾收复，海禁也随之松弛。1684 年，康熙皇帝下令开海贸易，设立粤、闽、浙、江四海关。在广州，指定以十三行总揽对外贸易，全中国的对外贸易，几乎都流向了广州的十三行。十三行进入了自己的全盛时

---

① ［美］谢弗（E. H. Schafer）：《唐代的外来文明》，吴玉贵译，中国社会科学出版社 1995 年版，第 26 页。

② 参见司徒尚纪《岭南海洋国土》，广东人民出版社 1996 年版，第 94 页。

③ （元）陈大震：《南海志》卷七，物产。

④ 《明世宗实录》卷一五四，嘉靖十二年九月。

⑤ 《明史・食货志・市舶》。

⑥ （明）顾炎武：《天下郡国利病书》卷一二〇。

⑦ 参见陈柏坚主编《广州外贸两千年》，广州文化出版社 1989 年版，第 167 页。

期，广东人也迎来了自己的黄金时代。

在这种海外贸易中熏陶和摔打中发育、形成发展起来的广府人，移动性深深地浸入他们的族群性之中。对此，周大鸣提出过移民文化的理论假设，他认为：经过多年的海外移民，侨乡形成了代代相传的移民文化。侨乡居民的移民冲动比内地人的移民冲动要强烈很多，因为侨乡长期以来形成了对海外的向往。他们不会计算移民成本的问题，对未来的预期都是比较积极的，一般会向好的方面想，就不会想到万一。有人在国内已经生活得很好了，他在美国绝对生活得没有那么好，但他依然义无反顾，只要有机会就向海外移民。[①] 他在《乡村都市化进程中的侨乡变迁》一文中以珠海唐家村举例说：唐家村枕山面海，位于珠海市东北部唐家镇。唐家村曾孕育出洋务运动时期著名的实业家唐廷枢、“中华民国”的第一任总理唐绍仪等近代名人。唐家村人“靠海吃海”，明清两代的“海禁”政策和海盗的滋扰，使当地靠单一农业生产的谋生道路越走越窄。民国二十三年（1934 年）本的《子英房谱》（唐氏）记载，早在康熙、乾隆时期，零星的出洋就开始出现。1855 年重修的《子英房谱》中，一共记载有 6 人在康熙、乾隆时期出洋贸易。这只是当时唐家出洋村民中很少的一部分。到了鸦片战争以后，老百姓的生活越来越艰辛，大规模的移民潮开始，唐家村先后有过以下几次出洋热潮。第一次移民潮出现在 19 世纪 40 年代末。1848 年美国加州发现了金矿，大批唐家村人踏上了淘金大军的征途。岁贡生[②]唐步瀛写了一篇《金山埠记》，开篇就谈到华侨之所以到海外谋生，是为了寻找更好的希望。第二次移民潮出现在 1865 年，北美洲修筑太平洋铁路，大批唐家人再次被运往美国做苦役。自此以后，很多唐家第一代移民在美国站住了脚跟，开始把家人亲戚带出国门。1882 年美国的排华法案通过后，很多华侨被迫往返于故乡与美洲之间。第三次是由在美国的亲属，继 1906 年加州大地震及大火灾之后，趁政府档案尽失而无法核对的机会把家乡的亲属都填表入户进入美国。以上这三次移民大部分集中在美国三藩市，今天还有会馆。现在唐家人的亲属大多集中在中国香港、中国澳门，

---

① 周大鸣、柯群英主编：《侨乡移民与地方社会》前言，民族出版社 2003 年版，第 4 页。

② 岁贡生：明清时，每年或二三年从各府、州、县学中运送生员升入国子监就读，成为岁贡。如此录用的读书人便是“岁贡生”。如蒲松龄、吴承恩。意为保送生。

这部分移民主要是20世纪六七十年代过去的。[①]

凡此种种，可见广府人作为一个因移民而形成的汉族族群，加上地处南海，自古受海洋文化的影响，其民性中早就包含了移动性的基因。

三 兼收并蓄有容乃大

2007年初《广州日报》发表了黎蘅、廖靖文的《岭南文化兼收并蓄有容乃大，地方媒体排斥北方方言不妥》一文，对一个网名为“维尼仔”的网友，因为“忽悠”“叫板”等北方方言经常在广州见诸报端，而在广视网论坛上发帖抗议，为了表达自己“捍卫”粤语的立场，其论坛签名档是一首广州方言的“打油诗”：“生系广州人，死系广州鬼，要讲煲冬瓜（即普通话），做鬼都唔济！广州人要讲广州话；食饭饮茶要去广州酒家；买衫买嘢要帮衬广百；坐车就要坐广州人的广骏车。”对扬言“妹仔怎能大过主人婆，大家齐齐捍卫粤语尊严”的言行进行了批评，认为“维尼仔”太过狭隘和排外。[②] 殊不知，1911年帝制崩塌，天下共和，首届国会曾提议以粤语为中国“国语”，当时的国会议员广东人刚好过半，通过这一法案不成问题。但是身为广东人的孙中山先生说服那些粤籍同乡放弃广东话，奉北京话为国语。此实为兼收并蓄，有容乃大。

兼收并蓄就是把内容不同、性质相反的东西都吸收进来。唐韩愈《进学解》：“玉札丹砂，赤箭青芝，牛溲马勃，败鼓之皮，俱收并蓄，待用无遗者，医师之良也。”即把各种东西一律收罗藏蓄。后以“兼收并蓄”指把性质不同的各方面的东西都吸收、包罗进来。而“有容乃大”最早见于明代兵部尚书袁可立在河南睢州自己“弗过堂”中所著的自勉联。清末林则徐题于书室的八字联：“海纳百川，有容乃大；壁立千仞，无欲则刚。”本意是比喻像大海一样的宽广胸襟。这是以大海能容纳无数江河细流的无限容量来形容人的超常气度。

广府人地处中国的南大门——广州及珠江三角洲，自古以来受外来文化的影响，善于兼收并蓄，少排他性，而造就了有容乃大的胸怀。如广府

① 周大鸣：《乡村都市化进程中的侨乡变迁——以凤凰村和唐家村为例》，载周大鸣、柯群英主编《侨乡移民与地方社会》，民族出版社2003年版，第4—5页。

② 黎蘅、廖靖文：《岭南文化兼收并蓄有容乃大，地方媒体排斥北方方言不妥》，《广州日报》2007年1月17日。

人最早的雏形，就是土著族群苍梧及南越人与入粤汉族互动、涵化而形成的，所以粤语既吸收了古台湾闽南语的成分，又吸纳了上古汉语的要素，成为汉语方言中独特的一支。

正是这种“兼收并蓄，有容乃大”，在中国近代史上广东被人称为“思想家”的摇篮，洪秀全就吸收了基督教的思想，创立了拜上帝教，发动了太平天国运动；康有为梁启超“百日维新”变法曾震动中华；孙中山先生提出“驱除鞑势，恢复中华”，成了“中华民国”的“国父”。有人形容广东人和东北人说：广东人是文胆大，东北人是武大胆。正说明广东人的有容乃大的人文特征。

广府人的这种兼收并蓄，有容乃大的人文特征，改革开放中在更广的范围里得到了发展，经济上从“三来一补”、两头在外，到中外合资、外商独资等开放举措，大大激活了广东乃至全国的经济。文化上更是大门敞开，得风气之先，什么卡拉 OK、迪斯科，什么美发室、美容院，什么圣诞节、情人节，什么麦当娜、杰克逊，都走进了人们的日常生活，所以有人说：“广东人（包括广府人在内）对西洋文明的模仿，就只差天生黄皮肤、黑眼睛不能与白皮肤、蓝眼睛相效外，其余通过香港这块踏跳板，大量涌向广东。”①

在粤语中大量外来词的存在和广泛使用，也从一个侧面凸显了广东人兼收并蓄，有容乃大的人文特征。如麦兜有个朋友叫麦唛，这个“唛”多少中文系的人都读不出来。因为这本来就不是中文。广东人早已习惯用唛来代替 mark，习惯了“鹰唛”，习惯了“认住呢只唛，买有保证”。广东跟西方人的接触早，又毗邻香港，爱学“香蕉人”中英文掺杂的习惯，后来甚至不知字从何而来。“拉仔”“拉女”什么意思？原来是最小的儿子或女儿，这个拉字就是英文 last。“泊”字在汉语中原意是指船的停靠，而粤语中则指停车为“泊车”，这并不是“泊”字原义的扩大，而是英语中“park”的音译。有的外来词在粤语中还有深入的发展，如“波”译自英语的“ball”，但广府人发展造出了“睇波”“踢波”“乒乓波”“波鞋”等词语。桑拿是 sauna，甫士是 pose，菲林是 film，盖世太保是 gestap，奶昔是 milkshake，冷衫来自法语的 laine，还有嘉年华会 carnival，士多啤梨 strawberry，蛋挞 tart……

---

① 倪健中主编：《人文中国》上册，中国社会出版社 1996 年第 2 版，第 513 页。

广府人在兼收并蓄中，其人文特征也就有容乃大了。

四 崇商重利做生意

然宇、灵光在《粤商与岭南重商文化》一文中云：

> 广东人以钱为人生第一要义，他们孜孜不倦地追求钱，四下奔忙，可以说是不遗余力。
>
> 广东人很有钱，很多外地人对广东人很眼红，其实，有钱的广东人赚钱来得正道，来得辛苦，来得自然。广东人的财富并不是天上掉的，绝大多数广东人是在自己的勤奋努力下才走向富裕之路。现在很多的广东大商人是从小商小贩起家。
>
> 在广东，人人都忙忙碌碌，为生计而忙碌，为挣钱而忙碌。为了钱，广东人可以放弃一切，可以去受累，可以去受苦。以广东人最有代表性的广州人而言，广州人是中国城市人中最忙碌的一群人。广州比上海小多了，但汽车、摩托车之多令人难以置信。一天24小时马路上似乎永远是车轮滚滚。夜幕降临之时，司机们奔波劳累一天挣足了自己的钱后，洗车擦车人又开始表现出不怕脏、不怕累的“革命精神”。忙，是广东人的特征，更是广东商人们的突出品质。广东商人忙，整日东奔西跑，来也匆匆，去也匆匆，他们恨不得把一分钟“劈”成两分钟用，从每分钟里挤出几张“四人头”。
>
> “要发财，忙起来。”这是广东商人们的口头禅。在广东商人的意识中，机不可失，时不我待的观念特别强。他们东奔西跑，要把每一分钟都变成效益。他们虽然比一般人是累了些，但是每一分钟都变成金钱也活得踏实。由于对时间特别看重，因此，他们办事节奏快、效率高，许多商机往往被他们抢先一步占领。广东人做生意，手脚很快，“上得快，转得快，变得快”，这是人们对广东商人经营风格的评价，也是广东商人生产、经营的秘诀之一。[①]

博文的作者把广东人崇商重利的人文特征描绘得淋漓尽致。确实，广州自古就是中国对外贸易的中心，西汉时是海上丝绸之路的基地和起点，

① 然宇、灵光：《粤商与岭南重商文化》，《协商论坛》2007年第8期。

对外贸易的大都会，隋唐时设置蕃坊，安置外侨，创设市舶使，成为国际大都会而在海外享有盛名，当时外国人称长安为摩诃支那（梵文 mahacina），意即大中国，而称广州为支那（梵文 Cina），意即中国。[①] 宋代制定了市舶贸易制度，并且建立了舶货市场、出口商品市场、岭南土特产市场、米市、盐市等，表现了都市经济的繁荣。明清时广货大量销往国内外，并享有国际声誉。清乾隆二十二年（1757 年）封闭了闽、浙、江三海关，仅保留粤海关对外通商，使广州成为全国唯一的通商口岸，并建立了半官半商的“十三行”专门负责对外贸易业务。众所周知，中国自古就是一个重农抑商的国家，在这样一种大的氛围下，广府人却由于广州所处的中国对外贸易的传统口岸的地位优势，而跳出了“重农抑商”的束缚，崇商之俗一脉相传，从而铸造了广府人的崇商精神。

在重商精神的支配下，广府人十分重利，即俗话所说的“发财”。为了发财，广府人是不守规则的。清朝的皇帝们曾经“禁海”，广府人照闯南洋不误；北洋的统治者们曾经威逼利诱，广东却始终是革命者们的乐园。

所以，在改革开放之初，全国大多数地方的人还耻于讲利时，广府人已在“恭喜发财”了；当深圳提出“时间就是金钱”的口号时，使全国大多数地方的人吓得心惊肉跳，这是不是搞资本主义?! 而广府人开始了建设特区、使自己先富起来的一系列实践。他们卖土地，他们搞承包，他们创造“深圳速度”，他们和有钱的香港亲戚以及外资亲密接触，他们搞年薪制来突破工资制。

经过改革开放四十多年的风雨，“恭喜发财”已是一句人们喜欢听的吉利话了，而“时间就是金钱”的观点也早已被人们所认同。广府人看到别人钱多不是眼红得睡不着，而是想到自己如何力争挣得更多。但对中国人“君子讲义不言利”的传统观念来说，广府不怕重利，讲实惠，要“发财”的观念不能不说是对传统功利观的一个反叛。

广府人做生意最喜欢竞争，而竞争当中又藏着变通，埋着灵活，不拘形式，在生意成交之前，可以“不择手段”来达到自己的目的。在竞争中广府人喜欢标新立异，喜欢做新的生意。因为新才没有竞争，没有对手，才可赚取垄断利润。因此，他们一旦看准，敢冒风险，有着“不入

① （唐）义净：《大唐西域求法高僧传》卷上。

虎穴，焉得虎子”的气势。为了竞争，人说“香港打个喷嚏，广州就会感冒”，广府人把这第一个脑筋转向了香港，从而确立了其经济先行区的地位。不少人说广府人有银子却没有脑瓜子，那好，广东来一个重奖人才，引进人才，用银子换脑子，这一点堪称“大哥大”。

在广府人眼中，只有少“倾”政治多赚钱，他们认为只要国家不乱，太平天下，多搂点银子比什么都强。财大才能气粗嘛！为此，广府人还喜欢“炒更”。“更”指的是夜晚。“炒更”是指在工余时间兼职挣钱。确实，广府人很会想办法赚钱，不少人打二三份工，甚至三四份工。用自己的劳动赚到更多的钱。于是，在2010年就有人评论说：

> 赶超西方工业化国家和地区，人均GDP进入消费时代，内地百姓不敢奢望在有生之年看到，广府人看到了——据说，2010年，广东的GDP将超过任何一个东南亚国家和地区而逼近欧美。

当别的地方官员人云亦云地说知识经济时，广府人早在1993年就愿意为听一堂“关贸总协定”的课而付300元学费。

中国的土地，不是国家所有，就是集体所有，土地是不能买卖的。但广东农民用土地使用权入股，参与到如火如荼的开发中去，进而参与按资分配。它解构了无以数计的“经典”理论。当南街村用一种令人无以置喙的方式表达他们对主义的理解时，广府人提示了一种更有前途和感染力的路径。

广府人有钱，这是他们善于挣钱的结果，这一局面从鸦片战争之前就形成了。当长江三角洲的农民用男耕女织来对付皇帝永无止境的勒索时，“十三行”的广东商人们就开始积累愧煞王侯的财富。当内地的百姓用几乎宗教般的狂热表达他们对祖宗留下来的土地的敬意时，孙中山的哥哥已经在万里之外的檀香山养起了牛，然后赞助其弟“走向共和”。当我们用“万元户”说明走出贫困的历史过程时，广府人已经说“百万算一户”。

所以，崇商重义，身体力行做生意，已成为广府人的核心人文特征之一。

五　嗜食生猛海鲜

广府人的行为文化中最鲜明的特征是“识食”生猛海鲜。他们吃山珍要登山，食海鲜要上船，贪生图猛。有人会说，探讨广府人的人文特征，不应涉及风俗习惯。然而，风俗习惯是一个族群的镜子。无论哪个族群，只要展示出自己的风俗习惯，就可以像镜子一样地照出自己的风貌乃至风韵。

广府人的吃，十分有特色，如人们所戏称的“广府人什么都敢吃”，天上飞的，地下爬的，水里游的，只要是活的东西，他们都敢吃。广州大部分菜馆、酒楼里还有龙虱、蚂蟥可餐，非广府人不知有几人敢吃？

粤菜作为我国八大菜系之一，尤以选料之广博而闻名。在粤菜中，飞禽走兽、山珍海味、野菜山花，无不可入肴，蛇、鼠、雀、虫、狗、猫等，在其他菜系中令人瞠目结舌的选料，却被奉为席间珍品。如，蛇是其他省份的人不敢入口的。古时有“杯弓蛇影”的成语，误以为蛇的影子映在酒杯中就要吓得生病，更不要说吃了。而在粤菜中，蛇却是上佳选材。广府人吃蛇，可谓源远流长，《南越异物志》中就有一首吃蛇的歌：“蚺蚺大蛇，既洪且长，宾享嘉宴，是豆是觞。”如今，广东的蛇馔已有近五十余种，其中粤系名菜——“龙虎斗”尤为令人称绝。

所谓“龙虎斗”，是以蛇为“龙”，以猫为“虎”，以鸡为“凤”，经过精心烹制，置于盘中，其形状如龙蟠，虎跃，凤舞，好似一件珍贵的艺术佳品。食用时，如能配上蛇胆酒，边饮边尝，那简直就是一种美的享受。知晓的人都要慕名到“广州蛇餐馆”去品尝一下著名的“龙虎斗”。这种奇怪的菜看是怎样制作出来的呢？有一个美丽的传说：

据说在清朝同治年间，有个名叫江孔殷的人，做了多年京官，晚年才辞官回归原籍广东韶关。他在京期间，曾出入于皇宫，吃过各种名菜佳肴，对烹调技术极有兴趣。他还常常亲自动手，研究试验，做出了一些像“碧绿三拼鲈”“白云猪手”“蟹肉桂花翅”“榄仁香积卷”等别有风味的好菜。回老家之后，他也不放弃这种爱好，吸取我国南方烹饪技艺的长处，借鉴前人的经验，研制出几十种广东名菜，成为众所公认的烹饪专家。有一年，他做七十大寿，准备做出拿手好菜来给亲戚好友尝尝。可是，做什么菜最好呢？做一般蛇菜，在广东已不足为奇。那天，他盯着屋里的蛇笼，望着笼里的几条蛇，正在苦苦思索。突然，从旁扑上来一只家猫，对着蛇笼张牙舞爪，笼里的蛇也不示弱，昂头吐舌，奋起应战。这一对仇人一在外，一在里，互相对峙，隔着铁笼转来转去。江孔殷看得很有趣，不觉心里豁然开朗，连声说："有了，有了。"

做生日那天，江家宾朋满座。客人入席以后，江孔殷端出了自己新研制的拿手好菜，客人们一看，原来是蛇肉拼猫淘，名叫"龙虎斗"。于是个个大为称奇，赞扬声不绝于耳。酒过数巡，一位客人意味深长地笑着对江孔殷说："江兄，恕我直言。这龙虎相斗，龙胜于虎。依愚弟之见，何不请'凤'来相助呢？"

这位客人的弦外之音，江孔殷当即省悟。是呀！猫肉不及蛇肉的味鲜，如能加上鸡肉相配，岂不锦上添花？江孔殷听取了客人的建议，经过精心烹制，终于制成了美味可口的叫"龙虎凤烩"的"龙虎斗"。但见：金龙盘缠，猛虎吼叫，凤凰展翅，再加上红红绿绿的佐料点缀其间，恰似一件活生生的艺术欣赏品，叫人惊叹不已。[①]

事实上，广府人的这种无所不吃的性格，也正是其开放的心态在饮食上的反映。所谓"一方水土养一方人"，不同的地理环境造就了不同的地域性格。广东是中外文化交流的必经之地，形成了广府人一种开放性的思维结构，同时由于地处边疆，历代王朝对它的控制比内地弱，受正统封建思想的影响较小，中原传统文化对它的影响不断淡化，从而具有更大的自由度和容纳力。

广府人这种什么都敢吃的风俗，正是他们喜欢标新立异精神的一种凸显。

六 讲迷信重意头

广府人虽然敢为天下先，但又讲究迷信，喜好意头。

广府人喜欢讲风水。现在不少广府人做生意、盖房子等都要看风水。许多在海外发了迹的华侨，也纷纷回家乡大修祖坟，谓之为其祖宗"睇风水"。前亚洲第一高楼广州中信大厦边上，有一幢装修豪华的大厦，任两边食肆旺得要排队它始终是个黑洞一样的空城，就是因为传说中它刚好坐落在煞位上。南宁的瑞士花园是南宁最早开发的楼盘，只因"瑞士"广府南宁白话发音为"睡死"而久久不旺，最低谷时每平方米卖 600 元都无人问津。

广府人喜欢敬财神。"财神爷"在广东人眼里是众神的龙头老大，因

① 《广州名菜"龙虎斗"》（http：//wenwen. soso. com/z/q111534930. htm）。

而敬之如衣食父母。所以，在广东不论哪个角落，都可见到广府老板开厂开店或在办公室，或在店堂里供奉财神爷，求财神保佑他做生意发财，祈求神灵保佑，消灾除难，多多发财！逢庙必进，见菩萨就拜，烧香拜佛很舍得花钱。但凡旧式人家大都供观音，还有金花娘娘、天妃娘娘等众多神怪。走在西关，一年四季都可见到有人在上香，有人在烧纸钱。

广府人喜欢好意头，讨口彩，图吉利。他们对吉祥数6和8的狂热崇拜遍及生活的各个角落，如车牌号，门牌号，电话号，婚嫁日期，开业日期，连生孩子也选好日期剖腹产，他们这种迷信已经到了“数字崇拜”的狂热程度。最突出的是凡数字谐音皆要“发发发”，于是为了得到带5个8或6个8的电话号码或手机号码，不惜花十万、几十万。此外，干杯叫饮胜，因为水为财，“干”则财走，不吉；猪血叫猪红，因“血”有血光之灾，不吉；猪舌叫猪利，因“舌”与“蚀”广州话同音，不吉；历书叫通胜，讳“输”，改为“胜”；空屋叫“吉屋”忌讳“空”，改为“吉”。广东人爱吃生菜、发菜、蚝豉，就是因为生财、发财、好事的谐音让这些味道平平的小菜鸡犬升天的。过年祝福，喜贺“恭喜发财”，而不能说“新年快乐”，因为“快乐”的粤语谐音是“快落”，会意为职位“快落”，薪金“快落”，股票“快落”，意头不好，不免晦气。

当今世界，分布在各国各地的广府人约有八千万。他们踏浪扬帆，闯荡四海，敢为天下先，骨子里浸着移动性，兼收并蓄，有容乃大，崇商重利做生意，嗜食生猛海鲜，讲迷信重意头，是中国汉族中极具个性的一个族群。李权时在《岭南文化》中曾总结岭南文化的基本特征为重商性、开放性、兼容性、多元性、享乐性、直观性、远儒性。[①] 由于广府人是岭南文化的创造者之一，所以，这个概括其实也是对广府人的人文特征一种理性的、质的提炼和升华。

① 李权时主编：《岭南文化》，广东人民出版社1993年版，第27页。所谓远儒性，是指岭南文化凭借它的地理位置，凭借明清以来岭南发达的手工业和对外贸易，凭借它对外来文化的兼收并蓄，使得中原的传统文化对它的影响不断淡化，使它具有更大的自由度和容纳力，因而对传统的文化具有较大的游离性和再创造性。

第二章　客家人

客家人是华南汉族的主要族群之一。

客家人分布在赣南、闽西、粤东、粤北、桂东南、桂东北和桂中，以及台湾和海南两省的部分地区，此外还分布在四川、湖南的部分地区，以及侨居在东南亚、南亚，远至欧洲、非洲、北美洲、大洋洲和拉丁美洲等国家和地区。他们的迁徙足迹遍及世界各地，总数约 4500 万人。[①] 但是连片的客家人主要分布在华南的闽西、粤东、粤北和华中的赣南，客家人在广西、台湾、海南呈大分散、小聚居之势。

据统计，全国有客家人 3700 万。[②] 广东有客家人 1562 万[③]，虽然全省 79 个县市中有 71 个县（市）有客家人分布，但纯客家人或以客家人为主的是梅州、韶关、惠州、兴宁、五华、蕉岭、大埔、平远、龙川、南雄、翁源、和平、始兴、连平、新丰、河源、丰顺、紫金、博罗、宝安、惠阳、惠东、揭西、仁化、乐昌、廉江、曲江、乳源、连南、英德等 30 个县（市）。福建有客家人 300 多万[④]，纯客县集中在闽西，有长汀、连城、上杭、武平、永定、宁化、清流、明溪 8 个县。广西有客家人约 350 万，大部分分散在桂东南、桂中和桂东北一带的 44 个县（市），最集中的一片是陆川、博白、浦北、合浦一带，人口约有 140 万，其中以陆川和博白客家人为最多，均占全县人数的一半以上；其次是钦州、防城、灵山以及贵港为中

---

① 吴泽：《建立客家学刍议》，载《客家学研究》第二辑，上海人民出版社 1990 年版，第 1 页。另一说为一亿人，见《人民日报》（海外版）1989 年 2 月 2 日。

② 《中国大百科全书·语言文学》，中国大百科全书出版社 1988 年版，第 237 页。

③ 侯国隆：《关于广东客家人分布情况的调查》，载《客家人面临时代挑战》，《香港经济导报》1994 年 12 月。

④ 参阅傅祖德、陈佳源主编《中国人口·福建分册》，中国财政经济出版社 1990 年版，第 155—157 页。

心的铁路沿线两个片，人口各有 40 余万；再次是贺州、钟山、昭平一片，人口约有 30 万。[①] 台湾有客家人 300 多万，主要分布在台中的丰原，彰化的埔心，屏东的八乡、高树、满洲，台东的鹿野，花莲的吉安、光复、瑞穗，高雄的六龟、三乡。[②] 海南客家人主要分布在儋县的南丰区和兰洋区，以及那大镇。此外，临高、定安、陵水、崖县、三亚也有少部分客家人。

客家人以客家话为基本特征。"客家"之称的由来，传统的说法认为出自晋元帝的"给客制度"的诏书。[③] 其实这个诠释过于牵强。有的则认为"客家"之称源于宋代的"客户"[④]，其实这更是犯了个常识性的错误，因为宋代的"客户"实际上是依附于主户的"无税户"。将"客户"作为"客家"之称的来由也过于附会。实际上，"客家"名称的由来与客家人的形成有密切的关系。正如陈支平先生所言："明中叶以后，随着人口对于土地的压力增强以及商品经济的发展，促使客家人冲破闽、粤、赣三省交界边区的界限，向广东南部扩展，从而导致与这里的原有汉民发生严重的冲突。闽、粤、赣三省边区居民为适应外移过程中所发生的矛盾冲突的需要，他们自身团结和族群凝聚的意识空前高涨，族群的自我意识和标榜便有了极为重要的现实意义，于是，闽、粤、赣边区居民索性利用当时逐渐俗成的名词，自称为'客家'，从此以后，'客家'这一名词逐渐见诸各种文献记载之中，客家人的群体也从这一时候开始形成。"[⑤] 所以章炳麟在《新方言·岭外三州语》云："广东惠、嘉应二州，东得潮之大皁，丰顺，其民自晋末逾岭，宅于海滨，言语敦古，与土著不相能，广州人谓之客家。"

第一节　客家人的语言

客家语，就是客家方言，亦称"客家话"，简称"客语"，是华南汉

① 徐杰舜：《广西客家的源流、分布和风俗文化》，载《客家学研究》第二辑，上海人民出版社 1990 年版，第 48—49 页。

② 陈远栋：《客家人》上册，联亚出版社 1978 年版，第 122 页。

③ 《南齐书·州郡志》："南兖州镇广陵，时百姓遭难，流移此境，流民多庇大户以为客，元帝大兴四年（321 年）诏以流民失籍，使条上有司为客籍制度。"罗香林先生在《客家源流考》中提出这个观点。

④ 陈支平：《客家源流新论》，广西教育出版社 1991 年版，第 136 页。

⑤ 此说最早由清代温仲和在《嘉应州志》中提出。参阅蒋炳钊《关于深入客家研究的思考》，载《客家源》1993 年创刊号。

族使用的又一个重要汉语方言之一，亦是汉语的九大方言之一。

客家语的分布范围也非常广，除分布在华南各省、区外，还广泛分布在江西、四川、湖南，以及河南、云南、贵州、湖北、安徽、山西，陕西等省的部分地区，人口约 3800 万。此外，海外的华侨、华裔和印尼、马来西亚、新加坡、泰国、越南、菲律宾等国家的华人也有约 700 万人说客家语。

客家人的乡土观念十分浓厚，以“宁卖祖宗田，不卖祖宗言”为祖训，家规族约规定不说客家话被视为忘了老祖宗，不准上祖坟，不准上祠堂。新媳妇进门不会说客家话的要求学会客家话，客家人的女儿远嫁后，回娘家时必须说客家话；小伙子外出工作，返家探亲时也必须说客家话，否则被斥为“忘了祖宗、忘了本”[①]。所以客家语内部具有较强的一致性。

一　客家语的形成

客家语既是一种语音面貌处于南方方言与北方方言之间的“中间型”方言，又是一种处于古代汉语与现代汉语之间的“过渡型”方言。[②] 这是客家语的形成比粤语、闽语晚的历史过程所造成的。

唐中期“安史之乱”结束后，唐王朝又延续了 100 多年。在这 100 多年的时间里，进入江西境内的中原汉族移民，基本上完成了与土著居民语言互化过程，即他们所带来的语言，在经过与苗瑶语族族群的语言互动之后，已成为江西境内的统一语言——原始赣语。[③]

就是在这个进程中，以唐末黄巢为首的农民战争爆发了。在这次农民战争的巨大冲击下，原先居住在赣北和赣中的居民，开始大规模地涌向赣南，并陆续地由赣南再分迁到闽西和粤东北地区。这样，在黄巢农民起义的影响之下，赣南经历了一次声势巨大的人口重建式移民。一方面，来自赣中和赣北的南下移民，彻底地改变了唐中期以前赣南境内的人口格局，另一方面，部分原先居住在赣南的居民，也随同北方南下的移民一起，向闽西山区迁移。经过这次人口的迁徙重建之后，来自赣北和赣中的移民及

① 黄雷贞：《客家话的分布与内部异同》，《方言》1987 年第 2 期。

② 李新魁：《广东的方言》，广东人民出版社 1994 年版，第 476 页。

③ 参阅王东《那方山水那方人：客家源流新说》，华东师范大学出版社 2007 年版，第 113—115 页。

其后裔，开始成为赣南人口格局中的主体部分。相应地，由移民所带来的早期赣语，也慢慢地成为赣南地区的通行语言。[①]

武夷山南段东西两侧早期赣语格局的形成，对客家方言群的形成而言，具有极其重要的标志性意义。之后，原始赣语将沿着武夷山，与东面的闽南方言一起，分头南下，向粤东北境内渗透，并最终把粤东北分成两大方言区。[②]

这种赣南地区的通行语言，被唐人称为“晋语”。唐代诗人张籍的《元嘉行》即说：“北人避胡多在南，南人至今能晋语。”于是，被称为“晋语”的晋代中原汉语在南方传播开来。这就为客家语从中原汉语中分化出来创造了社会基础和历史条件。

其实，这些客家先民所操的方言，本是河南、陕西、山西、甘肃一带的中原汉语，属于北方方言。由于他们首先至长江流域，与湖北、湖南、江西一带的方言相处了相当长的一段时间，所以也接受了这些地区的方言的影响，产生了与原来北方方言的相异之处而带有江淮一带方言的特点。这就为客家语从中原汉语中分化出来奠定了基础。正如顾炎武在《音论》卷中引明人陈第《读诗拙言》曰：“说者谓五胡乱华，驱中原之人入于江左，而河淮南北，间杂胡言，声音之变，或自此始。”由于赣闽粤边的地理环境与赣中和赣北有着很大的差异，故而，原始赣语在进入这里之后，很快便产生了变异。久而久之，产生了一个与赣方言十分近似、但是又并不完全相同的方言——客家方言。[③]

在北宋，客家语还没有从本土方言中彻底分化出来，但是其原有方言已略有变化。故宋人周去非在《岭外代答》中谈到钦州的居民时说：“二曰北人，语言平易，而杂以南音，本西北流民，自五代之乱，占籍于钦者也。”这些“北人”，其中就有一些是客家的先民。这些从北方迁来的流民带着本土中原汉语来到南方，他们形成一个很大的移民集团，有的人保存其原来的方言，有的则与当地的居民杂处，发生了语言的涵化，吸收了南方的汉语方言或居于当地的少数民族的语言的某些词语和一些语音特点，因而渐渐地表现出与中原汉语的某些差异，这就意味着客家语从中原

① 王东：《那方山水那方人：客家源流新说》，华东师范大学出版社 2007 年版，第 116 页。

② 同上书，第 24 页。

③ 同上书，第 115 页。

汉语分化的开始。

南宋之时，金人南侵，大批的中原汉族，包括唐末由中原迁至长江流域的客家先民，只好向南迁移了，正如庄绰《鸡肋编》所云："绍兴年间，天下州郡遂成三分，一为伪齐，金虏所据；一付张浚，承制除拜；朝廷所有，唯二浙、江、湖、闽、广而已。"因此，许多北方流民，移入江浙及闽广地区。及至南宋末年，江西、福建、广东三省交界地区，又成为宋室与元兵交锋的地区，使自唐末以来，从中原入居江西、福建或定居于粤北韶州地区的客家先民重又迁徙，觅取新的安身立命之地。这样，许多客家人迁入了兴宁、梅县以及潮州地区。如梅县《曾氏族谱》说："洪立十五传孙纾悖，宋政和壬辰年（1112年）由南丰福建宁化石壁，生子仲辉。辉子桢孙，因宋元兵扰，由宁化迁广东长乐县（今五华）。"梅县《陈氏族谱》说："到了宋末，传至九十世万顷，迁居福建宁化石壁。"《崇正同人系谱》说："故陈氏郡望称颍川。宋末中原士族，纷纷南随帝室播迁。有陈魁者，率其族众九十三人，移居福建汀州府之上杭……其族复相率南而入粤。且当时南来之人，自此九十三人之外，更有或为之先，或为之后，抑或为之同时，用户陈氏族属蕃庶，实冠全粤焉。"

客家先民经历了这样一个绵延了数百年的由北至南的持久性的集团式的移民，经过宋末元初的迁徙，基本上在福建的长汀地区、广东的梅州、韶州地区以及广东其他一些地方聚居了下来，而开始形成客家人。

客家人经过宋元的迁徙，又脱离了湖北、湖南、江西等地方言，按着客家语本身的语音发展的规律，产生了与这些方言的差异，从中原汉语中彻底分化了出来。据专家研究，从总体来看，客家语是比较接近于江西的赣方言的。而较之广东的粤语、潮语等，它又比较接近于北方方言。清人郑昌时在谈到潮州地区的语言情况时说："潮音仅方偶，其依山而居者，则说客话，而目潮音为白话……而客音去正音为近。"[①] 从现代客家话的语音系统来看，它保存宋代中原汉语的语音特点比较多，其多合于《中原音韵》。众所周知，元代周德清的《中原音韵》，反映的是南宋至元代这个历史阶段的中原共同语语音，客家语与它比较接近或吻合，正好说明

① 《韩旺阐见录》卷一〇。

客家语是在宋元时期从中原汉语分化出来的。[①]

客家语于宋元时期形成后，一部分客家人为了寻找更好的生存环境，于明清时又开始了新的迁徙，他们先后从粤东及粤北地区迁居于粤中和粤西地区，以及广西、海南、台湾，有的还远徙四川、湖南等省。在这个迁徙过程中，客家语虽然又涵化了一些南方方言的语音特点和词语，但这只是发展而不是变异，表明了客家语的一致性和稳定性。

二　客家语的特点

方言奇异的客家语，既异于普通话，又异于粤语、闽语，有着许多自出机杼的语言特点，主要有以下几个方面。

第一，语音的奇异。客家语以梅县话为代表，其语音的奇异，一是包括零声母在内有 17 个声母，与其他方言相比，客家语的字音，读为送气音的比较多，这是因为中古汉语的全浊音声母变为清音声母时，在其他方言里基本上是以平、仄声字为变读不同字音的分化条件：平声字变为送气清音，仄声字变为不送气清音，但客家语大体上是平、仄声字一律变为送气清音，排、徒、同、爬、旗、桥、盘、穷等平声字读为送气清音，辩、电、地、住、夺、件、部、昨、捷、别、白等仄声字，在其他方言中多念为不送气清音，但客家话不分平仄，一律念为送气清音。又如，客家语中有一些轻唇音字念为重唇，如斧、肥、浮、飞等，表现了“古无轻唇音”的残留现象；另外，它有一个唇音的［v］声母，如“侮”“文”“务”“物”等字的读音，这在汉语方言中比较少见。

而这个［v］声母存在于元代《中原音韵》音系之中。客家语中的这个［v］保存了宋元时代的声母，与普通话相比，客家语的舌尖塞擦音声母只有［ts］组，不像普通话一样有［ts］［tʂ］两组舌尖前音与舌尖后音的对立。当然，也没有舌面音［tɕ］组。又如客家语中，多数方言点“尖团音”区分清楚，即是说，古代的［k］［k‘］［x］声母不发生像普通话那样的变化，这种现象叫“尖团有分”，这也正是客家语语音在声母上的奇异之处。

二是有 73 个韵母，与其他方言相比，客家语的韵母系统中，存在一套以［e］为主元音的韵母，如［e eu em en ep et］。此外，还有几个以

---

① 李新魁：《广东的方言》，广东人民出版社 1994 年版，第 468—469 页。

［ə］为主元音的韵母，如：［əm ən əp ət］它们与［im］［in］［ip］［it］相对，这些韵母，大都是来自中古的三、四等韵字。三四等韵字的元音分读为［e－i－］，这在汉语的各方言中较为少见。客家语对中古通摄字的三等韵字，读为带［i－］介音的韵母，形成了与一等韵字的差别。但在南方的粤语中，它们却往往混而为一，龙、嵩、弓、胸、六、粟等字的［i－］介音消失了而混同于聋、松、工、红等。通摄三等韵字保存［i－］。与普通话相比，客家语的韵母系统中，没有以［y］为主元音的韵母，也就是说，不存在普通话中属于撮口呼一类的韵母。客家语中，还有一个［iai］韵母，它是中古二等韵字在［k］组声母之后产生了［i］介音而出现的。这一类字，在普通话中，已经从 kiai > kie > tɕie，如“皆”“界”“介”“解”等字的读音。而［iai］韵也存在于《中原音韵》中，客家语中的这个［iai］韵保存了宋元时代的韵母。这些正是客家语语音在韵母上的奇异之处。

三是有6个声调，与普通话相比，客家语的声调保存入声，而且有阴、阳之分。这是客家语的语音在声调上的奇异之处。

第二，语法的奇异主要表现如下。

——在构词法上，客家语有一些词的词素次序与普通话不一样，而与南方其他方言相同，如“闹热”（热闹）、“人客”（客人）、“紧要”（要紧）、“尘灰”（灰尘）等。表示动物的性别词也常常放在中心词素之后，如“鸡公”（公鸡）、“鸡母”（母鸡）、“狗牯”（雄狗）、“猪哥”（公猪）等。

——客家语的人称代词所用的词语与普通话不同，复数的表示方法也不一样，如：

人称/单数/复数
第一人称/涯/涯兜
第二人称/你/你兜
第三人称/巨/巨兜

也可以在人称词之后加“等”［ten］表示复数。由于客家话的第一人称代词用“涯”听起来较为特别，与其他方言的发音相差较远，所以有人也称客家话为“涯话”。

——客家话的指示代词在区别近指与远指上也有它的特点，近指、远指都同用［ke］这个词表示，只是用声调的不同来区别远近。近指的［ke］读为上声，远指读为去声。

——客家语用特定的词尾来表示动词的“体”，这与普通话的表示形式不同。如以［e］加于动词之后表示动作已经完成，如说“佢食［e］药”（他吃了药），这个［e］相当于普通话的“了”。表示动作正在进行的，用加“等”［ten］或“唐逮”表示，如说“涯看［ten］书”（我看着书），“阿妹食唐逮饭”（妹妹吃着饭）。表示对某种动作行为进行尝试的，在动词之后加“阿哩”［ali］或［ae］表示，如说“看阿哩”（看一看）、“［e］块大石头你来搬［ae］”（这块大石头你来搬搬看）等。

——客家语的比较句，与粤语、潮语不太一样，用“甲＋比＋乙＋过＋形容词”，比如“狗比猫过大”（狗比猫大）、“涯比但过肥”（我比他胖），它既使用普通话的“甲比乙如何如何”的格式，又吸收粤语等加“过”的格式，可以说是两种格式的结合。

——客家语的“双宾语句”，两个宾语的位置比较灵活，可以是直接宾语在前，间接宾语在后，也可以相反（普通话基本上是间接宾语在前），如说“佢分钱涯”（他给钱我），也可以说“佢分涯钱”（他给我钱）。普通话虽然也可以说成“直接宾语＋间接宾语”，但在两者之间一般必须加“给”，如说成“他送钱给我”，客家语这个“给”可以不出现，这是两者不同的地方。

——客家语的被动句，不用“被”或“给”表示，而用“分”，这一点跟潮州话相同。如说“佢分狗咬［e］”（我被狗咬了）。

凡此等等，都是客家语在语法上的奇异之处。

第三，词汇的奇异主要表现如下。

——客家语的词汇中，单词比较丰富，如“皮”（皮肤）、“面”（脸）、“毛”（头发）、“翼”（翅膀）、“索”（绳子）、“饥”（饥饿）、“寻”（寻找）、“徛（站立）、“惊”（害怕）、“阔”（宽阔）、“结”（冻结）、“寒”（寒冷）、“暗”（黑暗）等。

——客家语的词汇中保存比较多的古汉语语词，如“挼”（两手相搓）、“碚”（食物发霉长出的白毛）、“拗”（折断）、“系”（是）、“踣”（蹲）、“磚”（揉面或搓洗衣服）、“蚬”（河蚌）、“镬”（铁锅）、“盅”（茶缸）、“遮”（雨伞）、“犁”（低头）、“刮”（划火柴）、“磕”（头被碰撞）、“窒”（东西遗失）、“衰”（倒霉）、“渠”（第三人称代词“他”）、“陂”（河的堤坝）、“地”（坟墓）、“庭”（晒谷场）、“樵”（柴火）等。

——客家语的词汇中存在一些表现方言区特有的语词，如以“牯”表示动物的雄性；以“嫲”表示动物的雌性；以“赖”称儿子，用“拖匣”表示抽屉，用“睡目”表示睡觉，用“猴哥”称呼猴子，用“撞倒”表示碰见，用“笠嫲”表示斗笠，用“鼻公”指称鼻子，用“屎坑鸟”称呼喜鹊，用“蚁公”称呼蚂蚁，用“番豆”表示“花生”，用“出山”指“出殡”，用“细人仔”或“细娃［kuai］”称呼小孩子，用“等郎妹”指童养媳，用“斋嫲”表示尼姑，用“家官”指称家公，用“丈爷老”指岳父，用“四六货”指神经不正常等。还有餐桌上的汤叫“顺”，因为“汤”与“劏”同音，猪血叫“猪红”或“猪旺”等。

第二节　客家人的形成

客家人的缘起与广府人一样，从某种意义上来说，可以追溯到秦汉的赵佗，从族群来看，应是同源异流的一种历史现象。其大致过程，广府人一章已有详细论述，在此不赘。本节要论及的是客家人的形成和发展。

客家人的形成是北方汉族移民与百越族群和苗瑶语族群，自唐宋至南宋长期互动、磨合、整合和融合的结果。客家人形成的过程大致分为孕育和形成两个时期。

一　唐宋：客家人的孕育期

为什么客家人形成的孕育期不是从魏晋南北朝算起，而要从唐中期安史之乱讲起？这是因为魏晋南北朝时期在赣南和粤东北的区域开发过程中扮演着重要角色的族群，无论是在血缘上，还是在语言与文化上，都与后来的客家人没有太多的关联。[①] 对此，谭其骧先生早就有过定论。他在《晋永嘉丧乱后之民族迁徙》中指出，此次移民“接受移民只限于江域诸

① 王东：《那方山水那方人：客家源流新说》，华东师范大学出版社 2007 年版，第 104—107 页。

州”，“极少能有越荆扬诸州而至于此（按指宁、交、广）诸州合”。[1] 即当时司、豫流民，基本上移居在今河南省东南一隅、安徽省大部、江苏省西部一小部分，江西省北部一小部分。这些地区都与后来的客家基本住地无关。因此，西晋“永嘉之乱”的移民与客家的形成没有直接关系。[2] 而恰恰是唐中期“安史之乱”后，引发了中国历史上的第二次中原汉族人口南迁高潮。[3] 这次移民波及南方的广大地区，对孕育客家人的江西的影响特别巨大。

赣闽粤边地区是客家人的孕育地。早在1998年，杨豪就撰文论述了早在秦汉以来，中原汉人南迁的遗迹就到了粤赣闽边，客家先民就开始在这块土地上栖息。中国从东汉末入魏、晋、南朝转隋、唐、宋，有过东汉末之黄巾起义，三国之魏、蜀、吴鼎立，晋代之“八王”“永嘉”之乱，唐代又遇黄巢起义，南宋临安陷落等，招致战争频仍，灾荒不断，民不聊生，居民处于深渊之中惶惑不安，都有寻求能够苟安乐土的念头。这就出现了中原汉人不断自北而南播迁的历史。而这几百年间，“江南”“吴土”“广州”的地方，是移民最为理想之地。当时的赣中、赣南与闽西归属“江南”“吴土”的范围；粤北与粤东北，则为“广州”辖领地。有文记载：永嘉乱世，天下九州都闹“荒”“空”“灾”。唯独上述地方仍然“康平丰盛”，是一个富足、偏安的生存环境。除了政治、社会的环境之外，还有能够让他们足以生存、自足发家的自然环境也是重要因素。因为广东北部与东北部，位于五岭山脉的南端，北部有高踞的大山，南部则有一泻平川，与之相连的福建西部，正界五岭山脉的东端，也有西北位高、东南位低的地形。界此两地中间之江西中、南部，则是东、南、西三面环山，丘陵绵连，一直延伸出珠江流域。粤赣闽边境内有驰名的东江、北江、韩江、汀江、赣江大小河流纵横交错，气候又属亚热带湿润季风气候。如此优越的广阔山地，众多的大小河流，宜农宜林宜牧宜渔的气候条件，开发潜力很大。北方移民既可在此获得苟安，更可利用得天独厚的自

---

① 谭其骧：《晋永嘉丧乱之后的民族迁徙》，载《长水集》上，人民出版社1987年版。“江域”指长江流域。

② 谢重光：《客家形成发展史纲》，华南理工大学出版社2001年版，第38页。

③ 周振鹤：《唐代安史之乱与北方人民的南迁》，载《中华文史论丛》1987年第2、3期合刊，上海古籍出版社1987年版；吴松弟：《中国移民史》第3卷，福建人民出版社1997年版，第232—246页。

然优势，创建新的家园。[1] 于是，赣闽粤边地区成为客家人的孕育地，自秦汉及隋唐至北宋，北方汉族移民与百越族群和苗瑶语族群逐渐汇聚在此，从而发生接触、互动、磨合，最后在南宋时整合和融合成为客家人。

（一）百越族群和苗瑶语族群在赣闽粤边地区的汇聚

赣闽粤边地区，是一个地域非常辽阔的地理空间，“春秋为吴越地。越国灭，为楚地”[2]。但“为楚地”只是政治行政上属楚国统治，土著主要仍是越人。《史记·李斯传》有“北逐胡貉，南定百越”的记载。“百越”又称“百粤”，直到秦汉，赣南、闽西、粤东居住的都是统称为“百越”的土著少数民族。虽统称“百越”，但又分别有扬越、闽越和南越不同族群的区别。如当时闽西境内的“蛮僚”系统中，生活着一支被称作“山都”的土著族群。据唐人牛肃在《纪闻》一书中记载，汀州初建时，长汀境内为“山都所居”，“其高者曰人都，在其中出入者曰猪都，处其下者曰鸟都。人都即如人形而卑小，男子妇人自为配偶。猪都身如猪，鸟都尽能人言，闻其声而不见其形，亦鬼之流也。三都皆在树窟宅，人都所居最华。”[3] 剔除文中的神异成分，我们可以看出，所谓“山都”就是当地的蛮僚土著。从“三都皆在树窟宅”的文化特征看，他们应该是世居“干栏”式建筑的百越族群中的一支。此后，在汀州建置后的相当一段时间里，相关史籍中依然不乏有关当地百越族群蛮僚活动的记载。据《资治通鉴》记载：乾宁元年（894年），“黄连洞蛮二万围汀州，福建观察使王潮遣其将李承勋将万人击之。蛮解去，承勋追击之，至浆水口，破之。闽地略定。”[4]

魏晋南北朝之后，自唐初至宋末，赣闽粤交界区域以及其邻近的郴州、吉州、漳州、泉州、广州等地，土著少数民族的势力还很强大。其中唐中叶以前，汀、潮、循三州可以说基本上是土著少数民族的天下，汉人

---

① 杨豪：《粤赣闽边是孕育“客家”群体的摇篮》，载黄钰钊主编《客从何来》，广东经济出版社1998年版，第208—209页。

② 《古今图书集成》方舆汇编职方典卷九一九《赣州府建置沿革考》；同书卷九二五《南安府建置沿革考》所载略同。

③ （宋）乐史：《太平寰宇记》卷一〇二《东南东道十四·汀州》引。

④ 《资治通鉴》卷二五九《唐纪七十五》，乾宁元年条。（清）吴任臣：《十国春秋》卷九〇《闽司空世家》，文字与《通鉴》大同小异。

势力基本上尚未进入这一区域。如唐僖宗中和年间，“王仙芝寇掠江西，高安人钟传聚蛮獠，依山为堡”。[①] 又如清人杨澜《临汀汇考》云：“天宝之乱，列郡望风而靡，汀，七闽穷处也，蕞尔一城，孑然于蛮风昼雨中。”[②]

在这里，特别引人注意的是从唐代开始，有关苗瑶语族族群中的徭人（又称莫徭）由湖南境内向南播迁到岭南各地的情况，从唐代开始，就不时见诸文献，唐初编修的《隋书·地理志》：

> 长沙郡又杂有夷蜒，名曰莫徭，自云其先祖有功，常免徭役，故以为名。其男子但着白布禅衫，更无巾裤；其女子青布衫、班布裙，通无鞋屐。婚嫁用铁钴䥈为聘财。武陵、巴陵、桂阳、澧阳、衡山、熙平皆同焉。

宋代以降，有关正史中都有岭南各地徭人活动情况的记载，如《宋史·蛮夷传一》，对于两广境内徭族分布的情况：“蛮徭者，居山谷间。其山自衡州常宁县属于桂阳、郴、连、贺、韶四州，环纡千余里，蛮居其中，不事赋役，谓之徭人。”但对莫徭迁往赣闽粤边的情况则语焉不详，但是，我们依然能够在文献中发现莫徭向东迁移的蛛丝马迹。据《新唐书·方镇表五》记载：乾元元年（758 年）“置洪、吉都防御团练观察处置使，兼莫徭军使，领洪、吉、虔、抚、袁五州，治洪州”。唐代的洪州、吉州、虔州、抚州和袁州，都在今天的江西境内。这则史料表明，最迟从中唐时期开始，今江西境内从北到南，都有莫徭的分布。正像宫哲兵所指出的那样，莫徭在唐代江西境内的分布范围如此之广，“可见莫徭迁往江西的时间早在南北朝和隋代就已经开始了”。[③] 而谢重光则认为至唐宋，莫徭广泛分布于衡州、连州、韶州、潮州、建宁、漳州等地，从中不难看出徭人向南又折而向东迁徙的态势。其迁徙的路线除一条路线大概由五溪入洞庭湖，溯湘江而南，先后进至衡州、连州等地，再沿湟水、武溪等河流南下粤中，经由粤东而进至闽南、闽西北外，另一条路线，则可能

① 《资治通鉴》卷二一五。

② （清）杨澜：《临汀汇考》卷一。

③ 宫哲兵：《千家峒运动与瑶族发祥地》，武汉出版社 2001 年版，第 285 页。

由湘入赣，再由赣入闽。这一路线的产生，可能与唐中叶的“安史之乱”及唐末的江淮军民移民入闽相关。[①] 这一时期从中原和江淮向江南迁徙的主要是汉人，但傜人受此人口迁移大潮的挤压也开始向东南迁移。

傜人迁徙的路线，唐末江淮军民曾自光州、寿州经蕲州渡江“略浔阳、赣水，取汀州”，再东进漳州，北取泉州、福州。[②] 也就是自蕲州渡江入鄱阳湖，溯赣江至赣南，由赣南东向入闽。为什么傜人迁徙的路线是这条？因为鄱阳湖西南侧赣水流域的洪州（今南昌、修水、高、万载、武宁、永修、丰城等地），唐末有大量夷獠聚居。《新唐书·钟传传》称：“钟传，洪州高安人。以负贩为业，或劝其为盗必大显。时王仙芝猖獗，江南大乱，众推传为长，乃鸠夷獠，依山为壁，至万人，自称高安镇抚使。”钟传所鸠集的“夷獠”，又称为“蛮獠”[③]。另据《新唐书·方镇表五》载：乾元元年（758年）“置洪、吉都防御团练观察使，兼莫傜军使，领洪、吉、虔、抚、袁五州，治洪州”。说明唐代遍布江西的夷獠或蛮獠主要是苗瑶语族群的莫傜，也就是盘瓠蛮。

从北宋中叶开始，朝廷加强了对五溪蛮地区的经略，宋神宗时发生了著名的“开梅山”事件，[④] 这时在文献中被称为“武陵蛮”的傜人就开始大规模地向南向西、东各处迁徙了。“开梅山”的结果，一是迫使部分蛮傜的归顺、向化，其民内附成为国家编户，纳税完粮，其酋长有的成为朝廷命官，官府则在蛮傜地区设立学校加强对蛮傜的教化[⑤]。其二则是迫使大量的蛮傜迁离五溪一带他们的世居之地，流离转徙于湘南和两广、

---

① 谢重光：《客家形成发展史纲》，华南理工大学出版社2001年版，第89页。

② 《新唐书》卷一九〇《王潮传》。

③ 《资治通鉴》卷二五五系此事于中和二年（882年），称“王仙芝寇掠江西，高安人钟传聚蛮獠，依山为堡”。

④ 关于“开梅山”，《宋史》记载甚详，卷一五《神宗纪》云：梅山在宋代已成为五溪蛮傜的主要根据地，由于宋代国家权力加强了对五溪蛮傜的经营开拓，激起南北江群蛮的反抗，朝廷遂决定用兵梅山，以进一步征服和控制五溪蛮傜，这就是所谓“开梅山”。

⑤ 日本白鸟芳郎教授在泰国清迈发现的汉文《傜人文书》之《游梅山书》是一份追忆宋代“开梅山”事件的重要民间文书，其“盘古歌”云：“立有梅山学堂院”；宋人蔡絛《铁围山丛谈》卷2有“大观、政和之间……广州、泉南请建番学”的记载，大观中，赵企所作词有“傜人北面朝天子”之句。综观这些资料，可推知“开梅山”后朝廷很可能在五溪蛮傜区域设立学校。参见饶宗宗颐教授《畲傜关系新证——暹罗〈傜人文书〉的〈游梅山书〉与宋代之开梅山》。及至南宋，史书已正式记载朝廷在郴州的宜章、桂阳军的临武设学教化峒蛮子弟。转引自谢重光《客家形成发展史纲》，华南理工大学出版社2001年版，第102页。

赣、闽各地。

由“开梅山”引起的徭人的播迁是一个漫长的过程，绵历两宋以至元明，其迁徙之迹，虽因日久年湮，不甚彰明，但据传世文献与民间谱牒综合推考，尚能得其大略。粤东的民间谱书和泰国的《徭人文书》中，就有开梅山之后徭人南迁的踪迹可寻，饶宗颐教授已详加论证，即其始迁的年代有宋淳熙二年（1175 年）、嘉熙元年（1237 年）、景定元年（1260 年）三例，迁出地可考者为湖南潭州永康县鹅塘都，迁徙路线经过连州、韶州、高要、罗浮等地，以后到博罗、归善（今海丰）定居，最远的到潮阳等地[①]。

此外，《元史》中对徭人的南迁亦有记载，《元史·王都中传》云：“郴居楚上流，溪洞徭獠往来民间，惮其强猾，莫敢与相贸易，都中煦之以恩，慑之以威，乃皆悦服。郴民染于蛮俗，喜斗争。”顾炎武《天下郡国利病书》对于蛮徭的迁徙亦多有论述。其中“潮州府·畲徭”条中说：“民有山輋，曰徭僮，其种有二：曰平鬃，月崎鬃。其姓有三：曰盘、曰蓝、曰雷。依山而居，采猎而食，不冠不履，三姓自为婚，有病没，则并焚其室庐而徙居焉。俗有类于夷狄，籍隶县治，岁纳皮张。旧志无所考。我朝设土官以治之，衔曰輋官，所领又有輋，輋当作畲，实录谓之畲蛮。”[②] 又在“漳徭人”一条中说：“徭人楚粤为盛，而闽中山溪高深之处，间有之。漳徭人与虔、汀、潮接壤错处，亦以盘、雷、蓝为姓。”[③] 顾炎武说得很清楚，即粤、闽两省的蛮徭是从长沙黔中五溪地区迁来的，他们都是盘瓠后裔。[④]

总之，百越族群虽有扬越、闽越和南越的区别，但本居赣闽粤边地区，而苗瑶语族族群中的瑶人，却是隋唐之际开始了向赣闽粤边地区的迁徙，至宋时已被称为“輋”“畲”。据考，宋嘉定、宝庆年间（1208—1227 年），王象之所著的《舆地纪胜》卷 102“梅州”条云：“菱禾，不知种之所自出。植干自熟，粒粒粗粝，间有糯。亦可酿，但风味不醇。此

① 饶宗颐：《畲徭关系新证——暹罗〈徭人文书〉的〈游梅山书〉与宋代之开梅山》。载施联朱主编《畲族研究论文集》，民族出版社 1987 年版。

② 《天下郡国利病书》原第十九册《广东》下。

③ 《天下郡国利病书》第二十六册《福建·防闽山寇议》。

④ 谢重光：《客家形成发展史纲》，华南理工大学出版社 2001 年版，第 96 页。

本山客所种，今居民往往取其种而莳之。”为畲族族称最早出现的文献。[①]半个世纪后，南宋莆田人刘克庄在《漳州谕畲》云：“畲民不悦（役），畲田不税，其来久矣。”这与《高皇歌》的讲述相同。刘克庄还指出漳州畲民与蛮、瑶、黎、蛋等其他民族不同，“凡溪洞种类不一：曰蛮、曰猺、曰黎、曰蛋，在漳者曰畲。西畲隶龙溪，犹是龙溪人也。南畲隶漳浦。其他西通潮、梅，北通汀、赣。”可见，苗瑶语族族群中的瑶人南迁到荆湘最南界即五岭北麓后，确实有一支折而往东迁移，其迁徙路线大致是顺着纵横的山脉，由湘南至赣中、赣南，再进至闽西、闽西南，最后达于粤东的西部山区。在这个迁徙过程中，越罗霄山脉东进至赣闽粤边区的一支，开始“畲”或“畬”的各种通假字“輋”“斜”“畭”等作为族称。到了南宋，这种族称被广泛认同，逐渐固定下来。[②]这一切都表明，已汇聚到了赣闽粤边正在演化中的“畲民”，为客家人的形成准备了条件。

（二）北方汉族移民在赣闽粤边地区的汇聚

地处长江中游，交通便捷的江西，在唐中期“安史之乱”时，几乎没有受到战争的影响，基本上保持着安定的局面。于是便成为中原汉族移民迁徙的首选之地。当时，除洪州之外，其他如饶、信、吉、江等州，都接纳了大量的中原汉族移民。吴松弟在《中国移民史》第3卷中，曾根据新、旧《唐书》《全唐文》《唐代墓志资料汇编》等文献资料，对“安史之乱”期间北方移民迁入南方的情况，进行了较为全面的统计：“安史之乱”期间，有文献可征的北方移民迁入南方者，共133例，其中有25例分布在江西，占全部移民样本数的19%，仅次于江南地区（35%）。[③]随着赣中和赣北移民人口的不断南迁，赣南地区的人口大幅度增长。据《太平寰宇记》记载，北宋太平兴国年间（976—984年），赣南境内主客户合计85146，[④]差不多是元和年间户数的3倍。如果以每户平均5口计

① 但据谢重光所考，更早一些，北宋初年成书的《太平寰宇记》卷一五九云：“畭山，在（高要）县南九十里，上有砂夷人，语讹为畭。”方音中“畭”“砂”相通，也与“畬”“輋”相通；夷人犹如蛮獠或蛮夷，都是指非汉民族。所以颇疑“砂夷人”或“畭夷人”指的也是畲民，但尚不能确证，姑记于此存疑。转引自谢重光《客家形成发展史纲》，华南理工大学出版社2001年版，第185—186页。

② 谢重光：《客家形成发展史纲》，华南理工大学出版社2001年版，第150页。

③ 吴松弟：《中国移民史》第三卷，福建人民出版社1997年版，第291页。

④ （宋）乐史：《太平寰宇记》卷一〇八《江南西道六·虔州》。

算，总人口已超过420000，比唐代天宝年间的最高峰值尚多出150000人。还有的学者考察了江淮和江南、福建、岭南、川蜀若干州军在唐代元和年间及北宋太平兴国至端拱年间的户口数，在其统计的31州户口平均增长了117%，赣南则增长了224%，高出平均值107%，说明从唐后期至北宋初一百六七十年间，赣南的经济发展高于全国平均水平，人口比重也有了较大的提高。若做更具体一些分析，江南西路虔、洪、饶、吉、江、袁、信、抚八州的人口增长了93%，福、建、泉、漳、汀五州的人口增长了355%，而山南东道襄、邓、复、郢、唐、随、均、房八州的人口却下降至原来的41%。淮南道人口变化情况，因为《元和郡县志》淮南部分缺失而无法直接列表比较，但据学者研究，唐元和年间淮南道扬、和、楚、舒、庐、滁、寿七州的户口在38万至40万[①]，另据《太平寰宇记》所载，北宋太平兴国年间，与上述七州境域约略相当的扬、和、楚、舒、庐、滁、寿诸州及高邮、天长、建安诸军的户口总数为263422户，只及元和年间户数的66%左右。可见，自唐末至宋初，福建之路人口增长最快，江南西道次之[②]。

"安史之乱"之后至唐末五代，又是一个战乱年代，先是黄巢起义，继为五代纷争，战事频仍，兵戈相攘，人民为避兵焚战乱，又掀起了中国历史上中原和江淮汉族大规模迁徙的浪潮。这时涌入江西地区的北方姓氏，已经大大增多。据周建新研究，有许多谱牒材料可证明。如《崇正同人系谱》云：吉安萧氏，"至三十世孙萧觉，仕唐，值世乱，举族出逃，分居湖广及东西泰和、庐陵等县"。[③]《兴宁吴氏族谱》云：临川、南丰吴氏，"吾祖宣公，随父任，居蜀州……吾祖夫妇有深远之：虑，擎眷回籍，于后晋天福元年丙申……合家渡江，徙今江西抚州府临川县石井，留二叔经公居此，又与父经公、三叔绍公易居江西建昌府南丰县……时后汉乾佑元年戊申岁九月"。[④]《宁都城南富春孙氏族谱》云："始祖讳琍，乃唐中书舍人讳拙之子。唐僖宗中和三年，因黄巢之乱，充承宣使，引兵击闽越江右间，以功封东平侯，嗣略至虔化县，民皆安堵，父老遮道请留，

① 周东平：《唐代淮南道区划、人口考》，载《中国唐史学会论文集》，三秦出版社1989年版。

② 谢重光：《客家形成发展史纲》，华南理工大学出版社2001年版，第46页。

③ 赖际熙：《崇正同人系谱》卷一，香港崇正总会1995年影印本。

④ 《兴宁吴氏族谱》。

遂定居该县。”《宁都罗氏大成族谱》云：“黄巢作乱，我祖仪贞公，致仕隐居，因家吉丰，长子景新，徙赣州府宁都州。”此外，据罗勇先生的考察，这一时期迁入宁都的客家姓氏还有曾、宋、朱、黎、管、谭、古、崔、孙、李、刘、严、许、何、彭、王、徐等共21姓。迁入石城的更多，五代前邑内居民姓氏计有郑、吴、袁、杨、廖、何、白、黄、温、陈、刘、赖、李、王、张、许、邓、罗、谢、曾、周、朱、连、钱、方、赵、蔡、黎、官、巫、康、卢、冯、彭、邹、宋、江、余、程、范、崔、傅、徐、胡、高、熊、毕、钟共48姓。[①] 于是，赣南和闽西户口大盛，唐元和中（816—820年）有26260户。北宋太宗淳化元年（990年），从虔州析出南安军，两州军共领13县。至元丰年间（1018—1085年），在籍户口（主、客），南安军35799户，虔州98130户，两州军共计133929户，是唐元和中的5倍多。闽西，唐元和中有2618户。北宋淳化五年（994年），增设上杭、武平二县，共领4县。至元丰年，共有主客户81454户，是唐元和中的30多倍。赣南闽西两地元丰年间户数共计215383户。北宋末年，赣南人口继续增长。据崇宁元年（1102年）的统计，虔州有户272432户，南安军有37721户，两州军共记310159户（此时不见汀州的户口统计）。如果按每户5口计算，则此时赣南人口已经达到155万。如果加上接壤地汀州的人口，其数字当突破200万。[②]

更具有意义的是，古虔州城（今赣州）作为北方汉族移民经济文化中心城市的地位也初步确立。有宋一代，是虔州城历史上最为辉煌的时期，航运发达，商贸繁荣，其税收量是当时江西13个州军里最多的一个。在手工业方面，东郊的七里镇瓷窑，生产规模宏大，产量极高，其产品还远销到了日本和韩国等地。宋代赣州的造船业在全国也独占鳌头，最高年产量达650艘之多，日均几乎达到2艘。在城市建设方面，至今仍存的宋代赣州城修建了高大的砖城，并开辟了六条大街，章、贡两江架设了三座浮桥，城内八境台、郁孤台、拜将台等名胜古迹交相辉映，寺院内佛塔耸立，通天岩摩崖佛像栩栩如生。宋代的赣州，史称为中国30大州之一。宋代赣州城的繁荣，离不开北方汉族移民，即客家

---

① 罗勇：《论赣南在客家民系形成和发中的地位》，《赣南范学院学报》2001年第1期。

② 周建新：《江西客家》，广西师范大学出版社2007年版，第49页。

先民的辛勤劳动与艰苦奋斗。可见，赣南在客家族群的形成过程中具有摇篮的地位。[①]

与此同时，闽西南人口也有较大的增长。如汀州和漳州，唐元和时分别有2618户、1343户，到北宋太平兴国五年至端拱二年间，都增至23647户，增幅分别高达803%和1661%；这是汀、漳二州户口第一次大幅度增长。北宋太宗时期到神宗元丰时期，历时一百年左右，这两州的户口从23647户分别增至81454户和100469户，增幅达239%和325%，是为汀、漳二州户口的第二次大幅度增长。相对而言，在此一时期，漳州户口增长速度比汀州更大些。从北宋末至南宋中叶的宁宗庆元时期，又历时一百年左右，汀州户数从81454户增至218570户，增幅为168%，净增137116户，增加幅度也相当可观。

为此，谢重光认为，上述汀、漳二州历史上有三次户口增长，第一次经历了唐末、五代和宋初全国范围的社会动乱。中原和江淮的动乱与闽西南地区的相对安定，适足以驱使大批中原和江淮人民转徙而来，所以此次汀、漳二州户口猛增，且增幅之大空前绝后，是与外来移民的纷纷迁入紧密相关的。第二次增长处在承平时期，一百年间汀州户口增长2倍多，基本上属于人口正常的自然增长。而漳州户口增长3倍多，可能与徭人及莫徭的迁入有关。可以肯定的是，此一时期汀州虽然也接受了一部分外来移民，但数额不可能太多；漳州接受移民的数量可能多一些。第三次增长又处在两宋之交的社会大动荡时期。随着宋王朝的南渡，中原和江淮人民大规模南移，其中一部分远徙至赣闽粤交界区域，成为闽西南外来移民的来源。此时闽西南外来移民还有两个来源，一是部分原居住在赣中、赣南的人民，因当地人口压力加大，人口与土地的矛盾加剧而迁徙至闽西开基；二是来自荆湘地区的徭人、莫徭等畲族先民经由粤东迁到了闽南，所以汀、漳二州这一次户口增加，已不完全是汉族移民的迁入，也与畲族先民的迁入有关。[②]

另外，相对来说，粤东的北半部（即今以梅州市为中心的客家聚居区）开发较赣南、闽西为迟，尤其是属于宋、元梅州的境域，在唐代尚未设立州一级建制，只是潮州属下的程乡县，但自唐末至北宋元丰年间，

---

① 周建新：《江西客家》，广西师范大学出版社2007年版，第49页。

② 谢重光：《客家形成发展史纲》，华南理工大学出版社2001年版，第49—50页。

循、梅二州的户口也以惊人的速度增长。循州在唐元和时的户数约2809户，但到宋太平兴国年间，相当于唐代循州境域的循、惠二州，主客户总数已达8339户，增长了1.9倍；至神宗元丰年间，循、惠二州主客户总数更高达108213户，约为太平兴国时的12.98倍，二十多年间净增了99874户。梅州的户口，在唐代因为未独立成州，尚属潮州；到了宋代，太平兴国至端拱二年之间有1577户，元丰初增至12372户，净增10795户，增幅高达684%。可见，大量移民的到来，也成就了循、梅二州早期开发史的第一个高潮。①

为了证明北方汉族移民向赣闽粤边地的迁徙，谢重光还对谱牒进行了有针对性的分析，他的做法是：从各谱自叙的迁徙开基史中剔除其与迁入赣闽粤交界区域无关的部分，专就与赣闽粤交界区域有关的迁徙过程中析出"姓氏""谱牒自称之郡望或远祖居地""迁移年代""起程地""途经地""栖止地"六个事项，借以观察这些族姓向赣闽粤交界区域移植的时间、起讫地等情况。然后从罗香林先生所编《客家史料汇篇》、宁化客家研究会所编《宁化客家姓氏的由来及历史渊源》及其他可以见到的民间谱牒中，筛选出客家人78姓族谱、家谱提供的家族迁徙史，整理出总计156次迁徙情况。其中迁移年代一项，大致分为唐末以前、唐末五代宋初、宋代（含北宋和南宋）、两宋之际（含北宋末、南宋初）、宋末或宋元之际五类，统计的结果是唐末以前的迁徙为9次，占统计总数的5.8%；唐末五代宋初为49次，占31.4%；宋代为38次，占24.4%；两宋之际为20次，占12.8%；宋末（或宋元之际）为38次，占24.4%；另有不明时代者2次，占1.3%。上述五个阶段迁徙族次，在统计总迁徙族次中的比例顺序应为：一为唐末五代宋初；二为宋元之际；三为两宋之际；四为北宋及南宋承平时期；五为唐末以前。② 在唐宋时期，赣南接受移民的高潮依次为唐末、五代、宋初、两宋之际、唐末以前（主要是"安史之乱"以后）；闽西接受移民的高潮依次为唐末、五代、宋初、宋代（主要指北宋中叶前后与南宋中叶前后）、宋元之际；粤东接受移民最

---

① 谢重光：《客家形成发展史纲》，华南理工大学出版社2001年版，第50页。

② 参见谢重光《客家源流新探》，福建教育出版社1995年版，第57—72页，"唐宋时期客家先民向赣闽粤交界区域迁移表"及相关分析。按有的姓氏的不同族别迁徙情况不同，有的同一宗族或家族在不同时期有过多次迁徙，包括进入赣闽粤三角区之后的内部迁徙，例如从赣南迁闽西，从闽西迁粤东北，从此县迁彼县等，故78姓总计156次迁徙。

多的是宋元之际，唐末至宋初及承平时次之。[1]

再从县级行政建置来看，五代时期，赣南境内先后设置了上犹、瑞金、龙南和石城4县。这4个县的地理位置都处在边远的山岭地带，县级建置的骤然增加，既是人口增长的结果，也是区域开发规模扩大的反映。闽西地区在唐代中期正式设立行政建置。开元十三年（725年），原建州府属的黄连镇，被升格为黄连县（即后来的宁化县）。开元二十一年（733年），[2] 闽西出现了州级行政建制——汀州。《元和郡县志》卷20《江南道五》对此有详细的记载：开元二十一年（733年），福州长史唐循忠于潮州北、广州东、福建西光龙洞，检得诸州避役百姓共三千余户奏置汀州，因长汀溪以为名。管县有三：长汀、沙、宁化。至唐末五代战乱之时，汀州与赣南一样，地处万山之中，崇冈复岭，深溪窈谷，于是，江西中北部的逃难人口也大量迁入汀州。新编《长汀县志》云："唐开元二十一年，汀州居民主要是各州避役百姓3000多户，其中有钟姓居民是从江西经宁化石壁村迁来（长汀）白石村。唐末……大量人民避乱迁来长汀，逐渐形成村落""他们大部分是从江西的北部，少部分从浙江西部迁来。"[3] 又据新编《宁化县志》统计，唐末五代时期，迁入宁化境内的移民个案有文献可征者共24例，其中，来自江西地区的移民共有7例（其中除赣南1例外，其余均来自赣北和赣中地区），[4] 占总数的29%以上。如果按宁化境内的情况进行推算，那么，在这次人口重建过程中，来自赣北和赣中的移民，几乎占了全部移民总数的30%。伴随着大量移民的到来，闽西境内的人口从五代开始便呈现出大规模增长的态势，到了北宋初的太平兴国年间，汀州已有24000余户居民，[5] 是唐代元和年间的9倍。

---

① 谢重光：《客家形成发展史纲》，华南理工大学出版社2001年版，第53页。

② 关于汀州建置的时间，史书记载不一。《元和郡县志》记为开元二十一年，《旧唐书·地理志》则刊记为开元二十四年，而《通典·州郡》和《太平御览·州郡部》又记为开元二十六年。南宋人王象之在《舆地纪胜》卷一三二《汀州部》中认为，开元二十一年始议建州，二十四年正式建州，二十六年再分他郡之地以益州，故而"三者所书虽有不同，大率不过置郡之一节耳"。转引自王东《那方山水那方人：客家源流新说》，华东师范大学出版社2007年版，第119页。

③ 长汀县志编纂委员会编：《长汀县志》，生活·读书·新知三联书店1993年版，第105、95页。

④ 宁化县志编纂委员会编：《宁化县志》，福建人民出版社1992年版，第138—142页。

⑤ （宋）乐史：《太平寰宇记》卷一〇二《江南东道十四·汀州》。

如果以每户5口计算，总人口已达120000之众。

这样，从历史文献和民间文献中的户口资料、客属谱牒资料、州县增置诸方面，对客家先民在唐宋时期向赣闽粤边区域北方汉族移民的情况进行了综合分析，可见，自唐中叶至宋末，在赣闽粤边广袤山区，有过五次大量接受外来移民的阶段，按时间顺序分别是唐中后期（主要在“安史之乱”后）、唐末五代宋初、两宋承平时期、两宋之际、宋元之际。其中唐中后期主要是移民至赣南，宋元之际主要是移民至粤东，三个片区共同的移民高潮应是唐末五代宋初、两宋之际、北宋及南宋的承平时期。[①] 北方汉族移民也已汇聚到了赣闽粤边地区，为客家人的形成准备了条件。

总之，唐末在黄巢农民起义的影响之下，赣南经历了一次声势巨大的人口重建式移民。一方面，来自赣中和赣北的南下移民，彻底地改变了唐中期以前赣南境内的人口格局；另一方面，部分原先居住在赣南的居民，也随同北方南下的移民一起，向闽西山区迁移。经过这次人口的迁徙重建之后，来自赣北和赣中的移民及其后裔，开始成为赣南人口格局中的主体部分。这样，由于唐末五代时期，江西中北部避乱人口的大量涌入，赣南和闽西都经历了一个人口结构的重大调整过程，从而导致赣南人口的地理格局发生了重大的变化，即原先主要分布在赣南中北部平原、盆地和河谷地带的人口，开始向东部的武夷山麓、南面的九连山以及西部的诸广山山区迁移。这种人口格局的变化，与正在演进中的畲族形成交错互动之势，客家人形成的基础已经奠定。

二　宋明：客家人的形成期

客家人形成的序幕在唐宋拉开，正剧则在宋明演出。在此所言的“宋”是有区别的，唐宋之“宋”专指北宋，宋明之“宋”专指南宋。

任何族群的孕育形成和出现，往往都是不与称呼的确定发生在同一时间的。族群的孕育、形成，是一定时间中客观存在的产物，很快会被人发觉和承认，出现相对较早；而名称的确定，则需先行有个始呼（即由别人呼称，亦即他称），然后再经自身同意、首诺（即自称）这样一个发展过程，因此，名称的确定往往相对较晚。客家人形成在宋元之际，有一段文献史料透漏出一个很重要的信息。元代编修的《元一统

---

① 谢重光：《客家形成发展史纲》，华南理工大学出版社2001年版，第54页。

志》记载：

> （汀州路）山深林密，岩谷阻窈。四境椎埋顽狠之徒，党与相聚，声势相犄，负固保险，动以千百计，号为畲民。时或弄兵，相挺而起，民被其害，官被其扰。盖皆江右广南游手失业之民逋逃于此，渐染成习。此数十年间，此风方炽，古岂有是哉？
>
> 武平南抵循、梅，西连章贡。篁竹之乡，烟岚之地，往往为江广界上逋逃者之所据。或曰长甲，或曰某寨，或曰畲洞。少不如意，则弱肉强食，相挺而起。税之田产，为所占据而不输官。[①]

这段史料，据王东分析："畲"或"畲民"，在南宋人刘克庄的《漳州谕畲》一文中，原本是用以指代生活在闽西南和粤东北一带苗瑶语族族群的专称。但是，到了《元一统志》中，所谓"畲民"，已包括"江右广南游手失业之人"和"江广界上逋逃者"，"畲民"之称显然已经被相当泛化的理解。而所谓"江右广南游手失业之人"和"江广界上逋逃者"，应该是指赣闽粤边的汉族。这一微妙变化，正是南宋以来赣闽粤边地区族群融合进程的折射。这一事实表明，最迟在《元一统志》的编修时代，[②] 原先生活在赣闽粤边的畲族，已与当地的汉族融合成为一个整体，成为赣闽粤边地区居民共同体的一个重要组成部分[③]，这个族群就是客家人。

赣闽粤边地区客家人形成的契机，是北宋末靖康之乱以后的北方汉族人口的大规模南迁，清代中期的徐旭曾在《丰湖杂志》中说：

> 今日之客人，其先乃宋之中原衣冠旧族，忠义之后也。自徽、钦北狩，高宗南渡，故家世胄，先后由中州山左，越淮渡江而从之，寄居各地。迨元兵大举南下，宋帝辗转播迁，南来岭表，不但故家世胄，即百姓亦多举族相随。有由浙而闽沿海至粤者，有由湘

① 《永乐大典》卷七八九〇"汀"部引《元一统志》。转引自王东《那方山水那方人：客家源流新说》，华东师范大学出版社2007年版，第232页。

② 《元一统志》于至元二十三年（1286年）年开始编修，三十一年（1294年）成书，大德七年（1303年）续修。

③ 王东：《那方山水那方人：客家源流新说》，华东师范大学出版社2007年版，第232页。

逾岭至粤者。……天不祚宋，国运终遂，其随帝南来历万死而一生之遗民，固犹到处皆是也。……西起大庾，东至闽汀，纵横蜿蜒，山之南，山之北，皆属之。……所居既定，各就其地，各治其事，披荆斩棘，筑室垦田，种之植之，耕之获之，兴利除害，休养生息。曾几何时，遂成一种风气矣。粤之土人称该地之人为客，该地之亦自称为客人。[①]

对客家人素有研究的王东，经过细心的扒疏和分析了大量史料后证明：在南宋时期赣南和闽西的人口增长过程中，来自赣北和赣中的移民在其中起了关键性的作用。靖康之乱以后，江西的中北部一带由于地当要冲，屡经战火，故而造成大批的人口流亡。建炎三年（1129 年），南宋朝廷和皇室被迫分成两支，一支由隆祐太后率领进入江西，另一支由赵构率领，向浙东转移。这年 7 月，隆祐太后率六宫迁往江西，不久即到达洪州（今南昌）。金人闻讯后，随即派兵渡江，攻打洪州。年底，金兵攻破洪州，“杀城中老小七万余人”。[②] 隆祐一行急忙溯赣江而逃，进入虔州。金军尾随追击，直至太和县（今泰和县）境而止。直至次年 8 月，隆祐才返回两浙。金兵的这次追击，波及赣北和赣中的广大区域。兵火波及之地，百姓闻风而逃。南宋时期的杨万里就曾说：“豫章自建炎兵余，民多死徙。”[③] 曾丰也曾指出，洪州经建炎兵火，人口损失极为惨重，直到绍兴末年，“始复太平之旧”。[④] 经过一连串的兵火，洪州辖境的“分宁、奉新等县，人户所存，才有十之三四，其余县分号为多处，不过十之六七”[⑤]。凡此等等，都充分表明，南宋初年的江西中北部一带，曾产生了相当规模的逃亡人口。

正是鉴于南宋初年江西中北部一带人口严重耗减的情况，北宋崇宁年

---

① （清）徐旭曾：《丰湖杂记》。转引自刘佐泉《客家史料撷英》，载台湾中央大学客家研究中心编《客家文化研究通讯》2001 年第 4 期，第 126 页。转引自王东《那方山水那方人：客家源流新说》，华东师范大学出版社 2007 年版，第 167 页。

② （宋）赵鼎：《忠正德文集》卷七《建炎笔录》。

③ （宋）杨万里：《诚斋集》卷一一九《张奭行状》。

④ （宋）曾丰：《缘督集》卷十七《隆兴府纂修图经序》。

⑤ （宋）李纲：《梁溪集》卷九六《准省札催诸州军起发大军米奏状》。

间，江西6州4军有171万余户，[①] 扣除赣南境内虔州和南安军的31万户，尚有140万户。以每户5口计，中北部的人口规模超过700万。按耗减一半计算，损失的人口在350万以上。假定在耗减的350多万人口中，有一半死于兵荒马乱或被金人掳去，其余的170多万人口，应该逃亡到周边地区。地处十万大山之中的赣南和闽西，距离赣中北一带不远，因此，应该是他们逃生的理想之地。于是，王东推测，假定在这170多万的逃亡人口中，有三分之一迁入赣南和闽西，其总体规模就已超过50万。

王东进一步论证，有资料显示，在赣中北一带的人口耗减与赣南、闽西两地的人内激增之间，的确存在着某种内在的关联。先来看看赣南的情况。两宋交替之际，赣南也曾像赣中北地区那样，人口也一度大幅度下降。但是，绍兴末年，随着南宋朝廷对赣南一带控制的加强，当地的局面也有所好。据《宋史·高宗纪八》记载：绍兴二十三年（1153年），“二月庚午，脔虔州军贼黄明等八人于都市。……癸未，赏平赣盗功”。随着局势的稳定，赣州境内的户口很快便得以恢复，并开始进入快速的增长期。从绍兴中到淳熙中的三十余年间，赣州的户数净增长17万多，年均增长率超过25%，高于全国同期年均增长率的几十倍。

同样，闽西这一时期的人口增长，其主要动力也是来自赣中和赣北的移民。江西与福建在地缘上互为毗邻，虽有武夷山的阻隔，但相邻的隘口甚多。赣东北及赣东一带的移民，沿武夷山南下，进入闽西之后，主要分布在武夷山南段东侧的宁化、清流、长汀、武平和上杭一线。据民国《上杭县志》的调查，该县的丁氏、包氏、周氏、姜氏和温氏等大姓，都是在南宋时期由江西迁入的。[②]

南宋初年江西中北部一带移民向赣南和闽西的集中迁移，对客家人的形成而言，具有非同寻常的意义。

首先，大量移民的进入，不仅壮大了赣南和闽西境内的人口规模，而且保证了汉族移民人口对苗瑶语族族群人口的绝对优势，从而巩固了汉族移民的地位。到了南宋中期，赣南和闽西的总户数已超过50万，以每户5口计，总人口已超过250万。无论是就总体的人口规模，还是就人口分

---

① 《宋史·地理四》。

② 民国《上杭县志》卷八《氏族》。

布的密度来看，赣南和闽西都已彻底地改变了北宋时期“地广人稀”的局面。人口的快速发展不仅促进了赣南和闽西山区的进一步开发，而且还有力地推动了区域间的经济联系。此后，迫于内部日益膨胀的人口压力，赣南和闽西遂开始了向粤东北地区转移人口。

其次，伴随着人口转移而来的，则是客家话在脱离中原、江淮汉语的演变轨迹独自发展变化的过程中，逐步吸收了赣闽粤边山区土著的语言和文化，宋人陈一新《跋赡学田记》曰：“闽有八郡，汀邻五岭。然风声气习颇类中州。”① 而刘克庄一首咏漳州风物的诗则曰：“庵远人稀行未休，风烟绝不类中州。何须更问明朝路，才出南门极目愁。”② 这两则记载，都就风俗语言立论，一说汀州颇类中州，一说漳州绝不类中州，可见在当时人的眼中，汀、漳两州虽然境土相连，方言和文化面貌却迥然不同。当时还有一首题为《过汀州》的诗曰：“荒山无寸木，古道少人行。地势西连广，方音北异闽。闾阎参卒伍，城垒半荆榛。万里瞻天远，常嗟梗化民。”③ 此诗所言“方音北异闽”，是说汀州方言与福建其他各个州军的语言都不同。可见南宋时汀州在语言、风俗和社会文化心理上迥异于福建其他州郡，而与粤东之西北部地区的语言相近。《永乐大典》卷5343“风俗形胜”引《图经志》云：“潮之分域隶于广，实古闽越地。其言语嗜欲与闽之下四州颇类，广、惠、梅、循操土音以与语，则大半不能译。惟惠之海丰于潮为近，语音不殊。至潮梅之间，其声习俗又与梅阳之人等。”故周振鹤在《客家源流异说》中说：“于汀州一带则和赣南、梅州方言一致，故云其杂虔、岭之声。则明朝时客方言的分布已很明确。”④ 而且“现代汉语方言区和次方言区的界线，有一大部分是跟南宋时代的一级或二级政区的界线是相重合的。这是因为宋代政区划界时已考虑到人文地理的因素，而方言地理是人文的主要内容之一；又因为现代南方方言的地理分布的格局至南宋时已基本形成，后世改变很少”。⑤ 可见，客家人形成的主要标志，即客家语与福佬闽南语形成犄角之势，也就在南宋之时。

① 《舆地纪胜》卷一三一引。

② 《后村先生大全集》卷十五。

③ 《永乐大典》卷七八九五“题咏”引《漫游集》。

④ 周振鹤：《客家源流异说》，《学术月刊》1996年第3期。

⑤ 周振鹤、游汝杰：《方言与中国文化》，上海人民出版社1991年版，第93页。

其三，在宋末元初汀、赣人口的大规模迁徙的过程中，粤东北地区所接纳的逃亡人口最为集中，对客家人的最后形成产生了重要的影响。据光绪《嘉应州志》记载："元世祖至元十四年（即南宋景炎二年，1277 年），文信国引兵出江西，沿途招集义兵，所向响应，相传梅民之从者极众。至兵败后，所遗余孑只杨、古、卜三姓，地为之墟。闽之邻粤者相率迁移来梅，大约以宁化为最多。所有戚友询其先世，皆宁化石壁乡人。"[①] 除汀州的移民之外，"其间亦有由赣州来者"。[②] 近人赖际熙在通过族谱追溯梅州地区的人口源流时也发现："梅州民族，当宋末元初，曾经一度更嬗，更能为今之繁盛者，殆由元、明以来始再从汀、赣二州源源而至。"[③] 所谓"一度更嬗"，就是人口重建。吴松弟在《中国移民史》中曾对广东 209 个客家氏族的家谱进行过统计分析：在这 209 个客家氏族中，称南宋末迁入的有 17 族，称宋元之际迁入的有 7 族，称元代迁入的有 38 族，三者合计共 62 族，占已知迁入时间的 134 族中的 46.3%。在宋末和元代迁入的 62 个氏族中，28 族迁自汀州的宁化，12 族迁自汀州的其他县，两者合计占迁入族总数的 65%；3 族迁自赣州，1 族来自北方，另有 18 族迁自南方的其他地区。由此可知，"今（广东）客家人的祖先主要是在宋元之际和元代这八九十年中迁入广东，正是这些氏族对广东客家的形成和发展产生重大影响"。[④] 这些家族在迁入广东以后，主要分布在梅州和循州一带，也就是今天的梅县（17 族）及其周围的兴宁、五华、大埔、蕉岭、平远等县，共 42 族，占已知迁入地的 55 族中的 76.40%。"广东的客家人以这些县为主要生活地区，并不断以从汀、赣等地后新迁来的客家人为补充，逐步向其他地区发展"。[⑤] 因此，有学者认为：南宋以降汀、赣人口向粤东北一带的迁移，是区域社会形成和发展过程中的一个具有标志性意义的事件。汀、赣人口在短时期内的大规模迁入，从根本上改变了梅州和循州一带的居民格局，同时也改变了当地的语言和文化传统。经过这次人口重建，梅州和循州一带的语言，与赣南和闽西地区的语言越来越

① 光绪《嘉应州志》卷三二《丛谈》。

② 光绪《嘉应州志》卷七《方言》。

③ 赖际熙：《崇正同仁系谱》卷一《源流》，香港崇正总会 1995 年影印本。

④ 吴松弟：《中国移民史》第四卷，福建人民出版社 1997 年版，第 188 页。

⑤ 同上书，第 190 页。

近。[1] 可见，宋元之际，客家话就是在这个具有内在一致性或同质性的社会文化单元之中孕育而成。

对于形成时间，历来众说纷纭，罗香林认为“客家这系统的形成，大体在五代至宋初。”[2] 吴松弟则提出了“宋末开始形成客家民系”之说。[3] 而陈支平却认为客家人形成于“明中叶以后”[4]。

任何事物的形成都有一个过程，客家人作为一个具有鲜明人文特征的族群，他们的形成也不是一蹴而就的，大体上分为两个阶段。

（一）宋元为客家人形成的第一个阶段

从南宋初年开始，因战乱而南迁的北方汉族大批涌入赣南的赣州、建昌军，以及与之相毗邻的闽西的汀州，使得这些地方的人口数量激增。据嘉靖《赣州府志》卷四记载，高宗绍兴年间赣州有近12.1万户，孝宗淳熙年间已有29.3万户，年平均增长率达25.6‰，高于全国年平均增长率几十倍。[5] 汀州在孝宗隆兴二年（1164年）户数为174517，较元丰年间增加了9.3万户，年平均增长率达9.1%。[6] 此外，南宋初期江南和赣北平原地区大乱，不少北方移民也纷纷迁入赣、汀二州避乱，高宗时迁入的李明、晁端规、周虎臣便是这批北方移民的代表。[7] 而且绍兴以后，赣、汀二州又是南宋政府安排自金朝南迁的归明人和归正人的地区之一，据统计，前后迁入汀州的宗子有5人。[8] 元灭宋后，赣、汀二州又是文天祥部众抗击元军的根据地，坚持了两年在此地失败后不少人亦定居于此。[9] 所有这些自西晋以来尤其是宋元时迁入赣、汀二州的北方汉族移民，他们在群山耸立，环境闭塞的赣南和闽西这个摇篮里，积淀下了宋元时期汉族的

---

① 王东：《那方山水那方人：客家源流新说》，华东师范大学出版社2007年版，第194页。

② 罗香林的《客家源流考》，1950年首次发表于《香港崇正总会三十周年纪念刊》。1989年由张卫东、王洪友主编的《客家研究第一集》全文收入，见同济大学出版社1989年版，第46页。

③ 吴松弟：《中国移民史》第四卷，福建人民出版社1997年版，第364页。

④ 陈支平：《客家源流新论》，广西教育出版社1997年版，第136页。

⑤ 因资料缺乏，建昌军在南宋初年的人口情况无法统计，但据《宋史·地理志》所记，绍兴八年（1138年）建昌军析置新城县（合黎川）和广昌县可证其人口激增。

⑥ 据《郡县志》和《临汀志》，载《永乐大典》卷七八九〇“汀”字。

⑦ 《永乐大典》卷七八九四，“汀”字；周必大：《文忠集》卷五十五；李心传：《建炎以来朝野杂记》甲集卷十八《殿前司左翼车》。

⑧ 《永乐大典》卷七八九四，“汀”字。

⑨ 参阅《宋史·文天祥传》。

语言，形成客家话。据李新魁研究，客家话接近元代周德清的《中原音韵》，反映了南宋末和元代的基本语言面貌。[①] 宋元之际客家话的形成，作为一个族群边界的标志，使赣南、闽西和粤东北终于从三个原本独立的地理空间，转而演变成为一个具有内在一致性的汉族族群——客家人。

（二）明代为客家人形成的第二阶段

在元末明初天灾和人祸并至的动乱年代，明初的洪武大移民中迁入赣、汀的北方汉族移民不断增加，使得这一区域本来就比较恶劣的自然环境和生产条件难以承载，于是赣、汀二州操客家话的人，就向毗邻的人口较稀少而土地又较多的粤东、粤北迁徙。明中叶成化年间，梅州已是“流移错杂，盖客户愈盛”[②]，迁入者以赣、闽两地为主。嘉靖年间，永安县（合紫金）“山谷中多良田，流民杂居”[③]，迁入者亦多来自江西、福建；和平县建县时，即有来自操客家音的福建人。南雄府从洪武、永乐到宣德、成化年间，数任知事、通判都“徕流移，辟荒地”。永乐年间归籍人口达数万人[④]，始兴一县，江西人竟占了当地人口的一半，而福建人则占了20%。[⑤] 韶州府正统年间已是“主户少而客户多”。客户被准予“占籍编入户册”[⑥]，而占籍者多为“江、楚、闽门之民”[⑦]。由此可见，赣、汀二州操客家语的人在明代大量迁入粤北、粤东，并在梅州形成了一个聚居区。

明代中叶，赣闽粤边地区大多已得到开发，地狭人稠的矛盾开始突出，相对过剩的人口不得不向山区迁移，于是今福建永定、平和二县境，今广东平远、和平县境，以及赣南甚至赣中的山区，即大帽山和九连山的大山区，都汇聚了大量流民。他们辛勤地披荆斩棘，“砍山耕活”。[⑧] 这些移民，与当地土著难免有争地和分摊赋税等方面的矛盾，发生纠纷时亦难免有械斗、“流劫”等事情的出现，因而被冠以“盗”“贼”“流寇”等

① 李新魁：《广东的方言》，广东人民出版社1994年版，第468—469页。
② 光绪《嘉名州志》卷八《礼俗》。
③ 《永安县三志》卷末《邑事》。
④ 道光《广东通志》卷二四八。
⑤ 《古今图书集成》卷一三二三（南雄府风俗）。
⑥ 道光《广东通志》卷二四八《滕员传》。
⑦ 《古今图书集成》卷一三二〇《韶州府纪事》。
⑧ 《王文成公全书》卷十《立崇义县治疏》。

恶名，在一般情况下，仍以“侨寓”“山民”“山野子”“棚民”等特殊名称，与土著相区别。官府对于这类移民，要设法招抚，故有“抚民”之称，在政策上要给予“抚民”一些特殊的待遇，则又有“新民”之谓。史书中不仅记载了当时官府曾设“抚民通判”“抚民馆”负责对他们的招抚工作，为权宜之术①，而且又常把抚民称为新民，如《安远县志》卷六之三《名宦》云：“李多祚，灭可久，石首人，由乡举，嘉靖壬戌（四十一年，1562 年）任。时三巢构乱，伯洪、大石、小石三堡俱被胁从贼，而腰古、丹竹楼等堡，又皆招抚新民。公调度有方，驾驭得体，乡勇效力，而新民协心。故下沥之役，独当一面，擒叛、招降，类以千计，寇遂平。而三堡流移者，亦尽归业。”

当时新民的成分比较复杂，有客家人，也有畲族，在赣南比较普遍。如上犹等县“横水、左溪、长流、桶冈、关田、鸡湖等处贼巢，共计八十余处，界乎三县（南康、大余、上犹）之中，东西南北相去三百余里，号令不及，人迹罕至。其初輋贼原系广东流来，先年奉巡抚都御史金铎令安插于此，不过砍山耕活，年深日久，生长日蕃，羽翼渐多。”② 石城“邑山谷绵旷，类邻境畲民杂佃其间。”③ 这些“輋贼”“輋民”“山民”“山野子”等，是“抚民”“新民”中的畲族部分，他们在赣南各地的“新民”中占了相当大的比重，这是一方面。

另一方面，“新民”的另一部分是赣闽粤边地区内部迁移的汉人，如史云：“照得安仁余干各有梗化顽民数千余家，近住东乡，逃避山泽，沮逆王化，已将数年。”④ 又如英德县“明初地少居人，至成化间多有自闽及江右来入籍者，习尚一本故乡，与粤俗差异”⑤。再如“曲江土著民籍，多来自赣闽。远在明代，近在国初，殆十而八九。虽侯、张、刘、余诸望族子孙散处每村落，鲜及二百户。其余以客族为土著者，亦少大村落焉”。⑥还如南雄府万历年间“客浮于主，至有强壮盈室而不入版图者矣”⑦。

---

① 《天下郡国利病书》卷七《福建：闽中分处郡县议》。

② 《王文成公全书》卷十《立崇义县治疏》。

③ 《宁都直隶州志》卷三一，“艺文”三，熊懋官《尹邑侯去思碑》，道光四年刊本。

④ 《明经世文编》卷一三二《王文成公文集三·巡抚江西牌行抚州府晓谕安仁余干顽民》。

⑤ 清光绪二年重修的《韶州府志》卷十引《英德县志》。

⑥ 梁朝俊等编纂的《曲江乡土志》“历史门”。

⑦ 万历十四年知府周保奏议，见乾隆《保昌县志》卷四“田赋”。

这样，包括畲民和汉人在内的新民的出现，反映了北方汉族移民与百越及苗瑶语族族群在赣闽粤边地区长期接触、互动、磨合、整合的情况。

俗话说，不是不报，时候未到。时候一到，一切都报。这种族群与族群之间的互动、磨合和整合，一旦时候已到，即会发生质的变化，那就是族群与族群之间的融合，新民就是畲汉融合的成果。谢重光对畲汉的融合有一个正确的评价，他说："对于新民中的畲民来说，这无疑是加速其汉化的催化剂，对于新民中的汉人——他们可能本来已是客家人——来说，则使他们在新居地有了生业，有了与土著同样的法律地位，从此安分守己，与人居的畲民融而为一，一起成了新居地的新客家人。……原来是畲族基本住地的赣闽粤交界地区，如今几乎清一色是客家人的住区，只能找到少数畲族聚居小区，有人把这完全归于畲族的外迁，我们认为更重要的因素应是畲民大部分转化为客家人了。"①

就是在赣、汀汉畲融合之后，以新民人的族群身份大量进入粤东、粤北的这种形势下，势不可免地要与粤南的汉民发生冲突。据陈支平先生研究，"十六、十七世纪之交，粤东的居民向西南迁移，进入广东南部的海丰、归善地区，继而博罗及广州府北部，于是，当地居民与移民的摩擦冲突不断出现，并且爆发了许多次大规模的械斗冲突。随着这种冲突的出现，原先广东南部的当地居民，蔑称外来移民为'客民'。也正是大约在此期间，'客家'这一名词开始出现，并逐渐在地方和政府的文献中引用。"②

由此可见，"客家"名称是明中叶出现的，开始是作为他称而出现的，但是随着官方的使用，加上在族群冲突中族群自我意识的强化，"客家"之称遂得到了其自身的认同而演化成了自称。这时，也只有在这时，由于"客家"名称的出现，才标志着客家人的最后形成。

综上所述，客家人的形成始于宋元，形成于明代中叶。

但是，在客家人的族群认同中，客家人形成的标志却是对"葛藤坑"的记忆：

> 在昔，黄巢造反，隔山摇剑，动辄杀人。时有贤妇、挈男孩二人，出外逃难，路遇黄巢。怪其负年长者于背，而反携幼者以并行，

① 谢重光：《客家形成发展史纲》，华南理工大学出版社2001年版，第258页。

② 陈支平：《客家源流新论》，广西教育出版社1997年版，第135页。

因叩其故。妇人不知所遇即黄巢也，对曰：闻黄造反，到处杀人，旦夕且至。长者先兄遗孤，父母双亡，惧为贼人所获，至断血食，故负于背；幼者固吾生子，不敢置侄而负之，故携行也。巢嘉其贤，因慰之曰：毋恐！巢等邪乱，惊葛藤，速归家，取葛藤悬门首，巢兵至，不厮杀矣。妇人归，急于所居山坑径口，盛挂葛藤。巢兵过，皆以巢曾命勿杀悬葛藤者，悉不敢入，一坑男子，因得不死。后人遂称其地曰葛藤坑，今日各地客家，其先，皆葛藤坑居民。[①]

客家研究的开拓者罗香林在他的《客家源流考》中，记录了这个追溯到了两宋前的唐代末年的“葛藤坑”传说。这个“葛藤坑”是有据可考的，在众多的客家人家谱记载中，它位于福建的宁化石壁村。但是，当年黄巢造反，并未经过那个地方。这怎么解读呢？其实“葛藤坑”传说如同洪洞大槐树[②]一样是闻名海内外的明代迁民遗址，是千百万大槐树移民后裔“根”的所在；也如同南雄珠玑巷一样，是广府人后裔“根”的记忆，它是一个族群认同的象征。如果说客家话的形成和客家族称的确立是客家人形成的学术标志，那么它是理性的；而“葛藤坑”传说则是客家人形成的象征标志，它是感性的。

第三节　客家人的发展

宋元时期形成的客家人具有极强的生命力。明中叶之后至清代之际，客家人迅速地进入了发展期。客家人的迁徙发展有两条路线，一是在国内发展的路线，二是向海外迁徙发展的路线。

一　客家人在国内迁徙发展的路线

明清之交客家人的发展路线，基本上是自闽粤迁入赣南地区。这些倒迁入赣的客家人，石城、瑞金一带称之为“客纲”，上犹、崇义一带称之为“棚”。因他们来自闽西、粤东各地，因此后来又被赣南“本地人”称

---

① 罗香林：《客家源流考》，载《崇正总会30周年纪念特刊》，香港崇正总会1950年版，第38页。

② 洪洞大槐树是闻名海内外的明代移民遗址，是千百万大槐树移民后裔“根”的所在。

为“客籍人”。而且，闽粤客家回迁入赣后，再北上进至赣中之吉安，赣西之安福、宜春、萍乡、万载及湘之醴陵、浏阳、平江，再北至赣之铜鼓、修水等县，大大扩展了客家人的分布区域。①

清代中叶之后，在赣闽粤边地区社会与文化的发展进程中，出现了一个十分显著的变化，即原先一直作为移民接纳地的赣闽粤边地区，从这一时期开始成为人口的输出地，客家人开始离散四方，开始了在国内的迁徙发展，其规模越来越大，迁移的距离越来越远。从赣闽粤边地区走的赣西北、浙南山区、广东中南部地区，甚至远徙至四川和台湾等地。

（一）客家人在赣闽浙的迁徙路线

从清代前期开始的赣闽粤边地区大规模对外人口大迁徙的移民潮，一直延续到19世纪中叶。在这场持续两个多世纪的族群迁徙中，赣闽粤边地区的人口输出一直以闽西和粤东北为主，赣南虽然也有零星的人口输出，但主要还是作为闽粤移民人口的接纳地而存在的。

在福建东南沿海一带经济发展所形成的巨大牵引力作用之下，闽西的客家移民在向闽南一带迁移的同时，也在向延平、兴化、福州等府的边远山区迁移。随着周边市场对蓝靛和油茶等需求的日益增强，闽南和闽东一带的富商大贾开始把资金投向闽中和闽东的山区。在大清乾隆时期，就有漳州人王凤于嘉靖后期去永福租山种菁的记载，《永福县志》云：“嘉靖四十年，漳人王凤以种菁失利，聚众据二十八都为乱。……不旬日至数千人，……西北诸都残毁萧然。”② 可见规模之大。这样，久而久之，迁居闽中和闽东一带的客家人遂越来越多。在闽中的延平府一带，早在嘉靖后期，就有客家移民前来垦山种植。民国《南平县志》引旧志云：明嘉靖至万历年间，在该县山区，“依山傍谷，诛茅缚屋而居，曰棚民。携山禾、芋、桐、茶、衫、漆、靛、苎、番薯之种，挈眷而来，披荆棘，驱狐狸种之，率皆汀泉漳永之民。”③

在闽东福州府一带的山区，客家移民的数量也不少。以福州府属的永福县（今永泰县）为例，乾隆《永福县志》云：“永邑皆山田，火耕水耨，陇莳崖锄，用力勤矣。……至若穷冈邃谷，多漳（州）、泉（州）、

① 周建新：《江西客家》，广西师范大学出版社2007年版，第52页。

② 乾隆《永福县志》卷十《杂事》。引旧志。

③ 民国《南平县志》卷十一《礼俗》。

延（平）、汀（州）之氓，种畲栽菁，伐山采木，其利乃倍于田，故永多客氓，黜而为党，凌揉土著，岁侵，揭竿而呼者，皆客氓也。”①

在福建东北部的福宁州一带，也有闽西客家移民的足迹。万历《福宁州志》云：“漳、汀流寓之民，辟地种菁，弥漫山谷，客倍于主，米价腾涌。”② 除种植蓝靛之外，闽西的客家移民还在宁德境内从事开矿、冶银等活动。嘉靖《宁德县志》云：宁德县境内，“外郡无籍顽民，往往聚集群众，偷矿煎银，甚至肆为敌官兵，杀伤人命，殃及无辜”。③ 这里所谓的“无籍顽民”，大多数是来自汀江流域的客家移民。④

浙江南部一带的丽水、云和、遂昌等县以及温州府的泰顺等县，这一时期也有闽西客家移民的活动。⑤ 他们在浙南山区的活动，开启了清代早中期浙江境内“棚民”运动的先河。⑥

（二）客家人在岭南及珠江三角洲的迁徙路线

客家人向珠江三角洲的迁徙始于明中叶，明嘉靖二十七年（1548年）的《香山县志》“风俗”篇云：“其调十里而殊，故有客语，有东语。客话自城内外及恭常之半为一，通于四境。”客家人的迁移途径，一是闽粤客家回迁赣南；二是粤东客家从程乡、长乐一带山区移动到海丰、归善乃至珠江三角洲一带。及至清前期，闽西的客家移民在向福建东南沿海一带迁移的同时，还在向地处岭南的潮州府和惠州府等地迁移。这些客家移民主要充当矿工，《宋史·食货志七》云：“潮、梅、汀、赣四州之奸民居

---

① 乾隆《永福县志》卷一《风俗》。

② 万历《福宁州志》卷二《舆地志下·风俗》。

③ 嘉靖《宁德县志》卷四《遗事》。

④ 王东：《那方山水那方人：客家源流新说》，华东师范大学出版社2007年版，第299页。

⑤ 据梁肇庭的研究，见 Sow - Theng Leong, *Migration and Ethnicity in Chinese history, Hakkas, Pengmin and Their Neighbors*, SMC Publishing Inc., Taipei, 1998, p. 46. 转引自王东《那方山水那方人：客家源流新说》，华东师范大学出版社2007年版，第299页。

⑥ 乾隆初年开始掀起一阵入山垦荒的狂潮。这一大批入山垦殖的人被通称为“棚民”或“寮民”。史书记载，江、广、黔、楚、川、陕之无业者，侨寓其中，以数百万计，垦种荒地，架屋数椽，即可栖身，谓之棚民［《清宣宗实录》卷十］。棚民之出现可以上溯到明朝中叶，最初是以种菁或种麻为业，后开山种玉米。初期入山种菁的棚民人数远没有后来之多，地区主要限于福建、江西、浙江等省。后波及中国南方及西南各省区，在强大的人口压力下，此类活动尚远及其他各省。闽、广、云、贵，以及华北各省，无处无之。对中国生态破坏很大，据民国初年统计，清初中国大约还有40亿亩的森林，覆盖率大约在28%，但是由于清中叶的错误垦殖政策及大批棚民的破坏性活动，生态环境遭到史无前例的浩劫，使森林面积减少大半。

焉，其魁杰者号大小洞主，土著与贩负皆盗贼也。”此所谓“土著与贩负皆盗贼”，即指迁徙到这些地方客家矿徒。[①] 清代之时，移民走得较远的，已达博罗。及至清朝康、雍、乾、嘉年间，粤东、粤北的客家更向珠江三角洲一带扩散，移垦增城、花县、新安、东莞、鹤山、高明、开平、恩平、阳春、阳江等县。造成这种状况的原因，经济上是粤东、粤北客家住地人稠地狭，珠江三角洲及其附近的沿海、平原地区因为经济发展需要劳力；政治上是朝廷实行迁海政策，后来又下令复界，招致各地流民、山民与迁民入垦已荒芜的沿海地区[②]。

清代乾、嘉以后，广东客家人在台山、恩平、四会一带因人口增多，耕地太少，遂向土著租赁。由于客家人善于经营，没有几年便从租赁转为收购，引起土著的不满，于咸丰六年（1856 年）终于爆发了历史上有名的“广东西路土客斗案”。在相持达十二年之久的这场土客之争中，双方死伤散亡的人数 50 万—60 万人。至同治六年（1867 年），广东巡抚蒋益沣始议令土客“联和”，划赤溪一厅，互易田地。但是赤溪土地贫瘠，难以解决客家人的土地问题，于是官方拨款 20 万两，加上地方自筹的资金，成年者每人 8 两，未成年者每人 4 两，各户发执照一份，让他们到高州、雷州、钦州、廉州请领荒地开垦，于是大批客家人或循水路沿南流江和西江入桂，或沿陆路交通线入桂。到民国时期，广西的信都、贺县、钟山、平乐、阳朔、修仁、榴江；三江、中渡、融县、宜北、南丹、凤山、东兰、河池、罗城、柳城、荔浦、蒙山、昭平、梧州、平南、武宣、贵县、象县、桂平、兴业、北流、藤县、玉林、陆川、博白、横县、来宾、迁江、永淳、宜山、柳州、隆山、那马、武鸣、崇善、宁明、明江、绥渌等 45 县，均有客家人分布。客家人自明末清初开始入桂后，历经四百余年的发展，现在有 350 万人左右，是广西境内汉族中仅次于讲白话和桂柳话汉人的一个族群。[③]

---

① 有关“矿徒”，在明末清初福建和广东的地方志中多有记载。清初的蓝鼎元在《鹿洲初集》一书中，也时有记述。如卷十二《潮州府图说》云：“揭邑极西有河婆，大山深阻，为从来盗贼窟穴，矿陡出没之区，莫有知其要害者。”《揭阳县图说》亦云：“西南河婆诸山，绵亘深远，高原大谷，多连海丰、永安诸矿山，为奸徒窟穴，盗贼窝巢，历来抗法之区。”转引自王东《那方山水那方人：客家源流新说》，华东师范大学出版社 2007 年版，第 299 页。

② 谢重光：《客家形成发展史纲》，华南理工大学出版社 2001 年版，第 271 页。

③ 徐杰舜：《广西客家的源流、分布和风俗文化》，载《客家学研究》第 2 辑，上海人民出版社 1990 年版，第 48 页。

此外，这批客家人徙远者，则渡海抵海南岛的崖县、安定等县。

（三）客家人在四川的迁徙路线

清朝康熙年间客家人开始向四川迁徙，在雍正、乾隆朝时形成高潮。众所周知，明末清初的一连串战争，四川人民惨遭杀戮戏，户口凋零，田园荒芜。于是朝廷谕令准许各地人民入川开垦，历史上称为“湖广填四川”。但实际上入川的不只是湖南、湖北人，也有大量闽粤赣客家人辗转入川垦殖。据学者研究，客家人入川大致有四条路线，即：一是从湖南湖北进入川东三峡入川；二是从粤北进入湖南东部转入长江入川；三是从广东、湖南的边境取道贵州入川；四是从粤东、闽西北进入江西再转入湖广省境内沿长江入川。①

客家人在四川主要分布在“东山区”，即成都附近龙泉山脉和邛崃山脉交界地带，有金堂、新都、成都市龙泉驿区；川中的丘陵地带，有简阳、资阳、资中、内江等县；川北山区的仪陇、广安等县，川南山区的涪陵、綦江等县（今属重庆市）。

客家人入川后大多农商并举，不少人利用自己能种植烟、蔗糖、经营经济作物等特长，发家致富，成为当地望族。②

（四）客家人在台湾的迁徙路线

台湾是客家人的重要迁徙地。客家人入台的最早历史，或可追溯到明朝中期。当时活跃在潮州西部山区的“山寇”，有不少是客属子弟，如著名的“山寇”头子林道乾、林凤。据考，前者是惠来客家人，后者是饶平客家人。他们之所以为寇，盖因苛政如虎，天灾频仍，加之时值粤东人多地少矛盾严重，那些无地少地的人民，生活无着，被迫铤而走险，聚众武装对抗官府，打劫富豪，遂成“山寇”。后又被官府围剿，转向海上发展，乃为“海盗”。据台湾高雄和屏东客家人口碑相传，林道乾曾经住在屏东车城乡海旁的“大哥洞”，其妹妹死后埋葬于今狮子乡的“小姐墓”。他麾下的客家人或这些客家人的后裔，可能就是屏东车城乡保力村的最早拓垦者。他们应是客家人拓垦台湾的先驱。③

接着是郑成功渡台，即明永历十五年（1661年），郑成功的部将刘国

---

① 孙晓芬：《四川的客家人与客家文化》，四川大学出版社2000年版，第5页。

② 谢重光：《客家形成发展史纲》，华南理工大学出版社2001年版，第272—275页。

③ 同上书，第275—276页。

轩是汀州府客家人，他统率的基本上是来自家乡汀州的客家子弟兵。刘国轩随郑成功赴台，其麾下的客家子弟兵也成批赴台。另外，明郑部队中有一批潮州兵，即时嘉应各属尚隶于潮州，有人推测这批潮州兵中应有客家人。这批客家兵将，在明郑时期南台湾的官田、营盘田屯垦中，应有一定的贡献。

然后，在施琅平台的过程中，刘国轩所率客家子弟兵抵抗最力，施、刘结怨很深。清廷于康熙二十二年（1683 年）收复台湾后，包括刘国轩麾下的客家子弟兵在内的明郑将士多被遣回原籍，只有少数客家将士落籍六堆。清朝廷出于安全的考虑，对大陆人渡台颁布了种种禁令。其中最后一道禁止粤人渡台的禁令，据说就是因为施琅对刘国轩及明郑潮籍部属积怨未消，奏准朝廷下达的。而所谓粤民，主要指广东潮、惠二州之民。当时客属县份程乡、镇平、平远、大埔属潮州，长乐、兴宁等县属惠州，故粤东客家人迁台受到很大限制，他们迁台比漳州、泉州人多了重重障碍。所以，这个阶段少数迁入台湾的客家人一般是跟随闽南人之后入台，而且多采取偷渡的方式。其中有粤东客家人，也有汀州客家人。当时主要的通航口岸是台湾府城（今台南市），闽南人先到，占据了府城周围西海岸平厦地带；客家人后到，所以只得深入到台湾南部离海岸较远的山地。

康熙三十五年（1696 年）施琅死后，禁止客家人渡台的禁令渐弛，客家人渡台渐多；及至康熙末年，因为台湾客家人帮助政府平定了朱一贵之乱，根本扭转了官方对于客家人的看法，不准粤人渡台的禁令无形中取消，广东客家人才大批渡台，并在康、雍、乾时代形成移台的高潮，但嘉庆、道光时期仍有较零星的客家人迁台。

客家人迁台有走官道和偷渡两途。走官道者为合法的迁台，最初只有汀州客家人可以合法渡台，其路线多沿汀江而下，先抵潮州府之大埔县境，然后或沿韩江至澄海一带港澳搭船到厦门，或沿清远河至漳州平和县，再经漳州转厦门，在厦门办理赴台手续后，候风放洋启程。后来嘉应州客家人获准渡台，也是先到大埔县，然后循此两条路线到厦门渡台。①

① 参见赖雨桐《焦岭客家人移民开发台湾略论》，载《中国客家民系研究》，中国工人出版社 1992 年版；林文龙《客家移民与龙潭地区的开发》，载《史联杂志》18，1991 年 6 月。转引自谢重光《客家形成发展史纲》，华南理工大学出版社 2001 年版，第 276—278、303 页。

二　客家人在海外迁徙发展的路线

客家人在迁徙中，终于突破国家边界，走向海外，走向世界。

客家人漂洋过海迁徙南洋群岛诸国和世界各地，可以溯源到宋末元初。那时一部分参加抗元斗争失败的客家人，为躲避元朝的迫害，冒险逃往南洋，成为客家人向海外发展的先驱。而真正形成一定规模的客家人出国潮发生在明末清初。那时出洋的主要原因，还是由于客家住地人多地少，不足以谋发展，于是有一部分敢冒险的客家人遂相率赴海外经营工商业。及至19世纪中叶之后，由于太平天国运动失败，以及广东西路的土客械斗，又驱使更多的客家人漂洋过海。受西方殖民者诱骗，以民工身份到南洋做苦力，是这一时期客家人出洋谋生的主要形式。自此以降，客家人以各种途径到南洋乃至世界各国求发展的活动从未中断，积微成著，遂形成今日客籍华侨、华人遍布世界五大洲近百个国家和地区的局面，所谓“海水所到之处，就有华侨，有华侨的地方就有客家人”。①

东南亚包括中南半岛和马来群岛两部分，共有越南、老挝、柬埔寨、泰国、缅甸、新加坡、马来西亚、印度尼西亚、菲律宾、文莱十个国家。其中印度尼西亚、马来西亚、新加坡、泰国的客家人移民较多，成就也较大。

客家华人、华侨的足迹还遍布欧、美、非、大洋诸洲。据研究，旅欧客家华侨、华人约20万人，分布在16个国家和地区。其中英国约15万人，法国约3万人；此外荷兰、比利时、卢森堡次之，约数千人；西班牙、德国、瑞典、俄国、丹麦、挪威、葡萄牙、意大利、奥地利、瑞士、捷克、冰岛等国又次之，客家人不足千人。过去，旅欧客家人比较多的是从东南亚转去的普通劳动者，大多从事服务业和商业、进出口贸易等，但近年来留学欧洲，学成就地就业者增多，因而从事知识行业特别是高科技产业者的比重提高。

旅美客家人约46万，分布在21个国家和地区，尤以美国、加拿大、秘鲁、牙买加为多，仅美国就有客家人约28.4万人，加拿大约有8.1万人；巴西、圭亚那、古巴、苏里南、千里达、巴拿马、阿根廷、厄瓜多尔、委内瑞拉、智利、多米尼加、墨西哥、哥伦比亚、危地马拉、玻利维

① 参见罗英祥《飘洋过海的客家人》，河南大学出版社1994年版。

亚等国次之。客家人赴美洲的历史约有一百年，最初有不少是被骗或不得已卖身的契约华工，到美洲后多从事开矿、种地、修路、挖河及餐饮、理发、小商贩等重活累活，经济收入低下。但自20世纪以来，特别是四五十年代以来，从大陆、台湾赴美留学者增多，不少人学成留在美国为科技、教育界服务，其中一些人在著名大学、科研院所、跨国公司任校长、系主任、教授、工程师等要职，已成为美国知识界的翘楚。

大洋洲的客家华人、华侨约6万人，其中澳大利亚最多，其余零散分布在新西兰、塔西堤、斐济、巴布亚新几内亚、所罗门等国。老一代的澳洲客家人以劳工为多，主要从事采矿、木工、洗衣、餐饮、开杂货店等业；新一代澳洲客家人则有不少受过高等教育，担任工程师、律师、大学教授、医生、政府官员等职务，社会地位有了明显的提高。

非洲的客家华侨、华人约8万，主要分布在毛里求斯、留尼旺、南非等地，塞舌尔、马达加斯加、尼日利亚、安哥拉、莫桑比克、加纳、扎伊尔、肯尼亚、赞比亚等国也有少量分布。最早到非洲的客家人也是契约华工，距今已有一个半世纪了。他们多从事矿冶业，以其少有的勤劳节俭，在非洲打下了根基，进而转营他业，并培养子弟读书深造，跻身科技、文教、卫生、制造等业，也有人从政，有的担任了各级政府的要职，成为当地社会不可忽视的一个族群。①

第四节　客家人的人文特征

罗香林在他著名的《客家源流考》一开头就写道："记得在民国元年，即1912年，英国长老会和美国浸信会，在汕头举行关于宗教的会议，有一位英国教士甘贝尔氏（George Campbell），因为曾在客家人住的地方传教多年，见闻确切，特地在会议席上报告客家的历史和现状。他结语说：'客家人比城里人勇敢，富有特立独行的气概，渴望自由。……满洲人入主中国，客家人降服得最迟，并且曾经一再起兵反正，第一次就是太平天国的事，第二次就是这世纪内新近的事。''客家人确是中华民族里最显著，最坚强有力的一派。他们的由来迁徙，种种经历，确替他们养成一种爱国爱家的心理，同仇敌忾的精神，对于中华民族前途的奋发和进

① 谢重光：《客家形成发展史纲》，华南理工大学出版社2001年版，第298—300页。

步，客家人的贡献，将见一天大似一天，这是可以断言。'"[①] 确实，客家人是汉族族群中一个极具个性的族群。

一　自我意识强烈

自我意识既是个哲学概念，也是个心理学概念。所谓自我意识，通俗地说就是"对他而自觉为我"[②]，也就是认同性。任何族群都有自我意识，但是汉族族群中客家人的自我意识特别强烈。笔者1993年12月到泰国参加一个国际学术会议，在曼谷唐人街上发现许多店铺是客家人开的，走进一家皮鞋店，看中了一双皮凉鞋，店老板就是一个客家人，当他知道笔者是中国人时，就问了是不是客家人。他说若你是客家人，这鞋子就送给你，你不是客家人只好打对折了。这时对客家人强烈的自我意识和认同性有了切身的体验。

客家人自称"中原士族，三代遗民"，自认为是古老汉族的"嫡系"。自宋元以来，在近千年的历史长河中，虽不断迁徙，从赣、汀山区迁入粤东、粤北，有的又迁入广西、迁入湖南、迁入四川、迁入海南、迁入台湾、迁入贵州，甚至迁入南洋、迁入南亚、迁入日本、迁入美国、迁入加拿大、迁入澳大利亚、迁入古巴、迁入圭那亚……他们都一直保留着聚族而居，崇尚读书，重农轻商，吃酿豆腐、霉菜扣肉的风俗习惯、生活方式，以及为人处世的伦理观念。客家话不仅是他们交流的工具，更是他们认同的主要标志。族规规定："宁卖祖宗田，不卖祖宗言"，"宁卖身，不卖声"，回家必讲客家话，否则就不认你是客家人。

客家人的自我意识还表现为强烈的内聚性。由于客家人是在天灾人祸中逃难迁徙的，没有贫贱富贵之分，一路上历尽千艰万难，只有你帮我，我助你，大家彼此之间像兄弟姊妹一样友爱相助，才能共渡难关；迁徙到了一个新的地方，面对土著的威胁和欺侮，左邻右舍只有挺身相助，才能站稳脚跟。熟悉和了解客家人的人都知道，在客家人中这种互助之风是很兴盛的，若妇女们到山上去打柴，当某一人已完成任务，而另一个人手脚慢一些，那先做完的一定会主动前去帮忙，然后一道回家。所以台湾的陈运栋在《客家人》一书中说，客家人的祖先都是中原大族，由于天灾人

① 张卫东、王洪友主编：《客家研究》，同济大学出版社1989年版，第3页。
② 梁启超：《梁任公近著》下卷，商务印书馆，民国13年（1924年）。

祸"才逃难到南方各地来做'客人'；所以客家人先天性地就具有了自尊心，在别人面前没有自卑感。相互之间都没有自卑感，所以大家都能够平等相待，和睦相处；彼此守望相助、桴鼓相应，表现出高度的合群意识。"①

二　崇尚忠孝节义

宋代是理学发达的一个时代，人们特别讲究重视"忠、孝、节、义、仁、智、礼、信"。儒家这种传统的伦理道德观念深深地积淀在客家人的精神中，以崇尚忠、孝、节、义为美德。

客家人的忠，表现在他们对国家的一种尽忠爱国精神。明末清初，客家人成了反清复明的一支生力军，有的则隐居山林，对清政府采取不合作的态度。在现代史上，北伐名将叶挺将军，抗日英雄谢晋元都是客家人中尽忠报国的代表人物。而东南亚的万金油大王胡文虎及其女"新闻女王"胡仙，工商巨子姚美良、金利来领带的创始人曾宪梓、人造革大王田家炳等客家人更是当代富甲一方，不忘造福桑梓，报效祖国的代表人物。客家谚语说得好："白手起家真志士，赤心报国是忠臣""舍命才算真豪杰，爱国方成大丈夫""宁为刀下鬼，不做亡国奴""失去好友，难过三年；失去祖国，痛苦终生"等，都是客家人尚忠的美德在文化上的积淀和升华。

客家人的孝，表现在数世同堂的家族制度上。客家人在迁徙中锤炼了内聚性，这种内聚的向心力使得客家人以数世同堂的大家庭为传统，正如光绪《嘉应州志》卷八所云：客家人"俗重宗支，凡大小姓，莫不有祠，一村之中……必有家庙"。客家人以家庭为中心，一方面每个人都终身受家庭的呵护；另一方面每个人又都把忠诚于家庭和孝顺父母作为必须遵守的行为规范。所以，客家人只要家长健在，虽子孙满堂，也不分家。房屋不够住时，就在本宅范围内增建，久而久之，形成了客家人特有的"大屋"或"围龙房屋"。于是数世同堂的现象在客家人中就不是什么个别现象了。在这种家族制度制约下，客家人以孝为本，十分崇敬祖先，重视追本溯源的族谱，无论迁徙到什么地方，也不怕山重路遥，都要捧一把故乡的泥土，抱上祖宗先人的骨骸；无论走到哪里安家，也都不忘祭祖、修祠

① 陈运栋：《客家人》，联亚出版公司 1978 年版，第 330 页。

堂、筑祖坟、修家谱。与此同时，客家人讲孝不图虚而重实，即重视现世的孝道，正如客家谚语所言："还生食四两，当过（胜过）死喱了祭猪羊""千跪万拜一炉香，不当（不如）生前一碗汤""不孝枉烧千张纸，亏心空点万炉香""还生唔不孝顺，死喱奉鬼神"等。

客家人的节，表现在奉行名誉高于一切的人生信条。从这个人生信条出发，客家人不仅会发奋去建立功业，以光宗耀祖，更主要的是客家人有强烈的道德羞耻感，十分重视自己的名声，正如客家谚语所云："不义钱财如粪土，廉洁名声值千金。"

客家人的义，表现在"重信义，薄小人"上。笔者有一些客家朋友，大多言行一致，助人为乐，十分讲信义。如广西教育出版社老社长客家人郑妙昌先生，就是一个乐于助人的好编辑。1985 年笔者刚从浙江调到广西民族学院，当他听说我写了一本《汉民族历史和文化新探》的书稿时，与我毫不相识的他就积极安排了我这本书的出版，扶我走上了治学的道路。1989 年一家出版社约我主编的"汉族民间风俗丛书"，在书稿出来后又被毁了约时，郑先生急作者之所急，及时伸出了助人之手，主动承担了这一套 136 万字丛书的出版。正因为客家人奉行"无信非君子，无义不丈夫""亲君子，远小人"的处世哲学，所以，与客家人打交道不会吃亏，还不会被骗，这恐怕就是客家人尚义之所为吧！

三　重农轻商

客家人作为一个移民族群，承继了古代中国重农轻商的社会传统。所以，传统的客家经济就是农业经济，他们迁徙到哪里，就在那里垦荒造田。他们信奉"穷在有闲地，富在没荒坡"的信条，并且身体力行，无论是山坡、溪岸，还是道旁、屋后，只要有一点空地，他们就必垦而植之，决不让一块地空闲着，成为汉族中最勤劳的一个族群。重农虽勤劳，但在重农之下，所形成的客家自给自足的经济结构造成了客家轻商的特点，这与广府人的重商形成鲜明的对照。所以，客家人的经济观念认为"街上买，不如田里扒"，做生意就是坑人。

客家人这种重农轻商的特性，无疑会大大束缚自己的手脚。

但是，客家人移民海外后改变了这个特性，从商成就同样骄人。如生于清光绪十二年（1886 年）的泰国客家移民谢枢泗是广东梅县周溪乡人。光绪三十年（1904 年），华南社会凋敝，而东南亚正处在一个大开发的时期，需要大批劳工。谢枢泗便随同乡人漂洋到了泰国首都曼谷，在同乡开的一家酒行中谋得一份推销洋酒的差事。时值泰国政府锐意改革，尤其注意于南部偏远地区的开发。谢枢泗就在工作中积累经验。五年之后，泰国政府决定修建一条从曼谷到宋卡的铁路。谢枢泗瞅准机会，毅然辞去酒行之职，报名参加了这项铁路工程的建设。在铁路建设中，谢枢泗从筑路监工做起，慢慢积累业绩做到地段的总经理和巡检官。此后，他便辞去工程经理职务，自立门户，当上了筑路承包商，取得了优秀的业绩。在承建铁路工程中，谢枢泗发现艾村地理位置非常优越，南临马来亚，交通方便，具有很好的发展前景。于是他果断地卖下一片木林地，盖起了 5 栋房屋，取得了很好的经济效益。此后，继续扩大投资，开辟出第一条街道，取名为“谢枢泗路”，又办起了锡矿场和橡胶种植园，相应的旅馆、店铺也次第建成，荒寂的山村顿时成为热闹的集镇。从 20 世纪初起，半个多世纪来，合艾成了泰国南部一座有名的新兴城市，他的辛劳和功勋受到了泰国王室、政府和人民的一致肯定。1929 年，泰国王室隆重嘉奖谢枢泗，诰封谢枢泗为“坤尼拍・真那空”男爵，并御赐勋章；1932 年，泰皇又御赐谢枢泗三级白象勋章。此后谢枢泗获颁各种勋章、奖章达 30 多项，荣誉之高，在泰国华侨中首屈一指。[①]

四　女劳男逸

汉族社会的传统是“男主外，女主内”，形成了男耕女织的文化模式。但客家人，尤其是闽西农村的客家人却是女劳男逸。这里的客家妇女不仅承担了全部家务，养猪养鸡，煮饭炒菜，哺育小孩，样样都干，而且还承担了全部农活，驾驭耕牛、犁田耙田，插秧、割稻、打稻、挑担，无所不为。即使是家庭很富有的人家，妇女也照样要既做家务，又干农活。所以客家妇女自古以来就极少缠足，平时不事修饰，一顶遮阳挡雨的黑纱边（也有蓝纱边或白纱边）凉帽成了客家妇女特有的标志。

而闽西客家男子虽然是家中的主心骨，但不仅家务一点不沾，连农活也基本不干。普兰先生在《闽西客家漫谈》中说：“闽西客家”多数男子在家闲着，“天天无所事事，早睡晚起，忙于串门拉呱，到了用餐时，才

---

① 谢重光：《客家形成发展史纲》，华南理工大学出版社 2001 年版，第 295—297 页。

在父母或子女的大声呼唤下慢吞吞回到家。”①

闽西客家人女劳男逸的现象虽然有悖于汉族社会的传统，但却是客家人的一道人文风景线。其他地方的客家人因男子多外出谋生，所以妇女在家也都是既包揽了家务，又包揽了农活。客家妇女确实是汉族族群中最优秀的“半片天”，正如民谣《客家姑娘》所唱：

> 勤俭姑娘，鸡啼巷（起）床，梳头洗面（脸），先煲茶汤。灶头锅尾，洗擦光光，煮好早朝（早饭），快洗衣裳。上山砍柴，急急忙忙，养猪种菜，熬粥煮浆。纺纱织布，唔离间房，针头线尾，收拾柜箱。唔讲是非，不敢荒唐，疼爱子女，如似肝肠。砻谷舂米，没谷没糠。人客来到，轻声细讲，欢欢喜喜，拉扯家常。鸡春（蛋）鸭春（蛋），豆豉酸姜，有米有麦，细算有粮。粗茶淡饭，朴素衣裳，越来越俭，唔贪排场。米缸有米，耐雪经霜，捡柴去卖，唔蓄私囊。唔偷唔窃，品行得当，多谢丈夫，多谢爷娘（父母）。人人称赞，客家姑娘。

五　流行二次葬

汉族流行一次土葬，而客家人却流行二次葬，他们认为人死后入棺土葬是暂时性的，所以在葬后三年至十年，一定要请“检骨司”开墓启棺，检收先人骸骨，拂拭曝晒之后，由下而上，按趾、足、腿、股、脊、胸、手、头的顺序，装入高约3尺，直径约1尺有盖的瓦罐内，俗称“金斗罂”，亦称“金罂”“金埕”。收藏以后，再择吉安葬，立墓竖碑，若家境不好，无钱再葬的人家，可以把金罂暂时寄厝空屋破庙或大众庙，或置于蓬蒿坎头之间，或摆于大树之上，土丘之下，可以志认的地方。每年清明、中秋，子孙们便分头到寄放金罂各处，焚香挂纸、叩首祈祷。② 所以，凡是客家人居住的地方，到处可见这种金罂累累，成了一道特殊的文化样貌。

---

① 普兰：《闽西客家漫谈》，载《福建民族》1997年第5期，第27页。

② 陈运栋：《客家人》，联亚出版社1978年版，第332—333页。

第三章　闽南福佬人

闽南福佬人与广府人、客家人、平话人一样，也是华南汉族的主要族群之一。

闽南福佬人在福建和台湾称为“闽南人”，在广东、海南则称为“福佬人”。一般认为这是由“福建佬”转化而来的。但有的认为“福佬”一词与“河洛”有关。河洛二水之名，其地在古都洛阳一带。从西晋“永嘉之乱”到五代中原大乱，中原汉族大批迁徙到福建，他们从河洛地区带来的语言沉淀在福建形成的闽南话，亦称“河洛”话，音转为“福佬”话。故“福佬”并非“福建佬”，而是讲“河洛”（福佬）话的人之意。[①] 但是不管哪一说，均认为这一汉族族群操闽南方言，以闽南话为基本特征，笔者认为这一汉族族群称之为“闽南福佬人”为妥，既照顾了福建方面的传统，又照顾了广东方面的习惯，有利于人们从整体上认识和了解这一汉族族群。

闽南福佬人主要分布在华南沿海一带。在福建分布在闽南的泉州、漳州、厦门、同安、长泰、华安、龙海、漳浦、云霄、南靖、平和、东山、诏安、漳平、龙岩、晋江、南安、安溪、永春、德化、惠安、大田22个市、县，人口约有一千一百余万[②]；在广东分布在粤东的汕头、潮州、揭阳、澄海、南澳、饶平、潮阳、普平、惠来、陆丰、汕尾11个市、县，以及惠东、揭西一小部分地区，人口约有1000万；分布在粤西雷州半岛海康、徐闻两县，以及湛江、遂溪、廉江、吴川、电白、茂名、高卅、阳西等市、县的部分地区，人口有三百三十余万。[③] 在台湾分布在大部分地区，人口当在

---

① 苏泽猷：《“福佬”并非“福建佬”》，《羊城晚报》1998年5月23日第11版。

② 付祖德、陈佳源主编：《中国人口·福建分册》，中国财政经济出版社1990年版，第154—157页。

③ 李新魁：《广东的方言》，广东人民出版社1994年版，第265、415页。

1000 万以上。在海南分布大部分地区，人口约有 400 万。此外还有一小部分分布在浙南的温州地区以及东南亚一带。总人口大约在 5000 万以上。①

闽南福佬人又称闽南人、福佬人、河洛人、鹤佬人等，在福建之所以被称为“闽南人”，是因其操闽南方言而得名；在广东被称为“福佬人”，是因潮汕等地的闽南人是从福建迁入广东的，而“福”却源于唐代“因西北福山为名”而置“福州”②，故被广府人称之为“福佬人”；19 世纪时，可能是连横将这个音翻译为“河洛”，并认为“hō－ló”对应“河洛”二字（洪惟仁 1987，131）③，故又被称为“河洛人”；“鹤佬”一个词，事实上是“hō－ló”这个音的无含义翻译字，极少数人使用。在台湾客家人往往认为这个语汇太具扩张性，一般的客家人将“Hokloh”称之为“hok－lo－ngin”，汉字偶尔根据客家话的音写成“学佬人”或“学老人”④。闽南福佬人一般在福建、台湾称“闽南人”；在广东称为“福佬人”。

第一节　闽南福佬人的语言

闽语，就是闽方言，是华南汉族使用的重要汉语方言之一，亦是汉语的九大方言之一。

闽语的分布范围非常广，包括福建、海南、台湾，以及广东的潮汕地区、雷州半岛，浙江的温州地区，使用闽语的人口 8000 余万。⑤

闽语内部十分复杂，主要可分为福建的闽南话、闽东话（福州话）、闽北话（建瓯话）、闽西话（永安话）和莆仙话，广东的潮汕话、雷州话，浙江的浙南闽语、舟山话以及海南话等 10 种次方言。

一　闽语的形成

闽语是一支古老而重要的汉语方言，它的形成也经历了一个漫长的历

① 黄典诚：《闽南方音的上古音残余》，《语言研究》1982 年第 2 期。

② 《元和郡县志》“福州”条云：福州之名是“因西北福山为名”。

③ 洪惟仁：《台湾河佬语声调研究》，增订三版，《自立晚报》，1987 年。转引自维库《鹤佬人》（http：//www. wikilib. com/wiki？ title = % E9% B9% A4% E4% BD% AC&variant = zh－cn）。

④ 《鹤佬人》（http：//baike. so. com/doc/6249912－6463322. html）。

⑤ 据袁家骅等《汉语方言概要》（第二版），文字改革出版社 1989 年版，第 236 页；李新魁：《广东的方言》，广东人民出版社 1994 年版，第 265、414 页。

史过程。

闽语的语源有三。一是春秋时的吴越语。众所周知，吴、越两国是春秋时百越族群集团最重要的两个诸侯国，建立这两个诸侯国的就是百越族群集团中突起的“于越”。[①] 于越突起后迅速完成了形成民族的历史过程，形成春秋时的越民族。[②] 这个越民族的共同语就是吴越语，因“吴与越，同音共律，上合星宿，下共一理”[③]，故《吕氏春秋·知化》谈及伍子胥对吴王夫差的话说：“夫吴之与越也，接土邻境，壤交通属，习俗同，言语通，我得其地能处之，得其民能使之，越于我亦然。”而吴国比越国建立早，在一段相当长的时间内无论经济力量，还是军事力量，吴都强于越，故吴越民族使用的吴越语是以“吴音”为基础发展起来的，所以后代一般都称吴越语为“吴语”，故扬雄在《方言》中所搜集的“吴越”“吴扬”“吴楚”之类的方言都离不开吴。这种吴语被中原诸民族人称之为“夷言”或“夷声”。[④] 其在语音上的特点就是发音轻利急速，有复辅音和连音成分，词序倒置，并以复音节为主，故凡越人的名字，见于典籍文献的都是复音，如“无余”“夷吾”“禽处”“馀乔疑吾”“勾践”“寿梦”等，用北方汉语读起来感到很不顺口，其实均是音译而已。福建的闽越人也是百越族群集团中的一支，在春秋战国时归越国统治，战国末，前334年越国被楚国灭亡后，“越从此散”，或“滨于江南海上”[⑤]，或“走南山”[⑥]，或南迁到今浙南、闽北及台湾[⑦]，从而也把吴语带进了福建，成为闽语的一个语源。

二是春秋战国时的楚语，春秋楚灵王时（前540—前529年），吴、越都是楚国的属国，故楚语在春秋时已对吴语发生影响，吴语吸收了许多楚语的成分，故《南宋临安两志》引《汉志》云：“吴越之君皆尚勇，故其民好用剑，轻死易发。文身断发，以避蛟龙之害。数与楚接战，互相兼

---

① （晋）贺循：《会稽记》。

② 参阅徐杰舜《汉民族发展史》，四川民族出版社1992年版，第146—152页。

③ 《吴越春秋·夫差内传》。

④ 《春秋·定公十四年》：“于越败吴于槜李。”孔疏曰：“于越，越也，夷之发声谓之于越，从彼俗而名之也。”《淮南子·缪称训》：“义陵之战也。夫差曰：夷声阳，勾吴其庶乎？”

⑤ 《史记·越王勾践世家》。

⑥ 《越绝书·赵绝外传记地传》。

⑦ 陈国强、蒋炳钊等：《百越民族史》，中国社会科学出版社1988年版，第159页。

并，故吴越风俗，略与楚同。”吴越与楚略同者，不唯风俗，其方言也与楚应该有近同之处。所以，早在楚庄王时，即前 581 年楚人伍子胥从楚国出逃到吴国时，他可与吴地的渔父交谈[①]，也可跟吴王阖闾对策“强国霸王”[②]，而不必“重译乃通”。他的哥哥伍尚从楚国跑到吴地，也不存在语言的隔阂。故扬雄在《方言》中就常常“吴楚并提”。楚灭越后，百越之地成了楚国的势力范围，如同楚语影响先秦粤语一样，先秦的闽语也就继续受到楚语的影响。可见楚语是闽语的又一个语源。

三是福建土著族群所说的“古台语”。新石器时代昙石山文化的发现，说明福建早已有原始族群活动，而且《周礼·职方氏》在提及“闽”时，“越”之名称在史书中还没有出现，故不少学者认为先秦的闽越就是福建的土著族群[③]，他们所操的“古台语”在闽语中积淀下来是理所当然的了。

闽语的形成分为三个阶段：

（一）春秋战国至秦为第一阶段

如上所述，闽语源于先秦的吴语、楚语和古台语。从春秋起长期臣服于楚的吴国，使吴语不断受楚语的影响。而楚语由于较早地受中原周语的影响，在形成华夏民族的过程中已成为华夏方言的一支。这样吴王阖闾时，用楚亡臣伍子胥为将，大举攻楚，吴人五战五胜。于是吴、楚之战，促进了吴国通过楚方言大规模地接触汉语的前身华夏语。楚王熊渠在位时，为了取得南方及东南沿海地区越族人的支持，对属国中的越人采取了许多优待的政策，加强了与吴越地区的交往，所以《史记·楚世家》云：“熊渠甚得江汉间民和”。因此，早在春秋之时，楚国的方言对吴越地区就产生相当重大的影响，吴语中吸收了许多楚语的成分。

福建的土著族群闽越本是百越族群集团的一支，在春秋战国时，归越国所统治，有时候也臣属于楚。闽越人所操的语言，都是属于古台语的少数民族语言[④]，它与北部的扬越、瓯越不论在种族或语言上都很近似。越国建国时，加强了对闽越的统治，不断有越人进入福建，吴语不断传入闽

---

① 《吴越春秋·王僚使公子光传》。

② 《吴越春秋·阖闾内传》。

③ 陈国强、蒋炳钊等：《百越民族史》，中国社会科学出版社 1988 年版，第 174—179 页。

④ 据李新魁的研究，闽越人的古台语“可能与瑶语及苗语比较接近”。见《广东的方言》，广东人民出版社 1994 年版，第 276 页。

地。因此，在战国以前，闽越人可能已经接受了吴语的影响。到了秦始皇统一六国时，秦在越地设立了会稽郡。前221年，秦又征服了东瓯（在今浙江省南部）、福建一带，又在这些地区设置闽中郡。自此以后，越地人民又进一步向福建迁徙，从而与闽越人的古台语发生涵化而形成闽语的雏形。这时的闽语可以称之为“先秦闽语”。

（二）两汉至三国为第二阶段

进入汉代以后，闽越与中原汉族的接触越来越多，并时常参与中原的政治活动。楚汉之争时，闽越王无诸起初支持项羽，闽越兵成为楚将吴芮的一支劲旅。后来又反戈支持刘邦，为西汉的建立立下了功劳，无诸因此于汉高祖五年（前202年）被刘邦封为闽越王。在无诸为闽越王时期，其与汉王朝的矛盾日深，不仅开始拒向朝廷纳贡，并暗中支持汉景帝时发生的吴王刘濞为首的吴楚七国叛乱。所以无诸死后，其子郢继位，为了扩充势力而向东瓯和南越进攻。于是，汉武帝遣兵欲废闽越王。这时闽越王郢的弟弟余善杀了郢，汉武帝才暂时停止了对闽越的进攻。封无诸孙繇丑为闽越王，但大权旁落余善之手。汉武帝又另封余善为东越王。但余叛心不死，对朝廷阳奉阴违，暗中罗织反汉力量。汉武帝遂于元鼎六年（前111年）发兵攻打闽越，经过一年多的激烈战斗，于元封元年冬（前110年），攻入福建，灭了闽越，并将“其民徙处江淮间。东越地遂虚”。[①] 这也是汉代由华夏民族转化发展而形成的汉族入闽的正式记载。从此，留在福建的闽越遗民开始全面接触汉文化，先秦闽语遂脱离吴语的影响而开始接受中原汉语的影响。

三国之时，中原战乱，不仅汉族纷纷入闽避乱，使先秦闽语在更广更深的层次上受到汉语的影响，而且汉代迁入江淮的闽越人也纷纷返回，《三国志·魏书·蒋济传》云：“太祖问济曰：‘……今欲徙淮南民，如何？’济对曰：‘……百姓怀土，实不乐徙……’太祖不从，而江淮间十余万众，皆惊走吴。”这样他们又把汉语带回“吴地”。而此时这些人所操之吴方言，已不是先秦时的吴语了，而是当时汉族方言的重要一支。故马瀛在《国学概论》中说：“今之所谓吴语者，已非周、秦时之吴语；本皆中原旧语，因迁移至吴，故谓之吴语耳。尝考扬雄《方言》，列吴扬、吴越、荆吴、吴楚之语，凡三十余条，率与《诗》《书》中之吴语相合，

① 《史记·东越列传》。

而与今日通行之吴语迥殊。然今日通行之吴语，亦往往见诸《方言》，特《方言》不谓之吴语，而反谓为北方之语。”① 也就是说，三国时代之前的闽语，实际上是上古时的吴语，现代闽语白读的说话音就大量地保留了三国时代以前的语音特点，以及词语或特有的词义。这就是说三国之时，闽语已开始脱离吴方言而成为汉语方言中独立的一支方言，我们可以称之为“三国闽语”。

（三）魏晋南北朝至唐宋为第三阶段

魏晋南北朝是闽语形成的一个重要的转型期。这时，闽语一方面接受吴语的影响日趋减少，另一方面直接接受中原汉语的影响日渐增多。这是因为在晋代动乱之时，大量的中原汉族入闽。据唐人林滑《闽中记》的记述，谓“永嘉之乱，中原士族林、黄、陈、郭四姓先入闽”。明朝何乔远的《闽书》也说：“晋永嘉二年（308 年），中州板荡，衣冠始入闽者八族，所谓林、黄、陈、郑、詹、丘、何、胡是也。”于是“三国闽语”在更深的层次和更广的范围里接受中原汉语的影响，到唐代时已完全脱离吴语，而形成一支与吴语有明显差异的独特的方言。唐人刘恂《岭表录异》即云：“水母，广州谓之水母，闽谓之蛇（原注：疑驾切，即 zha，音扎）。”唐诗人顾况用闽方言写了一首（囝）诗，有“囝别郎罢心摧心”之句。“囝”（儿子）和“郎罢”（父亲）均是当时的闽方言词。

及至宋代，闽语作为一支奇特的方言而频频见诸记载，宋吴处厚《青箱杂记》云：“刘昌言，泉州人，先仕陈洪进为幕客，归朝，愿补校官，举进士，三上始中第。后判审官院，未百日，为枢密副使，时有言太骤者，太宗不听，言者不已。乃谓昌言闽人，语颇獠，恐奏对问陛下难会。太宗怒曰：‘我自会得’，其笃眷如此。”说的是讲闽南方言的刘昌言，“语颇獠”，朝廷中的官吏以此为由反对他升官太快，皇帝不听。但不久，宋太宗不喜欢他，又以他操方言为由贬他的官。欧阳修《归田录》佚文亦云：“刘昌言，太宗时为起居郎，善捭阖以迎主意。未几，以谏议知枢密院。君臣之会，隆替有限，圣眷忽解，曰：‘昌言奏对皆操南音，朕理会一字不得’，遂罢。”又宋人陆佃《埤雅》云：“闽俗谓霰为冰雪。”刘腰《诗话》亦云：“闽人以高为歌。”曾慥《类说》引《古今词话》说：“真宗朝，试《天德清明赋》有闽士破题云：‘天道如何，仰之弥

① 马瀛：《国学概论》，中央编译出版社 2009 年版，第 299 页。

高。'会试官亦闽人，遂中选。"对于闽语的奇特，宋人岳珂《桯史》卷二记载："元祐间，黄、秦诸君子在馆。暇日观画，山谷出李龙眠所作《贤己图》，博弈、樗蒲之俦咸列焉。博者六七人，方据一局，投进盆中，五皆兹，而一犹旋转不已。一人俯盆疾呼，旁观者皆变色起立，纤秾态度，曲尽其妙，相与叹赏，以为卓绝。适东坡从外来，睨之曰：'李龙眠天下士，顾乃效闽人语耶！'众咸怪，请其故。东坡曰：'四海语音言六皆合口，惟闽音则张口，今盆中皆六，一犹未定，法当呼六，而疾呼者乃张口，何也？'龙眠闻之，亦笑而服。"[①] 因此宋代编的韵书，也常道及闽语。如《集韵》"林"字注："之诔切，闽人呼水也。"又狝韵注"囝"字说："九件切，闽人呼儿日囝。"可见闽语不仅已成为汉语一支奇特的方言，且已为世人所普遍承认。

二　闽语的特点

方言奇特的闽语，虽然其又分为闽南话、闽北话、闽东话、闽中话、莆仙话等次方言，闽南话又分化出潮语、雷州话和海南话，但是，作为闽语却具有一致性的一些基本特点[②]：

（一）语音的奇特

闽语的字音大都有文、白读之分，而且在词语里又大多不能自由变读。大多有 15 个声母（包括零声母），故人们俗称闽语为"十五音系统"。并有阴平、阳平、阴上、阳上、阴去、阳去、阴入、阳入 8 个声调。所以，尽管闽语内部复杂，南北语音差别较大，但"轻唇归重唇，舌上归舌头"[③] 的语音特点却是一致的。闽语在语音上所反映出来的上古汉语语音上无重唇与轻唇之分，无舌上音的特点，正是闽语与其他所有汉语方言的根本区别之所在，也就是闽语在语言上奇特之所在。

（二）语法上的奇特

闽语在语法上的奇特，以闽南话为例，主要表现在：

1. 词法的奇特

闽南话利用特殊的词素派生新词，如"师"，加在动词或动宾结构的

① （宋）岳珂：《桯史》，三秦出版社 2004 年版，第 58 页。

② 陈章太、李如龙：《闽语研究》，语文出版社 1991 年版，第 1—51 页。

③ 袁家骅等：《汉语方言概要》，文字改革出版社 1989 年版，第 235 页。

后面构成一个新的名词，例如“做木师”“做涂师（泥水匠）”等，以表示尊敬的意思。又如“仙”，是闽南话中对好逸恶劳、不务正业，或生活闲散的人的称呼，含有轻视的意味，例如“食酒仙”“看命仙”“风水仙”。或由意义相同或相近的词素构成的复音词，其词素的次序倒装，如秋千为“千秋”，健康为“康健”，热闹为“闹热”。或偏正合成词的结构主要成分（正）在前，附加成分（偏）在后，如蔬菜为“菜蔬”，日历为“历日”，拖鞋为“鞋拖”。

2. 句法的奇特

闽南话以名词为中心的词组，有两种比较特别的结构，一是形容词 + 量词 + 名词，例如“大只牛”“细泡灯”等；二是量词 + 名词，例如“只牛肥绝”“我择着支笔”等。又如以形容词为中心的词组，也有两种比较特别的结构，一是名词或名词性词组 + 形容词，表示“很”“极”的意思，例如“死人咸”，即咸极了之意；二是形容词 + “得”或“到” + 特别补语，表示尽量的夸张，例如“好得死”，即“好极了”之意。再如个别形容词可以带宾语，例如“伊真骸勑唱歌”，即“他很会唱歌”之意，这是普通话里所没有的。

——指代词的奇特，如闽南话指示事物的代词，不是用“这”“那”来表示近指和远指，而是通过［ts－］［h－］这两个声母的表态变化来表示；闽南话的人称代词，单数变复数大多数地方都用特殊的形态，即一般都是通过加鼻韵尾，而不是用加“们”的办法；闽南话人称代词表示领有时可以不用单数式加结构助词“的”，只用复数式直接加名词，如“我的妻子”为“口妇人人”，“你的丈夫”为“口丈人人”。

3. 名词的奇特

闽南话中有一个相当于普通话“儿”“子”的词尾“仔”，表示“小”，但不念轻音，如桌仔、帽仔；表示“讨厌”“轻视”，也不念轻音，如戏仔、鬼仔；表示词类由动词或形容词变成了名词，如戇仔、好仔。闽南话中还有一个“挚”字比“仔”所包含的“小”义更强，为“极小”之意，只能放在“仔”的后面进一步加强小的程度，形成“名词 + 仔 + 挚”的格式。

——动词的奇特，如闽南话中动词“体”的表现方式有别于普通话，如现在进行体用在动词的前面加一个特殊的状语来表示，而不用“动词 + 着”这种方式。又如现在完成体用动词加上一个与动作的完成有关的补语来表示，例如“我食饱”，而一般不用“动词+词尾”，例如“吃了饭”的方式来表示。

——副词的奇特，如闽南话表示否定的副词是“唔”，即“不”，可以做谓语；表示必然或然的副词是“定着”；表示重复的副词是“各”等。

（三）词汇上的奇特

闽语在词汇上的奇特，以闽南话为例，主要表现在：

——单音词相当于普通话的双音词（单纯词或合成词），如“骹”为“腿脚”，“箸”为“筷子”，“徛”为“站立”，“俏”为“疯”等。

——有一些双音词是普通话中没有的，如“狗蚁”为“蚂蚁”，“物配”为“菜肴”，“行踏”为“行踪”，“头家”为“老板”等。

——有一些特殊的词汇，如“物件”为“东西”，“露愧”为“丢脸”，“涂骹”为“脚下”或“地下”，“路用”为“用途”或“用处”等。

三　闽语的分化与潮语、雷州话和海南话的形成

闽语的复杂不仅在于其在福建省内还可分为闽南话、闽东话、闽北话、闽中话和莆仙话，这些次方言间在语音和词汇上都有明显的差异①，更在于在其发展的历史过程中向南扩展，分化出了潮语、雷州话和海南话。

（一）潮语

潮语，就是潮州方言，亦称潮汕方言，俗称“福佬话”，是从闽语中派生出来的一支重要的次方言。潮语流行于汕头、潮阳、潮州、揭阳、澄海、南澳、饶平、普宁、惠来、陆丰、汕尾等县市，以及惠东、揭西部分地区。使用的人口约1000万。加上港澳同胞和海外的华侨，使用潮语的人口约在2500万以上。

据专家研究，潮语的内部结构相当一致，各地差异不大。历史上一般以“府城”潮州市的语音为代表。但是，随着汕头市20世纪初以来崛起于粤东，汕头话逐渐取代了“潮州府”话的地位，而成为潮语的代表。

潮语的母体是闽语。潮汕地区是一个有悠久历史文化的地区，早在新

① 详见陈章太、李如龙《闽语研究》，语文出版社1991年版，第131—135页。

石器时代，其因几何印纹陶文化内涵与福建九龙江以南的滨海地区存在着一致性而被考古学家称之为粤东闽南区。[①] 先秦时，这一区域土著百越族群集团中的一支，曾创造过“海滨文化”和本地区早期的青铜文化，并与中原文化特别是楚文化发生接触。[②] 秦统一岭南后，这一地区属南海郡管辖，已有部分“中县人”定居，秦发数十万军队屯戍五岭，据说其中有史禄率部留驻揭阳岭（一般认为在今揭阳市）。[③] 1983 年，澄海县上华镇龟山发现一处“具有军事、政治意义的”汉代官府建筑[④]，表明秦汉时期潮汕平原有较多的中县人（及军人）活动，汉语也在这里逐渐传播。晋代汉人继续迁入粤东闽南，义熙九年（413 年），析东官郡置义安郡，领海阳、海宁、潮阳、义昭、绥字五县，义安渐成为粤东闽南的政治经济中心，潮汕平原一带人口不断增多。陈天嘉六年（565 年）世祖诏曰：“侯景以来，遭乱移在建安（今福建建瓯）、晋安（今福州市）、义安郡县，并许还本土。”[⑤] 表明六朝时期中原汉族避乱进入粤东闽南者不少。所有这些都为潮语的形成提供了历史的基础。

及至唐宋进入了潮语从闽语中分化出来的关键时期。唐代潮州地区的社会经济有了长足的发展，元和末年人口增至 1 万多户，而且不断有一些官吏或文人学士被贬到潮州，其中最著名的是韩愈被贬到潮州为刺史。当时由于潮州人所操之语言与中原汉语殊异，故韩愈曾以“正音”“为乡人诲”，力图推广中原汉语，但由于没有持久，不久就“一失其真”[⑥]。可见潮语在唐代时已显雏形。

宋代，潮州的文化事业已相当发达，涌现出了许多著名学者、文人，著名的有许申、张菱、刘允、林巽、王大宝、卢侗、吴复古等人。他们在潮州开馆授徒，传授中原的语言和文化。揭阳榕城镇的“学宫”，就是在南宋绍兴八年（1138 年）修建的。所以，当宋朝皇帝问及在朝廷做官的

---

① 李伯谦：《我国南方几何形印纹陶遗存的分区、分期及其有关问题》，《北京大学学报》（哲学社会科学版）1981 年第 4 期；彭适凡：《中国南方古代印纹陶》，文物出版社 1987 年版，第 231—235 页；蒋炳钊等：《百越民族文化》，学林出版社 1988 年版，第 29—33 页。

② 蒋炳钊等：《百越民族文化》，学林出版社 1988 年版，第 57 页。

③ （清）顾祖禹：《读史方舆纪要》卷一〇三。

④ 邱立诚、吴海贵：《广东澄海龟山汉代建筑遗址》，《文物》2004 年第 2 期。

⑤ 《陈书》卷三《世祖纪》。

⑥ 陈香白辑：《潮州三阳志辑稿》卷三。

潮人王大宝关于潮州的情况时，王云："地瘦栽松柏，家贫子读书。"贫家子弟尚且勤读诗书，足见文化相当普及了。于是，在外来的和本地的学者的传授与倡导之下，宋代，潮州方言除了从闽语分化出来的语音系统之外，大量地接受了中原汉语的读音，从而形成了潮语所保持的与说话音有较大差异的"文读"音，使潮语从此开始与闽语分道扬镳了。

宋末元初，赣、闽、粤三省交界的地区成了宋元交战的战场。由于战乱，福建人大批进入潮州，益王赵昰亦率一部分江西及福建应召入伍的士兵退入潮州。南宋灭亡后，南逃入粤的福建人便在潮州定居下来，如陆秀夫的后人陆大策便寄籍于潮州。饶平县的柘林乡，在宋末时也有李、汤、郑诸姓为避兵祸，从福建南逃至此乡的下岱村落籍。饶平的讲州也有一部分福建的渔民和盐民逃难至此落籍。而从福建入粤的人除少量的人到了德庆、中山以外，大多定居于潮州各县，他们从福建带来的闽南话，进一步与原先本地区居民所操的方言涵化，使潮语彻底从闽南话中分化出来，最终形成另具风骚的潮语。

潮语虽是从闽语母体中分化出来一种次方言，但其另具风骚之处，一是在语音上，以汕头语为例有 18 个声母，77 个韵母，8 个声调，三者拼合起来可以得到 6000 多个音节，但实际上使用的只有 2000 多个。更为特别的是潮语的字音，单读时有它本有的声调，称为"本调"，但有时这些音节与其他音节连起来读时，基本调却要改变。这种"连读变调"的现象是普通话中所没有的。此外，大量的"鼻化音"① 也是潮语中的一奇。二是在词汇上单音词占优势，存在一些词序的倒装词，保存了大量的古汉语词语和词义，以及有一些本方言特有的惯用语等。

瑞典著名汉学家高本汉曾经说过："汕头话是现今中国方音中最古远、最特殊的。"② 从闽语的母体中分化出来的潮语，不仅成了汉语中一支另具风骚的方言，而且由于其积淀了中古唐宋时期汉语在语音、词汇以及语法等方面的某些特点，还积淀了许多上古、近古时期，如汉魏晋时代汉语各方面的特点，而成为研究古代汉语的一块"活化石"。

---

① 鼻化音是指在发韵母时，在元音身上同时带有鼻音的成分，气流不单从口腔流出，同时也从鼻腔流出。

② 见贺昌群译《中国语言学研究》，转引自李新魁《广东的方言》，广东人民出版社 1994 年版，第 269 页。

（二）雷州话

雷州话，就是雷州方言，当地俗称“黎话”。雷州话流行于广东雷州半岛以及与半岛连接的粤西地区，即海康、徐闻、遂溪、湛江、廉江、吴川、电白、茂名、高州、阳西等10个县市。使用雷州话的人约有330万。

据专家研究，各地的雷州话虽略有差异，但一致性强。雷州话一般以海康话为代表点，其在语言特点上与潮语比较接近，又保持着闽南话的许多基本特征，是闽语的一支次方言。

雷州话的形成与潮语的形成基本相似，所不同的是宋元之时，落籍潮州地区的福建人所操的闽南话与当地人所操的方言涵化而形成了潮语，而落籍雷州半岛的福建人与雷州半岛上从秦汉至宋元以来迁入的汉族所操的被称之为“黎话”的方言涵化则在明代开始形成雷州话。及至清代，雷州话也成为闽语中又一支另具风骚的方言了。正如清乾隆年间的张渠在《粤东闻见录》中所说：“省会言语，流寓多系官音，土著则杂闽语。新会、东莞平侧互用。高、廉、雷、琼之间，益侏离难解。”

雷州话另具风骚之处，主要表现在语音上，与普通话相比，其有17个声母，比普通话少。有45个韵母，特殊的是其中雷州话有［e］韵母，而普通话没有；雷州话没有［-n］尾，而普通话有；雷州话有［-m］尾，而普通话没有。雷州话8个声调，又比普通话复杂。雷州话四声各分阴阳，普通话只是平声分阴阳。文、白异读现象也相当突出。

（三）海南话

海南话，就是海南方言，亦称琼文话①。海南话流行于海南全省，但主要流行于海口、琼山、定安、万宁、屯昌、琼海、文昌、澄迈、乐东、东方、昌江、崖县、陵水等县市。使用海南话的人约有400万。

据专家研究，海南话内部在语音上略有差异，分为府城、文昌、万宁、崖县、昌感等5片②，一般以海口话为代表。海南话也属闽南方言，是潮语的近亲。

海南话的形成也经历了与潮语形成相似的过程。先秦至汉，海南本是土著百越族群的分布地区。汉武帝平定南越，在海南置儋耳、珠崖二郡，汉人开始进入琼。隋唐时期，随着朝廷对海南的统治加强，环岛州县，来

---

① 张光宇：《海口方言的声母》，《方言》1989年第1期。

② 梁猷刚：《广东省海南岛汉语方言的分类》，《方言》1984年第4期。

自北方的戍卒、官吏、流人越来越多，有些定居下来。唐末南汉，“中原避乱之人多家于此”。[①] 两宋及元，大陆沿海汉人入琼的很多。宋元丰初年，海南四州军共有 10366 户，元世祖至元年间，增至 99885 户[②]，两宋大陆人口移入显然是人口大幅度增长的原因之一。宋代福建商业贸易发达，闽商活跃在东南沿海和海外；闽地人多地少，“硗薄少平川”，“不足以衣食之也，于是散而之四方”[③]，因而闽人入琼者最众。他们由海路进入海南，从事经商或农耕；不少深入黎地，与黎人杂居。周去非云：黎母山熟黎居住区，“多湖广、福建之奸民”。[④] 赵汝适亦云：“闽商值风飘荡，赀货陷没，多入黎地耕种之。”[⑤] 这样，闽语自然传入海南而成为海南最流行的方言。

及至明代，由于广东各地的老百姓不堪压迫及为生活所逼而纷纷起事，《明实录》卷六九载两广提督殷正茂即云：“广东山、海之寇日益充斥，民疲于奔命，死徙过半。”由于“盗寇”日炽，老百姓“非死则徙”。而海南从大明初至明代中叶，累遭“贼”乱，造成地广人稀，土地无人耕种，故而既有官府招抚福建或广东其他地方的人徙入耕种，又有外来百姓的主动迁入。《明实录》卷一六六引两广清军监察史丘山的奏议云：“广东如高、雷、廉、琼、肇庆五府，地僻人稀，而广西荒落残破尤甚，有司如例，请解军丁远卫补伍，率多逃入贼中，且高、廉居民多为贼所胁从。近因招抚，如来复业，若拘之急迫，必有意外之虞。”这些入卫补伍的士兵，有一些就来自福建。凡此等等，历代入琼之百姓和士兵大多落籍海南了。因此光绪《崖州志》云：“惟熟黎与半熟黎初皆闽商，荡资亡命为黎。亦有本省诸郡人利其土、乐其俗而为黎者。”[⑥]

这样，入琼被称为“福佬人”的福建人所操之闽南话，受海南土著族群黎族等少数民族语言的影响而发生涵化，使得闽南话“变化剧烈”。[⑦] 在这种背景下，从闽语中脱胎而出所形成的海南话，在声母系统上发生了

---

① 《东坡全集》后集卷十六《伏波将军庙碑》。
② 《元丰九域志》卷九；《元史》卷六十三《地理志》。
③ （宋）曾丰：《缘督集》卷十七《送缪口干解任诣诠改秩序》。
④ 《岭外代答》卷二。
⑤ （宋）赵汝适：《诸蕃志》卷下。
⑥ 转引自李新魁《广东的方言》，广东人民出版社 1994 年版，第 420 页。
⑦ 张光宇：《海口方言的声母》，《方言》1989 年第 1 期。

许多重要变化。以海口话为例，一是在声母方面，海口话有前喉塞音，其送气清塞音 ph 和 kh 吐气量较大，甚至使双唇和舌根部位的阻塞作用模糊发生同部位的塞擦音或擦音。闽南话常见的送气音［th tsh］，不见于海口话；海口话具有的唇齿浊擦音［v］，不见于一般闽南话。海口的舌尖前塞擦音［ts］，一般只出现在前元音［l e ε］前面。二是在韵母方面，海口话没有鼻化韵母，原先的鼻尾韵转化为口音韵。三是在声调方面，海口话没有连读变调的现象，上声调带紧喉作用。[①]

第二节　闽南福佬人的形成

近几年来，随着客家学崛起，学界对闽南福佬人的研究也正在兴起，其标志是 1984 年台湾学者林再复《闽南人》[②]、2000 年陈支平《福建六大民系》[③]，以及 1999 年徐杰舜主编的《雪球——汉民族的人类学分析》[④] 的出版。与广府人、客家人、平话人一样，闽南福佬人也是由北方汉族移民南迁后，融合了部分百越土著族群而形成的一个独具特点的汉族族群。

自汉晋至两宋是闽南福佬人形成的时期，大致可以分为二个时期。

一　闽南福佬人形成的第一个时期

自汉晋至隋唐，是闽南福佬人形成的第一个时期，即雏形期。

闽南福佬人源于汉晋之际，汉武帝征服闽越后，汉族开始入闽。北方汉族移民有规模地迁入泉州平原与漳州平原，大致始于东汉及孙吴时代。如晋江、惠安一带的黄氏家族，据称就是东汉末年的官员迁入的，始祖“黄道隆为会稽市令官，东汉末乱甚，弃官入闽隐居……迁于盘龙山东灵秀山左之黄田（惠安锦田原名）”[⑤]。三国时吴国在闽北置建安郡，其所辖

① 张光宇：《海口方言的声母》，《方言》1989 年第 1 期。

② 林再复：《闽南人》，自为发行人，1984 年，台湾三民书局 1996 发行增订版。

③ 陈支平：《福建六大民系》，福建人民出版社 2000 年版。

④ 徐杰舜主编：《雪球——汉民族的人类学分析》，上海人民出版社 1999 年版。该书列节论述了闽南福佬人。

⑤ 陈加锥、林家瑞：《同安主要姓氏》，载《同安文史资料》精选本（下），1996 年。

县中就有东安县，即现闽南福佬人所居的南安、同安二县。[①] 1982 年南安县丰州发现西晋太康五年（284 年）汉人贵族的墓，也证明了汉族对泉州的开发早在东晋前已开始了。但汉族大批入闽还是从东晋时起。

“永嘉之乱”后，北方汉族纷纷南迁，其中就有相当一批迁入闽南，《晋书·地理志》云：“闽越遐阻，避在一隅，永嘉之后，帝室东迁，衣冠避难，多新萃止。”有史记载：“永嘉二年（308 年），中原板荡，衣冠始入闽者八族，所谓林、陈、黄、郑、詹、邱、何、胡是也。”[②] 这时入闽的中原汉族，以闽中的晋江为聚居中心，故“晋江”一名盖出于此。宋人王象之在《舆地纪胜》中亦云，晋江“在县南一里，以晋之衣冠避地者多沿江以居，故名”。[③] 与此同时，中原汉族也不断地有小批量迁入泉州和漳州两个平原地带。

唐欧阳詹为晋江县郑氏季实撰写墓志铭时云：“公讳晚，字季实，其先宅荥阳，永嘉之迁，远祖自江上更徙于闽，今为清源晋江人。”[④] 泉州《杨氏族谱》称：“其先弘农人，永嘉过江，迁于闽越。祖某漳州长史，父某泉州南安县丞。”[⑤] 《梁氏族谱》称其祖先于“晋室乱离，梁芳以族随晋渡江，大衍于钱塘、合浦间，孙遐仕安帝，桓玄篡，逃闽。……因家南安”。[⑥] 由此可见，东晋迁入闽南的中原汉族奠定了形成闽南福佬人最早的基础。

晋江下游的南安县，是福建最早设立县治的地方之一。三国吴永安三年（260 年）在这里置东安县，隋开皇九年（589 年）改名为南安县。在近年来的考古发掘中，屡屡发现南安及晋江流域的东晋墓葬，如 20 世纪 60 年代发现的南安丰州狮子山遗址，已发掘的两晋南朝的墓地就有 17 处。根据墓砖印文，其中年代明确的有六座。从这些考古发现中，我们可以想象魏晋南北朝之时，晋江流域的汉人聚居点已初具规模。[⑦] 所以，宋

① 郭志超：《闽南人历史文化概观》，《福建民族》1996 年第 4 期。

② （宋）路振《九国志》，转引自杨豪《“福佬人”考略》，《广西民族学院学报》1996 年第 2 期。

③ 《舆地纪胜》卷一三〇，泉州。

④ （清）陈国仕辑录：《丰州集稿》卷一四，（唐）欧阳詹：《有唐君子郑公墓志铭》。

⑤ 转引自《台湾通志稿》卷二《人民志氏族篇》。

⑥ 同上。

⑦ 陈支平：《福建六大民系》，福建人民出版社 2000 年版，第 94 页。

代乐史《太平寰宇记》卷120《泉州》云：“东晋南渡，衣冠士族多萃其地，以求安堵。”宋代王象之《舆地纪胜》卷130《泉州·景物上》亦云：晋江“在县南一里，以晋之衣冠避地者多沿江以居，故名”①。

北方汉族移民早期迁入九龙江的漳州平原，虽然不如晋江的泉州平原早，但是南朝时，也有少量的汉人迁居九龙江下游。如《福建通志》载：“王彦昌，其先琅琊人，自东晋肃侯彬迁于闽，居龙溪，后析龙溪置漳浦，遂为漳浦人。”② 而蔡氏“西晋时五胡入侵，北方又一次大举南迁。河南陈留一带蔡氏随众流入福建。时蔡大业之子蔡允恭逃居福建龙溪。蔡允恭于唐贞观年间卒于龙溪新恩里屿头，墓尚存。因战乱，屿头蔡氏四处奔逃，蔡允恭后裔蔡志顺，长子允芷徙居西柯镇新厝顶，次子允昭徙居安溪县溪内，三子允灿徙居金门上兜又名山兜，后迁坪林”③。故在南朝末年，九龙江下游设置了龙溪县，以加强对这一带新居民的行政管理。

隋唐时期，北方汉族移民迁入闽南地区的人数量开始不断增多。隋初，就有不少北方失意的贵族入迁闽中。如有名的陈后主叔宝三个儿子及其宗族就迁入泉州一带。《永春县志》记载：“镜台翁，相传为陈后主叔宝之子，隋既平陈，镜台挈两弟及宗族引兵甫奔，据（永春）桃林场之肥湖，一名毗湖，今称蓬壶。后隋帝有旨令释为民，仍令有司四时祭其祖，遂居肥湖之瑞峰。南安曾井曾氏以长女妻镜台，而以次女、三女妻其两弟。镜台生三子，曰鸣、曰珙，分处德化、仙游；曰缘，居肥湖。”而镜台之弟陈易任，为民后隐居永春陈岩之峭峰。死后“屡著灵异”，被当地人奉为神明，宋代受封“威应侯，又曰显应（侯），支裔犹存”。另一位弟弟陈易简，“入闽为民后，居慕仁里之溪西”。④ 这些后裔都成为永春的大姓。

更重要的是，唐初闽南九龙江流域，除了逐渐迁徙而来的汉人之外，尚有留居于山林之间为数不少的原土著闽越族后裔，和从岭南一带涌进的被称为“蛮獠”族群，他们之间的互动、磨合、整合和融合，对闽南福佬人的形成有重要的意义。

---

① 参见黄展岳《泉州南朝以前的历史考古问题》，载《福建历史文化与博物馆学研究》，福建教育出版社1993年版。

② 道光《重纂福建通志》卷一七〇《唐列传》。

③ 泉州蔡氏宗亲会编：《蔡氏宗族联亲会会讯》，1994年印行。

④ 民国《永春县志》卷二七《流寓传》。

在这一区域的早期开发中，北方汉族移民与包括“蛮獠”族群在内的土著族群有较多的接触与互动，从而也产生了许多的矛盾和冲突。南朝时，土著族群与汉族移民的矛盾、土著族群与官府的矛盾已经呈现。唐初，矛盾激化，爆发了所谓“蛮獠”的“啸乱”。其时中央政府已经在龙溪及闽西的新罗设立了县级政权机构。为了确立唐王朝在九龙江流域的统治，唐高宗麟德年间（664—665 年），遂派曾镇府领诸卫将军衔由中原率部镇闽，驻扎九龙江东岸。总章二年（669 年），又复派归德将军陈政与曾镇府更代，统岭南行军总管事，出镇泉、潮二州之间的故绥安县地（今漳浦、云霄一带）。当时，陈政、陈元光父子率府兵三千六百多名，从征将士自副将许天正以下一百二十三员赴闽。

陈政率部入闽，为了开拓闽南，决心一去不复返。由于遭到当地一些土著族群的顽强抵抗，部队进入绥安便陷入重围，陈政所部寡不敌众，向朝廷奏请援兵。唐朝廷命陈政的两位兄弟陈敏、陈敷，再率府兵三千共五十八姓，南下驰援。咸亨元年（670 年），陈敏兄弟奉母魏氏同行，其他部属亦大多携带家眷一道南下。但进军至江山（今浙江江山南），陈敏兄弟不幸病故，诸侄也同时丧亡。没想到的是，其母魏氏英勇善谋，果断地代领军队，继续南下入闽，与陈政前来接应的军队会合，抵达闽南，屯扎在绥安之梁山下。陈政、陈元光父子于养精蓄锐之后，亲率部众结筏渡江，击退“蛮獠”武装，建寨于漳水西岸，进而向纵深地区扩展。仪凤二年（677 年），陈政病故于军中。其子元光代领兵众收复为“潮寇”、“土蛮”所攻陷的潮阳。永隆二年（681 年），元光潜师入潮州突袭“蛮獠”营垒，“俘获万计”，后又在盘陀岭打败“蛮獠”主力，泉潮间的“啸乱”遂被平定。[①]

陈政、陈元光率兵入闽的这次移民性质的进军，仅陈政亲率的首批府兵将士三千六百名，据说便有四十五姓。康熙《漳浦县志》根据有关族谱记载，这支军队仅校尉以上的将领，就有二十余姓，对闽南人的形成产生了巨大的推进作用。

“啸乱”平定后，为了更有效地开发和统治闽南地区，陈元光上书朝廷，请求在泉、潮之间新置一州。垂拱二年（686 年），朝廷准元光之请，在泉、潮之间置漳州，并以漳浦、怀恩（今云霄一带）二县归隶之，委

---

① 参见（明）何乔远《闽书》卷四一《君长志》；光绪《漳州府志》卷二二《兵纪》上。

陈元光任漳州刺史。漳州建立之后，为进一步稳定局势，陈元光“奏立行台于四境，四时亲自巡逻，命将分戍”，把所属军队分布于闽南各地。这四境是：“一在泉之游仙乡松州保，上游至苦草镇；一在漳之安仁乡南诏堡，下游至潮之揭阳县；一在常乐里佛潭桥，直至沙澳里太武山而止；一在新安里大峰山回入清宁里卢溪保，上游至太平镇而止。”① 于是，北至泉州、兴化，南逾潮州、惠州，西抵汀州、赣州，东接沿海各岛屿，均为陈元光部属的守戍地和开发地。陈军将士所到之处，且守且耕，招徕流亡，就地垦殖，建立村落。陈元光则亲自率部开屯于漳水之北，自己动手烧制砖块，“躬自陶砖”。他的部下也纷纷开拓山林，营农积粟，如府兵校尉卢如金率部“兴建屯营于云霄修竹里”，司马仁“剪荆棘，开村落”②。这样，一个个新的屯营和移民村落在闽南各地兴起。

与此同时，陈氏父子十分注重磨合和整合当地土著族群，即所谓“宣威雄剑鼓，导化动琴樽”③。如居住在盘陀诸山洞的“山獠”，因山高路险不相通，陈元光“乃开山取道，剪除荆棘，遣土人诱而化之”④。在这种态势下，“山獠”纷纷归附。然后，陈元光在这些归化的地方逐步推行中原先进的制度和生产方式，“建寨柳江之西，土黎归附”⑤。在陈元光及其部属的努力下，被开发同化的地区迅速扩大，以至边远的山区“渐成村落，拓地千里”。这些归化的土著少数民族人民，也很快接受了中原较为先进的生产方式和生活方式，并且受中原汉人移民的影响，改汉姓，起汉名，与汉人通婚，相传陈元光的第一夫人种氏，就是“蛮獠”的女儿。⑥ 陈元光曾经写下著名的诗篇《候夜行师七唱》，其中第二首云：

魏母咸亨奉敕文，府兵云众戍营屯。屹然一镇云霄末，渐尔群言花柳春。

男生女长通蕃息，五十八氏交为婚。火田黄稻俱甘旨，纲水金鱼

---

① 光绪《漳州府志》卷二二《兵纪》。

② 参见《颍川开漳族谱》及（明）何乔远《闽书》卷四一《君长志》。

③ 《颍川开漳族谱》附（唐）陈元光：《龙湖集》。

④ 康熙《漳浦县志》卷十九《杂志·丛谈》。《颍川开漳族谱》；又见（唐）陈元光《龙湖集》。

⑤ 道光《重纂福建通志》卷八五《关隘》。

⑥ 陈支平：《福建六大民系》，福建人民出版社2000年版，第32页。

洽□醉。

寇戎不测纷如雪，甲胄何时不出门。夜祀天皇弘德泽，日将山獠化编民。

“男生女长通蕃息，五十八氏交为婚”，生生为人们勾勒出了一幅族群从互动、磨合到整合、融合的生动图像。故而“因辖其地为唐化里”[①]。“唐化里”的命名，正是“日将山獠化编民”的结果。从此，九龙江流域及闽南各地的土著族群除少量仍滞居山林间之外，大部分均转化为“编民”，不再以“蛮獠”相称。这种民族整合、融合的进程，正是闽南福佬人形成的先声。

隋唐时，汉族入闽又有了新的发展。尤其是闽西南畲民起义时，唐王朝为了加强对“蛮僚”的统治，置漳州派陈政、陈元光父子率五千多府兵进驻漳江与九龙江流域，任漳州首任刺史。陈氏守漳四代，长达百年，许多从戍的官兵在漳泉落户，一些闽南的大姓，也纷纷迁入闽南。如陈邕，称为太傅派，据载其祖籍“原居京兆府万年县，始祖陈忠在唐为高官，赠鄂国公，子陈邕，为中宗进士，任官太子太傅，与李林甫不合，被贬到闽地。最初居住在兴化枫亭井上，后来迁到漳州南驿路南厢山”。[②]“子孙繁多而遍布闽南，台湾及东南亚各地”[③]。施姓，“唐之中叶，始由河南光州迁徙入闽，有秘书郎承公者，宅居于泉州钱江乡……嗣是而子姓蕃衍，支分派别”[④]。黄姓，唐初有黄岸、黄崖兄弟，分传二支，黄岸居莆田，黄崖迁泉州。崖子黄守恭于唐垂拱二年（686 年）放弃自宅捐建泉州名刹开元寺，寺成，据传常常见紫云盖顶的灵异，后代便以“紫云”作为该族的堂号。守恭生子四，长黄经分居南安，次黄纶分居惠安，三黄纲分居安溪，四黄纪分居同安，传至现在，黄姓与陈、林二姓并称闽南的巨族。[⑤] 据司马光《资治通鉴》等书的记载，唐末王潮率部入闽时，泉州鉴湖张氏张延鲁曾带领地方耆老前往迎接，“泉人张延鲁等以刺史廖彦若

---

① 道光《重纂福建通志》卷八五《关隘》。

② 《闽台陈氏大宗谱》，《源流》。

③ 杨绪贤：《台湾区姓氏堂参考》，洪姓、施姓。

④ 同上。

⑤ 泉州《紫云黄氏族谱》序。

贪暴，帅耆老奉牛酒遮道，请潮留为州将，潮乃引兵围泉州。”[①] 如今泉州一带的张姓，大多为张延鲁的后裔。其他如泉州的李姓、吴姓、章姓、曾姓、傅姓、唐姓、庄姓、吕姓、欧姓、潘姓、董姓等，据族谱的记载，也都是在唐代时陆续迁入晋江流域的。[②]

据陈支平先生研究，唐末五代也是中原汉族迁入闽南的一个关键时期，如许姓，“始祖许复任唐，随王潮入闽，镇漳州之诏安，改而入泉，乔居晋江十七八都间石龟，后枝派分栖”，称为“石龟许氏”。曾姓，“唐僖宗光启间，王潮由光州固始入闽，中原士民避难者皆徙以从，曾姓亦随迁于漳、泉、福、兴之间。”周姓、苏姓“世居光州固始，唐末有苏益若，避黄巢之乱……随王潮入闽。……自是苏姓分布漳、泉”。蔡姓，“本周姬姓之后……唐时移迁河南光州固始县……唐末避黄巢之乱，迁于福建闽南。”廖姓，“唐昭宗时，官国子祭酒，朱全忠篡唐，避乱入泉，隐于小溪场（安溪），后嗣蕃衍，居闽南者甚众。”高姓，“唐僖宗中和元年其入闽始祖钢，避黄巢之乱，挈眷由淮南西路州固始入闽，占籍于福州怀安县风冈……其后遂迁安平，子孙蕃衍，瓜分散处，或居晋江永乐，或迁南安埕边，或赘同安高浦。”孙姓，“先世居河南光州固始，唐末五季之乱，南迁入闽，居泉州东门，后迁银邑（同安）之嘉禾。”曹姓，“唐末避黄巢之乱，辗转入闽，定居漳州，其裔遍闽南”[③]。

众所周知，闽南与整个福建一样本是秦汉之闽越，三国之山越等少数民族土著族群聚居的地方。汉代入闽者甚少，汉武帝征服闽越后，汉族才开始成批量地迁入。但三国时仍基本上是山越的天下。所以，自东晋至唐入闽及至闽南的中原汉族势必与这些少数民族土著族群发生互动。[④] 在这个互动、磨合的历史时期，由于迁入闽南中原汉族先进的经济和文化的影响，迁入的汉族虽然在互动中也吸收了不少少数民族土著族群的文化，这在闽南话中有积淀，在闽南风俗中也有遗存。但终因文明程度高低的决定性影响，这些少数民族土著族群逐渐失去本民族的特性而汉化了。而迁入闽南的中原汉族却因吸收了少数民族土著族群的文化，也就开始形成一个

---

① （宋）司马光：《资治通鉴》卷二五六。

② 参阅陈支平《闽南人——福建汉族民系研究之二》，《广西民族学院学报》1998年第3期。

③ 同上；又参见杨绪贤《台湾区姓氏堂号考》，《台湾省通志稿》卷二《人民志氏族篇》。

④ 陈支平：《闽南人——福建汉族民系研究之二》，《广西民族学院学报》1998年第3期。

独具特色的闽南福佬人。正如林惠祥先生所说："闽人多来自中原，吾侨亦承认；但必须与土人杂婚之结过果，乃成今日之闽人。"[①] 所以，自东晋至唐，闽南福佬人在泉州和漳州已具雏形。

闽南人之所以在福建汉族族群独树一帜，其原因在于闽南话的形成，陈政、陈元光父子所率五千多府兵都是河南中州人。当时的中州话含有上古雅言的成分，又属于唐代洛下正音[②]，这种古汉语在闽南话中积淀深厚。所以闽南话不少方言词可以在隋唐的《广韵》中找到本字，且文白异读普遍存在，声、韵、调各方面都有明显的文白对应条例[③]，这就与闽语中其他方言有了明显的区别，从而与福建其他汉族族群区分开来，因其地处于福建南部，故在福建被人们俗称为"闽南人"。

二　闽南福佬人形成的第二个时期

自两宋至元明，是闽南福佬人形成的第二个时期，即确定期。

入宋以来，在战乱频仍之下，中原汉族移民继续南迁入闽。尤其是南宋初年，福建作为南宋的后方，不仅战乱较少，而且经济文化也较发达。故叶绍翁云："自开禧兵变，难民稍徙入于浙、闽。"[④] 据吴松弟的统计，靖康乱后南迁入闽南泉州和漳州的移民 33 人，始迁者 17 人。而泉州作为南宋宗子的重要居住地，建炎三年（1129 年）十二月，南外宗正司自镇江迁往泉州，随行的宗子 349 人就定居了下来。"其后日以蕃衍"，到庆元年间（1195—1200 年）发展到 1700 余人，绍定年间（1228—1233 年）达 2300 余人。[⑤] 漳州亦然，嘉定《清漳志》称："中兴（南渡）以来，生齿日繁，漳之事物，益非昔比。"[⑥]

但是，泉州、漳州两个小平原的自然条件虽好，气候宜人，有晋江、九龙江和木兰溪的灌溉，但终因地方狭小，山低水短，流量较小，加上年降雨量又偏少，而常闹旱灾，土地逐渐沙质化，丘陵之间多望天田、旱

---

① 林惠祥：《福建民族之由来》，转引自马建钊、乔健、杜瑞乐主编《华南婚姻制度与妇女地位》，广西民族出版社 1994 年版，第 13—14 页。

② 王耀华主编：《福建文化概览》，福建教育出版社 1994 年版，第 46 页。

③ 陈章太、李如龙：《闽语研究》，语文出版社 1991 年版，第 132 页。

④ 《四朝闻见录》卷五"难民浆枣"条。

⑤ （宋）真德秀：《西山文集》卷十五《申尚书省乞拨降度牒添助宗子请给》。

⑥ 转引自光绪《漳州府志》卷首，旧序。

地，沿海又多沙滩，少海涂，久而久之，就显得人多地少、资源不足了。所以南宋之时，随着漳州沿海地区的繁荣以及汀州地区的开发，夹在二者之间的山区地带，才有较多的外地汉人迁入定居。据陈支平的研究，从目前漳州内地山区南靖、平和等县的民间族谱看，这里的居民，绝大部分都是在宋代及其以后迁入的。如平和县，据《平和县志》记载，该县现有居民属于南宋以前迁入的姓氏无考，而目前有族谱明确记载迁入时间的16个姓氏中，都是在南宋之后迁入的，其中明代就有：长乐秀峰游氏，明嘉靖年间（1522—1566年），游均政由永定县大溪迁居于长乐秀峰。大溪江氏，明初，江肇元从永定县方头迁居大溪。九峰杨氏，始祖原籍宁化县石壁村杨家坊，明洪武年间（1368—1398年）杨世熙迁徙南靖县河头坪（现属平和九峰）；明正德十三年戊寅（1518年）平和建县始移福坪（今九峰杨厝坪），后其子孙繁衍于九峰、长乐、崎岭等地。壶嗣吴氏，明洪武四年辛亥（1371年），吴文应从漳浦迁徙大溪壶嗣（时属南靖县辖）。崎岭、长乐林氏，明洪武三年（1370年），藻公之后裔庆元迁居平和，庆元之裔孙大荣、大华、大俊等分居长乐之下村、癸村，崎岭之承坑、中寨、黄竹坑、乌石坑、顶厝寨、下楼、田里厝等地。霞寨岩岭庄氏，明宣德年间（1426—1435年），庄敬旺从南靖县奎洋迁居平和霞寨岩岭。[①] 再如南靖县，双峰丘氏，元大德十年（1306年）迁入，始祖丘杰秀；奎洋庄氏，元仁宗延祐七年（1320年）从广东大埔迁入；庙兜郭氏，明洪武九年（1376年）由长泰迁入；书山、斗山、涌山萧氏，永乐九年（1411年）由江西吉安迁入；版寮刘氏，元惠宗至正五年（1345年）由赣南瑞金转迁而来；和溪林雅林氏，元至正年间迁入；竹员陈氏，元成宗年间（约1300年）迁入；长教简氏，元正至年间迁入[②]。这是一方面。

另一方面，闽南人开始向粤东潮汕地区南迁。对闽南人有吸引力的是商业利益的刺激，闽南人重商贸、善经营的特征，笔者在后面将详述。就国内市场来说，当时的广东无疑是闽南人开展贸易活动的最佳地区，一则地域相连，二则交通方便，从商业利益说，仅大米输出，闽南素有“饔

① 新修《平和县志》卷三《人口》，群众出版社1994年版。

② 以上见南靖县民间各姓氏族谱《世系》《源流》。转引自陈支平《福建六大民系》，福建人民出版社2000年版，第100—101页。

餐所资，上则吴浙，下则粤之潮、高，如数月不至，则待哺”[①]之时，潮州却以稻米为大宗出口商品。“闽船来广籴粟，必多聚于潮州”[②]，运回闽南“至则就籴”。另外，粤东地区盛产的蔗糖、潮布、瓷器以及其他工农业产品，也是闽南商人极感兴趣的贸易商品。故“贾人欲得厚利者皆相率南入粤东，号称走广”。[③]

粤东的潮汕地区包括今潮州、汕头、南澳、澄海、饶平、揭阳、潮阳、揭西、普宁、惠来、海丰、陆丰等县，与福建紧紧相邻，故而成为闽南人南入广东的第一站。如南宋大臣王大宝的祖先，潮阳大姓程氏和海阳大姓林氏的祖先，均自闽迁入。[④]乾隆《潮州府志》卷三十三《宦绩》载游宦留居潮州者共10人，都来自福建。[⑤]又如还有一些福建人，在潮州置不动产，平时往来于家乡与潮州间，最后迁居于此。永福县人吴某，就是一例，其“于潮薄有资产”，家乡因自然灾害“田庐萧然”，以后定居潮州。此后，其弟、妹又奉母亲往来于潮州和福州间。[⑥]陈藻《过海丰》诗：“忽听儿音乡语熟，不知方到海丰城。”[⑦]陈藻是福建人，过海丰听见“儿音乡语熟”，故宋人王象之在《舆地纪胜》中亦云：“土俗熙熙，有广南福建语”[⑧]，可见当地闽南移民已成气候。所以宋人祝穆在《方舆胜览》中说：潮州“虽境土有闽广之异，而风俗无潮漳之分”。“土俗熙熙，无福建广南之异。”[⑨]可见闽南人已成为潮汕地区居民的主体，这些闽南移民就被广府人称之为“福佬人”。

闽南人“走广”的浪潮一直兴盛不衰，经对20部族谱移民资料的统计，明清时向粤东潮汕地区移徙的有128个家庭、286人。如《圭海许氏

---

① 《泉州府志》卷二〇《风俗》。

② 黄挺、杜经国：《潮汕古代商贸港口研究》，载《湘学研究》第一辑，汕头大学出版社1993年版。

③ 傅衣凌：《明清时代商人及商业资本》，人民出版社1956年版，第114页。

④ 《宋史》卷一八六《王大宝传》；《乾隆潮州府志》卷三〇《程瑶传》；《光绪海阳县志》卷二八《古迹略三·林从周墓》。

⑤ 方志明确记载9人籍贯福建，另一人陈汤征籍贯河南固始，由宋末迁入。按河南固始为闽人的重要祖籍地，府志当以祖籍而不是以福建作为其籍贯，陈也是闽人。

⑥ （宋）刘克庄：《后村集》卷一五五《吴君墓志铭》。

⑦ 载《乐轩集》卷二，四库全书本。

⑧ （宋）王象之：《舆地纪胜》卷一〇〇“潮州·四六”，江苏广陵刻印社影印惧盈斋刻本。

⑨ （宋）祝穆：《方舆胜览》卷三六《潮州·事要》。

族谱》所记漳州海澄许氏家族，“（七世）仁齐，尚玉四子，妣李氏，逃居潮州”；“（九世）承佑，三之子，居潮州”；“（十一世）英孙，国扬长子，住潮州蔗林。英武，国扬次子，住潮州蔗林。慕奇，其和子，迁居潮州。一金，生四子，长子士美，诸子同义俱在海丰乌树住。启赤，一燕三子，移住广东吉（揭）阳县。隆正，日暄子，妣郭氏，合葬潮州澄海县桑林社。”此种记载不胜枚举，足见潮汕福佬人与闽南人千丝万缕的地缘和血缘关系，把他们紧紧地联成一个整体。在福建的闽南人，就是在广东的福佬人；在广东的福佬人，就是在福建的闽南人。

当闽南人迁入潮汕的同时，也有一部分闽南人迁入雷州半岛，有的直接从闽南迁入，有的则先迁入潮汕的海丰、陆丰，然后再转迁入。据王象之的《舆地纪胜》记载，绍圣年间（1094—1098 年）南恩州（辖今阳江、阳春、恩平等县）“民庶侨居杂处．多瓯闽之人”。[①] 而州治所在的阳江县“邑大豪多莆（田）、福（州）族”[②]；化州（治今县）“以典质为业者十户，而闽人居其九”。[③] 于是当地人民均以闽语“平日相与言”[④]，可见闽南人也已成为雷州半岛居民的主体了。

海南岛的闽南人也是从宋代以后迁入的。《琼台志》卷七《风俗》说：“赵宋以来，闽越、江、广之人仕、商流寓于此者，子孙多能收家谱是徵”。据吴松弟先生对海南氏族资料的调查研究，今在海南分布很广的许多氏族，大部分是宋代从福建、小部分从岭南移居而来的。如人数很多的符氏，其先人宋代从福建入琼抚黎，先居文昌，后子孙繁衍，支系众多，散居在琼山、万宁、陵水、崖县、儋县等地。邢、占、韩、张、冯、慕、黄、周各姓，往往自称或记载祖籍福建等地，于宋末或明初迁入。[⑤] 而海南语属于闽南方言的分支[⑥]，可见闽南人也成了海南居民的主体了。

因历代行政建制潮汕、雷州半岛、海南都是属广东的范围，故广府人

---

① 《舆地纪胜》卷九八引丁榩《建学记》。

② 《嘉靖龙海县志》卷八《黄朴传》。

③ 《舆地纪胜》卷一一六引范氏《旧闻拾遗》。

④ 《大明一统志》（陕西古籍出版社影印本）卷八四引宋代《图经》说雷州有官语、客语和黎语：“官语可对州县官言，客语相与言也，黎语虽州人或不能尽辨。”按《道光广东通志》卷九三《舆地略》说宋代崖州，“惟语言是客话，略与潮州相似”，则客语即闽南语。

⑤ 葛剑雄主编：《中国移民史》，福建人民出版社 1997 年版，第 186—187 页。

⑥ 李新魁：《广东的方言》，广东人民出版社 1994 年版，第 415 页。

俗称以潮汕人为代表的闽南移民为“福佬人”，这就是福佬人的形成。“福佬”一词如前所述有可能是“河洛”的音转，但一般人仍认为“福”字来源于“福山”[①]，而“佬”字则出于广东人俗语“大佬”（对男子的尊称）。所以从此出现在闽南形成的汉族族群——闽南人，到了广东则被称之为“福佬人”，并且成了广东汉族的主要族群之一。今天，我们从整体上审视这个在海内外有重大影响的汉族族群，应将他们视为一个整体，故而称之为“闽南福佬人”更准确些。

第三节　闽南福佬人的人文特征

在闽南福佬人中流行着两首闽南话歌，一首是《爱拼才会赢》，其云：

一时失志不免怨叹
一时落魄不免胆寒
那通失去希望
每日醉茫茫
无魂有体亲像稻草人
人生可比是海上的波浪
有时起有时落
好运歹运总嘛
要照起工来行
三分天注定
七分靠打拼
爱拼才会赢

“拼”和“赢”淋漓尽致地凸现了闽南福佬人敢闯敢冒、勇于进取的精神。另一首是《浪子的心情》，其云：

浪子的心情

① 《元和郡县志》“福州”。

真像天顶闪烁的流星
浪子的命运
真像鼎底蚂蚁的心理
我嘛是了解
生命的意义
我嘛是了解
迫逍无了时
我嘛是想要好好来过日子
我嘛是想要，我嘛是想要
重新来做起
谁人会了解
谁人来安慰
我心内的稀微

一方面表现了漂洋过海、浪迹天涯的海外游子艰苦创业的奋斗精神，另一方面又抒发了他们对故土无比思念的恋乡情怀。这两首歌在闽南福佬人中可以说是家喻户晓，妇孺皆知，许多闽南福佬人自豪地称之为闽南的“国歌”[①]。从中也凸现出了闽南福佬人独树一帜的人文特征。

一　漂洋过海闯世界的海洋情结

明末学者顾炎武曾说过：“海者闽人之田也。”[②] 确实，福建是中国东南沿海一个多山的省，山地丘陵占全省面积 90% 以上，山势高大的武夷山脉斜贯于闽赣之间，占据了闽西的大部分面积；山势险峻的鹫峰山脉、戴云山脉和博平岭组成的连绵山峰直逼海洋。这两个大山脉带犹如一道屏障，阻隔了福建沿海与内陆的交通往来。而面向海洋的闽南福佬人，在与内陆的联系极不便利的地理环境中，充分利用曲折的海岸线所造成的众多优良海港和海涂优势，漂洋过海去闯世界。据专家考证，南朝时，印度僧真谛于陈永定二年至天嘉三年（558—562 年）从晋安郡航行到梁安郡。

① 倪健中主编：《人文中国》，中国社会出版社 1996 年版，第 470 页。
② 同上书，第 458 页。

梁安郡故址在今闽南南安县的丰州[1]，也就是今泉州附近。可见南朝时泉州已是海外交通的重要港口，所以真谛去棱枷修国（今马来西亚）要到泉州来换乘大船。乃至宋元，泉州已成为盛极一时的东方大港，海上丝绸之路的重要一站，南宋吴自牧《梦粱录》云："若欲泛外国买卖，则自泉州便可出洋。若有出洋，即从泉州港口至岱屿门，便可放洋过海，泛往外国也。"《马可·波罗游记》也称泉州"是世界上最大的港口之一"[2]。据赵汝适《诸蕃志》记载，当时从泉州到亚非各国的航线很多。

在这种海洋文化的熏陶下，闽南人很早就结下了"出洋"的海洋情结。他们与内陆的交通往来不便，但漂洋过海的交通却极为方便。据考，泉州僧人唐季智曾到过印度求法；泉州僧人昙静随鉴真东渡到日本担任过传戒师；泉州商人李充两次到日本做生意；郑成功的父亲郑芝龙就到过日本，娶平户蕃士四川元氏之女为妻，1624 年生郑成功；宋代前后二位安南王——李介蕴和陈日照，都是福建晋江安海人；明清时到柬埔寨的泉州华侨就有陈朝汉、黄义金等，到泰国的泉州华侨就有颜嗣祥、黄镇富等，到印尼的有黄万官、黄宋官等，到菲律宾的有白丕显、陈七、陈章灿等。顾炎武曾说过，明万历年间，大批泉漳人流寓吕宋，"是时，漳泉民贩吕宋者，或折阅破产，及犯压冬禁不得归，流寓夷土，筑庐舍，操佣贾杂作为生活，或娶妇长孙者有之，人口以数万计"[3]。此外，到马来西亚的有陈臣及其族亲戚友百余人，到新加坡的有黄永应、颜遏阳、林祥清、杨进来等，有的甚至漂洋过海到欧洲，到阿拉伯。

凡此等等，不胜枚举。这种漂洋过海闯世界的盛况，正如顾炎武所言："泉漳商民，贩东西二洋，代农贾之利，比比皆然。"[4]

及至近代，由于厦门港的崛起而导致泉州港的衰落，而泉州、晋江一带的土地又很贫瘠，笔者 1997 年 11 月考察泉州、惠安崇武时，对此有很切身的体会，确是如闽南谚语所说："水不足以湿地，土不足以养人"，那里的土地只能种地瓜，于是出于生活所迫，泉州人更是大批大批地漂洋过海，风风火火地闯世界去了。所以，现在不仅中国台湾、中国香港的闽

① 李玉昆：《泉州海外交通史略》，厦门大学出版社 1995 年版，第 10 页。

② 同上书，第 106 页。

③ （明）顾炎武：《天下郡国利病书》卷九六。

④ 同上。

南福佬人特别多，就是东南亚一带的闽南福佬人也特别多。据统计，目前泉州籍的海外华人、华侨大约有一千五百多万。[①] 有些闽南人的族姓，向海外移居的族人已超过了留居在本国的族人人数。如永春东平乡东山村颜姓在国外人口有八百多户六千多人，而国内仅有三千多人；城郊乡桃溪村周姓 1950 年修谱时登记海外人口四千多人，比国内人口多一倍以上；又如永春东门后村郑姓在国外人口达三万余人，而国内人口只有一万多人；城郊乡张埔村李姓 1937 年调查国内人口不足三百人，而国外人口则达六百多人。[②] 泉州成了我国最大的侨乡之一。至今闽南福佬人“出洋”的意识仍十分强烈，笔者在泰国曼谷的湄南河码头上等船时，就碰见一个闽南农村的青年，他就是从闽南偷渡出来的。他说他们村子里年轻一点的人，无论男女基本上逃光了。我问他抓住了怎么办？他说抓住了就要罚款，一罚就是几万元。但只要有机会就再逃。他就是第二次才偷逃到了泰国。我们问他到了泰国怎么办？怎么生活？他说，找闽南人的同乡会，只要会讲闽南话，生活是不会有问题的，然后再找工作。这种强烈的海外情结，确实是汉族其他族群中少有的。

二　重商贾善经营

闽南福佬人在长期的对外贸易中锻炼了自己的商品意识和经营能力。如宋代泉州海商王元懋，在寺院里长大，边做杂役，边从师僧学习外语和外国知识。后随商船到占城，因他精通蕃汉文字、深得占城王的宠爱，嫁以王女，在占城 10 年，后归泉州，成为大海商。宋代与高丽搞贸易的泉州商人甚多，据《高丽史》记载有 19 人；[③] 而元朝泉州的海商孙王高、陈宝生，长期从事海外贸易，对外国人能以孝友、信义化道之，经商又以信义为准则，取信于外国人，被外国人称之为“泉州二义士”[④]。

闽南福佬人在历史长河中锻炼出来的重商贾的意识和善经营的本领，致使闽南、潮汕十家而七或坐地列市谋微利，或贩运货物、通贸内地与海外。农、儒、童、妇皆以商贾为荣。人们不仅尚商贾，而且善经营，正如

---

① 倪健中主编：《人文中国》，中国社会出版社 1996 年版，第 470 页。

② 陈支平：《闽南人——福建汉族民系研究之二》，《广西民族学院学报》1998 年第 3 期。

③ 详见陈高毕《北宋时期前往高丽贸易的泉州舶商》，《海交史研究》1980 年第 2 期。

④ 李玉昆：《泉州海外交通史略》，厦门大学出版社 1995 年版，第 50 页。

《杨郡丞安平镇海汛碑》所记："其始窥市邑，仅为积居转贩之小贾，继之行旁郡国，岁转毂以百数，进而为中贾，最后四方郡国，无所不至转毂千万计，而成富豪之大贾矣。"① 从而造就了驰名世界的"潮商"，被外国人称之为"东方犹太人"②。所以，至今在泉州还流行着一句话，即"不当老板不算好猛男"③，这种价值取向在石狮、晋江、南安一带的年轻人中十分时兴。笔者在南宁的钢材市场、建材市场见到许多闽南、潮汕来的老板，都十分年轻，他们当中有不少初中毕业，甚至有的小学毕业后就投身商海了，看他们那样精于商道，使你真不敢相信他们只有十五六岁、十七八岁，最多二十一二岁，更不敢相信他们大多只有初中文化。正像闽南民歌《爱拼才会赢》所唱，他们世代相传重商贾、善经营的传统，使泉漳、潮汕等地成了中国改革开放的最先富起来的一部分地区。

三 以家族为核心的宗族范式

闽南福佬人是一个以家族为核心的传统社会。如前所述，闽南福佬人是汉越族群互动合成的结果，据蓝达居研究：

> 闽越土著族群的部族性与中原汉人移民社会的特性对闽南人的社会组织产生深刻影响。闽南人宗族组织的强化是文化与社会冲突，族群互动的结果，并在明清时期不断地精致化。移民社会面临的挑战常以宗族的力量加以应对。移民社会宗族的强化以及土著社会的宗族化两相结合导致闽南宗族组织的发达。一方面，北方士民不断移居入闽，并取得生存空间，获得生产资料和经济利益，必须以宗族实力作为后盾；另一方面，原先的土著社会，为了适应新的社会环境，躲避"文化高、政权大、武力强"④ 的汉人社会压力，亦多改称中原汉姓，虚构、附会家族渊源，借以提高社会地位。这两股力量交织一起，营造了闽南人崇尚和重视家族血缘关系的社会风气。⑤

① 见（明）何乔远《镜山全集》卷五二。

② 杨豪：《"福佬人"考略》，《广西民族学院学报》1996 年第 2 期。

③ 倪健中主编：《人文中国》，中国社会出版社 1996 年版，第 470 页。

④ 林惠祥：《福建民族之由来》，转引自马建钊主编《华南婚姻制度与妇女地位》，广西民族出版社 1994 年版，第 13—14 页。

⑤ 蓝达居：《闽南人口文化性格》，《福建民族》1996 年第 6 期。

其实，熟悉和了解中国社会的人都知道，在闽南福佬人中所形成的以家族为核心的社会风气，基本上是汉族传统宗法制度的一种遗存。众所周知，所谓宗法制度，是汉族古代以宗族血缘关系为纽带，与国家制度相结合，维护贵族世袭统治的一种制度。其源于氏族社会父系家长制，萌芽于商代，完备于西周。在汉族社会发展史上，从汉到唐，崇尚门阀谱系；从宋到明，家谱之学盛行。这样，在西周宗法制度的基础上形成和发展起来的家族和宗族，就成了汉族社会的基本结构模式，闽南福佬人社会组织的宗族化正是这种宗法模式的一个范式。

在这种宗族化的社会组织之中，闽南福佬人的经济组织也宗族化了。宋元以来，闽南社会整个家族为商、为工、为盗、为贼的现象十分突出，北宋时晋江人林昭庆曾在漳州开元寺为僧，后串结乡里同宗，组成海商集团，“自闽粤航海道，直抵山东。往来海中者十数年，资用甚饶”①，成为著名海商。明代郑成功的父亲郑芝龙就是一个亦商亦盗的海商武装集团的首领。直到今日，闽南福佬出外经商还是如此，笔者在南宁的钢材市场、建材市场所见到的闽南福佬人开的店，稍加交谈，便可知是全家人，包括小叔子、大舅子、侄子、外甥等同宗同族的亲戚一起经营，宗族化的倾向十分明显。于是以家族为核心，亲朋好友紧密联结成的社会网络往往成为闽南福佬人筹措资金、拓展市场、获取资讯的重要渠道。所以宗族性造成了今天闽南、潮汕地区中小型家族企业特别发达。正因为如此，闽南福佬人以家族为核心的社会，成了汉族传统宗法制度久传不衰的一个范式。

四　功夫茶的民俗美

功夫茶是闽南福佬人一道美丽的风景线，他们人人有茶瘾，家家喝，户户喝，人人喝，男女老幼都喝，从抱在母亲怀里婴儿开始喝，只要成人就成“瘾”。他们“宁可三日无米，不可一顿无茶”。过去，无米下锅他们也不好意思去借，但借茶解馋却平常得很。所以走到哪里，只要有闽南福佬人，就可看见他们只要有空就喝茶，哪怕在工作、劳动最忙的时候，也要想办法抽空喝茶。闽南福佬人十分好客，如果是向客人敬茶，就连盘带钵一起端到客人面前，客人如是小辈，其必须立起身，先道声“大胆”（意为不该由您端茶给我吃），再端起最靠身前的那只茶杯，端起茶杯后

① （宋）秦观：《淮海集》卷三。

不能马上就饮，要先回敬主人，待主人推让以后，再敬身旁的客人，当所有客人都推让了之后才能饮，但不能一口饮尽，要慢慢品尝，一边品尝一边称赞茶如何香醇好喝，这样主人就会感到很高兴。饮毕，要用双手将杯子放回茶盘里，此时，千万不要忘记再道声“多谢”，否则，主人认为你不懂礼貌，会不高兴的。这是第一轮的敬客程序。当主人收回茶杯以后，主人立即用沸水将茶杯浇洗消毒，开始第二轮大致与第一轮相同的程序敬给第一轮未喝上的客人。更有意思的是他们向客人敬茶，不是一轮二轮了事，而是把煮水的炉子、盛茶叶的罐子、茶壶、茶杯、盘子等，整套器皿放置在客人身旁的小桌子上，一边与客人叙谈，一边煮水，一边泡茶，一边敬饮，直至客人离去为止。如果客人在那里坐半天，主人就陪你饮半天，否则，主人就会被认为“不近人情”。招待客人饮“功夫茶”是他们的最高礼尚。这种独特的饮功夫茶的风俗成了闽南福佬人良风美俗的一种凸现。所以当你学会饮功夫茶时，手捧“杯小如胡桃，壶小如香橼，每斟无一两，上口不忍遽咽，先嗅其香，再试其味，徐徐咀嚼而体贴之，果然清香扑鼻，舌有余甘。一杯之后再试一二杯，令人释躁平矜，怡情悦性，始觉龙井虽清而味薄矣；阳羡虽佳而韵逊矣。颇有玉与水晶品格不同之故，故武夷享天下盛名，真乃不忝。且可瀹至三次，而其味犹未尽”①。

五　以稀饭为主食

南方的汉族一般都以大米为主粮主食，基本上以干饭为主，稀饭为辅。而闽南福佬人却相反，他们以稀饭为主食，有些地区还混以番薯，若无稀饭便感到欠缺，白粥也可以上宴席；潮州稀饭较稠，俗称“糜”，故潮州人称“吃饭”为“吃糜”。潮州农村中青年男性农民，一般不习惯于一家人围坐着正经吃饭，而是用一只小碟盛点咸杂小菜，放在左手心内，再用大碗盛满“糜”，用右手五指托着碗底到户外，或坐或蹲，三五成群凑在一起边吃边闲聊，显得无拘无束，成为闽南福佬人一道别具一格的风俗景观。

---

① （清）袁枚：《随园食单》，转引自王耀华主编《福建文化概览》，福建教育出版社 1994 年版，第 514 页。

第四章　平话人

平话人也是华南汉族的主要族群之一。

平话人主要分布在广西的邕宁、宾阳、横县、贵港、马山、宁明、南宁市郊和左右江沿岸的百色、田林、乐业的一些村庄，以及桂北的桂林市郊区、临桂、灵川、融水、融安、罗城、永福、柳城、柳江、龙胜、钟山、贺州、恭城、三江、鹿寨等县（自治县）、市，总数在300万—400万之间①，其中以宾阳平话人最多，占全县人口的70%以上，约65万人。② 此外，还有少部分分布在云南富宁，以及湖南南部靠近广西的部分地方③，人数不详。

平话人因以平话为基本特征，故“平话人”之称源于平话。但由于平话分为桂南平话和桂北平话，对平话又各有名称，如罗城、融水一带称平话为“百姓话”，故平话人俗称“百姓人”；在宾阳、上林、横县一带称平话为“客话”，故平话人俗称“客人”（不是指客家人），由于宾阳平话人多，人们俗称其为“宾阳人”；在三江侗族自治县称平话为“六甲话”，故平话人俗称“六甲人”；在灵川、永福一带称平话为“土话”或“土拐话”，故平话人俗称“土人”或“土拐人”。此外，左右江一带因平话人多种甘蔗和蔬菜，故平话人俗称“蔗园人”。尽管名称驳杂，但大家基本上认同“平话人”为统称。

第一节　平话人的语言

平话，虽然没有与北方方言、吴方言、湘方言、赣方言、客家方言、

① 张均如、梁敏：《广西平话》，《广西民族研究》1996年第2期；一说为200多万。见姚舜安主编《广西民族大全》，广西人民出版社1991年版，第14页。

② 徐杰舜、吴淑兴主编：《实施自治法研究》，广西民族出版社1997年版，第535页。

③ 张均如、梁敏：《广西平话》，《广西民族研究》1996年第2期。

粤方言、闽方言并列，收入袁家骅等著的《汉语方言概要》，但是其形成历史之悠久，语言之特殊，使之成为汉语方言中一种重要的方言。

平话，主要分布在广西的邕宁、宾阳、横县、贵港、马山、宁明、南宁市郊和左右江沿岸的百色、田林、乐业的一些村庄，以及桂北的桂林市郊区、临桂、灵川、融水、融安、罗城、永福、柳城、柳江、龙胜、恭城、三江、鹿寨等县（自治县）市。使用平话的人数在300万—400万之间。①

平话的内部极不统一，彼此间差异极大，不能通话。按其内部特征，可分为桂南平话和桂北平话。桂南平话因分布地不同而有不同的俗称，如分布在邕宁、扶绥、崇左、龙州、大新、马山、宁明、田东、田阳等地称为“平话”；分布在宾阳、上林、横县等县称为“客话”；分布在百色、宁明等县市称为“蔗园话”；分布在田林县称为“官话”；分布在柳城县称为“百姓话”；分布在钦州市称为“粘米话”等。② 桂北平话，也因地不同而被俗称为“平话”“百姓话”等，由于有些说平话的人在当地落籍较早，故后来说西南官话的人把平话人当作土人，平话称之为“土话”，如灵川土话，有的则给平话一个不雅的称谓为“土拐话”。③ 总之，平话之称虽然驳杂纷纭，但大家都认同“平话”为统称。

一　平话的形成

由于平话分为桂北平话和桂南平话两片，其形成的历史不可同日而语。

（一）桂北平话的形成

桂北平话形成的历史可以追溯到秦汉时期汉族入桂之时，《史记·秦始皇本纪》云：“三十三年，发诸尝逋亡人、赘婿、贾人略取陆梁地，为桂林、象郡、南海，以适遣戍。”“与越杂处。”④ 东汉初马援出征南越其士卒多留越不归。两晋后，南迁的北方人士更多，始安郡（今桂林）、合浦（今广西合浦）就是南朝流放获罪官僚的地方。唐代安史之乱后，中

① 张均如、梁敏：《广西平话》，《广西民族研究》1996年第2期。

② 李连进：《桂南平话的历史来源、代表方言及其历史层次》，《广西师范学院学报》1995年第3期。

③ 张均如、梁敏：《广西平话》，《广西民族研究》1996年第2期。

④ 《史记·南越列传》。

原流民入桂者更众，周去非在《岭外代答》中记述钦州汉人“曰北人，语言平易，而杂以南音，本西北流民，自五代之乱，占籍于钦者也”。于是，自秦汉至隋唐在不同时期，从不同地方入桂的汉族一般都是经湖南江华越过南岭的萌渚岭，到广西的贺州、富川、钟山一带，或从镡城过南岭的越城岭，到广西的兴安、桂林一带。所以桂北平话从桂林分出一支，经阳朔、平乐到钟山、富川、八步，正是汉族越过萌渚岭入桂主要路线之一的佐证。而桂林市郊之所以成为桂北平话的一个中心点，也正是汉族越过越城岭入桂的主要路线之一的佐证。这些自秦汉至隋唐不同时期，从不同地方入桂的汉族，就将不同时期、不同地方的汉语带入了广西，从而形成桂北平话。因此之故造成桂北平话十分驳杂，彼此差异极大，通用程度很低，如灵川县三街镇两条街有平话，但是这两条街的平话彼此间差异极大[①]。正因为桂北平话来源不同，所以至今还没有一种四方都认可的通话。

综上所述可以认为自秦汉到隋唐，入桂汉语仍根据不同时期、不同来源而操不同的汉语方言，而这时汉族仍主要分布在桂北从萌渚岭和越城岭入桂的交通线一带。广西广大地区仍为少数民族土著族群的聚居地，所以唐代柳宗元被贬柳州时，还“愁向公庭问重译”[②]，柳州一带还是少数民族的语言世界。

桂北平话为何又认同“平话”这个名称？这与桂南平话的形成有关。

（二）桂南平话的形成

桂南平话的形成始于北宋。据有的学者研究[③]，人多说桂南平话其祖先是随狄青从山东青州府白马县等地，经湖北、湖南到广西邕、宾等地屯戍定居的，南宁市亭子附近有些村子就以平西、平南命名。今南宁亭子乡、津头乡及横县等地的雷姓平话人的族谱上均记载：“（始祖）次一公，名大据，原籍山东青州府益都县白马苑……狄青见我次一公德才兼备，文武并举，甚为器重，任公为指挥使”，在“雷氏大宗祠”里，立有一块刻于民国二十四年（1935年）十月的“大宋都指挥雷大始祖次一公纪念

---

① 杨焕典等：《广西的汉语方言（稿）》，《方言》1985年第3期。

② 柳宗元：《柳州峒氓歌》，转引自游汝杰《汉语方言学导论》，上海教育出版社1992年版，第87页。

③ 李连进：《桂南平话的历史来源、代表方言及其历史层次》，《广西师范学院学报》1995年第3期；张均如、梁敏：《广西平话》，《广西民族研究》1996年第2期。

碑”，碑上写道：“迄于今日邕、横、宾、永（今属横县）而外，如贵县、桂平、武宣、来宾、迁江（今属来宾县）、上林、象县以迄于左右两江及广东之钦廉等县均有雷姓子弟是皆公之后裔也，不宁唯是，广西南部一带所在多有操平话及其同类语音之居民，是皆宋时随狄武襄南征军士之后裔也。”

《宋史·兵志》云：“皇祐五年（1053年）增置雄略指挥，广州、桂州各二，全州、容州各一，更加募澄海、忠敢、雄略等军，以四千人守邕州，二千人屯宜州，一千人屯宾州，五百人屯贵州（今广西贵港）。”这条史料的记载，与上述口碑传载的关于桂南平话人之先祖是来自宋初山东登、青一带的传统说法相吻合。此后，明嘉靖《南宁府志》卷一云：“南宁府士厚民纯……人品同青、兖。”又《永乐大典》卷八五〇七《南宁府·建武志》：“军额……澄海三十一指挥，额管五百人，营在东朝开门内。澄海三十二指挥，额管五百人，营在州东白塔城望京门内。澄海三十四指挥，额管五百人，营在子城之东。澄海二十五指挥，额管五百人，营在子城之东。澄海二十六指挥，额管五百人，营在州南，去城一百五十步。澄海二十七指挥，额管五百人，营在州南，去城二百步。不系将驻泊军。”[①] 在该《建武志》所载的《建武军图》上，可看到当时的澄海三十六指挥、澄海三十七指挥的屯驻地就是今南亭子白沙村一带。与以上南宁府志所载相勘证的，是《宋史》卷一八九《兵志》有载：“庆历中招收广南巡海水军忠敢、澄海。”至于这些名为“澄海”军的兵士从何处募征，《苏东坡奏议集·十四》卷二《登州召还议水军状》有如此记载：“庆历二年知州（即‘登州知州’）郭志高为诸处差来兵马，头项不一、军政不肃，擘画奏乞创置澄海水军弩手两指挥。”以上《建武志》所记乃宋熙宁前兵事，再从《宋史》和《苏东坡奏议》所载，可知这里的“澄海”“澄海水军”或“澄海水军弩手”，当同指“澄海”这支屯戍军。据宋初募兵之制，此军创置之初，征募之兵士当是来自登州及相邻的青州。而当时屯驻南宁州城的，仅“澄海军”便有六个指挥，3000人之多，也由此可见，自宋皇祐年间广西侬智高起兵反宋后，南宁已被宋朝中央政权视为南疆屯戍之重地，那些当年屯驻南宁等地所讲的话应是桂南平话的根源。

---

① 不是驻泊军而是屯于州的“屯驻军”。见赵秀昆等《中国军事史·兵制》第三卷，解放军出版社1987年版，第310页。

有的学者，从语音上证明，今山东文、荣方言里，中古全浊的塞音和塞擦音在口语中仍有一部分念不送气清音。[①] 而这种保留在文、荣方言白读中的特征遗存，与整个北方方言的演变趋向截然不同，却与今桂南平话的“凡中古全浊塞、塞擦音声母平声字今均念不送气清音”这一成系统的特征相一致。

至于随狄青南征的军士究竟是否都是来自山东青州府白马县，学术界有新的说法，即认为白马县不在今山东省，而在今河南滑县，从古人的方位观念上看，应是古代太行山以东的白马县（或白马驿、白马冉）。而平话人之所以普遍认为自己的祖先来自山东青州府白马县，其原因是白马县自古以来是交通要道和军事要地，历代朝廷都在这里建立兵营，招兵买马，屯兵戍守，其兵源有来自白马县的人，也有北方各地的人，当然也包括山东青州府的人。所以，白马县就成了军队自北向南调动的集合地和出发地，于是在人们的记忆中，从“白马县”而来，就形成了一种习惯定势。[②]

综上所述可见，桂南平话形成始于宋代，显然晚于桂北平话。

自宋至明前，依借着汉族在政治、军事上的力量和经济、文化上的优势，以及一大批以山东籍屯戍兵士为主体的汉人进入桂南的邕、宾、永（淳）、横诸地长期屯戍繁衍，就促使桂南平话一直处于较高的语言地位并逐渐稳固，形成了今日桂南平话的基本格局和主体。而且，以这一种基本格局，桂南平话又独立走着与中原汉语相异的发展道路，大约在明代，最后成了与北方方言和粤语同为姐妹关系（而不是它们的次生）的一支独立的汉语方言。

二 “平话”名称的由来

“平话”为何成为桂北、桂南平话的统称而得到平话人的认同？据李连进先生考察，“平话”这一名称的正式的文字记载，最早见诸 1936 年《第二回广西年鉴》，即在该年鉴“民族语言”部分，首次使用“平话”这一名称统指桂南各县平话。其次，民国时期的《广西年鉴》《广西概况》及广西各县县志中，“平话”这个名称，只是被用来称指地属桂南的扶绥、邕

① 李连进：《桂南平话的历史来源、代表方言及其历史层次》，《广西师院学报》1995 年第 3 期。

② 覃芝馨主编：《友爱村志》，广西民族出版社 1996 年版，第 54 页。

宁、崇左、龙州、大新、马山、宁明、田东、田阳等县的平话社团，而从未被用于称指桂北片平话社团。由此可认为“平话”此词出自桂南。那么“平话”这一名称具体从何而来呢？仍据李连进先生的研究，“平话”之名称源于南宁亭子古称“平南村”。李连进对此有专门的考证，其云：

亭子于民国前为宣化县（今邕宁县和南宁市区）平南乡，又称“平南村”，在宋前为古邕州城（邕州城，在今南宁市区，为古时南宁府治及宣化县治的所在地）所在地。如乾隆七年《南宁府志》卷十四：“雷庙在城南平南村，建自隋唐，前为古邕州旧迹。”民国莫炳奎所撰《邕宁县志》：“古城在今亭子圩，今之雷庙是旧址云云。”亭子因其紧邻州城，土地平沃，故一直是屯戍驻军要地，加上它毗邻邕江，上接左、右两江，下通郁江、浔江，中连广西之古官道，因而又是桂南重要的物资交易及集散地。此外，它还是旧时桂南各地平话人每年开春祀神、祭祖、唱傩、舞龙，庆祝三天的中心地。如亭子籍学者雷焕宜有文说道：“亭子是南宁近郊最大的圩镇，隔邕江与市中心相望，至少在晚清时已具规模了。更兼亭子圩附近昔日有声名远播的雷庙，每逢‘雷祖大帝’诞辰（农历正月十六），八方信士云集，舟楫横江塞岸，极一时之盛。”① 这里的“八方信士”实多为来自桂南各地的平话人。因“雷祖大帝”是旧时全体和今日部分桂南平话人信奉的神灵。从以上可见，亭子于宋前曾为州治所在，宋后一直为桂南平话人的经济、文化、交通中心，以亭子平话为代表体系的平话在民国中期一直为南宁这一桂南政治中心地的统治语言，如民国二十六年《广西邕宁县志·言语》：“兹就当地交际而定为固有之音者则有四：所谓官、平、土、白是也。自中原南迁者为官话；衍为平话；来自广东者为白话；余为土话②，最古，盖秦汉间土著之民所留遗也。然总以平话为流通。”因而使亭子平话成为了桂南平话的代表权威方言，在维护桂南平话至今仍有的很强的内部一致性上起着重要的轴心凝聚作用。③

---

① 载《南宁晚报》1994 年 10 月 15 日。——原引文注

② 土话即“邕宁壮话”。——原引文注

③ 李连进：《桂南平话的历史来源 、代表方言及其历史层次》，《广西师范学院学报》1995 年第 3 期。

正因为亭子平话具有这样的权威地位，所以李连进先生认为："平话"很可能就是原指"平南村（人）话"。只是在长期使用过程中，由于语言经济原则的作用，使得"平南村（人）话"由凝缩而固定成了"平话"这一简称，并由于"平南村"为桂南平话代表方言所在地，及其桂南平话人的经济、文化、贸易来往的中心等因素，因而使"平话"这一个简称传布至各县，为包括操桂北平话的各平话社团所承认，而成了一种汉语方言的称谓。

从历史看，在西南官话、白话、客家话进入广西之前，平话是广西汉族的主要交际工具，也是汉族与其他少数民族之间的主要交际工具。① 所以，宋以前进入广西的汉族所操的各不同时期、不同地方带来的汉语方言，也随之认同"平话"为统称。

平话在广西作为主要的交际工具的社会功能和地位，时间并不长，明代以后，随着西南官话和白话相继进入广西，平话的这种社会功能和地位在桂北逐渐被西南官话所取代，在桂南和东南（包括南宁市在内）逐渐被白话取代。这样本来就缺少磨合期的平话，由于作为广西主要交际工具的社会功能和地位的丧失，各地的平话交流的机会大大减少，再由于白话与西南官话在广西形成了相对稳定的流行范围，使桂南平话与桂北平话基本上丧失了交流的机会，所以平话的差异不仅没有减少，反而增加，这就造成了南北平话之间巨大的差异，而不能通话。

三 平话的特点

平话作为汉语的一种方言，其内部还是有一些共性的，主要表现为：一是平话一般都有 8 类声调，即使灵川、龙胜等地平话声调目前只保留 6 类或 7 类，也是由原来的 8 类简化而来的。二是各地同类声调的调值也有不少相似之处，以南宁心圩、宾阳、融安、灵川为例，这 4 个平话调查点的阴去都是高平调，阴上是中平调，桂北的融安与桂南的心圩，6 个舒声调里就有 5 个调的调值相似或相近似。三是古全浊声母字都读不送气的清音②。

但是，平话毕竟分为南、北两片，差异巨大而不能通话。桂北平话更

① 张均如：《广西平话对当地壮侗语族语音的影响》，《民族语文》1988 年第 3 期。

② 同上。

是驳杂纷纭，至今内部还没有一种四方认可的通语，故我们只能从内部较一致的桂南平话中了解平话的特点。

以南宁平话为例，平话的特点主要有①：

（1）语音上的特点

平话包括零声母在内有22个声母，49个韵母，10个声调，即阴平、阳平、阴上、阳上、阴去、阳去、上阴入、上阳入、下阴入、下阳入。其特点主要有：

——古全浊声母字今读塞音、塞擦音时，无论平仄都读不送气的清音。

——分尖音与团音。

——古微母字今读［m－］或［f－］。

——古溪母字有的今读［kʻw］，有的今读［h－］。

——古匣母字今读［h－］［Ø－］或［β］、［j］。

——［eu iu］［em im］［on un］［ep ip］［et it］［ot ut］这六对韵母读音接近，每一对前者的字很少。尤其是［ot］韵母有音无字，可能都是借词。

——入声调型很接近舒声调。上阴入接近于高平调去，下阴入接近于中平调阴上，上阳入接近于中升调阳上，下阳入接近于低平调阳去。

（2）语法上的特点

——表示动作的进行或状态的持续，用助词“住 ·tsy”，大致相当于“着”。“渠拧～一本书（他拿着一本书）”“屋里头坐～一帮人”。表示动作进行的还有一个“紧 · kə n”。：“你等下，我打～电话（我正打着电话）”、“看～电视”。不过“紧，用得比“住”少。

——有一个表示动作方式的助词“取 tsʻu^{33}”。如：“亚种炒～好喫（这种菜炒着吃好吃）”，“亚种药含～，有咬（这种药要含着，别咬）。”

——表示动作的完成态有三个助词：“了 ·liu”“中 ·tsøŋ”和“到 ·tau”。例如：“我买了菜啊”“你喫饭秤？——秤喫（没有吃）”“你讲许渠听秤？——秤讲到”。

——双宾语结构中，间接宾语放在直接宾语后面。如：“许本书我（给我一本书）”“送把菜渠（送他一把菜）”。

① 覃远雄：《南宁平话词典·引论》，《方言》1996年第3期。

——表示遭受用“捱”字句，不用“被”字句。如：“碗～打烂喇”“渠～罚款，～了五文纸（五元钱）”。

——表示处置的“把”字句用得很少，常常是把表示处置对象的宾语放在动词和补语之间。如：“放好亚啲书去（把这些书放好了）”“关渠在屋里头（把他关在屋里）”。或者用受事主语句表示，以上几例都可以这么说：“亚啲书放好去”“渠关在屋里头”。

——差比句用“名＋形＋过＋名”格式。如“渠高过我（他比我高）”“渠生活好过我（他生活比我好）”。还有一种比较对象不出现的格式“名＋多＋形”。如：“小王多的（小王小一点儿）”“村长讲得多清楚”。表示不及还有“名＋有够＋名＋形”格式。如：“我嘅摩托车冇够渠威风（我的摩托车没有他的好）”“小王走得冇够小陈快（小王跑得没有小陈快）。”

——南宁平话里跟北京话的“多/少＋动＋数量（名）”相当的格式是“动＋多/少＋数量（名）”。如：“穿多几件衫（多穿几件衣服）”“喫多的菜，呼少啲饭（多吃点儿菜，少吃点儿饭）”。

——表示可能的述补结构“动＋得”的还定形式多是“冇＋动＋得”。例如：“亚件衫冇穿得（这件衣服穿不得）”“亚种话冇讲得（这种话讲不得）”。

——表示禁止的否定跟表示一般的否定形式相同。如：“你冇讲（你别说）”与“渠冇讲（他不说）”“冇看亚种书（别看这种书）”与“冇看亚种书（不看这种书）”。

——反复问句多是在陈述句形式后加“冇”或“𫟧”。例如：“渠看电影冇（他看电影不）”“他吃饭𫟧（你吃饭没有）”。

（3）词汇上的特点

平话与普通话比，词汇的特点有以下两点：一是有一个“［məŋ²¹］”是“未曾”的合音字，俗写作“𫟧”。二是一些表人的称谓名词，后面常缀上一个“佬”字。如：“抓车～（司机）”。

平话与白话相比词汇的特点主要是：

——炒菜锅叫“铛”，锄头叫“凿头”。

——判断词用“是”，不用“系”。如：“渠～工人，我～农民”“渠去喇，～冇～？”

——相当北京话“什么”的疑问代词是“哪门”，如“你恶～（厉害什么)”“笑~，有笑（别笑)”!

第二节　平话人的形成

从历史上看，平话人入桂的历史，比广府人、桂柳人都要早得多，大约从秦汉汉族入桂起，直到宋代，广西汉族几乎都是平话人，尚无广府话人，也无桂柳人，更无客家人。

目前学术界对平话的研究比较热闹，不少学者发表了一些有分量的论文[①]，其中也不可避免地涉及平话人形成的历史。但专门论述平话人形成历史的还十分鲜见，目前所知仅有曾在广西民族学院留学过的日本学者松本光太郎撰写的《汉族平话（蔗园）人考》[②]。

平话人也是北方汉族移民与广西土著族群互动、磨合、整合和融合形成的一个汉族族群。北方汉族入桂与广府人、客家人一样，也可从秦汉溯起。正如陈支平在《客家源流新论》中所说：“家人与非客家人的中原居地没有差别”，“客家人与非客家人的南迁过程大致相同”，“客家人与非客家人南迁时同祖而分支”，“由非客家人分支而成为客家人”，“由客家人分支而成为非客家人”[③]。平话人的形成分为两个时期，秦汉至隋唐为桂北平话人形成的时期，宋代为桂南平话人形成的时期。

一　秦汉至隋唐是桂北平话人形成的时期

桂北平话人的形成是随着桂北平话的形成而形成的，汉族入桂自秦始皇经略岭南始。始皇二十八年（前219年）秋冬，秦始皇派尉屠睢率50万秦军征岭南，兵分五路，其中两支进入广西：一支通过谭城（今湖南靖县一带）之外五岭中的越城岭和萌渚岭之间的古道，即湘桂走廊，进

---

① 张均如：《广西中南部地区壮话中的老借词源于古“平话”考》，《语言研究》1982年第1期；《广西平话中的壮语借词》，《语言研究》1987年第1期；《记南宁心墟平话》，《方言》1987年第4期；《广西平话对当地壮侗族语言的影响》，《民族语文》1988年第3期；梁敏、张均如：《广西壮族自治区民族语言的互相影响》，《方言》1988年第2期；张均如、梁敏：《广西平话》，《广西民族研究》1996年第2期；李连进：《桂南话的历史来源、代表方言及其历史层次》，《广西师范学院学报》1995年第2期；杨焕典：《广西的汉族方言（祷)》，《方言》1985年第3期；覃远雄：《南宁平话词典》，《引论》，《方言》1996年第3期。

② ［日］松本光太郎：《汉族平话（蔗园）人考》，《广西民族学院学报》1997年第1期。

③ 陈支平：《客家源流新论·目录》，广西教育出版社1997年版。

入今天广西的兴安、桂林一带，控制了漓江通道；另一支过九嶷山（今湖南宁远县南）古道，进入今天广西的钟山、贺州一带。进入广西境内的秦军“三年不解甲”①，并开凿灵渠，在灵渠和漓江汇合的地方——今兴安县溶江镇修建城堡，派兵驻屯，后人称之为秦城和严关。② 此为汉族入桂之始。

但是，秦始皇在掠取岭南的过程中，遇到越人旷日持久的抵抗，后尉屠睢被杀。秦又派赵佗率军进攻百越。赵佗则“使人上书，求女无夫家者三万人，以为士卒衣补。秦皇帝可其万五千人”。③ 这就为汉族士兵长期戍守岭南提供了条件。若以一女为五个士卒补衣推算，当时留守秦军大约 15 万人之多。岭南略取之后，前 214 年，秦始皇置桂林、南海、象郡，其中桂林郡治在今贵港市，并发动了一些曾经逃亡的罪犯、穷苦入赘于女家的男子，以及做买卖的生意人戍五岭，号称“以谪徙民五十万人”，“以越杂处”④。其实，50 万是虚，5 万为实，因《太平御览》卷五四引《南康记》曰：“秦略定扬越，谪戍五万，南守五岭。”从赵佗求女 3 万来看，5 万数较为可靠。与此同时，秦还徙中原人民实岭南，《汉书·高帝纪》记载：“前时秦徙中县之民南方三郡，使与百粤杂处。”

秦汉交替，赵佗据三郡自立为南越王，并封宗族赵兴为苍梧王⑤。贵港市罗泊湾二号汉墓出土一方“夫人”玉印、一枚“家啬夫人印”封泥，⑥ 贺州金钟汉墓出土一方“左夫人”玉印。⑦ 按南越用汉制之例，这两座汉墓主人的丈夫应是侯王。⑧ 可见今贺州、梧州及贵港一带，均已有汉族人迁入居住。及至汉武帝时，趁南越内讧，于元鼎五年（前 112 年）秋，以卫尉路博德为伏波将军，出桂阳下湟水，从湖南入连州；以主爵都尉杨仆为楼船将军，出豫章下浈水，从江西入南雄，直捣番禺。又以归义侯郑严为戈船将军，出零陵下漓水，从湖南入桂林；以田甲为下濑将军，

---

① 《淮南子·人间训》。

② 《岭外代答·古迹门·秦城》，《读史方舆纪要·广西一》。

③ 《史记·淮南衡山列传》。

④ 《资治通鉴》卷七；《广东新语·人语》。并参阅《史记·秦始皇本纪》。

⑤ 参阅《史记·建元以来侯者年表》。

⑥ 蓝日勇、覃义生：《广西贵县金钟罗泊湾二号汉墓》，《考古》1982 年第 4 期。

⑦ 蓝日勇、覃义生：《广西贺县一号汉墓》，《考古》1986 年第 3 期。

⑧ 余天炽等：《古南越国史》，广西人民出版社 1988 年版，第 63—64 页。

出零陵下贺水，从湖南入苍梧，取道西江，直逼番禺。又以驰义侯何遗发夜郎兵下牂牁江，取道西江，咸会番禺。五路大军，将士10万，平了南越，以其地置南海、苍梧、合浦、郁林、日南、九真、交趾、儋耳、珠崖九郡。其中苍梧、郁林、合浦为今广西属地，而苍梧（今梧州）则为岭南的首府。此外，当时广西还有一部分地方属荆州的零陵郡、武陵郡，以及益州的郡。随着南越的平定，汉族入桂者日多，在汉武帝平南越前，为加强防御力量，即派人入桂，在桂林郡北80里秦城西南就曾加筑军事据点，史称“汉城”[①]。平南越后，“为充实岭南，西汉颇徙中国罪人，使杂居其间”[②]。据《汉书·地理志》统计，当时苍梧郡有146161人，牂牁郡有435681人，扣除外省的人口，估计当时广西境内有30万—40万人。由于当时参加户籍登记的多为汉族，少数民族土著族群，尤其是住在深山僻野的少数民族土著族群很少参加户籍登记，故汉武帝时居住在广西境内的汉族人当在20万—30万人之间。

汉代汉族入桂浪潮的余波，是东汉初年伏波将军马援平交趾之乱后汉族向桂东迁入。建武十六年（40年），雒将女征侧与其妹征贰自立为王，寇掠岭外六十余城。公元41年，光武帝以马援为伏波将军，“发长沙、桂阳、零陵、苍梧兵万余人讨之”[③]。二征之乱平定后，马援率军班师时，留下将士黄、材、简、梁、刘、陆、韦七个姓氏戍边。后来俗称“马留人”。

东汉末年，黄巾起义，群雄割据，中原大乱，而地处偏僻边陲的岭南，由于少受战祸的波及，社会秩序相对比较安全，北方汉族纷纷移居岭南，史称“吏民流入交州者甚众”。[④]

《三国志·吴书·士燮传》记载：苍梧广信人士燮，“其先本鲁国汶阳人，至王莽之乱，避地交州。六世至燮父赐，桓帝时为日南太守……体器宽厚，谦虚下士，中国士人往依避难者以百数”。《三国志·吴书·薛综传》记载：薛综“沛郡竹邑人也，少依族人避地交州”。《晋书·王导传》齐蛮云：“俄而洛京倾覆，中州士女避乱江左者十六七。”汉族大量南迁入桂的情况，我们从郡县的不断增设上可窥见一斑。318年，晋元帝

---

① 《读史方舆纪要》卷一〇六。

② 《后汉书·南蛮西南夷列传》，文见《三国志·吴志·士燮传》。

③ 《后汉书·南蛮西南夷列传》。

④ 《资治通鉴》卷八六。

在原郁林郡内，置晋兴郡，郡治在晋兴县（今南宁市）。361 年，晋穆帝又在原苍梧郡内增设长安县；在郁林郡内增设领方（今宾阳南）、中胄（今武宣）、新林（今忻城红水河两岸）、绥宁（今宾阳东）等新县；在合浦郡内增设荡昌县（今容县）。

这样，在晋代，今广西境内，除北部和西部有一部分地区仍属益州的郡和宁州的兴古郡外，其他的行政建制，与三国孙吴设 8 郡 30 县比，郡增至 10 个，县增至 40 个。南朝梁、陈时，郡则增至 32 个。隋朝调整郡县，在今广西境内设 4 个完整的郡，加上跨越郡境的共设 69 个县。[①] 所有这些郡县的陆续设置，一方面是为了加强对不断迁入广西汉族人民的管理，另一方面也是为了安排迁入广西士族的仕途。所以，从三国孙吴，经晋到隋进行户籍登记时，广西已有人口 95 万左右了，与秦汉时相比，汉族人口增加了两倍。

唐代入桂汉族更是成增长之势，首先是大批北方军人为防御南诏进入岭南。咸通四年（863 年）四月，新任岭南西道（治邕州，今南宁）节度使康承训率荆、襄、洪、鄂四道兵 1 万人赴镇[②]。七月，复置安南都护府于行交州（约在今越南北部，确地不详），发山东兵 1 万人戍之，各道援兵源源不断进入广西。[③] 驻扎在岭南西道的兵力，最多时达到近 4 万人[④]，这些驻守广西的军人可能部分人留居。这一点从五代时被南汉刘隐辟为幕府的北方人王定保，就是在唐末"属南蛮骚动，诸道征兵"时前往广西任邕管巡官，因北方乱留居岭南得到佐证[⑤]。

而有史记载，军人入迁广西最大的一次，是安州（治今湖北安陆）军人的南迁。昭宗乾宁二年（895 年）十二月，安州防御使家晟因与朱温亲信不和，害怕得祸，与指挥使刘士政、兵马监押陈可蟠率兵 3000 长途袭占桂州，家晟不久被部下杀死，刘士政被朝廷任命为经略使。[⑥] 以后，马楚的军队占领桂州，不知安州将士的去向如何。

此外，唐代还将广西作为谪发犯有错误或有罪官吏的"恶处"。柳宗

---

① 黄体荣编：《广西历史地理》，广西民族出版社 1985 年版，第 68 页

② 《资治通鉴》卷二五〇，成通四年三月。

③ 《资治通鉴》卷二五〇，懿宗咸通四年七月。

④ 《全唐文》卷八九，第 406 页。

⑤ 《新五代史·南汉刘隐世家》：《唐摭言》卷三《散序》。

⑥ 《资治通鉴》卷二六〇。

元因参加党争失败，被贬为柳州刺史；书法家褚遂良因“谏立武后”，被贬到桂林。

唐末五代时，刘隐义子割据岭南，后建立南汉国，实行了保境安民，礼贤好士，吸引了许多北方士人，迁入广西的北方士人大有人在，五代人齐己《送错公、栖公南游》诗云：“北京丧乱离丹凤，南国烟花入鹧鸪。明月团圆临桂水，白云重叠起苍梧。威仪本是朝天士，暂向辽荒住得无？”错公、栖公原是居住在都城的士人，南迁桂林一带避乱。

唐及五代，不仅控扼着中原进入广西主要通道的桂州有一定数量的中原汉族移民，而且昭州（治今平乐）和钦州的中原汉族移民也有相当的数量。据《十国春秋》记载，唐末太尉、青州人陶英授征南将军，率兵出镇昭州，唐亡后全家隐居州内的诞山。同时还有李太尉住在附近，与陶英联姻，因而时人名其山为“陶李峒”[①]。而钦州一带据周去非所云，钦州有民五种，“二曰北人，语言平易而杂以南音，本西北流民，自五代之乱，占籍于钦者也”[②]。

综观有唐一代，由于入桂汉族的不断增多，大唐帝国在广西东部地区，先后设置了258个县[③]，几乎把广西三分之二的地区纳入了中央王朝直接统治的范围。

但是，直至唐代，广西的经济文化与全国相比十分落后。被中原汉族认为是“炎蒸结作虫虺毒”[④]，不甚适宜居住的瘴疠之地。曾被贬到柳州的柳宗元，在论说湖南境内的北方人甚少，只有流放的官员才至其地之后，又说：“况越临源领（岭）、下漓水、出荔浦，名不在刑部而来吏者其加少也。”[⑤] 即到岭南的北方人比起湖南又要少得多。所以与柳宗元同时代的李涉在《鹧鸪词二首》中云：“岭外行人少，天涯北客稀。”[⑥] 这时的广西，仍然是少数民族土著族群的天下，俚人仍活跃在桂北、桂西一带，僚人分布于广西，以及滇桂交界、黔桂交界，和中越交界一带，两个土著族群常常并称为“俚僚”。乌浒人活动在桂中和桂南，柳宗元在为邕

① 《十国春秋·楚九·陶英传》。

② 《岭外代答》卷三，五民。

③ 张声震主编：《壮族通史》中，民族出版社1997年版，第433—440页。

④ （唐）李绅：《逾岭峤止荒陬抵高要》，《全唐诗》卷四八〇，第5463页。

⑤ 《送李渭赴京师序》，《全唐文》卷五七八，第2587页。

⑥ 《鹧鸪词二首》，《全唐诗》卷四七七，第5424页。

管经略招讨使李位所写的墓志中曾载有乌浒人的活动，其云：“会乌浒夷刺杀郡吏，欧缚农民。”[①] 与此同时，西原蛮崛起，分布于左右江流域，红水河流域，以及今云南文山州东部地区和湘桂边界[②]，人口大约有 168 万口[③]。唐代为了统治这些少数民族土著族群，先后在广西设置的羁縻州、县有：岭南道桂州都督府 7 州，邕州都督府 25 州，安南都督府 8 州，江南道黔州都督府 11 州，共计 57 州，以及 48 县。[④] 相比之下，虽然广西的民族分布已呈入桂汉族主要分布在桂北、桂中及桂东南，土著少数民族族群主要分布在桂西，但由于广西地广人稀，不仅土著少数民族在人口数量及地域范围上比入桂汉族占有优势，更重要的是自秦汉汉族入桂以来，及至唐代，从动态的情况来看，入桂汉族的数量是逐步增加，在相当一个时期内，他们都是处于少数民族土著族群的汪洋大海之中，所以这些入桂汉族入乡随俗，应该有不少被土著化。笔者查阅了大部分广西县志，发现这些县志中记载当地汉族自秦汉以来迁入的极少，仅有乾隆《横州志书》提及“秦徙中州处居西瓯，追汉开学于郁林”[⑤]；民国《隆安县志》亦云：“县属除少数土著外，能为汉族，皆来自他省，尤以山东为多数，邑内姓氏诸先祖，多自汉至明流寓广西，渐次迁居隆安。”[⑥] 民国《宜北县志》的记载稍为具体。其云：

> 邑境……乃苗瑶壮三族混居，自汉乞清，汉人自外省迁入。以由山东而来为多，湖南次之，因久相染，均归同化，近惟有治安乡达科村仙桃洞赵姓数户苗族后裔而已，其余全系汉族。莫姓原籍山东济南府，于汉朝迁来，初到此地之始祖名莫登州……现有一千十户；卢姓原籍山东，汉朝迁来，共九百八十六户，始祖卢明道……覃姓原籍山东，汉朝迁来，共七百二十六户；韦姓原籍山东，汉朝迁来，共九百六十户；蒙姓原籍山东，汉朝迁来，共七百三十二户……[⑦]

---

① 《柳宗元集》卷一〇，中华书局 1979 年版。

② 张雄：《唐代西原蛮部属源流考》，《中南民族学院学报》1981 年第 2 期。

③ 张声震主编：《壮族通史》，民族出版社 1997 年版，第 460 页。

④ 《新唐书·地理志》。

⑤ 乾隆《横州志书》卷二《气通志·风俗》。

⑥ 民国《离安县志》卷三《地理考·社会》。

⑦ 民国《宜北县志》第二编《社会·民族姓氏》，宜北今属环江。

而绝大多数县志在记载汉族入桂的时间多言宋代，对此在后面将详述。这就叫人不得不考虑一个问题，如果仅从这些记载上去看，自秦汉至隋唐，入桂的汉族真是寥寥无几，但事实上又不完全如此，那么入桂的汉族到哪里去了呢？这是一方面的情况。

另一方面，在广西族群认同上又存在着一个奇特的现象，那就是在壮族韦氏族谱记载说他们的始祖是西汉的韩信，为此有人据旧《凤山县志》和东兰县韦氏土司族谱的记载，撰写了《从韩信的后代说起》一文，其云：

> 据旧《凤山县志》和东兰县韦氏土司族谱的记载，桂西南（北）一带的韦姓是韩信的后裔。韩信本是秦末淮阴人。他辅助刘邦灭秦亡楚，统一中原，立下高功，被封为楚王。当时有个阳夏候陈稀谋反，韩信在长安，意欲一向应，后被吕后发觉而受斩，并被夷灭三族。他的侄子韩天贞，当时任太保，与太师谭三耀、太傅谟伟烈结为兄弟。为避刘、吕之祸，三人（结）伴一起逃入山东避难，邑名京兆。后又逃来西南边疆，改名换姓，隐匿躲命。韩天贞改姓韦，名天贡；谭三耀改为覃怀满；谟伟烈改为莫天辉。最后到广西定居。初住宾州，复迁都街，耕种为生。不久，木兰峒卫作文、卫作武兄弟二人争权作乱，民不聊生。韦天贡的长子韦玉龙，奉令统兵五千，平定卫乱。覃怀满、莫天辉的儿子也随征有功，奉旨将功赎罪。韦玉龙受封为木兰土司；其弟玉凤为三寨土司。覃怀满的长子玉书和莫天辉的长子玉能也分别受封为三旺分防土司和南丹土司。从此子孙繁衍，世代相承，经汉、晋、隋、唐，至宋仁宗皇佑四年，南王侬智高起兵反宋，韩信的十八代子孙韦景袋随枢密副使狄青平乱有功，庆远府经略题授为木兰哨安抚司，管辖平林、都铭、三旺内外十二哨地方。木兰哨后改为东兰州，这就是东兰州的由来。到清雍正八年，东兰州改土归流，凤山仍设土分州，分管外六哨，民国七年始废。末代土官韦述勋，乃是东兰州第一任土官韦钱宝的第二十三世，第三十二任土官。①

此为壮族韦姓“汉裔”说。无独有偶，壮族另两个大姓，即莫氏、

① 韦纪科：《从韩信的后代谈起——关于凤山民族族源的探讨》，《广西地方志通讯》1985年第6期。

覃氏的族谱中也有类似的记载，如环江龙水乡莫氏传本云：

> 昔我祖籍原住山东省青州府青阳县糯米街白米巷，□□临溜东鲁，号名首府济南府。我祖居□青州之城东昌里，分保安社王，即有三邦共杂，五邦共住，谟、韩、谭各一邦，系同街共巷，换贴□□，生死相顾。盖我契祖韩臣彦，祖妣冯氏，国兴县人氏，完娶成室，生有一子，名韩信；□渠□□二人才高文足，皇上封韩臣彦为镇疆六部□□，加官封职，又为云南布政司，得位荣任管民，忠良治国有功。又升陕西总督，称为大镇国，号名大抚台；后封左右丞相之臣，全家荣昌，韩家具受王封。又论韩信，年二十八岁，文武精通。张良荐于高祖，高祖用之，乃拘于未央宫而杀之，并发旨尽夷三族。当时信之子天贞，在朝作太保，谭三耀作□□，我祖谟威烈作太傅；三人闻信遭斩，□同拟□逃遁，因夜出城；走至潼关，门尚未开，躲□□□□传出，闻知陈苍带兵到青州拿全家，不□□一人，王□下旨仰各府州县，务要三人治罪。三人得出关后，不觉走到浙江绍兴府鸡鸣县，闻各处告示张贴，并图形象。我务要改名换姓，□□商客，才过得关。三人在县城中和街龙家巷改其姓名：韩天贞改作韦天贡；谭三耀改作覃怀满；我祖谟威烈改作莫天辉……①

此说与韦氏汉裔说大同小异，至于覃氏，虽初为“谭”姓，其始祖谭山耀也改“谭”为“覃”，但已不是汉代人，而是宋代人了。② 而据1951年，中央访问团（中南区）第一分团联络组编的《广西少数民族历史资料提要》所记，广西“土人”十大著姓：黄、莫、韦、覃、农、蒙、蓝、赵、罗、梁的族谱传说，也往往追溯到数百上千年以前来自汉族的老祖宗。③ 推敲起来，此种壮族汉裔说破绽百出，矛盾重重，不足为信，龚永辉先生早在1989年撰写了《壮族韦姓“汉裔”考》《“土话汉人”与

---

① 见《广西壮族社会历史调查》第1册，广西民族出版社1984年版，第229—232页。

② 民国二十三年《上林县志》：“覃氏，初谭姓。本为山东青州府益都县人，宋时有名端者，曾应童子科。登上第，理宋朝，为翰林学士。宋亡，遁于陇西子景山，与韩山童同时举事，生山耀，又作三孝，称天下兵马大元帅，后为明兵所败，始改姓覃。”

③ 龚永辉：《“土话汉人”与“汉裔”观念》，载范宏贵、顾有识主编《壮族论稿》，广西人民出版社1989年版。

"汉裔"观念》[1] 两文作了分析和探讨。现在的问题是，笔者认为透过这种"壮族汉裔"和"土话汉人"的现象，是不是折射出了自秦汉至隋唐入桂汉族被同化于少数民族土著族群了呢？

这种族群互动的情况是完全可能出现的。在这里让我们追溯壮族识别前广西土著族群的情况。费孝通先生1952年发表在《新建设》1月号的《关于广西僮族历史的初步推考》一文云：

> 广西有一种人自称为土人，或本地人，分布很广，除了东南角靠近广东的十多县外，没有一县没有土人。从桂林到南宁的铁路线以西，土人在乡村中占主要地位，百色专区境内，土人人口占人口总数百分之八十左右。以广西全省说约有六百万土人，占全省人口三分之一。他们说土话。土话是广西通行的语言之一，在西部是民间的主要语言。会说土话的并不只土人，许多被称为客人的外来汉人也学会了这种话。土话又称壮话，依语言学的分类，和汉语同属汉藏语系，但并不属于同一语族。壮语是黔台语族台语支中的一个分支。这是说壮语并不是汉族的一个方言，在文法结构及发音上都有相当重要的区别。说土话的土人中有部分承认是壮人，如桂北地区，特别是边地，如龙胜、三江一带和苗、瑶、侗杂居同被视作少数民族的地区。在土人占多数，社会地位较高，又有苗瑶等人杂居地区，土人不承认自己和苗、瑶同属少数民族，而认为是"说壮语的汉人"。广西的土人用他们的土话自称"布越伊"（puyuei）或"布伊"（pu - yi）。"布"在壮语中是"人"的意思，布越伊即越伊人。他们又有若干支系……这些自称"布越伊"的人虽则有一部分自己是汉人，但是和外面去的汉人是承认有区别的；外面去的汉人称作客人或客家。因之，事实上我们可以认为布越伊是一个民族集团，至于最好用什么名称，还是问题。因为他们所说的话，一般常称作壮话，所以我们在此姑称为壮族。

由此可见，在壮族确认以前，广西土著族群是十分复杂的，但后来被确定为壮族的这个族群来说，又分为布状、布叶伊、布依、布纳、布友

---

① 载范宏贵、顾有识主编《壮族论稿》，广西人民出版社1989年版。

伊、布土、布东、布岱、布察、布斑、布羌、布砥、布江、布归德、布左州、布安定、高栏、天保、傣门、傣德等族群。[①] 中华人民共和国初期广西土著族群的情况这么复杂，那么自两千年前秦汉至近千年前的隋唐，广西少数民族土著族群的情况不是更为复杂吗？不仅是复杂，而且入桂的汉族与之相比，无论在地域上，还是在人口数量上，可能都不能与之相匹敌，这种情况，时代愈早反差愈大，所以为什么秦始皇经略岭南，入桂的秦军久攻不下，打了三年呢？从族群互动的观点来看，那时或避乱，或放谪，或经商，零星入桂的汉族，在汪洋大海的少数民族土著族群面前，很快地被土著化了。所以，前引《宜北县志》云："自汉迄清，汉人自外省迁入，以由山东而来为多，湖南次之，因久相染，均归同化。"但是，如果入桂汉族或屯田，或留戍，或移民实边成批量地进入，情况就会不同，即他们虽然可能与土著族群发生文化的互动，但不可能被完全同化，如柳城平话人中被称为"百姓人"的入桂汉族，"闻其先多迁自湖南，散居于县境北部，古砦、洛崖、大埔等区，性颇诚朴，较壮族勤勉努力，然以居留年代已久，其风俗习尚一部分渐为壮族同化"[②]。所以自秦汉至隋唐入桂的汉族，必有相当一部分已同化于土著族群，但这种同化也是互动的，这些入桂的汉族虽然认同了少数民族土著族群，但在经济文化上一直较先进的汉族的思想观念却不可避免地被带入了少数民族土著族群之中，加上汉族基本上占据着全国的统治地位，所以出现壮族韦姓"汉裔"的认同现象就不足为奇，也不足为怪了。这种文化认同现象的出现，正好折射出了入桂汉族土著化的互动现象。与此同时，自秦汉至隋唐没有土著化的入桂汉族也就开始形成桂北平话人。

正因为桂北平话人在成批量地迁入广西，才有可能在某一个地方形成与土著族群文化相抗衡的社会文化力量，所以他们能顽强地保留汉文化。但是，由于在自秦汉至隋唐约一千年的历史上，入桂的汉族有时代先后之不同，又有迁出地之不同，各自带入广西的语言和文化都具有时代性，沉淀下来造成了桂北平话人的差异。所以在桂北平话人形成的过程中，就出现了"族群岛"式的分布状态，都操桂北平话，但相互之间又不能通话。

---

① 龚永辉：《"土话汉人"与"汉裔"观念》，载范宏贵、顾有识主编《壮族论稿》，广西人民出版社1989年版，第114页。

② 民国《柳城县志》卷四《民族》。

所以桂林郊区、临桂和灵川的桂北平话人，融水、融安、罗城、宜州被称为“百姓人”的桂北平话人，三江被称为“六甲人”的桂北平话人之间均不能通话，且风俗文化也各异。这表明桂北平话人没有明显的形成过程，他们的形成是自秦汉至隋唐入桂汉族历史沉淀的结果。

二　宋代是桂南平话人形成的时期

桂北平话人的形成是历史沉淀的结果，桂南平话人的形成却是军事移民的结果。

宋皇祐四年（1052年）壮族首领侬智高在邕州起兵反宋，势力扩展到今靖西一带，建立“大南国”政权，号仁惠皇帝，改年君历，并自邕州沿江而下，攻破横、贵、浔、龚、藤、梧、封、康、端等州郡，所向皆捷，锐不可当。侬智高的起义，震动了宋王朝，遂于皇祐五年派枢密院副使狄青率军入桂镇压。侬智高的起义被镇压后，宋王朝留下了部分军队镇守邕州，《大明一统志》卷八五引元代方志说邕州：“宋狄青平侬贼后，留兵千五百人镇守，皆襄汉子弟。至今邑人皆其种类，故语言类襄汉。”这就是桂南平话人形成之始。对此，广西民族学院日本留学生松本光太郎在《汉族平话（蔗园）人考》[①] 中有专门的考证，现将有关部分摘抄如下：

> 南宁市心墟乡下雷村的雷姓：据该村的老人说，宋代，在广西发生了侬智高的叛乱，狄青平定其叛乱之际，祖辈作为兵士来到了南宁。这个村讲平话的人全都是那时来的。口语有点变化了，变成了“半白半壮”（一半是广东语，一半是壮语），可仍然讲平话（“平话”是北方语的意思）。平定侬智高以后，为了控制土著人，而在此地留了下来。
>
> 邕宁县五塘镇沙平村的滕姓：据该村老人说，他们的祖先是山东白马县人，名为滕甫，是北宋时期移居到现在的邕宁县五塘镇沙平村坛浊坡来的。滕甫是宋朝翰林院编修户部尚书，作为督粮官跟随狄青镇压侬智高。由于以前跟王安石的关系不好，故决定住于广西，在蒲庙村莫村住了十余年后，便迁来到坛泄坡。

---

① ［日］松本光太郎：《汉族平话（蔗园）人考》，《广西民族学院学报》1997年第1期。

关于这个传说，在纪念滕甫公逝世九百周年的时候，其“子孙”腾万鹏代搜集资料并进行了“考证”，于1990年编辑印刷成了《滕甫公史辑》。由于该书的内容极长，故不能完全介绍。但根据此书介绍，滕甫是江苏省吴县人，狄青南征的时候还没有通过科举考试，故不可能作为狄青的督粮官南征而来。但是，和王安石的关系不好倒是事实。因反对王安石新法的缘故（实际上是因妻子娘家的人犯了罪而遭牵连）而左迁到广西的坛浊坡居住并建村。跟山东省出身的李氏交往很深，死后被滕氏和李氏共同祭奠。此外，被“考证”过的年谱，没有移居广西或有关访问的记载，更没有就这个矛盾给予说明。在这个“考证”中，除用了《邕宁县志》以及邕宁县的墓碑和家谱外，还用了被称为滕甫子孙的福建的滕氏家谱。因此，所述语言往往前后矛盾。

邕宁县浦庙镇那圆村的莫姓：没有族谱，但传说是从山东省白马县来的。据说原先根本不愿从山东来，是按狄青的命令被反手缚着、强迫带来的，这就是他们现在还把手背在后面步行的缘故。

田东县：据县干部说，黄姓“蔗园人”是宋代皇祐元年从山东白马巷来的。他们从大新县的黄姓干部那里听说，他去山东省看的时候，还有“白马巷”这个地名，如今还讲“蔗园话”。此外，据别的干部说，“蔗园人”是从广东来的。

田东县平马镇四李村的李姓：据老人说，祖先从山东白马县来到南宁的一里村，然后便来到了这里。此外，也有传说是从甘肃省陇西郡来的。据说前一代有人去过山东。说是狄青镇压南蛮时由山东省来到南宁一里村的，但已不知道那是什么时候的事。一里村在南宁的大塘（邕宁县的大塘乡?）。因为从南宁来田东已有九代，所以推之已有一百多年。

在田东，先来的是壮族，汉族是后来才来的。因为壮族是“南蛮”，所以汉族害怕壮族。解放前，跟壮族的关系极坏，没有通婚。为什么从山东而来已不太清楚，可能是因平定南蛮而来，也可能是为开垦而来。山东人多，而这里未开垦地多。据祖父说，由于狄青的强制，不能不来。这里土地多便来这里，且80%是沿河而住。原因是要是被南蛮攻击，好乘船逃开。另外，沿河生活方便，田东啦、百色啦，要是沿河，在哪儿都可以。乘船的多是蔗园人。

在《邕宁县志》(社会一·语言)里有如下的记载:

又县中衣冠之族。其北来者多在狄武襄平南一役。故老所传。其先皆青兖间人。故平话为齐鲁语,想或当然。然杞宋无征,自难断定,惟流传久远.非复庄岳元音矣。但故训雅声,往往而在。按诸隋唐韵书,多能吻合,如覃、谭各自为声,而官皆读若坛。

在此说的"青兖"指现在的山东省及辽宁省和河北省的一部分,"齐鲁"指山东省,"杞宋"指河南省,"庄岳"指"齐",即山东北部、河北东南部的"街里"。所谓"各自为声",是指覃和谭分别读不同声音的意思。

另外,在"社会一·民族"里还有如下记载:

汉族。汉族籍贯,自赵宋后,来自中州,各省皆有,尤以山东青州府白马苑为多(马或作府)。相传宋皇祐间,随狄武襄征侬智高,事平后,因留邕勿去。言人人同。考皇祐至今八百余年。再考各姓族谱、各姓祖祠碑记,自始祖以至现在均二十代以至二十四五代而止,是否随狄青来,未敢断定。大约先有一部分来,其后互相招引,如中国人之赴南洋群岛者然,是未可知。然即古人三十年一世而论,其来自宋朝无疑。

此后,该典还作了如下的归纳记载:

汉族刚来的时候,土人跟汉人之间区别得很清楚,他们相互厮杀,结果汉人打败了土人,所有都市都成了汉人住的地方,并逐渐向乡村渗透。就邕宁来说,从邕宁移居到沿右江的百色一带、沿左江的龙州一带的人极多。在那些地方,土族用壮语,汉族用邕宁一样的平话。他们既与壮族杂居,又娶壮族女人为妻,但几乎都不改变自己的平话。

邕宁的"土族"和壮族不同,但语言都和壮族相同。"土族"是秦汉时期的遗民,据说他们自称地主,夸耀势力,曾屠杀过汉人。传说平洞村有个名叫黄德健的土人之王,由于他看到汉人聪明土人愚笨,土人有完全倾向于汉人的趋势,他因此十分气愤,害怕自己的种族灭亡。为此，他认为要保存自己的种族，保存其语言是最重要的。于是，他指锅盖问："这是什么？"要是用平话的叫法回答，便说那是汉人而将其杀掉。可是，汉人很团结，又有智慧，告至官府，终于将平洞王杀了。

经考，桂南平话人始源于狄青镇压依智高起义的材料，在地方志中是不胜枚举的，如：

民国《隆山县（今属马山县）志》第二编《人口》云：隆山汉族"同时狄青征蛮而来，遂留其地。"

民国《崇善县（今属崇左县）志》第二编《社会·民族》云：崇善汉族"至宋略有山东汉人随狄将军征蛮而流落斯土。"

民国《龙津县（今龙州县）志》第四编《社会》云："宋皇祐四年赵鼎随狄武襄征蛮，以功世袭断土，所部将士多来自山东，因而居焉。"

此后，宋熙宁年间（1068—1077 年），交趾李朝派兵攻占邕州，宋朝任命陆逵为招讨使，率领 10 万大军南征，恢复邕州后，又留下一批军队戍守，其中又有一部分将士落籍南宁。

最近出版的《友爱村志》[①] 对此也披露了不少族谱材料。

解元坡遂昌户黄氏族谱"祖籍山东青州府寿光县，世居自马驿，自宋皇祐年间来粤西邕州卜居，古城、祖墓尚在黄茅坡，至明初福清、福佑二公迁居横塘村……"

苦瓜村黄氏族谱"始祖山东青州府白马县，自宋皇祐年间随军平南，明代从皂角村迁居苦瓜村，从北南迁的先祖黄案公，至今已传下 22 代"。

罗屋树罗氏族谱"罗氏源远流长。祖根出自罗子国，子孙以国为姓。祖籍山东白马县，宋朝元祐七年（1092 年）老祖南迁，明朝定居邕城之北罗屋树，传下后代至今已有 25 代，原族谱都有详细记

① 覃芝馨生编：《友爱村志》，广西人民出版社 1996 年版。

载，由于日本鬼入侵南宁，族谱藏在米缸中埋在房里，被日军抄出毁掉。以至宋朝以来到‘广’字辈历代宗支无法记载，经多方搜集材料，以及族长辈罗曾柏、罗曾儒、罗曾霖、罗莲有、罗辛孙等回忆，和对马口六、罗屋树等地保存下来的祖坟石碑考证，证明罗屋树始祖是罗广成（兄）、罗广胜（弟）。据有关资料记载，‘广’字辈是罗氏到邕城后的第16代，罗屋树罗氏传下的后代有25代”（1996年5月重修）。

有意义的是，南宁友爱村的平话人在修志时，为了弄清自己的祖源，于1995—1996年三次派人到山东、河南寻根访祖，终于弄清了桂南平话人的始源，正如广西方志学家唐志敬先生所说：“广西几百万讲平话的汉族人民和部分地区的壮族人民的‘根’之谜，终于揭开了。”[①] 特将《友爱村志》的这个考证引述如下：

（一）白马在哪里

白马县不在今山东省，在今河南省滑县。

白马县城在今河南滑县城东10公里，今白马墙系白马县城的遗址，经考古发现还有城墙和各种文物。

关于白马县和其县城的所在地，从汉、唐以来的史书、地理书上就有详细记载。《战国策》：“张仪说赵王曰：守白马之津。”《史记》：“郦食其说汉王曰：塞白马之津。”《正义》：“白马津在滑城白马县北三十里”；“白马津之东南有白马城，故津取名焉。”《辞海》：“白马津，古津渡名。在今河南滑县东北，秦、汉白马县西北古黄河南岸，与北岸黎阳津相对。”白马津、黎阳津渡口现还有遗址。

《中国历史地图集》记载白马地名最早的是战国时期，叫白马口，在今河南滑县东北（见《中国历史地图集》第六图和地名索引第11页）。唐朝李泰著《括地志》载：“滑州：白马县滑州故城，古南燕国，黎阳津一名白马津，在滑州白马县北20里。”西晋人皇甫谧撰写《帝王世纪》云：“白马县有围城，古豕韦国。”《续汉书郡图志》云：“白马县有韦城，金堤一名千里堤，在白马县东五里。”

---

① 覃芝馨生编：《友爱村志》，广西人民出版社1996年版，第240页。

白马县行政区划始建于秦朝，后来历汉、魏、晋、南北朝、隋、唐、五代、宋、元都沿袭。元朝建河南省后均属河南。明朝撤白马县入滑州。

民国 18 年《河南新志》载：滑县，春秋卫曹邑。秦朝白马县，属东郡。汉因之，魏因之……唐因之，宋因之，元因之，洪武初省白马入滑州。《重修滑县志》也详细记载了白马县的历史沿革：秦，东郡濮县、白马县。汉、东汉，东郡兖州部白马县。魏，兖州郡白马县。晋、南朝，东郡兖州部白马县。北朝，东郡司州郡白马县。隋，白马县。唐、五代，滑州白马县。宋，京西北路灵河郡，辅郡滑州白马县。金，山东大名府滑州，白马县。元，山东大名路滑州，白马县。明，废白马县改为滑县。清，直隶大名府滑县，雍正三年（1725 年）改隶河南卫辉府。历史学家们一致认为，古白马县（今河南滑县）行政区划名在中国历史上是独一无二的。这是历史事实。（白马故城，在今滑县东 10 公里，因五代后梁朱温的父亲名城，避讳而改为白马墙，今白马墙村即其旧址）。在金、元两个朝代，曾隶属山东大名府（路），也是客观事实。所以，在群众家谱上写是“山东白马县”，是古代先人的记载，古之山东，指肴山、潼关以东或太行山以东的白马县，即今河南省滑县，它不在今山东省，所以到山东省是找不到的。

白马驿。《重修滑县志》记载：“滑虽鄙处豫省边境，实界山东、河北两省之要冲……交通日益发展，唐有白马驿，宋有韦城驿，皆为渡河必由之路。”又：“唐时白马旧驿，向在城北白马坡，迎阳铺即其旧地。”从以上可知，白马驿是古白马县属的一个驿站，民国改为“迎阳铺”，1950 年划归浚县管辖。

（二）移民从何时、何处来

宋朝，中原一带向南方移民是历史上大规模的，发生在皇祐年间和北宋末。《宋史》卷二百九十载：皇祐中，广源侬智高反，陷邕州……青上表请行……自言：“……愿得蕃落骑数百，益以禁兵。”《宋史》又载：庚午，以狄青为宣徽南院使，宣扶荆湖路、提举广南经制盗事。冬十月丙子，太白犯南斗。诏廊延、环庆、经原路择蕃落广锐军各五千人，赴广南行营。又载：戊午，狄青败侬智高于邕州。

以上北宋向广西用兵，特别是征服侬智高前后，派去大量的禁军（中央军，即北方兵），战后都留一部分官兵戍边和屯垦。《宋吏》卷二百七十二载：杨文广……从狄青南征，知德顺军，为广西钤辖，知宜、邕二州。《续资治通鉴长编》卷一百七十五载：皇祐五年（1053年）秋七月，癸卯，招广南西路安抚使司，比留禁兵四千戍邕州。《文献通考》卷三三〇载：初广西屯北兵二十指挥（注：一指挥500人）。由此可见，几次战役，都留有中原官兵在邕州及其边境，其中许多人后来都定居和当地人通婚，传下后代；在北宋后期，还允许禁军官兵带家属随军行动称“老营”，他们定居南疆，这也是中原移民的一个来源；《文献通考》卷三三〇载：熙宁间，乾德初……嗾之叛……陷邕钦廉三州，朝廷命郭逵讨之，擒其大将，乾德大惧，奉表乞降，会北兵多病瘴……是役也，调民夫八十七万有奇。《资治通鉴长编》：皇祐五年二丁亥……丁壮馈运广南另需者，减夏税之半，免科徭一年。这些北方来的民夫，也有随军留下定居成为北方移民；除以上原因以外，还有因北宋、南宋之间北方战乱不宁，和黄河多次缺口造成灾害，特别是随着北宋的灭亡，王朝向南迁移，皇族及官员家属和大量群众向南方迁移，广西也是移民迁徙地之一。当时的白马县，还有一个特殊的历史条件，《中国历史大事年表》载：宋庆历八年（1048年），河决商明（今河南濮阳），泛滥于大名（当时的大名所管辖范围包括白马县），河北灾民数十万人流入东京，为缓和社会矛盾，安抚使富弼募万余人为兵。白马县一带出现灾荒，皇朝又在这一带大量招兵，自然有白马县一带兵源。在宋朝大量招兵的第二年即皇祐元年（1049年），发生了广源州侬智高起兵反宋，称南天国，年号景瑞，扶邕州，宋朝立即从北方调兵遣将，除蕃落骑兵外，“益以禁军”，由狄青率领南征。宋皇祐五年（1053年），狄青大败侬智高于邕州。战后戍守邕州的都是禁兵。许多后来定居成移民。这些北方大量移民，包括当时太行山以东的白马县和青州府等地的移民。有关资料记载，在北、南宋之际，南方的人口急剧增长。《南宁府志》载：在宋元祐年间（1078—1085年），邕州户五千二百八十八，总人口不到二万，而屯兵就有四千人，可见比例之大。《清朝续文献通考》卷三百二十四载：“宋皇祐间，余姚人岑仲淑从狄青打侬智高，留镇邕州，都督西南三江诸州，增置泗城州、利州，历元、明皆岑氏守之。”又“臣谨案府境山号扶苏水临浤瀼地多烟瘴……自宋以来，各土官如镇安之岑，向武之黄，步康之冯，上映下雷之许，类皆狄青……将，率所部留戍，裂土世袭。”这些北方移民，到南方去还带去先进的生产技术和生产工具。有关资料记载，宋朝开封知府程昌寓，其部下有覃舍人，镇守在黄河渡口，他带有保密的车船图，到湖南打杨幺时曾用上这种船，后来这种船也带到南方使用了。曲辕犁在南宋考察时，经詹体仁的努力把这种犁推广到广南靖江府（今广西桂林市），后来在广西南方也推广使用了。

从以上的历史和地理资料可以证实，友爱村六大姓氏族谱所记载的，其祖先于宋代随军来自山东白马县（或白马驿、白马冉），就是古代太行山以东的白马县，即今河南省滑县。由于白马县的特殊地理位置，自古以来是交通要道和军事要地，历代朝廷都在这里建立兵营、招兵买马、屯兵戍守；其兵源有白马县人，也有北方各地人。有关资料记载：宋徽宗政和元年（1111 年），屯禁军三千于滑州，以控制黄河渡口。狄青打侬智高，杨文广到广西任职都带走了大量禁军，白马县是军队自北向南调动的必经之路，禁军是北方兵，不管家在白马县或青州府以及北方其他地区，白马县是军队的集合地和出发地，所以给他们的印象特别深刻，时日旷久问起从哪里来，只记得从白马县来，世代相传，正如今天居住中原和山东一带的群众，一问起祖先从哪里来，不约而同地说：从山西洪洞大槐树下来。尽管祖籍住在不同村庄，但都经过洪洞大槐树下，这样说也没有错。中国民间有句带哲理性的话：“宁卖田地，不卖祖宗。”他们记载宋朝来自太行山以东的白马县，的确是有根据的。

与此同时，广西与大理、安南西交界，侬智高的起义被镇压后，广西成了宋王朝在南方屯兵戍边的重点地区。据《岭外代答·沿边兵》所记，广西常年驻兵数，静江府（治今桂林市）5000 人，邕州（治今南宁市）5000 人，宜州（治今宜州市）2500 人，钦州（治今钦州市）500 人。宋朝驻军一般都带家属，如以平均 1 军人有家属 2 人计，上述军人及家属当有 4 万人左右。这些军人与家属成集团式地分布在广西。在力量对比上显示出了优势，在与广西土著族群的互动中才不至于土著化，从而遂形成桂南平话人。

此外，广西是宋代流放谪官的主要地区之一，不少府州都有流官，仅高宗绍兴二十二年（1152 年）十月一次安置的流官，流放地便有容州（治今容县）、钦州、宾州（治今宾阳县北）、柳州（治今柳州市）等四州。[①] 这些流官有的能生还，有的则死在岭南，家属往往无力北返，留居当地。

宋代的军事移民与以往历代入桂汉族之最大的区别，就是不仅是集团式地入桂，而且掌握了军权和地方政权。了解历史的都知道，宋代对广西的统治，在承袭唐代羁縻制度的基础上，更为完善，更为严密。除“推其雄长者为首领”，“不可尽以中国教法绳治”[②] 外，实行将土官调离本土，禁止土官自置职名，规定了严格的土官承袭法，以及土官的纳贡义务，这些举措，从一个侧面反映了宋代入桂汉族的影响比过去任何一个朝代都大。不仅如此，宋崇宁年间（1102—1106 年）曾令“广西招纳左右江四百五十余峒”[③]，使大批羁縻州县峒变为郡县。这种举措，也从一个侧面反映了宋代入桂汉族的影响比过去任何一个朝代都大。

在这种态势下，宋代入桂汉族所使用的语言遂成为广西流行和通用的“官话”。因而源于南宁亭子古称“平南村”的“平话”之称遂被自汉至隋唐及至宋代入桂汉族所认同，从而也有了桂北平话人和桂南平话人之间的认同，尽管各地平话人因入桂时间，迁出地区不同而在语言上，以及风俗习惯上有着种种差异，但宋代政治和军事上的举措，使得入桂汉族在广西扩大了影响，从而在与土著族群的互动中占据了优势，所以，宋代之时，平话人在广西是风光一时的！

第三节　平话人的人文特征

事情就是这么巧，笔者所工作的广西民族大学，地处南宁西郊，处在平话人的包围之中。记得刚到广西民族大学工作的 1985 年 4 月，在菜市里买菜，听到菜农所讲的话十分奇特，既不是笔者所熟悉的桂柳话（西南官话），又不是叫人一头雾水的粤语（白话）。这些卖菜的菜农妇女还有一怪，就是基本上是汉族传统的大襟衣服，且几乎都是黑衣黑裤，头上

① （宋）李心传:《建炎以来系年要录》卷一七三，绍兴二十六年六月甲戌，2844 页。

② （宋）范成大:《桂海虞衡志・志蛮》。

③ 此举后遭到反抗而又废郡县，恢复羁縻府州县峒。

还要像少数民族一样包一块头巾。后来才知道，这是广西不同于广府人，也不同于桂柳人的平话人。

在广西工作了近三十年，先后考察了桂东北、桂东南，以及桂西、桂中一些少数民族地区，在考察少数民族的同时，也发现在这些地区也生活着一些既不是少数民族，但与一般汉族也不同的汉族族群，如三江的六甲人，百色的蔗园人，融安的百姓人等，这些汉族族群也十分具有个性，如三江的六甲人，除语言不同于当地的侗族外，妇女的服饰既不同于侗族，又不同于一般汉族，她们身穿被称之为“唐装”的黑色便衣便裤，头包黑白相间的方格头帕。这些田野考察的印象，最后汇集起来，并多次与广西民族学院研究平话的覃远雄、韦树关先生讨论，才逐渐明确这些俗称的“百姓人”“土人”“六甲人”“蔗园人”“菜园人”“射耕人”……实际上都属于平话人，他们是广西汉族中最古老的一个族群，是一个人文特征与笔者前面所述的广府人、客家人、闽南福佬人、福州人迥然相异的一个汉族族群。

一　土著化的趋向

平话人作为入桂最早的一个汉族族群，如果要讲其有形成过程，那么当从秦汉算起，直到宋代，历时约1500年，在这个漫长的历史过程中，如前所述，有不少入桂汉族在与土著族群的互动中土著化了，而没有土著化的入桂汉族形成平话人。但是文化的互动却是绝对的，平话人，无论是桂北平话人，还是桂南平话人，他们虽然顽强地保持了原来的文化传统，使之沉淀下来，形成了平话人深厚的汉族文化底蕴，但是却也免不了受到土著族群文化的影响，而吸收了许多土著文化因子，从而在自己的身上打上了土著化的烙印，如桂北平话人中的六甲人不仅有独特的服饰，而且受侗族的影响也喜吃鱼生、酸肉。① 有些地方的平话人受壮族的影响曾流行过或保留不落夫家的婚俗。② 在南宁的平话人中忌称“大哥”，而称父母为“亚叔”“亚婶”或“亚哥”“亚嫂”，称兄弟为“亚弟”“亚舅”，称姐妹为“亚姐” “亚妹”，称伯父为“亚伯”，称祖父母为“亚公”或

① 石若屏主编：《三江侗族自治县民族志》，广西人民出版社1989年版，第92—93页。

② 范宏贵、顾有识主编：《壮族论稿》，广西人民出版社1989年版，第71页；《南宁市民族简志》，广西人民出版社1991年版，第81页。

"亚爷""亚婆"（或"亚奶"），称曾祖父母为"亚祖"，夫妻之间相称时也要加一个"亚"字，如"亚娇""亚光"等①，恐怕也是与历史上曾流行过"不落夫家"的婚俗不无关系。

平话人壮化的这种趋势，在桂南平话人中还有四个突出的表现：

一是与壮族一样过三月三，各家各户做五色糯米饭，并备上祭品去扫墓，与壮族一样俗称"拜山"。

二是与壮族一样喜赶歌圩唱山歌，如明人王济《日询手镜》记述横州（今横县）平话人之"土俗"歌圩的情况时云："往赴期者，一州之民皆然。"② 又如在南宁津头、亭子、那洪、沙井、上尧、安吉、石埠、江西等平话人聚居的乡流行平话山歌，内容有劳动歌、仪式歌、时政歌、生活歌、情歌、八歌等，凡日常生活的事情无所不唱，因事而编，有男女对唱，俗同壮族，但不像壮族那样男女公开对唱山歌，而是青年男女在田间、路上或偏僻之处偷唱传情③，仍保持了汉族男女授受不亲的传统。

三是有二次葬之俗，俗称"小葬"。二次葬是南方少数民族的传统葬俗，汉族以一次葬为传统，平话人俗称"大葬"。所谓小葬就是先简单挖坑掩土成坟，过几年后再择日捡骨装在陶坛中，另请风水先生择地安葬。④

四是不仅平话中有不少壮话的借词，如南宁市郊区的友爱村人所讲的平话中就吸收了不少壮语用词，例如 mo^{55}（泉）、$ka:p^{33}$（青蛙）等。⑤而横县人李毓杰曾著《中国元音》一书，专论古代汉语中的壮语，则从一个更广的范围里探讨了壮语对古代汉语的影响，由此可推知自秦汉至宋，及至明清和现代，平话人在与壮族先民及壮族的交往互动中吸收壮语用词是自然的。

关于平话人土著化的这种趋势及种种表现，徐松石先生早在 1939 年著《粤江流域人民史》时就指出，壮族风俗中喜食槟榔及蒌叶，好歌，死人葬后捡骨再葬之风，喜食腌炒、半生半熟等对两广的汉族影响甚大，

---

① 覃芝馨主编：《友爱村志》，广西人民出版社 1996 年版，第 77—78 页。

② 同上书，第 189 页。

③ 胡朴安编著：《中华全国风俗志》上编，河北人民出版社 1986 年版，第 315—316 页。

④ 南宁市民族事务委员会，南京市人民政府地方志编纂办公室编：《南宁市民族简志》，广西人民出版社 1991 年版，第 84 页。

⑤ 覃芝馨主编：《友爱村志》，广西人民出版社 1996 年版，第 73—74 页。

这种壮化的“风气之存在于两粤，无人可以讳言。不过汉族已把这俗尚大大的改良了”。[①] 所以平话人在与土著族群的互动中，受到了土著族群的影响：在桂南主要是受到壮族的影响：在三江主要是受到侗族的影响，在罗城主要是受到仫佬族的影响。但这种土著化只是一种趋向，平话人在受到少数民族土著族群影响的同时，又顽强地保留了汉族的传统文化，当然这种受到少数民族土著族群影响，还有所变形的汉族平话人的文化，正好突显了平话人的独特的人文特征。

二　封闭而保守

平话人是入桂最早的一支汉族族群，当今在广西活跃而占优势的广府人、桂柳人、客家人无论在政治上，还是在经济上，或是在文化上都有自己的辉煌，而平话人却为何默默无闻、平平淡淡呢？这恐怕与平话人的封闭性有关。稍加考察，人们不难发现桂北平话人自秦汉至隋唐在不同时期，从不同地方入桂时，一般都是经过湖南江华越过南岭的萌渚岭，到广西的贺州、富川、钟山一带；或从镡城过南岭的越城峰，到广西的兴安、桂林一带。他们往往生活在比较封闭的环境里，如三江的六甲人生活在桂湘黔三省交界的白云山河谷、浔江沿岸。1964 年 9 月笔者去三江考察时，汽车还只从柳州或桂林通到县城古宜，再要下乡到寨就只有步行了。桂南平话人虽然生活环境没有桂北平话人那样封闭，他们从南宁起沿右江到百色，沿江形成一个聚居区，沿左江到龙州沿岸形成一个聚居区，沿邕江到横县形成一个聚居区，由于他们受土著化的影响，尽管地理环境不封闭，但思想意识却比较封闭，从而表现出保守的人文特征。广西民族学院周围的平话人，照说受现代生活的影响已够大了，但直到 20 世纪 80 年代末，妇女们仍穿传统的“唐装”。所以在改革开放的大潮中，他们虽然也有种种变化，广西民族大学周围的平话人中的许多年轻人都买了小汽车，开起了出租车，但与在现代化道路上已取得了辉煌成绩的广府人、客家人、闽南福佬人、福州人相比，仍然是很落后的，他们的思想仍然是封闭而保守的，更不要说桂北的六甲人、百姓人所表现出来的封闭性和保守性了，从至今六甲人的妇女打扮基本一样的审美心态和趋同性来看，平话人的封闭和保守恐怕是与历史积淀太深有关。

---

① 徐松石：《粤江流域人民史》，中华书局 1939 年版，第 89—90 页。

三　尚农善耕

平话人保持汉族传统文化凸现在尚农善耕上。前面所述入粤和入闽的汉族，在海洋文化的熏陶下，几乎都养成了重商的人文特征，但入桂汉族所形成的平话人却全面继承和保持了汉族尚农的传统，无论是桂北平话人，还是桂南平话人几乎全部务农。

这些尚农务农的平话人，与少数民族土著族群相比，在农业生产上和农业技术上明显高于少数民族土著族群。所以，当有的平话人以种甘蔗为主时，当地少数民族土著族群就称他们为“蔗园人”；当有的平话人以种菜为主时，当地少数民族土著族群就称他们为“菜园人”；当他们以种田为主时，当地少数民族土著族群就称他们为“射耕人”。联想到笔者 1964 年 10 月到三江侗族自治县程阳平寨去考察时，发现当地侗族群众很少种菜，菜的品种也很少，种菜的技术水平也很低。由此推之，宋代前后，当时少数民族土著族群农业生产技术水平的低下是可想而知的，这就反衬出当时入桂汉族所形成的平话人的农业生产技术水平就很高了，所以才有了“蔗园人”“菜园人”“射耕人”等俗称。至今广西民族大学周围的平话人基本上以种菜为主，其中木瓜是大宗，笔者每天买的菜可以说全部是平话人种的，也基本上是平话人卖的。笔者每当到菜市去买菜时，用生硬简单的平话与身穿黑色唐装，头包布帕的用平话卖菜妇女讨价还价时，总觉得似乎是在与较远古的汉族在打交道，又觉得似乎是在与少数民族在打交道，别有风情！

第五章　桂柳人

桂柳人也是华南汉族的主要族群之一。

桂柳人成墨渍式主要分布在桂北以及桂西北、桂中和桂东北部分县城，人口约五百万。

桂柳人因以桂柳话为基本特征，故称“桂柳人”。桂柳话为西南官话中桂林话与柳州话之俗称。据韦树关先生的考察，广西的西南官话除桂林话和柳州话外，还有一种湖广话。讲湖广话的人主要分布在桂西北，如凌云、凤山、金城江、南丹等地。

湖广话与桂柳话略有不同，但都属于西南官话，故亦为桂柳人之一部分。

第一节　桂柳人的语言

西南官话是汉语北方方言的一支次方言，在广西俗称“桂柳话”。

北方方言是汉语九大方言之一，其使用人口达6.6亿人。[①] 西南官语流行范围包括四川、云南、贵州三省全部汉语地区，以及湖北、湖南、广西、陕西、甘肃等省区的一些市县，人口约2亿。在华南，西南官话流行在广西北部，即桂林、柳州两地区的大部分，河池、贺州两地区的部分县，以及桂西一些县城及其附近，约56个县市，人口在500万以上。[②]

一　北方方言是西南官话的母体

北方方言，俗称“北方话”，亦称“官话”，作为汉族共同语，即普

① 李荣：《汉语方言的分区》，《方言》1989年第4期。

② 杨焕典等：《广西的汉语方言（稿）》，《方言》1985年第3期。

通话的基础方言，是汉族形成和发展的历史成果。自夏、商、周三代及春秋战国以来，历经秦汉的统一到三国两晋南北朝的分裂，又经隋唐的统一到宋辽夏金的分裂，再经元、明、清的统一，北方话区域在汉族发展史上，无论政治、经济、文化、教育各方面都占着重要的地位。尤其是宋代以来，许多著名的白话文学作品，从话本、元曲到《西游记》《三国演义》《水浒传》《红楼梦》，都是以北方话为基础撰写的。明朝初年外国人学汉语，也是以北方话的典型代表北京话做标准的，如朝鲜人编的会话课本《朴通事》《老乞大》。[①]

元明以来，由于北方话作为汉语共同语基础方言的地位已经巩固，并在官场中广泛使用，故人们俗称之为“官话”。明人何良俊在《四友斋丛说·史十一》云：“雅宜不喜作乡语，每发口必官话。”明人谢榛在《四溟诗话》卷三亦云：“及登甲科，学说官话，便作腔子，昂然非复在家之时。”清人俞正燮在《癸巳存稿·官话》中记载：“雍正六年，奉旨以福建、广东人多不谙官话，著地方官训导，廷逆议以八年为限，举人、生员、贡、监、童生不谙官话者，不准送试。”可见官话在汉语中的主导地位已经确立。

北方方言虽然因语言的差异可分为东北官话、北京官话、冀鲁官话、胶辽官话、中原官话、兰银官话、江淮官话和西南官话8个次方言[②]，但其内部的一致性极强，语音系统相对较简单，语法基本一致，词汇大同小异，各次方言区之间的人通话没有多大困难。所以北方方言是西南官话的母体。

西南官话的形成与中原汉族的南迁有密切的关系。前已述及，“永嘉之乱”以后，中原汉族大批南迁，北方方言大规模越过秦岭—淮河一线而向南方传播，在这次长达150余年的移民浪潮中，北方方言在江淮之间取得了优势，在湖北对楚语发生了冲击和涵化，从而形成了西南官话的雏形。[③] 及至唐代安史之乱后，迫使中原汉族再次大批南迁。这次南迁移民集中居住的地区主要是襄阳、江陵、武昌之间的湖北腹地，湖南的西北角，苏、皖二省的南部及江西的北部和中部。这次移民加速了已具雏形的

---

① 袁家骅等：《汉语方言概要》，文字改革出版社1989年版，第23页。

② 李荣：《汉语方言的分区》，《方言》1989年第4期。

③ 葛剑雄、曹树基、吴松弟：《简明中国移民史》，福建人民出版社1993年版，第613页。

西南官话的形成过程，奠定了西南官话在长江中游的主导地位。宋元之际，汉族在战乱中继续迁徙，元末随明玉珍入川的一批移民就来自湖北麻城、孝感一带。明初入川的移民也以湖北人为主，其中又多为麻城人。而麻城人又多为江西籍，故入川的移民实际上既有来自湖北，又有来自江西的。这些移民即成为今四川人所称的“老户”或“土著”，从而使西南官话与江西方言混合而成为今天的四川话。四川如此，云贵也一样。明初，以卫所军屯的方式处置云、贵大量移民。而卫所军士多为苏、皖籍人，所以使属西南官话的云、贵话亦受到江淮官话的影响。及至清代，云、贵两省接受的移民主要来自四川、湖南和江西，所以江西方言对云、贵汉语方言也必发生一定的影响。从西南官话向云、贵、川传播的情况可以看出，北方方言在中原汉族的不断南迁中，从北至南与当地一些方言涵化，其中与楚语，即湖北方言涵化而形成西南官话，也是在移民中逐步扩展传播到云贵川地区。

二　明代西南官话传入广西形成桂柳话

广西土著族群本都是少数民族，自秦汉以来才有汉族迁入，此后延绵不断。但操西南官话的汉族，大约是明代之时从中原迁入。元明两代，柳州就是屯兵的基地。史载明朝实行卫所制，先后在广西设置了桂林左卫、右卫、中卫，以及柳州、南宁、南丹、庆远、浔州等 8 卫和二十余千户所。[①] 当时卫所驻军一般是七分守城三分屯田[②]，故广西卫所军士合家属在内约有 10 万人，其中桂林卫所军士 3 万，合家属约有 5 万人。这些卫所驻军“子孙世及”，世袭为屯兵，遂在桂林、柳州等地落籍。随着屯军士及家属的落籍，在明代已成定型的北方官话也就在桂北一带开始流行起来。所以，当时广西的壮族称汉族为“军人”，称汉语为“军话”[③]。因此，今天桂柳话的分布范围与明代卫所分布的范围基本一致。由于桂林和柳州是明代卫所的两个基地，西南官话在广西遂被俗称为“桂柳话”。西南官话传入广西后，由于其官场和文教用语均用桂柳话，故很快取代了平

① 《明实录·明太祖实录》卷五〇、六四、七三、一〇一、一二五、一三四、一七八、二〇七 。

② 《明实录·明太祖实录》卷二四五。

③ 李荣主编，刘村汉编纂：《柳州方言词典》，江苏教育出版社 1995 年版，第 4 页。

话的地位，而在广西北部和西北部的县城、集镇中流行开来。

桂柳话中桂林话流行的范围较柳州话小。桂林话只流行于桂林市及兴安、灵川、临桂的一些城镇，人口不过六十余万，其余广大地区包括属桂林管辖的阳朔县都流行柳州话。故研究桂柳话的学者多以柳州话为代表。

三　桂柳话的特点

桂柳话作为北方方言的次方言西南官话的一个分支，除具有西南官话的特点外，以柳州话为例，还有以下一些特点①：

（一）语音上的特点

柳州话包括零声母在内有19个声母；包括4个入声韵母在内有41个韵母；有5个声调，除阴、阳、上、去4个声调外，还有一个入声调，其特点有：

——古全浊声母一律读同部位清音，其中读塞音和塞擦音的，平声送气，仄声不送气。

——邪母平声会读送气塞擦音的比较多，除了跟北京相同的“辞词祠囚”以外，还有“徐”“隋随”“寻”“祥详”“松”。

——泥母与来母读音不混，如泥≠犁，女≠旅，牛≠留。

——知庄章组合并于精组，洪音读舌尖前音，细音读舌面前音，没有舌尖后音。

——分尖团，尖音读舌面前音或舌尖前音，团音读舌面后音（擦音舌位偏后）。

——黄王不混，匣母读［h－］（萤、迥例外），云母读［Ø－］（熊、雄例外）。

——端系蟹止臻三摄舒声合口字一律读开口呼。

——见系二等开口字读开口呼的比较多。

——咸摄并于山摄，深曾梗三摄并于臻摄（入声仅部分合并）。

——有少量残存的入声字。

——次浊平声读阴平的比北京话多。

① 李荣主编，刘村汉编纂：《柳州方言词典·引论》，江苏教育出版社1995年版，第6—7、14—16页。

（二）词汇、语法上的特点

柳州话词汇、语法上的特点主要有：

——指人的名词，男性多用“佬”，如土工佬（埋死人的）、拐子佬（人贩子）等；女性多用“婆”，如黄脸婆（丑女人）、老举婆（妓女）、肥婆（胖女人）等。

——用量词+搭（打、对）+量词的格式泛指数量很多。如斤搭斤（好多斤）、堆搭堆（很多堆）等。

——跟动词有关的“多、少”不放在动词前面，而放在动词后面。如“吃多一碗饭”“拿少两件行李”。

——跟动词有关的“先、后”放在动词后面作补语。如“你走先”“各个要守先，哪个来守后呢?”

——否定副词“不”在口语中多用“没”。如“肚子没舒服”“没送了，你们回去了”。

——用介词“把、跟”表示起点方位、经过路线，相当于“从”“由”；“把”还可以表示终点方位，相当于“到”。如“把（或跟）桂林来”，“把北京为止”，“把那垲（那里）落脚”。

——双宾语可以把直接宾语（指物）放在前面，间接宾语（指人）放在后面。如“借杆笔我”“送两瓶酒你们爸”。

——表示性状程度的方法丰富而别具一格，一是用“算×了”表示程度极深，无以复加，如“阿兰算好了，哪方面都没得谈”。二是用“×死”“×死哏×”表示程度极深，如“放盐没得谱，菜煮得咸死”“送这贵重的礼，她还不高兴死?”等。三是用“死鬼×”“好鬼×”表示程度很深，“鬼”字不含贬义，如“这种布没透气，穿在身上死鬼（或好鬼）热”“小王的鼻子死鬼（或好鬼）灵，有好吃的他就来了”。四是用“蛮×点”“×多”表示程度比较深，如“今天蛮冷点”“这个柚子甜多”。五是用“××点”表示程度稍浅，相当于“有点×”，如“今天有雨，凉凉点”“大李比较内向，闷闷点”。六是用“没×几多”表示程度很浅，相当于“不大×”，如“果都没甜几多”“窗子太小了，没亮爽几多”，等等。

——比较式的语法也有另具一格之处，一是用“过”表示前项超过后项，如“小赵高过老赵”“吃盒饭好过方便面”。二是用“没够”表示前项不如后项，可以跟形容词搭配，也可以跟动词搭配，如“他没够那些人聪明”“我没够她讲”。三是用“多×点”表示某项甚于另一项，另一项可以不在同一小句出现，如“桂林比柳州多好点”“今天多冷点”，等等。

第二节　桂柳人的形成

桂柳人的形成是明代军屯的结果，也是北方操北方方言汉民族开发岭南的结果。

一　桂柳人：墨渍式移民的沉淀

关于桂柳人的历史和文化，学术界的研究几乎还是一个空白。就是研究成果较多的西南官话，讨论到桂柳话时也叫学术界摇头，故李蓝在《六十年来西南官话的调查与研究》一文中说：“广西的汉语方言非常复杂，广西的西南官话在这种环境中也，有许多不同于其他西南官话的变化，但由于受种种主客观条件的限制，广西的语言调查仍滞后于当地极其丰富的语言事实。”① 至于论及桂柳人的形成，仅有周振鹤、游汝杰先生在《方言与中国文化》中云：“广西、云南、贵州自古以来是少数民族聚居地。粤人进入桂西时代应该较早。大批北方汉人进入云贵和桂北还是明代的事。明王朝在平定云贵后，为了巩固统治，保卫边疆，就留驻守军并实行兵屯。除了守留一些城市外，还选择一些农村地区设置兵屯。这些官兵皆有家室，军籍也可世代相传。大批汉人就在此安家落户，使用和传布他们带来的北方官话。”② 对于桂柳人形成的这种特点，他们称之为“墨渍式移民”。所谓墨渍式移民，就是“外来的移民有时候并不占领成片的广大地区，而只是选择其中的一些地点定居下来，然后慢慢地对周围的地区有所浸润，好像在一张大白纸上滴上若干滴墨汁一样。这些在新地落脚的居民因文化地位较高，所以不但维持旧地带来的方言，并且逐渐扩散到周围地带。但是从全局来看，它们还未连成一片，中间尚未被别的方言或语言隔开，方言的传布，好像青蛙跳着前进，不是遍布整个地区，而只是

① 李蓝：《六十年来西南官话的调查与研究》，《方言》1997年第4期，第256页。

② 周振鹤、游汝杰：《方言与中国文化》，上海人民出版社1986年版，第30页。

散落其中若干地点。”① 桂柳人的形成确实如此，如桂林市区里分布的是桂柳人，郊区及郊县——临桂、灵山却是平话人的天下；柳州市区分布的是桂柳人，郊县柳城、柳江却是壮族的天下。

二 明代：桂柳人形成的时期

桂柳，广西汉民族族群的这个“后起之秀”，在明代究竟是怎么形成的呢？

明代是广西社会历史发展一个重要的转型时期。在这个时期，广西各族人民既受明王朝各级官府横征暴敛，又受土司的残酷统治。这种双重压迫和剥削，严重地破坏了社会生产力，使各族人民无法生活下去，从而激起了各族人民的顽强反抗，其中最著名的就是大藤峡的瑶族和壮族的大起义。

大藤峡处于广西武宣和桂平之间浔江上游的黔江上。大藤峡地区山峦迭起，地势险峻，包括今武宣、象州、蒙山、桂平、平南、藤县、贵港、荔浦等县、市方圆六百多里的山区。这里居住着瑶族、壮族和汉族。明朝建立后，采取“以夷治夷”的政策，在推行土司制度的同时，又建立了卫所和进行屯田。而官府、土官、豪强和卫所大量侵夺壮、瑶人民的耕地、牛马，并掠夺人口，滥杀无辜，逼得瑶民无法生存。因此，从洪武八年（1375年）起，这里就爆发了瑶民的反抗斗争。而瑶民起义，从一开始就得到了府江、古田、八寨等地区壮、汉及其他少数民族起义的呼应和配合，在与明王朝相始终的270多年间，广西各族人民的起义不绝于书。

在以平乐为中心的府江地区②，洪武八年（1375年），明王朝平乐府灵亭山东北麓谷塘村汉族屯军，在陈华四率领下，联合瑶族义军首领李九起义，开仓分粮，劫富济贫，转战于富川、荔浦、平乐等地瑶山。洪武二十二年（1389年），富川逃吏首赐，又联合瑶族盘大孝，在灵亭山起义，在反抗明军的征剿中不断取得胜利，连“征讨”指挥官耿良也投降了义军。③ 洪武三十一年（1398年），荔浦甘棠寨编民在周文昌领导下起义，

① 周振鹤、游汝杰：《方言与中国文化》，上海人民出版社1986年版，第29页。

② 府江地区指以平乐为中心的府江（又称抚河）流域，包括今阳朔、荔浦、平乐、蒙山、昭平、恭城、富贸县等县（自治县）。

③ 《富川县志》卷十二。

他们攻县城，杀贪官，转战于荔浦和平乐一带，坚持了十几年，后来参加义军的汉族编民全部被杀。[①] 正统九年（1444 年），荔浦莫公乔率众起义，义军开入灵亭山区，和当地瑶、汉人民共同坚持斗争。[②] 景泰元年（1450 年），富宁山瑶族盘姓子联合冷水渚源瑶族廖八子，以及江华、永明的汉族农民王茂、何音保等，率众千人起义，盘姓子自称“胜道君王”，出击于今广西、广东、湖南三省、区交界地区，声势浩大，坚持了几十年。天顺八年（1464 年）荔浦爆发了规模较大的起义，拥军数万。攻入湖南，与大藤峡瑶族义军挥戈南下形成“两虎咆哮”[③] 之势。后虽被韩雍残酷镇压，但弘治十二年（1499 年）荔浦义军再次兴起，在兴安、全州苗族义军的配合下，长驱直入湘南地区[④]，并在府江根据地坚持斗争到嘉靖年间。隆庆三年（1569 年），韦公海在荔浦中峒率五千余壮、瑶人民起义。隆庆五年（1571 年），义军在杨公满等领导下攻占了荔浦的坊郭，平乐的乐山、峰门、南源等卫所，杀了一批暴吏，坚持斗争了四年。

在永福的古田地区[⑤]，弘治三年（1490 年），古田毛峒瑶族梁辰䂿在古河的北坡塘起义，壮族韦永盛在古河中岭十三村起义，史称“东瑶北壮”。这次壮、瑶起义的星星之火，迅速燃成燎原之势，他们公推韦朝辉和覃万贤为领袖联合起义，多次打败官军的征剿，使古田成为壮族起义军的天下。[⑥] 正德七年（1512 年），义军建立农民政权，韦朝辉称“冲天将”。这次起义一直坚持到正德十年（1515 年）才被镇压下去。但是这燎原之火并没有被完全扑灭，韦朝辉的儿子韦银豹，于正德十三年（1518 年）在古田登云山“韦银豹岩”又举起义旗，自封为王，并多次奇袭桂林，到隆庆元年（1567 年）时已完全控制了永福至雒容（今巚寨的一部分）一线，孤立了桂林，东与府江义军呼应，南与八寨义军声援。这次起义坚持了五十余年，直到隆庆五年（1571 年）才被最后镇压下去。

---

① 《荔浦县志》卷二。

② 《明英宗实录》卷五七。

③ （明）田汝成：《田叔禾集》卷五。

④ 《明孝宗实录》卷一五六。

⑤ 古田地区指今永福县及临村、融安、鹿寨等县的部分地区。

⑥ 参阅《永宁州志》卷二。

在忻城、上林一带的八寨地区[①]，成化元年（1465年），八寨义军再起，成化六年（1470年），忻城皂岭黄公刚起义，并联合壮族童韦公等义军共同作战。弘治四年（1491年），黄公刚的余部在壮族韦旋的率领下，攻下上林，直下宾州。八寨各族人民起义的浪潮，到正德至嘉靖中（1506—1528年）发展得更快，还建立了自己的政权，最后虽然被王守仁镇压了，但在相当长一段时间里，八寨地区仍有义军，各寨有义军千人。平时分散活动，战时集中抗敌，故民间有“不约而同，不谋而合，名虽八寨，实则一寨”的说法，反映了各族人民共同反对封建压迫和剥削的斗争精神。

从上可见，有明一代，广西各族人民始终没有停止过反抗明王朝统治的斗争。在这样一种态势下，与广西各族人民的反抗斗争相对的就是明王朝政府不断派军队入桂屯兵驻守，围剿镇压。正如正统八年（1443年）八月庚戌广西总兵官安远侯柳溥言：“广西所属浔、梧、柳、庆等府地方，傜僮夷人，叛服不时。”[②]

《明实录》中关于明代卫所驻军入桂的记载甚多，与桂柳人的形成有直接关系的桂北、桂中，以及桂西北的桂林、柳州、庆远、南丹等地大多是明朝卫所驻军之地，据《明史·兵制》记载，洪武二十六年（1393年）定天下卫所之时，广西都司就有6卫1所，全部兵力有3.5万人，合家属已有十万余人。

据统计，明代后期在广西的卫所已有8卫20余所，并且一直实行“许携家属”。[③] 明王朝的卫所驻军，在桂北、桂中、桂西北基本上分布在州府县所在地，即今桂林、柳州及其县城所在地。这就是今天桂柳人大多聚居在镇的历史根源之所在。与此同时，桂林和柳州一直是卫所驻军的中心。正统九年（1444年）三月己亥，广西柳州知府曹衡曾奏：“比年镇守总兵等官，皆屯兵桂林府，去柳州府遥远。蛮贼出没，卒难援救。每年九月至次年三月，天气清和，宜于柳州府操备。四月至八月，天气炎瘴，回桂林府驻扎为便。”上从之。[④]

---

① 八寨即指思吉、围安、古卯、古蓬、古钵、都者、罗墨、剥丁八寨，后又加龙哈、龙咳，合为十寨。八寨地区指今忻城、上林一带。

② 《明实录·明英宗实录》卷一〇七。

③ 《明实录·明宪宗实灵》卷九七。

④ 《明实录·明英宗实录》卷一一四。

这种分布态势奠定了桂柳人形成的基础。

明代，在卫所驻军入桂的同时，还有屯田入桂之汉族移民。对此，《明实录》中也有一些记载：

> 洪武五年（1372 年）正月壬子诏“今后犯罪当谪两广充军者，俱发临濠屯田”①。
>
> 洪武九年（1376 年）三月癸未广西贺州屯军陈华四等作乱，桂林卫指挥姜旺率兵击斩之，俘其众千余人。②
>
> 洪武二十五年（1392 年）九月甲辰置广西迁江县屯田千户所。③
>
> 洪武二十九年（1396 年）四月乙丑广西布政使司言：“新设南丹、奉议、庆远三卫及富川千户所，岁用军饷二十余万石，有司所征不足以给。”上命，俱屯田。既而奉议卫奏：“本卫地控蛮峒，若俱出屯种，设有缓急，卒难调用，宜以三分守城，七分屯田为便。”上不许。④
>
> 洪武二十九年（1396 年）七月己巳遣中使至桂林等府，市牛给南丹、奉议等卫屯田军士。⑤
>
> 洪熙元年（1425 年）二月甲子广西总兵官镇远侯顾兴（祖）奏：“臣奉命率广西、湖广、贵州（兵），剿捕蛮寇。势已平，还军驻桂林。今农事方兴，请止留贵州兵二千、湖广兵一千守备，余遣归屯种。”从之。⑥
>
> 宣德十年（1435 年）二月丙午广西都指挥佥事田真言：“洪武间，各卫军事屯田十分之七。近年征差逃故者多，遂将余丁老幼足之；且余丁递年供应正军，复令屯田，实为重困。乞将老幼如例屯田，余丁优免。”事下行在户部复奏。从之。⑦

---

① 《明实录·明太祖实录》卷七一。——原引文注

② 同上书卷一〇五。——原引文注

③ 同上书卷二二一。——原引文注

④ 同上书卷二四百。——原引文注

⑤ 《明实录·明太祖实录》卷二四六。——原引文注

⑥ 《明实录·明仁宗实录》卷七。——原引文注

⑦ 《明实录·明英宗实录》卷十二。——原引文注

这样，广西社会的发展，在明代出现了广西历史上从来没有过的政治军事形势，即一方面是明王朝的政治统治和军事镇压，另一方面是广西壮、瑶、汉等各族人民的反抗斗争。就是在这样的历史转型之中，以入桂卫所驻军为主体，操西南官话的这批汉族移民与明以前入桂的平话人讲完全不同的汉语方言，与平话界限分明，自然而然地形成了一个不同于平话人的汉族新族群，壮族称之为“军人”［pou^4kun^1］，而他们所讲的西南官话则被称为“军话”［va^6kun^1］，这就一语道出了桂柳人的来源与形成。

而由于操西南官话的桂柳人在有明一代处于掌握军政大权的地位，这就使得平话的“官话”地位遂被西南官话所取代，就是至今在桂西北一带，还存在政府干部办公讲桂柳话，做生意的则讲白话，农民讲壮话的语言现象。

正如前述，在明代的卫所驻军中，桂林和柳州是卫所驻军的两个中心，各自所受周围族群的影响不同，而造成了桂林话与柳州话、桂林人与柳州人之间的一些差异，但桂林话和柳州话基本一致，人们俗称之为“桂柳话”。而这一从明代开始形成的汉族族群，也就被人们统称为“桂柳人”了。

桂柳人基本上是从明代卫所驻军演化而来，但在桂西北的凌云、风山、南丹、河池一带还有一部分讲西南官话的湖广人，据对他们作过一些考察的韦树关先生说，这些湖广人不仅所讲的西南官话与桂柳话有所区别，而且他们的分布与桂柳人分布在城镇的特点完全不同，这些湖广人主要分布在农村，以农为业。但是，由于他们的语言仍属西南官话，人们一般也将他们归入桂柳人之中。

第三节 桂柳人的人文特征

正如前述，对桂柳人的历史和文化的研究，在学术界几乎还是一个空白，所以专论“中国的南北情貌与人文精神”的《人文中国》一书，对华南的广东人、客家人、闽南人、福州人等可以分而述之、分而论之，却对广西的汉族族群有所空白，把广西的平话人和桂柳人都笼统地列入了“西南人”之列。

笔者自 1964 年从武汉第一次入桂做考察，先到柳州，而后融安、三江，最后从桂林出桂，第一次接触了桂柳人，感受到了桂柳人的耿直尚勇的豪气，觉得桂柳人与湖北人差不多，不仅语言相近，脾气也差不多，连讲话的声调也是一样高。1985 年到广西民族学院工作后，也常到桂北一带考察，与当地群众讲桂柳话，不少老乡误认笔者是柳州人或桂林人。实际上是武汉人学桂柳话，细心的人一听，就知道不是正宗的桂柳话。

一　聚居城镇

我们从桂柳人的形成中可见，成墨渍式分布的桂柳人，以桂林、柳州两地为中心点，除河池、南丹、凌云、凤山等地被列入桂柳人的湖广人外，基本上分布在县城，从而形成聚居城镇的分布特点。对此前面已有详述，在此不赘述。

二　随遇而安

倪健中在《人文中国》中说：“西南人具有知足常乐的地域性格。西南人比较富于享乐的能力，对于目前生活求安而不求进”，所以“西南人主张宁静淡泊。虽然西南人由于文化水平普遍较低，难以出几个有名的隐士，但长期追求内心的淡泊宁静的诱导已使西南人养成放达态度，不计利益得失，不过分注重人间烟火，倒对自然方面颇有亲情。”① 这些对西南人人文特征的评价，其实也包括了对桂柳人随遇而安人文特征的描述在内。

确实，桂柳人与广府人、客家人、闽南福佬人、福州人相比，他们相对缺少一种敢闯的冒险精神，而安于宁静淡泊，他们不争一时之长短、高低，但凡不吃亏，不倒霉即为幸，而若得了便宜则是走运。在桂柳话中常可听到“人家有钱那是人家挣的，莫去打眼热”的说法，即是不争长短、高低之一证，与闽南人“爱拼才会赢”的性格不可同日而语，从一个侧面反证了桂柳人随遇而安的人文特征。

桂柳人之所以会养成这种随遇而安的人文性格，是与桂柳人源于卫所驻军和屯田有关。一般来说军人都具有随遇而安的天性，为了服从政治的需要，为了打仗的需要，一声令下往往打起背包就出发，走到哪里吃在哪里，驻守在哪里屯田在哪里，无不表现和反映出随遇而安的特征，这首先

① 倪健中主编：《人文中国》，中国社会出版社 1996 年版，第 362 页。

是战争的需要，又是军人的天性。今天的军人如此，古代的军人也如此。以入桂驻守卫所的军人和家属及其后裔所形成的桂柳人，具有这种随遇而安的人文特征，也就是情理之中、自然而然的事情了。

三 诙谐乐天

随遇而安之中，精神悠闲而诙谐乐天。这在桂柳人中广为流行的彩调剧中得到了充分的表现。彩调剧是以采茶调为底子发展起来的联曲体民间小戏，旧称“调子戏”，其以“桂柳客话”演唱。据翟红研究，桂柳彩调最大的特点就是不管是过去还是现在，彩调总是以轻松、俏皮、幽默、谐趣的情调与气氛来吸引观众，从语言上来说，彩调唱腔里独有的衬句、衬词，唱词和念白中的语气词，起到帮助营造这样氛围的作用，如传统唱腔（瓜子落花生）中的衬句“出得门来行前走，一心要行前面行”。若是在壮族地区演出，演员往往即兴加入壮话衬句，变成“出得门来往前走，一心要往（蒙哩蒙哩咕咚，蒙哩蒙蒙咚，蒙讲咕哩懂，咕讲蒙哩罗，蒙哽豆腐咕糯，乐盈盈喊姐姐）前面行”，衬词的运用更为广泛，大多数唱腔都有“哪荷咳”“哟衣哟”“一都荣”等衬词组成的句子。这些词本身没有更多的意义，演员的反复歌唱，在于情感的抒发、气氛的烘托以形成彩调欢快的基调。正是由于彩调俏皮谐趣而具有独特的魅力，所以贴近民间生活的《王三打鸟》《双打店》《十五骂菜》等短小剔透、玲珑精致、谐趣横生的独幕小剧，深为桂柳人所喜闻乐唱，故而被人们认为是“快乐的剧种”，这种山野、里巷小调，唱遍了漓江两岸、龙江之畔，是桂柳人诙谐乐天人文特征的艺术表现。

桂柳人的诙谐乐天还表现在诙谐的俗语之中，如老兄俗称为“老哥子”，数量很多俗称“大把”，出问题俗称“走火”，干不完俗称“搞不赢”，最典型的莫过于将朋友俗称为“狗肉”，这不仅在采茶调《山风》中有云：“唉，还是你够狗肉，从来不喊我做二狗。”近几年来在桂柳人中还广为流行，无论男女老少，都习惯将自己最要好的朋友称为“狗肉”。1996 年 12 月笔者去桂林，就听一位朋友谈及他与另一位朋友之间的关系时就说：“他们好狗肉的!”初听还很不顺耳，何以要称自己的好朋友为“狗肉”呢？而桂林此俗更甚，最近笔者到一家店里去买东西，问谁是老板，一个伙计悄悄地指着正在收钱的人告诉我：“是她弟弟与几个狗肉一起开的。”而当我们从龙胜温泉开完会返回桂林时，导游小姐在告别时也说："通过两天的相处，我们大家已是狗肉了，希望你们以后来桂林不要忘记我这个狗肉!"这一段话使得各地来开会的代表笑得人仰马翻，诙谐之极。

四　"死仔"义气

桂柳人虽不太讲宗族宗谱，但却讲义气，强悍、有个性，敢作敢为，办事干脆而不啰唆，为朋友可以两肋插刀，故显得特别团结。俗话说："好仔怕烂仔，烂仔怕死仔。"柳州人就是桂柳人中有名的"死仔"。"死仔"特别讲义气，在外地若听见一个人讲桂柳话就立即会亲如家人，鼎力相助，表现出一种特别哥们义气的"死仔"豪情。

当然桂柳人内部也有区别，如桂林人却缺乏这种"死仔"情结。故民间有"桂林烂仔，柳州死仔"之说。如果桂林人与柳州人相比，确实柳州人重哥们义气，而桂林人却缺少一点这种哥们义气的阳刚精神，多了一点斤斤计较的小家子市民气息。

五　米粉情结

笔者在武汉长大，在浙江工作了二十年，四十年来除吃饭外，一般还吃点面食，品种有面条、饺子、包子、馒头等。而北方，乃至长江流域一带各种大小餐馆除了炒菜吃饭外，多为各种不同品种的面条。但到广西工作后，发现广西到处都是米粉，却少有面条。而米粉中名气最大的是桂林马肉米粉和柳州的螺蛳粉。

有一位文友曾在《桂林乡情报》发表了一篇《桂林人的三大情结》的文章，其中桂林人的第一个情结就是米粉情结，其云：

> 桂林人的米粉情结真可谓是根深蒂固，在所有的早点中，米粉的销售量毋庸置疑地处于头号位置，随之而来的自然是各种大大小小的米粉店应运而生，什么酸辣粉、卤菜粉、鲜肉粉、三鲜粉、螺蛳粉，真是花样繁多。
>
> 早上起来，桂林人的第一件事便是先吃二两粉，然后才去上班。倘若有事外出。也必大街小巷地先找桂林米粉。若哪一天没吃桂林米粉，似乎总像少了一件什么东西似的。笔者曾多次与朋友们外出开笔会或公差，碰上主人早点只上馒头、包子、红薯类时，总有个别人眼

盯盯望着厨房门，傻傻地问："有没有米粉?"当得到肯定"没有"的回答后，那顿早餐整个人便如霜打的茄子，蔫蔫地振不起精神来，胡乱动动筷子吃上一点便嘴巴一抹说："饱了。"其实他哪是真饱，不过是想那桂林米粉而已。

上班一族碰上忙得没有做饭时间时，便在下班时买上半斤四两米粉，回家或烫或炒配上些麻油、青菜、姜葱、肉丝之类，一顿鲜美的中餐解决矣。外出走亲访友，人们往往带上一包桂林米粉，到时自豪地往友人桌上一放，"来了，新鲜的桂林米粉！"从那自豪的口气中，仿佛他给人带来的是稀世珍奇，而朋友倒也买账，总是瞅着那包米粉睁大双眼，惊奇地哇一声叫道："好啊！"①

在柳州，人们却用山歌来明志。传说在壮族歌仙刘三姐骑鱼升天的柳州鱼峰山下，聚会对歌的人们曾这样对唱：

哎——柳州最爱玩什么咧？
哎——柳州最爱唱什么咧？
哎——柳州最爱吃什么咧？
嘿——柳州奇石甲天下咧，石头疯狂出国门咧！
嘿——柳州最爱唱山歌咧，野性粗犷美名扬咧！
嘿——柳州最爱吃螺蛳粉，美味无脚走天涯咧！②

好一碗无脚走天涯的柳州螺蛳粉，把柳州人的米粉情结表达得淋漓尽致。

---

① 流萤：《桂林人的三大情结》，《桂林乡情报》1998年3月13日（总103期）第4版。

② 红了绿了：《柳州螺蛳粉：满城尽飘螺蛳香》，《南国早报》2009年5月28日。

第六章　高山汉

“高山汉”是广西西部山区讲西南官话的汉族，他们自称“客人”，在当地的民谣中就唱道：“瑶人头，客人脚，本地人（指壮族）不用枕头也能睡得着。”而当地壮族则称他们为“布哈”，意思是“转移居住的人”。目前，这些高山汉族主要分布在广西的田林、凌云和凤山，以及田林的浪平、平山、平潭，隆林的隆或。此外，东兰、巴马、南丹也有少量的分布。他们原本就是川、黔、湘、鄂等地的汉族，迁移到广西之后，虽已发展了十多代，但仍然保持有原居住地民族共同体的显著特征。他们生活在高山地区，以玉米为主要农作物，这是他们最显著的标志。为什么称为“高山汉”？就是因为他们住在以生产玉米为主的石山区，既不同于高原汉族，也不同于平原、丘陵、平和市镇的汉族。他们占据了独特的自然环境，在最低程度的竞争中占有生态资源。经过长期的演进发展，操西南官话的高山汉已成为广西的“族群岛”，他们是一个特殊族群。维基百科《自由的百科全书》云：“高山汉，字面来说是居住在高山上的汉族，他们是少数民族聚居区中的‘少数民族’。”

第一节　高山汉是汉族的一个族群岛

族群岛顾名思义就是嵌入人口较多族群之中，人口较少的族群。高山汉是分布广西西部壮族、其他少数民族和地处石山垌子岸场的汉族。桂西北地区，“崇山矗矗，巃嵸崔巍”“深谷邈无底，崇山郁嵯峨”，交通闭塞，条件艰苦。自李定国的散兵游勇流落至此，与壮族土司势力发生多次冲突，因其势单力薄而屡战屡败，被迫迁移到生存条件更为恶劣的高山丛林中。日久天长，斗转星移，这些汉人与汉族主体隔绝，又受当地少数民族的影响，渐而文化脱节、民族同化，最终成为风格独特的“高山汉

高山汉的姑娘（梁汉昌/摄）

族”。时间推移几百年，高山汉进而成为桂西北重要的族群之一，他们是典型的族群岛。

在广西百色一带民谣说：“瑶人头，客人脚，本地人（壮族）不用枕头也能睡得着”，“客人酒，本地人尿，本地人见了狗肉连爹娘都不要”，“瑶人嗅老火，本地香草果，客人安安合”。这些民谣，就是高山汉用形象生动的语言把自己跟当地其他两个民族习俗进行概括，比较典型地反映了这三个不同族群的文化特质。

一　高山汉自称“客人”

高山汉自称“客人”。“客”有来宾、客人之意，也有旅居他乡之意。自称“客人”，就是“旅居他乡之人”。在中国古代，有“客民”，指“非当地籍贯，外来寄居的居民”。而“民”之本意是“人”。汉族迁居桂西的时候，当地主要居民是壮族，称“本地人”。他们占据了自然条件最好的平坝地区，只有那些尚未开发，条件艰苦的石山地区、高寒山区，才有外来汉族人插足。相对于已长期定居于当地的“本地人”来说，从外省迁来的“非当地籍贯，外来寄居的居民”的汉人也就被称为“客人”了。

以落籍广西百色市田林县浪平的汉族为例，他们都很怀念过去的居住地。有些人迁到浪平后留下妻子儿女，自己回原出生地。浪平人修族谱、刻墓碑的时候，都要追述他们各自的祖宗原来居住的地方。他们有一个共同的心理，那就是时时感到自己祖先是外来的，不是土生土长在当地的，而且迁来时间不很久远，很多传说和习惯一直在传承。通过修族谱、刻墓碑，他们还能够把两三百年来家族的迁徙和分支情况清清楚楚地记录下来。这种将祖居地跟现住地紧密相连，勾勒出家族发展历程的情况，根深蒂固地、广泛地存在于高山汉之中。这种强烈的寻根意识，是族群成员与他群作别之时的一种族源认同情结。

对于高山汉来说，“客人”既是自称也是他称，是汉族与当地土著交往过程中，逐渐形成的族群称谓，也是高山汉成员自我归属和认同的族群范畴之一。在具体的日常生活中，最显著的标志是“火铺”，即安放火灶的一种床式建筑。在民国以前，汉族烧火用的“三脚”，即三足鼎立式的简易火灶，不能直接安在地面上，只能用火铺隔起来。安三脚落地，那就是“落地生根”，要永久定居了。如果被壮族人发现，壮族寨主就会纠集人员问罪。把三脚安在火铺上，意思是“寄住”，不是永久定居，随时都要迁走的。并且日常出入侧门，不能开大门和出入大门，以示自己寄居的身份，不比本地土著。当然，现在已没有这种隔阂了，而新一代的高山汉，已很少有人知道这一段历史了。

二　壮族称高山汉“布哈”

壮族对高山汉最常用称呼是“布哈”（ha），“布”即“人”，“哈”是“嫁”的意思。按《辞源》解释，“嫁”既有“女子结婚”之意，也有“转移”之意。这样，“布哈”即“转移居住之人”。其义显然跟自称及他称之“客人”是一样的。

另一种称呼是“布那”（na），比称呼“布哈”少用，但是也经常用。“那”在地方壮话里有两个意思。一是指颜色暗淡。以前壮族自己种棉织布染布，用蓝及一种块根中药染色后（有的是蜡染），布匹或衣物就可以用“那”及“玫”来评价其颜色太暗淡无光泽，还是鲜艳亮丽。壮族尚黑，自己织染布匹做成的土布衣服，颜色深黑而且流光溢彩。高山汉迁居浪平之后，一般不再织布，都是靠市场或在民间以物换物，才获得布匹及衣物，颜色比较轻淡，不如壮族人用中药漂染之后的布匹衣物亮泽。高山汉的衣服也不如附近的蓝靛瑶族的深黑厚重。因此，浪平高山汉被壮族人称为“布那”，是从穿着及民族审美特点来称谓的，意思是“穿得很轻淡的人”。二是“那”在壮话里又有“水獭”之意。水獭穴居河边，昼伏夜出，喜欢吃鱼。高山汉地区不产鱼，很难有机会吃到鱼。他们要吃干硬的玉米饭，如有鲜美的鱼或鱼汤送饭，是非常美妙的事情。所以，住在河边，以鱼做家常菜的壮族人称高山汉人为“那”，意即他们就像水獭一样喜欢吃鱼。汉族人既喜欢吃鱼又难有机会吃到，所以有悬念。壮族人有句歇后语“水獭见到鱼——不（会）剩”。汉族人笑壮族人“见了狗肉连爹娘都不要”，壮族人也笑汉族人“布哈见（到）鱼——不（会）剩”。这是壮族人以饮食习性差异把汉族人比喻为“那”——喜欢吃鱼的水獭。

田林县甘田镇的壮族称高山汉为“坟巴”，即“劈柴”，这到底是什么意思，尚不得而知。据臆测，高山汉住在石山地区，一般家户较少，又比较荒凉，他们讲话声音很洪亮清脆，所谓“有钢声”。而壮族住在平坝地区，特别像甘田、利周、香维、百乐等乡镇的壮族讲话尾音较长，声音婉转。另外，高山汉比较剽悍刚强，壮族比较忍韧。这样，壮族就用比较干烈的劈柴来比喻高山汉。此外，“劈柴”也有四分五裂之意。高山汉来自不同的地方，又分散居住在各个山谷岽垌之中，容易闹不团结；壮族聚族而居，密集居住在溪河边，较有凝聚力。于是，壮族人就以“坟巴”来呼称高山汉。浪平附近的壮族还称浪平高山汉为“妈走”，即桐果。浪平种桐果较多，拿桐果去卖的时候，身上有较重的桐果味。另外，浪平人常用桐油打灯火病、避邪。这是壮族人在汉族人面前暗指“汉族”或贬称对方，此称不常用。

第二节　高山汉的来源及形成

高山汉主要来源于四川、重庆、贵州、湖北、湖南、江西等地。1997—1998 年，徐杰舜组织并指导了百色右江民族师专的吴和培、罗志发和黄家信以田林县浪平乡为例，对高山汉进行了人类学的田野考察。

现在的浪平乡，明清时期属泗城管辖。明代置有芎泗城州，清代“顺治初，为泗城土府。十五年为府。寻改为军民府，属思恩府。雍正五年复为府，改流官，隶右江道。”① 元、明两代和清初，泗城地区实行的是土司制度。土司世代相继，设有军队，置有属官，自立关卡，俨然一个

① （清）赵尔巽等：《清史稿》第 9 册，中华书局 1977 年版，第 2305 页。

小小的独立王国。土司管辖的地区，“水复山重，草木蒙昧，云雾晦冥，人生其间，丛丛虱虱，言语饮食，迥殊华风。”[①] 清雍正四年（1726 年）春，鄂尔泰上奏言“以夷制夷”的“流土之分”“原因烟瘴新疆，未习风土，故因地制宜，使之乡导弹压”，“土司无革职削地之罚，直至事大上闻，行贿详结，上司亦不深求”。他举例说，滇省的乌蒙土司，“一年四小派，三年一大派。小派计钱，大派计两。土司一取子妇，则土民三载不敢婚。土民有罪被杀，其亲族尚出垫刀数十金，终身无见天日之期。”[②]

与土司辖地土民异俗殊音的汉族，被土著视为是他们基本禁忌的破坏者，于是不得不把汉族拒之门外。而汉族因而谁也不敢贸然迁居其境，即使偶尔有偷偷迁住其间，也得忍受土司的奴役。现在，在浪平民间，还在流传着许多关于岑土王的故事。岑土王有超人的力量，草菅人命，让人们为他服劳役，他有神奇的木马相助来去无踪。他享有初夜权、收租收息权……这些故事传说，就是土司制度留给当地人民的遥远的创伤记忆。明末到清代中期，泗城土司地区是壮族文化和汉族文化这两种异型文化剧烈交汇碰撞的地区之一。汉族就是在这时期迁入浪平地区的，其契机是明末农民大起义以及清初西南地区动荡的局势。

一　汉族移居桂西的背景

汉族能够迁居桂西，是跟当时的社会现实紧密相关的。

首先，伴随着改土归流的进程，原来横亘于汉族面前的地域壁垒被打破。由于中央政府在土司辖地设保甲，编户口，丈田地，清钱粮，修道路，兴学校，拨给科举名额等，缩小了这些地区与中原汉文化区之间的差异，壮汉之间开始有了一些共同的文化物质特性，双方开始可以互相接纳。

清顺治十五年（1658 年），泗城土司“归附，随征滇、黔有功，改为泗城军民府。”[③] 从雍正五年（1727 年）开始，泗城改为流官统治，泗城地区真正纳入王化统治轨道。改土归流之后，汉族开始大量向原土司辖地迁移。从最初的零星地、偷偷地定居到较大规模地持续地迁入，经历了一

① （清）赵尔巽等：《清史稿》第 9 册，中华书局 1977 年版，第 14204 页。

② 同上书，第 14204—14205 页。

③ （清）赵尔巽等：《清史稿》第 47 册，中华书局 1977 年版，第 14297 页。

段较长的过程，这个过程大约经历了乾、嘉、道三朝。

其次，雍正时执行“摊丁入亩”的办法，封建国家对农民的控制有所松弛。在“摊丁入亩”以前，封建国家的主要赋税收入是田赋和丁银。田赋即土地税，丁银原则上按人丁征收。为保证丁银足额，官府对人丁的控制十分严格，不准随意脱户脱籍。每隔五年，还要清理和编查户籍一次。在这种情况下，一般老百姓要正常地离开故土，向外迁徙，是很困难的，唯一办法只好流亡或潜逃。执行“摊丁入亩”之后，清政府以康熙五十年（1711 年）固定下来的丁银摊人田赋银中一并征收，这样，封建国家对农民的人身束缚逐渐削弱。此后，“民轻去其乡，五方杂处，逋逃为薮。”①

最后，天下承平日久，人口繁衍，人均耕地日少，导致了一场全国性的移民浪潮。乾隆帝说：“我国家承天眷佑……承平日久，版籍益增。天下户口之数，视昔多至十余倍，以一人耕种而供十数人之食……生之者寡，食之者众……犹幸朕临以来，辟土开疆，幅员日廓，小民皆得开垦边外土地，以暂谋口食。”② 据梁方仲先生推算，乾隆十八年（1753 年）全国的人口为 102750000，民田 708114288 亩，人均 6.89 亩；乾隆三十一年（1766 年）人口 209839546，民田 741449550 亩，人均 3.53 亩；到了嘉庆十七年（1812 年），人口 361693179，田地 792024432 亩，人均 2.19 亩。③人多地少，为了谋生，很多老百姓被迫迁移到地旷人稀的边地。

明清之际，四川重庆遭受战乱最严重，人口大减，“明季两京陷没，各有沦亡，而生灵之祸，蜀为尤甚。”④ 为加速川济恢复，康熙雍正时，曾采取优待办法，大量招徕外省移民，大概到乾隆前期，接纳了数以百万计的各省人户。但是，到了乾隆中后期，很多四川重庆农民又纷纷向云贵等外省迁移。⑤ 这种迁移持续到道光年间。道光十九年（1839 年）初，黔省布政使贺长龄在一份奏折中说：“黔省固多客民，兴义府尤其渊薮。自嘉庆年间平定苗匪之后，地旷人稀，每有黔省下游及重庆客民及本省遵

① （清）冯桂芬：《显志堂稿》卷一，《稽户口议》。

② 《清高宗实录》卷一四四一，乾隆五十八年十一月戊午。

③ 梁方仲：《中国历代户口田地田赋统计》，上海人民出版社 1980 年版，第 394—400 页。

④ 谢国桢：《增订晚明史籍考》，中华书局 1964 年版，第 300 页。

⑤ 郭松义：《清代人口流动与边疆开发》，载马汝珩等主编《清代边疆开发研究》，中国社会科学出版社 1990 年版，第 27 页。

义、思南等处之人，仍多搬住，终岁不绝，亦尝出示饬屡禁而不能止。”[①]兴义府跟泗城府交界，这一次移民潮的前锋达到了今天广西隆林、田林、田林、凌云等县，并且在田林的平塘、平山、龙车，田林的逻沙、甘口、逻楼、加尤等乡镇形成较大的人口较密集集中的汉族聚居区。经过大规模的移入，这些地区保留了一些共同居住的汉族族群，成为其他地方更大的汉族人口聚居地的边区村落定居点。这些村落定居点被合理地分离出来，拥有自己的族群文化，并可以只作为一个孤岛而被加以描述。

二 明末清初汉族开始移居桂西

汉族移居桂西始于明末清初。明末农民大起义失败之时，李定国与孙可望、刘文秀、艾能奇并为张献忠养子。顺治三年（1646 年），献忠死西充，“可望与定国等及白文选、冯双礼率残众自重庆而南。四年，破遵义，入贵州……八年，可望遣使迎桂王。九年，迁安隆所。”“定国转战广西、湖广，下数十城，兵屡胜。”“十五年……三桂师自遵义趋天生桥，出水西，克乌撒，文选弃关走沾益，卓布泰兵次盘江，自下流宵济，遂入安隆，定国将吴子圣拒战，败走。定国以全军据双河口，卓布泰师进破象阵，迭战罗炎、凉水井，定国兵溃，妻子俱散失，诸将窜走不相顾。定国收兵还云南，奉桂王走永昌。”[②] 从顺治九年到十五年（1652—1658 年），李定国等大西农民军以今贵州兴义地区为中心，活动范围包括滇黔桂和两湖地区。在长期的征战中，李定国及其部属与西南地区各族人民群众产生了密切的联系。据记载，“定国彦所将，半为㑇、倮、僰、佬”。[③] 正是西南地区各族人民的大力支持和拥护，才使大西农民军能够坚持抗清达十多年之久。也正因为有各民族群众加入到大西农民军队伍里，所以在“定国兵溃”“诸将窜走不相顾”的情况下，李定国部属能够轻而易举地流散于滇黔桂边地的少数民族聚居区内，生产自存。在生活基本稳定，又有一点积蓄之后，这些从川、湘、赣、鄂、黔等地来的汉族，又回到家乡，把家里人和同村、同宗族人或接或介绍到他们新的定居点。所以，直到现

① 郭松义：《清代人口流动与边疆开发》，载马汝珩等主编《清代边疆开发研究》，中国社会科学出版社 1990 年版，第 28 页。

② （清）赵尔巽等：《清史稿》第 30 册，中华书局 1977 年版，第 9168—9172 页。

③ 《天香阁随笔》卷一。

在，在滇黔桂三省区交界地区，还有比较明显的汉民族与当地土著民族杂居的分布，而且这些区域的多数地方直到今日，汉族还是当地的“少数民族”。

后来，清廷镇压三藩叛乱和清代中期镇压湘黔苗民起义（1795—1806 年）、川楚陕甘豫五省白莲教起义（1796—1804 年）。由于这些省份长期局势动荡不安乱，民族矛盾尖锐，像湘黔苗民起义就提出了“逐客民，复故地”[①] 的口号。于是，很多汉民族四处迁徙，其中一部分就迁到了桂西地区。

如瞿家寨，是田林县浪平很著名的以姓氏命名的居民屯。1992 年前后，瞿家子孙根据尚保存完好的外纳、陇西、龙甲沟、那华（凌云县玉洪乡八里村）等几处老祖坟碑文，整理成《瞿氏族谱》。其祖瞿从远系贵州庆远府银寨司人，因“生活不太好，子孙不够聪明，闻得四川好”，从远亲自到重庆探看，得到当地人许可，迁到重庆酉阳州盆水县（可能即为现重庆彭水县）忠里马尿岩。乾隆年间，因为白莲教起义，为避难迁来广西。搬来广西的是部分亲人及家业。从远后来又转回重庆老家，一去不返。其妻杨氏（1737—1793 年，葬平息外纳岭），生道学（1761—1806 年）、道文、道才、道珍。

从远带家人先住在陇幺 1 年，后来迁到塘嘎坪，再迁九瓮上寨。后来道学等找亲戚搬到陇西。在陇西时，他们在浪平坝上买到数亩好田。因春秋时节耕收，来回奔波很辛苦，于是道学找到广东寨寨主，希望住在他们寨子对面的老坟山——塘坎上。广东寨人不同意，道学又到凌云县玉里东村找民团总练，也是广东寨头人的汤明良求情，终于答应让他们住下来，初起名兴隆庄，后来因为出了一个拔贡瞿尚志，以及居住稳定，子孙忠厚繁衍，“瞿家寨”之名越叫越出名。

自称从重庆酉阳州盆水县迁来的，在调查中还碰到一些。

1998 年元月 7 日上午，罗志发和黄家信在那英碰到江垌村马龙屯的村民委主任唐仁爱，他说其祖先因避难从四川酉阳盆水县迁来广西，族谱在房子着火时被烧掉，只在口头流传。

1998 年元月 8 日，又在弄阳村排坡屯了解情况。75 岁的杨昌宽说，杨家原来住在盆水县长干子，杨家祖宗杨胜勇，在官府抓到几个贼子挑断

---

① （清）魏源：《圣武记》卷八《乾隆湖贵征苗记》。

他们的脚筋之后，见他们可怜，就治好他们。后来官府要抄杨家，杨家就躲到广西，先住在弄阳马得。杨昌宽出生于牛塘，35岁时迁到排坡。

65岁的茶垌屯李有用，他自称其祖先从酉阳盆水迁来樱椤亭，是乾隆时期因避难迁来的。

什良屯66岁的孙重彩，述称其祖先原来住在重庆酉阳州盆水县水井坎上，为避难，逃到广西浪平塘合老山里居住，后来才迁到什良，以前一直做人家的长工，中华人民共和国成立后才分到田地。

在央村村河坝屯小地名潘家，有块保存完好的清代墓碑，是肖家人的妻子杨氏墓。碑文是“阳命生于壬辰年四月十八八日午时受生，系重庆酉阳州彭水县管下小地名一源司量米场生长人氏，得年五十岁止矣。”这块碑文是重庆彭水县的人迁居沼浪平的实物证据。

酉阳州是一个什么样的地方？《清史稿》上记载：“酉阳宣慰使司，其先受明封……顺治十五年归附，仍授原职，颁给印信号纸，雍正十二年，土司元龄因事革职，以其地改设酉阳直隶州。”[①] 所以，酉阳州也是一个跟泗城府一样的原土司辖地，一样在雍正年间改土归流的。这些相似之处，或许就是乾隆年间，重庆又开始向外移民时许多汉族迁入泗城府的主要原因。

因此，乾隆年间，可能是汉族迁移到桂西地区最多的时期。他们首先落籍江垌、塘合等条件最艰苦，又比较荒凉偏僻的石山地区，然后才慢慢迁到浪平坝上、平乐、央村等条件更好的地方。

浪平村新寨的81岁老人姚源周介绍说，姚家祖先在康熙年间在贵州一带造反，为避难才迁来广西椤亭。当时兄弟二人，荣魁带湖南妻子夋氏住广西，荣宗上云南广南。

到浪平居住有确切时间记录的，是央村九垌坪陈家。在他们族谱里，记有“嘉庆七年（1802年）七月十一，陈进显龙氏已音迁到广西泗城府凌云县南安甲坪略村小地名皮黄（在岑王山半山腰，距九垌坪1公里）”。他们是从湖南迁来的。

田林县浪平的高山汉，主要就是在乾、嘉、道时期从外省迁移定居该地的。到了咸、同年间，浪平地区的高山汉，已有较大规模。在《田林县志·附录》里，录有《立禁约条》（1873年7月21日），是关于“西

① （清）赵尔巽等：《清史稿》第47册，中华书局1977年版，第14250页。

华甲”（现在西华、江垌一带）的村规民约，当时的江垌、塘合及田林逻沙的一部分，已基本上是汉族人的世界。

那时，石山地区还是一片片的原始森林，土地肥沃，气候湿润，阳光充足，即使是刀耕火种也可获得丰收，容易谋生。而且山高林密，一个个垌寽就是一个个小小的隐蔽据点，平时官府鞭长莫及，即使纳入地方里甲统治轨道，也是山高皇帝远，被认为没有多少油水可捞；一旦社会动乱，小小垌寽目标不大，容易封闭自存。所以，对于避难逃荒的人们来说，有原始森林覆盖的石山地区，的确是理想的乐土。

三　高山汉：桂西新族群的形成

桂西地区原来是土司统治的壮族和瑶族的天下。

瑶族，有一段时间住在田林县浪平坝上。在岩科屯的上边，还有盘王庙的遗址。犀牛塘，在民间传说口碑里，是说有瑶族人在那里建屋居住。弄阳村的瑶山河，位于岑王山半山腰，从山上有溪流出，现在还有屋基、靛池等遗迹。民间流传，瑶山河原来有好多瑶人居住，但是大猫（老虎）太多，扰得人们不得安宁，只好另迁他乡。

在“西华甲”的《立禁约条》里，有“田天锡瑶卜马庄瑶民四十户团长”一段。由此可以证明，瑶族从浪平迁出，应该是不久前的事。至于他们为何迁出浪平，已不可考。

壮族是浪平的土著居民，他们在瑶族、汉族迁入之前，早已在这里的浪平坝开发生息，而且规模不小。浪平坝上的广寨，就是远近闻名的大寨。据调查，广东寨不是因为有广东人居住，而是这里住有上百户壮族，有三五十个铺面，“像广东一样闹热”，所以称为广东寨。清末，有瘟疫流行，一边送死人上山埋葬，一边又有人死，送葬者也很快染上，最后死的人比活的人多，于是少数健康的人只好忍痛逃离家园。他们逃到几十里外的凌云县玉洪乡那洋屯居住，现在发展到十几户，都是姚姓，每年农历三月三，他们还有人来浪平坝上的老祖坟挂青。而广东寨也还有一个壮族人居住，这个人叫姚光三，绰号“广三爷”。姚光三大约在民国二十年（1931年）左右死去。他的女儿叫姚桂芳，嫁给来这里做国民党乡长吴少基警卫的玉林人林海波，一直住在浪平坝上，1995年去世，时年89岁。

今天的央村位于布柳河源头，这里田地肥沃，汲水便利，有几个面积几十亩上百亩的平坝，这里原先就有两个比较著名的壮寨。一个位于现在的央村村右河对岸边，屋址、菜园遗址犹清晰可辨，曾有六七十户壮族人居住，后来因为瘟疫，只有少数人能够幸存。这些人当中，有人迁到今天的凌云县力洪乡那洪村，发展到 10 户，如李、黄二姓。从老寨迁出到现在央村的姚姓人家，最后一个子孙于 1996 年死去。

另一个村就是平乐，在清朝时称作“坪略”，原来是一个较大壮寨。清末也是遭遇瘟疫，大部分人死亡，少数人幸存下来。后来还在平乐高楼房居住的姚宗德，大家都称他做“姚头人”，死于民国二十年（1931年）。他是平乐壮寨大灾难之后未迁出来的壮族人的后代。

现在，在河坝、什良一带的群众还在传说：姚宗德是当地大户，有很多田地，住吊脚楼（壮族干栏），比当地各户都高大，所以称高楼房。也是一场瘟疫，全家人死光，尸体无人敢收埋，有些就被狗吃掉了。姚宗德生前花了 12 块光洋请地理先生看地脉，地理先生建议他迁一座老祖坟。因为壮族都有二次葬习惯，除非认为大葬时葬好地才不进行二次葬。姚家挖开泥巴后，见有白藤缠绕寿方，他们就用刀把它割断。在搬磨门（坟碑）时，有一对白鸽飞上天。在打开棺盖时，有一股青烟直冲蓝天，亡人寿衣完好不腐，尸体不烂。见到空气之后，尸体很快腐烂。姚家就是这样被地理先生“整掉”的。

这段传说，反映了汉族群众“入土为安”，绝少二次葬的心理。他们以喜欢进行二次葬的壮族人为例，编一段传奇，告诫自己子孙，不要随便像“壮族姚头人”吃了地理先生的亏，巧妙地把自己的丧葬习惯隐含在故事传奇之中。

平乐壮寨的黄家有三兄弟，他们分别迁往三个地方。一个迁到今天的利周乡凡屯，已发展到第 7 代，有 5 户。一个迁到今天的乐里新建平雄，也发展有几家。一个迁到今天凌云县力洪乡那洪村，当时叫作“到后家”，是外婆家，现在发展到第 9 代，有 40 多户 200 多口人。

在弄阳、塘合等村，都曾经有过一些零星的壮族村寨。但是，现在的浪平，除了最边缘的小坳村上排屯一个瑶寨之外，已全部都是高山汉村屯。而且全乡 98% 以上的人是汉族。为什么高山汉能够在这块土地上生息繁衍，不断发展，拥有今天 1 万多人的规模？而原先居住在这块土地上的土著壮族，除了迁出去之外，都已先后在该地区消失，这又是为什么？

在今天的浪平民间，还在流传着为什么汉族能够取代壮族，成为浪平各鼻各垌居民的两种解释。一种解释是，壮族人直接在屋基的地面上支三脚烧火，而汉族人都要做高出地面40—50厘米的火铺，然后才支三脚烧火。因此，汉族人日常烧火的位置就要比壮族人的要高，汉族人的火铺和火势压过壮族人，所以汉族越来越发达了，壮族却越来越衰败了。

另一种说法是，汉族有三个印，堂屋、火铺和火坑。壮族只有两个印，堂屋和火坑。而汉族的火铺威力无比，像一大印，镇住了壮族的势力，使他们灭绝，却保佑了汉族，让他们发展。

事实上，壮族一般集中居住在有河流有平坝的地方，挨家挨户建干栏房子，居住集中，又喜欢互相串门，在缺医少药的情况下，一旦有瘟疫流行，很容易迅速传染，死亡率高。另外，因为他们人口集中，村寨又少，加上流行姑舅表婚和典型的民族内婚习惯，婚姻半径小，体质较差，碰到流行病，抵抗能力更差。因此，迁出浪平的壮族，因为改变了居住环境，婚姻半径也有新的变化，又恰好遇到中华人民共和国成立后较好的卫生防疫条件，才有新的生息发展。而留在浪平范围的壮族，他们的男子几乎在此之前都死光了。

迁到浪平的高山汉，开始的时候他们都是住在鼻垌里，即同一个屯两三户人家，也是相距较远，有些甚至隔一两道山梁。这样的零星分布，在遇到瘟疫流行的时候，损失不如密集聚居的壮族人大。在调查当中，很多从民国时期生活过来的老人都说，那时汉族地区也有瘟疫流行，也都是硬扛，谁身体强就剩下，大多数扛不过，也都死亡了。

另外，浪平的高山汉从两湖、贵州、重庆等地迁移而来，到浪平之后还在不断迁徙，壮族俗话就说："布哈把填栏"（客人有百个住屋）。在频繁的迁徙过程中，他们不仅寻找到更好的生存空间，使人与自然处于越来越和谐的关系，而且婚姻状况也处于不断变化之中，符合优生优育的要求。因此，他们比安土重迁的更稳定的壮族人有优势，这是他们人口发展更快，素质更高，体质更好，能够最终在浪平定居下来的一个重要原因。

经过两百多年社会文化的变迁，高山汉逐渐取代了壮族和瑶族，在桂西成为一个新的族群。这个新族群占据了这一片条件艰苦，缺少水源的大石山地区和高寒山区。南盘江沿岸以及各溪流边和饮水便利的平坝地区，仍然是壮族居住；而大原始森林则是瑶族居住之地。所以，桂西地区的高山汉处于刚刚退出该地区的壮族和瑶族的包围之中，成为族群汪洋中的一

宣统二年（1910 年），清地方官首授予今广西隆林各族自治县界廷乡达料村高山汉族王陈氏老太的匾额（梁汉昌/摄）

个族群岛。[①]

总之，历代封建王朝在广西长期实行土司制度，尤其在桂西一带，土司势力强大，其世代相继，设有军队，置有属官，立有关卡。因此，汉族人是不敢贸然迁入土司统治之地的。但是明末的农民大起义，冲击了全国，也波及桂西地区。明末李自成起义失败后，其余部在李定国的率领下，从顺治九年到十五年（1652—1658 年），以贵州兴义地区为中心，长期征战在滇黔桂和两湖地区，与当地的少数民族打成一片，坚持抗清十余年。明永历六年（1652 年），李定国与孙可望迎永历帝入贵州，驻安隆。旋率步骑八万出粤、楚，北攻沅州，下辰州；南克靖州、武冈、宝庆。又

① 本节参阅吴和培、罗志发、黄家信《族群岛：浪平高山汉探秘》，广西民族出版社 1999 年版，第 1—15 页。

破桂林，定南王孔有德自焚死；战衡州，击杀敬谨亲王尼堪，收复楚、粤，纵横数省。永历十年（1656 年），孙可望谋称帝自立，定国迎永历帝入云南，封晋王。次年，可望引兵攻定国，所部不忿所为，皆倒戈，可望大败，势穷降清，以云贵虚实尽告清军。清顺治十五年（1658 年），吴三桂率清军攻入云南。次年初，下昆明，桂王出逃缅甸。李定国率全军于磨盘山设伏兵三道，谋一举全歼吴军。吴三桂挥师长驱数百里，骄而无备，先头万人已陷重围，眼见大事将成，虽然叛臣于此际泄密三桂，但是吴军依然损失惨重，损失兵力 20 余万。后定国联络诸拥汉土司，转战滇缅边境。永历帝则被迫进入缅甸，顺治十八年（1661 年）十二月初一日，清军迫近缅甸，国王大惊，送出了朱由榔父子，以避免本国卷入明、清之战。康熙元年（1662 年）四月二十五日，永历帝被吴三桂派人在昆明一小庙内，用弓弦勒死。李定国见恢复无望，忧愤病作，卒于勐腊军中。云南，定国一直被当作神灵受到祭祀。后来李定国“兵溃”，其部属流散于滇黔桂边地的少数民族地区。与此同时，原本就是川、湘、鄂的汉族，从明末清初开始，尤其是在清乾隆、嘉庆和道光年间，由于战争，以及历史、政治的原因迁移到广西，到了咸丰和同治年间则规模更大了。由于生活在当地少数民族的汪洋大海之中，加上这些地区交通都比较闭塞，这些散居的汉人一方面渐渐与汉族主流隔绝，产生文化脱节，另一方面受当地的少数民族的影响，随着时间的推移，这部分汉族人慢慢地形成了生活方式、文化风格独特的“高山汉”。

第三节　高山汉的人文特征

大月亮，
小月亮，
哥哥起来做木匠。
嫂嫂起来打鞋底，
婆婆起来舂糯米。
糯米舂得嘭嘭响，
打起锣鼓接姑娘。
姑娘姑娘你莫哭，
转个弯弯大瓦屋。

娘家大米饭，
婆家小猪肉。[①]

这是流行在高山汉中的一首儿歌，生动而形象地反映了高山汉的生活情趣，犹如一幅乡村风俗画。高山汉族的妇女，在不同的年龄阶段的衣服有明显的差别：20岁青年女子衣服的主色调是粉红色，30岁以上的是蓝色，60岁是深蓝色，70岁以上是纯黑色。在发型方面，青年女子可以把头发披下来，比较随意，成年妇女则盘起来，并披头巾作头饰。高山汉一般都穿自己做的鞋，过去高山汉的男子个个会织草鞋，女子会做布鞋，现在一般年龄大的还穿自己做的鞋子，年青的也都改穿买的鞋子了。妇女包头巾，也是高山汉人服饰的一个显著特点。一般，老年妇女常年包黑头巾，冬天包青布长帕子；中青年妇女及小女孩子喜欢包黑、青、红各色头帕。男人习惯带帽，一些老人还包帕子。此外最显著的特征是：高山汉的妇女，无论老幼，都有系围腰的习惯。系在肚脐一带以下的叫半截围腰，既能保持干净又能擦手，着急了还能翻过来当兜带包东西。还有满口围腰，底边与外衣前齐，上边几乎齐下巴，妇女基本上常年系在身上。

在唯一一本比较全面研究高山汉的著作《族群岛：浪平高山汉探秘》中，分析了高山汉的人文特征是勤劳、节俭、诚实、互助、耐心。有些场景的描述十分感人，入木三分，如讲高山汉的勤劳：

> 高山汉是很勤劳的。他们也许早上日上三竿才起来生火做饭，因为住在高山地区，日出时间往往很早，所以早上七八点钟起床的高山汉就显得起迟了。
>
> 起床后，男男女女，老老少少，几乎就没有停下来的时候，也许他们慢悠悠地做事情，那不紧不慢的耐性让人吃惊。他们就在这样的情形下一直干到天黑，中间很少有休息的时候。一年四季，每一个白天，他们都周而复始地整天不停不断地干活，直到他们实在干不了，老了或病倒了，才停止干活。
>
> 浪平妇女的勤劳更让人吃惊。他们有一句俗话说：“家贫只因妻

---

① 吴和培、罗志发、黄家信：《族群岛：浪平高山汉探秘》，广西民族出版社1999年版，第224页。

子弱。”妇女要煮两餐饭，要打猪菜，要干各种各样的农活，很少看到她们停下来的时候。每天她们总是背着背篓上山，要么背一大捆柴火，有时是满满一背篓猪菜或者玉米，1 次 100 多斤，压得他们很少有直起腰的时候。她们就这样日复一日地劳作，无悔无怨，嫁鸡随鸡，嫁狗随狗，艰难地支撑起养儿育女、相夫养家的责任。

浪平每个家庭都有齐全的木工工具，人人都能够做一点木工活，既可以添置一些器具，也可以修修补补一些家业。

浪平高山汉很重视家庭养殖业。猪、鸡是每家必不可少的，因此戏称农家有三喜：“鸡飞、猪叫、娃娃吵”。每个平常浪平人家养有 3—5 匹马，5—6 头黄牛，1—2 匹骡，3—4 头猪，20—30 只鸡，都觉得不可思议，这些牲畜都要用粗粮、红薯藤或野菜以及山坡上固定或零星草场喂养的。浪平人是在养牲、养人、生产、生活、交际等不停不断的忙碌中度过的。①

其实勤劳、节俭、诚实、互助、耐心表现的是高山汉的性格，他们的人文特征还可以从别的角度去表述。

一　玉米“干沙米”为主食

高山汉曾长期以玉米为主食。他们吃玉米有两种吃法，一种叫“干沙米”，即把玉米磨细不除糠直接煮成饭；现在则不同了，多数吃的是“泡水米”，即把玉米泡水几分钟后先粗磨一次并除糠，接着再磨一次变成细米，然后煮成饭。“泡水米”初看很像稻米饭，也是晶莹剔透的，但食之感觉有些硬，需细嚼慢咽方觉其甘甜。

高山汉喜吃干饭，无论煮大米还是玉米，都喜欢煮成很干硬的饭。因此需要大量的菜下饭，而且一般都要有辣椒送饭，与喜食粥的壮族相映成趣。壮族小孩贪吃菜或能吃辣椒，就会被大人说笑话：“长大了去做客人的女婿，就有很多菜吃了。”或者说：“长大了要你去做客人媳妇，你就不愁没有菜吃了。”“这么爱吃辣椒，以后让你去做客人女婿（媳妇）。”高山汉也笑壮族为“稀饭崽”。对高山汉来说，一餐要吃四五碗干硬的玉

---

① 吴和培、罗志发、黄家信：《族群岛：浪平高山汉探秘》，广西民族出版社 1999 年版，第 230—231 页。

米饭，怎能忍受得了吃稀饭！所以高山汉吓唬小孩子的时候，往往说：“看你恶，让你去本地人家上门，天天吃稀饭，你就不跳了！”

玉米的吃法很多，一些群众喜欢用玉米籽做麦芽糖，俗称麻糖。麻糖很糯，用手掰用牙咬很黏，但是用一小锤敲一金属片来分割就很碎。有的喜欢用玉米粉发酵、放糖做成“发粑”；有的喜欢将玉米粒用石灰水浸泡后，磨浆煮成米豆腐，可做饭，也可做菜。

二　吊脚建房讲究安火铺

高山汉习惯在山腰或坨坎上建基起屋，2/3 是平基，1/3 是吊脚。这 2/3 的平基是继承了汉族的传统，1/3 的吊脚则是借鉴了壮族的习惯，这种结构正是壮汉两种文化互动的表达。

高山汉绝大多数建三间两厦，也有三间一厦和五间一厦的。外围有用木板装修，也有用火砖围成；少数家庭因经济比较困难还是用木头、笆篱、石头做成外墙。居中一间为中堂，比两旁的开间宽一至二尺。整个中堂 70% 作堂屋，设香火台。堂屋宽敞明亮，逢喜事可宴四桌。30% 在香火台背后作卧室，一般安客床。房占一间的 70%，有侧门通堂屋、大门吞口及偏厦。房安火铺，立厨碗柜，还可以安桌吃饭。一厦安碓、磨、灶，还有各种农具。大门口呈“凹”形，俗称吞口，逢喜事在吞口可摆两桌人吃饭。楼上作粮食仓库，腊肉也挂在楼上火烟能熏到的地方。吊脚楼下关牛、母猪。屋旁另起肥猪圈和马圈。厕所也设在吊脚间。建房喜单家独户，讲究坐向。根据主人的庚甲和山形相配，按五行相生相克原理，确定屋址和朝向。如果家长的庚甲用不了，可以用妻子或儿子的庚甲代替。现在，有些人已不相信这些，只要找平坦空旷地方就建屋。

高山汉安火铺很有讲究，一般情况下，火铺安在左边开间，即嫡长子边。如果家长认为二房或次房更重要，就会把火铺移到堂屋的右边开间。有时候长房在外面定居，次房在家奉养老人，老人也会把火铺移到右边开间。所以，从火铺的安放位置，多少可以透露出家长对长子、次子的重视程度。火房的 30% 作卧室，一般是媳妇住，方便早晚烧火做饭。

高山汉为什么使用火铺？传说汉族祖先来到桂西的时候，跟当地土著头人讲好是暂时寄居的，不是永久居住。所以，三脚不落地，要“课”（悬）起来。这样就造出了火铺，在火铺上架三脚，在三脚上架锅煮饭，避免了三脚直接支在地面上，以区别“客人”和“本地人”，一个是主一个是客。而且在日常生活当中，高山汉只能出入于侧门，不能经常开大门。这些事，年轻一代已经不相信，只有经历民国甚至清末时期的人们，才会有这方面体会。

高山汉建房屋还保持着汉族传统的礼仪。据《族群岛：浪平高山汉探秘》的记载：

立柱前，要备办糍粑、豆腐、雄鸡、猪头给木匠祭鲁班，有专门的祭词。立柱时间普遍选择在子时至辰时，这段时间是一天的开始，充满着希望，而立房子的工作繁多，也非得早早立柱，才能尽早完成各项工序，免得立白柱过夜。

立柱前一天，先把几千斤重的 7 根长柱、两根短柱和几对瓜筒用穿枋串成排列子合拢摆正位置。到立柱时，木匠讲吉庆词“福赐”，发号令几十个人齐用力树立起来。4 列柱头立完后待天光亮才上中堂上的梁。

中梁需要乞讨别人的杉木，或者香椿、香樟木来做。需即砍即修即用。抬入中堂后，马上弹梁、定梁、敕梁、开梁口、点梁、缠梁、升梁。升梁时，鸣炮将一根钉有红布，红布上写“上梁大吉”等吉庆词语，还有谷穗、金银硬币，缠着各色匹的红梁架到中柱顶上，这就是上梁。

上梁后是抛梁。由木匠或会讲抛梁词的人把主家和亲戚送来的糍粑、饼干、水果糖、硬币用箩筐装上去，一边讲，一边往地上抛、由众人捡抢，十分壮观、热闹。以此预示主家建房大吉大利，兴旺发达。

进住新房时，要请有福分的老人点第一炉火，然后主家办两桌酒菜请邻近亲友来吃饭，称作闹火坑。大门整好后，选择吉日良时开门，俗称“开财门”，要请亲友来踩财门。亲友一般送红布做横幅贺幛，上写（绣）“财源广进”、“开门大吉”，还要送点“利市”钱，燃放鞭炮。主家又要设宴庆贺。

至此，立新房的仪式才算结束。①

三　养年猪“抢头水”过大年

年猪是一家富有的标志之一。有些家庭有时一年杀两三头，每头三四

① 吴和培、罗志发、黄家信：《族群岛：浪平高山汉探秘》，广西民族出版社 1999 年版，第 138—141 页。

百斤的大年猪，全都腌成腊肉，腊肉要吃到过年又杀年猪之时。

杀年猪是过年前的一项重要工作。年冬至到大寒，家家都杀年猪。因为高山汉一般居住分散，远离市场，交通不便，平常吃肉不方便，因此年猪的肉和板油成为一家人全年食用的主要来源。

养年猪时，大约从农历十月份起，就要煮米饭喂年猪，有时要加喂禾掌、炒红米等杂粮，以使年猪长更多板油。杀猪时在一只大碗里放适量粉盐，从刀口处接下猪热血，用筷条不断搅动，使血冷却后不凝固即成活血。再搅入十倍的温汤，使之凝固后再加入炒好的猪杂配料，然后用碗装，人人分享一点，俗称“活血”。来帮忙杀年猪的亲朋，一般都要吃猪活血，喝猪胆酒，吃猪肝夹粉肠，才算尽兴。如果不能吃猪活血，或者猪活血发不起，就很遗憾。

年猪杀好后，将尚有余温的猪肉割成一片片，每片三五斤，一边割一边用细熟盐搓，然后堆放在一大容器中腌三天。三天后，如天气太潮湿就在火铺上挂一两天，等稍干爽后移到楼上挂。如果天气好，就直接移到楼上挂起来。腊肉一般吃到 7 月，少数农户留到过年。客人到家，有腊肉就拿出来招待。此外，还要腌腊肠，即用腌肉切碎加山姜灌。有山姜、瘦肉、肥肉一起灌的，也有用山姜、肥肉、猪肝一起灌的；腊猪大肠，即把山姜切碎加粉盐备用。猪大肠洗净，肠外油留一些，把山姜裹上，翻过洗净晾干即成；腌龙骨，即将猪龙骨剁碎，加辣椒、盐和山姜拿去舂烂，放甜酒糟装坛罐密封即成。

养好年猪过大年。旧历腊月的最后一天晚饭，俗称“年夜饭”，全家人要团聚进餐。放上山的牲畜，丢在野外的农具，借给人家的工具，都要收回家过年。年夜饭的饭菜很丰盛。饭菜煮好后，由主人或男仔用篮子提点肉、菜、饭，还有鞭炮、香、纸去社庙拜，去最近先辈的坟上拜，回到家再摆桌。摆好后，烧纸、放鞭。先敬祖宗，然后全家人才进晚餐，庆贺新年。

“年夜饭”前用两个碗，分别装点肉、饭送给猫、狗吃。狗先吃饭，就认为来年米少；先吃肉则来年肉少，少则贵。以此来判断新一年的收成和生活的好坏。与此同时，用草、糙水等给大牲畜吃喝，让它们辛苦一年后也过年。这天晚上，神台处的香要一支接一支地点，神台上的灯也要亮到天明。火坑里的火要用一根大树蔸来烧，让它燃到天明。有道是“年三十的火，十五夜的灯”。要把三脚拿开，让它辛苦一年之后也休息一晚。

初一早上，男人待鸡鸣，就去挑水，叫“抢头水”，回来煮净茶迎新年。天微明，男先开大门，放鞭炮，并往大吉大利方向烧香出行。拿斧头把屋内门槛或门枋柱头、猪牛栏都敲3下，磨推3转，碓舂3下，以示新起点。然后全家人起来，做水圆。初一这天，只能吃水圆、米花、粽粑，不能吃饭。据说吃米饭，就会一年米贵，饭难找。

初二开始走亲访友，媳妇回娘家，女婿拜年，家长带小孩拜契爷，各村屯开展各种文化活动，欢欢喜喜、热热闹闹过大年。

四　信土医“打灯火”治病

高山汉信土医治病。灯花炙，俗称“打灯火”。这样的土医技术至今还经常被使用。住在离乡府仅有几步之遥那英屯的吴秀学（男）老人，今年64岁，他就曾用灯花炙给一个婴儿治病。病者是该村一向姓人家仅有10个月的孩子，2天前发高烧并转入肺炎，到乡卫生院打过两天针，已经退烧。但吴秀学说他肚子里的“气”还没有完全排出，需用土办法再治一治才行。先是那家主妇拿来一盏玻璃油灯，还有一只装着少量植物油的瓢羹，在火铺上摆好。主妇抱着孩子坐在火铺的外沿，则坐在火铺里边，拿着艾蒿捻子蘸油点燃后吹灭，接着把它点到小孩的肚皮上。在小孩的一阵阵哭声中，吴秀学一共做了六七次才告结束。做完后，主人打一盆水给吴秀学洗手，随后又拿出20元钱交给了吴。据吴秀学介绍，这种土医技术虽然在那英就他一个人会用，但在浪平很多人都会用。由此我们想，无论西医再怎样普及，只要真正能救死扶伤，传统的土医在任何时候都不会失去生命力的。①

五　三代同堂注重家族的纯洁②

高山汉家庭一般三代同堂。家中有三个地方讲究礼节。一是火铺。一般来说媳妇是不能到火铺上坐的。在日常生活中，媳妇忙里忙外，能够围着火铺，只有在做饭菜的时候。而做饭菜只能站在火铺旁边弄，否则也真

① 吴和培、罗志发、黄家信：《族群岛：浪平高山汉探秘》，广西民族出版社1999年版，第107—108页。

② 同上书，第167—171页。

不方便。在火铺上做饭菜，一是上下不方便，二是在火铺上站不好站，蹲不好蹲。站在火铺边上，既可到处走动拿碗拿水拿菜，又方便整理柴火，也方便动手操作。媳妇偶尔也坐在火铺上烤火，但见到伯、家公或客人来，要马上走下火铺，否则被认为是失礼。火铺呈四方形，有一边要堆燃柴火，媳妇弄饭菜也是靠在这一边；有一边背对吞口侧门，背后空空，如坐在火铺上不注意，伸个懒腰，可能就要从火铺上摔下来。另外两边靠窗和间壁，靠窗位置是尊位，只有这两边才可以坐。如果媳妇跟家公、伯叔挤到铺上烤火，或者有客人来，媳妇也挤上去，的确不雅。而且烤火的时候总得说话，边说话边烤火边动柴火，说不定在动柴的时候要说到扒火灰、伸柴等暧昧的话，汉族人有语言方面的天赋，想象又不赖，很容易闹误会。

二是堂屋的饭桌。在堂屋摆桌吃饭，妇女是不能坐到神台下方的。这个背靠神台面对大门的位置是家长或贵宾之位，即便是日常摆桌吃饭，妇女也不得轻易坐在这个位置。这个位置背后就是列祖列宗灵位，这是体现家长尊严的地方，如果妇女占据了这个位置，就是“牝鸡司晨，其家之索”。

三是媳妇的房间。公公是绝对不能随便踏进媳妇的房间。公公进媳妇房间，就有“扒灰”之嫌，遭人耻笑，家门不幸。

高山汉虽然已没有祠堂，也没有族长，但是很注重家族的纯洁，一些传统族规还是保持下来，比如不擅兴官讼，不混乱宗支，孝敬尊长，敬宗收族等等。在他们族谱里，就很明显地体现出来。如岩科杨家族谱中的《祠堂条约》规定：

> 宗族当以孝敬为先，下气怡声，承颜慰志。父母有事，为子者竭力服劳。或有疾病，左右尽心侍奉，可谓孝矣。违者罪之。族长当立家规训子弟，勿废学业，勿惰农事，勿学赌博，勿好争讼。毋吃洋烟以怠情，毋吃亲以害族，毋以富欺贫。违者罪之。族中子孙繁衍，或不务本分事业，擅入衙门充当门禁隶役者，革出族外。者罪之。同宗远近房族，必即亲查，恐有异性乱宗者，不许入族合宗共祠共谱。违者罪之。

又如《姚氏族谱·教诫家法条款·亲九族》也规定：

即今吾族之散处四方亲疏远近，皆一祖分宗，莫不有高曾祖父伯叔之分，子孙曾玄之别，无有一可犯者。如或不安世系，混乱宗支，或子孙生事失礼，死事有愆。又或因田土细故，或挟瓜葛姻亲，或争些须财利，灭宗犯祖，欺尊凌卑；或语言不逊，行坐失次，一有所犯，照服制轻重，事故大小，惩治罚处。

六　揉合儒道释创魔公教

高山汉人口虽不多，形成历史也就上下400年，但却创立了糅儒道释于一体的魔公教。

魔公教是在桂西一带流行的民间宗教。明代之时，桂西为土官辖地，汉、壮、瑶诸族多信奉原始宗教，供奉土地神、社稷、山神、水神、树神、石神等。户有神台，屯有社坛，富豪土司家族有祠堂等。人们按时社祭，将人生祸福荣辱委于祖先神灵，并迷信巫觋可以通神，用财物奉献，使其作法去灾。此时桂西的巫觋尚未皈依何种正统宗教。据王熙远的考察，改土归流以后，儒、道、释三教传入，田林县境的安定、旧州等乡镇建立了城隍庙、孔庙、观音庙、关帝庙、北府庙、药王庙、文昌庙等。在浪平、龙车、香维、马逻、利周、板干、乐里等地，亦有关帝庙，文、武庙，岑大将军庙等。庙内供奉孔子、关公、观音、弥勒、李靖、哪吒、龙王、雷公、电母、顺风耳、华佗、盘古、伏羲、神农、城隍、北帝君、岑怀远等一些历史人物和神话人物的偶像。这时，随着改土归流而迁徙到桂西的汉族，也把内地的宗教信仰带来了。在这些外来的汉族客民中，不少人原来是正一道士或先天派信徒。而道教在明中叶以后逐渐走向衰落。及至清代，在官方道教日趋衰微的时候，在民间以各种宗教互相融合为特点的民间宗教却在改土归流后的桂西地区流行起来。先天派在乾隆年间传入台湾、广东、广西，在台湾形成斋教，在广西田林形成普渡道；正一教约明代就兴盛于广西了，但传入浪平，大约也是乾隆以后的事。淮南天心正教，也当是清代大量汉民族迁入桂西田林县浪平一带后才带来的。魔公教就是融合了儒、释二教及道教诸分支的基础上确立和发展起来的。①

浪平魔公教的规模不大，但坛数很多，每坛附吸十余魔公参加较重

① 王熙远：《桂西民间秘密宗教》，广西师范大学出版社1994年版，第107—108页。

大的如道场、还愿等活动，由掌坛师负责召集。信教的人很多，几乎每个村寨都有人请过魔公先生祈福去灾。如浪平乡下辖九个村，过了职，手握行法执照——阳凭的掌坛师在各村都有分布。从分布看，弄阳、浪平、央村、塘合、西华、江垌、小坳、委贵、券陀九个村都有；从性别看，全是清一色男性；从民族成分看，都是汉族；从过职时间看，1986年左右新吸收了一批掌坛师，这说明魔公教遍布浪平乡各村；从年龄看，最大85岁，最小22岁。可见浪平乡几乎村村有魔公，寨寨有信徒。魔公年纪大的82岁，信徒最小的仅9岁。一般来说，只有魔公方可单独开业，只有掌坛师才能主持重大法事。一般的信徒只是帮衬，用浪平话说是“助和声”，即当配角敲唱，以助声威。掌坛师是正式皈依教门的所谓“过了职”的人，他们执有传度师授给的“阳凭”，道务比一般魔公要熟，在群众眼里是正宗货，请他们做法事的人较多。但是，由于历史和社会的原因，也有一种虽然道务娴熟而不愿过职顶坛的人。如海某、江某两人的父亲都是1949年前在四邻八乡名噪一时的大魔公。海、江两人从小随父师唱和，深受道务熏陶，他们都饱读经书，精通道业。比起同屯过了职的彪某来说，业务水平更胜一筹。但他们不愿过职顶坛，揣其本意，恐怕是怕运动中授人于柄，挨整遭批。不过对于道务，却十分热衷，多数情形下信士随请随到。

浪平魔公教自形成以来可谓从未断绝过，近年十分活跃。如甘洞子彪某的经历很说明问题。他1942年出生，只读过15天小学。1953年当他只有11岁时就跟着本屯的魔公“打家事”（敲击法器）。天性聪慧，记忆力过人，能背不少科书。成年后曾当过见习民警，但志不在此，不久自愿回村务农，同时研习道业。其父是1949年前颇有名气的一方魔公，彪受其熏陶，广诵道书经卷，道业日进。1986年遵“父不传子”律条，师从邻村掌坛师朱某“过职”顶父坛，近年他一边务农、经商，一边从事魔公道务。从1981年至1989年，据不完全统计，彪某参加的较大法事活动有58次，小的活动有55次，总数达113次，他主要在邻近的村民中活动。作为请师人，其数字也不可轻视，他们当中大多数是农民，也有个别干部。彪某只不过是一名普通的掌坛师，且过职的时间不长，就有这么多的人请他，可想而知，那些在魔公教中教龄长的掌坛师，其活动范围和次数决不在彪某之下。全乡近30名掌坛师，近百名魔公，他们活动起来其范围和次数就更可观了。可以说浪平乡这个三县交界之地，是村村有魔公，处处闻“南无”了，无怪穷乡僻壤之地，有的小孩歌曲不会唱一首，“南无”倒是可以唱几句。更有甚者，有的小孩不满10岁，如甘洞子的猛某（9岁）、谋某（9岁），就跟班学道，随师唱和。可见，魔公教在浪平人心目中的地位。[①]

① 王熙远：《桂西民间秘密宗教》，广西师范大学出版社1994年版，第105—123页。

第七章　疍民

在中国以及东南沿海港湾和内河上，有一个特殊的族群，他们大多居住在船舶上，舟小如疍，将他们的生活一并包裹起来，南宋人周去非在《岭外代答》中云："以舟为室，视水为陆，浮生江海者，疍也。"故称之为"疍民"①。

第一节　疍民的语言

疍民没有独立的语言。1929 年，林语堂在《闽粤方言之来源》中把疍家话与黎、畲、苗瑶等少数民族的语言混为一谈，认为它们都属于"土著的话"②，这恐怕是其缺乏调查的结果。据考，宋元以来的一些文献，都不曾记载过疍家有着不同于汉人的独特语言，如宋代周去非《岭外代答》卷三"五民"条："钦民有五种：一曰土人，……二曰北人，……三曰俚人，……四曰射耕人，……五曰蜑人，以舟为室，浮海而生，语似福、广，杂以广东、西之音。"③ 又如清阮元《广东通志》卷九十三卷引《大清一统志》说廉州府"俗有四民"，其四是"蜑户"，"舟居穴处，亦能汉音，以采海为生"④。近代以来，一些学者有关疍家的论著中也都注意到疍家并没有特殊的语言，如徐松石在《粤江流域人民史》中说："岭南蜑人没有特殊的言语，但蜑户对于广东白话的传播非常有

---

① "疍民"，历史上又称其为蛋民、蜑、蛋家、疍家、疍户、蜒。

② 林语堂：《闽粤方言之来源》，《国立中山大学语言历史学研究所周刊》"方言专号，1929 年，第 4 页。

③ （宋）周去非著，杨武泉校注：《岭外代答校注》，中华书局 1999 年版，第 144—145 页。

④ （清）阮元：《广东通志》卷九十三"舆地风俗二"。

功。广西现有一种叫作百姓话，只存在于西北部通舟的地方。这大约与疍户极有关系，因为百姓话乃白话与土话的混合体。”① 陈序经则在《疍民的研究》中说：“疍家之在某一地方者，多说这个地方的方言。考从前韩江上游疍家颇多，现在则已大大减少，也许这些疍民移居别处，虽不得不说其所移住的地方的言语，而其原说之客话，或尚有留存者，乃理所当然。”② 可见华南各地疍民所使用的汉语方言因地而异，并非一个统一的方言，但大部分属于粤语系统。不论是两广、海南还是港澳，粤语性质的疍家话与粤语的标准语广州话均有所不同；少数属于非粤语系统的土话、平话或闽语等。

一 粤语系统的疍家话

疍民又俗称“疍家”，故疍民的语言一般称“疍家话”，而不称“疍民话”。

粤语系统的疍家话广泛分布在两广、海南，以及港澳的水乡泽国之中，其中饶平县柘林镇港是粤东边缘的一个方言点。黄盛绥在《潮疍习俗与源流》中说：“至于目前在潮州滨海港湾游戈的疍家，已不是昔潮州疍家之后裔，而是从外地迁徙来的。如闽粤交界、风景秀丽的柘林湾——饶平县柘林镇渔港，就住着冯、黎、黄三姓疍家 70 户，335 人的疍民新村。据说这些疍家的祖先是于清代从广州地区迁来的疍家后裔，……至今仅存少数人仍操广府话（粤语）。”③ 饶平的疍家话已经是严重濒危的方言，潘家懿的调查发现，“从饶平疍家粤语方言岛的演变情况来看，其音韵体系的诸多重大变化显然是受了潮汕方言的影响和渗透的结果，而其交际功能的迅速丧失则是疍家渔民对自己母语粤方言的厌恶和严重排斥所造成的”④。惠东县的疍家也操粤语，也是潘家懿的调查指出：“本县以粤方言为母语的居民很少，只有港口镇的一个‘艇户村’（渔村），人口不足

① 徐松石：《粤江流域人民史》，载《徐松石民族学研究著作五种》（上），广东人民出版社 1993 年版，第 152 页。

② 陈序经：《疍民的研究》，商务印书馆 1946 年版，第 30—31 页。

③ 黄盛绥：《潮疍习俗与源流》，《广东史志》2001 年第 4 期。

④ 潘家懿：《广东饶平疍家粤语的变异及其交际功能的丧失》，《汕头大学学报》2001 年第 3 期。

一千，他们乃是从粤语区的阳江、阳春一带水上蜑家渔民在民初以后因渔船停靠港口而逐渐定居在那里的。”①

众所周知，珠江三角洲和港澳的疍家话是连成一体的，都与广州话大同小异，因此也被称为“水上广东话”。1933 年，岭南社会研究所的《沙南疍民调查》在谈到沙南（在今广州二沙岛）疍民的言语时指出：“沙南和广州相接近，所以言语方面也是大同小异的。那里的居民少用鼻音和喉舌音……”，如“我读婀，路读怒，艾读挨，鹅读呵（上声），牛读呕，卢读奴，涯读唉”；又如“床读常，羌读江，脚读角，丈读藏，疮读窗，窗读疮，梁读狼，将读装，牙读亚（平声）”②。这里所说的“我读婀”“艾读挨”等指的是古疑母字读为零声母；“路读怒”“卢读奴”等指的是古泥、来母的今读不分。

广西境内水上居民的方言分为桂南疍民话和桂北船民话两类。在白云调查的 16 个方言点中，“属于桂南疍家话的是北海疍家话、桂平疍民话、贺州疍家话、贵港疍家话、南宁疍家话、昭平疍家话、武宣疍家话、怀远疍家话、来宾疍家话、运江疍家话、融水疍家话等十一个点”③。通过比较之后，她指出：“桂南疍家话和以广州话为代表的粤方言的语音之间有着大量的共同特征，如果我们用偶然来解释桂南疍家话和粤语之间的这种极其密切的关系，那显然是行不通的。更为重要的是，在这些特征当中，有些特征是粤方言区别于汉语其他方言的区分性特征。桂南疍家话和粤方言语音上这种对内一致、对外排他的语音特征充分说明，桂南疍家话和广州话同属于粤语系统。”④

海南的疍家话以三亚为例。从黄谷甘的调查来看，三亚的疍民话与上述香港三门仔的昼家话有诸多相同的语音特征。他认为：“从我国古代史书记载的疍家人史料及现代疍家人的生活习俗、生产方式、居住地域等多种因素的特点来看，三亚市的疍民人与大陆珠江水域的水上居民无疑有着

① 潘家懿：《惠东县方言述略》，《惠州大学学报》2000 年第 1 期。

② 岭南社会研究所：《沙南疍民调查》，载《岭南学报》第三卷第一期“沙南疍民调查专号”，民国廿二年（1933 年）；收入何国强编《粤海虞衡卅一秋》，国际炎黄出版社 2005 年版，第 156 页。

③ 白云：《广西疍家话语音研究》，广西人民出版社 2007 年版，第 11 页。

④ 同上书，第 53 页。

很深的渊源关系，语言内部也有很大的一致性。三亚市的疍民话当是粤语无疑。”①

二 非粤语系统的疍家话

由于疍民广泛散居在两广、海南和福建江、海一带，受各地方言的影响，故有些地方的疍民操非粤语系统的疍家话。

（一）三亚疍民的“迈话”

三亚一带的疍民还有一类被称为“迈话”的方言，其归属颇有争议。梁猷刚在《广东省海南岛汉语方言的分类》中云：“粤语系统的迈话是水上渔民讲的方言，据说是从珠江流域移居本岛西南沿海的。迈话与广州话相近。讲迈话的居民散居于三亚市（原崖县）、乐东等县沿海渔村和岛屿。”② 对此，有学者提出了不同的看法，黄谷甘等人在《海南岛的迈话——一种混合型的方言》中认为迈话兼有粤方言、海南闽语及客赣方言的成分，是一种混合型的方言。迈话的语言特征是复杂的，在迈话的十五条语音特征条目里，粤方言、海南闽方言、客赣方言各占有三分之一的比例。从词汇的情况来看，就目前所知，也是三家各占有一定的成分。可谓三种成分等立而不相上下，不能强纳于一轨。③ 而最近江荻等人在《海南省三亚市迈话音系》中发表了三亚迈话的同音字表，认为海南省三亚市迈话有些特点与粤语、客家话相近，但尚不容易判定它属于哪种方言。从整体上看，其语音系统与粤语性质的疍家话还是有着显著的差异。④

（二）粤北土话性质的疍家话

在广东北江及其支流的水上居民一般称为“船民”，他们所使用的方言一般称为“船话”。据调查，“船话”与韶州片的粤北土话属于同一类方言土语。韶州片的土话俗称为“虱婆声”等，其语音特点可参阅庄初升《粤北土话音韵研究》（中国社会科学出版社 2004 年版）。林

① 黄谷甘：《海南省三亚市疍家话音系及其特点》，载詹伯慧主编《第二届国际粤方言研讨会论文集》，暨南大学出版社 1990 年版，第 131 页。

② 梁猷刚：《广东省海南岛汉语方言的分类》，《方言》1984 年第 4 期。

③ 黄谷甘、李如龙：《海南岛的迈话——一种混合型的方言》，《中国语文》1987 年第 4 期。

④ 江荻、欧阳觉亚、邹嘉彦：《海南省三亚市迈话音系》，《方言》2007 年第 1 期。

立芳等（1995）指出："据调查，水上居民所操的'船话'与'虱婆声'实为同一种方言。在韶关市，'船话'主要分布在武江、浈江和北江上，也有一些操'船话'的船民已上岸定居。我们访问过湾头、黄金、车头上窑、向阳、学冲等地的居民，他们一致认为自己所说'虱婆声'与'船话'差别不大，对话毫无困难，只是感觉到口音稍有不同而已"。①

（三）桂北平话性质的疍家话

广西境疍民的方言除有桂南疍家话外，还有一种桂北船民话，属于桂北平话。如灵川县大圩毛村，以及毛村黄氏族人迁出后定居的平乐县、恭城县、阳朔县和桂林訾洲等5种桂北疍民话，据白云的调查，并与桂北平话进行比较后认为："桂北船民话和桂北平话之间，尤其是和桂北平话西片的四塘、东片的灵川、雁山等的语音之间有着诸多一致性的特征，应该把它们归于同一个语言系统。"②

（四）福州话性质的疍家话

现今福州疍民普遍使用闽东语福州话作为母语，迁徙到闽北地区的福州疍民仍沿用福州话，在部分地区，疍民使用的闽东语中还包含疍民特有的词汇。在历史上，福州疍民曾有自己独特的语言，不过随着与汉族社会接触的深入，他们逐渐被汉化，并转而使用汉语，到了明代，大部分福州疍民已经能说福州话，但其中仍夹杂有早期疍民语言语法和词汇的痕迹。

但是，在疍民和后来的连家船民的语典中，长期以来仍然保留着一些特有的语汇，福安人称之为"江口"。所谓"江口"，一部分是水上生活禁忌语的代语，如"筷子"，方言叫作"箸"，与"坠"谐音，于是说成"筹"；"疍"，在方言中与"浪""乱"谐音，就说成"太平"；又如"船板"，方言中"板"与有"翻"义的"扳"同音，所以要说"楮片"（"楮"在方言中读 dǔ 音，船舱义）；同理，"木板"要说成"家片"，"跳板"要说成"透梯"；又如"瓢"，方言说"瓠头"，与"浮""流"谐音，就说成"柴车"，等等。另一部分是疍家自己特有的语汇，如称"碗"为"钵斗"，称"饭桶"为"宝卢"，称"理发"为"泼缆"，"出

---

① 林立芳、邝永勇、庄初升：《韶关市近郊"虱婆声"的初步研究》，《韶关大学学报》1995年第1期。

② 白云：《广西疍家话语音研究》，广西人民出版社2007年版，第67页。

航”为“开流”，归航为“解艨”，称“渔网破裂返航修理”为“做皇帝”等。[①]

（五）“福佬话”性质的疍家话

广东还有操闽语性质的疍家话称为“福佬话”，主要分布在汕尾港和香港新界沿海。据调查，汕尾港的昼民分为两类，一类称为“瓯船渔民”，所使用的“福佬话”与海陆丰陆上居民所使用的“福佬话”同属于闽南方言系统；一类称为“红卫渔民”，是来自珠江三角洲的流动渔民，自然使用上述粤方言性质的疍家话。香港新界沿海说“福佬话”的水上居民人口较少，都是香港开埠之后才从海陆丰一带迁移过来的，主要居住在沙头角的渔民新村和盐寮下、沙田的亚公角和大埔的元洲仔。元洲仔后来拆迁，居民多搬迁到太和火车站附近居住。学者们调查过沙头角新村的“福佬话”[②]，元洲仔的“福佬话”[③]，都明确指出它们的闽南方言非常显著。[④]

第二节　疍民的形成

疍民，汉疍民族中这个特殊的水上族群究竟从哪里来？又如何形成？一直是人们感兴趣的问题。1941 年，日本学者泽村幸夫就说：

> 疍民是从哪里来的？什么时候来的？疍民应属于哪个族系？疍民这一名称在中国古书里最早看到的是晋代，从此以后在中国的书籍里便不断出现了。……自宋以来就把疍民看作无文化的野蛮人，根据广州府宣称有 10.2 万人。然而，据梁启超推算，疍民总数为 100 万人。[⑤]

---

① 李健民：《闽东疍民的习俗与文化》，《宁德师专学报》2009 年第 4 期。

② 李如龙、张双庆：《香港沙头角新村的福佬话记略》，载《第五届国际闽方言研讨会论文集》，暨南大学出版社 1999 年版。

③ 张双庆、庄初升：《香港新界方言》，香港商务印书馆 2003 年版。

④ 以上参阅庄初升《岭南地区水上居民（疍家）的方言》，《文化遗产》2009 年第 3 期。

⑤ ［日］泽村幸夫：《支那民间之神》，1941 年象山阁排印。转引自泽村幸夫《疍民小考》，《世界民族》1985 年第 5 期。

实际上，国内外学术界早已有不少外国学者关注疍民。[①] 关于疍民的起源，古今中外，众说纷纭。早在20世纪40年代，陈序经在《疍民的研究》中说：关于疍民的起源的传说和学说，有30余种，可概括为6类，即从疍民的体格或疍民所有艇舶的形状来说明其来源的；从疍民的疍字解释其来源的；以为疍民乃由某种动物而来的；以为疍民乃由来自某一地方的；以为疍民乃始于某一时代的；以为疍民乃始于某种民族的别名或某支流的。[②] 对此种种观点，陈序经以较大的篇幅，一一作了详细的讨论，最后指出：上述种种看法，“没有一种关于疍民起源的传说或学说能够给我们以一个合理或满意的解答”[③]。近二十年来，关于疍民的起源与形成也有不少研究成果，如“古越后裔说”“东晋卢循之余党”“马援南征之遗兵”“族源多元说”，西方一些学者还提出“南来说”，认为疍

① 主要有：［日］可儿弘明：《香港艇家的研究》，香港中文大学新亚书院研究所，1967年；《香港水上居民：中国社会史的断面》，岩波书店1970年版。美国人类学者尤金·安德森（Eugene N. Anderson）的 *Essays on South China s Boat People*, Orient Cultural Service, Taipei, 1972; Eugene N. Anderson and M. L. Anderson, *Mountains and Water: The Cultural Ecology of South Coastal China*, Orient Cultural Service, Taipei, 1973; Eugene N. Anderson, *The Happy Heavenly Bureaucracy: Supernatural and the Hongkong Boat People*，《亚洲民俗·社会生活专刊》第二十九辑，东方文化书局1985年版。英国人类学者华德英（Barbara E. Ward）的 *Through Other Eyes: Essays in Understanding Conscious Models—Mostly in HongKong*, The Chinese University Press, Hong Kong, 1985. 华德英：《从人类学看香港社会——华德英教授论文集》，冯承聪等编译，大学出版印务公司1985年版。以及中国学者罗香林《疍家》，刊于中山大学《民俗》第76期（疍民专号），1929年；林惠祥：“疍民”，《中国民族史》第六章，附二，商务印书馆1936年版，第139—144页；陈序经：《疍民的研究》，商务印书馆1948年版；吴高梓：《福州疍民调查》，刊于燕京大学《社会学界》1930年第4卷；钟敬文：《中国疍民文学一脔》，刊于《小说月报》（中国文学研究号），1928年；饶宗颐：《说蜑》，载《饶宗颐潮汕地方史论集》，汕头大学出版社1996年版；吴永章：《古代鄂川湘黔边区蜒人与岭南蜒人之比较研究》，《广西民族研究》1987年第2期；张寿祺、黄新美：《珠江口水上先民“疍家”考》，《社会科学战线》1988年第4期；林蔚文：《福建蛋民名称和分布考》，《东南文化》1990年第3期；傅贵九：《明清疍民考略》，《史学集刊》1990年第1期；吴永章：《南北蜑人不同族属新说》，载中南民族学院民族研究所编《南方民族研究论丛》第二辑，民族出版社1996年版；蒋炳钊：《蛋民的历史来源及其文化遗存》，《广西民族研究》1998年第4期；黄新美：《珠江口水上居民（疍家）的研究》，中山大学出版社1990年版，等等。萧凤霞、刘志伟：《宗族、市场、盗寇与疍民——明以后珠江三角洲的族群与社会》，《中国社会经济史研究》2004年第3期。

② 陈序经：《疍民的研究》，商务印书馆1948年版，第1页。

③ 同上书，第41页。

民“可能来自印度尼西亚或印度支那半岛”[①]。作为学界的主流观点——疍民为古代百越后裔的一部分，这是可证可信的。所以，现在我们可以对疍民的形成做一个大致的勾勒。

一 西樵山文化：疍民的原始记忆

西樵山的名称由来已久，据传说古之广州人经常到东南方向的罗孚山采樵，就称为“东樵”；而西樵山古称为“锦石山”，广州人到西面的锦石山采樵，就称为“西樵”。对西樵山文化有研究的杨式挺认为：“西樵山文化包括了以西樵山石器制造场为纽带和西樵山类型的石器等遗物共存为标志的一群古文化遗存。主要分布于狭义的珠江三角洲地区，一般系指北自广州石门水以下，西北自三水思贤滘以下，西自潭江以下，东自东莞石龙以下的地区。包括南海番禺、中山、斗门、三水、新会、东莞、高鹤、宝安、增城的一部分或大部分，以及广州、佛山、江门、深圳、珠海五个市，面积 1 万平方公里。”[②]

西樵山文化是先秦珠江三角洲疍人创造的一种原始文化，疍人是先秦岭南百越中一支特殊的族群。由于先秦时期珠江三角洲浅海湾及其附近内河水域具有丰富的贝类和鱼类水产资源，在浅海湾及其内河水域有取之不尽的天然食物，所以，他们从距今 6000 年前出现在珠江三角洲地区以来，一直过着渔猎、捕捞生活。于是，西樵山文化从新石器时代中晚期一直延续至商周时期，生活在这一时期的珠江三角洲疍人先民“不事耕作”[③]，一直过着原始的渔猎、捕捞生活，大量贝丘、沙丘遗址的出现就是明证。张光直就说过：“优越的生态环境，造就了华南富裕的采集狩猎族群，延缓了其农业经济发生和发展进程。”[④] 先秦时期珠江三角洲特有的地旷人稀、水产资源丰富的优越生态环境，导致了以“西樵山文化”为代表的珠江三角洲疍人先民成了“华南富裕的采集狩猎族群”。

---

① Genevieve A. Highland，Roland W. Force，*Polynesian Culcure History*，Honolulu：Bishop Museum Press，1967，p. 72. 转引自吴水田、司徒尚纪《疍民研究进展及文化地理学研究的新视角》，《热带地理》2009 年第 6 期。

② 杨式挺：《试论西樵山文化》，《考古学报》1985 年第 1 期。

③ （清）范端昂：《粤中见闻·人部·疍人》卷 20。

④ 张光直：《中国东南沿岸富裕的采集狩猎文化》，载《上海博物馆集刊》第 4 期，上海古籍出版社 1987 年版。

珠江三角洲疍人先民就是滨水越人。滨水越人的特征就是贝丘遗址。新石器时代晚期的广东滨水越人分布广泛，并有自己鲜明的文化特征。他们以采集螺、蚌、观、牡蛎一类的贝壳动物为生，正是西晋张华在《博物志·五方人民》中所云："东南之人食水产，西北之人食陆畜。食水产者，龟、蛤、蚌、螺以为珍味，不觉其腥臊也；食陆畜者，狸、兔、鼠、雀以为珍味，不觉其膻也。"①

滨水越人有自己的海上交通。他们最早用作交通工具与捕鱼的船只是竹筏、木筏和独木舟。现在汕头地区仍有用竹筏打鱼的做法。而独木舟，在很长的一段时期里都是水上居民使用的工具。化州出土的独木舟以及晋代裴渊《广州记》所称"力陈岭"上有"民人"，所制造的"船"，正是独木舟，都说明了汉、晋时代滨水越人仍用独木舟。福建的疍民有直到明代仍使用独木舟的，如明代谢肇制《长溪琐语》云："松山，……居民数百家，皆以捕鱼为业，剑木为舟。"还有粤闽的疍家艇，在形制上也都保留着古代独木舟的残余形象。据《广东新语》舟语云："疍人所居曰艇……其形径挺，一人二人所乘行也。"这种艇为新月形，两头微翘起，宽不过一米多，长亦不过五、六米。在福建闽北、南平等地江河中，闽南厦门沿海中使用的木船，与武夷山独木舟式的悬棺形状一样。这种疍家艇与古代滨水越人所使用的独木舟在形制上的相似，决非巧合，应是历史的传承。故宋人周去非《岭外代答·疍蛮》云："以舟为室，视水如陆，浮生江海者，疍也。钦之疍有三，一为鱼疍，善举网垂纶。二为蚝疍，善没海取蚝。三为木疍，善伐山取木。"可见，历史上粤闽地区就有伐木造船的"木疍"。

滨水越人已大量使用磨制石斧、石锌，因此他们可能已经有了数量不少的独木舟，多层的木筏、竹筏，在捕鱼技术进一步发展以后，使用了以纤维植物编成的网具和竹编的简易渔具，他们便可以在船筏上支起篷架，活动于风平浪静的港湾、江河，过着浮家泛宅的生活。在珠江三角洲能发现这一部分越人的踪迹。如南海县灶冈贝丘遗址，年代约相当于夏、商至西周前期之间，其居住遗址相当简陋，显然无永久性居住点，以渔业为主的居民经常迁徙和流动。这些以渔业为生存策略的滨水越人，有学者认为

① （西晋）张华：《博物志》，中华书局1985年版。

可以被认为是广东最早的水上居民——疍民的先祖。[①]

二　南越越人：疍民的“小荷尖尖角”

星移斗转，进入了秦汉时期的南越国，因从中原购入了金属工具，越人造船能力大大加强。从广州汉墓出土的陶船模型看，技术已非常先进。估计在珠江三角洲的一部分水居越人所使用的船只，已经脱离了独木舟的形态，在造船工艺上使用了拼合技术，发展了早期的“疍家艇”。佛山汉墓出土的一陶船，仓有两条陶鱼，船头坐一渔夫，而这只陶船在形制上与“疍家艇”非常相似。另外在象岗山南越文王墓中，主室的南越式铜鼎中有鳖甲、贝壳，西侧室供牺牲用的有鱼鳖类骨骼。在顺德杏坛碧梧汉代遗址附近，出土有五十多件可以装嵌木柄的铁制渔枪头。这些考古材料，都反映了汉代珠江三角洲以渔为业的越人“习于水斗，便于用舟”[②] 的活动情况。

秦汉时代，居住在我国东南地区的越人因受国内政治形势的影响，都曾发生大规模的迁徙现象。来自中原的有汉人血统的人，其区分族群的标志似乎在于他们的居住方式及其生计所依。[③] 宋人周去非在《岭外代答》中曰：“以舟为室，视水为陆，浮生江海者，疍也。”[④] 明人黄佐的嘉靖《广东通志》中亦曰：“疍户者，以舟楫为宅，捕鱼为业，或编蓬濒水而居”[⑤]。雍正皇帝在1729年发出的一个关于“疍”的上谕也有类似的描述：“粤东地方。四民之外，另有一种，名曰疍户，即瑶蛮之类。以船为家，以捕鱼为业，通省河路，俱有疍船。生齿繁多，不可数计。”[⑥] 所以，有一部分原在山地从事农业的越人逃向山林，三国时代的山越便是秦汉间的越和闽越演变而来。而另一部分以渔为业的滨水越人，则流落江海之上，成为疍民的“小荷尖尖角”。

三　卢亭人、“鲛人”、白水郎：疍民的脱颖而出

魏晋时期的大动乱、大分裂、大移民是疍民形成的关键时期，在汉民

---

① 参阅吴建新《广东疍民历史源流初析》，《岭南文史》1985年第1期。

② 《汉书·严助传》。

③ 萧凤霞、刘志伟：《宗族、市场、盗寇与疍民——明以后珠江三角洲的族群与社会》，载《中国社会经济史研究》2004年第3期。

④ （宋）周去非：《岭外代答》，卷三，外国门下。

⑤ 嘉靖《广东通志》卷六十八，外志五。

⑥ 《清世宗宝皇帝实录》，卷八十一，雍正七年五月壬申。

族的涅槃重构中，疍民从多渠道脱颖而出。

疍民或蜑民之称呼最早见于东晋蜀郡人常璩所著《华阳国志》卷一："其地东至鱼腹，西至棘道，北接汉中，南极黔、潼。其属有毒、濮、苴、共、奴、猿、夷、蜑之蛮。"此前，东汉许慎《说文解字》在蜑字条下注曰"南方蛮也"，足见疍民的形成最早可以追溯至汉晋时代。

（一）卢亭人

疍民形成最流行的观点是晋代"卢亭"人说。

什么是卢亭人？唐代《岭表录异》卷上云："卢亭者，卢循昔据广州，既败，余党奔入海岛野居，惟食蠔砺，垒壳为墙。"又同书卷下："海夷卢亭，往往以斧楔取壳，烧以烈火，蠔即启房。挑取其肉，贮以小竹筐，赴圩市以易酒。"① 宋代的《岭外代答》卷三·蛮疍条，又将卢亭列为疍民的一种："广州有疍一种，名曰卢亭，善水战。"又《太平寰宇记》卷一百五十七·新会县条："卢亭，在海岛山，乘舟捕海族蠔、蠕、蛤蜊为业。"可见，史籍中所说"卢亭"是晋代卢循义军失败以后，逃往海岛的余部遗裔。此为一方面。

更重要的是另一方面，所谓"卢亭"又是居住在广东沿海岛屿的水上居民。他们最大的特点是以捕食蚝一类的海物为生，与《岭外代答》所载钦州"蚝疍"相似。在明代人的著述中，田汝成的《炎缴纪闻》卷四也说：卢亭以"采藤捕砺为业。"黄佐《广东通志》（嘉靖）卷六十八·杂蛮也载："卢亭，亦曰卢余，在广州城东百里，以捕藤砺为业。"可见所谓"卢亭"也是与"蚝疍"类似的水上居民。至于《岭表录异》说"卢亭""垒壳为墙"，应该是一种起源于新石器时代，而流传于古代广东珠江三角洲的越人遗俗。据《广东新语》卷二十二载："居人墙屋率以蚝壳为之，一望皓然。"康熙《新会县志》卷五《地理》云："蚝蛎房也，民取诸海，砌结环堵，十室而九。"古代贝丘居民将吃完的贝壳动物残骸堆积成山，就会利用这些堆积建造房子，这种风俗流传甚为久远。

据考，在远古时期广东沿海就分布着以食蚝砺为生的滨水越人。据《水经注》卷三十七·叶榆河水注："周礼：'南八蛮，雕题、交趾，有不粒食者焉，《春秋》不见于传，不通于华夏，在海岛，人民鸟语"。所谓"不粒食者"，即以采海物为生的古代滨水越人，这个记载正好为广东沿

① （唐）刘恂：《岭表录异》，中华书局1985年版。

海的大量考古发现所证实。另据《晋书·陶璜传》云："广州南岸，周旋六千余里，不宾服者五万余户。"其所指"广州南岸"的范围相当广，应包括了珠江三角洲滨海地区以及广东沿海的广大岛屿，这些"不宾服者"当然也包括滨水越人。这就说明，在晋末卢循义军来到广东以前，广东沿海就居住着许多不服从封建统治的滨水越人后代了。因为他们僻处海隅，保留的原始性比珠江三角洲的疍民多一些，如《述异记》卷上载："桂林东南边海有裸川，桓谭新论云：'呈衣冠于裸川海，海上有裸人乡。'"即其一例。

事实上，百越是历史上一个发展最不平衡的族群集团，所以东汉时期珠江三角洲水上居民已使用较先进的船艇时，而一些偏僻沿海江河的水上居民却仍在使用独木舟。晋代卢循义军的一部分人流落到广东沿海岛屿以后，很快就融合到生活在广东沿海岛屿的滨水越人后代中去了。因此唐代的《岭表录异》在记载"卢亭"时，这些"卢亭"已与广东的水上居民的特征差不多。在后来的历史记载中，已很难找到他们的踪迹了。据明代史籍记载，明代广东沿海岛屿还有"卢亭"，但在清初时已很罕见了："南亭竹没山，在老万山之南，周回数十里，内有卢亭，俗传为卢循之后，能入水捕鱼，鲜食，以棕兰竹箨为衣，种类不多，今无。"[①] 从卢亭子可见疍民的形成既与晋代卢循义军余部遗裔有关，更与滨水越人有关。[②]

所以，自魏晋以来，在中国的巴蜀、江淮、岭南及闽浙等广大地区，都记载有疍民活动。"蜒"在史书上的记载最早，晋常璩《华阳国志·巴志》："其地东至鱼腹，西至僰道，[③] 北接汉中，南极黔涪，其属有濮、黄、苴、共、努、黄苴、夷、蜒之蛮。"及至隋代，《隋书·杨素传》也记杨素"遣巴蜒千人乘五牙四艘"破吕仲肃。可见疍民已脱颖而出。

（二）"鲛人"

林惠祥早已说过疍民的起源是多元的。[④] 广西的疍民起源有一个"鲛人"的传说。

---

① （清）陈梦雷：《方舆汇编职方典广州府部汇考》，载《古今图书集成》。

② 参阅吴建新《广东疍民历史源流初析》，《岭南文史》1985 年第 1 期。

③ （晋）常璩：《华阳国志》，重庆出版社 2008 年版。

④ 林惠祥：《中国民族史》，商务印书馆 1998 年版，第 27—29 页。

“鲛人”的传说，最早出现于三国曹植的《七启》赋：“然后采菱华，擢水苹，弄珠蚌，戏鲛人。”晋代左思《吴都赋》亦云：“想萍实之复形，访灵夔于鲛人”。

疍民的形成与鲛人的关系源于“鲛人泣珠”和“鲛人织绢”。晋代张华《博物志》卷十云：“南海水有鲛人，水居如鱼，不废织绩，其眼能泣出珠。”《吴都赋》云：“极浓水居，泉室潜织而卷绢，渊客慷慨而泣珠。”关于鲛人最完整的说法是唐人李善的注，其云：“水居，鲛人水底居也。俗传鲛人从水中出，曾寄寓人家，积日卖绡，绡者，竹孚俞也。鲛人临去，从主人索器，泣而出珠满盘以与主人。”

神话传说往往是历史真实的折射，鲛人的传说来源于古代广西合浦的采珠业。历史上合浦一带，“土地硗确，无有田农，百姓惟以采珠为业。”① 这一带在西汉武帝平岭南以前，是骆越人分布的地方，继之而起的是乌浒蛮。《太平寰宇记》岭南道六引《郡国志》：“乌浒在深山洞内，能织文布，以射翠取羽、割蚌取珠为业。”这是以采集、打兼采珠为业的陆居乌浒人。但是鲛人是水的。大概“鲛人”是乌浒蛮中一支以龙蛇为图腾的水居部落。

1. “鲛人泣珠”

采珠是一项十分危险的活动，因此采珠人有纹身之俗。范成大在《桂海虞衡志》的“志虫鱼”篇中云：“蜒（蜒通疍），海上水居蛮也。以舟楫为家，采海物为生，且生食之。入水能视，合浦珠池蚌蛤，惟蜒能没水探取。榜人以绳系其腰，绳动摇，则引而上。先煮毳衲极热，出水急覆之，不然寒栗而死。或遇大鱼蛟鼍诸海怪，为鬐鬣所触，往往溃腹，折支，人见血一缕浮水面，知蜒死矣。”《宋史·食货志》中亦记：“绍兴二十六年，罢廉州贡珠，散蜑丁。盖珠池之在廉州凡十余，按交阯者水深百尺，而大珠生焉。蜑往采之，多为鲛人所取，又为大鱼所害。至是，罢之。”故“入水辄绣面文身，以象蛟龙之子”②。宋代称疍民为“龙人”，“龙户”，又说“文蛟，龙之属也，又鱼属。”因此“鲛人”与“龙人”当为一音之转。又据元代陶宗仪《辍耕录》卷七·乌蜒户条：“广东采珠之人，……有司名曰乌蜒户。”也说明“鱿人”与乌浒蛮的关系。

① 《晋书·陶璜传》。

② （清）屈大均：《广东新语》，卷十八《舟语》。

但是，合浦珠是历代统治者掠夺的对象。据《异物志》载：汉代“官禁民采珠”。三国时吴国也是“珠禁甚严”，但是采珠的人特别是水上居民不采珠便无以为生，因此从汉代起他们便以盗珠方式和统治者做斗争。《异物志》载：“合浦民善泅，采珠，儿十余岁，使教入水，官禁民采珠，巧盗者蹲水底刮蚌，得好珠，吞而出。”① 很明显，“鲛人泣珠”这一传说就是对盗珠“鲛人”的神化。

2. “鲛人织绢”

所谓“鲛人织绢”也是历史的事实。据南朝梁代任昉《述异记》卷上：“南海出蛟绡纱，泉先潜织，一名龙纱，其价百余金，以为入水不濡”，又云：“南海有龙绡宫，泉先织绡之处，绡有白如霜者。”② 众所周知，古代岭南越人，善以纤维植物织成各种布，如“广幅布”“葛布”“蕉布”“竹布”“苧布”之类。乌浒蛮善“织斑布”。宋《舆地纪胜》卷一〇三说：桂北“阳朔县，有夷人，名乌浒，在深山洞内，能织斑布”。而鲛人为乌浒蛮中一支，他们既在水下采珠，又采集随处可生的纤维植物纺织成斑布，所以史籍称他们“不废织绩”，其为鲛人，所织之布故名为“蛟绢”“龙纱”。据宋代杨万里《蜑户诗》：“煮蟹当粮那识米，缉蕉为布不须纱。”可见疍民善于纺织也是由来已久。用这种麻织成的布，经过土法处理，水湿以后容易风干，适于海上生活，又显白色。这种土布，可能就是古人所称罕的“入水不濡”，“白如霜”的“绞绢”③。又据《述异记》卷上：“扬州有虵市，市人鬻珠玉而杂货蛟布。”④

因此采珠是古代合浦“鲛人”的主要生活来源：“越俗以珠为上宝，生女谓之珠娘，生男谓之珠儿。”另外采集珊瑚也是鲛人的重要经济活动：“郁林郡有珊瑚市，海先市珊瑚树，碧色生海底，一株十枝，枝间无叶，大者高五六尺，至小者尺余。鲛人云，海上有珊瑚宫。”

① （东汉）杨孚：《异物志》，中华书局1985年版，第3页。

② （南朝梁）任昉：《述异记》，中华书局1985年版，第2页。

③ 《述异记》载“鲛人即泉先也，又名泉客。南海出鲛绡纱，泉先潜织，一名龙纱，其价百余金。以为入水不濡。南海有龙绡宫，泉先织绡之处，绡有白如霜者”。

④ 按广东古属扬州，明代汪广洋诗云“从来交广地，还是古扬州。”又“虵”即蛇的俗字，“虵”珠即蛇珠，《述异记》卷上：“虵珠，虵（蛇）所吐者，南海俗谚云：虵珠千枝，不及玫瑰。”玫瑰是比蛇珠珍贵的珠，除此之外，还有更珍贵的龙珠：“凡珠有龙珠……越人谚云：‘种千亩木奴，不如一龙珠’。”

《述异记》称“海先”“泉先”，就是“鲛人”。“鲛人”潜水采集珊瑚，发现了丛集密布的珊瑚礁，所以说“海上有珊瑚宫”。“鲛人”出卖珊瑚的地方，可能就在合浦珠市上。如此看来，古代“生长海隅，食珠衣珠”的“鲛人”，除了出卖珍珠，还将采集的珊瑚，自己纺织的蛟布拿到珠市出卖，使古代合浦成为一个“颇多难得之货”的地方，吸引着古代的“士大夫瑜大庚”，“贪婪丧其所守”，中原商人亦趋之若鹜。这些士大夫，商人把“鲛人”的故事传到北方，经过辗转流传以致出现了神话一样的传说。

如果说，汉晋南朝时代的古籍所称之“鲛人”仅限于指广东合浦地方的采珠水上居民，在唐宋时代，“鲛人”已成为对整个广东水上居民的称呼了。如唐代岑参诗：“楼台重蜃气，邑里杂鲛人”，指的是广州的水上居民；唐代刘禹锡《莫瑶诗》：“市易杂鲛人，婚姻通木客”[①]，反映了唐代在粤北山区的疍民与瑶族交往的情况。诗中“鲛人”当是指在北江上游打鱼的“渔疍”。到了宋代以后，称广东水上居民为“鲛人”的说法已较少见，盛行的称呼已是“疍家”“疍户”了[②]。

（三）“白水郎”

唐宋以来，福建沿海一带居住着水上生活的族群，史称“白水郎”[③]。如宋代乐史的《太平寰宇记》就说：“东海上有野人，名曰庚定子。旧说云：‘昔从徐福入海，逃避海滨，亡匿姓名，自号庚定子。’土人谓之白水郎。”[④] 在此，所谓“从徐福入海，逃避海滨”并无根据，显系附会。那么，福建的疍民从何而来？

一源于山越。汉代闽越贵族被迁往江淮之后，大量部属则“遁逃山谷间”，直至魏晋时陆续复出，被史家称为“山越”。山越，始见于《后汉书·孝灵帝纪》所载：“建宁二年（169 年）九月，……丹阳山越贼围太守陈夤，夤击破之。”关于其族属又何以称为山越的问题，《资治通鉴·汉纪》灵帝建宁二年，胡三省注作了解读，其云：“山越本亦越人，依阻山险，不纳王租，故曰山越。寇扰郡县，盖自此始。”而《汉书·严

① 此“木客”指瑶族。

② 参阅吴建新《广东疍民历史源流初析》，《岭南文史》1985 年第 1 期。

③ “白水郎”亦称“庚定子”或“卢亭子”。

④ （宋）乐史：《太平寰宇记》卷九八《江南东道·明州》。

助传》所概括的闽越人“断发文身之民也……处溪谷之间，篁竹之中，习于水斗，便于用舟”，这与疍民习性极为相似。因而显示闽越族与疍民之间的渊源关系。疍民崇拜蛇图腾的文化特征，从事水上活动的生产方式，以及迄今为止流传于疍民中的民族源流的传说，说明福建疍民确实是起源于秦汉时期的闽越族。

二源于孙恩、卢循余部。《太平寰宇记·泉州》载：“泉郎，即此州之夷户，亦曰游艇子，即卢循之余。晋末，卢循寇暴，为刘裕所灭，遗种逃叛，散居山海，至今种类尚繁。唐武德八年（625 年），都督王义童遣使招抚，得其首领周造菱、细菱等，并受骑都尉，令相统摄，不为寇盗。贞观十年（636 年）始输半课。其居止常在船上，兼结庐海畔，随时移徙，不常厥所。船头尾尖高，当中平阔，冲波逆浪，都无畏惧，名曰‘了鸟船’。”① 这就是说，东晋时期江浙一带爆发的孙恩、卢循起义，起义成员中有大量山越出身的水上人家。起义失败之后，这些人除前述有一部分南逃到广东沿海岛屿之外，还有一部分聚集于闽江及其支流，所以也成为福建疍民的一个来源。可见福建的白水郎与卢循余部散居山海也有关。

“白水郎”是福建早期疍民的专用称呼，其名称最早始于唐宋之际。

为什么说“白水郎”是福建早期疍民的专用称呼呢？

这与“白水江”有关。南宋淳熙九年（1182 年），梁克家编著的《三山志》记述了闽东地区白水江一带疍民的生产和生活情况。该书卷六地理类《海道》篇说：“至钱夯头，谚云：‘钱夯头，无风自球流。’言荡漾也。白露门，或曰即白水江也。白水，即停船之处。泊莆门寨前。”可见，此处“白”同“泊”，是停泊之意。同卷还载：“西南，沙埕港，源出温州界，至桐山东人海。白水江，《旧记》‘县东北百七十里’。《寰宇记》‘白水郎，夷户也，亦曰游艇子，或曰卢循余种，散居海上。唐武德中，王义童招其首领周造菱、细菱等，授骑都尉，以船为居，寓庐海务。船首尾尖高，中平阔，冲破逆浪，略无惧惮，名了鸟。乾符间，有陈蓬者，驾舟从海来，家于后崎，号白水仙。有诗云：‘水篱疏见浦，茅屋漏通星。’又云：‘石头荦确高低踏，竹户彭亨左右闻。’尝留谶云：‘东去无边海，西来万顷田。松山沙径合，朱紫出其间。’蔡学士《杂记》：‘福

① （宋）乐史：《太平寰宇记》卷一〇二《江南东道·泉州》。

唐水展船，举家聚止于一舟。寒暑、食饮、疾病、婚娶，未始去。所谓白水郎者，其斯人之徒欤？'"① 还有长溪，即霞浦县，元代称福宁州，明代沿之，清雍正时升为福宁府。乾隆四年（1739 年），析旧州之东部望海等四里为福鼎县，是闽东疍民的主要活动区域。按史书记载推断，至迟至唐末宋初，白水郎已成为闽东疍民的专称，并以白水江一带为中心，聚居于闽东一带，以船为家，漂泊江海之上。②

（四）殊途同归：疍民的形成

文化是多样的，疍民的形成出现了多源多流的态势。但九九归一，唐宋以后都认同了疍民。

在广东、广西，唐代对疍民单独立籍，《太平寰宇记》卷一百六十九《岭南道·雷州》条载岭南道太平军户"唐开元户四千七百，皇朝户主一百，一客五，蜑户二。"疍民地域活动急剧拓展始自两宋，其时，广南西路之廉州、容州，广南东路博罗及大庾岭以东地区，都是"蜑民"的聚居区。宋刘攽《左藏库副使纪昱可权知廉州制》载："合浦之地，古为珠官琦珍所聚，掌握致富，宜得廉吏为之守长。且蛮蜑荒远，难驯易扰，非夫武壮知略，不能镇服，以是数者推。"北宋时，朝廷尝允许滨海地带的富户豢养"蜑户"。元明清时期，疍民活动地域已趋于稳定在岭南、福建地区③。近人陈序经在《疍民的研究》中云："到了宋代，史书记载疍民，差不多完全限于指广东的水上居民。"唐代王勃的《广州寺碑》云："扬粤当唐初，北人多以商至，遂家于此。六朝以来谣俗讴歌播于乐府，炎方胜事自是偏闻四海。然方言犹操蛮音，以邑里犹杂疍夷故也。"④ 但是唐代对于"疍"的称呼仍很不固定，直到北宋，称广东水上居民为"疍"才流行起来。常见宋以后诗文所称的"疍""蜒""蟹"字，基本上是指广东的水上居民。

广西的疍民分河疍与海疍两大类，河疍主要分布在广西境内中北部属于珠江西水系的西江、碍江、黔江、红水河、贺江、柳江（支流洛清河、融江）、郁江、邕江、左江、桂江、漓江等主要河流及其支流沿岸的县

---

① （宋）梁克家修纂，福州市方志委点校：《三山志》卷六《地理·海道·十五潮》，海风出版社 2000 年版，第 65 页。

② 徐心希：《闽、粤、台疍民历史考略》，《闽都文化研究》2006 年第 2 期 。

③ 李云端：《历史时期疍民地域分布与职业构成初探》，《兰台世界》2013 年第 12 期。

④ （唐）王勃：《广州寺碑》。

（镇）市。[①] 在北海的疍民分为蚝疍、珠疍和渔疍三类。蚝疍约八千人，居于西场镇沿海，以采蚝捕鱼为生；渔疍约二万人，居于北海、党江沿海一带，以捕鱼为生，也有少部分以船艇运输为业；珠疍约一万人，居住在合浦县东南沿海，以采珠为业，兼浅海捕捞。[②] 其实，现今的蚝疍亦以“捕鱼为生”，北海的疍家主要有“珠疍”和“鱼疍”两种。北海蛋民中的“珠疍”应是北部湾域内的本土疍民。而北海疍民的“渔疍”中则有多种来路的外来疍民。[③]

在福建，宋以后，改称白水郎为疍，这可能与唐宋史籍中所谓“蛮疍”之称有关。[④] 如《隋书·南蛮传》中就有“南蛮杂类，与华人错居，曰疍，曰狼，曰俚，曰獠，曰㐌……先所谓百越遗裔”的说法。由于唐宋前后统治阶级及有关古籍方志多已把这些水上人家称为“蛮夷”之人，所以改“白水郎”之称而为“蛮疍”之“疍”。这一称呼，较早的有宋乐史《太平寰宇记》卷157：“疍户，县所管，生在江海，居于舟船，随潮往来，捕鱼为业。”所以《元史·食货志》规定：“免福建疍户差税一年。”可见福建疍民已形成。[⑤]

海南的疍民，又称龙人、龙户、疍户等，相传是原居于陆地的汉人，秦朝时为官军所迫逃入海河上居住，以捕鱼为生，妇女则采集螺蛤贩卖于集市，此后世代传承。据《海南移民史志》记载，海南岛古时四面沿海盛产珍珠，唐代以前就吸引了不少疍民相继前来。疍民从唐代开始大批迁入海南，从今海口市（包括市郊）西至儋州、东方，东至文昌铺前、清澜和陵水一带沿海地区，南至三亚均散布疍民足迹。宋代，熟悉水性的疍民部分以采珠捕鱼为业，有些还专门从事造船修船，运输贸易，在陆地上定居做小生

---

① 笔者曾指导硕士研究生对梧州的河疍进行过田野考察，发表论文有秦璞、徐杰舜：《河蛋——梧州水上居民考察（上）》，《广西右江民族师专学报》2005年第2期；《河蛋——梧州水上居民考察（下）》，《广西右江民族师专学报》2005年第4期。

② 笔者曾指导硕士研究生对北海的珠疍和渔疍进行过田野考察，当时把斜阳岛上的渔疍称为海疍。发表论文有陈礼贤：《海疍——斜阳岛疍民考察（上）》，《广西民族学院学报》2002年第2期；陈礼贤：《海疍——斜阳岛疍民考察（下）》，《广西民族学院学报》2002年第3期；刘平安：《疍民村庄公共卫生的人类学分析——以北海营盘镇黄稍村为例》，《广西民族大学学报》2007年第1期。

③ 刘明贤：《疍家历史浅探（上）》，《北海日报》2010年4月9日第7版。

④ 林蔚文：《福建蛋民名称和分布考》，《东南文化》1990年第3期。

⑤ 杨济亮：《福州蛋民考略》，载《闽越文化研究——闽越文化学术研讨会论文集》，2001年。

意，部分青壮年疍民则被征调入伍当水军，亦称“疍兵”或“疍军”。明代以来，从东南沿海和北部湾各地迁徙到琼州沿海地区逐渐定居的疍民开始增多。洪武年间，在广东特设河泊司管治疍民，要求对疍民要编户立里长。据明《正德琼台志》记载，明代疍民聚居地方遍布琼州沿海地区。[①]

总之，对族群认同有重要意义的族称，“疍民”之称始见于西晋常璩所撰《华阳国志》卷一《巴志》：“其地东至鱼复，西至僰道，北接汉中，南极黔涪。其属有濮、賨、苴、共、奴、㐮、夷、疍之蛮。”[②] 隋唐之时史籍对疍民的族源、习俗、居住环境却记载颇详，《隋书·南蛮传》载：“南蛮杂类，与华人错居，曰蜒、曰獽、曰俚、曰獠，俱无君长，随山洞而居，古先所谓百越是也。其俗断发文身，好相攻讨，浸以微弱，稍属于中国，皆列为郡县，同之齐人。”再从唐代王勃的《广州寺碑》所述来看，广东水上居民被冠以“疍”字，是与六朝、隋、唐、宋以来北方对于岭南的认识逐渐加深联系在一起的。尤其是唐末五代至有宋一代，北方南迁人民逐渐增多，至宋朝达到高峰，南迁的北方汉人越过大庚岭，顺着北江顺水南下，遍布珠江三角洲，所以明清时期珠江三角洲很多大姓，都自称是南宋时期从南雄珠现巷迁来的七十二姓的后代。这些南迁的汉人，也很自然地把居住在河边水上的越族遗裔看作是蛮类，将他们称之为水上居蛮——“疍家”。可见，隋唐之后，疍民在岭南地区的活动空间逐步扩大。“蜑”的记载最早见于唐代柳宗元《岭南节度飨军堂记》的“胡夷蜑蛮”[③]。《隋书·南蛮传》也认为岭南：“南蛮杂类，与华人错居，曰蜒、曰傻、曰俚、曰僚、曰伍。”

据学者研究，从珠江三角洲的地方记载看，在唐、五代、宋代南迁的人民到来以前，水乡地带就居住着不少的水上居民。如新会县潮莲乡，在南宋以前，也是“渔民疍户之所聚，蛮烟瘴雨之所归”[④]，顺德县的容奇镇，在唐宋之间，也只有“少数渔舟停靠河边”，“搭些草棚茅舍以作栖

---

① 参阅王俞春《海南移民史志》，中国文联出版社 2003 年版。

② 巴疍不属华南族群，且两宋之时其活动重心已由西南巴蜀、荆州转至岭南及其滨海地区。元明清时，巴疍在西南巴蜀、荆州已消失，故在此不赘。参见李云端《历史时期疍民地域分布与职业构成初探》，载《兰台世界》2013 年第 12 期。

③ （唐）柳宗元，（宋）廖莹中注：《河东先生集》卷二十六，宋咸淳（1265—1274 年）廖氏世堂刻本，北京图书馆藏。

④ 萧凤霞、刘志伟：《宗族、市场、盗寇与疍民——明以后珠江三角洲的族群与社会》，《中国社会经济史研究》2004 年第 3 期。

身之所，渐渐成了有较多渔人聚集的渔村”①，在番禺的市桥、中山的古镇都流传着同样的传说：在南迁汉人到来以前，这些地方河边只有渔民的船艇茅舍，到了南宋时期，才有北方汉人定居下来。如果我们到珠江三角洲的乡间走走，也许还可以听到更多这样类似的传说。② 萧凤霞，刘志伟在《宗族、市场、盗寇与疍民——明以后珠江三角洲的族群与社会》中对此有详细的论述，其中有两例说：

> 新会县天马乡陈氏是另一个典型的例子，直到今天他们仍然被附近的人以带有歧视的口吻称为“蛋家陈”。天马乡的人当然否认这种指称，他们的宗族的不同房派建立了35间祠堂，并声称他们的大祠堂自明代以来就存在了，宗族成员中很多人取得功名。不过，天马陈氏在1923年编撰的族谱，却透露了一些有意思的情况。负责编撰族谱的房派，是陈氏定居天马后第七代的成员，其房祖取得功名后移居县城。族谱中有关他们来源的传说，暗示了他们蛋的身份。
>
> 新会潮连岛上的聚落，大多集中在岛的北部和中部，主要的大族有陈、卢、区、潘等姓氏，这些大族大都编撰了卷帙浩繁的族谱、修建美轮美奂的祠堂、培养了一代一代的士人，拥有很多的奴仆，他们举行祭祀的中心庙宇，是位于聚居在潮连岛北部富岗村区氏的祠堂旁边的洪圣庙。而在潮连岛的南端，有一乡村名豸岗，在《潮连乡志》中又称为豸尾，豸岗的居民火多数是也是区姓，豸岗区氏尽管也建立起自己的祠堂，但仍然被潮连岛北部和中部的宗族（陈、卢、区、潘）所排挤，甚至被视“蛋民”，富岗的区姓大族甚至强调豸岗的区氏与他们没有血缘关系，认为两个区的写法是不同的（其实我们从他们编修的族谱看到他们都是用“区”，而没有用“欧”）。③

这些记载都反映了疍民在唐宋代以来形成的事实。所以，国家政权对

---

① 谭振华：《“容奇”名称由来的传说》（http：//zx. shunde. gov. cn/data/main. php？ id = 7720 – 50048）。

② 参阅吴建新《广东疍民历史源流初析》，《岭南文史》1985年第1期。

③ 萧凤霞、刘志伟：《宗族、市场、盗寇与疍民——明以后珠江三角洲的族群与社会》，《中国社会经济史研究》2004年第3期。

疍民进行了有效的管制，《广东通志》即云："自唐以来，计丁输课于官。"[①] 及至宋代，"孝宗淳熙十年罢白皮盐场及疍户丁钱"[②]，正好证明宋代疍户已纳入国家户籍制度管治。所以，明初规定，疍户籍隶河泊所，有长有民[③]。疍民中的大户称疍长，又称疍家里长，也叫疍头，如广西苍梧"疍人计298户，有疍头几人领之"[④]。河泊所原本是税收机构，专门掌管征收渔业税，疍民以捕鱼为业，要按期向官府交纳鱼米，因此，河泊所同时也是管理疍民的行政机构。清氏沿袭明朝政策，而制度更为严密，清制"疍人则编以甲册，假以水利，每十艇为一队，队为一长，画川使守，略仿洪武初以疍人为水军之制"[⑤]。

历史在此定格，从多元走向一体，疍民在宋明时期形成。

第三节　疍民的人文特征

宋人杨万里《疍户诗》云：

> 天公分付水生涯，从小教他踏浪花。
> 煮蟹为粮那识米，缉蕉为布不需纱。

在水上生活的疍民，从生存策略出发，创造了水上文明。疍民创造的水上文明主要表现在具有水上特点的人文特征上。

一　以舟为居，萍踪无定

疍民之所以为疍民，是因为他们以舟为居。舟居成了疍民与陆上汉族族群的主要边界。疍民上无片瓦，下无寸土，常年漂泊在江海内河，"以舟楫为宅"，一条小木船就是他们的全部家当。一家几代人挤在小船上，在风浪里颠簸，生活非常悲苦。

---

① （明）黄佐：《广东通志》，广东省方志办，1997年誊印本，第1793页。

② 贾雒英等：《新会县志》，载《稀见中国地方志汇刊》第46册，中国书店1992年版，第32页。

③ 乾隆《钦定大清会典》卷首。

④ 《清高宗实录》卷二八二，乾隆十二年正月上。

⑤ 《清高宗实录》卷七七五乾隆三十年十二月下。

疍民居住的舟船大的为船，小的为艇。人们俗称疍民的船为疍家艇、住家船、住家艇、连家船、沙艇、海艇等。一般来说，以捕捞为主要职业的疍民，每户有两艘船：一艘为作业船，是生产劳动的工具；一艘为住家船，是停泊在相对固定的地点居住与生活的船只。经济困难的疍民家庭一般只有一条船，兼有住家和谋生的双重功能。外出作业时，疍民根据捕捞资源情况而在一定范围内迁徙。特别是沿海疍民常随鱼汛的变化而迁徙，居无定踪，终年浮荡在海上。故宋代周去非在《岭外代答》中说岭南疍民“以舟为室，视水如陆，浮生江海者，蜑也”①。船民一家老小都睡在船上，“居短蓬下”，“舟不盈丈，而炊爨、牲畜、资生之具咸备”②。《桂海虞衡志》也说疍民：“乃海上水居之蛮也。”③ 疍民喜爱洁净，住船每天清洗多次。舱内船板，全用桐油涮过。不管主人、客人在船内都赤足行走。

在岭南各地，疍民舟居的历史一直延续至现代。北宋《铁围山丛谈》记述广西北部湾一带的疍民：“皆居海艇中，男女活计世世未尝舍也”④；《后山谈丛》也说两广一带舟居的称为疍民⑤。合浦、苍梧一带疍民也是“以船为家”⑥。《太平寰宇记》记述新会疍民以舟为居外，还说“若居平陆，死亡即多”⑦。历代诗人的诗歌也反映了岭南疍民舟居的生态，如宋代陈思在《登广城楼》描写粤东潮阳地区疍民的住家船云：“江郭楼台蛮客市，海门烟日蜑家舟。”⑧ 又如苏东坡被贬岭南惠州途中，自赣江过梅关下北江、东江，描写珠江疍民漂泊的居住环境云：“床床避漏幽人屋，浦浦移家蜑子船。”⑨ 再如清代黄达在《范瀛三》中亦云：“回首珠江榕叶

① 《岭外代答》卷三《蜑蛮》。

② 同上。

③ （宋）范成大著，严沛校注：《桂海虞衡志校注》，广西人民出版社 1986 年版，第 143 页。

④ （宋）蔡絛、冯惠民：《铁围山丛谈》，中华书局 1983 年版，第 99 页。

⑤ （宋）陈师道：《后山谈丛》卷四。转引自吴水田、司徒尚纪《疍民研究进展及文化地理学研究的新视角》，载《热带地理》2009 年第 6 期。

⑥ （明）王士性：《广志绎》卷四；（清）穆章阿、李佐贤：嘉庆《大清一统志》卷四百七十。转引自吴水田、司徒尚纪《疍民研究进展及文化地理学研究的新视角》，载《热带地理》2009 年第 6 期。

⑦ （宋）乐史：《太平寰宇记》卷一百五十七，岭南道一。

⑧ （宋）邵浩：《坡门酬唱》卷十三，清影宋抄本。

⑨ （清）黄达：《一楼集》卷九，清乾隆刻本。

暗，秋灯风雨蜑人船。”①

闽东疍民的“连家船”是一个样本，其底部吃水部分呈三角形，稳定性极好，在江海中随浪起伏，仿佛蛋壳一般，大多长五六米，宽约三米，首尾尖翘，中间平阔。船首是撑篙、撒网的劳作场所；中部船舱，用竹篷遮蔽，分前后两舱，既是全家人的卧室，又可用作货舱；船尾作为厨房，也是日常便溺之处，疍民常用粗竹筒从裤管伸入胯下接尿，有时疍民还在船尾饲养家禽。还可挂养家禽甚至养猪。有一首古诗形象地描述了他们生活的辛酸：

渔人江上船为家，篷窗蜷曲藏如蜗。
船头牵网船尾宿，终年辛苦嗟生涯。②

现在的疍家艇已十分讲究，结构与过去不大相同，有专门的洗手间、厨房、卧室及底舱（放杂货）等功能分区，生活设施一应俱全，有彩电、VCD 机、高级音响及冰箱等。每部分都保持得很干净，入船要先在船头换拖鞋。

二 水上生活，风俗独具

以舟为居的疍民，风俗习惯均与水上生活相适应而独具一格。

在船上常常离不开水，故疍民男女老少跣足，一年到头都不穿鞋。疍民女全部天足，与崇尚“三寸金莲”的岸上汉族人家边界分明。

疍民的衣着与水上生活相适应，上衣多短身窄袖，男裤偏短，女裤多宽，俗称“船民衣不盖肤”③。过去四五十岁的妇女大多用布包头，所穿衣服多为“边扣衣”，发髻多有价值不等的簪珥饰物，男子则兴穿对襟唐装。④

不同地方的疍民，其服饰各有千秋。广东三水的疍民习惯戴细小的帽子，因为既要遮盖太阳又需避风。衣服忌穿花衣、白衣，怕泥浆沾污衣

① 同治《增城县志》卷一疍户，清内府本。

② 参阅李健民《闽东疍民的习俗与文化》，《宁德师专学报》2009 年第 4 期。

③ 黄家蕃：《北海文史》第十一辑，北海市政协，1997 年，第 80 页。

④ 秦璞、徐桂兰：《河疍与海疍珠疍》，黑龙江人民出版社 2009 年版。

裳，又要和丧衣区别开来。妇女们多穿黑、蓝衣裳，在衣襟和袖口上嵌以红绿花边。[①] 妇女喜欢戴金耳环，未婚女子戴长耳牌，出嫁换戴玉坠。带孩子的背带上有用碎布拼出的图案，背带上还有盖头布，使得孩子免受风吹日晒。[②]

海陆丰、惠阳等地的疍民妇女穿两色衣，称之为扎衣，纽扣用银或铜制，无领，领圈上绣五色线。疍民妇女喜欢各种银饰，已婚妇女戴长耳钩，未婚者戴银牌。男子也穿无领两色银钮大襟衣，包一丈多长的蓝黑色头巾。[③]

闽东疍民的衣着皆用蓝青色或者褐色的粗布缝制，颜色与船帆的用布基本一致。裤脚非常宽大，而且比较短，这不但是为了便于劳动作业，还因为疍家男女数代同居一船，没有厕间，宽大的裤脚便于将用粗毛竹制作的便器伸入胯下接尿。

一些穷苦疍民一年四季总是衣衫褴褛，所着衣裤十分破旧，补丁加补丁，被一些岸上人讥为"九日干"：意为补丁层厚，洗后需太阳晒九天才干。福鼎、霞浦和福安沿海的疍民出海作业时都要穿一种特殊的裙子，这种裙子用咸草打织而成，可防海浪的咸水侵蚀。

汕尾疍民妇女相当重视服饰，常常在身体的各个部位都用银饰打扮起来。蓝黑或青黑色的圆襟上衣是日常服装，但是纽扣通常是银或铜的，领圈上捆着五色线。上衣往往很长，但裤子很短。发髻上用一只银质的篦牌配插着，还有其他银饰"莲垒""扁钎""扁钾"等插在头上装扮着，也被称为"汕尾髻"。男子通常穿一种深棕色的圆襟挂衣，用蓝色或黑色头巾遮住头部挡风避暑。[④]

疍民的衣饰特点与水上生活的环境和经济状况有关，同时也与岸上人的歧视有关。旧时流行这样的谚语："曲蹄曲蹄，头无帽，脚无鞋，船作厝住，风吹辔齐（方言，站立不稳义）。"反映了岸上人对他们的嘲弄。

疍民的饮食大都以鱼为菜，主食是"粥饭互补"的饮食结构。疍民一大早就出航或出河捕鱼，久而久之形成了一种传统，一天只煮午餐和晚餐，午餐比较简单，一般只有一锅饭和一菜一肉，晚餐则比较讲究，在午

① 海湛：《略谈我县水上居民的风俗习惯》，《三水文史》政协三水县委员会文史组三水县文学艺术工作者联合会，1985 年 第 2 辑，第 73 页。

② 黄淑娉：《广东族群与区域文化研究》，广东高等教育出版社 1999 年版，第 372 页。

③ 同上。

④ 叶良方：《汕尾疍民风俗文化史考》，《汕尾文史》2004 年第十四辑。

餐的基础上，会加一碗青菜，一个汤，或者再加一碗肉。每逢春节，晚餐的菜肴上一般都会有鱼，表示年年有余（鱼），是疍民新年的新祈愿，同时也是一个好意头。

由于在水上长期生活所遭遇的各种风险，使得疍民在日常生活中忌翻禁忌处处有，例如煎鱼不许翻面，吃鱼的时候忌把鱼身翻侧；饮茶、吃饭用完碗碟忌覆转放置，水手不得翻卷裤脚；因为这些动作都意味着沉船；忌讳讲翻、沉、破、倒、散、火等字眼。“幡布”称“拌布”；为忌“沉”字，盛饭改作添饭[①]。且吃饭时，出于“船底拖沙”的忌讳，匙羹不能拖拿；出于“船搁浅”的忌讳，筷子不能直插在饭碗上；出于“翻船”的忌讳，碗碟不得倒置，点酱油时不能在碟中把食物来回搅动，倒水也要称为清水；行船时忌讳问到什么地方？几时可到？等等。

坐船时忌背着或背靠神位，意为尊重佛像及不致障碍佛像远望前方；岸上人下船必须脱鞋，意思是避免踼翻他们的船艇；船过险要河域时要大烧香烛、纸钱、元宝等。[②] 船妇一般不到前舱去，吃饭也要隔着布帘把饭送出去给丈夫，生小孩，带小孩也都在尾棚。

疍民在水上生活，一个家庭的所有事务大多由女主人做主，例如家庭经济的操持，重要事情的举办，生产劳动的安排等，女主人都比男主人有更大的权力，从而形成重女轻男的传统。这一传统体现在称呼上：少女称为“疍家妹”，年轻媳妇称为“疍家仔”，老年妇女称为“疍家婆”；而对男人的称呼，则不分老少，流行的称呼为“疍家佬”。并以船（艇）为家的船，统统被称为“疍家婆船”[③]。

由于生活在水上，孩子会爬动以后，家长要在孩子的背上系一个浮漂，并贴上符咒以防孩子溺水。

三　完聘、哭歌与抛新娘

疍民通常在疍户之间联婚，始终坚持不与陆上人通婚和同姓不婚的习俗。清乾隆《海丰县志》谓民姓有七、麦、李、石、徐、苏、钟、梁，

---

① 徐菁：《五行观念在贵溪崖墓中的反映》，载蒋炳钊、石奕龙、黄向春主编《龙虎山崖葬与百越民族文化》，吉林人民出版社 2001 年版，第 43—44 页。

② 海湛：《略谈我县水上居民的风俗习惯》，《三水文史》政协三水县委员会文史组三水县文学艺术工作者联合会，1985 年第 2 辑，第 72—73 页。

③ 刘志文：《广东民俗》，甘肃人民出版社 2004 年版，第 388 页。

土人（即陆上人）“不与通婚。”民国《潮州志》谓疍民“惟捕鱼装载以供食，不通土人婚姻。”清光绪《惠州府志》亦谓疍民“语言与土人微异土人不与结婚。”迄至民国时期，随着渔业生产的发展，有部分陆上的贫苦青年下海捕鱼而入赘疍船，才打破陆上人不与疍民通婚的陋俗。

疍民大多为一夫一妻制，进行“媒妁之约”，流行族群内婚，盛行传统氛围浓厚的船家婚礼。过去男女青年交友择偶时兴唱情歌。通过媒人介绍，男女双方及其父母同意，便择取吉日，男家用船把新娘接回（初婚用披红挂绿的彩艇，再婚的不装饰船艇）。

在迎娶过程中，新娘上新郎船前，按传统习俗，要举行摆歌堂和“绕台围”仪式。新娘先邀平时和自己相好的船家姐妹及亲戚在自家船上摆歌堂，按照自己所想所感开声唱叹起来，待唱得差不多时，就开始“绕台围”，绕台人员由新娘和五个女伴组成，一人扮头工，一人作尾忲（舵），一人扮办房，两人做伙计，绕台围在船头进行。一张四方台，台上摆上一对红烛，一只煮熟的架摆成凤凰展翅的线鸡（又叫凤凰鸡），一盆柏枝，一盆四季橘以及若干花生米、纸球，台边四角置放四碗糯米饭和一盏青灯。

扮作头工的船妇手拿一把黑色雨伞，用线扎住伞口，示为大桨，扮作尾忲（舵）的船妇，排在六人的最后，手抱一张卷好的硬席示为船舵。办房和新娘，伙计在中间，一行六人排似一只船。“绕台围”开始后，首先由新娘发声唱，从天、地、龙王、日、月、祖父母、观音、花王圣母、爹妈、兄嫂、舅父等依次咏唱，直到唱完后，其他五人才加进来唱，唱到整个航程结束，绕台围仪式才告完毕。

迎亲时还有问答歌，歌谣生动有趣，知识性很强。过去问答的内容大多为感慨社会黑暗、生活凄苦、生计维艰等，现在则是感叹新旧社会对比，亲情浩瀚，友情弥贵等。疍民姑娘出嫁时，也有哭嫁的习俗。出嫁前由姐妹陪同哭三天三夜，称叹命。迎娶婚礼一般都在船上举行，但婚宴除了在船上进行以外，也有在岸边举行的。①

过去，“绕台围”结束后，新郎站在船头，脚垫一个凳子，高高地平伸举出一只手，让新娘从底下走过，表示新娘以后勤俭持家，并保证绝对

① 刘志文：《广东民俗》，甘肃人民出版社2004年版，第388页。

温柔服帖新郎，不能在婚后作恶。①

汕尾疍民的传统婚俗是一个样本。俗规男女双方年龄15至18岁时，便可讨论婚嫁。婚嫁习俗中，除传统的合婚，即由男方托媒人往女家物色对象，或由女家把婚书（女子的生辰八字）托媒婆送到男家。在合婚的三日内，只要男家没有打破碗碟等日常用品，就可以成婚。有的还要到神庙拜佛求签书许可，才敢订婚；订婚，即男家择定好日，送聘礼到女家，谓之“过定”。礼式有大洋4个，槟榔4个，茶杯4个，芝麻4包，茶叶若干包。并议定聘金（身价银）；聘婚（俗称担茶），即过定后，男方先送部分聘金给女家。同时送茶叶、芝麻、白米豆、瓜碧各2包，公鸡饼、甜肉包各100个，茶杯4个，槟榔4个；进茶，即男方第三次送礼到女家。但此次礼物仅送芝麻、茶叶各2包；看日，即男方择定结婚的日子写在红帖里面送到女家。并送甜肉包、糕饼各若干包，猪脚一只，槟榔4个等。除此以外，还有一个叫“完聘”的习俗，就是在订婚给定金之后交清余下的聘金、聘礼，有芝麻、茶叶、白米、豆、瓜碧各若干包，槟榔4个，茶杯4个，金耳环一对，聘金若干银（民国初，一般在一百数十元大洋券左右）。完聘时的回礼，除将男家送来的礼物回还若干外，还要送一个用布制成的腰袋，里面贮放着灯芯、草头香、日月线、槟榔子、钗、酒饼、棉花等物。完聘后，女家须送媒人花银一对。并在聘金中按每两银抽取20个钱送给媒人做酬金；男方送鸡、鸭的头、脚、翅各一对用绳连结一起，银洋若干，红布八尺送给媒人挂在门上。

新娘出嫁前夕，疍家新娘整夜哼唱悲切的“哭嫁”歌，将自己的离情别绪或委屈，以及将到达新家庭的忐忑心理唱出来。旁边有姐妹女伴和戚友等唱“伴哭”歌，内容多是劝新娘嫁后要孝顺翁姑，在新家庭要和睦相处等。出嫁时，新娘梳发髻，插银花4支，穿蓝黑衣2件，乌裤黑七幅裙，脚穿尖头包脚鞋，携带红袋1个。新郎穿礼服，戴礼帽，胸戴红布带结成的大红花。男女双方灯笼各一对，各写姓氏。

迎娶之日凌晨，女方船只先离开新港，驶往一处海面停泊。然后，男方船只张灯结彩，鸣放鞭炮，一边行驶，一边由两位妇女唱着《麻船歌》向新娘船只靠近。歌曰：气苍苍，亲家大舅船成鬃。亲家大舅撑好澜，给宛麻船娶新人。

① 参阅秦璞、徐桂兰《河疍与海疍珠疍》，黑龙江人民出版社2009年版，第88—89页。

接着，女方船上由两位“好命妈”对歌。亲戚朋友的船只围拢在旁听渔歌凑热闹。当双方船只靠近时，“好命妈”一边高举着米筛，一边口中念着吉祥的词语。送嫁姐妹在旁用娘伞代替轿子遮着新娘过船。女方姐、弟（兄）各人2随新娘到男家船中，谓之送嫁。返回时，男家须送给“送嫁舅”铜钱各200枚。是日，男家还要送父母丸（即米粉制成的汤丸）给新娘父母尝食，以示团圆之意。同时送饼盒、白酒礼物大小二份给女家拜祭祖宗（大份由女家收起，小份回还男家）。到晚上还要送麦面12斤，红包（利市）若干给女家。女方随嫁的妆奁有柜、木箱、衫裤、首饰、米袋、木梳、镜、面盆、线等。

浙江疍民婚俗的抛新娘别具一格。新安江畔海城的九姓渔户①，新娘出嫁的头天晚上，男女双方的船头，各悬一面大铜锣，双方互相配合，一轮一轮地敲十三下，一直敲到天亮。新娘在锣声中，同亲人话别。浩瀚的江面，点点的渔火，噔噔的锣声，窃窃的私语，形成一幅别具一格的江上婚嫁图。

新娘在出嫁前，还有一个有趣的仪式。叫训女婿。仪式开始，岳母站在船头，高呼女婿的名字，教训她婚后不准欺侮妻子，要夫妻和睦。女婿一听到，就要很快地跳过船去，双膝下跪，回答说：听岳母吩咐，一定记住！说完之后，要很快地逃走，如果动作慢，被女方亲友拉住，就会受到大家的嘲弄，并被罚香烟、糖果等物。

由女方的船到男方的船，中间有三尺水面距离，新娘子要过去，有两种非常有趣的方式：一种是用一只大木盆，让新娘坐在上面浮过去；更多的是采用抛新娘的办法。抛新娘是一惊险动作，稍有不慎，抛的人和新娘子会一块落水，所以事先要用安全带把抛的人系住，以防万一。抛新娘开始，女方的船要放三声炮，第一声叫招呼炮，请男方的船作好接新娘准备；第二声叫动手炮，抛新娘开始；第三声叫结束炮，表示仪式结束。这时，男方船上，也放两声炮，一声叫进门炮，一声叫胜利炮。新娘抛过船后，还要爬船篷。男方在船头接了新娘后，因为洞房门是在船尾，所以新

---

① “九姓渔户”，亦称“船上九姓人”“江山船户”等，是封建时代终生船居在富春江、新安江、兰江上乃至江山港、常山港、衢江、桐江一带疍民的俗称。相传是元末陈友谅部被朱元璋战败，其部将陈姓、钱姓、林姓、李姓、袁姓、孙姓、叶姓、许姓、何姓九族子孙，被明廷所贬，生活于浙江之江河水上，以打鱼、运载为业，禁止改从他业和登岸居住。据晚清时不确切的资料记载，该群体人数最多时拥有大小船只两千余，人数约八千。

郎新娘都要双双爬上船篷背，到了船尾下来，才能进入洞房。至此，整个婚礼就算完成了。

四　民间信仰，庞杂多样

起源多源，形成多路的疍民，其民间信仰体系非常庞杂，既有龙（蛇）、观音、天后，又有关公、马援等历史人物。

中华民族共和国成立前，邕江船民普遍信奉龙（蛇）和观音菩萨，邕江东岸的大坑口水上曾立有一座三界庙（又称龙船）。传说以前这里有一只从邕江里爬出来的神龟能镇妖消灾，降福于民，所以船民们以船为庙，立"三太公"神位于船中供奉。在神位旁还有两盆盘绕着小青蛇的小椿树，船民敬奉小青蛇如神明，常以鸡蛋喂养。出船前，船民们多到"三界庙"中拜神祈祷，祈求水神保佑，航行平安。祭拜后就在庙船上做"顺福"（即用餐），回到自己的船上，还要焚香化纸，祈祷一番。

马援将军是汉代名将，在出征交战的时候，遇到湍急的江水，马援下令去掉礁石，方便后人。后来人们在郁江乌蛮滩的北岸兴建了伏波将军庙。据说木船从这里经过时，会有马援将军来保佑：

> 有一次，一艘船通过乌蛮滩时，天色突变，狂风大作，浊浪滔天，船已无路可退，只好拉缆而上。不久，用竹篾编织成的缆绳眼看就要断了，船家焦急万分。正在这紧要关头，忽然从江中冒出一条蛇来，它用身子缠住快要断的缆绳，使船转危为安，顺利通过了乌蛮滩。这天晚上，船主做了一个梦，梦见伏波将军对他说："此蛇是我派去助你的。"船主又惊又喜，连忙问，"船家用什么答谢你呢？"伏波将军答道"喜狗"。船家梦醒后，果真买了狗肉，丢入水中，祭祀伏波将军。

这个传说在船民中流传很广，从这里经过的船只，至伏波庙时必须放鞭炮或鸣笛三声，祈求马援将军神灵保佑船民安全过滩。每到伏波庙旦之期（农历四月十四日），就有来自南宁、百色、钦州、贵县、桂平、横县等地的船民前来伏波庙供奉。由于船民们崇拜龙神，所以船家不允许人在船眼（又称龙眼，即船头上的两个木孔）上放东西或作为座位。[①]

---

① 参阅秦璞、徐桂兰《河疍与海疍珠疍》，黑龙江人民出版社2009年版，第92—94页。

广东水上居民以祭祀天后和蛇神为主，此外也有祭祀龙母、财神、关帝的。天后诞是每年的农历三月二十三，这一天被视为一年中除春节以外最大的节日。每逢这一天，无论出海多远，去了哪里，疍民都要赶回来烧头炷香。在广东水上居民中，天后诞又称为“送大舅节”，据说天后娘娘的大哥要来为其贺诞，次日来贺诞的大哥要归去，所以前一天是南风，第二天是北风[①]。天后大哥的来历与一个民间传说有关：

> 传说天后小时候有兄弟四人，都从事商业，往来于各海岛之间。有一天，天后突然若有所失，眼睛半开半闭的。她的父母以为她得了急病，便拼命摇撼呼叫。天后醒来后非常懊恼地说：“为什么不让我保全兄弟呢?”父母不知道她所说的意思，没有追问下去。后来兄弟中有三人平安归来，但哭着对他们父母说，前三天台风大作，恶浪滔天，那时候我们弟兄各在一条船上，当我们船只摇晃将沉的时候，突然前面出现一位女子牵着五条桅索向我们走来，踩在波涛间就好像行走在平地上一样，她把我们的船牢牢拽住，当要再拽大哥的船时，不知怎的那女子突然不见了，大哥的船被海浪打沉了！这时候天后的父母才知道，那时女儿是出元神救其兄弟！大哥之所以没有救到，是因为她父母在那时把她叫醒了。天后的父母为此悔恨欲绝。这位“大舅”就是未被天后救起的那位大哥。

广东的疍民还有买力日一说，每年的三月初一，妇女们面向陆上行人反复呼喊：“一二帮快，帮快，姑娘婆嫂的力都来晒”，据说这样可以把别人的力量借过来补充成自己的。[②]

每年的三月十五，被叫作玄坛诞。疍民的船艇中基本上有神位，有时是观音，有时是北帝，还有玄坛。每逢玄坛诞，疍民要凑钱去买花炮和三牲来酬神，又被称为“还炮”（去年接炮，所以今年是还炮，然后再“接”）。到了晚上，结拜的兄弟们抬着花炮到玄坛庙前来燃放，把花炮内的禾草烧起来，大家在火堆上跳过，还大唱大饮到天亮。[③]

---

① 刘志文：《广东民俗》，甘肃人民出版社 2004 年版，第 388 页。

② 同上。

③ 伍锐麟：《三水河口疍民生活状况调查》，《岭南大学学报》1936 年第 5 卷第 2 期，第 42 页。

农历七月初七是七夕，妇女们在这一天里放下手中的活，把船艇装扮一新，摆上生果和其他东西。晚上，妇女们围坐着谈笑，三更时烧衣进宝，由长至幼在艇头向天跪拜，之后就大开夜宴，还必须吃一碗斋。

每逢农历七月二十，河口的疍民到河边“烧幽”，超度溺毙的亡魂，并祈求神灵保佑出入平安。在这一天之前，负责烧幽的人到各处去捐钱，然后雇两艘船一艇，从下午一直烧到夜深。把元宝和衣服都烧掉丢入河里，尤其是曾经有人溺毙的地方，和船多上落的地方，还要烧元宝后投入海面，并且还叫巫人来超度。一般来说，三只船中，第一只船是专门烧衣和烧元宝的，第二只船是专门敲锣打鼓的，第三只船的船头有一位黑面将军专门捉鬼的，而这只船是给巫人乘坐的。当天晚上锣鼓声不断，还要燃放爆竹，一直到天亮了才送神归位。[①]

① 伍锐麟：《三水河口疍民生活状况调查》，《岭南大学学报》1936年第5卷第2期，第42页。

漢民族史記

国家出版基金项目
NATIONAL PUBLICATION FOUNDATION

徐杰舜 主编

汉民族史记 7

风俗卷（上）

徐杰舜 陈华文
万建中 罗树杰 著

中国社会科学出版社

目　　录

汉民族风俗史编（上）

汉民族风俗史编(上)

风俗是一个民族最鲜活、最乡土、最大众化的文化图像，有时甚至是一个民族区别另一个民族的边界。由于汉民族历史悠久，故造成其风俗的古韵古味；又由于汉民族族群结构的复杂，故造成其风俗的多彩；再由于汉民族居住区域的广阔，故造成其“百里不同风，十里不同俗”的多姿。风俗不是一蹴而就的，也不是一成不变的。汉民族的风俗随着汉民族的形成而形成，随着汉民族的发展而发展的。

汉民族的风俗经过先秦的长期孕育，终于在秦汉之时初步形成，并经魏晋南北朝时期的重构，以及隋唐时期的整合和发展，才基本成型。

第一章　绪论

第一节　风俗的定义

风俗文化，是每一民族、国家社会文化的重要组成部分，也是区分民族、族群的主要标识之一。作为当今世界上人口最多、有着五六千年文明历史的民族，汉民族是当今世界上少数几个文明未曾中断的古老民族之一。研究汉民族的风俗文化与风俗文化史，探讨其形成、发展和变迁的规律，不仅对认识汉民族文明，而且对了解中华文明，乃至世界文明形成、发展和变迁的历史，均有其他学科所无法替代的重要作用。

一　中国古籍中的风俗概念

风俗一词，在中国历史上很早就出现。如《孝经·广要道》曰："移风易俗，莫善于乐。"《毛诗·国风·周南·关雎序》曰："美教化，移风俗。"《荀子·强国篇》曰："入境，观其风俗，其百姓朴，其声乐不流污。"等等。那么，到底什么是风俗呢？

什么是风俗？中国古代早有人对此做出了种种探索，古籍中对"风俗"有着多种解释。如元朝李果则在《〈风俗通义〉题辞》中将"风俗"解释为"上行下效谓之风，众心安定谓之俗"；明朝陆树声在《陆文定公书》提出"介于上谓之风，效于下谓之俗"等等。这些说法的大意都是说，由上层社会倡导，大家仿效而形成的社会风尚就叫作"风"，如"吴王好剑客，百姓多创瘢；楚王好细腰，宫中多饿死"；而在民众中历代沿袭，共同遵守的习惯则叫作"俗"，如"爆竹声声响彻天，人从旧历度新年。久闻正朔颁阳历，习俗于今未易迁"。然而，《汉书·地理志》却说："凡民禀五常之性，而有刚柔缓急，音声不同，系水土之风气，故谓之风；好恶取舍，动静无常，随君上之情欲，故谓之俗。”这也就是说，由自然条件不同而形成的风尚、习俗叫作“风”，如《列子》所说“南国之人祝发（断发）而裸，北国之人冠巾而裘，中国之人冠冕而裳”，就是因为南、北、中三地方的自然条件，特别是气候条件不同而形成的各种服饰风尚；由社会环境不同而形成的风尚、习俗叫作“俗”，如中国过去长期实行跪拜礼，辛亥革命后改为鞠躬礼，就是因社会环境不同而引起的变化。东汉末年学者应劭在《风俗通·序》中亦认为：“风者，天气有寒暖，地形有险易，水泉有美恶，草木有刚柔也；俗者，含血之类，像之而生。”《风俗通》的解释与《汉书》类似。

以上两种解释似有抵牾之处，然各有其一定的合理性，只是看问题的角度不同。因为前者主要是从文治教化的角度出发，就风俗形成的社会动力而言的；而后者则从自然和社会两个方面对风俗的发生做出了解释。两者是互相包容，而非矛盾。“风俗”既然由“风”与“俗”这两个同义词合成，那么，它的含义应该是以上两种解释的全部内容的综合。

二　风俗定义的学科界定

到了现代，风俗这个词汇，在日常运用中，常和风尚、风气、风习、习俗、习惯、礼俗、俗尚等有着相近的意思，而且往往互相混用。所以《辞海》“风俗”条释曰：“风俗：历代相传积久成习的风尚、习俗。”《现代汉语词典》曰：“风俗：社会上长期形成的风尚、礼节、习惯等的总和。”前者所指风俗可以是单一、具体的风尚、习俗，是狭义的概念；后者所指的风俗则必须是风尚、礼节、习惯的总和，是总括的、合体的，即广义的概念。当然，作为风俗学研究的对象，可以以词条释义为基础，但学科定义的界定自然有别于语言中词条的释义。那么，风俗究竟是什么呢？我们认为：风俗是在一定社会共体中，普遍公认、积久成习的各种行为方式的总和。简言之，风俗是一定族群中人们日常生活的行为方式。

作为风俗，它必须具备两个条件：一是族群性，二是模式化。风俗必须是被某个族群所普遍公认、积久成习的行为方式。人要活着，就得吃饭，吃饭就是人的一种行为。怎样吃？吃什么？是吃饭这种行为的内容。用碗装盛，以筷子拨划是汉民族吃饭的行为方式，这种方式已被汉民族所普遍公认，并积久成习，就是风俗。

所以，从横的方面看，风俗首先是被一个特定社会共体所普遍公认的，它是属于特定族群的。如“江南旧俗，到了这天（六月廿四荷花生日），红男绿女，都要给荷花上寿”①。湖南武陵阳山庙有赛神习俗，“农历十月十六日，在阳山庙举行赛神活动……方圆数十里的乡民，都带着酒食祭品，日夜兼程赶来参加”②。浙江金华等地旧时的斗牛习俗，“此日至之时，国中千万人往矣”③。清代苏州等地的上元张灯习俗是“每当元夕，两庙张灯设馔，箫鼓喧阗，游人杂遝。寺之山径，节节有灯”④。以上所举的各种习俗，在武陵、江南、金华、苏州等特定地域的社会共体中，显然都是被公认的，具备族群性的要件。风俗的族群性提醒我们：第一，风俗必须是对社会共同体而言，离开社会共同体的任何个人行为方式、习气、习惯，都不是风俗；第二，风俗只对特定的社会共同体而言，任何一种风俗离开这个特定的社会共同体，就失去其本来的意义。

从纵的方面看，风俗是某个族群积久成习的，即它是模式化了的“习惯”。如宋代杭州等地的观潮习俗、明清时金华等地的斗牛习俗、清代苏州等地的上元张灯习俗都是特定的社会共同体中已积久成习的。风俗是在一个特定社会共同体中已积久成习的行为方式，这就明确地把风俗和曾在社会上一度流行的行为方式区别开来。

第二节 汉民族风俗的形成和发展

一 形成与变迁

汉民族风俗文化是随着汉民族的形成而形成，随着汉民族的发展而发展的。秦始皇统一中国后，经过先秦长期孕育的汉民族风俗文化，终于在秦汉之时初步形成，并经魏晋南北朝时期的重构，和隋唐时期的不断整合和发展，已基本成型，再经五代宋元时期的再次调整，到明清时已达到它在封建社会中应有的高度。但到了清代后期，由于西方文化的进入，促使它进行了再次重构和整合，并实现了由古代风俗向近代风俗的历史性转变。直到中华人民共和国成立后，汉民族风俗的发展和演变又进入了一个

---

① 肖嫣：《荷花生日忆南湖》，载中国民研会浙江分会编《山海经》1981年第2期。

② 戴志传：《武陵樵客》，《常德师专学报》1991年第一、二期合订本。

③ 蒋风：《中国斗牛趣谈》，载中国民研会浙江分会编《山海经》1981年创刊号。

④ （清）顾禄：《桐桥倚棹录》，上海古籍出版社1980年版，第41页。

崭新的阶段。

（一）汉民族风俗在先秦时期的孕育

先秦时期，夏商周三代时，以农耕文化为特征的华夏民族，其风俗文化圈已基本形成。早期农业时代的各种风俗活动已初具雏形。如在农业生产风俗方面，随着夏历的发明和使用，与农业生产密切相关的“二十四节气”风俗也逐渐出现，并相继产生了与此相关的农业节候、耕植、祭祀、庆典等风俗文化事象。在婚姻风俗方面，周时已有同姓不婚的习俗，《左传·僖公二十三年》曰：“男女同姓，其生不蕃。”并出现了男女婚姻的中介人——“媒妁”，《诗经·卫风·氓》曰：“非我衍期，子无良媒。”为了把一些原始社会风俗神圣化、规范化并演变上升为礼俗，以统率全国，以“广教化，美风俗”①，《仪礼·士昏礼》规定了缔结婚姻的六道程序：纳采、问名、纳吉、纳征、请期、亲迎，即所谓婚姻“六礼”。这一切都成为后来秦汉婚俗的基础。

中国岁时礼俗的诸多元素在先秦时代就已产生，但并没有孕育成严格意义上的节日形态。首先，当时的节俗并不像后世演化的那么欢天喜地，称“佳节良辰”，而都是些极不吉利的日子，各有禁忌，非“凶”即“恶”。其次，当时民间宗教信仰仍多停留于自然崇拜阶段，所奉的神明实际上都是“灵物”，而不是人格化的神，且又多又杂。诸如牵牛织女、文昌紫微都是星宿，门灶等也只被视为有“灵”而非有“神”。也就是说，当时的许多信仰崇拜现象还停留在“万物有灵”论阶段，还未进入“多神”论阶段。最后，人的因素也很少渗入其间，节俗的人情味很淡，历史的积淀还未在节日风俗中显现出来。这些虽阻碍了当时节俗的定型化，但也为后来汉民族风俗形成节日习俗的固定化和模式化作了足够的准备。

进入春秋战国时期，长期分裂，数百年间，战乱不息。社会的大变动，使“礼乐征伐自天子出”的格局被打破了，“周末崩离，宾射宴飨食之则，罕复能行，冠婚饮食之法，又多变迁”②。这种礼崩乐坏、社会动荡不安的时代环境，也不利于风俗文化的充分展开和显现。秦汉之前，除黄河中游地区的中原风俗外，中国境内还存在着许多各具特色的地域性风

---

① 《荀子·王制》，“序官”。

② 《晋书·礼志》。

俗，其间的差异非常明显。中原、齐鲁、燕赵、荆楚、吴越、巴蜀等地的风俗文化各自都有其本身的特色。因此，风俗文化的融合和定型尚有待于国家统一，这只能留给秦汉了。

（二）汉民族风俗在秦汉之时的初步形成

秦王朝建立后，疆域在“东至海暨朝鲜，西至临洮、羌中，南至北向户，北据河为塞、并阴山至辽东”①。在这样辽阔的土地上，风尚习俗难免千差万别，“七国异族，诸侯制法，各殊其俗”②。秦始皇依韩非所言，靠法令和刑罚来纠肃风气，清除恶俗。如，针对会稽一带的淫乱风气，秦始皇在《会稽刻石》中规定：“饰省宣义，有子而嫁，倍死不贞。防隔内外，禁止淫佚，男女洁诚。夫为寄豭，杀之无罪，男秉义程；妻为逃嫁，子不得母，咸化廉清。”③ 这段话的意思是说，寡妇如果把过错掩饰成有理，丈夫死后弃子再嫁人，属于不贞，须加倍死罪严惩。内外隔绝防范严，禁止男女犯奸淫，人干净心要诚。有妇之夫淫人妻，杀死奸夫不算犯罪，男子礼仪要有章程。为人之妻若逃嫁，害得子女失母亲，都要教育使廉清。尤其当一些传统风俗与统治者的利益相抵触时，统治者便以相当严厉的措施“移风易俗”。如秦王朝为了防止六国贵族的东山再起和劳动人民的结集反抗，用强制命令甚至暴力手段，对春秋战国以来传统的民间执兵习武的社会风尚进行了一次大规模的扫荡，并以国家法令的形式强行罢除了民间传统的“讲武之礼”，严禁聚众结社，练武习艺。

两汉时期，统治者继续以政权干涉的方式对风俗进行整饬。如“会稽俗多淫祀，好卜筮，民一以牛祭”，第五伦任会稽太守时，下令禁绝“淫祀”，“移书属县，晓谕百姓：‘民不得有出门之祀，督课部吏，张设罪罚。犯，尉以下。巫祝依讬鬼神，恐怖愚民，皆按论之。有屠牛，辄行罚。’民初恐怖，颇摇动不安。”④ 在第五伦的铁腕政策之下，会稽人好淫祀的习俗虽未禁绝，却也有所改善。

两汉“统一”风俗的行为除了以律法严加控制外，更多地注重以经治国，以经易风，力图将一切风俗习惯纳入儒家的道德规范之中，以达到

① 《史记·秦始皇本纪》。

② 《淮南子·览冥训》。

③ 《史记·秦始皇本纪》。

④ （汉）应劭：《风俗通义》卷九《怪神》。

“整齐风俗”的目的，以共同的文化来凝聚和划一人们的生活方式。两汉时期，统治者将先秦流传下来的包括婚礼在内的各种礼制，均加以重新整理和规范。如平帝元始之年，诏“刘歆等杂定婚礼，四辅、公卿、大夫、博士、郎、吏家属，皆以礼娶，亲迎立轺并马”[①]，婚仪被纳入儒家模式，要求与传统六礼完全相同，这是第一次以国家名义制定的婚礼制度。即使是人们日常穿着的“衣”，汉儒也根据经学强调衣着尊卑等级。如，董仲舒认为：“王者必复命而后王。王者必改正朔，易服色，制礼乐，一统于天下。”[②] 而班固则提出：“圣人所以制衣服何？以为絺（chī）绤（xì）蔽形，表德劝善，别尊卑也。”[③] 在行的方面，根据《汉书·王莽传》，王莽曾“奏为男女异路之制”。又据《白虎通》记载，汉人乘车尚须遵“车教之道”，而这种“车教之道”就是“礼”。

经过两汉统治者的大力整肃，汉代的异地异俗开始出现趋同的态势。随着时间的推移，越来越明显地出现了天下为一、万里同风的格局。汉民族各居住区的衣、食、住、行、婚姻、丧葬以及其他的礼仪习俗，都逐渐呈现出大同小异的形态。

与此同时，除夕、元旦、人日、元宵、上巳、寒食、端午、七夕、重阳等主要岁时节日的习俗内容也于两汉时期基本定型。如年俗，最能显现年俗文化内涵的贴门神、挂桃符、逐傩和放爆竹等习俗，在汉代均已出现，主要元素均已具备，足以说明汉代的年节已经成形。

这一切均可说明，在秦汉之时，随着华夏民族向汉民族转化过程的实现，汉民族风俗作为一种完整的、基本统一的文化形态，已初步形成。

（三）汉民族风俗在魏晋南北朝时期的重构

魏晋南北朝时期汉民族风俗的重构，最主要的特点是吸收和借用异族风俗文化来改造和丰富自己。具体而言，这种吸收和借用体现在两个方面：一是对国内匈奴、鲜卑、羯、氐、羌等少数民族风俗文化的吸收；二是对外来佛教文化的借用。

魏晋南北朝时期，匈奴、鲜卑、羯、氐、羌等少数民族在迁徙和战争中先后进入中原，并趁晋朝统治者内部争斗时，利用不同的方式，在传统

① 《汉书·平帝纪》。

② （汉）董仲舒：《春秋繁露》卷七《三代改制质文二十三》。

③ （汉）班固：《白虎通义》卷四《衣裳》。

的汉民族聚居区内建立起自己的政权。这样，一方面他们给汉民族地区带来了胡服、胡床、胡食、胡坐等少数民族文化；另一方面他们在建立和巩固自己政权的同时，又难免遭遇汉民族农耕文化的抵抗，从而引起了胡族文化与汉民族文化的强烈碰撞和密切交流，最终实行了汉胡风俗文化的交融政策。

在这种民族文化大冲击、大碰撞、大交流、大交融的过程中，汉民族风俗以一种兼收并蓄的开放气度，吸收少数民族风俗中健康有益的成分而丰富自己，并对后世产生久远的影响：如，对胡族踞坐胡床的吸收，它不仅是坐具的改进或变革，更深远的是它改变了汉民族长期以来形成的席地而坐的习俗，从而在礼仪、观念方面带来一系列的革命。又如胡服，即裤褶之类，由于比汉民族的传统服装更合体，更适于劳作和行伍，故首先在军队中盛行，后来逐渐扩散到民间，为后来汉民族社会男子衣饰实现，从上衣下裳向上衣下裤的转变提供了借鉴。而胡饼，即我们现在所说的麻饼或芝麻饼，更是一经传入，就盛行二千多年而不衰。胡服、胡坐、胡食等胡族风俗的融入，大大地改变了汉民族的生活方式和思想观念。

魏晋南北朝时期，随着佛教在民间的普及，又刺激了本土宗教道教的发展。魏晋南北朝时期成为汉民族发展史上道教、佛教传布弘扬最兴盛的时期。道教讲究修炼服药，认为修炼服药可使人成仙，长生不死。因此，从魏晋开始，服散成风，隐居修炼成了一种崇尚。而佛教则渲染极乐世界，人们只要诵经戒斋、立寺造像、布施财物便可修炼成佛，往生极乐世界，因此，凿石佛、造寺庙一时大兴；四月初八日浴佛、盂兰盆，人死丧葬做斋七、百日等习俗应运而生。可见，宗教因素在魏晋南北朝时期汉民族风俗的重构中所起的作用是相当大的。

此外，魏晋南北朝时期的“门阀”制度对汉民族风俗的演变也产生了深刻的影响。当时社会“士庶不婚”、姓氏等级制等习俗的流行都与此有关。

（四）汉民族风俗在隋唐时期的整合和发展

在魏晋南北朝时期，自身还处于重构之中的汉民族风俗文化还不具备兼容整合外来风俗的条件和环境。可是，魏晋南北朝的汉民族风俗文化已呈现出一种多元激荡的表象。这种多元激荡即表现为汉民族的内部风俗，主要是南北风俗的冲突，而更为明显的是胡、汉风俗之间的碰撞。胡化、汉化及胡汉互动不断地反复扭缠，显示了冲突的持久性。尽管魏晋南北朝时期北方少数民族的诸多风俗事象如潮水般涌入中原，并且大都落土生根，但毕竟只大致流行于北地，还未与整个汉民族风俗完全交融。

隋唐皇室以胡汉混血的血统奄有天下，直接标示了自魏晋南北朝开始的在多民族冲突融合中，重构新民族风俗体系的历史进程已告一段落。隋唐境内的民族文化的融合，大大冲破了胡汉风俗的壁垒，同时也大大淡化了两种不同风格风俗的界限。从而造就了一种“取我所需，尽为我用”的大家气象。这就无疑会逐渐打破因袭守旧的风俗文化状态，改变排斥他族文化的社会心理和习俗，从而显示出一种开放、创新的社会精神风气。

隋唐两大王朝的建立，重新确立了完善化的中央政权，整个社会环境安定，休养生息成为人们普遍的生活要求和心理欲望。隋唐统治者领悟到“正俗调风，莫大于此”①，把引导民风作为整顿朝纲的重要部分。一方面，隋唐两朝均以政权力量迫使地方移风易俗。如，隋朝大业初，柳旦“拜龙川太守，民居山洞，好相攻击。旦为开设学校，大变其风。帝闻而善之，下诏褒美”②。而对“违六礼之轨仪”的各级官吏，则“禁锢终身，以惩风俗”③“率履法度，动由礼典”，通过行政命令，改变那些不合时宜的风俗习尚。

另一方面，封建王朝又通过行政手段来倡导和推广自己认为适宜的社会风尚。如唐代统治者下令废止正月末最后一天的送穷节，而由朝廷颁诏提倡以二月初一为中和节④；过节时，皇帝给在京的大臣赐宴，各地官员在当地宴享属官；上司给下属赠刀、尺，表示为政要审慎裁度，地方官员要向上级献农书，表示不忘农事；老百姓亲友、邻里之间要用青袋子装着优良的谷物、瓜果种子互相赠送，表示关心农业生产；村社都要提前酿“宜春酒”，届时祭祀句芒神，以祷丰收等。这类由统治者亲自推行的习俗，带有鲜明的社会功利目的，可以获得良好的社会效益。因此，其流行的区域非常广泛，为大江南北不同地区的百姓共同传承、实施和恪守。与魏晋南北朝时期相比，隋唐风俗的演变具有一种广泛性和普遍性特征。

隋唐两朝是中国封建社会的经济高速发展、各种封建政治制度不断完

① 《隋书·李谔传》。

② 《隋书·柳旦传》。

③ 《隋书·柳彧传》。

④ 乔继堂：《中国岁时礼俗》，天津人民出版社 1991 年版，第 80 页。

善的时期，这一阶段风俗文化的演变，经过不断的整合，已显现出完备、定型和成熟的状态。

（五）汉民族风俗在五代宋元时期的再次重构

五代宋元期间，国家再度分裂，汉、契丹、女真和党项的势力此消彼长，几个政权并立：北宋时，宋、辽、西夏三足鼎立；南宋时，先是宋、金，后是宋、元的南北对峙。宋与各个并立政权之间既有征战，也有和平相处的时期。各民族间在政治、经济、文化上的交往交流频繁，促进了民族间的交融。一方面是先进的汉民族文化层层推进，成为文化交流与交融的主导力量，同化了少数民族；另一方面，少数民族的习俗观念和粗犷风格，也影响了汉民族。南宋定鼎临安，出现了中国历史上又一次人口大迁徙，汉民族人口大批地推进到南方各少数民族居住区；元朝时，有大批少数民族内迁中原的同时，又有大批汉民族人遣发到边境少数民族地区。不同民族交互杂居，引起各民族风俗的交流、交融。

在这样的历史背景下，汉民族风俗不断地吸取各少数民族风俗文化的因子，而实现了自身的再次重构。如北方金人治下的汉民族与女真人的错杂而居，“久习胡俗，态度嗜好，与之俱化，最甚者衣装之类，其制尽为胡矣”。[①] 北宋末年，“胡乐蕃曲”随着金人入主中原以及蒙古民族的南下，大量输入中原地区，使当时京师，“街巷鄙人，多歌蕃曲”，筝、琵琶、胡琴等乐器也相随输入，于是“素袖佳人学汉舞，碧髯宫伎拨胡琴”[②]。女真族的习俗甚至还传到了南宋都城临安，使临安街上的服饰、音乐为之一变。最为明显的是，宋元时期汉民族社会火葬习俗的流行，其起源来自辽、夏、金等少数民族。至于元时，由于统治者采取民族歧视政策，故元末汉民族士人为能“速获仕进”，多效仿蒙古人的语言、服饰，“悉以胡俗变易中国之制。士庶咸辫发，推髻深襜胡帽；衣服则为袴褶窄袖及辫线腰褶；妇女衣窄袖短衣，下服裙裳，无复中国衣冠之旧。甚者易其姓名，为胡语，俗化既久，恬不知怪”[③]。胡化成为宋元时期汉民族风俗演变的主要特点。

此外，宋代科举制度的完善，城市商业的繁荣，也给当时汉民族风俗

① （宋）范成大：《揽辔录》“丁卯”。

② （元）耶律楚材：《湛然居文集》卷五《赠蒲察元帅》其五。

③ （明）何孟春：《纪录汇编》卷一四八《余冬序录摘抄》。

的演变造成了很大的影响。婚姻重钱财的社会风气，使富商与官僚普遍联姻；婚姻重科举士人，导致士庶不婚的陈规大体打破，使婚俗发生了巨大的变异。

值得一提的是，宋代程朱理学形成，“存天理、灭人欲”的说教，把儒家的纲常与佛教的禁欲主义相糅合，封建的“三纲五常”被视为不可触犯的“天理”，对后世风俗的演变将产生深远的影响。

（六）汉民族风俗在明清时期的再次整合和发展

汉族社会向来重本轻末，且以农为本、以工商为末。但到了明清时期，由于社会生产力的发展，社会产品的逐渐丰富，人们生活水平的提高，社会消费需求增长，刺激了手工业和商业、服务业的发展。汉民族风俗一反千百年来形成的“重本轻末”的风俗观念，而信奉“农商皆本”，各地民众纷纷改农从商，弃农习技。传云：“本富为上，末富次之，奸富最下，而今则一切反是。”[①] 社会上拜金之风愈演愈烈，以致人人“喜厚利而薄名高”。自古被奉为“人道之始”的婚姻大事，向来重视“门楣求其称，婿妇唯其贤”[②]。到明朝万历时，当时谢肇淛就感叹道：“今世流品，可谓混淆之极。婚娶之家惟论财势耳，有起至奴隶，骤得富贵，无不结姻高门，缔眷华胄者。”[③] 许多风俗事象本身也被赋予浓重的商业色彩。一些大型的民间文娱活动，往往由商人的会馆、公所出资、组织，或由巨商大贾赞助、牵头。如北京的花会组织，清代乾嘉以后大多已演变成了商业性演出。连过年这样的重大节俗活动，也被商人用来搞促销活动，这是问题的一个方面。

另一方面，明清时期是封建集权制度高度发达的时期。统治者对人们的衣食住行、婚姻丧葬、社会交际等都有严格的礼制规定，有的甚至科以严刑峻法。但是，随着社会商品经济的发展和人们价值观念的改变，社会上出现了追求婚姻自由、生活美满、个性解放等时尚，对传统的婚姻礼制和伦理观念提出了严重的挑战，统治者所制定的法令、规定已形同虚设。社会风俗总要突破礼制的束缚，而高举张扬个性的大旗，这充分说明了明清时期汉民族风俗文化的成熟。

---

① 《万历歙县志·货殖》。

② （清）龚炜：《巢林笔谈》卷三《礼书竟同文券》。

③ （明）谢肇淛：《五杂俎》卷十四《事部二》。

这种以人性、人本为标志的风俗文化的成熟状态，在清代的风俗文化中表现得更为鲜明。清代风俗所体现的对人性的尊重已超过了以前的任何一个朝代。首先，这种尊重体现为人生礼仪风俗的日趋丰富，以及这种礼仪风俗的内容本身更趋向于对人性、人情的关注。其次，即使在以求神拜佛为主要内容的信仰风俗中，也更多地掺入了人本精神。如清代人们所供奉的俗神中，绝大多数是历史上曾有过的著名人物，如关羽、岳飞、文天祥等民族英雄自不用说；即使如明代的末代皇帝朱由检，在浙江宁波一带也被当作神来供，名之曰太阳菩萨。在这里人们所表达的并非仅仅是求神拜佛的迷信心理，其所寄托的只是一种对故国怀念的民族感情。最后，各地的民间庙会，本是迎神赛佛的信仰活动，但发展到了明清时期，尤其是清乾隆以后，其活动内容除娱神外，更多地注入了娱人的成分。庙会习俗已从单纯的祭祀习俗发展为具有浓厚商业氛围和热烈娱乐气息的综合性民俗活动，“逛庙会”成了具有娱人、悦神双重文化意义的习俗。如京城的“逛庙”成了清代风俗文化中的一景，而且规模越发盛大。再如南方的“傩舞”，在清初还是一种纯粹的驱鬼辟邪活动，但到了清代中叶时，已逐渐吸收了娱乐的成分，最终演变成以娱人为主的“傩戏”，并成为广大群众所喜闻乐见的文娱演出活动，体现出群众性、自娱性和世俗性特点。

（七）汉民族风俗在近代的历史性蜕变

鸦片战争后，随着西方资本主义势力的侵入，西方生活习俗也相继输入。在“西俗东渐”潮流的推动下，汉民族社会的价值观念开始更新，封建性古老习俗受到不同程度的冲击。男耕女织、重农轻商的淳朴民风日渐式微，传统礼俗发生了变化和解体，在清代汉民族风俗发展史上先后出现了太平天国的“礼俗改革”、洋务运动时的“风气初开”和戊戌维新时期的“天下移风”，汉民族社会风俗文化逐步朝清代后期化方向变迁，社会风气为之一变。人们用近代物质文明和精神文明改造农业社会的传统风俗，将其中不民主、不文明、不科学、不卫生的习惯抛弃，对其中优良的民族文化则加以改造，使之现代化，从而开始了汉民族风俗从古代风俗向近代风俗转化的伟大转型。

总之，汉民族风俗从孕育到形成；从多次变异、重构到整合、发展；从古代风俗向近代风俗，直至中华人民共和国建立社会主义新风俗的整合和发展，经历了一个从野蛮到文明，从封闭到开放的历史过程。了解和认识汉民族风俗形成和发展的历史过程，对于进入 21 世纪的汉民族来说，其意义就在于认识汉民族风俗的过去，是为了更好地总结现在，促进汉民族风俗在21世纪的新整合和新发展。

二　基本特点

汉民族作为世界上人口最多、历史从未中断过的一个民族共同体，其风俗有着鲜明的民族特点。

（一）农本

汉民族传统社会是农业社会，人们的日常生产、生活、娱乐、消费等都离不开农业。可以说，汉民族风俗这棵大树是在农业的土壤中发芽、生根、长叶、开花、结果的，所以它首先具有鲜明的农本特点。如，汉民族社会起源甚早，至今仍流传不衰的春节，它的原初意象是农业丰收后的庆祝活动，“年”者，即禾熟之意；立春，作为节日，其主要习俗活动是鞭打春牛，用意十分明确，劝耕也；端午，在南方，其最为精彩的活动是龙舟竞渡，对此一习俗本意的推测，有祭图腾、祭屈原等说法，但也有学者认为是祭祀谷神；汉民族普遍崇拜的龙，它的最主要功能是降雨，还是与农业有关；至于汉民族社会的生产职业风俗，那更是以农为本，重本轻末。如果说汉民族文化是属于一种农耕文化的话，那么，汉民族风俗则可称是农本风俗。

（二）儒化

自汉武帝采纳董仲舒“罢黜百家，独尊儒术”的意见后，儒家学说就成了统一汉民族思想心理的唯一理论体系。整个汉民族社会成员的一举一动、一言一语都要接受儒家文化的规范，一切的文化样式全被罩于这一思想体系之下，风俗文化当然不能例外。所以，汉民族风俗在长期的发展和演变中，又给自己打上了深刻的“儒化”印记。以饮食风俗为例，秦汉时人认为民间那种“淆旅重叠”“众物杂味”的大摆宴席，不仅是造成当时食物不足的原因，也根本不符合崇俭黜奢的儒家礼制，所以主张应恢复以往“乡人饮酒，老者重豆，少者立食，一酱一肉，旅饮而已”[①] 的饮食制度。筵宴过程最重长幼、尊卑、亲疏、贵贱有序。《史记·魏其武安侯列传》上记载，丞相田蚡举办家筵时，田蚡坐在东向的首席上，他的哥哥却坐在仅次于他的南向座位上。这是因为身为丞相的田蚡不能因为哥

① （汉）桓宽：《盐铁论·散不足》。

哥在场而违礼，他的官位比他哥哥高，只有东向坐才符合他的丞相身份。先秦儒家饮食礼仪对汉代产生了较大影响，从汉代画像砖、画像石、帛画、壁画中常见的宴饮图来看，这套饮食礼仪，在汉代似被普遍遵循。

秦汉之时婚姻家庭生活更是完全纳入了儒家的伦理道德规范之中。婚仪之“六礼”自不必说。即便是离婚也有具体的规定，有“七去”“三不去”的原则。这些离婚原则实际也完全是经学的模式。班昭《女诫》曰：“《礼》，夫有再娶之义，妇无二适之文，故曰夫者天也。天固不可逃，夫固不可离也。”因此，丈夫即使行为不端，妻子也不得要求离婚。但是，秦汉时妻子在某些特殊情况下，也可和丈夫离婚：一是丈夫悖逆人伦；二是丈夫杀妻父母；三是丈夫废绝纲纪。这些特殊规定也仍然是符合经学的。

在秦汉时人的日常生活中，儒化是无孔不入的，渗入到民间时俗的方方面面，左右着人们的行为举止，久而久之，便形成了当时的重让敬贤、知恩图报、讲气节及品评之风。秦汉如此，以后的历朝历代更是如此。尤其是宋元以后，程朱理学对汉民族社会风俗文化的控制更是达到无以复加的程度，“存天理，灭人欲”的极端主义主张的推行，已将风俗的儒化推向极致。

（三）兼容

汉民族风俗的兼容性特点也非常明显。早在汉民族风俗形成前的春秋战国时期，赵国的赵武灵王就“始出胡服令”，实行“胡服骑射”，大规模吸收其他民族的风俗文化来充实和发展自己，这一事例说明汉民族风俗在孕育时期就已有兼容并蓄的博大胸怀。秦汉之时，汉民族风俗在形成过程中，照样大量地吸取了异族风俗的优秀成分。如葡萄、芝麻（胡麻）、胡椒、姜等，都是张骞通西域后从西域各国引进的。此外，如琵琶、胡笳、笛等也是在两汉时期从域外传入的。据史料记载，汉灵帝“好胡服胡帐胡床，京师皆竞为之”。一时间，洛阳城内胡服、胡帐、胡床、胡坐、胡饭、胡箜篌、胡笛、胡舞，成为上层社会追求的时尚。汉民族风俗的兼容性特点，由此可见一斑。至于魏晋南北朝时期，更是汉胡风俗大交汇、大融合。汉民族风俗如海绵吸水般地借鉴了北方少数民族的胡坐、裤褶等“胡俗”。胡坐的流行，改变了汉民族自古以来席地而坐的坐姿；裤褶的使用则改造了传统的袍衫之制。至于发生在近代史上的中西文化交流中，汉民族风俗对西方风俗的拼命借用和吸取，其兼容性特点就表现得更为突出。

考察今天仍在民间流行的许多风俗事象，可以发现其原初有好一部分是从异族传入的。如以农业生产风俗而言，粮食作物中的玉米、番薯，经济作物中的棉花、花生，园艺作物中橡胶、胡椒等，皆来自外国。再以娱乐风俗而言，魔术、电影、电视等，也系从外国传来。一部风俗史无疑就是一部中外或汉胡文化交流史。我们只要略作观察，就可以发现在中国历史上先后出现的匈奴、鲜卑、羯、氐、羌、党项、契丹、女真、蒙古、满、回、彝、僮等少数民族的风俗文化因子，都可以在汉民族风俗中找到它们的影子，你中有我，我中有你。从某种意义上说，汉民族风俗是在历史长河中不断地汲取不同民族的文化养料而逐步发展起来的。

（四）神秘

汉民族古代社会是封建迷信充斥的社会。早在汉民族风俗处于形成阶段的秦汉之时，神鬼横行、谶纬迷信迷茫于世。在当时，自然崇拜、巫术禁忌已深入地渗透到社会生活的各个角落。从社会上层到乡村僻野的平民百姓，无不笼罩在一片神秘的迷雾之中，如妖异、灾变、求雨、卜筮、巫蛊等迷信活动随处可见；“神仙”成灾，方士泛滥；巫婆、神汉、方术士，招摇过市，被统治者待若上宾，虔诚的信徒们奉之如神，这种全社会好巫信鬼的现象，受到了一个包罗万象的神学理论体系的支持——扬雄的《太玄》，焦延寿的《易林》，京房、张浩、尚广等人的《周易占》，风靡一时的谶纬学，还有太乙、遁甲、六壬三式等，使当时的迷信行为上升到哲学的高度，表现出占卜哲学化和哲学巫术化的时代特色。这一切，都给汉民族社会的风俗文化笼罩上一层层神秘的面纱。

汉武帝“为伐南越，告祷太一。以牡荆画幡日月北斗登龙，以象太一三星，为太一锋，命曰‘灵旗’。为兵祷，则太史奉以指所伐国”[①]。文帝以代王入据汉天子时，为证实自己是顺天应命，故意犹豫不决，而“卜之龟，卦兆得大横，占曰：‘大横庚庚，余为大王，夏启以光。’”[②] 上行下效，民间生活也处处充斥着巫术迷信，即便是在良辰佳节亦是这样：年节放爆竹、祀门神、挂桃弓苇矢，皆是在驱鬼；元宵节祭祀太乙神；上巳节女巫在河边进行消灾除邪、祓禊疾病仪式；端午节除恶禳毒等，各种

---

① 《史记·封禅书》。

② 《史记·孝文本纪》。

活动莫不如是。

汉民族风俗这种先天带有的神秘色彩，一直被后世所传承。魏晋南北朝时的各种天意崇拜，如风角、望气、算命、看相、风水、测字、卜卦、轨影等，宋元以及明清时期的造神运动，明明是民族英雄，如岳飞、文天祥、戚继光、郑成功、张苍水等，为了纪念他们，非得立庙塑像，四时香火供奉。更有一班善男信女奉之为神，求签许愿不已，活生生的历史人物，在风俗文化的关照下，都被罩入神秘之浓雾中。

农本、儒化、兼容、神秘就是汉民族风俗的基本特点。

三 演变规律

汉民族风俗在数千年的历史长河中形成、发展，并且在发展中不断变异，形成了由野而文、俭奢互变、汉胡相杂、礼俗互动的演变规律。

（一）由野而文

汉民族的许多风俗事象形成于初民社会，或呈一种原始信仰的形态，或带有野蛮、粗犷的风格，显得低级、愚昧和落后。随着社会的发展，文明的进化，其中一部分习俗得到改进，逐渐理性化、文雅化。如古代的傩舞，在北朝时还显得比较的原始和粗犷。《隋书·礼仪三》是这样记载北齐岁末“傩仪”的：

> 齐制，季冬晦，选乐人子弟十岁以上，十二以下为侲子，合二百四十人。一百二十人，赤帻、皂衣，执鼗。一百二十人赤布裤褶，执鞞角。方相氏黄金四目，熊皮蒙首，玄衣朱裳，执戈扬楯。又作穷奇、祖明之类，凡十二兽，皆有毛角。鼓吹令率之，中黄门行之，冗从仆射将之，以逐恶鬼于禁中。其日戊夜三唱，开诸里门，傩者各集，被服器仗以待事。戊夜四唱，开诸城门，二卫皆严。上水一刻，皇帝常服，即御座。王公执事官第一品已下、从六品已上，陪列预观。傩者鼓噪，入殿西门，遍于禁内。分出二上阁，作方相与十二兽儛戏，喧呼周遍，前后鼓噪。出殿南门，分为六道，出于郭外。

又是“黄金四目，熊皮蒙首”，又是“执戈扬楯，又作穷奇、祖明之类”，又是“凡十二兽，皆有毛角”，又是“作方相与十二兽儛戏，喧呼周遍，前后鼓噪”，可见当时的舞蹈大多是装扮成野兽，作身躯的狂扭和大声地喊叫，所体现的是人类本初的一种野性。但到了唐朝时，除夕的傩舞队伍中已有了傩翁傩母的戏剧性表演，而且其着装打扮也不如北朝时恐怖。唐朝李绰在《秦中岁时记》中记载："秦中岁时日，傩作鬼神状，二老人各为傩翁傩母。"当时傩戏中的傩翁一般穿"朱衣画裤"，傩母一般是"青衣画裤"，傩鬼又都是"染面唯白齿"，显得比较可爱。古代的傩仪，在后世往两个方向发展：一是专业表演的戏剧和舞蹈；一是群众在广场演出的傩仪。不论是哪一种表现形式，或动作优美，格调高雅；或装扮滑稽，逗人发噱，后来都成为普通群众喜闻乐见的娱乐项目。再如早期的巫术，人们用它来治病，显得愚昧、荒诞。但在汉民族风俗的发展史上，我们则可以看到，就是从看似愚昧、荒诞的巫术中，却发展出中医、气功以及艺术。由野蛮而文明，仅从傩仪和巫术这两个事例中，我们已能看出汉民族风俗演变规律之一斑。

（二）俭奢互变

读中国古籍，常可见古人关于"习俗日奢"的感慨，历朝历代的风俗在一朝代刚建立时，总是简约、守成、清俭的；到了天下甫定，社会生产力得以恢复，人民安居乐业时，社会风俗就开始向"奢侈"转化。如汉初鲁地"其民好学，尚礼义，重廉耻"，其俗"重厚""敦愿""持重"；但到了汉武帝以后，则"郡国辐辏，浮食者多，民去本就末，列侯贵人车服僭上，众庶仿效，羞不相及"①。社会上下，风气皆奢汰矣。再如明朝，清《乾隆吴江县志》卷三八《风俗一》记载"明初风尚诚朴，非世家不架高堂，衣饰器皿不敢奢侈"②。明末顾起元引明人王丹丘《建业风俗记》说："嘉靖十年以前，富厚之家，多谨礼法，居室不敢淫，饮食不敢过。后遂肆然无忌，服饰、器用、宫室、车马僭拟不可言。又云正德已前，房屋矮小，厅堂多在后面，或有好事者，画以罗木，皆朴素浑坚不淫。嘉靖末年，士大夫家不必言，至于百姓有三间客厅费千金者，金碧辉煌，高耸过倍，往往重檐兽脊如官衙然，园囿僭拟公侯。下至勾阑之中，亦多画屋矣。"③ 可见，到了明中叶以后，奢靡之风盛行，范濂在《云间据目抄》就对万历年间的奢靡表达了忧虑："风俗自淳而趋于薄也，

---

① 《汉书·地理志下》。

② 《乾隆吴江县志》卷三八《风俗一》。

③ （明）顾起元：《客座赘语》卷五《建业风俗记》。

犹江河之走下，而不可返也。”而且，每一朝代都说自己这一朝比过去要“奢侈”。如清人说现在的习俗比明代奢侈，清末说比清初奢侈，民国时又说比清代奢侈，如此等等。说明俭奢互变其实是汉民族风俗文化演变的一条基本规律，风俗的所谓俭奢是由社会生产力水平所决定的。每一朝代的新建，大多是以打烂前一朝代的国家机器为前提的。而在打烂国家机器的同时，也难免使社会生产力遭受重创。所以在新的朝代建立时，又须对社会生产力加以重新恢复和发展。而此时社会生活水平较低，社会风俗只能是俭约、朴厚的。而一旦社会生产力得以恢复，人们的生活水平发展到一定的程度，人们的各种消费需求难免随之而增长，于是社会风俗就会向奢侈方向转化。另外，一朝比一朝“奢侈”，则是相对而言的，这其实是社会经济发展，人们生活水平提高的一种表现。所以不能老是拿以前“一箪食、一瓢饮”的水平作标准来指责生活的改善。而且，只要引导得当，避免穷奢极欲，一定程度的“奢”还可以刺激消费，促进商品经济的活跃和社会的进一步发展。

（三）汉胡相杂

世界上每一个民族的风俗文化的形成和发展，不可能仅靠自身纯之又纯的积累而完成，而都是通过自身积累的同时，博采异族文明来丰富和改良自己的过程来达到发展的目的。正如美籍人类学家罗伯特·路威（R. Lowie）在《文明与野蛮》一书中所说：文明是一件东拼西凑的百衲衣，谁也不能夸口是他“独家制造”。“转借”实为文化史上的重要因子。吕叔湘在该书“重印后记”中强调，人们在阅读该书时，不要只看到书中提供的有趣知识，更应由此“认识到文明人有时很野蛮，而所谓野蛮人有时候倒很文明；认识到文明不是哪一个或哪几个民族的功劳，而是许多民族互相学习，共同创造的；认识到文明的‘富贵遗产里掺杂了许多渣滓’，要时时提高警惕”①。其实，清代学者黄濬也在《花随人圣庵摭忆》说过：“吾国中种种旧俗，皆又兼并包蓄而成。”衣食住行、婚丧冠诞、送往迎来、文体娱乐，“早已杂用胡俗”“此泱泱万里之神州，有史以来，其迎新纳异，杂糅众俗，飙转豹变，初无一日之息”。早在公元前302年，战国时期的赵武灵王“始出胡服令”，命将军、大夫、嫡子、代

① ［美］罗伯特·路威：《文明与野蛮》，吕叔湘译，生活·读书·新知三联书店1984年版，第299页。

吏均着胡服，穿着胡“靴”，抛掉战车，骑上备有马鞍的战马去迎击敌人。“胡服骑射”可以说是中国风俗文化史上第一次大规模吸收其他民族风俗的著名历史事件。由此可见，当汉民族风俗文化于秦汉形成之时，其身上已带有少数民族文化的血统。两汉时期，又从大秦（罗马）输入了各种毛织物和棉布，改变了中国只用丝、麻的习惯，用氍毹铺地待客成为时髦之举。作为来自外国的高级毛织物，也是时髦之物，与锦绣一道被视为珍品，竟下令禁止商人穿着。我们今天日常食用的葡萄、芝麻（胡麻）、胡椒、姜等，都是张骞通西域后从西域引进的。今天我们称为国乐的琵琶、二胡、笛等也是从域外传来。古代的“百戏”流传为现代的杂技、马戏、魔术，在当时无一不吸收了外域艺术的影响。汉灵帝“好胡服帐，京师皆竞为之”①，一时间，洛阳城内胡服、胡帐、胡床、胡坐、胡饭、胡箜篌、胡笛、胡舞，成为上层社会追求的时尚。魏晋南北朝时期，更是汉胡风俗大交流、大交融时期。汉民族流行至今的坐姿，就是这一时期吸取“胡坐”而来。假如没有当初的汉胡交流，和汉民族对胡族文化的借鉴和吸取，恐怕今天我们还得席地长跪而坐。

到了唐代，中亚、西亚各民族移居长安和其他内地的人很多，他们带来了印度、波斯的风俗习俗、宗教信仰，对中国人民的生活习尚产生了深远的影响。佛教、袄教、景教、摩尼教、伊斯兰教的一些教义、仪式、禁忌，大大改变了信徒，甚至非信徒的生活习俗；而对胡腾、胡旋、柘枝等舞蹈的迷恋，竟成为开元、天宝之际统治者淫靡堕落，朝野纵情声色，国家迫近祸乱的一种征兆。

至于今天许多人所抽的香烟，大约是明万历年间由吕宋（菲律宾）传来，当时据西班牙语名称译为“淡巴菰”。此物传播之快、范围之广、流传之久，竟在舶来品中位居榜首，明末清初即已“遍满宇内，无人不嗜，名之曰相思草”②。

从汉民族风俗文化的发展和演变历史看，汉民族不是从古以来就闭关自守、与世隔绝的民族，汉民族文化与许多异质文化有过交流。汉民族风俗就是在不断汲取“胡俗”优秀养料的过程中逐步发展和演变的。

① 《太平御览》卷六百九十九《服用部一》。

② （清）江之兰：《文房约》，载《檀几丛书》二集卷二十六。

（四）礼俗互动

对于礼与俗的关系，陈槃认为："礼是成文，经过国家制定，期于能使上下共同奉行的；而俗则是一般的习惯，不知其所以然而然的。大致说来，礼，是范围人心，引导大众为善的；而俗则是有善的，也有不善的。""礼被公认为合情合理，有范围人心和维持、安定国家社会的效用，而且易于施行，于是由政府采用，或者更加以斟酌损益，著之文书藏之官府。"① 考察汉民族风俗形成、发展和演变的历史，可以发现：一方面，许多社会风俗事象大多裹上了一层重重的"礼"的外衣，这是统治阶级的礼俗制度垄断民间文化的结果；另一方面，历朝历代的社会风俗在其发展和演变过程中，总是要打破这种"礼"的束缚和规范，一而再再而三地出现"违礼越制""礼崩乐坏"的景观。所以，我们在追寻汉民族风俗的发展和演变踪迹时，就会觉得"礼"与"俗"的关系就如同堤与水的关系，既相辅相成，又相斥相反。在社会上流行的风俗总是想寻找自由发展的条件和空间，而作为规范风俗的礼，则欲将"俗"严格地控制在所给定的有限范围内。这种"礼"和"俗"的互动，贯穿于整个汉民族风俗形成、发展和演变的全过程。

秦汉之时，秦王朝兼并六国，在秦国风俗的基础上，吸收、借鉴六国的礼仪，形成所谓的"秦礼"，以规范人们的社会生活，矫正各地风俗。② 汉代，从汉元帝始，掀起了一股恢复三代"古礼"的浪潮，确定"三纲五常"为中国封建礼制和伦理规范、社会秩序的最高准则。明确提出"君为臣纲、父为子纲、夫为妻纲"，强调社会的贵贱、尊卑、长幼、亲疏之别，创制出许多适应新的封建统一王朝的政权结构的礼仪。如，叔孙通起朝仪、定宗庙仪法；武帝草巡狩、修郊祀、建封禅、兴大学；刘歆、王莽营明堂、辟雍；东汉明帝时定南北郊、冠冕、舆服制度，等等。朝廷所创制的礼制文化的扩张不可能仅局限于上层社会，它还会下渗和普及民间群体，对民间风俗产生一定的影响。如汉代日常生活社交方面的风尚，诸如冠、婚、丧葬、乡饮、大射、投壶等习俗，就明显地存在礼制化的特征，这就是所谓"上以风化下"。

① 陈槃：《春秋列国风俗考论》，载台湾"中央"研究院《史语所集刊》47 本 4 分册，1976 年版，第 538 页。

② 参阅（清）顾炎武《日知录》卷十三《秦纪会稽山刻石》。

另外，民间社会所创制的风俗文化也会在一定的程度上对统治者的礼制文化施以影响。民间风俗文化的不断运动，总是要对礼制文化发起一次次的冲击，迫使统治者对礼制文化做出不断的修整。这种修整大多是以统治者将某些“俗”的东西加以吸收，使之上升到礼的高度而告终的。如古代的礼制规定“婚礼不举乐”，但到了魏晋南北朝时，民间婚礼纷纷举乐，最后统治者在自己举行婚礼时，也效仿民间婚礼形式奏以鼓乐。此后，婚礼举乐就被礼制文化所吸收，成为礼之一部分，使得“婚礼举乐”这一风俗文化事象得以更稳定地在更大范围内传播。又如过生日，这在汉代以前是从未见过的风俗事象，初见于魏晋南北朝时期的史籍，当初只在民间流行。但到了隋唐时期，连皇帝也过起生日来，并名之曰“千秋节”。而到了宋代，以皇帝生日而定的节日就进入了礼制文化的范畴。生日风俗也就被提升到了“礼”的高度。这又为生日风俗文化的传播和传承，提供了更大更深远的空间和时间。

秦汉以降，汉民族风俗一直多以礼俗的形式呈现出来，除丧葬礼外，还有婚礼、诞生礼、冠礼、寿礼、祭礼、社交礼及年节中的礼仪等，不一而足。这些风俗事项中，俗中见礼，礼中含俗，难以分别。因此，一方面，礼制的下渗和普及，使各地的风俗在差异中显出同质的内容；另一方面，风俗事象一经写入经典，逐步上升为礼俗，便可获得充分的生存活动空间。这种风俗与礼制的混合体，是上层文化和下层文化不断相互交流、交融的结晶。

以上只是就汉民族风俗演变的一般规律而言，并不能概括汉民族风俗传承和变异的所有情况。掌握汉民族风俗演变的这些基本规律，我们可以更好地理解汉民族风俗演变的历史，正确评价这种演变的合理性。

第三节 汉民族风俗文化的研究

一 汉民族风俗文化研究的历史回顾

中国的风俗研究有悠久的历史。早在周时，就有了“采诗之官”。他们到各地收集有关风俗资料，以供统治者“知得失”“自考正”。春秋时的大思想家孔子，针对风俗的特点，提出了“移风易俗，莫善于乐”的著名论点。到了汉时，朝廷更是专设了乐府，它虽系以采集各地民谣为主，但仍不失为中国最早的风俗研究机构。此后，风俗研究日益受到重视，历代历朝的官修史书都把风俗当作记录的内容之一；各种文人笔记也喜欢以一定的篇幅用于载录风俗事项。到魏晋南北朝时，则出现了第一本风俗专记，以后各种风俗著述不绝于世。风俗研究这一优良传统终得以继承，并被发扬光大。考察汉民族社会的风俗研究历史，可以发现，历朝历代的风俗研究基本上以采录和记述为主，而这种采录和记述又有附录式、兼录式、专录式、汇录式和考索式等区别。

附录式记述，即古人在叙事、说理时附带记录了一些风俗资料，如先秦诸子百家的言论、著作对风俗事项的载录都是附带性的。

兼录式记述，则是在记载朝代沿革、帝王变更等历史大事时，也兼顾记录当时的风俗。如《史记》作为中国历史上第一部纪传体历史著作，其中就兼记了当时汉民族社会的许多风俗文化，主要集中于《货殖列传》和《乐书》中。其中《货殖列传》对当时各地的民情和习俗的记载颇为详尽。又如《汉书》，其中的《地理志》和《礼乐志》就记载和论述了当时各地的民风，及婚礼、乡饮礼、丧葬礼等风俗内容。此后，各种史书、地方志对风俗的采录均属兼录的范畴。

而出现于魏晋南北朝时期的《荆楚岁时记》，则是中国历史上第一部专录式风俗著作。记录了两晋南北朝时楚地的岁时节令和风物掌故，内容包括历史事件与人物、农事、生产、防病治病及卫生、祭祀祖神、婚姻和家庭、文娱、体育及旅游活动、迎新去恶等方面。[①] 它保存的当时的岁时风俗习惯，为我们研究魏晋南北朝时的地方风俗提供了最翔实的材料，也是中国第一本有关岁时节日方面的专门著作。至于宋代出现的《东京梦华录》和《梦粱录》也属于专录式风俗著作。《东京梦华录》全书共10卷，记载北宋都市生活及其风土民情，被后人誉为“先秦迄宋第一部系统、全面记载城市市民习俗的书籍”[②]。《梦粱录》则详记南宋都城临安建制、人物和风俗民情，比较全面地展现了当时社会丰富多彩的饮食生活。

唐宋时期出现的《岁时广记》则是一部汇录式风俗著作。《岁时广记》采集宋代及宋代以前诸书的岁时风俗内容，如《月令》《尔雅》《淮南子》等，按目分隶，载录元旦、立春、人日、上元、中和节、社日、寒食、清明、佛日、端午、天贶节、三伏节、七夕、中元、中社、重九、

① 谭麟：《荆楚岁时记译注》前言，湖南人民出版社1985年版。

② 刘德红、盛义：《中国民俗史籍举要》，四川民族出版社1992年版，第148页。

下元、冬至、交年节和岁除等节日的各种节俗活动，对后人研究宋代或宋以前的岁时风俗提供了极大的便利。

明清时期则有大量的考索式风俗著作出现，其中比较著名的有《日下旧闻》和《日下旧闻考》。《日下旧闻》中的“风俗”门，重在汇录和考索岁时节日风俗，引书上到先秦的《周礼》，下到明清的《野获编》《帝京景物略》《北京岁华记》《燕北小记》和《燕都游览志》等，可谓集清代中叶以前燕地风俗书籍之大成。《日下旧闻考》扩大了原书的篇幅，“风俗”就用了 3 卷的篇幅，将原书的 60 余条扩至 180 余条，使之成为清代记述和考汇北京风俗的最完整的资料总集，在汉民族风俗研究史上具有重要的学术价值和独特贡献。另外，还有《通俗编》，记录和考索中国丰富的民俗用语和风俗事象，系编著者多年用力搜索有关书籍和见闻积累所得。其中分时序、伦常、仪节、祝诵、行事、交际、称谓、神鬼、释道、艺术、妇女、货财、居处、服饰、器用、饮食、俳优、故事等卷，记录和考证风俗最详。而清代余怀的《妇人鞋袜考》、蔡子嘉的《历代服制考原》、俞敦培的《酒令丛钞》、毛先舒的《常礼杂说》等则分别对历代服饰、礼仪、娱乐等习俗资料加以汇集和考证，均具有独特的风俗学术价值。

从附录式到考索式，这反映了中国古代风俗研究所走过的基本历程。而到了近代，直到张亮采《中国风俗史》的出现，表明中国的风俗研究已进入系统、综合和思辨的新时期，标志着具有现代学科意义的风俗学研究已出现。

二　现代民俗学中的汉民族风俗研究

中国现代民俗学的建立是从歌谣研究起步的。1918 年初，刘半农、沈尹默、沈兼士、钱玄同四教授经校长蔡元培批准，组成北京大学歌谣征集处，发起歌谣征集，以此揭开了中国民俗学研究的序幕。1921 年上海商务印书馆出版的《妇女杂志》月刊自第 7 卷 1 月号起开辟了“风俗调查”专栏。风俗研究引起社会的重视。1922 年底创办的《歌谣周刊》，先后发表了大量的风俗研究文章，如温寿链的《福建龙岩县的风俗调查》、郑孝观的《江南风俗一零》、杨德瑞的《北京的旧式结婚》等。之后，北京大学又成立了风俗调查会。调查会制定通过的“风俗调查表”，是中国第一份比较正规和全面的风俗调查提纲。这个调查表，将风俗范围分为环境、思想和习惯三大块，共54个方面，概括较全。风俗调查会还编辑了《妙峰山》《东岳庙》《北京市招》等3部风俗书籍。

1927年11月，中山大学成立了中国第一个正式以“民俗学”命名的组织——广东中山大学民俗学会，创办了《民俗》周刊，其中的“槟榔专号”“清明专号”“中秋节专号”“旧历年专号”“神的专号”（4次）、“妙峰山进香专号”“户专号”等，均以风俗为研究对象；陈锡襄《风俗学试探》则对风俗研究的学科建设提出了自己的见解。后来出版的《民俗季刊》，发表了王兴瑞和岑家梧的《琼崖岛民俗志》、刘伟民的《东莞婚俗的叙述与研究》，以及顾颉刚和刘万章的《苏粤的婚丧》、周振鹤的《苏州风俗》、顾颉刚的《妙峰山》等文章，均包含了风俗研究的内容。

1930年前后，钟敬文、钱南扬、娄子匡等在杭州发起，成立了中国民俗学会。编辑出版《民俗周刊》《民俗学集镌》两辑。所发表的《紫姑的姓名》（娄子匡）、《从祭祀说起》（钱南扬）、《南阳婚俗》（蔡一木）、《“迎紫姑”之史的考察》（黄石）、《金华斗牛的风俗》（钟敬文）、《周汉风俗和传说琐拾》（顾颉刚）等，均是风俗研究方面的文章。可见中国现代的民俗学活动，虽以歌谣研究为肇端，但风俗研究始终被放在重要的地位，体现出现代民俗学对社会风俗文化的重视和尊重。

特别值得一提的是，在中国现代的民俗学运动中不断涌现出风俗研究的专门性著作。其中比较著名的有尚秉和的《历代社会风俗事物考》、杨荫深的《衣冠服饰》、贾仲的《中华妇女缠足考》、杨树达的《汉代婚丧礼俗考》、陈顾远的《中国婚姻史》，以及胡朴安的《中华全国风俗志》、李家瑞的《北平风俗类征》等，可以说现代民俗学运动中出现的风俗研究专著较之以往任何一个时代都要系统、深刻。

三 汉民族风俗史的研究和写作

中国的思想文化界自古以来就有重史的学术传统，对风俗史的探讨和研究也是如此。其目的无非是为了“以史为鉴”，达到净化社会风气，改良民众风俗，实行文治教化。因此，历史上先后出现的大量对风俗文化事项进行纵向考索的属于史料汇编性质的类书、笔记。这种考索和汇编，就这一事项本身而言，已对它的起源、演变均有翔实的考据和分析，勾勒出它的变迁历史，不啻是一部风俗专门史。但这些考索和汇编性质的杂记和类书，缺乏系统性和完整性，毕竟还不属于具有学科意义的风俗史著作。

到了清代末年，在中国风俗研究史上才出现了第一本系统研究中国风俗史的学术专著，即 1912 年由上海商务印书馆出版的张亮采的《中国风俗史》。该书除《序例》外，共分 4 编 10 章 122 节。从远古的浑朴时代一直写到明代，首次分门别类地梳理了中国风俗的发展历史。如第一编“浑朴时代”，作者又分“黄帝以前”和“黄帝至夏商”两章叙述，在第一章“黄帝以前”中，又分“太古人民之饮食衣服居处”“畜牧”“农耕”“贸易”“金属器物之使用”“婚姻”“丧葬祭祀”和“歌舞”等八节；第二章“黄帝至夏商”中，则分“饮食衣服”“宫室”“文字”“漆器陶器之使用”“人民之程度”“婚姻”“丧葬”“祭祀”“养老”和“谚语”等十节。从这两章的目次可以看出，作者叙述每一时代风俗的事项不尽相同，而是有所侧重。这样既可避免面面俱到之弊，又可突出时代的特点。另外，作为一部中国风俗通史，作者并不是一味地堆砌资料，引经据典，描摹事象，而是叙中有议，力表自己的态度和看法，尤其是对良风和恶俗作了较为精辟的甄别，这表明了作者有着强烈的社会责任感和对风俗在社会发展中的作用及影响有深刻的认识。同时，在书中作者对风俗的界定非常广泛，一些现在看来纯属上层文化的内容亦纳入其中，诸如“仕宦”“清议”“科举”“朋党”等，体现了作者对风俗的理解和认识，认为上层社会的风尚同样也属风俗的范畴，这样就奠定了该书在中国风俗文化研究史上不可否认的学术价值。

此后，中国的风俗史研究在民国时期出现了一个小高潮，先后出版了许多关于风俗文化专门史方面的著作，如《中国婚姻史》《中国妇女生活史》《中国体育史》《谜史》等。并且在这一时期，邓子琴先生完成了《中国风俗史》的写作，虽然该书的出版被推迟到 1988 年，且现在所能见到的已不是它的全貌，但该书仍是继张亮采的《中国风俗史》后，对中国风俗发生、发展和演变的历史加以系统、全面，并更详尽地进行研究和勾勒的风俗史著作。

到了 20 世纪 80 年代后，随着中国民俗学的复兴，中国风俗史的研究进入了一个新的高潮。更为系统、全面、完整的风俗史著作先后问世。其中，1995 年人民出版社出版的《新编中国习俗史》，按远古暨三代、春秋战国、秦汉、魏晋南北朝、隋唐五代、元代、明代、清代和民国 10 个时期断代，每个时期 1 卷，对中国风俗的发展和演变历史进行了全面的勾勒。但由于该书本为百卷本《中国全史》中的有关风俗文化的 10 种风俗文化集编而成，故各卷体例各不相同，如上古以社会团体习俗、生产（行业）习俗、生活习俗、婚姻习俗、丧葬习俗、宗教礼仪习俗分章；而秦汉则只有服饰、饮食、居住、交通、婚姻、丧葬等生活和人生礼仪方面的内容。从行文看，更多的带有“志”的性质，从而影响了它作为风俗通史的整体学术价值。1992 年河北教育出版社出版了 10 卷本《中华文明史》，全书按史前、先秦、秦汉、魏晋南北朝、隋唐五代、宋辽夏金、元、明、清代前期、清代后期断代，每个时期 1 卷，每卷均含有民俗文化史的内容，如第八卷（明代）有“物质生活与风俗习尚”，下含衣着风尚与服饰、饮食文化与社会生活、明人的行止与舟车、婚嫁丧葬制度与习俗、年节与游艺娱乐活动、畸形的社会现象等内容。如果把各卷中的民俗文化史部分集中起来看，可以说是一部比较完整的风俗文化史。此外，浙江人民出版社 1992 年出版的严昌洪的《中国近代社会生活史》，则系统勾勒出自 1840 年鸦片战争以来，在西俗东渐和经济政治变革大潮之下社会风俗演变的轨迹，着重论述古老风俗与传统文化的关系，中西风俗的冲突和融合，经济政治改革与风尚变迁等重要问题，并对太平天国的礼俗改革、义和团风习与民俗的关系等问题进行深入的探讨，提出了新的见解，是中国第一部近代社会风俗史专著。另外，在风俗专门史方面，则有徐吉军《中国丧葬史》、陈华文的《丧葬史》等，均是具有较高学术价值的风俗史专著。

然而，现在所能见到的所有风俗史或风俗专门史，均是以中国这一国家的风俗文化为对象来勾勒和叙述风俗文化的发展和演变的，以一个民族的历史上的风俗文化为研究对象，并从古籍的、考古的和民俗的多方面的资料入手，加以互相印证，从而勾勒出这个民族风俗文化产生、发展和演变的历史轨迹的风俗史著作，则还未有见到。2004 年笔者主编的五卷本《汉族风俗史》，以汉民族的孕育、形成和发展为线索，从历史背景、风俗文化的变迁、风俗文化的主要特点、风俗文化的基本构架和风俗史学概况等 5 个方面入手，力图全面、系统地描摹汉民族风俗文化的源起、发展和变迁过程；并在此基础上，努力对汉民族风俗文化的源起、发展和变迁的基本规律和主要特征进行探讨。在具体叙述中，则根据汉民族风俗文化形成、发展和变迁的特点，按先秦、秦汉、魏晋南北朝、隋唐、五代宋元、明、清代前期、清代后期和民国等 9 个时期加以断代；并以历史变迁为经，以生产风俗、生活风俗、礼仪风俗、岁时风俗、信仰风俗和社会风俗等风俗事象为纬，对各个历史时期汉民族风俗文化的基本模式加以重构和再现，该书在汉民族风俗文化史这一领域的研究中迈出了重要的一步。

第二章　先秦汉民族风俗史记

第一节　先秦汉民族风俗概述

一　演变的轨迹

先秦是中国文明的开端，也是汉民族孕育的肇始。随着汉民族的形成而发展，从而成为汉民族风俗文化的源头和肇端。

（一）由野而文

先秦时期正是中国历史从野蛮向文明大转型的时代，在这个由野而文的转型过程中，汉民族先民风俗的发展必然沿着由野而文的轨迹演变。

拿农具来说，夏代以木、石、骨、蚌制作农具。砍伐用石斧，启土用木耒、石铲，收割用石镰、石刀、蚌刀等。在偃师二里头遗址发现夏代的石器有石斧、石镰、石刀、石铲，蚌器有蚌镰、蚌刀、蚌铲，骨器有骨卵、骨镞、骨鱼叉等。[①]《夏小正》云："农纬厥耒。初岁祭耒。"《韩非子·五蠹》亦载："禹之王天下也，身执耒臿以为民先。"此所谓"耒"，就是具有歧头两齿状的挖窖穴、开沟渠等用的原始启土农具，它就是后来商、周时期广泛使用的耒的前身。

商代仍以木、石、骨、蚌制作农具，但已出现青铜农具。在殷墟妇好墓中出土了大量青铜器，其中属生产工具的 41 件，器形有锛、凿、刀、铲等。[②] 在湖北黄陂盘龙城商代遗址中出土了锸、镬、斧、锛等青铜农具。[③]

---

① 中科院考古研究所洛阳发掘队：《河南偃师二里头遗址发掘简报》，《考古》1965 年第 5 期。

② 中国社会科学院考古研究所：《殷墟妇好墓》，文物出版社 1980 年版。

③ 湖北省博物馆：《盘龙城二里冈期青铜器》，《文物》1996 年第 2 期。

在郑州关外商代炼铜遗址中出土了铸造铜镘的陶范。[①] 商代与夏代相比有了很大的改进，农具种类也增加了许多，这时的农具主要有耜、铲、镘、锛、锸等。

西周虽不排斥木、石、蚌制农具，但已普遍使用青铜农具，并出现了一些铁制农具。《诗经·周颂·臣工》云："命我众人，庤乃钱镈，奄观铚艾。"钱就是铲子，镈是锄头，铚就是镰刀，都从"金"字旁，可见这时的农具大多是青铜制品。这与夏、商以木、石、蚌作农具相比，是农业生产风俗的一大进步。所以，《诗经》中有不少诗篇赞美农具的锋利，《小雅·大田》"以我覃耜"，《周颂·载芟》"有略其耜"，《周颂·良耜》"畟畟良耜"。"覃""略""良"都是形容耜锋利的词。这些从"金"字旁锋利的农具是铜制农具应当无疑，但也可能是用熟铁皮包口的农具[②]，这在汉民族农业风俗史上是一个划时代的进步。

春秋之时，木、石、骨、蚌制的农具以及青铜农具虽仍并用，但铁制农具已大量出现，主要有雷、削、锄、空首铸等，如尚岭春秋楚墓中出土了小铁雷，又如河南洛阳在春秋战国时期的灰坑中出土了空首铁铸等。当时人们俗称青铜为"美金"，而称质量粗糙的铁为"恶金"，《国语·齐语》就记载管仲所说："美金以铸剑戟，试诸狗马，恶金以铸锄、夷、斤、斸，试诸壤土。"

战国之时，铁制农具普遍使用，根据《管子·轻重乙》的记载，当时的风俗是："一农之事，必有一耜、一铫、一镰、一鎒、一椎、一铚，然后成为农。"战国七雄所在地区都出土了铁制农具即是明证。[③]

从使用木、石、骨、蚌制农具到使用铜制农具，再到使用铁制农具，凸显了先秦风俗从野而文的演变轨迹。

再拿从追求长生药到以毒攻毒治病来说，先秦之时对草药治病的认识是从追求长生不死药的风俗开始的。《山海经·大荒南经》云："有不死国，阿姓，甘木是食。"甘木就是所谓的不死树，吃了可以使人长寿。于是先秦时期人们为了追求不死之药而尝百草，古人有伏羲"尝味百药，

---

① 河南省文化局文物工作队第一队：《郑州商代遗址的发掘》，《考古学报》1957 年第 1 期。

② 范文澜：《中国通史简编》修订本第一编，人民出版社 1965 年版，第 146 页。

③ 黄展岳：《近年出土的战国两汉铁器》，《考古学报》1957 年第 3 期。

而制九针”，也有神农“尝味草木，宜药疗疾”之传说。人们在尝百草的过程中，逐渐掌握了药物的辨识和利用，以毒攻毒治病。即认为疾为毒，药亦为毒，而毒药可驱病邪之毒。正如《左传·襄公二十三年》所云：“臧孙曰：季孙之爱我，疾疢也。孟孙之恶我，药石也。美疢不如恶石。夫石犹生我，疢之美，其毒滋多。”说的是没有痛苦的疾病不如使人有痛感的药石。《尚书·商书·说命》（上）“若药弗瞑眩”，注：“《方言》曰：饮药而毒，海岱之间谓之瞑眩。”说的是药力过猛，饮后就会昏眼花，但这种有“毒”的药却可以治好病，谓之“厥疾弗瘳”。[①] 所以《淮南子·修务训》云：神农“尝百草之滋味，水泉之甘苦，令民众所避就，当此之时，一日而遇七十毒”。说的是神农分出了有“毒”的为药。所以《黄帝内经》云：“能毒者以厚药，不胜毒者以薄药。”说的是按体质强弱确定不同的用药，又云：“病有久新，方有大小，有毒无毒，固宜常制矣。大毒去病，十去其六；常毒治病，十去其七；小毒治病，十去其八；无毒治病，十去其九。”从追求长生药到以毒攻毒治病，同样凸显了先秦风俗从野而文的演变轨迹。

（二）从简向繁

先秦汉民族先民的风俗在发展中还经历了由简到繁的演变轨迹。

拿服装来说，先秦之时汉民族先民的服装经历了一个从芾到衣、裳的发展过程。《礼记·礼运》说：“昔者，先王未有麻丝，衣其羽皮……后圣有作，治其麻丝，以为布帛。”东汉学者郑玄对此作注说：“古者田渔而食，因衣其皮。先知蔽前，后知蔽后，后王易之以布帛，而犹存其蔽前者。重古道，不忘本，是亦说芾之元由也。”[②] 这就是说作为遮羞布的“芾”是汉民族先民最早的服装。从芾到衣、裳是汉民族先民服装上由简到繁的一个大转变。据传“黄帝、尧、舜垂衣裳而天下治”[③]，先秦之时上衣俗称“衣”，下衣俗称“裳”，《诗经·邶风·绿衣》云：“绿兮衣兮，绿衣黄裳。”汉毛亨注云：“上曰衣，下曰裳。”汉刘熙在《释名·释衣服》中也说：“凡服，上曰衣。衣，依也，人相依以庇寒暑也。下曰裳，裳，障也，所以自障蔽也。”于是上衣下裳是商周时期最流行的服

---

① 《尚书·商书·说命》（上）。

② 《左传》桓公二年，孔疏引。

③ 《易经·系辞》（下）。

装。先秦之时汉民族先民的服装在上衣下裳的基础上不断由简向繁，到春秋战国之际，又出现了上衣下裳相连的“深衣”，从而从服饰的角度侧面凸显了先秦风俗由简向繁的演变轨迹。

又拿调味品来说，夏商时期用于烹饪的调味品最先出现的是盐、梅、酒，十分简单。《商书·说命》（下）记载：“若作酒醴，尔惟曲蘖，若作和羹，尔惟盐梅。”注云：“酒醴须曲蘖以成，盐咸梅醋，羹须咸醋和之。”说的是烧羹一定要用咸、醋调味才好吃。周代以来酸、苦、辛、咸、甘五味俱出现；《礼记·礼远》：“五味、六和、十二食，还相为质也。”郑玄注：“五味：酸、苦、辛、咸、甘也。”可知当时主要的调味品有盐、豆豉、姜、桂、酒、蜂蜜、蔗浆等，从调味品的角度侧面凸显了先秦风俗由简向繁的演变轨迹。

再拿婚礼来说，夏代的婚礼仪程已不可考，商代的婚礼仅分为议婚、订婚、请期、亲迎四程式，发展到周代，则形成纳采、问名、纳吉、纳征、请期、亲迎，俗称“六礼”，从婚礼同样的角度侧面凸显了先秦风俗由简向繁的演变轨迹。

（三）趋向宗法

先秦是一个典型的宗法社会，随着宗法制度在周代趋于完整、严格，先秦汉民族先民的风俗也日趋宗法化。

拿宗族风俗来说，先秦的宗族风俗发展到周代，形成了宗法之俗。按宗法制度的俗规，在同一始祖下，历代嫡长子系统为大宗，其同母兄弟和庶出兄弟的系统则为小宗。周代天子之位，均由嫡长子继承，从而构成世系，称为大宗；余子封为诸侯，称为小宗。诸侯相对天子为小宗，但在本国则为大宗。国君之位，也由嫡长子继承，代代相传，奉祀始祖，为大宗，余子封为卿大夫，为小宗。卿大夫之位，也由嫡长子继承，奉祀始祖，为大宗，余子则为士，为小宗。士的嫡长子仍为士，余子则为平民。由于诸侯、卿大夫和子的始祖相对于天子、诸侯、卿大夫来说均为别子，即嫡长子之弟，故称“别子为祖”。除天子外大宗始终是最初的别子的延续，故称“继别为宗”。小宗各继承其前一代庶子，父传子，子继父，故称“继祢者为小宗”。别子的后裔中，嫡系的大宗只有一个，而庶子的旁系则很多，各个旁系均有继祢的小宗。世秩绵延，族姓繁衍，小宗则愈来愈多，于是采用上杀、下杀、旁杀的原则以五世为止，即由生者上溯父、祖、曾祖、高祖共五代，五代以上则要迁庙，而大宗的始祖始终要奉祀，奉为不祧之祖。所以，《礼记·大传》称大宗为“百世不迁之宗”，称小宗为“五世则迁之宗”。大宗的历代传人均居于族长的地位，称为宗子。宗子拥有主持祭祀始祖和已故父祖的资格和权力，即主祭特权。而小宗只能祭祀父、祖、曾祖、高祖，无权祭祀始祖，这从宗族的角度侧面凸显了先秦风俗趋向宗法的演变轨迹。

再拿服饰来说，先秦在宗法制度形成和完善的同时，也形成和建立了与贵族等级制度相匹配的完善的宗法礼服制度。周代不但确定了尊卑上下各个等级的不同服装式样，而且要求随着不同的礼仪换不同的服饰，绝对不能穿错，十分严格。周代风俗将礼分为吉礼、凶礼、军礼、宾礼、嘉礼五类，俗称“五礼”。与五礼相应的礼服制度分为祭礼的祭服，朝会的朝服，婚嫁的吉服，从戎的军服，服丧的凶服等，从服饰的角度侧面凸显了先秦风俗趋向宗法的演变轨迹。

（四）多元汇于一体

汉民族是由炎黄、东夷为主源，苗蛮、百越、戎狄为支源，多元互动融合而成的一个民族，而先秦作为汉民族从夏、商、周、楚、越诸族相继崛起，又与部分蛮、夷、戎、狄融合而形成的汉民族前身——华夏民族的历史阶段，在“大一统”过程中，其风俗也经历了多元汇于一体的演变轨迹。

拿井田风俗来说，夏代大约到少康时已有井田。先秦时期的著作《世本·作篇》说：“伯益作井。”在洛阳矬李和偃师二里头文化遗址中均发现有井，这就为夏代灌溉农业的发展提供了基础，从而促使耕作方式逐渐发生了根本的变化，形成了外有封疆、内有阡陌的井田。《夏小正》云：正月“农率均田”，即每年正月春前重新分配一次土地，以确定径界。《孟子·滕文公上》云：“夏后氏五十而贡。”都说明井田在夏代已逐渐成为主要的耕作方式，所以《左传》哀公元年所记少康“有田一成，有众一旅”，才比较具体地记载了夏代的井田风俗。

商代在成汤建国以后，井田也逐渐成为商人主要的耕作方式，甲骨文中有不少记载[①]，说明商代已形成方块状的井田，甲骨文中其“田”字作[illegible]、[illegible]、[illegible]等形，正是井田的象形。故《孟子·滕文公上》云：“殷人七

---

① 郭沫若：《殷契粹编》1221、1222、1544，科学出版社1965年版。

十而助。”

西周的井田风俗发展到高峰，与周礼结合，形成井田制。对此周代的铜器铭文有记载，《周礼·考工记》中更是详细记载了井田制的具体内容，其云：“匠人为沟洫，耜广五寸，二耜为耦。一耦之伐，广尺，深尺，谓之甽。田首倍之，广二尺，深二尺，谓之遂。九夫为井，井间广四尺，深四尺，谓之沟。方十里为成，成间广八尺，深八尺，谓之洫。方百里为同，同间广二寻，深二仞，谓之浍。专达于川，各载其名。”《周礼·地官·小司徒》对井田制作了概括，其云：“乃径土地而井牧其田野。九夫为井，四井为邑，四邑为丘，四丘为甸，四甸为县，四县为都。以任地事而令贡赋。”而贡赋如《孟子·滕文公上》所云是“周人百亩而彻”。这种分别源于夏、商、周族的井田风俗汇于周代形成的井田制，正好从农业基础的角度凸显了先秦风俗多元汇于一体的演变轨迹。

又拿冠帽风俗来说，先秦风俗把男子头上的各种饰物统槩埑——“冠”。《仪礼·士冠礼》云：“委貌，周道也；章甫，殷道也；毋追，夏后氏之道也。周弁，殷冔，夏收。三王共皮弁素积。”这就是说夏代的冠以朴素无华为特征，俗称“收”；商代的冠以华丽气派为特征，俗称“爵”；周代的冠以稳重端庄为特征，俗称“弁”，三者实际上都是贵族的礼冠。

商代冠的种类很多，有玄冠、布冠、皮弁、爵弁、冠卷、頍、巾帻、胄等。商代这些形形色色的冠帽发展到周代形成了礼冠制，俗称“冕冠”，亦可称“冕”，这种冕冠顶部盖一木板，称为冕板，俗称“延”。冕板为长形，前圆后方，象征天圆地方；前低后高，有前倾之势，以示俯伏谦逊。冕板的表面裱以细布，上面漆成玄色，下面漆成熏红色。两端分别垂挂数串玉珠，俗称“旒”。旒的多少视戴冠者的身份而定，有 3 旒、5 旒、7 旒、9 旒、12 旒之别，以 12 旒为贵。《礼记·礼器》记载，周代规定：天子用 12 旒，诸侯 9 旒，上大夫 7 旒，下大夫 5 旒，士 3 旒，俗规一串玉珠要采用 5 种不同颜色的珠子相间而串，常用颜色有赤、青、黄、白、黑等。周礼俗规定，士以上才能戴冠，作为养老、燕饮、燕居的常服；庶人不准戴冠，但逢祭礼时可例外。春秋风俗视冠极重，以不冠为不礼，去冠则失礼，无冠则非礼。凡此等等，也无不凸现了先秦风俗多元汇于一体的演变轨迹。

再拿交通风俗来说，先秦自夏代起就开始修建交通网络。《左传》襄公四年引《虞人之箴》追述说："芒芒禹迹，画为九州，经启九道。"商代的道路交通网络进一步发展，《诗经·商颂·玄鸟》云："古帝命武汤，正域彼四方。方命厥后，奄有九州。……邦畿千里，维民所止，肇城彼四海。"其道路以殷墟王邑为中心，通往今辽宁朝阳等地的大道，东行通往山东益都古蒲姑的大道，南行通往湖南江西的大道，西行通往陕西的大道，西北行通往太行的大道等6条。[①] 周代在商代"王道"的基础上"相土地之宜，水土之便……辟开修道"[②]，形成了径、畛、涂、道、路的交通网络，俗称"五途"。《周礼·夏官·司险》云："设国之五沟五途。"这也从一个交通的角度凸显示了先秦风俗多元汇于一体的演变轨迹。

总之，先秦风俗发展的趋势，就是由野而文、从简向繁、趋向宗法和多元汇于一体，这也就是先秦风俗演变的轨迹。

二　学史概况

风俗学在先秦时虽然还没有形成独立的学科体系，但当时人们对在社会生中相沿积久所形成的关于衣食住行、人生礼仪、四时八节、百工百业、巫卜信仰等社会风尚、礼仪、习俗的行为规范十分重视，认真遵守。久而久之，对风俗的认识也逐步加深，《周礼》即对风俗的含义作了界定，其曰："俗者习也，上所化曰风，下所习曰俗。"唐孔颖达疏："《汉书·地理志》云：'凡民函五常之性，而其刚柔缓急，音声不同，系水土之风气，故谓之风；好恶取舍，动静亡常，随君上之情俗，故谓之俗。'"这就是说由自然条件不同而形成的习俗谓之"风"，由社会环境不同而形成的习俗称为"俗"。[③]

正是由于风俗客观而全面地反映着国家、民族和地方各历史时期的物质生活、经济水平、科学文化、社会心理和民族性格，所以先秦之时对风俗十分重视，先秦有关风俗的文献资料十分丰富。从中国风俗学史发展的规律来看，其具有以下一些特点：

（一）史俗一体

先秦之时，尤其是商、西周时期，史事记录基本上出自史官之手。史

---

① 彭邦炯：《商史探微》，重庆出版社1988年版，第269页。

② 《汲冢周书·大聚解》。

③ 叶大兵、乌丙安主编：《中国风俗辞典》，上海辞书出版社1990年版，第1页。

官不仅编辑册典，记录先王世系设置商王左右的史官时，不仅要记事，还掌祭礼，所以史官对占卜、祭祀、天象、历法等也很熟悉和了解，更重要的是“殷人尊神”“周人尊礼”①，君王举事不是问神，就是按礼，史官记事就离不开祭祀或礼仪，因此，先秦风俗文献资料势必出现史俗一体的情况，这种情况在先秦文献中屡见不鲜。如《左传》恒公六年中就记载了周代取名风俗：“以名生为信，以德命为义，以类命为象，取于物为假，取于父为类。”《左传》昭公二十九年中也记载了先秦关于社神的风俗：“稷，田正也。有烈山氏之子曰柱，为稷，自夏以上祀之。”又如《战国策·齐策一》中记载了齐国的娱乐风俗有“吹竽、鼓瑟、击筑、弹琴、斗鸡、走犬、六博、蹴鞠”。再如鲁国的渔俗：在捕获季节，把大鱼和贝蛤之类先祭祀宗庙，宣布开放渔禁，而水虫孕育之时，则严禁捕捞，为此专设渔业的官员——水虞。先秦史俗一体的特点，正好从侧面反映了先秦风俗学还只是处于初始时期。

（二）文俗并载

先秦时期的风俗学另一个特点就是，“文俗并载”即风俗与文学作品同存于一个载体，先秦时最重要的两部文学作品莫过于《诗经》《楚辞》。

《诗经》和《楚辞》，如前已述及不仅是诗歌集，还是风俗志。如《诗经》中对先秦婚俗的记载就十分生动而具体。据《诗经》中《王风·扬之水》《郑风·扬之水》《唐风·绸缪》《周南·广汉》等篇的记载，“束薪”是成捆的薪草，这里是指男子在结婚时准备送给新娘的礼品。《唐风·绸缪》就描写了新郎准备束薪的情况，其云：“绸缪束薪，三星在天，今夕何夕，见此良人？……绸缪束刍，三星在隅，今夕何夕，见此邂逅？……绸缪束楚，三星在户，今夕何夕，见此粲者？”这首诗通过星象告诉人们，绸缪束薪之时，三星出现在东南方；束薪准备就绪之后，当晚将去迎娶他思念的美人。当代人当然对“束薪”婚仪已不可理解，但这却是先秦中国北方婚俗的重要内容。从《诗经》所记载的婚俗来看，我们还可发现先秦北方婚俗重父母之命，媒妁之言。《诗经·齐风·南山》云：“取妻如之何？必告父母……取妻如之何？匪媒不得。”《诗经·郑风·将钟子》就描写了一少女因害怕父母的责骂而不得不拒绝热恋的小伙子来家中幽会：“将仲子兮！无逾我里！无折我树檀！岂敢爱之，畏

① 《礼记·表记》。

我父母。仲可怀也，父母之言，亦可畏也。”《诗经·卫风·氓》则描写了一个小伙子与买丝的姑娘商量婚事，姑娘对小伙子说：“匪我愆期，子无良媒。将子无怒，秋以为期。”所以周礼规定：“男女无媒不交。”[①]

《诗经》记载了先秦中国北方以“束薪为礼”，以及重“父母之命，媒妁之言”的婚俗；《楚辞》则记载了先秦时期中国南方不禁男女自由交往，不重媒妁的婚俗。据《楚辞》的记载，楚国男女欢聚不受礼法的限制，《九歌》中有许多描述，如《少司命》中说：“秋兰兮青青，绿叶兮紫茎。满常兮美人，忽独与余兮目成。”又说：“悲莫悲兮生别离，乐莫乐兮新相知。”还说：“与女沐兮咸池，晞女发兮阳之阿。”《河伯》中也说：“子交手兮东行，选美人兮南浦。”《山鬼》中又说云：“若有人兮山之阿，被薜荔兮带女萝。既含睇兮又宜笑，子慕予兮善窈窕。”可见楚男女相会不限于《周礼·地官》中所说的“中春三月”，而是春夏秋三季均可。正是因为楚不禁男女，自男女双方是否同心是遣媒缔婚的前提，如《离骚》所云：“吾令丰隆乘云兮，求宓妃之所在。”“吾令鸩为媒兮，鸩告余以不好。”若不同心，也可回绝媒妁撮合的婚事，此即《九歌·湘君》所云：“心不同兮媒劳，思不甚兮轻绝。”但是，若彼此钟情，甚至可以不要媒妁，此《离骚》所云：“苟中情其修好兮，又何必用夫行媒？”这些生动而具体的描写，不正是一幅先秦时期中国南方婚俗的风俗画吗？

先秦这种文俗同载的特点，使我们可以把《诗经》看作是一部记述先秦时期中国北方风俗的风俗志，而《楚辞》则是一部记载先秦时期中国南方风俗的风俗志。

（三）礼俗不分

先秦社会十分重礼，尤其是西周更是以“尊礼”为根本，所以社会生活中相沿积久的关于衣食住行、人生礼仪、四时八节、百工百业、祭祀崇拜等社会风尚、礼仪、习俗的行为规范都礼制化了，从而形成先秦风俗礼俗不分的特点。

以日常饮食为例，周礼对贵族的用餐方式有一系列的严格规定，食什么主食，饮什么饮品，上多少菜肴，以及菜肴排列的位置，上菜的先后次序和餐席上座位的排列等均按规定行事，不能乱套。因此，《周礼·天官

① 《礼记·坊记》。

冢宰·膳夫》规定：天子“食用六谷，膳用六牲，饮用六清，羞用品百二十品。珍用八物，酱用百有二十瓮。王日一举，鼎十有二”。而诸侯来朝见天子时，要区别爵位的尊卑分别对待。《周礼·秋官司寇·大行人》规定：“对上公，应该是礼九牢[①]，飨礼九献，食礼九羊；对诸侯，礼七牢，飨礼七献，食礼七羊；对诸子，礼五牢，飨礼五献，食礼五羊；对诸侯国的卿，其礼各下其君二等。”周礼还规定了诸侯国接待各种级别来访者的宴飨规格。对于菜肴在宴席上的排列次序，《礼记·曲礼》记载：“凡进食之礼，左殽右胾。食居人之左，羹居人之右。脍炙处外，醯酱处内，葱渫处末，酒浆处右。”对于菜肴上席的先后次序，《管子·弟子职》云：“凡置彼食，鸟兽鱼鳖，必先菜羹。羹胾中别，胾在酱前，其设要方。饭是为卒，左酒右酱。”

饮食风俗礼制化，婚姻风俗更加如此。周代将婚俗礼制化，实行聘娶婚，用礼制的形式规定男子以聘的程序而娶，女子用聘的程序而嫁。周礼规定聘娶礼仪一整套的程序是纳彩、问名、纳吉、纳徵、请期、亲迎等“六礼”。关于结婚的规定结婚的最大年龄是“男子三十而娶，女子二十而嫁”。关于结婚的时间，《周礼·地官·媒氏》规定仲春二月是一年中可以结婚的最后一个月，“若无故不用令者，罚之”。

先秦风俗文献这种礼俗不分的特点，在周代发展到登峰造极，所以《周礼》《礼记》《仪礼》等先秦古籍编，也可以说是周代的风俗辞典。

（四）政俗结合

风俗学虽然在先秦还没有形成为一门独立的学科或学派，但先秦诸子十分重视风俗的作用，他们常常将论政与论俗结合在一起。

先秦诸子中对风俗论述最多的首推孔子，他把风俗提高到礼的地位，在《毛诗》中提出了“美教化，移风俗”[②] 的主张，并认为“夫圣人之举事也，可以移风易俗，而教导可以施于百姓，非独适己之行也”[③]。所以孔子编《诗》《书》《礼》《乐》《易》《春秋》“六经”，以移风易俗来实现他的政治理想，而“六经”在移风易俗中的作用是：“温柔敦厚，《诗》教也；疏通知远，《书》教也；广博易良，《乐》教也；洁静精微，

① 周俗猪、牛、羊三牲俱备为一牢。

② 《毛诗·国风·周南·关雎序》。

③ 《孔子家语·观思》。

《易》教也；恭俭庄敬，《礼》教也；属辞比事，《春秋》教也。”可见，论政与论俗在孔子的著作中结合得是多么紧密无隙。

其他诸子对风俗的论述也多与论证结合在一起。荀子论证，重视民风民俗的表现，他在《荀子·王制》中说到大师和乡师之事，应强调“修宪命，审诗商（观民风俗），禁淫声，以时顺修，使夷俗邪音不敢乱雅”。在“辟云”之事中，也明确提出了“论礼乐，正身行，广教化，美风俗”的主张，强调“入境，观其风俗，其百姓朴，其声乐不流污，其服不挑，甚畏有司而顺，古之民也”[①]。老子的论政，主张无所欲求，无所作为的境界，提出了“甘其食，美其服，乐其俗”，使人过安居乐业的理想生活。庄子的论证，不主张成教易俗，而强调顺俗行画。他在《庄子·秋水》第十七中说“当其时，顺其俗者，谓之义徒”，而“差其时，逆其俗者，谓之篡夫”。墨子的政论主张以兼爱非攻、节用为治国之策，而且与国计民生有密切联系的风俗联系起来，特别是他反对厚葬、食长子之俗和舍寡母之俗，来宣传自己“操而不择”“便其习而义其俗”的观点[②]，实在是政俗结合的一生动实例。再如韩非子的政论在阐述国之贫富与风俗的关系时，很重视社会风气的表现，《韩非子·解老》中即说：“府仓虚则国贫，国贫而民俗淫侈，民俗淫侈则衣食之业绝……狱讼繁、仓廪虚，而有以淫侈为俗。”《商君书·算地》中云：“故圣人之为国也，观俗立法则治，察国事本则宜。不观时俗，不察国本，则其法立而民乱，事剧而功寡。”凡此等等，不胜枚举。先秦风俗文献政治结合的特点，在中国风俗学史上开创了“以俗观政，以政匡俗”[③] 的学术传统。

总之，先秦风俗文献史俗一体，文俗并载，礼俗不分，政治结合的特点，正反映了中国风俗学在先秦时期还处于初创时期，但基础却是很坚实的。

此外，先秦时期记载汉民族先民风俗的文献主要有：

1. 《诗经》

《诗经》大约成书于西周初至春秋中期，反映了从周民族的始祖到春秋时期的五百年间广阔的社会生活，既是一部诗歌集，又是一本风俗志。

---

① 《荀子·强国》。

② 《墨子·节葬》。

③ 张紫晨：《中国民俗学史》前言，吉林文史出版社 1993 年版，第 2 页。

如《大雅·生民》记载了祭祀后稷的风俗；《小雅·斯干》记载了占梦风俗和原始图腾信仰；《大雅·公刘》记载了祖先崇拜的风俗；《大雅·云汉》记载了宣王禳旱的风俗；《周颂·噫嘻》记载了春祈谷的风俗；《周颂·丰年》记载了秋冬报神的风俗；《豳风·七月》记载了养蚕、织布、狩猎、制裘等风俗；《周南·桃夭》记载了少女出嫁风俗；《召南·鹊巢》记载了昏礼告庙风俗；《周南·葛覃》记载了妇女归宁风俗；《小雅·鱼丽》记载了燕宾风俗；《小雅·南有嘉鱼》记载了娱宾风俗；《小雅·南山有台》记载了祝宾风俗，凡此等等，不胜枚举。由此可见，《诗经》在中国风俗学史上占有重要的地位。

2.《易经》

《易经》约成书于周初，其虽然是一部为卜官所作的书，但由于周代讲官事离不开俗，讲民事也离不开俗，占卜在当时的社会生活中占有极重要的地位，大凡涉大川、见大人、从王事、婚媾、田猎、讼、岁收、风雨、出征、祀享、御冠、建侯等都要占卜，所以《易经》又是一部风俗录。如《系辞》下第二章就记载了结绳为网，断木为耜，揉木为耒，掘地为臼，断木为杵，刳木为舟，剡木为楫，服牛为马，弦木为孤，剡木为矢，穴居野处，葬之是野，不封不树，衣之以薪等远古风俗；《归妹》记载了少女要嫁给男方的风俗；《家人》记载了亲属称谓风俗；《坎》记载了用习惯法惩治犯罪的风俗；《屯》和《贲》记载了抢婚的风俗，凡此等等，亦不胜枚举。《易经》所记载的风俗比较古老，对我们认识和了解先秦初期的社会生活有重要的学术价值。

3.《山海经》

《山海经》约成书于战国至西汉初年。这部曾被鲁迅先生看作是一部“巫书”的《山海经》，实际上是一部集地理、历史、神话、民族、宗教、医药、物产于一体的风物志，其中风俗的记载极为广泛，在记述各山物产、状貌的同时也记载了饮食、服饰、医药、巫术、自然神崇拜、禁忌等风俗。更重要的是《山海经》所记载的风俗大都是原始宗教信仰、巫术和禁忌风俗，不仅给我们展现了中国上古时代的风俗画卷，而且对我们考察夏、商、周三代的民间信仰和民间医药风俗尤有学术价值。

4.《周礼》

《周礼》为周公所作，在详述各种拟设官职的职责中，记载了大量的风俗礼仪。如《春官·大宗伯》在记述大宗伯掌理建立王邦，祭祀天神、人鬼、地神等职责时，详细记载了用吉礼祭享天神、人鬼、地神方面的风俗；《天官·冢宰》在记述膳夫、内饔、外饔等官的职责时，详细记载了饮食方面的风俗；《地官·司徒》在记述鼓人、舞师等职官的职责时，详细记载了乐舞方面的风俗；《春官·宗伯》中记述大小巫、卜师等职官的职责时，详细记载了巫卜方面的风俗，凡此等等，不胜枚举。《周礼》这种把风俗与礼制结合的做法，使周代风俗礼制化、官制化，是中国古代风俗史的一个新发展，一方面，说明了风俗在周代社会生活中和政治制度中的重要作用和特殊地位；另一方面，奠定了先秦风俗对后世风俗产生重大和深远影响的基础。

5.《礼记》

《礼记》虽是汉时之作，但却产生于战国或更早一些时期，如其中的《夏小正》一篇相传为夏女遗书。因系西汉礼学大师戴德、戴圣兄弟所编纂，故戴德编的称为《大戴礼记》，戴圣编的称为《小戴礼记》。《大戴礼记》虽也具有风俗学价值，如其中的《夏小正》作为中国现存最早的“月令”，记载了夏代物候方面的风俗；《投壶》记载了投壶风俗；《本命》记载了冠、婚、朝、聘、丧、祭、宾主、乡饮酒、军旅等“九礼”风俗。但《小戴礼记》的风俗学价值更大，如《曲礼上》记载了家庭及人际关系的礼仪风俗；《檀弓》记载了夏、商、周三代办丧事的不同风俗；《王制》记载了蛮、夷、戎、狄的风俗；《月令》记载了农业风俗；《郊特牲》记载了祭事和昏冠等礼仪风俗；《内则》记载了闺门礼仪风俗；《丧服》记载了丧俗、丧礼风俗；《乐记》记载了乐礼风俗，凡此等等，不胜枚举。从风俗学的意义上来看，《礼记》不愧是一部先秦礼俗辞典。

6.《楚辞》

《楚辞》主要收录了战国屈原的作品，它与《诗经》一样，不仅是一部文学作品，还是一本楚风俗志。《楚辞》对楚民族信鬼盛巫，崇拜龙凤；好食水产异兽，喜酸甜苦冷；高冠佩玉，小腰长袖；层台累榭，园林风味；能歌善舞，楚乐煌煌；男女自由交往，不重媒妁；“像设君室”的棺椁制度等风俗都作了形象而生动的记述，从一定的意义上来说，《楚辞》是中国最早的一本地方风俗志。

7.《尚书》

《尚书》相传由孔子编选而成，书中不仅保存了尧、舜、禹时代，以及商、周特别是西周初期的一些重要史料，而且还记载了这些时代风俗事象，如《尧典》中记载了尧、舜、禹时代的农历、农俗、治水、婚姻、祭祀、习惯法等风俗；《皋陶谟》中记载了尧、舜、禹时代的服饰和乐舞风俗；《禹贡》中记载了大禹时期的农业、交通、水利风俗；《洪范》中记载了周代巫卜和征兆的风俗；《金縢》中记载了商芥周初的一饮酒风俗；《召诰》《洛诰》中记载了周初的建筑风俗；《君奭》中记载了周代的天命信仰风俗；《顾命》中记载了春秋时的室内陈设，以及诸侯朝享礼仪风俗，凡此等等，不胜枚举。由此可见，《尚书》也不失为一部了解先秦风俗的重要文献。

8. 诸子百家

诸子百家的著作是先秦文献极重要的部分，他们在游说四方、广收门徒、讲学立说中，论史、论礼、论乐、论政的同时，也论风俗，在他们的著作中也记载了不少先秦的风俗。如孔子的《论语》《孔子家语》中记载了丧、婚、冠、祭以及饮食、家庭、梦兆等风俗；《荀子》中记载了民间风气的表现；《庄子》中记载了巫术、相面以及越人断发文身等风俗；《墨子》中记载了鬼神和丧葬风俗、月秦风俗。因此，不可不注意诸子百家著作中的风俗资料。

此外，《穆天子传》《归藏》《左传》《战国策》《国语》《世本》《竹书纪年》等先秦文献中也有不少风俗的记载，是研究先秦时期中国风俗学史不可忽视的。

第二节　先秦汉民族的生产风俗

先秦三代及至春秋战国，均以农业立国。夏代唯一存在的文献——《夏小正》中就记载了许多物候、天文和与之相对应的农事活动，反映了这时的农业已有了一定的水平。商代农业进一步发展，一方面，商人对农业高度重视，甲骨文中有许多祈年、求雨以及商王督耕的记载；另一方面，商代粮食产量大幅度提高，形成了大盂鼎铭文中所言“率肆于酒”①的风俗。西周的农业更是高度发达，创造了闻名遐迩的井田制。春秋时期铁具和牛耕的出现，及至战国时期铁具和牛耕的普遍使用，把先秦时期的农业的发展推向了一个全新的阶段。

---

① 转引自吕涛总纂《中华文明史》第二卷，河北教育出版社 1994 年版，第 134 页。

一　农业风俗

（一）农具古朴

先秦的农具原始古朴，经历了从木、石器到青铜器再由青铜器到铁器的发展过程。

夏代以木、石、骨、蚌制作农具。砍伐用石斧，启土用木耒、石铲，收割用石镰、石刀、蚌刀等。在偃师二里头遗址发现夏代的石器有石斧、石镰、石刀、石铲；蚌器有蚌镰、蚌刀、蚌铲；骨器有骨卵、骨镞、骨鱼叉等[①]。《夏小正》云："农纬厥耒。初岁祭耒始用?"《韩非子·五蠹》也说："禹之王天下也，身执耒臿以为民先。"此所谓"耒"就是具有歧头两齿状的挖窖穴、开沟渠等用的原始启土农具，它就是后来商、周时期广泛使用的耒的前身。商代仍以木、石、骨、蚌制作农具，但已出现青铜农具。

商代与夏代相比有了很大的改进，农具种类也增加了许多，这时的农具主要有：耜、铲、镢、锛、锸等。西周虽不排斥木、石、蚌制农具，但已普遍使用铜农具，并已出现了一些铁制农具。《诗经·周颂·臣工》说："命我众人，庤乃钱镈，奄观铚艾。"钱就是铲子，镈就是锄头，铀就是镰刀，都从"金"字旁，可见这时的农具大多是青铜制品。春秋之时，木、石、骨、蚌制的农具以及青铜农具虽仍并用，但铁制农具已大量出现，而到战国之时，铁制农具普遍使用。这与夏、商以木、石、蚌作农具相比，是农业生产风俗的一大进步，这些在前面论述先秦汉民族风俗特点时已有论述。

（二）粟稻当家

先秦的作物从夏至春秋战国递减，初《尚书·舜典》言"百谷"，后《周礼·天官·大宰》谓"九谷"，郑司农注云：九谷为黍、稷、秫、稻、麻、大小豆、大小麦。《周礼·天官·膳夫》又谓"六谷"，郑司农注云：六谷为稌、黍、稷、粱、麦、菰。《周礼·天官·疾医》则谓"五谷"，郑注云：五谷为麻、黍、稷、麦、菽。这种遗粗取精的递减情况，反映了先秦农业的进步，也反映了先秦农作物俗称的变化。

---

① 中科院考古研究所洛阳发掘队：《河南偃师二里头遗址发掘简报》，《考古》1965 年第 5 期。

先秦的农作物虽然很多，夏代主要有谷、稻、麦、菽、糜等，《夏小正》即有关于“祈麦实”“种黍菽糜时也”的记载；商代见于甲骨文的就有黍、稷、稻、麦、米（小麦）；周代主要有粟、黍、稷、稻、粱、豆、麦、桑、麻等，《诗经》中有许多关于农物作的记载，如《王风·黍离》云：“彼黍离离，彼稷之苗”；《小雅·甫田》云：“黍稷稻粱，农夫之庆”；《小雅·采菽》云：“采菽采菽，筐之筥之”；《魏风·硕鼠》云：“硕鼠硕鼠，无食我麦。”先秦农作物的品种虽然多，但主要的作物则为粟、稻，北方以粟当家；南方以稻当家。

粟，泛称禾、谷，即现在中国北方所称的“谷子”，脱皮后俗称“小米”，是经常食用的一种谷物。此外，先秦时最常见的两种农作物，一是黍，现在中国北方称为“黍子”，俗称“黄米”，是当时祭祀的主要祭品之一，也是酿酒的主要原料；二是稷，稷与粟相似，只是颗粒稍大，味道稍差，但却更耐旱。粟、黍、稷都是中国北方的耐旱作物，实际上都是“小米”，也可统称为“粟”。由于粟耐旱，适应中国北方的气候和土壤，所以种植广泛，而且品种多。《诗经·生民》就说：“诞降嘉种，维秬维秠，维糜维芑。”秬和秠是黑黍，糜是赤粱粟，芑是白粱粟。而先秦对粟、黍中品种较好的泛称为“粱”，常与稻并称为美食，《诗经·唐风·鸨羽》即说：“王事靡盬，不能蓺稻粱。”到战国之时，粟的地位更重要，《墨子·尚贤中》说：“耕稼树艺，聚菽粟，是以菽粟多而民足丰食。”《孟子·尽心上》亦说：“圣人治天下，使有菽粟如水火。”《战国策·齐策四》也说：“无不被绣衣而食菽粟者。”凡此等等，足见先秦之时，粟是中国北方的当家作物。

稻则是先秦中国南方的当家作物。商代卜辞中“受䆃年”常与“受黍年”同出，“䆃”即为“稻”[①]。郑州白家庄商代遗址中就发现有稻壳的痕迹[②]。周代更重视稻的种植，《周礼·地官·司徒第二》说：“惟王建国，辨方正位，体国经野，设官分职，以为民极。乃立地官司徒，使帅其属而掌邦教，以佐王安扰邦国。”于是在地官司徒之下设有“稻人”一职，专管稻田的生产，其有“上士二人、中士四人、下士八人、府二人、史四人、胥十人、徒百人”。贾公彦疏：稻人，“掌稼下地，胥徒多者以

① 唐兰：《殷虚文字记》，中华书局1981年版，第33—34页。
② 《河南淅川下王岗遗址的试掘》，《文物》1972年第10期。

其并遗营种稻田”。《诗经·小雅·白华》就有“滮池北流，浸彼稻田”的记载。周代稻还是宗庙祭祀的主要祭品之一，称之为“嘉蔬”[①]。由于水稻种植已很普遍，故庶人祭祀也以稻为祭品，美称为“稻以雁”[②]，把稻谷作为大雁一样珍贵的祭品了。祭祀用稻作祭品，办丧事也用稻作陪葬品，《仪礼·士丧礼第十二》就说：士丧礼中要“稻米一豆（4 升）实于筐”。稻作为主粮产量多了，也成为做酒的主要原料，用稻米做的甜酒俗称“稻醴”[③]。《诗经·豳风·七月》说：“八月剥枣，十月获稻，为此春酒，以介眉寿。”正因为稻在周代已成为主要的粮作物，所以《诗经·小雅·甫田》说：“黍稷稻粱，农夫之庆”。由于稻的种植需要水和较温暖的气候，故先秦长江中下游的荆扬地区是稻的主要产地，《周礼·夏官·职方氏》说：“荆州、扬州其谷宜稻。”当然黄河流域的部分地区也有种植，《诗经·唐风·鸨羽》说：“不能蓺稻粱，父母何尝。”但是由于自然条件的限制，稻谷在北方虽然是祭祀的“嘉蔬”和美食，但北方的种稻区域总是有限的，而南方却因气候适宜种稻。早在河姆渡时代就开始种稻，并以稻谷为日常主食，形成“饭稻羹鱼”的风俗，所以稻就成了中国南方的当家作物。

北以粟当家，南以稻当家，这项农俗虽其后变异为北方麦当家，但南方却一直以稻当家，至今未变。

（三）从耜耕到犁耕

先秦农业的耕作风俗，经历了一个从耜耕到犁耕的发展过程。战国以前，由于先秦农业发展的整体水平还不高，农具还比较原始，所以，从夏代“禹之王天下也，身执耒雷以为民先”[④] 开始，直到周代，耒、耜一直是农耕启土的主要农具，如《周礼·考工记》说：“车人为耒”“匠人为沟洫，耜广五寸。”所以《淮南子·氾论训》有“古者剡耜而耕”之说，这种“耜而耕”的方式就是人工耕地，简称“耜耕”。

这种人工耕地的风俗劳动效率较低，“一人跖（踏）耒而耕，不过十亩”，形成“井田制”，采取集体劳动的方式进行耕作。商代甲骨文

① 《礼记·曲礼下》。
② 《礼记·王制》。
③ 《礼记·内则第十二》。
④ 《韩非子·五蠹》。

中称这种集体劳动方式为“劦田”，即“协田”。周代则为耦耕，《周礼·考工记》记载：“二耜为耦”；《诗经·周颂·噫嘻》描写这种集体耦耕的劳动场面说：“噫嘻成王，既昭假尔。率时农夫，播厥百谷。骏发尔私，终三十里。亦服尔耕，十千维耦。”至春秋，仍普遍使用耒、耜进行耦耕。《左传》昭公十六年说：“庸次比耦”；《国语·吴语》说：“譬如农夫作耦”；《论语·微子》说：“长沮、桀溺耦而耕”，屡见不鲜。

战国之时，由于铁制农具的普遍使用，耒、耜逐渐发展演变为犁。这个过程大致是这样的：耒的前端最初是一段木棒，柄前曲分三段渐次弯曲，柄的前端有一段短木突出；踩之可以使耒头人土，柄的末端有一段横木，与柄呈T字形，用以执手，待耒头人士后，以手按此横木，便可启土。后来发展成歧头二齿，进而演变为一块尖锐扁平的木板，有扁方銎长体式、扁方銎宽体式、椭圆銎长体式、椭圆銎宽体式等形制，俗称为“耜”。战国之时，耜由木制改为局部用铁后，即用铁皮包耜头，耜便演变成了犁杖和铧头，俗称犁铧，简称“犁”。

与犁的出现相对应，春秋末已出现的牛耕在战国普遍发展起来，因而原来用于宗庙祭祀的牛则普遍承于耕地了，《国语·晋语》即说：“范、中行氏……今其子孙将耕于齐，宗庙之牺，为畎亩之勤。”《孟子·滕文公上》记载了孟轲同许行弟子陈相的一段对话，孟轲问：“许子以釜甑爨，以铁耕乎？”陈相答：“然。”《管子·轻重乙》也说“请以什伍农夫，赋耜铁”。可见战国之时“铁”和“耕、耜”都已联系在一起了。耜耕之俗已演变成犁耕之俗。

（四）从游耕到井田

先秦农俗在耕作上经历了从游耕到井田的发展过程。

夏、商刚从原始社会脱胎出来的时候，刀耕火种的耕作方式对他们还有很大的影响，当时实行的是在一定的地方连续耕种二三年，然后撂荒，到另一个地方耕种二三年后，再返回原处，或另找一个新的地方进行耕种。这样不断地撂荒，谓之游耕。

由于游耕耕作方式的决定性影响，夏、商两代的都城曾多次迁徙。夏都初在大夏，后太康居斟寻（今河南巩县西南），后相即位，居帝丘（今河南濮阳西南），后帝杼居原（今河南济源西北），再自原迁于老后（今河南开封东北）。[①] 所以《逸周书·度邑解》说："自洛汭延于伊汭，居易无固，其有夏之居。"可见，夏代至少在帝杼以前是在河南沿黄河两岸地区进行游耕的。商代游耕的历史更加长久，张衡在《西京赋》中说："殷人屡迁，前八后五，居相圮耿，不常厥土。"在此所谓"前八"是指商汤建国前自契至汤14世八迁都城，据王国维《说自契至于成汤八迁》一文考证，八迁的地点是：蕃、砥石、商、商丘、相土之东都、殷、亳。所谓"后五"是指汤至盘庚20世五迁都城。据《竹书纪年》的记载：仲丁自亳迁于嚣（今河南荥阳县敖山），河亶甲自嚣迁于相（今河南豫西一带），祖乙迁于庇（今河北邢台），南庚自庇迁于奄（今山东曲阜），盘庚自奄迁于殷（今河南安阳西北）。[②] 商代在盘庚前迁徙如此频繁，尤其是在成汤以前的八迁大多与游耕的耕作方式有关，所以甲骨文中有"己巳王卜，贞☐岁商受年，王卜曰：吉。东土受年，南土受年，西土受年，北土受年"[③]。卜问耕地，实行另换耕地的卜辞。

先秦撂荒游耕的风俗随着农业生产水平的提高而逐渐稳定下来，发展成为集体的井田风俗，即撂荒之俗变为休耕之俗，从而形成先秦独具特色的耕作方式。

休耕——菑、新、畬的耕作方式，畬是年年种不易之地；新是三年中种二年，休耕一年的"一易之地"；菑是三年中种一年，休耕二年的"再易之地"[④]。故《周易·无妄·六二》说："不耕，获，不菑，畬，则利有攸往？"《尚书·梓材》也说："若稽田，既勤敷菑，惟其陈修，为厥疆畎。"《诗经·采芑》说："薄言采芑，于纳新田，于此菑田。"就是《周礼·地官》中《大司徒》和《遂人》所述两官的职责也是把菑、新、畬作为农事中的习惯来讲的。

夏代大约到少康时已有井田。到周代，井田制是与休耕风俗紧密联系在一起的。《周礼·地官·遂人》说："以岁时稽其人民而授之田野。"就是与夏代"农率均田"一样，定期重新分配土地。按《周礼

① 以上均参阅《竹书纪年》。

② 商五迁地望，参阅孙淼《夏商史稿》，文物出版社1987年版，第348—362页。

③ 《粹》901。

④ 以上所引均见《周礼·地官·大司徒》。

·地官·均人》的规定是“三年大比则大均”“司空谨别田之高下善恶，分为三品，上田一岁一垦，中田二岁一垦，下田三岁一垦，肥饶不能独乐，硗埆不能独苦，故三年一换主易居，财均力平。”分配方法是“不易之地家百亩，一易之地家二百亩，再易之地家三百亩”①。在此要说明的是，先秦的“亩”与现代作为土地面积的计量单位不同，它是指经人工整治成凸出地面，有一定尺寸的长方形田垄，一垄谓之一亩。据《司马法》所载：“六尺为步，步百为亩”，即一亩宽六尺，长六百尺。

（五）深耕·疾耰·易耨

春秋以前，虽然将土地整治成畎亩，“以薅荼蓼，荼蓼朽止，黍稷茂止”②，除草作绿肥习已成俗，但耕作技术仍较粗放。春秋以后，特别是战国时期，由于铁农具的使用，耕作技术大有进步，而形成了深耕、疾耰、易耨的风俗，《管子·小匡》说：“深耕、均种、疾耰”；《孟子·梁惠王上》也认为：“深耕易耨”；《韩非子·外储说左上》也说：“如是耕者且深，耨者熟耘也。”

深耕，据《吕氏春秋·土容论·辩土》记载，是根据土壤的结构和墒情安排耕地的先后次序。习惯是先垆后矿，即先耕黏性较大的“垆土”③，以免水分散失而使土变硬。耕地的深度以见墒为度，即“深殖之度，阴土必得，大草不生，又无螟蜮，今兹美禾，来兹美麦”④。

耰，就是播种后用耰平土，掩盖种子之俗。《论语·微子》说：“耰而不辍”；郑玄注：“耰，覆种也”；《孟子·告子上》亦说：“播种而耰之。”而疾耰就是播种后尽快将土块打碎覆盖种子，以免跑墒，以利出苗，此即《国语·齐语》所说的“深耕而疾耰之，以待时雨”。

耨，即耘，就是中耕除草之俗。西周时期已流行，春秋战国时期更是普遍风行。《孟子·梁惠王上》说，“易耨”中之“易”是整治之意。⑤

① 《周礼·地官·大司徒》。

② 《诗经·周颂·良耜》。

③ 垆土是指黑色坚硬而质粗不黏的土壤。

④ 《吕氏春秋·土容论·任地》。

⑤ 《孟子·尽心上》：“易其田畴。”赵岐注：“易，治也。”

《吕氏春秋·任地》中对易耨的要求是“五耕五耨，以审必尽”；《管子·度地》也说：“大署至，万物荣华，利以疾耨，杀草薉藴。”就是说当时的农人规定务必把杂草在蔓延之前消灭掉。

这样，到春秋战国时期，先秦农业深耕、疾耰、易耨已成为精耕细作风俗的重要内容了，所以《孟子》《管子》中常常是“耕耨”或“耕耘”连用，俗称整个农事活动。

（六）从物候到二十四节气

先秦早期主要根据物候的变化来掌握农时，遂形成了丰富的物候农时风俗。

《夏小正》按 1 年 12 个月分别记载了不同农时的不同物候，对草、木，以及鸟、兽、家禽和鱼的活动都进行了观察。如正月的物候是启蛰、雁北乡、雉震响、鱼陟负冰、田鼠出、獭祭鱼、囿有见韭、鹰则为鸠、柳稊、梅杏杝桃则华、缇缟、鸡桴粥，此时可“农率均田”和“采芸”；三月的物候是榖则鸣[①]、田鼠化为鴽（一种候鸟）、拂桐芭、鸣鸠，此时可摄桑委物、颁冰、采枳；四月的物候是鸣札，囿有见杏、鸣蜮、王萯秀、秀幽，这时可取荼、执陟、攻驹；七月的物候是秀灌苇、狸子肇肆、湟潦生苹、爽死、荓秀、寒蝉鸣，此时可灌荼。[②] 此后，战国时期成书的《小戴礼记·月令》和《吕氏春秋·十二纪》中有关物候的记载大多源自《夏小正》，只不过略有修改而已。前已述及，周代《诗经》中也有不少物候风俗的记载，特别是《豳风·七月》是一篇关于物候的诗歌。在先秦的物候经验和知识不断丰富发展的同时，先秦的历法到战国后期，《吕氏春秋》中记载了二十四节气的大部分名称，从此二十四节气成为民间传统节令。

从物候到二十四节气是先秦农时风俗的一大进步。二十四节气出现后，战国时的华夏族人在历来物候知识的基础上，结合二十四节气归纳整理成七十二候，成书于战国时期的《逸周书·时训》最早记载了这一风俗，其将物候观测与季节气候的变化结合得更为紧密，从而奠定了汉民族农时风俗的基本框架（详见下表）。

---

① 榖是农田害虫蝼蛄。

② 参阅夏纬瑛《夏小正经文校释》，农业出版社 1981 年版。

二十四节气、七十二候表

月份	节气	第一候	第二候	第三候
孟春	立春	东风解冻	虫始振	鱼上冰
	雨水	獭祭鱼	鸿雁来	草木萌动
仲春	惊蛰	桃始华	仓庚鸣	鹰化为鸠
	春分	玄鸟至	雷乃发声	始电
季春	清明	桐始华	田鼠化为鴽	虹始见
	谷雨	萍始生	鸣鸠拂其羽	戴胜降于桑
孟夏	立夏	蝼蝈鸣	蚯蚓出	王瓜生
	小满	苦菜秀	靡草死	小暑至
仲夏	芒种	螳螂生	鵙始鸣	反舌无声
	夏至	鹿角解	蜩始鸣	半夏生
季夏	小暑	温风至	蟋蟀居辟	鹰乃学习
	大暑	腐草为蠲	土润溽暑	大雨时行
孟秋	立秋	凉风至	白露降	寒蝉鸣
	处暑	鹰乃祭鸟	天地始肃	禾乃登
仲秋	白露	鸿雁来	玄鸟归	群鸟养羞
	秋分	雷始收声	蛰虫培户	水始涸
季秋	寒露	鸿雁来宾	爵入于水为蛤	菊有黄华
	霜降	豺乃祭兽	草木黄落	虫咸俯
孟冬	立冬	水始冰	地始冻	雉入大水为蜃
	小雪	虹藏不见	天气上腾地气下降	闭塞而成冬
仲冬	大雪	鶡旦不鸣	虎始交	荔挺生
	冬至	蚯蚓结	麋角解	水泉动
季冬	小寒	雁北向	鹊始巢	雉始雊
	大寒	鸡始乳	鸷鸟厉疾	水泽腹坚

（七）后宫藏种

古时人们迷信妇女有传类繁殖之吉祥，以各种形式，经过她们的孕育，可使农业丰收。先秦农俗中保留有这种古老风俗，即“后宫藏种”。《周礼·天官冢宰·内宰》说：“上春，诏王后帅六宫之人而生穜稑之种，而献之于王。”郑玄注：“六宫之人，夫人以下分居后之六宫者。古者使后宫藏种，以其有传类蕃孳之祥；必生而献之者，示能育之，使不伤败，且以佐之耕事。”《周礼·地官·司徒·舍人》也说：“以岁时县（悬）穜稑之种，以共王后之春献种。”郑玄注：“县之者，欲其风气燥达也。郑司农曰，春，王耕于藉，则后献其种也。”这种“后宫藏种”的风俗，正是祈求农业丰收的第一步：由妇女孕育种子，以求传类繁殖之吉祥。

《诗经》中有孕育风俗的遗存。《召南·摽有梅》说：“摽有梅，其实七兮；求我庶士，迨其吉兮。摽有梅，其实三兮；求我庶士，迨其今兮。摽有梅，顷筐塈之，求我庶士，迨其谓之。”这首诗的意思是说在果实收获的季节，大会族人于果园之中，恣为欢乐，于是时士女分曹而坐，女竞以新果投其所悦之士，中马者所解佩玉以相报，即相与为夫妇。闻一多先生解释说：史前自然分工，“男任狩猎，女子任采集，故蔬果之属，相沿为女子所有”。既然“果实为女所有，则女之求士，以果为贽，固宜。然疑女以果实为求偶之媒介，亦兼即其繁殖性能之象征意义。掷人果实，即欲贻人嗣胤之意者，故女欲事人者，即以果实掷之其人以表诚也”[①]。这种解释，道出了《召南·摽有梅》这首诗的古俗的文化底蕴。

（八）祭祀社稷

先秦之时，人们憧憬农业的丰收，常用祭祀方式祈求农业神——社稷保佑。社稷本为两个不同的神，社为土地神，稷为五谷神。

社，相传为后土句龙，《礼记·祭法》说：“共公氏之霸九州也，其子曰后士，能平九州，故祀之以为社。”《国语·鲁语上》和《左传》昭公二十年中均有相同的记载。传说时代的共工“人面蛇身”，掌管“百工之事”。其子句龙专管农业生产，懂得栽种谷物及其他作物，遂被人们崇为神祇，谓之“社神”。

夏启在率军与有扈氏大战于甘地前说：“夏代即祭祀社神，用命，赏于祖；弗用命，戮于社。”[②] 其意就是说努力完成命令的，便在先祖的神位面前行赏；未完成命令的，便在社神面前给予惩罚。商代称“社”为“土”，甲骨卜辞中有许多商王祭祀社神祈求风调雨顺、年岁丰收的记载，如“求年如土”等。《诗经·商颂·玄鸟》所说“宅殷土茫茫”，在《史

① 闻一多：《古典新义》，生活·读书·新知三联书店1982年版，第143页。

② 《尚书·甘誓》。

记·三代世家》中仅被改为“宅殷社茫茫”，商汤时因大旱不雨，曾亲自“祷于桑林之社”，祈求社神降雨赐福。商都朝歌城内，即置有祭祀社神的社坛。周武王灭商后的第二天即下令“修社及商纣宫”①，以备举行祭社仪礼。

周代对社神的祭祀，实行了“封土立社”的制度，《礼记·祭法》说：“王为群姓立社，曰大社；王自为立社，曰王社；诸侯为百姓立社，曰国社；诸侯自立社，曰侯社；大夫以下，成群立社曰署社。”对“置社”孔颖达疏曰：“大夫以下，士庶成群，聚族而居。其群众满百家以上者得立社，为众特置，故曰置社。”此即《白虎通》社稷所说：“封土立社，示有土也。”这种置社俗称“民社”②，以与上述“官社”相区别。《周礼·地官·族师》说：周代“五家为比，五比为闾，五闾为族，五族为党，五党为州，五州为乡。闾二十五家，闾无社，不满百家也；一族一百家，族有社，满百家也”。故周代的民社有族社、党社、州社。对周代的农业来说，最有意义的是对“民社”的祭祀。《周礼·地官·州长》说：“州长若以岁时祭祀州社，则属其民而读法。”“凡州之大祭祀，莅其事。”孔颖达疏曰：“岁时谓岁之二时春秋耳。春祭社以祈膏雨，望五谷丰熟，秋祭社者以百谷丰稔所以报功，故云祭社州社也。”又曰：“大祭祀谓州社稷。……党祭禜，族祭酺。”对“党祭禜，族祭酺”，《周礼·地官·族师》说：族师“春秋祭酺”。《周礼·地官·党正》说：党正“春秋祭禜”。所谓“酺”，周俗为人物灾害之神；所谓“禜”周俗为水患之神，可见族社、党社、州社等民社所祭都是有关农业生产、人物灾害、水患的酺神、荣神。正因为周代民社承继了朴素原始自然崇拜的遗风，所以“天子诸侯祭社用籍田之谷，大夫以下无籍田，则丘乘之民共之”，祭祀社神的祭物，都是“出于民之所自供”③，并在民间形成了祭祀土地神的节日——春社和秋社。

社设有社主，春秋前均用木制，故俗称“木主”。夏、商、周三代所用木不同，“夏后氏以松，殷人以柏，周人以栗”④。社为一方坛，无屋、

---

① 《史记·周本纪》。

② 《礼记·月令》：“命民社。”

③ 孙希旦：《礼记集解七·郊特牲第十一之一》。

④ 《论语·八佾篇》。《淮南子·齐俗训》有另一说：“有虞氏用土，夏后氏用松，殷人用石，周人社用栗。”

社坛里藏有社主。此俗流传至今，汉民族各地的社（土地庙）均极小而简陋。

稷，本指先秦北方最主要的粮食作物粟，被崇拜为五谷之神，实乃事出有因。《礼记·祭法》说："是故历山氏之有天下也，其子曰农，能殖百谷；夏之衰也，周弃继之，故祀以为稷。"孔颖达疏："'故祀以为稷'者，谓农乃弃，皆祀以配稷之神。"又引申指祭祀谷神。对此，东汉时期的班固在《白虎通·社稷》中又作了进一步的说明，他说：

> 王者所以有社稷者，为天下求福报功。人非土不立，非谷不食，土地广博不可遍敬也；五谷众多不可一一而祭也，故封土立社，示有土尊。稷，五谷之长，故封稷而祭之也。

先秦之时，对社、稷两种的祭祀崇拜本来是分得十分清楚的，社为土地神，稷为五谷神。即《荀子·礼论》所讲："故社，祭社也；稷，祭稷也。"但是周代春秋以来，社神与稷神逐渐合而称之为"社稷"。《周礼·春官·大宗伯》说："以血祭祭社稷、五祀、五岳。"郑玄注："社稷土谷之神。"这说明社稷乃为农业神被崇拜。

周代社稷五祀的神祇是：社神后土句龙；稷神田正（一为烈山氏之子柱，一为周始祖弃）；五祀是木正句芒、火正祝融、金正蓐收、水正玄冥、土正后土①。这是先秦对与人们生产和生产有密切关系的土、谷、金、木、水、火等神祇的祭祀，其中土、谷神是关系国计民生最重要的神祇，又逐渐异化成了象征国家的守护神，成了国家的代称。《礼记·曲礼下》即说："国君死社稷。"《礼记·檀弓下》也说："能执干戈以卫社稷。"

先秦祭祀社稷用血祭②，即宰杀牲牢祭祀。

（九）焚巫求雨

先秦之时，风调雨顺对农业的丰歉有着决定性的作用，雨遂成了主宰农业收成的神而被人们祭祀，称之为雩祭。《礼记·祭法》说："雩禜，祭水旱也。"孔颖达疏："'雩禜，祭水旱'者亦坛名也。雩，吁嗟也，水旱为人所吁嗟；禜，亦营域也，营域而祭之，故曰雩禜也。"《荀子·天

---

① 《左传·昭公二十九年》。

② 《周礼·春官·大宗伯》。

论》也说：“雩而雨，何也？曰，无何也，犹不雩而雨也。”《左传·桓公五年》又说：“龙见而雩。”

雩祭之俗始于商代，常常举行巫术求雨，即由巫师燃火祈雨，若求得，甚幸；若求不得，巫师则需自焚祈雨，这种祭祀方法当时又俗称燎祀。《周礼·周官·大宗伯》说：“以禋祀祀昊天上帝，以实柴祀日月星辰，以槱燎祀司中司令、风师雨师。”

先秦求雨的巫师俗称“雨师”，又俗称“赤松子”。相传赤松子是神农的雨师，据西汉刘向所撰的《列仙传》说，其“服水玉以教神农。能人火自烧。往往至昆仑山上，常止西王母室中，随风雨上下。炎帝少女追之，亦得仙俱去，至高辛时复为雨师，今之雨师本是焉。”神农即炎帝[①]，据考：炎黄大战时，炎帝曾用赤松子用巫术求雨，黄帝则用反巫术下旱魃停了雨，于是赤松子祈雨不得而被焚[②]，这就是先秦焚巫求雨之俗。赤松子也由于自焚升天而成“仙”，在先秦遂演变成掌祈雨巫师的专用名。

商代甲骨卜辞中有不少焚巫求雨的记载。[③]《文选·思玄赋》注引《淮南子》中也说：“汤时，大旱七年，卜，用人祀天。汤曰：‘我本卜祭为民，岂于自当之。’乃使人积薪，剪发及爪，自洁，居柴上，将自焚人祭天。火将燃，即降大雨。”

春秋之时，焚巫求雨的祭仪仍盛行，《左传·僖公二十一年》记载：“夏大旱，公欲焚巫尫。”《礼记·檀弓下》又说：“岁旱，穆公召县子而问然。曰：‘天久不雨，吾欲暴尫而奚若？’曰：‘天久不雨，而暴尫人疼予，虐，毋乃不可与？’然则吾欲暴巫而奚若？曰：‘天则不雨，而望之电风愚妇人，于以求之，毋乃已疏乎？’”由于求雨对先秦的农业有至关重要的作用，所以周代专设司巫一职管焚巫求雨之祭仪，《周社·春官·司巫》说：“司巫掌群巫之政令。若国大旱，则帅巫而舞雩。”被焚者在先秦早期多为主持祭仪的巫师，春秋时则有所变化，被焚者成为身体有残疾的人，或为女巫。

---

① 《史记集解》引皇甫谧曰：“《易》称庖牺氏没，神农氏作，是为炎帝。”又引班固曰：“教民耕农，故号曰神农。”

② 王青：《赤松子神话与商周焚巫祈雨仪式》，《民间文学论坛》1993 年第 1 期。

③ 董作宾：《殷虚文字甲编》637，商务印书馆影印本 1948 年版。

先秦焚巫求雨一般选择林木之旁举行。《吕氏春秋·季秋纪·顺民》记载："昔者汤克夏而正天下，天大旱，五年不收，汤乃以身祷于桑林。"《左传》昭公十六年也说："郑大旱，使屠击，祝谷，柎竖拊有事于桑山。斩其木，不雨。"焚巫求雨一般在四月农耕之后举行，用祈雨典礼以助作物生长。而遇天旱，则随时可举行。

二　水利风俗

（一）沟洫排灌

水利是农业的命脉。自夏代开始即已形成沟洫排灌的风俗。《论语·秦伯》说：禹"尽力乎沟洫"。商代甲骨卜辞中有许多"咹"字，据张政烺先生考释，此字为"畎"字[①]，即田间水沟之意。及至周代，按照周代的风俗，耕种前的整地要根据地形高低，河川流向来划定田界，修筑堤坝，控制沟渠，并按水流方向决定垄亩的纵横和安排沟洫系统，以利排灌。对此周人俗称"疆理"，《诗经·小雅·南山》说："信彼南山，维禹甸之；畇畇原隰，曾孙田之。我疆我理，南东其亩。"朱熹《诗集传》说："疆者，为之大界也；理者，定其沟涂也。"所以《诗经·大雅·緜》在追述太王迁岐后开辟田地时就说："乃疆乃理，乃宣乃亩。"此所谓"宣"是指开通沟渠，"亩"则是整治田地。《尚书·梓材》中周公对康叔也说："若稽田，既勤敷菑，惟其陈修，为厥疆畎。"

正因为周代风俗水利设施是与农业生产"理疆宣亩"紧密结合在一起的，故才形成井田制。井田中的沟洫既能排水防涝，又能引水灌溉。《周礼·地官·逐人》对周代的沟洫与井田结合的风俗作了详细的记载："凡治野，夫间有遂，遂上有径；十夫有沟，沟上有畛；百夫有洫，洫上有涂；千夫有浍，浍上有道；万夫有川，川上有路。"从中可见周代沟洫排灌已形成遂、沟、洫、浍、川的系统。正如王祯在《农书》中所说："古之井田，沟洫脉络，布于田野，旱则灌溉，涝则泄去。"

（二）戽斗提水

戽斗，是一种人力灌溉的提水工具，据说是周代的始祖公刘发明[②]，至今已有三千多年的历史了。用长粗绳缚于木桶或柳笆斗的两边，两人对

---

① 张政烺：《卜辞裒田及其相关诸问题》，《考古学报》1973 年第 1 期。

② 章楷：《中国古代农机具》，人民出版社 1985 年版，第 56 页。

立，双手各执一绳，以协调一致的动作将其左右摆荡，从而将低处的塘水勺起甩向较高处的田间。王祯在《农书》卷十八中有详细的记载："戽斗，挹水器也。凡水岸稍下，不容置车，当旱之际，乃用戽斗，控以双绳，两人掣之，抒水上岸，以灌田稼。其斗或柳筲，或木罂，从所便也。"此俗至今仍在民间流传。

（三）桔槔和辘轳

先秦时利用地下水灌溉早已成俗，古文献中有黄帝穿井、舜帝凿井、伯益作井的传说，《世本》还记载商汤时天旱，伊尹教民"凿井灌田""负水浇稼"。春秋时有了陶井，《庄子·天地》中就有井灌的记载，但最早的井灌方式是原始的"抱瓮而灌"①，后遂用桔槔和辘轳为浇灌工具。

桔槔，就是俗称的吊杆，即用一根长木杆，横挂在木架或树上，一头挂水桶，另一头绑一块大石头。取水时把挂水桶的一头向下拉，使桶垂于井中，这时绑石头的一头高高翘起；桶中装满水后，因长杆另一头石头的下压，可以不费多大力气把水提上来的灌溉。据考证，桔槔可能始创于商代初期。②《庄子·天地》中有详细的记载："子贡南游于楚，反于晋。过汉阴，见一丈人方将为圃畦。凿隧而入井，抱瓮而出灌，搰搰然用力甚多而见功寡。子贡曰：'有械于此，一日浸百畦，用力寡而功多，夫子不欲乎？'为圃者仰而视之曰：'奈何？'曰：'凿木为机，后重前轻，挈手若抽，数加泆汤，其名曰槔。"这种提水工具多用于浅井灌溉。

辘轳，是提取深井井水的工具，即在井上竖立一个支架，上装可用曲手柄摇转的轴筒，筒上绕绳索，绳端系挂水桶，转动曲手柄，绳在轴筒上缠绕或解开，使绳端装满水的水桶一起一落取井水灌溉。据传辘轳是周代初期的史官史佚发明的，但江西瑞昌 1988 年在商代中期的铜岭古矿出土 1 件辘轳，可见商代已有用辘轳之俗。湖北大冶 1979 年在铜绿山古矿井出土的 2 件木质辘轳，更加灵巧，推上辘轳支架上的插销可控制轴的回转。③

三　畜牧渔业风俗

（一）从放牧到圈养

先秦的畜牧业开始都以放牧为主。《史记·夏本纪》说："莱夷为

① 《庄子·天地》。

② 章楷：《中国古代农机具》，人民出版社 1985 年版，第 55 页。

③ 吕涛总纂：《中华文明史》第 2 卷，河北教育出版社 1994 年版，第 216 页。

牧。”又传少康曾做过有仍氏的“牧正”[①]。商代“前八后五”的迁徙[②]，既表现了商人农业的游耕风俗，也反映了商人畜牧业更换牧地的放牧风俗。周初的甲骨卜辞说：“王以我牧单马豚卜。”[③] 可见周人的畜牧业开始也以放牧为俗。

但是随着农业的发展，从游耕走向井田，畜牧的放牧之俗也逐渐为圈养之俗所代替。《世本·作篇》说：“相土作乘马”“胲作服牛”。不仅驯养了马、牛，而且《管子·轻重戊》说：“立皂牢，服牛马，以为民利。”“皂”即喂牛、马的槽，“牢”即养牛马的圈。周代以来，家畜、家禽的饲养已成为民间的主要副业之一，《孟子·梁惠王》说：“鸡豚狗彘之畜，无失其时。”春秋之时，吴国有养鸡的“鸡陂”[④]，越国有养鸡、狗、猪的“鸡山”“犬山”“豕山”[⑤]。

（二）相马与骟马

先秦对马的饲养特别重视，遂形成相马之俗。据谢成侠研究，商代已出现职业相马人，[⑥] 周代也设“马质”一职专司相马估价。由于相马蔚然成风，故而春秋以后相马家迭出，脍炙人口的伯乐识千里马的故事便是一个典型的实例。据《列子·说符》记载：秦穆公时，伯乐推荐九方皋为相马接班人，寻求千里马，九方皋历经三个月回来禀报说：“已得之矣，在沙丘，牡而黄。”但取马的人却发现是“牝而骊”。穆公召见伯乐质问九方皋：“色物牡牝尚弗能知，又何马之能知也?”而伯乐却相信九方皋相马的本领。见马后，果然为天下之良骏——千里马。原来当时相马之俗是能得其精而忘其粗，见其内而忘其外，见其所见，不见其所不见。故九方皋尽管不辨毛色，不问雌雄，却能洞察马的素质好坏。

先秦着眼于马的特殊部位的相马风俗，造就了一批各具特点的相马师。《吕氏春秋》卷二十《恃君览·观表》说：“古之善相马者，寒风氏相口齿，麻朝相颊，子女厉相目，卫忌相髭，许鄙相尻，投伐褐相胸肋，

---

① 《左传》襄公元年。

② 即自契至汤八迁，自汤至盘庚五迁。

③ 转引自中国科学院中国农业遗产研究室编《中国古代农业科学技术史简编》，江苏科学技术出版社 1985 年版，第 253 页。

④ 《逸周书·王会解》。

⑤ 《越绝书》卷 8。

⑥ 章义和：《中国古代的相马术》，《历史大观园》1989 年第 12 期。

管青相膹肳，陈悲相股脚，秦牙相前，赞君相后。凡此十人，皆天下之良工也。”为了获得好马，先秦之时非常重视马的配种，“季春之月，乃合累牛腾马游牝于牧。”[①] 按俗规在马匹交配的春季，幼驹不得与牝马混杂以免影响其正常发育，所以《周礼·夏官·校人》中亦有“执驹”的记载。另有阉割之俗，《夏小正》中俗称为“攻特”；《周礼·夏官·庾人》中俗称“攻驹”，即“骟马”。

（三）捕鱼和养鱼

先秦捕鱼的网俗称“罟”，《易经·系辞下》说：“作结绳而罔罟。”其后捕鱼的工具逐渐多样化，据典籍记载，除一般的网以外，主要还有：

罛，就是大的渔网。《诗经·国风·卫风·硕人》说：“施罛濊濊。”

九罭，就是捕捉小鱼的细眼网。《诗经·国风·豳风·九罭》说：“九罭之鱼，鳟、鲂。”毛传：“九罭，绳罟，小鱼之网也。”

罜，也是一种小鱼网。《国语·鲁语上》说：“鸟兽成，小虫孕，水虞于是禁置罜。”

罩，就是捕鱼的竹笼。《诗经·小雅·南有嘉鱼》说：“南有嘉鱼，烝然罩罩。”

汕，就是捕鱼的抄网。《诗经·小雅·南有嘉鱼》说：“南有嘉鱼，烝然汕汕。”

梁，就是断水捕鱼的堰坝。《夏小正》说：“虞人入梁。”《诗经·邶风·谷风》亦说：“毋逝我梁，毋发笱。”毛传：“梁，鱼梁；笱，所以捕鱼也。”《周礼·天官》也说：“渔人掌以时渔为梁。”

潜，就是积柴木在水中捕鱼的方法。《诗经·周颂·潜》说：“猗与漆沮，潜有多鱼。”毛传：“潜，糁也。”《小尔雅》也说：“鱼之所息谓之槮。槮，糁也，谓积柴水中，令鱼依之止息，因而取之也。”

除淡水捕鱼外，海洋捕捞在春秋战国时期也大兴，《管子·禁藏》说：“渔人之入海，海深万仞，就彼逆流，乘移百里，宿夜不出者，利在水也。”

先秦人工养鱼之俗在商代已兴，甲骨卜辞中有很多“在圃鱼，十一月”的记载[②]，即在十一月捕捞池塘里养的鱼。周代已有专门养鱼的鱼

① 《礼记·月令》。

② 吕涛总纂：《中华文明史》第 2 卷，河北教育出版社 1994 年版，第 183 页。

塘，《诗经·大雅·灵台》说："王在灵沼，于牣鱼跃。"灵沼就是周文王在沣京宫城修建的鱼塘。春秋战国时，人工池塘养鱼之俗更兴，《孟子·万章上》说："昔者有馈生鱼于郑子产，子产使校人畜之池"；《庄子·大宗师》说："鱼相造乎水……穿池而养给。"正因为人工穿池养鱼已成风俗，故《礼记·月令》说："孟冬之月……乃命水虞、渔师收水泉池泽之赋。"而养鱼发达的越国，"畜鱼三年，其利可以致千万。"[①]

先秦捕鱼和养鱼之俗中已有渔禁。《孟子·梁惠王上》说："数罟不入洿池，鱼鳖不可胜食也。"说明渔禁之重要。鲁国专管渔业的水虞，即"掌川泽之禁令"[②]。按俗规，水虫孕育之时严禁捕捞。每年捕鱼季节，水虞先用大鱼和贝蛤祭礼宗庙，然后宣布开放渔禁。据《国语·鲁语》记载，有一年鲁宣公在禁渔期捕鱼，受到里革的劝阻，里革说：宣公夏滥于泗渊，里革断其罟而弃之，"古者大寒降，土蛰发，水虞于是乎讲罛罶，取名鱼，登川禽，而尝之寝庙……今鱼方别孕，不教鱼长，又行罜罟，贪无艺也。"《国语》中也有渔禁鲲鲕之说。[③] 除禁捕鱼苗和小鱼外的俗规外，还有禁竭泽而渔。[④]《吕氏春秋》就告诫说："竭泽而渔，岂不得鱼，而明年无鱼。"《云梦秦简·田律》中还有禁以毒药捕鱼的俗规。

（四）养蚕

先秦室内养蚕的风俗兴起，《夏小正》即说："妾子始蚕，执养宫事。"商代甲骨卜辞中有"用三头牛祭蚕神"的记载。《诗经·大雅·瞻卬》说："妇无公事，休其蚕织。"可见养蚕已成为妇女的主要劳作。

由于妇女主要从事养蚕，遂有"王后亲蚕"的风俗，即每年育蚕季节开始之时，王后率领贵妇们举行喂蚕的仪式。《春秋穀梁传·桓公十四年》说："王后亲蚕，以共祭服。"

先秦养蚕工具已专门化，《礼记·月令》说："（季春之月）具曲、植、籧、筐。"郑玄注："时所以养蚕器也。曲，薄也。"曲，即蚕箔，用苇或竹编制的养蚕的器具。许慎注《淮南》说："曲，苇薄也。"《古文苑·扬雄〈元后诔〉》："蚕于茧馆，躬筐执曲。"章樵注："筐曲皆育蚕

① （唐）欧阳询：《艺文类聚》卷九十六《鳞介部上》引自《吴越春秋》。

② 《国语·鲁语》。

③ 鲲：鱼籽；鲕：幼鱼。

④ 《礼记·月令》。

之具。”植，就是用来一层层地悬挂蚕箔的四方形木架，《礼记·月令》郑玄注：“植，槌也。”当时中原一带谓槌为植[①]，一槌大约可安10箔。籧，据《说文》解释：“饮牛筐也。方曰筐，圆曰籧。”在这里也就是圆形的竹制蚕具。筐，就是方形的竹制蚕具。

先秦养蚕业已经比较发达，养蚕的风俗也有很多，主要有浴种，就是洗净附着在蚕种上的蛾尿、鳞毛等。《礼记·祭义》说：“奉种浴于川。”催青，就是暖种。《诗经·豳风·七月》描写道：“春日迟迟，采蘩祁祁。”毛传：“蘩，白蒿，所以生蚕。”即把白蒿煮汁，浸沃蚕种，即可催青。喂蚕时忌喂湿叶，《礼记·祭义》说：桑叶要“风戾以食之”。

四 山林田猎风俗

（一）植树造林

先秦人工植树造林的风俗到周代时期已有记载。《诗经·郑风·将仲子》说：“无逾我里，无折我树杞”“无逾我墙，无折我树桑”“无逾我园，无折我树檀。”可见当时人们在房前屋后和园圃中，人工植树之俗已很普遍了。

有的植造经济林。《周礼·地官·载师》有“漆林之征”的记载，可见已有人工植造的漆树林。《诗经·魏风·十亩之间》有“十亩之间兮，桑者闲闲兮”的记载；《孟子·梁惠王上》也有“五亩之宅，树之以桑”的记载，可见已有的人工植造的面积达五亩、十亩的桑树林。所以《诗经·豳风·七月》中生动地描写了妇女到桑林中去采桑的情景：“春日载阳，有鸣仓庚。女执懿筐，遵彼微行，爰求柔桑。”足见人工植造经济林已成风俗。因此，管子提出对种植经济林有经验的人应给予奖赏的建议，他提出：“民之能树、瓜瓠、荤菜、百果，使之繁衮者，置之黄金一斤，直食八石……谨听其言，而藏之官，使师旅之事无所与。”[②]

有的植造行道树。《国语·周语中》中有“列树以表道”的记载，足见在道路两旁人工植造整齐的行道树已成风俗。此风俗影响到秦始皇修驰道时，“道广五十步，三丈而树”[③]，大种行道树。

---

① 《方言》第五：“槌，宋、魏、陈、楚、江、淮之间谓之植。”

② 《管子·山权数》第七十五。

③ 《汉书·贾山传》。

有的植造防护林。《周礼·夏官·司险》中有“设国之五沟、五涂，而树之林，以为阻固”的记载，足见人工植造防护林也已成风俗。

此外，在坟墓上人工植树也已成风俗。春秋时，孔子死后，他的子孙和弟子在其坟周围人工植树而成今日著名的曲阜孔林，此俗之后历代绵延。

（二）养林护林

先秦的养林护林的俗规主要有禁滥伐。《孟子·梁惠王上》说：“斧斤以时入山林，材木不可胜用也。”强调不得随意砍伐林木。《礼记·月令》中所记载的俗规是：孟春之月“禁止伐木”；仲春之月“毋焚山林”；季春之月“无伐桑柘”；孟夏之月“无伐大树”；季夏之月“树木方盛，乃命虞人入山行木，毋有斩伐”；季秋之月“草木黄落，乃伐薪为炭”；仲冬之月“日短至，则伐木取竹箭”；季冬之月“乃命四监，收秩薪柴，以共郊庙及百祀之薪燎”。

为了执行禁山俗规，周代设“山虞”“林衡”两官职专管。据《周礼·地官·山虞》说：“山虞掌山林之政令，物为之后，而为之守禁。仲冬斩阳木，仲夏斩阴木。凡服耜，斩季材，以时入之。会万民斩材有期日，凡邦工人山林而抡材不禁，春秋之斩木不入禁。”据《周礼·地官·林衡》说：“林衡掌巡林麓之禁令，而平其守，以时计林麓而赏罚之。”为了执行这些禁滥伐的俗规还规定了“以时计林麓而赏罚之”的办法。

禁窃木。《周礼·地官·山虞》说：“凡窃木者有刑罚。”禁烧山。为了防林火，《荀子·王制》说“修火宪，养山林”，可见先秦曾制定防火规定。

（三）狩猎

先秦之时，《左传·隐公五年》记载：“故春搜、夏苗、秋猕、冬狩，皆于农隙以讲事也。”狩猎俗称“田”，《易经·恒》说“田无禽”。王弼注：“田，猎也。”又俗称“田猎”，或“田狩”。《毛诗·齐风·还序》说：“哀公好田猎，从禽兽而无厌。国人化之，遂成风俗。”《诗经·秦风·驷驖序》：“驷驖，美襄公也。始命，有田狩之事，园圃之乐焉。”《公羊传·桓公四年》也说：“狩者何？田狩也。”因此，其时称狩猎的用具为“田具”。《水经注·夏水》说：“鲁昭公三年，郑伯如楚，子产备田具，以田江南之梦。”称猎狗为“田犬”，《礼记·少仪》说：“犬则执緤。守犬，田犬，则受摈者，既授乃间犬名。”孔颖达疏：“田犬，田猎所用也。”称狩猎所获为“田获”，《易经·巽》说：“田获三品，有功也。”孔颖达疏：“有功者，田猎有获以喻行命有功也。”《左传》定公九年也说：“阳虎归宝玉、大弓。”杜预注：“谓用器物以有获，若麟为田获，俘为战获。”

田猎按季节之不同又各有俗称。《左传·隐公五年》记载为“春蒐、夏苗、秋弥、冬狩”①。春蒐狩猎择取不孕者；夏苗狩猎不得乱猎，仅取其害谷者；秋弥狩猎可杀其大者；冬狩围猎，遭兽可以无所择也。

先秦的四时田猎有与祭祀和军事操练结合进行之俗。据《周礼·夏官·大司马》所记：每年仲春二月，教民“振旅”司战，司马立大旗集合民丁，排列阵势，操练辨别鼓、铎、镯、铙的用途，并教他们坐下、起立、前进、后退、急行、慢行、散开、密集等队形规则，然后进行春蒐的田猎。这时有关人员树起表旗，举行貉祭②，告诫民丁各种禁令，然后击鼓，包围禁区，最后将火熄灭，献上捕获的禽兽来祭祀土地神。每年仲夏五月，教民野外“茇舍”露营，像振旅一样操练布阵，识别各种徽志，以辨别夜间的军事行动，然后进行与春蒐差不多的夏苗田猎，最后驱兽车停下来，献上捕获的禽兽来祭祀宗庙。每年仲秋八月，教民“治兵”习战，像振旅一样操练布阵，辨别旗号和物象的用途，然后进行秋猕的田猎，与春蒐的田猎俗规一样，最后把网收拾好后，用捕获的禽兽祭四方之神。每年仲冬十一月，教民进行军事检阅式的操练，然后进行声势浩大的冬狩的田猎。这时用旌旗树立成左右两座进出的军门，各级长官率领自己的车卒和步卒围猎，险难的地段人在前、车在后，平易的地段车在前、人在后。摆好阵势后，举行阵前貉祭，并派出一辆驱赶野兽的战车，中军将用鼙鼓擂鼓指挥，鼓手们都擂鼓三通。各路司马都摇响铎铃，车卒和步卒们都起立击鼓前进，步卒们还口衔箸枚禁声。捕获大的野兽就交公，捕获小的就归自己，抓获的野兽都割下左耳为凭证。到了围猎区的尽头，鼓声齐鸣如暴风骤雨，军士们也高声欢呼喊叫，回来的路上在郊外用猎获的禽兽祭祀四方之神，进城后又献禽兽祭祀宗庙。

狩猎有礼制规定。《礼记·王制》记载：“天子诸侯无事，则岁三田，

---

① 《穀梁传·桓公四年》有另一说为：“四时之田，皆为宗庙之事也。春曰田，夏曰苗，秋曰蒐，冬曰狩。”

② 田猎者演习武事的礼叫“祃祭”或“貉祭”。

一为乾豆[①]，二为宾客，三为充君之庖。无事而不田，曰不敬；田不以礼，曰暴天物。天子不合围，诸侯不掩群。天子杀则下大绥，诸侯杀则下小绥，大夫杀则止佐车。佐车止，则百姓田猎。”其中最要紧的是天子打猎不四面合围，前开一出路，使禽兽有路可逃遁；诸侯不成群绝杀禽兽。《礼记·王制》还记载：“昆虫未蛰，不以火田。不麛，不卵，不杀胎，不殀夭、不覆巢。”[②] 就是昆虫还没有冬眠时，打猎不得用火围猎，不捕杀怀胎的母兽和幼小的鸟兽，不得捣毁鸟兽的窝巢。所以，《礼记·月令》也说：孟春正月“毋杀孩虫、胎夭、飞鸟，毋麛，毋卵”。

《礼记·王制》还说：季春三月，“田猎罝罘，罗网、毕翳、馁兽之药，毋出九门”[③]。也就是说，这时捕猎鸟兽的罗网、毒药等不得放出九门。孟夏四月，“驱兽毋害五谷，毋大田猎”[④]。就是这时要经常驱赶野兽，不让它们伤害五谷，但不可举行大规模的田猎。

（四）祭祀山神

先秦之时，祭祀山神的风俗早已有之。《尚书·尧典》就说：“望于山川，遍于群神。”《礼记·祭法》记载：“山林、川谷、丘陵，能出云，为风雨，风怪物，皆曰神。”《尔雅·释天》说：“祭山曰庪县。”也就是说祭山时，要埋帛、玉、币等于地下，悬挂牲畜于树上。此外，还有一种投祭之法，即投性牢祭品于山谷，以飨山神而求福佑，此俗民间最为流行。

先秦祭祀山神因等级不同，祭祀亦不同，主要有：

望祭，就是君王祭祀名山大川，不亲至其所，遥而祭之。《周礼·地宫·牧人》说：“望祀，各以其方之色牲毛之。”《礼记·王制》也说：“柴而望祀山川。”用牲畜和谷物祭祀。

望衍祭，也是望祭之一种，只是祭礼较轻，仅用币祭山神。《周礼·春官·男巫》说：“男巫掌望祀、望衍。”郑玄注：“衍，读为延，声之误也。望礼谓有牲粢盛者；延，进也，谓但用币致其神。”

秩祭，就是依礼分等级举行祭祀。《尚书·舜典》说：“望秩于山川。”

---

① 郑玄注：“乾豆，谓腊之以为祭祀豆实也。”

② 《礼记·王制》。

③ 九门：指路门、应门、雉门、库门、皋门、城门、近郊门、远郊门、关门的天子皇城九处门。

④ 《礼记·月令》。

汉代孔安国解释道："东岳诸侯境内名山大川，如其秩次望祭之，谓五岳牲礼视三公，四渎视诸侯，其余视伯子男。"

方祭，是诸侯在其封国内祭山神之祀。《礼记·典礼下》记载："诸侯方祀，祭山川，祭五祀。"

时祭，是四时常祀。《周礼·地官·牧人》说："凡时祀之牲，必用牷物。"郑玄注："时祀，四时所常祀，谓山川以下，至四方百物。"《礼记·月令》记述季冬之月的祭祀时说："命宰历卿大夫，至于庶民，土田之数而赋牺牲，以共山林之祀。凡在天下九州之民者，无不咸献其力，以共皇天上帝，社稷寝庙，山林名川之祀。"

五　手工业风俗

（一）"六工"与"百工"

先秦的手工业，起初基本上为官府经营，故"工"本为职官的一类，因而《尚书·尧典》说："允厘百工，庶绩咸熙。"商代时有"六工"之称。《礼记·曲礼下》说："天子之六工曰：土工、金工、石工、木工、兽工、草工，典制六材。"就是分别负责制作陶器、铁器、石器、木器、皮具和草编等六种材质的器物，周代以后遂俗称"百工"。按照先秦的传统，"工"即官，"百工"即百官之意。后又指司营造建、制造等事务的官员。《周礼·考工序》："国有六职，百工与居一焉……审曲面执，以饬五材，以辨民器，谓之百工。"但西周的工奴也统称为"百工"。《伊簋铭》："官司康宫王臣妾百工"。春秋以后才演化成各种手工业和手工业工匠的统称。《左传》襄公十四年也说："商旅于市，百工献艺。"

（二）作坊流行

先秦手工业工人劳动的场所一般集中在作坊里。商代已有铸铜作坊、制骨作坊和制陶作坊。如，在郑州南关外和紫荆山北均发现商代早期的铸铜作坊遗址，前者发现多种碎范一千多块，还有几种坩埚；后者发现碎范一百多块，并在商代早期的制骨作坊遗址，发现有一千多块骨料及废料，骨笄和骨笄的成品和半成品，以及制造骨器的磨石。[①] 在安阳小屯村东南发现商代晚期规模较大的铸铜作坊遗址，在不少房屋内堆积着许多陶范，在房屋外有大量的碎范和坩埚残片，在安阳北辛庄发现商代晚期的制骨作

① 赵全古、韩维周等：《郑州商代遗址的发掘》，《考古学报》1957 年第 1 期。

坊遗址，除大量牛、猪为主的骨料和磨石外，还有青铜制的小锯、刀、钻等制骨工具，以及骨笄、骨锥等骨器。[①] 在郑州发现商代制陶坊遗址，共有陶窟十四座，十余座中半地穴式的房屋以及陶杵、陶拍子、陶印模等制陶工具。[②] 商代的作坊均为官营性质。

周代以后，官营作坊更为流行。据《周礼·冬官·考工记》记载，当时的官营作坊有三十多种，“凡攻木之工七，攻金之工六，攻皮之工五，设色之工五，刮摩之工五，搏埴之工二。攻木之工：轮、舆、弓、庐、匠、车、梓；攻金之工：筑、冶、凫、桌、段、桃；攻皮之工：函、鲍、韗、韦、裘；设色之工：画、缋、钟、㡛、筐；刮摩之工：玉、楖、雕、矢、磬；搏埴之工：陶、旊。”在官营的作坊内由工师领导和监视工人工作，《管子·立政》记载：“论百工，审时事，辨功苦，上完利，监壹五乡，以时钧修焉，使刻镂文采，毋敢造于乡，工师之事也。”《吕氏春秋·季春纪》也说：三月“命工师令百工，审五库之量，金铁、皮革筋、角齿、羽箭干、脂胶、丹漆，无或不良。百工咸理，监工日号，无悖于时，无或作为淫巧，以荡上心”。按俗规，每年三月到八月，是周代官府工匠被征调到官营作坊服役的时间，官营作坊为了防止偷工减料或掺假作伪，要为制成品上勒刻工匠的姓名。[③]

官营作坊流行的同时，春秋以来民营作坊也逐步兴起并流行。前已述及，官营作坊每年三月至八月征调工匠服役，三月解冻之前和九月霜降之后则休工，此时有一技之长的工匠就可在自己家内开设作坊，或来料加工，或自备原料加工，可使其保有市场而不担心竞争。这种家传的秘方、绝技俗规传男不传女，此俗延习甚久。

周代还有在城市入肆的作坊。按俗规在城市开设作坊店铺要以类相从，在市内划分若干区域，俗称为“肆”。《论语·子张》即说：“百工居肆，以成其事。”这种边生产边销售的城市作坊也早已有之。

此外，春秋以来还有一些被俗称为“闲民”的手工工匠，带着简单的工具，转徙乡里沿门求雇，为雇主加工制作，获取工资。《周礼·天官·大宰》说：大宰“以九职任万民……九日闲民，无常识，转移执

① 安志敏、江秉信等：《1958—1959 年殷墟发掘简报》，《考古》1961 年第 2 期。

② 安金槐：《郑州地区的古代遗存介绍》，《文物参考资料》1957 年第 8 期。

③ 祝慈寿：《中国古代工业史》，学林出版社 1988 年版，第 155 页。

事”。这种流佣式的“闲民”也源远流长。

（三）制铜风俗

青铜文化是先秦时期，尤其是商代晚期至西周手工业的高峰，在长期的发展中遂形成从冶炼到铸造的种种风俗。

1. 从坩埚到竖炉

先秦很长一段时期用坩埚炼铜。在与夏代相当的二里头文化中就有坩埚出土。在郑州南关外发现商代早期的坩埚有两种，一种是缸式大口尊等陶器，内外涂草拌泥；另一种是完全用草拌泥制成。安阳殷墟发现的坩埚壁胎全以草拌泥，用泥条盘筑法制成。① 在殷墟还发现一种坩埚是红黄色的一种陶质器皿，形似底朝上的盔，俗称“将军盔”。最大的“将军盔”炼锅每次能炼出 12.2 公斤的纯铜。②

随着青铜冶炼技术的提高，特别是商代后期制作大型青铜器的需要，竖炉炼铜之俗遂流行起来。安阳小屯苗圃就出土过许多泥条盘筑而成的炉壁残块。洛阳北窑发现的西周铸铜竖炉有大小两种，大的用泥圈叠成，直径达 160 厘米。湖北大冶铜绿山出土的春秋时期的结构和大小基本相似的炼铜竖炉，炉体近似竖立腰鼓形，用红色黏土、石英砂、铁矿粉、高岭土等耐火材料夯筑而成。竖炉分为炉基、炉缸、炉身三部分。炉基设有 T 形风沟，起保温、防潮作用，以防止炉缸冻结；炉子有两个风口，以改善火焰分布状态，提高炉温；出铜口的门槛稍稍内倾，使炉缸内留一定的铜液以保持炉温；炉身四壁稍稍内倾，既利于保持炉温，又利于炉料运行。

用竖炉冶铜，还有依据火焰的颜色来辨别冶炼过程的风俗，《周礼·考工记》说：“凡铸金之状，金与锡黑浊气竭，黄白次之。黄白之气竭，青白次之。青白之气竭，青兰次之。然后可铸也。”

2. 石范、陶范和铜范

秦之初铸造铜器俗用石范。目前出土最早的石范大约是夏代的，山西夏县东下冯出土有石质斧范，唐山雹神庙出土有石质斧范、刀范、矛范，玉门火烧沟出土有石质镞范。石范虽使用次数较多，但不易加工，且不耐高温，故很快被耐高温且易加工的陶范取代。年代最早的陶范也出现在与

① 吕涛总纂：《中华文明史》第 2 卷，河北教育出版社 1994 年版，第 196 页。

② 刘屿霞：《殷代冶铜技术研究》，载李济主编《安阳发掘报告》第四期，国立中央研究院历史语言研究所 1932 年版。

夏代相当的河南偃师二里头文化中。商代中期以后，陶范大为流行，在郑州南关外就出土了一千余块陶范，在安阳苗圃北地的铸铜遗址，出土了数以千计的陶片和坩埚片。春秋战国后，陶范更为流行，山西侯马牛村古城铸铜遗址出土陶范三千多片，其中可合成套的有一千多块。[①]

春秋之时除陶范流行外，还出现了铜范。《小校经阁金石文存》载有春秋“卢氏”空首布铜范，当时铜范主要用来铸造钱币。

3. 加热合金

先秦化铜俗用内加热法，即把铜矿石和燃料放入坩埚或竖炉内点火，坩埚从上口、竖炉从炉腹下部送风，以使铜矿石变成液态，去除杂质，并渗入一定比例的锡、铜，冶炼铸造出独具特色的青铜器。铜、锡二元和铜、锡、铅三元合金之俗至迟兴于商代晚期，春秋后更流行开来。《周礼·考工记》记载：“攻金之工，筑氏执下齐，冶氏执上齐，凫氏为声，㮚氏为量，段氏为镈器，桃氏为刃。金有六齐：六分其金而锡居一，谓之钟鼎之齐；五分其金而锡居一，谓之斧斤之齐；四分其金而锡居一，谓之戈戟之齐；参分其金而锡居一，谓之大刃之齐；五分其金而锡居二，谓之削杀矢之齐；金锡半，谓之鉴燧之齐。”

4. 锻焊热镀

春秋之后，随着青铜文化的发展，锻、焊、热、镀等工艺也迅速流行起来。

锻，就是把铜坯料加热后用锤击或加压的加工之法，俗规多用于金泊工、小件青铜器、半成品以及局部加工等方面。如琉璃河西周早期的青铜戈、成都战国青铜戈、矛等类锋刃都曾锻打过。[②]

焊，就是利用熔点比焊件低的焊料和焊件连接处一起加热，焊料熔化后，渗入并填满连接处而使焊件连接成为一个整体的加工方法。此法俗称“钎焊”，于春秋之时兴起，战国后广泛流行。如河南淅川下寺一号春秋中晚期墓出土的55号鼎，曾多处使用了钎焊。

热，就是对铜器进行退火、淬火和回火的热处理加工之法。如成都战国青铜戈、矛均进行过退火热处理。淬火、回火则主要用于铜镜上，如战国的铜镜多数作过淬火、回火的热处理。

---

① 吕涛总纂：《中华文明史》第2卷，河北教育出版社1994年版，第198页。

② 同上书，第200页。

镀，就是在青铜器上镀铜、锡和镀金银。据考证，镀锡之俗兴于二里岗文化期，商代晚期和周代大为流行，许多青铜礼器、兵器、车马器都镀了铅锡。《诗经·秦风·小戎》中多次提到的“鋈”字，就是指镀锡。锡金银则始于春秋时期，西汉时始俗称此法为“鎏金”，如河南淅川春秋铜戈上有鎏金铭文。

（四）制陶风俗

制陶工业因与日常生活关系密切，故在先秦战国有重要的地位，从制作到烧制有种种风俗。

1. 从“土工”到“抟埴之工”

前已述及，制陶工业在商代俗称“土工”，居“六工”之首，在周代则俗称“抟埴之工”。

周代的抟埴之工俗规分为二种，一种俗称“陶人”，主要用陶轮制作甗、鬲之类的炊器；另一种俗称“瓶人”，主要用模型制作簋、豆等礼器。

2. 灰陶、白陶、原始瓷

灰陶是先秦陶业生产最普遍、人们使用最广泛的一种陶器，呈灰色厚胎。用易熔黏土作原料制成的为泥质陶，用作炊器的灰陶加砂制成的为夹砂陶。灰陶一般喜用绳纹。

白陶是商代陶业的代表，用高岭土制成。因烧成后呈纯白色，陶质坚硬，故俗称“白陶”。白陶一般喜刻凸出纹，外形美观，其器形和纹饰与铜器相似。在河南安阳和辉县均有出土，在商代为珍贵器物，为贵族享用。

原始瓷是先秦陶业的一大发展，兴于商代中期，用高岭土制成，胎质坚硬，涂施浅绿、浅黄等色釉。在河南郑州、湖北盘龙城、江西呈城、河北藁城、山东济南大辛庄等地均出土了大批商代原始瓷，器形有尊、豆、罐、瓮等。及至周代，原始瓷的使用更为广泛，黄河中游、长江下游的广大地区均有考古发现，土质纯净，胎质细腻，火候较好，釉层增厚，施涂均匀。春秋战国时原始瓷有了更大发展，且器形规整，大多仿青铜器，敲之发出铿锵之声。

3. 从日用陶器到建筑陶器

陶器在先秦风俗中占有重要的地位，无论祭祖、祀神，还是炊烹、盛物大多使用陶器。所以陶器是人们日常生活中不可缺少的生活用器，且品种繁多，有鼎、鬲、甗、甑、盂、尊、罍、罐、盆、瓮、瓿、壶、簋、豆等。

陶器的应用到了周代有了突破性的发展，即建筑陶器的出现和广泛使用。建筑陶器有砖瓦、版瓦、筒瓦等，这从根本上改变了人们长期以来用草、泥、石块建房的风俗，如在河北易县燕下都故城北墙外的老姥台就出土了版瓦、筒瓦、瓦钉、半规瓦当、长方砖等建筑陶器①，故《左传·鲁隐公八年》有“盟于瓦屋”的记载。

4. 轮制与手制

先秦制陶的方法主要分为轮制与手制两种。轮制，即用陶轮制作陶器的方法。陶轮是一种木制的圆平盘，水平地固定在直立的短轴上。制陶时，把泥料放在转动的陶轮上，利用陶轮的旋转力，用手指掏料制作器壁厚薄均匀的陶器。如商代的弦纹陶尊，完全用轮转制成，其形式深且圆。

手制，即用手抹泥条盘叠制陶器的方法。盘叠时，泥料底下垫草垫，以免粘连。成型后，使用陶拍子或将陶器拍平滑。器足是在陶器成坯时搓圈泥条粘贴于器底，捏抹而成。如安徽屯溪出土的原始瓷，其器物的内底面和腹壁内表，大都有泥条盘叠和按掩压平的痕迹，平底器的底面有草印痕。②

5. 升焰窑、半倒焰窑和平焰窑

先秦的陶窑主要有升焰窑、半倒焰窑和平焰窑三种。

升焰窑，是火焰从窑底升起，流经陶坯，直接从窑顶逸出的陶窑。在先秦流行的是竖穴式的升焰窑，其窑室是圆形或椭圆形，并普遍使用拱顶结构，窑壁多数内倾，上涂有一层耐火的草拌泥。商代晚期，火膛多不设支承窑箅的支柱，春秋时又习以炉条代替窑箅。

半倒焰窑，是火焰自火膛出来后分为两股，一股为横向运动；另一股是上升到窑顶之后再反扑下来，两股火焰都流经陶坯，再从靠近窑底的进烟口，竖直烟道逸出的陶窑。这种半倒焰窑建于地上，如江陵毛家山的陶窑即是一例。

平焰窑，是火焰流与窑平行，即火焰离开火膛后，流经陶坯，倾斜式地上升，后经窑顶向外溢出的陶窑。这种陶窑依山倾斜之势而建，窑身较

① 傅振伦：《燕下都发掘品的初步整理与研究》，《考古通讯》1955 年第 4 期，第 21 页。

② 祝慈寿：《中国古代工业史》，学林出版社 1988 年版，第 139—140 页。

长，体积较大，设有几个投柴口，俗称“龙窑”。在江西吴城、浙江绍兴富盛区、广东增城西瓜岭等地均有发现。

（五）纺织风俗

先秦的纺织业从原料培育、加工，到缫、纺、织，以及印染都有种种风俗。

1. 麻纺和丝纺当家

先秦的纺织业虽有麻纺、棉纺、丝织、毛织等四大类，但由于棉纺织出土极少①，而毛纺织品多出土在新疆、青海一带，故可知先秦的纺织业是以麻纺和丝纺当家的。

先秦的麻纺以葛、大麻和苎麻为原料。葛是藤本植物，纤维细长，能织成较细薄的织物，《诗经·周南·葛覃》说：“葛之覃兮，施于中谷。”这说明商、周时人们已人工种植葛了。《葛覃》还记述了葛的加工过程为“是刈是濩，为絺为绤”，即把葛藤割回来，放在沸水中煮炼，然后剥取松软的葛纤维，纺织成粗细不同的葛布。

大麻是一种适应性很强的一年生草本植物，高达 2 米左右。那时大麻收割回来后，削掉叉枝、麻叶，扎成捆，浸入水中，并用石块镇压，经过若干天的沤浸，水池里产生小气泡，再将大麻捞起，其皮剥下可作纺织原料。

苎麻是多年生草本植物，一年可收三次，产量高，纤维细长坚韧，有丝光，易染色，但脱胶不易。苎麻的精炼是这样的：把收割来的苎麻沤浸入池塘里，在阳光的照射下水温升高，在水中的微生物的作用下自然脱胶。《诗经·陈风·东门之池》说：“东门之池，可以沤麻”，“东门之池，可以沤苎。”记述了先秦沤麻脱胶的风俗。当时苎麻水洗后，还要用木棍槌击。苎麻的脱胶还有灰溶液精炼一法。陕西高泉春秋墓所出土的苎麻布纤维表面光滑，无胶块、碎屑等杂物，显然是用灰溶液处理的。

先秦俗称葛、麻织品为“布”，且因穿麻布和葛布的人多为庶民，因而庶民又俗称“布衣”②。

---

① 至今仅有福建崇安武夷山船棺出土的一些青灰色棉织物残片与在长沙左家塘战国墓发现的织棉。

② 在（汉）桓宽《盐铁论·散不足》中云：“古者庶人耄而后衣丝，其余则麻枲而已，故命曰布衣。”

先秦的丝纺以蚕丝为原料。在商代的甲骨文中有丝的象形字，表示从几个蚕茧上理出丝来并在一起操作的意思，即缫丝。先秦俗称缫丝为“治丝”[1]。周代在收蚕茧缫丝的季节还要举行隆重的祭祀，《礼记·祭义》说：

> 古者，天子、诸侯必有公桑、蚕室。近川而为之，筑宫仞有三尺，棘墙而外闭之。及大昕之朝，君皮弁素积，卜三宫之夫人、世妇之吉者，使入蚕于蚕室，奉种浴于川，桑于公桑，风戾以食之。岁既单矣，世妇卒蚕，奉茧以示于君，遂献茧于夫人。夫人曰：“此所以为君服与！”遂副、袆而受之，因少牢以礼之。古之献茧者，其率用此与？及良日，夫人缫，三盆手，遂布于三宫夫人、世妇人吉者，使缫。遂朱绿之，玄黄之，以为黼黻文章。服既成，君服以祀先王先公，敬之至也。

简言之，就是每年收茧缫丝之始，由国君的夫人身穿礼服，斗黼首饰接受蚕茧，用羊猪的少牢礼来接待献茧的世妇，并择吉日，由夫人亲自缫丝，先在盆中浸泡3次，抽出蚕丝，然后再把蚕茧分给后宫中合于吉兆的夫人、世妇去缫丝。丝缫好后再染成红、绿、黑、黄色，织成有图案花纹的丝绸，让国君穿上它去祭祀先王先公。《礼记·月令》说：“季春三月……命野虞无伐桑柘。鸣鸠拂其羽，戴胜降于桑，具曲植蘧筐。后妃齐戒，亲东乡躬桑，禁妇女毋观，省妇使，以劝蚕事。蚕事既登，分茧称丝效功，以共郊庙之服，无有敢惰。”为了养好蚕，出好丝，后妃们要斋戒，妇女们要禁妆扮、少女红之事，以专心养蚕，并以缫丝的轻重来考核功效，谁也不许偷懒懈怠。

蚕丝缫出来后还要进行精炼。《周礼·冬官·考工记》说：“湅丝，以涚水沤其丝七日。去地尺暴之。昼暴诸日，夜宿诸井，七日七夜，是谓水湅。湅帛，以栏为灰，渥淳其帛，实诸泽器，淫之以蜃，清其灰而盝之，而挥之，而沃之，而盝之，而涂之，而宿之，明日沃而盝之。”即用灰水长时间浸泡脱胶，后利用日光脱胶漂白，再利用水浸脱胶与日光暴晒交替进行。

---

① （汉）许慎：《说文解字》，中华书局1963年版，第84页。

先秦时已有罗、纺、纱、缟、縠、绡、绨、绮、纨、绢、锦等丝织品，从考古发掘的商、周丝织品中可见绡、纱、纺、縠、纨等是无花纹的，绮、锦是有花纹的。据《太平御览》引《太公六韬》说："夏桀、殷纣之时，妇人锦绣文绮之，坐食衣以绩纨常三百人。"可知丝织品中最华丽的是锦，周代时已在上层贵族中流行，《诗经·小雅·巷伯》说"萋兮斐兮，成是贝锦"，说的是织出贝纹的锦，文采交错，华丽无比。《国语·齐语》说："昔吾先君襄公……陈妾数百，食必粱肉，衣必文绣。"《诗经·豳风·七月》亦说："七月鸣鵙，八月载绩。载玄戴黄，我朱孔扬，为公子裳。"可见就是在民间，"七月里来伯劳鸟叫，八月里来的纺织忙，染出丝来有玄也有黄，朱红的颜色最漂亮，专给公子做下裳。"

2. 以"升"为麻、葛布的纱支单位

先秦俗规以"升"为麻、葛布的纱支单位。所谓"升"，等于麻缕80根，即布幅内有80根经纱为一升布，160根为二升布，依此类推，升数越高，布越精细。《礼记·杂记》云："朝服十五升。"就是在2尺2寸宽（合44厘米）的麻布幅内有1200根麻缕。

周代俗规，7升到9升的粗麻布供奴隶和罪犯做衣所用；10升到14升的麻布供一般庶民做衣所用；15升以上的俗称"缌布"，可与丝绸媲美，供贵族做衣所用；30升的缌布供国君和贵族做帽子，俗称"麻冕"。

3. 从踞织机到斜织机

先秦的纺织已从"手经指挂"中解放了出来，商代甲骨文中的丝的象形文字，上下两横代表两根卷纱棍，中间一横是用来把经纱单、双数分开的小木棍，即绞纱棒。周代，这个象形字在金文中演化成了"巠"，就是"经"字的右半边，所以商和西周之时的织机不仅用绞纱棒分离经纱的单、双数，还采用线综装置来提升经纱。织平纹织物时要有两列线综，纺织时通过线综套环分别把单、双数的经纱联系起来，提起或拉下线综，即形成织口，便于引入纬纱。由于这种织机的操作者是坐在地上或竹榻上进行织造的，故人们称它为"踞织机"。

春秋战国时织机有了较大的改进和发展。《诗经·小雅·大东》说："小东大东，杼柚其空。"朱熹《诗经传》解释说："杼，持纬者也。柚，变经者也。"杼即梭子，柚是持经线的轴。《列女传·鲁季敬姜传》中记述了敬姜以先秦的资料为据，将国家机器比做一架织机的论文，提到的织机部件有用来清洁经纱庇点的工具“物”，引纬打纬的工具“捆”，定幅筘或豁丝木“均”，卷布辊“轴”，卷经轴“摘”。《列子·汤问》中写到纪昌学射于飞卫，“偃卧其妻之机下，以目承牵挺”。此“牵挺”，晋张湛注为“机蹑”。所以，至迟到战国时期，杼轴、综、支架、蹑等主要的部件已出现。由于这种织机的经面与水平的机面成50—60度的倾角，应用杠杆原理，用两块踏脚板分别带动两片线索，从而提高了织布的速度。这种织机后人俗称“斜织机”。

由于斜织机具有比踞织机多很多的优点，尤其对织造丝绸有利，并能大大提高产量，故而在战国时期很快取代了踞织机而流行起来。当时著名的“齐纨”“鲁缟”“卫锦”“荆绮”等丝绸织品等是用斜织机织造的。

4. 石染和草染

《尚书·益稷》说：“以五彩彰施于五色，作服。”周代宫廷作坊中还没有专司染色的官带领“染人”。按先秦风俗，染色以原料之不同分为石染和草染两类。

石染，就是利用矿物性颜料进行涂染。染红色用赭石、朱砂；染黄色用石黄（或叫雄黄）、黄丹（或叫钻丹）；染蓝色和母绿用天然铜矿石。其中朱砂芽纯正、鲜艳，最受人的喜爱，《周礼·冬官·考工记》说：“钟氏染羽，以朱湛丹秫，三月而炽之，淳而渍之。”

草染，就是利用植物性染料来染色。染蓝色用蓝草（蓼蓝），染红色用茜草，染紫色用紫草，染黄色用栀子。

先秦染色风俗还有一次染、多次染、套染和媒染之分。如茜草“一染縓，再染赪，三染纁”①，“縓”为黄赤色，“赪”为浅红色，“纁”为绛色，颜色逐渐加深。套染则是用两种以上的不同染料，如用蓝草染了后再用栀子套染，可染出绿色。先秦时已能利用红、蓝、黄三原色“套染出多种色彩”。媒染是利用某些金属为媒介，使染料固着于纤维上的染法。因先秦时是以“涅”，即矾石为媒介，故媒染法俗称为涅染法。《论语·阳货》说：“不曰坚乎？磨而不磷。”《周礼·冬官·考工记》所说的“三人为纁，五人为緅，七人为缁”中的“緅”是黑中带红的颜色，显然

① 《尔雅·释器》。

是以涅染法获得的。

（六）漆器风俗

漆器是先秦手工业风俗中的一枝奇葩。

1. 从礼器到日用器的转变

《韩非子・十过》说："尧禅天下，虞舜受之。作为食器，斩山木而财之，削锯修其迹，流漆黑其上，输之宫以为食器，诸侯以为益侈，国之不服者十三。禅天下而传之于禹，禹作为祭器，墨漆其外，而朱画其内，缦帛为茵，蒋席颇缘，觞酌有采，而樽俎有饰，此弥侈矣，而国之不服者三十三。"在这里漆器显然是被认作为豪华的奢侈品了，夏、商和西周时期，漆器主要被贵族作为祭祀、丧葬、朝聘、征伐、宴享、婚冠等活动举行礼仪时使用的器皿。

春秋战国时，随着礼乐制度的逐渐崩坏，漆器亦逐渐向日用器皿转变而在民间迅速流行起来，此俗在南方特别风行。据张正明先生的统计，当时楚国民间日用的漆器，饮食用器有耳杯、盒、卮、樽、豆、俎、盘、碗、勺等，宫室用器有床、枕、几、桶、禁、虎子、扇子等；以及拐杖、箱、梳、篦等。[①]

2. 木胎漆器当家

先秦的漆器从胎骨来讲可分为木胎、竹胎、皮胎、夹纻胎、藤胎和积竹胎等多种，但最流行的是木胎。

木胎的制作有两种，一种是整体加工法，即对器形较小的用整块木头挖凿而成，挖凿的方法有斫制、镟制、雕刻等多种。如耳杯、方盒、瑟、几俎等多为斫制；圆盒、卮、樽等的外形多为镟制，器内为斫制；虎、镇墓兽、座屏等多为雕刻。另一种是分体加工法，即器形较大或较为复杂者，一般先分别加工成器身、器耳、器底等中件，然后再粘合成一个整体，如漆盒的制作就是先用薄木板构成圆筒形，在接榫处削成斜角，用漆黏合，再接上底板即成。

3. 雕花、镶嵌和贴金

先秦漆器已有雕花、镶嵌和贴金之俗。

雕花，就是先在木胎上刻花纹，然后上漆。如河北藁城台西村商代遗址出土的漆器都是先在木胎上用利刃雕成饕餮纹、夔纹、圆点纹、雷纹、

---

① 张正明主编：《楚文化志》，湖北人民出版社 1988 年版，第 75 页。

焦叶纹，然后再涂朱上漆的。①

镶嵌，就是把绿松石、蚌片嵌入漆面，以构成一定的图案。上述河北藁城台西村商代遗址中出土的器物中就有镶嵌绿松石的漆器。洛阳庞家沟西周墓中出土的器物中就有镶嵌蚌沟的漆器②，陕西长安县普渡村西周一号墓中也发现了镶嵌在漆器上的27枚蚌泡③。

贴金，就是先在木胎上上漆，当漆沿未完全干时，将金箔贴于漆上，河北藁城台西村商代遗址中出土的漆盒上，就贴有金箔。

4. 尚朱、黑两色

先秦的漆器用朱、黑、蓝、金四色，但尚朱、黑两色。一般在器表上黑漆，器内上红漆，色彩衬托最流行的是黑地朱绘或朱地黑绘。

六 商业风俗

（一）行商坐贾

先秦商业俗称为“贾”。《尚书·酒诰篇》说：西周初年朝歌一带的商遗民“肇牵车牛远服贾”。《韩非子·五蠹》认为：“长袖善舞，多钱善贾。”从事商业的人俗称“贾人”。《国语·越语上》记载：“臣闻之，贾人夏则资皮，冬则次絺，旱则资舟，水则资车，以待乏之。”韦昭注：“贾人，买贱卖贵者。”西周后，商遗民在失去土地或土地不足的背景下，多从事“服贾”的商贩贸易，久而久之，人们遂把商族人与从事“服贾”的人混称为“商人”。《左传》僖公三十三年记载：“郑商人弦高，将市于周。”《商君书·垦令》也说：“商欲农，则草必垦矣。”于是“商”与“贾”又经常并称，《周礼·地官·大宰》就说：“商贾阜通货贿。”

“商”与“贾”虽通用，但按先秦风俗两者还是有区别的，此即郑云：“行曰商，处曰贾。”《说文解字》也作了解释：“贾，坐卖售也。”

（二）从“工商食官”到自由商人

先秦汉民族的商业在春秋以前主要被王室和各封国控制。《国语·晋语四》说：“公食贡，大夫食邑，士食田，庶人食力，工商食官，皂隶食

---

① 河北省文物管理台西考古队：《河北藁城台西村商代遗址发掘简报》，《文物》1979年第6期。

② 洛阳博物馆：《洛阳庞家沟五座西周墓的清理》，《文物》1972年第10期。

③ 石兴邦：《长安普渡村西周墓葬发掘记》，《考古学报》1954年第8期。

职。”韦昭注：西周“府藏皆有贾人，以知物价。食官，官廪之”。可见“工商食官”，商业由王室和各封国直接驱使，奴役商业奴隶从事商品贩运买卖，收入归王室和各封国所有。

与此同时，还有一些奴隶主贵族直接从事商业，他们也驱使商业奴隶从事商品贩运、买卖，收入归奴隶主贵族所有。他们做生产常常“如贾三倍”[①]，这种工商业奴隶主贵族俗称“大贾”[②]。此外，下层自由民和农民也从事“抱布贸丝”[③] 的民间贸易，以“贩夫贩妇为主”[④]。

春秋后，“工商食官”的格局逐渐被打破，自由商人崛起。如齐国管仲实行了自由贸易政策“使关市讥而不征”[⑤] “天下之商贾归齐若流水。”[⑥] 又如“昔我先君桓公与商人皆出自周”[⑦] 的郑国解除了商业奴隶身份，并与商人定立“尔无我叛，我无强贾，毋或匄夺。尔有利市宝贿，我勿与知”的盟约[⑧]。再如鲁国“废山泽之禁，弛关市之税，以惠百姓”[⑨]。于是腰缠“千金”“巨万”的自由商人迅速崛起，这时“国君无不分庭与之抗礼”[⑩]，越国的范蠡、卫国的子贡、鲁国的猗顿、赵国的郭纵、秦国的吕不韦等，都是春秋战国时期自由商人的代表人物。

先秦商业的格局经春秋的演变，“工商食官”终被自由商人所代替。

（三）“前朝后市”

先秦汉民族进行贸易活动的地方俗称为“市”。《易经·系辞》（下）记载：“庖牺氏没，神农氏作，列廛于国，日中为市，致天下之民，聚天下之货，交易而退，各得其所。”

《周礼》所记载的王域中的标准市采取的是“前朝后市”的格局，即在市设在翥域的中心——王宫的北面。市场分为三个部分：“大市日昃而

---

① 《诗经·大雅·瞻卯》。
② 《管子·国蓄》。
③ 《诗经·卫风·氓》。
④ 《周礼·地官司徒·司市》。
⑤ 《国语·齐语》。
⑥ 《管子·轻重乙》。
⑦ 《左传·昭公十六年》。
⑧ 同上。
⑨ 《孔子家语·五仪解》《说苑·指武篇》。
⑩ 《史记·货殖列传》，《史记·仲尼弟子列传》。

市，百族为主；朝市朝时而市，商贾为主；夕市夕时而市，贩夫贩妇为主。”[①] 即下午进行交易的大市以百姓为主；早晨进行交易的早市以固定的流动商人为主；近傍晚进行交易的晚市以男女小贩为主。在西周，王国和各封国的都城里都设有市场，王都周围五百里的范围内也有固定的市，《周礼·地官·遗人》说：“凡国野之道，十里有庐，庐有饮食；三十里有宿，宿有路室，路室有委；五十里有市，市有候馆，候馆有积。”

按西周的俗规，整个市场由司市进行管理。司市手下有质人、廛人、胥师、贾师、司虣、司稽、胥、肆长、泉府等人协助其管理市场。及司市“掌市之治教、政刑、量度、禁令。以次叙分地而经市；以陈肆辨物而平市；以政令禁物靡而均市；以商贾阜货而行市；以量度成贾而征偾；以质剂结信而止讼；以贾民禁伪而除诈；以刑罚禁虣而去盗；以泉府同货而敛赊”[②]。意思就是司市掌管市场的治理、教化、政务、刑法、量度和禁令。按照市官和其下属办事处的方式分划土地为市场的经界；按照货物的不同分门别类，以便货比货；平抑物价；用政令禁止昂贵而无用的细巧物品在市场上出售；招徕商贾以充实市场的货物，加快货币流通；依靠度量衡确定货物的价格来吸引顾客；用契约的形式定下双方应遵守的信用以防止争讼；依靠胥师、贾师一类的官吏查禁伪冒商品，杜绝欺诈行为；用刑罚来禁止争斗凶暴行为，除掉盗贼；用泉府的货币根据市场的供销情况收购或赊销货物对市场进行调节。可见，先秦对市场的管理是严格而规范的。

据《周礼·地官司徒二·司市》的记载：开市时，人们进入市场，胥师手持鞭子和木棍在市场的大门口监守，在市场的办公处悬挂旌旗，宣告市中心交易开始，司市在办公地点“思次”处理市场上的大事和重要争执。市场上由胥师和肆长检查和排列摊位，看货物是否名实相符，平衡物价，胥师还要监察市场中以劣充好和出售低劣货物等欺骗行为，发现了就给予处罚，同时还要负责受理市场中的办事和一般争议。在市场上质人负责确定市场上货物、奴隶、牛马、兵器、珍奇物品的价格。买卖双方要立契约，统一度量标准，胥师在市场上巡行随时考核，遇到违反规定的就没收他们的财物，给予处罚。若有纠纷，当事人为国都中的人，10 天内来投抗议为有效；郊外人为 20 天；野外人为 1 个月；远离国都的都市人

① 《周礼·地官司徒·司市》。

② 同上。

为 3 个月；诸侯周国都的人为 1 年，过期不再受理。廛人负责征收市场上的织布（房屋税）、总布（货物税）、质布（契约税）、罚布（罚款）、廛布（储藏费）等，所得款项交给泉府。凡是屠宰牲畜的，收缴牲畜的皮、角、筋、骨作税金，上交玉府。凡是市场上的珍奇食物卖不出去的，由廛人负责收购送到膳府去。贡师负责管辖地段各肆的日常事务，分辨货物的种类并使之平衡，察看成交情况。如遇天灾，禁止趁机抬高紧缺货物的价格。凡是国家有物资出售，或要从市场上购进物品，就由贾师带领自己的属官肆长负责买卖之事。司暴负责公布市场的各项禁令，查禁争斗、吵闹和使用暴力扰乱市场的人，出入市场互相侵犯的人，聚众在市场游手闲逛又吃又喝的人，如果警告还禁不住就予以拘捕，当众杖击。习稽负责巡察市场，捉拿市场上的盗贼，薄行示众。凡是犯罪的，都由胥师负责执行杖击，收缴罚款。泉府负责用由市场上征收的钱来赊购。偿还期俗规为：祭征而用的不得超过 10 天，为办丧事而用的不得超过 3 个月。凡人们约定来到市场交易的，或有商务金钱上的争执，或有分量尺寸上的争执，或责罚有错位者，都要在市中当众就地解决。凡拾得货物与六畜的，也在市中就地放置以供认领，如果 3 天以后还没有人认领，就没收充公。市场上没有的货物，要提价使它有；于民有利的货物，要提价使它有；于民有害的货物，要压价使之杜绝；细巧奢侈的货物，也要压价使之减少。市场中的刑罚：小刑，书写其犯禁罪状悬挂于市门；中刑，在市街上游行以示罚；大刑，加以鞭笞；涉及刑律的移交司法官员去处理。如果国君到市场上来，那么市场上受刑罚的人都可以赦免；如果夫人到市场上来，罚各种犯人出一顶帐幕；如果王或诸侯的诸子到市场上来，罚各种犯法人出一块苫顶的布；如果有采邑的命士以上的人到市场上来，罚各种犯法人出一顶伞盖；如果他们的妻子到市场上来，罚各种犯人出一个围子，同时免除侮辱性的征办，以示恩惠。这真是一幅先秦市场交易风俗画。

先秦之俗，市内有肆。《周礼·地官·司徒二·司市》说：“以陈肆辨物而平市。”这就是说为了顾客货比货方便，同一类货物陈列在一起，谓之一“肆”；每肆设有肆长一人，“各掌其肆之政令。陈其货贿，名相近者相远也，实相近者相尔也，以平正之。敛其总布，掌其戒禁”。这种肆长由市司指派，具体掌管监督货物的陈列，代替廛人征收货物税，并掌理肆中的戒禁。俗规每 20 肆设一办公地点，俗称“介次”，是胥师、贾师办公的地方。每 5 肆设 1 司稽，每 10 肆设 1 司暴，分别维持肆内治安。

春秋战国之时，“前朝后市”的格局依旧。《管子·揆度》说：百乘之国，千乘之国、万乘之国“中而立市”。市仍设官管理，除周仍称“司市”外，鲁国俗称“贾正”[①]，宋、郑、卫国俗称“褚师”[②]，六国俗称“市掾”[③]，楚国俗称“市令”[④]。与此同时，各城邑也都普遍设置固定的市了，《管子·乘马》说：“方六里命之曰暴，五暴命之曰部，五部命之曰聚，聚者有市，无市则民乏。”

先秦之俗在村“因井田而市”[⑤]，这种在国家的地方定期举行的交易活动就是集市。这种集市不仅进行交易，还有歌舞娱乐活动，十分热闹。《毛诗·陈风·东门之枌·序》说：“男女弃其旧业，亟会于道路，歌舞于市井尔。”于是“子仲之子，婆娑其下”“不绩其麻，市也婆娑”。这种男女结伴赶集，“歌舞于市”之俗一直流传下来，成为农村集市的一大特色。

先秦之俗市的营业时间有限制。俗规市门朝开夕闭，交易时间主要在上午，过午则渐散，至夕则罢市。

（四）市场禁规

先秦市场禁规如下：圭璧琮璋等尊贵物品、命服、命年、宗庙祭器、牺牲、兵器，以及不合格的用器、兵车、布帛、衣服、食品，不准在市场上出售。[⑥] 禽兽鱼鳖未长大被捕杀的，不准在市场上出售。[⑦]

（五）出入玺节

先秦之俗货物出入门、关，须以玺节为凭。《周礼·地官·掌节》说：“门关用符节，货贿用玺节，道路用旌节。”凡在市上买了货物要运出境外，由司市给予玺节，此即《周礼·地官·司市》所说：“凡通货贿，以玺节出入。”

有的商人从民间购得货物要运出境外，按俗规必须把货物运到关上，

---

① 《左传·昭公二十五年》。

② 《左传·昭公二年》。

③ 《史记·田单列传》。

④ 《史记·循吏列传》。

⑤ 《公羊传·宣公十五年》汉何休注。

⑥ 因贵族有“沽酒市脯不食”（《论语·乡党》）之俗，故有些禁规。

⑦ 《礼记·王制》。

向关上缴纳税金，然后“以节传出之”[1]，即由司关发给玺节放其通行。

按俗规，凡是货物不经过关卡以逃税的，没收其货物上交国库，并对偷运者施以杖击的处罚。此所谓“凡货不出于关者，举其货，罚其人”[2]。

（六）货币

在商品生产和交换中，最早从商品界里分离出来充当一般等价物的特殊商品是贝。《禹贡》说“厥篚织贝”，人们对贝有着特殊的喜爱；河南偃师二里头夏文化遗址中的一个墓葬（K3）中就曾出土12枚，同时出现了仿海贝制作的骨贝和石贝。加上夏人尚黑，故夏代作为货币的贝或造黑色，或染成黑色，故俗称“玄贝”[3]。《盐铁论·错币》说：“故教与俗改，币与世易，夏后以玄贝。”

商代广泛使用贝币，但因商人“尚白”[4]，故作为货币的贝则为白色。商代广泛使用贝币，从商代墓葬中出土的贝币可证。不仅王室、贵族拥有大量贝币，如，在郑州自家庄的一个商代早期的墓（K7）中出土460多枚贝；在殷墟小屯村北偏西商氏晚期的王室墓（5号）中出土6 000多枚贝。就是一般平民也拥有贝币，如，商代晚期的平民墓中富者有一二十枚，或几十枚贝币，最少的也有一枚，有的握在手中，有的含在口里。更为重要的是在甲骨卜辞中有“易（赐）贝”“取贝”“囚贝”的记载。由于商代广泛使用贝作货币，所以甲骨文买、贮、宝等字都从贝字。

商俗贝的计算单位为“朋”。《诗经·小雅·菁菁者莪》郑玄注：“古者货五贝为朋。”但王国维、郭沫若均认为“十贝一朋”[5]。商代晚期，金属铸币开始出现。1953年在安阳大司空村晚商墓葬中有3枚铜贝出土[6]；近年在山西保德林遮峪相当于商代后期的墓葬中出土了铜贝109枚，海贝112枚[7]。

西周之时，贝仍然是主要的货币，但铜币的数量已大大增加，成为

---

① 《周礼·地官·司关》。

② 同上。

③ 《礼记·檀弓》（上）。

④ 《礼记·檀弓》（下）。

⑤ 王国维：《说朋》，载《观堂集林》卷三，中华书局1961年版；郭沫若：《甲骨文字研究·释朋》，科学出版社1962年版。

⑥ 余鑫炎：《中国商业史》，中国商业出版社1987年版，第19页。

⑦ 吴慧：《中国古代商业史》第1册，中国商业出版社1983年版，第68页。

与海贝并重的主要货币之一。铜贝俗称“益贝”，以“锊”或“寽”为单位。《周礼·冬官·考工记·冶氏》说：“重三锊。”郑玄注：“三锊为一斤四两。”其实西周时期西部之俗，一锊重半两，东部之俗一锊重六两或六两大半两。[①] 布币和刀币在西周也出现，并在市场上流通。布币是仿农具的铜铸币，俗称“布”。布与铸同音假，是一种锄属农具；另一种俗称“钱”，是一种铲属农具。《诗经·卫风·氓》说：“氓之蚩蚩，抱布贸丝。”这里所说的“布”就是布币。刀币也是由刀这种生产工具演变而来的，俗称“刀”或“刀货”，主要在山东半岛一带流通。

春秋时期，金属货币广泛流通了。布币主要流行于周、韩、魏等地；刀币主要流行于齐、燕、赵等地；铜贝主要流行于楚等地。楚国的铜贝俗称“蚁鼻钱”。到了战国末期，市场上流通的铜币除先前已有的铜贝、布币和刀币外，还出现了一种圆形的铜铸币，体圆有孔，形似纺轮，俗称“圜钱”。圜钱可贯串携带，分量轻便，遂逐渐取代了布币和刀币。

战国的圜钱因地区不同而各具特点。流行在原布币区圜钱的特点是无郭圆孔，以“釿”（斤）为单位。流行在原刀币区圜钱的特点是圆体方孔，钱面周缘一般有郭，以“化”为单位。圜钱有大有小，单位不同，如齐有六化、四化、二化、一化之分；魏有一釿、半釿之分；秦有一圜、二圜之分，萧清先生在《中国古代货币史》中说：“所谓圜钱，就是一种圆形有孔的铜铸币……圜钱最初的形式是圆形圆孔，后来则发展成圆形方孔，这种‘钱圜函方’的形制，正与古人‘天圆地方’宇宙观相符合。”圜钱的出现和流行反映了先秦币风俗逐渐走向统一。

战国之时，一些缺乏金属货币的地方则流行绢布，《管子·乘马》说：“无金则用其绢……无绢则用其布。”

先秦之时，一向被人们视为宝砷的黄金，到战国时已成为真正的货币，作为流通手段。《管子·国蓄》说：“黄金刀币，民之通施也。”楚国是最先使用金币的地区，也是金币最多的地区。金币以“爰”为单位，故俗称“爰金”。爰金的形式有二种：一种是成方形或长方形的金板；一种是成扁圆形的金饼，二者都取象于龟。现在已发现的爰金中，绝大多数印有“郢爰”的钤印，故爰金又俗称“郢爰”。此外，楚国还以银铸币，为布币形。

---

① 吴慧：《中国古代商业史》第1册，中国商业出版社1983年版，第101页。

第三节　先秦汉民族的生活风俗

一　服饰风俗

（一）从芾到衣、裳和深衣

先秦之时，汉民族先民的服装经历了一个从芾到衣、裳和深衣的发展过程。商周时期，上衣下裳已经是最流行的服装。

上衣、中短上衣俗称“襦”，为一般人平时所穿，分齐腰短衣和齐膝短衣两种。《穀梁传》宣公九年记载：“陈灵公通于夏征舒之家（妻）。公孙宁、仪行父亦通其家。或衣其衣，或衷其襦，以相戏于朝。”贫民用兽毛或粗麻制成的短衣制称为“褐”，《诗经·豳风·七月》说：“无衣无褐，何以卒岁？”贴身的上衣俗称“衷”，又称“亵”。《诗经·周南·葛覃》说：“薄汗我私，薄澣我衣。”《左传》宣公九年也说：“皆衷其袒服以戏于朝。”这种内衣又可当作休闲服穿，俗称“袍”，亦作“袍泽”；《诗经·秦风·无衣》说：“与子同泽。”郑玄笺：“泽，亵衣。”而天子穿的休闲服俗称“燕衣”，《周礼·天官·玉府》说：“掌王之燕衣服。”郑玄注：“谓燕寝中所有衣服之属。”单上衣俗称“禅”，即“有衣裳而无里”[1] 之衣。夹衣俗称“褶”，《礼记·玉藻》说：“帛为褶。”郑玄注：“衣有青里而无著也。”即没有充絮的夹衣[2]。充絮的长上衣俗称“袍鷟”。《礼记·玉藻》说：“缊为袍。”即用旧丝棉做的长上衣。

下衣裳，又作“常”，是商周时男女遮蔽下身的主要服装，《说文》解释：“常，下辐也。”“辐，下裳也。”《诗经·齐风·东方未明》说：“东方未明，颠倒衣裳。颠之倒之，自公召之。东方未晞，颠倒裳衣。倒之颠之，自公令之。”裳的形制与后世的裙子相似，但裳与裙不同在于裳分前、后片，一片蔽前，一片蔽后，前片用帛 3 幅，后片用帛 4 幅联缀[3]，裳的上端有折裥，折裥的多少依穿着者腰身的粗细而定，并另装一条腰带。由于这种裳分前后片，两侧不相联缀，开合方便，解手时只要将裳撩开即可。

---

① 《礼记·玉藻》郑玄注。

② 《礼记·士昏礼》郑玄注：“著，充之以絮。”

③ 《仪礼·丧服》郑玄注：“凡裳前三幅，后四幅也。”古制每幅宽 2 尺 2 寸。

商代服装在中上层贵族间流行窄长袖花短衣，如，1935 年殷墟第 12 次发掘，西北岗 1217 号大墓出土大理石圆雕人像身着交领左衽短衣，衣长及臀，袖长及腕，窄袖口，配以带褶短裙，衣饰回纹、方胜纹即是一例[①]；在中下层民间则流行窄长袖素长衣，如安阳殷墓出土玉人立像（现藏美国哈佛大学福格美术馆）身着交领右衽素长衣，长袖，窄袖口，前襟过膝，后裾齐足又是一例。[②]

先秦之时，汉民族先民以上衣像天而服色用天未时之玄色，下裳像地服色用黄色，形成上玄下黄的服装流行色。春秋战国之际一种被称为“深衣”的服装流行起来。深衣就是上衣与裳相连的衣服。《礼记·深衣》郑玄注：“深衣者，谓连裳而纯之以采也。”孔颖达疏：“深衣，衣裳相连，被体深邃，故谓之深衣。”其特点是有一幅向后交掩的曲裾，便于举步又不致内裤外露。[③] 这种深衣缝制容易，穿着方便，既利于活动，又能严密地包裹身体，于是逐渐在各阶层中流行开来。《礼记·深衣》说：“圣人服之……先王贵之，故可以为文，可以为武，可以摈相，可以治军旅，完且弗费，善衣之次也。”孔颖达疏：“凡深衣皆用诸侯士大夫，夕时所著之服，故《玉藻》说：‘朝玄端，夕深衣。’庶人吉服亦深衣。”可见，深衣早在商代低层社会中已出现，前举安阳殷墓出土玉人立像双手拱置腰前，身穿长袍，交领右衽，前襟过膝，后踞齐足，内裤稍露。《礼记·内则》说：“有虞氏皇而祭，深衣而养老。”说明深衣最早可能滥觞于低层社会缝制简单的连幅衣。

《礼记·深衣》说：“古者深衣，盖有制度，以应规矩，绳权衡。短毋见肤，长毋被土。”深衣由短不能露出肤肉，长不能及于地面，一般下垂到足踝部，上窄下宽，溃为圆形，长 1 尺 2 寸至腕，领为矩形，裳由 12 幅构成，以应 1 年有 12 个月，喜在领、袖、襟、裾等部位镶以彩色边缘，衣料多用麻布。中山国遗址中出土了一件人形铜灯，这个人就是身着宽袖交领长袍，右前襟掩在下面，左前襟压在下面；衣襟的左下部横向接出一条三角形曲裾向右缠绕在身体上，尖端掩在背后或掖人腰带下的标准深衣。

---

① 沈从文：《中国古代服饰研究》，商务印书馆香港分馆 1981 年版，第 2 页，图 1：中上。

② 宋镇豪：《夏商社会生活史》，中国社会科学出版社 1994 年版，第 381、335 页。

③ 孙机：《深衣与楚服》，《考古与文物》1982 年第 1 期。

战国之时，南北深衣各具特点，北方的深衣衣袖窄长，上衣紧贴身体，下面的衣裾宽大，如，在山西侯马出土的战国陶器残片，山东临淄出土的齐国漆盘上都有穿这一类深衣的男女人物。南方的深衣式样较多，湖北江陵马山楚墓中出土的两件深衣实物，一件是垂胡式衣袖袍，衣袖肥大而下垂，衣袖口收紧，衣裾拂地；另一件是素纱袍，其肩部、腋下比较宽松，衣袖从肩往下逐渐变窄成小袖口，衣裾拂及地面，使足不外露。①

（二）绔与胫衣

先秦汉民族先民的下体着绔，不着裤。“绔”又写作“袴”。《说文》说：“绔，胫衣也。”《释名·释衣服》亦说：“两股各袴别也。”清代段玉裁注：“今所谓套袴也，左右各一，分衣两胫。”这种袴没有裤裆、裤腰，是与袖套相似的“裤套”，穿时套在小腿胫上。湖北江陵马山楚墓中出土的两条裤腿在前面连在一起的裤子，仍然没有裤裆，也没有臀部和后腰。

这种裤套似的袴，主要在冬天对腿胫起保暖作用，至于膝盖以上则无遮护。《韩非子·外储说左下》记载这样一个有趣的故事：“齐有狗盗之子与刖危子戏而相夸。盗子曰：‘吾父之裘独有尾。’危子曰：‘吾父独冬不失袴。’佚名者注：“刖足者不衣袴，虽终其冬年，无所损失也。”这个故事是说，齐国两个年幼无知的小孩在玩耍时互相夸奖自己的父亲厉害，一个是盗贼的儿子说他父亲的裘装有尾巴，因为他不知道他父亲经常披着狗皮伪装外出行盗；而他的那个小伙伴的父亲则是一个因犯罪两被剁去小腿（刖刑）的刑余之人，儿子无知，反而吹嘘即使是在严冬，他父亲也不需要穿袴，其实他父亲是被砍断了小腿的刑余之人，已经无法穿袴。可见，没有裤裆的绔在先秦汉民族时代可能是比较普遍的。

（三）衿和腰带

先秦汉民族先民在服装的衣襟处缝几根小带用以系结，俗称“衿”。《说文》：说“衿，衣系也。”段玉裁注：“联合衣襟之带也。今人用铜钮，非古也。”

先秦汉民族先民除用衿系结衣服外，按习惯还要在衣服外边的腰部系一根带，以把宽大的衣服束紧。《礼记·深衣》说：“带，下毋厌髀，上

---

① 赵超、熊存瑞：《衣冠灿烂——中国古代服饰巡礼》，四川教育出版社 1996 年版，第68—69 页。

毋厌胁，当无骨者。”带有两大类，一类用皮革制成，俗称“辉革”，或称“辉革带”；一类以丝帛制成，俗称“大带”，或称“丝带”。按习惯，男子多用革带，妇女多用丝带，此即《说文》所说：“男子带辉革，妇人带丝。”但男子亦可用丝带，《诗经·曹风·鸤鸠》即说：“淑人君子，其带伊丝。”郑玄注：“其带伊丝，谓大带也。大带用素丝，有杂色饰焉。”

用丝带束腰打成环状的活结，俗称“纽”。《说文》说：“纽，系也，一曰结而可解。”打成扣紧的死结俗称“缔”，《说文》说“缔，结不解也。”而用革带束腰用钩固定，俗称“带钩”，呈钩状。《管子·小匡》说：“管夷吾亲射寡人中钩。”《史记·齐太公世家》也说：“射中小白带钩。”带钩的造型繁多，或成棒形，或成耜形，或成兽形，或成人形，或成龙形，或成琴形，不胜枚举。

（四）形形色色的冠帽

先秦汉民族风俗把男子头上的各种饰物统称为“冠”。《释名·释首饰》说：“冠，贯也，所以贯韬发也。”《说文》也说：“冠，冕弁之总名也。”冠的形制与后世的帽子大相径庭，它是用一个冠圈套在发髻上，上面有一根冠梁从前到后把头发束住，再用笄簪左右横穿过冠圈和发髻，加以固定，冠圈两旁有丝绳，俗称“缨”。在下巴下打结，把冠圈和发髻，加以固定，冠圈两旁有丝冠固定在头顶上，缨打结后余下的部分垂在颔下，称为“绥”。由此可见，冠开始主要起束发作用，为成人的樗，这就是《仪礼·士冠礼》所说：“冠而字之，敬其名也。”就是加冠以后用表字来称呼他，以示尊重他的名。后来装饰作用占了主导地位，加冠以美化发型，展示人的气质和仪表，所谓“冠冕堂皇”也。

先秦汉民族的冠，《仪礼·士冠礼》说：“委貌，周道也；章甫；殷道也；毋追，夏后氏之道也。周弁，殷冔，夏收。三王共皮弁、素积。”这就是说夏代的冠以朴素无华为特征，俗称“收”；商代的冠以华丽气派为特征，俗称“冔”；周代的冠以稳重端庄为特征，俗称“弁”，实际上都是贵族的礼冠。

在实际生活中，先秦汉民族的冠种类繁多，琳琅满目，且大多能在商代的人像雕塑上得到印证。

玄冠，是以玄色帛为冠衣，冠上缀以玉、石之类的饰器的冠。《仪礼·士冠礼》说：“主人玄冠。”郑玄注：“玄冠，委貌也。”这种冠可能正是商代的“章甫”。

缁布冠，是以黑色布为冠衣的冠。《礼记·郊特牲》说：“太古冠布，齐则缁之。”缁布冠比“章甫”冠略低小，且不镂空，冠上饰品也较少。

皮弁，是以皮革为冠衣的冠。《左传》僖公二十八年说：“楚子玉自为琼弁玉缨。”杜预注“弁以鹿皮为之”即是一例。这种皮弁冠，前高后卑，形帛似委貌冠。

爵弁，是鸟雀色为冠衣的冠。古：“爵”通“雀”，故名“爵弁”。郑玄注《仪礼·士冠礼》说：“爵弁者，冕之次，其色赫而微黑，如爵头。”这种冠似冕旒，前小后大。

冠卷，是带俗称为“武”的卷状饰件的冠。《礼记·玉藻》说：“缟冠玄武，子姓之冠也。”郑玄注：“武，冠卷也。”

䩛，是从临时用布或革条箍束头发的形式发展而成的一种有固定帽式、有帽顶的扁平冠式，殷墟妇好墓出土圆雕石人头戴一圆箍形“䩛”可佐证。此冠在商代广泛流行。

巾帻，是用巾裹摞头上，做成各种帽式。商代的巾帻有两类，一类是高巾帽，大头上卷帻至四层高，前高广，后低卑，帽顶自前向后倾斜；另一类为外罩式，随头上发型而裹罩之。

胄，是用青铜制成的武冠。

商代这些形形色色的冠帽发展到周代形成了礼冠制，俗称“冕冠”，也可称“冕”，这种冕冠顶部盖一木板，称为冕板，俗称“延”。冕板为长形，前圆后方，象征天圆地方；前低后高，有前倾之势，以示俯伏谦逊。冕板的表面裱以细布，上面漆成玄色，下面漆成熏红色。两端分别垂挂数串玉珠，俗称“旒”。旒的多少视戴冠者的身份而定，有3旒、5旒、7旒、9旒、12旒之别，以12旒为贵。《礼记·礼器》说：周代规定：天子用12旒，诸侯9旒，上大夫7旒，下大夫5旒，士3旒，俗规一串玉珠要采用5种不同颜色的珠子相间而串，常用颜色有赤、青、黄、白、黑等。

周礼俗规规定，士以上才能戴冠，作为养老、燕饮、燕居的常服；庶人不准戴冠，但逢祭礼时可例外。

春秋风俗视冠极重，以不冠为不礼，去冠则失礼，无冠则非礼。

（五）束髻与梳辫

先秦汉民族先民男女传统的发式是将头发挽结于顶或脑后，用笄固定成髻，此俗在夏代已十分流行，如二里头遗址81YLVM3:1墓主人头盖骨上有一骨笄出土[①]，就是束髻用的。

由于束髻必须用笄，故笄成了重要的束髻必备用品。夏代的笄比较朴素，造型简单，用骨制成。河北磁县下七垣遗址相当于夏代的第四层出土了6枚锥形骨笄，均为圆平形顶。[②] 及至商代笄的造型多样化了，如上述下七桓遗址分别相当于商代早、中、晚期的第三到第一层出土的骨笄，不仅数量多，而且除锥形外，还有钉形、凤头、方丁形头、垂帽形头、刻花等。殷墟妇好墓不仅出土了大量的骨笄，1976年在妇好墓出土骨笄499枚，而且还有28枚玉笄，造型则是五花八门，有夔形、鸟形、圆盖形、方牌形、鸡形、四阿屋顶形等。

商代在流行发髻之时，也出现了梳辫风俗的流行。殷墟出土的一个玉人，两腿跪坐，双手抚膝，所有头发都汇集于头顶，并把多余的额发和髫发全部剃去，于脑后编成一条短辫垂下，犹如载了一顶帽子。又如，陕西宝鸡竹园沟出土的銎形茂钺的上齿端铸有一个圆雕人头，此人头于脑后垂一条小辫，额发也被修剪干净。

春秋战国时妇女的梳辫风俗有了变异，垂于脑后的单辫梳成了双辫，一般长到腰际，如洛阳金村战国墓出土青铜女俑的双辫就是一例；但以垂到臂部为时尚，头发不够长的妇女则用假发衔接，如四川成都百花潭战国墓出土的嵌错铜壶纹饰上采桑的妇女均梳着衔接假发的长辫就是一例。[③]

于是，假发之俗也流行起来。《左传》哀公十七年说："公自域上，见已氏之妻发美，使髡之以为吕姜髢。""髢"就是当时假发的俗称。

战国时期，束髻又盛行起来，梳辫者日益减少，而致使人们以为汉民族先民妇女无梳辫风俗。这时不分男女，都喜束髻，只是男子的发髻简单，造型基本固定，而妇女的发髻虽然以椎髻、双髻为主要造型，但她们在发髻上加上各种装饰品，使之变幻无常，分外妖娆。《诗经·垣风·君子偕老》说："副笄六珈，委委佗佗，如山如河……鬒发如云，不屑髢也。玉之瑱也，象之揥也。"贵妇人的发髻上插满了玉笄和象牙首饰，黑发如云，不屑用假发来装饰，如山河一样雍容自得，显得艳丽无双。

（六）屦、舄与屐

先秦之时，汉民族先民所有的鞋子统统俗称为"屦"。《说文》："屦，

---

① 杨国忠：《1981年河南偃师二里头墓葬发掘简报》，《考古》1984年第1期。

② 河北省文物管理处：《磁县下七垣遗址发掘报告》，《考古学报》1979年第2期。

③ 周汛、高春明：《中国古代服饰大观》，重庆出版社1995年版，第59—60页。

履也。”周代专设“屦人”一职，专管王和王后的鞋履。《周礼·天官》说：“屦人掌王及后之服屦，为赤舄、黑舄、赤繶、黄繶、青句、素屦、葛屦。”

先秦汉民族之俗“屦”用草、麻、皮、丝制作，都是单底。一般夏天穿葛屦，冬天穿皮屦，此即《仪礼·士冠礼》所讲：“夏葛屦，冬皮屦。”贵族喜穿丝屦。此外，编草屦时要边编边砸，使之坚实耐穿。草屦又称为“屩”，《释名·释衣服》说：“屩，跻也，出行著之，跻跻轻便，因以为名也。”

战国时期，“屦”被“履”取代而成了鞋子的俗称，贵重的鞋子除丝履外，还有在履上镶嵌珍珠美玉的“珠履”和“玉履”。

商周之时，还出现了被称为“舄”的鞋子。《诗经·豳风·狼跋》说：“公孙硕肤，赤舄几几。”《诗经·小雅·车攻》说：“赤芾金舄，会同有绎。”舄与屦之不同在于屦为单层底，舄为双层底，上层为布底，下层为木料做的托底，主要用于祭祀和朝会，以免行礼者站立太久弄湿鞋底。《释名·释衣服》说：“履，礼也，饰足所以为礼也。复其下曰舄。舄，腊也，行礼久立，地或泥湿，故木复其下，使干腊也。”战国之时，穿舄之俗失佚。

春秋之时还出现了一种被称为“屐”的鞋。屐用木板制成，一般的木屐多装有两个木齿，前后各一，呈直竖状。不用鞋帮，而用丝麻作绳带，俗称“系”。这种鞋的出现主要用于出行远地方便、耐用，木齿坏了还可以更换。相传春秋时，晋文公在外流亡 19 年后回到晋国，登上了王位，对一起流亡的侍臣一封赏，唯独忘记了曾割自己的大腿肉给晋文公充饥的忠臣介子推。等晋文公想起来时，介子推已带老母回到山西绵山过着隐居清贫的生活。在文公放火烧山逼他下山受封赏时，介子推与老母亲紧紧地抱着一棵树被活活烧死。文公悲痛不已，令人将这棵树砍下，做成一双木屐，穿在脚上，每当想起自己共患难的忠臣子推时，便抚摸木屐，叹道：“悲乎，足下。”① 此外，孔子当年在外游说时，脚上穿的就是一双木屐。这双木屐因“与凡人异”，故在蔡国借宿于一家客舍时不翼而飞了。而《文献通考·物异》说：“元康五年闰月庚寅，武库火，张华疑有乱，先命固守，然后救火，是以累代异宝王莽头、孔子屐、汉高祖断白蛇剑及

① 《太平御览·异苑》。

二百万器械，一时荡尽。”孔子的木屐竟一直被当作“异宝”而藏于库。

（七）崇尚玉佩

先秦时期，汉民族先民之俗衣服无口袋，常用的印章、巾兑、囊袋以及解结的玉觿都佩挂在腰带上，俗称“事佩”，有的为了装饰还要佩玉璧、玉环、玉璜、玉珩等玉器，俗称“玉佩”。

商代以后，崇尚玉佩之俗越来越流行。周武王伐克商后，接受“商旧玉亿有百万”，其中玉佩多达“亿有八万”。[①] 从周代起，崇尚玉佩的风俗逐渐神秘化，而被赋予情感和理念。《诗经·秦风·小戎》说：“言念君子，温其如玉。”郑玄笺：“玉有五德。”孔颖达疏引《聘义》说：“君子比德于玉焉：温润而泽，仁也；缜密似栗，知也；廉而不刿，义也；垂之如坠，礼也；孚尹旁达，信也。”这就是说玉有五德，象征君子的仁、智、义、信、忠五种品行。这样，佩玉不仅是为了装饰，而且还有修行树德的意义。所以，周代之俗上至天子，下至士庶，无不以佩玉为尚。《礼记·玉藻》就说：“古之君子必佩玉。”所不同的是不同的身份和等级所佩之玉的色彩不同，按俗规：天子佩白玉，公侯佩深青色的山玄玉，大夫佩浅碧色的水苍玉，世子佩红色的瑜玉。

周代的玉佩形制琳琅满目，仅圆形的玉佩就有环、玦、瑗、璧等品种，更具风俗意义的是不同品种的玉有不同的寓意，如派使者访问友邦，用薦作凭信，访问国事用璧作凭信，诸侯召见卿、大夫、士时用瑗作凭信，断绝君臣关系时用块示意，重新召见绝交的人时用环示意。[②]

周代风俗将几种不同形状的玉佩用彩线穿成一串悬挂腰间，俗称“组佩”。组佩之中最重的一种俗称“杂佩”，是由玉器中的珩、璜、琚、瑀以及冲牙等合为一体的佩饰。《诗经·郑风·女曰鸡鸣》说：“知子之来之，杂佩以赠之。”这种杂佩挂在腰间，随着行走时的震动，冲牙[③]与其他玉器会自然互相撞击而发出悦耳的声音。周代俗礼，这种杂佩互相撞击发出的声音应当缓急有度，轻重得当，若节奏杂乱，则被认为失礼。至汉代时期这种习俗得到了进一步发展，要求“鸣玉者，佩玉也，上有双

---

① 《逸周书·世俘解》。

② 《荀子·大略》：“聘人以珪，问士以璧，召人以瑗，绝人以玦，反绝以环。”

③ 冲牙又名玉觿，由兽牙演变而来的一种玉佩，是组佩玉中的一种，置于组佩的下部，一般成对佩戴。

珩，下有双璜，冲牙蠙珠，以纳其间，琚瑀以杂之。行以《采茅》，趋以《肆夏》，步中规，折中矩。登车则马行而鸾鸣，鸾鸣而和应，声曰和，和则敬"①。

（八）宗法礼服制度

先秦时期，汉民族先民的宗法制度是以宗族血缘关系为纽带，与国家制度相结合，维护贵族世袭统治的一种等级制度。它源于氏族社会父系家长制，萌芽于商代，完备于周代，史称"周公礼制"。在宗法制度形成和完善的过程中，也形成和建立了与贵族等级制度相匹配的完善的宗法礼服制度。

周代不但确定了尊卑上下各个等级的不同服装式样，而且要求随着不同的礼仪换不同的服饰，绝对不能穿错，十分严格。周代风俗将礼分为吉礼、凶礼、军礼、宾礼、嘉礼五类，俗称"五礼"。与五礼相应的礼服制度分为祭礼的祭服，朝会的朝服，婚嫁的吉服，从戎的军服，服丧的凶服等。

冕服是祭服中最高贵的服饰。孔子说："禹，吾无间然矣。菲饮食而致孝乎鬼神。恶衣服而致美乎黻冕。"② 就是说禹自己吃得很差，却把祭祀祖宗的祭品办得很丰盛；穿得很坏，却把祭服做得很华美。周代以前就有冕服。据《虞夏书·益稷》记载："予欲观古人之象，日、月、星辰、山、龙、华虫作会，宗彝、藻、火、粉米、黼、黻，絺绣，以五彩彰施于五色，作服汝明。"在这里，日、月、星如三光之耀，取其带来光明；山如王者镇重安静四方，取其稳重的性格；龙象征人君的应变，取其仁义；华虫为一种雉鸟，象征有深浅之知，威猛之德，取其忠孝；藻为水草象征冰清玉洁，取其洁净；火有率士群民向归上命之意，取其光明；粉米即白米，象征王者有之德取其文采；宗彝是宗庙用的礼器，象征有济养之德，取其洁白养人之意；黼鱼金斧形，取其能决断之意；黻为亚形，古"弗"字，谓君臣可相济，见恶改善，取背恶向善之意。周代以前在冕服上所绘绣这12种纹样，称"十二章"，俗称"象服"（见下图）。

《诗经·鄘风·君子偕老》即说"象服是宜"。郑玄注："人君之象服，则舜所云'予观古人之象：日、月、星辰'。"俗规侯、伯用华虫以

① （汉）贾谊：《新书》卷六《容经》。

② 《论语·泰伯》。

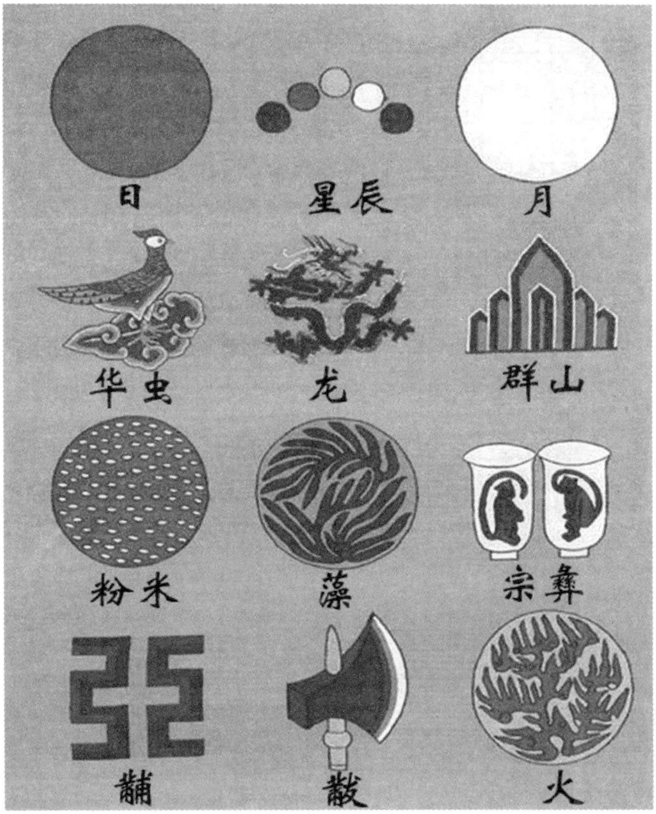

“十二章”纹样

下7章，子、男用藻以下5章，卿、大夫用粉米以下3章。周代之俗冕服为9章，而日、月、星辰3章画到旌旗上去了。因而其他贵族的冕服纹饰也相应递减。周代的冕服有6种，即：

1. 大裘冕，为祭天之服。由冕冠、衣裳、羔裘、蔽膝、大带、佩绶等组成。上衣用玄色，下裳用纁色，冕冠的领口不用垂旒，羔裘用黑羊皮。

2. 衮冕，为祭礼先王之服。其形制与大裘冕不同的是不用羔裘，冕冠前后各用12旒，每旒用12枚旒，并“天子画升龙于衣上，公但画降龙”①。所谓“升龙”即头在上，尾在下之龙，“降龙”则相反，故周代

① 《诗经·豳风·九罭》：“衮衣绣裳。”郑玄注。

衮冕又俗称“衮龙衣”“衮龙服”“龙衮”等。

3. 鷩冕，是祭祀先公、行飨射典礼之服，较衮冕又次一等。如天子的釉冕衣裳用7章，冠用9旒。因7章之首雉鸟俗称“鷩釉”，故称其服为“鷩冕”。

4. 毳冕是遥祭山川之服，又次鷩冕一等，如天子的毳冕衣裳用5章，冕冠用7旒。

5. 絺冕，是祭祀社稷之服，又低毳冕一等，如天子的絺冕衣裳用3章，冕冠用5旒。

6. 玄冕是一般小祀之服，如天子的玄冕衣上无章，常用黻纹，冕冠用3旒。

周代之俗贵妇的祭服有袆衣，随王祭先王时穿着；揄狄，随王祭先公时穿着；阙狄，随王祭小祀时穿。此三种祭服都以翟鸟为纹饰，故俗称“三翟”。①

春秋战国之时，由于礼崩乐坏，冕服大都失传，仅玄冕独以留。贵族参加祭祀时以朝服替代祭服，故《论语·乡党》说：“朝服而立于阼阶。”宋代邢昺注释说：“所以朝服者，大夫朝服以祭，故用祭以依神也。”秦始皇时，废六冕，留玄冕。

朝服是周代君臣百官议政之服。《周礼·春官·司服》云：“视朝，则皮弁服。”皮弁服就是最早的朝服，采用细白布制成衣、裳，头戴用白鹿皮制成的尖顶冠帽，造型如两只手掌相合，俗称“弁”（见下图）。

皮弁服不仅天子用，士以上的男子觐见君王时也用，各人的身份在皮弁上加以区别，即皮弁上加玉饰，俗规天子用五彩玉；侯、伯、子、男用三彩玉；卿大夫用二彩玉；士一级则不用玉。同时在玉饰的数量上也加以区别，以示尊卑。

卿士退朝后若要自己听朝，朝见身份比自己低的人，需更换黑布制成的朝服，俗称“缁衣”。《诗经·郑风·缁衣》云：“缁衣之宜兮。”毛傈注：“缁，黑色，卿士听朝之正服也。”

春秋战国时风俗变异，朝会之服多用黑色布帛制作，俗称“玄端”；冠帽用黑色缯绢替代了白色鹿皮，俗称“委貌”。因这种朝服由端和委貌组成，故又俗称“委端”。《春秋穀梁传·僖公三年》说：“阳谷之会，桓

---

① 《周礼·天官·内司服》郑玄注。

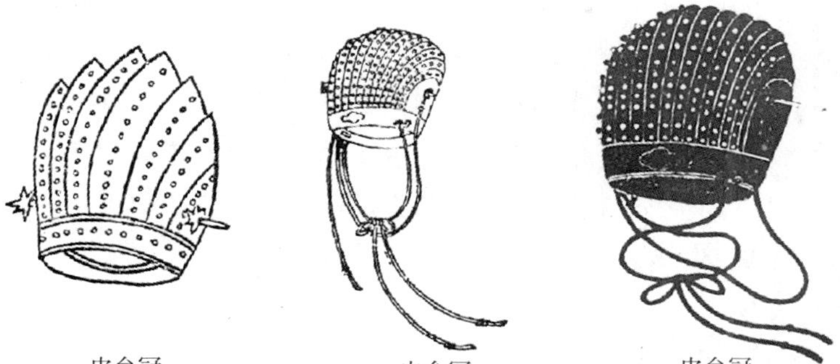

皮弁冠（明 王圻等《三才图会》）　皮弁冠（明李东阳等《大明会典》）　皮弁冠（明人《中东宫冠服》）

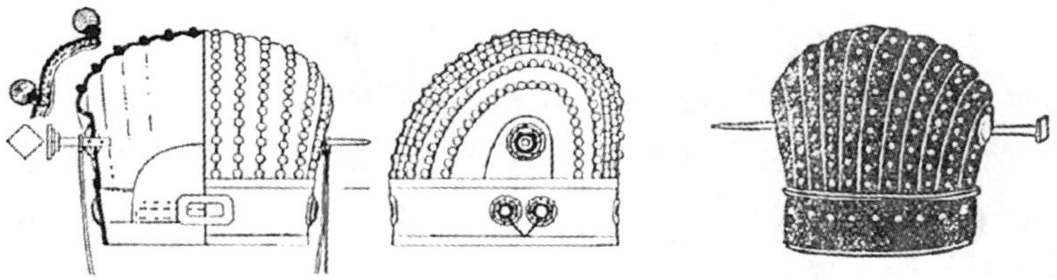

北京明定陵出土的皮弁冠　山东邹县朱檀墓出土的皮弁冠

大明皮弁冠

公委端、搢笏而朝诸侯。”

周代之俗，贵妇的朝服有鞠衣，为王桑叶初生之色；展衣，为王后以礼王及宾客时穿着，其色为白；缘衣，为王后侍候王或燕居时穿着，其色为黑。

对于周代严格的宗法礼服制度，《周礼·春官·司服》对不同职务的礼服作了详细概括：

> 掌王之吉凶衣服，辨其名物与其用事。王之吉服：祀昊天上帝，则服大裘而冕，祀五帝亦如之；享先王，则衮冕；享先公、飨射，则鷩冕；祀四望山川，则毳冕；祭社稷、五祀，则絺冕；祭群小祀，则玄冕。凡兵事，韦弁服。视朝，则皮弁服。凡甸，冠弁服。凡凶事，服弁服。凡吊事，弁绖服。凡丧，为天王斩衰，为王后齐衰，王为三公六卿锡衰，为诸侯缌衰，为大夫、士疑衰，其官服皆弁绖。大札、大荒、大灾，素服。公之服，自衮冕而下，如王之服。侯伯之服，自毳冕而下，如公之服。子男之服。自毳冕而下，如侯伯之服。孤之服，

自絺冕而下，如子男之服。卿大夫之服，自玄冕而下，如孤之服，其凶服，加以大功、小功。士之服，自皮弁而下，如大夫之服，其凶服亦如之。其齐服有玄端、素端。凡大祭祀、大宾客，共其衣服而奉之。大丧，共其复衣服、敛衣服、奠衣服、廞衣服，皆掌其陈序。

二　饮食风俗

（一）主食

夏代主食粟类谷物，去皮为小米。《尚书·仲虺之诰》就说："肇我邦于有夏，若禾之有莠，若粟之有秕。"商代以黍、稷为主食，《尚书·盘庚》记载："隋农自安，不昏作劳，不服田亩，越其罔有黍稷。"黍就是大黄米，稷就是小黄米。但麦子在商代已成为重要的食物，甲骨卜辞中有不少天子主封"告麦"的记载，告麦即尝新。周代的主食已多元化，文献记载有米、粱、秫、粟、黍、稻等，其中粟为最重要的主食。《管子·重令》说："菽粟不足，末生不禁，民必有饥饿之色。"所以，春秋时每逢粟不熟之年，《左传》都将其作为国家大事记载下来。战国之时更是把抓粟的生产列为关系到国家安危的基本国策。《孟子·尽心上》就说："圣人治天下，使有菽粟如水火。"

先秦汉民族之俗主食烹饪成的食品主要有 5 种：

饭，就是将谷物煮或蒸成饭。郑玄在《周礼·天官·膳夫》作注说："食，饭也。"《说文》也说："饭，食也。食，米也。"可见，先秦汉民族时煮、蒸谷物为饭是当时主要的主食。对于做饭的过程，《诗经·大雅·生民》有这样描写："或舂或揄，或簸或蹂，释之叟叟，蒸之浮浮。"这短短的 4 句诗把从去壳到蒸饭的过程生动展现在我们面前。

粥，就是将谷物加水煮成稀饭。先秦汉民族时粥俗称为"酏"。《礼记·内则》说："酏……唯所欲。"郑玄注："酏，粥也。"粥又分为两类，一类为薄粥，亦俗称"酏"；另一类为厚粥，俗称"饘"。粥亦是先秦汉民族的主要食法。

糁食，就是肉或菜与米粉和匀后做成或煎或煮吃的食法。《周礼·天官·醢人》说："羞豆之食，酏食、糁食。"肉饼的做法是取牛、羊、猪的肉，各一分，然后切成小块，与稻米粉按二比一的比例和匀后做成饼煎吃。菜饼则是用菜与稻米粉按一定比例和调匀后煮吃，《墨子·非儒》

说："孔某穷于蔡陈之间，藜羹不糂。"① 说的就是孔某人被困在蔡国和陈国之间，野菜汤中没有米粉去调和。

糗，就是把俗物炒熟而食，或成粉状，或成粒状。《尚书·周书·费誓》说："峙乃糗粮，无敢不逮。"《孟子·尽心下》也说："舜之饭糗茹草也。"

饵，就是将稻米或黍米捣成粉，做成饼或团子蒸食的食法。《周礼·天官·笾人》所说"羞笾之实，糗饵、粉餈"中的"糗饵"，就是撒了炒干的米麦和豆粉的燕饼或团子。

（二）副食烹饪

先秦汉民族先民的副食十分丰富。根据《诗经》等文献记载，当时六畜有牛、羊、鸡、犬、猪、马；六兽有麋、鹿、熊、麇、兔、野豕；六禽有雁、鹑、鷃、雉、鸠、鸽；水产有鲂、鲤、鲲、鲙、鳢、鲔、鳟、鳍、鲨、嘉鱼、河蚌等；蔬菜有水芹、水藻、莼菜、瓠、韭、荠、荷、野豌豆苗、荠菜、薇、葑、藿（大豆的嫩叶）、葱、蒜、蒴、莪、蘩、芑、葵菜、萝卜、竹笋、蒲笋、藕、瓢菜、芋头、木耳等；水果有桃、李、杏、梨、柿、樱桃、橘、柚、桑葚、榛、栗、甘棠、沙棠、木瓜、杞子、枣、菱等。

先秦文献中有关副食品种的记载不胜枚举。葵是先秦时期汉民族蔬菜中的当家菜，品种甚多，有冬葵、荆葵、戎葵等。芹也是先秦时期汉民族的当家菜之一。《诗经·小雅·菜菽》说："觱沸槛泉，言采其芹。"《鲁颂·泮水》也说："思乐泮水，薄采其芹。"用这么丰富的副食烹饪的膳食十分丰盛。《礼记·内则》所记膳食除有胗、膘、胱、牛炙、牛胾、牛脍、羊炙、羊胾、豕炙、鱼脍、雉鹑、鷃等 14 种外，还有糗、粉、饼、螺酱、燕米饭、雉羹、麦饭、肉羹、鸡羹、稻米饭、犬羹、兔羹等。

先秦汉民族不仅副食丰富，而且已有许多有名的土特产。《吕氏春秋·本味篇》记载下了当时各地一些副食品的名优特产：

> 肉之美者：猩猩之唇，獾獾之炙，隽觾之翠，述荡之掔，旄象之约。流沙之西，丹山之南，有凤之丸，沃民所食。鱼之美者：洞庭之鱄，东海之鲕。醴水之鱼，名曰朱鳖，六足、有珠、百碧。雚水之

① 糂，同糁。

鱼，名曰鳐，其状若鲤而有翼，常从西海夜飞，游于东海。菜之美者：昆仑之苹，寿林之华，指姑之东，中容之国，有赤木、玄木之叶焉；余瞀之南，南极之崖，有菜，其名曰嘉树，其色若碧；阳华之芸，云梦之芹，具区之菁，浸渊之草，名曰土英。和之美者：阳朴之姜，招摇之桂，越骆之菌，鳣鲔之醢，大夏之盐；宰揭之露，其色如玉，长泽之卵。饭之美者：玄山之禾，不周之粟，阳山之穄，南海之秬。水之美者：三危之露，昆仑之井，沮江之丘，名曰摇水；白山之水，高泉之山，其上有涌泉焉，冀州之原。果之美者：沙棠之实，常山之北，投渊之上，有百果焉，群帝所食；箕山之东，青岛之所，有甘栌焉；江浦之橘，云梦之柚，汉上石耳。

先秦时期，汉民族先民对副食的烹饪最初有燔、炙、炮三种方法。《尉缭子·兵谈》说："轻者如炮如燔。"毛诗注："加火曰燔，炕火曰炙。"孔颖达疏称："加置于火上是燔烧之，故言加火曰燔。炕举也，谓以物贯之而举于火上以炙之。"所以燔就是把食物直接放在火上烧，炙就把食物架在火上近火烤。而炮则是把食物用草泥包裹后放在文火中煨，《礼记·内则》说："炮：取豚若将，刲之刳之，实枣于其腹中，编萑以苴之，涂之以墐涂，炮之。"郑玄注："炮者以涂烧之为名也"，孔颖达疏："涂之以墐涂，谓穰草相和之涂也。"与如今有名的叫"化子鸡"的烧法相似。这些烧法在先秦汉民族之时颇为流行，《诗经·小雅·瓠叶》说："有兔斯首，炮之燔之……有兔斯首，燔之炙之……有兔斯首，燔之炮之。"就是用烧、烤、煨的方法烹调兔肉。

除燔、炙、炮等烹饪肉类食品的方法以外，先秦时期汉民族还有羹，是以肉类配以玉米调料煮成的浓汤，《诗经·商颂·烈祖》说："亦有和羹。"孔颖达疏："羹者，五味调和。"脯，是精心制作的肉干，《诗经·大雅·凫鹥》说："尔酒既湑，尔肴伊脯。"醢，是把晒干的肉捣碎，用粟米制成的酒曲和盐搅烂，密封于瓮中，酿藏百日而成的肉酱，《诗经·大雅·行苇》说："醓醢以荐，或燔或炙。"高亨注："醢，肉酱。"

其后，尤其是春秋时期，随着刀具的改进，对菜肴可以进行精细的加工；对油脂的利用，以及金属炊具的运用，使煎、炒、烹、炸的烹饪方法广泛流行。1923 年在河南新郑李家楼一座春秋墓中出土的"王子婴次之次卢”的青铜器，据考“次卢”即“炒炉”之古写；1978年在湖北随县曾侯乙墓中出土的一件青铜双层炉盘，上层为盘，下层为炉，盘底有烟熏火烤的痕迹，炉内有木炭，湖北省博物馆鉴定为“煎烤食物之炊具”①，足可见作为煎炒的炊具已出现。《楚辞》“招魂”“大招”等诗篇中所举的菜肴就有“煎鸿鸧”“煎鲼臛雀”等的说法。《礼记·内则》所述周代菜谱的代表作——“八珍”所列淳熬、淳毋、炮豚、炮牂（zang）、捣珍、渍、熬、肝膋的美食。据考，淳熬为稻米肉酱盖浇饭；淳毋为黍米肉酱盖烧饭；炮豚为烧烤炖乳猪或羊羔，包括有宰杀、净腔、酿肚、炮烧、挂糊、油炸、切件、慢炖三日三夜等8道工序；捣珍为脍肉扒；渍为酒香牛肉；熬为烘肉脯；糁为三鲜烙饼；肝膋为烤网油包狗肝②，足见先秦汉民族副食烹饪之丰富多彩了。

（三）“五味”出现

先秦汉民族用于烹饪的调味品夏商时期最先出现的是盐、梅、酒。《商书·说命下》说：“若作酒醴须，尔惟曲蘖；若作和羹，尔惟盐梅。”注云：“酒醴须曲蘖以成，盐咸梅醋，羹须咸醋和之。”说的是烧羹一定要用盐、醋调味才好吃。

周代以来酸、苦、辛、咸、甘五味俱出现，《礼记·礼远》：“五味、六和、十二食，还相为质也。”郑玄注：“五味：酸、苦、辛、咸、甘也。”主要的调味品有：

盐，先秦汉民族时已成为烹饪最基本的调味品，周代已有专管盐的管职——盐人。《周礼·天官·盐人》说：“盐人，掌盐之政令，以共百事之盐。祭祀共其苦盐。宾客共其形盐、散盐。王之膳羞共饴盐，后及世子，亦如之。凡齐事，煮盐以待戒令。”

豆豉，是先秦时期汉民族最早酿造的咸调味品，豆豉出现在战国时代，《楚辞·招魂》说：“大苦咸酸。”王逸注：“大苦，豉也。”豆豉是煮熟的大豆发酵后加盐晒干后制成，因其滋味醇香，可以使菜肴鲜美而被人们当作调味品，所以《释名·释饮食》说：“豉，嗜也，五味调和须之而成，乃可甘嗜，故齐人谓豉声同嗜也。”

---

① 曾纵野：《中国饮馔史》，中国商业出版社1988年版，第271页。

② 陶文台：《中国烹饪史略》，江苏科学技术出版社，第18页；林乃荣：《中国饮化》，上海人民出版社1989年版，第54—56页。

梅，是先秦时期汉民族最早用于烹饪的酸味调味品。梅作酸味调味品源于商代，《商书·说命下》即说："若作和羹，尔惟盐梅。"梅的酸汁浓缩后即可成调味用的梅酱，《礼记·内则》说："兽用梅。"

醓，是先秦时期汉民族用于烹饪的最初的醋。《说文》说："醓，酸也。"醋从酿酒演变而来。周代贵族用醓调味十分流行。周王室专设"醓人"一职，凡事需要醋，都由醓人负责供应。春秋时，醋已成为民间的日常调味品了，《论语·公冶长》说："孰谓微生高直？或乞醓焉，乞诸其邻而与之。"醋都成为乞讨品了，可见在民间已是十分平常的东西了。

姜，是先秦时期汉民族用于烹饪的常用辛味调味品。《吕氏春秋·本味篇》说："和之美者，阳朴之姜。"《论语·乡党》还说姜经常放在餐桌上以供食用。[1]

桂，是先秦时期汉民族常与姜并提的用于烹饪的辛味调味品，《礼记·内则》就说："为熬、捶之……屑桂与姜以洒诸上而盐之，干而食之。"

酒，是从周代开始用于烹饪的常用调味品。周代之俗喜用酒来"渍"牛肉而成酒香牛肉，制腊肉或掩肉时也放少许酒调味。烹调鱼肉，甚至炒菜也放少许酒，使之滋味更加香嫩可口。

蜂蜜，是从周代开始用于烹饪的甘味调味品。《礼记·内则》说："枣、栗、饴、蜜以甘之。"

蔗浆，是春秋战国时南方用于烹饪的甘味调味品。《楚辞·招魂》说："胹鳖炮羔，有柘浆些。"柘浆就是甘蔗汁。

先秦汉民族之时用于烹饪的调味品已十分丰富，使得副食的烹饪更加美味可口。正如《荀子·礼论》所说："刍豢稻粱，五味调香，所以养口也。"

（四）尚酒成风

汉民族先民早在原始社会末期就开始酿酒。佚书《世本》说："仪狄始作酒醪，变五味。少康作秫酒。"相传在夏禹时，"仪狄作酒而美，进之禹，禹饮而甘之，曰：'后世必有以酒亡其国者'。遂疏仪狄而绝旨酒"[2]。旨酒就是美酒。《孟子·离娄下》说："禹恶旨酒而好善言。"这些史料从反面说明，饮酒之民风已经成为当时的社会问题。禹之后的夏王

① 《论语·乡党》："不撤姜食，不多食。"
② （汉）刘向：《战国策·魏策二》。

启、太康，都是好酒之君，《墨子·非乐》即说："启乃淫溢康乐，野于饮食，将铭苋磬以力，湛浊于酒，渝食于野，万舞翼翼。"少康时又发明了用黏高粱酿制的酒，俗称"秫酒"，好酒之风更盛。在二里头文化墓葬中，84YLVIM9随葬礼器饮食器中有陶罐、尊、簋，配酒器有铜爵、漆觚、二陶盉，反映了酒食并举的风尚。[①] 夏代最后一个王桀更是一个嗜酒而亡国的人。《帝王世系》说："桀为酒池，足以运舟，糟丘足以望十里，一鼓而牛饮者三千人。"[②] 及至商代，用"糵"和"曲"来酿酒已成风俗，糵就是发芽的谷物，用之作发酵荆酿酒；曲就是用粮食培养霉菌一类的微生物酿酒，1973年在河北藁城台西村商代遗址中，除出土了酒器外，还出土了呈灰白色似水锈状的人工培植的酵母。[③] 故《尚书·说命下》说："若作酒醴，尔维曲糵。"这时见于甲骨文的酒有用黍酿成的黄酒，俗称"酒"，用黑黍酿成的香酒，俗称"鬯"，用糵酿造的淡甜酒，俗称"醴"，以及陈酒，俗称"旧醴"等品种。

商代尚酒之风极盛，"庶群白酒"[④]，嗜酒之俗影响整个社会风气，不仅商代贵族的墓葬中有大量的酒器陪葬，就是平民的墓葬中也有不少酒器随葬。1969—1977年殷墟西区墓地发掘报告，在发现的939座墓内，出土陶制酒器觚、爵的有508座，另又有67座出土了铜或铝觚、爵。尤其是第八墓区的55墓中有49座出土了陶觚、爵[⑤]，比例之高足见尚酒之风之盛。商代这种嗜酒之俗，反映在祭祀上也是十分惊人的，祭祀时一次送到祭坛上去的酒有数卣，或数十卣，甚至上百卣。有商一代贵族们"沈酗于酒"[⑥]；纣王更是"以酒为池，悬肉为林，使男女裸，相逐其间，为长夜之饮"[⑦]，已是"荒耽于酒，淫泆于乐，德昏政乱"[⑧] 了。纣王也就成了一个嗜酒而亡国的君王，西周康王《大盂鼎铭》说："殷边侯甸与殷

---

① 宋镇豪：《夏商社会生活史》，中国社会科学出版社1994年版，第283页。

② 刘向：《列女传·夏桀末喜传》。"七里"，《韩诗外传》为十里，《太平御览》引作"香里"。

③ 邢润川、唐云明：《从考古发现看我国古代的酿酒技术》，《光明日报》1980年4月1日。

④ 《尚书·周书·酒诰》。

⑤ 中国社科院考古研究所安阳工作队：《1967—1977年殷墟西区墓葬发掘报告》，《考古学报》1979年第1期。

⑥ 《商书·微子》。

⑦ 《史记·殷本纪》。

⑧ 《大戴礼记·小闲》。

下百辟，率肆于酒，故丧师。”

周代初曾严厉禁酒，《尚书·酒诰》就是一篇禁酒令。这篇“刚制于酒”的禁酒令告诫子孙及官员们“勿辩乃司民湎于酒”；要求诸侯国君只有祭祀的时候才可以饮酒；在饮酒的时候，要以德行要求自己，不要喝醉了；要求殷民尽心劳动，为官员效劳，孝敬父母，当父母高兴地为你准备丰富的饮食时你们才可能饮酒；告诫官员们只要好好奉养长辈和国君，不仅可以吃饱饭，也可以喝足酒。谁如果违犯禁酒令而“群饮”，则“汝勿佚，尽执拘以归于周，予其杀。又惟殷之迪，诸臣惟工，乃湎于酒，毋庸杀之，故惟教之。有斯同享，乃不用我教辞，惟我一人弗恤，弗蠲乃事，时同于杀”。

但是，周代礼制规定酒为祭祀、燕亨、朝聘的必备之物，周王室设置了“酒正”“酒人”“鬯人”等官职掌管酒务，甚至用酒赏赐，西周康王《大盂鼎铭》就刻有：“锡汝鬯一卣。”无酒不成礼渐成风俗，加上酿酒技术的进步，不仅生产操作过程规范，《礼记·月令·仲冬》说：“乃令大酋，秫稻必齐，曲蘖必时，湛炽必洁，水泉必香，陶器必良，火齐必得，兼用六物，大酋监之，无有差贷。”而且还掌握了酿造酒的五个阶段，即《周礼·天官·酒正》中所讲的“五齐”：“一曰泛齐，二曰醴齐，三曰盎齐，四曰缇齐，五曰沈齐。”泛齐指发酵后开始产生大量的二氧化碳，谷物泛浮；醴齐指已可嗅到酒味；盎齐指气泡增多，颜色转变；缇齐指落泡时颜色转红赤；沉齐指发酵完成糟粕下沉，酒液澄清分离。与此同时，周代酒的品种也已增加了很多，见于《礼记》的酒名就有“元酒”“清酌”“粢醍”“旧泽”等，但按酒的性质则分为：“事酒”，即没有澄清分离糟粕的酒；“清酒”，即经过澄清分离的酒；“昔酒”即存放了一定时间的酒。故而尚酒之风，仍成风俗，在民间广为流传，如《诗经·豳风·七月》说：“十月获稻，为此春酒……十月涤场，朋酒斯飨。”

春秋战国之时，尚酒之风又有了新的发展，饮酒之风日盛。除自酿自饮家酿酒外，在城邑，酿酒的作坊，卖酒的酒肆已遍地开花，沽酒、饮酒已成极平常的事了。《诗经·小雅·伐木》说：“有酒湑我，无酒酤我。”就是说请客时若家中有酒要把酒滤清，若家中无酒就去买几斤。《韩非子·外储说右上》曾记述过二家不同的酒店，一家是“宋人有酤酒者，升概甚平，遇客甚谨，为酒甚美，县帜甚高。”另一家是“宋之酤酒者有庄氏，其酒常美。或使仆往酤庄氏之酒，其狗龁人，使者不敢往，乃酤佗家之酒。”在各种宴会上常常彻夜放饮，一醉方休，《周礼·春官·大宗伯》就说：“以飨燕之礼，亲四方宾客。”贾公彦疏：“燕者，其牲狗，行一献四举旅，降脱屦，升坐，无筭爵，以醉为度。”在饮酒的礼仪中，还形成了“酬”和“酢”的风俗。“酬”就是主人劝客饮酒。《仪礼·乡饮酒礼》说：“主人实觯酬宾。”郑玄注：“先自饮，乃饮宾，为酬。”“酢”，就是客人向主人敬酒。《诗经·大雅·行苇》说：“或献或酢。”郑玄笺：“进酒于客曰献，客答之曰酢。”主酬宾之俗一直延续至今。

（五）从陶制饪具到青铜饪具及一器多用

夏代饪具多用陶器，在二里头夏文化出土物品中，炊器有三角足罐形鼎、乳状足罐形鼎、深腹罐、圆鼓腹罐、甑，以及少量袋足甗食器有斜壁平底碗、深盘矮圈足豆、敛口钵等；酒器有鬶、爵、觚、斝等。[①]

商代出现了大量使用青铜饪具的风气，在安阳殷妇好墓中出土的青铜炊器、食器、酒器品种齐全，或成双成对，或数件配套。[②] 在安阳侯家庄商王陵区也出土了鼎、簋、爵、觯、斝、盉、盘、盂、壶等十余种青铜饪具。商代贵族家庭虽然使用青铜饪具成风，但一般百姓家庭仍以使用陶制饪具为主，如在殷墟西区墓葬中出土的鬲、簋、豆、罐、瓿、觚、爵、盆等均为陶制饪具，尤其是陶制的爵、觚为数甚多。[③] 及至周代，贵族与百姓使用的饪具，前者以青铜器为主，后者以陶器为主的风俗基本未变。

夏商两代，汉民族先民在使用饪具往往是一器多用。如鼎就是具有烹煮肉食、实牲祭祀和燕享等多种用途。《说文》说：“鼎，象析木以炊。”考古发现的商代陶鼎有的底下留有烟火痕，是为炊具，有的则没有，是作食器或盛器用的。[④]《周礼·天官·内饔》说：“陈其鼎俎，实之牲体鱼腊。”同书《亨人》也说：“掌共鼎镬，以给水火之齐。”郑玄注：“镬所以煮肉及鱼腊之器，既熟，乃脀于鼎，齐多少之量。”甚至到了周代，许多器皿的使用仍然依此俗。如豆，圆底高足，上承盘体，一般用作盛放腌菜、肉酱的器皿。《诗经·大雅·生民》说：“卬盛于豆，于豆于登，其

① 郑杰祥：《夏史初探》，中州古籍出版社1988年版，第203、207—208、217—220页。

② 中国社科院考古所：《殷墟妇好墓》，文物出版社1985年版。

③ 中国社会科学院考古研究所安阳工作队：《1969—1977年殷墟西区墓葬发掘报告》，《考古学报》1979年第1期。

④ 宋镇豪：《夏商社会生活史》，中国社会科学出版社1994年版，第267页。

香始升。”毛传：“木曰豆，瓦曰登，豆荐菹醢也。”孔颖达认为：“木豆谓之豆，瓦豆谓之登，是木曰豆，瓦曰登，对文则瓦木异名，散则皆名豆。瓦豆者，以陶器质故也。”而《周礼·冬官·梓人》说：“食一豆肉，饮一豆酒，中人之食也。”就是说当时吃一豆肉，饮一豆酒，是一般人的食量。因而《孟子·告子上》说：“一箪食，一豆羹，得之则生。”可见，陶豆在一般平民的生活中既作食器，又是酒器。

周代不仅饪具的品类有所增加，如出现了盨、铺等新饪具，而且饪具已大体分为炊器、食器和酒器三大类。

1. 炊器

鼎，主要用于煮肉、盛肉。其形圆形，三足，两耳，也有长方四足以及鬲鼎、扁足鼎等形制。

鬲，主要用于煮粥。其形大口，袋形腹，犹如三个奶牛乳房拼合而成，下有三个较短的锥形足。

镬，主要用于煮肉及鱼、腊，其形为无足鼎。

甑，主要用于蒸食。其形底部有许多孔格，置于鬲或镬上蒸煮，类似于现代的蒸锅。

甗，主要用于蒸饭。其形上大下小，下部是鬲，上部是透底的甑，上下部之间隔一层有孔的箅，也有上下部可以分开的甗。

2. 食器

簋，主要用于盛放煮熟的黍、稷、稻、粱等饭有圈足簋、四耳簋、四足簋、方座簋等形制。

敦，主要用于盛黍稷，其形呈球状，上下分为两半球，盖有三纽，底有三足。

簠，主要用于祭祀和宴飨时盛放黍、稷、稻、粱等饭食。其形长方体，壁直而底平，足为方圈或矩形方圈。盖与器形状相同，大小一样，上下对称，合为一体，分为两器。

豆，主要用于盛放腌菜、肉酱和味品。其形如高足盘，或有盖或无盖。

俎，主要用于切熟肉。其形类似几。

盂，主要用于盛饭，亦可盛水，盛冰。其形为侈口深腹圈足，有兽首耳或附耳，体形较大。

3. 酒器

爵，饮酒器。其形一般前有流，为倾酒的流槽，后有尖锐状尾，中为杯，一侧有鋬（把手），下有三足，流与杯口之际有柱。

觚，饮酒器。其形长身，细腰，口大呈圈足的喇叭形容器。

觥，亦作觵，饮酒或盛酒器。其形像兕牛角，腹为椭圆形或方形。有盖，盖作带角的兽头形，有流，有朦胧鋬，底部或无足或圈足。

觯，饮酒器，其形圆形敞口，束颈鼓腹，或有益，器矮量小，易于握在手中。角，饮酒器。其似爵，前后有尾，无柱，有的有盖。容量一般为爵的4倍，为地位低的人所用。

尊，盛酒器，其表敞口收颈，腹大，底小。

卣，盛酒器。其形口小深腹，体颈细，下腹鼓，用绳或环形为提梁。

盉，用于温酒与调酒之酒器。其形为圆口圆腹，腹部有喙，为注酒用，有鋬，有足，可受火温酒。

壶，用于盛酒浆。其形敛口曲颈，有两耳，圆腹，足有底圈。斝，主要用于温酒，亦可作饮酒器，并行裸礼之酒器。其形似爵，但前无流，后无尾，底部有立足，圆腹，圆口，容量较爵大。

（六）从抓食到用箸

汉民族先民最早的进食方式是用手抓食。《礼记·曲礼上》说："共饭不泽手。"郑玄注："为汗手不洁也。"孔颖达疏："古之礼，饭不用箸，但用手，既与人共饭，手宜洁净。"陕西绥德出土一件铜钺上有飨字，像二人膝隐地，跪而对食，一人正伸手抓取盘中食，正是先秦时期汉民族先民用手抓食的形象示意。

俗规，"食于篹者盥"[1]，就是用手从竹筥里抓饭吃的必须洗手。周俗吃饭时抓食一次叫作"一次饭"。一饭分三口吃完，吃饭有饭数，初食三饭，卒食九饭，共计十二饭，每三饭用酒漱口或用浆漱口一次。

夏商之时，汉民族先民在用手抓食的同时，渐而采用餐具进食，主要的餐具有：

匕、勺、匙类取食物或捞取羹食的进食餐具。《诗经·小雅·大东》说："有饛簋飧，有捄棘匕"。这里的棘匕就是长柄枣木匙。

柶，是状如匕，用角制作的勺、匙类捞取酒精和羹食的进食餐具。

---

[1] 《礼记·丧大记》。

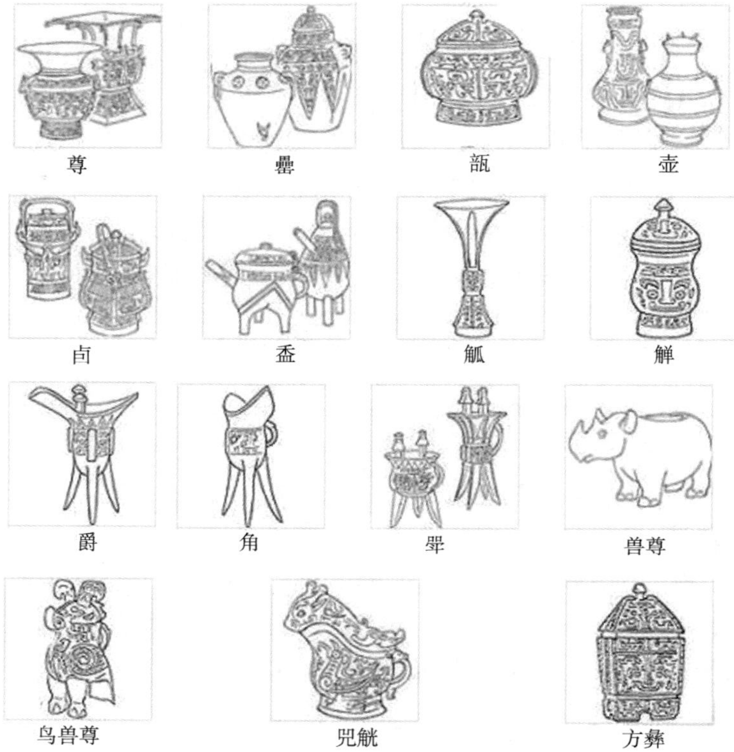

酒器

《周礼·天官·浆人》说：“清醴医酏糟奉之。”郑玄注：“饮醴用柶者，糟也；不用柶者，清也。”

勺，是用来挹酒舀汤的进食餐具。《仪礼·士冠礼》说：“一瓶醴，在服北，有篚实、勺觯、角柶。”郑玄注：“勺，尊斗，所以斞酒也。”勺又可作饮器。《周礼·冬官·梓人》说：“梓人为饮器，勺一升。”

叉，又名“毕”。《仪礼·特牲馈食礼》：“宗人执毕先入。”郑玄注：“毕形如叉。”叉作餐具之俗流行于战国时代。

先秦汉民族先民进食之俗，从用手抓食，到抓食与匕、柶、勺、叉等餐具同时并用，进而又出现了用箸进食之俗。箸，就是现在的筷子。除用木、竹加工外，还用兽骨加工制作，《韩非子·喻老》说：“昔者，纣为象箸而箕子。”说的是商纣王用贵重的象牙作筷子进食，这就从一个侧面反映了商代用箸之俗已开始流行。由于箸为两支，夹食方便，扒饭灵活，很快流行开来。安徽贵池徽家冲就出土了春秋晚期的铜箸，长 20.3 厘米[①]；湖北随县战国前期偏晚的曾侯乙墓，在随葬的黑漆食具箱内有耳杯 16 个，木勺 2 把，竹梜两双[②]。《周礼·曲礼上》说："羹之有菜者用梜，其无菜者不用梜。"可见，先秦汉民族先民用箸进食之俗是从夹菜开始的，而吃饭则还是用手抓食，直到汉代才普遍用箸吃饭。

此外，先秦汉民族之俗，吃肉的方法是用匕将煮熟的肉从鼎或镬中取出，放在俎上，然后用刀割食；吃饭的方法也是用匕用甑中将蒸熟的饭取出，放入簠簋，然后用手将饭送入口。

（七）一日两餐与"食""羹"对照

商代之时，第一餐在上午介于旦和中日（约 7—9 点）之间进餐，甲骨文中俗称"大食日"，亦称"食日"；第二餐在下午介于昃和昏（约 15—17 点）之间进餐，俗称"小食"。整个商代进餐的时间约定俗成，而被俗定为时辰的专名。

及至周代亦行一日两餐之俗，只是第一餐饭叫"朝食"，俗称"饔"。一般在上午八九点钟进餐；第二餐饭叫"飧"，一般在 16 点左右进餐。《孟子·滕文公上》说："贤者与民并耕而食，饔飧而治。"赵岐注："饔飧熟食也，朝曰饔，夕曰飧。"飧，《说文·新附》说："食之余也。"就是晚餐把朝食吃剩的食物加热吃掉，其俗是将剩饭加热之，如今的泡饭。[③] 可见，先秦汉民族之俗，朝食吃多吃好，飧食少食。但是，在贵族社会已开始出现一日三餐制，即在两餐之外，又加一夜餐。《庄子·逍遥游》说："三餐而返，腹犹果然。"《战国策·齐策》也说："士三食不得餍。"到战国末，一日三餐之俗已得到社会的广泛认可并流行开来。《韩非子·外储说左上》说："婴儿相与戏也，以尘为饭，为涂为羹，以木为胾，然至日晚必归饷者，尘饭涂羹，可以戏而不可食也。"《黄帝内经·素问》记载，战国秦汉之际行 16 时制时，除有"早食""下铺"外，又有了 19—21 时的"晏铺"，即居延汉简所说的"夜食"。

商周之俗，男人进餐，各人跪在自己的餐席上，旁边放一个矮几作为

---

① 安徽省博物馆：《安徽贵池发现东周铜器》，《文物》1980 年第 8 期。

② 随县擂鼓墩一号墓考古发掘队：《湖北随县曾侯乙墓发掘简报》，《文物》1979 年第 7 期。

③ （南朝）顾野王：《玉篇》中记载"水泡饭也"。

一个小案子或倚靠之用。《诗经·大雅·行苇》对这种进餐风俗有过具体的描写："戚戚兄弟，莫远具尔。或肆之筵，或授之几。肆筵设席，授几有缉御。"进餐时每人之前或旁边放着一组餐具，盛着这一餐应食用的食物和饮料，即最低限度的一些谷类食物和一些水，而上层贵族在食物和饮料之外再加上菜肴，俗称"膳"。《礼记·内则》中就列举了二十多种用肉和鱼制作的膳。因而《周礼·天官·膳夫》说："膳夫，掌王之食、饮、膳羞。"这种"食"与"膳"相对照的风俗，后来发展成了汉民族"饭"与"菜"的对照，在汉民族饮食风俗中从此吃"饭"与吃"菜"是两件事。周代"食"与"膳"的对照一般俗称"食"与"羹"的对照，《礼记·内则》说："羹、食，自诸侯以下至于庶人，无等。"说明周代上自诸侯下至平民一日两餐进食均有羹、食。

周俗进餐时餐具和菜肴排列在个人身旁的俗规是："左殽右胾，食居人之左，羹居人之右，脍炙处外，醯酱处内，葱渫处末，酒将处右。以脯修置者，左朐右末。"①

（八）南北菜系滥觞

汉民族南北菜系风俗滥觞于先秦之时。从夏商到西周，由于汉民族的先民——夏、商、周诸族基本上活动在黄河流域，因此可以说，是他们开了北方菜系之先河。

北方菜系多以牛、羊、豕等肉类为原料，口味重，喜用酱调味，并形成了名菜谱等特点，在先秦汉民族时都已初见端倪。《礼记·内则》对此有详细的记载。如以牛、羊肉作原料的菜谱就有烤牛肉、切牛肉牛脍、烤羊肉、切羊肉、烤猪肉、切猪肉等，其肉类通常是干制、烹制或腌制。干制时，肉切成方块或长条，抹以姜或肉桂等调料，再晒干或烤干。烹制时，肉切成带骨的大小块，片状，或末状，然后煮、燉、蒸或烤熟；又如口味重，既喜用酱调味，且品种甚多，烹鸡要用肉酱和蓼菜，烹鱼要用鱼子酱和蓼菜，烹鳖要用肉酱和蓼菜，服脩要用蚳卵酱，肉羹要用兔酱配食，麋肉要用鱼酱配食，鱼脍要用芥子酱配食，生麋肉要用肉酱配食，又喜用大油烹饪，用牛油煎烹小羊小猪，用狗油煎烹干鱼干肉，用鸡油煎烹小牛小鹿，用羊油煎烹鲜鱼大雁等。至于前已述及的周王室的"八珍"则更是北方菜系名菜谱的精华所在，周"八珍"所列淳熬、淳毋、炮豕、

① 《礼记·曲礼上》。

炮牂、捣珍、渍、熬、肝膋。除肝膋以狗肝作原料外，其余均以牛、菜系喜用酱调味，并用大油的特点。

春秋战国以来，由于越、楚的兴起，尤其是楚从周成王“封熊绎于楚蛮”算起，到公元前223年被秦所灭，曾为“地方五千里”的泱泱大国[①]，前后共约八百余年，从而开了汉民族南方菜系的先河。

南方菜系好食水产异兽，喜酸甜苦冷，口味清淡，形成名菜谱等特点在先秦汉民族时也都初见眉目。如，好食水产异兽，《史记·货殖列传》记载：“楚越之地，地广人稀，饭稻羹鱼，或火耕而水耨，果隋蠃蛤。”张守义《正义》也说：“楚越水乡，足螺鱼鳖，民多采捕积聚，种叠包裹，煮而食。”《墨子·公输》也讲：“荆有云梦，犀兕麋鹿满之，江汉之鱼鳖鼋鼍为天下富。”又如，口味清淡，喜酸甜苦冷，《楚辞·招魂》说：“和酸若苦，陈吴羹些。”这里是说用酸烹饪，其味不浓不薄，适甘美。《楚辞·招魂》说：“胹鳖炮羔，有柘浆些。”这里是说用蔗粮为佐料烹鳖炮羔。又说：“粔籹蜜饵，有餦餭些。”这里是说蜜糖和米面作点心。《楚辞·招魂》还说：“大苦咸酸，辛甘行些。”这里是说取豉汁和椒姜作调料。这种苦味，调入酸、甜味之中，实为怪味，别具风味。《招魂》又说：“挫糟冻饮，酎清凉些。”这里说的是冷饮，南方夏季炎热，先秦汉民族时期南方汉民族先民就有冷饮之俗。至于南方菜系的名菜谱也是美不胜收，在《楚辞》“二招”中记载了十几道名菜：首先是“鹄酸臇凫，煎鸿鸧些”，这两道菜的做法一道是用酸浆烹鹄、凫为羹，一道是用油煎鸿、鸧；其次是“露鸡臛蠵，厉而不爽些”。这两道菜的具体做法是，煮野鸡，煨大龟，不加任何佐菜，保持鸡肉和大龟本来的香味，使肉汤味道清烈纯正而不杂；再次是“内鸧鸽鹄，味豺羹只。”这是一种肉羹，制作的程序是先将鸧鸽、黄鹤和酸、甜佐料放入鼎中煮烂，然后再将豺肉放进去煮熟就成了；第四是“鲜蠵甘鸡，和楚酪只”，这道菜的做法是，在大龟羹中调以饴蜜，煮一段时间后再将肥鸡肉投入，同时掺入少许的酸浆；第五是“醢豚苦狗，脍苴蓴只”，这两道菜，一道是将清蒸猪肉蘸肉酱吃，一道是将烤熟的狗肉蘸掺入了苦胆和襄荷丝的肉酱吃；最后是“炙鸹蒸凫，煔鹑陈只”，这三道菜，一道是烤鸽鸹，一道是蒸凫雁，一道是煮鹌鹑汤。

---

① 《战国策·楚策》。

（九）宴会盛行

先秦汉民族先民宴会之俗源于祭祀，《礼记·礼运》说："夫礼之初，始于饮食，其燔黍捭豚，污尊而抔饮，蒉桴而土鼓，犹若可以致其敬于鬼神。"就是说最初的宴会虽然很简朴，但祭祀之时人们聚餐共饮的宴会已发肇端。与此同时，亲朋的聚餐以及以酒肉款待宾客也是宴会的滥觞，《礼记·王制》记载，有虞氏养老用"燕礼"，郑玄注："燕者，肴烝于俎，行一献之礼，坐而饮酒，以至于醉。"

商代"殷人尊神，率民以事神，先鬼而后礼"[①]，祭礼频繁，宴会随之盛行。商俗谓宴会为"飨"，又俗称"燕"（"宴"）。祭祀先王后再在庭行飨，商代参加宴飨的人有王国要臣、君王戚属、边地诸侯、群邑官员，以及各国君长。此外，在商代还有一类聚食宴会，俗称"食"，这种在冬闲农隙之时举行的聚食宴会，构成了商代宴会盛行的另一道风景线。

周代宴会之俗更盛，他们除了承袭了商代以来的祭祀宴飨外，凡朝会、朝聘、游猎、出交、班师等都要举行宴会，甚至民间往来也都要举行宴会。用俗规规定，举行宴会时要按礼仪制度举行礼仪，故宴会又俗称"礼"，按宴会性质砰内容的不同分为"觐礼""聘礼""公食大夫礼""燕礼""大射礼""乡射礼""乡饮酒礼"等。即使是便饭之礼，宾客如果是地位较低的，就要端着饭食站起来致感谢辞，主人也要随之站起来说请他安坐饮食一类的话，然后宾客才坐定。主人请客人吃饭，自己先祭；祭食物，先祭先吃的东西，以后按照吃食的顺序全祭过一遍；三口饭吃过后，主人请宾客吃大块的切肉，然后再吃带骨的熟肉；主人没有吃完，宾客不漱口。[②]

先秦汉民族先民之俗，举行宴会时喜以音乐歌舞来助兴，俗称"以乐侑食"[③]，早在夏代此俗已在贵族中流行，《墨子·非乐上》说：启"将将铭苋磬以力，湛浊于酒，渝食于野，万舞翼翼，章闻于天"。《夏书·五子之歌》记载：太康"甘酒嗜音，峻宇雕墙"。《竹书纪年》说：少康时"云夷来宾，诸夷入舞"。《史记·夏本纪》对宫廷的舞宴有一段精彩的描述："夔行乐，祖考至，群后相让，鸟兽翔舞，箫韶九成，凤凰来仪，百兽率舞，百官信谐。帝用此作歌曰：'陟天之命，维时维几。'乃

① 《礼记·表记》。

② 《礼记·曲礼上》。

③ 《周礼·春官·膳夫》。

歌曰：‘股肱喜哉，元首起哉，百工熙哉。’”更有趣的是，在举行重大舞宴时，贵族们装饰鸟兽道具，翔舞其间。

商代以乐侑食之俗盛行，凡祭祀或贵族飨宴无不用乐，形成歌、舞、器乐三者为一体的“殷人尚声”之俗。[①]《诗经·商颂·那》对此有一段精彩的描述：

> 猗与那与！置我鞉鼓。奏鼓简简，衎我烈祖。汤孙奏假，绥我思成。鞉鼓渊渊，嘒嘒管声。既和且平，依我磬声。于赫汤孙，穆穆厥声。庸鼓有斁，万舞有奕。我有嘉客，亦不夷怿。自古在昔，先民有作。温恭朝夕，执事有恪，顾予烝尝，汤孙之将。

从这首诗中，我们可以看见在鼓、管、钟、磬的齐鸣声中，舞队和着歌声，和着节奏，跳起万舞，隆重祭祀汤王，最后在宴飨中结束。商代以乐侑食到商纣王时发展到极点。《史记·殷本纪》说：帝纣“好酒淫乐……使师涓作新淫声，北里之舞，靡靡之乐……大聚乐戏子沙丘……为长夜之饮”。

周代以乐侑食之俗发展成为宗法礼仪制度的一部分，凡祭祀飨食，奏燕乐。[②] 如，“天子食，日举以乐”[③]“天子饮酎，用礼乐”[④]“王大食，三宥，皆令奏钟鼓”[⑤]，不胜枚举。

周代以乐侑食，《诗经·小雅·宾之初筵》就是对以乐侑食详细而生动的记述。以乐侑食，宴会盛行之俗在先秦汉民族久盛不衰，从国家庆典到民间婚丧礼仪，无不大摆筵宴，八音齐奏，“或歌或咢”[⑥]。曾纵野认为，《诗经·大雅》就是用于王室大典宴会的歌词，《小雅》是用于诸侯宫廷宴会的歌词。[⑦]

（十）系统的宗法饮食礼制

周代的宗法制度，不仅造就了完善的宗法礼服制度，也造就了系统的

---

① 《礼记·郊特牲》。
② 《周礼·春官·磬师》。
③ 《礼记·王制》。
④ 《礼记·月令》。
⑤ 《周礼·春官·大司乐》。
⑥ 《诗经·大雅·行苇》。
⑦ 曾纵野：《中国饮馔史》，中国商业出版社1988年版，第303页。

宗法饮食制度，在正式宴待宾客时尤其讲究饮食的礼貌规范的程序。对此，《礼记》中的《曲礼》《少仪》《内则》，《仪礼》中的《乡射礼》《乡饮酒礼》《大射仪》《燕礼》《公食大夫礼》《聘礼》《觐礼》，以及《左传》和《诗经》中的《小雅》《大雅》《周颂》等古籍文献中均有具体的记载。

周代饮食礼制在礼貌方面包括服装、容貌、姿态、风度、举止、言行等内容。首先在服饰上有严格的礼制，前已述及，在言谈举止上也有讲究。周俗规定："帷薄之外不趋，堂上不趋，执玉不趋，堂上接武，堂下布武。"① 就是说在挂有帷幔和帘子的外面不快步行走，在堂上不快步行走，端着玉器时不快步行走，在堂上小步慢走，在堂下可以正步快走，在室内不要舒展双臂任走。周俗坐的基本姿势是两膝着地，脚背朝下，臀部落在脚踵上。如果将臀部抬起，上身挺直，俗称"长跪"。《释名·释姿容》说："跪，危也。两膝隐（依）地，体危院（抬高）也。"此俗表示对别人的尊敬。而"箕踞"之坐法，将两脚平直，上身与腿形成直角，形似簸箕，则是对人不尊重的表现。总之饮食时要站有站相，坐有坐相，走有走相，以表现了温文尔雅、礼貌有节的"君子"风度。②

在程序方面包括排场、座次、敬酒、答酒、奏乐、唱歌等礼节安排。如举行一次乡饮酒礼，须经过：（1）谋宾戒宾；（2）陈设；（3）速宾，迎宾，拜至；（4）主人献宾；（5）宾酢主人；（6）主人酬宾；（7）主人献介；（8）介酢主人；（9）主人献众宾；（10）一人举觯；（11）升歌，献工；（12）笙奏、献笙；（13）间歌；（14）合乐；（15）司正安宾；（16）表位；（17）宾酬主人；（18）主人酬介；（19）介酬众宾，旅酬；（20）二人举觯；（21）彻俎；（22）坐燕；（23）宾出；（24）拜赐、拜辱、息司正等 24 节程序，至少须进行大半日③。又如举行一次大射礼，须经过：（1）戒百官；（2）戒宰、张侯；（3）设乐具；（4）陈设；（5）命宾、纳宾；（6）主人献宾；（7）宾酢主人；……（41）献庶子等，献礼终；（42）燕末尽欢；（43）宾出、公入等 43 节程序，至少需一整天嫌不足。

① 《礼记·曲礼上》。

② 《尚书·无逸》，《国语·鲁语上》。

③ 《礼记·乡饮酒礼》。

举行宴会时礼仪严格，平常饮食款待宾客也讲究礼仪。

周俗平常奉陪尊长者赴宴会时，就得先吃，但要在尊长后面吃完；不要搞得满桌子是饭，满桌子是汤；吃饭时要小口快咽，咀嚼要快，不要两腮鼓胀着咀嚼；进献连汁带汤的鱼时，鱼尾要向着宾客；冬天要将鱼肚向着宾客的右方，夏天要将鱼脊向着宾客右方；若长者递过酒来就要站起来，并走到放酒樽的地方先拜后受，长者说不必客气，年轻的再返回席位饮酒；长者举杯没有喝干，年轻的就不可以先喝[①]；进餐时，若主人亲自取菜肴给自己时，就要拜谢后再吃，主人不亲自取送的，就不必拜谢后再吃，大家一起饮食，不要只顾自己吃饭；大家一起吃饭，不要手上生汗不干净。

俗规，进餐时不要搓饭团，不要把手中的剩饭放回饭器里，不要喝得满嘴流淌，不要啧啧作声地吃，不要再放回盘器里，不要把骨头扔给狗，不要专门挑一种食物吃，不要簸扬热饭，吃黍米饭不要用筷子而要用手，不要大口喝羹汤，不要调和羹汤，不要剔牙，不要喝醋一类的调料。如果宾客调和羹汤，主人要道歉，说没能烹调好。宾客若喝醋酱主人也要道歉，说食物没有准备充足。湿软的肉就用牙齿咬断，干肉用手撕开来吃，不要吞咽烤肉。进餐完毕后宾客要起身前跪，收拾饭食、腌菜等，并交给在一旁侍候的人，主人要起身请宾客不必动手，然后宾客再坐下。[②]

总之，进餐礼仪严格，但实际上平常进餐并不如此拘谨。孔子就说过："饭疏食饮水，曲肱而枕之，乐也在其中矣！"[③]。

周代这样系统的宗法饮食礼制，虽然烦琐而严格，但其中不少良风美俗体现了汉民族文明之举的传统。

三　居住风俗

（一）从宫室到明堂

先秦之时汉民族先民的住宅最早俗称"室"。《释名》说："室，实也，人、物实满其中也。"在夏代，"乃知城郭门闾室屋之筑，而天下化之"[④]。故而《荀子·大略》说：禹"过十室之邑"。《吕氏春秋·音初》

---

① 《礼记·少仪》。

② 《礼记·曲礼》（上）。

③ 《论语·述而》。

④ 《管子·轻重戊》。

也说："孔甲迷惑，入于民室。"一般民居称"室"，贵族的宅第和朝堂也称"室"，《考工记·匠人》说："夏后氏世室"；《竹书纪年》记载："夏后有事于太室"；《穀梁传·文公十三年》说："大室犹世室也。"所以，《穆天子传》记载："以观夏后启之所居，乃□于启室。"《史记·龟策列传》说："桀为瓦室。"

及至商代，"室"不仅为住宅的俗称，如《诗经·大雅·緜》说：商代周族的先人在周原"筑室于兹"，并为治事、祭祀之所的俗称，甲骨文中就有大量关于"室"的记载，如"大室""丽室""文室""中室""南室""东室""祖丁西室""大甲室""后室""后母大室"等记载，所以《庄子·知北游》说："汤武之室。"《竹书纪年》记载："纣作琼室。"

夏商之时，在对住宅室俗称为"室"的同时，对建筑形体则俗称"宫"。《淮南子·主术训》说："夏屋宫驾。"《竹书纪年》记载："夏桀寝宫瑶台。"甲骨文中则有"我宫""右宫""从宫""天邑商公宫"等的记载。

其实夏商之时"宫""室"常常连用，泛指居宅、治事、享宴、祭祀等联为一体的多功能的建筑群体。《世本·作篇》就说："禹作宫室。"《论语·泰伯》也说：禹"卑室而尽力乎沟洫"。《越绝书》说："禹穴之时……治为宫室。"故而《文雅·释宫》说："宫谓之室，室谓之宫。"《易·系辞下》说："上古穴居而野处，后世圣人宫室。"

在周代，汉民族先民对住宅的俗称有了变化。"宫"指有围墙的整所房屋，"室"则指内室，堂在前，室在后，东西两侧为房，东西房与东西堂之间为夹，正房两旁为厢，从而形成了一套完整的宫室建筑制度，史称"明堂"。据《周礼·冬官·考工记》所记，周代的明堂，以9尺的竹席的长度为建筑的基本单位，东西向的宽度是9张席，南北的深度是7张席，堂高1张席。五室，每室的宽、深都是2张席。室内以几为计算面积的单位，堂上以9尺的竹席为单位。王国维在《明堂庙寝通考》中更具体地说："明堂之制，本有四屋，四堂相背于外，其左右各有一个，故亦可谓十二堂。堂后四室相对于内，中央有太室，是为五室。太室之上为圆屋以覆之，而出于四屋之上，是为重屋。其中除太室为明堂宗届特制外，余皆与寻常宫室无异。其五室四堂，四旁两夹，四阿重屋，皆出于其制度之自然。"故而在周代堂、室、夹、厢组合在同一座建筑之中的这种平面布局已成为先秦汉民族先民住宅模式了。考古出土的凤雏西周建筑就是一个由影壁、门屋、厅堂、厢房、回廊、中廊和庭院组成的布局严整的建筑典范。该遗址南北长45.2米，东西宽32.5米，在前方正中位于门道前4米处有一影壁。门道居中，长6米，宽3米，左右有门屋。主体前堂通面阔17.2米，深6.1米，无廊，但有擎檐柱，表面有披檐，堂后部正中有一廊，通北室，廊长7.8米，宽3米。有3间后室，室前有廊，宽1.6米。中央一室，前面无墙呈开敞式。两边二室有厚墙相围，室前西有门。三室两边各有1过厅。东西厢房各有8间，左右对称，前檐有廊。在房屋与前堂之间有一东西长18.5米、南北宽12米的庭院。院内地面低于四周房基，西边厢房前廊亦有披檐，擎檐柱立于院中，在前堂与后室之间，过廊把庭院一分为二，西院北各有一台阶通向后室，前后院中都有排水设施。[①] 此外，先秦汉民族之俗堂内东西两壁俗称“序”；堂与其后的室以墙相隔，东侧开门相通俗称“户”，西侧开窗俗称“牖”，室的后墙开窗俗称“向”。俗规，堂不住人，是行吉凶大礼、接宾客，以及设席行礼之处；堂前没有门，堂东西两面的墙俗称“房”，东西两根柱子俗称“东楹”“西楹”，故而《孟子·梁惠王下》说：“王坐于堂上，有牵牛而过堂下者。”《论语·先进》也说：“由也升堂来，未入于室也。”室是人居住的地方，入室必先登堂，客人一般不应进入主人之室，故而《论语·雍也》说：“伯牛有疾，子问之，自牖（窗）执其手，曰：‘亡之，命矣夫！斯人也，而有斯疾也！”房是陈列衣物之所，故而《仪礼·士冠礼》说：“陈服于房中，西墉下。”

此外，先秦汉民族之时居所还俗称“宅”。《尔雅·释言》：“宅，居也。”郭璞注：“居住之所。”并有民宅和国宅之分。《周礼·地官·载师》说：“以宅田、士田、贾田任近郊之地……凡任地，国宅无征。”郑玄注：“宅者，民宅曰宅。宅田者，以备益多也……凡官所有宫室，吏所治者也。”可见民宅是普通人的住宅，国宅是公家分配给官吏的住宅及办公治事的地方。

俗称田旁之屋为“庐”，以便农事。《诗经·小雅·信南山》说：“中田有庐。”郑玄笺：“中田，田中也。农人仆庐焉，以便田事。”《说文解字》亦说：“庐，寄也，秋冬去，春夏居。”

---

① 吕涛总纂：《中华文明史》第二卷，河北教育出版社1992年版，第291页。

俗称宾客、旅客临时住宿之所为“舍”。《说文解字》说：“市居曰舍。”也有将舍俗称为“庐”的，《周礼·地官·遗人》说：“十少里有庐，庐有饮食。”

（二）屋角室隅

先秦汉民族之时先民将室的四角俗称“隅”，各有名称和用途，《尔雅·释宫》说：“西南隅谓之奥，西北隅谓之屋漏，东南隅谓之窔，东北隅谓之宧。”

先秦汉民族之时俗规，西南隅“奥”，是室中最尊处。《礼记·曲礼上》说：“为人子者，居不主奥。”郑玄注：“谓与父同宫者，不敢当其尊处。”《论语·八佾》也说：“王孙贾问曰：‘与其媚于奥，宁媚于灶，何谓也？’子曰：‘不然，获罪于天，无所祷也’。”邢昺疏：“奥，内也，谓室内西南隅也。以其隐奥，故尊者居之。”可见奥这一尊处是室内祭祀之所。《仪礼一·士昏礼》说：“媵布席于奥，夫人于室即席。”可见，奥这一尊处又是人们设臣席的地方。

西北隅“屋漏”是室中祭祀、陈尸，或安藏神主之所。《释名·释宫》说：“西北隅曰屋漏。礼，每有亲死者，辄彻屋之西北隅薪，以爨灶煮沐，供诸丧用，时若值雨则漏，遂以名之也。”故而《诗经·大雅·抑》说：“相在尔室，尚不愧于屋漏。”郑玄笺：“屋，小帐也。漏，隐也。礼，祭于奥既毕，改设馔于西北隅而偏隐之处，此祭之末也。”这里的“屋漏”，就是室内西北角安放小帐的地方。

东北隅“宧”，是室中饮食之所，即现代所称的厨房和餐厅之所在。《说文解字》说：“宧，养也。室之东北隅，食所居。”郝懿行《尔雅义疏》说：“古人庖厨食阁皆在室之东北隅，以迎养气。”

东南角“窔”，是室内幽深黑暗的地方。《说文解字》说：“窔，深也。”《释名·释宫室》也说：“安幽也。”故而《仪礼·既夕礼》说：“比奠，举席扫地，聚诸窔。”把打扫室内的垃圾堆聚到室的东南角。

（三）家具及日用品

先秦之时汉民族先民的家具和生活日用品均简单，无现代意义的桌、椅、床等家具。人们在室内席地坐、卧，主要的家具和生活日用品有：坫，先秦汉民族之时喜用土筑成台子为桌，用以置物，俗称“坫”。《仪礼·士冠礼》说：“爵弁，皮弁，缁布冠各一匴，执以待于西坫南。”郑玄注：“坫在堂角。”《通雅》亦说：“凡垒土甓成台可庋物者，皆谓之坫。”《礼记·内则十二》又说：“士于坫一。”孔颖达疏：“士卑不得作阁，但于室中为土坫庋食也。”

席，先秦汉民族之时铺在地上，可坐可卧。甲骨文的“宿”字形为一人卧于室内席上；或一人跪坐席上。席有五种，即用莞草编织的莞席，用蒲弱草编织的藻席（又称缫席），用桃竹枝编织的次席（一说为虎皮），用蒲草编织的蒲席，用熊皮做成的熊席。[①] 俗规居必有席，否则就是违俗，讲究的人家平时在席上再加一张席，俗称“重席”。《左传》襄公二十三年记载：“季氏饮大夫酒，臧纥为客，既献，臧孙命北面重席。”一般莞席在下，上加缫席、次席等。

筵，先秦汉民族之时俗称竹席为“筵”。《周礼·春官·司几筵》郑玄注：“筵，席也。铺陈曰筵，藉之曰席。筵铺于下，席铺于上。”周代的筵每张大约2平方米。因筵与席均是坐卧之具，故常常连用，《礼记·乐记》说：“铺筵席，陈尊俎，列笾豆。”与此同时，竹席又俗称“簟”，《诗经·小雅·斯干》说：“下莞上簟，乃安斯寝。”郑玄笺：“竹苇曰簟。”

蒯席，先秦汉民族之时用来刮除足上污垢的足垫，是用菲草制成的一种较粗劣的草席。《礼记·玉藻》说：“出杅，履蒯席。”郑玄注：“蒯席涩，便于洗足也。”孔颖达疏：“蒯，菲草。席涩，出杅而脚践履涩草席上，刮去垢也。”

牀，先秦汉民族之时的坐卧之具，亦俗称“床”，但与现代的床不同，其较矮较小，主要供人坐，故《说文解字》说：“床，安身之坐者。”《周礼·天官·玉府》说：“掌王之燕衣服、衽席、床笫。”贾公彦疏：“床笫者，谓燕寝中床箦也。”此外，还有一种狭长而低矮的床，俗称“榻”，《释名·释床帐》说：“长狭而卑曰榻，言其榻然近地也。”小榻仅容一人，大者可坐可卧。

笫，先秦汉民族之时的竹编床板，又俗称“箦”。《尔雅·释器》说：“箦谓之笫。”《左传》襄公二十七年说：“赵孟曰，床笫之言不逾阈。”

帷，先秦汉民族之时用布做的围幕，以供歇息之用。《周礼·天官·幕人》说：“掌帷、幕、幄、帟、绶之事。”郑玄注：“在旁曰帷，在上曰幕。”此外，先秦汉民族之时车四周的帷幔亦为帷，《诗经·卫风·氓》

---

① 《周礼·春官·司几筵》。

说："渐车帷裳。"说的是渡过淇水时打湿了车帷裳。

幕，先秦汉民族之时用布帛围成的临时住所，俗称"幕"或"帐幕"。《周礼·天官·幕人》，郑玄注："王出宫则有是事，在旁曰帷，在上曰幕。"《周礼·天官·掌次》说："师田，则张幕。"此外，先秦汉民族之俗，铺在地上的幕布亦称为"幕"，《周礼·天官·幕人》，郑玄注："幕或在地，陈于地上也。"

承尘，先秦汉民族之时用来承接尘土的小幕，故《释名》说："帟，施于上，以承尘土也。"

衾，先秦汉民族之时被子的俗称，比一般的被子大。《诗经·召南·小星》说："抱衾与裯。"毛传："衾，被也。裯，单被也。"

枕，先秦汉民族之时用木作枕。《礼记·内则第十二》说："凡内外，鸡初鸣，咸盥漱，衣服，敛枕簟。"

几，先秦汉民族之时坐时凭依的用具，形制成长方形，类似今北方的炕桌，但更狭长。《诗经·大雅·公刘》说："俾筵俾几，既登乃依。"说的就是让人为宾客铺设好了席几，让人们登上筵席，随意靠在几上。但平时作客时倚靠是懒散不严肃的表现，《孟子·公孙丑下》记载："孟子去齐，宿于昼。有欲为王留行者，坐而言，（孟子）不应，隐（依）几而卧，客不悦，曰：'弟子齐宿而后敢言，夫子卧而不听，请勿复敢见矣。'"几是先秦汉民族最流行的家具之一。

烛，先秦汉民族之时照明用的火炬。《礼记·曲礼上》说："烛不见跋。"孔颖达疏："古者未有蜡烛，唯呼火炬为烛也。"《周礼·天官·宫人》说："凡寝中之事埽除执烛。"《仪礼·燕礼》说："宵则庶子执烛于阼阶上，司宫执烛于西阶上。"此外，在庭院中照明用的火炬俗称"庭燎"。《诗经·小雅·庭燎》说："夜未央，庭燎之火。"孔颖达疏："以物百枚并而缠束之，今则用松、苇、竹，灌以脂膏也。"《周礼·秋官·司烜氏》贾公彦疏："于门外曰大烛，于门内曰庭燎。"

箠，先秦时期汉民族之扫帚的俗称，亦作"彗"。《说文解字》解释："彗，扫竹也。箠，彗或从竹。"《庄子·达生》说："操拔箠，以待门庭。"

椟，先秦汉民族之时木柜或木匣的俗称，用作收藏物品。《说文解字》说："椟，匮也。"《礼记·少仪》说："剑则启椟。"

箧，先秦汉民族之时装书及行装的小箱子。《礼记·学记》说："入学鼓箧，孙其业也。”郑玄注：“鼓箧，击鼓警众及发箧出所治经书也。”《左传》昭公十二年也说：“卫人使屠伯馈叔向羹与一箧锦。”

笥，先秦汉民族之时装衣物方形竹器的俗称。《尚书·说命》说：“惟衣裳在笥。”此外，先秦汉民族之俗笥亦可盛饭食。《说文解字》说：“笥，饭及衣之器也。”

亵器，先秦汉民族之时便器的俗称，亦称“清器”“餋子”“伏虎”。《周礼·天官·玉府》说：“掌王之燕衣服。衽席、床第，凡亵器。”贾公彦疏：“云亵器，清器、虎子之属。”

（四）正位——风水之滥觞

先秦时期汉民族之俗，建宫室的头一件大事就是要正位，正位就是测定宫室房屋的方位，以太阳定座向。《诗经·鄘风·定之方中》说：“定之方中，作于楚宫。揆之以日，作于楚室……升彼虚矣，以望楚矣。望楚与堂，景山与京。降观于桑，卜云其吉，终然允臧。”说的是十月定星正南方，冬天兴建楚邱宫，测量日影定方位，又在楚丘建住房。登上那座旧城址，远望楚邱的位置。查看楚邱与堂邑，大山高丘同屹立，下到平地看蚕桑，占个卦儿很吉祥，这里是个好地方。商代开始正位定向并非正南正北，如湖北盘龙城遗址的宫殿和墓葬均取北偏东20°左右[①]。到了商末才渐趋正南正北，及至周代才形成以南北向为主的风俗。

“揆之以日”的定位之俗，朱熹注解《诗集传》说：“揆之以日……树八尺之臬，而度日出入景，以定东西，又参日中之景，以正南北。”此法商代已十分流行，甲骨文中有一个像一人手持立臬于土上，日影投之地上之形。[②] 周代亦然，《尚书·召诰》说：周人营城洛邑，“乃以庶殷攻位于洛汭”。说的就是让商人揆日度景正厥位，依位攻筑。成王时《新邑鼎》铭记说“王来尊新邑”，记的也是此事。后来周代专设土方氏专门负责掌握建宫室正位定圣翌主之事，并俗称正位为“土圭”。《周礼·夏官·土方氏》说：“土方氏掌圭之法，以致日景，以土地相宅，而建邦国都鄙。”这时的土圭相宅法更具体化了。《周礼·地官·大司徒》记载：“以土圭之法测土深，正日景，以求地中。日南则景短，多署；日北则景长，多寒；日东则景夕，多风；日西则景朝，多阳。日至之景尺有五寸，谓之

① 吕涛总纂：《中华文明史》第二卷，河北教育出版社1992年版，第303页。

② 郭沫若主编：《甲骨文合集》30365，中华书局1982年版。

地中；天地之所合也，四时之所交也，风雨之所会也，阴阳之所和也。然而百物阜安，乃建王国焉，制其畿方千里而封树之。”《周礼·冬官·考工记》也说：“匠人建国，水地以县。置臬以县，眡以景。为规，识日出之景与日入之景。昼参诸日中之景，夜考之极星，以正朝夕。”这就是说周代正位，先用垂线和水来测量地势的高低，树立臬作标杆，用垂线校正立直，再来观察它的影子。画图规，标出日出时臬的影子和日落时臬的影子，来定东西的方位。白天参照正午时最短的日影来确定南方，夜晚用北极星确定。南北的确定也是为了修正东西的误差。

据考周代就有了占卜的罗盘，俗称“拭”或“式”。《周礼·春官·大史》说：“大师抱天时。”郑玄注：“大出师则大史主抱式以知天时，卜吉凶。”孔颖达疏：“云抱式者，据当时占文谓之式，以见其时有法式，故谓载天文者为式。”这种“揆之以日”的土圭相宅正位之法，正是后来风水术的滥觞。

（五）从奠基到落成

先秦时期汉民族之俗营建宫室不仅重正位，亦重营建宫室之礼仪。

夏商之时营建宫室的礼仪既繁杂又系统，从相地到卜宅，从正位到奠基，从置础到安门，从落成到迁宅均有讲究，《尚书·盘庚》说：“盘庚既迁，奠厥攸居，乃正厥位。”可见奠与正位一样是营建宫室的大事。夏商之俗的奠基是用人兽奠基，夏文化的河南登封王城岗古城遗址中，城内中部和西南部的贵族所居宫室的夯土台基下，发现不少圆形奠基坑，坑中瘗埋人骨架，少者 2 具，多者 7 具。其中一号奠基坑，从坑底上数第 3 夯地层置 1 孩童，第 4 层埋 1 成年男性，第 5 层埋 1 成年男性和 1 青年女性，第 6 层埋 1 青年女性和 2 个孩童，共 7 人，大多头东脚西，个别的头南脚北，似奠基人牲的埋置。① 营建贵族的宫室用人牲作奠，营建平民的住宅也用人牲作奠，偃师二里头夏代晚期都邑遗址，1987 年发掘清理的 8 座房基，均是小型地面式或半地穴式建筑，有的室内地坪下有成排的基葬，墙根下有幼儿墓。②

① 河南省文物研究所：《登封王城岗遗址的发掘》，《文物》1983 年第 3 期；河南省文物研究所、中国历史博物馆考古部：《登封王城岗与阳城》，文物出版社 1992 年版，第 38—42 页。

② 中国考古学会编：《中国考古年鉴（1988）》“偃师二里头遗址”，文物出版社 1989 年版，第 185 页。

商代用人牲作奠之俗更甚，一般贵族和中上层平民营建宫室的礼仪以用孩童为多，兼用成人或畜兽。1955 年郑州商城发现两座房址，一座居住面下面用 2 个孩童和 1 条犬奠基，另一座正位奠居时埋入 3 个孩童和 3 个成人，骨架与房基方向一致。[①] 殷墟苗圃北地发现一座房址的基坑内，有两个孩童的头骨，东西并列，头顶朝南。[②] 1975 年殷墟小屯村北一座殷王室手工作坊室内有一祭坑，埋一肢解人骨，头骨放在一铜器盖上，面朝东方，显然是房子建成后为安宅所祭人牲。[③]

而商代王室宫室奠祭礼仪最为典型且系统。据考古发掘小屯殷墟乙组 21 座基址组合体的报告[④]，当时按奠基、置础、安门，落成 4 个建筑步骤，相应地举行过 4 种仪礼：奠基礼仪、置础礼仪、安门礼仪、落成礼仪。

商代用人牲奠基之俗到了周代逐渐被废止，但奠基之俗却延续了下来。

（六）高台建榭

先秦汉民族之时还流行高台建榭之俗。早在夏代就兴起了高台建屋，二里头都邑遗址的一号宫室基址就是一座大型夯土台基，正殿就建在一座东西长 36 米、南北宽 25 米、高 3 米的长方高台上。[⑤]

商周之时此俗进一步流行，《商书·泰誓》说："惟宫室台榭。"孔传："土高曰台，有木曰榭。"《尔雅·释宫》也说："四方而高曰台，台上有建筑曰榭。"故《史记·殷本纪》有纣王"厚赋税以实鹿台之钱"的记载。《诗经·大雅·灵台》记载周成王在丰邑作灵台说："经始灵台，经之营之，庶民攻之，不日成之。"

春秋战国以来更是大兴高台建榭。诸如楚灵王建的章华台，燕昭王建的黄金台，赵武灵王建的丛台，越王勾践建的燕台等，均是先秦汉民族史籍中有名的台榭。考古发现春秋战国高台遗址既多且大，如侯马晋平望故城遗址有数座高台，其中宫室台位于城中偏南，分三级，东西 45 米，整

① 尹焕章：《八个月来的郑州文物工作概况》，《文物参考资料》1955 年第 9 期。

② 中国社科院考古研究所：《殷墟发掘报告（1958—1961）》，文物出版社 1987 年版，第 19 页。

③ 中国社会科学院考古研究所安阳工作队：《1975 年安阳殷墟的新发现》，《考古》1976 年第4 期。

④ 胡厚宣：《中国奴隶社会的人殉和人祭》（上篇），《文物》1974 年第 4 期。

⑤ 杨鸿勋：《初论二里头宫室的夏原问题》，《建筑考古学论文集》，文物出版社 1987 年版。

座高台残高 7 米有余。

高台建榭初以夯土筑成，故《老子》有“九层之台，起于垒土”之说。但到了战国时期，又有了立柱架梁为台，其上建榭的做法。如山西长治出土的一件铜匜上的台榭，台的部分为两间的梁柱结构，上边的榭、柱子、栌斗和替木清晰可辨，梁柱和栌部表面还有雕绘的几何图案。

（七）版筑、斗拱与瓦、砖

先秦汉民族之时营建宫室前先挖去土和杂积物，露出原生土，然后将低洼部分填平，垫土形成基础面，并用夯夯实，再铺垫鹅卵石。此法在夏代的二里头宫殿基址、商代郑州宫殿遗址、小屯殷宫殿遗址等考古遗址都得到了广泛的应用。

在先秦汉民族的建筑风俗中，最有代表性的是版筑斗拱和瓦、砖的出现。

1. 版筑

先秦汉民族之时，汉民族先民营建房屋的墙体最早用的是木骨泥墙，即用树木搭成屋架，然后用草泥浆涂墙而成。后来版筑之法渐兴，此法先用绳拉直，在两端竖木桩固定，然后施版于两边榦内，再装土夯实。一版筑实，再层层加高。从周代的遗址看，夯土层厚 5—7 厘米，1 层为 1 版，5 版为 1“堵”，3 堵为 1“雉”。《周礼·冬官·考工记》说：“凡任，索约大汲其版，谓之无任。……墙厚三尺，崇三之。”说的是筑墙要用绳子捆束筑版，宫墙厚 3 尺，墙高是厚度的 3 倍。

版筑用的模板俗称“榦”，《说文解字》说：“榦，筑墙两旁木也。”《尚书·费誓》中就有“峙乃桢榦”的记载。夯土用的木锤俗称“杵”。

2. 斗拱

木构屋顶在商周之时已开始流行，甲骨文中“介”为房屋的意思，均为木构屋顶形象。《周礼·冬官·考工记》中就有“重屋”的记载。这种木构屋顶的基础上，在周代出现了斗拱。斗拱是在方形坐斗上用若干方形小斗与若干方形的棋层迭装配而成。其最初用于承托梁头、枋头，并用于外檐支撑出檐的重量。《礼记·礼器》说：“管仲镂簋朱纮，山节藻棁。”孔颖达疏：“山节，谓柱头为斗如山也。”

西周出现的斗拱主要由枅、栌节构成。枅就是柱子上的横木（俗称“替木”），其有直枅和典枅两种；栌就是柱端的斗，其余部位则称“节”。

3. 瓦

据说用瓦盖屋之俗始于夏代。《广韵》说："瓦，《古史考》：'夏时昆吾氏作瓦也。'"但考古发掘只到周代才有瓦的实物出土，陕西岐山凤雏林出土的西周初期建筑遗址中出土了少量的瓦，用于屋背和屋面，无筒瓦、板瓦之分，但有仰、俯面之别，两面分别有陶钉或陶环，背面饰绳纹，青灰色。

西周中晚期，瓦的使用流行开来，整个屋顶用瓦盖，西周晚期扶风召陈遗址中就出土了大量的瓦片堆积，种类多达十几种，有板瓦、筒瓦、大版瓦、半瓦当等。板瓦是仰铺在屋顶上的，筒瓦是覆在两行版瓦之间的，瓦当是屋檐前的瓦头，一般均有花纹。及至春秋时期，瓦的使用已普及，在山西侯马晋城、河南洛阳东周故城、陕西凤翔秦台城、并陵楚郢都等地的遗址中均发现了大量的板瓦、筒瓦，以及一部分半瓦当和全瓦当等。战国时还出现了在瓦上涂朱色的风俗，瓦当多数为半圆形，装饰的花纹有双龙、双凤、夔龙、植物图案等。

4. 砖

砖的出现和使用比瓦晚得多，从考古发掘来看只到战国时代才有砖出土。最早的砖有方形、曲形和空心三种，这时的砖并不用来砌墙，而是用方砖和空心砖铺地或包镶屋壁四周的下部，用曲形砖包砌台阶。时俗喜在方砖和空心砖上模印花纹。

5. 起居风尚

日出而作，日落而息，是先秦汉民族先民起居风尚的基本模式。商代武丁时将一日的时间分为旦、明（亦作大采）、点、食日、中日、昃、小食、小采、会、机、夕、夙 12 个时辰；禀辛时分得又细，为旦、朝（一作大采）、食日、中日（一作昼）、日西（一作昃）、膏兮、小食、萌（一作小采）、莫、会、昏、机、住、夕、寤、夙 16 时制。此后 12 时辰和 16 时制虽有变化，但基本模式一直流行于先秦汉民族。云梦秦简《日书》乙种有"鸡鸣丑，平旦寅，日出卯，食时辰，暮食巳，日中午，杲未，下市申，舂日酉，牛羊入戌，黄昏亥，人定子"的 12 时辰记载。[①]天水放马滩秦《日书》又有"鸡鸣、晨、平旦、日出、夙食、日中、日西中、日西下、日未入、日入、昏、暮食、夜暮、夜未中、夜中、夜过

① 《云梦秦简》1051。

中”的16时制的记载。[①]

先秦汉民族先民的起居风俗，到周代时期已成为一种充满宗法礼仪的风范，一家之中，不同辈分的人有不同的风习，《礼记·内则》对此有详细的记载。其规定，不论上下尊卑长幼，鸡刚啼就得起来，盥洗漱口，穿好衣服，收拾枕席，洒扫内室和庭堂，安排坐席，再各人去干各人的事。只有小孩子早睡晚起，可以随心所欲，饮食也不定时间。如果儿子是受命于朝廷的命士，由于地位较尊贵，父子都要各有寝门、寝室。天色微明就去向父母请安，并用美味甘甜的食物孝敬父母；太阳出来后就可告退，各人去干各人的事；太阳下山后再去问候父母的晚餐，又用美味甘甜的食物孝敬父母。父母、公公婆婆早上起身后将坐时，要奉坐席请问铺设在什么地方；将要更换卧处，年长的要奉卧席请问脚朝什么方向。年少的要拿着坐卧的用具让他们坐下，侍候的人要捧上小几供他们倚靠，然后收拾席、簟，并把被子捆了悬挂起来，把枕头放进箱箧，卷起簟席包藏好，以免弄脏。父母、公公婆婆的衣、被、簟、席、枕、几，不要随便移换地方；手杖、鞋子，不敢乱碰乱动；敦、牟、卮等饮食器具，若不是去吃他们剩余下的东西就不敢用；以及尊长平时吃的食物，若不是吃剩的，就不敢去吃这些东西。父母在世，朝晚进餐，由儿媳妇在旁照料，然后再吃他们吃剩的，每次要把吃剩的都吃完。父亲已去世，母亲还在，就由长子侍候饮食，其他儿子、儿媳也像当初在旁照料一样。甘甜柔滑的食品，就给小孩子吃掉。

此外，据《礼记·内则》记载：周俗的起居，按宫室的构造，分辨内外；男子住外面，女子住里面；宫深门固，还有阍人和寺人把守；男子不能入内，女子不能出外。男女不同用一个挂衣架，妻子不敢把自己的衣服悬挂在丈夫的衣架上，不敢把自己的衣物收藏在丈夫的箱箧里，不敢和丈夫同用一个浴室洗澡。丈夫不在家时，应把他的枕头收进箱箧，把他的簟席也包藏在器具里。年少的侍奉年长的，卑贱的侍奉尊贵的，都应该这样。夫妇只有到了七十岁，才可以同居共寝，不避嫌疑。

四　交通风俗

（一）径、畛、涂、道、路与驿传

先秦汉民族先民自夏代起就开始修建交通网络。《左传》襄公四年引

---

① 何双全：《天水放马滩秦简综述》，《文物》1989年第2期。

《虞人之箴》追述说："芒芒禹迹，画为九州，经启九道。"山西夏县东下冯遗址发掘出一条属于夏代的道路，路面宽1.2—2米，厚5厘米，是用陶片和碎石子铺垫筑成。[①] 偃师二里头夏末都城遗址中除了有用鹅卵石铺成的石子路及红烧土路外，还出土了一条铺设讲究的石甬路，路面宽0.35—0.60米，甬路西部由石板铺砌，东部用鹅卵石砌成，路面平整，两侧保存有较硬的路土。[②] 国家的宣令官常在交通要道口号令众下，《夏书·胤征》中就有"每岁孟春，道人以木铎徇于路"的记载。

商代的道路交通网络进一步发展，《诗经·商颂·玄鸟》说："古帝命武汤，正域彼四方。方命厥后，奄有九有。……邦畿千里，维民所止。"其道路以殷墟王邑为中心通往四面八方的道路主要有东南行通往徐维地区的大道，东北行通往今辽宁朝阳等地的大道，东行通往山东益都古蒲姑的大道，南行通往湖南、江西的大道，西行通往陕西的大道，西北行通往太行的大道等6条。[③] 王邑内主干大道宽敞平直，路土坚硬细密，土质纯净，厚达半米左右；路面中间微鼓，两边稍低，便于雨水外淌。[④] 路面结构类似三合土。[⑤]

周代在商代"王道"的基础上"相土地之宜，水土之便……辟开修道"[⑥]，形成了径、畛、涂、道、路的交通网络，俗称"五途"。《周礼·夏官·司险》说："设国之五沟五途。"

径，指人及牛马行走的小路。《说文解字》说："径，步道也。"段玉裁注："此方步道，谓人及牛马可步行而不容车也。"《周礼·地官·遂人》说："夫间有遂，遂上有径。"郑玄注："径容牛马。"

畛，指田间小路和牛车行走的路。《诗经·周颂·载芟》记载："千隅其耘，徂隰徂畛。"孔颖达疏："畛是地畔道路之名。"《楚辞·大招》

① 黄石林等：《山西夏县东下冯龙山文化遗址》，《考古学报》1983年第1期。

② 中国科学院考古研究所二里头工作队：《河南偃师二里头遗址三、八区发掘简报》，《考古》1975年第5期；《1980年秋河南偃师二里头遗址发掘报告》，《考古》1983年第3期。

③ 彭邦炯：《商史探微》，重庆出版社1988年版，第269页。

④ 中国社科院考古研究所河南第二工作队：《1983年秋季河南偃师商城发掘简报》，《考古》1984年第4期；赵芝荃等：《偃师尸乡沟商城的发现与研究》，载《中国古都研究》第三辑，浙江人民出版社1987年版。

⑤ 袭学峰：《我国商代就有陶瓷窑——清江县吴城遗址考古新发现》，《人民日报》1987年7月23日。

⑥ 《汲冢周书·大聚解》。

也说："田邑千畛，人阜昌只。"王逸注："畛，田上道也。"另外，《周礼·地官·遂人》郑玄注："畛容大车。"大车即牛车，可见畛既是田间小路，又是牛车行车的路。

涂，指容乘车一轨的路。《周礼·地官·遂人》郑玄注："涂容车一轨。"

道，指容乘车二轨的路。《周礼·地官·遂人》郑玄注："道容车二轨。"

路，指容乘车三轨的路。《周礼·地官·遂人》郑玄注："路容车三轨。"

此外，由于交通的发达，道路的名称也呈多样化：

有国君驰走的车马大道，俗称"驰道"，《礼记·曲礼下》孔颖达疏："驰道，正道。如今御路也，是君驰走车马之处。"城中南北之路，俗称"径途"。《周礼·冬官·考工记》说："匠人营国，方九里，旁三门。国中九经九纬。径途九轨。"城外之路，俗称"野涂"。《周礼·冬官·考工记》说："野涂五轨。"贾公颜疏："周（都城）外谓之野。"在险绝之处傍山架木修建的路，俗称"栈道"或"阁道"。《战国策·秦策》说："栈道平坦，通于蜀汉。"鲍彪注："栈，棚也。施于险绝以济不通。"小巷、胡同，俗称"衖"。《说文解字》说："衖，里中道也。"四通八达之路，俗称"衢"。《说文解字》说："衢，四达谓之衢。"《左传》昭公二年说："尸诸用氏之衢。"杜预注："衢，道也。"此为后世"通衢"说之源。

周代之俗，据《国语·周语中》的记载，道路两旁要种植树木，谓之"列树以表道"；按照一定的时间进行修理，谓之"雨毕而除道，水涸而成梁"；设置"司空"一职专管路政。

先秦汉民族之时，不仅道路网络越来越发达，而且传驿制度也逐步完善起来。起初，商代武丁之后，为了保障道路安全畅通，一般在干道附近的高丘或山上设立据点，称为"桒隹"。其设置以数目为序，首站单称"桒隹"，此后称"桒二隹""桒三隹"……各站间的间跨约有一日之程。按《韩非子·难势》所说，"良马固车，五十里而一置"，站与站之间大约 50 里，这就是后世驿站的前身。

与此同时，商俗还在干道上建造旅馆供贵族过行寄舍，俗称"羁"，甲骨文字形或像系马于栅栏或从手持鞭，勒马驻止之意。《广雅·释诂》

说："羁，寄也。"《周礼·地官·遗人》说："以待羁旅。"郑玄注："羁旅，过行寄止者。"羁与桀隹一样，也是按数目顺序编次，羁与羁之间有二三十里的距离。商王朝的中心统治区方圆二三百里之内，在王都周围半径百里开外的干道上，均专设过行食宿的"羁"舍，其他各地则由沿途臣属国提供食宿之便。商代的驿传是由专人传送到底。

周代的驿传则形成了倒换车马和传者的风俗。《说文解字》说："驿，置驱也。"故"骚咎"指传递官府文书的马，又指供传递消息的人或来往贵族官员暂住的驿站。周俗"传"又俗称"遽"。据段玉裁注《说文解字》所记，"传"与"遽"的区别在于尊者乘传，卑者乘遽，但两者也常连用。《周礼·秋官·行夫》说："行夫掌邦国传遽之小事。"此外，周俗边境上的驿站俗称"邮"。《说文解字》说："邮，境上行书舍。"《孟子·公孙五上》说："孔子曰：'德之流行，速于置邮而传命。'"

由于周代驿传的发达，旅馆业也更兴旺起来，《周礼·地官·遗人》说："凡国野之道，十里有庐，庐有饮食；三十里有宿，宿有路室，路室有委；五十里有市，市有候馆，候馆有积。"《国语·周语中》中则将沿途的旅馆分为"馆""寄寓"和"施舍"三类。馆专为接待国家的宾客，寄寓和施舍则为平民所设。只要按照周礼的规定接待，人们都会有"宾至如归"之感。

（二）跬步之行

先秦汉民族之时，在相当一个时期内人们远行基本上是靠徒步行走。正如《墨子·辞过》所说："古之民，未知为舟车。"商代甲骨文中的"遴"字，像一个蹭蹁行走在衢道之间，特别突出了人的足部，象征徒步行走之意。

商俗，徒步而行往往手持木棒作手杖而行，甲骨文中出现的"发"字象形为持棒而行之意。这根手杖作用甚大，既可探路，又可辟草，还可投击蛇兽，是当时人们徒步而行必不可缺少的古老的徒步而行。《诗经·大雅·公刘》说："干戈戚扬，爰方启行。"

对于这种徒步之行，先秦汉民族后来俗称"跬步"。《大戴礼记·劝学》说："是故不积跬步，无以至千里。"王聘珍解诂："跬，一举足也。"俗规跨出，只脚为跬，左右两足均跨一次为"步"。

（三）从筏子、独木舟到木板船

先秦时期汉民族先民最初使用的水上交通工具是筏子，俗称"桴"

和“栰”或“泭”。这种筏子均用竹或木编成。《论语·公冶长》说：“道不行，乘桴浮于海。”何晏集解：“大者曰栰，小者曰桴。”故而《国语·齐语》中有“方舟设泭，乘桴济河，至于石枕”的记载；《楚辞·九章·惜往日》中有“乘氾泭以下流兮，无舟楫而自备”的记载。

继筏子之后，又出现了一种新的水上交通工具——独木舟，俗称“舟”。《周易·系辞》说：“刳木为舟，剡木为楫，舟楫之利，以济不通，致远以利天下。”据文献记载，夏代已有舟，《今本竹书纪年》有帝相二十七年，“浇伐斟鄩，大战于潍，覆其舟，灭之”的记载。《帝王世纪》中亦有夏桀“与妹喜及诸嬖妾同舟浮海，奔于南巢之山而死”的记载。

商代用舟之俗更为流行，殷墟出土的甲骨文中已有舟字。从这些舟字的象形看，商代的舟已不是独木舟，而是用数块木板组装而成的木板船了，这是先秦时期汉民族用舟之俗的一个重要发展。因此，商代甲骨文中还有人立于舟上或挑货立于舟上的字样，带人兼运货的风俗已开始在民间流行。为了出航的安全，商俗用舟之前要占卜，有时还反复卜问哪一天可以登舟出航，以卜天气阴晴，有风无风，有雨无雨，以决定是否登舟成行；重要的用舟出航还要举行隆重的仪式。

及至周代，由于木板船越造越大越好，还成了战争的工具——战船。《左传》襄公二十四年记载：“夏，楚子为舟师以伐吴。”杜预注：“舟师，水军。”现在我们从河南汲县山彪镇战国铜鉴上所见到的水战纹饰中可见当时战船结构之一斑。

此外，周代还有用舟架浮桥之俗。《诗经·大雅·大明》说：“造舟为梁，不显其光。”孔颖达疏：“造舟者，比船于水，加板于上，即今之浮桥。”

（四）马车、牛车和人力车

先秦时期汉民族先民从夏代起就已有造车和用车之俗。《世本·作篇》称：“奚仲作车。”《山海经·海内经》也说：“番禺生奚仲，奚仲生吉光，吉光是始以木为车。”《史记·夏本纪》说：大禹治水时“陆行乘车”。可见奚仲或其子吉光是最早造车的人，大禹是最早乘车的人。此后，《世本·作篇》中又有“相土作乘马”“王亥作服牛”的记载，说的是在夏代初期商代三世祖相土用马驾车，七世祖王亥用牛拉车。这些记载虽然各自矛盾，但夏代已有马车和牛车的制作和利用之俗则是十分清楚的。所以，《说苑·君道》说：“禹出，见罪人，下车问而泣之。”均是用车之俗的记载。

商代用车比夏代更为广泛。《诗经·商颂·那》说："约纸错衡，八鸾鸧鸧，以假以亭。"说的是四方诸侯乘坐豪华的马车，到商王邑来献享。《商颂·玄鸟》也说："武丁孙子，武王靡不胜，龙旂十乘。大糦是承。"说的是时有各地的贵族，乘坐各式各样的马车出入往来于商王邑。除民用外，马车还用于军事。《墨子·明鬼下》说："汤以车九两，鸟陈雁行，汤乘大赞，犯遂下（夏）众，人（入）之郊遂。"甲骨文据宋镇豪先生统计，目前在安阳殷墟晚商的遗物中，前后共发现有 54 辆整车。[①]这些车以一车二马为俗，即两马驾辕，经过复原，商代马车的完整形象再现于世。

这种马车都是独辅车，辐条一般为 18 根。衡为 1 米左右的直木棒，两侧各缚一人字形轭，用以架马。车厢，俗称"舆"，为长方形，可容乘二三人，车后留缺口，供乘员踏石几上下。[②] 乘员按习惯采用屈膝跪坐的姿势。

驾车时仆御居左，乘者坐右。乘 3 人时，主人居右，仆御在中，陪乘者在左。豪华的马车上设有车盖，形似花朵向下张开，俗称"笠"或"簦"。河南罗山息国墓地出土了制作考究的车顶铜盖帽。[③]

周代两马驾辕渐被四马驾辕所取代，马车的结构也有改进，除直辕改为曲辕，直衡改为曲衡，辐数增多外，还增加了车辕、铜銮等零部件。许多关键部位都采用了青铜构件，并有一套用铜、铅、金、银、骨贝和兽皮条等材料制成饰件和鞍具，装饰华美。

周俗四马架辕名为"驷"，并以"驷"为单位计数马匹和车辆，故《论语·季氏》所说"齐景公有马千驷"，说的是齐景公有 1000 辆车和 4000 匹马。4 马加 1 车又俗称"一乘"，《诗经·小雅·六月》说："元戎十乘。"指的是战车 10 辆，马匹 40。这种独辅马车一直延续到战国及秦统一，到汉代才被双辕车所取代。

先秦汉民族在马车流行之时，牛车则以其荷载能力强而在民间广泛应用。牛车俗称"大车"。《周礼·冬官·考工记》说："大车之辕挚。"与

---

① 宋镇豪：《夏商社会生活史》，中国社会科学出版社 1994 年版，第 227—229 页。

② 孙机：《中国古代独辀马车的结构》，《文物》1985 年第 8 期。

③ 宋镇豪：《夏商社会生活史》，中国社会科学出版社 1994 年版，第 235 页。

两马驾辕一样，牛车也是双牛系驾的独辀车。《尚书·酒诰》中有妹土殷人“肇牵车牛远服贾”的记载，说的是商人牵着牛车到外地从事贸易。

先秦之时汉民族先民的民间还流行人力推拉小车，商代的人力车有两种。一种是由两个人挽拉的人力车，俗称“辇”；殷商铜器《辇卣》中的辇字像两人挽车。另一种是独轮手推车，此据河南安阳花园庄南骨料场发现有独轮车车辙痕迹推断而出的。[①] 周代则俗称“栈车”。《诗经·小雅·何草》说：“有栈之车，行彼周道。”毛传：“栈车，役车也。”孔颖达疏：“有栈之辇车，人挽以行。”这种人力栈车，大体为木轮带方箱以供力役载物，故《周礼·春官·巾车》说：“服车五乘：孤乘夏篆，卿乘夏缦，大夫乘墨车，士乘栈车，庶人乘役车。”

周俗车上树旗，《周礼·春官·司常》说：“掌九旗之物名。”车旗有九种，即常、旂、旟、旗、旐、旜、旞、旌、物，分别树在不同类型的车上以待国事。“日月为常”树于天子的玉辂上，“交龙为旂”树于诸侯的车上，“通帛为旜”树于大夫的车上，“牛尾为旄”树于大夫、士的车上，“熊虎为旗”树于将帅都邑之主车上，“鸟隼为旟”树于州里六卿之吏的车上，“龟蛇为旐”树于县鄙长的车上，“全羽为旞”树于天子的象辂上，“析羽为旌”树于天子田猎、巡守县鄙时之木辂上。

此外，周代按车的不同用途和不同装饰将车分为许多类型，主要有：

玉辂，天子所乘之车之一。因车辕及衡端，毂头与轭之末用玉作装饰而名。

金辂，天子所乘车之一。因用金（指铜）装饰钩而名。

象辂，天子所乘车之一。因用象牙饰车之末端用以视朝而名。

革辂，天子所乘车之一。因用皮革覆盖而加漆而名。

木辂，天子所乘车之一。因只用漆装饰而名。

鸾辂，天子在春天所乘之车。因用青包花纹装饰而名

朱辂，天子夏季所乘之车。因用朱色装饰而名。

大辂，天子在夏末秋初所乘黄色之车。因秋天天子服饰车马以黄色为主而名。

---

① 中国社科院考古研究所安阳工作队：《1986—1987 年安阳花园庄南地发掘报告》，《考古学报》1992 年第 1 期。

玄辂，天子在冬季所乘之车。因用黑色装饰而名。

重翟，王后所乘车之一。因用二重翟鸟之羽为车两旁的遮蔽而名。

厌翟，王后所乘车之一。因用翟鸟之羽按顺序压蔽车之两旁而名。

安车，为老人或妇女乘坐的行驶缓慢的小车。

藻车，一种涂以苍草色用夏天的鹿皮做覆芩，用去掉毛的鹿皮作边缘的车，为服丧所乘之车而名。

輶，一种供贵族田猎所用的轻车。

鱼轩，一种用鱼兽之皮作装饰供贵族夫人所乘之车。

（五）骑马之俗

先秦汉民族的先民在运用舟、车为交通工具的同时，也骑乘家畜作交通工具，主要兴骑马之俗。《世本·作篇》中有“相士作乘马”的记载，说的就是相士骑马出行。《诗经·大雅·绵》中又有“古公亶父，来朝走马，率西水浒，至于岐下”的记载。《易·系辞传下》说：“服牛乘马，引重致远，以利天下。”《屯卦六二》也说：“屯如邅如，乘马班如，匪寇，婚媾。”可见骑马之俗在民间已广泛流行。

但先秦汉民族先民骑马之俗，真正在民间流行并成为战争的主要工具，当在春秋战国之交，以赵武灵王“胡服骑射”，变其风俗为标志，所以有的学者认为先秦汉时期民族是“驾车在前，乘骑在后”①。其实如前所述，民间早已有骑马风俗传承。当然，“驾车在前，乘骑在后”从世袭传统的战车为骑射来说是有一定道理的。

五　医药风俗

（一）巫医一体

先秦之时汉民族先民“人死曰鬼”②，甲骨文的“鬼”字其象形是脸上盖一个东西的死人。《说文解字》：“人死归为鬼。”古人认为人死而灵魂不死，人的疾病都是因鬼魂作用而起。当时流传的一个古老的传说即说：“昔颛顼氏有子三人，生而皆亡，一居江水为疟鬼，一居若水为魍魉，一居欧隅之间主疫病人。”③ 故夏代“事鬼敬神”，商代“殷人尊神，

① 阴法鲁等主编：《中国古代文化史》，北京大学出版社 1989 年版，第 362 页。

② 《礼记·祭法》。

③ 《论衡·解除篇》。

率民从事神，先鬼而后礼”，周代虽“尊礼尚施”，但仍“事鬼敬神”。[1]

而为了消病除疫，人们或用祭祀讨好鬼魂，以消除鬼魂的怨气和冤气；或用敌对的办法驱赶、镇压鬼魂。这一切迷信活动都需要能沟通人与鬼之间关系的媒介来完成，这个媒介就是巫。

巫，作为人与鬼间的中介，是先秦时期汉民族先民专门从事祈祷、卜筮、星占，并兼用药物为人求福、祛灾、治病的人。因而《广雅》说：“医，巫也。”王念孙疏：“医即巫也，巫与医皆所以除疾，故医字或从巫作毉”。《管子·权修篇》说：“好用巫毉”。《太元六数篇》说：“毉为巫祝”。

先秦时期汉民族先民巫医一体之俗的记载很多。《世本·作篇》说：“巫咸作医。”《吕氏春秋·勿躬》也说：“巫彭作医。”《楚辞·天问》也说：“鲧化为黄熊，巫何活焉。”关于巫记载最多的是《山海经》，其《大荒西经》说：“有灵山、巫咸、巫即、巫肦、巫彭、巫姑、巫真、巫礼、巫抵、巫谢、巫罗十巫，从此升降，百药爰在。”《海内西经》又说：“开明东有巫彭、巫抵、巫阳、巫履、巫凡、巫相，夹窫窳之尸，皆操不死之药以距之。”郭璞注：“皆神医也，为距却死气，求更生。”说的是先秦汉民族这些神医不仅能与天间升降相通，持有来自天间的神药，所以巫既能给人治病，还能使人重生。商代巫医的地位较高，是“绝天地通”的特殊人物，为商王的重要助手，死后能宾于上帝，继续发挥其协于上下的作用，故甲骨文中有“延巫帝呼”的记载。《尚书·君奭》中有“格于上帝，巫咸入王家”的记载。所以，武王克商后“立巫医，具百药，以备疾灾”乃是周代的国策之一。《周礼·春官·司巫》说：“司巫掌群巫之政全。……男巫……春招弭，以除疾病。”

（二）占梦、相面断病

先秦汉民族先民巫医看病以占梦、相面断病为俗。

占梦之俗在先秦汉民族先民中十分流行，《帝王世纪》中载有很多梦象，如尧有攀天乘龙之梦，舜有长眉击鼓之梦，禹有山书、洗河、乘舟过月之梦等。故而人们看病往往用占梦之法来诊断病情。《左传》成公十年中所记的晋景公请巫医占梦断病的事十分传神。它是这样记载的：晋景公

---

① 《礼记·丧记》。

梦见一个大鬼，披散的长发拖到地上，拍打着胸膛跳起来对景公说：“你杀了我的子孙后代，这是不义！我已经请求天帝得到它的允许可以报仇了！”大鬼捣毁大门和寝门走了进来。景公病加重了，到秦国去请医生。秦桓公派了一个名叫缓的巫医为晋景公治病。缓还没有到达，景公又梦见了他的病变成了两个儿童。他们说：“他是一位医术高明的医生，恐怕会伤害我们，怎么逃避他？”其中一个说：“我们躲在肓的上边、膏的下边，拿我们怎么办？”缓来到后，说：“病不能治了，在肓的上边、膏的下边，艾灸不可能，针刺达不到，药物的力也到不了，不能治了！”景公说：“高明的医生啊！”赏赐他丰厚的礼物送他回国了。六月丙午这天，晋景公想尝新麦，派甸人献上新麦，由庖人烹调。这时景公把桑田的巫医叫来，将煮好的新麦给他看，然后杀了他。将要吃新麦的时候，景公肚子发胀起来，去到厕所，跌入厕所里死去。有一个宦官当天早晨梦见背着晋景公升天，到了中午，他果真背着景公出厕所，于是就把他作了殉葬人。这两个梦，前者是对病的分析，结论是恶鬼的报应，与巫所推断的梦相同；后者是对疾病预后的预测。结论与晋公之梦一致。就连战国时最有名的医生扁鹊也用占梦断病。《史记·扁鹊传》中所记他给赵简子诊病说：赵简子昏睡不醒，请扁鹊为之诊断。扁鹊断言赵简子之病与以往秦穆公昏睡相同，必有吉梦，三天之内必然痊愈。果然赵简子应期而愈，梦与扁鹊所说无异。

占梦断病，在《列子·周穆王》中就有具体的记载：“一体之盈虚消息，皆通于天地，应于物类。故阴气壮，则梦涉大水而恐惧；阳气壮，则梦涉大火而燔焫；阴阳俱壮，则梦生杀。其饱则梦与，甚饥则梦取，是以浮虚为疾者则梦扬；以沈实为疾者则梦溺。藉带而寝则梦蛇；飞鸟衔发则梦飞。将阴梦火，将疾梦食。饮酒者忧，歌舞者器。”这就是说一个人体魄的充盈和亏损、衰弱和生长，都与天地相通，与外物相感应。所以阴气太盛，就会梦见蹚大水而感到恐惧；阳气太盛，就会梦见走进火海而被焚烧；阴气和阳气都太盛，就会梦见生或死。吃得过饱，就梦见给别人东西；饥肠辘辘，就会梦见向别人要东西。因此，因脉象虚浮而得病的就梦见飞扬；脉象沉实而得病的就梦见溺水。躺在衣带上睡觉就会梦见蛇，看到飞鸟口卸毛发就会梦见飞翔。气血将阴梦见火，身体将病梦见进食。梦见饮酒，醒来就忧愁；梦见歌舞，醒来就哭泣。《黄帝内经·灵枢·淫邪发梦》中亦有内容与此基本相同的记载，但其占梦断病所记更详。[①] 可见，先秦汉民族之时五行与梦象、五脏六腑直接相配合来占梦断病的。

相面断病之俗在先秦汉民族先民中也十分流行。《左传》文公元年记载："王使内史叔服来会葬。公孙敖闻其能相人也，见其二子焉。叔服曰：'谷也食子，难也收子。谷也丰下，必有后于鲁国。'"说的是叔服给公孙敖的两个儿子看相。据《史记·扁鹊传》记载，扁鹊说："越人之为方也不待切脉，望色，听声，写形，言病之所在闻病之阳论得其阴，闻病之阴论得其阳。"扁鹊给齐桓侯相面断病是一个著名的病案。据《史记·扁鹊传》记载，扁鹊初见齐桓侯，即断言化病在皮肤纹理之间，不治将深。而桓侯认为自己无病，反说当医生的"好利""欲为不疾者为功"。五天后，扁鹊再见桓侯，说你的病已在血脉，不治恐深，桓侯乃认为自己无病。又过了五天，扁鹊再见桓侯，说你的病已进入肠胃了，不治将深。桓侯不答话。五天后，扁鹊再见桓侯，认为他的病已入骨髓，无法治疗，一见便后退跑了。相面断病实际上是望诊之始，与占梦断病相比更科学，是汉民族中医望诊学的滥觞。

《黄帝内经》在《灵枢·阴阳二十五人》和《素问·异法方宜论》中根据古代相面断病的理论将人种分为阴阳二十五人共二十五种，其中对人群的肤色、喜恶、寿夭、疾病、心理等都依五行学说加以说明。见下表：

人别	肤色	头	面	肩	背	手足	情绪	寿夭	病
木形之人	苍色	小头	长面	大肩	背直	小手足	劳心有才多忧	耐春夏不耐秋冬	足厥阴肝病
火形之人	赤色	小头	锐面	肩脊肉满有气	广	小手足	少信多虑急心	不寿暴死	疾心手少阴心病
土形之人	黄色	大头	圆面	美肩背	大腹	美股胫小手足多肉	安心好利人，不喜权势	耐秋冬不耐春夏	生足太阴脾胃病

① 马伯英：《中国医学文化史》，上海人民出版社 1994 年版，第 161—162 页。

续表

人别	肤色	头	面	肩	背	手足	情绪	寿夭	病
金形之人	白色	小头	方面	小肩背	小腹	小手足骨轻	急心静悍	耐秋冬不耐春夏	病生于手太阴肺病
水形之人	黑色	大头兼顾	面不平	小肩	发行摇身	动手足	不敬畏善欺人	戮死	足少阴肾病

（三）祝禁治病

先秦之时汉民族先民治病用祝禁术。

祝术亦称“祝由”，是用祝祷、符咒治病的巫术。《说文解字》说：“祝，祭至赞词者，从示，从儿口；一曰从兑省。”《黄帝内经·素问·移精变气论》说：“古之治病，惟其移精变气，可祝由而已。”《黄帝内经·灵枢·阴阳二十五人》中记述了周公为武王用祝术治病的事十分典型：

周战胜商后的第二年，武王生了重病。太公、召公说：“我们为王恭敬地卜问吉凶吧！”周公说：“不可以向我们先王祷告吗？”周公就把自身作为抵押，清除一块土地，在上面筑起三座祭坛，又在三坛的南方筑起一座台子，周公面向北方站在台上。放着玉，拿着圭，就向太王、王季、文王祷告。史官写了策书，祝告说：“你们的长孙姬发，遇到险恶的病。假若你们三位先王这时在天上有助祭的职责，就用我姬旦代替他的身子吧！我预顺巧能，多才多艺，能奉事鬼神。你们的长孙不如我多才多艺，不能奉事鬼神。而且他在天帝那里接受了任命，普遍取得了四方，因此能够在人间安定你们的子孙，天下的老百姓也无不敬畏他。唉！不要丧失天帝降给他的宝贵使命：我们的先王也就永远有所归依。现在我来听命于大龟，你们允许我，我就拿着璧和圭，不敢再请了。”于是卜问三龟，都重复出现吉兆。打开竹简看书，竟然都是吉利。周公说：“根据兆形，王会没有危险。我向三位先王祷告，只图国运长远。现在期待的，是先王能够俯念我谋国长远的诚心。”周公回去，把册书放进金属束着的匣子中。第二天，周武王的病就好了。

先秦时期汉民族先民之俗祝由时巫医一般要用“刍狗”仪式。《老子·道德经上篇第五章》说：“天地不仁，以万物为刍狗。”《庄子·天运》也说：“夫刍狗之未陈也，盛以箧衍，巾以文绣，尸祝齐戒以将之。

及其已陈也，行者践其首脊，苏者取其而爨之而已。”

先秦时期汉民族先民的一个名叫苗父（一作“茅父”）的巫医，《韩诗外传》说：“以菅为席，为刍为狗，北面而祝，发十言耳。诸扶而来者，皆平复如故。”该书还说有一名叫俞跗的巫医治病，“不以汤药，搦木为脑，芒草为躯，吹窍定脑，死者复生。”这种治病的巫术，正如《黄帝内经·灵枢·贼风》所说：“黄帝曰：‘其祝而已者，其故何也？’岐伯曰：‘先巫者，因知百病之胜，先知其病之所从生者，可祝而已也。’”由此可见，祝术是先秦时期汉民族先民治病的基本方法之一。

此外，禁术类似祝由，但方法略有不同。《说文解字》说：“禁，吉凶之忌也。”就是避开凶险不吉利的时辰，以免触犯神鬼之灵，而选择吉祥的时辰、日期进行治疗的方法，诸如禁蛇出法、禁鬼神法、禁明法等。《抱朴子》记载：“吴越有禁咒之法，能以气禳灾鬼，蛇出皮豹不伤，刀刃箭镞不入；又能禁水使逆流，禁疮使血止；禁钉使自出。”而先秦汉民族流行的饕餮等纹饰，则是一种禁鬼神法，《吕氏春秋·先识览》就认为饕餮“有首无身，食人未咽，害及其身，以言报更”，所以其是禁怖鬼神，尤其是致病的疫鬼的一种禁术。①

从此以后，祝禁术在汉民族中从未绝迹。

（四）大傩驱疫

先秦之时汉民族先民防病行傩祭驱疫之俗。

傩，是先秦时期汉民族先民驱险恶鬼邪魔疫疠的祭祀。《论语·乡党》说：“乡人傩。”《吕氏春秋·季冬》也说：“命有司大傩。”高诱注：“大傩，逐尽阴气为阳导也，今人腊岁前一日击鼓驱疫，谓之逐除是也。”

大傩驱疫的方法，据《周礼·夏官·方相氏》介绍：“方相氏：掌蒙熊皮，黄金四目，玄衣朱裳，执戈扬盾，帅百隶而时难，以索室驱疫。”这就是说由方相氏（巫师，又是傩仪中的主神）操作，身掌熊皮，玄衣朱裳，头戴黄金四目的面具，手中挥动着戈和盾，率领助手百隶等挨家挨户去寻找，以驱赶疫鬼。可见傩祭有主神、面具、服饰、道具。故《礼记·月令》说：“季春命国傩，仲秋天子乃傩，季冬命有司大傩旁磔。”说的是季春、仲秋、季冬此三月都有后鬼要随阴气出来害人，用傩祭可以禳四方之门的疫气。在河北随县擂鼓墩战国早期曾侯乙墓出土的漆画中有

① 马伯英：《中国医学文化史》，上海人民出版社 1994 年版，第 155—156 页。

狰狞恐怖，不可名状，为人与各兽形混合物的方相氏画像。

《楚辞·九歌·大司命》就是一首傩祭驱逐诗“广开兮天门，纷吾乘兮玄云。令飘风兮洒尘”，一副狂傲的姿态。后来主祭的老人拿着一枝可作药用的升麻登场，对瘟神发出了嘲笑和警告：“乘龙兮辚辚，高驰兮冲天。……愁人兮奈何？愿若今兮无亏！人命兮有当，孰离合兮可为！”

此外，先秦时期汉民族先民之俗将傩祭中驱逐强鬼之祭称之“禓”。《礼记·郊特牲》说：“乡人禓。”郑玄注：“禓，强鬼也。谓时傩，索室驱疫，逐强鬼也。”

（五）从砭石到针刺

先秦之时汉民族先民医药风俗虽然巫风笼罩，但治病仍需要切实的疗法，砭石就是最早使用的一种外科工具。在商代的一些遗址中时有砭石发现。如河北藁城台西村遗址曾出土砭石 3 件，尖端圆钝，长约 20 厘米，形似镰刀，其中一件出土时装在一只黑色朱彩带盖的扁长方体漆盒内。[①] 湖南石门皂市商代遗址出土了一件长约 13 厘米，外表光滑的石棒。[②] 可见砭石之俗在战国时才真正兴起。

砭石，亦俗称“砭针”。《说文解字》说：“砭，以石刺病也。”砭是先秦汉民族的外科工具，或切开脓肿，或切除赘瘤。《山海经·东山经》就说：“高氏之山，其下多箴石。”郭璞注：“可以为砭针治痈肿者。”《淮南子·说山训》则说：“医之用针石。”高诱注：“针石所砥，弹人痈痤，出其恶血。”《管子·法法》也说：“毋赦者痤雎之砭石也。”《韩非子·外储说右上》又说：“夫痤疽之痛也，非刺骨髓则烦心不可支也。非如是不能使人以半寸砭石弹之。”《战国策》卷三记载：扁鹊给秦武王治病，“怒而投其石”，高诱注：“石，砭。所以砭弹人痈肿者也。”《黄帝内经·素问·异治方宜论》也说：“东方之域，天地之所始生也。鱼盐之地，海滨傍水，其民食鱼而嗜咸，皆安其处，美其食。鱼者使人热中，盐者胜血，故其民皆黑色踈理，其病皆为痈疡。其治宜砭石。”凡此等等，不胜枚举。

砭石之俗逐渐发展，其功用不断扩大，除治痈、针刺外，可用于热熨。1964 年湖南长沙耗生下麻战国墓出土一扁圆形石器，两端有磨痕及

① 马继兴：《台西村商墓中出土的医疗器具砭镰》，《文物》1979 年第 6 期。

② 周世荣：《湖南石门县皂市发现商殷遗址》，《考古》1962 年第 3 期。

火烧痕，一面光滑如镜，考证认为属用砭石热熨。[①] 又可作按摩，1964 年湖南益阳枇杷树山战国墓出土一凹形圆面，凹槽中可纳一手指指腹，经鉴定为原始按摩器。[②] 故全元起给《黄帝内经·素问·宝命全形论》作注时说："砭石者，是古外治之法，有三名：一针石，二砭石，三镵石，其实一也。古来未能铸铁，故以石为针，故名之针石。言工以砥砺锋利，制其大小之形，与病相当。"

在此镵石就是一种"头大末锐"能"去泻阳气"的石针。《史记·扁鹊列传》说："治病不以汤液醴酒，镵石挢引。"司马贞《索隐》："镵音士咸反，谓石针也。"山东微山县两城山汉代"神医画像石"五幅，扁鹊所持针具即为镵石[③]，此即汉民族针灸之源。

最早的镵针因是石、玉、骨制，形制比较粗大，作针刺使用要特别小心，故《黄帝内经·素问·奇病论》说："身羸瘦，无用镵石也。"战国时出现了青铜针，1978 年在内蒙古达拉特树林召公社出土的一批青铜器中有一枚长 4.6 厘米，中身有四棱，横断面呈菱形的青铜针。[④]《黄帝内经·灵枢·九针论》所说的"九针"大致反映了从砭石之俗到针刺之俗的演变过程，但是，直到汉代刘胜墓出现金针、银针，才完成从砭石到针刺的过渡，此后，针灸之俗才逐渐替代了砭石之俗。

（六）从追求长生药到以毒攻毒治病

先秦之时汉民族先民对草药治病的人也是从追求长生不死药的风俗开始的。《山海经·大荒南经》说："有不死国，阿姓，甘木是食。"甘木就所谓的不死树，吃了可以使人长寿。于是先秦汉民族之时人们为了追求不死之药而尝百草，据《帝王世纪》记载，伏羲"尝味百药，而制九针，以拯夭枉"，有神农"尝味草木，宣药疗疾，救夭伤人命"。人们在尝百草的过程中，逐渐掌握了药物的辨识和利用，以毒攻毒治病。即认为疾为毒，药亦为毒，而毒药可驱病邪之毒，正如《左传》襄公二十三年所说："臧孙曰：季孙之爱我，疾疢也。孟孙之恶我，药石也。美疢不如恶石。夫石，犹生我；疢之美，其毒滋多。"说的是增添血色的热病不如使人有痛感的药

① 马伯英：《中国医学文化史》，上海人民出版社 1994 年版，第 195 页。
② 傅维康：《中国医学史》，上海科学技术出版社 1984 年版，第 11 页。
③ 叶又新：《锥形砭石》，《中华医史杂志》1980 年第 2 期。
④ 徐又芳：《中国的针灸》，人民出版社 1987 年版，第 7 页。

石。《尚书·商书·说命上》说，“若药弗瞑眩”，就是《方言》所讲的“饮药而毒，海岱之间谓之瞑眩”，意思是药力过猛，饮后头昏眼花，但这种有“毒”的药却可以治好病，谓之“厥疾弗瘳”。所以《淮南子·修务训》说：神农“尝百草之滋味，水泉之甘苦，令民众所避就，当此之时，一日而遇七十毒”，说的是神农分出了有“毒”的为药。所以《黄帝内经》说：“能毒者以厚药，不胜毒者以薄药。”说的是按体质强弱确定不同的用药。又说：“病有新久，方有大小，有毒无毒，固宜常制矣。大毒去病，十去其六；常毒治病，十去其七；小毒治病，十去其八；无毒治病，十去其九。”

先秦时期汉民族用药，起初均为单药单方，没有复方。据《山海经》中的药物名据统计：有矿物类药 5 种，植物类药 28 种，木类药 23 种，兽类药 16 种，鸟类药 25 种，水族类药 30 种，其他类药 5 种，总计 132 种，药方相当简单，均为单药单方单功用，没有复方。[①] 后来，人们为了防止药物的毒性，用药逐渐通权变达。《墨子·兼爱》说：“医之攻人之疾者然，必知疾之所自起，焉能攻之；不知其疾所自起，则弗能攻治。”《吕氏春秋·察今》也说：“良医，病万变药亦万变。”从而药物配伍成方之俗兴起。《庄子·徐无鬼》说：“得之也生，失之也死；得之也死，失之也生：药也。其实堇也，桔梗也，鸡痈也，豕零也。”说的是用乌头、鸡头末、桔梗、猪苓配伍为方。其中乌头极毒，其余无毒，配伍得当则活人，不当则杀人。《吕氏春秋·别类》更明确地说：“夫草有莘有藟，独食之则杀人，合而食之则益寿。万堇不杀。”说的是草类中有莘有藟，单独吃下其中一种会致死，合在一起服用则能延寿。将这种虫和毒药堇配在一起就不会毒人。此后草药配伍为方之俗成为汉民族中医学的传统治病方法之一，久盛不衰。战国之时用草药治病已成风俗，因而《周礼·天官·医师》说：“医师掌医之政令，聚毒药以共医事……疾医掌养万民之疾病，四时皆有疠疾，春时有痟首疾，夏时有痒疥疾，秋时有疟寒疾，冬时有嗽上气疾。以五味、五谷、五药[②]养其病……疡医掌肿疡、溃疡、金疡、折疡之祝药劀杀之齐。凡疗疡，以五毒攻之，以五气养之，以五药疗之，以五味节之。凡药，以酸养骨，以辛养筋，以咸养脉，以苦养气，以

① 赵璞珊：《〈山海经〉记载的药物、疾病和巫医》，载《山海经新探》，四川省社会科学院出版社 1986 年版，第 264—270 页。

② 五药：入药的草、木、虫、石、谷。

甘养肉，以滑养窍。凡有疡者，受其药焉。”

第四节　先秦汉民族的礼仪风俗

一　诞礼风俗

（一）左挂木弓，右挂佩巾

孩子出世是人生道路上的第一大事。先秦之时，汉民族先民孩子的诞生礼周代形成生男孩在侧室门的左边挂木弓，生女孩则在侧室门的右边挂佩巾的报生风俗。据《礼记·内则》所记：妻子将要生孩子，到临产的月份，丈夫就从燕寝搬到侧室来居住待产。丈夫派人每天问候两次；快分娩时，丈夫又亲自去问候。妻子这时不敢出来见，要请女师帮助整理过衣裳服饰后才敢见丈夫。到了孩子生下来后，丈夫又派人每天两次问候妻子。如果妻子分娩时，正遇上丈夫为行祭礼而斋戒，就不能再入侧室之门。孩子出生后，是男孩就在侧室门的左边挂上木弓，是女孩就在侧室门的右边挂佩巾。诸侯的妾生孩子，就住在侧室。大夫、士的妾将要生孩子，到了临产的月份，丈夫派人每日问候她一次。平民家中没有侧室的，到了妻子临产的月份，丈夫就出去居住在另外的房子里。他问候妻子，以及孩子见父亲的礼节与大夫、士没有区别。至于国君的太子出生，则要向国君禀告。然后在生子之室用太牢的礼节接太子，并由膳宰掌管供接子用的馔具。

（二）接子与射礼

先秦时期汉民族先民之俗婴儿出生三天后可以抱出来，俗称“接子”。俗规，接子要选择三天内的吉日，天子的太子要用太牢行礼，庶人的长子用一猪，士人的长子用一猪，大夫的长子用少牢。国君的太子用太牢。如果不是长子，那就都要降一等，即天子诸侯用少牢、大夫一猪、士一猪、庶人一猪。

天子接子的仪程，据《礼记·内则》所记是：占卜挑选朝内小臣来抱太子出来，那个小臣在前一天要斋戒，穿上朝服等候在寝门外边，再双手承接并抱过太子。保姆再从小臣那儿接过太子抱着，膳宰向抱太子的人行醴礼，并赐给束帛。然后再占卜挑选士人的妻或大夫的妾，由她来乳养太子。此外还要专为太子在宫中另辟一室居住。要在众妾中或虽非妾而可以担任养育的妇女中挑选，一定要从中选出宽厚、慈惠、温良、恭敬、慎重而寡言的人，让她做太子的教师。其次选为慈母，再次选为保姆，都居住在太子这一室内。其他的人没事就不能去那儿。

接子的同时男孩要行射礼，女孩则不行此礼。

射礼之俗如《礼记·射义》所说："男子生，桑孤蓬矢六，以射天地四方。天地四方者，男子之所有事也。故必先有志于其所有事，然后敢用谷也，饭食之谓也。"说的是男孩生下来三日，在家门左边悬挂用桑木做的弓孤，并用蓬草做成6支箭，让人背着婴儿，代男孩向天地和东南西北射出6箭。天地四方，是男子做事的地方，所以一定要先有志于天地四方，然后才可以吃米谷，让他的母亲给婴儿喂饭食。

（三）名子与理胎发

先秦时期汉民族先民之俗，给孩子取名俗称"名子"。夏代名子，大概在子生下以后不久即由父亲为之取名，名与字相兼，无所谓子生下后先取名，至冠礼成人时再取字，名子或字子无别。史籍中对禹为启名子之事有记载。《尚书·皋陶谟》说："启呱呱而泣，予弗子，惟荒度土功。"伪孔传释为是禹"不暇子名之"。《列子·杨朱篇》亦称禹"惟荒度土功，子产不字，过门不入"。《夏本纪》称禹"生启予不子，以故能成水土功"。《正义》注："禹辛日娶，至甲四日，往理水，及生启，不入门，我不得名子，以故能成水土之功。"由此可见，名子得由父亲定之。

商代名子的时间大约也是在孩子生下后不久命名。《白虎通·姓名篇》说："殷以生日名子。"但实际上商代名子并非"以生日名子"。据宋镇豪先生考证，商代的名子之俗，应是在子生一月之内卜以名子。①

及至周代，"子生三月，父亲名之"已成定俗。名子时还要理胎发，其仪程如《礼记·内则》所记：孩子出生三个月后，要选取吉日，为孩子剪理胎发；男孩留下左边的，女的就留右边的。这一天，妻子抱着孩子去见父亲，卿大夫都换上新衣服，虽然命士以下的都不必换新衣服，但都洗涤得干干净净；男男女女都一早起身，沐浴换衣；夫妇的饮食馔具要同逆食时一样等级。丈夫进门，从主人的阼阶走上去，并站立在阼阶上面向着西；妻子抱孩子从房中出来，当楣站立，面向着东。保姆站在妻子的前侧，帮助她传话说："孩子的母亲某氏在今天恭敬地让

① 宋镇豪：《夏商社会生活史》，中国社会科学出版社1994年版，第183页。

孺子来拜见父亲。”丈夫对答说：“将教他恭敬地遵循善道。”于是父亲就拉着孩子的右手，又含笑慈爱地给孩子取名。妻子替儿子回答说：“将记住父亲的话，而努力有所成就！”然后，向左转过身来，把孩子交给教师；教师就向诸妇、诸母通告孩子的名字。妻子也就返回燕寝。丈夫又把孩子的名字报告给家宰，家宰便遍告家中各父兄子弟。并且要在简策上写下：“某年某月某日生。”而且要收藏起来。家宰还得去报告闾史。闾史要书写两份，一份藏在闾府，另一份就转献给州史。州史再献给州伯，州伯命令收藏在州府中。丈夫在礼仪结束后也就返回燕寝，与妻子同食，就像平时夫妻互相供养的常礼一样。诸侯的孩子生了三个月后，母亲要沐浴，穿上朝服去见国君，并由保姆抱了孩子见国君。国君必有赏赐，并要为孩子取名。若是众妾的孩子，恩宠轻略的，就由有司来取名。大夫和士的孩子生下三个月后，大家要漱洗斋戒，父、子、妾在丈夫的燕寝相见，丈夫要用初来嫁时的礼节对待生孩子的妾。

至于太子出生后在剪理胎发这一天，国君要沐浴并穿上朝服，夫人也是这样。他俩都要站在阼阶面向西，世妇抱了太子，从西阶走上来，国君给太子取名，然后就退下。如果不是太子，而太子的同母弟，就在外寝和国君相见；国君抚摩着孩子的头，含笑慈爱地给他取名，礼节和太子的一样，只是没有对答一类的言辞。

周代名子的原则和方法，据《左传》桓公六年鲁大夫申繻所说有五种：“有信，有义，有象，有假，有类。以名生为信，以德命为义，以类命为象，取于物为假，取于父为类。”就是说，有以生性为名的，如鲁桓公子成季，因出生时手纹像个“友”字，据卜者说长大后能“间于两社，为公室辅”，遂命名为“友”；有以德业为名的，如周文王名昌，以太王见季历生昌，有圣瑞，欲令昌盛周国，遂命名为“昌”；有以物象为名的，如孔子生而圩顶，状如尼丘，遂命名为“丘”；有借物为名的，如孔子的儿子出生时，有人馈赠一尾鲁鱼，遂命名为“鲤”；有取生时与父相同处为名的，如鲁公子同，因生日与桓公同日，遂命名为“同”。此外，还规定：“凡名子，不以日月，不以国，不以隐疾。大夫、士之子，不敢与世子同名。”[1] 即凡是给孩子取名，不用日月名，不用国名，不用身上

① 《礼记·内则》。

的隐疾名；大夫、士的孩子，不敢与太子取相同的名。

俗规凡是祖父还在世，初生的孩子见祖父，祖父也可以给孙子取名；礼节和孩子见父亲时一样，只是没有对答的言辞。

此外，乳养太子的士妻或大夫的妾，三年后才可以回家去；天子在公宫接见她们，并因她们的辛劳而有赏赐。大夫的孩子也可以有乳母，士人的妻子就自己乳养孩子。由命士往上推及大夫的孩子，在父子行相见礼以后，每隔十天见面。如果是长子，没有断奶时父子相见，父亲必定要拉着孩子的右手。长子的同母弟或妾生的孩子，已经断奶了，父子相见时一定要抚摸他的头，以正名分，别尊卑。

(四) 答"唯"、答"俞"与佩囊

先秦时期汉民族先民之俗，孩子能吃饭了，就要教他用右手；能讲话了，就教男孩答应辞"唯"，教女孩答应辞"俞"；挂上佩囊，男孩女孩就不同席，不共食。八岁，进出门户和就席饮食，必须要在年长者的后面，开始教孩子懂得礼貌谦让。九岁，教孩子塑望和天干地支的知识。十岁，男孩就出外求学，居宿在外，学习六书九数。衣裤不用帛做，举止运行动作都要遵循当初所教的长幼之礼，每天早晚要学习洒扫进退等礼节，请长者来教飞书策和应对言语信实。十三岁，学习音乐，诵读《诗》篇，练习文舞《勺》舞。十五岁以上的儿童，练习武舞《家》舞，学习射箭、御车等。

女孩十岁时就不再出门。女师教她们言语柔婉，容貌贞静，听从长者的教导，学习治理麻颖、缫丝、织布、织缯、编结咳蒂等，学习这些以供给衣服之用。对于祭祀、奉纳酒浆、笾豆、菹醢等事，以及行礼时帮助长者奠置祭馔等，都得观看学习。

二 冠礼风俗

(一) 筮日与筮宾

先秦时期汉民族先民之俗"男子二十，冠而字"①；"已冠而字之，成人之道也"②，故加冠前的人俗称"童子"。《仪礼·丧服》说："童子唯当室缌。"郑玄注："童子，未冠之称。"

① 《礼记·曲礼上》。

② 《礼记·冠义》。

所谓冠礼之俗，就是用缁布制的冠给年满二十的男子加冠。夏代用"毋追"冠，商代用"章甫"冠，周代用"委貌"冠。故《仪礼·士冠礼》说："委貌，周道也。章甫，殷道也。毋追，夏后氏之道也。周弁，殷冔，夏收。三王共皮弁素积。"

周代冠礼盛行。《礼记·冠义》说："冠者，礼之始也，嘉事之重者也，是故古者重冠。……重冠，故行之于庙。行之于庙者，所以尊重事。"可见冠礼是在祖庙中举行的极为隆重的礼仪。

俗规冠礼前，受冠者的父亲要先在庙厅用蓍草占卜举行冠礼的吉日，俗称"筮日"。据《仪礼·士冠礼》所记，筮日时将行冠礼者的父兄戴玄冠，服朝服，系黑缯制的腰带和白皮制的蔽膝，站在门的东边，面向西。主人手下管事人员穿和主人相同的服装，在门的西边站立，面向东，以北为上。用来占卜的蓍草、席子，在地上画卦象的木棍都放在门外西堂上。席子铺在门里西边门槛外，面朝西。主管占卜的人手持蓍草，打开收藏蓍草的匣子盖，并拿着匣子的底儿，向前走，由主人那里接受占卜的指示。主管卜教的官员由主人的右边稍后退，协助主人告诉占卜者为何占卜。占卜者应许，从右边转过去，走到席子上坐下，面向西；负责把卦象画在地上的人也坐在席子上，面向西。占卜完毕，占卜者把所得到的卦写在木板上，拿去给主人看，主人接过木板看，然后还给占卜者。占卜者走回原处，面向东，和其他占卜者一起占卜，占卜完毕，走向前，告诉主人哪天吉利。如果本旬之内没有吉日，就占卜下旬或下下旬的日子，仪式和上述的相同。占卜完毕，撤掉占卜用的席子。主管礼仪的人宣布占卜仪式完成。

筮日之后，主人要亲自登门告诉亲友，邀请他们参加冠礼，俗称"戒宾"。

行冠礼的前三天，用占卜的方法在所邀请的客人中决定一位给主人的儿子加冠的人，俗称"筮宾"。占卜的仪式和"筮日"的相同。选定加冠人后，主人登门拜请，俗称"宿宾"。确定了加冠的人后，再从邀请的众宾客中请一位协助负责加冠的人，俗称"赞冠者"。

冠礼的头天傍晚，冠礼的主持人"摈者"在庙门外宣布第二天举行冠礼的时间，并通告众嘉宾，俗称"告期"。

（二）束髻——紒

冠礼那天，早晨起来，在堂东边的飞檐下旋转好接洗手水的盆一洗，洗后的水放在东边。把加冠用的衣服放在一个小箱子里，陈列在房中西墙下，领口朝东，以北边为上位。梳子、篦子放在小筐内。蒲苇席两领，放在最南边。单独放置一壶甜酒在衣服北边。有一圆形竹器，盛放勺、觯、角制小勺、干肉、肉酱，以南边为上位。爵弁、皮弁、黑布冠各放在一个冠箱里，由主持人拿着它等候在西上台子的南边。宾客登堂就面朝东。

这时主人穿玄端服，赤色蔽膝，站在东边台阶下，位置和堂上东墙平齐，面朝西。主人的兄弟全都穿黑色上衣、下裳，站在洗的东边，面朝西，以北边为上位。传命的傧相穿玄端服，背对东塾。将要被加冠的人站在房中面朝南，穿米衣，结发，俗称“紒”。

周俗敬天尊祖，认为人的身体发肤是上天所赐，受之于父母，终生不得损毁。所以除了出生“三月之末，择剪发为鬌”[①] 以外，此后一生中不再剃头剪发。最初小孩的为“垂鬌”“垂发”；随着年龄的增长，头发变长加多，这时大人便将他们的头发聚束起来，绾成丫髻盘在头顶左右两边，状如犄角，俗称为“总角”“总发”。所以举行冠礼时首先必须束发。

（三）加冠之仪

束发后，宾者为受冠人加冠。周俗士的加冠一般进行三次：

第一冠为加缁布冠，以示“尚质重古”“不忘本”。将要行冠礼的年轻人从耳房走出，面向南。赞者把束发的缅、笄、栉放在席子的南端。负责加冠的宾客（以下简称宾客）向年轻人作揖，这位年轻人走到席子处坐下；赞冠者也坐下，给受冠者梳理头发，安放包发用的帛。然后，宾客走下台阶，主人也走下来。宾客辞让，主人对答。宾客洗手完毕，拱手行礼、相互谦让一次。升堂。主人登堂，回到原来的位置。宾客在席前坐下，亲手整理包发的帛，然后起立，在西边台阶上走下一级，拿冠的人登上一级，而朝东交给宾客。宾客右手拿着冠的后部，左手拿着前部，像鸟张一翅膀似的、容貌舒扬地前行，并且祝祷曰：“令月吉日，始加元服。弃尔幼志，顺尔成德。寿考惟祺，介尔景福。”意思是：“吉月吉日，开始给你戴上冠。要抛下你幼稚的心理，养成成人的品德。这样，你会长命百岁，一生享有鸿福。”宾客坐下，如同原先一样，然后加冠。起立，回到原来的位置，佐助行礼完成了工作。被加冠的人起立，宾客向他拱手行礼，他回到房中脱掉童子服，换上成人的朝服即玄端服，赤黑色蔽膝，走

① 《礼记·内侧》。

出房来，面朝南。宾客向他拱手行礼，请他就席坐下。

第二冠为弁冠，以示“行三王之德”，勤政恤民。按照上述程序，宾者祝祷曰：“吉月令辰，乃申尔服。敬尔威仪，淑慎尔德。眉寿万年，永受胡福。”① 意思是“吉月吉日，再次给你加冠。恭谨地修饰你的仪表，很好地谨慎地修养你品德。长命百岁，永享鸿福。”给冠身戴上白鹿皮做的弁冠，冠身换上白色礼服，由众宾客瞻容体。

第三冠为爵弁冠，以示冠身以后参与祭祀，敬事神明。同样按照初冠的程序宾者祝辞曰：“以岁之正，以月之令，威加尔服。兄弟具在，以成厥德。黄耇无疆，受天之庆。”② 意思是：“在这吉祥的年份，吉祥的月份，把三种冠都给你戴上。你的兄弟们都在，行此冠礼，促成你的品德。万寿无疆，接受上天赐予的鸿福。”然后，宾者给冠身戴上赤黑色丝制的爵弁冠，冠身换上祭服，由众宾客观瞻容体。

周俗加冠除行醴礼外，还可以用醮礼。

所谓醮礼应是尊者对卑者酌酒，卑者接受后饮尽、无须回敬的一种简单仪节，俗规开始加冠时的醮礼用干肉和肉酱。宾客走下台阶，从圆形竹器中取出酒爵。主人走下台阶，辞让如同原先。宾客洗毕，登堂斟酒劝饮。被加冠的人行拜礼接受，宾客回拜和原先相同并致辞曰：“旨酒既清，嘉荐亶时。始加元服，兄弟具来。孝友时格，永乃保之。”③ 意思是：“美酒已经清澄，干肉和肉酱芳香，确实是时候，初次戴上黑布冠，兄弟都来了，拥有最多的友爱和情义，就可长久地安定。”然后被加冠的人登上席子，坐下，左手拿着酒爵，右手祭干肉和肉酱，祭酒。起立，在席的西头坐下，尝酒。走下席子，向宾客行拜礼，宾客回拜，被加冠的人在祭物东边放下酒觯，站在席子西边。撤去祭物和酒爵，席子和酒尊不撤。戴皮弁如同初次的仪式。第二次行醮礼，搅和酒汁，其余仪式如同原先，宾客致辞曰：“旨酒既湑，嘉荐伊脯。乃申尔服，礼仪有序。祭此嘉爵，承天之祜。”④ 意思是“美酒已经洁净，干肉和肉酱芳香，再戴上你的皮弁冠，行礼仪式井然有序，用这美酒祝祭，随上天的大福。”戴爵弁如同原

① 《仪礼·士冠礼》。
② 同上。
③ 同上。
④ 同上。

来的仪式。第三次行醮礼，有干肉放置俎上品尝它，其余如同原先，宾客致辞曰："旨酒令芳，笾豆有楚。咸加尔服，肴升折俎。承天之庆，受福无疆。"[①] 意思是："美酒芳香，笾豆陈列。全部戴上了你的黑布、皮弁和爵弁的冠，醮礼所用的鲜肉已经置放在礼器中。承受上天的赐予，得到的福祐没有穷尽"。然后，被加冠的人拿取干肉，拜见母亲。如果杀牲，就是一只猪。把祭祀的牲体放入镬中烹煮，然后取出，把牲体左右两半合并放在鼎中。分割肺叶，也放在鼎中。放置贯穿鼎耳的横框和鼎盖。初次的醮礼和原先不杀牲时相同；第二次醮礼，用两个豆、凫葵做的腌菜、螺蚌的肉酱、两个笾和栗干；第三次醮礼，搅和酒汁和第二次相同，把牲体放在俎上祭祖先，都和不杀牲时相同。尝肺。醮礼结束，拿出笾中的肉脯走下台阶，和原先一样拜见母亲。

此外，如果是孤儿冠礼，就由伯叔父、堂兄告诉并召请宾客。行加冠礼那天，被加冠的人结发，迎接宾客，行拜礼，拱手礼谦让客人，站立在堂上东墙前端，就和被加冠的父兄完全相同。如果是庶子冠礼，就在房外加冠，面朝南。如果被加冠人的母亲因疾病、归宁等不在，就派人在西边台阶下接受拜送的干肉。

周俗，士冠礼是三加冠，诸侯冠礼为四加冠，即在士冠礼的三加之上再加玄冕；天子冠礼为五加冠，即在诸侯冠礼的四加之上再加衮冕。诸侯、天子的冠礼要比士冠礼的规模更大，仪式也更为隆重。

（四）醴礼与取字

加冠仪式结束后，主人按周俗用醴礼设宴酬谢宾客。所谓醴礼就是用甜酒行礼。据《仪礼·士冠礼》所记：加冠后，赞冠者撤去皮弁冠、黑布冠、梳子、篦子、席子，进入房中。在室门西边铺席，被加冠的人面朝南。赞冠者在房中洗手，洗刷酒具，只斟甜酒，放置角制祭祀用勺，翻转放在酒觯上，面对勺叶宾客向被加冠的人拱手行礼，请他就位。在席西边，面朝南。宾客在门东边接受甜酒，放置角制祭勺，面对勺柄，在席的前边，面朝北。被加冠的人在席的西边行拜礼，接过酒觯，宾客面朝东回拜。赞冠者进献干肉和肉酱。被加冠的人就席坐下，左手拿着酒觯，右手祭干肉和肉酱，用角制祭勺祭甜酒三次。他站起来，在席的西头坐下，只

---

① 《仪礼·士冠礼》。

尝甜酒，将角制小勺立放在甜酒中。起立，走下席子，坐下放下酒觯，向宾客行拜礼，然后拿着酒觯起立。宾客回拜，并致辞说："甘醴惟厚，嘉荐令芳，拜受祭之，以定尔祥，承天之休，寿考不忘。"意思是："甜酒淳厚，肥美的脯醢味道芳香。拜受祭神，来确保你一生吉祥。接受上天赐福，终生不忘保持好名声。"

然后，被加冠的人在祭物的东边放下酒觯，走下席子，面朝北坐拿取干肉，从西边台阶下来，到堂下东墙出闱门，面朝北拜母亲。母亲行拜礼，接受儿子拜送的干肉。母亲再次行拜礼。

宾客走下台阶，站立位置与堂上西墙平齐，面朝东。主人走下台阶，回到原来登阶前的位置。被加冠的人站在西阶下东边，面朝南。宾客给他取表字，并致祝辞曰："礼仪既备，令月吉日，昭告尔字，爰字孔嘉，髦士攸宜。宜之于嘏，永受保之，曰伯某甫。"[①] 意思是："礼仪已经齐备，吉月吉日，公开宣告你的字。你的这个字很好，很适合英俊之士。适宜于享受鸿福，你要永远保住你的福，人称字为伯某甫。"为冠者据名取字毕后，冠身答谢，于是冠礼仪式结束，宾客出来，到庙门外更衣的临时住所休息。这时被加冠的人拜见兄弟，拜见赞冠者，进入寝门拜见姑母姐妹后改换服饰，戴玄冠，穿玄端服，赤黑色蔽膝，进献礼物，拜见国君。再用礼物拜见乡大夫、乡先生。最后用一献的礼节招待宾客。主人用十块锦、两张鹿皮酬谢他。宾客出来，主人送到大门外，再行拜礼，并把行一献之礼时的牲肉送到宾客家。至此，冠礼活动才算全部完成。

取字之俗是周俗成人的标志之一。《礼记·檀弓上》说："幼名、冠字、五十以伯仲、死谥、周道也。"孔颖达疏："人年二十，有为人父之道，朋友等类不可复呼其名，故冠而加字。"人的字是由名孳生、演化而来的，名与字相表里，字多为外部使用，所以俗称"表字"。因为名与字之间有意义上的联系，名以正体，字以表德，故《白虎通》说："闻其名即知其字，闻其字即知其名。"名与字或同义互训，如孔子的得意门生颜回，名回字渊。《说文》："渊，回水也。""回，渊也。"或反义相对，如孔子的学生曾点，名点字晳。《说文》："点，小黑也。""晳，人色白也。"或连义推想，如郑公子去疾，人体除去疾病，身体就健康，自是好（良）

---

① 《仪礼·士冠礼》。

事。此外还有指实、辨物等取字法。[①]

周俗重视名字，在实际使用中，称名称字，都有一定之规。一般说，在正式场合要郑重其事地介绍、阐释本人的名、字及其含义，以期通过名字的确认来证实自己的价值。“父前子名，君前臣名”，尊者长者对卑者、幼者可以直呼其名，如《论语》中孔子对学生均称名。人们自己称名，表示谦卑，如《论语》中孔子自称：“丘也幸，苟有过，人必知之。”面对尊者长者则不能称名，只可称字，表示敬重；平辈之间相称也要称字，表示友爱。因而《礼记·郊特牲》说：“冠而字之，敬其名也。”

（五）笄礼

笄礼为女子成年之礼。《仪礼·士昏礼》说：“女子许嫁，笄而醴之，称字。”意思是女子等十五至十九已聘许嫁后，要举行笄礼。笄礼和冠礼的仪式差不多，但地点不在宗庙而在庭堂，由受笄者的母亲和女宾主持。母亲给受笄女子著笄，即以簪固髻，女宾执礼，并为之取字。笄礼以后，女子至二十岁以前均可出嫁。

周俗，年已二十如果尚未许嫁，也要举行笄礼，以示成人。笄礼由妇人主持。

三　婚礼风俗

（一）纷然杂陈的婚俗婚制

先秦时期汉民族先民去原始社会未远，在婚俗婚制上既承氏族社会时期的遗风，又承阶级社会的烙印，有抢婚又有交换婚，有族外婚又有收继婚，有媵婚又有纳妾，多姿多态，从而纷然杂陈。

1. 抢婚

先秦汉民族之时，源于原始社会母系氏族向父系氏族转变时期的抢婚之俗，在上流社会里风行一时。《国语·晋语》说：“昔夏桀伐有施，有施氏以妺喜女焉……殷辛伐有苏，有苏氏以妲己女焉，而周幽王伐有褒氏，有褒氏以褒姒女焉。”可见，夏桀王、殷纣王、周幽王都抢婚而娶得妺喜、妲己、褒姒。因而《周易·屯第三》六二爻辞说：“屯如邅

---

① 清人王引之《春秋名字解诂》曾将周代人名与字之间的联系归纳出“同训、对文、连贯、指实、辨物”等五体，和“通作、辨讹、合声、转语、发声、并称”等“六例”，比较全面地概括了周代命名取字的文化内涵。

如，乘马班知，匪寇婚媾”；六四爻辞说：“乘马班知，求婚媾”；《周易·贲第二十二》六四爻辞说：“贲如皤如、白马翰如，匪冠婚媾。”

2. 交换婚

所谓交换婚是指甲方男子在娶乙方女子为妻的同时，作为交换条件，甲方的女子亦嫁给乙方男子为妻，或甲、乙双方建立世婚关系。《诗经·大雅·思齐》说：“思媚周姜，京室之妇。”说的就是从古公湑父开始，姬、姜两姓便世代通婚，直到春秋时期，姬、姜两姓的交换联姻之俗仍久盛不衰。

此俗影响到民间，由于不需大量聘礼的原因而流行起来。

3. 族外婚

族外婚又称“外婚制”，是原始社会时期禁止在某一社会集团内选择配偶的婚制，在先秦汉民族也十分盛行。《帝王世纪》说：“鲧纳有莘氏女，曰志，是为修己。”《世本·帝系篇》说：“禹纳涂山氏女，曰女娇，是为攸女。”凡此等等，都说明夏代之时，祖宗数代，实行的都是族外婚。

商代虽流行同姓婚，但及至周代，族外婚却发展成了同姓不婚之制，俗规严禁娶同姓之妻，即使纳妾，若“不知其姓则卜之”[①]。正如王国维在《殷周制度论》中所说“同姓不婚之制实自周始”“虽百世婚姻不通者，周道然也”。

4. 同姓婚

商代曾在上层社会流行过同姓婚的婚俗。如武丁与妇好就是子姓族内的同姓婚，故《魏书·高祖纪》说：“夏商不嫌一姓之婚。”

5. 收继婚

先秦汉民族之俗还存在着兄死弟继、弟死兄继，或父死子继父妾的收继婚俗，亦称“转房婚”。《史记·匈奴列传》说：“桀崩，其子淳继妻其众妾。”说明收继婚在夏代流行过。

这种收继婚直到春秋中期还在流行，这时俗称“烝”“报”。《左传》桓公十六年说：“姨宣公烝族夷姜，生鱼子。”说的是宣公收其庶夷姜为妻。宣公为卫庄公子，夷姜是庄公次妃，宣公庶母。又庄公二十八年又说：“晋献公娶公于贾，无子，烝于齐姜，生秦穆夫人及太

① 《礼记·曲礼》。

子申生。”说的是晋献公收其父妾齐姜为妻。宣公三年也说：“（郑）文公报郑子之妃曰陈妫，生子华、子臧。”说的是郑文公收其叔父之妃陈妫为妻。

此俗于春秋后逐渐被淘汰。

6. 媵婚

先秦之时，源于原始社会的妻姐妹婚，传承变异为媵婚之制。所谓媵是随嫁、陪嫁之意，是明媒正娶的附属品。《公羊传·庄公十九年》说：“媵者何？诸侯娶一国，则二国往媵之，以侄娣从。侄者何？兄之子。娣者何？女弟也。”这就是说一国的诸侯娶另一国的女子为妻时，嫁女方还必须有两个同姓国派送女子和男子去陪嫁，陪嫁的女子俗称“娣”，陪嫁的男子俗称“姪”。但《仪礼·士婚礼》说：“媵，送也，谓女从者也。”则称媵为“女从者”。

夏代就有存在媵婚的记载。《左传》哀公元年说：“后缗方娠……生少康焉，为之牧正……逃奔有虞，为之庖正……虞恩于是妻之以二姚，而邑诸纶。”[①] 说的是有虞国国王感旧恩将两个女儿嫁给落难而至的少康。

商代媵婚更加盛行，媵臣伊尹的事迹凸显了这个态势。《吕氏春秋·本味篇》说：“有侁氏女子采桑，得婴儿于空桑之中……身因化为空桑，故命之曰伊尹……长而贤，汤闻伊尹，使人请之有侁氏，有侁氏不可。伊尹亦欲归汤，汤于是请取妇为婚，有侁氏喜，以伊尹为媵送女。”此后伊尹辅汤有功而成为商代甲骨文中特祭的对象之一，从中可窥见商代媵婚的流行程度。

周代媵婚已成为上层世袭贵族最盛行的婚制。《诗经·大雅·韩奕》说：“韩侯娶妻……诸娣从之。”正是周代盛行媵婚的生动写照。媵婚正是先秦时期汉民族先民流行一夫多妻之俗的重要表现。

7. 纳妾

先秦汉民族之时，明媒正娶的附属品为媵婚，非明媒正娶则为“纳妾”。《春秋传》说“女为人妾”“妾，不聘也”。《释名·释亲属》也说：“妾，接也，以贱见接幸也。”

商代已有纳妾之俗。殷墟出土的甲骨文中已有“妾”字。及至周代纳妾已成为上层社会贵族的常俗，《周易·鼎第五十》说：“得妾以其子，

① 与《史记·吴太伯世家》的记载大体相同。

无咎。"孟子曾说诸侯"食前方丈，侍妾数百人"[①]。纳妾之风在民间也有流行，经济状况好的多为之。《战国策·秦策》说："士仆妾不出里巷而取者，良仆妾也。"《孟子·离娄下》也说："齐人有一妻一妾而处室者。"纳妾也是先秦时期汉民族流行多妻之俗的又一个重要表现。

8. 一夫一妻制

先秦汉民族之时，至迟到商代已确定了一夫一妻制。据《史记·殷本纪》《世本》以及甲骨卜辞所记，商先公宴以下八代先公的配偶，特别是上甲、示壬、示癸，为一夫一妻。示祭之子大乙成汤建立商王朝，以下数代，大乙妻为妣丙、大丁妻妣戊、大甲妻妣辛，等等，也大体是一夫一妻。山西灵石旌介发现的晚商内二号墓一椁两棺，左棺男主人仰身直肢，右棺女主人侧身直肢，面向男主人，两人周围均有大量铜器、玉器、骨器、陶器随葬[②]，显然是一座夫妻合葬墓。所以，在商代的"周祭"祀典中，绝大多数王室明文上只有一个王后可以进入祀典，这个王后，就是法定的配偶。

如果说商代上层社会在实行法定的一夫一妻制的同时，还伴有一夫多妻之俗，那么民间却是实行了严格意义的一夫一妻制。《周易·渐第五十三》九三爻辞说："鸿渐于陆，夫征不复，妇孕不育，凶。"说的就是丈夫外出参加征战没有返家期间，妻子即使怀了孕，腹中的孩子是绝对不能生下来的。

周代一夫一妻制则为定制，在礼制上严格区分嫡庶，正妻只许有一人，这时的学者往往以阴阳、日月、乾坤、刚柔等词语表示一夫一妻间的关系，俗称"一昼一夜为一日，一男一女为一室"[③]。《礼记·婚仪》即说："天子之于后，犹日之于月，阴之于阳，相绝而后成者也。"《白虎通》也说："妻者齐也，与夫齐体，自天子至于庶其义一也。"

（二）聘婚与野合

先秦汉民族的婚姻形态呈双轨制，即正宗的聘婚非正规的野合并存。

正宗的聘婚，据《礼记·婚义》所载："婚姻者合二姓之好，上以事

---

① 《孟子·尽心下》。

② 陶正刚等：《山西灵石旌介村商墓》，《文物》1986 年第 11 期。

③ （汉）应劭：《风俗通》卷 31。

宗庙，下以继后世。”故聘婚必须遵从“父母之命，媒妁之言”[①]，严格按照纳采、问名、纳吉、纳征、请期、亲迎六礼的程序进行。因而《诗经·齐风·南山》说：“娶妻如之何？必告父母……娶妻如之何？匪媒不得。”《礼记·曲礼上》也说：“男女非有行媒，不相知名。”因此，《礼记·婚义》说：“男女有别而后夫妇有义，夫妇有义而后父子有亲，父子有亲而后君臣有正，故曰：婚礼者，礼之本也。”

正因为聘婚为婚姻的正宗，故媒人说亲之俗直至战国仍久盛不衰。《楚辞·思美人》说：“思美人兮，揽涕而伫眙，媒绝路阻兮，言不可结而诒。”《离骚》说：“理弱而媒拙兮，恐导言之不固。”《管子·形势解》也说：“妇人之求夫家也，必用媒而后家事成。求夫家而不用媒，则丑耻而人不信也。”齐国甚至专设“崇媒”官，“取鳏寡而和合之，予田宅而家室之”[②]。周天子也专设“媒氏”以“掌万民之判”[③]。所以，尽管媒人之言并不可信，正如《战国策·燕策》所说：“周地贱媒，为其两誉也。之男家曰女美，之女家曰男富”，但“周之俗，不自为娶妻。且夫处女无媒，老且不嫁”。

先秦时期汉民族在实行正宗聘婚之时，同时又流行非正规的野合之俗。《周礼·地官·媒氏》说：“中春之月，令会男女。”这就是说，先秦时期汉民族按照“父母之命，媒妁之言”择偶的同时，还可以在婚日和婚会自由择偶，俗称“野合”，即不合礼仪的婚配。《诗经·郑风·溱洧》就是对这种“中春之月”的生动的描写。

周俗规定“于是时也，奔者不禁”[④]。法律规定这种不合礼仪的“野合”为合法，故而春秋时期，赫赫有名的孔子也是其父与颜氏女“野合而生”[⑤]。

（三）男三十而娶，女二十而嫁

先秦之时，周俗适婚的年龄最低，男二十，女十五即可结婚。《墨子·节用》说：“智者圣王为法曰：‘丈夫二十毋敢不处家，女子十五毋敢不事人。’”最大则为男三十，女二十才可结婚。《礼记·曲礼》说：

① 《孟子·滕文公下》。
② 《管子·入国》。
③ 《周礼·地官·媒氏》。
④ 同上。
⑤ 《史记·孔子世家》。

“男子二十而冠……三十而有室，始得理男事……女十有五年而笄，二十而嫁。”《尚书·大传》也说：“男三十而娶，女二十而嫁，通于任织纺绩之事，黼黻文章之美。不若是，则上无以孝于舅姑，而下无以事夫养子。”可见，先秦汉民族周俗适婚的年龄男子为20—30岁，女子为15—20岁。

但是早婚依然存在。《左传》襄公九年说：“国君十五而生子，礼也。”《礼记·文王世子》也明言周文王十五而生武王。天子诸侯的早婚，主要出于国不可久无储君的考虑。到春秋之时，周礼崩坏，普通人的婚龄也趋提前，《史记·仲尼列传》就记载孔子十九而娶妻。

周俗有“五不娶”的俗规。据《大戴礼记·本命篇》载，有叛逆罪行的家庭的女子不能娶，恐其“逆德”；有淫乱行为的家庭的女子不能娶，恐其“乱人伦”；直系亲属中有受五刑或有患恶疾的女子不能娶，因为这种女子是“弃于人”或“弃于天”的；还有母亲早死、年长而超过婚龄的女子也不能娶，因为这种女子缺乏教养、“无所受命”。

（四）从商代婚礼的四程式到周代的六礼

先秦时期汉民族先民上层社会的聘婚极端讲究婚姻程序，繁文缛节十分复杂。夏代的婚礼仪程已不可考，商代的婚礼据宋镇豪先生研究分为议婚、订婚、请期、亲迎四程式。①

商代贵族婚姻受崇神思想支配，求吉之卜贯穿终始，然婚嫁形式渐趋礼仪化。议婚、订婚由当事男女双方家族基于各自的功利目的而合好，有使者为之媒妁，男女本人无选择对象之自由。请期诹吉日一般以择于二月某一丁日为多，日期大都由政治实力雄厚一方选定，不限专出男方家族。亲迎之礼，嫁女有媵，娶女有迎。迎有等级规格之异，一般为“婿亲迎”，男先于女，然殷商王室娶女，则以使者往逆。

商代婚礼的四程式发展到周代为纳采、问名、纳吉、纳征、请期、亲迎等“六礼”，程序更加复杂。

1. 纳采

纳采就是发动婚议，即男家发现某女家可为议婚对象，则请媒人向女家提亲，女家答应议婚后，男家备礼去女家求婚。《仪礼·士婚礼》说：“婚礼，下达，纳采用雁。”

---

① 宋镇豪：《夏商社会生活史》，中国社会科学出版社1994年版，第165—171页。

据《仪礼·士婚礼》所记，其礼仪是：女家主人在亲庙室门西边铺席，席头以西边为上位。席上右边设置一个几案。男家的使者穿着玄端服来到。女家接应宾客的人走出大门请问何事，男家的使者说："吾子有惠，贶室某也。某有先人之礼，使某也请纳采。"意思是"承您以前惠许，把女儿赐予某某为妻。他的父亲有先人的礼节，派我请求行纳采的礼仪"。女方答道："某之子蠢愚，又弗能教。吾子命之，某不敢辞。"意思是："我家女儿愚昧蠢笨，又不能教诲。您有指示，我不敢辞谢。"然后进去报告。女方主人穿戴和宾客相同的服饰，到大门外迎接。主人拱手行礼请宾客进入。到达堂前台阶下，谦让三次后，主人导引宾客登上台阶，自己面朝西。宾客从西阶登上，对着房屋正梁站着，面朝东，传达男家主人的话语说："冒昧地来纳采。"女家主人站在东边台阶上，面朝北，两次行拜礼。在两个楹柱中间，宾主面朝南收授礼物。宾客走下台阶，出门。主人也走下台阶，把雁交给随从中地位最尊者。

2. 问名

问名就是男家请媒人请问女方的名字和出生年月日。《仪礼·士婚礼》即说："宾执雁，请问名。"其礼仪是男方使者来到，女家接应宾客的人出来问使者为何前来。使者说："某既受命，将加诸卜，敢请女为谁氏?"意思是："某某的父亲已经得到您的指示，将要用龟甲占卜。冒昧的请问您女儿的芳名。"女方答道："吾子有命，且以备数而择之，某不敢辞。"意思是："您有指示，将要用她充数来进行选择，我不敢辞谢。"于是请来宾进内，把雁交给主人等礼仪与纳采相同。

3. 纳吉

纳吉就是男家卜得吉兆之后，备礼通知女家，决定缔结婚姻。《仪礼·士婚礼》说："纳吉用雁，如纳采礼。"郑玄注讲得更明白："归卜于庙，得吉兆，复使使者往告，婚姻之事于是定。"男方派使者到女方家说："吾子有贶命，某加诸卜，占曰'吉'。使某也敢告。"意思是："您曾指示赐告你女儿芳名，某某的父亲用龟甲占卜，是吉卦。派我来冒昧地报告您。"女方答道："某之子不教，唯恐弗堪。子有吉，我与在，某不敢辞。"意思是："我家女儿无法教诲，只怕不能胜任。您有吉，我和您共同占有了，我不敢辞谢。"

4. 纳征

纳征又称为“纳币”。《仪礼·士婚礼》即说：“纳征，玄纁、束帛、俪皮。”郑玄注：“征，成也，使者纳币以成婚礼。”男方仍使使者到女家说：“吾子有嘉命，贶室某也。某有先人之礼，俪皮束帛，使某也请纳征。”意思是“您有关于婚事的美好指示，赋予某某妻室。某某的父亲有先人的礼节，两张鹿皮十块锦，派我来请求行纳征的礼仪”。女方答道：“吾子顺先典，贶某重礼，某不敢辞，敢不承命？”意思是：“您依照先人的常法，赐予我厚礼。我不敢辞谢，怎敢不接受？”

5. 请期

请期就是男家择定吉日婚期，备礼照会女家，求其同意。《仪礼·士婚礼》说：“请期，用雁。主人辞，宾许告期。如纳征礼。”郑玄注：“夫家必先卜之，得吉日，乃使使者往辞，即告之。”

6. 亲迎

亲迎是“六礼”中最后一礼，也是最隆重的一礼，就是新郎率鼓乐仪仗彩舆亲至女家迎娶新娘。《诗·大雅·大明》：“亲迎于渭。”《公羊传》庄公二十四年：“公如齐逆女，何以书？亲迎，礼也。”

周代亲迎的时间多在黄昏以前进行。《说文解字》说：“礼取妇以昏时。妇人阴也，故曰婚。”《白虎通义》也说：“婚姻者何谓也？昏时行礼，故谓之婚也……所以婚时行礼何？示阳下阴也，婚亦阴阳交时也。”亲迎的具体礼仪，据《仪礼·士婚礼》所记：迎娶那天，刚刚黄昏时，男家在寝门外东边陈设三个鼎。一个鼎放入一只小猪，从锅中捞出的左右两半牲体，去掉蹄子。拿起祭用的肺和背脊的骨肉两份，祭奠用的肺两旁。一个鼎放入十四条鱼。一个鼎放入腊物一份，尾骨部分不放入鼎中。三个鼎中的东西全部煮熟。放置贯穿鼎耳的横杠和鼎盖。把器皿放在东阶的东南方。在房中安排食物，用醋调和的酱两盆，腌菜的酱四盆，六个盆共用一巾遮盖。黄米、小米四罐，都盖上盖子。肉汁放在火上煮着，酒樽在室内北墙下，有放酒樽的器物，玄酒在西边，用粗葛巾覆盖，放置勺子，柄都朝南。另一个酒樽放在堂上东墙边，没有玄酒。圆形竹器在南，里面放有四只酒爵、两个卺。

新郎头戴爵弁冠，穿着黑色上衣、有黑色镶边的浅红色下裳。这时父亲为儿子行醮礼，并教导他说：“去迎娶新妇，来继承我家宗庙的事情，用敬重的态度勉励、引导先妣的继承人，你就应该持久不变。”儿子说：

“是。只怕不能胜任，不敢忘记教诲。”随从的人都穿玄端服。乘坐不加彩绘的黑车，随从的车两辆。随从的人拿着火炬，在马的前边照亮道路。新郎到女家门口，接应宾客的人有请。新郎回答说：“您曾对我父亲有指示，在这个刚刚黄昏的时候派我来迎娶。”回答说：“我恭敬地备办而等候迎娶。”新妇戴好发髻上的装饰，穿丝制上衣，浅红色的衣边，站在房中，面朝南。父亲给女儿送行，告诫她说：“要谨慎、恭敬，早晚侍候不要违背公婆的命令。”母亲为女儿束好带子，结好佩巾说：“要勉励、敬重，早晚侍候不要违背丈夫关于家事的差遣。”新妇的教养老妇人用布帛束发，插簪子，穿黑色以绡为领的缯帛衣服，站在新妇的右边。新妇的随嫁侄娣都是黑色衣裳，用布帛束发，插簪子，在衣领上加黑白相间的麻制纹饰，站在新妇的后边，主人穿玄端服在大门外迎接，面朝西两次行拜礼。新郎面朝东回拜。主人拱手行礼请新郎进入，新郎拿着大雁跟随主人。到达庙门，主人拱手请人，拱手行礼三次。到达堂前台阶下，谦让三次，主人登上台阶，面朝西。宾客登上台阶，面朝北献雁。两次行拜礼，再行稽首礼。然后走下台阶，出庙门。新妇跟随他从西阶走下来，主人不下台阶送行。新郎亲自登上新妇的车，把登车绳交给她们，伴随新妇的老妇人推辞而不接受。新妇用几登车，老妇人把遮挡尘土的罩衣给新妇盖上，于是新郎驾车走几圈，然后驾车的御者代替新郎。新郎登上自己的车先走，在自家大门外边等候新妇的到来。

如果新郎不能亲自迎娶新娘，那么新妇进入夫家三个月，后新婿拜见岳父母，说：“我因婚姻关系成为亲戚，请求拜见。”新娘的父亲回答说：“我因婚姻关系成为亲戚，我的女儿还没能在祭祀中助祭，因此不敢见面。现在您屈尊来见，请您返还家中，我将很快到您家拜见。”回答说：“我不是因其他缘故拜见。因为是亲戚，不应您去拜见，请您无论如何赐予拜见。”回答说：“我可以因婚姻的缘故，不敢一再辞谢，怎敢不听从。”新娘的父亲出内门，在门的左边面朝西。新婿进大门，面朝东进献礼物，两次行拜礼后走出大门。接应宾客的人拿着礼物走出大门，请求用宾客进献的礼仪接受礼物。新婿辞让一次就答应了，接过礼物再进门。新婿两次行拜礼送上，然后出门。再进入拜见新娘的母亲。新娘的母亲关上内门的左边门扇，站立在内。新婿站在门外，面朝东。新娘的母亲行拜礼，新婿回拜两次。新婿走出大门。新娘的父亲请求用醴礼招待，与新婿相互拱手谦让，进入寝门，用一献的礼节行醴礼。新娘的母亲进献干肉和肉酱，向新婿敬酒。礼罢新婿告辞，新娘的父亲送行。

此外，俗规嫡长子没有了父亲，母亲派使者。父母都不在了，必然是自己派使者。不是嫡子的，就用嫡子的名义派。嫡子的弟弟，用哥哥的名义派。总之，周代的婚姻六礼后进行，无论男家女家，举事必在祢庙中，并以男方为主，同时也尊重女方，若女方不许，婚事，其他五礼均由媒人奉命致礼，通辞达意，沟通意向，保成合和之好，而当婚者始终不曾相见。此外，聘礼除纳征用币帛，其余不分尊卑，一律用雁。其之所以以雁为贽，据《白虎通》所载："取其随时南北，不失其节，明不夺女子之时；又取飞成行、止成列，明嫁娶之礼、长幼之序不逾越也。"

（五）新婚之夜

周俗，新妇到达新郎家，新婚之夜记，新婚之俗有：

1. 沃盥

沃盥就是浇水洗手。新妇到，新郎拱手行礼请新妇进入。到达寝门，新郎拱手请她进入。新妇从西阶登上，她的随嫁姪娣在室内西南方铺席。新郎进入室门就席。新妇在酒樽西边，面朝南。新妇的随嫁侄娣、新郎家的女役交互请新郎、新妇用水浇手洗手。

2. 同祭同食

沃盥后，佐助的人安排新郎新妇同祭同食。新郎拱手请新妇对面就席。新郎、新妇同坐同祭，祭进献的黄米、小米和祭肺。佐助的人把黄米移到席上，把肺和背脊的骨肉交给他们同吃，用嘴唇吸取肉汁，用手指蘸酱吸吮。新郎、新妇共食祭肺和背脊的骨肉，吃三口饭。

3. 祭酒

吃饭结束后，佐助的人洗酒爵斟酒，请新郎漱口。新郎行拜礼接受，佐助的人在室门内面朝北回拜。请新妇漱口，也如同这样。漱口都要祭酒。佐助的人把烤肝献上，新郎、新妇拿着烤肝蘸上盐，然后拜祭。稍尝一点烤肝，然后都放入盛腌菜酱的盆中。喝酒完毕都要行拜礼，佐助的人回拜，接过酒爵。第二次漱口如同第一次，但没烤肝进献。第三次漱口用卺，也如同前两次。佐助的人洗刷酒爵，到室门外的酒樽斟酒。进室门，面朝西北放下酒爵，行拜礼。新郎、新妇一同回拜。佐助的人坐下，祭酒，喝酒完毕拜礼。新郎、新妇一同回拜。

4. 铺席

祭酒后，新郎在房中脱去礼服，随嫁的姪娣接下，新妇在室中脱去礼服，女役接下。随新妇的老妇人把佩巾交还新妇。女役在室内西南方给新妇铺卧席。随嫁姪娣给新郎铺卧席，在新妇东边。都有枕头，席脚朝北。

5. 新郎给新妇解丝绳

新郎进入室内，亲手给新娘解掉头上佩戴的彩色带子。火烛拿出室外。随嫁的姪娣吃新郎剩余的食物，女役吃新妇剩下的食物。佐助的人到房门外东边的酒樽斟酒，让她们漱口。随嫁的姪娣在室门外边侍候，随时听候新郎新娘的呼唤。

此外，周俗婚礼不举乐。《礼记·曾子问》说："取妇之家，三日不什乐""嫁女之家，三夜不息烛。"《郊特牲》也说："婚礼不用乐""婚礼不贺"，这和世后婚礼的喜庆气氛迥然不同。

这就是周代新婚之夜的习俗。

（六）拜舅姑与庙见

先秦时期汉民族先民之俗，周俗新娘拜公婆俗称拜"舅姑"。据《仪礼·士婚礼》所记，拜舅姑之礼分"盥馈"和"著代"两个程序。

盥馈，就是新娘以枣栗献于公，干肉献于姑，表示对公婆的孝敬；又用持豚（牲的左半、右半）进献公婆，以示孝养之意。早晨起来，新娘洗发、洗身，用布帛束发，插簪子，穿黑色以绡为领的缯帛衣服，等待拜见公婆。正当天明时，协助行礼的人领新妇见公婆。公公的席在东阶，公公就席；婆婆的席在房门西边新妇拿着盛有枣、栗子的竹器从寝门进入，从西阶登堂，进前拜见公公，把竹器放在席上。公公坐着，抚摸着盛有枣、栗子的竹器，然后站起来回拜。新妇退回行拜礼的位置，再次行拜礼。新妇走下西阶，接过盛有加姜桂捶制的干肉的竹器，从西阶登堂，进前，面朝北行拜礼，把竹器放在席上。婆婆坐着，然后拿着竹器站起来，行拜礼，把竹器交给属吏。

协助行礼的人和醴礼招待新妇。在室门和窗户之间的地方铺席。在房中单独放置一瓶甜酒，新妇斜向公婆，站在席的西边。协助行礼的人斟甜酒。放置角制祭勺，面对勺柄，走出房门，站在席前，面朝北。新妇面向东行拜礼接受。协助行礼的人在西阶上西朝北拜送。新妇再次行拜礼，进献干肉和肉酱。新妇登上席子，左手拿酒觯，右手祭干肉和肉酱，用角制祭勺祭甜酒三次。新妇从席上走下，面朝东坐下微尝甜酒，然后将勺立放在甜酒中，站起来行拜礼。协助行礼的人回拜。新妇再一次拜，在祭物东边放下酒觯，面朝北，坐下拿取干肉。走下台阶，出寝门，把干肉交给门外边娘家的人。

公公婆婆进入室内，新妇用水浇手洗涤，向公婆进献食物。用一只小猪，合并左右两半放入鼎中煮，然后取在俎上，行礼协助新妇完成祭礼，吃三口饭，用酒漱一次口。新妇撤去进献的肉酱等物，摆放在北墙下的席前，新妇吃公公剩下的食物，公公不让新娘吃自己的剩酱，把婆婆的肉酱换给她吃，新妇吃婆婆剩下的食物。新娘的随从协助新妇祭豆、黍、肺，拿起肺、背脊的骨肉，然后才吃。吃完饭，婆婆请新妇漱口。新妇坐举祭，饮酒完毕，婆婆接过放入圆形竹器中。随嫁侄娣、随从等撤去肉酱等物，摆放在房中。她们吃剩下的食物，婆婆让她们用酒漱口。

著代，就是第三天清晨，公婆用一杯酒饷新妇，新妇亦回敬一杯。接着，公婆从西阶先下去，新妇从东阶下去，表示从此新妇代替了主位，公婆成了客人。这就是“著代”之礼。公公用一献的礼节慰劳送新妇的女家随从，用十块锦酬谢。婆婆慰劳送新妇的妇人，也用十块锦酬谢。如果新妇是别国的，就要赠给新妇的成年男子十块锦。

如果公婆去世，新妇要在三个月后到宗庙参拜神主，俗称“庙见”。届时，新妇把公公的席铺在室内西南方，席头朝东，席的右边是几案；婆婆的席铺在北边，席头朝南。主祭的人用水浇手洗涤，新妇在庙门外用水浇手洗涤。新妇拿着盛有菜的竹器，主祭的人引导她进入，并向神灵报告，称呼新妇的姓氏，说“某氏来此作媳妇，冒昧在公公您面前进献鲜美的菜蔬”。新妇行拜礼，手至地。然后坐下，在几案东边席上献菜。退回原位，像开始时一样行拜礼。新妇从堂上下来，再拿上盛有菜的竹器进入。主祭的人说：“某氏来此作媳妇，冒昧地在婆婆您面前报告。”在席上献菜，与原行的礼仪相同。新妇出来，主祭的人关上窗户和门。家臣中为首的老人在房中面朝南用醴礼招待新妇，就像公婆用醴礼招待新妇的礼仪。新婿慰劳送新妇的成年男子和妇人，就如同公婆慰劳他们的礼仪。

周俗只有经过庙见之礼，新妇才能取得夫家家族成员的资格。这时，新郎将新妇来时乘坐的车马送归女家，俗称“反马”，表示夫妻情笃意深，可以白首偕老。如果新郎因故未能新迎，婚后三个月也必亲行反马之礼，拜见妻之父母。《左传》宣公五年孔颖达疏：“礼送女适于夫氏，留其所送之马。谦不敢自安于夫。若被出弃，则将乘之以归，故留之也。至三月庙见，夫妇之情既固，则夫家遣使反其所留之马，以示与之偕老，不复归也。”所以周代的婚礼，在结婚三个月之后算真正成立。若在三个月之内分离，就是婚姻未完全成立，算不上离婚，因此婚姻的解除比较容易，故《诗经·小雅·我行其野》说：“婚姻之故，言就尔居。尔不我畜，复我邦家。”

（七）“七出”和“三不去”

先秦汉民族先民之俗，周代女子出嫁俗称“归”。正常情况下归宁，或父母去世省亲而返，俗称“来”。如被夫家休弃而回母家，叫作“来归”或“大归”，都是出嫁后又归宗。《左传·庄公二十七年》：“凡诸侯之女，归宁曰来，出曰来归。”来归是被弃而出，来而不返的意思。

周俗休妻俗称“去”或“出”，休妻之俗规为：“不顺父母，去；无子，去；淫，去；妒，去；有恶疾，去；多言，去；窃盗，去。”[①] 谓之“七去”或“七出”。

与此同时，周俗还有丈夫不能休妻的三个条件，俗称为“三不去”：即“有所娶无所归，不去；与更三年丧，不去；前贫贱后富贵，不去。”[②] 意思是妻子娘家无人的不能休弃；公婆死后曾与丈夫共守三年丧的不能休弃；曾同丈夫同贫穷共患难的不能休弃。

四　丧礼风俗

（一）“君子曰终，小人曰死”

先秦之时，周俗人死“君子曰终，小人曰死”[③]。这就是说君子一生的事业已终结，因而《礼记·文王世子》说：“文王九十七乃终。”而地位卑者之死，《礼记·曲礼下》称为“庶人曰死”。

周俗礼制森严。《礼记·曲礼下》记载不同等级的人死的俗称也有区别：

天子之死曰“崩”。《尚书·大诰》说：“武王崩，三监及淮夷叛。”

诸侯之死曰“薨”。

---

① 《大戴礼记·本命》《孔子家语·本命解》《仪礼·丧服》贾公彦疏所记大体相同。

② 《大戴礼记·本命》。

③ 《礼记·檀弓上》。

大夫之死曰“卒”。与此同时长寿而死亦俗称“卒”，这就是《礼记·曲礼下》所说：“寿考曰卒。”

士之死曰“不禄”。“不禄”即“不复食禄也”。与此同时，短寿而死亦俗称“不禄”。《礼记·曲礼下》说：“短折曰不禄。”

此外，周俗未婚而死俗称“折”。《尚书·洪范》说：“一曰凶、短、折。”郑玄注：“未婚曰折。”

周俗，死不满六十俗称短。《逸周书·谥法解》说：“慈仁短、折曰怀。”孔晁注：“未满六十为短。”一说未成人而死俗称“短”。《尚书·洪范》：“六极。一曰凶、短、折。”郑玄注：“未冠曰短。”

周俗，未成年而死，俗称“殇”。《说文解字》说：“殇，不成人也。”周俗分殇为长殇、中殇、下殇和无服之殇。

《仪礼·丧服》说：“故殇之绖不摎，垂，盖未成人也。年十九至十六为长殇，十五至十二为中殇，十一至八岁为下殇，不满八岁以下皆为无服之殇。”《礼记·檀弓上》也说：“周人以殷人之棺椁葬长殇，以夏后氏之堲周（烧土为砖，周附于棺）中殇、下殇，以有虞氏之瓦棺葬无服之殇。”而未成年而死的庶子俗称“阳童”，宗子俗称“阴童”。《礼记·杂记上》说：“附于殇，称阳童某甫，不名，神也。”郑玄注：“阳童，谓庶殇也；宗子则曰阴童。”童，未成人之称也。按俗规父母对于长殇、中殇、下殇者要持大功之服；对无服之殇者不服丧，令哭之而已；对三个月以下的小儿，因未取名，则可不哭。

据《礼记·丧大记》的记载，周俗人病危以后，内外都要打扫干净。国君、大夫都要撤除悬乐，士要收起琴瑟。病人头朝东，躺在屋子北面的墙的地上而不睡在床上，脱掉内衣，换上新衣，四肢有四人持着，帮助他手脚屈伸。主人主妇都要改变服饰，穿上深衣。放些丝绵在病人的鼻孔边观察，等他断气，俗规男子不能死在妇女的手里，妇女也不能死在男子的手里。

（二）夏——招魂

人死后要招魂，周代俗称“夏”。据《礼记·丧大记》的记载，招魂时，如果死者封邑萨萨山林，就由掌管山林的官设置梯子；如果没有山林，就由乐吏一类的贱者安置梯子。是近臣为死者招魂，招魂的人应穿朝服。俗规公爵用衮服，子爵男爵的夫人用屈狄，大夫用玄衣赤裳，世妇怒目己的命服，士用礼服礼帽，士的妻子用滚有红边的黑色礼服。招魂的人都要从东面屋檐飞角上屋，踩在屋顶正中的屋脊上，用竹竿挑起衣服，脸朝北三次呼叫死者的名字。再卷起衣服，投掷到屋檐前，掌管衣服的人员就接着衣服，招魂的人也就从西北角的屋檐下来。作为宾客而死在异国，如果死在公家馆舍，就招魂；如果死在私人馆舍，就不必招魂；如果死在野外道路上，就登上他的乘车的左毂招魂。招魂用的衣服，不再用来装殓。为妇人招魂，不能用她出嫁时穿的衣服。凡是招魂，男子要称名，妇人要称字。在丧礼程序中，只有哭泣在招魂前，其余都在招魂以后才办理丧事。

（三）五哭与踊

先秦之时，周俗奔丧者三日之内要哭五次。《礼记·奔丧》说："三日，五哭卒，主人出送宾。"孔颖达疏："'三日五哭'者，谓初闻丧为一哭，明日朝、夕二哭，又明日朝、夕二哭，总为'五哭'。所以三日为五哭者，为急欲奔丧，以己之私事须营，早了，故三日而五哭止也。"即始闻丧位于灵堂时一哭，连接着两天里，每天早晚各哭一次，共五次。此即谓之"五哭"。周俗孝子哀痛父母之死分无时之哭和有时之哭。无时之哭包括父母始死至殡之哭、庐中思念之哭、小祥后至哀之哭；有时之哭指卒哭祭后朝夕各一哭。《礼记·檀弓上》说："父母之丧，哭无时，使必知其反也。"孔颖达疏："哭无时有三种：一是初丧未殡之前，哭不绝声；二是殡后除朝夕之外，庐中思忆则哭；三是小祥之后哀至而哭，或一日二日而无复朝夕之时也。"

周俗伴随着哭还要跺脚，以示丧心到极处，俗称"踊"。《说文·足部》："踊，跳也。"《仪礼·士丧礼》："主人哭拜，稽颡成踊。"踊又分为辟踊，即捶胸跺脚，表示极度哀伤。《礼记·问丧》说："故哭泣辟踊，尽哀而止矣。"爵踊，即双脚齐跳，以表示哀痛。《礼记·问丧》说："妇人不宜袒，故发胸击心爵踊。"拾踊，即哭丧之人轮番跳脚，以表示哀痛。《礼记·丧大记》说："吊者袭裘，加武带绖，与主人拾踊。"

具体到一家人，哭丧还有讲究。据《礼记·丧大记》的记载，老人刚断气时，孝子哀痛地像婴儿失去母亲那样呜咽悲啼，兄弟们哭泣，妇人边哭边跺脚。若是诸侯去世，将尸体迁移到南窗下头朝南摆正以后，太子坐在东边，卿、大夫、父辈兄辈的亲属、众子孙都站在东边。有司、庶子在堂下，脸朝北站着哭泣。夫人坐在西边，国君的世妇、姑、姊妹、女儿、孙女等都站立在西边。同姓卿大夫的夫人率领同宗的妇女在堂上，脸朝北站着哭泣。若是大夫去世，嫡子坐在东边，嫡子妇坐在西边。其余的人，有命服的男女就能坐下，没有命服的男女都站着。士人的丧礼，嫡子、父辈兄辈的亲属、众子孙都坐在东边；嫡子妇、姑姑、姊妹、女儿、孙女都坐在西边。凡是在房里哭尸，嫡子都要像扶持亲人的样子用双手承持着尸体上的被子而哭泣。

凡是丧主出迎的时候，要光着脚，深衣的前襟要撩起来插在带里，要捶胸，并从西阶下堂。国君的丧事，丧主就来到庭中向在门西的寄寓的诸侯、向门东的国外来宾拜迎。大夫家对于国君派来吊丧的使者，就到寝门外出迎；使者要登堂传达国君的旨意，主人就在堂下拜谢。士人家对于大夫亲自来吊丧，只要拜谢后，即位在西阶下脸朝东一起哭，不必到门外出迎。

（四）楔齿—广饭含—设饰

周俗人死招魂后，就从地上抬到床上；用大殓时的被子覆盖在尸体上，并脱去死时穿的衣服，给尸体楔齿，缀足、沐浴、饭含和设饰。

楔齿是人死未僵前用角柶楔其齿间，以便饭含。缀足，是用燕几（小几）或灶砖夹正死者之足，以便着履。沐浴是为死者净身。据《礼记·丧大记》的记载，诸侯死后，由管人汲水供浴尸，来不及解脱水瓶上的绳索，就屈叠着拿在手里，从西阶上走到尽头，但不能登堂，递给侍御的人。待御的人端水进去浴尸由近臣四人举起盖尸的被子，侍者二人浴尸。浴水先用盆盛着，再用勺子舀水浇洗尸体。洗浴时用细葛巾，擦干尸体用浴衣，就如生前用的一样。近臣再为死者修剪脚趾甲。浴尸后的水都倒在阶下的坑内。如果母亲死了，就由妇人举被并浴尸。

管人①汲水，递给侍御的人。侍者搓了淘米在堂上为死者洗头。国君要用淘粱的水洗头，大夫用淘稷的水洗头，士人也用淘粱的水洗头。甸人②在西墙下垒起土灶，陶人③提供挂在木架上的瓦瓶，管人接过洗头用的淘米水，放在瓦瓶中去煮。甸人从撤掉的正寝两北角的隐蔽处拆些旧料，当作柴烧。管人又将烧热的淘米水递给侍御的人供洗发用，于是就为死者洗头。洗头水用瓦盘盛放，用巾擦干头发，都像生前一样。近臣为死者修剪指甲、胡须。洗过头后的水就倒在阶下的坑里。

① 管人：馆舍的管理员。

② 甸人：管理田野的官吏。

③ 陶人：管理陶器制作的官吏。

国君浴尸后，就在他床下放置大盘，里面放入冰块。大夫尸床下用夷盘盛冰。士人尸床下并列着两个瓦盘盛放水，而没有冰。尸床上只有垫子不铺席，有枕头。在饭含时用一张床，穿衣时就换一张床，移尸到堂上要再换一张床，这些尸床又都有枕、席。

饭含是在死者口中放入饭、贝、玉之类，包括耳内或塞入玉琀，即荀子所说的："充耳而设瑱，饭以生稻，唅以槁骨。"饭，"君用粱，大夫用稷，士用稻"[①]；"天子饭九贝，诸侯七，大夫五，士三。"[②] 考古发现的贵族墓，常见的是玉琀，蝉形为多，曾侯乙墓则有牛、羊、豕、犬、鸭、鱼六种玉琀，形小如豆，圆雕而成。[③]

设饰是给死者穿衣著履以安体。荀子说："设亵衣，袭三称，缙绅而无钩带矣。设掩面儇目，鬠而不冠笄矣。"[④] 内衣加三件外袍，绅带圾而毕结，不再用带筴缩结，因不必再像生时易于松解，然后用黄色或黑色筴帛遮掩面目，称作"筴目"，筴发而不加冠笄。

（五）从小殓到大殓

周俗在丧亡的次日早晨举行小殓，至第三天举行大殓。小殓是先在尸床上铺席，再置上用以捆扎的宽布带，俗称"绞"，纵一道，横三道；绞上再铺被子，国君用织锦的被面，大夫用白帛的被面，士人用缁布的被面，被子上再铺衣，共 19 套，套数尊卑无别；然后举尸于衣上，先殓衣，皆左衽。并用组带系足，再裹衾束绞。此后即将死者套上布袋，袋分两截，上截俗称"冒"，或"质"，长与手齐，下截俗称"杀"，取其口大下收之意，套时分别从头、足套人，接处有布带相结。最后盖上覆尸的"夷衾"。

俗规国君入殓不用赠送来的衣服。大夫、士人入殓要先用完自己的祭服，然后再用赠送来的衣服，凑满十九套；小殓时，国君、大夫、士人都用夹有棉絮的衣服、被子，入殓用的袍必定要配有罩衣，不能只用单衣；而上衣必定要配有下裳，俗称"一称"，即一套。凡是陈列衣服，要从箱中取出来陈列；收取他人赠送的衣服，也要用箱子存放；因为鬼神之位在

① 《荀子·礼论》。

② 《周礼·地官·舍人》郑玄注。

③ 宋镇豪：《中国春秋战国习俗史》，人民出版社 1995 年版，第 192 页。

④ 《荀子·礼论》。

西户，而衣服又为死者所用，登堂、退堂都要从西边台阶走。

凡是来殓尸的人都得赤膊，迁移尸体的时候大家都穿上衣服。国君的丧事，由大巫师亲自殓尸，众小巫师在一旁辅助他。大夫、士人的丧事，由大巫师来临指点，众小巫师殓尸。殓尸完毕后必定要哭泣，并得禁食一顿。凡是殓尸，需要六个人。小殓日之夜，要整夜在中庭点着火炬，天亮时方可熄掉。

据《礼记·丧大记》的记载，小殓时，主人就在门内东侧，脸朝西就位，主妇脸朝东，然后小殓。小殓结束后，主人凭依着尸体号哭跺脚，主妇也是这样。主人左边袒露胳膊，脱掉装饰的髦发，用麻绳束发。妇人要露出发髻，并用麻和发合成髻，腰里要束上麻带；妇人要在西房内做这些事。这时要撤去堂上的帷幕，主人主妇及男女亲属一起抬扶着尸体安放到堂上，然后主人下堂拜迎宾客。

宾客到齐后，主人再来到阼阶下就位，披衣、束麻带、戴麻笑、跳踊。于是就行小殓的祭奠。吊丧的来宾要将皮裘罩袍的上衿掩着，在冠卷上饰葛笑，腰间束葛带，要与主人更替跺脚跳踊。

周俗，国君的丧事，要悬壶计时，由属员依次依时轮流替代哭泣，使哭声不绝。大夫丧事由家臣代哭，不必悬壶计时，因为人手太少。士人没有属员，就由亲友轮流哭泣。国君的丧事，堂上设两根烛，堂下也是两根烛。大夫的丧事，堂上设一根烛，堂下得两根烛。士人的丧事，堂上一根，堂下也是一根。

俗规，如果没有主妇，就由主人在寝门内向女宾拜迎。如果没有主人，就由主妇在阼阶下向男宾拜迎。如果嫡子还幼小，就用衰服裹上抱着他，由他人代办拜迎。要是嫡子不在家，有爵位的人来吊丧，就是说明主人不在的情况；没爵位的人来吊丧，就可以代主人拜迎。

大殓是殓尸入棺，亦如小殓有入殓衣服。扎紧尸体盖被、衣服的布带，是竖三横五，共用两条被。国君、大夫、士人是相同的。国君的殓衣陈列在庭内，共用100套，领子对着北方，并以西边为上首向东横列。大夫的殓衣陈列在堂上东夹室前，共用50套，领子对着西方，并以南边为上首向北横列。士人的殓衣也陈列在堂上东夹室前，要用30套，领子对着西方，并以南边为上首向北横列。束尸用的布条、单被质地和朝服一样。大殓用的布条是一幅布裁为三条，末端不裁开。大殓用的单被用五幅布拼成，末端也不裁开。大殓用的单被用五幅布拼成，但不用装饰的丝带。

据《礼记·丧大记》和《仪礼·士丧礼》的记载，国君将要大殓，嗣子戴皮弁加环绖，在东墙下走廊的南端就位；卿、大夫在堂上南方楹柱的西面就位，脸朝北站立，而以靠东边的为上位；父兄辈的族人在堂下脸朝北站着；国君夫人、命妇都站在尸体的西边，脸都朝向东方；同宗的妇人都站在房里，脸朝南方。近臣在堂上铺席，商祝再铺上束尸的布条、单被、被子、衣服，士人在盘上洗过手，然后众士抬起尸体移到殓服上。殓尸完毕，太宰报告主人，嗣子凭依尸体跳踊，国君夫人脸朝东，也得凭依尸体跳踊。

大夫去世，将要大殓时，已铺上了束尸的布条、单被、被子、衣服，国君来到，主人就得出迎，并先进门站在右边，和国君一起来的巫师就留在门外。国君放下用来祭告门神的祭品，巫师要先进入登堂；国君就到东边走廊的南端就位；卿大夫在堂上南面楹柱的西边就位，脸朝北，以靠东边的为上位；主人站在房外，脸朝南；主妇站在尸体的西面，脸朝东。然后将尸体迁移到殓床上，殓尸结束，家宰报告主人，主人就下堂，脸朝北站在堂下。国君前去抚摩死者，主人要下拜磕头。国君下堂，主人又登堂凭依死者，并让主妇也凭依死者。士人去世，将要大殓时，除国君不到场以外，其余礼节同大夫的一样。

俗规，铺束尸的布条、单被时，主人主妇要跳踊。铺被子时，要跳踊。迁移尸体时，要跳踊；穿殓衣时，要跳踊；包裹被子时，要跳踊；结扎布条、单被时，也要跳踊。

俗规，国君抚摩大夫、内命妇的尸体；大夫抚摩家臣、贵妾的尸体。国君、大夫凭依父、母、妻、长子的尸体，不凭依庶子的尸体。士凭依父、母、妻、长子、庶子的尸体。庶子有儿子的，父母就凭依他的尸体。

凡是行凭依尸体之礼，为父母的在先，为妻子、儿女的在后。国君对臣下只抚摩死者的心胸处。父母对儿子要抓住死者胸前的衣服。儿子对父母就凭依在尸体上。妇人对于公公、婆婆就要捧持死者胸前衣服。公公、婆婆对于媳妇就抚摩衣服。妻子对于丈夫要扯着死者的衣服。丈夫对于妻子、兄弟，得抓住死者的上衣。凭依在尸体上，要在国君不在场的时候。凡是凭依尸体，起来时必定要跳踊。最后，主人扶着尸体，放入棺材，并边哭边跳，按着盖上棺盖。

周朝习俗，国君的棺有三重：外面的“大棺”八寸厚，中间的“属”

六寸厚，最里面的“椑”四寸厚。上大夫的“大棺”八寸厚，“属”六寸厚；下大夫的“大棺”六寸厚，“属”四寸厚。士人的棺六寸厚。国君的里棺是用朱色的衬里，并用金属钉钉住。大夫的里棺是用玄色的衬里，用牛骨钉钉住。士人则不用衬里。国君的棺盖、棺外表的缝隙都用漆涂抹，棺盖与棺身间每边有三处接榫，又有三条皮带捆紧。大夫的棺盖、棺外表的缝隙都用漆涂抹，但是每边只有两处接榫，也只有两条皮带捆紧。士人的棺盖、棺外表的缝隙就不用漆抹，得每边也有两处接榫，也只有两条皮带捆紧。国君、大夫遗留下来的头发和指甲就塞在棺内衬里间，士人的就不放在棺内，而另外埋掉。

入殓后，国君殡是用盛柩车载的棺柩，四面围着丛木而上端在棺上方聚拢，像屋形样子，并且全部涂抹上泥。大夫殡是用棺衣覆盖在棺上，三边围有丛木，一面靠着西墙壁，涂抹时不必涂棺。士人殡是在挖好的坑内放上棺，要露出接榫以上的部分，并用泥涂抹上，再由帷幕围着，熬熟的谷物放在棺的四周，国君得用黍稷粱稻四种，并分八筐放置；大夫得用黍稷粱三种，分六筐放置，士人用黍稷两种，分四筐放置；另外，还都得加上干鱼、腊肉。

盖棺后，主人下堂，向刚才正大殓时来到的大夫行拜礼，随后走到堂上西阶的东边，面向北看堂中的棺材。棺材的四面各放一筐焙过的黍或稷，然后往棺上涂泥。主人们和妇女们边哭边跳不计次数。用泥封棺完毕。巫师取来铭旌放在棺的东边。主人由棺材旁哭踊处回到原位，再边哭边跳。与此同时，摆设祭品。火把从东阶拿到堂上，巫师拿着覆盖祭品的巾，办事人拿着席子跟在后面；把祭品摆在室内的西南角，面向东。巫师返回室外，走下堂，和办事人员一起拿起祭品。抬鼎的人员洗手后，抬起鼎走进门，面向西，以北为上把鼎放在庭院中。把鼎中鱼肉放到俎上时，鱼头朝左，在俎上每三条鱼摆成一行，共三行；摆干肉则是骨头较粗的一头朝前。巫师拿起醴酒，从东阶上堂。男人们边哭边跳。甸人把鼎抬到门外，祭品都由堂的东阶西边进到室内，拿醴酒的人站在最北边。把祭品摆好后办事人员走到室外，巫师走在最后，把室门关上；妇人边哭边跳。放祭品的人员由重木的南边走到庭院东侧。男人们边哭边跳。宾客走出门，主人在门外行拜礼送客，然后进门，和兄弟们一起面向北，对着灵柩哭。兄弟们走出门，主人在门外行拜礼相送。其他主人走出门，停止哭泣，都站在门外东边，面向西。把门关上。主人向其他主人行揖礼，走向守丧的倚庐。

（六）“五服”与“外五服”

周代泛称丧服为“端衰”[①]。端，本指吉服玄端，玄端为吉时常服，服身与袂同以二尸二寸为正；衰是服丧时的常服，服身与袂亦同以二尺二寸为正，取其“正”义，故丧服亦曰端；端衰上衣胸前缀有六寸长的缞。《礼记·杂记上》：“端衰、丧车，皆无等。”郑玄注：“衣衰言端者，玄端吉时常服，丧之衣衰当如之。”孔颖达疏：“端衰，谓丧服上衣以其缀六寸之衰于心前，故衣亦曰衰。端，正也，吉时玄端服身与袂同以二尺二寸为正，而丧衣亦如之。而今用缞缀心前，故曰端衰也。”

周代礼制严格，根据人伦范畴的亲疏尊卑等级秩序，居丧者的服丧轻重，在丧服的质料、服饰组合，以及居丧期上有不同规定，一般分为斩衰、齐衰、大功、小功、缌麻五个等级，俗称“五服”。

斩衰是五服中最重的丧服，用粗麻布斩截成毛边，然后缝制成不缉边的上衣和下裳，俗称“斩”。凡诸侯为天子、臣为君、子为父、孙为祖父、母为长子、妻妾为夫、未嫁女子为父，均服斩衰。唯臣下为君王服，得头戴“弁绖”的丧冠，即在白布做爵弁帽上环加两股麻布绞成的“绖”。子为父服称孝子，穿草鞋，持黑色竹子做的孝杖，有腰绖、首绖，免冠括发去笄绖，用麻带自颈后前交于额上，再回绕于发髻。女性服斩衰者，得以榛为笄，以麻带韬发露髻。斩衰服期称三年，但实际为两年又一个月，即荀子所说：“三年之丧，二十五月而毕。”[②] 居丧期内，居丧者“唯而不对”[③]，即不仅不能主动与人讲话，对别人的问话也只能唯应对。而且居丧者只能居临时搭的草棚，俗称“倚庐”[④]，以编稻草为席，土块为枕，并不得脱绖、带。

齐衰是五服中次重的丧服，用粗布制作上衣和下裳，衣边缉平。头上和腰部用牡麻做的麻带。丧冠用布作系带，桐木的孝杖，布带，穿草鞋。服期有三年、一年、五月、三月之分。齐衰三年者，是父故之子为母服。齐衰一年又称“齐衰杖期”，是父在之子为母、夫为妻服。齐衰五月又称

① 《礼记·杂记上》。

② 《礼记·三年问》。

③ 《礼记·间传》。

④ 同上。

“齐衰不杖期”，是为伯父母、叔父母、兄弟、众子（长子除外）、儿媳为舅姑、已嫁女子为父母、孙子孙女为祖父母、曾孙为曾祖父母所服期。齐衰三月则是悬孙为高祖父母服。居丧期内，居丧者“对而不言”①，即虽不能主动找话说，但可应别人之问。居丧者可居无笑饰之屋，俗称“垩室”，铺剪齐边而不纳边的蒲席。

大功是五服中次于齐衰的丧服，用粗略加工织的布制作上衣和下裳。牡麻做的笑，头笑有用布做的系带。三个月后改换丧服，用小功的上衣和葛布做的笑、带。

凡为堂兄弟、未嫁堂姊妹、已嫁姑姊妹、已嫁女为伯叔父母、妻为夫之祖父母、已嫁妇为本家兄弟、舅姑为嫡子之妻等，均服大功，服期九月。居丧期内，居丧者“言而不议”，即虽可主动与别人说话，但不泛论其他事。居丧者“寝有席”“不食醯酱”②。

小功是五服中轻于大功的丧服，用熟麻布制作上衣和下裳，用洗涤、整治过的麻做带和笶。凡为从祖父母、堂伯叔父母、未嫁祖姑和堂姑、已嫁堂姊妹、兄弟妻、从堂兄弟、未嫁从堂姊妹、外祖父母、母舅、母姨等，均服小功，服期五月。居丧期内，居丧者“议而不及乐”，即虽可以泛论其他的事，但不谈及音乐方面的话题。服丧者可睡床，可食菜果加酌料，却应“不饮醴酒”③。

缌麻是五服中最轻的丧服，用缌布制作上衣和下裳。头上和腰部用的是捶洽、洗涤过的麻做的笑、带。

凡为高祖父母、曾伯叔祖父母、族伯叔父母、族兄弟及未嫁族姊妹、表兄弟、岳父母，以及夫为富贵家庭出身的贵妾，均服缌麻，服期三月。服丧者在服期的言谈限制和起居饮食，与服小功者同。

周俗的丧服除五服外，还有五服之外的丧服，即缌衰、麻衣、疑衰、锡衰、袒免五种，可称之为“外五服”。缌衰是用稀疏细布做成的丧服，与小功相似，故《仪礼·丧服》说：“缌衰者何？以其小功之缌也。”

麻衣是用麻布做成，边缘用布，但无彩饰的丧服。父母丧后两周年的

① 《礼记·间传》。
② 同上。
③ 同上。

祭礼时服用，因而《礼记·间传》说："又期而大祥；素缟、麻衣。"①

疑衰是吊丧之服，用十四升布制作，成布之缕与所成之布均经加灰进行锻濯漂白，然后成衣，是吊服中最轻的一种。

锡衰也是吊丧之服，用十五升布制作，其成布之缕，以其半加灰锻濯漂白，成布之后，又加灰锻濯漂白，然后成衣。《礼记·丧服小记》："诸侯吊于异国之臣，则其君为主。诸侯吊，必皮弁锡衰；所吊虽已葬，主人必免，主人未丧服，则君亦不锡衰。"

袒免是丧礼中丧服最轻的一种。袒，是指在丧礼中脱去或敞开上衣，露出左臂，以表示哀痛。免，就是笄。周俗，凡五服外的远亲，无丧服，惟袒衣免冠示衰。

此外，还有一种殡服，是大殓至移棺殡宫时所服的丧服，即"布深衣、笄、散带垂"②。

周代还有"易服"之俗，即本有重服，又亲遭轻丧，交易一部分旧有的重服夹适应轻丧的需要。就是说，原已遭斩衰的丧事，在虞祭卒哭祭后，又遇上齐衰的丧事，丧服中次要的一部分以新包旧，重要的一部分就要表现出原有重服的特色，即男人的腰绖、女人的首绖可改为齐服，而男人的首绖、妇女的腰绖仍服斩衰，因为男人重首，妇女重腰。《礼记·间传》说："易服者何？为易轻者也。斩衰之丧，既虞卒哭，遭齐衰之丧，轻者包，重者特。"郑玄注："轻者，可施于卑，服齐衰之麻，包斩衰之葛，谓男子带、妇人绖也；重者宜主于尊，谓男子之绖、妇人之带，特其葛不变之也。"凡易服者，必同时服葛与麻，故又俗称"兼服"。因而《礼记·闲传》说："斩衰之葛，与齐衰之麻同；齐衰之葛，与大功之麻同；大功之葛，与小功之麻同；小功之葛，与缌之麻同。麻同则兼服之。兼服之服重者，则易轻者也。"

周俗，死者死去三天，服丧的人要把丧服穿齐，该拿丧杖的要手执丧杖，前去拜谢国君的赏赐和宾客们的馈赠，但对送给死者装入棺材中的东西不用拜谢。

（七）择墓地、卜葬与出葬

周代葬礼要先择墓地，再占卜下葬的日期，然行举行出葬大礼。

---

① 大祥：父母丧后两周年祭礼。

② 《礼记·曾子问》郑玄注。

据《仪礼·士丧礼》的记载，周俗用占卜的方法确定墓地。择墓地的事由冢人[①]主持。挖墓穴时，挖四角的土堆在四角的外面；挖当中部分时，把土堆在穴的南边。这一天早晨哭过之后主人都前往墓地，站在墓穴的南边，面朝北，去掉腰上的麻笑。协助主人让巫师站在主人的右边。巫师面向东，把占卜用的竹策从袋子里向上抽出，把袋子和竹策并在手里拿着，面向南接受主人指示。这时让巫师占卜的言辞是："哀子某，为其父某甫筮宅。度兹幽室，兆基无有后艰？"[②]"哀子某人，为他的父亲某某占卜墓地。预测一下这一处幽宴中的宫室，在其范围里，它的基础没有日后的困难吧？"巫师允诺，不再复述主人的指示，向右转身，面向北，手指着穴的中央算卦。负责看卦象并纪录的人在巫师的左边。算完卦，负责看卦象的人把卦写下来给替主人下令占卜的人。这个人接过去看一看，交还给其他占卜的人，面向东站着。所有的占卜者一起分析卦象，分析完，向前报告替主人下令者和主人："卦象上显示的是吉卦。"主人此时系上笑带，哭。如果卦象不吉，就再占卜选择别的地方，仪式和刚才一样。卜筮完毕，主人返回家中，在灵柩前面向北哭。

墓地择好后即占卜下葬日期。这一天早晨已经哭过，主人们和宾客都回到门外自己的位置。卜人先把龟壳放在门的西厅上，龟首在南边，地上铺席，龟壳放在席上。把用来烧灼龟壳的荆木枝放到引火的柴枝上，放在龟壳的东边。族长亲临占卜现场，族长和宗人族长、宗人的南边，以北为上。卜人和拿着火种、拿着席子的人站在门的侧厅西边。把东边一扇门关上，主人的妻站在门里。在门槛外、门当中挡门的橛子西边铺席。宗人报告说已经准备就绪。主入面向北，去掉笑带。族长在门的东边就位，面向西。卜人包着龟壳和火种，先放下龟壳，龟首朝西，火种在龟壳北边。宗人接过卜人递过的龟，给卜人指示龟壳上高起应予钻灼的地方。族长接过来看一看，然后交还给宗人。宗人返回，又稍稍后退，听候占卜的指示。主人的指示说："哀子某，来日某，卜葬其父某甫。考降，无有近悔？"其意是"哀子某，在此后某一天，要安葬我的父亲某公。先父下葬，有没有近于不妥之处？"宗人允诺，不复述主

---

① 冢人：墓地管理员。

② 《仪礼·士丧礼》。

人的话；回身走到门前的席子上，面向西坐下；告诉龟今日要占卜的事情，然后站起；把龟交给卜人，宗人背着东边关着那扇门站立。卜人坐下，灼龟，然后站起。宗人接过龟，给族长看。族长接过来看一看，又交还给宗人。宗人退回，面向东。然后让所有的卜者分析龟壳上的裂纹，并把占卜的结果向族长和主人报告："龟上裂纹显示说：'某一天吉'。"然后把龟壳交给卜人。向主人之妻报告占卜结果，主人之妻哭。再向在场的卿大夫报告。派人向其他宾客报告。卜人撤下龟壳。宗人宣告占卜完毕。主人系上箕带，进到门里哭。吉，就用龟再行占卜确定日期，直至卜到吉日为止。

墓室内流行设置壁龛、二层台和腰坑。壁龛是在墓穴的四壁某一壁上掏挖龛洞，用来放置随葬品。在分别代表夏、商、周三代文化的二里头、殷墟和沣西考古遗址中均有壁龛墓例，但以殷墟所见的墓例最多。二层台是在墓穴底部放置葬具后，边壁充填熟土形成的高于墓底和较规整的启示，或直接在墓室中央挖出一个较规整的长方形的容纳尸体的坑而形成的边壁台子。据考古研究，前者为熟土二层台，其大多与放置葬具有关，后者为生土二层台，有的有葬具，有的没有。夏代已流行此俗，但以商代最泛滥，随葬品和祭奠物一般都摆在二层台上。周代亦然。腰坑是开掘在墓底大致靠中心部位的小土坑，因常见置于人尸骨的腰部之下，故俗称"腰坑"，其多用于放置殉兽。商周之时，此俗大流行。①

按周俗，出葬时要在棺材的周围围以装饰，据《仪礼·丧大记》的记载：国君的棺材四周围上龙形图案的帷幕，前面和左右面又挂着像宫室承溜那样的三只用竹编织的池，后面用青黄缯做成像幡一样的饰物悬持在池下。车上面覆盖着边缘是白黑斧纹图案的幔，幔中央还绘有火纹三行、两"巳"字相背的图案三行，用白锦做成屋顶的样子，再加在上边，并用六枚浅红色的纽将上下连结起来。顶上用五色丝做绥，挂着五串贝壳。边上有画斧形图案的翣两把，画"巳"字相背图案的翣两把，画云气图案的翣两把，婆角上都装饰上圭。竹池下挂有铜鱼，柩车行进时铜鱼就跃动，如指池水。要用六根浅红色的帛带捆住棺材并绑枉乎上，再用六根浅红色的帛带引出帷外由送葬人牵引。大夫的棺材四周围上画云气图案的帷幕，前后挂上二池，池下大悬飘动的饰物，车上覆盖的是边缘绘上云气的幔，中央

---

① 参阅郑若葵《中国远古暨三代习俗史》，人民出版社 1995 年版，第 195—197 页。

画火纹三行、“巳”子相背图案三行，也用白锦做成屋顶的样子，并用两枚浅红色、两枚玄色的纽连翣上下，顶上用三色丝线做绥，挂着三串贝壳。边上有画“巳”字相背图案的翣两把，画云气图案的翣两把，翣上都装饰上绥。竹池下也有铜鱼，柩车行进时铜鱼跳跃，像拂池水。大夫用的捆棺材并绑在车架上的帛带，前面用的是浅红色的，后面用的是玄色的，用来牵引的帛带也像这样子。士用白布做帷幕，也用白布做车上覆盖的幔，前面挂一池，池下有悬挂的饰物“揄绞”。用两枚浅红色、两枚黑色的纽连结上下。顶上用三色丝线做绥，挂一串贝壳。边上有画云气图案的翣两把，都装饰着绥。士人用的捆棺材并绑在车架上的帛带，前面用的是浅红色的，后面用的是黑色的；两根用来牵引的帛带是浅红色的。

送葬有执绋之俗。即送葬时手执牵引灵柩的大绳行进。《礼记·曲礼上》说：“助葬必执绋。”周俗，凡来吊丧的宾客必挽牵引柩车的绳索以为礼，俗称“执引”；如果跟着柩车到墓穴，则俗称“执绋”；因送葬者随柩车出发，执绋前导，故又俗称“发引”。《礼记·檀弓下》说：“吊于葬者必执引，若从柩及圹，皆执绋。”俗规因死者身份不同，所用之绋及执绋之人的数量不同。据《周礼》《礼记》《仪礼》等书所载，天子六绋，执者千人；诸侯四绋，执者五百人；大夫二绋，执者三百人；士二绋，执者五十人。

送葬到墓地后，国君下葬用辁车，下墓坑时用四条大绳索和两座安置辘轳的碑，用羽葆来指挥棺材运载送葬的情况。大夫下葬用辁车，下墓坑时用两条大绳索和两座碑，用旗子来指挥送葬。士下葬也用辁车，下墓坑时用两条大绳索牵引，但不用碑；从启灵出了殡宫，要用木棍挑着一块大功孝布指挥送葬队伍。凡下棺，都用绳索牵引，人要站在碑外背碑站立牵引绳索。国君的棺下葬时，要用大木横贯在束棺的皮带下，再把引绳系在横木的两头；大夫、士的棺下葬，引绳直接系在皮带上。国君的棺下葬时，命令送葬人不准喧哗，并用鼓声指挥下棺。大夫的棺下葬时，命令大家不要哭。士人下棺时只要相互止住哭泣的人就行了。

（八）物殉、兽殉和人殉遗风

先秦之时，汉民族先民殉葬之风大行，不仅有物殉、兽殉，直至周代仍有人殉的遗风。

物殉是将死者生前使用的物品随葬，以供其在墓穴中继续享用。夏代的物殉，可以二里头文化类型墓葬为代表，陶器有罐、盆、豆、碗、鼎、甗、杯、觚、爵、三足盘、盉、尊、瓮、簋、钵、甑、鬲、缸、壶、角、器、盖、圆片等，铜器有牌饰、铃、戚、戈、镞、刀、尖状器、泡、圆形器、爵、斝、鼎等，玉器有柄形饰、钺、管、刀、璋、圭、铲、戈、斧、璧、半月形饰、铃舌等，石器有锛、铲、凿、圭、刀、柄形饰、磨石、磬、管、珠、绿松石饰、云母片等，漆木器有觚、鼓、钵、盒等，此外还有各种骨、角、牙器等。商代的物殉，出现成套的礼乐器组合随葬习惯，陶器有鼎、盆、罐、瓮、盘、觚、爵、蚕、角、鬲、斝豆、盂、簋和白陶器、原始瓷等，铜器有鼎、鬲、斝、盉、觚、爵、尊、盘、瓤、簋、卣、瓿、方彝、盂、斗、罍、觯、觚、壶、铃、戈、戚、牌饰、刀、锛、凿、斧、矛、钺、镞、匕、弓形器、铙、镜、铃豆、铃觚、铃剑、铎形器、各种车马器饰等，玉石器则有玦、戈、柄形饰、璋、璧、块、圭、璜、刀、豆、簋、觯、瓿、叠、磬、各种人物雕饰、各种动物雕饰和片饰、珠饰等，金器见有臂钏、耳环、笄、箔片等，此外还有精美的象牙器、骨、角、牙、贝、蚌、漆、铅器等。西周墓葬的物殉，继承了商代的传说，注重成套礼、乐器组合随葬，陶器有鬲、罐、簋、尊、壶、豆、盂和各种仿铜礼容器等，铜器主要有鼎、鬲、甗、簋、蚕、觚、爵、觯、尊、卣、壶、盘等，玉石器有璧、琮、圭、璋、柄形饰、动物雕饰、玛瑙珠、琉璃珠等，原始瓷器有豆，木漆器有觚、俎、罍等，此外，还有骨、角、牙、贝、蚌等各种饰物。

兽殉是用活畜作随葬品。考古发掘以二里头、二里岗、殷墟和丰镐遗址为代表的夏、商、周三代的墓葬中，普遍流行狗殉风俗，可能具有护卫尸骨或祛邪的作用。

人殉是用活人来为死者殉葬。殉葬的人一般生前均与死者有密切的关系，如妻妾、近臣内侍、奴婢仆人等。《墨子·节葬下》说："天子杀殉，众者数百，寡者数十；将军、大夫杀殉，众者数十，寡者数人。"此说虽不免有些夸大，但反映了人殉之俗流行。人殉之俗以商代最盛，如殷墟侯家庄西北岗 1001 号亚字形大墓，墓内腰坑、二层中、墓道中发现殉人 23 个，墓外东侧发现陪葬人殉坑 22 个，共 68 个，合计殉人 91 人。及至周代早期，人殉之风虽已大衰，但遗风犹存，少者 1 人，多者 7 人。殉人多放置在二层台上，有的殉人还带有葬具，在陕西长安张家坡发掘的 300—400 座中、小型墓葬中，发现人殉的墓例几占总数的 7%。[①] 后活人人殉

① 郑若葵：《中国远古暨三代习俗史》，人民出版社 1994 年版，第 209 页。

之风遂变异为用木、陶和草制的俑、偶和刍灵来殉葬。《周礼·春官·冢人》："及葬，言驾车象人。""象人"就是刍灵，即草人草马、木俑陶偶之类殉葬。但是西周末年，周幽王无道，死后活埋了一百多位妃妾殉葬。从此，人殉的陋习死灰复燃，先后在各诸侯国蔓延开来。据《左传》记载，宋文公死后始用人殉，开启了宋国殉葬的风气；晋景公暴死，杀死侍从小臣殉葬；邾庄公死后"殉五人"；更为残酷的是，楚灵王死后，竟用自己两个亲生女儿殉葬，人殉遗风幽幽不绝。公元前621年，秦穆公死后用177人殉葬，其中包括子车氏三位才能出众、深孚众望的大夫——奄息、仲行、针虎。《诗经·秦风·黄鸟》比较详细地记载了这件事。

第五节　先秦汉民族的岁时风俗

一　从二时到四时

（一）从春秋到春秋冬夏

先秦之时，商和西周前期，一年只分春秋二时，人们将一年俗称为"春秋"。《庄子·逍遥游》说："蟪蛄不知春秋。"故《周礼·地官·州长》说："若以岁时祭祀州社，则属其民而读泫。"孙诒让正义："此云岁时，唯谓岁之二时春、秋耳。"西周后期及至春秋战国时代，从春秋再分出冬夏，将一年之中的春、夏、秋、冬称"四季"或"四时"。周代按夏历把正月、二月、三月为"春"，分别俗称为孟春、仲春、季春；四月、五月、六月为"夏"，分别俗称为孟夏、仲夏、季夏；七月、八月、九月为"秋"，分别俗称为孟秋、仲秋、季秋；十月、十一月、十二月为"冬"，分别俗称为孟冬、仲冬、季冬。故先秦汉民族之时四时的顺序是"春秋冬夏"，《礼记·孔子闲居》说："天有四时，春秋冬夏。"《墨子·天志中》亦说："制为四时：春秋冬夏。"

（二）从"载"到"年"

汉民族农历的岁首，唐虞时俗称"载"。《尚书·尧典》说："帝曰：'往，钦哉！九载绩用弗成。'"孔颖达传："载，年也。"

夏代俗称"岁"，《尔雅·释天》说："载，岁也。夏曰岁。"《尚书·尧典》说："期三百有六旬有六日，以闰月定四时，成岁。"意思是一周年是三百六十六天，要用加闰月的办法确定春夏秋冬四季而成一岁。

商代俗称"祀"，《尔雅·释天》说："载，岁也。夏曰岁，商曰祀"。

故《尚书·伊训》说："惟元祀，十有二月，乙丑，伊尹祠于先王。"《逸周书·武儆》也说："惟十有二祀，四月，王告梦。"

周代俗称"年"，《尔雅·释天》说："载，岁也。夏曰岁，商曰祀，周曰年。"年的概念源于谷熟，《说文解字》说："年，谷熟也。"《春秋》桓公三年说："有年。"《穀梁传》："《五谷皆熟》，为有年也。"《诗经·周颂·丰年》记载一年一度，新旧交替时的年终庆祝和祭祀祖先的活动说：

丰年多黍多稌。
亦有高廪，
万亿及秭。
为酒为醴，
烝畀祖妣。
以洽百礼，
降福孔皆。

可见"年"是丰收喜庆的日子。

（三）元日

先秦汉民族之时，一年的第一天，即夏历正月初一俗称"元日"。《尚书·舜典》就说："月正元日，舜格于文祖。"月正即正月；元日，即正月初一。《史记·天官书》说："四始者，候之日。"《正义》："谓正月旦，岁之始，时之始，日之始，月之始，故云四始。"

因历法不同，元日的日期不一，夏代以正月初一为元日，商代以十二月初一为元日，周代以十一月初一为元日。

周俗，元日宫廷有祭祀、宴饮之仪，民间有喝春酒之俗。《诗经·豳风·七月》说："朋酒斯飨，曰杀羔羊，跻彼公堂，称彼兕觥，万寿无疆。"

二　春时风俗

（一）孟春与立春

孟春，是春季的第一个月。据《吕氏春秋·孟春纪》所记，孟春之月，主宰之帝是太昊，佐帝之神是句芝。祭礼是户祭，首位的祭品脾脏。

这时天子居住在东向明堂的左侧室，乘坐装饰着以青凤命名的响铃的车子，车前驾着青色的壮马，车上插着青色的绘龙旗帜；夫字身穿青色衣服，佩带青色饰玉，吃的是麦饭和羊肉，使用的器物纹理空疏而通达。

孟春之月有籍田之俗，天子要在吉日向上帝祈求五谷丰登。届时天子亲自用车装载着农具，放在骖乘——车右和御者中间，率领三公、九卿、诸侯、大夫，到帝籍田中亲自耕作。推耒耜入土，天子推三下，三公推五下，卿、诸侯、大夫推九下。礼毕返回，天子在祖庙置办酒宴，慰劳群臣，三公、九卿、诸侯、大夫都去陪侍天子饮酒，这次宴饮俗称“劳酒”①。

孟春之月的禁忌是在祭祀山林河流时，祭品不要用雌性牲畜。禁止砍伐树木，不许捣翻鸟巢，不许杀害幼小的禽兽，不许捕捉小兽和掏取鸟蛋；不得聚集民众，不得建立城郭；要掩埋枯骨尸骸；不可以举兵征讨，举兵必定招致天灾。

孟春之月的节气是立春。《逸周书·时训》说：“立春之日，东风解冻；又五日，蛰虫始振；又五日，鱼上冰。”周代有迎春之俗，在立春前三天，太史禀告天子说：“某日立春，大德在木。”天子于是沐浴斋戒。立春那天，天子亲自率领三公、九卿、诸侯、大夫到东郊去迎接春的来临。礼毕归来，就在朝中赏赐卿、诸侯、大夫，并命令国相宣布教化，发布禁令，实行褒奖，施予恩惠，向下施及所有百姓。褒奖赏赐顺利施行，没有不当之处。于是命令太史遵奉六典八法，主管推算日月星辰的运行：太阳所在的位置，月亮所经过的地方，以及日月星辰运行的度数和轨迹。②

（二）仲春

仲春，是春季的第二个月。据《吕氏春秋·仲春纪》所记，仲春之月的风俗与孟春基本相同，只是天子所居的地方移到东向明堂的正室。

仲春之月有择吉日祭土地神之俗，《吕氏春秋·仲春纪》说：“是月也，玄鸟至。至之日，以太牢祀于高禖。天子亲往，后妃率九嫔御，乃礼天子所御，带以弓韣，授以弓矢于高禖之前。”意思是这个月燕子飞来了，在它们飞来的这天，用牛羊豕三牲隆重地祭祀掌管嫁娶的高禖之神。

---

① 《吕氏春秋·孟春纪》。

② 同上。

天子要亲自前去，后妃要带领着宫中的女眷随从陪侍，在高禖神之前，要为天子御幸而怀孕的宫妃举行礼仪，要用弓套给她带上，并把弓、箭授予她。

据《吕氏春秋·仲春纪》所记，仲春之月还有“献羔开冰”之俗。届时，天子给掌管寒冷的神祭上羔羊，然后打开冰窖，把冰祭献给祖先的神灵。

周代，仲春之月的禁忌是夫妻不得在打雷之时同房，否则“生子不备，必有凶灾”[①]。因此，在打雷后的第三天，要用力摇动木舌的大铃对百姓发布政令说：“将要打雷了，假如有人不警戒房中之事而在雷响时交合的，生下的孩子不会完美，一定会有凶险和灾难。”此外，仲春之月，不要放干河流湖泊，不要弄干蓄水池塘，不要焚烧山林。祭祀时不能用牲畜动物作祭品，用玉器，或者代之以皮革丝帛。不要挑起战争，妨碍农业生产。

（三）季春

季春，是春季的第三个月。据《吕氏春秋·季春纪》所记，季春之月的风俗与孟春、仲春基本相同，只是天子所居的地方移到了东向明堂的右侧室。

季春之月有劝蚕事之俗。《吕氏春秋·季春纪》说：“是月也，命野虞，无伐桑柘。鸣鸠拂其羽，戴任降于桑。具栚曲篴筐，后妃斋戒，亲东乡躬桑，禁妇女无观。省妇使，劝蚕事。蚕事既登，分茧称丝效功，以共郊庙之服，无有敢堕。”说的是在这个月中，命令主管山林的官吏禁止人们砍伐桑树、柘树。此时，鸣唱的鸠鸟振翅飞翔，戴任马栖息在桑树中。人们准备好蚕薄、蚕架及形制不同的桑筐。王后妃子斋戒身心，面向东方亲身采摘桑叶。这时要禁止妇女去游玩观赏，并且减少她们的役事，鼓励她们采桑养蚕。蚕茧结成以后，分茧给妇女缫丝，称量她们所缫之丝的轻重，考核功效，用这些蚕丝来供给织制祭天祭祖所用祭服的需要，不许有人惰怠。

季春之月有傩祭之俗。《吕氏春秋·季春纪》说：“国人傩，九门磔禳，以毕春气。”并于月末，选择吉日，举行大规模的音乐舞蹈会演，天子亲自率领三公九卿诸侯大夫前去观看。

---

① 《吕氏春秋·仲春纪》。

三　夏时风俗

（一）孟夏与立夏

孟夏，是夏季的第一个月。据《吕氏春秋·孟夏纪》所记，孟夏之月，主宰之帝是炎帝，佐帝之神是祝融。祭祀是灶祭，首位的祭品是肺脏。这时天子住在南向明堂的左侧室，乘坐朱红色的车子，车前驾着赤红色的马，车上插着赤色绘龙旗帜，天子穿着赤色的衣服，佩戴着赤色的饰玉，吃的是豆子和鸡，用的器物高而大。

孟夏之月有尝麦之俗。《吕氏春秋·孟夏纪》说："是月也……农乃升麦，天子乃以彘尝麦，先荐寝庙。"说的孟夏麦收前，天子品尝麦需要用猪，且在品尝之前献祭给祖庙。

孟夏之月有献蚕茧之俗。《吕氏春秋·孟夏纪》说："是月也……蚕事既毕，后妃献茧。乃收茧税，以桑为均，贵贱少长如一，以给郊庙之祭服。"说的是蚕桑之事已经结束，后妃向天子献上蚕茧，并向养蚕的人征收茧税，以此供给纺制祭天祭祖时所用的祭服。

孟夏之月的节气是立夏。《逸周书·时训》说："立夏之日，蝼蝈鸣；又五日，蚯蚓出；又五日，王瓜生。"周代有迎夏之俗，在立夏前三天，太史禀告天子说："某日立夏，大德在火。"天子就洁身斋戒，准备迎夏。立夏那天，天子亲自率领三公九卿大夫到南郊迎接夏的来临。回来后，就施行赏赐；分封爵位褒奖有功，群臣无不欣喜快乐。命令乐师练习礼、乐会演。命令太尉向天子上报豪杰俊士，进荐贤能善良的人，推荐高大的人。①

（二）仲夏与夏至

仲夏，是夏季的第二个月。据《吕氏春秋·仲夏纪》所记，仲夏之月的风俗与孟夏基本相同，只是天子居住的地方移到南向明堂的正室。

仲夏三月有祭"山川百原"和"求雨"之俗，《吕氏春秋·仲夏纪》说："是月也，命乐师修鞀鞞鼓，均琴瑟管箫，执干戚戈羽，调竽笙埙篪，饬钟磬柷敔。命有司为民祈祀山川百原，大雩帝，用盛乐。乃命百县雩祭，祀百辟卿士有益于民者，以祈谷实。农乃登黍。"说的是这个月，命令乐师修治鞀鼓鞞鼓，调试琴瑟管箫，造作干戚戈羽等舞具，调和竽笙

① 《吕氏春秋·孟夏纪》。

埙篪，整饰钟磬柷敔。命令主管官吏为百姓祈祷，祭礼名山大川及众水之源，举行盛大的求雨祭礼，配以丰富的舞蹈及齐全的乐曲。命令天下各祭祀，祭祀前世有功于百姓的君主公卿，向他们祈求谷粒满实。祭祀时农民要进献黍子。

仲夏之月有尝黍之俗，《吕氏春秋·仲夏纪》说："是月也，天子以雏尝黍，羞以含桃，先荐寝庙。"说的是这个月，天子就着雏鸡品尝黍子，品尝前，先用黍子和樱桃祭献祖宗。

仲夏之月的禁忌是不要割蓝草来染东西，不要烧制木炭，不要曝晒布匹，不要在南方用火，城门和闾门不要关闭，关口和集市不要征税。

仲夏之月的节气是夏至，俗规夏至之日，君子洁身斋戒，要深居简出，身体要宁静；禁止淫声女色，不要嫔妃进御；少食美味，不要使五味齐和；抛弃一切嗜欲，安定心志精气，百官安静无为，做事不要莽撞。

（三）季夏

季夏，是夏季的第三个月。据《吕氏春秋·季夏纪》所记，季夏之月的风俗与孟夏、仲夏基本相同，只是天子所居的地方移到南向明堂的右侧室。

季夏之月有祭名山大川、四方之神之俗。《吕氏春秋·季夏纪》说："是月也，令四监大夫合百县之秩刍，以养牺牲。令民无不咸出其力，以供皇天上帝、名山大川、四方之神，以祀宗庙社稷之灵，为民祈福。"说的是这个月，集合监管四郡的县大夫聚合各县按常例交纳的刍草，用来饲养供祭祀用的牲畜。命令百姓都要全力收割聚集，用来供给祭祀皇天上帝、名山大川、四方神祇、宗庙社稷之用，为百姓求福。

季夏之月的禁忌是不许出现任何砍伐之事，不能大兴土木工程，不能召诸侯集会，不能兴师动众；不能发起大的举动以致摇动士气；不要发布干扰农时的命令而伤害农耕之事。

四　秋时风俗

（一）孟秋与立秋

孟秋，是秋季的第一个月。据《吕氏春秋·孟秋纪》所记，孟秋之月，主宰之帝是少昊，佐帝之神是蓐收。祭祀是门祭，祭品以肝脏为尊。这时天子住在西向明堂的左侧室，乘坐白色的兵车，车前驾着白马，车上插着白色的绘有龙纹的旗帜；天子穿着白色的衣服，佩戴着白色的饰玉，吃的是麻和狗肉，用的器物外形鼓起而内部深邃。

孟秋之月有尝五谷之俗，《吕氏春秋·孟秋纪》说："是月也，农乃升谷。天子尝新，先荐寝庙。"说的是这个月，农民开始献上五谷。天子要品尝新收获的谷物，首先祭献给祖庙。

孟秋之月的禁忌是，不要分封诸侯，不要设置高官，不要赏赐土地，不要馈赠贵重礼物，不要派出担负重要使命的使节。

孟秋之月的节气是立秋。《逸周书·时训》说："立秋之日，淳风至；又五日，白露降；又五日，寒蝉鸣。"周代有迎秋之俗，在立秋前的三天，太史拜见天子，说："某日立秋，大德在于金。"于是天子斋戒。立秋那一天，天子亲自率领三公九卿诸侯大夫到西郊去迎接秋的到来。回来后，就在朝廷上赏赐将军和勇武之士。天子命令将帅挑选兵士，磨砺武器，精选操练杰出的人才，专门委任有功的将士去征伐不义的人，追究诛伐凶恶怠慢的人，以此表明爱憎，使天下人都来归顺。[①]

（二）仲秋

仲秋，是秋季的第二个月。据《吕氏春秋·仲秋纪》所记，仲秋之月的风俗与孟秋基本相同，只是天子所居的地方移到西向明堂的正室。

仲秋之月有傩祭之俗。《吕氏春秋·仲秋纪》说："是月也，乃命宰祝，巡行牺牲：视全具，案刍豢，瞻肥瘠，察物色，必比类，量小大，视长短，皆中度。五者备当，上帝其享。天子乃傩，御佐疾以通秋气。以犬尝麻，先祭寝庙。"说的是这个月，命令太祝和太宰巡视那些供祭祀之用的牺牲，察看这些牺牲形体是否完整、喂养情况如何、是肥是瘦、毛色纯一与否，这些一定要符合旧例；然后量量它们的大小，看看长短，也都要符合要求。形体、肥瘦、毛色、大小、长短都完全适当，上帝就享用这些祭品。天子于是举行傩祭，防除疫疠，以此通达金秋之气。天子就着狗肉品尝麻籽，并首先祭祀祖庙。

（三）季秋

季秋，是秋季的第三个月。据《吕氏春秋·季秋纪》所记，季秋之月的风俗与孟秋、仲秋基本相同，只是天子所居的地方移到西向明堂的右侧室。

---

① 《吕氏春秋·孟秋纪》。

季秋之月有祭天帝之俗。《吕氏春秋·季秋纪》说："是月也，大飨帝，尝牺牲，告备于天子。"说的是这个月，要隆重祭祀天帝，用牺牲祭祀诸神。事毕，向天子禀告祭祀已经齐备。

季秋三月有尝稻之俗，《吕氏春秋·季秋纪》说："是月也，天子乃以犬尝稻，先荐寝庙。"

五　冬时风俗

（一）孟冬与立冬

孟冬，是冬季的第一个月。据《吕氏春秋·孟冬纪》所记，孟冬之月，主宰之帝是颛顼，佐帝之神玄冥。祭祀是行祭，首位的祭品是土北向明堂的左侧室，乘坐黑色的车，车前驾着黑色的马，车上插着黑色的绘有龙纹的旌旗，天子穿着黑色的衣服，佩戴着黑色的饰玉，吃的食物是黍米和猪肉，使用的器物宽大而且敛口。

孟冬之月有蒸祭之俗，《吕氏春秋·孟冬纪》说："是月也，大饮蒸，天子乃祈来年于天宗。大割，祠于公社及门闾，飨先祖五祀，劳农夫以休息之。"说的是这个月，举办盛宴进行蒸祭，天子向在天之神祈求明年农业丰收。大杀牺牲，在宫社和门闾祈祷，然后飨祀先祖，并祭祀户神、灶神、中溜神、门神、行神，慰劳农夫，让他们休息。

孟冬之月的节气是立冬。《逸周书·时训》说："立冬之日，水始冰；又五日，地始冻；又五日，雉入大水为蜃。"周代有迎冬之俗，《吕氏春秋·孟冬》说："某日立冬，盛德在水。"天子于是斋戒。立冬那天，天子亲自率领三公九卿大夫去北郊迎接冬天的来临。回来以后，赏赐为国牺牲者的家属，抚恤孤儿寡妇。

（二）仲冬与冬至

是冬季的第二个月。据《吕氏春秋·仲冬纪》所记，仲冬之月的风俗与孟冬基本相同，只是天子居住的地方移到北向明堂的正室。仲冬之月，天子"命有司曰：'土事无作，无发盖藏，无起大众，以固而闭。'发盖藏，起大众，地气且泄，是谓发天地之房，诸蛰则死，民多疾疫，又随以丧，命之曰'畅月'。"说的是天子命令司徒官说："不要兴动土木工程，不要打开遮盖掩藏的东西，不要发动众多百姓，要封固和闭藏。"打开盖藏之物，发动众多百姓，地气就会外泄，这就叫作开启天地用来闭藏万物的房舍。这样，各种蛰伏的动物就会死亡，百姓中会流行疾病，又会随而死去。所以，这个月俗称“畅月”。

仲冬之月，有祭水神之俗。《吕氏春秋·仲冬纪》说：“是月也，……天子乃命有司，祈祀四海大川名原渊泽井泉。”说的是天子命令主管官吏祭祀四海、大河、水源、深渊、大泽和井泉的水神。

仲冬之月的节气是冬至。俗规冬至之日君子要整洁身心，住处要深邃，身心要宁静，摒除声色，禁绝嗜欲，保养身体和性情，对待任何事情都要内心宁静，以此等待阴阳变化的结果。冬至到来的时候，可以砍伐林木，割取竹子。

（三）季冬

季冬，是冬季的第三个月。据《吕氏春秋·季冬纪》所记，季冬的风俗与孟冬、仲冬基本相同，只是天子居住的地方移到了北向明堂的右侧室。

季冬之月有傩祭之俗，《吕氏春秋·季冬纪》说：“命有司大傩旁磔，出土牛，以送寒气。征鸟厉疾。乃毕行山川之祀，及帝之大臣天地之神祇。”说的是这个月，天子命令主管官带领大规模举行傩祭，四方城门都割裘牺牲，并制作土牛，以此送阴冬之气。普遍举行对山川之神的祭祀，受祭祀的还有先世公卿大臣、天地神祇的祭祀。

季冬之月“数将几终，岁将更始”①，即一年将要结束了，新的一年将重新开始，天子“乃命太史，次诸侯之列，赋之牺牲，以供皇天上帝社稷之享。乃命同姓之国，供寝庙之刍豢。令宰历卿大夫至于庶民土田之数，而赋之牺牲，以供山林名川之祀。凡在天下九州之民者，无不咸献其力，以从皇天上帝社稷寝庙山林名川之祀”②。《诗经·周颂·良耜》描写的就是一年丰收、祭祖、祈福的场景。

第六节　先秦汉民族的信仰风俗

一　天神崇拜风俗

（一）日神

先秦汉民族先民对日神崇拜的神话传说有二说。一为“阳乌”说。

① 《吕氏春秋·季冬纪》。

② 同上。

《山海经·大荒东经》说："汤谷上有扶木，一日方至，一日方出，皆载于乌。"《艺文类聚》引刘向《五经通义》则说："日中有三足乌。"二为"十日"说。《山海经·海外东经》说："汤谷上有扶桑，十日所浴……有大木，九日居下枝，一日居上枝。"《吕氏春秋·求人》也说："十日出而焦火不息。"据有的学者研究，《山海经》中的日神，原始性较浓厚，太阳的运行是靠乌鸦带着它走的。而《淮南子·天文训》中的日神拟人的成分最多，其云："日出于旸谷，浴于咸池，拂于扶桑，是谓晨明。登于扶桑，爰始将行。""至于悲泉，爰止其女，爰息其马，是谓县车。"这个日神配备了女御者，使用马车在太空中行走。①

夏代的日神是一位恶神。《左传·昭公十七年》引《夏书》说："辰不集于房，瞽奏鼓，啬夫驰，庶人走。"说的是天象惑乱，发生日食，夏众惊慌失措，以为大灾降临，瞽吏击鼓，啬夫庶民到处奔走以避危难。可见日神是一个降灾的恶神。《墨子·非攻下》也说："至乎夏王桀，天有诰命，日月不时，寒暑杂至，五谷焦死。"指的是日神能频起灾异，导致阴阳错乱，气候失调，四时不序，干旱或水灾连连，五谷不收。商人把日神当作一位善恶兼具的自然神，把日食变化视为年成有灾的预告，又把冬春之际的风视为日神的作害，这些在甲骨卜辞有很多反映。

由于夏商代对日神的崇拜甚盛，故迎送日神和日食的祭祀也很盛行。《尚书·尧典》说："分命羲仲，宅嵎夷，曰旸谷。寅宾出日，平秩东作。……分命和仲，宅西，曰昧谷。寅饯纳日，平秩西城。"说的是夏人的祖先就命令羲仲住在东方的旸谷，恭敬地迎接日出，辨别测定太阳东升的时刻；又命令和仲，住在西方的昧谷，恭敬地送别落日，辨别测定太阳西落的时刻。商代此俗依然流行，卜辞中有大量记载。《尚书·胤征》也说："惟时羲和，颠覆厥德，沉乱于酒，畔官离次，俶扰天纪，遐弃厥司，乃季秋月朔，辰弗集于房，瞽奏鼓，啬夫驰，庶人走。羲和尸厥官，罔闻知，昏迷于天象，以干先王之诛。"说的是羲和行为颠倒，沉醉在酒中，背离职位，开始搞乱了日月星辰的运行历程，远远放弃他所司的事，前些时候季秋月的朔日，日月不会合于房，出现日食。乐官进鼓而击，啬夫奔驰取币以礼敬日神，众人跑着供役。羲和主管其官却不知道这件事，对天象昏迷无知，因此触犯了先王制定的应该诛罚的条款。在此，"瞽奏鼓"

① 朱天顺：《中国古代宗教初探》，上海人民出版社 1982 年版，第 12 页。

是日食祭祀的最初形态，逐渐成为风俗，《公羊传·庄公二十五年》说："六月辛未朔，日有食之，鼓，用牲于社。"即六月辛未朔日出现日食时，鸣鼓，并用牲体祭社神以救日。《穀梁传·庄公二十五年》又说："天子救日，置五麾，陈五兵五鼓；诸侯置三麾，三鼓三兵；大夫击门；士击柝；言充其阳也。"进一步说明天子救日，要竖五杆旌旗，陈五种兵器，五面鼓；诸侯竖三杆旌旗，陈三种兵器，三面鼓；大夫击门；士击梆子，击鼓救日之俗从此兴起。

及至周代由于"天"及"天帝"的创立，对日神的崇拜衰落了。但是对日神祭祀的风俗仍传承相袭。《礼记·祭法》说："王宫祭日也。"《礼记·祭义》也说："祭日于坛，……祭日于东。"可见周代祭日的祭仪与夏商之不同在于筑高坛用"实柴""燔燎"献祭，《周礼·春官·大宗伯》说："以实柴祀日月星辰。"因此，周代不仅仍礼拜出日落日，《国语·周语上》即说："古者先王既有天下，又崇立上帝明神（旧注：明神，日月也）而敬事之，于是乎有朝日夕月。"《鲁语下》也说："天子大采朝日。"《礼记·祭义》又说："周人祭日以朝及暗。"在此所谓朝日、祭日于东、祭日以朝、迎日等，均是拜祀日出之礼；送日、暗日等是拜祀日落之礼。同时还行对日食的祭祀，《左传》庄公二十五年说："非日月之眚不鼓。"说明击鼓救日之俗久传不衰，但救日除击鼓外，后起的用牲畜和用币救日之俗在周代亦流行着。《左传》昭公十七年记载：

> 夏六月甲戌朔，日有食之。祝史请所用币。昭子曰："日有食之，天子不举，伐鼓于社，诸侯用币于社，伐鼓于朝，礼也。"平子御之曰："止也。唯正月朔，慝未作，日有食之，于是乎有伐鼓用币，礼也。其余则否。"大史曰："在此月也，日过分而未至，三辰有灾。于是乎百官降物，君不举，辟移时，乐奏鼓，祝用币，史用辞。故夏书曰：'辰不集于房，瞽奏鼓，啬夫驰，庶民走。'此月朔之谓也。当夏四月，是谓孟夏。"平子弗从。

这段史料虽然是关于日食祭礼的一场争论，但也说明了周代仍流行祭祀日食之俗。

（二）月神

先秦时期汉民族先民对月神崇拜的神话传说也有二说。一说是《山海经·大荒西经》说“帝俊妻常羲，生月十有二”，即“十二月”说；一说是《楚辞·天问》说：“夜光（月神）何德，死而又育？厥利维何，而顾菟在腹?”屈原问月亮腹中养着兔子干什么？即“月中有兔”说。先秦时期汉民族虽有关于月神的神话传说，但月神的地位却很低，在先秦时期汉民族对自然神的崇拜中处于配角地位，所以《礼记·祭义》说：“郊之祭、大极天而主日，配以月。”因此，月神在先秦汉民族时期仅仅只被当作自然界的群神之一受崇拜，《尚书·舜典》说：“肆类于上帝，禋于六宗，望于山川，遍于群神。”在此，所谓类、禋、望是指不同神灵的不同祭法，“六宗”是被禋祭的对象，包括“天宗”三——日、月、星，“地宗”三——河、海、岱（泰山）。《礼记·月令》也说：“天子乃祈来年于天宗。”

（三）星神

先秦之时，人们被幽幽发光的星辰的神秘感引起幻想而产生迷信，《礼记·祭法》说：“幽宗、祭星也。”祭祀的仪式为“实柴”和“布”。实柴之仪与祭日神、月神相同“布”祭是将祭物散布开来，使众星普遍受祭的一种祭法。

与日神、月神相比，先秦汉民族之时人们对星神崇拜的人化的程度甚于日神和月神。《尚书·洪范》说：“庶民惟星，星有好风，星有好雨。”说的是星和庶民一样，其好恶也和人一样，有的喜欢刮风，有的喜欢下雨。于是大约到了周代，星神具有了主风、主雨的神性，人们认为好风之星是东宫木宿的箕星，好雨之星则是西宫金宿的毕星。

到了春秋之时，周人又给星神赋予了司命和司禄的神性，造出了文昌宫中的司命星和司禄星。司命星是文昌宫中的第四星，它不仅掌管人间的赏罚，而且掌管每一个人一生的命运，《礼记·祭法》所记的七祀中第一个祭祀的就是“司命”，郑注：“司命主督察三命。”三命，即受命、遭命、随命，即人一生的命运。《九歌·大司命》中就说司命神的职责是“何寿夭兮在予”？司禄星是生文昌宫中的第六星，它掌管人间进士做官。故纬书《春秋元命包》说：“司禄赏功进士；司命主老幼、司灾，主灾咎也。”

更有甚者，周代还根据西周的宗法社会制度编造了“星辰官职录”。据《史记·天官书》所记，中宫的天极星是“太一”（天帝的一种称呼），它是天上的最高统治者；“旁三星是三公”“末大星是正妃，余三星后宫之属也。环之匡卫十二星，藩臣。”南宫的“门内六星，诸侯”“廷藩西有隋星五，曰少微，士大夫”。

（四）雨神

先秦之时，雨神在商代名叫“媚”，卜辞中有“多媚从雨”的记载；在周代尊为“雨师”。《周礼·春官·大宗伯》说：“以槱燎祀司中、司命、风师、雨师。”但此方叫雨师为“应龙”。《山海经·大荒东经》：“应龙处南极，杀蚩尤与夸父，不得复上，故下数旱。旱而为应龙之状，乃得大雨。”南方叫雨师为“蓱”。《楚辞·天问》说：“有蓱号起雨，何以兴之?”

对于自古以农为本的汉民族来说，雨神一直受到重视，先秦汉民族之时对天神的崇拜中，最盛行的就是雨神崇拜。早在商汤之时，就有求雨祭祀的记载，《淮南子·主术训》说：“汤之时，七年旱，以身祷于桑林之际，而四海之云凑，千里之雨至。”在殷墟出土的甲骨文中有关求雨、卜雨和祭祀雨神的卜辞甚多。

对于雨神的祭祀有两类，一类是直接祭祀雨神；另一类是为求雨、去雨祭祀决定下雨或不下雨的云神、土地山川、动植物神或祖先神。

祭祀雨神一般在室外进行，也有在室内进行的，祭法有四种：

一种是燎祭求雨，即焚柴使烟气升腾祭天求雨。故而周代的文献《周礼·春官·大宗伯》则明言：“以槱燎祀司中、司命、风师、雨师。”

一种是焚巫求雨。焚巫就是焚人之俗。多在天大旱求雨时行祭。商代焚巫求雨之俗的盛行，从商汤“将自焚以祭天”可见一斑。《文选·思玄赋》李善《注》引《淮南子》“汤时大旱七年，卜用人祀天。汤……乃使人积薪，剪发及爪自洁，居柴上，将自焚以祭天，火将燃，即降大雨。”焚巫术雨的祭礼还有祷辞，先秦汉民族文献中汤祷旱文求雨祷辞十分有价值，《吕氏春秋·顺民》说：“昔者汤克夏而正天下，天大旱，五年不收，汤乃以身祷于桑林，曰：‘余一人有罪，无及万夫，在余一人，无以一人之不敏，使上帝鬼神伤民之命。’于是翦其发，枥其手，以身为牺牲。”焚巫之祭法周代乃流行，《左传》僖公二十一年说：“夏，大旱，公欲焚巫尪。”

一种是作龙求雨。作龙就是或装扮龙神或作土龙求雨之俗。《山海经·大荒东经》说：“旱而为应龙之状，乃得大雨。”郭璞注：“今之土龙本此。”《淮南子·地形训》也说“土龙致雨”，高诱注：“汤旱，作土龙以像龙，云从龙，故致雨也。”

一种是奏舞求雨，就是奏乐，跳舞求雨。《说文解字》云：“雩，夏祭乐于赤帝以祈甘雨也。”又云：“雩，羽舞也。”可见先秦汉民族时祭雨神的祭礼中所跳的舞蹈，可能是使用羽毛作为道具，或跳舞者是用羽毛装饰起来的“羽舞”。

（五）风神

先秦之时，可以与雨神相比的是风神。商代人们把风神想象为凤鸟，甲骨卜辞凤与风没有分别，甲骨之“凤”字即为鸟形。因此，《山海经·大荒东经》中北方的风神称为“鹓”。及至周代，北方欲称风神为“飌师”或“风师”。南方俗称风神为“飞廉”或“风伯”。《楚辞·离骚·远游》说：“前望舒使先驱兮，后飞廉使奔属。”

先秦汉民族的风神具有方位性，分为四方风神。商代卜辞与周代文献《山海经》大荒东经、南经、西经中所记四方风神大同小异，东方曰析，南方曰因乎，西方曰韦，北方曰鹓。

祭祀风神俗规多用犬，商代此俗到周代仍流行。《尔雅·释天》云：“祭风曰磔。”郭璞注：“今俗当大道中磔狗，云以止风。”

（六）雷神

先秦之时，雷神是使人们感到恐惧的自然神，《礼记·月令》：“是月也，日夜（均）分，雷乃发声，始电……先雷三日，奋木铎以令兆民曰：‘雷将发声，有不戒其容止者，生子不备，必有凶灾’。”

商代的雷神是天帝的下属神，商代卜辞中常有“帝令雷”“雷妇”的记载，并与雨神关系密切。据朱天顺先生考，商人所称之“雷妇”，当为后人所说的“电母”或“闪电娘娘”，雷神在周代俗称“雷公”。①

（七）云神

云神是先秦天神中的一个小神。商代卜辞中称云神为“面母”，为女神；周代云神俗称为“云中君”②，是男神。

商代对云神的祭祀还比较流行，及至周代，云神的地位下降，人们祈求天气时，多是求于天帝和雨神，而不理会云神。但所谓的“云气”征兆之俗却成了占卜的部分内容而流传开来。《左传》哀公六年说：“是岁

---

① 参阅朱天顺《中国古代宗教初探》，上海人民出版社1982年版，第53—54页。

② 《楚辞·九歌》。

也，有云如众赤鸟夹日以飞，三日。楚子使问诸周大史。周大史曰：‘其当王身乎。若禁之，可移于令尹、司马。”这就是说，春秋时期，人们把云状当成人身及社会祸福的征兆，并且迷信有祸时经过祭祀禳灾，以消除或将祸转移给别人。

（八）虹神

虹神也是先秦自然神中的一个小神。商代甲骨文“虹”的象形一说是一座桥梁[①]；另一说“虹”的象形是一条双头蛇[②]，为不祥之凶兆，虹的出现会带来大水或大旱。周代之时，由于人们视蛇为不吉祥的动物，故视虹的出现为凶兆，俗规禁止用手指虹，《诗经·国风·鄘风》即说：“蝃蝀在东，莫之敢指。”迷信认为如果违反禁忌，会影响夫妻关系。

（九）雪神

雪神也是先秦天神中的一个小神。商代已有对雪神的崇拜，甲骨文中有商代以燎祭和酒祭祭雪神。周代则行禜祭祭雪神，《左传》昭公元年说：“雪霜风雨之不时，于是乎禜之。”

二　地神崇拜风俗

（一）土地神

土地神是先秦汉民族先民地神中的主神。

对土地神的崇拜，从夏代就流行了。《史记·封禅书》说：“自禹兴而修社祀，郊社所从来，尚（久远）矣。”商代祭祀地神以其居住地的地神为主。由于商代土地神的神格比较高，所以人们对各方土地神求年、受年以祭礼盛行，并逐渐拟人化，土地神被俗称为“社神”或“社主”。《说文解字》说：“社，地主也。”《风俗通义·祀典》所云：“社者，土地之主。土地广博，不可遍敬，故封土以为社而祀之，报功也。”

周代社神崇拜盛行，《礼记·郊特牲》说：“家主中溜，而国主社，示本也。”春秋战国后，社神的崇拜更是极盛，国有国社之祭，州有州社之祭，县有县计之祭，里有里社之祭。正如《礼记·郊特牲》所说：“唯为社事，单出里。唯为社田，国人毕作。”周人俗称社神为“后土”《礼记·祭法》说：“共工氏之霸九州也，其子曰后土，能平九州，故祀以为

① 宋镇豪：《夏商社会生活史》，中国社会科学出版社1994年版，第481页。

② 参阅朱天顺《中国古代宗教初探》，上海人民出版社1982年版，第59页。

社。”《左传》昭公二十九年也说：“社稷五祀，土正曰后土。共工氏有子曰句龙，为后土；后土为社。”

周代人们对土地神的祭祀有两种。一为瘗埋，《礼记·祭法》说：“瘗埋于泰折，祭地也。”孔颖达疏《礼记·郊特牲》说：“以天之高，故燔柴于坛；以地之深，故瘗埋于坎。”因为“天神在上，非燔柴，不足以达之。地示在下，非瘗埋不足以达之”。二为灌祭，就是将酒、饮料、人血、牲血等祭品撒在地上或灌注于地。《周礼·大宗伯》：“以血祭祭社稷。”

（二）山神

山神是先秦地神中的一位大神。《礼记·祭法》说：“山林川谷丘陵，能出云，为风雨，见怪物，皆曰神。”人们认为山峰能兴云作雨而具神性。商代卜辞中记载祭祀山神的史料甚多，春秋战国时仍久盛不衰，泰山就被人们迷信有降雨的神性。[①]

对山神的祭法商代时主要是燎祭。这与当时人们祭山神求雨有关。周代则为瘗玉，即埋玉于坑祭祀山神。《山海经》所记对全国26个山区山神的祭礼中，用玉，吉玉、璋玉、藻玉、珪、璧等玉石类为祭品的有24个。

此外，祭山神还有“投”祭和“县”祭。所谓投祭，是将祭品放于山中地上，《仪礼·觐礼》说：“祭山后陵，升。”《山海经·北山经》也说：“自管涔之山至于郭题之山，凡十七山，……其祠毛用一雄鸡彘，瘗用一璧一珪，投而不糈。”所谓县祭即悬祭，是将祭品悬挂起来礼神，《尔雅·释天》说：“祭山曰驱县。”《山海经·中山经》也说：“历儿，冢也。其祠礼：毛，大牢之具，县以吉玉。其余十三山者，毛用一羊。县婴用桑封。瘗而不糈。”一和一玉一珪一璧为多，对名山的祭祀特别隆重，祭品用太牢[②]，玉器供也以百计。

（三）河神

河神是先秦时期汉民族先民地上自然神中的又一位大神。商代人们主祭黄河河神，同时祭祀与当时人们关系密切的洹水（今安阳河）、滴水（今漳水）、涡水等河神。先秦汉民族的河神中黄河河神一直居于主神的

① 朱天顺：《中国古代宗教初探》，上海人民出版社1982年版，第74页。

② 牛、羊、豕三牲全备称太牢。

地位，周代时黄河河神俗称“河伯”。《楚辞·天问》说：“帝降夷羿，革孽夏民，胡射夫河伯，而妻被雒嫔。”后来河伯又被人化取名为“冯夷”。

春秋以后，河伯的形象被民间描绘成一条白龙或大鱼或人面鱼身。纬书《尚书中候》即云：“伯禹曰：臣观河伯，面长，人首鱼身，出曰：吾河精也。”

周代南方汉民族先民主要崇拜湘江江神，楚国时也被人化为湘君、湘夫人。屈原在《九歌》中就以浪漫主义的笔法，描写了湘君、湘夫人这一对江神的浪漫情思，《九歌·湘君》说：“帝子降兮北渚”，谓湘君是天帝之子，湘夫人为尧女，他们有“令沅湘兮无波”“使江水兮安流”的神性。

对河神的祭祀商代多用燎祭、沿祭和瘗埋。周代则多用沉祭和浮祭，即把祭品在河水上漂流或者沉入水中让河神享用。《尔雅·释天》说：“祭川曰浮沉。”祭品除了羊、犬等畜生外，还用人生。人牲祭河神之俗到战国之时仍流行。《史记·滑稽列传》记载：“魏文侯时，西门豹为邺令。豹往到邺，会长者，问之民所疾若。长者曰：‘若为河伯娶妇，以故贫。’豹问其故，对曰：‘邺三老、廷掾常岁赋敛百姓，收聚其钱得数百万，用其二三十万为河伯娶妇，与祝巫共分其余钱持归。当其时，巫行视小家女好者，云是当为河伯妇，即聘取。……民人欲语曰，如不为河伯娶妇，水来漂没，溺其民人云。’”这个记载虽然说的是西门豹反对河伯娶妇，但却是以人牲祭河神古风的真实写照。

三　动物神崇拜风俗

（一）龙神

龙神是先秦汉民族先民动物崇拜中神灵最大的神。龙是一个“角似鹿、头似驼、眼似兔、项似蛇、腹似蜃、鳞似鱼、爪似鹰、掌似虎、耳似牛”[①]，自然界中并不存在的怪兽。但就是这样一个怪兽的形象，在夏代的河南偃师二里头文化遗址出土的陶器上已普遍出现[②]，这些陶器上的龙纹大多取象于蛇，可见对龙的崇拜与对蛇的崇拜有密切的关系。

---

① （宋）罗愿：《尔雅翼》卷 28，引王符说。

② 中科院考古研究所洛阳工作队：《河南偃师二里头遗址发掘简报》，《考古》1965 年第 5 期。

商代甲骨卜辞中有大量关于龙的记载。甲骨文“龙”字虽然有七十余种①，但长身而曲，蛇头大口，无角无须，或有足或无足的动物形态很明显。

及至周代，对龙神的崇拜更盛。不仅周代金文中的“龙”字与甲骨文相近，而且对龙神的神性更加迷信。《管子·水地》对龙的神性有一段形象的描绘：“龙生于水，被五色而游，故神。欲小则化如蚕蠋，欲大则藏于天下，欲上则凌于云之，欲下则入于深泉。变化无日，上下无时。”于是从先秦汉民族起，龙的神性十分广大，有通天的神性。先秦汉民族之时巫师在举行通天巫术时除用牛、羊、豕等供祭飨上天的牺牲外，还驭使驯服的猛兽，如虎、豹、熊、罴等作为天地、人神之间的使者。在通天巫术中使用猛兽的目的在于突出巫师的神通，渲染巫术的神秘感而使人畏服。先秦汉民族之时举行通天巫术时除使用虎、豹之类的猛兽作为天地、人神之间的使者外，还使用龙作为通天巫术的使者。《山海经》中所记载的诸神除猛兽者外，还有不少以蛇为饰，乘两龙之神。《山海经·大荒西经》说：“西南海之外，赤水之南，流沙之西，有人珥两青蛇，乘两龙，名曰夏后开。开上三嫔于天，得《九辩》与《九歌》以下。此天穆之野，高二千仞，开焉得始歌《九招》。”《山海经·海外西经》也说：“大乐之野，夏后启于此舞九代，乘两龙，云盖三层。左手操翳，右手操环，佩玉璜。在大运山北，一曰大遗之野。”

《山海经》中所云“龙”的形象在先秦汉民族时期很可能是鳄的变形②。1978年，江苏淮阴高庄战国墓出土的一批刻纹青铜礼器为我们提供了佐证。据考古报告称，在淮阴高庄战国墓出土的铜箅形器上，有巫师手执两鳄以及执两鳄、踏两鳄的形象。③可见，龙的通天神性是其他动物所难以替代的。正因为如此，由鳄鱼、蛇等动物融合而成的龙，在其后的发展中不断变异，而越来越被神化。

龙有管雨水的神性。先秦汉民族之时人们认为龙神掌管雨水。《山海经·大荒北经》就说：“应龙……乃去南方处之，故南方多雨。”“应龙畜

---

① 刘志雄、扬静荣：《龙与中国文化》，人民出版社1992年版，第8页。

② 何新：《神龙之谜》，延边大学出版社1988年版，第293—316页；刘志雄、杨静荣：《龙与中国文化》，人民出版社1992年版，第238页。

③ 淮阴市博物馆：《淮阴高庄战国墓》，《考古学报》1988年第2期。

水”“有神，人面蛇身而赤……不食不寝不息，风雨是谒，是烛九阴，是谓烛龙。”由于龙神有管雨水的神性，到周代时期形成祭龙祈雨的雩祭。《左传》桓公五年说：“凡祀，启蛰而郊，龙见而雩，始杀而尝，闭蛰而烝，过则书。”

龙还有给人带来祥瑞的神力。《周易·乾》说：“见群龙天首，吉。”反映了先秦汉民族之时人们以见龙为大吉大祥，从而兴起以龙旗象征吉祥之俗。《礼记·郊特牲》说：“旗十有二旒，龙章，而设日月，以象天也。”《周礼·春官》也说：“日月为常，交龙为旗。”

最后，龙有化为伟人的神性。先秦汉民族之时，人们不但迷信龙与天帝有密切的关系，还迷信受天命者是龙的化身，或是人龙结合产生的伟人。《周易·乾》云：“见龙在田，利见大人。”“飞龙在天，利见大人。”因此，人们附会“轩辕黄龙体”①。

（二）凤神

凤神，即凤凰，其形象，《尔雅·释鸟》郭璞注说：“鸡头、蛇颈、燕颔、龟背、鱼尾，五彩色，高六尺许。”可见它是自然界中并不存在的怪兽。汉民族先民对鸟的崇拜起源很早，距今约七千年的河姆渡文化遗址中就有象征鸟崇拜的双马朝阳象牙雕刻和鸟形象牙圆雕出土。②

商代之时，人们对鸟的崇拜开始融会为对凤的崇拜。据王大有研究，商代甲骨文中已有大量的“凤”字，有的以“凤”为“风”或拟“凤”为“风”，像鹰鸟形，有的凤作鹏，有的凤为孔雀，有的凤为雄鸡。③ 可见，先秦汉民族之时人们对阳鸟、鹰、孔雀和鸡的变异和升华的结果，正是以这些鸟类为图腾的各部落融合的反映。

先秦汉民族之时，凤神的形象大体是鹰头鹗“耳”，弋状高冠，剪式分尾或雉羽三分孔雀翎状逶地长尾。商代的凤，身翼短小，尖喙利爪，具有明显的燕子或鹰鹗特征，有的纯然就是鹰鹗。周凤，在商凤基础上将尾加长，以锦鸡式长逶地卷尾或孔雀翎状长尾为特征，有的简直是锦鸡、雉类的写生，是玄鸟型的凤神。到了春秋战国时间，凤神的形象发生了变

---

① 《史记·天官书》。

② 河姆渡遗址考古队：《浙江河姆渡遗址第二期发掘的主要收获》，《文物》1980年第5期。

③ 王大有：《龙凤文化源流》，北京工艺美术出版社1988年版，第60—67页。

化，其形象为鸡冠状和孔雀花翎状“凤冠”，具有孔雀类长足巨尾及美丽的花翎，有的则是“锦鸡冠”。造型像踆鸟或兼俱孔雀特征，是朱雀型凤神的初型。[①] 先秦汉民族时人们认为凤神是一个能给人们带来吉祥的善神，《山海经·海内经》也说：“凤乌首文曰德，翼文曰顺，膺文曰仁，背文曰义，见则天下和。”

（三）麟神

麟神，就是麒麟。《史记·司马相如列传》司马贞索引说是一个鹿身、牛尾、狼蹄、一角、全身鳞甲，自然界中并不存在的怪兽。先秦汉民族之时，人们对麟神的崇拜是如何形成的已难考证，但其状为鹿身、牛尾、狼蹄（或马蹄）、有独角、有鳞甲来看，大约是以不同动物为图腾的先秦时期北方汉民族先民原始氏族、部落或部落联盟融合和升华的结果。

先秦汉民族先民视麟为仁兽、瑞兽，崇拜麟神具有象征祥瑞的神性。《礼记·礼运》说：“何谓四灵？麟、凤、龟、龙，谓之四灵。……麟以为畜，故兽不狘……”说的是以麟为牲畜，就可以使兽有统率而不跑散。麒麟是仁兽，有明王就出现，无明王就不来，所以《管子·封禅》说：“今凤凰麒麟不来，嘉谷不生。”

（四）龟神

龟神是先秦汉民族“四灵”崇拜中唯一实在的动物。早在夏代建国之初龟就被视为国宝。《尚书·夏书·禹贡》说：“九江纳锡大龟。”孔安国《传》说：“尺二寸曰大龟，出于九江水中，龟不常用，锡命而纳之。”在法令中明确规定在九江一带征收大龟，足见龟在夏代显赫的国宝地位。

夏禹何以要视龟为国宝而下令征收？这不仅因为龟的形象既有“天圆地方”的天地之象，《淮南子·览冥训》说：“往古之时，四极废，九州裂，无不兼覆，地不周载，火炎而不灭，水浩洋而不息，猛兽食颛民，鸷鸟攫老弱。于是女娲炼五色石以补苍天，断鳌足以立四极，杀黑龙以济冀州，积芦灰以止淫水。苍天补，四极正，淫水涸，冀州平，狡虫死，颛民生，背方州，抱圆天……”这传说表示，龟被视为国宝，还因为大禹治水和“神龟负图”的传说息息相关。大禹治水大功告成，不仅为民众解除了洪水之害，而且还感动了天帝。《竹书纪年》记载：“帝禹夏后氏，当尧之时，禹观于河，有长人白面鱼身出曰：‘吾河精也’。呼禹曰文命

① 王大有：《龙凤文化源流》，北京工艺美术出版社1988年版，第140页。

（夏禹，名文命）治水，言讫授禹河图，言治水之事，乃退入于渊。禹治水既毕，天锡玄珪，以告成功，乃受舜禅，即天子之位。洛出龟书，是为洪范。”这些记述虽然带有浓郁的神话传说气氛，但却向人们传递出了夏代人们信龟具有高超、神奇的灵性，认为它是沟通天人关系传达天帝天神旨意的又一神物。

由于四灵中唯龟神真实地普遍存在，善于通晓人意。《礼记·礼运》说：“龟以为畜，故人情不失。”还善于传达天帝天神的旨意，《周易·系辞上》说：“探赜索隐，钩深致远，以定天下之吉凶。成天下之亹亹者，莫大乎蓍龟。是故天生神物，圣人则之。”于是在崇拜龟神的同时，在天人相通的占卜中，遂形成龟卜之俗。

商代对神灵的崇拜几乎达到了登峰造极的地步，龟卜之俗大流行、大泛滥。正如《礼记·表记》所说：“殷人尊神，率民以事神。先鬼而后礼，先罚而后赏，尊而不亲。”并建立了占卜的专门机构，设置了取龟卜官、钻凿卜官，命龟卜官、灼龟卜官、书契卜官、管理卜官，从取龟、杀龟、衅龟到龟甲的整治，从钻龟、凿龟、命龟、灼龟、占龟、书龟、契龟到龟甲的贮藏，都有规范。[①]

周代龟卜对社会的影响和作用虽然日趋减弱和减少，但人们乃视龟为国宝。《尚书·周书·大诰》说：“宁王遗我大宝龟，绍天明即命。”说的是安天下的周文王在临死之时留给后代的不是金银，而是能够传递其圣意的“大宝龟”。后来，在“三夷及准叛”的危急关头，周公才动用“大宝龟”卜之。所以《礼记·明堂》说：“崇鼎、贯鼎、大璜、封父龟，天子之器也。”郑玄注：“崇、贯、封父皆国名，文王伐崇，古者伐国迁其重器以分同姓。”《礼记·礼器》也说：“诸侯以龟为宝。”孔颖达疏说：“诸侯以龟为宝者，诸侯有保土之重宜须占详吉凶，故得以龟为宝也。”

到春秋时期，不仅天子、诸侯藏有宝龟，而且大夫、家臣也贮藏宝龟。《左传》昭公五年云：“（吴蹶由）对曰：‘寡君闻君将治兵于敝邑，卜之以守龟。……国之守龟，其何事不卜？’”赵简子曾问王孙圉楚国的国宝是什么主孙圉回答说：“国之宝六而已。……龟是以宪臧否，则宝之。”视龟为宝之俗一直延续到汉代。

---

① 参阅刘玉建《中国古代龟卜文化》，广西师范大学出版社 1992 年版。

（五）虎神

虎神是先秦汉民族先民“四灵”之外的一个实在的动物，俗称“山君”。《说文解字》就说：“虎，山兽之君。”在原始时代虎就被一些部落尊为图腾。《列子·黄帝》说：“黄帝与炎帝战于阪泉之野，帅熊、罴、狼、豹、貙、虎为前驱，以雕、鹖、鹰、鸢为旗帜。”《尚书·舜典》也说：“帝（舜）曰：‘畴若予上下草木鸟兽?”佥曰：‘益哉!’……益拜稽首，让于朱、虎、熊、罴。帝曰：‘俞，往哉！汝谐。’”《山海经》中所记颛顼帝俊妻娥皇及中容、白民、黑频均“使四鸟，虎、豹、熊、罴”，反映了以虎为图腾的部落与以豹、罴为图腾的部落结成部落联盟的关系。

先秦之时，人们崇拜虎神的形象威武和凶悍，便将虎的形象或某一部分形象附会于某些神灵。如女仙人西王母，“其状如人，豹尾虎齿而善啸，蓬发戴胜，是司天之厉及五残”，而昆仑之丘的主管神陆吾，“其神状虎身而九尾，人面而虎爪；是神也，司天之九部及帝之囿时”。[①] 与此同时，又崇信虎神掌管风雷的神性。《周易·乾》说：“云从龙风从虎。”说的是谷风随着虎啸刮起，将虎与龙并列，可见当时人们对虎神的崇拜不亚于对龙神的崇拜。

出于对虎神的崇拜，天子的宫室置有虎门，《周礼·地官·师氏》说：“居虎门之左”，郑玄注：“虎门，路寝门也。王日视朝于路寝，门外画虎焉，以明勇猛。”天子出行时，仪仗队所用的旗帜上画虎为“虎旗”。《周礼·春官·司常》即说：“熊虎为旗。”天子的卫士称为“虎贲之士”。《周礼·夏官·虎贲士》郑玄注：“王出将虎贲士居前后。”《尚书·牧誓序》亦云：“武王戎车三百两，虎贲三百人。”

天子和诸侯崇拜虎神的虎威，民间则崇信虎神御恶祛邪的神性。王充著《论衡·订鬼》时引《山海经》说：“沧海之中，有度朔之山，上有大桃木，其屈蟠三千里，其枝间东北曰鬼门，万鬼所出入也。上有二神人，一曰神荼，一曰郁垒，主阅领万鬼。恶害之鬼，执以苇索而以饲虎。于是黄帝乃作礼，以时驱之，立大桃人，门户画神荼、郁垒与虎，悬苇索以御凶魅。”[②] 说的是鬼门上的门神——神荼、郁垒将为害人民的恶鬼用苇索

---

① 《山海经·西山经》。

② 今《山海经》已无此文，但与《论衡》时代相近的《风俗通义》《独断》及《汉书·礼仪志》都有大致相同的记载。

把它捆绑去喂老虎，于是黄帝规定礼仪按时驱赶恶鬼，树立一个用大桃树雕成的人，在门上画神荼、郁垒和虎，悬挂芦苇绳子以抵御恶鬼。于是以虎御恶邪之俗在汉民族民间久盛不衰。

四 植物神崇拜风俗

（一）稷神

稷神是先秦汉民族的五谷之神。稷即粟，由于先秦汉民族原始时代人们最先人工栽培的旱地植物是稷，故而其也是最早被神化的植物神。《说文解字》说："稷……五谷之长"。因而后人们对黍、稻、麦、菽等植物的崇拜均集于稷于一身。正如《风俗通义·祀典》所说："稷者，五谷之长，五谷众多，不可遍祭，故立稷而祭之。"

以农为本的先秦时期汉民族先民对稷神的崇拜很快地人神化了。夏代时以柱为稷神。《左传·昭公二十九年》说："稷，田正也。有烈山氏之子曰柱，为稷，自夏以上祀之。"商代以后则以弃为稷神。《书·舜典》说："帝曰，弃，黎民阻饥，汝后稷，播时时谷。"《礼记·祭法》也说："是故厉山氏之有天下也，其子曰农，能殖百谷。夏之衰也，周弃继之，故祀以为稷。"

自周代以来，对稷神的祭祀常与对土地神的祭祀同祭，俗称"社稷"。《周礼·春官·大宗伯》说："以血祭祭社稷。"郑玄注："社稷土谷之神，有继者配食焉。"这种血祭年年岁岁举行，"社稷"遂成为国家的一种俗称。

（二）树神

先秦之时，汉民族先民对树神的崇拜是多元的。

有的崇拜桑树神。桑树在先秦之时俗称"扶桑"，并将其神化为太阳神的住所。《山海经·海外东经》说："汤谷上有扶桑，十日所浴，在黑齿北，居水中。有大木，九日居下枝，一日居上枝。"

有的崇拜桃树神，俗信桃神为神木，以桃木作符可辟邪魔。桃树在先秦汉民族之时又名"邓林"。《山海经·海外北经》说："夸父……弃其杖，化为邓林。"《列子·汤问》也说："夸父弃其杖，尺膏肉所浸，生邓林，邓林弥广数千里焉。"毕沅云："邓林即桃林也，邓、桃音近。"故《山海经·中次六经》又说："（夸父之山）其山有林焉，名曰桃林，是广员三百里，其中多马。"正因为桃木有辟邪魔的神性，所以黄帝为驱赶恶鬼，做出了用桃树雕成的人，在门上画门神神荼、郁垒和虎，悬挂芦苇绳子以抵御恶鬼的礼仪。从此，以桃木可以驱恶祛邪之俗普遍流行开来。不仅桃木作符可以驱恶祛邪，就是用桃木柄做的扫帚（俗称“桃茢”）也可扫除邪气。《礼记·檀弓下》说：“君临臣丧，以巫祝桃茢执戈，（鬼）恶之也。”说的是办丧事时用“桃茢”驱邪气。《周礼·夏官·戎右》所说：“赞牛耳、桃茢”，说的是戎右诸侯会盟时帮助割牛耳取血，并用“桃茢”祛邪。为了祛邪消灾，每年四月要从冰窖拿藏冰出来使用时，要用桃木做的弓和用棘做的矢进行消灾的仪式。《左传》昭公二十四年说：“其出（冰）也，桃弧棘矢，以除其灾。”

有的崇拜山楂树神。山楂树在先秦汉民族之时俗称“柤”。《山海经·大荒南经》说：“有盖犹之山者，其上有甘柤，枝干皆赤，黄叶，白华，黑实。”人们俗信其有长寿的神性。《神异经·南荒经》说：“柤者，柤梨也……三千岁作华，九千岁作实，实长九尺，围知其长，而无瓤核，以竹刀剖之如凝蜜，得食者寿一万二千岁。”

有的崇拜沙棠树神。先秦汉民族之时人们俗信沙棠树神有御水不溺的神性。《山海经·西次三经》：“昆仑之丘……有木焉，其状如棠，黄华赤实，其味如李而无核，名曰沙棠，可以御水，食之使人不溺。”注：“言体浮轻也。沙棠为木，不可得沉。”

有的崇拜枫树神。先秦汉民族之时人们俗信枫木是被杀的蚩尤在临死时所抛弃的桎梏变成的而具有神性。《山海经·大荒南经》云：“有宋山者……有木生山上，名曰枫木。枫木，蚩尤所弃其桎梏，是为枫木。”

先秦汉民族人们对树神的崇拜还转化为社树之俗。据《论语·八佾》所记，夏代用松木为社树，商代用柏木为社树，周代用栗木为社树，而春秋之时的楚人以橘树为社树。[1]

五　祖先神崇拜风俗

（一）鬼魂与祖先神崇拜

先秦汉民族从原始时代始，人们就认为：“大凡生于天地之间者皆曰命，其万物死皆曰折，人死曰鬼。”[2] 并认为人死后肉体虽灭，但鬼魂犹

---

① 吴郁芸：《楚社树及荆、楚国形名考》，《求索》1987年第3期。

② 《礼记·祭法》。

存，因而《礼记·郊特牲》说："魂气归于天，形魄归于地。"

鬼魂又有善恶之分，善者可安厝族墓地，恶者不能葬于族墓地，而只能藏匿于川泽山林等阴暗之处。这种俗信夏代就开始流行，《左传·宣公三年》说："昔夏之方有德也……使民知神、奸，故民入川泽山林，不逢不若，螭魅罔两，莫能逢之。"

商代亦然，周代进一步俗信鬼魂的超人的能力能变化形态，并在暗中起作用，或庇佑好人好事，或作祟坏人坏事，而活人无法事先觉察，正如《墨子·明鬼》所说："若昔者杜伯也。周宣王杀其臣杜伯而不辜。杜伯曰：'吾君杀我而不辜，若以死者为无知则止矣，若死而有知，不出三年，必使吾君知之。'其三年，周宣王合诸侯而田于圃田，车数百乘，徒数千，人满野。日中，杜伯乘白马素车，朱衣冠，执朱弓，挟朱矢，追周宣王射之车上，中心折脊，殪车中伏弢而死。当是之时，周人从者莫不见，远者莫不闻。著在周之《春秋》。为君者以教其臣，为父者以警其子，曰：'戒之！慎之！凡杀无辜者，其得不（祥），鬼神之诛，若此之憯遬也！'以若书之说观之，则鬼神之有，岂可疑哉！"所以，鬼魂对人的行为或善或恶，"鬼神之明必知之"，鬼神之不众，为富贵、众强、勇力、强武、坚甲利兵（所阻），"鬼神之罚必胜之"。就是贵为天子，富有天下者，也免不了鬼神不罚："鬼神之欣赏，无小必赏之，鬼神之所罚，无大必罚之。"[①] 所以，人们普遍俗信在世时，有益于人者，死后一般会成为对人做好事的善鬼；在世时有恶迹者，死后会变成害人的恶鬼。这就是成子高在《礼记·檀弓上》中所说："吾闻之也，生有益于人，死不害于人。吾纵生于无益于人，吾可以死害于人乎哉。"

先秦之时，在人们对鬼魂普遍存在迷信的态势下，与活人有血缘关系的鬼魂被当作保护本族或本家庭的神秘力量受到崇拜，而成为祖先神。

按先秦时期汉民族先民的俗见，不是什么人都可以成为祖先神的，只有创业有功者和德高有威者方可成为祖先神，正如《礼记·祭法》所说："夫圣王之制祀也，法施于民则祀之，以死勤事则祀之，以劳定国则祀之，能御大菑则祀之，能捍大患则祀之。"可见，"凡祖者，创业传世之所自来。宗者，德高而可尊，其庙不迁也。……祖者，祖有功；宗者，宗有德，其庙世世不毁也"。所以，先秦汉民族祭祀的祖先神照《礼记·祭

---

① 《墨子·明鬼》。

法》的说法是："有虞氏禘黄帝而郊喾，祖颛顼而宗尧；夏后氏亦禘黄帝而郊鲧，祖颛顼而宗禹；殷人禘喾而郊冥，祖契而宗汤；周人禘喾而郊稷，祖文王而宗武王。"这些祖先神或是历史传说的强有力人物，或是建国元勋。

周代对祖先神的祭祀有如下规定，即"王者禘其祖所自出，以其祖配之。诸侯及其太祖、大夫、士有大事（指祫祭），省于其君于祫及其高祖"①。这就是说天子每五年可以举行一次帝祭以祭祀天子的始祖；诸侯可举行祫祭以祭祀最初封国的太祖；大夫和士要经过国君的同意方可举行上及高祖的祫祭。

（二）宗庙与庙制

先秦之时，汉民族先民供奉祖先神神主的地方为宗庙。《尚书·大禹谟》说："正月朔旦，受命于神崇。"孔颖达传："神崇，文祖之宗庙。言神，尊之。"俗规一般同姓者有共同的"宗庙"；同宗者有共同的"祖庙"；同族者共同的"祢庙"，此即《左传》襄公十二年所说："凡诸侯之丧，异姓临于外，同姓临于宗庙，同宗于祖庙，同族于祢庙。"而诸侯则立五庙，即考庙、王考庙、皇考庙、显考庙、祖考庙。②

商代宗庙及供奉祖先神的风俗。据陈梦家先生研究，"立于宗庙的先王的神主，称为'示'。示有大小之别：'大示'是直系先王，'小示'是包括旁系先王的。大示从上甲开始，称为'元示'。卜辞'自上甲六示'指上甲至示癸六个先王，'自上甲廿示，指上甲至武乙二十个直系先王；小示也称若干示。大示常用牛牲，小示常用羊牲。卜辞的'上示''下示'大约也是大小之分。'示'所在之处，后世称为宗庙，卜辞有不同的名称，如宗、升、家、室、亚等。凡大示所集合之处名'大宗'，小示所集合之处名'小宗'。大宗从上甲起，小宗从大乙起。大小宗以外，还有'中宗'。……宗庙建筑有许多名目，如东室、南室、大室、小室等是祭祀之所，宗、家、室、亚等是藏主之所"③。

周代对祖先神的崇拜进一步发展，与宗法制度相合形成了庙制。《礼记·王制》说："天子七庙，三昭三穆，与太祖之庙而七。诸侯五庙，二

① 《礼记·大传》。
② 《礼记·祭法》。
③ 陈梦家：《殷虚卜辞综述》，中华书局1988年版，第643页。

昭二穆，与太祖之庙而五。大夫三庙，一昭一穆，与太祖之庙而三士一庙，庶人祭于寝。”左昭右穆是宗庙排列的顺序，第二、四、六世之祖为昭，第三、五、七世之祖为穆。从王自己算起第七世以上至太祖之间的祖先，合祀于夹室。当王崩时，第二世就迁入夹室，第四世就迁入第二世之庙，而第六世就迁入第四世之庙，当时崩的王的神主就迁入第六世的庙。下次王崩迁穆庙，三世之祖入夹室。

此外，周代还流行着在宗庙办理大事的古风俗。《国语·周语上》说：“乃命鲁孝公于夷宫。”韦昭注：“命为侯伯也。夷宫者，宣王祖父夷王之庙。古者，爵命必于祖庙。”说的是爵命在宗庙进行，受爵时要祭祖先；而新妇人夫家还必须行“庙见”之礼，否则不能算是男家的家族成员。

（三）祭仪

先秦汉民族先民对祖先神的祭祀，在商代时对高祖远公无固定的祭日，祭祀的地点也有内、外之别。内祭则行于“左宗”；外祭则行于野外。祭仪以燎祭为主，也有侑祭、求祭、告祭、御祭、洒祭、束祭等祭仪，或单一种祭仪，或多种祭仪并用。有时单祭一时祖先神，有时则或与发公先王迁祖相配祀，或与先臣神合祀。

对于公先王近祖的祭祀除有内、外祭之别外，还有独祭、合祭和周祭三种。其中最具商代风俗特点的是周祭。所谓周祭据陈梦家先生研究，“商代王族不问性别，在死后都用十天干之一作为庙号，就以天干的顺序按照六十甲子的日辰致祭。‘祭祀周’以旬为单位，每旬十日皆依天干甲乙丙丁为序，商王、妣以天干为庙号，即依世次及各王、妣庙号之天干顺序而祭。如第一旬甲日祭上甲、乙日祭报乙以至报丙、报丁、示壬、示癸六世，第二旬祭大乙、大丁；第三旬祭大甲、外丙。每旬之祭，我们称之为‘小祀周’。当祖甲时，从上甲到祖庚行‘羽日之祭’‘羽日’‘彡日’‘咨日’三种祭法遍祀其先王与其法定配偶一周而毕，即称‘一祀’，我们称之为‘大祀周’。”[①] 这就是商代盛行的以彡、翌、祭、壴、协五大祀典为主干，轮番系统致祭上甲以下先妣的周祭。遍祀一周约需一年时间，然后又周而复始。

周代对祖先神崇拜的祭祀十分频繁，除了特定的祭社和临事祭丰巳以

① 陈梦家：《殷虚卜辞综述》，中华书局 1988 年版，第 385 页。

外，最规范的是“礿”“禘”“尝”“烝”的四时之祭。即《礼记·王制》所说：“天子、诸侯宗庙之祭，春曰礿，夏曰禘，秋曰尝，冬曰烝。”按照孔颖达对该篇的解释，礿祭即“祭品鲜薄”，不用牺牲；禘祭即“依时次弟而祭之”，尝祭即请祖先品尝新谷之祭，烝祭即以牲体置于俎上之祭。

六　上帝崇拜风俗

（一）从上帝到天帝

先秦之时，汉民族先民从原始时代对天神和祖先神的崇拜发展到商代形成了对上帝的崇拜。

商代的上帝是有至高无上的权威的“天”与祖先神合二为一的一元神。商代的上帝既统治天上世界的各路尊神，具有支配气象变化，以影响人间的祸福的神性；又统治地上世争具有支配社会现象和支配社会统治者的神性。人们俗信人间世界的“王”，是代表“上帝”来行使统治权的，他不仅是“天意”的传达者，还是“天意”和“人意”的联络者。所以商王一直以十干的日为名，及至商末西王直接称为“帝乙”和“帝辛”（纣）。

商代作为一元神的上帝，到周代逐步发展成为天与祖先神分离的二元神。《诗经·大雅·文王之什·文王》说：“文王在上，于昭于天。周虽旧邦，其命维新。有周不显，帝命不时。”在这里天帝与文王是分离的，同时先王又是与天帝相配的。这样商代一元神上帝变异成了二元神的天帝。

周代的天帝神性更大，人们不仅俗信周王是受天帝的委派，代表上帝来化育人类的，天子统治万民是天帝交给的天职。正如《诗经·周颂·时迈》所说：“时迈其邦，昊天其子，实右序有周。”还俗信祖灵都和上帝在一起，所以祭上帝时，要同时祭先王。《诗经·周颂·思文》说：“思文后稷，支配彼天。”《诗经·周颂·我将》也说：“我将我享，维羊维牛，维天其右之；仪式刑文王之典，日靖四方。伊嘏文王，既右飨之。”

在天帝崇拜的影响下，周代天命观逐渐盛行，俗信天意是衡量人间一切受行的善恶标准。《墨子·天志中》说：“观其行，顺天之意谓之善意行，反天之意谓之不善意行。观其言谈，顺天之意谓之善言谈，反天之意谓之不善言谈。观其刑政，顺天之意谓之善刑政，反天之意谓之不善刑政。故置此以为法，立此以为仪，将以量度天下之王公大人卿大夫之仁与不仁，譬之犹分黑白也。”人在世间的地位也都是由天意决定的，《墨子·非命上》说：“执有命者之言曰：‘命富则富，命贫则贫，命众则众，命寡则寡，命治则治，命乱则乱，命寿则寿，命夭则夭，命虽强劲（勤）何益哉？’”于是“死生有命，富贵在天”①；“道之将行也与？道之将废也与？命也。”②等天命俗信在先秦汉民族民间影响久远。于是商代的上帝到周代变异成了天帝，上帝之称虽然有时也沿用，但“天帝”之称却占了主导地位。《荀子·政论》云：“居如大神，动如天帝。”这样，以“天”为中心，出现了许多俗称，如“皇天”“上天”“旻天”“昊天”“苍天”等。

“皇天”，《诗经·臣工之什·雝》说：“燕及皇天，克昌厥后。”《尚书·太甲中》说：“皇天眷佑有商”。

“上天”，《诗经·文王之什·文王》说：“上天之载，无声无臭。”《尚书·泰誓》说：“今商王受，弗敬上天，降灾下民。”

“旻天”，《诗经·荡之什·召旻》说：“旻天疾威，天笃降丧。”《尚书·多士》说：“尔殷遗多士弗曼天，大降丧于殷。”

“昊天”，《诗经·节南山之什·雨无正》说：“浩浩昊天，不骏其德……旻天疾威，弗虑弗图。”《尚书·尧典》说：“乃命羲和，钦若昊天，历象日月星辰，敬授人时。”

“苍天”，《诗经·节南山之什·巷伯》云：“苍天、苍天，视彼骄人，矜此劳人。”《诗经·王风·黍离》云：“悠悠苍天，此何人哉！”

（二）禋祭和郊祭

先秦汉民族从夏代开始祭天帝即用禋祭，亦称燎祭，俗称“实柴”。禋祭就是先烧柴升烟，再加牲体、玉帛于柴上焚烧，因烟气上达以致精诚。此祭仪一直流传，及至周代亦然。《周礼·春官·大宗伯》说：“以禋祀昊天上帝。”郑玄注：“禋之言烟……三祀皆积柴、实牲体焉，或有玉帛，燔燎而升烟，所以报阳也。”

据说早在黄帝时就有人立庙祭拜上帝。《史记·封禅书》说：“自古

① 《论语·颜渊》。

② 《论语·宪问》。

以雍州积高，神明之陕，故立畤郊上帝诸神祠皆聚云。盖黄帝时尝用事，虽晚周亦郊焉。”在此说黄帝玄庙祭上帝虽是附会之言，但周代郊祭上帝已成风俗则是事实。

郊祭，是周天子每年春冬两次到郊外祭祀天帝的例祭。关于春郊祭《礼记·月令》说：“立春之日，天子亲率三公、九卿、诸侯、大夫，以迎春于东郊。”这个月，“天子乃以元日祈谷于上帝，乃择元辰，天子亲载耒耜，……躬耕帝籍田，天子三推。”关于冬郊祭，《礼记·月令》说：“立冬之日，天子亲率三公、九卿、诸侯、大夫以迎冬于北郊。”这个月，要“大饮烝。天子乃祈来年于天宗”。

七　占卜风俗

（一）骨卜与龟卜

占卜之俗早在先秦汉民族先民的原始时代已兴起。所谓占卜，就是在骨版的一面施以灼焦，使另一面因受热作用而裂变出现坼纹，依其坼纹多寡、长短、纵横等所谓兆象变化，进行占《说文解字》云：“占，视兆问也。卜，灼剥龟也。”后泛指预测吉凶的迷信活动为占卜。

夏代占卜大多利用猪、羊、牛、鹿等的肩骨甲骨作占卜材料。卜骨大都不加刮削整治，仅施火灼。由于受限于骨料厚度，骨上通常不见卜兆裂纹，也不见后世卜者为控制骨上兆坼变化而施行的所谓钻、凿等技术性处理内容。如山西水济东马铺头出土的二里头文化时期的羊骨甲骨，仅灼过而未整治，过血、脊也未除。[①] 河南偃师灰咀出土的二里头三期的牛、猪骨甲骨，仅灼过也未整治。[②] 据宋镇豪先生研究，夏代在黄河流域豫北、冀南和晋中南地区，主要用猪、羊、牛胛骨，在汉水和淮水流域上游地区及夏代的东方地区，则又出土鹿胛骨。[③] 一般说来，夏代的卜骨整治情况是相当差的，火灼是其主要占卜法，显得十分原始。但是，夏代东方地区的占卜比中原地区要高出一筹，不仅卜骨的整治和占卜形态已居当时的领先地位，而且至龙山时期已先于中原地区而出现了灼龟视兆的新的占卜之俗。如山东泗水尹家城遗址的考古发现在龙山文化层发现有完整的卜用龟

---

① 张岱海、高彦：《晋南二里头文化遗址的调查与试掘》，《考古》1980 年第 3 期。

② 佚名：《河南偃师灰嘴遗址发掘简报》，《文物》1959 年第 12 期。

③ 宋镇豪：《夏商社会生活史》，中国社会科学出版社 1994 年版，第 520—521 页。

腹甲，火灼透过龟板，正面犹可见到灼焦痕；在岳石文化层（相当于夏代），出有卜用牛、鹿肩胛骨，经加工整治，边缘刮削过，有钻有灼；在商代文化层，出牛、鹿胛骨和龟腹甲、牛、鹿骨经刮削粗磨，有的加工较精，骨脊削平，周边修平，关节锯除，有钻有灼，钻有单钻、双联钻、三联钻之分。龟腹甲背部经刮削粗磨，有大小钻孔和灼，正面有焦痕，还有短直卜兆裂纹。[①] 而从商代前期王邑郑州商城的考古发现，卜用骨料占大宗者为牛胛骨，其次是龟甲，还有少数鹿、羊、猪、狗、胛骨。占卜形态可分三种情况：一是仅施火灼，以牛、猪骨为多；二是先钻后灼，以牛骨为多，龟甲次之；三是钻凿后灼，以龟甲为多。其钻有单钻和双联王邑，甲骨占卜盛极一时，骨料主要采用牛胛骨和龟甲，又有用牛肋骨、象骨、鳖甲者。凡刮、削、锯、切、磨、修、穿孔以系等，已成为例行的整治公式，各类形制的钻凿灼又显示出相应的世代特色，且排列有序，组合规范。这些给我们清晰地理出了先秦汉民族占卜风俗从骨卜到骨卜与龟卜并用的发展轨迹。[②]

及至周代，因龟被视为国宝，故龟卜之俗比商代更盛行，凡遇大事，皆卜龟问疑。卜骨前须选定兽骨，经人工削平、磨平，然后用锥、凿、刀挖出若干不穿透的圆窝，并在其旁凿以舟型凹槽，以待卜用。卜龟前亦有较复杂的程式，秋时聚龟宰杀，春天刳肠剔聚龟甲。分类存入祖庙藏龟甲的府库，以待卜用。占卜时要举行一定的仪式，先将卜问的问题刻在龟甲上，然后用烧红的木棍炙烤甲骨，使其爆裂，现出兆象，即裂痕，为判断祸吉凶的根据。最后把验证的情况刻在甲骨上。卜前所刻叫命辞，卜后所刻称验辞，统称“卜辞”。1977 年和 1979 年，考古工作者在陕西省岐山县的古周原遗址，发掘出一万多片甲骨，已清理出刻有卜辞的有三百多片，内容有卜祭祀、誓告、出入、往来、征伐、田猎等。[③] 对此，《周礼·春官·大卜》说：“凡国大贞，卜立君，卜大封，则视高作龟；大祭祀，则视高命龟。”

---

① 山东大学历史系考古研究室：《泗水尹家城》，文物出版社 1990 年版，图版六九（1）；第 197 页，图版七八（3）；第 252 页，图版九九（2）（3）。

② 河南省文化局文物工作队：《郑州二里岗》，科学出版社 1959 年版，第 37—38 页；《郑州旮旯王村遗址发掘报告》，《考古学报》1956 年第 3 期。河南省博物馆：《郑州南关外商代遗址的发掘》，《考古学报》1973 年第 1 期。

③ 唐善线：《中国的神秘文化》，河海大学出版社 1992 年版，第 212 页。

（二）从卜筮并用到八卦

在先秦时期汉民族先民的占卜风俗流行的同时，筮占之俗也兴起。筮占，即数占。《左传》僖公十五年说："龟，象也；筮，数也。"《史记·龟策列传》说："摓策定数，灼龟观兆。"筮占与甲骨占卜以兆象变化断吉凶不同，是据揲蓍草所得数字变化定休咎祸福，是八卦的滥觞。

据《尚书·洪范》，传为夏禹时两种筮占兆象分类："曰贞，曰悔"。《世本》云：商大戍时"巫咸作筮。"所以《周礼》说：太卜"掌三易之法，一曰连山，二曰归藏，三曰周易"。《帝王世纪》进一步解释云："庖牺氏作八卦，神农之为六十四卦，黄易，至夏人因炎帝曰连山，殷人因黄帝曰归藏，文王广六十四卦，著九六之爻，谓之周易。"据宋镇豪先生研究，《连山》《归藏》《周易》即是三部上古的筮占汇集，唯《周易》流传至今。《山海经·海外西经》佚文："夏后启筮：御龙以登于天，吉。"大概《连山》《归藏》主要本之夏商人的筮占材料①，而考古出土的商代筮占中出现的数字，今已知有一、五、六、七、八、九，筮数形式有六个爻的重卦，三个爻的单卦及四个爻者。其易卦的爻变均是在上卦相同的条件下，下卦各爻皆可变，变卦即可将奇数变偶数（阳变阴），偶数变奇数（阴变阳），也可奇数变奇阴，均比《周易》显得原始而灵活。②

筮占在商代经历了一个由简而繁的发育过程。宋镇豪先生研究了殷墟甲骨上所见的筮数后认为：三爻的单卦只见于一期武丁时，以后又推演出四爻及六爻的重卦，晚期形式主要为六爻，不仅显示了筮占由简而繁的发展过程，而且这些筮占似萌芽于《周易》的奇阳（—）偶阴（- -）的阴阳数术观念，特别是三爻和六爻的卦画形，颇可与《周易》相应卦画、卦名参照；再者，卜龟上的"九六"爻数，或可对文献说的"文王广六十四卦，著九六之爻"作出修正，证明商人筮占与《周易》实一脉相承。③

---

① 宋镇豪：《夏商社会生活史》，中国社会科学出版社 1994 年版，第 529 页。

② 郑若葵：《安阳苗圃北地新发现的殷代刻数石器及相关问题》，《文物》1986 年第 2 期；肖楠：《安阳殷墟发现"易卦"卜甲》，《考古》1989 年第 1 期；曹定云：《殷墟四盘磨"易卦"卜骨研究》，《考古》1989 年第 7 期。

③ 宋镇豪：《夏商社会生活史》，中国社会科学出版社 1994 年版，第 531 页。

商代流行卜筮并用之俗，从目前所知的材料上看，记有筮数的骨料均是卜用的甲骨，有的还兼记卜辞。

由于先秦汉民族先民“龟重，威仪多；筮轻，威仪少”[①]，因而当时的人，卜筮并用时，可先卜后筮，卜不吉乃可筮。《左传》僖公四年所记晋献公欲娶骊姬，“卜之，不吉；筮之，吉”，卜人说：“筮短龟长，不如从长”便是一例。但筮占必须逢吉，才能继之以卜，若筮占不吉，再卜就是亵渎龟策。故《礼记·曲礼上》“卜筮不相袭”，郑玄注：“卜不吉则又筮，筮不吉则又卜，是渎龟策。”从而形成了商代末期“卜吉则筮”或“筮吉则卜”的占筮并用的风俗。周初除通行龟卜外，出现了蓍筮。蓍，为多年生直立草本植物，叶互生叶片边缘有锐锯齿，因而也称“锯齿草”，夏秋间开白色花，茎叶含芳香油，中国北部和西伯利亚都有广泛分布。所谓蓍卜就是《周易·系辞》所说的“用四十九蓍，分为二以象两，挂一以象三，揲之以四以象四时，归奇于扐以象闰，十有八变而成卦”，这就是八卦的基础。

八卦是在蓍卜基础上形成的，具体体现在周初编定的《易经》中。《易经》上见到的卦爻，是以—、- -来表示的。它们本来为奇数与偶数的代号，是用蓍草经过一番烦琐筮占后得出的表数符号。起初，蓍卜时，只须占筮一次；得出一个数（或奇或偶）就可以了，用不着画—、- -符号。但占问者常常由于各种各样的原因对初筮结果不敢或不愿相信，而要求进行第二次占筮。但如果第二次占筮的结果与第一次不同，则将无所适从，于是只好再进行第三次占筮。第三次的结果，或同于第一次，或同于第二次，这样就可以“三占从二”的办法确定吉凶。久而久之，三筮逐成风俗。三筮的结果，无非有8种可能，即奇奇奇、偶偶偶、奇偶偶、偶奇奇、偶奇偶、奇偶奇、偶偶奇、奇奇偶。如果把奇偶变—、- -符号，并将第一次占的放在下面，第三次占的放在上面，第二次占的放在中间，如此叠压起来，这就形成了八卦。可见八卦原来只是8种不同的排列形式，没有专门的名称。到了《周易》编定时，发展到重卦阶段，即连续演变6次，从而得到64个不同的卦形。由于64卦实际上是八卦相叠的结果，故仍称八卦。

八卦中的—、- -原只表示奇、偶，到战国时期，阴阳学说兴起，遂

① 《仪礼·士丧礼》贾公彦疏。

取而代之。把—说成是阳，把 - -说成是阴，认为“一阴一阳之谓道”“阴阳不测之谓神”①，更进一步引申为男女、刚柔、天地、君臣等关系。占筮的方法也就复杂起来了。

（三）占梦

占梦之俗起于何时，已难考证。但《史记·五帝本纪》正义引《帝王世纪》说：“黄帝梦大风吹天下之尘垢皆去，又梦人执千钧之弩，驱羊万群。帝寤叹曰：‘风为号令，执政者也；垢去土，后在也。天下岂有姓风名后者哉？夫千钧之弩，异力者也；驱羊万群，能牧民为善者也。天下岂有姓力名牧者哉？’，于是依二占而求之。”得风后、力牧两位名臣。此说虽然荒诞，却告诉我们古文献中所记载占梦最早的人物是黄帝，此外还有尧有攀天、乘龙之梦，舜有长眉、击鼓之梦，禹有山书、洗河、乘舟过月之梦等，虽也多属荒诞，但说明占梦之俗大约在先秦汉民族的原始时代已出现。

据胡厚宣研究，甲骨卜辞中有关商王占梦的记载很多。商王在卜辞中所占问的梦景或梦象，有人物、有鬼怪、有天象、有走兽，还有田猎、祭祀等。在人物当中，既有殷王身旁的妻、妾、史官，又有死去的先祖、先进。在天象当中，既占问过下雨，又占卜过天晴。在走兽当中提到过牛和死虎。而且商王总是问，其梦有祸没有祸，其梦有灾没有灾。这不仅说明商王对其梦的吉凶非常关心，也说明占梦在商王的生活中占有相当重要的地位。② 有意思的是，商高宗梦傅说的故事与黄帝之梦有异曲同工之妙。《尚书·说命上》说：“（高宗）梦帝赉予良弼，其代予言。乃审厥象，俾以形旁求于天下。说筑傅岩之野，惟肖。爰立作相。”其意是说殷高宗（武丁）梦见上帝赐给他一位良臣，来辅佐他主持国政。他根据梦中这个人的形象，到处寻找。结果在傅岩之野发现一位奴隶，傅说，和梦中人很像，于是便封他为国相。③

商人俗信鬼魂能通梦，甲骨卜辞记载商王的鬼梦特别多，故《礼

① 《周易·系辞》。

② 胡厚宣：《殷人占梦考》，载《甲骨学商史论丛初集》（下），河北教育出版社 2002 年版。

③ 此说《国语·楚语上》也载：“昔殷武丁能耸其德，至于神明……如是而又梦，使以象梦（梦象），旁求于四方之贤，得传说以来升以为公。”《史记·殷本纪》和《帝王世纪》的记载与此类似。

记·表记》说："殷人尚鬼。"并认为商王之所以做鬼梦，主要是商人先公先王或先妣作祟。因此，每当商王夜有异梦，总是占问是不是来自某一位先祖。如"贞王梦，佳皐""贞王梦，佳宰""贞王梦，不佳大甲""贞王梦，不佳祖乙"等。经过占问，如果认定是某一先祖作祟，必定要举行隆重的祭祀。

周代占梦之俗继续流行。史载周人灭商之前，梦的传说和占梦活动极为频繁。《逸周书·程寤解》说："太姆（武王的母亲）梦商之庭产棘，太子发（武王）取周庭之梓材之于阙间，梓化为松、柏、槿、柞"。寐觉以告文王，皇天上帝把"商之大命"交给了周王。所以，周代更加笃信占梦之俗，上至周王，下至民众，几乎无不迷信占梦。凡国家大事都须占龟、占易、占梦三者相参卜吉凶。根据《周礼·春官·大卜》记载，太卜为卜官之长，执掌有关占龟、占易和占梦的"三兆之法""三易之法"和"三梦之法"；以"三兆""三易"和"三梦之法"；以"三兆""三易"和"三梦"之占的结果"观国家的吉凶"，吉则为，否则止，并对凶兆采取补救的措施。所以周代不仅有太卜一职，还在太卜之下设有专职的占梦官。国家如此笃信占梦，民间更是占梦流行。《小雅·斯干》亦云："大人占之，维熊维罴，男子之祥；维虺维蛇，女子之祥。""大人"是对占梦官的尊称，这是占梦官为天子占梦。意思是，王妃梦见罴是生男的预兆，梦见虺蛇是生女的预兆。《小雅·无羊》又云："牧人乃梦……大人占之，众维鱼矣，实惟丰年；旐维旟矣，家室蓁蓁。"这是牧人请占梦宫为他们占梦，说的是梦见水中鱼多，乃是丰收有余的象征；梦见画有龟蛇和鸟类的旗子，又是人丁兴旺的先兆。

周俗占梦时把梦分为六类，即正梦、噩梦、思梦、寤梦、喜梦、惧梦。占梦的方法是"掌其岁时，观天地之会，辨阴阳之气，以明星辰占六梦之吉凶"[①]。与此同时，俗规占梦官每年年末要为国君祈求来年的吉梦，并将一年中已符应的吉梦的册籍献给国君还要向四方行释菜礼，以送噩梦；命令方相噩梦，正如《周礼·春官·占梦》所说："季冬聘王梦，献吉梦于王，王拜而受之；乃舍萌于四方，以赠噩梦，逐令始傩驱疫。"

① 《周礼·春官·占梦》。

第七节　先秦汉民族的社会风俗

一　家族风俗

（一）祖辈

先秦之时，汉民族先民自祖父以上各辈尊长均俗称为“祖”。《诗经·大雅·生民序》说：“生民，尊祖也。”孔颖达疏：“祖之定名，父之父耳。但祖者，始也，己所从始也。自父之父以上皆得称焉。”最初始的祖先俗称“始祖”。《仪礼·丧服》云：“诸侯及其大祖，天子及其始祖之所自出。”郑玄注：“大祖，始封之君；始祖者，感神灵而后生稷、契也。”说的是稷为周部族的始祖，契为商部族的始祖，所以周代无论天子、诸侯、大夫、士，均有始祖庙，而能否奉祀始祖，标志着后代子孙身份、地位的高低。周俗只有宗子才有祭礼始祖的资格和权力。

最初受封的君主俗称“太祖”，又作“大祖”或“大”。《仪礼·丧服》说“诸侯及其大祖”，郑玄注：“大祖，始封之君。”又《礼记·王制》也说：“诸侯五庙，二昭二穆，与大祖之庙而五。”郑玄注：“大祖，始封之君。”周初大封建，姜尚（姜太公）被封于齐，为齐国太祖。此外，周代天子的始祖也称太祖，《礼记·王制》说：“天子七庙三昭三穆与大祖之庙而七。”

父亲的父亲俗称“祖父”。《礼记·丧服小记》说：“祖父卒，而后为祖田后者三年。”

（二）父辈

先秦之时，汉民族先民父亲俗称“父”。《诗经·小雅·蓼莪》云：“哀哀父母，生我劬劳……哀哀父母，生我劳瘁……父兮生我，母兮鞠我，抚我畜我，长我育我，顾我复我，出入腹我。”周俗父亲又俗称“考”。《尚书·舜典》云：“帝乃殂落，百姓如丧考妣。”孙安国传：曰“考专指已死去的父”。《礼记·曲礼下》云：“生曰父……死曰考。”

父之兄俗称“世父”。《尔雅·释亲》云：“父子昆弟，生生为世父。”

父之弟俗称“叔父”。《尔雅·释亲》云：“父子昆弟……后生为叔父。”

（三）母辈

先秦之时，汉民族先民母亲俗称“母”，上引《诗经·小雅·蓼莪》

中已明示。周俗母亲又俗称“妣”，上引《尚书·舜典》中也已明示。后“妣”也专指已死去的母亲。

周俗，不同地位和身份的母亲有不同的俗称，主要有：

嫡母。妾的子女称父之正妻为嫡母。又俗称君母、民母。《仪礼·丧服》云：“君母之父母、从母。”郑玄注：“君母一也；从母，君母之姊妹。”

慈母。妾所生之子丧母，其父令别妾抚育，此妾则为此子的慈母。《仪礼·丧服》说：慈母如母。传曰：慈母者何也？传曰：“妾之无子者，妾子之无母者，父命妾曰：‘女（汝）以为子。’命子曰：‘女（汝）以为母。’若是，则生养之。终其身如母，死则丧之三年如母。”

出母。被父亲休弃的生母，称为出母。《仪礼·丧服》说：“出妻之子为父后者，则为出母无服。传曰：‘与尊者为一体，不敢服其私亲也。’”贾公彦疏：“父已与母无亲，子独亲之，故云私亲也。”故子思的妻子被休弃后死了，其子上未服丧，所以《礼记·檀弓上》说：“孔氏之不丧出母，自子思始也。”

庶母。父妾子称为庶母。《尔雅·释亲》说：“父之妾为庶母。”与“嫡母”相对。

乳母。代母哺乳子女者，称为乳母。《仪礼·丧服》中载“乳母”，郑玄注：“谓养子者有他故，贱者代之兹已。”又俗称“食母”，《礼记·内则》也说：“大夫之子有食母。”郑玄注：“所谓乳母也。”

（四）同辈

先秦汉民族之时先秦之时，汉民族先民以伯、仲、叔、季表示兄弟间的排行顺序。《尚书·吕刑》云：“伯父、伯兄、仲叔、季弟、幼子、童孙，皆听联言，庶有格命。”周俗兄俗称“昆”，亦作“晜”。《尔雅·释亲》云：“晜，兄也”。《说文解字》说：“罤，周人谓兄曰罤。”《诗经·王风·葛藟》亦云：“终远兄弟，谓他人昆。”

（五）子辈

先秦之时，汉民族先民儿辈依身份和地位的不同而有不同的俗称，主要有：

嫡子，即正妻所生之子。《释名·释亲属》说：“嫡，敌也，与匹相敌也。”是说“嫡”为正室，与丈夫（匹）地位相匹配。《左传》僖公二十四年说：“以盾为才，固请于公，以为嫡子，而使其三子下之。”

宗子，即大宗的嫡长子。《诗经·大雅·板》说："怀继维宁，宗子维诚。"郑玄笺："宗子，谓王之嫡子。"

支子，即诸位嫡长子以外的余子，《说文解字》说："支，去竹之枝。"支子犹如离竹之枝，故名。《仪礼·丧服》云："何如而可以为人后？支子可也。"贾公彦疏："支子则第二以下庶子也。不言庶子云支子者，若言庶子，妾子之称。言谓妾子得后人，（嫡）妻第二已下子不得后人，是以变庶言支。支者，取支条之意，不限妾子而已。"周俗支子又俗称"别子"。《礼记·大传》说："百世不迁者，别子之后也，宗其继别子之所自出者。"孔颖达疏："别子谓诸侯之庶子也。诸侯之嫡子嫡孙继世为君，而第二子以下悉不得祢先君，故云别子。"

庶子，即非正妻所生之子，即庶出之子；有时称谓范围较大，包括嫡长子以外的其余嫡子，即包括支子。《说文解字》："庶，屋下众也。"庶即"众多"之意，庶子即诸子。庶子一般较嫡子为多，较嫡长子更多，故名。《礼记·内则》："适（嫡）子、庶子，见于外寝。"郑玄注："此适（嫡）子谓世子弟也；庶子，妾子也。"

众子，即嫡长子以外的余子，与别子、支子大同。周俗不专指妾子，比庶子的范围大。《仪礼·丧服》说："为众子。"郑玄注："众子者，长子之弟及妾子；女子在室亦如之。"

世子，即太子，为诸侯之嫡子。《礼记·曲礼下》说："不敢与世子同名。"郑玄注："世或为大。"孔颖达疏："世子谓诸侯之适（嫡）子也。诸侯之臣为其子作名，不得与君适（嫡）子名同也。"

公子，即公之子，指诸侯嫡长子以外的其他儿子。例如桓公即位前称公子小白，晋文公即位前称公子重耳；战国时期有著名的四公子，即齐孟尝君、赵平原君、魏信陵君、楚春申君。周俗诸侯之女也可称公子。

（六）亲属

先秦之时，汉民族先民家族的亲属关系延伸广，称呼分得细，从而形成了一个庞大而繁杂的亲属体系，这就是：

父之父为祖父，古称王父；父之母为祖母，古称王母。祖之父母为曾祖父、曾祖母；曾祖之父母为高祖父、高祖母。

子之子为孙，孙之子为曾孙，曾孙之子为玄孙，玄孙之子为来孙，来孙之子为昆孙，昆孙之子为仍孙，仍孙之子为云孙。

父之兄为伯父，父之弟为叔父，简称伯、叔。伯父叔父之妻为伯母叔母（后来称为婶母、婶）。伯叔之子，即堂兄弟称为从父景弟，又称为从兄弟，这是同祖父的兄弟。父之姊妹为姑。

父之伯叔称为从祖祖父（伯祖父、叔祖父），其妻为从祖祖母（伯祖母、叔祖母），其子为从祖父，俗称堂伯、堂叔，这是同曾祖的伯叔，其妻称为从祖母（堂伯母、堂叔母），堂伯叔之子称为从祖景弟，又称为再从兄弟即从堂兄弟，这是同曾祖的兄弟。

祖父的伯叔是族曾祖父，称为族曾王父，其妻是族曾祖母，称为族曾王母。族曾祖父之子为族祖父，称为族祖王父。族祖父之子为族父。族父之子为族兄弟，这是同高祖的兄弟。族兄弟之子为亲同姓。

兄之妻为嫂，弟之妻为弟妇。兄弟之子为从子，又称为侄；兄弟之女为从女，也称侄女。兄弟之孙为从孙。

姊妹之子为甥，后来又称为外甥。女之夫为女婿或子婿。后来简称为婿。

父之姊妹之子称为中表，包括表兄、表弟、表姊、表妹，中表是晋代以后才有的称呼。

母之父为外祖父，古称外王父，母之母为外祖母，古称外王母，外祖父之父母为外曾王父与外曾王母。母之兄弟为舅，母之姊妹为从母，母之从兄弟为从舅。母之兄弟姊妹之子女为从母兄弟与从母姊妹，后来也称为中表。

妻又称为妇。妻之父为外舅，后来称为岳父、岳丈、丈人。妻之母为外姑，后来称为岳母、丈母。妻之姊妹为姨。妻之兄弟古亦称为甥，后世改称为舅，或妻舅、舅子，也可按与妻的长幼之序分称为舅兄舅弟，即俗称的大舅子、小舅子。

对于妻子来说，夫又称为婿。夫之父为舅，又称为嫜，后来又称为公。夫之母为姑，后来又称为婆。古时连称为舅姑或姑嫜，后来则称为公婆。夫之兄为兄公，后来称为伯、大伯子—妻夕弟为叔，后来称为小叔、小叔子。夫之姊妹为女公和女妹，后来统称为姑；分为大姑子、小姑子。夫之弟妇为娣妇，夫之嫂为姒妇，简称为娣姒，又叫妯娌。

妇与父母与婿之父母相谓之婚姻，后来称为亲家。分开来说，则妇之父为婚，婿之父为姻。两婿相谓为娅，后代俗称为连襟、襟兄、襟弟。

综上所述，可见妻族亲属称谓纵向仅二代，横向仅及妻同胞兄弟姊妹，不及从兄弟；母族纵向为四代，横向则只有同胞及一从；父族自高祖至六孙共计十三代，横向自身至族兄弟有三从。[①] 这种情况，正如《礼记·大传》所云："同姓从宗，合族属。""亲者，属也。"在这个庞大的亲属体系中，"是故人道亲亲也，亲亲故尊祖，尊祖故敬宗，敬宗故收族。收族故宗庙严，宗庙严故重社稷，重社稷故爱百姓，爱百姓故刑罚中，刑罚中故庶民安，庶民安故财用足，财用足故百志成，百志成故礼俗刑（型），礼俗刑然后乐"。

（七）九族

先秦汉民族之时，亲属关系虽然庞大，但宗亲关系却以"九族"为限，九族以内的亲属俗称"内亲"，九族之外的亲属无男系血缘关系的俗称"外亲"。故《尚书·尧典》云："以亲九族。"所谓九族一般从直系方面，由己身上推至四世高祖，下延至四世玄孙；从旁系方面，由己身横推至族兄弟，即兄弟、堂兄弟、再从兄弟、族兄弟。俗规在九族范围内，具有各种干涉和继承权。

除了九族之外，先秦时期汉民族庞大的亲属体系还可以按一定的联系划分为不同的亲属系统。如按性别区分，有男系亲与妇系亲，父系亲与母系亲；按血缘的关疏远近，可以分为直系血亲与旁系血亲；以己身的辈分出发，可以分为尊亲属与卑亲属等。

见下本宗九族亲属图：

二　宗法风俗

（一）大宗与小宗

先秦时期汉民族先民的宗族风俗发展到周代，形成了宗法之俗。按宗法制度的俗规，在同一始祖的延续序列中，具有继承权的历代嫡长子系统为大宗，其同母兄弟和庶出兄弟的系统则为小宗。《礼记·丧服小记》说："别子为祖，继别为宗，继祢者为小宗。"周代天子之位，均由嫡长子继承，从而构成世系，称为大宗；余子封为诸侯，称为小宗。诸侯相对天子为小宗，但在本国则为大宗。国君之位，也由嫡长子继承，代代相传，奉祀始祖，为大宗；余子封为卿大夫，为小宗。卿大夫之位，也由嫡长子继承，奉祀始祖，为大宗；余子则为士；为小宗。士的嫡长子仍为士，余子则为平民。由于诸侯、卿大夫和士的始祖相对于天子、诸侯、卿大夫来说

① 陈建远主编：《中国社会——原型与演化》，辽宁人民出版社1988年版，第83—85页。

				高祖父母				
			曾祖姑	曾祖父母	曾叔伯祖父母			
		族祖姑	祖姑	祖父母	叔伯祖父母	族叔伯祖父母		
	族姑	堂姑	姑	父母	叔伯父母	堂叔伯祖父母	族叔伯祖父母	
族姐妹	再从姐妹	堂姐妹	姐妹	己、妻	兄弟 兄弟妻	堂兄弟 堂兄弟妻	再从兄弟再从兄弟妻	族兄弟 族兄弟妻
	再从侄女	堂侄女	侄女	子媳	侄 侄媳	堂侄 堂侄妇	再从侄 再从侄妇	
		堂侄孙女	侄孙女	孙子 孙媳	侄孙 侄孙妇	堂侄孙 堂侄孙妇		
			侄曾孙妇	曾孙 曾孙妇	侄曾孙 侄曾孙妇			
				玄孙 玄孙妇				

均为别子，即嫡长子之弟，故称“别子为祖”。除天子外大宗始终是最初的别子的延续，故称“继别为宗”。小宗各继承其前一代庶子，父传子，子继父，故称“继祢者为小宗”。别子的后裔中，嫡系的大宗只有一个，而庶子的旁系则很多，各个旁系均有继祢的小宗。世秩绵延，族姓繁衍，小宗则愈来愈多，于是采用上杀、下杀、旁杀的原则以五世为止，即由生者上溯父、祖、曾祖、高祖共五代，五代以上则要迁庙，而大宗的始祖始终要奉祀，奉为不祧之祖。所以，《礼记·大传》称大宗为“百世不迁之宗”，称小宗为“五世则迁之宗”。大宗的历代传人均居于族长的地位，称为宗子。宗子拥有主持祭祀始祖和已故父祖的资格和权利，即主祭特权。而小宗只能祭祀父、祖、曾祖、高祖，无权祭祀始祖。

（二）立嫡

先秦之时，由于宗法制度盛行，一个人一旦被立为嫡子，便拥有了对权位、国土、财产的继承权，成为未来的当然君主，所以，立嫡之俗在周代是关系到国家命运、宗族延续的重大之举。

俗规立嫡的基本原则是立正宗所生的嫡长子。《公羊传》隐公元年云："立適（嫡）以长，不以贤；立子以贵，不以长。"即立嫡正妻之子以年纪长幼为标准，论年齿而不论贤能，因为嫡子年幼，而且嫡子不可能兄弟同岁；如果都是庶出之子，则立其中生母身份高贵者，论出身而不论年齿，因为庶子众多，往往有同龄的可能，这叫作"子以母贵"；如果立嫡，则又是"母以子贵"了。

三　姓名风俗

（一）姓与氏

先秦之时，汉民族先民从原始时代起"姓"就是代表具有血缘关系的世系同族的称号。起源于母系社会。《说文解字》说："姓，人所生也……因生以为姓，从女生，生亦声。"表明同姓的人都是同一位母亲的后代，姓正是母系氏族社会一母血缘关系集团的标记。其具有"别婚姻""明世系""别种族"的作用。

"氏"是由同姓衍生的分支，起源于父系社会。同一姓的部落由于人口增多，活动区域扩大，便逐渐分出一些支派，这些支派就是氏。例如嬴姓分出徐、郯、莒、钟离、蜚廉、黄江、秦、赵等 14 氏；姬姓分出 432 氏，等等。氏具有"别贵贱"的作用，先秦汉民族之时只有贵族才有氏。正如宋刘恕《通鉴外纪》所说："姓者，统其祖考之所自出；氏者，别其子孙之所自分。"

所以春秋时期贵族男子不称姓，只称氏，因为姓与生俱来，言氏即可知姓，只有氏才能表明一个现有的身份。及至战国时期，由于周王室宗法关系的崩坏，旧贵族日趋没落，姓氏体系就极为混乱了。

（二）取姓之俗

周代取姓因身份、地位等不同而有不同风俗，主要有：

1. 以居住地为姓之俗

春秋时期，齐国公族大夫分别居住在齐国都城的四面，称东郭、西郭、南郭、北郭，其后代便以郭或东郭、西郭、南郭、北郭为姓。鲁国公子遂居住在东门，字襄仲，人称东门襄仲，其子孙便以东门为姓。另外如西门、南宫、欧阳、城、池、园、百里等姓氏，都源于居住地的地名。

2. 以封国为姓之俗

先秦汉民族之时，由于周代实行分封制，故又流行以封国为姓之俗。周王室分疆裂土，封赐同姓或异姓诸侯，从而出现了许多封国，如齐、楚、燕、卫、鲁、陈、宋、郑、曹等。后来，这些诸侯的后代便以祖先的封国为姓。同样，诸侯在国内也将土地划分为采邑，封赐给卿大夫，这些卿大夫的后代便以祖先的采邑为姓。如鲁国大夫展禽的封邑称柳，展禽后裔便以柳为姓；周武王封造父于赵城，造父之后便以赵为姓。

3. 以职业为姓之俗

先秦汉民族之时，从事百工百业的手工业者流行以职业为姓之俗。周初康叔受封为卫侯，分到殷民陶氏、施氏、樊氏、繁氏、锜氏、饥氏和终葵氏，皆为前朝“国有企业的在职职工”，均是以技艺为姓，史称“殷民七族”。另外，如巫、卜、甄、匠等姓也都源于职业。

4. 以官爵为姓之俗

先秦汉民族之时还流行以官职和爵名为姓之俗。

如古代掌管邦教、军事、工役、人事、刑狱事务的职官，分称司徒、司马、司空、司士、司寇，他们的后代便以官职名为姓氏。又如周有“乐正”之官，其后代则以“乐”为姓；有“贾正”之官，其后代则以“贾”为姓，等等。此外，先秦汉民族还有以王、公、侯、伯、子、男等爵名为姓氏者。

5. 以族号为姓之俗

先秦汉民族之时又流行以族号为姓之俗。如先秦汉民族古老的姬、姚、姒、妫、媿、姞、妘、婀、僇、姜、娄、嬴等姓，原先都是母系氏族社会时的部落名。而夏、商、周等则是先秦汉民族三个主要民族的族名，其后成为先秦汉民族人们的大姓。

（三）名与字

名字是人的称谓符号。先秦之时，汉民族先民名与字各有含义和用途，各有俗规。名，《说文解字》说：“自命民，从口夕，夕者冥也，冥不相见，故以口自名。”

夏商之时有以天干作为人名的风俗，谓之“日名”。夏王朝世系中的太康、仲康、少康等夏王，“康”即“庚”，因而太康、仲康、少康即为大庚、中庚、少庚、均为“日名”。此外，夏王以十干为名的还有孔甲、胤甲、履癸（夏桀）。商王全系日名，从大乙（汤）到帝辛（纣）31 王均以天干取名，他们是：大乙—大丁—外丙—中壬—大甲—沃丁—大庚—小甲—雍己—大戊—中丁—外壬—河亶甲—祖乙—诅辛—沃甲—祖丁—南庚—阳甲—盘庚—小辛—小乙—武丁—祖庚—祖甲—廪辛—康丁—武乙—

文丁—帝乙—帝辛。

商俗日名是按生日取的。《易·纬·乾凿度》说："帝乙则汤，殷家质，以生日为名，顺天性也。"《太平御览》八十三引《帝王世纪》也说："帝祖乙以乙日生，故谓之帝乙。孔子所谓五世之外天之锡名，疏可同名者也，是以祖乙不为讳，盖殷礼也。"《殷本纪·索隐》引皇甫谧又说："微字上甲，其母以甲日生故也，商家生子以日为名，盖自微始。"商代以十干记日，以十日一旬作为记时的主要单元。甲日就是"太阳甲"值日，乙日是"太阳乙"值日，依次类推，十天一顺，自甲至癸，周而复始。商王出生的这一天，俗信为十干中在这一天值日的太阳降临人间，如果是在甲日生的，就取以甲名，乙日生取以乙名。但如果又有一个甲日生的商王出世，就认为这是太阳甲再次光临人间。为了加以区别，就在日名前面加上"大（太）""中（仲）""小"等字。因此，商王的名字是很有规律的：上一字是区别字，下一字则是十干字。如在甲日生的有大甲、小甲、河亶甲、沃甲、阳甲，乙日生的有大乙、祖乙、小乙、武乙、帝乙，丁日生的有大丁、沃丁、中丁、祖丁、武丁、康丁、文丁。帝王生前自视为太阳光照人间，死后仍要上天当太阳，天上人间永远属于他们。于是，商王生前的日名，在死后则成了他们的庙号。《殷本纪·索隐》引谯周说："夏殷之礼，生称王，死称庙号，皆以帝名配之，天亦帝也，殷人尊汤故曰天乙。"

"日名"之俗在商代普遍盛行，正如郭沫若在《中国古代社会研究·卜辞中的古代社会》中所说："近年于保定南乡有三商色刀出土（现归罗氏所在），其一刀列铭祖名为'大祖日己，祖日丁，祖日乙，祖日庚，祖日丁，祖日己，祖日己'；一刀列铭兄曰：'大兄日乙，兄日戊，兄日壬，兄日癸，兄日癸，兄日丙'；一刀则列父名曰：'祖日乙，大父日癸，大父日癸，仲父日癸，父日癸，父日辛，父日己。'"以上三刀铭文所列的祖、兄、父均是日名。

夏商以日名为俗，周代则复杂化了，周代婴儿出生三个月后由父亲取名。取名之俗，据《左传》桓公六年的记载有五条俗规：

一为信，"以生名为信"。即以婴儿出生时的生理特征取名，如鲁公子友出生时，手掌上的纹路像"友"，于是就取名为"友"。晋成公出生时，屁股上有明显的黑块，据此取名"黑臀"。

二为义，"以德命为义"。德，得也。大人以为婴儿相貌非凡，独得天赋，据此取名。《史记·周本纪》记载，周太王认为三子季历所生的儿子有圣瑞之气，就说："我世当有兴者，其在昌乎。"于是就给这个孙子取名为"昌"，寓意他将来使周室昌盛。姬昌就是后来的周文王。文王之子取名为"发"，也是"以德命为义"。据说文王见其儿子出生时，一派非凡之相，以为长大后必发兵诛暴，故取名曰"发"，姬发就是克商灭纣的周武王。

三为象，"以类命为象"。根据婴儿出生时的长相取名。《史记·孔子世家》说，孔子出生时，"生而首上圩顶，故因名曰丘"。圩顶，即凹顶。孔子的父母叔梁纥与颜征在曾去曲阜城郊的尼丘山祈祷山神保佑他们得子。孔子出生时，头顶中间低四周略高，颇像尼丘山，于是叔梁纥就据此异相给他取名为"丘"。

四为假，"取于物为假"。假，借也，即借与婴儿出生时发生的有关事情取名。如孔子的儿子刚生下时，恰巧有人送来大鲤鱼祝贺，孔子非常高兴，就给儿子取名"鲤"。

五为类，"取于父为类"。类，物类也，事物类同之处，即根据婴儿出生时与父辈类同之点来取名。如鲁桓公姬允得子，恰好与其生日相同，桓公说："是其生也，与吾同物，命之曰同。"[①] 于是就给儿子取名为"同"，姬同就是后来的鲁庄公。

与此同时，取名还有禁忌。《左传》桓公六年引申繻言：取名"不以国，不以官，不以山川，不以隐疾，不以畜牲，不以器币。周人以讳事神，名，终将讳之。故以国则废名，以官则废职，以山川则废主，以畜牲则废祀，以器币则废礼。晋以僖侯废司徒，宋以武公废司空。先君献、武废二山。是以大物不可以命"。《礼记·曲礼上》也说："名子者，不以国，不以日月，不以隐疾，不以山川。"此为避讳之俗之肇始。

周俗，男子成人后不便直呼其名，故另取一个与本名含义相关的别字，称之为"字"。因此，字与名相为表里，字多为外部使用，故俗称"表字"。俗规在称呼长者或尊者，或者平辈之间相称时必称字。因而《礼记·檀弓上》说："幼名、冠字、五十以伯仲、死谥，周道也。"孔颖达疏："人年二十，有为人父之道，朋友等类不可复呼其名，故冠而加

---

① 《左传·桓公六年》。

字。”如孔子名丘，字则为仲尼；孔子的儿子名鲤，字则为伯鱼。周俗“男子二十，冠而字……女子许嫁，笄而字”①。

四　交际风俗

（一）九拜与拱手礼

先秦之时，由于流行席地而坐——以两膝着地，置臀于脚踵上，形为跪坐。这是人们在交际往来中向对方俯头拜礼表示敬意的习俗。据《周礼·春官·大祝》的记载，依拜时头与手的高下深浅及次数的不同，分为稽首、顿首、空首、振动、吉拜、凶拜、奇拜、褒拜、肃拜，俗称“九拜”。

稽首，是臣拜君、子拜父之礼。行礼时，屈膝跪地，拱手于地，左手按在右手上，头缓缓至于手前面的地上。因头至地后整个面部抵地要停留片刻，故俗称“稽首”。《礼记·五藻》说：“凡献于君……皆再拜稽首送之。”

顿首，是平辈或地位身份相同相近者之间的拜礼。行礼时，俯身引额头触地即起，故俗称“叩头”或“叩首”。

空首，俗称“拜”“拜手”，是先秦时期汉民族男子常拜之礼，通常用于身份尊贵者对待卑微者的答拜。行礼时，先屈膝跪地，并以两手空至地，再头至手。因头不至地，故俗称“空首”。

振动，是丧礼祭祀中对君的拜礼。行礼时两手相击，再行顿首拜。因“两手相击”为振动，故此拜礼俗称“振动”。

吉拜，是遭丧之际之拜礼，行礼时先行空首拜，缓行顿首拜，顺其极度悲哀之情。《周礼·春官·大祝》郑玄注：“言吉者，此殷之凶拜，周因以其拜与顿首相通，故谓之吉拜。”贾公彦疏：“此谓齐衰已下丧拜。而云吉者，比凶拜为轻。”

奇拜，是一拜之俗称。《周礼·春官·大祝》郑玄引郑司农说：“奇拜为一拜也。”贾公彦疏：“奇拜为一拜也，一拜者为君拜臣下。”

褒拜，是再拜、三拜之拜礼。《说文解字》段玉裁注：“褒拜者，谓再拜以上也。褒者，大也。有所多大之辞也。”《周礼·春官·大祝》郑玄注：“褒读为报，报拜、再拜是也。”此拜礼既见于诸臣对君，《战国

---

① 《礼记·曲礼上》。

策·魏策》中有战国时魏惠王赏公叔痤田百万禄之，公叔痤即“再拜辞”的记载；君亦可用来答拜，《战国策·秦策》中则有秦昭王向范雎请教大小事，“范雎再拜，秦王亦再拜”的记载，又见于民间交际，《论语·乡党》即云：“问人于他邦；再拜而送之。”

肃拜，是妇人的常拜之礼。行礼时，跪而微低头，拱手下即可。

先秦汉民族行九拜礼时都要拱手。所谓拱手，《尔雅·释诂》郭璞注：“两手合持为拱，以示恭敬。”《论语·微子》说：“子路拱而立。”俗规：左为阳，阳为生；右为阴，阴主杀，故凡男拜尚左手，指左手抵在右手上；女拜尚右手，指右手抵在左手上。与此同时，先秦汉民族俗规吉拜之礼尚左，凡稽首、顿首、空首、肃拜、振动诸拜礼都尚左，凶拜之礼尚右，居丧其间稽首、顿首、空首诸拜礼都尚右。《礼记·檀弓上》说：“孔子与门人立，拱而尚右，二三子亦皆尚右。孔子曰：‘二三子之嗜学也，我则有姊之丧，故也。’二三子皆尚左。”说的就是孔子因有丧，拜时右手在左手上，门人弟子依样学去，经孔子纠正后才改成尚左的常式。

先秦之时，拱又俗称“揖”，《说文解字》说：“手著胸前曰揖。”《尚书·康王之诰》说：“太保暨芮伯咸进，相揖，皆再拜稽首。”说的是太保召公与芮伯一同走向前，互相作揖后，同向王再拜稽首礼。揖礼亦根据身份、地位之不同分为时揖、天揖、土揖、三揖、还揖、特揖、旅揖7种。

时揖，是君王对有姻亲关系的异姓亲族行的拱手礼。行礼时，俯身，手从胸前平推至前。

天揖，是君王对同姓亲族行的拱手礼。行礼时，俯身，手经胸前微微向上推举。

土揖，是君王向没有姻亲关系的异姓亲族行的拱手礼。行礼时，俯身，推手微微向下。

三揖，是君王对上大夫、中大夫、下大夫各行一揖的拱手礼。《左传》哀公二年云：“君夫人在堂，三揖在下。”

还揖，是君王对故士、虎士、大仆、大右行的拱手礼。行礼时，身微向后，左右揖之。

特揖，是士对孤卿一一拜行的拱手礼。

旅揖，是爵位等同的大夫对众行的拱手礼。

先秦时期，还有“三拜”之俗，即主人对众宾客行三拜之礼，以示对客人普遍行礼。《仪礼·乡射礼》说："主人西南面三拜众宾。众宾各答一拜。"郑玄注："三拜，示遍也。"贾公彦疏："三拜示遍也，众宾无问多少，止为三拜而已，显示遍也。"故《仪礼·乡饮酒礼》说："南面三拜众宾。"《左传·襄公四年》也说："歌鹿鸣之三，三拜。"

先秦汉民族先民除行拜礼和拱手礼外，还有弯腰屈体的鞠躬礼。《仪礼·聘礼》说："执圭，入门，鞠躬焉，如恐失之。"《论语·乡党》也说："摄齐升堂，鞠躬如也。"

（二）君王与诸侯的朝觐交际

先秦之时，尤其是周代，天子与诸侯之间的交际据《周礼·春官·大宗伯》所记分为春朝、夏宗、秋觐、冬遇、时会、殷同、时聘、殷视8种。

春朝，是诸侯于春季朝见天子，或天子召见诸侯。《尚书·舜典》说："五载一巡守，群后四朝。"《孟子·梁惠王下》也说："诸侯朝天子曰述职。"故俗称"春见曰朝"。

夏宗，是诸侯于夏季朝见天子，或天子召见诸侯。此所谓"宗"是借喻众水归海或谒见名山。《尚书·禹贡》也说："江汉朝宗于海。"

秋觐，是诸侯于秋季朝见天子，或天子召见诸侯。"觐"就是拜见之意。《诗经·大雅·韩奕》说："四牡奕奕，孔脩且张。韩侯入觐，以其价圭，入觐于王。"郑玄笺："诸侯秋见天子曰觐。"

冬遇，是诸侯于冬季朝见天子，或天子召见诸侯。"遇"即"礼也"。《吕氏春秋·音初》说："禹行动，见涂山之女，禹未之遇，而巡省南土。"高诱注："遇，礼也。禹未之礼而巡狩南行也。"又《周礼·春官·大宗伯》郑玄注："遇，偶也，欲其不期而俱矣。"此为诸侯朝见天子。《周礼·秋官·大行人》说："冬遇以协诸侯之虑。"郑玄注："冬见诸侯则合其虑之异同。"此为天子召见诸侯。故俗称"冬见曰遇"。

时会，又称时见，是天子有大事时不定时的会见诸侯。《周礼·春官·大宗伯》郑玄注："时见者，言无常期，诸侯有不顺服者，王将有征讨之事，则既朝觐，王为坛于国外，会诸侯而命事焉。"《春秋传》曰："'有事而会，不协而盟'是也。"故俗称"时见曰会"。

殷同，是天下各方诸侯都拜见天子。《周礼·春官·大宗伯》郑玄注："殷，犹众也，十二岁如王不巡守，则众服尽朝，朝礼既毕，王亦为坛，合诸侯而命致焉。"故俗称"殷见曰同"。

时聘，是诸侯不来朝派大夫来聘问天子起居，以及诸侯与诸侯间的遣使交际。《周礼·春官·大宗伯》郑玄注："时聘者，亦无常期，天子有事乃聘之焉。"贾公彦疏："天子有事乃聘之焉者，上时是当方诸侯不顺服，其顺服者，当方尽朝，无遣臣来之法，其余三方诸侯不来。诸侯闻天子有征伐之事，别遣大夫来问天子。"《周礼·秋官·大行人》也说："时聘以结诸侯之好。"此外，《礼记·曲礼下》云："诸侯使大夫问于诸侯曰聘。"《礼记·王制》又说："诸侯之于天子也，比年一小聘，三年一大聘，五年一朝。"

殷视，是诸侯定期派卿代己探视天子之起居。周俗侯服年年朝，甸服二年一朝，男服三年一朝，采服四年一朝。因此，除侯服外，其他诸侯朝派卿定期来探视天子。《左传》昭公五年说："朝聘有珪，享頫有璋。"

天子与诸侯的朝觐交际还有细密烦琐的俗规。《仪礼·觐礼》中对秋觐之交际往来有详细的记载，其余交际往来已不可考。据《仪礼·觐礼》所记，秋觐之交际往来的礼仪程式是：

1. 郊劳

诸侯朝天子，天子派使者专程迎接慰问，俗称为"劳"。诸侯的爵位不同，迎劳的规格待遇也不同。一般来说，上公来朝有三劳：一劳于王畿，再劳于远郊，三劳于近郊劳于远郊；子男仅一劳于王畿。但不管何等诸侯，在到达王城近郊时，都必须以帷为宫，四方树立旗帜，标示四门，然后在帷宫内除地封土为坛，准备拜受王使郊迎之劳。郊劳使者由大行人担任，持璧为礼。诸侯在帷宫门外迎候，诸侯入帷宫，使者执玉升坛，诸侯升坛受玉。以天子之璧财轻而礼重，诸侯再拜稽事，受而复还，以示轻财重礼。使者授璧出，诸侯以束帛、乘马馈赠使者，并从使者入朝，到以天子之命所赐的舍馆下榻休息，郊劳结束。

2. 受日和受次

诸侯下榻宾馆，天子派大夫通知朝觐的日辰及觐礼的相关事项，诸侯拜受，俗称"受日"。因为朝觐在祖庙进行，朝觐的诸侯又很多，事先要安排好人觐的先后和位次，在觐礼的前一天，召集全国诸侯的副使（上介）到祖庙门外听候安排，俗称"受次"。

3. 释币

朝觐的当天清晨，诸侯先在馆内以币祭告迁主，然后由祝把币藏好，待归国随迁主人祧庙，埋于祧，西阶之东，俗称"释币"。

4. 入觐

释币后，诸侯乘墨车，建龙旗，带着玉圭，至天子祖庙，依次入觐天子。

天子将画有斧文的屏风设在户牖之间，以示威严；左右又置玉几，以示至尊之优。天子身穿衮衣，头戴冕，背靠屏风，南面而立，等待诸侯朝见。觐礼规定，天子不下堂亲迎诸侯，而由大宗伯为上摈迎接诸侯入觐；诸侯在摈的引导下，入门而右坐，把贽礼玉圭放在地上，俗称“奠圭”；再拜稽首，升阶献圭；天子受礼，诸侯降于东，北面而立，再拜稽首，然后升堂，成礼而出。

5. 三享

诸侯人觐礼毕接着向天子献币，分三次献完，称为“三享”。初享用马或虎豹之皮等；次享用三牲、鱼、腊、笾豆之实等；后享用本国特产。三享在庭中连续一次完成，每享都有束帛加璧。享礼由诸侯亲献，摈者传述天子之命，诸侯升堂至命献玉，天子抚玉不受币，而由太宰收受。诸侯降拜，牵马而出，授予有司。三享礼毕。

6. 赐服

赐服是天子派使者往宾馆馈赠诸侯车服。同姓诸侯赐车金路，赐服衮冕；异姓诸侯赐车象路，赐服毳冕；要服以内庶姓诸侯赐车革路，蝪服毳冕。因诸侯人各一馆，赐服时一般由天子的诸公担任使者，太史陪同，分送子各馆。太史宣读命书，诸侯北面再拜稽首，受命，升阶而成拜。太史将命书和赐服一同授给诸侯，然后与诸公辞出。诸侯拜送，并以束帛四马馈赠诸公和太史。

7. 飨宾

飨宾是天子亲自设宴，招待朝觐的各国诸侯，并回致币帛。一般上公受三飨、三食、三燕；侯伯受再飨、再食、再燕；子男受一飨、一食、一燕。飨、食、燕，天子都回致币帛；如果天子因故不亲行飨、食、燕，则派大夫以礼币致谢。飨宾后，诸侯启程回国，全部觐礼至此结束。

（三）介绍人与见面礼——“挚”

先秦之时，汉民族先民之间的交际往来特重相见相识，尤其是初次见面，外客见主人，身份地位低的人见身份地位高的人必须有介绍人和见面礼。

介绍人，即传递宾主之言者，俗称“介”。《大戴礼记·朝事》说：

“介绍而相见。”《礼记·聘义》也说：“介绍而传命。”也有俗称介绍人为“某子”的。《仪礼·士相见礼》即说：“某也愿见，无由达，某子以命命某见。”因此，春秋战国之时各诸侯国都有掌管宾客而作中介告请的官员，俗称“谒者”。管子就是因鲍叔的介绍而得见齐桓公被任为相。

外客见主人要送见面礼，俗称“挚”（一作“贽”）。不同身份的人挚亦不同，据《仪礼·士相见礼》所记，士相见时的见面礼冬天用雉，夏天用晒干了的鸟，去见主人时要用双手捧着把雁头放在左面；上大夫相见时的见面礼用羊羔，用布做成羊衣给羔穿上，拴上四只足，绳子绕过羊羔的背，在胸前打结，头放在左边，左手抓住羔的两条前腿，右手抓住两条后腿献给主人。而据《周礼·春官·大宗伯》所记则为“孤执皮帛，卿执羔，大夫执雁、士执雉、庶人执鹜（鸭）、工商执鸡”。至于“妇人之贽”，据《礼记·曲礼下》所记为“椇榛脯修枣栗”。此外，《大戴礼记·朝事》所记诸侯之间相见用圭，当然，挚礼还是要人量力量时而为，并可多种多样。《战国策·韩策》就记载了韩国严遂见聂政时，是“具酒，觞聂政母前，奉黄金百镒，前为聂母寿”“备宾主之礼而去”。

这种见面礼，除宾客对主人表示敬意外，还俗信象征意义，即玉圭玉璧皮帛象征贵重显尊，羔羊象征随群不失其类，雁象征大夫之随君侯而行，雉象征耿介不失节操，鹜象征安土不飞迁，鸡象征守时而动，等等。

俗规，宾客执挚面见，主人一般应辞让三次。第一次俗称“礼辞”；第二次俗称“团辞”；第三次俗称“终辞”。《仪礼·士相见礼》对此有一段很详细的记述：

> 士相见时的见面礼，冬天用雉，夏天用晒干了的鸟，来客把鸟头放在左面，双手捧着，说：“我某人希望见你，却没有人把我介绍给你。现在某先生根据您的指示让我前来拜见。”主人回答说：“某先生指示我前去见你，现在你又屈尊前来。请你回府，我要赶去拜见。”来客回答说：“我不敢按你的指教接受你的来访，还是请您允许我拜见吧。”主人回答说：“我不敢摆出主人的样子，所以请您回府，我要赶去拜见。”来客回答说：“我也不敢以主人的面貌见您，所以请允许接见。”主人回答说：“我坚持辞谢掉你的求见，既然得不到您的允许，那么我马上出来见您。可是听说您手

里捧着见面礼，我不敢当，冒昧地请您免掉礼物。”来客回答说：“我不带着见面礼，不敢拜见您。”主人回答说：“对你给我这样高的礼遇我不敢当，斗胆地再次请您免掉。”来客回答说：“我不靠着礼物表达敬意，就不敢拜见，所以再次请求您。”主人回答说：“我一再坚持请您收回礼物，得不到你的同意，我不敢不从命了！”主人走出去，在门外迎接客人，行再拜礼。客人行再拜礼回答。主人行揖礼，从门的东半边进去。客人捧着礼物，由门的西半边进去。主人行再拜礼接受礼物，客人行再拜礼送上礼物，走出，主人请求重新见面，客人返回来见主人，随后退出。主要送到大门外，行再拜礼。①

（四）自报“名事里”及交际用语

先秦之时，汉民族先民客人初见主人要自报名籍身份，俗称“名事里”。战国时，郑同见赵惠文王时自报称“臣南方鄙之人”②。报名籍身份时还要根据主方身份不同而有变异，如苏秦见燕王时自报称“臣东周之鄙人”③。而见赵臣李兑时则报其为“雒阳乘轩里苏秦”，且有“造外阙，愿见于前，口道矢下之事”。这种“名事里”即为汉民族后世“名谒”“名帖”“名片”之滥觞。

在自报“名事里”时，自称亦有俗规，“凡自称於君，士大夫则曰‘下臣’。宅者在邦，则曰‘市井之臣’；在野，则曰‘草茅之臣’；庶人则曰‘刺草之臣’；他国之人则曰‘外臣’。”④

自报“名事里”后，交际用语亦有讲究。据《礼记·少仪》的记载，一般如第一次去拜访有德行或有官位的君子，请见的辞语不能真指主人，要说“某固愿闻名于将命者”，即“我实在愿意将贱名报告给你的传话人”。如求见的人与自己地位相当，则说“某固愿见”，即“我特地来拜见”。很少见面的拜访时也要说“某固愿闻名于将命者”，谓之“罕见曰闻名”。经常见面的拜访时就说“早晚都麻烦您通报”，谓之“亟见曰朝

① 许嘉璐主编：《文白对照十三经》，广东教育出版社、广西教育出版社、陕西人民教育出版社 1995 年版。

② 《战国策·赵策》。

③ 《战国策·燕策》。

④ 《仪礼·士相见礼》。

夕”。

此外，盲人求见，只能说“请通报姓名”，谓之“瞽曰闻名”；去有丧事的人那里，就说“来与传话的人一同做此事情”，谓之“适有丧者曰比”；孩童则说“听候差遣”，谓之“童子曰听事”；去参加公卿的丧礼则说“所侯司徒的差遣”，谓之“听役于司徒”。

（五）迎送之礼

先秦之时，迎来送往是汉民族先民交际生活中的重要一环，到周代已形成社会的时尚。

春秋战国之时，诸侯朝聘天子的礼制已逐渐崩坏，诸侯间的相互聘问，使者往来，不绝于道，迎送礼仪形式多种多样，有郊迎郊送、过境假道迎送、致馆视馆迎送、用车迎送、庭迎庭送、门迎门送等，但其中以郊迎郊送最为流行。郊迎名相名将有之，如《左传》文公庭迎庭送、门迎门送等，但其中以郊迎郊送最为流行。郊迎名相名将有之，如《左传》文公十年云：春秋时宋国华御事，曾郊劳“逆（迎）楚子，劳且听命，遂道以田孟诸”。《吕氏春秋·报更》说：战国时淳于髡为齐使于楚，回途经过薛地，齐孟尝君“令人礼貌而亲郊送之”。郊迎社会贤达名流有之，如《吴越春秋·夫差内传》说：子贡东见越王，“王闻之，除道郊迎”。《战国策·魏策》说：名家惠施受魏王令，赵楚国测度外交，“楚王闻之，因郊迎惠施”。父母郊迎儿子者有之，如《战国策·秦策》说：苏秦被赵封为武安君，受相印，“将说楚王，路过洛阳，父母闻子，清官除道，张乐设饮，郊迎三十里”。

迎送礼仪中最隆重的是车迎。《战国策·魏策》记载齐王曾以“鲁侯之车”迎陈轸，时称“重迎”。

迎送礼仪中常用的还有庭迎庭送。庭是宫中正殿前的大庭，《战国策·秦策》记载魏人范雎入秦，秦王庭迎，“教执宾主之礼”。

至于门迎门送之礼，先秦汉民族俗规，凡名望、身份、地位、年龄高于主人者，主人迎送时均应到大门之外。但一般情况下，主人往往迎于大门内门左，西面再拜，宾客从右入答拜，宾主经多次对揖谦让后再同时入内或让宾客先入，升阶时又要三让，宾客离别时，主人送于门外，再拜而辞。①

① 《仪礼·公食大夫礼》。

在先秦汉民族的迎送礼中，还有一种俗称为“趋”的风俗十分流行。所谓“趋”俗。就是以碎步疾行对尊者、贵者、长辈、宾客表示敬意。《论语·子罕》说：“子见齐衰者，冕哀衣裳者与瞽者，见之，虽少，必作；过之，必趋。”说的是孔子会见穿丧服、穿戴礼帽礼服和瞎了眼睛的人，即使年龄比自己小，也要从座位上站起来；走过这些人时，则要快走几步，表示敬意。晚辈从长辈面前走过，当然更不能昂首阔步，只能快步走。《论语·季氏》中还记载了孔鲤两次“趋而过庭”的故事。《诗经·齐风·猗嗟》也有“巧趋跄兮”的诗句。《左传》成公十六年也载，晋、楚鄢陵之战时，晋国将领郤至遇见楚君，他立刻跳下战车“免胄而趋风”，即摘下头盔，快步如风地走向楚君致敬。

此外，先秦汉民族之俗，妇人迎送不能出大门。《左传》僖公二十二年说：“妇人送迎不出门，见兄弟不逾阈。”《礼记·丧大记》也说：“妇人迎客送客不下堂。”

（六）坐席之规

先秦之时，汉民族先民在交际中，对于席地而坐的座次、等级尊卑十分讲究。《墨子·非儒》说：“哀公迎孔子，席不端，不坐。”孔子在《论语·乡党》中即有“席不正，不坐”之言。所谓“正席”，就是指布席时席子的四边要与墙壁平行，表示庄重。

俗规朝臣的办事，在堂上布席，座次一般以南向为尊。[①] 正宾南向而坐，主人在东墙西向坐，随行之副宾或“介”在西墙东向坐，主方陪同在南面下座北向坐。而朋友相聚，在室内布席，则以西坐东向为尊，以显更亲近。《左传》昭公二十五年即记，楚叔孙婼聘于宋，宋公享之，到次日私见时，宋公又设宴饮酒，改让孙叔婼“右坐”东向，自己在东面西向坐，“语相泣”，十分亲近。

除坐向外，还有种种座席之俗规：

1. 异席。先秦汉民族之时，一席仅能坐4人，若有5人以上，则把长者安排在另一张席上，俗称“异席”。《礼记·曲礼上》说：“群居五人，则长者必异席。”

2. 专席。有丧事的人单独坐一席，俗称“专席”。《礼记·曲礼上》说：“有丧者专席而坐。”

---

① 《仪礼·聘礼》。

3. 侧席。父母有病或有其他忧愁之事的人，独坐，不面对其他席位之人，俗称“侧席”，《礼记·曲礼上》说：“有忧者侧席而坐。”

4. 勿躐席。坐席时不能踏席，只能从席下角逐步升到自己的座位上。《礼记·曲礼上》云：“毋踖席，抠衣趋隅。”

5. 避席。为了尊敬对方或自谦，而离开座位伏地，俗称“避席”或“辟席”。《礼记·哀公问》说：“公曰：‘寡人蠢愚，冥烦子志之心也。’孔子蹴然辟席而对。”孔颖达疏：“以公谦退。故蹴然避席而起对。”

此外，先秦汉民族之俗在同一张席位而坐。俗称“同席”，但俗规父子不能同席，姊妹出嫁返家不能与兄弟同席，男女 7 岁起就不能同席。《礼记·曲礼上》说：“姑姊妹女子已嫁而反，兄弟弗与同席而坐……父子不同席。”《礼记·内则》说：“七年（岁）男女不同席。”《礼记·坊记》：“姑姊妹女子已嫁而反，男子不与同席而坐。”

第八节　小结：先秦汉民族风俗的特点

风俗作为时代的一面镜子，必然会打上时代的烙印。先秦风俗的形成和演变处在汉民族先民从野蛮向文明的转型时代，从而形成如下一些特点：

一　原始

先秦社会离原始社会未远，又有奴隶社会贯于其中，故社会风俗仍未脱原始野蛮之遗风。前几述及，先秦时期的人殉风俗，是用活人来为死者殉葬。纵观先秦时期 1800 余年的历史，人殉之风不绝，风俗文化的原始性可见一斑。

二　滥觞

先秦风俗作为汉民族风俗的源头，当今汉民族的许多风俗郡滥觞于此时，如：

（一）二十四节气滥觞于先秦

前已述及，《夏小正》按一年 12 个月分别记载了不同农时的不同物候，对草、木，以及鸟、兽家禽和鱼的活动都进行了观察。周代《诗经》中也有不少物候风俗的记载，特别是《豳风·七月》，是一篇关于物候的诗歌，如："四月秀葽，五月鸣蜩，八月其获，十月陨萚。""五月斯螽动股，六月莎鸡振羽，七月在野，八月在宇，九月在户，十月蟋蟀入我床下。"此后，战国时成书的《礼记·月令》和《吕氏春秋·十二纪》中有关物候的记载大多源自《夏小正》，只不过略有修改而已。

在先秦的物候经验和知识不断丰富发展的同时，先秦的历法也在不断发展着。《尚书·尧典》中已有二分（春分、秋分）二至（夏至、冬至）的原始概念，其中"日中"（仲春）、"日永"（仲夏）、"宵中"（仲秋）、"日短"（仲冬）分别相当于春分、夏至、秋分、冬至四个节气。春秋时人们已用"圭表"测日影的方法，测定春分、秋分、夏至、冬至四大节气。战国初《左传》中已有"分、至、启、闭"，即春分、秋分、夏至、冬至、立春、立秋、立夏、立冬八个节气的记载。到战国后期，《吕氏春秋》中记载了二十四节气的大部分名称，从此二十四节气成为民间传统节令。

（二）用箸滥觞于先秦

先秦之初，汉民族先民最早的进食方式是用手抓食。此后，从抓食与匕、捆、勺、叉等餐具同时并用，进而又出现了用箸进食之俗。

（三）风水术滥觞于先秦

先秦之俗建宫室头一件大事就是要正位。正位就是侧定宫室房屋的方位，以太阳定座向。到了商末才渐超正南正北，及至周代才形成以南北向为主的风俗。而且，周代就有了占卜的罗盘，俗称"拭"或"式"。这种"揆之以日"的土圭相宅正位之法，正是后来风水术的滥觞。

凡此等等，不一而足。

三　重礼

先秦风俗，尤其是周代汉民族先民的风俗，在宗法制度的影响下，形成了重礼的特点，以"民以食为天"的"食"为例，就形成了一整套系统的饮食礼仪制度，在正式宴待宾客时尤其讲究饮食的礼貌规范的程序。对此，《礼记》中的《曲礼》《少仪》《内则》，《仪礼》中的《乡射》《乡饮酒礼》《大射》《燕礼》《公食大夫礼》《聘礼》《觐礼》，以及《左传》和《诗经》中的《小雅》《大雅》《周颂》等古籍文献中均有具体的记载。周代饮食礼制在礼貌方面包括服装、容貌、姿态、风度、举止、言行等内容。如言谈举止中的礼仪，周俗规定："帷薄之外不趋，堂上不趋，执玉不趋，堂上接武，堂下布武，堂中不翔。"① 就是说在挂有帷幔和帘子的外面不快步行走，在堂上不快步行走，端着玉器时不快步行走，在堂上小步慢走，在堂下可以正步快走，在室内不要舒展双臂行走。周俗坐的基本姿势是两膝着地，脚背朝下，臀部落在脚踵上。如果将臀部抬起，上身挺直，俗称"长跪"，表示对别人的尊敬。而"箕踞"之坐法，将两脚平直，上身与腿形成直角，形似簸箕，则是对人不尊重的表现。总之，饮食时要站有站相，坐有坐相，走有走相，以表现出温文尔雅、礼貌有节的"君子"风度。②

在饮食程序方面包括排场、座次、敬酒、答酒、奏乐、唱歌等也有极规范的礼节安排。

即使平常饮食款待宾客也讲究礼仪。周俗平常奉陪尊长者赴宴会时，不得先吃，但要在尊长后面吃完。不要搞得满桌子是饭，不要搞得满桌子是汤。吃饭时要小口快咽，咀嚼要快，不要两腮鼓胀着咀嚼。进献不带汤的鱼时，鱼尾要向着宾客。冬天要将鱼肚向着宾客的右方，夏天要将鱼脊向着宾客右方。若长者递过酒来就要站起来，并走到放酒樽的地方先拜后受；长者说不必客气，年轻的再返回席位饮酒。长者举杯没有喝干，年轻的就不可以先喝。③ 进餐时，若主人亲自取菜肴给自己时，就要拜谢后再吃；主人不亲自取送的，就不必拜谢后再吃。大家一起饮食，不要只顾自己吃饱；大家一起吃饭，不要手上生汗不干净等，都有严格规定。

四　神秘

先秦社会生产力发展水平不高，人们认识自然的能力有限，故对自然界的一些反常、怪异现象难以理解，于是就将其归之于超自然的神。这种观念体现在日常生活中，就使得作为约定俗成的社会风俗也带有相当的神秘色彩。如当时人们对人类自身的死亡现象无法理解，就产生了鬼魂崇拜，认为"人死曰鬼"④，甲骨文的"鬼"字其象形是脸上盖一个东西的死人。以祝禁术治病，显然富于浓厚的神秘色彩。

---

① 《礼记·曲礼上》。

② 《尚书·无逸》，《国语·鲁语上》。

③ 《礼记·少仪》。

④ 《礼记·祭法》。

先秦风俗的神秘还表现在占梦风俗的盛行上。占梦的神秘凸显在商人俗信鬼魂能通梦，甲骨卜辞记载商王的鬼梦特别多，经过占问，如果认定是某一先祖作祟，必定要举行隆重的祭祀。

周代占梦之俗继续流行。凡国家大事都须占龟、占易、占梦三者相参卜吉凶。周人认为梦见水中鱼多，乃是丰收有余的象征；梦见画有龟蛇和鸟类的旗子，又是人丁兴旺的先兆，充满了神秘色彩。此外，先秦风俗，为了防止瘟疫流行，还施行傩祭驱疫之俗，其神秘色彩也十分强烈。

原始、滥觞、重礼、神秘是先秦汉民族风俗的主要特点。

第三章　秦汉汉民族风俗史记

第一节　秦汉汉民族风俗概述

一　演变的轨迹

秦汉之时，随着国家的统一，社会的安定，以及经济、政治和文化思想的整齐划一，风俗文化也进入了一个整合、规范、定型和健康发展的时期。通观秦汉风俗，大体上可以梳理出以下三条发展变迁的脉络：

（一）趋向统一

先秦之时，除中原风俗外，中国境内存在着许多各具特色的地域性风俗文化圈，如燕赵风俗、齐鲁风俗、巴蜀风俗、吴越风俗和荆楚风俗等，其间差异非常明显。如战国时期，“七国异族，诸侯制法，各殊习俗”①。秦王朝建立后，疆域“东至海暨朝鲜，西至临洮、羌中，南至北向户，北据河为塞、并阴山至辽东”②，其风俗文化更是千差万别。由于“民各有乡俗，其所利及好恶不同，或不便于民，害于邦”，秦朝采用严刑峻法来纠肃风气，清除恶俗，使社会风俗有了差异缩小的趋势。

汉王朝建立后，同样强调“整齐风俗”。与秦代不同的是，汉代注重以经易俗，力图将风俗文化“统一”于儒家规范的框架之内。如婚姻风俗，汉代强调“父母之命，媒妁之言”，婚仪采用传统的“纳采”“问名”“纳吉”“纳征”“请期”“亲迎”等六礼，纳入儒家规范。服饰风俗，汉儒则根据经学思想强调衣着的尊卑等级，如董仲舒和班固都提出：“王者必复命而后王。王者必改正朔，易服色，表德劝善，别尊卑也。”③。

① 《淮南子·览冥训》。

② 《史记·秦始皇本纪》。

③ 《白虎通·衣裳》。

在出行的方面，王莽曾“奏为男女异路之制”[①]，显然是由《礼记·曲礼》“男女不杂坐，不同椸枷，不同巾栉，不亲授”发展而来。

在以经易俗的同时，汉代统治者亦采取政权干涉方式对社会风俗加以整饬。如江南“会稽俗多淫祀，好卜筮。民常以牛祭神，百姓财产以之困匮”，北方儒者第五伦任会稽太守时，即“移书属县，晓谕百姓，民不得有出门之祀。督课部吏，张设罪罚。巫祝依托鬼神，恐怖愚民，皆按论之，有屠生辄行罚”，以行政方法来禁绝“淫祀”。[②]

在这样的情况下，汉代各地的风俗文化开始出现趋同的态势。尽管由于各地经济、文化的发展很不平衡，经学亦只能在某种程度上统一各地的生活习惯，但是随着时间的推移，各地区的衣、食、住、行，婚姻、丧葬以及其他的礼仪习俗，均呈现出大同小异的形态。

当然，秦汉之时社会风俗的“统一”是在多样化的基础上实现的。当时汉民族社会的风俗文化，在保持基本统一的前提下，各地的风俗、习惯在具体的细节方面又各有自己的特色。如代（代州）、石（石邑）之地“人民矜慨忮，好气，任侠为奸，不事农商”；齐地“其俗宽缓阔达而足智，好议论”；西楚“其俗剽轻，易发怒”，等等。[③]

（二）以礼制俗

秦王朝兼并六国，在秦国风俗的基础上，吸收、借鉴六国的礼仪，形成“秦礼”，用以规范人们的社会生活，矫正各地风俗。汉代，从汉元帝始，掀起了一股恢复三代“古礼”的浪潮，确定“三纲五常”为中国封建礼制和伦理规范、社会秩序的最高准则。明确提出“君为臣纲、父为子纲、夫为妻纲”。强调社会的贵贱、尊卑、长幼、亲疏之别。《白虎通·礼乐篇》说：“朝廷之礼，贵不让贱，所以明尊卑也；乡党之礼，长不让幼，所以明有年也；家庙之礼，亲不让疏，所以明有亲也。”

秦汉礼制文化的扩张不仅局限于上层社会，它还下渗和普及于民间群体，对社会的风俗文化加以控制和约束，并和民众文化结合为一，形成礼俗文化。汉代日常生活和社交方面的风俗习尚，诸如加冠、婚姻、丧葬、乡饮、大射、投壶等习俗，均被置于礼制文化的约束之下。其礼俗程序基

① 《汉书·王莽传》。

② （汉）应劭：《风俗通义》卷九《怪神》。

③ 《史记·货殖列传》。

本上都依准古时的“三礼”，或稍作损益。虽有一些局部的或细节的增减，但并不改变该礼仪的基本格局和面貌。汉文帝以后，虽废除了臣为君服丧三年的制度，但整个丧葬礼仪的基本程序并无大的变动，如：子为父母服丧三年的制度未有变更，并一直流传到近代。《后汉书·礼志》载：天子加冠，“仪从冠礼”；《后汉书·梁后纪》也载：桓帝大婚，“一如旧典”，可见汉代的成丁、婚姻礼仪风俗仍然因袭、遵循旧礼，受礼制文化的控制。

比之以先秦，秦汉之时汉民族礼制文化的生存空间要更为广大。周代“刑不上大夫，礼不下庶人”，礼制的施行就深度而言，仅及于贵族阶层；就广度而言，仅及于京畿等区域。而汉代儒生和统治者重建礼制，则把加工、改造过的“周礼”变成全国社会普遍遵行的行为规范，并将推行礼制作为巩固“大一统”局面的主要措施和手段。在这种背景下，礼制文化必然通过向民间社会的渗透、普及，对人们的衣食住行、婚丧嫁娶、送往迎来、处世为人等生活文化加以严格的约束，不得有所违反。因此，在汉民族社会中，某种风俗事象的传布，也必需依附于礼制，方能获得合“法”的地位。比如丧葬，汉代存在两种截然不同的丧葬风气，即薄葬与厚葬。它们都试图与旧礼制联姻，以争取自己的生存“权利”。前者如明帝诏禁厚葬即声称：“昔曾、闵奉亲，竭欢致养；仲尼葬子，有棺无椁。”① 后者如原涉为父修墓，则根据《孝经》：“用大治起冢舍，周阁重门。”② 可见，其薄葬也好，厚葬也好，鼓吹者都努力从“礼”中寻找依据，使之纳入礼制化轨道。

秦汉以降，汉民族风俗一直多以礼俗的形式呈现出来。除丧葬礼外，还有婚礼、诞生礼、冠礼、寿礼、祭礼、社交礼及年节中的礼仪等，不一而足。在这些风俗事象中，俗中有礼，礼中有俗，礼俗交融，难以分别。

（三）由武而文

秦汉时代，是中国历史上的英雄时代。秦朝与战国相接，汉朝则历秦末之乱及楚汉之争，均于血战中立国。时势造英雄，秦皇、汉武、班超、班勇等皆是当时勇猛剽悍的典型。“驰逐”“骑射”成为秦汉前期士族阶

---

① 《后汉书·明帝纪》。

② 《汉书·游侠传》。

层日常生活的主要修习科目和娱乐方式，整个社会到处弥漫着勇悍、尚武的风俗氛围，时人对于骑射、击剑等武功，总是从小就进行学习训练，即使是文臣亦常常能将兵征战。如著名的文学家司马相如，史载“少时好读书，学击剑”[①]；陇西地区，“民俗修习战备，高上勇力鞍马骑射”；“人民矜慨忮，好气，任侠为奸”；中山“民俗懁急”“丈夫相聚游戏，悲歌忼慨”；上谷至辽东，“大与赵、代俗相类，而民雕捍少虑”，如此等等，均反映出当时社会懂得尚武、任侠之风。

当然，秦汉社会风尚并非一成不变地勇悍任侠。随着汉代国力的强盛和社会的稳定，汉武帝尊崇儒术政策的施行，以及各地文教事业的发展，儒家礼学思想得以在全国普遍播布，儒家生活风范逐渐受到全社会的尊重并趋向普及，社会民风则由尚武任侠、勇悍急进向儒家式的温良恭谦、舒缓持重转换。

到了东汉时期，“重厚”“敦扑”“持重”等儒家风范已在上层社会中取得了优势地位。如“孔融让梨”的故事在汉民族社会流传千古，至今仍被人们津津乐道；至于东汉末年的清议之风，更是将尚文之风发展到极致。

在秦朝“车同轨、书同文”和汉武帝用儒学统一思想的基础上，汉代进一步在礼俗的层面上实现了“大一统”；礼制文化的下渗和普及，对社会风俗的礼制控制趋向严格；社会的相对安定和物质生活水平的逐步提高，使社会风俗事象日趋定型；社会文化教育的发展、儒家生活风范的推行，促使社会风尚逐步由尚武任侠向尚礼重文转化，统一化、礼制化、定型化、儒雅化，这就是秦汉之时汉民族风俗变迁的主要轨迹。而统一化、礼制化、定型化和儒雅化之间又是相互关联、互为促进的，是同一方向的几个不同的侧面。秦汉之时的汉民族风俗正是在“大一统”的框架之中，沿着统一化、礼制化、文雅化的轨道，逐步趋于定型，并以其顽强的惯性延续了数千年。

二　学史概况

秦汉之时，是中国历史上风俗记录的发展时期，也是风俗理论向独立方向发展的起始时期。在各种史、志、杂著中，不仅多见风俗的记载，而

---

① 《史记·司马相如传》。

且时有评述。它继承先秦汉民族诸子的风俗思想而有所发展，对风俗的理解和认识也多有发挥。司马迁、班固、王充等人的风俗论述比之先秦汉民族已更为丰富，并体现出他们独特的风俗观，在中国风俗学史上有重要地位。

（一）风俗学理论初露端倪

伟大的历史学家司马迁在中国历史上第一部纪传体历史著作《史记》中，对汉民族社会的风俗文化多有论述，形成了比较完整的历史观和风俗观。

首先，在礼制与风俗的关系上，司马迁特别注重风俗对礼制的作用。他在《史记·礼书》中说："礼由人起。人生有欲，欲而不得，则不能无忿；忿而无度量则争，争则乱。先王恶其乱，故制礼仪而养人欲，给人之求，使欲不穷于物，物不屈于欲，二者相待而长，是礼之所起也。"他把礼制看作社会的行为准则，认为要制定这种准则，必须以风俗为基础，"采风俗，定制作""因民而作，追俗为制"。司马迁将风俗视作礼制的根基，可见他对社会风俗文化的重视。其次，司马迁十分重视风俗与礼乐的关系，提出礼乐不可分，"礼义立则贵贱等矣，乐文同则上下和矣""乐至则无冤，礼至则不争"。并认为乐是一种促使风俗发生演变的催化剂，"可以善民心，其感人深，其风移俗易"；礼乐作用于风俗能使社会上下相通，"乐行而伦清，耳目聪明，血气平和，移风易俗，天下皆宁"，从而显示出重要的教化作用。最后，司马迁十分重视采风问俗，他认为礼、乐之所由来乃从风俗始，是来自于民、取之于俗的结果，所以要真正实行礼乐的作用，就得重视风俗的采录。"州异国殊，情习不同，故博采风俗，协比声律以补短移化，助流政教。"司马迁不仅是这样说的，而且身体力行，也是这样做的。

此外，司马迁还充分注意到音乐与风俗的关系。他的《史记·乐书》从自然、社会、政治、历史、心理、生理、伦理等多种角度论证了音乐与风俗的关系，认为："乐者，所以移风易俗也。"把音乐作为移风易俗、改良风俗的主要手段，注重发挥音乐的教化功能。

汉代的另一位史学家班固，对风俗文化的考察不仅着眼于风俗生存的空间，而且开始关注实施风俗的主体。他在《汉书·地理志》中说：帝都一带"五方杂厝，风俗不纯，其世家则好礼文，富人则商贾为利，豪杰则游侠通奸"。认为即使在同一区域内，不同阶层和群体，所传承的风俗文化也是有差异的。同司马迁一样，班固也注重研究风俗的社会功能和教化作用。他在《汉书·礼乐志》中，把婚礼、乡饮礼、丧葬礼等风俗文化与安土治民、移风易俗的政治教化联系起来，主张吸取秦代“习俗薄恶、民人抵冒”的教训，强调“以教化为大务”，重视礼乐，使“教化已明，习俗已成”，天下无所纷争，达到国家安定的目的。

班固还倾心于风俗本体理论的探讨。他在《汉书·地理志》中对“风”与“俗”的概念作了独特的解释：“凡民函五常之性，而其刚柔缓急，音声不同，系水土之风气，故谓之风；好恶取舍，动静亡常，随君上之情欲，故谓之俗。”即因自然条件不同而形成的习尚叫“风”，由社会环境不同而形成的习尚叫“俗”。“风俗”具有自然和社会的双重属性，这双重属性又是风俗形成和发展的两个最基本的因素。班固精辟的解释，是他在前人大量研究成果的基础上，结合当时风俗文化的实际情况，所作出的具有普遍意义的科学结论。

（二）史书对风俗记述的重视

先秦“史俗并载”的传统不仅为秦汉之时的史家所继承，而且被进一步发扬光大。作为一个史学家，司马迁在他的《史记》中对当时各地的民情和习俗作了详尽记载。其中的《日者列传》[①]《龟策列传》和《货殖列传》均对当时社会的市井风情、民俗事象有较多的记载。《日者列传》和《龟策列传》所述多为卜筮的人和事，《货殖列传》记各地财货、物产、衣食的蓄积和民生的安和，为后人留下了难得的汉代风俗史料。此外，《史记》的人物列传中，所反映的风俗事象也十分丰富。如《苏秦列传》载山东民间的游艺习俗说：“临菑甚富而实，其民无不吹竽鼓瑟，弹琴击筑，斗鸡走狗，六博蹋鞠者。”《滑稽列传》描述邺地祭祀河神说：邺俗为河伯娶妇，“当其时，巫行视小家女好者，云是当为河伯妇，即娉取。洗沐之，为治新缯绮縠衣，闲居斋戒；为治斋宫河上，张缇绛帷，女居其中。为具牛酒饭食，十余日。共粉饰之，如嫁女床席，令女居其上，浮之河中。始浮，行十里乃没”。还有《李斯传》《循吏传》《孟尝君传》《仲尼弟子列传》《春申君传》《孙子吴起列传》等，都载录了有关先秦汉民族至汉初的礼仪、宗教、祭祀、丧葬、服饰，以及市贸等经济民俗和

① 所谓日者，即古时占候卜筮的人。

文体游艺习俗情况。司马迁在记述各地风俗事象时，往往先分析当地的地理环境与经济条件，尽可能地揭示风俗文化与自然、社会环境之间的内在联系，并且对某些陋俗进行了批判，显示出历史学家所具有的朴素的唯物史观。

班固的《汉书》作为中国现存的第一部纪传体的断代史，其中的《地理志》对西汉社会的风俗事象有较多的记载。《地理志》在记载风俗时，也与《史记》一样，十分注重考察风俗与地理环境的关系。如，赵、中山等地"地薄人众"，故"丈夫相聚游戏，悲歌慷慨，起则椎剽掘冢，作奸巧，多弄物，为倡优"，尤其是赵的定襄、云中、五原，"本戎狄地"，故"其民鄙朴，少礼文，好射猎"；齐地"负海舄卤，少五谷而人民寡，乃劝以女工之业，通鱼盐之利，而人物辐辏""故其俗弥侈"；楚"有江汉川泽山林之饶；江南地广，或火耕水耨。民食鱼稻，以渔猎山伐为业，果蓏蠃蛤，食物常足"，所以"呰窳媮生，而亡积聚，饮食还给，不忧冻饿，亦亡千金之家。信巫鬼，重淫祀"，如此等等。在中国风俗学史上，《汉书·地理志》中的这些记载和论述无疑是经典性的，它们不仅为后人研究秦汉风俗提供了重要的文献依据，而且为后世风俗学者研究者们审析风俗文化作了较为科学的示范。

（三）首部风俗学专著的出现

应劭所著《风俗通义》对风俗的一些基本理论问题做了较深入的探讨。有关"风"与"俗"的含义，应劭说："风者，天气有寒暖，地形有险易，水泉有美恶，草木有刚柔也；俗者，含血之类，像之而生。故言语歌讴异声，鼓舞动作殊形，或直或邪，或善或淫也。"可以得知，"风"与"俗"除相对而言多为自然属性和社会属性外，二者通用，没有差别。《风俗通义》"序"中之"为政之要，辨风正俗最其上也"，更是为后人反复引用的风俗学理论的名言。

应劭的《风俗通义》原书 30 卷，今存 10 卷，为皇霸、正失、愆礼、过誉、十反、声音、穷通、祀典、怪神、山泽。作者在此书的序言中表明了自己撰写目的："当时旧章湮没，书记罕存，于是搜集所闻，以辨物类名号，释时俗嫌疑，谓之风俗通义，言通于流俗过谬，而事该于义理也。"《后汉书》称应劭"撰《风俗通》以辨物类、名号，识时俗嫌疑"。表明应劭撰写该书是为了辨风正俗，现微察隐，褒贬社会流俗风尚，维护封建社会的纲常伦理。

《风俗通义》各卷按内容分门别类，叙述各种风俗事象。《愆礼》《过誉》篇中，记载了封建礼制在东汉受到破坏，反映了礼的衰落。《音声》篇记述了各种乐器的形制和作者，对研究游艺习俗有重要参考价值。《祀典》篇记载东汉时的祀神活动，从中可了解东汉人的信仰习俗。不过，严格说来，《风俗通义》并非专门记载汉代习俗，而是更多的杂引古籍中有关风俗现象的记载，加以注疏解说。这表明《风俗通义》实际为一部文献风俗学专著，其价值在于对同一风俗现象的叙述，罗列多种古籍之说，具有集注集说的作用。

作为世界上最早的一部风俗学研究专著，由于有诸多资料可供借鉴，因而叙述风俗事象极为详尽。仅以生育风俗为例，就载有忌生鬓须子、忌生畸形儿、忌一胎生三子和忌生五月等习俗。《风俗通义》曰："不举生鬓须子。俗说人四十五乃当生鬓须，今生而有之，妨害父母也。""光和二年，洛阳上西门外女子生儿，两头异肩，四臂共胸，俱前向，以为不祥，因弃去。朝廷瞀乱，上下无别，上头之象也。""生三子不举。俗说生子至于三，子似六畜，言其妨父母，故不举也。""不举五月子"之俗，《风俗通义》则有两处提及，在《正失》篇中说："今俗间多有禁忌……五月生者，以为妨害父母。"在《佚文》篇中说："俗说，五月五日生子，男害父，女害母。"这类资料，为后人研究秦汉之际的风俗提供了极为珍贵的依据。

（四）王充《论衡》对迷信陋俗的批判

王充（27—97 年），字仲任，会稽上虞（今浙江上虞）人，出身"细族孤门"。他自幼聪颖好学，六岁在家读书识字，八岁进书馆学习，后入太学深造。在太学时，他因家贫买不起书，"常游洛阳市肆，阅所卖书，一见辄能诵忆，遂博通众流百家之言"①，成为一个博古通今、卓然不群的学者。王充虽然满腹经纶，才华横溢，但在仕进路上却很不顺利，只做过幕僚属吏之类的小官，"在县位至掾功曹，在都尉府位亦掾功曹，在太守为列掾，五官功曹行事，入州为从事"②。但时间不长即去职还家，以教书维持清贫的生活。在这样的条件下，他以执着的唯物者的姿态，潜心从事著述，写下了大量著作，可惜除《论衡》外，没有其他流传下来。

---

① 《后汉书·王充传》。

② 《论衡·自纪》。

《论衡》共30卷，全书主旨在于以唯物主义无神论的姿态，抨击儒家孔孟之说，揭露和批判各种谶纬迷信思想。在申述与辩诘之中，记述了风俗事象，并反映出作者的风俗思想。其中《感虚》《骨相》《命义》《吉验》《说日》《薄葬》《卜筮》和《辨祟》等，对汉代风俗事象的记述和反映较为集中。东汉的谶纬迷信活动泛滥，恶浊气氛弥漫整个思想文化界。王充则高举唯物论和无神论的大旗，对唯心主义的神道观念，进行了有力的批驳。从他的言论中，可使我们了解古代信仰民俗的一些具体情形，具有重要的风俗史料价值。

（五）其他学者对风俗的记述和考索

秦汉之时，对风俗的记载和考述，除上列《史记》《汉书》《风俗通义》和《论衡》外，还有《氾胜之书》《四民月令》《西京杂记》等。

《氾胜之书》，西汉氾胜之著。氾胜之，西汉成帝时人，曾为议郎，在今陕西关中平原地区教人耕种。本书是他对黄河流域农业生产经验和技术的总结。内容包括土地耕作、作物栽培、种子储藏及收刈、播种、沤种、选种等方面的传统经验和习俗，尤其对禾、黍、麦、稻、稗、大豆、小豆、苔、麻、瓜、瓠、芋、桑等的栽培技术和种作习俗有详细记述，是了解和研究汉时北方农业生产风俗的重要史料。

《四民月令》，东汉崔寔撰。全书模仿《礼记·月令》的体例，从正月至十二月，依次记述了地主庄园的例行活动，其中尤以记农事活动为多，如正月菑田粪畴，九月治场圃、涂廪仓、修窦窖，十月储藏五谷，十二月合耦田器、养耕牛等。此外，书中还记述了一些家庭手工业活动，如治丝、折麻、纺织、缝制、酿造、修缮房舍和采制药物等，同时，对商业贸易的情况也有所反映，是研究东汉社会生产风俗的重要资料。《四民月令》原书已佚，遗文主要散见于《齐民要术》《玉烛宝典》《艺文类聚》《太平御览》等，清人严可均有辑本行世。

《西京杂记》，在《隋书·经籍志》和《汉书·匡衡传》颜师古注中都没有说该书作者是谁，唐朝段成式在《酉阳杂俎》中说该书为晋人葛洪撰。《西京杂记》全书共六卷，采摭丰富，对汉代社会风俗的采录也非常广泛，包括服饰、娱乐、婚姻、丧葬、岁时节令等内容。如，有汉成帝喜欢玩蹴鞠的记载："成帝好蹴鞠，群臣以蹴鞠为劳体，非至尊所宜。帝曰：'朕好之。'"又如有记汉时丧葬习俗的记载："杨贵，字王孙，京兆人。生时厚自奉养，死卒裸葬于终南山。其子孙掘土凿石，深七尺而下尸，上复盖之以石。欲俭而反奢也。”这些记载对研究汉代汉民族社会风俗大有帮助。

第二节　秦汉汉民族的生产风俗

一　农业风俗

（一）耕作方式与工具

起源于殷商、发展于战国的牛耕风俗，汉时已在北方地区逐渐普及。甘肃武威磨咀子西汉末年的木牛和木犁模型①，山西平陆枣园村新莽时期的壁画②和江苏睢宁双沟的东汉画像石③的牛耕图，都直观地反映了当时牛耕的情景。汉代一般牛耕法是二牛抬杠，两头牛抬着犁衡，牵引着一张长辕的犁，一人扶犁并驱牛。④ 汉代有一种独特的牛耕习俗，即所谓“耦犁”。《汉书·食货志》说：“用耦犁，二牛三人。”“二牛三人”指二人各牵一牛，二牛合拉一犁，一人扶犁。在武帝末年实行代田法，用耦犁之后，“率十二夫为田一井一屋，故晦五顷，用耦犁，二牛三人”⑤。三人种五顷，较之“一人跖耒而耕，不过晦”⑥，其劳动生产率有了显著的提高。南方稻作地区，秦汉时尚未流行牛耕，而是“火耕水耨”。司马迁《史记·货殖列传》说：“楚越之地，地广人稀，饭稻羹鱼，或火耕而水耨。”关于火耕水耨的具体内容，古人有不同的解释，以《齐民要术》解释最为准确：“二月冰解地干，烧而耕之，仍即下水。十日块既散液，持木斫平之。纳种。稻苗长七八寸，陈草复起，以镰侵水芟之，草悉脓死。稻苗渐长，复须薅。”

秦汉之时，铁制农具已被普遍使用，尤其是耕犁比之先前有了很大的改进。已出土的汉代实物中既有轻巧灵便、适于耕垦熟地的小型犁铧；又有锐利厚重、适于开辟荒地的大型犁铧；还有用以开沟做渠的巨

---

① 佚名：《武威磨咀子三座汉墓发掘简报》，《文物》1972 年第 12 期。

② 杨陌公、解希恭：《山西平陆枣园村汉墓壁画》，《考古》1959 年第 9 期。

③ 江苏省文物管理委员会编：《江苏徐州汉画像石》，科学出版社 1959 年版，第 12 页。

④ 陕西省博物馆等：《米脂东汉画像石墓发掘简报》，《文物》1973 年第 3 期。

⑤ 《汉书·食货志》邓展注曰：“九夫为井，三夫为屋，夫百亩，于古者十二顷。古百步为亩，汉时二百四十步为亩，古千二百亩，则得今五顷。”

⑥ 《淮南子·主术训》。

型大犁。汉代耕犁上已开始广泛使用犁壁，20世纪60年代以来，在陕西省的咸阳、西安、礼泉，河南省的中牟，山东省的安丘等地都有出土。汉代的犁壁大体可分为四种类型：菱形壁、板瓦形壁、方形缺角壁和马鞍形壁。前三种壁是向一侧翻土的，后一种壁可向两侧翻土。从汉代壁画和画像石刻来看，犁的结构，已具备框形犁的雏形。木质部件有犁底、犁箭、犁辕、犁梢、犁衡等部分；铁质部分有犁铧、犁壁。汉代耕犁犁底（床）较长，多为直辕犁，犁架装置还较简单，但其结构已基本定型，后世的耕犁都是在这个基础上改进和发展的。[①] 除犁以外，汉代其他农具也有很大发展。从整地、蒔种、中耕除草、灌溉、收获脱粒到农产品加工的农具有30多种，其中有些是新出现的，对提高劳动生产率有重大意义。

秦汉之时，黄河中下游地区已出现一年二熟的耕种风俗。郑玄注《周礼·地官》“稻人”说：“今时谓禾下麦为荑下麦，言芟刈其禾于下种麦也。”很明显是一年二熟或二年三熟。在南方，东汉时有些地方已有双季稻种植。杨孚《异物志》说：“稻，交趾冬又熟，农者一岁再种。”汉时的交趾，包括今两广部分地区和越南北部。广东佛山澜石东汉墓出土的陶水田模型，在同一地块的不同田坻上同时进行收割、脱粒、耕地、播种，显然是夏收夏种场面，可证岭南地区至迟在东汉时已有种双季稻的种作习俗。东汉时期，间作套种和混作也开始出现，《氾胜之书》中就有瓜、薤、小豆之间的间作套种和黍、桑间作套种的记载。

（二）“百谷”：粮食品种丰富

西周之前，人们种植的谷物种类甚多，时有“百谷”[②] 之称。经过长期选择和培育，粮食作物逐渐良种化。此时习惯种植的主要粮食作物，北方有黍、稷、菽、麦，南方有稻。其中麦和稻的种植比先秦汉民族更为普遍，甚至北方部分地区也已推广种稻，如西汉哀帝时，贾让曾建议“多穿漕渠于冀州地，使民得以溉田……故种禾麦，更为粳稻”[③]，这就为秦汉以后中国北麦南稻基本格局的确立打下了基础。

---

① 张振新：《汉代的牛耕》，《文物》1977年第8期。

② 《书·舜典》：“帝曰：弃，黎民阻饥，汝后稷，播时百谷。”《诗·豳风·七月》：“亟其乘屋，其始播百谷。”《史记·五帝本纪》：“时播百谷草木，淳化鸟兽虫蛾，旁罗日月星辰水波土石金玉，劳勤心力耳目，节用水火材物。”

③ 《汉书·沟洫志》。

（三）“民得其饶”：灌溉风俗

秦汉之时，社会重视沟渠的开凿和修建，修渠引水灌溉农田成一代风俗。利用渠堰塘陂灌溉是秦汉农田用水的主要风俗，秦汉之时重视水利设施的修建，其中规模最大者当属黄河的治理。如汉文帝时“河决酸枣”“于是东郡大兴卒以塞之”。汉武帝时，“河决于瓠子”“发卒数万人塞瓠子决河”①。东汉时，汉明帝“发卒数十万”治理黄河，“虽简省役费，然犹以百亿计”②，工程浩大，都由朝廷统一组织。至于各地的渠堰陂井的修建，则多由官府牵头，依靠民间力量完成。汉时期开凿的新渠数量甚多，分布极广，其中最著名的是汉武帝时开凿的漕渠和白渠。漕渠自长安东至黄河，长三百余里，历时三年，在漕运和灌溉两方面都取得了显著效益。白渠引泾水入渭中，“袤二百里，溉田四千五百余顷”“民得其饶”③。

在广大丘陵地区，则是利用地形修建各种小型陂池塘潴。随着提灌工具的改良，凿井灌溉之俗流行；并创造出独特的“井渠”技术。④ 提水用具已有翻车、渴乌等。章怀太子注《后汉书·张让传》“又作翻车、渴乌”曰：“翻车，设机车以引水。渴乌如筒，以气引水上也。”今人刘仙洲先生认为，翻车即后世的龙骨水车；渴乌即虹吸管。⑤ 翻车和渴乌的使用，使提水灌溉的效率有了提高。

在农田灌溉方面，许多地区都定有相应的“乡规民约”，以规范用水管理。如西汉倪宽为关中六辅渠“定水令，以广溉田”⑥；召信臣在南阳修建陂塘，“为民作均水约束，刻石立于田畔防分争”⑦。

二　副业风俗

（一）大规模的人造林

东汉仲长统说：当时的地主庄园“场圃筑前，果园树后”⑧，反映出

---

① 《汉书·沟洫志》。

② 《后汉书·王景传》。

③ 《史记·河渠书》。

④ 同上。

⑤ 唐赞功总纂：《中华文明史》第三卷，河北教育出版社1995年版，第280页。

⑥ 《汉书·倪宽传》。

⑦ 《汉书·召信臣传》。

⑧ 《后汉书·仲长统传》。

果树栽培已成习俗，且专业性较强。秦汉时代，随着大一统局面的出现，各民族文化交流的加强和园艺技术的提高，果树种类和品种显著增多，据《上林赋》《西京杂记》和《三辅黄图》等书记载，果品中除以前已见于文献的梨、枣、栗、桃、李、杏、梅、柑等十多种外，新见于记载的有卢橘（枇杷）、杨梅、蒲陶（葡萄）、荔枝、龙眼、林檎、安石榴、槟榔、留求子、千岁子、橄榄等。其中荔枝、龙眼、槟榔、橄榄为南方果木，葡萄、安石榴等则为汉武帝时从西域引进。晋张华《博物志》说："张骞使西域还，得安石榴、胡桃、蒲桃。"当时的果农还选育了不少优良品种，《西京杂记》记载上林苑种植的果树品种就有梨 10 种、枣 7 种、栗 4 种、桃 10 种、李 15 种、柰 3 种、查 3 种等。

在果树栽培方面，汉代已懂得压条形成新植株的方法。《四民月令》记载："二月尽三月，可掩树枝。"贾思勰注曰："埋树枝土中，令生，二岁已止，可移种矣。"可见"掩树枝"即压条，并有整枝习俗。《四民月令》又说："正月尽二月，可剝树枝。""剝"就是修剪树枝。《四民月令》所载的"掩树枝""掾树枝"是指"场圃筑前，果园树后"的地主庄园而言，当然包括果树在内。此外，汉代在果树育苗、起苗、护苗、装运以至定植、护养、防寒等方面已积累了丰富的经验。有许多约定俗成的处理方式。如汉朝王褒在《僮约》中不仅对桃、李、梨、柿等果树提出了"三丈一树，八尺为行"的株行距要求，而且提出要"果类相从，纵横相当"，即根据果树生长特点，进行成片种植，并以适宜的密度纵横成行，使果园布局美观整齐。

秦汉之时的广义农业生产中，林业已被列为重要生产项目之一。《淮南子·主术训》说："丘陵坂险，不生五谷者，以树竹木。春伐枯槁，夏取果蓏，秋蓄疏食，冬伐薪蒸以为民资。"根据《四民月令》和王褒《僮约》的记载，汉代地主庄园除种植果树桑柘外，还种植竹、漆、桐、梓、松、柏、杂木等。一般农户，多在田边屋旁种树。西汉龚遂任渤海太守时，"劝民务农桑，令口种一树榆"①。秦汉之时，出现了较大规模的人造林，《史记·货殖列传》中说的"千树萩""千亩漆""千亩桑麻""千亩竹"，很明显都是人工种植的用材林和经济林。行道树的种植更为发展，

① 《汉书·龚遂传》。

秦始皇“为驰道于天下，东穷燕齐，南极吴楚，江湖之上，濒海之滨毕之。道广五十步，三丈而树，厚筑其外，隐以金椎，树以青松”①。汉代则有“将作大匠”，其职责之一就是“树桐梓之类列于道侧”②。《淮南子·原道训》说：“今夫徙树者，失其阴阳之性，则莫不枯槁。”说明汉时植树已考虑树木习性，选择地的阴阳向背。

（二）牛乃百姓所仰，阡陌之间马成群

先秦汉民族时期，中国古代畜牧饲养以马、牛、羊、鸡、犬、豕六畜为主。其中马、牛为役畜，供军用、运输或农耕。秦汉之时，时人认为：“马者，甲兵之本，国之大用。”③“牛乃耕农之本。百姓所仰，为用最大，国家之为强弱。”④ 故对马牛等役畜尤为重视。汉初，军马严重不足，西汉政府鼓励民间养马，到汉武帝时，已“众庶街巷有马，阡陌之间成群”⑤。到了东汉时，驴和骡的饲养已相当普遍，中原地区使用。驴的记载，史书中较多见到。时称“驴者乃服重致远，上下山谷，野人之所用耳”⑥。骡，战国时代的文献中曾有提及，但还没有说明它是通过驴与马杂交而生的。到了东汉时期，许慎《说文》说：“骡，驴父马母。”说明东汉时人们对骡的产生已有确切的认识。可知驴和骡已成为中国北方地区常用的役畜。秦汉之时，羊的饲养还不普遍，各地农家所饲养的肉畜，主要是鸡和猪。据扬雄《方言》所列举的当时不同地区对鸡、猪的不同称呼，表明全国各地普遍饲养鸡、猪。鸡、猪以圈养为主，规模极小。当时一些地方循吏“劝民农桑”，提出的理想就是户养“二母彘、五鸡”⑦。

先秦汉民族时期，已有牲畜阉割之俗。《周礼》中有关于“攻驹”和“攻特”的记载，即是指给马和牛做去势手术。秦汉之时此俗得以沿袭，并有所发展。先秦汉民族的牲畜阉割术主要是用“火骟法”。这种方法是在睾丸上端靠近鼠蹊部，先用小夹板夹紧精索，然后用烧红的烙铁烙断精索和血管。在汉代则出现了优于火骟法的水骟法，即以冷水冲阴囊，挤出

---

① 《汉书·贾山传》。

② 《后汉书·百官志四》。

③ 《后汉书·马援传》。

④ 《艺文类聚》卷八五引《风俗通》。

⑤ 《汉书·食货志》。

⑥ 《后汉书·灵帝纪》李贤注引《续汉志》。

⑦ 《汉书·龚遂传》。

睾丸后，将精索与血管分离开，按压精索，前后反复捻搓，一方面压迫止血；一方面使精索从最细处自行断裂。这种方法创口愈合快，因而推行范围很广泛。汉代中央政府曾从乌孙、大宛等处先后引进了大批西域良马，以改良中原地区的马匹品质。据近几十年以来各地出土的汉代陶瓦猪模型的外形来看，秦汉已出现了华南猪、华北猪、四川猪、大伦庄猪和贵州猪五个类型的优良家猪良种。这自然是长期人工选择和培育的结果，当时比较著名的鸡种则有鲁鸡和长鸣鸡。

可见，当时人们在牲畜配种、孕畜饲养、牲畜使役和饲料喂养等方面，均积累了一定的经验，并在饲养实践中总结出一些合乎科学的饲喂方法。如《汉书·尹翁归传》记载：“豪强有论罪，输掌畜官，使斫莝。”可见秦汉之时已有“莝”的习俗。“莝”，即斩铡饲草。精斩细铡饲草，有助于牲畜的消化。也有了“蔌”的习俗，即《说文解字》所说“以谷萎（喂）马置莝中”，这是精粗饲料混拌调制饲喂的方法。还有饲喂夜草之俗。在牲畜使役方面，为了保护役马的马蹄，在汉代则形成了给役马着“草鞋”的风俗，“草鞋”即皮革制成的马鞋。[①]

在秦汉之时的畜牧风俗中值得一提的是当时流行普遍的“相畜术”和“兽医术”。相畜在秦汉时亦是一种专门的技术，有“以相牛立名者”，有“以相马立名天下者”。[②] 西汉武帝时，即有“善相马者东门京铸作铜马法献之”[③]，东汉马援师承几代相马专家的经验，铸作铜马，以为“马式”，即以此作为相马的标准。“马式”的流行，对于选育优良品种，可以起到积极的促进作用。在牲畜疾病的医治方面，汉代民间已有了专业的兽医。如《史记·货殖列传》记载，张显因善治马疾而致富。东汉时亦有专以牛医为业者。[④] 从出土的汉代竹简简文可以得知，边塞障燧藏有一些治疗牲畜常见疾病的医方，说明兽医术已得到比较广泛的运用。

（三）渔具和渔法已呈多样化

秦汉之时，渔业风俗比先秦汉民族有较大发展。《诗经》中出现的鱼

---

① 《盐铁论·散不足》。
② 《史记·日者列传》。
③ 《后汉书·马援传》。
④ 《后汉书·黄宪传》。

名，仅鲤、鲂、鳟、鲔等10余种，而成书于西汉的《尔雅》，则载有30多种鱼名。东汉时期的《说文解字》中，鱼名更达到70余种之多。鱼类品种的名称不断增多的现象，反映出人们捕获的鱼类品种越来越多，对于鱼类的认识也渐趋细化。此时以渔为业者，遍布全国。即使在西北边疆的屯田地区，业渔者也不乏其人，甘肃居延肩水金关遗址出土的汉简简文中亦有关于在居延捕鱼五千条运至张掖郡售卖的记载。①

秦汉之时，渔具和渔法比以前有了新的进步。《淮南子·说林训》中有“钓者静之，罛者扣舟，罩者抑之，罾者举之，为之异，得鱼一也”的记载，可见渔具和渔法已呈多样化。

渔船是渔业的重要生产工具之一。秦汉之时的造船业十分发达，这固然是为了适应交通运输的需要，但无疑也会提供数量众多、使用便利的渔船，从而对渔业生产的发展起到重要的促进作用。

网具是秦汉之时业渔者最主要的渔具。《淮南子·原道训》说：“临江而钓，旷日而不能盈罗……不能与网罟争得也。”说明网具的捕鱼效率要远远高于钓具。除了网具和钓具之外，当时还使用着一些以竹木编制的小型渔具，如筌、罩、笱、筐等。这些渔具简单易制，使用较为普及。

秦汉之时，已有为保护鱼类自然资源而禁渔的习俗，如《吕氏春秋》说“竭泽而渔，岂不得鱼，而明年无鱼”等，反对滥捕。

汉代，陂塘养鱼风俗相当普遍，并出现了大面积的人工养鱼池。《史记·货殖列传》说：时有“水居千石鱼陂”“陂泽养鱼，一岁收得千石鱼卖也”，其收入“可与千户侯等”，说明汉代人工养鱼的已有相当规模。汉代陂池养鱼不但普遍，而且大多实行综合利用，即陂塘除用于养鱼、灌溉外，还往往种植菱、芡、藕莲等水生植物，饲养鸭等水禽，有的还在堤岸上种植树木。四川成都天回山东汉崖墓和贵州兴义县东汉晚期墓葬出土的陶水塘，或陶水田池塘模型都形象地反映出了这一点。四川宜宾出土的《陶朱公养鱼经》是西汉时人们对长期以来养鱼经验的总结，原书已佚，仅《齐民要术》所引的部分文字就包括了鱼池建设、鱼种选择、自然孵化、密养轮捕等方面内容，可见当时人工养鱼风俗之盛。

---

① 甘肃居延考古队：《居延汉代遗址的发掘和新出土的简册文书》，《文物》1978年第1期。

（四）“天下以农桑为本”

秦汉之时，上下都重视蚕桑生产。汉昭帝就曾明确下诏说“天下以农桑为本”①，把蚕桑生产摆在与粮食生产同等的地位。因此，秦汉之时蚕桑业十分发达。当时不仅有“环庐树桑”的规模经营，而且也有“千亩桑麻”的大规模经营，种桑养蚕遍布全国。传统的蚕桑产区齐鲁一带“颇有桑麻之业”②。长江流域的蚕桑业发展迅速，今四川省境内曾多次出土具有桑园内容的汉代画像砖；东汉陈华在巫县任县令时，“有惠政，桑生二万余株，民以为给”③。

与此同时，蚕桑生产还扩展到西北边鄙之地。内蒙古和林格尔汉墓壁画中，画有采桑图，表明当地田庄有蚕桑之业④；甘肃嘉峪关汉晋墓出土的画像砖中，也有不少画面反映出有关蚕桑的内容⑤。

汉武帝元封年间（前110—前105年），每年“均帛五百万匹”⑥，反映了当时蚕桑之盛。另据《淮南子·泰族训》记载：“原蚕一岁再登”，说明已有二化蚕出现，一年已能养二次蚕。大约在东汉时候，人们已开始饲养柞蚕。光武帝建武年间（25—56年），“野茧、谷充给百姓，其后耕蚕稍广”。已是有目的地采集野蚕茧，分发给尚未利用野蚕的地方去放养繁殖⑦。

秦汉之时的养蚕设施，主要有蚕室、蚕架、蚕箔等。当时全国各地对蚕架、蚕箔有众多的不同称呼，西汉扬雄《方言》曾列举了汉时全国各地槌、横等养蚕工具的不同称呼。

（五）石磨普及，风谷车出现

谷物加工，先秦汉民族时期主要利用杵臼粉碎，并开始出现石磨。至秦汉时，石磨已普遍推广。石磨可以把谷物磨成粉末，为面食的精细化和多样化创造了条件。当时糯米粉、面粉、黄米粉、白米粉等的出现，即是使用石磨的结果。近年，河南密县打虎亭一号东汉墓出土的豆腐作坊石刻

---

① 《汉书·昭帝纪》。

② 《史记·货殖列传》。

③ 《太平御览》卷九五五引谢承《后汉书》。

④ 吴荣曾：《和林格尔汉墓壁画中反映的东汉社会生活》，《文物》1974年第1期。

⑤ 甘肃省博物馆等：《嘉峪关汉画像砖墓》，《文物》1972年第12期。

⑥ 《史记·平准书》。

⑦ 《宋书·符瑞志》。

画像，有磨豆粉的工艺过程，可见豆腐的出现显然与石磨的推广有关。

汉代的磨，主要有旋转磨和砻。从磨齿的结构上看，西汉磨基本上是凹坑型。东汉三国时，磨齿有辐射型和分区斜线型等，可见磨具已渐趋成熟。砻，石质称为磨，竹编填泥而成者曰砻。汉代，在先秦汉民族杵臼的基础上又发明了践碓、高力碓和水碓，使舂杵的劳动强度逐步减轻，工效大大提高。水碓发明后，在雍州等地得到了广泛的使用。据《后汉书·西羌传》记载，汉顺帝永建四年（129 年）虞诩上奏章说："雍州之域，……因渠以溉，水舂河漕（原注：水舂即水碓也），用功省少而军粮饶足。"

另外，当时扬谷去秕，已用风谷车①。风扇车，汉时称"扬车"，利用风力分出糠秕的工具，最迟出现于西汉晚期。1973 年，在河南济源县西汉晚期墓葬中出土一件风扇车明器。1987 年，山西芮城东汉墓群中，则出土了四件带有风扇车的釉陶磨坊明器，可证在汉代，风扇车的使用已较普遍。

三　手工业风俗

（一）纺织风俗：缫车和纺车已被逐步推广

秦汉之时，纺织是最主要的手工业门类，比先秦汉民族时期有较大发展，并呈现出兴盛局面。据《汉书·贡禹传》记载，当时官营纺织工场"作工各数千人，一岁费数巨万"，可见规模之大。一些地主田庄往往自营纺织。据《四民月令》所记，地主田庄中还有专门的"蚕妾"；田庄所从事的纺织活动，包括养蚕缫丝、织缣、擘丝、治絮、染色等全部生产过程；这种纺织经营的产品，除满足田庄自身消费需要外，亦出售求利。至于汉代千千万万个个体经营的小农家庭，无一不是"男子力耕""女子纺织"。

秦汉之时，俗称丝织品为缯帛，品种繁多，用细丝织造的缟、素、绫等，用粗丝织造的细、缝、络等；一般平织的为绢，厚重密致的为缣，粗厚坚实的为绨；没有花纹的为缦，有花纹的为织文、锦、绣、绮、绫、罗等，花纹素淡而轻薄的为縠、罗、纱等。

秦汉之时的缯帛织作，需要经过缫、纺、织等多道工序，当时缫丝织

① 河南省博物馆等：《济源泗涧沟三座汉墓的发掘》，《文物》1973 年第 2 期。

行业已普遍使用热水煮茧缫丝法。《春秋繁露·实性》说："茧待缫以绾汤而后能为丝。"发明于先秦汉民族的缫车和纺车已被逐步推广开来。从1952年山东滕县龙阳店出土的络丝图画像石和1974年江苏泗洪县曹庄出土的东汉脚踏纺车图画像石看，当时已使用脚踏纺车。此时的织机，则有斜织机、多蹑多综提花机和罗织机、立织机等，其中以斜织机最为流行。可见当时纺织技术已发展到较高的水平。

（二）冶炼风俗：出现了使用畜力、水力鼓风

秦汉之时，铁器已在社会生产和生活的各个方面得到了广泛的使用，铁器冶铸自西汉时一直实行官管制，其作坊遍布全国。据《汉书·地理志》和《后汉书·郡国志》所载，就有20多处，加以未列入官管的铁坊，那就更是星罗棋布。当时冶制的铁器产品，主要有农具、工具、兵器和日用器物等。

冶铁之外，秦汉之时冶铜业仍有一定地位。秦汉之时，钱币是当时冶铜业的主要产品。自汉武帝后，钱币铸造多由官营。《盐铁论·散不足》说："夫一文杯得铜杯十，贾贱而用不殊。"说明铜器仍为汉代社会日常普通用具。当时的日用铜器，使用最广泛的是铜镜，官私冶铜业均有大量生产。在考古发掘中，出土的汉代铜镜数量很多。

秦汉之时，冶金业已采取竖井、斜井、斜巷、平巷相结合的开矿方式，使用辘轳、大绳提运矿石；冶炼高炉已有圆形竖炉、长方形炼炉和并列成排的排炉等型式，并以皮橐为鼓风设备。《淮南子·本经训》说："鼓橐吹埵，以销铜铁。"《齐俗训》曰："炉橐埵坊设，非巧冶不能以冶金。"《三国志·魏书·韩暨传》记载，到东汉后期，则出现了使用畜力、水力鼓风。

此外，有"叠铸"之俗。"叠铸"，就是把多层铸范叠起来，一次铸成多件产品。在河南温县发现的一处汉代遗址中，曾出土500多套叠铸陶范，所铸以车马器为主，有36种器形。同类型的铸范叠垒起来，共用一个总浇口，一次即可铸造几个或几十个铸件。[①] 又有"炒钢"新工艺，即把生铁加热并搅入矿石粉，以降低其含碳量，然后以此做原料来锻制钢件。这不仅简化了锻打的工序，而且提高了钢件的质量。

---

① 汤文兴：《河南省温县汉代烘范窑发掘简报》，《文物》1976年第9期。

（三）漆器艺俗：漆器的使用范围已十分广泛

秦汉之时，漆器的使用范围已十分广泛。中国各地考古发掘出土的秦汉漆器实物种类繁多。其中以生活用具为最多，包括耳杯、卮、奁、盒、盘、几、案、壶、鼎、钟、盂、钫、匕、勺、匜、匣、筒、屏风、虎子等。

当时的漆器制作，多是以木为胎，或经旋挖，或经斫削，或以薄板卷合胶粘木质胎骨，而且加以髹漆。并有夹纻胎，以麻布为胎，以及陶胎、铜胎、铁胎和革胎等。

当时的漆器作坊分工细密，有素工、髹工、上工、铜扣黄涂工、画工、雕工、清工、造工、供工等。官营作坊的漆器，主要供封建皇室消费。私营漆器作坊生产的漆器都有器皿上注明姓氏的风俗，如“桥氏”“中氏”等，作为作坊的标志，当是早期的商标。

汉代宫营漆器业主要集中于巴蜀地区。蜀郡、成都、广汉、梓潼、武都等地均设有工官，经营着大规模的漆器生产。[①] 巴蜀地区潼、武都等地均设有工官，经营着大规模的漆器生产。[②] 巴蜀地区所产的漆器，大部分供皇室使用，有关史籍对此有明确记载。考古发现巴蜀工官所制的漆器多注有“乘舆”字样。除此之外，“野王”（今河南沁阳）、“番禺”（今广州）、“布山”（今广西贵县）、“咸市”（今咸阳）、“许市”（今许昌）、“莒市”（今山东莒县）等地也有漆器生产。

（四）盐俗：山东食海盐，山西食盐卤，岭南、汉水以北食土盐

秦汉之时，盐的种类有海盐、池盐、井盐、岩盐等数种。《史记·货殖列传》说：“夫天下物所鲜所多，人民谣俗，山东食海盐，山西食盐卤，岭南、沙北因往往出盐，大体如此矣。”由此可知，这一时期食盐消费的地域分布情况大体上是以崤山或华山为界，山以东食海盐，山以西食岩盐和池盐，岭南地区和池水、汉水以北地区食土盐。而在巴蜀等地则盛行井盐生产。据《汉书·地理志》中的记载，西汉设置盐官之处达 27 郡 35 县。以制盐为业者遍布全国。

食盐的生产方法，先煮后晒。煮盐法是吸取海水或盐池、盐井中的咸水，经蒸浓煎制而成盐，这是在秦汉时最普遍的制盐方式。此外，亦有煮

---

① 《汉书·地理志》。

② 《汉书·贡禹传》。

咸土、咸石为盐的记载。“汶山有咸石，先以水渍，既而煮之。”[①]

生产井盐需先凿井取卤，而后设灶煎制。时有“西州盐井，源泉深也”[②] 的记载，表明这种盐井相当深。为提高取卤的效率，至迟在东汉时已采用机械提卤的方法。在今四川省境内的东汉墓葬中，曾多次出土盐井画像砖。画像内容为：盐井上树有高架，架上安置滑车，用以转动系在绳上的吊桶；架分两层，每层对立二人，以辘轳提取卤水；再将井内提出的盐卤引入煮盐的灶上，先注入长方形盐缸，然后注入盐锅。[③] 这些画像砖生动形象地反映了机械提卤的习俗。

煮盐的主要生产工具是铁盆，时称“牢盆”。《隶续》中收有两件汉代铁盆的铭文，一件注明“三百五十斤”；另一件注明“二十五石”。此二铁盆均为东汉时期煮盐所用的牢盆。[④] 制盐业则已有利用天然气煮盐的习俗。四川出土的一块汉代画像砖的画面上，有支在灶上的五中盐锅，火门口排列着四根管道，这些管道当为接引天然气用。[⑤]

（五）酿酒：只用曲而不用蘖

秦汉之时，皇室以及官僚贵族、地主田庄多自设酒坊制曲酿酒。如王充《汉宫仪》中说，皇室“太官主饮酒，皆令丞治、太宫、汤官，奴婢各三千人”“太宫、汤官经用岁且二万万。”[⑥] 可见后室酒作坊规模之大。官僚贵族自家酿酒的现象也很普遍。如西汉中期权臣霍光的亲属即曾“私屠酤”[⑦]。《四民月令》说，当时地主田庄一般都有专门的“曲室”用于“作曲”和“酿春酒”，或“渍曲酿冬酒”。

汉代酿酒只用曲而不用蘖。汉代作曲方法，据《四民月令》记载，以小麦为原料，分两次进行。第一次在六月底，磨麦、溲面，并“卧寝”（把调制用的原料放进曲房培养曲菌）六七日或十日；第二次是在七月上旬正式作曲，大概是以第一次的散曲作为接种剂。东汉末年，流行“九酝春酒法”，为南阳郭芝所创。曹操在《奏上九酝酒法》中说：“用曲三

---

① 《太平御览》卷八六五引《益州记》。

② 《论衡·别通篇》。

③ 刘志远：《四川汉代画像砖反映的社会生活》，《文物》1975 年第 4 期。

④ 陈直：《两汉经济史料论丛》，陕西人民出版社 1980 年版，第 105 页。

⑤ 闻宥：《四川汉代画像选集》第 74 图并闻宥考述，群联出版社 1955 年版。

⑥ 《后汉书·和熹邓皇后纪》。

⑦ 《汉书·赵广汉传》。

十斤，流水五石，腊月二日解冻，用好稻米，漉去曲滓，便酿。法饮曰譬诸虫，虽久多完。三日一酿，满九斛米止。臣得法酿之，常善。其上清滓亦可饮。若以九酝苦难饮。增为十酿，差甘易饮，不病。”在酿造中分批追加原料，使糖分保持一定浓度，让酵母菌充分发酵，这样酿成的酒更为醇厚。又有加温发酵之俗，《淮南万毕术》说：“凡冬月酿酒，中冷不发者，以瓦瓶盛热汤，坚塞口，又以釜汤中煮瓶令极热，引出，着酒瓮中，须臾即发。”此法使酵母菌在冬季气温低时也能正常发酵，保证酿酒进度。汉代酿酒原料多用稻、黍、秫（黏粟）等为主，故有“稻酒”“黍酒”“秫酒”“米酒”等名称。另有“椒酒”“柏酒”“桂酒”“兰英酒”“菊花酒”等，系酿造时杂以椒、柏、桂、兰、菊等香料或草药而成的酒。东汉末年，则有酿葡萄酒法传入中原，在南方还有甘蔗酒。《西京杂记》说：“梁人做诸蔗酒，名曰金浆。”据《说文》和《南方草木状》记载，诸蔗即甘蔗。还有一种“垌马酒”，系用马奶制成的酸酪。[①]

秦汉之时的名酒大都冠以出产地命名，如“宜城醪”“苍梧清”“中山冬酿”“会稽稻米清”等。

四　商业风俗

（一）商业风气浓郁

秦汉之时，统治者推行重本轻末、重农抑商的政策。秦统一后，丞相李斯就说：“今天下已定，法令出一，百姓当家则力农工。”[②] 秦始皇采纳了李斯的建议重农抑商。秦亡汉兴、汉承秦制，仍然实行重农抑商政策。汉高祖颁令：“令贾人不得衣丝乘车，重租税以困辱之。”“市井之孙亦不得仕宦为吏。”[③] 秦汉之时商贾入市交易必须到官府登记，列入市籍，从此低人一等，在社会上会受到种种歧视，如“贾人不得衣丝乘车”[④]“贾人不得名田”[⑤] 等。其社会地位甚至与赘婿、罪犯等同，如《汉书·晁错传》说：秦代谪戍，“先发吏有谪及赘婿、贾人，后以尝有市籍者”。无市籍而经商，被认为是非法。但是，由于生产力的发展，社会产品更加丰

---

① 《汉书·礼乐志》。
② 《史记·秦始皇本纪》。
③ 《史记·平准书》。
④ 《汉书·景帝纪》。
⑤ 同上。

富，以及各地经济发展的差异性，都需要商业的调剂和流通，再加商业利润的驱动，因而尽管统治者如何压抑，商贸活动总要按其自身的规律向前发展。在民间，由于利之所趋，弃农从商非常流行，“背本趋末，浮食者甚众”[①]。即使那些书香门第也经不起金钱的诱惑，弃文经商者大有人在。如《史记·货殖列传》说：“天下熙熙，皆为利来，天下攘攘，皆为利往。”这种从商致富的思想，是当时社会的普遍意识。

由于商业活跃，当时各地的市场，大到奴隶车船，小到瓜果蔬菜，无论是海中特产，还是地下珍异应有尽有；有坐贾，有行商；有以货易钱的，也有专事高利贷的；有买卖公平的，也有哄抬物价、欺行霸市的，商贸市场极为繁荣。对此，司马迁曾描述说：

> 通邑大都，酤一岁千酿，醯酱千瓨，浆千甔，屠牛羊彘千皮，贩谷粜千钟，薪稾千车，船长千丈，木千章，竹竿万个，其轺车百乘，牛车千辆，木器髤者千枚，铜器千钧，素木铁器若卮茜千石，马蹄躈千，牛千足，羊彘千双，僮手指千，筋角丹沙千斤，其帛絮细布千钧，文彩千匹，榻布皮革千石，漆千斗，糵曲盐豉千荅，鲐鮆千斤，鲰千石，鲍千钧，枣栗千石者三之，狐貂裘千皮，羔羊裘千石，旃席千具，佗果菜千钟，子贷金钱千贯，节驵会：贪贾三之，廉贾五之，此亦比千乘之家，其大率也。[②]

（二）市场逐渐专业化

汉代之时，城市有专门的商业区，称为“市”，四周均筑有墙垣，与宫殿区、住宅区严格区分开来。市有固定的营业时间，《太平御览》卷七三九引《风俗通》说：“市买者当清旦而行，日中交易所有，夕时便罢。”市内商品一般按种类陈列，故称为“市列”“列肆”。班固《西都赋》说：“九市开场，货别隧分。”如长安和洛阳的市场内有“酒市”，当为酒肆集中排列之处。汉代的酒肆已有近代酒馆的雏形。四川出土的汉画像石上的酒舍门口悬有酒旗，当为早期的商业广告。

秦汉之时的市一般均设有市令长、市掾、市门卒、市啬夫等官吏，负

---

① 《汉书·食货志》。

② 《史记·货殖列传》。

责征收市税、管理市籍及按时启闭市门，维护市场秩序等。汉代管理市场物价的官员，中央设大司农，下有平准令一员，专门“掌知物价”。为了使物价不失“贵贱之正”，朝廷有“月平”制度，即每月评定一次市内物价。这种评定在每月初一进行，故又称“月旦平”。地方政府要按季把物价及其他经济情况上报大司农，这种报表名为“月旦见（现）钱谷簿”。在交易中，高于“平”价出售商品者如被发现要受处罚，汉武帝时梁期侯任当天就因卖马过平被免爵。不过，越往后来，这些报表越是“务不欺谩”，已难反映实际情况。到东汉末年，月平制度已失去约束作用。卫子许、圈文生二人至市，“子许买物，随价雠直，文生訾呵，减价乃取”①，可见，当时买卖中的讨价还价已成风气。

（三）商业都会初步形成

秦汉之时的商业都会大多在交通便利之处，起着商品集散中心的作用。据《史记·货殖列传》记载，当时比较重要的商业都会有长安、温、轵、洛阳、颍川、宛、陈、邯郸、临淄、陶、杨、寿春、江陵、吴、番禺等。从商业都会的分布来看，当北方的商业远比南方发达。东汉的国都洛阳人口集中，商业繁荣，取代长安成为全国的商业中心；地处西南的成都随着与外界联系的加强，也逐步发展成全国性商业都会。洛阳、成都、邯郸、临淄和宛并称当时的“五都”②。

第三节　秦汉汉民族的生活风俗

一　服饰风俗

（一）贵冠贱巾

秦汉之时，称礼帽为“头衣”或“元服”。当时的头衣，贵族与平民的区别十分严格。一般地说，贵族戴冠、冕、弁，庶民百姓则戴巾帻。皇室贵族的冠帽门类较多，等差鲜明，仅载入《后汉书·舆服志》的就有十多种，如长冠、委貌冠、通天冠、远游冠、进贤冠、高山冠、法冠、武冠、樊哙帽，以及爵弁、皮弁、方山冠、却非冠、术士冠、却敌冠、建华冠等。

① 《三国志·魏志·卫臻传》引《郭林宗传》。

② 《汉书·食货志》。

男子长到二十岁左右行冠礼，戴冠为成人的标志和贵族身份的常服。庶民百姓则戴巾帻。

武官则有武冠，又称赵惠文冠，秦灭赵后，以赵国君王之冠赏赐近臣。汉朝沿用，又名武弁，是汉代武官戴的冠帽。另外还有爵弁、皮弁、方山冠、却非冠、术士冠、却敌冠、建华冠等，均各得其所，不得随意戴用。汉代的这套冠服制度，以后为历代所沿用，直至明朝末年才有所损益。

百姓不戴冠，用布包头称“巾”。秦人尚黑，常以三尺黑布包头，所以百姓称为黔首。这时，人们留全发，对束发之帻也十分讲究。帻，本来是古者卑贱执事者不戴冠时的束发之布，用它把四周头发束起，不使蒙面。东汉应劭在《汉宫仪》说：“帻，古者卑贱执事不冠者之所服也。”

但是，从秦朝起，已有“加武将首饰为绛帻，以表贵贱”的做法。[①]到汉文帝时流行把帻连做在冠上的风气。帻正式进入庙堂纳入礼仪是在汉元帝时，蔡邕在《独断》中说：“汉元帝额有壮发，不欲使人见，始进帻服之，群臣皆随焉。”及至王莽代汉，这位雄心勃勃的新朝皇帝，年过半百，两鬓斑白，出现了顶秃。为遮丑又将帻上施巾而戴之。从此帻可以将整个头部盖住。帻上加巾又加冠，帻的名称渐多，有平巾帻（即平上帻）、介帻、空顶帻等不同名称，而且职位大小不同，帻上颜色不尽相同。帻由民间进入庙堂，是礼向俗汲取养分。

除平民戴头巾外，罪犯也有戴头巾的。古代有一种刑法叫髡，即剃光头，当时的奴隶多是受过髡刑的罪人，但没有受过髡刑的奴隶通常是以青布束头，被汉朝时人称作“苍头”。以青布束头意在有别于平民，相当于今天黑色囚衣的作用。

但是，到了东汉末年，一些名儒雅士、王公大臣，甚至称雄一方的军阀都以裹巾为尚。与男子裹巾类似的是汉代贵妇人所用的帼，即巾帼。系在假髻上覆盖一丝织巾，并用簪固定。辽阳三道壕汉墓壁画中有头着巾帼的贵妇人形象。因巾帼为妇女的发饰，所以，古人常以巾帼比喻妇女即源于此。

（二）发式多变

秦汉之时，男子的发式，从秦兵马俑看，有将额前长发从中间分开各

① 《后汉书·舆服志下》。

拉向耳边与两鬓长发相交编成两条辫子的；也有将后脑长发分作三股编成一条辫子的；还有先将头顶发束一小髻，再将额前和两鬓头发梳向脑后分作六股编成一条板形发辫，并上斩贴于脑后的，等等。①

至于妇女的发式，更是五花八门。据古籍记载，当时贵族妇女所崇尚的发式，秦代有神仙髻、垂云髻、望仙九鬟髻、黄罗髻、凌云髻、迎春髻、参鸾髻等，汉代有堕马髻、三角髻、分髾髻、瑶台髻、三鬟髻等；普通妇女发饰则“大都作露髻式，即簪上不梳裹加饰，也不用包帕或戴冠饰之类的东西，其中以顶发向左右平分式最为普遍”②。

（三）鞋袜风俗：鞋的式样，男女没有严格区别

秦汉之时的鞋子已非常丰富，有皮靴、皮鞋、木鞋、草鞋、麻鞋、丝履等多种。富人多着花丝履和皮靴，穷人多穿麻鞋。贾谊说：“今人卖僮仆者，为之绣衣丝履。”③ 麻鞋，主要用麻制作，但也有用草或蒿者；木鞋底部平底的称为“舄”；底下有木齿者，则曰“屐”；以帛为面的屐，叫帛屐。屐一般作雨天着用，因可以防滑。后因其较轻便，多用于走长路，如《汉书·爰盎传》载，爰盎曾“屐步行七十里”。屐之贵者，作彩画漆饰，鞋面以五色丝为之，如东汉“延熹中，京都长者皆著木履，妇女初嫁，作漆画屐，五色采作丝”，就是一例。④

汉代鞋的式样，男女没有严格区别，男子多方头，女子多圆头，但仍可通用。汉代称袜为角袜。袜高一尺余，上有带子，穿时可以束紧口，防止脱退。湖南马王堆汉墓中曾有袜出土，短筒，绢制，袜口有两条带子。

（四）日常服饰：可分为长袍和短衣两类

秦汉之时的日常服装，大体可分为长袍和短衣两类。袍服均源于先秦汉民族的深衣。汉代袍服的形制前后有所不同。据史书记载，西汉时一般地主和贵族的常服是禅衣。东汉时，禅衣已由一般常服变为武职官员的正式制服。《汉书·盖宽饶传》说：“宽饶初拜为司马，未出殿门，断其禅衣，令短离地，冠大冠，带长剑，躬案行士卒庐室。”可见，此时在朝官员也着禅衣。禅衣在东汉还演变为直裾，是一种更为宽博的长袍，又称为

---

① 秦始皇兵马俑博物馆编：《资料汇编》第一集图 26，1981 年内部印刷。

② 周锡保：《中国古代服饰史》，中国戏剧出版社 1984 年版，第 105 页。

③ 《汉书·贾谊传》。

④ 《后汉书·五行志》。

襜褕。汉代妇女常服襜褕，许多男子也当作日常便服。后代的交领袍正是从襜褕发展而来。禅衣和襜褕皆是长袍，不便于劳作，故平民很少穿着。平民所穿多是粗衣“短服”。正因为一般庶民所穿之衣为粗布，“褐衣”也就成了卑贱者的代称，“布衣”则是平民的代名词。

短衣仅至膝，所以下面必着袴，即裤子。显贵以纨做袴，故称纨袴，这一词后来遂成为浪荡公子的代名词。秦汉时的裤大多无裆，只有裤管套在腿上。然后用衣将它掩住，不使裤管外露。《汉书·外戚传》说，自汉昭帝始，上官皇后曾下令官人“皆为穷裤”。穷裤是一种前后有裆的缚带裤，“虽官人使令皆为穷袴，多其带”。自此，妇女穿有裆裤，成为一时风尚。当时贫贱者则穿一种合裆的短裤，称为“裈”，因形似犊鼻，又名“犊鼻裈”。《史记·司马相如列传》说：“相如身自着犊鼻裈，与保庸杂作，涤器于市中。”

秦汉之时，男子佩物，官员多佩“鞶囊”，《晋书·舆服志》说：“汉世著鞶囊者，侧在腰间，或谓之傍囊。”贵族女子佩物有簪笄、步摇等。簪笄，又名钗。步摇，《释名》说：“步摇，上有垂珠，步则摇也。”可知步摇是一种附在簪笄上的首饰，行走则随步而摇动，故名。庶民百姓家的妇女，只有少数人簪钗，至于贫苦人家的妇女，则只以竹条木枝簪发。秦汉之时，男子也有用笄簪发者。

秦汉之时，妇女施粉黛成风，《盐铁论》说：“傅白黛青者众。”傅粉也有兼及胸臂的。《汉书·广川王传》说：“望卿袒裼，傅粉其旁。”为使自己的眉毛既黑且长，妇女不惜剃去眉毛，用黛描画其处。《释名》说：“黛，代也。灭眉而去之，以此画代其处也。”

二 饮食习俗

（一）一日三餐，主食五谷

秦汉之时，皇帝的日常饮食，按礼制规定，是一日四餐。据《白虎通》记载，每日为平旦、昼食、哺食和莫食四餐。一般官吏和平民仍保持一日两餐的习俗。但到了东汉时，一日三餐的情况多起来。郑玄注《论语·乡党》“不时不食”说：“朝夕日中时。”可见，当时已有早中晚三餐，尤其是上层社会，“皆日三食”。[①]

---

① 《汉书·淮南厉王传》。

秦汉之时，社会主食的基本构成是黍、粟、麦、菽、稻。黍包括糜、稷；粟即小米，俗称谷子；麦有大麦、小麦、春麦之分；菽包括大豆、小豆、胡豆、碑豆等；稻分为籼稻、粳稻、糯稻。由于各地自然条件和种作习俗不同，主食结构也各具特色，如关中地区，汉武帝以前以粟、黍为主，以后则渐趋食麦；关东地区，以麦为主，副以粟、黍、菽；江南，则始终“饭稻羹鱼”。大体而言，北麦南稻的主食风习在汉时已基本形成。至于黍、粟、麦、菽、稻的食法，无论南北，主要有饼、饭、粥三种，北方以麦饼为主，南方以米饭为主。

北方麦饼的出现，最迟当在秦末汉初。据《三辅旧事》载，汉初新丰县（在今陕西临潼县）有鬻饼者。又《汉书·百官公卿表》载，少府有“汤官”，主管王室的汤饼、蒸饼诸食。

当时的麦饼有蒸饼、胡饼和汤饼三种。

蒸饼又称“牢丸”，以面粉用水掺和，揉捏成型后，不经发酵就放入釜甑中蒸熟而成。

放在火上烙的饼类叫炉饼。撒上芝麻的麻饼，古时叫“胡饼”，“胡饼”最早出现在汉代。据《太平御览》卷八六〇引《续汉书》记载：“灵帝好胡饼，京师皆食胡饼。”“胡饼”的制作记载最早见于汉代刘熙《释名·释饮食》。《释名》还提到“髓饼”，《齐民要术·膏环》记载其做法是：“以髓脂、蜜合和面”做成，并于“胡饼炉中，令熟”。

汤饼，又称“水溲饼”。东汉桓帝时尚书崔定的《四民月令》说：“五月……距立秋，毋食煮饼及水溲饼。”可能是将较厚的死面蒸饼掰碎投入汤中煮，或放入水中泡着吃，与今西北地区流行的泡馍相似。

除饼外，中国的面、点媒等食品，皆是从西汉时期逐步发展起来的。这可能与面粉加工工具的改良有很大关系。先秦汉民族文献中常见的粉碎粮食的方法有“捶”“舂”等，可能还是用石臼之类的工具，未见有石磨。陕西关中出土有汉代石磨，石磨的发明，大大提高了面粉加工的效率和质量，为面、点、糕、饼的发展创造了条件。

麦饭，是传统食法，因其制作简便，且经曝干后保存时间较长，饿时可随时食用，而为一般平民所食用。由于麦饭制作粗糙，又系“齐民”之日常食物，故时俗多以食麦饭为寒俭。因而，一些清隐之士也常食麦饭，以示清俭。《后汉书·逸民传》曰：“阴就为丹设麦饭葱叶之食。丹推去之，曰：‘以君侯能供甘旨，考试来相过。何其薄乎？’乃更致盛馔而食。”阴就招待名士井丹，想尊重井丹的习惯，故先以麦饭葱叶招待。

秦汉之时，又称曝干的麦饭为“糒”或“糗”。在制作干糒时，常会添加些干果、蜜汁以调味，如加枣则成枣糒，《四民月令》说：“四月可作枣糒。”加蜜则称蜜饭，南朝宋佚名《录异传》说：“表公路年十八，常饭乳，食蜜饭。”当然，枣糒、蜜饭等已属奢侈的食法。一般人食干糒，往往是加水，加水者谓之糇。刘熙《释名·释饮食》说：“糇，候也，候人饥者以食之。”“糇，散也，投饭于水中，各解散也。”或边吃边饮水，《东观汉记》说：“张禹巡行守舍，止大树下，食糒干饭屑，饮水而已。”条件许可，则饮温汤。

又有麦粥，系传统食品，先秦汉民族时期已有之。

南方食稻，其食法也以饭为主，如颜师古注西汉史游《急就篇》说：“馓之言散也，熬稻米饭，使发散也。”又有角黍，以菰叶裹黏米煮熟而食，系端午节俗食品。

至于粟、黍的食法，基本上以饭、粥为主。如粟饭，《汉书·公孙弘传》曰：“公孙弘为相，食脱粟之饭。”黍饭，《汉书·王莽传》说：“莽闻城中饥馑，以问业。业曰：‘皆流民也。’乃市所卖粱饭肉羹，持入视莽。”此外，豆的食法也有煮饭而食的。宋李昉《太平御览》引《东观汉记》就说：“闵仲叔，太原人，与周党相友。党每过仲叔，共含菽饮水，无菜茹。”所食应是干豆饭。但豆类更多的是熬成粥或羹。

（二）多食猪肉，食犬之风颇盛，豆腐出现

秦汉之时的副食主要有肉食和蔬菜。秦汉蔬菜，传统品种外，还有从西域传入的西瓜、甜瓜、胡瓜（黄瓜）、菠菜、胡萝卜、茴香、芹菜、胡豆（豌豆、蚕豆）、扁豆、苜蓿、胡荽（芫荽）、莴苣、胡蒜（大蒜）、胡葱（大葱）等。秦汉肉食，以牛、羊、豕、犬、鸡和鱼为主，其中食犬之风颇盛，独具时代特色。秦汉之时养羊业发展空前，汉武帝以后除北方草原和河西走廊外，华北地区也成羊产区。因此，羊肉在汉代人们肉食构成中的比例日趋加大。东汉之时，越骑校尉马光，冬日腊祭一次就用“羊三百头”“肉五千斤”[1]。但秦汉之时肉食中比例最大的是猪肉，猪的饲养十分普遍，出土的汉代陶猪、瓷猪等遍布全国。当时北方流行养犬，人们食狗肉之风经久不衰。《淮南子·地形训》说，北方“其地宜菽，多

① 《后汉书·第五伦传》。

犬马”。汉初名将樊哙，据《汉书·樊哙传》载，则是“以屠狗为事”。

此外，汉民族传统食品。河南密县打虎亭一号汉墓画像上，有一幅豆类加工图，这是目前中国发现最早的豆腐作坊图。清初高士奇在《天禄识余》中认为豆腐系西汉淮南王刘安令人始制，初名“黎祈”。秦汉之时的菜肴加工，普遍流行炙、脍、羹、脯、菹等方法，常用的调味品有盐、酱、醯、豉、曲、糖、蜜、姜、葱、韭、桂皮、花椒、茱萸等。

（三）“羌煮貊炙”：少数民族食俗影响

晋张华《博物志》说：“汉张骞出使西域，得涂林安国石榴种以归，故名安石榴。”《食物纪原》说：“汉使张骞始移植大宛油麻、大蒜，大夏芫荽、苜蓿、卡头，安石榴，西羌胡桃于中国。”《古今事物考》说：“张骞使外国，得胡豆，今胡豆有青有黄者。”据统计，在汉代的西域传入中国的食物原料有葡萄、石榴、胡麻（芝麻）、胡桃（核桃）、西瓜、甜瓜、胡瓜（黄瓜）、菠菜、胡萝卜、茴香、芹菜、胡豆（豌豆、蚕豆）、扁豆、苜蓿、胡荽（芫荽）、莴苣、胡蒜（大蒜）、胡葱（大葱）等。这些蔬果、香料的引进，大大丰富了中国内地菜肴的品种。由于香料和佐料的品种增多，也改变了过去名菜的做法，扩大了中国人的食源，使中国人的饮食习惯也起了某种程度的变化。据《太平御览》引《搜神记》说：“羌煮貊炙，翟之食也。自太始以来，中国尚之。”也就是说，把整只牛、羊、猪烧烤熟透，各自用刀割来吃，这本来是外国的风尚。后来羌、貊、翟这些民族逐渐内附，与汉民族互相交往、渗透乃至融合，到汉武帝太始以后，中原地区也风行起“羌煮貊炙”的吃法了。

（四）“居常蔬食菜羹”：素食为主

秦汉以素食为主，肉食很少。汉人的肉食，仍然是以牛、羊、猪、狗为主。汉人沿袭周礼，以牛、羊、豕（猪）为三牲，祭祀或享宴时三牲齐备称“太牢”，如刘邦过鲁，以太牢祭孔。[1] 太牢是当时最隆重的礼。如果只用牛祭叫“少牢”。平常除祭祀等外，只食素，不吃肉，即使是皇室贵族，也并非大鱼大肉，如西汉时淮南厉王废，文帝下令“给肉日五斤”[2]。又《后汉书·皇后纪》记载，和熹邓后也不过一天一肉饭。东汉

---

① 《汉书·高祖本纪》。

② 《汉书·淮南厉王传》。

著名书法家崔瑗十分好客，每客至，“盛修肴膳，单极滋味，不问余产”，而自己则“居常蔬食菜羹而已”。[①] 当时的文人学士亦都如此。为反对饮食铺张，汉代统治者在食物上还强调适量和时节的问题，即根据《论语》所载“不时不食”，主张所吃食物应适合其生长时节。如元帝时，召信臣任少府，以太官于温室中“冬生葱韭菜茹”“此皆不时之物”而奏请罢止[②]；安帝时，邓太后临朝称制，以“供荐新味，多非其节”，下诏凡进献食物当“须时乃上”[③]，等等。

（五）“嘉会之好”：习俗嗜酒

汉人喜欢喝酒，酒量也很大，所谓淳于髡一斗亦醉，一石亦醉。《汉书·东方朔传》说：“销忧莫如酒。臣朔所以上寿者。明陛下正而不阿，因以止哀也。”因之汉武帝“复赐酒一石，肉百斤”。当时君臣、朋友之间，凡有宴会，无不举酒相庆，成为社会上的一种礼俗和习惯。《汉书·食货志》说：“酒者，天之美禄，帝王所以颐养天下，享祀祈福，扶衰养病，百福之会。”封建官僚地主饮酒作乐被称为“嘉会之好”。据汉蔡质《汉官典职仪式选用》等古籍记载，每年正月初一，朝廷置酒，大宴群臣，与会人员万人以上。达官贵人，彻夜宴饮狂欢。太极殿前有铜铸的龙形贮酒器，龙长二丈，龙口前设有可容四十斛酒的铜尊，龙的腹内贮满美酒。需饮酒时，可动特制机关，酒就从龙口内流入酒樽。

此外，民间饮酒也很普遍，“宾昏酒丧，以求酒肉”[④]。宴饮的场合很多，或三月“乡饮”，祭祀周公；或喜庆嫁娶，送礼待客，“百礼之会，非酒不行”[⑤]。

同食一样，秦汉的饮酒也有一定的节制。汉代禁止无故群饮。《史记·叔孙通列传》记载：“汉七年，长乐宫成，诸侯群臣皆朝十日。仪：先平明，谒者治礼，引以次入殿门，廷中陈车骑步卒卫宫，设兵张旗志。传言‘趋’。殿下郎中侠陛，陛数百人。功臣列侯诸将军军吏以次陈西方，东乡；文官丞相以下陈东方，西乡。太行设九宾，胪传。于是皇帝辇出房，百官执职传警，引诸侯王以下至吏六百石以次奉贺。自诸侯王以下

① 《后汉书·崔瑗传》。
② 《后汉书·循吏传》。
③ 《后汉书·皇后纪》。
④ 《盐铁论·散不足》。
⑤ 《汉书·食货志》。

莫不振恐肃敬至礼毕，复置法酒。诸侍坐殿上皆伏仰首，以尊卑次起上寿。觞九行，谒者言‘罢酒’。御史执法，举不如仪者辄引去。竟朝置酒，无敢喧哗失礼者。于是高帝曰：‘吾乃今日知为皇帝之贵也。’”礼仪的建构，规范了群臣的饮酒行为。饮酒者的座次，饮酒的方式、数量、时间等都有具体的礼仪规定，不得马虎，不准违反。这些礼仪在一定程度上有助于抑制饮食的奢侈化。

（六）菜肴烹饪普遍流行炙、脍、羹等法

秦汉之时的菜肴烹饪，普遍流行炙、脍、羹等方法。

炙是秦汉之时的菜肴的主要烹饪方法之一。刘熙《释名》说：“炙，炙也，炙于火上也。”许慎《说文》解释更清楚：“炙炮肉也。从肉，从火上。”可见炙就是将肉穿起来，置于火上烧烤。炙，先秦汉民族时期已经出现，《吕氏春秋·本味》提到商汤时的著名肉食时说：“肉之美者，猩猩之唇，獾獾之炙。”可见，炙法之古老。到了汉代，炙法日趋丰富，史游《急就篇》说：“膹脍炙胾各有形”，颜师古注：“膹，粗切生肉也；脍，细切生肉也。”可见，前者为大炙，后者则为小炙。刘熙《释名·释饮食》记载有多种炙法：“脯炙，以饧蜜豉汁淹之，脯脯然也。”“釜炙，于釜中汁和之也。”“衔炙，细蜜肉和以姜、椒、盐、豉已，乃以肉衔裹其表而炙之也。”“貊炙，全体炙之，各自以刀割，出于胡貊之为也。”其中貊炙系传自西域。同时，所炙的肉类品种也逐渐增多，鹿、牛、鸟、鱼皆成为炙的美食。

秦汉之时，羹仍是人们佐餐的常用菜肴。其品种已有大羹、白羹、巾羹、葑羹、臛羹、苦羹等类。每类下又包含许多不同的羹品，如大羹，系指只放肉不放佐料的纯肉汤，根据肉类的不同有牛首羹、羊羹、鹿羹、豕羹、狗羹、凫羹、雉羹、鸡羹、鹜羹、猴羹等；巾羹系加有葵菜的肉汤，有狗巾羹、雀巾羹、鲫肉藕巾羹等。

又有炮，即将带有皮毛的肉类，裹上泥，放在火上烧烤。马王堆汉墓遣策上有“胫炮”；洛阳汉墓陶壶题字有“炮豚”[①]。此外还有煎、熬、蒸、濯、鮨、腊、醢等法。

秦汉之时的菜肴烹饪，常用的调味品有盐、酱、醯、豉、曲、糖、蜜、姜、葱、韭、桂皮、花椒、茱萸等，其中值得一提的是酱和豉。酱，

① 陈直：《洛阳汉墓群陶器文字通释》，《考古》1961 年第 8 期。

西汉史游《急就篇》有“芜荑盐豉醯酢酱”记载，颜师古注解“酱，以豆合而为之也”“酱之为言将也，食之有酱，如军之须将，取其率领进导之也”。酱被作为调味的统帅，所以社会的需求量相当大，据《汉书·食货志》载：“通邑大都酤一岁千酿，醯酱千瓨……亦比千乘之家。”又载“张民以卖酱而隃侈。”说明酱非常畅销。许多地主庄园则是自己制酱，崔寔《四民月令》说：正月“可作诸酱，上旬炒豆，中旬煮之”“可以作鱼酱、肉酱、清酱”。“清酱”即后世所称的酱油。豉，即豆豉，是西汉时出现的一种新的调味品，《史记·货殖列传》中有“蘖曲盐豉千合”的记载，《汉书·食货志》所记，西汉元帝至王莽时的七位巨商中就有两位是豆豉商，“豉，樊少翁，王孙大卿，为天下高訾”。卖豉可以成为天下富商，说明社会的豉的消费量很大。此时还出现了“名牌”豆豉，《北堂书钞》卷146引《古艳歌》说：“白盐海东来，美豉出鲁门。”鲁门豆豉已被时人称为“美豉”。

（七）菜品保存用脯、菹法

秦汉之时，菜品保存用脯、菹法。

脯，即用盐腌渍后晒干的咸肉。《说文》曰：“脯，干肉也。”《汉书·东方朔传》载曰：“朔曰：‘生肉为脍，干肉为脯。’”秦汉之时，脯为居家待客之常备肴馔，由于家中备有鹿脯、牛脯，有客人来就不必“别为异馔”，方便快捷。又如《西京杂记》卷四记载，曹元理到朋友陈广汉家做客，“广汉为之取酒，鹿脯数片……乃曰：‘此资业之广，何供之褊邪！’”由于鹿脯系居家常备之物，所以令客人不满。在当时，市场上也有脯出售，桓宽《盐铁论·散不足》曰：“古者……不市食，及其则有屠沽，沽酒市脯鱼盐咏而已。今熟食遍列，殽施成市。”并出现了卖脯的富商，可见，脯是市场中的重要商品。汉时的脯，见于马王堆汉墓遣策的牛脯、鹿脯、牛胃脯；洛阳汉墓陶敦墨书中记有“鸡脯”①。

菹，就是将菜肴原料用盐、酱、醋等调料进行腌渍。《说文解字》解释：“菹，酢菜也。”菹，又作鲜、齑。一般而言，菹鱼为酢，细切为齑，菹则是通称。菹以原料分，有菜菹和肉菹两大类。菜菹即醃酸菜，肉菹则以肉类为原料。菹以调料分，又有盐菹、酸菹、蜜菹和淡菹等区别。秦汉

① 张熏燎：《〈洛阳金谷园村汉墓中出土有文字的陶器〉补正》，《考古》1964年第5期。

之时，菹类菜肴的食用非常普遍。《四民月令》即有正月“可菹芋”、八月“作捣齑”的记载。另据《三国志·魏志·方使传》所载，东汉末年，一些饮食店有“蒜齑”出售。可见菹类食物已成为商品，可见当时菹风之流行。

三　建筑风俗

（一）堂屋、楼阁、亭台和门阙：宫室和权贵私宅的结构

秦汉之时，宫室建筑数量多，规模大。秦代有阿房宫，西汉有长乐宫、未央宫、建章宫等，东汉有南宫、北宫等。

秦汉之时的宫室，基本上继承了战国以来流行的高台建筑的风俗，但到东汉之时，则废弃了夯土高台建筑，而代之以采用斗拱的木结构楼阁。秦汉宫室屋顶皆履以瓦，前沿檐端饰有瓦当。瓦当始于西周，多为半圆，秦汉时渐改作圆形。瓦当有图案，秦时多奔鹿、双虎、双獾、朱雀、三鹤、四雁及夔纹、虺纹等；汉瓦以青龙、白虎、朱雀、玄武四灵为主；并有字瓦，少则一字，如“卫”瓦；多则几字，如“维天降灵延元万年天下康宁”瓦。秦汉瓦当颇具欣赏价值。此时的官僚贵族大多聚族而居，一般宅第的主要建筑基本沿袭了周代的前堂后寝格局，而有所变更，往往在中轴线上布置前后堂及大门等三、四进以上的建筑，中轴线左右有院墙，形成一封闭的数重院落的建筑群。汉末，社会动荡，农村豪强地主拥有大量土地、附庸和部曲私兵，形成大大小小的武装集团，筑城堡自卫，称坞壁。即以第宅为中心，周围筑高墙，四角建角楼，有的第宅内还设有武库，并有常备或半常备的家兵部曲昼夜巡逻警戒，以求防御自保。如广州出土的明器坞堡是一座中为天井，四周围两层高的建筑，底层不开窗，四角及入口上建有角楼，可以瞭望和守卫；中间天井内还有两栋小建筑。另一件甘肃武威出土的明器碉楼，也是中央为天井，四周为建筑，四角各有一座稍向外挑出的角楼，院中心是一座五层楼阁，似作瞭望用。[①] 秦汉之时的坞壁式建筑是东汉末年社会动乱的特殊产物，这种建筑样式在魏晋南北朝时得到了畸形发展。

堂屋、楼阁、亭台和门阙成了秦汉贵族府第和地主庄园建筑的基本内容，体现了这一时期上层社会居住风俗的主要特征。

---

① 唐赞功总纂：《中华文明史》第三卷，河北教育出版社1995年版，第357页。

（二）民居的基本形式是一堂二室

秦汉之时，民宅的基本形式是一堂二室。从出土陶屋来看，既有一字形的、曲尺形的，也有三合式的，甚至有日字形的。尽管形式各异，但是基本结构却仍然是一堂二内。《云梦睡虎地秦简·封诊式·封守》所记载的被查封财产的士伍的房屋即为“一宇二内，各有户”。至于广大乡村贫民的住房，则多为板房、茅庐、竹屋等。如，《汉书·地理志》说：“天水、陇西，山多林木，民以板为室屋。”《东观汉记》说，黄河中下游一带，“茅屋草庐千户”，长江流域和岭南地区，则“帅人作屋，人齐茅竹，或持林木，争起趋作，浃日而成”。

（三）开始形成绿化居处环境的风俗

秦汉之时，不管是皇家权贵还是广大平民来说，都开始形成在建筑、道路、田旁和墓旁等居处环境的植树绿化的风俗。秦汉都城附近，建有大规模的皇家园林。长安附近的上林苑和甘泉苑，是其中最著名的代表。上林苑和甘泉苑均始建于秦代，汉代进行了扩建。扩建后的上林苑据《汉书》《三辅黄图》等记载，南至宜春、鼎湖、御宿、昆吾，旁南山而西，至长杨、五柞，北绕黄山，濒渭而东，周数百里。内有离宫别馆七十所，水池十，其中最大的昆明池周四十里。苑里养育大量禽兽，种植名花异果；池中繁殖鱼虾，可在苑内渔猎。甘泉苑也是武帝在秦代旧苑基础上开辟的。地在长安的北山山谷，缘山谷行至云阳三百八十里，西入扶风，周五百四十里，范围胜过上林苑。《三辅黄图》说苑中有宫殿、台、阁一百多所，其中用来祭祀“太乙”或“会神仙”的通天台，比建章宫的高台还高一倍。

东汉之时，见之于史籍的皇家园林，除上林苑、甘泉苑外，还有洛阳城内外的西苑、显阳苑、平乐苑、芳林园、南园、濯龙园等。别馆的记载，但有堂阁等建筑，主要是利用自然山水，培植花木，饲养禽兽，充分利用苑内已少见有离宫自然地形，以野趣取胜。《盐铁论·散不足》说：“富者积土成山，列树成林，台榭连阁，集观增楼。”西汉后期，私家园林兴起。王莽时甚至规定：“城郭中宅不树艺者为不毛，出三夫之布。”[①] 要求城内民宅旁必须植树，否则将受到惩罚。道旁路侧，多栽植行道树。例如《汉书·贾山传》说，秦代“为驰道于天下，东穷燕、齐，南极吴、楚，

---

① 《汉书·食货志》。

江湖之上，濒海之观毕至。道广五十步，三丈而树，厚筑其外，隐以金椎，树以青松”。汉代亦有“树桐梓之类列于道侧”[①]的记载。东汉后期，王公贵族和官僚豪富建园风行，如东汉梁冀“广开园囿”“多拓林苑”“又起兔苑于河南城西”，周围数十里。[②]

（四）住宅讲究风水禁忌

秦汉住宅讲究风水禁忌，盛行卜宅、相宅。秦汉住宅禁忌有多种：

一是忌住宅与姓氏不符。《论衡·诘术篇》载曰：“《图宅术》曰：‘宅有八术，以六甲之名数而第之，第定名立，宫、商殊别。宅有五音，姓有五声。宅不宜其姓，姓与宅相贼，则病症死亡，犯罪遇祸。’”即住宅的方位要与主人姓氏所属的五音相宜，适之则可富贵昌盛，违之则要遭祸患。

二是忌宅地往西扩伸。《风俗通义·释忌》说：“宅不西益。俗说西者为上，上益宅者，妨家长也。”

三是有建住宅时忌冲犯太岁之俗。《论衡·难岁篇》说：“假令太岁在甲子，天下之人皆不得南北徙，起宅嫁娶亦皆避之。”

由于禁忌很多，人们防不胜防，于是又有种种相应的禳解之法。如《论衡·解除》载“解土”法曰：“为土偶人，以象鬼形，令巫祝延，以解土神。已祭之后，心快意善，谓鬼神解谢，殃祸除去。”

四　器用风俗

（一）席和案几是主要家具

秦汉之时，上身帝王，下及平民，居处皆席地而坐。席是人们居处的主要坐具。四川成都东汉墓出土的宴饮画像砖，上刻二人或三人同坐一席，席前摆设食案，应是当时人们生活情景的真实描绘。后来人们称待客饮食为设筵，即起源于此。此外，又有床榻，皆木制，坐卧兼用，大者为床，小者为榻。唐代徐坚的《初学记》引《通俗文》说：“三尺五曰榻，独坐曰枰，八尺曰床。”较为讲究的榻有一面或三面屏风。

案几也是秦汉之时普通人家的必备家具。案有食案、书案、奏案等。《艺文类聚》卷六十九引《东观汉记》所记“举案齐眉”，之案即食案。

---

① 《后汉书·百官志》。

② 《后汉书·梁冀传》。

官吏、儒生之室则多置有书案，以承文书和书卷。秦汉时的几可分为“玉几、雕几、彤几、漆几、素几”等，使用有很严的礼制规定。《西京杂记》卷一说：“汉制天子玉几……公侯皆以竹木为几。”

（二）灶和釜、甑是主要的炊具和食具

秦汉人的炊具，主要是灶和釜、甑。

灶的形状一般为立体长方形，前有灶门，后有烟囱，灶面设大小灶眼。洛阳烧沟西 14 号汉墓出土的陶灶，前有一大灶眼，上放釜甑，后有一小灶眼，上仅放釜，最后为小圆孔，上置下圆上方烟囱。①

釜、甑多陶制，但也有铜制或铁制的，其中铁釜在汉代的使用已较广泛。河南南阳瓦房庄发现的一件大铁釜，直径达 2 米左右，可能是煮盐用的。② 南方的铁釜一般敛口，圆腹，圜底。南方汉墓出土有三足铁架，架上可放置铁釜，或铜釜、陶釜，可能起灶的作用，用以煮熬食物。

食具主要有碗、盘、耳杯和箸等。盛食物的器皿是碗、盘、耳杯等，一般为陶器，富有之家则用漆器，宫廷及贵族又在漆器上加镶嵌金银。

杯多呈椭圆形，两侧用月牙形把手，故称耳杯，用以盛酒或羹。吃饭时用箸，即筷子，或用竹或用木制成，并施以漆。

（三）笔、墨、砚、纸文房四宝初现

秦汉之时，官吏、儒生的住宅都设有书案，以便承文书或书卷，也可展阅书卷或据案书写，另外有笔、墨、砚、纸等文具。

毛笔，滥觞于商，而到秦汉时，毛笔的制法又有所发展。1975 年，湖北云梦睡虎地 11 号秦墓出土三支毛笔，笔毫已被插于镂空的笔杆的毛腔中，其制法已与现代毛笔制法基本相同。1975 年湖北江陵凤凰山 168 号西汉初期墓内出土的一支毛笔，1973 年居延肩水金关遗址出土的西汉中期毛笔，其制法与秦笔一致。说明中国此时毛笔已基本定型。东汉时，蔡邕《笔赋》说：“惟其翰之所生，于冬季之狡兔。性情亟以慓悍，体遄迅以骋步。削文竹以为管，加漆丝之缠束。”可见，当时的毛笔笔毫以兔毛为主，而笔管多以竹制作。

墨，早在商代已开始使用。早期的墨是在磨石上研磨使用的。到汉代时已有成锭、成丸的松烟墨。刘攽《汉官仪》说：“尚书令、仆、丞、

① 张剑等：《洛阳烧沟西十四号汉墓发掘简报》，《文物》1983 年第 4 期。

② 李众：《中国封建社会前期钢铁冶炼技术发展的探讨》，《考古学报》1975 年第 2 期。

郎，月赐隃麋大墨一枚，小墨一枚。”

砚，秦汉之时的砚大多为石砚。秦时流行以鹅卵石作石砚。1973 年在湖北云梦睡虎地 4 号秦墓出土的砚，即用不规则的鹅卵石制成，并有砚盘和研石之分。及至汉代，砚使用逐渐普遍，砚的制作逐渐精细，其形状则多为圆形和椭圆形。除石砚外，还有陶砚和夹沙砚流行。夹沙砚在安徽寿县马家古堆东汉墓有出土。至于当时皇帝所用的砚，则是玉砚或铁砚。

纸，据考古材料，则西汉时已有纸出现。如 1957 年陕西西安灞桥出土的西汉中期古纸，是迄今所知世界上最古的纸。1979 年甘肃敦煌马圈湾遗址出土有汉代麻纸，质地粗厚，仍不易书写。直到东汉时期，造纸术才有了长足的进步，出现了用麻类韧皮纤维制造的麻纸，它表面比较光滑，便于书写。汉代虽有纸的发明，但是使用很少。竹木简牍和帛仍是当时的主要书写材料。《后汉书・吴祐传》载，东汉中叶，吴恢任南海太守时，写经书仍欲杀青，即是例证。至于汉代帛书的实例，则有马王堆帛书《战国纵横家书》、敦煌所藏东汉初年缣帛书信等。

（四）铜镜和梳篦是主要的梳妆器具

秦汉之时的梳妆器具主要有铜镜、梳篦、奁和盒等。

铜镜用于照面饰容，修正衣冠。东汉李尤《镜铭》说：“铸铜为鉴，整饰容颜。”秦汉之时铜镜的作用十分广泛，中国古镜以汉镜出土的数量最多。当时的铜镜一般呈圆形，镜背中央有用以穿绦带的纽，镜面光亮，宜于映照容颜。秦代铜镜背面有优美的花纹图案，常见的纹式有分离式三螭三禽纹、缠绕式三禽三螭纹、细地四兽纹、螭凤纹、飞仙飞龙纹、缠缀式四螭纹、方胜相连纹等。汉代铜镜背面出现了铭文，长短不一。短的如“见日之光，天下大明”，系四字句；如“尚方作竟真大巧，上有仙人不知老，渴饮玉泉饥食枣，浮游天下敖四海”等。从王莽的新朝开始，有的铜镜铭文中有了纪年。到东汉时，有纪年铭的铜镜逐渐增多。东汉中期以后，铜镜图龚舜行乒子母、东王公等神仙世界题材和车马、歌舞等现实生活内容，反映当时社会既企慕神仙世界，又追求现世享乐的欲念。

梳篦用于整理头发和胡子。湖北江陵凤凰山 53 号墓有秦代木梳、木篦各一件出土。梳、篦的柄部均呈圆拱形，正反面都有黑漆勾勒的彩绘人物画像，分别为贵族进食、舞蹈献酒等场面。汉代梳篦在湖南长沙马王堆汉墓有出土，其中梳子为木制，呈半椭圆形，弧背。

奁、盒用于放置梳妆用品。湖北云梦睡虎地 9 号秦墓出土有双耳漆长盒，广州东郊沙河则出土有汉代铜奁。

（五）唾壶是主要的洁具

汉代洁具，室中已有，以盛痰污。其中有用铜制、玉制和陶制等种类，视贫富贵贱而异。如《太平御览》卷七〇三引马融《遗令》说“冢中不得不下铜唾壶”；贺循葬时则“用瓦唾壶一枚”。用于清新空气、熏蒸衣被的用具则有香炉，《西京杂记》卷一记载：卧褥香炉，“为机环转四周，而炉体常平，可置之被褥”。

（六）灯具形式多样

秦朝的灯具，文献有所记载。《西京杂记》曰：“高祖入咸阳宫，周行府库，金玉珍宝，不可称言。其惊异者，有青玉五枝镫，高七尺五寸，作蟠螭，从口衔镫，镫燃，鳞甲皆动，焕炳若列星而盈室焉。”说明秦代有多枝灯。

两汉时期，在秦代座灯之外，新出现了吊灯。就制作材料而言，除了陶灯、青铜灯以外，新出现了铁灯、玉灯和石灯等；就灯具造型而言，有宫女灯、当垆灯、羽人灯、男奴灯、牛形灯、羊尊灯、朱雀灯、凤鸟灯、雁足灯、鹤龟灯、麒麟灯、鱼灯、龟灯、蟾蜍灯、豆形灯、盒形灯、卮灯、耳杯形灯、辘轳灯、三足炉灯、刨灯等；此外，还有多枝灯、行灯等。据《西京杂记》载，汉代还出现了许多有名的灯匠。

五　交通风俗

（一）驰道为主

秦汉之时，官民出行，以驰道为主干道路。驰道始建于秦始皇二十七年（公元前220年），本为天子道，出现于庞大的宫殿群之间。初时，驰道两边筑有墙垣，故又曰“甬道”。《史记·秦始皇本纪》曰：“自极庙道通郦山，作甘泉前殿，筑甬道。”后来，秦始皇东巡各郡县，“东穷燕齐，南极吴楚，江湖之上，濒海之观毕至”，所经之处，皆预修驰道，与各郡县路道相联接，驰道即成全国陆路交通的主干道。驰道由黄土夯筑而成，路面平整，不生杂草，“广五十步，三丈而树，厚筑其外，隐以金椎，树以青松”[①]。驰道中间三丈之路，属皇帝专用，任何人不得妄入；而“厚筑其外”的旁道，则是百姓可以自由往来的通路。汉代，驰道基本被保

① 《汉书·贾山传》。

留下来，汉武帝时曾对之加以大规模的整修。直至东汉末年，驰道一直是全国最重要的陆上道路。

自关中往北，则有秦直道，始建于秦始皇三十五年（公元前 212 年），自咸阳西北云阳，直抵九原郡（今包头市附近）；又有飞狐道，建于东汉初年，光武帝派王霸“将驰刑徒六千余人，与杜茂治飞狐道，堆石布土，筑起亭障，自代至平城三百余里”①。往西则有回中道，修于汉武帝元封四年（公元前 107 年），自汧（今陕西陇县南）、回中（今陕西陇县西北）起，直抵萧关（今宁夏固原）。直道、飞狐道和回中道是秦汉之时西北地区的三条主要陆路通道。

连接巴蜀与关中的则有栈道。所谓栈道，即凿山腰石为方洞，按一定距离逐一排开，然后嵌进巨型方木，上面铺板，形成悬空的板阁之路。《史记·高祖本纪》索隐说：“崔浩云，险绝之处，傍凿山岩，而施版梁为阁。”有些栈道在战国时期即已建成，而子午道、五尺道则属秦代新建。子午道，由杜陵直绝南山，入汉中；五尺道，北起巴蜀两郡的交界处，南抵滇池。栈道危绝，人车往还，险象环生。岭南与内地的交通路道有由秦时修的新道，自横浦、阳山、湟溪关入粤，和东汉时修的峤道，自桂阳、零陵入粤。

（二）桥梁增多

秦汉之时，梁桥又有石梁、木梁之分，多为多跨梁桥。东汉时已有拱桥。1957 年河南省新野县出土东汉画像砖，有一座单孔裸拱桥的画面，桥上有驷马，车前有骑马者，桥下有船。汉代出土了很多砖拱墓，砖有楔形砖，拱砖砌法有并列与纵联之分，说明这一时期出现拱桥是可能的。而且汉朝已经出现浮桥。《初学记·桥第七》引《说文》：“洛阳魏晋以前，跨洛有浮桥。”

（三）马车为贵

秦汉贵者出行多乘马车。先秦汉民族马车，一般单辕，驾四马，也有驾三马、两马。到了汉代，单辕车逐渐减少，双辕车逐渐增多；车的种类增多，其用途亦愈趋专门化。据《后汉书·舆服志》记载，皇家御用的有玉辂、乘舆、金根、安车、立车等类；都市内一般官吏以及市民所乘的有轺车、辎车和骈车。官吏贫者，出行多用牛车。

---

①《后汉书·王霸传》。

《史记·五宗世家》说："诸侯贫者，或乘牛车也。"不过，到了东汉，上层社会不论贫富均风行用牛车。《太平御览》卷八九八引《魏略》说：时苗"为寿春令，始之官，乘犊车"。赤壁之战时，鲁肃认为"乘犊车，从吏卒，交游士林"[①]，也不失其名位。普通百姓出行多用鹿车，即手推车，并有单轮、双轮之分。山路崎岖之处，无法行车，则用箯舆，即竹制小轿。《史记·张耳陈余列传》所载之"贯高箯舆前"，即指此。

（四）水上交通多样

秦汉之时，水路交通工具是船，其种类有舟、舸、舫，以及用于军事的艨艟、蚱蜢、戈船等。皇帝和贵族宴游常用楼船，是一种建有楼舱的大船。秦汉多楼船，如汉武帝平定岭南，所遣将领就有楼船将军。而东汉马援伐交趾，所将大小楼船竟多达二千余艘。戈船运用于军事，"越人于水中负人船，又有蛟龙之害，故置戈于船下，因以为名也"[②]。汉武帝派往岭南的将官有戈船将军。远途水运则用舳舻，《汉书·武帝纪》说："舳舻千里，薄枞阳而出。"先秦时期汉民族行船靠操桨，汉时则出现了橹，山东沂南东汉画像石的内河航船上可见当时的橹。东汉时期还出现了舵、帆和锚。除船之外，当时还有以竹筏、木罂缻渡河的习俗。《史记·淮阴侯列传》说："魏王盛兵蒲坂，塞临晋，信乃益为疑兵，陈船欲度临晋，而伏兵从夏阳以木罂缻渡军。"

（五）交通要路上设有亭、传、邮、驿

秦汉之时，在交通要路上设有亭、传、邮、驿。亭是行旅宿食之所，十里一置。《汉书·百官公卿表》说："大率十里一亭，亭有长。"传是供官吏住宿，备有车马，供官吏乘坐。邮是传递文书，五里一设。驿是马站，三十里一置，供传送文书和奉使往来之用。无论是邮置，还是驿站，都设有馆舍，又名传舍，是接待来往官员，招呼驿车、驿骑休息，调换马匹车辆，供应食宿的场所。《汉书·郦食其传》说："沛公至高阳传舍。"传舍一般不留宿平民。

（六）出行规禁多

秦汉之时，驰道有"左入右出"之制，行人要靠左侧通行。陆机

---

① 《三国志·吴书·鲁肃传》。

② 《史记·武帝纪》注。

《洛阳记》言东汉洛阳驰道说："凡人皆行左右，左入右出。"[1]

汉代出行，有"关禁"制度，即稽查行旅者的身份和"传"。"传"即符信，又叫过所，是行人的身份证明和通行证书，以缯帛制成，上书行人姓名、年，岁及所携物品的种类、数量等。传分两份，官府和行人各执其一，出入关时，能合之，才得过。《汉书·文帝纪》曰："两行帛书，分持其一，出入关合之，乃得过。"

汉代严禁夜行。《史记·李将军列传》说："广尝夜从一骑出，从人田间饮。还至霸陵亭，霸陵尉醉，呵止广。广骑曰：'故李将军。'尉曰：'今将军尚不得夜行，何乃故也！'止广宿亭下。"又，崔寔在《政论》中说："永宁诏钟鸣漏尽，洛阳城中不得有行者。"由于平时禁止夜行，故元宵节时，朝廷为与民同乐，得特地颁令解"宵禁"。

六　娱乐风俗

（一）流行楚声楚舞

秦汉之时，社会有喜歌好舞之俗。由于秦汉社会经济高度发展，大小统治者和地方富豪追求奢侈的享乐生活，便促进了歌舞的发展；更由于国内各民族间以及中外经济文化交流的日益频繁，大量传人的"四夷"和外国的乐舞、胡乐、胡舞等，进一步丰富了汉民族的歌舞样式。

当秦始皇统一六国后，而那些亡国的美妙音乐，富于魅力的舞蹈，却使秦人为之倾倒，于是秦人将这些文化继承下来成为秦文化的有机组成部分。

进入汉代，秦声逐渐消沉。因汉高祖刘邦是楚人后裔，故楚歌楚舞一度兴盛起来。"置酒沛宫，悉召故人父老子弟纵酒""酒酣，高祖击筑，自为歌诗曰：'大风起兮云飞扬，威加海内兮归故乡，安得猛士兮守四方！'令儿皆和习之。高祖乃起舞，慷慨伤怀，泣数行下。"[2] 这首历史上有名的《大风歌》，虽然成为汉代庙祭之乐，却是正宗的"楚声"。"楚声"在两汉时一直盛行不衰。好歌喜舞，已成为两汉之时显贵、名士们儒雅的标志，富贵者大都蓄有倡伎、优伶，每有宾客，则以歌舞侑酒。秦汉上层社会的歌舞喜好，对下层民间产生了很大影响。翻开《史记》《汉

---

① 《太平御览》卷一九五引《洛阳记》。

② 《史记·高祖本纪》。

书》《后汉书》等正史，对秦汉庶民百姓歌舞习俗的记载，俯拾皆是。

两汉时期上层社会流行之舞蹈，史志有载的就有巾舞、铎舞、盘舞、鼓舞、剑舞和踏鞠舞等。民间社会流行的舞蹈有踏歌舞，舞者连臂而歌，同时用脚踏地，和着简单的节拍；巴渝舞，流行于巴蜀地区，刘邦爱其舞姿英武，曾赞道："此开王代纣之歌也。"① 沐猴舞，是一种模拟猴子与狗等相斗的舞蹈。

（二）"百戏"流行

除歌舞外，秦汉城市民间流行的娱乐活动还有马戏、杂技、幻术及其他技艺表演，泛称为"百戏"。当时，上自皇室、宫廷贵族，下至民间百姓，都酷爱"五色绣衣，戏弄蒲人、杂妇、百兽、马戏、斗虎"② 的百戏。

1. 投壶流传不衰

投壶是从射礼中衍化而来的一种竞赛游戏。秦汉之时，此戏在士大夫阶层中继续流传不衰，每逢宴饮，必定有"雅歌投壶"的助兴节目，揖让之类的烦琐礼节有所减省，并在作为投掷器具的壶的两边加了双耳孔，这不仅增加了难度，而且又生出了不少新的名目，娱乐性大为增强。过去投壶所用的壶具是宴席上的酒壶，带有即兴而作之意，西汉时已有了专为投壶游戏而制作的壶具。魏人邯郸淳在《投壶赋》中描写这种专门壶具的形制："厥高二尺，盘腹修颈，饰以金银，文以雕镂。"显得非常精致华美。

2. 六博戏风行

秦汉之时，六博风行。博戏起源甚早，殷商时即有流行。司马迁《史记·殷本纪》记载："帝武乙无道，为偶人，谓之天神。与之博，令人为行。天神不胜，乃僇辱之。"意思是，武乙暴虐无道，曾经制作了一个木偶人，称它为天神，跟它下棋赌输赢，让旁人替它下子。如果天神输了，就侮辱它。到了汉时，流行六博之戏，有十二棋子，黑白各半，每人六枚；箭六支，用以投掷决定行棋，因其形状类似筷子，故亦名"箸"，箸分两面，以颜色或符号示别；用来投箸的平板，称为"枰"；此外，还有鱼形棋二枚、筹码若干。游戏时由两人对博，各执棋六枚。其玩法大致

① 《后汉书·南蛮列传》。

② 《盐铁论·散不足》。

是以投箸决定行棋，棋走到盘中的水边时，即竖起成为“枭棋”。这时，尚未竖起的其他棋子称为“散棋”，但枭棋又必须得到散棋的配合。成枭后，如再掷到一个特定的箸彩，或者可入水食鱼形棋得分获筹，或者可杀死对方的枭棋或散棋，最后以筹码多少分胜负。因为双方以投掷六箸，引走六棋相互对限，所以这种游戏称为“六博”。

秦汉之时，宗室贵族、达官显贵，喜好六博之戏，一时成为风尚。如秦国的雍宫之乱，即起因子六博之戏。汉初，文帝时，太子刘启与吴太子因饮博争道而失和。一些列侯更是酷好此戏，因争胜而导致祸害的事件时有发生，如安丘侯周拾、印侯黄遂、樊侯蔡辟方，皆因“坐博掩，完为城旦”①，完为城旦，即罚为四岁刑。这些事件，也从侧面反映出当时上层王公贵族好为六博的风尚。

汉代，民间也流行六博之戏，且亦赌博化。在监狱里度过婴儿时代的汉宣帝，于民间生活了十七年，在博戏中欠了市民陈遂一笔赌资。他即位后便将陈遂提拔为太原太守，且赐书“制诏太原太守，官尊禄厚，可以偿进矣”②。更值得一提的是，据《西京杂记》卷四说，景帝时安陵人许博昌，发明了一种六博致胜口诀，结果“三辅儿童皆诵之”。

3. 斗兽流行

秦汉之时，还流行斗兽。斗牛之戏始于战国末年，到汉代才在民间流行开来。在汉代的画像石、砖中，人牛相搏是常见的题材。在南阳出土的汉代画像石中，有一幅表现一赤裸上身的力士，右手屈肘收掌在胸，左手一拳击于牛项，牛则俯首前奔，以角相抵；另一幅斗牛场面更为惊心动魄，一牛垂首扬尾，双角几乎已触及斗牛力士的腰身，力士则弓步收腹，左手紧扳俯抵的牛角，右臂高扬，作捶击状。汉代以后，人牛相搏的场面就很少见到了。

到汉代，方圆三百里的上林苑，实际上就是一个动物园。内设有“虎圈”“熊圈”“彘圈”等，可作斗兽场地。兽圈之上还建有楼阁，以便观赏。《汉书·外戚传》记载：“上幸虎圈斗兽，后宫皆坐。”说的就是皇帝在楼阁上观看斗兽。就汉代画像石及文献记载来看，汉代人与兽斗可分为持械斗兽和徒手搏斗两种形式。持械斗兽所用的武器有矛、戟、钺、

① 《汉书·高惠高后文功臣表》。

② 《汉书·陈遵传》。

剑等。所斗之兽有虎、彘、狮、熊等，而以斗虎最流行。1980年山东宋山出土的汉画像石上，有二人斗虎图，虎前有一人执剑，与虎相斗；虎后有一人执长矛，猛刺虎腿。①

4. 斗鸡兴盛

斗鸡活动在汉代十分流行。据《西京杂记》载，汉高祖刘邦的父亲酷爱民间的斗鸡游戏，竟然不愿待在宫中。这位太上皇的斗鸡癖好，得到后来皇帝们的承袭。汉宣帝与他的老丈人王奉光相识，就是在民间的斗鸡场。当时王皇后才十余岁。宣帝即位后，就将她召入了后宫。“斗鸡”似乎成了他俩的“月下老人”。汉宣帝之孙汉成帝也特别喜欢斗鸡荐马，他还因此了解了民情，察访了奸邪。此外，汉代鲁恭王更有“斗鸡”的“癖疾”，史称其“好斗鸡鸭及鹅雁，养孔雀、鵁鶄，俸谷一年费二千石”。除皇室外，汉代“世家子弟富人或斗鸡走狗马，弋猎博戏”②，从汉代石刻、画像砖上所绘的大量斗鸡图看，当时斗鸡之戏很是兴盛。

（三）体育风俗

1. 围棋流行始于汉代

围棋作为娱乐风俗流行于世，始于汉代。许慎《说文》说：“弈，围棋也。”秦汉之时爱好棋艺者，无论宫廷还是民间，大有人在。如现今见于文字记载的第一位女子弈手即是汉代戚夫人。《西京杂记》卷三记载：“戚夫人侍高帝，……于八月四日出雕房北户竹下围棋。”另据《搜神记》记载：“汉宫内，八月四日出雕房北户竹下围棋，胜者终年有福，负者终年疾病，取丝缕就北辰星求长命，乃免。”可知八月四日下围棋已成汉代后宫的风俗。

围棋的真正兴盛是在东汉。王符《潜夫论》记载：当时的富人唯以“敖博弈的事”。东吴地区民间弈风之盛冠于全国。韦曜《博弈论》说：该地区有许多人因“好玩博弈”而“废事弃业，忘寝与食”。可知时人对围棋迷恋之程度。为此，东汉大儒马融曾作《围棋赋》，文学家李尤曾作《围棋铭》，以歌咏棋技，宏扬棋道。

东汉时期还出现了许多著称于世的围棋高手。严子卿棋艺为当时一绝，被天下人公推为“棋圣”。“建安七子”之一的王粲天资聪颖，围棋

① 朱锡禄：《山东嘉祥宋山1980年出土的画像石》，《文物》1982年第5期。

② 《汉书·食货志》。

造诣甚高，“观人围棋，局坏，粲为覆之。棋者不信，以帕盖局，使更以他局为之。用相比较，不误一道”[①]。汉末的冯翊山子道、王九真、郭恺等，也是闻名一时的棋坛名将，而曹操、孙策、吕范、陆逊都爱好弈棋。曹操棋艺甚高，能与冯翊山子道等名手抗衡，不相上下。孙策与吕范的一局棋，至今还保存在宋谱《忘忧清乐》中，是流传至今最早的一局棋。

2. 击剑之风大行于世

汉代时俗以为“剑者，君子武备，所以防身”，故佩剑击剑之风大行于世。两汉社会上自帝王贵族下至小官胥吏甚至一些庶民百姓，大都身佩数尺长剑，以作健身、防身之用。即使是文人学士，也都善骑好剑，司马相如“少时好读书、击剑”[②]；东方朔“十五学击剑”[③]；杜陵贫士尹翁归双亲早逝，幼为孤儿，但也“喜击剑”，乐而忘忧[④]；东汉的达官贵族严威卿“好击剑，习骑射”[⑤]；“家世大姓冠盖”的阳球，自幼学“击剑”“习弓马”[⑥]。

汉代击剑之风的盛行，使击剑逐渐有了体育运动形式，出现了比赛活动。淮南王刘安的太子好击剑，听说郎中雷被善剑术，便提出挑战，结果为雷所败[⑦]。这两人的比赛，显然已脱离了春秋战国时军事训练的轨道，属于体育比赛，较量胜负了。由于汉代经常开展击剑比赛，在比赛中，互不相让，出现了“剑客论，盛色而相苏”[⑧]的现象。

3. 由礼射到赛射

兼有讲武习艺与演练礼仪双重性质的礼射，本是广大儒生们普遍从事的一项重要活动。汉代朝廷建有专门的礼射场地，宋代洪适《隶释》载：“未央宫有典台殿，天子射宫也。”各地盛行乡射礼，河间献王修兴雅乐，董仲舒等“皆以为音中正雅，立之太乐，春秋乡射，作于学宫”[⑨]。不过，汉代的射礼比之于春秋战国，则显然是衰落了。由于董仲舒“罢黜百家，

① 《三国志·魏书·王粲传》。
② 《汉书·司马相如传》。
③ 《汉书·东方朔传》。
④ 《后汉书·尹翁归传》。
⑤ 《后汉书·马援列传》。
⑥ 《后汉书·酷吏传》。
⑦ 《汉书·淮南王安传》。
⑧ 《盐铁论·箴石篇》。
⑨ 《汉书·礼乐志》。

独尊儒术”，儒生们只要能通一经、献一策者即可跻身官场。如此社会风气自然促使儒生们埋头苦读经书，不以习武为务，日渐丧失了先秦汉民族之时那种文武兼习的优良风尚，以至于后来发展到连礼射这种以演示礼仪为主，讲武健身为辅的传统活动也不屑一顾了，各级学校教育中更取消了有关“乡射”之类的教学活动内容。①

与儒生的礼射的衰淡形成鲜明对照的是，射箭比赛在军队中流行起来。汉家军法规定，军队中无论是骑士、材官（步兵）、楼船（水兵），都必须经过“习射”的训练，而且国家每年都要定期进行校阅。② 为了交流技艺和奖优罚劣，各军队中也经常举行射箭比赛。这样，出现了许多闻名遐迩的神射手。陇西李广以长臂善射显名于世，“其射，见敌，非在数十步之内，度不中发，发即应弦而倒”③。汉末，董卓善骑射，且能“双带两鞬，左右骑射”④。曹氏父子也是赫赫有名的射手。汉代射箭的广泛普及，直接推动了传统射法理论的演进发达，有关射箭的著述大量付梓，仅《汉书·艺文志》就载有《逢门射法》《阴通成射法》《李将军射法》《望远连弩射法具》等多种，共 69 篇。虽然这些书已经亡佚，但仅从其书名判断，至少可以说到汉代时，射术已相当精熟，且形成不同特点的名家射法。

4. 导引行气兴起

由秦至汉，是神仙信仰盛行的时期，秦皇汉武都是狂热的崇信者；民间也有许多神仙信仰者导引服气及服食药饵，这些人被统称为“方仙道”或“黄老道”。神仙方士文化的兴起，使导引行气术从医疗中分化独立出来，形成一种具有体育保健价值取向的，旨在追求人类健康长寿、幸福的，中国古代特有的养生风俗。

由于史籍中有关秦汉的导引术往往与神仙方术纠缠得难分难解，隐藏在迷信神话的浓云迷雾之中，使后人难以窥其门径。值得庆幸的是，1973 年，湖南长沙马王堆西汉墓中一幅长 100 厘米、高约 50 厘米的帛画《导引图》重见天日，使二千多年前中国民间导引健身的具体面目得以再现。

---

① 黄伟、卢鹰：《中国古代体育风俗》，陕西人民出版社 1994 年版，第 3 页。

② 《汉书·赵国充传》。

③ 《汉书·李广传》。

④ 《三国志·魏书·董卓传》。

这卷文图并茂的《导引图》，用红、蓝、棕、黑诸种颜色，描绘了“导引”的44个运动姿态，并附有文字说明，成为中国现存最早、最完整的导引健身图谱。从其运动术式来看，有伸展、转体、腹背、屈膝、吐纳、舞蹈等。最引人注目的是“以杖通阴阳式”，一个穿裙的妇女，手执长棍，长棍拄地，弯腰下俯，利用棍棒使双手呈直线状与地面垂直，使人身位置相对上举，以达到脉通气贯、调和阴阳的作用。从帛画所画的44个导引人物的形象和衣着服饰来看，有男有女，有老有少，有的身着长袍，有的穿着短裙短裤，还有不少赤身裸背者，显然来自社会各个阶层，既有上流社会的贵族，又有下层社会导引术的流行与普及。

正是在民间导引术的基础上，东汉末年的华佗，总结整编出一套模拟虎、鹿、熊、猿、鸟等动物姿态的新型导引运动术式，称为“五禽戏”，以防病祛疾，益寿延年。据《三国志·魏书·华佗传》记载，华佗由于长期坚持锻炼“五禽戏”，“年且百岁而有壮容”。他的弟子吴晋也“年九十余，耳目聪明，齿牙完坚”。可见，“五禽戏”能防病，延年益寿。所以汉人荀悦说：“若夫导行蓄气，功藏内视，过则失中，可以治疾。”① 此并非虚妄之言。

此外，秦汉之时常见的还有走索、举重、格力、走犬超距（跳高、跳远）等体育活动；而且，秦汉是中国传统节日的定型时代，一些民间体育活动开始与节日时俗水乳交融，构成了千姿百态的节日体育娱乐风尚。

第四节　秦汉汉民族礼仪风俗

一　育诞风俗

（一）撒帐祈子之俗初现

后世汉民族社会普遍流行的婚礼上的撒帐风俗，据考，此俗起源于汉代，其意本在于避煞。宋高承《事物纪原》曰：“汉世京房之女适翼奉子，奉择日迎之。房以其日不吉，以三煞在门故也。三煞者，谓青羊、乌鸡、青牛之神也。凡是三煞在门，新人不得入。犯之，损尊长及无子。奉以为不然门，但以豆谷与粮草禳之，则三煞白避，新人可入也。自是以来

① （汉）荀悦：《申鉴·俗嫌第三》。

凡嫁娶者皆置草于门阃内，下车则撒谷豆。”但也有求子意蕴。《土风录》卷二引《汉武帝内传》曰：“武帝与李夫人共坐帐，宫人遥撒五色同心果，帝与夫人以衣裾受之，云得果多，得子多也。”宋高承《事物纪原》也曰：“李夫人初至，帝迎入帐共坐，欢饮之后，预戒宫人遥撒五色同心果，帝于夫人以衣裾受之，云得果多，得子多也。”

佩弓箭以生男的习俗，春秋战国时已有，汉代则袭之。另外，在汉代民间则有井中投石以祈男的习俗，张君房《云笈七签》记载：“金堂县利华国观南院，有九井焉。……每岁三月三日蚕市之辰，远近之人祈男嗣于井中。探得石者为男，瓦砾为女。”所谓得石为男，得瓦为女，当取意于《诗经·小雅·斯干》中的生男“弄璋”，生女“弄瓦”。

（二）胎教流行

早在先秦汉民族时期，中国华夏民族就有重视胎教的风俗。传之汉代，胎教受到社会上层广泛的重视，成为一种习俗在民间广泛流传，并出现了大量载有胎教内容及胎教专论的论述，如贾谊的《新书》、戴德的《大戴礼记》、刘向的《列女传》、王充的《论衡》等均涉及胎教的内容。

汉代胎教习俗的主要内容，有“目不视恶色”，即孕妇不看邪恶之色、不正之色，否则胎儿会受所观对象的感应，而被“换胎”，如看猴生猴，看戏生伶；“耳不听恶声”，即孕妇不听恶噪之声，否则恶噪之声会使胎儿焦躁不安，胎动频繁；“口不出恶言”，则是避免孕妇情绪激动，影响胎儿的性格形成。①

汉代胎教习俗还要求使孕妇有一个清静优雅的居住环境。贾谊《新书·胎教杂事篇》曾引用青史氏之言：“古者胎教之道。王后有身之七月，而就蒌室，太师持铜而御户左，太宰持斗而御户右，左卜持蓍而御堂下，诸官皆以其职御于门内。”即王后怀孕七个月，在分娩前要住进“蒌室”，并有一批人为之演奏音乐及提供其他服务，以保证其心情愉快。

为了保证胎儿的正常生长，孕妇在日常生活中还有饮食禁忌。如忌食兔肉，否则胎儿会兔唇，“妊妇食兔，子生缺唇”②。忌食生姜，否则胎儿会多指，汉张仲景曰：“妊妇食姜，令子余指。”③

---

① 《列女传·周室三母》。

② （汉）王充：《论衡·命义篇》。

③ （宋）陈自明：《妇人良方·食忌篇》引张仲景语。

（三）产子禁忌

汉代社会有许多产子禁忌，如忌正月五日生子，应劭《风俗通义》说："正月……（生）子杀父与母，不得举也。""五月五日生子，男害父，女害母。"究其原因，是因为"夫正月岁始，五月阳盛，子以此月生，精炽热烈，厌胜父母不堪，将受其患"。《后汉书·张奂传》记载："（武威）其俗多妖忌，凡二月、五月产子，及与父母同月生者，悉杀之。"《西京杂记》也载曰："五凤以五月五日生，其父欲不举，其叔曰：'以田父推之，非不祥也。'遂举之。"并有其他诸多禁忌，《风俗通义》记载："不举生鬓须子，俗说，人十四年，乃当生鬓须今生而有之，妨害父母也。""不举寤生子，俗说，儿堕地便能开视者，谓之寤生，举寤生子，妨父母。""服中子犯礼伤孝，莫肯收举。""不举并生三子，生子至于三，似六畜，言其妨害父母，故不言之也。""今俗间多有禁忌，生三子者……以为妨害父母。"

秦汉之时，将产妇分娩视为不洁。王充《论衡·四讳》说："讳女人乳子，以为不洁，……乳子之家，亦忌恶之，舍丘墓、庐道畔，逾月乃入，恶之甚也。"即人们忌讳产妇在家分娩，而要把产妇迁往坟墓、道路旁临时搭就的草棚里，待婴儿满月才能回家。更不能回娘家分娩，《风俗通义》曰："不宜归生，俗云令人衰。"

（四）流行取单名

秦汉人命名，喜用单名。上至帝王，下至百姓均如此。如西汉十五位皇帝，有十三位用单名，东汉从光武帝刘秀到献帝刘协，十九位皇帝全用单名；《后汉书》中所见之人名，几乎全为单名。可见，喜用单名是秦汉之时流行广泛且传承久远的取名风俗。

（五）冠礼依旧

秦汉之时，行冠礼大体因循《士冠礼》陈式。冠礼在宗庙举行，由冠者父亲主持。行礼前要占卜，选择良辰吉日和为冠者行礼的"大宾"。冠礼日，冠者入宗庙就位，然后行冠礼，由大宾加冠三次。始加缁布冠，表示从此有了治人的特权；再加皮弁，表示表冠者从此有权参加祭祀。但据何休所制冠仪，只加一冠，而且程式也有所简化。加冠后，来宾以酒祝冠者，冠者拜见母亲，大宾给冠者起字，礼成，其父设酒款待大宾。冠礼后，一般士人即可择婚。与冠礼相对应，古代女子十五岁行笄礼，不过，笄礼的详情已不可考。

汉代皇帝的冠礼称为“加元服”，元即首，冠即首之服，故称“元服”。据《大戴礼记》所载，汉代皇帝的冠礼要“四加”，则“三加”之外，又有加“玄冕”。皇帝所加的四种冠为缁布冠、爵弁、武弁和涌天冠，通常在正月甲子或丙子吉日举行。东汉时，则改缁布冠为进贤冠。小皇帝行过冠礼，即可亲理朝政。

二　婚姻风俗

（一）婚嫁礼仪铺张

秦汉之时，绝大部分地区都盛行重聘金嫁妆之风。秦地，“嫁娶尤崇侈靡”①，其中长安城“闾里嫁娶，尤尚财货”②；在太原和上党地区，“嫁娶送死奢靡”；卫地，“其失颇奢靡，嫁娶送死过度”③；蜀地，“俗奢侈”“妇女有百辆之徒车”④。无怪乎汉安帝感叹道：“嫁娶送终，纷华靡丽。……京师尚若斯，何以示四远？”⑤

在汉代，绝大多数阶层中程度不同地存在重聘财和嫁妆的风习。汉高祖聘夫人“黄金五千斤、马四匹”⑥。汉惠帝纳后，则“聘黄金二万斤、马十二匹”⑦。汉平帝娶后，有司奏聘以黄金二万斤。⑧ 同样，达官显贵、富商大贾聘礼同样充盈。西汉初，开章仕于淮南王后刘长，他“为家室娶妇”，得刘长“以二千石俸奉之”⑨。

这种奢靡之风到了东汉依然未变。据《后汉书·献烈梁皇后纪》种厚聘之风，“贵戚近亲，奢纵无度，嫁娶送终，大为僭侈”⑩。董卓娶妻，聘以辎车百乘，“马十二匹，奴婢钱帛充路”⑪。按当时比值，至少在一百万钱。

---

① 《汉书·地理志》。

② 《汉书·安帝纪》。

③ 《三辅黄图》卷四。

④ 《汉书·地理志》。

⑤ 《华阳国志·蜀志》。

⑥ 《二十四史九通政典类要合编·晋朝》。

⑦ 《五礼通考》卷一五四《昏礼》。

⑧ 《汉书·王莽传》。

⑨ 《史记·淮南衡山列传》。

⑩ 《后汉书·章帝纪》。

⑪ 《后汉书·列女传》。

至于下级官吏或庶民百姓虽家境贫寒，无力拿出聘金，但也受奢靡成风影响，往往借贷或赈助交出聘金。西汉陈平娶妻，曰曾“借币以聘”。《太平御览》记载，东汉时议曹史展允，笃学贫苦，慈孝推让，年将知命，未成婚配。他的长吏李固乃不得不向僚属为展允征集聘金二三万钱，才促成了其婚事。[①]

秦汉之时，婚嫁的铺张对社会造成了严重后果。婚宴消耗，“一飨之所费”可“破终身之业本”。[②] 朝廷和地方官府都曾下令加以制止，如汉成帝永始四年颁诏令，禁止“车服、嫁取、葬埋过制”[③]。东汉中期，安帝颁布了更为严厉的诏令：“秋节既立，鸷鸟将用且复重申，以观后效。”[④] 西汉后期，南阳太守召信臣下令“禁止嫁娶送终奢靡，务出于俭约”[⑤]。然而，汉代官方的种种措施，往往只是一纸空文，婚嫁奢侈的现象丝毫没有收敛。

（二）婚姻重亲

秦汉贵族间婚姻重亲现象比较严重。所谓“重亲”，即婚姻之家复结婚姻。汉代重亲有两种情况：一姻家恒为姻家；二婚家恒为婚家（按：女氏称婚，婿氏称姻）。重亲原因很多，但主要的是通过联姻来加强自己的势力，巩固已有的家族人联合和世袭的权力地位。《汉书·齐悼惠王传》记载：“懿王蘮，子历王次昌嗣，其母曰纪太后，太后取其弟纪氏女为王后，欲其家重宠。”《后汉书·钟皓传》曰：“皓兄子瑾母，李膺之姑也。瑾好学慕古，有退让风，与膺同年，俱有声名。膺祖在尉修常言：‘瑾似矜勿戮。’复以膺妹妻之。”

重亲现象的出现，还与愚昧的观念有关。据《汉书·外戚传》记载，元帝之子，中山孝王刘兴，其所以娶姨母卫姬为妻，乃是因为卫姬的姑母曾为宣帝婕妤，生楚孝王。卫姬的姐姐又为元帝婕妤，生平阳公主。成帝时，中山孝王无子，成帝以为卫氏多嫁皇室，又能多生子女，因而以卫姬配中山孝王。很显然，这种重亲婚姻实际是为了满足一种异常落后的近亲繁殖的生育愿望。

---

① 《太平御览》卷五四一。

② 《潜夫论·浮侈》。

③ 《后汉书·成帝纪》。

④ 《后汉书·安帝纪》。

⑤ 《汉书·循吏传》。

（三）一夫多妻者普遍

秦汉有一夫多妻习俗。在汉代，妻之外，女子共事一夫者，皆称妾，另外还有“外妇”“小妻”“旁妻”“下妻”等称呼。汉代史料中关于小妻的记载很多。《汉书·佞幸传》记载，张彭祖即被小妻毒死。《后汉书·陈敬王羡传》曰：“后钧取掖庭出女李娆为小妻。”汉代小妇与小妻同，大概是指一些爱妾，此两名称通行于两汉四百年中。《汉书·元后传》载曰：“王凤知其小妇弟张美人已尝适人。”《风俗通义》说：“沛郡有富家公，赀二千余万，小妇子年裁数岁矣。”①

“下妻”的称谓约在西汉后期出现在关东地区。《汉书·王莽传》载曰：关东地区有人自称“汉氏刘子舆，成帝下妻子也”。至东汉初年，这个称呼开始广泛行。光武帝和明帝多次下诏，严令释放和送归由于战乱、饥荒而“为人下妻”者还家。

旁妻的地位较低。《汉书·元后传》曰：“王禁有大志，不修谦隅，好酒色，多取傍妻。”

“外妇”的名称见于西汉前期。《汉书·高五王传》曰：“齐悼惠王肥，其母高祖微时外妇也。”外妇大概是今天的情妇，不为社会承认。

“少妇”之称流行于东汉。《后汉书·董卓传》曰：“卓朝服升车，既而马惊堕泥，还入更衣，其少妇止之，卓不从。”

此外，还有傅婢、御婢都是一类。汉代小妻、傍妻不止一人。西汉定陵侯淳于长被诛时，有小妻六人，皆弃或更嫁。② 东汉王畅则自称有小妻三十七人③，至于无子买妾更为寻常。

在汉代，买卖是媵妾来源的重要途径，其有买卖自良家女者，但更主要的是来自奴隶买卖；掠夺则是另一条重要途径，不过，更为普遍和广泛的则是以聘财来娶妾。如《西京杂记》卷二记载：“司马相如将聘茂陵女以为妾。”《后汉书·明帝八王列传》即记载了赵孝王聘娶小妾之事。而封建皇帝聘娶夫人妃子的钱财数量之巨，使人为之瞠目。在汉代，无论是娶“小妻”“下妻”“旁妻”，抑或纳妾，都须有送聘财过程。从下妻等人的实际地位看，汉代也承认其所生子女的法律地位和财产继承权，只是

① 《太平御览》卷六三九引《风俗通义》。
② 《汉书·孔光传》。
③ 《后汉书·梁节王畅传》。

地位较嫡子为低，不能与妻的地位同日而语。

（四）婚嫁尚早

汉初为了恢复和发展生产，鼓励人口增殖，竭力倡导早婚，并用法令形式固定下来。汉高祖七年朝廷下令："民产子，复勿事二岁。"[①] 惠帝时也曾规定，女子十五岁以上必须出嫁，否则要罚"五算"[②]。

在这样的情况下，汉代早婚现象普遍，史籍中关于汉代官宦和民众之女早嫁的记载俯拾皆是。班昭十四岁嫁曹世叔，王姬十四岁与王更得结为伉俪[③]；许平君十四岁左右委身欧侯，胡公夫入十五岁嫁胡广，甄氏十五岁嫁给袁熙，汤郡平民女子妄人年十四岁出嫁[④]；女子相乌十五岁时出嫁，纪配十六岁出嫁[⑤]。与民间平民或官宦相比，皇族的婚龄就更低了，一些婚姻几乎处于童婚状况。汉昭帝、平帝、霍氏、王氏等人的婚龄皆在十岁以下。

当时一些有识之士就认识到了早婚的危害。汉宣帝时，王吉曾呼吁改变"世俗嫁娶太早"的恶习。他说："夫妇，人伦大纲，夭寿之萌也。世俗嫁娶太早，未知人父之道而有子，是以教化不明而民多夭。"[⑥] 可惜这种意见并未能为统治者和广大民众所接受。

（五）再嫁自由

尽管秦汉统治者开始倡导贞洁观念，班昭著《女诫》更是明确提出了"从一而终"的道德标准。不过，习俗观念的转变和礼法政策的贯彻之间总要滞后一些。秦汉贞节观念的强化，主要体现于礼法制度层面，儒家标榜的"从一而终"原则仍未为民间普遍认同、接受。

秦汉之时，人们趋着大一统的盛世而及时行乐的风气，成为贞节观念渗入民间社会的主要屏障。当时，女子可以和男子一起宴饮。这在社会上层和下层中都相当普遍。西汉初，高祖刘邦还沛，置酒沛宫，沛地男子和女子"日乐饮极欢"[⑦]。文帝和窦皇后、慎夫人在上林苑中饮酒，也要让

① 《汉书·高帝纪》。
② 《汉书·惠帝纪》。
③ 《后汉书·列女传》。
④ 《汉书·外戚传》。
⑤ 《华阳国志·广汉士女赞》。
⑥ 《汉书·王吉传》。
⑦ 《汉书·高帝纪》。

侍郎袁盎于旁作陪。东汉后期，琅琊有“倡优男女杂坐”[①] 的习俗。男女结伴同路而行，也是正常之事。

从现存史料看，汉代再嫁现象极为普遍。上至皇亲国戚，下至庶民百姓，均有自择佳偶再嫁人的自由和权利。且看汉室皇家：汉景帝的王皇后本已嫁给金王孙，并且已生过女儿，后才被母亲纳奉当时尚为太子的景帝，王皇后的母亲本身也是再嫁之人。[②] 武帝的姑母馆陶公主在丈夫死后寡居多年，五十岁时看上卖珠小儿董偃，武帝非但不怪罪，还接见董偃，称为“主人翁”，承认这位新姑父的合法地位。[③] 光武帝刘秀，在姐姐湖阳公主新寡时便度其心意，主动帮她穿针引线，说媒于“威容德器，气度非凡”的大司空宋弘。[④] 至于朱买臣之妻主动请求离婚改嫁，蔡琰三易其夫而成道德文章，则为千古文坛津津乐道。

最高统治者以及律例对再嫁多持认可态度。汉文帝驾崩时遗诏说：“归夫人以下至少使”，可以再嫁。[⑤] 东汉献帝朝丞相曹操，专门写了一篇文字，允许其妻妾在自己死后可以再嫁：“常以语妻妾，皆令此意。孤谓之言：顾我万年之后，汝曹皆当出嫁。欲令传道我心，使他人皆知之也。”[⑥]

除皇室外，一般士宦人家再嫁情况也不胜枚举。张耳之妻，原孙黄富人之女，看上张耳后便赶走了丈夫，改嫁张耳。苏武使匈奴被扣，时间一长，其妻误以为已死，便再嫁他人。[⑦] 王凤的小妇弟（妾之妹）张美人，虽已嫁人，但王凤以她“宜子”为名，仍献成帝后宫。[⑧] 东汉黄昌，贫贱时一妻离散。后来他当了蜀郡太守，一次审案时发现犯人的母亲很像自己的妻子。经审问，果然如此，于是黄昌遂和这位失散十年并早已改嫁生子的妻子复婚。[⑨] 东汉后期，陈相骆为袁术所害，其妻再嫁

---

① 《风俗通义·怪神》。

② 《汉书·外戚传》。

③ 《汉书·东方朔传》。

④ 《后汉书·宋弘传》。

⑤ 《汉书·文帝纪》。

⑥ 《三国志·魏书·武帝纪》注引《魏武故事》。

⑦ 《汉书·苏建传》。

⑧ 《后汉书·元后传》。

⑨ 《后汉书·酷吏传》。

华歆。[①]

汉时，在庶民百姓中，丈夫死后妻子改嫁者，更是常见。西汉时长陵田氏妇，先出嫁王仲，王仲死后再嫁田氏。[②] 据《汉书·陈平传》记载，“卢牖富人张负，有女孙，五嫁夫辄死，人莫敢娶，平欲得之。”张负不嫌其贫，终“以女孙予陈平”。丧夫五汝的妇女仍可再嫁，说明当时的贞节观在民间是非常淡漠的。

（六）婚礼始举乐

周代以前，结婚仪式并不热闹。直到汉初，一些地方官吏囿于周礼，也禁止人们在婚礼时相贺。在秦汉，婚礼便充满了热烈、嬉闹和吉祥的气氛。新娘夫妇着装光彩照人。《盐铁论·散不足》说：当时富者结婚，“衣皮朱貉，繁路环佩”；而一般人家也会“长裙交讳，璧瑞簪珥”。东汉时期，“丽女盛饰，艳如春华”[③]。双方家中也装饰一新，喜乐融融。时人蔡邕描述云：“婚礼以举，二族盛饰，威仪有序……即臻门屏。”[④] 婚礼之日，双方的亲族成员“群祥既集，二族交欢”[⑤]“喜宾僚党，祈祈云聚”。他们在酒宴桌上戏谑笑骂。《群书治要》引仲长统《昌言》曰：“今嫁娶之会，捶杖以督之戏谑。”有时在酒醉之后，来宾还会做出一些过火的举动。《风俗通义》记载：西汉时汝南张妙参加杜士家婚礼，“酒后相戏，张妙缚杜士，捶二十，又悬足指，士遂致死”。有的婚礼上始终充满了欢歌笑语、载歌载舞的欢乐气息。如西汉人杨恽在酒宴上“拂衣而喜，奋袖低仰，顿足起舞”[⑥]。即便是城市平民家庭，也是“各以党俗，弹筝鼓缶而已，……中者鸣竽调瑟，郑舞赵讴”[⑦]。

汉代还出现了闹新房习俗。《汉书·地理志》记载燕地风俗说：“嫁取之夕，男女无别，反以为荣。后稍颇止，然终未改。”这是说人们在庆祝新婚时可以不讲传统礼仪，男女可以随便嬉戏。俞正燮《癸巳存稿》卷一四认为这就是后世的闹新房。

---

① 《三国志·吴书·骆流传》
② 《汉书·外戚传》。
③ 《初学记》十四引《协和婚赋》。
④ 同上。
⑤ 同上。
⑥ 《汉书·杨恽传》。
⑦ 《盐铁论·散不足》。

三　丧葬风俗

（一）丧礼循古

秦汉之时的丧葬礼仪上承了春秋战国时期的丧葬礼仪制度，丧礼过程并无多大改变，只是更为隆重而已。据杨树达先生《汉代婚丧礼俗考》所述，汉代的丧葬礼仪大致可分为三个阶段：一是葬前之礼，这一阶段包括招魂、沐浴饭含、大小敛、哭丧停尸等项内容；第二阶段为葬礼，包括告别祭典、送葬、下棺三个环节；三是葬后服丧之礼。

人初死，则沐浴饭含。饭含之物以玉石珠贝为常见。对于某些高爵大官，皇帝亲赐饭含珠玉。

小敛缠尸常以布帛为主，或者为纩绵。附身之物有衣，有被；贵族有锦衣，平民只是一般常服。在葬具中最值得注意者为“玉衣”，又称“玉匣”“珠襦玉匣”。《续汉书·礼仪志》注引《汉旧仪》说：“帝崩……以玉为襦，如铠状，连缝之，以黄金为缕。腰以下以玉为扎，一寸半，为柙，下至足，亦缝以黄金缕。”

宣布死讯，谓之发丧。闻丧讯后，不论亲属出游于外者，抑或子女已嫁者，均归来奔丧；其不能亲赴者，则寄物以吊。丧家对唁吊者，不仅飨以酒肉，而且娱之以音乐。据《汉书·周勃传》记载，周勃“常以吹箫给丧事”，颜师古注曰：“吹箫以乐丧宾，若乐人也。”如果死者为贵族大臣，往往由皇帝本人或派使者来吊祭。尤贵者，则由皇帝、皇后一起临吊。

以棺为大敛。在汉代，棺大小不一，天子之棺特大，大臣次之，一般平民百姓则为小棺。贵者棺材的装饰也十分富丽堂皇，用红色的油漆涂棺，并绘以彩画。平民百姓的棺材没有任何装饰，称为“素棺”。停棺时间，秦汉较之先秦汉民族已大大缩短。《礼记·王制》曰：“天子七日而殡，七月而葬。”而汉世诸帝，如文帝自死至葬仅七日，景帝十日，武帝十八日，明帝十一日，章帝十二日；一般人似更短。

送葬即出殡。届时，棺已盛尸为柩，柩上写上死者的官职姓名。柩行，一般用车载之。帝王及显贵者则为辒辌车，具黄屋左纛，并配副乘。贫者则用车载棺而行。丧车经过的街路，常常要举行路祭。时俗以送葬人多为尚。所谓“送葬”，即“丧家婚友随柩行到丧所”。

西汉初期，服丧期较短。如文帝时曾下令“出临三日，皆释服”，既葬之后“服大红（功）十五日，小红（功）十四日，纤七日，释服”[1]。但到了后来仍沿袭了先秦汉民族的三年丧制。如公孙弘早在武帝时就服后母丧三年；《汉书·扬雄传》应劭注曰：“汉律以不为亲行三年丧不得选举。”哀帝时，规定博士弟子父母死，“予宁三年”。“宁”就是处家持丧服。

居丧之礼，未葬时，居服舍，既葬则庐墓，不饮酒食肉、不近妇人、不作乐、不聘妻、不访友。时人推崇的至孝行为是“焦毁过礼，草庐土席，衰杖在身。头不枇沐，体生疮肿”[2]。如有违背，便被视为逆礼，甚至要受到法律制裁。

由于秦汉之时对丧礼颇为讲求，以致许多人不惜弄虚作假，欺世盗名。如孝子赵宣，葬义母后，在墓道中居住行丧礼，前后长达二十余年，乡人称赞不已，州郡长官屡次请他出来做官，他都不出来，“孝”名愈来愈大，后来聪明细心的太守陈蕃却查出赵宣在墓道中生了五个儿子。[3]

（二）流行厚葬

秦汉之时，阴阳五行学、谶纬迷信、神仙方术等特别盛行，人们祖先崇拜和鬼魂崇拜观念的根深蒂固，相信人死以后灵魂不灭，所以厚葬便成为这一时期丧葬习俗中最显著的特色。

厚葬的出发点，一方面是在墓室的形制和结构上模仿现实生活中的房屋；另一方面在随葬品方面也尽量做到应有尽有，凡是生人所用的器具、物品，无不可以纳入墓中。《盐铁论·散不足》所谓“厚资多藏，器用如生人”。

汉以前的墓，不论大小深浅，都是由地面一直往下掘，称为“竖墨穴”。“西汉中期，在黄河流域开始流行在地下横掏土洞，作为墓圹称为‘横穴’。西汉时，主要是在中原地区，盛行用庞大的空心砖堆砌墓室。到了东汉，无论是在中原还是在南方和北方的边远地区，都普遍用小型砖来券筑墓室。从西汉末年开始，还流行石室墓。此外，从西汉到东汉，在有些地区，还有一种‘崖墓’，其墓圹亦属横穴式。总起来说，用横穴式的洞穴作墓圹，用砖和石料构筑墓室，是汉墓与汉以前的墓在形制和构造

① 《汉书·文帝纪》。

② 《后汉书·章帝八王传》。

③ 《后汉书·陈蕃传》。

上的主要区别，其特点在于模仿现实生活中的房屋。”①

秦始皇陵园的设计意图便充分反映了这一特点。《史记·秦始皇本纪》描述：

> 始皇初即位，穿治骊山，及并天下，天下送诣七十余万人，穿三泉，下铜而致椁，宫观、百官、奇器、珍怪徙藏满之。令匠作机弩矢，有所穿近者辄射之。以水银为百川、江河、大海，机相灌输，上具天文，下具地理。以人鱼膏为烛，度不灭者久之。

秦始皇陵园的建筑布局和设计意图，是根据“事死如生”这一理性观念设计的，它完全是一幅宫城邑图。汉代诸帝，基本上都承袭了秦始皇的做法。汉武帝即位后的第二年（前139年），便替自己修建茂陵，历时53年，及葬时，“其树皆可拱”②。陵园地面建筑非常宏伟，墓内殉葬品也极豪华。《汉书·贡禹传》记载：“金钱财物，鸟、兽、鱼、鳖、牛、马、虎、豹等生禽，凡百九十物，尽瘗藏之。”相传武帝身穿的金缕玉衣，玉条、玉杖和他生前所读的杂经三十余卷，盛入金箱，也一并埋入。茂陵封土，全用夯土打筑，形似覆斗，为西汉帝王陵中规模最大的一座。

不仅帝王如此，在汉代官僚贵族阶层中，也流行着这种“事死如生”的丧葬观。中山靖王刘胜墓就是突出一例。其墓中的南耳室的车马房，放置车辆和驾车的马匹，北耳室为仓库，贮存大量盛有食物的陶器，前室是宽大的厅堂，陈列着帷帐和各种主要的随葬器物，后室是内室，放置棺材。前室和两个耳室，都用木材搭成房屋，屋顶铺瓦；后室也用石板搭成房屋形，并在前方设两扇石门，门上装有铜质镀金的铺首。墓的形制和结构完全模仿地面上的居住建筑，所以称为“地下宫殿”。③

汉代的丧葬，还要在墓内置入大量的食物作随葬品，如长沙马王堆汉墓，随葬品类之繁，名目之多，不胜枚举。

厚葬风俗引起的一系列严重的社会问题。《潜夫论·浮侈篇》曰：“今京师贵戚，郡县豪家，生不极养，死乃崇丧。”《务本篇》指出，这种

---

① 王仲珠：《汉代考古学概说》，中华书局1984年版，第85页。

② 《晋书·索琳传》。

③ 中国社会科学院考古研究所等：《满城汉墓》，文物出版社1978年版，第14—17页。

“约生以待终”的风气，实为“乱悌之真行，而误后生之痛者也”。

然而，综观秦汉四百余年，厚葬之俗主要还是流行于王室贵族及官宦阶层，普通劳动者虽欲厚葬行孝，却因财力所限，只得草草埋葬而已。《汉书·贡禹传》记贡禹言云：“今民大饥而死，死又不葬，为犬猪所食。”《后汉书·独行传》记周嘉从弟畅为河南尹时，曾收葬洛城旁客尸骸骨凡万余人，连薄葬都不可能。

秦汉之时，是中国封建社会厚葬最为盛行的时代，但在厚葬风气盛行的同时，薄葬之风也刮了起来。据《汉书·杨王孙传》记载：“（杨王孙）学黄老之术，家业千金，厚其奉养，生亡所不致。及病且终，先令其子曰：‘吾欲口欲裸葬，以反吾真，必亡易吾意！死则为布囊盛尸，入地七尺，既下，从足引脱其囊，以身亲土。’”力主薄葬。

东汉王充认为“死人无知，厚葬无益”“圣贤之业，皆以薄葬省用为务”。力主“薄葬省财之教可立也”。此外，西汉的刘向、张临、朱云、龚胜，东汉的王符、祭遵、王堂、樊宏、梁商、羊续、郑玄、何熙、弓融、卢植、范冉、曹操等，都力主薄葬。他们的言论和行为，对于当时社会来说，起了一定的移风易俗的榜样和示范作用，为魏晋南北朝时期的薄葬风俗的流行，奠定了思想和实践两方面的基础。

（三）墓室重装饰

秦汉王室、贵族及官宦的墓葬对墓室的装饰极为讲究，装饰的主要形式是壁画墓、圆像石墓和画像砖墓。壁画墓绘制的部位主要在陵墓的门额和主室的顶部、中间隔墙及后室后壁上。一般是先在砖面上平涂一层白粉，然后再予彩绘。长沙马王堆一号墓就是代表。

从西汉开始，还新兴一种石室墓，到东汉更为盛行。墓室由许多整齐的石块筑成，石块上雕刻着各种画像，所以称为“画像石墓”。一座画像石墓，从设计开始，中间经过石料的采制、运输、绘画、雕凿到建成墓，各个环节的要求都很高，费时费工又费财物；建成后的坚固性、画面保持的耐久性，都是其他各类墓所不能及的。这种墓最能满足那些贵戚、宠臣、大地主、大商贾们厚葬的欲望。1954 年发掘的沂南汉代画像石墓就是其中代表。四川等地的东汉砖室墓，往往在墓室的砖壁上另嵌一种“画像砖”作为装饰，故称“画像砖墓”，画像内容与画像石大同小异。

汉代墓葬使用画像石、画像砖和墓壁画之俗所表现的文化意义，与汉时秦汉社会所流行的墓葬尚豪侈的习俗意义是一致的。

（四）重视守冢和墓祭

与汉人灵魂不灭观念和厚葬之风相适应的便是时人重视守冢和墓祭之风的流行。守冢在汉代已成习俗，西汉建立之初，刘邦下令二十家为始皇帝守冢，各派十家为楚王陈胜、魏安釐王、齐愍王守冢。至于西汉诸帝陵，不仅迁徙山东豪强于陵旁，置县，而且设置陵令、属官、寝庙令、园长、门吏等官职，负责管理陵园，岁时祭祀。

汉代还始兴墓祭，这是汉代陵寝制度较之以前的一个重要变化。当时世俗认为“墓者，鬼神所在，祭祀之处”，“古礼庙祭，今俗墓祀”①。

为便于墓祭，从西汉中期开始，在墓前建立祠堂。祠堂又称享堂，是用来祭祀死者的，其作用与供死者灵魂日常起居的寝不同。祠堂内设有祭台，上置神座，但只在特定的祭祀之日用馨香降神的方法招致死者的灵魂享受供品。建祠堂的现象相当普遍，一些强宗大族把墓祭当作团结族众的一种手段，十分重视本族墓地的祠堂建筑。祠堂中除了祭祀的场所外，还有供上墓族人休息和祭后宴饮的地方，往往建成有几进房屋的大院落。汉荆州刺史李刚墓“有石阙、祠堂、石室三间，椽架高丈余，镂石作椽瓦屋，施平天造，方井侧荷梁柱”②。

东汉明帝时，开始举行上陵礼，由明帝率公卿百官和各郡上吏“特祭于陵”，向光武帝的神座举行朝拜和祭祀，由此确立了以朝拜和祭祀为主要内容的陵寝制度。“寝”的功能也由供墓主灵魂日常生活变为供朝拜和祭祀，因此，陵寝的建筑也开始扩大和改造。东汉时陵墓前建筑有寝殿或石殿以及悬挂大钟的钟楼，专为朝拜祭祀之用，此外还造有供墓主灵魂游乐的便殿以及供墓主灵魂起居饮食的寝宫。

从西汉末年开始出现墓碑。石制的墓碑立在墓前，在石碑上刻下墓主的官爵姓名，就成了墓碑。早期的墓碑上部仍有“穿”，顶端或作方尖形，称圭首；或作圆弧形，刻上云气图案，称晕首。东汉时墓前立碑蔚成风气，许多墓碑除刻有墓主官爵姓名外，还刻上介绍墓主家世生平事迹并加以颂扬的长篇文字，碑阴则详列立碑人的姓名。

---

① 《论衡·四讳》。

② 《水经注·济水》。

第五节　秦汉汉民族的岁时风俗

一　春时节俗

（一）元日形成节日

元日，又称元旦、正旦、朔旦、正朔、正朝、元会等，后世又称春节，民间则称过年。元日节俗主要形成于汉代，现代春节的许多风俗事象皆可在那时追寻到其源头。

春秋战国之时，华夏诸族的历法正处于草创时期，各地历渎制度不一，故未能有统一的节日。秦代用颛顼历，以建亥孟冬之月（今农历十月）为岁首，汉初仍因秦制，到汉武帝太初元年（前104年），乃命司马迁、落下闳等改颛顼历而另作太初历，恢复夏制，仍以夏历正月为岁首，正月初一为元日。历法的改定为元日节俗的形成和发展确立了固定的日期，从此，元日年节就成了汉民族社会最主要的节日而长传不衰，虽然此后元日又有元日、朔日、正日等不同名称，但夏历（农历）正月初一的节期却至今未变。

秦汉时代，“阴阳五行”“五德终始”说广泛流行，方术之士遍天下，时进灾异，时讲祥瑞，巫术风行，这种浓重的迷信色彩必然渗透到帝王宫廷和人民生活方式中去。许多风俗活动本来就起源于迷信，而维系新旧两年更替的年节，也必然染上迷信色彩。于是，喜庆祝福和辟邪除怪就成为汉代年节的两大基本内容。

元日早晨，在当时人的眼里，新年伊始，是一年当中最重要的吉时良辰。当雄鸡高唱之时，人们开始了迎接新年的礼仪活动。汉代人虽然无福施放火药制成的鞭炮，却在堂阶前用火烤竹节使其发出噼噼啪啪巨大的声响，以“辟山臊恶鬼”①，谓之爆竹。

东汉都城的元日佳节，更是车水马龙，热闹非凡。按当时礼仪规定，每年元日，在夜漏来到七刻时，文武百官要入宫给皇帝贺年，皇帝也兴致勃勃来到德阳殿接受诸侯、公卿的朝贺，叫元日朝会。后来，入宫朝贺的礼仪愈来愈隆重。当文武百官依次向皇帝祝寿、恭贺新年后，皇帝赐给群臣酒食，并表演鱼龙曼衍、走钢丝、幻术等乐舞百戏。

---

①（汉）东方朔：《神异经》。

秦汉年节的饮食较多，且多带有巫术意味。桃汤，一种用桃煮的酒。原本是借桃驱鬼辟邪的功能煮汤挥洒的，《汉书·王莽传》曰：“文感汉高庙神灵，遣虎卖武士高庙，……桃汤赭鞭，鞭洒屋壁。”后来，用于挥洒的桃汤变成了饮料，在元旦时饮用，以辟邪祈福。柏酒，是一种用柏树叶浸制的酒。柏为长青之树，叶后凋而耐久，被古人取作长寿的象征。椒酒，这是用椒籽浸制的酒。古俗元旦日子孙向家长进椒酒，意在祝吉祈寿。

汉代元日还有禁杀鸡、雀之俗。汉成帝时，曾有专门诏令：“除正旦杀鸡与雀。”据《三齐略记》记载，秦末刘邦为项羽所追，避于荥阳一智井，两只斑鸠落于井口，项羽误以为“井有人，鸠不集”，而使刘邦幸免于难，所以汉代元日禁杀斑鸠等鸟雀。

直至今日，年节的内涵与汉代并无本质的差异。

（二）元宵张灯肇始

元宵节，又名正月十五、上元节、元夕节、灯节。秦始皇名政，因避讳，又称端月十五。关于元宵节的起源，据《史记》记载，当起源汉文帝时。汉文帝因大将周勃戡平“诸吕之乱”而登帝位，戡平叛乱之日正是正月十五，所以此后每逢正月十五夜晚汉文帝都要出宫游玩，与民同乐，并且确定这天为元宵节。汉武帝时，据《史记·封禅书》记载：亳人谬忌奏请，祭祀“泰一”神，其中正月十五日祭泰一神最隆重，从黄昏开始，通宵达旦。《史记·乐书》载：“汉家常以正月上元祭祀太一甘泉，以昏时夜祀，至明而终。”汉代实行宵禁制度，禁止每夜二更后行人通行，但在正月十五夜，朝廷祭祀太一神，灯火达旦、通宵不眠的同时，则特地开禁放夜。汉代司马迁在建议汉武帝修改历法，创建《太初历》时，把元宵节列为重大节日。

东汉以后，随着佛教的传入，佛教的燃灯习俗也随之进入汉民族社会。《西域商》称印度摩羯陀国正月十五有观看佛舍利放光雨花之举，届时僧徒俗众云集，颇为可观。汉明帝为了弘扬佛法，便下令正月十五夜在宫廷和寺院“燃灯表佛”，这是元宵节放灯的起源。

可见，元宵张灯之俗最初是在宫廷举行的，后来才传到民间；其节俗活动又与佛教有些瓜葛。

（三）上巳节俗娱乐化

上巳是个古老的节日。关于上巳节的来历，魏晋时期民间有这样的传说：据晋代周处的《风土记》载，“汉末离开虞者有三女，一以三月上辰，一以上巳，一以上午，三日三女乳时并亡。迄今时俗以为大忌，故至是月是日，妇人忌讳不复止家，皆适东流水上就通远地，祈祓自洁濯也”。这种类似传说，在吴均的《续齐谐记》中也有记载。

到了秦汉之时，三月上巳节日的习俗活动仍承先秦汉民族，以祓禊为主。“祓禊”是人们到河边用浸泡了香草的水沐浴，洗水积秽，祷除疾病和不祥的仪式。《后汉书·礼仪志》记载：“（三月）上巳，官民皆絜于东流水上，曰洗濯祓除，去宿垢疢，为大絜。”

到了东汉，在汉民族大部分地区，不仅上巳节求繁衍祈丰收之目的逐渐淡漠以至消失，祓禊不祥与男女幽会为春游习俗所取代。史载大将军梁商在这一天引吭高歌于洛水有浓厚迷信意味的巫术，而增添了欢乐气氛。[①]

（四）寒食节确立

寒食禁火，当起源于古代的“修火禁”，《周礼·秋官，司炬氏》曰：“仲春以要铎以修火禁。”[②] 但到了汉时，已将寒食禁火之俗与春秋时的介子推故事相联系，东汉蔡邕《琴操》曰：“晋文公与介子推俱亡，子推割腕股以啖文公。文公复国。子推独无所得。子推作龙蛇之歌而隐。文公求之，不肯出。乃燔左右木。子推抱木而死。文公哀之，令人五月五日不得举火。”但《琴操》所云的禁火日期是“五月五日”，而非寒食节。

而真正载有汉时寒食节禁火习俗的是范晔《后汉书·周举传》。范氏记载：“周举迁并州刺史，太原一郡，旧俗以介子推焚骸，有龙忌之禁。至期，咸言神灵不乐举火。举移书于子推庙云：‘春中寒食一月，老少不堪，今则三日而已。’”东汉末年，曹操又明令禁止太原、上党、西河、雁门四郡寒食。曹操《明罚令》曰：“闻太原、上党、西河、雁门，冬至后百有五日，皆绝火寒食，云为介子推。且北方沍寒之地，老少羸弱，将有不堪之患。令到，人不得寒食。若犯者，家长半岁刑；主吏百日刑；令长夺一月俸。”从曹操《明罚令》可知，当时寒食节的具体日期为冬至后一百零五日，正好是清明前夕，与后世寒食节相合。可见，寒食的确立，也是在汉代。

---

① 《后汉书·礼仪志》注。

② 《初学记》卷三引。

二　夏时节俗

（一）端午为恶日

端午节起源于先秦汉民族时期，当时北方地区就把五月五日当作忌日。到了秦汉之时，将五月五日视作恶月恶日的观念，依然非常强烈，有许多禁忌。《风俗通》记载："俗云五月到官，至免不任。""五月盖房，令人头秃。""俗说五月五日生子，男害父，女害母。"王充《论衡·四讳》曰："讳举正月、五月子。以正月、五月子杀父与母，不得举也。已举之，父母祸死。"例如，汉成帝时，权势显赫的王凤，也是五月五日生，其父提心吊胆地将他养大。显然，汉时在五月五日盛行阴阳五行之说，五色之中，黄代表中央，其余四色代表四方，五方、五色都具有神秘色彩。在汉代人看来，这种五色彩丝或五色印，具有厌禳、驱邪、避瘟功能。

汉时五月五日还有采药制药习俗。崔寔《四民月令·五月》记载："是月五日，可作酢，合止利黄连丸、霍乱丸。采葸耳，取蟾诸廿合创药，及东行蝼蛄。"此俗沿袭至今。

南方则有竞渡之俗。南方五月五日竞渡纪念之神有屈原、伍子胥、曹娥等说，屈原和伍子胥系先秦汉民族时人，而曹娥则是东汉时人。《后汉书·列女传》曰："孝女曹娥者，会稽上虞人也。父盱，能弦歌，为巫祝。汉安二年五月五日，于县江溯涛婆娑（迎）神，溺死，不得尸骸。娥年十四，乃沿江号哭，昼夜不绝声。旬有七日，遂投江而死。至元嘉元年，县长度尚改葬娥于江南道傍，为立碑焉。"曹娥的孝行正与当时的风尚相吻合，受到旌表，加入了列女的行列。后世会稽一带竞渡时，龙舟上即塑有曹娥之像。

端午节纪念的还有一位陈临。据《初学记·岁时部》引《后汉书》曰：陈临任苍梧太守，治理苍梧移风化俗，很有政绩，后来调迁之时，郡人在五月五日送至东门。人们为了纪念这位政绩卓著的地方官，每年端午"令小童洁服舞之"，以资纪念。

端午节饮食风俗主要是吃粽子。粽子又叫角黍，用菰叶裹黏米，以淳浓灰汁煮熟，于端午节时吃，俗谓纪念屈原。对此俗的记载，虽然汉籍缺失，但从周处《风土记》、王嘉《拾遗记》、宗懔《荆楚岁时记》、吴均《续齐谐记》等有关角黍、米筒和五色纱囊盛食等的记载分析，汉时已有端午吃角黍之俗是可信的。如南朝梁吴均《续齐谐记》说："屈原五月五日投汨罗而死，楚人哀之。以此日竹筒贮米，投水祭之。汉建武中长沙区曲白日忽见一人，自称三闾大夫，谓曰：‘君当见祭，甚善。但常所遗，苦为蛟龙所窃。今若所惠，可以楝树叶塞其上，以五采丝缚之。此二物蛟龙所惮也。’曲依其言。世人作粽并带五色丝及楝叶，皆汨罗之遗风也。”

（二）夏至祭祖

秦汉之时，夏至是个祭祀祖先的节日。崔寔《四民月令》载曰：“夏至之日，荐麦、鱼于祖祢，祠。”祠，是指家祭，即在家庙中举行祭祀。夏至一般都在五月，而五月又被视为恶月，古俗相传桃有驱鬼辟邪的作用，故汉时夏至日有以桃印饰门，以镇恶祛邪的习俗。《后汉书·礼仪志》记载：“（夏至日）以桃印长六寸，方三寸，三色书文如法，以施门户，代以所尚为饰。”

三　秋时节俗

（一）七夕风俗形成

七夕节也是到了汉代才完成了其孕育期，演变为一个具有独特内涵和习俗事象的节日。

七夕乞巧风俗，皆因牛郎、织女故事而来。牛郎，古谓牵牛。牵牛和织女，都是星名。在《诗经·小雅·大东》中，牵牛和织女便被放在一起描写：“跂彼织女，终日七襄。虽则七襄，不成报章。跂彼牵牛，不以服箱。”到西汉时，以牵牛和织女相配的艺术造型已经出现。班固《西都赋》曰：“临乎昆明之池，左牵牛而右织女。”张衡《西京赋》曰：“乃有昆明灵沼，……牵牛立其左，织女处其右。”昆明池为汉武帝时所作，池畔已有牵牛织女的像了。而且昆明池“左牵牛而右织女，似云汉之无涯”的石刻成为当时美术家精心雕绘其动人心弦形象的摹本。汉代《古诗十九首》中有诗云：

迢迢牵牛星，皎皎河汉女，
纤纤擢素手，札札弄机杼。
终日不成章，泣涕零如雨。
河汉清且浅，相去复几许。
盈盈一水间，脉脉不得语。

根据这些材料推测，以牛郎、织女为主角的爱情故事，在西汉时可能已经形成。

及至东汉，牛郎、织女故事中出现了七月七日鹊桥相会的情节。汉末曹植《洛神赋》说："叹匏瓜之无匹矣，咏牵牛之独处。"《九咏注》说："牵牛为夫，织女为妇。织女牵牛之星，各处河鼓之旁，七月七日，乃得一会。"在东汉画像石中，牛郎、织女的形象更被作为常用的题材。如山东肥城孝堂山离开氏祠三角形石梁底面，有日月星象石刻，在以金乌作标志的日象内侧，刻着联成人形的织女星，其下刻画着坐在机杼前操机织锦的织女。①

可见，至迟在东汉时期，七夕节风俗已经形成。在七夕之夜，妇女们不仅出家门观赏"乌鹊填河成桥而渡织女"的"鹊桥之会"，而且还要祭拜牛郎织女星，乞愿七巧。东汉崔寔《四民月令》记载："七月七日，……设酒脯时果，散香粉于筵上，祈请于河鼓、织女，言此二星神当会，守夜者咸怀私愿。或云见天汉中有奕奕正白气，如地河之波，辉辉有光耀五色，以此为征应。见者便拜乞愿，三年乃得。"可见，七夕节的观牛女鹊桥相会、女子拜星乞愿及穿针乞巧等主要习俗活动，已发育得非常成熟、完备。

（二）重阳节发育成熟

农历九月九日重阳节的习俗起源非常古老。从战国时楚人屈原《远游》诗中有"集重阳八帝宫兮"句推断，早在战国时代已有重阳。而东汉末年曹丕《九日与钟繇书》所曰："岁往月来，忽复九月九日，九为阳数，而日月并应，俗嘉其名。"虽重在述说重阳名称之由来，但也可证最迟在汉代，九月九日已发育成一个固定的节日：重阳节。

重阳节的传统习俗主要有佩茱萸、饮菊花酒和登高。这些习俗均定型于西汉。据《初学记》卷四《西京杂记》记载："汉武帝宫人贾佩兰，九月九日佩茱萸、食饵、饮菊花酒，云令人长寿。""三月上巳，九月重阳，士女游戏，就此祓禊登高。"

四　冬时节俗

（一）冬至尊老

冬季节日主要有冬至、腊日和除夕。至迟在东汉时，冬至已形成一个

---

① 罗哲文：《孝堂山离开氏墓石祠》，《文物》1960 年第 4、5 期合刊。

节日。东汉蔡邕《独断》曰："冬至。阳气起，君道长，故贺。"在这一天，京师百官均放假休息。《后汉书》载说："冬至前后，君子安身净体，百官绝事，不听政，择吉辰而后省事。"皇帝在南部举行祭天之礼。次日，百官身着新朝服入宫朝贺。东汉以后，冬至节走出宫廷，走出上层社会，成为汉民族社会各阶层的共同节日。在独尊儒术的汉代社会里，天地君亲师同为儒家所推崇，表现在冬至节日中，这五者就成了民间敬贺的对象。崔寔《四民月令》说："冬至之间，荐黍羔，先荐玄冥于井，以及祖祢。……其进酒尊长，及修谒刺贺君、师、耆老，如正日。"到了东汉末年，出现了冬至向尊长敬献袜履的习俗，以寓践新迎福之意。曹植《冬至献袜颂表》曰："千载昌期，一阳嘉节；四方交泰，万物昭苏。并献纹履七辆，袜若干副。"可见，在汉时，冬至就是个尊老的节日。

（二）腊日驱傩

腊日，是春秋战国时国家祭祀宗庙社稷的主要节日，原称为"腊"，汉荀爽《礼传》曰："夏曰嘉平，殷曰清祀，周曰大蜡。"到秦国时才改为腊，《史记·秦本纪》曰：秦惠王"十二年初腊"。汉代，以冬至后第三个戌日为腊日。许慎《说文解字》说："腊祭百神。"

腊日，还要举行一种驱鬼除疫的仪式，名为"傩"。这种仪式源于原始巫舞，自西周至春秋战国，一直盛行不衰。到了汉代，进入宫廷，成为一种规模盛大、仪式隆重的驱鬼逐疫的祭仪。《后汉书·礼仪志》中记载的汉代傩祭、傩舞，比较完整地保留着当时状况：

> 先腊一日，大傩，谓之逐疫。其仪：选中黄门子弟年十岁以上，十二岁以下百二十人为侲子。皆赤帻，皂制，执大鼗。方相氏黄金四目，蒙熊皮，玄衣朱裳，执戈扬盾。十二兽有衣毛角，中黄门行之。冗从，仆射将之，以逐恶鬼于禁中。夜漏上水，朝臣会；郎中、尚书、御史、谒者、虎贲、羽林郎将执事，皆赤帻；卫陛乘舆，御前殿。黄门令奏曰："侲子备，请逐疫。"于是中黄门倡，侲子和曰："甲作食殃，胇胃食虎，雄伯食魅，腾简食不祥，揽诸食咎，伯奇食梦，强梁祖明共食磔死寄生，委随食观，错断食巨，穷奇腾根共食蛊。凡使十二神道凶恶，赫女躯，拉女干，节解女肉，抽女肺肠，女不急去，后者为粮。"因作方相与十二兽舞。嚾呼，周遍前后，省三过，持火炬送疫出端门。门外，驺骑传炬出宫，司马阙门外五营骑士

传火，弃洛水中。百官官府各以木面兽能，为傩人师。讫，设桃梗、郁垒、苇索，毕，执事陛者毕，苇戟桃杖以赐公卿、将军、特侯、诸侯云。

这种仪式在汉画像石中也有反映。1954 年发掘的山东沂南像石墓中，前室北壁横额上有一幅大傩图，画面上刻画着十几位面目狰狞、身生毛羽的凶神，正在驱逐奇禽异兽，有的正在追杀，有的正在吞食，而奇禽异兽则作四散逃奔状，就是方相氏及十二神驱鬼逐疫的具体情形。

西汉时还存在杀羊祀灶的风俗。至于所祀的灶神，许慎《五经异义》认为灶神叫苏吉利，其妻为王传颊，即后世所说的傩公傩婆。

（三）门神初现

秦汉之时，汉民族已有用桃作厌胜之具的风习，所制诸如桃人、桃印、桃梗、桃板、桃符等。当时这些制品并不仅见于除夕，比如桃印（以桃木刻印）便有用在仲夏的，《后汉书·礼仪志》说："仲夏之月，万物方胜，日存至阴气萌作，恐物不桥……以桃印长六寸，方三寸，五色书文如法，以施门户。"《后汉书·礼仪志》刘注引《山海经》佚文说："除殴毕，因立桃梗于门户上，画郁垒、苇索，以御凶鬼，甄虎于门当食鬼也。"这说明厌胜之具更多的是用在除夕。

第六节　秦汉汉民族信仰风俗

一　神灵崇拜

（一）自然神崇拜趋向实用

先秦汉民族时期的自然神崇拜习俗流传到秦汉之时，逐渐走上功利化、实用化的轨道。其中与人们日常生活关系密切的江、河、海、山等神，普遍受到民间社会的祭拜。如河伯是人们最为熟知的河神，受到历代人皇的祭祀。秦汉时除朝廷继续祀奉外，民间也颇有祭祀。《史记·封禅书》："及秦并天下，令祠官所常奉天地名山大川鬼神可得而序也。水曰河，祠临晋。"另《史记·西门豹传》有"河伯娶妇"的故事，表明秦汉时黄河一带民间，信奉河伯的风俗十分普遍，常年祭祀不绝，祭祀时还要以美女妻之。

在秦汉，海神祭祀始上正轨。秦始皇时曾为四海海君立庙祭祀，《史记·封禅书》曰：秦并天下后，“雍有二十八宿，风伯、雨师、四海之属”。汉代，在汉武帝之前，国家对四海等山川神灵之祭祀，尚未成制度。汉武帝曾下诏祀河神、海神，《汉书·武帝本纪》记载：“（建元元年）诏曰：‘河海润千里，其令祠官修山川之祠。’”汉宣帝神爵元年，又诏：“夫江海，百川之大者也。今阙焉无祠。其令祠官以礼为岁事，以祀是祠江海洛水，祈为天下丰年焉。”自此，四海祭祀，皆有常礼，而且四海之神皆有了具体名字。据汉代纬书《鱼龙河图》所载，东海君为冯修青，夫人朱隐娥；西海君为勾丘百，夫人灵素简；南海君为视赤，夫人翳逸廖；北海君为禹帐里，夫人结连翘。

江神崇拜起于秦汉，《史记·封禅书》曰：秦并天下后，“江水祠蜀”。汉代，江神崇拜流入民间，江神成为普通百姓的常祀之神。

在秦汉之时的山神崇拜中，最流行的要数泰山神。在汉代，泰山神泰山府君被认为系幽冥主宰。时人认为人死，泰山府君会将其灵魂勾去。因此，《后汉书·方术列传》记载：许峻“自云少尝罹病，三年不愈乃谒太山请命”。《后汉书·许曼传》记载：“曼少尝疾病，乃谒泰山请命。”出土的东汉墓中镇墓券中，也常有“生人属西长安，死属泰山”之语。意谓，人活着归皇都长安管辖，死了则归鬼都泰山管辖。

灶神是汉民族民间信仰最普遍的神之一。先秦汉民族的灶神，尚无独立神格，往往和火神混而为一，其职责也仅限于掌管饮食。汉代以后，灶神的司职起了变化，不仅限于掌管饮食，而且执掌人们寿夭祸福。据《史记·孝武本纪》记载，当时的方士以为祠灶可以致物炼丹，导致长生。《淮南万毕术》则说：“灶神晦日归天，白人罪”。可见，灶神信仰东汉时已广为流行，并形成腊月二十四日夜祭灶的风俗。

（二）俗人神崇拜始行

后世普遍流行的城隍神信仰，当肇始于汉代。班固《两都赋序》曰：“京师修宫室，浚城隍，起苑囿，以备制度。”在汉代的城隍神家族中，有许多是由当朝名将、名士转化而来的，如纪信、灌婴、英布、范增等，莫不如是。

在秦汉时代，被纳入神谱，被人崇奉的历史人物还有安期生、老子、墨子、姜太公、尹喜、东方朔、刘安等。如东方朔，本系汉武帝时的侍臣，刘向《列仙传》将其列入仙班，曰：东方朔“久在吴中，为书师数十年。武帝时上书说，拜为郎。至昭帝时，人或谓圣人，或谓凡人，作深浅显默之行，或忠言或亏语，莫知其旨。至宣帝时弃郎以避乱世，置帻官舍风飘然而去，后见于会稽，卖药五湖，智者疑其岁星也”。

此外，汉代为当代名人立祠祭祀的事例屡见不鲜，如项羽庙、城阳景王庙等，立祠造神已成风气。

（三）灵物崇拜

普遍秦汉之时的灵物崇拜风俗，可从《风俗通义》中找到许多实例。如《风俗演义》卷九、《李君神》《鲍君神》《石贤士神》，记载的就是桑中的李树、田野的鲍鱼、坟墓边的一片糕点，皆可因有某方面的怪异而成为神灵，受到很多人的膜拜，足见当时人们灵物信仰观念何其强烈！

二　神仙方术

（一）求仙之风兴盛

秦始皇统一中国之后，受当时方士仙道的影响，醉心于神仙方术，幻想获得不死之药，故而燕齐等地方士十分活跃。当时有安期生、石生、卢生、侯生、徐市（福）、韩终、聚从等人在社会上层活动。当时大规模的求仙仪式是在方士主持下进行的。《史记·封禅书》曰：“始皇自以为至海上而恐不及矣，乃使人斋童男女入海求之。船交海中，皆以风为，皆以风为解，曰：未能至，望见之焉。”

因秦始皇所宠信的方士徐福入海，杳无音讯。秦始皇又派卢生、韩终、侯生、石生等，寻找仙人羡门、高誓及不死之药，均归渺茫。卢生从海上归来，没有带回仙药，却带回一纸图书，上书“亡秦者胡也”五字。秦始皇于是发兵三十万北击匈奴。由于秦法刑法酷烈，卢生怕秦始皇追究，便偷偷跑了。于是秦始皇迁怒于诸生，将犯禁者 460 余人，皆坑之咸阳，史称“坑儒”。

进入汉代以后，由于遭受秦始皇大坑方士的严重打击，方士势力在汉初曾一度衰落。至汉武帝时，在最高统治者的大力倡导与扶持下，求仙之风又再度兴盛起来，而且其规模、声势远在秦代之上。《汉书·郊祀志》载谷永上书说：“汉兵，新垣平，齐人少翁、公孙卿、栾大等皆以仙人黄冶、祭祀、事鬼，使物，入海求神、采药贵幸，赏赐累千鑫。”“元鼎、元封之际，燕、齐之间方士瞋目扼腕，言有神仙祭祀致福之术者以万数。”足见人数之多、气势之壮。

皇帝和方士们求仙寻药的狂热行为，对广大民众必然会产生强烈的影响。因为人人都珍惜自己的生命，希望能长寿。于是渴求延年益寿风气便笼罩着秦汉整个社会，仙药成为当时社会最具普遍意义的生活符号。

（二）谶纬迷信流行

秦汉之时，谶纬迷信流行。“谶”是一种“诡为隐语，预决吉凶”的神秘预言。这种预言被认为发自上帝，是符合天意的，故又叫作“符”或“符命”；术士们为了显示谶的神秘性，往往把谶书染上绿色，所以又称为“箓”；由于谶书常附有图，故也称为“图谶”。“纬”则是汉代儒生按自己意图用神学观点对儒家经典进行解释和比附的著作，如《尚书纬》《七经纬》《河图》《洛书》等，它相对于“经”而得名。汉代儒学有“五经”“七经”之说，而纬书也有“五纬”“七纬”之称。此类纬书和谶一样，都是些变相的隐语，可由人做出各式各样的解释。因为纬书也有谶语，所以后来往往把谶和纬混为一谈，通称为谶纬。由于汉代统治者的大力提倡，谶纬神学得到广泛的流行和应用。当时儒者、士大夫争学图谶，成为一种风尚，尤其是在东汉，谶纬成为当时思想文化领域的主要特征。

秦始皇时，谶言就常常出现。如公元前215年，秦始皇派人入海求不死之药，得“亡秦者胡也”图书，后来人们把此“胡”与秦二世胡亥联系，以证明谶言“应验”；公元前209年，陈胜、吴广起义时，在鱼腹中塞进“陈胜王”的帛书，即利用谶言发动民众。

西汉初，谶仍流行。武帝以后，谶纬较前又有所发展。昭帝时，泰山下的一块卧石忽然站立，上林苑的枯柳回春，表明新天子从匹夫中突起。成帝时，齐人甘忠可称上帝派赤精子下凡，传给他一部《包元太平经》供给汉室再受命之用，这部书，时人即称“谶书”。①

西汉末年，王莽出于篡汉夺权的政治需要，有意利用谶纬制造舆论，谶纬的流行起到推波助澜的作用。汉平帝元始五年（公元5年）十二月，王莽鸩杀平帝，立两岁的孺子婴为帝。同月，武功长孟通天井得白石，上书“告安汉公莽为皇帝”。于是王莽就顺应“天意”做了“摄皇帝”。此后，齐井、石牛、铜符宝图等“符命”不断。汉平帝元始9年，王莽终于篡汉自代，改国号为新。并在其登基之诏中曰：“后天上帝隆显大佑，成命统序，符契图文，金匮策书，神明召告，属予以天下兆民。赤帝汉氏

① 《汉书·王莽传》。

高皇帝之灵，承天命，传国金策之书，予甚祗畏，敢不钦受!”此后，社会上谶纬之风大盛。

在这样的情况下，两汉之际逐鹿的群雄都利用谶纬作为自己争夺天下的“根据”。如王莽时任导江卒正（蜀郡太守）的公孙述，“好为符命鬼神瑞应之事，妄引谶记”。乘王莽灭亡、天下大乱之机，自立为蜀王，后又自立为天子，国号成。他宣称谶书里说的“孔子作《春秋》，为赤制作，断十二公”，表明汉从高帝到平帝（连吕后在内）已十有二代，历数已尽，一姓不得再受命。他又引谶书《录运法》“废昌帝，立公孙”，《括地象》“帝轩辕受命，公孙氏握”，《援神契》“西太守，乙卯金”等说法，作为自己受命的根据，还说自己的手有奇文，乃得龙兴之瑞。并屡次在檄文中宣传这些符应，使老百姓相信他是真命天子。

东汉光武帝刘秀，对谶纬更是信之不疑。据《后汉书·光武纪》记载，当初刘秀起兵，便与图谶有关。刘秀决定即帝位，亦因赤伏符之故。中元元年（56 年）十一月，刘秀又“宣布图谶于天下”。此后，社会上谶纬之风进入高潮。顾颉刚先生在论及这一问题时曾指出：“图谶本已迎合人们迷信的心理，现在又定为功令的必读书，当然钻入各个角落更深更普遍了。”[①] 我们翻开《后汉书》的列传，或读东汉的墓碑，每每有“博贯五经，兼明图谶”一类的话，从中可见谶纬习俗在东汉之流行势态。

（三）巫术占卜多样化

秦汉迷信多端，手法多样，卜筮是当时占问吉凶的重要方法之一。“卜”通常是用龟甲和兽骨（主要是牛肩胛骨）进行占卜；“筮”是用蓍草进行占卜。秦时，朝廷设有太卜官，专主占卜。始皇及秦二世求卜的记录亦屡见史册。秦始皇陵兵马俑坑内发现有卜骨，也说明当时卜筮使用的广泛性。

汉人对星占术十分迷信。据《会稽典录》记载，严遵与汉光武帝刘秀是同学，他一直隐居。刘秀当了皇帝之后想念他，在建武五年征召他入京，在阳明殿设宴款待他，并将他留宿宫中。这位老同学也毫不客气，睡觉时竟把大腿压在刘秀身上，当夜的星象就发生了变化。第二天负责观天象的太史向刘秀报告有客星侵犯帝座，十分紧急。刘秀笑了，曰：“不妨事，只是我老同学的大腿压在我身上罢了。”这可真够灵验了。

---

① 顾颉刚：《秦汉的方士与儒生》，上海古籍出版社 2005 年版，第 140 页。

还有比这更神奇的是汉和帝时的益州隐士李郃，他善观星象，能根据星象判断京城里的一举一动。据《李郃传》记载，有一次汉和帝密令两位使臣到益州考察民情，正好遇到李郃在外面坐地乘凉，闲聊起来。李郃问二位使臣："你们从京城来，知道朝廷派到益都业的两位使臣是什么时候出发的吗？"二位使臣大吃一惊，问他："你怎么知道京城派了使臣呢？"李郃指着天空说："有两颗使臣星向益州运行过来了。"汉代人如此崇拜星占，自然也十分崇拜那代表星宿的神灵，文昌星就是其中之一。

巫术之中，贻害最甚的要算巫蛊。当时人认为巫觋下神时祝诅及用木偶人埋地下，可以害人，称为"巫蛊"。著名的西汉巫蛊案，就是巫师取媚于帝上，结果反被黑暗的宫廷政治吞没，引起一场死伤近万人大惨剧。其后，因巫蛊而罹罪者，仍不胜枚举，像西汉广陵厉王、中山孝王太后、息夫躬，东汉和帝阴后、灵帝宋后、和帝幸人吉成、光武子阜陵质王延，无不遭受此祸。

秦汉之时，占梦为重要方术之一。秦代朝廷设专职占梦者，备帝王随时询问。公元前210年，秦始皇巡游"北至琅邪，梦与海神战，如人状，问占梦博士，曰：'水神不可见，以大咬龙为侯，今上祷祠备礼，而有此恶神，当除去而善神可致[①]。'"西汉时，占梦活动似更加风行，做梦者本人即可对梦做出解释。有时出于某种需要，人们也借梦发挥，例如田千秋为戾太子讼冤，即托梦言以谏武帝说："臣尝梦见一白头翁教臣言。"[②] 占梦成为那时人们日常生活中一项必不可少的迷信活动。

相面之术至秦汉时大盛，其影响越来越大，并且具备了理论雏形。这从司马迁《史记·赵世家》描述白起的一段话可以窥知一二："白起小头而锐上，断敢行也；瞳子黑白分明，见事明也：视瞻不转，执志强也。"据其头形、眸子、目光来推断其人。已涉及相面的一些语义符号。《史记》还有《目者列传》，专门为占卜筮的人立传；《汉书·艺文志》有《相人法》，说明秦汉时，相术不仅进入了人们的生活，而且进入了史家笔下，产生了相术理论的雏形。

① 《史记·秦始皇本纪》。

② 《汉书·田千秋传》。

第七节　秦汉汉民族的社会风俗

一　家庭风俗

（一）家长专制的家庭风俗

秦汉之时，普遍流行父母妻子“五口之家”式的小家庭。应劭《风俗通义》说：“五口为一家，父母妻子也。”秦汉规定：“民有二男以上而不分异者，倍其赋。”[①] 即一户之中，若父在而子已长成，则必须析居，俗谓之“生分”。是故，秦汉之时底层社会普遍有分家习俗，但也有一些兄弟同居的大家庭存在。

秦汉家庭，一般为一夫一妻，但也有一夫一妻多妾。一夫一妻多妾，指男子在正妻外，还有以姬妾、奴婢等形式的配偶。秦汉之时，在上层社会，这种一夫一妻多妾的家庭形式，相当普遍。在家庭中，男性家长具有绝对的权威，可以随意殴打子女，决定子女的婚姻大事。据《汉书·高帝纪》记载，吕公未和吕媪商量，就把女儿许给刘邦。尽管吕媪不满，责问：“何自妄许刘季？”但在遭吕公“此非儿女子所知”申斥后，仍不得不把女儿嫁给刘邦。东汉时，甘公许女儿与陶谦，其妻虽不同意，但也无济于事。[②]

汉代妇女在社会生活中虽然人身比较自由，但在家庭中却已居于男子附庸的地位。在汉代社会风俗中，“出妻”是男子的特权。如汉人鲍永、姜诗，皆因妻子不尊重其母而休之；王吉甲妻偷邻人东西而休之。

秦汉之时，在家庭风俗方面还有歧视赘婿之俗，颜师古注应劭《风俗通义》“赘婿”曰：“言其不当出在妻家，亦犹人身体之有疣赘，非应所有也。一说赘，质也。家贫无有聘财，以身为质也。”赘婿在秦汉之时被列为贱民之列，属于“七谪课”之第三位。在许多贵族家庭，还有蓄养家庭奴婢的风俗。

（二）聚族而居的宗族风俗

西汉武帝以后，社会发生了一些影响深远的变化，各地出现了许多豪门大族，宗族制度得到强化，随之出现了许多独特的风俗事象。

① 《史记·商君列传》。

② 《后汉书·陶谦列传》注引《吴书》。

聚族而居是世家大族传统的习俗，东汉时的樊氏家族，“三世共财”聚居，“子孙朝夕礼敬，常若公家”[①]。世家大族多有共同的族墓，河北无极甄氏族墓，上起两汉之交，直至东汉末年，绵延不绝；陕西潼关的弘农杨氏族墓，自东汉以下历数代之久。安徽亳县曹氏族墓，包括曹操先辈多人。世家大族还重视自己的祖籍所出，注意姓氏源流的考索。东汉时期，社会上出现了一些氏姓考察的文籍，如王符《潜夫论》中的《志氏姓》，应劭《风俗通》中的《姓氏篇》，为后世家族谱牒之滥觞。

东汉豪族多聚结成相应的经济组织田庄。田庄主同时又是宗族长，负责安排田庄内的全部事务，他与同族人之间既是宗族关系，又是主佃工主仆关系。东汉时的宗族田庄一般拥有宗族、宾客数百人，甚至上千人，平时生产耕作，若遇战事，则聚族自保。宗族田庄内部则进行多种经营，自给自足，如东汉樊宏田庄“东西十里，南北五里”“波陂灌注，竹木成林，六畜放牧，鱼赢梨果，檀棘桑麻，闭门成市”[②]，俨然一个小王国。

二　里社风俗

（一）乡有三老

秦始皇统一六国后，划天下为三十六郡，郡下设县，对县下的乡里组织也作了相应的调整。《汉书·百官公卿表》载：秦时“大率十里一亭，亭有亭长。十亭一乡，乡有三老、有秩、啬夫、游徼”。秦末起事时的刘邦，当时的职务则是“泗水亭长”。汉时，乡里组织更加细密化，在乡里以下又设了伍、什组织，什主十家，伍主五家，分别设什长、伍长；百家为一里，设里魁；十里为一亭，设亭长、主求；十亭为一乡，乡置三老、有秩、啬夫、游徼[③]。对乡三老的“选任”，秦汉继承了先秦汉民族的尊老重德传统，《汉书·高帝纪上》云：“举民年五十以上，有修行，能帅众为善，置以为三老，乡一人；择乡三老一人为县三老。”

（二）里社与祭社合一

秦汉之间的社，由先秦汉民族的社会发展演变而来，多以祭社神为主要内容，春祭谓春社，秋祭谓秋社。秦汉之时，各地流行里社、祭社合

---

① 《后汉书·樊宏传》。

② 《水经注·比水注》。

③ 《汉书·百官公卿表》。

一。故社多以乡里为单位，以祭社神为使命，带有相当程度的原始宗教色彩。秦时的社大多由官方出面组织，以二十五家为一社。西汉中期以后，民间自行组织的私社开始出现，称“四邻结社”，除春季集会祭祀社神外，并带有慈善、互助性质，大多系十家、五家立一遭官方的禁止，但禁而不绝。

三　社交礼节

（一）社交“笃交谊”

东汉人社交“笃交谊”，凡交友一定要通过别人介绍。如果能经名人介绍，那么就会“身价倍增”。《后汉书·李膺传》载：郭林宗始最看重师门之谊，他的老师即使是一般平民，也还要先“修私敬”，表明心中诚意。《后汉书·廖扶传》：“太守谒焕先为诸牛从扶学，后临郡未到，先遣修门人之礼。”如果老师去世，往往还得“弃官制服。”《后汉书·延笃传》说：“举孝廉为平阳侯相，以师丧弃官奔赴。”至于下属和主将，被荐举者与荐举者，都有君臣师生之谊，都在死生之际，“致其笃敬”。

（二）谒刺通姓名

当时人相识也需要用“谒刺”通报姓名。所谓“谒刺”，即名帖，赵翼《陔余丛考》卷三十“名帖”：“古人通名，本用削木书字，汉时谓之谒，汉末谓之刺，汉以后虽用纸，而仍相沿曰刺。”《风俗通》记载这样一件事，说明“谒刺”在日常交际生活中非常重要：“徐孺子为太尉黄琼所辟，琼薨既葬，负肉并涉赍一盘，醊哭于坟前。孙子琰故五宫中郎将，以长孙制丧，闻有哭者，不知其谁，亦于倚庐哀泣而已。孺子无有谒刺，事讫便去，子琰大怪其故。”假如徐孺子有“谒刺”，两个人相识就不可避免了。

（三）进门脱履

旦星入室，必须脱履户外，这不仅同古人席地而坐有关，而且是一种礼节。大臣见君主，不但要脱履，而且还要脱袜。到了汉朝，脱履入朝上殿虽不见明文规定，但汉高祖刘邦给予丞相萧何的一个特殊待遇就是“特命剑履上殿”，也就是说，萧何经皇帝特许为可以佩剑穿鞋上殿朝见，其他大臣上殿必须解剑脱履以示敬意。东汉末年的曹操也曾下令，进祠上殿前都必须脱鞋。这在相当长的一段历史时期内成为人们的习惯礼节，尤其是在祭祀先祖，拜见尊长时必须遵循古礼。

（四）坐席讲尊卑

汉代会客，都是席地而坐，但如何坐席却有严格的规定。如果坐席的人数较多，其中长者或尊者须另设一席单坐。即使有时与其他人同坐一席，长者和尊者亦必须坐在首端，并且同席的人还要尊卑相当，不得悬殊，否则长者和尊者就认为是对自己的污辱。当时时常发生因坐席不当，尊者、长者自以为受辱，于是拔剑割席而分坐之的事情。《史记》载："任安与田仁俱为卫将军舍人，居门下。卫将军从此二人过平阳公主家，令两人与骑奴同席而食，此二人拔刀裂断席，别坐。主家皆怪而恶之，莫敢问也。"可见，汉代时人是非常在乎坐席之礼的。

秦汉之时，坐席的方向也有一定的讲究，堂上布席，多以室的户牖之间朝南的方向为尊，所以古书上常说"南面"。室内的座位则以朝东的方向为尊，《史记·项羽本纪》说："项王、项伯东向坐。"《史记·武安侯传》曰："坐，其兄盖侯北乡，自坐东乡。"《汉书·明帝纪》记载，明帝幸桓荣府，以荣坐东向，自持弟子礼。其余座次的尊卑顺序为南向、北向、西向。

四 社会风气

（一）任侠之风向下层扩散

春秋晚期，士人崛起，并逐渐分化为文武两途。秦汉前期，士人承战国遗风，普遍崇尚武士的侠义行为。荆轲刺秦始皇被诛后，曾在易水边为他击筑送行的高渐离又伺机刺杀秦始皇，虽壮志未酬，但其侠义之举，足以让后人为之赞叹。西汉初年，田横五百壮士的集体自刎，更是用血肉之躯为"义"作了最壮烈的诠释。此后，这种曾盛行于战国的行侠之风，逐渐向社会下层扩散，成为一种流行普遍的社会风尚。在这种社会风气的影响下，许多王公大臣以至地方豪强也纷纷豢养宾客，其中也不少仁义的高尚之士。

（二）复仇之风盛行

秦汉之时，社会上复仇之风盛行。秦末有张良为报国仇而求刺客刺杀秦王；西汉有刘恭为更始报仇而杀谢禄；栾布为奴于燕，为其家主报仇；李广为报见辱之仇而斩霸陵侯。可见，复仇之风已经形成。东汉以来，此风尤盛。如《后汉书》所载："赵喜水，无子，喜年十五，常思报，常思报之。乃挟兵结客，后遂往复仇。”“生竟杀之”[①]；杜诗“坐遣客为弟报仇，被征”[②]；苏不韦“会父谦兄杀”“乃藏母于武都山中，遂变名姓，尽以家财募剑客”，杀仇家李禹妾及小儿，并“掘其父阜冢，断取阜头，以祭父愤”[③]；崔瑗，“初瑗兄章为州人所杀，瑗手刃报仇，因亡命”[④]；缑玉“为父报仇，杀夫氏之党”[⑤]；毋丘长，“与母俱行市，道遇醉客辱其母，长杀之而亡”[⑥]，如此等等。此外，尚有赵娥为父报仇[⑦]，魏朗为兄报仇[⑧]，王常为弟报仇[⑨]，等等，可见复仇风气之盛，以致东汉末年曹操平定冀州时，不得不下令规定“民不得复私仇”[⑩]。

（三）崇尚重让敬贤

秦汉人把谦让看作一种极崇高的美德。《汉书·循吏传序》云：“德让君子之遗风。”班昭也说：“谦让之风，德莫大焉，故典坟述美，神祇降福。”[⑪] 刘邦即帝位，经三让始登极[⑫]。这尽管是做戏，但却反映了让德的取向。东汉孔融让梨的故事，更是流传千古。

秦汉人又有敬贤之风。敬贤，即敬重有才能和德行的贤者之意。刘向《说苑·尊贤》说：“人君之欲平治天下而垂荣名者，必尊贤而下士。”“夫朝无贤人，犹鸿鹄之无羽翼也，虽有千里之望，犹不能致其意之所欲至矣！”此话颇能反映一般秦汉人的敬贤观念。这种敬贤之风不仅流行于上层社会，而且在基层劳动群众中已有其深厚的根基。如秦末农民起义军首领陈涉对贤者礼仪有加。《史记·张耳陈余列传》记载：“陈涉起蕲，至入陈，兵数万。张耳、陈余上谒陈涉。涉及左右生平数闻张耳、陈余贤，未尝见，见即大喜。”西汉末年的赤眉军对“素善”者也是极有礼貌

---

① 《后汉书·赵喜传》。
② 《后汉书·杜诗传》。
③ 《后汉书·苏不韦传》。
④ 《后汉书·崔瑗传》。
⑤ 《后汉书·申徒蟠传》。
⑥ 《后汉书·吴祐传》。
⑦ 《后汉书·列女传》。
⑧ 《后汉书·党锢传》。
⑨ 《后汉书·王常传》。
⑩ 《三国志·魏书·武帝纪》。
⑪ 《后汉书·列女传》。
⑫ 《后汉书·文帝纪》。

的。可见，尊贤、敬贤乃是秦汉之时普遍崇尚的社会风气。

（四）清议之风始行于世

东汉中期以后，社会上流行清议之风。清议本来是乡里对士人的舆论品评，常用作选举人才的参考。此时为与宦官外戚集团抗衡，党人把清议作为斗争手段，议论朝政，指斥宦官，赞颂节义，使之发挥舆论监督作用。

清议常采用风谣或题目的形式。对士大夫集团领袖李膺、陈蕃、王畅等人，太学生以“天下楷模李元礼，不畏强御陈仲举，天下俊秀王叔茂”赞之。对著名经学家许慎，人们则称为“五经无双许叔重”。这是用风谣标榜人物。题目是以简洁语言概括人物特点，或作出恰当的比喻。李膺赞叹荀淑、钟皓道：“荀君清识难尚，钟君至德可师。”[①] 许劭品评曹操说：“清平之奸贼，乱世之英雄。”[②] 这些都是品题人物的典型例子。当时清议盛行，以致演成习俗。《后汉书·许劭传》记载：“初，劭与（许）靖俱有高名，好共核论乡党人物，每月辄更其品题，故汝南俗有‘月旦评’焉。”

清议是以名教为准则，对社会的一种干预。及至党锢起，东汉政权进入风烛残年，许多知趣的士人收敛了“上议执政，下讥卿士”[③] 的锋芒，向往起明哲保身的名士风流来。于是在“博通坟籍，善谈论”[④] 的士林泰斗郭太等人带动下，清谈之风又悄然兴起，并在三国两晋时期形成高潮。

（五）妇女风气开放

汉女再嫁成为风习，根本原因是当时妇女的经济地位有了明显的提高。两汉期，妇女尚未被完全禁锢在家务劳动之中，一般都从事生产劳动，家庭经济收入中有她们一份劳动成果，因此对男性的依赖性相对来说就少一些，不一定要死守一个无出息的男子而终的。特别是西汉初年，战争频仍，男丁大减，妇女在农业生产中更占重要的地位，妇女的人格和地位也随着其在经济领域中的重要贡献而提高。朱买臣一边攻读一边贩薪樵度日，其妻也上山打柴，“负载相随”，其对家庭的经济贡献，不下于

① 《世说新语·德行》。

② 《后汉书·许劭传》。

③ 《后汉纪·桓帝延熹九年》。

④ 《后汉书·郭太传》。

“担束薪，行且诵书”的朱买臣，不一定要死守朱买臣，所以才出夫再嫁。汉代妇女从事职业比较广泛，使妇女能在社会经济生活中占据一席之地。这样能在一定程度上淡化“男尊女卑”的观念，为当时较有力的保障。

第八节 小结:秦汉汉民族风俗的特点

秦汉是中国封建社会发展历史上的第一个鼎盛时期，也是汉民族风俗基本定型的时期。考察秦汉之时的风俗，不但种类众多，范围广泛，内容丰富，而且从宏观上看具有以下的时代特点。

一 定型

在汉民族社会的风俗中，有些风俗事象已历经数千年，其中有相当部分系形成或定型于秦汉时代。可以说，秦汉以后风俗的演化和变迁，都是在秦汉风俗的基础上损益和增减。

先秦之时，以农业文化为特征的华夏民族风俗圈已基本形成，中国农业时代的各种风俗活动已具雏形。但由于先秦汉民族时期人们的风俗活动，一方面往往与原始宗教密不可分，风俗的形式及内容都被宗教的外衣所包裹；另一方面，许多社会风俗又被神圣化、宗法化，并演变上升为礼俗，受到“礼”的束缚，因此，风俗要得到自由的发展是不可能的。进入春秋战国，长期战乱不息，社会动荡不安，历史环境不利于风俗文化的充分展开和显现。因此，风俗的整合和定型只能留待国家统一、社会安定的秦汉之时。

秦汉之时，王朝出于统一大业的考虑，倡导封建思想和礼教，努力使风俗尽可能框定于儒家的伦理道德系统之中，而那些不符合统治者要求的风俗事象则遭到扬弃。譬如，传承已久的高禖祭神会男女“奔者不禁”的习俗，便受到严厉的冲击，野合婚遭到荡涤；而“父母之命，媒妁之言”的婚姻方式则得到统治者的提倡，其婚礼程序亦有了一整套的仪式规范。又如，汉平帝元始六年，诏“刘歆等杂定婚礼，四辅、公卿、大夫、博士、郎、吏家属，皆以礼娶，亲迎立轺并马”①。这是第一次以国

① 《汉书·平帝纪》。

家名义制定的婚礼制度。先秦汉民族时期，“婚礼不贺”，禁止设宴。而到了秦汉之时，人们认为“娶者，大吉也，非常吉也”[1]，所以，到汉宣帝时就下诏曰：“夫婚姻之礼，人伦之大者也；酒食之会，可以行礼乐也。”[2] 从此，婚姻相贺，洋溢着喜庆气氛，婚俗文化的趋向定型。非但婚姻习俗，其他诸如生育、丧葬、社交、饮食、信仰等习俗也均于秦汉之时日渐趋于定型。

其中最为典型的要数岁时节日风俗。汉民族社会现今仍流传不辍的元旦、元宵、上巳、寒食、端午、七夕、重阳、除夕等主要节日的风俗内容均基本定型于这一时期。在先秦时期，岁时礼俗的诸多元素已经滋生，但并没有孕育成严格意义上的节日文化，节期、节俗内容均未能固定化和模式化。到了汉代，汉武帝颁布太初历确定以夏历正月为岁首后，汉民族社会的许多节日才趋于有固定的日期。同时，许多节日的节俗内容也趋向定型。以年俗为例，最能显现年俗文化内涵的事项，主要是贴门神、挂桃符、逐傩和放爆竹。汉初即有了用桃作厌胜之具的风习，“县官常以腊除夕饰桃人，垂苇索、鱼虎于门，皆追效于前事，冀以卫凶也”[3]。此外，除夕夜还要举行一种击鼓驱鬼除瘟疫的舞蹈仪式——逐傩。汉代傩舞不仅流行于民间，而且传入宫廷，成为一种规模盛大、仪式隆重的驱鬼逐疫的仪式。张衡在《东京赋》中就写到“卒岁大傩”，堪见当时盛行于京城。至于放爆竹，汉代人在堂阶前用火烧烤竹节，使其噼噼啪啪发出巨大的声响。年节习俗的主要元素均已具备，足以说明汉代的年节已经逐渐成型。

秦汉之时，尤其是汉王朝，在国家大一统前提下，政治相对开明。汉初，统治者采取了清静、无为、宽简、放任的治世方法，为培养民力和发展生产提供了现实的可能，从而导致了当时物质资源的相对丰富，这就为风俗文化的定型打下了坚厚的物质基础。同时，随着科学的昌明，在一定程度上抑制了先秦汉民族沿袭下来的盲目的自然崇拜，原始宗教相对消淡，使人们的精神世界在一定程度上转向世俗和现实，于是风俗文化的丰富和发展就有了民间生活的铺垫。仍以节日风俗而言，就由一些世俗神代替了某些原始崇拜的内容，成为节日的主体，如后稷、屈原、介子推、伍

---

① 《公羊传·文公三年》。

② 《汉书·宣帝纪》。

③ 《风俗通·祀典》。

子胥等。在思想文化方面，汉代虽然尊崇儒术，但天神、谶纬、神仙术等仍风行于世，神话传说相当活跃。神话传说的风行不仅为风俗的传播起了推动作用，有些风俗本身就来源于神话传说，而且，神话的注入又使一些风俗的内涵得以固定，为风俗趋于定型奠定了内在的基础，如山魈神话为元日鸣放爆竹风俗提供了依据，牛郎织女传说给“七夕”风俗注入了恒常的意蕴，等等。

二 奢侈

秦汉之时，随着国家的统一和社会生产力的进步，各地丰富的自然资源和劳动产品，通过国家“开关梁，弛山泽之禁”和“富商大贾周流天下”的运输和沟通，使人们的消费水平有了普遍提高，社会消费市场骤然扩大。因此，也诱导了当时社会奢侈风气的形成。秦时，秦二世曾毫不掩饰地称道：“人生居世间也，譬犹骋六骥过决隙也，吾既已临天下矣，欲悉耳目之所好，穷心志之所乐，……终吾年寿。”[①] 充分道出了统治阶级恣意享乐的心声。董仲舒曾一针见血地指出，汉代官僚地主“身宠而载位高，家温而食厚禄，因乘富贵之资，以与民争利于天下，……是故众其奴婢，多其牛羊，广其田宅，博其产业，蓄其积委，务此而亡已”[②]。

奢侈之风，必然导致对“利”的追求。汉时，统治者虽然推行重农抑商的政策，据东汉政治家王符在《潜夫论·浮侈》中说：“今举世舍农桑，趋商贾。牛马车舆，填塞道路。游手为巧，充盈都邑。治本者少，浮食者众。”商贾们致“富”之后，必然转而求“贵”，越礼僭制的社会风气便应运而生。正如贾谊在《治安策》中所说：“美者黼绣，是古天子之服，而今富人大贾，嘉会召客者以被墙。古者以奉一帝一后而节适，今庶人屋壁得为帝服，倡优下贱得为后饰。”这种庶人着帝服、倡优佩后饰的现象绝非仅有，而是带有普遍性，甚至连地方官吏、分封诸王也时有发生。《史记·平准书》说：“公卿大夫以下，争于奢侈，室庐舆服，僭于上，无限度。”这种以小僭大、以贱愈贵的现象，对森严的封建等级制度造成了强烈的冲击，也成了此时风俗奢侈的主要表征之一。

---

① 《史记·李斯列传》。

② 《汉书·董仲舒传》。

在秦汉之时，尤其是西汉中期以后，奢侈之风同样也蔓延至下层社会。王符《潜夫论·浮侈》说："今民奢衣服，侈饮食，事口舌，而习调欺，以相诈绐，比肩是也。或以谋奸合任为业，或以游敖博弈为事，或丁夫世不传犁锄，怀丸挟弹，携手遨游。"民好逸恶劳、世风日下的现象绝非一地，而是带有普遍性。据《汉书·地理志》记载：秦地"郡国辐凑，浮食者多，民去本就末，列侯贵人在服僭上，众庶仿效，羞不相及"。社会上下，奢靡之风可见一斑。

全社会弥漫的奢侈之风，大大刺激了工商业的畸形发展。秦都咸阳，汉都长安、洛阳，"四方辐凑，并至而会"[①]。城市中出现了专门经营高档奢侈品的专业户，或以此暴富，或以此受宠。巨鹿人陈宝光妻专织高档的散花绫，"机用一百二十蹑，六十日成一匹，值万钱"[②]。长安巧工丁媛"又作七轮扇，其轮大皆径尺，递相连续，一人运之，满堂皆寒凛焉"[③]。显然，这是中国最早的手摇风扇，然而却是奢靡世风催生的产物。

三 迷信

秦汉是神鬼横行、谶纬迷信的时代。如果说先秦汉民族时代的迷信仅只是由原始自然崇拜、巫术禁忌发展演变而来，那么秦汉的迷信则有了完整体系的理论依据，更深入地渗透到社会生活的各个角落。从社会上层到乡村僻野的平民百姓，无不笼罩在一片神秘的迷雾之中。如妖异、灾变、求雨、卜筮、巫蛊等迷信活动随处可见。"神仙"成灾，方士泛滥。巫婆、神汉、方术士，招摇过市，被统治者待若上宾，虔诚的信徒们奉之如神。汉代统治者出于加强王权的需要，大肆宣扬巫术迷信。由于尚巫能够推进政治，所以西汉诸帝仍苦心孤诣地编造巫言，以达到神化的目的。以致汉代诸帝对巫无不顶礼膜拜，诸凡政治、军事、经济甚至婚姻各项措施，都以祭神占卜来决定是否推进。汉武帝"为伐南越，告祷太一，以牡荆画日月北斗登龙，以太一之星，为秦一缝旗，命曰灵旗，为兵祷，则太史奉以指所伐国"[④]。文帝以代王入据汉天子时，为证实自己是顺天应

---

① 《史记·货殖列传》。

② 《汉书·武帝纪》。

③ 《太平广记》卷二百三十六引《西京杂记》。

④ 《汉书·郊祀志》。

命，故意犹豫不决，而“卜之龟，卦兆得大横，占曰：‘大横庚庚，余为大王，夏以启光’。”① 上行下效，当时迷信的流毒之深可想而知。

秦汉之时，民间生活也处处充斥着巫术迷信，即便是在良辰佳节亦是这样：年节放爆竹、祀门神、挂桃弓苇矢，皆是在驱鬼；元宵节祭祀太乙神，上巳节女巫在河边进行消灾除邪、祓禊疾病仪式，端午节除恶禳毒等等，各种活动莫不如是。秦汉齐地，方士辈出，也从一个侧面反映了齐地民间方士巫风之盛。当时齐地流行一种特殊的“巫儿”民俗，即“民家长女不得嫁，名曰‘巫儿’，为家主祠，嫁者不利其家，民至今以为俗”②。这可称之为家家有巫了。

四 儒化

秦汉风俗的另一个特点，就是儒化。纵观秦汉史，从社会上位文化而言，是儒学作为正统思想的地位渐趋确立，儒学思想原则成为维护专制主义帝国政治秩序的基本纲纪的历史，而从风俗史的角度看，则又是儒家文化逐渐向民间生活渗透的历史。

儒家正统主张民间风习应持重、舒雅，反对轻浮急促。《礼记·玉藻》说：“君子之容舒迟。”表现在日常生活中，就是要求生活节奏徐舒有致、雍容有度。西汉中期以前，官民士庶均崇尚“驰逐”、追求“风发飙拂”，整个汉民族社会充满“尚武任侠”之风。但到了东汉时期，社会上急进风尚几乎荡然无存。人们处世办事讲究重让敬贤、守礼尚节，出行好坐牛车，缓缓而行，显得舒徐有度。这种重让守礼、崇尚舒缓社会风气的得以兴起，不能不说是儒化的结果，或者说是儒化在日常生活中的具体显现。

即使是迷信习俗而言，在尊崇儒术的前提下，人们也尽量从儒学经典中寻求根据，以求取得统治者的认可。东汉时期儒学与谶纬神学的高度统一，即是明证。具体到祭祀习俗，王充就曾根据儒家经典提出：“王者父事天，母事地，推人事父母之事，故亦有祭天地之祀。山川以下，报功之义也。缘生人有功得赏，鬼神有功亦祀之。”③ 将祭祀罩于儒学的光环

① 《史记·孝文本纪》。

② 《汉书·地理志》（下）。

③ 《论衡·祭意》。

之下。

至于日常生活习俗的儒化现象，更是普遍。以饮食风俗为例，秦汉时人认为民间那种“淆旅重叠”“众物杂味”的大摆宴席，不符合崇俭黜奢的儒家礼制，所以主张应恢复以往“乡人饮酒，老者重豆，少者立食，一酱一肉，旅饮而已”[①]的饮食制度。筵宴过程最重长幼、尊卑、亲疏、贵贱有序，再如婚姻风俗，更是完全纳入了儒家的礼仪规范之中。婚仪之“六礼”自不必说。即便是离婚也有“七去”“三不去”的原则，这些离婚原则实际也完全是儒家礼制模式。

可以说，在秦汉之时人们的日常生活中，儒化是无孔不入的，已渗入到民间风俗的方方面面，左右着人们的行为举止，久而久之，便形成了当时社会风俗文化的儒化特点。

① 《盐铁论·散不足》。

第四章　魏晋南北朝汉民族的风俗

第一节　魏晋南北朝汉民族风俗概述

一　演变的轨迹

魏晋南北朝的风俗习惯，大致是继承了秦汉的主流而不断发展、变迁的结果，因此，大部分风俗习惯的内容都可以在历史上找到痕迹，证明它们的传承关系。但是，正像魏晋南北朝是一个非常独特的历史阶段一样，风俗习惯也表现出自己独有的发展个性，尤其是民族的交融、社会的动荡、政权的更替、统治者自我标榜的正风辨俗等原因，使魏晋南北朝的许多风俗习惯事象发生巨大的变化，并对隋唐以后风俗习惯的发展产生深远的影响。

（一）汉胡交融

魏晋南北朝汉民族的风俗习惯在民族文化的冲击和碰撞中发生演变，虽然从主流上来说是汉民族风俗对少数民族风俗在演变上占主导地位，但是我们不得不看到在许多民俗事象上，由于吸收了少数民族风俗而对后代产生久远的影响。如，踞坐胡床，它不仅是坐具的改进或变革，更深远地是它改变了汉民族长期以来形成的席地而坐的习俗，从而在礼仪、观念方面带来一种革命，为后来的椅子的产生提供了思维支点。又如胡服，即裤褶之类，这种满裆裤和更合体的服装，不仅给人以美感，而且更适于劳作，也更适于行伍。所以，胡服首先从军队中盛行开来。而胡饼即我们现在所说的麻饼或芝麻饼，则盛行两千年而不衰。另外在婚俗、音乐器具、节日习俗等方面都有胡汉之间相互促进而使风俗习惯趋向变化的历史事例。

（二）官方倡导

魏晋南北朝时还因吸收历史教训而使风俗发生演变的倾向。如胡服便是因为战争需要从赵武灵王开始采用的，魏晋南北朝时由于战争频繁，所以盛行开来，并成为居常服饰，后来发展为朝服。神灵信仰也是如此，如郢城城隍的作用虽是源于某种神奇的传说，但从心理角度去看，它仍然是民众的一种基于现实生命财产需要的经验，所以传奇积淀着历史教训。最能说明问题的是魏晋南北朝的薄葬，历史上厚葬总是被盗墓者挖掘，暴尸荒野，尤其是魏晋时，眼见战乱使汉氏诸陵无不被挖掘，引起人们对厚葬弊端的反思。曹丕曾说："自古及今，未有不亡之国，亦无不掘之墓。丧乱以来，汉氏诸陵无不发掘，至乃烧取玉匣金缕，骸骨并尽，是焚如之刑，岂不痛哉！祸由乎厚葬封树。"[①] 正是在这种认识的基础上，从曹操开始的曹氏皇族提倡薄葬，权贵大臣也纷纷响应，后来形成了在历史上少有的薄葬高潮。

（三）名士示范

具有时代特征的士庶分明的阵营使习俗也带上鲜明的时代个性。门阀制度的发展制造了大批凌驾于平民百姓，甚至当时出身低微的皇帝之上的势族。他们自我封闭，不与庶族发生联系，因此，使此期的习俗许多演变为畸形的禁忌。如在交往中士庶不同坐，太后之孙路琼之拜访王僧达，王不仅语言傲慢，并且将琼之坐过的床烧掉[②]，而这仅仅是因为琼之是出身庶族。又如士庶不通婚，为了不外嫁庶族，不惜中表结亲[③]，甚至将庶族认为"非类"[④]，拒绝结亲等。在家族乡里等习俗方面，也是以势族占主导地位，因此，权贵名适的风俗行为，对民众产生极大影响。像谢安兄弟居丧不废乐，虽然是违犯古礼的，但"衣冠效之，遂成俗"[⑤]。可见名士示范对习俗的演变产生的影响是不小的。这种士庶分明而使习俗产生演变的主要心理依据是，士族占有绝对的政治，经济、文化的主导地位，从而民众产生依附、仿效的行为。

（四）趋向奢华

魏晋南北朝时期，风俗的奢侈化趋向得到加强。一方面是源于当时贵族追求标新立异；另一方面是战乱频仍，政权更替频繁促使人们安于眼前

---

① 《三国志·魏书·文帝纪》。

② 《南史·王僧达传》。

③ 《魏书·崔辨传》。

④ 《陈史·儒林传》。

⑤ 《晋书·谢安传》。

现实，及时行乐；还有一方面则是人性的弱点，即攀比消费。三者的结合，促使魏晋南北朝时期的汉民族社会，崇尚奢华成为一种时尚，不仅衣饰要华丽高贵，坐车要别致新颖，而且饮食也要精良细味，居室高屋大户。难怪周朗要感叹道："凡厥庶民，制度日侈。商贩之室，饰等王侯；佣卖之身，制均妃后。……见车马不辨贵贱，视冠服不知尊卑。"[①] 但是，其根源则在于权贵和士族自己没有带好头。魏晋时，石崇与王恺斗富，即是一种崇尚奢丽的畸形社会风气的展示。《洛阳伽蓝记》卷四记载北魏时的元琛在竞夸富奢之后曾说："不恨我不见石崇，恨石崇不过我。"则是这种社会风气的延续。正是权贵的斗奢竞丽，延及民间使风俗古今大异，所谓"古者尧有茅茨，今之百姓竞丰其屋；古者臣无玉食，今之贾竖皆厌粱肉；古者后妃乃有珠饰，今之婢妾被服绫罗；古者大夫乃不徒行，今之贱隶乘轻驱肥"[②]。

这种竞相奢丽的生活方式发挥到极点，势必导出许多颓废不经的风俗事象。如，女置面首、男兴娈童、男子傅粉等习俗，在贵族社会中，从魏晋到南北朝一直流行未绝。凡此种种，说明魏晋南北朝时期贵族社会风俗的演变有着明显的颓废化倾向。

（五）南北异趣

这种差异一方面来源于地域环境的不同；另一方面则来源于民族族源，而其中不同政权的建立以及人为的隔阂是南北差异形成、加大的重要原因。东晋与十六国的对峙，主要的差异是民族政权的不同形成的。南北朝时期则是因为不同文化融合后，在不同的地理环境基础上发展造成的。顾炎武说当时南方轻薄奢淫，北方则斗狠劫杀则是主要趋势。试想在优游的生活和玄谈风气的影响下，能不轻薄奢淫吗？而在弱肉强食，倡导武功的影响下，又岂不能斗狠劫杀？其实，南北差异是多方面的，它们在衣食住行诸方面，都有极其明显的碰撞和交锋，像裤褶与袍衫，茗饮与酪浆，席地与胡床，骑马与乘车等都显示了南北差异。不过我们也应该认识到，所谓南北差异，在很大程度上是民族间的差异，是政权的差异，有时是政治的差异。这种差异后来都融入了中华民族文化的发展中，成为南北多彩文化的一部分。

---

① 《宋书·周朗传》。

② 《晋书·傅咸传》。

二　风俗著述

（一）官修史书对风俗的采录

《三国志》，晋陈寿撰。《三国志》共65卷，其中《魏志》30卷，《蜀志》15卷，《吴志》20卷。全书除《魏志》有帝纪四卷外，都是列传，无表无志。《三国志》对魏、蜀、吴三国的风俗资料也有所采集，内容主要涉及礼仪、服饰、婚姻、居住、饮食、丧葬等方面。

《宋书》，南朝梁沈约撰。《宋书》100卷，记载始自东晋安帝义熙之初（405年），至宋顺帝升明三年（479年），共70余年的历史。书中载录了不少刘宋及此前的风俗史料，主要保存在律历、礼、乐、天文、符瑞、五行、州郡、百宫等八志中，所载不限于刘宋一代，而是往上溯三代，近及两汉魏晋，对沿革情况有所考索。另外在本纪、列传中也涉及一些风俗事象。

《南齐书》，梁萧子显撰。《南齐书》全书原60卷，因其中《序录》已失传，今本仅59卷，记始自齐高帝建元元年（479年），至齐和帝中兴二年（502年），共24年南齐的历史。《南齐书》对六朝的风俗有所记载，内容涉及服饰、婚姻、节俗、祭祀、丧葬等方面。

《魏书》，北齐魏收撰。《魏书》130卷，对北魏社会的各种风俗习惯有所涉及，内容包括饮食、居室、婚姻、礼仪、丧葬和岁时节令等，是研究当时北方社会风俗的基本史料。

此外，唐人李延寿所撰的《南史》《北史》，令狐德棻等撰的《北周书》，杜佑撰的《通典》等，都对魏晋南北朝时期的社会风俗有所记载。《南史》《北史》《北周书》和《通典》等虽为宜人所修撰，但所依据的资料却是采于六朝人的著述，颇具研究价值。

（二）文人杂记对风俗的记述

魏晋南北朝时风俗学方面的专著不多，仅有宗懔的《荆楚岁时记》、周处的《风土记》等书，但涉及风俗方面内容颇为后人推崇的，如《颜氏家训》《世说新语》《洛阳伽蓝记》等。

《荆楚岁时记》，宗懔撰，是记录两晋南北朝时楚地岁时节令、风物掌故的一本风俗学方面的专著，内容包括历史事件与人物、农事、生产、防病治病及卫生、祭祀祖神、爱情、婚姻和家庭、文娱、体育及旅游活动、迎新去恶等七个方面。它保存的当时的岁时风俗习惯，为后人研究魏晋南北朝时的地方风俗提供了翔实的材料，也是中国第一本有关岁时节日方面的专门著作。

《风土记》，周处著。《风土记》一书已佚，散见于后人的各种书籍。明陶宗仪等编的《说郛三种》的辑本，其中所记内容为岁时、地理、居处、特产、庙会等多种。尤其庙会之俗，让我们明晰地见到时人礼神欢饮的情景，却又绝与贸易不沾，见其形成之初的特色。

《颜氏家训》，颜之推著。颜一生历仕数朝，饱经动荡。《颜氏家训》包括序致、教子、风操、止足、终制等二十篇，在时尚、婚丧、礼仪、信仰和社会风俗方面记载了大量材料，因此，它对于研究南北朝的风俗、历史、文学诸方面多有裨益。

《世说新语》，刘义庆撰。《世说新语》分德行、言语、政事、文学、方正、雅量等 36 类，记汉晋间人物言行故事，尤以三国、两晋名士为多，反映了魏晋时期士大夫的放诞生活和清谈风气。其中不少内容涉及当时社会风俗，包括礼仪、服饰、饮食、丧葬及时尚等。该书由梁刘孝标注。刘注引汉魏两晋史传，谱录文章凡 166 家，所引资料皆出正史之外，引援详确，是研究魏晋时期风俗文化的宝贵史料。

《洛阳伽蓝记》为北魏杨衒之所著。《洛阳伽蓝记》凡以城内、城东、城南和城北方位，各成一卷，以记述北魏京城洛阳佛寺园林为纲，实写了当时的政治、人物、风俗和掌故佚闻，是北魏三部杰作之一，对研究北朝的政治文化、风俗习惯大有价值。

另外，还有《齐民要术》，贾思勰著。全书共 10 卷，92 篇，由序、杂说和正文三大部分组成。内容以记述农作物轮作、套作、间种、播种、施肥、中耕、收刈、储种及农田耕作、蔬菜种植、林果经营、畜牧养殖等技术、经验和习俗为主，并兼及烹调、酿造、制车、制墨、染纸和房屋修缮等方面的生产技术和经验，是研究当时生产和生活风俗的重要资料。

《搜神记》，晋人干宝撰。《搜神记》二十卷，内容主要为神话故事和民间传说，系中国志怪小说的代表作；但也记述了一些当时社会的风俗事象，如娱乐、婚姻，尤以服饰为详，对研究魏晋时期的社会风俗，具有重要的参考价值。

第二节　魏晋南北朝汉民族的生产风俗

一　农业风俗

（一）耕作方式趋向精细

魏晋南北朝时，北方农耕已有几千年的历史，积累了大量经验；南方由于北方流民的迁入，带去了先进的耕作技艺，致使农业迅速发展，但由于南北自然条件的差异和作物品种的不同，耕作习俗也各有特点，对此《齐民要术》有所介绍。

北方耕作的主要是旱地，气候干燥，降雨量小，必须重视保墒，故在耕作上有“耕一耙一耱”之俗。耕地时，要注意土壤湿度，如雨水失调，则有耕燥不耕湿的习俗，因为干燥时翻耕，只要遇雨，泥块就会碎开；而湿时翻耕，土壤就会板结，数年不散，故有农谚曰：“湿耕泽除，不如归去！”如果不得已湿耕了，则要设法补救，即等泥块稍干了时，马上用尖齿耙（当时称为鳎楱）耙松。为了保墒，讲究耕后即摩，即春耕后，随即用耢格地表摩平；秋耕则等地面稍干再摩。因为春天干燥多风，耕后不摩，土块间留有空隙，水分容易蒸发；而秋天多雨，土壤潮湿，湿时摩，容易板结。当时农谚曰：“耕翻不摩，不如闯祸！”此外，还有秋耕要深，春耕要浅，生地要深，熟地要浅等讲究，其旨也在保墒。许多地区在耕地和摩地之间还要耙地，即土地耕翻后，先用铁齿楱将大土块耙小，再用耢将小土块摩细，这样就形成了耕—耙—耱的耕作程序，这是魏晋南北朝在耕作方法上的一项改进，这样能更好地起保墒防旱的作用，以保证春播的出苗率。

南方江南一带，自三国的吴国以来，农业生产就逐步得以发展。由于封建国家一再提倡牛耕，所以铁犁牛耕这一时期在南方得以较广泛地推广，尤其是地主庄园资财雄厚，牛耕应用更为普遍。晋室南渡以后，随着北方移民的大量植入，南方水田也开始精耕细作，出现了适合水田耕作“耕—耖”习俗。1963 年在广东墓葬中出土了犁田、耖田模型。在广西梧州倒水乡南朝墓出土的耖田模型，其耖与连县出土的相同。另据《太平寰宇记·岭南道》记载，南齐时广东雷州半岛已使用“铁耙具”。这表明，在魏晋南北朝时，南方水田用耖耖田已较为普遍。由于耖有较长的铁齿，不仅可以破碎土块，而且能使泥浆混和软熟，适应水田插秧的需要。

由于魏晋南北朝时战乱频仍，人们迁徙频繁，垦荒习俗十分流行，故在垦辟开荒方面又形成了一套行之有效的火耕之法。在山地或沼泽地开荒，一般在七月里把荒地里的草割掉，干后火烧，待翌年春草根枯时再开垦，可以省功；有林木处，则先把树干切去一圈皮，使之枯死，再放火烧掉，进行开垦，用这种方法，可以连树根一起除掉；开垦有茅草的荒地时，先赶牛羊在上面踩踏，使草根翻出地面，等草烂根枯时，再开垦种植，如此等等。

在南方开垦荒田，俗重选地。因为南方所种大多为水稻，选择稻田讲究靠近水源，并要在上游水清之处，因为水清处稻长得好；种前，要把田中水放干，十多天后再陆轴拖几遍，以消除杂草。

（二）南稻北粟

魏晋南北朝时期，农作物的种植格局与秦汉时基本相同，南方以水稻为主，北方以粟谷为主。但麦类的种植逐渐普遍，在北方大有追赶粟类之势，在南方则随着北方移民的入迁，也有较多的种植。

至于作物的种类，据《齐民要术》记载，北方地区主要有谷粟、黍、粱秫、大豆、小豆、麻子、大麦、小麦、水稻和旱稻等。每种作物又有不同品种，如粟以成熟的时间先后有早谷和晚谷，以谷粒的颜色有黄谷、青谷、白谷、黑谷等。南方则有水稻、麦类、豆类和粟类等。

除大田作物外，还有园艺作物，主要是蔬菜和瓜果。此外，还有染料作物红蓝花、栀子、蓝、紫草等；油料作物胡麻、荏等，胡麻即芝麻，是西汉时从西域传入的品种，北朝时在黄河流域各地已有普遍种植，其品种又有白胡麻、八棱胡麻之分，白胡麻油分多，还可当饭食用；饲料作物苜蓿、菁等；以及糖料作物甘蔗，纤维作物麻，绿肥作物苕草等。

魏晋南北朝时，人们已十分重视作物品种的选种和良种培育，并已逐渐积累起一整套约定俗成的选育良种的经验和方法。《齐民要术·收种第二》中说的选种办法是："粟、黍、穄、粱、秫，常岁别收，选好穗纯色者，劁刈高悬之。"至春，治取别"其别种种子，常须加锄。先治而别埋，还以所治蓑草蔽窖"。这种办法，把选种、留种、建立"种子田"、进行良种繁育和精细管理、单种单收，防杂保纯结合在一起，具有相当的科学性和先进性。选种方法的推广和运用，促使这一时期涌现出了大量的作物新品种。如晋时《广志》所载的粟的品种只有 11 个，水稻品种 13 个，而北朝时《齐民要术》所记的粟品种已有 86 个，水稻品种 24 个

(内有糯稻品种11个)，并各有名称。对所育作物良种的命名，则有以培育者姓名命名、以品种形状及性能命名等习俗。《齐民要术·种谷第三》说："按今世粟名，多以人姓氏为名目，亦有观形立名，亦有会义为称"。这种方法，直至今天，在民间仍有使用。

(三) 出现两年三熟制

魏晋南北朝时期，人们已经对作物与作物、作物与环境之间的关系有了比较深刻的认识，为了提高土地利用率，轮作、间作、套作和混播等方式已被广泛使用，这就从根本上改变了汉代以前所普遍流行的一年一熟的种作制度，而使北方流行起两年三熟制，南方出现了一年两熟或一年三熟制。

据《齐民要术》记载，当时北方普遍流行的是二年三熟制。其轮作复种制主要有粮豆型，即绿豆（小豆、瓜、麻、黍、胡麻、芜菁或豆）—谷—黍穄（小豆或瓜）、大豆（或谷）—黍穄—谷（瓜或麦）或麦—大豆（小豆）—谷（黍穄）；粮麻型，即小豆—麻—谷；粮菜型，即小豆（晚谷或黍）—瓜—谷或蔓菁（大小麦）—蔓菁—谷这三种类型，一般都以豆类作物作为谷菜作物的前茬，以增加土壤肥力。

间混套作是充分利用地力和太阳光能的重要方法。中国间套混作始于公元前1世纪，经过500多年的发展，到魏晋南北朝时已相沿成俗，广泛流行于北方地区，反映出魏晋南北朝时期人们认识到作物与作物、作物与环境之间的关系，并采取了正确的选配作物组合和田间配置方式。

绿肥已被作为主要的轮作作物被广泛种植，如苕、稻轮作；绿豆、小豆、胡麻与谷子轮作以及与蔬菜轮作等。

汉以前南方粮食作物种植单一，魏晋南北朝时期，麦、菽、粟的种植逐渐多了起来。《晋书·食货志》记载："徐、扬二州土宜三麦，可督令旱地，投秋下种，至夏而熟，继新故之效，于以周济，所益甚大。"

麦、菽、粟的种植，使旱地得以利用，改变了南方"饭稻羹鱼"的粮食单一情况，出现多熟种植习俗，如泉州产"再熟稻，春夏收讫其株，又苗生至秋薄熟"①。

(四) 播种宜时

魏晋南北朝时期，人们已对作物与气候的关系有较科学的认识，十分

---

① 《太平寰宇记·江南东道·泉州土产》。

重视适时播种。各种作物的播种时间，据《齐民要术》记载，主要根据节气和物候现象的早迟以及土壤肥瘠、墒情等综合情况确定，如“麦黄种麻，麻黄种麦”“良田宜种晚，薄田宜种早。良地非独宜晚，早亦无害；薄田宜早，晚必不成实也”等。习俗又把谷子、黍穄、大小麦、稻、豆类、胡麻、瓜等许多农作物的播种时间分为“上时”“中时”和“下时”三种。如谷子的播期，“上时”是二月上旬麻菩杨生的时候，“中时”是三月上旬清明节桃树上旬枣树生叶和桑花落时，假如不慎错过了作物的最佳播种时间，习俗又以“催芽”的方法来“补时”。

南方种稻，以三月播种为宜时。播种时，先把稻种用水淘净，除去浮种，以免秋天生成稗子。稻种泡五夜后，捞出放草篮中，保持一定的温度和湿度以催芽，芽长到二分长时开始播种。为了把握好播种季节，南方有以候鸟为物候的习俗，春耕生产全凭候鸟来安排，表现出典型的农业社会特点。《荆楚岁时记》说：“春分日，民并种戒火草于屋上。有鸟如乌，先鸡而鸣，架架格格。民候此鸟则入田，以为候。”同书又曰：“四月也，有鸟名获谷，其名自呼。农人候此鸟，则犁杷（耙）上岸。”获谷即布谷鸟，可见当时农业耕作以鸟为候。

（五）俗勤管理

作物播种后，北方地区有中耕之俗。中耕的作用一是除草，二是保墒，三是熟化土壤，以提高作物产量和质量。《齐民要术·种谷第三》曰：“锄者，非止除草，乃地熟而实多，糠薄，米息。锄得十遍，便得八米也。”魏晋南北朝时期，北方锄的技术已完备精细，形成了以锄为主，结合应用耙、耢、锋、耩五种农具配套的中耕技术。各种农具在中耕作业中的使用，视幼苗生长的情况而定，苗幼小时一般用耙和耢；生长较大时用锋和耩。对中耕要求，各种作物一般都讲究“锄早”“锄了”。“凡五谷，唯小锄为良”“锄不厌数，周而复始，勿以无草而暂停”，谷子、粱、秫等要锄五至十遍，黍、穄四遍，小麦六大遍等。锄也和耕一样，讲究土壤的干湿，春锄是为土地疏松，夏锄为除掉杂草，因此，春不可湿锄，而六月之后的夏天湿时也可锄。

南方稻田，播种三天之内，要有人看守，以免鸟雀啄食。稻秧长到七八寸时，田里开始生出杂草，要行“薅田”，即用镰刀在水面下割掉杂草。稻子长大后要薅苗，薅完放水，让太阳把稻根晒硬，然后根据气候的干湿适当放水，名曰“曝根”，即现在的“烤田”。《齐民要术》曰：“薅讫，决去水，曝根令坚。”通过烤田，可促进稻根发达，茎秆粗壮，防止倒伏，而使稻穗大，籽粒饱满。并有“鸟田”习俗，晋黄义仲《十三州记》说：“上虞县有鸟为民田，春拔野草根，秋啄除其秽，是以县官禁民不得妄害此鸟，犯则有刑无赦。”即有意识地保护益鸟以防虫、除杂草。

作物成熟时，又有适时收获之俗。晋杨泉《物理论》记载：“稼欲熟，收欲速，此良农之务也。”《齐民要术》也载有谷子、黍穄、大豆、小豆、水稻、大麻等作物适时收获的标准，例如，谷子要“熟速刈”，不然“刈早则镰伤，刈晚则穗折，遇风是收减”；水稻宜“霜降获之”，否则“早刈米青而不坚，晚刈则零落而损失”；大麻必须“勃（即花粉）灰便收”，因为“未勃者收，皮不成；放勃不收而即骊（麻色黯黑不清白）”。

（六）园圃习俗趋丰

魏晋南北朝时，蔬菜、瓜果的种植比前期大为发达。此时，北方黄河流域的蔬菜种类已多至30多种，其中包括叶菜类的葵、菘、芹、蓼、蜀芥、蔓菁、芸薹、莴苣、苜蓿等；瓜菜类的瓜、冬瓜、甜瓜、胡瓜、越瓜、茄子、瓠等；块根、块茎类蔬菜的芋、芜菁、芦菔（萝卜）等；辛香调味的葱、姜、韭、蒜、蘘荷、胡荽、兰香等；还有水生蔬菜的藕、芡、凫茈、藻等。南方气候温暖湿润，有利于作物的生长，因此蔬菜、瓜果种类也很多，主要蔬菜种类有蓼、蕺、荠、葑、菲、苏、姜、葵、薤、藿等。

蔬菜种植规模扩大，出现了上百亩的商品性瓜菜生产园子。据《齐民要术》记载，种蔓菁有“近市良田一顷”的；大的种瓜地的设计要求是“凡一顷地，中须开十字，通两乘车，运辇其瓜”。园艺技术也比前期更为成熟。《齐民要术》对当时的蔬菜栽培技术有详细记载。当时蔬菜种类多，播种期先后不同，加之生长期短，因此蔬菜生产一年种收次数较多，复种程度较高，土地利用率大大高于大田作物，如葵一年中“凡得三辈”，蔓菁“从春至秋得三辈”，即都是一年内连续种植三次。“葱中亦种胡荽”，这是蔬菜间作的例子。同时蔬菜也有参与大田轮作的。选地、整地、作畦已很考究，《齐民要术·蒜第十九》记载：“白软地，蒜甜美而科大；黑软次之；刚强之地，辛辣而瘦小也。”整地要求多耕、早耕、细耙、细耢，以达到地土精熟。尤其用于种瓜、葵、蒜、胡荽的地块，习俗要求“三遍熟耕”“三转乃佳”“频繁转之”“每耕即耢……，使地极熟”。蔬菜需要灌溉，因此必须畦种，习俗以“畦长两步、广一步”为佳，畦大“则水难均”，畦过小“又不用人足入”；种韭菜，由于其“根性上跳，故须深也”。此外，在肥水管理上讲究粪大水勤，“薄即粪之，不宜妄种”；园圃三十亩左右要“穿井十口”。

除上述一般的种植习俗外，据《齐民要术》所载当时还流行着蔬菜瓜果种植中的一些特殊习俗，如“本母子瓜”法、大蒜“条中子”法、助苗出土法、炒谷伴葱法和“种莲子法”等。

“本母子瓜法”指的是：“常岁岁先取本母子瓜，截去两头，止取中央子。”近代科学实验证明，瓜中部的种子发芽率，远高于顶部和柄部。选取瓜的中段种子留种的方法，至今仍为菜农所采用。

大蒜“条中子”法：用“条中子”，即蒜薹上所生的气生鳞茎，亦称“蒜珠”来种植，生长出来的蒜，第一年为独瓣蒜，种两年以上则成为“科皆如拳”的大蒜。这一方法解决了用蒜瓣繁殖费种量大和容易退化的问题。

助苗出土法：利用大豆帮助甜瓜出苗的方法，把大豆和甜瓜子各数粒下种于一个穴里。大豆幼芽顶土力强，当种子吸水膨胀发芽，子叶顶土而出，甜瓜子的幼芽就随着豆苗顶松的土而出。

炒谷子拌葱法，即将炒过的谷子同葱子拌和一起播种的方法，因为“葱子性涩。不以谷和，下不匀调。不炒谷，则草秽生”。

种莲子法：莲子果皮厚，阻碍种子发芽，“种莲子法”就是将成熟的莲子，在瓦片上磨薄其顶部，取黏土糅熟泥，把莲子裹在泥团中。莲子基部在泥团下部，平而重；莲子顶部位于泥团上部，呈尖锐形而较轻。泥团干后，就投入池中，重的一头向下沉，莲子位置自然摆得稳而正，莲子顶部的皮磨薄了，则容易萌发出芽。

（七）绿肥养田出现

两汉时期，为保持土壤肥力，农业生产中已有在秋天耕地时，把青草翻到泥底掩埋以肥田的习俗。到了魏晋南北朝时，人们为增加土地肥力，已从“稀（掩）埋青草”作绿肥发展到有意识地栽培绿肥，形成“以田养田”、种绿肥“美田”的种作习俗。这种习俗首先形成于南方，以后才传至北方。晋郭义恭《广志》记载：“苕草，色青黄，紫华。十二月稻下种之，蔓延殷盛，可以美田。”可见，中国最早的绿肥品种苕草，首先在晋时从南方的水田里种植发展起来。到北朝时，北方地区的绿肥“美田”

之俗已相当流行。据《齐民要术》所载，当时用于养田的绿肥品种，仅北方，就已有绿豆、小豆、苜蓿、胡麻等。该书还对各种绿肥品种的肥效有所评价和比较，说："凡美田之法，绿豆为上，小豆、胡麻次之。悉皆五、六月中穊（稠也）种，七、八月犁稀杀之。为春谷田，则亩收十石，其美与蚕矢、熟粪同。"

（八）排灌用翻车

魏晋南北朝时期，北方的农田水利工程破坏多，新建少，就其工程成就而言，远不如秦汉之时，值得一提的有西晋太康年间（280～289年）杜预修复的六门，下结二下九陂，使诸陂散流，灌溉各处农田。后魏太平真君五年（444年）兴修的引黄灌溉工程艾山渠，在选址、工程布置等方面都有独到之处。曹魏嘉平二年（250年）修建戾陵堰、车箱渠引湿水（今永定河），渠道自堰上引水，东过蓟城西北，下入今潮白河，长一百余里，"所溉田万有余顷"[①]，此工程从坝址的选择到渠线的布置，都相当合理。东魏、北齐都建都于邺，在旧的漳水十二渠基础上修复了一些水利工程。前秦、西魏、北周都建都长安，也修建了一些水利工程。淮河流域的水利兴修多与军事屯田有关，最著名的是三国曹魏屯田，大大促进了此地区灌溉事业的发展。

江南的农田水利，自三国吴国到两晋和宋齐梁陈朝，重点在太湖流域。太湖西北以塘坝蓄水为主的水利发展较快。据《元和郡县志》记载，西晋末，江东占据者陈敏使弟陈谐遏马林溪作练塘（今丹阳县北），周回四十里，溉田数百顷。曲阿新丰塘（今镇江东南三十五里）能灌田八百余顷，"每岁丰稔"[②]。据清光绪《金坛县志》记载，今金坛县境和金坛、丹阳二县界处，齐、梁时所修筑的有单塘、吴塘、莞塘、南北谢塘等，各灌田千余顷。太湖东南部低洼塘区，如吴兴、吴郡，水利也有发展。东晋时开凿的荻塘，两岸堤路夹河，外御洪涝，中通排灌。常熟一带的塘浦圩田，在南朝末期已逐步形成，获得显著水利效益。

魏晋南北朝时期，人们在合理用水方面也积累起一套经验，如北方的

① 《水经·鲍丘水注》。

② 《元和郡县志》卷二五。

艾山渠，在放水灌溉时“一旬之间，则水一遍，水凡四溉，谷得成实”[1]，根据作物需要进行合理灌溉，是灌溉用水管理方面的一大进步。再如浙江会稽郡东汉时修建的鉴湖，这时期，将工程设施加以改造，“沿湖开水门六十九所，下溉田万顷，北泻长江”[2]。众多的水门，可以根据作物需水情况进行控制，旱则闭之，水多则泄之。

排灌机具始见于东汉，主要有用作搬水排灌的翻车，已被使用于农业生产。《三国志·杜夔传》裴松之注曰：“马先生钧，天下服其巧矣，居京都，城内有坡可为囿，无水以灌之，乃作翻车，令童儿转之，而灌水自覆，更入更出，其巧百倍于常。”刘仙洲先生认为此翻车即后世的龙骨水车。[3]

（九）新农具屡现

魏晋南北朝时，随着农业和冶铁业的发展，出现了一批新型农具。据北魏贾思勰的著名农书《齐民要术》记载，当时使用的农具已有 20 余种，有犁、锹、铁齿楱、耮、陆轴、木斫、耧、窍瓠、锄、锋、耩、铁齿耙、鲁斫、手拌斫、镰、批契等，其中不少农具是以前史籍中未出现过的。

当然，魏晋南北朝时期，各地所使用的农具有着极大的差异性。当时生产，京畿发达而边远落后。此外，魏晋南北朝时期，农田耕作已普遍使用畜力，尤其是牛耕的推行使翻耕效率大大提高。但是，魏晋南北朝时贫富悬殊，尤其是战乱，耕牛无法满足农业生产的需要，因此，当时朝廷屡屡下诏，禁杀耕牛、禁食牛肉。同时，为了使家贫无牛者不失农时，官方强制借牛役使。据《魏书·高祖纪》所载，延兴三年（473 年）二月北魏朝廷曾下诏曰：“牧、守、令长，勤率百姓，无令失时，同部之内，贫富相通。家有兼牛，通借无者。若不从诏，一门之内，终身不仕；守、宰不督察，免所居官。”

（十）农作俗信

魏晋南北朝时期，农业生产中有祈神祭祀的习俗。如《太平寰宇记》卷 22 记载：东海县“今有牛栏一村，旧有糜家庄，牧者犹枯祭之，呼曰

---

① 《魏书·刁雍传》。

② 《水经注·浙江水》。

③ 《中华文明史》第 4 卷，河北教育出版社 1994 年版，第 240 页。

糜郎。临祭之日，著犁铧，执耕鞭”。并有许多禁忌俗信，如《荆楚岁时记》记载：夏至日，“取菊为灰，以止小麦蠹”；《氾胜之书》记载：“小豆忌卯，稻麻忌辰，禾忌丙，黍忌丑，秫忌寅未，小麦忌戌，大麦忌子，大豆忌申卯，凡九谷有忌日，种之不避其忌，则多伤败。”

二　副业风俗

汉民族社会向来以农为主，并视林、牧、渔等为副业，实行多种经营。魏晋南北朝时期，多种经营得到较大发展，每一地主田庄都是农、林、牧、副、渔俱全的综合经济实体。

（一）果木始行嫁接

魏晋南北朝的林木种植和管理经验也达到一定水平，当时主要林木有桑、柘、榆、白杨、棠、谷楮、槐、柳、楸、梓、梧、柞、竹等，除种檀在山岭上外，还种植在房前屋后或池边道旁等零星土地上，既可美化环境，又可收获木材。当时的一些统治者在提倡农耕的同时号召过植树，如前秦建都长安，王猛曾号召种行道树，大大改进了长安的市容，当时民谣：“长安大街，夹树杨槐。”北魏均田令中号召各家种树植果，要求男夫受桑田二十亩者种桑五十株，枣五株，榆三根；不宜种桑之处，给田一亩种榆、枣，限三年种完，未种完者收回未种的田。这样就推动了当时林果生产的发展，植树技术和果树种类也比前代有所发展。

对魏晋南北朝时期的植树技术，《齐民要术》有专门的记述。如对林地的选择，讲究应根据竹、木、果的生长习性与周围环境的关系，趋利避害，择地种植，譬如有“下田停水之处榆及白榆”“楮宜涧谷间种之，地欲极良”等。对树木的繁殖，有播种、插条、压条、分根（株）等方法。如桑、柘、楮、柞、榆、槐、梓、青桐等用播种法。对苗木管理，已有除草、灌水、施肥、中耕、打心、剪枝、防寒、防伤和促进幼苗生长等一套经验和方法。在树木移栽方面，则讲究一是要“记其阴阳，不令转易”，移植时，必须尽可能地保持其原来状况；二是移栽大树要“髡之”，即把树枝、树叶进行适当修剪，否则“不髡，风摇则死”；三是要“泥人根间”，使树的根系能密触土壤，以使根系能很快吸收到水分。此外，还有注意移植时期和移植后的保墒。

禁忌等方面的讲究。有些习俗从现在看来，也具有一定的科学性。

这时期黄河流域的果树种类基本上与汉代相同，除核果类的枣、桃、李、杏、栗、柿、梨、梅外，还有茱萸等 10 多种。有的果树的品种积累至魏晋南北朝时期已达几十种。如《齐民要术》所录枣的品种，有汉代《尔雅》记载的 11 种，西晋《广志》的 23 种，《邺中记》的 2 种，《抱朴子》《吴氏本草》各 1 种，《西京杂记》的 6 种，《闲居赋》1 种，贾思勰又补充了 3 种，共计有 40 余种。在这些品种中，属于优良的有“东郡谷城（今山东东阿县）紫枣，长二寸；西王母枣，大如李核，三月熟”“大白枣，名曰‘蹙咨’，小核多肌”“青州有乐氏枣，丰肌细核，多膏肥美，为天下第一”。此外，桃的品种有 14 种，梨有 10 种，李有 33 种等。南方的果木品种则有丹橘、枇杷、荔枝、槟榔、椰子、橄榄、龙眼、椑榴等 10 多种，可见当时果树品种之丰富。至于当时所积累的果树栽培技术和经验，从《齐民要术》记述来看，在果苗繁殖方面，除用实生苗繁殖外，果农又积累起压条、扦插、分根和嫁接等多种压条法。当时的嫁接技术已由前代的靠接发展到劈接，由近缘嫁接发展到远缘嫁接。

为促使果树开花结实，当时已有“疏花”之俗。《齐民要术·种枣第三十三》曰：“候大蚕入簇，以杖击其枝间，振落狂花，不打，花繁实不成。”又有“嫁树法”，如对枣树，则于“正月一日，日出时反斧斑驳椎之”；林檎树，则“以正月、二月中，舔斧斑驳椎之，则饶子”；李树，则是“以砖石著李树歧中，令实繁”。此法旨在使韧皮局部受伤，阻止部分有机物质向下输送，而使较多地分配给上部枝条，以利结实。这是现代“环剥”技术的萌芽。对葡萄要实行棚架整枝，《齐民要术·种桃》说：葡萄“蔓延，性缘不能自举，作架以承之。叶密阴厚，可以避热”。在果树防冻方面，则有裹缚、熏烟、埋蔓等方法。果树老了，结果少，则要行“复壮术”，即贴近地面砍去其主干，使之根蘖生枝、恢复树势而结好果。

南方又有种茶风俗。当时茶的产地很多，而且多与佛教有关，名山寺院周围常常大面积种茶，江西的庐山，浙江的天台山、径山、雁荡山，湖南常德的西山，安徽的九华山、黄山，四川的青城山、峨眉山等，都产有名茶或好茶，当时乌程县西二十里温山种植的茶专供皇家饮用。

（二）家畜流行“剩”俗

魏晋南北朝时与农业相伴的还有畜牧业。由于水土的关系，畜牧业在北方非常发达。北方的畜牧业又分家畜养殖业与草原畜牧业。汉民族地区的畜牧业大都是家畜养殖，部分地区也有草原畜牧。

家畜养殖业与农业一直是密不可分的。农业为养畜业提供各种饲草、饲料，养畜业为农业提供动力和肥料。大田作物的秸秆可以喂牛、马、驴等牲口，粮食、糟糠可以喂猪，此外，农民还有计划地种植一些饲料作物，如“茭豆”，这些饲料因不用锄治，可让豆、杂谷与草一起生长，八九月中刈割下来做青饲料。家畜的粪肥是极好的肥料，当时已会积制厩肥及堆肥，把蓐草垫到牲口圈里，既可使圈内免于潮湿，又可增加肥料。所以，农家饲养牲畜在魏晋南北朝时期已成为一种普遍流行的风俗。

魏晋南北朝农业已广泛使用牛耕，一般的自耕农家都养有耕牛，屯田土地上的农民没有耕牛的还可以从官家借到牛。除牛外，一般的农户还养有猪、羊、鸡、鸭，地主庄园里养殖的家畜家禽品种还要多些，不同的地区，所饲养的畜禽品种也有所不同。一般而言，北方的畜禽种类有马、牛、驴、骡、猪、鸡、鸭、鹅等，而南方由于自然条件的限制，主要饲养猪、牛、鸡、鸭、鹅等。

北方养马，在饮食方面讲究“食有三刍，饮有三时”。“刍”即饲料，“三刍”就是“恶刍”“中刍”和“善刍”，喂马时要先粗后精，因为“饿时与恶刍，饱时与善刍，引之令食，食常饱，则无不肥”。所谓“三时”，就是“朝饮，少之”；“昼饮，则胸餍水”；“暮，极饮之”。意为早晨天气凉爽，家畜还未开始劳役，水分基本没有消耗，可以少饮；白天饮水过多，会使腹部膨大，不利于劳役；晚上则应该“极饮”，否则会影响其采食。在使役上则要“量其力能”，“适其天性”。同时，还有让驴马杂交而生骡的习俗。《齐民要术》记载：“以马覆驴，所生骡者，形容壮大，弥复胜马。然必选七八岁草（母）驴骨目正大者，母长则受驹，父大则子壮。”并在实践中积累起一套相马法，如“马头为目，欲得方；目为丞相，欲得光；脊为将军，欲得强胁为城郭，欲得张；四下为令，欲得长”和“肺欲得大，鼻大则肺大，肺大则能奔”等，[①] 有一定的科学道理。

当时北方民间养羊较普遍，《齐民要术》对养羊习俗记述较详。如所述冬季贮备青饲料法：于三四月种大豆并杂粮作物，到八九月中，就刈作青茭；不种豆谷者，则“初草实成时，收刈杂草”，晒干后贮存备用。又如所述栅栏积茭法，“于高燥之处，竖桑棘木作两圆栅，各五六步许。积茭著栅中，高一丈亦无嫌。任羊绕栅抽食，竟日通夜，口常不住。经冬过春，无不肥充”。可见，栅栏积茭可以节省人力，又可避免干草的浪费，

① 《齐民要术·养牛马驴骡第五十六》。

保持饲料卫生。

中国家畜阉割风俗，在商、周时已经形成，到魏晋南北朝时又有所发展。据《齐民要术》所载，当时供肉用的羊，大都“剩”（阉割）过。“剩”的方法是“出十余日”，用布裹起睾丸，用嘴咬碎。供肉用的猪，则在出生后第三天就掐去它的尾尖，过六十天再犍（阉割），犍过的猪骨细肉多；不犍的，骨粗肉少。

（三）流行养蚕开始养蜂

魏晋南北朝时期，农家除饲养畜禽外，养蚕习俗也十分流行。北魏时期，黄河流域的蚕业生产在全国仍居重要地位，据《齐民要术》所记，当时蚕有一化、二化、三眠、四眠之分，农家在蚕的饲养、蚕室的温度、湿度及采光等环境条件的掌握和调节，蚕病敌害的防治方面都有一套约定俗成的做法。在南方，已能在一年中分批多次养蚕，晋人郑辑之在《永嘉记》说“永嘉（今浙江温州）八辈蚕”。另外，养蚕也多有祈祷。据《荆楚岁时记》记载，“世人月半作粥祷之，加肉覆其上，登屋食之，咒曰：‘登高縻，挟鼠脑，欲来不来？待我三蚕老。’则是为蚕逐鼠矣”。而祭蚕神、迎紫姑以祈佑蚕业丰稔，则同样是当时养蚕的重要风俗。

此外，还有养蜂习俗，当时已使用木桶养蜂。张华《博物志》卷十载曰：“诸远方山郡幽僻处，出蜜蜡，人往往以桶聚蜂，每年一取。”同书又曰：“远方诸山蜜蜡处，以木为器，中开小孔，以蜜蜡涂器内外令遍，春月蜂将生育时，捕取三两头著器中，蜂飞去寻将伴来，经日渐益，遂持器归。”可见取蜜习俗。

（四）粮食加工用碓、磨

魏晋南北朝时期，作为家庭副业的粮食加工业，除主粮加工外，还有制酱私腌制蔬菜瓜果等。

在秦汉之时，无论北方的粟谷、麦子，还是南方的稻谷，其加工方式都是手工舂捣或碾磨为主，虽然早在西汉时期就发明了水碓，但使用地域极其有限；东汉时，水碓的使用也仅限于雍州等地。但到了魏晋南北朝时期，水碓的使用地域已有了较大的扩展。《晋书·王戎传》记载：故吏“性好兴利，广收八方园田，水碓周遍天下；积实聚钱，不知纪极”。王浑《表立水碓》说：“洛阳百里内，旧不得作碓，臣表上先帝听臣立碓。”可见当时水碓的使用已扩展到南北各地。此外，晋代还出现了连机碓，几个碓同时工作。据说杜预、元凯作连机水碓，由此洛下谷米丰贱。东晋十六国时，发明了舂车和磨车，舂车和磨车均系粮食加工车辆，它利用了车轮与地面的摩擦力，在车子前进时将动力间接地传到了其他机构上，以达到舂米和磨面的目的。到南北朝时，又发明了水力推动的水碾和水磨。《南史》卷七二说，祖冲之于乐游苑造水碓磨，南齐武帝萧赜亲自临视。《魏书·崔亮传》记载："亮在雍州读杜预传，见为八磨，嘉其有济时用，遂教民为碾；及为仆射，奏于张方桥东堰谷水造水碾磨数区，其利十倍，国用便之。"

又有畜力八转连磨，以畜力推动，八盘磨可同时工作。《太平御览》卷七六二引嵇含《八磨赋》曰："外兄刘景宣作为磨，奇巧特异，策一牛之力，任转八磨之重。"据元王祯《农书》所述，连磨结构是这样的：由一头牛转动一条大立轴，立轴上装有一个卧轮，由大卧轮的轮辐带动八个磨的齿轮，遂使八磨同时工作。水碓、水磨、水碾和畜力磨等，至今尚有所遗存。

（五）蔬菜酱渍成副业

制酱，也是魏晋南北朝时期的家庭副业之一。当时制酱，除以大豆为基本原料的豆酱外，还有肉酱、鱼酱、麦酱、榆子酱、虾酱等，制酱时间以"十二月、正月为上时，二月为中时，三月为下时"，与当代农村流行的夏季制酱已有很大不同。

蔬菜瓜果的腌渍，除前代已出现的盐渍、酱渍外，魏晋南北朝时又新出现了糟渍、蜜渍和酸渍。"糟渍"就是用酒渣作原料，使果蔬渍于其中，腌成的果蔬松脆有酒香。《齐民要术·作菹藏生菜法第八十八》记载："采越瓜，刀子割；摘取，勿令伤皮。盐揩数遍，日曝令皱。先取四月白酒糟盐和，藏之。数日，又过著大酒糟中，盐、蜜、女曲和糟，又藏泥缸中，唯久佳。"此外，又有无盐酸渍法，以米汤代替盐水作"菹"，称为"酢菹"。南京博物院收藏的、在南京中山门外刘家山出土的西晋青瓷泡菜坛，就是当时进行酸渍的工具，形制已和现今使用的相同。

三　手工业风俗

魏晋南北朝时期，由于社会动乱，战祸频仍，民间手工业极度衰落，社会对手工业品的需求，只得靠自给自足自然经济下的家庭手工业解决。但割据一方的封建政权对服饰器玩、车舆兵戈等手工业产品的需求，不仅未因战乱不断而有所抑制，反因世风奢靡和征战不断而得以膨胀，因此，官办作坊仍保持发展势头。到了魏晋南北朝后期，随着一些王朝政权的逐渐巩固和社会秩序的稳定，商业流通渐趋恢复，民间手工业才随之得以恢复和发展。因此，魏晋南北朝时期汉民族社会的手工业风俗，其演变虽经诸多曲折，但比之前代还是有所发展。

（一）酿造业风俗

魏晋南北朝时期，饮酒习俗遍及士庶，酒的需要量极大，所以民间酿酒业十分发达，酿造技术也比前代有较大改进。酿酒先得制曲，当时的曲有“神曲”和“笨曲”之分。神曲形体小，饼状，“径五寸，厚一寸五分”“一斗杀米三石”，用曲量只占酿酒原料总量的2—3%，类似于近代的小曲。笨曲是在木框内踩成一尺见方，二寸厚的块曲，“笨曲一斗，杀米六斗”，用曲量占原料总量的1/7，类似近代的大曲。当时的曲大都以小麦、粟为原料，以农历七月为制曲佳期，便要求制曲场所为“草屋，勿用瓦屋”，讲究“勿令泄气”；有的还在曲中加“药”，如桑叶、苍耳、艾、茱萸等，以求所造之曲独具“药力”。同时，造曲还要祀神，并有择日习俗。以此求得神的保佑。据《齐民要术》记载，造曲之日要选“七月取甲寅日，使童子著青衣。日未出时，南向杀地，汲水二十斛，勿令人泼，……假置曲王，王者五人，……主人三遍读文，各再拜”；其祝文曰：“东方青帝，土公，青帝威神。南方赤帝，土公，赤帝威神。西方白帝，土公，白帝威神。北方黑帝，土公，黑帝威神。中央黄帝，土公，黄帝威神。某年月日辰朔日，敬启五方五土之神，主人某甲，谨以七月上辰，造作麦曲数千百饼。阡陌纵横，以辨疆界。须建立五王，各布封境。酒脯之荐，以相祈请。愿垂神力，勤鉴所愿。使出类绝综踪。穴虫潜影。衣色锦布，或蔚或炳。杀热火熛，以烈以猛。芳越椒熏，味超和鼎。饮利君子，既醉既逞。惠彼小人，亦恭亦敬。敬告再三，格言斯整。神之听之，福应自冥。人愿无为，希从毕永。急急如律令。”祝三遍，各再拜。可知极其隆重庄严且一丝不苟。

魏晋南北朝时，人们所酿的酒，种类很多，仅《齐民要术》所载就有40多种，如春酒、桑落酒、白醪酒、当粱法酒、秫米法酒、穄米酒等。当时酿酒的原料，都是粮食。如春酒用的是笨曲和米，桑落酒用笨曲和黍米，白醪酒用糯米，当粱法酒用米、粳米等不同的酒。酿的时间各不相同，有的一天即成，有的要七个月，各种酒的特性和风格也各不相同，如粱米酒“酒色漂亮与银光一体。姜辛、桂辣、甜蜜、胆苦、悉在其中。

芬芳、酷烈、轻、遒爽，超然独异，非黍、秫之俦也”；穄米酒“酒色似麻油，甚酽”。酿酒的水多取河水，河水为第一好，远河者取极才可用，谓“五沸汤”。酿酒时间通常选在桑树落叶时的春季或初冬，若冬季酿酒则要采取一定的保温措施。对酿酒原料十分讲究清洁，一般要“净淘三十许遍”，甚至“米必令五六十遍淘之”。投料则继承前代分批多次投料的方法，用曲则强调“善候”和“准量”，等等。

此外还有酿醋。醋古代称“酢”“醯”或“苦酒”。酿醋，历史悠久，魏晋南北朝时又有较大发展，据《齐民要术》所载，当时已有30多种酿制方法，常见的是于农历五月，取粟米饭为原料，拌以醋浆，使之发酵而成。《齐民要术·制酢法第七十一》说：“入五月，则多收粟米饭醋浆，以劫和酿，不用水也，浆以极醋为佳。”

（二）纺织业风尚

男耕女织是中国古代社会家庭分工的传统格局，历史悠久，凡是适宜种桑的地区，几乎家家植桑育蚕，缫丝织帛。魏晋南北朝时，北方经济虽遭到了严重破坏，但女子纺织作为传承已久的家庭副业并未中断，生产技术也保持了前所未有的传统。北魏时，由于政府大力奖励农桑，家庭育蚕织帛之俗有了很大发展。尤其是今山东地区，古已闻名的“齐纨鲁缟”一直声名不衰，齐地名贵的大文绫、连珠孔雀罗、冰纨、方空、吹纶絮和鲁地薄如蝉翼的阿缟等，很大一部分是家庭纺织的产品。江南地区的家庭纺织则以织布为主，以麻为原料，称为“络”或“缔”；另外又有“南布”，或称“筒中细布”，有可能是棉布。无论南北，此时的家庭纺织大都是一机一杼，规模很小，且多以家庭自用和上交税赋为主，很少有用于交换，因此发展缓慢。此外，制瓷、造纸、冶炼等行业风俗也比以前有所发展，呈现出一定的丰富性。

四 商业风俗

从商历来为自命不凡的统治者和士大夫所鄙视，当此社会变乱莫测之魏晋南北朝，士族虽竭力贬抑商事，在服制等方面贬损商人，如规定在城市里经商的商人必须穿特殊的服装，必须戴头巾，用白布贴在额头上，写上所卖商品的名称及卖者姓名，一只脚穿白鞋，一只脚穿黑鞋，以示区别，以致社会上有身份者不但耻于言商贩，而且不愿临商市住。但同时又趋之若鹜，许多官员直接营商，虽为舆论所鄙，也在所不惜。形成此一时期独特之社会时尚。

（一）击鼓罢市

魏晋南北朝时，城市的建立仍如前代多是出于政治目的，而非工商业发展的结果。城市中市场的位置、规模也多根据《周礼·王制》有关规定由官方设置，而非自然形成。如山谦之的《丹阳记》中记载建康的四个市场，其中大市和东市是孙权时设立的，北市是永安时设立的，斗场市则是隆安年间发乐营人交易而后形成的。这种市场虽然每天开放，但开闭有一定时限。市内一般都设有鼓，大都会的市内还建有旗亭，亭上建楼，楼中悬鼓，即市楼，每至天晚则击鼓罢市，关闭市门，进行交易的人则必须离开。城市市场由官府设市官管理，因市的大小不同设有级别不同、名称不同的市官，有的叫司市，有的叫市令，有的叫市长，他们除监督管制工商业者外，还负责征收商税。东晋南朝时，凡在市场成交者买卖双方都要缴税。北朝对进入市场的人每人收税一钱，名市门税或入市税。

农村集市一般都在中心村镇或交通便利的村镇，叫草市，由官府设官管理，名草市尉，负责维持市场秩序及征收商税。草市集会的间隔各有不同，有的四日一会，有的五日一会，交通偏僻或商业不发达的地方则间隔时间长些，可至十日一会。

（二）商贩有别

魏晋南北朝时期的商贩，因其经商规模和性质，有小商贩、巨商和官商之分。

小商贩是最普通的民间商人，小本经营，贩卖的一般是简单的日用品或农副产品，规模很小；如刘宋时戴法兴的父亲专门贩纻为业，法兴小时也曾卖葛；萧梁时沈璃未发迹时贩卖过法器等。

巨商一般都是远途贩运，所经营的皆系价值昂贵的奢侈品，如北方的名马良驷、骆驼，南方的羽、毛、齿、革、各种有色金属，齐鲁的冰罗、绣、缬、绫等，西域的玛瑙、琉璃、水晶，以及海外的犀、象、玳瑁、珠、玑等，都是他们贩卖的商品。

大商人的经营利润很高，他们的销售对象主要是王公贵戚，因此能一本万利，成为腰缠万贯、富埒王侯的特殊阶层。巨商大多居住在城市的商业区，如北魏末洛阳的准财、金肆、通商、达货诸里就住有很多富商巨贾，他们的宅第非常豪华，“千金比屋，屋楼对出，重门启扇，阁道交通，迭相望临”，家里不但奴婢成群，而且奴婢也衣着锦绣，其豪富不在王侯贵戚以下。当时洛阳巨商刘宝，在各州郡都会皆立有分号，资本雄厚，货物应有尽有，车马服饰可与王者相比。

（三）官员营商成风

魏晋南北朝政权时常变更，尤其南北对峙以来，地方通达艰难，各处地方官员从商渔利者颇众。据《晋书·义阳成王望传》记载，望之孙奇为了聚敛财富，曾派部使到交、广商货。后来为有司所奏，贬为三纵亭侯。宋前废帝曾诏藩王贸货，一皆禁断。也可知当时官员从商求利之盛，而宋孝武帝时也曾为了俭约打算而下诏禁止官员营商。为此，谢庄还很忧虑它不能实行。当时官员营商，屡为有司所弹劾。刘峻曾到兄长任刺史的青州贩货禁物，为有司所奏而免官，柳世隆在湘州时营商，也为御史所奏等等，那些手握权柄的官员，“无上无下，无内无外，可谓无不以贩鬻求利为事音”。

（四）商市兴盛

《晋书·乐志》载曰：“孟冬十月，北风徘徊，……耨铸停置，农收积物，逆旅整设，以通贾商。”可见商贾之道有一定的时限。不过对于日常生活的集市则无时限所制。魏晋南北朝时虽几经丧乱，商市之盛，仍蔚为可观。据《晋书·地理志》记载，“河北洛阳，置尉五部三市，东西七里，南北九里，则集市大小可见一斑”。《隋书·食货志》载，“晋过江后，淮北有大市百余，小市十余所，都可见当时人民集市贸易之盛况”。商市的影响极大，像昏庸的齐东昏侯曾在宫中设市，进行贩卖活动。魏晋南北朝时商市发达的一个重要原因是，政府可以从商市中抽取很可观的税收。当时的大市都设有官司，收取税务，甚至进行搜刮。据《魏书·李崇传》记载，“其子李世哲为相州刺史，搜刮商市，为当时人所鄙”。因为市税颇丰，许多官员到任后都主动立市，鲁芝到了被侵掠而人口锐减的天水后，倾心建造城市，数年后旧境悉复。据《宋书·自序》记载，沈邵出为钟离太守，郡先无市，江夏王义恭在南兖州为立市。

（五）商业都会出现

魏晋南北朝时，由于南北长期分裂，战争不断，彼此疆界处重兵驻守，不通商贾，商品经济陷于停顿。因此南北方商业都会均不多，其中较著名者北方有洛阳，南方有建康，其他如京口、丹阳、山阴、寿春、襄阳、荆州、郢州、益州、番禺州、凉州等也有一定规模。

建康是六朝建都所在，江南政治、经济、文化的中心，四方辐辏，人物荟萃，是江南第一大都会。到南朝梁时，建康已经有户二十八万，城郭东西南北各四十里。当时四方水陆商贾云集，仅一次江水暴涨，就毁坏贡使商旅船只上万艘，可见其商人较多，贸易规模较大。建康城中有四大市：大市、东市、北市、斗场市，秦淮河两岸还有大市及小市十余所。

洛阳，在东汉时已成为中原最大的商业中心，晋末毁于兵火，一百余年间几成废墟。北魏孝文帝迁都洛阳，把它重新建成一个繁华兴盛的城市，其繁华程度大概在当时的中国是首屈一指的。据《洛阳伽蓝记》记载，北魏洛阳城里有许多大市，出西陵门四里御道南有洛阳大市，孝义里东有洛阳小市，洛水南有四通市。洛阳城内通商、达货、调音、乐律、退酤、治觞、慈孝、奉终、准财、金肆等，所住大都是拥财巨万的富商大贾。

京口，即今镇江，因其望海临江，水路可通吴、会、江、湖，物产丰富，商贾荟萃，又是南朝皇帝的故乡，北方流民南下者也多聚集于此，在南方的商业都会中仅次于建康。

丹阳，可与京口比肩，物产丰富，人物兴盛，蚕桑业发达，一年蚕可四、五熟，这里的农民勤于纺绩，有的晚上浣纱而早上已织成布，叫作“鸡鸣市”。附近海产品、陆产品都很丰饶，因此商贾集中，商业发达。

山阴，在东晋时已是人口众多、商业发达的大郡，南朝时依旧繁荣。山阴是两浙的绢米交易中心，钱塘、浦阳两江的牛埭税（过堰税）一年就可收到四百余万之多。

寿春，是淮河流域重镇之一，位于淮、泗、汝、颍交错区域，是南北方交通的咽喉，淮河流域的重要粮食产地。南北对峙时，是南北互市的主要地点，北魏常在这里设立互市，以至南货，羽毛、齿、革之属无所不有。

襄阳，是汉水中游的重镇，南北交通孔道，四方凑会之处，附近田土肥沃，物产丰富，是与寿春比肩的南北物资交换的通商据点。

江陵，处于雍州、益州、交州、梁州交会之处，物产丰富，商品有米、布、绢等，又是良皮美罽的集散地，江左的大镇。

江夏，地处冲要，也是一个重要的商业都会，尤其水陆而来的货物多在这里汇集。

成都，由于经受战乱较少，又是天府之国，物产丰富，华殖荟萃，既是全国织锦业中心，又是西南地区最大的商业都会，这里成交的商品有布、丝、锦、纸、席等。

番禺，即今广州，是南海诸国商船与中国贸易的中心，海外的珠玑、犀角、玳瑁、琉璃器、螺杯、吉贝（棉布）、郁金、苏合（一种香料）、沉檀、兜鍪等奇珍异宝及中国的绫、绢、丝、锦等高级丝织品的交易都在这里进行。此外，这里还是奴隶买卖市场，中国官吏往往把高凉郡（今广东阳江县西30里）的“生口”卖给外国商人，外商也把南海的“昆仑奴”运到中国来卖。番禺是中国对外贸易的重要都会。

武威，地处河西走廊东端，是西域客商与中原贸易的中心，西域的宝货和中原的贵重丝织品、瓷器等多在这里汇集交易。

第三节　魏晋南北朝汉民族的生活风俗

一　服饰风俗

（一）等级鲜明

服饰的等级制是阶级社会鲜明的特征。魏晋南北朝承袭旧制，在社会动荡、政权更替频仍的情况下，世族或上台的统治者仍然服饰之制不忘尊卑有别的原则。在具体实施时，表现在两个层面上。

其一，统治者不同官阶之间使用的冠，有明确的规定，皇帝戴通天冠，王公贵族则服平冕、远游冠、武冠、高山冠等。即使同一种冠，也有制作上的等级区别。所谓“人主元服，始加缁布，则冠五梁进贤。三公及封郡公、县公、郡侯、县侯、乡亭侯，则冠三梁。卿、大夫、八座尚书、关中内侯、二千石以上，则冠两梁。中书郎、著作郎、尚书丞郎、太子洗马舍人、六百石以上至于令史、门郎、小吏，并冠一梁”[①]。至于服饰，则从制作、面料、缀饰、颜色等方面对帝王到各级公侯、官员之间，做出严格规定，不得僭越。

其二，统治者与平民百姓之间，衣饰有严格的等级区分。据《晋书·良吏传》记载，太康中（280—289年）王宏代刘毅为司隶校尉，检

① 《晋书·舆服志》。

察士庶，使车服异制，庶人不得衣紫绛及绮绣锦织。从颜色和质料上将统治者与平民百姓的衣饰给以严格的区分和限制。这种区分和限制，有时达到了严苛的程度。据《梁书·良吏传》记载，沈瑀为余姚令，到任之后发现当地的富吏皆鲜衣美服，为此，沈大怒，曰："汝等下县吏，何自拟贵人耶？"强令他们穿芒（草鞋）布服，终日侍立。若有站立不住而跌倒的，则严加抉打，使当地富人不敢再违犯。

但不管规制多严，爱美的人类本性总是要驱动自身去突破禁制，追求服饰的舒适和美观，所以，在魏晋南北朝这样的社会大动乱时期，服饰违制的产生是不可避免的。怪不得曹魏末的夏侯玄曾针对当时朝臣之服越制，叹曰：

> 自公、侯以下，位从大将军以上，皆得服绫锦、罗绮、纨素、金银饰之物，自是以下，杂采之服，通于贱人。虽上下等级，各示有差，然朝臣之制，已得侔至尊矣，玄黄之采，已得通于下也。欲使市不鬻华丽之色，商不通难得之货，工不作雕刻之物，不可得也。是故宜大理其本，准度古法，文质之宜，取其中则，以为礼度。车舆服章，皆从质朴，禁除末俗华丽之事，使干朝之家，有位之室，不复有锦绮之饰，无兼采之服，纤巧之物。自上以下，至于朴素之差，示有等级而已，勿使过一二之觉。若夫功德之赐，上恩所特加，皆表之有司，然后服用之。夫上之化下，犹风之靡草。朴素之教兴于本朝，则弥侈之心自消于下矣。①

这段话固然在于提倡俭朴，有其合理性，但因为涉及面太广，不仅规定等级制，禁止平民穿绫罗绸缎，更在于同时也禁断公侯官员，不可能获得拥护，得到施行。从这当中，我们也可以看出当时社会的侈华心态。

由于越制在各个朝代不断发生，禁制也就不断地被提出。前赵刘曜曾下禁令，"禁无官者不得乘马。禄八百石以上，妇女乃得衣锦绣"②。苻坚的禁制更严厉，所谓命士以上，不得乘车马于都城百里之内。金银锦绣，

① 《三国志·魏书·夏侯玄传》。
② 《晋书·刘曜载记》。

工商皂隶妇女，不得服之，犯者弃市。[①] 而姚兴甚至下令“禁百姓造锦绣”[②]。但是效果并不理想。这一点从南朝刘宋时的周朗上书中，可以清楚地看到。当时，“凡厥庶民，制度日侈，商贩之室，饰等王侯，佣卖之身，制均妃后”，因此，“见车马不辨贵贱，视冠服不知尊卑”[③]。

（二）胡服风行

魏晋南北朝时期，随着民族融合的加强，胡服对汉民族的影响日趋加强，穿用胡服成了这一时期的一种社会时尚。

南北朝非常流行的裤褶，即是胡服。裤即裤子，褶为上衣，裤褶就是上衣下裤。汉民族传统服饰是“上衣下裳”，“裳”即裙，虽然汉民族在裙子里面也穿裤，但这里的“裤”是一种开裆裤。[④] 《宋书·礼志》记载：“裤褶之制，未详所起，近代车驾亲戎，中外戒严之服。”是一种戎服和劳役、行旅之服，原因是上衣下裤在出门远行或戎事时比较方便。裤褶作为胡服，在汉民族地区流行，却是经过了改进的。主要特点是变左衽为右衽，变小袖为大袖。裤褶因是胡服，早期为礼所不容，宋后废帝因常穿裤褶而被讥嘲[⑤]，吕安国被征为光禄大夫加散骑常侍，便要求儿子“勿作裤褶驱使”[⑥]。但在北朝，裤褶不仅作为礼服，流行于男子之中，也为妇女所穿用。合裤袄子也是胡服。合裤即满裆裤，袄子是与褶差不多的衣饰，但袖较窄，衣身较短，领子为交领，与今之夹衣相似。穿用合裤袄子在南北朝直到唐代时期，都非常盛行。《旧唐书·舆服志》记载：“晏服，盖古之亵服。江南（南朝）则以巾褐裙襦，北朝则杂以戎夷之制。爰至北齐，有长帽、短靴、合裤袄子，朱紫玄黄，各任所好。虽谒见君上，出入省寺，若非元正大会，一切通用。”则可知除了正月初一的大朝会之外，不管是居家还是在官方场合，都可通穿胡服。

蹀躞带，也是胡人所创制，是一种系身腰带，用以随身佩带各种日常生活小物品。由带钩、带身、蹀躞三部分组成。带钩是腰带上的金属钩，一端曲首，用以调节并固定腰带的松紧。带身一般为皮带，用来束腰。蹀

① 《晋书·苻坚载记》。

② 《晋书·姚兴载记》。

③ 《宋书·周朗传》。

④ 吕一飞：《胡族习俗与隋唐风韵》，书目文献出版社 1994 年版，第 14 页。

⑤ 《宋书·后废帝纪》。

⑥ 《齐书·吕安国传》。

蹀是垂挂在腰带上的小带（又称带铐），下端有环，以便随身佩系刀子、打火石、皮囊等物。沈括在《梦溪笔谈》卷一中说："自北齐以来，乃全用胡服。窄袖绯缘，短衣长靿靴，有蹀躞带，皆胡服也。……所垂蹀躞，盖欲佩带弓剑、帉帨、算囊、刀砺之类。"南北朝之后，直到唐代，仍为服制，为官员所服用。《旧唐书·舆服志》记载："景云中又制：今依上元故事，一品以下带手巾、算袋、其刀子、砺石等许不佩。武官五品以上咸佩鞊鞢七事，七谓佩刀、刀子、砺石、契苾真、哕厥、针筒、火石袋等也。至开元初，复罢之。"

靴，也是胡服之一，在北方匈奴等游牧民族中极其盛行。《释名》曰："靴，本胡服也。赵武灵王始服之。"魏晋南北朝时已极其普遍，北朝尤盛。《晋书·石季龙载记》说："季龙常以女骑一千为卤簿，皆紫纶巾，熟锦裤，金银缕带，五文织成靴，游于戏马观。"《北堂书钞》也说："石虎皇后出，女骑千人，脚皆五色靴。"靴能保暖，适于北方寒冷天气，因此，不仅官员武士穿靴，平民百姓也穿靴。《北史·神武诸子·任城王湝传》说：北齐天统三年（567 年），任城王高湝任并州刺史，"时有妇人临永浣衣，有乘马人换其新靴而去者，妇人持故靴诣州言之。浩召居城诸妪，以靴示之，绐曰：'有乘马人于路被贼害，遗此靴，焉得无亲属乎？'一妪扶膺哭曰：'儿昨着此靴向妻家。'如其语，捕获之。"从中可见穿靴者之普遍。南朝也有穿靴的，但在高层士人官员中，穿靴往往意味着不合礼俗。《梁书·萧琛传》说，王俭当朝时，萧琛年轻，未为王俭所赏识。一次得知王俭宴于乐游苑，便穿上皮靴，拿着桃枝杖，直闯进去，结果，萧琛以穿皮靴这一不合礼俗的衣饰，引起王俭的注意。又《徐陵与顾记室书》说："去年正月十五日，尚书官大朝，元凯既集，丞朗肃然，忽有陈庆之儿陈暄者，帽簪钉额，红布条裹头，虏袍通蹀，胡靴至膝，直来郎座，遍相排抱，或坐或立，且歌且咏。吾即呼舍吏责列，不答而走。"①

除上述服饰之外，还有胡帽、毡帽、辫发等，许多胡式服饰在魏晋南北朝时已为汉民族社会所吸取，并在隋唐时达到极盛，影响至今犹存。

（三）从上衣下裳到上衣下裤

古人以上衣下裳为礼服，之间以深衣连之。因此，深衣是平常燕居之

① 《文苑英华》卷六七二。

服。深衣的发展则是袍衫的定型并作为礼服而受到礼制的规定，“司马彪谓袍为古之深衣。晋宋以后，以绛皂袍、五色沙袍、纱朱衣、绛单衣，绛皂衣为朝服……《隋志》亦云，制本深衣，然则不殊衣裳，古以为便服，汉晋以为礼服矣”①。可见上衣下裳为礼服制度在魏晋时兴起来。

魏晋时代，流行袴褶。袴褶本系胡服。在汉以前，北方少数民族多着紧窄长裤，以便乘骑。后来传到中原，为汉民族人民所采用。东汉末年，两只裤管做得十分肥大的“大口裤”开始在社会上流行。至南北朝时，和大口裤配套的上衣，俗称“褶”。褶与大口裤穿在一起，则叫“袴褶”。魏晋南北朝以后，流行“袴褶服”，南、北方的汉民族，上至帝王官宦，下至庶民百姓均喜穿此服。在此基础上，百官的朝服将裤口放大，将褶的袖口加宽。北朝还将右衽改为左衽。由于裤管过于宽松博大，给骑马行走带来不便，因此人们又以锦缎丝带截为三尺一段，在裤管的膝盖处紧紧系缚，以免松散，时谓“缚袴”。凡穿袴褶者，一般在腰间束有皮带，贵者镂以金银为饰。

袴褶最初为军旅之服，不论官兵，都可穿着。《晋书·舆服志》记载：“袴褶之制，未详所起，近世凡车驾亲戎，中外戒严服之。”故宫博物院藏北魏之男俑，就是穿的袴褶服。

另外，在确立袍衫之制的同时，今谓之背心的裲裆，也由内衣而渐成外服，并成为居间常服之裳。裲裆亦称“裲当”，是类似马甲、坎肩、背心的一种服式。这种服式由前后两片组成，肩上两旁用带连结，长至臀以下，腰用大带或革带扎紧。江西南昌东吴墓男棺出土的随葬之物，即记有“故练裲当一枚”之语。晋无名氏《上声歌》中也有“裲裆与郎著，反绣持贮里，汙汙莫贱泥，持许相存在”的说法。裲裆还有单、夹、绵之别。制作裲裆的材料，一般多用罗、绢及织锦等，士庶用布葛制作。除男子穿裲裆外，女子也穿裲裆。到南北朝时，头戴兜鍪，身着袴褶，上配裲裆铠，是士兵的主要服制。故宫博物院还保留着穿袴褶、裲裆，戴袷和着袴褶、裲裆铠，头戴兜鍪北魏武士俑。

（四）衣饰崇尚奢丽

衣饰崇尚奢丽是这一时期服饰风俗的主要特点。《晋书·文六王传》，齐献王攸奏言：“都邑之内，游食滋多。巧伎末业，服饰奢丽，富人兼

① 吕思勉：《两晋南北朝史》，上海古籍出版社1983年版，第447页。

美，犹有魏之遗弊。”当时富有之家往往争相炫耀，以为荣誉。

《周书·儒林传》载，乐逊陈时宜之言曰：“其时富贵之家，为意稍广，无不资装婢隶，作车后容仪。服饰华美，眩曜街衢，使行者辍足，路人倾盖。”佣婢奴隶尚且资装竞奢，何况主人乎？这种情形在魏晋南北朝时期的各个政权区域内都存在。梁武帝中兴二年（502 年）下诏中说道：“愚民因之，浸以成俗。骄艳竞爽，夸丽相高。至乃市井之家，貂狐在御；工商之子，缇粛是袭。”[①]《宋书·周朗传》周朗上书也言：“见车马不辨贵贱，视冠服不知尊卑。尚方今造一物，小民明已睥睨；宫中朝制一衣，庶家晚已学裁。侈丽之原，实先宫阃。”可见不但奢丽，而且服饰衣制互相仿制，流行极快。葛洪也指出：“丧乱以来，事物屡变。冠履衣服，袖袂裁制，日月改易，无复一定。乍长乍短，一广一狭，忽高忽卑，或粗或细，所饰无常，以同为快。其好事者，朝夕仿效，所谓京辇贵大眉，远方皆半额也。”[②] 这真实地反映了处于战乱动荡中的民众蔑视权贵而敢于及时地享受生活的事实。

宽衣大袖是这一时期服饰风俗的又一特点。据《宋书·周朗传》记载，当时周朗上书言当时服饰时尚曰：“一袖之大，足断为两，一裙之长，可分为二。”说明宽衣大袖是此时社会上流行的服装时尚。宽衣大袖的流行，其主要原因之一是当时士大夫阶层服五石散的影响。据有关史料记载，服散之后，药性发作极为痛苦，滚地捶打，而宽衣大袖则以利发散。“因为皮肉发烧之故，不能穿窄衣。为预防皮肤被衣服擦伤，就非穿宽大的衣服不可。现在有许多人以为晋人轻裘缓带，宽衣，在当时是人们高逸的表现，其实不知他们是吃药的缘故。一班名人都吃药，穿的衣都宽大，于是不吃药的也跟着名人，把衣服宽大起来了！”[③] 此则士大夫中不得已而为之，而庶民百姓仿效相袭遂成风俗。《颜氏家训·涉务篇》说：“梁世士大夫，皆尚褒衣博带，大冠高履。”足可见证。受此影响，魏晋时期的贵族妇女也崇尚褒衣博带，广袖翩翩。如唐代阎立本所作陈文帝像旁的二侍女就身着宽衣大袖。著名的服饰“杂裾垂髾”是这个时期的产物，这种服饰的特点集中在衣服的下摆部位。通常将下摆裁成三角，上宽

① 《梁书·武帝纪》。

② 《抱朴子·讥惑篇》。

③ 鲁迅：《魏晋风度及文章与药及酒之关系》，载《而已集》，人民文学出版社 1973 年版。

下尖，层层相叠，名谓“垂髾”，并在周围缀飘带，以为装饰。晋枚乘《七发》中就有“杂裾垂髾，目窕心与”的说法。到南北朝时，去掉了长可曳地的飘带，而将尖角的燕尾大大加长。女子穿上这种衣服，纤步而行，有凌云飘逸之态。如顾恺之《洛神赋图》中的女子，就穿着这种服装。北朝一般妇女喜穿窄袖紧身的衫襦。由于受胡服影响的结果，服装式样由上长下短变成了“上俭下丰”。

服色尚白是这一时期服饰风俗的第三个特点。魏晋时极兴白色。晋《东宫旧事》记载：“太子纳妃，有白縠、白纱、白绢衫，并紫结缨。”《修复山林故事》说：“梓宫有练单衫、复衫、白纱衫、白縠衫。”可知魏晋时中上层通用便服崇尚素雅，以白色为多，而白色古以为丧服之色，则此时变故古时可知。

（五）从冠到巾帽

至魏晋南北朝，冠礼已渐为士大夫所不取，其冠之形式也渐变为巾帽。《宋书·礼志》曰：“汉承秦制，冠有十三种，魏晋以来，不尽施用。”不过巾帽当时仍以冠之延伸视之。《晋书·舆服志》记载：“帽名犹冠也，义取蒙覆其首，其本缅也。古者冠无帻，冠下有缅，以缯为之，后世施帻于冠，因或裁缨为帽，自乘舆宴居，下至庶人无爵者服之。”若说晋时尚称庶人无爵者服之，则至寨齐之间，天下皆以服帽然也。《隋书·礼仪志》记载：“宋齐之间天子宴私著白高帽，士庶以乌，其制不定，或有卷荷，或有下裙，或有纱高屋，或有乌纱长耳，后周时盛行突骑帽，垂裙覆带，盖索发之遗像。开皇初高祖常著乌纱帽，自朝贵至冗吏通著入朝，今复制白纱高屋帽，其服练裙襦乌皮覆，宴接宾客则服之。”可见时尚变迁之快。帽本为便服，但却一变而为礼服，则冠之时代遂告结束。

此时的帽式，主要有白纱帽和合欢帽。白纱帽，是南朝特有的一种帽式。据《隋书·礼仪志》记载，宋齐之间，天子宴饮都戴白纱帽，士庶多戴乌纱帽。白纱帽是以色彩命名的帽式，其形式不定。戴白帽，是南朝冠制和色彩的特色。以白色命名的冠式还有白接䍦、白纶巾、白纱巾、白叠巾等，均为六朝士人所戴。合欢帽，是顶为圆状，由两片面料合缝于中央的帽式，与北方少数民族戴的“突骑帽”相似，仅下无垂帽围式而已。另有帢，是一种便帽，也叫“帽”“帹”“帓”。不同时期，帢的名称不同。帢有单、夹两种，以不同的色彩分出等级贵贱，后因将白帢定为吊丧服，所以不用白袷做正服。

与帽同时为人们所时兴的则是巾帻。古时冠乃士人成人之象征，庶人则巾。盖巾是卑贱不冠者之所服，但至南北朝则士庶皆服，甚至为太学生之标志。《宋书·礼志》记载：巾“今国之太学生冠之，服单衣以为朝服，执一卷经以代手板，居士野人皆服巾焉”。《隋书·礼仪志》也说：“巾，国子生服，白纱为之。晋太元中国子生见祭酒博士单衣角巾。”

（六）喜穿木屐

木屐大多为木制，屐板下装有齿，以防滑；表面涂蜡，以便室外穿着。木屐约始见于东汉末，西晋以后，木屐大为盛行，士族阶层多喜穿着木屐。如《晋书·阮籍传》说：“祖约性好财，（阮）孚性好屐”；《南齐书·虞玩之传》说：“太祖镇东府，朝野致敬，玩之犹蹑屐造席。”并不断推出流行式样，如连齿屐、高齿屐、谢公屐等。连齿屐，宋武帝曾穿此种样式的木屐。《南史·宋本纪》说：“（武帝）性尤简易，尝着连齿木屐。”高齿屐，即将木屐的齿加高，南朝的势族子弟非常崇尚“驾长檐车，跟高齿屐”；《世说新语·简傲篇》说：“王子敬兄弟见郗公，蹑履问讯，甚修外甥礼，及嘉宾死，皆著高屐，仪容轻慢。”谢公屐，相传为谢灵运所创，其前后齿可以拆卸，为登山时的专用屐。《南史·谢灵运传》曰：“（谢）寻山涉险，必造幽峻，……登蹑常着木屐，上山则去其前齿，下山则去其后齿。”唐人李白“脚著谢公屐，身登青云梯”诗句中的“谢公屐”，即指此。

在魏晋南北朝的士族官员中，穿着木屐常被当作放达的象征。如《南史·沈麟士传》记载：沈麟士行走于途，“邻人认其所著屐，麟士曰：‘是卿屐邪？’即跣而反。邻人得屐，送前者还之，麟士曰：‘非卿屐邪？’笑而受之。”

屐有时被用于军事行动。据《晋书·宣帝纪》记载，青龙二年（234年），诸葛亮病卒，诸将烧营遁走，司马懿出兵追之。关中多蒺藜，司马懿使军士二千人著软材平底木屐前行，蒺藜悉著屐，然后马步俱进。

除屐之外，当时在平民中普遍流行穿屏。屦系屐之别式，因屏多以草为之，又称芒屏。据《梁书·良吏传》记载，沈瑀为了惩罚任所内鲜衣美食的富吏，便责令他们穿布服芒屏；芒屏扎脚，因此有富吏不纳侍立而跌蹉者，沈瑀见之便大加棒捶。《晋书·刘俊传》记载：“谈少清远，有标奇，与母任氏寓居京口，家贫，织芒屦以为养，虽草门陋巷，晏如也。”可见芒屏是下层平民穿用的鞋子，而士族官员大致一般不穿芒屦。《南史·褚彦回传》说：“宋元嘉末，魏军逼瓜步，百姓咸负担而立。时父湛之为丹阳尹，使其子弟并著芒屦，于斋前习行。”褚湛之让子弟穿芒屦，是为了发生战乱时以便混迹于百姓之中逃难。

由于芒屏常为贫寒百姓穿用，因此，有的士族官员为表示简约、不拘礼俗，也要穿着芒屦。如范缜在刘献门下时，一直是芒屏布衣，徒行于路[①]；何点“不簪不带，或驾柴车，蹑草屦，恣心所适，致醉而归。士大夫多所慕从之，时人号为‘通隐’”[②]；沈众家产“财帛以亿计”，平时“恒服布袍芒屏，以麻绳为带”[③]。

（七）女子尚高髻

魏晋南北朝时，女子尚高髻，以此为美。《晋书·五行志》记载：“太元中（376～396年），公主妇女必缓鬓倾髻，以为盛饰，用髲既多，不可恒戴。乃先于木及笼上装之，名曰假髻，或曰假头。至于贫家不能自办，自号无头，就人借头。”则知当时妇女崇尚高髻以至于类似变态。此种风尚一直被保持着，《宋书·五行志》说：“宋文帝元嘉六年（429年），民间妇人结发者，三分发抽其发直向上，谓之飞天纷，始自东府，流被民庶。”庾信《春赋》说：“钗朵多而讶重，髻鬟高而畏风。”可见，当时社会上妇女尚高髻之风流行十分普遍。

妇女的发髻，不同朝代有不同的形式。据史籍载，魏有灵蛇髻、白缩髻、白花髻、芙蓉髻、涵烟髻；晋髻、翁郁髻（又作郁葱髻）；陈有凌云髻、随云髻、叉手髻。比较著名的发式有灵蛇髻、反绾髻、分髯髻、缬子髻、飞天髻。据《采兰杂志》记载，灵蛇髻为魏文帝皇后甄氏所创。这种发式，似游蛇蟠曲扭转，故以灵蛇名之。由于它运用拧麻花的图案装饰形式，富有变化多端的动态美，故深受当时妇女的青睐。反绾髻、分髯髻都是魏武帝时期宫中贵族妇女发饰。共同的特点是将头发向后梳理。反绾是将后梳的头发用一丝带束住。分髯髻，将后梳的发分成若干股，再用丝带束结垂于后面，与汉代的堕马髻略同。飞天髻是在灵蛇髻基础上演变而成的，这种发式是将发集于头顶，分成数股，然后弯成圆环，直耸于上。

---

① 《南史·范缜传》。

② 《梁书·何点列传》。

③ 《陈书·沈众传》。

在河南邓县南北朝墓出土的飞天壁画及“贵妇出游”画像砖上还可以见到。

魏晋时代还时兴假髻。晋代妇女发式时尚高、大，为了满足这种要求，人们还借助于假发。《晋书·五行志》记载：“晋太元中妇女用假髻为盛世。”这种假发要“先于木及笼上装之，名曰假髻，或名假头。至于贫家不能自办，自号无头，就人借头”。按史籍所载，这种假发类于今戏剧中的“假头套”。《北史·齐本纪》说：“世祖武皇帝时，妇人皆剪剔发髢以作假髻，其危邪之状如飞鸟，正面则髻心在西。始自宫内为之，其后流于四方。”酒泉嘉峪关晋墓壁画中的女主人和女童的发式，从形姿而观，其“危邪之状如飞鸟”，颇似《北史·齐本纪》中所说的假髻。

（八）男女妆面

男子傅粉现象汉时已初显端倪。不过仅系个人的嗜好而已。但到了魏晋南北朝时期，男子傅粉则已成为一种非个人所能抗拒的时尚，而盛行于士族社会。如《三国志·魏书·曹爽传》注引《魏略》说：“何晏性喜动静，粉白不去手，行步顾影。”齐文宣帝，“或袒露形体，涂傅粉黛”[①]。

女子面傅红粉的习俗大约东汉时已有所流行。魏晋南北朝时，女子面傅红粉的习俗更为流行，对此，在当时的诗歌中亦有所反映，如南朝梁元帝《咏歌诗》云：“汗轻红粉湿，坐久翠眉愁。”亦有在施用白粉的基础上再加红色的，如南朝梁江洪的《咏歌姬诗》曰：“薄鬓约微黄，轻红淡铅脸。”《齐民要术》则专门记有制作燕支的办法，可见当时燕支使用之普遍。

魏晋南北朝时，女子面部的额黄妆也很有特色。所谓额黄，即是染黄色于额间，北周庾信《庾子山集注》卷五《舞媚娘》诗曰：“眉心浓黛直点，额色轻黄细安。”这种妆饰风俗的出现，可能与佛教的流行有关，或谓从鎏金佛像受到启发而染额成黄色[②]；也可能因吸收北方少数民族的习俗而起[③]。又有用黄色纸片剪成花样粘贴于额的习惯，称花黄，如古乐府《木兰诗》说：“当窗理云鬓，对镜贴花黄。”

黛亦是妇女的主要化妆品之一。《太平御览》卷七一九《黛》引《宋起居注》记载，北凉统治者沮渠蒙逊曾向南朝宋进献青雀头黛百斤，可

---

① 《北齐书·文宣纪》。

② 李凭、袁刚总纂：《中华文明史》第4卷，河北教育出版社1995年版，第674页。

③ 朱大谓等：《魏晋南北朝社会生活史》，中国社会科学出版社1998年版，第101页。

见当时黛的用量相当可观。

女子涂口红的习俗起源甚早，魏晋南北朝时期亦不例外，故在诗文作品中有关朱唇、朱口的记载也相当多。如西晋傅玄《苦相篇》曰："低头和颜色，素齿结朱唇。"南朝梁武帝《子夜歌》说："朱口发艳歌，玉指弄娇弦。"

（九）男子佩剑、女子指环

魏晋南北朝时，男子佩物有绶带、船囊、紫荷和佩剑等，主要是作为朝服的附件。绶带是系于印柄的装饰性丝带，故多与印章连称，其规格随品阶高下而有所不同。汉朝规定诸侯王、丞相、大将军等为金印紫绶，其下依次为银印青绶、铜印黑绶和铜印黄绶，魏晋南北朝时期基本沿用其制而略加修改。

紫荷，亦称契囊，是在朝服肩部外缀的一个紫色夹囊。《宋书·礼志五》记载："朝服肩上有紫生袷囊，缀之朝服外，俗呼曰紫荷。或云汉代以盛奏事，负荷以行，未详也。"魏晋南北朝时期都缀于朝服的左肩部，北齐时则录尚书事、尚书令、尚书左仆射将紫荷缀于左肩部，尚书右仆射、吏部尚书缀于右肩部。

佩剑，本为汉制，传至魏晋南北朝时已失去其原来的进攻与防卫功能，成为朝服的一种装饰。《晋书·舆服志》说："汉制，自天子至于百官，无不带剑，其后惟朝带剑。晋世始代之以木，贵者犹用玉首，贱者亦用蚌、金银、玳瑁为雕饰。"不过，在北朝后期，战争频繁，粗豪习武之风盛行一时，许多官员平时佩带真剑，但在上朝时则禁止佩带真剑，而换用木剑或解下真剑。①

这一时期的妇女饰物主要有步摇、珰、钿、钗、簪、跳脱（臂钏）和指环等。步摇在汉代已是后妃、公主等人的饰物，刘熙《释名》称："步摇，上有垂珠，步则摇也。"但到了魏晋南北朝时期，流行范围已有所扩大，对此，在当时的诗歌中也有所反映，南朝梁女诗人沈满愿《咏步摇花诗》作了相当形象的描绘："珠华萦翡翠，宝叶间金琼。剪荷不似制，为花如自生。低枝拂绣领，微步动瑶瑛。但令云鬓插，峨眉本易成。"

珰，即今天的耳环，这一习俗起源于南方少数民族。西晋傅玄《有女篇》列举当时女子饰物说："头安金步摇，耳系明月珰。珠环约素腕，

① 《隋书·礼仪志六》。

翠羽垂鲜光。”[①]

钿是用金、银等或嵌上珠玉作成花朵形的饰物，插于妇女头上作为装饰。钿的出现较晚，东汉许慎《说文解字》原文无钿字，宋朝徐铉校订时新附若干字，钿即其中之一，并释之曰：“钿，金花也，从金田声。”王嘉《拾遗记》载魏明帝宫人云：“‘不服辟寒钿，那得帝王怜。’是汉魏间有此名。”[②]

簪，是男女通用的饰物，男子是用于将冠与头发相固定，而女子则用于固定头发。在南京东晋王丹虎墓出土有金簪，山西大同北魏冯太后永固陵中出土有铜簪与骨簪的实物。[③]

钗，是女子常用的饰物，魏晋南北朝时期除一般的双股钗外，还有一种金爵钗，曹植《美女篇》中形容美女服饰说：“头上金爵钗，腰佩翠琅玕。”指的就是这种钗。亦称雀钗，是在钗头上做成雀样的花饰，工艺繁杂，而且花费较大。东晋元帝时“将拜贵人，有司请市雀钗，帝以烦费不许”[④]。其使用级别也高于一般金钗，据《宋书·礼志》（五）记载，三品以下官员家中眷属不得使用爵钗，而六品以下官员眷属才不许使用金钗。

跳脱，亦称条脱，是妇女在小臂所戴的金属饰物，后世多称为臂钏或腕钏[⑤]。南朝梁简文帝萧纲《和湘东王名士悦倾城诗》曰：“衫轻见跳脱。”

指环，就是今天人们常戴的戒指，当时亦是妇女经常使用的饰物，在这一时期的各地墓葬中出土有相当数量的金、银指环，其形状与今天的戒指大致相似。此外，妇女佩饰还有绶带、珠饰、铃饰等。

二　饮食风俗

（一）南米北面

在这一时期，各种粮食作物的生产区域与秦汉之时大致相似，江淮以

---

① 逯钦立辑：《先秦汉魏晋南北朝诗·晋诗》卷一。

② 丁福保：《说文解字诂林》，中华书局1988年影印本。

③ 南京市文物保管委员会：《南京象山东晋王丹虎墓和二、四号墓发掘简报》，《文物》1965年第10期；大同市博物馆、山西省文物工作委员会：《大同方山北魏永固陵》，《文物》1978年第7期。

④ 《晋书·元帝纪》。

⑤ 计有功辑：《唐诗纪事》卷二《唐文字》。

南以水稻为主，北方则以谷类、豆类及大、小麦为主。《齐民要术》中记载的粮食作物有谷、黍、粱、大豆、小豆、大麦、小麦、矿麦（青稞）、水稻、旱稻等，同一类作物又有不同的品种，有些作物的品种已相当优良，如魏文帝曹丕说洛阳附近的新城稻“上风炊之，五里闻香”[①]。晋人袁准《招公子》说：“河内青稻，新城白粳，弱萁游梁，濡滑通芬。”[②] 南朝梁庾肩吾曾称赞襄阳地区出产的蝉鸣稻为“湛水鸣蝉，香闻七里”[③]。

无论南北，饭是当时人的主要食物，南方以稻米为主，北方以粟米为主，饭的做法为蒸或煮，与现代的做法基本相似。除稻、粟以外，麦饭也是当时的主要食物之一。麦饭是用麦子蒸制而成，因其价格较为低廉，故为一般百姓所经常食用。南朝宋时何子平被扬州刺史征辟为从事史，“月俸得白米，辄货市粟麦，人或问曰：‘所利无几，何足为烦？’子平曰：‘尊老在东，不办常得生米，何心独飨白粲。’”[④] 表明米贵麦贱，一般官员及百姓家并不能经常食米，而只能以麦饭为食；有的清廉的高官，也食麦饭。如北魏时出身高门，历任九卿、尚书等职的卢义僖“性清俭，不营财利，虽居显位，每至困乏，麦饭蔬食，忻然甘之”[⑤]。

除饭以外，粥在日常饮食中也能当作主要食物。依所用原料的不同，粥有白粥、粟粥、麦粥、豆粥等不同种类。白粥就是大米粥，在南方是上至士族高门，下至庶民百姓都经常食用的食物，东晋时郗超三伏天到谢安家中，就见谢安正在吃热白粥。粟粥是以小米熬制的粥，在北方较为普遍。麦粥是以未磨的整粒麦子熬制的粥，如磨碎则称麦屑粥，多为生活较贫困者的食物。豆粥是以绿豆、红小豆等豆类为主熬成的粥，各阶层的人都经常食用。据《语林》记载，西晋时以豪富著称的王恺还曾与石崇就煮豆粥的时间进行过一番较量。豆子需要很长时间才能煮烂，而石崇却以即刻能做出豆粥来向宾客夸耀。王恺仿效无方，就用财物贿赂石崇帐下的都督，才知道石崇是让人事先将豆煮好，待客人来后，再将煮好的豆投入白粥中，故立时可得。王恺依此方法做出后，大肆宣扬，石崇大怒，下令追查，遂将泄密的都督处死。

---

① 《太平御览》卷八三九《稻》引《魏文帝与群臣书》。
② 《北堂书钞》卷一四二《酒食部总篇》，“河内青稻”条引。
③ 《艺文类聚》卷七二《米》，引庾肩吾《谢东宫赍米启》。
④ 《宋书·孝义·何子平传》。
⑤ 《魏书·卢玄传附曾孙义僖传》。

另有饼，是当时各种面制品及部分米粉制品的总称。无论南北，上至宫廷宴会，下至庶民日常饮食，都缺不了饼。三国魏明帝曹睿曾怀疑大臣何晏面色白润是傅粉之故，遂在盛暑之时赐他吃热汤饼。① 南朝梁武帝萧衍"尝设大臣饼、（蔡）撙在坐。帝频呼姓名，撙竟不答，食饼如故"②。当时饼的种类颇多，有胡饼、汤饼、水引饼、蒸饼、面起饼、乳饼、髓饼、白环饼、细环饼、截饼、豚皮饼等，此外，馒头、膏环、粲、牢丸等亦被归入饼类。

胡饼、乳饼和髓饼均是烤制食品。胡饼原为北方少数民族的食物，在汉代传入中原地区，魏晋南北朝时已流行于江南。东晋初郗鉴派使者到琅琊王氏家中挑选女婿时，王羲之即已坦腹东床，神态自若地大吃胡饼。③ 胡饼的制法与今日烧饼的制法相类似，是放在炉中烤制而成。十六国时石虎改胡饼为麻饼。

乳饼是用牛奶或羊奶和面制成的，髓饼则是以牛、羊等动物的骨髓加上蜜和面粉制成的。《齐民要术》记载髓饼的做法曰："以髓脂、蜜，和面。扣厚四五分，广七八寸。使著胡饼炉中，令熟。勿令反复。饼肥美，可经久。"

汤饼和水引饼，顾名思义当属水煮食品，汤饼亦称博话，其制法与今日的面片相似。首先将面粉用细绢筛过，"接如二指大，二寸一断，著水盆中浸，宜以手向盆旁按使极薄，皆急火逐汤熟煮。非直光白可爱，亦自滑美殊常"④。煮成后，用肉汁加以调拌。当时吃汤饼大多是冬季，"玄冬猛寒，清晨之会，涕冻鼻中，霜成口外，充虚解战，汤饼为最"⑤。

水引饼类似于今天的面条，其做法是"接如箸大，一尺一断，盘中盛水浸，宜以手临铛上，挼令薄如韭叶，逐汤煮"。然后拌以肉汁或鸡汁。

魏晋南北朝时，已流行发面之俗。《食经》中记述作饼酵之方法说："作饼酵法：酸浆一升，煎取七升；用粳米一升著浆，迟下火，如作粥。""六月时，溲一石面，著二升；冬时，著四升作。"当时的蒸饼、面起饼、

① 《世说新语·容止第十四》。

② 《南史·蔡廓传附孙撙传》。

③ 《太平御览》卷八六〇《饼》引王隐《晋书》。

④ 《齐民要术》卷九《饼法第八十二》。

⑤ 《太平御览》卷八六〇《饼》引束晳《饼赋》。

白饼、烧饼等均是发面食品。《齐民要术》记载："作烧饼法：面一斗，羊肉二斤，葱白一合，豉汁及盐。"

细环饼及膏环则是油炸食品。膏环一名柜敉，用糯米粉制成。《齐民要术》曰："用秫稻米屑，水、蜜溲之，强泽如汤饼面。手搦团，可长八寸许，屈令两头相就，膏油煮之。"细环饼的形状类似于今天的馓子，是用蜜调水和面粉制成的，如无蜜，则可用枣汁、牛羊油或牛羊奶和面，下锅炸制而成。截饼，以牛羊奶和面，炸好后入口即碎，松脆可口。

豚皮饼又名拨饼，则是一种烫制食品。据《齐民要术》记载，做豚皮饼时要首先用热水将面粉调和成稀糊状，并用大锅煮水，以小勺将面糊舀入一铜钵内，将铜钵放入大锅滚水内，用手指拨动铜钵，使其急速转动，让面糊均匀地粘在钵的内壁上。当面糊被烫成形后，把铜钵从锅中取出，将钵内的薄饼倒入沸水中煮熟。捞出后放入冷水中，与豚皮十分相似，故名豚皮饼。食用时，则要浇上肉汁、放入胡麻饮及酪等调料。

此时的食物又有馒头。关于馒头的来历还有一段传说："昔诸葛武侯之征孟获也，人曰：'蛮地多邪术，须祷于神，假阴兵以助之。然蛮俗必杀人，以其首祭之，神则飨之，为出兵也。'武侯不从，因杂用羊豕肉，而包之以面，象人头以祀，神亦飨焉，而为出兵。后人由此为馒头。"①

另有牢丸，这种四时皆宜的食品在唐代仍颇为流行，段成式《酉阳杂俎》说："笼中牢丸、汤中牢丸。"②

节日食品有粽子、精和醴酪。粽子亦称角黍，是专供人们在端午节及夏至两个节日食用的食品。周处《风土记》注文曰："俗先以二节一日，用菰叶裹黍米，以淳浓灰汁煮之，令烂熟，于五月五日、夏至啖之。"与粽子相类之食品有糭，类似现在流行于壮族地区的粽粑。《食次》载曰："糭：用秫稻米末、绢罗、水、蜜溲之，如强汤饼面，手搦之，令长尺余，广二寸余。四破，竹箬裹之，烂蒸。"从记载看，糭为箬叶包裹的糯米粉糕③。醴酪是寒食节时的节俗食品，是一种饴糖杏仁麦粥，"粥色自如凝脂，米粒有类青玉"④。醴酪不仅可在寒食节使用，亦是夏季解暑

① （宋）高承：《事物纪原》卷九《馒头》，上海古籍出版社影印《四库全书》本第920册，1987年。

② （宋）段成式：《酉阳杂俎》前集卷七《酒食》。

③ 《齐民要术》卷九《粽糭法第八十三》引。

④ 《齐民要术》卷九《醴酪第八十五》引。

佳品。

（二）南鱼北肉

魏晋南北朝时期，人们的日常饮食结构是以粮食为主，菜肴为副。菜肴中又以蔬菜为主，肉食为副。当时人们经常食用的蔬菜有茄子、葵菜、韭菜、蔓菁（芜菁）、芹菜、堇、芦菔（萝卜）、芋头、菜瓜、胡瓜（黄瓜）、冬瓜、瓠、蘑菇、芥菜、芸苔、胡荽、兰香、荏（白苏）、桂荏（紫苏）、苋菜、蓼、薤白、竹笋、藕、菰菜、莼菜、邪蒿等。

由于蔬菜保鲜期短，这一时期已普遍应用腌制法来保存蔬菜。据《齐民要术》记载福咸菹法、淡菹法、汤菹法、酿菹法、卒菹法、酢菹法等，可供保存的蔬菜有葵、菘、芜菁、芥菜、蒲、竹笋、芹菜、萝卜及冬瓜、越瓜等，保管得当，可以一直吃到春天。还有藏生菜法，将菜保存在地下，其上覆以庄稼杆及土，可以过冬，即取即食，与鲜菜相似。

肉食种类主要有猪、牛、羊、犬、马、驴等家畜和鸡、鸭、鹅等家禽，此外，还有兔、鹿、獐、野猪、雁、雀、鹌鹑等野生动物。由于南、北方物产不同，当时人们的肉食习惯也有所不同。除猪、犬、鸡等普遍饲养的家畜家禽外，北方羊比较多，南方则鸭、鹅等水禽较多。

肉食品种又有鲤鱼、鲂鱼、鲫鱼、鲈鱼、鳝鱼、鲥鱼、鲶鱼、乌贼鱼、比目鱼及虾、蟹、蚶、蛎等水产。南方河道纵横，水产丰富，价格低廉，鱼类及其他水产在人们的日常食品中占有较大比重。而在北方，虽有河流出产一些名鱼，但水产品远少于南方。

对于副食的烹制，当时已发展到相当高的水平，即使是蔬菜也可做出许多花样。梁武帝萧衍信佛素食，臣下进食，“变一瓜为数十种，食一菜为数十味”①。能将一种菜做成数十味佳肴，正可见其制作之精。《齐民要术》中专门有《素食》一节，记载制作瓠、茄子、紫菜、薤白、菌等各种蔬菜的方法。至于肉食的烹制，据《齐民要术》记载，当时主要有炙、炮、炰、煎、炸、烩、蒸、煮、烧、炖等。

炙就是用明火直接烧烤，细分又有棒（捧）炙、捣炙、腩炙、肝炙、牛眩（百叶）炙、跳丸炙、薄炙、衔炙、饼炙、酿炙、豹炙等。炮，则是将原料外裹泥灰等后，再加烧炙的方法。《齐民要术》载有胡炮肉之法，曰：“羊肉切片，拌以浑豉、盐、葱白、姜、椒、荜拨、胡椒，放入

① 《梁书·贺琛传》。

羊肚内，缝好。挖一凹坑，燃火将其烧热，放入羊肚，覆以灰火，再点火烧至熟。”胡炮肉之俗当传自北方少数民族。而缹，即是用少量的水文火油焖，做出的肉肥而不腻，可以用来制作猪肉、鹅等肉食，亦可缹制瓜瓠、汉瓜、菌、茄子等素菜。

对于暂时不吃的肉食，则制成脯腊、糟肉、肉酱保存，其中以脯腊为常见。脯腊是指将猪、牛、羊等大牲畜切成条、片，或将鸡、鸭、鹅、雁、兔等小动物取出内脏后，用盐、葱白、花椒、姜、橘皮、豆豉等调料，腌渍或浸泡后取出阴干。脯腊根据调料的不同，有五味脯腊和甜脆脯腊之分。

鱼的制作方法很多，可以煎、炸、蒸、脍，或制成鱼脯、鱼酱、鱼鲊、羹臛等，而以羹臛为多。如鱼脍莼羹，就是将鱼切细，与莼菜一起制成。晋时的吴郡人张翰，在洛阳见到秋风一起，就想起家乡的鲈鱼脍莼羹，可见其味道之鲜美。[①]《齐民要术》就载有菰菌鱼羹、鳢鱼臛、鲤鱼臛、鳢鱼汤等的做法。

当时汉民族社会对于蔬菜、肉食和鱼类等副食的饮食习惯，南北间有着较大的差异。如羹脍虽在南朝宋时被称为“此味故为南北所推”，但仍被认定是“羹脍吴食”[②]，即江南的特色饮食。不过，随着南北人往来，饮食习俗也在不断地进行着交流。《齐民要术》中所记述多种羹脍的制作方法，正是南北饮食文化交流的结果。

值得一提的是，魏晋南北朝时，在汉民族社会官民士庶的日常饮食中，肉食并不普及，有时连官府也感缺乏。西晋末期，琅琊王司马睿出镇建邺（今江苏南京），当时“公私窘罄，每得一豚，以为珍膳，项上一脔尤美，辄以荐帝（司马睿后称帝），群下未尝敢食”[③]。禁脔典故即出于此。当时一般家庭平日饮食多为素食，西晋时城阳太守梁柳为布衣时，“食不过盐菜，……不以酒肉为礼”[④]。低级官吏平时也一般不吃肉，即使高级官吏，日常饮食也少有肉食，如交州刺史杜慧度是“布衣蔬食”[⑤]。可见，在魏晋南北朝时期，汉民族社会的饮食结构以粮食和蔬菜等素食为

① 《晋书·文苑·张翰传》。

② 《南史·崔祖思传》。

③ 《晋书·谢安传附孙混传》。

④ 《晋书·皇甫谧传》。

⑤ 《宋书·良吏·杜慧度传》。

主是当时较为普遍的风俗。

魏晋南北朝时期，汉民族社会所食用的据《齐民要术》记载，当时中原地区的果品即有枣、桃、樱桃、葡萄、李、梅子、杏、梨、栗、榛、柰、林擒（沙果）、柿子、安石榴、木瓜、茱萸等，南方出产的果品则有枇杷、甘蔗、杨梅、椰子、槟榔、橄榄、龙眼、荔枝、益智、芭蕉等。但当时社会所食用水果的量则是相当少的。

至于当时人们食用果品的方法，除食用鲜果外，还有相当一部分被制成蜜饯、果脯或果粉。当时多用蜂蜜浸制果类，如梅子、木瓜、枸橼、橄榄、益智等，可以延长其食用期，并使味道更加可口。将枣、柰等切开，晒干，即成枣脯、柰脯。此外，还可将枣、柰、杏、林擒等制成果粉，当时称为麨。

（三）饮酒成风

魏晋南北朝时期，人们日常饮用最多的饮料当属酒，其消费量远大于秦汉之时。这与当时的社会风尚是联系在一起的。在这战乱离散的时期里，有许多人深切地感受到生命的短暂，因而放纵自己，尽情享乐，饮酒便成了当时人们消遣生命的主要手段，“何以解忧，唯有杜康”成为这一时期大部分文士的共识。饮酒成为魏晋名士的主要标识之一，“名士不必须奇才，但使常得无事，痛饮酒，熟读《离骚》，便可称名士”[①]。如竹林七贤之一的山涛饮酒至八斗方醉；刘伶自称“天生刘伶，以酒为名，一饮一斛，五斗解酲”[②]。阮咸与宗族聚会时，“不复用常杯斟酌，以大瓮盛酒，围坐，相向大酌”[③]。

阮籍为躲避与司马氏联姻，曾一连大醉六十日，使别人无法提及亲事；他知道步兵校尉官府中贮有好酒数百斛，便什么官也不要做，而只求做步兵校尉。西晋毕卓甚至曰：“得酒满数百斛船，四时甘味置两头，右手持酒杯，左手持蟹螯，拍浮酒船中，便足了一生矣。”[④] 身为吏部郎的毕卓夜里闻到酒香，知道邻居家的酒已酿好，就去偷饮，结果被当贼抓起。东晋名臣周𫖮，“在朝中时，能饮一石，及过江，虽日醉，每称无

---

① 《世说新语·任诞第二十三》，“王孝伯言”条。
② 《晋书·刘伶传》。
③ 《世说新语·任诞第二十三》。
④ 《晋书·毕卓传》。

对”[1]；出任尚书左仆射时，仍终日徘徊于醉乡。只有“姊丧三日醒，姑丧三日醒，大损资望”，因此被时人称为“三日仆射”[2]。著名田园诗人陶渊明任彭泽县令时，“在县公田悉令种秫谷，曰：‘醉于酒足矣。’”[3] 他隐居乡下时，始安太守颜延之“留二万钱与潜，潜悉送酒家，稍就取酒”[4]。

正是这些名士的行为，对社会产生极大影响。即使是皇帝，也喜好饮酒，王导曾因晋元帝司马睿好饮酒而流泪苦谏，“帝乃命左右进觞，饮而覆之，自是遂不复饮”[5]。庾冰逃亡为郡卒所救，问其平生所求，希图以报；郡卒要求后半辈子酒足便心满意足。[6] 说明社会下层也嗜酒。王孝伯曾不无调侃地说，“名士不必须奇才，但得无事痛饮酒，熟读《离骚》，便可称名士”[7]。

魏晋南北朝时期，由于饮酒之俗大盛，社会上酿酒业随之发达，便出现了许多著名的酒品。这一时期的名酒首推以酃湖（今湖南衡阳市东）水酿制的酃酒。酃酒在三国吴时期即已闻名于世，左思《吴都赋》在介绍江南名产时说：“飞轻轩而酌绿酃，方双辔而赋珍羞。”

张载《酃酒赋》说：“播殊美于圣代，宣至味而大同。”河东人刘白堕所酿的“鹤觞酒”则是北魏时期的名酒，他所酿的酒在盛暑时于太阳下暴晒一周而味道不变，“饮之香美，而醉经月不醒”[8]。南青州刺史毛鸿宾携鹤觞酒上任，路逢劫盗，劫盗饮酒即醉，因被擒获，故又名此酒为“擒奸酒”。当时一些个人或家族所酿的酒味道淳美，为世人所称道，如朗陵何公夏封清酒等。此外，据《齐民要术》所记载，当时较有名气的酒还有河东颐白酒、九酝酒、秦州春酒、桑落酒、夏鸡鸣酒、黍米酒、秫米酒、糯米酒、粱米酒、粟米酒、粟米炉酒、白醪、黍米法酒、秫米法酒、当粱法酒等，同时还出现了在酒中加入五茄皮、干姜、安石榴、胡椒、荜拨、鸡舌香等药物制成的功能各异的酒。

---

① 《晋书·周顗传》。

② 《世说新语·任诞第二十三》。

③ 《晋书·隐逸·陶潜传》。

④ 同上。

⑤ 《世说新语·规箴第十》，“元帝过江犹好酒”条，刘孝标注引邓粲《晋纪》。

⑥ 《世说新语·任诞第二十三》。

⑦ 同上。

⑧ 《洛阳伽蓝记》卷四《城西》。

（四）由药茶到茶饮

魏晋南北朝时期，汉民族社会所流行的日常饮料除酒外，还有茶。茶原产于中国西南地区，在汉代以前已被发现可供人饮用，魏晋时期，茶的流传范围进一步扩大，并已由药物而渐变为人们日常饮料。三国魏时人张揖《广雅》中记述了茶的制作与饮用过程，“荆、巴间采叶作饼，叶老者，饼成以米膏出之。欲煮茗饮，先炙令赤色，捣末置瓷器中，以汤浇，覆之。其饮醒酒，令人不眠。”当时已开始将茶作为宴席饮品，只是流行范围很小。

西晋时茶饮已进入一般家庭，当时的市场上已可以买到茶，惠帝时太子洗马指使属下贩卖茶、菜等物，太子洗马江统曾上疏予以劝谏。[①] 当时在洛阳市场上已有蜀地的老妇贩卖茶粥。[②] 西晋战乱后，任瞻从难到江南，王导与诸名士到石头城去迎接，一坐下来就设茶饮。东晋以后，在南方地区饮茶已形成风气。“晋元帝时，有老姥每旦擎一器茗往市鬻之，市人竞买。”[③] 而且茶也逐渐成为招待客人的必备饮料，“寒温既毕，应下霜华之茗”[④]。桓温“每宴惟下七奠柈茶果而已”[⑤]。

酪浆原是北方及西北游牧民族的常用饮料，在汉代尚不流行于中原地区。刘细君远嫁乌孙，作歌中提到“穹庐为室兮旃为墙，以肉为食兮酪为浆”时，仍将酪浆完全作为异族的食品[⑥]。到魏晋时期以豪奢著称的王济曾指着羊酪向江南来的陆机进行炫耀，则说明酪浆作为饮料已经进入汉民族人民的饮食之中，而且被视为美味[⑦]。北朝时期，由于北方游牧民族大量进入中原地区，并占据统治地位，他们素喜食用的酪浆在汉民族社会的饮食中已占有十分重要的地位，《齐民要术》已载有制作酥酪、干酪的方法。

（五）俗重烹饪

魏晋南北朝时期，士族高门十分讲究烹制，并世代传承。魏文帝曹丕

---

① 《太平御览》卷八六七《茗》，引《江氏传》。

② 傅咸：《司隶校尉教》，《全晋文》卷五二。

③ 《晋书·桓温传》。

④ 《茶经》卷下《茶之事》，引弘君举《食檄》。

⑤ 《晋书·桓温传》。

⑥ 《汉书·西域传》。

⑦ 《世说新语·言语第二》。

在给群臣的诏书中讲："三世长者知被服，五世长者知饮食，此言被服饮食难晓也。"[①] 是否通晓饮食的制作与品评，成为衡量家世高下的标准之一。苻朗在前秦灭亡后投奔东晋，以其善于辨别饮食滋味而受到江东士族的赞赏。[②] 由于俗重烹饪，因此当时妇女，不论贫富，均以饮食之法为必修之妇功。据史载，崔浩之母擅长烹饪。《食经》叙曰："余自少及长，耳目闻见，诸母、诸姑，所修妇功，无不蕴习酒食，朝夕养舅姑，四时祭祀；虽有功力不住僮使，尝手自亲焉。昔遭丧乱，饥馑荐臻，蔬蝴口，不能具其物用，十余年间，不复备役。先妣虑久废忘，后生无知见，而少不习业书，乃占授为九篇。"[③]

俗重烹饪造就了许多美食家和烹饪专家。何曾的儿子何劭，"食必尽四方珍异"[④]；虞悰，"善为滋味，和齐皆有方法"[⑤]；叟为招待高间，浊酒蔬食皆白手办集，"饭菜精洁，醢酱调美"[⑥]。毛修之入北魏，因善于烹饪而做了大官。[⑦]

随着菜肴烹饪技术的发展，各种佐料的使用越来越得到重视。当时已被常用的佐料有葱、姜、蒜、茱萸、花椒、橘皮、橘叶、木兰（据缪启愉《齐民要术校释》，木兰为木兰科落叶乔木，树皮味香辛，当时被作为香料使用，与桂皮相似）、桂皮、白梅、胡荽、葱头、胡椒、胡芹、荜拨、安石榴、酒、醋（亦称苦酒）、蜜、酱、豆豉等。尤其是当时在烹饪中豆豉的应用相当广泛，与盐并称为盐豉，是居家饮食的必备之物，故《齐民要术》有专章介绍豆豉的制作方法。在烹制菜肴中有时直接使用豆豉，但多用豉汁。当时还出现了一种名为八和齑的复合调料，采用蒜、姜、橘皮、白梅、熟栗黄、粳米饭、盐、酢等八种原料制成，故称八和齑。其制作已相当讲究，不仅选料例和制作顺序及作法都有具体规定，按照此方法就能制出香美适度的调味品。至于胡椒、荜拨、安石榴等则主要应用于胡炮肉、胡羹等外来饮食的制作中，一般菜肴中很少使用。

---

① 《艺文类聚》卷六七《衣裳》，引《魏书》。
② 《世说新语·排调第二十五》。"苻朗初过江" 条，引裴景仁《秦书》。
③ 《魏书·崔浩传》。
④ 《晋书·何曾传》。
⑤ 《晋书·虞悰传》。
⑥ 《魏书·胡叟传》。
⑦ 《宋书·毛修之传》。

蜂蜜是当时的主要甜味剂，可以调制蜜浆以作为饮料，亦可渍制梅子、逐夷等，还可作为烹饪时的调味品。据说三国时，蜀人在饮食中就喜欢加蜜助味。[①] 南北朝时期，岭南地区已经知道从甘蔗中制取石蜜（冰糖）。

（六）饮食多禁忌

由于丧乱，畜养大减，为了发展农业生产，统治者曾禁食牛肉。据《南史·王僧孺传》记载，王僧孺为南海太守，即下令禁止民间食用牛肉。许多地区则由于禁行严厉，百姓即使得到牛肉也不敢享用。《梁书·傅昭传》记载："子妇尝得家饷牛肉以进，昭召其子曰：'食之则犯法，告之则不可。'取而埋之。"

此外，有些地方忌食鸡肉。《齐民要术》引嵇康《养生论》说："鸡肉不可食，小儿食令生蚘，又令消体。"南梁时，由于朝廷佞佛，禁止天下食荤，连鸡子（鸡蛋）也在忌食之列。宗懔《荆楚岁时记》说："梁有天下不食荤，荆自此不复食鸡子，以从常则。"

三　居住风俗

（一）士族宅居园林化

魏晋南北朝时期，士族地主崇尚造园，时也称"别业""别墅"或"山居"。因它造在庄园里，故又称园宅。如谢安次子谢琰，资财巨万，园宅十余所。当时世家大族，大多僮仆众多，闭门为市，牛羊成群，田池布千里。

汉代的私家园林主要是受皇家林苑的影响，如东汉梁冀的园林，"广拓林苑，禁同王家"[②]。到魏晋南北朝时期，私家园林的建筑无论是规模，还是风格，都有了很大的变化。如当时著名的石崇金谷园，"或高或下，有清泉茂林，众果竹柏、药草之属，莫不毕备；又有水碓、鱼池、土窟"[③]。不再突出楼阁堂屋，也较少堆土造山，而是利用山石林木与泉流池沼来创造自然情趣。到了东晋末时，私家园林在园内景观的布置上，更是日趋精巧，注意人工景与自然景的配合协调。如北魏大司农张伦"园

① 《北堂书钞》卷一四七《蜜》"蜀人着蜜助味"条，引魏文帝与群臣诏书。

② 《后汉书·梁统传附玄孙冀传》。

③ 《世说新语·品藻第九》，"谢公云"条引。

林山池之美，诸王莫及。伦造景阳山，有若自然，……高林巨树，足使日月蔽亏，悬葛垂萝，能令风烟出入。崎岖山路，似壅而通，峥嵘涧道，盘纡复直”①。再如谢玄的庄园，“湖中筑路，东出趣山，路甚平直。山中有三精舍，高甍凌虚，垂檐带空，俯眺平林，烟杳在下。”② 园林建筑与大自然浑然一体。

魏晋南北朝时期的私家园林，俗重松、柏、竹，东晋时孙绰“斋前种一株松，恒自手壅治之。”③ 谢安的园中“楼馆竹林甚盛”④。北齐郑述祖“所在好为山池，松竹交植，盛肴馔以待宾客”⑤。王羲之的儿子王子猷甚至在暂时借别人宅院住时也要令人种上竹子，并对别人说：“何可一日无此君!”⑥

在当时士族的庄园中，除有供其赏玩的山石林泉外，还有不少果树和蔬菜。西晋石崇金谷园中“众果竹柏，药草之属，莫不毕备”；孔灵符的永兴墅有果园九处；谢灵运的宅园中“百果备列”，“桃李多品，梨枣殊所”，有杏坛、橘林、栗圃等⑦；北魏宗室广陵王元欣“好营产业，多所树艺，京师名果皆出其园”⑧，如此等等，可见当时士族居住风俗之一斑。

（二）民居多平房

在魏晋南北朝时期的汉民族社会中，能拥有私家园林的毕竟是极少数。多数人期望的是一个供其遮蔽风雨、抵御寒暑的生活与休息的场所。

当时的城市居民，大都居住于里坊之中。里坊的格局一般整齐划一，如北魏时的洛阳里坊，每里皆设有里门，有一定的启闭时间，由里正等官吏加以管理，仅有极少数宅院、寺院的大门可直接通向御道。《通典》记载：“至者瀛冀诸刘，清河张宋，并州王氏，濮阳侯族，诸如此辈，一宗近将万室，火相接，比屋而居。”⑨

秦汉之时，修建的住宅，已大量应用砖、瓦等材料，豪华建筑中更是

---

① 《洛阳伽蓝记》卷二《城东》。
② 《水经注·渐水》。
③ 《世说新语·言语第二》，“孙绰赋遂初”条。
④ 《晋书·谢安传》。
⑤ 《北史·郑羲传附孙述祖传》。
⑥ 《世说新语·任诞第二十三》，“王子猷尝暂寄人空宅住”条。
⑦ 谢灵运：《山居赋》。
⑧ 《北史·献文六王传》
⑨ 《通典》卷三《乡党》。

应用了琉璃、铜柱以及各种镀金饰物作为装饰。从建筑技术上讲，已能修造高层的塔式或楼台式建筑，而且除宫苑、寺院以外已用于民居。如南朝齐末陶弘景“更筑三层楼，弘景处其上，弟子居其中，宾客至其下”[①]。北魏时洛阳城西大市周围的十个里坊，“凡此十里，多诸工商货殖之民，千金比屋，层楼对出，重门启扇，阁道相通，迭相临望”[②]。不过当时高层建筑主要是为登临眺望和防护守望，并未普遍用于居住，因此，二层以上的建筑仍较少见，一般住宅大多是平房。

居民宅院的基本格局仍沿袭汉代的传统，少者为一堂二内，多者则有两进、三进乃至多进的大宅院；一般外面皆有院墙。宁夏彭阳北魏前期墓葬中发现的土筑房屋模型，由门楼、房屋及两者之间的空间天井构成一完整的庭院。房屋顶部为两面坡式，两坡各有十三条瓦垄，正脊仿砖砌，两端置鸱尾。正面中部为一双扇门，门及门框皆涂朱红彩，两边各有一棂窗，每窗有四根窗棂。[③] 房犀一堂二室，当是小家庭的住宅。而那些数当要大得多。如西晋大臣山涛死后，其部属上奏说：“（山）涛旧第屋十间，子孙不相容。”[④] 晋武帝司马炎下令为其子孙增建房屋。又晋武帝还曾下诏为王沈、鲁芝各建房五十间，可见这是当时朝廷官员的一般标准。

（三）贫者居茅屋

尽管砖瓦的应用已很广泛，但除朝中权贵、富商大贾外，居住草屋茅舍的人还相当多，其中也包括一些士族以及较为清廉的官员。东晋时会稽内史孔愉“在郡三年，乃营山阴湖南侯山下数亩地为宅，草屋数间”[⑤]。南朝梁时曾任中书侍郎、鸿胪卿的裴子野“无宅，借官地二亩，起茅屋数间”。北魏前期百官无禄，主要靠朝廷赏赐，高允任中书侍郎二十七年，家中只有草屋数间。

《宋书·后妃传》载曰：南朝宋“明帝陈贵妃，家在建康县界，有草屋两三间。上出行，问尉曰：‘御道边那得此草屋？当由家贫，赐钱三万，令起瓦屋’。”朝廷官员、皇亲贵戚尚且如此，庶民百姓自不待言。

除竹茅草屋外，还有居住在土窟石穴之中的，如晋朝隐士孙登是汲郡

① 《梁书·处士传》。

② 《洛阳伽蓝记》卷四《城西》。

③ 宁夏固原博物馆：《彭阳新集北魏墓》，《文物》1989 年第 9 期。

④ 《晋书·山涛传》。

⑤ 《晋书·孔愉传》。

人，“于郡北山为土窟居之”[①]。张忠隐居于泰山，“其居依崇岩幽谷，凿地为窟室，弟子亦以窟居”。北魏宗室元弼因未能承袭父亲的爵位，弃官，“入嵩山，以穴为室”[②]。十六国前凉时人郭璃则“凿石窟而居”。在山区林木多的地方，亦有以木板建屋的，南朝齐、梁时人邓郁“隐居衡山极峻之岭，立小板屋两间”[③]。

（四）东厨后溷

在一般宅院中，除住房外，厨房与厕所也是主要组成部分之一。汉代大多将厨房设置在东房，故称东厨。曹植《当来日大难》说：“日苦短，乐有余，乃置玉樽办东厨。”[④] 表明在这一时期仍沿袭汉制。

厕所当时被称为厕或溷，因常将其与猪圈连在一起，故亦称为溷。《晋书·左思传》讲左思在写作《三都赋》时，“遂构思十年，门庭藩溷皆著笔纸”。汉代沂南画像石中宅院的厕所设在院后，这一时期的部分宅院可能仍沿用这种布局。有人为炫耀豪富，将厕所布置得十分考究，竟使客人误以为是内室。“刘寔诣石崇，如厕。见有绛纱帐大床，茵蓐甚丽，两婢持锦香囊，寔遽反走，即谓崇曰：‘向误入卿室内。’曰：‘是厕耳。’”[⑤]

当时城里的宅院价格自数万至数十万钱，贵者超百万，乃至千万以上者。有些廉洁的官员无钱买宅，只能租赁或借住。北魏时鹿悆“虽任居通显，志在谦退，迎送亲宾，加于畴昔；而自无室宅，常假赁居止”[⑥]。南朝齐时孙谦“每去宫，辄无私宅，常借官车厩居焉”[⑦]。

（五）佛道寺观兴盛

魏晋南北朝时佛道兴盛。尤其佛教到东晋之后，已十分活跃。东晋后期，江南建起了一千七百六十八所寺院，僧尼二万四千多人。[⑧] 进入南朝，佛寺僧尼之数倍增。梁代仅首都就有“佛寺五百余所，穷极宏丽，

---

① 《晋书·隐逸传》。
② 《魏书·景穆十二王列传》（上）。
③ 《南史·隐逸传》（下）。
④ 逯钦立：《先秦汉魏晋南北朝诗·魏诗》卷六。
⑤ （晋）裴启：《语林》卷四，周楞伽辑注本，文化艺术出版社 1988 年版。
⑥ 《魏书·鹿悆传》。
⑦ 《梁书·良吏·孙谦传》。
⑧ （唐）法琳：《辨正论》。

僧尼十余万，资产丰沃"[①]。北方情况亦然，《洛阳伽蓝记》即记载了北魏洛阳几十所寺庙的情况，当时，洛阳城内寺庙大多由官僚大族所捐。如建中寺"本是阉官司空刘腾宅。屋宇奢侈，梁栋逾制，一里之间，廊庑充溢，堂比宣光殿，门匹乾明门，博敞弘丽，诸王莫及也"[②]。许多寺院规模相当大，如北魏洛阳的永宁寺，寺中佛殿的形制模仿皇宫中的太极殿，并有僧房楼观千余间。据《洛阳伽蓝记》记载，僧房超过千间的还有永明、景明等寺。

当时寺院除居住僧、尼之外，大多也接待其他客人。如江南就多以僧寺接待各国使者[③]。南朝梁武帝萧衍的孙子萧大圜在侯景之乱被平定后回到建康，"时既丧乱之后，无所依托，乃寓居善觉佛寺"[④]。北齐时李翥"贫无居宅，寄止佛寺中"[⑤]。北齐后主时，卢公顺为符玺郎，与博陵崔君洽、陇西李师上关系友善，他们随后主高纬到晋阳，则寓居僧寺，被朝士称为"康寺三少"[⑥]。南朝陈后主时大臣韦鼎看到陈终将灭亡，就"尽货田宅，寓居僧寺"[⑦]。

魏晋南北朝时，大的寺庙皆有佛塔。洛阳永宁寺塔"架木为之，举高九十丈。有刹复高十丈，合去地一千尺。去京师百里，已见之"[⑧]。中国现存最古的塔就是修建于北魏正光四年（523 年）的河南登封嵩山南麓的嵩岳寺塔，塔身十二角形，高四十一米，外部做密檐十五层，砖石结构，外涂白灰。此外，据《洛阳伽蓝记》记载，许多寺院还建有园林。

四　器用风俗

（一）床榻因旧制

床的历史非常久远。汉以前床都比较矮，到魏晋南北朝之后，由于房

---

① 《南史·循吏·郭祖琛传》。
② 《洛阳伽蓝记》卷一。
③ 《北史·李灵传》。
④ 《周书·萧大圜传》。
⑤ 《北史·李义深传》。
⑥ 《北齐史·卢循传》。
⑦ 《南史·韦睿传·附孙鼎传》。
⑧ 《洛阳伽蓝记》卷一。

屋建筑的增高，室内空间扩大，床的高度也有所提高。晋代画家顾恺之的《女史箴图》中所画的床，高度已和今天的差不多。床的作用，仍一如前朝，有卧有坐。据《三国志·魏书·陈登传》记载，许汜过下邳，拜见陈登，陈登不拘礼节，休息时自己上大床而卧，让许汜睡下床。此处的床系卧具。床同时是坐具。如《晋书·文六王传》记载：司马昭宠爱其子司马攸，“每见攸，辄抚床呼其小字曰：‘此桃符坐也。’”《晋书·王导传》记载：“帝登尊号，百官陪列，命导升御床共坐。”

一般情况下，坐、卧之床尺寸有别，并不混用。卧床一般都较长，汉末服虔《通俗文》曰：“床，三尺五日榻板，独坐曰枰，八尺曰床。”[①]汉魏时的一尺约相当于24厘米，则八尺为192厘米，与现代床的长度相近。卧床又称眠床。如南齐时虞愿为官清廉，“眠床上积尘埃，有书数帙”[②]。有些眠床装饰十分豪华，南梁鱼弘，“有眠床一张，皆是蹙柏，四面周匝，无一有异，通用银镂金花寿福两重为脚”[③]。有些眠床则尺寸非常大。据《邺中记》记载，后赵统治者石虎的御床“辟方三丈”，堪称一时之最。

床之外，与床功能相近的有榻。《释名·释床帐》曰：“长狭而卑曰榻，言其体榻然近地也。”可知榻比床要窄而长，因此，从严格意义上来说，榻是床的变种，它同样兼具坐卧之功用。比榻更小的坐具称独坐或“枰”，《释名·释床帐》曰：“小者曰独坐，主人无二，独所坐也。枰，平也，以板作，其体平正也。”

制作床榻的主要材料是木板，但也有石制或玉制的。宋武帝刘裕时，曾有人进献石床；而据《邺中记》，十六国后赵石虎“后宫别院中，有小形玉床”。南朝齐时还有玳瑁床[④]，床脚的形制有直脚、局脚（加工成弯曲状）之分，刘裕为提倡节俭，曾禁止在东、西堂使用有银涂钉的局脚床，而用加铁钉的直脚床。当时一般的床不一定上漆，只有比较讲究的床才上漆，上过漆的床则称漆床。局脚床、漆床等都是社会上层人士所使用的器物。《晋东宫旧事》载曰：“皇太子纳妃，有素柏局脚床、八板床、

① 《初学记》卷二五《床》，引《通俗文》。

② 《南齐书·良政·虞愿传》。

③ 《南史·夏侯泽传附鱼弘传》。

④ 《南史·齐宗室·萧坦之传》。

漆床。”[①] 还有在床上镶嵌其他珍贵饰物的，如北魏郢州刺史韩务曾向皇帝进献七宝床、象牙席。[②]

（二）胡床流行

胡床作为坐具，东汉时已传入中原。魏晋南北朝时大为盛行。《晋书·五行志》曰：北方“相尚用胡床、貊盘，及为羌煮貊炙，翟之食也。贵人富室，必蓄其器，吉享嘉宾，皆以为先”。由于胡床携带方便，在军旅中使用特别广泛。《晋书·张重华传》记载：“谢艾与麻秋华战，下车据胡床，指挥处分。”《南史·梁本纪》记载：“袁粲之据石头，黄回与之通谋。皇考闻难作，率家兵据朱雀桥，回觇人还告曰：‘朱雀桥南一长者，英威毅然，坐胡床南向。回曰：‘萧顺之也。’遂不敢出。”此外，上层社会居家处事也多用之。史载，齐武帝在东宫宠张景真，拜陵还，景真白服乘画舫坐胡床，观者咸疑是太子。[③] 南朝宋张镜与客谈，颜延之“从篱边闻之，取胡床坐听”[④]。

胡床在魏晋南北朝的普遍使用，改变了中原汉民族长期以来形成的跪坐和箕踞的坐姿坐式，形成了“交胫肆踞”[⑤] 的胡坐——两脚分叉垂下，着靴或着鞋而坐。《梁书·侯景传》记载：梁末侯景篡位后，“殿上常设胡床及筌蹄，着靴垂脚坐”。由于跪坐和箕踞从生理上看不很科学，必然要被“交胫肆踞”所替代，因此，随着魏晋南北朝时期胡床的流行，“席地而坐之风，此时盖几绝”[⑥]。

（三）凭几由前到后

凭几，又被称为倚几、隐几。汉代的凭几与案几的形状相似，几面为长方形，只是几面较窄，两端各有一足或为栅状曲足，置于人前，主人跪坐，以手凭几，分散身体重量，减轻腿部负担。在魏晋南北朝时期流行的凭几，一般三足，故又称三足几。目前所见最早的三足几出土于三国时期东吴右军师、左大司马朱然墓，几身系木制，上有红色漆，几面呈扁平圆弧形，弧形弦长 69.5 厘米，几面宽 12.9 厘米，几高 26 厘米，下有三个

---

① 《初学记》卷二五《床第六》。

② 《魏书·韩秀传附子务传》。

③ 《南史·荀伯玉传》。

④ 《南史·张裕传》。

⑤ 《盐铁论·散不足》。

⑥ 吕思勉：《两晋南北朝史》，上海古籍出版社 1983 年版，第 1178 页。

蹄足，左、右端各有一足，后面正中有一足，其形状颇类似现代圈椅的椅背，这是当时的实用器物，也是目前所见同类器物中唯一可供实用的一件。[①]

凭几出现之初，亦是放于面前，供坐者凭倚用。但到南北朝时期情况已有所变化，随着胡床的普及和箕坐流行，与之相适应的则是三足几的摆放位置已从面前移到身后，从供人凭靠改为供人倚靠。南齐谢朓《咏乌皮隐几》说："蟠木生附枝，刻削岂无施。取则龙文鼎，三趾献光仪。勿言素韦洁，白沙尚推移。曲躬奉微用，聊承终宴疲。"[②] 所咏的凭几，即三趾、曲躬，其功用为在宴会上供人凭靠，以消除疲倦；由于宴饮时客人面前置有供盛放食物的长几，故隐几只能置于客人的身后。

三足几的出现及其功用的改变，对于唐代以后带靠背椅子的产生，亦不无影响。

（四）几案趋向合一

案与几在先秦汉民族时期是两类不同的器物，案主要用于盛放食物，几则用于放置书籍、杂物等。到汉代时其界限已开始模糊，到魏晋时，案不仅用来放食品，也放置文书典籍，故已有书案之称。[③]

魏晋以后，还曾将几案合为一词，并引申为文书律令的代称。上述书案、奏案与几案就用途而言，实际上都是在原来几的范围之内。当时称盛放食物的食案仍为"案"。如安徽马鞍山东吴朱然墓出土的宫闱宴乐图漆案，就是一件相当精美的器物。案一般不高，约十厘米，如辽宁朝阳袁台子东晋壁画墓中的漆案长 64 厘米，宽 42.6 厘米，上面放有 14 件食具，位于墓主人画像前，表示为主人所享用[④]；另外还有一种无足或仅有短托梁的案，类似于今天的托盘，即夫妻"举案齐眉"之案。

（五）屏风多加彩绘

屏风，刘熙《释名》说："言所以屏障风也。"屏风一般设在人的座位后面，大多以木制作，亦有四周为木框，中间为丝织品的。辽宁辽阳三

---

① 安徽省文物考古所、马鞍山市文化局：《安徽马鞍山东吴朱然墓发掘简报》，《文物》1986 年第 3 期。

② 《艺文类聚》卷六九《几》引。

③ 《三国志·周瑜传》裴松之注引《江表传》。

④ 辽宁省博物馆文物组等：《朝阳袁台子东晋壁画墓》，《文物》1984 年第 6 期。

道壕令支令张君墓中主人坐方床上，身后设屏风[①]；辽阳上王家村晋墓壁画中主人所坐方榻的后、侧方设有曲尺状屏风[②]。木板多加以彩绘，山西大同北魏司马金龙墓出土的漆画屏风就相当精美。[③]

当时一些有名画家也曾为屏风作画。如三国吴时孙权曾使当时号称“八绝”之一的曹不兴画屏风，“误落笔点素，因就以作蝇。即进御，权以为生蝇，举手弹之”[④]。当时上层社会还有以琉璃、云母等材料做的琉璃屏风和云母屏风[⑤]，属较为稀见的器物。屏风大多是单扇的，但也有可折叠的多扇屏风。《邺中记》记载：“石虎作金银钮屈戌屏风，衣以白缣，画义士、仙人、禽兽之象，赞者皆三十二言。高施则八尺，下施四尺，或施六尺，随意所欲也。”屏风一般设于堂上，有的则设于眠床边。东晋谢万任吴兴太守时，“其兄安时随至郡中，万眠常晏起，安清朝便往床前，扣屏风呼万起”[⑥]。

五　交通风俗

（一）驰道式微

这一时期战乱与割据的时间大大多于和平与统一的时间，在道路交通方面亦有着与秦汉之时不同的特点。首先，是战乱使得长安（今陕西西安）、洛阳等原政治与经济中心的地位在相当一段时间内明显下降，以其为中心的交通网络亦随之衰败；同时，又先后形成新的以邺城（今河北临漳）、成都、建康（今江苏南京）、平城（今山西大同）等新兴都市为中心的交通网络。其次，是各政权间的边界形成人为的阻隔，妨碍了人员与物资的流通，使秦汉之时所构成的主要通道的作用下降，但又促进了一些新路线的开通或使某些原来次要道路的地位上升，故就一些区域而言，其交通情况又比秦汉之时有较大的进步。再次，是城市规划的改进及运输技术的进步，造成复道、甬道等一些原有道路形式的逐渐衰微；最后，由于官办传舍驿亭的萎缩，私人经营的客舍逆旅业相对发展起来。凡此种

---

① 李文信：《辽阳发现三座壁画古墓》，《文物参考资料》1955 年第 5 期。

② 李庆发：《辽阳上王村晋代壁画墓清理简报》，《文物》1959 年第 7 期。

③ 大同市博物馆等：《山西大同石家寨北魏司马金龙墓》，《文物》1972 年第 3 期。

④ （晋）裴启：《语林》。

⑤ 《三国志・赵达》裴松之注，引《吴录》。

⑥ 《太平御览》卷七〇《弄风》，引《俗说》。

种，使得这一时期的交通格局及道路状况与秦汉之时有着较大的差别。

在道路构筑方面，值得一提的是西南的栈道。在秦汉之时用于解决山区通行问题的栈道（亦称阁道）在这一时期仍得到相当广泛的应用。栈道是用木头依山建成的道路，木梁一头横插入山崖，另一头靠木柱支撑，梁上再铺以木板以供人行走；有时因山势险峻或下有激流，无法立柱，则只靠横梁固定，即郦道元所言的“干梁无柱”[①]，但人行走时就十分危险。由于割据的需要及战争的破坏，原有栈道不断遭到毁坏，如诸葛亮去世后，大将魏延与长史杨仪有矛盾，“率所领径先南归，所过烧绝阁道”[②]。这一时期出于征战需要，又进行了较大规模的开凿与修复，如邓艾率军进袭蜀国，“艾自阴平道行无人之地七百余里，凿山通道，造作桥阁。山高谷深，至为艰险”[③]。

（二）私家逆旅发达

出行路程较远，途中就需要有补充给养和可供休息的场所。这一时期仍沿用秦汉之时的传舍驿亭制度，以供官员出行及官府文书传递人员使用；而一般百姓外出时则投宿于私人开设的逆旅客舍。在驿站养有大量马匹，供官员和信使换用，并为他们提供饮食及饲料。北周韦孝宽在得知相州总管尉迟迥欲反叛朝廷后，“乃驰还，所经桥道，皆令毁撤，驿马悉拥以自随。又勒驿将曰：‘蜀公将至，可多备肴酒及刍粟以待之。’”[④] 有时还要征用私家马匹，南朝梁时，鄱阳王萧恢出任益州刺史，“成都去新城五百里，陆路往来，悉订私马，百姓患焉，累政不能改。恢乃市马千匹，以付所订之家，资其骑乘，有用则以次发之，百姓赖焉”[⑤]。

由于这一时期战乱频繁，各政权统治稳固的时间大多不长，故就传舍驿亭的总体规模而言，明显不如秦汉。像十六国前秦苻坚统治时，关中地区“二十里一亭，四十里一驿”那样的情况并不多见。因此，私家逆旅发展较快。西晋时，有人曾以“逐末废农”及“败乱法度”为理由要求废止私家逆旅，而改为官营。潘岳则曰：“方今四海会同，九服纳贡，八方翼翼，公私满路。近畿辐辏，客舍亦稠。冬有温庐，夏有凉荫，刍秣成

① 郦道元：《水经注》，王国维校本，卷二七《沔水》（上），上海人民出版社1984年版。
② 《三国志·魏延传》。
③ 《三国志·邓艾传》。
④ 《周书·韦孝宽传》。
⑤ 《梁书·太祖五王传》。

行，器用取给。疲牛必投，乘凉近进，发槅写鞍，皆有所憩。”[①] 反对废止私家逆旅。当时投宿旅客的饮食、饲料可由逆旅供应，亦可由客人自备。如三国魏时胡威探望父亲，“每至客舍，自放驴，取樵炊爨。食毕，复随旅进道”[②]。又有公益性逆旅，如北魏崔敬友信佛，为赈济饥民，“又置逆旅于肃然山南大路之北，设食以供行人”[③]，但这种情况当属特例。

（三）拱桥、浮桥出现

桥梁在沟通河流两岸人民的交流中，具有方便迅捷的作用。魏晋南北朝时的造桥技术已相当高超，常见的桥梁已有梁桥、拱桥和浮桥等。《晋书·武帝纪》记载：“泰始十年（274 年）立河桥于富平津。”《魏书·于栗传》记载，太宗南幸孟津，谓栗曰：“河可桥乎？”栗曰：“杜预造桥，遗事可想。”于是编次大船，构桥于冶阪，“六军既济，太宗深叹美之。”则此桥也为浮桥。《魏书·崔亮传》记载：“亮除雍州刺史，城北渭水，浅不通船，行人艰阻”；崔亮准备造桥，但“水浅不可为浮桥，汛长无恒，又不可施柱”，崔亮则以长木为柱，造成“崔公桥”。可见此为木梁桥。而西晋太康三年（282 年），在洛阳宫附近建造的旅人桥，则是石拱桥，它每日动用七万五千人，历时半年建成，“悉用大石，下圆以道人，可受大舫过也”[④]。

另外，又有铁索桥。杨衒之《洛阳伽蓝记》说：比丘惠生“从钵卢勒国向乌场国（今新疆境内），铁锁为桥，悬虚为渡”，此为世界上最早出现的铁索桥。

各种桥的建设，极大地方便了交通，同时，也为后代桥梁建造技术的发展提供了有益的经验和借鉴。

（四）车乘礼制化

魏晋南北朝时自皇帝至庶民百姓，所乘车辆的式样及数量，法令都有着严格的规定。《晋书》《南齐书》等都设有《舆服志》，专门记述各政权对于皇帝、后妃、官吏和庶民百姓乘车着装的规定，及各式车辆和服饰的等级及其演变。《宋书》则将舆服的内容归入《礼志》，显见在当时乘

① 《晋书·潘岳传》。
② 《三国志·胡质传》裴松之注，引《晋阳秋》。
③ 《魏书·崔光传附弟敬友传》。
④ 《水经注·谷水》。

车被严格限制在礼教、法律允许的范围之内。因此，车型的改进与变化，就不仅是由技术进步来决定，而且还受到各种礼俗、法令的影响与限制。

金根车是供皇帝专用的豪华车辆，是皇帝外出时大驾卤簿的中心。据《晋书·舆服志》记载，在卤簿中有两辆金根车，皇帝乘坐的一辆驾六马，另有一辆随在其后，驾四马。从文字来看其装饰极其奢华，但目前尚未发现有关的图像资料，其具体形制还有待于将来考古发现所提供的资料。

在这一时期皇帝大驾卤簿中需要一提的车辆有指南车（司南车）和记里鼓车。《晋书·舆服志》记载："司南车，一名指南车，驾四马，其下制如楼，四角金龙衔羽葆。刻木为仙人，衣羽衣，立车上，车虽回运而手南指。"

东汉张衡创制出指南车，但在汉末战乱中毁坏；三国魏马钧重新研制出指南车，却又毁于晋末的战乱中；十六国后赵解飞、后秦令狐生又分别制造出指南车；东晋一直没有指南车，直到刘裕灭后秦始得到指南车，但该车制造不精，行走时需要有人在车内转动木人，使其保持指向南方；南朝宋末祖冲之加以改造，才做到"百屈千回，未常移变"①。

记里鼓车，又称记里车、大章车，为汉朝杰出的科学家张衡发明。它是一种利用减速齿轮系统带动车上小木人而报告车行里程的机械。首见于《晋书·舆服志》，当为魏晋时期所制。其车外形与指南车相似，上有一木人执槌向鼓，车行一里，则击一槌，可知晓道路远近。也被列入皇帝卤簿中，位于指南车之后。十六国后赵石虎时亦有此车，东晋末刘裕灭后秦，记里鼓车开始传入南方。

轺车在汉代就广泛使用。这一时期仍沿其旧俗，只是其形式与用途都有较大的变化。《释名》说："轺车，轺，遥移，远也。四向远望之车也。"汉魏时期轺车以驾马为主，《晋书·舆服志》记载："一马为轺车，二马为轺传。"而到南朝时期则改以驾牛为主。在汉代，轺车为中下级官员所使用，而魏晋以后，高级官员亦使用轺车，西晋时特进及二品将军以下皆配有轺车，西晋傅玄《傅子》说："汉世贱轺车，而今贵之。"到东晋南朝时，三公亦乘轺车②，只是此时轺车的装饰比汉时更加华丽，而且

① 《宋书·礼志五》，《南齐书·文学·祖冲之》。

② 《南齐书·舆服志》。

外形也有所变化，并以是否有车耳、后户及车轮形制来区别乘车者的等级。

并车与辎车，都属于衣车类，是上有车盖，四面屏蔽的车辆。《字林》说："并车有衣蔽，无后辕。其有后辕者谓之辎。"① 可知并车与辎车外形的差别不大，主要在于是否有后辕。但两种车在用途上则相差较多，并车是妇女乘坐的车辆，官员夫人在外出时主要即乘坐并车；辎车则主要装载衣物寝具等，并可供人在内躺卧休息。不过因两种车形状相近，故有时被合称为辎车，泛指妇女所用之车。

犊车，就是牛驾的大车，在汉代是地位低微者所乘的车辆，在这一时期却成为社会上层人士日常出行的主要交通工具。不过犊车进入上层后，增加了一些装饰，遂演化出不少新的车型。以云母装饰犊车，则称云母车，一般大臣不得乘坐，只有得到皇帝赏赐的王公贵臣方可乘坐，如《晋太康起居注》记载："齐王出镇，诏赠清油云母犊车。"②皂漆轮毂，上加青油幢，朱丝绳络，则称皂轮车，驾四牛，特赐给诸王三公有勋德者。油幢车形制与皂轮车相似，只是不漆毂，其等级低于皂毫芋，赐给有勋德的王公大臣。通幰车是在犊车上加一层帐幔，将车厢完全覆盖起来，在晋代还属于亭级官员乘用的车辆，以后逐渐普及。此外，还有四望车、三望车、夹望车、油幢络车、通幰平乘车、长檐车等名目，形状大同小异。从现存文献看，这些装饰华丽的牛车始现于东汉末期，如曹操在给杨彪的书信中曾提到画轮四望通幰七香车。③

羊车，汉代已有，是一种以羊牵拉的小车。由于羊的力不大，因此，不适合外用，仅在帝王宫中，供帝王贵妃们驱用。《晋书·胡贵嫔传》载，武帝掖庭近万人，"并宠者众，帝莫知所适。常乘羊车，恣其所之，至便宴寝。宫人乃取竹叶插户，以盐汁洒地而引帝车。"西晋时，羊车只限皇帝和太子乘坐，不得僭越。《南齐书·舆服志》记载："漆画牵车，御及皇太子所乘，即古之羊车也。晋泰始中，中护军羊锈乘羊车，为司隶校尉刘毅所奏。武帝诏曰：'羊车虽无制，非素者所服，免官。'"东晋以

① 《宋书·礼志五》引。

② 《太平御览》卷七七五《云母车》引。

③ （清）严可均：《全上古三代秦汉三国六朝文·全三国文》卷三《与太尉杨彪书》。

后，已放开了使用羊车的限制。南朝时期，贵贱皆可乘坐羊车。只是此时的羊车已不用牲畜奔使数个童子牵引，故又称牵车。[①]

露车，是民间使用的无盖无棚的敞露之车，多用于运货，亦可坐人。嘉峪关新城7号西晋墓前室西壁画像砖中的牛车即为露车[②]。露车为一般百姓所用，官吏、士大夫极少乘坐，因此北朝时李元忠乘露车去见高欢，卢叔虎接受朝廷征召后乘露车到邺城，都被史书作为特例记载下来。[③]

鹿车，是一个人推的独轮车。在汉代画像石、画像砖中有所反映，尤多见于四川，[④] 这与其适应山区运输的特点是分不开的。《三国演义》中被描写得神乎其神的"木牛流马"，实际上就是经诸葛亮改进过的一种鹿车，曾被广泛应用于军旅运输。[⑤]

在北方，人们除了乘各式车外，更多的是骑马。但在南方，乘马被视为放达。《宋书·颜延之传》，颜延之不得志时，便骑马"邀游里巷""周弘正为宣城王所宠，给一果下马，常服御之，举朝以为放达。"果下马只有三尺高，可骑马在果林下通过，故得名。

（五）辇舆使用普遍

舆在魏晋南北朝时使用很普遍，其制式也由原来的畜力牵引，而省去轮子改由人力抬扛；并有肩舆、板舆、襻舆、篮舆、卧舆、步舆、载舆等名称。肩舆，因抬时与肩平齐，故又称平肩舆。《晋书·谢安传》说："谢玄尝衣纶巾，乘平肩舆。"同书《王羲之传》也有子敬乘平肩舆人顾氏园看竹子、大受其窘的故事。

板舆在魏晋时期已经使用，是舆较早的一种样式，一说北魏宁万寿孝子棺石刻中二人垂手握持的舆即板舆。[⑥] 襻舆，是在舆杠上加襻，人以双手持杠，以肩承襻[⑦]；传世唐阎立本绘《步辇图》中唐太宗所乘即与襻舆

---

① 《宋书·王华传》。

② 张朋川等：《嘉峪关魏晋墓室壁画》图36，人民美术出版社1985年版。

③ 《北齐书·李元忠传》《卢叔武传》。

④ 刘志远等：《四川汉代画像砖与汉代社会》，文物出版社1983年版。

⑤ 孙机：《"木牛流马"对汉代鹿车的改进及其对犁制研究的一点启示》，《农业考古》1986年第1期。

⑥ 沈从文：《中国古代服饰研究》，商务印书馆2011年版，第123页。

⑦ 《资治通鉴》卷一六〇，梁武帝太清元年八月"乙丑，下诏大举伐东魏"条，胡三省注。

相近似[①]。襻舆出现较晚，应是在板舆基础之上产生的，可以说其结合了板舆与肩舆的优点，既降低了舆的重心，使其更加安稳，又可使肩、手同时承重，减轻了抬者的劳动强度。南朝时期还有步舆和载舆，白天子至士庶，皆可乘坐，“步舆方四尺，上施隐膝以及襻，举之。无禁限。载舆亦如之，但不施脚，以其就席便也”[②]。从记载看，这两种舆亦皆使用襻。此外，还有卧舆，南朝齐东昏侯萧宝卷让潘妃乘卧舆，自己骑马在后跟随。[③]

与舆相类似的是辇。辇又名辇车，本是一种木轮手推车。秦汉之后限于帝王后妃乘坐，称“帝辇”或“凤辇”。《隋书·礼仪志》记载：“今辇制象轺车，而不施轮，通幰朱络，饰以金玉，用人荷之。”则知辇就像轺车而省去轮子。至于轮子何时省去，史籍无载。《宋书·礼志》“辇车下”说：“汉制乘舆御之，或使人挽，或驾果下马……未知伺代去其轮。”但《晋书·桓玄传》说：“二百人舁之。”称之“步辇”，可知至迟在魏晋时，辇的轮子已被省去。

除坐辇外，供皇帝使用的还有卧辇，西晋时太子亦可使用卧辇。另外，又有猎辇。《邺中记》记载：“（石虎）作猎辇，使二十人担之，如今之步辇。上安徘徊曲盖，当坐处，安转关床，若射鸟兽，宜有所向，关随身而转。”

舆与辇在唐代时发展成为檐子，后来则演变成轿子。

（六）舟楫多样化

魏晋南北朝时期，汉民族社会的造船业已达很高的水平，已经能造可乘二千余人或载货万斛的大船。《晋书·王浚传》记载：“武帝谋伐吴，诏浚修舟舰，浚乃作大船舫，方百二十步，受二千余人。以木为城，起楼橹，开四出门，其上皆得驰马往来。”《南史·王僧辩传》记载：“陆纳造大舰一，名曰三王舰；又造二舰，一曰青龙舰，一曰白虎舰，皆衣以牛皮，并高十五丈。”另据《隋书·杨素传》记载，所造之船则更为高大：“素欲平陈，造大舰，名曰五牙。上起楼五层，高百余尺。左右前后置六拍竿高五十尺。容战士八百人，旗帜加于上。次日黄龙，置兵六百人。”

---

① 《中国美术全集·绘画编（2）·隋唐五代绘画》图 2，人民美术出版社 1984 年版。

② 《隋书·礼仪志五》。

③ 《南齐书·东昏侯本纪》。

以上均为大型战船，另有大型货船。东吴时，海船可载重一万斛（约一千吨），到了梁朝，大船的载重量增加到二万斛。[①]

至于用于乘客的渡船则有舴艋舟、赤马舟等。南朝宋时余姚令何玢之曾因所制舴艋舟过于华丽而被免官[②]，显见其是作为乘船；南朝齐时，舴艋舟在皇宫中亦被作为乘船使用。《南齐书》曰："后数年，上（齐武帝萧赜）与豫章王（萧）嶷三日曲水内宴，舴艋船流至御坐前覆没。"[③] 太子出行时也常乘坐漆画舴艋[④]，这种舴艋舟到唐、宋时期仍是民间常用船只之一。赤马舟，汉时本为军用船只，刘熙《释名》曰："轻疾者日赤马舟，其体正赤，疾如马也。"到了魏晋南北朝时，已被运输物资或乘用。西晋杜预在奏表中提到："长史刘绘循治洛阳以东运渠，通赤马舟。"[⑤]

另有龙舟，为皇帝出巡时乘坐。为防止诸王及大臣所乘船只与龙舟相似，南朝宋孝武帝时特别规定："平乘舫皆平两头作露平形，不得拟像龙舟，悉不得朱油。"[⑥] 皇帝乘船出游时的随行仪仗船只亦十分壮观，如"宋孝武帝度六合，龙舟翔凤以下，三千四十五艘，舟航之盛，三代两京无比"[⑦]。在皇宫苑林中还有许多供皇帝及后妃使用的船只，《晋宫阁记》记载："天渊池中有紫宫舟、升进船、曜龙舟、飞龙舟、射猎舟，灵芝池有鸣鹤舟、指南舟，舍利池有云母舟、无极舟，都亭池有华润舟、常安舟。"[⑧] 南朝时亦有一些新制舟船，"是时天渊池新制鳊鱼舟，形阔而短，高祖（梁武帝）暇日，常泛此舟"[⑨]。

一些大臣所乘坐的船只亦装修得十分华丽。南朝梁羊侃"于两艖艄起三间通梁水阁，饰以珠玉，加以锦缋，盛设帷屏，陈列女乐，乘潮解缆，临波置酒，缘塘傍水，观者填咽"[⑩]。有些大臣在上任时的船队也相

---

① 程应镠：《南北朝史话》，北京出版社1979年版，第41页。

② 《太平御览》卷七七一《舴艋》，引《宋元嘉起居注》。

③ 《南齐书·张敬儿传》。

④ 《南齐书·荀伯玉传》。

⑤ 《北堂书钞》卷一三七《舟总篇一》，"赤马"条引。

⑥ 《宋书·礼志五》。

⑦ 《初学记》卷二五《舟第十一》，引陶季直《京邦记》。

⑧ 《太平御览》卷七六八《叙舟》（中）引，原引文"曜龙"后无"舟"字，据《艺文类聚》卷七一《舟》及《初学记》卷二五《舟第十一》，引《晋宫阁记》补。

⑨ 《梁书·文学下·陆云公传》。

⑩ 《梁书·羊侃传》。

当庞大。南朝宋臧质就任江州刺史时，“舫千余乘，部伍前后百余里，六平乘并施龙子幡”[①]。

当时为增加船只的稳定性，还经常将两只船连接在一起，称为舫、航或方舟。将舫解开为单船，则遂称单舸。西晋末，“顾荣征侍中，见王路塞绝，便乘船而还。过下邳，遂解舫为单舸，一日一夜行五六百里，遂得免”[②]。

船不仅被作为交通工具，有时也被权作旅舍。如东晋张凭被举为孝廉，乘船到建康（今江苏南京），上岸访客后，就归住船上。[③] 南朝齐时吴郡人张融在朝中任职，请假返乡，“未有居：牵小船，于岸上住”[④]。

六 娱乐风俗

（一）竞技娱乐多彩

魏晋南北朝时期的竞技娱乐活动丰富多彩，主要有樗蒲、投壶、弹棋、藏钩、戏射、握槊、竞渡、施钩和斗禽等。

樗蒲，亦称“五木”，本是一种以投掷方式来定输赢的博戏。《晋书·陶侃传》说：“樗蒲者，牧猪奴戏耳。”是中下层人玩的游戏，但因具有很强的竞技性，因而盛行于魏晋南北朝社会的各个阶层。从当时许多少年都参与或熟悉樗蒲来看，樗蒲的活动非常普及。《太平御览》引《江虨别传》说：“虨年十一，始学樗蒲。”《宋书·何尚之传》记载：何尚之“少时颇轻薄，好樗蒲。”同书《臧质传》也曰：臧质“少好鹰犬，善蒲博意钱之戏”。更有甚者，王子敬在数岁时即已懂得樗蒲之戏。《世说新语》说：“王子敬数岁时，尝看诸门生樗蒲，见有胜负，因曰：‘南风不竞。’门生辈轻其小儿，乃曰：‘此郎亦管中窥豹，时见一斑。’子敬瞋目曰：‘远惭荀奉倩，近愧刘真长。’遂拂衣而去。”由此可知当时樗蒲相当普及。由于樗蒲以投掷决定胜负，快捷简单，所以，用樗蒲赌博非常盛行。据《晋书·刘毅传》记载，刘毅在东府聚众樗蒲，赌金数百万。

投壶之戏，起源颇早，先秦汉民族已见诸史册。在汉时则被作为一种

---

① 《梁书·臧质传》。

② 《太平御览》卷七七〇《舸》，引王隐《晋书》。

③ 《晋书·张凭传》。

④ 《南齐书·张融传》。

礼的手段，而被写入《礼记》等书中。魏晋南北朝时在继承前代风俗的基础上，也有了新的变化。当时，投壶作为待客之礼，在士大夫中非常盛行，有古歌曰："玉樽迎贵客，入门黄金堂。车厨具肴膳，椎牛烹猪羊。主人前进酒，琴瑟为清商。投壶对弹棋，博弈并复行。"[①] 但此时的投壶之戏，已少了许多礼的因素，而增添了更多的娱乐成分，如曹魏时蒲阪县令殷楚，"性好邀游音乐""所在樗蒲、投壶，欢欣自娱"[②]。王弼也是"性好弘理，乐游宴，解音律，善投壶。"邯郸淳《投壶赋》则说：投壶能"调心术于混冥，适容体于便安，纷纵奇于施舍，显心中以微观，悦与坐之耳目，乐众心而不倦"，主要是为了娱乐。由于主要功能的改变，魏晋时期投壶之戏的技巧也有了发展，出现了一些新的游玩方式，如在壶前设置屏障，以增加投壶的难度等。并且花样翻新，愈玩愈奇。《颜氏家训·杂艺篇》记载："投壶之礼，近世愈精。古者，实以小豆，为其矢之跃也。今则唯欲其骁，益多益喜，乃有倚竿、带剑、狼壶、豹尾、龙首之名。""骁"是一种投壶技巧，就是箭投出后从壶中弹回手里。司马光《投壶新格》释"骁"曰："俊猛意也。谓投而不中，箭激反跃，捷而得之，复投而中者。"南北朝时南齐的柳恽，梁、陈时的周璝、贺微等，皆是投壶高手，一箭能得几十"骁"。[③]

弹棋，源自汉代，在魏晋南北朝时已盛行于社会。三国魏文帝曹丕就极喜欢弹棋，且技艺高超。《世说新语·巧艺篇》记载："文帝于此戏（弹棋）特妙，用手巾角拂之，无不中者。有客自云能，帝使为之。客著葛巾角，低头拂棋，妙逾于帝。"说的是魏文帝能用手巾角拂弹棋，另外一个"客"更能用葛巾角扎头上用头一甩便能拂棋，技艺比文帝还精妙。说明弹棋流行很广泛，否则很难产生高手。除曹丕之外，后汉蔡邕、曹魏的丁廙和晋时的夏侯惇都作有《弹棋赋》，从此也可以看出弹棋在当时社会上流行之盛。

南北朝时期，弹棋同样为士大夫官员所偏好。十六国后赵时，石闵密谋推翻石遵，派将军将石遵逮捕时，石遵正与妇人玩弹棋。《宋书·孔琳之传》载曰：孔琳之"解音律，能弹棋，妙善草隶"。同书《沈演之附沈

① 《艺文类聚》卷七四《投壶》。

② 《三国志·魏书·张既传》注引《魏略》。

③ 梁满仓：《中国魏晋南北朝习俗史》，人民出版社 1995 年版，第 196 页。

勃传》载曰：沈勃也擅此道，而沈文季“尤善簺及弹棋”。当时人们时兴弹棋，除了竞技性的吸引外，另一原因是社会将弹棋作为一种高尚的娱乐活动予以提倡。《弹棋经后序》曰：“弹棋者，雅戏也，非同乎五白枭橛之数，不游乎纷竞诋欺之间，淡薄自如。”南北朝时的颜之推也曰：“弹棋亦近世雅戏，消愁释愦，时可为之。”① 直到唐宋之后，象棋流行，弹棋才逐渐失去魅力。

藏钩，又称藏彄、行彄，是一种老少皆宜的有趣竞技活动，汉时已有流行。关于藏钩的起源，晋人周处《风土记》说：“进清醇以告腊，竭恭敬于明祀，乃有藏彄。”② 意思是说，腊日这天，人们用清香的美酒祭祀先祖。为了表示对先人的恭敬，在献祭品时，妇人们都要把手上的顶针、戒指等物藏起来，于是便了有藏钩之戏。

关于藏钩的玩法，周处《风土记》曰：“义阳腊日饮祭之后，叟妪儿童为藏钩之戏。分为二曹，以较胜负。若人偶即敌对；人奇，即人为游附，或属上曹，或属下曹，名为飞鸟，以齐二曹人数。一钩藏在数手中，曹人当射知所在。一藏为一筹，三筹为一都。”③ 晋人庾阐《藏钩赋》曰：“叹近夜之藏钩，复一时之戏望。以道生为元帅，以子仁为佐相。思蒙笼而不启，目炯冷而不畅。多取决于公长，乃不容于大匠。钩运掌而潜流，手乘虚而密放。示微迹于可嫌，露疑似之情状。”

藏钩在魏晋南北朝时也有其禁忌。《荆楚岁时记》说：“俗云此戏（指藏彄）令人生离，有物忌之家庭不修也。”尽管如此，藏钩之戏仍很流行。从宫廷到民间，都有这种游戏的记载。这是因为藏钩是一项有趣有益的活动，对于藏方，可以锻炼手的灵巧和动作之敏捷；猜方则可锻炼目光和判断力。

戏射，即是射箭。射最早是儒家六艺之一。魏晋南北朝时已向娱乐化方向发展，故称戏射。作为娱乐的戏射，在魏晋南北朝时主要有两种形式：一种是朋射，一种是单射。朋射是一种团体赛，参加者分作两朋，每个参加者轮流去射，按所中箭数记筹，最后加在一起，筹数多的朋为胜。这种活动还有专门的记筹者。三国时，魏舒曾在曹魏后将军钟毓手下任长

① 《颜氏家训·杂艺篇》。
② 《太平御览》卷三三《时序部·腊》。
③ 《艺文类聚》卷七四《巧艺部·藏钩》。

史，自幼善射，但从未显露。钟毓喜射，也从不让魏舒参加，只让他记筹。有一次，因人手不够，钟毓便让魏舒充数。谁知魏舒射时，容范娴雅，箭无虚发，一时满座皆惊。[①] 东晋时，刘毅欲组织戏射，向到京口视事的庾悦借用京口府东堂，庾悦不肯，参加戏射之人只得散去。[②] 在北方，戏射之风更盛。北朝，戏射之风更盛。北朝的一些皇帝常组织并参加戏射活动，对此，史籍多有记载。

单射系以个人为单位的对抗赛，不分朋属关系。西晋时，王恺有一头心爱之牛，名“八百里驳”。王济要求用千万钱与之对射相赌。王恺自恃其能，便让王济先射。王济一箭破的，取胜后，当场命人将牛宰杀，取出牛心，只操刀割便扬长而去。[③] 十六国前燕时有善射者贾坚，射艺极高，六十岁时，曾为前燕主表演射艺，博得满堂喝彩。[④]

握槊，《魏书·术艺传》曰：“盖胡戏，近人中国。云胡王有弟一人遇罪，将杀之，弟从狱中为此戏以上之，意言孤则易死也。”可见握槊之戏是三国时从西域传来。在北魏孝文帝时已流行于北方。《魏书·术艺传》记载：“高祖时……赵国李幼序、洛阳丘何奴并工握槊。”宣武帝以后，握槊在北方逐渐流行。北齐庞臣和士开，是西域胡商的后代，精通握槊。武成帝高湛及皇后胡氏也喜欢此戏，和士开经常陪他们玩，因此受到宠爱。北齐后主高纬尤喜握槊，寿阳被南朝陈将吴明徹攻破，消息传来时，后主正与宠臣韩凤、穆提婆握槊，只说了句“他家物，从他去”，仍然握槊不止。[⑤]

关于握槊的玩法，《魏书·尔朱彦伯附尔朱世隆传》记载：“初，世隆曾与吏部尚书地名世俊握槊，忽闻局上欻然有声，一局之子尽皆倒立。”魏晋南北朝后，北方的握槊已与南方的双陆结合，发展成为隋唐时期的双陆。

施钩，即今之拔河。《荆楚岁时记》记载：“施钩之戏，以緪作篾缆相，绵亘数里，鸣鼓牵之。求诸外典，未有前事。”《隋书·地理志》也说：楚地南郡、襄阳“二郡又有牵钩之戏，云从讲武所出，楚将伐吴，

① 《晋书·魏舒传》。

② 《晋书·刘毅传》。

③ 《晋书·王浑附王济传》。

④ 《太平御览》卷七四四，引《燕书》。

⑤ 《北齐书》卷五〇《恩倖·韩凤传》

以为教战，流迁不改，习以相传”。施钩以南方为盛，且其起源与军事有关。但从“钩初发动，皆有鼓节，群噪歌谣，振惊远近，俗云以此厌胜，用以丰穰”① 可知，拔河是一种农业丰收的祈禳活动。

又有斗禽之戏，按种类不同，有斗鸡、斗鹅和斗鸭之分。斗鸡是魏晋南北朝时士庶都非常喜欢的娱乐习俗，《荆楚岁时记》载：寒食民间有“斗鸡、镂鸡子、斗鸡手”之戏。三国曹魏刘桢有《斗鸡诗》，叙写的是斗鸡的雄姿和迅雷不及掩耳的啄斗，曹植也有《斗鸡诗》。

另外，魏应瑒、梁简文帝、周朝的庾信、陈朝的徐陵、周宏正等都写有斗鸡诗，晋朝的傅玄还作有《斗鸡赋》等，从这些诗赋中我们可以感知到斗鸡之俗在魏晋南北朝时深受士庶喜爱之事实。

斗鹅，《世说新语》记载：“桓南郡（玄）小儿时，与诸从兄弟（堂兄弟）养鹅共斗。南郡鹅每不如，甚以忿。乃夜往鹅栏间，取诸兄弟鹅悉杀之。”晋葛洪《西京杂记》卷二记载：“鲁恭王好斗鸡鸭及鹅雁。”可见魏晋时有斗鹅之俗。

斗鸭大致在宫廷或富贵之家中盛行，江南较江北普遍。《三国志·吴志·陆逊传》记载：孙权的儿子建昌侯孙虑很喜欢斗鸭，“于堂前建斗鸭栏，颇施小巧”。《三国志·吴志·吴主传》注引《江表传》记载：魏文帝派人向孙吴要雀头香、大贝、明珠等物，其中还有斗鸭，可见北方也喜斗鸭。

（二）围棋的普及和象棋的发源

魏晋南北朝时期的博弈娱乐活动，主要有围棋、四维、象戏等。

围棋是魏晋南北朝时期最为盛行的娱乐习俗之一。曹魏时，围棋就是众多士大夫官员们的重要娱乐内容，当时的山子道、王九真、郭凯都是高手，张华《博物志》说，曹操也极喜欢围棋，而且水平很高，与山子道、王九真等名手不相上下。“建安七子”之一的王粲喜欢看别人下围棋。一次，下棋者不小心弄乱了棋盘，王粲居然一着不漏地复盘。有人不相信王粲的记忆力，就故意在下完一局棋后用布把棋局盖上，然后用另一个棋盘让王粲复盘，结果一子不错。②

与曹魏同时代的蜀汉和东吴，围棋也很盛行。蜀汉大臣费祎，他整天

① 《隋书·地理志》。

② 《三国志·魏书·王粲传》。

围棋、会客、宴乐却能不误政事，即使在战报交驰、人马整装待发之际，也能镇静从容地下棋。[①] 吴将诸葛融驻守公安，春夏之时，常组织宾客进行围棋等比赛[②]，说明三国时，围棋很是普遍。

两晋之后，谢氏家族，王导父子，阮籍等都喜好围棋。《晋书·王导传》载，一次，王导与儿子王悦下围棋，居然为输赢而发生争执。阮籍正和别人下围棋时，得知母亲去世，“对者求止，籍留与决赌”。下完棋，他连喝两斗酒，大叫一声，吐出了好几升血，表明他内心的哀痛。南北朝时，南齐高帝萧道成喜好围棋，棋品被列在第二品，但会悔棋。[③] 梁武帝是各种游乐的专家，史称他“六艺备闲，棋登逸”[④]。北魏的拓跋焘也极喜欢围棋，几欲误了正事。[⑤] 正是帝王的参与和提倡，南北朝时不仅围棋盛行，而且出了很多高手，像王抗、范宁儿、褚胤、柳恽、羊玄保、褚思庄、朱异等，其中王抗是江南的高手，范宁儿是江北的高手。《魏书·蒋少游传》载，北魏的范宁儿与李彪一起出使到齐，齐武帝令王抗与之对局，结果范宁儿获胜而归。说明不仅在南方，当时的北方围棋也很兴盛。

由于围棋的普及，青少年棋手也层出不穷。孔融被曹操抓起来时，他的 7 岁女儿和 9 岁儿子正在下围棋。他们镇定自若，人问其故，他们回答说：“安有巢毁而卵不破者乎？”[⑥] 陆云公的儿子陆琼 8 岁能复棋，褚胤 7 岁被评为围棋高手，长大后成为当时头号棋手。司马申 14 岁围棋下得很好，得到朱异等高手的好评，这些都说明当时围棋的普及和兴盛。围棋是胜负极强的活动，因此，许多时候它被用来作为赌胜负的工具。

魏晋南北朝时期，在围棋普遍流行的同时，还出现了许多有关围棋的传说，如“烂柯”的传说。《述异记》记载：“信安郡石室山，晋时王质伐木，至见童子数人，棋而歌，质因听之。童子以一物与质，如枣核，质含之，不觉饥。俄顷，童子谓曰：‘何不去？’质起视，斧柯尽烂。既归，无复时人。”由于此传说流传广泛，在社会上产生了很大的影响，以致后来“烂柯”成了围棋的代名词。

---

① 《三国志·蜀书·费祎传》。

② 《三国志·吴书·诸葛融传》。

③ 《南史·齐高帝纪》。

④ 《艺文类聚》卷七四《围棋》。

⑤ 《魏书·古弼传》。

⑥ 《后汉书·孔融传》。

东晋时曾流行过一种名为“四维”的棋类活动。东晋人李秀写的《四维赋》说：“四维戏者，卫尉挚侯所造也。画纸为局，截木为棋，取象元一，分而为二。准阴阳之位，拟刚柔之策。而变动云为，成乎其中。世人哲人，黄中通理，控赜索隐，开物建始，造四维之妙戏，邈众艺之特奇。尽盈尺之局，乃拟象乎二仪，立太极之正统，班五常之列位。刚柔异而作配，趋舍同而从类。或盘纡诘屈，连延骆驿；或间不容息，舍棋则获。围成未合，骄棋先出，九道并列，专都独毕。”①

李秀赋中“取象元一，分而为二”“九道并列”等描写，与象棋的棋盘极似。同时，李秀称四维为“妙戏”，说它“邈众艺之特奇”，这种趣味性很强的娱乐活动，在南北朝时仍深受人们喜爱，有可能是后来象棋的发展之源。

（三）游戏日丰

魏晋南北朝时期的游戏项目，见之于史籍的有猜谜之戏、秋千之戏，斗草之戏和一些童戏。

猜谜之戏系由东汉末年普遍流行的谶语发展而来。东汉时期谶纬盛行，社会上常常出现一些谶语，如“千里草，何青青，十日卜，犹不生”之谣谚②。“千里草”和“十日卜”射“董卓”二字。到了魏晋南北朝时期，这种谣谚中常用的拆字法，被运用于角智活动，因此就产生了猜谜的娱乐方式。南朝刘宋诗人鲍照曾出过一个字谜：“一八五八，飞泉仰流。”谜底是个“井”字③。因为井字四边共出八个头，即所谓“一八”；井字拆开有四个“十”，五八为四十；井水需垂绳而提上来，即所谓“飞泉仰流”。北魏咸阳王元禧困窘时，要求随从出谜解闷，随从尹龙虎便出了个谜语“眠则同眠，起则俱起。贪如豺狼，赃入不已”，让元禧猜。④以猜谜排忧解闷，可见其娱乐作用已被人们所认识。

秋千之戏，魏晋南北朝时，据南朝梁宗懔《荆楚岁时记》所载每年寒食节，有“打球、秋千、施钩之戏”。隋人杜公瞻注说：“春节悬长绳于高木，士女袨服，坐立其上，推引之，名‘秋千’。”可见其情景与今

① 《艺文类聚》卷七四《巧艺部·四维》。

② 《三国志·魏书·董卓传》，注引《英雄记》。

③ 《演繁露》卷七《谜》。

④ 《魏书·献文六王传·成阳王元禧传》。

日荡秋千无大区别。

斗草之戏，是一种以草为对象的竞赛娱乐活动。《荆楚岁时记》记载："五月五日，谓之浴兰节。荆楚人并蹋百草。又有斗百草之戏。"可见，斗百草是当时民间的节日娱乐活动之一。南朝梁王筠《五日望采拾诗》曰："长丝表良节，金缕应嘉辰。结芦同楚客，采艾异诗人。折花竞鲜彩，拭露染芳津。含娇起斜眄，敛笑动微嚬。献挡依洛浦，怀珮似江滨。"[①] 从诗中可以看出，一些挡珮叮咚的贵妇人也在良辰佳节"折花竞鲜彩"，进行斗草之戏。斗草之戏到了唐时，发展到极盛阶段，即使是明清时期，犹在妇女中颇为流行，清时的《红楼梦》六十二回就对斗草之戏有较为详细的描写。

童戏即儿童游戏。魏晋南北朝时，见于记载的童戏有战阵之戏、竹马、斗鏃、跳绳、摊戏等。战阵之戏即儿童模仿大人指挥战争、布阵点将的游戏。魏晋南北朝时期战争频繁，所以儿童战阵之戏颇为流行。曹魏大将夏侯渊的第三子夏侯称，"自孺子而好聚合儿童，为之渠帅，战必为军旅战阵之事，有违者辄严以鞭捶，众莫敢逆"[②]。十六国时的李矩，儿时与群儿聚戏，便为其率，计划指授，有成人之量[③]；后凉主吕光，10 岁时与诸儿童在邑里游戏，为战阵之法，被推为主帅，由于用人合理，为同伴深为叹服[④]。以上所列皆为其中之典型者。

竹马之戏汉时已有流行。《后汉书·郭伋传》就有儿童骑竹马的记载。魏晋时，骑竹马仍是儿童喜爱的游戏。据《吴书》记载，陶谦少以不羁闻名全县。他 14 岁时，还缀帛为幡，乘竹马而戏，邑中儿童全都随其后[⑤]。又据《晋书·殷浩传》载，殷浩北伐失败，桓温乘机上疏废其为庶人，并与人曰："少时吾与浩共骑竹马，我弃去，浩辄取之，故当出我下也。"可见，竹马之戏在魏晋南北朝时期也很盛行。

斗鏃之戏，亦称斗凿。《宋书·五行志》记载：东晋太元中，"小儿以两铁相打于土中，名曰'斗鏃'"。斗鏃之戏，当从古代击壤之戏发展而来。三国时邯郸淳作《艺经》说："击壤，古戏也。""壤以木为之，前

① 《艺文类聚》卷四《岁时部·五月五日》。

② 《三国志·魏书·夏侯渊传》，注引《世语》。

③ 《晋书·李矩传》。

④ 《晋书·吕光载记》。

⑤ 《三国志·魏书·陶谦传》注引《吴书》。

广后锐，长尺四，阔三寸，其形如履。将戏，先侧一壤于地，遥于三四十步，以手中壤敲之，中者为上。”壤也可以砖代木，同书又说：“以砖两枚，长七寸，相去三十步，立为标。各以砖一枚，方圆一尺，掷之。主人持筹，随多少。甲先掷破则得乙筹，后破则夺先破者。”到魏晋南北朝时，击壤之戏为儿童所普遍喜爱，成为他们的节日娱乐活动。西晋周处作《风土记》说：“击壤者以木做之，前广后锐，长可尺三四寸，其形如履。腊节，童少以为戏，分部如掷博也。”《续搜神记》卷六则有小儿击壤掷砖砸鬼脚而得病的故事。反映出击壤之戏在儿童中流行的事实。东晋时，击壤之壤，不仅有木、有砖，而且还有铁块，击壤也就发展成了“斗鏃”。

关于跳绳的游戏，《北齐书·后主纪》中有一段有趣的记载：“游童戏者好以两手持绳，拂地而却上，跳且唱曰：‘高末’。高末之言，盖高氏运祚之末也。”北齐皇帝高姓，“高末”谓齐将亡。这本是作为谶语而记载的事，却给我们留下儿童跳绳之戏的生动资料。

摊钱之戏约为一种掷铜钱于地，依其正反而决定胜负的游戏。《南史·昭明太子传》载曰：昭明太子曾见“后合小儿摊戏。后属有狱牒摊者法，士人结流徙，庶人结徒。太子曰：‘私钱自戏，不犯公物，此科太重。’”从文中看，摊戏显然是一种赌博之戏。但其戏法如何，文中未记。唐李匡义《资暇集》卷中记载：“钱戏有每以四文为一列者，即史传云：所意钱是也，俗谓之摊钱，亦日摊铺。其钱不使叠映欺惑也。”这本是成人间进行赌博的手段，但南朝儿童亦以此为戏乐。

（四）玩赏成风

魏晋南北朝时期，汉民族社会的士大夫阶层有游山玩水的爱好，晋时的“竹林七贤”，雅好赏竹，常“独坐幽篁里，弹琴复长啸”；王羲之任官山东时，忘情于山水，几乎游遍了当地名山；谢灵运任职永嘉，徜徉于山水之间，并发明了专用于登山的“谢公屐”，如此等等，不一而足。

此一时期，士大夫阶层对音乐的欣赏也很有讲究。许多入仕的文人学士，一般都家蓄歌伎，不时弹唱，以供欣赏和娱乐，如石崇家有歌伎近百名。

第四节　魏晋南北朝汉民族的礼仪风俗

一　生育礼俗

（一）观音祈子出现

魏晋南北朝时期佛教盛行，而对民间社会而言，佛教中已中国化了的观音菩萨最受人们的崇奉。此时已出现了观音送子的俗信，故民间有向观音祈子的习俗。如《冥祥记》记载："刘宋孙道德，四川盖州人也。素奉道，职任祭酒，年过五十，未有子息，居近精舍。景平中，沙门谓道德曰：'苟心欲求儿，当至心礼诵观世音，如此可有后望也。'道德遂罢不事道，丹心投诚，归诵观世音。少日之中，而有梦，应妇即有孕，次年生下一男。"《稽古录》记载："刘宋卞悦之，山东济阳人也，行年五十未有子息。妇为之娶妾，复积数载不孕，将祈求继嗣发愿，诵观音经千遍，其数垂危，妾即有孕，遂产一男。"[①]

此外，并有孕妇绕井祈男的习俗。张华《博华志》说："妇女妊娠未满三月，著婿衣冠，午旦左绕井三匝，映详影而去。勿反顾，勿令人知见，必生男。"[②] 在南方，则有向九子母求子的风俗。《荆楚岁时记》曰："四月八日，长沙寺阁下有九子母神，是日，市肆之人无子者，供着薄饼以乞子，往往有验。"

（二）胎教和养胎

妇女一旦受孕，即有胎教之俗。胎教习俗在春秋战国时就见于记载，到魏晋南北朝时，胎教习俗更受到重视。魏文帝曹丕，曾将周成王与汉昭帝作过比较，认为成王享国三十年，年谷丰盛，天下太平，而昭帝所治国家世事衰敝，凡是由于成王"禀贤妣之胎教"[③]。《颜氏家训》所列的"胎教之法"说："怀子三月，出居别宫。目不斜视，耳不妄听。音声滋味，以礼节之。"[④] 可见当时胎教习俗之一斑。

由于医学的发展，魏晋南北朝时还出现了养胎习俗。当时名医徐之才

---

① 转引自郑晓江主编《中国生育文化大观》，百花洲文艺出版社1999年版，第153页。

② 张华《博华志》卷十《杂说》（下）。

③ 《太平御览·人事》。

④ 颜之推：《颜氏家训·教子篇》。

有《逐月养胎方》[1]，详细介绍了怀胎十月中每个月饮食起居和情绪需要注意的事项，已具有一定的科学根据，对后世影响深远。

为了胎儿的正常发育，当时孕妇还有忌食兔肉的习俗，认为孕妇吃了兔肉，胎儿会像兔子一样“豁嘴”。对此，《博物志》记载：“妊娠者不可啖兔肉，又不可见兔，令儿缺唇。”这种说法是没有依据的。

（三）产子于草和弃杀女婴

孕妇临产，要用稻草、麦秸等所做的草垫为产褥，故谓临产称“在草”，此俗汉时即有，魏晋南北朝时仍然盛行。即使在宫廷贵妇临产，也同样凭借草垫。《晋书·惠贾皇后传》曰：“后诈有身，内藁物为产垫，遂取妹夫韩寿子养子。”《晋书·元帝纪》说：元帝“生子洛阳，所藉藁如始刈”。藁是一种较粗长的杂草，当时流行用藁草做产妇的垫褥，元帝之母贵为皇后，也用藁草做产褥，可见是风俗使然。

古已有之的弃女婴之习，此时仍有流行。如《南史·刘湛传》载：刘湛“每生女，辄杀之”。《颜氏家训·治家篇》也载有溺杀女婴之事，曰：“吾有疏亲，家饶妓媵，诞育将及，便遣奄竖守之。体有不妥，窥窗依户，若生女子，便将持去。母随号泣，莫敢救之，使人不忍闻焉。”并忌在五月五日生子，葛洪《西京杂记》说：“俗谚举五日子，及户则自害，不则害其母。”又，《世说新语》记载：“胡广本姓黄，五月五日生，父母恶之，置之瓮中投于江。胡公闻瓮中有儿啼，往取之养为己七子，遂登三司。”[2]

（四）送“落地树”和“哺谷”习俗

对新生儿的诞生礼仪，亲戚相贺，有送“落地树”风俗。《齐民要术》卷五载：“男女初生，各与小树二十株，比至嫁聚，重任车毂。一树三具，一具直绢三匹，成绢一百八十匹。聘财资遣，粗充事。”[3]

小儿初生，以哺喂母乳为主，喂之以其他食物则叫“哺谷”。初次哺谷，民间有选择吉日的习惯。成书于南北朝时的《产经》记当时的民间约定俗成的哺谷吉日说：“初哺小口良日：五寅、五辰、五丑、五酉，皆大吉。”“男以甲乙，女以壬癸，亦吉。”又曰“以成、收、开、定、满

---

① 《古今图书集成·医部汇考》卷三八五。

② 《太平御览》卷三一引《世说新语》。

③ （北魏）贾思勰：《齐民要术》卷五《种榆、白杨第四十六》。

日、义日、保日，皆吉，哺儿，儿终身无病，大吉（义日：壬申、癸酉，保日：甲午、乙巳）”。至于始哺的时间，同书记载：“凡小儿生三日后，应开腹助谷神。”“廿日后乃可始哺。”①

小儿满月，要行“满月”礼。《魏书·汲固传》记载：“时式子宪生始满月。”小儿周岁，则要行“抓周”礼，《颜氏家训·风操篇》载：“江南风俗，儿生一期，为制新衣。盥洗装饰，男则用弓矢纸笔，女则用刀尺针缕，并加饮食之物及珍宝服玩，置之儿前，观其发意所取，以验贪廉愚智，名之为试儿。亲表聚集，致燕享焉。”

（五）冠礼简化和生日礼发端

古代的冠礼，传之魏晋南北朝时，其程序已大为简化。魏晋时，皇帝的冠礼，也只用“一加”，皇太子用“再加”，王公、世子才用“三加”。皇帝的冠礼在正殿举行，而且开始用音乐伴奏。北魏时，孝明帝曾为加冠而改元，这一年改为“正光元年”（520 年）。后齐皇帝加冠，还用玉、帛告祭圜丘、方泽，用币告祭宗庙，这一制度为后代帝王所沿用。

生日风俗，约略起于魏晋南北朝时之江南。《颜氏家训·风操篇》曰：江南风俗，“每至此日，尝有酒食之事耳。无教之族，虽已孤露，其日皆为供顿，酣畅声乐，不知有所感伤。梁孝元年少之数，每八月六日载诞之辰，常设斋讲”。可知诞礼之日，年年设宴相庆，平民百姓，虽父母已亡，也不废坠。顾炎武说：“此礼起于齐梁之间，逮唐宋以后自天子至于庶人无不崇饰此日，开宴召客，赋诗称寿。”这是正确的。

二　婚姻风俗

（一）婚礼不遵古制

魏晋南北朝时期，战乱频仍，社会动荡，传统的婚姻六礼因过于繁缛而无法一一遵行。曹魏时皇帝纳后太康年间，虽提及诸侯婚礼中纳采、告期、迎亲等，但语焉不详。东晋成帝咸康二年（336 年）纳皇后杜氏时，才命太常华恒与博士参定六礼之仪。但是，婚姻不遵“六礼”古制的现象却比较普遍。例如，南北朝时的共牢合卺之礼，则不见于“六礼”。共牢即新婚夫妇共用一个牢盘进食，合卺即将瓠一分为二，夫妻各用其一酌酒。这种仪式在南朝齐时变得烦琐而且奢费，当时尚书令徐孝嗣曾向皇帝

① ［日］丹波康赖：《医心方》卷二五《小儿哺谷方》，赵明山注引。

进言去奢从简，曰：“太古之时，无共牢之礼，三王作之，而用太古之器，重夫妇之始也。今虽以方樏示约，而弥乖昔典。又连卺以锁，盖出近俗。复别有牢烛，雕费采饰，亦亏曩制。”提出要“婚亦依古，以卺酌终炳之酒，并除金银连锁，自馀杂器，悉用埏陶。堂人执烛，足充炳燎，牢烛华侈，亦宜停者。庶斫雕可期，移俗有渐”①。从徐孝嗣奏文中可见，南齐同牢之礼，方樏牢烛，雕费彩饰；合卺之时，金银连锁，杂器豪华，不合古时质朴之义。所以徐孝嗣要求停用牢烛，废除金银连锁，以恢复合卺同牢的古朴之俗。

魏晋南北朝时期，还出现一些不依古制的特殊婚俗。如却扇之俗，新妇出嫁时，双手张扇自遮其面，与丈夫单独见面时才拿掉扇子，谓之却扇。虽为古礼所无，却在南方婚礼中有所流行。据《世说新语·假谲》记载，温峤娶从姑之女为继室，婚礼之日，女以手披纱扇。对却扇习俗，南朝的诗文中多有反映。南朝梁何逊《看新婚诗》曰：“雾夕莲出水，霞朝日照梁。何如花烛夜，轻扇掩红妆。”南朝陈周弘正《看新妇诗》曰：“暂却轻纨扇，倾城判不赊。”这种却扇习俗，系后来婚礼中新娘以红盖头遮面习俗之本源。又如催妆，本为北方少数民族婚礼习俗，南北朝时已为中原汉民族所吸取。《酉阳杂俎续集》引《聘北道记》曰：“北方婚礼，必用青布幔为屋，谓之青庐，于此交拜。迎新妇，夫家百余人挟车俱呼曰：‘新妇子，催出来。’其声不绝，登车乃止。今之催妆是也。”还有新妇乘鞍，也本系北俗流人中原而成。还有谑郎。《酉阳杂俎》载曰：“北朝婚礼……婿拜阁日，妇家亲宾妇女毕集，各以杖打聓为戏乐，至有大委顿者。”聓即婿。此俗后来演变为“闹新房”之风。

不尊古制的婚礼之俗，还有婚娶举乐。古代婚礼，三日不举乐。魏晋南北朝时已废，婚娶之家，多举礼乐。为此，晋朝在娶皇后时曾为贺与不贺、举乐与不举乐发生过争议。据《晋书·礼志》载，穆帝升平元年(357 年)，“将纳皇后何氏，太常王彪之，大引经传及诸故事，以定其礼。以娶妇之家，三日不举乐，而咸康臣贺为失礼，故但依咸宁上礼，不复贺”。八年（364 年)，台符问迎皇后大驾应作鼓吹否，博士胡讷议：“临轩仪注阙，无施安鼓吹之处所，又无举麾鸣钟之条。”王彪之以为“昏（婚）礼不乐，鼓吹亦乐之总名，仪注所以无者依昏礼。今宜备设而不

① 《南齐书·礼志上》。

乐”。说明至少在民间的婚礼上有庆贺和举乐的习俗，否则，上层人士就没有必要讨论婚礼贺与不贺、举乐与不举乐的问题，而最后设鼓吹而不用，也说明上层社会在婚娶举乐问题上的松动。同书《礼志》还载曰：“孝武崩，太傅录尚书会稽王道之议，山陵之后，通婚嫁不得作乐，以一期为断。”则知当时婚嫁时必定用乐，否则无须禁断。到南北朝时，婚礼举乐相贺已普遍流行。

（二）婚娶重财物

魏晋南北朝时期，士庶社会婚聘均重财币。阮籍的侄子阮修因为家贫，到四十余岁尚未婚娶，当时的名士王敦等募钱帮助阮修婚娶，形成“时慕之者，求人钱而不得”[①] 的局面。庾炳之嫁女向刘道锡索聘数百万[②]。刘敬宣嫁女，宋高祖“赐钱三百万，杂采千匹”[③]，以为妆奁。参军卢思道则为聘太原王义女私贷库钱四十万[④]。

这种婚聘重财货的现象，我们从当时帝王的诏书当中也可以感受得到。齐武帝永明七年（489 年）四月诏曰：“晚俗浮丽，历兹永久，每思惩革，而民未知禁。乃闻同牢之费，华泰尤甚。膳羞方丈，有过王侯。富者扇其骄风，贫者耻躬不逮。或以供帐未具，动致推迁。年不再来，盛时忽往。宜为节文，颁之士庶。并可拟则公朝，方撂供设，合卺之礼无亏，宁俭之义斯在。如故有违，绳之以法。”[⑤] 齐武帝自己还以身作则，削减皇室嫁娶之礼费。[⑥] 这种现象诚如后来史学家赵翼在《廿二史札记》中所指出的：“魏齐之时，婚姻多以财币相尚。盖其始高门与卑族为婚，利其所有财贿纷遗。其后遂成风俗，凡婚嫁无不以财币为事。争多竞少，恬不为怪。”

（三）士庶不通婚

这是魏晋南北朝为保持门第等级不同而施行的一种歧视性的婚姻习俗。当时“士族地主为了维护本阶级的特殊地位，不与庶族通婚，从而出现了以士庶不婚为主要特征的婚媾界限。这种婚媾的等级界限产生的直

---

① 《晋书·阮籍传附从子修传》。

② 《宋书·庾登之传附弟炳之传》。

③ 《宋书·毛修之传》。

④ 《北齐书·袁聿修传》。

⑤ 《南齐书·武帝纪》。

⑥ 《南齐书·礼志》。

接后果，则是门阀士族内部婚姻圈范围的日益缩小与狭窄”①。事实情形确实如此。《陈书·儒林传》记载：王元规“太原晋阳人。八岁而孤，兄弟三人，随母依舅氏住临海郡。时年十二，郡土豪刘填者，资财巨万，欲以妻之。元规母以其兄弟幼弱，欲结强援。元规泣请曰：‘因不失亲，古人所重，岂得苟安异壤，辄昏（婚）非类?’母感其言而止”。视庶族为“非类”，可见当时士庶婚姻鸿沟之深。《魏书·崔辨传》载曰：崔辨孙巨伦，“有姊明惠，有德行，因患眇一目。内外亲族，莫有求者。其家议欲下嫁之。巨伦姑赵国李叔胤之妻，闻而悲感曰：‘吾兄盛德，不幸早逝，岂令此女，屈事卑族。’乃为子翼纳之”，结果以姑表婚维护士庶不婚之制。

南朝时，还出现了弹劾王源与庶族通婚的事件。西晋右仆射王雅的曾孙王源“虽人品庸陋，胄实参华”，属于士族，将女儿嫁于庶族吴郡富阳人满家，得聘礼钱五万。沈约认为王源唯利是图，有辱士流，弹劾他们联姻是“高门降衡，虽自己作，蔑祖辱亲，于事为甚。此风弗剪，其源遂开，点世尘家，将被比屋，宜置以明科，黜之流伍，使已污之族，愧于昔辰；方媾之党，革心于来日。臣等参议，请以见事免源所居官，禁锢终身”②。由于士庶不婚，势必缩小了士族的通婚圈。这种士庶不通婚的婚姻俗观，直到隋唐之后才被彻底打破。

（四）流行近亲婚

魏晋南北朝时近亲结婚之俗比较流行，有的是出于政治目的，有的是囿于士庶不婚之限制，有的则系传统婚俗使然。

三国时，曹氏与夏侯氏累世为婚姻，其中就有近亲婚配的，如夏侯惇的儿子夏侯楙娶曹操之女清河公主。但事实上曹操的父亲曹嵩是曹腾的养子，原为夏侯氏之子、夏侯惇的叔父。这样，曹操与夏侯惇实际上是从父兄弟（堂兄弟），而夏侯桥与清河公主是二从兄妹，是血亲近亲结婚。③孙吴也存在这种情况，据《三国志·吴志·徐夫人传》记载，孙权的徐夫人是吴郡富春人，祖父徐真娶孙权之父孙坚的妹妹为妻，徐真生子徐琨，徐琨生女即为徐夫人。由此可知，徐琨与孙权为中表兄弟，孙权为徐

① 张承宗：《六朝时期的婚姻与家庭》，《苏州大学学报》1988 年第 3 期。

② 《文选》卷四十。

③ 参见《三国志·魏书》《夏侯惇传》《武帝纪》等。

夫人的表叔伯，高一辈。他们之间不仅是近亲婚且也是异辈婚。另外，孙权之女嫁给朱据，生女又嫁给孙权的儿子孙休，则孙休与朱夫人为甥舅关系，即娘舅娶外甥女，同样是近亲婚加异辈婚。

两晋南北朝时，近亲婚也不乏其例。据《宋书·袁湛传》记载，陈郡袁质（袁耽子）妻谢安女，袁质之子袁湛妻谢安兄谢奕的儿子谢玄之女。则谢玄女与袁湛属再从姑表，为近亲婚。又据《晋书·谢安附谢朗传》记载，谢据的曾孙谢绚称袁湛为舅舅，则袁湛的姐姐嫁给了谢绚的父亲，也为再从姑表亲，为近亲婚。前述《魏书·崔辨传附崔武传》记载，崔辨孙巨伦姐明惠实际上是姑表婚，为近亲婚。《北齐书·魏收传》也说魏收娶舅女，同样为姑表近亲婚。据《魏书·韩麒麟传附子子熙传》记载，韩子熙与弟聘姑女王氏为配，也是姑表近亲婚。上层如此，下必效之，可见当时近亲婚当有所流行。

（五）异辈缔婚

异辈婚即不受行辈所限而随意缔结的婚姻，这种婚姻关系往往造成伦理称谓的混乱。中国自古以来，人伦中长幼尊卑分得极清，从高祖到玄孙，几代人的亲缘及旁支都各有称呼。然而在婚姻关系上，除了直系血缘关系的同辈、异辈婚被视为非礼外，旁系间的异辈婚在魏晋南北朝以前就屡见不鲜，而魏晋南北朝时则更为盛行，尤其是帝室与势族的联姻，更是如此。

西晋时，贾充的女儿贾荃，嫁给齐王司马攸为妃，贾充的另一女贾南风，嫁给惠帝为后。[①] 司马攸与晋惠帝为叔侄，系姐妹分别嫁给叔侄。东晋时，庾冰的妹妹嫁给了晋明帝[②]，而庾冰的女儿却嫁给了晋明帝的孙子晋废帝。东晋哀帝是孝武帝的侄子，而哀帝的皇后王穆之却是孝武帝皇后王法慧的姑姑。[③]

南朝刘宋时，庐江（今安徽舒城）人何瑀，娶宋武帝刘裕女儿豫章康长公主，而其女何令婉却为刘裕曾孙前废帝的后妃[④]，何令婉嫁的是表侄。陈郡谢景仁素被刘裕所重，刘裕子刘义真纳谢景仁之女为妃。而谢景

① 《晋书·贾充传》，《晋书·后妃·惠贾皇后传》。

② 《晋书·庾亮附庾冰传》。

③ 《晋书·后妃·哀靖王皇后传》。

④ 《宋书·后妃·何皇后传》。

仁的侄子谢纬，却娶了刘义隆的女儿长城公主。刘义隆与刘义真为兄弟，谢纬应与刘义隆同辈，可见谢纬的婚姻亦为异辈。① 河南人褚叔度，娶刘义隆第六女琅邪贞长公主，而褚叔度的弟弟褚湛之，却娶了刘义隆的妹妹始安哀公主。② 庐江人何尚之，其子何劭娶刘义隆的女儿南郡公主，其女却嫁给了刘义隆的弟弟刘义康。③ 东海人徐湛之，其母为刘义隆姊会稽公主，则刘义隆为徐湛之之舅，而徐湛之之子徐恒之却娶了刘义隆之女南阳公主，徐湛之之女又嫁给了刘义隆之子刘诞，④ 故徐恒之娶的是表姑，刘诞娶的是表侄女。济阳人江湛，其女嫁给刘义隆的孙子刘伟之，其妹则嫁给刘义隆之子刘铄，其子又娶刘义隆之女。⑤ 南齐时，琅琊人王慈，女儿嫁给萧道成之子萧锋为妃，儿子王观却娶萧道成孙女吴县公主。⑥ 梁朝张缵与梁武帝同辈，却娶梁武帝女富阳公主为妻。⑦ 南朝陈高宗柳皇后的弟弟柳盼，娶世祖女富阳公主。高宗与世祖为兄弟，而柳氏之弟娶世祖之女，二人亦相差一辈。⑧

以上所举都使伦理称谓形成困难。而南北朝时此种事例极为普遍。其原因一方面是同姓不婚，但却不禁止不同行辈之间的婚姻；另一方面则是政治原因或门阀原因，婚姻在这里起着巩固政权和维护既得利益的作用，这在某种意义上使婚姻联姻范围趋向狭小。

（六）早婚普遍

早婚在魏晋南北朝时期是一种普遍性的风俗。从纵向方面看，三国、两晋、南北朝各个时期都有大量的早婚记载；从横向方面看，帝王、贵族、庶民各个社会阶层，大多数人都有早婚现象。

三国时，夏侯霸从妹年 13—14 岁被张飞娶为妻。孙吴郁林（今广西桂平西南）太守陆绩之女，年方 13，便嫁给周郡张白。

两晋时，西晋惠帝贾后 15 岁出嫁；并州豪族张宣子其女年始 14 便嫁

---

① 《宋书·谢景仁传》。
② 《宋书·褚叔度传》。
③ 《宋书·何尚之传》。
④ 《宋书，徐湛之传》。
⑤ 《宋书·江湛传》。
⑥ 《南齐书·王慈传》。
⑦ 《梁书·张缅附张缵传》。
⑧ 《陈书·高宗柳皇后传》。

给刘殷；东晋安禧王皇后14岁出嫁；孝武定王皇后16岁出嫁；荀羡年15时便与帝室联姻。

南北朝时，南朝梁太宗简皇后王氏8岁出嫁，南朝齐高帝刘皇后、南朝陈世祖沈皇后、陈后主贵妃张丽华均为10余岁出嫁，南朝宋前废帝何皇后12岁出嫁，北魏献文帝皇后王氏、孝文帝皇后高氏、南朝宋明帝王皇后均为13岁出嫁，后凉吕绍妻、刘聪左皇后、北魏文明后冯氏、孝文帝皇后冯氏、宣武帝皇后于氏、南朝梁高祖丁贵嫔均为14岁出嫁，北周宣武帝尉迟皇后、南朝梁高祖德皇后郗氏均为15岁出嫁。南朝宋杜骥，原为关中大族，刘裕征长安后随从南还，他13岁时受父亲之命，看望正在病中的同郡人韦华，韦华子韦玄见而异之，遂以女妻焉。王僧绰年13时尚太祖长女东阳献公主。南朝齐谢瀹年8岁时，孝武帝便诏其尚公主。南朝梁柳偃，年12尚长城公主，张缵11岁尚富阳公主。王睐弱冠尚淮南长公主。南朝陈周弘正，年10岁时，河东（治今山西永济）斐子野就以女妻之。王元规8岁而孤，随母往临海郡（治今浙江临海东）依舅氏，年12岁时，郡土豪刘填曾欲以女妻之。北周长孙澄，年10岁，司徒李琰之便以女妻之。于翼，年11时尚太祖女平原公主。以上所列，从帝王到豪族，皆是低龄即婚。

庶民和一般百姓中也普遍存在早婚现象。晋湛方生《贞女解》说："伏见西道县治下里龙怜，年始弱笄，出适皮氏。"[①] 《晋书·列女传》曰："皮京妻龙氏，年十三适京，未逾年而京卒。"西晋时束皙曾曰："男十六可娶，女十四可嫁。"[②] 显然，这是泛指当时的婚龄，应包括一般百姓在内。西魏大统十二年（546年）诏："女子不满十三已上，勿得以嫁。"[③] 可见在此以前，女子不满13岁而嫁的现象很多，否则，封建政权不会发这样的诏书。北周武帝建德三年（574年）更明确规定："自今已后，男年十五，女年十三已上，爰及鳏寡，所在军民，以时嫁娶，务从节俭，勿为财币稽留。"[④] 周武帝这道诏书，可以说是对魏晋以来男女婚龄的一个总结和法律上的规定。由此可见，魏晋南北朝时期北方一般百姓的

① 《艺文类聚》卷十八引湛方生《贞女解》。

② 《初学记》卷十四《婚姻第七》引。

③ 《北史·魏本纪·文帝纪》。

④ 《周书·武帝纪上》。

结婚年龄为男十五六，女十三四。

（七）指腹为婚

指腹婚是魏晋南北朝曾流行过的一种婚俗，其形式是双方父母在怀孕时即相约为婚，若果然生下一男一女，待长大后即互为婚姻。《魏书·王慧龙传》载："尚书卢遐妻，崔浩女也。初，宝兴（指王慧龙子王宝兴）母及遐妻俱孕，浩谓曰：'汝等将来所生，皆我之自出，可指腹为亲。'"可知北朝有指腹为婚之俗。后来，据同书所载，宝兴与卢遐女"及婚，浩为撰仪，躬自监视，谓诸客曰：'此家礼事，宜尽其美。'"崔浩为外孙包办指腹婚被认为是符合礼仪，且尽其美，可见在当时是很正常的。不仅北朝，南朝也有指腹婚。《梁书·韦放传》载："初，放与吴郡张率，皆有侧室怀孕，因指为婚姻。其后各产男女，未及长成而率亡。遗嗣孤弱。放尝赡恤之。及为北徐州时，有势族请姻者，放曰：'吾不失信于故友。'及此息岐娶率女，又以女适率子，时称放能笃旧。"韦放不背指腹为婚之岐娶率女，又以女适率子，时称放能笃旧。韦放不背指腹为婚之约，曾传为美谈。

（八）强令婚配

一方面是婚聘需要大量财物，大多数平民无力婚娶；另一方面迭绵的战乱使人口遽减，社会需要增加人口，为此统治者往往为繁衍人口而采取强行婚配政策。《晋书·武帝纪》记载：泰始九年（273年）十月，制"女年十七父母不嫁者，使长吏配之"，这种婚配方式，在各个时期都曾广为实行。《南齐书·海陵王传》载曰：延兴元年（494年）十月诏曰"督劝婚嫁，宜严更申明，必使禽币以时，标梅息怨"。《魏书·高祖纪》记载：太和二十年（496年）七月诏"夫妇之道，生民所先，仲春奔会，礼有达式，男女失时者，以礼会之"。而《世宗纪》正始元年（504年）六月诏："男女怨旷，务令媾会。"《肃宗纪》正光二年（521年）七月诏："男女怨旷，务令会偶。"都强调因战乱或其他原因而失时的男女必须婚配，有的甚至规定年限，以明确执行。《周书·武帝纪》建德三年（574年）正月下诏："自今已后，男年十五，女年十三已上，爰及鳏寡，所在军民，以时嫁娶，务从节俭，勿为财币稽留。"这种强令婚配的政策，多少缓和了统治者因战乱丧失大量劳动力的人口需求欲望，对生产的恢复、社会的发展有一定的进步作用。

（九）冥婚始盛

冥婚，简单地说就是死人结成婚姻。其俗由来已久。《周礼·地官》有“禁迁葬者与嫁殇者”，便是冥婚的滥觞。它盛行于民间，需要由媒氏出面加以实行。魏晋南北朝时在高层中始时有冥婚记载，说明民间冥婚习俗一定已非常流行。

曹操是当时许多习俗的率先改造者，他禁三日寒食、禁酒、实行薄葬等，但是，在爱子曹冲过早去世后，却不免要以世俗的冥婚来寄托父爱。《三国志·魏书·邴原传》载曰：“原女早亡，时太祖爱子仓舒（冲）亦殁，太祖欲求合葬。原辞曰：‘合葬，非礼也。原之所以自容于明公，公之所以待原者，以能守训典而不易也。若听明公之命，则凡庸也，明公焉以为散。’太祖乃止。”邴原的巧妙推脱使曹操无话可说，只得另找一家。同书《邓哀王冲传》载曰：“冲字仓舒，……年十三，建安十三疾病，太祖亲为请命。及亡，哀甚。……为聘甄氏亡女与合葬。”终于完成曹冲的冥婚。后来，魏明帝的爱女淑死了，也如法炮制。《三国志·魏书·文昭甄皇后传》载：“太和六年（232 年），明帝爱女淑薨，追封谥淑为平原懿公主，为之立庙。取后亡从孙黄与之合葬，追封黄列侯，以夫人郭氏从弟德为之后，承甄氏姓，封德为平原侯，袭公主爵。”不仅完成冥婚，而且为之立继承人，真正做到宗祧不断，血食有人，符合封建宗法礼俗。因此，与冥婚形式相比，更进了一步。

曹魏有冥婚，西晋南北朝也有冥婚之俗。《北史·穆崇传》载：崇元孙“正国子平城早卒，孝文时（471 ~499 年），始平公主薨于宫，追赠平城驸马都尉，与公主冥婚。”由于社会上流行冥婚之俗，所以便会有人出来予以抨击。据《魏书·高允传》所载，高允曾曰：“古者祭必主尸，使亡者有凭耳。今已葬之魂人，但求貌类者，事之如父母，燕好如夫妻，损败风化，莫此为甚！”所抨击的就是冥婚之俗。

三　丧葬风俗

（一）丧礼如制

从丧葬的过程来看，魏晋南北朝整个时期，基本上都是按礼俗规定来办的。

首先是初丧礼仪。“复”是亲人去世后的招魂仪式，试图使亲人在招魂后复活。《南齐书·张融传》记载，建武四年（497 年），张融病卒，

“遗令建白旌无旒，不设祭，令人捉尘尾登屋复魂”。“复”礼是用死者的内衣来招魂，此处用麈尾，只不过是“物”的异化，“复”礼仍存。“复”之外是沐浴饭含。我们通过薄葬者反对沐浴饭含的言论，可知当时有沐浴饭含等初丧礼俗施行。据《晋书·王祥传》载，王祥曾遗令训诫子孙，“气绝但洗手足，不须沐浴，勿缠尸”，则知时俗有沐浴之礼。又皇甫谧在其《笃终》中也曰：“吾欲朝死夕葬，夕死朝葬，不设棺椁，不加缠敛，不修沐浴，不造新衣，殡含之物，一皆绝之。”[①] 而从魏文帝“饭含不得珠玉”到石苞“不得饭含”同样可知当时有沐浴饭含之俗。

其次，在治丧礼方面，一是对吊丧赗赙极为重视。《颜氏家训·风操篇》记载：“江南凡遭重丧，若相知者，同在城邑，三日不吊则绝之；除丧，虽相遇则避之，怨其不己悯也。有故及道远者，致书可也，无书也如之。”赙是吊丧时的一种捐助明器和钱的仪式。据史书记载，郑冲去世后，晋武帝曾赐明器和钱三十万，布百匹。[②] 何曾死，“帝于朝堂素服举哀，赐东园秘器、朝服一具、衣一袭、钱三十万、布百匹”。[③] 丰厚之至。

殡敛则是治丧礼的另一重要习俗，从魏武帝在其遗诏中要求“敛以时服”，曹丕要求“无施珠襦玉匣”，以及诸葛亮、司马懿、韩暨、张昭、石苞等皆遗令“敛以时服”来看，当时社会均施行殡敛之俗。殡敛之后即成服，它是根据血缘、姻缘关系的远近亲疏来规制谁该穿斩衰、齐衰、大功、小功、缌麻等五种丧服。从具有严格的居丧生活来看，当时对丧服的要求还是依礼而行的。

再次，是出丧礼俗，包括堪舆择地、送丧等礼俗。堪舆择地古称卜兆宅，即通过占卜选择死者的阴宅茔域。送丧礼对于大臣来说，极其重视。据皇甫谧《逸士传》记载，袁绍丧母，归葬汝南，会葬者三万人。[④]《魏书·恩幸传》也载，王浚死，葬时“假亲姻义旧，衰经缟冠送丧者千余人”。而贾充死后的假节钺、前后部羽葆鼓吹等皆为送丧之用。由于送丧极费力费物，薄葬者便有反对送丧的。王祥在临终便遗命“家人大小不须送丧”[⑤]，从中透出时俗有送丧之礼。

---

① 《晋书·皇甫谧传》。

② 《晋书·郑冲传》。

③ 《晋书·何曾传》。

④ 《三国志·魏书·武帝纪》注引皇甫谧《逸士传》。

⑤ 《晋书·王祥传》。

最后，是终丧礼俗。主要是指大小祥的祭礼。小祥祭在死者去世后十三个月时举行，大祥在二十五个月时举行。皇甫谧是两晋时最彻底的薄葬者，他主张“朔月于家设席以祭，百日而止”[①]，反对百日之后祭奠。可知时俗是有大小祥祭的。

可见，魏晋南北朝时在丧礼方面基本上是如礼施行的，厚葬之风甚盛。但是，汉末的战乱，使许多人看到了厚葬之墓被盗挖所带来的暴尸中野的惨境，所以社会上出现了主张薄葬的观点。魏晋时，曹操在死前遗诏说：“天下尚未安定，未得遵古也。葬比，皆除服。其将兵屯戍者，皆不得离屯部，有司各率乃职。敛以时服，无藏金玉珍宝。”[②] 魏文帝曹丕则遵父制，实行薄葬。受王室的影响，大臣高官也纷纷实行薄葬，形成一个薄葬的高潮。司马懿在嘉平三年（251 年）即“预作终制，于首阳山为土藏，不坟不树；作《顾命》三篇，殓以时服，不设明器，后终者不得合葬”[③]。

蜀汉、孙吴虽然仍以厚葬为主，但薄葬者也不乏其人，如诸葛亮“遗命葬汉中定军山，因山为坟，冢足容棺，以殓时服，不须器物”[④]。张昭，“遗令幅巾素棺，殓以时服”[⑤]。诸葛瑾，“遗命令素棺殓以时服，事从省约”[⑥]。因此，薄葬之制在晋王室之中基本上得以实行。正如尚书裴頠所说，“大晋垂制，深惟经远，山陵不封，园邑不饰，墓而不坟，同乎山壤，是以丘孤存其陈革，使齐乎中原矣”[⑦]。东晋时“江左初，元、明崇俭，且百度草创，山陵奉终，省约备”[⑧]。仍然实行薄葬。除元帝葬其子琅琊悼王焕比较奢华外，皇室的丧事都较省俭。上行下效，大臣豪富名士实行薄葬者极其普遍。

魏晋南北朝时期是厚葬薄葬胶着的时期，虽然薄葬之风上至帝王下到官员都率范施行，但厚葬的压力仍然是非常大的。尤其是到了后期，厚葬

---

① 《晋书·皇甫谧传》。
② 《三国志·魏书·武帝纪》。
③ 《晋书·高祖宣帝纪》。
④ 《三国志·蜀书·诸葛亮传》。
⑤ 《三国志·吴书·张昭传》。
⑥ 《三国志·吴书·诸葛瑾传》。
⑦ 《晋书·刑罚志》。
⑧ 《晋书·礼志》。

之风又重新占据汉民族社会丧葬风俗的主导地位。

（二）怪诞的吊丧执手

古人在办丧时，亲友若不去吊丧则绝之。因此，在魏晋南北朝时期，亲朋有丧事而前往吊唁是寻常之事。若大臣死，帝王也行祭吊之礼，如郑冲死，晋武帝“于朝堂发哀，追赠太傅”[①]。何曾死，“帝于朝堂，素服举哀”[②]。王导去世，晋武帝为之“举哀于朝堂三日”[③]。可知时人极重吊丧之礼，并率真其情。

值得注意的是，南北朝以来吊丧已有行执手礼者。《南史·东昏侯本纪》记载：“潘妃生女，百日而亡。制斩衰绖杖，衣悉粗布。群小来吊，盘旋地坐，举手受执。”《北齐书·和士开传》也载：和士开母死，“帝见，亲自握手，怆恻下泣”。都是行执手礼，此礼大约起于南方。《颜氏家训·风操》说：“南人宾至不迎，相见捧手而不揖，送客下席而已。”举丧时，则“主人之外，不识者不执手”。由于吊丧时过于哀痛，故也有不执孝子手的失礼之事发生。执手犹如握手，这种礼节唐时仍盛行。

（三）独特的凶门柏历

凶门柏历是魏晋之时的特别丧俗。凶门柏历之俗，南北皆行。人始死，即立木于庭中，上横一木如门，叫重。横木下悬鬲，即“历”，中盛谓为死者神所凭依，葬后始改用木主。魏晋以来又有凶门柏历置于门外以表丧，类似后世的丧事牌楼。这种习俗花费巨大又不在礼典之列，因而遭到很多人的反对。南朝孔琳在陈述为政时曾痛贬凶门柏历之危害，曰：“凶门柏装，不出礼典，起自末代，积习生常，遂成旧俗。……凡人士丧仪，多出闾里，每有此须，动十数万，损民财力，而义无所取。至于寒庶，则人思自竭，虽复室如悬磬莫不倾产殚财。所谓葬之以礼，其若此乎。谓宜谨遵先典，一罢凶门之式。表以素扇，足以示凶。”[④] 东晋元帝之子琅琊王司马焕二岁即天，元帝决定破例厚葬，“以焕即封列国，加以成人之礼，诏立凶门柏历，备吉凶仪服。营起陵园，功役甚重”。孙霄上书对凶门柏历提出非议：“凶门柏历，礼典所无，天晴可不用，遇雨则无

---

① 《晋书·郑冲传》。

② 《晋书·何曾传》。

③ 《晋书·王导传》。

④ 《南史·孔琳传》。

益，此至宜节省者也。若琅琊一国，一时所用，不为大费，臣莅机近，义所不言。今天台所居，王公百僚聚在都辇，凡有丧事，皆当供给林木百数，竹薄千计，凶门两表，以计细竹及材，价值既费，又非表凶哀之宜。如此过饰，宜从粗简。”①

（四）斋七、回煞和送烧始兴

斋七是受佛教影响而形成的丧葬习俗，初现于南北朝。斋七也叫作七或七七，佛教认为，在死与生之间有一个“中阴”或“中有”阶段，“中有七日一死生，最多经七七四十九日，必定转生”②。为了帮助死者重生，必须在人死后每隔七天追荐祭奠一次，超度亡灵。南北朝时，佛教开始深入地影响士大夫官僚阶层，斋七便形成于此期。《北史·胡国珍传》记载：“国珍年虽笃老，而雅敬佛法。”及薨，“诏自始薨至七七，皆为设千人斋，斋令七人出家，百日设万人斋，二七人出家”。南北朝斋七的规模相当大，如胡国珍的千人斋、万人斋，靡费极大。斋七之俗在隋唐之后，不断壮大，在民间至今影响不绝。

回煞即丧事之后的驱避邪祟，始盛于南北朝。颜之推《颜氏家训·风操篇》曰：“偏旁之书（意为旁门左道），死有归杀（回煞）。子孙逃窜，莫肯在家；画瓦书符，作诸厌胜。丧出之日，门前燃火，户外列灰，袚送家鬼，章断注连。”可见当时民间回煞习俗之大端。

送烧是将生时器用之物烧送给死者的习俗，流行于北朝。《宋书·索虏传》记载：北魏葬俗，“死则潜埋，无坟垄处所，至于葬送，皆虚设棺柩，立冢椁，生时车马器用皆烧之以送亡者”。这种送烧所费十分可观，尤其是帝王和大臣，生前所用器物众多，浪费之大可想而见。《魏书·文成文明皇后传》记载：文帝死，“三日之后，御服器物一以烧焚，百官及中宫皆号泣而临之”。对于这种靡费巨大的烧送陋习，北魏的高允曾上书要求禁断，他说：“前朝之世，屡发明诏，禁诸婚娶不得作乐，及葬送之日，歌谣、鼓舞、杀牲、烧葬，一切禁断。虽条旨久颁，而俗不变革。……今国家营葬，费损巨亿，一旦焚之，以为灰烬。”③但文成帝去世仍行烧送之俗，可见，高允之疏并未被采纳施行。而我们从高允的

① 《晋书·琅琊悼王焕传》。

② 陈兵：《生与死》，内蒙古人民出版社1994年版，第124页。

③ 《魏书·高允传》。

疏中还可以得出，烧送之俗，早已有之。虽然前朝即已明诏加以禁断，但由于民间盛行，加上官方的随俗，所以，一仍其旧。

（五）盛行土葬

魏晋南北朝时期，汉民族主要施行土葬，但因为社会动乱，时事所迫，有时无法施行土葬时，则变通处理。

魏晋南北朝继承秦汉礼俗，基本上实行土葬。魏晋南北朝时的土葬墓大都以砖制穹隆顶墓为主。因此，有人主张薄葬而反对用砖。刘苞所作的《革终论》便说，“归于旧山，随得一地，地足以坎，坎足以容棺，不须砖甓，不劳封树”①，也算是比较彻底的薄葬和土葬论者。

魏晋南北朝时的葬法除盛行土葬外，也有鸟葬和火葬等形式。鸟葬也称天葬，是任其由鸟啄食或风化腐烂。魏晋南北朝战乱频仍，战争和天灾人祸使人口锐减，许多在战争中死亡者无力安葬而暴尸中野。正如《战城南》所传唱：“战城南，死郭北，野死不葬鸟可食。为我谓鸟：且为客豪。野死谅不葬，腐肉安能去子逃？”② 这是最为自然的天葬形式；火葬在当时少数民族和高僧中流行。

（六）葬式多样

二次葬是土葬的一种特殊形式，即晋南北朝时，二次葬俗在假葬、归乡葬和合葬中得到具体的表达。

假葬是一种暂时的埋葬法，属二次葬俗，往往在不得已的情况下权宜为之。据《晋书·郤诜传》记载，“诜母病，苦无车。及亡，不欲车载柩，家贫无以市马。乃于所住堂北壁外假葬。开户，朝夕拜哭。养鸡种蒜，竭其方术，丧过二年。得马八匹，舆柩至冢，负土成坟”。显然，郤诜的假葬是为贫困所迫。这种情况在魏晋南北朝时并不少见。《梁书·沈崇传》记载：沈崇“母卒，家贫无以迁窆，乃行乞经年，始获葬焉”。同书《刘苞传》也说：刘苞“父母及两兄相继亡殁，悉假瘗焉。苞年十六，始移墓所，经营改葬”。凡此，都属于假葬性质，都属于假葬性质的二次葬法。

归乡葬是一种老死归葬故乡的习俗。归乡葬有属于一次葬的，也有属于二次葬的。《三国志·吴书·鲁肃传》记载：鲁肃是“临淮东城人，生

---

① 《南史·刘苞传》。

② 《宋书·礼志》。

而丧父，与祖母同居。……南到居巢就瑜，瑜之东渡，因与同行，留家曲阿。会祖母亡，还葬东城”，这大约是属于一次葬的。《魏书·孝感传》载：天水人赵琰，因“时禁制甚严，不听越关葬于旧兆。琰积三十余年，不得葬二亲。及蒸尝拜献，未尝不婴慕卒事。每于时节，不受子孙庆贺。年余耳顺（60岁），而孝思弥笃。慨岁月推移，迁窆无期，乃绝盐粟，断诸滋味，食麦而已。年八十卒。迁都洛阳，子应等乃还乡葬焉”。执着地要行归乡葬，两代人的骨殖在六十来年之后，才在赵应身上得以完成埋葬。这种迁延很久的归乡葬，一般都是行二次葬。归乡葬表达了中华民族由来已久的叶落归根的乡情观念。魏晋南北朝时归乡葬的盛行，与为宦他乡以及大量的人口迁徙流动密不可分。

合葬是一种在夫妻去世后埋入同穴的葬法，大部分合葬属于二次葬。据《宋书·后妃传》记载，东晋义熙四年（408年），刘裕夫人臧氏死于东城，葬于丈夫之乡丹徒，准备刘裕死后与之合葬。不过，刘裕后来做了宋的皇帝，遗诏留葬京师。这样刘裕死后，臧氏的遗骨只得又迁葬建康。显然，对于臧氏来说，合葬也即是二次葬。从魏晋到南北朝，夫妻合葬之风非常盛行，如刘备的甘夫人从南郡迁葬至蜀与刘备合葬，孙权潘夫人、步夫人合葬于蒋陵等。因此，当时大臣名士都有反对合葬的。司马懿《终制》说：“后死者不得合葬。”皇甫谧《笃终论》说：“亡有前后，不得移祔，祔葬自周公以来，非古制也。”① 他们反对合葬，正说明当时合葬盛行。

（七）葬地讲究风水

葬地讲究风水在战国时已存在，魏晋南北朝时已经理论化，影响也极其深远。据《晋书·郭璞传》记载，郭璞精通五行、卜筮、堪舆之术，著有《葬书》，详细阐述了葬地风水的主要特征，如山要有来龙与方位，水要横行回绕，气有四势以卫，穴要有相水印木，土要细润五色，草木要茂盛等，并提出有五不葬之山，即“气以生和，而童山不可葬也。气因形来，而断山不可葬也。气因土行，而石山不可葬也。气以势止，而过山不可葬也。气以龙会，而独山不可葬也”。另外，对各种葬地禁忌，《葬书》也加以论述。

由于风水理论认为吉穴能致子孙发达，凶穴可导致灭族。故人们对祖

① 《晋书·皇甫谧传》。

先的葬地十分讲究，堪舆术流行，因而社会上有以图墓为业者。《南齐书·沈文季传》记载："富阳人唐寓之侨居桐庐，父祖祖传图墓为业。寓之自云其家墓有王气，山中得金印，转相狂惑。"考古发现证明，魏晋南北朝时期的墓葬在朝向、地势选择皆有一定规律。"南京地区六朝时期的墓葬，绝大部分位于土山丘陵的半麓，墓向东南西北皆有，主要据葬地形势而定，其中以向南、向东居多。"① 显然是风水观念使然。

（八）居丧的违礼和遵礼

魏晋南北朝时期，汉民族社会受传统的重丧和提倡居丧的礼俗影响，也有居丧遵礼之风俗。据东汉王粲所著《英雄记》② 记载：袁绍生而父亡，长大后又遭母丧，他为母居丧三年后，"又追行父服，心在冢庐六年"③。晋武帝司马炎也率先为其父司马懿守丧三年④，使西晋的守丧之制得到强化。当时如和峤、王接、王湛、许孜等都居丧自律而很有名气。但是居丧违礼现象也屡屡发生。"竹林七贤"之一的王戎遭母忧时，"不拘礼制，饮酒食肉，或观围棋"⑤，即饮食娱乐方面都未按居丧生活的世俗礼仪来执行。太子文学王籍居叔母丧而婚，东阁祭酒颜含之在叔父丧时嫁女，虽为丞相司直刘隗弹劾，晋元帝打个圆场，均未受到处罚。谢安兄弟居丧不废乐，还使"衣冠效之，遂以成俗"⑥，与传统礼制完全相背。

南北朝时也有居丧如礼者，如昭明太子为母厂贵妃居丧，水浆不进，菜时不尝，甚至引起父亲的不满。⑦ 夏侯祥十六岁丧父，居丧哀毁，于墓旁守孝三年。⑧ 北朝的阳固居母丧，"号慕毁病，杖而后起"⑨。杜弼为父居丧六年。⑩ 但这种遵行古制的居丧礼俗常常为沽名钓誉者所利用，成为

① 李蔚然：《论南京地区六朝墓的葬地选择和排葬法》，《考古》1983年第4期。

② 《英雄记》（又作《汉末英雄记》《汉书英雄记》）是一部记录了关于中国东汉末年的史书，内容记载了汉末军阀的事绩，作者为东汉末年著名文学家王粲，此书久佚。明代时王世间首先杂钞诸书辑录逸，大致取材于裴注《三国志》。

③ 《三国志·魏书·袁绍传》注引《英雄记》。

④ 《晋书·礼志》。

⑤ 《晋书·王戎传》。

⑥ 《晋书·谢安传》。

⑦ 《梁书·昭明太子传》。

⑧ 《梁书·夏侯祥》。

⑨ 《魏书·阳昆附阳固传》。

⑩ 《北齐书·杜弼传》。

一种表演手段。

第五节　魏晋南北朝汉民族的岁时风俗

一　年节风俗

（一）元日朝会成惯制

元日为夏历的正月一日，又称为“元正”“正旦”。因为处于一年的开端，四时的开始，一月的开头，所以又称为“三元”或“三正”。元日在魏晋南北朝时是一个比较重要的节日，每年此时，上从皇室贵族，下至庶民百姓，都要举行各种形式的习俗活动。

元旦这天，朝廷年年都要举行朝会。魏晋南北朝时期虽然战乱不断，政权变换频繁，但除两晋时个别年份因天象异变而停止过元日朝会外，整个魏晋南北朝时期，元日朝会之俗始终得以传承。元日朝会的仪式，据西晋《咸宁注》所述，其程序大致为：先日，为王公卿校在端门外准备好简易座位，并在宫殿前准备好乐队；元日，群臣到齐后，宫廷中火盆齐燃，群臣从云龙门、东中华门进入，来到东阁下坐待。皇帝在一片鼓乐声中出来，百宫皆伏拜。鼓乐停后，百官按品位高低依次献礼贺拜，最后是少数民族客人进拜。贺拜毕，皇帝入内稍事休息，然后在一片钟鼓乐声中复出。主管接待宾客的谒者将王公至二千石以上的大宫领上殿，依次向皇帝献寿酒。献酒时，献酒者先将寿酒跪授侍中，由侍中将酒跪置御座前。然后献酒者自酌，置已位前。此时谒者跪奏说：“臣某等奉觞再拜，上千万岁寿。”侍中答：“觞已上。”百官伏称万岁，四厢乐声大起。寿酒献完，皇帝开始进御膳，群臣也就席进食。食毕君臣一起欣赏乐舞，直至宴乐结束。[①]《太平御览》卷二九《时序部·元日》引曹植《正会诗》，描述曹魏时期元日朝会盛况说：

初岁元祚，吉日惟良，乃为嘉会，宴此高堂。
尊卑列叙，典而有章，衣裳鲜洁，黼黻玄黄。
清酤盈爵，中坐腾光，珍膳杂沓，充溢圆方。
笙磬既设，筝瑟俱张，悲歌厉响，咀嚼清商。

① 《宋书·礼志》。

俯视文轩，仰瞻华梁，愿保兹善，千载为常。
欢笑尽娱，乐哉未央，家室荣贵，寿若东王。

到了南北朝时，元日朝会之俗，南朝则一仍其旧，与魏晋时差别不大；而北朝则有所变化，如元日除大宴群臣外，还有中宫朝会和慰劳各州郡国使臣之俗。中宫指皇帝的后宫，中宫朝会即嫔妃公主朝拜皇后之仪。慰劳各州郡国使臣，则由皇帝派侍中向各州郡国使臣宣诏，向各州郡国长官问候，间询农事、民政，并诫勉他们廉洁奉公，勤政爱民。宣诏毕，给使者纸笔，让他们各具条陈。对条陈中丢字落字者，则罚站；字迹潦草者罚喝墨一升；文理粗疏者，赶出宴席；文辞可取者，则在吏部备案，视为流外三品。

（二）元日祛邪和拜贺

在民间，元日这天则以家族为单位举行一系列的习俗活动，如燃放爆竹、饮桃汤、进屠苏酒等诸多习俗均沿袭汉代习俗。到梁时，由于佛教盛行，人们普遍戒杀生、行素食，正月初一吃鸡子之俗遂不复遵行。

魏晋南北朝时，正月初一有贴画鸡、悬苇索、插桃符等习俗。《荆楚岁时记》记载："贴画鸡户上，悬苇索于其上，插桃符其傍，百鬼畏之。"同书考索其起源说："魏议郎董勋云，今正、腊旦，门前作烟火、桃人、绞索、松柏，杀鸡著门户逐疫，礼也。"

正月初一又有打如愿的习俗。《荆楚岁时记》记载："又以钱贯系杖脚，回以投粪扫上，云令如愿。"关于如愿，前蜀杜光庭在《录异记》曾说："有商人区明者，过彭泽湖，有车马出，自称青洪君，要（邀）明过，厚礼之，问何所须？有人教明，'但乞如愿！'及问，以此言答。青洪君甚惜如愿，不得已，许之。乃其婢也。既而送出。自尔，商人或有所求，如愿并为，即得。所至正旦，如愿起晚，乃打如愿。如愿走，入粪中，商人以杖打粪扫，唤如愿，竟不还俗，北方则在正月十五夜行之。"

（三）人日登高

正月初七为人日，有吃七菜羹、剪彩人、登高等习俗。《荆楚岁时记》曰："正月初七为人日。以七种菜为羹；剪彩为人，或镂金簿为人，以贴屏风，亦戴之头鬓；又造华胜以相遗；登高赋诗。"董勋《问礼俗》曰："正月初一为鸡，二日为狗，三日为猪，四日为羊，五日为牛，六日为马，七日为人。正旦画鸡于门，七日贴人于帐。"当时禁忌："一日不杀鸡，二日不杀狗，三日不杀猪，四日不杀羊，五日不杀牛，六日不杀马，七日不行刑。”都是源于上列观念。至于“剪彩为人”，则是“人入新年，形容改新”[①] 之意。

登高作为人日的一种户外活动，魏时已有之。魏东平王翕于人日登安仁山，并作铭文说：“正月七日，厥日为人，策我良驷，陟彼安仁。”[②] 东晋人张望有《正月七日登高诗》曰：“玄云敛夕煞，青阳舒朝惔。熙哉陵冈娱，眺盼肆回目。”[③] 北方也有人日登高的习俗，据《北齐书·崔㥄传》记载，东魏时，魏孝静帝在人日登云龙门，崔㥄父子在宴席上赋诗。北朝阳休之《正月七日登高侍宴诗》说：“广殿丽年辉，上林起春色。风生指雕辇，云回浮绮翼。”薛道衡《人日思归诗》说：“入春才七日，离家已二年。人落归雁后，思发在花前。”[④] 可见人日不仅有户内活动，也有户外活动，是一个张弛有致的节日。

（四）元宵祭祀和张灯

正月十五后来是非常隆重的元宵节，但在魏晋南北朝时主要是一个以祭祀占卜为主，与蚕事活动紧密相联的节日。关于祭祀蚕神的由来，《荆楚岁时记》引《续齐谐记》说：“吴县张成夜起，忽见一妇人立于宅东南角，谓成曰：‘此地是君家蚕室，我即此地之神。明年正月半，宜作白粥，泛膏其上以祭我，当令君蚕百倍。’言绝而失之。成如言作膏粥，自此后大得蚕。”据《荆楚岁时记》记载：“老人月半作粥之，加肉覆其上，登屋食之。咒曰：‘登高糜，挟鼠撤职，欲来不来，待我三蚕老。’则是为蚕逐鼠疫矣。”由此可知，正月十五与祭祀门户和祭祀蚕神等相关，是一个祭祀性的节日。

正月十五晚又有迎紫姑，占众事，也卜蚕桑。《荆楚岁时记》说：“其夕，迎紫姑，以卜将来蚕桑，并占众事。”元宵点灯之俗起自汉代，魏晋南北朝时期仍沿其旧俗，且热闹超前。《北史·柳彧传》记载：“正月望夜，充街塞陌，鸣鼓聒天，燎炬照地。人戴兽面，男为妇服，竭资破产，竟此一时。”《隋书·柳彧传》记载：“近代以来，都邑百姓每至正月

---

① 《荆楚岁时记》。

② 《初学纪》卷四《岁时部·人日》引《安仁峰铭》。

③ 《玉烛宝典》卷一。

④ 《艺文类聚》卷四《人日》条引。

十五日，作角抵之戏，递相夸竞，至于靡费财力，上奏请禁绝之，曰：‘……窃见京邑，爰及外州，每以正月望夜，充街塞陌，聚戏朋游。鸣鼓聒天，燎炬照地，人戴兽面，男为女服，倡优杂伎，诡状异形。’”柳彧所说近代，正是南北朝时期，可见当时正月十五夜已有百戏表演，鸣鼓燎炬等活动，热闹异常。陈朝后主《三善殿文望山灯》诗曰：“依楼杂度月，带石影开莲。既有常满照，羞与晓星连。”似亦是写正月十五之张灯。

正月十五，北方则有打簇。打簇亦称“ 打竹簇 ”，是北朝时的一种游戏。《北齐书·神武帝纪下》：“三年正月甲午，开府仪同三司尒朱文畅……等谋贼神武，因十五日夜打簇，怀刃而入，其党薛季孝以告，并伏诛。”《北齐书·尔朱文畅传》：“自魏氏旧俗，以正月十五日夜为打竹簇之戏，有能中者，即时赏帛……因高祖临观，谋为窃发。”《北史·尔朱荣传》作“打蔟”。东魏孝静帝天平四年（537 年），朝廷曾下诏禁止打簇。[①] 但到武定三年（545 年），外戚尔朱文畅与任胄、郑仲礼等人密谋，欲趁正月十五日夜打簇时杀掉高欢，可见禁而未止。《北齐书·尔朱文畅传》记载：“自魏氏旧俗，以正月十五日夜为打竹簇之戏。有能中者，即时赏帛。任胄令仲礼藏刃于袴中，因高祖临观，谋为窃发，事捷之后，共奉文畅为主。”从“有能中者，即时赏帛”来看，这是一种具有竞争性的娱乐活动。

又有做宜男蝉之俗。《荆楚岁时记》记载：“都人上元夜作宜男蝉，似蛾而大。”宜男是萱草的别名，据周处《风土记》记载，孕妇若是佩带此草，必生男儿。宜男蝉是用萱草做成蝉形，让孕妇佩带以乞求生子。

北方还有打如愿。《荆楚岁时记》注《如愿》条说：“今北人正月十五日夜立于粪扫边，令人执杖打粪堆，云云，以答假痛。意者亦为如愿故事耳。”

二　春季节日

（一）立春迎春

一年四季，以春为首。立春，标志着春立春日出土牛，芒神的习俗起源较早，魏晋南北朝时仍延之。又有立春幡，戴春胜，贴宜春之俗。南朝

① 《资治通鉴》卷一五九《梁记·大同十一年》胡三省注。

徐陵《新曲云》曰："立春历日自当新，正月素幡底须故。"春胜，则系纸绢制成的小饰物，戴在头上，以示迎春。《荆楚岁时记》曰："立悉剪彩为燕以戴之。"宜春，系一种贴在门上的饰物，《荆楚岁时记》曰："立春日，贴宜春于门。"

（二）晦日送穷和泛舟宴乐

正月晦日即正月的最后一天。魏晋时期，从正月元日到晦日，人们纷纷到水边，或操桨泛舟，或临水宴乐，或漂洗衣裙，以此消灾解厄。《荆楚岁时记》记载："元日至月晦，并为酺聚饮食，士女泛舟，或临水宴乐。"《玉烛宝典》则说："元日至月晦，人并为酺食，度水，士女悉湔裳，酹酒于水湄，以为度厄。"但到魏晋南北朝后期，这种活动渐渐地集中在晦日。据《荆楚岁时记》记载，当时，"世人唯晦日临河解除，妇人或湔裙"。而且消灾解厄的意义也越来越弱，游水赏春反而成为人们活动的主要动机。

魏晋南北朝时，还有晦日送穷的习俗。传说有瘦约，整日破衣蔽体，稀粥充腹，于某年正月晦日，穷死于陋巷，被称为"穷子"。人们怜之，则于正月晦日，用糜粥和破衣在巷中祀之，称为"送穷鬼"[①]。

（三）社日祭神

《荆楚岁时记》记载："社日，四邻并结综会社，牲醪，为屋于树下，先祭神，然后飨其胙。"其意说，春社这一天，四邻相聚祭社神，用牛羊做祭品，在社树下搭棚屋，先祭完神，然后大家共享祭品。春社之外，又有秋社，在秋时举行。

（四）寒食节定型

《荆楚岁时记》记载："去冬节（冬至）一百五日，即有疾风甚雨，谓之寒食。禁火三日，造饧大麦粥。"寒食节在汉时尚无固定日期，或为五月五日，或为冬至后百五日。但魏晋南北朝时则已固定为清明节前一日，其主要节俗为禁火寒食。另外，有蹴鞠、秋千、施钩之戏，有斗鸡、镂鸡子、斗鸡子之俗。

寒食节由于禁火而食生冷食物，弊端自见，为此，统治者时有禁制。东汉末年，曹操曾下《明罚令》予以禁止，但未能奏效。经过西晋，至十六国时，寒食之俗依然很盛，以致后赵主石勒再一次下令禁止寒食。但

---

① 《荆楚岁时记》按语。

就在禁令下达后的第二年，介山地区就下了一场大如鸡蛋的冰雹，积三尺多厚，人畜死伤数以万计，树木摧折，庄稼荡然。有人向石勒进言，说这是禁寒食触怒了介山之神的结果，应该恢复寒食，让介山一带的百姓供奉山神。石勒让群臣讨论，群臣都认为应该恢复，结果，并州又恢复了寒食。[①] 不仅如此，寒食之俗还扩展到河北邺城一带。

十六国以后，北魏时也有过禁寒食之令，太和二年（496 年）皇帝下诏："介山之县，听为寒食，自令禁断。"[②] 但结果仍是禁而不止。

寒食节三日不得举火。在此期间，人们一般以干粥、醴酪作为食品。干粥又称干饭，把米或大麦炒熟，然后碾碎，可随时食用。醴酪做法，将粳米或大麦煮熬成酪状，放入捣碎的杏仁。《荆楚岁时记》按语引孙楚《祭子推文》说"黍饭一盘，醴酪二盂"。黍饭即干饭，可以用盘盛；醴酪稀湿，所以盛于盂。另与寒食节有关的则有清明节，《齐民要术》记载："煮醴而食之，名曰寒食，盖清明节前一日是也。"可知当时已有清明节，但其节俗详情待考。

（五）上巳祓禊习俗娱乐化

三月三日又称上巳节，魏晋时将上巳节固定于三月三日。《晋书·礼志》记载："汉仪，季春上巳，官及百姓皆禊于东流水上，洗濯祓除去宿垢，而自魏以后，但用三日，不以上巳也。晋中朝公卿以下至于庶人，皆禊洛水之侧。"其盛况空前。《荆楚岁时记》也载："三月三日，士民并出江渚池沼间，为流杯曲水之饮。"则可知魏晋南北朝时期三月三日除临水祓禊之外，又有饮宴和流杯曲水之欢，增加了娱乐喜庆气氛。

三月三日是全国性的节日，王羲之《兰亭集序》记当时江南地区三月三盛况曰：

> 永和三年（353 年），岁在癸丑，暮春之初，会于会稽山阴之兰亭，修禊事也。群贤毕至，少长咸集。此地有崇山峻岭，茂林修竹，又有清流激湍，映带左右，引以为流觞曲水。列坐其次，虽无丝竹管弦之盛，一觞一咏，亦足以畅叙幽情。是日也，天晴气清，惠风和畅，仰观宇宙之大，俯察品类之盛，所以游目骋怀，足以极视听之

---

① 《晋书·石勒载记》。

② 《魏书·高祖纪》（下）。

娱，信可乐也。

另《邺中记》记载：“石虎三月三日临水会，公主妃子名家妇女无不毕出。临水施帐幔，车服灿烂，走马步射，饮宴终日。”所记是北方三月三日的习俗活动。《晋书·李玄盛传》记载：“玄盛上巳日宴于曲水，命群僚赋诗，而亲为之序。”这是关于西北地区过三月三日习俗的记载。在遍及大江南北的节日气氛中，最热闹的莫过于洛阳和建康（今南京）了。西晋时，会稽人夏统曾去洛阳为母亲买药，正值三月三日，只见洛阳内“王公以下，莫不方轨连轸，并南浮桥边禊，男则朱服耀路，女则锦绮粲烂”[①]。南朝梁简文帝《三日曲水诗序》描述建康三月三日的情景：

> 是节也，上巳属辰，余萌达壤，仓庚应律，女夷司候。尔乃分阶树羽，疏泉泛爵，兰觞沿溯，蕙肴来往。宾仪式序，盛德有容。吹发孙枝，声流嶰谷，舞艳七盘，歌新六变，游云驻彩，仙鹤来仪。都人野老，云集雾会，结轸方衢，飞轩照日。[②]

又是“士民并出”“少长咸集”，又是“都人野老，云集雾会”，可证当时参加节日活动的人员之广泛。

三　夏季节日

（一）浴佛节流行

四月八日浴佛节，也即佛诞节，南北朝时已极盛行。据《洛阳伽蓝记》记载，北朝时“时世好崇福，四月七日，京师诸像皆来此寺。尚书祠曹录像凡有一千余躯。至八月（日）以次入宣阳门，向阊阖宫前受皇帝散华。于是金花映日，宝盖浮云，幡幢若林，香烟似雾。梵乐法音，聒动天地。百戏腾骧，所在骈比。名僧德众，负锡（锡杖）为群；信徒法侣，持花成薮。车骑填咽，繁衍相倾。”因行像供养皆要云集明景寺，因此，各寺庙行像时间要错开。如长秋寺于四月四日出像，盛况也空前：“四月四日，此像常出，辟邪师（狮）子，道引其前；吞刀吐火，腾骧一

① 《太平御览》卷三十《时序部·三月三日》，引《夏仲御别传》。
② 《艺文类聚》卷四《时序部·三月三》引。

面；彩幢上索，诡谲不常。奇伎异服，冠于都市。像停之处，观者如堵，迭相践跃，常有死人。”[①] 则可知百杂伎艺俱于此节献技，因而盛况空前。

四月八日佛教以为释迦牟尼诞辰，因有“佛生时龙喷香雨浴佛身”传说，俗也称浴佛节。《魏书·释老志》载：“四月八日，舆诸佛像行于广衢，帝亲御门楼临观，散花以礼敬。”今人杨荫深认为“此风当始于六朝”，并引《荆楚岁时记》“荆楚四月八日，诸寺各设社，香汤浴佛，共作龙华会，以弥勒下生之征也”[②] 做证，可知南北皆盛此节。北方浴佛节散花之俗则据《因果经》传说而起，“尔时菩萨母胎，即乘六牙白象发兜率宫，无量诸天作诸伎乐，烧众名香，散天妙华，随菩萨满虚空中，放大光明，普照十方，以四月八日明星出时，降神母胎”[③]。四月八日浴佛，因后世佞佛而得到广泛流行，影响极大。

（二）端午节和屈原结缘

夏历的五月五日又称“端五”。魏晋南北朝端午沿袭前朝，现成以下主要风俗：

竞渡。《荆楚岁时记》记载：五月五日“是日竞渡”。竞渡即是划船比赛，主要流行于江南地区。这一天，人们划着一种叫飞凫的轻船，分作水军、水马两种，展开竞赛。当地的官员及百姓都站在水边观看。

吃粽子。周处《风土记》曰：“仲夏端午，烹鹜角黍”，说明当时已盛行端午节吃粽子之俗。同时人们还将吃粽子习俗与祭祀怀念屈原结合在一起，《续齐谐记》说：“屈原五月五日投汨罗江而死，楚人哀之，每至此日，竹筒贮米，投水祭之。汉建武中，长沙欧回，白日忽见一人，自称三闾大夫，谓曰：‘君当见祭甚善，但常所遗，苦蛟龙所窃，今若有惠，可以楝树叶塞其上，以五采丝缚之，此二物蛟龙所惮也。’回依其言，世人作粽，并带五色丝及楝叶，皆汨罗之遗风也。”

辟瘟祛毒。端午是毒日，所以驱邪占有重要地位。粽子上塞楝树叶和系五彩丝是避邪，臂系五彩丝不仅“辟兵”，也是避邪。《荆楚岁时记》说：“以五彩丝系臂，名曰辟兵，令人不病瘟。”是日还“采艾以为人，悬门户上，以禳毒气”则同样是避邪。民间于此日还竞采杂药，《夏小

① 《洛阳伽蓝记》卷一。

② 杨荫深：《事物掌故丛谈》，引《荆楚岁时记》，上海书店 1986 年影印本。

③ 《法苑珠林》，引《因果经》。

正》载："此日蓄药，以蠲除毒气。"

此外，端午踏百草是当时所盛行的一种娱乐活动，《荆楚岁时记》载："四人并踏百草，今人又有斗百草之戏。"①

四　秋季节日

（一）七夕盛行

七夕也叫乞巧节、女儿节。相传"七月七日为牵牛织女聚会之夜"。因此，人们在此夕乞巧、守夜乞愿。牛郎织女的传说产生很早，在汉代时已初具规模，并已有七夕夜乞巧的风俗。到魏晋南北朝时牛郎织女传说已与七夕紧紧地联系在一起，不仅使乞巧节增添了神秘的气氛，也使牛郎织女的传说具有更凄美的情调。据吴均《续齐谐记》记载："桂阳武丁有仙道，忽谓其弟曰：'七月七日织女当渡河，吾向已被召。'弟问：'织女何事渡河？'答曰：'暂诣牵牛。'世人至今云织女嫁牵牛。"② 由于牛郎是勤劳能干的代表，织女是心灵手巧的代表，所以，七夕节的习俗都与牛郎织女有关，如乞巧、守夜乞愿等。

乞巧是妇女在七夕夜举行的一种特殊活动。《荆楚岁时记》记载："是夕，人家妇女结彩缕、穿七孔针。或以金银钤石为针，陈瓜果于庭中以乞巧，有喜子网于瓜上，则以为符应。"大约当妇女乞巧穿针时，男子也参与旁观并以此为娱乐，所以，他们写了许多诗文加以吟咏。如梁简文帝《七夕穿针诗》曰："怜从帐里出，想见夜窗开。针欹疑月暗，缕散恨风来。"刘遵《七夕穿针诗》曰："步月如有意，情来不自禁。向光抽一缕，举袖弄双针。"刘孝威《七夕穿针诗》曰："缕乱恐来风，衫轻羞指现。故穿双眼针，特缝合欢扇。"③ 从南朝时大量吟咏七夕节风俗的诗文可知，七夕节在南北朝时已十分盛行。

除了乞巧，守夜乞愿是与乞巧相关的另一项七夕重要习俗。周处《风土记》载："七月七日，其夜洒于扫庭，露施几筵，设酒脯时果，散香粉于河鼓、织女，言此二星神当会（守夜者感怀私愿，或云见汉中有奕奕正白气，有耀五色，以此为徵应，见者便拜而愿）。乞富乞寿，无子

① 《初学记》卷四《五月五日第七》引。

② 《初学记》卷四《七月七日第九》引。

③ 《初学记》卷四《五月五日第七》引。

乞子。唯得乞一，不得兼求。三年乃得言之，颇有受其诈者。”①

另外，七月七日晒衣风俗汉时已有，魏晋南北朝时期仍沿之。后世六月六晒衣物，与此俗类同。

（二）七月半始成节日

七月半本为佛教节日，《颜氏家训·终制篇》说：“若报罔极之德，霜露之非，有时斋供，及七月半盂兰盆，望于汝也。”则言南北朝时已有七月半节行世，但此言“有时斋供”与“七月半盂兰盆”为二事。盖斋供祀亲，使祖祢于冥间免于冻馁；盂兰盆借诸佛众，求佛解脱亡亲冥间痛苦，故可证此时七月半尚未有祭祖之俗，而仅为供佛。后来佛教徒在推行盂兰盆会时已杂以儒家的孝道观念，为后世七月半以祀祖替代供佛提供了可能。节日期间，据《荆楚岁时记》记载，各地寺庙“广为华饰，乃至刻木割竹，饴蜡剪彩，模花叶之形，极工妙之巧”。可见当时七月半盂兰盆会之盛况。

（三）中秋节初露端倪

魏晋南北朝时期，中秋节虽未形成，但后世中秋节的许多习俗活动已初露端倪。如中秋节期间的亲友互送“明目囊”习俗，《荆楚岁时记》记载：“八月十四，民并以朱水点儿头额，名为天灸，以厌疾。又以锦彩为眼明囊，递相饷遗。”梁简文帝《明眼囊赋·序》说：“俗之妇人，八月旦，多以锦翠珠宝为明眼囊，因竞渡凌晨取露拭目。”② 可见时俗甚为风行，但日期则不固定，或八月十四，或八月初一。又《荆楚岁时记》引《续齐谐记》曰：“（邓绍）八月旦入华山采药，见一童子执五彩囊，承柏叶上露，皆如珠满囊。绍问：‘用此何为?’答曰‘赤松先生取以明目。’言终便失所在。”可知八月中秋互馈明目囊之俗源即于此。

中秋赏月魏晋时已有人偶尔为之，但尚未形成习俗。中秋赏月成为一种普遍参与的习俗活动，则要到唐代。

（四）重阳节趋于定型

重阳因其在九月九日而得名。古人认为“九”为阳数之最，月在九，日也在九故曰重阳。此节汉时已有流行，只因其与饮宴登山娱乐结合在一起，在魏晋南北朝时期更受士庶欢迎，成为一个很有特色的节日。

---

① 《初学记》卷四《五月五日第七》引。

② 《艺文类聚》卷七十“囊”条引。

登高是重阳节一项很重要的内容，此日士庶官员都登高饮宴，享受大自然赐予的秋高气爽的好时光。而对于放浪山水的东晋士族及南北朝权贵，重阳登高是游冶的好节日。《孟嘉别传》记载："九月九日温游龙山，参僚毕集。"又《南齐书》曰："宋武帝为宋公，在彭城，九月九日登项羽戏马台，至今相承，以为故事。"[①] 当时随宋武帝登高的谢瞻、谢灵运分别写有《九日从宋公戏马台》和《九日从宋公戏马台送孔令诗》记叙其事。《荆楚岁时记》记载："九月九日，四民并籍野饮宴。"则平民也出外郊游。《临海记》说：临海"郡北四十步有湖山，山甚平正，可容数百人坐。民俗极重，每九日菊酒之辰，宴会于此山者，常至三四百人"[②]。

重九还有插茱萸和饮菊花酒的习俗，认为插茱萸和饮菊花酒能避邪消灾，健康长寿。晋人周处《风土记》记载："九月九日，律中无射而数九，俗尚此月折茱萸房以插头，言辟除恶气而御初寒。"檀道鸾《续晋阳秋》曰："陶潜九月九日无酒，于宅边菊丛中，摘盈把坐其侧。久望见白衣人，乃王弘送酒。即便就酌而后归。"[③] 当时许多人认为菊花具有特别的效用，更增添了此俗的神秘性，它对后来的习俗传承，影响也极大。

五　冬季节日

（一）冬至进献鞋袜

魏晋南北朝时期，冬至日有朝会、送鞋和袜于舅姑、食赤豆粥等风俗，皆传承自前代。沈约《宋书》曰："冬至朝贺享祀，皆如元日之仪，又进履袜。"后魏崔浩《女仪》曰："近古妇常以冬至日进履袜于姑舅。"《荆楚岁时记》说："共工氏有不才子，以冬至日死，为人厉，畏赤豆，故作粥以禳之。"[④]

（二）腊日定于八日

魏晋以前，腊日不定。魏以土旺，土衰于辰，故以辰为腊；晋以金旺，金衰于丑，故晋以丑为腊。[⑤] 南朝刘宋据水德，故以十二月辰日为

---

① 《初学记》卷四《九月九日第十一》引；又见《太平御览》卷三十二《时序部十七》。

② 《艺文类聚》卷四《九月九日》引。

③ 《初学记》卷四《九月九日第十一》引。

④ 同上。

⑤ 《初学记》卷四《腊第十三》引。

腊。[①] 但到南北朝之后，民间将腊日习俗基本上固定于农历十二月初八，这就是后来历代都非常重视的腊八节。据《荆楚岁时记》记载，俗以“十二月八日为腊日。谚语：‘腊鼓鸣，春草生。’村人并击细腰鼓，戴胡头，及作金刚力土以逐疫”。逐疫是腊日傩除的一种形式，在秦汉以前已产生，魏晋之后的村民逐疫系大傩旁磔之余风。

又有祀灶之俗，《荆楚岁时记》曰：“其日，并以豚酒祭灶神。”何以要祭灶呢？据葛洪《抱朴子·内篇》曰：“月晦之夜，灶神亦上天白人罪状，大者夺纪，纪者三百日也。小者夺算，算者三日也。”可见民间祀灶主要是为求平安。

腊日还是家人团聚的日子。《世说新语·德行》记载：“王朗每以识度推华歆。歆腊日尝集子侄燕饮，王亦学之。”晋时隐士范乔，腊日前夕，有同乡盗伐其家树木，范乔装作不知。盗树者闻知大觉惭愧，便向范乔认错。范乔不但不怪罪，反而安慰他说：“你节日伐树取柴，是要与父母团聚欢娱，有什么可惭愧的?”[②] 可见当时人们对腊日团聚的重视。

（三）除夕习俗日趋丰富

除夕也称“岁暮”，《荆楚岁时记》载：“岁暮，家家具肴蔌诣宿岁之位，以迎新年。相聚酣饮。留宿岁饭，至新年十二日则弃之街衢，以为去故纳新也。”由此可知，除夕的习俗特点主要是除旧布新。

此日在部分地方要互相赠送礼物，并相邀着吃别岁酒饭和通宵不眠进行“守岁”。周处《风土记》说：“蜀之风俗，晚岁相与馈间，谓之馈岁；酒食相邀谓之别岁；至除夕达旦不眠为之守岁。”南方吃别岁饭，有留宿饭之俗。《荆楚岁时记》说：“留宿岁饭，至新年十二日，则弃之街衢，以为去故纳新，除贫取富也。又留此饭，须发蛰雷鸣，掷之屋扉，令雷声远去。”吃年夜饭和守岁的习俗后来遍及整个汉民族社会，成为后代除夕习俗的重要内容。

此日，人们要准备各种物品，迎接新年，南朝梁庾肩吾《岁尽应令诗》曰：“岁序已去殚，春心不自安。聊开柏叶酒，试奠五辛盘。金簿图神燕，朱泥却鬼丸。梅花应可折，惜为雪中看。”[③] 诗中所提柏叶酒、五

---

① 《通典》卷四四。

② 《晋书·范乔传》。

③ 《初学记》卷四《岁时部·岁除》引。

辛盘、却鬼丸、神燕、金簿等，分别为正月元日及人日所用之物。通过庾肩吾此诗，可见当时人们岁暮之日准备送旧迎新的种种活动。

在驱邪避厉方面，南方民间有镇宅之俗，即在十二月暮日，挖掘住宅四角，各埋一块石头。《荆楚岁时记》说："十二月暮日，掘宅四角，各埋一大石镇宅。"并有其他辟邪习俗，同书又说："除夕，宜焚辟瘟丹，或苍术、皂角、枫、芸诸香，以辟邪驱湿，宣郁气，助阳德。即秘室虚堂，亦无不到。"在北方，朝廷则把腊日举行的大傩仪式放在十二月暮日举行。据《魏书·礼志》记载，北魏高宗和平三年（462 年）十二月，通过岁除大傩之礼来耀兵示武，以驱除邪祟，迎接新年。其仪式是，让步兵在南方布阵，骑兵在北方布阵。步兵分别穿上青赤黄黑四种色的衣服，列为四队。步兵阵中有函箱、鱼鳞、四门等 10 余种阵法，各种兵器周回转易，有飞龙腾蛇之变。布阵毕，南北二军皆鸣鼓角，众人呐喊，骑将六人往南阵步兵挑战，步兵应战，最后南败北胜。这种仪式，既有传统的因素，又与当时南北对峙的形势有关。

第六节　魏晋南北朝汉民族的信仰风俗

一　宗教信仰

（一）宗法性宗教习俗的调整和充实

魏晋南北朝时期，传统宗法性宗教继秦汉古代宗教复兴之余波，得到进一步的调整和充实，天神的地位在诸神体系中更加突出，宗法血缘关系在祖先祭祀中得以强调，其敬天法祖重社稷的基本观念，直接左右着汉民族社会心理习俗的各个层面。在魏晋南北朝这一社会大动荡、民族大融合、文化大交流的特殊历史时期中，传统宗法性宗教起到了稳定汉民族文化内在价值的巨大作用。

汉民族社会传统的宗法性宗教有一个完整的神灵系统，构成了相对于人间的天国世界。殷周以来，神灵世界的大致轮廓已基本划定，但在局部构件上也有所变化，秦汉至魏晋就是变化较大的时期之一。

天帝，是汉民族传统宗法性宗教神灵系统中的最高神。但在先秦汉民族时期，天帝有二。汉代，则崇拜赤青黄白黑五天帝，加上泰一或昊天上帝，则天帝有六。曹魏时期，魏明帝景初元年始营南委粟山为圆丘，祭昊天曰皇皇帝天，以帝舜配；于南郊祭天曰皇天之神，以太祖武皇帝配；于明堂祭上帝，以高祖文皇帝配，可见，其所祭祀的天帝有三，即昊天、皇天和上帝。到了晋代，混乱的天神祭祀系统得到了整顿，司马氏集团采纳了经学家王肃的主张，认为五帝乃昊天之气在五方的不同表现，实为一神所化，天上只有昊天上帝为最高神，所以在祭天时不仅废除了汉代的五郊祭祀，撤去南郊、明堂的五帝之座，而且将冬至的圆丘祭昊天合并于正月上辛（第一个辛日）南郊祭天，简化了祭天礼仪。南北朝时，南朝原祀天礼典基本上继承了晋制，而北朝则有所变动。北魏道武帝将郊丘分开，正月上辛南郊祭天，冬至圆丘祭上帝；北齐又改为冬至圆丘 王祭天，正月上辛于南郊祭感生帝灵威仰，恢复了汉代的感生帝祭祀。①

魏晋时期，日月神祭祀逐渐定型。魏明帝太和元年（228 年）二月丁亥朔朝日于东郊，八月己亥夕月于西郊，史官评价“始得古礼”。至北周，于东郊筑日坛，西郊筑月坛，东、西郊礼于是确立。

社稷神，汉代有太社、王社之别，太社有稷而王社无稷，形成了两社一稷的格局。太社是为民所立，有祈谷的内涵，故设谷神稷；王社乃王自为立社，仅为帝系祈福，表示国王的权力，故无稷。《礼记·祭法》曰：“王为群众立社为太社，王自为立社为公社。”晋时，虽认为“社实一神，而相袭二位”，但在社稷神的祭祀上“其便仍旧，一如魏制”②，南北朝时仍遵旧制。

农神，在魏晋南北朝时对农神的祭祀基本承袭汉制，未有大的改动。

此外，国家宗法宗教还包括高禖、先啬、司啬、农、邮表、猫虎、坊、水庸、昆虫等八腊和门、户、并、灶、中溜等诸神祭祀。其他淫祠杂祀，则国家法律明令禁止。魏文帝、晋武帝都曾严令禁止国家祀典以外的淫祠杂祀，以防有人借宗教组织聚众起事。

宗庙祭祀是汉民族传统宗法性宗教的重要内容。比起天神崇拜、自然崇拜来，祖先崇拜对社会生活的影响更实在、直接，自周公制礼以来虽历经春秋战国和秦汉数代，宗庙祭祀之礼变动也相对较小。魏晋南北朝时期，由于门阀士族势力强大，社会极重门第血缘，宗庙祭祀更是得以重现。曹魏集团为了自神其祖，自称是舜的后裔；晋朝统治者则自称为高阳氏之孙重黎之后，以重黎为远祖。晋武受禅，泰始二年（266 年）即命有

---

① 李凭、袁刚总纂：《中华文明史》第四卷，河北人民出版社 1995 年版，第 382 页。

② 《晋书·礼上》。

司议庙制，追封七世先祖，下诏立一庙七室，一参上溯到汉征西将军司马钧。在北方建立政权后汉的刘渊，本为匈奴人，为了表示自己的血统不外于中土，自称汉代和亲公主之后，“冒姓刘氏，上承刘汉政权，晋永兴三年（306年）自封汉王，并修宗庙”，“立汉高祖以下三祖五宗神主而祭之。”①

南北朝时，宗庙祭祀受外来宗教的影响，祭祀礼仪有所变化，最典型的是南朝梁武帝的素食祭祖。宗庙祭祀一年五次，春祠、夏礿、秋尝、冬烝及腊月，将时鲜农产品献于祖先，称为祭礼时享。二太子庙有太牢血食奉献。梁武帝是个虔诚的佛教徒，受佛教普度众生、慈悲为怀思想影响，认为杀牲祭祖“无益至诚、有累冥道”，故建议以大脯代牲。左丞相司马筠认为这样还不彻底，奏议用大饼代大脯，余皆用菜蔬。帝从之。自此至梁亡，宗庙不血食。②

（二）佛教信仰习俗流行

佛教是一种外来文化。魏晋南北朝时期，佛教乘政治、文化动荡之机，假魏晋玄学清谈余韵，获得了长足的发展，吸引了众多信徒，上至帝王将相，下至平民百姓趋之若骛。到南北朝，僧尼人数日众，寺院遍布各地，石窟大量开凿，佛教在中国文化土壤中已经牢牢地扎了根，对汉民族社会的信仰风俗产生了深刻的影响。

居家礼佛是南北朝时期新出现的风俗事象。笃信佛教但不出家而又为佛寺著箓的人被称为居士。居土在家礼佛，虽不必受足戒，却也要严格遵守“五戒”和“十善”。五戒为不杀、不盗、不淫、不欺、不饮酒；“十善者，身不犯杀、盗、淫，意不嫉、恚、痴，口不妄言、绮语、两舌、恶口。”③ 居士除每日礼佛外，还要在斋日过宗教生活。南北朝时，居士的斋日是每月的八日、十四日、十五日、二十三日、二十九日、三十日，或正月、五月、九月的初一至十五日。“凡斋日，皆当旦日不御，迎巾而食，甘香美味一不得尝。洗心念道，归命之尊。悔过自责，行四等心。远离房室，不著六欲。不得鞭挞骂詈，乘驾车马，带持兵杖。妇人则更去香

① 《晋书·刘元海载记》。

② 李凭、袁刚总纂：《中华文明史》第四卷，河北人民出版社 1995 年版，第 384 页。

③ （晋）郗超：《奉法要》，《弘明集》卷十三。

花脂粉之饰，端心正意，务存正顺。”[1] 此时期，在家礼佛的善男信女很多。

听经说法是魏晋南北朝时期佛教信仰习俗的又一表现形式。魏晋时，佛经大量地被翻译过来；南北朝时，听经说法已成为僧俗社会普遍流行的习俗。《高僧传》中常见某些高僧在讲经时，僧俗弟子听众有成千上万之多的记载，如南齐时法通有“白（俗）、黑（僧）弟子七千余人”；梁代僧佑每讲律等，“听众常七八百人”“凡白黑门徒一万一千余人”[2]。

造寺凿佛、布施投献是善男信女向僧侣及寺院捐献资财的宗教习俗活动。南北朝时，上至皇帝后妃，下至庶民百姓，社会各阶层全都参与了这一活动。据《续高僧传》记载，西魏文帝于京师立大中兴寺，特在“昆池之南，置中兴寺庄，池之内外，稻田百顷，并以给之，梨枣杂果，望若云合”。南朝梁武帝一次赐给大爱敬寺寺田八十顷，并四次舍身为寺奴，每次都要朝臣以“亿万钱”将其赎回。至于一般百姓，则往往“竭财以赴僧，破产以趋佛”[3]。许多寺院为了获得布施，还鼓励僧人焚身。

水陆法会是佛教一种超度鬼魂的佛事活动。这种法会少则七天，多则四十九天；规模小的几十人，大则数百人。主要内容是诵经设斋，礼佛拜忏，追荐亡灵。这种法会始于梁天监年间，以后流遍天下，相沿成俗。另外，还有盂兰盆会、浴佛会、佛成道日及涅槃日等法会，各地寺院皆要举行相应的仪式。四月初八的浴佛会和七月十五的盂兰盆会后来成为历代相承的传统节日。

（三）道教信仰初具规模

东汉后期，道教初具规模。进入魏晋南北朝时期，道教流派很多，信徒众多。魏晋时期的民间道教，影响较大的有太一道和五斗米道。《三国志·张鲁传》注引《典略》说：“角为太平道，修为五斗米道。太平道者，师持九节杖为符礼，教众叩头思过。因以符水饮之，得病或日浅而愈者，则云此人信道；不愈，则为不信道。修法略与角同。”南北朝时，道教已有受戒、祈请、求愿、消灾、宥过和三元会等比较完备的仪规活动。

受戒，欲人道者先由道中人向道客转述受戒要求，受戒时，人道者先

① （晋）郗超：《奉法要》，《弘明集》卷十三。

② 《高僧传》卷八，《法通传》；卷十，《僧祐传》。

③ 《梁书》卷四八《范缜传》。

向《戒经》行八拜之礼，由戒师传戒，受戒者复述所授内容，复述毕，再行八拜之礼，即算正式受戒人道。

求愿，有厨会求愿和烧香求愿之别。前者即举行斋会来祈求消灾，斋会有上、中、下之分，上斋行会七日，中斋行会三日，下斋行会一夜一日。斋会时需茹素食，断房事，勤修道行，并向香火行八拜之礼，诉说求愿内容，斋后请道首用餐。后者求愿事先在家中的靖室　蠡烧香，行八礼、九叩头、三搏颊，然后求愿。

祈请，即为道中死者亡灵的祈请解罪活动。祈请时也行斋会，先散其生前财物，再主人称死者官号姓名，向无极大道禀启，多次上香，为亡灵解罪。与会者俱行八拜、九叩、九搏之礼，三遍而罢。

消灾，道民得病，师君在靖舍燃香，病者写病状于纸在舍外叩头请求宽恕，然后按仪规行礼。

宥过，则道民有错，要行斋祈请宥过，新祈者八拜、九叩、三十六搏颊，三遍而后，手拈香入炉，并自上诉罪状，请求宽宥。

三元会，即于每年正月初七、七月初七、十月初五三会日所举行的道民集体斋会。道民各呈祷词毕，排队行八拜、九叩、九搏颊礼。礼毕，道众互相祝贺。

二　神祇崇拜

（一）山神崇拜泛化

山神是主某一座山的神，在魏晋南北朝时表现得极其明显，当时的许多名山都有具有灵验的山神存在。泰山神是泰山府君山神中管人生死、地位极高的神祇，秦汉之时已受崇拜，魏晋以后，对于民间的影响极大。《搜神记》所载的胡母班故事和蒋济故事均言泰山府君能主人生死。蒋济故事在《列仙传》《列异传》中都有记载。[①] 可见魏晋南北朝时期汉民族民间对泰山神信仰之笃。

泰山神之外，还有其他山的山神，并有一些神异的事迹《晋书·苻坚载记》附《王猛传》记载，王猛少年时以卖畚箕为生，一次在洛阳集市上遇见一人买畚箕，价钱出得很高，但又说没带钱，要王猛随他去取。王猛觉得合算，便跟着他走，不觉进了深山。见一老父，须发皓然，坐在

① 《三国志·魏书·蒋济传》注引《列仙传》；《太平广记》引《列异传》。

胡床上，左右十多个人，有一人引王猛进拜之。老父说："王公何缘拜也！"乃十倍偿其畚箕值，遣人送出。王猛出来后，发现自己站在嵩山之前。《太平广记》引《中兴书》也载其事，则王猛所遇见的当为嵩山之神。

还有华山神，晋郭璞《华山赞》说："华岳灵峻，削成四方。爰有神女，是挹玉浆。其谁游之，龙驾云裳。"傅玄也说："古先历代圣帝明王，莫不燔柴加牲，尊而祀焉。"[①] 据《魏书·高祖纪》载，孝文帝曾派人去祭西岳华山。凡此种种，说明魏晋南北朝时期的山神信比较普遍。

（二）水神职责化

水神本是一个宽泛的概念，魏晋南北朝时，水神已趋向职责化，凡有水处则有专门的水神，其中较重要的水神便有海神、河神和江神等。

海神是主管海洋的神，古人相信，中国居中，四围皆海，为四海，四海各有神主之。魏晋南北朝时期的海神信仰，左思《吴都赋》有"江斐于是往来，海童于是宴语"之句，刘逵注曰："海童，海神之童也。吴歌曲曰：'仙人赍持何？等前谒海童。'"李善也注曰："《神异经》曰：'西海神童，乘白马，出则天下大水。'"则海童即海神无疑。魏晋南北朝时期人们所信仰的海神长得很丑，《三齐略记》曰："始皇于海中作石桥，海神为竖柱。始皇求与相见，神曰：'我形丑，莫图我形，当与帝相见。'乃入海四十里，见海神。"[②]

河神，即黄河之神。河神信仰历史非常悠久，而且辖事很广。秦汉时河神祠在临晋，汉宣帝时还规定一年五祀河神。后魏孝文帝有《祭河文》曰："维太和九年（495 年），皇帝告于河渎之灵。坤元涌溢，黄渎作珍。浩浩洪流，实裨阴沧。通源导物，含介藏鳞，启润万品，承育苍曼……"[③]可知当时帝王都正式祭祀河神。河神也叫河伯，有人称他为"冰夷""冯夷""无夷"。他在八月时渡河溺死，被天帝封为河伯。《搜神记》所载胡母班故事有胡母班被泰山府君招去给泰山妇婿河伯送信的情节，则可知魏晋南北朝时仍有河伯信仰。

江神，是主管长江水域的神祇。据《晋书·地理志》记载，徐州广

---

① 《艺文类聚》卷七《山部》（上）。

② 《水经注·濡水》注引《三齐略记》。

③ 《初学记》卷六《河第三》引。

陵郡海陵县（今江苏泰州市）有江海会祠，江都有江水祠，均祭祀江神。

此外，大大小小的江河湖井也有水神，如钱塘江有伍子胥，曹娥江有曹娥，鄱阳湖有大姑、小姑等。

（三）树有树神

魏晋南北朝时期民间有树神崇拜风俗。干宝《搜神记》说："庐江龙舒县陆亭，流水边有一大树，高数十丈，常有黄鸟数千枚巢其上。时久旱，长老共相谓曰：'彼树常有黄气，或有神灵，可以祈雨。因以酒脯往亭中。有寡妇李宽者，夜起，室中忽见一妇人著绣衣，自称曰：'我树神黄祖也，能兴云雨，以汝性洁，佐汝为生。朝来父老皆欲祈雨，吾已求之于帝。明日日中大雨。'至期果雨，遂为立祠。"后来树神黄祖又帮李宽乡里免去刘表袁术相攻的兵灾，则可知树神具有很大的能耐。

（四）城隍信仰成风俗

城隍是护佑一座城池的神祇。城隍的信仰萌芽极早，在汉时已有零星记载，魏晋南北朝时祈奉城隍的记载更多。如《北齐书·慕容俨传》载曰："俨在郢城，为侯填、任约所攻，于上流鹦鹉洲上造荻茬竟数里，以塞船路。人信阻绝，城守孤悬，众情危惧。俨导以忠义，又悦以安之。城中先有神祠一所，俗号城隍神，公私每有祈祷。于是顺士卒之心，相率祈请，须臾，冲风欺起，惊涛涌激，漂断荻茬。约复以铁锁连缉，防御弥切。俨还共祈请，风浪夜惊，复以断绝。如此者再三，城人大喜，以为神助。"可见人们期望城隍神能保境安民。

（五）社神信仰盛行

魏晋南北朝时社神信仰极其盛行，国家和地方都立社祭祀。当时，每县必有社，且以贤德之人配食。《晋书·陆云传》说："百姓追思之，图画形象，配食县社。"这种情况正符合古礼所谓"王为群姓立社，曰太社；王自立为社，曰王社；诸侯为百姓立社，曰国社；诸侯自立为社，曰侯社；大夫以下，成群立社，曰置社"[①]。的大致规定。魏晋南北朝时祭社神一年中大致有两次，即春秋两季，但也有三次或四次的。如东晋时则是三次，"每以仲春仲秋，并令郡国县祠社稷先农；及腊，又各祠社稷于

① 《礼记·祭法》。

坛”；北齐则四次，即仲春、仲秋、元辰及腊[①]。祭社神奉太牢，即牛、羊、豕三牲全备，上所列均是官社。在民间则以树为社加以祭祀，《荆楚岁时记》载：“郑县东百步，有县故城。县南里名伍佰村，有白榆连理树，异根合条，高四丈余，土民奉为社。”[②] 晋张华的《朽社赋》则系因古社树朽死感怀而作。当时民间祭祀社神极其盛行，《荆楚岁时记》记载：社日（此为春社），四邻并结综会社，牲醪，为屋于树下，先祭神，然后飨其胙。

（六）人神信仰普遍

魏晋南北朝时期信仰的先人神极多，他们包括黄帝、尧、舜、禹、周文王、姜太公、晋王、屈原、孔子、项羽等各种先贤、帝王、官员及名人，人们为他们立祠，常年祭祀崇拜求祈。扶风郡雍县有五畤、太皞、黄帝以下祠三百零三所。北魏时，拓跋嗣、拓跋焘还多次到涿鹿桥山、广宁历山等处示祀黄帝庙。尧的祠则遍布东燕县（河南长垣县西北）、曲阳县（河北晋县西）、乐阳县（山西潞城附近）、龙城县（辽宁朝阳市）、临淄县（山东淄博东北）、中牟县（河南中牟县）、下密县（江苏连云港东南）等，地涉整个北方。另据《魏书·地形志》载，朝歌县（今河南湛县）、高平县（今山东鱼台东北）有伏羲祠，深泽县（今河北深泽东）有女娲祠，历城县（今山东济南）有舜山祠，阳翟县（今河南禹县）有禹山祠，石安县（今陕西咸阳附近）有周文王祠，汲县（今河南汲县西南）有姜太公庙，晋阳县（今山西太原）有晋王祠，高昌等县（河南鹿邑县）有项羽庙等，表明官方和民间对于先人神的崇祀和信仰。

此外还有曹操、邓艾、孙坚、周瑜、刘备、关羽、蒋子文、苏峻、袁双、孔愉、蒋子文等魏晋南北朝本期的一些官员，因各种原因，死后被官方或民间立庙祭祀，而成为人们所崇奉的人神。

另有俗世神，是指魏晋南北朝时民间普通百姓被神化的神祇。他们有丁氏妇、紫姑、于吉等。

丁氏妇是丹阳人，嫁到全椒为妇，因不堪忍受婆婆的虐待，于九月九日自尽而死。据《搜神记》记载，她死后成神，“江南人皆呼为丁姑。九月九日不用作事，咸以为息日也，今所在祠之”。

---

① 《通典·礼典》。

② 《艺文类聚》卷三九《礼部·社稷》引。

紫姑是具有相同遭遇的女性，但她成神后主要是能给人预示未来，尤其是能卜来年的桑蚕的丰歉。《异苑》记载："来相传是人妾。为大妇所忌，每以秽事相次役。正月十五日，感激而死。故世人以其日作其形，夜于厕间或猪栏边迎之。祝曰：'子胥不在（是其婿名也），曹姑也归去（其大妇也），小姑可出戏。'捉者觉重，便是神来，奠设酒果，亦觉貌辉辉有色，即跳躞躞不住，占众事，卜行年蚕桑。"[①]

于吉原系道士，孙吴时因为深得民间崇信，被孙策以"幻惑众心"的名义杀掉，并"悬首于市"。但那些信仰他的人，则说于吉是尸解，"复祭祀求福"[②]，仍然将当神崇拜。后来，好事者还盛传孙策之死是于吉从中索冤[③]，从而增添于吉信仰的神秘性。

又有不知何名的俗人神，如蚕神、小姑、张母等。

三 鬼灵信仰

（一）极信鬼魂

魏晋南北朝时人极其相信灵魂观念，认为人死后有鬼魂，若行不义必为鬼魂报应。据《搜神记》记载，何敞去任交州刺史时行过高安县，"暮突鹄奔亭。夜犹未半，有一女从楼下出，呼曰：'妾姓苏名娥字始珠，本居广信县修里人。早失父母，又无兄弟，嫁与同县施氏。薄命夫死，有杂缯帛百二十匹及婢一人，名致富。'后来与婢女一起去卖缯路经此亭时，被亭长龚寿所逼，不从，刺杀而死。"她与何敞言明死前情况，死后特征，掩埋之处等，最后，何敞为苏娥捕获龚寿等人，验明正身，加以处决，"以明鬼神，以助阴诛，上报听之"[④]。

除了鬼魂报应外，当时还流传大量的鬼故事，《搜神记》《续齐谐记》《述异记》等书对此有所记载，从中我们可以看出当时人们对鬼灵的崇信、信仰流传极广。

（二）尊崇灵物

在汉民族的传统文化中，龙、凤凰、麒麟、鸾、乌等很早就被视为吉

---

① 《太平广记》卷二九二"阿紫"条引。

② 《三国志·吴书·孙策传》注引《江表传》。

③ 《搜神记》卷一。

④ 《搜神记》卷十六。

祥之物而受到尊崇，这种习俗在魏晋南北朝时仍得以传承。如三国吴时，夏口、武昌等地都报告说有黄龙出现，孙权视之为国之祥瑞，为“若神灵以为嘉祥者”，于是改嘉禾为赤乌；东吴太元二年（251 年），有鸟集于苑中，似雁，高足长尾、毛羽五色，或以为凤凰，于是又改元为神凤元年。[①] 又据《晋书·吕光载记》记载，吕光时，张掖金泽有麒麟出现，群鲁皆从，于是吕光改元为麟嘉。

在魏晋南北朝时期，白雀、白雉、白狐、白狼、九尾狐、白鹅、白鸽、白兔、白鹿、白獐等都被认为是灵物，而得到尊崇。如《零陵先贤传》说：曹操时有白雀之瑞，群儒作颂[②]。宋文帝元嘉五年（428 年）、十六年、十八年、二十年、二十六年都有白雉出现，均被作为吉兆而被载入《宋书·符瑞志》；魏文帝欲受禅，郡国上奏“白虎二十七见”，史称：“王者仁而不害，则白虎见。”[③]

同时，在魏晋南北朝时期，一些植物也被看作具有灵性，能用来驱邪避鬼。如桃树，人们在元日这天，将桃板、桃符挂在门上，用以避邪，说明桃木有镇邪驱鬼的作用。栌木也被视为驱鬼之物。晋崔豹《古今注》卷下《问答释义》说：“栌木，一名无串者　业有神巫名曰耳毛，能符劾百鬼，得鬼则以此为棒，杀之。世人相传以此木为众鬼所畏，竟取为器用，以却厌邪鬼，故号曰无患也。”

（三）膜拜怪物

自然界中发生的一些反常现象，如怪异动物的出现，动物中的怪胎等，人们对此疑惑不解，难免心生恐惧，就视之为具有灵气的怪物，是某种灾祸的前兆或制造者，而加以膜拜。魏晋南北朝时，南方的“正月禳鬼鸟”习俗，就是这种怪《荆楚岁时记》载：“正月夜多鬼鸟度，家家槌床打户，捩狗耳，灭灯烛以禳之。”鬼鸟，又名姑获鸟，姑获鸟被视为灾祸的制造者。

至于作为灾祸前兆而出现的怪物，则当时史籍记载颇多。现将《宋书·五行志》记载的种种怪物预示灾祸之事，摘录一二，以见当时怪物信仰之大端：

豕祸：东吴宝鼎元年（266 年），野豕入右大司马丁奉营，此豕祸也。

---

① 《三国志》卷四十七《吴书二·吴主传》。

② 《艺文类聚》卷九九引《零陵先贤传》。

③ 《艺文类聚》卷九九《祥瑞部·驺虞下》，引《瑞应图》《魏略》。

后奉见遣攻谷阳，无功反，皓怒，斩其导军。

马祸：晋武帝太熙元年，辽东有马生角广刘向说，此兵象也，及（武）帝晏驾之后，王室毒于兵祸，是其应也。

龟孽：晋惠帝永熙初，卫瑶家人炊饭，堕地，尽化为螺，出足起行。螺，龟类，近龟孽也。……明年，瓘诛。

鸡祸：晋元帝太兴中，王敦镇武昌，有雌鸡化为雄。天戒若曰："雌化为雄，臣陵其上。"其后王敦再攻京师。

羊祸：晋成帝咸和二年（327 年）五月，司徒王导"厩羊生无后足。此羊祸也"。京房《易传》曰："足少者，下不胜任也。"明年，苏峻入京者，导与成帝俱幽石头，仅乃免身，是其应也。

四　天意崇拜

（一）星占

天意崇拜主要发端于儒学的天道观和天人感应观。《晋书・五行志》曰："君治以道，臣辅克忠，万物咸遂其件，则和气应，休征效，国以安。""君违其道，小人在位，众庶失常，则乖气应，咎徵效，国以亡。""人君大臣见灾异退而自省，责躬修道，共御被过，则消祸而福至。"《五行志》中的灾异徵效观是天意崇拜思想在习俗上的直观体现，此点从统治者到庶民百姓皆坚信不疑。如雷雨冰雹河水树木皆有徵应，即为天人感应思想指导下的对天地威仪的信仰。在魏晋南北朝时人的眼中看来，天意不仅通过日月五星、风霜雪等自然征象得以体现，而且还会通过人们衣食住行等社会生活现象得以体现。如《晋书・五行志》说："武帝泰始初（约 266 年），衣服上俭下丰，菩衣音皆厌腰，此君衰弱，臣放纵，下掩上之象也。至元康末年（299 年），妇人出两裆，加于交领之上，此内出外也。"这体现了魏晋南北朝时人对天地万物的崇信。同时，在魏晋南北朝人看来，天意是可以体察、预测的。

魏晋南北朝时期，占星术的流传比秦汉更广，影响更大。东汉末，侍中、太史令王立就借星象为曹魏代汉制造舆论。他对宗正刘艾说："前太白守天关，与荧惑会；金火交会，革命之象也。汉祚终矣，晋、魏必有兴者。"[1] 三国时，吴主孙权听说魏文帝禅代汉祚，刘备蜀中称帝，便问知

① 《三国志・魏书・武帝纪》注引张瑶《汉纪》。

星者自己分野星气，遂生帝。[①] 西晋武帝泰始三年（267年），皇帝曾下诏禁星气谶纬之学，但“咸宁四年九月，太白当见不见”，星占者云当亡吴国，遂发兵伐吴，康元年三月，孙皓请降[②]，星占得以应验，遂解星气之禁。东晋时，戴洋善占星，王敦反叛，祖约信戴洋之占，遂起兵伐王。[③] 东晋大将军桓温，久有篡位之心，听占星者说晋室“世纪方永”，遂罢篡位之意。[④] 南朝萧道成辅政时，沈攸之叛，孔灵产说：“以天时冥数而观，无能为也。”萧道成以其言有验，擢迁之为光禄大夫。[⑤] 从上引各例看，魏晋南北朝时期的占星术一般不与普通百姓发生关系，所占均系军国大事，如金火交会，魏禅代汉；太白不现，孙皓亡国，等等。

（二）望气

望气即根据云气以占吉凶之术。魏晋南北朝时，望气之术也很盛行。《三国志·魏书·文帝纪》注引《魏书》记载：曹丕“生时，有云气青色而圆如车盖当其上，终日。望气者以为至贵之征，非人臣之气”。《晋书·隐逸传》载鲁胜尝岁日望气，知将来多故，便称疾去宫。东晋初，陈敏作乱，望气者陈训曰：“陈家无王气，不久当灭。”[⑥] 南朝梁武帝镇樊城，见汉（水）滨五彩如龙，下有女子擘，则是后来的丁贵嫔。[⑦] 北魏拓跋焘时，有望气者奏言上党（今山西潞城西）壶关大王山有天子气；拓跋焘于是南巡以厌此气，在大王累石为三封，切断王气。以上数例，可窥魏晋南北朝时望气流行之概况。

（三）风角

风角即通过观察自然界之风来占卜吉凶。据《辂别传》记载，三国时管辂“明《周易》，仰观风角占相之道，无不精”。他曾与王弘直论风角之术，认为利用风角推算变异不过是毛发之技，而知遐幽神思才是风角的本旨。[⑧] 魏晋南北朝时期，风角虽不及占星之盛，但善风角之人的记载

① 《三国志·吴书·吴主传》注引《魏书》。
② 《晋书·五行志下》。
③ 《晋书·戴洋传》。
④ 《晋书·习凿齿传》。
⑤ 《南齐书·孔稚珪传》。
⑥ 《南史·后妃传》。
⑦ 《北齐书·神武纪上》。
⑧ 《三国志·魏书·方伎传》注引《辂别传》。

也很多，孙吴的吴范，东晋的戴洋，北魏的王早，东魏北齐的王春、许遵等都因善风角闻名。

（四）谶纬

谶纬之术起于秦而盛于东汉，它魏晋南北朝时，谶纬之术屡被朝廷所禁，只能在朝廷禁令之夹缝中生存，谶纬中附会儒家经典纬书影响日益减弱，而形式简单容易被人们接受的谶语仍十分活跃。如汉末的“千里草，何青青，十日卜，不得生”[①]，系预兆董卓之事。“三公锄，司马如”[②] 则是预示三国将亡，一统归晋。“天子何在豆田中”，则是预兆晋孝愍帝投降刘曜。“灭宋者田土子”[③] 是预示十六国时凉国宋混的后代皆为张邕所杀，因邕一名野，野字拆开即为“田土子”。“白杨树头金鸡鸣，只有阿舅无外甥”[④] 则是预示杨坚取周代之；“白杨树头”谓杨树之尖，谐音杨坚；金鸡鸣是喻新帝颁赦；“无外甥”是指杨坚害死九岁外甥宇文衍自即帝位。谶语往往直到事情有了最后结果才让人明白其所预言之真谛，因此，极富神秘性。

（五）占梦

魏晋南北朝时占梦现象很普遍。梦刀、梦笔的传说都出于此期。梦刀是关于王浚的故事，王浚当时为西蜀太守，夜梦卧室梁上悬着三把刀，一会儿又加了一把。惊醒后颇觉不祥，但其主簿李毅却解释说，“三刀为州字，又益一者，明府恐怕要做益州刺史了。”果然，不久后益州刺史皇甫晏被张弘杀死，王浚升任为益州刺史。[⑤]

后来梦刀便成了地方官升迁的借用语。梦笔是讲江淹的故事。江淹少年时曾梦人授以五色笔，从此文章文采斐然。后来，梦见郭景纯将笔要了回去，从此江淹就再伯写不出好文章了。[⑥] 这个典故也称江郎才尽。因为时人笃信梦与现实的对应关系，每梦必要加以圆解。

（六）卜筮

卜筮之法起源较早，但魏晋南北朝仍然非常盛行，人们在各种场合或

---

① 《后汉书·五行志》。

② 《晋书·五行志》。

③ 《魏书·张玄靖传》。

④ 《隋书·五行志》。

⑤ 《晋书·王浚传》。

⑥ 《南史·江淹传》。

情况下，都采取卜筮的方法来解疑或预知未来。干宝《搜神记》卷三记载，刘柔睡觉时有老鼠咬他的左手中指，便去求解于善卜筮的淳于智，“智筮之曰：‘鼠本欲杀君而不能，当为使其反死。乃以朱书手腕横文后三寸为田字，可方一寸二分，使夜露手以卧。’有大鼠伏死于前。”同书又载：“魏序欲东行，荒年多抄盗，令（严）卿筮之。卿曰：‘君慎不可东行，必遭暴害而非劫也。’”并告之以祛禳之法，结果使魏序免去灾厄。

求治疾病是卜筮的重要内容之一。管辂是卜筮大家，一次，信都令家的妇女都惊恐而患病，“使辂筮之。辂曰：‘君北堂西头有两死男子，一男持矛，一男持弓箭，头在壁内，脚在壁外。持矛者主刺头，故头重病不能举也。持弓箭者主射胸腹，故心中悬痛不得饮食也。昼则浮游，夜来病人，故使惊恐也。’”[①] 信都令依言发掘，果如辂言，迁地安葬，便不再发病。

魏晋南北朝时，人们相信用卜筮可以预测未来。《搜神记》记载：“王文献曾令郭璞筮己一年吉凶。”郭璞筮后告诉他有小不吉利，并让他按嘱用方法预防。东晋废帝司马奕曾让术士扈谦卜问帝位是否稳固，扈谦说，“晋室有盘石之固，陛下有出宫之象”，后来果然被桓温废掉。宋明帝泰始初（约 465 年），“诸州反，（刘）休筮明帝胜，静处不与异谋”；宋明帝还喜欢用卜筮的方法去预知后宫孕妇的男女，据说“无不如占”[②]。

可见，魏晋南北朝时卜筮信仰之盛。

（七）卜卦

卜卦也称易卦，是因《易经》而演化的一种占卜术。因为《易经》是圣贤所作，所以卜卦便拥有其他占卜术无以替代的地位。魏晋南北朝时期卜卦处于发展完善期，并出现了一些著名的卜卦专家，如管辂、郭璞等。由于信仰很盛，当时的许多卜卦事迹被文学者所记载。管辂、郭璞自不待言，其他卜卦者也非常灵验。《搜神记》记载：郗超二十余岁时得重病，“庐江杜不愆，少就外祖郭璞学易卜，颇有经验。超令试占之，卦成，不愆曰：‘案卦言之，卿所恙寻愈。然宜于东北三十里上官姓家，索其所养雄雉，笼而绊之，置东檐下。却后九日景午时，必当有野雌雉飞来，与交合。既毕，双飞去。若如此，不出二十日，病都除。又是休应，

① 干宝：《搜神记》卷一。

② 《齐书·刘休传》。

年将八十，位极人臣。若但雌逝雄留者，病一周方差，年半八十，名位也失。'”后果应验。

另外，魏晋南北朝时期已出现了卜签的占卜方式。魏晋时“扬州别驾顾球姊，生十年便病，至年五十余。令郭璞筮。得大过之升，其辞曰：大过卦者义不嘉，冢墓枯杨无英华。振动游魂见龙车，身被重累婴妖邪。法由斩祀杀灵蛇，非己之咎先人瑕。案卦论之可奈何。”球乃迹访其家事，先世曾伐大树，得大蛇杀之，女便病。病后，有群鸟数千，回翔屋上，人皆怪之，不知何故。[①] 这种经卦签卜示休咎的方式在后来的卜卦方式中占有极其重要的地位，而对民间影响尤深。

（八）相术

在魏晋南北朝时期，上至帝王下到平民百姓都喜欢相术者。曹丕未被立为太子时，便叫高允间相自己的相。《晋书·周访传》记载，庐江人陈训相少年时的周访与陶侃曰：“二君皆位至方岳，功名略同，但陶得上寿，周得下寿，优劣便由此耳。”后来周访为梁州刺史，陶侃为荆州刺史；比陶侃小一岁的周访却死于陶侃之前，应了相者之言。

魏晋南北朝时期，出现诸如《相人法》《相经》等相书，对后世相术的发展影响久远。

除相人之外，还有相墓、相宅。《晋书·羊祜传》载曰：“有善相墓者，言祜祖墓所有王气，若凿之则无后，祜遂凿之。相者见曰：‘犹出折臂三公。’”此一时期，相宅、相墓的著作也相当完备。据《隋书·经籍志》记载，当时的相宅、相墓著作主要有《宅吉凶论》《相宅图》《冢书》《黄帝蒸山图》等。此外，还有相印之术。《魏氏春秋》载：“（许）允之出为镇北也，喜谓其妻曰：‘吾知免矣。’妻曰：‘祸见于此，何免之有！’允善相印，将拜，以印不善，使更刻之，如此者三。允曰：‘印虽始成而已被辱。’问送印者，果怀之而坠于厕。”[②]

五　巫术和禁忌

（一）巫术流行

魏晋南北朝时期，巫术信仰在民间社会极其流行，它们体现在当时社

① 《搜神记》卷三。

② 《三国志·魏书·夏侯玄传》注引。

会生活的各个方面。此时，北方巫术之俗史籍有载，如《北齐书·河间王孝琬传》说：孝琬“怨执政，为草人而射之”，以草人而射之，则是因不满而行的一种巫术无疑，意图通过射草人而顺势影响实体。同书《延宗传》也说：“河间死，延宗哭之泪赤。又为草人以像武成（帝），鞭而讯之曰：‘何故杀我兄?’”方法与上例相同。

在南方，巫术同样流行。刘劭与刘浚作了许多坏事，怕父亲宋文帝知道，便请女巫严道育到宫中作法，以障其过。后因东阳公主婢女鹦鹉事发，“殴鹦鹉，封籍其家，得劭、浚书数百纸，皆咒诅巫蛊之言。得所埋上（皇帝）形象于宫内。道育变服为尼，逃若东宫。”[①] 后来刘劭篡逆，孝武帝起兵讨伐，刘劭同样让人写上孝武年纪、姓讳到巫祝郑师怜家咒诅。

对于巫术，统治者从本质上来说是采取禁断措施的。《三国志·魏书·文帝纪》黄初五年（224年）十二月下诏说：“叔世衰乱，崇信巫史，至乃宫殿之内，户牖之闲，无不沃酹，甚矣其惑也。自今，其敢设非祀之祭，巫祝之言，皆以执左道论。”北魏孝文帝也曾下诏说，“诸巫觋假称神鬼，妄说吉凶，及委巷诸卜，非坟典所载者，严加禁断”[②]。然而，我们从严厉的禁令中又可以反知当时上层和民间对于巫觋的崇信，否则，统治者用不着花力气去加以禁断。

（二）五花八门的禁忌

魏晋南北朝时禁忌习俗五花八门。

首先，是忌白色，因为白色乃丧家之色。《晋书·五行志》载曰：时俗“为车乘者苟贵轻细，又数变易其形，皆以白篾为之，盖古之丧车之遗象也。”也为不祥之征兆，为正统所忌之色。《宋书·明帝纪》记载：“邑阳门民间谓之白门，上以白门之名不祥，甚讳之。尚书右丞江谧尝误犯，上变色曰：‘白汝家门!’谧稽颡谢，久之方释。”慧皎《高僧传·僧瑾传》载曰：“明帝末年，颇多忌讳。故涅槃灭渡之翻，于此暂息。凡诸死亡凶祸衰白等语，皆不得以对。因之犯忤而致戮者，十有八九。”其中也提到宋明帝忌白。另外，如马后左右足忌白白则不利人或杀妇等[③]。当

① 吕思勉：《两晋南北朝史》，上海古籍出版社1983年版，第1468页。

② 《魏书·高祖纪》。

③ 《齐民要术》卷六。

然也有视白为祥瑞者，如白雉、白狐、白孔雀等。

其次，忌子八相妨。《晋书·陈元达传》载，元达“本姓高，以生月妨父，故改云陈”，妨即害、克之意，改姓则是一种驱避方式，以此从形式上与父母脱离关系，解除“妨”之禁忌。《梁书·（高祖）郗后传》载曰：“巫言此女光彩异常，将有妨。乃于水滨祓除之。”祓除即也为解除“妨”之法，类似于改姓。此种习俗由来已久。据《风俗通·正失篇》所载，汉时俗间多有禁忌，生三子者，五日生者，以为妨害父母。可知汉时已有此类禁忌，魏晋南北朝时系承前代而来。

再次，是厌胜。厌胜的挞己于节日中表达尤为明显，如正月初一戴雄黄、丹散药丸、服却鬼丸、插桃符等即是；五月五日“采艾叶以为人，悬门户上，以禳毒气。”也是民间厌胜习俗。《荆楚岁时记》记载：“八月十四日，民并以朱水点儿头额，名为天灸，以厌疾。”则为小儿养育之禁忌。而小儿衣不夜露，怕鬼鸟点取，也为此种厌胜禁忌之具体表达。

最后，是避讳。避讳之俗由来已久，魏晋南北朝时期已极其讲究。君讳先祖，臣讳君，亲戚朋友、长幼尊卑各有避讳，稍有不慎就可能招致怨愤。《颜氏家训·风操篇》载：“今人避讳，更急于古。凡名子者，当为孙地。吾亲识中有讳襄、讳友、讳清、讳和、讳禹，交疏造次，一座百犯。”颜之推一门亲识尚且如此，可知当时避讳习俗极盛一时。

第七节　魏晋南北朝汉民族的社会风俗

一　家庭风俗

（一）三世同居

秦汉之时，汉民族社会的家庭形式以小型化的个体家庭为主，其基本构成是父母妻子、三世同居。到了魏晋南北朝时期，父母妻子、三世同居的家庭形态已受到平民社会的普遍崇尚，并在社会上占重要地地位。西晋占田制对平民规定的占田、得田数额皆以一夫一妻为根据，北朝则按丁男、丁女或，占是明证。从近世在敦煌发现西魏大统十三年籍账所提供的资料看，受田的九户家庭中有八户是夫妻子女的小家庭①。南方的情形与此类似。对此，从南方各代的《孝义传》中也可看出，如《南史·孝义

① ［日］池田温：《中国古代籍账研究》，中华书局1984年版，第111—112页。

传》记载：刘宋时，郭世通父丧后，“佣力以养继母。如生一男，夫妻恐废待养，乃垂泣瘗之”，可见是一个三世同居的平民家庭。至于士夫家庭，据《颜氏家训·止足篇》所设想的理想模式，则是“常以二十口家，奴婢盛多，不可多出二十人，良田四十顷，堂室才蔽风雨，车马仅代杖策，蓄财数万，以拟吉凶急速”。二十口的家庭应是数世同居的中等家庭，而这已成为当时士夫所向往的理想家庭形式，可见当时寒门士族社会也多系父母妻子三世同居的小家庭。

当然，平民社会崇尚和流行父母妻子的小家庭是就当时社会上的普遍风尚而言的，但也不排除平民社会有五世共居，甚至六世、七世共居大家庭的存在。如南朝齐时义兴郡（治今江苏宜兴）的陈玄子家庭，四世同居，有 170 口；武陵郡（治今湖南常德）邵荣兴家庭，八世同居[①]；北魏博陵（治今河北安平）李几家庭，“七世共居同财，家有二十二房，一百九十八口”[②]。这样的家庭往往还受到当时朝廷的褒奖，但毕竟只是少数。

（二）分家普遍

由于社会风行小家庭，所以便有分家风俗。兄弟分家，尤盛于南方。据《宋书·周朗传》记载，周朗曾上书曰：“今士夫之家，父母在而兄弟异计，十家而七矣；庶人父子殊产，亦八家而五矣。甚者危亡不相知，饥寒不相恤，又忌谤谗言，其间不可胜数。”可见，南朝时连士族大家庭也日渐崩溃，而分成父母妻子、三世同堂或夫妻子女、二世同居的小家庭。当然，当时社会上也有四世甚至五世同居的家庭存在。如《南史·孝义传》记载：“会稽寒人陈氏，有三女，无男，祖父母年八九十，老无所知。父笃癃病，母不安其室。遇岁饥，三女相率于西湖采菱莼，更日至市货卖，未尝方息。”可见是一个四世同居的平民家庭。

（三）家长专制

家长专制是魏晋南北朝时期普遍流行的家庭风俗。家长作为家庭生产的组织者和家庭财产的管理者，在家庭中具有绝对的权威，东汉末年的仲长统在《昌言》中曰：“稼穑不修，桑果不成，畜产不肥，鞭之可也；落不完，垣墙不平，扫除不尽，笞之可也。”北齐时还将“不孝”作为“十

---

① 《南齐书·孝义·封更传》。

② 《北史·节义·李几传》。

恶不赦”之条写入法律，更是强化了家长的权威。

在南北朝时期，妇女在家庭中的地位相对较高。在北朝由于受北方少数民族文化的影响，尚有妇女家之俗。《颜氏家训·治家篇》记载：“邺下风俗，专以妇持门户，争讼曲直，道请逢迎，车乘填街衢，绮罗盈府寺，代子求官，为夫诉屈。”与男主外、女主内的汉民族传统观念截然不同，是传统文化下的叛逆风俗。

但妇女在离婚问题上，却处于被动地位，“出妻”成为家庭婚姻破裂的主要方式。离婚是男子的特权，古诗《孔雀东南飞》，描写府吏焦仲卿与刘兰芝夫妻相爱，但迫于母命仲卿只得将兰芝休掉。

（四）嫡庶有别

嫡庶有别之俗，在魏晋南北朝时期南北皆有流行。在当时一夫多妻的家庭中，妻妾、嫡庶界线严格，地位也不平等。庶子常被人轻视。东汉末年的袁绍，虽出自名门，但由于是庶出，故一直为嫡出的袁术所不屑。刘宋时范晔因为庶出又生于厕所，为砖头所伤，故被家人嘲笑为“砖”，连有才气，也可成为嫡兄范晏辱骂的理由。[①]

二　宗族风俗

（一）世家大族聚族而居

魏晋南北朝的家族有时也是大姓的组合集团。诚如唐长孺所说：“大姓拥有很多宗族成员，分属于各个贫富不等的家庭。族内的显贵成为首领，他们凭借其财富权势控制宗族，并收纳和庇护外来逃亡者。”[②] 因此，在魏晋南北朝时期的世家大族都是聚族而居。《晋书·慕容德载记》说：“百姓因秦晋之弊，迭相荫冒，或百室合户，或千丁共籍，依托城社，不惧熏烧，公避课役，擅为奸宄。”当时许多大家族是因为避乱逃荒而聚合的。如北平（今河北丰润县东南）无终人田畴，“率举宗族他附从数百人……遂入徐无山中，营深险平敞地而居，躬耕以养父母，百姓归之，数年间至五千余家”[③]。西晋八王之乱时，颍川（今河南许昌市东）人庾衮，

---

① 龚书铎主编：《中国社会通史·秦汉魏晋南北朝卷》，山西教育出版社 1996 年版，第 114 页。

② 唐长孺：《魏晋南北朝史论拾遗》，中华书局 1983 年版，第 31 页。

③ 《三国志·魏书·田畴传》。

“乃率其同族及庶姓保于禹山”①。西晋末年兵乱，高平（今山东巨野县南）人郗鉴，“复分所得，以恤宗族及乡曲孤老，赖而全济者甚多……遂共推为主，举千余家俱避难于鲁之峄山”②。以此形成的宗族集团当不在少数。

聚族而居的大家族多有族墓、祠堂。河北无极甄氏族墓，上起两汉之交，下至北朝后期，绵延五百年。陕西潼关的弘农杨氏族墓，自东汉杨震以下历数代之久。子孙为先人修墓，都极力经营墓室，多埋珍宝、人俑，装饰以壁画、画像石、画像砖。

（二）流行郡望和修纂谱牒

在当时的世家大族中“郡望”之俗，即为了标榜自己的身份，以其祖籍所出为标志，俗称“郡望”。如琅琊王氏、王原王氏、陈郡谢氏、博陵崔氏、范阳卢氏、荥阳郑氏、陇西李氏、宋兆韦氏、河东裴氏、渤海封氏、河东柳氏、彭城刘氏、吴郡顾氏等。每一郡皇内部，又以血缘亲疏派生出许多支系，如河东裴氏又分为西春裴、洗马裴、南来吴裴、中眷裴等。

为了考辨氏姓源流、收宗聚族，世家大族还有修纂族谱牒的风俗。当时的谱牒，有家传、家谱和谱籍之分。家传为某一家族中杰出人物的合传，如刘孝标注《世说新语》中所引用的《旬氏家传》《袁氏家传》《褚氏家传》等，都属此类。家谱，多为单姓族谱，以家传为基础，以家族世系为脉络，把族中所有名人和一般族众按血缘贯穿起来，裴松之《三国志》注中所引用的《崔氏谱》《郭氏谱》《陈氏谱》《稽氏谱》《阮氏谱》《王氏谱》，刘孝标《世说新语》注中所引用的《旬氏谱》《谢氏谱》《羊氏谱》《颐氏谱》《陆氏谱》等，都属此类。谱籍，多为官方修纂，依次排列天下所有士族姓氏、郡望，并详列各士族成员名讳、官位及血缘关系等，当时著名的有《百家谱》《东南谱》《十八洲谱》《天下望族谱》等，是朝廷选官、论人和通婚的依据。③

（三）士族庄园普遍流行

魏晋南北朝时期的世家大族一般都有庄园，庄主与同族人既是宗族关

---

① 《晋书·庾衮传》。

② 《晋书·郗鉴传》。

③ 徐扬杰：《中国家族制度史》，人民出版社 1992 年版，第 261 页。

系，又是主佃或主仆关系。许多家族的庄园，规模很大，如西晋石崇在洛阳的金谷园，内有河流、田畴、竹林、果园、牧场、鱼池、水碓等，东晋刁逵在京口的庄园，“固吝山泽”“有田万顷”[①]。谢玄在始宁的庄园，据谢灵运《山居赋》记载，“傍山带水”，有“北山三园，南山三园”。刘宋时，国家的主要山泽已被士族分别占领，“名山大川，往往固占”[②]。可见士族庄园制度在江南已普遍流行。

（四）注重家学教育

魏晋南北朝时期的许多世家大族十分注重对家族子弟的教育，多建有家学。东晋的王导、谢安，北魏的崔浩等，都是靠家学培养出来的。此时的士族家学十分重视门第、门风教育，关玄、诸葛亮、羊祜、王僧虔、张融、徐勉等人都曾作《诫子书》，此外，王群有《训子孙遗令》，陶潜有《命子十章》，夏侯湛有《昆弟诰》，甄琛有《家诲》，颜之推有《颜氏家训》，等等。这些都是当时用于家庭教育教诲子弟的著名文籍。

（五）敬宗恤族“通财”

当时世家大族的宗族成员之间，在经济生活方面还有“通财”之俗。通财，即宗族成员间的互相赈济。汉末战乱，“时岁大饥，人相食”，魏国司马朗“收恤家族，教训诸弟，不为衰世解业”[③]；任峻在饥荒之际，收恤“中外贫宗，周急继乏，信义见称”[④]；国渊“迁太仆，居列卿位，布衣蔬食，禄赐散之旧故宗族，以恭俭自守”[⑤]。毛阶“赏赐以赈施贫族，家无所余”[⑥]；蜀国许靖“收恤亲里，经纪赈赡……与九族中外同其饥寒”[⑦]；张裔“抚恤故旧，赈赡衰宗，行义甚至”[⑧]。吴国全琮“经过钱唐（家乡），修祭坟墓……请全邑人平生知旧和宗族六亲，施散惠与，千有余万，本土以为荣”[⑨]。西晋魏舒为司徒，“禄赐散之九族，家无余财”[⑩]；

---

① 《晋书·刁协传附刁逵传》。
② 《宋书·孝武帝纪》。
③ 《三国志·魏书·司马朗传》。
④ 《三国志·魏书·任峻传》。
⑤ 《三国志·魏书·国渊传》。
⑥ 《三国志·魏书·毛阶传》。
⑦ 《三国志·蜀书·许靖传》。
⑧ 《三国志·蜀书·张裔传》。
⑨ 《三国志·吴书·全琮传》注引《江表传》。
⑩ 《晋书·魏舒传》。

羊祜“立身清俭，禄俸所资，皆以赡给九族”①；氾胜，“散家财五十万，以施宗族”②。东晋吴隐之“每月初得禄，裁留身粮，其余悉分赈亲族”③。南朝刘宋刘怀慎迁护军将，“禄赐班子宗族，家无余财”④；南齐崔慰祖“家财千万，慰祖散与家族，家无余财”⑤；北朝北周让瑾“好施舍，家无余财，所得禄赐，常散之宗族，其尤贫乏者，又割膏腴田宅以赈之”⑥。

当时的家族组织还有赈贫抚孤的习俗。如三国时蜀国的费祎“少孤，依族父伯仁”⑦，游学入蜀，学以成才。吴国薛综“少依族人，避地交州，从刘熙学”⑧。魏国杨俊“赈济贫乏，通共有无，宗族知故为人所略作奴仆者凡六家，俊皆倾财赎之”⑨。敬宗恤族、赈贫助弱实乃汉民族传统伦理道德观念中的一种优良传统。

（六）同居共财

当时由于宗族组织兴盛，家族成员数世同居共财，也为上流社会所重。西晋青州（今山东淄博东北）氾毓“奕世儒素，敦睦九族”，七世通财⑩。南朝刘宋元嘉初年，西阳郡（治今湖北黄冈县东）董阳“五世同财，为乡邑所美”⑪。战乱时期，通过合宗“通财”，或数宗合。战乱时期，通过合宗“通财”，或数宗合为一宗的“通财合计”⑫，就能维护宗族成员的生存，反过来又能增强宗族组织聚宗收族的凝聚作用。这种宗族内部救困扶危的时代风尚，深受封建朝廷和世人的尊崇。

此外，北方世家大族大都有“双家制”之俗，即使虽在朝为官也仍与乡里保持较为密切的联系。家族中人少年时多居乡里，壮年游宦至京，

---

① 《晋书·羊祜传》。
② 《晋书·隐逸·氾胜传》。
③ 《晋书·廉吏·吴隐之传》。
④ 《宋书·刘怀慎传》。
⑤ 《南齐书·崔慰祖传》。
⑥ 《北史·唐瑾传》。
⑦ 《三国志·蜀书·费祎传》。
⑧ 《三国志·吴书·薛综传》。
⑨ 《三国志·魏书·杨俊传》。
⑩ 《晋书·氾毓传》。
⑪ 《宋书·孝义·许昭先传》。
⑫ 《三国志·魏书·赵俨传》。

致仕后又返回乡里，为官时“每四时与乡人父老书相存慰”[①]。受家族观念的影响，北朝有“重同姓”之风。《宋书·王懿传》曰：“北土重同姓，并谓之骨肉。有远来相投者，莫不竭力营赡。若不至者，以为不义，不为乡里所容。”若是同姓之人，“虽三二十世，尤呼为从伯从叔”“行路相逢，便定昆季”[②]。

三　乡里风俗

（一）乡里组织

魏晋南北朝时期，由于社会动荡，在许多时期里不少地方的乡里组织废置，即使有保留的也多袭汉制。如三国时吴国，“乡置有秩、三老”“小者置有秩、啬夫”[③]。晋制，“县五百以上皆置乡，……乡置啬夫一人”“县率百户置里吏一人，其土旷人稀，听随宜置里吏，限不得减五十户”[④]。秦汉时候的亭，在此时也可见到，如“《晋书》有都亭长，又有亭侯、亭子之名，亭子乃如汉之亭父。村组织已不多见，到了刘宋时，遂逐渐废弃。相比之下，里的组织却日益普遍”[⑤]。这是南方的情况。

在北方，北魏初年实行“宗主督护制”。宗主就是乡里组织的头目，多由豪族势力担任。由于“唯立宗主督护，所以人多隐冒。五十、三十家方为一户，谓之荫附。荫附者，皆无官役，豪强征敛，倍于公赋”[⑥]。所以，北魏孝文帝太和十年（486 年）废除了“宗主督护制”，而实行三长制，“宜准古，三长，谓三家立一邻长，五邻立一里长，五里立一党长”[⑦]“西魏与北周时之乡村组织，可能只剩下党、里二级制而已”[⑧]。东魏的乡里组织则以五家为比邻，二十家为闾里，百家为党族。北齐时，“令人居十家为邻比，五十家为闾，百家为族党”“至于城邑，一坊侨旧

① 《魏书·王昶传》。

② 《颜氏家训·风操》。

③ （清）杨晨：《三国会要》卷二五《职官四》。

④ 《晋书·职官志》。

⑤ 张哲郎：《乡遂遗规——村社的结构》，载《吾土与吾民》，生活·读书·新知三联书店 1992 年版，第195 页。

⑥ 《魏书·食货志》。

⑦ 同上。

⑧ 张哲郎：《乡遂遗规——村社的结构》，载《吾土与吾民》，生活·读书·新知三联书店 1992 年版，第 196—197 页。

或有千户以上，唯有里正二人，里吏二人”[①]。可见，北方各朝的乡里组织主要取法于西周之制，基本实行邻、里、族党三级制。

值得注意的是，魏晋南北朝时期已出现了“村”的组织。如南朝宋时，“江东民户殷盛，风俗峻刻，强弱相陵，奸吏峰起，符书一下，文摄相续。又罪及比伍，动相连坐，一人犯吏，则一村废业，邑里惊就，狗吠达旦”[②]。南朝齐时还出现了“村长”的名称，如废帝海陵王延兴元年诏曰：“诸县使村长路都防城直县，为剧尤深，亦宜禁断。”[③] 可见，村作为乡里组织，在此时已经出现。

（二）坞壁组织严密

魏晋南北朝时期，战乱不断，社会动荡，使乡里组织遭到破坏。各地世家大族为求生存，纷纷自我武装，或避居山中，或据守险隘，或筑坞自保，形成许多具有军事或准军事性质的自治组织，人们称之为坞壁。坞壁的出现，始于汉末战乱，其中最著名的有据保徐元山的田畴，“率举宗族他附从数百人……遂人徐元山，营深险，平敞地而居，躬耕以养父母，百姓归之，数年间至五千余家”[④]。西晋以后，北方战乱频仍，各种坞壁组织大量出现，遍布南北各地。如西晋“八王之乱”时颍川人庾衮，“乃率其同族及庶姓保于禹山”[⑤]。“永嘉之乱时”，高平人郗鉴，“举千余家俱避难于鲁之峰山”[⑥]。北魏末年，赵郡李显甫“集诸李数千家于殷州西山，开李鱼川方五六十里居之，显甫为其宗主。显甫卒，子元忠继之”[⑦]，等等。

当时的坞壁组织，据其成员性质，可分流民坞壁、乞活坞壁、兵士坞壁和乡里坞壁等类型。[⑧] 其中前三种带有更多的军事色彩，是比较典型的军事组织，而乡里坞壁虽有一定的军事色彩，但就其本质而言，系一种较为独特的民间乡里社区组织。

---

① 《文献通考》卷十二《职役》，历代乡党版籍职役。

② 《宋书·谢坊明传》。

③ 《南齐书·海陵王》。

④ 《三国志·魏书·田畴传》。

⑤ 《晋书·庾衮传》。

⑥ 《晋书·郗鉴传》。

⑦ 《北史·李灵传附显甫传》。

⑧ 齐涛：《魏晋隋唐乡村社会研究》，山东人民出版社 1995 年版，第 11 页。

乡里坞壁组织严密，每个坞壁俗以坞主的名字或姓氏命名。坞壁以宗法血缘关系为纽带，以宗族为核心。虽然也杂有乡曲流人，但他们在坞壁内不占主导地位。坞壁组织内部有严格的管理制度。三国时田畴的徐元山坞壁，立有族法二十条，分杀伤、犯盗、诤讼等几章，犯重罪者家族可将其处死。坞壁的生产经营多采用庄园式方法，并有自己的部曲、行伍，具备一定的战斗力。坞壁平时生产，战时作战，且种且战，耕战结合，既是一个武装集团，又是一个生产组织。对坞壁组织的性质，唐长孺曾曰："坞壁的群众基础和相互联系的纽带便是宗族、乡里。坞壁主对所统率的群众既是家长，又是领主；所有群众都是他们的领民，又是包括子弟宾客的家族组成的武装，也是家兵和部曲。"① 由此可见，坞壁组织实际是一种宗族组织和乡里组织的结合体，到了南北朝后期，随着战乱的逐步平息，坞壁组织遂不再流行。

四　会社风俗

（一）文人集会初现

魏晋南北朝时期，随着文化的发展，文人的群体意识开始形成，并不时地出现一些小规模的文人集会。只是此时集会的规模还比较小，与后世典型意义上的文人结社之俗，还有一定的区别。

魏晋南北朝时期的文人集会，较著名的有西晋时的金谷之会。西晋年间，秘书监贾谧门下聚集了许多著名的文士，如石崇、欧阳建、潘岳、陆机、陆云、左思、郭彰、许猛、刘舆、刘琨等二十四人，号称"二十四友"②，常集会于石崇的金谷园，号"金谷之会"。此后，有东晋穆帝永和九年（353 年），以王羲之为首的"兰亭之会"。兰亭之会以三月上巳日"修禊事"之名，聚集四十多名文人学士于会稽山阴之兰亭，以诗会友，并"引以为流觞曲水""一觞一咏""畅叙幽情"。为此，王羲之写下了著名散文《兰亭集序》，在中国文学史上留下一段佳话。到了南齐时，竟陵王与萧衍、沈约、谢朓、王融、萧琛、范云、任昉、陆倕"竟陵八友"的"西邸之会"，活动内容除饮酒赋诗外，还进行抄《五经》百家、编《四部要略》、请名僧讲法等学术活动，集会时

① 唐长孺：《魏晋南北朝史论拾遗》，中华书局 1983 年版，第 31 页。

② 《晋书·贾谧传》。

间长达二三十年。竟陵王与竟陵八友的“西邸之会”已构成一个较为完备的学术团体。

（二）民间结社普遍

魏晋南北朝时期，普遍流行的民间结社活动要数以祭社为宗旨的四邻结社。四邻结社这种民间自发的组织初现于西汉中期，后屡被朝廷禁止，但屡禁不绝。南北朝时，《荆楚岁时记》记载：“社日，四邻并结综会社，牲醪，为屋于树下，先祭神，然后享其胙。”祭祀时往往还伴有一些娱乐活动，以盆、瓴等作为简陋的乐器，相和而歌。至于四邻结社的组织形式、制度等，则史书无载，而不得其详。

此外，这一时期比较活跃的民间结社活动应是一些民间道教组织，在黄巾军被消灭后，统一的宗教组织不复存在。五斗米道，则在张鲁北迁后，组织日趋涣散，在西南巴蜀汉中及北方地区未见有公开活动。魏晋时期，江南地区民间道教组织活跃，属于太平道支派的于君道、帛家道，属于五斗米道支派的李家道、清水道、杜子恭道等活动比较频繁。西晋初，巴蜀地区曾流行“鬼道”，设有道治及天师、祭酒等职，组织形式与汉末的五斗米道大体相同，但宗教禁忌、祭品、服色略有区别，当属天师道的异端支派，活动于益州的犍为、巴郡等地，徒附数千，后为朝廷镇压。

五　社交风俗

（一）社交重门第

魏晋南北朝时期，上层社会交际重门第，讲究姓氏等级。在门阀制度下，人们的社会地位往往并不以当时所任官位为标，当时许多皇亲国戚或因行伍而得显者，并非都能与士族平起平坐，且时常受到歧视。相对来说，这种社交重门阀的社会风俗，在北朝则要淡漠得多。据《北史·齐宗室诸王传》记载，北齐诸王，选国臣府佑，多取富商群小。《和士开传》载曰：“富商大贾，朝夕填门，朝士不知廉耻者，多相附会，甚者为其假子，与市道小，同在昆季行列。”此种商贾富商朝士名流混杂的局面，在南朝是不可能有的。又，《北史·封隆之传》载曰：和士开母丧，“托附者咸往奔哭。邺中富商丁邹、严兴等，并为义孝”。士族有丧事，富商也去吊丧，可见北朝不重门第。

姓氏等级制是形成魏晋南北朝坚固的门阀制度的必不可少的条件。后魏改制，其姓氏也随之仿效汉民族之式制定等级制。《隋书·经籍志》史部谱系类后序说："后魏迁洛，有八氏十姓，咸出帝族。又有三十六族，则诸国之从魏者；九十二姓，世为部落大人者，并为河南洛阳人。其中国士人则弟其门阀，有四海大姓、郡姓、县姓。"

由此可知姓氏有高低等级区别，这种区别为入仕、担任官职提供依据，所谓"上品无寒门，下品无势族"，即指此。

（二）异姓结义

明时小说《三国演义》有刘备、关羽、张飞桃园结义故事流传甚广。此故事考之史籍则无稽，考之风俗，则也有所本。原来魏晋南北朝时期汉民族社会结义风俗颇为流行。据周处《风土记》记载，越人喜结拜，结拜时则封土坛，祭以鸡犬。这一时期的异姓结义，有歃血为盟的仪式。西晋时，刘琨与段匹磾结为兄弟时，曾"歃血载书，檄诸方守"，并宣读盟文"自今既盟之后，皆尽忠竭节"云云。[①] 南北朝时，陈霸先与王僧辩结为生死之交时，也曾"升坛歃血，共读盟文"[②]。

（三）社交称谓

魏晋南北朝的称谓风俗颇能反映当时的社会崇尚和风貌，以及与此相关的家庭社会关系。下面以《颜氏家训》所提到的称谓为例，简述如下：

民间称父母、祖父为家父、家母、家祖。《颜氏家训·风操篇》记载："今南北风俗，言其祖父二亲，无云家者；田里猥人，方有此言耳。"足见此家父、家母、家祖系民间通行之称谓。

称对方父母亲以上直系、第一旁系，加尊以示敬仰。如尊祖父母、尊父母、贤叔父等。《颜氏家训·风操篇》说："兄弟之子已孤，与他人言，对孤者前，呼为兄子弟子，颇为不忍。……晋世以来，始呼叔侄，今呼为侄，于理为胜也。"

兄弟是泛称，往往指称族人。《颜氏家训·风操篇》曰："同昭穆音，虽百世犹称兄弟；若对他人称之，皆云族人。河北士人，虽三十世，犹呼为从伯从叔。"则南北称谓风俗有所差异。

大人公，媳妇对公公之俗称。《颜氏家训·书证篇》说："北间风俗，妇呼舅为大人公。"舅即公公。

丈人，魏晋南北朝时也称妇人。《颜氏家训·风操篇》："吾尝问周弘

① 《晋书·刘琨传》。

② 《南史》卷六三。

让曰：‘父母中外姐妹，何以称之？’周曰：‘亦呼为丈人。’”《孔雀东南飞》诗曰：“三日断五匹，丈人故嫌迟。”此处丈人即为姑，今之婆婆。另外，丈人即大人也，《颜氏家训·风操篇》曰：“结义之后，命子拜伏，呼为丈人，申父友之敬。”

此外，乡里也为妻子之代称。《南史·张彪传》谓张彪呼妻杨氏为乡里，曰：“我不忍令乡里落他处，今当先杀乡里，然后就死。”

（四）社交礼节南北有别

魏晋南北朝时的社交礼节，妇女有跪拜礼，《隋书·礼仪志》载北齐拜贺皇后之礼仪曰：“元旦，中官朝会，陈乐。皇后袆衣乘舆以出于昭阳殿。坐定，内外命妇拜。皇后兴，妃主皆跪；皇后坐，妃主皆起；长公主一人，前跪拜贺。”

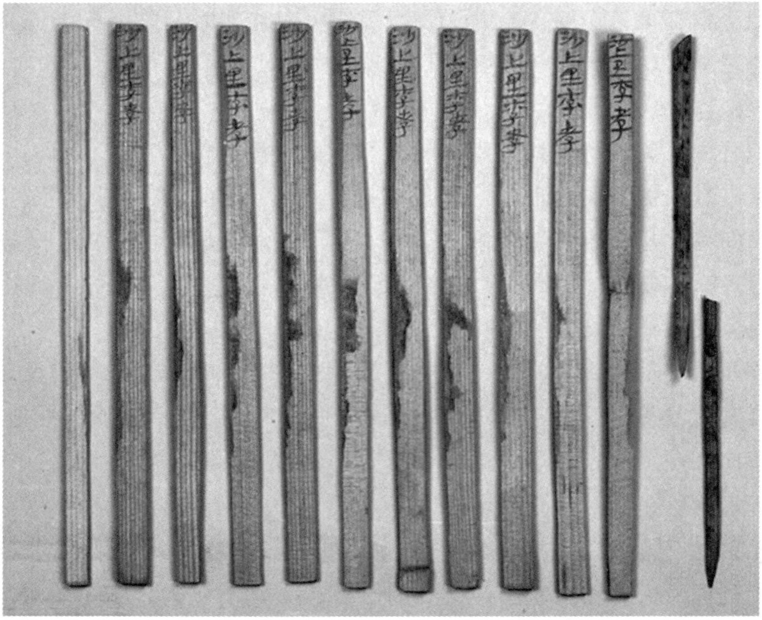

汉·名刺：沙上里李孝（甘肃博物馆藏）

魏晋南北朝时，由于造纸术的运用，开始用纸作名帖，名帖也相继被称为“名”“名纸”等，但同时也沿用竹木削成的“刺”。1974 年 3 月江西省南昌市东湖区永外正街出土的西晋夫妻合葬墓中，发现木简五件。据考，属名刺实物。此墓主姓吴名应，字子运，豫丰郡南昌县都乡吉阳里人，生前曾任“从事中郎”一职，五件名刺即吴氏生前所用，其中三件内容相同，文曰："弟子吴应再拜问起居，南昌字子运。"第四件文曰："豫章吴应再拜，问起居，南昌字运。"值得一提的是第五件，文曰："中郎豫章南昌都乡吉阳里应年七十三字子运。"内容包括宫职、乡里、姓名和年龄[①]。

社交中的迎送礼，则南北有别。对于一般的庆吊往来，《颜氏家训·风操篇》曰："南人宾至不迎，相见捧手而不揖，送客下席而已；北人迎送并至门，相见则揖，古之道也，吾善其迎揖。"对于知交亲朋的迎送，则"别易会难，古人所重；江南饯送，下泣言离。……北间风俗，不屑此事，歧路享离，欢笑分首。"可见南北大异其趣。

六　社会风尚

（一）民风有变

魏晋南北朝时，各地民风皆有所变化，尤其是吴越与蜀汉两地，自东晋以后，民风皆向各自相反的方向演化。三国孙吴时，尚"矫材悍壮"[②]的吴越民风，到齐梁时，已变得文弱怯懦，官僚贵族"肤危骨柔，不堪行步，体羸气弱，不耐寒暑"[③]；到隋统一时，已经"君子尚礼，庸儒敦庞，故风俗澄清，而道教隆洽"[④]了。而蜀汉地区，则晋初仍"敦朴""服化"、民风"懦弱"，东晋以后，则时而"侨旧翕然并反"，时而"断流为暴，郡县不能禁"；到了隋时，则已变为"乐祸贪乱"[⑤]了。考察吴越和蜀汉地区民风变化之原因，最主要的是与当时战乱所引起的人口迁徙有关。战乱，使大批中原人口南下。其中南下的北方士族在与当地土著的冲撞中凭借政治、军事优势，反客为主，迅速在江南地区建立了以其为核心的东晋政权，江南土著大族则受到排挤，成为他们的附属。因此，在风俗文化上，江南地区固有的勇捷强悍、轻死易发的民俗民风得到了脱胎换骨的改造，最后也为"遵儒者之教，履道家之言"的雍容华贵、儒雅风流的北方文化所取代。再加进入南朝后，江南地区有一个较为长期的安定

---

① 《江西南昌晋墓》图版九（2），《考古》1974年第6期。

② （晋）左思：《吴都赋》。

③ 《颜氏家训·涉务篇》。

④ 《隋书·地理志》。

⑤ 同上。

和平环境“天下乂安，人不张于干戈”[①]，崇武风气经过时间的磨蚀，难免丧失殆尽，到南齐时，连武人子弟也“讳称将门”[②] 了。而在蜀汉，则情形正好相反，西晋末年涌入巴蜀地区的数万户略阳、天水等六郡的流民中，很少有出入儒玄的文士，其基本成员是汉化不久或正在汉化的賨人，其“俗性剽勇”“资剽窃以全生，习粗悍而成俗”。他们的入蜀，迫使益州土著抛离家园，流迸出境。或东下荆湘，或南下宁州，前后外迁者达二十多万户，滞留者则不满其一。这样，反使六郡流民跃居为益州人口之主流，这种习性不同的人口的置换，势必造成巴蜀地区民俗民风的改变。再加此时，原居于西南边地的僚人，因“蜀人东流，山险之地多空”，而纷纷迁往益州，多达十余万落，仅归顺政府的“北僚”就有二十万户。这些“喜则群聚，怒则相杀，虽父子兄弟亦手刃之，递相掠卖，不避亲戚”[③] 的僚人的迁入，与六郡流民风气互相影响，羼杂渗透，自然造成蜀地民风之巨变。

（二）文尚清谈、武尚豪侠

魏晋南北朝时期士风的主要特点是文尚清谈，武尚豪侠。

兴起于东汉中期的清议之风，在东汉末年为清谈之风所取代。到魏晋时，目认已成为当时士人所普遍崇尚的社会风气，成为“魏晋风度”的重要组成部分。

清谈一般分主宾两方，一述一诘，述称为“通”，诘称为“难”。有的高士则常自为宾主，反复论诘，使论点深入，以炫耀自己的风采。如《世说新语·文学》记载：“何晏为吏部尚书，有位望，时谈客盈坐。王弼未弱冠，往见之。晏闻弼名，因条向者胜理语弼曰：‘此理仆以为极，可得复难否？’弼便作难，一坐人便以为屈，于是弼自为客主，数番，皆一坐所不及。”清谈时，谈士们盛服华饰，手挥麈尾，姿态娴雅，望之若神仙中人。

西晋时，王衍、乐广等人以善谈而擅名一时。乐广“性冲约，有远识，寡嗜欲，与物无竞。尤善谈论，每以约言析理，以厌人之心”，被世

① （南朝）徐陵：《与陵城主书》，《文苑英华》卷六八二。

② 《南齐书·吕安图传》。

③ 《周书·僚传》。

人称为“人之水镜，见之莹然，若披云雾而睹青天也”[①]。所谈的范围已比魏时有所扩大。据《世说新语》所载，某次在洛水之滨的清谈，其论题已涉及名理、《史》《汉》、延陵、子房等[②]，但清谈所反映的还是明哲保身，隐逸避世的意趣。东晋南朝时一些高僧也加入清谈之列，《世说新语·文学》就载有江南僧人僧音与王苟子在瓦官寺清谈的场面。这时其谈论的题材也就更为广泛，据《陈书·马枢传》记载，马枢与萧纶等清谈时，《周易》《老子》《维摩》皆为题材，儒、道、佛，甚至数无所不谈。南朝晚期，清谈之风已减，虽有一二高士欲重振玄风，但未见有效。

放情于山水，是魏晋南北朝时期文士所崇尚的又一风气。竹林七贤之一的阮籍，有时登山临水，经日忘归；而且他游览山水的方式十分独特，常常率意独驾，不由径路，直至不通车之处，而痛哭而返。西晋名将羊祜，亦喜山水，曾多次登岘山，置酒言咏，终日不倦。[③] 东晋时，士人放情于山水之风尤盛。谢安寓居会稽时，出则游弋山水，入则言咏属文，朝廷多次征召，皆辞疾不出。王羲之辞官后，与东土人士尽山水之游，游遍东中诸郡名山，又泛舟于沧海，曰：“我卒当以乐死。”[④] 陶潜则更是自称“少无适俗韵，性本爱丘山”，在自然山水中寻找精神寄托，以求得真实的自我。此外，服散和酗酒之风也在魏晋南北朝时期的文士中盛行。

对于魏晋南北朝时期的武士来说，所崇尚的则是豪侠之风。爱行侠义最典型的是两晋之际的祖逖。《晋书·祖逖传》载：“逖轻财好侠，慷慨有节尚。每至田舍，……散谷帛以赒贫乏。乡党宗族以是重之。”“宾客、义徒，皆暴杰勇士，逖遇之如子弟。”如遇宾客、义徒因故被官吏逮捕，祖逖就想方设法去解救他们。在战乱不断，社会动荡的年代里，慷慨轻财、周济贫困、遇下人如子弟、见危难相救等侠义行为是颇能笼络人心的。祖逖原居范阳道县（今河北涞水北），西晋亡后率乡党宗族南迁，后又以其乡党、宗族为核心聚集的精兵，抗击后赵，这与他平时的豪侠之风是分不开的。

（三）妇女风气开放

魏晋南北朝时期，由于社会风气比较开放，在社会生活中，妇女地位

---

① 《晋书·乐广传》。

② 《世说新语》卷上《言语第二》。

③ 《晋书·羊祜传》。

④ 《晋书·王羲之传》。

比秦汉要高，妇女参加社会活动比较自由和活跃。三国魏时，“妇女与宴会”的事例，史籍多有记载，如《三国志·魏志·王粲传》附吴质注引《质别传》曰：魏文帝“尝召质及曹休欢会，命郭后出见质等”。《三国志·魏志·刘祯传》注引《典略》“尝请诸文学，酒酣坐欢，命夫人甄氏出拜”。《三国志·魏志·卫臻传》曰：“夏侯惇为陈留太守，举臻计吏，命妇出宴，臻以为末世之俗，非礼之正。”按照旧礼仪，“妇人不与宴会”，卫臻“非礼之正”的指责是有根据的，但也反映出当时社会生活中，妇女参与交际，已成为一种时尚。两晋时这种风尚依然流行，晋代一起饮酒，《世说新语·任诞篇》曰：“阮公邻家妇，有美色，当坊酤酒。阮与王安丰常从妇饮酒，阮醉，便眠其妇侧。夫始殊疑云，伺察，终无他意。”据有关史料记载，当时妇女不但参与宴会，而且广泛参加其他社会活动，葛洪《抱朴子·疾谬》曰：“而今俗，妇女休其蚕织之业，废其玄纨之务，不绩其麻，市也婆娑。舍中馈之事，修周施之好。更相从诣，之适亲戚。承星举火，不已于行。多将士从，玮晔盈路。婢使吏卒，错杂如市。寻道亵谑，可憎可恶。或宿于他门，或冒夜而返，游戏佛寺，观视渔畋。登高临水，出境庆吊。开车褰帏，周章城邑。杯觞路酌，弦歌行奏，转相高尚，习非成俗。”

除在社交方面比较自由和活跃外，魏晋南北朝妇女在爱情与婚姻观念上也表现得比较开放。在此一时期，热烈追求爱情与婚姻自由的妇女不乏其人，据《晋书·贾充传》所载，贾充次女贾午爱慕韩寿，即与之私通，贾充觉察后，便顺水推舟，把贾午嫁给了韩寿。位极三公之尊的贾充，在女儿婚姻问题上能如此开明，可见当时社会爱情、婚姻观念之放达。婚姻观念的放达，使得社会上寡妇自由改嫁习俗风行，即使位极至尊的帝王，也不以寡妇改嫁为耻。魏文帝曹丕娶的甄后原是袁熙之妻，蜀主刘备的穆皇后吴氏本为刘瑁遗孀，孙吴大帝孙权的夫人徐氏是陆尚的嫠妇。东晋时，简文帝司马昱母郑太后曾嫁田氏并生有一子。公主再嫁者则屡见不鲜。至于普通百姓，妇女改嫁更是寻常之事。焦仲卿妻刘兰芝被休后，太守、县令都派人作媒为子弟议婚，足见当时平民社会也不歧视女子再嫁。

当时的妇女，不仅在社会上，而且在家庭中地位也是比较高的。《世说新语·排调第二十五》记载王浑的妻子，钟氏竟敢当着丈夫面以配小叔子的事来调侃，足见当时妇女在家庭中之地位。在北方，更有女子当家作主的，《颜氏家训·治家篇》曰：“邺下风俗专以妇持门户。”“河北人士，多由内政，绮罗金翠，不可废阙。”

七　社会陋俗

（一）竞奢斗富

因奢侈而至斗富，是魏晋的一种时尚。《晋书·石崇传》记载：石崇“财产丰积，室宇宏丽，后房百数，皆曳纨绣、珥金翠。丝竹尽当时之选，庖膳穷水陆之珍。与贵戚王恺、羊绣之徒以奢靡相尚。恺以贻沃釜，崇以蜡代薪，恺作紫丝布步障四十里，崇作锦步障五十里以敌之。崇涂屋以椒，恺用赤石脂。崇、恺争豪如此。武帝每助恺，尝以珊瑚树赐之，高二尺许，枝柯扶疏，世所罕比。恺以示崇，崇便以铁如意击之，应手而碎。恺既惋惜，又为嫉己之宝，声色方厉，崇曰‘不足为恨，今还卿。’乃命左右悉取珊瑚树，有高三四尺者六七株，条干绝俗，光彩曜日，如恺比者甚众，恺恍然自失矣。”衣食住行，皆争奇斗艳。《晋书·任恺传》记载：“初，何劭以公子奢侈，每食必尽四方珍馔。恺乃逾之，一食万钱，犹云无可下箸处。”竞奢斗富之俗至北魏时仍然不绝，时“帝族王侯，外戚公主，擅山海之富，居川林之饶，争修园宅，互相夸竞”；而河间王元琛尤为豪富，琛曾说：“不恨我不见石崇，恨石崇不过我！”① 其有过而无不及。此风施及民间，亦相仿效。时傅咸曾上书：“古者尧有茅茨，今之百姓竞丰其屋。古者臣无玉食，今之贾竖皆厌粱肉。古音后妃乃有珠饰，今之婢妾被服绫罗。古者大夫乃不徒行，今之贱隶乘轻驱肥。”②

（二）酗酒服散

魏晋时士大夫阶层酗酒、服散成风，成为当时社会奇特之时尚。

酗酒之事，《世说新语》记载颇多。而时人饮酒多有重于身后名或现世职者，如张季鹰曾说：“使我有身后名，不如即时一杯酒！”毕茂世则曰：“一手持蟹螯，一手持酒杯，拍浮（游泳）酒池中，便足了一生。”因此“尝饮酒废职”者不乏其人。当时的酗酒之风也极大地影响到庶民阶层。

另外，服五石散也为魏晋时土大夫所崇尚，并成风气。食散之习据传

① 《洛阳伽蓝记》卷四《法玄寺》。

② 《晋书·傅咸传》。

自魏尚书何晏始，后遍及士大夫，甚至皇帝。《哀帝纪》言帝“服食过多，遂中毒，不识万几”。服散本为强身健体，而服食之后，药性发作，却极为痛苦。因散毒发作而至狂乱，俗称“石发”。石发时，往往无法拘从礼仪，时人或谓放达，竞相效慕，则成时尚甚至有假作者。服散者本起自王公大臣士大夫，但流风所及，普诵市民也以服散为时尚。“这种服散的风气，魏、晋，直到隋、唐还存在着，因为唐时还有‘解石方’，即解五石散的药方，可以证明还有人吃，不过少点罢了。”① 可知此风影响甚远。

（三）男宠与面首

男宠在秦汉就不是新鲜事。魏晋南北朝时，男宠与当时的酗酒服散一样，成为士大夫变态心理的一种写照。《晋书·五行志》载曰：“自咸宁太康（275—289 年）之后，男宠大兴，甚于女色。士大夫莫不尚之，天下相效，或至夫妇离绝，多生怨旷。”《晋书·苻坚载记》记载：苻坚不仅对慕容冲姐清河公主“宠冠后庭”，而且对十二岁的慕容冲也有龙阳之姿，姐弟专宠。因此，当时长安有歌曰：“一雌复一雄，双飞入紫宫。”直到王猛切谏，才了结此事。同书《石季龙载记》也说，石季龙聘将军郭崇妹，季龙惑优童郑樱桃，杀郭氏；更纳清河崔氏女，樱桃又谮而杀之。则男宠胜于女色。

南北朝时，此风尤盛。《南史·王僧达传》记载：王僧达“族子确，少美姿容，僧达与之相款，甚昵”。同书《梁宗室传·长沙宣武王传》也载，长沙宣武王弟子韶，为幼童，庾信爱之，有断袖之欢。南朝如此，北朝也不逊色。《魏书·汝南王悦传》载：“悦妃阎氏生一子，不见礼答。有崔延夏者以左道与悦游，令服仙药松术之属，又好男色，绝房中，轻忿妃妾，至加挞楚。”《北史·卢鲁元传》也载，鲁元少子内给侍东宫，景穆深昵之，常与卧起，同衣食。甚至，许散愁以不上娈童之床而自视清高。史载：“散愁曾自曰：‘散愁自少以来，不登娈童之床，不入季女之室，朋膺简册，不知老之将至。’”② 可见当时登娈童之床的男宠之风非常盛行。

男人如此，女人也竞相仿效，则是设置面首。史书记载，时权贵妇人放荡不亚于男子。《南史·齐文安王皇后传》记载：“郁林即位，尊为皇

① 鲁迅：《魏晋风度及文章与药及酒之关系》，《而已集》，人民出版社 1973 年版。

② 《北史·废帝殷本纪》。

太后，称宣德宫。置男左右三十人，前代所未有也。”其实，山阴公主已有前例。《宋书·前废帝纪》记载：“山阴公主淫恣过度，谓曰：‘妾与陛下虽男女有殊，俱托身先帝，陛下六宫万数，而妾唯驸马一人，事不均平，一何至此！’帝乃为主置面首左右三十人。”可见当时社会风气之一斑。

第八节　小结：魏晋南北朝汉民族风俗的特点

魏晋南北朝时期，由于社会动荡、人口迁徙频繁、民族融合深广、思想观念开放和门阀制度盛行等多方面原因，使得汉民族社会的风俗文化具有叛古、趋时、突变、多元等时代特点。

一　叛古

叛古是对古礼的挑战和遗弃。一般情况下，中国人是最讲究拟古的，言必称古是那些卫道者最常见的手段。而风俗习惯皆有由来，或传之古远，或承继前代。但是，魏晋南北朝是一个特殊的时代，当时的统治者或民众往往因时势，或吸取教训而人为地改变，使风俗习惯在许多时候背古俗而行之，变旧俗，或另立新俗，使旧有习俗走向衰亡。如南北朝时佛教影响大增，人们为了信仰上的原因，在饮食习惯方面作了许多调整，不吃荤成为时尚。在梁武帝的提倡下，正月初一原本要吃一只鸡蛋的习俗被取消。薄葬是此期叛古的另一个热点。自古以厚葬为主流，以厚葬来表达人们对死去亲人的情感，以厚葬来检验和展示人们的孝道的社会，但是，贯穿整个魏晋南北朝的薄葬，证明了时人对厚葬危害的认识和背弃古俗的勇气和决心。虽然在魏晋南北朝的后期，厚葬又已抬头。再如男子傅粉，这虽然太过脂粉味，但以之为美，且与整个社会趋势不合拍，则证明它是一种与传统的要求背离的时尚。凡此等等都是叛古的现象。最能说明问题的还是山阴公主置面首左右三十，世人皆以为是壮举，殊不知这从本质上是一种叛古行为。又去看，帝王可以嫔妃成群，则女性为何不可？凡此都说明魏晋南北朝时不拘古俗、常常叛古而行的习俗现象的存在。而且，许多时候叛古不是一人的现象，有的甚至影响后代，成为常俗，如婚礼举乐、薄葬等。

二 趋时

趋时是魏晋南北朝时风俗习惯的又一特点。其实每个朝代的风俗习惯都有趋时的特点，但是，在魏晋南北朝表现得特别明显。这主要原因是魏晋南北朝动荡的社会现实，人们面对不断变更的政权、政令及政治需要，除了趋时自保以适应环境，寻求活得更自在之外，似乎很难找到其他途径。它表明风俗习惯总是与社会历史大背景是相一致的，不可背离。

魏晋南北朝风俗习惯的趋时特征，主要表现为它们更符合社会，一是社会风尚演变并固定成为一种风俗；二是风俗习惯更接近现实的实用性。

风尚本来仅仅是一种暂时的趋势，但是这种趋势被锁定，并且在被更多人所趋附、在现实生活中被重复时，则往往演变成为一种固定的风俗习惯。如魏晋时权贵斗富竞夸奢丽，后来演变成了争奇斗艳的奢侈风俗，它表现在衣食住行婚丧礼仪的各个方面，所谓“愚民因之，浸以成俗，骄艳竟爽，夸丽相高”[①]。指的便是这种现实。魏晋时崇尚服五石散，石发时极其痛苦，需宽衣、旧衣才能使皮肤不至磨破，因此，那些名士服散者不得已宽衣大袖。后竟成为天下人仿效的对象，并以此表明自己的潇洒豁达，终于形成了魏晋南北朝时宽衣大袖、貌若神仙的衣饰风俗。所谓“一袖之大，足断为两；一裙之长，可分为二”[②] 便是其明证。另外，南北朝时佞佛成风，人们便创造形成了斋七、百日、浴佛节、盂兰盆节等习俗样式；官民信鬼神成风，便创造了各种神祇，并修建大量寺庙以供大家祭祀。凡此，都是风尚成为习俗的例证。趋时特征的另一个方面就是它强烈的实用性色彩。风俗习惯的实用性是指它更接近于现实、更具有直接目的性和更符合人们的生存需要。比如当时因变乱缺乏耕牛，因此有耕牛通借的习俗，目的是为了不致贻误农时。所以，它既接近于现实，又具有直接的目的性。宋明帝忌古来为丧家之色的白色，其实隐藏着一种惧怕变乱的政治心态，是帝王本质上的怯弱。而在婚姻上强令婚配，是为了使因战乱而大量衰减的人口得以迅速繁衍；它与拜时妇、三日婚等习俗一样，是一种为了现实目的而采取的特殊方式，目的性非常明确。至于宽衣大袖是源于服五服散的特殊原因；裤褶之制是为了穿着更合体更舒适；姓氏等级

① 《梁书·武帝纪》。

② 《宋书·周朗传》。

门阀制度是为了保证势族的特权、地位；神灵信仰是为了人们心理获得平衡满足或统治者的政治需要；胡床的盛行是为了人们坐得更舒适等。这些习俗有的是对旧俗的改进，有的是对异俗的吸收，目的都是为了更具有实用性，或者从根本上说更接近现实，更符合人们的生存需要，作为文化的风俗习惯，目的就是为了使生存于其中的人们具有归属感和更自在、快乐。

三 突变

突变是相对于渐变而言。风俗习惯有一个特征就是传承变异。传承指的是它在族群中不断被重复。但习俗的重复不是依样画葫芦的一成不变，在许多习俗的细节上往往因时因人的条件而异，所以，习俗大致总处于变异之中，只是这种变异，常常是一种渐变。而魏晋南北朝时风俗习惯除了渐变之外，由于各种原因，包括战乱、政治需要、民族文化交融以及时尚等，使风俗习惯发生急剧变化，并成为习俗传承的特点。

习俗的突变有两种表现形式，第一种是旧有的习俗被彻底改造，成为一种相近或相似但又不同的习俗主体；第二种是在原来现实的基础上创造新的习俗本体。前者是突变的正常形式，后者是突变的独特形式。

造成魏晋南北朝风俗突变的第一种形式，主要是战乱、民族迁徙与融合以及历史的发展、人们观念的改造，成为一种相近或相似但又不同的习俗主体；第二种是在原来现实的基础上创造新的习俗本体。前者是突变的正常形式，后者是突变的独特形式。

造成魏晋南北朝风俗突变的第一种形式，主要是战乱、民族迁徙与融合以及历史的发展、人们观念的改变等原因，尤其是战乱和民族融合给习俗突变提供了最大的机会。比如薄葬的形成，便是基于战乱使陵墓不断被挖掘的现实，而改变了厚葬。战乱中盗墓暴尸原野，是人们吸取教训使习俗突变的最直接目的。而胡坐、裤褶则是民族交融的直接后果，胡坐改变了汉民族自古以来的席地而坐，也改变了人们的坐具；裤褶则改进了传统的袍衫之制，使上衣裳的衣饰受到极大冲击，尤其是对男性，则更为彻底。另外，冠式变为巾帽，铠甲变为两裆而外穿，不仅是历史的发展和人们观念改变的结果，也是人们出于对现实实用的需要。至于上巳节被固定在三月三，乘马改为乘车，甚至乘马车改为牛车，都是此时期鉴于实用和各种条件限制而形成的习俗。它们完全改变了原来的习俗形态，突变成为新的形式。值得注意的是，习俗突变之后，许多旧有的习俗往往被淘汰或失去主导地位。

四 多元

多元是指习俗的差异性特大。多元之所以成为魏晋南北朝时期习俗的特点，乃是因为当时政权割据、南北长期分裂对峙以及地理环境及民族共同体不同等原因造成的，“五胡乱华”及南北分裂是最主要的原因。顾炎武说“南方轻薄奢淫，北方斗狠劫杀”指的就是南北分治后的明显区别情景。

多元表现在许多方面，如北方重牧业，南方重农业，是指生产方面的区别。表现在衣着打扮方面，情形则更明显。当时汉民族以束发加冠来固定自己的发饰，而北方少数民族则披发、辫发。在衣着上，除了传统的袍衫之外，则盛行袄子、裤褶、蹀躞带等胡人打扮，且南方盛行穿屐、穿履，北方盛行穿靴。据《洛阳伽蓝记》卷二记载，在饮食上，南方为稻谷鱼鲜，北方为菽麦牛羊。北魏时许多南方人前往北方，由于饮食上的差异，他们自成集市，号为吴人坊鱼鳖市。另有南方时兴茗饮（喝茶），北方则饮乳酪。从中也说明南北饮食的殊异。王肃北投之后，出于政治原因竟称茗饮为酪奴，两者的差异是显然可见的。区别还表现在交通、婚姻、丧葬、礼仪等方面。当时北方时兴乘马以代步，而南方则喜好乘车，尤其是乘牛车。南方婚礼是以“六礼”为基准，按传统方式进行。礼仪方面，南方人见面执手，北方人见面作揖。前者是一种创新，后者则是传统，可见南北有别。

不过多元仅仅是一时之特色，随着历史发展，南北有别的许多习俗在学习交融中不断同化，到隋唐之后，许多已成为一体之风俗，不再有个性上的区别。

魏晋南北朝时期汉民族风俗的特征当然并不局限于这一些，另外，比如讲究奢华、崇尚放达、追求怪诞以及士庶极其分明等，都是此时期具有特色的风俗特点。

第五章　隋唐汉民族的风俗

第一节　隋唐汉民族风俗概述

一　演变的轨迹

（一）汉胡整合

风俗文化的演进同其他文化一样，主要是建立于不同风俗事象融合的基础上的。魏晋时期，随着少数民族大规模内迁，胡族风俗浩浩荡荡地开入汉民族风俗系统，历史为隋唐时期再现风俗文化的辉煌提供了又一次机遇。但是，在那战乱动荡的岁月，社会风俗极度颓废悖杂，尊严家讳、标异门第、诠选婚姻、区别流品、清议为务、亲朋至重等成为门阀世族日益加重的普遍心理流向；而炼丹、酗酒、养生、淫乱、迷信已成为上流社会所提倡之风俗。这种腐朽没落的习尚蔓延到各地风俗之中，形成一种无节制的沉淫的常态，这是毁灭性大动乱在人们心理上烙成创伤的折射。

显然，自身还处于重构之中的魏晋风俗还不具备兼容整合外来风俗的条件和环境。可是，魏晋风俗文化出现了一种多元激荡的表象。这种多元激荡表现为汉民族的内部风俗，主要是南北风俗的冲突，也存在更为明显的是胡、汉风俗之间的碰撞。胡族风俗属草原游牧文化，“宽则随畜，因射猎禽兽为生业，急则人可战攻以侵伐，其天性也。其长兵则弓矢，短兵则刀铤，利则进，不利则退，不羞遁走。苟利所在，不知礼义”；又“贵壮健，贱老弱。父死，妻其后母，兄弟死，皆取其妻妻之”[①]。汉民族风俗则属于农业文化系统，“有城郭之可守，墟市之可利，田土之可耕，赋税之可纳，婚姻仕进之可荣”[②]。风俗文化特质的差异，必然造成民俗心

① 《史记·匈奴传》。

② （清）王夫之：《读通鉴论》。

理上的对立。诚如江统《徙戎论》所说："戎狄志态，不与华同。"胡化、汉化、胡化及认同不断地反复扭缠，显示了冲突的持久性。尽管北方少数民族的诸多风俗事象如潮水般涌入中原，并且大都落土生根，但毕竟大致只流行于北地，还未与整个汉民族风俗完全相融，整合一体。

隋唐皇室以胡汉混血的血统拥有天下，直接标示了自魏晋南北朝开始的在多民族冲突融合中重构新民族风俗体系的历史进程已告一段落。隋唐境内的民族文化的融合，大大冲破了胡汉风俗的壁垒，同时也大大淡化了两种不同风格风俗的界限，从而造就了一种"取我所需，尽为我用"的大家气象。这就无疑会逐渐打破因袭守旧的民间文化状态，改变了排斥他族文化的社会心理和习俗；一种充满开放气魄和创造精神的社会风气得以形成。

（二）除旧布新

由于隋唐两大王朝的建立，重新确立了完善化的中央政权，整个社会环境安定，休养生息成为人们普遍的生活要求和心理欲望。隋唐统治者领悟到"正俗调风，莫大于此"[①]，把引导民风作为整顿朝纲的重要部分。"隋承丧乱之后，风俗颓坏"，故命各级地方官吏"多所矫正，上甚嘉之"[②]，这样就产生了一般遗俗进化所不曾有的飞跃速度。本来每个地方的习俗风尚，由于地方之间的心理差异很难统一，但新政权超时空的移风易俗而迫使地方风俗改变，确是一个摧枯拉朽的决断过程。例如，隋朝大业初，柳旦"拜龙川太守。民居山洞，好相攻击，旦为开设学校，大变其风。帝闻而善之，下诏褒美"[③]。又柳彧"见近代以来，都是百姓每至正月十五日，作角抵之戏，递相夸竞，至于靡费财力，上奏请禁绝之"，获隋文帝同意，"颁行天下，并即禁断"，当朝统治者对"违六礼之轨仪"的各级官吏，要"禁锢终身，以惩风俗"[④]。"率履法度，动由礼典"，统治者们正是这样通过行政命令，改变那些不合时宜的风俗习尚，致使此期风俗的演变时常凸显一种除旧布新的剧变状态。

当然，大一统的隋唐王朝的强权政策体现于风俗方面，主要还是在于

① 《隋书·李谔传》。
② 《隋书·柳彧传》。
③ 同上。
④ 同上。

布新。封建王朝可以通过行政手段来倡导和推广自己认为适宜的社会风尚。而天下大统一的社会环境又为风俗文化的广泛传播提供了便利条件。譬如据《挥麈新录》记载，正月与五月、九月合称为“善月”，这是因为唐高祖诏天下，“每年正、五、九月不行刑，所在公私宜断屠杀”“后人不知其原，遂有吉凶禁忌之疑”。又，中和节是唐代由朝廷颁诏提倡的一个节日①。二月初一这天，皇帝应给在京的大臣赐宴，各地官员在当地宴享属官；上司要给下属赠刀、尺，表示为政要审慎裁度，地方官员要向上级献农书，表示不忘农事；亲友、邻里之间要用青袋子装着优良的谷物、瓜果种子互相赠送，表示关心农业生产；村社都要提前酿“宜春酒”，到二月初一这一天祭祀句芒神（五行神中的木神），以祷丰收。这类由统治者亲自推行的习俗，带有鲜明的社会功利目的，可以获得良好的社会效益。因此，其流行的区域非常广泛，为大江南北不同地区的百姓共同传承、实施和恪守。与魏晋南北朝时期相比，隋唐风俗的演变具有一种广泛性和普遍性特征。

另一方面，任何时代风俗的形成、演变都不可避免地带有民族和地方特色，隋唐两代亦不例外。一统天下的两个封建王朝疆域广阔，各地自然地理环境和气候差异，产生不同的植被区和物产，而不同的物产又带来不同的饮食、服饰、生产、游艺、祭祀等习尚。中唐宰相杜佑，就对各地风俗进行了历史的直观描述：关陇道之多尚武节，荆州之善贾趋利，山东之人性缓尚儒仗气任侠，山西人之勤俭，河东文学之兴盛，扬州人性轻扬而尚鬼好祀；以及岭南不知教义以富为雄等。此外，从大量的方志地理书和笔记中还可查到更丰富的例证，以供考察这种习俗的地区差异。② 隋唐风俗，不唯南北，每区域都有着显微不等的区别。

隋唐风俗的流变，既有广泛的同一性，又有恒常的地方性和变异性。即便是同一风俗事象，尽管它在不同地区都有流传，但其具体的表现形式也是有差异的。

（三）趋向规范

隋唐两朝是中国封建社会的经济高速发展、各种封建政治制度不断完善的时期，这一阶段风俗演变相应地也趋于不断完备、定型和成熟。

---

① 乔继堂：《中国岁时礼俗》，天津人民出版社 1991 年版，第 80 页。

② 参见《元和郡县志》《唐书·地理志》《太平寰宇志》等。

地方风俗是传承性文化，承袭过去的因素是风俗形成的显著特征。毫无疑问，隋唐基本上也是沿袭了前代的风俗习尚。但是，有些风俗只有在这一相对安定、富足的社会状况中，才能逐渐成为普遍的社会时尚，演变得更为兴盛和规范化。正是由于这一主要原因，此期的物质风俗、人生礼仪及游艺风俗才展示出多姿多彩的外观。这些风俗事象历经三百多年的传承衍化，不仅具备了程式化的外在表现形式，而且其内涵也基本确定了下来。

隋唐风俗发展的一个明显趋向，是经历了一个风俗事象的规范化、礼仪化的过程。如果说隋唐前期的风俗文化承袭魏晋，更多地表现为广纳并蓄、异彩纷呈的话，那么，中、晚唐的风俗文化则更显整合、收敛的态势。仅以婚礼为例，虽然唐玄宗开元二十年修成的《大唐开元礼》是当时社会礼俗的准绳，它规定：从品官至庶人均应仿《仪礼·士昏礼》之程序，行六礼而成婚姻，但它成书后并未广泛推行，而且它主要讲皇室和各级官吏遵循的礼制，与一般庶民习俗并不吻合。从《大唐开元礼》规定的婚仪来看，基本上以《周礼》为蓝本，因而这种官方规定的礼制与实际的社会生活之间存在较大距离。加上大量北方少数民族婚姻习俗的渗入，“闺门失礼之事不以为异”[①]，婚俗一时呈现纷繁杂乱的局面。然而，唐代的风俗文化毕竟是以两京为中心向外呈辐射状的复合体，婚俗在大一统的广袤大地上的演进必然使得其地域差异愈益缩小，且更加完备划一。这样，诸如“乘鞍”“障车”“催妆”“打婿”“安帐交拜”等北方少数民族的婚习，到了晚唐，便基本被纳入汉民族婚礼范畴。《苏氏演义》曰：“婚姻之礼，女坐于马鞍之侧，或谓此北人乘鞍马之义。夫鞍者，安也，欲其安稳同载者也。……今娶妇家，新人入门跨马鞍，此盖其始也。”[②]从苏鹗的记载来看，唐朝末年这种习俗已经在民间广泛流行了。再有催妆，《酉阳杂俎》载：“北朝婚礼，青布幔为屋，在门内外，谓之青庐，于此交拜。迎新妇，夫家领百余人或十数人，随其奢俭挟车，俱呼：‘新妇子，催出来。’至新妇登车乃止。”[③] 封演《封氏闻见记》说：“近代婚家有障车、下婿、却扇及观花烛之事，原有下地安帐拜堂之礼，上自皇室

① 《朱子语类·历代类三》。

② （唐）苏鹗：《苏氏演义》卷上。

③ （唐）段成式：《酉阳杂俎》卷一《礼异》。

下至士庶，莫不皆然。”整合同一的婚俗不仅品官俱齐遵循，且为庶人接纳，成为全国上下普遍认同并施行的礼仪规范。

（四）宗教浸俗

隋唐风俗的丰富而又整一，开放中有收敛，很大程度上得益于佛教的输入，正如胡汉文化在魏晋南北朝展开冲突而在隋唐逐步完成了整合而自成一体一样，东汉末进入中国的佛教文化，亦在魏晋—隋唐经历了输入、扎根，依附于中国文化到全然中国本土文化的整体运动历程，从而使隋唐文化在融合儒道佛的基础上实行了再造和创新。在这种意识形态的大背景下，宗教文化对风俗的浸濡和渗透经历了渐进的漫长过程，在隋唐时期则逐渐达到了自然天成的程度。儒道佛思想演绎而成或包容了这三教思想的各种风俗事象，不断互相交合、融会，结出一批批更具生命力的风俗文化硕果。

隋唐佛教音乐的发展趋势恰好印证了上述结论。佛教音乐的主要功能在于以音乐形式“赞佛功德”，弘扬佛法，故为了“知时众”，不得不向风俗文化渗透，以适应俗众好习：“若为悠悠凡俗，则须指事造形，直谈闻见。”[①] 佛教音乐经过中国化、大众化、通俗化的改造，变成“俗讲”，逐渐普及到民间社会，并在盛唐时达到了高潮。韩愈《华山女》说：“街东街西讲佛经，撞钟吹螺闻宫庭。”姚合《听僧云端讲经》说：“远近持斋来谛听，酒坊鱼市尽无人。”可见其时俗之盛。这些佛教音乐活动受到俗众的热烈欢迎，所谓“士女观听，掷钱如雨”，所谓“未及吐言，掷物云奔，须臾坐没”，都反映了俗众狂热的程度。除佛曲外，与宗教有关的隋唐舞蹈、美术、戏剧、体育亦都经历了一个世俗化的再造、创新过程，逐渐成为隋唐社会百姓喜闻乐见的娱乐风俗形式。

此外，宗教的传播和普及不仅使隋唐汉民族社会出现了许多新的风俗事象，如听僧讲经、带发修行、结社修行、斋僧、放生、供养佛像等，而且对传统风俗进行了改造，如丧葬风俗中被加入了“七七高”，僧尼的火葬等。

以上从宏观上梳理了隋唐时期汉民族风俗发展的轨迹和脉络。一个时代风俗的流变受到政治、经济、哲学、宗教等各种因素的影响，情况极为复杂，我们无法详细描述其全貌。事实上，除上述几个方面之外，隋唐风

---

① （南朝）慧皎：《高僧传》。

俗的演进还有一个胡化和奢靡的过程。简而言之，隋唐风俗和同时代的其他文化现象一样，得到了充分的展示和传承，闪烁出绚丽多彩的耀眼光芒。

二 学史概要

（一）史书、政书和类书对风俗的采录

唐人修撰的史书至今大多佚失，传世的只有《隋书》《大唐创业起居注》和《顺宗实录》等，后人修纂的史书则有《旧唐书》和《新唐书》。

《隋书》在唐初修成于众史官之手，由魏征主修，颜师古、孔颖达等人协助，共 85 卷，其中的"十志"涉及隋朝以及隋朝以前的风俗，对当时礼仪、服饰、祭祀、婚姻、丧葬、娱乐等方面风俗事象的记载较为详细。《大唐创业起居注》和《顺宗实录》，分别由温大雅和韩愈修撰，成为研究隋唐风俗珍贵的原始素材。

《旧唐书》，乃五代后晋官修史书，共 200 卷，记载始自唐高祖武德之年（618 年）至唐哀帝天佑四年（907 年），共 290 年唐代的历史，所涉及的民俗内容包括婚丧、禁忌、宗教、服饰、市场、歌舞、棋弈等，叙事多比较具体，保存了不少风俗史资料，尤其是《食货志》里比较集中地记述了唐代田制、赋税、钱币、漕运、市易等有关经济风俗的情况，是不可多得的风俗资料。

《新唐书》为北宋欧阳修等人所修撰，共 225 卷，记载起讫年代同《旧唐书》，对风俗的记录更为详尽。如《食货志》由旧书两卷增至五卷，增加了有关屯田、和籴、矿产、职田、俸科等方面的记述，丰富了唐代生产风俗的内容。《地理志》则由旧书四卷增至八卷，大量记录了唐代全国各地沟渠陂堰的开凿和灌溉，以及各地土质和物产情况，这些资料都是研究唐代生产风俗的基本资料。

政书是概述有关典章制度的书籍，代表著作有《通典》《唐会要》等，许多风俗事象在政书里得到了系统记叙。

《通典》，唐杜佑撰。杜佑（736～812 年），字君卿，京兆万年（今陕西西安）人，累任德宗、顺宗、宪宗三朝宰相，封岐国公。《通典》从大历元年（766 年）开始编纂，先后费时 30 余年，是中国现存的有关典章制度最大而且很有价值的综合性文献。书中分门别类地叙述了历代典章制度，其中也包括不少隋唐风俗方面的内容，诸如婚姻、丧葬、礼仪、服

饰、饮食等。尤其是在该书《食货典》中，记叙了田制、社会组织、赋役制度、户口盛衰、货币流通以及唐代包储、天宝计账等情况，这些资料对研究唐代经济风俗很有帮助。

《唐会要》，宋王溥修撰，是一部专门记述唐代各项制度沿革变迁的史书。全书一百卷，体例与《通典》相近，大致可分帝系、礼等十五类，每类之下又分若干条目，其中包括许多唐代风俗的详细情况。原本《唐会要》在传抄中脱误甚多，今流行的《唐会要》系清乾隆年间的校订本，其中第七至第十共四卷为校订时所补。

类书近似于现代的百科全书。唐代所修的类书中，现存较有名的有《初学记》《北堂书钞》《艺文类聚》《太平御览》等。书中往往掺杂有一些已散佚的古籍中所载的风俗内容。其中的《初学记》，唐徐坚等撰，是唐玄宗时官修的类书。全书共30卷，分天、岁间、地、州郡、帝王、礼、乐、人、道释、居处、器物等二十三个部分，三百多个子目。全书取材丰富，内容宏博，所记风俗资料颇多，几乎遍及社会生活的各个领域。

（二）私家杂记对风俗的记载

杂记为私家著述，包括野史、故事、笔记等。在隋唐数量可观的杂记中，所涉风俗范围广博，无所不包。而且私家与民间百姓联系密切，记录又少有隐讳，史料价值较高。隋唐杂记现存较著名的有《酉阳杂俎》《朝野佥载》《大唐新语》《开元天宝遗事》等。

《酉阳杂俎》20卷，《续集》10卷，是唐代段成式所撰的一部笔记。《酉阳杂俎》以其前集记述的风俗为多，举凡婚丧嫁娶礼仪、服饰梳妆、宴饮酒食，乃至信仰禁忌、吉凶预兆，以及少数民族和域外风俗，均有记载。其中所记婚嫁、丧葬之俗，尤为完备，对古代举行婚礼、葬礼的时间、场所、过程等均详为描述。风俗研究价值非常高。

《朝野佥载》是唐代张鷟记载朝野见闻的一部随笔。书中记有不少有关唐代风俗的情况，诸如迷信、服饰、饮食、丧葬、礼仪、祭祀等，记载言简意赅，通畅明了。

《大唐新语》，唐刘肃著，全书13卷，分三十类，所记起自唐武德初（618年），讫大历末（780年前后），多记太宗、武后、玄宗三朝事，内容以各朝官宦人物事迹为主，兼及其他，包括婚姻、丧葬、礼仪、岁时节日、服饰和游艺等风俗事象。其中以记载服饰和丧葬尤详。

《开元天宝遗事》王仁裕撰。是书除记宫中琐事轶闻外，笔触多涉宫外风土人情，诸如节令、游戏、婚姻、饮食、崇尚等。是书所录风俗，因材料多采自民间传闻，未能详核史实，故疏失舛错之处，亦所不免。但书中所披露的宫室内部之习尚，它书多无记载，为研究上层贵族的风俗提供了宝贵资料。

此外，《杜阳杂编》《独异志》《宣室志》等对当时汉民族社会的风俗也有所载录。《杜阳杂编》，唐苏鹗撰。全书共三卷，主要记载唐朝皇帝佚事、神怪异闻和寺观庙宇等，也兼及社会风俗，如居住、服饰、饮食、宗教、杂技、艺术、俗信等。《独异志》，唐李冗撰。今本 3 卷，除杂录古事外，也收录不少如礼仪、丧葬、婚姻、道德风范等风俗方面的内容，为风俗研究提供了许多有益资料。《宣室志》，唐张读撰。该书以记载有关神仙鬼怪的奇异故事为主，兼及历史遗闻和风俗史料，诸如婚姻、礼仪、宗教、俗信等也有记载，对研究当时社会风貌、民俗风习颇有价值。

《岭南录异》和《北户录》则对旧时岭南地区的风俗民情给予了极大的关注。《岭南录异》，唐刘恂撰，乃作者在广州期间收录民事风俗而成，所录事项涉及风俗范围颇宽。《北户录》，唐段公路撰。该书为作者游历广州时作，对岭南风土人情记录颇多，而以饮食、居住等风俗事象为主。

另有《教坊记》，唐崔令钦撰，是一部记载盛唐时期伎艺，兼及音乐、舞蹈、戏剧的专门性著作。书中记一些乐曲的制定、演员的服饰、点戏的讲究等风俗事象及三百多个曲名，是研究唐代娱乐风俗的基本史籍。

唐陆羽撰的《茶经》，则在系统总结唐以前中国劳动人民种茶的经验和作者自己体会的同时，对唐代以前汉民族社会的饮茶风俗有所采录。《茶经》全书共三卷，内容包括茶之源、之具、之造、之器、之煮、之饮、之事、之出、之就、之图十节，论述了茶的起源、种类、特性、制法、烹煎、茶具、水的品第、饮茶风俗、名茶产地以及有关茶叶的典故和用茶的药方等，是研究唐代饮茶风俗的重要资料。

（三）各地方志对风俗的载述

在隋唐，因政治、经济和中外文化广泛交流的需要，方志学有了很大发展。这方面影响较大的著作有《隋州郡图经》《元和郡县图志》及《诸郡物产土俗记》《诸州图经集》等。这类地志著作较为真实，系统地描述了各地的风土人情，成为研究这一时期民俗史的基本依据。

《隋州郡图经》，又名《隋诸州图经集》《隋图经集记》，100 卷，郎茂撰，字尉之，恒山新市人。北周时为卫国令，入隋，官太常少卿、尚书左丞。原书约亡于北宋末年。清代王谟有辑本。据所辑的百余条佚文来看，记及北海、博陵、永安、信都、上谷、灵武、新宁、玉林、江都、雁门、上党、常山、河东、太原、龙泉、绛、魏、涿等十八郡属县的有关情况。按其内容可归为十类，大都为风俗或与风俗有关。

《元和郡县图志》，李吉甫（758—814 年）撰。李吉甫字弘宪，唐赵州赞皇县（今河北赞皇县）人，曾任忠州、郴州和饶州刺史等官。此书是中国现存最早而又比较完整的全国性地理著作，对唐代各地的一些风俗人情和社会民俗亦多记载。

此外，隋唐期间大量涌现的佛道经典，也保存了许多有关时人宗教、俗信、饮食、服饰、礼仪等方面的风俗资料，颇有研究价值。

第二节 隋唐汉民族的生产风俗

一 农业风俗

（一）南稻北麦格局基本形成

隋唐时期作物种植的结构比魏晋南北朝时已有了较大变化，唐末韩鄂《四时纂要》载作物品种比北朝时《齐民要术》有所增加，其中粮食作物除传统的粟、麦、稻、黍、菽外，又有薯蓣、荞麦和薏苡等。薯蓣即山药，可能很早已被人们利用，但唐以前未见有记载，可见即使唐以前已有栽培，但也分布不广。荞麦是一种生长期短，适应性和耐旱性强的粮食品种。中国最早的荞麦标本出土于陕西咸阳杨家湾汉墓中，甘肃武威也有汉代的遗存发现，但直至唐时，才开始见于孙思邈《备急千金方》和《四时纂要》中。可见，荞麦在唐时已分布很广。薏苡，其籽实即菰米，在唐人的诗作中，对菰米已有较多的吟咏。

即使是传统粮食作物粟、麦、稻、黍、菽，其种植结构也有所变化。在《齐民要术》中，粟（谷）居首位，麦、稻则稍后于粟。隋唐时期，由于南方经济和人口的发展，水稻这一南方主要粮食作物大大发展起来，在《四时纂要》中，已成为粟、麦、稻并称。唐代租税征纳物规定纳粟，但稻麦之乡可以稻、麦代粟，说明唐代稻、麦的种植已比魏晋南北朝时更为普遍。在全国粮食总产量中，水稻很快地超过了小麦而成为主粮之一。因此，隋唐的粮食作物是以粟、稻为首位的，唐朝的税收也就以粟、稻为主。据考古发现，唐代洛阳含嘉仓里收藏的粮食主要是粟米和稻米。

中唐以后，全国经济重心向南方推移，出现了“今天下以江淮为国命”[①]“赋出于天下江南居十九”[②] 的局面。此时，南方稻米岁运已为300多万石[③]，南方水稻在粮食生产中的地位已超过了粟。南方水稻品种，据唐诗和《四时纂要》等书的零星记载，有白稻、香稻（香粳）、红莲、红稻、黄稻、獐牙稻、长枪、珠稻、霜稻、罢亚、黄稑、乌节等12种。其中除白稻、香稻、黄稑以外，其余9种均未见于前代文献，当为隋唐时出现的新品种，且大多是晚稻品种。此外，从有关记载看，香稻、红莲、黄稻、霜稻等均以香味著称，属优质稻，其中香粳是苏州、常熟的贡品；黄稑、乌节则是扬州的贡品。

中唐以后麦类生产发展也很突出，除北方大规模生产外，南方许多州郡都有种麦的记载，如樊绰《蛮书》说：“小麦即于岗陵种之。”且越来越成为重要的征纳物。到中唐以后，麦已成为仅次于稻，而与粟处于同等地位的粮食作物，南稻北麦成为汉民族社会主粮生产的基本格局。

（二）一年二熟普遍

隋唐时期，南方地区的麦类种植已相当普遍，至迟在唐代开元年间（713—741年），稻麦连作之俗已出现。《蛮书》记述云南滇池一带的情况是：“从曲靖以南，滇池以西，土俗唯业水田……水田每年一熟，从八月获稻，至十二月、一月之交，便于稻田种大麦，三、四月即熟；收大麦后，还种粳稻。”连西南少数民族地区也已经实行稻麦连作，更遑论四川盆地、长江中下游平原等汉民族聚居地区。对长江流域的稻麦连作风俗，唐诗中多有描述。如元稹描写元和（806—820年）时的岳州农村曰：“年年四五月，茧实麦小秋，积水堰堤坏，拔秧蒲稗稠”[④]。

隋唐时期，南方已流行栽培双季稻之俗。《新唐书·南蛮传》有“稻，岁再熟”的记载。当时还出现了许多晚稻品种，如红莲、罢亚、红稻、珠稻和霜稻等。

（三）耕作精细化

始于战国时期的犁耕技术，经秦汉、魏晋南北朝的发展，到了隋唐时

① （唐）杜牧：《樊川文集》卷十六《上宰相求杭州启》。
② 《韩昌黎集》卷十九。
③ 《旧唐书·食货志下》。
④ 《元氏长庆集》卷三。

期，已被广泛使用。北方形成了“耕—耙—耱”的耕种技术，南方则形成“耕—耙—砺”技术。南方水稻地区，在隋唐时期已积累起一整套深耕、密植、除草、施肥、培土、除虫害等种作习俗。柳宗元《龙城录》说：“深耕概种，时耘时耔；却牛马之践履，去螟之戕害；勤以朝夕，滋以粪土，而有秋之利，盖富有年矣。”在水稻栽种方面，已流行育秧移栽技术。白居易《孟夏思渭村旧居》诗中“泥秧水畦稻”，反映的就是这一习俗。

（四）排灌始用筒车

隋唐时期社会安定，经济繁荣，农田水利建设得到普遍重视，陂、塘、沟、渠、堰、浦、堤、湖、渚等水利设施得以大规模的整修和改造，其数量也比前代有了大幅度的增加，农田用水基本上以自流灌溉为主。同时，一方面，由于起自魏晋南北朝时期的地主庄园的占山护泽风气，在隋唐时期达到高峰，耕地逐步从平原推延到丘陵山地，使灌溉工具的需求比过去更为迫切；另一方面，在隋唐时期，江南塘浦圩田兴起，对低田排灌器具的需要量增大，因此隋唐时期提水器具的种类也空前增多，除戽斗、桔槔、辘轳等被继续使用，前代发明的翻车被广泛推广外，又出现了筒车和“机汲”等全新的排灌机具。

翻车，虽在东汉末年已经出现，但在魏晋南北朝时期，使用尚不普遍，所以史籍中少有记载。到了隋唐时期，翻车的使用获得很大发展，因此，此间关于翻车的资料多了起来。如《旧唐书·文宗纪》记载：唐文宗太和二年（828年），郑白渠水位下降，农田灌溉受到影响，于是朝廷“内出水车样，令京兆府造水车，散给缘郑白渠百姓，以溉水田”，这种适用于普通百姓在河渠提灌的水车当是翻车。

唐代发明和使用的灌溉筒车，有水轮筒车和牵引筒车等制式。不凭人力，而靠水流冲击提水上升的水轮，当为水轮筒车。对于水轮筒车的具体构造，杜甫诗“连筒灌小园”句说：“川中水车如纱车，以细竹为之，车骨之末，缚以竹筒，旋转时低则留水，高则泻水。”[①] 牵引筒车，提水时则靠人力牵引。其构造，常见的是将一串木斗铰挂在立式齿轮上，轮轴两端装有供脚踏或手摇的木把；提水时靠人力旋转齿轮，从而带动木斗往上汲水。唐代还出现了一种将架空索道和辘轳结合，使用于往高处提水的汲

① 《杜少陵集详注》卷十。

机。对此，唐代诗人刘禹锡《机汲记》描写曰："汲泉而修绠下垂，盈器而圆轴上引，其往有建瓴之驶，其来有推毂之易。瓶繘不羸，如搏而升。枝长澜，出高岸，拂林杪，逾峻防。"① 这种汲机，实际上是改辘轳的直上直下为斜升斜降，靠架空索道和滑轮的帮助，将水从低处提到高处。

隋唐时期在农田水利方面虽然比前代有了较大的发展，但旱涝灾害并不能得以根除，故若遇旱灾，民间求雨仪式依然流行。

（五）耕具日趋丰富

隋唐时期，统一和安定的社会环境为传统农具的改良和先进农具的创制，创造了良好条件。汉代的犁是直辕长辕犁，耕地时掉头转弯不够灵活，起土费力，效率不高。经过魏晋南北朝的不断改进，到隋唐时创制了新的曲辕犁，又叫作"江东犁"。当时陆龟蒙《耒耜经》对曲辕犁的构造和作用有详细的描述。曲辕犁是中国耕犁发展到比较成熟阶段的典型。此期的耕犁形制，除曲辕犁外，河西走廊则使用长辕无床犁②，关中地区的犁则有曲辕而无犁床③。在河南陕县刘家渠、山西天镇县夏家沟、辽宁抚顺原山东营县等地出土的唐代犁铧，大小形制全然不同。④ 此外，唐代还有一种踏犁，人用足踏其锋入土，适于园圃区田，又名"蹠铧"。杜甫诗曰："长镵长镵白木柄，我生托子以为命。"这些差异正表明了唐代在农业生产工具方面的丰富性和普遍进步。

南方稻作地区的水田耕作用具，除耕犁以外，据《耒耜经》记载，还有爬、礰礋和碌碡。"爬"即耙，用于"散坺去芟"，即破碎犁起的土垡泥块和清除杂草残茬；其形制，据宋代南方水田耙具形状推测，当为方形，不同于当时北方旱作地区的一字耙、人字耙。砺礋，即《齐民要术》所载之"陆轴"，本为石制，适用于旱地；隋唐时改为木制并被引为水田耕具。砺碎为隋唐时新创，据《王祯农书》记载，其形"与砺礋之制同"，只是体外有弧齿，除能破碎土块外，还起搅烂稻田软泥之作用。据

① 《刘宾客文集》卷二七《机汲记》。

② 参阅潘春辉《清代河西走廊农作物种植技术考述》，载《西北农林科技大学学报》（社会科学版）2013 年第 4 期。

③ 陕西省博物馆文管会：《唐李寿墓发掘简报》，《文物》1974 年第 9 期。

④ 《1956 年河南陕县刘家渠汉唐墓葬发掘简报》，《考古学报》1957 年第 4 期；《山西天镇夏家沟发现辽金时代居住遗址一处》，《文化参考资料》1955 年第 9 期；《辽宁抚顺高尔山古城遗址调查简报》，《考古》1964 年第 12 期。

《耒耜经》记载，在水田耕作中，耙、砺碎和碌碡的使用情况是：“（耙）而后有砺碎焉，有碌碡焉。”水田耕犁的进步和耙、砺碎和碌碡等农具的出现，标志着南方水田耕作技术已趋于精细化。

二 园艺风俗

（一）重视蔬菜种植

隋唐时期的蔬菜品种除保持传统外，此时又从国外引进了莴苣、菠菜和西瓜。同时，出现了人工种植食用菌的风俗，《四时纂要·三月》记载了当时食用菌的培养方法：“种菌子：取烂构木及叶，于地埋之。常以泔浇令湿，两、三日即生。又法：畦中下烂粪，取烂构木可长六、七尺，截断槌碎，如种菜法，于畦中匀布，土盖，水浇，长令润。如初有小菌子，仰杷推之；明旦又出，亦推之；三度后出者甚大，即收食之。本自构木，食之不损人。构又名楮。”这段记载说明，当时人们已经注意到食用菌生长所需的温度、湿度条件，选择楮树作基料，并已积累起“以泔浇令湿”“有小菌子，仰杷推之”以促生大菌等一整套种植经验。《新唐书·百官志》中还记载有长安附近已流行利用地热栽培冬菜的习俗，朝廷有“温汤监”专管理这项业务。

（二）果树栽培成俗

隋唐时，边疆和国外的果树已有不少引入内地栽种。据《酉阳杂俎》记载，有产于西亚或北非的海枣（波斯枣、海棕、枣椰），引入后曾在今广东、四川等地区有零星栽培；产于中亚的扁桃（巴旦杏），引入后主要栽培于新疆、甘肃、陕西等温暖而较干燥的地方；原产自南亚的树菠萝（菠萝蜜、木菠萝）、地中海地区的油橄榄和伊朗的阿月浑子等，都于唐代引入中国，并首见于唐开元年间《本草拾遗》。原产中国的野生猕猴桃，在唐时已被驯化，在陕西秦岭一带的农家已有较多的栽培。诗人岑参曾有诗曰：“中庭井栏上，一架猕猴桃。”此时，人们已懂得用猕猴桃来酿酒，杜甫诗《谢严中丞送青城山道士乳酒一瓶》中所提到的乳酒，即系以猕猴桃所酿。[①]

隋唐时果树嫁接习俗已广泛流行，而且技术比魏晋南北朝时期又有进步。《四时纂要·正月》说：“其实内子相类者，林檎、梨向木瓜砧上，

① 《全唐诗》卷二二七。

栗向栎砧上，皆活，盖是类也。”同书还说嫁接时“取树本如斧柯大及臂者，皆可接，谓之树砧”。可见，当时的人们已懂得通过以种子形态结构相似、亲缘关系较近的果树的相互嫁接，来改良果树的品质。在嫁接时，则习惯于以大砧木嫁接小接穗，以提高接株的成活率。唐代还出现了用扦插法繁殖葡萄的习俗。《酉阳杂俎》记载：葡萄，“又见枯蔓，堪为杖，大如指，五尺余，持还本寺植之，遂活”。

在果实贮藏保鲜技术方面，则有以蜡封果蒂的习俗。《隋书·五行志》记载：“文帝好食柑，蜀中摘黄柑，以腊封其蒂献之，香气不散。”果蒂是维管束从果梗进入果实的部位，果实采摘后，水分蒸发量较大，“以腊封其蒂”可以减慢水分蒸发以保护果实的新鲜，这些技术在现代依然广泛应用。

（三）花卉盆景始兴

中唐以后，都市花卉业渐趋繁盛，许多城市还出现了专业花农与花市。唐宣宗大中时（847—859 年），司马扎所写的《卖花者》诗对花农的生产、经营风俗有较详细的描述：“少壮彼何人，种花荒苑外；不知力田苦，却笑耕耘辈；当春卖春色，来往经几代。长安甲第多，处处花堪爱；良金不惜贵，竟取园中最。一蕊才占烟，歌声已高会；自言种花地，终日拥轩盖。”[①] 在许多大城市还出现了花市。韦庄《奉和左司郎中春物暗度感而成章》诗曰：“才喜新春已暮春，夕阳吟杀倚楼人。锦江风散霏霏雨，花市香飘漠漠尘。”当时花市出售的卉木品种繁多，有牡丹、李花、杏花、芍药、茶花、樱花等。许多人因种花卖花而致富，如《云仙杂记》记载：“终南及庐岳出好李花，两市贵族富民以千金买种终庐，有致富者。”[②] 为了卖得高价，花农给花圃“上张幄幕庇，旁织巴篱护，水洒复泥封”，想方设法保证花的质量，使之能“移来色如故”[③]。

在花卉栽培方面，俗以牡丹为重。刘禹锡《赏牡丹》诗曰：“惟有牡丹真国色，花开时节动京城。”[④] 种养牡丹成了举国之俗。在京城流行种养花卉之俗的同时，盆景制作习俗也在唐代开始出现。1972 发掘的陕西

---

① 《全唐诗》卷五九六。

② （唐）冯贽：《云仙杂记》卷八。

③ 白居易：《卖花》，载《全唐诗》卷四二五。

④ 《刘宾客文集》卷二五。

乾陵章怀太子墓，其甬道东壁绘有一侍女，双手托一盆景，中有假山和小树。

（四）种茶制茶广泛

在南方，茶叶种植和加工业发展迅速，江南地区人民多有以种茶为业者[①]，据《新唐书·地理志》《唐国史补》《茶经》等书记载，唐代全国产茶地已有50多个州郡，如江淮人家也“什二三以茶为业”[②]。据《元和郡县志》卷二五记载：“长城县（今浙江长兴县）、顾山县西北四十二里，贞元以后，每岁以进奉顾山紫笋茶，役工三万人，累月方毕。”可见茶园规模之大。随着茶叶加工技术水平的进步，出现了许多名茶，《唐国史补》说：“风俗贵茶，茶之名品益众。”

随着茶业的发展，各地在茶树种植季节、茶园选择、播种方法、中耕除草、施肥灌溉和遮阴措施等方面均积累起许多风尚习俗，《四时纂要》等有比较详细的介绍。如关于茶园的选择，由于茶树怕水淹，习俗认为“宜山中带坡峻”之地种之；若在平地建立茶园，则须于两畔深开沟以泄水，否则“水浸根必死”。在茶树繁殖方面，有茶籽沙藏催芽法，即把成熟的茶籽用湿土拌和，放入筐笼，上面盖草，“保湿保温”，防止冻坏，既能保证茶籽的发芽率，又能使茶籽提前发芽；又如多籽穴播法，即先于“树下或北阴之地开坎，园三尺，深一尺”，把土“熟斸”，铲除杂草树根，再“著粪和土”作基肥，把经过沙藏催芽的茶籽播于穴内下，每穴六七十颗，复土一寸。在茶园管理方面，幼苗时，“以小便、衡粪、蚕沙浇壅之，又不可太多，恐根嫩也”“旱，即以米泔浇之”，并“任生草不得耘”，以免损伤幼苗，直到“二年外，方可耘治”。茶树“畏日”，因此，习俗讲究要将茶种在“树下或北阴之地”，或“桑下、竹荫地种之，皆可”。

三 畜牧风俗

（一）重视畜种繁育

隋唐时期，汉民族社会重视对家畜品种的改良和繁育。《唐律》对官养家畜的交配季节，母畜繁育幼畜的比率等都有条文规定，这在历史上是

① 《全唐文》卷九七六。

② 《册府元龟》卷五一〇。

不多见的。唐代的养马业极为发达，“马者，兵之用也”[①]，养马的目的是为了军事。所以，为了使所养的马体格强壮，习惯于引进少数民族的优良种马对马进行杂交改良，“既杂胡种，马乃益壮”[②]。

隋唐时期，牛是用于农业的主要役畜，饲养牛的目的是用于耕田、驾车、驮载。因此，隋唐政府对耕牛的繁养很重视，一方面扶植和鼓励农家养牛，另一方面还颁布法令，禁止随便宰杀耕牛。如唐宣宗大中五年（851 年）还一度颁布三年之内不准杀牛食牛的禁令[③]。因此，唐代的养牛业有很大发展。

在羊的良种繁育方面，唐时也有引进种羊的习俗。当时的朝廷还在同州苦泉沙苑牧场引进良种羊进行繁育，经长期风土驯化和人工选育终于育成“耳如茧，尾如扇，角如栗，肋如筋，肉味不膻”的新品种。[④]

（二）因习性饲养

在马的饲养管理方面，唐代已积累了相当丰富的经验。唐代张说在《陇右群牧颂德碑序文》中说：

> 日中而出，日中而入，焚原燎牧，除蓐衅厩，时其事也。洁泉美荐，庌凉栈温，翘足而陆，交颈相靡，宜其性也。功驹教駣，讲驭臧仆，刻之剔之，羁之策之，就其才也。

就是说出牧、收牧、烧野、清厩都应因时而异，喂料、饮水要注意营养搭配和讲究卫生，马厩要冬暖夏凉、干净清洁，调教幼马要根据马性，等等。可见，当时已有根据时令和马的习性来饲养、驯练马匹的习俗。

为了保护马群过冬，唐政府还在西北地区建立饲料基地。《新唐书·兵制》说：“置八坊岐、幽、泾、宁间，地广千里……八坊之田，千二百三十顷，募民耕之，以给刍秣。”在陇右，也“莳茼麦、苜蓿千九百顷，以茭蓄御缝”，“凡驿马给地四顷，莳以苜蓿”[⑤]。据《唐六典》记载，当

① 《旧唐书·兵志》。

② 《新唐书·兵志》。

③ 《旧唐书·宣宗记》。

④ （明）天启《同州志·物产》。

⑤ 《张说之文集》卷十二《大唐开元十三年陇右监牧颂德碑亭文》。

时在马的喂料方面根据不同畜种、用途和季节，有一套不同的饲草供应标准，并有在饲料中添加食盐的习俗。

牛的饲养主要是放牧，白日由牧童牧放山坡草地，傍晚归来，回农舍再补以饲草。唐代诗人对牛的放牧多有描述，如“入陂草多牛散行，白犊时向芦中鸣”[①]“斜阳照墟落，穷巷牛羊归。野老念牧童，依杖候荆扉”[②]等。

（三）畜病重防治

在唐时，官牧马场已十分重视对马病的预防，注意对病马的去除，有“纲恶去害”[③]之俗。在马病治疗方面，有“焊药疗法”“冷敷理疗法”和“取槽结法”等治疗方法。

焊药疗法用于治疗马蹄溃烂。其法为：用快刀修削蹄甲，将坏死组织清除干净，然后将药膏填入空洞，以烧红的烙铁烙熔，使药膏紧密地焊在蹄匣内，既方便、牢固，疗效也好。冷敷理疗法用于治疗马的无菌性发炎肿胀，其法为先用黄泥浆涂敷炎肿处，再“微烧烙铁轻轻熨”。对发炎肿胀的一些疾病，则采取：内服消黄散以消炎肿，外用针刺放瘀血；以硇砂、砒霜杂糯米饭，埋藏患处以去烂肉；以及采用冷敷、热敷或冷热敷结合等治疗方法。“取槽结法”，以手术方法摘除化脓的淋巴结，手术操作已与现代外科基本相同，只是比较粗放。

（四）相马术发展

隋唐时期的相马术在魏晋南北朝的基础上有所发展。据《司牧安骥集·相良马》记载，当时已把《齐民要术》提出的相马《五脏论》与相眼术有机地联系起来，认为“目大则心大，心大则猛利不惊”；反之，“若目小而多白，则惊畏”。此外，认为“鼻与肺”“耳与肝”“腹与肠”亦有同样的相关性。这表明唐代人们对外形是内部器官的外部表现已有较深的感性认识。《司牧安骥集·相良马宝金篇》则强调相马要“由粗及精”，指出相马的要领在于相眼，书中对良马眼睛的部位、大小、色泽、形态都作了细致的描述，并指出：“三十二相眼为先，次观头面要方园。”唐代相马术，已对一些迷信说法有所批判，如旧时相马术有以马旋毛的生

① （唐）张籍：《牧童词》，载《全唐诗》卷三八二。

② （唐）王维：《渭川田家》，载《全唐诗》卷一二五。

③ 《岐、邠、泾、宁四州八马坊碑颂》，载《唐文粹》卷二二。

长位置和方向来判断吉凶的习俗，《司牧安骥集·旋毛论》则专门批判了这一习俗，指出相马“当以形骨为先”。

（五）马籍制度完备

唐代官办牧场有较完备的马籍和马印制度。当时的马籍，以登记马种优劣为主要内容。《新唐书·百官志》说：“马之驽良皆有籍，良马称左，驽马称右。”和马籍制相配合，唐政府还建立了马印制，《唐会要·诸监马印》说：“凡马驹以小官字印印右膊，以年辰印印右髀，以监名依左右厢印印尾侧。”“至二岁起脊，量强弱，渐以飞字印印右膊，细马、次马俱以龙形印印项左。”“其余杂马齿上乘者，以风字印左膊，以飞字印左髀。”马籍和马印制把良马和驽马、强马和弱马区别开来，不仅便于征调，也含有去劣存优的意义。此外，又有牛籍、牛印制，即对牛的牡牝、毛色、岁齿进行登记，并在牛身上烙州印以为记。

四　渔业风俗

（一）专业化养鱼出现

由于隋唐时期已初步形成了专业化的渔业生产，因此人工养鱼。变得兴盛起来。人工养鱼，首先要繁育鱼种。隋唐以前，一直使用以土采卵的方法采集鱼种。由于以土采卵法不仅费工时，而且采集鱼卵数量有限。故太湖地区的渔民改用水草采卵法。《吴郡图经续记》记载：“夏至前三五日，白鱼之大者，日晚集湖边浇水中有菰蒋处产子，缀著草上……乃刈取菰蒋草有鱼子者，曝干为把，运送东都（洛阳）。”南海诸群则在八九月“于池塘间采鱼子著草上者，悬于烟灶上”，至第二年春二月，将“收草漫于池塘间，旬日内如虾子状，悉成细鱼，其大发发”“号为鱼种”。[①]

在人工饲养成鱼的过程中，隋唐时已经知道，需根据鱼类的不同生长期及不同食性进行分类喂饲。《嘉泰会稽志》说：“会稽、诸暨以南，大多凿池养鱼为业。每春初，江州有贩鱼苗者，卖放池中，辄以万计。方为鱼苗时，饲以粉，稍大，饲以糠糟，欠则饲以草。”

唐代人工养鱼，一般放养于池塘，但也有放养于稻田者。稻田养鱼，汉代已经出现，到唐代又创造了利用养鱼开荒种稻的方法。《岭表录异》曰：岭南“新、泷等州，山田栋荒，平处以锄锹开为町畦。伺春雨，丘

① 《北户录·鱼种》。

中贮水，即先买鲩鱼子散于田中。一二年后，鱼儿长大，食草根并尽，既为熟田，又收鱼利，及种稻且无稗草，乃齐民之上术也”。养鱼、治田一举两得，实际上是生态农业的萌芽。

（二）渔法多样化

隋唐时期的捕鱼方法常见的有网捕法、沪捕法、钩捕法、截流法、叉鱼法、兽捕法和药鱼法等。多种渔法的运用，不仅使唐代捕鱼的地域范围进一步扩大，而且所受时令季节的限制越来越小，甚至严冬季节，渔业生产也可照常进行。唐诗曰：“姜侯设脍当严冬，昨日今日皆天风。河冻未渔不易得，凿冰恐侵河伯宫。”说明唐时捕鱼业已具有全方位、全天候的先进特色。

中国何时开始驯养水獭捕鱼，尚不清楚。不过，唐代在这方面已有记载。《朝野佥载》记载：“通川界内多獭，各有主养之……取得鱼必须上岸，人例夺之，取得多，然后放，令自吃……”从这段记载看，养獭捕鱼在某些地方是相当普遍的。

隋唐常用的渔具还有巢、鸣根等新的方法。陆龟蒙《渔具诗》序中提及：“编而沉之曰巢。”巢，为一般捕鱼用的小竹笼，相当于现在的花篮，用竹编织而成，两端有孔，各置以须的篾片，鱼只能进而不能出，置于水中草丛中，使鱼类误入而被捕获。陆龟蒙《渔具诗》有“鸣根”篇曰：“水浅藻荇涩，钓罩无所及。铿如木铎音，势若金钲急。驱之就深入，用以资俯拾。搜罗尔甚微，循去将何入。”“鸣根”是一种声响捕鱼的方法。以长木击船舷，令鱼受惊而误入网中。陆龟蒙《渔具诗·序》说：“扣而骇之曰根。”

五　手工业风俗

（一）行业风俗增加

从文献和考古资料中所看到的隋唐已经专门化的手工业生产部门和作坊就有采铁、冶铁、冶复、制削、制针、制火筋和剪刀、采铜、铸铜器、铸镜、磨镜、铸钱、采金、采银、金银作、冶锡、冶铅、烧瓷、烧陶、烧砖瓦、织锦、织绫、织罗、刺绣、制毡、印染、制衣、制帽、制鞋、造纸、制墨、制砚、雕板印刷、漆器、采玉、玉作、石作、造车、造船、木工、制秤、兵器、骨角器、乐器、制盐、采蜡、钉铰、建筑、制锁、榨油、酿酒、碾米、制糖等50多种，其数目和种类都已远远超过了汉代，可见此时手工业风俗之丰富。其中特别值得注意的是瓷器烧造、金银作、雕版印刷和漆器这几个部门。这时期瓷窑已遍及黄河中下游以及整个长江流域和珠江流域，并涌现了一批名窑，如越窑、邢窑、鼎窑及长沙窑等。瓷器的品种也发展为青瓷、黄瓷、黑瓷、白瓷、釉下彩瓷、花釉等多种。"唐三彩"即为唐代最贵重之杰作。隋唐以前的金银作一直限于官府作坊中，此期则扩展到民间。

（二）专业作坊集中

隋唐时期的城市手工业作坊大多按行业和门类集中开设，如唐代长安通化门一带出现了专门募集工人制造车辆的车坊①；靖恭坊集中了许多制毡工匠②；常乐坊则是酿酒行业的集中场所③；崇仁坊又是制作乐器的作坊所在④。其他城市也有这种聚集一处，统一经营的风俗，如郢州南郭出现了酒肆⑤，钜鹿郡南和县街北有了纸坊等，使唐代城市显示出独具特色的坊作风情，唐代民间已普遍用雕版印行历书和佛教经典。

六　商业风俗

（一）坊市规制受冲击

隋唐前期，城市布局仍继承汉以来的坊市制传统，商业贸易被限制在封闭式的坊市之中。到了盛唐，由于商业的日益发展，封闭式的坊市制遭到了冲击，坊与市之间的界限被打破，大中城市出现了"向街开门，各逐便宜"⑥的店面布局。为增加营业时间，很多城市出现了夜市，王建《夜看扬州市》诗曰："夜市千灯照碧云，高楼红袖客纷纷。"⑦夜市的出现，打破了唐前期城市中实行的严格的宵禁制度，也改变了人们日入而息的习惯，增加了商店的营业量。而且隋唐城市的饮食业十分兴盛，各种饭馆、酒楼、食肆遍布大小市内。有的酒楼已出现为人承办宴席的服务项

---

① 《太平广记》卷八四《奚乐山》。
② 《唐两京城坊考》卷三。
③ 《唐国史补》卷下。
④ （唐）段安节：《乐府杂录》。
⑤ 《太平广记》卷四五《王卿》。
⑥ 《唐会要》卷一八六。
⑦ （唐）王建：《夜看扬州市》，载《全唐诗》卷三〇一。

目。《唐国史补》对此有记载。据《太业杂记》记载，隋时洛阳的丰都市有“一百二十行、三十余肆……市四壁有四百余店，重楼延阁，互相照映，招致商旅”。此外，还有许多大小不一的流动货担、货摊。

（二）草市、集市交易繁盛

除坊市外，南方州县还出现了许多草市。如荆州古城濠下的“橘市”，浔阳江头早晨热闹的菜市，郴州“烹丁纷错、商贾辐辏”的“矿市”等。草市诚然不如官市安全，市容也不及官市严整，但草市也有自己的特点。因为这种自然生长的市镇官方控制较弱，交易相对于坊市自由得多，且因地近乡村物产丰富价廉，而商旅辐辏、店铺林立形成的灯红酒绿又非单调的乡居生活可比。这些条件首先吸引了草市附近的富室大户前来定居，投资工商及饮食行业，这样草市便有了乡村市集化的趋势，白居易贬赴江州，一路上“亥日饶虾蟹”[①]，使他颇觉新奇。

此时定时的集市已经形成，岭南称“虚”，江南称“亥”，北方称“集”，都是隔日一会，或三五日一会，钱易《南部新书》说：“端州以南，三日一市，谓之趁虚。”还有一种定期一聚，但间隔时间很长的集市，类似于后世的庙会。如唐末蜀中蚕市：“每春三月为蚕市，至贸易毕集，阛阓填委，蜀人称其繁盛。”[②]

（三）中介发展与柜坊、飞钱出现

交易的兴盛，为商业服务的中介发展，金融雏形也出现。

中介的发展体现在类似今各市场趸卖货物的经纪商人的邸店、市主人与牙子增多。市主人与牙子，五代时称为牙僧，或称牙行。邸店在南朝时就已存在，唐初更在法律上作了阐明：“邸店者，居物之处为邸，沽卖之所为店。”[③] 但在实际生活中邸店并没有法律上规定的那样严格区分，而往往是兼营堆货、交易和商旅住宿等业务。于是邸店一面联系着贩运商，一面联系着零售商，成为批发商和零售商之间的中介者。它除了收储寄存客商货物以进行货栈业务外，还代客经营批发与销售。定州何名远“每于驿边，起店停商”；西京富商邹凤炽更是“邸店园宅，遍布海内，四方

---

① （唐）白居易：《东南行一百韵》，载《全唐诗》卷四三九。

② 《五国故事》卷上。

③ 《唐律疏议》卷四。

物尽为所收”[①]。邸店经物进出的货物数目很大，营业额很高，生意十分兴隆，这就必然有大量的款项需收储拨兑，于是邸店的营业项目之一，而且经手的数目动辄千万，因此，邸店又成为最早的钱庄了。

邸店之外，唐代城市中又出现了柜坊。柜坊一方面吸收存款；另一方面经营贷放，已具有后世钱庄的性质。柜坊是接收存款后，凭一定的信物，替存钱者支付款项，并收取一定的柜租。唐代文献中，关于在柜坊中“鏁钱”的事情屡见不鲜。与此同时，“飞钱”习俗应运而生。唐玄宗时，已是相当普及了。飞钱又称便换，类似于现代的汇票，可以避免长途携运钱币的麻烦及途中可能发生的危险。唐代赵璘的《因话录》卷三说：“有士鬻产于外，得钱数百缗，惧川途之难赍也，祈所知纳于公藏，而持牒以归，世所谓便换者。”

（四）商贾日众和商会的出现

唐代社会中，经商被看作是一个重要职业，甚至是主要职业，因而从事商业经营的人非常多，稍有一点资力和才能的人，大多去服牛络马，周游四方，贩运远方甚至是异域的特殊物品，从而使“奇怪时来，珍异物聚”。诗人姚合曾描写过这种现象：“客行野田间，比屋皆闭户。借问屋中人，尽去作商贾。”[②] 如扬州“富商大贾，动逾百数”。唐代商人有商帮组织。在当时交通不方便、道路不安全的情况下，如果一人携带贵重物品进行长途贩运，遭受祸害的可能性就会大大增加。因此，商人在整装待发之前，首先要与同行之人结成伙伴，即结成临时性的商帮。在利益的驱使下，官吏经商之风刮遍了全国，从朝廷中的公卿百官，到地方上的藩镇州府，都争先恐后地设置行铺邸店，贩鬻求利。唐政府为了刹住此风，曾三令五申地严加禁止，但成效甚微。最后只好规定官吏在乡村及坊市开设邸店，经纪求利，一律按照百姓例科差，默许了官吏的经商。

在城市中，已出现了商业行会组织，其首领称为“行头”“行首”。据 1956 年北京房山发现的唐代石刻佛经记载，唐代幽州（今北京）的商行有米行、肉行、油行、果子行、炭行、磨行、布行、绢行、生铁行、杂货行等。在同行商人中，交谈均用隐语。宋人曾慥《类说》卷四引唐无名氏《秦京杂记》说当时长安市井中业已流行葫芦语、鏁子语、纽语、

① 见《太平广记》卷二四三、卷二四二、卷四九五。

② 《姚少监诗集》卷六。

练语、三摺语等隐语，“记言反说，不可解识”。

第三节　隋唐汉民族的生活风俗

一　服饰风俗

（一）便服以袍、衫为主

汉民族的服饰风俗经过魏晋南北朝时期胡汉融合、南北交流和时代变迁，到了隋唐时期，在服装方面，形成了着圆领袍、裹幞头、穿长靴的一般形式。隋唐时期的服饰风俗，主要有以下特点：第一是等级森严。隋唐代礼服主要通过服色、革带和所佩的鱼符来区别尊卑，如服色，礼制规定皇帝赭黄，官员三品以上紫色、四品深绯色、五品浅绯色、六品深绿色、七品浅绿色、八品深青色、九品浅青色。至于一般平民，隋时规定庶人服白，屠商服皂；唐武德四年（621 年）规定庶民服黄。[①] 第二是汉胡融会。第三是花式丰繁，尤其是女子裙式和发式花样繁多。第四是崇尚时髦，女着男装，袒胸露腹、高髻巍巍等标新立异、追求时髦的式样层出不穷。

隋唐男子便服以袍、衫为主，皆圆领，长过膝；春夏穿衫，冬天穿袍。近膝处加有横的袍衫，叫衫，为士人所穿。比袍衫短的贴身内衣，为“汗衫”。另有袄子，系冬服，有绵、夹之分，比袍短；“半臂”，系从西域传入，其形制类似今之坎肩，短袖，右衽，一般夹穿于内外衣之间，能起垫肩作用。至于一般平民，则大多服褐，以麻或毛为原料缝制，质地比较粗糙。男子下衣则有裤。隋唐时期裤的种类很多，有褶袴、单裤、复裤、短裤、裈裤等。褶袴源于胡服，流行于魏晋，到隋时已普遍适用。唐代裤色尚白，白花罗裤被列为地方贡品。

妇女便服主要有衫、襦、半袖、裙、帔等，穿着自由，以时髦为尚。衫、襦都是短上衣，衫为单衣，襦则或夹或棉。隋及唐初衫襦制式比较短小，窄袖，掖在裙腰内；后来变得逐渐宽大，很多地方妇女的衣袖阔达四尺，以至到唐文宗时不得不下诏，限制襦袖不得超过一尺五寸。妇女衫襦的颜色大致有白、青、绯、绿、黄、红等，尤以红衫为多。半袖系从西域传入，其制式与男子“半臂”相似，但领口开得更低，多为对襟，套在

① 参见《旧唐书·舆服志》《新唐书·车服志》等。

窄衫外。唐前期女装流行细腰窄袖，故穿半袖者亦众；中唐以后，由于宽袖大衫时兴，则半袖逐渐不行。隋唐女裙，花样翻新，有绸裙、纱裙、罗裙、金泥簇蝶裙、百鸟毛裙等，裙色以红、黄、绿为多；红裙又称“石榴裙”，常为诗人们所歌咏。帔，系搭在肩背上的长帛巾，称“帔子”或“帔帛”“领巾”，也系传自西域。不同颜色和质地的帔与衫、裙相搭配，构成了当时妇女五彩缤纷的服装世界。女装上衣露袒露前胸也是唐代妇女服饰的一大时尚。

（二）冠帽制式多样

隋唐男子的冠帽，帝王及朝廷官员有通天冠、翼善冠、远游冠、进德冠、进贤冠、高心冠、獬豸冠、却非冠、法冠、武弁、皮弁、黑介帻、平巾帻、介帻等礼冠，及幞头和纱帽、搭耳帽、黑纱方帽、豹皮帽、大裁帽、危恼帽、轻纱帽等便帽。幞头，最初直接裹在发髻上；晚唐时已演变成一种以木为骨，外蒙以纱的帽子，左右各有硬翅向两侧平展。纱帽，始见于南朝，式样无统一规制，全由个人喜好而定，颜色有黑、白两种。

隋唐女子的时尚帽式主要有幂罱、帷帽和胡帽。幂罱状如笠帽，帽檐四周垂下布帛，长过膝，可遮蔽全身；传自西域，风行于隋唐之际。《旧唐书·舆服志》记载：“武德与贞观之时，宫人骑马者，依齐隋旧制，多着幂罱。”高宗以后，戴幂罱者渐稀，而帏帽流行。帏帽，状如幂罱，只是四周所垂之布帛或网纱较短，仅及脖子。唐玄宗开元年间又有胡帽流行。《旧唐书·舆服志》记载：“开元初，从驾宫人骑马者，皆着胡帽。”此外，当时的女子帽式还有柘枝花帽、笠帽，以及各种花冠。

（三）靴鞋种类多样

隋唐上层社会男子多着靴。靴原系胡服。《隋书·礼仪志》说：“唯褶服以靴，胡服也，取便于事，施以戎服。”除靴以外，男子还有麻鞋、丝鞋、皮鞋、藤鞋、棕鞋、绣鞋、草履、木屐等。女子鞋式则有履、鞋、靴、屐等。

（四）发式、眉式与面饰花样翻新

隋唐妇女的发式花样翻新，形式繁多。唐段成式《髻鬟品》说：“高祖宫中有半翻髻、反绾髻、乐游髻。明皇帝宫中：双环望仙髻、回鹘髻。贵妃作愁来髻。贞元中有归顺髻，又有闹扫妆髻。长安城中有盘桓髻、惊鹄髻、又抛家髻及倭堕髻。”其中最流行的是高髻，对此，唐诗中描写较多，如元稹的《李娃行》诗中有两句“髻鬟峨峨高一尺，门前立地看春风”，就是这种风俗的描写。唐代妇女体态丰腴，脸如满月，配之于高大的发髻，更显和谐富贵。

隋唐妇女眉式，唐初曾流行长眉，如柳叶眉、却月眉等；盛唐以后，开始流行短阔眉，唐人《簪花仕女图》中的六位妇女，所画皆为短阔；元和以后，又流行“双眉画作八字低”[①]的“八字宫眉”[②]，周昉《挥扇仕女图》上有描绘。

唐代女子最常见的面饰是“额黄”，有的则在面靥涂一点黄色，称为“靥黄”。元稹《恨妆成》中“当面施圆靥”者，即指此。隋唐时期，还流行文身习俗，如蜀小将韦少卿“嗜好扎青”，武陵人雷满，“文身断发”[③]，等等。

（五）臂钏已成腕饰

隋唐时的佩物，在前代朝服佩绶、鞶囊风俗的基础上，唐代又发展出佩带鱼袋风俗，并以此表明身份等级。唐代女子首饰除常见的有钗、步摇、梳篦等外，又有钿，亦名“花钿”，多簪于额前发中，温庭筠《南歌子》说：“脸上金霞细，眉间翠钿深。”起源于南北朝的臂钏，隋唐时期已成为腕饰，白居易《盐商妇》说：“皓腕肥来银钏窄。”此外，当时歌女舞姬已有戴耳环、耳坠之俗，但流行尚不广。

二　饮食风俗

（一）午餐成为正餐

隋唐以前，汉民族社会基本实行早、晚两餐制。尽管有时也出现包括“午时食”在内的“三食”，但隋唐以前的“午时食”，只是补食、点心，而非正餐。隋唐时期“午时食”已入正餐之列，唐代诗文中也出现了许多中餐词语，说明已经流行三餐制。

（二）主食饼最多，饭、粥次之，糕较少

隋唐汉民族的主食结构基本上是南米北面，辅之以粟、豆、稷、黍等。但由于南方稻麦轮作制的流行，南方主食中面食也占有很大比重。主

① （唐）白居易：《新乐府·元和时世妆》。

② （唐）李商隐：《玉溪生诗笺注》。

③ 同上。

食种类仍可分为饼、饭、粥、糕等数种。从史籍中的出现频率看，饼最多，饭、粥次之，糕较少。

（三）副食仍以蔬菜为主，肉食为副

隋唐汉民族的副食仍以蔬菜为主，肉食为副。据有关史料统计，其蔬菜品种有芋艿、薯蓣、韭、薤菜、紫苏、蓼、菘、芥菜、荠菜、苋、蒿、蕨、苏菜、芹菜、莼菜、苹、蒲、蔓菁、萝卜、胡萝卜、胡荽、苜蓿、落苏、莲藕、冬瓜、萱草、菱角、竹笋、荸荠、莴苣、菠棱等四十多种；肉类则有猪、牛、羊、狗、鸡、鸭、鹅等家养畜禽，象、熊、鹿、驼、猴、狸、兔、野猪、鹧鸪、鹌鹑等野生禽兽和鲩鱼、青鱼、鲢鱼、鳙鱼、鲵鱼、海蟹、海蜇、蚝、乌贼等水产。

唐代肉食习俗，南北差异较大，基本格局为南鱼北肉；而北方肉食又以羊肉为多。

唐时的甜食味料，除饴糖外，又有蔗糖。贞观年间甘蔗制糖法从西域引进，市上已开始有红糖和白砂糖等蔗糖出售；大历年间（766—779 年）四川地区还出现了冰糖。

隋唐时期的水果与前代大致相同。据唐张鹭《游仙窟》记载，唐前期常吃的水果有葡萄、甘蔗、枣、石榴、橘、柰、瓜、梨、李、桃等。盛唐以后，樱桃、荔枝成了北方名果，皇帝常以此赏赐臣下。从所发现的唐代陶瓷品图案看，西瓜已在唐时由西域传入，成为汉民族社会的饮食佳品。

（四）流行酒后饮茶

隋唐时期汉民族流行的饮料主要有酒、茶和乳酪等。

隋唐时期饮酒之风十分盛行，并流行以“春”来命名酒品，李肇《唐国史补》即载有“乌程之箬下春、荥阳之土窟春、富平之石冻春、剑南之烧春”和杭州之梨花春、云安之曲米春等以“春”命名的美酒十多种。此外，山西杏花村的汾酒、四川郫县的竹筒酒等也是当时名酒。唐初，葡萄酒的酿造方法从西域引进，并出现了“烧酒”之名。如白居易《荔枝楼对酒》诗“烧酒初开琥珀香”，雍陶《到蜀后记途中经历》诗“自到成都烧酒热”，等等，使汉民族的饮酒风俗更为丰富。隋唐社会嗜酒成风，文人学士尤为张狂。开元、天宝年间，贺知章、李白、张旭、焦遂、苏晋等人号称“饮中八仙”，都是好酒之士，嗜酒如命。此外，王维、杜牧、萧颖士、吴道子、白居易、皮日休等也都嗜酒如命。

唐时，茶已成举国之饮。唐人李珏说：“茶为食物，无异米盐，于人所资，远近同俗。既祛竭乏，难舍斯须，田间之间，嗜好尤切。”[①] 可见，茶已成为唐代社会斯须不可离之物，和柴米油盐同等重要的食物。唐人认为茶可以消酒肉毒，社会上普遍流行酒后饮茶之俗。到唐后期，“风俗贵茶，茶之名品益众”[②]，饮茶更加风行，并形成了流传千古的“茶道”文化。

（五）烹调出现了花式菜肴

隋唐时期菜肴的烹调方法仍以炙、蒸、煮、烙、烧、煎、炸、烤等法为主，肴馔除前代已有的炙品、脍品、脯品、羹臛、菹齑等外，还出现了众多的花式菜肴。其中比较著名的美味佳肴有炙鹅鸭、熊白啖、浑羊殁忽、金齑玉脍、镂金龙凤蟹、辋川图小样等。同时，豆腐的食用比前代更为普及[③]，并出现了素料荤做的烹饪之法。《北梦琐言》记载：“唐崔侍中安潜，崇奉释氏，鲜茹荤血……镇西川三年，唯多蔬食。宴诸司，以面及之类染作颜色，用象豚肩、羊臑、脍炙之属，皆逼真也。”

三 居住风俗

（一）居住有制

唐代朝廷曾颁布《营缮令》，对官员及庶民的宅舍制式作出规定：“王公已下，舍屋不得施重拱藻井；三品已上，堂舍不得过五间九架，厅厦两头，门屋不得过五间五架；五品已上，堂舍不得过五间七架，厅厦两头，门屋不得过三间两架。仍通作鸟头大门，勋官各依本品。六品七品已下，堂舍不得过三间五架，门屋不得过一间两架。……庶人所造堂舍不得过三间四架，门屋一间两架，仍不得辄施装饰。”[④] 唐初相对还不够富裕，官员庶民均能守制。但中唐以后，舍宅违制现象屡见不绝。

（二）宫室官宦建筑豪华

隋唐时期的官宦府第，大多采用有明显中轴线和左右对称的平面布局。隋唐王朝集全国之力，在都城长安营筑了辉煌壮丽的宫殿建筑群。此外，唐朝在洛阳宫城建有宫殿几十座，以宫城正门应天门所处的中线作对

---

① 《旧唐书》卷一七三《李珏传》。

② （唐）李肇：《唐国史补》。

③ 《清异录》卷上。

④ 《唐会要》。

称排列，体现了传统风格。

隋唐官宦府第一般在大门外设有门屏，起遮景作用，客人来访，先在门屏处等候；大门多漆成红色，即杜甫“朱门酒肉臭”[①] 诗中之朱门。进大门之后又有中门。中门外设有门馆，供客人小憩，或住宿。中门内有庭院，穿过庭院，即住宅的主要建筑厅堂。在隋唐时期，官宦府第的厅、堂都是招待客人的地方，中间的厅堂称“中堂”，其他东厅、西厅、前厅或外厅等。中堂是接待宾客的场所，是住宅的门面，因此大都装饰华丽。中堂之后就是一家人居住的卧室了。也有中堂待客，堂之东西间用作卧室的。堂屋左右一般都有厢房，是亲属或仆人居住的地方，门、厅堂、寝室、廊屋是构成一套住宅的最主要部分。所以当时人形容大官僚的住宅时就说是“朱门素壁”“环廊曲阁”“中堂高会”之类了。有的府第内部还建有如园林、楼阁，甚至有击球场所。大部分府第主院外侧有马厩，有的院内还有井。如，韩愈到长安三十年后才有自己的一处住房。房子有中堂待客，有北堂治膳，还有东堂、南亭，西偏又有若干间房，庭中更有八九株树。

（三）百姓宅舍三架四舍

百姓的宅舍因贫富而有差别。一般百姓的宅舍根据当时法律规定，不过“三架四舍”。不过，隋唐时期全国绝大部分地区是乡村。乡村民居一般规模都很小，故被称为“涡舍”。穷苦人家的住房非常简陋，大多是“草茨竹椽”或“茅茨土阶”，即以竹木为栋椽，以茅草或芦苇苫盖房顶，以泥土砌成台阶。与茅屋相配套的设施是“柴门”或“荆扉”，即用树枝或荆条编扎的门。对此，隋唐诗人的作品中多有提及，仅王维诗中，就有“倚杖柴门外，临风听暮蝉”[②] “野老念牧童，倚杖候荆扉”[③] 等多处提到。但有些累世同居的宗姓大户，宅院却很大。隋朝末年，瀛州（今河北河间县）百姓刘君良四世同居，其居室共有六个院子。由于草茨竹椽的房屋极易发生火灾，唐代后期，南方“草茨竹椽”已逐渐为瓦屋所代替。

在乡村，凡有民居之处必有井，故民间习惯于以井喻故乡，以“井

① （唐）杜甫：《自京赴奉先县咏怀五百字》，载《全唐诗》卷二一六。

② （唐）王维：《辋川闲居赠裴秀才迪》，载《全唐诗》卷一二六。

③ （唐）王维：《渭川田家》，载《全唐诗》卷一二五。

屋”泛指人家。如韦应物诗曰：“田家已耕作，井屋起晨烟。”①

（四）园林别墅大兴

尽管老百姓的房屋简陋，可是皇家富豪却大造豪华园林别墅。隋炀帝建造的洛阳西苑，辟地周二百里，内有十六院，聚巧石为山，凿地为五湖四海。唐代长安城内供皇家游宴的园林则有西内苑、东内苑和禁苑等。禁苑东接灞水、西临汉长安故城、北枕渭水、南接郭城，周围一百二十余里，系一处承接汉代皇家苑囿传统的大型园林。苑内有宫、亭等园林建筑二十四处，如鱼藻宫、望春亭、临渭亭、桃园亭、咸宣宫、梨园等，皆各具特色。其中梨园内置教坊，唐玄宗亲自指教，故后世称戏曲为“梨园”。禁苑，奇花异草遍布，且多绿树，各园朝贡的珍奇异兽陈列其间，“禽兽蔬果，莫不毓焉”，是唐代最大的皇家园林。

在隋唐时还出现了向士庶开放的官家园林，其中以长安的曲江最为有名。曲江位于长安城的东南角，包括紫云楼、杏园等景区，有山有水，有亭有楼，花卉环绕，烟水明媚。每到春天，都城的士庶纷纷来曲江踏青，或登楼远眺，或池上泛舟，十分热闹。

隋唐时期，达富贵人修筑私家园林之风颇盛，且有与别墅结合的风俗，即在城郊或城外山谷里建别墅，在别墅里建园林。这种别墅当时又称“别业”“庄”或“园”等。当时最著名的别墅是唐朝宰相李德裕的平泉庄。

（五）寺观建筑大都模仿宫殿、官署之格式

自魏晋南北朝时期以来，佛道两教发展迅速，到了隋唐时期，在僧侣、道士的寺观居住生活方面也形成了颇具特色的风俗。隋唐时期，寺观建筑大都模仿宫殿、官署甚至住宅之格式，许多寺观本系舍宅演变而来，因此多采取以大殿为中心的院落组群布局。许多寺观规模很大，如唐长安大兴善寺、昊天观都占一坊之地；慈恩寺有十余个院落，房间 1897 间；章敬寺更有 48 院，4130 间房。许多寺观的都辟有园林，布有亭榭、池泉、桥陂、花木、山石等，供信众游玩。

寺观大多建有塔，如长安慈恩寺的大雁塔，七层，高 64.1 米，初建于唐永徽三年（652 年），至今保存完好。有的寺院还建戏场、病坊，以保持与凡俗社会的联系。

---

① （唐）韦应物：《园林宴起寄昭应明府卢主簿》，载《全唐诗》卷一八八。

（六）都城坊市呈封闭式的布局

坊里制度是隋唐城市居民街区的基本型制，始见于曹邺都规划，即城内被纵横交叉的棋盘式道路划分为若干块方形居民区，叫坊。隋唐长安沿袭古代闾里制，实行严格的城坊制。全城共有 108 个里坊，里坊均有高大的坊墙，犹如城中之城，各坊面积大小也不等。除靠朱雀大街的四列坊因“在宫城直南，不俗开北街，泄气以冲阙”，坊内只设东西向街道，只开东西两门外，绝大部分坊都“开四门，中有十字街，四出趣门”。[①] 除十字街外，里坊内还“巷曲”，通向各户。坊内除安置大量居民外，还布列许多佛寺、道观和王府。除三品以上官中外，都不得在坊墙上任意开门。商业交易活动，则被限制于东、西两市之内。因此，在唐代都城里的大街两旁，只能见到一堵堵的夯土坊墙，坊与坊之间彼此隔绝。在当时，其他城市也与长安城一样，实行着封闭式的坊里布局。如洛阳城除宫殿和三市外有 103 坊。

与这种封闭式的坊式制相应的是实行宵禁。坊门每日五更开启，日落关闭，坊正以下设专人掌管坊门开闭。从唐代中期以后，封闭式的坊市制开始崩坏，在城邑各坊内部已不断出现了“侵街”现象，即居民将自己的住房向外扩展，侵占了坊内的街道，有些甚至在坊墙上向坊外开门。工商贸易也逐渐逾出官方设定的市区，有些坊中还出现了供行人歇息的旅店邸馆。

（七）住宅避“五虚”求“五实”

隋唐建设住宅讲究避“五虚”、求“五实”。其中“五虚”是指：“宅大人少，一虚；宅门大内小，二虚；墙院不完，三虚；井灶不处，四虚；宅地多屋少庭院广，五虚。”[②] “五实”则为：“宅小人多，一实；宅大门小，二实；墙院完全，三实；宅小六畜多，四实；宅中水渎东南流，五实。”认为“宅有五虚，令人贫耗，五实，令人富贵”。盖房前，仍有卜宅风俗，如杜甫《为农》诗曰：“卜宅从兹老，为农去国赊。”房屋动工时要举行奠基仪式，宣读《建宅文》，祝愿工匠建宅成功；房屋落成要行上梁仪式，唱《上梁歌》。最后，还要请人念《镇宅文》，以镇妖除怪，确保宅舍安宁。敦煌文书中即有《建宅文》《上梁歌》和《镇宅文》留

① （宋）宋敏求：《长安志》卷七。

② 敦煌写卷，伯 3865《宅经》。

存。如果认为宅屋不祥，则用石头镇宅。敦煌文书伯3594卷中之《用石镇宅法》说："凡人居宅处不利，有疾病、逃亡、耗财，以石九十个，镇鬼门上，大吉利。"

四　器用风俗

（一）绳床流行

唐初床榻，仍有寝、坐之分。寝床较大，多以木制。床上一般还有帐子。寝榻与寝床相似。另一种寝榻叫"土榻"，实际就是后来北方常见的火炕。坐床有许多种。一般的坐床与榻相似，有大有小，大的可以数人同坐。坐床中又有胡床和绳床，魏晋南北朝时已经出现，但此时使用更加普遍。胡床是一种可折叠的轻便椅子；绳床则与今天的靠背椅类似，原来仅在寺院使用，后来普及到民间，先后有交床、倚床、倚子等名称。宋程大昌《演繁露》说："今之交床，本自虏来，始名胡床……隋高祖意在忌胡，器物涉'胡'言者，咸令改之，乃改交床。唐穆宗时又名绳床。"

（二）桌椅出现

到中唐后，"椅子"一词开始出现。敦煌莫高窟唐代壁画中，已出现了大型宴会时供多人列坐的长桌和长凳，以及方桌、腰圆凳、鼓凳、扶手椅、靠背椅等。本为坐卧兼用的床榻，退而成为专供睡卧的卧具。随之垂足而坐的习惯从上层阶级起逐渐普及全国，使人们的坐姿更加舒适。唐代的椅子也很有特色，"胡床"逐渐演变成交椅，又叫逍遥座。随着高足椅的出现和广泛使用，相应地出现了高足案。当时的官府中，官员们已在高足案上办公。据《太平广记》记载，王璥判案时，就"先令一人伏案褥下听之"①。这里的案当是高足，否则案底难以藏人。

桌椅的出现和广泛使用，不仅改变了汉民族社会长期形成的席地而坐的习惯，而且也引起了人们其他生活习惯的改变。无论是读书、写字，或是饮食欢宴等，人们都是坐椅踞桌，不再在床上活动。床由一种多功能的家具，退而成为专供睡卧的卧具。

（三）喜用帷帐

隋唐时期，居室多施帷帘。帷，又称帷障、屏帷、帷幕，一般施于室内，起隔断作用。隋唐史籍中有"帷飘白玉堂""以翠屏画帷许于堂门"

① 《太平广记》卷一七一《王璥》。

“闭户重帷”等记载，可见隋唐时期在室内张帷是比较普遍的。

帘也是隋唐时期室内张设中的必备器物，主要施于门窗，起遮蔽作用。帘大都以布帛制作，但也有以竹、草编制的。《唐国史补》记载：尚书左丞李廙家“门帘甚弊”，其妹夫刘晏，“潜度广狭，以粗竹织成，不加缘饰，将以赠廙”。颜色以红绿为主，即所谓“朱帘”“翠帘”。

五　交通风俗

（一）道路交通发达

隋唐时期的陆路，在史籍记载中名目繁多，如有驰道、御道、御路、帝道、官道、官路、官街、天街、禁街、国路、驿路、县道、村路、饷道、饷路、贡道、运路、大路、次路、便道、便路、私路、马道、堤路、盘道、栈道、甬道、夹道、复道、山路等。这些道路有的以性质命名，如御道、宫道、驿道，有的以用途命名，名如贡道、饷道、运路，还有的以形态命名，如堤路、栈道、复道。

隋唐的水路，见之于史籍的有水道、海路、海道、御河、官河、漕渠等。其中“官河”的称呼最多，可能只要是官府开凿的新河均可称为官河。隋炀帝时开凿的大运河，是当时最大的“官河”。

（二）桥式多样

隋唐时期的桥梁，已有石桥、木桥、浮桥等。石桥又分石拱桥、石梁桥，其中建于隋大业年间（605—618 年）的赵州安济桥即为石拱桥。此桥是世界上现存最古老的单孔敞角式石拱桥。当时浮桥的建造很盛，一般工程情况是“河桥须竹笮大艑，两岸石仓铁牛以为固”①。南方则有竹桥、藤桥、绳桥和笮桥。

（三）隋代牛车盛行，唐代出行喜骑马

隋唐时期的车舆之制基本沿袭前代而来，如规定天子出行时的卤簿有“五辂”、安车、金根车、四望车、羊车、属车、指南车、记里鼓车、白鹭车、鸾旗车、辟恶车、轩车、豹尾车、黄钺车等。官员百姓的日常用车有轩车、轺车、辎车、斋车、輀车、柩车、丧车、卧车、奚车、毡车、钿车、山车、宝车、画戟车、拜扫车等。其中的奚车源于契丹，“开元天宝

① 《旧五代史》卷五三。

中渐至京城”[①]；毡车，本自突厥，唐代传入，奚车和毡车都属于高等车辆。以上均为马车。此外，还有牛车、驴车、驼车等。

隋代社会牛车盛行，即使朝廷重臣如牛弘，出行也乘牛车[②]。唐时，朝士出行已不流行坐牛车；只有妇女才喜坐牛车，贵者如杨贵妃妹妹，“竞车服，为一犊车，饰以金翠，间以珠玉”[③]。百官赴任，朝廷则提供牛车载其家眷、行李。普通百姓则多用牛车运载货物，白居易《卖炭翁》中的卖炭老人，即以牛车运载木炭。

唐代社会崇尚武功，上层社会男子出行均喜骑马。开元天宝年间，一度风行女士骑马，史载：“开元初，从驾宫人骑马者皆著胡帽。”[④] 但妇女出行还是坐车为多，若是夫妻同行，则是“女檐男马”。平民出行则大多骑驴，故许多隐士往往骑驴，以示超脱。如宰相裴度未显时常骑驴出行，杜甫、贾岛、李贺等出行也常骑驴。此外，民间出行也有骑骡或骆驼的，如歌舒翰“每遣使入奏，常乘白橐驼，日驰五百里”[⑤]。

（四）辇舆流行“坐檐以代乘车”

辇和舆都是没有轮，用人抬或扛，类似后世轿子的出行工具。唐代辇舆流行。辇，《隋书·礼仪志》记载：“制象轺车，而不施轮……用人荷之。”主要为皇族所用。舆又称肩舆，“制如辇而但小耳”。起自魏晋南北朝，隋唐时上自帝王，下至百姓，均流行乘舆。此时舆的种类已有软舆、板舆、竹舆、篮舆、彩舆、绿舆、藤舆、卧舆等。并有“檐子”，亦名竹、编舆，用竹篾编扎，妇女多坐之。《新唐书·车服志》说：妇女“坐檐以代乘车”。

又有兜笼者，四周有遮蔽，门上有帘，初现于蜀，唐肃宗后，普及于京城，多为女子所乘，史称“京城……兜笼，代于车舆矣”。黔地又有“背笼”，《太平广记》记载：刘隐诣南州，“州牧差人致书迓之，至则有一二人背笼而前，将隐入笼内，掉手而行”“洎至近州，州牧亦坐笼而迓于郊”[⑥]。

---

① 《旧唐书·舆服志》。

② 《隋书》卷四九。

③ 《明皇杂录》卷下。

④ 《旧唐书·舆服志》。

⑤ 《资治通鉴》卷二一六。

⑥ 《太平广记》卷四八三《南州》。

（五）水路搭乘舟船已成风气

隋唐水路舟楫，常见的有木船、竹船、竹木筏、皮船、海船、轮船、小斛底船、小舸子、大河船、篷船、舫船、舴艋舟、小舫、大舸、画舸、楼船、舶船、棹船、米船、粮船、盐船、租船、漕船、饷船、转运船、龙凤船、竞渡船、行酒船、采花船、彩舫等。水路搭乘舟船已成隋唐官民士庶出行的主要交通方式，唐诗中提及舟船者颇众，如“轻舟已过万重山”“门泊东吴万里船”等，可见当时出行乘舟已成风气。

（六）车坊与旅店业兴盛

唐代社会实行开放政策，人们出行率高，对代步工具的需求量大，故以出赁车马、舟船为业的车坊、“车子家”应运而生。如长安东市就有赁驴处①，胜业坊有出赁车辆的“车子家”②，光宅坊有“车坊”。也有舟船出赁者，如天宝年间，崔县尉欲去吉州赴任，“乃谋赁舟而去”③；长庆中，裴航“因佣巨舟，载于湘汉”，游历鄂者④；会昌年间进士颜睿，“下第游广陵，遂之建业，赁小舟抵白沙”⑤，等等。

隋唐时在职官员出行，沿途由官办的馆驿招待食宿；而普通人出行，则要投宿旅舍。旅舍，当时又称逆旅、客舍、邸舍、馆舍、旅馆、旅邸、旅店、邸店、村店等。如阎济美到洛阳赴举，“更无相知，便投迹清化里店”⑥；《李娃传》中，郑生应举赴长安，“居于布政里”邸店。当时出行，也有借住寺院道观者，如白居易和元稹为应付制举，“退居于上都华阳观，闭户累月”作《策林》⑦；元稹《莺莺传》中崔氏母女则借住普救寺。

六　娱乐风俗

（一）胡舞流行

唐朝社会爱好歌舞，每遇节日喜庆，或礼仪社交场合则有歌舞表演，平时也多以歌舞娱乐。唐代胡舞流行，传自西域的《胡腾舞》《胡旋舞》

① 《太平广记》卷三四六《马震》。
② 《太平广记》卷三八五《辛察》。
③ 《太平广记》卷一二一《崔尉子》。
④ 《太平广记》卷五〇《裴航》。
⑤ （唐）常沂：《灵鬼志》。
⑥ 《太平广记》卷一七九《阎济美》。
⑦ 《全唐文》卷六七〇。

《柘支舞》等曾在长安等地盛行一时。民间则盛行“歌舞戏”，《旧唐书》记载：“歌舞戏，有大面、拨头、踏摇娘、窟傀子等戏。”[①] 当时民间的自娱性舞蹈有“踏歌”，对此唐诗多有提及，如“李白乘舟将欲行，忽闻岸上踏歌声。”[②] “连袂踏歌从此去，风吹香气逐人归。”[③] 等。此时，民间说唱开始流行。西安西郊唐墓即有“说唱俑”出土。

（二）百戏兴盛

隋唐时期是宫廷百戏极盛的时代，按唐代旧制，“承平无事，三、二岁必于盛春殿内赐宴宰相及百辟，备韶濩九奏之乐，设鱼龙曼延之戏，连三日，抵暮方罢”[④]；同时，每逢节日及其他喜庆之事，也要盛陈“百戏”，其品目有参军戏，是戏剧表演的前身，起源于秦汉，以插科打诨为主，演员在台上调谑取乐，以言词和动作，博观众之笑；傀儡戏分悬线木偶、盘铃傀儡等，由人操纵木偶作种种表演；此外，有女子走索、缘竿之戏、蹋球表演等。

（三）娱乐竞技名目繁多

隋唐时期的博弈娱乐活动主要有围棋、弹棋、双陆、樗蒲、叶子等。其中叶子戏系后世麻将之鼻祖，苏鹗《杜阳杂编》说：“韦氏诸家，好为叶子戏。”[⑤]

隋唐时的竞技娱乐项目主要有蹴鞠、马球、拔河、相扑等。唐时蹴鞠有两人对踢、三人“角踢”和若干人参加的“员社”等[⑥]；马球则为“军中常戏”，唐代帝王多好之，如王谠《唐语林》描绘唐宣宗玩马球的情形，“每持鞠杖，乘势奔跃，运鞠于空中，连击至数百而马驰不止，迅若流电”[⑦]。拔河，唐时改竹索为绳索，已流入宫中，《景龙文馆记》记载：“景龙四年，清明，中宗命侍臣为拔河之戏。”相扑，即古代的“角牴”，唐时宫中有专业相扑队，名曰“相扑朋”。另有步打球和“十五柱球戏”，前者为中国古代的曲棍球。唐代宗时的宫女们常于寒食日表演

① 《旧唐书》卷二九《音乐志》。

② （唐）李白：《赠汪伦》，载《全唐诗》卷一七一。

③ （唐）储光羲：《蔷薇》，载《全唐诗》卷一三九。

④ （元）马端临：《文献通考·俗乐部》。

⑤ （唐）苏鹗：《杜阳杂编》卷下。

⑥ 《格致镜原》卷六〇。

⑦ （唐）王谠：《唐语林》卷七《补遗》。

“步打球”；后者又称“木射”是唐代的“保龄球”，场地上布置十五个分别写有“仁、义、礼、智、信、温、良、恭、俭、让”朱字和“傲、慢、佞、贪、滥”墨字的平底木柱，参赛者以木球用力抛击木柱，以击倒朱者为赢，击中墨者为输。

此外，隋唐时社会上流行较广的娱乐游戏习俗还有士大夫的投壶之戏、行令之戏，和妇女的抛球之戏、秋千之戏，以及斗鸡、斗鸭、斗鹌鹑、斗蟋蟀和斗草等。

（四）官府鼓励，玩赏成风

唐代朝廷鼓励百官节假日外出览胜游乐，并给予一定的经济补贴。开元十八年（730 年）二月“初令百官于春月旬休，选胜行乐，自宰相至员外郎，凡十二筵，各赐钱五千缗；上或御花萼楼邀其归骑留饮，迭使起舞，尽欢而去”[①]。天宝八载（749 年）“赐京官绢，备春时游赏”[②]。贞元四年（788 年），皇帝下诏令：“其正月晦日、三月三日、九月九日三节日，宜任文武百僚选胜地追赏为乐。”依官品每人每节赐给一至五百不等的游乐钱，并“永为常式”[③]。朝廷的倡导，文武百官的游乐成风，士大夫的寄情大自然，对民间旅游风俗的盛行，起了推波助澜的作用。中和、上巳、清明、重阳等节日，旅游成了最主要的内容。人们或独行，或结伴，或阖家，车马如云，冠盖相望，到风光绮丽的郊野园林、名山大川，或宫院寺观，踏青、赏景、郊宴，同时开展荡秋千、蹴鞠、踏歌等文娱活动，以消除多日劳作的疲乏。文人学士尤其爱好旅游。如著名诗人李白，“一生好人名山游”，足迹几乎遍及全国；杜甫二十岁后，亦曾先后到吴、越、齐、赵一带作了十数年的漫游。此外如王维、刘禹锡、孟浩然、储光羲、高适等都有过漫游的经历。李白的《游泰山》《登峨眉山》《登庐山五老峰》，杜甫的《游修觉寺》《登岳阳楼》《城西陂泛舟》，王维的《游感化寺》《凉州郭外游望》《泛前陂》，孟浩然的《耶溪泛舟》《与诸子登岘山》，储光羲的《游茅山》《与诸公秋日游昆明池思古》《登戏马台作》，高适的《登五大峰》《同敬八卢五泛河间清河》等，皆为游览之佳作。

---

① 《资治通鉴》卷二一三，开元十八年二月。

② 《旧唐书·玄宗纪下》。

③ 《旧唐书·德宗纪》。

第四节　隋唐汉民族的礼仪风俗

一　育诞礼俗

（一）孕子有悬弧报喜之俗

唐代时，胎教习俗已进入当时医家的视野，如隋代巢元方首次从胎儿发育以及周围环境对孕妇的影响等方面，分析了胎教原理；唐代名医孙思邈则在其医学名著《千金方》中设“养胎”专篇，胎教习俗被赋予科学的意义。隋唐社会的孕妇仍有许多禁忌，孙思邈《千金方·养胎论》中记载了孕妇忌食兔肉之外，还忌食狗肉、羊肉、鱼肉、鳖肉、雀肉、鸡肉、豆酱、糯米，以及忌饮酒、忌食生冷之物、忌在非常地大小便等习俗。

唐时得子，民间尚有悬弧报喜之俗。刘禹锡《送张盥赴举诗》曰：“尔生始悬弧，我作座上宾。引箸举汤饼，祝词天麒麟。”包何《相里使君第七男生日》诗曰：“他时干蛊声名著，今日悬弧宴乐酣。”就是这种习俗的反映。新生儿要用父母的旧衣服包裹。唐王焘《外台秘要》认为初生男婴儿要用父亲旧衣包裹，女婴要用母亲旧衣包裹，而不能用新帛，如此，可保孩子长寿。

婴儿出生三日之洗儿礼，又称“洗三”，初见于唐代史籍。唐郑处诲《明皇杂录》曰：“玉龙子，太宗于晋阳宫得之，文德皇后常置之衣箱中。及大帝载诞之三日后，以朱络衣并玉龙子赐焉。”这是现见最早记录洗儿礼风俗的文献，所记为唐太宗李世民为其贞观二年（628 年）元月出生的儿子李治举行的洗儿礼。洗儿礼习俗在唐代文献中还有大量记录，表明此俗在隋唐时已经定型，并已由民间进入宫中，成为礼俗。唐代洗儿礼时，家中长辈向新生儿馈赠吉祥物、洗儿果、洗儿钱等。洗儿毕，主人则设宴招待诸贺者。

唐时育儿，有哺乳三年之俗，敦煌文献《父母重经讲经文》说：“三年乳哺诚甚叹，十月怀胎足可哀。”《季布诗咏》曰：“三年不食胸前乳，六尺长躯何处长。”若妇女产后无乳，则有“催乳”习俗，《千金方》录有当时催乳方二则：“治乳无汁方：取母猪蹄一具，粗切，以水二斤，煮饮汁，不出更作；又方：烧鲤鱼头末，酒服，三指撮。”唐时，冠礼民间已很少流行；小皇帝冠礼则只加一冕，皇太子、亲王等仍用“三加”。

（二）庆生习俗兴起

中国关于生辰的确切记载，早在先秦汉民族就已出现，如战国时期孟尝君“以五月五日生”。但庆贺生日之俗却迟之隋唐时期才出现。唐太宗贞观二十年十二月，李世民对长孙无忌等人说：“今日吾生日，世俗皆为乐，在朕翻成感伤。”① 说明当时做生日要设宴奏乐。《唐实录》记载：开元十七年，丞相源乾曜、张说等上表请定唐玄宗李隆基生日（八月初五日）为千秋节，“著之甲令，布之天下，咸令享乐，群臣以是日献甘露醇酎，上万岁寿酒”。从此，每当帝王的载诞之辰，百僚命妇咸集宫殿，举行诞受降贺之礼。上行下效，唐代民间“作生日之风渐盛”②。宋人《猗觉寮杂记》记载：“唐人生日多俱汤饼，世所谓长命面者也。”说明唐时过生日已有吃面条祝长寿的风俗。

二　婚嫁风俗

（一）流行早婚，犹重门第

唐代婚龄尚早，《唐会要》记载，唐玄宗为了增加人口，开元二十二年下令：“男年十五，妇年十三以上，听婚嫁。”缔婚犹重门第，并多求聘财，如贞观初，“朝议以山东人士好自矜夸，虽复累叶陵迟，犹恃其旧地，女适他族，必多求聘财。”此系六朝风俗之余绪。为此，贞观十六年（642 年）六月，朝廷颁《禁卖婚诏》曰：“新官之辈，丰富之家，竞慕世家，结为昏姻，多纳财贿，有如贩鬻，……自今以往，宜悉禁之。”隋唐时期，上承魏晋南北朝婚姻论财之余风，社会上流行以收取大量钱财来作为男女婚嫁条件的风俗，称为“财婚”。但是，自唐中宗以后，社会选婿标准已由重门阀而转向重人才。每年三月“曲江宴”时，“公卿家率以其日拣选东床”③，这是唐代婚姻风俗的一大进步。

（二）互通婚书

隋唐时期男女缔婚要双方互通婚书。婚书一般格式为：“（某）自第几男，年已成立，未有婚媾。承贤第（某）女，令淑有闻，四德兼备，

---

① 《新唐书·礼乐志》。

② 瞿宣颖：《中国社会史料丛钞》，上海书店影印本 1985 年版，第 744 页。

③ （宋）王定保：《唐摭言》卷三〇。

愿结高援。谨同媒人（某）氏（某）乙，敢以礼请。伫听嘉命。（某）白。”[①] 送婚书需“函使”二人，择亲族中体面伶俐的青年充当，兼送聘礼。隋唐民间聘礼讲究用六礼，即雁、羊（羔）、酒、黄白米、玄纁、束帛；到女家后，要当众朗读婚书，交接礼毕，女家设宴款待来者，并以衣服缎匹赠之。

（三）成婚于昏

唐代婚礼，承袭古代传统在晚上举行。如唐僖宗时，江西钟传以女“适江夏杜洪之子，时及昏螟”[②]。唐人认为，婚礼若不在夜晚举行，则为“黩礼”。“亲迎”日，新郎家要于室外用青布幔临时搭一屋，称青庐，以便新郎和新娘在此“夫妇并拜，或共结镜纽”[③]。亲迎前一晚，男女双方都要告之家庙。告庙后，男方亲迎队伍出发。新郎到女家，要接受女家亲友的调笑杖打，称为“下婿”。新妇临行，父母赠言，并以“蔽膝”（又称“盖头”）覆女之面，出门后乘巾宪车（用围幔妆饰的车子）。新娘上车后，新郎须骑马绕车三匝。喜车起程，有障车风俗。障车，即阻挡车子，不让新娘动身。新娘到了夫家，有跨马鞍之俗。《封氏见闻记》曰：“婚姻之礼，坐女于马鞍之侧，或谓此北人尚乘鞍马之义，夫鞍者安也，欲其安稳同载者也。”并有新娘转席风俗，即新娘进门脚不能着地，而以毡席接连承之，象征传宗接代。

（四）洞房结发

新婚夫妻牵“同心结”入洞房后，有坐床撒帐的风俗。景龙年间，唐中宗下嫁山荆公主，特别铸撒帐钱，梅花形，重六铢，文曰“长命守富贵”[④]。然后是夫妻“结发”和共饮“合欢酒”。结发，唐朝又称“合鬓”或“合发”，敦煌唐代婚礼上有唱“合发诗”的；合欢酒则为古代“合卺”之余绪。

据敦煌文书，唐朝时候，在敦煌地方举行婚事，几乎每一程序都要念一首婚俗诗。如新郎骑马来到女方迎亲时，女方要念《请下马诗》：“窈窕出兰阁，步步发阳台，刺史千金重，终须下马来。”新人进喜房，要念《至堂门咏》：“堂门筑四方，里有四合床，屏风十二扇，锦被画文章。”

---

① （宋）刘复：《敦煌掇琐》。

② （宋）王定保：《唐摭言》卷十《海叙不遇》。

③ 《酉阳杂俎》前集卷一《礼异》。

④ （宋）洪遵：《泉志》卷一五。

此外，撤帐、遮扇、去扇、同牢、去帽、脱衣、合发、梳头，以及第二天的拜公婆、祝愿新婿等，都有专门的婚俗诗，此当为后世婚礼歌之滥觞。

婚后次日，新娘要拜见舅姑。婚后三日，新娘要试厨。王建《新嫁娘》诗曰："三日入厨下，洗手作羹汤。未谙姑食性，先遣小姑尝。"

（五）离异再婚

隋唐时期，离婚基本上是男子的专利。隋唐男子提出离婚，大体按古礼"七出"休妻。但据《全唐文》记载，"景娶妻三年无子，舅姑将出之"，其妻"诉云归无所从"，即以"三不去"中的"有所受无所归"为据，请求不出[①]。但当时社会上许多男人并不按"七出""三不去"行事，而是随心所欲地抛弃妻子。在特定的条件下，妇女也可提出离婚。唐代法律明确规定：夫妻"义绝则离"。

隋唐时期社会上贞操观念较薄弱，妇女改嫁较为普通。据《中国婚姻小史》说：唐代凡出嫁公主 123 人，再嫁达到 24 人，占 1/5，其中三嫁有 4 人。另，据《新唐书·诸帝公主传》记载，自高祖至中宗四朝共 51 位公主中，有 8 位公主改嫁。在民间，妇女再嫁也较普遍，如《柳毅》中的男主人公柳毅，先后娶张氏、韩氏二房俱死，最后续娶范阳卢氏新寡小姐，"男妇二姓，俱为豪族""金陵之士，莫不健仰"，丝毫不因柳生娶了年轻寡妇而看不起。

隋唐还流行冥婚。男女未成年而夭折者，父母要为其择已殁者配为夫妻，并合葬。

三 丧葬风俗

（一）等级森严，礼仪繁缛

隋唐时期汉民族丧葬礼仪等级色彩更为鲜明。同是一死，由于身份的不同而有不同的名称。《开元礼》记载："凡百官身亡，三品以上上称薨，五品以上称卒，六品以下达于庶人称死。"[②] 明器的品种、数量及所用质料、大小等也依官品的高低而定。

据《开元礼》记载，唐代三品以上四品以下至庶人附的丧葬程序是：初终、复、设床、奠、沐浴、袭、饭含、赴阙、敕使吊、铭、重、陈小敛衣、奠、小敛、敛发、奠、陈大敛衣奠、大敛、奠、庐次、成服、朝夕哭

---

① 《全唐文》卷六七三。

② （唐）杜佑：《通典》卷一〇八《礼·开元纂礼三》。

奠、宾吊、亲故哭、州县官长吊、刺史遣使吊、亲故遣使致赙、朔望殷奠、卜宅兆、卜葬日、启殡、赠谥、亲宾致奠、将葬陈车位、陈器用、进引、引輴、輴在庭位、祖奠、輴出升车、遣奠、遣车、器行序、诸孝从柩车序、郭门亲宾归、诸孝乘车、宿止、宿处哭泣、行次奠、亲宾致赗、茔次、到墓、陈明器、下柩哭序、入墓、墓中祭器序、掩圹、祭后土、反哭、虞祭、卒哭祭、小祥祭、大祥祭、禫祭、祔庙等，共六十多道仪式。①

（二）土葬为主，葬式多样

隋唐时期汉民族社会的葬式基本沿袭旧制，实行土葬。但僧尼则大都实行火葬，火化后，取骨灰起塔，曰塔葬。唐代民间流行魂归故里和夫妇合葬之风。客死异乡者，必千方百计归葬故乡，民间流行夫妇合葬之风。认为夫妇合葬，才符合周礼。神龙二年兴州刺史刘寂（706 年）死，与妻合葬；开元二十三年（735 年），武骑尉王羊仁，与亡妻“同窆于河南县之平乐原”；盐铁转运等使杨仲雅元和十三年（818 年）与亡妻“同穴，从周礼也”②，皆是夫妻合葬。因横死不得尸者则施行招魂葬。如张籍《征妇怨》曰：“九月匈奴杀边将，汉军全没辽水上。万里无人收白骨，家家城下招魂葬。”③

（三）明器制度完善，设墓碑和墓志成俗

唐代，多用明器陪葬，明器制度也已经完善和定型。《大唐元陵仪注》曰：“凡丧葬供明器之属，三品以上九十事，五品以上七十事，九品以上四十事……偶人其高各一尺，其余音场队与僮仆之属，威仪服玩，各视生之品秩。”④ 并有墓前立碑，墓内设志之习俗。宋人赵明诚《金石录》所收集的 1533 件隋唐碑刻中，有隋朝墓碑墓志 32 通，唐朝墓碑墓志 516 通，占整个隋唐碑刻的三分之一以上，足见隋唐时期墓碑和墓志习俗之普遍。

（四）七七追荐和助葬兴起

因受佛教影响，七七追荐之俗已于唐时流行于世，俗谓七七高。如唐初姚崇曾为遗令戒子孙曰：“若未能全依正道，须顺俗情，从初七至终七，

---

① 《通典》卷一三八。

② 《唐代墓志汇编》，第 1017、2016、7031 页。

③ （唐）张籍：《征妇怨》，载《全唐诗》卷三百八十二。

④ 《通典》卷八一《礼·凶》。

任设七僧斋。”[①]

由于城市的兴起和城市人口的增加，助人营葬在唐时已成为职业。在城市中，已有专门助人营丧的“凶肆”，不仅有丧车及丧事器具供租用，还有“音声伎艺人”为丧家鼓吹奏乐，“挽歌郎”为丧家唱挽歌。据白行简《李娃传》记载，长安有二凶肆为互争胜负，搭起重台，令挽歌郎登台献艺，以争高低。[②]

第五节　隋唐汉民族的岁时风俗

一　新年节俗

隋唐时期，朝廷元日朝会习俗得以继承，且场面更为盛大。据唐太宗《正旦临朝》诗，唐代元日不仅受汉民族百官朝贺，而且远方的少数民族和附属国首领或使臣也前来奉礼朝贺。

在民间，元日亲友共饮柏叶酒，以祝长寿。并要在门上书“渐耳”字样以驱鬼避邪。据段成式《酉阳杂俎》，武周时道士李君写信推荐能制鬼的裴渐给博陵崔公，有“当今捉鬼，无如渐耳”之语，传入社会，误以为制鬼者是“渐耳”，故有此俗。又要取鹊巢烧后扔于茅厕，俗以为可辟兵灾。[③] 唐末，又有佩“迎年佩”之俗，以红绢囊，内装人参、木香，天未明即起床佩带之，日出时解之。[④] 又面向东服赤豆七粒，俗以此祛病。至于燃放爆竹以驱邪、亲友相互贺新年等习俗，则沿之如前代。

正月初七为人日，隋唐时普遍流行食煎饼之俗[⑤]；巴蜀地区则要于此日击小鼓，唱竹枝歌，作鸡子卜[⑥]。

正月十五元宵张灯之俗，隋初曾被下诏禁止，但至隋炀帝时此禁已开，朝廷亦带头张灯娱乐，隋炀帝有《正月十五日于通衢建灯夜升南楼》诗歌其事。并有百戏娱乐，《隋书·长孙平传》记载：“相州正月十五日百姓大戏，画衣裳为鳌甲之象。”唐代元宵节前后放三夜花灯，称为“放

① 《旧唐书·姚崇传》。
② 《太平广记》卷四八四《李娃传》。
③ （唐）韩鄂：《四时纂要》。
④ （宋）陶谷：《清异录》。
⑤ （唐）韩鄂：《岁华纪丽》。
⑥ （隋）杜台卿：《玉烛宝典》。

夜”。宫廷中要缚山棚，架灯楼，制作灯轮。《开元天宝遗事·百丈灯树》说，玄宗时，元宵灯彩有百枝灯树，“高八十尺，竖之高山上，元夜点之，百里皆光”。张灯以外，还燃放焰火，相传起于隋炀帝时，唐代诗人咏元宵诗中称之为“火树”[①]。由于元宵张灯本起于佛、道二教，故隋代及唐初时元宵张灯仍杂有宗教色彩，如崔液《上元夜六首》之一曰：“神灯佛火百轮张，刻像图形七宝装。”到唐末时娱乐成分增多，已很难见到佛教痕迹。唐代元宵节的应节食品有“面茧”，《开元天宝遗事》曰：“都中每至正月十五日，造面茧。”面茧当为汤圆的前身。

二　春季节俗

唐时立春，有迎春之俗。社日，则要以社酒治聋，杜甫《社日》诗曰：“共醉治聋酒。”并社日忌用针线，张籍《吴楚歌词》说：“今朝社日停针线，起向朱樱树下行。”

正月晦日送穷之俗起自南北朝，唐时已盛行于民间。姚合《晦日送穷三首》诗曰：“年年到此日，……无人不送穷。”[②] 韩愈《送穷文》描写当时送穷习俗：“结柳作车，缚草为船，载糗舆粮，牛系轭下，引帆上樯。三揖穷鬼而告之。”唐德宗时下诏废除正月晦日的节俗，而以二月初一为中和节，与上巳、九月九日合称“三令节”，官府各休假一日，民间以青囊盛百谷果实相馈赠[③]，并祭句芒神，《旧唐书·李泌传》记载：“二月朔，里闾酿宜春酒以祭句芒神，祈丰年。”

二月初二日又有迎富的习俗。相传人有生子者，被邻家于二月二日求其子归养之，邻家因此而大富，后人“以此日出野田采蓬，兹向门前以祭之，以迎富”。[④]

三月寒食节，唐时已由民间走向宫廷，朝廷明文规定寒食节禁火三天，具体日期为冬至后第 104、105 和 106 天，俗以第一天为大寒食、私寒食，第二天为官寒食，第三天为小寒食。禁火期过，方可新取火种。经过三天的寒食禁火，即是清明节，此日家家户户要取新火。杜甫《清明

---

① 高承：《事物纪源》卷八。

② 《大唐诏令集》卷八〇，贞元五年《以二月一日为中和节敕》。

③ （唐）姚合：《晦日送穷三首》，载《全唐诗》卷四百九十八。

④ （唐）韩鄂：《岁华纪丽》卷一。

二首》诗曰："朝来断火取新烟。"[①]

清明扫墓习俗，至少可以追溯到汉代，到了唐朝，清明寒食扫墓已成定制，并被"编入五礼，永为常式"。清明又有郊外踏青之俗，并举行打秋千、蹴鞠、拔河等体育娱乐。对此，唐诗多有描写，如王维《寒食城东即事》曰："蹴鞠屡过飞鸟上，秋千竞出垂杨里。"[②]

唐时，三月三日上巳节祓禊色彩日趋淡漠，更多的增加了水边游乐的成分，杜甫《丽人行》即写上巳节贵族妇女在水边游乐之事。但由于上巳节与清明节在节期上常有重合之时，且又均以游春踏青为主要习俗内容，故逐渐为清明节所替代。

三　夏时节俗

隋唐时期的夏时节日主要有，四月初八日的浴佛节和五月五日的端午节。同时，立夏、夏至等也有节俗活动。

唐代端午节主要习俗活动有竞渡。唐代的竞渡活动，已逐渐淡化祓禊、禳除的神秘气氛，成为竞技性娱乐习俗。张说《岳州观竞渡》诗曰："画作飞凫艇，双双竞拂流。"唐中期后，竞渡已演化为龙舟竞渡，但并不固定于五月初五。据元稹《竞渡》诗，在楚地"年年四五月"都有竞渡之俗。《旧唐书·杜亚传》则说，江南春日有竞渡之戏。此时，端午的节俗食品——粽子还被用于娱乐。据《开元天宝遗事》记载，宫中每到端午节，则有射粽之戏。后来传出宫外，流遍长安城，射粽子成了端午一种风俗。皇帝则常常在端午节赐大臣以扇子，以示恩宠。妇女还有斗草之戏。[③] 制镜工匠则要于此日中午铸铜镜于船，专贡皇上，称"天子镜"。唐李肇《唐国史补》说："扬州旧贡江心镜，五月五日扬州江中所铸也。"

四　秋时节俗

隋唐民间有立秋日饮秋水的习俗。韩鄂《四时纂要》记载说，据传立秋日饮过秋水或瓜水，并男吞赤小豆七粒，女吞赤小豆十四粒，则可止

---

① （唐）杜甫：《清明》，载《全唐诗》卷二三三。

② （唐）王维：《寒食城东即事》，载《全唐诗》卷一二五。

③ 《隋书·地理志》。

赤白痢疾等疾病。

隋唐时期的七夕节习俗基本沿袭了魏晋南北朝时期的固有传统，但其内容更为丰富，乞巧方式已有穿针乞巧、蛛丝卜巧等多种，民间又有祈子之俗。[①] 官府作坊的织工要于此日祭机杼，《新唐书·百官志》记载："织染署每于七月七日祭机杼。"民间则于此日暴晒衣物，《岁华纪丽》说：七月七日"暴书策，晒衣裳"[②]。宫中有"晒书会"。

七月十五中元节，祭祖已经成俗。寺院设盂兰盆会，《岁华纪丽》卷三记载：中原地区，"释氏盂兰盆盛于此日"[③]。唐代宗好佛，七月望日于内道场设盂兰盆，幡花鼓舞，近呼道路，岁以为常。[④]

中秋节俗，发展到唐代，主要是赏月习俗盛行。朱弁《曲洧旧闻》记载："中秋玩月，不知起何时？考古人赋诗，则始于杜子美。"[⑤] 杜甫有《八月十五夜月二首》，涉及中秋月。而最早将赏月与中秋联系的诗作，应推初唐李峤的《中秋月二首》，其一曰："盈缺青冥外，东风万古吹。何人种丹桂，不长出轮枝。"[⑥] 此后，中秋赏月诗常现于大唐文人笔下。《开元天宝遗事》记载，唐玄宗时，中秋赏月已成习俗，宫中修有专门的"赏月台"。中秋吃月饼风俗的记载，也始见于隋唐。《洛中见闻》载：唐僖宗曾于中秋节命御膳房用红绫包裹月饼赐给在曲江开宴的新科进士，这是月饼初见的记载。

九月九日重阳节，隋唐士人中流行登高习俗，唐诗中对此描写较多。如，杜甫有《登高》，王维有《九月九日忆山东兄弟》。因为登高时有插茱萸囊之俗，故登高也叫"茱萸会"。并要赏菊、插菊、饮菊花酒。隋唐时重阳的节俗食品是饵、糕，隋杜台卿《玉烛宝典》记载："九月食饵。"《云仙杂记》记载："洛阳人家，重九，迎凉脯、羊干、饼。"

五　冬时节俗

十月初一，隋时有以黍臛祭祀祖先之俗，《玉烛宝典》曰："秋有黍

---

① （隋）杜台卿：《玉烛宝典》。

② （唐）韩鄂：《岁华纪丽》卷三。

③ （唐）韩鄂：《岁华纪丽》。

④ 《旧唐书·王缙传》。

⑤ （宋）朱弁：《曲洧旧闻》卷八，转引自《笔记小说大观》第八册，第140页，江苏广陵古籍刻印社1983年版。

⑥ （唐）李峤：《中秋月二首》，《全唐诗》卷六一。

雁之德，先荐祖祢。”唐代四川夔州等地则作蒸裹、焦糖为节俗食物，杜甫《十月一日》诗曰：“蒸裹如乾室，焦糖幸一盘。”

冬至祭祖和腊日祀灶等习俗，则一如前期。

除日傩祭之俗古已有之，但到了唐代场面更为宏大，且出现了以娱人为目的的傩舞表演。李绰《秦中岁时记》记载：“秦中岁时日，傩作鬼神状，二老人各为傩翁傩母。”当时傩戏中的傩翁一般穿“朱衣画裤”，傩母一般是“青衣画裤”，傩鬼又都是“染面唯白齿”，并有一些基本规范化舞蹈动作。可见，唐代傩舞已突出了其观赏价值。

除夕贴门神的习俗起源很早，但唐以前门神是“右郁垒，左神荼”，而到了唐代，却换成了唐初名将秦叔宝和尉迟敬德。另外，又有以钟馗为门神者，据宋人高承《事物纪原》记载，也发端于隋唐时期。

隋唐时期盛行除夕守岁之俗。据《南部新书》，当时帝王宫廷在除夕夜守岁，燃檀香篝火，大摆酒宴，极尽豪华奢侈。民间妇女则有除夕夜镜听之俗，以卜丈夫归期或功名成就。王建《镜听词》曰：“重重摩娑嫁时镜，夫婿远行凭镜听。”

第六节　隋唐汉民族的信仰风俗

一　宗教信仰风俗

（一）国家宗法性信仰规范化

隋唐时期，国家宗教祭祀得以规范化。唐代将国家宗法宗教祭祀分为三等，属头等大祀的是祭天祭祖，即祭昊天上帝、五方帝、皇地祇、神州、宗庙及追尊之帝、后；属次等中祀者为社稷、日月星辰、岳镇海渎、帝社、先蚕、七祀、先代帝王、文宣王、武成王；属三等小祀者有司中、司命、司人、司禄、风伯、雨师、灵星、山林、川泽、司寒、马祖、先牧、马社、马步，以及州县之社稷、释奠等，每岁均有常祀。此外，又立有文庙和武庙，分别祭祀孔子和姜太公。

隋唐还确定了每岁的常祀之制。每岁常祀二十有二：冬至、正月上辛，祈谷；孟夏，雩祀昊天上帝于圜丘；季秋，大享于明堂；腊，蜡百神于南郊；春分，朝日于东郊；秋分，夕月于西郊；夏至，祭地祇于方丘；孟冬，祭神州、地祇于北郊；仲春、仲秋上戊，祭于太社；立春、立夏、季夏之土王、立秋、立冬，祀五帝于四郊；孟春、孟夏、孟秋、孟冬、腊，享于太庙；孟春吉亥，享先农，遂以耕藉。

祭天之礼，隋代和唐初依旧制，礼五天帝。唐太宗贞观年间，冬至祀昊天上帝于圆丘，正月辛日祀感生帝灵威仰于南郊以祈谷，而孟夏雩于南郊，季秋大享于明堂，皆祀五天帝。

自唐代始，诸臣之祭祖，皆依其品位确定庙制等级。开元十二年令：一、二品四庙，三品三庙，五品二庙，嫡士一庙，庶人祭于寝。若宗子有故，庶子摄祭。庶子官尊而立庙，其主祭则以支庶封官依大宗主祭，兄陪于位。庶子官尊而立庙的习俗，体现了官本位的政治体制对于早期宗法制度的某种修正和超越。

唐代除了对祭天与祭祖的仪制有所规范外，其他国家宗教祭祀亦多有改作，主要有五帝祀、社稷与先农、蜡祭、九宫贵神、先圣先师等。

（二）佛教信仰风俗充行

隋唐时期，由于帝王大多崇佛。上行下效，社会上佛教风行，形成了许多独具特色的信仰风俗，如捐资立寺、舍宅为寺、听僧讲经、写经造像、斋僧和放生等。有些善男信女因难以舍别妻子、抛弃功名，则有带发修行之俗。同时，又流行结社修行风俗。如，唐代诗人白居易曾“与香山僧如满结香火社”[①]；后又在庐山搭草堂结僧社，劝 184 人结上生会。在敦煌莫高窟的供养人题记中，民间结社共同礼佛的记载更是常有可见。

（三）道教信仰风俗繁盛

唐王室为了抬高自己的门第，视道教的创始人老子李耳为始祖。唐玄宗还充分利用行政手段和科举、教育制度，推广和扩大对老子的崇拜。由于老子地位的巨大提升，他的几位弟子也有幸沾光获得封号：“庄子号南华真人，文子号通玄真人，列子号冲虚真人，庚桑子号洞虚真人。改《庄子》为《南华真经》，《文子》为《通玄真经》，《列子》为《冲虚真经》，《庚桑子》为《洞虚真经》。”[②] 不仅如此，唐玄宗还把当时著名的道士卢鸿一、王希夷、李含光、司马承祯、张果等请到长安，加官封号，并声称“朕志承道要，缅想真仙”[③]。封建唐王朝的这一系列举措，促使早就存在于民间的老子崇拜和道教信仰达到了鼎盛时期，在民国社会流传

① 《旧唐书·白居易传》。

② 《旧唐书·礼仪志》

③ 《命李含光奉词诣坛陈谢敕》，载《全唐文》卷三六。

广泛的“八仙”信仰也于此时得以肇端。

唐代帝皇不仅三番五次下诏抬高道教的地位，而且非常迷恋神仙生活。“有唐一代的皇帝，差不多都是相信炼丹方术的。唐代皇帝因服丹药中毒而死的很多。”① 在统治者的诱导下，士大夫和老百姓也特别希望得道成仙，狂热地信仰着道教。初唐四杰中，王勃常常游道观交道士；卢照邻为治好自己的病，求得长生，他到处访求道士，甚至求到了号称“药王”的道士孙思邈那里，他反复煮炼丹砂，多次服食方药。陈子昂、孟浩然也莫不如是，而李白大概是受道教影响最深的人了。

（四）其他宗教信仰

袄教，北朝时该教传入中国，被称为“袄教”“火袄教”“拜火教”。隋唐时期，得到进一步流行。唐高祖武德四年（621 年）曾置袄祠，并设萨宝府专司其教。其下官职分为萨宝、袄正、袄祝、率府、府史等，主持祭祀，自四品至七品不等，也有流外四、五品。西京长安有袄祠四座，东都洛阳有袄祠两座。武宗会昌五年灭佛，下令大秦穆护、袄三千余人还俗，于是袄教禁绝。

摩尼教，摩尼教创立于公元 3 世纪的波斯，因创教人摩尼而得名。公元 6—7 世纪，摩尼教经丝绸之路传入中国，被译为“明教”“末尼教”“牟尼教”“明尊教”“二尊教”等。唐延武元年（694 年）“波斯国人多诞，持二宗经伪教来朝”，受到武则天的召见。武则天悦其教义，留其深经，摩尼教得到朝廷的合法承认。该教正式进入内地，在流传过程中有逐步佛教化倾向，并与道教互相依附，形成中国摩尼教的新特点。玄宗开元二十年，玄宗发布敕令，摩尼教被予以禁止。元和之后，朝廷解除禁令，摩尼教又得以在内地大力传布，从大历三年到元和年间，摩尼教就从长安扩展到今山西、河南、湖北、江西、江苏、浙江等广大地区，建寺传教，成为仅次于佛教的外来大宗教。至武宗朝，开始有步骤地打击道教以外诸教，包括摩尼教。摩尼教在内地渐趋衰微，但仍在西北与东南沿海流行，并逐渐进入下层社会，孕育了后梁贞明六年（920 年）陈国人毋工工、董乙的摩尼教起义和北宋时期的方腊起义。

景教即基督教，初时传入中国，时称“大秦景教”或“大秦教”。大秦指罗马。唐贞观九年（635 年）该教派遣教士本来到长安，受到朝廷机

---

① 卿希泰：《中国道教思想史纲》（2），四川人民出版社 1985 年版，第 365 页。

遇。并于长安义宁坊赐建景寺一所，度僧 21 人。高宗时准诸州各置景寺，封阿罗本为镇国大法主，不少教士还担任了朝廷与军队中的重要职务。

唐代景教紧密依附于李唐皇室，主要传播于上层。如太宗、高宗、中宗、睿宗五帝之画像供于大秦寺内安置，诏佶和、罗含等教士于兴庆宫修功德；肃宗以教士伊斯为高官；代宗每于圣诞节赐天香以告成功。而大臣如房玄龄、魏征、尉迟恭、郭子仪等，也尊崇景教。但教士多为外国人，中国下层民众信教者甚少。

迨至唐武宗会昌五年灭佛，祸及一切外国宗教，景教在内地遭毁灭，但边远地区仍有基督教在活动。

二　民间信仰风俗

（一）奉巫觋为神明

上层社会的崇佛信道风气影响到民间，势必助长民间信仰的流行。唐代社会奉巫觋为神明，并称之为天师。治病、驱邪、祈福、求雨，甚至士人的科举、官吏的升迁均问决于巫觋。《旧唐书·李绛传》记载：“宪宗尝谓绛曰：‘卜筮之事，习者罕精，或中或否。近日风俗，尤更崇尚，何也？’绛对曰：‘风俗近巫。’”可见当时巫卜风俗之盛行。

（二）城隍灶神香火兴旺

民间祭祀最多的神则有城隍灶神。隋唐时期，由于城市人口增多，作为城市保护神的城隍，香火自然随之兴旺。此时城隍的职守除汉时已有的守御城池、保障平安外，还执掌地方的旱涝吉凶和冥间杂事，许多城隍曾受朝廷封爵。

传承已久的灶神，到了唐时已被晋级为王，且有了姓名、配了妻子。《酉阳杂俎》说：“灶神名隗，状如美女。又姓张名单，字子郭。夫人字卿忌。”① 同时，由于手工业和商业的发展，各行各业的祖师信仰也于唐时开始出现。李肇《唐国史补》对酒库祀杜康、茶库祀陆羽、菹库祀蔡伯喈等行业神信仰习俗均有所记载。此外，各地民间又有许许多多的“淫祀”。其中流行最广的是狐神信仰，张鷟《朝野佥载》说：“唐初以来，百姓皆事‘狐神’”。

（三）风水、蛊毒等巫术流行

隋唐时期的卜筮方式，比较流行的有卜卦、占梦、相面、算命和望气

---

① （唐）段成式：《酉阳杂俎》卷十四《前集》，中华书局 1981 年版。

等。当时著名的卜者有袁天罡，善占卜，累验不爽，并著有《六壬课》和《五行相书》；李虚中，精通算命术，被后人尊为命理学的开山祖师。

风水、蛊毒等术也很流行。民间还有“镜听”和“喜鹊报喜”等俗信。唐玄宗时，“时人之家闻鹊声，皆以为喜兆，故谓灵鹊报喜”[①]。

第七节　隋唐汉民族的社会风俗

一　家庭风俗

（一）以“五口之家”的小家庭为主

隋唐汉民族家庭，仍以父母妻子、“五口之家”的“小家庭”为主，但数世“共居共爨”的大家庭却得到朝廷的提倡。在家庭中实行家长制，家长可任意打骂子弟。王梵志诗曰：“欲得儿孙孝，无过教及身。一朝千度打，有罪更须嗔。”[②] 此时，一夫多妻家庭普遍。唐高宗时，礼部尚书许敬宗在高宗欲废王皇后、立武则天为后时曾曰：“田舍翁多收十斛麦尚欲易妇。”[③] 可见当时社会一夫多妻家庭之流行。在一夫多妻家庭中，嫡妻独尊，妾则地位低贱，“不得为夫人”。唐代后期，泽璐节度使刘从谏、淄青节度使李师古、宰相杜佑及宰相李栾之妾皆被封为国夫人[④]，但均曾受到当时社会舆论之贬斥。在家庭内部，则由主妇主持家务。相反，男子若掌家中管钥，则受到耻笑，如唐德宗时，太常博士徐岱很吝啬，“自持家管钥，世所讥云”[⑤]。

（二）朝廷提倡“共居共爨”

隋唐朝廷提倡“共居共爨”，法律规定：“诸祖父母、父母在，而子孙别籍、异财者，徒三年。”[⑥] 但已无祖父母、父母等长辈时，则允许兄弟分家，并多按家长遗嘱分割家产。如唐初功臣刘弘基，临死前遗令“给诸子奴婢各十五人，良田五顷”，其余财产，均施散众人。[⑦] 子孙只能遵从。即使是平民家庭，也是如此，若无先人遗嘱，则请亲戚邻里及乡里

---

① 《开元天宝遗事》卷下《灵鹊报喜》。

② 张锡厚：《王梵志诗校辑》，中华书局1983年版，第117—118页。

③ 《资治通鉴》卷一九九。

④ 《新唐书·藩镇淄青横海》。

⑤ 《新唐书·徐岱传》。

⑥ 《唐律疏议》卷一二《户婚律》。

⑦ 《旧唐书·刘弘基传》。

士绅仲裁做证，并制作分家文书。

（三）流行收养义子

隋唐社会，流行收养义子的风俗。如隋末杜伏威，“有养子三十人”[①]；唐太宗时刑部尚书张亮，“养假子五百”[②]；唐玄宗时，贵妃杨玉环收安禄山为“假子”。

二　宗族风俗

（一）世家大族聚族而居

隋唐世家大族，均聚族而居。当时，著名的世家大族过江则有王、谢、袁、萧等“侨姓”；东南则有朱、张、顾、陆等“吴姓”；山东则有王、崔、卢、李、郑等“郡姓”；关中则有韦、裴、柳、薛、杨、杜等“郡姓”；代北则有元、长孙、宇文、于、陆、源、窦等“虏姓”。[③]这些家族各有郡望，如，过江侨姓中的兰陵萧氏，山东郡姓中的太原王氏，关中郡姓中的弘农杨氏等。关中郡姓中的京兆万年韦氏、京兆万年杜氏世为望族，聚居长安城南，故其地以两族姓氏命名，一曰韦曲，一曰杜曲，两地东西相望。

（二）族谱为收宗聚族的手段，通婚择偶的参考

为保持家声不辍，均定有家规家法，如代宗朝监宗御史穆宁，“尝撰家令训诸子，人一通”[④]；并重视修订族谱，在唐代，族谱已不再像魏晋南北朝时期那样是选拔官员的依据，而只以此为收宗聚族的手段，以及通婚择偶的参考。

三　乡里风俗

（一）实行邻保制度“以相禁约”

隋唐时期，“百户为里，五里为乡，四家为邻，五家为保”“保有长，以相禁约”[⑤]，实行邻保制度。在邻保之上，“在邑居者为坊，在野者为村”。村一般是自然聚居的村落。对村落的管理，除《唐令》所载的“在

① 《新唐书·杜伏威传》。
② 《新唐书·张亮传》。
③ 《新唐书·儒学传中》。
④ 《新唐书·穆宁传》。
⑤ 《旧唐书·职官志》。

田野者为村，置村正一人”① 外，又有“社”，“百姓则二十五家为一社”②；并在社的基础上建立“义仓”，“收获之日，随其所得，劝课出粟及麦，于当社造仓贮之。”“当社有饥馑者，即以此谷赈给。”③ 并有许多互助性质的“社”，如宣宗时，韦宙为永州刺史，当地“民贫无牛，以力耕。宙为置社，二十家月会钱若干，探名得者先市牛，以是为准”④。

乡里居民之间有互助互保之俗。如安史之乱中“元结自汝坟（今河南郾城、商水一带）大率邻里南投襄、汉，保全者千余家”⑤。千余户邻里在战乱中扶老携幼南逃，足见这些百姓在平时有良好的社会互助传统，在战时才能共脱危难，保全性命。

（二）公益服务多种多样

乡里社区间的。史称唐大历中（766—779 年），关中饥疫，人多死，尸骸狼藉，“荥阳人郑损率有力者，每乡为一大墓，以葬弃尸，谓之乡葬”⑥。

四 社交风俗

（一）结义时必焚香火

唐时社交，有互称行第的风俗。如隋文帝弟杨瓒“时人号曰杨三朗”⑦，唐高祖李渊呼裴寂为裴三。⑧ 唐人称行第常和姓名连称，显得亲切随便，如骆宾王《在江南赠宋五之问》，陈子昂《题居延古城赠乔十二知之》等皆是。⑨

隋唐时期，沿袭魏晋南北朝风气，有异姓结义之俗；且结义时必焚香火。崔令钦《教坊记》记载：长安“坊中诸女以气类相似，约为香火之兄弟”。

---

① 《资治通鉴》卷二八七，胡三省注引项安世《家说》。

② 《隋书·礼仪志二》。

③ 《隋书·食货志》。

④ 《新唐书·循吏传》。

⑤ （宋）李昉：《太平广记》卷二〇二《元结》。

⑥ （唐）李肇：《唐国史补》卷上，《郑损为乡葬》。

⑦ 《隋书·滕穆王传》。

⑧ （宋）王定保：《唐摭言》卷一五。

⑨ 《全唐诗》卷七七，卷八八。

（二）讲究“扫径迎客”

民间送往迎来，讲究“扫径迎客”，如长安富商王元宝，“每至冬月大雪之际，令仆夫自本家坊巷口扫雪为径路，躬亲立于坊巷前，迎揖宾客，就本家具酒炙宴乐之，为暖寒之会”[①]。亲友分别，流行折柳相送，唐人诗文中涉及此俗者颇多，如李益《途中寄李二》曰：“杨柳含烟灞岸春，年年攀折为行人。”敦煌莫高窟第217窟，还有一幅盛唐一人折柳赠人壁画。

社交中的投刺风俗，起源较早，“汉时未有纸，书姓名于刺，削竹木为之”，至唐时，《续事始》说：已“用名纸代刺也”。唐时较讲究的名纸，要选用彩色笺纸。如裴思谦状元及第后，“作红笺名纸十数”[②]。

（三）社交讲究贵贱有等

隋唐社交，讲究贵贱有等，人们相遇于道，规定：“凡百官拜礼各有差……诸官人在路上相遇者，四品以下遇正一品、东宫四品以下遇三师、诸司郎中遇丞相，皆下马。”[③] 须行使相应的礼节。出门旅行，“凡行路之间，贱避贵，少避老，轻避重，去避来”[④]。若拜谒尊者，所行的礼节则有蹈舞礼、趋步礼、跪拜礼、顿首礼、鞠躬礼、叉手礼等。其中的叉手礼，《事林广记》记载：“凡叉手之法，以左手紧把右手大拇指，其左手小指则向右手腕，右手四指皆直，以左手大指向上，抬以右手掩其胸，手不可太著胸，须令稍去胸二、三寸许，方为叉手法也。”同辈相见，则有拜手礼、拱手礼、揖礼和道万福等。拱手礼，官民通用，迎送宾客时施之；隋唐墓葬出土有不少男女拱手俑[⑤]，可见当时此礼之流行。揖礼，两手掌平合于胸前，头稍低，系一般性礼节。“万福”，由于隋唐后人们不再跪坐，肃拜时须站立，并拢手于身侧，略提衣襟，叫作“敛衽拜”；妇女拜时则口称“万福”致颂，因而得名。宋若莘《女论语》规定妇女行为曰：“主宾相顾，‘万福’一声。”

（四）有尚武任侠之风

隋唐两代皇室均有北方民族剽悍好武之风，上行下效，使隋唐社会具

① 《开元天宝遗事》卷上《扫雪迎宾》。

② （宋）王定保：《唐摭言》卷三《兹恩寺题名游赏赋咏杂纪》。

③ 《唐六典》卷四《尚书礼部》。

④ 同上。

⑤ 罗敦静：《湖南长沙唐墓清理记》，《考古通讯》1956年第6期。

有尚武任侠之风。这种风气也影响到文人学士，著名诗人李白年轻时曾从人学剑，王昌龄、高适、岑参等更是弃笔从戎，戍兵边疆，为后人留下了气势豪迈、风格狂放的“边塞诗”。同时，由于隋唐时期，科举制度渐趋完备，科举成为士人入仕的途径，故社会在崇武任侠的同时，又有尚文重科举之风。唐中期以后，尚文重科举之风逐步取代崇武任侠之风，成为士人阶层的主流风气。

（五）两性关系比较开放

唐代社会两性关系比较开放，贞节观念淡薄，未婚少女私结情夫、有夫之妇另觅情侣、命妇离婚改嫁等“闺门失礼”之事屡见不鲜。如武则天在作太宗妃嫔时便与太子结下恋情；中宗韦后、上官昭容共同私通武三思；宰相杨国忠出使多时，其妻在家却身怀六甲，等等。对此，宋代朱熹曾评曰：“唐源流于夷狄，故闺门失礼之事不以为异。”[①] 这种现象反映在文学作品中，便产生了如“莺莺传”“倩女离魂”“人面桃花”等一大批离经叛道的爱情故事，在中国文学史上独放异彩。

第八节　小结：隋唐时期汉民族风俗的特点

一　开放

隋唐处于封建社会上升、繁荣时期，又属“开放型”的社会；其开放的特点不仅表现在政治制度、民族政策、外交关系等方面，而且也反映在民间礼仪和风俗习惯上。

最能体现这种开放特点的莫过于此期的婚嫁习俗。隋始已有诏令禁止女子不再嫁。《隋书·高祖本纪》有诏曰：“九品以上妻，五品以上妾，夫亡不得改嫁。”这诏令尽管只是针对统治阶级而言的，但在强大的自由开放社会风气的冲击下，很快变成了一纸空文。《隋书·李谔传》记载：“谔见礼教凋敝，公卿薨亡，其受妾侍婢子孙辄嫁卖之。”隋炀帝的妹妹兰陵公主仍是“初嫁王奉孝，后来嫁柳述。”这种限制再嫁的诏令，不但未能“治国”，连“齐家”都未能达到。到了唐代，上层妇女更是不以再嫁为耻。据《唐书·公主列传》的记录，当时再嫁的公主有28人，其中嫁过二次的占25人，嫁过三次的也有3人。统治阶级如此，民间百姓更

① 《朱子语类》卷一三六。

是如此。对此唐代小说中多有描述。除此以外，隋唐婚嫁风俗的开放还表现在青年男女择偶的相对自由、男女关系比较随便以及民族婚姻频繁等方面。这种婚嫁状况与前朝原“从一而终”和后代的“饿死事小，失节事大”形成鲜明的对照，从一个侧面反映了隋唐风俗全面的开放特征。

隋唐社会的开放特征，还表现在它所具有的能积极吸纳外来风俗的包容性方面。唐王朝与数百个国家和地区有着政治上的交往和经济文化的交流，这使唐都长安成为当时世界上的大都会、世界文化交流的中心。在这种背景下，周边不少民族归附唐廷并迁居内地，西方不少国家的商人、学者慕名涌入大唐，有的甚至长期定居下来。他们的风俗习惯在一定程度上影响着唐王朝的社会生活，丰富了隋唐风俗文化的内容，使固有的本土风俗得到进一步充实、完备，而更加大放异彩。

以唐代体育风俗为例，当时不少体育项目都是吸收外来文化而广泛开展起来的。像唐代最为盛行的马球活动，就是唐太宗在街上见“群蕃街里打球”后，提倡而普及开的。足球虽系中国古代的传统体育项目，但一直未为女子涉足，唐代女子蹴鞠之所以开展普遍，是受突厥“男子好樗蒲，女子好蹴鞠”[①] 之风的影响所致。在中国体育史上极富健身意义的导引、按摩术以及武术，亦受佛教的熏染。极具健身意义的舞蹈，是唐代宫廷里常备的娱乐活动，其中有的就传自西域诸国和朝鲜。如唐舞中的“高丽使”来自朝鲜[②]，唐十部乐之一的“天竺乐”传自印度。此外，诸如踏球舞（胡旋舞）、剑器舞等，都是从西域传来的，可详见《旧唐书·音乐志》。唐代对外来风俗文化的广泛吸收，正体现了唐人的开放精神。

二　奢靡

张亮采在《中国风俗史》中，把汉魏、隋唐五代，均列入浮靡时代，认为民风之奢之浮之靡在中国历史上莫过于这个时代，而隋唐尤甚。他列举唐人食品、服饰之华美，名目之繁多，说明当时社会风气之腐败。其实，隋唐风俗的奢靡还有多方面的表现。譬如“隋唐婚娶之习，大约务奢侈”“至于丧葬，唐人尤奢侈不堪，仪仗之盛，前世所无也”[③]。又如李

① 《隋书·突厥志》。

② 《新唐书·礼乐志》。

③ 《唐会要》卷三四。

肇《唐国史补》卷下说："长安风俗，自贞元侈于游宴，其后或侈于书法图画，或侈于博弈，或侈于卜祝，或侈于服食，各有所蔽也。"当然，唐代奢侈风俗的形成随经济的发展，经历了一个渐变的过程。唐初武德、贞观时，天下俭朴。高宗武后至玄宗朝，奢侈之风便愈益浓烈。神龙二年，有敕云："三品以上听有女乐一部；五品以上，女乐不过三人。皆不得有钟磬。"[①] 这反映官僚中畜养女乐者很多，逾越了旧制，故需申明制度加以约束。但事实上没起什么作用。天宝十载九月，又有一敕云："五品以上正贞清官、诸道节度使及太守等，并听当家畜丝竹，以展欢娱，行乐盛行，覃及中外。"[②] 这里就放弃了女乐人数的限制，说明社会上奢侈之风已盛，官僚普遍畜养女乐的潮流已无法控制。尤其是中唐以后"时风侈靡，居要位者尤纳贿赂，遂成风俗"[③]，如晚唐咸通年间任宰相的路岩，"既承委遇，稍务奢靡，颇通赂遗"[④]；王铎，"世贵，出入裘马鲜明，妾侍且众"[⑤]；杨收，"率爰奢侈""厅馆铺陈华焕，左右执事皆双鬟珠翠""饮馔极水陆之珍"，女儿出嫁，"资装丰厚，什器多用金银"。[⑥]

侈靡之风不仅在宫廷和权臣第宅里鼓荡，甚至连那些为政清廉、崇尚名节的官僚士大夫也不免受其染习，如杜佑、白居易、李德裕等人，亦竞相以"广陈妓乐"，购置"竹木池馆"，追求"树石幽奇"为乐。[⑦] 上行下效，豪饮、嗜赌、雕饰、厚葬等奢华之习尚在唐代社会极盛一时。如"长安坊中，有夜栏街铺设祠乐者，迟明未已"[⑧]，游乐活动通宵达旦。长安妇女首饰，"以金碧珠翠，笄栉步摇，无不具美"[⑨]"凡货贿之物，侈于用者不可胜记"[⑩]。奢侈之风延及一般城市居民中，就连时人也不得不感叹道："人杂五方，淫巧竞驰，侈伪成俗。"[⑪] 可见中唐之后的社会风俗奢

① 《唐会要》卷三四。
② 同上。
③ 《旧唐书·宋申锡传》。
④ 《旧唐书·路岩传》。
⑤ 《新唐书·王铎传》。
⑥ （宋）李昉：《太平广记》卷二三七《杨收》；卷一六五《裴坦》。
⑦ 《旧唐书》卷一四七《杜佑传》；卷一六六《白居易传》；卷一七四《李德裕传》。
⑧ （宋）王谠：《唐语林》卷二《政事下》。
⑨ （宋）王谠：《唐语林》卷六《补遗》。
⑩ （唐）李肇：《唐国史补》卷下。
⑪ （唐）李肇：《全唐文》卷二七九杨虚受《请戒恶钱》。

靡到何等程度。

三　胡化

隋唐两代是继承北朝的政权，唐朝最高统治者更是胡化的汉人。李唐皇室从李渊之父李昞开始，连续三代与鲜卑族人结婚，故唐初几个皇帝均是混血儿。可见，李唐政权虽号称汉民族政权，实质上是胡汉混血政权。无怪乎朱熹发出“唐源流出于夷狄”① 的慨叹。

上层如是，下层亦然。李德武妻尔朱氏；元宽夫人荥阳郑氏；寂照和尚“俗姓庞氏，父诠灌，母窦氏”；郭思谟妻元氏；白道生“其先呼韩之宗”，显然为匈奴之裔，他娶西域康氏；元子上妻郑氏；宇文琬妻赵氏，等等②。实际上，唐内地人胡汉通婚蔚然成风，在正史笔记、小说、墓志、诗词、野史、杂记中大量保存着有关资料，上述仅为数例而已。

这种朝野上下的胡汉混血，使得唐朝文化虽然主体上仍是华夏衣冠文化，但风俗习尚方面不免杂有胡风。“这种胡化大率为西域风之好尚：服饰、饮食、宫室、乐舞、绘画，竞事纷泊；其及社会各方面，隐约皆有所化。”③ 所以，在隋唐风俗中我们随处可以发现，其中胡族风俗所占有的分量。例如，太宗所迷恋的马球、玄宗所倾心的羯鼓，西域乐舞进入深宫禁苑，胡医胡药流行于城乡各地，西域幻戏演出于街衢巷里，俗讲变文融入了中国的民间文学，障车、催妆、青庐、跨鞍等胡族婚俗为唐人接受，火化之类的丧俗也为人熟识如此等，可以说，隋唐风俗已是一种兼采汉胡风俗因子融会一体的复合型新质文化。它既保持了汉民族传统风俗文化体系的主导因素，又充分吸收胡族风俗生机勃勃的内容，从而实现了汉民族风俗自秦汉基本定型以来的第一次转型。

唐初，汉人一反士大夫阶层（尤其是进朝士大夫）那种“崇文鄙武”的风气，无论男女都具有前所未有的尚武精神，此亦胡风之沾染。好骑即为当时普遍的社会时尚。据《旧唐书·舆服志》记载：唐代王公百官，除了陵庙巡祀，拜受册命，婚丧大礼须乘车之外，其他时候外出，皆为骑

① （唐）李肇：《朱子语类》卷一一六。

② 分别见《旧唐书》卷一九三；《全唐文》卷六八〇；《金石萃编》卷一〇七，卷七三，卷九三；《千唐志》；《八琼宝金石补正》。

③ 向达：《唐代长安与西域文明》，生活·读书·新知三联书店1957年版，第41页。

马。平民百姓，也多骑马，骑马成为唐代社会主要的日常交通工具，而这种社会风气之形成，是受到了北朝好武的胡风的影响。

唐玄宗开元初，从驾宫人骑马者，皆着轻便胡帽；还有在日常生活方面，开元末年，贵人御馔，尽供胡食，女士皆衣胡服；① 此外，唐人对女性的审美观似乎也因习染胡俗，而由魏晋时期的尚纤瘦，转变为尚健硕丰腴。前文提及的隋唐婚嫁习俗"开放"之特点，在一定程度上也是由于胡风的渗入所致。唐皇族中常常出现后世所谓的乱伦之事。如高宗以其父太宗的才人武则天为昭仪；玄宗以其子寿王妃杨玉环为贵妃；肃宗女郯国公主竟嫁其舅父张清。1955年咸阳底张湾出土的贞元三年《大唐故郯国公主墓志铭》说：公主系为"肃宗孝感皇帝之女，今上（德宗）之姑……出嫔于外驸马都尉范阳张清，即玄宗之表侄，肃宗张后之爱弟"。这与鲜卑、突厥及其他少数民族"妻后母"等习俗有相通之处，或说是这一习俗之变异，如同《朱子语类》所说："唐源流出于夷狄，故闺门失礼之事不以为异。"

四　务实

隋唐文化之所以光辉灿烂，很大程度上得益于弥漫全社会的务实精神。隋唐不论是对前代传统文化的继承，还是对外来文化的吸收，都是立足于自身主体文化的需要，具有很强的实用性。所以风俗文化又有鲜明的务实特点。

隋唐风俗的务实特点，首先表现在此期的风俗已基本从前期的禁忌、迷信、祓禊、禳除的神秘气氛中解放出来，变得更为现实、实用，成为引导人们娱乐、享受的日常行为规范。

以节日风俗而言，在元旦，爆竹不再是驱赶鬼魅之手段，"噼噼啪啪"的响声已象征着欢乐与热烈，"驱傩"转化成街头演出的小戏。元宵节祭神灯火变成了赏灯盛会，上巳节祓禊为踏青所替代。节日还是人们饱享口福的良机，大多应节食品在隋唐都已变得精美可口，它们已不再用来取悦神鬼，而是供人自己享用的。大量的体育活动也出现在隋唐人的节日里，荡秋千、放风筝、蹴鞠、打马球、拔河、射箭、走马、游猎、斗百草、斗鸡等，形式多样。尽管在魏晋南北朝时，许多节日风俗已向娱乐型转变，

---

① 《旧唐书·舆服志》。

但远不及隋唐变得这样彻底。

隋唐时期风俗文化的务实特点还表现在婚姻上虽以娶名家女为尚，但娶名家女并非只为图虚名。按理说当驸马是最能光宗耀祖的，然而当时许多士子以做驸马为畏途，避之唯恐不及。究其原因，主要由于公主骄恣，不守妇道。根据唐代名将郭子仪之子与升平公主的故事改编的戏剧《打金枝》，生动地展示了唐代公主骄纵、驸马受气的生活画面。唐朝士族子弟冀希门庭孝悌和睦，自己科举仕途坦荡，妻子贤淑柔顺，而不以娶公主为荣，显然，这也是有唐一代特有的务实的社会风俗现象。

隋唐的道教习俗，也是在当时务实精神的感召下而风靡于世的。在宗教文化中，唯道教最具备一种现世务实的内在精神，它追求入世，现世享受，推行“长生术”“房中术”“神仙术”等，与信奉轮回思想的其他宗教不同。因此，道教在隋唐两代，得到统治者的热心提倡。这种倡导，也是出于统治者“惩罪劝善”“训导氓黎”的务实需要。唐玄宗曾说：“朕粤自君临，载弘道教，崇清静之化，畅玄元之风。庶乎泽及苍生，时臻寿域。”[1] 他认为：“道教之设，淳化之源，必在宏阐，以敦风俗。”[2] 从而使民风淳朴无争，“清静”无欲。

隋唐两代幅员广大，“需才孔多，政治上则尚制度，重才略，而文学、艺术、儒学、亦分途发展，不可以一道求也”[3]。其时风俗何尝不是如此，以上四点并不能涵盖隋唐风俗的所有特征，只不过它们是最具普遍意义的罢了。

---

① 《唐大诏令集》卷六七。

② 《全唐文》卷三九《加应道尊号大赦文》。

③ 邓子琴：《中国风俗史》，巴蜀书社1988年版，第116页。

漢民族史記

国家出版基金项目
NATIONAL PUBLICATION FOUNDATION

徐杰舜 主编

汉民族史记

8

风俗卷（下）

徐杰舜 万建中
陈顺宣 周耀明
韦小鹏 著

中国社会科学出版社

目　　录

汉民族风俗史编（下）

汉民族风俗史编(下)

风俗的传承和变异，打造了汉民族风俗一道又一道亮丽的风景线。

汉民族的风俗从先秦、秦汉、魏晋南北朝和隋唐一代又一代的传承和变异中走来，经五代宋元时期的再次重构，到明清时已达到它在古代社会中应有的高度。但到了清代后期，由于“西俗东渐”，西方文化的进入，促使它发生了历史性的蜕变，实现了由古代风俗向近代风俗的转型。

第一章　宋元汉民族风俗史记

第一节　宋元汉民族风俗概述

一　演变轨迹

（一）五方杂集，南北融合

两宋期间，汉、契丹、女真和党项的势力此消彼长，几个政权并立：北宋时是宋、辽、西夏三足鼎立；南宋时，先是宋、金，后是宋、元的南北对峙。宋与各个并立政权之间既有征战，也有持久的和平时期。各民族间在政治、经济、文化上的接触交流还是很频繁的，促进了民族间的融合。一方面是先进的汉民族文化层层推进，成为文化交流与融合的主导力量，同化了少数民族；另一方面，少数民族的风俗观念和粗犷风格，也影响了宋人。

在金朝统治下的中原地区，由于女真族强制推行汉人女真化的政策，加上汉人与女真人的杂居，女真族的一些风俗就在汉人中流行起来，在服饰、音乐等方面对宋代汉民族社会产生很大影响。北宋末年，“胡乐蕃曲”随着金人入主中原以及蒙古民族的南下，大量输入中原地区。在婚姻丧葬风俗方面，北方民族的风俗对两宋的社会也有不小的影响。

与北方风俗相比，南宋时，杭城风俗，也“盖效学汴京气象”[①]。经济重心的南移，南方经济繁荣，以至崇尚教育，文风大兴，科第日昌，不少偏远地区也都涌现出了杰出人才。

元代，北方蒙古等游牧狩猎民族风俗，随着大量蒙古、色目人的移居也传至内地，从而内地不少地区出现了狩猎民，蒙古人原有的一种习惯法，即在正月至七月间的野生动物繁殖期，不允许进行大规模围猎，这一

---

① （南宋）吴自牧：《梦粱录》卷十八。

风俗也影响了内地的狩猎业。

（二）社会变革，风俗变异

宋代汉民族社会结构发生了重大变革，士族门阀纷纷覆灭，庶族地主全面代替了士族地主，士庶之别日渐消除，二者的对立，渐渐被庶族地主中的官僚大地主和普通中小地主的对立代替。

商品货币经济在宋代发展到了一个新的高峰，以至于经商致富的商人阶层兴起。他们“屋宇雄壮，门面壮阔，望之森严。每一交易，动即千万，骇人闻见”[①]，过着奢侈的生活，商人的社会地位也得到了一定的提高。宋代汉民族立国不久即允许商贾中的“奇才异行”者应举，之后，商人为官者日渐增多，并作为一股社会力量参与国家政治生活，一些大商人开始进入最高统治阶层。再者，“取士不问家世”的科举制，为庶族地主进入仕途开辟了道路。“婚姻不问阀阅”，士庶不婚的陈规大体被打破，娶妻不顾门户，不慕著姓，而重钱财的社会风气，使富商与官僚普遍联姻，婚姻重科举士人，导致婚俗变异。这也构成了宋代汉民族婚姻的一大特点。

元代，作为统治民族的蒙古人的生活风俗对元代政治的影响十分明显，在不少方面体现了元代社会封建等第差别和民族不平等现象。如服色等第中规定：庶人等不得服赭黄，帽笠不许饰用金玉，靴不得戴制花样等等。又规定，蒙古人、充怯薛的诸色人等不在禁限，但是汉人、高丽、南人等充怯薛者，并在禁限。说明汉人等民族地位的变化带来风俗的更改。

（三）都市繁荣，风尚剧变

宋代汉民族城镇商业活动异常活跃，商人的价值观念和生活方式必然对社会风尚造成巨大的冲击，以致出现剧变。

一是商人与士、农、工一样取得了“齐民”资格，传统的“重农抑商”和重儒轻商观念，遭到了强有力的冲击。“工商亦为本业”的观念得到确定，崇商弃农、士商渗透和官商融合渐成风气。人们开始客观地看待商人阶层。再者，统治者以“通商广财”，发展商业为荣，甚至政府以官爵劝诱人们从商。商人作为一个阶层取得了一定的入仕权。随着商业地位的提高，社会各阶层竞相经营商业，于是出现了官商融合和士商渗透的社会风尚。据史载，东京开封的工商业者约达1500家，约占总户数的十分

① （北宋）孟元老：《东京梦华录》卷二《东角楼街巷》。

之一，远远超过唐代长安。

二是商品经济的发展，冲击了传统礼制，越礼逾制的现象大量出现。尽管宋朝的礼制比前期更具周密和严峻，但社会风尚的变化基础在于经济力量。随着商品经济的繁荣，商人积累了巨额财富，过着豪奢生活，在他们的影响下，社会各阶层的人们必然要求相应的物质消费，于是凭借金钱恣意享受的风气大盛，越礼逾制的现象自然日增。

三是随着都城工商业的发展和商品经济的繁荣，宋代汉民族中后期时尚以豪华、侈靡相尚，以好新慕异为荣。北宋的东京和南宋的临安，均是政治中心与商业中心重叠结合，造成消费人口的高度集中，商品经济渗入人们的生活，进而改变人们的风习。尤以奢靡之风，在生活风俗、礼仪风俗的方方面面表现得十分突出。

在商品货币经济的冲击下，人们的思想观念随之发生变化，社会风习也必然产生相应的演变。如婚姻不再注重门第，而看重钱财，致使南宋时一些贫困人家在生育上重女轻男，买卖婚姻风气大开；殡仪租赁业的出现，使丧葬中的奢侈厚葬风气日增，等等。

（四）上行下效，奢风日盛

宋代汉民族奢靡之风日盛，从政治上说，统治阶级的提倡至关重要，从地域上看，京师为枢机，从京师刮向全国。

北宋建国伊始，宋太祖就对臣下说："人生如白驹之过隙，所以好富贵者，不过欲多积金钱，厚自娱乐，使子孙无贫乏耳，尔曹……多置歌儿舞女，日饮酒相欢以终其天年。"[①] 从第三代皇帝真宗时起，宋廷统治阶级日益腐朽。至北宋末年，统治集团更荒淫无度。宋徽宗时期宫女多达万人，他还常去东京名妓李师师家荒淫享乐[②]；甚至皇帝唯恐臣下不荒淫，"劝以声妓自娱"，赐银责限买妾。[③] 南宋偏安一隅，统治阶级成员更是腐败之极，满足于守着残山剩水宴安度日。

统治阶级荒淫奢侈，上行下效，奢靡之风席卷全国，人们竞相奢侈，逐渐习以为常。京师奢靡之风"四方仰之为师"，快速吹向全国，是风俗习尚熏染漫延之枢机。对此，《王文公文集》卷三十二"风俗"中有生动

① （南宋）李焘：《续资治通鉴长编》卷二"太祖建隆二年"。

② （南宋）庄绰：《鸡肋编》卷下《摘文集》；（南宋）张端义：《贵耳集》卷下。

③ （北宋）苏辙：《龙川别志》卷上。

的描绘：

“是以京师者风俗之枢机也，四方之所面内而依仿也。加之士民富庶，财物毕会，难以俭率，易以奢变。至于发一端，作一事，衣冠车马之奇，器物服玩之具，旦更奇制，夕染诸夏。工者矜能于无用，商者通货于难得，岁加一岁，巧眩之性不可穷，好尚之势多所易，故物有未弊而见毁于人，人有循旧而见嗤于俗。富者竞以为胜，贫者耻其不若，且曰：‘彼人也，我人也，彼为为奉养若此之丽，而我反不及！’”①

（五）佛道流行，信仰趋盛

两宋时期，在统治阶级的提倡和采取保护政策下，佛道二教极为流行。真宗时僧徒达40余万人，尼姑也有6万多人。道教在真宗、徽宗两朝，一度有超越佛教之势，呈一时之盛。元代道观大量增加，全真教播向千家万户。

两宋时期，社会为佛教的深入传播大开了方便之门，加上佛教为求自身的发展，不断地中国化、简易化和世俗化，以致佛教的影响渗透到整个中国社会。当时除众多的僧侣外，出现了许多不出家受戒的佛门弟子，如《五灯会元》中收录的著名文人士大夫就有杨亿、李遵勖、夏竦、赵抃、苏轼、苏辙、黄庭坚等。这样，就使中国文化在发展中糅合了诸多佛教因素，促使宋代汉民族在多方面的风俗产生更新和变异。如民间流行的各种信仰中，传统神谱出现了较大的变动，不少佛菩萨被“中国化”后纳入了民间神谱，形成了一种独特的融佛、道和传统信仰于一炉的大杂烩式的民间诸神体系。同时，外来的佛教因素在宋代汉民族民间信仰风俗的方方面面也得到了反映。像庙神崇拜中，作为私人寺庙用以看守寺主及其家族坟茔地的“功德坟寺”在宋代汉民族就有了新的发展。

宋代汉民族人生礼仪与信仰民俗关系甚为密切，呈现出一种由生到死的社会生活过程和由死到生的信仰生活过程，这两种过程的循环受佛教“轮回”“转世”说的影响至深。产俗中的求神送子、记生辰风俗；婚俗中的问卜、冥婚风俗皆为宗教影响下形成的风俗。特别是丧葬风俗，除受道教因素影响，兴盛了卜兆宅葬日、看风水等外，宋代汉民族在民间治丧过程中普遍增加了请僧人念经、大作法事这一项。

火葬在宋代汉民族的兴起，明显是受到佛教的影响。至元代时，朝廷

① （北宋）王安石：《王文公文集》（上册），上海人民出版社1974年版，第380页。

对火葬的态度比较强硬，但有元一世，火葬风俗在汉民族不但没有受禁，反而随佛教的进一步盛行愈演愈烈。

宋代汉民族的节日风俗，受佛教因素熏染也较为集中。元宵灯节时，汴京城中所扎的大型彩灯中有骑着狮子的文殊和骑着白象的普贤。四月初八为释迦牟尼佛的生日，届时各寺院都举行浴佛祈福法会，民间也积极参与了这一活动，形成了一系列的民俗活动。此外，七夕节、中元节、腊八节等，在宋时都融入了诸多的佛教元素。

（六）程朱理学，影响深远

宋元时期，在汉民族社会的思想意识领域内发生了一个重大变化，即程朱理学的形成和发展。

理学逐渐形成于北宋中期。理学家十分强调封建道德的自我修养，极力提倡封建伦理纲常，把男尊女卑、三从四德等提到“天理”“自然”的高度。北宋理学家程颢、程颐说：“阴阳尊卑之义，男女长少之序，天地之大经也。”又说：“男女有尊卑之序，夫妇有倡随之礼，此常理也。”①南宋理学家朱熹则进一步提出：“三纲五常，礼之大体，三代相继，皆因之而不能变”②“人道莫大于三纲，而夫妇为之乎。”③程朱理学“存天理、灭人欲”的说教，把儒家的纲常与佛教的禁欲主义相糅合，是封建地主阶级加强思想专制的表现。

在程朱理学的支配下，封建的“三纲五常”被视为不可触犯的“天理”，对后世产生了深远影响。这种影响也改变了宋元时期的一些风俗。如“事死为生，事亡如存”被作为履行孝道的主要内容之一，因而，妥善安葬亲人遗体，改进葬墓方法，使尸体长期保存不腐，在宋、元丧葬制度中受到了特别的重视。而朱熹、司马光等人对棺椁制作、墓葬构筑等的墓葬方式进行的设计和推广，遂成为封建社会后期流传和影响极为深广的一部丧葬礼仪制度。南宋时期，朱熹所倡导的“灰隔”墓葬结构，在南方地区已十分流行。

为了规范和调整人们的社会生活，将社会风俗纳入封建礼制的轨道，朱熹更是特撰《家礼》五卷，分别对社交礼仪、成年礼仪、婚姻礼仪、

---

① 《二程全书·伊川易传》序及卷四。

② 《四书章句集注·论语集注》，“为政第二”。

③ 《朱文公文集》卷二〇《论阿梁狱情札子》。

丧葬礼仪和祭祖礼仪表叙了自己的观点，并提出相应的仪式规范。这对宋代汉民族及宋以后汉民族社会风俗的演变影响较大。

二 学史概况

宋元时期，汉民族对风俗的采录和研究比隋唐时期更为重视，除了官修史书及文人笔记对当时的风俗予以大量的记述外，还出现了专门记叙都市生活与风俗习惯的笔记著作，如《东京梦华录》《梦粱录》《武林旧事》等；同时还出现许多以考索历代风俗事象之缘起和沿革为主要内容的研究性著作，如《岁时广记》《云麓漫钞》《容斋随笔》等。此外，当时的一些类书、小说、地方志等，如《玉海》《太平广记》《太平寰宇记》《元丰九域志》《四明图经》《吴郡志》等，也对风俗有所采用。

（一）笔记体都市风俗专著的出现

早在魏晋南北朝时，南朝就出现了地域性风俗的专书《荆楚岁时记》，开启了风俗笔记著作之先河。此后风俗笔记专书这一传统被得以继承和发扬，到了宋代汉民族则先后出现了一批以风俗文化为主要记述内容的专书，其中比较著名的有《东京梦华录》《都城纪胜》《西湖老人繁胜录》《武林旧事》和《梦粱录》。

《东京梦华录》，宋孟元老著。孟元老，号幽兰居士，生平不详。《东京梦华录》全书共10卷，备记北宋都市生活及其风土民情。二至四卷记述汴京城中的商铺、货栈、酒楼、饭店、佛寺、鱼肉行等；卷五叙述民俗、京瓦伎艺、娶妇、育子；卷六至卷十，系统记述岁时节日。全书对当时京城风俗的记录，涉及面广、讲究系统，对研究宋代汉民族都市风俗有十分重要的资料参考价值。

《都城纪胜》，耐得翁撰，作者身世籍贯不详。书成于宋理宗端平二年（1235年），记宋南渡后都城临安的土俗民风，全书一卷，分市井、诸行、酒肆、食店、茶坊、四司六局、瓦舍众伎、社会、园苑、舟船、铺席、坊院、闲人、三教外地等14门。其中以记录当时饮食和游艺风俗为详。如记载饮食曰："市食点心，凉暖之月，大概多卖。夜间顶盘构架者，如遍路歌叫，都人固以为常。"记游艺风俗曰："杂扮或名杂旺，又名纽元子，又名枝和，乃杂剧之散段。"这些记载，对我们了解宋代汉民族市井风俗大有裨益。

《西湖老人繁胜录》，署西湖老人撰，作者姓名事迹不详，但就书中有庆元间“油钱”条考之，当为宋宁宗时人。书中记叙南宋都城临安的饮食、节令、游艺等风俗情况，颇为详尽。如所记当时食店菜肴就有“鼎煮羊”“守真元鱼”“雪团鲊”“乳糖鱼儿”“美醋羊肉”等两百多种，从中可见南宋都城饮食风俗之丰富。书中所述，系作者目睹之事，“大抵嬉游之事，以繁华靡丽相夸”①，真实可信。

《武林旧事》，南宋周密撰。周密（1232—约1298年），字公瑾，号草窗、四水潜夫，山东济南人，流寓吴兴，宋季曾为临安府幕属、两浙运司掾、义乌令等。《武林旧事》共10卷，记宋室南渡后都城风俗事象。其中卷二、卷三及卷六分别记载岁时节日、勾栏瓦舍、歌馆酒楼、铺市作坊、诸色伎艺，及赁物、游手等风俗事象，叙事翔实、条例清楚。全书所记均系作者流寓杭州时耳闻目睹之事，最为真切。

《梦粱录》，吴自牧撰。吴自牧，宋末钱塘人，事迹无考。《梦粱录》系仿《东京梦华录》之作，详记南宋都城临安建制、人物和风俗民情。全书20卷，卷一至卷六以岁时为序，记载一年四季的节日风俗；卷七至卷十二记载都城临安的建制、宫观、名胜等；卷十三记载都市钱会、夜市和诸色杂买；卷十四记祠祭；卷十五记学校、贡院、塔墓；卷十六记茶肆、酒楼、米店、肉铺；卷十七记历代人物；卷十八记物产、民风；卷十九记园囿、瓦舍等；卷二十记嫁娶、产育和百戏、伎艺。该书内容丰富，又系作者亲历所成，史料价值颇高。

（二）文人笔记对风俗记述的重视

宋代汉民族重文，私人著书立说风气很盛。故文人笔记十分丰富，仅《四库全书》子部杂家类和小说类的著录就151部。元时，这一文化传统仍得以继承。在宋元时期众多的笔记中，记录了不少当时汉民族社会饮食、婚姻、服饰、礼仪、节令等方面的风俗情况。当然，除上述《东京梦华录》《梦粱录》等都市风俗专书外，大多宋元笔记对风俗的记述只是零散的“随意录载”，其中北宋的《玉壶清话》《青箱杂记》《梦溪笔谈》《邵氏见闻录》《石林燕语》《岳阳风土记》《萍洲可谈》；南宋的《清波杂志》《齐东野语》《宾退录》《岭外代答》《昨梦录》《枫窗小牍》；辽金的《归潜志》；元代的《南村辍耕录》《至正直记》等，则以对当时风俗有较多的采书而受到后人的关注。

---

①《四库全书·总目提要》，卷七十七·史部三十三。

《梦溪笔谈》，北宋沈括撰。沈括，字存中，钱塘（今浙江杭州）人，宋嘉祐八年（1063年）进士，官历翰林学士、龙图阁侍制、光禄寺少卿等。《梦溪笔谈》共26卷，记载内容广博，时间自先秦以讫宋代汉民族，而以宋事为主，内容涉及宋代汉民族服饰、礼仪、信仰、游乐等风俗事象。如《补笔谈》记宋人尚右之俗曰："古人尚右，主人居左坐，客在右者，尊宾也。今人或以主人之位让客，此甚无义。惟天子适诸侯，升自阼阶者，主道也，非以左为尊民。《礼记》曰：主人就东阶，盖尝以西阶为尊。就主人阶，所以为敬也。……今惟有朝廷此礼，凡臣僚登阶奏事，皆由东阶立于御座之东，不由西者，天子无宾礼也。"① 在记叙的同时，能究其沿革，曲其原委，对风俗的历史沿革有所考索，学术价值较高。

《岭外代答》，南宋周去非撰。周去非，字直夫，永嘉人。南宋隆兴元年（1163年）进士，淳熙中曾官桂林通判。《岭外代答》共10卷，记载广西民俗事象极广，涉及时人住室、礼仪、称谓、宗教、祭祀、婚、服饰、饮食、物产、器乐等方面。如记居住曰："广西诸郡富家大室覆之以瓦，不施栈板，唯敷瓦于椽间，仰视见瓦……日光穿漏，不以为厌也。小民垒土墼为墙，而架宇其上，全不施柱，或以竹仰覆为瓦，或但织竹笆两重，任其漏滴，广中居民，四壁不加涂泥，夜间焚膏，其光四出于外。故有'一家点火十家光'之讥。原其所以然，盖其地暖，意在通风，不利堙窒也。"② 是研究宋代汉民族岭南风俗的难得资料。

《至正直记》，元孔齐著。孔齐，字行素，号静斋，山东曲阜人，生平未详，元未曾避兵四明。《至正直记》共4卷，全书内容广泛，涉及饮食、尚祟、婚姻、丧葬、服饰、居住等风俗事象的内容颇多，所述大多系作者亲历之事，对研究元代及元代以前的社会风俗，具有重要的资料参考价值。如卷一"中原雅音""止筋""集庆官纱""婚姻正论""棺椁之制"等条，分别对宋元时期的方言、服饰、礼仪等有所记载；卷二"乡土风俗""祭祖庖厨""赘婿俗谚""人生从俭""娶妻之礼俗""浙西风俗""妇人不嫁为节"等条，则对当时的起居、祭祀、家庭、社会风尚等予以关注，等等。

此外，对宋元时期社会风俗有所记载的还有宋代汉民族的《醉翁谈

① （北宋）沈括：《补笔谈》卷三。

② （南宋）周去非：《岭外代答》卷四《风土门·屋室》。

录》《东斋记事》《鹤林玉露》《泊宅编》《春明退朝录》《游宦纪闻》《旧闻证误》《东坡志林》等。对元代社会风俗记载颇丰的还有《马可·波罗游记》等等。

（三）类书及杂记著作对历代风俗的考索

宋元时期风俗学发展中一个显著特点是考索性风俗研究著作的大量出现。其中较著名的有《太平广记》《岁时广记》《岁华记丽谱》等；此外，一些杂记著作也比较注重对历代风俗的考述，如《墨庄漫录》《猗觉寮杂记》《能改斋漫录》《云麓漫钞》《容斋随笔》等。

《太平广记》，北宋李昉等编撰。李防，字明远，饶阳人。五代仕汉、周，后归宋。曾三入翰林，宋太宗时拜平章事。李昉博览群书，富于著述，与扈蒙、李穆、汤顺等14人，于太平兴国二年（977年）三月奉诏编撰《太平广记》，三年后书成印行。《太平广记》共500卷，分神仙、女仙、道术、贡举、职官等55类，所采书籍345种。唐以前不传之秘籍，赖此书尚存什一。《太平广记》内容广博、卷帙浩大，古来逸闻琐事，僻籍遗文，卷帙轻者往往全部收入，故被学术界称为小说家之渊海。该书记录风俗方面的内容也极其广泛，几乎涉及风俗事象各个方面。如饮食、服饰、迷信、宗教、祭祀、丧葬、婚姻，以及汉代蹴鞠、投壶，唐代击球、音乐、杂技等，皆有所涉及，不啻为一部古代社会生活的百科全书。

《岁时广记》，南宋陈元靓编。陈元靓，生平不详。《岁时广记》采集宋代汉民族及宋代汉民族以前诸书的岁时风俗内容，如《月令》《尔雅》《淮南子》等，按目分隶，编为40卷，另有卷首“图说”、卷末“总载”和“月令主属大全图”“气候循环易见图”等图样。书中卷一至卷四载述春、夏、秋、冬概况，自卷五起，依次载录元旦、立春、人日、上元、中和节、社日、寒食、清明、佛日、端午、天贶节、三伏节、七夕、中元、中社、重九、下元、冬至、交年节和岁除等节日的各种节俗活动。全书“撷百氏之英华”，“搜神节物之异闻，考风俗之攸尚，手编心辑，博而不烦”①，对后人研究宋代汉民族或宋以前的岁时风俗提供了极大的便利。

《容斋随笔》，南宋洪迈著。洪迈，字景庐，鄱阳人。绍兴十五年（1145年）进士，历官端明殿学士。《容斋随笔》载述上自先秦、下逮两宋之典章故事、逸闻杂谈，其中涉及婚姻、丧葬、服饰、饮食、迷信、祭

① （南宋）陈元靓：《岁时广记·刘序》。

祀、禁忌、称谓、礼仪、节令岁时、游艺等风俗史实，广征博引，多有考索。如考元旦饮酒礼俗曰：“今人元旦饮屠苏酒，自小者起，相传已久。然固有来处，后汉李膺、杜密，以党人同系狱，值元日于狱中饮酒曰：正旦从小起。时镜新书晋董勋云，正旦饮酒先从小者何也。勋曰：俗以小者得岁，故先酒贺之，老者失时，故后饮酒。《初学记》载《四民月令》云：正旦进酒次第，当从小起，以年小者起先。”[①] 洪迈的这些载述和考索，皆有典可据，甚为精博，受到历代学者推崇，被后人誉为我国风俗学上一部难得的佳作。

（四）各地方志对地方风俗的载述

中国的方志，发展到五代宋元朝间出现了日趋繁荣的局面。入宋以后，方志的编撰，不但内容扩大了，而且体例也日臻完善。唐以前的地方志，内容主要是记自然地理方面，而从宋代开始，人文地理方面的内容越来越丰富，尤其是风俗文化渐趋受到重视。在宋元方志里，一般包含了各州县建置沿革、山川形势、风俗、方物、人物仙释等方面的内容，形成了比较完善的方志体例，保存了大量的风俗史料，是研究当时社会风俗不可缺少的珍贵资料。在宋代所修的方志中，全国性的区域志有《太平寰宇记》《元丰九域志》；地方性的方志，保存至今的有 30 种，其中包括周淙《临安志》15 章，张津《四明图经》12 卷，高似孙《剡录》10 卷，范成大《吴郡志》50 卷等。元代所修的方志，保留至今的除《元一统志》有残卷外，还有 11 种，如于饮《齐乘》6 卷，俞希鲁《至顺镇江志》21 卷，杨譓《昆山郡志》6 卷，李好文《长安图志》3 卷，熊梦祥的《析津志》等。其中《析津志》对元代风俗有所记载，是为难得。

《析津志》，元熊梦祥著。熊梦祥，字自得，江西人。官历大都路儒学提举、崇文监丞。《析津志》是最早记述北京地方历史的专门志书，北京图书馆所辑之残本分为 18 类，其中包括“祠庙”“祭礼”“风俗”“岁纪”等条，记叙元代北京地区民俗事象极为详尽。“岁纪”则包括端午、元宵、浴佛、腊八节、春节、龙抬头节、踏春节等节俗。

（五）官修史书对各代风俗的采录

北宋薛居正[②]撰写的 150 卷《旧五代史》，记载了自后梁太祖天平元

---

① （南宋）洪迈：《容斋随笔》卷二。

② 薛居正（912—981 年），字子平，开封浚仪（今河南开封）人，五代后唐进士，官历后晋判官，后周三司推官、刑部侍郎，宋户部侍郎、门下侍郎平章事等。

年（907 年），至后周恭帝显德七年（960 年），共 54 年的五代历史。其中对礼仪、饮食、婚姻、丧葬、祭祀、禁忌及节令活动等风俗内容均有所采录。而欧阳修①所撰的 74 卷《新五代史》采录的一些风俗史料，可与《旧五代史》互相补充。

南宋李焘②撰的《续资治通鉴长编》记载了不少有关北宋风俗，所涉及婚姻、丧葬、服饰、尚祟、祭祀、节令岁时和游艺活动等，基本反映了北宋风俗的各个方面。

元脱脱等撰的《宋史》，记录了许多宋代汉民族风俗的情况，几乎涉及当时社会风俗的各个方面，诸如礼仪、服饰、婚姻、丧葬、宗教、祭祀、迷信、饮食、居住、娱乐，以及岁时节日等皆有涉及。如《宋史·礼志》分为吉、嘉、宾、军、凶五礼，主要记叙了宋代汉民族的婚姻、丧葬、服饰、尚祟、祭礼以及游艺风俗等。尽管《宋史》成书于元末，但它的主要史料均来源于宋代汉民族的国史、实录等。在宋代国史、实录等史籍几乎散佚殆尽的情况下，《宋史》所保存的风俗史料更显珍贵。

此外，《辽史》书对社会风俗的采录，以契丹族为主，兼及汉民族；《金史》的《礼志》《五行志》《卫志》《乐志》《舆服志》《食货志》以及《章宗元妃李氏传》等志传中，记录了金朝人们日常生活、人生礼仪、宗教信仰、岁时节日和社会交往等各个方面的风俗；《元史》则记录了许多元朝风俗内容，诸如饮食、礼仪、服饰、居住、婚姻、丧葬、宗教、迷信、祭祀、节令活动、游艺风俗等。

第二节　宋元汉民族的生产风俗

一　农业风俗

（一）圩田、涂田、梯田和架田出现

由于人口增加，宋元汉民族耕地不足的矛盾日益严重，为了生存，便继承了隋唐以来重视垦辟的风俗，人们习惯于“田尽而地，地尽而山，

① 欧阳修（1007—1072 年），字永叔，号醉翁，吉州永丰（今江西吉安）人，北宋著名政治家、文学家。

② 李焘（1115—1184 年），子仁甫，号巽岩，眉州丹棱（今四川眉山）人，南宋史学家。

山乡细民，必求垦佃，犹胜不稼”①。宋时农民垦田日渐增多，当时垦田的形式，主要有圩田、涂田、梯田和架田等。

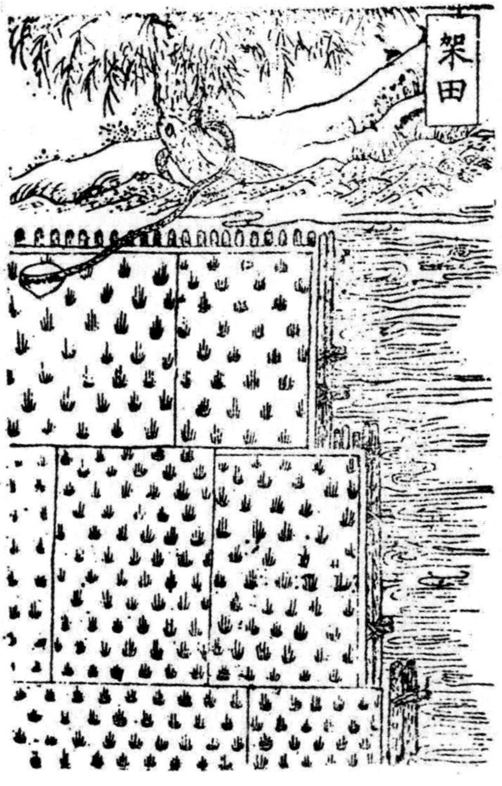

元代王祯《农书》中的架田图

南方圩田风俗，五代时已有相当基础，到宋代汉民族得到了更大发展。豪宗巨族，恣意“盗湖为田”。南宋时筑堤建圩风行一时，圩田数量大大增多，仅太湖地区的苏、湖、常、秀四个州，在淳熙十一年（1184年）就建圩近一千五百个。每个圩的规模，范仲淹曾曰：“每一圩，方数十里，如大城。”②

涂田，指滨海地区开造的田地。唐、宋时期对于海涂的利用，一般采用筑堤围田的方法。据《王祯农书》记载，宋元时期开垦涂田的方法一般是先沿海筑堤挡海水，或立桩橛抵潮汛；再在田的四周开沟，以利排盐及便于用灌溉，俗称“甜水沟”。海涂含盐分高，故又有“脱盐”风俗，其方法为“初种水稗，斥卤既尽，可为稼田”③。

梯田，在南方广大丘陵地区均有流行。宋元时期的梯田之法是，先把山坡地修成一层层阶梯状的田块，并将每层阶梯，横削成平面；如果有土有石，则要垒石作田塍，再平土成田；然后，视水源之有无，或种植水

---

① （元）王祯：《农书》。

② 《范文正公集·政府奏议》。

③ （元）王祯：《农书·农器图谱之一》。

稻，或种粟、麦。从当时的文人笔记，如《岭表录异》《泊宅编》《海录碎事》《参鸾录》等书的记载看，在今四川、广东、江西、浙江、福建等地的山区均已有许多梯田，可见此俗流行之广。

架田，又称作筏、葑田，即在水面架设木筏铺盖葑泥而成的人造浮田。陈旉《农书》载当时架田之俗曰："若深水薮泽，则有葑田，以木缚为田坵，浮系水面，以葑泥附木架上而种艺之。其木架田坵，随水高下浮泛，自不淹溺。"[①] 由于架田容易安装，不受地形条件的限制，也不需花很多劳力去垦辟；又无旱涝之患，并可在较短的收获季节里栽种作物，故流行较广。江东、淮东、两广和长江江面上，都能见到这种"木架田丘"。现今广东珠江三角洲和福建有的地方的菜农，也用芦苇、箐竹等扎成筏，浮于水面以作架田，用于种植蔬菜。宋代汉民族诗人对架田风俗多有描写，如范成大描写平江府农民种植葑田情景曰："不看茭青难护岸，小舟撑取葑田归。"

（二）龙骨水车使用普遍

宋元时期，汉民族重视对水利设施的修建。水利灌溉设施在前代已有的渠、堰、湖、塘、池、陂等，在此基础上，又新出现了虹桥和渡槽。如南宋时期，为了在枣阳（今属湖北）一带兴置屯田，修建了长达83丈的"通天"渡槽，横跨九个山岗，引水溉田10万顷。[②]

在南方，则出现了排灌结合的水利设施。江南东路的百姓在治理低洼、沼泽地和围湖造田的过程中创造了具有排灌结合功能的"圩田"系统。圩田排灌系统在宋代以前已有存在，但数量很少，宋时则大量涌现，并受到地方官府的鼓励。浙西的某些圩田（围田）也有类似的形式和功能，只是规模小于江东。在浙西的圩田（围田）系统内，有配套成龙的堤坝京、水渠网络和闸门等，还设立了圩长、堰首、圩丁等管理人员，以保证"有丰年而无水患"。杨万里《圩丁词》诗曰："河水还高港水低，千枝万泒曲穿畦。斗门一闭君休笑，要看水从人指挥。"

宋元汉民族的排灌器具，主要有龙骨水车和筒车。龙骨水车，以人的踩踏为动力，也有用牲畜作动力的。前代已有龙骨水车，但到了宋代汉民族，得到了普遍推广。宋诗中对龙骨水车的描写已十分普遍，如王安石

---

① （南宋）陈旉：《农书·地势之宜篇第二》。

② 宋德金、张希清总纂：《中华文明史》第六卷，河北教育出版社1994年版，第225页。

《山田之欲坼》曰："山田久欲坼，秋至尚求雨。妇女喜秋凉，踏车多笑语……龙骨已呕哑，田家真作苦。"陆游诗曰："龙骨车鸣水入塘，雨来犹可望丰穰"等等。筒车，则是利用水流作动力的是一种较大型的排灌器具。巨大的支架上设一大旋轮，轮缚有用以汲水的竹筒，凭水流冲激旋轮转动，带动竹筒舀水输入田间。

（三）栽培技术精细化

随着农具的改进和农业生产集约程度的提高，宋元时期汉民族耕作栽培技术进一步趋向精细化。尤其对秧田的整治，据陈旉《农书》记载，要"再三深耕之""再三耕耙转""田精熟了，乃下糠粪"，[①] 可见当时对秧田的精耕细作已达很高程度。对冬作田，则要于早稻收割后随即耕翻曝晒，施粪，并"平沟畎，蓄水深耕"；而对只种一熟稻的冬闲田，则要采取"干耕晒垡"措施，即"经冬深耕，放水干涸。雪霜冻沍，土壤苏啐"。翌年开春，"又遍布朽薙草败叶，以烧治之"，借晒垡和熏土来提高土温。"干耕晒垡"主要用于土性阴冷的山区；至于平川地区，则用"干耕冻垡"法，即"平耕而深浸，即草不生，而水亦积肥矣"。对旱田，则"获刈才毕，随即耕治晒暴，加粪壅培，而种豆、麦、蔬茹"。[②]

宋元时期，至于农作物的中耕管理，南方稻田主要有耘田、烤田和耥田等风俗。耘田和烤田之俗，南北朝时已经出现，到了两宋时期则已普遍流行，并已讲究根据地势高下安排田块的先后，以保留肥水。烤田，宋时提倡重烤，为了保证烤透田土，已经采用开沟烤田方法。元代时，则已耘田、烤田和施肥结合。然而，在某些偏僻山区，耕作习惯仍十分落后，刀耕火种的原始风俗仍有流行。

（四）南稻北麦与北麦南移

两宋时期，北人南移增多，由于北人喜爱面食，又带来了种麦技术，再加上政府的鼓励，南方种麦面积日益扩大。然而，南方的农作习惯还是以种植水稻为主。宋代，南方的水稻种类，已早、中、晚皆备，籼、粳、糯俱全。具体的水稻品种，仅嘉泰《会稽志》所记，就有56个，其中籼、粳品种40个。宝祐《琴川志》则记有水稻品种35个，其中籼、粳27个，糯8个；并曰："以上名色甚多，姑举其概耳。"说明当时未被史

---

① （南宋）陈旉：《农书·善其根苗》。

② （南宋）陈旉：《农书·耕耨之宜篇第三》。

籍记载的水稻品种还很多。

在宋代汉民族的水稻种植中，一度流行占城稻。南宋时，许多地方志，如嘉泰《会稽志》、宝庆《四明志》、嘉定《赤城志》等都有关于占城稻的记载，反映出当时占城稻种植的分布地区已相当广。在长期演化的过程中，占城稻又分化、培育出许多适合各地特点的新品种。如嘉泰《会稽志》就记载有“早占城”“红占城”“寒占城”等。

麦类原是种植于北方的作物。虽然东晋南朝以来已引入南方种植，但长期分布不广，种植不多。南宋后，由于北方人口大量南移，促进了小麦在南方的大发展。不仅在长江流域广泛种植小麦，甚至在气候炎热的珠江流域也推广种植麦类。《宋史·食货志》曰：“湖南一路，惟衡、永等数郡宜麦。”江浙地区则已广泛种植，许多地方志上有麦类的记载，不仅有大麦、小麦，而且还有不同的品种。

（五）一年多熟普遍

宋元时期多熟种植，已普遍流行，当然这也与当时朝廷的倡导有关。南宋时，更是屡屡下诏，劝民种麦。麦类作物向南方的扩展、棉花向江南的传播和油菜种植在长江流域的勃兴等，都促进了多熟种植的发展。

麦类向南方的扩展，促进了稻麦两熟制在长江流域的形成。如北宋时，苏州地区已是“刈麦种禾（稻），一岁再熟”[①]。双季稻在汉代已出现于岭南地区。到宋代，双季稻的北限则已从两广推进到福建和贵州一线。如福建福州一带，《淳熙三山志》载曰：“今州倚郭三县再熟”；《宋史·蛮夷四》载曰：“贵州汉牂牁郡地……土热多霖雨，稻粟皆再熟。”广东水稻种植有一年两熟和一年三熟的，周去非《岭外代答》曰：钦州地区一年三次种收水稻，“故无月不种，无月不收”。

（六）育秧移栽流行

宋元汉民族水稻栽培已普遍流行育秧移栽，故当时十分重视稻秧的培育。陈旉《农书·善其根苗篇》曰：“凡种植，先治其根苗以善其本，本不善而末善者鲜矣。”在具体的育秧过程中，要“种之以时，择地得宜，用粪得理”“勤勤顾省修治，俾无旱干、水潦、虫兽之害”。秧田播种后，要重视水的管理，有根据天气决定灌水深浅的风俗，“若晴，即浅水，以其晒暖也。然浅不可太浅，太浅即泥皮干坚；深不可深，太深即浸

---

① （北宋）朱长文：《吴郡图经续记》。

秧马

没泤心而萎黄矣。唯深浅得宜为善”。为了方便排灌，秧田内“作塍贵阔”，以便“约水深浅得宜”。如刚下种，忽起暴风，则“急放干水，免风浪淘荡，聚却谷也；忽大雨，必稍增水，为暴雨漂，浮起谷根也”①。

稻秧移栽讲究农时，时间一般在四月小满与芒种之间。宋代有的地区拔秧时已使用“秧马”，以减轻插秧时弯腰屈背的劳顿。拔秧时用力要轻，以尽量少伤秧根；拔后，要随手洗根去泥，汰除杂草，以便于齐秧分丛；并要小捆束扎，以便运送、分插。而插秧时对每丛秧苗的株数，及行距、穴距等也都有具体的讲究。②

（七）新式农具的发明和使用

宋元随着旧有农具的改进和新式农具的创造，农具风俗比过去更为丰富。当时耕地用的踏犁和犁刀，扯秧用的秧马，排灌用的人力水车、牛转水车和筒车，收获时用的飏扇，等等，都得到了普遍使用。秧马首见于宋代的湖广地区，后长江中下游整个水稻产区均有流行。苏轼《秧马歌》序曰：“予昔游武昌，见农夫皆骑秧马，以榆枣为腹，欲其滑；以楸桐为背，欲其轻。腹如小舟，昂其首尾，背如覆瓦，以便两髀雀跃于泥中。系束藁其首，以缚秧。日行千畦，较之伛偻而作者，劳佚相绝矣。”③ 据《王祯农书》记载，宋元时期新出现的农具还有四牛拉的犁，和下粪用的耧耘式的耧车等。④

在农耕社会，牛是农家之宝，为爱惜耕牛，保护过冬，农俗为耕牛制作护身衣物。王安石在《牛衣》诗中写道：“无衣与卒岁，坐恐得空牢。主人覆护恩，岂啻一绨袍。”

---

① （南宋）陈旉：《农书·善其根苗篇》。

② （元）鲁明善：《农桑衣食撮要》。

③ （北宋）苏轼：《东坡后集》卷四《秧马歌序》。

④ 《王祯农书》卷三《农器图谱》。

（八）农作崇神重巫

宋元时期，民间社会围绕农业生产形成了不少特殊的生产信仰风俗，如天旱祈雨、祭田神等。传承已久的祈雨风俗，发展到宋代，汉民族已有“画龙祈雨”、贴龙王神马像、筑土龙及赴龙王庙祈请等多种形式。《宋史·礼志》载曰：“熙宁十年四月从夏旱，内出蜥蜴求雨法。”儿童青色衣装，并以青色饰面部和手足，持柳枝，口诵咒曰：“蜥蜴蜥蜴，兴云吞雾，令雨滂沱，放汝归去。”另，还有祈城隍降雨，向关帝祈雨，向本地其他神庙祈雨等。

宋时流行祭祀田神，如巴蜀地区，“巴人之风俗，皆重田神，春则刻木虔祈，冬则用牲报赛，邪巫击鼓，以为淫词，男女皆唱竹枝”。[①] 此外，随着棉花种植的逐渐普遍，长江中游地区传统的“花朝节”（夏历二月十五或十二日）已有“户户望天晴月皎”，以卜“花朝月明，棉花十分”，及“日晴，土饶木棉”的风俗。

二　园艺风俗

（一）蔬菜园艺的专业化和商品化

随着城镇居民和其他非农业人口的增加，蔬菜种植的专业化和商品化程度明显提高。在各个城镇之内或周围，都出现了一些菜园和面积较大的菜地。例如，南宋都城临安（今浙江杭州）“东门绝无居民，弥望皆菜园”，所以当时流行有“东门菜、西门水”的俗语。[②] 当时还出现了专业园圃，如《嘉泰会稽志》提到山阴（今浙江绍兴市）梅市盛产鸡头菜。此外，扬州菘、丹阳萝卜、仁和藕、西湖菱等名产的出现，也是蔬菜种植专业化的反映。

宋代，汉民族种植的蔬菜种类繁多，据《梦粱录》记载，仅南宋临安一地，蔬菜就有苔心矮菜、夏菘、芥菜、菠棱、莴苣、葱、韭、大蒜、紫茄、黄瓜、葫芦、冬瓜、芋、山药、茭白、萝卜、水芹、姜、菌等三四十种。其中“菘”原产我国北方，汉魏间已出现于南方，到宋代汉民族已成为“南北皆有”的蔬菜。[③] 竹笋在我国食用历史很久，赞宁的《笋

① （北宋）乐史：《太平寰宇记》卷一三七《开州》。

② （南宋）周必大：《二老堂诗话》卷四。

③ （明）李时珍：《本草纲目》卷二十六。

谱》则记载了宋时竹笋的采收、食用、收藏，和腌渍、生藏、干藏、作脯等方面的风俗，反映出当时竹笋的利用已相当普遍。宋代汉民族利用食用菌的种类已很多，据南宋陈仁玉《菌谱》记载，仅当时浙江台州地区所利用的食用菌就有合蕈、稠膏菌、栗壳蕈、松蕈、竹蕈、麦蕈、玉蕈、紫蕈、鹅膏蕈、黄蕈、四季蕈等十多种。

宋代汉民族在蔬菜栽培技术方面也有不少创新，出现了许多新的民俗事象，如《咸淳临安志》记载的白菜黄化，《图经本草》提到的孵豆芽，等等。

（二）花卉盆景园艺浸成风俗

宋代汉民族，观赏花卉成为一种社会风气，不论贵贱无不爱花。欧阳修《洛阳牡丹记》曰："洛阳之俗，大抵好花。春时，城中无贵贱皆插花，虽负担者亦然。花开时，士庶竟为遨游。"南宋时，杭州市民也有种花习惯，如端午节"市入门首，各设大盆，杂植艾蒲、葵花"；六月六日，多"盆种荷花、素馨、茉莉、朱槿、丁香藤"①。南宋时，东、西马塍是临安花卉的著名产地。

宋代汉民族的各种花谱，记述了许多花卉栽培风俗。如欧阳修《洛阳牡丹记·风俗记》就记载了接花法、种花法、浇花法、养花法、医花法等风俗。陆游《老学庵笔记》则提到了植菊"九要"：一是养胎，二是传种，三是扶植，四是修葺，五是培护，六是幻弄，七是土宜，八是浇灌，九是除害。

宋代汉民族的花卉园艺还有促成开花之俗，如为了促成菊花早放，趁"大蕊未开，逐蕊以龙眼壳罩之，至欲开时，隔夜以硫磺水灌之，次早去其罩即大开"②。据《梅谱》记载，欲促使梅花早放，则于"冬初，折未开枝，置浴室中，熏蒸令拆"。最流行是"堂花法"，为南宋临安马塍花农所创。

宋代汉民族有对花卉新品的命名风俗，《洛阳牡丹记》曰："或以氏，或以州，或以地，或以色，或旌其所异者而志之。"此外，宋元时期盆景园艺趋向成熟。此时，对盆景的布局、立意，以及石材、植物的选择，已颇为讲究。并新出现树桩盆景。吴自牧《梦粱录》曰：临安马塍各花圃

① （南宋）吴自牧：《梦粱录》。

② （北宋）温革：《琐碎录》。

“皆植怪松异桧”“多为龙蟠凤舞飞禽走兽之状”“每日市于都城，好事者多置之以留观尝也”。

（三）果树和药草园艺兴旺

宋代汉民族的果树园艺也相当兴旺。当时最流行的果品是柑橘和荔枝。宋代有栽种柑橘习惯的地区，有两浙、四川、江西、福建、广南等地。其中两浙路的温州平阳县（今浙江平阳），因地多海涂田，有栽种橘树的传统，所产柑橘果大、味美、汁多，被世人称誉。苏州太湖洞庭山，种橘历史悠久，所产之橘皮薄味甘，百姓多以种橘为业。另外温州、苏州、隆兴府、果州也是当时著名的柑橘产地。其中果州（今四川南充）号称橘乡，有诗咏曰：“霜后秋香千树橘，雨余春色一川花。”“果山仙果秀天香，处处圆金树树黄。”①

宋代荔枝品种繁多，其中最有名的是陈紫、江家绿、十八娘、蚶壳扁等。荔枝产地，主要有福建、四川和广南。当时已有许多专以栽培荔枝为业的农户，福建、四川都有拥有万株以上荔枝的人家。此外，宋代还出现了种植药材的农户和专种药材的药圃。

（四）茶叶园艺风俗丰富

宋代茶叶已成为汉民族人民生活必需品，士大夫阶层又有斗茶的风气，因此，社会对茶的需求不仅数量大，而且要求品种多、工艺精。因此，极大地刺激了茶叶园艺的发展。宋代茶的产区大体遍布淮河以南的广大地域。但宋人推崇福建茶，官方在建安（今福建建瓯）北苑设官茶园。著名的龙凤茶、石乳、京挺等都产自福建。

淮南路在北宋时期是茶的重要产区，官方在蕲、徽西南黄、庐、舒、光、寿六州（今安徽西南及湖北东产）设山场收购茶，其榷买数约居全宋的三分之一。四川成都府路和利州路，在南宋时期课茶数已超过了其他各路课茶数的总和。四川雅州（今四川雅安）产的蒙顶茶也是当时最有名气的茶之一。

宋代汉民族茶农的生产俗信有“喊山”之举，连官家茶园也不能免俗。清人高山奇在《天禄识余》记叙宋朝皇家“喊山”风俗曰：“宋御茶园在武夷山第四曲，中有喊山台。每岁惊蛰日，有司为文致祭。祭毕，鸣金扬鼓，同喊曰：‘茶发芽！’谓之喊山。”宋代的茶叶都加工成饼茶。饼茶加工自唐以

---

① （南宋）王象之：《舆地纪胜》卷一五六。

来一直有“掺香”的风俗。北宋年间，饼茶发展进入全盛时期；南宋以后则散茶流行。《文献通考》曰：“茗（茶叶），有片有散，片者即龙团旧法，散者则不蒸而干之，如今之茶也。始知南渡之后，茶渐以不蒸为贵矣。”同时也出现了茶叶的窨花方法，此法到了南宋末年获得了发展较快。到元代时，散茶已在全国范围内替代了饼茶，在生产中占主导地位。

三　副业风俗

（一）蚕桑南胜于北

蚕的饲养，隋唐以后在长江流域发展迅速，到北宋时已赶上和超过了北方。特别是两浙路（今浙江和江苏南部）农家普遍养蚕，蚕丝生产已跃居全国首位。养蚕用具已新出现了蚕网和木制蚕杓。在北方流行的三眠蚕基础上，育成了改良品种“四眠蚕”。四眠蚕蚕体比三眠蚕体肥大，茧量丰富。

随着蚕业的发展，不少蚕忌习惯也在宋时形成。一方面各家忙于春蚕而绝少交往；另一方面注意到防止蚕病的问题，即互相隔离以防蚕病传染。为了提高丝蚕的产量，宋代汉民族蚕农有用中药添食增丝的风俗，并有以苦荬菜养蚕的风俗。另有蚕卜与照田蚕风俗。上元夜，吴地以粉米为茧团，预祝蚕收之盛，或书吉语置其中，以占一岁之福，谓之蚕卜。此风唐已传，宋为盛。杨万里有诗曰：“儿女炊玉作茧丝，中藏吉语默有祈。小儿祝身取官早，小女只求蚕事好。”吴中一带腊月二十五（或二十、二十四）夜，村农以秃帚、笤、麻秸、竹枝燃火炬，缚长竿之杪以照田，烂然遍野，以祈丝谷谓之照田蚕。另，据陆游“箫鼓赛蚕人尽醉”“咚咚画鼓祭蚕神”“时闻饶鼓赛春蚕”等诗句，可知当时江南一带有赛蚕和祭蚕神之举。

在桑树栽培方面，已有嫁接和压条繁殖等风俗。压条繁殖林木，汉代已出现，但用于桑树则始见于宋、元之际。金朝《务本新书》和《士农必用》关于桑树压条法的记载已十分具体细致，反映出桑树压条繁殖技术在当时已积累起丰富的经验。桑树压条方法简便、繁殖快，到明、清时期便成为我国桑树繁殖的主要方法。

（二）渔猎形成规模

宋代汉民族，江、河、湖、海中以渔为生者不少，渔人捕鱼时形成了一定的俗规和禁忌。长江上的渔人，俗信江蟹为厌物，倘捕鱼时网中捞到江蟹，认为是晦气，故渔人中流行有“网中得蟹，无鱼可卖”的谚语。湘潭渔家在捕鱼时，有以猢狲毛放在网的四角，即可多捕到鱼的俗信。渔人相信鱼见了猢狲毛，就像人见了锦绣一般，往网里钻。[①]

隋唐时期，汉民族地区的人工养鱼业已经出现。到了宋元时期，人工养鱼更为普遍，技术更为成熟，规模扩大，产量也有增加。仅从记载上看，长江以南的两浙路、江南东路、广南东西路以及长江以北的荆湖北路等都有农户经营池塘养鱼。一般的鱼塘有一亩或半亩，大的鱼塘则达几十亩。据黄干记载，南宋时期湖北诸州的鱼塘，收获季节一般主人自己不捕捞，“皆是荆襄、淮西、江西、湖南诸处客人驾舡载网前来，与湖主家结立文约”，卖钱后与鱼塘主人依约分利。[②] 又据记载，南宋时鱼苗已成为商品，江州等地成为著名的鱼苗产地，其鱼苗远销福建、两浙等地。人们用竹丝编织成桶，内糊漆纸，用作长途贩运鱼苗的容器。湖北等地还有向官方或田主租佃池塘、湖泊，或者租地凿池养鱼的风俗。说明当时鱼塘经营已有了所有权与经营权分离的现象。

元代，大量的蒙古普通百姓作为“国人”移民内地，把具有北方草原游牧文化特色的风俗带进汉民族地区，尤其是有关北方狩猎风俗。蒙古人狩猎有一种古老的风俗，即正月至七月间野生动物繁殖时期，不允许进行大规模围猎。这一习惯法影响了汉民族的狩猎业。此外，元代还禁捕鸟珍禽，如秃鹫、天鹅、鸲、鹚等，这对汉民族百姓狩猎风俗自然也产生了影响。

（三）养虫风俗初现

养白蜡虫主要是用于采收白蜡，在唐时已经出现。宋代汉民族民间承袭此俗并扩展到江南，且饲养技术已比较成熟。关于白蜡虫的生活史、寄生树的选择、放养的方法、如何提取白蜡等都已积累起一套经验。这在《癸辛杂识》中有详细的记载。

养五倍子则是为了药用，晋时民间已有饲养。到宋时，四川地区已有大量饲养。《太平广记》曰：“峡山至蜀有螟子……视其生处，即麸盐树叶背上，春间生子，叶卷成窠，大如桃李，名为五倍子，治一切疮毒。收

---

① （北宋）彭乘：《续墨客挥犀》，《古今说海》说略六。

② （南宋）黄干：《勉斋先生黄文肃公文集·与漕司论放鱼利事》。

者晒而干之，即不化去，不然者，必窍穴而出，飞为蟆子矣！”① 这些记载说明宋代汉民族对五倍子的放养技术已比较成熟。

四 手工业风俗

（一）造纸习惯于用“纸药”

两宋时期造纸业发达，当时造纸的原料在继续使用麻、树皮的同时，又大量地使用了竹、麦秆、稻秆等。

以竹为原料造成的纸叫竹纸，竹纸约发明于唐，宋后便普遍推广开来。以麦秆、稻秆等草本火原料造成的纸为草纸。它的出现，进一步扩大了造纸原料的来源。

宋代汉民族竹纸主要产于江浙一带，宋人苏易简的《文房四谱·纸谱》（986 年成书）曰：“江浙间有以嫩竹为纸。”《嘉泰会稽志》曰：竹纸有五大优点，“滑，一也；发墨，二也；宜笔锋，三也；卷舒虽久，墨终不渝，四也；唯不蠹，五也。”今故宫博物院所藏米芾《珊瑚帖》，宋人所摹王羲之《雨后帖》、王献之《中秋帖》，皆为宋代汉民族竹纸。除了纯竹纸，宋人还用竹与其他原料混合造纸。今故宫博物院珍藏的米芾《公议帖》《新恩帖》皆系竹料、麻料混合纸；米芾《寒光帖》则为竹料与楮皮的混合纸。

宋代汉民族造纸，已习惯于用“纸药”，它原是植物的一种黏液，加入纸浆中后能起到悬浮剂的作用，使抄出的纸薄而均匀。其发明的年代可上推到唐，宋后才得推广开来。宋时抄纸技术提高，已有巨幅纸的出现，且品种多样。明文震亨《长物志》曰：“有匹纸，长三丈至五丈；有彩色粉笺及藤白、鹄白、蚕茧等纸。”②

宋时，在盛产纸张的地区，出现了许多专以造纸为主的纸匠、纸户。据元代费著《笺纸谱》记载，成都以造纸为业者便有数百家之多。而洪州每年为宋朝廷造纸八十多万幅，全由纸户二百余家承担制造。

（二）刻书流行铜版印刷

宋代汉民族刻书业发达，各种刻书作坊林立，除官刻外，各种书坊遍布各地城镇，并形成了开封、杭州、成都和福建建阳、麻沙四大刻书中

---

①（北宋）李昉等：《太平广记》卷四百七十九。

②（明）文震亨：《长物志》卷七。

心，并在雕版印刷基础上发明了铜版印刷、型版套色印刷和活字印刷术。宋岳珂《九经三传沿革例》曰：“家塾所藏有晋天福铜版本”，这表明在宋时铜版印刷已较流行。

东汉时，在织物上型版套色印染之俗已经出现，但在纸上套色印刷到宋辽时期才首见。费著在《楮币谱》一书中提及的当时四川流通的纸币“交子”（钱引）是用六块印版，以青、蓝、红三色套印而成的。此外，1974 年，山西应县木塔中发现有辽代彩色雕版套印的《炽盛光九曜图》和彩色漏印的《南无释迦牟尼佛像》等七件印刷品，均系于辽统和年间（983—1012 年）印成。这是世界上今见最早的套印实物。

在宋庆历年间（1041—1048 年），毕昇发明了活字印刷术。这是印刷史上的一次伟大革命，它极大地促进了古代中国社会经济文化的发展，为推动世界文明的发展做出了重大贡献。至元代，活字印刷已广为流行。

（三）纺织品争奇斗艳

宋代汉民族官营纺织业比唐代规模更大。北宋时，朝廷除在东京设绫绵院、文绣院、裁造院和染院等专业性宫廷作坊外，成都、梓州（今四川三台）、西京（今洛阳）、真定府（今河北正定）、青州（今山东益都）、江宁府（今南京）、润州（今江苏镇江）、大名府（今河北大名）、杭州、湖州等地均曾设置官营纺织机构，分别生产棉、绫、罗、绝等纺织品。其中成都锦院最兴盛时，计有军匠 500 人，织机王 54 张，房屋 127 间。

与此同时，民间丝纺业也非常发达，呈现出南北丝织品争奇斗艳的局面。北方的丝织业以河东、京东路为基地，其中，大名府、真定府、青州、济州（今山东巨野）等是著名的丝绸产地；南方则以两浙路为基地，其中江宁府、润州、杭州等是著名丝绸产地。此外，还有位居川蜀地区的成都府、梓州等，也是丝绸的重要产地。北方的“东绢”（产于京东）与南方的“蜀锦”号称天下第一，享誉最高。

宋代汉民族纺织业的发达造就了大批专业丝织工匠，如婺州金华县（今属浙江）“城中民以织作为业，号称衣被天下”[①]。梓州专以织绫锦为生的机户多达数千户。在丝织业发达的地区除以丝织为业的机户、柜户外，还出现了雇用工徒的“机坊”“染肆”等。这说明宋代汉民族丝织业

① （北宋）刘敞：《公是集·先考先状》。

已开始从家庭副业向专业化手工业发展。

与此同时，至迟在北宋时期，闽广一带的棉织业已相当发达。元代时，长江中游地区广种棉花。随着黄道婆从崖州带回先进的棉纺技术，改进了江南的纺织旧俗，以“错纱、配色、综线、挈花”的方法织造各种美丽的棉织品，“其上折枝、团凤、棋局、字样，粲然若写”①，短期之中，“松江棉布，衣被天下”，推动了大江南北棉纺织业的迅速发展。从此，棉织代替了丝织，在纺织业中起了主导作用，也改变了以往男勤耕耨、女重桑麻的风俗。

宋元时期的纺织机具，比较流行的丝织机具有罗织机和提花机。据宋末元初的《梓人遗制》所载，罗机子的开口机构主要是鸟坐木上的特木儿（吊综杆）；在它的一端系吊综绳，连脚踏杆，另一端的鸟儿眼下吊大泛扇椿子或小扇椿子。该书作者薛景石还特别指出，织造提花罗时，需得加用提花机构（束综）来控制花型。

（四）制瓷风俗多种

宋代汉民族制瓷业规模比前代有明显扩大。现已发现的宋代汉民族制瓷窑址，分布于我国十几个省、100多个县的广阔地域。可见当时以瓷为业者颇众。当时的瓷业不但有官办的规模宏大的制瓷窑场，还有星罗棋布的民间大小窑场。在制瓷业兴盛地区，制瓷窑场、作坊十分密集，设备配套。在工艺水平上尤以汝窑、官窑、龙泉窑、定窑、钧窑和景德镇窑的产品最为著名。

宋代汉民族生产的瓷器种类繁多。从用途上分，主要有饮食具、文具、祭祀用具、陈设品等几大类，每一类内又有许多品种。从胎质上分，主要有白、黑、紫、灰等不同。从上釉看，有单色釉和多色釉之别。从装饰上看，则有划花、绣花（以针刺）、印花、嵌花、暗花等差异。从烧制方式上看，又有仰烧、覆烧等区分。至于瓷器的造型和基色，更是千奇百态、万紫千红，形成许多种风格。据宋人蒋祁《陶记》所载，景德镇所制的瓷瓶，其造型达9种之多。

（五）酿造制曲丰富

宋代汉民族酿酒技术，比隋唐时期已有新的发展，主要表现为制曲方法的丰富。据《北山酒经》记载，宋时曲的种类已有罨曲、风曲和西暴

---

① （明）陶宗仪：《南村辍耕录》。

曲三大类，共13种。在制曲原料方面，已与近代的相似。宋代汉民族制曲已习惯于使用曲母接种。据《北山酒经》记载，制造“玉友曲”时，要用“以旧曲末逐个为衣”；制造“白醪曲”时，则“更以曲母遍身糁过为衣”；而制造“香桂曲”“金波曲”时，则采用了“蛇麻”，即酒花。另据北宋陶谷《清异录》“以红曲煮肉”的记载，则可知宋时已能制造红曲。

（六）刺绣流派成形

宋代汉民族刺绣业已形成一定规模，北宋京师聚居着大批以刺绣为业的“百姓绣户”和兼作刺绣的师姑。东京刺绣已形成具有系统而完善的技法技巧和独特地域性风格的刺绣流派，即闻名于世的“汴绣”。刺绣中的人物画刺绣出现了较多佛道人物形象，如大士像、释迦牟尼佛像、南极老人像、老人骑牛图、芝仙祝寿图等。

（七）娃娃玩具流行

宋代汉民族玩具制作流娃娃玩具并特色独具。其中七夕节时盛行的“磨喝乐”，有以泥土捏制的泥娃娃，也有可浮水以为戏的蜡娃娃。南宋时，杭州市场上还有“绢孩儿”行业，并出现了塑制泥孩的名艺人。

五　商业风俗

（一）社会上下竞相从商

在“趋利逐末”的浪潮冲击下，宋代汉民族社会出现了官商融合、士商渗透、弃儒从商、弃农经商的社会风尚。

都城中，“仕官之人”“纡朱杯金，专为商旅之业者有之，兴贩禁物、茶盐、香草之类，动以舟车，贸迁往来，日取富足”[①]，甚至身至相位者也有“专以商贩为急务”的。宋徽宗时，汴京相国寺佛殿后资圣门前，各路罢任官员携土特产、香药之类皆汇集此地出售。[②] 像“孙殿丞药铺、靴店”“徐官人幞头铺”“杨将领药铺”这类明显为仕官所开设的店铺，在汴京、临安为常见。[③] 不少士子因仕途不达，弃儒经商，如临安城中开

① （北宋）蔡襄：《蔡忠惠公文集》卷十五《国论要目·废贪储》。

② （北宋）孟元老：《东京梦华录》卷三《相同寺内百姓变易》。

③ 见《东京梦华录》《梦粱录》。

书铺的陈起即系在文学上颇有造诣的诗人①。经商之风甚至刮进释道圣地。宋徽宗时，开封很多师姑公然到大相国寺的两廊，销售绣作、领抹、珠翠、头面、幞头、帽子、特髻、冠子、绦线等货物。一些原以耕桑为业，视商贾百工为“淫巧”的土著居民也逐渐弃农经商。以长江中游地区而言，武昌县外出经营的就有“数百余家”。②

（二）商市交易从坊市到“瓦子”

宋元汉民族都市贸易市场称“瓦子”，方形，四周有酒楼、茶馆、妓院（瓦舍）和各种商店。中间广场上定期举行集市，设立浮铺。许多艺人在这里搭起勾栏演戏卖艺。“瓦子盖取聚则瓦合，散则瓦解之义”③，是定期集市易聚易散的场合。汴京开封，相国寺瓦市“每月五次开放，万姓交易”，“僧房散处，而中庭两庑可容万人。凡商旅交易，皆萃其中。四方趋京师以货物求售、转售他物者必由于此。”④

各类商行众多，经营行业分类极细。开封至少有 150 行，杭州多达 414 行。杭州商行有“团”“行”“市”“作”之分。“团”和“行”大多为批发市场；“市”多为销售市场；“作”则多自制自销。当时开封、杭州店铺林立，交易繁盛。临安自官巷至羊坝头一带，诸行百铺齐全。据《梦粱录》记载，该区有店名可考的商店就达 120 余家。元代大都（北京）出现了许多著名街市，如猪市、骡马市、羊市、米市、珠市、骆驼市等。

（三）早市和夜市兴盛

北宋东京，五更时分，闻行者头陀的“高声叫佛”，早市就热闹起来。潘楼东街巷茶坊，“每五更点灯，博易买卖衣服、图画、花环、领抹之类，至晓即散，谓之‘鬼市子’”⑤。比起东京的早市，南宋临安早市的规格、品种花样显得更为严谨宏大和丰富。临安的早市四更时分开始，当城门大开时，数以万计的“铺席”便已开张。这种铺席有食品类的、服饰类的、文化类的、服务性的等；小到针铺、颜色铺、牙梳铺、真头面铺，大到如大瓦肉市、城东菜市、城北米市、官巷花市、融和坊南官巷珠子市等，应有尽有。许多铺席都带有批发性质。

---

① 吴晗：《江浙藏书家史略》，中华书局 1981 年版。
② （清）吴熊光等修：《湖北通志》卷二一《舆地志》。
③ （南宋）潜说友：《咸淳临安志》卷十九。
④ （南宋）王林：《燕翼诒谋录》卷二。
⑤ （北宋）孟元老：《东京梦华录》卷二《潘楼东街巷》。

宋代汉民族的商市突破了传统的经营方式，出现了“夜市”，成为都市消费市场的一大特色，也是宋代汉民族城市商业发达的标志之一。东京夜市主要集中在看御街、马行街一带。看御街一带夜市有两个中心点，一是朱雀门至龙津桥一带；二是州桥南北。这些地方官府集中，商业繁盛，妓馆众多，店铺林立。以售卖各类“杂嚼”食品和提供各种服务为主。马行街的药肆，灯火通明，百工作坊，运行不息，酒楼、勾栏，繁闹异常。南宋临安称得上是座不夜城，夜市更呈现多样化、交易与趣味娱乐融为一体的特色。

（四）乡镇集市和庙市的兴旺

宋代汉民族的市集设在城外则称“草市”，在乡村则叫“小市”；北方叫“集”，南方叫“墟”或“赶场”。市集定期开放，各地相互错开，以方便买卖。在草市、小市的贸易中，米、豆、麦、谷、鸡、鱼、蔬菜等农副产品和布帛、竹木器具等日用品为大宗，也交易一些生产工具。

宋代汉民族以祭祀神灵为主的庙会有独特的贸易风情。东京寺院、道观林立，各种经常性的大型祭祀活动，为庙市提供了交易时机和交易场所。最著名的是相国寺，据《东京梦华录》记载，相国寺每月开放五次（八次），大三门交易飞禽猫犬、珍禽异兽。二、三门搭建露屋散棚，经营日用杂货、时果腊脯、屏帏竹席和鞍辔弓箭等。而孟家道院经营文房四宝、古籍、古玩、花朵、珠翠、帽子、土物和香药，不仅出售各类工商业者提供的日常用品，还出卖罢职官员的家藏物品。

庙市还依托众多的传统民俗节日，形成独树一帜的专门特色交易市场。如正月上元日的灯市，五月五日的鼓扇百索市，七月七日的七夕巧儿市，七月十五日的中元节冥器市，等等。

在汉民族各地也都有规模不等的庙市存在，四川成都的蚕市庙会就很有特色。相传蜀蚕丛氏王蜀，教人蚕桑，蜀人因其遗事，每年春有蚕市。如：正月五日五门蚕市；正月二十三日圣寿寺前蚕市；三月九日大慈寺前蚕市；三月二十七日大西门餐圣夫人庙前蚕市；等等。

（五）店铺重“市招”

宋代汉民族店家十分重视广告宣传，显示了商业民俗的特色。“市招”是指店堂门口悬挂用布缀于竿头，用以招引顾客的布招等物，名幌子，又叫“望子”。一些酒店门前的幌子亦叫“酒帘”或“酒旗”。村镇酒店的酒旗上有“望”字，又称酒望子。武松打虎的景阳冈下，那个酒肆挂着“三碗不过岗”的酒帘，既是酒家的标志，又有很浓的广告色彩。小酒店则有挂草葫芦、银马杓、银大碗、银招牌，或挂瓶瓢、扫帚杆作为特色标志。

店家除了要“大书牌榜于通衢”，讲究标帜外，酒肆、茶楼还十分注重装潢。宋代汉民族酒店前设红绿杈子绯绿窗幕，并设金红纱栀子灯，装饰厅院廊庑，花木森茂，酒坐潇洒。杭州的熟食店、茶肆，张挂名人字画，设花架插四时花卉和置放奇松异桧，用以装饰门面，美化环境。

（六）流行“关扑”交易

在宋代汉民族商业交易中，除钱物交易外，还流行赢钱赌物的关扑交易方式。商贩的货物经与顾主商定，按质论价“扑”。扑时以所掷钱币的正背面次数的多少而定赢输，背面为“纯”，全部掷成背为“混沌”，是赢的标志。在宋代汉民族的各地都市中，“关扑”花样众多。如东京有“扑卖饧者”，用三尺圆盘，上绘数百禽鱼器物，“扑卖饧者”旋转“纤悉绡细”的圆盘，用别着五色羽毛的针箭，招揽市民“扑卖”。[①] 到南宋时，临安“夜市”上，从吃的到用的，从穿戴的到玩要的，无不可在大街上“关扑”；而且“关扑”的品种还随季节而变化，并开始专门化。后来，关扑的游戏意味越来越浓，扑卖的物品也逐渐趋向供人观赏玩要的物件。

（七）“交子”始行

北宋时，四川商人自行印行“交子”纸币，以代替铁钱。因当时的纸张多用楮皮制成，民间通称纸为楮，故“纸币”又称“楮币”。这是汉民族使用纸币的开始。“交子”可以兑现钱，也可以流通。初由蜀中豪商自行发行，有一定形制，密码印记，朱墨交错，临时填写数额，零星发行，随时兑现。宋太宗时，则已由豪商联合发行，券上增加了图案、花纹，仍可随时兑现。后来政府禁商人发行交子，而改由官办垄断发行。南宋的纸币主要有行在会子、川引、淮交以及湘会等，各有自己的流通范围。其中以由朝廷发行的行在会子发行数量最大，流通范围最广。到元代时，中统元年（1260 年），出现了不兑换的纸币“中统宝钞”，并在有元一代可长期使用。

---

① （南宋）曾三异：《因话录》，载《说郛》。

六　饮食和服务风俗

（一）酒肆和茶坊发达

宋代汉民族饮食业发达，而且服务风俗特色显著，其中以酒肆和茶坊最具代表性。宋代汉民族大型酒店造酒兼卖酒，称为正店，北宋汴梁有名称的正店就达72家；至于那些称为脚店的小酒家，则难以胜数。酒肆讲究门面经营，以吸引顾客。南宋临安高级酒楼各有“小阁十余，酒器悉用银，以竞华侈”，每处均有妓女伴坐，又有吹箫、弹玩、锣鼓、歌唱、散耍等人，谓之“赶趁”。围着顾客叫卖鲜干果的，谓之“撒暂”。市面上并有专门侍候阔少饮酒，做一些闲杂事的“闲汉”。此外，还有卖酒红、章举蛎肉、鱼脚诸海味者，称之“醒酒口味”。

宋人饮茶风气颇盛，尤其是南宋杭州，茶坊遍地。大茶坊装潢精美，按季节变换经营品种，力求一年四季都卖“奇汤异茶”。有的茶坊“冬天卖七宝擂茶、馓子、葱茶，或卖盐豉汤，暑天兼卖雪泡梅花酒，或者缩脾饮署约之属”①；有的且兼卖酒肉之类；并有在馆内说书的。

宋代汉民族的饮食业是与商品经济，特别是大城市同步发展的。在北宋后期的开封城中，“市井经纪之家往往只于市店旋买饮食，不置家蔬”“夜市直至三更尽，才五更又得开张，如要闹去处，通晓不绝”“冬月虽大风雪阴雨，亦有夜市”。② 夜市中出售各种糕饼、果品、肉食、羹汤等，还有“提瓶卖茶者”。南宋临安的饮食业包括茶肆、酒肆、分茶酒店、面食店、荤素从食店等。其名店如有杂货场前甘豆汤、官巷口光家羹、和乐楼、熙春楼等。临安饮食业往往仿效北宋汴梁风尚，也有早市和夜市，但热闹程度远远超过北宋的汴梁③。此外，在州、县城镇，以及一些小市镇和交通要冲也有饮食业。

（二）服务风俗日盛

由于城市人口的剧增，城市居民对物质生活和精神生活消费的需求更显强烈和丰富多样，为适应这种消费需要，宋元时期城市的各种服务行业

---

① （南宋）吴自牧：《梦粱录》卷十八《风俗》。

② （北宋）孟元老：《东京梦华录》卷三《马行街北医铺》。

③ 以上所引见（南宋）吴自牧《梦粱录》卷十三至十六；（南宋）周密《武林旧事》卷六《酒楼》。

十分发达，形成了特有行业风俗。

在汴梁和临安，有专司凌晨报晓之事的和尚，称报晓头陀。这些和尚原本子五更时分，在街头巷尾“高声叫佛”，教人省睡，早起念佛，后来渐渐演化承担了“报晓”之职。

宋代京城设有专门帮办礼席的服务机构“四司六局”，四司为帐设司、厨司、茶酒司、台盘司；六局为果子局、蜜煎局、蔬菜局、油浊局、香药局、排办局。他们的上门服务，便利了京城居民。临安的租赁服务更为全面，租赁之物包括花轿、酒担、首饰、衣服、被卧、布囊、酒器、帏设、动用、盘合、丧具等，应有尽有。

香水行则是宋代汉民族都市为人们提供洗澡设备和沐浴服务的行业，又称香水混堂、混堂等。此外，宋代城市还出现了专门介绍佣工的劳动服务行业——牙行。牙行不仅提供各行各业需雇用的人，还为府宅官员、豪富人家提供买宠妾、歌童、舞女、厨娘、针线供过、粗细婢妮等服务。这种人称“牙婆”，亦称“牙嫂”。

第三节　宋元汉民族的生活风俗

一　服饰风俗

（一）服饰富于变化

宋初，朝廷对士庶服饰的限制不那么严格——“国初士庶所服革带，未有定制。”[①] 后于端拱二年（989年）明令规定：“县镇场务诸色公人，并庶人、商贾、伎术、不系官伶人，只许服皂、白衣，铁、角带，不得服紫。”至道元年（995年）又放宽到可以服紫了。据《东京梦华录》记载，当时汴京市井服装风俗：“其卖药、卖卦、皆具冠带。至于乞丐者，亦有规格。稍以懈怠，众所不容。其士、农、工、商诸行百户衣装，各有本色，不敢越外。谓如香铺里香人，即顶帽披背；质库掌事，即着皂衫角带不顶帽之类，街市之人便认得是何色目。”[②] 北宋如此，南宋杭州也是：“市农工商诸行百户衣中装著，皆有等差，香铺人顶帽披背子，质事掌库

---

① （南宋）王栐：《燕翼诒谋录》卷一《革带之制》。

② （北宋）孟元老：《东京梦华录》。

裹巾，著皂衫角带，街市买卖人各有服色头巾，各有辨认是何名目人。"①此为反映服饰风俗的一方面。另一方面也有一些"裹巾异服"者，让理学家朱熹感叹当时风尚曰："今衣服无章，上下混淆。"② 总的看来两宋服饰基本不受"贵贱有级、服位有等"礼法的限制，穿着还是较为自由的。

因此，宋代汉民族服饰风俗比之以唐代，除了华丽外，则更富于变化性。宋真宗曾于大中祥符元年（1008 年）曰："京师士庶，偿来渐事奢侈，衣服器玩，多镶金以饰，虽累加条约，终未禁止。"③ 而宋人服饰的变化无常，则正如周辉《清波杂志》所曰："妇女装束，数岁即一变。"④

与此同时，宋代汉民族又有好胡服的风尚，除官服保留汉制外，其他服装大多不同程度地吸收有周邻民族服装的优点，而体现出"胡化"之特点，尤其是北方辽、金统治地区，汉民族社会服装的胡化现象更为突出。南宋时，由于宋金两国交往的增多，女真服饰风俗也传到南宋都城临安。隆兴元年，南宋有臣僚奏曰："临安府士庶服饰乱常，声音乱雅，已诏禁止。访闻归明、归朝、归正等人往往承前不改胡服，及诸军又有效习蕃装。"⑤

元代，除南方服饰受"胡服"影响较少外，北方汉民族服饰已被不同程度地"胡化"。如团衫，本为北方蒙古、女真传统服饰，元代则贵贱通服，汉民族亦然。元代末年，还一度流行高丽式衣服、靴帽，"四方衣服鞋帽器物，皆依高丽样子"⑥。此风从后妃、贵族流向民间。

（二）男服好古

宋时，男子服装风俗的一大特点是好古。如上古士人所穿的"深衣"，前后深长，后世已不流行，但到了宋代汉民族则又在士大夫中流行，并得到世人欣赏。司马光曾依《礼记》作深衣自穿；宋末金履祥认为深衣乃古代士大夫闲居之服，合于周礼"规矩准绳"，并撰《深衣小传》，力倡恢复。

而宋时最为流行的男子服装当为袍衫。袍是长大衣，其制上下一体，

① （南宋）吴自牧：《梦粱录》卷十八。

② 《朱子语类》卷九一《礼八·杂仪》。

③ （南宋）李焘：《续资治通鉴长编》卷六八。

④ （南宋）周辉：《清波杂志》卷七。

⑤ 《宋会要·兵十五》之一二一三。

⑥ 任崇岳：《庚申外史笺证》，中州古籍出版社 1991 年版，第 96 页。

宋徽宗《听琴图》

又称长襦，长至膝下或至足，圆领，右衽，有窄袖窄衣，也有大袖宽衣，或单或夹或内絮丝绵等。

衫也为长衣，有凉衫、帽衫、紫衫、白衫、衬衫、青衫、襕衫等。北宋中期，京师士人朝服乘马，以浅青黑色衣蒙于外，称作“凉衫”。宣和年间，流行“帽衫”，以皂罗为衫，与乌纱帽配成套装，如杜衍致仕后，服“帽衫”见客。南渡初，战事频仍，士大夫多着本为军校服装的“紫衫”。后因“紫衫”有“以戎服临民”之嫌而被废，于是士大夫该以白色凉衫为便服，俗称白衫。

皂衫，本系富民、胥吏之服。梁克家《淳熙三山志》曰：“富民、胥吏皂衫。”[①] 到南宋时，皂衫已成官员便服。陆游、朱熹等曾着此衫见客。宋代汉民族的袍衫之制，元时仍得以依承。元时官民皆穿汗衫，系一种内衣，亦称汗替、汗褐。

衫袍之外，又有袄。陆游《家世旧闻》曰：“衫袍下，冬月多衣锦袄，夏则浅色衬衫。”冬天除棉袄外，还有棉裤、棉袜和衲袄、衲袜之类。此外还有本系官员便服的衩衣。

宋时流行本为道家所穿的“道服”，其衣宽大飘逸，为一些隐士或文士欣赏。在北宋后期，流行“背子”，袖大而长，前襟平行而不缝合，两腋以下开叉。皇帝、官吏、商贾、士人等都可穿用。至元代时，背子被称

① （南宋）梁克家：《淳熙三山志》卷四〇《岁时·序拜》。

为背搭、背心、坎肩，即无袖短衣。而南宋时有名为“貉袖”的冬衣，据说起于御马院圉人，前后襟皆短以便乘骑，短袖则便于控驭。

宋代汉民族普通百姓，据《东京梦华录》《梦粱录》等书记载，卖菜小儿有着“白虔布衫，青花手巾”者，兵士或着“黄绣宽衫”“青窄衬衫”“锦络缝宽衫”[①]。穷人则穿着甚简，广南“贫家终身布衣，惟娶妇服绢三日，谓为郎衣”[②]。

（三）女装多变

宋代汉民族妇女服装，常见的有大袖、长裙、霞帔、背子等，而妇女穿背子十分普遍。李心传《建炎以来朝野杂记》曰：中宫常服有真红罗大袖、真红罗长裙、真戏罗霞帔、真红罗背子、黄纱或粉红纱衫子、熟白纱裆裤、白绢衬衣、明黄纱裙子、粉红纱抹胸、真纸罗裹肚、粉红纱短衫子等。[③]

宋仁宗时，时妇女服装曾流行以金珠装缀，并有尚白、尚褐以及仿契丹服式的风尚。北宋末年，妇女服饰多变。京城中“妇人便服不施衿纽，束身短制，谓之不制衿。始自宫掖，未几而通国皆服之”，被指为“服妖”。[④] 南宋绍兴时，妇女服装花样百出，甚至有“妇人服饰犹集翠羽为之”[⑤]。此外，宋时流行的女装还有窄袖衣，衣长至膝，窄袖、交领或圆领，对襟；并有一种翻领式窄袖衣。窄袖衣配以长裙、帔肩，腰系绥带，彩带结成连环而下垂。

宋元妇女多服裙，比较流行的裙式有褶裙，即“八幅大裙”，前后各四幅，肥而褶，便于舞蹈，歌伎穿着为多。还有一种颜色如石榴花的，名石榴裙。南宋理宗时，宫妃系前后掩裙而长窣地，名“赶上裙”。元代妇女流行唐裙，因仿效唐代而取名。

宋元妇女服装又有兜肚，亦称抹胸、裹肚。以尺方之布为之，紧束前胸，属胸间小衣一类。元代妇女不分贵贱均系用。另有系在衣服外面的裹肚，用绸、绫、布等料做成，多绣有各种图案。

---

① （北宋）孟元老：《东京梦华录》卷四《皇后出乘舆》，卷二《饮食果子》；（南宋）吴自牧：《梦粱录》卷二。

② （南宋）庄绰：《鸡肋编》卷下。

③ （明）陶宗仪：《说郛》卷四〇引。

④ （南宋）岳珂：《桯史》卷五“宣和服妖”。

⑤ （元）脱脱等：《宋史·五行志三》。

值得一提的是，宋时有穿“纸衣”的风俗。宋时养蚕人将成熟的蚕放之平板，使蚕丝散乱地吐于平板而难以成卷，干后即成均匀的丝絮片，时人称“自成被”。以丝絮片所做的衣服，则称纸衣。纸衣保暖性强，不仅山居者喜穿，士大夫乃至帝王也常服用，尤其是隐逸的僧道更是要穿“纸衣”而终。

（四）男帽女冠

宋元时期为帝王专用的叫通天冠或承天冠，有二十四梁，高广约一尺，与“绛纱袍”配套，用于一些大典礼，隆重次于冕。皇太子专用的叫远游冠，十八梁。官员所戴的有进贤冠、貂蝉冠和獬豸冠等。进贤冠用漆布做成，宋初有五梁、三梁、两梁之分，元丰后分为七等，以梁的多少表示品位的高低。是在进贤冠上加“笼巾貂蝉”即貂蝉冠，为门下一类的高官所用。在进贤冠上加獬豸角即獬豸冠，又称“法冠”，为御史一类的执法者所服。

在宋代汉民族的冠为有身份者所戴服，居家服冠往往被认为守礼。巾在古代则为“贱者不冠之股”[①] “大抵士大夫无露巾者，所以别庶人也”[②]。但到了宋时，贵贱皆用巾，如曾在当时社会上流行一时的“东坡巾”“山谷巾”及程子巾、高士巾、逍遥巾等，皆为文人学士所服。另，据米芾《西园雅集记》记载，宋代汉民族名士所戴的巾式种类甚多，常见的还有仙桃巾、幅巾、团巾、披巾、道巾、唐巾等。普通百姓所服的巾，则有介帻、浑裹、巾帻、短统塌顶巾等。宋代汉民族巾式，大多形制方正，以纱罗、布葛缝制而成。

幞头系由头巾发展而来，形成于唐末五代，据传后周武帝始戴幞头，此后，大行于世。到宋代时，汉民族的幞头已脱离了巾帕的形式，变成一种帽子。此时，幞头用黑纱制，内衬以藤或铁丝，外用漆使其形状固定，长者三尺，短者一尺。其形状除直角外，还有各种装饰，如簪饰玉、金银、罗绢或鲜花等。宋代汉民族上下贵贱、朝会公座皆可戴幞头，但各人所戴幞头的质料形制，根据职业、身份的不同而有所区别。

元代士庶所戴的幞头，一般多为唐巾，唐朝的帝王冠，到元代成了各人士可戴的头饰。元代男人们所戴头饰多为抹额，亦称抹头、包头等。以

① （北宋）叶梦得：《石林燕语》卷十。

② （南宋）陆游：《家世旧闻》卷上。

各色纱绢为巾，裹在头上。还有一种类似的头巾，称“磕脑”。用虎皮做的叫虎磕脑，为武林壮士头饰。

宋时比较流行的帽式有纱帽、席帽、高筒帽等。纱帽，士庶都可用，其形制多有变化。席帽，帽檐四周垂有丝网，一般为未第者或野夫所戴。席帽前加全幅皂纱围其半，则叫裁帽，为御史等所用。此外，宋时又有铁冠帽、竹冠帽、方帽、绡帽等。

在男子流行戴帽的同时，女子戴冠成为一时之俗。宋代汉民族妇女冠帽常见的有高冠、花钗冠、白角冠、垂肩冠、太妃冠等。北宋中期以后，女子冠式花样翻新，流行的有白角冠；编竹为团的“团冠”；以象牙、玳瑁、鱼枕、白角等为梳，角长二三尺，登车上檐皆须侧首而入的长角冠；高冠等。

（五）从靴到履

宋初仍沿唐代舄履制度，朝会时百官用靴，但到了徽宗时则改用履。乾道七年（1171 年）又改为靴，以黑革做成，并以絇、繶、纯、綦等饰品的差异来区分不同官品，与公服配用。至于士庶日常鞋履，则有草履、棕履、钉履、木屐等。

妇女鞋式，因五代南唐后，妇女缠足已渐成风俗，故其形状大多小而尖，颜色以红色为尚。宫中女子，以及歌伎也穿靴，靴头呈凤嘴状，靴鞠用织锦制作，其色彩也以红色为尚。

元代汉民族鞋履品种繁多，常见的有皮鞋、布鞋、麻鞋、木屐，以及缠足妇女所穿的“斗弓”和非缠足妇女穿的靸鞋等。尤其是八答麻鞋曾为平民、道人及隐士广泛穿用，形成社会风尚。八答麻鞋为一种有耳孔的麻鞋。靸鞋是一种无后帮鞋，起源甚古，但多流行于宫中；到元代时，靸鞋已走出宫室流向民间，成为当时非缠足女子所喜尚的鞋式，其质料有皮、蒲、丝、草等。元代缠足妇女，多穿弓鞋。弓鞋一般长布制，三寸余，鞋底中部弓起，鞋面绣以花鸟图案，有作凤头形的。元时农民为便于耕作，大多穿草屦，又称屝，或麻履，又称屦。

（六）高髻为美

宋代汉民族妇女发式花样众多，无奇不有，但基本风尚是以高髻为美。高髻，一般妇女髻高五六寸，在歌舞会上则有高达一二尺者。高髻的梳理，一般要另加发髻才能梳成，也有以预制的髻式装于发顶而成者。高髻的样式，常见的有玉兰花苞式、飞髻、朝天髻、同心髻、龙儿特髻等。

宋初，蜀地流行朝天髻，有人认为有迎宋之谶[①]；湖广有同心髻流行，另，包髻之风曾流行一时，即将头发绾结于顶，以绢帛之类扎成花形束于髻上，正面多饰以珠宝或鲜花。

宋时少女多梳双髻，待出嫁时，则要行“及笄之礼”，盘单髻于顶。

（七）女喜簪花

宋元时期，妇女喜在发髻上插戴鲜花，此俗始于唐末五代，到宋时则已普遍流行。宋时所插戴的鲜花品种，因时而异，以牡丹、芍药为多。此外，茉莉花、白兰花、杏花、玉梅、雪柳、菩提叶等也常为女子所好。当然，宋元时期妇女常用的头饰还是以金银珠玉为主，俗称“头面”。元时妇女所戴头面，质料亦是金、银、玉等。而妇女首饰的花式，在宋元时期则有步摇、玉钗、人胜、梅花醉、金雀等。

宋代汉民族女子头饰丰富多彩，风俗奢侈，当时朝廷为了简约风俗，曾禁止市肆为妇人造作缕金首饰，故以罗、绢等原料制作的花胜曾风行一时。朱弁《续骫骳说》曰：（每至元宵节）“妇女首饰，至此一新。髻鬓参插如蛾、蝉、蜂、蝶、雪柳、玉梅、灯球，袅袅满头，其名件甚多。”[②]可见，当时以罗、绢等制作的女子首饰已有灯笼、灯球、花朵、蛾、蝉、蜂、蝶等形状。

（八）盖头、花钿和修容

宋代汉民族妇女用来障蔽面部的饰物有盖头。盖头，又叫盖天、方幅，多用紫罗为面料。而妇女用来装扮面部的饰物有花钿。花钿，系金属薄片或彩纸剪成的各类小花或小动物，常粘贴于脸上，以增加妩媚。南宋时，都城临安妇人施粉黛花钿，着好衣裳，称“鲜妆帕服”[③]；并有经纪“面花儿”“画眉七香丸”等妇女面饰用品的小铺。[④]

宋代汉民族妇女十分重视面部的修饰妆扮，俗谓之“修容”[⑤]。北宋末年，吕希哲曾曰：“近世儒者有戒妇人不油发不涂面者，又有戒女人不穿耳者。”[⑥] 说明当时妇人油发、涂面、穿耳比较普遍。南宋理宗时，妇

① （南宋）蔡絛：《铁围山丛谈》卷一。

② （南宋）朱弁：《续骫骳说》，载《说郛》卷三八。

③ 佚名：《释常谈》。

④ （南宋）周密：《武林旧事》卷六《小经纪》。

⑤ 佚名：《释常谈》。

⑥ （北宋）吕希哲：《吕氏杂记》卷上。

女中流行“粉点眼角，名泪妆”[①]。宋人诗词对妇人饰面之俗描述很多，如秦观《南歌子》词曰：“香墨弯弯画，燕脂淡淡匀。揉蓝衫子可黄裙，独倚玉阑无语点檀唇。”晏几道《临江仙》词曰：“靓妆眉沁绿，羞脸粉生红。”

（九）男佩鱼袋，女系“罗带”

宋代汉民族流行佩戴腰带之俗，官民士庶因身份、地位、品级不同，所佩戴腰带的质地也不同。朝廷品官多佩戴金、银、犀、玉等，而品外官员及庶民的腰带，可分“铜、铁、角、石、墨玉之类，民庶及郡县吏、伎术等人皆得服之”[②]。妇女则多在腰间系“罗带”。

此外，宋代朝廷品官在腰带上另佩有丝带，称“绶”，以供挂各类印、环而设。并流行佩戴“鱼袋”，用金银饰为鱼形，系于公服的带子上，垂挂在身后，以标示贵贱等级。据《宋史·舆服五》记载，凡穿紫袍的用金制的鱼袋，穿红袍的用银鱼袋，京官、州县官、皇上特赐紫衣红衣的也佩鱼袋，亲王武官及在内廷供职的将校均不佩鱼袋。除特许者外，伎术人不得佩鱼袋。

（十）流行文身

宋代军人有在自己身上刺字的风俗，以此表示自己的心志。如北宋时，兵马副部署、保州刺史呼延赞在自己身上刺“赤心杀贼”四字，表示“愿死于贼”[③]；南宋时，岳飞背上刺有“尽忠报国”四个大字，“深入肤理”，相传系其母所刺。[④] 南宋初年，抗金名将王彦率义军退入太行山，为表示抗金决心，人人面刺“赤心报国，誓杀金贼”八字，号称八字军。[⑤]

除军人外，宋代汉民族市井百姓也喜文身，俗称“刺绣”。如北宋初年有“拣停军人”张花项，“以其项多雕篆”，故“目之为花项”；[⑥] 南宋时孝宗、宁宗时，饶州百姓朱三“臂、股、胸、背皆刺文绣”；[⑦] 鄱阳东

① （元）脱脱等：《宋史·五行志三》。

② （元）脱脱等：《宋史·舆服志五》。

③ （北宋）孙逢吉：《职官分纪》卷四〇《刺史》。

④ （元）脱脱等：《宋史·岳飞传》。

⑤ （南宋）徐梦莘：《三朝北盟会编》卷一一三，“建炎元年十月二十九日乙酉”。

⑥ （北宋）张齐贤：《洛阳缙绅旧闻记》卷三。

⑦ （南宋）洪迈：《夷坚支志癸》卷八《阁山排军》。

湖阳步村民吴六“满身雕青”；[①] 现存宋代汉民族绢画杂剧《眼药酸》，所绘人物中有一手臂“点青”的市民。由于当时社会文身风俗流行，故出现了专门为人文身的“针笔匠”，而且还在市面上“设肆为业”。[②]

二 饮食风俗

（一）主食有变

宋元时期主食较普遍的是一日三餐，宋末元初的方回在《古今考》中说：“诸寺观不耕而食”，“披剃之余，二粥一饭”；“近世东南省斗学粮养士，一餐破七合半，上等白米也”。[③] 则可知当时僧道饮食风俗是一日三餐，二粥一饭；而学生则两饭一点心。但穷苦人家则不能保证一日三餐。

汉民族的饮食风俗，因地制宜，南北有别。在主食结构方面，向有南稻北粟的风俗。隋唐以后，由于麦类种植面积的扩大，在北方已逐渐取代粟的地位。反映在人们的主食风俗上，就成了南稻北麦的格局。但到了宋元时期，随着北人的大量南移，南方麦类的种植有了较大幅度的增长，南方的主食结构也渐趋向稻麦二元格局发展。在人们的日常饮食生活中，以小麦为原料的面、点、糕、饼类食品大幅度增加，据《梦粱录》《武林旧事》等书记载，当时都城临安的面食品种达20多种。但总体而言，南米北面依然是当时主食风俗的基本特征。

两宋时期，稻和粟主要用于煮饭和熬粥。临安一带的粥品有七宝素粥、五味肉粥、粟米粥、糖豆粥、糖粥、糕粥等。[④] 糯米食品有糍糕、糖糕、蜜糕、栗糕、乳糕、蓬糕等糕类；有豆团、麻团、汤团、水团等团类，如水团是“秫粉包糖，香汤浴之”。此外，还有粽子、米线、粉糍等。

元代米食的原料有稻米、粳米、粟米、青粱米、白粱米、黄粱米、黍米等。[⑤] 饭食有焖饭、干饭、和和饭、水饭等。其中和和饭、水饭较有特

---

① （南宋）洪迈：《夷坚支志癸》卷九《吴六竞渡》。

② （元）方回：《续古今考》卷三七。

③ （元）方回：《续古今考》卷十八。

④ （南宋）周密：《武林旧事》卷六《粥》；（南宋）吴自牧：《梦粱录》卷十三《天晓诸人出市》。

⑤ （元）忽思慧：《饮膳正要》；（元）王祯：《农书》。

色。水饭，以米煮饭，冷水泡之，凉透后而食，流行于北方。

宋元时期，汉民族社会的主食除米、麦、粟等外，还有荞麦、薯芋等杂粮。如饶州“民种荞麦，可充一两月粮。异时饥馑，得萝卜、杂菜，和米作糜，亦可度日”[①]；自商至五代一直享誉甚高的菰米，因品种变异日渐减少，已由主食而改作蔬菜食用，名称也相应由菰米而改称菰菜了。陆游诗曰：“今年菰菜尝新晚，正与鲈鱼一起来。”“万里秋风菰菜老，一川明月稻花香。”豆类则因豆制品、粉制品的发展，而逐渐由主食变为菜肴。

（二）面食的花色品种更丰富

宋元时期汉民族的面食的花色品种则比隋唐更为丰富。虽然仍以饼食为主，但饼食本身已翻出许多花样。蒸饼亦名炊饼、笼饼，类似于今天的馒头；汤饼就是面片汤，又名索饼、馎饦[②]，五代两宋时期正趋于向面条演变。开封食店出售生软羊面、桐皮面、插肉面、桐皮熟脍面[③]，临安面食店出售猪羊庵生面、丝鸡面、三鲜面、笋泼肉面[④]，以及南宋晚期出现“细仅一分，其薄如纸”的“药棋面”[⑤]，等等，这些都属汤饼。烧饼又称胡饼，开封胡饼店出售的烧饼有门油、菊花、宽焦、侧厚、髓饼、满麻等品种，其他食店和夜市上还有白肉胡饼、猪胰胡饼、和菜饼等出售。此外，宋人面食中还有带馅的包子、馄饨、铧锣、餶饳出之类。

元代汉民族主食中面食品种更为丰富，仅忽思慧《饮膳正要》所记的面，就有乳饼面、鸡头粉挽面、春盘面、皂羹面、山药面、挂面、经带面、羊皮面等。其他尚有重罗面、拖面、细索面等多种。其中有的是元代新出，如挂面；饼则有胡饼、烧饼、蒸饼、旋饼；等等。

（三）副食繁丰

五代两宋时期汉民族社会的肉食，北方以羊肉为主。仅次于羊肉者，当然是猪肉。宋元时代，禁杀耕牛，但也常有违禁者。

在宋元社会的肉食结构中，鸡、鸭、鹅等家禽，以及水产、野味之类，也占有一定比例。北宋时，开封市场中有盘兔、野鸭肉、鹑鹌、鸠、

① （南宋）洪适：《盘州文集》卷四六《奏旱灾札子》。

② （南宋）吴曾：《能改斋漫录》卷十五《辨汤饼》《煮汤饼》。

③ （北宋）孟元老：《东京梦华录》卷三《万行街铺席》，卷四《食店》《饼店》。

④ （南宋）吴自牧：《梦粱录》卷十六《面食店》。

⑤ （南宋）周密：《武林旧事》卷六《蒸作从食》。

鸽、螃蟹、蛤蜊等出售；饮食店的菜单上则有鹌子羹、虾荤羹、鹅鸭签、鸡签、炒兔、葱泼兔、煎鹌子、炒蛤蜊、炒蟹、洗手蟹、姜虾、酒蟹；等等。[①] 南宋时，临安市肆中出卖的肉食有酒蒸鸡、鼎煮羊、五味杏酪鹅、酒烧香螺、银鱼炒鳝、紫苏虾、假熬鸭、煎黄雀、醋赤蟹、酒烧蚶子、鲜蛤等。[②] 元代民间饮食中则有“烧鹅”“白蝶鸡”“鸡汤”[③]“川炒鸡”“卤鹅鸭”[④] 等。

蔬菜在宋元副食中占有重要地位。随着园艺技术的发展，人工培育的蔬菜品种日益增多，如宋代汉民族出现了人工栽培食用菌、无土培育黄豆芽，保护栽培韭黄和温室生产等。五代以来先后从国外引进的胡萝卜、甘蓝、苴蓝、菜花、丝瓜、苦瓜、南瓜等众多品种，丰富了汉民族馔肴。莴笋在宋元时期得到普遍推广。当时南北通行的蔬菜品种，主要有萝卜、茄子、黄瓜、瓠、冬瓜、芥、菠棱、莴苣、苋菜、芋、葱、韭、姜、薤、菘、蒜、葵、莙荙等。此外，北方又有蔓菁，南方则有竹笋、茭白等。值得一提的是胡萝卜和洋葱，系宋元时期从西域传入，于元时在大江南北已有广泛种植。

宋元时期对肉类和水产保存和加工，仍沿用腌、腊、糟等方法，但技术已比过去有所发展。当时市上出售的“犯鲊”有胡羊犯、兔犯、糟猪头、腊肉、鹅鲊、玉板鲊、黄雀鲊、银鱼鲊、鲞鱼等。[⑤]

对蔬菜的保存和加工，主要采用了腌渍方法。如北宋时开封夜市中即有辣椒子姜、辣萝卜、咸菜、梅子姜、莴苣、笋、辣瓜儿等出售；[⑥] 南宋临安市中则有姜油多、薤花茄儿、辣瓜儿、倭菜、藕鲊、冬瓜鲊、笋鲊、茭白鲊、糟琼枝、莼菜笋、糟黄芽、糟瓜齑、淡盐齑、鲊菜、醋姜、脂麻辣菜、拌生菜，诸般糟淹、盐芥等出售[⑦]。据传为西汉淮南王刘安发明的豆腐，至宋，已走进千家万户，成为汉民族人民喜爱的食品之一。

（四）俗重烹饪

从文献记载的各种食点菜肴看，宋元时期的烹调方法已十分丰富，有

---

① （北宋）孟元老：《东京梦华录》卷二《州桥夜市》《东角楼街巷》《饮食果子》。
② （南宋）吴自牧：《梦粱录》卷十六《分茶酒店》。
③ （朝鲜王朝）崔世珍译：《老乞大谚解》。
④ 《居家必用事类全集》庚集《饮食类》。
⑤ （南宋）吴自牧：《梦粱录》卷十六《肉铺》《鲞铺》。
⑥ （北宋）孟元老：《东京梦华录》卷二《州桥夜市》。
⑦ （南宋）周密：《武林旧事》卷六《菜蔬》。

氽、蒸、炒、烤、脍、腊、焙、煎、腌、烧、糙、炙、冻、蜜、托、签等二十余种。烹调技术日趋精湛，像鱼就有三十多种做法，羊也有二十来种做法。烹调佐料也很多，除盐、酒、醋、糖、蜜、奶、姜、芥末、辣椒及花椒等香料，还有豆豉、酱。

汉民族的食品制作技艺，在宋代也达到极高的水平。如宋高宗亲幸大将张俊府的御筵，为我们提供了中国今存最早的御筵清单。其中光是“下酒十五盏”就是三十道菜，如“第一盏”是“花炊鹌子、荔枝白腰子”，“第二盏”是“奶房签、三脆羹”，“第三盏”是“羊舌签、萌芽肚眩”。此外，还有炒白腰子、炙鹌子脯、润鸡、润兔等“插食”[①]，真可谓是山珍海味，食不厌精，脍不厌细。

宋代由于佛教盛行，汉民族佛徒众多，素食流行，素食荤做的烹调技艺，已基本成熟。如素蒸鸭，系“蒸葫芦一枚”；玉灌肺，以真粉、油饼、莸麻、松子、核桃、莳萝为原料，加“白糖（饴）、红曲少许为末，拌和入甑蒸熟，切作肺样”；假煎肉，“瓠与麸薄切，各和以料煎，麸以油浸煎。砖以肉脂煎，加葱、椒、油、酒共炒”[②]。此外，当时还有以面筋、豆腐、山药和菇类等全素食为原料，冠以“假”字的形象菜，如常二腰子假炒肺、假团圆燥子、油馃假河鲀、江鱼假虫咸、虾蒸假奶等。这类“假荤菜”，出现在一般市民均可进入的食店里，足以标志着南宋的烹饪手段和技术进入了一个崭新的阶段。

（五）果品日丰

五代两宋时果品的数量、质量和品种都相当丰富。北宋西京洛阳的桃有冬桃、蟠桃、胭脂桃等30种；杏有金杏、银杏、水杏等16种；梨有水梨、红梨、雨梨等27种；李有御李、操李、麝香李等27种；樱桃有紫樱桃、腊樱桃等11种；石榴有千叶石榴、粉红石榴等9种；林檎有蜜林檎、花红林檎等6种[③]。在南方沿海的台州，其水果品种包括梅、桃、李、杏、梨、莲、安石榴、枇杷、橘、金柑、橙、朱栾、柚、杨梅、樱桃、林檎、葡萄、栗、榛、椎、银杏、枣、柿、杨桃、瓜、木瓜、榧、菱、芡、

---

① （南宋）周密：《武林旧事》卷九。

② （南宋）林洪：《山家清供》。

③ （北宋）周师厚：《洛阳花木记》，载《说郛》卷二六。

荸荠、藕、甘蔗、葛、茨菰等。[①] 宋代汉民族名果，北方有语儿梨、凤栖梨、金凤梨等，岭南名果尚有石栗、龙荔、木竹子、冬桃、罗望子、人面子、乌榄、方榄、椰子、蕉子、芽蕉子、红盐草果、菠萝蜜。[②]

宋元时期设酒筵待客，都要铺陈果品。果品的进食，往往是饭前。宋元时期果品除鲜吃外，大多制成干果保存，如荔枝、圆眼、香莲、梨肉、枣圈、林檎之类皆有干果；另外，也有腌渍成各种蜜饯、砌香、珑缠的，如蜜冬瓜鱼儿、雕花金橘、雕花枨子之类“雕花蜜煎”，香药木瓜、砌香樱桃、砌香葡萄之类“砌香咸酸”和荔枝甘露饼、珑缠桃条、酥胡桃、缠梨肉之类“珑缠果子”等。

（六）“凉水”和汤饮

五代两宋时期的饮料除茶、酒之外，宋代出现了许多消暑的冷饮，俗称凉水。常见的饮料，北宋时有甘草冰雪、凉水荔枝膏等[③]；南宋时有甘豆汤、椰子酒、豆儿水、鹿梨浆、卤梅水、姜蜜水、木瓜汁、茶水、沉香水、荔枝膏水、苦水、金橘团、雪泡缩脾饮、梅花酒、五苓大顺散、香薷饮、紫苏饮等。[④] 从名称上看，有的当属药物饮料。

元代饮料进一步丰富，从文献记载看，不少是强身健体、滋补营养的疗膳饮料。《饮膳正要》载有五味子汤、人参汤、仙术汤、杏霜汤、四和汤、枣姜汤、茴香汤、破气汤、白梅汤、木瓜汤、橘皮醒醒汤等多种。[⑤]

（七）“点茶”和“茶会”

宋元时期，汉民族的饮茶风俗达到鼎盛阶段，不分城乡，不论老幼，饮茶之风已影响到每个家庭的日常生活。饮茶风俗比之唐代，已有了许多新的内容。首先，宋元时期除饮用传统的茶品外，又出现了许多新的茶品种。如福建建州茶，在陆羽的《茶经》中尚未入品，到宋时才大放异彩。建州进贡的龙凤团、小龙团，被视为茶中珍品。此外，宋代江南西路和荆湖南、北路出产的片茶“仙芝、玉津、先春、绿芽之类”，淮南、江南、荆湖等路出产的散茶龙溪、雨前、雨后等品，及四川“广汉之赵坡、合

① （南宋）陈耆卿：《嘉定赤城志》卷三六。
② （南宋）范成大：《桂海虞衡志·志果》。
③ （北宋）孟元老：《东京梦华录》。
④ （南宋）周密：《增补武林旧事》卷八。
⑤ （元）忽思慧：《饮膳正要》卷二。

州之水南、峨眉之白牙、雅安之蒙顶”[①] 等，皆为当时名茶。同时，北宋时已出现花茶。到了元时，更是出现了金子茶、范殿帅茶、紫笋雀舌茶、川茶、藤茶、夸茶、燕尾茶、枸杞茶、香茶、玉磨茶、炒茶、兰膏、酥签等茶品。[②]

其次，宋元时期除沿袭唐代“淹茶”法外，又创造了“点茶”法。唐代“淹茶”法，是一种碾饼成粉，煎煮去沫的饮茶方法，煎时十分讲究水质。点茶，以沸水冲泡，即今之泡茶，这是宋代汉民族新出现的饮茶风俗。到了元代，点茶法进一步推广。此外，唐代以姜、盐煎茶的风俗，宋时已弃而不用。

再次，宋代汉民族饮茶不再是单为止渴、醒睡、待客清谈，而且已发展出各种形式的“茶会”“茶宴”“茶百戏”和“斗茶”等活动。茶会中往往有一种叫茶令的游戏，与酒令类似。宋王十朋曰：“予归与诸友讲茶会，每会茶指一物为题，各举故事，不通者罚。”[③] 斗茶，属评选鉴别茶的活动，借以比较茶的优劣。斗茶时不仅要看茶的好坏，也讲究用水。宋人以煎出的茶水呈白色为上等，若碧绿者，皆为常品。斗茶时要比泡沫溶化在茶杯上留下水痕的早晚定胜负，“水痕先者为负”[④]。

（八）烧酒出现

宋元时期，酒也是消费量很大的饮料。当时的酒可分黄酒、果酒、药酒和白酒四大类。黄酒以谷类为原料，“凡酝用粳、糯、粟、黍、麦等及曲法酒式，皆从水土所宜”[⑤]。由于宋代南方经济的发展，糯米已取代黍秫等杂粮，成为主要的造酒原料。宋元代果酒括葡萄酒、蜜酒、黄柑酒、椰子酒、梨酒、荔枝酒、枣酒、椹子酒等，其中以葡萄酒的产量较多。元时，山西安邑葡萄酒已成朝廷贡品。史书载曰：元世祖中统二年（1261年）六月，“敕平阳路安邑县葡萄酒毋贡”[⑥]。药酒有酴酒、菊花酒、海桐皮酒、蝮蛇酒、天门冬酒、葛蒲酒、紫苏子酒、地黄酒、枸杞酒、麝香酒、虎骨酒、五加皮酒等，近百种。白酒当时称蒸酒、烧酒、酒露、阿剌

① （元）脱脱等：《宋史·食货志》。
② （元）忽思慧：《饮膳正要》卷二。
③ （南宋）王十朋：《梅溪王先生文集》前集卷四。
④ （北宋）蔡襄：《茶录》。
⑤ （元）脱脱等：《宋史·食货志》。
⑥ （明）宋濂等修：《元史·世祖纪》。

吉酒等。到元代后期，白酒已在民间传播。

宋时各地的名酒，有北京大名府的香桂和法酒，南京应天府的桂香和北库，西京河南府的玉液和酴醾香，相州的银光和碎玉，定州的中山堂和九酝等。到南宋晚期，著名酒品还有如军队殿前司的凤泉、浙东提举常平司的爰咨堂、浙西提举常平司的皇华堂、江东转运司的筹思堂、苏州的双瑞、越州的蓬莱春等，都由官府生产。又有秀王府的庆远堂、宋高宗吴后家的蓝桥风月、宋宁宗杨后家的清白堂等，属达官贵人家酿造。①

三 居住风俗

（一）官宦宅第重装饰

宋元时期官僚、贵族宅第的建筑格局大都采用了四合院，多坐北朝南。它们高墙深院，外门建门屋或“乌头门”，而门屋多用“断砌造”，即将门屋当心间的阶台断开以便车马通行。院落周围布置廊屋，改变了汉唐以来的回廊做法，增加了居住用面积，从而使四合院的功能和布置都发生了变化。当时住宅仍采用前堂后寝的传统制度，所具特色的是将接待宾客和起居用的厅堂与卧室之间用穿廊连成工字形或王字形平面。在堂和寝的两侧建耳房或偏院。一般来说，官僚宅第较多地受礼制限制。

宋元时期的官僚宅第十分重视建筑的细部装饰。住屋大量使用格子门、格子窗、阑槛构窗。门窗格子除方格以外，有毬文、古钱文等，增加了装饰效果。木架部分采用各种华丽的彩画，包括遍画五彩花纹的“五彩遍装”，以青绿两色为主的“碾玉装”和“青绿迭晕棱间装”等。加上屋顶部分大量使用琉璃瓦，于是建筑外貌比前代变得华丽了。营建宅第是士大夫时髦的风气，都城一带公卿第宅最为集中，有的构造精妙称如神工。南宋《中兴祯应图》中表现的官僚宅第相当宏丽，前堂后寝，以穿廊相连，两侧有耳房或偏院。

（二）城市民居制式多样

宋代城市数量不断增多，社会经济的发展和市民生活的丰富促进了民居建筑的多样化。前代所行的里坊制逐渐废弛，代之而起的是管制较为松动的街巷民居。大城市中房屋建筑栉比鳞次，人口稠密。北宋名画《清明上河图》绘有大量房屋建筑，城内建筑为各种形式的瓦房，合围成院

---

① （南宋）周密：《武林旧事》卷六《诸色名酒》。

子。房为梁架结构，除壁面上有窗外，房顶上有的加建天窗。

至于城中街市两旁的民后，则沿街开门，稍大的住宅建有门屋，有些则前为店铺，后为住宅或兼作坊，这种“前店后宅”或“前店后场”的做法一直沿用到明、清和近代江南一些城镇。小型住宅多采用长方形平面，房子组合灵活多样。外檐装修只用简单的栏杆、棂格门窗、悬鱼、惹草山花等，朴素大方。屋顶大多铺小瓦，用悬山或歇山顶。在山面或两厦出竹篷庇檐。房屋进深大者，在屋顶作天窗。在街道转角处建拐角房，其屋顶转角往往将两面正脊延长，构成十字交叉脊，作两个方向的山花面向街道，注重美观。

宋代汉民族砖瓦业较前代有了相当的发展，《营造法式》对砖瓦技术进行了较全面的总结，据载有砖型 13 种，瓦则有筒瓦 6 种，覆于两行板瓦之间；板瓦 7 种，仰铺于屋顶。前代已有的琉璃瓦到宋时更为普及，颜色以绿、黄为多，《清明上河图》中绘有铺满琉璃瓦的屋顶可见在都城民居中瓦的使用也逐渐扩大。此外，在州县城镇的民居中，瓦料也已有较多使用。辛弃疾任职湖南时，曾于居民家取沟瓦共 20 万别创营栅①。但是，许多偏远州县，城镇民居仍多茅房竹居，故有些地方官则大力倡导，改城镇茅屋为瓦屋。如叶康直知湖北光化县，“县多竹，民皆编为屋，康直教用陶瓦，以宁火患”②。孝宗时，郑兴裔知扬州，“民旧皆茅舍，易焚，兴裔贷之钱，命易瓦，自是火患乃息”③。

（三）乡村“茅居”和窑洞

在宋人张择端所画《清明上河图》中所反映汴梁近郊的农村住宅比较简陋，有墙身很矮的茅房；也有主房为瓦房，而辅房为茅草房农家小院。王希孟的《千里江山图卷》所描绘的农村的小型住宅、大中型住宅和村落，则住宅四周大多只有围篱墙，而围墙则很少。小型住宅一般只有一两栋小房；大中型住宅则有大门，东西厢房，主体部分有前厅和后寝，之间有穿廊连接，构成工字形平面。有些住宅除大门、前厅以瓦覆顶外，后寝和穿廊则以茅草为顶。有少数住宅子还在大门内建有照壁，前堂左右附有耳房；有的则在后部起楼，大约为大地主之住宅。赵伯驹《江山秋

① （元）脱脱等：《宋史·辛弃疾传》。
② （元）脱脱等：《宋史·叶康直传》。
③ （元）脱脱等：《宋史·郑兴裔传》。

色图卷》也绘有江南村落和住宅，有园庭、围墙、竹木围绕，或依山构廊，或临水筑台，均非普通农户的住宅。

一般而言，农村住宅以简陋的草房为主。在南方，“茅居竹篱”构成了村居的特色。范成大述其亲历，在长江下游沿岸所见乡村中几乎全是茅荻结庐[①]。苏轼《鱼蛮子》诗描绘江淮渔民室居曰：“江淮水为田，舟楫为室居。”“连排入江住，竹瓦三尺庐。”[②]

农村茅居大多围有芦藩竹篱，张耒《芦藩赋》咏其齐安（今湖北黄冈）客居曰：“陋屋数椽，织芦为藩。”[③] 鄂西地区农家，居室围以藩篱者比较普遍，《初春》诗曰：“茅屋三间围短篱”，《入蜀记》曰“芦藩茅屋，宛有幽致”。“虽茆荻结庐，而窗户整洁，藩篱坚壮。”[④]

江南地区多竹，故民居多竹楼。赵彦卫《云麓漫钞》曰：“截大竹长丈余，平破开，去其节编之。又以破开竹覆其缝脊，檐则横竹夹定，下施窗户，与瓦屋无异。”[⑤]

岭南地区一般百姓则“垒土墼为墙，而架宇其上，全不施柱。或以竹仰覆为瓦，或但织竹笆两重，任其漏滴”“广中居民，四壁不加涂泥，夜间焚膏，其光四出于外，故有‘一家点火十家光’之讥。原其所以然，盖其地暖，意在通风，不利堙窒也。未尝见有茅屋，然则广人于茅，亦以为劳事”。[⑥] 土墼即土坯。

西北地区乡村民居多为窑洞建筑，如在北方西夏占领的麟州府（今陕西神木）一带，汉番杂居，“城邑之外，穹庐窟室而已”[⑦]。

（四）造园风气盛行

两宋造园风气盛极。北宋汴梁皇家苑囿总数不下九处，大臣贵戚的私园数量更多，“都城左近，皆是园圃，百里之内，并无闻地”。被《东京梦华录》列为汴梁居民探春游览的名园就有十余座。南宋时，西湖四周和临安城内，王公贵族之园林数量更超过汴梁。仅《都城纪胜》和《梦

---

① （南宋）范成大：《吴船录》卷下。
② （北宋）苏轼：《东坡全集》卷十三。
③ （北宋）张耒：《柯山集》卷一。
④ （南宋）陆游：《剑南诗稿》卷七四，《入蜀记》卷五。
⑤ （南宋）赵彦卫：《云麓漫钞》卷十。
⑥ （南宋）周去非：《岭外代答》卷四《风土门·屋室》。
⑦ （北宋）上官融：《友会丛谈》，载《说郛》卷四〇。

梁录》提到的临安苑囿就有五十多处。

当时风俗，皇家和贵戚花园，不少都向市民开放。汴梁连皇家花囿金明池和玉林苑也在三月一日到四月八日开放，任人游览，各种商贩艺杂人等，布列苑中，略无虚日。临安大多数花园也定期开放，如二月十五日的花朝节，“浙间风俗，以为春序正中，百花争放之时，最堪游赏，都人皆往钱唐门外玉壶、古柳林、杨府、云洞，钱湖门外庆乐、小湖等园，嘉会门外包家山王保生、张太尉等园，玩赏奇花异木”[①]。元宵灯节期间，城内一些贵戚的私家园林也开放几天，让市民游赏。

宋代汉民族私家园林在建筑设计上承前代之旧的基础上，更有新的发展。追求自然、幽邃、工巧、闲古成了宋代汉民族园林建筑的主要审美倾向，体现了当时士人尚古、悠闲的精神情趣。李格非《洛阳名园记》记名园共19处，馆榭池台，富于自然情趣。其中“董氏西园”有三重堂屋，“开轩窗，四面甚敞，盛夏燠暑，不见畏日，清风忽来，留而不去。幽禽静鸣，各夸得意”。其属曲深邃，甚至“游者至此往往相失”。江南苏杭一带的私家园林，则更重“值景而造”，叠石造山，引水开池，竟为奇峰、峭壁、涧谷、幽洞等，堆砌精工。

四　器用风俗

（一）床榻由坐卧兼备转化为卧具

宋元时期寝室卧具主要有床榻、被褥和枕席等。床榻，由于宋代汉民族普遍使用桌椅，床榻的功能已由坐卧兼备而转化为单纯的卧具。南方夏天流行竹床，苏轼《仇池笔记》谓成都青城山老人村中有“竹床”。杨万里有《竹床》诗曰：“已制青奴一壁寒，更揩绿玉两头安。”[②] 又有绳床，苏辙《古北口道中呈同事》则曰：“独卧绳床已七年，往来殊复少萦缠。”[③] 绳床作为卧具，当为今江浙之棕板床。

宋人诗多次提到土床，如陆游《霜夜》的“土床纸帐卧幽寂”，《枕上》的“煮药土床前”[④]，张载《土床》的“土床烟足细衾暖”[⑤] 是今北

---

① （南宋）吴自牧：《梦粱录》卷一。

② （南宋）杨万里：《诚斋集》卷三一《竹床》。

③ （北宋）苏辙：《栾城集》卷十六。

④ （南宋）陆游：《剑南诗稿》卷七三，卷六四。

⑤ （南宋）吕祖谦：《宋文鉴》卷二八。

方普通使用的“炕”。

宋元时期，富者有锦被，一般人则用麻布被。范祖禹《司马温公布衾铭记》曰：司马光“被服如陋巷之士”[①]，其“布”即麻布。毕仲游《即事》诗曰：“屋破风斜漏不休，布衾无里卧穷秋。”[②] 这里是无里子的麻布衾。又有“纸被”，即今之丝绵被。陆游《谢朱元晦寄纸被》诗曰：“纸被围身度雪天，白于狐腋暖于绵。”[③] 富贵之家冬天狨褥。朱彧《萍洲可谈》曰：“狨之脊毛色如黄金，取而缝之，数十斤成一座，价值钱百千。”狨，类鼠而大，宋人取其尾为卧褥、坐毡之用。寒门或清隐之土则多采蒲花为褥。

夏日就寝，隋唐时已流行用瓷枕；宋元时期仍其旧俗。有竹枕，郑刚中《春昼》诗曰：“柏香熏纸帐，竹枕榜屏山。”[④] 另有石枕，也是夏天所用[⑤]。黄庭坚《石枕》曰，六月有“石枕”则能“一卧洗烦劳”[⑥]。此时各类药枕已广泛使用，如菊花枕。林洪《山家清事》以“秋采山菊作枕”为山房三益之一。

宋元时期，席的种类很多，其中以竹席的使用较为普遍。王安石《次韵信都公石枕蕲簟》诗曰：“端溪琢枕绿玉色，蕲水织簟黄金纹。”[⑦] 又有草席，陆游《秋晓》诗曰：“菅席多年败见经，布衾木枕伴残更。”《冬夜》诗曰：“百钱买菅席，锦茵亦何加。”[⑧] 此外，宋元卧具中还有帐。

（二）桌椅定型流行

桌椅，唐末五代时已有使用，宋时则普遍流行。河南禹县白沙宋墓壁画所反映的即是中间置桌，两旁双椅对坐的场景；河北钜鹿出土的宋代汉民族长方桌、靠背椅已与近代的桌椅差别不大。装饰性的线、脚大量应用，桌椅四足有方形、圆形，也有马蹄形，桌面下开始用束腰。[⑨] 现中国

---

① （北宋）范祖禹：《范太史集》卷三六。

② （北宋）毕仲游：《西台集》卷二〇。

③ （南宋）陆游：《剑南诗稿》卷三六。

④ （北宋）郑刚中：《北山文集》卷二二。

⑤ （北宋）欧阳修：《居士集》卷八。

⑥ （北宋）黄庭坚：《山谷外集》卷十二。

⑦ （北宋）王安石：《临川集》卷五。

⑧ （南宋）陆游：《剑南诗稿》卷五五，卷二六。

⑨ 刘敦桢：《中国古代建筑史》第六章《宋辽金时期的建筑》，中国建筑工业出版社 1983 年版。

河南禹县白沙宋墓壁画

博物馆所藏的宋大观年间（1107—1110 年）的民家椅子，其形制已与今相差不大。

虽然宋时椅类坐具已流行普遍，但尚未完全代替旧习。陆游《老学庵笔记》载曰："往时士大夫家女子坐椅子、兀子，则人皆讥笑其无法度。"① 可知南宋时凳椅的使用还受到习惯势力的阻碍，从此垂足而坐成为汉民族社会的主要起坐方式。

与坐具相应的则有几案。宋时几案的高度已与椅子相配，绍熙五年时（1194 年）黄长睿作《燕几图序》，所载几种"燕几"的尺寸为：宽 1 尺 7 寸 5 分，高 2 尺 8 寸，长分别为宽的 2—4 倍，其高度已与今之桌案无异。此时几的材质，以竹木为多。

（三）文房四宝精致化

宋元时期书写之毛笔有"宣笔"，欧阳修《笔说》曰："宣笔，初不可用，往时圣喻屡以为惠，寻复为人乞去，今得此甚可用。"又有"李晸笔"，同书曰："余书唯用李晸笔，虽诸葛高、许颂皆不如意。"② 元时用笔有"三富二豪""枣心""兰蕊""乐墨"等，元孔齐《至正遗物》曰：

① （南宋）陆游：《老学庵笔记》卷四。

② 瞿宣颖：《中国社会史料丛钞（甲编 397）》，上海书店 1985 年版，第 291 页。

“予幼时见笔之品，有所谓‘三副二豪’者，以兔毫为心，用纸裹隔年羊毫副之，凡二层。”“有所谓‘兰蕊’者，染羊毫如兰芽色，比三副差小；皆用笋箨叶束定入竹管。”“有所谓‘枣心’者，全用兔毫，外以黄丝线缠束其半，取其状如枣心也。”“有所谓大小乐墨者，全用兔毫散卓，以线束其根，用松胶缀入竹管，管长尺五以上，笔头亦长二寸许；小者半之。后以松胶不坚，未散而笔头摇动脱落，始用生漆，至今盛行于世。”[①]

宋元时期文人用纸，则有竹纸，《东坡志林》曰：“今人以竹为纸，亦古所无有也。”（卷 9）有“凝霜”纸、“澄心”纸，苏易简《文房四谱·纸谱》曰：“黟、歙间多良纸，有凝霜、澄心之号。复有长者，可五十尺为一幅。”又有“峡纸”，欧阳修《笔说》曰：“夷陵纸不甚精，然最耐久。余为县令时，有孙文德者，本词吏人也，尝劝余多藏峡纸，云其在省中见天下帐籍惟峡州不损朽，信为然也。”[②]

宋元时，以竹笥储物，以书箧藏书是常见的风俗；有时也用笥藏书，叫“书笥”。何薳的《春渚纪闻》载曰：王乐仙出游，见有童子“负书箧、竹笥”于林中行[③]。另，李焘撰《续资治通鉴长编》曾作带有屉的木厨，则如今之“卡片柜”；又有“懒架”，系一种“卧视书”时取用方便攲架[④]，陆游《池亭夏昼》诗曰：“醉床酒解香初过，懒架书横梦未残。”[⑤] 宋元时期的龙泉（今属浙江）等窑，则烧制有瓷笔筒、笔架等文房用具，比较精致，深受文人学士喜爱。

（四）富者用烛，贫者用灯

宋人照明，富者用烛；清贫者则用油灯；此外也有用松脂照明的。例如寇准少年富贵，“尤好夜宴剧饮，虽寝室亦燃烛达旦。每罢官去后，人至官舍，见厕溷间烛泪在地，往往成堆”[⑥]；杜祁生性清俭，“在官未尝燃宫烛，油灯一炷，荧然欲灭”[⑦]；陆游《冬夜》曰：“昨者南山僧，松肪

① 瞿宣颖：《中国社会史料丛钞（甲编 397）》，上海书店 1985 年版，第 290 页。
② 同上书，第 294 页。
③ （北宋）何薳：《春渚纪闻》卷三《王乐仙得道》。
④ （北宋）高承：《事物纪原》卷八。
⑤ （南宋）陆游：《剑南诗稿》卷七六。
⑥ （元）脱脱等：《宋史·冠准传》。
⑦ （北宋）欧阳修：《归田录》卷二。

寄一车。可以照读书，坚坐待朝霞。”①

宋时灯具，大多铜质或陶质。陆游《秋思》诗曰：“临海铜灯喜夜长，蕲春笛簟怨秋凉。”《夏中杂兴》诗有“陶人售瓦檠”②，檠亦灯类。又有“发烛”，发明于后周时，宋元时则已在民间广泛使用，并在市场上时有出售。“削松木为小片，其薄如纸，熔硫黄涂木片顶发许，名曰‘发烛’又曰‘淬儿’盖以发火川代灯烛用也。”③

（五）炊食具趋向精美

炊食具大致可分炊具、食具、酒具和茶具四类。据《梦粱录》记载，南宋都城临安的“诸色杂货”中，铜铁炊食器有铜铫、铜罐、火锹、火箸、火夹、漏杓、铜匙箸、铜瓶、铜火炉等，镴器有樽、果盆、果盒、酒盏、注子、盘、盂、杓等。金银食器在一些酒肆中和富贵人家中也有使用。两宋时期，陶瓷饮食器的使用已十分广泛，当时官窑中的瓷食器，“青如天，明如镜，薄如纸，声如磬”，质量较高。除碗、盘、碟、罐等陶瓷食具外，也有较大的缸盆类日用器皿。储水器则有大瓮。此外，漆器的使用也十分普遍，庆历年间，南方造的漆木食具“绿髹器”盛行，尚称质朴。

酒具有酒杯、执壶、注子、浅碗、盏托等，有的本身就是精美的工艺器。梅尧臣曾得山工精琢的石制食具、果具和茶具，十分别致，很引人注目。苏东坡有“药玉盏”和“荷叶杯”，黄庭坚有“梨花盏”，宋初高昌国曾进“琥珀盏”，孝宗有“玛瑙觥”等，都工制美妙。

蔡襄《茶录》记茶具有用以烘茶的茶焙、储生茶的茶笼、碎茶的砧椎、可用于加热的茶盏，还有茶匙、汤瓶等。宋徽宗《大观茶论》以为茶瓶宜金银，以小口茶瓶为佳，对茶盏、茶杓均有讲究。

（六）扇的多样化和竹夫人、汤婆子的使用

扇子为夏日纳凉器具，宋元时期常见的扇子有团扇、纸扇、羽扇、竹骨扇、笋皮扇、蒲葵扇、折叠扇等。

宋时消暑纳凉器具还有“竹夫人”。竹夫人即竹几，唐时称为竹夹膝。宋时竹夫人使用较普遍，文人学士多有吟咏。苏轼《送竹几与谢秀

---

① （南宋）陆游：《剑南诗稿》卷二六。

② （南宋）陆游：《剑南诗稿》卷七七，卷八三。

③ （明）陶宗仪：《南村辍耕录》卷五《发烛》。

才》诗曰：“留我同行木上座，赠君无语竹夫人。”[①] 陆游《初夏幽居》诗曰：“瓶竭重招麹道士，床空新聘竹夫人。”[②]

冬天暖脚器具则有“汤婆”，又称脚婆。黄庭坚《戏咏暖足瓶》诗曰：“少姬暖足卧，或能起心兵。千金买脚婆，夜夜睡天明。脚婆元不食，缠裹一衲足。天明更倾泻，颒页面有余燠。”[③]

五 交通风俗

（一）官道设“堠”

北方以汴京为心，修建了抵达各州各县的“官道”。这些道路大多设有“堠”。堠大多为土筑，上插木牌、石刻之类，以作道路的标志。堠可分为里堠和界堠。里堠为五里、十里一立，要求“里堠分明”[④]。李曾伯《过衡州值雨偶赋》诗“柳边官驿堠十里”[⑤]；陆游《果州驿》诗“驿前官路堠累累，叹息何时送我归”[⑥] 等，所提及的均为里堠。界堠则是立在道路傍国界和州界、县界的标识。如宋英宗时，“吕大防知青城县”“卓立封堠，凿石为界。”[⑦] 有的堠上还刻有交通规则之类，据《八琼室金石补正》记载，宋代某官道有一石堠，上刻有“贱避贵，少避长，轻避重，去避来”[⑧] 等字。

自关中入川的蜀道，自古号称天险。宋时承前代旧制，以栈道为“入川大路”。元代的驿道，也承唐宋之制，“各随风土所宜，栽植榆、柳、槐树，令各处官司护长成树”，并严禁军人及“权势诸色人”放牲口啃咬树木和随意砍伐。[⑨] 同时，官府十分重视对驿道的维修，规定“河渠、堤岸、道路、桥梁，每岁修理”“九月间平治道路，合监督附近居民修理，十月一日修毕。其要咱限坏傍水，阻碍行旅，不拘时月，量差本地

---

① （北宋）苏轼：《东坡全集》卷十五。
② （南宋）陆游：《剑南诗稿》卷六六。
③ （北宋）黄庭坚：《山谷集》卷七。
④ （金）佚名：《大金吊伐录》卷上《又书·乞宽限送纳赏物》。
⑤ （南宋）李曾伯：《可斋续稿》后卷十。
⑥ （南宋）陆游：《剑南诗稿》卷三。
⑦ 《宋会要·兵二十九》之四一。
⑧ （清）金石学：《八琼室金石补正》卷一二一《大阳堠石刻》，
⑨ ［波斯］拉施特：《史集》第一卷，商务印书馆 1983 年版，第 359 页。

分从修理。”①

宋朝水路交通以开封为中心，汴河、广济河、惠民河、金水河连接了黄河、黄河、运河和长江。当时的江河航运，已有专门的码头，俗称岸夹或夹。元代水路主要是沟通南北的运河。元至正年间，先后开凿了会通河和通惠河，连接隋时开凿的运河，贯通了南起杭州、北至大都，纵贯南北的大运河，大大便利了南北交通。

宋元时期海运已有所发展，刘家港（今江苏太仓浏河镇）、烈港（今宁波沥港）、澉浦港（今浙江海盐澉浦）、泉州港等是当时的重要港。

（二）津渡“买扑”和捐资造桥

水陆交会的交通，一般设置津渡或修有桥梁。宋时，交通要道禁止“私置津渡”，而由官府设渡，私人“买扑”。买扑者每年要先向官府纳钱，取得津渡的经营权，然后再由买扑者向过往行人收费。元时，重要津渡则由官府打造船只，“召募惯熟知水势梢工撑驾，遇有押运官物公差使臣及往来官宦，即与摆渡。其余百姓、客旅、车骑、行货、孳畜，依验旧例，定立船资”②。所收取的船资，一半用于维修渡船，一半用于付梢工工资。

由于津渡不如桥梁安全，故民间路道多建造有桥梁，包括石桥、木桥、浮桥等。在大江大河中，限于当时的技术条件，多造浮桥。浮桥更须加意保养和维修。有的浮桥在“夏秋涨水”之际，还须“解拆”。南宋时，沿海地区民间捐资造桥成为风俗。据记载，宋绍兴年间（1131—1162年），史籍中仅载明桥长的石梁墩桥就有11座，总长为5147丈（约16470米）。两宋时期建造的著名桥梁有汴水虹桥、泉州万安桥、平江宝带桥等。

（三）男子策马，女子乘车

宋元时期，北方的辽、西夏、金等朝，产马甚多，故官民士庶出行，以骑马或驾马车为主。北宋前期官民出行多骑马策驴，很少有乘车者；皇帝或经皇帝特许者，也可以乘轿。此后，乘轿者日众，“京城士人与豪右大姓，出入率以轿自载，四人舁之，甚者饰以棕盖，彻去帘蔽，翼其左

---

① （元）方龄贵：《通制条格》卷三〇《营缮·堤渠桥道》。

② 《元典章》卷五九《工部二·船只》。

右，旁午于通衢”①。甚至普通百姓也乘轿，《清明上河图》即绘有两人抬轿的形象。南宋时，乘轿者更众，“百官不问大小，尽乘轿，而宦者、将命之类皆乘轿”②，即使平民庶人、富商大贾也多乘轿，民间百姓婚嫁迎娶亦莫不乘轿。当时临安的街头巷尾，随时可以租赁到轿子。

宋代汉民族的轿，“其制方正，饰有黄黑二等，凸盖无梁，以篾席为障，左右设牖，前施帘，舁以长竿二，名曰竹轿子，亦曰竹舆”③。轿内置放高脚椅座，乘轿由“席地而坐”改为“垂足而坐”。皇帝的坐轿称辇，皇后座轿则称龙肩舆。民间有两人抬的小轿，上为一把大椅，称“龙椅”。尽管朝廷对轿夫人数有规定，皇帝也曾下诏禁止各种逾制，然此种禁令始终未能得以遵守，工商、庶人乘四人大轿者，屡见不鲜。

宋时的车主要用于载物，有人力和畜力之分。人力车如开封有浪子车，“平盘两轮”，“止一人或两人推之，此车往往卖糕及麋之类”④；在陕西，有挽车，“每三人挽小车，载二百五十斤至三百斤”⑤ 等。

畜力车，辽、西夏、金朝基本是马车，但也用牛车、驴车。宋朝，尤其是南宋缺乏马力，其畜力车多用牛、驴、骡等，特别是牛。而宋时官民出行，妇女乘坐的车多为“犊车”⑥。在北宋都城汴梁，有太平车，“前列骡或驴二十余，前后作两行，或牛五、七头号拽之”“可载数十石”；有平头车，独牛牵引，“以手牵牛鼻绳驾之”；又有串车，乃“独轮车，前后两人把驾，两旁两人扶拐，前有驴拽”。⑦ 在山道、小路等无法通车之处，则有马驮、驴驮、骡驮，或人力背驮肩担。

（四）以舟为马，以楫为车

南宋偏安江南，江南水乡向来以舟为马，以楫为车。故南宋一代车乘不行，而舟楫发达。《梦粱录》曰：“向者汴京用车乘驾运物，盖杭城皆石板街道，非泥沙比，车轮难行，所以用舟只及人力耳。”故河船航行特

---

① （元）脱脱等：《宋史·舆服志》。
② （南宋）李心传：《建炎以来系年要录》卷十，建炎元年十一月丁亥朔。
③ （南宋）程大昌：《演繁露》卷七《肩舆》。
④ （北宋）孟元老：《东京梦华录》卷三《般载杂卖》。
⑤ （元）脱脱等：《宋史·张亢传》。
⑥ （元）脱脱等：《宋史·舆服志》。
⑦ （北宋）孟元老：《东京梦华录》卷三《般载杂卖》。

别繁忙。都城临安，为载往来士贾诸色等人，及搬载香货杂色物等有“落脚头船”“搬载诸铺米及跨浦桥柴炭、下塘砖灰混等物，及运盐袋船只”有“大滩船”“若士庶欲往苏、湖、常、秀、江、淮等州，多雇舟同船、舫船、飞篷船等。”[①]

宋代汉民族江湖河海航运所用大船，比前代增多。就江湖航船而言，北宋张舜民曾在鄂州（今湖北武汉）见有万石船，“钱载二十万贯（重约500吨），米载一万二千石”。[②] 南宋前期宋军曾造大型车船多艘，用翼轮激水推进，船长30丈，可载兵士上千人。而海船，北宋宣和年间（1119—1125年）出使高丽的神舟长30余丈，载米六七千斛，“巍如山岳”[③]；南宋时，据《梦粱录》记载，临安钱塘江上的海商船，“大者五千料（即载重量为5 000石），可载五六百人”；1974年泉州发掘的宋船，残长24.2米、残宽9.15米，载重约200吨，可算是中型船。

（五）驿站和邸店

宋时官府的馆驿和私人的邸店有严格区别。按照宋制，官道“二十里置马铺，有歇马亭”“六十里有驿，驿有饩给”[④]。官员因公外出，往往发付驿券，“以为传食之费”。宋神宗时，对一些远方士人赴京赶考，也发放驿券。故当时士人行旅往往在驿站暮宿朝行，以至宋诗中提到驿站的诗句颇多，如陆游《驿舍海棠已过有感》曰：“凄凉古驿官道傍，朱门沈沈春日长。”《梦藤驿》曰：“古驿怪藤合，荒陂群雁鸣。”《信州东驿晨起》曰：“衣上征尘鬓畔霜，信州古驿憩归装。”[⑤] 等等。

随着交通的发展和往来行人的增多，私营邸店业必然发达。僧人参寥《归宣道中》诗曰：“数辰竟一虚（墟市），邸店如云屯，或携布与楮，或驱鸡与豘。”[⑥] 说明宋代汉民族邸店业的兴盛。

元代，称驿站为“站赤”。元代在全国设站赤（驿站）1380处，比前代规模更大，组织更严密，是当时最完善最便利的交通体系。除“朝廷军情急速公事”的传递外，实际上也为商业活动提供了方便。

① （南宋）吴自牧：《梦粱录》卷十二《河舟》。
② （北宋）张舜民：《画墁集》卷八《郴行录》。
③ （北宋）徐兢：《宣和奉使高丽图经》。
④ （北宋）高承：《事物纪原》卷七《驿》。
⑤ （南宋）陆游：《剑南诗稿》卷三，卷十，卷十一。
⑥ （北宋）释道潜：《参寥子诗集》卷一。

元代后期，凡经政府“给驿”者，甚至“搬取家属”“迁葬娶妻，送灵嫁女”都利用站赤。元代驿站有陆站、水站之别。陆站又称旱站，交通工具主要是马，其次是牛、车、轿等，故又有马站、牛站、车站、桥站之别；也有少数步站，专置搬运夫，运送货物。水站则用船。东北黑龙江下游地区的驿站运载使者时以狗拉小车行于冰上，故称为狗站。

（六）交通杂俗

在北宋的汴梁、南宋的临安等城市中，交通工具租赁业比较发达。汴梁城中“有假赁鞍马者，不过百钱”①；独牛车之类“亦可假赁”②。此外，还有“赁轿之家”③。临安城中，“若土庶欲往苏、湖常、秀、江、淮等州，多雇船、舫船、航船、飞蓬船等”“官员士夫等人欲出路、还乡、上官赴任、游学，亦有出陆行老，顾倩脚夫、脚从，承揽在途服役，无有失节”④，也可租赁“轿子”⑤。在南方水乡地区，许多城镇之间还有固定的客船，有的晚上也开行，叫“夜航船”。

元代租赁车船，要履行签字雇约和登录文簿的手续，以便官府查验，以保证租赁双方的安全。

在交通不发达的时代，交通规则当然十分简单。宋代汉民族的交通规则只是“贱避贵，少避长，轻避重，去避来”。为便于行旅，当时也有交通地图。如临安白塔桥一带，就有印售《朝京里程图》。

六　娱乐风俗

（一）百戏杂耍演出专业化

“百戏”是指散处民间的乐舞、杂技、幻术、武术等表演节目的总称，也称“散乐”。南宋以后，对百戏中的各种节目，逐渐以专名称之。宋元时期，各种“百戏”伎艺在前代的基础上得到蓬勃发展。据《宋会要辑稿》记载，北宋时的“散乐百戏”有 18 种；到南宋时，民间百戏伎艺仅《梦粱录》有记载的，就多达 35 种。宋元宫廷每逢圣节、御宴、大

---

① （北宋）孟元老：《东京梦华录》卷四《皇后出乘舆》。

② （北宋）孟元老：《东京梦华录》卷四《杂赁》。

③ （南宋）丁特起：《靖康纪闻》。

④ （南宋）吴自牧：《梦粱录》卷十九《顾觅人力》。

⑤ （南宋）周密：《武林旧事》卷六《赁物》。

朝会，都要举行规模盛大的百戏演出。在民间，宋时“百戏”也颇为流行，除每逢元宵等佳节“歌舞百戏，鳞鳞相切，乐者嗜杂十余里”[①] 外，在勾栏和街头也广为演出；元代时，统治者为防百姓“聚众造反”，对民间百戏活动采取了严厉的态度，但仍难改变百戏风行的风俗。

宋元时期的百戏杂技根据其表演性质，可分为马戏、魔术、走索、上竿、踢弄、口技与水秋千等。马戏原指马术表演，骑手在马上表演“立马”“跳马”“倒立”“拖马”“飞仙膊马”“镫里藏身”等。宋时则用以泛称动物表演有驯兽驯禽表演，如驯熊、驯猴、驯狗、驯羊、驯鸟等，和水族表演，如乌龟踢弄、鱼跳龙门、七宝之戏等。还有教虫蚁，即训练虫蚁，使之听人调度，表演各式动用。

魔术表演，汉时叫“鱼龙曼衍”，其节目虽变幻无穷，但万变不离一个藏字，如藏人、藏舟、藏剑等，至于吞刀、吐火、吃针、取眼之类，也无非是藏；因而魔术又被称为“藏去之术”。[②] 宋元时期的魔术品目，刘筠《大酾赋》曰：“吞刀璀璨，吐火荧煌，或歒气而为雾，或叱石而成羊。”蔡絛《铁围山丛谈》载曰：“元丰中，有艺人善藏舟，用数十人举置之，当场万众不见。”“上下莫不骇异。”[③] 当时临安有位叫杜姓七圣的魔术艺人，能当场“切人头下”“少闲依元接上”，名曰“七圣法”。[④]

走索至迟在东汉已有之。到了宋时，走索不仅“行于绳上”，而且能在“索上担水、索上走装神鬼”。[⑤] 有的艺人还将走索与踢弄表演结合，叫人触目惊心。

踢弄因表演时，一招一式总离不开踢与弄的动作而得名，常见的有踢瓶、踢磬、踢缸、踢钟、踢笔墨，以及弄碗、弄花钱、弄花棒鼓等。水秋千之戏，始见于宋代汉民族。架秋千于船尾，表演者借助于秋千的悠动，使身体凌空腾起，飞跃入水，在空中还可以做出一些动作。宋代汉民族还常举行这一类跳水比赛，王珪《宫词》曰：“内人稀见水秋千，争擘珠帘帐殿前。第一锦标谁夺得？右军输却小龙船。”此外还有系模仿飞鸟、禽兽的吟叫声的口技，上竿等。

---

① （北宋）孟元老：《东京梦华录》。

② （南宋）吕祖谦：《宋文鉴》卷二。

③ （南宋）蔡絛：《铁围山丛谈》卷四。

④ 《西湖老人繁胜录》。

⑤ （南宋）吴自牧：《梦粱录》卷二〇《百戏伎艺》。

（二）歌舞戏曲流行朝野

宋代宫廷舞蹈主要有“队舞”。“队舞”的主体是宫廷舞队，并有“竹竿子”与“后行”。“竹竿子”又称参军色，相当于现在的报幕人，因手执竹竿而得名。队舞演出前，先由竹竿子向观众介绍节目内容，多用骈文，称“致语”；接着引导舞蹈队出场，称“勾队”。演出结束时，召唤舞蹈队再度出场，称“放队”或“遣队”，类似于谢幕。“后行”则是演出时伴奏的乐队。宋代汉民族队舞已出现角色分类，并加入歌唱、致辞等，已出现向歌舞剧发展的趋势。

宋代汉民族民间舞蹈发达，民间表演性的称“舞队”。民间“舞队”每遇节日则在街头演出，一边游行，一边表演。民间舞队所表演的节目，仅《武林旧事》所载，就达70种[①]。此外，民间自娱性舞蹈主要有踏歌，系传袭唐代踏歌而来，即一边踏地打拍，一边欢唱舞蹈。

戏剧包括杂剧戏剧，包括傀儡戏、影戏、杂剧和南戏。傀儡戏即木偶戏，题材广泛，能表演情节复杂的历史故事，深受民间欢迎，并逐渐进入宫中，如宋理宗生辰时，曾招艺人卢逢春进宫表演傀儡戏《踢架儿》[②]。傀儡戏，根据艺人操纵木偶的方式及表演场地的不同，有悬丝傀儡、杖头傀儡、药发傀儡和水傀儡等品目。宋元时期，傀儡戏表演的题材非常广泛，“凡傀儡敷衍烟粉、灵怪、铁骑、公案、史书、历代君臣将相故事，话本或讲史，或作杂剧，或如崖词”[③]，以敷衍故事为主，内容几乎涉及社会生活的各个方面，深受广大群众的喜爱。

影戏，始于北宋初年，为“影人”。至南宋时，影人已发展成影戏，当时民间有专门从事雕镞皮影的行业——镞影戏，影人材料也由纸雕镂改为皮革镂刻。艺人在表演时，边讲唱故事内容，边摆弄“羊皮雕形”，透过灯光折射，在布幕投射出活动人影，“儿童喧呼，终夕不绝”[④]。

杂剧出现于北宋前期，由唐代参军戏发展而来，但情节已较复杂，通常有五个角色，即末泥、引戏、副净、副末、装孤。杂剧分为艳段、正本、杂扮三部分，正本是其主体。艳段是正本演出之前的小段，又称焰

---

① （南宋）周密：《武林旧事》卷二《舞队》。
② （南宋）周密：《武林旧事》卷一《圣节》。
③ （南宋）吴自牧：《梦粱录》卷二十《百戏伎艺》。
④ （南宋）周密：《武林旧事》卷二《元夕》。

段，意思是如火焰，易明易灭，相当简短。杂扮则是正本演出之后的小段，可取可舍，亦可单独表演。杂剧演出时有音乐伴奏，以锣鼓为拍节。宋时杂剧爱好者颇多，按照开封的风俗，每年从七月七日起上演《目连救母》杂剧，一直演到十五，“观者增倍”[①]。到了元代，杂剧得以空前的发展，出现了关汉卿、王实甫、马致远、白朴、郑光祖等一大批出色的戏剧家和《窦娥冤》《西厢记》《汉宫秋》《墙头马上》《倩女离魂》等一大批传世名作。元代杂剧的演出多以城市的勾栏、瓦舍为场所。此外，辽、金也有杂居。山西侯马金代董氏墓中出土的戏台模型，不仅戏台设备完善，而且末、旦、丑、净角色齐全，神态逼真。可见金代杂剧艺术已相当成熟。

南戏又称戏文，两宋之际兴起于南方温州等地农村，起初以村坊小曲演唱，结构简单，出场人物较少。南戏进入城市后，在杂剧等各种艺术形式的影响下逐渐完善，其演出体制与杂剧大体相同。它和杂剧并驾齐驱，标志着戏剧由萌芽走向成熟。

宋元时期的曲艺，主要有说唱，包括“说话”“杂说”和“弹唱”。说话即讲故事，讲故事的艺人称“说话人”，系唐时的讲经变文演变而来。宋时说论内容包罗万象，讲说经书称“说经”，讲说参禅悟道称“说参讲”，还有“小说”与“讲史”等。杂说以机敏、诙谐的语言引人入胜。弹唱艺术种类繁多，“小唱”声调重起轻落，“嘌唱”音调曲折柔曼，“叫声”模仿各种叫声，“唱赚”兼容小唱等多种声腔，“合生”主要演唱诗词，即景演唱。鼓子词说用散文，唱用韵文，使用同一曲调反复多次，以鼓伴唱，或写景或叙事。

（三）竞技娱乐盛行上下

宋元时期汉民族中比较流行的竞技娱乐活动有竞渡、弄潮、斗草、斗禽等。

竞渡，即比赛划船，古时已有之。宋竞渡之风颇盛，不仅都会有之，江南一些较富庶的县亦有活动。在各地的竞渡中，当推北宋开封金明池与南宋临安西湖的表演最精彩。金明池原系北宋水军演练基地，后为水上娱乐场所。参加竞渡的龙舟造型各异，有虎头船、飞鱼船、鳅鱼船、小龙船等，更有为皇帝特制的大龙船。竞渡开始，各船先围绕大龙船，不断变队

---

① （北宋）孟元老：《东京梦华录》卷八《中元节》。

形，然后才争夺锦标。朝廷则以“上挂以锦彩银碗之类，谓之标杆，插在近水殿中。又见旗招之，则两行舟鸣鼓并进，捷者得标，则山呼拜舞。并虎头船之类，各三次争标而止”[①]。而西湖竞渡一般在每年二月八日。

弄潮是一种水上竞技活动，南宋杭州最为流行。每年夏历八月十八日钱江潮涌之时，百十人为群，执旗泅于水上，称为弄潮之戏。

斗草活动魏晋南北朝时已有流行，宋时进入极盛阶段。因此，宋词中言及斗草处很多，如晏殊《破阵子》曰：“疑怪昨宵春梦好，元是今朝斗草赢。笑从双脸生。”李清照《浣溪纱》曰：“淡荡春光寒食天，玉炉沉香袅残烟，梦回山枕隐花钿。海燕未来人斗草，江梅已过柳生绵，黄昏疏雨湿秋千。”

此外，宋元时期，流行斗禽之戏，有斗鸭和斗鸡，以及有斗虫之戏，如斗蟋蟀等。

（四）象棋和围棋广为流行

宋时汉民族博弈活动品目众多，流行最广的当为象棋和围棋。象棋，唐时已具雏形，五代两宋时又增加了“炮”。棋子大多用木材制成，并改图像为文字，以便普及。到南宋时，象棋已基本定型，棋盘以河为界，分9路，双方各16子，有将、士、象、车、马、炮、卒等7种棋子。[②]

宋元时期，在士大夫群体中最流行的博弈活动还是围棋。围棋发展到宋时，其棋盘已有纵横19道、棋子361枚，与现在相同，只是着法为执白者先行。当时上流社会所角的棋具，制作已十分考究，如太宗赏赐钱俶“文楸棋局、水精棋子”。宋代汉民族皇帝大多爱好围棋，宫中设有专门陪侍皇帝下棋的棋待诏。

此外，还有双陆、象戏、打揭、掷五木、掷骰子等。双陆，因棋子称马，故又名“打马”。双方各有十五马，以先出完者为胜。李清照《打马赋》称打马“实博弈之上流，乃闺房之雅戏”。据她的《打马图经》，宋代汉民族有多种类型的打马技法。打双陆，元代仍流行。象戏又称“双棋”，属双陆、弹棋之类，与今之象棋不同。掷五木，其具用木头制成，一具五枚，用以掷彩。骰子，系一种用来投掷的博具，自宋代以后，广泛运用于多种游戏，有用木、竹、玉、骨、象牙等制成。

---

① （北宋）孟元老：《东京梦华录》卷七《驾幸水殿观争标锡宴》。

② 朱南铣：《中国象棋史丛考》，中华书局1987年版。

（五）游戏玩赏雅俗皆宜

宋代士大夫喜爱的游戏活动有投壶，办法是用酒壶象征箭靶，在离壶二矢半（约七尺）处，以矢投壶，中者为胜，负者罚酒。这虽属古礼，但具有健身作用。司马光认为："投壶可以治心，可以修身，可以为国，可以观人。"[①]

拆白道字，属于一种高雅的文字游戏，亦称折牌道字。其游戏方式是把汉字拆作两个字或变成一句话，令人拼猜。如范子安所撰的元曲《竹叶舟》，曾写到一位"自称耳东禾子即夕，特来相访""这个叫作拆白道字，耳东是个'陈'字，禾子是'李'字，即夕是个'卿'来了也。"[②]类似的文字游戏，元代还有"顶针续麻"，流行于文人墨客或大家闺秀中。其他像行酒令（打令、行令）、猜枚、藏阄、覆射、商谜等游戏，多用于节日聚会饮宴，在宋元也同样流行。此外，放风筝、踢毽子、荡秋千、戏面具等游戏广为普通民众，特别为少年儿童所喜爱。

七 体育风俗

（一）武术拳社习以成风

宋元时期社会民族矛盾尖锐，出于保家卫国的需要，朝廷不得不加强军队武功训练。在民间，为了自我保护，也注重习武练功，并往往组织习武团社。如北宋时就有没命社、霸王社、亡命社、弓箭社、忠义巡社等习武组织。苏轼《东坡奏议》曰："河北西路一带，自澶渊讲和以来，百姓自相团结，为弓箭社。"入社者每人自置弓一张、箭三十支、刀一口，农忙时"带弓而锄，佩剑而樵"，农闲时"阅习武艺"。[③] 有的人还走村串户，以卖艺为生；或流入城市，成为职业性的武术表演者，并结成职业性的武术表演团体，如南宋都城临安的川弩射弓社、射弓踏怒社、射水弩社等，"入社者"皆能"攀弓射弩，武艺精熟，射放娴习"。[④]

宋元时期已有"十八般武艺"之说法。华岳《翠微北征录》曰："武艺一十有八，而弓为第一。"[⑤] 当时的瓦舍艺人朱来儿则更是使棒高手。

---

① （北宋）司马光：《司马文正公传家集》卷五《投壶新格》。

② （明）臧晋叔：《元曲选》（第三册），中华书局1979年版，第1041页。

③ （北宋）苏轼：《东坡奏议》卷四《乞增修弓箭社条约状二首》。

④ （南宋）吴自牧：《梦粱录》卷十九《社会》。

⑤ （南宋）华岳：《翠微北征录》卷七《弓制》。

可见，当时民间习武之风颇盛。至于当时的“诸军百戏”，不少是武术表演。然朝廷出于巩固统治的需要，往往禁止民间习武。宋徽宗为此下令禁止：“敢为首者，加以重刑。”①

（二）女子相扑出现

相扑又称角抵或争交，即摔跤。宋代汉民族朝廷举行重大活动时，常有相扑表演。都市的勾栏瓦舍中则常有相扑表演，甚至不少州县乃至农村，也有相扑运动，足见相扑在当时颇为流行。

《梦粱录》载曰：临安勾栏瓦舍表演相扑时，“先以女飐数对打套子，令人观睹”②。所谓“女飐”即女相扑手。宋仁宗曾观看女子相扑，司马光认为女子相扑是“妇人裸戏”，“上有天子之尊，下有万民之众，后妃旁侍，命妇纵观，而使妇人裸戏于前”，不合礼法。所以建议朝廷严加禁止，“今后妇人不得于街市以此聚众为戏”③。然而直到南宋后期，女子相扑依然如故。

相扑除表演外，有时也要进行比赛。南宋时，常于临安护国寺南高峰的露台举行相扑比赛，“择诸道州郡膂力高强、天下无对者，方可夺其赏”。④ 获头奖者，可得旗帐、银杯、彩段、锦袄、官会、马匹等奖品。此外，在北方的辽朝和后来的金朝，相扑也非常流行。

（三）击球风行

击球，又称筑球，有马球、捶丸之别。击球，隋唐是已盛行于世，宋代汉民族仍很流行。如太宗时规定每年三月“会鞠”大明殿。会鞠，即举行马球比赛。宋承唐俗，马球与驴鞠都有，时人称骑在马上打球为“大打”，骑在驴、骡上打球为“小打”。⑤ 宋时还曾以马球训练军队。《宋史·礼志》载曰：“打球，本军中戏，太宗令有司详定其议。”当时的马球，直径约 3.8 厘米，重 150 克左右，木制，中空，外涂以色彩或加雕饰。民间一般用屯、竹根制成，球面涂以白漆，比赛分两队，每队四人，前锋、后卫各两人，球员用长数尺的曲杖将球击人对方球门，次数多者为胜。

---

① 《宋会要·刑法二》之一四。

② （南宋）吴自牧：《梦粱录》卷二十《角抵》。

③ （北宋）司马光：《司马文正公传有集》卷二三《论上元令妇人相扑状》。

④ （南宋）吴自牧：《梦粱录》卷二十《角抵》。

⑤ （北宋）孟元老：《东京梦华录》。

《宋太祖蹴鞠图》

宋代皇帝也有爱打球的，如宋徽宗就是球迷皇帝，甚至以球踢得好坏作为用人标准之一；并有咏打球的宫词传世，如“凤尾杖交团月合，龙门球过一星飞”等。南宋时，君主已不再打马球，马球逐渐衰落，而兴起一种徒步打球，名“捶丸”。比赛时各人分别用木棒击各人的小球，使之依次滚入球穴，有点类似今天的高尔夫球。至元时，打马球虽不甚风行，但仍有保留。

（四）蹴鞠更为普及

蹴鞠，是一项古老的民间足球竞技活动。宋元时，这项运动更加普及。鞠的制作宋比唐更讲究，皮球的缝合从八片增加到十二片，达到“碎凑十二分圆”。据汪士程《蹴鞠图谱》记载，当时已有20余个皮球品种。蹴鞠有用球门的间接比赛和不用球门的白打两种方式。白打为单人踢球技艺表演，花样特多，有上百种动作，表演人数从单人到十人不等。单人表演，可手脚头胸等处并用，视踢出的花样多少和难度为胜负。多人表演有对踢、三人踢、多人踢等。

宋代汉民族踢球者还有专门的组织，如“蹴鞠打球社”“四海齐云社”等。“齐云社”到元、明时还有活动，前后延续了二百来年，宋徽宗也曾是这个组织的成员。

宋元时期的蹴鞠活动，其对抗竞争的比赛形式已渐趋消失，而趋向单人踢球技艺表演，并逐渐向杂技化发展。元人《燕山丛录》所记载的显录宫道士韩承义，肩、背、胸、口、腹部皆能玩球，球可绕身终日不堕，可见技艺已相当之高。

（五）射柳之戏传入汉地

宋元时期，北方的辽国、金国重视骑射，故均有射柳比赛活动。辽朝射柳往往在祈雨仪式时举行。从相关史料中得知，辽国射柳于祈雨时进行，且局限于契丹皇族内部，并无汉人参加。到金国时射柳已与祈雨无关，通常在五月五日举行，活动也普及于普通官员，其中当有汉人参加。元代时，端午射柳活动得以继承，其制与金代基本相同。端午日“射柳击球东苑里，流星骒马蹴红尘”[①]。射柳时，仍各以手帕系于柳上，自记其仪，有引导者先走，万户引弓随之，乃开弓射柳。断其白志，则击锣鼓为胜。

（六）竞走由宫廷到民间

元时，已有竞走比赛，杨瑀《山居新语》曰：“皇朝贵由赤（急足快行之意），每岁试其脚力，名之曰‘放走’。”元代竞走比赛通常在上都和大都举行，届时，“监临者封记其发，以一绳拦定，俟齐，去绳走之。大都自河西务起至内中，上都自泥河儿起至内中，越三时行一百八十里，直至御前，称万岁礼拜而止。头名者赏银一锭，第二名赏段子四表里，第三名赏二表里，余者各一表里”[②]，已近似于现代的运动会。

八 卫生风俗

（一）公共卫生受到官方重视

在公共卫生方面，宋代已经注意掩埋路尸。宋真宗咸平二年（999 年），诏两京诸路收瘗暴骸；大中祥符元年（1008 年）五月，又诏瘗汴、蔡、广济河流尸暴骸；天禧年间（1017—1021 年），复命于京畿近郊佛寺买地，以瘗死之无主者。当时规定瘗埋尸体，一棺给钱六百，幼者半之。[③] 徽宗朝以后，各地官府均设漏泽园，专为掩埋路尸。南宋时期，仅临安府所属两县就置有漏泽园 12 所，规定“寺庵寄留櫕椟无主者，或暴露遗骸，俱瘗其中”“官府委德行僧二员主管，月给各支常平钱五贯、米一石，瘗及二百人，官府明申朝廷，给紫衣师号赏之。”[④]

至于城市的清洁卫生，则由官府出资雇有专人负责。据《梦粱录》记载，南宋临安“有每日扫街、盘垃圾者，每日支钱犒之；遇新春，街道巷陌官府差雇淘渠人沿门通渠；道路污泥，差雇船只搬载乡落空闲处。

① （明）朱有燉：《元宫词（一百首）》。
② （元）杨瑀：《山居新语》。
③ （元）脱脱等：《宋史·真宗纪》。
④ （南宋）吴自牧：《梦粱录》卷十八《恩霈军民》。

人家有泔浆，自有日掠者来讨去”“街巷小民之家，多无坑厕，只用马桶；每日自有出粪人蹇去，谓之倾脚头。”①

宋朝各地都有公共浴堂，供居民沐浴洗澡。南宋临安的浴堂并有行会组织，称为“香水行”；而所在浴处，“必挂壶于门”，作为标记。浴堂中还有专门为顾客服务的揩背人。此外，南宋临安城巷陌街市中并经济有卖面桶、项桶、浴桶，以及洗漱盂子者。②

夏季气候炎热，极易疾病流行。太宗雍熙四年（987 年），诏命“诸州郡暑月五日一涤图圄”③。对拘押囚犯的牢房，在暑期尚且五日一洗涤打扫，说明宋人已有颇强的卫生观念。

（二）家庭卫生“好美洁”

家庭卫生方面，“杭人素轻夸，好美洁，家有百千，必以太半饰门窗”④，说明当时已颇为注意居室的布置和环境卫生的打扫。同时，居民还十分重视灭鼠、驱蚊、治白蚁等。

宋时灭鼠主要靠养猫。南宋临安城中并有专门以提供猫食为职业者⑤，可见养猫灭鼠之俗已较为普遍。也有养鼠狼捕鼠的，大理寺评事钱仲，其仆以五百钱买一鼠狼，喂养驯熟后用以捕鼠，“无论巨细远近，必追袭，捣其穴擒之。官舍多以松板布地，有为鼠所啮破而往来者，辄亦深入而搜取之。数月之间，群鼠多扫迹殆绝”⑥。此外，据《武林旧事》记载，南宋临安城中卖“老鼠药”的小经纪人，就有数十家⑦，从中可见药物灭鼠之法已被普遍采用。

当时驱蚊之法，江淮地区习惯于“以艾烟熏之”⑧，当时市场上已出现用艾条和蒿叶制成的“蚊烟”，南宋临安多有卖“蚊烟”⑨ 的小经纪人。岭南地区，则习用蛆草驱蚊。夏日以扇驱蚊是传统的方法，宋时仍沿之。此外，又有用蚊虎来治白蚁。

---

① （南宋）吴自牧：《梦粱录》卷十三《储色杂卖》。
② 同上书，《团行》《诸色杂卖》。
③ （元）脱脱等：《宋史·太宗纪》。
④ （南宋）江少虞：《宋朝事实类苑》卷六十。
⑤ （南宋）吴自牧：《梦粱录》卷十三《诸色杂货》。
⑥ （南宋）洪迈：《夷坚支戊》卷七。
⑦ （南宋）周密：《武林旧事》卷六。
⑧ （南宋）周密：《齐东野语》卷十《多蚊》。
⑨ （南宋）周密：《武林旧事》卷六。

宋时重视家庭卫生的打扫，当时的清洁用具已有油箬、扫帚、竹帚、筅帚、拂尘和鸡毛掸子等，宫中还有以孔雀翠尾做的扫帚。[①] 其中筅帚是用篾丝做成的洗刷锅碗工具。南宋都城临安，常有“卖油箬、扫帚、竹帚、筅帚、鸡笼担（掸）、圣堂拂子”的小贩，沿街叫卖。[②] 其他卫生用具，有唾器、溺器，主要在富贵人家中使用。

（三）洗沐和刷牙风俗养成

个人卫生方面，经常洗沐在当时已经成为大多数人的生活习惯。周密《齐东野语》提及“吴兴多蚊”时，曾曰：“每暑夕浴罢，解衣盘礴”，说明到夏季，一般人均每晚洗浴。蜀人蒲宗孟，有洁癖，日常生活有大洗面、小洗面，大濯足、小濯足，大澡浴、小澡浴之分，“每日两洗面、两濯足，间日一小浴，又间日一大浴”[③]。

当时洗沐的去垢用品，有皂角、澡豆等，《遂昌杂录》载曰：僧人温日观与鲜于伯机父交好，“每索汤沐，鲜于公必躬为进澡豆”。浙江民间有用“肥珠子”者，《鸡肋编》载曰：肥珠子，“木亦高大，叶如槐而细，生角长者不过三数寸，子圆黑肥大，肉亦厚，膏润于皂荚，故一名肥皂，人皆蒸熟暴干乃收”。南方一些地区的妇人洗沐，则有用灰汁者。[④]

宋时人们已有刷牙的习惯。据温革《琐碎录》记载，徽宗时社会上已能生产并使用一种以马尾毛制的植毛牙刷。南宋时，都城临安街市中经常有卖“刷牙子”的小商贩，并有专门出售牙刷的店铺，如市西坊南的“凌家刷牙铺”和金子巷口的“傅官人刷牙铺”。[⑤]《续夷坚志》则记有一“揩牙方”，系用茯苓、石膏、龙骨、寒水石、白芷、细辛、石燕子等泡制而成；当时麟抚折守用此方“早晚揩牙”“年逾九十，牙齿都不疏豁，亦无风虫”。[⑥] 而沈括、舒昭亮等则长年“用苦参蹭齿”[⑦]。

同时，人们还有用药草清除蚤虱的风俗。如芸草“叶类豌豆，极芬香，遇秋后叶间微白，如粉污，辟蠹殊验”，南方人多采之，“置书帙中

① （南宋）张邦基：《墨庄漫录》卷一。
② （南宋）吴自牧：《梦粱录》卷十三《诸色杂货》。
③ （元）脱脱等：《宋史·蒲宗孟传》。
④ （南宋）庄绰：《鸡肋编》卷上《皂荚》。
⑤ （南宋）吴自牧：《梦粱录》卷十三《铺席》。
⑥ （金）元好问：《续夷坚志》卷三。
⑦ （南宋）江少虞：《宋朝事实类苑》卷四九。

即无蠹，置席下即去蚤虱”。[①] 又，“生姜苗铺席下去壁虱，椒叶能辟蚤，狗舌草花亦然”[②]。此外，以开水烫虱是传统的做法，宋元时已普遍使用。

第四节　宋元汉民族的礼仪风俗

一　育诞风俗

（一）祈子风俗多样化

宋元时期男女婚礼上的“传袋”“撒帐”等礼俗，均含有祈子的意义。“传袋”者，传宗接代之意也；撒帐，两宋时撒以钱币、果子，谓卑结果也。婚礼以后，民间多将早生贵子的希望，寄托在法力无边、大慈大悲的观音身上，有“观音送子”之信仰，各地均建有观音寺院，如南宋都城临安荐桥门外，即有“观音寺”。[③] 另，据《稽古略》记载，元末宝全禅师之母张氏等信观音，有僧人赠之以观音像，曰：“谨事之，当生智慧之男。”不久，果有孕，生宝全禅师。可见观音送子的信仰已在社会上深深扎根。此时，还有向妈祖祈子的风俗；有于七月七日供“摩睺罗”以祈子之俗；有于别人家洗儿会时争食枣子以祈子的风俗，《东京梦华录》卷五《育子》曰：洗儿时，丢钱，枣于盆内，“盆内有立枣儿，少年妇争取而食之，以为生男之征”。

（二）胎教风俗远巫近医

隋唐以后，传统胎教学说逐渐有了医学根据，开始褪去原始、神秘的巫术色彩，而与现代生理学有了一定的相似性。宋代医学家陈白明《妇人大全良方》有“论胎教”一节，认为：“胎教，产图之书，不可谓之迂而不加信。”“保胎之法，须多方豫养，方无后患。”根据“胎教”理论，受孕妇女饮食起居皆有禁忌，《妇人大全良方》曰：“（妇女）一受孕之后，切宜忌不可食之物，非惟有感动胎气之戒，然于物理亦有厌忌音，设或不能戒忌，非特延月难产，亦能令儿破形损命。”[④] 当时的忌风俗有食螃蟹令子横生，食生姜令子多指、生疮，食蛤蟆鲜鱼

---

① （北宋）邵伯温：《邵氏闻见后录》卷二九。

② （南宋）庄绰：《鸡肋编》卷上《生姜苗》。

③ （南宋）吴自牧：《梦粱录》卷五《僧塔寺塔》。

④ （南宋）陈自明：《妇人大全良方・食忌篇》。

令痴，如此等等。

（三）催生礼出现

宋代汉民族孕妇将生产时，有“分痛”风俗。临产前，妇家父母送银盆或彩画盆，内装粟杆一束，以锦缎或纸覆盖，上放花朵、通草、贴套；送馒头，谓之“分痛”；做眠羊、卧鹿、果实，取“眠卧”之意。此外，还要加彩画蛋120枚，加精美食品和婴儿褓彩衣等，一齐送往婿家，称为“催生礼”，预祝孕妇生产快速通顺。

宋人已有药物催生之俗，《妇人大全良方》即载有“催生丹”，其配方为：“十二月兔脑髓，通明乳香、母丁香、麝香。”又有“催生鬼血散”，其一为“腊月兔血蒸饼，切作片子蘸之，以纸袋盛挂，当风处阴干为末，煎乳香汤调下二钱”；其二为“腊月兔脑髓涂于一张薄纸上，夏用一张合榻，以称锤槌三、五十下，每遇难生，着大小天生两字作符，以醋汤调下，极妙”；其三为“兔毛和皮烧为灰，末之，以酒调方寸匕，服之即产”。虽然有一定的医学根据，但巫术色彩仍然很浓郁。

（四）产俗日趋丰富

宋元时期，妇女临产时需准备以下物品：“好醋、白米、煎药炉、铫子、煮粥沙瓶、滤药帛、醋炭盆、小石（一二十颗）、汤瓶、软硬炭、干柴茅、暖水釜、洗儿肥皂、头发、断脐线及剪刀、干薄草、卧高椅、软厚毡、灯笼、火把、淑巾、油烛、发烛，灯芯。”并准备助产药物，如“保气散、佛手用、枳壳散、神寝散、保生丸、催生丹、黑仲散、大圣散、花蕊石散”等。并有将催生符、海马、马衔铁等贴于产房或让产妇握于手中的风俗，俗信有克服难产之神效。

宋元时期，已有职业产婆，名曰“坐婆”，又有老娘、稳婆等称呼。据欧阳修《奏事录》“又三事”记载，当时后宫宫女韩宝儿临产时，朝廷下令“并召医官产科十余人，坐婆三人入矣”。

宋元时期妇女流行坐草分娩之俗，张端义《贵耳集》曰：“鹤山先生夫人，方坐蓐。”蓐即草荐。生产时，多采坐姿。

此外，宋元时期对妇女产前、产后的各个环节均有一定的风俗要求。如临产前，产家在铺草时要念咒曰：“铁铁当当，非公所当，是王一言得之铜，一言得之铁。母子相生俱蔑铁，急急如律令。”[1] 在准备浴儿之热

① （南宋）陈自明：《妇人大全良方》卷十六《坐月门·禁草法第八》。

水时，要念咒曰："南无三宝水，水在井中为井水，水在可中为河水，水在法中为真水。自知非真，莫当真水。以净治蚀，以正治邪……阿俩尼阿比罗莫多梨娑婆诃。"[①] 如此等等。

（五）洗三礼风行

汉民族婴儿出生第三日，亲戚朋友要送礼祝贺，称为"洗三"。洗三礼唐时就流行于世，在宋朝，此俗已广为风行。宋人蔡絛《铁围山丛谈》记述宫廷洗三风俗曰："诞育皇子、公主，每侈其庆（指洗儿礼）。则有浴儿包子，并赉巨臣戚里。包子者，皆金银大小钱、金粟、涂金果、犀玉钱、犀玉方胜之属。"孟元老《东京梦华录》卷五"育子"条曰："则生色及绷绣线，贵富有金银犀玉为之，并果子，大展洗儿会。亲宾盛集，煎香汤于盆中。"洗三时，还要与婴儿"落脐炙卤"。

宋时三朝洗儿之俗已从上层流向民间，从京城流向外地。《爱日斋丛钞》记福建等地，是时"家人及宾客皆戴葱、钱，曰：'葱使人聪明，钱使人富。'"同时，宋代汉民族又有"三腊"之俗，即生子七日为"一腊"，十四日为"二腊"，廿一日为"三腊"。三腊之期，女家及亲朋要给产妇送猪腰、猪肚、猪蹄等食。此俗南宋颇兴，后世逐渐消失。

宋代汉民族贺生风俗除上述主要习惯程序外，尚有记生辰的风俗。宋人认为小儿生辰可以注定一生的顺逆、贫富、荣辱等命运，关键时节都要以生辰八字预卜问卦，所以对婴儿的生辰八字要认真记录。另，又有给婴儿取小名的风俗。

（六）满月和周晬礼盛行

婴儿满月时，举行沐浴之礼，称"洗儿会"。是日，亲朋以彩画钱或金银钱果子以及彩缎珠翠囟角儿食物等送产儿家。"亲朋俱集，煎香汤于银盆内，下洗儿果彩钱等，仍用色彩绕盆，谓之'围盆红'。尊长以金银钗搅水，名曰'搅盆钗'。亲宾亦以金钱银钗撒于盆中，谓之'添盆'。……浴儿落胎发毕，以发入金银小合，盛以色线结绦络之，抱儿偏谢诸亲坐客，及抱入姆婶房中，谓之'移窠'。"[②] 这是富家之礼，贫家则一切从俭。

生子百日，称"百晬"，家中要开筵庆贺。婴儿周岁，称"周晬"，

---

① （南宋）陈自明：《妇人大全良方》卷十六《坐月门·禁草法第九》。

② （南宋）吴自牧：《梦粱录》卷二十《育子》。

其进行的活动亦称“拈周”或“试岁”。抓周之俗，由来已久。据史料记载，可上溯到南北朝之时。北齐颜之推《颜氏家训·风操》即有江南地区婴儿周年举行“试儿”仪式的记载。至唐宋，这种风俗更为盛行，叫“试晬”。至宋时，抓周风俗在官方和民间的文献中均有记载。《宋史》记载曹彬抓周之俗曰：“彬始生周岁，父母以百玩之具罗于席，观其所取。彬左手持干戈，右手取俎豆，斯须取一印，他无所视，人皆异之……后果以武功挂印，为节度使。”[①] 《东京梦华录》记载，北宋都城汴梁民间“罗列盘盏于地，盛果木、饮食、官诰、笔砚、算秤等，经卷、针线应用之物，观其所先拈者以为征兆，谓之‘试晬’，此小儿之盛礼也”。

（七）冠笄礼趋向式微

汉民族古代男性成年时要行冠礼。冠礼即男子束发戴帽；冠礼后，意味着可以娶妇。宋时，司马光曾曰：“冠礼之废久矣。吾少时，闻村野之人，尚有行之者，谓之上头。城郭则莫之行矣。”[②] 由于冠礼不行，以至于出现了以下两种现象：一是年长犹总角。宋时临安及严州（治今浙江建德东）因丁钱太重，成年男子不敢裹头，以便逃避；[③] 二是年幼便戴帽，“生子犹饮乳，已加巾帽。有官者，或为制公服而弄之，过十岁犹总角者，盖鲜矣”[④]。为了整饬风俗，恢复古礼，司马光、朱熹均主张恢复冠礼，但考虑到当时风俗，变通为“男子年十二至二十，皆可冠”，但提倡“年十五已上”“然后冠之”。[⑤]

至于女子成年，古时有笄礼。笄指女子用簪插髻，行过笄礼，就表示可以出嫁。宋时，笄礼也不行已久。故朱熹等主张恢复笄礼，其礼从古——“女子许嫁，笄。年十五，虽未许嫁亦笄。”并对笄礼的具体程式作了比较具体的规定。

（八）生日祝寿礼渐入民间

自唐玄宗诞辰立节号、赐宴和禁屠始，此后各个封建王朝都仿效唐朝故事，为帝王设节祝寿，“无帝不节”。宋代汉民族各朝皇帝的“圣节”

---

① （元）脱脱等：《宋史·曹彬传》。

② （北宋）司马光：《司马氏书仪》卷之二《冠仪》。

③ （南宋）赵善括：《应斋杂著》卷一《乞免临安丁钱》；（南宋）吕祖谦：《东莱集》卷三《为张严州乞免丁钱奏状》。

④ （北宋）司马光：《司马氏书仪》卷之二《冠仪》。

⑤ 同上；另见《朱子家礼》卷二《冠礼》。

有宋太祖“长春节”、宋太宗“乾明节”、宋真宗“承天节”、宋仁宗“乾元节”、宋英宗“寿圣节”、宋徽宗“天宁节”、宋高宗“天申节”等。宋代汉民族除为皇帝立“圣节”祝寿外，也为太后、皇后、太子祝寿。“圣节”之日，皇帝坐殿，文武百官簪花，依次上殿祝寿，进献寿酒。皇帝退入另殿，设御宴款待群臣以及外国使臣；先由百官进酒祝寿，然后由皇帝赐百官酒食，乐坊伶人致语，同时奏乐；酒数行而罢。皇帝又赐百官衣各一袭（套）。各级官衙休假一天。各路州军除向皇帝进贡银、绢、马匹等礼物外，在僧寺或道观开建“祝圣寿”道场，长官进香，享用御筵，用乐，放生，以示庆祝。朝廷下令禁止屠宰、丧葬和决大辟罪（死罪），还给赐度牒、紫衣师号等，准许剃度僧侣和试放童行。

宋元民间也有祝寿之举，届时献寿之物有寿桃、百寿图、寿酒等。

二 婚姻风俗

（一）婚姻重伦理

宋代汉民族社会严禁婚姻乱伦，反对异辈婚。与辽金元等朝推行“世婚”制度不同，宋代汉民族十分注重辈分。辈分不可混淆这一观念在婚姻制度上得到充分体现。为了防止“尊卑混乱，人伦失序”，颁于北宋初年的《宋刑统》就严厉禁止异辈为婚，在《名例律》《户婚律》《杂律》中反复申明此禁。后在宣和元年（1119 年）八月，又将其中有关禁止异辈为婚的条文予以重申，并对其禁止范围作了某些扩大。异辈不婚的原则不仅适用于普通人，即使士大夫和皇亲也不能例外。宋代汉民族禁止异辈为婚，比唐代严格得多且卓见成效。废止收继婚——对父死独生子娶后母为妻，兄死弟娶嫂为妻，弟死兄娶弟媳为妻这种收继婚，自先秦就受到人们的指责，后来列朝皆有律令禁止，但社会实际情况远非禁绝。宋代汉民族对禁止收继婚的法律虽照抄了唐律条文，但社会舆论比唐代强烈，使人们都深知这种婚制之非法，以至“事继母孝”“事寡嫂谨”成为社会美德。到元代时，禁止婚姻乱伦的做法被推向极端，元朝婚姻礼制规定同姓不婚。至元八年（1271 年）二月，元廷规定：“同姓不得为婚，截自至元八年正月十五日为始，已前者，准已婚为定，已后者依法断罪，听离之。”

但在婚姻伦理禁忌方面，宋元时期南北风俗差异性大。宋元时期的这种差异首先是由民族差异造成的。宋代社会民族矛盾突出，反映在婚姻上则是禁止族际通婚。宋太宗至道元年（995 年）八月诏曰：“禁西北边诸州民与内属戎人昏娶。”[①] 这道禁令后也适用于东南沿海。朝廷身体力行，断绝了自汉唐以来与少数民族首领“和亲”的惯例。而元时朝廷则规定：“诸色人同类自相婚姻者，各从本族法；递相婚姻者，以男为主。”[②] 这是对族际通婚的公开认可。又如宋代社会反对异辈婚，禁止收继婚，而在辽金元等朝则相反，皆盛行收继婚。元代时，汉民族社会重又流行收继婚，尤其是兄收弟媳、弟收兄嫂的收继婚十分普遍。元代社会唯把收继婶母视为“浊乱大伦”，而严加禁止。

（二）嫁娶论财

自隋唐以上，“家之婚姻必由于谱系”，讲究门当户对，崇尚士族门第；及至唐末五代，尚讲究“男女婚嫁，不杂他姓”[③]。至宋，一方面士族门阀纷纷覆灭，士庶之别渐没；另一方面，社会上刮起婚姻论财之风，“今之俗，取其妻，不顾门户，直求资财”[④]，致使“婚姻不问阀阅”[⑤]，上层社会士庶不婚的陈规基本被打破，封建婚姻制度在唐宋之际发生了重大变革，“士庶婚姻寖成风俗”[⑥]。不慕著姓、不婚名族在宋代不仅普遍存在，且受人称赞。像宋朝著名宰铺吕蒙正、范仲淹、韩琦、王安石，他们共有女婿 10 人，其中竟有 5 人门第不足称道，以致世家难以考索。总之，有宋一代“婚娶之法，自朝廷以至民庶，荡然无制，故风俗流靡，犯礼者众”[⑦]。

随着商品经济的发展，金钱魅力的增大，反映在婚姻风俗上便是嫁娶论财现象的普遍。蔡襄《福州五戒》曰：“今之俗，娶其妻，不顾门户，直求资财。”[⑧] 司马光《书仪》曰：“世俗之贪鄙者，将娶妇，先头号资装之厚薄；将嫁女，先问聘财之多少。”[⑨] 男女婚嫁以能否得到丰厚的聘财、嫁奁而作取舍，甚至专门选择富户联姻。据《东京梦华录》《梦粱

① （元）脱脱等：《宋史·太宗本纪》。
② （元）方龄贵：《通制条格》卷四。
③ （北宋）薛居正监修：《旧五代史·李专美传》。
④ （北宋）蔡襄：《福州五戒》，载《宋文鉴》卷一〇八。
⑤ （南宋）郑樵：《通志》卷二五《氏族略一》。
⑥ （北宋）龙衮：《江南野史》卷三《宜春王》。
⑦ （北宋）韩维：《请不泛于诸家为颖王择妃》，载《宋文鉴》卷五二。
⑧ （北宋）蔡襄：《福州五戒》，载《宋文鉴》卷一〇八。
⑨ （北宋）司马光：《书仪》卷三《婚仪上》。

录》等书记载，宋代都城之人议婚时，在草帖、正帖上男家要详细开明聘礼数目，如金银、田土、财产、宅舍、房廊、山园等；女家则要列具随嫁资装，如房奁、首饰、金银、珠翠宝器等陪嫁品。下定礼时，要送以珠翠首饰、金器、销金裙褶及缎匹、茶饼羊酒等物。下聘礼，富贵之家要备“三金”：金钏、金镯、金帔坠；仕宦大家还要送销金大袖、黄罗销金裙、段红长裙等贵重衣服及珠翠等昂贵首饰和上等细巧杂色彩缎匹帛。下等人家也要送绢一二匹、官会银锭一二封，加以鹅、酒并饼等物。即使地处边远的潮州地区也不例外，“聘礼用金银纨绮羊豕酒果”[①]。

为了谋取财物，许多士大夫不惜娶寡妇为妻。真宗时，向敏中、张齐贤两大宰相为娶寡妇柴氏，展开激烈争夺，直至惊动皇上，甚至宗室婚姻也讲究财资，不惜卖婚于富豪。《宋史》曰：“宗室女当嫁，皆富农大姓以货取，不复事铨择。”[②] 以致当时社会一方面是富商大贾“争市婚（宗室）为官户”[③]，以博得一官半职；另一方面是“宗室以女卖婚民间”[④]，以捞取资财。

至于那些科场得意举子、进士，也是娶妻论财，自卖与富人为婿，并向女家索取“系捉钱”；成婚后，其“父母亲属又诛求，谓之遍手钱”。由于有钱有势者争相买婚进士，进士奇货可居，要价甚高。在这种社会风气的影响下，平民百姓中男的则为了钱财作赘婿。当时，“川峡富人多招赘婿，与所生子齿。富人死，即分其财”，故“贫人多舍亲而出赘”。[⑤]

（三）榜下择婿风行

宋代汉民族官宦、富豪等家，流行榜下择婿之俗。王安石诗曰：“却忆金明池上路，红裙争看绿衣郎。”[⑥] 苏轼诗云：“囊空不办寻春马，眼眩行看择婿车。”[⑦] 宋代每逢科举考试发榜那天，达官、富室之家清晨便出动“择婿车”，去到“金明池上路”，争相选择新科进士即“绿衣郎”做

---

① 《潮州府志》卷十二《风俗志》。

② （元）脱脱等：《宋史·宗室传一》。

③ （南宋）庄绰：《鸡肋编》卷六二《杜公行状》。

④ （元）脱脱等：《宋史·彭汝砺传》。

⑤ （南宋）李焘：《续资治通鉴长编》卷三一，淳化元年九月。

⑥ （北宋）王安石：《顺安临津驿》。

⑦ （北宋）苏轼：《和董传留别》。

女婿，一日之间“中东床者十八九”[①]。在择婿时，难免有拒婚者。于是有权有势者并会采取强制手段，实行逼婚，而富豪择婿则只能诱之以资财。由于大量的商贾富豪加入榜下择婿的行列，竞争自然更加激烈。这就无形中抬高了进士的身份，于是促成了“进士卖婚”风俗的出现；同时，对于新科进士来说，一旦中举，被达官贵人或商贾富豪择中，便可一日间荣华富贵，极具诱惑力，故许多人难免抛弃发妻，另攀高门，又诱导了社会上“负心婚变”风气的形成。

（四）负心婚变成俗

由于自唐代起科举大盛，许多文人为了提高社会地位，一心求仕做官。有的甚至为了达到目的，不惜负心婚变，攀婚高门，以求仕进之路。因而负心易妻之恶习，四处蔓延，并得到当时上流社会的鼓励和封建统治者的支持。入宋，此风愈烈，宰相贵幸公卿富豪之家，莫不于春榜之日，纷纷搭影楼抛绣球，或请官媒穿梭于状元府第，名之曰“榜下择婿”。此风盛行，无形中为宋元戏剧提供了素材。宋元戏剧中塑造了不少以负心婚变、攀婚高门的负心郎形象，如蔡中、王魁、张协等。作为男子为攀高门、忘恩负义、离弃发妻的陈世美，即是宋代汉民族这种社会风气所孕育而成的艺术典型。

元代，科举中断，文人社会地位从四民之首跌入社会最底层。谢枋得《送方载排归三山序》曰：“嗟呼悲哉！介乎娼下丐之上者，今儒也。”王恽也慨叹曰：“百无一用是书生”“生员不如百姓，百姓不如祗卒”。[②] 科举停废给元文人带来空前的劫难，但精神得到了空间的超脱，仕婚观念起了根本的变化：婚姻高于仕官，仕官为婚姻服务，婚姻观念明显地返璞归真。这种只为求妻不为官的仕婚观念，在元曲《西厢记》《金钱记》《玉壶春》等中都有充分反映。[③]

（五）婚嫁失时

宋代汉民族婚龄，司马光《书仪》曰：“男不过三十，女不过二十耳，过此则为失时矣。”[④] 但在现实生活中，男过三十、女过二十而未嫁

---

① 谢维新：《古今合璧事类备要》（前集）卷三七《科举门》。

② （元）王恽：《秋涧集·故乾林学士紫山胡公祠堂记》。

③ 田同旭：《记宋元矣曲中文人仕婚观的差异》，《山西大学学报》1996 年第 1 期。

④ （北宋）司马光：《书仪》卷三《婚仪上》。

娶者大量存在。造成男女婚嫁失时的原因，对于上层社会来说，主要在于许多士人坚持“先立业，后成家”，所谓的“立业”即科举中榜。据史料记载，宋代汉民族士人平均科举中第年龄超过30岁。如果士人定要坚持中举后榜下娶妻，难免婚姻失时。

而对于下层社会而言，男女婚嫁失时的主要原因在于婚嫁费用过高，普通人家难以承受。宋代汉民族嫁娶论钱财，婚礼铺张之风愈演愈烈，婚嫁费用日益飙升。如福建婚礼，“来者无限极，往往至数百千人”①；合肥，“嫁娶者，宗族竞为饮宴以相贺，四十日而止”②，开支之大可想而知。连不少士大夫也难以承受，或变卖家产，或债台高筑；如皇弟扬王赵颢“有女数人，婚嫁及期，私用不足”③，也不得不向神宗预借俸钱。嫁女通常比娶媳妇更大。中产之家一旦生女，为日后“遣嫁乃不费力”，往往“早为储蓄衣衾妆奁之具”。难怪人们叹息：“伤生以送死，破产以嫁子。”④ 在这样的情况下，财力不厚之家男女婚嫁失时在所难免。

（六）婚仪趋简

按照古礼，从议婚到成婚要经过纳采、问名、纳吉、纳征、请期、亲迎这六道程序，即“六礼”。每道礼仪程序又有许多细节，十分烦琐。唐末五代，战乱频仍，礼废乐坏，六礼不行。宋朝建立后，朝廷即组织力量编修礼书，“循古之意而勿泥于古，适今之宜而勿牵于今”⑤。但由于《新仪》以古礼为蓝本，与当时社会风俗相差太远，难以施行。鉴于此，士大夫纷纷自行编修礼书。司马光《书仪》因循古礼而不拘泥于古礼，因而为当时某些士大夫家族的遵行，如南宋朱熹的《朱子家礼》则以《书仪》为蓝本，并且更简便。《新仪》有关士庶人婚礼的规定已“并问名于纳采，并请期于纳成（即纳征）”⑥；但《家礼》又将纳吉省去。朱熹曰：“古礼有问名、纳吉，今不能尽用，止用纳采、纳币（即纳征），以从简便。”⑦ 于是，六礼只剩下三礼即纳采、纳币、亲迎。对每道程序的细则，

① （南宋）朱熹：《三朝名臣言行录》卷四《端明蔡公》。

② （北宋）司马光：《涑水记闻》卷三。

③ 《宋会要·帝更二》之三。

④ （北宋）郑居中：《政和五礼新仪》卷首。

⑤ （南宋）王应麟：《玉海》卷六《礼仪·礼制下·政和五礼新仪》。

⑥ （元）脱脱等：《宋史·礼志十八·士庶人婚礼》。

⑦ 《朱子家礼》卷三《昏礼》。

《家礼》也有所省略。由于《家礼》繁简较适中，因而对当时及后世影响颇大。由此，宋代汉民族婚仪不仅简化，而且灵活。富贵之家下聘礼一般用“三金”，即金钏、金镯、金帔坠，次之则“以银镀代之”[①]，也不算违礼。在宋代汉民族婚礼上新郎甚至可以“未仕而昏用命服”，但只限于士，“若农，商则不可，非其类也”。[②] 表现出既有一定的灵活性，又有严格的等级性。

（七）违婚礼者日现

宋代汉民族有关礼书对婚姻礼仪的规定虽已较简便、灵活，但在社会上仍难以施行，违礼逾制者日现。

一是繁缛其事。如按礼制，并无铺房，但铺房之俗在汉民族社会十分盛行。《东京梦华录》载曰：亲迎“前一日，女家先来挂帐，铺设房卧，谓之铺房”[③]。又如按照礼制，婚礼不用乐，但在宋代汉民族婚礼普遍用乐，“鼓乐喧天，笙歌聒耳”。司马光《书仪·婚仪》曰：“今俗婚礼用乐，殊为非礼。”这一风俗还影响到皇室。元祐年间，哲宗立孟氏为后，宰相吕公著坚持按古礼行事，“执议不用乐”，遭太皇太后高氏反驳，于是“众乐具举”[④]。从此皇室婚礼正式用乐。

二是婚礼不行。许多地方“鄙俗杂乱，不识亲迎”[⑤]。如福建同安，不行亲迎即“引伴为妻”，朱熹《申严婚礼状》曰：“访闻本县，自旧相承，无昏姻之礼。里巷之民，贫不能聘，或至奔诱，则谓之‘引伴为妻’，习以成风。其流及于士子，富室亦或为之，无复忌惮。”[⑥]

（八）相亲风俗肇始

按照宋代汉民族礼俗，男女缔婚，要起草帖子，“婚姻之法先凭媒氏以草帖子通于男家，男家以草帖问卜或祷签”[⑦]。倘占卜是吉卦，即回草帖。待女方占卜是吉卦，则由“媒氏通音”，然后起细帖子。细帖又称定

---

① （南宋）吴自牧：《梦粱录》卷二十《嫁娶》。

② （南宋）朱熹：《河南程氏遗书》卷八《刘元承手编》。

③ （北宋）孟元老：《东京梦华录》卷五《娶妇》。

④ （南宋）周煇：《清波杂志》卷一。

⑤ （北宋）朱光庭：《上哲宗乞详议五礼以教民》，见（南宋）赵汝愚《同朝诸臣奏仪》卷九六。

⑥ （南宋）朱熹：《晦庵集》卷二十。

⑦ （南宋）吴自牧：《梦粱录》卷五《娶妇》。

帖，由媒人“两家通报，择日过帖”。在定帖上，男家要开列聘礼数目，女家开列陪嫁资妆。北宋开封在互换定帖之后，有相媳妇的风俗。《东京梦华录·娶妇》曰：“若相媳妇，即男子新人或婆往女家。看中，即以钗子插冠中，谓之插钗子；或不入意，即留一两端彩段，与之压惊，则此亲不谐矣。”男方“看中”“插钗子”则无事；如“不入意”，“压惊”不能解决问题，难免惹出事端。在南宋临安，此俗更为流行，地点不一定在女家，也可在园圃、湖舫等公共场所。《梦粱录·嫁娶》载曰：“男家择日备酒礼诣女家，或借园圃，或湖舫内，两亲相见，谓之相亲。男以酒四杯，女则添备双杯，此礼取男强女弱之意。”

宋代汉民族相媳妇具有单向性，男子可以直接参与。相媳妇后，如果双方家长都满意，就要定聘。择日送聘，即男方向女方送聘礼，亦称“下财礼”。财礼视贫富而定，轻则送帛、银、鹅、酒、茶饼，重者备金钏、金镯、金帔坠、珠翠团冠等。女家受聘礼后，也要以礼物答谢。定聘虽尚未完婚，但受法律认可，双方不许反悔。当时法律规定：“许嫁女，已投婚书及有私约而辄悔者，杖六十，更许他人者，杖一百，已成者徒一年，女追归前夫。”“虽无许婚之书，但受聘财亦是。”[①] 行送聘礼后，就可以择日成吉礼。

（九）花轿迎亲

亲迎之礼，向来有专用花车，但宋代汉民族民间则流行花轿迎亲。司马光曰：“今妇人幸有毡车可乘，而世俗重檐子，轻毡车。”[②] 上至皇家下至士庶之家婚嫁，都兴坐檐子。迎亲前男女双方要送礼物，而亲迎前一日，女家备礼往男家，铺房、挂帐、摆设房奁器具等，时称“暖房”，并以“至亲压房”。迎亲日男家按规定日子和时刻，让人捧着花瓶、花烛、洗漱妆台、裙箱、衣匣等，并雇乐队鼓吹，“引迎花檐或棕檐子、藤轿，前往女家迎娶新人”[③]。

新娘从上花轿到下花轿，其间要经历“起檐子”“拦门”等程序。起檐子：男家的迎亲队伍到达女家，作乐催妆，促请新娘上轿。女家在新娘上轿后，必须赏赐花红利市钱，否则迎亲队伍不肯起步抬轿子。障车：迎

① （元）脱脱等：《宋史·礼志十八·士庶人婚礼》。
② （北宋）司马光：《书仪》卷三《婚仪》。
③ （南宋）吴自牧：《梦粱录》卷五《嫁娶》。

亲途中，唐时有“障车”之俗，即市井无赖乃至王公拦路求酒、要钱财，北宋初年此俗仍有流行，太祖在开宝二年（969 年）八月下诏严厉禁止，此后不再见于记载。拦门：障车之俗被禁后，却出现了“拦门”风俗，即在迎亲队伍回到男家门口时，乐师、歌使等人不让新娘下轿进门，念礼颂诗、讨利市钱。

（十）撒谷跨鞍成定制

新娘下花轿，进入男家房门之前，“阴阳人”或“克择官”手拿花斗，斗中装着谷、豆、铜钱、彩果等物，一边念咒文，一边望门而撒，孩儿们争相拾取，叫撒豆谷。《东京梦华录》曰：“新妇下车子，有阴阳人执斗，内盛谷，豆，钱，果，草予出咒礼，望门而撒，小儿辈争食之，谓之‘撒谷豆’。俗云压青羊等杀神。”这一仪式相传始于西汉，目的在于避“三煞”。《事物纪原》曰：“妇将至门，但以谷豆与草禳之，则三煞自避，新人可入也。”①

新娘下花轿后，脚踩青布条、青锦褥或青毡花席行走，进中门前，要行跨马鞍之仪。跨马鞍在于祈求平安。新娘进门后，或先进入一间悬挂帐子的房间稍事休息，称坐虚帐；或直接进入新房，坐于床上，叫坐富贵。江南风俗，初嫁者“坐于榻上”，再嫁者“坐于榻前”，听人“纵观”。“其观者若称欢美好，虽男子怜抚之，亦喜之而不以为非也。”②

北宋时，新娘进门后，新郎要上高座。《归田录》记载说：“今之士族，当婚之夕，以两椅相背，置一马鞍，反令婿坐其上，饮以三爵，女嫁遣人三请而后下，乃成婚礼，谓之上高坐。”③ 但此俗南宋时已逐渐被淘汰，《梦粱录》已称新郎上高座之俗为“向时迎新郎礼”。

（十一）夫妻交拜风俗形成

新娘入堂，由新郎以红绿彩缎绾成象征恩爱的同心结牵引，缓缓而行，称牵巾。然后，新郎用秤或机杼挑开新娘盖头，再引新娘“至家庙行参诸亲之礼”④，即在新郎家影堂摆祖宗画像处拜见祖先神灵。然后新郎、新娘由陪伴引导，进入新房，房中铺席，新郎站立于东，新娘站立于

① （北宋）高承：《事物纪原》卷九《撒豆谷》。
② （南宋）庄绰：《鸡肋编》卷上。
③ （北宋）欧阳修：《归田录》卷二。
④ （北宋）孟元老：《东京梦华录》卷五。

西，新娘先拜，新郎答拜。按照当时的“乡里旧俗”：“男子以再拜为礼，女子以四拜为礼。”司马光曰：“古无婿妇交拜之仪，今世俗始相见交拜。”[①] 可见，夫妻交拜之俗似乎始于宋代汉民族。北宋民间流行的新妇先拜家庙，然后夫妻交拜的风俗，打破了区分成妻礼与成妇礼的古制，是对宗法观念的一个冲击。

交拜礼毕，夫妻被送入洞房，双双坐在床上，礼官抛撒同心花果及特制钱币，钱币上刻有“长命富贵”等字，称撒帐。礼官在撒帐前致语，撒帐时念诗，祝愿新郎、新娘长命富贵，多子多福。撒帐与撒豆谷有相似之处，两个仪式容易混淆，后世逐渐合并。

撒帐之后，按照婚仪程序，还有合髻与交卺。合髻又称结发。它表示夫妻从此白头偕老，命运与共，因而结发成为恩爱夫妻的代称。交卺又称交杯或交杯酒，来源于古代婚礼中的合卺，唐代已盛。王得臣《麈史》曰：“古者婚礼合卺，今也以双杯彩丝连足，夫妇传饮，谓之交杯。”[②] 唐、宋两代的这一风俗，相同之点是所用酒器都用彩丝连接，不同之处有三：唐代按照古礼，将小瓢一分为二，夫妻各饮，饮后还原为一瓢，宋代汉民族不用瓢，而用盏；唐代夫妻各饮三次，宋代汉民族夫妻对饮并交换酒杯；饮后酒具如何处理，唐代无记载，宋代汉民族很别致。《东京梦华录》载曰：“饮讫，掷盏并花冠予于床下，盏一仰一合，俗云大吉，则众贺喜。”

（十二）拜见尊长

宋代汉民族婚礼，新婚夫妇要于婚后次日拜见尊长。《东京梦华录》曰：“次日五更，用一桌盛镜台，镜子于其上，望堂展拜，谓之‘新妇拜堂’。”“次拜尊长及亲戚，各有彩缎、巧作、鞋袜等为献，谓之赏贺，尊长则换一匹回之，谓之答贺。”[③]

婚后三日，女家要置礼物送婿家，称“送三朝”。婚后三日或七日，新郎、新娘要回拜娘家，叫“拜门”。《东京梦华录》曰：“婿复参妇家谓之拜门，有力能促办，次日即往，谓之复面拜门，不然，三日、七日皆可赏贺。”

---

① （北宋）司马光：《书仪》卷三《婚仪》。

② （北宋）王得臣：《麈史》卷下《风俗》。

③ （北宋）孟元老：《东京梦华录》卷五。

（十三）元代婚礼

元代婚姻礼制基本上依据“汉儿人旧来体例”，一般具体内容有议婚、纳采、纳币、亲迎、妇见舅姑、庙见、婿见妇父母等仪式。

元代汉民族婚姻礼制也有变化，其中最为明显的是婚约既定，须立婚书。至元六年（1269 年）十二月，中书户部称：“人伦之道，婚姻为大。据各处见行婚礼，事体不一，有立婚书文约者，亦有不立婚书止凭媒妁为婚者。已定之后，少有相违，为无婚书，故违元议，妄加增减财钱，或养老出舍，争差年限，诉讼到官。其间媒证人等徇情偏向，止凭在口词因，以致争讼不绝，深为不便。省部议得：今后但为婚姻，须立婚书，明白该写元议聘财，若招召女婿，指定养第或出舍年限，其主婚保亲媒妁人等画字依理成亲，庶免争讼。”[①] 立婚书此举，属一大创新。

（十四）中表婚和赘婿婚

宋元时期流行中表婚。中表婚即表亲婚，又称姑舅婚，是一种血亲通婚的形式。宋代汉民族法律虽也曾加以禁止，但民间流行普遍，社会舆论甚至加以倡导。中表婚有的以姑舅兄妹为婚，有的以两姨兄妹为婚等形式。在现实生活中，这种中表近亲婚往往是“侄女嫁于姑家，独为姑氏所恶；甥女嫁于舅家，独为舅妻所恶；姨女嫁于姊家，独为姨氏所恶”[②]，容易造成家庭不睦。

又流行赘婿婚，又称入赘婚，即结婚时女子嫁而不出，让男方入女家为婿。宋代汉民族与唐代同，蔑视赘婚，称为“疣赘”。对入舍婿，宋代汉民族有戏称“布袋”的，谓如入布袋，气不得出。“布袋”实为“补代”之语讹。补代者，指“人家有女无子，恐世代自此绝，不肯嫁出，招婿以补其世代尔”。范致明《岳阳风土记》曰：“湖湘之民生男往往作赘，生女反招婿舍居，然男子为其妇家承门户，不惮劳苦，无复怨悔。”入赘者，多因家境贫寒无力娶妻成家的，但也有贪图女家富贵，自动上门者。

元代赘婚风俗甚盛，元法律也认可这一婚姻形式的存在。据元人徐元瑞《吏学指南》记载，元代分赘婿为四等：“一曰养老，谓终于妻家聚活者；二曰年限，与夫归宗者；三曰出舍，谓与妻家析居者；四曰归宗，谓

---

① （元）方龄贵：《通制条格》卷三《户令·婚姻礼制》。

② （北宋）袁采：《袁氏世范》卷一。

年限已满或妻亡，并离异归宗者。”除此，元文献中还提到一种名为抱财女婿的婚姻形式。抱财女婿与养老女婿类同，但招召女婿的目的之一在保全家财，继承遗产。元政府规定：“若招召女婿，指定养老或出舍年限，其主婚、保亲、媒妁人等画字，依理成亲，庶免词讼。”[①]

（十五）指腹婚和童婚

指腹婚指子女尚在母胎中，就由父母给订定婚姻；童婚指男女在襁褓童幼之时，便被父母轻许为婚。指腹婚和童婚风俗在汉代已有流行，宋元时期有愈演愈烈之势。司马光曰：“世俗，好于襁褓童幼之时，轻许为婚，亦有指腹为婚者。及其既长，或不肖无懒，或身有恶疾，或家贫冻馁，或丧服相仍，或从宦远方，遂至弃信负约，速狱致讼者多矣。”[②] 元代时，已用法律的形式开始禁止这种陋习，《元史·刑法志》曰：“凡男女婚姻各有其时，或有指腹割衫襟为亲者，并行禁止。”一种婚姻形态需动用法律来禁止，可见当时此俗仍很流行。

另外，童养媳的名称当始见于宋，因“息妇”称谓至宋才有。《宋史·后妃传》载曰：宋仁宗的周贵妃，四岁时随她姑姑进宫，“仁宗谓异日必以为配”，经张贵妃抚育长大，后被仁宗宠幸。周贵妃当属童养媳无疑。元时，社会上童养媳颇为流行，并称童婚为“绾角儿婚”或“绾角儿夫妻”。《元史·刑法志》曰：“诸以童养未成婚男妇，转配其奴者，笞五十七，妇归宗，不追聘财产损失。”可见，到元代童养媳已成风俗。

（十六）典妻、雇妻和驱良婚

典妻，亦称承典婚，指将妻议价出典于他人，典约期满，以价赎回。雇妻，即将妻出租按期收取雇金。典雇妻妾之风起于宋，而盛于元。宋元史料中有关典妻和雇妻的记载颇多。《续资治通鉴长编》载曰：“比因饥馑，民有雇鬻妻子。”《元典章》载曰：“吴越之风，典妻雇子成俗久矣，前代未尝禁止。”“南方愚民公然受价将妻子典与他人，数年如同夫妇。”在元代，尚有穷困妇女典身他人者，尽管代法律对典雇妻女也曾屡加禁止。

元代时则有特殊的婚姻形态——“驱良婚”。驱良婚即驱口与良人之间的通婚。《南村辍耕录》卷十七“奴婢”条：“今蒙古色目人之臧获男曰奴，女曰婢，总曰驱口。盖国初平定诸国日，以俘到男女匹配为夫妻，

① 《元典章》卷十三《嫁娶写立婚书》。

② （北宋）司马光：《书仪》卷三注。

而所生子孙永为奴婢。……奴婢男女止可互相通嫁。例不许聘娶良家，若良家愿娶其女者，听。”《元典章》规定“驱口不娶良人”“良人不得嫁娶驱奴”。甚至规定：“良家女愿与奴为婚者，即为奴婢；奴收主妻者，以奸论；强收主女者处死。”

（十七）寡妇改嫁仍属合法

宋代汉民族沿用唐俗，称寡妇招进的后夫为“接脚夫”。宋代法律允许寡妇招夫。被招之夫一般不改原姓，且“自有田产财力”。这种接脚夫与寡妇其实是一种同居关系。寡妇与招夫的财产不能混而为一，寡妇一旦死亡，遗产按户绝财产处理。

宋代汉民族理学家从维护封建礼教的目的出发，提倡“饿死事极小，失节事极大”，反对妇女再嫁。但这种说教对宋代法律和观念均未产生太大影响。相反，因沿袭唐代风俗，加以战乱和金人风俗影响，尤其是商品经济的发展，“重利轻义”思想抬头，妇女贞节观念仍较宽松，再嫁现象十分普遍，涉及宋代汉民族妇女的各个阶层。宋代的法律也允许妇女再嫁。宋代公主中也不乏改嫁者，即便是皇后，也可以是再嫁之妇，如宋太宗胞妹秦国大长公主初适米福德，再适高怀德①；宋仁宗曹皇后原为李化光之妇②。另外，名臣范仲淹母改嫁朱氏，丞相王荆公改嫁儿媳，理学家程颐侄女、甥女都相继再醮。可见，两宋时期，妇女改嫁现象十分普遍。

同时，也应该看到，因宋代汉民族理学家鼓吹“烈女不事二夫”，女子“从一而终”，寡妇守节之俗在社会上已屡见不鲜。更有“望门守贞”者，即男女定婚后，未婚夫死亡，未婚妻入夫家为妇终身守节。其仪式是过门时与未婚夫的灵牌行婚礼或由未婚夫的妹妹代理死者与之行婚礼。此陋习于宋时出现后，对后代影响深远。

（十八）冥婚风俗流入民间

又称嫁殇婚，即鬼婚，指父母为已死的青年男女结亲。冥婚由前代衍而至宋。因时人信仰释道，冥婚在宋代一些汉民族地区更加流行，并由上层统治阶级扩展到民间，甚至出现为已死者说媒牵线的“鬼媒人”。康誉之《昨梦录》曰：“北俗，男女当嫁娶未婚而死者，两家命媒互求之，谓之鬼媒人。通家状细帖，各以父母命祷而卜之，得吉，即制冥衣。……媒就男

---

① （元）脱脱等：《宋史·公主》。

② （北宋）王巩：《甲申杂记》；（北宋）王铚：《默记》卷中。

墓备酒果，祭以合婚。设一座相并，各立小幡。……两家亦薄以币帛酬鬼媒。鬼媒……资以养生焉。”元时，子弟死而无妻者或求亡女骨合瘗之。《元史·郭三传》载曰：“夫死戍所，母欲压嫁之，杨氏号痛自拆，乃已。久之，夫骨还，舅曰：新妇年少终必他适，可令吾子鳏死地下耶？将求里人亡女骨合葬之。杨氏闻，益悲，不食五日自经死，遂与夫共葬焉。”

三　丧葬风俗

（一）葬法多样，火葬盛行

宋元时期，按朝廷规定的礼法，人死应当土葬，“入土为安”。但在现实生活中，都是野葬、水葬、天葬、土葬、火葬等葬法并存。《岳阳风土记》曰：“荆湖民俗”“死者多不埋葬，或暴露风日，或置之木梢，谓之死丧祥。”“暴露风日”即野葬，“置之木梢”即天葬。而凤州（治今陕西凤县东北）“贫民不能葬者，弃尸水中”，则是水葬。[①] 但野葬、天葬、水葬仅存在于个别地方。而当时大多地方流行的是土葬和火葬。尤其是火葬之流行，在中国古代历史上实属罕见。

火葬，亦称火化，系用火焚化死人遗体的葬俗。宋元时代十分盛行。清人顾炎武《日知录》曰：火葬“自宋以来，此风日盛”[②]。洪迈《容斋随笔》载曰：“自释氏火化之说起，于是死而焚尸者，所在皆然。”[③] 河东路火葬习以成俗，李清臣《韩忠献公琦行状》曰：“河东俗杂羌夷，用火葬。”[④] 两浙路，《清波杂志》曰：“浙右水乡风俗，人死虽富有力者，不办蕞尔之土以安厝，亦致焚如。僧寺利有所得，凿方尺之池，积涔蹄之水，以浸枯骨。”[⑤] 苏州一带风俗，“亲死肉未寒，即举而付之烈焰，杈棒碎拆，以燔以炙，余骸不化则又举而投之深渊”[⑥]。荆湖南路，刘挚《忠肃集》曰：“楚俗，死者焚而委其骨于野。”[⑦] 荆湖北路，《宋史》载曰：

① （北宋）范镇：《东斋记事》卷三。
② （清）顾炎武：《日知录》卷十五《火葬》。
③ （南宋）洪迈：《容斋随笔》卷十三《民俗火葬》。
④ （南宋）杜大珪：《名臣碑传琬琰集》中编卷四八。
⑤ （南宋）周煇：《清波杂志》卷十二。
⑥ （南宋）黄震：《黄氏日抄》卷七〇《申判》。
⑦ （北宋）刘挚：《忠肃集》卷十三《侍御史黄君墓志铭》。

"鄂俗"，"死则不葬而畀诸火"[①]。福建路，泉州"贫瘘之家，委之火化，积习岁久，视以为常"，可见流行之广。

宋代汉民族火葬风俗的流行有其一定的合理性。如两浙路水乡地区，地气潮湿，"江吴之俗，指伤寒为疫疠，病气才气绝，即殓而寄诸四邻，不敢时刻留"，"至秋，将火葬"[②]；北方地区"或以恶疾而死，俗云有种，虑染其后者而焚之"。[③] 此为因讲卫生而火葬。淳熙时福州籍太学生病死于长兴（今属浙江）大雄寺，亲属闻讯赶来，"火化尸柩，收骨归矣"。[④] 此为图方便而火葬。"吴越之俗，葬送费广，必然累而后办。至于贫下之家，送终之具，唯务从简，是以从来率以火化为便。"[⑤] 此为因省资而火葬。此外，还有为省地而火葬。因火葬有卫生、方便、省资、省地四利，其流行在所难免。

至元代时，火葬之俗更盛，无论富者贫者皆行之。当时，佛教徒、娼妓也都采用火葬（时称下火）。尸体焚化后，把灰装入葫芦等器皿中，置于寺庙。元代还在少数人中实行将骨灰捣碎成粉，再和以泥或麦粉塑成人像的葬俗；贵族还在像外包裹以金、银，置于寺庙。

由于火葬与汉民族社会"入土为安"的传统观念大相径庭，故宋元两代的士大夫大多激烈反对。朝廷也屡下禁令。然而火葬之俗自有其深刻成因，禁令只能奏效于一时一地。

（二）土葬重防腐

宋元时期，社会上虽盛行火葬，但主要葬式还是土葬，讲究"入土为安"。尤其是官僚士大夫阶层，还十分讲究葬后的尸体防腐问题，有装裹、深葬、防水、石灰封墓等风俗。

人死后，以布帛、衣服装殓尸体的风俗十分古老，宋元时期更为流行，元时则称之为"装裹"。司马光《书仪》载曰："死亡明日小敛，又明日大敛……束以绞衾，韬以衾冒，皆所以保其肌体也。"[⑥] 他主张简化衣衾装殓，只求实用，着眼点放在保护死者遗体上。据考古发现，

① （元）脱脱等：《宋史·刘清之传》。
② （南宋）洪迈：《夷坚丁志》卷十五《张珪复生》。
③ （北宋）贾同：《禁焚死》，载《宋文鉴》卷一二五。
④ （南宋）洪迈：《夷坚三志已》卷五《王东卿鬼》。
⑤ （明）黄淮、杨庄奇等：《历代名臣奏议》卷一一六。
⑥ （北宋）司马光：《书仪》卷五《小敛》。

宋墓出土的尸体周身包裹有200件丝麻织物，所用皆为长27厘米、宽6厘米的双层筒状扎带[①]；有的尸体则用夹被包裹，外绑丝带，交错打结略如网状的。[②] 除重视“装裹”外，宋元时期丧葬还讲究棺材的坚固耐久。据考古发现，出土的宋元时期墓葬大量棺椁木材，均采用厚重或整块的优质木料，厚度均在10厘米以上。[③] 至于棺木接缝处所填塞“沥青和石灰的混合物”，即今所说的松香，宋代汉民族称松脂或沥青。此俗到宋元时期始为流行，这与理学讲究“孝道”，提倡妥善安葬亲人遗体，使之得以长期保存不腐，重在深葬防水、松脂涂棺椁、石灰封墓葬的防腐措施有关。这些做法，对后世墓葬风俗产生了很大影响。

（三）闹丧举乐，禁而不止

两宋丧葬有闹丧之俗。亦称“暖丧”“暖孝”“跳丧”，即丧家停柩于堂屋，会集亲友乡邻，喝酒击鼓、终夕歌唱。《知新录》曰：“宋仁宗太后上仙，忽有旨下，光禄供奉羊酒若干，为太后妃皇后暖孝。东坡上疏，以暖孝出于俚俗，皇后之举，当比天下，不敢奉诏，有旨遂罢。”有的则请释道仙班做法事，奏以梵音仙乐。对这种葬礼举乐之俗，许多封建士大夫斥其为胡俗而不齿。陆游《家训》曰：“每见丧家张设器具，吹击鼓锣，家人往往设灵位，辍哭泣而观之，僧徒衒技、伎类俳优，吾常深疾其非礼……皆不须为也。”然而民间仍广为盛行。此外，送殡时“僧侣一类的人高声念诵经文”[④]，“出葬用以引导”[⑤]，僧道直接参加殡葬仪式。对这种“举奠之际歌吹为娱，灵柩之前，令章为戏”的风习，朝廷认为“甚伤风教，实紊人伦”，曾为此专门分布命令加以禁止。[⑥]

（四）卜宅兆葬日

古代流行的丧葬卜宅兆葬日风俗，宋元时期得以留存。司马光《书仪》载曰：“世俗信葬师之说，既择年月日时，又择山水形势，以为子孙贫富贵财，贤愚寿夭尽系于此。”笃信阴阳风水、择日择地而葬之风，在宋元时期，从上层社会到平民百姓均普遍流行。“如士族力稍厚者，棺率

---

① 陈国安、冯玉辉：《浅谈衡阳县何家皂北宋墓纺织品》，《文物》1984年第12期。

② 福建省博物馆编：《福州南宋黄升墓》，文物出版社1980年版。

③ 肖梦龙：《江苏金坛南宋周瑀墓发掘简报》，《考古学报》1977年第7期。

④ 《马可·波罗游记》。

⑤ （南宋）王栐：《燕翼诒谋录》。

⑥ （元）脱脱等：《宋史·礼志·士庶人丧礼》。

朱漆又信时日，卜葬尝远，且惜殡攒之费，多停柩其有。"[1]"江南俗率多丧稽葬，习以成风……停丧不葬，动经一二十年，有一家累至三四柩者，问之，则曰年月未利，卜地未得。"[2]

由于卜日择地风俗盛行，以致宋代汉民族堪舆家为数甚多。《古今图书集成·艺术典·堪舆部》中被列入堪舆名流列传者，历代共 115 人，两宋多达 43 人，占总数的 37.4%。有关风水宝地应验的记载更是不绝于当时的笔记志书，普通百姓信之不诬。

然而，当时也有许多有见地的士大夫不信阴宅风水之说，如罗大经《鹤林玉露》以宰相宋镗为例，曰：京丞相"崛起寒微，祖、父皆火化无坟墓，每寒食则野祭而已，是岂因风水而贵哉！"[3] 并指出风水之说有四大危害：一曰久殡不葬，"有贪求吉地，未能惬意，至数十年不葬其亲者"；二曰多次改葬，"有既葬以为不吉，一掘未已，至掘三掘四者"；三曰抢购吉地，"有因买地致讼而棺未入土，家已萧索者"；四曰争夺风水，"有兄弟数人惑于各房风水之说，至骨肉化为仇雠"。[4]

（五）避煞和道场风俗流行

宋元时期丧葬有避煞风俗。避煞，又称避回煞、避丧煞，或避归煞。风俗以为，人死后其魂气将于固定的日子归家，到时以凶煞的形式出现，危及家人。所以，一定要举家躲避。此俗在北朝已有之，到了宋元时期，则已流遍汉民族各地，其中尤以经济最发达的江浙地区最为盛行。

为了超度亡灵，民间丧俗中流行做"七七"。所谓"七七"是指人死出殡后，每隔七日，作一次佛事，设斋祭奠死者。依次七七四十九天而止。宋代汉民族称"七七斋"；元代称为"累七""垒七"或"累七修斋""垒七追斋"。每七的佛事不外乎水陆道场、百日念经、盂兰盆会、焰口施食等。而其中最为盛行的当为水陆道场。水陆道场也称"水陆大会""水陆法会"。司马光《书仪·丧仪》曰：世俗"于始死及七七日、百日、期年、再期、除丧，饭僧设道场，或作水陆大会，写经造像，修建塔庙"。当时朝廷为皇帝、皇后料理后事，几乎无不做道场。如真宗崩，

① （南宋）庄绰：《鸡肋编》。
② 《元典章》卷三一《葬礼下》。
③ （南宋）罗大经：《鹤林玉露》丙编卷六《风水》。
④ 同上。

仁宗"诏每七日子观音启圣院，开宝寺塔设斋会，中书、枢密院分往行香"。[①] 英宗高皇后薨，宫中"作小祥道场"，隆报长老作法，哲宗"设御幄于旁以听"[②]。

（六）纸明器大兴

纸明器约始于唐代，宋元时期大兴。北宋开封和南宋杭州都有专门司售纸明器的商店，称"纸马铺"。宋元时期的纸明器，常见的有纸钱、纸碗、纸碟、纸瓶、纸盂、纸马等，其中尤以烧纸钱最为流行。纸钱，又有寓钱、冥钱、暗财、楮钱、纸镪、钱纸等多种名称，指烧给死者或鬼神的钱形纸片，来源于汉代的瘗钱。魏晋以后，纸钱逐渐代替实钱。宋代汉民族烧纸钱成风，出现了以"凿纸钱为业"[③] 的工商业者。《马可·波罗行纪》载沙州出殡"用某种树制作的纸，为死者烩制大批的男女、马匹、骆驼、钱币和衣服的图形，和尸体一炉火化。他们认为死者在阴间将会享受纸牌上所画的人物和器皿"。司马光曾曰："衣衾曰襚，车马曰贝冒，货财曰赙，皆所以矜恤丧家，助其敛葬也。今人皆送纸钱赠作，诸物焚为灰烬。"[④] 元王恽《论中都丧祭礼簿事状》曰："窃帷送终，人子之大事，今见中都风俗薄恶，于丧祭之礼有极当救正者……一切纸作房屋，侍从车马等仪物，不惟生者虚费，于死者实无所益，亦乞一概禁止。"[⑤]

（七）权厝、暖墓和路祭

据光绪《杭州府志》载，南宋时杭州民间流行"缓葬"，即死后要等三天再入棺。并因杭州多北方南迁之人，他们希望"返骨"故乡，故又形成"权厝"（暂放）之俗。至于停柩不葬之俗，宋元皆颇为流行。元代统治者曾明令禁止，但收效甚微。

又有暖墓之俗，亦称"暖坟""圆坟"，即死者入葬的前一天夜里，家人去墓坑里过夜，旨在用活人的热气，驱走墓中的寒气，让死者安稳舒适地长眠其中。引灵，也称引魂，又称讨五谷。即把装有五谷杂粮的瓶子或口袋放进棺材随葬。这两种葬俗在元代时流行。《元典章》"畏吾儿丧事体例"条曰："一件，休似汉儿体例行者，……体暖墓儿者，体引灵者

① 《宋会要·礼二十九》之二〇。

② 《道山清话》，载《说郛》。

③ （南宋）李焘：《续资治通鉴长编》卷一一一，明道二年三月癸巳。

④ （北宋）司马光：《书仪》卷五《赙襚》。

⑤ （清）徐乾学：《读札通考》卷八六引。

或是拣那个七条里"[①] 即为证。

有施帷路祭风俗，即送葬者在街上张施帷幕举行道祭。施帷路祭之俗，在中晚唐开始流行，宋元时期则从上层流向士庶之家。《马可·波罗游记》记沙州风俗曰："灵柩送出城外时，在必经之路，每隔一段距离，必须建造一种独木的棚屋，装饰彩绸，作为临时停柩的地方，每逢柩停下时，不管时间长短都必须摆上酒食，停一站摆一站直到棺材到达目的地为止。"此举意义在于"让死者的灵魂得到休息，恢复疲劳，有力气跟着前进"。路祭之风，元代也盛，富足之家，"布设路祭，乱动音乐，施引灵柩，远绕正街"[②]。

（八）居丧违制者众

宋代礼法规定，居丧期间不得饮酒食肉。司马光《书仪》曰："父母之丧，既虞卒哭，疏食水饮，不食菜果；小祥，食菜果；大祥，食肉，饮酒。"[③] 卒哭、小祥、大祥分别为死后百日、13 个月、25 个月。

宋代汉民族有居丧期间不嫁娶、不作乐、不生子、不应试、不入仕等规制。宋代法律将"居父母丧，身自嫁娶，若作乐，释服从吉"，列入"十恶"重罪之一的"不孝"，惩处视其情节轻重。[④] 朝廷还规定："期周尊长服，不得取应。"[⑤] 所谓"期周"，指服丧一年，即一年的服丧期内，士人不得应试。大中祥符五年（1012 年）三月，真宗下诏强调曰："礼部奏各人有隐匿服纪者，令自陈，勿赴殿试。"[⑥] 通泉（今四川射洪东南）何保之，母亲去世，自动放弃参加科举考试，受到朝廷褒奖。宋代法律明文规定："诸父母亡，过五年，无故不葬者，杖一百。"[⑦] 神宗时，湖南转运判官王子韶不葬父母，遭到弹劾，贬知高邮县（今属江苏）。元祐六年（1091 年）二月刘挚"入相不及一年而罢，坐父死不葬"[⑧]。可见法制之严。

① 《元典章》卷三十《礼部》，卷三《丧礼》。
② 黄时鉴辑点：《元代法律资料辑存》，浙江古籍出版社 1988 年版，第 50 页。
③ （北宋）司马光：《书仪》卷六《丧仪·饮食》。
④ （北宋）窦仪：《宋刑统》卷一《名例律》。
⑤ （元）脱脱等：《宋史·礼志·服纪》。
⑥ 《宋会要·选举三》之十。
⑦ （南宋）谢深甫监修：《庆元条法事类》卷七七《服制门》。
⑧ 《道山清话》，载《说郛》。

但在现实生活中，违礼逾制者较多。对于居丧不饮酒、不食肉的规矩，某些士大夫根本不遵守。对于亲丧不作乐之类的禁忌，更有人置若罔闻。宋初，太宗曾下诏斥责曰："亲罹衅酷，或则举奠之际歌吹为娱，灵柩之前令章为戏，甚伤风教，实紊人伦。"[①] 然而，及至神宗时，局面仍未有改变。当时甚至还有儿子在父母死时结婚的风俗，叫"借亲"。李之彦《东谷所见》曰："今人反以送死为缓，唯以借亲为急。父母死未即入棺，仍禁家人辈未得举哀。弃亲丧之礼而讲合卺之仪，置括发之戚而修结发之好。"而"世俗皆乐为之"[②]。至于居丧不仕的官员"丁忧"之制，则朝廷可以强令官员出仕或决定留任，名曰"起复"。

（九）义冢广泛设立

两宋时期，朝廷一面三令五申禁止火葬，一面着手解决葬地，设立义冢。义冢又称义阡，是掩埋无主尸体的公墓。元丰二年（1079 年）三月，神宗采纳陈向建议，"令逐县度官不毛之地三五顷，听人安葬。无主者，官为瘗之。民愿得钱者，官出钱贷之。每丧毋过二千，勿收息"，并授权陈向"主其事"。[③] 自此，义冢制度始行。徽宗时，改义冢为"漏泽园"，并健全了相应的管理制度。此后，各地漏泽园相继建立，如明州（治今浙江宁波）所属鄞县、奉化、慈溪、定海、象山、昌国六县当即设置漏泽园。北宋末年，因宋金开战，漏泽园制度顿废。南宋绍兴十四年（1144 年）十二月，高宗"诏临安府及诸郡复置漏泽园"[④]。此后，各地漏泽园得以逐渐恢复。

第五节　宋元汉民族的岁时风俗

一　年节风俗

（一）元旦朝会因前朝

宋代元旦大朝会在皇宫的大庆殿举行，系文武百官及诸蕃使节、朝岁使，向皇上朝贺、拜祝新年的大典。届时乐队奏《乾安乐》，百官向皇帝祝寿，行舞蹈之礼，并要多次跪拜。太尉代表百官祝福皇帝"万寿无

① （元）脱脱等：《宋史·礼志·士庶人丧礼》。
② （南宋）李之彦：《东谷所见·借亲》。
③ （南宋）李焘：《续资治通鉴长编》卷二九七，元丰二年三月辛未。
④ （南宋）李心传：《建炎以来系年要录》卷一五二，绍兴十四年十二月辛未。

疆”，皇帝宣制答词。众人复跪拜舞蹈。最后奏乐。朝贺仪式结束，皇帝赐宴。朝会时皇帝赐给群臣幡胜等物，苏轼曾有诗曰：“朝回两袖天满香，头上银幡笑阿咸。”次日，诸蕃使臣赴御园观看射箭比赛，赛毕，在园内赐宴。南宋时，朝廷的正旦大朝会曾一度停止，绍兴十五年（1145年）重新恢复。南宋朝会在皇宫的文德殿举行，其规模没有北宋时宏大。朝会次日改去灵隐寺进香。

宋画《观灯图》

元代承袭上代传统，元旦朝贺在五更举行。朝贺时要唱汉民族传统的《椒花颂》，用柏叶所浸的酒大家共饮，以祝长寿。贺毕赐御宴，并百官带花以示欢庆。朝贺以后，百官脱去公服，“与人相贺”，相贺时，“赠与手帕”。[①] 元代在元旦这一天，皇宫中还要举行隆重的大象仪仗表演。《析津志》载曰：“丁酉年（1297 年）正月一日，内八府宰相领礼部中书省相国，以外国大象进上，并说纳粟补官选。自此后常于斡耳朵聚，涓日入中书署事，设大燕，成典也，六部如之。”[②]

（二）元旦贺岁

在民间，元旦这一天“士庶自早互相庆贺”[③]“细民男女亦皆鲜衣，往来拜节”[④]，时称“拜年”。《嘉泰会稽志》曰：“元旦男女夙兴，家主设酒果以奠，男女序拜，竣，乃盛服，诣亲属贺，设酒食相款，曰岁假，凡五日乃毕。”宋代汉民族士人也有不亲临拜贺，而投刺相贺者。周烨

---

① （元）方龄贵：《通制条格》卷八《仪制·公服私贺》。
② （元）熊梦祥：《析津志辑佚·岁纪》。
③ （北宋）孟元老：《东京梦华录》卷六《正月》。
④ （南宋）吴自牧：《梦粱录》卷一《正月》。

《清波杂志》载曰："至正交贺，多不亲往。有一士人令人持马衔，每一至门撼数声，而留刺字以表到。""荥阳公言：'送门状习以成风，既劳于作伪，且疏拙露见。'"此俗元代相沿。

元旦，宋代朝廷下令免收公、私房租和准许京城百姓玩"关扑"三天，掷钱以赌财物。东京汴梁，此日各坊巷摆设食物、日用品、水果、柴炭等，歌叫关扑。不少街路"皆结彩棚，铺陈冠梳、珠翠、头面、衣着、花朵、领抹、靴鞋、玩好之类。间列舞场歌馆、车马交驰。向晚，贵家妇女纵赏关赌，入场观看，入市店饮宴，惯习成风，不相笑讶"。[①] 南宋临安，是日"不论贫富，游玩琳宫梵宇，竟日不绝"[②]。

至于元旦迎新鸣放炮竹、饮屠苏酒、进椒柏酒、挂桃符等传统庆祝方式，宋元仍继续传承。

（三）人日出游

宋承袭前代以正月初七为人日。苏轼诗："晓雨暗人日，春愁连上元。"此日，北宋京城家家剪彩或镂金簿为人，以帖屏风，或戴之头鬓。富庶之家，"莫不镂金刻缯，加饰珍翠，或以金银，穷工极巧，交相遗问焉"[③]。妇人剪镂戴之，以示入新年后面貌更新。贺铸《人日》词曰："巧剪合欢罗胜子，钗头春意翩翩。"[④] 民间还用面做成肉馅或素馅春茧，内藏写有官品的纸签或木片，食时控取，以卜将来官品的高低。人日节是团聚的节日，也是仕女出游的日子。

北方辽朝人日有占卜之俗，以其日天晴为吉祥，阴天为灾难。并于此日在庭院中食煎饼，称"熏天"[⑤]。

（四）元宵张灯"冠于前代"

上元节京城张灯五天，各地三天，城门弛禁，通宵开放。张灯始于唐而盛于宋。唐以前，上元张灯"节不常设"，而宋"上元游玩之盛，冠于前代矣"。[⑥] 唐代灯节是正月十四、十五、十六等三日，"至宋乾德五年正月，诏以朝廷无事，区宇又安，令开封府更增十七、十八两夕，五夜之俗

---

① （北宋）孟元老：《东京梦华录》卷六《正月》。

② （南宋）吴自牧：《梦粱录》卷一《正月》。

③ （北宋）庞元英：《文昌杂录》卷三。

④ 唐圭璋：《全宋词》，中华书局 1965 年版，第 533 页。

⑤ （元）脱脱等：《辽史·礼志六》。

⑥ （南宋）朱弁：《曲洧旧闻》卷七。

因此也”[①]。

宋朝流行一种名叫鳌山的灯景。鳌山之名，取自神话故事，传说海上有巨龟背负神山，后世摹像其形，将许多彩灯扎架而起，供人观赏，谓之鳌山。鳌山灯景又称灯山、彩山。开封御街朝北搭起台阶状鳌山，张挂无数盏彩灯，极其新巧，许多灯以琉璃制成。南宋时，都城临安的鳌山灯景更胜往时。大街小巷，结灯挂彩，“南至龙山，北至北新桥，四十里灯光不绝”[②]。从官巷口至众安桥，悬卖各色花灯，称为“花市”。府署前扎大型彩灯为山，时称“山棚”，并设道场。灯具精奇怪巧，较前代为甚。以苏州、福州灯为冠。有以五彩珠为网的“珠子灯”、镞镂精巧的五色妆染的“羊皮灯”、五色蜡纸裱糊旋转如飞的“戏马灯”、以玳瑁为饰刻镂金泊用鱿鱼脑骨制成的“鱼鱿灯”，还有制作特殊的新安（今安徽歙县）“无骨灯”，等等。

南宋诸帝为了表示“与民同乐”，也要在皇宫内举行闹灯活动。元宵也是民间歌舞节目的大会演。节日期间，京城的士民群集御街，两廊下歌舞、百戏、奇术异能鳞次栉比，乐声悠扬。节日中，凡志同道合者往往互邀野游，举杯应酬。元宵几个夜晚，长期被深锁闺房的妇女可以外出观灯纵游。

元代灯节仍盛。商道《南吕·梁州第七》曲曰：“九衢三市，万户千门，重重绣帘高挂。列银烛荧煌，家家斗骋奢华。玉帘灯细捻琼丝；金莲灯匀排艳葩；梔子灯碎剪红纱；壁儿灯，巧画；过街灯照映，纱灯戏灯机关妙；滚灯转骶灯要；月灯高悬水灯戏，将天地酬答。”[③] 词中提到了11种灯，可见当时灯彩之盛、灯品之繁，真是竞妍斗胜，银花火树不夜天。

元代上元观灯风俗依旧。元初，大都丽正门外“高低照耀，远望若火龙下降”。城内诸市摆摊，出售各种米饼、甜食、枣面糕，酒肉茶汤应有尽有，游人至此流连忘返。后来朝廷也在内庭张灯为鳌山。元代民间观灯，一般从十三日悬灯起，直至十六日为止，前后达四天。

二　春时节俗

（一）立春“打土牛”

为了策励农耕，我国历史上形成了一种特殊的节仪“打春”，即“立

① （明）郎瑛：《七修类稿》。
② （南宋）周密：《武林旧事》卷二《元夕》。
③ （元）商道：《南吕·梁州第七》。

春鞭牛”。“出土牛”之俗先秦就有，历代相传成习。至宋，此俗流行更为广泛，并出现了一些变异。陈元靓《岁时广记》曰：“令立春前五日，都邑并造土牛耕夫犁具于大门外之东，是日黎明，有司为坛以祭先农，官吏各个彩杖，环击牛者三，所以示劝耕之意。”[①] 另据《武林旧事》和《梦粱录》记载，南宋临安府在立春前一天，造大春牛进送皇宫，置放于福宁殿庭，皇帝亲临后，太监们用五色丝彩杖鞭打春牛。此外，打春的仪式不仅在开封、临安都城每岁举行，各州县亦普遍仿效。

宋前所造土牛本一般不着色，至宋时，所造土牛或赤，或青，或黄，或黑，其颜色还和当年的干支相联系。“遂有造春牛毛色之法，以岁干色为头，支色为身，纳音色为腹。立春日干色为角耳尾，支色为胫，纳音色为蹄。”[②] 如“太岁甲子，甲属木，东方青色，则牛头青；子属水，北方黑色，则牛身黑”[③]。除土牛外，旁边专伺策牛之职的“土偶人”（即通常所说的“勾芒神”）的服色，甚至“土牛”的笼头、缰锁皆有规度，不容乱造。“土牛仪式”有了明显的“重文”倾向。按《礼记·月令》篇记载，古代出“土牛”不用杖打，而宋代汉民族有了打牛的仪式。宋代以前，出“土牛”放置几日乃至七日才除掉，而宋代是“打”完立即除掉。据记载，立春鞭牛时，百姓围观“如堵”。鞭毕，市民蜂拥而上，分裂“土牛”。按宋代汉民族风俗说法，得土牛“肉”者，“其家宜蚕”，又可治病，兼避瘟疫，还“令人宜田”。

“打春”之俗，元时仍沿之，元代诗人贯云石《双调·清江引·立春》曰：“金钗影摇春燕斜，木杪生春叶，水塘春始波，火候春初热，土牛儿载将春到也。”也有鞭土牛打春之俗。

除鞭春外，立春日，官府、民间还制作许多小春牛赠送、出售，以预示“丰稔之兆”。皇帝也把预先备发的小春牛装饰上彩幡、雪柳，分送王公贵戚。此俗既含鞭策休息了一冬的牛辛劳耕耘之意，而作为封建官僚，则借此显示自己关注农耕，劝民重视农事[④]。此外，立春日还有馈送春盘的风俗。

---

① （南宋）陈元靓：《岁时广记》卷八引《国朝会要》。

② （南宋）庄绰：《鸡肋编》卷上。

③ （南宋）陈元靓：《岁时广记》卷八。

④ （南宋）陈元靓：《岁时广记》卷八《立春》；（南宋）吴自牧：《梦粱录》卷一《立春》。

（二）春社“开聪明”

宋代汉民族以立春后第五个戊日为春社（立秋后第五个戊日为秋社），朝廷和各州县都举行祭祀社稷的仪式。官衙放假一天。民间做社糕、社酒互相赠送，并用肉、饼、瓜、姜等切成棋子大小，浇在饭上，称社饭。在北方，春社其间还有广泛的社交活动。《宋史·阎守恭传》曰：“在并州，因春社会宾客。”社日时，各地书院、学馆也放假。小儿于此日把葱缚在竹竿上，推窗触葱，名曰“开聪明”。妇女暂停穿针引线。在一些地方，人们争取新科进士的衣裳，认为吉祥。[①] 此外，社日还有斗草之戏。

（三）二月节俗

二月初一，称中和节。此节始于唐代，宋时南方流行这一风俗。这一天，民间用青囊盛上百谷、瓜果种子，互相馈赠，称为“献生子”。百官进献农书，以示重农务本。[②] 皇宫中的宫女，采集各种青草，以斗百草为戏。

二月三日为梓潼君生日[③]。帝君即晋代张恶子，本庙在剑州梓潼县七曲山，宋时屡被加封。[④] 相传该帝君专“司桂籍，主人间科级”，各地任官之人都就观建会[⑤]，祈求仕途顺利。

二月八日为祠山张真君生日。张真君即张渤，五代以来，此庙“素号灵应，民多以牛为献”。宋统治者屡加封号，尊崇备至，故民间又称张王、祠山真君。本庙在广德军（治今安徽广德），赐额广惠王庙或祠山行宫。[⑥] 江、浙各地也都建此庙。逢其生辰，百姓竞赴朝拜，乘时演出百戏如杂剧、相扑、小说、影戏等。祭者必诵《老子》，且禁食猪肉。[⑦]

二月十五日为花朝节，“浙间风俗，以为春序正中，百花争望之时，最堪游赏”。[⑧] 南宋人爱游赏，此日都城杭州的士人都到“钱塘门处，玉

① （南宋）程大昌：《演繁露》卷一二；（南宋）陈元靓：《岁时广记》卷一四《二社日》。
② （南宋）吴自牧：《梦粱录》卷一《二月》。
③ 《宋会要·礼二十一》之二五。
④ （南宋）郑瑶、方仁荣：《景定严州续志》卷四《祠庙》。
⑤ （南宋）吴自牧：《梦粱录》卷十九《社会》。
⑥ 《宋会要·礼二十》之八三、一六三。
⑦ （南宋）吴自牧：《梦粱录》卷十四《外郡行祠》。
⑧ （南宋）吴自牧：《梦粱录》卷一《二月望》。

壶、古柳林、杨府云洞，钱湖门处庆乐小湖等园，嘉会门外包家山、王保生、张太尉等园，玩赏奇花异木”[①]。帅守、县官率同僚下乡劝农。寺庙在这天作佛事，建佛涅槃胜会，罗列幡幢，供奉香花异果，或悬挂名贤字画，摆出各种珍异玩具，吸引观者纷集，竟日不绝。

（四）清明寒食

三月里的寒食节与清明节，历朝日期不同。宋代汉民族一般以冬至后的第 103 天至 105 天为寒食节和清明节，前两天为寒食，后一天为清明，或把两个节日结合在一起。

宋代汉民族沿袭传统寒食不举火的风俗。寒食前一天备好熟食，称“炊熟”，此日起“京师人庖厨灭火者三日”。寒食的食品主要有麦糕、枣糕、馓子、乳饼等。麦糕制法是先将大麦磨成麦浆煮熟，再将捣碎的杏仁拌入，冷凝后切成块状，食时浇上糖稀即可。枣糕，又叫子推饼，高承《事物纪原》记其制法为：“以面为蒸饼样，团枣附之，名为子推。”

宋代汉民族在寒食节举行成年礼，《梦粱录》载曰：“凡官民不论大小家，子女未冠笄者，以此日上头。”寒食与清明节扫墓的风俗，始于唐而盛于宋。《梦粱录》曰：“出郊省坟，以尽思时之敬。”扫墓即对先人表示缅怀。[②] 周密在《武林旧事》曰：临安“人家上冢者，多用枣锢姜豉。南北两山之间，车马纷然，而野祭者尤多”。[③] 朝廷则派官员、宫人祭陵；皇族人员分别到皇帝陵墓举行朝享礼。

清明这天，家家户户到郊外折柳插于门上，俗称“明眼”。城市居民乘扫墓之机踏青春游。南宋临安“清明前后十日，城中士女艳妆饰，金翠琛璃，接踵联肩，翩翩游赏，画船箫鼓，终日不绝”。扫墓时携带酒食春游，“寻芳讨胜，极意纵游，随处各有买卖赶趁等人，野果山花，别有幽趣”[④]。这一天，江南地区还有龙舟竞渡，人们尽往观看，“笙歌鼎沸，鼓吹喧天”，直到“红霞映水、月挂柳梢”，人们方回。[⑤]

元代，“清明寒食，宫廷于是节最为富丽。起立彩索秋千架，自有戏蹴秋千之服。金乡衣襦，香囊结带，双双对蹴。绮筵杂进，珍馔甲于常

① （南宋）吴自牧：《梦粱录》卷一《二月望》。

② （南宋）吴自牧：《梦粱录》。

③ （南宋）周密：《武林旧事》。

④ 同上。

⑤ （南宋）吴自牧：《梦粱录》卷二《清明节》。

筵。中贵之家，其乐不子宫闼。达官贵人，豪华第宅，悉以此为除祓散怀之乐事。然后无各称其家道也”[①]。从这段记载看，元代清明礼俗受蒙古人的影响较明显。民间，元代清明节上坟祭祖，郊游踏青，饮宴玩耍承宋代汉民族风俗。

春时节日又有三月二十八日东岳圣帝生日。各地善男信女前一天在大路上通宵礼拜，会集到东岳行祠（行宫），称“朝岳”，祈求农业车稔。[②]

三　夏时节俗

（一）四月浴佛“放生”

四月八日相传为释迦牟尼佛的生日，佛教僧人徒众在这天将铜佛置装有浴佛水的水盆中沐浴并巡行于街市之中，浴佛传教。宋代汉民族民间积极参与了这一活动，人们竞相出门观看，争求浴佛水，并举一些信仰性的集会。可见，围绕“浴佛”已形成一系列的民俗活。对此，《醉翁谈录》《东京梦华录》《梦粱录》《武林旧事》大多有叙述。

自隋唐以来，受佛教影响，逐渐形成了“放生”的风俗，至宋代，放生之风更加盛行。北宋天禧中，王钦若曾上奏以杭州西湖为祝圣放生池。每逢四月初八，西湖上照例要举行大规模的放生会。届时，“舟楫盛多，略知春时”。参加集会的常达数万人，人们竞相买龟、鱼、蚌等放入湖中，买飞禽放归山林。[③]

北方辽朝民间，也以四月八日为释迦牟尼佛的生日。都城和各州都用木头雕刻佛像，人们抬起佛像游行，前面用仪仗、百戏导引。又允许僧、尼、道士、百姓们“行城一日为乐”。各佛寺皆举办“菩萨会”，共庆佛的生日。[④]

四月十五日，“天下寺院僧尼庵舍设斋供僧”，自此日起，“僧人安居禅教律寺院，不敢起单云游”，谓之“结制”。[⑤] 直到七月十五日才“解制”。

（二）端午驱邪“五毒”

唐时每月五日，都可以称端午。到了宋代，则固定以五月五日为端午

---

① （元）熊梦祥：《析津志辑佚·风俗》。

② （明）陈淳：《北溪字义》卷下；（南宋）常棠：《澉水志》卷上。

③ 《西湖老人繁胜录》；（南宋）吴自牧：《梦粱录》卷十九《社会》。

④ （元）脱脱等：《辽史·礼志六》。

⑤ （南宋）吴自牧：《梦粱录》卷三《僧寺结制》

节，又称端五、重五、重午等。元时也简称午节，民间又称“蕤宾节”。宋元时期端午节庆活动基本相同。

宋代汉民族，端午节祭祀屈原、曹娥、张天师等。祭张天师意谓请天师镇邪，驱逐病害。苏轼《端午帖子》有“千门结艾鬓髯张”之句。人们“合泥做张天师，以艾为头，以蒜为拳，置于门户之上”①。有的在内堂设天师像，有的在端午画张天师像出售。

汉民族自古有端午避“五毒”之说，“五毒”即仲夏之时，蝎子、蛇、蜈蚣、壁虎、蟾蜍大量繁殖，易咬伤人，所以端午节的不少风俗是和“避五毒”相关，宋代汉民族类似活动仍盛。“太医争献天师艾”“采秀撷群芳，争储百药良”等诗句，反映了当时采草药，用以制药防疫的风俗。端午日门上要插菖蒲、艾草，身上要佩戴符袋、香袋以避邪。《梦粱录》载曰：“杭都风俗，自初一至端午日，家家买桃、柳、葵榴、蒲叶、伏道又并市菱、粽、五色水团、时果、五色瘟纸，当门供养。”② 有的贴五色花笺，内堂设天师像，梁悬符篆；有的在门首设大盒，杂植艾蒲、葵花，上挂纸钱，排饤果粽，目的为驱鬼、避瘟。

元代，在民间于端午节前一天，人们用艾叶做虎形，或剪彩为小虎，戴头上或悬在门上，用以驱邪。

端午节食以粽子为主要特色，有角粽、筒粽、茭粽。《西湖老人繁胜录》载曰：“角黍，天下惟有是都城将粽揍成楼阁、亭子、车儿诸般巧样，开铺货卖，多作劝酒，名为巧粽。”端午饮食又有喝菖蒲酒的风俗。菖蒲酒，即在酒中杂以菖蒲丝或菖蒲碎末。

宋代，宫廷的端午活动甚为奢华，对此，《梦粱录》《武林旧事》等均有详细记述。元代，端午节时，各部、院衙门向元廷进献金丝刺绣的扇面、宝扇、金纱、金罗、金条、彩索、金珠、翠花、花钿、奇石以及酒醴、凉糕、香粽、金桃等物，进献所费颇巨。

端午期间，南方很多地区以赛龙舟为乐事。西湖竞渡自二月八日为始，端午尤盛。元代虽也有端午划龙船比赛，但至元三十年（1293 年）时朝廷一度因其“无益”且“聚众不便”而加禁止。

---

① （南宋）陈元靓：《岁时广记》卷二一《端五》（上）。
② （南宋）吴自牧：《梦粱录》卷二《五月》。

（三）六月六成节日

六月六日为崔府君生日。崔府君一说是东汉人崔瑗（字子玉），一说是唐滏阳令。本庙在磁州（治今河北磁县），额曰崔府君庙，朝廷经常派员主持庙事。[①] 据说，高宗在北宋末出使到磁州境时，崔府君神曾显灵护驾，南宋时乃在各地兴建显应观，以褒其功。是日，纷集该庙烧香，而后为避暑之计。[②]

四 秋时节俗

（一）七夕流行“磨喝乐”

宋代汉民族“乞巧”之俗最盛，活动形式更趋丰富多彩。民间崇尚果实、茜鸡（以茜草熬鸡）和磨喝乐。磨喝乐也称“魔合罗”“摩睺罗”等，其名为梵语音译。磨喝乐原是佛教中的一位神灵，六岁出家成佛，可见是位童佛。宋人从佛经中汲取了这一神名，制成一种婴儿幼童形象的土偶泥人，用于祭祀牛郎星和织女星，兼具乞巧宜男之含义。每逢七夕，泥塑或蜡制的磨喝乐，大小不一，端正细腻，并加上各种男女服饰，十分华美鲜丽，街市上多有出售。给皇帝进奉的要用金银制成。南方对装饰奢华的磨喝乐称为“巧儿”。

除磨喝乐外，七夕的时节玩物尚有以黄蜡铸为牛女人物，以及危雁、鸳鸯、龟、鱼之类，彩画金缕，“浮水为戏”，称“水上浮”[③]。另有用油、面、糖、蜜做成“笑靥儿”的果食。还有用绿豆、小豆、小麦于瓷器内以水浸之，生芽数寸，以红蓝彩缕束起，称为“种生”，含有企盼新的生命、求子求福的意思。

七夕傍晚，妇女和儿童穿上新衣，在庭院中立长竹竿，上置莲花，称“花竿”[④]，设香桌，摆出巧儿、酒果、花瓜、笔砚、针线，姑娘们个个呈巧，焚香列拜，称“乞巧”。有以五彩结为“乞巧楼”的，也有以竹、木、麻杆等编成“乞巧棚”的，还有用五彩结为小舫以乞巧的。有“对

---

① （南宋）王象之：《舆地纪胜》卷一；《宋会要·礼二十一》之二五。

② （南宋）周密：《武林旧事》卷三《都人避暑》；（南宋）吴自牧：《梦粱录》卷四《六月》。

③ （北宋）孟元老：《东京梦华录》卷八《七夕》；（南宋）周密：《武林旧事》卷三《乞巧》。

④ 同上。

月穿针”，或把小蜘蛛放盒内，次日视其结网圆正，谓之“得巧”。皇宫也效民间风俗，行乞巧活动。

元代七夕活动相沿宋代，有张挂鹊桥图的风俗。除此之外，金、元时还有穿“鹊桥补子”的时候，即每逢七夕，宫人都穿以鹊桥作为图样的衣裳，表示点缀节景。“金盆内种五生”，即在七夕前，将绿豆、小豆、小麦等浸水生芽后，用红蓝彩红束起，七夕用以供养牵牛星，与宋代汉民族的“种生”类同。元大都，七夕时，富足人家尚要举行家祀，“先用麻秸奠酒为诚，买纸冥衣烧化于坟，谓云送寒衣，仍以新土覆盖”①。

（二）中元祭祖成定制

七月十五日是中元节，亦称“盂兰盆节”，民间俗称“鬼节”。宋代，中元节已演变成糅合了道、佛及民间信仰多种因素的，以祭祀祖先、追荐亡灵为主要内容的传统节日。节前，人们以一枝三至五尺长的竹竿裂成三、四或五足，中置竹圈，上面织成灯窝的形状，并将目莲画像插于其上，称为“盂兰盆”。祭礼完毕，将冥衣冥钱挂搭于“盂兰盆”上焚化，当时民俗还以盆倒的方向来占气候。

节日中，人们皆以素食供养祖先，自己也多食素。除家祭祖外，城外有新坟的人家，则照例要出城拜扫。

寺庙宫观在这天都要普作法事，设道坛祭亡灵。显贵之家请僧人到家，“于家设醮，饭僧荐悼”。寺庙设“盂兰盆会”时，并举行放灯，以照亮阴间，度出幽冥深处的鬼魂。宫廷也举行放灯活动。此日，“一应大小僧尼寺院设斋解制，谓之‘法岁同圆之日’。自解制后，禅教僧尼，从便给假起单，或行脚，或归受业，皆所不拘”②。

（三）立秋报秋和秋社报寒

八月初八前后为立秋节。立秋日，太史局派员举行报秋之举。《梦粱录》曰：都城“立秋日，满街卖楸叶。妇女儿童辈，皆剪成花样戴之”。有的男女还用楸叶煎汤沐浴。范成大《立秋二绝》诗序：“戴楸叶，食瓜水，吞赤小豆七粒，皆吴中节物也。”陈元靓《岁时广记》曰：“立秋日，

---

① （元）熊梦祥：《析津志辑佚·岁纪》，北京古籍出版社1983年版，第220—221页。

② （南宋）吴自牧：《梦粱录》卷四《解制日》。

以秋水吞赤小豆七粒，止赤白痢疾。”①

元代，立秋时要摘红叶，选择吉日，铺张筵席，侍臣进献红叶。《析津志辑佚·风俗》载曰：立秋这天“三宫太子诸王共庆此会，上亦簪秋叶于帽，张乐大燕，名压凶序”。除此，还有簪紫菊、金莲于帽的风俗，显示了元代立秋节的特色。

立秋后第五个戊日为秋社，民间与朝廷都要举行祭礼的活动。《梦粱录》卷四记曰：“秋社曰，朝廷及州县差官祭社稷坛，盖春祈而秋报也。”② 农村社日有祭神及各种庆祝活动的“社会”，会后有聚餐。

（四）中秋赏月从士到民

八月十五日，正好“三秋恰半”，故名中秋节。隋唐时期中秋赏月之俗尚处于形成阶段。届时，参与赏月者也大多为文人学士，而到了宋元时期，则已扩散到广大市民之中。节前，京城酒店出售新酒，市民争饮。晚上，家家户户都有赏月的风俗。

除赏月之外，还盛行拜月。罗烨《醉翁谈录》描述南宋临安的拜月景况曰：“倾城人家子女不以贫富，能自行至十二三，皆以成人之服服饰之，登楼，或于中庭，焚香拜月，各有所期。男则愿步蟾宫，高攀仙桂。……女则愿貌似嫦娥，圆如皓月。”③

此外，南宋临安中秋节还有赏桂、放水灯等风俗。据《乾淳岁时记》记载，中秋夜，都城临安居民在钱塘江上放数十万盏羊皮小水灯，浮满江面，灿烂如繁星。潮州百姓中秋赏月，剥芋食之，谓之剥鬼皮。这种剥芋而食的风习，与当时开封、杭州过中秋略有不同。

（五）八月观潮成俗

南宋时，都城杭州有八月十八日钱塘观潮之俗。《梦粱录》曰：临安风俗，“每岁八月内，潮怒胜于常时，都人自十一日起，便有观者，至十六、十八日倾城而出，车马纷纷，十八日最为繁盛”，并有“吴儿弄潮”之俗，“杭人有一等无赖不惜性命之徒，以大彩旗，或小清凉伞，红绿小伞儿，各系绣色缎子满竿，伺潮出海门，百十为群，执旗泅水上，以迓子

---

① （南宋）陈元靓：《岁时广记》卷四十，载《四时纂要》。

② （南宋）吴自牧：《梦粱录》卷四《观潮》。

③ （南宋）罗烨：《醉翁谈录》。

胥弄潮之戏，或有手脚执五小旗浮潮头而戏弄”①。苏轼《咏中秋观夜潮》诗曰：“万人鼓噪慑吴侬，犹似浮江老阿童。欲识潮头高几许，越山浑在浪花中。”“吴儿生长狎涛渊，冒利轻生不自怜。东海若知明主意，应教斥卤变桑田。”又有佚名《看弄潮诗》曰：“弄罢江潮晚入城，红旗飐飐白旗轻。不因会吃翻头浪，争得王衙鼓乐迎。”②

（六）重阳登高沿旧制

九月九日为重阳节，又称重九节。古来民间认为阳九凶日，称之为“阳九之厄”。宋元时期，仍流行插茱萸、饮菊花酒以驱祸的风俗。此日的节俗活动以秋游登高避灾、插茱萸饮菊花酒驱祸，赏菊、赏灯等为主。《梦粱录》卷五曰：“重九，盖九为阳数，其日与月并应，故号曰重阳……今世人以菊花、茱萸为然，浮于酒饮之。盖茱萸名避邪翁，菊花名延寿客，故假此两物服之，以消阳九之厄尔。”③ 因重阳时节，菊花盛开，苏轼诗曰：“菊花开时乃重阳，凉天佳月即中秋。”此日，从宫廷到民间都要市菊、赏菊、饮菊、簪菊，还点菊灯吃菊花饼。酒店用菊花装饰起来，有菊花门、菊花窗等。宋朝的京都专门栽培菊花的园圃，这时开放供人们赏玩。

皇宫中以八日代九日，举行赏菊和赏灯宴，皇帝赐“糕酒”。宴毕，皇帝赐大家菊花或书画。民间以粉面蒸糕称“重阳糕”相互馈赠。“重阳糕”又称菊糕，糕上插彩色小旗和嵌以石榴子、栗黄、银杏、松子肉之类果实。又用五色米粉塑成狮子、蛮王的形状，放在熟栗子和麝香、蜂蜜拌和的糕上，称为“狮蛮栗糕”。重九登高这古已有之的风俗，宋代汉民族仍保留。

五　冬时节俗

（一）冬至馄饨腊八粥

十一月冬至，为农事二十四节气中的重要节日，民间重视此节，是一年中正旦、寒食等三大节之一，时人称“亚岁”。“吴俗重冬至节，曰肥

① （南宋）吴自牧：《梦粱录》卷四《观潮》。

② 同上。

③ （南宋）吴自牧：《梦粱录》卷五《九月》。

（南宋）李嵩《月夜看潮图》

冬瘦年，互送节物。”[①] 朝廷要于冬至日祭天，“冬至圜丘祭昊天上帝”。是日，士庶更换新衣，举杯相庆。节食馄饨。俗语有云：“新节已到，皮鞋底破，大捏馄饨，一口一个。”[②] 据《武林旧事》《岁时广记》等书记载，宋代汉民族民间有“冬馄饨，年馎饦”的谚语。还用馄饨祭祀祖先。店铺停市三天，“垂帘饮博”，称为“做节”。官府特准百姓关扑和减免公私房租三天。皇宫中举行冬至大朝会，礼仪与元旦大朝会相同，称“排冬仗”。各官衙放冬至假五天，军队停止教阅三天。

腊日是冬至后第三个戌日，为祭祀百神之日。而十二月初八为“腊八节”，是据佛教传说，释迦牟尼于此日成道，故腊八又是佛教的“成道节”。每逢此日寺院要作佛会，并以胡桃、松子、乳蕈、柿、栗等都成“七宝五味粥”送与门徒，称“腊八粥”。佛教这一惯例，在宋代已成了民间普遍流行的风俗。不过民间吃腊八粥时，还增加了庆贺五谷丰登、驱逐鬼邪瘟疫的寓意，因此其风俗内容已与佛教有所不同。

（二）小年祭灶成惯俗

十二月二十四为小夜节，又称祀灶日。是日“不以穷富，皆备蔬菜饧豆祀灶。此日市间及街坊，叫卖五色米食、花果、胶牙饧、萁豆，叫声鼎沸”[③]“都人至夜请僧道看经，备酒果送神，烧合家替代纸钱，贴灶马于灶上，以酒糟涂抹灶门，谓之醉司命。”[④] 人们想让灶神吃了胶牙饧（胶牙糖）粘住牙，免开尊口，或让灶神醉酒，上天不说人的短处。范成

① （南宋）周遵道：《豹隐纪谈》。
② （元）脱脱等：《宋史·礼志》。
③ （北宋）孟元老：《东京梦华录》卷六《十二月》。
④ （北宋）孟元老：《东京梦华录》卷十《除夕》。

大《祭灶词》，对当时祀灶风俗有生动的描述：

古传腊月二十四，灶君朝天欲言事。云车风马小留连，家有杯盘来典祀。

猪头烂熟双鱼鲜，豆沙甘松粉饵圆。男儿酌献女儿避，酹酒烧钱灶君喜。

婢子斗争君莫闻，猫犬触秽君莫嗔。送君醉饱登天门，杓长杓短勿复去，乞取利市归来分。[①]

（三）除夕爆竹成“爆仗”

十二月三十日为“大节夜”，即“月穷岁尽之日”，俗称“除夕”。白天，民间都洒扫门间，除尘秽、净庭户、换门神、挂钟馗、钉桃符、贴春联。周必大《玉堂杂记》载曰：“除夕，更春帖、柱联、门额于堂轩楣枋，贴福禄寿、一财二喜等字。习二教者，于门衡贴阿弥陀佛，及九天应玄雷声普化天尊，又佛咒悉咀多般那等语。”夜间，则备迎神的香、花、供品，以祈新年的平安。大街小巷响彻爆竹、鼓吹之声，称为“聒厅”。农民还点起火炬，称“照田”[②]。“除夜祭其先竣，事长幼聚饮，祝颂而散，谓之分岁。”[③] 百姓合家围炉而坐，饮酒唱歌，奏乐击鼓，坐以达旦，称为“守岁”[④]。苏轼《守岁》诗曰：“儿童强不睡，相守夜喧哗。晨鸡且勿唱，更鼓畏添挝。坐久灯烬落，起看北斗斜。”

除夕，宫中举行大驱傩活动：军士等戴面具、穿绣画杂色衣，手执金枪、龙旗，装扮成六丁、六甲、判官、钟馗、灶君、门神、土地等，共千余人，从宫内鼓吹驱祟到城外，称“埋祟”。与此同时，点燃爆仗，声震如雷。

值得一提的是，北宋雕版印刷术的发明，木版印制的门神、灶马、钟馗、天行帖子等逐渐替代了手工书写绘制的桃板、桃符，盛行于民间。元代时还出现了女门神。同时，宋元时期，还出现了贴春联的风俗，据传春

① （南宋）范成大：《祭灶词》。

② 《玉峰志》卷上《风俗》。

③ （南宋）范成大：《腊月村田乐府十首》题记。

④ （北宋）孟元老：《东京梦华录》卷十《除夕》；（南宋）吴自牧：《梦粱录》卷六《除夜》。

联之俗起自五代十国时的孟昶。还有“爆竹声中一岁除”的“爆竹”，随着宋代时火药的广泛利用，爆竹已被用厚纸裹扎火药的“爆仗”所取代。

第六节　宋元汉民族的信仰风俗

一　宗教信仰风俗

（一）国定神祇祭祀

宋代常规为每年大祀三十、中祀九、小祀九：

> 岁之大祀三十：正月上辛祈谷，孟夏雩祀，季秋大飨明堂，冬至圜丘祭昊天上帝，正月上辛又祀感生帝，四立及土王日祀五方帝，春分朝日，秋分夕月，立春祀东太一，立秋祀西太一，腊日大蜡祭百神，夏至祭皇地祇，孟冬祭神州地祇，四孟、季冬荐享太庙、后庙，春秋二仲及腊日祭太社、太稷，二仲九宫贵神。中祀九：仲春祭五龙，立春后丑日祀风师、亥日享先农，季春巳日享先蚕，立夏后申日祀雨师，春秋二仲上丁释奠文宣王、上戊释奠武成王。小祀九：仲春祀马祖，仲夏享先牧，仲秋祭马社，仲冬祭马步，季夏土王日祀中溜，立秋后辰日祀灵星，秋分享寿星，立冬后亥日祠司中、司命、司人、司禄，孟冬祭司寒。[①]

各州则于五郊迎气日祭岳、镇、海、渎，春秋二仲享先代帝王及周六庙，用中祀规格；州县祭社稷，奠文宣王，祀风雨，用小祀规格。至于祭祀的具体细则则诸帝常有所增益与调整。

宋代汉民族礼制，三年一次的南郊祭天，是皇家最隆重的祭典。皇帝“亲郊，合祭天地，祖宗并配，百神从祀”[②]。同时，又是最劳民伤财的祭典。宋太宗时，“三岁一亲祀郊丘，计缗钱常五百余万”；宋真宗时增至700余万；而宋仁宗时“飨明堂”，增至1200余万[③]。此外，还有孟春祈谷，孟夏大雩，或祀于圜丘，或别立坛祀之；季秋大享明堂祭天。又因前

① （元）脱脱等：《宋史·礼志》。
② 同上。
③ （元）脱脱等：《宋史·食货志》。

代之制，冬至祀昊天上帝于圜丘之时，以五方帝、日、月、五星以下诸神从祀。又以四郊迎气及土王日专祀五方帝，以五人帝配，五官、三辰、七宿从祀。立春祀青帝，以太昊配，勾芒、岁星、三辰、七宿从祀；立夏祀赤帝，以神农配，祝融、荧惑、三辰、七宿从祀；季夏祀黄帝，以轩辕配，后土、镇星从祀；立秋祀白帝，以少昊配，蓐收、太白、三辰、七宿从祀；立冬祀黑帝，以高阳配，玄冥、辰星、三辰、七宿从祀。并因隋唐之制，有感生帝之祀，以祖考升配。

社稷之祀，朝廷以春秋二仲月及腊日祭太社太稷，州县则春秋二祭。牲用太牢，礼行三献，致斋三日。先是，州县社主不用石，礼部认为社稷不屋而坛，当受霜露风雨，以达天地之气，故用石主，取其坚久，尺寸为太社石主之半。

岳镇海渎之祀，立春日祀东岳岱山于兖州，祀东镇沂山于沂州，祀东海于莱州，祀淮渎于唐州；立夏日祀南岳衡山于衡州，祀南镇会稽山于越州，祀南海于广州，祀江渎于成都府；立秋日祀西岳华山于华州，祀西镇吴山于陇州，祀西海、河渎并于河中府；立冬祀北岳恒山、北镇医巫闾山并于定州，祀北海、济渎并于孟州；土王日祀中岳嵩山于河南府，祀中镇霍山于晋州。真宗时赐号东岳曰天齐仁圣帝，南岳曰司天昭圣帝，西岳曰金天顺圣帝，北岳曰安天元圣帝，中岳曰中天崇圣帝。仁宗诏封江渎为广源王，河渎为显圣灵源王，淮渎为长源王，济渎为清源王；并加东海为渊圣广德王，南海为洪圣广利王，西海为通圣广润王，北海为冲圣广泽王。

太一九宫贵神之祀，宋因汉唐之制，祀太一、招摇、轩辕、太阴、天一、天符、摄提、咸池、青龙，主风雨霜雪雹疫，为大祀。

文宣王孔子之祀，唐开元末升为中祀，设从祀，五代从祀废。宋朝塑先圣、亚圣、十哲像，画七十二贤及先儒二十一人像于东西庑之木壁。太祖太宗三谒孔庙。真宗大中祥符元年，封泰山后至曲阜，谒文宣王庙，封孔子为玄圣文宣王，次年追封十哲为公，七十二第子为侯。以后承嗣皇帝皆谒拜孔子庙。诸州府贡举人，择日谒先师孔遂为常礼。政和中，以王安石配享孔庙。绍兴中，升为大祀。淳祐中，理宗诏以周敦颐、张载、程颢、朱熹从祀，黜王安石。景定中，张栻、吕祖谦从祀。

武成王之祀，宋初修复武成王庙，与国学相对；真宗加谥昭烈。

另外，宋代汉民族继唐之旧，祭祀日月、高禖、先农、先蚕、寿星、灵星、风伯、雨师等。宗庙之祭，每岁祀以四孟月及季冬，共四次。此外，三年一祫（历代祖灵合祭于太祖），皆祭祖之大典。祭祖亦系皇家祭祀大典，大观五年吏部员外郎董弅曰："臣闻戎、祀，国之大事，而宗庙之祭，又祀之大者也。"① 可见祭祖对于巩固朝廷皇权十分重要。

元代官方宗法宗教祭祀的神祇有天神、后土、社稷、五岳、四渎、名山大川、风师、雨师、雷师、历代圣地、明王、忠臣、烈士等凡载在礼典者。而尤流行先圣的祭祀，包括伏羲、神农、黄帝等三皇，及宣圣、武圣等。

（二）佛教信仰居前位

在宋代汉民族的诸多宗教信仰中，民间的佛教崇拜居于首位。宋真宗时统计，"天下二万五千寺"②。

宋代社会，从皇室、官僚到下层平民，都有佛教的善男信女。宋太宗第七女申国长公主，"平生不茹荤"③，真宗即位后，"遂乞削发"，皇帝特准，"赐名清裕，号报慈正觉大师。建寺都城之西，额曰'崇真'"。④一时"藩国近戚及掖庭嫔御愿出家者"竟达三十多人，包括宋太宗孙女、大将曹彬之女等，"皆随出家"⑤。

在民间，福建路佛教信仰盛行，"风俗克意事佛，乐供好施，休咎问僧，每多淫祀，故民间衣食因此未及丰足"⑥。杭州的盐官县，百姓"奉佛唯谨。故民居与僧坊栉比，钟呗之声相闻"⑦。每逢有重大佛事时，善男信女"炼臂、灼顶、刲肉、燃指、截指、断腕，号曰教化，甚者致有投崖赴谷，谓之舍身"⑧。宋代佛教信仰对各种社会风俗，如节日、丧葬、饮食等都产生了广泛的影响。

元代佛教在民间仍非常流行，至元二十八年（1291 年），"天下寺宇四万二千三百一十八区，僧民二十一万三千一百四十八人"⑨，这是当时

① （元）脱脱等：《宋史·礼志》。
② （北宋）江休复：《杂志》，载《说郛》卷二。
③ （南宋）江少虞：《宋朝事实类苑》卷四三。
④ （北宋）文莹：《湘山野录》卷上。
⑤ （北宋）文莹：《湘山野录》卷下。
⑥ 《宋会要·刑法二》之四九。
⑦ （南宋）李洪：《芸庵类稿》卷六《盐官县南福严禅院记》。
⑧ 《宋会要·刑法二》之五四。
⑨ （明）宋濂等：《元史·世祖纪十三》。

朝廷佛教事务管理机构宣政院的统计数，而实际数字可能还要更大。

（三）道教信仰成风

道教作为土生土长的汉民族宗教，经历五代战乱，已出现了衰微景象。宋初，“道教之行，时罕习尚，惟江西、剑南人素崇重”[①]。自从宋真宗伪造天书，诡称道教人皇九人之一的赵玄朗是自己的始祖，于是“天下始遍有道像矣”。[②] 到宋徽宗宣和年间，信道之风愈演愈烈。宋徽宗耽溺道教，自称教主道君皇帝，设置道官、道职、道学等，宠信道士林灵素等人，“第设大斋，辄费缗钱数万，谓之千道会”[③]“既隆道教，故京城佛寺多废毁”[④]，开封寺院改宫观计691区，僧尼改德士、女德者15955人[⑤]。由于朝廷“崇尚道教，四方矫伪之徒乘间因人以进者相继，皆假古神仙为言，公卿从而和之，信而不疑”[⑥]，上行下效，一时信仰道教成风。

许多士大夫信奉道教。宋代汉民族民间道教信仰也颇为盛行，百姓请僧道念经作醮消灾，常有所见。民间丧葬，往往“命僧道诵经，设斋作醮，作佛事，曰资冥福也，出葬用以导引”[⑦]。

此外，在北方的辽朝，汉民族社会信奉道教之俗也颇为流行；西夏境内也有道教流行；金代时，则兴起了道教的新教派全真道。

（四）民间宗教流行

宋元时期，民间宗教十分流行，其中影响较大者主要有摩尼教、白莲教和白云教等。

摩尼教自唐时传入中原，但在唐武宗灭佛时，受到株连，被官方禁止，从此转入民间，逐渐演化为秘密宗教。后梁时，摩尼教曾被民间用以反抗官府暴政[⑧]。在五代时，摩尼教被称为明教、魔教，自从转入民间后，逐渐糅进了佛教和道教的成分。宋代时，其活动区域主要在南方，尤

---

① （元）脱脱等：《宋史·礼志》。

② （南宋）陈均：《九朝编年备要》卷八，大中祥符五年十月。

③ （元）脱脱等：《宋史·林灵素传》。

④ （南宋）洪迈：《夷坚支丁》卷一《杨戬毁寺》。

⑤ 无名氏：《湖海新闻夷坚续志》后集卷一《崇兴道教》。

⑥ （清）潘永因：《宋稗类钞》卷下《道教》。

⑦ （南宋）王栐：《燕翼诒谋录》卷三。

⑧ 《佛祖统纪》载曰：“梁贞明六年，陈州末（摩）尼聚众反，立母乙为天子。朝廷发兵擒斩之。其徒以不茹荤酒，夜聚淫秽，画魔王踞坐，佛为洗足，云佛止大乘，我乃上上乘。”此事在《旧五代史》中也同样有记载。

以福建为最。宋徽宗时，魔教不仅仅局限于福建，亦扩大到两浙。方腊起义后，故宋朝下禁令甚严，但禁而不绝。

南宋时，魔教信教者反而日渐增多，“中国之摩尼教信者，乃渐自行组织教会，衍厥宗风，至南宋而复盛”①。此时，据李心传《建炎以来系年要录》记载，“两浙州县，有喫菜事魔之俗”，那些事魔者“每乡或村，有一二桀黠，谓之魔头，尽录取乡村之姓氏名字，相与诅盟，为事魔之党。凡事魔者不肉食，而一家有事，同党之人皆出力以相赈恤。盖不食肉则费省，故易足”②。

白莲教又称“白莲菜”“白莲道”或“白莲会”，正式出现于南宋。据史书记载，白莲教的创始人是江苏吴郡沙门茅子元，当时该教称为白莲菜，以食斋为其宗旨之一。宋鉴《释门正统》曰：“所谓白莲教者，绍兴初吴郡延祥院沙门茅子元曾学于北禅梵法主会下，依仿天台出《圆融四土图》《晨朝礼忏文》。偈歌四句，念佛五声，劝诸男女同修净业，称白莲导师。”③ 其特点是“男女同修净业”，信徒可以结婚，可以有家有室，有田有产。白莲教由于男女同修及信徒可以有家室，而被佛门正宗教派视为魔教，为官方所不容，只好向民间发展，并成为元代以及明清农民起义的工具。白莲教往往与魔尼教一并被官府禁止。官府无意于区分两者，统称“妖教”。

白云教由孔清觉于哲宗元祐七年（1092 年），创立于杭州的白云庵，称为白云宗。北宋末年，徽宗大力提倡道教，压抑佛教，清觉撰《三教编》《十地歌》等书，反对排佛政策，为官府所不容。清觉云游各地，先后建立了“十地”“出尘”等寺院，故又被人称为“千地菜”。清觉圆寂后，慧能承其衣钵，在杭州附近造白云塔和普宁寺，清觉的众弟子在浙江的山区还建有 9 座寺庙，因此“其宗聿兴浙右”④。白云教只能在民间流行。

白云教成员都信奉素食，生活非常简朴，自己耕种。自沈智元为教主后，该教渐渐变成教主世俗世袭主，教徒称为“道民”⑤，也有人称

① 陈垣：《摩尼教入中国考》，载《陈垣史学论著选》，上海人民出版社 1981 年版。

② （南宋）李心传：《建炎以来系年要录》卷七六。

③ （南宋）宗鉴：《释门正统》卷四《斥伪志》。

④ （元）觉岸：《释氏稽古录》卷四。

⑤ 同上。

其为“有发僧”。白云教成员不同于白莲教，严格禁止通婚，过着一种非常严厉的生活。白云教虽然不反抗官府，但官方视其为邪教，千方百计禁止。作为佛门正宗的天台宗亦不能容之，志磐即认为其教义“教流于俗”①。

白云教在元代发展很盛，有教徒10万，土地2万顷。明朝时反异教，白云教也在其中，此后就销声匿迹了。

二　多神崇拜风俗

（一）土地神大量出现，城隍成热门神灵

宋元时期流行最广的地方守护神当为土地神。民间信仰的土地神大多是“当方土地”，明显不同于国家所祀的社神。土地神在宋代汉民族中大量出现，被视为地方或家户的守护神。南宋刘应时曰：“今俗又祠土地，室宅之神也。”② 州、县、村、镇乃至一家一户各设土地神。有称“本店土地”“吾家土地”。③ 土地神有的请历史上名人充任。朝廷也对一些土地庙加封号，如“莆田县迎仙驿土地神祠”，南唐时，“封平康侯”，宋朝不断加封，最后为“祐民显济孚泽侯，妻封协惠夫人”。南宋抗金名将吴玠在和尚原大败金军，宋廷特令对当地的土地、山神祠加封，“山神封康卫侯，土地封保安侯”。

作为都邑保护之神的城隍，随着城市的发展而日益深受城市居民的礼奉。宋代，城隍遍布州县大小城市，十分兴盛，并且列入祀典，成为宋代汉民族神灵崇拜的一大热门。但多以与当地有关的有德政的人物充当。如宋孝宗时，李异任舒州知州，“有德于民，去郡而卒，邦人遂相传为城隍神”。南宋末，“赵汝澜知澧州”，自称“生为太守，死作城隍”，他死后，当地士民居然为之“建祠立碑”。④ 后人评论曰：“宋以来其祠（指城隍）遍布天下，或赐庙额，或颁封爵，至或迁就附会，各指一人以为神之姓名。”⑤ 到元代，城隍进而成为国家的守护大神，各级城隍的封爵也高了起来。

---

① （南宋）志磐：《佛祖统纪》卷五五。

② （南宋）孙应时：《烛湖集》卷十三《到任谒庙记》。

③ 无名氏：《湖海新闻夷坚续志》前集卷一《弃妻折福》。

④ 无名氏：《湖海新闻夷坚续志》后集卷二《赵守为城隍》。

⑤ （清）徐元文监修：《明史·礼志》。

（二）门神和灶神成家庭守护神

宋代作为一家一户的保护神主要有门神和灶神。宋代汉民族门神形象从袁褧《枫窗小牍》中看，靖康以前，开封门神多番样，戴虎头盔，而王公之门，多以浑金饰之。宋人赵与时《宾退录》曰：“除夕，用镇殿将军二人甲胄装门神。”而《东京梦华录》曰：“正旦大朝会，车驾坐大庆殿，有介胄长大人四人，立于殿角，谓之镇殿将军。”[①] 可见门神的威仪。元代流行的门神为秦琼和尉迟敬德，但有些人家或官府有时用“八仙”中的汉钟离、吕洞宾为门神，画于门额。民间则有在门上画鸡以避鬼祟的风俗。

宋代汉民族社会流行最广泛的神祇崇拜当是灶神崇拜。宋人对灶神祭祀奉事甚谨。民间认为，“家人主神，灶为司命，念饮食膳馐之自出”“司人家一家良贱之命，记人善恶，用晦之日，悉奏天曹。”[②] 故人们“切不可对灶吟咏及哭，秽语恶言，烧不净柴，禁厌秽物”[③] “亦不可用灶火烧香，谓之伏龙屎。”[④] 据《东京梦华录》记载，东京人在腊月二十四日夜，“请僧道看经，备酒果送神”，在灶上贴灶马，用酒糟涂抹灶门，“送君醉饱登天门”。[⑤] 南宋时，临安市民则“不以穷富，皆备蔬食饧豆祀灶”。[⑥]

（三）海神妈祖出现

宋元之际，由于海外交通的迅速发展，东南沿海的泉州港成为国际贸易通商港口，当时船队的动力只靠夏、冬两季的信风，这就形成了祭风和祭海的风俗，遂有祈风神和通远王的出现。“据九日山祈风刻石资料，现存最早一段祈风记载是宋崇宁三年（1104 年），至南宋灭亡共计 170 余年，其中王十朋、邹应龙和真德秀等都举行过祈风祭典，真德秀祈风祭文的开头就指出：‘唯泉为州，所持以足公私之用者，番舶也；舶之至时与不时者，风也；而能使风之从津而不愆期者，神也……’由于时代的缘故，所以对于神的祈望和依赖，置于极其重要的地位。”[⑦]

---

① （北宋）孟元老：《东京梦华录》卷六。

② （南宋）周麟之：《海陵集》卷二二《祭灶文》。

③ 无名氏：《湖海新闻夷坚续志》后集卷二《灶神现身》。

④ （南宋）洪迈：《夷坚初志丁》卷二十《杨氏灶神》。

⑤ （南宋）范成大：《祭灶祠》。

⑥ （南宋）吴自牧：《梦粱录》卷六《十二月》。

⑦ 朱亚仁：《泉州地区水神崇拜管见》，《东南文化》1990 年第 5 期。

宋代在京城设有海神坛，祭江海神。四海之神均被加封为王，列入国家宗法宗教祭祀。在福建泉州则祭海神玄天上帝。《泉州府志》载曰："真武庙在府治东南石头山上。宋时建。为郡守望祭海神之所。"真武庙供奉"玄天上帝"，宋真宗时，为避讳祖名改玄武为真武，称真武大帝，俗称"上帝公"。

海神天妃，亦称"妈祖""天后圣母"，是中国著名的女性海神。妈祖，姓林名默，传为宋初福建莆田都巡检林源之女，死后被尊为海神。由于海上运输业的发展需要自己的保护神，于是原为区域性的神女上升为全国性的海神圣妃。据清道光《重逢天后官碑记》："宋徽宗时，敕立天后圣母庙，乃于阁之西营建焉，时在宣和四年（1122 年）。"这是建在山东蓬莱县崖山蓬莱阁的。泉州天妃宫（顺济庙）建于南宋庆元二年（1196 年）。南宋临安也建有顺济圣妃庙、圣妃行祠等。宋几百年间，天妃从降雨救旱神女、龙女、夫人、妃，直到成为保境安民、护国救灾的海上保护神，成为官民尊奉的主要海神。元代"至元中，以护海运有奇应，加封天妃"[①]。至元十八年（1281 年）册命为"护国天妃"，泉州天妃宫成为航海者祷拜的圣地。

（四）二郎神成水神

宋代汉民族信仰的司水之神是二郎神，尤其在蜀地的民间信仰中，灌口二郎神的地位极为显赫。二郎神的出处，一说是秦时蜀守李冰次子李二郎，这也为钦定的二郎神，政和八年八月，改封照惠显灵真人，元代至顺六年，封为英烈照惠灵显仁祐王。另一说，灌口二郎神是赵昱。赵昱与史冕隐青城山，隋炀帝时为四川嘉州太守，因斩蛟有功，唐时庙食灌口，当地人民岁时祭祀。相传六月二十四日为灌口二郎神生日，献祭和各种娱神娱人活动十分繁盛。南宋，"二郎神，即清源真君，在（杭州）官巷。旧志云，东京有祠，随朝立之"[②]。

杭州钱塘江的司水之神是潮神伍子胥。据传，吴国大将伍子胥劝吴王夫差杀掉越王勾践，以绝后患。而吴王听信谗言，杀伍并将其尸首装入皮囊，抛入钱塘江。尔后伍子胥被民间奉为潮神。自唐立祠，至宋仍祀之。南宋临安吴山有忠清庙，每逢夏历八月十八日，除检阅水军外，还举行祭潮神仪式。

---

① （明）宋濂等：《元史·祭祀志》。

② （南宋）吴自牧：《梦粱录》卷十四。

（五）俗人神信仰普遍

宋元社会流行最广的俗人神崇拜尚数祖先崇拜。在宋朝，文武大臣可依规定立家庙，各地的家庙实际上已将敬祖与信神混为一体。北宋名臣富弼致仕后，“每早作”“瞻礼家庙”；宋神宗“皇后侄向子骞妻周氏”对“世间禳桧事又素所不信，但默祷家庙求佑”。南宋时，因儒学者创议，品级不够设家庙者又别另立祠堂。祠堂内“为四龛，以奉先世神主”。宗族的祠堂在宋以后更为流行。平民百姓已将祖宗视为“家神”。他们认为，“祖宗英灵毋有不阴相子孙”。如“信州永丰石井张税院者，家事家神甚谨”“家人朝夕祷之，以冀阴相”[①]。

在祖先崇拜风俗的带动下，宋代社会流行起为忠臣义士、先贤名哲立祠的信仰风俗，民间遂将他们当作神祇供奉，四时顶礼膜拜，香火不绝。据《梦粱录》记载，南宋临安的各种为忠臣义士、先贤名哲所立的祠、庙颇众，如，旌忠庙，俗呼三圣庙，崇祀高水能、景崇仪、程阁使；祚德庙，崇祀程婴、杵白、韩厥等。此俗在地方上也有，如永康军导江县有李冰庙，兴国军永兴县池口镇有祀三国时吴将甘宁的昭勇庙，等等。此外，对本朝的名人，宋代也多予以立祀祠之。如南宋末死难的文天祥等，都在不同的地方立有祠庙。

三　民间淫祀风俗

（一）行业神崇拜流行

宋元时期始流行于世的民间俗神中各种各样的行业神信仰占有较大的比重，如，勾芒神为民间信仰的农事之神，立春时要向勾芒神祈福。元代《元典章》载，官府以勾芒神配亨三皇。每年立春，塑春牛、勾芒神，司农守土正宫率所属官鞭春牛，士官大使，送勾芒神入祀。勾芒神容貌服色装束，就年日干支为其设施。民间，立春日，由人扮勾芒神，其首用木雕成，套在人头上，下穿红色或白色长袍，胸部开一洞口，可往外看。如农民有田神。四川一带“皆重田神，春则刻木虔祈，冬则用牲报赛，邪巫击鼓，以为淫祀，男女皆唱竹枝歌”[②]。《事物纪原》曰：农民“以岁十

① 无名氏：《湖海新闻夷坚续志》后集卷二《家神送物》。

② （北宋）乐史：《太平寰宇记》卷一三七《开州》。

月农功毕，里社致酒食，以报田神，因相与饮乐，世谓社礼”[①]。

民间养蚕人家信奉蚕神。宋代汉民族的蚕神，各地并不统一，有马头娘、蚕丛、蚕姑等。四川祀奉蚕丛氏，因感蚕丛氏治蜀期间教民养蚕有功而立祠纪念，祠庙遍布于蜀中。每年正月五日、三月三日均要举行盛大的“蚕市”庙会，祭祀蚕丛。宋元民间还有以寓氏公主为蚕神的，《蚕书》曰：“割鸡设醴，以祷妇人寓氏公主。”[②]

宋代汉民族饮茶之风大盛，民间卖茶者则奉唐代陆羽为茶神。用陶制陆羽之像，置于茶灶之间，有交易则以茶祭之，无交易则放在锅中用热水浸泡，谓可保佑茶味醇厚，财源茂盛。

此外，有魁星，传说为主宰文章兴衰之神，汉代纬书《孝经援神契》中有“奎主文章”之说，后世遂建魁星阁进行崇祀。南宋时书院祀魁星，并有魁星楼之设。其神像头部类鬼，一脚向后翘，一手执笔，一手持斗，意谓用笔点定中式的姓名。严州有招商神祠，“假懋迁之利，以粒斯民”[③]；传说中造字的仓颉被胥吏奉为本行业之神，“京师百司胥吏每至秋，必醵钱为赛神会”[④]；另一传说人物皋陶成了狱神，“州县狱皆立皋陶庙，以时祠之”[⑤]。

（二）民间淫祀层出不穷

宋元民间还有所谓的淫祀。如许多地方的神庙，不知所祀为谁。如“鄂州城内三公庙，其塑像鼎足而居，不知为何神，邦人事之甚谨”[⑥]；福建兴化军有林夫人庙，“莫知何年所立”“凡贾客入海，必致祷祠下，求杯珓，祈阴护，乃敢行”[⑦]；广西“横州城外有丛祠，目为婆婆庙，不知何神也，土人颇严奉之”[⑧]，如此等等。

有宋一代，民间淫祠层出不穷。为此，宋朝官府经常禁止淫祠。宋徽宗虽耽溺道教，却“诏开封府毁神祠一千三十八区”[⑨]。宋理宗时，胡颖

---

① （北宋）高承：《事物纪原》卷八《赛神》。

② （北宋）秦观：《蚕书·祷神》

③ （南宋）郑瑶、方仁荣：《景定严州续志》卷四。

④ （北宋）叶梦得：《石林燕语》卷五。

⑤ （北宋）方勺：《泊宅编》卷四。

⑥ （南宋）洪迈：《夷坚支志戊》卷六《三公神》。

⑦ （南宋）洪迈：《夷坚支志庚》卷九《林夫人庙》。

⑧ （南宋）洪迈：《夷坚三志辛》卷八《横州婆婆庙》。

⑨ 《宋会要·礼二十》之一四。

在浙西路和湖南路“毁淫祠数千区”[①]。

四 巫卜风俗

（一）信巫成风

宋元广泛流行巫术，人们迷信巫师能向鬼神进行祈祷、占卜以报吉凶，或作预言使人趋吉避凶，故请巫师请神驱鬼，画符咒水，治病疗疾的风俗十分流行。《宋史》有关巫觋惑人和官吏禁巫的事例多有记载。如《宋史·李惟清传》曰：“惟清解褐涪陵尉，蜀民尚淫祀，病不疗治，听于巫觋。惟清擒大巫笞之，民以为及祸。他日又加箠焉，民知不神。然后教以医药，稍变风俗焉。”[②]《侯可传》曰：“可知巴州化城县。巴俗尚鬼而废医，惟巫言是用。可禁之，几变其俗。”[③]《夏竦传》曰：“竦徙寿安洪三州。洪俗尚鬼，多巫觋惑民。”[④] 如此等等，并有许多专业巫觋。

用巫术诅咒人得病或死亡的风俗，由来已久。宋时皇室、官员也耽溺此道。孟后由于被诬以巫术“厌魅”[⑤] 被宋哲宗废；女巫刘德妙经常出入宰相丁谓家，丁谓教刘德妙改为女冠，为之“作颂，题曰‘混元皇帝赐德妙’，语涉妖诞”[⑥]；巫师“厌胜诅咒，作孽兴妖”，一李姓学谕居然信以为真，“谓其父病之由，起于师巫之咒，钉神之胁，则父之痛胁，钉神之心，则父之痛在心”[⑦]。

在民间，则由于巫师的煽惑，不少地区流行着可怕的杀人祭鬼之风。如江南东路一带“所在乡村，多有杀人祭鬼之家，平时分遣徒党，贩卖生口，诱略平民”“脔割烹炮火危，备极惨酷。”[⑧]“巴峡之俗，杀人为牺牲以祀鬼，以钱募人求之，谓之采牲。”[⑨] 等等。对这种恶俗，因宋统治者曾多次下诏，严令禁止，虽有所收敛，但难以根绝，到元朝仍时有发生。故《元史·刑法志》规定曰：“诸采生人支解以祭鬼者，凌迟处死，

---

① （元）脱脱等：《宋史·胡颖传》。

② （元）脱脱等：《宋史·李惟清传》。

③ （元）脱脱等：《宋史·侯可传》。

④ （元）脱脱等：《宋史·夏竦传》。

⑤ （元）脱脱等：《宋史·哲宗昭慈孟皇后传》。

⑥ （元）脱脱等：《宋史·丁谓传》。

⑦ 《名公书判清明集》卷十四《巫觋以左道惑众者当治士人惑于异者亦可责》。

⑧ 同上书，《行下禁约本路杀人祭鬼》。

⑨ 《宋会要·刑法二》之三至四。

仍没其家产，其同居家口虽不知情，并携远方。”

（二）前兆迷信流行

宋元时期各种各样的前兆迷信很多，各种各样的术士自称能利用相应的方法对其加以预测。当时预测的术数，常见的有算命。算命一般以人的生辰八字推断命运祸福。宋徽宗当端王时，命人持八字去大相国寺“遍问”“吉凶”，有浙人陈彦算出他为“天子命”，后陈彦来竟“官至节度使”①。

宋时，拆字术也相当流行。宋徽宗曾写一“朝”字，请“蜀人谢石”相字，谢石解曰：“大家天宁节以十月十日生，此‘朝’字十月十日也，岂非至尊乎！”② 又，“建炎间，术者周生善相字。车驾至杭，时金骑惊扰之余，人心危疑。执政呼周生，偶书杭字示之。周曰：‘惧有惊报。’及拆其字，以右边一点配木上，即为兀术。不旬日，果传兀术南侵”③。

此外还有相面术和摸骨术。北宋名臣寇准“十九擢进士第”，而“有善相者”却曰：“君相甚贵，但及第太早，恐不善终。若功成早退，庶免深祸。”④ 后来寇准果未能善终。

在宋朝流行的还有风水术，遇有丧事，多请“术者”择地而葬。以及风行于朝野的预测方法占卜。在于官僚士大夫阶层一般流行六壬和卦影。如“日者蒋坚”“其学精于六壬，为士大夫所称道”。⑤ 又有卜筮，又称“卦影”。有宋一代，“士大夫无不作卦影”⑥。而民间占卜多采用接紫姑、掷珓、卜卦、鸡卜、鸟卜等。另外，还有梦兆和求签。

第七节　宋元汉民族的社会风俗

一　家庭风俗

（一）五口之家普遍流行

宋元时代的一般家庭是“父母妻子、五口之家”。华岳《田家十绝》

① （南宋）周烬：《清波杂志》卷三。

② （南宋）蔡絛：《铁围山丛谈》卷三。

③ （清）潘永因：《宋稗类钞》卷七《方技》。

④ （南宋）江少虞：《宋朝事实类范》卷四九《寇莱公骨似卢多逊》。

⑤ （南宋）洪迈：《夷坚初志甲》卷十《蒋坚食牛》。

⑥ （北宋）魏泰：《东轩笔录》卷一一。

诗曰："老农锄水子收禾，老妇攀机女掷梭。"① 是四口之家；方回《续古今考》载曰：江南太湖流域的客户，除向地主交纳租米外，一般"自得三十石，五口之家，人日食升，一年食十八石，有十二石之余"②，是五口之家。据《元史·地理志》记载，元代至元二十七年（1290 年）统计户口时，"南北之户总书于策者，一千三百一十九万六千二百有六，口五千八百八十三万四千七百一十有一"③。据此推算，每户不到 4.5 人，虽各地情况不尽相同，多寡不等，但大体保持在 4—6 人。可见，当时社会上普遍流行的是"五口之家"的小家庭。

（二）"义门"家庭为朝廷所提倡

在宋代，朝廷提倡同居，反对分家，故数代同堂，十数、数十口的大家庭已有相当的存在，如宋仁宗时丁度曾对川峡自耕农家庭作如下描述曰："蜀民岁增，旷土尽辟，下户有田三十五亩或五七十亩，而赡一家十数口。"④ 属于有祖父母、父母、兄弟等组成的大家庭。这类数代同堂的大家庭人口多寡不一，少者十余人、数十人，多者几百人甚至上千人。包括兄弟、从兄弟、再从兄弟等，有四世同居、五世同居，甚至六世、七世同居。这些大家庭有同居、共财、合爨的风俗，号称"义门"。两宋时期，累世同居的大家"义门"甚多，据《宋史》所载就有达 50 人。如江州陈氏大家庭南唐时人口 700，宋时增至千口，其后发展到 3700 口。这些大家庭存在时间长短不一，有的几十年，有的上百年，多者达三四百年。大家庭生活相当有秩序，如江州陈氏大家庭，"不畜仆妾，上下姻睦，人无闲言，每食，必群坐广堂，来成人者别为一席"；青阳方氏"家属七百口，居室六百区，每旦鸣鼓会食"⑤。有些大家庭甚至设置书堂与书院。如江州义门陈氏自唐中叶就建有家塾，号称东佳书堂，入宋以后改称义门书院，有专门的田地。宋初徐锴《陈氏书堂记》曰："陈衮于东佳为书院，堂庑数十间，聚书数千卷，田二十顷，以为游学之资，子弟弱冠以上就学焉。"⑥ 当然，只有在重孝悌伦理，并拥有大量土地的极少数仕

① （南宋）华岳：《田家十绝》之三《翠微南征录》卷十。
② （元）方回：《续古今考》卷十八。
③ （明）宋濂等：《元史·地理志》一。
④ （北宋）李焘：《长编》卷一六八。
⑤ （元）脱脱等：《宋史·孝义传》。
⑥ （清）沈建勋修：《同治德安县志》卷三。

宦人家，才能保持这样数代同居。

（三）家长专制得以强化

宋元时期，不论家庭大小，人口多寡，风俗实行父权制。父亲是家长，家庭成员都得听从他的指挥。在家庭中父亲具有绝对的权威。在父亲的权威下，不仅家庭所有成员，包括妻、妾、子、孙以及子孙的妻妾、未婚的女儿孙女、同居的旁系亲属以及家中的奴婢，都受其控制。在父子两代的小家庭中，父亲是家长；在“父母妻子”的三代小家庭中，祖父是家长；在大家庭中，宗子是家长，即祖父、父亲不在，长子、长孙是家长。

家长可以随意地干涉子女的行为。家庭成员如果做错了事情，家长可以责罚、打骂；“父母之命，媒妁之言”，家长可以对子女的婚姻大事做出安排；“子不教，父之过”，如果子孙犯了法，家长可以代受过；子孙不孝，父母可告官，要求给予惩罚，如真德秀知泉州时，有母告子不孝，审问得实，杖脊于市，髡发居役①。

在数世同居共财的大家庭，经济生活大权由家长控制，家长“必谨守法以群子弟及家众”，而“凡诸卑幼，事无大小，必咨禀于家长”②。家庭的各项生产经营，庆吊往来、宗教祭祀等均由家长统一安排。

（四）男不言内，女不言外

宋元时期，汉民族家庭实行严格的男主外、女主内，内外有别，以“男不言内，女不言外”③为原则。女子“主内”的主要内容为育婴、烹饪、缝补、浆洗等家务杂事。在宋元时代，女子往往受“三从四德”的限制，在家庭中地位很低。但由于宋代汉民族社会婚姻重财，盛行“榜下择婿”之风。一些家境贫寒的中举士人，被富有人家择中，而乐意因财入赘；一些豪富之家嫁女，陪嫁的财资丰厚，在这样的家庭中，妇女的地位相对要高一些。

（五）父祖在，分家为不孝

在宋代，政府提倡同居，反对分家。所以家庭财产不经家长许可，家庭成员不能擅自动用，违者要受到一定的处罚，少者笞一二十下，多则杖

---

① （南宋）真德秀：《西山政训》。

② （北宋）司马光：《书仪·居家杂议》。

③ 《礼记·内则》。

至一百。家长在，子孙更不能将家庭财产，如奴婢、六畜、田宅，以及其他财物私自出卖。

在财产分配上，宋代汉民族流行财产遗嘱继承的习惯。袁采《袁氏世范》曰："父祖有虑子孙争讼者，常欲预为遗嘱之文。"① 父祖在，分家为不孝；只有父祖死后，子孙分家才合法。对财产的继承，若有子孙在，则由子孙分割；若无子孙的"绝后"，收养继子或有女无男或入赘女婿，多采用遗嘱的形式分割其财产。

在元代，政府虽然规定"父母在堂之家，其兄弟诸人不许异居"②；但又规定："祖父母、父母许令支析别籍者听。"③ 成家立业后即要求析居，是很普遍的。如辽阳（今属辽宁）人郭全继母唐古民生四子，"既长娶妇，各求分财异居"。孔齐之外舅已殁，"外姑潘氏主家，三子德远、子道、德芳各治其己事而不辅其母"④。可见当时兄弟分居的现象比较普遍，并出现了潘氏三子"不辅其母"之类的情况，造成严重的社会问题。故中书省御史台曾有人奏曰："伏见随路居民有父母在堂，兄弟往往异居者，分居之际，置父母另处一室，其兄弟诸人分供日用。父母年高，自行拾薪，取水执爨为食。或一日所供不至，使之诣门求索。或分定日数，令父母巡门就食，日数才满，父母自出，其男与妇亦不恳留。循习既久，遂成风俗，甚非国家所以孝治之意。"要求朝廷发布禁令，"父母在堂之家，其兄弟诸人不许异居"⑤。

（六）立嗣宗祧之俗形成

元时，若夫妇无子，必将导致宗祧断绝。故可以立同宗中辈分相当者为继子，以继承香火。元朝政府规定："诸人无子，听养同宗昭穆相当者为子，如无，听养同姓。"⑥ 但是立嗣须经官府同意，并"发给公据"，填之户籍。但又规定不准立异姓子为嗣。因为异姓之人为螟蛉，会惹出了许多麻烦。如至元二十九年（1292 年）宾州（今广西宾阳县北）人黄千一夫妇无嗣，近族内也没有昭穆相当的男孩，便立其妻陈氏之侄为嗣，改名

① （北宋）袁采：《袁氏世范》卷一。
② （元）方龄贵：《通制条格》卷三《户令·亲在分居》。
③ 《元典章》卷十七《户部三》。
④ （元）孔齐：《至正直记》卷二《外戚之患》，上海古籍出版社 1987 年点校本。
⑤ （元）方龄贵：《通制条格》卷三《户令·亲在分居》。
⑥ 《元典章》卷十七《户部三·承继·禁乞养异姓子》。

黄云瑞。黄千一之父生前曾做过知府，黄云瑞竟“盗发其坟，斧其棺，火其尸，尽取棺中原殡之物，至于坟茔庵寺，悉以售之他人”[①]。黄云瑞本姓陈，与黄家无血缘关系，才敢如此肆无忌惮地挖掘黄家祖坟。当然，这是个极端的例子。当时朝廷虽然禁止异姓螟蛉子，但民间为了养老传后，则不顾禁令，照养不误。如建宁（今福建建瓯）人有的不到弱冠（20岁）之年便已抱子；有的刚刚娶妻便抱养儿子；有的生前不曾抱子，死后族人觊觎其财产，捏造立继文书，图谋霸产；还有的螟蛉子娶其女为妻，妄认为婿以承继财产者，种种混乱，不一而足。针对这种情况，元朝政府规定：“今后年及四十无子之人，方听养子，皆须明立文字。”[②] 并上官府给以公据。

（七）一夫多妻风行

元代百姓大多是一夫一妻，除了王公贵族、达官显宦拥有众多妻妾外，一般人并无此特权。在外地做官者，“如委亡妻及无子嗣，欲娶妻妾者许。令官媒往来通说，明立婚书”[③]。无妻或无子的官员准许娶妻妾，这是为已仕官员娶妾开方便之门。其实，凡是居官之人，大多有妻室，不过他们上任时不携妻前往，便诡称没有妻室。因为山水迢迢，有司也不肯认真调查，致使不少官员娶有多位妻子。至元十年（1273年）规定：“有妻再不得求娶正妻外，若有求娶妾者，许令明立婚书求娶。”至元十三年（1276年）又规定：“有妻许娶次妻”[④]，则一夫多妻为合法。

（八）重家规家法

宋元时期的一些大家庭，为规范家庭成员的行为，往往定有家规家法。如司马光《家仪》规定：“凡为宫室，必辨内外，深宫因宫门。内外不共井，不共浴室，不共厕。男治外事，女治内事。男子昼无故，不处私室，妇人无故，不窥中门。男子夜行以烛，妇女有故出中门，必拥其面。男子缮修及有大故，不入中门，入中门，妇人必避之，不可避，亦必以袖遮其面。女仆无故，不出中门，有故出中门，亦必拥蔽其面。铃下苍头但

① 《元典章》卷十七《户部三·承继·禁乞养异姓子》。

② 《元典章》卷十八，《养子须立除附》。

③ 《元典章》卷十八《户部四·官民婚·流官求娶妻妾》。

④ 《元典章》卷十八《次妻·有妻许娶妾例》。

通内外言，传之内处这物。”从这段《家仪》规定看，宋代由于理学的兴起，对女性生活空间的限制加强，妇女的社会地位已有较大的变化。

（九）养育兄弟遗孤之风兴盛

宋元时期，养育兄弟遗孤之风兴盛。《宋史·李仲容传》曰：李仲容“三弟早卒，字其诸孤十余人如己子，当世称其长者”[①] 《查道传》曰：查道“及居京师，家甚贫，多聚亲属之独者，禄赐所得，散施随尽，不以屑意”[②]。《王居正传》曰：“奉禄班兄弟宗族，无留者。”[③]

二　宗族风俗

（一）谱牒之风重兴

经唐末农民战争的扫荡和五代十国时期的战乱，门阀士族退出历史舞台，谱牒之学日趋衰落，“由贱而贵者耻言其先，由贫而富者不录其祖，而谱遂大废”[④]。至宋，应理学家“管摄天下人心，收宗族，厚风俗，使人不忘本，须是明谱系世族与立宗子法”[⑤] 的思想，谱牒的撰修有增无已。不同的是：宋以前的谱牒用以夸示门第，作为任用官吏的依据，由官方的图谱局记录副本，核实备案，宋则改“奉敕修定”为“家自为说”的私家编修，用来“敬宗收族”，维系本族族人。此类私家之谱有家谱、宗谱、族谱、友谱、家乘、世谱等。

同时还产生专门记载人物生平事迹的“年谱”体裁。当时欧阳修的《欧阳修谱图》和苏洵的《苏氏族谱》成为私谱之圭臬，改以家谱只收录直系长子孙为合族修谱，支庶兼采。欧阳修的“谱例”是：“谱图之法，断自可见之世，即为高祖，下至五世玄孙而别是为世。”“凡疏者略之，近者、亲者详之。”苏洵的“谱法”为“凡嫡子而后得谱，为谱者皆存其高祖，而迁其高祖之父”。

据欧、苏两谱，谱体例通常包括常例、谱系、恩荣、祠宇、冢墓、家传、艺文等方面。南宋时，由于大批北人南迁，为了传记祖宗历史，修谱之风开始盛行起来。但是由于金兵大肆南侵，聚族而居的大家族因战乱而

---

① （元）脱脱等：《宋史·李仲容传》。

② （元）脱脱等：《宋史·查道传》。

③ （元）脱脱等：《宋史·王居正传》。

④ （北宋）苏洵：《嘉祐集》卷十三《谱例》。

⑤ 《张载集·宗法》。

流徙，同时给修谱带来了困难，“世遇乱离，人不自保，遂使子孙不得尽知先世之所以来”。[①] 正因为如此，一些宗族千方百计，通过大量的采访，收集旧有族谱，重新编撰新族谱。如游氏族谱就是通过“询之遗老，稽之残牒，自十世而上，凡官称、名字、配偶、卒葬，幸有得，则皆录之而不忍遗之”[②]。南宋修谱有些是继修，如婺源王氏北宋时修有“九族图”，南宋时更修“世系录”[③]；婺州东阳胡氏北宋时“始续世家”，南宋时“更修家牒，名曰世谱”[④]。有些是在南宋时开始修谱的，如丰城孙氏在南宋孝宗、宁宗、度宗三朝三次修谱。

苏州·范义庄“先忧后乐”牌坊

元年以后，族谱的修撰逐步盛行，并逐步规模化，其作例也逐步程式化对族谱纂修的时间、义例及族谱的保存都有明确的规定，族谱更加成为家族组织风俗的一个重要表现。

（二）族产兴起

作为宗族结合的物质基础的族产，宋代汉民族有以赡养救济宗族成员为主要目的义田，以充各族祭祀祖先费用的祭田，以供养、资助“仕进及贤裔贫者”[⑤] 的义学田和为埋葬贫困族众而置办的义冢等。

北宋仁宗皇祐元年（1049 年），范仲淹“于其里中买黄郭常稔之田千亩，号曰义田，以养济群族”[⑥]，首开义庄之举，为世人竞相仿效。一时间，置办义田、义庄，周济族人，成为当时社会的风俗。江西人刘辉置义

① （南宋）欧阳守道：《巽斋文集》卷十一《黄师董族谱序》。

② （南宋）游九言：《默斋遗稿》卷下《原谱》。

③ （元）戴表元：《剡源文集》卷十八《题婺源武口五氏世系》。

④ （南宋）胡助：《纯白斋类稿》卷二〇《胡氏族谱序》。

⑤ （明）刘松：《隆庆临户府志》卷十一。

⑥ （北宋）钱公辅：《义田记》，载《范文正公集，褒贤祠记》卷二〇。

庄田数百亩[①]，曾巩“悉其资力置义田”[②]，向子湮“置义庄以赡宗族贫者”[③]，等等。

祭田，有墓祭田和祠祭田两种。墓祭田又有赡坟田、祭田、蒸赏田等形式。赡坟田，又称“赡茔田土”“赡茔田产”，以田产收入供养守墓人费用，及家族岁时节日合族祭祀开支；祭田、蒸赏田的收入，“用于专修四代坟忌及时祭合族之费”。[④] 墓祭田在宋代汉民族普遍存在，并得到了朝廷的鼓励。祠祭田的出现，但在南宋中叶，据朱熹《家礼》记载，当时民间初立祠堂，则计田每龛取其二十之一，以为祠祭田。在福建地区，一般宗族有祠祭田，少则几亩，多则几十亩，富裕的豪宗大族甚至达几百亩。祠祭田一般由族人捐置，如福建林宗壁在其父死时，与侄儿商虽，出田若干，为祭祀祖宗之需。[⑤] 族中绝户的田产，一般也纳入祠堂产业，以奉祀祖先。墓祭田、祠祭田一般由宗族子孙轮流掌管，亦有宗族派专人掌管经营的。

宋代科举取士范围已扩大到各阶层，各个宗族为了扩大本族势力，纷纷创设义学，以鼓励和奖掖本族子孙奋发向上，科教中举，光宗耀祖。宋代汉民族义学的学舍大多为宗族所有，有些大宗族的学舍还发展成为书院，如华林书院、申义书院等。为保证义学的正常开支，许多宗族设有专门的义学田。大多数宗族义学的办学经费由义田，或祭田收入中拨付。到元代时这种现象较为普遍。

宋元社会的族产，除了田产外，还有房产，如祠堂、义宅、义仓、宗族学舍，以及车、船等不动产等。宋代汉民族宗族中所建义宅，主要为了收养宗族中“贫不能自存”的族人。义仓用以收储义庄所收的米粮布匹，接济族人，有时是免费救济，有时则是有偿借贷。

（三）祠堂初现于世

两宋时期，汉民族的宗族祠堂初现于世。当时的祠堂，有家庙和宗祠之分，即官员建家庙，一般俗人建祠堂。

---

① （北宋）王辟之：《渑水燕谈录》卷四《忠孝》。

② （南宋）虞集：《道园学古录》卷三五《南丰曾氏新建文定公祠堂记》。

③ （南宋）江应辰：《文定集》，《徽猷阁直学士右大中大夫向公墓志铭》。

④ （南宋）陈淳：《北溪大全集》卷九《宗会楼记》。

⑤ （元）陈高：《不系舟渔集》卷十二《林氏祭田记》。

北宋初年，官员只能在“寝室奉先世神主”，不曾建立家庙[①]。宋仁宗庆历元年（1041 年）允许官员建家庙。皇祐二年（1050 年），宰相宋庠奏请礼官奏仪定礼，规定正一品平章事以上官可立四庙，东宫少保以上立三庙，余官祭于寝。嘉祐四年（1059 年），文彦博在西安“因得唐杜佑旧庙于曲江，犹是当时旧制，堂四室，旁为两翼”“遂仿为之”。[②] 文氏家庙成为宋代汉民族最早的家庙。到了宋徽宗大观二年（1108 年），朝廷对群臣家庙制度又作进一步修改，规定三品以上官员可以祭五世，正八品以上可以祭三世，其余可以祭二世。家庙风俗才逐渐在官员中流行开来。

宋初，官员建家庙必须经朝廷下诏特许，只有少许大臣得以建家庙[③]，故一些地方出现了祠堂。如仁宗天圣年间，官员任中师在其老家山东曹州“治其第之侧隅，起作新堂得敞三室”“以时升画像而荐岁时焉”，中室供其父，东室供其母，西室供其兄礼部尚书任中宗，取堂名为“家祠堂”。[④] 这可说是宋代汉民族最早的祠堂，只不过只供奉父辈祖先，属于家祭性质。另如范仲淹死后，庆州、淄洲长山县等地为表彰他的功绩，陆续为他建立纪念性的祠堂[⑤]。王安石死后，在江西抚州故乡，当地官员建筑了“荆国王公祠堂”[⑥]。但此时的祠堂，还不是宗祠。

到南宋时，祠堂制度普遍流行，几乎每个聚族而居的宗族，都有一个或几个祠堂。此时的祠堂不仅有“家祠堂”，而更多的是小宗的宗祠。如福建莆田黄仲元兄弟以家乡族伯的旧厅作建祠堂，“祠吾族祖所自出……共十三代”[⑦]。到了南宋后期，以宗族为单位的宗祠已经出现。如抚州金溪的陆九渊宗族建有“祖祢祠堂”。祠堂不仅供宗族祭祀、举行典礼、宣布重要决定之用，甚至族人每天要到这里议事。[⑧] 到了元代以后，宗族祠堂大量出现，并成了元明宗族制度的重要组成部分。

（四）族规得以强化

族规指“家法”“义约”“规矩”一类的宗族私法，如江州陈氏《家

---

① （南宋）朱熹：《家礼》卷一《通礼·祠堂》。

② （北宋）司马光：《温国文正司马公集》卷七九《文潞公家庙碑》。

③ （元）脱脱等：《宋史·礼志十二》。

④ （北宋）穆修：《穆参军集》卷下《任氏家祠堂记》。

⑤ 《范文正公集》卷一二二《褒贤词礼》。

⑥ （南宋）陆九渊：《象山先生全集》卷十九《荆国王文公祠堂记》。

⑦ （南宋）黄仲元：《四如集》卷一《族祠思敬室记》。

⑧ （南宋）罗大经：《鹤林玉露》丙编卷五《陆氏义门》。

法十三条》、范仲淹《义庄规矩》、司马光《家范》、吕祖谦《家范》、袁采《袁氏世范》等，是宋代汉民族家族组织用来管理控制族人的条法。族规的内容多在家族伦理、纲常名教、勤俭持家、勠力本业、完纳国赋、息灭争讼等方面。北宋中期，京兆府兰田人吕大钧制有《乡约》，后朱熹加以修订，撰成《增损吕氏乡约》，流行于世①，对后世"家法""义约"风俗的形成影响颇大。可以说都是宗族私法，它要求族人共同遵守，具有一定的强制性。如果族人违反了家规，"家长会众子弟责而训之。不改，则挞之；终不改，度不容，则告于官，屏于远方"②。如理宗时，台州黄岩县封建家族订有"义约规式"③；饶州鄱阳县朱氏家族，该族尊长每天聚集子弟"训饬""久而成编"，形成族规，外人"或疑其太严"④；绍兴府会稽县裘氏家族，族长"有事取决，则坐于听事"，并按族规以竹箄笞打有过失的族人⑤；吉州永新人颜诩，全族百人，"家法严肃，男女异序，少长辑睦，匜架无主，厨馔不异"⑥。

（五）族长"坐听于事"

宋代汉民族的族长是宗族或家族的首领，族长的产生一般由族人共同推举，没有世袭。族长一般是宗族中年龄最长者，如果族人商议选举，年龄次高者也可以充任族长。在一些较大家族，除了族长外，还有宗子，一般由嫡长子担任，但宗子只管祭祖，是宗族的精神领袖，族内具体事务一般由族长负责管理。

族长在宗族内主持祠堂事务，掌管族田收支，如祭田的收入一般"交族长掌管"⑦，由族长"主其收支"⑧。在一般宗族中，族长"有事取决，则坐于听事。有竹箄亦世相授矣，族长欲挞有罪者，则用之"⑨。可见，族长有一定的宗族司法权。宗族中逢年过节的族人拜会活动，"岁时会拜，同族咸在"，也要由族长召集和主持。此外，族人中若有户绝，其

---

① 《朱文公文集》卷七四《增损吕氏乡约》。
② （南宋）罗大经：《鹤林玉露》丙编卷五《陆氏义门》。
③ （南宋）杜范：《杜清献公集》卷一《跋义约规式》。
④ （南宋）黄震：《黄氏日抄》卷九十《〈训族编〉序》。
⑤ （南宋）王林：《燕翼诒谋录》卷五《越州裘氏义门旌表》。
⑥ （元）脱脱等：《宋史·颜诩传》。
⑦ （南宋）黄干：《勉斋先生黄文肃公文集》卷三四《始祖祭田规约》。
⑧ 《名公书判清明集》卷八。
⑨ （南宋）王林：《燕翼治谋录》卷五。

立嗣活动也由族长代理和主持，“立继由族长，为其皆无亲人也”[①]。族人分家，有时也请族长出面主持，若发生纠纷，一般由族长来裁定。如南宋时李子钦随母改嫁谭念华，谭有前妻所生子谭友吉等，后谭念华死，李子钦继承谭的田产，谭友吉等不服上讼，地方官“唤集谭氏族长，将谭念华所管田产及将李子钦姓名买置者，并照条作诸子均分”[②]。此外，族长对外还要协助官府统摄本族成员，处理与乡里邻族的关系。

（六）族内互助成风

宋元汉民族宗族大多聚族而居，有族内互助风俗。一旦族人遇灾荒或病疾，生计无法维持下去时，宗族常要进行内部赈济。宗族内部赈济的对象一般有以下几个方面：一是族人贫困无以为生者，“岁籍其入，以赒恤宗族邻里之贫者”[③]；二是族中孤残者，“以赡宗族之孤寡贫困者”[④]；三是族中无力婚娶者，“婚丧诸费者，量厚薄之宜，制隆杀之等而周给焉”[⑤]。宗族赈济的办法，大多是计口授给。如范氏义庄，其族人每人每月可支米 3 升，冬天可支绢 1 匹，凡娶妇可支钱 20 贯，嫁女支 30 贯。[⑥]但大多数宗族不能像范氏义庄那样赈济全族所有成员，而只能赈济贫穷、孤寡、残疾之族人。

族内互助还表现在宗族劳动成员的生产协作上。在宗族内部，虽然以一家一户生产为主，但对于一些较大的工程，诸如盖房、修室、建桥、铺路、兴学舍以及宗族内的一些建设项目如修祠堂等，非一家一户所能完成，这就需要由宗族出面，调动所有劳动成员共同协作。

族内互助还包括经济互助。如族中有人进行婚丧嫁娶时，族众要凑钱帮助，“所助之事，所遗之物，亦临时聚议，各量其力”[⑦]。宋代汉民族许多宗族都设有义仓，粮谷由族众捐献，主要用于遇灾害时借贷给族人以度饥荒，系族内经济互助的一项重要内容。

---

① 《名公书判清明集》卷八。

② 同上。

③ （元）陈高：《不系舟渔集》卷十二《义田记》。

④ 《名公书判清明集》卷八。

⑤ 黄溍：《浓氏义庄记》，载《金华黄先生文集》卷七上，四部丛刊初编本。载引自张蕾、周扬波《元代湖州花溪沈氏家族概述》，载《湖州师范学院学报》2008 年第 4 期。

⑥ （北宋）钱公辅：《义田记》，载《范文正公全集·褒贤集》。

⑦ （南宋）朱熹：《增损吕氏乡约》，载《青照堂丛书》。

此外，宋元时期个人对宗族的赈恤也蔚然成风，如《宋史·李定传》曰："定于宗族有恩，分财赈赡，家无余赀。"[①]《葛宫传》曰："宫性敦厚，恤录宗党，抚孤嫠，赖以存者甚众。"[②]

（七）宗族祭祀隆盛

祭祖是宗族最主要的活动，有寝祭、墓祭和祠祭等形式。寝祭一般是族中各小家族的祭祀方式，在每个小家族的正房或厅堂，面对祖先的牌位设祭。墓祭即扫墓，一年两次，分别于清明和冬至举行。有的则仅清明祭扫一次。墓祭是宗族中的重要活动，族中男丁均须参加，否则要受族规惩罚。届时族众先齐集于祠堂，再由族长率领到始祖墓地祭拜。

祠祭是全族在祠堂集体祭祖，是族中最隆盛的祭典活动。事先由族长牵头，组织族人购置祭品，筹备筵席，并选择吉日。届时钟鼓齐鸣，全体族众群集于祠，同祭祖先。祭毕，有时还要演戏，以示隆重。祠祭所需费用，先用祭田收入开支，不够，则向族人摊派。

三 社区风俗

（一）杂姓而居

宋元时期汉民族大多数村落是"杂姓而居"，村落大小不一，从十几户到几十、上百户不等。村民男耕女织，自给自足，很少依赖市场，除耕种土地外，尚有家庭小作坊，诸如纺织等。为了维系村落的日常运行，宋代一般采取编户齐民的办法，即在这些村落设置乡、里、社、村。后又改为乡下设都、都下设保、保下设伍的保伍法。

在保伍法下，如遇盗杀，被害家属和同伍要立即报告官府，否则，延误一天杖 60 下。宋中叶后，保甲法规定：相邻每 10 家结为 1 小保，选"有才干心力"的主户中人任保长。每 5 小保结为 1 大保，每 10 大保结为 1 都保。如果自然村落民户较少，不及 5 户，则并入附近其他保内；户不分主、客，每户有 15 岁以上的两丁抽一丁编入保甲为保丁；每晚，保长要派 5 名保丁在本保地界巡逻，遇盗贼，则各保互相击鼓报警协助捉拿；本保内有犯强盗、偷窃、杀人、放火、强奸、贩卖人口、传习妖教等罪，均须报官，若知而不告，则要连坐；保内居民有逃亡、迁移、死亡，或新

---

① （元）脱脱等：《宋史·李定传》。

② （元）脱脱等：《宋史·葛宫传》。

迁入的，应报县衙。且每保设一牌，记载本保居民及保丁姓名。[①]

南宋时在乡村实行乡都保甲制。“五家为甲，甲有长，二十家为保，保有大长。凡一百二十五家，则揭其党里、姓名于都亭。其有不孝不支，不姻不恤，凡以泯彝败俗，合众而挞罪之。”[②] 乡村的保甲，除负责征派赋税徭役、维护村落治安外，还有教化民众的职能。乡约乡规成为乡里组织奉行教化的手段。

南宋初，许多乡村有成立义社的风俗。有些义社是真正抗击金兵的；有些则在恶霸的把持下，趁火打劫，掠夺财物，肆意杀戮，危害社会治安。

元代承金代之俗称农村为“村社”，设里正劝课农桑，督促赋税，又设主首辅助里正。世祖至元年间实行“村社”制[③]，其主要内容为：诸县所属村疃，凡五十家立为一社，不以是何诸色人等，并行立社，令社众推举年高、通晓农事、有兼丁都立为社长。如一村五十家以上，只为一社。增至百家者，另设社长一员。如不及五十家者，与附近村分相并为一社。若地远人稀，不能相并者，斟酌各地面，各村自为一社者听。或三四村、五村并为一社，仍于酌中村内选立社长。官司并不得将社长差占别管余事，专一教劝本社之人务劝农桑业，不致废惰。

（二）坊市杂混

宋代的城市经济较之唐代有很大的发展，除了北宋都城汴京和南宋都城临安为当时全国最大的政治、经济、文化中心外，其他如路、府、州、军、监、县的所在地都是著名的城市，如北宋的“四京”以及南宋沿海一带的广州、澉浦、宁波、泉州等，都是中外闻名的商贾会集之地。

宋代由于商业的发展，坊市制开始突破，出现了坊市杂混的局面。商人只要纳税，可以随处开设铺店，因而出现了一些新的商业街道和场所，这些商业场所往往与居民区杂混交错。宋代的城市区划有厢、坊、里、巷等，在城市管理上实行厢坊或坊制。如宋初有八厢，在新城外设置九厢，共十七厢。厢的设立，主要是管理城市生活。

---

① （南宋）李焘：《续资治通鉴长编》卷二一八。

② （南宋）魏了翁：《鹤山先生大全文集》卷八九《吴猎行状》。

③ 《元典章》卷二三《户部九·立社·劝农立社事理》。

宋代城市厢坊设有巡捕，负责城市防火，“每坊巷三百步许，有军巡铺屋一所，铺兵五人，夜间巡警，收领公事。又于高处砖砌望大楼，楼上有人卓望，下有官屋数间，屯驻军兵百余人，又有救火家事，诸如大小桶、洒子、麻塔、斧锯、梯子火叉、磊索、铁猫儿之类。每遇有遗火去处，则有马军通报厢主，马步军殿前三衙、开封府、各领军级扑灭”①。

东京、临安等城市有官方消防服务机构。东京的消防队名“军巡铺”，归军队建制，城中高处砌有“望火楼”，楼下屯住救火人员，并备有各种灭火器具。另设有专门报火警的快马，称“望火马”。南宋临安“分六都监界分，差兵一百四十八铺以巡防烟火”②，每“铺”屯兵卒数人，统称为“防隅一军”，专门负责巡警所辖地段的“烟火”。每“隅”处建“望火楼”。遇有火情，军兵以旗帜指其方向为号令，入夜则以灯火指明。救火时，“望火楼”规定：“若朝天门内以旗者三，朝天门外以旗者二，城外以旗者一；则夜间以灯，如旗分三等也。”③ 为防止火患，京师有的灯火管制风俗，临近半夜，“消防队”就在“官舍第宅名望之家”不停巡逻，以防不测。

宋代的城市厢坊的管理较之唐代有许多改进。唐代坊市有时间限制，城门、坊门入夜都要关闭，而宋代城门一般三更一点闭，五更一点开。④在开封还有州桥夜市、马行街夜市，营业时间一直持续到三更⑤；南宋临安的夜市营业时间更是延长到四更⑥，几乎是通宵达旦。

元代城市社区则有严格的户口查验制度和值夜风俗。

（三）社区义仓流行

宋淳熙年间，福建安抚赵汝愚首创举子仓，为宋元义仓风俗之始。刘光祖《宋丞相忠定赵公墓志铭》曰：“闽俗，生子往往不举。公创举子仓，凡贫不能举其子者，以书其孕之月而籍之。及期，官给之米，而使举其子，所全活甚众。”⑦ 庆元元年（1195 年）十一月，朝廷“将建、剑、

---

① （北宋）孟元老：《东京梦华录》卷三《防火》。

② （元）脱脱等：《宋史·职官志》。

③ （南宋）吴自牧：《梦粱录》卷十《防隅巡警》。

④ （清）徐松：《宋会要辑稿·方域一》之一五、一六。

⑤ （北宋）孟元老：《东京梦华录》卷二。

⑥ （南宋）吴自牧：《梦粱录》卷十三。

⑦ 傅增湘辑：《宋代蜀文辑存》卷七一。

汀、邵四州没官田产免行出鬻，官收其课，以给助民间举子之费”[①]。嘉定五年（1212 年），知桂阳军（治今湖南桂阳）赵崇度把户绝、冒占等田作为举子田，将地租收入存入举子仓，以充举子之费。江东转运副使真德秀嘉定十一年（1218 年）创慈幼庄，其俗与举子田、举子仓相同。此后，各地义仓纷纷设立，不仅有官府创办的，更有民间宗族创办的，还有民间个人捐办的。

（四）鼓励领养弃子

宋时，民间弃婴之风极盛，成为一大社会问题。为鼓励百姓领养，朝廷一再强调收养之后，“将来不许认识”。并在经济上给予资助，“若民间之人，愿收养者听。官仍月给钱一贯、米三斗，以三年住支”[②]。法律上予以保障，《宋刑统》规定：“其遗弃小儿年三岁以下，虽异姓，听收养，即从其姓。”[③]

四 会社风俗

（一）集会结社普遍

会社即结社赛会，是民间自发的松散性社会组织，多形成于城镇居民中。宋代汉民族民间的会社组织普遍，集会活动频繁。会社有合法与非法两类。合法的多具地方武装职能，属乡兵的范畴，如弓箭社、忠义巡社一类。有的则属民间的秘密“社”“会”，被政府严加取缔。宋代时，已出现黑社会萌芽，如耀州豪姓李甲结客数十人，号称没命社；扬州一群悍士行侠团伙之命社等。此外，宋代汉民族的会社，有的则是民间祭祀性斋会或为庆典而临时走会，或属于士大夫们的集会、结社，还有些则是不同阶层、不同行业的人员带有娱乐性的民间结社。宋代会社的发达与宋代城市经济的发展、市井生活的繁荣密切相关。

祭祀性质的斋会，有逢神佛诞日时城乡居民所举行的社会。如正月初九日，玉皇上帝诞日，杭州的富户要在承天观阁上建会，其他如三月二十八日东岳诞辰，四月初六城隍诞辰等都有相应的会社。再有奉尊道的多种会社，如光明会、净业会、经听会、放生会、灵宝会等。又有茶汤会，逢

---

① 《宋会要·食货六十一》之四三。

② （南宋）吴自牧：《梦粱录》卷十八《恩霈军民》。

③ （北宋）窦仪：《宋刑统》卷十二《户婚律·养子》。

寺院建会设斋时，以茶汤助缘供应。还有官宦夫人建庚申会，诵经之余以珍宝首饰相夸，人呼“斗宝会”。

士大夫们的私人集会、结社，有北宋元丰五年（1082年）富弼、文彦博、司马光等13人在洛阳组织的“耆英会”“同甲会”“真率会”等，则在“置酒赋诗相乐”的同时，带有政治色彩①；南宋时则有杭州的西湖诗社，是临安搢绅之士及四方流寓诗人文会式的社团组织，他们在一起吟诗唱和，寄兴适情。

元代，士大夫更以文墨相尚，每岁必联诗社，四方名士毕集，宴赏穷日夜，时胜者辄有厚赠。饶介为准南行省参政，豪于诗，自号醉樵，尝大集诸名士赋醉樵歌，优胜者厚赏。② 浙江浦江吴氏结月泉社，聘谢皋羽为考官，春日田园杂兴题，取罗公福为首。③

南宋临安的百戏艺人则有绯绿社（杂剧）、齐云社（蹴球）、遏云社（唱赚）、同文社（耍词）、角抵社（相扑）、清音社（清乐）、锦标社（射弩）、锦体社（花绣）、英略社（棒）、雄辩社（小说）、翠锦社（行院）、绘革社（影戏）、净发社（梳剃）、律华社（吟叫）、云机社（撮弄）。七宝社更以展示世间稀奇珍宝为最。伎艺人社会组织多在种种神道生辰日各展风采。

宋代的城市工商业和服务业“皆置为行”，即各行各业差不多都建立起自己的行会组织，行会的首领称行头、行首或行老，铺户又称行户。北宋汴京的行业组织，据记载，有米行、麦行、糖行、面行、肉行、鱼行、果子行、茶行、牛行、马行、纸行、金行、彩帛行、彩色行、竹木行、大货行、小货行、古董行、香水行、花行、水行、杵作行、牙行等。而南宋临安的行业组织，据《西湖老人繁胜录》记载，有南北猪行、海鲜行、纸扇行等414行。各行会对本行有规范性约束，往往定有“规格”，如服务规格、服色规格等。拿服色来说，士农工商诸行百户衣装，各有本色，各行业从业人员不得越外。同时对力役工钱和货物、产品发挥保护本行利益的功能。如宋初汴京工商业者因物价问题曾开展反官勒索的全市性罢

① （北宋）邵伯温：《邵氏闻见录》卷十，载《宋史·文彦博传》。

② （清）赵翼：《廿二史札记》卷三〇《元秀风雅》；（清）徐元文监修：《明史·文苑传》。

③ （明）李东阳：《怀麓堂诗话》。

市，就是诸行为保护本行的利益同官府斗争的表现。为了防止同业人员的竞争，不仅行业间有专营范围，而且在行业内部也有服务范围的划分，称“地分”。如水行，“其供人家打水者，各有地分坊巷”。这些行会的建立，起到了工商诸行自我保护、自我约束的作用，属民间的自治组织。

（二）重交往、尚节义

宋代汉民族社会重交往。宋初范质曰：“举世重交游，拟结金兰契。”[①] 曾巩曰：“欲求天下友，试为沧海行。”“同门曰朋，同志曰友。”人们在交往中结成了各种不同的社会关系。

追捧“名士”，崇尚节义，是宋代汉民族社会交往中的一种时尚。据《宋史》记载，胡则“喜交结，尚风义”[②]；杨亿“重交游，性耿介，尚名节”[③]；朱熹“遍交当世有识之士”[④]；戚同文“所游皆一时名士”[⑤]；邢恕“从程颢学，因出入司马光、吕公著门，一时贤士争与之交”[⑥]；等等。

社交中往往重视乡里关系。而乡里关系往往又与“布衣交”相联系。布衣交也被用来作为不拘上下礼节的交往，如文彦博贵极时，仍与洛中“以道自重”的邵雍、程颢兄弟“宾接之如布衣交”[⑦]；尚未入仕的范镇至京，宋庠兄弟见其文，“自谓弗及，与为布衣交”[⑧]。

重视“师道”，又是宋时士大夫阶层的社交原则。周敦颐《师友》曰：“人生而蒙，长无师友则愚。”[⑨] 师生之道推而广之，则科举中又有“座主”与“门生”之道。宋代进士虽已成天子门生，“座主”“门生”的关系已不如唐时浓重，但仍然存在。如刘温叟“知贡举时，有经学门生居畿内者献粟草一车”[⑩]。而在官场中，宋代对擢拔荐举自己，有知遇之恩的上级也称为举主，自视为“门生”。如范仲淹因晏殊荐入馆，“终身

① （北宋）邵伯温：《邵氏闻见录》卷七。
② （元）脱脱等：《宋史·胡则传》。
③ （元）脱脱等：《宋史·杨亿传》。
④ （元）脱脱等：《宋史·朱熹传》。
⑤ （元）脱脱等：《宋史·戚同文传》。
⑥ （元）脱脱等：《宋史·邢恕传》。
⑦ （元）脱脱等：《宋史·文彦博传》。
⑧ （元）脱脱等：《宋史·范镇传》。
⑨ （北宋）周敦颐：《通书》卷二《师友下》。
⑩ （清）王君玉：《国老谈苑》卷一。

以门生事之"①。

宋人称同僚为"僚友"。吕本中《管箴》曰："同僚之契，交承之分，有兄弟之义。至其子孙，亦世讲之。前辈专以此为务，今人知之者盖少矣。"称父亲的朋友为"父执"。同心相契则为"莫逆之交"。蜀人任介、郭震、李畋皆博学能诗，相与为"莫逆之交"②。友情坚固者称为"金石交"，如"尤梁溪延之，博洽工文，与杨诚斋为金石交"③ 终身友情如一。

（三）社交尚礼

宋元汉民族士人把交往礼节看作"人道"要事，所谓："大夫以礼相接，士以礼相谕，庶人以礼相同……士相见之礼，人道之大端。"④ 故君子相交多重礼节。

官场中欲拜会某人，得先投刺或名纸。此俗唐时已流行。宋时仍因之。并又出现了"门状"，比刺更郑重。陆游曰："士大夫交谒，祖宗时用状。"元丰后又盛行"手刺"，绍兴初乃用"榜子"。嘉祐以前，"士人用名纸，有官即不用。吊慰人即用名纸，如见士人。敬之者亦用门状，见常人即以手状"⑤。

官场往来书启一般前后均有一些客套话，秦观《与邵彦瞻简》曰："某顿首启：……某顿首。"⑥ 但书启的形式和格式也常有变化，如果与"流行"样式不同，则可能失礼。

宋时相见礼节繁多。君臣相会，在不同场合有不同的礼节，对此当时的"礼仪"制度均有详细记载，其基本格局一如前代。

与人相见需行礼，稽首、肃拜、顿手、揖等均为古礼，其行礼方法与前代基本相同。古代的"奇拜"，先屈一膝，到宋时则演变为"雅拜"，是当时通行的拜式。⑦ 宋时另有"唱喏"的相见礼节，或叫"声喏"，见面时须扬声致敬。开封府李伦被召至御史台，"有声喏于庭下者，李遽还

① （北宋）叶梦得：《石林燕语》卷九。

② （南宋）胡仔：《苕溪渔隐丛话》前集卷五五。

③ （南宋）罗大经：《鹤林玉露》卷六。

④ （北宋）刘敞：《公是集》卷三七《士相见义》。

⑤ （南宋）陆游：《老学庵笔记》卷三《行卷》。

⑥ （北宋）秦观：《淮海集》卷三〇。

⑦ （南宋）罗大经：《鹤林玉露》卷四。

揖之”[①]。妇人与人相见，则常道“万福”致意，苏泂《过金陵》诗曰：“高资店里主人婆，万福官人问讯和。”[②]

北宋时，晚辈见父亲的好友，得行“父执之礼”。国子博士李稷怠慢韩琦，文彦博欲“庭训之”，相见时，彦博谓稷曰：“而父，吾客也，只八拜。”李稷只得如数拜之。此礼南宋时已废。

此外，宋朝官员道中相遇，有尊长之礼。接待宾客，“同席者皆谓之客”[③]，但有座次之分。沈括曰：“古人尚右，主人居左。坐客在右者，尊宾也。今人或以主人之位让客，此甚无义。”[④] “客至则设茶，欲去则设汤”是南宋时的待客之礼。南宋以后，茶叶产量日渐增加，饮茶方法也日益简便，这样，以茶待客便成风俗。“欲去则设汤”的“汤”，大都是药制，当时有赤箭（天麻）汤、厚朴汤、长松汤、莺粟（罂粟）汤、紫苏汤、崖蜜汤、罗汉果汤、豆汤等，带有醒酒、消夏、养生、滋补之功效。[⑤]

（四）社交称谓种种

宋代汉民族亲属间的称谓，子女称父为“爹”或“爹爹”，称亲生父亲为“嫡父”；称母为“妈”，称亲生母为“嫡母”，这种称呼“举世皆然”[⑥]。而闽人“谓父为郎罢”[⑦]，系方言称谓。

长辈对儿女，福建人称子为囝。各地称非亲生子为“螟蛉”，称遗腹子为“别宅子”，称过继子为“过房儿子”或“养子”“义子”“继子”；民户称未出嫁的女孩为“小娘子”。宋代，“小姐”一般是对散乐人和妓妾等地位低微的女性的称呼。

除此之外，子孙称祖父为“翁”“耶耶”“祖公”或“太公”；称祖母为“婆婆”“太母”或“太婆”[⑧]；媳妇称公公，一般叫“舅”或“阿翁”；称婆婆为“姑”或“阿姑” “阿婆”；公婆普遍称儿子的妻子为

---

① （南宋）康与之：《昨梦录》，载《说郛》卷二一。

② （南宋）苏泂：《泠然斋诗集》卷六《过金陵》。

③ （南宋）马永卿：《懒真子》卷三。

④ （北宋）沈括：《补笔谈》卷三。

⑤ 马舒：《漫谈宋代“客至则设茶，欲去则设汤”》，《文史知识》1990年第7期。

⑥ （南宋）庄绰：《鸡肋编》卷上。

⑦ （南宋）江少虞：《宋朝事实类苑》卷六〇《风俗杂志》。

⑧ （清）阮元：《两浙金石志》卷十三。

“媳”或“新妇”。

在唐代“老婆”一词，仅指老妇。而宋代汉民族风俗，丈夫可称妻子为“老婆”或“浑家”“老伴”。妇女常称丈夫为“郎”，还常尊称成年男子为“郎君”。

宋代士大夫私交，常以“丈”相称。“近岁之俗，不问行辈年齿，泛相称必曰‘丈’。不知起自何人，而举世从之。至侪类相狎，则又冠以其姓，曰‘某丈、某丈’，乃反近于轻侮也。”① 如有人称司马光为“司马十二丈”，称苏轼为“东坡二丈”。又普遍以别人称自己为“公”，为敬重己；反之，倘称己为“君”，则认为轻己。

宋代士大夫以被称行第为荣。此为唐代遗风。行第，即今排行，一是按族谱同辈排列，再是按家庭兄弟姐妹出生次序排列。如苏轼的家谱同辈排行为“九二”，故其弟弟苏辙人称“九三郎”；岳州妇女甘氏的行弟是百十，而其哥名“甘百九”。而民间无此称呼法。

宋代汉民族普通妇女不起正名，常用姓氏上加“阿”字作正名，赵彦卫《云麓漫钞》曰：“妇人无名，以姓加阿字。今天官府，妇人供状，皆云阿王、阿张。”② 只有士大夫家的女儿才有正名。如女诗人李清照、朱淑贞等则有正名和字、号。平时，普通人家妇女仅以自己的行第组成名字，称“某某娘子”。民间称呼该女子时多以其姓氏加行第再加“娘”的称法，如“郑氏三十娘”“孙四娘子”之类。宋代汉民族妇女还自称“奴”“奴奴”或“奴家”。

五 社会陋俗

（一）妇女裹足之风渐盛

汉民族妇女裹足一般认为始于五代南唐，自李煜命宫嫔用帛绕足，以弓绕足，以弓纤为妙，后渐渐仿效。北宋大约裹足之风从宫廷传入教坊乐籍，尔后传到京城，再外传各城市。北宋徐积《渔父乐》诗表彰蔡氏寡妇曰：“何暇裹两足，但知勤四脚。”③ 张顾在《墨庄漫录》曰：“妇人之缠足，起于近世。”太平老人《袖中锦》曰：“章相言，近世有古所不及

① （南宋）朱弁：《曲洧旧闻》。

② （南宋）赵彦卫：《云麓漫钞》卷十。

③ （北宋）徐积：《节孝集》卷十四。

者三事：洛花、建茶、妇人脚。”可知北宋时缠足已较多了。陆放翁《老学庵笔记》曰：“宣和女子鞋底尖，以二色合成，名错到底。”苏轼《菩萨蛮》词曰：“涂香莫惜莲承步，长愁罗袜凌波去；只见舞回风，都无行处踪。偷穿宫样稳，并立双趺困。纤妙说应难，须从掌上看。”足见，宋时人们都以小脚为好看。

南宋裹足之风渐盛。南宋初，刘光世的家妓都缠足，“稳小弓鞋三寸罗”[①] 被誉为“脚绝”。当时诗词中“美人足”“似一钩新月”之类的诗句不少。从车若水所说：“妇人缠脚，不知起于何时？小儿未四五岁，无罪无辜而使之受无限之苦，缠得小束，不知何用？”[②] 也可知裹足已成风气。到元代时，妇女“人人相效”裹足，“以不为者为耻”。[③]

（二）弃婴成风

有宋一代，由于人们多子多福思想的动摇，或因陋俗相沿，或因灾荒饥馑之故，更因赋税繁重、吏治腐朽，民间杀婴、弃婴风俗非常普遍，演变成一种社会风俗。

当时，荆湖北路“岳、鄂田野小人，例只养二男一女，过此辄杀之”[④]。江南东路“东南数州之地……男多则杀其男，女多则杀其女，风俗相传，谓之子，即其土风”[⑤]。福建路“例不举子，家止一丁，纵生十子，一子之外，余尽杀子”。[⑥] 浙东路“衢、严之间，田野之民，每忧口众为累，及生其子，率多不举”[⑦]。不举子之风不只盛行于贫困之家，而且也蔓延于衣冠富户和封建士人之间，如“闽之八州，惟建、剑、汀、邵武之民，多计产育子，习之成风，虽士人间亦为之，恬不知怪……富民之家，不过二男一女，中下之家，大率一男而已”[⑧]。

男女相比，生女不养更为严重。由于宋儿女分产，女合得男之半，加上厚嫁之风普遍，致使“世俗生男则喜，生女则戚，至有不举其女者”[⑨]，

① （清）徐士鸾：《宋艳》卷七《爱慕》。
② （南宋）车若水：《脚气集》卷一。
③ （明）陶宗仪：《南村辍耕录》卷十《缠足》。
④ （北宋）苏轼：《苏东坡全集》前集卷三〇《与朱鄂州书一首》。
⑤ （清）徐松：《宋会要辑稿·形法二》之五八。
⑥ （南宋）史浩：《鄮峰真隐漫录》卷八《福建州乞置客庄赡养生子之家札子》。
⑦ （清）徐松：《宋会要辑稿·刑法二》之一四七。
⑧ （北宋）杨时：《龟山集》卷三《寄俞仲宽别纸》。
⑨ （北宋）司马光：《书仪》卷三《婚仪上》。

“资财遣嫁，力所不及，故生女者便不举。”① 许多地区，溺杀女婴成风。以致造成“往往衣冠门，继嗣无双髻”②。男多女少，人口性别比例失调，众多男子难以找到配偶。在福建地区因此形成了“卷伴”之俗。张栻曰：“诱引他人妻室，贩卖他处，谓之‘卷伴’。”③

对杀婴、弃婴的陋习，宋王朝及各级政府频加戒谕，屡颁禁令，并采取了不少举措，然难以改易，禁而不止。

（三）养女取财

《宋稗类钞》曰：“（宋时）京师中下之户，不重生男。每育女，则爱护之如擎珠捧璧。稍长则随其姿质，教以艺业，用备士大夫采择娱侍。名目不一，有所谓身边人、本事人、供过人、针线人、堂前人、杂剧人、拃洗人、琴童、棋童、厨娘等称。就中厨娘最为下色，然非极豪贵之家不可用。”④ 有的为了养女取财，竟逼女为娼。“宋陈郁藏云：吴下风俗尚侈，细民有女必教之乐艺，以待设宴者呼。使令莫逆奉承惟恭，盖觊梨赡家，一切不顾，名为私妓，实为公妓无异也。”⑤ 更有甚者，兴元有夫妇商议云：“使女也教之歌舞，独不售于万钱耶?”于是把儿子“纳深屋中，节其食饮，肤发腰步，皆饰治之。此年十二三岁，嫣然美女也，携至成都，教之新声”，竟然卖价“直至七十万钱”⑥。宋宁宗时，一名官员的厨娘被发现系男子假扮，原来他幼时由其父“与之穿耳、缠足、搽画一如女子，习学女工饮食，买赂牙保，脱骗富户，充为厨娘”⑦。这是商品货币经济冲击下，金钱至上的社会环境孕育的怪现象。

（四）赌博盛行

宋时赌博之风很盛，社会上有人以赌博谋生，也有人开赌场营利。《老学庵笔记》卷五曰：“市人有以博戏取人财者，每博必大胜，号‘松子量’。”《尘史》卷下《博弈》曰：“世之纠帅蒲博者，谓之‘公子家’，又谓之‘囊家’。”即使赴京应试的举子也聚众赌博。如天圣年间，举子

---

① （南宋）李心传：《建炎以来系年要录》卷一一七，

② （南宋）刘子翚：《屏山集》卷十二《谕俗十二首》。

③ （南宋）张栻：《南轩先生文集》卷十五《谕佶文》。

④ （清）李宗孔：《宋稗类钞》下册，书目文献出版社 1985 年版，第 685 页。

⑤ 邓之琴：《中国风俗史》，巴蜀书社 1988 年版，第 279 页。

⑥ （南宋）廉布：《清尊录》。

⑦ （南宋）洪迈：《夷坚续志》前集卷一。

郑戬“与同辈赌彩选，一坐尽负”，他一人独“赢数百缗”。[①] 官场中同样赌博成风，如章得象与杨亿、李宗谔等不时相聚赌博，“一夕负钱三十万”[②]，数量之大，令人吃惊。有时皇帝也参与赌博，如宋神宗与其弟吴王、嘉王“击球，戏赌玉带”；嘉王曰：“若臣胜，不用玉带，只乞罢青苗、市易”，神宗“不悦”。[③] 北方辽朝赌博之风也不减宋朝。辽兴宗与其弟耶律重元“因双陆，注以居民城邑”，兴宗“屡不竞，前后已偿数城”；伶官罗衣轻劝告道：“双陆休痴，和你都输去也！”[④]

赌博给社会带来严重后果，并危及统治秩序。《燕翼诒谋录》曰：“其输钱无以偿，则为穿窬。若党类颇多，则为劫盗纵火，行奸杀人。”[⑤] 由于赌博而造成的命案，宋时屡屡有见，如支乙“于衢州南市，楼上开置柜坊，楼下开置茶肆，以妻为饵”。“知陆震龙有钱可骗，诱之使赌，又作套坐掷，使之尽输。”陆一夜之间输尽家当，无力还赌债，“在家自缢而死”。[⑥]

两宋朝廷在法律上也禁止赌博，北宋初年沿用唐律：“诸博戏赌财物者，各杖一百。赃重者，各依已分准盗论。其停止主人及出玖若合者，各如之。赌饮食者不坐。”鉴于赌风太甚，太宗于淳化二年（991 年）闰二月下诏：“京城蒲博者，开封府捕之，我犯者斩。”“匿不以闻及居人邸店僦与恶少为柜坊者，同罪。”刑罚可谓重矣。但由于皇帝本人也参与赌博，可见法律难以得到很好的执行。故终其两宋之世，赌风未曾禁绝。

第八节　小结：宋元汉民族风俗的主要特点

一　逾制

历代统治者都十分重视礼制，想用“贵贱不相逾”的制度化生活方式规范社会，使“见其服而知贵贱，望其章而知其势”[⑦]，令民循礼蹈规，

---

① 《宋会要·刑法二》之二；吴处厚：《青箱杂记》卷三。
② （元）脱脱等：《宋史·章得象传》。
③ （南宋）彭百川：《太平治迹统类》卷十四《神宗朝臣议论新法》。
④ （元）脱脱等：《辽史·罗衣轻传》。
⑤ （南宋）王栐：《燕翼诒谋录》卷二。
⑥ 《名公书判清明集》卷十四《惩恶门·赌博》。
⑦ （西汉）贾谊：《新书·服疑》。

各安其位，以确保统治。“受到礼制的宋朝初期，都城中的社会风尚基本是拘谨、俭约、守成的，呈现出恪守礼制、安分守己、繁文缛礼的精神面貌和单调呆板的生活方式。”①

然而，随着宋代社会经济的发展，尤其是商品经济的发展，“趋利逐末”思潮的激荡，物质生活的更新，统治机构的日趋腐败，恣意享受风气大开，禁令失控，金钱凌驾于纲常名教之上，遂使“政宽法慢，用度渐奢，风俗渐薄”②，越礼逾制被视为当然。如服饰，宋初尚且有突破有关礼制的规定，到宋中后期，士庶更是不受政府法规束缚；妇女们更大胆违抗传统的服饰和官府的规定，时有创新，以至“衣服无章，上下混淆”③；政府规定民庶之家不得乘轿，而“今京城内暖轿，非命官至富民、娼优、下贱，遂以为常”④；政府视为与礼俗相悖的火葬广为流行等。

二　侈纵

宋代初期承平日久，财富增加，统治机构逐渐腐败，到中期，一股去朴从艳、好新慕异豪华奢侈的风气逐渐迷漫社会，后期成为潮流。此风一是来自统治者的倡导和推动，以致上行下效，奢风日炽；二是都城“风俗典礼，四方仰之为师”⑤，且更奇制，夕染诸复；三是富商大贾放纵声色，造成“富者炫耀，贫者效尤”⑥，甚至为“逞一时之欲，破终身之赀产”。

两宋不仅汴京“都人侈纵”，临安以“风俗轻靡”而闻名于世，而且奢靡风气像瘟疫般传播全国。据《古今图书集成·职方典·风俗》和《湖北通志·舆地志·风俗》记载，湖南的华容，江西的彭泽，湖北的汉阳、蕲州、松滋、蒲圻、黄安、安陆、襄阳、竹山、竹溪、江陵等地都出现了其俗“渐习奢华”的情况。

三　尚节

尚节，就是重气节。宋代教育权限大幅度下移，读书人数空前增加，

---

① 徐吉军：《宋代都城社会风尚初探》，《浙江学刊》1987年第6期。

② （南宋）李焘：《续资治通鉴长编》卷六八。

③ 《朱子语类》卷九一《礼八·杂仪》。

④ （元）脱脱等：《宋史·舆服志》。

⑤ （南宋）耐得翁：《都城纪胜》。

⑥ （清）顾炎武：《日知录》卷一三《宋世风俗》。

学习文化知识，尊重文化知识，成为时代大潮，人口结构得到优化。宋人官学发达，私学勃兴，书院兴旺，学派林立，讲学自由。像白鹿、石鼓、应天、岳麓这样的大书院，在两宋达52个。宋代书院的师生关系极为融洽，品德方面还能互相砥砺，培养出来的人才不仅学问切实，品德和名节也很高尚，乃至地方风俗都受到影响。宋朝风俗醇厚，气节高尚是与书院讲学大有关系的。[①] 因此，邓之琴在《中国风俗史》一书中将宋以后划为"士气中心时代"。这些名节高尚之士，他们临难不屈，忠节相望，"可为当时风俗之代表"，也推动了宋代汉民族风俗有醇厚、讲气节的一面。

四　变异

宋元时期是的社会风俗是我国传统风俗承上启下阶段。首先是传承了历代的风俗，但传承中发生了不同程度的变化，有的被变形运用，有的被丰富发展成完善的通例，因而得以重构变异。如礼仪风俗中的产育之俗，形态比前代更加完备，具有鲜明的时代特色。婚葬礼仪，至宋也形成了较为完备的整套程序，为后代所承袭，从此变异不大。再如节日风俗，发展到宋，从活动的内容到方式都得到了充实、丰富，后世也无多大更易。其他像生活风俗也如此。总之，宋元时期汉民族风俗在承袭上古之俗的基础上，经过南北融会，不同民族的交融和不断变异、丰富，逐渐趋向完备，对后来汉民族风俗，尤其是明代风俗影响深广。

---

① 参阅闫利雅《宋代私学的特性及其社会教化功能》，《文教资料》2009年12月号中旬刊。

第二章　明代汉民族风俗史记

第一节　明代汉民族风俗概述

一　演变轨迹

（一）明初的“敦厚俭朴”

洪武元年至天顺末年（1368—1464年）为明代汉民族风俗发展的第一阶段。在这一阶段，汉民族的社会风俗基本上是拘谨、守成、俭约，呈现出“敦厚俭朴”的特征。

出身贫贱、起于民间的朱元璋，在削平江南群雄，遣使北伐、推翻元朝，创立大明王朝，恢复汉民族正统之后，即承袭中国历代封建统治者传统的治国思想，将“礼”作为教化治理天下、统治人民的有效手段。所以，在开国之初，朱元璋就强调提出：“古者帝王之治天下，必定礼制，以辨贵贱、明等级，是以汉高初兴，即有衣锦绮縠。操兵乘马之禁，历代皆然。近世风俗相承，流于潜侈，闾里之民，服食居处与公卿无异，而奴仆贱隶肆侈于乡曲，贵贱无等，僭礼败度，此元之失政也。”[①] 他把生活方式的贵贱差别，看成国家兴亡的大事，因而为建立“贵贱之别，望而知之”[②] 的等级社会，制定了严格的礼法等级制度，企图人为地控制人们生活方式和社会风俗的演变和发展。

洪武元年（1368年），明太祖朱元璋甫登御权，便“诏复衣冠如唐制”，试图从服饰制度入手，恢复“礼制”和整顿社会风俗，并将服饰制度作为治理天下的一个重要法规，写进了官修的《大明集礼》和《诸司职掌》。法规明确规定不许官民人等违制僭越服用蟒龙、飞鱼、斗牛图

① （明）宋濂：《洪武圣政记》。

② （清）叶梦珠：《阅世编》卷八。

案，不许用元色、黄色和紫色，不许私穿紫花罩甲等。后来又制定一系列衣食住行、婚丧嫁娶等方面的礼仪制度，规定庶民乘坐的车与轿，并用黑油，齐头平顶，皂幔，禁止用云头装饰；使用的伞盖，庶民百姓只许用油纸雨伞，不得使用罗绢凉伞；官民人等骑马时，使用的鞍辔不得使用描金、嵌金、天青、朱红等色装饰，只能用黑色；庶民住房“庐舍不过三间五架，不许用斗拱、饰彩色”；庶人丧葬，墓前不许立碑碣，如此等等。[①] 社会成员无论贫富，举凡衣食住行、人生礼仪、文化娱乐、宗教信仰等，都要依照等级身份，按礼行事，否则将严加惩处。

同时，朝廷还不时发布禁令，禁止官庶宴会游乐，于慎行《谷山笔麈》曾记曰：“（明初）今日禁宴会，明日禁游乐，使阙廷之下，萧然愁苦，无雍容之象，而官之怠于其职，固自若也……必使迫惨，无乐生之心。”[②] 明太祖时曾建“逍遥楼”，用于拘禁游手好闲者，顾起元《容座赘语》引陈维祯《维祯录》曰：“太祖恶游手博赛之民，凡有不务本，逐末，博弈、局戏者，皆捕之，禁锢于其所，名‘逍遥牢’。”[③] 由于朝廷推行严刑峻法，纪纲严整，官民士庶人人担惊受怕，惴惴度日；再加明初承大乱之后，社会生产处于恢复阶段，商品经济不发达，所以，礼制的推行能起到预期的效果，汉民族社会各个阶层从帝王到士庶百姓的物质生活和风俗习惯在一定程度上实现了“贫贱之别，望而知之”的有序、有制、有度、有数的规范化程式。彼时汉民族地区官民人等物质生活俭朴，价值观念守成，精神生活沉闷，社会秩序相对稳定，日常生活多循礼守制，社会风俗“俭朴敦厚”。正如王丹丘《建业风俗记》曰：“嘉靖十年以前，富厚之家，多谨礼法，居家不敢淫，饮食不敢过。”[④] 《吴江县志》曰：“明初风尚诚朴，非世家不架高堂，衣饰器皿不敢奢侈。”[⑤]

但是这种严格的等级制度、呆滞的风俗习尚，禁锢了人们美好的生活理想，扼杀了社会的活力和创造性。显然，这种依靠严刑峻法维系的世风，是不可能持之久长的，它必然随着生产的发展、经济的繁荣、人们思想观念的活跃和朝廷纪纲的废弛而告终，“敦厚俭朴”的社会风气终究被

---

① （清）徐文元监修：《明史·舆服志》。

② （明）于慎行：《谷山笔麈》。

③ （明）顾起元：《客座赘语》。

④ （明）王丹丘：《建业风俗记》。

⑤ 《嘉靖吴江县志》卷三八。

“越礼逾制”“趋新慕异”的“异调新声”替代，明代汉民族社会风俗进入新的历史阶段。

（二）中叶的“趋新慕异”

自成化元年至嘉靖末年（1465—1566 年）为明代汉民族风俗发展的第二阶段。在这一阶段，汉民族地区的物质生活和社会风尚已突破恪守礼制、单调刻板、简陋俭朴的程式，而逐渐呈现出趋新慕异、绚丽多姿的风采。

明代社会经过近百年的经营，到成化、弘治、嘉靖时期，社会经济也得以全面的恢复和发展，社会财富有了一定的积累，经济生产领域出现了可喜的变化。官营手工业允许工匠“纳价准工”，造成民营手工业的兴旺；人民生活必需品盐茶的官卖制开始松动，带来了商业的繁荣；棉花种植面积的扩大和棉织品的普及、新产品的专业化，以及私营丝织业、矿冶业的发展，为社会增加了大量商品，扩大了商品市场；商业性市镇在汉民族地区如雨后春笋般普遍崛起，市民社会迅速扩大，成为汉民族社会的代表性力量。在这样的情况下，“趋商”已成为一种社会时尚。成弘以后，不仅有大批农民弃农从工从商，而且有大量士人抛弃举业投身商贾。如苏州、松江一带，何良俊记载曰：“昔日逐末之人尚少，今去农而改业工商者，三倍于前矣。”[①] 社会现实的变化，其势不能不影响人们的价值观念，“利”在人们思想中的地位大大上升。在山西，“重利之念甚于重名，子弟俊秀者多人贸易一途”[②]；在苏州、松江一带，“吴人以织作为业，即士大夫家，多以纺织求利”[③]。

社会价值观的变化，商品的诱惑，启动了社会久遭禁锢的消费和享受欲望，冲破了原来使社会窒息的禁网，“越礼逾制”已从少数贵人的违章行为，逐步演变成社会风尚，明初循礼、俭约、拘谨的民风发生了根本性变化。恃富越分、违礼犯制、趋新慕异的社会生活风尚，一旦形成，即来势汹涌，波及明代汉民族地区社会生活的各个层面。在服饰方面，嘉靖初年只有生员戴瓦楞鬃帽，“二十年后间有富人用之，再二十年不论贫富皆

---

① （明）何良浚：《四友斋丛说》卷五。

② （明）赵彦复修：《沃史·风俗》。

③ （明）于慎行：《谷山笔麈》卷四。

用鬃”[①]；在饮食方面，明初规定，酒具只能用锡、银或漆器，不许用金盏，明中叶后，江南富商宴会饮用金盏已成风尚；在居室方面，江南地区“明初风俗淳朴，非世家不架高堂”，至嘉靖年间，“富民之室亦缀兽头，循礼者叹其不能顿革”[②]。这股恃富越分、违礼犯制的浪潮，来势迅猛，从江南和东南沿海的殷富地区，到内地的繁华城镇，凡在商品的重要集散地，都受不同程度的冲击。在这种社会风潮的影响下，人们的衣食住行，花样翻新，无奇不有，僭越之举，时有所见，社会风俗为之一变。

明中叶后，以市民阶层为主体，以越礼逾制、趋新慕异为特征的这种人们日常生活方式和社会风俗的变化，包含着人们正当消费的合理要求，对明代前期停滞、凝固的社会风气的冲击和丰富人们的生活、活跃人们的思想，均有积极的意义。但是，趋新慕异之风也助长了人们的物质享受欲和财富占有欲，如不加以正确的疏导和限制，势必加剧封建统治者的腐化和社会弊病的滋长，导致社会政治的腐败，并造成社会财富的极大消耗和浪费、阻滞生产力的发展。由于明后期封建统治者腐朽无能，纪纲败坏，致使社会风尚的消极因素恶性发展，整个社会“金钱愈神，则贪夫愈昌；贪夫愈昌，则民生愈蹙；民生愈蹙，则天心必变”。明代社会风俗逐渐由中叶的“趋新慕异”而滑向末期的“浮靡奢侈”，最后随着整个社会秩序的“天崩地坼”而出现“别开生面”的新局面。

（三）晚期的“浮靡奢侈”

自隆庆元年至崇祯末年（1567—1644 年）为明代汉民族风俗发展的第三个阶段。在这一阶段，以南方沿海地区为中心，以城镇新兴市民阶层为主导，在汉民族社会的日常生活、人生礼仪及岁时节日等风俗文化领域中形成一股竞奇斗异、浮靡奢侈的社会风气，使汉民族风俗呈现出“天崩地坼、别开生面”的文化景观。

在明代后期，明初僵滞死板的文化格局发生重大变动，汉民族社会风俗，“万历以后迄至天崇，民贫世富，其奢侈乃日甚一日焉”[③]。因此，引起了士大夫们的慨叹：“风俗自淳而趋于薄也，犹江河之走下，而不可

① （明）范濂：《云间据目抄》卷二。
② 《嘉靖吴江县志》卷三八。
③ 《乾隆吴江县志》卷三八。

返也。"[①]

在晚明汉民族社会风俗的演变中，"导奢导淫"[②]，扮演先导人物的是缙绅士大夫。这些城市居民中的特权阶层住必绣户雕栋、花石园林；宴饮一席之间，水陆珍馐数十品；服饰一掷千金，视若寻常；日用甚至不惜以金银作溺器。流风所及，一般市民莫不以奢为荣，"以俭为鄙"[③]。

在万历以前，官戴忠靖冠，士服方巾，尤为朴谨。迨万历前期，"殊形诡制，日异月新"。士所服之冠巾，在晚明其款式已有汉巾、晋巾、唐巾、诸葛巾、纯阳巾、东坡巾、阳明巾、九华巾、逍遥巾等几十种，甚至有用马尾织成巾的，十分丰富。妇女的服饰更是绚丽多彩："首饰之大小高低，衣袂之宽狭修短，花钿之样式，渲染之颜色，鬓发之饰，履纂之工，无不易变。"[④] 布袍，本为明代庶人之常服，万历以后，被"鄙为寒酸"[⑤]，即使"家无担石之储"者，也"耻穿"之。[⑥] 即使自认为"最贫、最尚朴俭"的儒生，也在"风俗移人"的冲击下，"强服色衣"[⑦]，卷入"靡然向奢"的大潮。

消费生活的高度发展，造成城市风俗的大改观。当时的苏州，号称"奢靡为天下最"[⑧]；而杭州则被民谣称为"花簇簇"[⑨]。即使像浙江桐乡的青镇这样一个小镇，也为奢靡之风所浸染。南方如此，北方也不例外。山西太原，居民"靡然向奢"[⑩]；山东滕县，"其人竞相尚以靡侈"[⑪]。与城市高消费的生活水平相适应，娱乐业相继发展起来。如在苏州，"山水园亭多于他郡，游具则载酒嘉肴，画航箫鼓"[⑫]，等等。此外，在都市中，青楼烟花也颇为繁盛。

---

① （明）范濂：《云间据目抄》卷三。
② 《嘉靖吴江县志》卷三八。
③ （清）顾炎武：《肇域志·山西》二。
④ （明）顾起元：《客座赘语》卷三九。
⑤ （明）范濂：《云间据目抄》卷二。
⑥ （清）龚炜：《巢林笔谈》卷一。
⑦ （明）范濂：《云间据目抄》卷二。
⑧ 同上。
⑨ （清）杜文澜编：《古谣谚》卷六四。
⑩ （清）顾炎武：《肇域志·山西》。
⑪ （清）岳浚等监修：《山东通志》卷四。
⑫ 《嘉靖吴江县志》。

在这样的情况下，晚明社会礼拜金钱之风愈演愈烈。婚姻大事自古被奉为“人道之始”，最重视“门楣求其称，婿妇唯其贤”[①]。但晚明时，已“良贱不及计，配偶不及择”“女家许聘，辄索财礼”，唯以“富贵相高”[②]。封建伦常秩序最重孝行，“人之行莫大于孝”。但在晚明时的江南，竟有儿孙掘祖坟、焚祖尸，“鬻其地，利其藏中之物”，而“吴中之人”对此竟“不以为然”“未有以为不义而众诛之者”。[③] 整个社会在金钱的驱动下，“薄者厚，亲者疏，原来只是敬青蚨”[④]。就这样，利欲的冰水使温情脉脉的伦理关系受到侵蚀。伦理道德本是封建统治阶级赖以统治的精神支柱，如今遭到这样的破坏，可见封建制度之衰败，已到了何等的地步！明代封建统治的“天崩地拆”已为时不远了。明代汉民族风俗文化的发展和演变也将随崇祯皇帝的吊死煤山，而走向它的终端。

二　学史概况

（一）各种方志对地方风俗的采录

方志编纂的发展，并走向兴盛，是明代风俗史学向社会深层发展的一个重要标志。中国方志起源很早，在汉代已有了方志撰述，经魏晋南北朝和唐宋的发展，至元明清走向它的全盛时期。明代的方志，正处在这个不断发展的全盛时期的中间阶段。据近年出版的《中国地方志联合书目》著录，明代方志有900多种，而实际撰述之数则远不止于此。

明代的方志，已重视了社会风俗的采录和撰述，泱泱大观的900多种明代方志，大都辟有专门的“风俗”内容，与外在“土产”“寺观”“祠庙”“仙释”“镇市”“杂志”等门类下，也杂有大量的风俗记述。在明代的方志中，较为著名的志书有明成祖永乐十六年（1418年）诏修的《天下郡县志书》，“遣使遍采天下郡邑图籍”，志书内容包括建置沿革、分野疆域、城池、山川、坊郭、镇市、土产、贡赋、风俗、户口、学校、军卫、郡县、廨舍、寺观、祠庙、桥梁、古迹、宦迹、人物、仙释、杂志、诗文等。有代宗朝于景泰七年（1456年）撰成的《寰宇通志》，凡38目，119

---

① （清）龚炜：《巢林笔谈》卷二。
② （明）谢肇淛：《五杂俎》卷十四。
③ （清）唐甄：《潜书·吴弊》。
④ （明）薛论道：《林石逸兴》卷八。

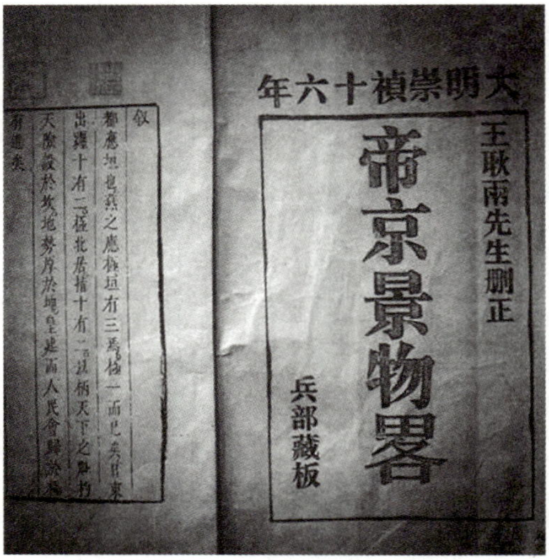

刘侗、于奕正：《帝京景物略》

卷，由陈循等主修；有英宗朝于天顺五年（1461 年）撰成的《大明一统志》，凡 19 目，90 卷；由李贤等主修。《寰宇通志》与《大明一统志》皆依两京、十三布政使司编次，分记各国有关内容，是流传至今的两部明代全国总志。此外，还有各布政使司的“通志”，《明史·艺文志》地理类著录了《山西通志》《山东通志》《河南通志》等十余种，而现存明代各种通志的数目则大于此，再加上各地府州、县的志书，以及各种镇志、卫志等，构成了“郡县莫不有志”的方志系统，其中的“风俗”专目，极大地丰富了当时对汉民族社会风俗的记录和评述。①

（二）文人笔记对各地风俗的记述

随着汉民族社会政治、经济、文化的发展，记述汉民族社会政治制度朝章典故、社会经济和风俗人情的笔记史料以及稗官野史，也随之日渐增多。如王世贞《弇州山人四部稿》、胡应麟《少室山房笔丛》、朱国祯《涌幢小品》、李翊《戒庵老人漫笔》、沈德符《万历野获编》、陆容《菽园杂记》、谢肇淛《五杂俎》、周晖《琐事剩语》、姚旅《露书》、张岱《陶庵梦忆》、文震亨《长物志》、杨慎《丹铅总录》、孙国枚《燕都游览志》、田汝成《西湖游览志》、刘若愚《酌中志》、蒋一葵《长安客话》、史玄《旧京遗事》、屈大均《广东新语》，刘侗、于奕正《帝京景物录》和沈榜《宛署杂记》等，都不同程度地记载了当时汉民族社会的风俗资料。

《宛署杂记》，沈榜著，万历二十一年初刻。沈榜为湖广临湘人，万历十八年任顺天府宛平知县，后又升任户部主事。沈榜在宛平县任内，颇能留心时事，搜求掌故，并依据衙署中档册文件撰著此书。《宛署杂记》二十卷，记载了明代北京宛平属区各方面的情况，经济比重较大，政治制

---

① 参阅柳成栋《地方志与民俗文化》，《沧桑》2012 年第 2 期。

度、风俗掌故也多有记载。书中寺观、铺舍、街道、铺行、土俗、方言等目，均富有风俗学价值。尤其第十七卷“民风”，更是专记风俗，分“土俗”与“方言”二项。“民风一”所记土俗，从隋、唐、宋、元直至明代，并以明代为主。记有明代北京岁时风俗，包括灯市、走桥、摸钉、放焰火、打鬼、引龙、熏百虫、东岳庙、要戒坛、游高梁桥、女儿节、藏水、曝衣、浮巧针、馈月饼、送寒衣、造腊八粥以及冠、婚、丧、祭、产子等风俗，并多有细注。“祠祭”则有祀亲、礼神、祀功等数种，并记述各祀之庙、宫建始、变迁及神祇、祝祭之词等，是难得的风俗史料。

记述明代北京风俗人情的书，明末又有《帝京景物略》。此书明崇祯八年（1635 年）刊印，著者为刘侗、于奕正。刘侗（约 1593—1636 年）为晚明散文家，字同人，号格庵，湖广麻城人。崇祯六年，中顺天乡试举人，七年成进士。于奕正初名继鲁，字司直，宛平人，崇祯初年秀才，殷富，喜交友，好游览，与刘侗善。二人除合著《帝京景物略》外，还合著《南京景物略》，书未成，刘侗死于南京，后于奕正亦死于扬州去任吴县的途中。刘卒年四十岁，于为四十四岁。

《帝京景物略》对风俗的记述，以岁时为主，且较为详细，并有所考索。如“灯市”条，从“张灯之始也，汉祀太乙，自昏至明”开始写，直叙到“上元十夜灯，则始我朝”“今北都灯市，起初八，至十三而盛，迄十七乃罢也。”对“灯市”的历史发展脉络梳理得清清楚楚。这种考索，依据史料，追本溯源，时间层次十分清楚，文字简明，一目了然，有理有据。卷之二“春场”一节，描绘鞭春牛、劝耕，亦较他书为细，神采生动。另如对帝京之祈雨、救日月、叩星、闻雷、见霓、风车等俗记载，特点鲜明，充分反映出各种民俗心理和讲究，有较高的民俗科学价值。

对明时江南地区的风俗民情有所记述书籍有张岱的《陶庵梦忆》。张岱字宗子，又字石公，号陶庵，别号蝶庵，山阴（今浙江绍兴）人，生于明万历二十五年（1597 年）。他出身仕宦家庭，早年过着精舍骏马、鲜衣美食、斗鸡臂鹰、弹琴咏诗的贵公子生活。明亡以后，避居山中，从事著述，《陶庵梦忆》写的是作者昔日生活中一些琐事的回忆，对明时江南地区的茶楼酒肆、歌馆舞榭、说书演戏，放灯迎神、养鸟斗鸡、打猎阅武等社会生活和风俗人情都有所反映，是研究明代江南地区文人士大夫阶层生活风俗的重要资料。

《菽园杂记》，明陆容撰。陆容，字文量，号式斋，江苏太仓人。生于明英宗正统元年（1436 年），成化二年（1466 年）进士，曾授南京主事，迁兵部职方郎中，终居浙江参政。《菽园杂记》十五卷，以记明代朝野掌故为主，同时也记有不少有关手工业生产和明代社会风俗的材料，内容涉及生产、服饰、饮食、器用、婚姻、丧葬、祭祀、节日、称谓、信仰等风俗，其中卷一记吴中俗讳，卷三记江西民风，卷一二记严州山区水车风俗，卷一三记江南各郡种植习惯等，基本反映了明代汉民族社会的风俗概貌，具有较高的风俗学资料价值。《四库全书总目》于本书提要说："是编……，于明代朝野故实，叙述颇详，多可与史相考证。"

此外明末姚旅的《露书》全书十四卷，也有许多风俗材料的记述。作者多举客游所见，诸如京洛、西北、太原、洪洞、大同等地均有游历，凡所经过的地方的人情风俗、社会风气都在书中有所记述。

（三）各种类书对历代风俗的考索

明代风俗学史发展的另一个明显特征是各种考索性风俗研究书籍陆续出现。其中比较著名的有《万历野获编》《三才图会》等。《万历野获编》二十卷，《续编》十二卷，沈德符撰，取"谋野则获"的古意而用以名书。首编成于万历三十四年（1606 年），《续编》成于万历四十七年（1619 年）。唐人钱枋"苦其事多猥杂，难以查考，因割裂排缵，都为三十卷，分四十八门"，每门之下更立细目，便于查阅，此书内容丰富，对典章制度、治乱得失、山川风物、社会风俗等都有记载。

《三才图会》一〇六卷，王圻编次，汇辑诸书图谱以表成编，包括天文、地理、人物、时令、宫室、器用、身体、衣服、人事、仪制、珍宝、文史、鸟兽、草木等类，其例先图后文。其中时令、宫室、器用、衣服、人事、仪制类对明代的社会风俗有较多的反映。该书不仅为我们提供了可资研究的明代汉民族社会的日常风俗生活资料，还为后人提供了形象直观的风俗活动画面，具有较高的风俗史学价值。

第二节　明代汉民族的生产风俗

一　农业风俗

（一）耕作更趋精细

明代汉民族种田提倡"宁可少而精密，不可多而草率"[1]，已有精耕

---

① 钱尔复订正：《沈氏农书·运田地法》，中华书局 1985 年版，第 13 页。

细作之俗。在整地方面，讲求深耕，深耕时应达到七八寸，以使土壤彻底松软。江南地区，“凡稻田收获不再种者，土宜秋耕垦，使宿稿化烂，敌粪力一倍”。待来春播种时，则“一耕之后，勤者再耕、三耕，然后施耙，则土质匀碎，而其中膏脉释化也”[①]。如系麦稻两熟，则割稻种麦时要开沟做垄成畦，使畦凸起如龟背，以便排水，翻耕时先浅后深，头遍打破皮，二遍揭出泥，争取时间灭茬保墒；改旱地为水田时则要分层深耕晒垡，改善土壤结构。

耕翻田地，南方大都借助牛力。牛有黄牛、水牛之分，平原以水牛为主。农家视牛为宝，《天工开物》曰：“畜水牛者，冬与土室御寒，夏与池塘浴水，……凡牛春前力耕汗出，切忌雨点，将雨则疾驱入室。”但牛力穷者，则“以锄代耜，不借牛力”“两人以杠悬耜，项背相望而其土”“若耕后牛穷，制成磨耙，两人肩手磨轧。”[②] 北方则借驴马之力。

在施肥方面，习惯于施足基肥，并在适当时候施用追肥。《吴兴掌故集》曰：“初种时必以河泥作底，其力慢而长；伏暑时稍下灰或菜饼，其力亦慢而不迅疾；立秋后交处暑，始下大肥壅，则其力倍而穗长矣。”[③]在施用追肥的时间、数量、次数等方面形成了一整套的风俗方法。如羊粪适宜旱地，猪粪适宜水田，土质贫瘠坚硬之田宜用灰粪和牛粪，泛浆田用骨灰蘸秧根、石灰淹苗足，等等。

在防治病虫害方面，则有冬天铲草根、添新土以杀灭越冬幼虫及虫卵，用药物、棉籽油等拌种以避免虫蚀，将石灰、桐油撒布叶上杀虫等风俗。

（二）轮作间作普选

南方业稻，讲究精耕细作，寸土必种，有稻麦连作、稻菽套作和粮棉套种、粮菜间作、粮桑间作等风俗。明时，则以此为基础，普遍流行双季稻连作制，实行一岁二熟。《天工开物》曰：“南方平原，田多一岁两载两获者。”“六月刈初禾，耕治老稿田，插再生秧。”[④] 岭南地区，则有一年三熟者，王临亨《粤剑编》载曰：“余初入粤，问其乡岁事，云高、雷

---

① （明）宋应星：《天工开物（精装插图本）》，中国画报出版社 2013 年版，第 7 页。

② 同上。

③ （明）徐献忠：《吴兴掌故集》。

④ （明）宋应星：《天工开物（精装插图本）》，中国画报出版社 2013 年版，第 4 页。

之间岁三熟，惠潮之间岁二熟。”[①] 三熟者，两季水稻加一季杂粮。

同时，在田地的空间和时间的充分利用方面也有新的进展。人们将宋元时期发展起来的稻麦一年两熟的轮作制度推广到其他作物的栽培，而且从一年的轮作发展为若干年的轮作，间作、套作技术也有了提高。江南地区广泛种植双季稻，福建、广东等省甚至出现了一年三熟之稻。江南水稻除与大、小麦轮作外，也多与豌豆、蚕豆、油菜和其他作物轮作，北方则以大、小麦与黍、粟、豆、薯等轮作。尤其是明代后期，一方面由于人口剧增，江南惜土如金，俗尚“精耕细作，地尽其用”；另一方面随着棉、麻等经济作物的推广，棉麦轮作、棉稻轮作、棉豆间作、桑豆间作、棉麦套作、粮桑间作、粮豆间作和粮菜间种等技术也发展起来，并逐渐形成风俗；[②] 同时还讲究“良田种粮，杂地种杂”。

（三）南稻北麦，“稻居十七”

在粮食作物种植方面，基本是南稻北麦，棉花、麻、蔗、豆，以及药材等经济作物也有大量的种植。此外，在明代中后期，番薯、玉米等主产作物传入我国。番薯大约是在万历年间由吕宋、安南等地分别传入我国，最早种植的省份是福建、广东和云南，以后陆续向外推广。番薯产量很高，每亩可得数千斤，顶得上种其他谷物数亩，而且对土质的要求较低，“瘠卤沙冈皆可植”[③]。玉米也在明代时也传入我国。这样，就极大地丰富了汉民族社会的种植品种。在作物的选种和播种方面，明代还注意收集、选育新种和优质种子。

明代种作大抵稻麦为主，南稻北麦，尤以水稻为最。宋应星《天工开物·乃粒》：“今天下育民人者，稻居十七。”[④] 南方业稻，历史悠久，明时则达较高水平，面积、产量均居全国粮食之首。其种作风俗，随之日趋丰富。如早稻有浸种之俗，一般在清明节前浸种，但当时有些农家春分前即浸，名为“社种”，浸种时间足足提早半个月。《天工开物》载曰：“湿种之期，最早者春分以前，名为社种。最迟者后于清明。凡播种先以稻麦稿包浸数日，使其生芽，撒于田中。”[⑤] 浸种方法也有所改进，原来

① （明）王临亨：《粤剑编》，中华书局 1987 年版，第 75 页。

② 陈文华编绘：《中国古代农业科技史简明图表》，中国农业出版社 1978 年版。

③ （清）谈迁：《枣林杂俎》中集。

④ （明）宋应星：《天工开物（精装插图本）》，中国画报出版社 2013 年版，第 3 页。

⑤ 同上书，第 4 页。

是“昼浸夜收，不用流水，难得生芽”，明代则改为“用稻草包裹（稻种）一斗或二三斗，投于池塘水内，缸内亦可”，“浸三四日，微见白芽如针尖大，取出于阴处阴干”。①

插秧时视土性冷暖而蘸秧根的风俗，大抵也在明代出现。《天工开物》又载：“凡稻，土脉焦枯，则穗实萧索。勤农粪田，多方以助之，人畜遗秽、榨油枯饼、草皮木叶，以作生机，普天之所同也。土性冷浆者，宜骨灰醮秧根，石灰淹苗足，向阳暖土不宜也。”②

耘田除草之俗，明时普遍行之。《天工开物》曰：“凡稻分秧之后数日，旧叶萎黄而更生新叶。青叶既长，则耔可施焉。植杖于手，以足扶泥壅根并屈宿田水草，使不生也。”“而稊、稗与荼、蓼，非足力可除者，则耘以继之。”③

水稻种植，最忌灾害。在防灾祛害方面，明时已有一套禳解风俗。水稻之灾，常见的有稻瘟、鬼火和雀害等。稻瘟，明代稻农以为是“暑气”所致，《天工开物·乃粒·稻灾》云：“凡早稻种，秋初收藏，当午晒时烈日火气在内，入仓廪中关闭太急，则其谷粘带暑气。明年田有粪肥，土脉发烧，东南风助暖，则尽发炎，大坏苗穗。”防瘟之法为：“种谷晚凉入廪，或冬至数九天收贮雪水、冰水一瓮，清明湿种时，每石以数碗激洒，立解暑气。”“鬼火”即磷火，明人认为也是稻瘟之由，《天工开物》谓：“凡苗吐穑之后，暮夜鬼火游烧，……凡禾穑叶遇之，立刻焦炎。”造成稻瘟。因此，祛瘟先得“逐火”。逐火之俗为：入夜，逐者手持桃杖，“见他处树根放光，以为鬼也，奋挺击之”。对雀害，其驱解之法是“立标飘扬鹰俑”。④

（四）麦作之俗南北有异

麦的种植，早在隋唐时期，在北方已超过粟类，成为北方农业的当家品种，并在南方也有种植。明时麦类作物的种类，《天工开物》载曰：“麦有数种，小麦曰来、麦之长也；大麦曰牟，曰穬；杂麦曰雀、曰荞。皆以播种同时，花形相似，粉食同功，而得麦名也。”⑤ 而以小麦为主。

---

① （明）王象晋：《二如亭群芳谱》。

② （明）宋应星：《天工开物（精装插图本）》，中国画报出版社 2013 年版，第 6 页。

③ 同上书，第 7 页。

④ 同上书，第 9 页。

⑤ 同上书，第 14—15 页。

北方小麦，历四时之气，自秋播种，翌年初夏方收，有“耕即兼种”之俗，《天工开物·乃粒》“麦工”条曰：“凡北方厥土坟垆易解释者，种麦之法耕具差异，耕即兼种。”具体做法为：“其服牛起土者，耒不用耜，并列两铁于横木之上，其具方语曰耩。耩中间盛一小斗，贮麦种子内，其斗底空梅花眼。牛行摇动，种子即从眼中撒下。欲密而多，则鞭牛疾走，子撒必多；欲稀而少，则缓其牛，撒种则少。既播种后，用驴驾两小石团，压土埋麦。”①

南方种麦，俗与北异。《天工开物》载：“南方地不同北者，多耕多耙之后，然后以灰拌种，手指拈而种之。种过之后，随以脚跟压土便紧，以代北方驴石也。”② 南方种麦，俗尚一稻一麦两熟，或二稻一麦三熟，为争农时，有小麦移栽之习。成书于崇祯末年之《沈氏农书》载曰：“若八月初，先下种麦，候冬，垦田移种，每棵五六根，照式浇两次，又撒牛壅沟盖，则杆壮麦粗，倍获厚收。”③ 麦性食水甚少，“荆扬以南唯患霉雨”。故扬州有民谣曰：“寸麦不怕尺水，尺麦只怕寸水。”④ 麦田多做成畦，入春则开深沟，以利排水。

（五）棉麻重选种、整枝和间苗

棉花的种植，明代已很受重视。明王朝立国之初曾下令：“凡民田五亩至十亩者，栽桑、麻、木棉各半亩，十亩以上倍之。”⑤ 明代在棉花栽培方面已积累起“精拣核”，早下种，深根，短干，稀科，粪壅等风俗。

“精拣核”就是精选种子。不仅要“岁岁选种”，而且要求做到年前选种和播种前精选种。年前选种是指棉花成熟之际，到田间去实地选择，其方法除从《王祯农书》中所提出的选留“中坟花”外，又强调要“取其高大繁实者，特留作种”“旋熟旋摘”。播种前的选种，主要用水选，利用好坏棉籽的不同比重，如“其秕者、远年者、火焙者、油者、郁者皆浮；其坚实不损者必沉，沉者可种也”。种子经水选后，进行粒选，以提高播种质量。更重要的是明代确定了以“棉重”作为种好坏的标准。据《农政全书》中说，当时江南农家已 90% 选用了优良棉种。

---

① （明）宋应星：《天工开物（精装插图本）》，中国画报出版社 2013 年版，第 18 页。
② 同上书，第 18 页。
③ 钱尔复订正：《沈氏农书》，中华书局 1985 年版，第 8 页。
④ （明）宋应星：《天工开物（精装插图本）》，中国画报出版社 2013 年版，第 19—20 页。
⑤ （清）徐文元监修：《明史·食货二》。

早下种，明代特别强调棉花要早播种。这时期的农书大多认为清明、谷雨两个节气是棉花播种的适期。此时已无霜，早种可以早发。《农政全书》曰：“凡种植以早为良，吾吴滨海，多忠风潮，若比常时先种十许日，到八月潮信，有旁根成实数颗，即小收矣。”① 为使棉花适当早种，江南棉田最好冬季休闲，如果冬季必须种麦，则种麦用点播，在麦间套种棉花，麦收后和追肥促使套种的棉苗生长发育。

深根，明代人们认为棉花根系入土不深是遭冻害的原因，因此，有择秧、稀植、厚壅、穴种等风俗。“择秧”，即选用良种并精选种子，棉种好，根系生长力就强；“稀植”，“密则无处行根，根不远，不远亦不深”；“厚壅”，即多施肥料，如施肥少，再加上棉种不良，“两者皆无力可生根”；“穴种”覆土，不能撒播，“漫种浮露，根不入土”。

短干，对棉株进行整枝摘心就能使干短。此项技术元代已开始运用，明代认识更为普遍，《农政全书》曰：“苗高二尺，打去冲天心者，令旁生枝，则子繁也；旁枝尺半，亦打去心者，勿令交枝相揉，伤花实也。摘时视苗迟早，早者大暑前后摘；迟者立秋摘；秋后势定勿摘矣。”②

明代重视稀科，故有间苗风俗。《农政全书》曰：“棉之干长数尺，枝间数尺，子百颗，亩收二三石，其本性也。”如果过于密植，则“苗长不作蓓蕾，花开不作子，一也；开花结子，雨后郁蒸，一时堕落，二也；行根浅近，不能风与旱，三也；结子暗蛀，四也”。③

肥壅，“凡种棉，于清明前先下壅，或粪，或灰，或豆饼，或生泥，多寡量田肥瘠”。④

明代麻的种植已较普遍，即使像福建寿宁这样的山区县，也有种麻之俗。冯梦龙《寿宁待志·风俗》记曰：“寿民力本务农，山无旷土。近得种苎之利，走龙泉、庆元、云和之境如鹜，……苎山亦曰麻山，一年三熟谓之‘三季’。富者买山，贫者为佣，中人则自力其地。力薄则指苎称贷，熟而偿之。怀妻子者，鬻苎则一归，归日必联袂同行，备不良也。冬削草毕，逼岁还家。凡完粮、结讼，必俟苎熟，荒则否。”⑤

---

① （明）徐光启：《农政全书校注》（中），石声汉校注，上海古籍出版社 1979 年版，第 967 页。

② 同上。

③ 同上书，第 963、965 页。

④ 同上书，第 966 页。

⑤ （明）冯梦龙：《寿宁待志》，陈煜奎校点，福建人民出版社 1983 年版，第 47—48 页。

（六）扦插育苗之俗流行

明末番薯引进中国后，已有几种育苗扦插法。当时汉民族的番薯育苗法有“养苗地”法：“养苗地宜松，耕过后须起町高四五寸。春分后，取薯种斜置町内，发土薄盖，纵横相去尺许，半月即发芽。日渐延蔓，蔓长一丈或五六尺，割七八寸为一茎，勿割尽，留半寸许，当割处复发，生生不息。”① 还有老蔓育苗法：“若养蔓作苗，须用稍长尺许（老蔓），密密竖栽，如养葱韭法。畏霜畏寒，冬月以土盖之。亦有取近根老蔓，阴干收温暖处，次年亦萌发。”切块直播育苗法：春分后切块在大田内直接将薯种下种，“每株相去数尺，俟蔓生盛长，剪其另插他处，即生，与原种不异”。种时“每株居亩中，横相去二三尺，纵相去六七尺，以便延蔓壅节”；等各节生根后，就从“连缀处剪断之，令各成根，苗不致分力，此最要法”。②

番薯的插苗方法，有斜插法，《海外新传七则》等五则曰：“町宽二尺许，高五六寸，将茎插町心，约以七分在町内，三分在町外。町内者结实，町外者滋蔓，每茎相去一尺余。”③ 直插法，《群芳谱》载曰：“俟蔓生既盛，苗长一丈，留二尺作老根，余剪三叶为一段插入土中，每栽苗相去一尺，大约二分入土，一分在外，即又生薯。”④ 波状插法，《农政全书》曰：将苗茎去掉嫩头数寸，“两端埋入各三四寸，中以土拨压之，数日延蔓矣”。⑤

苎麻育苗则有掘根分栽法，《农政全书》曰：今安庆、建宁诸处亦多掘根分栽⑥。压条法：“无种子者亦如压条栽桑，趣（促）易成速效而已。”“今年压条，来年成苎。”⑦

甘蔗常用侧芽繁殖法，《天工开物·甘嗜》曰：“凡种荻蔗，冬初霜将至，将蔗砍伐去梢与根，埋藏土内，雨水前五六日，天色晴明，即开

---

① （清）陈世元：《金薯传习录》，载《海外新传七则》。

② （明）徐光启：《农政全书》（中），石声汉校注，上海古籍出版社 1979 年版，第 689、691、692 页。

③ （清）陈世元：《金薯传目录》，载《海外新传七则》。

④ （明）王象晋：《群芳谱》。

⑤ （明）徐光启：《农政全书》，石声汉校注，上海古籍出版社 1979 年版，第 962 页。

⑥ 同上书，第 996 页。

⑦ 同上。

出，去外壳，砍断五六寸长，以两个节为率，密布地上，微以土掩之，头尾相枕，若鱼鳞然。而芽平放，不得一上一下，致芽向土难发。”

（七）农事重节候

在明代汉民族各地区的农事耕作活动中，传统的二十四节气具有主要的指导作用。人们通过节候、气象、雨雪、霜期、地温、湿度等各种生态、物象的变化来掌握农时，指导生产，如当时流传于江南的“二十四节气谣”曰：“立春阳气转，雨水落无断；惊蛰雷打声，春分雨水干；清明吐麦穗，谷雨浸种忙；立夏鹅毛住，小满打麦子；芒种万物播，夏至黄梅做；小暑忙耘田，大暑三伏天；立秋收早秋，处暑雨似金；白露白茫茫，秋分秋秀齐；寒露育青秋，霜降一齐倒；立冬下麦子，小雪农家闲；大雪罱河泥，冬至河封严；大寒办年货，小寒过大年。”明代广大农村，百姓将节候知识应用于农事耕作，特别是在作物的田间管理方面，形成了一套较有规律的农事生产风俗。对此，《沈氏农书》有详尽的记载，如“处暑根头白，农夫吃一下”之类。

另有占候之俗，根据物候之变卜水旱灾祥。万历《慈利县志》记载了明代湖南慈利县一带农民的占候之谚如：“雨打上元灯，早禾一束稿”“立夏不下，高田莫耙”等。

不仅是在稻麦粮食作物，在蔬菜作物的耕作种植和管理方面，明代汉民族地区民间也已形成了一整套对各类蔬菜播种、收获的农时、土肥管理、耕作技术、施肥技巧、病虫害防治等方面的风俗，明人邝璠的《便民图纂》一书对此有真实的记录，如“芥菜八月撒种，九月治畦分栽，粪水烦灌”之类。

（八）农具改进

到明代，农具在宋、元发展的基础上有所改进，明中叶以后，锄、锹、镰等小农具一般采用“生铁淋口”方法制作，俗称“擦生”。其法，据《天工开物》卷十“锤锻”中说：“凡治地生物，用锄、镈之属。熟铁锻成，熔化生铁淋口，入水淬健，即成刚劲。每锹、锄重一片者，淋生铁三钱为率，少则不坚，多则过刚而折。”① 经过擦生的农具，耐磨性好、锋刃快、经久耐用。

代耕架大约创始于唐代，到明代才有较大发展。成化二十一年

---

① （明）宋应星：《天工开物（精装插图本）》，中国画报出版社2013年版，第154页。

代耕架

（1485年）李衍总督陕西，正好遇到连年旱灾，耕牛严重缺乏，农业生产无法进行，于是他“取牛耕之耒耜，反观索玩，量为增损，易其机发”，制成5种“木牛”。分别称之为“坐犁”“推犁”“抬犁”“抗犁”“肩犁”。这些犁，使用人力二至三人，每天可耕地三四亩，且适应山丘、水田和平地等不同的耕作条件。使用者反映：“此具，其工省，其机巧，用力且均，易于举止，且不拘男妇，可更相代耕。”① 嘉靖二十三年（1544年），欧阳必进在郧阳府（今湖北郧县一带）也组织能工巧匠“仿唐王方翼遗制，造人耕之法，施关键，使人推之，省力而功倍，百姓赖焉”②。据王征《新制诸器图说》所载，“代耕架”就是在田地的两头各设立一个人字形的木架，每个木架各装一个辘轳，在辘轳中段缠以绳索，索中间结一小铁环，环与犁上曳钩，能连脱自如。辘轳两头安上十字交叉的橛木，手扳橛木，犁自行动。操作时三个人合作，田地两头耕架各一人，交递相换；一个扶犁，使之一来一往。其功效“一人一手之力，足抵两牛”。新发明的收获工具有稻谷脱粒的“稻床”。元代以前，稻谷脱粒大多采用掼稻箪，到明代才改用稻床。《便民图纂》中已提到“用稻床脱粒”。

（九）排灌用风车、牛车

在明代，人们更加深刻地认识到水利对农业发展的决定性作用。如《沈氏农书》提到，种植水稻必须适时灌水排水，从芒种至立秋田中必须保持一定的水层，近立秋的几日必须排水烤田，立秋后，又灌水，直到收割，田中不可断水；在秋冬麦的苗期应适当灌水，这样可以调节地温，利于小麦安全过冬；春天小麦拔节与孕穗时期，应保证水分充足；抽穗以

① （清）谈迁：《枣林杂俎》。

② （清）吴葆仪校注：《同治郧阳府志》。

后，若雨水过多，须及时排出。[①] 因此明代上自朝廷、下至民间，都重视水利设施的修建，据洪武二十八年（1395 年）统计，全国共开塘堰 40987 处，滩河 4162 处，修建陂渠堤岸 5048 余处。明代后期，北方地区打井成风，大者直径五尺，每眼井可溉田 20 亩左右，小者直径三尺左右，可灌田四五亩，汲井水灌田成一时之俗。在重视水利工程发展的同时，明代灌排用具也有所改进。明代以前，以人力运行的翻车和以水力运行的筒车，在南方已有使用，在明时则得以进一步的推广。同时，又在原人力和水力的基础上，发明了利用畜力的牛车和利用风力的风车。此外，桔槔、辘轳、龙骨水车等工具进一步推广，被应用于井灌。

明代江南地区，每遇旱涝，辄以水车吸水。当时水车，有筒车、牛车、踏车、拔车、风车等。筒车，又名水车，宋元时期已有使用，明时更为广泛。《天工开物》曰："凡河滨有制筒车。堰陂障流，绕于车下，激轮使转，挽水入筒，一一倾于枧内，流入亩中。昼夜不息，互亩无忧。"[②] 拔车和踏车，皆龙骨水车。"拔车"又称"手摇水车"，《天工开物·乃粒》介绍说："其浅池小浍，不载长车者，则数尺之车，一人两手疾转，竟日之功，可灌二亩而已。"[③] 这种改进的小型手摇水车，结构简单，轻便灵活，不仅一人可以戽水，而且可一人掮走，近水低田最适用。我国南方水网地区，直至实行电灌之前还广泛使用着。踏车凭人工踩踏。《天工开物》曰："其湖池不流水，或以牛力转盘，或聚数人踏转，车身长者二丈，短者半之。其内用龙骨栓串板，关逆流而上。大抵一人竟日之力灌田五亩，而牛则倍之。"[④]

牛车和风力水车为明代新创和发展的灌溉工具。牛车，即以牛力运转的翻车。明代前期，单道"悯农夫踏车灌田之劳"，发明了"牛车"，"力省工倍，天下便之"[⑤]。风车，则利用风力提水，元代已有记载，但风车在一些地区逐步得到推广则是明以后。明初浙江金华人童冀在《水车行》一诗中曾描述过湖南零陵使用风车的情况，说："零陵水车风作轮，缘江夜响盘空云。"《物理小识》曰："用风帆六幅车水灌田者，淮、扬、海皆

① 钱尔复订正：《沈氏农书》，中华书局 1985 年版，第 6 页。

② （明）宋应星：《天工开物（精装插图本）》，中国画报出版社 2013 年版，第 12 页。

③ 同上。

④ 同上。

⑤ （清）黄钰纂修：《萧山县志·人物》。

为之。”风车“以风帆数扇，候风转车，风息则止”①，全靠风力转动，一台风车可溉 10 家之田。效率相当高。风力水车以自然风力为动力，是继利用畜力、水力以后，在农用动力上的又一重大进步。

然而，踏车、拔车、牛车、筒车、风车等都属大农具，一般农民尚无力使用。故就广大农民而言，使用最多的还是传统的汲水工具戽斗、桔槔、辘轳等。而岭南横州的汉民族，多在田边挖塘蓄水，排灌多采自流。

（十）农作崇神重巫

明时农作，既尚科技、重经验，又崇神明，信巫卜，讲究禁忌。江南崇信龙王，遇旱则有“迎龙祈雨”之俗。胡奎《迎龙曲》诗，描述浙江海宁“迎龙祈雨”之俗，有“迎龙”“取龙”“送龙”和“谢龙”等程序，诗曰：

> 朝迎龙、暮迎龙，旱火烧天龙在宫。
> 县官投牒石潭中，山南山北鼓莲蓬。
> 蜿蜒跃入杨柳水，山云一缕随龙起。
> 龙来离山雨到城，城中三日不得晴。
> 明朝打鼓送龙去，愿龙十日行一雨。
> 种田有水割麦干，年年谢龙神亦欢。

江南农家有“祭土谷神”之俗。成化《东阳县志》曰：“夏至，凡治田者，不论多少，必具酒肉，祭土谷神；束草之标插诸田间，就而祭之，谓祭田婆。六月六日，农家复祀谷神，谓之六六福。”在吴地麦收时多雨，则要“拜蛇王”。

北方遇旱，则要“打旱魃”，顾景星《攻魃篇》诗序曰：“今北路遇旱，或指野冢是魃，击鼓聚众，发而戮之，谓之‘打旱魃’。虽冢主子孙不得问。”②

北京久雨不晴，则有“扫晴娘”风俗。刘侗、于奕正《帝京景物略》卷二“春场”说，天气久雨不止，民间女子以白纸作妇人头，剪红绿纸为妇人衣，笤帚苗绑一小笤帚，令纸女携之，系于竹竿，挂于屋檐，以祈

① （明）宋应星：《天工开物（精装插图本）》，中国画报出版计 2013 年版，第 12 页。

② 张应昌：《清诗铎》卷十五，中华书局 1960 年版，第 491 页。

天晴。陕西汉中则称之为“扫天婆”。

此外，北方七月要祭青苗神。沈榜《宛署杂记》载：“宛农家岁以是月祈祷年丰，各用面果送纸钱，挂田禾之上，号曰挂地头。”① 七月十五也有祭麻谷之俗。

（十一）雇工经营形成风俗

明代中后期汉民族中不少地主不再满足于出租土地，而流行雇工经营风俗。张萱《西园闻见录》卷一六中记载茅处士在唐家村种桑万余；凌蒙初《二刻拍案惊奇》卷四记载四川新都杨佥宪有千余亩地种红花，每年卖红花可收入八九百两银子，皆雇工经营。潘允端在《玉华堂日记》中记载，其拥有的一二千亩土地，雇工从事垦田、耘田、挑泥、莳秧、斫稻、挞花、种麦等农事劳作，由主发给“工本”和“工银”。田庄里种植的作物品种包括稻、麦、豆、菜籽、棉花、蔬菜，以及西瓜、枣、桃、柿、樱桃、橘、李、梅、香圆等果品，木樨、桂花、梅花、牡丹、蔷薇、竹、柏、松、冬青、桧、棕榈等花木。田庄产品除自用外，也有一部分投放市场。潘允端从买谷种、浸稻种、买牲畜、置农具、下种、莳秧到收割，从耕作到农具的修理、水利设施的改善等，样样都参与管理。②

在明代后期，雇工耕作并亲自管理农业生产事宜已成社会风俗。据李诩《戒庵老人漫笔》卷四记载，苏州常熟县谭晓居住在水乡，“田多洼芜”，雇用百余名乡民将低洼处皆凿为池“以百计，皆畜鱼”，池上筑舍养猪、鸡，鱼食其粪易肥。“塍之平阜，植果属，其污泽，植菰属，可畦植蔬属，皆以千计。”连鸟凫昆虫之属也“悉罗取而售之，亦以千计”。鱼、果、蔬、菜、鸟虫收入，“视田之入夏三倍”。谭晓田庄中的大部分产物都是投放市场的，空间利用非常巧妙、合理。可以说，这是一处以商品性生产为目的的立体化经营的农场。③

明末还出现了先向地主租佃土地、再雇工经营的“佃富农经济”。如福建“漳、泉、延、汀之民种菁种蔗，伐出采木，其利乃倍于田”④。在经营中，逐渐出现了“山主”和“寮主”的区别。山主是“土著有山之

---

① （明）沈榜：《宛署杂记》，北京古籍出版社1980年版，第192页。

② 张安奇：《明稿本〈玉华堂日记〉中的经济史资料研究》，载《明史研究论丛》第五辑，江苏古籍出版社1991年版。

③ （明）李诩：《戒庵老人漫笔》卷四，中华书局1982年版，第153—154页。

④ （明）唐学仁修：《万历永福县志·风俗志》。

人”，寮主则是“颇有资本”的外来者。寮主从山主手中租下山地，便“披寮蓬以待箐民之至，给所执之种，俾为锄檀”。所谓“箐民”，又叫“畲民”，都是“汀、上杭之贫民也，每年数百为群，赤手至各邑，依寮主为活，而受其佣值；或春来冬去，或留过冬为长雇者也”[①]。很明显，寮主与山主之间租佃关系，箐民与寮主之间雇佣关系，其产品基本上被投放市场，这种经营方式是农业中资本主义萌芽的初步表现。

二　园艺风俗

（一）瓜、茄、菜、豆构成蔬菜的格局

随着城市和市镇的发展，城镇附近的蔬菜种植业也日趋兴旺。北京附近不仅种植各种北方蔬菜，还将南方各种菜蔬移植过来。如白菜原为南方菜，以苏州所产生者最为有名。明代中后期，北京郊区大量种植，正值秋末，白菜大量上市，“比屋腌藏以御冬，其名箭干者，不亚苏州所产”[②]。隆冬季节，北京还有人利用温室栽培黄芽菜、韭黄以及各种瓜果。湖州“各随土宜”，种植菱藕、萝摩、姜、芋、竹笋，“逐末者与之推移转徙”[③]，运到城镇出卖。

明代蔬菜种类的变化，主要表现如下。

一是白菜、萝卜成为主要的栽培蔬菜。从公元 6 世纪的《齐民要术》到 13 世纪的《农桑辑要》《王祯农书》所记载的情况看，葵和蔓菁是主要或重要的蔬菜。而明代以来的农书在记述蔬菜时，往往只及白菜和萝卜，而不提葵和蔓菁。白菜的种类，这时大量增加，出现了瓢儿菜、矮青、箭杆白、乌菘菜、塌科菜等。至明代中叶出现了结球白菜。由于白菜品种多，四季可种；加上结球白菜品质好、产量高，因而与萝卜终于成了人们生活中的主要蔬菜。

二是自明以来，外国蔬菜引进较多，就目前所知，南瓜首见于《本草纲目》；辣椒最早见于《遵生八笺》和《草花谱》，当时称为“番椒”；番茄和番椒最初都作观赏植物栽培，后来才作蔬菜用的；马铃薯既是粮食作物，也作蔬菜用；菜豆和洋葱则首见于清代的《三农记》

① （明）熊人霖：《南荣集》卷十一。

② （明）陆容：《菽园杂记》卷六。

③ （明）徐献忠：《吴兴掌故集》卷十三。

和《岭南杂记》。

三是甘蓝类蔬菜的引种栽培。球茎甘蓝传入我国最迟在17世纪初。不过，“球茎甘蓝”一名，至今在古籍中尚未发现，除了擘蓝，或借用“芥蓝”之名外，有些书籍也称它作批蓝、撇蓝或披辣。

四是夏季蔬菜种类的充实。在我国早期的栽培蔬菜中，夏季蔬菜的种类相对地说比较少，如《齐民要术》所记35种蔬菜中属夏季栽培蔬菜只有甜瓜、冬瓜、瓠、黄瓜、越瓜和茄6种。从明代开始，辣椒和豆类逐步加入了夏季蔬菜的行列。可以说，瓜、茄、菜、豆共同构成汉民族夏季主要蔬菜的格局，是在明清之际奠定的。

栽培民俗的进展表现在很多方面。例如，育苗移栽已成为蔬菜栽培普遍采用的方法，在《便民图纂》就记述了40多种蔬菜的栽培方法，其中半数以上采用育苗移栽，它们包括瓜类、茄子、芋、白菜类、芥菜、莴苣、韭菜等；不仅喜温的春播蔬菜采用育苗移栽法，喜冷凉的秋播蔬菜也采用。到清代的文献中则已有“苗地”这一名称。

（二）豆芽菜与“火室”

明代汉民族豆芽菜的生产发展很快，在种类上除黄豆芽以外，还有绿豆芽。《种树书》中不仅有“豆芽菜”这一名称的最早记载，而且记述了豆芽菜的生产方法：“豆芽菜，拣绿豆，水浸二宿，候胀，以新水淘，控干。用芦席洒湿衬地，掺豆于上，以湿草荐覆之。其芽自长。大豆芽同此。”[①] 可见，当时生产豆芽菜已有不见风日、适量供水和保持恒温的风俗讲究。

火室火坑的推广应用广泛。虽在早在《汉书·召信臣传》中已有利用温室栽培蔬菜的记载，但是记述很简单。直到明中叶以后，文献中才出现了一些关于应用火室、火坑生产黄瓜、韭黄等的比较具体的记载，如《五杂俎·物部》说：“京师隆冬有黄芽菜、韭黄，盖富室地窖火坑中所成……今大内进御，每以非时之物为珍，元旦有牡丹花、有新瓜……其他花果无时无之，善置坑中，温火逼之使然。”[②]

（三）果树嫁接之俗普遍

明代果树的专业种植已有了显著的发展。广东、福建、浙江、江西、

① 此段记述《农政全书》和《植物名实图考长编》均有引用，而今本《种树书》未见此条。

② （明）谢肇淛：《五杂俎》，上海书店2001年版，第223页。

四川、江苏等省多有种橘之俗。如“苏之洞庭山人以种橘为业”[①]“多者千树，凡栽桔可一树者值千钱，或二三千，甚或至万钱”[②]。福建、广东还盛产荔枝、龙眼。泉州“荔枝郁为山麓”，福州、兴化的荔枝生产比泉州还要兴旺。[③] 广东人“以荔枝、龙眼为业，随土壤所宜种之”，如广州“凡矾围堤岸皆种荔枝、龙眼，或有弃稻田以种者”。广东荔枝品种达数十种之多，其中状元红等品种产量很高，在本地“贱如菽粟，岁收数十万斤，贩于他方”[④]。北方果树品类也很多，种植亦广，如北京市场上可以很方便地购买到枣、梨、杏、桃、苹果等以及榛子、栗子、松子、榧子等硬果[⑤]，都是城郊及附近山区所出产。北京尚有种葡萄之俗。

由于海上交通的发展，明代开始从海路引进了一些新的果树种类。亚热带地区名果芒果，这时从国外传入，“杧果，实大如鹅子状，生则酸，熟则甜，惟新会、香山有之”[⑥]。原产于南美洲巴西的菠萝，于明、清之交传入我国；番木瓜、番荔枝也是在同一时间传入。于是，广东、广西、福建等地就有了杧果、菠萝、番木瓜、番荔枝等栽种风俗。一些传统果品，则在明时逐渐选育出地方名品，如莱阳梨、秋白梨和水蜜桃等。

明代果树栽培技术在宋、元基础上有相当大的提高。一是嫁接方面，明代新出现“匕头接”和“寄接”[⑦] 等风俗。匕头接就是接，寄接就靠接。二是果树整枝风俗，明时已出现冬季修剪和夏季修剪。如葡萄是必须夏季整枝修剪，《农政全书》卷三十“葡萄”条曰：“待结子架上，剪去繁叶，则子得承雨露肥大。”[⑧] 三是自明代开始风俗已重视果树的冬季防寒。《农政全书·树艺》曰：“（橘树）极畏寒，宜于西北种竹，以蔽风寒，又须常年搭棚，以护霜雪，霜降搭棚，谷雨卸却。”[⑨] 可见，明时已有橘园栽竹作为防护林防冻和冬季搭棚防冻的风俗。此外，又有疏果风俗

① （明）陆容：《菽园杂记》卷十三。

② （明）蔡升：《震泽编》卷三。

③ （明）陈懋仁：《泉南杂志》卷上。

④ （清）屈大均：《广东新语》卷二五。

⑤ （明）史玄：《旧京遗事》。

⑥ （清）阮元修：《嘉庆广东通志初稿·土产》。

⑦ （明）宋诩：《竹屿山房杂部》。

⑧ （明）徐光启：《农政全书》（中），石声汉校注，上海古籍出版社1979年版，第806页。

⑨ 同上书，第809页。

《竹屿山房·杂部》有以疏果之法，使园中的一半果树在当年休息，以保证下一年能结果的记载。另有冬时灌溉之俗，在广东地区，于腊前“通灌之以俟其来春发育”[①]。在明代还出现了果树滴灌之俗。《群芳语谱》曰：“（无花果）结实后不宜缺水，当置瓶其侧，出以细溜，日夜不绝，果大如瓯。”[②] 日夜不绝细流的灌溉法，正是现代滴灌法的滥觞。

（四）花卉园艺形成产业

自明以来，汉民族的花卉产区遍布全国，而且还形成了一些名产区。北京草桥“民人以种花为业，冬则蕴火暄之，有莲池香闻数里，牡丹、芍药栽如桑麻”，邻近北京的丰台，在明初栽培的芍药就已“连畦接畛，依担市者，日万余茎”[③]。广州河南庄头村居民以种素馨花为业，贩运入城，“买者万家，富者以斗斛，分者以升，其量花若量珠然”[④]。明代后期“濮州曹南一路，百里之中，香气逆鼻，盖家家圃畦中俱植之（牲丹），若蔬菜然”[⑤]。至今数百年来，曹州（今山东菏泽）牡丹一直见称于世。

明代后期《群芳谱》中记述的花卉已多达100多种，所述栽培风俗十分丰富，如传统名花菊花和牡丹，明代以前栽培菊花，普遍流行分株繁殖之俗，扦插虽已出现，但尚未成俗。到了明代，菊花的“扦插法”已广泛流行。既有利用整枝修剪下的“头梗”[⑥] 作插穗，应用水插法，以繁殖新株的；也有在梅雨季节时，采用扦插法，培育成株形较矮的“独本菊”[⑦] 的。到了明末，更出现以艾蒿作砧木，用嫁接法繁殖，培育“什锦菊”[⑧] 的。对菊花的施肥灌溉、虫害的防治等方面也都比前代积累了更为丰富的经验。牡丹的繁殖在宋代汉民族大都采用根接法，到了明中叶以后，繁殖牡丹之俗嫁接、分株、播种等。

盆景和瓶花制作风俗，明代以来发展较突出。明以前，我国盆景制作

① （清）屈大均：《广东新语·木语》。
② （明）王象晋：《群芳谱·果谱》。
③ （清）陈梦雷编：《古今图书集成·职方典》，《顺天府部杂录》。
④ （清）屈大均：《广东新语》卷二七。
⑤ （明）谢肇淛：《五杂俎》，上海书店2001年版，第203页。
⑥ （明）姚绶：《菊月令》。
⑦ （明）黄省曾、周履靖：《菊谱》。
⑧ （明）陈继儒：《种菊法》。

的意境已有相当深的造诣，到明时，苏州、上海、扬州等地都有以培育制作盆景为业者，且所养盆景风格各异，已为珍奇的商品。明代制作盆景，崇尚“几案可置者”，其特点是模仿画家，特别是宋代的一些画家，如马远、郭熙、刘松年等人的山水画意境，取材种类与搭配很讲究。对盆的选择以及盆景的陈设也有讲究，盆要选择“古雅”的，以“白定”“官、哥等窑为第一”“形状宜圆，不宜方，尤忌长狭。”① 陈设时，“小者忌架于朱几，大者忌置于官砖，得旧石凳或古石莲磉为座，乃入土”。

瓶花供养风俗在我国历史颇久远，其起源可能与佛教的昌盛有关宋代，瓶花在人们日常生活中已占一定地位，南宋《分门琐碎录》记有如何使花瓶中的水在冬季不冻，以及如何使瓶花持久的方法。到明代，文献中涉及瓶花供养风俗的记载日渐增多，出现了专著《瓶花谱》《瓶史》等。当时的风俗讲究养花容器和摆设瓶花的环境的协调，如《考槃余事》曰：“堂供须高”“山斋充玩，瓶宜矮小。”养花用水则“忌用井水贮瓶，味咸，花多不茂；用河水或天落水佳”；切花则“须拣其受气足堪玩者”“凡折花须晨带露，取半开者”②。为使瓶花能持久，切花剪取后要进行处理，《瓶花谱》曰：“梅花初折，宜捶碎其根，擦盐少许。”对瓶花配置，“须要花与瓶称，令花稍高于瓶”“小瓶插花宜瘦巧”“瓶花每至夜间，宜择无风处露之，可观数日。”

三　副业风俗

（一）蚕桑风俗发展迅速

明代朝廷鼓励农民种桑植棉，洪武初年，太祖下令，农民有田五至十亩者，得种桑、麻、棉各半亩，不种桑者出绢一匹，不种麻、棉者出麻布或棉布一匹。之后，又有“率蠲其税”“俱不起科”及分发桑种等举措③，促进了蚕桑生产的发展。成弘时，江浙及蜀中等地，蚕桑大兴。如松嘉湖地区“俗务农而习朴，高原树桑麻，市平陞种禾麦，尺寸无旷者”④。

江南太湖地区是明代蚕桑业最为兴盛的地区，积累有一整套“传者

① （明）屠隆：《考槃馀事》；（明）文震亨：《长物志》。
② （明）袁宏道：《瓶史》。
③ 《明太祖实录》卷二三二、卷二四三、卷二四六。
④ （清）明柳婉：《弘治嘉兴府志》。

始而惊、中而疑、终而信”的生产风俗。据明人朱国祯的《涌幢小品》记载，蚕农养蚕，一般要经过“护种”、摊乌、蚕荐、叶墩、看火、初眠、出火、大起、登簇、贴巧、冒山、炙山、亮山、除托、落山等生产阶段，每一阶段又有一定的风俗成规。① 明时江南地区育蚕喜用桑皮厚纸承粘蚕种，俗称“蚕纸”。储藏蚕纸，民间有许多禁忌。《天工开物·乃服》载曰：“凡蚕纸用竹木四条为方架，高悬透风避日梁枋之上，其下忌桐油、烟煤火气。冬月忌雪映，一映即空。遇大雪下时，即忙收贮；明日雪过，依然悬挂，直待腊月浴藏。”② 浴藏，又称过浴，多于腊月十二日举行，意在淘汰劣种，并兼消霉。

明代养蚕已有品种杂交之俗，培育出了许多新的优良品种。为了快速作茧，“炙箔”术得以流行。明万历年间出版的《便民图纂》载有一幅方格簇图，将蚕簇做成了大小均等的方格；蚕作茧时，一茧只占一格；使所有茧子基本上大小相仿，就提高了茧的质量。“炙箔”术始见于北魏贾思勰《齐民要术》中，是提高蚕丝质量的重要措施。工艺要点是：蚕上簇后设炭火微烘，使蚕丝随吐随干，《天工开物》卷二谓之“出口干”。

养蚕多禁忌，黄省曾《农圃四书·蚕经》云：“蚕不可受油馊气、煤气，不可焚香，亦不可佩香，否则焦黄而死；不可入生人，否则游走而不安箔；蚕室不可食姜暨蚕豆；上簇无火，缫必不争；蚕妇之手不可撷苦菜，否则令蚕青烂。”③ 因此，蚕乡“四月为蚕月，凡官府勾摄征收，里巷往来庆吊，皆罢不行，谓之‘蚕禁’”。④

蚕家信神，多奉马头娘，日常供奉、四时祭拜之外，尚要燎火以娱，苏州、嘉兴谓“烧田蚕”，湖州称“照田蚕”。《湖州府志》曰：“各村岁晚以竹苇杂他草木束炬，举火燃之，名曰‘照田蚕’，谓宜耕种育蚕之事。”⑤

此外，湖州等地还要于清明龙舟竞渡，以娱乐蚕神，《浙江通志》载曰：湖州“清明，居民各棹彩舟于溪上为竞渡，谓宜田蚕”；湖北蕲州腊日有跳傩，问蚕桑收成之俗等。

---

① （明）朱国祯：《涌幢小品》，中华书局1959年版，第44页。

② （明）宋应星：《天工开物（精装插图本）》，中国画报出版社2013年版，第29—30页。

③ 黄省曾撰：《蚕经》，中华书局1985年版，第12页。

④ （明）谢肇淛：《西吴枝乘》。

⑤ （明）张铎修，浦南金纂：《嘉靖湖州府志》。

（二）畜禽名种增多

明代，我国家畜家禽著名的品种已不少，如马有蒙古马、西宁马、伊犁马、三河马、焉耆马、建昌马、乌蒙马、水西马等，牛有秦川牛、南阳牛，羊有湖羊、洮羊、蒙古羊、同羊、封羊。至于猪种，《本草纲目·豕》曰："生青、兖、徐、淮者耳大"，乃指华北大耳型猪种；"生江南者耳小"，乃系华南小耳型猪种。著名猪种有秋禺猪和陆川猪。陆川猪"白而极肥"，易熟易肥，能耐粗饲，繁殖力的抗病力都较强。[①] 鸡有辽阳鸡、矮鸡、文昌鸡、泰和鸡、长鸣鸡、寿光鸡、九斤黄、狼山鸡等。鸭有凤头鸭、番鸭、北京鸭和淮鸭等。在家禽家畜饲养方面，明代出现了利用精料促使家禽快速肥育的方法。"栈鸡易肥法"，《三农纪》载曰："以油和面捻成指尖大块，日与数十枚食之。又以做成硬饭，同土硫磺研细，每次用半钱许同饭拌乞喂数日即肥。"又有"栈鹅易肥法"，其法和栈鸡相似，但须用砖盖成小屋，"放鹅在内，勿令转侧。门以木棒签定，只令出头吃食，日喂三四次，夜多与食，勿令住口。如此五日必肥"。[②] 栈鸡法和栈鹅法在清时发展成为填鸭法。

（三）家鱼混养普遍流行

明代汉民族淡水养鱼技术有较大发展。经过长期的筛选、淘汰，形成了青、草、鲢、鳙四大家鱼，其养殖已普及于江南各省。家鱼混养之俗出现在宋代，到明代混养的已普遍流行。《广志绎·江南诸省》载曰："（吴越养鱼）入池当夹草鱼养之，草鱼食草，鲢鱼则食草鱼之矢（屎），鲢食矢而近其尾，则草鱼畏痒而游，草游，鲢又随觅之。凡鱼游则尾动，定则否，故鲢、草两相逐而易肥。"[③]《农政全书·牧养》指出：扫羊粪于鱼池中"以饲草鱼，而草鱼之粪，又可饲鲢鱼，如是可省人工打草"。[④]

明以来，福建省的福州、连江、福宁、霞浦，广东的东莞、新安、番禺、潮州，浙江的温州等地都已出现贝类养殖之俗。所养的贝类有鲻、

---

① （明）李时珍：《本草纲目》新校注本，刘衡如、刘山永校注，华夏出版社2008年版，第1796页。

② （清）张宗法：《三农纪校释》，邹介正、刘乃壮、谢庚华、江君谟校释，农业出版社1989年版，第589、593页。

③ （明）王士性：《广志绎》，中华书局1981年版，吕宗琳点校，第97页。

④ （明）徐光启：《农政全书》（中），石声汉校注，上海古籍出版社1979年版，第1163页。

蚶、蛏、蠔等。在福建，养蛏的场所叫“蛏田”“蛏荡”[①]；在广东养蠔的称为“蠔田”，养鳛的称为“鳛塘”[②]；在浙东养蚶的田叫“蚶田”[③]。养殖蠔蛎方法有植竹养蛎和投石养蠔等，植竹养蛎，“渔者于浅海处植竹扈，竹入水果累而生，斫取之名曰蛎”[④]。投石种蠔，《广东新语》曰：“东莞、新安有蠔田，与龙穴洲相近，以石烧红散投之，蠔生其上，取石得蠔。仍烧红石投海中，岁凡两投两取。”[⑤] 并用海涂养鱼之俗。

浙江沿海渔民，谓出海捕鱼为“碰海”，据王士性《广志绎》载，碰海人在海中自成一国，由长元、舵师任“三个月草头天子”，管束处罚船工、渔工。舟山《船上人马歌》则云：船上诸人有头锚、二桨、三桨、头多人、夥将挽、老大、挑货等级别。

四　手工业风俗

（一）“三十六行”和“十作”

明时民间职业，已有“三十六行”之说，行业不同，其俗各异。明时称手工业者为作，为匠。都城北京有“十作”，秦征兰《天启宫词注》曰：“木作、石作、土作、漆、火、药作、婚礼作、搭作、东行漆作，西行漆作，是谓十作。”又有“扎彩匠”，《如梦录》曰：“扎彩匠做显道神，其头模有五尺高，六尺围圆，王府出殡，皆用此物。”[⑥]

木作奉鲁班为祖师，《鲁班经·匠家镜》谓，明永乐时建北京龙圣殿，“赖师降灵指示，方获落成，爰建庙祀之”，并同祀石敢当，“至除夕夜用生肉三片祭之”。[⑦] 药作有端午采药之俗，谓是日采药多灵性，可治百病，归子慕有《五月五日采药》诗描述之。

工匠有“齐行”之俗，周晖《金陵琐事剩录》载曰：“甚矣，工人之贪也，时钱贱物价贵，工人倡为齐行，所争者微，所聚者众。”[⑧] 齐行又

---

① （明）何乔远：《闽书》。

② （清）屈大均：《广东新语》。

③ （明）李时珍：《本草纲目·魁蛤》。

④ （明）冯时可：《雨航杂录》卷下。

⑤ （清）屈大均：《广东新语》，中华书局 1985 年版，第 576 页。

⑥ 孔宪易校注：《如梦录》，中州古籍出版社 1984 年版，第 36 页。

⑦ （明）午荣编：《新刊京版工师雕斫正式鲁班经匠家镜》，海南出版社 2002 年版，第 220、306 页。

⑧ （明）周晖：《金陵琐事剩录》卷四。

称“齐盟”，系明时工匠之行会组织，陶工的行业帮会则称“童庆社”。

（二）纺织作坊新俗屡现

汉民族民间，素有“男耕女织”风尚，明代更显突出。《宣德富阳县志》载曰：“富阳虽滨江，居民不以鱼盐为业，男力耕耨，女勤蚕织。”《嘉靖临海县志》载曰：“男业耕桑，女勤蚕织。”《弘治嘉兴府志》载曰：“其居四野者，夫耕女织，最为勤苦。”其他各邑，无不如此。而这种“男耕女织”大都是属一家一户的家庭生产，唯求“家给人足”而已。湖广、江南及山东、河南、河北等地，则普遍植棉。苏杭则户户蚕织，机声不息，并出现了大量“机户出资，机工出力”的纺织作坊，资本主义性质的工场渐趋形成，蚕织民俗已突破“男耕女织”的生产模式，于传统中生出许多新俗，使之独具时代特色。

嘉靖后，江南“城乡皆事棉织，布被天下”；松江“俗务纺织，他技不多，而精线绫”[①]。而一家一户之“女织”，已从“家给人足”发展为“市的交易”。崇祯《松江府志》云：“纺织不止乡落，虽城中亦然。里媪晨抱纱入市，易木棉而归，机杼轧轧，有通宵不寐者。”[②] 并逐渐出现了规模不等的作坊、机坊，由此形成了“取分金”“换代”等风俗。

取分金，蒋以化《西台漫记》卷四载曰：“（苏州）大户张机为生，小户趁机为活。每晨起，小户数百人，嗷嗷相聚玄庙口，听大户呼织，曰‘取分金’，为饔腹计。”[③] 换代，《万历苏州府志》曰：“苏民无积聚，多以丝织为生，东北半城皆居织户，郡城之东皆习织业，织文曰缎，方空为纱。工匠各有专能，匠有常主，计日受值。有他故，则换无主之匠代之，曰‘换代’。”[④]

明代搅棉已习惯于用脚踏式搅车，有的尚带有“飞轮式”装置。徐光启《农政全书》卷三五附有一幅“木棉搅车”图，四足，有脚踏机构，一人自踏、自摇、自搅棉。其文云“今之搅车以一人当三人”，便指这一人兼做三项工作言。明代弹棉机也有一些进步，元弹棉弓是竹制的；据《农政全书》记载，明代弹花机“以木为弓，蜡丝为弦”，故人们推测，

---

① （明）徐光启：《农政全书》。

② （明）方岳贡修，陈继儒等纂：《崇祯松江府志》卷七《风俗·俗业》，书目文献出版社1991年版，第181页。

③ （明）蒋以化：《西台漫记》。

④ （清）陈梦雷：《古今图书集成·职方典》卷六七六引《苏州府志》。

其形制应更为宽大，从而提高了弓弦的振荡力。又，《天工开物》卷二所载弹棉弓是悬吊在弯竹顶端的，这就免去了弹棉人举弓之劳。

棉纺元代就使用了脚踏式三锭棉纺车，明代在沿用这一机械的同时，还发明出了四锭、五锭棉纺车。徐光启《农政全书》卷三五“蚕桑广类”载曰：“纺车容三維，今吴下犹用之，间有用四維者，江西乐安至容五继。”“四維”“五維”纺车的使用，提高了劳动生产率。

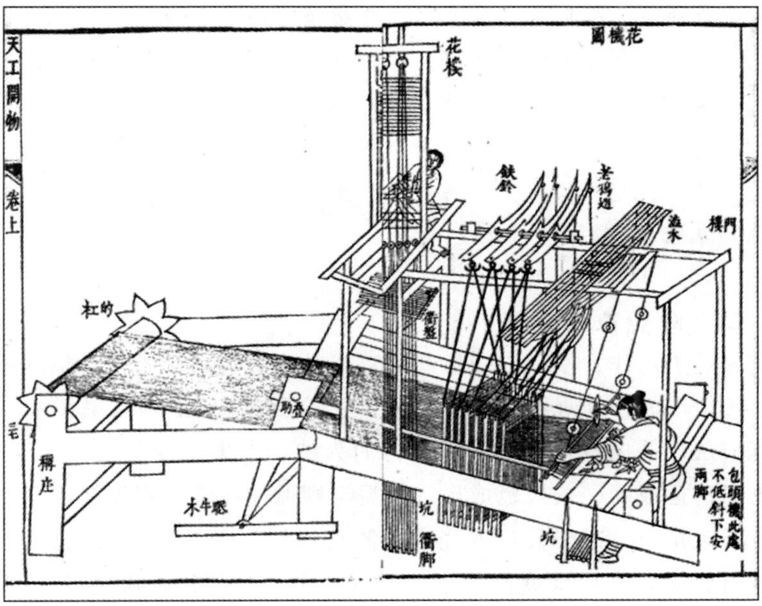

《天工开物》中的“花楼机”

明代通常使用的缫丝是两人操作的脚踏式机械，此外还使用过一人执恼火爨（煮茧），二人专打丝头，二人主缫，五人共作的缫丝车。并有“出水干”之俗。《天工开物》卷二“治丝”条曰“治丝登车时，用炭火四五两，盆盛，去车关（即丝纴角）五寸许。运转如风时，转转火意照干，是曰‘出水干’也（若晴光又风色，则不用火）”。[①] 这样，生丝随缫随干，丝质既柔软坚韧，又白净晶莹，同时也避免了蚕丝彼此粘结。

明代丝织机，有宋应星《天工开物》卷二提到的腰机式和五层经丝的花机，张瀚《松窗梦语》一书记载的改机。其中花机结构复杂，体型

① （明）宋应星：《天工开物（精装插图本）》，中国画报出版社 2013 年版，第 40—41 页。

页很大。《天工开物》卷二“乃服·机式”有：

> 凡花机，通身度长一丈六尺，隆起花楼，中托衢盘，下垂衢脚（原注：水磨竹棍为之，计一千八百根）。对花楼下掘坑二尺许，以藏衢脚（原注：地气湿者，架棚二代之）。提花小厮坐立花楼架木上。机末以的杠卷丝，中用叠助木两枝，直穿二木，约四尺长，其尖插于筘两头，叠助，织纱罗者视织绫绡者减轻十余斤方妙。其素罗不起花纹，与软纱绫绢踏成浪、梅小花者，视素罗只加桄二扇，一人踏织自成，不用提花之人闲住花楼，亦不设衢盘与衢脚也。其机式两接，前一接平安，白花楼向身一接斜倚低下尺许，则叠助力雄。若织包头细软，则另为均平不斜之机。坐处斗二脚，以其丝微细，防遏叠助之力也。①

（三）陶瓷业崇奉多神

陶瓷业为陶作，明代刘田所产之青瓷甚为著名，其制作、烧制过程有一套约定俗成的操作规程：“泥则取于室之近地”“油则取诸山中，蓄木叶烧炼成灰，并白石末澄取细者，合而为油。大率取泥是细，合油是精。匠作先以钧运成器，或模范成形。候泥干则醮油涂饰，用泥筒盛之，置诸窑内，端正排空，以柴筱日夜烧变，候火色红焰无烟，即以泥封闭火门，火气绝而后便启。凡绿豆色莹净无瑕者为上，生菜色在次之。”② 明代陶作，所祀之行业神，有案可稽者有董宾、赵慨、蒋知四、华光、范蠡、土地神、火神、碗神、章氏兄弟、伯灵翁、金火圣母、尧帝、舜帝、陶正等。其中又以著名产瓷地江西景德镇的祭祀陶神风习，最为典型。明人王世懋在《二酉委谭摘录》中曾记载当时陶作祭祀陶神盛况：“万杵之声殷地，火光炸天，夜令人不能寝，戏呼之曰‘四时雷电镇’。”③ 所供奉的行业神有董宾、赵慨、蒋知四、华光等。董宾又称广利窑神、风火仙师、陶神、火神等，是陶瓷业尊奉的祖师神。据乾隆《浮梁县志》记载，景德镇御窑厂署内，自明代以来便建有风火神庙，供奉董宾，“窑民奉祀维

---

① （明）宋应星：《天工开物（精装插图本）》，中国画报出版社 2013 年版，第 46—47 页。

② （明）陆容：《菽园杂记》卷十四，中华书局 1985 年版，第 176—177 页。

③ 王世懋：《二酉委谭摘录》，中华书局 1985 年版，第 14 页。

谨，酬献无虚日，甚至俳优奏技数部，簇于一场”①。

五　商业风俗

明初，俗以农耕为本，工商为末，风俗浑厚敦朴。迨至中叶，风气有变，民间渐趋“崇末轻本”，纷纷改农从商，弃农习技，《万历歙志·货殖》云：“传云：本富为上，末富次之，奸富最下，而今则一切反是。”②此风几遍全国。

“（苏州）人生十七八即挟资出商，楚卫齐鲁靡远不到，有数年不归。”③ 山西平阴，其民“每挟赀走四方，所至多流寓其间，虽山陬海涯皆有邑人”④。浙江宁绍，“竞贾贩锥刀之利，大半食于利”⑤。安徽徽州，“俗多行贾，……辐辏四方之美好，以为奇快，歙为甚”⑥ “小民多执技艺，或贩卖就食他郡者常十九。”⑦ 山东、河北、江西、广东等地，经商之风同此兴盛，风俗为之一变。

（一）店铺集中列肆

明初北京店铺，大多集中列肆，俗称“廊房”。明末清初查慎行《人海记》载：“永乐初，北京四门，钟鼓楼等处，各盖铺房店房；召民居住，召商居货，总谓之廊房。”⑧

中叶以后，都城北京始有“古董行”，清初花村看行待者《谈往录》谓：古董行所售多系“商彝周鼎，秦镜汉匜、晋书唐画，宋元以下物不足贵”。并有书肆，胡应麟《少室山房笔丛》曰：“燕中书肆，多在大明门后，及礼部门外拱宸门西。每会试举子，则书肆列于场前；岁朝后三日，则移于灯市；朔望并下浣五日，则徙于城隍庙中。”⑨

河南开封有专卖旧衣的“沽衣铺”，《如梦录》谓：开封三估衣店、估衣铺，“四面皆卖布沽衣，绸缎沽衣”。万历年间，江南松江有专营鞋

① （清）李洊德、汪埙纂修：《乾隆浮梁县志》卷五《物产志·陶政》。

② （明）张涛、谢陛纂修：《万历歙志》。

③ （明）王鏊：《震泽编》卷三。

④ （明）赵颜修：《沃史·风俗》。

⑤ （清）顾炎武：《肇域志·浙江》。

⑥ （明）汤尹宾：《镌宣城汤睡庵集》卷二三。

⑦ （明）汪尚宁纂修：《嘉靖徽州府志》卷八。

⑧ （清）查慎行：《人海记》，北京古籍出版社 1989 年版，第 91 页。

⑨ 胡应麟：《少室山房笔丛》，上海书店 2001 年版，第 42 页。

袜的鞋店、袜店。范濂在《云间据目抄》卷二载曰：“（初）郡中绝无鞋店与蒲鞋店，万历以来始有男人制鞋，后渐渐稍精美，遂广设诸肆于郡治东。”同书又载：“松江旧无暑袜店，万历以来，用尤墩布为单暑袜，……故郡治西郊广开暑袜店百余家。”①

店铺开业，要行仪式，亲朋相贺，并祀神。赵吉士《寄园寄所寄》记明时北京风俗曰：“都城市肆初开，必盛张鼓乐，广结彩缯，贺者持果核堆盘，围以屏风祀神。”② 店铺所供神祇，各行具有所本，如杂货店供财神，铁器店供太上老君等。京城鞋铺则供“靴神”，每年十月初皆要祀祭。沈榜《宛署杂记》卷十一载曰：“卖靴人以是日为靴神生日，预集钱供，具祭之，以其阴晴卜一冬寒暖。”

店家都有招牌，北京“正阳门东西街，招牌有高三丈余者，泥金杀粉，或以斑竹镶之，或又镂刻金牛、白羊、黑驴诸形象，以为标识。酒肆则横匾连楹，其余或悬木罂，或悬锡盏，缀以流苏”③。酒馆匾额、楹联之词，大都夸张形象，以吸引行人驻足，门外还设酒望，书以酒名。

岭南地区店铺，交易讲信誉，叶权《游岭南记》云：“广城货物市与外江人，有弊恶者。五七日持来，皆易与之。非苏杭间转身即不认矣。”④

（二）行贩招客重货声

明时行贩，走村串户多以响器、货声招引顾客。史玄《旧京遗事》曰：“京城五月，辐辏佳蔬名果，随声唱卖，听唱一声而辨其何物品者、何人担市也。唱卖麸，旧有四声，比叫成诗，巡城者加之以杖。于今惟卖麸者一声，而他物重叠，其词不止一句，盖此以曼声为招，彼以盛耳而引。”⑤ 冯梦龙《醒世恒言》第十三回，曾提及货郎以响器招客之俗：“冉贵却装了一条杂货担儿手执着一个玲珑珰琅的东西，叫作个‘惊闺’。”惊闰，明时又称惊绣，《事物绀珠》云：“惊绣，如小钲而厚，手提击。”

京师有抱物登门兜售者，因多系女性，故称“市姿”。阎尔梅《京师杂咏》咏市婆诗中“京城内外市婆姨，雕辇父彩悦帔”等句即指此。

---

① （明）范濂：《云间据目抄》卷二。

② （清）赵吉士：《寄园寄所寄》。

③ 同上。

④ （明）叶权：《贤博编》，中华书局 1987 年版，第 46 页。

⑤ （明）史玄：《旧京遗事》，北京古籍出版社 1986 年版，第 23 页。

（三）集市交易流行“牙侩”

集市风俗，由古之“日中而市”因袭而来，隋唐时实行坊市制，两宋时坊市制已被突破，迨明则发育出庙市、灯市、内市等集市形式。明时北京集市，有庙市、灯市和内市。刘侗、于奕正《帝京景物略》曰：“京师各时日：朝前市者，大明门之左右，日日市，古居贾是也；灯市者，东华门外，岁灯节十日市，古赐铺是也；内市者，东华门内，月三日市，今移灯市张矣，犹称内市也。”① 花村看行侍者《谈往录》曰：“明朝京师灯市、庙市，即西北、中原等处俗说赶集，东南闽粤等处趁墟是也。……其期，灯市则每月之初五、初十与二十，庙市则月之朔望与二十五。”② 沈德符《万历野获编》曰：“内市在禁城之左，过光禄寺入内门，自御马监至西海子一带皆是。每月初四、十四、二十四日设场贸易。”③

南方杭州则有“香市”。张岱《陶庵梦忆》卷七记曰：“西湖香市，起于花朝，尽于端午。山东进香普陀者日至，嘉湖进香天竺者至，……而独凑集于昭庆寺。昭庆寺两廊故无日不市者。三朝八代之古董，蛮夷闽貊之珍异皆集焉。至香市，则殿中边甬道上下、池左右、山门内外，有屋则摊，无屋则厂，厂外又棚，棚外又摊，节节寸寸。凡胭脂簪珥，牙尺剪刀，以至经典木鱼、牙子儿嬉具三类，无不集。”④

都城北京还有“穷汉市”，《帝京景物略》曰：“穷汉市者，正阳桥，日昃市，古贩夫贩妇之夕市也。”⑤ 岭南称集市为虚，王济《君子堂日询手镜》曰：“北方立期为市，谓之集；岭南则称虚。……横州虽只是十五里，有村八百余，虚百余，一虚每期贸易，财货不下数十万。”⑥

明代的集市中还流行“牙侩”，充当买卖双方间的经纪人。牙人起源于宋代，在明时发展成“牙行”，在商贸活动中，牙人十分活跃，并有专以此为业者。如《万历扬州府志》卷一记曰：“居民悉为牙侩，贪者倚负担剥载，索雇直以糊其口，弗事农。”在商业繁华的苏州“一城中与长洲东西分治，西较东为喧闹，居民大多工技；全阊一带，比户贸

---

① （明）刘侗、于奕正：《帝京景物略》，北京古籍出版社1980年版，第161页。

② （清）花村看行侍者：《谈往录》。

③ （明）沈德符：《万里野获编》，中华书局1939年版，第612—613页。

④ （明）张岱撰，淮茗评注：《陶庵梦忆》，中华书局2008年版，第127页。

⑤ （明）刘侗、于奕正：《帝京景物略》，北京古籍出版社1980年版，第161页。

⑥ （明）王济：《君子堂日询手镜》，中华书局1985年版，第18页。

易，负郭则牙绘揍集”①。明代，洞庭湖一带，盛产香橘，民人贩橘，每到秋收橘收时，必先寻“牙侩”，然后售运外地商人，明人杨文骢《洞庭竹枝词》中即有“城里故家熏画阁，先寻牙侩断香园”之句，“断香园”即是市橘之方言。② 牙人在从事经纪活动时，还有自己的行话隐话，“以欺外方”。明时杭州，“三百六十行各有市语，不相通用，仓猝聆之，竟不知为何等语也。有曰四平市语者，以一为忆多娇，二为耳边风，三为散秋香，四为思方马，五为误佳期，六为柳摇全，七为砌花台，八为霸陵桥，九为救情郎，十为舍利子，小为消黎花，大为朵朵花，老为落梅花”。③

（四）饮食服务业风俗

江南有茶馆，田汝成《西湖游览志余》卷二十载曰：“杭州先年有酒馆而无茶馆，然富家宴会犹有专供茶事之人，谓之茶博士……。嘉靖二十六年三月，有李氏者，忽开茶坊，饮客云集，获利甚厚，远近仿之，旬日之间开茶坊者五十余所。”④ 并有供人洗澡的“混堂”，郎瑛《七修类稿》载曰：“吴俗，甃大石为池，……一人专执爨，池水相吞，遂成沸汤，名曰‘混堂’，榜其门则曰‘香水’。”⑤

都城北京有“水工”，专替人担水，史玄《旧京遗事》载曰：“京师担水人，皆系山西客户，虽诗礼之家，担水人皆得窥其室，是以遇选采宫人，大兴、宛平二县拘水户，报名定籍，至今著为令焉。”⑥

有专门为人帮厨之“厨人”，《旧京遗事》云：“京师筵席，以苏州厨人包办者为尚，余皆绍兴厨人，不及格也。”⑦

岭南有帮人挑担的“脚夫”，王临亨《粤剑编》谓：“南雄山多田少，而民颇力业。山中妇人跣足而肩柴入市者，趾相错也。讯其男则皆担客装度岭去矣。”⑧

---

① （清）顾炎武：《肇域志·江南苏州府》。
② （明）杨文骢：《洵美堂诗集》卷四。
③ （明）田汝成：《西湖游览志余》，浙江人民出版社 1980 年版，第 400—401 页。
④ 同上书，第 327 页。
⑤ （明）郎瑛：《七修类稿》，上海书店 2001 年版，第 164 页。
⑥ （明）史玄：《旧京遗事》，北京古籍出版社 1986 年版，第 7、26 页。
⑦ 同上。
⑧ 王临亨：《粤剑编》，中华书局 1987 年版，第 75 页。

第三节　明代汉民族的生活风俗

一　服饰风俗

（一）官员服制复唐宋古制

明代官员的制服基本恢复了汉民族社会的传统制式，较多地体现出唐宋古制。当时文武官员的冠服有朝服、祭服、公服和常服等。朝服：洪武二十六年定，公冠八梁，加笼中貂蝉，立笔，前后玉蝉；侯七梁冠，笼中貂蝉，立笔，前后金蝉；伯同侯，前后玳瑁蝉，都插以雉尾；驸马同侯，但不插雉尾。衣用赤罗衣，白纱中单、青饰领缘，赤罗裳、青缘，赤罗蔽膝，革带佩绶，白袜黑履。明代官员一品至九品，俱戴“忠靖冠”。“忠靖冠”，铁丝为框，外蒙乌纱，冠后竖两翅，俗称“山”，正前方隆起，以金线压出山梁。官员品级以冠上梁数为差。凡大祀、庆成、正旦、冬至、圣节及颁诏开读、进表、传制时官员须服用朝服。嘉靖七年（1528年）时，曾将此制有更定，但无大的损益。唯锦衣卫堂上官服大红蟒衣、飞鱼服，戴乌纱帽，束鸾带。

祭服：洪武二十六年（1393 年）定一品至九品官员的祭服为：青罗衣，白纱中单，俱皂领缘；赤罗裳，皂缘；赤罗蔽膝；方心曲领。冠带、佩绶同朝服，并规定文武官员分献陪祀时服暖和祭服。若在家用祭服时，三品以上去方心曲领，四品以下去佩绶。文武官员祭太庙、社稷时则服大红便服。

公服：据洪武二十六年定制，衣用盘领右衽袍，袖宽 3 尺。材料用纻丝，或者纱罗绢。一品至四品绯袍；五品至七品青袍；八品九品绿袍；未入流杂职官的袍、笏、带与八品以下同。袍的花纹以花径大小分别品级，如一品用大独科花，径五寸；以下以次递减其，八品以下则无花纹。首戴幞头，漆纱为之，旁二等展角各长 1 尺 2 寸。腰带，一品用花或素的玉；二品犀；三品、四品金荔枝；五品以下用乌角。鞓（皮革制成的腰带）用青革，仍垂挞尾于下，着皂靴。凡每日早晚朝奏事、侍班、谢恩、见辞时服之。后改定朔望朝时用之。其余常朝时则用便服，公、侯、驸马、伯的服饰等与一品同。

常服：明朝官员常朝视事（即在本馆署内处理公务），则穿常服。洪武三年（1370 年）定制，官员凡常朝视事用乌纱帽，团领衫束带。一品用玉带，二品花犀，三品金钑花，四品素金，五品银钑花，六品、七品素银，八品、九品乌角，公、侯、伯、驸马与一品相同。洪武二十四年（1391 年）定制，常服用补子分别品级高贵：公、侯、伯、驸马用绣麒麟、白泽，文官一品用仙鹤，二品用锦鸡，三品用孔雀，四品用云雁，五品用白鹇，六品用鹭鸶，七品用鸂鶒，八品用黄鹂，九品用鹌鹑，杂职用练鹊，风宪官（即法官）用獬豸；武官一品、二品用狮子，三品、四品用虎豹，五品用熊罴，六品、七品用彪，八品用犀牛，九品用海马。由于勋爵品官日常用常服，所以明代人说“国朝服色以补为别”[①]，可见用补子花样以示等第，是明代官服的重要特点之一。

御内太监则戴“刚义帽”和“平巾”。刚义帽“以丝竹作胎，真青绉纱蒙之，自奉御至太监皆戴之”；平巾，“长随内史小火者戴之，制如官帽而无后山，然有罗幅垂于后，长尺余，俗所谓纱帽片也”。

综上所述，明代对于文武官员服饰的样式、尺寸、衣料、帽顶、绣样、色彩，乃至鞋履都有严格的制度规定。明王朝统治者就是通过各种官员不同的色彩、线条、图案、花纹的服饰，来显示官序的高下，以便“贵贱之别，望而知之”。

（二）庶民服饰始俭终华

洪武初年定庶人婚嫁，准服用九品冠服；又取六瓣瓜拉帽（即后世的“瓜皮帽”）象意“六合一统”，为庶民戴用；但不准许用顶。后又颁示十三布政使司，庶民“皆裹网巾”。洪武三年，明政府定常服制，并“复制四方平定巾，颁行天下”，改用四带巾为四方平定巾。后来，规定庶民穿杂色盘领衣，不许用黄；庶民即使身为乡中正、副乡约，仍不能服冠，只许服耆老幅巾。

明代对汉民族庶民服饰制式基本恢复唐宋古貌，规定很严厉，如洪武三年（1370 年）规定穿庶民杂色盘领衣，不许用黄。还明文申禁，男女衣服不得僭用金绣、锦绮、纻丝、绫罗，只许用绸绢、素纱，靴不得裁制花样、装饰金线。规定农民只许用绸、纱、绢、布。若是农夫可戴斗笠、蒲笠出入市井。老农的衣制，袖长要过手；庶人衣长，离地 5 寸，袖长过手 6 寸，袖桩广 1 寸，袖口 5 寸。洪武二十五年（1392 年），又下令，庶民不许穿靴。除官民界限外，还有良贱之别。明代视商贾为下贱，这在服

① （明）谢肇淛：《五杂俎》卷十二，上海书店 2001 年版，第 251 页。

饰制度中也有体现。规定农民之家许穿绸纱绢布，而商贾之人却只许穿绢布，不许穿用绸、纱。并明确而严格的规定，如农民之家有一人为商贾，就不许家人穿绸纱。

明初，朝廷一并统一巾帽之制，规定庶民不得服冠，即使身为乡中正、副乡约，也只能服巾，其式有网巾、六合巾、四方平定巾等。明中叶后，庶民百姓的巾帽式样日趋丰富，常见的有过桥中、武士巾等百余种。

明代汉民族士人，一般服衫，郎瑛《七修类稿》载曰："太祖……自命用玉色绢布为之，宽袖，皂缘，皂条，软巾，垂带，谓之襕衫。"①

女服，洪武五年五月《正礼义风俗诏》曰："民间妇女首饰衣服，尚循旧习，宜令中书省集议，冠服定制，颁行遵守，务复古典，以革旧习。"其式，主要有衫、袄、霞帔、背子、比甲及裙子等。衫、袄的基本式样，大多仿自唐宋，一般为右衽，恢复了汉民族古老而悠久的服饰传统与风俗。普通妇女的礼服，最初只能穿紫色粗布，不准用金绣。袍衫只能用紫、绿、桃红等浅淡颜色，不许用大红、鸦青和黄色，带用蓝绢布制作。明代妇女所穿的背子，其基本形式，大体与宋代汉民族相同，大多为直领、对襟、小袖。而明代妇女所服的"比甲"，是一种无袖、无领的对襟马甲，据传，它产生于元代，初系皇帝所服，后才普及到民间，到明时转而成为一般妇女的服饰。

明代汉民族妇女下裳喜穿裙，穿裤者较少，裙子的颜色，初尚浅淡，即使有纹饰，也不十分明显。裙幅初用六幅，旨在遵循古仪，所谓"裙拖六幅湘江水"，即指此而言。嘉靖以后，服制渐弛，衣俗有变，士大夫中曾先后流行过"二色衣""程子衣"和"道袍"等。明末，又有阳明衣、十八学士衣、二十四节气衣等，皆色彩艳丽，竞新斗奇，"贫者必用绸绢色衣""且从典肆中寻旧缎旧服翻改新制""稍富则绒衣巾盖"。官民士庶，服制违式成风，衣着追求时髦，样式数日一变，更有男子穿衣如女装者，当时有人作诗讥曰："昨日入城市，归来泪满襟，遍身女衣者，尽是读书人!"衣俗之侈汰，可见一斑。成化时北方流行不论男女喜穿"马尾裙"的风俗。妇女裙式，到明末时，有"月华裙"，此外还流行"凤尾裙"和"百褶裙"。又有"梅条裙拖""膝裤拖""藕莲裙"等。

另外，明代男女还喜穿"斗篷"，又名"一口钟"。"凡衣掖下安摆，

---

① （明）郎瑛：《七修类稿》，上海书店2001年版，第89页。

襞积杀缝，两后裾加之。也有取暖者，或取冰纱映素者，皆略去安摆之上襞，直领，四周衣边与后裾三缝相连，如钟然。”①

明代履式，初时有一定的规制，如洪武初年，朝廷明文申禁，庶民之靴不得裁制花样，不得金线装饰；洪武二十五年朝廷又规定，庶民百姓不许穿靴。所以明初汉民族民间履式较为朴素、单调。如江浙夏日流行“蒲鞋”，岭南地区因气候炎热，汉民族民间俗尚穿屐。明代妇女，按汉民族的传统风俗，仍盛行缠足，多着弓鞋。

袜式，有毡袜、绒袜、布袜。范濂《云间据目抄》载：“嘉靖时民间用镇江毡袜，近年皆用绒袜，袜皆尚白，而贫不能办者，则用旱衣绒袜。”② 女子则有“膝袜”，叶梦珠《阅世编》载：“膝袜，旧拖于膝下，下垂没履，长幅与男袜等，或彩镶，或纯素，甚而或装金珠翡翠。”③

（三）男女首饰花样翻新

明代汉民族妇女的发式，虽不及宋代汉民族妇女发型丰富多彩和多样，但至嘉靖以后，变化较多。有的妇女将头髻梳成扁圆形状，在发髻的顶部，装饰上以宝石制成的花朵作饰物，时称“桃心髻”。之后，又有将发髻梳高，以金银丝绾结，远远望去，如同男子戴纱帽，顶上有珠翠装点。到了明末，妇女发髻式样名目愈来愈多，花样不断翻新，样式也从扁圆趋向于长圆，故有“桃尖顶髻”“鹅胆心髻”等名称。更有返朴思古，模仿汉代“堕马髻”者，梳头时将发朝上卷起，绾成一个大髻，垂于脑后。在明代画家的仕女图中，及明万历年间出版的刻本小说插图里，即可常见这种髻式。如从富春堂唐氏刻本《十义记》《南西厢记》及继志斋陈氏刻本《红拂记》等书的插图中，便可见到诸如桃心髻、堕马髻等了诸多明代妇女的各式发型形象。

明代汉民族妇女之首饰，常见的有步摇、簪、钗、珰等，其花色，见于史籍的有“金玉梅花”“金绞丝灯笼簪”“西番莲梢簪”“犀玉大簪”“点翠卷荷”“珠翠鬓边花”和“金累丝镶嵌青红宝石珍珠长春花头面”等。据《天水冰山录》载：从抄没严嵩家产中所收缴的各种名目的首饰有金厢（镶）珠玉首饰 23 副，计 284 件；金厢（镶）珠宝首饰 159 副，

① （明）方以智：《通雅·衣服》。

② （明）范濂：《云间据目抄》卷二。

③ （清）叶梦珠：《阅世编》，上海古籍出版社 1981 年版，第 182 页。

803件。其首饰名称有金厢玉宝寿福禄首饰1副，金厢玉凤顶珠宝1副，金厢玉孔雀牡丹首饰1副，金厢玉累丝佛塔首饰1副，金大珠八仙首饰1副，金厢摺丝灯笼狮象珠首饰1副，金厢珠宝蟾宫桂兔首饰1副，金厢三顾茅庐首饰1副，金厢张骞乘槎珊瑚首饰1副，金厢玉蟹荷叶首饰1副等。由此可知明代妇女首饰名目之多，题材之广泛，已远远超出宋元；而将花草、鸟禽、动物、人物、楼阁、佛塔以及三顾茅庐等历史故事浓缩于首饰之中，这是空前绝后的。

在明代汉民族妇女中还流行以假髻、鬏髻、头箍、髢、两博鬓和眉间俏等为首饰的风俗。随着时代的发展，又出现了纱头箍和熟罗头箍。头箍需每日系戴，戴上卸下，较为麻烦，便后又出现用乌绒、乌绫、乌纱等按发额头围大小定制取戴方便的“乌兜”。富贵之家妇女的头箍和乌兜上，常点缀有金玉珠宝翡翠。明人沈石田诗中所云的“雨落儿童拖草履，晴干嫂子戴乌兜”，即指此物。此外，在南方，吴中女子还喜戴网巾；北方女子则爱戴假花；大家女子则喜作粉靥；女子出嫁，则可戴凤冠等。

明代士宦尚首饰，有冠帽钉“铎针”之俗。铎针，金银珠翠参珊瑚制之，其形“元旦则大吉葫芦，元夕则灯笼，端午则天师，中秋则月光，重阳则菊花，冬至则绵羊”。男子尚簪花，刘銮《五石瓠》载：“皖桐潘映娄，特制小碧盒子冠右，每早插翠花一枝在盒，又任意或时花或珠花。”[①] 也有男子傅粉，沈德符《万历野获编》载：“予游都下，见军官辈谈主上视朝，必用粉傅面及颈，以表穆。”[②]

明代汉民族庶民佩物，北方士庶腰佩“扁辫”，刘若愚《酌中志》载：“扁辫，用不堪紫色绒，或青绿色绒，如大带子，微松软耳。长可丈余不等，阔可三四寸，凡遇雨雪，将衣掐束，离地八九寸，以防泥污。”[③] 又有佩腰刀、牙筋之俗。士大夫夏日喜佩伽南。伽南系各贵香木所制之数珠。而明代汉民族女子佩物，则有手镯、戒指、缠子、坠领、七事、禁步等。

二 饮食风俗

（一）宫廷食俗豪华奢侈

明代宫廷的饮食生活是极尽豪华奢侈的，它不仅是帝后家族本身为满

① （清）刘銮：《五石瓠》。

② （明）沈德符：《万历野获编》，中华书局1959年版，第620—621页。

③ （明）刘若愚：《酌中志》，北京古籍出版社1994年版，第174页。

足生理需求而进行的饮食活动，而且还是一种为了满足明代统治者政治需求而进行的礼仪活动。所以，明代宫廷筵宴的规模大小、参加成员均有严格的等级限定，而呈现出华贵、典雅、庄重、等级森严，且礼仪繁缛、政治色彩浓烈等特点。

明代宫廷饮食的花色品种，可以说是月月有新鲜，节节有变化，在正月，宫内帝后眷属所品尝的珍馐与节令时鲜食品。品种丰富多样，它们来自全国各地，且都是地方名特产品和滋养食品，花样不胜枚举，主要有冬笋、银鱼、鸽蛋、麻辣活兔，冰下的活虾，来自塞外的黄鼠、半翅鸡，滇南的鸡纵，五台山的天花羊肚菜、鸡腿银盘等蘑菇，东海的石花海白菜、龙须、海带、鹿角、紫菜，江南的蒿笋、糟笋、香菌，辽东的松子，蓟北的黄花、金针，都中的山药、土豆，南都的苔菜，武当的莺嘴笋、黄精、黑精，以及北方的榛子、栗子、梨、枣、核桃、黄连茶、木兰菜、蕨菜、蔓菁，江南的蜜柑、凤尾橘、漳州橘、橄榄、小金橘、风菱、脆藕，西山的苹果、软子石榴等各种菜蔬和干鲜果品、土特产等，真是不可胜数。同时市俗的烧鹅鸡鸭、烧猪肉、冷片羊尾、爆炒羊肚、猪灌肠、大小套肠、带油腰子、羊双肠、猪臀肉、黄颡管耳、脆团子、烧笋鹅鸡、酒爆腌鹅鸡、炦鱼、柳蒸煎火赞鱼、炦铁脚雀、卤煮鹌鹑、鸡醢汤、米烂汤、八宝攒汤、羊肉猪肉包、枣泥卷、糊油蒸饼、乳饼、奶皮、烩羊头、糟腌猪蹄尾耳舌、鹅肫掌等民间风味小吃，也都汇集在宫中的御宴上，成为明代帝后的节令美食与佳肴。这时节，宫廷饮用的茶叶主要有六安松萝、天池，绍兴岕茶、径山茶、虎丘茶等。此时节，凡遇天降大雪，帝后则在暖室里赏梅，由于天气寒冷，所以帝后这时要享用炙羊肉、羊肉包，喝浑酒、牛乳、乳皮，吃蒸熟的乳油窝卷。

二月，宫中要吃河豚；三月吃凉糕、糍粑和烧笋鹅等；四月，芦笋、樱桃与玫瑰花、芍药花等时新果品花卉上市，宫中要品尝新时瓜果，烹调时令菜点。还要品尝樱桃，此时还要按“冬不白煮，夏不熝”的烹饪信条与养生之道，品吃笋鸭、白煮独肉，等等；五月、六月，正值盛夏，烈日酷暑，这时的饮食主要以制作尝新解暑避热的食品为主；七月的宫中的时鲜食品是鲥鱼；八月，京城各类应时食品较多，所以宫中的饮食活动颇为繁多，例如吃肥蟹后，接着饮用苏叶汤，在应时鲜果主面，宫中享用的有红白软子大石榴、大玛瑙葡萄等；九月，宫中也要“糟瓜茄”，储备过冬的菜蔬，以供食享之用；十月，宫中帝后享用的时令性美食馔品，主要有羊肉、爆炒羊肚、麻辣兔，以及虎眼等各样细糖，而牛乳、乳饼、奶皮、奶窝、酥糕、鲍螺等，也是宫中的常用食品，且这些食物一直要食用至来年春天二月为止；十一月，宫中的应时饮馔美肴，除讲究美味之外，还要发挥营养丰富、强身健壮和御寒养生的双重作用，还要吃糟腌猪蹄尾、鹅肫掌、炙羊肉、羊肉包和扁食馄饨，以为“阳生之意”等等；十二月，自初一日起，宫中要吃灌肠，吃油渣卤煮猪头、烩羊头、爆炒羊肚、炸铁脚小雀加鸡子、清蒸牛乳白、酒糟蚶、糟蟹、炸银鱼等鱼和醋熘鲜鲫鱼、鲤鱼等各种风味食品和保健食物。①

皇宫一年四季如此繁盛多样的饮食品种，既反映出明代农牧渔生产已发展到较高的水平，又说明了宫廷生活的奢侈豪华。

（二）官绅食俗讲究等级

明代汉民族官绅的日常饮食文化活动，除了满足基本生理食欲的需求外，更重要的是为了突出他们的政治地位和经济上的特殊优越感，因此，无论从饮食的品种、制作、营养方面，抑或宴筵用馔的礼仪等方面，都是颇为讲究的，甚至在诸多方面可以与宫廷的饮馔活动相媲美。如明代的宰相张居正奉旨归葬，“始所过州邑邮，牙盘上食，水陆过百品，居正犹以为无下箸处”。② 又如大学士夏言，“家富厚，高薨雕题……膳羞如王公”，在阁“不食官供，家所携酒肴甚丰沃，什器皆用金”。③ 可见饮食生活之奢侈。至于明代官绅平日的饮食生活情况可以《金瓶梅词话》中所描写的地方富豪兼官僚西门庆家庭生活情况为例。《金瓶梅词话》第二十二回中，描写西门庆家早餐时的情景是：“两个小厮放桌儿，拿粥来吃。就是四个咸食；十样小菜儿；四碗炖烂：一碗蹄子，一碗鸽子雏儿，一碗春不老蒸乳饼，一碗馄饨鸡儿。银厢瓯儿里粳米投着各样榛松离子果仁、玫瑰白糖生粥儿。西门庆陪应伯爵、陈经济吃了，就拿小钟筛金华酒，每人吃了三杯。”④ 一顿家常早餐便如此奢靡，而吃完粥还要喝酒，这与近世生活的饮食习尚可谓大相径庭，可见其奢华程度之一斑。

---

① （明）刘若愚：《明宫史·火集》。

② （明）焦竑：《玉堂丛语》，中华书局 1981 年版，第 276 页。

③ 同上书，第 275 页。

④ 兰陵笑笑生：《金瓶梅词话重校本》，梅节校订，陈诏、黄霖注释，梦梅馆 1993 年版，第 259 页。

（三）庶民食俗承旧制

明代汉民族官府民间的日常主食，基本承宋元风貌，南人食米、北人食面，只是食品样式更为丰富。南人食米，主要饮食品种有饭、粥、糕、团等。饭为常食，除家常米饭外，民间还流行有青粳饭、荷包饭、桃花饭和八宝饭等。节俗食物：青粳饭，本系道家食物，晋时已有，传之明，其制法为："以生白粳米一斛二斗舂治，用南烛木叶五斤，杂茎皮煮取汁，米释炊之。"[①] 荷包饭，流行于岭南，"以香粳杂鱼肉诸味，包荷叶蒸之，表里透香"。[②] 桃花饭，"以梅红纸盛之，温后去纸和匀，刚红白相间"。[③] 八宝饭，取熟糯米饭拌糖，猪油，杂以果脯瓜仁等，蒸炊而食。粥，明人谓之"世间第一礼物"，食风颇盛，种类也多。高濂《遵生八笺》载有三十八种，李时珍《本草纲目》载有四十种，常见的有绿豆粥、莲子粥、米仁粥、红枣粥、南瓜粥、芋头粥、藕粥，及各种肉粥等。明人张方贤有《煮粥诗》赞粥曰："煮饭何如煮粥强，好与儿女熟商量，……莫言淡薄少滋味，淡薄之中滋味长。"可见明人对粥之偏爱。糕，有松、软之分，样式多达百种，尤以苏州的松子糕、薄荷糕、赤豆糕、桃仁糕、百果糕、九层糕为著名。

北人食面，其炊法有水沦、笼蒸、炉熟、锅炒和油煎等。水沦者，有"蝴蝶面、水滑面、托掌面、切面、挂面、馎饦、馄饨、饸饹、拨鱼、冷淘、温淘、秃秃麻失之类"；笼蒸者，有"毕罗、蒸饼、蒸卷、馒头、包子、兜子之类"；炉熟者，有"烧饼、麻饼、薄脆、酥饼、髓饼、火烧之类"；锅炒者，有"棋炒""团白面，少和香油芝麻，为棋子块样，炒熟"，有"烧饼面枣"，取头白细面做面枣，"锅内熬白炕熟"；油煎者，有"卷煎饼"，白面擀成薄饼，装馅，"卷作一条，两头以面糊粘住，浮油煎，令焦红色"。[④] 此外，南北食物尚有"角黍"。

嘉靖以后，漕运发达，江南大米渐输北方，京师士庶兴吃"老米饭"和"米面合小豆枣肉，蒸而切之"的切糕，以及"以糯米饭夹芝麻糖"的凉糕，并有"以果米杂成之"的"腊八粥"等。

---

① 刘山水主编：《本草纲目》新校注本，华夏出版社 2008 年版，第 1032 页。

② （清）屈大均：《广东新语》，中华书局 1985 年版，第 380 页。

③ 周履靖：《群物奇制》，中华书局 1985 年版，第 15 页。

④ （元）韩奕：《易牙遗意》，中国商业出版社 1984 年版，第 42 页。

明代民间菜肴，大抵南鱼北肉。嘉靖后，南方鱼腥渐入北方餐桌，京师已盛行“蟹宴”。明初，南方有生食鱼、肉之习，鲜食谓脍，腌食谓鲊。脍，有“鱼脍”，在明代流行的各种鱼脍中，尤以鲈鱼脍最负盛名。此外还有牛、羊、猪等的“肉生”。随着著名医药学家李时珍在《本草纲目》一书中对生脍之俗的安全性提出质疑——“鱼脍、肉生，损人尤甚，为症瘕，为痼疾，为奇病，不可不知。”① 生脍之风在明代末年逐渐衰落。

以花卉入馔是汉民族的传统食风，宋代林洪的《山家清供》就收录了以梅花、莲花、菊花做成的肴馔十多种，到了明代汉民族民间花卉入馔之风得到进一步发展，用以入馔的花卉品种逐渐多起来。高濂《遵生八笺》收有栀子花、鹅脚花、金雀花、芙蓉花、锦带花、玉簪花等入馔花卉二十多种，该书记“萱花入馔”云：“夏时菜花，洗净用汤淖过，拌料可食，入配素品，如豆腐之类，极佳。”

（四）豆腐食用普遍

在明代汉民族民间，由于豆腐的制作和食用已十分普遍，故其制作技术已比前代有较大进步，由“自淀”而改为加凝固剂生成，并有了揭制豆腐皮的风俗，李时珍《本草纲目》中对有关豆腐的制法和凝固剂的选用方面有着详细的记载：“豆腐之法……凡黑豆、黄豆及白豆、泥豆、豌豆、绿豆之类皆可为之。造法：水浸，硙碎，滤去渣，煎成，以盐卤汁或山矾叶，或酸浆醋淀，就釜收之。又有入缸内以石膏末收者。大抵得咸苦酸辛之物，皆可收敛耳。其面上凝结者，揭取晾干，名豆腐皮，入馔甚佳也。”② 另据明人李日华《蓬龙夜话》记载，在安徽歙县一带，当时人们对石磨的材质也很讲究。材质细腻的石磨可以把豆粒磨得均匀适中，使做成的豆腐产量高，质量绵软细嫩，味香，色泽好。

此外，江南有食“皮蛋”之俗，戴羲《养余月令》称之为“牛皮鸭子”，制法食法与今大体相同。

（五）礼俗宴饮讲铺张

明代宫中的饮膳活动中，除了自身在日常饮膳外，按传统礼仪规范，每逢元旦、冬至、万圣等节日，以及遇祭祀圜丘、方泽、祈谷等重大礼仪活动时，都要赐内外官筵宴。按有关史书记载，明代宫中的筵宴按其规

① 刘山水主编：《本草纲目》新校注本，华夏出版社2008年版，第1647页。

② 同上书，第1030页。

模，可分大宴、中宴、常宴和小宴四种；不同规格的筵，对筵者的身份、地位、座次、礼仪及文娱活动有不同的限定。

民间的礼俗宴饮，明初简约，嘉靖后渐趋丰奢、排场。何良俊《四友斋丛说》卷五曰："余小时，见人家请客，只是果五色，肴五品而已，惟大宾或新亲过门，则添虾蟹蚬蛤四物，亦岁中不一二次。今寻常燕会，动辄必用十肴，且水陆毕陈。"① 据陈继儒《万宝全书》卷五《文翰门》所记，嘉靖时富裕之家一年宴饮名目，有薄酌、萌酌、樽酌、杯酌、小酌、草酌、粗觞、杯茗、菲酌、豆觞等，新年又有春酌、春酒，一年四季，送往迎来，宴饮不断。

明代富裕之家开席设宴的规模和情状，从《金瓶梅词话》一书中所描绘的女眷在元宵节时会亲兼祝寿的宴会可知一二。明代富家盛宴照例先在卷棚摆茶，然后在正厅开筵。主人向来宾挨个敬酒。按尊贵等次礼让到座位上去，叫递酒安席。此时乐妓弹唱相应的庆贺歌曲。宾主坐定，厨师捧献肴馔，艺人呈戏单听候点戏。宴会开始总是"大嘎饭"（大菜、主菜）所谓"玉割三汤"，第一大菜几乎总是鹅，如烧鹅、水晶鹅等，接着是烧花猪肉、烧鸭、炖烂跨蹄儿之类。隆重的官筵，还有烧鹿、锦缠羊等，以示豪华。

江南宴客菜肴，俗重尝新，尤以河蟹为贵。晚明时已有蟹宴、蟹会。北方宴客则俗重烧鹅，冬日宴客，则有"头脑酒"，"以肉及杂味置大碗中，注热酒递客，名曰头脑酒"，朱国祯《涌幢小品》谓"盖以避风寒也"。

（六）茶酒饮料日兴

酒，是明代汉民族社会官民人等的重要饮料之一。明代既不征酒税，也无关于禁酒的律令，因此帝王宰臣、官绅贵族、富商大贾以及文人、百姓等，均以饮酒为乐事、快事；酒则成为人们日常生活的必需品。从文献记载看，明代的酒品明显多于宋代时代。顾起元《客座赘语》卷九记有四十多种酒，其中有京师黄米酒、蓟州薏苡酒、永平桑落酒、大名刁酒、济南秋露白、兰溪金盘露、绍兴黄酒、粤东荔枝酒、汾州羊羔酒、高邮五加皮等。另外，李时珍《本草纲目》、高濂《遵生八笺》、宋应星《天工开物》、谢肇淛《五杂俎》等书及一些地方志中都记录了大量的明代酒名。根据这些记载，我们可知，明代汉民族地区的主要酒品有金华酒、哑

① （明）何良俊：《四友斋丛说》，中华书局 1997 年版，第 314 页。

嘛酒、麻姑酒、秋露白等近百种。《酒小史·酒名》则云，当时市卖之酒，以金华酒和麻姑酒最负盛名。李时珍《本草纲目》曰："入药以东阳酒最佳，其酒自古擅名。""江西麻姑酒以泉得名。"东阳酒即金华酒，明代的东阳县归金华府管辖。

饮茶之俗，明初承宋元遗风，"茶加香物"，谓之"香茶"。《金瓶梅词话》描写的是不产茶的北方城市生活，但书中所提及的香茶有二十多种，如熏豆子茶、芫荽芝麻茶、木樨青豆茶、胡桃松子泡茶、福仁泡茶、果仁泡茶、蜜饯金橙子茶等。

明时另有一种"香茶"，它不是用香花熏制的茶，或用香果干品冲泡的茶汤，而是将茶叶末加香料、药材等压制成饼状，然后将它作为饭后含嚼之用，具有香口解秽的功效，颇似现在之嚼口香糖。这种"香茶"，在明时是杭州的名特产品，后来已失传。

此外，明代汉民族民间流行的日常饮料还有：不老汤、香糖渴水、林檎渴水、杨梅渴水、葡萄渴水、木瓜渴水、天香汤、暗香汤、桃叶汤、三妙汤、稻叶熟水、紫苏熟水、沉香熟水等。

（七）宴席喜用果品

明代汉民族的礼俗宴饮，席面一般要用果品。《金瓶梅词话》第四十三回写祝寿宴会曰："……每桌四十碟，都是各样茶果甜食，美口菜蔬，蒸酥点心，细巧油酥饼馓之类。"①

四时果品，孙承泽《思陵典礼记》载有："四月樱桃、杏子、青梅""五月桃子、李子、来禽""六月甜瓜、西瓜""七月枣子、葡萄、鲜菱、雪梨""九月橙子、栗子""十月柑子、橘子"。② 在北方除苹果外，北方城市市民日常使用的各种干鲜果品，仅《金瓶梅词话》一书所提到的就有柑子、金橙、雪梨、红菱、乌菱、石榴、橄榄、大枣、荸荠、李子、雪藕与荔枝、龙眼、枇杷等。北方汉民族食梨、藕，多喜熟食。

南方水果品种繁多，16世纪来华的西班牙人拉达在《记大明的中国事情》一书中提到的就有黑白葡萄、橘子、柠檬、大佛手柑、梨、苹果、野梨、桃、李、桑、坚果、栗、枣、南瓜、黄瓜、西瓜等。岭南、云贵等

---

① 兰陵笑笑生：《金瓶梅词话》卷二，梅节校订，陈诏、黄霖注释，梦梅馆1993年版，第527页。

② 孙承泽：《思陵典礼记》，商务印书馆1959年版。

地则喜嚼槟榔。

万历时，烟草自南洋传入，始则闽粤，继之全国，汉民族官民人等遂有吸烟之俗。陈宏绪《寒夜录》载，崇祯末年，吸烟之俗风行，“男妇老少无不手一管，腰一囊”。

（八）茶肆酒楼发达

在明代汉民族的饮食文化中，官民士庶在茶肆、酒楼进行的品茶和饮酒，在形式内容方面均有别于平日的饮食习尚，蕴含特殊含义。茶肆，也叫茶坊、茶屋、茶摊、茶铺、茶馆等。这种茶肆，唐玄宗时就有了，当时叫“茗铺”。明代人不但讲究饮茶的场所，有许多善于品茗的人，而且在进行品茶饮赏活动时，还有美人伴茶、焚香伴茶等特殊的风尚，具有鲜明的时代特色。据张岱《陶庵梦忆》记载，明代茶馆，及其精洁讲究：“崇祯癸酉，有好事者开茶馆。泉实玉带，茶实兰雪；汤以旋煮，无老汤；器以时涤，无秽器。其火候、汤候，亦时有天合之者。余喜之，名其馆曰‘露兄’。”① 据文震亨的描述，明代文人最讲究饮茶之所的安谧幽静。

唐宋以来，艺术地品茶，已成为文人士大夫日常生活中的一项重要内容。明代文人群体中，美人伴茶和焚香伴茶的时尚较有代表性。对美人伴茶明末清初江南才子钱谦益曾在《影梅庵忆语》中，记有他和江南名妓柳如是品茗斗趣日常生活的乐融情景。焚香伴茶之风，最先从江浙一带兴起。文震亨著《长物志》卷十二“香茗”一节，便详载了明人焚香伴的情趣。

明代中晚叶，在江南涌现出一批以诗、文、书、画擅名一世，又以茶人身份主导了一代的饮茶风尚的嗜茶文人。他们因具有共同的嗜好、性情、品味、志趣，逐渐形成为闻名于世且具有时代格调的茶人集团，并以茶会方式来完成文化生活的目的。明代茶人的茶会，已取代宋代汉民族普及一时的茶馆，成为明代文人生活文化的特色之一。

明代统治者为粉饰太平，提倡建造酒楼。在南京，据《明实录》记载：“洪武二十七年八月庚寅，新建京都酒楼成。先是上以海内太平，思欲与民偕乐，乃命工部作十楼于江东诸门之外，令民设酒肆以接四方宾旅，既又增作五楼，至是皆成，赐百官钞宴于醉仙楼。”② 因此，明代酒楼日趋繁荣，各种不同等级的酒楼林立于南北城镇，如明时的南都南京，

---

① （明）张岱、淮茗评注：《陶庵梦忆》，中华书局 2008 年版，第 157 页。

② 李国祥、杨昶：《明实录类纂》，武汉出版社 1992 年版，第 1482 页。

著名的大酒楼就有十六家，号“十六楼”。

除了大酒楼外，一般散处全国各地的中小型酒店（肆）也各有其特色，还有以悬挂酒旗为标志的。它们或以小吃精美闻，或以经济实惠招客。值得注意的是，明代的酒肆不仅是饮酒享乐的最佳去处，而且还是人们社交生活的重要场所之一。人们习惯到这里来谈生意、商量事情，甚至说媒看人也在这里进行。这在《水浒传》《金瓶梅》《三言二拍》等书籍中均有描写。

明代的饮酒习尚，在承袭传统古礼的同时，又有新的发展，酒宴的座次、歌乐侑酒的习尚都颇有讲究，饮酒时行令劝酒的风俗已普遍时兴。

三　居住风俗

（一）宫苑建筑规模超前

明代的宫苑，作为帝王起居的场所，它不仅建筑群体规模宏大、气势雄伟，而且在数量、质量上均超过前代。

京师的皇宫（今北京故宫），作为明代皇帝的宫殿，它自明永乐五年（1407 年）起，由明成祖朱棣集中全国匠师，并征调二三十万民工、军工，历时十四年之久而建成的。全部建筑可分为外朝、内廷两大部分，宫殿群体之外，用宫城（紫禁城）围绕。宫城的正门为午门，它既是宫门，也是一座获胜后向皇帝显俘和帝王向全国颁布诏令的殿宇。外朝建筑以太和殿、中和殿、保和殿三大殿为主，前面有太和门，两侧则有文华、武英两组宫殿。内廷建筑则以乾清宫、交泰殿、坤宁宫为主，这是明代帝后居住生活的地方。这组宫殿的两侧有供居住用的东西六宫和宁寿宫、慈宁宫等。最后更有一座供帝后妃嫔们玩乐的御花园。此外，明代宫城内，还有禁军的值房，一些为帝后生活服务的服务性建筑（如御膳房、御药房等），以及供宫中太监、宫女们居住的较为矮小的房屋。同时，在皇宫宫城正门至天安门之间，供帝后专门的御路两侧还建有朝房。朝房外，东为太庙、西为社稷坛。至于宫城北部的煤山则是附属于宫殿的另一组建筑群落。除外出巡幸、亲征、祭祀、游乐外，帝后妃嫔日常和年节时的主要政务、起居、生活、宴赏、娱乐、祭祀等活动，均在此进行。明代宫城作为帝王最高权力的象征，比之于前代有新的特点：首先，皇城的主要建筑基本上是附会《礼记》《考工记》及封建传统的礼制来布局的；其次，皇宫宫城在总体规划和建筑形制上，充分显示出帝王在政治上凌驾一切，制驭四海天下归心的一主题和基调；最后，皇宫皇城建筑体现出中国封建社会传统的宗法观念和森严的等级制度。

除皇宫宫城外，明代尚有苑囿和禁苑，它是以园林为主的皇帝离宫，除布置园景供帝后妃嫔们游乐休息以外，还包括举行朝贺、处理政务的宫殿，以及皇帝、后妃、宫中服侍人员的居住建筑、生活供应建筑设施、若干庙宇等，在建筑群落上，既具园林的灵活、轻巧格调，又具开阔、富丽的气派和风韵。

（二）庶民住宅因地而异

明代汉民族各地的民居、阶层、地区、居住习尚的变化而有所不同。究其原因，既有自然条件、环境上的差异，又有人文环境、风俗上的区别和影响。

江南地区的民居住宅，多以封闭式院落为单元，沿纵轴线布局，但方向不限于正南正北。其中，大型民居住宅多在中央纵轴线上建门厅、轿厅、大厅及住房，再在左右纵轴线上布置客厅、书房、次要住房和厨房、杂屋等，从而成为中、左、右三组纵列的院落组群。后部住房则常为二层建筑，楼上宛转相通，且在各组之间，设置通前后的交通线“备弄”（夹道），兼有巡逻和防火的作用。为了减少太阳辐射，院子采用东西横长的平面，围以高墙，同时在院墙上开漏窗，房屋也前后开窗，以利通风。客厅和书房前则每凿池迭石，广植花木，以构成幽静的庭院。有的住宅还在宅的左右或后部建筑花园。如在浙江杭州建造于明代的大型民居吴宅，后虽有所扩建，但基本保留明代格局，布局井然有序，由中、左、右三部分及备弄构成。江南民居以土木结构为主，前期较简朴，以坚实为主。明中期后，江南民居日趋豪华、宽敞、宫殿化，富家居室大都有石雕、木雕、砖雕和彩绘等装饰，各室之间，多砌“马头墙”相隔，以防火灾。现在仍存世的安徽徽州、浙江东阳等明代古建筑群，可证明时江南民居之大略。

明代浙江、四川等山区汉民族的民居住宅，多利用地形灵活而经济地做成高低错落的台状地基，再在其上建造房屋，因而民居住宅的朝向往往取决于地形。在建筑的布局上，主要房屋仍具有中轴线，但左右次要房屋不一定采取对称方式，院落的形状大小也不拘一格。民居房屋结构通常用穿斗式木构架，高一至三层不等。房屋屋顶形式一般用悬山式，前坡短，后坡长，出檐与两山挑出很大，但也偶用一部分歇山式屋顶。房屋外墙用白色；木构部分则多为木料本色，或涂柱为黑色，而门窗则涂为浅褐色或红色，它们与高低起伏的灰色屋顶相配合，形成一个朴素而富于生气的外观。

明代时，客家人大体沿五岭南麓，分布于福建西南部、两广（广东、广西）北部一带。由于自唐末五代以来，客家人一直聚族而居，因而导致了形体巨大的客家民居住宅的产生。从建筑布局上看，它有两种形式：一种是大型院落式住宅，平面前方后圆，内部由中、左、右三部分组成，院落重叠，屋宇参差；另一种为平面方形、锥形或圆形的砖楼与土楼。其中最大的土楼，直径可达七十余米，用三屋环形房屋相套，房间可达三百余间之多。外环房屋则高四层，底层作厨房及杂用间，二层储藏粮食，三层以上住人。其他两环房屋仅高一层。中央建堂，以供族人议事、婚丧典礼及其他活动之用。

明代北方汉民族民居，以四合院住宅为典型代表。这种民居住宅布局，充分体现出封建礼教、宗法观念、等级制度对民人起居生活习尚的支配作用，从而按照南北纵轴线对称地布置房屋与院落。民居住宅大门多位于东南角上门内迎面建影壁，致使外人和过往行人难以窥知宅内的活动。由此转西至前院。南侧的倒座通常作为客房、书塾、杂用间或男仆的住所。自前院经纵轴线上的二门（有时为装饰华丽的垂花门），进入面积较大的后院。院北的正房供长辈居住，东西厢房则是晚辈的住处，周围用走廊联系，成为全宅的核心部分。另在正房的左右，附以耳房与小跨院，置厨房、杂屋和厕所。有的则在正房后面，再建后罩房一排。住宅的四周，有的由各座房屋的后墙及围墙所封闭，一般对外不开窗，而在院内栽植花木或陈设盆景，从而构成安静舒适的生活环境。大型民居住宅则在二门内，以两个或两个以上的四合院向纵深方向排列，有的还在左右建别院。现仍存于世的山西丁村明代住宅，是其代表。

明代民居建筑，多以土木结构、砖木结构为主，在南方山区，也有以块石、卵石作外墙的，大多因地制宜就地取材。岭南近海，民居多以蚝壳、蚬壳砌墙。而河南、山西、陕西、甘肃等地，有“窑居”风俗。窑洞式居室根据所处的地形，又可分为崖窑和井窑两种。

（三）江南私家园林蜂起

明代中叶以后，生活于汉民族社会上层的达官贵人和富商大贾，在起居生活风俗方面，日益追求舒适、豪华奢侈，反映在居处风俗方面，则是社会上建造私家园林风气的兴起。在经济、文化、交通发达、商业繁盛的燕京（北京）、金陵（南京）、苏州、常州、扬州、镇江、太仓、杭州、绍兴等地，建园之风更盛。

据明代《顺天府志》等书记载，明代北京私家园林有湛园、宣城第园、月张园、漫园、定园、相国方公园、刘茂才园、宣家园、湜园、杨园、齐园、极乐寺中的牡丹园、梁氏园、杨舍人泌园、万驸马曲水园、冉驸马宜园、勺园等。

明时，南方的私家园林就更多了，而且分布广。南京林有养种园、乌衣园、绣春园、瞻园、莫愁湖园、息园、逸园、市隐园、快园、栝园、东园、西园、魏公南园、丽宅西园等，苏州有有真假山石、遂园、留园、拙政园、绿水园、西园、归田园、适适园、适园、芝园、孙家园、傲园等，扬州有影园，常州有寄畅园、梅园、陶园等，太仓有东园、薮园、山园、熙园等。

北方的建园之风虽然不如江南之盛，但在各主要的政治、经济、交通、文化较发达的城市比之前代有较大发展，据明代《陕西通志》《马志》等书记述，明代陕西的园林有最乐园（长安）、西园（三原）、瀑园（三原）、斑竹园（周至）等。

（四）各地居住重俗信

明代汉民族地区各地的民居，除北方的窑居外，大都为土木或砖木结构，一旦失火，则损失惨重，故各地除了将隔墙砌成马头、在天井中设水池等防火措施外，各地还有安鸱尾于屋脊以禳解火灾的风俗。吴处厚《青箱杂记》曰："海有鱼虬，尾似鸱，用以喷浪则降雨。汉柏梁台灾，越王上厌胜之法，乃大起建章宫，遂设鸱鱼之像于屋脊，以厌火灾，即今世上鸱吻是也。"①

新居落成，各地都要举行"上梁"仪式，并有"上梁择时"之俗，陆粲《庚巳编》载："诚意公尝过吴门，中夜闻邪许声，以向左右，曰人家上梁也……公曰：此日此时上梁最吉，家当大发。"② 闵文振《涉异志》也载："明南司寇余姚滑南廓浩。营第邑之南隅，夜半将上梁，木工报以

---

① （宋）吴处厚：《春箱杂记》，中华书局1985年版，第85页。

② （明）陆粲：《庚巳编》，中华书局1987年版，第118页。

未及吉，滑冠带坐俟。”①

此外，明代汉民族在居室的选基、营造等方面有崇尚风水、讲究禁忌的风俗，明时出现的《营造门》一书，对此记载颇详。

四　器用风俗

（一）明式家具成熟

有明一代，汉民族以“苏作”为代表的“明式”家具勃兴，并形成风格。靠背椅、圈椅、扶手椅、火篮椅、太师椅、屏背式椅，琴几、茶几、香几、磬几，长桌、方桌、供桌、圆桌、炕桌，及木床、梨榻、顶箱、顶柜、交机等，造型大方，结构简练，用料多用紫檀、花梨、红木、杞梓、铁梨等质地坚硬、纹理细密、色泽光润的木料制作。

明代是汉民族家具艺术的成熟时期，具体到坐具中的椅子，除各部分榫卯科学合理外，其他如造型、尺度等与人体各部位构造相符合。如椅子的靠背大多与人的脊背高度相等，且与坐面保持105度的背倾角。坐面多用藤心，由于藤屉富有弹性，在承受压力时藤屉自然下垂，形成3—5度的座倾角，形成人体较好的休息姿态。明代椅子根据形制、装饰花纹的不同。有宝座、交椅、圈椅、官帽椅、靠背椅、玫瑰椅等种类。

宝座是皇宫中特制的大椅，造型结构仿床榻做法。在皇宫和皇家园林行宫里陈设，为皇帝和后妃们所专用。一般人也是有大椅的，这种大椅大多单独陈设，很少成对，常放在厅堂中心或其他显要位置。

交椅，由汉末北方传入的胡床发展而来，形制为前后腿交叉，交接点作轴，上横梁穿绳代坐。于前腿上截即坐而后角上安装弧形栲栳圈，正中有背板支撑，人坐其上可以后靠。由于交椅可以折叠，所以不仅陈设室内，外出时亦可携带。明《宣宗行乐图》就绘有这种交椅，挂在马背上，以备临时休息之用。

圈椅，其椅圈与交椅同，但自搭脑部位伸向两侧，然后又向前顺势而下，尽端形成扶手。人就坐时，两手、肘、臂一并得到支撑，舒适感强，故颇受人喜爱，在明时逐渐发展为专在室内使用的座椅。圈椅在厅堂陈设及使用中大多成对，单独使用的不多。圈椅的椅圈多用弧形圆材攒接，搭

① （明）闵文振：《涉异志》。

明代圈椅

脑处稍粗，自搭脑向两端渐渐收细。为与椅圈形成和谐的效果，圈椅的下面腿足和面上立柱也采用光素圆材，只在正面牙板正中和背板正中点缀一组浮浅简单的花纹。明代晚期，又出现一种坐面以下采用鼓腿彭牙带托泥的圈椅。明代圈椅的椅式极受世人推重，以至于当时人们把它称为“太师椅”。

官帽椅，依其造型酷似古代官员的帽子而得名，又有南官帽椅和四出头式官帽椅之分。南官帽椅的造型特点是在椅背立柱与搭脑的衔接处和椅面两侧的扶手都做出软圆角，背板做成“S”形曲线，一般用一块整板做成，明末才出现木框镶板的做法。面下由牙板与四腿支撑坐面，正面牙由中间向两边开出壶门形门牙。南官帽椅在南方使用较多。四出头官帽椅在椅背搭脑和扶手的拐角处不是做成软圆角，而是通过立柱后继续向前探出，尽端微向外撇，并削出光润的圆头。

明时的凳子和坐墩形式多样，主要有方、长方、圆形几种，按制作手法，又分有束腰和无束腰两种形式。束腰凳大都用方料，很少用圆料，如罗锅枨加矮佬方凳、裹腿劈料方凳等，足端都做出内翻或外翻马蹄儿，无束腰凳的足端则很少用装。长凳有长方和长条两种。长方凳若长宽之比差距不大则统称方凳；长宽之比差距明显的则又称春凳，长度可供二人并坐，北方有时也可作炕桌使用。条凳坐面窄而长，可供二人并坐。一张八仙桌四面各放一条长凳是市镇中店铺、茶馆常见的使用模式。条凳的四腿大多做成四批八叉形，显得牢固稳重。而圆凳造型敦实，三足、四足、五足、六足均有。做法一般与方凳似，以带束腰的为多数。又有一种脚凳，常和宝座、大椅、床榻组合使用，除登以上床或就座外，还有搭脚的作用。

明时坐墩比宋元时形体稍小，但制作更为精致。其中有一种鼓墩，其做法是直接采用木板攒鼓法，做成两端小、中间大的腰鼓形，两端各雕花纹和象征固定鼓皮的乳钉。为提携方便，有的在腰间两面钉环，或中间开四个海棠式透孔。

明代传统家具艺术的成熟和发展，“漆器”也得以行世，永乐年间，漆器“以金银锡木为胎，有剔红、填漆两种，所制盘合、文具不一”。明中叶后，漆器种类已有戗金、贴金、洒金、泥金、彩漆、缥霞等。

（二）陶瓷餐具式样繁多

到明代，陶瓷餐具式样愈加繁多，据明人沈德符在《敝帚斋剩语》：书中载，其纹饰多“用白地青花，间装五色，为古今之冠”。按瓷器烧制年代有洪武窑、永乐窑、宣德窑、成化窑、正德窑和嘉靖窑之别。据记载，永乐窑出产的压手杯，“中心画双狮滚球为上品，鸳鸯心者次之，花心者又次之。杯外青花深翠，式样精妙”①。宣德窑所出之瓷器“不独款式端正，色泽细润，即其字画亦精绝。尝见一茶盏，乃画轻罗小扇扑流萤，其人物毫发具备，俨然一幅李思训画”②。其中的祭红红鱼靶杯，“以西红宝石为末入釉，鱼形自骨内烧出，凸起宝光。又有竹节靶，罩盖卤壶、水壶，此等亘古未有”③。成化窑所出之食器，其纹饰“以五彩为上，酒杯以鸡缸为最，上画牡丹，下画子母鸡，跃跃欲动”④。由此可知当时食具之多、制作之精巧。

（三）折叠扇和眼镜的传入

明代时出现了折叠扇，眼镜等物。折叠扇，又称聚头扇、撒扇，刘元卿《贤奕编》曰：永乐年间，“朝鲜进撒扇，上喜其舒卷之便，命工部如式为之”。⑤后流入民间，成为夏日常用之器物。晚明陆容《菽园杂记》卷五曰：“南方女人皆用团扇，惟妓女用撒扇，近年良妇女亦有用撒扇者。”⑥眼镜，汪汲《事物原会》载：“加于皆目，能辨细书”者，原名叆叇，“本来自外洋，玻璃所制，后广东人仿其式用水晶制成，更出其上矣”。

此外，居室照明有“发烛”，明初陶宗仪《南村辍耕录》载：“杭人

① （明）谷应泰：《博物要览》。

② （清）程哲：《窑器说》。

③ （清）朱琰：《陶说》卷三《说明》。

④ （清）唐衡诠：《文房肆考》。

⑤ （明）刘元卿：《贤奕编》闲钞下。

⑥ 陆容：《菽园杂记》，中华书局1985年版，第52页。

削松木为小片，其薄似纸，溶硫磺涂木片顶分许，名曰发烛，又曰淬儿，盖以发火代灯烛用也。”[①] 育儿有“摇篮”。李诩《戒庵老人漫笔》载：“今人眠小儿竹篮，名摇篮。”[②] 文具有“笔床”，屠隆《文具雅编》载：“笔床之制，行世甚少。有古鎏金者，长六七寸，高一二寸，阔二寸余，如一架然，可卧笔四矢。以此为式，用紫檀乌木为之，亦佳。”[③] 搔背有“如意”，并讲究造型和用料，文震亨《长物志》曰：“（如意）以上有金银错，或隐或现，古色璆然者最佳。至如天生树枝、竹鞭等制，皆废物也。”[④] 暖床有“汤婆子”，多用铜合金或陶瓷制成。熨衣服之“熨斗”，使用比前代更为普遍，诗人瞿佑有《熨衣斗》诗行世，中有句曰：“随时用舍属闺房。”起居卧具，则南方用床、北方用炕。

五　行旅风俗

（一）官方车舆重等级

明代对帝后的车舆规制、卤簿仪仗制度，经历了一个从简到繁、从不健全到完备的过程。起于洪武元年八月，有司奏造乘舆服御之制，明太祖诏令应用金者“皆以铜”。明代帝后车轿之制不但有严格的等级规制，而且各种车舆有专门的名称，如帝王的车轿有大辂、玉辂、大马辇、小马辇、步辇、大凉步辇、板轿和耕根车等名目。

皇帝的大辂，极尽高贵华丽，描金纹饰和莲座、宝盖、天轮、辇亭形制和纹饰的设计、工艺之精巧，尤为绝伦。玉辂则较大辂简易。大、小马辇均由轮马所拉。步辇和大凉步辇为由伙役推拉而行的辇车。

明代皇帝的座轿因其顶髹红漆，故又称红板桥。由于乘坐轿子便于行动，可以弥补交通道路不便的不足与麻烦，所以从明代帝后外出活动的情况看，轿子辂辇是帝后经常交替作用的代步交通工具。

明代王公贵戚的车舆之制，据《明史》记载，皇太子有金辂，帐房形制颇为豪华壮观；东宫妃可乘坐凤轿、小轿，制同皇妃；亲王可乘坐象辂，形制较金辂略小，帐房用绿色螭头；亲王妃例定要乘坐凤轿、小轿，

---

① 陶宗仪：《南村辍耕录》，中华书局1959年版，第61页。

② 李诩：《戒庵老人漫笔》，中华书局1982年版，第98页。

③ 屠隆：《文具雅编》，商务印书馆1939年版，第2页。

④ （明）文震亨撰，陈植校注：《长物志校注》，江苏科学技术出版社1984年版，第279页。

仪制、装猸、行障、坐障制同东宫妃，但也不同之处；公主乘坐车轿，车沿用宋代的厌翟车，后定制可乘坐凤轿；皇孙可乘坐象辂；郡王无辂，只有帐房，制同亲王；郡王妃及郡主俱乘坐翟轿，制与皇妃凤轿同，唯易凤为翟。

明代对百官的车轿，也有严格的规定。明初，百官皆可乘车，但乘轿须遵等级规定，文臣自三品以上方准乘轿，武官则严禁乘轿。如洪武元年，明政府便规定，凡官员乘乘坐的车驾不得雕饰龙凤纹。职官品第在一品至三品者，其车驾准许用间金装猸、银螭、绣带、青幔；四品至五品准用素狮头、绣带、青幔；六品至九品准用素云头、素带青幔。洪武六年（1373 年）重申，凡百官车轿禁用丹漆，但准杂色漆饰。景泰四年（1453 年），明朝廷再次明文规定，在京文官三品以上准许乘轿，其余各级官吏不许违制乘轿；在外各卫官员也必须遵守这一限定。弘治七年（1494 年），明政府又申明，北京、南京及在外文武官员，奉特旨及文武例应乘轿者，只能乘坐四人扛抬大轿，不能随间增加轿夫。其他像两京五府管事并内外镇守、守备以及公、侯、伯、都督等官员，不分老少，皆不许乘轿，违例轿及擅用八抬大轿者，均将受到严厉惩处。因此，沈德符《万历野获编》载曰："故事，在京三品大臣始得坐轿"，"武臣贵至上公，无得乘轿"，违者必予追究。[①] 同时，朝廷也常以轿舆赏赐重臣，以示荣宠。

正德、嘉靖以后，其制稍弛，各品文官皆可乘轿，甚至武官也有乘轿者。但朝廷对车轿的纹饰、仪仗、轿夫人数等仍有明确的规定与限制，各有第等，不可违制僭越。万历三年（1575 年）朝廷又一次申明：武职衙门及勋戚等官，均不许僭用四人帷轿、肩舆和擅用交床上马，违者听任科道官员及巡视衙门参奏重惩。但万历以后，车舆违制已形成社会风气，绝非朝廷的几个禁令所能阻止。至明末，即使倡优、家奴，也公然乘八人青幔肩舆，导以伞盖，招摇过市。轿舆已走向民间，成为庶民之常用交通工具。怪不得有人叹曰："至优伶之贱，竟有乘轩赴演者"，真是"僭滥之极"[②]！

（二）庶民行旅南舟北马

明代汉民族民间在行旅方面所用的交通工具及行旅生活中的行止习

---

① （明）沈德符：《万历野获编》，中华书局 1959 年版，第 522、152 页。

② （明）顾起元：《客座赘语》。

尚，全国各个地区，因经济发展的不平衡、交通地理条件的限制、历史传统风俗的不同等诸多因素的影响，而表现出巨大的差异性，如南方鱼米水乡，民间行旅的主要工具是船只、轿子；在中原地区，民间行旅多乘驴马、轿子或骡车；西南地区受高山峻岭的阻隔，交通不发达，民间交通则以徒步为主。正如《天工开物》所曰："南资舟，北资车。"明代汉民族交通风俗的基本风貌是水有舟楫、陆走车马，外加乘舆策驴和徒步。

舟楫交通，主要盛于南方，据《天工开物》所记，常见的有：江汉课船，"身甚狭小而长，上列十余仓，每仓止容一人卧息，首尾共浆六把，小桅篷一座"；三吴浪船，"即少者必造窗户堂屋"，"行人贵贱来往，以代马车扉履"；福建梢篷船，"制大差可坐卧，富贵家属用之，……每帮五只方行，经一险滩则四舟之人皆从尾后曳缆，以缓其势"；广东黑旗船，"为官贵所乘，……两旁可以行走，风帆编蒲为之，……逆流凭借风力"。[①] 山川溪流横渡，则有扯船。

北方也有乘舟策船者，主要有黄河篷梢和黄河秦船，前者与江汉船相仿，后者"首尾方阔均等，……急流顺下，巨橹两旁夹推，来往不凭风力，归舟挽纤者多至二十余人"。[②]

车马交通主要盛于北方。车有马车、骡车、驴车和牛车等。马车有四轮、双轮之别。四轮大车，"骡马多者或十二挂或十挂，少亦八挂"，"车行时遇前途行人应避者，则掌御者急以色呼"；牛车，"独盛中州，两旁双轮，中穿一轴，其分寸平如水，横架短衡，列轿其上人可安坐"。北方的车根据其用途又可分乘人与载物两类，乘人的在民间又称"轿车"。轿车都是木制的，一般都设有棚，形状类同轿子，故名。此外，北方地区还有驴车，多为单轮，"人推其后，驴曳其前，行人不耐骑坐者则雇觅之"；南方则有"独轮推车"，"一人之力是视"，一般用以载物。[③]

明代汉民族民间所使用的轿子有"显轿"与"暖轿"之分。显轿又称"凉轿""山轿"。其制即为一把大靠椅，两边扎有竹杠，椅下设有踏脚板，不施帏幔，多与华盖罗伞相配用。明朝规制，庶民百姓只许使用油纸伞，而不得使用罗绢凉伞。暖轿则和宋代的檐子形制相差无几，只是盔

---

① （明）宋应星：《天工开物（精装插图本）》，中国画报出版社 2013 年版，第 142—143 页。
② 同上书，第 144 页。
③ 同上书，第 146—147 页。

帽式顶盖由圆穹隆形变为略呈四面坡形，四角不上翘，顶尖饰有宝瓶。明代轿子除了用来作为代步的工具外，平民百姓迎亲嫁娶时，也乘坐轿子。这类轿子俗称“彩轿”“喜轿”“花轿”或“彩亭”。这种彩轿明初时比较简朴，只用蓝色绸布作轿帏，四角架悬挑红彩球。

策马原为北方游牧民族之风俗，但在明时，中原地区汉民族也有骑马代步的，但比之于肩舆，其范围与规模都十分有限。

明代汉民族民间出行，必要选择吉日，并对出行方向、时间等都极有讲究。民间乘坐的轿车，一般忌用白色。并有许多的语言忌讳，如吴中地区行船途中忌说“住”“翻”等。

（三）民间旅具和旅宿风俗

明代汉民族民间行旅的辅助用具，常见的有褡裢、雨衣、雨帽，北方则有眼罩等。褡裢，呈长方形，中间开口，两端各有一袋，可装钱物，布，质地较厚，小的束于腰间，大的可搭在肩上或驴背上，明代汉民族男子出门时多用之。明代男女若雨天出行，则要用雨衣、雨帽，豪富人家的雨衣雨帽多为布或绢绸缝制，外涂桐油以防雨。民间庶人所用的雨衣、雨帽则多为蓑衣、竹笠，明代有关典律规定，农夫可以戴斗笠、蒲笠出入市井。

明代汉民族民间士庶出行，旅途若要居宿，则有客店。普通客店，俗称下处。晚明时候，较豪华的客店则有歌舞声伎伴娱。张岱《陶庵梦忆》记山东泰安州客店曰：“未至店里许，见驴马槽房二三十间；再近有戏子寓二十余处；再近则密户曲房，皆妓女妖冶其中。……投店者，先至一厅事，上簿挂号，人纳店例银三钱八分，又人纳税山银一钱八分。店房三等。下客夜素、早亦素，午在山上用素酒果核劳之，谓之‘接顶’。夜至店，设席贺。谓烧香后，求官得官，求子得子，求利得利，故曰贺也。贺亦三等：上者专席，糖饼、五果、十肴、果核、演戏；次者二人一席，亦糖饼，亦肴核，亦演戏；下者三四人一席，亦糖饼、肴核，不演戏，用弹唱。计其店中，演戏者二十余处，弹唱者不胜计。庖厨炊爨亦二十余所，奔走服役者一二百人。下山后，荤酒狎妓惟所欲，此皆一日事也。若上山落山，客日日至，而新旧客房不相袭，荤素庖厨不相混，迎送斯役不相兼，是则不可测试之矣。泰安一州与此店比者五六所。”①

① 张岱：《陶庵梦忆》，淮茗评注，中华书局2008年版，第81页。

六　娱乐风俗

（一）戏曲娱乐流行上下

戏剧娱乐是明代汉民族官民最受欢迎的文体娱乐活动。明代上流社会凡节令、喜庆、丧葬迎送及各种应酬，往往要举行宴会，而宴会又少不了演戏。祁彪佳《役南琐记》记述他于崇祯六年受命巡抚苏、松前，在北京的一段生活，从癸酉正月八日至二十七日，几乎天天举宴，天天观剧，京城中这种应酬已成惯例。至于王公贵戚之家，更不可一日无戏。计六奇《明季南略》载，永历帝朱由榔的小朝廷在流途中，国舅王维恭居然不忘重新组织一个昆曲班子，在桂林导声色之乐。此外，明代的风流文士们也常常聚集于山水佳胜处，召集优伶演戏，陶醉欣赏。

至于面向广大群众的演出，另是一番景象。百谷登场、岁晚农闲之时，各地城乡往往有市会，同时也就有演戏；每逢“神诞”，也多有戏曲演出；四季岁事节令，往往也常有演戏活动。这种演出活动多称为社戏、庙会戏或草台戏等。

明代所流行的剧种，明初尚杂剧、院本，民间职业戏班多演北曲杂剧。成化以后，江南戏班也多起来。当时，各地著名的江湖戏班有北京的聚和、三也、可娱三大名班；南京有兴化、华林等班，苏州有寒香、凝碧、妙观、雅存等班。江湖戏班从业人员很可观。张瀚《松窗梦语》卷七说，嘉靖、万历间苏州“游惰之人，乐为俳优”“一郡城之内，衣食于此者不知几千人矣。”[①] 江湖戏班常常应召为官绅富贵之家作宴会演出，也常常在广场、庙会献技。有时单班演出，有时还唱对台。

明代，曲艺样式主要有“说书”“陶真”“时调小曲”“数落”“唱三鼓棒”等。说书，众人皆知，这里就不再赘述。

陶真，田汝成《西湖游览志余》记载，当时“杭州男女瞽者，多学琵琶，唱古今小说、平话，以觅衣食，谓之陶真”。[②] 并引明初瞿宗吉过汴诗“陌头盲女无愁恨，能拨琵琶说赵家”，说明“其俗殆与杭无异”。可见在明代，杭州与汴梁都有盲者唱陶真以觅衣食，所不同的是汴梁唱陶真是用鼓伴奏，有宋代遗风，杭州则用琵琶伴奏。

---

① （明）张瀚：《松窗梦语》，盛冬铃点校，中华书局1985年版，第139页。

② （明）因汝成：《西湖游览志余》，浙江人民出版社1980年版，第326页。

时调小曲，兴起于明代宣德、正统年间，沈德符《万历野获编》曰："京师自宣德顾佐疏后，严禁官妓，缙绅无以为娱，于是小唱盛行。"[①] 时调小曲源于民间歌曲，广泛流布于南北各地，品种繁多，或称时调，或称小曲，或称清音，或称清曲。明代后期，时调小曲除民间传唱外，还有优童歌唱。优童承应官府的无偿演唱为"唤官身"，应客人邀请在茶坊酒肆或家庭筵宴上演唱为"请旦"。

数落，即唱"莲花落"，系"文词说唱。……村妇恶声，俗夫亵语，无一不备"。明代杂剧《曲江池》、传奇《绣糯记》均有演唱"四季莲花落"之穿插。

三鼓棒，为说唱兼杂耍的曲艺形式。表演者用三根棒上下交替抛掷击鼓为节，并和以歌唱，故称。源于唐时的三杖鼓，唱者多为妇人。

（二）百戏歌舞民间化

明代中叶以后，随着汉民族地区城乡经济的繁荣和新兴市民阶层的成长，民间的百戏歌舞得以勃兴。木偶戏、影子戏、台阁及狮子舞、跳竹马、耍大头和尚、凉伞舞、盾牌舞、英歌舞等广泛流行，成为汉民族各地民间的重要娱乐方式。

木偶戏，又叫傀儡戏，唐宋时已有表演，明时已在汉民族各地铺开，并出现了提线木偶，布袋木偶和杖头木偶等支派，并演出频繁。除了通都大邑外，普通城镇的喜庆丧葬中也常有木偶戏演出。又有在水池中表演的"水傀儡戏"。水傀儡戏又叫"过锦戏"，清人震钧《天咫偶闻》曰："明代宫中有过锦之戏，其制以木人浮于水上，旁人代为歌词。"

江南流行"影子戏"，瞿佑《看灯词》写杭州"南瓦"影子戏表演曰："南瓦新开影戏场，堂明灯烛照兴亡，看看弄到乌江渡，犹把英雄说霸王。"

民间节会则有"台阁"之戏，又称"妆扮故事"，《帝京景物略》载曰："其制铁杆数丈，曲折成势，饰楼阁崔木云烟形，层置四五儿婴，扮如剧演。其法：环铁约儿腰，平承儿尻，衣彩掩其外，杆暗从衣物错乱中传下，所见云梢烟缕处，空坐一儿，或儿跨像马，蹬空飘飘。"[②]

明代汉民族地区流传的民间舞蹈很多，每逢有节会活动，众要庆丰收，方厅平安，少不得歌舞为仪，娱神娱人并自娱。张岱《陶庵梦忆》

① （明）沈德符：《万历野获编》，中华书局1959年版，第621页。

② （明）刘侗、于奕正：《帝京景物略》，北京古籍出版社1980年版，第133页。

曾说：正月十五的传统灯节，“灯不演剧，则灯意不酣，然无队舞鼓吹，则灯焰不发”。[1] 可见舞蹈在灯节中是必不可少的一种活动。

此外，汉民族各地民间的舞蹈娱乐品目还有：“跳竹马”“太平鼓”“盾牌舞”等。跳竹马、太平鼓皆起自唐宋，本为儿童游戏，明时已发展成舞蹈。跳竹马，又称跑竹马、竹马舞，明代戏曲《双金榜》“游灯”一场，有该舞出现；故宫博物院藏明代“青花婴戏纹盒”和“青花礅子碗”上，均绘有《跑竹马》图案。太平鼓，盛于北方，以鼓点为节拍，且捶且舞。《盾牌舞》流行于江浙闽沿海地区，相传起于戚继光抗倭之故事。《盾牌舞》又名《藤牌舞》，戚继光著作《纪效新书》中记有一种练兵习武所用的《藤牌舞》。

山西有“凉伞舞”和“花板舞”，姚旅在《露书》中曾提到在山西洪洞见过手执小凉伞，随音乐节奏而舞的凉伞舞，和手执檀板，舞时如“飞花着身”的花板舞等。浙江绍兴一带有“扮水浒”，舞者扮成“梁山好汉”，“个个呵活，臻臻至至，人马称娖而行，观者兜截遮拦，直欲看杀卫玠”。[2] 广东宝安、东莞有“舞麒麟”，周希曜《宝安春色篇》诗有“瑞麟婆娑影盘桓”等句。

另外，从保存至今的明代美术作品中，我们还可看出当时汉民族民间所流行的歌舞娱乐品目还有“长袖舞”“扁鼓舞”“腰鼓舞”和“舞鲍老”等。

（三）杂耍娱乐风行

据文献记载，观看各种杂耍表演是明代汉民族官民士庶的日常娱乐方式之一。杂耍，根据其表演方式及内容的不同，又可分杂技、戏法和驯兽表演等。

杂技是明代杂耍娱乐的主要品种。明代杂技民俗的活动图案，在明人王圻的《三才图会·人事卷》中有所反映和保存，从王圻所描绘的杂技表演图画得知，当时在露天场地表演，围观者中有不少是文人装束，可见观看杂技表演已成为明代汉民族官民士庶雅俗共赏的娱乐休闲活动。据明代《吴社编》一书记载，民间杂技表演活动不仅在北方，而且在南方也十分流行。据《三才图会》《吴社编》《彭明笔记》及《西湖游览志余》

① （明）张岱：《陶庵梦忆》，淮茗评注，中华书局 2008 年版，第 76 页。

② 同上书，第 132 页。

等书的记载，明时的杂技节目有雀竿、飞叉、中幡、耍花坛、双石、松子、石锁、花砖、筋斗、叠案、蹬技、刀门、弄伞、钻圈等。

“耍花坛”是杂技节目。舞者轮番用头顶、手抛、脚踢、臂滚等动作，将各种大小不同的次瓷制花坛、大缸或酒甏，翻滚旋转，动作稳健，表演朴实大方。

“杠子”即单杠，原为一项民间体育活动，后经民间表演艺人的创造，发展成为技巧性颇高的杂技娱乐项目。此项表演艺术盛行于北方农村地区。杠子一般为木制两端刻雕龙头，故北方民人称杠子为“盘龙之术”。民间则有练杠子的专门团体，称之“盘龙会”或“杠子会”。每逢喜庆或佳节良辰，在大车上架上木架，横缚木杠，艺人便可表演各种供人消闲娱乐的动作艺术。

《明宪宗行乐图》

明代蹬技似乎格外地兴盛，许多资料有具体的描绘与记述。《明宪宗行乐图》中就有“蹬人”“蹬车轮”“蹬杆”的表演形式，其中左边是“蹬人”，蹬者仰卧在桌子上，一边口中吹着直笛，一边把一个童子蹬向半空，被蹬者平横着身体，似在悬空旋转，旁边还站着一个童子，赤身穿着短裤，似刚蹬完下来。右边是“蹬车轮”，一个大车轮在蹬者足上飞转，蹬者仰卧在桌上，口中也吹着直笛，而在飞转的轮上，还站立一人，正在吹着竹笛。在他们之后，绘有“蹬长竿”的表演，一个人仰卧桌上，口中吹着直笛，脚上蹬一根竖立的长竿，长竿的顶端有一童子，手执令旗，双踝夹竿，正在表演。对于明代杂技“蹬车竿”，明人《梼杌闲评》也有所描写，可与《明宪宗行乐图》互相印证。

此外，尚有一种叫“安息五案”的杂技，其表演方式近似至今仍流行于浙江汉民族民间的“翻九楼”，因当时系从鞨鞡国刚传入，故又称“鞨鞡技”。

戏法表演又叫“幻术”“撮弄”，在明时汉民族民间也十分流行。明时曾有《神仙戏术》一书行世，其中所载的戏法有20多种，是我国第一本有关魔术的专著。口戏，即是当时戏法的一种，其表演形式已与近代颇为相似。俞琬纶在《挑灯集异》中有过对口戏表演的记载：“万历乙卯夏，于京师与客夜坐，仆子呼一口戏者至，顷之忽闻壁后鼓乐喧奏，俄而闻犬吠声，由远渐近，须臾大争食，厨人呼叱之状。又顷，则鸡鸣声，渐且晓鸡乱唱，主人开笼，宛然母鸡也。顷之，又闻三四月小儿啼声。闻者无不绝倒。”① 此外，还有筒子、九连环等品目。

驯兽表演主要有马戏，又称“走解”，《彭明笔记》说“马上卖解之徒，谓之走解”。马戏颇受民间欢迎，江淮一带伎人走解，“有舞子投井”“秦王立弹”“道旁拾芥”“镫里藏身”诸名；京城走解表演，有“一手提鞍轿，双足直立，擦蜻蜓者”。对此，《帝京景物略》曾有细致描述：“人马并而驰，方驰，忽跃而上，立焉，倒卓焉，鬣悬跃而左右焉，掷鞭忽下，拾而登焉，镫而腹藏焉，鞦而尾赘焉，观者岌岌，愁将落而践也。”②《金瓶梅词话》第十九回也有对走解的描写。

又有驯黄雀，“戏者笼一小雀，中置小骨牌仅寸许，击小锣一声，雀以口啄其机，门便自开。令取天牌，则含六六出；令取地牌，则含幺幺出，其应如响。观毕，复击锣一声，雀入而门自闭”。

（四）竞斗之戏南北无殊

竞斗之戏，以竞渡最为壮观。张岱《陶庵梦忆》记瓜州竞渡曰：“龙船一二十只，刻画龙头尾，取其怒；傍坐二十人持大楫，取其悍；中间彩篷，前后旌幡绣伞，取其绚；撞钲挝鼓，取其节；艄后列军器一架，取其锷；龙头上一人足倒竖，掂掇其上，取其危；龙尾挂一小儿，取其险。”竞渡时，“惊湍跳沫，群龙格斗，偶堕洄涡，则百捷捽，蟠委出之。金山上人团簇，隔江望之，蚁附蜂屯，蠢蠢欲动。晚则万艓齐开，两岸沓沓然

① （明）俞琬纶：《挑灯集异》。

② （明）刘侗、于奕正：《帝京景物略》，北京古籍出版社1980年版，第192页。

而沸"[①]。湖南常德民间，每年端午节时，各坊市刳木为舟，长十余丈染成五色，选善于架舟者，"相竞中流"，往昔此项以凭吊屈原为要义的风俗活动，明时已演变为一种"争胜负"的竞斗娱乐活动。

斗促织，南北皆行之。蒋一葵《长安客话》载："京师人至七八月，家家皆养促织，……不论老幼男女，皆引斗以为乐"[②]；陆粲《庚巳编》载："吴俗喜斗蟋蟀，多以北决赌财物。"[③] 王临亨《粤剑编》载："广城人至六七月间亦多取以斗戏赌金钱。"[④] 正德时，宫内也好斗促织之戏，并向民间征集，故当时有民谣曰："蟋蟀嚯嚯叫，正德皇帝要。"

京城有斗牛，徐渭《燕京歌》有绝句三首，专写斗牛盛事，中有"西北池中有斗牛""争看池中活斗牛"和"斗牛何处间英豪"等句，其诗序曰："人云斗牛眼甚恶，最吓人。"江南有"斗禽"之戏，即斗鸡、斗鸭、斗鹌鹑等，其中以斗鸡最为流行，张岱《陶庵梦忆》载：浙江余姚，"天启壬戌间好斗鸡，设斗鸡社于龙山下"。[⑤] 有人还以此博取财物。明人王圻等编集的《三才图会·人事卷》中也绘有民间斗鸡的场面。

此外，儿童好玩"斗蚁"。妇女则有"斗百草"之戏。斗百草有斗草花名，斗百草有斗草花名，有斗草之韧，北俗南北朝时已盛行，明代汉民族民间仍沿袭之。

（五）博弈娱乐雅俗有别

明代博弈之戏主要有投壶、象棋、围棋、纸牌和双陆等。

投壶之戏，古已有之，在历史上本是士大夫修身观德的活动，多受礼制束缚。入明之后，投壶并未拘泥于旧法之中，而是随着社会商品经济的发展，日益繁盛起来。明徐应秋辑《玉芝堂谈荟》卷三一《投壶百骁》称："今则以跃为贵，谓之骁有倚竿、带剑、狼壶、豹尾、龙首之名，其妙者有莲花骁。……今之投壶，名最多，有春睡、听琴、倒插、卷帘、雁衔芦、翻胡等项，不下三十余种。"[⑥] 当时在士大夫及文士儒生的社会交往中，投壶是常见的娱乐活动之一。如《明史》卷二八三《李承箕传》

---

① （明）张岱：《陶庵梦忆》，中华书局 2008 年版，第 99 页。

② （明）蒋一葵：《长安客诏》，北京古籍出版社 1982 年版，第 35 页。

③ 陆粲：《庚巳编》，中华书局 1987 年版，第 49 页。

④ （明）王临亨：《粤剑编》，中华书局 1987 年版，第 75 页。

⑤ （明）张岱：《陶庵梦忆》，中华书局 2008 年版，第 58 页。

⑥ （明）徐应秋：《玉芝堂谈荟》卷三一《投壶百骁》。

记载李承箕，成化二十二年（1486 年）举乡试。“往师（陈）献章，献章日与登涉山水，投壶赋诗，纵论古今事。”明代除男子外，妇女亦有投壶之事，饶智元《明宫杂咏·崇祯宫词》有“玉女投壶天一笑，有人画下谢银牌”之句。由于明代的投壶活动已突破礼法的限制，由古代的射礼而变为以娱乐为主，所以其技艺及壶体都有变更。明末侯珦《投壶奏矢》称，当时投法有 140 种。可见当时壶及技术都冲破了旧的樊篱，有相当的创新。

围棋和象棋自古以来就是讲究情趣、气氛和意境的典雅艺术，主要在文人士大夫中流行，至明代，则开始在民间盛兴，明中期以后，已成为汉民族社会各阶层人们喜闻乐见的文娱消闲形式。

另外，明代汉民族地区还流行一种名为“叶子戏”的纸牌娱乐活动。赵吉士《寄园寄所寄》载：“万历末年，民间好叶子戏，图宋寇姓名而斗之，至崇祯时大盛，其法以百是灭活为胜负，有曰闯、曰献、曰大顺，名曰马吊。”[①] 戴名世《忧庵集》曰：“叶子之戏始于万历之末，复变而为马吊。盖取小说中所载宋时山东群盗姓名，分为四十纸、一曰纸牌，人各八纸，……其法四人相斗，而以三家逼一家，……二十年前分为京斗、南斗两法近日则又变为游湖之法，始于京师舆人，寻浸及士大夫及妇女皆好之。其法又有曰飞湖、曰追湖、曰砍湖，其不胜无用者曰臭湖，其法大同小异，大抵以先成者为胜。”[②] 马吊实为后世麻将之始。

古时已有的双陆之戏，明代社会仍颇流行。此外，又有豁拳之戏。

（六）游戏玩赏因时而异

明代汉民族社会的日常游戏活动，其内容非常丰富，而且形式多样，富有旺盛的生命力。其中秋千活动最为盛行。《灯宫遗录》载，明时宫中称清明节为“秋千节”，各宫俱设秋千一架，相邀嬉戏。明秦征兰《天启宫词》：“隔院秋千送好春，不堪愁坐对芳辰。”注曰：“清明节，宫中称秋千节，坤宁宫及各宫，俱设秋千一架，相邀嬉戏，至立夏前一日方卸。”[③] 我国南方很多地方，都有荡秋千的风俗。如《坚瓠集七集》卷四

---

① （明）赵吉士：《寄园寄所寄》卷九。

② （清）戴名世：《戴世名遗文集》，韩自强、韩照祥、王树民编校，中华书局 2002 年版，第 103 页。

③ 刘若愚：《明宫史》。

《秋千》曰："黔谷好秋千，灯夕尤盛。岁初即于通衢架木，维以巨索。高三、四丈。月色熹微，妇女连臂踏歌，抛掷至晓。有立有坐，有两人对抱，飘裾荡影，眇然飞入云际。自（正月）十五至十七，三日之内，倾城塞途，不复相禁。"

据有关资料记载，明代的儿童游戏常见的有抖空钟、抽陀螺、打棜棜、跳百索、摸瞎鱼、打鬼、抓子儿、放风筝、滚灯等。清明前后，则有"风筝"之戏。风筝，又称"纸鸢""风鸢"，徐渭《风鸢图》诗有"村庄儿女竞鸢嬉""我亦曾经放鸢嬉"等句。山东潍县的风筝，在当时最负盛名，《潍县志稿》载："本邑每逢寒食，东门外沙滩上，……凌空纸鸢，高入云端。"元宵节时，儿童则有"滚灯"之戏。此外，明代汉民族社会的儿童日常游戏尚有玩老鹰捉小鸡、走八卦阵、唱儿歌、掷骰子、玩行宫图等，因地因时而异。

在明代汉民族社会官民士庶的娱乐风俗中，文人士大夫的游山玩水风俗颇具特色。据高濂《遵生八笺》一书所载，明代士大夫的四时游赏风俗，有春日踏青、游湖、赏花；夏日泛舟、观荷；秋日登高、赏月、观潮、玩菊；冬日探梅、赏雪、戏冰等。此外，每逢节会则观赏烟火之俗。

七　体育风俗

（一）骑射和角抵成娱乐

骑射，本是元代蒙古族所盛行的活动，入明后，朱元璋屡命元勋宿将分道练兵，洪武六年（1373）规定"骑率必善驰射"，并将骑射定为武举的科考项目。同时，在明代汉民族社会中，骑射又是官民士庶所好尚的娱乐体育活动，如端午节时，"天坛游人极盛，联镳飞，豪门大贾之外，则中官辈竟以骑射为娱"①。辽、金、元时的射柳之俗，由于与骑射密切相关，也为明人所沿袭。《日下旧闻考》引《识小编》："永乐时，禁中有剪柳之戏，即射柳也。"饶智元《明宫杂咏·永乐宫词》："绿杨风裹草平铺，跨上雕鞍挽玉弧，鹁鸽一声飞起处，白翎金箭著葫芦。"诗注引《明宫词》曰："元人以鹁鸽贮葫芦中，悬之柳上，弯弓射之，矢中葫芦，鸽飞出，以飞之高下为胜负，往往会于清明端阳。"此亦为射柳之一法。又

① （清）英廉等编：《日下旧闻考》卷一四七，载《野获编》。

蒋之翘《天启宫词》："飞凤三花爱电流，例逢藉柳拜前旒。八珠穿得都班赏，夺取头标胜一筹。"诗注引《明宫词》曰："午日大驾幸万岁山，阅御马监。勇士跑马名射柳，即金、元藉柳之遗。"可见随着时代的变迁，骑射已成为一种娱乐体育活动了。

明代的角抵活动在军队和民间均有开展，据《明史纪事本末》卷四九《江彬奸佞》记载，明武宗"尝于西内练兵，令（江）彬等率兵入习营阵，校骑射，或时为角牴之戏"。以角抵与习营阵、校骑射并提，可见角抵为当时练兵手段之一。另据《纪效新书》《阵纪》均提到"千跌张之跌"，"跌"法即包括摔法在内，含有角抵的内容。当时民间角抵活动非常普遍，张岱《陶庵梦忆》卷五《扬州清明》记载，清明节时，郊外有各式各样的文娱体育活动，其中就有"浪子相扑、童稚纸鸢"和"斗鸡蹴鞠"等。

（二）蹴鞠、击球和捶丸盛行

蹴鞠是明代汉民族社会最流行的球戏活动，但在明初被严厉地禁止过，洪武二十二年（1389 年），朝廷曾规定"蹴圆的卸脚，全家发赴云南"。但朱元璋驾崩后，这种规定随之解除，蹴鞠活动又发展起来。据有关史料记载，明代蹴鞠的活动方式基本沿用宋元时期的单球门竞赛和不设球门的比赛，但也有一定的变化。胜者"众以花红、利果、酒果、鼓乐赏贺"。宫廷中也有蹴鞠之戏，尤其自宣德始更为多见。如《明宣宗行乐图》长卷中即绘有朱瞻基观赏侍臣蹴鞠的情景，似为三人场。宴游无度的明武宗朱厚照更是"日率小黄门为角牴蹴鞠之戏"。当时宫中还建有专用于蹴鞠的"蹴圆亭"。明中叶后，民间蹴鞠之风也很兴盛。如开封为教坊乐伎汇集之重镇，在皮场庙南的富乐院内，"多有出奇美色伎女"的"蹴圆"活动；[①] 张岱《陶庵梦忆》之"扬州清明"条记载，扬州清明，城中男女毕出，以"斗鸡蹴鞠"为乐。从明代蹴鞠的整个发展情况看，它是以不设球门的蹴鞠活动为主，此蹴鞠之开展及发展程度已不及宋元。

击球活动自南宋开始衰落，到了明代，虽然仍有开展，但主要是作为宫廷礼制活动或民间节日活动才有。《明史·礼制十一》记载："永乐时有击球射柳之制。十一年（1413 年）五月五日幸东苑，击球射柳，听文武群臣四夷朝使及在京耆老聚观。分击球官为两朋，自皇太孙而下诸王大臣以次击射，赐中者币布有差。"此后，这项活动在宫廷不绝。此外，在

① （清）孔宪易：《如梦录·街市纪》第六。

京师民间于节日亦有击球活动，明吴宽的《匏翁家藏集》卷十六记载："京师胜日称燕九，少年尽向城西走，白云观前作大会，射箭、击球、人马蹂。"[①] 描写了明朝北京西郊白云现在"燕九节"（农历正月十九日）做庙会的时候，人们射箭和击球的热烈情景。

明代的捶丸活动其打法似与宋元之制相同。《宣宗行乐图》第四段绘有明宣宗朱瞻基亲自"捶丸"之景。另周履靖《丸经》跋称："予壮游都邑间，好事者多尚捶丸。"可见捶丸活动在各地市民阶层中比较盛行。周履靖还指出捶丸活动有"收放心，怡神情，动荡血脉，畅其四肢"的健康作用。在明代捶丸也是当时仕女主要的消闲娱乐活动，明代画家杜董的《仕女图》中就画有明代仕女正在捶丸的场景。此外，明代汉民族社会的文娱体育活动，还有游泳、踢毽、缘竿等。

第四节　明代汉民族的礼仪风俗

一　育诞风俗

（一）祈子方式日益丰富

祈子，即对生命的呼唤，是人生礼仪风俗最初始的一个环节，发展到明代，其方式日益丰富，除古已有之的风俗方式以外，各地又新出现了摸钉、祈子、投钱祈子、摸锁祈子等名目。在明代的北京，有妇女于元宵夜摸城门钉、锁而祈子的风俗。据《帝京景物略》载，元宵夜妇女，"至城各门，手暗触钉，谓男子祥，曰摸钉儿"。[②] 陆启浤《北京岁华记》曰："正月十六日夜，妇女俱出门走桥……手携钱贿门军，摸门锁，云即生男。"[③] 还有向送子观音和上东岳庙向东岳帝妃求子的风俗，《帝京景物略·东岳庙》曰："（东岳大帝）帝妃前悬一金钱，道士赞中者得子，入者辄投以钱，不中不止，中者喜倾所携以出。"[④] 在南方广州，妇女则向金花夫人祈子。屈大均《广东新语》曰："广州多金花夫人祠，夫人名金花……祈子往往有验。妇女有谣云：'祈子金华，多得白花，三年两朵，

---

① （明）吴宽：《匏翁家藏集》卷十六。

② （明）刘侗、于奕正：《帝京景物略》，北京古籍出版社 1980 年版，第 66 页。

③ （明）陆启浤：《北京岁华记》。

④ （明）刘侗、于奕正：《帝京景物略》，北京古籍出版社 1980 年版，第 64 页。

离离成果’。”[①] 还有祀张仙以求子嗣风俗，郎瑛《七修类稿》曰：“近世无子者多祀张仙以望嗣。”[②] 也有于婚礼上以谷、豆、表及花果等撒帐以求子多的风俗。明代诗人蒋之翘《天启宫词》有“撒帐诗”曰：“叶二笄联灿紫磨，扇篮云簇月生波。两行引赞交迎跪，撒果争闻唱得多。”其诗注曰：“撒帐果即唐宋撒帐钱遗制，世俗合卺，至今如此，但皇家宫人撒之，盛于帝后衣裾，云得子多也。”[③]

（二）妇女怀孕称“有喜”

明代汉民族妇女若有孕，则称之为“见喜”“有喜”，《金瓶梅词话》第四十回写王姑子因问月娘：“你老人家怎的就没见点喜事儿?”并有保胎和许多禁忌风俗，如在居室贴保胎符，规定孕妇不能吃兔肉，俗谓吃兔肉将来婴儿要兔唇等。婴儿出生时，由稳婆接生。婴儿的胞衣，要埋到地里，以敬土地。《金瓶梅词话》第三十回写李瓶儿产子曰：“这蔡老娘收拾孩儿，咬去脐带，埋毕衣胞，熬了些定心汤，打发李瓶儿吃了，安顿孩儿停当。”[④]

（三）洗三送“喜面”

婴儿出生后三日要洗身，俗称“洗三”。明代洗三时要给婴儿起小名，如《金瓶梅词话》第三十回曰：“李大姐养的这孩子甚是脚硬，到三日洗了三，就起名叫作官哥儿罢。”[⑤] 洗三时，亲邻相贺，叫“贺生”，主家则得煮面分送亲邻，谓之“喜面”。《金瓶梅词话》第三十回又曰：“次日巴天不明，早起来拿十副方盒，使小厮各亲戚邻友处，分投送喜面。”[⑥] 洗三以后，到婴儿诞生一个月时，又有满月礼，届时要给婴儿剃胎发，出门与生人相见，亲戚朋友要送礼相贺。

（四）寄名佛道流行

明代汉民族社会若担心小儿多病，长不大，则请寺院道观和尚或道士起以外名，即方外之名，表示已皈依佛道，自当受佛祖神仙保佑；甚至将有婴儿之名借列入寺院道观的，俗称“寄名”。《金瓶梅词话》第三十九

---

① （清）屈大均：《广东新语》，中华书局 1985 年版，第 215 页。

② （明）郎瑛：《七修类稿》，上海书店 2001 年版，第 279 页。

③ （明）蒋之翘：《天启宫词》。

④ 兰陵笑笑生：《金瓶梅词话重校本》，梅节校订，陈诏、黄霖注释，梦梅馆 1993 年版，第 356 页。

⑤ 同上书，第 357 页。

⑥ 同上。

回西门庆道："既恁说，正月里就把这醮愿在吴道官这庙里还了罢。"月娘道："昨日李大姐说，这孩子有些病痛儿的，要问那里讨了外名。""又往那里讨外名，就寄名在吴道官这庙里罢。"①

（五）周晬俗称"期场"

婴儿周岁行周晬抓周之礼，由来已久，南北朝时已经出现。宋元时盛行于世；明代仍得以继承。不过，明带抓周风俗，又被称为"期场"。描写沈万三的《聚宝盆》传奇第十出曰："（旦）乳娘，摆子期场（梅香应抬盘上）……（老旦付）员外、院君，大公子右手拿剑，左手持一金冠戏看；二公子持书喜笑，手弄乌纱，后来必定是文武状元。"②

（六）成年笼头包网巾

明代汉民族男子年十六则被视为成年，要将头发梳起盘在头顶，叫"笼起头"，《金瓶梅词话》第九十五回曰："你几时笼起头去，包了网巾？"男孩笼起头，包了网巾，就算已长大成人，俗称"成丁"。中国古代，男子成丁，向来有成丁礼，名曰"冠礼"；女子成年，则称"及笄"。但迨至明代，冠礼之俗，社会上已少有单独行之者，大多只是于婚礼时顺便行之。《宁波府志》曰："男子年十六，择日，告庙始冠，亦有及婚而冠者，三加请戒三礼，风俗久略。女子则当嫁时加笄焉。"③《台州府志》曰："男子年十六以上始冠，亦有及婚而冠者，此礼帷土族间一行之；女子嫁前数日，行笄礼听训戒。"④

（七）生日祝寿"做生日"

明代称祝寿为"做生日"，《金瓶梅词话》第九十五回曰："有吴大妗、二妗，并三个姑子，都来与月娘做生日。"⑤

二 婚姻风俗

（一）民间婚俗因时而变

明代前期，汉民族仕宦旧族颇以门第自重，婚嫁择偶必求门当户对，

① 兰陵笑笑生：《金瓶梅词话重校本》，梅节校订，陈诏、黄霖注释，梦梅馆1993年版，第468页。

② 李松龄、屈春梅：《话说抓周习俗》，《文史知识》1991年第10期。

③（明）周希哲、曾镒修，张时彻等纂：《嘉靖宁波府志》。

④（清）张联元修，方果濂等纂：《康熙台州府志》。

⑤ 兰陵笑笑生：《金瓶梅词话重校本》，梅节校订，陈诏、黄霖注释，梦梅馆1993年版，第1303页。

如元代《清容居士集》载《海盐州儒学教授袁府君墓表》云："唯袁氏四明大姓，……甲族鼎贵，莫盛吾里，甍栋接耀，郡守丞监，官议婚对，未肯齿拟。"① 在这样的情况下，市井编氓及暴发富贵之户嫁女娶妇，千方百计攀缘巴结，以能与富家大族联姻结亲为荣。但是到了明代中期以后，婚嫁风俗方面门当户对的择婚标准发生了很大变化。史载："今世流品，可谓混淆之极。婚嫁之家，惟论财势耳，有起自奴隶，骤得富贵，无不结姻高门，缔眷华胄者。"② 这种情况表明，当时的婚姻择偶标准已突破了门第观念，不管出身如何低贱，一旦"骤得富贵"，就可与各门大姓结亲联姻，各门大姓也看中这些新暴发户的财富，也就不再死守门当户对的陈腐之规，"惟论财势"。顾炎武在《肇域志》中也谈到了这种婚姻风俗的变化，其云："细民连姻宗贵，转相仿效，至有以千金妇饰者。"③

在明代汉民族社会的婚姻俗制中，名门大姓以及相邻村落之间世代为婚的习尚也颇有特点。如明陆容的《菽园杂记》卷一云："景泰甲戌进士蓟州钱源……本沙关郁氏子，郁与钱世连姻，钱无子，郁以一子为斯其后。"④ 朱彝尊《曝书亭集》"项子京画卷"跋曰："予家（秀水朱氏）与项氏世为婚姻"⑤ 等等。

（二）纳妾、招赘和指腹婚

明代汉民族社会讲究"不孝有三，无后为大"，所以无论官民士庶，凡久婚不育者，男方可纳妾，以便续其香火。明代朝廷还对纳妾的范围、程序以及妻与妾在家庭中的地位等作了明文规定。明令限禁：居父母丧不得娶妾；祖父母被囚禁不得娶妾；同姓不得娶为妾；亲属妻妾不得娶为妾；逃亡妇女不得娶为妾；监官不得娶所监者女为妾；奴婢女不得私嫁与人为妾；义父不得娶义女为妾；品官不得娶娼及良家女为妾；奉命出使不得中途娶妾；等等。

无论何人娶妾，按当时风俗必须立婚书一纸，其内容有六：（1）女子为亲生自养；（2）自愿嫁与某人为妾；（3）已受聘财若干；（4）女子未曾重聘；（5）倘有逃亡，银主负责追还；（6）女子嫁后死者，与银主

---

① （元）袁桷：《清容居士集》卷三〇，商务印书馆 1936 年版，第 523 页。
② （明）谢肇淛：《五杂俎》卷十四，上海书店 2001 年版，第 291 页。
③ （清）顾炎武：《肇域志·山西》。
④ （明）陆容：《菽园杂记》，中华书局 1985 年版，第 10—11 页。
⑤ 朱彝尊：《曝书亭集》，国学整理社 1937 年版，第 643 页。

无干。这虽名为婚书，实为卖身契。而立婚书者称银主而不言主婚，就是表示其与聘妻之婚书有别。因为妾的地位没有妻高，故其见嫡妻须下拜，嫡妻坐而受之，不答拜。妾的嫁娶之仪，亦有鼓乐、花轿、傧相、纸烛、拜堂、撒帐等属。

夫妻婚后无儿，但双方感情甚笃，男方不愿纳妾生子者，则待女儿长成时以招赘的方法来延续门庭香火。招赘入赘，民间又称“倒插门”或“倒踏门”。“家贫子壮则出赘”，男子入赘的原因大多家里贫穷，付不起沉重的聘礼，只好上门到女方家，以身为质，具有抵押性质。故入赘者多为社会蔑视。如《明史·文苑传四》之《王稚登传》附《王叔承传》云：王叔承因家贫，赘入妇家，为妇翁所逐，“不予一钱，乃携妇归奉母”。

对于招赘，《明会典》户令条云：凡是招婿，须凭媒妁，明立婚书，开写养老或出舍年限。婚礼的聘财有两种情况，若是养老婿，由女家下财；反之，年限出舍女婿，由女家受财，或者按契约办理。入赘也举办婚礼，但婚礼要在妻家举行，其仪礼习尚略同嫁娶，“少不得问名，纳采，奠雁，传书，入赘过家”等程序。此外，入赘者入赘后，有改从妻姓的，但赘婿子女均属婿家，仍从父姓。按规定，赘婿子女应享有家产一半的权利。赘婿离婚之权，属于女氏，俗称“逐婿”，明律禁止随意逐婿。

在明代汉民族社会中，两家通好者，则有“指腹为婚”的习尚，俗称指腹婚，亦称“指腹联姻”“指腹裁襟”。明代朝廷曾明令严禁此种婚姻风俗。令文云：“凡男女婚姻，各有其时，或有指腹割衫襟为亲者，并行禁止。”但是在实际婚姻风俗中，禁令根本没有得到成效，民间仍然盛行此俗。

（三）退婚、休妻与改嫁依礼法

明代汉民族社会，男女定婚后，若双方认为不妥，要悔婚或退婚的，明代律令也有详文规定。《户律·男女婚姻》条曰：若许嫁女，已报婚书及有私约，而悔婚的，笞五；虽无婚书，但曾受聘财者同罪；若再许他人，未成婚者，杖七十，已成婚者八十，后定娶者，知情与之同罪，财礼入官，不知者不坐罪，但要追还财礼，女归前夫；前夫不愿意完婚者，倍追财礼给还，其女仍从后夫，男家悔婚者，罪亦同之，不追财礼。据《明户律》《明律》《明会典》等所载，明代婚约一旦确定，男女两家理宜遵守，只有在遇到下列原因之一者，方依法许其解除婚约，另外嫁娶：

> 第一，若已定婚，未及成亲，而男女或有身故者，不追，财礼。
>
> 第二，伍年无故不娶，及夫逃亡，过三年不还者，并听经官告给执照，别行改嫁，亦不追财礼。
>
> 第三，凡男女之一方犯奸盗者，准对方追还财礼，解除婚约。
>
> 第四，若卑幼，或仕宦，或买卖在外，其祖父母及伯叔父母兄妹后为定婚，而卑幼娶妻，已成婚者，仍为婚，未成婚者从尊长知定，违者杖八十。
>
> 第五，定婚后，男弃约另娶者，女得解除婚约，另行别嫁。[①]

明代休妻与离婚的原因，依照礼与法，除违律为婚、义绝、七出等原因外，更有其他十分复杂的各种原因。总的来看，夫妻离婚，不是夫弃其妻，就是妻绝其夫，有时也有妻因夫不慧以夫病狂而离婚的，也有妻贪名而离间骨肉而离异的。而夫妇不谐和而离者，亦偶有其例。但无论何种离婚，均须明立离婚证书，离婚才能生效。并且离婚证书由夫及男女两家尊长签署，且由邻人见证。

若是妻请求离异，亦以夫休弃之形式，写立休书，休书手摹一般均用左手。明代民间离婚的证书，仍与元代差不多。

离婚生效之后，夫妻关系即归解除，而男女两家之间的婚姻关系亦随之宣告结束。夫妇离婚之后，所生男女一般应归夫家，是为定则。如果改嫁，夫家的财产及原有的妆奁，并听夫家的分配。如果妻子离婚后还想复婚，这取决于夫家是否愿意。

在明代婚姻风俗中，有身份地位之家丧子，寡妇是否再嫁一般由夫家及舅姑决定。然而在民间，寡妇再嫁，得自行主婚。另外，明律对随母改嫁女子的主婚也有明确规定，由其母主婚决定，后夫不得强行干预。

（四）冥婚礼仪“率如生者”

明代汉民族社会民间还有一种冥婚的婚姻风俗。凡男女在生前未婚而死，或已经订婚的男女，没有成婚而死，两家父母或亲友为其举行婚礼，

① 《明户律》《明律》《明会典》。

使死者在“阴间”仍成夫妇，宜室宜家，俗称“冥婚”，又称“阴婚”“嫁殇”“阴亲”“娶骨头”。明代冥婚有四种形式，即迁葬、嫁殇、迫茅娘、抱主成亲。迁葬是生时本无关系的男女，均未成婚而死，则由死者家人或亲友为之结合，迁其骸骨而葬于同墓，使其在阴间成为夫妇；嫁殇则是生前已有婚约，未成亲而死，由家人或亲友为之完婚礼，古代以二十岁为成年，十九岁以下而死者谓之殇，夭殇之女与夭殇之男成婚称为嫁殇；所谓抱主成亲不是殇女嫁殇男，而是活着的未婚妻，抱着已死未婚夫的神主牌，完成结婚大礼。成婚之后，这个可怜的妇人，就得守寡一世，所以此婚俗又称“望门寡”。

冥婚也行六礼，而且设宴庆贺，一切“率如生者”，与活人嫁娶大同小异，只不过用的聘礼不是实物，而是用五色纸制成房屋、衣服、车马之类，冥婚过后，两家父母就成了婚亲。如《菽园杂记》卷三：“山西石州风俗，凡男子未娶而死，其父母俟乡人有女死而求以配之。议婚、定礼、纳币，率如生者，葬日亦复宴会亲戚。女死，父母欲为赘婿，礼亦如之。”①

三　丧葬风俗

（一）王室丧葬礼仪繁缛

明代帝后的丧礼、丧服制度和陵寝（埋葬）制度及其礼仪规制，在承袭古代丧礼制度的同时，适应新的历史时代发展需要，也有删减增补和调整，写入《会典》《大明集礼》，成为国家法律条文的一部分，具有很强的法律效力，进而使得帝后生前的等级特权、至尊至崇地位，在死后的丧葬制度中得到最充分的体现。如，同样是人的寿终正寝，说法和称呼上就大有尊卑、贵贱之别，皇帝、皇后死曰崩，公侯贵戚死曰薨，大臣要员死曰卒，士死曰不禄，庶人死则称为死，等等。

在丧礼、丧服制度方面，明代帝后死后，在一定时间内，国内禁止婚娶和一切娱乐活动，全体臣民都要为之服丧戴孝，举国上下哀悼，称为国丧。如洪武三十一年（1398 年），明太祖朱元璋驾崩后，礼部定议，京官闻丧的次日，要服素服、戴乌纱帽、黑角带，赴内府听宣遗诏。于本署内斋宿，“朝哺诣几筵哭”。越三日开始服丧，“朝哺哭临”，

① （明）陆容：《菽园杂记》卷五，中华书局 1985 年版，第 62 页。

至下葬为止。

中国传统的葬式是土葬，土葬必有坟墓。在葬制方面，明代对帝后陵址的选择、陵墓的形状、墓室和墓地建筑以及葬具、随葬物品等，都有明确的法律规定。明太祖标榜明制皆仿唐、宋之制，但他的葬所孝陵前的石雕行列，在类别和数量上都和唐、宋两代有所不同。总的类别是瑞兽 12 对，包括狮子、獬豸、骆驼、大象、麒麟和翼马各两对。其形象是一对站立，一对跪卧；文武侍臣各两对，共八人，如与唐、宋陵石雕相比，明陵多了獬豸、骆驼、麒麟，而缺少朱雀（唐陵）、马头鸟身的瑞禽和形似犀牛的瑞兽角端（宋陵），以及唐宋两代同有蹲狮和外国客使。而宋陵的护陵将军和内侍雕像，明陵边是没有的。这种不同时代的不同风尚，当然与统治者的思想意识和生前爱好有着直接而密切的关系。此外，雕置在明十三陵即以成祖长陵为中轴线的石雕群，在各方面均与明孝陵一致。

明代皇帝不但注重葬具的规格、质地，而且普遍厚葬，随葬品更是五花八门，应有尽有，甚至明代前期的皇帝就有以妃嫔宫女殉葬的。其中，在众多类型的随葬品中，有一种颇为特殊，那就是明器。明器，又称盟器、冥器、鬼器，它是专为随葬而制作的并无实用价值的各种器物的模型，所用原料多为陶、瓷、竹、木、石等，所模仿的有礼器、工具、兵器，以及车、船、仓、井、房屋、庭园等，甚至还有人和各种家畜鸟兽。做成人或家畜鸟兽形状的明器，又称俑。如朱元璋下葬时，其随葬的明器就是按照他的卤簿之制陪葬的。这说明明代帝后的随葬物也有严格的等级规定和等级差别。此外，明代朝廷对王室宗亲的丧葬仪礼，有严格的等级规定，不得僭越。

（二）官民丧礼有规制

明代，对品官与士庶百姓的埋葬制度、居丧之礼与丧服之制也由明政府作了详严的规定。在埋葬制度方面，明统治者不但对品官与庶人墓地的大小、坟高及墓碑的形制有具体的规定，而且对葬具和随葬物品也有严格限制。官爵越高，墓地越大，坟头越高。如一品官墓地为 90 方步，二品为 80 方步，三品为 70 方步，四品为 60 方步，五品为 50 方步，六品为 40 方步，七品以下为 30 方步，庶人为 30 方步。同样，坟高，墓碑和棺椁规格、制式，随葬等也尊卑有别。如墓碑的制作上，明代统治者更把墓碑的形制作为体现墓主身份的重要标志，规定更为细致：一品为螭首龟趺，二品为麒麟首龟趺，三品为天禄、辟邪（传说中的两种神兽）首龟趺，四至七品为圆首方趺，圆首的碑又称碣。碑身、碑首的高度、宽度以及趺座的高度也都有等级差别，其中最高级的墓碑通高达1丈6尺。原则上庶人墓前不许立碑碣，但此项禁令并未严格遵行，故一般人死后墓前大多立有石碑，只是体小制陋，而无趺座而已。

此外，明政府对品官与庶人百姓刻制志石也有限定。在丧礼制度方面，其程序也很复杂，名目颇多，可谓繁文缛节，等级分明。对此，《明史》对品官的初终之礼、立丧主、立妇、治棺讣告、设尸床、帷堂、掘坎、设沐具、饭含、置虚座、结魂帛、立铭旌、小殓、大殓、盖棺、成服、朝夕哭奠、筮宅、卜日、发引、下葬、反哭、虞祭、卒哭、祔家庙、改题神主、后除服等仪节，及其有关规限，均有详细的规定，不得违犯。

（三）民间丧葬因俗而异

明代朝廷认为当汉民族社会民间有丧事时请和尚、道士作佛事。道场，与儒家历来提倡的丧事主哀、居丧废乐的精神直接相抵触，所以在《大明律·礼律》中规定禁止丧事设斋作醮。“其居丧之家修斋、设醮……家长杖八十，僧道同罪还俗。”但民间把丧葬视作喜事，故婚丧礼仪又称“红白喜事”。明代汉民族社会风俗认为，凡人享年50岁以上，不管老死还是病死，都是寿终正寝，这样的丧事叫“老喜丧”，丧事也应该办得热闹、喜庆，所以汉民族社会居丧违礼的现象时有发生。明中叶后，更是愈演愈烈，民间初丧或出殡，就经常有“扮戏唱词，名为伴丧，修斋设醮，鼓乐前导，及设荤酣饮”的现象，及至晚明，《天启淮安府志》载：“出殡日冥器分列，鼓吹道拥，且执绋延款，演剧纵饮，抵墓而返。”①

明代汉民族社会的民间丧仪是以儒家礼制和历代丧制为依据，根据各地的风俗传承和当时的社会风尚加以增删、演变而成的。根据有关文献的记载，明代汉民族社会丧仪中的主要风俗大致如下。

点随身灯。按明代民间丧俗，在人刚死之时，丧家要赶紧从死者床前开始点上一盏又一盏的纸灯，直到大门外，叫“随身灯”，或“引路灯”“长命灯”“引魂灯”，意为帮忙死者阴魂往阴间报到。此俗宋时已有，到明时则已普遍流行。

---

①（明）杨宏、谢纯撰：《天启淮安府志》。

山人批书。明代民间丧俗，长辈逝世，先请阴阳先生择入殓时辰，称“山人批书”。

搭彩棚。按风俗，明代汉民族丧家一般要搭彩棚，作为待客之用。

画影。又叫画真容、画神像，即为死者画遗像，此俗宋代汉民族时已非常流行，明代时仍颇盛。

小殓。明代民间小殓礼俗与朝廷规定的礼仪大致相同，但增加了开光明与抿目的内容。开光明即为死者神像画眼睛，抿目则为死者合拢眼睛。

念倒头经。按明代丧俗，在小殓时要请僧人在旁念经，以便死者早日超生。

挑纸钱。民间出丧一般不同铭旌，而习用挑纸钱。

大殓。民间大殓之礼颇为讲究，其俗基本按朝廷规制。

摔丧盆。按明代风俗，出殡之日，将要起棺时，先由主丧孝子在灵柩前摔碎一只瓦盆。

哭丧。按民间风俗，出殡时必须有死者全体后代的“唱哭”，否则即被视为不孝，在京师，官民士庶家出殡时，甚至有请人代哭的。

吊丧。明代汉民族官民士庶吊丧颇具特色，《嘉靖广平府志》载：“初丧吊者或具香纸，亲者凡遇一七、二七等项日期，先具牲品以奠，将发引，则具猪羊果品之祭，多造大蜜花，有座用桌数张者。”①

七七追荐。“七七追荐”俗称“水陆道场”“水陆大会”“水陆斋仪”等，是民间办丧事时所举行的一种超度死者亡魂的法会。此俗在明代汉民族社会官民士庶皆通行。“七七追荐”后，丧者木主即送入祠堂，以后每逢死者生卒期及四时八节时祭之于墓，或祭之于家，清明、冬至大祭时则祭之于祠。

第五节　明代汉民族的岁时风俗

一　春时风俗

（一）元旦喜庆特色增加

元旦为明代汉民族社会一年中的“三大节”之一，届时，百官有年节之假，无论朝廷百官，抑或民间士庶都有热烈的庆贺礼仪及文体娱乐

① （明）翁相、陈棐纂修：《嘉靖广平府志》。

活动。

在宫中，据刘若愚《酌中志》记载，元旦早上五更起要焚香放纸炮，并有“跌千金”“吃扁食”等风俗活动。当月宫中所吃的食品，有叫“百事大吉盒儿”的，主要由柿饼、圆眼、栗子、熟枣等制成；还要吃驴头肉，用以盒盛装，由于俗称驴为鬼，所以又叫“嚼鬼”。

朝廷则要举行“正旦百官朝贺”天子的礼仪活动。此外，尚有“天下大小衙门拜阙”的礼仪，即正旦之日台票，除京官之外，全国各种大小衙门官府，其官员身着本等锦绣服装，前往所在衙门，举行“望阙遥贺”之礼。舞蹈山呼，行十四拜礼，叩头遥向天子拜贺新岁。朝贺及望阙礼毕，则官员之间互相往来，行“拜年”礼仪。

汉民族民间拜年之风，早在汉代已有之，宋代以后便十分盛行。有时因四处拜年，分身乏术，于是某些不必亲自登门的地方便改用名帖投贺。到了明代以后，由于投名帖贺年之风遍及城镇各地，所以好多人都在门上贴一红纸袋，上书主人姓氏，名为“门簿”，以便接纳名帖。对此，《良斋杂记》曰：“拜年无论识与不识，望门投帖，宾主不相见，登簿而已。”以致投名帖拜年成为虚应之事。故明代文学家文徵明有《拜年》诗云：“不求见面惟通谒，名纸朝来满敝庐，我亦随人投数纸，世情嫌简不嫌虚。”

在民间，则通行元旦设奠于祠堂祭先，次拜家长，亲友投笺互相拜节；为椒柏之酒，以结亲戚邻里；屋内还有“旺柏”“行春”“节节高”“百事吉”等喜庆装饰。由于东西南北中情况不同，各地风俗也有显著的地方风俗特色。例如，在浙江嘉兴据万历《嘉兴府志》记载，元旦日有“整衣冠，焚香拜天地，祀宗祖，男女聚拜，饮椒柏酒，亲友互相投刺，曰贺节”[①] 等民俗活动。福建元旦，《中华全国风俗志》载曰：“元日陈设酒醴，以承灵贶，少长序拜，亲友相过，贺三日，市不列肆。”[②] 云南地方民间有摆设酒肴，写桃符，绘门神，往来贺岁的习尚。[③] 在北方，顺天府民间，正月初一日，五更时分起床，焚香，放纸炮；“是日互相拜”，

① （明）刘应钶修，沈尧中纂：《万历嘉兴府志》。

② 胡朴安：《中华全国风俗志》，河北人民出版社 1986 年版，第 139 页。

③ （明）周季凤纂修：《嘉靖云南志》。

不间贵贱，奔走往来者数日，名曰：“贺新年”[①]。在北京，自元旦日起，有忌卧打喷嚏，呼鬼、拜年等风俗。

元旦之日汉民族民间的饮食，北京要“夙兴盥漱，啖黍糕”，曰“年年糕”；浙江嘉兴、杭州等地要“为椒柏酒”；福建建阳，吃“糍糕果酒”；河南尉氏，要吃蜜汁蒿水，“俗人五更饱食”，谓之填仓，连日都要吃隔年蒸的馒头或米饭，取陈陈相因之意。

自元旦日起，各地各种娱乐、风俗活动陆续展开，《帝京景物略》记北京元旦日后的各种年节风俗活动曰：“旦至三日，男女于白塔寺绕塔。旦至晦日，家家竿标楼阁，松柏枝荫之，夜灯之，曰天灯……八至十八日，集东华门外，曰灯市。”[②] 在正月里，民间的日常娱乐活动有走桥、摸钉、击太平鼓、跳百索、耍大头号和尚、打鬼、摸虾儿、弹射、走解等。

（二）立春鞭春娱乐化

立春为一年之中春天的开始，是汉民族的传统节日，早在周时，据《国语·周语》记载，就有周天子的“藉田”祭仪，汉代以后立春日已成为汉民族的一个重要节日。至明代，汉民族社会无论官民士庶，都将立春作为节日来过，并围绕着迎春、农耕等内容，展开一系列的祭祀、娱乐及饮食风俗文化活动。

在明代，立春日从京师到县城都要特修专供祭春用的“春场”，每到立春这天，人们穿着同一颜色的衣服，打起旗、幡、伞盖，牵着纸糊的春牛，吹吹打打，载歌载舞，甚是热闹。祭坛上香烟缭绕，供有猪头、牛头等祭品，主祭官在大礼官的陪同下，宣读祭词，以示对春神勾芒的虔诚。明人刘侗、于奕正的《帝京景物略》记述当时北京的祭春活动曰：“先春一日，大京兆迎春，旗帜前导，次田家乐，次勾芒神亭，次春牛台，次正佐耆老、学师儒府，上下衙皆骑，丞尹舆，官皆衣朱簪花迎春，自场入于府。是日，塑小春牛芒神，以京兆生畀入朝，进皇上春，进中宫春，进皇子春，毕，百官朝服贺。立春候，府县官吏具公服，礼勾芒，各以彩仗鞭牛者三，劝耕也。”[③] 立春日迎春、祀芒神、鞭春牛是明时全国各地普遍

① （明）谢杰：《顺天府志》。

② （明）刘侗、于奕正：《帝京景物略》，中华书局 1980 年版，第 66 页。

③ 同上书，第 65 页。

流行的风俗活动，在福建，“立春日，先一日祀勾芒神，迎土牛于东郊”[①]。

在宫中，立春日则有跑马、咬春、戴闹蛾等一系列风俗。此外，围绕迎春、鞭春牛等沿袭已久的礼仪活动，明代的立春日更多地被注入了娱乐的成分，以迎春为主题，展开了一系列的歌舞百戏活动，更增添了节日的欢快气氛。田汝成《西湖游览志余》说，杭州的立春之仪，例由仁和、钱塘两县轮流递办，“先期十日，选集优人戏子、小妓”，届时“装扮社火，演出昭君出塞、学生登瀛、张仙打弹、西施采莲”等剧目。[②] 在民间，全国各地的立春节日风俗则有迎春、接青、吃春饼、散春花、撒春豆、定春盘、饮春酒等，一派春天气息。如河南尉氏，在立春日，除举行迎春、鞭春牛的仪式外，还设有春宴为欢度节日的人们助兴[③]。河南许州，立春日民间则有定春盘、饮春酒的习尚[④]。福建建阳，立春日家家制作春饼，畅饮美酒，“燃烛炽炭响于庭”，名曰接青。[⑤] 浙江严州，立春日时，民间则有散春花、撒春豆、撒春米、“茹春饼”咬春等饮食文化风尚。

（三）上元张灯达到极盛

上元又称元宵，上元节的娱乐活动是正月年节活动的高潮。明朝立国后，太祖朱元璋鉴于元人耽于声色娱乐，不事生产，而禁止官民士庶的日常娱乐活动，但为了显示明代社会稳定、歌舞升平的太平气象，却提倡上元放灯，官民同乐。郎瑛《七修类稿》载曰：“闻太祖初建南都，盛为彩楼，招徕天下富商，以实国本，元宵放灯，多至十余日。”[⑥] 明成祖朱棣即位后，迁都北京，不久即下诏曰：“元宵节自十一日始，赐节假七日。”此后，元宵节以“放灯”为主的节日娱乐风俗，进入了它历史发展中的极盛时期，在京城北京则形成了“灯”与“市”结合的元宵“灯市”。

孙国敉《燕都游览志》记北京灯市曰：“灯市在东华门王府街东，崇文街西，亘二里许。南北两廛，凡珠玉宝器，以逮日用微物，无不具。衢中列市棋置，数行相对，俱高楼。楼设氍毹帘幕，为宴饮也。一楼日赁值

---

① （清）周亮工：《闽小记》。

② 田汝成：《西湖游览志余》，浙江人民出版社 1980 年版，第 314 页。

③ 《嘉靖尉氏县志》。

④ （明）张良知纂修：《嘉靖许州志·典礼志》。

⑤ （明）马继科、朱凌纂修：《嘉靖建阳县志》卷三。

⑥ （明）郎瑛：《七修类稿》，上海书店 2001 年版，第 291 页。

鳌山前的杂技（《明宪宗行乐图》局部）

有数百缗者。夜则燃灯于上，望如星衢。市自正月初八日起，至十八始罢。鬻灯在市西南，有冰灯，细雨剪百彩，浇水成之。"①

至于元宵节间都城的"放灯"风俗，《帝京景物略》"春场"条有载："十一至十六日，乡村人缚秫秸作棚，周悬杂灯，地广二亩，门径曲黠，藏三四里，入者误不得径，即久迷不出，曰黄河九曲灯也。十三日，家以小盏一百八枚，夜灯之，遍散井灶门户砧石，曰散灯也。"② 至于元宵节间北京放灯活动的繁华热闹景象，根据《帝京景物略》的记载，是实在令人惊叹的，该书描述说，此地元宵节期间，民间向夕而灯张，灯则烧珠料丝，料则夹画堆墨等，纱则五色则明角及纸及麦秸，通草则有百花鸟兽虫鱼及走马等。节庆期间，民间不仅要施放烟火，而且还要兴致勃勃地观看各种乐作和许许多多的民间歌舞杂耍表演。

元宵节时朝廷为了体现"与民同乐"，帝后勋戚内眷也要进行登楼赏灯玩看的娱乐活动。届时宫中有精彩的杂技表演，嫔妃们也即兴作蹋球的表演和游戏。根据文献记载，除京城外，元宵节期间，全国各地都有相应的祭祀、娱乐和宴会等活动。元宵节间的民间游艺娱乐活动各地主要有闹花灯、猜灯谜、舞龙、舞狮、踩高跷、蹋球、跑旱船、跳火、打陀螺、剪纸及其他各种文体活动。

元宵节期间最流行，且最能娱人心目的风俗活动，当推"赏灯"。张岱《陶庵梦忆》就有文描述明时江南绍兴的元宵灯景曰：

① （元）孙国敉：《燕都游览志》。

② （明）刘侗、于奕正：《帝京景物略》，北京古籍出版社 1980 年版，第 66 页。

> 绍兴灯景为海内所夸，家家以不能灯为耻。故自庄逵以至穷檐曲巷无不灯，无不棚者。棚以二竿竹搭过桥，中横一竹，挂雪灯一，灯球六。大街以百计，小巷以十计。从巷视巷内，复叠堆垛，鲜妍飘洒，亦足动人。十字街搭木棚，挂大灯一，俗曰“呆”灯，书《四书》《千家诗》故事，或写灯谜，环立猜射之。庵堂寺观以木架作柱，灯及门额，写“庆贺元宵”“与民同乐”等字。佛前红纸荷花琉璃百盏，以佛图灯带间之，熊熊煜煜。……更于其地斗狮子灯，鼓吹弹唱，施放烟火，挤挤拥拥。小街曲巷有宽地，则跳大头和尚，锣鼓声错，处处有人团簇看之。[①]

元宵佳节期间，汉民族社会官民士庶的饮食风俗活动，则以吃元宵为主。元宵俗名汤圆，传说起源于春秋末期。唐代称为“面茧”“圆不落泥”；宋代汉民族称为“圆子”或“团子”。其种类很多。南方称汤圆，北方谓元宵。如浙江《严州府志》称，明代元宵节民间有“和面圆荐先，更相贺食”的饮食文化风尚。此外，元宵节期间，汉民族民间还有妇女游桥求子及祈福等风俗。

（四）清明踏青成风

清明节又名鬼节、冥节。在明代汉民族地区，清明节的节日活动主要是祭祖扫墓。

从大量文献记载看，明人祭祖扫墓的主要内容如下。一是为死者烧香、上供，其中必“烧纸”，这种纸是特制的，又称“光明钱”“往生钱”，是送给鬼神或死人在冥世间使用的。除焚烧纸钱外，还流行一种“压钱”，即把纸钱压在坟堆的四角、坟顶而故名。二是为坟堆除草添土，或修墓立碑。如《帝京景物略》卷二云：“三月清明日，男女扫墓，担提尊榼，轿马后挂楮锭，粲粲然满道也。拜者、哭者、为墓除草添土者，焚楮锭；次以纸钱置坟头。”[②]《万历嘉兴府志》则记载曰：“清明挂纸钱于墓。”《广州府志》曰：“清明插柳于门，其前五日始一月中扫墓郊外，谓之踏青，亦曰铲草，俗曰‘压纸’，以楮置坟上也。”[③] 在清明节期间，明

---

① （明）张岱：《陶庵梦忆》，淮茗评注，中华书局2008年版，第110—111页。

② （明）刘侗、于奕正：《帝京景物略》，北京古籍出版社1980年版，第67页。

③ （清）戴肇辰、苏佩训修，史澄、李光廷纂：《光绪广州府志》。

代汉民族官民士庶还有合家老小去郊外踏青的风俗，届时要顺便举行角抵、蹴鞠、走解、弹射、放风筝、荡秋千、射柳、斗草、斗鸡、斗鹌鹑等娱乐活动。踏青本来在三月三上巳节，由于明代上巳节已并入清明，而祀先扫墓，春天又要赴郊外，故清明踏青活动在明代民间十分流行。

清明踏青，明代北京的官民士庶都要到高梁桥游览，刘侗、于奕正《帝京景物略》载曰：“岁清明，桃柳当候，岸草遍矣，都人踏青高梁桥。”有“扒竿、斤斗、到喇、筒子、马弹、解数、烟火、水嬉”等杂耍表演，“是日游人以万计，簇地三四里”。① 扬州清明踏青时，据张岱《陶庵梦忆》记载，还有“走马放鹰”“斗鸡蹴鞠”“劈阮弹筝，浪子相扑、童稚纸鸢”和“瞽者说书”等娱乐活动。王崇简《清明诗》则描定了京师妇女于清明日荡秋千的活动。清明之日，宫中则要举行“射柳”之戏。徐树丕《识小编》记曰：“永乐中，禁中有翦柳之戏，即射柳也。……往往会于清明。”② 此外，清明节期间，民间还有插柳、戴柳等禳解、祈愿风俗。民间食俗，则都与祭祀、宗教有关，如春饼、麦芽糖、冷粥等即是。

（五）春季其他节俗

在春季中，除了元日、立春、上元和清明这几个主要节日外，汉民族民间的节日还有在正月初七的人日，正月十九日的天穿节、燕九节，正月二十五日的填仓节，二月初二日的中和节、花朝节，春社，及三月二十八日的东岳诞等。

正月初七为人日，《万历嘉兴府志》曰：“人日，女子上彩胜于祖父母。”③ 何乔远《闽书》曰：泉州人日“是日取菜果七种作羹，名七宝羹”。④ 正月十九日，汉民族民间俗称“天穿日”，要进行一种名为“补天穿”的风俗活动，《广州府志》曰：“十九日挂蒜于门以辟恶……曰补天穿。”⑤ 在北京，正月十九则为“燕九节”，民间风俗要于此日游白云观。刘若愚《酌中志》曰：“十九日名‘燕九’是也，都城之西南有白云观者，云是胜国时邱真人成道处。此日僧道辐辏，凡圣溷杂，勋戚稿臣，

---

① （明）刘侗、于奕正：《帝京景物略》，北京古籍出版社1980年版，第191页。

② （明）徐树丕：《识小录》。

③ （明）刘应钶修，沈尧中纂：《万历嘉兴府志》。

④ （明）何乔远：《闽书》。

⑤ （清）戴肇辰、苏佩训修，史澄、李光廷纂：《光绪广州府志》。

凡好黄白之术者，咸游率访丹焉。”[①] 正月二十五日，汉民族民间为“填仓节”，《帝京岁时纪胜》曰：“二十五日，人家市牛羊豕肉，恣餐竟日，客至若留，必尽饱而去，名曰‘填仓’。”[②]

明代汉民族在二月中所要过的节日有中和节、花朝节及社日等，节日期间各地均有不同的风俗活动。在北方，视二月二日为中和节，传说这一天为龙抬头的日子，故民间又称为龙头节，节日期间，宫廷、民间除要祭祀太阳神和土地神外，还有吃供太阳糕、煎饼和熏虫的习尚。《宛署杂记·民风》条云：“宛人呼二月二为龙抬头，乡民用灰自门外蜿蜒布入宅厨，旋绕水缸，呼为引龙回。”[③]《帝京景物略》卷二曰：“二月二日曰龙抬头，煎元旦祭余饼，熏床炕，曰‘熏虫儿’，谓引龙，虫不出也。”[④]

在南方，则有于二月祭祀社神之风俗，如广州“二月祭社，分肉小儿食之使能言，入社后，田功毕作”。如浙江东阳“社日，四乡各有社祭，以祀土谷之神”[⑤]。并以二月十五日为花朝节，《广州府志》曰：“十五日花朝。”在杭州、福建等地，花朝节例有野外踏青探春之俗。

农历三月，明代汉民族的节日除清明外，还有上巳和东岳诞。三月初三日为上巳节，为汉民族传统节日，向有水边祓禊和踏青之俗。到了明时，祓禊之俗已不传；踏青之俗则并入清明，故上巳作为节日，已基本不传，但在民间仍有其遗迹，如江南杭州，据《钱塘县志》载，“上巳，出游西湖，士女皆带荠花”。在北京，陆启宏《北京岁华记》有“上巳上土谷祠”。

三月二十八日，明时汉民族民间谓东岳大帝诞辰，故各地均有风俗活动，北京则有走会活动，《宛署杂记》曰：“三月二十八日，燕京祭岳庙，民间集中为香会，有为首者掌之，盛设鼓乐旗幡，戴甲马，群迎神以往，男妇有跪拜而行者名曰‘拜香’。”[⑥] 此日之饮食，《酌中志》曰：宫中“吃烧笋鹅，吃凉饼；糯米面蒸熟，加糖、碎芝麻，即糍粑也；吃雄鸭腰

① （明）刘若愚：《酌中志》，北京古籍出版社1994年版，第179页。
② （清）潘荣陛：《帝京岁时纪胜》，北京古籍出版社1981年版，第12页。
③ （明）沈榜：《宛署杂记》，北京古籍出版社1980年版，第191页。
④ （明）刘侗、于奕正：《帝京景物略》，北京古籍出版社1980年版，第67页。
⑤ 《成化东阳县志》。
⑥ （明）沈榜：《宛署杂记》，北京古籍出版社1980年版，第191页。

子，大者一对可值五六分。传云，食之补虚损也。”①

二 夏时风俗

（一）浴佛节趋向汉化

浴佛节又名四月八、佛诞节、龙华会。它本是佛教传入中国后兴起的一个宗教节日，但在节日活动中有诸多中国传统文化的特点。到了明时，浴佛节已被完全改造成符合汉民族文化心理的民俗节日，如其中的浴佛、斋会、结缘、放生和求子的风尚已充满汉民族文化特色，而在民间广为流行。

在南方，据《西湖游览志》记载：“四月八日，俗传为释迦牟尼佛生辰，僧尼各建龙华会，小盆坐铜佛，浸以糖水，覆以花亭，铙鼓迎往。富家以小杓浇佛，提唱倡诵，布施财物。”② 在北方，《长安客话》载曰：“每当四月八日为浴佛会，幡幢铙吹，蔽空震野，百戏毕集，四方来观，肩摩毂击，浃旬乃已，盖若狂云。”③ 宗教性节日，已掺入浓厚的娱乐成分。其中在京师还有舍豆结缘之俗，《帝京景物略》卷二说：“（四月）八日，舍豆儿，曰‘结缘’，十八日，亦舍。先是，拈豆念佛，一豆，佛号一声，有念豆至石者。至日熟豆，人遍舍之，其人亦一念佛，啖一豆也。凡妇不见容于夫姑婉若者，婢妾摈于主及姥者，则自咎曰：‘身前世不舍豆儿，不结得人缘也。’”④ 民间舍豆结缘的主要蕴意不在于结来世的佛缘，而在于结现世的人缘。所以舍豆结缘并成了明时浴佛节的主要风俗活动。

明代浴佛节的饮食文化活动也十分丰富。这一日，朝廷要赐百官吃一种叫“不落夹”的食物。明李诩《戒庵老人漫笔》载曰：“朝廷每年四月八日赐百官午门外食不落夹。”⑤ 孙国敉《燕都游览志》曰：四月八日，“朝廷赐群臣食‘不落夹’，盖先人语也。嘉靖十四年，始赐百官于午门食麦饼宴”。⑥ 至于民间，则不仅要喝浴佛水，还有许多富有特色的饮食

① （明）刘若愚：《酌中志》，北京古籍出版社 1994 年版，第 179—180 页。
② （明）田汝成：《西湖游览志》，浙江人民出版社 1980 年版，第 319 页。
③ （明）蒋一葵：《长安客话》，北京古籍出版社 1982 年版，第 45 页。
④ （明）刘侗、于奕正：《帝京景物略》，北京古籍出版社 1990 年版，第 68 页。
⑤ （明）李诩：《戒庵老人漫笔》，中华书局 1982 年版，第 21 页。
⑥ （元）孙国敉：《燕都游览志》。

佳品，如青粳饭、乌米饭等。如浙江《归安县志》便载，四月八日，该地民间以楝叶染米，“啖青粳饭”；《台州府志》则说，浮屠于是日浴佛，民间取乌桐叶染饭，做成青色，互相馈遗，谓之乌饭。在此日，北京还有“赶秋波”、向碧霞元君乞灵祈子的风俗。

（二）端午又称女儿节

端午节起源较早，原是一个祭神的日子，所祭对象有屈原、伍子胥、曹娥、张天师、钟馗、农神和蚕神等。在明代，端午节又称女儿节，因旧俗端午日少女须佩灵符、簪榴花，娘家又要接女儿归宁“躲端午”，故称。沈榜《宛署杂记》卷十七云：“五月女儿节，系端午索，戴艾叶、五毒灵符。宛平自五月初一至初五日，饰小闺女，尽态极妍。出嫁女亦各归宁，俗呼为女儿节。”[①]《帝京景物略》也载：“五月一日至五日，家家妍饰小闺女，簪以榴花，曰‘女儿节’。”[②] 明时也有称端午为天中节的，则是从阴阳术数的角度来定义，田汝成《西湖游览志余》卷二十“端午为天中节”。综合文献记载，明代端午节较有代表性的习尚是家家挂艾于门，用雄黄酒涂抹耳鼻以避毒虫，饰戴端午索以驱邪，饮菖蒲酒，吃角黍（粽子）、杏子以及龙舟竞渡等。如浙江嘉兴，“端午艾旗蒲剑。悬于门，饮菖术酒”[③]。如在京师，民间于端午时，“皆渍酒以菖蒲，插门以艾，涂耳鼻以雄黄，曰避毒虫。家各悬五雷符，簪佩各小纸符簪，或五毒、五端花草。项各彩系垂金锡，若钱、若锁者，曰端午索”。明人杨基有《端阳十咏诗》，对明代端午节的“百索”“钗符”“角黍”“艾虎”“蒲觞”“竞渡”诸风俗习尚有生动的描绘。

明代时，许多来自民间的夏令卫生保健活动，已掺杂于端午节俗中。例如在五月五日正午前，北京庶民百姓群入天坛避毒，过了正午才出来。蟾蜍是一味珍贵的中药，可拔毒、消热、消肿，治疗疮毒恶疽有奇效。在端午节还讲究捉蛤蟆取蟾蜍酥，其方法是用针刺破蟾眉，将蟾蜍汁挤出，明蒋一葵《长安客话》曰：“太医院例于端阳日差官至南海子捕蛤蟆挤酥，以合药制紫金锭。”[④] 用菖蒲渍酒饮之以避恶气和用艾叶插门是汉民

① （明）沈榜：《宛署杂记》，北京古籍出版社1980年版，第191页。

② （明）刘侗、于奕正：《帝京景物略》，北京古籍出版社1980年版，第68页。

③ （明）刘应钶修：《万历嘉兴府志》。

④ （明）蒋一葵：《长安客话》，北京古籍出版社1982年版，第31页。

族社会的传统风俗，但明代新出现了用雄黄涂耳鼻以避免虫毒的风俗。李时珍《本草纲目》则曰："雄黄味辛温有毒，具有解虫蛇毒、燥湿，杀虫驱痰功效。"可见端午用雄黄防毒虫不无科学道理。

端午日，朝廷还要给百官赐扇等物品，并赐百官食粽，史玄《旧京遗事》曰："京朝官端午赐食粽。"宫中此日也有相应的风俗活动。

在明代，端午节流行最广、最受人欢迎的风俗活动，还当数南方各地的龙舟竞渡。在浙江金华，据《金华府志》载："端阳日龙舟竞渡，男女阗视，亲族相款，民费不赀。"①《广州府志》曰："采莲竞渡，至五日乃至。"在湖南常德府，每年逢端午节时，各坊市刳木为舟，长十余丈，染成五色，选善于驾舟者"相竞中流"。往昔此项活动有凭吊屈原之义，在明代则成为一种"争胜负"的竞技娱乐活动②。广东《琼台志》卷七则说，琼台民间每逢端午节，各村有迎龙会，于大溪中划夺标，两岸聚观者无数，其场面热闹喧天。

此外，京师端午节还有走解、游天坛、游金鱼池及穿新莆鞋过节等风俗。

（三）六月六称"天贶节"

六月六，又称天贶节、虫王节等。届时从皇宫、官府，到佛寺、道观及一般民众之家，均有晒衣服、晒书籍的风俗。《帝京景物略》曰："六月六日晒銮驾，民间亦晒其衣物，老儒破书，贫女敝缊，反复勤日光，晡乃收。"③《万历野获编》卷二四《风俗》云："六月六日本非令节，但内府皇史晒曝列圣实录，列圣御制文集诸大函，每岁故事也。"④各个寺院、家庭也有晒书的良好习惯。书经过日晒、通风，便可防止虫蛀。一般店铺、家庭也晒衣服、皮货、喜轿等。明时，六月六还有藏井水的风俗，明人沈榜《宛署杂记》卷十七云："六月六日，各家取封水收藏，以造酱醋，浸瓜茄。水取五更初汲者，即久不坏。曝所有衣服，是日朝内亦晒銮驾。"⑤因为六月盛夏正是人畜发病、死亡率较高的季节，所以祈求人畜两安是六月六风俗活动的主要内容，所以又有了妇女沐发，小儿沐浴和猫

① （明）王懋德修，陆凤仪纂：《金华府志》。

② （明）陈洪谟：《嘉靖常德府志》卷一。

③ （明）刘侗、于奕正：《帝京景物略》，北京古籍出版社 1980 年版，第 69 页。

④ （明）沈德符：《万历野获编》，中华书局 1959 年版，第 619 页。

⑤ （明）沈榜：《宛署杂记》，北京古籍出版社 1980 年版，第 192 页。

犬洗洁等风俗，对此，《万历野获编》卷二四《风俗》条又云："至于时俗，妇女多于是日（六月六日）沐发，谓沐之则不腻不垢。至于猫犬之属，亦俾浴于河。京师象只，皆用其日洗于郭外之水滨，一年惟此一度。"① 杭州妇女除在六月六洗头外，必为小儿沐浴。山东鲁西南有一种习惯，66岁的老人必在该年六月六日过生日，做好吃的。"六月六，一块肉"，是为一种特殊的敬老良俗，目的在于祈求老人延年高寿②。此外，朝廷还要在六月六日洗马，孙国敉《燕都游览志》曰："每岁六月六日，中贵人用仪仗鼓吹导引，洗马于德胜桥之湖上，三伏皆然。"③

（四）夏季其他节俗

夏季节日除四月初八浴佛节、五月初五端午节和六月初六天贶节外，明代汉民族民间的其他节日尚有立夏、夏至、五月十三和三伏等。

明代立夏日，朝廷要启冰分赐文武大臣，《帝京景物略》曰："立夏日启冰，赐文武大臣。编民得卖买，手二铜盏叠之，其声'磕磕'，曰'冰盏'。"④ 民间则有吃"七家茶""立夏饭"，《海宁县志》载曰："四月立夏日，以诸果品杂置茗碗，亲邻彼此馈遗，名曰'七家茶'。"⑤《嘉靖宁波府志》曰："立夏炊五色米，为立夏饭。"⑥

明代夏至日，民间有祭祖风俗，《广州府志》曰："夏至日擘荔荐祖考，磔犬以辟阴气。"⑦

明代三伏日，民间妇女有祀神之俗。《嘉靖宁波府志》曰："三伏寺庙皆设醮，妇女走礼神佛。"⑧ 朝廷于此日洗象，《帝京景物略》曰："三伏日洗象，锦衣卫官以旗鼓迎象出顺承门，浴响闸……观者两岸各万众，面首如鳞次贝编焉。"⑨《长安客话》曰："象房在宣武门西城墙北，每岁六月初伏，官校用旗鼓迎象出宣武门濠内洗涤。"⑩

---

① （明）沈德符：《万历野获编》，中华书局1959年版，第619—620页。

② 《中国古代节日文化》，文物出版社1991年版。

③ （明）刘侗、于奕正：《帝京景物略》，北京古籍出版社1980年版，第68页。

④ 同上。

⑤ （明）蔡完修，董穀纂：《嘉靖海宁县志》。

⑥ （明）周希哲、曾镒修，张时彻纂：《嘉靖宁波府志》。

⑦ （清）戴肇辰、苏佩训修，史澄、李光廷纂：《光绪广州府志》。

⑧ （明）周希哲、曾镒修，张时彻纂：《嘉靖宁波府志》。

⑨ （明）刘侗、于奕正：《帝京景物略》，北京古籍出版社1980年版，第69页。

⑩ （明）蒋一葵：《长安客话》，北京古籍出版社1982年版，第12页。

俗传五月十三日为关公生日，京师要向关帝庙献刀马，《帝京景物略》曰："十三日进刀马于关帝庙，刀以铁，重八十斤；纸马高二丈，鞍鞯绣文，辔衔金色，旗鼓头踏导之。"①

三　秋时风俗

（一）七夕乞巧南北有别

七夕节又称乞巧节、少女节、双七节等，是汉民族的传统节日，其来源于人们对天体星辰的崇拜，其节日文化属万物有灵和自崇拜的文化范畴。

在乞巧节的各种节日文化活动中，不仅带有祭祀牛郎织女的拜礼之意，同时妇女们还乞求智巧诸事，并预卜自己未来的命运。七夕时观牛郎织女相会，并穿针乞巧在民间各地颇为盛行，各式各样的乞巧活动也很多。早在宋代汉民族时就已时兴的乞巧与供奉摩喉罗的习尚直到明代仍很盛行，并赋予新的特色。在明代，向天仙乞巧是七夕节的主要风俗内容，但由于历史沿革与地理条件的不同，南北妇女的乞巧方法也有所不同。南方妇女乞巧，是对月穿针或视蛛丝卜得巧与否。如《西湖游览志余·熙朝乐事》记杭州妇女七夕乞巧之俗云："七夕，人家盛设瓜果酒肴于庭心或楼台之上，谈织女渡河事。妇女对月穿针，谓之乞巧。或以小盆盛蜘蛛，次早观其结网疏密，以为得巧多寡。市中以土木雕塑孩儿，衣以彩服而卖之，号为'摩喉罗'。"② 而北方妇女的乞巧方法则是投小针于水，视水底日影而乞巧。《宛署杂记》记北京妇女乞巧之俗曰："燕都女子，七月七日以碗水暴日下，各自投小针，浮之水面，徐视水底日影，或散如花，动如云，细如线，粗如椎，因以卜女乞巧。"③ 尤其值得注意的是，《帝京景物略》中记载的七月七日仲午丢巧针的风俗较有新意。该书《春场》条载："七月七日之午丢针，妇女曝盎水日中，顷之，水膜生面，绣针投之则浮。则看水底针影，有成云物、花头、鸟兽影者，有成鞋及剪刀、水茄影者，谓乞得巧。其影粗如槌，细如丝，直如轴蜡，此拙征矣。

① （明）刘侗、于奕正：《帝京景物略》，北京古籍出版社1980年版，第68页。
② （明）田汝成：《西湖游览志余》，浙江人民出版社1980年版，第319—320页。
③ （明）沈榜：《宛署杂记》，北京古籍出版社1980年版，第192页。

妇或叹，女有泣者。”[①] 反映出明代妇女对能否得巧是如此看重。这些民间广为流传的各种有趣的乞巧活动，从另一个方面反映了我国广大妇女追求自己美好生活的纯真愿望。

七夕节期间，据秦征兰《天启宫词注》所透露，宫中也有相应的风俗活动：“七夕节，宫中玄乞巧仙子，衣鹊桥补子。”此外，在七夕节期间，南方广州有曝衣书、取圣水的风俗，北方北京则有雕花瓜之举。

七夕节的饮食文化活动和风尚，则因地而不尽相同，一般称其为吃巧食其中，北方多以饺子、面条、油果子、馄饨为节日的食物。而南方江浙一带的水乡巧果食品，则多以糯米放糖油炸成的各种小的花果子为佳品，民间人认为它是甜蜜幸福的象征；福建建阳民间七夕节时，民间儿女“罗家酒于庭，拜祝牛女星”以乞巧[②]。其他各地，亦为大同小异。

（二）中元祭祖兼放河灯

七月十五日，是人们祭祀祖先、怀念亡灵的日子，这一天民间称为中元节，又称鬼节、七月半或麻谷节。明代，据冯应京《月令广义》载：“燕城乡民，蜀黍苗、麻粟苗连根及土缚，竖门之孝右，别束三丛，立之门外，供以面果，呼为祭麻谷。”[③] 至于祭祖上坟习尚，据《帝京景物略》载，京师则“上坟如清明时”，人们“或制小袋以往祭。甫讫，辄于墓次掏促织，满袋则喜，秫竿肩之以归”，是夜，“诸寺建盂兰盆会”，以超度亡灵。在南方，中元节除祭祖外，还要祭野鬼，谢肇淛《五杂俎》曰：“闽人最重中元节，家设先人牌位，祭而燎楮陌。女家具父母衣冠祀笏之类，笼之纱，谓之纱箱，送父母家，是夜具斋馄饨楮钱，延坐于市，祝祀无主鬼神，谓之施食。”[④] 在广东，则于七月十四日祭祀祖先，福建建宁则至东岳庙，设“祖考斋筵荐献，士夫则各祭于家”。[⑤]

中元节的娱乐活动，最主要的是放河灯。陆启浤《北京岁华记》曰：“中元节前，上家如清明，各寺设盂兰盆会，以长椿寺为盛。晦日，谓是地藏佛诞，供香烛于地，积水潭，泡子湖各有水灯。”[⑥] 此日，宫中也有

① （明）刘侗、于奕正：《帝京景物略》，北京古籍出版社1980年版，第69页。

② （明）夏玉麟：《嘉靖建宁府志》卷四。

③ （明）冯应京：《月令广义》。

④ （明）谢肇淛：《五杂俎》，上海书店2001年版，第26页。

⑤ （明）夏玉麟：《嘉靖建宁府志》卷四。

⑥ （明）陆启浤：《北京岁华记》。

放河灯活动，《酌中志》曰："十五日中元……西苑做法事、放河灯。京都寺院，咸做盂兰盆，追荐道场，安放河灯，于临河去处也。"[①] 此时正值暑热尚未全消、金风乍起的时节。当经过一天的闷热，夕阳西下时，城内外的各处水面上就亮起了一盏盏随波荡漾的荷花灯，千盏万盏，灿若群星，这就是明代北京民间中元节时放河灯的景象。更有那些顽皮的孩子，举着用长柄荷叶或是镂瓜皮掏莲蓬做成的灯，结帮成群，过街穿巷，此呼彼应地唱着："荷叶灯，荷叶灯，今儿点了明儿扔。"明人庞垲的诗句"万树凉生露气清，中元月上九衢明。小儿竟把青荷叶，万点银花散火城"。[②] 描述的就是这一风俗景象。

中元节民间的节日饮食活动，则与一系列祭祀活动有关。在广州，"以龙眼花果相馈遗，曰结缘"；在北京，"吃鲥鱼，为盛会"，宫中则"甜食房进供佛波罗密"。

（三）中秋月饼始盛

中秋节，又名八月半，仲秋节，团圆节。届时家家户户赏月、拜月、祭月，彼此馈赠瓜果月饼是明代中秋节的主要风俗。拜月的方式很多，或者向月亮跪拜，或供月光神马，还有以木雕月姑为偶像者，但均将神像供挂在月出的方向，设供案，摆供品，对月祭拜。对京都的祭月风俗，陆启浤《北京岁华记》曰："中秋夜，人家各置月宫符像，符上兔如人立，陈瓜果于庭，饼面绘月中兔蟾，男女肃拜烧香，旦而焚之。"[③] 河南民间，在中秋夜设月饼瓜果"祭月"之外，还有邀朋赏玩的风俗。[④] 在南方明代时已少有拜月者，则"拜月"已被"赏月"代替。此时所食则多是柚子、芋头、香蕉、柿子、菱角、花生、藕等时令物品，如《广州府志》曰："八月望夜赏月，剥芋食螺"；浙江嘉兴则是"八月望以百果为大饼，各曰月饼，以百果和糖，名曰俸糖，赏月达曙"；在江西，中秋节时，民间更有登楼赏月，"多用西瓜圆饼，亦取月圆之义"[⑤] 的雅兴和爱好；在苏州文人士大夫则要在中秋夜举行赏月歌会。

至于中秋节时明代宫中的过节活动，《酌中志》有所记载："八月宫

---

① （明）刘若愚：《酌中志》，北京古籍出版社 1994 年版，第 181 页。

② （清）庞垲：《长安杂兴效竹枝体》。

③ （明）陆启浤：《北京岁华记》。

④ （明）曾嘉诰修，汪心纂：《嘉靖尉氏县志》卷一。

⑤ （明）夏良胜纂修：《正德建昌府志》卷三。

中赏秋海棠、玉簪花。自初一起即有买月饼者，加以西瓜、藕，互相馈送，西苑蹠藕。至十五日，家家供月饼瓜果，俟月上，焚香后，即大肆饮啖，多竟夜始散席者。如有剩月饼，仍整收乎干燥风凉之处，至岁暮合家分用之，曰‘团圆饼’也。”[①]

（四）重阳节衍化出迎霜宴

重阳节，又名九月九，重九、茱萸节、女儿节等。明代重阳节有插茱萸、饮重阳酒、吃重阳糕（又名花糕），并以花糕供祭家堂、祖先的习尚。北方人对花糕的制作以及吃花糕都颇有讲究。如《帝京景物略》卷二云：“九月九日，……面饼种枣栗其面，星星然，曰‘花糕’。糕肆标纸彩旗，曰‘花糕旗’，父母家必迎女来食花糕。”[②] 在重阳节，娘家必请女儿归家，吃花糕，则是明代有代表性的风尚。如《帝京景物略》载：重阳节“父母家必迎女来食花糕，或不得迎，母则诟，女则怨诧，小妹则泣，望其姊姨，亦日女儿节”。[③] 福建民间多以粉米为糕，且交相馈送，谓之为“寿糕”[④]。江西民间更有用百果及肉杂米粉，蒸食菊花糕的习尚[⑤]。河南民间均要蒸制面枣糕，上插菊花或剪彩为之，将它赠送亲朋，登同饮咏以贺节[⑥]。浙江民间除登高外，还有用蒸米做五色糕，“饮茱萸酒”[⑦]，且配以豆荚的习尚。

重阳节正是秋高气爽之时，也是进行秋季娱乐活动的大好时光。明代汉民族民间重阳节的主要娱乐活动就是登高、赏菊、放风筝。《广州府志》曰：“重阳有墓祭者，亦曰登高，细民放风鸢。”北京民间满载酒具、茶炉、食榼，欣欣然联袂登山，一睹如画江山，饱赏金秋的景色，曰“登高”。这一日皇帝也要登高览胜，以示与民同乐，《酌中志》载曰：“九月重阳节，驾幸万寿山，或兔儿山、旋磨山登高，吃迎霜麻辣兔，饮菊花酒。”[⑧]

---

① （明）刘若愚：《酌中志》，北京古籍出版社 1994 年版，第 181 页。

② （明）刘侗、于奕正：《帝京景物略》，北京古籍出版社 1980 年版，第 69 页。

③ 同上书，第 69—70 页。

④ （明）夏玉麟：《嘉靖建宁府志》卷四。

⑤ （明）夏良胜纂修：《正德建昌府志》卷三。

⑥ （明）曾嘉诰修，汪心纂：《嘉靖尉氏县志》卷一。

⑦ 参见《会稽志》。

⑧ （明）刘若愚：《酌中志》，北京古籍出版社 1994 年版，第 182 页。

重阳节前后，宫中也要设迎霜宴、赏菊花，秦征兰《天启宫词注》曰："重阳前后，内宫设宴相邀，谓之'迎霜宴'，席间食兔，谓之'迎霜兔'。好事者绕室列菊花数十层，后者轩，前者轾，望之若山坡然，五色绚烂，环围无隙，名曰'花城'。"

（五）秋季其他节俗

秋季节日除七夕节、中元节、中秋节和重阳节外，在汉民族民间还有立秋、秋社等节日，也有一定的节日风俗活动。

立秋，意味着秋天开始，民间有于此日戒食生水的风俗，《帝京景物略》曰："立秋日相戒不饮生水，曰呷秋头水，生暑痱子。"[①] 并有戴楸叶等活动，《酌中志》曰："立秋之日戴楸叶，吃莲蓬藕、晒伏姜，赏茉莉、栀子、兰、芙蓉等花。"[②]

九月秋社，浙江宁波民间要抬祠庙神像游街，《嘉靖宁波府志》曰："九月，在城各坊，日舆祠庙神像游行街市，导以兵仗彩亭，金鼓杂剧各相竞赛，观者塞路，谓之社日。"[③]

四　冬时风俗

（一）十月初一始成寒衣节

十月初一，汉民族民间称之为寒衣节，有祭祖、扫墓、送寒衣等风俗。《万历嘉兴府志》曰："十月朔，祀祖先、扫墓。"[④]《乾隆福州府志》曰："十月一日，闽中皆擂糍作及京饨，以祀祖先。"[⑤]《广州府志》曰："十月朔日，以五敛杂芥菜食，辟寒气，举火星醮。"[⑥]《帝京景物录》曰："十月一日，纸肆裁纸五色，作男女衣，长尺有咫，曰'寒衣'。有疏印缄，识其姓字辈行，如寄书然，家家具夜奠，呼而焚之其门，曰'送寒衣'。新丧白纸为之，曰新鬼不敢衣新也，送白衣者哭，女声十九，男声十一。"[⑦]

---

① （明）刘侗、于奕正：《帝京景物略》，北京古籍出版社 1980 年版，第 69 页。

② （明）刘若愚：《酌中志》，北京古籍出版社 1994 年版，第 181 页。

③ （明）周希哲、曾镒修，张时彻纂：《嘉靖宁波府志》。

④ （明）刘应钶修，沈尧中纂：《万历嘉兴府志》。

⑤ （清）徐景熹：《乾隆福州府志》。

⑥ （清）戴肇辰、苏佩训修，史澄、李光廷纂：《光绪广州府志》。

⑦ （明）刘侗、于奕正：《帝京景物略》，北京古籍出版社 1980 年版，第 70 页。

朝廷则每年于十月初一日颁历《酌中志》曰："十月初一日颁历，……是月也，始调鹰、畋猎、斗鸡。"[①] 京军则于此日颁衣，史玄《旧京遗事》曰："京军每年以十月朔颁给袢袄，取诸东南外廨，贵官帑银不知几十万。"京官则于此日赐貂，《旧京遗事》曰："京朝官过十月朔，传旨赐貂，东貂紫，西貂青，然以金貂为贵，金貂黄、非上不御也。"[②]

北京靴庄还以十月朔为靴生日，沈榜《宛署杂记》曰："燕市卖靴人，以十月一日为靴生日，供具祭之，以其阴晴，卜一冬寒燠。"[③]

（二）冬至称"亚岁"

冬至节，又名冬节、大冬、亚岁、小年。在明代，冬至是个大节，与元旦、万圣节（皇帝生日）并称为三大节，明代冬至节的主要活动内容是祭天、贺冬、送寒衣、绘制九九消寒图等。在冬至节，皇帝祭天，百官则要互相拜贺，曰贺冬。《孤树裒谈》曰："京师最重冬节，不问贵贱，贺者奔走往来，家置一簿，题名满幅。"[④]《帝京景物略》也曰："十一月冬至日，百官贺冬毕，吉服三日，具红笺互拜，朱衣交于衢，一如元旦。"[⑤] 民间则天贺冬之俗，而只有敬冬之礼，媳妇要给公公婆婆送鞋，出嫁的女儿要回娘家给母亲洗身。在宫中，"冬至节，宫眷内臣皆穿阳生补子蟒衣，室中多画'绵羊引子'画贴"。在南方，冬至日则要祭祀祖先，《万历嘉兴府志》曰"冬至合祀宗祠"，《广州府志》曰："冬至作冬糍祀祖，有墓祭者。"

冬至节的饮食风俗，汉民族民间主要的应节食品有米圆、麻糍、米团、馄饨之类。如云南民间要做米团，互相馈送。[⑥] 福建建阳民间，有"荐米圆"的食习与食尚。[⑦] 而河南民间，除拜庆如元旦礼仪外还要吃馄饨以贺节。[⑧] 在宫中，从冬至日起，"每日清晨吃辣汤、吃生炝肉浑酒以

---

① （明）刘若愚：《酌中志》，北京古籍出版社1994年版，第182页。

② （明）史玄：《旧京遗事》，北京古籍出版社1986年版，第14、10页。

③ （明）沈榜：《宛署杂记》，北京古籍出版社1980年版，第192页。

④ （明）李默撰（一说为"赵可与撰）：《孤树裒谈》。

⑤ （明）刘侗、于奕正：《帝京景物略》，北京古籍出版社1980年版，第70页。

⑥ （明）王尚用修，陈梓、张腾纂：《嘉靖寻甸府志》卷上。

⑦ （明）夏玉麟：《嘉靖建宁府志》卷四。

⑧ （明）曾嘉诰修，汪心纂：《嘉靖尉氏县志》卷一。

御寒”。

按照传统的农历，过了冬至节，天气就进入“数九寒天”了，经过九九八十一天才迎来明媚的春天，所以，冬至节时，明代宫中要印刷《九九消寒诗图》，颁发宫眷内臣。在民间，也有《九九消寒图》流行，《帝京物略》曰：“日冬至，画素梅一枝，为瓣八十有一，日染一瓣，瓣尽而九九出，则春深矣，曰《九九消寒图》。有直作圈九丛，纵作圈九者，刻而市之，附以九九之歌，述其寒燠之候。歌曰：‘一九至二九，相唤不出手；三九二十七，篱头吹筚篥；四九三十六，夜眠如露宿；五九四十五，家家堆盐虎；六九五十四，口中哂暖气；七九六十三，行人把衣担；八九七十二，猫狗寻阴地；九九八十一，穷汉受罪毕；才要伸脚睡，蚊虫蛇蚤出。’”[①] 在文人雅士中，当时还流行另一种《文字九九消寒图》，该图用九个文字组成，通常为“庭前垂柳珍重待春风”，或者是“雁南飞柳芽茂便是春”。以上诸字皆是九画，双钩，合起来共八十一画。一般是画或印在纸上的，每画都空白，如描红簿，每过一天，就描红一画，所有笔画，皆为红色时，就迎来了春天。

（三）腊八吃粥

腊八节原是民间祭祀祖先的节日，自从佛教传入中国后，传说释迦牟尼在此日成道，故又名“成道节”，即佛成道之日。明代汉民族则将十二月八日的腊八节，视为一个重要的节日，无论朝廷官绅，抑或民间士庶都有吃腊八粥，冬藏腌制食物（腊八蒜、腌酸菜等）、驱疫（跳灶王、击年鼓）等风俗。《燕都游览志》曰：“十二月八日，赐百官粥，民间亦作腊八粥，以米果杂成之品，多者为胜。”[②]《帝京景物略》曰：“是日，家效庵寺，豆果杂米为粥，供而朝食，曰‘腊八粥’。”[③]《酌中志》曰：宫中“初八日，吃腊八粥，先期数日，将红枣捶破、泡汤；至初八早，加粳米、白米、核桃仁、菱米煮粥，供佛圣前，户牖、园树、井、灶之上，各分部云，举家皆吃，或亦互相馈送”。[④]

明代汉民族民间还有一个神话传说，腊八这天天廷要派牛魔王、弼马

① （明）刘侗、于奕正：《帝京景物略》，北京古籍出版社1980年版，第70页。

② （元）孙国敉：《燕都游览志》。

③ （明）刘侗、于奕正：《帝京景物略》，北京古籍出版社1980年版，第70页。

④ （明）刘若愚：《酌中志》，北京古籍出版社1994年版，第183—184页。

瘟和猪八戒下界，视察人间牲畜情况，因此在腊八节必须给牲畜好草好料好食，以免牛魔王诸神惩治。此外，浙江地区还有腊八祭祀万回的殊俗。田汝成《西湖游览志》曰："杭城以腊八祀万回哥哥，其像蓬头笑面，身着绿衣，左手擎鼓，右手执棒，云和合之神。祀之人在万里外可使回家，故曰万回。"[①] 万回本为唐代一僧人，姓张，民间称万里寻兄。唐代民间已信仰万回，认为万回能预卜休咎，排难解纷，宋时已被奉为欢奇神。

（四）腊月祭灶迎玉皇

腊月二十三或二十四日，为祭灶节，又名灶王节、小年等。葛洪《抱朴子·微旨》云："月晦之夜，灶神亦上天，白人罪状。"[②] 故祀之。明代汉民族社会在祭灶节时有祭灶、迎玉皇等风俗。

祭灶，又称送灶神，即指送灶神上天的祭祀活动。《月令广义》曰："燕俗，图灶神，锓于木，以纸印之曰'灶马'，士民竞鬻，以腊月二十四日焚之；为送灶上天。别具小糖饼奉灶君，具黑豆、寸草为秣马具。合家少长罗拜，祝曰'辛甘臭辣，灶君莫言'。"[③] 《帝京景物略》则曰："二十四日以糖剂、饼、黍糕、枣、栗、胡桃、炒豆祀灶君，以槽草秣灶君马。谓灶君翌日朝天去自家间一岁事，祝曰：'好多说，不好少说。'记称，灶，老妇之祭。今男子祭，禁不令妇女贝之。祀余糖果，禁幼女不得令啖，曰啖灶余则食肥腻时口圈黑也。"[④] 可见，明时祭灶多同男子主祭，祭灶要焚烧灶马、供奉糖饼等物，唱祭灶歌，尽管全国各地风俗习尚有差异，但其内容大同小异。如福建惠安，张岳《惠安县志》曰："除夕先六日，言百神有事上帝，画幢幡、舆马，仪从于楮，具牲馔而送之。至正月四日，及迎而复之，如送之礼。"[⑤] 谢肇淛《五杂俎》曰："俗谓灶神是夜上天，以一家所行善恶奏于天地。"《广州府志》曰："腊月念四日为小年夜，祀灶用爆竹饴糖。"

迎玉皇，则于腊月二十五日早上行之。《帝京景物略》曰："腊月二十五日五更，焚香楮，接玉皇，曰玉皇下查人间也，竟此日，无妇妪

---

① （明）田汝成：《西湖游览志》，浙江人民出版社 1980 年版，第 365 页。

② （晋）葛洪：《抱朴子》内篇卷六《微旨》。

③ （明）冯应京：《月令广义》。

④ （明）刘侗、于奕正：《帝京景物略》，北京古籍出版社 1980 年版，第 70—71 页。

⑤ （明）张岳：《嘉靖惠安县志》。

詈声。”①

（五）除夕节俗日丰

除夕，是一年之中最末的一天，又称年三十、除夜、岁除，它是汉民族古代民间传统节日中最为隆重的节日之一。吃年夜饭、换门神、贴春联、挂年画、挂签、贴窗花、驱疫、谢年、守岁熬夜等是其主要风俗活动。

关于明代汉民族社会的除日送岁之俗，明代《帝京景物略》一书，对北京除日之俗有详尽描述：“三十日，五更又焚香楮送迎，送玉皇上界矣，迎新灶君下界矣。插芝麻秸于门檐窗台，曰‘烧松盆’。煨岁也。悬先亡影像；祀以狮仙斗糖、麻花馓子，染五色苇架竹罩陈之，家长幼毕拜，已，各自拜，曰‘辞岁’。已，聚坐食饮，曰‘守岁’。”② 从中我们可以看出，明代北京除日风俗有送玉皇、收瘟鬼、煨岁、祭祖先，辞岁和守岁等内容。此外，京师民间还有过“小除”的风俗，《北京岁华记》曰：“先除一日曰小除，人家置酒宴，往来交谒，曰别岁；焚香于户外，曰‘天香’，凡三日止；贴‘宜春’字，小儿女写‘好’字。”③ 其主旨在于驱邪恶、保平安、祈合家幸福。

至于汉民族各地，除日送岁风俗大体与此相同，但由于历史、地理条件之不同，各地的送岁之习也略有差异。如浙江嘉兴，《万历嘉兴府志》曰：“除夕易门神桃符、写春帖，井硙俱封。爆竹燔柴，设酒俗聚欢，锣鼓彻夜，谓之‘守岁’。”④《广州府志》曰：“除夕，祀祖，家人聚饮，夕‘团年酒’；围坐达旦，曰‘守岁’；相遗以物，曰‘馈岁’；易桃符，小孩卖痴呆。”⑤ 如此等等。其中封井、制宿岁饭、小孩卖痴呆等，则是南方特有的风俗。

除夕的饮食风俗，是家家必须吃“年夜饭”，但各地年夜饭的制作品目及宴饮方式，皆因地因俗而有所不同。对此，明代有关史籍中，记载颇多。如浙江《处州府志》说，此地民间除夕时，家家要用粉蒸糕，且设馔为分岁饮，亲朋更相邀致，以敦款好。《严州府志》载称，该地除夕时，家家悬挂祖先遗像，奉祀馈节；悬贴桃符，祀灶；且要“骨肉团圆

① （明）刘侗、于奕正：《帝京景物略》，北京古籍出版社 1980 年版，第 71 页。

② 同上。

③ （明）冯应京：《月令广义》。

④ （明）刘应钶修，沈尧中纂：《万历嘉兴府志》。

⑤ （清）戴肇辰、苏佩训修，史澄、李光廷纂：《光绪广州府志》。

而饮，坐以守岁”。河南尉氏民间，除夕时，要家家户户蒸馒头互相馈送，谓之分岁。[①]

每年除夕之夜，明代汉民族社会官民士庶，家家要点灯熬夜，辞旧岁、迎新年，谓之“守岁”。这时，也要举行许多喜庆性娱乐活动，人们在吃年糕、水饺、瓜果和饮酒之余，也要进行各种游戏娱乐活动，如掷骰子、玩梭哈、唱小儿谣、打纸牌、推牌九、走升官图、玩陀螺、小儿骑竹马、老鹰抓小鸡等，因地因俗而不同，融进了许多地方特点。

第六节　明代汉民族的信仰风俗

一　神灵崇拜

（一）官方祀神频频

明代宫廷中，由帝王或遣官进行的祀神活动，主要有祭天、祭社稷、祭先农、祭日月星辰、祭山川等。这些祭祀，其制度与礼仪各异。

明代祭天有郊祭、明堂祭等形式。其中，郊祭是历代君王祭天活动的基本方式。据《明史·礼志》记载，明太祖确立其郊外祭天制度，并亲自分祭天地于京都（今南京）南北郊：冬至祀昊天上帝于圜丘，以大明、夜明、星辰、太岁从祀；夏至祀竽皇地祇于方丘，以五岳、五镇、四海、四渎从祀。凡天皇、太乙、六天、五帝之类，悉为革除。后来，又受京房灾异说的影响，在南郊建大祀殿，合祀天地于其中。永乐时，迁都京师（今北京），其建制仍如京都。嘉靖中期，郊祭之事在群臣中曾引起过激烈争论。明世宗以制礼作乐自任，遂确定分礼天地，复朝日夕月于东西郊，罢二祖并配，又易孔子号为至圣先师。于是在正阳门外五里大祀殿之南作圜丘祀天，并于大祀殿祈谷。

社是土神，稷是谷神。祭社稷之神，以祈求农业五谷丰收，这是明代的国之大祀活动，礼仪甚隆。明代京师及分封诸藩王王国府州县均设有社稷之祀。太社稷在宫城西南，明初建太社在东，太稷在西，坛皆北向，每年春秋二仲月上戊日祭祀，明太祖时，认为社稷固不可分，于是改作于午门之右，社稷共为一坛。永乐中，京师（今北京）建社稷坛，其制如南京。嘉靖九年（1530 年）时，又更正社稷坛以祖宗配位礼，在西苑西立

① （明）曾嘉诰修，汪心纂：《嘉靖尉氏县志》卷一。

帝社稷，东帝社，西帝稷，皆北向。隆庆中期，又罢帝社稷。王国建国社、国稷。府州县社稷设于本城西北。初右社左稷，后同坛合祭如京师。里社，每里一百户立坛一所，以祭祀五土五谷之神。

先农是代表整个农业的大神，祭先农与祭社稷大体相同，同时，辅之以天子耕籍田之礼，以示劝农之意。

对日月星辰的祭祀活动，既是对天祭祀的具体化，也是其重要补充。明初，洪武中筑朝日坛于京都（南京）城东门外，夕月坛于城西门外，朝日以春分行祭，夕月则以秋分行祭。星辰则附祭于月坛。其具体祭祀礼仪与社稷祭祀相同。

古人认为，云雨兴于山川河谷，出于高山，影响四季气候变化，同时山川也蕴藏着森林、果实、矿藏、动物、药材等民生之源，所以重视对山川神灵的祭祀，以祈求好年景与好收成。但因山川之神，天子不能遍祭，只能祭祀名山大川，后来更集中于五岳四渎之祭。明洪武中叶，明太祖采礼官建言，祭祀时将岳镇海渎及天下山川城隍诸地祇合为一坛，与天神埒，春秋专祀，并定祭祀之日为清明、霜降二节，并去前代所封名号，而称某山之神、某河之神。其祭祀升为中祀。洪武之后，其祭祀礼仪一仍其旧，直至明末。

此外，明代宫廷的祀神活动据明人沈榜《宛署杂记》一书记载。皇帝遣官敕祭的，还有都城隍庙、汉寿亭侯（关羽）庙、灵明显佑宫、灵济宫等神庙。

（二）民间祀神泛泛

在明代汉民族民间，除对祖先神灵的信仰与崇拜以外，尚包括有对天地万物神灵的信仰与崇拜、对宗教神灵的信仰与崇拜及民间俗神的信仰与崇拜等内容，且由此派生出一系列的祭祀风俗。

明代，汉民族民间对万物神灵的祭祀活动，多在年节和平日有所求祈时进行，又尤以年节时最为集中、规模最大。如每年六月初，盛夏时节，为感戴天神、日神给人间的造化和对万物的哺育，明代民间六月六日时，要过“天贶节”，且有祀神的节尚。在云南民间，“滇俗”祀神时，在此节民人家家均制作尝新解暑热的食品，以供祭献给天神、雷神、日神、火神、土地神、谷神、雨神等。[①] 八月十五日中秋节时，明代民间民人更有

① （明）冯应京：《月令广义》。

祭拜月神的习尚。

明代，在广大汉民族地区聚居的民间，庶民对宗教神的信仰与祭祀，主要有对佛教寺院和道教道观的祭祀活动。此外，每逢年节时，也要对宗教诸神进行专门的祭祀活动。

明代汉民族民间还在年节和平日的活动中，对民间诸神，如财神、福禄寿三星、送子娘娘、灶神、门神、四方神、城隍神等亦有许多祭祀，以祈求保佑，家国安泰。如地处中原的河南许州民间，明代民间每届三月二十八日“俗传东岳神诞，皆诣庙祭祝”；腊月二十三日，民间家家户户更有“祀灶”之习①。

二　祖先崇拜

（一）明廷祭祖有规仪

明代，宫廷的祭祖活动，既有沿革，更有一定规制与礼仪。明初时，曾立四亲庙于南京皇宫宫城东南，各为一庙，共四庙。洪武八年（1375年），改建太庙，前为正殿，后为寝殿，寝殿九间，间一室，奉藏神主牌位，此为同堂异室之制。同时，又以皇室始祖所自出者未能考定，于是不行礼，只行祭。明成祖迁都北京后，建庙如南京之制，祭祀礼仪亦如旧制。嘉靖十五年（1536年），新庙落成，太祖庙寝后有祧庙，奉祧主神位藏之。同时，更创皇考庙以祭祀明睿宗皇帝神位。嘉靖二十四年（1545年），新庙又恢复同堂异室之制，加以祭祀。既无昭穆，亦无世次，只序伦理。又立奉先殿于皇宫宫门内之东，与宫外太庙相配合，称为内殿之祭，设有神位，可以经常祭告祖先。此外，祭祖活动，尚有帝后陵寝之祭等。

明代宫廷的祭祖日期，历朝虽屡有因革变更，但大体上仍循年祭（年节祭祀）、月祭（每月朔望日）、日祭（祖先诞辰、忌日）等祭祀规仪。如明初洪武二年（1369年）正月，太祖便“更定太庙时享，春以清明，夏以端午，秋以七月望日，冬以冬至”②。洪武八年（1375年）冬十月，明太祖又定“陵寝朔望节序祭祀礼”，每岁元旦、清明、七月望、十月朔、冬夏二至日祭祀时“用大牢”“其伏腊社，每月朔望日”祭祀时，

---

① （明）张良知纂修：《嘉靖许州志》卷七《典礼·风俗》。

② 《明太祖实录》卷三八。

则用特羊祠祭。[①] 直至明末，虽有某些改定，但大体仍沿此旧制，进行祭礼。明代宫廷，在进行各种祭祖活动时，有时皇帝亲临太庙主祭，有时则遣官祭祀历代帝后陵寝。

（二）民间祭祖因地而异

明代民间人生礼仪风俗的另一重要活动是对祖先的祭祀悼念活动。这些活动不仅规模大，参加人数多（几乎覆盖社会的全体民人），而且世代相袭，信而虔诚。因此，祖宗有神灵的观念，深深地扎根于民间民人心中，并且对民人的日常衣食住行、婚丧嫁娶等生活，起着重要的支配、制约作用。

在广大汉民族聚居地区，民间的崇祖祭先活动，因时因地而在风习上有差异。在京师，民间一年中的崇祖祭先活动，一是元旦的“拜年”活动。届时，“晨起当家者，率妻孥，罗拜天地，拜祖祢，作匾食（即饺子），奉长上为寿”。接着是“烧阡张”的祀礼，“各家祖先，俱用三牲熟食，货草纸细剪者为阡张，供其前，俟三日后焚而彻之”。二是三月“祭墓”，“清明日，小民男妇盛服携盒、酒，祭其先墓，祭毕野坐，醉饱而归。每年是日，各门男女拥集，车马喧阗”。三是十月为祖先神灵“送寒衣”，此时“坊民刻版为男女衣状，饰文五色，印以出售，农民竞以是月初一日，鬻去，焚之祖考，名曰送寒衣”[②]。

在南方，云南寻甸府民间，为进行祭祖活动，每届清明，民间“男妇具酒肴各诣坟所致祭”；十月一日，家家“墓祭作纸衣”，以慰先人。[③] 湖南岳州府民间，祭祖祀先活动颇具特色，民人每年四月八日时，家家户户均要“取羊桐叶折米为饭，祀神及祖”。[④] 在江西建昌府民间，每届清明，家家“具牲醪扫墓，以竹悬纸钱而插之，谓之标坟”；十月一日，户户“多用冥衣于坟墓烧化，谓之送寒衣”[⑤]。四川洪雅地区民间祭祖，则于元日“具香烛，拜先庙”；三月寒食，“陈牲醴，拜扫封茔”；中元有“盂兰盆会，祖考享腥荤”；岁除日更有“盛馔祀先”等风俗。[⑥]

---

① 《明太祖实录》卷一〇一。

② （明）沈榜：《宛署杂记》卷十七《民风》，北京古籍出版社 1980 年版，第 70 页。

③ （明）王尚用修，陈梓、张腾纂：《嘉靖寻甸府志》卷上《风俗》。

④ （明）钟崇文纂修：《隆庆岳州府志》卷七《风俗》。

⑤ （明）夏良胜纂修：《正德建昌府志》卷三《风俗》。

⑥ （明）张可述纂修：《嘉靖洪雅县志》卷一《风俗》。

三 巫术方技

（一）巫术方技兴盛

明代汉民族社会信奉巫术方技者较多，如冯梦龙《寿宁待志·风俗》记福建寿宁风俗曰："俗信巫不信医，每病必召巫师迎神，邻近竞以锣鼓相助，谓之打魍，犹云驱祟。"① 张岳《惠安县志》记福建惠安风俗曰："俗务鬼，信乩祥小数。穷乡无医药，病则祷于神。"② 对明代汉民族民间的巫术方技，明人张岱《夜航船·方术部》载之颇多，现列其数则于下：

> 妇人怀娠欲成男者，以斧密置床下，以刀口向下，必生男。鸡伏卵，用此法，亦多成雄。
>
> 有脚汗人，岁朝密立于捣衣石上，即愈。
>
> 人发结挂果树上，鸟雀不敢食其实。
>
> 夜卧，以鞋一仰一覆，即无恶梦。
>
> 读书灯香油一斤，入桐油三两，耐点，又辟鼠耗。
>
> 遇恶犬，以左手自寅吹一口气，轮至戌以指甲掐之，犬即退伏。
>
> 桃树撑门辟邪，祟不敢入门。③

同书又记载明代汉民族社会民间所流行的"符咒"方术曰：

> 治脚麻法：口称木瓜曰："还我木瓜钱，急急如律令！"一气念七遍，即止。
>
> 如入山林，默念"仪方不见蛇"，默念"仪康不怕虎"。有蛇虺处，多以小瓦片书"仪方"二字，蛇自畏避。
>
> 辟蚊子，咒曰："天地太清，日月太明，阴阳太和，急急如律令！敕。"面北阴念七遍，吸气吹灯草上，点之。
>
> 降犬法，左手挑寅剔丁掐戌，念"云龙风虎，降伏猛兽"，其犬不吠而去，不咬人。

---

① （明）冯梦龙：《寿宁待志》，福建人民出版社 1983 年版，第 54 页。

② （明）张岳：《嘉靖惠安县志》。

③ （明）张岱撰，李小龙整理：《夜航船》，中华书局 2012 年版，第 357—358 页。

遇人捕鱼鳖飞禽走兽之属，但念“南无宝胜如来”。捕者终无所获。①

（二）占卜流行

明代汉民族社会无论官民士庶信奉命运因果，认为凡事都有征候，并能通过占卦卜筮和观察物候，掌握事物的发生、发展机缘，以采取相应的对策措施。

卜卦，不仅明时普通士庶信之，即使九五之尊的皇帝也笃信不疑，据《明史》卷二九九载，明英宗北狩时曾请山西安邑术士仝寅卜卦，得明英宗欢心，宗复位后，授仝寅锦衣卫百户。对此事，明人张岱《夜航船》载曰：“仝寅，山西人。少瞽，学京房《易》，占断多奇中。上皇在北，遣使命镇守。太监裴当问寅，寅筮得《乾》之初九，附奏曰：‘大吉，龙，君象也；四，初之应也。龙潜跃，必以秋应，以庚午浃岁而更；龙，变化之物也，庚者，更也。庚年中秋，车驾其还乎！还则必幽勿用。故曰：或跃应焉。或之者，疑之也。后七八年必复位。午，火德之正也；丁者，壬之合也。其岁在丁丑，月壬寅，日壬午乎。自今岁数更，九跃则必飞。九者，乾之用也，南面子冲午也，故曰大吉。’上复位，授寅锦衣卫百户。”② 对这同一件事另有鸿胪事主薄万祺所占也与仝寅相合。

明代汉民族民间征兆之法还有“拆字”占卜者，张岱《夜航船》载魏忠贤拆字故事曰：“郑仰田少椎鲁，不解治生，父母恶之，呼泣于野。老僧遇之……授之青囊、壬遁诸术，于是言祸福无不中。魏阉召之问数，指‘囚’字以间，仰田曰：‘此中国一人也。’阉大悦。出谓人曰：‘囚则诚囚也，吾诡辞以逃死耳。’”③

明时妇女中还流行“镜听”以占休咎之俗，田汝成《西湖游览志余》曰：“（除夕）更深人静，或有祷灶请方，抱镜出门，窥听市人无意之言，以卜来岁休咎。”④

而在庶民百姓中，最流行的征兆方法是观察物候以取兆相，张岱

① （明）张岱撰，李小龙整理：《夜航船》，中华书局 2012 年版，第 355—356 页。

② 同上书，第 282—283 页。

③ 同上书，第 284 页。

④ （明）田汝成：《西湖游览志余》，浙江人民出版社 1980 年版，第 322 页。

《夜航船》卷十九《物理部》录有明代汉民族民间的物候取兆俗信数则，现列举如下：

> 鸡无故自飞去，家有虫。
> 鸡来贫、狗来富，猫儿来后开质库。
> 犬生獒，家富足。
> 鼠咬巾衣，明日喜至。
> 猫子生，值天德月德者，无不成。
> 鸡生子多雄，家必有喜。
> 夜半鸡啼，则有忧事。
> 燕巢人家，巢户内向及长过尺者，吉祥。
> 白蚁出飞，是日必吉辰。
> 凡见蛇交，则有喜。
> 人家燕雀顿绝者，必有火灾。
> 猫洗面至耳，必有客至。
> 鹊巢低，其年大水。
> 鹘初声或卧闻之，则一年安乐。
> 猫犬所生皆雄者，其家必有喜事。[①]

（三）日常生活重禁忌

明代汉民族民间禁忌风俗颇多，如明江元禧《耳目日书》曰："女子属羊守空房"，男女择偶时均以此为忌。北京禁止妇女祀灶和幼女分吃祭余糖果，《帝京景物略》曰："灶，老妇之祭。今男子祭，禁不令妇女见之；祀余糖果，禁幼女不得令啖。"[②] 日常生活中，忌反戴帽子，《无何集》曰："毋反悬冠，为似死人服。"民间住宅，《无何集》曰："角家门不宜西向，宫家门不宜东向。"[③] 日常起后便溺时，忌开口，明人万启贤《贮香小品》曰："每于小便时闭口咬牙，永免齿痴。"明代僧人，夏日禁止外出化缘，叫"禁足"，《五杂俎》曰："盖妨长养之

① （明）张岱撰，李小龙整理：《夜航船》，中华书局2012年版，第340、352页。

② （明）刘侗、于奕正：《帝京景物略》，北京古籍出版社1980年版，第71页。

③ 熊伯龙：《无何集》，中华书局1979年版，第284、277页。

辰，外出恐伤草木虫蚁，故九十日安居。”[①] 正月初一，北京人忌打喷嚏，《帝京景物略》认为，元旦五鼓时在床上打喷嚏，应立即起床，否则会生病。立秋日忌喝生水，《帝京景物略》曰：“立秋日相戒不饮生水，口呷秋头水，生暑痱子。”[②] 在福建，新婚妇女忌在星下行走，《五杂俎》曰：“今闽中新妇不戴星行，云‘恐犯天狗星，则损子嗣’；闺女间亦忌之。”[③] 如此等等。

第七节 明代汉民族的社会风俗

一 宗族风俗

（一）祠堂制度更完备

祠堂制度在宋元时已发育得比较完备，明代时各地比较大的宗族一般均建有祠堂，有的则更在原有基础上进行重建、改建或扩建。如处州叶氏，“念先祠旧在所居东偏，规制浅陋，无以展其孝思，乃即中堂分为龛室者四，以奉息庵而下之傍亲之无后者，以斑其袝祭”[④]。宁海童氏，“兄弟义不忍析，聚族而居” “相与作祠堂以奉其先祖”。[⑤] 莆田林氏，遭“元季离乱”，乃“汲汲于先祠之建”。[⑥] 顾炎武曰：“及乎有明之初，风俗淳厚，而爱宗敬长之道达诸天下，其能以宗法训其家人而立庙以祀者。” “往往而有。”[⑦] 祠堂供奉祖先神主牌位，每逢春秋，合族子孙在此隆重集会，祭祀祖先；并于此向族众灌输族规家法，“其族长朔望读祖训于祠”[⑧] “每月朔望，子弟肃衣冠先谒家庙，行四拜礼，读家训。”[⑨] 并在祠堂惩罚违犯族规家法的不肖子孙，“合族中设有以卑凌尊，以下犯上，甚至辱骂殴斗，恃暴横行者，须当投明族长及各房宗正，在祠堂责罚示戒”[⑩]。

---

① （明）谢肇淛：《五杂俎》，上海书店 2001 年版，第 24—25 页。
② （明）刘侗、于奕正：《帝京景物略》，北京古籍出版社 1980 年版，第 69 页。
③ （明）谢肇淛：《五杂俎》，上海书店 2001 年版，第 24—25 页。
④ （明）宋濂：《宋学士文集·芝园前集》卷九《叶氏先祠记》。
⑤ （明）方孝孺：《逊志斋集》卷十二《童氏族谱序》。
⑥ （明）宋濂：《宋学士文集·翰苑续集》卷四《莆田林氏重建先祠记》。
⑦ （清）顾炎武：《华阴王氏宗祠记》，载《清朝经世文编》卷五八。
⑧ （清）屈大均：《广东新语》，中华书局 1985 年版，第 464 页。
⑨ （清）蒋伊：《蒋氏家训》。
⑩ （明）严士蕃：《训戒》，引《义门陈氏大同宗谱·彝陵分谱》卷二。

（二）族谱编修趋于规范

家谱是家族的档案、经典、法规，详细记载全族世系源流、子嗣系统、婚配关系、祖宗墓地、族产公田、族规家法，其主要作用是防止年代久远或居处变动造成血缘关系混乱而导致家族组织之瓦解，同时也是解决族内纠纷，惩治不肖子孙的文字根据。明代，编修族谱非常普遍。“家之有庙，族之有谱”[①] 被认为是天经地义。当时风俗，子孙如果不定期续修家谱、族谱，被认为是不孝，要受家法处罚。如南丰符氏规定：“三世不修谱，谓之不孝。”[②]

明代的家族组织在维护封建秩序、维护社会治安方面，还在很上承担了地方政权的职能。所以，各地宗族在编修族谱的同时，十分重视族规的制订，如明末山西沁水农民造反，地主张道“合族姓义故三百人”与之对抗，河南大姓地主奉命组织同姓乡丁为应，且以“乡约”规定：“各姓每月朔望必要点名齐演，如人怠惰不点者，察出重罚不贷。”[③]

（三）数世同堂受褒奖

在明代汉民族中，出现了许多数世同堂，百年合食的大家族。如安徽《徽州府志》曰：“新安有数种风俗胜于他邑，千年之家，不动一杯；千丁之家，未尝散处；千载之谱，丝毫不紊；主仆之严，虽数十世不改；而宵小不敢肆焉。”[④] 浙江《临安县志》曰：“俗重迁徙，数十世不忍析居，故著姓较他邑独蕃。”[⑤] 浙江《万历龙游县志》曰：“宗党十世，亦周恩意；姻戚百年，尚相赠遗。”[⑥] 浙江《严州府志》曰：“文献则三元及地，风俗则九世同居。”[⑦]

在明代数世同堂、百年合食的大家庭中，浙江浦江郑氏家族具有代表性。对此，明人徐树丕《识小录》曰：“浙东数世同居者甚多，惟浦江郑氏家规甚善，故尤著。”郑氏“本居荥阳，初迁歙，再迁睦，至名淮者始迁婺之浦江，性好施与。”有善名，“淮孙绮，号冲素居士，始定居焉”。

---

① （明）方孝孺：《逊志斋集》卷十三，《童氏族谱序》。

② （明）宋濂：《宋学士文集·翰苑续集》卷九，《符氏世谱序》。

③ 见中国历史博物馆存河南《团练乡约》，末署崇祯十五年十月初一日。

④ （明）何东序修，汪尚宁等纂：《嘉靖徽州府志》。

⑤ （清）陆文焕纂修：《康熙临安县志》。

⑥ （明）万廷谦修，曹闻礼、锺相业纂：《万历龙游县志》。

⑦ （明）杨守仁修，徐楚纂：《万历严州府志》。

绮一生纯孝，不贪财、不贪色，不析产，合族同食，颇有声名，老后无疾而终。临终前，“沐浴冠服，拜先祠，针大指血，滴酒中，召子孙列饮之，矢曰：‘子孙有异志不共财聚食者，天殛之。’语毕，子孙拱手而立。久而不动，就视之，逝矣。自处士没后至其孙文，六世无异居。元至大四年，旌其门；洪武癸酉，尚书严震表其世德，上遣官拔其子孙，二十四年，赴京选用……亲书‘孝义家’三大字赐之”。[①]

二 社会交际风俗

（一）官场社交重送礼

明代的官场社交风俗，受宗儒影响较大，师友关系，除传道授业解惑一路外，另有仅以一时科举之故而系之者，称为座主门生。《日知录》曰：“贡举之士，以有司为座主，而自称门生。自中唐以后，遂有朋党之祸；宋末已有先生之称。而至于有明，则遂公然谓之座师，谓之门生，乃其朋党之祸，亦不减于唐矣。”[②] 阎若璩曰：“明之士夫积习，师弟重于父子。得罪子父母者有之，得罪于座主者未之有也。”[③] 座主门生在官场上互结同堂、互相提携者，不绝于史。

明代官场上还有以科举同科为同年之俗。《日知录》曰：“今日人以同举为同年”；而又以同试而先得者为先辈。《明史·马士英传》曰：“万历四十四年，与怀宁阮大铖同中会试，寻流寓南京，时大铖名挂匝案，失职久废，以避流贼至，与士英相结甚欢。”[④]《万安传》曰：“安同年生詹事李泰，中官永昌养子也，泰少于安，然安兄事之，得其欢。”[⑤] 可见在明代官场中，同年已成有心攀附者之阶梯。同年间经常聚会，以笼络感情，有时也有“请分子”之举。

明代官场社交多尚送礼，并有称礼包为“书帕”之俗。明初本为官场交际之常仪，后来则发展成行贿受贿之通道。徐树丕《识小录》载：“往时书帕惟重两衙门，然至三四十金至矣。外舅宫詹姚公为翰林时，外官书书，少者仅三四金。余所亲见，此不过往来交际之常，亦何足禁。自

① （明）徐树丕：《识小录》。

② （清）顾炎武：《日知录校注》，陈垣校注，安徽大学出版社 2007 年版，第 960、962 页。

③ （清）阎若璩：《潜邱札记》。

④ （清）张廷玉等：《明史·马士英传》。

⑤ （清）张廷玉等：《明史·万安传》。

官员相见（明·仇英款《清明上河图》）

今上严旨屡申，而白者易以黄矣，犹嫌其重，更易以圆自而光明者。近年来每于相见揖时，口叙寒暄，两手授受，世风日偷，如江河之下，不可止矣。”[①] 迨至晚明，官场送礼之风愈演愈烈，范濂《云间据目钞》曰：“近来各学及士夫承奉有司，每遇庆贺，必用上等泥金册页手卷，遍索诗画，装缀锦套玉轴，极甚琛重。”[②]

（二）民间交往重情谊

在民间，则交际重感情，讲究礼尚往来，热情好客，互帮互助之风颇盛。《嘉靖宁波府志》曰：“宾至则撷蔬炊粝以为饷，邻里不相侵窃，外户辟而不扃。”“端午为角黍骆驼糕，……亲戚各相馈。”[③]《嘉靖余姚县志》曰：“其民知耻，好修善让。”[④]《弘治衢州府志》曰：衢民“争自濯磨，顾朋惜友”。[⑤] 亲邻间，节日互相馈送时俗食品之举，各地方志载之颇众，与上流社会形成极大的反差。

① （明）徐树丕：《识小录》。
② （明）范濂：《云间据目钞》。
③ （明）周希哲、曾镒修，张时彻纂：《嘉靖宁波府志》。
④ （明）顾存仁修，岑原道等纂：《嘉靖余姚县志》。
⑤ （明）沈杰修，吾冔、吴夔纂：《弘治衢州府志》。

三　会社风俗

（一）政治结社蔚然成风

明代汉民族社会民间的政治和学术社团，最有影响者，当首推“东林党”和“复社”。

万历三十二年（1604 年），罢官回家的顾宪成和弟顾允成修复了无锡的东林书院，坚持“风声、雨声、读书声，声声入耳；家事、国事、天下事，事事关心”，先后邀高攀龙、孙丕扬、邹元标、赵南星等一批正直之士入院讲学，他们身在乡野，心系国家，关心民生疾苦，在讲学之余，“往往讽刺朝政，载量人物，朝士慕其风者，多遥相应和”，开一代新风，很有社会号召力。由此东林之名大著，人称“东林党”[①]。天启三年（1623 年）以后，魏忠贤擅权乱政，逆其志者，“率指目为东林，攻击无虚日”，东林党人被杀戮禁锢，一网打尽。

以文会友，通过结社聚会，一方面联络感情，广交朋友；另一方面切磋学问，议论时政，是明末汉民族社会知识界的一种风气。自东林党后，踵之者不绝。至崇祯年间，影响最大的是张溥领导的复社。

崇祯二年（1629 年），张溥[②]在吴江组织复社，合南北各地文社于一社，遂立社规，制社祠，定课程，互相分工，以共同振兴学术、培养人才、拯救明室为先务，提出复社的宗旨为“致君泽民”在组织方面，各地均设社长，专门负责内政和外交。又用编辑文集的形式详细登录社友姓名，以示门墙之峻；分注郡邑，以见声气之广。[③] 复社“党羽半天下”，成员遍及大江南北，有姓名可考的社友 3025 人，声势震天下，成为全国性的学术、政治组织。

崇祯末年，复社遭到以温体仁、张至发、薛围观及其党羽的迫害，他们指使人作《复社十大罪檄》，诬复社“下乱群情，上摇国是”，欲置复社于死地。崇祯十四年（1641 年），张溥病死。清兵入关后，复社广大社友奋起“抗清复明”，组织义军，复国保民，夏允彝、夏完淳父子及陈子

① （清）徐元文监修：《明史》卷三二一。

② 张溥（1602—1641 年），字天如，号西铭，江苏太仓人。泰昌元年（1620 年）补博士弟子，自此名重一时，声震文坛。天启四年（1624 年），创“应社”于苏州，崇祯二年（1629 年），张溥在吴江组织复社。

③ （清）陆世仪：《复社纪略》卷一。

龙等复社骨干200余人为此献出生命。清顺治九年（1652年），复社为清政府取缔。

（二）学术社团风行南北

明代有影响的学术社团主要有南方福建莆田以林兆恩创立的以提倡三教合一为宗旨的学术团社。林兆恩是明代一位有影响的思想家，嘉靖三十年（1551年），他接受了第一个弟子；嘉靖三十二年（1553年），“闽士从先生游者数十人”，建立了三教堂，学术团社基本建立。嘉靖三十七年（1558年），又把团社分成天、地、人三会，制定了射礼、祭礼、三加等各类礼仪。万历六年（1578年）称讲堂为三纲五常堂、宗孔堂，讲授“孔门心法”，提倡儒、释、道三教合一，极一时之盛。后来该团社演变为三一教民间宗教组织。

此外，明代学术性社团还有以探讨音乐艺术为宗旨而建立的琴川社和丝社等。琴川社的创始人是常熟人严徵（1547—1625年）。该社以探讨七弦琴艺术为宗旨，活动以常熟虞山为中心，取虞山之下的河流琴川为社名，所以在琴界又叫虞山派、琴川派。丝社，活动于浙江绍兴，由张岱、尹尔滔、范与兰、何紫翔等组成，也是以切磋和探讨七弦琴演奏技艺为宗旨。对此，张岱《陶庵梦忆》载曰：“越中琴客不满五六人，经年不事操缦，琴安得佳？余结丝社，月必三会之，有小檄曰：‘……偕我同志，爰立琴盟，约有常期，宁虚芳日？……共怜同调之友声，用振丝坛之盛举。’”①

（三）行会商社林立

明代，在城乡的商业活动中，商人们为保护自身财产与人身安全，多有集会结社的风俗。故南北各大城市社会商社组织林立。这些行会商社或以地域为纽带，或以共行同业为范围，均有一套成约定规。明人沈恩孝在《晋录》一书中称，山西“平阳、泽、潞，豪商大贾甲天下，非数十万不称富，其居室之法善也。其人以行业相高，其合伙而商者，回‘伙计’，一人出本，众伙共而商之，虽不誓而无私藏”。② 明代时在各地营商的商人，扬州者名“扬帮”，苏州者名“苏帮”，徽州者名“徽帮”，山西者名“晋帮”，陕西者名“陕帮”。他们营商的地点多集中在南京、苏州、

① （明）张岱：《陶庵梦忆》，淮茗评注，中华书局2008年版，第43页。

② （明）沈思孝：《晋录》。

杭州、京师等地，并在这些地方建会馆、商社，且有一套相沿成习的商风行俗。如徽商在营商之处，均按行业建立公所，如“浙之候潮门外徽国文公祠，即徽商本业公所也”[①]。另据《本商重建大兴会馆捐款人姓名碑》记载，大兴会馆系徽商借紫阳地基，起造正堂三间，后厢两极一间，“供奉关圣，朱子神位，以为本商集议”之“公所”。同时该碑还记载，该会馆自明以来“向主西汇，缘罹兵燹，地成瓦砾”，后于清同治时，又由徽商集资捐款“照旧”兴修。

（四）民间宗教社团蜂起

民间宗教是以农民为主体，许多阶层构成的社会组织。明代汉民族社会的民间宗教异常活跃，教派众多。正德以后，其势力遍及大半个中国。明代民间宗教组织的基本成员是农民、手工业者、矿工、流民、漕运水手和城市贫民，总人数当有数百万。其教派和组织，主要有罗教、南无教、净空教、红阳教、大乘教、龙天教、黄天教、还源教、圆顿教、涅槃教、悟明教、南阳教、金山教、收源教、弓长教、金禅教、老官斋教、三一教、无为教、老子教、顿悟教等，其中影响最大、势力最盛者当推罗教、黄天教、红阳教和三一教。

罗教又名罗道、罗祖教，创始人为山东即墨人罗梦鸿（1442—1527年），又名罗清、罗静、罗英等，教徒皆尊其为罗祖。于成化十八年（1482 年）正式创立罗教，认为尘世是流浪家乡，有生有死，经历种种的磨难，而最终将归宿本分家乡。并以“无生父母”是天下人的共同父母，亦即至上神，后来又衍变成“无生老母”。罗教后来分成无为教和大乘教。万历年间，大乘教流传于冀东各县，蓟州王森自称系天真古佛转世，自号石佛祖。相传他曾得妖狐异香，又称为闻香教，自称闻香教主。在闻香教中，最基层的组织为会。每会二三十人，百十余人或四五百人不等，多者则达数千人。每会都有会首、传头，内部还有掌经、掌支干等名目。数会或数十会之上则有管理某一地区的总会首、总传头、总掌经、总掌三乘。闻香教在京畿、直隶、山东一带教势极大，“传头半天下”，京南一带十几个县，“气候相通，共数十万人”。闻香教不仅参加者众，内部严整，而且消息传递迅速，“省直府县，各设公所，使传头者守之，置竹签巨筹，即烙王三字号，凡有风信，顷刻可传千里”。天启二年（1622 年）徐

① 张海鹏编：《明清徽商资料选编》，黄山书社 1985 年版。

鸿儒率闻香教教徒起义失败，在临刑时说：“我与王氏父子经营天下二十余年，按籍而数，吾法门弟子已逾二百万。”① 可知闻香教组织之庞大，势力之强盛。

黄天教，又叫黄天道、皇天教，创于嘉靖年间。创始人为北直隶万全卫人李宾。黄天教倡立不久，教势日炽，迅速风靡华北及江南部分地区，在明末诸民间宗教组织中独树一帜。清初思想家颜元（1635—1704 年）对此曾有描述：“我直隶隆庆、万历前，风俗淳美，信邪者少，自万历末年添出了个黄天道，如今大行，京师府县，以至穷乡僻山都有。”②

弘阳教又称红阳教、元沌教、混元门，由北直隶广平府曲周韩太湖于万历二十二年（1594 年）创立。弘阳教迎合中国汉民族社会信仰多神的传统，崇拜多位神祇，在弘阳教经卷中，仅有名有姓的神灵就有数百位，但最主要的则是混元老祖、无生老母和飘高祖师三位尊神，飘高祖师就是韩太湖，是混元老祖和无生老母在世间的唯一代表。弘阳教内部组织，“九千十八枝”之称，但较松散，从初祖开始都是衣钵相接，异姓相继。这是弘阳教与其他民间宗教的一个显著区别。

明代的民间宗教组织对汉民族社会风俗文化的影响是多重和复杂的。一方面，这些民间宗教组织成了社会底层人民在穷困和灾难情况下自保自救的社会组织，可以帮助他们求得生存条件的改善，如漠北的白莲教徒，大多是为了求生和逃避朝廷搜捕的流民，聚集为村落，借以安身；罗教中数量众多的漕运水手，受官衙盘剥，生计常受到威胁，依赖教门和庵堂则可生能托身，死有归宿。同时，民间宗教平日的宗教活动，也是教徒们一种文化生活方式，对于丰富他们的生活内容、改善社会风气有积极作用。另一方面，民间宗教的教义比较粗俗化、组织制度上往往以家族和迷信为纽带形成具有封建等级色彩、成员混杂的帮派，不利于群众力量的有效组合；宗教的虚幻性和法术的神秘性只给教民以虚假的精神安慰，不利于他们的真正觉醒，甚至有碍生产，妨害身心健康。

明代的民间宗教组织对后世帮党组织的形成影响极大，如清代的安清道友、青帮、红帮等帮会组织，就是明代罗教的发展、演变过来的。

---

① （明）沈国元：《两朝从信录》卷二一。

② （清）颜元：《四存编·存人编》卷二。

四 社会陋俗

（一）争讼械斗成风

在明代汉民族社会风俗中，民间争讼、健讼与械斗的陋习劣俗在汉民族地区的广大农村普遍存在，成为严重的社会问题。

在明代，吴地之人不但健讼，而且讼师最多，多由衣冠子弟充任。讼师还分等第高下，最高者称“状元”，最低者为“大麦”。“然不但状元以此道获厚利，成家业，即大麦者亦以三寸不律足衣食，赡俯仰，从无有落莫饥饿死者。”由此可见吴人健讼的大概。①

在徽州地区，民俗健讼、争讼事件频繁发生，争讼范围极为广泛，内容涉及社会、经济、思想、文化等各个领域，举凡地土山林、婚姻继子、风水墓地、主佃、主仆关系等，无不都在争讼之列。而由于会各色人等的参与和卷入，则又使得争讼的内容和表现更加复杂纷纭，争讼的处理程序与结果也更加离奇莫测，由于处理不当，有的争讼还演变为宗族争讼，最后诉诸宗族之间的械斗才得以解决的。如浓厚的风水观念，使得徽州地区的“势家贪吉谋葬”，佃仆盗葬之风盛行，从而引发争讼频繁，累年不解的社会积弊，助长了争强好斗健讼风习。所谓“风水之说，徽人尤重之，其时构争结讼，强半为此”②。而一旦强宗大族之间发生争竞风水的盗葬之事时，很可能又会使个体的争讼演变为宗族争讼，严重的甚至会导致宗族械斗的发生。如嘉靖八年休宁茗洲吴氏宗族后山一眼“吉穴”为吾潭江氏看中，并扬言“于清明日至我后山葬柩”。吴氏强宗不甘示弱，立即“集百人剑挺至门上，族子弟亦肆以待”。一场为争夺坟山川宗族械斗即将发生，所幸孚溪李质先等调解，方使这起宗族械斗得以避免。③

在福建，由于宗族势力发达，家族与家族之间，乡族与乡族之间的相互欺凌与对抗情况，更是随处可见。如兴化一带，“为巨族、为小姓、为强房、为弱房……仙游小姓畏大姓甚于畏官。其畏之奈何？一朝之忿，呼者四应，直至剑及寝门，车及蒲胥之势”④。特别是自明代中叶以后，福

① （明）徐复祚：《花当阁丛谈》卷三。

② （清）赵吉士：《寄园寄所寄》卷十一《泛叶寄·故老杂记》。

③ （明）傅岩：《歙纪》卷九《纪之献语》。

④ （清）陈盛韶：《问俗录》卷三《仙游县》。

建民间各族纷纷建立家族武装、团练乡兵，使得许多家族间的矛盾向武装对抗升级。导致家族间的武装械斗事件频频发生，成为福建地区尤其是漳州、泉州两府的一个非常特异而又十分严重的社会问题。如泉州府，“郡府械斗最为恶习，有大小族会、东西佛会，勾结数十姓，蔓延数十乡”①。兴化一带，则有著名的乌白旗大械斗，延续百余年之久。为了对付共同的敌人，同姓通谱和异族联姓的现象相当普遍。如漳泉一带，械斗各方，有“以海为姓”“以同为姓”者，即大姓中有李姓、苏姓、庄姓合为包姓。各小姓信杂姓，则合为齐姓。“其初，大姓欺压小姓，小姓又联合众姓为一姓以抗之。从前以包为姓，以齐为姓，近日又有以同为姓，以海为姓，以万为姓。”② 在那些世代仇杀的家族之间，相互通婚的现象十分罕见，甚至完全断绝。

（二）赌博风行上下

博戏本为民间游艺，而一旦与赌结合在一起，即成为一种社会陋习恶俗，一种公害。赌博在中国起源颇早，迨至明代，汉民族社会赌博现象已在广大城镇农村普遍存在。参与赌博活动的，从官员士大夫到社会底层的娼妓、流氓、丐帮等，无不有之，涉及明代社会各阶层。如张亮采著《中国风俗史》说“明代万历末，太平无事，士大夫无所用习，间有相从赌博者。至天启中叶，始行马吊之戏，而明末的朝士，若江南、山东，几乎无人不为，几有穷日尽明，继以蜡烛，人事旷而不修，宾旅阙而不接”③ 的态势。再如南方淮阳的丐帮“大抵游手赌博之辈，不事生产”，专以赌博为生计。④《太仓州志·风土》谓：“近则绅士俨为窝主，习不知非，乡镇倚庇，衙差公然聚赌，以至私枭、光蛋，百十成群，开场纵博；农人辍耒以喜，遂至抗租倾产；又有游手无赖，于秋间设局为斗蟋蟀之戏，谓之开插，以纸花为筹标决胜负；冬则易为斗鹌鹑，谓之开圈，与赌无异。”⑤ 赌博的形式、名目众多，方式各异，并且随着时代的发展而变换花样。据文献记载，诸如叶子戏、骨牌、马吊牌、麻将牌、押宝、博弈以及斗鸡、斗鸭、斗蟋蟀、斗鹌鹑、斗牛等形形色色的赌博方式，明代应

① （清）陈盛韶：《问俗录》卷三《仙游县》。

② 庄吉发：《清代天地会起源考》，载《宫中档·刘师恕折》。

③ 张亮彩：《中国风俗史》，商务印书馆 1926 年版，第 250 页。

④ （明）谢肇淛：《五杂俎》卷五，上海书店 2001 年版，第 95 页。

⑤ （明）李端修，桑悦纂：《弘治太仓州志》。

有尽有，真是五花八门，别出心裁。如《常昭合志稿・风俗》说此地“习尚好赌，遂至无处不赌，而各市镇尤多”。[①]《太仓州志・风土》云：“赌博之害已久，旧用纸牌，有十各、花和、百劳诸名目，更易骨牌、掷骰及押宝，最后为麻雀。”[②]《嘉定县志・风俗》云：“害民之事，曰花鼓戏、曰博场。博有斗牌、有摇宝、有斗蟋蟀、斗鹌鹑，千百输赢……乡镇茶坊大半赌场也。”[③] 可见赌风流行之广、之烈。因为赌博可使人品行变坏，丧尽天良，荒废本业，荡费家资，“输极无聊，掳卖人口谋财劫杀”，斗殴由此而生，争讼由此而起，盗贼由此而多，匪类由此而聚，对社会风俗的淳朴、民众生活的安定造成了严重的危害。

随着明代赌博业的泛滥成灾，明代还出现了赌博业的秘密语，如明代妓院中隐语谓赌为“拽条”；明代江湖切口谓赌客为跳生、浑是胆或珠履三千，输为伤手，赢为上手；等等。

（三）娼妓遍布城镇

明代汉民族社会除了盛行赌博欺骗外，嫖娼宿妓现象的蔓延滋长，亦是一种令人瞩目的社会陋习。

洪武、永乐年间，官妓制度较为盛行，它是唐宋以来官妓制度的顺延。官妓的来源为“罪犯”、元人俘虏的妻女和忠于建文帝的诸忠臣的妻女和亲戚，主要分布在南京（金陵）城内外的南市、北市以及聚宝门外的来宾、逍遥等十六楼。明中期取缔了官妓，此后，娼妓完全由私人经营。同时，明政府严禁官员出入妓院狎妓宿娼，情节严重的，“罢职不叙”[④]。如《野获编》载，宣德三年（1428 年）八月，巡按湖广御史赵伦与“乐妇通奸”，事发被夺职，戍边辽东。迄嘉靖、万历以后，皇帝倦于勤政，而官员士大夫则陶情花柳，前期的禁令已形同虚设，仅为一纸空文。随着城市经济的发展，市民意识的抬头，人们日常消费生活在冲破封建礼制之束缚的同时，纵欲思想的产生，客观上促使享乐糜烂生活风气的发展。在这种情况下，以南京、北京为中心，大同、扬州等地的娼妓也大量发展起来。谢肇淛《五杂俎》云：“今时（万历时）娼妓布满天下，其

---

① （清）王锦、杨继熊修，言如洲等纂：《乾隆常昭合志》。

② （明）李端修，桑悦纂：《弘治太仓州志》。

③ （明）韩浚修，张应武等纂：《万历嘉定县志》。

④ （明）陆容：《菽园杂记》卷二，中华书局 1985 年版，第 14 页。

大都会之地动以千百计，其他穷州僻邑，在在有之。终日倚门卖笑，卖淫为活，生计至此，亦要怜矣。两京教坊，官收其税，谓之脂粉钱。隶郡县者则为乐户，听使令而已。”①

据有关史料记载，明代娼妓最盛之城当推南京。钱谦益在《金陵社夕诗序》中说：“陪京佳丽，仕宦者夸为仙都，游谈者据为乐土。”并认为，弘正之间，为“风流孔长”时期，嘉靖中年始盛，万历初年再盛，万历末则极盛也。余怀的《板桥杂记》则详述了南京妓院的格局规模和冶游盛况。称南京妓女为三等，分布于南市、珠市和旧院。而且这时明代还出现了许多名妓，如陈圆圆、董小宛、柳如是、李香君、顾横波之流。

（四）流氓横行都市

流氓地棍暴行无道，胡作非为，聚众斗殴，扰乱社会安定，败坏社会风俗，也是明代汉民族社会的主要陋俗和丑恶现象之一。流氓地棍（也称无赖阶层）的势力在嘉靖、万历以后得到空前的膨胀，活动区域主要在经济较为繁荣、商品经济发达的南北城镇地区，且大都以权贵、地主、豪绅、地方恶霸为靠山，社会背景复杂。他们人数众多，以团伙性活动为主，有自己的组织、号令，各有活动范围与地盘。如有的以所纠党徒人数作为绰号名称，像十三太保、三十六天罡、七十三地煞；有的以手中的武器为绰号，像棒槌、劈柴、篙子等。这些人为非作歹，无恶不作，破坏性强，“犯科扞罔”，横行市井，“赌博酣茜，告讦大抢，闾左言之，六月寒心，城中有之，日暮尘起”②。真是明火执仗，无所不为，为害一方。如万历初年，北京城内有个流氓团伙，“结义弟兄，号称十虎”，横行霸道，作恶多端，这个团体的头子韩朝臣，竟是锦衣卫的成员。③ 在南方的杭州城内外，流氓“结党联联，内推一人为首”，显然也是有组织的。④ 在明末天下大乱之际，“打行”更是趁乱而起，在江南胡作非为，“小者呼鸡逐犬，大则借交报仇，自四以至肘腋皆是也”。⑤

流氓地棍的活动五花八门，而以打、抢、诈、骗为主。动辄拳脚相

① （明）谢肇淛：《五杂俎》，上海书店2001年版，第157页。

② （明）顾起元：《客座赘语》卷四。

③ （明）郑钦：《伯仲谏台疏草》卷下。

④ （明）陈善等：《杭州府志》卷十九。

⑤ （清）沈蔡：《紫堤村志》。

加，甚至闷棍交加，是流氓地痞无赖的惯用伎俩。如杭州的流氓，“稍不厌足，公行殴辱，善良被其破家者，俱可指数”[①]。明代的江南，有些流氓无赖、刁顽好讼之徒“平时见尫羸老病之人”，藏之密室，然后找巨家富室寻衅闹事，并将所藏之人杀死，反诬富家所为，打着索要人命的幌子，纠集“乌合游手无籍数百人，先至其家，打抢一空，然后鸣之公庭”[②]。嘉靖中叶，北京城中的流氓，甚至趁俺答入寇，京师危急之际，大肆抢劫。史载：“明京城诸恶少凶徒，往往群聚，言内外文武大臣家积金银数百万，虏即近城，我等放火抢诸大臣家。”[③] 讹诈、拐骗、耍无赖也是流氓地棍常用的伎俩，有的夫妻串通，勾引别人上当，名曰“扎火囤”，又名“仙人跳”；有的流氓团伙甚至还制造假银、假药、假酒，坑蒙顾客。此外，明代流氓地棍有的还染指文化领域，造假古董、编假家谱，以此拐骗钱财、扰乱社会。[④]

第八节　小结：明代汉民族风俗的特点

一　违制

明朝社会礼制形态较往时周密、严峻，社会风俗讲究“衣服有制，宫室有度，人徒有数，丧祭械用，皆有等宜”[⑤]。官民士庶，从生到死，衣食住行、燕赏玩乐，一举一动皆受身份品级之限定，不敢轻易僭越。明朝开国之初，就“定礼制以辨贵贱、明等威”[⑥]。朝廷不遗琐细地颁布种种律令，规定“服舍之制”并约之严刑酷法，并在《明律》中专设“服舍违式”条，规定：凡越级僭用服饰、车舆、房舍、器用者，庶民笞五十，官员杖一百。[⑦] 受此约束，明初社会生活风俗大体循礼、俭约、拘禁。冠服方面，“士女服饰皆有定制，……人遵画一之法”[⑧]；“士大夫家

① （明）陈善等：《杭州府志》卷十九《风俗》。

② （明）许自昌：《樗斋漫录》卷十三。

③ （明）郑晓：《今言》卷四。

④ 王春瑜：《明代流氓意识》，《社会学研究》1991年第3期。

⑤ （明）《荀子·王制》。

⑥ （明）宋濂：《洪武圣政记》。

⑦ 《明律集解附例》卷十三。

⑧ （明）张瀚：《松窗梦语》卷八。

居多素练衣、缁布冠”[①]；“庶民不御绮縠之服”[②]。冠服如此，饮食、房舍、器用、车舆等，无一例外。

但是，这种恪守礼制、单调呆板的生活程式，终因社会经济之发展，而被逐渐打破。明中叶后，社会风俗已不甘受礼制之约束，新富起来的工商阶层凭借金钱恣意享受：住必绣户雕栋，衣必锦罗缎绒，宴必水陆珍馐，行必花舟彩舆。至于器用，则不惜以金银作溺器；每遇出游，则“妖童执丝簧，少妇控弓弩，服饰诡丽，照耀数里”[③]。至明代后期，社会风俗的违礼逾制现象更为严重。向被尊为人君象征的龙纹，嘉靖末年已成吴地百姓之常服纹饰。[④] 明初规定，在京文官三品以上准许乘轿，其余各级官吏不许违制乘轿。北京、南京及在外文武官员，奉特旨及文武例应乘轿者，只能乘坐 4 人扛抬大轿，不能随间增加轿夫。但万历以后，车舆违制已形成社会风气。至明末，即使倡优、家奴，也公然乘八人青幔肩舆，导以伞盖，招摇过市。原本为显官所专的轿舆已走向民间，成为庶民之常用交通工具。怪不得有人叹曰：“至优伶之贱，竟有乘轩赴演者（真是）僭滥之极！”违礼逾制成了明代社会风俗的一大特征。

二　重商

汉民族社会向来重本轻末，且以农为本、以工商为末。但到了明代中叶以后，由于社会生产力的发展，社会产品的逐渐丰富，人们生活水平的提高，社会消费需求增长，刺激了手工业和商业、服务业的发展。社会风俗渐趋“崇末轻本”，各地民众纷纷改农从商，弃农习技。在苏州，“人生十七八即挟资出商，楚卫齐鲁靡远不到，有数年不归”[⑤]；在山西，“重利之念甚于重名，子弟俊秀者多入贸易一途”；平阴其民“每挟赀走四方，所至多流寓其间，虽山陬海涯皆有邑人”[⑥]。在陕西富平，“地沃丰收，又兼木棉布丝之利，八十九商贾，故富室独多”[⑦]。即使在僻远山区

---

① （明）林云程、沈明臣纂修：《万历通州志》卷二《风俗》。
② （明）胡顺华、严锜纂修：《万历兴化县志》卷四《风俗》。
③ （明）沈德符：《万历野获编》卷十七，中华书局 1959 年版，第 430 页。
④ （清）龚炜：《巢林笔谈》卷五。
⑤ （明）王鏊：《震泽编》卷三。
⑥ （明）赵颜修：《万历沃史・风俗》。
⑦ （明）张琏纂修：《嘉靖耀州志》卷四。

如贵州威清卫，也是“务本逐末者相半”[①]。正如万历《歙志·货殖》所曰：“传云：本富为上，末富次之，奸富最下，而今则一切反是。”

此外，还引起人们思想观念的变化。明初“以农为本、重本轻末”的社会俗尚，已逐渐为“农商皆本”所取代；社会上拜金之风愈演愈烈，以至于人人“喜厚利而薄名高”。自古被奉为“人道之始”的婚姻大事，向来重视“门楣求其称，婿妇唯其贤”[②]。但晚明时，已“良贱不及计，配偶不及择”[③]“女家许聘，辄索财礼”[④]，唯以“富贵相高”。已带有浓重的商业色彩。整个社会在金钱的驱动下，“薄者厚，亲者疏，原来只是敬青蚨”[⑤]。

三　奢侈

明代汉民族风俗的奢侈性特点，同样表现得十分突出。在服饰方面，明代中叶以后“富家子弟以服饰为炫耀，逮舆隶亦穿绸缎，侈靡甚矣！”[⑥]服装用料追求时尚，变化多端，“初尚宋锦，后尚唐锦、汉锦、晋锦”，转眼又“视汉唐诸锦皆称厌物矣”，而尚“用千钟粟倭锦、芙蓉锦”。[⑦]奢侈、时髦成了人们的服饰追求，江浙小康之家“非大红绣衣不服”，大户婢女“非大红里衣不华”[⑧]；江西赣州，“不分贵贱，不论贤愚，戴方巾、被花绣、蹑履，黄装银顶”；都城北京，“妇人尚炫服之饰，……遇有吉席，乘轿，衣大红蟒衣”。明末士人服装，有阳明衣、十八学士衣、二十四节气衣等多种款式，皆色彩艳丽，竞新斗奇，“贫者必用绸绢色衣”，“且从典肆中寻旧缎旧服翻改新制”[⑨]；“稍富则绒衣巾盖”，充分体现出崇尚奢侈的社会心态。

在饮食风俗方面，官贵富户们更是竞相斗侈，讲究丰奢、排场，“寻

---

① （明）赵瓒：《贵州图经新志》卷十三。
② （清）龚炜：《巢林笔谈》卷二。
③ （清）龚炜：《巢林笔谈》卷三。
④ （明）何乔远：《名山藏·货殖记》。
⑤ （明）薛论道：《林石逸兴》卷八。
⑥ （明）顾起元：《客座赘语》卷一。
⑦ （明）范濂：《云间据目抄》卷二。
⑧ （清）叶梦珠：《阅世编》卷八。
⑨ （明）范濂：《云间据目抄》卷二。

常燕会，动辄必用十肴，且水陆毕陈，或觅远方珍品，求以相胜”[①]。据陈继儒《万宝全书》所记，嘉靖时富裕之家一年宴饮名目，有薄酌、萌酌、樽酌、杯酌、小酌、草酌、粗觞、杯茗、菲酌、豆觞等，新年又有春酌、春酒，一年四季，送往迎来，宴饮不断。[②] 即使是隶率御夫，也“夜则归市淆酒，夫妇团醉而后已”[③]，恣意享乐。

据明代的各地方志记载，这种奢侈的食风，几乎刮遍了大江南北。如江苏兴化，“近乖侈靡，杯盘罗列，堆积满案”[④]；河北正定，“奢靡渐名，富家善宴会，贫者亦踵相效”[⑤]；山东博平，“以欢宴放饮为豁达，以珍味艳色为盛礼”[⑥]；等等。

食风的奢侈又刺激了酒楼的繁荣，各种不同等级的酒楼林立于南北城镇，如明时的南都南京，著名的大酒楼就有十六家，号“十六楼”。酒楼内除有美酒佳肴外，还有女妓歌舞伴唱。即使以清雅为旨的茶楼，也流行起“美人伴茶”。

至于富户达官的住宅，在院落的布局、设计、构筑及装饰等方面，越礼逾制，追求宽敞豪华。富裕之家，“重堂窃寝、回廊层台，西亭池馆，金翟碧相”。民间居室已突破礼制的束缚，而体现出鲜明的商业时代特色。达官贵人和富商大贾，在起居生活习俗方面，则日益追求舒适、豪华奢侈，纷纷建造私家园林。日常器用则“自奉奢豪无度”，不惜以金银作溺器。流风所及，庶民之家也莫不以奢侈为荣，江南地区，“隆万以来，虽奴隶快甲之家，皆用细器”[⑦]；山东郓城，皂隶之徒，“日用服食，拟于市宦”[⑧]，汉民族各地城镇莫不如此。

四　趋新

明代社会由于商业的发展，商人阶层崛起。商人为追求最大的商业利

---

① （明）何良俊：《四友斋丛说》卷五。

② （明）陈继儒：《万宝全书》卷五《文翰门》。

③ （明）王士性：《广志绎》卷四。

④ （清）张可立编：《兴化县志》。

⑤ （清）郑大进编：《正定府志》。

⑥ （清）杨祖宪修：《博平县志》。

⑦ （明）范濂：《云间据目抄》卷二。

⑧ （明）王敬等纂：《郓城县志》卷七。

益，总是敢于开拓，不断创新，永无休止。这种精神影响到社会生活，就势必使明代社会风俗带有趋新的特点。在手工业生产领域，江南地区原有的家庭自给自足的“女织”习俗，到明代中叶以后已进入“市的交易”，而演化成“里媪晨抱纱入市，易木棉而归，明旦复抱纱以出”① 的商业性纺织。在家家“以织作为业，即士大夫家多以纺织求利”② “城乡皆事棉织，布被天下”的吴地，集聚了大量的丝织作坊和机坊，“机户出资、机工出力”这全新经营模式的出现，又催化出“取分金”“换代”“齐行”等新的生产习俗。在农业生产领域，牛车、风车等新的排灌机具的出现，玉米、番薯等粮食作物和烟草、花生等经济作物的引进和推广，番薯扦插、苎麻分根和甘蔗侧芽繁殖等新式育苗方法的发明和使用等，无一不体现出明代风俗的趋新特点，从而使得明代的农业生产风俗比之前代有长足的发展。

而在日常生活领域，这种趋新性特点表现得更为明显。服饰习俗的追求时尚，其实就是一种审美趣味和消费需求的趋新。也正是由于这种趋新，才使明代社会风俗有了违礼、重商和奢侈等诸多特点，而呈现出“别开生面”的时代风采。

---

① （明）曹蕃：《郡乘补》。

② （明）于慎行：《谷山笔麈》。

第三章　清前期汉民族风俗史记

第一节　清前期汉民族的风俗概述

一　演变轨迹

（一）政治制俗

清代汉民族风俗文化是在继承明代汉民族风俗传统的基础上，经过满汉风俗的碰撞、磨合和交融，吸收了满族风俗文化因子，结合新的历史条件加以改造和创新而逐步形成的。而这种结合、改造和创新，则是以满族统治者利用政治力量强制推行“剃发易服”为契机和先导的。

明末的战乱，持续时间长，波及范围广，汉民族地区的社会经济受创甚巨，风俗文化受此影响，基本处于停滞和溃散状态。清军入关后，推行大满族主义，在风俗上采取一系列强化满式的措施，着力推行以“剃发易服”为主要内容的风俗改制，试图在风俗文化的层面上消灭汉民族的民族特性。多尔衮领兵入关，“斩获数万，下令关内兵民皆剃发”，“乃以剃发编辫为征服汉人之条件”。[①] 清军的这一措施严重地挫伤了广大汉民族民众的民族自尊心，受到汉民族民众的强烈抵抗。“剃发令”成了清军扩张势力范围、统一全国的最大障碍。为了笼络人心，多尔衮进京后不得不采用“笼络政策”，下诏谕曰：“凡文武官员军人等，不论原属流贼，或流贼逼勒投降者，若能归服我朝，仍准录用。有剃发前来归顺者各升一级。”接着又下令暂停剃发：“前因归顺之民无所分别，故令其剃发，以别顺逆。今闻甚拂民意，反非予文，教定民之本心矣。自兹之后，天下臣民照旧束发，悉从其便。”[②] 清代中央政权建立后，次年平定南方各省，

① 《清鉴纲目》（上册），卷二《世祖章皇帝·吴三桂乞师》。

② 同上。

局面基本安定。此时，已经巩固政权的清皇朝，为了辨别民意的顺逆，又重颁了“剃发令”。顺治十年，又强行“衣冠服制定要满式，违者治罪”。

清朝统治者为了达到自己特权阶层的利益，而不惜违背历史规律，强制推行满俗，风俗文化的碰撞终于酿成规模浩大的政治斗争和民族斗争，导致了“江阴虐杀”“嘉定屠城”和“镇江举旗”等一系列震惊中外的历史惨案。

由于“剃发留辫”和“箭衣窄袖”的满族服饰制式，与汉民族千百年来所形成的“束发于顶”和“宽衣大袖”制式相去甚远，再加清朝统治者所施行的种种强制性政策，引起汉民族民众的心理反感，所以以“剃发易服”为主要内容的风俗改制，势必引来汉民族民众的抵制。清朝统治者最后也不得不采取明朝遗臣金之俊“十从十不从”的折中方案，即在服饰上“男从女不从，生从死不从，阳从阴不从，官从隶不从，老从少不从，儒从释道不从，倡从优伶不从，仕宦从而婚姻不从，国号从而官号不从，役税从而语言文字不从”。也就是说汉民族社会女子、儿童、隶役、释道人等，以及优伶演戏时，女子结婚或死殓时均可着明代服饰，保持汉民族传统风俗。广大汉民族社会在清朝政府的高压政策下，为了求得生存，也只得接受了以“剃发易服”为主要内容的风俗改制，接受了满族的部分风俗习惯。这样，在国家行政力量的干预下，清代汉民族社会的风俗文化已建立起满汉交融、多元一体格局的基本框架。

（二）满汉交融

国家之手的干预，虽然能在一定的情况下对风俗文化的鼎革以巨大的推行力量，但要真正完成对风俗文化的改造和转型，则还得依靠两种风俗文化之间的交流、吸纳、影响和融会。“剃发留辫”和“箭衣窄袖”的服饰制式，作为一种文化事象，本身是无辜的。在中国历史上，许多民族有编辫的风俗，它简洁朴实、典雅大方，至今仍受人们的青睐；箭衣窄袖比之于宽衣大袖，更适应人体特征，方便人们行走和劳作。清初汉民族社会接受清朝统治者规定的满式服饰制式，虽然是在国家力量的干预下被迫而成，但随着时间的推移，在人们日常生活中满汉两种服饰风俗文明，经过反复较量、磨合和相互交流、影响而逐渐潜移默化、趋向融合。到了康熙年间，随着生产的恢复、社会的稳定、国家的统一、人们生活水平的提高和满汉民族关系的改善，汉民族社会的传统风俗基本得以恢复，满汉文化的相互交流和影响也随之加深。在风俗文化层面上，由于清代朝廷的提倡、汉民族官员的示范和民间交往的浸润，汉民族社会也自觉地吸收了满族社会的一些风俗习惯。如社会交往中的请安、打千等礼节，饮食风俗中的萨其马、饽饽等食品及满汉全席宴筵等，原来都是满族社会的生活风俗，在康熙年间已经被汉民族社会广泛接受，而融进自己的日常生活，成为汉民族社会风俗文化的重要组成部分，康熙二十二年（1683 年）随着台湾地方割据势力的平定，国家达到空前的统一，满汉交融、多元一体的风俗格局被推行到全国有汉民族居住的所有地区，这就意味着清代汉民族风俗的转型已基本完成。

（三）日渐丰富

自康熙二十二年（1683 年）平定台湾地方割据势力，实现全国统一，满汉交融、多元一体的清代汉民族风俗已将其触角伸遍国内有汉民族分布的所有地区。此后，随着汉民族地区生产的发展、经济的繁荣、社会政局的稳定和人们生活水平的提高，而出现了历史上的“康乾盛世”。清代汉民族风俗文化也随之得以极大的发展，而变得空前活跃，从而呈现前所未有的丰富性。

清前期“康乾盛世”以后，汉民族社会的风俗文化，无论生产商贸风俗，还是文体娱乐风俗，拟或岁时节日风俗，其内容的丰富性都远远超过了明代。在生产方面，由于生产技术的改进和水利设施的改善，汉民族地区传统的南稻北麦的种作风俗有所改变，如康熙时天津总兵蓝理在京津地区试种水稻获得成功，稻作风俗因而传入京津，使这一地区成为以产“小站稻”而驰名的北方鱼米之乡；乾隆时两江总督郝玉麟将福建耐旱、“无须浸灌”的早稻品种“畲粟”引到安徽，在“高阜斜坡”上种植，大获成功，进而推广到北方各省，不仅丰富了北方汉民族的种作风俗，还从根本上改变了北方汉民族社会的膳食结构，丰富了他们的饮食风尚，从而对他们的生活方式产生了巨大的影响。

在服饰方面，汉民族男子的服式，在遵守清廷“紧衣窄袖”服饰规制前提下，也翻出种种新的花样。清初本流行于军营的兵士之中的马褂，至康熙末，已传入民间。到了乾隆年间，马褂已成为一种非常流行的服式，不但先后翻出了大襟式、缺襟式和长袖、短袖、宽袖、窄袖等制式，而且在质料、颜色和领袖及边幅的饰边等方面，不时地花样翻新，大大地丰富了当时汉民族社会男子的服饰风俗，而呈现出“盛世”社会的风貌。

在娱乐风俗方面，在康乾年间，汉民族社会无论在节日盛会中，抑或是日常休闲时，其娱乐风俗的丰富性更是盛况空前。以戏曲娱乐为例，在京师，康熙时昆腔戏班的演出十分活跃，“神京丰稔，笙歌清宴，达旦不息”，家绅“养优班者极多”；[①] 乾隆五十五年，徽班进京，于道光以后形成京剧，更将中国的戏曲文化推向了巅峰。与此相适应，京津地区的戏园风俗也得到空前的发展。再如节日风俗中的各种风俗活动，经过清前期的发展，其繁盛程度也已远远超过了以前的各个时代。清代以前，腊八节这天民间喝的腊八粥是“七宝粥”“五味粥”，但到了清代中期，腊八粥已从“五味”“七宝”发展成“八宝粥”。庙会在乾隆以后，除了迎赛以外，更是注入了都市休闲娱乐和商贸经营的内容，经济生活与求神祈拜结合在一起，形成了一种特殊的文化现象——庙会。北京地区庙会期间的各种民间花会，在清代中期由于得到统治者的提倡，而得以勃兴。京东民间花会据说曾于乾隆年间参加过宫中的祝寿演出，而受过“皇封”，此后便逐步走向繁荣，经久不衰。可以说，在清前期，汉民族社会的风俗的丰富性已达到了一个前所未有的高度。

二　学史概况

（一）清代学者对历代风俗的整合

清初对汉民族风俗的汇集和考述主要有《日下旧闻》和《日下旧闻考》两书，前者为朱彝尊编撰，后者为于敏中等编撰。

《日下旧闻》，全书共42卷，分星土、世纪、形胜、宫室、城市、风俗、物产等十三个门类，其中“风俗”为第十一门，重在岁时节日从立春直到腊日，引书上到先秦的《周礼》，下到明清的《野获编》《帝京景物略》《北京岁华记》《燕北小记》《燕都游览志》等，可谓集清代中叶以前燕地风俗书籍之大成。《日下旧闻考》扩大了原书的篇幅，“风俗”就用了3卷的篇幅，将原书的60余条扩至180余条，使之成为清代记述和考汇北京风俗的最完整的资料总集。在汉民族风俗学史上具有重要的学术价值和独特贡献。

而《通俗编》，编著者翟灏，浙江仁和人，生年不详，卒于清高宗乾隆五十三年。乾隆十九年（1754年）进士，官金华、衢州府学教授，见闻淹博，在其著作中以《通俗编》最为有名。38卷的《通俗编》记录和

---

① （清）缪荃孙：《云自在龛随笔》卷一《论史》。

考索我国丰富的民俗用语和风俗事象，系编著者多年用力搜索有关书籍和见闻积累所得。其中，时序、伦常、仪节、祝诵、行事、交际、称谓、神鬼、释道、艺术、妇女、货财、居处、服饰、器用、饮食、俳优、故事等卷记风俗最详。如卷三“时序”即有春牛图、春书、春联、分岁、尝新、献时新、趋时、叙寒温等一百多条风俗用语的记载和解释，是难得的记述清前期汉民族风俗资料。

此外，余怀的《妇人鞋袜考》、蔡子嘉的《历代服制考原》、俞敦培的《酒令丛钞》、毛先舒的《常礼杂说》等分别对历代服饰、礼仪、娱乐等风俗资料加以汇集和考证，均具有独特的风俗学术价值。

（二）文人笔记对当时风俗的记述

在清代，记述汉民族社会风俗文化的著作日趋增多，尤其出现了大量记述帝都北京风俗的文人笔记和专门书籍，其中，比较著名的有潘荣陛的《帝京岁时纪胜》、戴璐的《藤阴杂记》、佚名的《燕京杂记》、沈太侔的《春明采风志》、夏仁虎的《旧京琐记》、震钧的《天咫偶闻》、孙承泽的《春明余梦录》、汪启淑的《水曹清暇录》等。

《帝京岁时纪胜》，作者潘荣陛，清初北京大兴人，雍正年间曾在清官供职，乾隆初年归家。该书按一年十二个月次序记乾隆前北京岁时节日风俗。如其中“正月”条又分正月、元旦、进春、春盘、星灯、喇嘛打鬼、天诞、琉璃厂店、上元、烟火、走桥摸钉、岁时杂戏、燕九、填仓、禁忌、时品等事项，每一事项所记详略不等，文字较为简练，描述较为生动，如“正月·元旦”曰：“除夕之次，夜子初交，门外宝炬争辉，玉珂竞响。肩舆簇簇，车马辚辚，百官趋朝，贺元旦也。闻爆竹声如击浪轰雷，遍乎朝野，彻夜无停。更间有下庙之博浪鼓声，卖瓜子解闷声，卖江米白酒击冰盏声，卖桂花头油摇唤娇娘声，卖合菜细粉声，与爆竹之声，良可听也……”①把清初北京除夕元旦庆贺之景象写得具体形象，表现了当时社会生活之安定繁华情景。该书在记述每个月的风俗事象之后，还列“时品”一项，介绍当月上令食品、花卉、景象；而十二月之后，则改为“皇都品汇”，记年终“时品”，突出记录了当时北京各具特色的“老字号”，如“金银宝饰，开敦华元言之楼；彩缎绫罗，置广信恒李之号”等。

① （清）潘荣陛：《帝京岁时纪胜》，北京古籍出版社 1981 年版，第 7 页。

《藤阴杂记》，作者戴璐，浙江归安人。乾隆二十五年举人、二十八年进士，曾任都察院给事中、太仆寺卿。《藤阴杂记》专记北京风俗典故，共12卷，系作者摘录他著和自己之见闻写成，如卷5记北京戏馆曰："京师戏馆，惟太平园、四宜园最久，其次则查家楼、月明楼，此康熙末年酒园也。查楼木榜尚存，改名广和，余皆改名，大约在前门左右，庆乐、中和似其故址。自乾隆庚子回禄后，旧园重整，又添茶园三处。"[①]

《燕京杂记》，作者佚名，据书的内容看，大约"是清嘉庆以后河北顺德人"。全书仅约1600字，但所记北京风俗是多方面的，举凡岁时节日、衣食住行、婚丧医祭、市井寺庙、游览娱乐等均有涉及。不少风俗描述颇细致，如记住宅曰："京师房舍墙壁窗牖俱以白纸裱之，屋之上以高粱秸为架，秸倒系于桁桷，以纸糊其下，谓之顶棚。"[②]

清前期作者记其他地方风俗的书籍，主要有李光庭的《乡言解颐》、顾禄的《清嘉录》、李斗的《扬州画舫录》、屈大均的《广东笔记》、李调元的《粤东笔记》、周亮工的《闽小记》、邓传安的《蠡测汇钞》、汪森的《粤西丛载》、龚炜的《巢林笔谈》等。

《乡言解颐》，作者李光庭，号朴园，河北宝坻人。《乡言解颐》全书共5卷，广泛记录了宝坻和北京的有关岁时、自然景象、地理建筑、社会事物的民间风俗，如"支锅瓦"条："支锅瓦，小煤炉之所用也。以土为之，微烧，饰以黝，形如小饼，高寸许。瓦者，肖其色也。"宝坻距北京较近，许多风俗与北京相同或相近，且作者曾久居北京，所记北京的一些风俗事象很是珍贵。

《清嘉录》，作者顾禄，字总之，一字铁卿，自号茶蘑山人，当是清嘉庆、道光时人，能诗文、绘画，重视风俗文化，著作中以《清嘉录》12卷最有影响。《清嘉录》是一本专门记录苏州岁时节日风俗的名著。其书"每月一卷，按月分条记民间令节风俗，引录有关诗词，共二百四十二则，每则之末，搜罗群书，援以为证"。有重要的学术价值。

《扬州画舫录》，作者李斗，字北有，号艾塘，生卒年不详，江苏仪征人。笔记《扬州画舫录》全书18卷，是一本专门介绍扬州都市风俗的专著。如卷一"草河录上"记扬州浴池的创办、发展、繁盛之情形，以

---

① （清）戴璐：《藤阴杂记》，上海古籍出版社1985年版，第64页。

② （清）佚名：《燕京杂记》，北京古籍出版社1986年版，第113页。

及浴池之设施和洗浴风俗等内容尤有特色。

（三）各地方志对风俗的采集和汇录

有清一代，各地的地方志修纂工作得到重视，官修者在体例规格上也多有限定，并统一体例，供纂修人员参照执行，虽然各地的编写体例有所不同，但大多包括风俗的内容。亦有将风俗立卷者，如《陇西分县武阳志》将风俗列为卷三，置之八目之首；顺治《崇信县志》分上、下两卷，将风俗列为上卷。但更多的是将风俗列为目，与星野、疆域、山川、城池、河防、田赋、物产、祠祀、古迹、人物等并置。此外，还有以纪传体记述风俗的，如《畿辅通志》。但不论何种体例，对风俗记述之分量则日益增多。广东省现存广东方志六百余种，几乎每一种都有风俗、寺观、学校、艺文等专志。例如《高要县志》《兴宁县志》《东莞县志》《增城县志》都记载有关蜒户、客民风俗情况，而《潮州县志》《潮州府志》更多有畲民风俗记载。河南《嵩县志》则辟有“乡土志”，风俗则是其主要内容。康熙《碾伯所志》，虽不分卷，平行列目，其中除“风俗”一项外，尚有“崇祀”“民祀”等，也是专记风俗的。清代方志对风俗之记述，一般有如下之特点：重岁时节日、尚婚丧礼仪，记述详备，地区分明、城乡分并，良陋评析，录旧志写新志，多有评述与专论，等等。

生产风俗在过去传统志书中多重物产、赋税、贸易，很少记述农家个体耕织活动。清代方志中在这方面有很大进展，如《东乡县志》分别记有田者、樵者、渔者的劳作特点及换卖之方式。《彭泽县志》多记网置湖鱼、工习技艺、商贾贩务的具体活动，且对棉花、夏布、织染、缝纫等亦均有论列。乾隆《武宁县志》还详记有饮茶之俗：“江南之人皆嗜茶，而武宁独甚。至于僻村深谷，往往专蓄茶法。”

清代方志对于饮食、宅居、礼仪等项风俗的记载也均能展开。尤其仪礼，如婚礼，多则两三千字，远远突出了志书条目之限制。

第二节　清前期汉民族的生产风俗

一　农业风俗

（一）农具风俗基本定型

农业生产工具在宋元时已基本定型，清朝前期少有发展。主要有用于整地耕耘的铁犁、木犁、“数家为朋工力相易”以人力牵引的“铁搭”、锄头、耘荡（水田）、铁锨、钉耙、耢、碌碡（南方木制，北方石制）、砺（水田用，类似碌碡，外有齿）等；用于播种的耧车、秧马、劐子、秧弹、点葫芦、石蛋等；用于灌溉的摇车、脚踏车、畜力车、风力车、龙骨水车、筒车、戽斗、辘轳等；用于收获打场的镰刀、石滚、扬扇、拦桶、打落场等；用于谷物加工的碾、磨、砻、杵臼、水碓等。清代出现的新农具有深耕犁，耕地深度从传统的“老三寸”耕至尺余，甚至两尺；漏锄，锄地不翻土，对北方干旱少雨地区保墒有利；等等。

（二）土地改良成风俗

清前期汉民族社会在土地的开发、利用与改良方面已积累起一整套的经验和风俗，使闲散土地资源得到了较为彻底的开发和利用。乾隆以后，由于社会经济特别是商品经济发展、人口激增、生存竞争激烈，大量人口流向关外口外的边疆地区及黄河长江中上游的丘陵地带“就食”，较为充分地垦辟了那一带广袤的土地；而原产粮区华北、华中、华东、华南地区的农民则将田头地角、宅前屋后的所谓“十边地”垦辟出来加以利用，使当时全国号称已无“不耕之土”“不毛之地”。同时，人们注意土地的改良。土地改良有两种。一是对盐碱地的改造。除了引水洗盐、种稻洗盐的传统方法外，清人开始种植苜蓿等绿肥及柳树等以“治盐改土”，或采取深翻换土的技术。二是对普通农田的改良。主要是因“土宜”施肥，所谓“随土用粪，如因病下药”：阴湿地用草木灰，沙土地用草泥烘，黄壤用渣粪等。[①] 另外还有休耕（休一年或一季）、翻耕（今年种稻、明年种花豆）等法。

（三）农作物品种多样化

清前期汉民族社会在选择和推广优良的农作物品种方面仍流行传统的风俗，并用传统方法选育出很多农作物良种，乾隆七年（1742 年）官修《授时通考》载有 16 省水稻良种 3429 个，谷子良种 251 个，小麦良种 30 余个，大麦良种十余个。[②] 南方则大面积流行一年两季的双季稻。如苏州织造李煦推广李英贵种稻之法，“从前只一次秋收，今将变为两次成熟”，从单季岁稔时亩产谷三四石，到两季合计亩产 6 石 6 斗，成倍提高了粮食

① 沈毅：《中国清代科技史》，人民出版社 1994 年版，第 69 页。

② 同上。

产量。[1] 北方，则推广了南方一些农作物品种。如康熙时天津总兵蓝理在京津反复试种水稻，终于成功，使这一地区以驰名的“小站稻”成为北方的鱼米之乡。[2] 又如乾隆时两江总督郝玉麟将福建耐旱“无须浸灌”的旱稻品种“畲粟”引进安徽，在“稻谷杂粮均不宜种”的“高阜斜坡”种植，大获成功，进而推广到北方各省等。[3] 此外还在全国推广了海外引进的高产农作物品种，如玉米、番薯、马铃薯、花生等，使之成为农民主要种植和食用的农作物。

（四）精耕细作成习惯

在农作物的耕作栽培管理上，南方讲究“三耘”[4]“三荡”[5]“犁以三寝为率”“去草务尽，培壅甚厚”[6]。北方发展了东汉《氾胜之书》的区田法，“深耕，早种，稀种，多收”“一亩之收，五倍常田”。[7] 灌溉上，南方普遍用水车“戽水以资灌溉”“岸峻，水车陡立，非五六人不能运”。[8] 北方引河灌田或凿井灌田。如乾隆年间，直隶石景山有一姓修的庄头自引浑河水灌田，比常农亩收数倍，旱涝不至为灾。蠡县有富户自行凿井灌田，天越旱，获利越大等等。其时霸州知州朱一蜚劝民开井两千余口，农皆赖之[9]。施肥上，除讲究因土质而宜外，还讲求因不同季节、节气及农作物生长期不同阶段而宜，如春宜人粪、牲畜粪；夏宜草粪、泥粪、苗粪；秋宜大粪，冬宜骨蛤、皮毛粪；“人粪力旺，牛粪利长”；等等。因作物而宜，如蔬菜宜施人粪；麦粟第一次用绿肥，第二次用猪粪，第三次用豆饼等。在病虫害防治上，不但有综合性的农书专门分章论述，还编纂了大批专著，其中治蝗的就有十几种。这都是当时人们实践经验的总结。如夹种麻芥、冬灌冰冻、灭草除螨、毒谷杀虫、驱鸭食蝗等。

在实际劳作中，清前期汉民族社会一家一户的小农经济，在如何耕作、如何储种、如何灌溉、如何施肥等方面，其风俗又因地理环境、历史

---

① 故宫博物院清档案部编：《李煦奏折》，中华书局 1976 年版，第 182、233 页。

② 《清圣祖实录》卷二四四，康熙四十九年十月甲子。

③ 《清史列传》卷十八《陈大受传》。

④ （清）张履祥：《杨园先生全集》卷四九《补农书》。

⑤ （清）王晫：《檀几丛书》卷四二《农具记》

⑥ （清）孙星衍纂：《嘉庆松江府志》卷五《风俗》。

⑦ 赵梦令：《区种五种》。

⑧ （清）胡志熊修：《南汇县新志》卷十五《杂志》。

⑨ 柴潮生：《请兴直隶水利》，载《皇清奏议》卷十六。

传统的不同而大异其趣。如较殷实的富农拥有私人性的生产工具，而广大自耕农对大件农具，则是互相借用或流行人畜换工的风俗。李兆洛在《风台县志》中记载，当地有一个名叫郑念祖的地主雇了一个兖州人为他治菜圃。郑念祖问这兖州人能治多少菜地，兖州人答“二亩”，问每亩施肥多少，答须用二千钱的粪肥，还要再雇一人帮助。邻人听了大哗道：“我一人治地十亩，粪不过千钱，每年所出还往往不能抵偿投入，治地如此少而投入如此多，难道地能产钱吗?”郑念祖也不大信，姑妄度之。那兖州人虽治菜地少，每天与帮工精耕细作，间苗锄草，旱则灌之，涝辱之，除虫驱雀，终日不停。别人的园圃还未出苗，兖州人种的园圃“菰已实，蔬已繁矣”。因早上市，价钱比别家高一倍，初上市已偿其本；与别家同上市者，又由于菜蔬瓜果比别家鲜美硕大得多而卖得快。年底结算，兖州人为郑念祖洽的菜圃比邻家获利多了数倍。[①] 不管怎样，清前期汉民族社会农民的生产劳动总的来讲都是十分繁重的，人们日出而作，日入而息，生计维艰。

（五）重视家庭副业

清前期汉民族社会多数农民除了从事农作生产外，还要从事蚕织、饲养、林果、渔猎等副业生产。植桑植棉养蚕纺花，以织补耕是清代汉民族社会农家普遍流行的风俗。所谓“躬耕之家，仍纺棉织布，抱布易银，以输正赋而买食米”[②]。平时是男耕女织，“自春分饲蚕，小满取茧，蚕事方兴，农工迭起，男子耕作，女子采桑，自春徂夏，人无片刻之闲”[③]。农忙时是全家共耕，“于耕隙则男女纺绩”[④]，举灯燎火“至达旦不休”[⑤]。兼种其他经济作物、从事其他行业生产的现象也很普遍。“岩处多猎，泽处多渔，垦荒山者多种菸叶及甘薯，高阜多艺蓝，平原多栽桑，依林园多种树。”“近竹山者治竹为器”“离市远者木或烧炭，竹或剖篾，傍茶山者采茶，近石山者燔石为灰。”凤川之民“畜羊剪毛，雇工为毡”，癸泾练浦之间“澄稻杆为纸”，等等。[⑥]

---

① （清）徐乾学：《皇朝经世文编补》卷三六。
② （清）赵西、章钥纂修：《乾隆宝山县志》卷一《风俗》。
③ （清）文康、施学煌：《同治荣昌县志》卷十六《风俗》。
④ （清）曹焯纂修：《乾隆沙头里志》卷二《风俗》。
⑤ （清）史彩修：《康熙上海县志·序》。
⑥ 唐仲冕等修：《光绪新修宜兴荆溪志》卷一《物产记》。

丝织的原料是蚕丝，与之有关的便是桑蚕缫丝业。育蚕讲究有“十体”“二光”“八宜”等法，“三稀”“五广”之忌。第一要择蚕种。蚕种好，做成的茧小而明厚坚细，可以缫丝；蚕种不好，只堪为绵纩，不可以缫丝，其利便差数倍。第二要有技术。有技术，即蚕种不好，依旧做成丝茧；无技术，即好蚕种，也要变为绵茧。北蚕三眠，南蚕四眠，眠起饲叶，各要及时。蚕性畏寒怕热，以温和为宜，这就要控制温度，蚕农将一昼夜分为四时，朝暮类春秋，正昼如夏，深夜如冬，细心调护。每年清明前后三四月间，为“蚕月”，届时蚕农家家闭户育蚕，红纸贴门，禁往来省视、喧哗说笑，谓之“蚕禁”，桑阴绿海之中只见梯影，唯闻剪声。一个月后，“茧成治丝”，时值小满，所谓“小满动三车，油车、水车、丝车也。小满之日，必有新丝出市”① “小满乍来，蚕妇煮茧，治车缫丝昼夜操作。”“茧丝既出，各负至城，志与郡城隍庙前收丝客。每岁四月始聚市，至晚蚕成而散，谓之卖新丝。”②

二　手工业风俗

（一）丝织工场形式多样

蚕丝既已产出，便进入丝织业。清代丝织品种增多，丝织技术有了新的提高。如苏州的妆花纱、妆花缎、妆花绢、百子被面、三元绸；南京的妆花绒、金彩绒、宁绸、宫绸、亮绸、闪缎；湖州的水绸、纺绸、纰绫、线绫；吴江的吴绫（方纹、龙凤纹）；通州的生丝织绢；广州的剪绒；等等，都素有盛名。有的用十几把大梭同织，有的以一把大梭织底纹、十几把小梭织花纹，用十几种颜色织成。一般的丝织木机、素纱机需织工 2 人，一人为织匠，一人为纬穗匠。花机至少需要织工 3 人，一人为织匠，一人为绾花匠，一人为纬穗匠。

清前期的江南地区，丝织业发达，在生产经营上已出现了三种形式。一种是“妻络夫织”，自产自销；一种是雇工生产，集中经营。这两种均是“现卖机户”“自织”，又多称“机户”。还有一种是商人，俗称“帐房”“纱缎庄”“丝经帐房”，将“经纬”和“货具”，除俗称“机壳”的机及梭子、纡筒、竹刀、机剪、拣镊子等零件之外的专用机具，如

---

① （清）胡承谋纂修：《乾隆湖州府志》卷三〇《风俗》，

② （清）顾禄：《清嘉录》卷四。

"泛""渠""纤"等提供给机户，使其"揽织"，加工成丝织成品，"织成送缎"，而后计工授值，俗谓"代织"。

由于清前期技术提高，分工细密，实际"上机经纬，造成缎匹，向非机匠一手一足之力"，需用十几把梭、复杂的绾花不必说（一个花匠显然不够），其中还涉及"掐泛""槌线""牵经接头""上花"等技术，都需世代相传的专门工匠。[①] 机户从"帐房"揽织后，也"多雇人工织""机户出（资）经营，机匠计工受值"。[②] 机匠中有织工、机工之分。织工中分花缎、素缎、纱缎、锦缎等工。机工中有接头等业。客师与机户实行"常主制"风俗，"说定之后，不能更易"。临时需要短雇各种工匠，即唤以日工趁佣的"无主之匠代之"。每日黎明，各种织工在固定地点等待主顾。如苏州，花缎工群聚花桥，纱缎工群聚广化寺桥，素缎工群聚白蚬桥，锦缎工群聚狮子桥，摇丝车匠立濂溪坊等，"名曰立桥，以便延唤，谓之叫找"。[③] 这些工人是按各自技能，计日授值。有些传统丝织业发达地区，出现了较大规模的作坊。如乾嘉时南京织机超过3万张，"业此者不下千数百家"。道光年间不算纱绸绒绫等机，仅缎机即达3万张[④]，"有开五六百张机者"[⑤]。

（二）棉织作坊讲"字号"

棉织的原料是棉花，与之有关的便是去棉籽的轧花业。明末崇祯年间已出现了季节性的轧花工匠。清前期有的地区轧花业从农业中分离出来，成为独立的手工业部门，专业轧花工匠使用"太仓式轧车"，一人一天可出花衣30余斤，九月中成市，卖于贩客。接着便进入棉布生产。棉布生产包括纺纱和织布两个环节。纺纱分弹棉、搓条、纺纱、成衽等工序；织布分浆纱、牵经、穿综、穿筘、摇纱、织布等工序。很多地区形成了专业化的分工。首先是纺与织的分离。一些人只纺不织，一些人只织不纺，纺织互资成业，棉纱与布都成了商品，布不必说，"上海棉纱成衽……卷之

① 江苏省博物馆编：《江苏省明清以来碑刻资料选集》，生活·读书·新知三联书店1959年版，第18页。

② 同上书，第19页。

③ （清）顾震涛：《吴门表隐》卷二《立桥》。

④ （清）蒋启勋等修：《光绪江宁府志续纂》卷十五《拾补》。

⑤ （清）甘熙：《白下琐言》卷八。

成饼，列肆卖之，名布经团”[①] “不纺而织者为兑纱，不织而纺者为卖纱。”有谚语：“买不尽的松江布，收不尽的魏塘纱。”[②] 其次是各个工序的分工愈来愈细。棉纺业工具有所改进，技术水平有所提高。如上海纺车，从两指拈一纱的手车，发展到了三指拈一纱、以足运轮的脚车，更出现了名牌纺具“金泽锭子谢家车”。如乾隆时松江地区的弹花弓，从原4尺加长到5尺，弦粗如5股线，以槌击弦，将棉花弹得“散若雪，轻如烟”，等等。各棉布产区都产出了驰名全国的精品。仅松江即有扣布、飞花布、斜纹布、三梭布、药斑布、紫花布、精线绫、漆纱等品。[③] 棉纺业的经营与丝织业类似。其中突出的是与帐房类似的布商，有称“木棉花主人”，他们一般供给纺工2斤棉花，收回1斤棉纱。纺工“晨抱纱入市，易木棉归，旦复抱纱出”。

靠布商供给原料的纺户，多为以纺纱为主业的贫穷农户，大大多于织户。这是由于纺纱无论是工具还是操作技术都较织布简单，一家一户的家庭生产即可进行，并不必雇工，这也是棉织经营不同于丝织经营的地方。成布后要染色、踹光。又有染踹业。染布有作坊，叫作“字号”，漂布、染布、看布、行布各有其人，“一定号常有数十家赖以举火，唯富人乃能办此。”[④] 踹布也有作坊，叫作“踹布坊”，经营者叫作“包头”，“包头”备置巨石、木滚、家伙、房屋，召集踹匠，垫发柴米银钱，向客店（商人）领布发碾。每匹各匠得工价银一分一厘二毫，每人给包头银三钱六分，以偿房租家伙之费。雍正年间仅苏州阊门一带即有踹坊450余处，每坊有踹匠数十人不等。可知其规模。

（三）制瓷风俗丰于前代

清前期汉民族制瓷业分制坯、烧窑两大流程，其中分工更细。制坯计有淘泥、拉坯（俗称做坯）、印坯（俗称拍模）、旋坯（俗称利坯、挖坯）、画坯、舂灰、合釉（有配灰、有合色者）、上釉、抬坯、装坯、挑槎等十多种专业。烧窑计有烧窑（烧柴窑、烧槎窑、包青窑、大器窑、小器窑）、满窑等专业。每一专业，又再分更细的工种。如“画坯”中分

---

① （清）褚华：《木棉谱》。

② （清）沈翼机：《浙江通志》卷一〇八。

③ （清）孙星衍、莫晋纂修：《嘉庆松江府志》卷六《物产》。

④ （清）许治修：《乾隆元和县志》卷十《风俗》。

清雍正珐琅彩松竹梅纹瓶
（故宫博物院藏）

画工、染工，“画者止学画而不学染，染者止学染而不学画”，这是由于“青花绘予圆器，一号动累百千”，若要达到画款一致的要求，必须有专门工匠，于是“画者、染者各分类聚处一堂，以成其画一之功”[①]；烧窑工，俗称“把庄”“烧夫”，又因“火不紧拱则不能一气成熟”而分出“紧火工”；因“火不小溜，则水气不由渐干，成熟色不漂亮”而分出“溜火工”[②]等。坯房，又称“烧坯窑户”“搭户”。造坯不烧，分圆器（日用盘杯之类）坯房、琢器坯房、雕镶坯房等。各坯房人数不一。圆器坯房至少需旋坯工 2 人、装坯工 2 人、画坯工 3 人、上釉工 2 人、其余工种至少 1 人，共计 15 人，设坯房头辖制。烧窑，即烧窑户。设窑不制坯，专为别人烧制，“每窑一座需工数十人”[③]。坯作与烧窑兼而有之的为“烧囵窑户”，其人数当为前两类之和。其他还有碓场（白土场）、匣房（匣钵场）、红店（炉户）等大大小小的场坊。传统制瓷基地景德镇有民窑二三百处，工匠数十万人。这些工匠基本是“四方远近”“故土既已无归，异乡又无托足”“挟其技能以食力者”。[④] 其有“常佣”，饭钱“阖镇皆三月朔起”，另有“发市钱”[⑤]。短工计工受值，平均工值银每日 3—4 分，有做到二鼓者，则“工值倍之”[⑥]。清前期，制瓷业发展很快，无论是规模，还是技术、品种都远远超过前代。仅釉彩，就有康熙“硬彩”（釉色微凸器上）；

① （清）程廷济：《乾隆浮梁县志》卷五《物产志》。
② （清）蓝浦：《陶务方略》，载《景德镇陶录》。
③ （清）乔淮主修：《道光浮梁县志》卷二《物产》。
④ （清）刘一坤等修：《光绪江西通志》卷九四《经政略》。
⑤ （清）蓝浦：《陶务方略》，载《景德镇陶录》卷四。
⑥ （清）许治修：《乾隆浮梁县志》卷五《物产志》。

雍正“胭脂水”“软彩”（“粉彩”）等，乾隆时更吸收了西洋、日本的制瓷技术。制瓷专家唐英总结制瓷技术，编写了传世名著《陶冶图编次》以及《陶成图》《陶成纪事》等。

（四）制盐多称“灶户”

盐分海盐、池盐、井盐三种。清代汉民族地区有11个产盐区：长芦（天津）、奉天（东三省）、山东（鲁豫苏皖）、两淮（苏皖两湖豫）、浙江（浙苏皖赣）、福建（闽浙台）、广东（两广闽赣湘云贵）、四川（藏川两湖云贵甘）、云南（本省）、河东（晋陕豫）、陕甘（陕甘）（花马大池，在甘肃灵州）。其中长芦、奉天、山东、两淮、浙江、福建、广东诸盐区为海盐，生产方法有煎有晒；四川、云南诸盐区为井盐，生产方法皆煎；河东、陕甘诸盐区为池盐，生产方法皆晒。

盐业生产者为灶户，属特殊户籍。灶地原为官地，然明时已逐渐私有化。清前期灶户或用己地，或向盐商租地生产。资金也多向盐商称贷，盐商并监督灶户不得煎私盐。灶户，特别是盐商，多雇用“煎丁”从事盐业生产。

晒盐场地，淮北称为“晒池”，淮南称为“亭场”，河东、陕甘称“畦地”。盐场属于盐商的称“商亭”“本池”；属于灶户的称“灶亭”“客池”。晒海盐多设一灶头，督率各灶丁在晒盐场地中晒盐扫盐。晒池盐则有掌“浇洒”的“作头”、督领长工浇晒的“副作”，以及取直接生产的“长年”。“长年”计年做工，视技术、产量、勤惰，“给以工食之多寡”①。

煎海盐除了煮卤需要的灰场、草荡以外，又有煎盐的铁锅，深者为“盘”，浅者为“撇”。煎盐过程由盐商负责监督：煎盐工具有定额，“无许过额”，“煎烧盐斤，以一昼夜为火伏”②。临煎前灶户向本商领旗号，举火张旗，熄火偃旗，盐商派人巡查，禁止熄火后复私煎，等等。

井盐的盐井，明朝以前官营，清朝允辞高民自由开采经营，只对井灶及盐引课税。井盐业有了较大发展。大的业场，“井、枧、灶、号”一应俱全，集打井、汲卤、通枧送卤、煎盐、运集等各道工序成一条龙的生产规模。业主（又称东家）之下，设有“董事”，总理全厂事务；有“掌

① （清）蒋北奎编：《河东盐法备览》卷五《坐商》，附《工作》。

② （清）吉庆监修，王世球纂：《乾隆两淮盐法志》卷十八《火伏》。

柜”，“领东家本银以办井及灶及号”；有“外场”“分理外事及接待宾客”；有“佣侩”，负责出纳、盐价及同行商的联系；有“管事”，“提调山匠使作器治井”。“管事”中分“井管事”，“规划形势，督工匠以凿井”；“灶管事”，“综核水火，计成盐运盐，行水陆以权交易”。[①] 工种有司井、司车、司篾、司梆、司漕、司涧、司锅、司火、司饭、司草，又有医工、井工、铁匠、山匠、灶头等技术工。工值按劳动强度和技术水平而定。盐匠、山匠、灶头之类技术工工资较高；劳动强度大的担水夫次之，其力最强，担可三百斤，往复运送，日值可行千钱，盐担夫、担盐夫等再次之。

清期井盐凿井工具仅锉（钻头）就有鱼尾锉（平地开井用）、马蹄锉（处理弯井用）、银锭锉（凿小眼用）、六楞子、八楞子、斗笠尖、钻子头、蜡烛头（特殊作业用）等。凿深井时工具落失，有偏肩、木龙、穿鱼刀、独脚棒、五股须等数十种打捞工具。

（五）矿冶风俗分化

清前期汉民族矿冶业主要以铁业和铜业为主。铁的生产包括开采、冶炼和锻造。经营有单一型的铁场和炉场，或采或冶或煅；有综合型的铁场和炉场，采（开采矿石）、冶（冶炼成板，再炒炼成熟铁）、煅（锻造铁器）一条龙。单一型经营中“挖矿者均系贫民”“动以千计”“随得随卖，以资生计”，矿贩收买后，“装运近河开设炉墩之处，又有厂民收买炭矿，雇募人夫煽铸生板”“计每炉需雇工及挑运脚夫数十人”，产出生板，再装运出售于炒铁厂，炒成熟铁，而后转运各地铁器加工工场，锻造成铁器[②]。综合型铁炉“每炉一座，做工者必须数十百人，有凿矿者，有烧炭者，有煽炉者，巡炉、运炭、运矿、贩米、贩酒等役亦各数十人”[③]。清前期，铁的采冶业集中在广东、陕西、云南、四川、湖南等地，其中广东、陕西的规模最大。铁器制造以佛山为中心。

铜的开采工艺复杂，分工细密。矿场称“硐”，每“硐”分路开采，称“尖”。每“硐”设一“镶头”，负责技术，组织生产，下有领班，每“尖”每班一人，辅助“镶头”铺设“镶木”，下有“槌手”，每尖每班

---

① 李榕：《自流井记》，《十三峰书屋文稿》卷一。

② （清）徐会云、唐守等主纂：《道光辰溪县志》卷二一《矿厂》。

③ （明）车鸣时：《万历政和县志》卷九《赋税》。

设2人，1人挂尖，1人持槌，互相轮换，叫作“双换手”，又设“背荒”，人数视矿大小硐深浅而定。炼铜（又叫“扯铜”）的工艺亦十分繁复，矿砂采出后，先要用撞碎法、淘洗法去除夹石夹土。然后好的矿砂在大窑中煨烧两次，入炉煎炼，再入蟹壳炉炼出；次的矿砂在大窑中煅一次，配青白带石入炉煎炼成冰铜，再入小窑煅七八次，复入大炉炼得紫板铜，再入蟹壳炉炼出。铜的采冶主要在云南。

三　商业风俗

（一）坐商麇集成市

清前期，各地的汉民族坐商已形成一定规模，他们都有固定的铺面，经营综合性商品、杂品或某一方面的商品。城市中坐商群的产生，形成了以某地段为界的商业繁华区，并在其中形成各种分门别类的“市”。如珠市、果子市、菜市等。如清时北京的琉璃厂集市，其热闹程度更是空前。琉璃厂在元代时还是官窑所在地，清乾隆年间，停止烧窑，“始成市肆。凡古董、书籍、字画、碑帖、南纸各肆，皆麇集于是，几无他物焉。上至公卿，下至士子，莫不以此为雅游而消遣岁月。加以每逢乡会试，放榜之前一日，又于此卖红录，应试者欲先睹为快，倍形拥挤。至每年正月初六起，至十六日止，谓之开厂甸。合九城之地摊，皆聚厂之隙地”。[①]

清前期，处于城市商业街市中店铺，大多讲究店面装饰，俗尚豪奢。如北京的商店，据《燕京杂记》所曰：“（大多）素讲局面，雕红刻翠，锦窗绣户，招牌至有高三丈者，夜则燃灯数十，纱龙角灯，照耀如同白昼。其在东西四牌楼及正阳门大栅栏者，尤为卓越。中有茶叶店，高甍巨桷，细隔宏窗，刻以人物，铺以黄金，绚云映日，洵是伟观。”[②] 此时商业街市的新店铺开市，都必有开市之庆。如门前放鞭炮、接贺庆联、赏乞儿、挂牌匾等，挂牌匾时还要选黄道吉日等。

在清前期市镇的集市贸易中，还有流行“牙人”风俗，作为“评议市价”的中间人，“牙人”又称“经纪”“牙侩”等，并有“官牙”“私牙”之分。“官牙”须向官府申请，由官府遴选查核，确系“殷实良民”，并有邻右同行具结作保，方向其征税，发给牙贴，凭贴经营。贴有定数，

---

① （清）梁溪坐观老人：《清代野记》，商务印书馆2007年版。

② （清）佚名：《燕京杂记》，北京古籍出版社1986年版，第121页。

税有定额。然很多地区地痞流氓与县衙勾结，任意滥发牙贴，地痞持贴至市，把持抽分，任意勒索，商民深受其苦。

（二）商业交易用隐语

清前期，随着生产的恢复、社会商品的增多，自明代中后期以来所形成的地缘性商帮得到进一步发展。到了康乾时期，已出现徽商、晋商、粤商、浙商、洞庭商等著名商帮。这些地缘性商帮还在各经商地建立了会馆、制会等商业组织，在经营中则采用行贩和坐商相结合的方式。行帮商人进行商业交易时，相互间为了保护商业秘密，普遍流行或在袖筒内捏指讨价还价，或用隐语讨价还价的交易风俗。

如东北马市中的交易隐语有“黑话”。在马匹的交易中，均使用的“黑话”交谈。日常隐语有：“掌柜的”指马店店主；“掌盘的”指受聘处理店务并为买卖双方搭桥说合的中人；“里马人”指本集同行；“外马人”指外集的同行；“不懂嘎”指外行；“雏”指刚入门的生手；“南客”指买马的贩子；“北客”指卖马的贩子。

交易隐语有：“多少嘎”指多少钱；“能打开”指出价合理，能买下；“打下开”指出价太少，不卖；“拉拉开”指再降降价；“匀乎匀乎”指买卖双方的报价相互平均平均；“撑口袋”指替买方压价或替卖方抬价的撤托或上托的解法；“上托”指买方压价；“撤托”指卖方抬价；“盖集”指先出大价把市场价格抬起来，使别人不能成交，然后等待时机突然用低价买进；“啥口”指马多大岁数；“大货”指长成的骡马；“小货”指小骡小马；“达子马”指从草原上贩来的烈性马；“生根”指买来供屠宰用的牲口；等等。

（三）商业经营重宣传

清前期各店铺、店堂，无论其门面大小，都十分重视对它的装饰，并通过一些装饰物或宣传品来广而告之，吸引顾客。这些显示店铺、店堂标志的宣传广告包含有字号、招牌、楹联、幌子等。字号是每个店铺都有的，就像人名一样，字号则是人为店起的名。字号大致分为两种，一种是将店主姓氏和店主所经营店铺的性质结合为一整体的字号，如“烤肉季”“馄饨侯”等；一种是以吉祥如意、财盛福大类词汇命名的字号，如“全聚德”“内联升”“瑞蚨祥”等。这些字号一般以墨书写或雕刻在一块木板上，然后挂于店堂门额，俗称“字号牌匾”。

招牌是以宣传店铺经营之物而设的。它分为大、中、小三种规格的招牌。大者俗称“冲天招牌”，这种招牌通常立于店铺某一侧的前方，为木质，长方形，且高出铺面房，十分醒目；中者则挂于店门两侧，让人看了一目了然；小者悬挂于房前屋檐下，顾客走到店门前，便可从这小招牌中获知该店所卖货物的名称，楹联是店铺必备的一种装饰，俗称“门对”。这种楹联往往针对店铺的性质、字号而对，并书以吉祥如意、财源茂盛等象征内容。如北京北豫丰烟铺的楹联：“豫建征祥烟景丽，丰收有象雨风调。”这个门对有仅把该店卖什么巧妙地告诉了顾客，而且还将该店的字号藏于对联的字头，既表现了该店主的文化修养，又不失经营特色和宣传技巧。

幌子是一种由来已久的营业宣传风俗，但到了清代发展更为全面，且不说质地分纸、布、皮、革、木、竹、铜、铁、锡等，单说幌子的类型就可归纳出四种。第一种是实物幌，将店铺所卖的货物作为幌子，挂在店门外。如绒线铺挂的各色绒线编扎的绒线幌子；馒头铺窗外桌上放的寿桃寿面幌子；香蜡铺门外立着的高大至檐的大蜡烛幌子；等等。第二种是模型幌，将店铺所售物品做成模型当幌子。如烟袋铺门外悬挂的巨大烟袋模型幌子；中药铺的膏药幌子；等等。第三种是文字幌子，将店铺所经营的范围通过极简洁的一两个字书于幌子上，称为文字幌子。如当铺用的“当”字幌；成衣铺挂的“成衣”幌；等等。第四种是象征幌，这种幌子多以与店铺经营有关的象征物作幌，约定俗成。如颜料店以彩色木棍作幌子；粮店以木制倭瓜模型作幌子；油盐店的幌子是一直径约一尺的锡制扁圆饼形，其中心处镶有一铜制大钱，下缀红布条；等等。

上述主要是坐商约定的商业宣传风俗，而行商的商业宣传风俗主要体现在他们的吆喝宣传声和他们手中拿的器物所发出的引人注意的声响上，俗称“货声”。

四 服务业风俗

（一）茶馆兴盛

汉民族饮茶已有几千年的历史，茶馆的历史可追溯到南北朝时期。宋代茶馆业已很兴盛，到清前期，全国各地所开设的茶馆，无论数量、规模、档次都已达到了前所未有的水平。

清前期，北京茶馆中享有盛誉、堪称一流的有：大栅栏马思远茶馆，前门外的天全轩、裕顺轩、高明远、东鸿泰，前门里交民巷的东海升，崇文门外的永顺轩，崇文门内的长义轩、五合轩、广泰轩、广汇轩、天宝轩，东安门大街的汇丰轩，宣武门外的三义轩，宣武门内的龙海轩、海丰轩、兴隆轩，阜成门内的天福轩、天德轩，西直门内的新泰轩，等等。这些茶馆不仅厅堂华丽，陈设讲究，且备有饭点、糖果之类。

清前期，扬州茶馆更胜京都一筹，不仅建造于观赏花园之中，而且推出的点心各具独特之色，使饮茶者流连忘返。清人李斗记述了扬州茶馆盛景："吾乡茶肆，甲于天下，多有以此为业者，出金建造花园，或鬻故家大宅废园为之。楼台亭舍，花木竹石，杯盘匙箸，无不精美。辕门桥有二梅轩、惠芳轩、集芳轩，教场有腕腋生香、文兰天香，埂子上有丰乐园，小东门有品陆轩，广储门有雨莲，碧花观巷有文杏园，万家园有四宜轩，花园巷有小方壶，皆城中劳茶肆之最盛者……城外占湖山之胜，双虹楼为最，其点心各据一方之盛。双虹楼烧饼，开风气之先，有糖馅、肉馅、干菜馅、苋菜馅之分……而城内外小茶肆或为油鏾饼，或为甑儿糕，或为松毛包子，茆檐荜门，每旦络绎不绝。"①

清代汉民族茶馆的一大特点是娱乐性强。人们到茶馆不仅是为了喝茶、品茶，更有为了朋友相聚，谈天说地，或谈生意、拉买卖，更为了来看戏、听唱消遣的。清道光年间，北京的一些大茶馆增设了曲艺演唱项目。如地安门的"乐春芳"，宣武门外的"盛友轩""如云轩"，等等，还有的干脆在戏园子里设茶座。

（二）饮食业繁荣

随着清代商品经济的发展，社会交际也逐渐频繁起来，作为传统社交手段之一的筵宴，也日趋增多，酒席、宴会有了新的发展，同时也刺激了饮食业的兴盛和繁荣。

清代时，商业的繁盛当首推江浙，如苏州就是"商贾云集""五方杂处"的胜地；杭州是"百货所聚"之地；南京有"肉腻鱼腥，米盐糅杂"的市场。在商业繁盛的同时，江浙地区饮食业之繁盛也为全国之最。

如扬州有名为"五云馆"的细点铺。这些细点有鹅油和椒盐等不同品种，每一百六十文到一百九十文不等。这种价格等差反映它的细点花色品种繁多，货档齐全。在街西有"扑江春"酒店，游客回城后可以在这里"烹鱼煮笋，尽饮纵谈"。在小东门街还有一家熟羊肉店，生意很兴

---

① （清）李斗：《扬州画舫录》卷一。

隆，顾客要起早去等待就食。它先以羊杂碎供客称为“小吃”，然后进羊肉羹饭一碗。吃剩可以重烩称为“走锅”，撇掉上面的浮油称为“剪尾”。这是一种别有风味的吃法，当时人称赞说：“此嚼不恶。”在著名的亢家花园旧址有“合欣园”茶店。由林姓母女经营操持，以卖酥儿烧饼著称。该店招待周到，游人纷集，林氏母女因而致富。①

苏州以虎丘斟酌桥的“三山馆”历史最久。它在清初只不过是一所供过客避风雨的饭歇铺而已。由于操业的赵姓“烹饪之技，为时所称”而日益兴旺发达，到了乾隆时就发展成为“冰盘牙箸，美酒精肴”的著名酒楼。它还开创了吃饭前先招待顾客“佳”（好茶）的经营服务作风。另外在虎丘还为“山景园”，因设在交通要道上，所以“宴会祖饯，春秋览古”的人多在此聚饮。清嘉庆时在塔影桥畔又有李姓开设“李家馆”，后更名“聚景园”。这三家当时形成鼎足之势，但又有不同的特点。“三山馆”是“四时不继庖厨，以山前后居民有婚丧宴会之事，多资于是”。而“山景园”和“聚景园”则只为供应春秋游客，所以是季节性经办满汉大席、汤炒小吃、点心盆碟，都是花样繁多，品色齐全。

（三）娱乐业兴旺

清前期，随着社会生产力的发展和人们生活水平的提高，娱乐业逐渐发展起来，在各地的大都市中，还出现了相对集中的娱乐业市场和场所，其中以北京的天桥最有代表性。

北京的天桥，其名传于世已有600余年，但作为一种贫民商业、娱乐文化的象征，这个地名的知名度是自清以后逐渐提高的。在天桥经商卖艺的多为穷人，逛天桥、买东西的也多为穷人，实际上，天桥是穷人的商贸、娱乐中心。那里有木器市、旧物市、估衣市、茶棚、戏棚、杂耍场、鸟市、鞋市、戏园子，摆摊卖货的更是随处可见。民间称天桥为“杂八地”。

清代社会称从事各种戏剧乐舞杂技说唱等娱乐行业的艺人为优伶。优伶分宫廷供艺、官署私家养蓄、大小戏班等。清代有乐部和声署及内务府升平署，后又设包括昆弋丝竹十番跳索等“百戏”的南府，供国家典礼演奏和宫廷演戏吹奏娱乐。南府更专招民间艺人。乾隆时，仅南府就有艺人一千五六百人。清代地方一些官署以迎驾为名养蓄戏班称为“内班”，

① （清）李斗：《扬州画舫录》卷九。

乾隆时“两淮盐务例蓄花雅两部，以备大戏”[①]。织造、河厅等也蓄此类内班。外官蓄养优伶为朝廷所禁，但实际上仍有不少官僚借名或私下养蓄优伶供己享乐。富商特别是同官府有密切关系的盐商，以迎驾为名养蓄戏班（同样称为“内班”）的也不乏其人，如商人徐志尚的私班为“老徐班”，总商黄潆泰有梨园全部，优伶达二三百人。民间优伶也自组戏班，在当地，或巡回各地演出，以谋生计。另有大量个体江湖艺人，鸣锣敛钱，撂地演出。优伶中名角收入较丰，内班角色最多每月达七两三钱，月有堂会收入。一般优伶每月只得二三两，“往往有家寒身故，至于棺椁无措”者。民间戏班或江湖个体艺人收入更为低微，没有保证。

（四）其他服务业风俗

清前期的士，除读书应考，争取仕进一途外，大多或做幕僚，或开蒙馆做塾师。其中屡试不中的秀才、童生大多从事塾师一行。塾师的生活十分清苦。有人这样描绘了塾师的生活：“余拮据以来，其蔬菜柴火皆母十指中出，每夜操作至鸡鸣，约一日得钱十余文可三分，十余年以为常。家约十人……日用六升或五升……明年此友再邀余教子，初曰月米三斗，蔬菜银三钱……每日用米七合五勺，二十日可用米一斗五升，余一斗五升可供吾家二日半之粮。其三钱之金可得钱一百二十文。吾每日买柴一文，三日共菜脯一文，计二十日可用二十七文，而足存九十三文，可买米一斗五升可足家中二日半粮。”[②] 郑板桥《教馆诗》中更有：“教馆本来是下流，傍人门户渡春秋。半饥半饱清闲客，无锁无枷自在囚。”

清前期汉民族社会所从事的职业，除了士农工商以外，还有医、巫、卜等行业，各有各的活动范围、生存之法和职业风俗。如不少人兼习数业，如充任保镖、卖药正骨、卜卦测字等。

第三节　清前期汉民族的生活风俗

一　服饰风俗

（一）清初的服饰改制

清初发生了汉民族服饰的重大变革，一改明代服饰为满族服饰。清顺

① （清）李斗：《扬州画舫录》卷一。

② （清）王命岳：《家训》，载《皇朝经世文编》卷六十。

治于京称帝之初年，本想改国民束发的旧制，令其一律依照满俗剃发留辫，但因抵抗者势力太大，加上政权统治尚不巩固，南方还未统一，因此，不强迫国民效满俗。朝臣中的汉人的服饰也是暂用明制。顺治二年，清兵攻下江南，南方各省略归于平定，清政府重申“剃发易服”的命令，厉行剃发之制，随之而来的则是全国性的改冠易服。顺治九年（1652年），顺治帝便饬命礼部制定《服色肩舆永例》，经皇帝“钦定”后颁行天下，不仅对文武官员朝服与常服的样式、色彩、质料、纹样作了具体规定，而且对耆老、兵民、商人的服装等，也都作了详细的规定。与此同时，清代朝廷禁止汉人着带明式方巾，并发布了禁用巾之令。

由于清统治者采用高压政策和手段，汉民族被迫接受“剃发易服”，服饰风俗发生了重大的变化。汉民族男子头饰一改数千年束发于顶的旧俗，而改为前半脑袋剃光头，后半脑蓄发编辫之满族发式；将流行了一两千年的汉民族男子宽衣大袖的传统袍服，改为袖筒更为窄瘦、短小的“箭衣”，其具体形制为：袖长过手，紧裹于臂，腕部尤窄，袖尾在过腕后袖端裁成弧状，形似马蹄，所以又称“马蹄袖”。平时将马蹄部折于腕上，行礼时将其放下，表示谦恭、顺服，礼毕复折原位。这种袍服的袖形，在清代上自皇帝、下至百官群臣，不分等级，咸同一式，没有例外。

清王朝强令更改服饰、头饰，引起汉民族的抵制和反抗。在江南地区，先后发生了镇江大屠杀、江阴虐杀和嘉定屠城。为了缓解日益尖锐的民族矛盾，清王朝采纳了明遗臣金之俊的“十从十不从”建议，以缓解清初的民族矛盾。“十从十不从”这一不成文的规定，顺应了风俗文化自身的变迁规律，使清代末年服饰风俗出现了前所未有的丰富性：一般女子在结婚或死殓时着明代服饰；未成年儿童着明代服饰；优官府的役隶、出行鸣锣开道人员着明代服饰；伶演戏着明代服饰；释道的服饰也依旧如故，不做更变，形成了清代汉民族服饰风俗多元一体的新格局。

（二）官员服饰满装化

清代官员的冠服，其具体制式，按官阶的高低、品位的大小，均有严格的规定，其制度之严格和细密，超过了以往各个朝代。清代的官服形制，颇为典型：如朝廷职官服饰，为头戴顶翎官帽，身着补服长袍，脚登尖头厚底靴，有的外佩一串朝珠。

顶戴花翎是清代官帽的代称，职位的高低均可从帽上的顶戴花翎辨出，所以又有“一顶官职”之说。顶戴或叫“顶珠”“顶子”，指的是帽顶上的珠饰，它是用各种不同材料制成的，并以此作为区分其官位品级的不同。珠饰的质地主要分为：红蓝宝石、珊瑚、水晶、青金石、砗磲、素金。花翎是指帽上插置的羽翎，通常用孔雀的翎羽。饰法一般在顶珠之下，设一至二个玉石、翡翠或珐琅、玻璃做的管子，供插羽翎。所插羽翎根据孔雀翎羽的尾宽部长出的天然圈点式图纹，又有三眼、双眼、单眼之分，并以此来区分高低贵贱。按照大清礼仪，花翎以三眼为贵，双眼次之，单眼又次之；无眼的则称蓝翎，其等级最为低贱。

施用顶子花翎的冠帽，叫作礼冠，俗称“大帽子”，它按季节分为冬夏二式：一为冬春（八月至次年三月）时节所戴，谓之暖帽；一为夏秋（三月至八月）时节所戴，谓之凉帽。二者可随时节交替使用但帽上的顶子花翎则依照原来的官员品位不变。暖帽为圆形，有一向上反折的冠檐，多为皮料制成，以黑色为多。所用皮毛种类亦有区别。凉帽可谓是大帽子，形如圆锥，无檐，俗谓喇叭式。初尚扁而大，后尚高而小，帽以织玉草或藤丝、竹丝为骨，用白，湖蓝或黄色罗为表，红纱绸为里。石青片金织成边缘，帽表也缀以红色帽纬，顶珠花翎形同暖帽。清代官员冠帽的顶戴花翎均按官品级戴用，不得僭越。官员如被朝廷降职、革职，这就要摘去或革掉他原戴的顶子。

官员的服饰，最具代表性、穿用场所和时间最多的是“补服”。清代的补服，作为官服，它直接承袭了明代补子的形式，即前后各有一块方形的补子。清代补服的式样，具有明显的满族服饰文化特征。补服之衣式，长短介乎于袍褂之间，圆领长袖，袖口处不同于袍服的马蹄箭袖，而是普遍平直袖口；衣襟采用对襟式样，并以丝帛扣结相合，补服的下端前后、左右开有四衩。清代补服的补子图案纹饰①，其内容与明代相差不多，即文官的补子，采用各种飞禽图案，以示祥和、高洁；而武官的补子，则采用各种走兽图案，以示威武、勇猛。此外，凡都御使、副都御使、给事中、监察御使、按察使、各道的补服都绣獬豸；从耕农官，绣彩云捧日，神乐署文化舞生袍用方谰，绣金葵花；和声署乐生则绣黄鹂。

① 据《大清会典图》描绘，清代官员补服其具体的补子图案和纹饰，分别为：文一品，绣鹤；文二品，绣孔雀；文三品，绣孔雀；文四品，绣雁；文五品，绣白鹇；文六品，绣鹭鸶；文七品，绣鸂鶒；文八品，绣鹌鹑；文九品，绣练鹊。武一品，绣麒麟；武二品，绣狮；武三品，绣豹；武四品，绣虎；武五品，绣熊；武六品，绣彪；武七品，绣犀；武八品，同武七品；武九品，绣海马。

清代命妇的正式礼服仍以汉民族传统的袄裙和凤冠、霞帔为主。补子缀于霞帔前后，图案则依其丈夫或儿子的品级而定。但与品官不同的是，命妇补子不分文武，一律用禽纹，以示去武尚文。除补服外，清代官员的服饰还有蟒袍、朝服、朝袍、端罩、行褂、行袍、行裳等。

清代官员的靴子，按照服饰规制，一般是尖头式靴，唯入朝时，沿用明代旧制，需换方头皂靴。历朝清帝王对穿靴都很讲究，因此，朝廷的主要大臣也以由皇帝赐穿靴子为荣耀。自嘉庆朝起，凡军机大臣皆穿由皇帝恩赐的绿牙缝靴。

清代的靴子大多为长筒尖头厚底式，其质地据《京都竹枝词》注曰："一般夏秋两季用缎制作，冬则用建绒制作，而三年有丧着靴用布制作。"

（三）庶民服饰满汉交融

清代汉民族一般民众的服饰风俗，除男子发式受政府"剃发令"强制而改变外，其他方面，较官服而言，则随意得多。它一方面沿袭、承继明代庶民服饰的某些传统；另一方面又由于当权者的倡导、官服的示范和满族服饰的影响，吸收了许多满族服饰的合理因素从而形成了满汉交融、多元一体的时代特色。

清末男子衣着有马褂、马甲、衫、袍、衬衫、短衫、袄、裤、套裤，尤以衫袍外加穿马褂或罩以紧身较短马夹最为流行，亦最能反映清代末年男子服饰的特色。所戴为小帽、风帽、皮帽，尤以小帽，俗称"西瓜皮帽"最流行。清末民间男子一般多在腰间束以湖色、白色或浅色的束带，其长结束后下垂与袍齐，讲究的人家还要再带绣花。

马褂是清代服饰中，独具特色的一种服饰。它的基本形制为：短身、圆领、对襟、平袖。由于马褂身短，不履及双腿，便于活动、行走和骑马，清初流行于军营的兵士之中。雍正时流入汉民族民间，但仅限于少数富贵之人。乾隆年间，因远征金川得胜而归的朝臣傅恒常穿马褂，取名为"得胜褂"，人们取其吉顺之意，纷纷仿效，很快马褂成了一种非常流行的服式。并先后出现服式。并先后出现了大襟式、缺襟式，长袖、短袖、宽袖、窄袖等制式。供人们在日常家居、会客见友和出门行止时分别穿用。清代马褂有等级之分。在质料和颜色等方面，有约定俗成的等级区分。其中以黄马褂最为显贵，庶民一般不得服用，即使是文武百官，若非经皇帝赏赐也不得擅穿黄马褂。一品官所穿的马褂以天青或元青居多，庶民则多用暗红、酱紫、深蓝、浅绿、深灰等色，具体色彩根据时尚而定。

马褂

马褂的质料一般以各类丝织品为主，亦有用各种动物毛皮的。如玄狐、海龙、紫貂、猞猁孙、干尖、倭力、草上霜、紫羔等毛皮马褂，多做成皮毛外露，显得华丽奢贵，穿服者多为达官富豪。

马甲，清代亦称“背心”“坎肩”。起初，马甲多被穿在袍褂的里面，但随着马甲形式和装饰的日趋讲究，渐渐地被作为一种外衣供各部司员见堂官时穿用。到了清末，便在社会上流行起来，成为汉民族民间男子所喜爱的服饰，其制式也渐趋丰富，有琵琶襟、下襟、对襟诸式。各阶层对马甲的用色有严格的区别，妇仆穿红、白的马甲，一般人的用色与马褂同。马甲的用料多为绸、纱、锻等，后来又有皮质马甲的出现。

在清代汉民族民间男子中，除了马褂、马甲外，比较有时代特色的服饰还有长衫、长袍、短衫、长裤、短裤和套裤等。

清初，汉民族民间男子中所流行的长衫、长袍，系明时衫袍之继承。但其制式已由“宽襟大袖”而变成“紧身小袖”。至清末又复而变成极短极紧的腰身和窄袖式样。衫、袍的颜色多流行月白、湖色、枣红、雪青、蓝灰诸色。长袍外套马褂为清时汉民族士绅及富商之常服。

清代的短衫，其形制为圆领斜襟，衣长至胯，不论男女，都可穿用。但颜色较为单调，主要有浅灰色、浅蓝色、蓝色几种，人们穿着时没有什么更多的讲究，为清代广大下层民众经常穿服。

裤子，经过千余年的演绎、发展、变革，到清代，从外形到种类型式等诸多方面，都已基本定型，趋于成熟。清代的裤子，男女都可穿服，比较流行的裤式有长裤、短裤和套裤等几种。

清代长裤的立裆较宽且肥大，腰部向上伸长，故在穿着时，腰部须要向一侧折叠，再用绳带系之。两只裤口用带子扎紧，显得利落，并有保暖的作用。清人习惯于将长裤与短衫、短袄或马甲相配套穿服，这是清代杂耍艺人、商贩及普通市民常用的服饰制式。

清代短裤的形制与长裤差不多，只是裤筒仅及膝。着短裤者只是在乡间田野的耕种农夫和江河上劳作的船工、纤夫等。

套裤是一种仿古的裤式，早在汉代已经出现过，不过那时只是老者或妇女才穿它。而清代套裤，则不分男女老少都可以穿用。清代套裤制式为：只有两只裤筒，不设裤裆和裤腰；裤筒上部缝有一长带，穿时系之于腰带之间，裤筒下口则用丝带扎束，以方便行动。清代套裤，有棉、夹、单之分，北方汉民族地区，气候寒冷，民间多穿棉套裤，扎束腿口，能起防风保暖作用。套裤面料，普通人家多为布，中人之家则有缎、纱绸。

此外，清代汉民族还有男子内系兜肚的风俗。

清前期，朝廷规定庶民不得着靴，但后来此制有变，许多朝吏士卒穿起靴来。有一种名为“爬山虎”薄底短靿快靴，有穿着方便、奔走轻捷及经久耐用等特点，故在官府差官中颇为流行。清代的平民大都只穿鞋，鞋有薄底和厚底两种，但以薄底居多。其鞋脸都较窄（有方、有圆），质地以丝缎、呢绒、深色布料为多，有的还在鞋上刺绣一些纹饰，以示美观。

清代汉民族民间男子的帽饰，常见的有小帽、毡帽、风帽和狗头帽等。

小帽，是清代十分流行的一种便帽，俗称“瓜皮帽”，是明代六合一统帽的延续。帽胎是用黑缎、纱、红夹里、马尾、藤丝竹片编织而成，有软硬两种。形制又分为平顶和尖顶两种，顶端设一结子，其质地有用丝帛结的，亦有用珊瑚水晶或玻璃料珠为结的。结子的大小随时尚及主人的审美情趣而定。至清代晚期，富者小帽正中常缀有四方形白玉或珠宝饰物，以示炫耀。

毡帽始于明代，它原为北方劳动者戴用的帽式，清时，已流行于普遍庶民之中，其形制为圆形，自两鬓向后加长，为的是冷时可以护住双耳，暖时可以向上折起；在帽正面当中设有一折起似舌状毡头，以便遮挡阳光。稍有身份的士大夫家居时也戴此帽。但帽的制作工艺讲究，毡帽的所有边缘均用丝绸类织品包裹，颜色多为黑色。

风帽又称风兜、观音兜，有夹、棉、皮式，为民间老人蔽风御寒之用。狗头帽为孩童所戴，帽顶两旁左右开孔且装上两只毛皮狗或兔耳朵，用花边缘帽筒。

此外，在各地人们的着装也有着不同的风俗。例如江浙人有系腰巾之俗；而河南汴梁开封男女衣服，喜用青蓝两色土布；孩童则红衣为多，甚至上下通红，名曰十二红；陕西汉中风俗则尚白，民间男女皆以白布裹头，或用黄绢，加白帕其上，谓之“诸葛武侯带孝”。

另外，在清代汉民族士庶有挂戴佩物之俗，如“荷包”“香袋”和“扇套”等，还有玉佩、项圈、寄名锁、护身符等。

（四）妇女服饰因旧制

清初，汉民族妇女，大多数还是沿用明代后期的服装模式，如衫、袄、背心、裤和裙等。但随着人民生活的安定，满、汉民族之间的民族交融日益加深，遂出现了满汉妇女服饰互有仿效的趋势，形成了“大半旗装改汉装，官袍截作短衣裳”的互融局面，城市汉民族妇女更是以穿着旗袍为时尚。

旗袍本为满族旗人妇女所穿服，故称为旗袍。其形制与官服的袍式差不多，圆领、右衽。领子初时较低，后逐渐加高，到清末时已高约二寸；领口、袍襟用扣襟相结，袖口、襟裾多用不同的颜色织物缘边。缘边宽大是清代妇女服饰的特征之一。初时，旗袍的袍身大多比较宽松、肥大，后逐渐收小，最终出现了清末民初的紧身旗袍，颇受民间广大妇女的欢迎。

清代妇女的袄和衫，既承袭了明代晚期妇女袄衫宽袖、大襟、衣长过膝的特点，又吸收了满族妇女好在衣缘上镶边的特色。其形制多为圆领、右衽、开襟，具体服式有大襟、对襟及琵琶襟等，袄、衫的穿着习惯也与明代相似，常被当作外衣穿，并将下裙遮住一半；有的还在外面另单一件背心。

清代的背心，其前身就是明代的比甲。一般穿服于袄衫之外，其形制为圆领、无袖，有斜襟式、对襟式和琵琶襟式。领、袖、襟及衣缘处，常镶有不同的花边，图案以花草、虫、鸟为多。

清代妇女的裙子，除朝裙外，清政府未作另行定制。所以裙子的式样和种类十分繁杂。清初，在江南一带，妇女崇尚由“百褶裙”演化而来的“褶式”裙服，并且按其不同做工，分为“马面裙”“月华裙”“弹墨裙”等。到了康乾时期，又有“凤尾裙”的出现和流行。而咸丰、同治时，又重新时兴百褶裙，尤其以经过改进的“鱼鳞式百褶裙”最受欢迎。

此外，清时汉民族妇女还有服膝裤、穿弓鞋之俗。由于缠足，所以又有妇女穿睡鞋睡觉的风俗。在广东潮州，地处岭南，气候炎热潮湿，故民间妇女多赤足拖鞋；西南边陲的云南昆明，妇女皆裹足，衣袍套，外出时多以锦帕盖头。

汉民族妇女的头饰，受“剃发易服”律制的影响较小。清初，苏州地区的妇女发髻，多以明末遗留下来的高髻为尚，主要有：牡丹头髻、荷花头髻、钵盂头髻等，形成于明代的假髻风俗，清代汉民族妇女都有沿用，扬州地区的妇女假髻种类，据记载，有望月髻、蝴蝶髻、花篮髻、折项髻、罗汉鬏、双飞燕、倒枕松、八面观音等。至清代中期，苏州地区民间又流行另外一种高髻，称之为“元宝头”。同时还有牛角纂、扬州桂花头等。

清时妇女头饰以鲜花为主。岭南妇女将鲜花穿于彩丝，绕在髻间；北方妇女喜欢在鬓边插一两朵鲜花；苏州还有制作像生花，烧料制作仿真花的，一时成为妇女所尚。清末又有尚珠花、茉莉针，以金翠宝玉、珊瑚等制作，插带时排列于发髻之上端或成半环形。清代妇女发髻上的饰物多为簪，以金银、翡翠、宝玉制成，有的簪端还垂以凤凰形的金银翡翠物，曰“步摇”。

清代汉民族女子结婚时，仍沿袭明代之制，有戴凤冠、着霞帔的风俗。此外，清代汉民族女子还有头戴“兜勒”的风俗。

二　饮食风俗

（一）日常饮食因传统

清代汉民族社会庶民的饮食风俗与前代基本一样：种什么，吃什么；产什么，吃什么。冬季天短，每日两餐，夏季每日三餐，农闲食稀农忙食干。南方主要食稻米，北方主要食黍麦。有菜季节食菜，无菜季节食咸菜、咸辣椒面；青黄不接时吃野菜、榆钱、槐花、香椿；灾荒饥馑时食谷糠、草根、观音土甚至或人人相食。清代不同于其他朝代的是，番薯、玉米等外国传入的高产作物已在全国普遍推广，加入了主食行列。番薯、玉米等属粗粮，在“救饥”“济世”，解决清代人口暴涨带来粮荒问题的同时，也降低了清人的生活水平。清代老百姓虽然也不乏煎饼（米面）、红薯饼（高粱面）、贴饼子（玉米面）、凉皮（玉米面）、饸饹（荞麦面）、榆钱糕等粗粮细作的花样，但主要是求糊口存活，长年累月饮食单调粗粝，吃不起好的，只在节令及婚丧嫁娶之时，方可依俗打打牙祭。

（二）年节饮食多地方特色

清代汉民族社会的年节饮食文化风俗是颇为丰富的，不仅内容多姿多彩，而且呈现出诸多的地方和时代特色。

农历正月元旦是一年中最隆重的节日，拜年活动时有喝春酒、年节酒以及吃饺子（北方）的风俗。如辽宁昌图府民间食水饺，曰“元宝汤”；黑龙江绥化县民间，互相请席，名曰“吃年茶”；立春日时，民间普遍“咬春”。如在陕西榆林府民间，立春日设春盘，食春饼，蔬用萝卜，谓之“咬春”；山西直隶绛州立春日，啖菜菔数片，名曰“咬春”。元宵节时，南北方有盛吃元宵的食尚，如四川巴县民间元宵节作粉团相遣，曰“饷元宵”；绵州民间十五日入夜时，用米作粉团，曰“元宵”，祀后合家食之。

农历二月二日龙抬头节，北方与南方民间有吃太阳糕、油煎糕点、掌腰糕和冻狗肉的风俗。如在河南汲县民间，龙头节有煎食上元节所制的米粉糕的习尚；江苏吴中则将隔年糕油煎食之，谓之撑腰糕。

农历三月寒食节与清明节时，江苏吴中市上卖青团、熟藕，为居家清明祀先之品；儿童对鹊巢支灶，敲火煮饭，名曰野火米饭。江西兴安县地区民间以粉米作果的“寒食”之风。甘肃静宁县民间清明节拜扫先墓后，有“礼毕共相享馂余”的习尚。

农历四月八日浴佛节，北方有禁屠宰、撒豆结缘、蒸枣糕祭关帝的习尚；南方则有以乌米糕（即阿弥饭）相馈送的饮食食风。

农历端午节时，南北民间均有争饮雄黄酒、菖蒲酒，吃粽及设宴庆贺的食风。吴中地区，民间各家宴会庆赏。端阳药市酒肆，各以其所有雄黄、芷术、酒糟等品馈遗主顾。百工亦各缀所业，群入酒肆哄饮，名曰白赏节。

农历八月中秋节时，民间普遍有吃月饼和各种瓜果，设家宴赏月、拜月等风尚。如在四川綦江县民间，中秋有设瓜饼、酒食赏月的食尚；新都县民间“俗以月饼相馈遗”。在东北开原县民间，有陈月饼、设瓜果聚饮的风俗。

农历九月重阳节，民间有饮茱萸、菊花酒，吃重阳糕的习尚。如吴中民人重阳日，食米粉五色糕，名重阳糕；陕西榆林府民间，有“荐糕糜”、登高饮酒的食风；河南汲县民间有食面枣糕、羊肉的风俗。

农历十一月冬至节，北方民间吃馄饨，南方有吃以糖、肉、菜、果、豇豆沙、萝卜丝为馅的冬至团，并相馈贻，各家更迭宴饮节酒的习尚。十二月“腊八节”民间普遍有吃腊八粥、年糕的食风。腊月二十三日“祭灶”时，南方民间有吃“口数粥”，北方民间有吃酒食、饴糖的风俗。除夕饮食，北方要吃“荤素细馅水饺儿”，并配以苹果、干果、馒头、素菜、年糕；南方要吃“暖锅”，并以猪大肠、鱼圆、肉圆、鲞头、春饼等祀先，以讨“常常团圆、春有想头”之彩。

（三）民间小吃花样百出

小吃是正餐以外的零食。清代汉民族民间管吃小吃叫“点心”或“打小尖”。清代汉民族社会的小吃、名点非常丰富，有许多名点与名小吃流传至今，仍在国内外享有盛誉。如西北的羊肉泡馍、牛肉面，山东的煎饼、锅贴，奉天（辽宁）的老边饺子，京师（北京）的烤鸭、涮羊肉、豆腐脑、豌豆糕、冰糖葫芦、抻面，宁波的汤圆，广东的龙虎斗，广西的烤乳猪，山西的刀削面，长治“和合兴”的“上党酥饼”，四川的榨菜、灯影牛肉、担担面、回锅肉，川式糕点中的糖皮点心“龙凤饼”，江苏的过桥面，云南的汽锅鸡、过桥米线，天津的“狗不理”包子，等等，均为风味独特、加工精细，名闻全国的小吃与风味食品。

清代北京串胡同叫卖的小吃品种很多，最普遍的有硬面饽饽、棋子馒头、帘子棍、豆包、芸豆卷、烫面饺、黄粉饺、烧饼、麻花、糖酥火烧、驴打滚、艾窝窝、豌豆黄、一窝丝、凉炒面等。带汤汁的有馄饨、茶汤、老豆腐、炸豆腐、豆腐脑、豆浆、豆汁、面茶、杏仁茶、粳米粥、元宵等。荤味熟食有白水羊头、爆羊肉、干牛头肉、烂驴肉、熏鱼、炸虾、炸鱼、咸鸭蛋、茶鸡蛋等。小食品有山楂糕、糖葫芦、吹糖人、爆米花、铁蚕豆、糖炒栗子等。小菜有臭豆腐、酱豆腐、腌白蒜、卤虾小菜、蒜黄菜辣菜等。

清代汉民族还吸收了许多少数民族的特色小吃，从而丰富了自己的饮食文化。常见的如奶酪，又称醍醐，本是北方少数民族传统食物，清时成为京味特色小吃。用牛奶加白糖煮开、过滤、加江米酒，文火加热发酵，置碗中成半凝固状而成。萨其马，本为满族食品，“以冰糖、奶油合白面为之”，甜腻可食，后来也成了汉民族民众所喜食。北京饽饽，即北京糕点，原为清宫祭品，有细馅饽饽、寿意饽饽、片儿饽饽、大八件、小八件、自来红、自来白等。

（四）市肆筵宴成社交常态

宴饮作为一种重要的交际手段，在汉民族社会中时兴而讲究。而随着清代社会经济的恢复，商品经济的发展，人们物质生活条件的改善，人们的社会交际也逐渐频繁起来，作为传统交际手段的宴饮也日趋增多，并呈铺张、豪奢的发展趋势。

旧时，礼客之宴一般是在家里备办，到了清代，“上馆子”者日增，市面上的酒楼饭庄逐渐成了人们宴饮社交的主要场所。

三　居住风俗

（一）民居制式定型化

清前期汉民族民居的建筑形制渐趋定型化，根据《中华文明史》的研究，其制式大致可分为庭院式民居、窑洞式民避和干栏式民居，及其他特殊类型民居等。

庭院式民居是汉民族民居的主导形式，所谓庭院式民居，即是以单间组成的条状单幢住房为基本单位（一般为二间一幢），回环布置，组成各种形式的院落，成为一种室内室外共同使用的居住形态。由于气候、传统及风俗习惯的不同，庭院式民居又可分合院式、厅井式和组群式三种。

合院式民居的形制特征是组成院落的各幢房屋是分离的，住屋之间以走廊相连或者不相连属，各幢住房皆有坚实的外檐装修，住屋间所包围的院落面积较大，门窗皆朝向内院，外部包以厚墙。这种民居形式在夏季可以接纳凉爽的自然风，并有宽敞的室外活动空间；冬季可获得充沛的日照，并可避免寒风的侵袭。所以合院式是北方地区的通用形式。合院式民居以北京四合院最为规则典型。完整的北京四合院是由三进院落组成，沿南北轴线安排倒座房、垂花门、正厅、正房、后罩房。每进院潸东西厢房，正厅房两侧有耳房。院落四周有穿山游廊及抄手游廊将住宅联系在一起。大门开在东南角。大型住宅尚有附加的轴线房屋及花园、书房等。

厅井式民居的形制特征是组成方形院落的各幢住房相互联属，屋面搭接，紧紧包围着中间的小院落；因院落较小，形似井口，故又称之为天井。天井内一般皆有地面铺装及排水渠道。每幢住屋皆有前廊或宽大的前檐，各住屋间在雨天也可串通行走。同时一部分住屋做成敞口厅或敞廊等半室外空间，与天井共同作为生活空间使用。很多地区将住房建成两层，楼上作居室。厅井式民居是长江流域及其以南地区的通用形式，尤以江浙、两湖、闽粤为典型。苏州民居是由数进院子组成的中轴对称式的狭长的民居，在轴线上依次布置着门厅、轿厅、过厅、大厅、女厅（又称上房），大厅是宴客、团聚之处，上房多做成凹字形两层楼房，为家眷的卧室。苏州民居大部分不设厢房，前后房屋间的联系是靠两侧山墙外附设的避弄（廊屋）来解决，避弄由南至北一通到底。主要天井内皆设立一座雕饰华丽的砖门楼，以示气派富有。

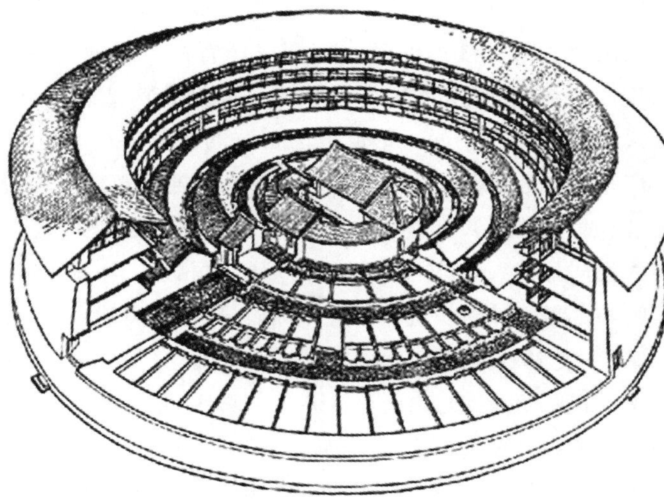

福建永定古竹乡高北村承启楼剖视图

组群式民居是庭院式民居的特殊形式。这是一种大型的、聚族而居的集合式住宅，多分布在闽西、粤东、赣南的客家人居住地区及广东潮汕地区。福建永定、龙岩、南靖等地区的客家人喜欢建造圆形或方形的大土楼。如永定承启楼直径达 70 米，住房呈环状布置，为四层夯土木构架的楼房，外观封闭，无窗或很少开窗，内院有套建的圆形附属房屋，中间为全族人共同的祠堂。内部有水井、粮仓，楼门关闭以后，全族人不要外援可坚持抵抗侵袭很长时间。永定湖雷、坎市、高陂一带尚盛行建造另一种聚居土楼，平面方形，层数由北至南递减，称之为“五凤楼”。广东梅县一带客家人喜欢采用“三堂两横加围屋”式，即中部三进厅堂，两侧为横屋（即纵向房屋），横屋北端接建一圈半圆形的围屋，可以是单围，也可双围，形成全封闭的大住宅。

窑洞民居，这是一种很古老的居住的方式，即是在黄土断崖地区挖掘横向洞穴作为居室。按构筑方式可分为三种，即靠崖窑、平地窑、锢窑。靠崖窑即是利用天然土壁挖出的券顶式横穴，可单孔、可多孔，也可结合地面房屋形成院落。平地窑又称地坑院、地窨院、暗庄子或天井院。即在平地上向下挖深坑，使形成人工土壁，然后在坑底各个方向土壁纵深挖掘窑洞，也可以说是竖窑与横窑结合而成的民居。此式窑洞多流行于河南巩南、三门峡、灵宝、甘肃庆阳、山西平陆一带。锢窑为在平地上以砖石或地坯按发券方式建造的独立窑洞，券顶上敷土保重成平顶房，以晒晾粮食。多通行于山西西部及陕西北部。窑洞民居晋中、豫西、陇东、陕北、察北，流行较广。各地区窑洞在发券形式、窑脸的构造、内部灶炕的位置、门窗形式等方面皆有不同，形成地区窑洞的特色。

此外，广东、福建等地，清时还流行一种民居形式，粤中称竹筒屋，潮汕称竹杆厝、竹篙厝，广州地区称神后房，福建称手巾寮，是一种长进深、单开间的民居形式，这类民居皆是山墙彼此相连，不能开窗，故采光通风全靠房间中部留出小天井、天窗、阁楼、亮瓦来解决。①

（二）民居装饰工艺化

清代汉民族民居在装饰方面十分讲究，它表现在彩画、小木作、栏杆、内檐装修、雕刻、塑壁等各个方面。

清代建筑彩画突破了明代旋子彩画的窠臼，官式彩画明确分化成三大类，即和玺、旋子和苏式。详细分析尚有金龙和玺、龙凤和玺、大点金旋子、小点金旋子、石碾玉、雅伍墨、雄黄玉、金琢墨苏画、金线苏画、黄线苏画、海墁苏画等区别，分别画在不同建筑的不同部位上。彩画工艺中又结合沥粉、贴金、扫青绿等手法的加饰、更显得建筑面貌辉煌绮丽、多姿多彩。

门窗的种类在清代明显加多，而且门窗棂格图案更是繁杂，与明代简单的井字格、柳条格、花格、锦纹格不可同日而语，特别是民间建筑的门窗装修并未受到礼制规定的限制，成为表现主人财力及审美趣味的重要部位。清代许多窗格图案已发展为套叠式，即两种图案相叠，如十字海棠式、八方套六角、套龟背铺式。江南地区还喜欢夔纹式、乱纹式及粗细乱纹结合式样。浙江东阳、云南剑川地区民居门隔扇心全为透雕的木刻制

① 参阅陈哲夫总纂《中华文明史》第九卷，河北教育出版社1999年版，第345页。

品，花鸟树石跃于门上，完全成为一组画屏，有些甚至能透雕四五层图案。内檐隔断了是装饰的重点，除格扇门、板壁以外，大量应用罩类以分隔室内空间，仅常见的就有栏杆罩、几腿罩、飞罩、炕罩、圆光罩、八方罩、盘藤罩、花罩、博古架、太师壁等不同形式。这些隔断形式的交错应用可以创造出各种似隔非隔、空间穿插的室内环境。

此外内檐装修的表面装饰还大量引入当时盛行的各种手工艺制作技艺，如硬木贴络、景泰蓝、玉石片雕刻、贝雕、金银镶嵌、竹篾、丝绸纱绢装裱、金花墙纸等。

雕刻亦是清代装饰的重点，主要是砖雕、木雕、石雕三种技艺，砖雕多用于大门、石库门、影壁、廊间墙；木雕多用于门扇裙板、天花藻井、梁头、柁墩、撑拱；石雕多用于柱础、须弥座、门枕石、抱鼓石、石狮等处。总之，清代建筑由于雕刻工艺的广泛应用使人们的艺术注意力由形体美转移到细部上来了。其他方面如栏杆，台基、脊饰，山花、塑壁、大理石镶嵌、碎瓷嵌、石膏花饰等也有不少佳例，表现出匠人的巧思异通，为中国古代建筑艺术增添新的色彩。其中，砖雕盛行于徽州外、苏州、番禺、佛山、潮汕、北京、河州（临夏）等地；木雕装饰风俗盛行于东阳、苏州、徽州、剑川等地。除了木结构构件的装饰加工以外，有些格扇门窗以木雕式的花板装饰隔心板是清代的特色，其中以浙江东阳最为复杂精细。闽南民居门窗格心亦有用木雕制品，而且多涂饰油漆。石雕装饰风俗盛行于河北曲阳，浙江青田、绍兴，福建惠安、晋江，广东潮汕等地，其中以绍兴的石漏窗、潮州的阴刻石板画最为精致。至于石柱础的雕制几乎遍及全国各地。四川等地用瓷片装饰屋顶脊饰，闽南大型民居油饰中喜用贴金工艺，等等。

清代汉民族民居还十分讲究小环境的营造和设置，北方的“四合院”由房屋垣墙包绕，面向内院，院内栽植花木，陈设鱼缸、盆景、鸟笼，形成独立的安静闲适的居住环境。室内设炕床取暖，内外地面铺方砖。顶棚装饰常用纸裱，或用天花顶格。建筑外部色彩以青灰色为主，一般人家，在大门、上房、走廊处加些简单彩画，在影壁、墀头、屋脊上施砖雕，显得和谐协调。

居室内家具的陈设，在民间居住风俗中也有着传统的习惯方式和约定俗成的陈设规定。清前期北方汉民族地区最为流行的陈设是“一道线”。例如晋中居室陈设的家具，是一种炕式结构的组合家具，由炕几、被阁、大柜、顶柜、扣箱等几部件组合而成，在居室中只占一面，构成一种以火炕为主的“一道线”形式。明堂的陈设是以中堂条幅字画为主的“一条线”格局。

（三）私家园林体系化

清前期汉民族社会的私家园林建筑进入了鼎盛时期。官僚、富商，特别是南方苏杭一带，竞造园林，争奇斗艳，成一时之风。

清代汉民族官僚、地主、富商的私家园林多集中在物资丰裕、文化发达的城市和近郊，不仅数量上大大超过明代，而且逐渐显露出造园艺术的地方特色，形成北方、江南与岭南三大体系。

北方私家园林以北京最为集中，盛时城内有一定规模的宅园达成150处之多，著名的有恭王府、萃锦园、半亩园等，大部分为水景园。北方宅园因受气候及地方材料的影响，其布局多显得封闭、内向。园林建筑亦带有厚重朴实刚健之美。在构图手法上因受皇家苑囿的仪典隆重气氛的影响，故应用轴线构图较多。叠山用石多为北方所产的青石和北太湖石，体形浑厚、充实、舒展。植物配置上是常绿与落叶树种交叉配置，故冬夏景观变化较明显。建筑用色较丰富，色彩艳丽，以补植物环境之缺陷。总之，浑朴、凝重、粗放为北方园林的艺术特色。

江南私家园林在清初康乾时代多集中在交通发达、经济繁盛的扬州地区，乾隆以后苏州转盛，时至清末，苏州已有风格各异的园林一百七十多处，基本上是私家花园。其中有的有曾吸引康熙帝两次巡幸的松江府赐金园，太仓忆园，武进的青山庄，江宁的随园、五松园，扬州瘦西湖沿岸的二十四景，苏州的拙政园、留园、网师园，无锡的寄畅园等。江南宅园建筑轻盈空透，翼角高翘，又使用了大量花窗、月洞，空间层次变化多样。再辅以青藤、篁竹、芭蕉、葡萄等，做到四季常青，繁花翠叶季季不同。这种优越的植物条件，也造成许多植物标题的景观。江南叠山用石喜用太湖石与黄石两大类，或聚垒，或散置，都能做到气势连贯，可仿出峰峦、丘壑、洞窟、峭岩、曲岸、石矶诸多形态。并且太湖石以其透、漏、瘦的独特的形体还可作为独峰欣赏。建筑色彩崇尚淡雅，粉墙青瓦，赭色木构，有水墨渲染的清新格调。江南园林呈现的艺术特色是婉约、柔媚、通透的风貌。

岭南园林以顺德清晖园、东莞可园、番禺余荫山房、佛山梁园为代表作，此外福建、台湾的一引宅园亦具岭南风格。因气候炎热，岭南园林建筑需考虑自然通风，其通透开敞程度更胜于江南宅园。同时受西方规整式园林的影响，水体与装修多为几何形式。建筑密度高。叠山多用皴折繁密的英石包镶，即所谓“塑石”技法，故山体可塑性强，姿态丰富，体型呈向空间发展。同时受地方工艺技术影响，在园林中应用塑壁及细木雕工较多。故岭南园林风格以幽奥、丰富、装饰性强的风格见称，但略显壅塞与烦琐。

（四）宅居俗信传统化

清代汉民族社会的宅居风俗体现了严格的等级制度。根据等级制度，朝廷对不同等级官民宅居的室基、门基、台阶的高度，油漆彩绘，门钉数量等做了规定。一般官员门柱禁涂朱色，庶民禁用琉璃、彩绘、朱红门及梁上贴金等。

北京四合院里的居住风俗严格遵守尊卑有序、内外有别之制，在住房分配上其“坐北朝南”的“正房”为长辈居住的地方，正房（北屋）的东西“耳房”是未婚女子们的闺房，东西两排“厢房”为家中儿子、媳妇们的房间，外院为佣人居住。苏州住宅里的上房女厅，为女眷生活处，外人及执役男子严禁入内。

此外，在居处还有一些禁忌风俗，如已婚女子回娘家住宿不得与丈夫同房，犯忌则以为其娘家家道将衰落；房屋的门槛为神所凭依，故忌在上面坐、踏或站立，尤忌用刀砍，有犯者则以为会招致灾异；等等。在营造宅居时，清时汉民族社会还流行一种风俗，即奠基、上梁时不仅要择良辰吉日，而且还要善待工匠，如果怠慢了工匠，则会被他们暗中报复，施以魇镇术。

清时中国风水信仰遍及民间。风水理论与活动皆以“气”为中心，在理论上讲究乘气、聚气、顺气、界气，在建筑实践上则表现为相地、外部空间的组织及内部空间每一位置的择吉等。

在汉民族民间，无论北方还是南方，建筑新宅时都特别注重门的处理，究其缘由，乃是因其关系到人的吉凶祸福，所以投注了更多的风水观念。《相宅经纂》明确指出：“宅之吉凶全在大门，……宅之受气于门，犹人受气于口也，故大门名曰气口，而便门则名穿宫。”正因为此，人们在建筑新宅时，对门的设置考虑最多，按风水测定的各种规则也最多。

风水将住宅内众多的门分为大门、中门、总门、便门、房门。大门为合宅的主要入口，坐北朝南的“坎宅”民居，风水认为三吉方为离（南）、巽（东南）、震（东），而以东南方为最吉，故一般此坐向的住宅多将大门开在东南方，俗称“青龙门”。民间风水认为，从大门到便门，各门不能位于同一直线，否则就会因气太盛而漏掉，影响房主的运气。民间恪守此信，使住宅之门出现了白幽、多屏墙、门不相对的封闭式等特点，而形成了丰富多彩的“门”之艺术和影壁艺术。

四　交通风俗

（一）文职乘轿，武职策马

清前期汉民族官民人等出行主要有陆路、水路；交通工具有骡、马、驴及车、船、轿。直接以骡、马、驴作为交通工具的，主要是农村、山区半山区的老百姓以及武官、兵士；城镇、经济发达地区、水网交织地及文官，多以车、船、轿为主要交通工具。车有辇、马车、驴车、骡车、大鞍车、小鞍车、敞车、冰车（又叫冰床）等。轿有舆、明轿、暖轿、官轿、平轿、花轿、素轿以及滑竿等。船有海船、航船、埠船、香船、游船、便船、篷船、方舟、竹舟、木排等。清代对官民士庶的出行工具制定有严格的等级制度。汉官三品以上，轿顶用银，盖帷用皂，在京 4 人抬，出京 8 人抬；督抚、钦差 8 人抬；司道以下，教职以上 4 人抬；四品以下文职，轿顶用锡，2 人抬。武职均乘马，年过 70 岁不能乘马者，需请旨特批方可乘轿。五品以上命妇可以乘车。一品夫人车为黑色辕轮，皂盖，青缘，绿檐，皂纬。一品夫人以下命妇乘车颜色各依等级有所不同①。三品以上大员可乘坐“大鞍车”（又称轿车，带棚畜力车），其他官员有乘驴车、骡车的，马车一般为太监乘坐。

清前期品种较高的官员可乘八轿。八轿，又称为八抬大轿，因有舆夫八名而得名。此轿轿夫前后左右各二，轿四周围以绿呢。据有关史籍记述，清前期京官无人坐八轿，外官中的督抚、学政，可于大典时乘坐；将军、提督亦只是偶有乘之者。此外，凡命妇因其夫、其子被朝廷封典者，则可乘坐此轿。一般官员多乘四轿。四轿，有舆夫四，轿的前后夫役各二。这种轿舆，规格较前者为差。乘坐者多为京官中用舆之人及外省官员

① 赵尔巽等撰：《清史稿》第 11 册，卷一百二《志七十七 · 舆服一》，中华书局 1976 年版，第 3031 页。

中藩台、臬台以下官员，亦有命妇受封典时乘用。轿四周用蓝呢装饰，以为标志。至于低级官员，凡外出长途旅行者，则另乘“眠轿”，将应用各物置于轿中，且可“偃卧以憩”。这种肩舆，较普通舆深且广敞。

官员出行，前呼后拥几十人，州县官前导有“肃静”“回避”版，衔牌，金锣，伞，扇，旗；后有书吏、家丁。鸣锣七下，示以“军民人等齐闪开”。道府官又有护勇、顶马，鸣锣九下，示以“官吏军民人等齐闪开”。督抚仪仗长达半里，鸣锣十一下、十三下，闻声即可知其品级。

清前期官员乘坐的车，则有大鞍车、方车、官车等。大鞍车，车的尺寸较大，骡背之鞍隆起。车顶作弓背式，无檐；车外帏用蓝呢，下围红拖呢。两旁及后面各有一窗，冬用玻璃，夏用纱。夏令时节则车厢两旁施旁帐，而缀以飞檐。前面则有遮阳大帐，以竹杆两根，施朱漆，插在两辕稍后的铁槽内。其轮毂，自奉恩镇国公以上均为朱色，余则为紫色。车轮周围镶以铁瓦。其引马、跟马皆有定制，一引二跟，为习见者。车厢外褥下，有长方小车凳，主人上车时，另一车夫抽板凳出，以手按之，可踏以凳车。

清代官员凡行水路，则弃轿乘船。官船分为座船与差船两种。凡官署所蓄之船，为本官所乘者，呼为座船。不载客，不运货，并用黄布为旗，悬挂船桅之上，上书本官的官衔。其官员和船役的接待由沿途官府负责。差船，亦属官署所有，但它专备本官的差遣所用，也不载客，不运货，但船旗上要标明为官署的差船，以示区别。朝廷规定，运河道上以及船过河闸时，先让官船，次及商民货船。

（二）民间行旅南舟北马

清前期，民间出行多用舟楫或肩舆，南方“使船”，北方“使马”，相沿成俗。江南多水路，船运历史悠久，也十分发达，不仅有海船、航船、货船、香船、游船，还有鲜船、搭便船、竹排，等等。在湖州地区，农家有大船、小船两种。大船用以迎亲的叫“花船”，用以载丝往返于沪杭的叫“丝船”，收租的叫“账船”。小船打鱼的称“渔船”，专载鸬鹚搏鱼的称“木鸭船”，放黄鸭的称“黄鸭船”，放丝网、鱼钩的称“脚划船”，以乞食为主的称“敲梆船”，等等。绍兴地区有一种埠船，为中型船，可坐三十余人。它因有停靠的埠头，有约定的时间，所以叫作“埠船”。由某个村庄专开的，该村庄的埠头叫“本埠”，路过的埠头叫“客埠”。杭州西湖的游船，至清代末年，在前代基础上有所发展，除达官贵人乘坐的各种画舫外，还出现了两种船型：“竹舟”和“方舟”。“竹舟”以巨竹为筏，筏上结篷屋，外有朱栏，以青幔为幛，屋内木板地，船中可设席宴饮，青幔可随时撤掉以眺远景。“方舟”由几节活动的方形船体组成，用时由人肩背至湖中，以中节坐客，再加上前后两节为首尾，客多时可加节，用绳连成小舟，用布帆，有人划桨。方舟两边还设有两小舟，一放茶具、酒果，一置笔砚、书笺。清末，西湖游船向简朴转化，大型画舫也不多见，时尚一种叫“划子”的小游船，这种游船可随时租借，每船可载 7—8 人。另外还有一种大些的叫“篷船”，有门窗，可避风雨，船旁还载有小舟，可烹食物，这种船亦可租用，但价格较昂贵，多为豪门富贾使用。

此外，南方还有沿海渔民专供捕捞之用的网船；有长江及运河上专供航运的江苏“无锡快”；更有以船为家的“疍船”。江宁（南京）、苏州、无锡、嘉兴一带则有专供游者在江上游览饮宴之用的“灯船”。

北方舟楫又是另一种类型。如渡黄河多用平底船。这种船平底，用巨木制作，一船可坐五六十人；甘肃黄河中，更有用牛羊皮船及板船作渡船者。其中，板船颇似江浙的大划船，它是甘肃至天津一带海口贸易与交通的重要工具。清代，民间陆上的行旅工具，多为肩舆车轿。其中，北方民间多为骡轿、小车，及骑驴、骑马等。骡轿，形如箱，用二长杠架于前后二骡之背，杠上再置轿，轿甚宽大，既可坐卧又可载行李。此外，北方民间亦有肩舆，形制却与南方不同，仅有南轿之上半，乘者两足下垂，以一木板托起。座椅两旁，贯以两木杠，木杠两端系一皮条，舆夫肩此皮条，两人相向而行。车辆方面，则盛行羊角车（独轮小车）、敞车、冰车（拖床、冰排子）等，由人力或畜力牵引，均可载物载人。独轮车也叫小车，靠人推，轮子是木制的，是小贩用来运水、运货的车，通常为一人推，若推得过于吃力，则由另一人在前面用绳套拉之。

南方民间陆路多乘坐肩舆，但形制式样各异。在湖南长沙一带，民间多乘用“响轿”，此轿形制普通，但轿行时常格格然有声，故而得名；广东民间则乘“飞轿”，此肩舆大而华、快而稳，轿夫有三人或四人之别，举步极速；广西民间则有“八卦轿”，轿夫有男亦有女，如坐客为男，二女轿夫肩舆则似坎卦，坐客为女，前女后男肩舆，则似震卦，故此类推而得名；云南民间，盛行三丁拐轿，此轿竹片编成，轿夫前二后一，以利行于山岭小道。四川山区道路，则通行滑竿。

五　器用风俗

（一）油灯形式多样，点火用火石

清前期的照明器用主要的是油灯。油灯出现在古代，用植物油或动物油作燃料。人们把油放在瓦杯及罐中，用细绳作芯，点燃之，即制成油灯。讲究一些的则在罐外加一个玻璃罩。灯的用料有瓷、铜、铁、木，也有金玉宝石，各具千秋。据徐珂的《清稗类钞》记载，清代民间流行的油灯有“云母灯”“料丝灯”“西瓜灯”“书灯”等。此外还有蜡烛，也是使用较广的照明器物。点火器用则是火石，以及类似近代火柴的“火寸”。“夜中有急，苦于作灯之缓，批杉条，染硫磺，置之待用，一与火遇，得焰穗然，呼引光奴。今有货者，易名火寸。”[①] 火寸虽与火柴相似，但仅能引火而不能生火，使用极不方便。

（二）端砚歙砚受青睐

砚是研墨和调色的工具，在我国具有悠久的历史。多数的砚以特种石头为材料，著名的砚材有端石、歙石。端石产于广东高要县端溪，温润发墨，花纹美观。歙石产于安徽婺源县龙尾山，硬度在端石以上。端砚、歙砚均列为中国四大名砚之中，尤为清代文人所青睐，视为“文房四宝”中的上乘佳品。

纸是我国古代“四大发明”之一，但它的产生比笔、墨要晚。在清代，我国传统造纸业有进一步发展。除了誉满天下的宣纸外，各种笺纸的制作也达到较高水平，如描金银图案粉蜡笺、描金云龙考蜡笺、五彩描绘研光蜡笺、印花图绘染色花笺等。

六　娱乐风俗

（一）戏曲进入宫廷

清前期在社会上影响最大的戏剧品种是昆腔和京剧。昆腔由明入清，一度因战乱而受到影响，不过，仍为官府和文人士大夫阶层所推崇，观看昆班演出，是清初文人士大夫阶层主要的休闲娱乐风俗，所以传奇的创作与昆剧的演出继续保持着发展的势头。南方的苏州、扬州、杭州、南京和北方的北京等地，仍然属于昆腔家庭戏班和民间职业戏班演出十分活跃的

① 徐珂：《清稗类钞》第 12 册，中华书局 1984 年版，第 6041 页。

基本地区。康熙初期，官绅蓄养戏班、私人家乐宴集的明末旧有习尚，很快又恢复起来。后雍正、乾隆两朝整禁止官宦蓄养优伶，私置家庭戏班。因此，官绅蓄养家班之风顿趋衰泯，而民间职业戏班随之兴盛起来。

早在明末除家庭戏班外，昆腔原本就有许多民间职业戏班。他们闯荡江湖，在各地城市的戏馆、茶园、城镇、乡村的庙台、广场的草台上演出受到庶民阶层的欢迎。入清以后，他们在从事营业演出之外，也承应官府、士绅、商贾们的需要。康熙年间，北京的职业戏班就出演于太平园等戏馆，孔尚任在他的诗文中也说及北京的不少昆班，特别称赞："燕市诸伶，惟聚和、一也、可娱，三家老手，鼎足时名。"① 指的是当时最著名的三家职业戏班。至于苏州、扬州、杭州等城乡，昆班演出更加活跃，在广大汉民族民间，看戏成了士农工商的主要休闲娱乐。

自清代朝廷禁止官绅蓄家班和官署自养戏班以后，民间职业昆班得到较快的发展，促使昆腔更加接近普通观众，促进了昆腔与各地声腔、剧种的交流和影响。乾隆年间，汉民族社会各地的地方戏剧得以勃兴，与昆腔产生了激烈的竞争，形成了"花雅之争"。到乾隆后期，向来称雅部的昆腔已出现明显的衰势，而被称为"花部"的京腔、卫腔、四平腔、秦腔、高腔、梆子腔、柳子戏、罗罗腔、乱弹腔等则绚烂多彩，得到较大的发展。乾隆五十五年（1790年），以后，京师三庆、四喜、合春、春台四大徽班发展起来，以徽调的二簧、汉调的西皮为基础，吸收其他地方戏曲声腔，于道光以后形成京剧，将中国戏曲文化推向了巅峰。道光时人梁绍壬曰："京师梨园四大名班，曰四喜、三庆、春台、和春。"② 北京戏班演出的主要场所，即戏庄、戏园几乎被徽班所独占。观看徽班演出在当时成了社会上普遍流行的风尚。

与此同时，各地的地方戏得以蓬勃发展。地方戏剧的演出，农村多是临时戏台，北方常在阔地搭台演出③，南方或在祠堂，或在水中船上演出④。城市原来多在茶馆、会馆或官宦富贵之家的厅堂演出，称"堂会"。后来永久性、专业性的戏园、戏庄、戏馆、戏楼越来越多，成了都市一

① 江蔚林编：《孔尚任诗文集》第三册，中华书局1962年版，第414页。

② （清）梁绍壬：《两般秋雨庵随笔》。

③ （清）陈弘谋：《培运堂偶存稿》卷十九《巡历乡村事宜檄》。

④ （清）徐栋：《牧令书辑要》卷六。

景。清代各种地方戏的剧目有《水浒》《三国》《说唐》《杨家将》等历史剧，八仙、西游等神怪剧和反映爱情、家庭的生活剧等，在娱乐中宣扬忠孝节义、助人为乐等汉民族传统思想。

汉民族各地的地方戏，流传较广的有花鼓戏、采茶戏、黄梅戏、泗州戏、莆仙戏、秦腔等。

花鼓戏，由“花鼓”等民间歌舞发展而成的，广泛流传于湖南、湖北、安徽、江苏、浙江等地。此戏传到苏北后，与当地香火戏、扬州清曲和民歌小调结合，形成了维扬戏，又叫扬州戏，清末形成了扬剧。

采茶戏，由江西等地的“采茶灯”或称“茶篮灯”的民间歌舞发展而成。此戏曾传入浙江，与当地古老的民间舞“跳竹马”相结合，发展成睦剧。

流传于福建省莆田、仙游一带的莆仙戏，历史悠久，其中保存有一些宋代汉民族南戏的曲牌名。传统剧目中有许多独具特色的表演程式，舞蹈动作丰富。

秦腔，是清代影响很大的主要剧种，唱腔来自西北民歌，表演吸收了具有戏曲情节的陕西民间歌舞小戏“文社火”。

此外，汉民族古代的傩祭风俗，逐渐融合了戏曲歌舞的成分，实现了由娱神为主向娱人为主的功能性转变，于清代发展成深受汉民族地区广大农村男女老少欢迎的傩戏，成为当时一些地方主要的娱乐项目。

（二）说唱趋向成熟

发轫于唐、确立于宋、发展于明的说唱娱乐，至清代臻于极盛，品种繁多，因地域和方言的差异而流派纷呈。清代汉民族社会的民间说唱是伴随着市民阶层的成长壮大而逐步趋向繁盛成熟的，它的题材十分广泛：史事兴旺、金戈铁马、才郎倩女、悲欢离合、传说神话、山川景物、佛道劝善、灵怪妖魔、寒窗苦读、衣锦荣归、结义抗暴、忧国伤民等，描述和表达了世俗生活的斑斓色彩和精神风貌；它在音乐结构上有清派音乐和板式音乐两大类，伴奏乐器有丝弦鼓板等各种各样。它的曲调、节奏和汉语气相结合，获得特殊的发展：说唱结合，似说似唱；唱中有说，说中有唱；抑扬顿挫，字正腔圆；神采飞扬，声情并茂；写景状物，描绘逼真；叙事代言，灵活应变；既能够慷慨高歌，也擅长如泣如诉；说唱艺术以其独特的艺术魅力而赢得汉民族社会广大官民士庶的喜爱，成为他们娱乐休闲生活的重要组成部分。清代汉民族社会的民间说唱品种繁多，主要的有沧州大板大鼓、苏州弹词、八角鼓和扬州清曲。

此外，在汉民族社会广泛流行，深受喜爱的曲艺品目还有广东的粤讴、龙舟歌，福建的锦歌，湖北的三棒鼓等。

（三）民间歌舞盛于节会

在清代，汉民族社会的民间歌舞大多与节令、信仰、社交等活动结合，借娱神为由，起娱人之效果。如春节、农闲“闹秧歌”，正月十五“耍龙灯”，立春之际“打春牛”，各种庙会上的歌舞百戏等，均是人们娱乐消闲的主要方式。据载，清代汉民族社会的主要民间舞蹈品目有秧歌、高跷、旱船、竹马、太平鼓、霸王鞭、大头和尚、采茶灯、龙舞、灯舞和狮舞等。

秧歌从清初开始广泛流传，尤其北方各省更为盛行，且在长期实践中形成了不同地区形式风格的某些差异，如“陕北秧歌”的矫健豪放，“山东秧歌”的韧中带劲，“东北秧歌”的红火欢腾，“河北秧歌”的健朗风趣，等等。又因舞时所使用道具的不同，产生了许多变种，如“地秧歌”“高跷秧歌”“鼓子秧歌”等。不管是何种秧歌，从形式上看，可分大场与小场两种表演形式。大场是集体队舞，舞者装扮成日常生活、历史传说、戏曲故事中各种人物，手持扇子、手帕、鼓、伞棒等道具，由领舞者带头扭舞成各式各样的队形图案。

高跷，原为古代的一种踏跷技艺，清代称高跷，常和秧歌结合表演，又称高跷秧歌，大约产生于乾隆年间。高跷的跷，短者一二尺，长者至六七尺。若为表演翻跳，跟斗技巧性舞蹈时，一般较短。清代高跷多在街衢广场表演，偶然也有在室内表演的。清代木刻《高跷图》，刻绘得很像是民间艺人在贵族厅堂表演的高跷：四个踩高跷者，扮作头陀、丑公子、旦、儿童等，正在厅堂起舞，旁立观的有贵族男女及小儿等。

清代民间的年节喜庆活动中，有舞太平鼓之俗。乾隆、嘉庆时期，民间太平鼓舞风很盛。太平鼓的形制，《听雨丛谈》曰：“京师正腊两月，有击太平鼓之戏，以驴、羊之皮冒于铁圈，作纨扇式，柄末另有大圈，贯以铁环，随挝随摇，铮铮聒耳。”① 鼓面也有“糊蛮纸”② 和“覆以高丽纸”③

① （清）福格：《听雨丛谈》，汪兆平点校，中华书局1997年版，第225页。

② （清）汪启淑：《水曹清暇录》，杨辉君点校，北京古籍出版社1989年版，第122页。

③ （清）李振声：《百戏竹枝词·太平鼓》，载雷梦水等《中华竹枝词》，北京古籍出版社1981年版，第77页。

等不同。小的直径一尺左右，大的竟有三尺多。“小者如盘如镜”，“更有大石瓮者”。在街市上敲击作舞时，“鼓声、环声、喧笑声、哄闹声，耳为之震”①。多在除夕、上元、燕九期间表演。

霸王鞭，又称打连厢、金钱棒、打花棍。清代已广泛流传。舞时手持二尺多长竹棍，棍上装有串串铜钱，耍舞钱棍或自击四肢、肩、背等，或二人对击互碰钱棍，发出铮铮擦擦节奏分明的声响。常在年节之际与竹马、扑蝶、舞龙等同时表演。

大头和尚，流行于全国各地，常见于元宵舞队中。清代北京灯市盛行此舞，有“大头和尚满街游”的灯夕口号。有时以“大头和尚戏（逗）柳翠”的形态，表演《月明和尚度柳翠》的故事。一般为二人表演，一人扮和尚，头戴笑脸和尚假头，手拿拂尘或蒲扇；一人扮柳翠，也戴大头面具，手执扇子或手帕。有掸尘、拜佛、搔面、抓耳及嬉逗、追逐、男驮女等舞蹈动作，风趣、夸张。

（四）百戏遍布城乡

清代的百戏，据有关资料记载，即现在的杂技表演，当然其中也不乏歌舞和武术的成分。清时，北京地区的“走会”，天津地区的“皇会”，山西、陕西等地的“社火”，四川等地的立春前“迎春”等活动中，都杂有百戏表演。如北京的“走会”融有歌舞、杂技、武术等多种技艺表演。其中，属于杂技的有中幡、开路、双石、石锁、杠子、花坛、花砖、五虎棍等。

中幡，流行于北京、天津一带，北京行话叫“大执事”，是在一根长一丈多的大竹竿上，挂上用布或绸制作的幡，幡上绣或画着各种神像，多为八仙庆寿十八罗汉等。一面幡重三四十斤，再加受风的干扰，表演起来既费力又有一定的危险。所以表演者都得有过硬的功夫。清时中幡表演技艺有七十二套之多，其中数中幡过牌楼最为惊险，表演者把高一丈多的中幡从牌楼上扔过去，由牌楼另一面的人接住，表演难度很大，故有“中幡怕过牌楼”之谚。

开路，也叫耍钢叉、滚钢叉或飞叉。清时民间忌讳说叉，因此称之为“开路”。开路在走会时，演员数目可多可少，但必须有五个“样鬼”，俗称“开路鬼”。五个鬼都勾脸、头鬼戴大额子，其余四个鬼梳蓬头，穿不

① 徐珂：《清稗类钞》第11册，中华书局1984年版，第5067页。

同颜色的褶子、红彩裤，黑薄底靴子。行进时它们在前边，表演时站在后边，所以叫“样鬼”。参加表演的演员人数不限，多在十人左右，演员不勾脸，穿薄底靴子、各色彩裤，不练时穿各色开氅，表演时不论冬夏一律赤膊。

石锁，又叫掷子，是流行很广的传统项目。石锁的大小重量差别很大，显示表演技术用的就小而轻，显示力量的就大而重。大小因人而异。石锁的表演形式，也分对练和单练，对练主要是几个人对扔对接，在接和扔的过程中作种种姿势。单练时不论人多人少，个人练个人的互不联系。经常表演的套路有盘肘、吊线、腰串、倒把、背剑、掏挡、片马等。

杠子，俗称盘杠子。表演时的杠子固定在大车上，演员手抓杠子在上面表演挂肘、片腿、凤凰展翅、倒挂紫金冠等动作。比较高难的动作是在杠子上拿大鼎，其中的八字鼎就是在杠子上倒立后，两手大拇指和食指叉开成八字形，四个手指支撑全身；金勾鼎就是倒立后，把两个食指擎起来竖在杠子上，以手指支撑全身重量。

花坛，其表演道具是瓷坛和瓷缸，有对练也有单练，表演时将又光又滑、重几十斤的瓷坛、瓷缸，在头上顶来顶去、上下翻转、左右滚动，演出各种动作和套路，显得十分奇险。

五虎棍，又叫开路五虎棍，分四大类：一是式架棍，正名叫“五虎打路”；二是少林棍；三是藤牌少林棍；四是跟斗棍。五虎棍表演有单练、双练、群练，主要套路有：三抽、三扫、三捂、三月子、二龙头、十八棒等。《京都风俗志》曰：“五虎棍，以数扮演宁祖郑恩等相，舞棍如飞，分合巾式。”

（五）节会臻于极盛

在清代汉民族民间的许多节日和迎神赛会中，休闲娱乐已成为其中的主要内容。如一些节日都以娱乐为目的。元旦是隆重喧闹的节日，持续十余日，甚至延续到正月十五的上元节，逛市场、放爆竹、放烟火、张灯等，欣赏各种表演，热闹非凡，纯属为了娱乐。如天水县民间，每逢元旦日，民人多操鼓乐，馔酒肴，停业娱乐；并且有扮演秧歌、杂戏者。贵州兴仁县民间元旦期间还有踢毽、打秋千诸种游戏；上元节以观灯、看戏为主，除了观花灯、猜灯谜外，还有亲朋欢聚耍社火、荡秋千等娱乐活动。陕西靖边民间，上元灯节前后数夜，街市遍张灯火，村民亦各自鼓乐为傩，装扮歌舞，俗名“耍社火”，义取逐瘟，实为娱乐。四川巴县民间上元节时，乡人以扮灯为乐，用姣童作时世装，随日逐家双双踏歌，和以音乐，艳以灯火，谓之“闹元宵”。长寿县民间则自初九日至十五日夜，城乡市镇斗灯，制鱼、龙、狮、象各形状，导以鼓乐，沿门相贺，主人设香烛迎接，施放爆竹或花筒以为乐。四川汉州民间的街巷“土地会”有演各种戏剧的习尚。又如各地的立春，主要内容为迎春和打春，而迎春本身就是人们装扮社火、扮演杂剧的娱乐活动。据《陕西永寿县志》记载，立春前一日，有司迎春于东郊，地保扮戏剧，锣鼓彩旗，聚观者杂沓。此外，二月上旬的花朝节，是花王的生日，士人有赏花、饮酒、赋诗等娱乐；清明节有踏青、荡秋千、放风筝等活动；五月初五日端午节，南方水乡遍有龙舟竞渡的活动。

春秋社和神诞日的活动最初是娱神，在清代则是娱神、娱人兼有，到清后期，有的赛会则已以娱人为主。如安徽泾县民间每年凡逢迎神赛会时必须演戏，除正戏外，还兼演傀儡戏一出；北京每逢遇城隍出巡及各种庙会就有各地的花会组织联合献艺，如跨鼓、花钹、高跷、什不闲之类，“随地演唱，观者如堵”。

清时汉民族社会的节会娱乐活动，影响较大的则有北京的花会、天津的皇会、山东潍坊的风筝会、广州的花市和杭州的钱江观潮会等。

七 体育风俗

（一）竞渡传入北方

龙舟竞渡是我国历史悠久的体育活动，它分布地区广，深受人民的喜爱。唐时此项活动已有开展，宋明不绝。迄清时民间竞渡活动仍盛行不衰，尤其江南水乡开展颇为广泛。吴越之地，素有竞渡之传统。俗称呼龙舟竞渡为“划龙船”，大都在五月端阳节举行。据顾禄《清嘉录》载，五月间，苏州“龙船，阊、胥两门，南北两濠及枫桥西路水滨皆有之。各占一色，四角枋柱，扬旌拽旗”。各龙船“中舱伏鼓吹手，两旁划桨十六，俗呼其人为划手。篙师执长钩，立船头者曰挡头。篙头亭之上选端好小儿，装扮台阁故事，俗呼龙头太子”[①]。在正式比赛前数日，就开始祀神并在水中演练，称作“下水”。“游客争买土罐掷诸河，视龙舟中人执戈竞斗。”比赛时“锣挟鸣涛鼓驾雷，红旗斜插剪波来，锦标夺到轩腾

① （清）顾禄：《清嘉录》，来新夏点校，中华书局2008年版，第121页。

处，风卷龙髯雪作堆”。其场面壮观，热闹非凡。《昆新合志》曰：“五日有龙舟竞渡之占，康熙间城内外有舟五六，后已绝响，近复如旧。”① 扬州沿江亦有“龙舟竞渡之戏，有自五月初十起者，有自十三起者，至十五日止”②。

除端午节外，其他节日也有龙舟竞渡，如康熙时，成都“四月十九，浣花夫人诞日也。太守出笮桥门，至梵安寺，谒夫人祠。至百花潭，观水嬉竞渡。官舫民船，乘流上下”③。雍正时，宁波“八月各乡皆以龙舟竞渡，……与各处端午竞渡不同”④。乾隆时，江苏吴江竞渡“或以六月廿四日，或以中秋日，其事略与元时清明日同”⑤。竞渡活动无疑增强了节日欢乐气氛。

清前期除南方水乡的竞渡活动外，北方亦有开展。《帝京岁时纪胜》载曰：“里二泗（地名）近张湾，……前临运河，五月朔至端阳日，于河内斗龙舟，夺锦标，香会纷纭，游人络绎。”⑥ 甚至在宫廷之中亦有竞渡。《啸亭续录》载曰：“乾隆初，上于端午日，命内侍习竞渡于福海中。皆画船箫鼓，飞龙鹢首。络绎于鲸波怒浪之间，兰桡鼓动，旌旗荡漾，颇有江乡竞渡之意。”⑦

（二）骑射由满入汉

骑射一直是满族练兵习武及娱乐的重要内容。清代因“以弧矢定天下”，故最重骑射，朝廷的武科始终列弓箭为主要考试项目。受此影响，清代的汉民族士大夫阶层中，也流行骑射活动。除因公务之需而参加宫廷、军队骑射活动外，“士夫家居，亦以习射为娱，家中有射圃，良朋三五，约期为会。其射之法不一，曰射鸽子，高悬栖皮，送以响箭，鹄之层亦不一名，最小者名羊眼，然工者仍不事此，或一箭诸圈，皆开而不落，如花篮式，此为至难。曰射月子，满语名艾杭，即画布为正也。曰射绸，悬方寸之绸于空而射之，此亦难。又有于暮色悬香火于空而射之，则更

① （清）顾禄：《清嘉录》，来新夏点校，中华书局2008年版，第122、123页。
② （清）阿克当阿修：《嘉庆重修扬州府志》卷六十《风俗》。
③ （清）陈祥裔：《蜀都碎事》卷三。
④ （清）曹秉仁修：《雍正宁波府志》卷六《风俗》。
⑤ 《乾隆吴江县志》卷三九《节序》。
⑥ （清）潘荣陛：《帝京岁时纪胜》，北京古籍出版社1981年版，第22页。
⑦ （清）昭梿：《啸亭续录》卷一《端午龙舟》。

难。然皆巧也，非力也”。[①] 又有射柳风俗，明时已流行，清时不绝。潘荣陛《帝京岁时纪胜》“天坛”条载曰：“帝京午节极胜游览，或南顶城隍庙游回，或午后家宴毕，仍修射柳故事，于天坛长垣下，骋骑走缧解。”[②] 在清人咏端午节的风俗诗中有“球场射柳马如飞，艾叶催装七事衣”[③] 之句，可见射柳仍是清代端午节的风俗活动之一。

（三）武术空前发展

习武强身是汉民族的传统风俗，到清时更是得到空前的蓬勃发展。民间宗教与秘密结社盛行，并多与演习拳棒和练气结合。顺治二年（1645年），在山西朔县以张四善友会起义，其组织同时又是一种习拳的结社，会众都是娴习某种拳棒刀枪弓矢等武术的。雍正五年（1727 年），山西泽州《张进斗正法案》中翟斌如、焦明山等都是白莲教首领兼拳棒教师。[④] 雍正六年（1728 年）一道上谕中说：“闻卦子匪类（八卦教徒）隶籍于江南之庐、凤及河南、山东、直隶、山陕地方，其男妇皆习拳棒技艺。”[⑤] 乾隆年间就更多了。如乾隆三十九年（1774 年），山东寿张县五伦清水教起义“始则念经聚会，……学习拳棒，以至流为谋叛”[⑥]；乾隆四十三年（1778 年），“山东冠县地方，有民人杨姓，聚集多人，立义和拳邪教，邀请村人每人出钱三五文教学邪拳”[⑦]，等等。这些民间宗教和秘密会社，同时又是武术团体，习武是他们的主要内容。

嘉庆以后，封建社会进一步腐败，各种秘密宗教和结社更加活跃，习拳练武现象更为广泛。嘉庆时，江南、河南、山东一带有顺刀会、虎尾鞭、义和拳、八卦教等组织，多“聚徒传教演习刀枪，不分男女”[⑧]，此时山东临清有梅花拳教、义和拳教、大红拳教、二狼拳教、五祖拳教等，仅梅花拳教刘四就有徒弟三千余人。[⑨] 这些教首及头目通过开场授徒、访友比武等方式，传习了红拳、八卦拳、六趟拳、阴阳拳、义和拳、梅花

---

① 徐珂：《清稗类钞》第 6 册，中华书局 1984 年版，第 2956 页。

② （清）潘荣陛：《帝京岁时纪胜》，北京古籍出版社 1981 年版，第 21 页。

③ 孙殿起：《北京风俗杂咏》。

④ 《军机处录副奏折·农民运动》第 1890 卷，第 1 号。

⑤ 《大清世宗宪皇帝圣训》第三六卷，第 15 页。

⑥ 《朱批档》卷二四五，第 17 号。

⑦ 《朱批档》卷七六九，第 2 号。

⑧ 《军机处录副奏折》卷二九三〇，第 1 号。

⑨ 《录副档》卷二五，第 5 号。

拳、神拳、太子拳、二狼拳、金龙照拳、五祖拳等，以及枪、刀、棒、剑、绳标、鞭法诸技，使明代以来蓬勃发展起来的各种拳法及器械进一步向复杂化、多样化发展，清代的民间拳法及器械技术的种类大大超过明代。

（四）棋类活动高手迭出

清代汉民族社会的棋类活动在明代的基础上又有了新的发展，好弈之风在汉民族士人中长盛不衰，棋坛名手辈出，棋着丰富，棋谱大量出现。

围棋，清初海内国手凡数十辈，往来江淮之间。过百龄、周懒予、许在中、盛磊有、吴瑞、汪幼清诸人为最著，一时形成诸子争雄竞霸的局面。康熙年间，弈学之盛，前所未有，除原有名手外，又有黄霞、徐星友、周西侯等几十人。乾隆年间，棋坛霸王不再是一个人，而是一大批，其中梁魏今、程兰如、范西屏、施襄夏，被称为“四大家”。范西屏是四人中之佼佼者。毛祥麟《墨余录》卷二曰：“乾嘉时期贵盛行弈艺，以此四方善弈士咸集京师，而以海宁范西屏世勋为巨擘。”清中叶后，政治腐败、经济落后，围棋也出现了衰落之趋势。

随着康熙后社会经济的恢复和繁荣，中国传统象棋也活跃起来，象棋成了清代汉民族民间消闲益智的主要体育活动之一。康熙年间，象棋界出现了王再越、周廷梅、张之淑、程兰如等一批著名棋手和理论家，棋谱不下二十种。乾隆时期，象棋极盛一时。由于乾隆皇帝对琴棋书画都较精，对象棋也较爱好，故王公大臣都喜欢下棋。谢侠逊《象棋谱大全》曰：“当乾隆中叶，象戏盛行，人才辈出。”民间当时出现了九大流派，曰毗陵派、吴中派、武林派、洪都派、彝陵派、顺天派、江夏派、大同派、中州派。当时周廷梅“遍历南北各省，战胜诸派，遂成天下国手，而创毗陵派。从之学者二百余人，颇极一时之盛”。

第四节　清前期汉民族的礼仪风俗

一　育诞风俗

（一）祈子求神为主

清前期祈子风俗以婚礼上的祝吉求子仪式为序幕。婚礼上有传袋的风俗，起自隋唐以前的传席；宋元以后演变为传袋，传袋即谓“传代”，寓祈子之意。此俗清时仍得以沿袭。清人笔记《不下带编》曰：“今礼俗用半袋承毯，名曰‘传袋’，又曰‘袋袋相代’，以袋隐代。”[①]

婚礼以后，各种各样的祈子风俗逐渐展开。江浙一带，女子婚后一两年仍不怀孕者，男家亲朋便在正月十六日晚，扎糊一婴儿，敲锣打鼓，将婴孩送到不孕妇女的床榻。主人要为送婴孩的人泡糖茶水。当客人喝完茶水后，要将茶碗倒扣，认为这样可生男孩。在南京，则有“摸秋祈子”的风俗，《金陵岁时记》曰：“金陵俗，中秋月夜妇女有‘摸秋’之戏，尝往茉莉园，以得瓜豆宜男。”[②] 又有妇女于中秋夜去长乐渡玄帝庙摸铁老鸦杆求子的风俗。在北京，妇女于上元夜摸正阳门上的铜钉，以求添丁生男。此外，全国各地还有正月初一清晨偷吃一个煮鸡蛋以求怀孕；清明日夫妻并座，同吃煮南瓜以祈子；四月八日去庵庙施舍枣子粥、栗子粥以求子嗣；到一些赐儿山、赐儿洞摸“神器”等以祈怀孕生子；偷拔一个船桩用红纸包裹，象征婴儿送给不孕妇女以引子；以及从庙里买一泥塑娃娃带给不孕妇女以求子等风俗。未孕妇女祈子的方式虽然五花八门，但最为流行的还是烧香祝祷、祈神赐子、观音送子、麒麟送子等。

在清代汉民族地区民间供奉的送子神佛除送子弥勒、送子观音外，还有碧霞元君、张仙、金花夫人、十二奶娘等。碧霞元君又叫泰山娘娘，传说是东岳大帝之女。东岳大帝主生，故其女被奉为送子娘娘。北方碧霞元君庙宇遍布城乡，香火极盛，叫作娘娘庙。南方一些地区的娘娘庙以金花夫人为送子主神，附祀诸神均与生育婚娶有关。如“送生娘娘”“保生娘娘”“眼光娘娘”“耳光娘娘”“引母娘娘”“乳母娘娘”“痘疹娘娘”“千子娘娘”以及“月老”“张仙”“华佗”“斗姆”等。另有“栽花”“送花”“濑花”“保胎”“转花”“白花”“红花”“羊刃”“血刃”“剪花”“送子”“腰抱”“养育”“教饮”“教食”“小笑”“大笑”“教行”“梳洗”“保痘”等20位奶娘。有的地区还供奉12个抱小儿的“奶娘”。求子之妇人庙烧香祝祷，择奶娘所抱子系以红绳，据说可托生为己子。

不管南方北方，都有在送子娘娘前拴泥娃娃的风俗。送子娘娘香案前，放有很多泥娃娃，叫“百子童”，供求子之妇抱取。抱一个交喜钱一

---

① （清）金埴：《不下带编》卷二。

② 潘宗鼎：《金陵岁时记》，南京市秦淮区地方史志编纂委员会、南京市秦淮区图书馆1993年版，第30页。

百文，以兆“长命百岁”。抱后若得子，要买十个或百个泥娃娃披红挂彩，送回庙中还愿，叫作“得一还十”“拴一还百”。

（二）怀孕禁忌趋向科学

清前期，汉民族社会十分重视妇女的受孕称为“有喜”，并定了许多的规矩和禁忌，要求孕妇自觉遵行，并要求丈夫或其他家庭成员监督。

清前期，汉民族孕妇最忌参加红白喜事，以免惊吓了胎儿。同时，孕妇的饮食有一系列的禁忌。《古今图书集成·人事典》曰：“儿在胎，日月未满，阴阳未备，腑脏骨节皆未足，故自初迄于将产，饮食居处皆有禁忌：妊娠食羊肝令子多厄，食山羊令子多病；妊娠食驴马肉令子延月，食驴肉难产；妊娠食兔肉令子无声并缺唇；妊娠吃鸡肉糯米多寸白虫；妊娠食鸡子及干鲤鱼令子多疮；妊娠食椹并鸡寻令子倒出心寒；妊娠食雀肉并豆腐，令子满面皆黯黑子；妊娠食雀肉并酒，令子心淫乱不畏羞耻；妊娠食鳖令子短项；妊娠食冰浆绝胎。”[①] 民间孕妇的饮食禁忌风俗有：忌吃兔肉，以免胎儿破相，长豁唇；忌吃姜，以免胎儿生六指；忌吃葡萄，免生葡萄胎；忌食鸡肉或狗肉，据说这两种肉能使胎儿化掉，或说狗肉不洁，吃了要难产。同时，民间俗信提倡、鼓励孕妇多吃桂圆，使出生的孩子眼睛又圆又大；多食黑芝麻，能使胎儿将来的头发又黑又明亮；等等。

在清前期汉民族的士大夫阶层中，妇女怀孕期间还有重视胎势风俗。胎教之俗源于周朝，历经千百年的流传，到清时已有一套系统的理论总结。清代胎教的主要内容，据《古今图书集成·人事典》记载，包括以下四个方面。

第一，谨寝室。也就是节制、戒绝性生活。一般规定妇女怀孕三个月后，夫妻分居，停止性生活。陈弘谋《五种遗规》曰：“子妇人妊子之时，谨寝室，严视听，夜则令瞽诵诗，道正事。”其中“谨寝室”，主要指节制或停止性交。古人认为性行为不洁，有碍于胎儿的成长，不利于培养出操行高尚的后代。同时，妊娠中晚期的性交活动对胎儿身体的发育以及母体的健康也有直接影响。此外，孕妇要“居处简静”，寝室里忌剧烈动荡、吵闹等。

① （清）陈梦雷等：《古今图书集成》，人事典三五卷。

第二，戒淫声。此处淫声既指淫乱、不洁之声，也指各种噪声。与戒淫声相对应的，就是听诗书之声与琴瑟之乐，诸如“听诵诗书讽咏之声”“夜则令瞽诵诗”等，用和美的声音陶冶孕妇的情感，影响腹中的胎儿，使其养成平和、优美的性格、品德。

第三，杜邪色。邪色指淫邪、异常的视觉形象，诸如丑恶植物、异类鸟兽，操干动戈，打架斗殴、射杀生灵，等等。此外，兔子等使胎儿破相的物品也应避忌。与杜邪色相对，要用美好的物象来影响孕妇、影响胚胎，如“观犀象猛兽珠玉宝物，看贤人君子圣德大师，观礼乐钟鼓俎豆军旅陈设”，这样，就能够使腹中胎儿相应地形成庄严奇伟的形象、高尚纯正的品格、超凡卓越的才能。

第四，正言行。妊娠期间，孕妇“割不正不食，席不正不坐，弹琴瑟、调心神，和性情，节嗜欲，庶事清静”“常口谈正言，身行正事”，这样，所生之子才会“忠孝仁义，聪慧无疾”“贤明、端正、寿考”。

从以上四点看，清前期汉民族民间流行的胎教风俗比之前代，已更具科学性和合理性。

（三）贺生送“百家衣”

清前期汉民族孕妇产期将至，娘家于当月朔日将婴儿襁褓、彩衣、花生、红枣、栗子、桂圆、彩蛋等装在彩盆中，覆以剪纸，送至女家，以讨早生贵子之彩。送礼者还要带笙一具，吹着进门，表示催生。

百家衣

当婴儿降生后，产妇主家要举行为新生儿祝福、为孕妇驱邪的仪式。江南地区，主家要携喜蛋、酒菜到外婆家报喜。安徽《叶集镇志》曰：“富者生儿育女则大送红蛋报喜，以示多子多福。”所携喜蛋，若得男则单数，若得女则双数。外婆家得知喜讯，要回送双倍喜蛋、衣裙。主家要将这些喜蛋分送给邻里亲友，男单女双。邻里亲友则以火腿、白鲞、核桃、桂圆、红糖、索面之类回赠，称为“汤盆儿”，有的地区还要回赠碎布供主家缝“百家衣”，回赠铜钱供主家购“百家锁”，给婴儿穿戴，谓可防病避灾。翟灏《通俗编》中说：“百家衣，小儿襁褓也。”[①] 民间认为，穿上百家衣，可使婴儿长命富贵。

江西小孩出生，主家要以白米7粒、红茶7叶包成礼包，分送亲友。亲友回赠铜钱百文或十文不等供主家购银锁，挂于婴孩的颈上，以此防病避灾。锁正面刻着“百家宝锁”，反面刻着“长命富贵”。婴儿出生3日后，要举行三朝礼，为婴儿举行洗三仪式。

（四）满月剃头留“百岁毛”

婴儿满月要请亲友吃满月酒，叫作“作满月”。亲友则要送鞋帽、糕团、饰物、金银等贺礼。满月这天要给婴儿剃头。剃头时，在婴儿前脑门上留一两寸大小的方形胎毛，象征婴儿长大后会为俊杰。剃下来的胎发团成团装进金银小盒，用红绿丝线挂在堂屋高处，使婴儿长大有胆识，或挂入婴儿帐中辟邪。剃头后，要给婴儿穿红着绿，上街兜“喜圈儿”。在北方，小孩满月剃头时，若是男婴，则要将婴孩脑袋后边的一撮头发留住，叫作“百岁毛”。因家人担心婴孩会夭折，故留百岁毛以禳解祈寿。若是女婴，则满月时要用胭脂涂唇。以此来镇住多嘴魂，使女婴长大后，不多嘴，不贪食，行为规矩。清朝《直隶通州志》记载：“（女孩满月）以脂涂唇，曰：‘毋多言’。”河北一带还有为满月女婴穿耳的风俗，以此训诫女婴长大后不得偷听别人谈话。《直隶通州志》亦载：“满月……女子穿耳，祝曰：毋侧听。”

（五）寄名神佛挂“过寄袋”

清代汉民族社会民间当婴儿出生后，家人担心他有不测，或夭亡，或多病，于是，将孩子在神或僧道前寄名为弟子（但不剃发出家），以求长命。寄名风俗明代就已有之，清代末年更为流行。寄名时，其父母要携带小儿到庙里烧香。先得小儿生辰八字具文书奏名于神前，并用红布制成一袋，将小儿的出生年月日写好放在其中，然后悬挂于神橱上，俗称“过寄袋”。接着，僧道要为小儿取名，并将道髻、道衣以及刻着“金玉满堂”或“长命百岁”的银项圈，或锁形饰物，或符录赐给小儿，小儿呼僧为“寄爷”，从此寄名关系成立。

① （清）翟灏：《通俗编·服饰·百家衣》。

（六）周晬抓周沿旧制

婴儿长到周岁时，家人又要举行周晬之礼，庆贺祝福一番。清代汉民族民间的周晬礼比较隆重。在浙江萧山，这天要“设祭祀神飨祖，岳家戚族则均以礼物相馈送，乃设燕飨之。其所赠衣履较弥月时为大，非曩月一寸之冠，一尺之服矣”。周晬礼上流行最普遍的礼俗是“抓周”。抓周，清使又叫“拈周”“试周”“试晬”等，是一种卜定婴儿未来前途职业的礼仪风俗。此俗最晚出现于南北朝时期，至清时仍有延续，且没有太大的变化。

（七）男子贺号，女子开脸

自唐宋以降，汉民族冠礼渐废。到了清代，部分文人痛感“少长之节废，而俗不知让”，实由源自冠礼之废，故提倡恢复冠礼。如雍正、乾隆年间，直隶威县有刘调赞著《礼仪著》三卷，其中《冠礼》一卷详细记述了冠礼的有关细节。“其友田夔庵慕之，令其子莘蓝等皆行行冠礼，并请刘调赞为宾云。”[①] 顺德府“士大夫家偶有行者，只具牲醴酬祖”[②]；束鹿县“男子十五至二十届冠期，卜吉，束发加冠，即古三加遗意”[③]；四川犍为县士大夫家间有行冠礼者，“届期，延里中有齿德者为宾，娴礼乐者为赞。冠毕，赠以字，如《家礼》”[④]。而一些地方虽冠礼不行，但某些风俗则多少反映出古代冠礼之遗风。如山西大同县“冠礼虽久不行，然子初生，取乳名，呼不连姓；及就傅，始名连姓呼之，曰官名；成童后，所业稍定，乃字，仅朋辈呼之，父师之前仍名也。此犹有古意也”[⑤]。直隶亦多有“送号”“贺号”之俗，即男子20岁而字，邻里族党将所有及冠者的年龄、名字书于红纸，榜示通衢，亲友具酒食相贺，可知其为冠礼之遗风。

女子则不加冠而行笄礼，也是成年的标志。行笄礼的年龄比男子的冠礼为早，大约十五岁。其礼远不如及冠礼那样隆重，只是将原来披散或扎成“总角”的发式改成高绾在头顶，用笄簪住，表示已经成人，到了可以婚嫁的年龄。清时汉民族社会女子的笄礼，也多附于婚礼，很少有单独行

① 崔正春修：《威县志》。
② （清）徐景曾纂修：《乾隆顺德府志》。
③ （清）沈乐善等修：《嘉庆束鹿县志》。
④ （清）王梦庚修：《嘉庆犍为县志》。
⑤ （清）黎中辅纂修：《道光大同县志》。

之者。一般情况是女子出嫁临行前“上头”“开脸”，精心收拾一番，实际上这个过程就是古代笄礼的内容，只不过人们把它当作新婚之时的装扮罢了。

二 婚姻风俗

（一）婚制如旧

清代汉民族社会基本遵循一夫一妻的婚姻之制，但也有一夫多妻的现象存在。婚姻的缔结讲究“父母之命，媒妁之言”，男女之间不得私下爱慕，自行配合。“父母之命，媒妁之言”是清代汉民族社会通行的原则。婚姻的缔结通常先由父母决定，再通过媒妁传言；或者先经媒妁搭桥，再由父母决定。婚姻当事人完全处于被动状态，对自己的婚姻没有直接表示意见的权利。所谓“父母之命”，是指父母对子女的婚姻所拥有的决定权，是父权在婚姻上的反映。而且“父母之命”可推及父母以外的其他尊长，包括祖父母、叔伯乃至兄长等人。

重视“媒妁之言”是清代汉民族社会在缔婚时必须遵循的风俗。故民间有谚曰：“男子无媒不取妻，女子无媒老不嫁”“天上无云不行雨，地上无媒不成亲。”因此，社会上“重媒妁”蔚然成风。如《清稗类钞》曰：“湖南醴陵之婚礼，重媒妁，慎门阀。”①

清代汉民族社会的媒人分为官媒、私媒两种。清代的官媒是由政府当局在特殊情况下设置的媒人，主要掌管边远地区的“遣户”。“遣户”是指流放到西北边疆的罪犯。由于这些人中未婚男女数目多少不等，被官府称为“雀角鼠牙之讼”的争婚案件不断发生。为了平息争讼，清政府特设媒官专司其事，规定“遣户”人等，非官媒所指配，不得私相嫁娶。清代私媒是指社会上的职业媒人。媒人又称“月老”“冰人”“冰”，《聊斋志异·寄生》云：“父遣冰于郑；郑性方谨，以中表为嫌，却之。”

在“父母之命，媒妁之言”的缔婚原则下，清代汉民族社会各地区、各阶层的各类缔婚禁忌甚多，主要有：（1）社会等级限制：官民不婚，士庶不婚，良贱不婚，满汉不婚；（2）血缘关系限制：同姓不婚，宗亲不婚，尊卑不婚，姑表姨表异母兄弟姐妹不婚，同母异父或同父异母兄弟姐妹不婚；（3）人生礼俗限制：居丧期间不准嫁娶，祖父母及父母犯死

---

① 徐珂：《清稗类钞》第 5 册，中华书局 1984 年版，第 1999 页。

罪被囚禁时不准嫁娶，配偶丧期内不许嫁娶，帝王丧期内禁止嫁娶等；(4) 社会风俗限制：有通奸关系的男女不许结婚，不许与在逃女子结婚，僧侣、道士、尼姑不许结婚，男女双方生肖属相不合不许结婚等。

以上婚姻禁忌中，社会等级方面的限制，是由清朝统治者以法律形式做出的定规，直接反映了清代汉民族男女婚姻的社会意义。

清代汉民族社会的婚姻制式，主要是“男大当婚，女大当嫁”的从夫居一夫一妻制，也有童养婚、娃娃婚、入赘婚和纳妾等婚姻形制存在。

（二）婚礼如“六礼”

汉民族传统婚俗有“六礼”之说，其中纳采系男方向女方提亲，送礼；问名系女方同意考虑，告之该女生辰八字；纳吉为男方将男女生辰八字送去占卜，卜得吉兆后通知女方；纳征是男方向女方送聘礼；请期则为男方定成婚吉日，备礼告女方；亲迎就是届日男方往女方迎娶新妇。清代汉民族从官吏到平民其婚姻礼俗基本遵循“六礼”，但也有所更张、增减，而趋向更加繁复热闹，使婚礼成为人生第一大喜庆。

清前期民间婚姻礼俗依次是“说媒”，又叫“保媒”“提亲”“保亲”。由媒人到男女双方家中提亲。提亲时要向另一方介绍这一方的家庭情况、人品、生辰八字和属相。接着是“通草帖”，又叫“发草八字”。女方初步同意，通过媒人用粗纸将生辰八字写给男方，即为“通草帖”，男方也通过媒人以草帖回复女方。再是“合婚”，又称“合八字”。男方将男女双方的生辰八字送之问卜，得吉，则通知女方。然后是“换帖”，又称“过年庚帖”“过细帖”，即“六礼”中之“纳采”。男女双方择吉日交换定帖，随后下定。帖为龙凤红纸或泥金龙红纸，故也称“传红”。帖上写有门第、姓名、生辰八字，有的地方还写有三代名讳、官职以及妆奁财产等。男方随帖赠给女方24块银元和10样礼物，如裙料、袄料、喜裤料、绸缎衣料、绸缎裤料、绣花带、绣花巾各一，手镯一副，戒指一对，头饰一套等，取十全十美之意。换帖后相亲，相中了，男方便赠女方金钗，叫作“放小定”，相不中，送彩缎两匹，叫作“压惊”。

换帖以后，就要下定，“下定”即订婚。男方赠女方首饰如意，江南地区多为一锭银，一柄金如意，取“一定如意”之意；北方如营口，下定又叫“押匣子”。男方送女方两只匣子，一只装庚名帖；一只装礼银，女方一岁一两。富贵之家更以绸缎、首饰等装8礼盒、10礼盒加双羊，送往女方家报定。女方收了男方定礼，则需“回奉”，设宴招待男方，叫作“吃成饭”，并赠送男方文房四宝、面娃娃、糕塔、面石榴、麸盐等。面石榴象征多子多福，女婿先吃一个，其余切片分送给邻居，表示婚事已定；麸盐洒在公婆妯娌头上，表示有“福”有“缘”。清时汉民族社会一经订婚，双方即不得反悔，否则便为赖婚，可上诉官府。从订婚到结婚，日期有长有短，其间由媒人往来传话，年节互赠礼品，叫“追节”。

（三）婚礼排场铺张

清代男女结婚要举行婚礼。婚礼前要“送日子”，又叫“报日子”，即男方择定迎娶日期，写在龙凤帖上送往女方，叫作送“知帖”，并随帖送去4抬或6抬、7抬食盒，内装龙凤喜饼、茶叶白糖、花生、栗、红枣、桂圆、藕、山药、猪羊腿等。女方收下知帖，即表示同意。

随后要“送彩礼”，又叫“送聘”“行礼”。男方将女方索要的聘金、首饰衣物、鹅酒筵席送往女家。富家必须备三金：金钏、金镯、金披坠。普通家庭也要给女儿6—8身绸缎衣服、1对戒指、1对耳坠、1套头饰、各色勒子、带子、内衣料等。穷苦人家则没有这些讲究，送些衣帛，表示意思就罢也有在“送日子”之前举行的。

结婚前一天晚上，北方风俗，女方派出两人，一人打着红喜字纱灯，抱个陶娃娃；一人提个红布木箱，箱中装着新娘一套衣物、麸盐和几个面石榴，上面放新娘一面照面镜，二三更时到男方门口，连放三炮。男方开门施礼，将客人迎入洞房，把红箱和瓷娃娃放在炕头，开箱取镜照面，表示见过新娘；客人往瓷娃娃两腿间洒点水，表示贵子撒尿。“踩花堂”仪式结束后，男方设宴款待来客，来客要取“踩花堂”钱。

踩过礼堂，女方即要“过嫁妆”，又称“送嫁妆”“铺房”。多在娶亲前一日，女方雇挑夫向男方发送妆奁。嫁妆的多少厚薄，代表着女家的财势、新娘的身份，决定着新娘到男家后的地位，因此“一物不备，女不登车”。女方也都尽其所有，为女儿置办嫁妆。大户的陪嫁，有“十里红妆，千亩良田”之说；不少人家陪嫁妆不惜超越自己实际经济能力，所谓“痴人变产以应”。[①] 北方嫁妆论“抬”，京师中等人家，嫁妆即可达24抬、32抬之多。嫁妆中，箱笼器具、桌椅被褥应有尽有。橱有书橱、衣橱；柜有立柜、帮柜、顶柜；箱有安东箱、台湾箱、描金箱、撞箱；桌有春台、梳妆台、画桌、琴桌、四仙桌；椅凳有圈椅、一字椅、茶

① （清）陆耀：《切问斋文化钞》卷四《饬禁婚嫁丧葬奢示》。

椅、板凳、春凳、小脚凳；盆桶有大小浴盆、铜面盆、小脚盆、马桶、八小箱、八柜、八铺、八盖；日用铜锡瓷器手炉脚炉、新娘手绣的衣、裙、看鞋、枕头、面巾……令人眼花缭乱。嫁妆中塞着核桃、枣、花生、麸包，祈祝新娘早生子，早得福。女方派一小亲家（小男孩）押妆，派伴娘铺陈、看守洞房，不许闲人擅入。送妆前后顺序、铺陈左右位置都有严格规定，不能随意变动。

接着是“娶亲”。这是婚礼的核心，也是最为隆重热闹的组成部分。各地具体程序不一，大致如下：新郎身着长袍马褂、头戴礼帽、披红插花，率迎亲队伍迎新娘。迎亲队伍中有一负责迎娶的“全福”女傧作为“娶亲太太”。又有两名或四名或八名南傧相。后面是伞扇旗镜、吹鼓手组织的仪仗及迎新娘的喜轿，加上尾随看热闹的，浩浩荡荡数十百人。迎亲队伍到女家门口，鸣放炮竹，叫作“催门炮”，给门人仆人“开门封”。女家开门，迎接新郎入席。新郎吃些“下马点心”，即到女家祠堂祭祖；叩拜女方父母、亲友、邻里；然后吃“腰食”（饺子）。与此同时，男方持红柬奉凤冠、霞帔、宫花、脂粉等物；催请新娘上妆登轿，连请三次。女方则以“全福”女傧作为“送亲太太”，为新娘梳妆打扮，盘头、开脸、清眉、涂脂，着凤冠霞帔、绣花罗裙、大红绣鞋，盖上盖头，吹吹打打，将新娘送至花轿前。新娘新郎在轿前拜过轿神，同吃合婚饼。之后，两名伴娘搀扶或由兄弟、舅父抱新娘上轿。鸣炮鸣锣，并由女方两名男傧监押起轿。

新娘轿子到了男家门口，大门许久紧闭不开，叫作“劝性子”。开门后，轿身要向喜神方向落地，新娘怀抱瓷瓶、铜镜等镇邪器物，脚不着地，踩着事先铺好的红毡或米袋子，在伴娘的搀扶和导引下，跳马鞍、跨火盆，缓缓而行，两侧有男方二人向新娘头上抛撒五谷杂粮，行至中堂，举行拜堂仪式。一拜天地，二拜祖宗，三拜父母，最后夫妻对拜。新郎用结有“同心结”的“牵巾”将新娘牵进洞房，坐在喜帐之下，新郎用秤杆挑下新娘的盖头，男女傧相将喜果抛撒满帐，称为“撒帐”。新娘新郎喝交杯酒，叫“合卺”。喝完交杯酒，新娘出洞房设宴待客。

亲朋好友则要“闹洞房”。无论老少亲朋都可到新房调笑嬉戏，想方设法捉弄新娘新郎，谓“越闹越发”，有的地方闹洞房要从新婚之夜开始一直持续缠。

“回门。”新婚夫妇先行家礼，叩拜祖宗、父母、亲戚，后新娘乘花轿回娘家，并在天黑前赶回。

（四）冥婚与抢亲流行

在清代汉民族社会中，还流行过一些特殊的婚姻制式，如冥婚、娶木主、娶烈女和抢婚等。冥婚，凡男女在生前未婚而死，或已经订婚者未完婚而死，两家父母为之举行婚礼，使死者在“阴间”仍成为夫妇。冥婚有迁葬、嫁殇、迎茅娘、抱主成亲等形式，亦行“六礼”，设喜筵，一切“率如生者”，只是使用的聘礼不是实物，而是用纸制成的冥器。冥婚过后，两家父母便成为亲家，建立了姻亲关系。

在福建泉州地区有“娶木主”和“娶烈女”的特殊婚姻制式。娶木主有两种新类型：一是女方未婚先死，男方在另择配偶结婚前，要先迎已死的元配者木主，第二日才可迎后配的新娘。整个仪式分在两天进行。第一日，先用花轿迎娶已故元配者的木主。木主完全按活人装扮，用芋魁作头，插上首饰花针和花朵，披上头巾，戴上首饰，如活人一般迎进洞房，置于眠床架上。第二日，再用花轿迎娶后配的新娘。新娘入洞房后，先立于门后，双手捧拜木主，口称姐姐。陪伴者念道：“拜阿姐，拜得心欢喜，桃花来接李。”说完，将木主送上厅堂就位。二是姑娘尚未订婚先死，她的父母为了能给她找到配偶，便将她的婢女作为新娘，抱着死者的木主出嫁。这种婚姻只有家境贫困的男人才愿意接受。男方可从这门婚事中减免全部聘金和彩礼，同时又得到可观的嫁妆。

“娶烈女”，即男方订婚后，男方忽然死亡，女方不敢违约另嫁，只好作为烈女被男家迎娶进门。迎娶时，其女照新娘的装束戴花冠、乘花轿，男方邀像乡老长辈迎接。烈女进门后，将被送入烈女房，脱去喜服，换上孝衣，到厅堂拜天地与公婆，并随男方家人痛哭一场。清代末年，烈女的生活十分不幸，一进夫家就被关进烈女房，终日不得出来与外人接触，房门及窗户紧闭或遮盖，唯有一妇女服侍其生活。

清前期，抢婚之俗仍屡有发生，赵翼《陔余丛谈》中说：“村俗有婚姻议财不谐，而纠众劫女成亲者，谓之抢亲。”[①] 徐珂《清稗类钞·婚姻类》中谈到有强抢寡妇为妻的，“浙江新昌俗例，凡孀妇无强横者每伺其葬夫时劫之，无过问者”。[②]

---

① （清）赵翼：《陔余丛谈》，栾保群、吕宗力点校，河北人民出版社 1980 年版，第 535 页。

② 徐珂：《清稗类钞》第 5 册，中华书局 1984 年版，第 1998 页。

（五）各地婚俗有别

有清一代，汉民族各地的民间婚俗因历史、地理及经济、文化等的不同而有所变异，但基本上是在传统“六礼”程式的基础上结合地方民俗，而使婚俗凸显出鲜明的区域性特点。如山西的“新娘看鞋”。清末，缠足陋俗仍很盛行，民间流传着这样一句俗话：物色新娘“看脚不看头”。这也就是说选择新娘的标准，不在于她的容貌是否漂亮、动人，而在于她的脚是否为“三寸金莲”，假若女方是天足，纵使再漂亮，也难以被男方相中。由于有看脚之俗，脚上穿的鞋便成为唯一表现新娘的饰物而显得格外重要。因此，出嫁之前，做姑娘的要亲手缝制各种衣、裙、包、套、鞋，作为赔偿物送到婆家。在晋中地区婚俗中，陪嫁的“看鞋”（即绣鞋）至少要做 4 双，多的有做 8 双、10 双，都要成双数，以图吉利。这些“看鞋”要成双成对钉在大红纸板上，以备迎娶之日供亲朋邻里审视、评议。鞋面上绣的图案有“双石榴”“葡萄”“喜鹊登梅”“梅兰竹菊”“牡丹花”“莲子荷花”等吉祥瑞丽之图。①

新娘在结婚之日，或婚礼前后，要按传统俗规完成那些带有象征意义的动作，以接受未来的福运。四川一带有新娘出嫁上梳前“坐斗”和“发亲”的俗规。新娘上梳前，要在堂中设席，东面置一斗，斗中装着米，用红纸封笺于上，并扣着竹器具，新娘在开始梳头时，必须把双脚放在上面，以预示婚后荣华富贵。对此有民谣广传于世：“脚踩金斗四角方，荣华富贵米粮仓。”“发亲”在新娘坐斗上梳后举行，弯下腰取下插在米中的竹筷，向后反投，站在新娘身后的家属要迅速用衣襟接住，然后新娘跨过内屋的门槛，在哥嫂的劝说下上轿，前往男家，叫“发亲”。

“过米筛”是一种厌胜风俗，流行于台湾等地区。在新娘坐的花轿背面，悬挂着一个彩色米筛，筛面画着八卦和太极图，也有的筛面写着“百子千孙”这样的吉句。这个米筛具有镇邪的作用，并象征家道昌盛。当新娘坐的轿行至新郎家门前，新娘出轿时，必须要由全福人手擎米筛遮挡新娘的头。民间认为，这样做，新郎可在婚后制服新娘的邪念。

“打新娘”是新娘在婚礼之中必须承受的皮肉之苦，此俗流行于江西吉安一带。当新娘入乾宅与新郎交拜祖宗天地后，新娘不得用自己的脚行走，必须由其长辈如伯父或叔父背负而行。这时，亲戚、好友，以至邻

① 杨文龙、王岩文：《晋中旧俗——陪嫁必备看鞋》，《民俗》1989 年第 10 期。

居，无论大小长幼都可以用木棒任意打击新娘的背、臂等处。新娘必须忍受这种棒打之痛苦，不得反抗。如此做的目的是明白地告诉新娘婚后规规矩矩，不得有半点越轨行为，可见清代汉民族社会妇女地位之低下。

"走仙桥"是流行于浙江宁波地区的一种婚俗，是新娘回门时的一种仪式。在回门那一日，当新娘和新郎从岳家返回的时候，一出轿门，新娘便要从预先用长凳连接起来的"仙桥"上，由新郎搀扶着徐徐走进"桥"的另一头——新房门口。假若新娘走得十分稳当，那么，便要在新房门前的"桥"头处再叠上一条长凳，并递上油包一只，令新娘咬住走过，名曰"鲤鱼跳龙门"，福星高照。其仪式的深层含义是引魂入室，令新娘早怀孕，早得子。

伴娘是汉民族传统婚礼中陪伴新娘的女子，亦称"喜娘""喜婆""陪妈""喜嫔""女傧相"。女子出嫁时，娘家必须在请两位熟悉婚嫁礼仪，善于辞令的妇女护送陪伴新娘，名曰伴娘。伴娘在婚礼的进程当中既要负责为新娘指点各种礼仪，亦要在亲友闹房时从中斡旋，使新娘免遭或少受戏谑之苦。由于伴娘在婚礼中扮演了一个重要的角色，所以伴娘的选择往往重其容貌和辞令。徐珂《清稗类钞·婚姻类》说："伴娘果美丽者，闹房之人，视线所集，不于新娘而于伴娘矣。"① 实际上，伴娘充任的是新娘的保护者和礼仪的教导者，是女方文化的一个组成部分。

"调媳妇"的风俗流行于山西一带，在明时已经形成，到了清代，其情节更趋系统化。"调媳妇"又叫"教媳妇"，调教的内容包括：夫妻和睦、孝敬公婆、生男育女及乡规民约、家法家规等。"教媳妇"是通过讲故事并模仿其情节而完成的，在讲故事之前，新媳妇必须站起来拜三拜，讲完后，还要再拜三拜。若不按规矩做，就要重拜一遍，这是对新媳妇进行的礼俗教育的开篇。教媳妇的故事据有关史料记载，包括《长命淇子》《白四角》《插花》《求子》《曳曳呆呆》《揪苜蓿》《蹬被子》等。

三 寿礼风俗

（一）生日吃面

在清代汉民族民间，过生日往往要设宴庆贺，不过一般是家宴。山东民间小孩的生日家宴一般是吃面条，喝"长命汤"；南方江浙地区小孩过生日时要给小孩吃一对鸡蛋。世家大族小孩过生日也有接受贺礼的，《红

① 徐珂：《清稗类钞》第5册，中华书局1984年版，第2000页。

楼梦》写宝玉生日："张道士送了四样礼，换了寄名符儿，另外几处僧尼庙的和尚、姑子送了供尖儿，并寿星、纸马、疏头……王子腾那边，仍是一套衣服，一对鞋袜，一百个寿桃，一百束上用银丝挂面。"[①] 这些送礼的除了王子腾外，都是出家人，可见小孩子过生日还是不兴官宦同僚一类人送礼。此外，也不要求别人上寿，《红楼梦》里写：家下行走的男女（丫鬟奴仆等）"王夫人有言，不令年轻人受礼，恐折了福寿"[②]。不过，在广大汉民族民间，凡遇逢十的生日，则叫"过大生日"，如十岁、二十岁、三十岁、四十岁等，则亲戚朋友要以礼相贺，俗称"贺十"。

（二）祝寿成风

祝寿礼仪一般在40岁以上才开始举行，甚至更晚，各地风俗不同，没有统一的年龄。山东泰安地区人从66岁开始庆寿，有的地方则不论年龄，只要添了孙子，留了胡子就可以庆寿。但一般规律是：年龄越大仪式越隆重，逢十之寿则要举行隆重的庆典。古语云："人逢七十古来稀"，因而，这个年龄以后的寿礼就更为隆重，"八十大寿"往往为寿礼之极，儿孙们往往要倾其所有，为其操办隆重热闹的祝寿庆典。

清代汉民族祝寿之礼有一套仪规。先要设寿堂、摆寿烛、挂寿幛，铺排陈设，张灯结彩，布置一新。届时，寿堂正中设寿翁之位，司仪唱赞，亲友、晚辈上寿。辈分不同，礼数有别。"拜寿"时，平辈往往只是一揖，子侄为四拜，孙辈则要八拜。有的并不设寿翁之位，客人只是往寿堂礼拜，儿孙辈齐集堂前还礼。

拜寿礼毕，中人以上之家往往大开宴席，款待来客。宴席的肴馔无非山珍海味之类，但少不了的是面，俗称"长寿面"。清前期，汉民族社会做寿已成风气。普通人家因经济实力较弱，故做寿也较简单。通常是在家中设一寿堂；晚辈向长辈送些寿礼，至于亲友送礼的多少则取决于该长辈的知名度、威望和家中的经济实力；送罢礼，晚辈和来客要向寿者拜寿；最后，吃一碗寿面了事。

就贺礼而言，一般人家通常送寿桃、寿联、寿幛、寿面等；而豪门大户的寿诞，所送贺礼不仅名目繁多，而且十分贵重。

---

① （清）曹雪芹：《新批校红楼梦》（三），程伟元、高鹗整理，张俊，沈治钧评抵，商务印书馆2013年版，第1111页。

② 同上书，第1112页。

就祝寿的内容来看，清时还增加了创造喜庆氛围的演戏内容。这一风习在官宦人家，盈实富户中比较流行。剧目包括：《瑶池会八仙庆寿》《祝圣寿金母献桃》《众天仙庆手长生会》《贺升平群仙庆寿》等。

清前期汉民族社会做寿还有许多俗信，如江南地区民间谚语“贺三不贺四，贺四要淘气；贺五不贺六，贺六要食肉”，忌在四十、六十岁祝寿。所以民间将六十大寿的祝寿年限往往提前一年，即在五十九岁时贺之。同时民间还以逢“九”的年份为人生的灾厄年。“九”又分“明九”“暗九”，“明九”即指九十九、六十九、七十九岁；“暗九”则指九的倍数，如五十四、六十三、七十二、八十一等。民间若遇“九”，就要千方百计地化解，以驱凶避祸。常用的禳解方法是诵经礼忏、烧香祷告、抄写经卷、庙观施舍和买鱼、鸟放生等。

四　丧葬风俗

（一）官民丧制有别

清代汉民族社会的殡葬风俗因宗教信仰、生活习惯、物质水平等因素的不同而不同。广大汉民族聚居地区以土葬为主，江南某些地区由于地少人多，出现死人与活人争地的矛盾，因地制宜而行火葬。明清时代官方明令禁止火葬，如有犯禁者处以杖、斩等刑罚。清律甚至规定，如发现火葬而不举报者将一体治罪。但由于清代江南地区人口剧增，死人与活人争地的矛盾十分突出，所以火葬风俗久禁不止，仍十分流行。

清代丧葬礼制基本沿袭明代，没有多大的变化，其基本程序是：出终、复、沐浴、袭奠、饭含、小殓、大殓、成服、朝夕奠朔望奠、吊奠赙、择址祭后土、发引、在途及墓下棺、祠后土、题木主、反哭、虞祭、卒哭、祔、小祥、大祥、覃。

清代的丧葬，其殓衣的袭数，吃含之用品，铭旌、明器、棺椁的尺寸大小、用材规格，抬柩的人数，仪仗的规模，乃至坟墓的大小高低，等等，差不多丧葬礼仪中的所有细节，朝廷都据死者的贵贱等级做出了严格的规定，不得逾越。

饭含之物，清代丧制规定：一品至二品，含小珠玉屑五块；四品至七品，含金玉屑五块；士人含金银懈三块；庶人含银屑三块。

铭旌的使用，清代丧制规定：其长短为一品至三品九尺，四品至五品八尺，六品至八品七尺，九品及有顶戴者为五尺；而且铭旌上的题字也贵贱有等，《清通礼》云："品官铭旌题曰某官某公之柩，士题曰某官封显考某府名之柩，妇则书某某氏。"

死者大小殓时的殓衣，清丧制规定：品官常服一袭，复衾一。殓衣，三品以上五称，五品以上三称，六品以下二称。士常衣一称，殓衣一，复衣一。庶人常服，殓衣、复衾各一。并规定复衾的颜色为：一、二品绛色，三、四品缁色，五品青色，六品绿色，七品灰色。至于殓衣质料的好坏则因品官地位的不同而异。

死者墓碑碑身、碑趺、碑首的尺寸大小，首趺的形状和花纹，死者的墓地大小，墓地的神道碑及石人、石兽等，无不因墓主的身份而异，且清代丧制都有严格的规定。如：一品为螭首龟趺，碑身高八尺五寸，阔三尺四寸，碑首高三尺，碑趺高三尺六寸；墓地九十步，坟高一丈六尺，围墙周围三十五丈；公侯至二品墓地的神道碑及石人、石兽：石人二、石马二、石羊二、石虎二，石望柱二。至于庶人，原则上不许使用墓碣，墓地九步，坟高四尺，围墙周围八丈，墓地无神道碑及石人、石兽。至于墓碑上的题字，《清通礼》云："品官墓碑书某官某公之墓，妇人则书某封某氏，八、九品以下及庶人碣文曰某官某之墓，无官则书庶士某之墓，妇称某封氏，无封则称某氏。"

在礼制的严格控制下，清前期汉民族社会的丧葬礼俗基本上达到了"丧葬械用，皆有等宜"，"贵贱有等，长幼有差，贫富轻重，皆有称者"[①] 的效果。

（二）民间葬礼程式繁缛

清季汉民族民间丧葬礼俗已十分繁缛，并形成了相应的礼节。整个程序包括：候夜、送终、落地、报丧、戴孝、落材、封材、立孝堂、做道场、做七、出殡、安葬、点主等。各地区虽有差异，但大体内容基本一致。

送终：死者弥留之时，全家大小均需集床前，为之送终。死者一断气，全家大小立刻号啕大哭。为死者更衣称"易衣""易箦"。有官职者用礼服，服制按朝廷规定。富人穿 12 件绸衣，穷人即是布衣也需穿 7 件，一般换为明朝服饰；设衾讲究三铺三盖、九铺九盏、铺金盖银（铺黄盖白）；将两枚铜钱放入死者两手心，一枚铜钱放入死者口中，叫"含口

① 《荀子·王制》《荀子·富国》。

钱”。换好衣服后立刻将死者从床上移至在堂左侧的门板上，叫作“落地”；焚烧死者换下来的衣服、睡过的席垫，称“烧包”；有的地方孝子要用瓦罐盛米汤到土地庙，一边哭喊亲人一边洒酹，叫作“送汤”。

点随身灯：按民间丧俗，在人刚死之时，丧家要赶紧用绵纸制作纸灯，蘸上香油，从死人床前开始，点上一盏又一盏的纸灯，直到大门外，叫“随身灯”或称“引路灯”“长命灯”“引魂灯”，意为帮助死者往阴间世界报到。

绊脚丝、打狗饼：我国北方的风俗。在人初终停尸床上时，用绳子把他的两只脚绕上，这叫绊绊脚丝，意思是怕他诈尸（死变），所以用绳索绊住他的脚，使他不能站起来走动。到将入殓时，就将绳子解下，据说这时不解下绳子，他下世托生为人时，就不能走道路了。① 此外，按俗还要在死者的衣袖或手里，放上几个用白面制成的小面饼以及小棒子。这是因为俗传人死后到阴间去的时候，要经过恶狗村，所以给死者备上打狗饼和打狗棒，以便他们顺利地走出恶狗村。

山人批书：按民间礼俗，长辈逝世，先请阴阳先生选择入殓的时辰，称“山人批书”。范祖述《杭俗遗风》载：“凡人逝世，先叫阴阳门，眷名为山人批书。批书者，选择入殓之时辰，及月建的呼之宜避者，然后以手折开写亲族至友姓名住址，遣夫走报。”②

写殃榜：殃榜又称“斗书”“殃书”“榜书”，是死人的凭据，也是死者入埋、出城门的凭据。

出殃：民间有出殃之俗。阴阳生在殃榜中标有几日出殃、往何方去、高多少尺、化为什么颜色的气等内容。到了出殃这天，活人都得躲开死者。据说，若不躲开，被殃打上，则有性命之忧。又有五色，有化红气的，有化黄气的，有化青气的，有化白气的，有化黑气的。高低也不一样，最高的可达一丈八尺，最低的为九尺，其余或增或减，都以一尺为度。索取的方向是正东、正西、正南、正北、东南、东北、西南、西北八个方向。某日某时死人，化为何色的殃，殃有多少高、往哪方去、在某日某时出殃，都有一定的规定。出殃的时间一般在死后的二十天之内进行，只有小孩死了不出殃。

---

① ［日］武田昌雄：《满汉礼俗·丧葬类》，上海文艺出版社 1989 年影印本。

② 范祖述：《杭俗遗风》，上海文艺出版社 1989 年影印本，第 74 页。

在出殃前，先要在死人所在的屋子里，提供上果品、熟鸡、烧酒、冰糖及馒头等物品。如死的是男子，还应该预备下纸笔墨砚文房四宝；若是女子，要放上木梳、手帕、洗脸水、肥皂等日常生活用品，并且还得把屋里的铁器收藏起来，红的东西要用白纸包好。然后再将屋里的窗户撕下一扇，在地上撒上灰，以供出殃。出殃以后，看地上灰的形迹，据说可知死者来世所托是男是女，或是何等生物。

转空：无论是生前所做的寿材，还是死后新买的棺材，在往死人家里抬的时候，都叫“转空”。按俗，出殡时若是三十二人抬杠，就是八人转空。若是四十人抬杠，则由十六人转空；若是六十四人抬杠，则由二十四人转空；三十二人以下的小杠，都是四人转空。转空时，这个空棺材不能直接抬进私人家里，必须由丧家在棺材里放一些小制钱和木炭之类的东西，然后才能抬进死人家里。

报丧：丧主请阴阳先生卜定入殓、发引、破土下葬等日期时辰，叫作“批殃榜”“开殃书”，随即书写“报丧帖”，派人到亲友家报丧。报丧人拿一把伞，柄朝上头朝下立于死者亲友堂前，以示报丧。主人即回以茶点，并为死者准备香烛等物。有的地方，丧主要亲报三党亲族，到齐后，由与死者关系最密切的公亲当中间明病源死因，死父由族长主问，死母由母党公亲主问，死妻由妻党公亲主问。允许方可后收殓，否则必大闹不休，甚至讼官。

搭彩棚：按风俗，死后丧家一般要搭彩棚。因为凡遇到红白大事，往来的客人很多，而丧家房屋不够敷用，所以要在院内搭几个棚作为待客所用。当然，彩棚的大小及精美程度要视丧家的财力而定。

画影：画影又称“画神像”，即为死者画遗像。此俗宋代汉民族已有，清时普遍流行。

小殓：民间小殓礼俗和儒家礼仪大致相同，但也有不同之处，这便是开光明和抿目。开光明即为死人神像点眼睛，抿目是为死者合拢眼睛。

念倒头经：倒头经又称“材头经”。按民间礼俗，在小殓时还要请僧人在旁一边敲磬，一边念经，说是这样可以使死人早离地狱，往生净土。

挑纸钱：民间平民之家一般习用挑纸钱，而不用铭旌。所谓挑纸钱，是按着死人的岁数，拿多少张烧纸，再加上两张，叫作天一张、地一张，都捆绑在一根白麻竿上。如果死者为六十二岁，就用六十四张烧纸。这棍子一般为三五尺长，按男左女右的规矩挑在门口，这也是我国古代的招魂之意。到了接三的那天晚上，挑纸钱由孝子烧掉。

接三：接三为民间丧仪中的一件大事。传说，死者在死后的第三天要回来再见亲人一面。到了这一天，样样事情都须办齐。月台要搭好，灵桌也要放好，备上奠酒用的奠池和执酒壶盏，给亡人供上早晚之饭。到晚上，孝子贤孙们要跪在屋门外的地上静静地等待死者亡灵回来，不能挡道，应该夹道跪在路的两旁，路口堆纸钱。三朝接煞：按民俗，死后第三日为三朝。届时，请阴阳先生或道士设坛念经，称为“打扫”。是日，灵堂挂上白布幔，门前摆列丧牌，灵桌供上神主、男女纸俑及杯筷香烛等物，两旁挂挽联，小子戴黄麻巾、穿麻鞋，孝妇则披黄麻，称为三朝之礼。接煞者以死日干支推算。如山人的术语，甲己子午为九，丙辛寅申为七。假如甲寅日死，则在十六日接煞。这一天，在死者房内设一座位，将死者临终时换下的衣服上下铺放在椅子上，供放在临终床前，桌上摆木盘一个、镜子一面，并点上琉璃油灯一盏。由道士坐在旁边念《度人经》一卷。念毕，撤去灵位，由道士打扫干净，送出街中央，再以鸡蛋、鸡血盛在瓷碗中，用厨刀碎于中庭，言煞神凶恶，以此来去除不祥之气。

大殓：民间大殓之礼颇为讲究，届时亲人均应跪于棺材前，棺材内底下稍用桴炭、草纸盖好，再用七星板压住，然后衾褥入殓；并在棺内放黄土、石灰、炭屑、雄黄、衾、褥、鸡鸣枕、脚炭、纸卷等物品。七星板为垫尸之板，上凿有七孔，作北斗七星状。放七星板之俗魏晋时已有，其意大约是像诸葛亮一样，用七星灯求寿。在七星板上铺上黄绫子绣花的棉褥子，俗叫铺金，褥子上绣八仙过海等图案，意为超度死者成仙。

吊丧：吊丧在民间也颇具特色，吊者的祭品及奠仪厚薄，则随人而定。一般要送挽联、香烛、纸钱等。

摔丧驾灵：按民间风俗，在出殡之日，将要起动棺材时，先由主丧孝子在灵柩前摔碎瓦盆一只，叫作“摔丧”，也称“摔盆”。在清时，盆非常讲究，要一次摔破，而且越碎越好。因为这盆是死者的锅，摔得粉碎才好带到阴间去。瓦盆一摔，扛夫们迅速起灵，摔盆者扛起引魂幡或牵引灵车驾灵而走，这便叫“驾灵”。另按民俗，若摔盆由别人摔，则摔盆之人与丧家的关系一举拉近，甚至确定了继承关系。

哭丧：在清代汉民族民间，哭丧在程序上有规定而且在内容上也有其特色。从程序上来说，民间丧仪与儒家丧仪一样，每一仪式都有哭丧的场面，多的可达数次，而尤以出殡时的哭丧最受重视。按民间风俗，出殡时必须有全体后代尤其是男人们的“唱哭”，否则即被视为不孝。此外，哭的音量大小也至关重要，如果哪家死者在黄泉路上没有响彻天地的哭声相伴，便在方圆数里内被传为笑柄，其子孙后代要被人们视为不孝。所以有花钱请人代哭者。

孝服：清代孝服制度很严格，死者之妻及子女服最重之孝，称为“斩衰”，用最粗的麻布做成，不缝边，服期 3 年；死者之亲兄弟、未嫁之亲姐妹、死者之夫、死者之孙子女等服次重之孝，称为“齐衰”，用粗麻布做成，缝边，服期 1 年；死者之堂兄弟、未嫁之堂姐妹、已嫁之亲姐妹、死者之重孙子女等服再次重之孝，称为“大功”或“布衰”，用熟麻布做成，服期 9 个月；死者之三从兄弟、未嫁之三从姐妹、已嫁之堂姐妹、死者之曾孙子女、外孙子女等服又次重之孝，称为“小功”，用较熟麻布做成，服期 5 个月；死者之四从兄弟、女婿等服最轻之孝，称为“缌麻”，又名“麻衰”，用更细熟麻布或兼用丝麻做成，服期 1 个月。四从兄弟以外的族人无服，但参加吊唁时，无服族人、朋友等均服“缌麻”。

出殡：又名“发引”，一般在死后七、九、十一日举行的。富人有在“七七”后举行。出殡是丧礼中最隆重热闹的仪式。五鼓开灵，孝子用新箕帚扫棺材后，行辞灵礼，灵柩出堂，孝子执纸幡在前，诸亲友在后，号哭不止。灵柩到门外上小杠、到大街上上大杠，孝子跪摔瓦盆，起杠。送葬队伍有大有小，视死者社会和经济地位而定。穷的以两面锣、富的以边行边演的戏班子开道，后面是和尚、道士、尼姑（富家有多达数百人的）、旗牌执事、吹鼓手，纸扎的金山银山、童男童女、车轿亭马、神人五兽，等等。再后是绮绣装饰的灵柩，孝子披麻戴孝，持哭丧棒扶棺号泣而行，亲友男着白色孝服，女乘白布轿跟随在后，浩浩荡荡，多者达上千人。另有亲友在途中设祭席，灵柩经过时，行“路祭”“船祭”。灵柩抬到墓地，丧家祭奠志哀。富家更诵经、放焰火、同时焚伞焚船焚轿焚冥宅，而后下葬。丧主向抬棺人散“解索钱”，抬棺人解开绳索。亲友围棺绕三圈，每人在棺盖上撒一把土，叫作“盘棺”。再将棺材放入墓穴之内。

题主：题主又称“点主”，指的是最后完成“灵牌”的书写仪式。点主以后，死者才能加入列祖列宗的队伍中去。

圆坟：又称“暖墓”，南方称“复山”。葬后三日，丧主全家需到上添土、祭奠。以后三七、五七、七七、六十日，均到墓祭奠。

七七追荐：七七追荐俗称“水陆道场”“水陆大会”“水陆会”“水陆斋仪”等，是民间办丧事时经常举行的一种超度死者亡魂的法会。七七追荐后，死者的木主送入宗祠，丧葬仪式始告一段落。

（三）丧葬重择地选期

在清代的士大夫阶层中，丧葬时十分重视“择吉辰”和选择“风水宝地”。这不仅表明对死者的孝敬，更关系到子孙后代运势和家族的兴旺。因此，士绅富贵人家择不到“风水宝地”，宁可不葬。这就出现了先殡后葬、起尸改葬等怪俗，如江西“竟有停棺至数十年之久，一家之中积有数口之多而不葬”[①] 的事。康熙时即有人指出，亲死不丧属于为子不孝，虽有法律明文禁止，但“世人往往犯之”[②]。乾隆时更有人提出，停灵过 27 个月不葬，现任官员斥革，候选官员不准请咨选补，举贡生员不得与试，庶民杖八十。[③] 然而从上到下，沿以成俗，殊难改变。康熙大学士李光地亡父因吉壤难觅暂时寄埋浅地三十余年，待李光地之母、妻死时，挖出改葬，仍因风水及丧期问题，拖延了三年之久。江西、广东等地，葬后二三年，要起尸验看，尸为红或黄，确定其地为“吉”，原样埋好；尸为白或黑，“不吉”，迁坟另葬，称为“洗筋”“检筋”。

在士绅阶层的影响下，乡民社会丧葬也多重视选择葬日，讲究墓地风水。风水又称堪舆，堪代表高处，舆表示低处，表明地势的变化和自然环境。在人与环境的关系中，求得天地和自然万物的和谐，以达到遇凶化吉的目的。对吉地的选定，阴宅风水说有一套繁杂而细致的程序，这个程序大致上有四个步骤：寻觅龙、点穴、观砂、察水，其实就是对墓地周围环境的观察、了解和选择。若不如此，则“不识来龙，岂明吉凶。不会点穴，其家败绝。不会消砂，凶祸如麻。不会纳水，灾来财退”。

清时汉民族民间择墓地和葬日与儒家的“卜宅兆葬日”这一程序相似，但在方法和思想上大相异趣。儒家丧仪选择墓地和葬日是用占卜之法，民间却是依靠风水先生的罗盘；儒家选择墓地和葬日是为死者着想，民间却是为活人着想。

---

① 欧阳永琦：《清定例禁疏》，载《皇清奏仪》卷二十。

② （清）徐乾学：《亲丧不葬》，载《皇朝经世文编》卷六三。

③ 欧阳永琦：《清定例禁疏》，载《皇清奏仪》卷二十。

第五节　清前期汉民族的岁时风俗

一　新年风俗

（一）大年初一放爆仗招财神

正月初一招财神是新年风俗的主要内容之一，此俗流行于汉民族各地，只是各地表现形式不同。顾禄《清嘉录》曰："岁朝开门，放爆仗三声，云辟疫疠，谓之'开门爆仗'。"[①] 皖南、苏北、淮北尤盛"挂门钱"之俗。清人姚兴泉描绘了桐城人过年风俗："桐城好，元旦贺新年，大族中堂悬福字，小家单扇贴蓉联，处处挂门钱。"[②] 所挂的门钱，是用五色纸剪成铜钱的形状，穿成一串，然后在初一一早挂在房门门楣上，以象征招财进宝。四川地区则流行"扮财神"风俗。正月初一，"乡里无赖以粉墨涂面，执鞭为优伶，立于诞（马）中，主人必给钱乃去"[③]。这些乔装打扮的文武财神，敲锣打鼓去各家贺年，以示送财送宝。江苏苏州则是"天明未起，戒促唤。男子出门，必迎喜神方位而行。女簪松虎、彩胜。男子必曳新衣洁履。相见则举百果相授受，各道吉利语，谓之'开口果子'"。[④] 并有拜喜神之俗，其为拜祖宗图像，《清嘉录》曰："比户悬挂祖先画偈，具香蜡、茶果、粉丸、糍糕。肃衣冠，率妻孥以次拜。或三日、五日、十日，上元夜始祭而收者。至戚相贺，或有展拜尊新遗偈者，谓之'拜喜神'。"[⑤]

清前期过年，仍沿袭旧俗，百官要入朝向皇帝朝贺，平民百姓则家家走亲拜友，互贺新年，恭喜发财。《帝京岁时纪胜·正月元旦》曰："除夕之次，夜子初交，门外宝炬争辉，玉珂竞响，肩舆簇簇，车马辚辚，百官趋朝，贺元旦也。闻爆竹声如击浪轰雷，遍乎朝野，彻夜无停。"[⑥]《清嘉录》曰："男女以次拜家长毕，主者率卑幼出谒邻族戚友，或只遣子弟代贺，谓之'拜年'。至有终岁不相接者，此时亦互相往拜于门。门首设

① （清）顾禄：《清嘉录》，来新夏点校，中华书局2008年版，第41页。

② （清）姚兴泉：《龙眠杂忆·时令类》。

③ （清）张文珍、李应观修：《新繁县志·风俗》。

④ （清）顾禄：《清嘉录》，来新夏点校，中华书局2008年版，第38页。

⑤ 同上。

⑥ （清）潘荣陛：《帝京岁时纪胜》，北京古籍出版社1981年版，第7页。

籍，书姓氏，号为‘门簿’。鲜衣炫路，飞轿生风，静巷幽坊，动成闹市。薄暮至人家者，谓之‘拜夜节’。初十日外，谓之‘拜灯节’。故俗有‘有心拜节，寒食未迟’之谑。琳宫梵宇，亦交相贺岁。或粘红纸袋子门以接帖，署曰‘接福’，或曰‘代僮’。”①

清代拜年，主人若不能当面致拜，则往往请仆人互送“拜年帖”，俗称“飞帖”。《清嘉录》曰：“有遣仆投红单刺至戚若友家者，多不亲往；答拜者，亦如之。谓之飞帖。”② 元旦饮食，浙江杭州是“吃莲子及糖年糕，例不煮粥，除夕煮饭，盛新箩中，置橘子、年糕于上，是日蒸而食之，谓之吃隔年饭也”。北京则要“献椒盘、斟柏酒、饮蒸糕、呷粉羹”③。

元旦日，民间尚有许多的禁忌，江南地区，《清嘉录》曰：“俗忌扫地、乞火、汲水并针剪，又禁倾秽、瀽粪，讳啜粥及汤茶淘饭。”④ 俗以为元旦啜粥及以汤茶淘饭，则将来出门必遇雨。此外，元旦日，不分南北，有祭祀祖先的风俗。是日晚间，江南地区民间睡皆极早，名曰赶鸡宿，大约以除夕少睡之故。杭州有敲更鼓者，平时皆自二更敲起，唯元旦夜则敲一更，因一更时早已六街人静了。

（二）初二敬财神，初五敬五路财神

在北方，据《津门纪略》记载，天津要“初二日敬财神”。北京则自初二日起逛庙，《清稗类钞》载曰：“京师各庙，辄有集市，百货充盈，游人纷沓，俗谓之‘逛庙’。逛庙有定期，京师广宁门外财神庙，庙貌巍焕，报赛最盛。每岁正月初二日倾城往祀，商贾妓女尤伙。庙祝更神其说，谓借神前纸锭怀归，俟得财当十倍以酬神，故皆趋之若鹜也。”⑤

在南方，商家则多于破五日烧纸敬神，名曰烧五纸，俗谓此日为五路财神日，所祀者财神也。亦曰烧青龙纸，以其招牌曰青龙也。亦曰做好日。自此各店齐开矣。这日夜里，商家要买寸金糖供祖先，取日进寸金之意。

（三）初六回娘家，初七不事针线

初六日，北方官宦之家新嫁女子于此日回娘家做客。北京的厂甸庙会

① （清）顾禄：《清嘉录》，来新夏点校，中华书局2008年版，第39页。
② 同上书，第40页。
③ （清）潘荣陛：《帝京岁时纪胜》，北京古籍出版社1981年版，第7页。
④ （清）顾禄：《清嘉录》，来新夏点校，中华书局2008年版，第38页。
⑤ 徐珂：《清稗类钞》第1册，中华书局1984年版，第8页。

开业，谓之开厂甸。每年夏历正月初六至十六日这段时间内，地摊一个接着一个，卖珍宝、书画、古董、碑帖、南纸的，卖各种饮食、玩具、首饰、花卉的，还有演曲艺、耍杂技的，等等，都借众人逛庙拜神之际，借“集贸”发财。而众人也在逛庙会时买上几件可心的东西，图个新年吉利、财运亨通。

初七日谓之人日，民间以此日阴晴雨雪，占一年中疾疫之有无，以晴为佳。天津妇女，此日不事针线，谓之“针七”。

（四）初八燃灯祭星

北京等地则“初八日传为诸星下界，燃灯为祭。灯数以百有八盏为率，有四十九盏者，有按玉匣记本命星灯之数者。于更初设香楮，陈汤点，燃而祭之”[①]。燃灯祭星之俗在清末谓之曰“祭顺星”。苏州等地则在初八夜看参星卜一年中之水旱。《清嘉录》曰：“八日昏时看参星，占岁中之水旱。”谚曰：“参星参在月背上，鲁鱼跳在镬盖上；参星参在月口里，种田种在石臼里。”[②]《昆新合志》曰：“初八夜，参星在月西北角上，则主大稔。”南方民间又以是日参星之隐见，卜上元日晴雨。谚云：“上八不见参星，月半不见华灯。”

（五）元宵成灯节

初九日，为玉皇大帝诞日，南方苏州玄妙观有“斋天”之俗，《清嘉录》曰：“九日为玉皇诞辰，玄妙观道倡设道场于弥罗宝阁，名曰‘斋天’，酬愿者骈集。”[③] 北方则有在天诞日禁屠，道观设醮之俗，《帝京岁时纪胜》曰：“初九日为天诞，禁屠宰。大高玄殿建皇坛，各道观设醮，拜朝天忏，赐福解厄。”[④] 江南地区又谓此日为蚕日，农家以占蚕事。

初十日，相传为地日，《清嘉录》曰：“俗以七日为人日，八日为谷日，九日为天日，十日为地日。人视此四日之阴晴，占终岁之灾祥。”[⑤]

正月十三日，民间为上灯节。苏州等地，《清嘉录》曰：“悬点灶灯于厨下，凡五夜，至十八夜止，乡农以糯谷入焦釜，老幼各占一粒，曰爆

① （清）潘荣陛：《帝京岁时纪胜》，北京古籍出版社 1981 年版，第 8 页。

② （清）顾禄：《清嘉录》，来新夏点校，中华书局 2008 年版，第 52 页。

③ 同上。

④ （清）潘荣陛：《帝京岁时纪胜》，北京古籍出版社 1981 年版，第 9 页。

⑤ （清）顾禄：《清嘉录》，来新夏点校，中华书局 2008 年版，第 51 页。

字娄；谓卜流年之休咎。”[①] 十四日，江南官府致祭刘猛将军之辰。

十五日，名曰元宵节，南北各地均有上灯之俗。元宵上灯明代已约定俗成，至清，更创盛大之风。元宵夜上灯之俗，其隆重与繁盛，遍及全国。

在北京，元宵节张灯之俗，据《康熙宛平县志》记载：“始正月八日，至十三日而盛，十七而罢，……张灯之地，以正阳桥西廊坊为最，巷有五圣祠，康熙癸卯，里人燃灯祀神，来拜观者如堵，因广衍为阖巷之灯，巷隘而冲，不容并轨，车旋辔马，仕商往来经之者，十率八九。向夕灯悬，远近游观，不下万人。施放烟火，鼓吹弦索，走桥，击唱秧鼓，妆耍大面具，舞龙灯诸戏，亦趁喧杂，蚁聚蜂屯，纷沓尤甚。巷多楼居，灯影上下参差，辉璨如昼。灯之类，流珠、料丝、画纱、五色明角、麦秸、通草、百花、鸟兽、虫鱼、水墨及走马鳌山等，巧变殆尽。”[②]

在天津，据《津门纪略》载曰：“十五日，市里通衢张灯结彩，燃放花炮。诸寺观作天官会。儿童执各色飞禽走兽，花灯锣鼓，游行街市，尤形热闹。”[③]

在四川还流传着一种特殊的灯节风俗。正月初九日从家里到户外，从街头到路口，从田间到地头，都要竖竿点灯，以驱逐不祥，保佑新年平安无事。灯名也多有求吉祈神之内容，如“玉皇灯”“天灯”“五谷灯”“雁鹅灯”等。西部之俗，从正月初九“开灯”时，邻里相约，轮流设宴聚饮。初九这一餐叫“试灯宴”，每夜一家坐东设宴，直至十六日。聚饮时，各家室内厅堂都必须挂灯亮盏，以示驱秽求吉。当地称此俗为“灯山会”。[④] 东部之俗则各家各户室内四处挂灯笼……全家人围坐一桌，聚饮共食，以贺新岁。

元宵节期间的文娱活动，除了张灯外，还有烟火、猜灯谜、表演杂戏等，非常热闹，所以清代汉民族社会称之为“闹元宵”。

元宵节的饮食，在北京要吃元宵。南方也吃元宵，叫圆子。《清嘉录》曰：“上元，市人簸米粉为丸，曰‘圆子’。”

---

① （清）顾禄：《清嘉录》，来新夏点校，中华书局2008年版，第55页。

② （清）王养濂、李开泰等纂修：《康熙宛平县》。

③ （清）羊城旧客：《津门纪略》，张守谦点校，天津古籍出版社1988年版，第31—32页。

④ （清）王燮纂修：《峨眉县志·方舆志》。

元宵灯节中保留的驱秽逐邪之俗是从古傩演变而来的。清代末年，安徽、湖北一带要举行“照虚耗”仪式。《道光阜阳县志》载曰：“（上元夜）门户、碓、井等各设灯，谓之照耗。”照耗的象征意义与古傩的象征意义并无二致，只是所驱、所照对象更加具体化了。河北地区，元宵夜要引火烧田，烧死害虫及虫卵，祈求丰收。[①] 苏北地区也有此俗。在陕西一带，又演变成“照黑角”，元宵节之夜，除家家户户要挂灯亮盏，使屋内灯火通明外，还要派人专门挑着灯笼把房前屋后、院中的所有黑暗角落全部照一遍，以示逐秽驱邪。

此外，北京还有“走百病”“走桥”以驱邪度厄之俗，而江南地区则还有“接坑三姑娘”的占卜活动。

元宵节前后，南北各地都有“灯市”商业活动。北京的灯市起自元明，到了清代，依然盛行不衰。《帝京岁时纪胜》对清时琉璃厂灯市盛况有所记载：正阳门外之西玻璃：“门外隙地，博戏聚焉。每于新正元旦至十六日，百货云集，灯屏琉璃，万盏棚悬，玉轴牙笺，千门联络，图画充栋，宝玩填街更有秦楼楚馆篇笙歌，实马香车游士女。”[②] 南方苏杭一带也盛行灯市风俗，《清嘉录》曰：“腊后春前，吴趋坊、申衙里、皋桥、中市一带，货郎出售各色花灯，精奇百出……至十八日始歇，谓之‘灯市’。”[③]

（六）特殊年俗纷呈

过年期间，各地尚有许多独具特色的风俗活动，如北京，“元旦不食米饭，惟用蒸食米糕汤点，谓一年平顺，无口角之扰。不宜扫庭除，不撮弃渣土，名曰聚财。人日天气晴明，出入通顺，谓一年人口平安。服制之家不登贺，不立门簿。虽有新宾来拜谒者，亦不答拜。初五日后始往叩谢，名曰过破五。春戊寅日为天赦，新葬坟墓，于戊寅前期祭扫，谚云新坟不过赦。正月不迭居，不糊窗格，为善正月。”[④] 正月荐新品物，北京除椒盘、柏酒、春饼、元宵之外，“则青韭卤馅包、油煎肉三角、开河鱼、看灯鸡、海青螺、雏野鹜、春橘金豆、斗酒双柑”[⑤]。在天津，《津门

① （清）吴存记修，陆茂腾纂：《康熙通州志》。

② （清）潘荣陛：《帝京岁时纪胜》，北京古籍出版社 1981 年版，第 9 页。

③ （清）顾禄：《清嘉录》，来新夏点校，中华书局 2008 年版，第 57 页。

④ （清）潘荣陛：《帝京岁时纪胜》，北京古籍出版社 1981 年版，第 13 页。

⑤ 同上。

纪略》曰："元日至初五日不以生米为炊，谓之'忌破五'。初二日敬财神。初五日以后，亲友互相聚饮，名曰'请春酒'。"① 苏州人过年，农家要于元旦日早起看风云，以卜一年之田事，《清嘉录》记当地民谚云：有"欢喜团"风俗，"围炉中烧巨煤，曰'欢喜团'，凡岁朝届元宵而止"；"岁朝车北，五禾大熟""岁朝西北风，大水害农功"，有"称水"风俗，"自岁朝正十二日，以瓶吸水，称其轻重，以卜岁中水旱"；又有"烧十庙香"，"郡县城隍庙及本里土地请神祠，男妇修行者，平时皆往烧香，必经历十庙而止，谓之'十庙香'；归必炷香于家堂司命诸神前，曰'回头香'"。②

二　春时节俗

（一）立春迎春成定制

汉民族社会是一个农业社会，由于农业与岁时节气关系密切，故立春作为一岁节气之首，便成了个大节，其传统风俗有迎春、祭芒神、鞭土牛、打春、咬春等。到了清代，汉民族社会的立春节迎春、打春，活动更趋完备。康熙时，直省府州县拜迎芒神、土牛已成定制，春牛芒神的形象要由中央掌管天文气象的"钦天监"统一制造，将其画成图样，然后发放给各府州县，由地方按图制作出春牛、芒神的偶像，供迎春时使用。可见，清代汉民族社会各地的立春日迎春活动，其制式是基本统一的，但也同中有异。

清代北京立春节的风俗，清初，《帝京岁时纪胜》曰："立春日……京师除各署鞭春外，以彩绘按图经制芒神土牛，舁以彩亭，道以仪仗鼓吹。交春之刻，京兆尹帅两学诸生恭进大内。""新春日献辛盘。虽士庶之家，亦必割鸡豚，炊面饼，而杂以生菜、青韭芽、羊角葱冲和合菜皮兼生食水红萝卜，名曰咬春。"③ 在天津，立春日的迎春活动包括官府迎春、打春、送春、报春，及吃春饼萝卜等。

南方苏州迎春时要请优伶、官伎或乞丐装扮故事。《清嘉录》曰："行春之仪：附郭县官，督委坊甲装扮社伙，如观音朝山、昭君出塞、学

① （清）羊城旧客：《津门纪略》，张守谦点校，天津古籍出版社 1988 年版，第 31 页。
② （清）顾禄：《清嘉录》，来新夏点校，中华书局 2008 年版，第 41—43、46 页。
③ （清）潘荣陛：《帝京岁时纪胜》，中华书局 1981 年版，第 8 页。

士登瀛、张仙打弹、西施采莲之类，名色种种。”① 苏州迎春时，居民有“摸春牛”之俗，民间以为：“摸摸春牛脚，赚钱赚得著。”

（二）正月廿五成填仓节

清代汉民族民间在正月的节日风俗除元旦和元宵外，还有北京的燕九节和填仓节等。正月十九日为北京燕九节，该节元时形成，明时得到发展，至清代，仍兴盛不衰。《骨董琐记》曰：“京师正月十九日游白云观，曰燕九节。”《京华春梦录》曰：白云观“其地清幽绝伦，世外桃源，岁首十九日，车尘马迹，络绎不绝，于是幽壑而成人海矣，厥名‘燕邱会’，与元旦之厂甸、上元之观灯同称上林盛举。”②

正月二十三日北京民间有喇嘛庙看“打鬼”的风俗，《京都风俗志》曰：“廿三日，德胜门外土城关东北慈度寺，俗呼黑寺，黄衣番僧，诵经送祟，谓之‘打鬼’。城中男女，出郭争观，寺前教场，游人蚁聚云屯。又有买卖赶趁，香茶食果，及彩妆傀儡，纸鸢竹马，串鼓蝴蝶，琐碎戏具，以诱悦童曹者，在在成市。”③

正月二十五日为填仓节，据《帝京岁时纪胜》记载：“人家市牛羊豕肉，恣餐竟日，客至苦留，必尽饱而去，名曰填仓。惟是京师居民不事耕凿，素少盖藏，日用之需，恒出市易。尝此新正节过，仓廪为虚，应复置而实之，故名其日曰填仓。今好古之家，于是日贮米积薪，收贮煤炭，犹仿其遗意焉。”④ 在天津，则“廿四夜布灰于地作囤形，名曰‘打囤’，中置五谷及金银物，名曰‘填仓’，盖祈年之遗意也。廿五日午后收囤”⑤。

（三）中和节变成“龙抬头”

二月初二为唐代中和节或曰花朝节，至明以后便增加了撒灰引龙之举，俗称“龙抬头”，到清代末年，在北方的汉民族社会中，此俗已形成规模，并取代了原来的花朝节，被定为春龙节。此日，各家做韭菜馅的荤素饼，油炸后再食，称为“熏虫儿”⑥。有人称这种饼为“龙鳞饼”，称

---

① （清）顾禄：《清嘉录》，来新夏点校，中华书局2008年版，第35页。

② 陈莲痕：《京华春梦录》，广益书局1925年版，第29页。

③ （清）潘荣陛：《帝京岁时纪胜》，中华书局1981年版，第12页。

④ （清）让廉：《京都风俗志》。

⑤ （清）羊城旧客：《津门纪略》，张守谦点校，天津古籍出版社1988年版，第32页。

⑥ （清）王养濂等纂修：《康熙宛平县志》。

所食面为“龙须面”。在天津，《津门纪略》曰：“初二日以百虫皆蛰，谓之‘龙抬头’，俗以是日食麦饼，煎豆粉，并食绿豆芽，曰‘龙须菜’。”①

江南地区，“二日为土地神诞，俗称土地公公，大小官庙皆有其祠。官府谒祭，吏胥奉香火，各牲乐以酬。村农亦家户壶浆以祝神，俗称田公田婆。是日，以隔年糕油煎食之，谓之‘撑腰糕’”。初三日，江南地区俗称为梓童帝君诞辰。杭州文人集会，名文昌会。初八日为祠山张大帝生日，有持斋者。江浙地区，相传大帝生前喜吃冻狗肉，是日必冷。杭谚有“瘦人马难过二月八”之说。据《清嘉录》记载，苏州民间“相传，大帝有风山女、雪山女，归省前后数日，必有风雨，号请客风、送客雨。虽天气甚温，不必骤寒，俗有‘大帝吃冻狗肉’之谚”。②

清初时，江南以二月十二日为花朝节，《清嘉录》曰：“（苏州）闺中女郎剪五色彩缯，粘花枝上，谓之‘赏红’。虎丘花神庙，击牲献乐，以祝仙诞，谓之‘花朝’……土俗以十二日天气清朗，则百物成熟。谚曰：‘有利无利，但看二月十二。’”③ 北方也有此节，《帝京岁时纪胜》曰：“十二日传为花王诞日，曰花朝。幽人韵士，赋诗唱和，春早时赏牡丹。”二月十五日，北京又谓“太上玄元皇帝诞辰，禁止屠割。太清观各道院玄坛设醮，谈演道德宝章”。④

二月十九日，传说为观音菩萨生日，各地都有相应的风俗活动。在北京，“二十九日为观音生辰，僧持建会，诵经斋醮，人家亦有食素奉经者”⑤；在南方，据《清嘉录》记载，此日“士女骈集殿庭炷香，或施佛前长明灯油，以保安康；或供长幡云‘求子得子’。既生小儿，则于观音座下皈依寄名，可保长寿。僧尼建观音会庄严道场，香花供养。妇女自二月朔持斋，至是日止，俗呼‘观音素’”。⑥

（四）三月清明游赏成风

三月初三上巳节，古时有水边祓禊以除不祥之俗，迨清时已不行，但

① （清）羊城旧客：《津门纪略》，张守谦点校，天津古籍出版社 1988 年版，第 32 页。
② （清）顾禄：《清嘉录》，来新夏点校，中华书局 2008 年版，第 71 页。
③ 同上书，第 71—72 页。
④ （清）潘荣陛：《帝京岁时纪胜》，北京古籍出版社 1981 年版，第 14—15 页。
⑤ （清）让廉：《京都风俗志》。
⑥ （清）顾禄：《清嘉录》，来新夏点校，中华书局 2008 年版，第 72—73 页。

北方此日有上庙祀神之俗，北京太平宫“岁上巳之日，庙市最盛，盖合修禊踏青为一事也”[①]。在天津，《津门纪略》曰：“初三日，士人祀文昌于城西文昌宫，祭祀如仪。贫民之拾补缀者咸集，以其所捡字纸送入庙中焚化，值年于两廊下酬以酒食。”[②] 苏州还插荠菜花于灶，《清嘉录》曰：“三日，人家皆以野菜花置灶陉上，以厌虫蚁”，又有吃“眼亮糕”之俗，“或以隔年糕油煎食之，云能明目，谓之眼亮糕”。农家则“听蛙声于午前后，以卜丰稔，谓之田鸡报”。[③] 可见，清末三月三上巳祓禊之意已趋于淡化，转而以踏青、春游和占候为主。这一日，各地民间还有流杯、流卵、流枣、乞子、戴柳圈、吃青粳饭以及举行歌会等活动。

清明，是汉民族传统的祭祖节日，到清代时，风俗活动渐趋丰富。在北京，有戴柳、扫墓等俗，“清明男女簪柳，出扫墓，担樽盒，挂纸钱，拜者、酹者、哭者、为墓除草添土者，以纸钱置坟巅，既而趋芳树、择园圃，列坐馀而后归”。[④] 扫墓时，北京流行用南方出产的盒子菜祭祖，“清明人家上坟，于市上买盒子菜以祀之，即南边之馔盒也”[⑤]。新坟扫墓则要在清明前，《清嘉录》曰：“新葬者祭扫较早，在清明前，俗谓‘新坟不过社’。”[⑥]

南方，清明除了祭祖外，在苏州还有迎神赛会，并有病家于城隍庙烧“犯人香”之俗，《清嘉录》曰：“府城隍庙，俗称‘大庙’……病者暗充罪人，有毕生为神犯者，有厌五年、三年为满者，谓之‘暗犯’。遇清明节，殿前烧香，焚化批文，名曰‘犯人香’。”[⑦]

清明前后，正是春暖花开之际，江南地区士庶有踏青游赏之俗。《清嘉录》又曰：“春暖，园林百花竞放……盖春事半在绿阴芳草之间，故招徽邀伴侣，及时行乐，俗谓之‘游春玩景’。”[⑧] 郊外游赏时，儿童放风筝、妇女插柳。

---

① （清）震钧：《天咫偶闻》。
② （清）羊城旧客：《津门纪略》，张守谦点校，天津古籍出版社 1988 年版，第 32 页。
③ （清）顾禄：《清嘉录》，来新夏点校，中华书局 2008 年版，第 77—78 页。
④ （清）王养濂等纂修：《康熙宛平县志》。
⑤ 佚名：《燕京杂记》，北京古籍出版社 1986 年版，第 112 页。
⑥ （清）顾禄：《清嘉录》，来新夏点校，中华书局 2008 年版，第 81、86、89、96 页。
⑦ 同上。
⑧ 同上。

三月十五日，俗传为财神生日，南方有“斋玄坛”之俗。《清嘉录》曰：“三月十五日为玄坛神诞辰。谓司财神，能致人富，故居人多塑像供奉。又谓神回族，不食猪，每祀以烧酒、牛肉，俗称斋玄坛。”① 三月十九日，南方谓太阳菩萨生日，有茹素者。据传为纪念明崇祯皇帝而起，崇祯以是日殉国，故遗民托言祀之。历年既久，人不知其起源，遂真以为太阳生日矣。

三月二十三日为天后诞辰，天津有“皇会”之俗。三月二十八日东岳诞辰日，苏州善男信女要去庙中“借寿”“请喜”、烧“草鞋香”。

三　夏时节俗

（一）立夏称人

四月立夏节，北方有“宜夏”风俗，《帝京岁时纪胜》曰：“立夏取平日曝晾之米粉春芽，并用糖面煎作各式果叠，往来馈遗。仍将清明柳穿之点，煎作小儿食之，谓曰宜夏。”② 南方则有魇“注夏”、吃土家茶、乌米饭、小野笋、夏野饭和以秤称人等风俗。《清嘉录》曰：“俗以入夏眠食不服，曰‘注夏’。凡以魇注夏之疾者，则于立夏日取隔岁撑门炭烹茶以饭，茶叶则索诸左右邻居，谓之‘七家茶’。或小儿嗜猫狗食余，俗名‘猫狗饭’。是日虽寒，必著纱衣一袭，并戒坐户槛，俱令人夏中壮健。”③

立夏日祭祖祀神南方祭品必要“三新”，所谓“三新”者，即樱桃、青梅、麦李，《清嘉录》曰：“立夏日，家设樱桃、青梅、麦李，供神享先，名曰‘立夏见三新’。宴饮则有烧酒、酒酿、海蛳、馒头、面筋、芥菜、白笋、卤鸭蛋等品为佐，蚕豆亦于是日尝新。”④

（二）四月浴佛

四月初八日为浴佛节，“北方街衢寺院搭苫棚座，施茶水盐豆”，谓舍“结缘豆”“预结来世缘也”。并于此日“禁屠割”。北京悯忠寺要设龙华大会，“都人多于悯忠寺游玩，施斋饭僧，讲经于讲堂，听讲者甚伙”。西直门外天仙庙，“俗传四月八日神降，倾城妇女往乞长灵佑”⑤。

---

① （清）顾禄：《清嘉录》，来新夏点校，中华书局 2008 年版，第 81、86、89、96 页。

② （清）潘荣陛：《帝京岁时纪胜》，北京古籍出版社 1981 年版，第 18 页。

③ （清）顾禄：《清嘉录》，来新夏点校，中华书局 2008 年版，第 81、86、89、96 页。

④ 同上书，第 99 页。

⑤ （清）潘荣陛：《帝京岁时纪胜》，北京古籍出版社 1981 年版，第 19 页。

北京妙峰山顶碧霞元君庙于此时举行盛大庙会，周围三百里路内都要赴会，《津门纪略》曰："妙峰山顶距京师西北八十里，去天津三百余里。上有庙宇，供天仙圣母，灵爽式凭，香火极盛。每年于四月开庙，朔起望止。此半月中，道上行人如蚁，'车如流水马如龙'犹未足以喻也。庙在山顶，故名'金顶妙峰山'。进香者曰'朝顶'。天津人士信之者笃，赴之者众。"[①] 在南方，有寺庙浴佛、善男信女结放生会、吃乌饭等风俗。还有农家则以夜之晴雨卜小麦丰歉之风俗，《吴县志》曰："四月八日夜雨则伤小麦。"

四月初一到初十，北方天津有城隍庙会，《津门纪略》曰："四月朔日起至初十日，府县城隍两庙，香火纷繁，而灯棚之盛，历有年所，龙为大观。各所分段搭造席棚，或三或五，两庙相连。灯彩陈设，备极华丽；文玩字画，鼎彝尊，相映生辉。俱系绅士家所藏者，借用壮观。两庙戏台，纯用灯嵌。晚间请有十番会同人，在县庙戏台上奏古乐数曲，更有昆曲相唱和，皆旧家子弟也。府庙后楼，灯彩尤精妙。凡出会日，热闹排场不亚皇会。随驾有装扮各色鬼形者，或身高丈余，或身矮三尺，面貌狰狞，摇头摆手，奇形怪状，不一而足，令人可怖。并有书役皂隶，文武仪仗；旗锣伞盖，斧钺金瓜，宝扇提灯；对马执事，按辔徐行；炉鼎缤纷，旃檀缭绕；音乐鼓吹，清韵悠扬。又有因病立愿者，身扮罪囚，衣以赭衣，系以缧绁，名曰'红犯'，以为导引焉。"[②]

十四日，江南为"吕仙诞"，各地有吃"神仙糕"、戴"神仙帽"、购"神仙花"、剪"千年"和"轧神仙"等风俗活动。

（三）五月端午讨账

五月初五端午节，为一年三大节之一。自初一日起，各地亲友互以物相馈遗，谓之送节礼。送节礼，江南地区以幢篮两架，各储两种食物，令男女仆人挑而送之。然但收一二种，随即答送。商家则于此日起收讨平日之赊欠之账款。初一日，普通农家要以风化之石灰，遍铺洒于户外之门槛下，以辟蛇；同时悬挂钟馗像于堂中，以辟邪秽。

端午日吃粽子、龙舟竞渡是传统风俗，各地均有活动。此外，清前期还流行染指甲之俗。端午日，年轻妇女摘风仙花捣成汁，涂染指甲，俗认

① （清）羊城旧客：《津门纪略》，张守谦点校，天津古籍出版社 1988 年版，第 37 页。

② 同上书，第 36 页。

为可以避邪。

（四）六月六好洗发

农历六月初六日为汉民族传统节日——晒虫节，宋末亦称“天贶节”。到了清前期则衍化出一些新俗。如上海裁缝要在这一日聚集于城隍庙举行晒袍会，活动包括洗涤神器和城隍衣饰，还有集市庙会、戏文演出等。这一活动已明显带有行帮社会风俗的特点。天津则于此日以绿豆汤洗儿，不生痱子。[①] 江浙一带妇女于该日洗发，俗传这样做可使头发不腻、不垢，更有“牵猫犬浴于河”者，认为可避免虱蛀。苏北是日嫁女，要特备腊肉肘和水果花红，馈赠出嫁女儿，以图吉利。六月六日，京城还有观洗象之俗。各地寺庙要在这一日翻晒所藏的经书，故民间又有“翻经会”。

二十三日江浙地区俗为火神诞日，江南苏州，“以神司火，祷谢者众。只是或有不御荤酒者，谓之‘火神素’”。[②]

二十四日，南方民间谓“雷神诞”，有上雷神庙祭祀和“吃雷斋”之俗。各地雷神庙要设醮会，并由戏班演佛戏。《清嘉录》记苏州雷神庙会曰：“二十四日为雷尊诞，城中玄妙观，阊门外四图观，各有神像。蜡炬山堆，香烟雾喷，殿前宇下，袂云而汗雨者，不可胜计。庙祝点烛之赀，何止万钱。有为首者，集众为醮会，伶人舁老郎神像入观，监齐、卤薄、仪从，皆梨园子弟所充。羽流吟咏洞章，拜表焚疏，严肃整齐，不敢触犯天神，谓报应速也。自朔至诞日茹素者，谓之雷斋，郡人几十之八九，屠门为之罢市。或有间雷茹素者，素当食之顷，一虺虺之声，重御素肴，谓之接雷素。”[③] 北京六月二十四日祀关帝，岁以为常，鞭炮之多，与新年无异。

苏州民间还以六月二十四日为荷花生日，有游湖观荷之俗。《清嘉录》曰：“是日又为荷花生日。旧俗，画船箫鼓，竞于葑门外荷花荡，观荷纳凉，……或有观龙舟于荷花池者。”[④]

四　秋时节俗

（一）七夕衍生出“七娘会”

七月立秋日，民间也多有风俗活动，《津门纪略》曰：天津“立秋日

---

① （清）羊城旧客：《津门纪略》，张守谦点校，天津古籍出版社 1988 年版，第 33 页。
② （清）顾禄：《清嘉录》，来新夏点校，中华书局 2008 年版，第 141 页。
③ 同上。
④ 同上书，第 143 页。

雨为秋涝之兆，俗呼‘秋洒’”。不雨为久晴之兆，俗呼“秋吊”。[①] 立秋之时食瓜，曰“咬秋”，可免腹泻。北京，以立秋日晴雨卜秋田丰歉，《帝京岁时纪胜》曰：“若立秋日没雨，则秋田畅茂，岁书大有，谚曰：‘骑秋一场雨，遍地出黄金’。”并有吃露宿食之俗，“立秋预日，陈冰瓜，蒸茄脯，煎香薷饮，院中露一宿，新秋日合家食饮之，谓之秋后无余暑痢之疾”。[②] 江南地区立秋日要吃西瓜，并以此荐祖先，《清嘉录》曰：“立秋前一月，街坊以担卖西瓜，至是居人始荐于祖祢，并以之相馈贶，俗称‘立秋西瓜’。”并以此日之节气、气象占秋后之气候、收成，曰：“立秋日雷鸣，主稻秀不实。”又以立秋时之朝夜占凉，谚云：“朝立秋，凉飕飕；夜立秋，热烘烘。”[③]

初七日为七夕，相传牛郎织女渡银河相会之日，故小女儿有乞巧之事。以面粉和糖，制成各种小型之形状，而以油煎之，名曰巧果。向晚陈于庭中，佐以莲蓬、白藕、红菱之类。对目穿针，祈织女之赐以巧技也。又捕蜘蛛一枚，置之盒中，明日视之，如结网成者，为得巧之验。又或取雨水井水各半，盛以碗，露一夜，明日水上结薄衣，投一极小；针浮其上，视其水底影之所似，以占巧拙，似杵形者则拙也。

清前期的乞巧节，福建、广东、浙江等地又演变成七娘会。七娘会的参加者，均为姑娘，她们每人集资若干，抽空用通草、色纸、芝麻、米粒等制成各种各样的花果、仕女、器物、宫室等，在初六那一日杂以针线、脂粉、古董、珍玩、花生、时果等列在庭内八仙桌上，供人评赏。初七日开始迎仙、拜仙、拜牛郎等，礼节相当繁缛。

七月初一至初七日，北京各道院要“立坛祀星，名曰七星斗坛”，以祭北斗七星。初七前数日，北京民间要“种麦于小瓦器，为牵牛星之神，谓之五生盆”[④]。

十五日，民间谓中元节，据《津门纪略》记载，天津等地“祀祖先于祠堂，是夜，放荷灯，烧法船，作盂兰会。”[⑤] 南方苏州等地，《清嘉录》曰：“官府亦祭郡厉坛。游人集山塘，看无祀会。”“人无贫富，皆祭

① （清）羊城旧客：《津门纪略》，张守谦点校，天津古籍出版社1988年版，第33页。
② （清）潘荣陛：《帝京岁时纪胜》，北京古籍出版社1981年版，第26页。
③ （清）顾禄：《清嘉录》，来新夏点校，中华书局2008年版，第148、146、147页。
④ （清）潘荣陛：《帝京岁时纪胜》，北京古籍出版社1981年版，第27页。
⑤ （清）羊城旧客：《津门纪略》，张守谦点校，天津古籍出版社1988年版，第33页。

其先。”“农家祀田神”，寺院则设“盂兰盆会”，并放“水旱灯”。[①]

（二）中秋“摸秋”翻新俗

八月十五中秋节，祭月、吃月饼、瓜果、赏月是汉民族传统风俗，清时仍延之。如北京中秋节，《帝京岁时纪胜》曰：“十五日祭月，香灯品供之外，则团圆月饼也。雕西瓜为莲瓣，摘萝卜叶作娑罗。香果苹婆，花红脆枣，中山御李，豫省岗榴，紫葡萄，绿毛豆，黄梨丹柿，白藕青莲。云仪纸马，则道院送疏，题曰‘月府素曜太阴皇君’。至于先丁后社，享祭报功，众祀秋成，西郊夕月，乃国家明禋之大典也。”[②]

中秋节“摸秋”之俗，各地都有流行。中秋夜，未孕妇女在小姑陪同下，到田野瓜架、豆棚下偷些瓜豆，以此祈子。传说偷南瓜，易生男孩；偷扁豆，则生女孩；若偷到白扁豆则除生女孩外，还预兆夫妻白头到老。陕西一带偷俗略有不同，中秋夜，家人令小孩去附近秋田去偷一样东西，若偷到葱，父母则认为此孩儿长大会很聪明；若摸到瓜果，则认为孩子长大不愁吃喝。在清代汉民族社会中，普遍认为中秋夜偷摸瓜果不算偷，但过了中秋若偷，就要按贼惩处。

八月十八日，杭州钱塘江有观塘会，起源于南宋检阅水军之期，士女倾城出观。是日潮汛亦大，遂沿为看潮之会。清初钱塘江改道，江干潮势不如前，所以看潮者多到海宁盐官。

（三）重阳登高因旧俗

从九月初一开始，清代汉民族民间有“拜斗”之俗。据《津门纪略》记载，北方天津，“初一至初九，每夜城内水月庵、城外玉皇阁两庙拜北斗，修经攒香，斗离丈余如塔形，焚之一昼夜方烬”。[③] 北京等地，“九月各道院立坛礼斗，名曰九皇会。自八月晦日齐戒，至重阳，为斗母诞辰，献供演戏，燃灯祭拜者甚胜”[④]。

初九日，为重阳节，家家皆食糕，糕为斜方形，上插以红绿纸剪之小旗，大率购之市上。北京重阳糕极负盛名，《帝京岁时纪胜》曰：“京师重阳节花糕极胜。有油糖果炉作者。有发面果摞蒸成者，有江米黄米捣成

---

① （清）顾禄：《清嘉录》，来新夏点校，中华书局 2008 年版，第 153—154 页。

② （清）潘荣陛：《帝京岁时纪胜》，北京古籍出版社 1981 年版，第 29 页。

③ （清）羊城旧客：《津门纪略》，张守谦点校，天津古籍出版社 1988 年版，第 33—34 页。

④ （清）潘荣陛：《帝京岁时纪胜》，北京古籍出版社 1981 年版，第 31 页。

者，皆剪五色彩旗以为标帜。市人争买，供家堂，馈亲友。小儿辈又以酸枣捣糕，火炙脆枣，糖拌果干，线穿山楂，绕街卖之。有女之家，馈遗酒礼，归宁父母，又为女儿节云。染铺赈济饥贫，哄然如市。"①

此日尚有登高、赏菊、辞青等风俗。南方杭州登高到玉皇山；天津地处平原无山可登，则"以玉皇阁为登高处"②。京师重阳节赏菊之风极盛，《帝京岁时纪胜》曰："秋日家家胜栽黄菊，采自丰台，品类极多。惟黄金带、白玉团、旧朝衣、老僧衲为最雅。酒炉茶设，亦多栽黄菊，与街巷贴市招曰：'某馆肆新堆菊花山可观'，堪称雅事。"③

北方还以重阳日天气晴雨，占一冬之气候，民间有谚曰："重阳无雨看十三，十三无雨一冬干。"意谓重阳日及九月十三日有雨，则不致冬旱。

五　冬时节俗

（一）十月初一寒衣节

十月初一日，俗谓"寒衣节"，民间有祭扫祖墓、送寒衣等风俗。《京帝岁时纪胜》曰："十月朔，……士民家祭扫墓，如中元仪。晚夕箴书冥椿，加以五色彩帛作成冠带衣履，于门外奠而焚之，曰'送寒衣'"。④天津一带，"朔日迎城隍于西郊赦孤。民间祀祖先作五色纸衣焚之，曰'送寒衣'"。⑤江南地区十月初一俗称"十月朝"，"官府又祭郡厉坛。游人集山塘，看无祀会，间有墓祭，如寒食者。人无贫富，皆祭其先，多烧冥衣之属，谓之'烧衣节'。或延僧道作功德，荐拔新亡，至亲亦往拜灵座，谓之'新十月朝'"⑥。

京师皮客则于此日气候，占一冬寒暖，以望皮衣能售高价，《帝京岁时纪胜》曰："皮客于九月晦，聚众商洽酌陈肴俟至三更交子，则为冬朔。望西北风急烈，则卜冬令严寒，皮革得价，交相酬酢，尽欢达旦。"⑦

① （清）潘荣陛：《帝京岁时纪胜》，北京古籍出版社 1981 年版，第 31 页。

② （清）羊城旧客：《津门纪略》，张守谦点校，天津古藉出版社 1988 年版。

③ （清）潘荣陛：《帝京岁时纪胜》，北京古籍出版社 1981 年版，第 32 页。

④ 同上书，第 34 页。

⑤ （清）羊城旧客：《津门纪略》张守谦点校，天津古藉出版社 1988 年版。

⑥ （清）顾禄：《清嘉录》，中华书局 2008 年版，第 177 页。

⑦ （清）潘荣陛：《帝京岁时纪胜》，北京古籍出版社 1981 年版，第 34 页。

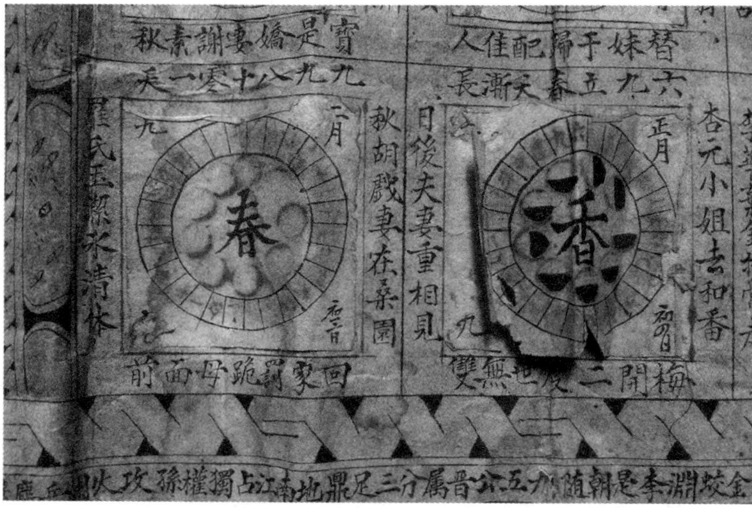

清代·九九消寒图（局部）

十月十五日，道家称之“下元节”。“（北京）庵观寺院课经安期起，至次年正月二十五日，百日期满。夜悬天灯，黄幅大书：冬季唪经祝国裕民百日期场。嗜佛之家，送香烛献斋供者络绎。”① 杭州此日妇女“吃三官素者甚多，且悬一灯，上书三官大帝字样，……城隍山上有三官庙，所祀者天、地、水府之神也，或以文天祥、陆秀夫、张世杰当之”。

十月二十五日，《津门纪略》曰：“（天津）为皮袄生日，俗谓是日晴则一冬冷，言其寒也。是日阴则一冬温，言其暖也。”②

（二）冬至新出“九九消寒图”

十一月冬至为清代朝廷郊天的节日，在北京，《帝京岁时纪胜》曰：“长至南郊大祀，次日百官进表朝贺，为国大典。绅庶士，奔走往来，家置一簿，题名满幅。……在京仕宦流寓极多，尚皆拜贺。预日为冬夜，祀祖羹饭之外，以细肉馅包角儿奉献。谚所谓冬至馄饨夏至面之遗意也。”③

自冬至起，京师士庶有画《九九消寒图》之俗，《帝京岁时纪胜》又曰：“至日数九，画素梅一枝，为瓣八十有一，日染一瓣，瓣尽而九九毕，则春深矣，曰九九消寒之图。傍一联聊曰：‘试看图中梅黑黑，自然

① （清）潘荣陛：《帝京岁时纪胜》，北京古籍出版社 1981 年版，第 35 页。
② （清）羊城旧客：《津门纪略》，张守谦点校，天津古籍出版社 1988 年版，第 34 页。
③ （清）潘荣陛：《帝京岁时纪胜》，北京古籍出版社 1981 年版，第 36—37 页。

门外草青青。'谚云：'一九二九，相逢不出手。三九四九，冰上走。五九四十五，穷汉街前舞。七九六十三，路上行人着衣单'。"① 据《津门纪略》记载："（天津）冬至日，同城官绅互相庆贺曰'拜冬'，是日食馄饨，绘《九九消寒图》以消寒。"②

民间还以冬至日晴雨卜年时气候，"俗以冬至前后逢雨雪，主年夜晴；若冬至日晴，则主年夜雨雪，道途泥泞，谚云'干净冬至邋遢年'。"③

（三）腊月廿四成为"小年夜"

十二月初一日，南方农村有"跳灶王"风俗，《清嘉录》曰："月朔，乞儿三五人为一队，扮灶公、灶婆，各执竹枝噪于门庭以乞钱，至二十四日至，谓之'跳灶王'。"又有"跳钟馗"，"丐者衣怀甲胄，装钟馗，沿门跳舞以逐鬼，亦月朔始，届时除夕而止，谓之'跳钟馗'"。④

十二月初八日，俗称"腊八节"，北京等地，"家家煮果粥，皆于预日拣簸米豆，以百果雕作人物像生花式。三更煮粥成，祀家堂门灶陇庙，合家聚食，馈送亲邻，为腊八粥"。⑤《津门纪略》载曰："（天津）初八日作佛会，清晨又施豆者。先于夜间跪佛前，每捻一豆，念佛一声，持饲行人，曰'接援豆'。以米、豆、杂枣、栗、果仁煮粥，曰'腊八粥'。"⑥

十二月二十四日，俗称小年夜，要过小年。过小年乃是为了提前过年，提前驱灾免难，招财纳吉，清人笔记中有关于安庆相城（今属安徽）人过小年的记载："二十四晚，设酒醴以延祖先，自密室达门面，内外洞澈，灯烛辉煌，而花炮之声达于四巷，几与除夜无异，土人谓之小年。"⑦ 南方苏州则于是夜送灶，《清嘉录》曰："俗呼腊月二十四夜为念四夜。是夜送灶，谓之'送灶界'。"⑧ 祭完灶，过完小年，各地即准备辞旧迎

① （清）潘荣陛：《帝京岁时纪胜》，北京古籍出版社 1981 年版，第 37 页。
② （清）羊城旧客：《津门纪略》，张守谦点校，天津古籍出版社 1988 年版，第 34 页。
③ （清）顾禄：《清嘉录》，来新夏点校，中华书局 2008 年版，第 187 页。
④ 同上书，第 193—194 页。
⑤ （清）潘荣陛：《帝京岁时纪胜》，北京古籍出版社 1981 年版，第 39 页。
⑥ （清）羊城旧客：《津门纪略》，张守谦点校，天津古籍出版社 1988 年版，第 34 页。
⑦ （清）姚兴泉：《龙眠杂记》。
⑧ （清）顾禄：《清嘉录》，来新夏点校，中华书局 2008 年版，第 200 页。

新，各家各户陆续张贴春联。贴春联也叫“贴春帖”。此俗源自古代的桃符。春联的正式命名源自明代，至清时春联风俗已具规模，有专门书写春联的书家，还有为书家写春联而设的市肆书棚。清人记载了这一情景：“自入腊以后，即有文人墨客，在市肆檐下，书写春联，以图润笔。”① 清末京城人家得春联后，要在腊月二十三或二十四祭灶之后，“渐次粘挂，千门万户，焕然一新”。由于其中带有祈求神灵的意义，因此，在粘挂前必须举行净手、焚香、放鞭炮等仪式，以示对贴春联的恭敬。民间春联用纸，多角红纸，以图吉庆。

腊月二十五，清人承前之俗，仍要举行驱邪除秽的祭祀活动，但其中已加进了祈秋的含义。这一日多举行“照田财”（亦叫“照田蚕”）除秽祈秋活动。“村农以长竿燃灯，插田间，云祈有秋，焰高者稔，谓之照田财。”②

除秽风俗的又一做法是“扫年”，祭罢灶神便陆续开始，家家都要将房里房外彻底打扫一遍，家内摆设、衣物、被褥也要全部清洗一番，最晚者也要在除夕完成，有记载说：“送灶神后，扫除祠堂舍宇。”③

（四）除夕年俗更丰

在福建、台湾等地区，各家要在除夕日的上午赶做“门头纸”。这种纸是用黄纸折叠而成的长条形，外包一层金纸，两端各贴一红纸圈。因“扫年”已罢，故除夕午后，便在两扇门的左右各贴一张，象征封门，实际上就是将秽气截于门外，直至正月初五祈神招财之后，才将这封撕下，然后带至野外空旷处焚化，并烧香祭拜，以谢门神之功德。

除夕夜向亲友辞岁，祀祖供神，合家团坐喝分岁酒，分压岁钱，聚坐守岁等是清代汉民族民间普遍流行的风俗。如天津地区“除夕迎神，祀祖先，拜尊长，曰‘辞岁’，是夜不寐，曰‘守岁’，爆竹声彻夜不断”。④ 北京等地，“为尊亲师长辞岁，归而盥沐，祀祖祀神接灶，早贴春联挂钱，悬门神屏对，插芝麻秸，立将军炭，合家团拜”“吃荤素细馅水饺儿”“高烧银烛，畅饮松醪，坐以待旦，名曰‘守岁’”。⑤ 南方苏州一

① （清）富察敦崇：《燕京岁时记》，北京古籍出版社1981年版，第95页。

② （清）顾禄：《清嘉录》，来新夏点校，中华书局2002年版，第205页。

③ （清）潘荣陛：《帝京岁时纪胜》，北京古籍出版社1981年版，第41页。

④ （清）羊城旧客：《津门纪略》，张守谦点校，天津古籍出版社年版，第34页。

⑤ （清）潘荣陛：《帝京岁时纪胜》，北京古籍出版社1981年版，第41页。

带，“卑幼行礼于尊长以别岁，俗称‘辞岁’；家人围炉团坐，小儿嬉戏，通夕不眠，谓之‘守岁’”。“长者贻小儿以朱绳缀百钱，谓之‘压岁钱’。”“安灶神马于灶陉之龛，祭以酒果、糕、饵，谓之‘接灶’。”① 等等。但各地又因历史传统、地理环境、经济水平和文化观念的不同而各有不同的风尚风俗。

南方，苏杭一带除夕要给亲朋“送年盘”，“岁晚，亲朋互以豚蹄、青鱼、果品之属相馈问，谓之‘送年盘’”。新妇给公婆送“过年鞋”，“新妇度岁，必先日整治洁履，至是以献于舅姑，谓之‘过年鞋’”。守岁时要点“守岁烛”，“燃双椽烛于寝室中，宵永烬长，生花报喜，红荣四照，直接晨光，谓之‘守岁烛’”。要给小孩分“压岁盘”，“长幼度岁，互以糕果、朱提相赉献，谓之‘压岁盘’。长者贻小儿以朱绳缀百钱，谓之‘压岁钱’；置橘、荔诸果于枕畔，谓之‘压岁果子’，元旦睡觉时食之，取谶与吉利，为信念休征”。分岁筵中必有一道“安乐菜”，“以风干茄蒂，杂果蔬为之，下筋必先此品”；要吃“暖锅”，“年夜祀先分岁，筵中皆用冰盆，或八，或广二，或十六，中央则置以铜锡之锅，杂投食物于中，炉而烹之，谓之‘暖锅’”。室内要装饰“老虎柏子花”，“年夜，像生花铺以柏叶点铜绿，并剪彩绒为虎形，扎成小朵，名曰‘老虎花’；有旁缀小虎者，曰‘子孙老虎’；或剪人物为寿星、和合、招财进宝、麒麟送子之类，多取吉谶，号为‘柏子花’，闺阁中买以相馈贻，并为新年小儿女助妆”。守岁守到半夜时分，则要“易门神”等②。

第六节 清前期汉民族的信仰风俗

一 宗教信仰风俗

（一）宗法性宗教风俗的延续

清代，宗法性宗教祭祀活动则日臻完善。国家宗法性宗教祭祀虽控制在满族贵族手里，但清承明制，其祭祀仅仅从形式到内容全是汉民族传统的，而且在重大的祭祀仪典中也多有汉民族官员参加，并对汉民族社会的神祇信仰产生巨大的影响。清代的宗法性祭祀，祀分三等，即环圜丘

① （清）顾禄：《清嘉录》，来新夏点校，中华书局2002年版，第209、210、217页。

② 同上书，第206、208、209、211、212、213页。

（天）、方泽（地）、祈谷、雩祀、太庙、社稷为大祀；日、月、历代帝王、先师孔子、关帝、文昌帝君、先农、先蚕、天神、地祇、太岁为中祀；先医、北极佑胜真君、东岳、都城隍、火神、龙神、河神、仓神、门神、圣贤忠良祠等为群祀。

至于清代地方官府举行的一些祭礼，则和汉民族传统风俗有着更为直接的密切联系。这种地方官府举行的宗法性宗教的祭祀活动常见的如下。

社稷之祀：自京师以至直省府、州、县皆设社稷坛，府称某府社稷，州、县则称某州、县社稷。俗称曰祭土神与谷神，每年春、秋仲月上戊日有司祭于坛，为民祈报。

先农之祀：直省祭先农，清初未举行。雍正时因天子藉田产嘉禾，乃下令耕藉祭，普及各地，守土者允宜遵行，“俾知稼穑艰难，察地力肥浇，量天时晴雨，以养民务本”。此后直至晚清，在直省及所属府、州、县、卫，各立先农坛和藉田，每年春，长官率属祭先农神，行九推礼。

神祇之祀：各府、州、县建有神祇坛，每岁春秋仲月，有司致祭境内山川及风、云、雷、雨诸神。

祀孔：各府、州、县设文庙祀先师孔子及其门徒。各省督、抚、学政于每岁春秋二仲上丁率属致祭。同治初年，颁从祀先儒位次图。光绪三十二年（1906 年）升为大祀，行三跪九拜礼，愈益隆重。

祭关圣：各地设有关帝庙，祭祀关公，起义为崇尚忠义与勇武的楷模。直省关帝庙一岁三祭，用太牢。先期承祭官要致斋，不理刑名政务，前殿由印官主祭，后店供关于曾、祖、父，由丞、史主祭。咸丰年间升为中祀，行礼三跪九叩。

祭文昌神：文昌帝君之祀典亦在咸丰时升为中祀。直省文昌庙有司以时飨祀，以祠庙者，设位公所祭之。祭毕，撤位随祝帛送燎。

祀城隍神：各府、州、县都建有城隍庙，其规模与各级官府衙门等同。每月朔望和城隍诞辰，地方官都要到城隍庙拈香。有特别刑事案件无法审讯者或祈雨、求晴、禳灾，亦恒祈于城隍。

祀厉：各府、州、县设厉坛于城北郊，每岁清明、七月十五、十月朔，祭本境无祀鬼神。

此外，各地御灾捍患有功德于民者，则赐封号，建专祠，所在有司序祀如典。晚清道光、咸丰、同治、光绪四朝，在各地增加此类祭祀甚多。还有各种名宦祠、贤良祠、名臣祠、忠节祠（昭忠祠）等，悉颁于有司，春秋岁荐。

上述官方祭祀的神有不少在民间也有较大影响。如孔子，读书士子亦常往祭拜；关帝更是民众普遍信奉的神；城隍庙不仅终年香火不断，而且在神诞日还要举行迎神赛会，抬城隍神像游行街市，热闹非凡；许多地方将先农之祭与迎春、祀芒神、鞭春牛结合起来，并演戏，唱劝农歌，赏老农力田者以草帽。至于各地专祠，大多成为民众烧香求神之所。

（二）佛道信仰的传承和基督信仰传入

清代，在汉民族居住区，主要流行着佛教、道教和基督教信仰。佛教在清前期被统治阶级所提倡，顺治、康熙、雍正、乾隆四帝都喜欢讲禅理，雍正帝还曾亲自编写《御选语录》《御制拣魔辨异录》等佛书。因此，佛教在汉民族地区广大民间得以广泛传播，信佛成为汉民族社会普遍流行的信仰风俗。在民间除了出家为僧为尼的男女佛教徒之外，还有许多民众虽然形式上没有出家为僧尼，但是在日常生活中是佛的善男信女。这些人平日素食，每月初一和十五礼佛、诵经，对观音菩萨和地藏菩萨信仰极笃。道教在清代虽然不被统治阶级重视，但在汉民族民间有很大影响。如北京白云观正月二十九庙会期间，求神赐福之人不绝于途。

在中国称基督教派系之一的罗马公教为天主教，新教为耶稣教。清初，一些耶稣会传教士利用他们掌握的自然科学知识，在清朝中央政府中任职，为清朝皇帝办理外交，绘制地图，制造枪炮。基督教宣传人类从始祖起就犯了罪，世间一切苦难都是人们自己犯罪的结果，人们必须忍受一切苦难，依靠救世主为人赎罪，才能求得死后永生。只有一切服从神的安排，死后灵魂才能升入天堂，否则，就要受到末日审判，被抛入地狱。民间一些人经外国传教士宣传加入天主教。康熙年间，全国 28 个城市设有天主教堂，教徒曾达十几万人。

（三）民间宗教信仰影响深广

清代影响最为深广的当为民间宗教。民间宗教也称秘密宗教，有许多名称。清前期在汉民族地区广为流传的有白莲教、八卦教、弘阳教、黄天教、无为教、在理教等。

白莲教在元朝时就流行民间，奉无生老母为创始主，宣称无生老母派弥勒佛等神佛下凡，将迷失在红尘中的教徒收回真空家乡。清前期白莲教在民间广为流传，许多农民、手工业者、流民和城市贫民，以至于一些胥吏、差役和下层知识分子都成了白莲教教徒。信奉白莲教的人要念佛持戒，做到不杀生、不偷盗、不淫邪、不妄语、不饮酒，以便往西方净土。

八卦教也称天理教，教徒信奉“真空家乡，无生父母”八字真诀，并在白绢上书写这八个字，供奉在暗室里朝夕拜诵。每天早晨还要朝太阳礼拜念经，祈避刀兵水火之灾。八卦教徒在入教时，要随力献钱粮，称为“种福钱”和“根基钱”。每年清明、中秋节，也要捐献钱粮，称为“跟账钱”。陕西、河北、河南、山东等省，民间信仰八卦教的人非常多。

弘阳教原是白莲教的一个支派，教义和白莲教相同。教徒以下层劳动群众为主，其中多有妇女，特别是寡妇。他们无依无靠，入教后供茶行医，为之治病。教徒平时没什么活动，只是在释迦牟尼佛、观音菩萨和地藏菩萨诞辰或为人办丧事时，才举行活动，念经卷。此外，也进行一些如治病、施药、舍粥等社会公益事业。

黄天教原来也是白莲教的一个支派，教义除和白莲教的相同外，还偏重于阴阳、日月、宫卦、丹药、钱汞、采补、调息、性命、长生、无为等道教内容，并根据这些加以渲染。京城附近和山西省北部民间多信奉黄天教，许多农村修建小型庙宇，庙内设普明佛。教徒平日在家供奉牌位，日行烧香、打坐、念咒等修持仪节，节日则到庙中举行佛事，念经祈祷。

无为教也称罗教，原是白莲教最大的支派，在河北、山东、安徽、江苏、浙江等省民间广为流行，还曾延及江西、福建、台湾等省。该教宣传从者都可以成佛的思想，创造了“真空家乡、无生父母”八字真诀。它以世界将临末日，归真家乡、真父母为号召，吸收男女老幼入教。罗教的教徒也有运河两岸的漕运水手。教徒一般在庵堂中供奉罗祖像，以及五部六册等经卷。这些庵堂大都是漕运水手宿脚之地，也是残疾衰老的教徒赖以存活和死后得以安葬的场所。

在理教是无为教的分支，乾隆年间开始盛行。京师、河北、江苏、山东、河南、安徽、江西以及东北等地民间多有人信奉。该教有比较严格的组织、教义和戒律，特别强调戒绝烟酒。此外，也强调孝顺父母、和睦乡里、戒杀、戒淫、戒妄，只准行善不许作恶。该教宣传平时默念“观世音菩萨”五字真言，不出声，这样就可以求顺。遇大灾大难只要面向东南大喊三声，即可逢凶化吉。男教徒称大众，女的称二众。每年腊月初八，都要在聚集地“公所”搭设天棚，张灯结彩，举行名为摆斋的仪式，届时可以吸收新教徒，吃素席，舍“结缘豆”等。

二 俗神信仰

（一）地方俗神泛化

在汉民族民间，比较有影响的俗神有天妃、东岳大帝、土地神、雷神、驱蝗之神、和合神、床神、金花夫人、痘疹娘娘、七娘妈、狱神等。

天妃，又称妈祖，沿海地区所崇奉的航海之神。据考证，天妃崇拜兴起于北宋。当时福建的航商林长胜，带领全家迁居九龙彭蒲围。途中遇到风暴，他的两个孙子在佛堂门附近不幸舟覆。二人落水后，紧抱天后神位不放，后来漂浮到东龙岛登陆。邻家认为这是天后保佑，方得以生还，遂出资在佛堂门修建天妃大庙，以酬报“神恩”。数百年间，香火一直长盛不衰。此庙一直由林氏后人管理，直至20世纪30年代方移交当地政府。

许多福建人漂洋过海到台湾定居后，天妃也被请到了台湾。台湾人民还流行着这种说法：林姑娘在宋太宗雍熙五年（987年）“升化”，从福建渡海来到了台湾。于是台湾各地纷纷建立起天后宫——在当地称朝天宫或妈祖庙。妈祖在台湾极受崇拜，《陔余丛考》曰：“台湾往来，神迹尤著。土人呼妈祖。倘遇风浪危急，呼妈祖，则神披发而来，其效立应；若呼天妃，则神必冠帔而至，恐稽时刻。”①

北方天津的妈祖庙叫“天妃宫”。元明时代，每逢粮船安全抵达港口城镇，人们就要到天妃宫答谢神灵，迎神赛会。这种酬神活动逐渐衍变成庙会，这就是有名的“娘娘会”。清代时增加了“出会”活动，即在天妃诞辰之前，将天后、眼光、子孙、斑疹、送生等五位娘娘的神像，用木辇抬着沿街游行，接受人们的香火，所谓“出巡散福”是也。

汉民族民间相传泰山神掌管人间生死，俗称“东岳大帝”，各地均立庙祭祀，谓之东岳庙。农历二月二十八日为东岳大帝诞辰，有隆重的庙会，叫作“天齐庙会”。浙江杭州则谓七月为东岳大帝朝庙之期，能审判疯病人。

清代汉民族以“土地”为守护地方之神，俗称“土地公公”。各地均立庙祀之。如四川汉民族民间所信奉的土地有“庙门土地”“街坊土地”“花园土地”之区别，俗以农历七月七日为土地生日，称“土地会”。届

---

① （清）赵翼：《陔余丛考》，商务印书馆1957年版，第761页。

时城乡村巷皆持纸钱醴酒，提大红公鸡祀之。[①]

广东雷州半岛颇重雷神之祀，雷州雷神庙中所塑的雷神在宋元时曾被封为“威德昭显王”，故香火十分兴旺，奉之者颇众。到了清时，此庙的雷神已极其排场。江南地区民间奉刘猛为驱蝗之神，各地设有“猛将庙”以祀，并以农历正月十三日为刘猛诞辰，官民士庶届时于庙设祭。

汉民族民间有奉祀象征吉祥如意的和合神之俗。和合在明代以前，本为一神，神名方回，到清时则称为二神。据翟灏《通俗编》记载：“雍正十一年，封天台寒山大士为和圣，拾得大士为合圣。”[②] 是故，民间常画二像，蓬头笑面，一神手持荷花，一神手捧圆盒，取和谐好合之意。民间举行婚礼时，喜挂和合像，以图吉利。也有在厅堂中常年悬挂者。

清时广东民间所信奉的送子娘娘为叫“金花夫人”，由于颇有灵验，故被广州民间普遍供祀。清时广州许多地方有“金花庙”，专祭金花夫人，香火很盛。至今广州还有一条以庙命名的“金花街”，可见其影响之大。传说农历四月十七是金花夫人的诞日，是日朝拜者成群结队，络绎不绝。

福建、台湾地区汉民族民间信仰“七娘妈”，供奉七个织女，尊为儿童保护神，俗信十六岁以下的少年儿童，均受七娘妈保护，七夕，为七娘妈生日，民间妇女扎彩亭、彩轿、彩灯，抬七娘妈神像游行；晚上则设筵于庭，遥空祭拜七娘妈，以求子女顺利成长。

清时汉民族民间无法控制天花流行，出疹成为危及人生命的严重病厄，故民间供奉痘疹娘娘以求佑护。如《红楼梦》第二十一回曰：“巧姐出痘，凤姐打扫房屋，供奉痘疹娘娘。”

清时各地牢狱中都有祀奉狱神之俗。狱中立庙宇，凡罪囚到狱，都要备三牲果品祭献狱神。

惠安县北部的许多家族，吴姓聚居地所供奉的神地称为“吴大帝”，陈姓家族所供奉的则称为“陈公爷”；罗氏家族供奉“丐王爷”，丐王爷姓罗名隐，五代时人，原是杭州吴越王和福州闽王的朋友，能诗善文，无奈禀性懒惰，不愿为官，甘心为丐，成为闽浙各地乞丐的首领。据说罗隐乞丐身天子口，出口成章，言无不应，至今福建民间流传许多有关丐王罗

① 见（清）赵懿纂修《名山县志》。

② （清）瞿灏：《通俗编》，商务印书馆 1958 年版，第 424 页。

隐的神话。罗氏家族以同姓相攀，建造丐王庙，企图借助丐王爷的神通，保护家族的兴旺发达。

（二）行业神屡屡出现

一般说来，每个行业都有崇拜之神。据不完全统计，清代汉民族社会中有100多种行业，例如成衣业、餐饮业、搬运业、皮革业、丝织业等，几乎每个行业都有自己所信奉的行业神。有些是几个行业供奉一个神，也有的是一个行业供奉几个神。比较有影响的行业神如下。

鲁班神：清代汉民族社会的木匠、瓦匠、石匠等奉鲁班为始祖神，各地的木、瓦、石行帮组织都立庙祀之。清代供奉鲁班神像的鲁班殿又叫祖师殿，行会议事，定行规、工价，乃到师傅收徒，都在祖师殿内举行。祭祀鲁班的日期，各地也不尽相同，分别为农历五月初七、六月十二、六月二十、七月七、腊月二十等。清代晚期，香港的泥水、木工、搭棚三行工人，则定六月十六日为“鲁班节”，要去鲁班庙敬香参拜，隆重祭祀；入夜则大摆宴席，与神同乐。[①]

蔡伦神：这是造纸业供奉的神。蔡伦本东汉造纸专家，由于改进了造纸工艺，改良了打浆技术，并拓展了造纸原料，用树皮、麻头、废旧的麻布和渔网等作原料，造出了质地优良、成本低廉的纸张，因此被朝廷封为龙亭侯，也被造纸业奉蔡伦为祖师，供奉为神。

黄道婆神：这是棉纺织业供奉的神仙。黄道婆是著名的元代纺织技术家。她把从崖州（今海南省）黎族百姓那里的纺织技术带回家乡松江，使松江等地的棉纺织业发展起来，因而被棉纺织业尊为祖师，奉为神。

灶君神：这是餐饮业供奉的神。灶君又称灶神、灶王，原是主灶司厨之神。餐饮业因其主灶司厨的神性，便供奉为神。

孔子、文昌帝君、五文昌：这是教育业供奉的神。孔子是古代大教育家、私学教育创始人，被教育业奉为祖师，一般史书中都供奉“大成至圣先师孔子之神位”。文昌帝君是主宰文化教育的神，所以教育业普遍供奉。五文昌指的是文昌帝君、魁星、朱衣神、关帝、吕洞宾。魁星是主宰文章好坏的神，朱衣神主管科举，关帝主管文化教育，吕洞宾似乎与文化也有些关系，所以他们都被教育业供奉为神。

老郎神：这是戏剧业供奉的神。老郎神具体是什么人，有不同说法。

① 马书田：《华夏诸神》，燕山出版社1990年版，第368页。

有的说是唐明皇，即唐玄宗，因为他曾大兴梨园教坊，亲自授艺演戏。也有人说老郎神是艺人。还有人说老郎神是翼宿星君，翼宿星君即星神，夜间演戏时能为人们照明。许多地方修建有老郎庙，奉祀老郎神，也有的地方在戏台后供奉老郎神牌位。

土谷神：这是农业供奉的神仙。土谷神是土地神和谷神的合成，也名社稷神。农民认为土谷神是掌管土地和庄稼的神灵，各地便修建土地庙和土谷祠给以供奉，有的甚至在田间祭祀。

水神：这是水运业和渔业供奉的神，包括江神、海神、湖神、河神等，具体神名有禹王、尚书、金龙四大王、水府菩萨、龙王等。禹王即古代治水的大禹，人们尊他为神，希望保佑在水上的安全。尚书是宋朝参知政事陈文龙，福建永仕人，明朝封他为水部尚书，遂成神灵。金龙四大王指的是南宋人谢绪，宋朝灭亡后他投水死，以后显灵帮助朱元璋打败了元兵，遂被封为水神。因为谢绪曾隐居在金龙山，在家排行为四，故称金龙四大王。水府菩萨具体指什么人不得而详，被湖南地方水运业奉为神。

财神：是社会各阶层、各行业普遍信仰的神。有人说财神是指赵公明；也有人说是五显神，即五哥；还有人说是五路神。财神在银钱业被供奉情况较之其他行业更为虔诚。清前期，很多地方的银钱业建有会馆，会馆里面就供奉赵公明像，香火几乎长年不断。北京广宁门外有财神庙，报赛最盛。

药神：是医药业供奉的神。具体有伏羲、神农、黄帝、华佗、孙思邈、李时珍等。伏羲、神农、黄帝被称为三皇，他们被看作最早的医药祖师。传说伏羲作八卦，使民知吉凶；神农尝百草，黄帝懂阴阳，这些都和医药业有关。华佗是汉末医学家，孙思邈是唐代著名医学家，李时珍是明代医药家，他们被供奉五医药业的神，是因为他们神奇的医术和广博的医学知识，受到后人的崇奉，并希望得到他们的护佑。

清代汉民族祭祀行业神一般有一定的场所，许多行业建有神庙。这些神庙也有的称为堂、殿、馆、阁、祠等。它们或是独立的建筑，专做祭祀之用；或和本行业的会馆、公所合为一体。祭祀行业神有隆重的仪式，包括焚香、上供、叩拜、祷祝等。每遇该神诞辰之日，即要搞迎神赛会，有仪仗、鼓乐、杂戏等迎神出庙，周游街巷，届时人们穿新衣，放爆竹，张灯结彩，大吃大喝。看热闹的人山人海，车水马龙。如清初京师地区餐饮业祭祀灶君神的活动，每年农历八月初一到初五这五天，崇文门外灶君庙要开放庙会，饭馆、茶馆、茶房等于初三灶君生日这一天，齐集庙内拈香祭神，以答谢神灵的保佑。又如四月二十八日是孙思邈生日，东北有药王庙会，陕西医生和各药材店都要备祭品到三圣祠祭祀，等等。

三　祖先崇拜

（一）家祭四时不绝

与国祭相对的是家祭，它是由家庭、家族自己组织的。家祭是比国祭更为常见的祭祖礼仪，次数要频繁得多。一般民间的家祭有生辰、忌日的祭祀，岁时年节如清明、寒食、端午、七月十五日、中秋、重九、十月一、冬至、过年的祭祀，这是恒常的，年年如斯。此外，遇到喜事，需要报告给祖先的，诸如朝廷追赠考妣官爵封号或给予生者以特殊礼遇及生子、娶媳、中举等，也要祭祖。

家祭与国祭一样，分庙祭和墓祭。同时，频繁的家祭也不平均用力，彼此有些区别，可分出层次来。一般民间的大祭并不是每年都有的，往往也受生辰所谓零、整的制约，就是说逢先祖正十生辰或忌日时大祭。岁时年节的祭祀也分层次，一般过年、清明、冬至等较重，重九一类则轻描淡写。依据层次和类别的不同，家祭祭礼又有各自的特色。福建某地生子之后，在次年元宵致祭，于祖宗祠堂挂出红灯，生男挂两盏，生女挂一盏。甚至致祭除男女的区别外，更重要的是嫡庶的区别。如果是嫡长孙或嫡孙，一到满月就告于祖位，全家序立祠堂前，启椟出神主后，家主（宗子）到香案前跪下焚香，酹酒于茅沙之上，伏身两拜，众人四拜。主人和主妇分别斟酒点菜，宣读告辞。倘若是庶子庶孙，则仅启椟，不出神主，不设茶酒。大祭的仪式十分繁复，孔府大祭的仪注仅祭典就有十几项之多，且祭礼先后要好几天，所用祭品、祭器也是极讲究的。仲、丁、小祭的隆重程度等而下之，至于祭拜谒告，就如同晨昏问安一般，简直等于日常活动。

依据时间来分，又可将祭祀分为恒常的和随机的。恒常的祭祀指岁时年节和生辰忌日的祭祀。岁时年节如前述的元宵、清明、寒食、端午、七月半、中秋、重九、十月一、过年、二分（春分、秋分）、二至（夏至、冬至）以及每月的朔望等。

（二）做“冥寿”流行

生辰忌日之祭中，忌日之祭（即周年之祭）是从死者祭后一周年就开始的，以后年复一年，年年如斯。在届丧3年的古礼久废之后，前三年的忌日祭礼是比较重要的。清代汉民族民间称忌日之祭为“过周年”，届时近亲孝子们都要上坟祭奠。死者生辰之祭，即所谓做“冥寿”。

冥寿，就是给死人过生日、祝寿。做冥寿时，其子孙都必须穿着彩服，要设寿堂，宗族、亲友要送纸扎锭，登堂拜祝。有的地方还要演戏娱宾。在江浙一带，做冥寿分在家做和在寺院做两种。在家做的冥寿，其仪式如同阳寿。除送糕、桃、烛、面外，须加纸元宝十副，糖茶两杯，而不送鞋袜。送红轴者，上书“仙乡不老，佛国长青”字样，亦有单写一“庆”字者，家中不拜忏，席用荤菜、素菜均可。在寺院做的冥寿，必拜忏，做水陆道场，或一日、三日、七日不等，以圆满之日为正日。最隆重的为拜水陆道场，由49个和尚，拜忏七七四十九天。事毕，追荐者的牌位，可放在寺院中的报本堂，以承受香火。

除上述岁时年节、生辰忌日这类时间固定的祭祀外，还有时间不固定的、随机举行的祭祀礼仪。这类特殊的祭祀礼仪多是家庭、家族发生了重大的事件，需要向祖先请示或报告，诸如朝廷追赠先考、先妣官爵封号或者加官晋爵，以及生子、娶媳、中举等。

（三）墓祭和庙祭上规模

依据地点的不同，清代汉民族的祭祖又可将祭祀分为墓祭和庙祭两种。墓祭指子孙携祭品到墓地去祭祀祖先，扫墓、上年坟、上喜坟等均属此类。墓祭礼仪、祭品等要比庙祭简单，“墓祭则于祖先坟前焚化冥镪，奠以清酒，供以馐馔、果品等物，必诚必敬”[①]。殷实之家的墓地坟前设石碑、石供桌、香炉，以供祭祀；更阔气的人家还要在坟周围墙，盖“看茔房子”，还专门有一帮出家人四时祭扫。

墓祭有一种特殊的形式，东北一些地区叫作“望空”。这种仪式一种用于祖先远葬他乡或子孙外出谋事，至祭扫之期不能亲临扫墓、致祭的变通形式。其法为至村前十字路口或其他适宜的场所，祷嘱一番，然后将装了纸钱、写明收信人地址姓名的纸袋焚化，俗称“寄钱”。

与墓祭相对的是庙祭。庙即家庙，也就是祖宗祠堂。清代汉民族地区

---

① （清）魏礼焯等纂修：《山东昌乐县志》。

讲究聚族而居，每个村落都有许多相应的祠堂，宗有宗祠，常有常祠，房有房祠，有些大的家族，还有家祠。祠堂正面有八个龛，龛中放椟（柜子），内藏祖宗牌位（称“神主”）。神主的一般规格是1.2尺长、3寸宽，上写近祖官位、姓名字号，背面写祖先生卒年月。四对神主依次是高祖考、高祖妣，曾祖考、曾祖妣，祖考、祖妣，考、妣。远祖没有牌位，设族谱。

（四）祭祖礼仪因旧制

古礼对祭祖有着严密的规定，不同身份的人有不同的祭品、仪注以及祭祀时间、对象的区别，必须严格遵行，不得逾制。在民间，长期以来还形成了许多有关祭祖的俗信，如清代汉民族民间要求参加祭祀的人，站着的时候要谨恭，弯腰垂首；上前的时候要和颜悦色，显出高兴的样子；供奉祭品以飨祖先时，要诚心诚意，显得恳切一些；退下去的时候，要像听吩咐一样，俯首帖耳；祭仪完了，还要有敬齐之色，不能随便处之。许多家族还规定，妇女不入家庙、祠堂祭祖，否则有辱祖先。

祭品的要求是新、丰。即使贫弱小家，也要尽量拿出最多最好的祭品享荐祖先。祭品之大者是牲牢，即整牛、猪、羊，此外是各种美味佳馔、时新果品、点心等，无论大祭、小祭，祭品都必须是新近专门为祭祀准备的。

祭祀不能穿家常便服，而要郑重其事。平民百姓尽量盛装整洁，缙绅官宦之家则穿“公服”，即出门、见客、上朝时的官服、礼服。有些大族，祭祖时还要读祭文。清代汉民族社会的祭文大都有一定格式，不得任意篡改。据传明代洪武年间，朱元璋曾有御制祭文行世，后世大都依之。直到清代乾隆年间，汉民族民间仍遵之不怠。其辞曰：“维某年某月某朔某日，孝孙某阖门眷属，告于高曾祖考妣之灵曰：昔者祖宗相继，鞠育子孙，怀抱提携，劬劳万状。每逢四时交代，随其寒暖，增减衣服，撙节饮食。或忧近于水火，或恐伤于蚊虫，或惧罹于疾病，百计调护，唯恐不安，此心悬悬，未尝安息，使子孙成立，至有今日者，皆吾祖宗考妣劬劳之恩也。虽欲报之，莫之所以为报。兹者节届春夏秋冬天气，将温热凉寒，追感昔时，不胜永慕。谨备酒肴羹饭，率阖门眷属以献，尚飨！”①

① 陈宝良、王熹：《中国风俗通史·明代卷》，上海文艺出版社2005年版，第452页。

四　巫卜禁忌

（一）巫术世俗化

人们担心鬼魂、邪气侵身，或已经侵身，造成人身或家庭祸厄，就要想方设法进行禳解、驱邪，保平安。

泰山石敢当

“泰山石敢当”是清代汉民族民间常见的一种预防性的驱邪、禳方式，而且还能为人家医病。《古夬于亭杂录》云：“齐鲁之俗，多于村落巷口立石，刻‘泰山石敢当’五字，方能暮夜至人家医病。”①

由于道教的影响，清时汉民族民间相信太极八卦图是有驱邪避难的能力，因此在家户门头，店房门头，或屋房梁上都绘制八卦图。相信这样，邪魔恶鬼便不敢来烦扰了。木匠们最信此说。据说，木匠祖师爷鲁班就认为无论怎样凶恶的魔鬼都不敢侵犯太极八卦图。

清时民间俗信认为《周易》及一些经书、卦书等，有驱邪禳灾的能力，故常州一带，“男妇老幼，无论识字不识字，每出，咸挟一册以自随，居则悬于户”②。

麒麟、凤凰、狮子、老虎等吉兽、凶兽、零兽的图像，据说也有驱邪的能力。民间经常以这些动物的图像贴在墙上、门上，或雕成石像镇守于

① （清）王士禛：《古夬于亭杂录》，赵伯陶点校，中华书局1988年版，第125页。

② 徐珂：《清稗类钞》第10册，中华书局1984年版，第4654页。

门口，或用来制作成童衣、童帽、童鞋上的装饰品，相信依靠这些兽类的保护就能够免除灾祸，使农作物不被禽兽糟蹋，给人们带来好运气。

符咒是道家方士驱鬼役神的法术手段，在民间影响甚广。清代汉民族民间风俗中亦多有效仿者。如将“一善”“个个乙”“山海镇”“福禄寿”“对我生财”“天官赐福”“百事大吉”“姜太公在此，百无禁忌”符纸张贴于特定的地方，俗以为就可达到某种禳解的效果。

在清代汉民族民间，如果遇到鬼怪、邪气已经侵身，祸害将要或已经发生，将要采取另一种禳解方式，即治疗性的禳解方式，常见的有请巫师、道公或和尚作法，打醮及作佛事等。

降神是清代汉民族民间最为流行的禳解方式。如湖北武昌一带，“本地风俗颇笃神道，奇观林立，村必建土地祠，且及他神。即家畜失踪亦祷土地，赌以三牲挂红。病辄神医，谓之降神”。湖南衡山一带，民间多供奉“三霄娘娘”，降神时多请“三霄娘娘”，俗称为“庆娘娘”。

广东的降神作法有的称为“集神雷坛”，有的称“跳茅山”，乾隆时人张渠的《粤东闻见录》对此有所记述：“男巫名鬼公，女巫名鬼姥，如北方端公然。为人祈禳或主病所，或移祭其家门者，题曰：‘集神雷坛’。又一种名跳茅山者，击鼓鸣金，合吹牛角，呜呜作鬼声，书符咒水。日夕不休。”①

（二）占卜形式多样

清代流行的占卜形式有杯珓卜、衣襟卜、扶乩、求签、拆字、圆梦等。

杯珓卜，卜时先将杯珓拢至胸前，诉所卜事项后抛至面前地下，观其俯仰以决凶吉。两片皆伏为阴，皆仰为阳，一仰一俯为胜，通常需连掷三次为准，多在神龛、供桌前进行。古代就已流行，清时仍有遗存。清代汉民族民间凡耕织渔猎、诉讼争战、染病遇凶及造屋婚娶、出门经商等时，无不卜之。

衣襟卜，据纪昀《阅微草堂笔记》所载，清时人们病笃时，暗剪其贴身内衣襟一片焚烧，其灰有白色斑纹，斑纹如篆籀者必死，无字迹之形者生。或以纸为衾，其合缝处不以糊占，而以秤砣就捣衣砧上之，其缝合者必死，反之即生。

① （清）张渠：《粤东闻见录》，程明点校，广东高等教育出版社1990年版，第49页。

扶乩，即请神问卜，起源于唐代，当时信奉的是紫姑神，故扶乩又叫“请紫姑”。到了清时，扶乩已在文人中普遍流行起来，几乎每府每县的都市都设有专门的乩坛。清代文人扶乩，所问皆是有关科之事，赴试的举子间卜试题及应试的成败、补救的办法等，有时也以此作为一种娱乐方式，请“乩仙”为唱和或猜谜。清代袁枚《子不语》卷二十一有记举子卜问试题之扶乩曰：“康熙戊辰会试，举子求乩仙示题。乩仙书‘不知’二字。举子再拜，求曰：‘岂有神仙而不知之理?’乩仙乃大书曰：‘不知，不知，又不知。’众人大笑，以仙为无知也。”而科题为“不知命，无以为君子也，三节”。清代的扶乩风俗在普通民众中也非常流行，每年元宵夜，几乎家家都要举行的“接紫姑”或“接坑三姑娘”等活动，其实就是扶乩。

占梦，清代汉民族社会的占梦风俗基本传承自前代，没有多大的变化，只是信之者更众。清代人占梦，依据的主要是传说为周公所撰的“周公解梦全书”。

求签，即人们去寺庙中在神佛面前抽签以占卜凶吉。清时，汉民族社会普遍供奉关公，各地都建有关公庙，故人们多到关公庙求签问卜。关公庙中用来占卜的专用签叫“关帝签”。北京正阳门月城内关庙的“关帝签”名气很大，京师官民士庶前往烧香求签者络绎不绝。清代社会的许多帮会，如哥老会、青红（洪）帮等尤敬祀关帝。一些重大活动，都要向关公求签问卜。

拆字，清时拆字问卜之风颇上拆字为业者，俗称“测字先生”。

（三）傩祭盛于南方

有清一代，在南方巫傩之风颇盛，在湖南，如“求财求嗣求雨，禳灾禳病，必延巫致祝，或请道士建醮燃烛。又有还傩愿者，遇有祈禳，先于家龛焚香叩许，择吉酬还。至期备牲牢，延巫至家，具疏代祝，鸣金鼓，作法事，扮演《桃源洞神》《梁山土地》及《孟姜女》等剧。主人衣冠随巫拜跪，或一日、三日、五日不等。其名有三请愿、朝天愿、云霄愿、白花愿之属”。[①] 四川，“乡人于栽种毕，农工稍闲，建坛为麦苗会，祀青苗土地。击鼓烧钱，舁神周巡四隅，间有演剧者，此迎猫祭虎遗

---

① （清）徐会云、唐守等纂：《道光辰溪县志》。

意”。[①] 江浙，“月朔，乞儿三五人为一队，扮灶公、灶婆，各执竹枝，噪于门庭以乞钱，至二十四日止，谓之跳灶王”。周宗泰《姑苏竹枝词》云：“又是残冬急景催，街道财马店开齐，灶神人媚将人媚，毕竟钱从襄底来。”[②]

到了清代中期以后，汉民族地区的傩祭中已出现了戏剧表演。“立春先一日，邙民扮戏剧。……上元，火树银花，阑然相望，清歌急管，达曙洋洋，扮魑魅侏儒之像，以衣饰相丽，沿市婆娑，类古之傩者，望后五日皆然。”[③] 装扮鬼神者鲜丽衣饰，在乐器伴奏中歌舞，表明是一种有傩祭内容的戏剧人物表演。

湖南的傩祭直到清末时依然名目繁多并与当地民族风俗密切结合进行：“疾病延医服药之外，惟祈祷是务。父母病则延老者十人，月牲牢以为请命于神，谓之打十保护；童子病则延巫为之解煞，名曰扬关；又或意外鬼作祟，于河边井岸用犬将羊祭之，谓之打波斯。至于岁时祈赛不一，其名宰牲延巫为诸戏舞蹈，名曰还傩愿，祭三候神名曰还大愿。”[④] 这种现象一直持到清末，直到民国以后，傩祭才渐趋衰微。

（四）禁忌泛化

清代汉民族民间在日常生活中有许多的禁忌风俗，如民间俗信以为眼跳是神仙的兆示，有“左眼跳财，右眼跳灾”的说法，故以右眼皮跳为忌。若遇之，则常用席篾、草棒粘贴在右眼皮上，以此禳解。

民间俗信以妇女为不洁之物，故禁止妇女祭祀神灵、祖宗，甚至忌妇女从庙宇、神树、灵石旁经过，以免冲撞了神灵。《日下旧闻考》载曰：“京师居民祀灶，犹仍旧俗，禁妇女之祭，家无男子，或近邻里代焉。”[⑤]《京都风俗志》曰：“男不拜月，女不祭灶。”[⑥]

清代汉民族社会视男女之性行为是不洁的，故禁止在宗祠、庙宇、宫观内及神龛、井灶、坟墓、棺柩旁男女交合，否则会亵渎神灵，给人们带来灾祸。清代南方赛神期间，更是禁止夫妻同床。

---

① 《嘉庆江州志》。

② （清）顾禄：《清嘉录》，来新夏点校，中华书局2008年版，第193页。

③ （清）李中栋修：《康熙乐昌县志》。

④ （清）黄应培、黄元复等纂修：《道光凤凰厅志》。

⑤ （清）于敏中等编纂：《日下旧闻考》第四册，北京古籍出版社2001年版，第3267页。

⑥ （清）让廉：《京都风俗志》。

清代汉民族民间对数字也有颇多的禁忌。如将初五、十四、二十三日视为忌日，凡遇这些日子，则禁止动土盖房、婚嫁、安葬和亲戚往来等。民间日常穿衣戴帽，也讲究禁忌，如忌帽子歪戴，俗语称："歪戴帽，狗材料。"忌反戴帽子，熊伯龙《无何集》曰："毋反悬冠，为似死人服。"

在饮食方面，宴客时，忌酒壶、茶壶壶嘴向人；饭盛好后，忌将筷子插在饭碗上，俗谓这是丧葬时敬鬼的方式，容易让人想到死人，不吉利。烟、酒、茶是清代汉民族民间饮食方面的特殊嗜好，也有许多禁忌，如忌饮隔夜茶，有俗谚曰："隔夜茶，毒如蛇。"

烟草禁忌，《清稗类钞》饮食类载曰："（烟草）醒能使醉，饥能使饱，饱能使饥。人以代酒代茶，终身不厌，与槟榔同功。然火气熏灼，耗血损年，人每不觉。"① 因其"耗血损年"，故民间忌食之。又因"人每不觉"，所以忌之不绝。

饮酒禁忌，民间有忌在卯时喝酒的风俗，卯时为清晨时分，有俗语曰："莫吃卯时酒，昏昏醉到酉。"饮酒又忌过量，以免酒后失德，清人《闲居杂录》"酒浆面上不见人影不可食"则指忌饮过量之意。

官民士庶出行讲究"杨公忌"，熊伯龙《无何集》曰："世俗多畏杨公忌，谓不因宜出行，皆未悉其原委，故为所惑耳。今按其说，乃是'室火猪日'。其术元旦起角宿，依二十八宿顺数，值室即为杨公忌。"② 按此排列，杨公忌应当为正月十三、二月十一、三月初九、四月初七、五月初五、六月初三，七月初一、九月二十九、八月二十七、九月二十五、十月二十三、十一月二十一、十二月十九。这些都是清代汉民族禁忌离家出行的日子。清时出行还有忌月的，《清稗类钞》曰："官吏上任及人民移家，每忌正、五、九月。"③ 据说是因为这些月份当"至尊之位"，所以人皆避之。出行在途还忌乌鸦当头叫，俗谚曰："乌鸦当头叫，无灾也有祸。"但有的地方则称乌鸦为"太平鸟"，俗谓"鸦报喜"。

清代汉民族民间的禁忌风俗是非常丰富而庞杂的，几乎一投足、一举手间都有需要讲究的禁忌，即使晚上做梦，也有许多的讲究，如"忌梦穿青衣；忌梦穿红袍红袜；忌梦戴网巾；忌男子梦戴珠冠；忌梦倒穿鞋；

① 徐珂：《清稗类钞》第 13 册，中华书局 1984 年版，第 6354 页。

② 熊伯龙：《无何集》卷 7，中华书局 1979 年版，第 293—294 页。

③ 徐珂：《清稗类钞》第 10 册，中华书局 1984 年版，第 4680 页。

忌梦执杯自饮；忌梦房塌；忌梦见床上有蚂蚁；忌梦坐车乘船而车船破（出门不祥）；忌病人梦见坐船；忌梦见拣钱；忌梦有鞘无剑；忌梦笔丢失；忌梦拿刀杀人；忌梦为人画容（主被画者不吉）；……忌梦巨雷击头；忌梦流星入口（文人与孕妇梦之，大为吉祥；其他人梦之不吉）；忌梦身坐井中；忌梦破鼓；忌梦箫；忌梦背缚一木”。[①] 如此等等，不一而足。如果做了不好的梦，人们就要想方设法加以禳解。在清代汉民族民间，常见的凶梦禳解风俗有：在西墙上写：“夜梦不祥，写在西墙，太阳出来，化为吉祥。”或在南墙上唾一口唾液，画圆圈圈住，以示禁锢。或写一张“噩梦出卖”的字条贴在街头巷尾，把噩梦的报应转到他人身上。写画符咒一定要在太阳出来之前，并且禁忌说话。

第七节　清前期汉民族的社会风俗

一　家庭风俗

（一）小家庭流行

清代汉民族家庭，据有关史料记载大多为“父母妻子”的小家庭，但也有数量不多的家族家庭。由于汉民族有抚育与赡养并重及“孝亲”的传统，两三代的直系家庭是普遍的家庭组织形式；另外还有累世同居共灶的“义门”家庭，但其数量已远不及元明时多。

清代小家庭基本是由父母及未婚子女构成。“十亩地，一头牛，老婆孩子热炕头”是清代汉民族农民理想的家庭生活。如乾隆刑科题本土地债务类档案中载有陕西洵阳县赵仲供“年四十七岁……父母俱故，女人袁氏，两个儿子”。[②] 也有由祖、父、子三代直系血亲构成的小家庭，也就是老两口、小两口，加上小两口的未婚子女。如贵州王易珍供：“年四十四岁。父母都在，弟兄两个，小的居长，娶妻徐氏，生有二子一女。”[③]

在官僚、地主阶层中，个体家庭和直系家庭里的庶妻、庶生子女是屡见不鲜的。如康熙福建水师提督施琅妻 1 人，侧室 5 人，子 8 人、女 6

① 任骋：《中国民间禁忌》，作家出版社 1991 年版，第 538—549 页。

② 中国社会科学院历史研究所编：《清代地租剥削形态》，中华书局 1982 年版，第 215 页。

③ 同上书，第 233 页。

人、孙 24 人。[①] 个别农民家庭也有此种情况，如乾隆广西博白刘亚六即有两母，嫡母廖氏生 3 个哥哥，俱已分灶；生母，周氏年 59 岁，只生其 1 人，娶妻张氏[②]。

清代家族家庭，是两三代的宗系家庭以及四代以上的直系家庭。如清中后期武进张悦、张怡兄弟（皆生员）家，第一代有老母，第二代是兄弟 2 人，俱娶妻，第三代孙辈 5 人，张悦一子张怡四子，共同生活。后分家时，张悦谦让，提出不按第二代二房分，而按第三代小五房分，可知第三代孙辈们已成婚，这是地主士大夫的情况。[③]

（二）"义门"家庭受社会尊重

清前期，还有一种更为特殊的家族家庭，即累世同居共灶、受到官方旌表、褒之为"义门"的家庭。这种家庭历代皆有。清代"义门"家庭，似比前代数量少且规模小一些，多见于南方，其中多数是前代的延续。著名的如鲁山傅氏、泾阳张氏皆七世同居，乾隆曾给予赐诗旌奖。[④] 福建永春西溪陈氏，"同居十二世，家范简肃"；湖南沅江谯氏，"同居七世，有家训二十条，丧葬无失礼"；福建海澄李氏，"同居四世"，有祠堂、祭田、义塾、家规、法诫、子五福为顺治进士，官刑部侍郎，"兄弟八人皆友爱"[⑤]。

"义门"式家族一般设一名家长、数名副家长（有称主事、家督、族长的），统理全家族事务。另有不少家族设立主母一人（多数是家长之妻、其他长辈之妻或长子长孙之媳）主内，管理全家妇女，执中馈。设立宗子一名，主祭。家长、主母以下，设立相应的职事人员，分管户籍、税粮、庄务、账目、收支、劝惩、奖罚等。家长一般规定由族众"公推产生"。公推的对象，实际是家中功名爵禄最高者，或最尊最长者。

二 宗族风俗

（一）族长专制强化

宗族组织中设有以族长为首的管理机构。族长又称族正、族首、宗

---

① 《温陵浔海施氏大宗族谱·世系》。

② 中国社会科学院历史研究所编：《清代地租剥削形态》，中华书局 1982 年版，第 78 页。

③ 《毗陵天井里第氏圣经公支谱》。

④ 赵尔巽：《清史稿·孝义三》。

⑤ 同上。

长、祠长等。一般规定由族人推举产生，即所谓“合族公推”族公举。推举的标准，各族规定不一。有规定择“廉能公正，人望素孚”者，有规定择“辈分年高，德高望重”者，有规定择“官高厚禄”“有功名者”，等等。[①] 最普遍的是辈分、德能与官爵、财禄相结合，其中后者又成为决定性的因素。寒族小姓，则按辈分、德能综合择举。

在清前期的宗族中，族长是族权的代表，有至高无上的权威。对犯有“忤逆奸盗”之罪的族人，得“以族法加挞罚”，直至随意处死；族众生子、嫁娶、立嗣、进主，一应涉及宗族户籍的事务，均由族长主持；族人分家及财产继承、买卖、过户、亦由族长主持、裁决和监督；族长并主持乡约、月讲、义塾等族内教化，定期对族人考核，进行劝惩；掌握族产的经营权、分配权等，在生产相对落后、生存环境较为闭塞的地区，宗族族长“正不啻南面王也”。凡族人家务巨细，必先关白，令行禁止，有“喝水断流”之喻。[②]

（二）祠堂普遍建立

清代汉民族宗族组织均建有祠堂。祠堂作为供奉祖先神主之处，是宗族组织和族权的象征。各个宗族均“以祠堂为重”，不遗余力出重金、“采文石、辇巨材”建祠堂，务求规模宏大、富丽堂皇[③]。中等以上的祠堂大都为三进院落，内有安放神主的龛堂；齐子孙跪拜、议事、发号施令、仲裁的厅堂；接宾朋、讲圣旨的回楼；进子弟习诗书的义塾及两庑，此外还有账房、仓房、庄房、豆房、收租院落等。合肥邢氏《家规》云：“家庙者，祖宗之宫室也，制度即隘，亦少不得三阵两庑，前门户，中厅事，后寝室。寝室之内，正面装大龛三座，正中上层奉始祖神主，以功德神主配之；两侧左昭右穆，依世次而减列焉。”[④]

（三）族产制度更加完善

清代宗族组织均有族田、族山等族产。族田形态各异，名称不一。江浙一带多称为义庄、义田；两广福建一带多称为尝田、尝业、尝租；江西、安徽一带多称为公堂田；两湖及其他地区多称为祠产、祀产、祭产、

---

① 分别见《义门王氏族谱》卷一《宗约》；《濡须崔氏总谱》卷一《家规》；《云阳涂杨氏族谱》卷十一《族范志》；《京兆贵市世谱》卷上。

② 《合肥阚氏谱》卷二七《家传》。

③ （清）姚子庄：《康熙石埭县志》卷二《风俗》

④ 《合肥邢氏族谱》卷一《家规》。

公匣等。以内容而别，又有祭田、墓田、烝尝田、赡族田、义塾田等。清代汉民族族田发展之速、数量之大，使当时文人留下了族田义庄“几遍天下”“几遍宇内”的记载。

清代族田原则上禁止典卖，嘉庆《于潜县志》载曰：“族大多尊祀产，累代相设，鲜有变卖。”并避免与族人发生租佃关系。族田租入用于宗族公共活动的开支，如祭祀、饮福，及助残、赡老、抚孤、济贫、救荒、义塾助学、迎神赛会等。

（四）族规趋向严整

宗族内部有族规，又称家法、族范等，用以规范族人的思想行为、调整族人的相互关系，所谓“宗之有规，有国之有法也”[①]。清代族规的内容是一般包括祭祖宗、孝父母、友兄弟、敬长上、亲师友、训子孙、睦邻里、肃闺阁、慎婚姻、严治家、尚勤俭、力本业、节财用、完国赋、息争讼等诸多项目，其内穷人哽咽为广泛。如范氏宗族十条宗禁有“禁詈骂斗殴”“禁窝留盗匪”“禁奸淫伤化”“禁健讼匪为”等。[②]

清代汉民族社会宗族组织的族规所规定的对犯禁的处罚措施，比之明代，已更为严整具体。如麻城鲍氏规定“父兄不能禁约子弟为盗者杖一百”“游手好闲演弄拳棒者杖一百”“与异性人歃血盟誓结拜兄弟者，送官治罪”。[③] 对于犯上作乱、忤逆不教的惩罚规定最重。费氏宗族规定：“忤逆不孝大患也，责四十板锁祠内一月，再犯，公议暂革出祠，俟其悛该复人。三犯鸣官处死。”[④]

三　乡里风俗

（一）聚族成村普遍

汉民族社会向来有“聚族而居”的传统风俗。村落的大小受历史沿革、地形地势及经济发展的不同而不同。相对而言，平原地区村落的分布比较集中，规模较大。如安徽泾县“人民聚族而居，村庄络绎。村之大者数万家，至数十万家，小者亦必数百家至数千家”。而且，各个村落轮

---

① 《宝山钟氏族谱》。

② 《范氏宗谱》卷二《宗禁》。

③ 《祝氏宗谱》卷六。

④ 《费氏宗谱》卷一《宗规》。

廓分明，村落与村落之间有较为明显的距离。平原地区的村落通常由街区组成，村内房屋相连，村外或无独立房屋，或仅有少量散户。山区和丘陵地区的村落，由于受地势所限一般规模较小，而且没有明确的街道，房屋多依地势修建，高低错落，村落距离远近不均。有些交通不便，或自然条件较差的地方，则村落的分布特点是零星分散，或三五户为一村，或七八户为一庄，甚至独门独户散居成落，村落之间的界限较模糊。

清代汉民族村落的名称有叫村、庄、寨、堡的，也有称墟、岭、湾、澳的。一般来说，东北地区的村落多以堡、窝、铺命名，中原一带以村、庄、宅、堡为称，南方水乡多名湾、澳、港、墟，山区则称为岭、寨。名称的不同反映出各个地区在地域上的特点和风俗习惯上的差异。

农村中的多数村落是在家族聚居的基础上形成的，宗族成为农村社会组织的主要形式。这就使血缘关系在农村社会关系中居于支配地位。

（二）乡族组织流行

在清代，乡族风俗的流行原因是多方面的。政治方面，如清初安徽爆发宋乞等领导的佃仆起义时，各姓巨族歃血盟神，成立了“七十二社”进行镇压。文化、社会救济方面，如全国各地星罗棋布的地方书院、义学、义仓、养济院、文会、祀孔会、关帝会、义仓会、义渡会等组织，经常举行的迎神、赛会、演戏等活动，也多以若干宗族的联合体为后盾。经济方面数姓共营水利、共管墟市为多，如鄱阳湖地区最大的圩堤之一古山圩，圩田6030亩，是胡、陈、张、段四姓共筑共营的；广东佛山水月宫码头由黄、冼两姓营业。此外，还有因械斗而联合的，如广东福建宗族械斗，后来逐渐发展成为联族、联姓、联乡、联籍而斗。

建筑在血缘关系基础上的村落，通常会被某些大族或乡族组织控制。巨姓大族的缙绅往往出任保、甲长，使族长、房长与保、甲长合而为一，从而把宗族制度与保甲制度紧密地结合起来，形成了“保甲为经，宗族为纬”的宗法社会结构。如福建省的一些农村，自明清以来大量兴筑家族土堡，以防御盗匪贼等外来侵略，保护本家族的安全。清代《平和县志》记载该县较大的土堡有130座，其中以家族血缘关系为纽带，即一姓共筑者有108座，约占土堡总数的78%；而由两姓以上合筑者仅31座，占22%。[①]

① 陈支平：《近五百年来福建的家族社会与文化》，中国人民大学出版社2011年版，第244—246页。

这些居民点完全为家族势力所控柳。许多强宗恃其人众势大，欺凌小姓，而小姓联合亲党，抵敌强宗，经常发生相互凌辱械斗的事件。由宗族矛盾而演变成的宗族或村落械斗，是清代汉民族社会的重要社会问题。

在宗族制度不够发达的北方，则有以一个大官僚世家、家族为核心而聚合的关系松散的“核心”式乡族。《红楼梦》中所写的贾氏家族即是这种类型的乡族，以宁荣二府为核心，周围集聚着除贾儒等与之有血缘关系的同姓贫族寒族外，还有史、王、薛等异姓家族。

四 会社风俗

（一）商社勃兴

商帮、会馆和公所都是汉民族传统社会中盛行的经济组织。宋元以来，中国社会商品经济日益发达，商人们贩山负海，逐利天涯，聚集在通都大邑、城镇集市之中。客居他乡，特别需要建立一种组织，来联络感情和加强经济合作，于是以地缘为中心，以血缘、友谊为纽带的商人群体——商帮便应运而生。到清中叶，最负盛名的商帮有山西、陕西、宁波、山东、广东、福建、洞庭、江右（江西）、龙游（浙江）和徽州商帮，其中以晋商和徽商的实力最为雄厚。

以商帮为主体在经商客居地建立的同乡组织叫会馆，一般的域划分。馆中供奉有本籍所尊崇的神祇和先贤。会馆组织松散，对成员无严格约束。会馆的主要作用一是“联乡谊”，作为联络本乡本省商业同人的纽带；二是为在异地的落难同乡提供救济，包括助药、助丧、设义冢等；三是祀神；四是订立齐价和约，共同对付竞争者。清代各地的会馆中，较著名的有晋商的山陕会馆、粤商的岭南会馆、江西商帮的万寿宫等。

（二）文人会社被禁绝

文人结社古代已有之。“国事、家事、天下事、事事关心”是汉民族士人的传统信条，在太平盛世中品评词章、饮酒斗诗讨论学问的文人会社，在社会动荡之际，极易转变为裁量人物、訾议国政的政治性团体。滥觞于明末的“东林党”、复社、几社等组织就是如此。清初，统治者吸取前朝教训，于顺治九年（1652 年）下令，“生员不需九党多人，立盟节社”①，并在继后兴起的一连串“文字狱”中，更是广构文网，残酷杀戮，

① 赵尔巽等：《清史稿·选举一》。

所以，文人结社这一传统风俗，在清代文化专制主义的禁锢下，被压抑了200年之久，直到清代末年，这一万马齐喑的局面才被打破。

（三）宗教会社滋长

清前期对民间社会影响最大的会社组织，当属民间宗教组织。清代的民间宗教主要指以白莲教为代表的民间秘密宗教结社，由于其信仰和活动有碍于清政府的统治，因而又被统治者称作“邪教”。白莲教等组织以“真空家乡，无生老母”为最高宗祖；以宣传劫变和弥勒下凡救世发动群众；以封建家长制为组成原则；以烧香、念经、上供和纳钱为主要活动形式。清中叶以后，全国各地各派民间宗教多达200余种，主要有大乘、先天、罗祖、无为、收元、混元、红阳、八卦、天理、青莲、斋教，以及灯花教和神拳教等派别。

明代由运河漕运水手组成的民间宗教罗教，在乾隆年间遭到清政治的严厉打击后，于18世纪后期放弃罗教庵堂，而在水手们常年生活的粮船上建立了“堂”。每一帮的老堂船上虽仍藏有秘密宗教组织的经卷神像，仍有传接敛钱活动，但已开始形成以老堂船为中心，以老官师傅为首领的一套权力机构，老官和当家已对犯事水手有“轻则责罚，重则立毙，沉入河中”的绝对权威。水手们通过层层师徒关系形成各种帮派，各派都有自己的老师徒关系形成各种帮派，各派都有自己的老堂船和当家，到鸦片战争前夕，水手组织已从宗教组织转变为行帮社会。

（四）文娱会社流行

清代汉民族社会的文娱性组织很多，其中以北京的“花会”最为著名。在北京民间，一年四季都有花会活动，重大的传统节日，花会上街表演，使节日的活动内容丰富多彩，气氛更加热烈。民间的结婚嫁娶、寿诞满月、开张利市，可请几档花会来庆贺助兴。即使是入殓丧葬，也有请几档花会来送殡志哀的。每年的四月是北京花会活动的两大高潮，前者为欢庆春节，后者为碧霞元君庙会。北京民间花会的演出活动古称“百戏”“散乐”“社火”“走会”或“过会”。到了明末清初，逐步形成组织。乾隆年间，由于高宗弘历喜游乐又好大喜功，在他的提倡下，民间花会活动形成一个高潮，有些老的民间花会组织曾受到他的赏识。到清代晚期，慈禧太后当政时，为粉饰太平，并满足她个人享乐的需要，在她过生日和一些喜庆的节日，就组织民间花会表演。据传，有些花会组织还受过皇帝的封赏，所以自称“皇会”。北京受过皇封的花会组织仅丰台十八村就有四档，他们是孟家村的旱船，张房的太狮，柳林的花钹大鼓和鹅风营的献音老会（吵子会）。

民间花会分“文会”和“武会”两大类。文会没有什么表演技艺，只是在庙会时给茶棚和寺庙供应物资，为香客服务，如茶叶老会就是在朝山进香时给沿途茶棚和寺庙献一些茶叶，供香客饮用；馒头老会就是在茶棚里舍馒头，供香客充饥；等等。

武会的种类很多，一般按所表演的民间技艺品目分类，不同的会表演不同的技艺。即使是同一会种，其表演技艺也因地区不同、师承不同而风格各异。武会表演常见的有秧歌、高跷、太平鼓、花鼓、跨鼓、龙灯、狮舞、旱船、龙舟、竹马、小车、连厢等文艺品目，筋斗、流星、舞叉、五虎棍等武术品目和巾幡、杠子、杠箱、扒竿、蹬坛、弄丸、舞盘等杂技品目，真是五花八门、丰富多彩。

（五）妇女结会初现

清初，在陕西华县流行民间会社组织——乞巧会。这一组织由未出嫁的姑娘以自愿集资建立。该组织利用会费放债收取利息以办会。内设有会首，会务工作由会员轮流承担。每年夏历七月七日，用谷草扎成七仙女，供献果品，掐豌豆芽，在清水中投影乞巧。

广东妇女有金兰会。会员不嫁人，纵使被迫嫁夫，到夫家也只暂住几日，并且不与丈夫同居，严设防线，以保处女洁身，人们称之为“自梳女”，即终身不嫁人者，或只“下嫁不落家”者。该组织虽无严格的章程和严密的组织制度，但入会会员若有背约，将遭到众姐妹的殴打、辱骂。“自梳女”为了维护她们的权益，终生住在娘家，但是按照当地族规，身老病危时是不能在娘家过世的，以免给娘家带来晦气。因此，当她们病魔缠身时，必须搬到自梳女们自愿结合、集体建造的“姑婆屋”去居住。同时为自己想出个“下嫁不落家”的办法，给男方一笔钱财，结为名义夫妻，并让男方再娶妻纳妾。直至自梳女病危时，方抬至名义夫君家中寿终正寝。男方家的子女要按传统风俗行孝事，每年春秋二祭。

五　社区风俗

（一）社仓和义仓出现

社仓是民办官管的备荒、救荒组织，大多设于乡村，主要是出借仓谷，灾年减息，以达到“天下之民相生相养”的救荒目的。康熙时曾多次下令建立社仓。雍正时不但继续下令各省推行社仓，而且制定了较为完善的社仓条例，在全国推广。社仓虽系民办，但组织原则是官方制定的，不少社仓的组织和建立是地方官直接参与的。如雍正年间颁布的社仓条例规定，每社设正副社长，则品行可靠、家道殷实者 2 人担任。

陕西大荔丰图义仓

社仓仓谷的来源主要是劝输、捐积。所捐数量听民自便，不拘升斗。10 石以上，给予花红；30 石以上，奖与匾额；以次递加奖励，三四百石者，给予八品顶戴。凡给匾民家，永免差役。社仓出借仓谷每石收息 2 斗（康熙后定每石收息五谷 1 斗），小歉之年息谷减半，大歉之年息谷全免。息谷七分归仓，三分交社正做仓房修葺及仓谷折耗之用。出入数目造册一式两份，一份交州县备之查。地方官严禁染指社仓，有挪借侵蚀者，俱以扰扰国政、贻误民生问罪。

义仓是民办官管的备荒、救荒机构，主要设在市镇。义仓往往是由地方官倡建，绅衿、富户、商人捐建。义仓有仓房、并多有仓田，义仓管理人选由巡抚、藩司和郡绅会议决定。仓田租充作仓谷，子田银承典生息，再置产业。出粜时，分图保给票，贫民凭票买米，减价多少，需报官批准，方可实行。

（二）育婴堂肇始

普济堂、养济院是收养孤老贫穷残疾人的社会慈善机构，一般由官方倡导并拨部分土地、银两，民间绅商集资或捐田建立，并由绅士经营管理，以出赁土地、房屋收取租息、银钱存典生息，作为固定收入。普济堂、养济院立有规章，定员多少，入堂每年米、菜钱、柴钱、衣、节赏钱多少，死了棺木钱、抬埋钱多少等，都有详细规定。大约每天 8 合米、盐菜钱 2 文，3 年给 1 件棉袄，死了 1 口薄棺而已。清前期北京、苏州、扬州、松江以及广东、山东、河南、台湾的普济堂、养济院都很有名。

育婴堂与普济堂、养济院一样属社会慈善机构，只是救助对象为弃婴。康熙四十五年（1706 年），康熙帝谕各地设置育婴堂，而使之发展成为全国性的社会慈善机构。育婴堂的经费来源、经营管理以及援助者的奖励政策与普济堂、养济院相同。然婴儿有在堂不在堂之分，在堂的雇乳母喂养。不在堂的寄在乳母家哺育，按月给予钱米。

清代汉民族社会其他公益组织还有帮助收埋野尸的收埋义堂，如义冢、锡类堂、永泽堂、推仁局；救助寡妇的恤嫠堂；安插流民的栖留所；等等。它们的组织、经费、管理都与上述几种主要的社会公益组织及机构相差不多。

六　社交礼俗

（一）社交有等

生活方式上的等级森严，决定了人们在交往方式上有尊敬长者、男女有别、尊卑有等风俗。

尊敬长者，在家庭内首先表现为尊敬父母。幼辈对父母之命不能违拗，见了长辈要请安，听父母的传话也要站起身来。出门在外，见了长辈要主动问好，途中相遇则要给长辈让道。男女有别，则讲究“男女不杂坐”“嫂叔不同凳”等，并有许多男女回避制度。

尊卑之别，在家庭首先表现为主奴之别，在清代，按《大清律例》指定“凡民人家生奴仆，印契所买奴仆，并雍正十三年以前白契所买，及投靠养育年久，或婢女招配生有子患者”“俱系家奴，世世子孙永远服役，婚配俱由家主，仍造册报官存案。其婢女招配并投靠及所买奴仆，俱写立文契，报明本地方官钤盖印信。如有干犯家长及家长杀伤奴仆，验明官册印契，照奴仆本律治罪”。[①] 所以，在日常生活中，奴才处处低人一等，如奴才不能和主人同桌吃饭，不能和主子同坐，不能叫主子名字等。其次有正庶之分，主子是正妻所生，为正出；小妾所生，为庶出。正庶地位是有别。而在官场上，则有大小品级之分。

---

① （清）徐本：《大清律例·刑律争殴条例》，

此外，汉民族社会官民士庶，在社交礼节方面，也是颇为讲究“等级之制”。

（二）社交称谓有变

清代汉民族人际交往很注意上下等级之分。上下之间的称谓，虽然没有成文的礼法，但下级对上级的称谓有约定俗成的礼规，不能随便挪移。翰林称先生，吏部称选君、印君，员外以下称长官，科称掌科，道称道长，总督可称“大老爷”。如果某官与对方是亲戚关系，而对方官居其上，在官场上称谓必须尊其官职，不能以亲贬尊。而官员的称谓，士庶更不能乱用。

清代汉民族社会人际交往中，称谓不单单是一种呼唤用的语言符号，而且是等级身份的标志，谁要是不分场合，乱用称谓，往往要被治罪。但到了清朝中期以后这种状况则发生了变化。随着社会矛盾日渐尖锐，商品经济的发展也促进了人们观念的变化，等级序列受到严重冲击，象征等级身份的称谓，也随之有所更动。尊卑长幼之间的称谓，较之前期，大为随便。清初，只有总督能称的大老爷，道光时，府、厅、州官员都称大老爷，小小的知县也可称太爷；咸丰时，则无不称大老爷。清初，非钦差使臣不能称“大人”。中期以后，内而大小九卿，外而司道以上，都以大人相称①。翰林七科以上老辈，后辈例称“老先生”，后辈自称晚生。中期以后，有捐班出身、年老休致回乡的人，动不动就叫别人为老先生。

至于卑贱者僭用尊长称谓的更是司空见惯，道光时学者甘熙曾列举了一些所谓“非理”称谓：相公为贵称，而加于优伶倡旦；先生为专称，而加于算卜相士；老妈为长称，而雇用役使的老妇一样使用；亲家为亲称，而守墓护坟的人也受之无愧；至于以僧道为老爷，以龟子为大爷，更是诞妄。②

（三）满族社交礼节引入

在清代汉民族社会中，人们见面时最常用的是请安礼。请安，本为满族贵族所崇奉的礼节，清代中期后汉民族社会中也渐渐流行起来。“请安”即把书信中“敬请福安”“即候台安”等吉祥用语动作化，变成“打千”“敬儿安”，而且细分成单腿跪的“打千”和双腿跪的“跪安”。

---

① （清）王应奎：《柳南随笔续笔》卷二。

② （清）甘熙：《白下琐言》卷六。

民间往往互请对安，而长幼、尊卑则不能对请，于是衍化出“接安”。所谓“接安”，“是长对幼、上对下的在礼仪上的一种动作。晚辈与长辈请安，长辈含笑点头示意，以表示高兴，而这种示意却不可施诸于下人。当奴仆与主人请安时，主人要伸右手一接，遇老年奴仆还要伸双手如捧物状，这两种都含受礼之意，后者还含有请起的意思。年轻的主人对老仆要作搀扶状，兄弟之间请安亦如此。如果去人家做客，遇上年老仆妇与之请安，不能躬身搀扶，则以抱拳以代之，凡此种种，都叫作‘接安’”。①

此外，还有作揖、道万福、问讯、磕头等见面礼节及接风、告辞等送迎礼节。作揖，是清时男子相见时所行的礼节，又叫打躬；道万福，是清时女子所行之见面礼节；问讯则是僧尼向人问安，以手掌当胸前行礼；磕头，则是清时下辈对上辈、卑者对尊者使用的见面礼节。

（四）送礼和名帖风行

清代汉民族社会各种不同场合所送的礼物是各有不同的。一般来说，祝寿、过生日，送寿屏、寿桃、寿面等；打醮送三牲、香烛、供果等；其他节礼、亲友馈赠、乡里土仪，及钻营孝敬等，则各种礼品，名目繁多，无法说清。但清时一般把礼品分为“干礼”和“水礼”二大类。“干礼”包括一些贵重的礼品，及金、银等财物，如《红楼梦》中凤姐送给秦钟“状元及第金锞子”，送给宝玉“金寿星”，甄府到京送给贾府“上用的妆缎、蟒缎十二匹，上用杂色缎十二匹，上用各色纱十二匹，上用宫绸十二匹，宫用各色缎、纱、绸、绫二十四匹”，等等；“水礼”则是不甚值钱的吃食物品，如寿桃、寿面，香烛、供果，及五月节粽子、八月节月饼等。

在清代，若遇一般红白喜事及各种大礼，送礼要有“礼单”，收礼要记“礼账”。礼单用五六寸高、三四寸宽的红纸折成折子，封面恭写“礼单”二字，内写礼品细目，并照例写一些吉祥话。送厚礼讲究四色八色，不能单数。收礼的人可以照单全收，也可全不收。而一般情况是收几样、退几样，在礼单所列的物品下分别注明“敬领”或“敬谢”，再把礼单交送礼者带回。

主家对所收礼品要一一登账，叫“礼账”。一记清礼品财物数字，赏钱多少，收到日期，以免丢失、遗忘及其他弊端；二备还礼时查考，人家

① 金寄水、周沙尘：《王府生活实录》，中国青年出版社 1988 年版，第 193 页。

送来多少，将来对方有事，应送多少去。

同送礼密切相关的，还有“帖子”。清代流行的“名帖”一般是红色或梅红色，平时“红纸黑字”；如果在丧服守孝期间，就用“蓝色白字”。让人拿名帖去请，就如同自己亲身去请；对方收下帖子，就是接受你亲自去请；不接受，退回帖子，就是当不起你亲自请。送礼时，备了礼物，又拿了帖子去派人送，等于自己亲自送去，更为隆重。

七 社会陋俗

（一）吸食鸦片日盛

英国对中国实行侵略战争，大量输出鸦片，给汉民族社会带来了严重的灾害。食鸦片的人越来越多，极大地损害了中国人的健康。嘉庆二十五年（1820 年）有人统计，仅苏州一城就有 10 万人吸食鸦片。道光十一年（1831 年），刑部奏称：“鸦片烟来自外洋，其始间有劣幕奸商，私自买食。浸浸而贵介子弟，城市符号，转相煽诱，乃延及与平民。”“现今直省地方，俱有食鸦片烟之人，而各衙门为尤甚。约计督抚以下，文武衙门上下人等，绝无食鸦片烟者，甚属寥寥。”[①] 道光十八年（1838 年），黄爵滋奏称：“其初不过纨绔子弟，习为浮靡，尚知敛戢。嗣后上自官府缙绅，下至工商优隶，以及妇女僧尼道士，随在吸食。置买烟具，为市日中。盛京等处，为我朝根本重地，近亦渐染成风。”[②] 可见当时吸食鸦片是流行颇广的陋俗。

吸食鸦片的人，“瘾至，其人涕泪交横，手足委顿不能举即，白刃加于前，豹虎逼于后，亦惟俯首受死，不能稍为运动也。故久食鸦片者，肩耸项缩，颜色枯羸，烟奄奄若病夫初起”。[③] 也有的人吸食鸦片后，“精枯骨立，无复人形，即或残喘苟延，亦必俾昼作夜，外则不能谋生，内并不能育子，是其毒并不止于杀身，而且至于绝嗣”。[④] 可见，吸食鸦片的人，上瘾中毒，精神萎靡，身体衰微，直至丧失了生活和劳动能力。而且鸦片

---

① （清）卢恩溥：《刑部折奏酌加买食鸦片烟罪名》，中国近代史资料丛刊《鸦片战争》第 1 册，新知识出版社 1955 年版，第 414 页。

② （清）黄爵滋：《请严塞漏卮以培国本折》，中国近代史资料丛刊《鸦片战争》第 1 册，新知识出版社 1955 年版，第 463 页。

③ （清）俞蛟：《梦厂杂著》，中国近代史资料丛刊《鸦片战争》第 1 册，新知识出版社 1955 年版，第 296 页。

④ （清）周石藩：《严禁吸食鸦片烟示一》，载《海陵从政录》。

吸食者中有不少是清政府的各级官吏和军队中的士兵，许多人终日吞云吐雾，不理政务，还有的收受贿赂，从鸦片走私中牟取暴利。这样，就使得整个统治阶层更加腐朽，官场风气更加颓靡。以至许多官府人等“无事则偷安懈怠，有事则孱弱不堪”①。

（二）赌博不减前代

早在魏晋南北朝时期，社会上的赌风便愈刮愈炽。当时的士族，崇尚老庄，说玄清谈，酗酒放荡，把赌博当作跻身仙境、自我超脱的手段。宋明以后赌博陋俗花样翻新、名目日多，汉民族社会赌博最常见的有骰子、马吊、牌九、麻将等。发展到清代，仅“掷骰子”又分“摇摊”“掷状元筹”“掷升官图”“掷老洋”等名目，此外还有纸牌、棋类、斗鸡、走狗、斗蟋蟀、押花会等花样，赌风愈演愈烈。

清代赌博同乱民、盗贼、娼妓一道被政府列为“四大恶习”，而且在四者之中，赌博被列为“首恶”。沉溺其中，能使士失其行，农失其时，工商失其艺。人们为了赌博而荒废本业之后，往往导致家破人亡，甚至走上犯罪道路，妨害社会安全，为此清代统治者对此采取严禁的态度。

清代法律规定，首先，凡造卖赌具者，为首之人发配边卫终生充军，以下各类人分别处以杖一百、流二千里或杖一百、三年徒刑等；其次，凡设赌开局者，初犯杖一百、判三年徒刑，再犯杖一百、流三千里；最后，参赌者，普通民众杖一百、枷号两个月（光绪朝定例），官府人员照常人加一等治罪，无论赌钱赌饮食之物，犯者俱革职，永不叙用，仍杖一百、枷号两月，不准折赎（雍正朝定例），现任职官发往乌鲁木齐等边缘地区效力，发配之前仍须先照赌博本例枷号两月（乾隆朝）。

大致来讲，乾隆以前，清政府的禁赌法令还能得到较好的执行，赌博问题不甚严重。道光以后，随着吏治日渐腐败，赌博渐呈失治状态。特别是随着中国社会半殖民地化的加深，西方社会中腐朽之风与中国痼疾相结合，使赌博之风不断蔓延扩大，参加者日众，赌法翻新，对社会的腐蚀作用也日益明显。

（三）宗族械斗泛滥

明清时期汉民族社会械斗之风尤其泛滥，如福建、广东、广西、江西

---

① 中国第一历史档案馆编：《鸦片战争档案史料》第 1 册，天津古籍出版社 1992 年版，第 123—124 页。

等省在清代均为械斗多发地区。械斗通常发生在宗族、土客家及村舍群体之间。这些械斗参加者少则百十人，多则成千上万，造成伤亡惨重、村毁寨灭的严重后果。

械斗一般有历史积怨，清代械斗与晚明械斗有承继关系。清代宗族之间频繁械斗始于康熙年间，广东曾出现合族而斗的情况。福建械斗之风，“漳泉尤甚，缘民俗犷悍，生齿日繁，仇怨甚深。且聚族而届，大者千余户，小者一百数十户。大户欺凌小户，小户忿不能平，亦即纠合亲党，抵敌大户。每遇雀角微嫌，动辄鸣锣号召，千百成群，列械互斗”[①]“前明之季，海氛不靖，剽劫公行，滨海居民各思保护村庄，团练乡勇，制造戈兵”。清康熙时平定台湾郑氏政权，而“百姓习于武事，其间聚族之人，挟睚眦之嫌，辄至操戈相向，彼此报复，习以为常”。长期的矛盾积累终于引发了雍正年间大姓合为“包姓”，小姓合为“齐姓”的大规模械斗事件。“于是弱者愈益愤，愤而无所诉，则愈益斗。强斗弱以族胜，名曰包。包者必胜之谓。弱斗强以联族胜，曰齐。齐者协力取胜之谓。”[②]由于械斗危害严重，清政府不得不认真对待。乾隆时曾对械斗进行治理，推行“族正制”，但收效不大，继而发展到查禁宗祠，散其田产，加强地方控制，但仍不能有效地制止械斗之风。

第八节　小结：清前期汉民族风俗的特点

一　重商

清代中叶，随着商业的繁荣和商业资本的活跃，汉民族社会的各种风俗活动也愈来愈带上商业色彩。首先，一些大型的民间文娱活动，往往由商人的会馆、公所出资、组织，或由巨商大贾赞助、牵头。如天津的大型民俗活动“娘娘会”，据说因乾隆皇帝的赐封而改称“皇会”，从此变得兴旺发达，出会时其场面之壮观，京津地区庙会无一能与之比拟。且不说观者如潮，就是参加走会的各种花会也不可胜数，队伍如云。其次，许多本来属民间文娱组织，到了乾嘉以后已大多演变为职业性文娱组织，其演出也由业余而变为专业性的商业演出。如在北京的花

---

① （清）汪志伊：《敬陈治化漳泉风俗疏》，载《皇朝经世文编》卷二三。

② （清）郑振图：《治械斗议》，载《皇朝经世文编》卷二三。

会组织中，嘉庆年间已出现了行内称为“生意”的会档，以表演技艺来挣钱养家糊口，成了职业性文娱组织。再次，许多集体性大型民俗活动往往被融进售货购物、集市贸易的内容，而使之成为集文娱、祀神、商贸等于一体的集会活动。最后，城乡商人利用原有的风俗事象进行商业宣传，从而使传统的风俗事象染上商业化色彩。如江南苏州，“年夜以来，市肆购置南北杂货，备居民岁晚人事之需，俗称六十日头店。熟食铺豚蹄、鸡鸭较常货买有加，……酒肆、药铺各以酒糟、苍术、辟瘟丹之属馈赠于主顾家”。这种做法实际上是利用民俗节日搞促销活动，是风俗和商业的结合。

二 人本

清前期汉民族风俗的人本特点，首先表现为对人性的尊重已超过了以前的任何一个朝代。这种尊重首先体现为人生礼仪风俗的日趋丰富，以及这种礼仪风俗的内容本身更趋向于对人性、人情的关注。如生日风俗，在清前期，内容已更为丰富，已有了逢十为大生日的风俗，尤其是五十岁以上的大生日，已成了家庭，乃至家族、宗族的重大庆典，这就充分体现了社会风俗文化对人自身的关注，比以前更为重视了，从而也使清前期的汉民族风俗具有更多的人文性特征。其次，即使在以求神拜佛为主要内容的信仰风俗中，也更多地掺入了人本精神。如清前期人们所供奉的俗神，基本上原本是世间的俗人，只因在世时曾为民众做过这样那样的好事，才可能在死后被人们当作神来崇拜。而人们崇拜他们的目的，又是为现世社会生活服务。所以，对这些俗世神来说，他们是以人为出发点，最后又是回到为人服务这个终点上，其中所反映的仍然是一种人本精神。再次，各地的民间庙会，本是迎神赛佛的信仰活动，但发展到了清前期，尤其是乾隆以后，其活动内容除娱神外，更多地注入了娱人的成分。庙会风俗已从单纯的祭祀风俗发展为具有浓厚商业氛围和热烈娱乐气息的综合性民俗活动，“逛庙会”成了具有娱人、悦神双重文化意义的风俗。

三 奢侈

“康乾盛世”以后汉民族社会刮起了奢侈之风，而且愈演愈烈。这主要表现在衣食住行方面的追求奢华和铺张排场。黄卬《锡金识小录》曰：

“康熙时，衣服冠履，犹尚古朴，常服多用布……今（乾隆时）则以布为耻，绫缎绸纱，争新色争新样……间有老成不改布素者则目指笑之。”①在杭州，乾隆时“凡宴宾客，约则五簋，丰则十品……其后日渐盛设，用碗必如盆，居山必以鳖，居泽必以鹿兔，所费已倍往昔矣”。嘉庆以后，富家“一席之费几至六七千文，益又务为精别相高，虽罗列数十品，绝无一常味也”②。

乾嘉之际社会崇尚的奢侈之风还表现为对洋货的崇尚。“（富者）以外洋之物是尚，如房屋舟舆，无不用玻璃；衣服帷幕，无不用呢羽；甚至食物器具曰洋铜、曰洋磁、曰洋漆、曰洋锦、曰洋布、曰洋青、曰洋红、曰洋貂、曰洋獭、曰洋纸、曰洋画、曰洋扇，遽数之不能终其物。”③

如此奢靡的民风时尚，必定引发官僚士夫生活的腐化和吏治的腐败，上行下效，流风相煽，使清代中期汉民族社会的风俗文化愈来愈带上奢侈靡佚的色彩。

---

① （清）黄印等：《锡金识小录》卷一。

② （清）沈赤然：《寒夜丛谈》。

③ （清）梁章钜：《退庵随笔》卷七。

第四章　清后期汉民族风俗史记

第一节　清后期汉民族风俗概述

一　演变轨迹

（一）西俗东渐

西方生活风俗是通过洋货带入、传教宣扬、租界展示、出洋考察和大众传播这五条途径传入中国的。洋货作为西方文明的一种物质载体，在进入中国的时候，把西方生活方式也带入了中国，也使汉民族的经济生活在原有的传统色调之外增添了一些清后期的色彩，并影响和改变着汉民族的精神面貌和汉民族固有的风俗文化；西方宗教的传入，不但直接使一部分人改变了信仰风俗，而且通过外国传教士的文化活动，西方文化和科学知识得以传播，促使中国人改变自己的知识结构和传统观念，对接纳新事物、摒弃旧风俗采取更为积极的态度；外国侵略者依据不平等条约在中国口岸建立的租界，成为中国人窥视、模仿西方生活习尚的窗口；大众传播媒介对西洋风浴的评介，使人们大开眼界，并帮助人们有目的地选择、学习对自己有用的风俗事象，一部分到国外游历、出使、留学、考察的中国人，归国后不仅用日记、游记，而且还用现身说法来介绍、传播刚刚从西方学来的新习尚。[①]

“洋务运动”时期，由于外国资本主义输入的加剧，刺激了中国早期工业的形成和发展，以及民族资本主义的兴起和早期维新思想的产生，汉民族社会在政治、经济、文化，乃至生活方式各方面都出现了深刻的变化，社会风气初步开化。总结为以下四点。第一是社会生活习尚出现了尚新崇洋的趋向。社会上穿洋服、习洋文、用洋货、行洋礼，一切以“洋”

① 严昌洪：《中国近代社会风俗史》，浙江人民出版社 1992 年版。

为时髦。第二是传统风俗观念有所更张。第三是都市风俗趋向发达。同治、光绪年间，由于商业的繁荣、工业和手工业的发展，汉民族社会的都市化程度得以较快的提高，以茶楼、酒馆、戏园、会馆、公所等为标志的都市风俗日渐发达。第四是封建迷信开始式微。汉民族社会素有“信巫鬼、重淫祀”的风俗传统，如迷信佛道、相信巫卜、崇尚风水等。西俗传来，特别是洋务运动中，办报刊、译西书、设学堂，使清后期科学知识得到初步传播，汉民族社会人们的迷信心理随之日渐淡薄，各种迷信活动也相应式微。

（二）改革易俗

在“西俗东渐”潮流的推动下，汉民族社会的价值观念开始更新，封建性古老风俗受到不同程度的冲击，男耕女织、重农轻商的淳朴民风日渐式微，传统礼俗发生了变化和解体，在清代汉民族风俗发展史上先后出现了太平天国的“礼俗改革”和戊戌维新时期的“天下移风”，汉民族社会风俗文化逐步朝近代化方向变迁；辛亥革命时期的风俗改革更是使汉民族风俗发生了突变性，并使之逐步进入了现代化时期，风气为之一变。

太平天国时期，中国社会处于急剧动荡之中，汉民族社会的礼俗风尚也呈现出变化剧烈的趋向。如太平天国在服饰方面，采取“禁头变服”措施，即禁止汉民族剃发蓄辫、恢复明代服制；在礼仪方面，视清朝的打拱、作揖、打千、叩头等礼节为“妖礼”，而加以禁止，只保留对尊长的长跪礼等。

在戊戌维新期间，康有为、梁启超、严复、谭嗣同等维新志士的倡导下，汉民族的以改良社会风俗为主旨的群众团体相继兴起。这些团体大多能从当时进步的价值观念出发，抓住移风易俗问题的要害，把斗争矛头对准严重影响国计民生的恶风陋习，社会影响力较大为整个汉民族社会风俗文化的清后期化变迁带来良好的作用，社会风俗为之一新。主要表现在：第一，化除了满汉畛域，风俗文化进一步融合；第二，兴办女学，提高妇女地位；第三，禁烟戒赌，改造恶风陋习；第四，剪辫易服，倡导新的生活方式。

辛亥革命推翻了封建专制的清王朝，建立了资产阶级民主共和体制的新型国家——“中华民国”，以孙中山为首的革命党人在推行政治体制、经济体制、教育体制及社会文化方面一系列改革的同时，也对汉民族社会的风俗文化进行了全面的改革，汉民族风俗在清末民初发生了飙转豹变的变化。最后，随着清王朝的被推翻，清代汉民族风俗终于被民国汉民族风俗所取代，汉民族的风俗文化又进入了一个崭新的历史阶段。

二　学史概况

（一）清后期学者对风俗的论述

清代末期，随着社会生产和生活的发展，我国的传统风俗得以空前的丰富，又由于印刷技术的进步和外国资本主义思想的影响，这一时期的风俗学著作空前地多了起来。特别是到了清末，更出现了黄遵宪这样在风俗学理论方面有突出建树的“风俗学家”。

黄遵宪（1848—1905 年），字公度，别号“人境庐主人”，广东嘉应州（今梅州市）人。官至湖南长宝盐法道，并署理湖南按察使。著有《人境庐诗草》《日本杂事诗》《日本国志》等。

黄公度出生于鸦片战争以后，亲身经历了帝国主义殖民者对中国的侵略，受到资本主义启蒙思想的影响，与康有为、梁启超等一起投身于改良主义的运动，提倡风俗研究，希望通过移风易俗来治理国家、振兴国家。并身体力行，深入民间，搜集客家山歌；提倡妇女天足、自由、办女学塾。更重要的是，他对风俗之形成、特点、内容、研究目的和方法进行了一系列的分析和研究。他在阐述风俗之形成及其传承性、地域性、社会性、变异性特征时说：“虽然，天下万国之人、之心、之理既已无不同，而稽其节文，而乃南辕北辙，乘隔歧异，不可合并，至于如此：盖各因其所习以为故也。礼也者，非从天降，非从地出，因人情而为之者也。人情者何？习惯也。川岳分区，风气间阻，此因其所习，彼亦因其所习，日增月益，各行其道，习惯既久，至于一成而不可易，而礼与俗皆出于其中。”① 他把朝会、祭祀、婚娶、服饰、饮食、居处、岁时、乐舞、游宴、神道、佛教、氏族、社会、技艺、物产等皆作为风俗之内容。他研究风俗之目的，是移风易俗、改造社会、治国安民。

（二）第一部风俗史的出现

张亮采，湖南萍乡人，生活于清末，所著《中国风俗史》为中国历史上第一本风俗史学术专著，由上海商务印书馆辛亥年（宣统三年、公元 1911 年）出版。

---

① 黄遵宪：《日本国志》卷三四《礼俗志》，上海古籍出版社 2001 年版，第 325 页。

该书上起自太古，下至明代，把中国风俗的发展历史分为浑朴时代（自太古至周中叶）、驳杂时代（自春秋至两汉）、浮靡时代（自魏晋至五代）、由浮靡而趋敦朴时代（自宋至明）四个阶段来叙述。该书把风俗的范围和内容看得很广泛，如第二章，写唐代风俗，其目次包括饮食、衣服、科举之观念及仕宦之现影、忠义之缺乏、人民之规避税役、朋党、清议、氏族、家法、婚娶、赌博、斗鸡走狗养鹰、游宴、任侠刺客、械斗、巫觋、言语等。

在《序例》以及正文中，张亮采对风俗之形成、特征、采集方法做了分析介绍，特别是就风俗对于人民、社会和国家的影响，改良和革除落后的旧俗陋俗、发扬良俗新俗等方面进行了阐述。此外，他还在书中对我国古代社会风俗进行了回顾和梳理，并对各时代的风俗、风气加以褒贬评价。

（三）文人笔记对当时风俗的记述

《燕京岁时记》，作者富察敦崇，清末满族人。全书记清末北京岁时节日风俗较为完备，常在每项风俗事象之后证以有关古籍资料，或附以作者见解。

《清稗类钞》，徐珂编撰。徐珂，字仲可，浙江杭州人，光绪间举人。《清稗类钞》全书 92 类，13000 余条，300 余万字，涉及汉民族风俗的有：第 1 册之时令、气候、地理、名胜、宫苑、第宅、园林、祠庙，第 2 册之礼制，第 4 册之种族、宗教，第 5 册之婚姻、门阀、姓名、称谓、风俗、方言、农商、工艺、孝友，第 8 册之丧祭、师友、会党，第 10 册之方伎、迷信、方外、赌博、音乐，第 11 册之戏剧、优伶、娼妓、胥役、奴婢、盗贼、棍骗、乞丐和第 13 册之舟车、服饰、饮食等。

（四）各地方志对风俗的采录

如光绪版《山西通志》一百八十四卷，体例别开生面，分为辨方、序世、稽古、纪邻、述事、存人等六门；述事门中有巡幸记、荒政记记、大事记、经籍记、金石记、风土记等。其中之“风土记”则是对风俗的记述。《巩昌县志》则将风俗上升为门，与山川、古迹、物产、建置并列。这时期，地方志对丧礼中的尚巫之风、堂祭之举、卜葬之俗的记载和评述，以及对诞礼、冠礼、寿礼、祭礼的记载等，亦比前代志书更为详尽。对岁时节日，如农家之“送穷”；对社会上的各类陋俗；对民间赛会活动，如斋供、酬神、饮宴、游会；等等；许多地方志多注意加以记述和评析。此外，如《同治安仁县志》对土风、农桑、商贾、工艺之分述；《会昌县志》土习、民风、女功、农事、工役、商贾、饮食、嗜好、歌谣、祈禳之分目，以及《万年县志》之附《改葬论》，《泰和县志》之附《土习书》；等等。而且有些清代方志还专辟有风俗志，专记风俗，内容更为铺叙详尽，《道光宁都直隶州志》之风俗志，长达万余言。

第二节　清后期汉民族的生产风俗

一　工农业风俗

（一）农业风俗格局未变

江南制造总局·厂房

清后期的农业生产发展缓慢，农业生产风俗基本承袭清前期已有的格局，而少有变化。只是汉民族社会的土地大部分被集中到少数地主手里，而无地的农民只得向他们租佃土地耕种。当时承租土地的习惯形式，有租种、伙种、帮工佃种等几种。其中以租种制流行最为普遍。所谓租种，就是佃户向地主租入土地，然后按事先约定的方式交纳地租。地租有两种：一是定租，不管旱涝丰歉，一律按事先约定的数额交租，其租可以是实物，也可以是兑换的银钱；二是分成租，即按当年收成的一定比例交租，有四六分成或对半分成等。当时的风俗，地租只是正式规定的租额。除此之外，地主对农民尚有许多额外的剥削。诸如小亩出租、大斗大秤收租、年节的额外索取和佃户替地主负担差役等。

此外，由于纺织、粮油食品等工业的发展，对原料的需求较大。所以，在一定程度上刺激了经济作物种植面积的扩大，许多地区出现了专业化种植，如棉花、桑、茶、麻，以及席草、药材等，相应地也出现了一些特殊的风俗。

清后期，由于西方资本的侵入，洋货的倾销，中国农村“男耕女织”、自给自足的传统经济模式被打破。农民在种植、养殖、家庭加工等方面，产品除了满足自己的消费以外，农副产品的剩余部分也在农村集市贸易中进行交换。[①]

（二）工业风俗渐趋丰富

清末许多手工作坊或个体劳动已逐渐转变成机器化的有组织的大生产劳动。在工业企业中，已采取了有组织的社会化生产的方式。

当时的工业企业主要是洋务企业，办厂形式除采用官办者外，还采取了官督商办、官商合办等形式。洋务企业中又有军工企业和民用企业之分。但无论军工企业还是民用企业，都普遍使用了机器生产。如江南制造总局在同治六年拥有了机器厂、汽炉厂、木工厂、铸铜铁厂、热铁厂、库房、煤栈、轮船厂、船坞等分厂；上海机器织布局创办时，就拥有轧花、纺纱、织布各机，拥有纺机35000锭，布机530台。[②] 所以，清后期工业的劳动风俗一开始就有别于传统的手工作坊和手工工场，具有机器生产的基本特点。

晚清工业企业的劳动关系是雇佣劳动制。工人的劳动报酬采取工资制，并有比较固定的工时。但在管理上，在洋务军工企业中采用盛行于清军中的体罚风俗，显得野蛮粗暴，仍带有浓厚的封建色彩。

在民用工业企业中，雇佣劳动关系与军事工业企业基本相似。有的企

① ［美］德·希·珀金斯：《中国农业的发展：1368—1968年》，上海译文出版社1984年版，第182页。

② 张国辉：《洋务运动与中国近代企业》，中国社会科学出版社1979年版，第277页。

业在雇用工人时，要求他们交付保结，甚至“各具连环保结”[①]，带有浓厚的封建连坐色彩。

二　商业风俗

（一）商业兴盛，商帮林立

在沿江沿海交通便利的地区，汉民族的商业贸易发展明显。清末上海成了西方资本主义国家推销其商品的市场，商埠兴起。全国各地的商贾纷纷迁至上海，广东的粤商，山西的晋商，安徽的徽商，浙江的浙商，江苏的苏商等，都在当时的上海商业界起举足轻重的作用，其中以宁波帮和广东帮最有实力。

在地处长江中游贸易转运中心的汉口，商业繁盛，中外商人大量涌入，全国各地商帮几乎都参与了在这块市场的竞争。主要商行有：盐行、茶行、药材行、广东福建杂货行、油行、粮食行、棉花行、牛皮行等。金融业以山西票号实力最为雄厚。

鸦片战争后作为五口通商城市之一的宁波，自开放后，商业发达。当时有商谚有“店多拢市”，故宁波商铺多以行业聚集，有的街道巷弄以市集、商行、店量铺冠名，如竹行巷、饼点弄、米市街、和栈街、药行街等，有的街名沿用至今。

清末，沿江沿海之地因水运之便促使商业快速发展，处于西北内陆的兰州在这一时期商业也逐渐活跃起来。这在曾任兰州道彭英甲[②]和福克的相关文字叙述中得到印证。

会馆或公所，因商帮林立而生。这些会馆、公所为各帮聚议之所，同帮商人会聚于此，谈交易、递情报、解决内部纠纷。会馆、公所大半设有神座，春秋“致祭”。所供奉的神像也带有浓郁的地方色彩，多为地方神，如山西帮供奉关羽，徽州帮供奉朱熹，苏、浙商帮供奉陶朱公等。此外，在日常商贸活动中，许多商人已使用名片。

（二）店铺风俗日趋丰富

清后期汉民族地区各地的商业店铺，其风俗大体沿袭前期的格局而少

① 张国辉：《洋务运动与中国近代企业》，中国社会科学出版社 1979 年版，第 383 页。

② 彭英甲：《甘肃商务之历来情形》，见向达之《清末至民国前期的兰州商业》，《兰州学刊》1987 年第 4 期。

有更张，在各大城市中的商业店铺大多重视铺面店堂的装饰，起有求吉趋祥的店名商号，在经营中注意商业宣传，善于运用幌招贴等来吸引和招徕顾客。但在如何处理店主和雇员的关系，充分调动店员的经营积极性，以及如何吸引更多的顾客，推销更多的货物等方面，则习俗的积累以之于清代前期，已更为丰富。

到了清后期时，各地规模较大的商业店铺已突破父子店、夫妻店的家族性格局，大多雇用有人数不等的店员。此时的店主，俗称“老板”，所被雇用的店员，要从徒弟做起。

为了调动店员的积极性，有的商店从营业额中抽取部分盈利奖给店员。如，浙江宁波的商店中，店员做一元钱的生意，可得一厘至五厘钱奖金，称“厘金”；有的商店老板通过轮流休假和月满勤制，来调动店员的劳动积极性，全月满勤，奖励半个月工资。

商业店铺的老板若要决定留用还是辞退店员，则有“讲生意”的风俗。讲生意有两种方式。一种是老板要摆一桌酒请大家吃，酒席上一定有盘鱼，由老板亲自端来，鱼头对准谁，谁就被辞退；如果鱼头对准老板自己，即一个也不辞退。另一种方式是酒席结束，老板按次找职工在账房谈话，有的受表扬，有的加点工资，对辞退的人，则送上一张红帖。时间一般选在每年春节、端午、中秋三节时进行。

清后期各地的商铺为推销商品，大多别出心裁，想尽一切办法招徕顾客。如浙江宁波的店铺中流行有留客宿夜的风俗。有的办店堂还举行菊花会，每当九月菊花盛开，店堂姹紫嫣红，芳香满店，引人观赏；举行店堂音乐会，送茶招待听赏者；举行名画展览，每逢节日，店内悬挂珍藏名画，邀观众观赏，以此来制造声势，吸引顾客。

清后期，有的商店以采用出售红票（亦称“礼券”）的方式进行商品交易。顾客根据送礼对象和内容的不同，向发行红票的商店购买印有“鸾凤齐鸣”“花烛百子”“寿比南山”或“长命富贵”等不同喜庆内容的红票馈赠亲友，由亲友持红票到商店兑换自己所需之物品。有的南货店为推销商品，按人们礼尚往来之习尚，设有礼单。

（三）小贩风俗仍沿旧制

清后期的小贩，有小摊贩和小行贩之分。小摊贩，一般帮在各地的庙会或集市设摊售卖，均有相对固定摊位，但奔走于各地庙会和乡镇集市的小摊贩，则大多属临时摊贩。此外，有的地方还将摊位分甲乙丙丁等级，以甲为优，甲级摊位多在街边等人流较集中的地方，顾客方便，生意兴旺。官府每年让摊位行贩抽一次签，按摊位优劣缴纳摊税，若抽到好摊位，行贩私人间可互相转卖。

小行贩，大多肩挑货担沿街串巷叫卖，并以特定的响器和吆喝声招徕顾客。其响器，民间有“惊客来”“唤娘子”“惊闺”等俗称；其吆喝，北京等地则名之曰“货声”。如北京“买瓷器的，挑着担子，筐内装有大小式样的茶壶、茶碗、茶盘、饭碗、盘子、碟子等，下街贩卖，吆喝声为‘买瓷器咧！’”①。在行贩中还有一种叫长途行贩，如送南北杂货下乡，收农副产品进城，经常跨县、跨府的流动。

（四）商业市集花样迭出

清后期，各地城乡的商业市集花样迭出，既有隔三岔五定期集市，也有一年数次的大型庙会，还有每日都有的早市和夜市。如北京的“晓市”，即是每日必集的商业集市。《清稗类钞》对清后期的北京晓市有详细描述，曰：“京师崇文门外暨宣武门外，每日晨鸡初唱时，设摊者辄林立，各小市，与江宁之城南二道高井附近所有者同，又名黑市，以其不燃灯烛，凭暗中摸索也。物既合购者之意，可随意酬值，其物真者少，赝者多，优者少，劣者多，虽云贸易，实作伪耳……”②

（五）热衷财神崇奉，讲究营商禁忌

清后期的商业店铺，都崇拜财神，设有财神堂，以保护生意兴隆。财神菩萨是一黑面、骑老虎、拿钢鞭的赵公元帅，名叫赵公明。传说还有五路财神，商店每年正月初五要搞接财神活动。先摆好香案、供品（三牲、酒、菜），敞开大门，店主长袍马褂，手执神香，先拜天地，再拜财神堂，意把财神从外面接来了，然后，烧香火，洒酒，并和全店职工吃一顿夜点，以取吉利。

浙江宁波城乡各商店多设财神堂。自元旦至初五商民敲锣打鼓，各商铺五更开门，供财神菩萨神像，有猪、羊、鸡、鹅、鱼五盘。镇海、慈溪一带有恭迎八位顾客之俗，谓“请八仙”。若顾客衣着华丽，成交额大，则认为全年生意兴隆，俗称“接财神”。商店开市若久不顾客登门，商民即点香烛至财神殿祀拜赵公明财神菩萨，或卜茭求签，俗称“求财神”。

① 王隐菊等：《旧都三百六十行》，北京旅游出版社1986年版，第54页。

② 徐珂：《清稗类钞》第5册，中华书局1984年版，第2292页。

若上一年商店生意清淡或亏本，认为财神没有登门赐福，故开门后，商民和家人都去境庙敬神，路遇尼姑和和尚，就悄悄地把僧尼夹在中间而过，认为财神菩萨常依附在僧尼身上，把财神菩萨兜来，谓之“兜财神”。

清后期，业商者大多讲究商业禁忌。在店铺中，店员不可在店堂门口打哈欠、伸懒腰、踏地袱、坐地袱、手托门枋等，否则认为挡住了财神菩萨进门，把生意赶跑了。开业中，店员背不可朝外，打扫店堂时只能往里扫，不可往外扫，谓金银财宝扫进来。浙江宁波的药行、药铺习规甚严，逢年初进货，须进“胖大海”和“大连子”，取大发大利之意；学徒进店，先拣“万金枝”“金银花”和“金斗”，取意黄金银子等。小贩也和店铺一样，多信奉财神菩萨。逢正月初五接财神，钱桶上贴财神菩萨图像。

三　服务业风俗

（一）金融业风俗兴起

晚清钱庄业发达，浙商宁波帮的钱庄有大同行、小同行、现兑行三种，统称“银钱业”。多为合伙股制，设经理、协理（副手）、襄理（三肩），下分里账、外账、信房（负责往来信札）等。普通人难进钱庄。

宁波钱庄主要经营存放款业务，其特点采用过账制度从事商业活动。各行各业货款往来，不用现金，都通过钱庄过账方式，故称宁波为过账码头。过账，唯大同行牌号有过账效能，而小同行和现兑行财须经大同行间接办理。过账媒介物有过账簿、金折、信札、庄票四种。此外，现兑行还没有“钱业公所”，专营收付银洋、银角，早晚派员至各业商店收取银洋、银角，在市场上出卖，从升水中牟利。

民间借贷，在清末时利息分四种：庄息，为钱业之利息，均以日计，每千圆日取息一二角至四五角，随时变迁；一分利，为民间通借之利息，以年计，每圆每岁取利一角，最低之利论为八九厘，昂者至二分余；当息，为当业质物之利息，均以月计，每圆每月取利二分，利率皆一律；印子钱，为贫民小贩借贷之利息，此种放债营业大抵由地痞棍徒为之，息以月计，每圆每月息金二三角，甚至四五角，均须先付息金，即在借本中扣除。

（二）饮食业形成帮系

清后期饮食业风俗以上海最有特色。上海自开埠以后，菜馆也逐渐得以繁荣。据 1887 年出版的《沪游杂记》记述，当时上海从小东门到南京路已有上海菜馆一二百家之多。各种大大小小的菜馆酒楼，有本帮、苏帮、锡帮、川帮、浙帮、粤帮等区别。本帮菜馆在鸦片战争后发展很快，在青龙镇→十六铺→南京路一带，发展出 200 多家的规模。1860 年，苏帮菜馆和锡帮菜馆前后进入上海，使本帮菜馆优势大减。后因乡情、地方特色吸引本行帮的商贾聚饮就餐，致使各帮菜馆成了各地行帮的歇脚点、归宿地、叙情场、生意厅。

南京的饮食行业大多集中在秦淮河一带。茶食店有利涉桥的“阳春斋”和淮青桥的“四美斋”。酒楼以利涉桥的“便宜馆”和淮青桥的“新顺馆”两家最为著名。茶店有文星裴阁东首的“鸿福园”和“春河园”。这两家“坐客常满”，备物齐全。

杭州西湖的五柳居是一座“酒果珍馐咸备”的著名酒楼，而以“醋溜鱼”独擅其长，至今犹有佳肴之名。在西南古都成都，清后期茶馆业也已非常发达。较著名的茶馆有：文庙街的瓯香馆，粪草湖街的临江亭，山西馆街的广春阁，等等。

（三）娱乐业南北有异

清后期的娱乐业风俗，南北差异较大。南方以上海、广州等对外通商口岸城市为代表，较多地受西方文化的影响。由于电影、西洋舞及现代体育活动模式的传入，对传统娱乐业以较大冲击，出现了一些以西方娱乐方式为经营内容的场所，如电影院、舞厅、跑马场等。北方则以京师北京为代表，较多地保留传统特色，娱乐场所的戏园、茶馆等为主。这些戏园子的最大特点是集饮食、观赏为一体。时至咸丰、同治以后，有些戏园子干脆改称茶园，其中又以广和楼最有代表性。

第三节 清后期汉民族的生活风俗

一 服饰风俗

（一）传统服饰的演变

清后期服饰风俗变革剧烈。“禁头变服”，恢复“汉官威仪”和接受西方文明“断发”“易服”，相继为太平天国和维新派所提出，改革汉民族服饰制度已逐渐成为全社会的呼声。但在辛亥革命前，尽管民间的服饰风俗已出现了某些改革和改良，但男子长袍马褂、剃发留辫，女子缠脚的基本格局，并未有所更张。只有到了辛亥革命后，随着封建帝制的被推翻，剃发留辫和箭衣马蹄袖的服饰风俗才被剪发和中山装所代替，使汉民族服饰文明的发展随之进入一个新的纪元。

清后期的男子服饰，除清末有西装流行外，基本承袭清前期的风俗，在服饰款式上也无新的更张。而女子服饰则随着时间的推移，比之前期已更为活跃，发生了较大的变化。如妇女的裤子，在光绪年间和宣统前后，有着不同的变化。之后，随着裤口缘边的减少、裤筒变瘦，又出现了用腿带缠扎裤口的习尚。这种装束一直延续至今，在一些边远山区的老年妇女依然可见。

妇女裙饰也呈现出多样化的发展趋势，受欢迎的款式有“鱼鳞式百褶裙”“洋印裙”“满花裙”“鬼子栏杆裙”“一块玉裙”等。

清末女子发式，变化较多，有苏州厥、平三套、连环髻、巴巴头、双盘髻、圆髻、圆月、长寿、风凉、麻花、双飞蝴蝶诸髻式，年长者还要在髻上加罩一个硬纸和绸缎做的黑色冠，绣以“团寿”字，或以马鬃一类做成纂，加于发髻上面。

（二）太平天国的服饰变革

变更民族服饰，是满洲贵族入关后对汉民族采取的一种征服手段。因此太平天国起义者在“奉天讨胡”的时候自然把批判的矛头对准“辫发顶戴”的满清冠服：“夫中国有中国之形象，今满洲悉令削发，拖一长尾于后，是使中国之人变为禽兽也。中国有中国之衣冠，今满洲另置顶戴，胡衣猴冠，坏先代之服冕，是使中国之人忘其根本也。”他们要求“复中原古制”，即恢复“汉官威仪”。

建都天京以后，太平天国变易服饰，更张礼制，朝冠朝服始有定制颁行。根据官职大小对袍服靴帽的质料、颜色、式样、花式及至包巾的长短尺寸定出不同的标准。如朝服各王为黄缎龙袍，以绣龙多少分等差：天王九龙，东王八龙，北、翼、燕、豫，各递减一。侯、丞相亦黄袍，绣龙四条。“男着龙袍”的理想此时乃得实现。检点素黄袍，指挥下至两司马素红袍。其等差则于黄马褂上分别之。太平天国女官冠服大致如男制，不同之处有三：以搭背代马褂；各王娘袍上多绣月亮为补子，上绣双凤或单凤；帽式上有所区别。女官不戴角帽、凉帽，冬日戴风帽，夏日戴绣花纱罗围帽。所戴金玉佩饰，随尊卑等级而由多渐少。平居则有缝裳（阔管裤）、钮裳、开裳、散裳（裙）、散袍（斗篷）等。

对民间易服采取比较灵活的政策。太平天国政权曾于 1861 年颁布新镌《钦定士阶条例》，其中对民众服式也作了某些规定："拟民间居常所戴之帽皆用乌布纂帽，其富厚殷实之人，则绸缎绉纱，任由自便，但不得用别样颜色，致与有官爵者相混。"① 对于民间女子，则禁穿裙子，以致有"女子去裙男去帽"② 之说。

（三）清末服饰风俗的变化

清后期汉民族民间的服饰风俗到了清末发生了明显的变化。这种变化，就风格而言可分两个阶段：第一阶段以传统风格为主，但在传统的范围内发生了"去朴从艳""尚简求便"的变化；第二阶段以变化为主，是近代服饰风俗形成的重要时期，有着"一变从新"的时代特征。就两个阶段的衔接点在 19 世纪八九十年代，其变化的幅度又因性别、职业、阶层的不同而不同。清末服饰风俗发生重大变化的主要标志是"剪辫易服"的西方服饰文化的传入。

洋服早在乾嘉年间即随着来华的西方人进入中国。直至鸦片战争后，在沿海城市如香港、广州，在为外国商人当买办的华人中也偶有穿洋服者。到 19 世纪 80 年代后，剪辫易服呼声高涨，才有少数人带头穿起了洋服。但是整体来看此时穿着西装者仍为少数，还不成其为风俗。

戊戌维新时期，维新派提倡"剪辫""易服"。但是，这个时期真正改变的并不是官民服饰而是军服、警服。改革的过程参照了西洋和日本制服，一改长衫裹腿，在外观上令人耳目一新。

戊戌以后，随着服饰改革呼声日高，穿西式服装渐成风气。20 世纪初年，社会上穿洋服的人多了起来，在校学生特别是大城市某些中小学统一制作的新校服分外引人注目。至辛亥革命前，大体上西装革履和长袍马褂并行不悖。

较之男子服装，晚清时期汉民族女子服饰的变化更丰富多彩，影响波及的面也更大一些。鸦片战争前后，江南流行舶来的衣饰，诸如花边丝缕之类，号称"鬼子栏杆"。19 世纪八九十年代后，汉民族妇女穿西洋、东洋衣服的情况非常多。有民间妇女穿各种西式大衣、梳东洋头；有的则完全洋装打扮，裘皮大衣、西装套裙、皮鞋。

---

① 南京太平天国历史博物馆：《太平天国印书》（下），江苏人民出版社 1979 年版，第 754 页。

② ［日］陈舜臣：《太平天国》（四），重庆出版社 2007 年版，第 737 页。

晚清服饰的变化基本上是“自同光以迄宣统，妇女服饰以上海为最入时，流风所被，几及全国”。然而，这种变化也是不平衡的，当上海等通商口岸风气日开的时候，中小城市和广大农村依然保持着古旧的风格。所以晚清汉民族社会服饰风俗所呈现的是新旧并存、中洋共进的局面，体现出过渡性的时代征。

二　饮食风俗

（一）宴会饮食铺张

清前期，当时市面上的酒楼饭庄，大多以承办民间的宴会酒席为主，但到了清后期，从光绪五年（1879 年）以后，官府之间的请客宴会也进入了营业性质的酒楼饭庄[①]，酒席宴会也有了新的发展。仅其菜单的名目就多种多样，举不胜举。有依一桌之主要菜品而称的，诸如：烧烤席、燕菜席、鱼翅席、鱼唇席、海参席、三丝席、广肚席等。同治、光绪年间，淮安地区又有用一种原材料做成一桌酒席的全羊席、全鳝席、豚蹄席等。

清末，宴席摆设一般是：餐厅入门迎面处设有落地大型“穿衣镜”。房子的一头放餐桌，另一头则为休息的地方，三间的房子，仅摆设一张餐桌（有时也摆两张）。室内设有条几、八仙桌；条几上放有古玩、帽筒、花瓶、花卉、花架等。餐厅四面的墙壁上挂有名人字画。宴客待宾盛行 4 人一桌，但“看盘”风俗[②]已被淘汰。随之而起的是桌子的四角放 4 盆鲜花，这就是后来宴会中摆台花的来历。

清代汉民族社会的筵宴，其规格最高的当推“满汉全席”。从现仅存于世的广为“满汉全席膳单”来看，“满汉全席”真不愧是中国名菜之集大成者。宴请“满汉全席”的程序，根据全席的菜点，也有一套复杂的规程和次序。客人到后，要先请净面，随着奉上沏好的香茗一杯（茶放在暖套内），茶盅不大，但茶清淡而馥郁。接着以四色精美点心和银丝细面奉客，先点点心，谓之“到奉”。吃罢到奉，便开始茗叙了。除随着奉上香茗供客外，还有“手碟”任选，即瓜子、榛仁之类，每人两碟，谓之“对相”（粤语谓之“手分”）。这时，客人可以对弈，也可以吟诗作画，或促膝谈心。

---

① 徐珂：《清稗类钞》第 13 册，中华书局 1984 年版，第 6271 页。

② 传统宴会，自宋代起，出面上就有设环饼、枣塔、果子之类“看盘”的习俗。

酒席的台子的摆设，“四生果”如鲜橙、甜柑、柚子、苹果摆在席中四周；“四京果”如红褂子、炒杏仁、荔枝干、糖莲子之类，放在四周；“四看果”围在周边，席面上形成一个十分美丽的图案。入座后，先把鲜果剖开，削皮献上。再上四冷荤喝酒，继上四热荤，酒过三巡，上大菜与鱼翅。至此，碟碗撤去，献香巾揩汗。然后再上第二度的双拼、热荤，饮酒行令。稍歇，又献一次香巾，接着再上第三度、第四度，酒尽兴后，上第五度饭菜、粥汤。食毕，用一个精致的小银托盘，盛着牙签、槟榔、蔻仁，供客选用。再上一边洗脸水，叫作“槟水”。至此，筵席遂告结束。

由于满汉全席菜肴众多，一夕之间，不能尽餐，所以多分为全日早、午、晚三餐进行，或分两日吃完，有的延长到三日，才能终席。

（二）地方菜系形成

随着社会生产力的发展，清代的餐饮业日益发达，各种地方风味菜肴不断得到发掘、改造、创新和相互交流，到清后期，最终形成了苏、鲁、川、粤四大菜系和淮扬、湘鄂、江浙、闽、陕、陕等不同的地方菜系。

四川菜系，由高级筵席菜式、“三蒸九扣”菜式、大众便餐菜、家常风味菜式和民间小吃菜式组成，品种繁多，菜品多达四千余种，一年之内，日日餐餐可以不同。筵席菜式选料精而工艺要求高，味道清鲜，组合考究。原料采用山珍海味、再配以时令鲜蔬，成菜极富营养，以家常海参、芙蓉鱼翅、菠饺鱼肚、一品熊掌、樟茶鸭子、家烧岩鲤、清蒸江团、虫草鸭子、鸡蒙葵菜、开水白菜、豌豆尖苞、肝膏鸽蛋汤等菜品为其代表。

川菜的口味以麻辣为主，但辣中见异。技艺高超的厨师，精烹巧配，可以调出白油、咸鲜、荔枝、糖醋、鱼香、酸辣、椒麻、蒜泥、麻辣、姜汁、豆瓣、香糟、酱香、怪味等几十种各具特色的复合味。川菜在烹调上讲究色、香、味、形，并根据原料、气候和食者的要求，具体掌握、灵活运用，以保持菜肴质量。

粤菜由广州菜、潮州菜、东江菜组成，此外还有海南地区风味。广州菜包括广州、肇庆、韶关、湛江等地名食在内，地域最广，用料庞杂，选料精细，技艺精良，善于变化，品种多样。粤菜口味讲究清而不淡，鲜而不俗，嫩而不生，油而不腻，相对来说，春秋力求清淡，冬春偏重浓郁。

清后期，广州作为通商口岸，万商云集，市肆兴隆，给餐饮业的发展提供了一个广阔的市场，清末，较大的饮食店达二百家之多，分成茶楼、茶室、酒家、饭店、包办馆、西餐等几个行业，此外还有为数众多的小宴店、小吃店等，成行成市，星罗棋布。在竞争的推动下，各店都有自己的名牌菜品。较有代表性的有：贵联升的满汉全筵、香糟鲈鱼球；聚丰园的醉虾、蟹；南阳堂的什锦冷盘、一品锅等。其中，有属正宗粤菜的凤城小炒、杜侯食品、东江风味和潮州美食等。

在清代饮食文化中，最具特色的宴饮菜系是孔府菜。孔府的宴席名目繁多，各种宴席等级严格。孔府宴席的格局清时大致有“满汉全席”“全羊大菜”“燕菜席”“鱼翅席”“海参席”“便席”“如意席”（丧事之席）等。其中每种宴席又有更细的区别，如“满汉全席”就有银餐具的全席、高脚餐具的全席、博古乾隆瓷餐具的全席等。其他宴席也有四大件、三大件、二大件的区别。孔府一般宴席的席面都是按四四制排定的，每大件后面有两个行件菜。开席时先是干鲜蜜饯碟、冷荤素大拼盘。再就是首菜。孔府宴席首菜多用“当朝一品锅”，以示主人的高贵。然后是大件主菜，次是行件炒菜，更有各式甜、咸、干、湿点心，以及压桌菜、四饭菜、四小菜，四面食、干稀饭等。宴席之菜肴随一年四季变化，讲究时令、新鲜、名贵。因此孔府宴只有固定的格局，没有固定的菜单。

孔府菜的制作，遵循孔子“食不厌精，脍不厌细”的祖训，精益求精，好之再好。既取营养，又讲排场。菜肴选料广泛，粗菜细做，细菜精做，并具有浓厚的乡土风味。如大件菜肴“当朝一品锅”“燕菜一品锅”“一品豆腐”“椿芽豆腐”“炸溜茄子”“油淋白菜”等，都是著名的孔府菜品，其烹调方法独特，不少菜品还寓有典故。可见，孔府菜经过历代名厨的去粗取精，到清时已达到了较高的水平。

（三）西餐开始流行

鸦片战争以后，在西俗东渐大潮的驱动下，汉民族社会的饮食习惯在晚清时期发生了重大变化，其特点是社会上出现了中西餐并行，士大夫以西餐为时髦的风俗。

19 世纪五六十年代，汉民族士大夫对西方饮食还显得隔膜与新奇。到了 19 世纪七八十年代，上海等地就出现了一些西餐馆，人们对“装饰之华丽，伺应之周到”的西菜馆有了兴趣。到了晚清，天津、北京的西餐馆也相继开设，名声愈来愈大。此时，食西餐已成了北京有钱人的时尚。

西餐食品传入的品种比较广泛，传来的时间也先后不一。大约 19 世纪五六十年代，上海的一些外国药品洋行就开始生产销售汽水、冰激凌以及啤酒，但是能够问津品尝的只是少数人。19 世纪末 20 世纪初葡萄酒、汽水、冰激凌、糖果、罐头、点心等西式饮食便在一些城市中比较流行了。输入中国的西式酒类品种比较丰富，如葡萄酒、香槟酒、啤酒、雪花酒、威士忌等先后进来。但是，中国人的主食和进食方式受西俗影响很小。在中外经济交流过程中，虽然外国不同风味的食品渐渐受到中国人的欢迎，但就当时汉民族社会的广大百姓的饮食习好来说，西餐并不占主导地位。一顿西餐的昂贵价值并非寻常百姓所能承受得起的。倒是所费无几的西式汽水、糖果、罐头等大众化饮食却在清末已走入了千家万户，扩大了影响，使汉民族社会的物质生活方式有了显著的变化。

三　居住风俗

（一）传统居舍风俗的传承

清后期，汉民族社会由于阶级矛盾的激化，民不聊生，盗匪横行。反应在居住风俗上，就是许多大宅院多建碉楼、炮楼，以及避难楼等设施；东南沿海村镇亦建有碉楼，或在楼房民居外墙增设炮眼以防盗；闽粤客家人则发展集居式的大土楼。这些居处建筑的出现，都是基于防卫的要求而采取的风俗措施。

清后期，汉民族在造屋时有一整套的传统仪式，近人钟毓龙《说杭州》写清末杭州造屋风俗曰：“造屋时之风俗有三：一曰定门向。有门向不正者，杭人谓之歪墙门，大都因风水之故。又开门大都在左首，谓之龙首，以右为白虎不吉也。一曰上梁。上梁后必以红布悬于正中之梁上，又须用馒头一盘抛掷之，使过于梁，谓之上梁馒头。一曰打灶，其方向地位，必须以风水定之，杭人最重视。又灶肉必以米与茶叶贮于小瓶中，并加和顺钱各一枚共埋之。和顺钱者，为宋徽宗之宣和钱或政和钱，及清代之顺治钱，取和顺之义。”①

（二）城镇宅居有变

晚清民居风俗的发展和演变有两个特点。一是散落在广大乡间集镇以及偏远地区的县城，除了极少数地方建有欧式教堂建筑以外，绝大多数建筑是中国传统民居的延续，北京的四合院、西北高原的窑洞、南方的天井院落、客家的土堡房等，都是中国传统民居的典型形态。这些民居建筑与

① 钟毓龙：《说杭州》，浙江人民出版社 1983 年版，第 496 页。

清朝前期无大变化，体现出传统性特征。二是在一些城市中出现了许多受到西方建筑风格的影响的新式民居，体现出西化的特征。

同治十一年（1872 年），上海兴仁里一带出现三间两厢二层联立式建筑——里弄房屋。从这种居室建筑布局来看，里弄房屋每令居住单位仍按中国传统的设计：主房居中，左右对称两个厢房，房前设置天井。而它的外观则完全是外来的建筑风格：楼房式样，一楼一底，单调平直。外国人称这种房屋为“联排房屋”。受上海的影响，汉口、南京、福州、天津、青岛等地也相继在租界、码头、商业中心附近建成了里弄住房。[①] 后来，这类民居形式变化较大，开始向多层、大进深发展，其外观和内部结构也更接近西方公寓建筑，和中国传统低层院落式民居风格越发泾渭分明了。

在南方城市民居由三合院向里弄房屋发展的同时，北方城市四合院却朝着居住大院形式发展。在近代城市人口大量增加的情况下，青岛、沈阳、哈尔滨等城市由于人口密集，原有的一家一户独居变成了十几户，几十户聚居的居住大院。此类建筑从风格到结构与过去相比都没有明显的变化，反而由于建筑密度大，卫生条件差而显地退化了。

19 世纪中期以后，出现的砖木混合结构建筑，使民居的变化不仅表现在外观，更重要的是其建筑结构带有突破性的变化。

（三）西式洋房出现

在鸦片战争以前，葡萄牙人已在澳门建筑西式住宅，在中国人眼里，“夷人好治宅，重楼叠居，多至三层，绣闼绿晖，望如金碧”[②]。战后西人在通商口岸建立租界，亦是“楼阁峥嵘，缥缈云外，飞甍画栋，碧槛珠帘”[③]。在西人高楼大厦的影响下，中国人也开始建筑西方或半西式住宅，出现“多仿西式”的风尚。

随着世界各国建筑技术的提高，19 世纪末 20 世纪初，一种更先进的砖石钢骨混凝土混合结构传入中国。初时，因为砖石钢骨混凝土混合结构造价较高，除去高级公寓之外，主要用于银行、办公楼等坚固建筑。其代表性建筑有上海俄华道胜银行大楼、哈尔滨中东铁路管理局办公楼、青岛提督公署等。从此，木构架在城市主体建筑中基本退出了历史舞台，而砖

① 《中国建筑史》，中国建筑工业出版社 1982 年版。

② 《林则徐集·日记》，中华书局 1965 年版，第 351 页。

③ （清）王韬：《漫游随录》，载《走向世界丛书》合印本，第 59 页。

石钢骨混凝土混合结构成了多层建筑中经常采用的主体结构方式。

四 交通风俗

（一）传统交通风俗的延续

无论是经济发达的商埠市镇，还是偏僻落后的农村，清后期都保留着旧有的交通运输工具，以满足和适应社会生活的诸多需求。在陆路交通方面，民间代步多用驴马，运载间有牛车或人力车。逢渡河无桥梁时，浅者徒涉而过，深者则乘筏以渡。

清末，杭州一带的轿分平轿、花轿、素轿等数种。平轿是民间私家所用的轿子，又分为两种：一种为富门商贾的私人轿，这种轿轿身较大，以蓝布作轿身，家中并雇有私人轿夫；另一种为民间轿，轿身较小巧，以青布作轿身，民间一般人家外出拜客、游山玩水可向轿埠事先预约或临时租用。素轿是送丧出殡时，供办丧之家乘坐的。这种轿子由素仪店出租。

在舟楫交通方面，广东省河渡船，名目不一，除紫洞艇之外，有河头船，专为载客远行者。又有低舱艇、沙艇等，则专为渡送行人之用，而沙艇尤为轻便。在江宁、苏州、无锡、嘉兴等地，还出现了专门供民间游客游览饮宴的灯船。在四川川江上则有名目繁多的“江船”。因所从事的业务不同，这些“江船”形成了以乡土为纽带、自然结成的 80 多个行会组织船帮。而在西南山区，有专事运货的马帮。

清代汉民族民间出外，尚有许多的讲究和禁忌，如讲究“老不上北，少不上南”“老不入川，少不游广”“老勿走新疆，少勿走苏杭”；讲究选择好良辰吉日，出门时要先敬路神、天神、日月之神，祈求旅途平安；旅途中，忌财帛外露，忌夜晚赶路，忌遇上殡葬队伍；如此等等。

（二）西式交通工具引进

在继承传统的同时，清后期的交通风俗随着西方文化的输入而发生巨大的变化。尤其是西方先进的交通运输工具和设施的引进，不但弥补了传统行止工具的不足和局限，而且对人们的社会生活产生了影响。许多商埠与经济发达地区，如北京、天津、上海等地，在清末出现的火车、汽车、电车、摩托车、腕车（人力车）、脚踏车（自行车）、西式马车等均属引进的交通工具。

电车：最早的电车出现在香港，1905 年 7 月通车营业。1906 年比利时商人在天津铺设有轨电车。两年后，上海始有有轨电车，1914 年才出现无轨电车。

西式马车：清乾隆五十八年（1793 年）英国使臣马戛尔尼来华，代表英皇乔治三世赠送乾隆帝两辆极为华丽的四轮双马车，这是西式马车传来中国之始。但这两辆车清帝从不乘坐，一直陈列圆明园。19 世纪中叶，这种车在香港、上海、广州等地风行，而北京于 20 世纪初年才比较常见。

此外，轮船、火车等大型近代交通工具，为长途旅行提供了极大的便利，有一首《竹枝词》赞道："报单新到火轮船，昼夜能行路几千。多少官商来往便，快如飞鸟过云天。"①

另外，与人们日常交通密切相关的马路，在西俗影响下也有改进。1862 年，上海出现了第一条西式马路——静安寺路，不久又建了四条自东至西的通江马路（即今北京东路、汉口路、福州路和广东路）。关于道路命名，中国传统的道路通名有街、巷等，新式马路则称"路""大道""马路"等。后上海租界规范化的"取中华省会大镇之名"为路名，逐渐推广到各城市。一般东西向道路用中国各大城市的名称，南北向道路则用各省的名称。

五　器用风俗

（一）煤油灯、煤气灯和电灯的出现

在西俗东渐的态势下，新式煤油灯出现，使汉民族社会的照明器具有了很大改善。

新式煤油灯和旧式油灯的不同除了表现在构造、形状上外，主要的区别是所用燃料不同。新式煤油灯以"洋油"，即用工业方法从石油中提炼出的煤油为燃料。它为很多住户所接受，并被用装在新修的马路及桥梁上，为城市夜色增添了新的景观。随着煤油灯的流行，洋蜡、火柴也被引进，形成取代土蜡、火寸之势。

当煤气灯尚未在中国城乡普及的时候，另一种新的照明器具——电灯，亦被引进，很快被国人接受。上海是最先使用电灯的城市，接着是北京和天津。至 20 世纪初，一些中小城市也有了电灯照明，然而广大农村仍处于落后状态，不仅无电灯，而且连新式煤油灯也不多见。

---

① 李静山：《增补都门杂咏》，载《清代北京竹枝词（十三种）》，北京古籍出版社 1982 年版，第 99 页。

（二）钟表流行于都市

明末时，西方钟表始输入中国，被称为“自鸣钟”。由于数量稀少，国人对其计时价值仍无认识，只把它列入“乐器”一类。晚清时期，西方钟表进口日渐增多，挂钟、座钟、怀表、手表等陆续出现，在中国一些较开放的地区，成为日渐重要的计时工具，也成为一些商店必备的商品。

（三）缝纫机进入上海

19 世纪 50 年代末，被西方人誉为人类发明物品之女王的缝纫机在美国批量生产不到 10 年，就出现在近代著名文人王韬的日记中，并于 19 世纪六七十年代由外国人带入上海。后因美国商人向中国输入了一批缝纫机，而促使缝纫机进入了汉民族社会人们的生活。[①]

（四）文化器用的西化

文化器用包括“文房四宝”（笔、墨、砚、纸）及书籍等物品。由于中国传统文化根深蒂固，在晚清时仍有重大影响，上述文化器用在鸦片战争以后并没有立即被新式的文具取代，而是出现了新旧文化用品同时存在、竞长争高的状况。

长期以来，毛笔一直是中国主要的书写工具。自明清以降，“湖笔”（产于浙江湖州）制作技艺进一步提高，成为笔中名牌。清代的制笔业更加兴旺，以湖州为中心，向四方扩散。初时硬毫笔盛行，到嘉道以后，以羊毫为原料的软毫笔东山再起，逐渐取代了硬毫笔，成为通行的书写工具。墨，清代仍以徽墨最为流行。据记载，墨盒最早出现在道光年间，到了同治、光绪后才盛行起来。

西洋式的文具，如铅笔、钢笔、墨水、西式纸张等，随着西方文化的传播，到晚清时中国开始流行。至宣统年间，社会上开始“有仿西法制墨水以供书写者”[②]。

“文房四宝”中变化最大的是纸张。西方近代造纸法在清末被引进中国。光绪八年（1882 年），曹子等人在上海创办机器造纸局，是为中国第一家商办造纸厂。至宣统二年（1910 年），成立的商办造纸厂共达 23 家[③]。

---

① 参阅袁蓉《缝纫机与近代上海社会变迁》，《史林》2011 年第 2 期。

② 徐珂：《清稗类钞》第 12 册，中华书局 1984 年版，第 6018 页。

③ 杜恂诚：《民族资本主义与旧中国政府（1840—1937）》，上海人民出版社 2014 年版，第 375 页。

湖广总督陈夔龙于光绪三十四年（1908 年）在武昌设立白沙洲造纸厂，与外商合作购进国外先进造纸设备，采用新式技术生产的纸张，无论从数量还是从质量上讲，都非旧式造纸业所可比。

19 世纪初叶，欧洲近代机械印刷术开始传入中国，最早是凸版印刷，其次是平版印刷，再是凹版印刷。输入的新式印刷机价格低，效率高，很快为国人所接受，成为许多出版机构、报馆的主要设备。于是，一批新式出版物，如报纸、刊物、书籍纷纷告世，流传海内。

（五）消闲器用精致化

在晚清时期的消闲用品中，值得一提的是鼻烟壶和扇子。鼻烟壶，俗名烟壶，是一种装鼻烟的器皿。它制作精美，造型多样，内装掺入麝香等名贵药材的鼻烟，供人吸闻。其气味醇厚、辛辣，有明目、提神、避疫、活血、驱寒等功效。鼻烟壶发展至清代，进入大盛期。广州、北京、山东博山以及内蒙古、辽宁等地，是鼻烟壶的主要产地。辽宁的玛瑙鼻烟壶、内蒙古的银制鼻烟壶等，都享誉全国。制作鼻烟壶的原料相当广泛，主要有玻璃、瓷、玉、珊瑚、玛瑙、琥珀、翡翠、水晶、金、银、石、木、竹以及象牙、海贝等材料。

扇子在我国历史上具有多种价值，既可驱热纳凉，又是观赏品、收藏品，具有一定的消闲性和艺术性。清代时扇子品种繁多，艺术加工愈加精巧。其品种有竹扇、羽扇、纨扇、油扇、蒲扇、折叠扇。晚清同光年间，士大夫中盛行油扇。19 世纪六七十年代，西洋自来风扇传入中国。这种机械风扇别具一格，在一定程度上节省人力，从使用价值来讲显然超过中国传统式样的扇子，但在艺术价值、收藏价值方面，则无法与中国式扇子相比，故未能在汉民族社会中流行开来。

六 娱乐风俗

（一）传统娱乐风俗的继承

道光、咸丰年间，以徽班为基础的京剧形成，至同治、光绪年间，开创了一个兴盛的局面。京剧演出受到以北京为中心的华北地区汉民族富贵与平民的普遍赞赏。并出现了流派纷呈的局面，如同治以后的陈调、俞调和马调，就是当时有名的三大京剧唱腔流派。陈调苍劲浑厚，俞调婉转清秀，马调朴实流利，三派各有特点，影响直至现代，继续衍生出新流派。他们的著名曲目分别有《玉蜻蜓》《倭袍》《珍珠塔》等。到清代末年，京班在进入宫廷的同时，逐步流布到南北各地。在流动演出的基础上，有的戏班落了户，并设立科班培育人才，甚至形成了地域性的流派，如上海的海派京剧等。

谭鑫培《定军山》（饰黄忠）剧照

同时，各地的地方戏也得到了进一步的发展。如流行于安徽等地的泗州戏发展成一个少有影响的地方剧种。此外，清后期的地方戏还有流行于云南、贵州、四川等地的花灯戏，山东的吕剧、五音戏，江苏的锡剧，山东及河南的二夹弦，台湾的歌仔戏，湖北、江西的楚剧，广西的彩调剧等。

清末，傩戏已摆脱了季节的限制，也摒弃了一些繁文缛节，由傩坛演出向高合演出发展，巫作傩戏也出现了向职业性演出迈进的趋势。

在民间歌舞方面，民间狮舞已发育成熟。光绪年间两人协同表演的太狮舞，已与今天的狮舞无多大差别。在广泛流传中各地民间还创造了多种多样的狮子舞，如南方威武矫健、穿插着许多翻滚跌扑技巧表演的“武狮”；诙谐风趣逗人喜爱的“文狮”等。

在清后期，北京各地有各种各样的民间花会组织，如吹打乐队、云车会、高跷会、杠子会、中幡会、天平会等，多达几十种。每当逢年过节和迎神赛会、红白喜事时，人们往往要组织十几档花会进行大会串，俗称“走会”或“过会”。在这些形形色色的花会中，包括了民间杂耍、民间歌舞，及武术表演。

在南方，江苏，端午节时有龙舟竞渡；温州，端午节有台阁会；此外，湖北、江西、浙江、湖南、广东、四川等南方省份均有竞渡之戏。

（二）近代娱乐样式的滥觞

清后期汉民族社会的文体娱乐风俗不仅发扬光大了中国传统娱乐形式，而且还适应了历史时代的变化，把世界上其他国家的文体娱乐形式吸收进来，如话剧、电影、西式舞蹈、体育比赛、打扑克、打台球等，进一步丰富了官民士庶的文化生活。

晚清时的租界是展示西方社会文体娱乐方式的最重要的舞台。但当时租界流行的文娱活动，如有西洋戏剧、舞会等，与中国老百姓的生活相距甚远。

时装戏在晚清被称作新戏，主要与京剧昆曲等中国传统戏剧相区别。它除了内容新之外，舞台也是新的。20世纪前后，文艺界爱国志士仁人充分利用新剧这样一种新艺术形式宣传革命思想，唤醒民众，上演了许多爱国主义戏剧，一时间蔚为大观。

比起戏剧，对大众影响更大的是电影。光绪二十二年（1896年），电影正式传入中国，上海一些戏院茶园开始陆续上演电影。

光绪二十九年（1903年），北京也开始放映电影。光绪三十一年（1905年），第一部中国无声电影《定军山》拍摄成功。这是一部戏剧片，主角是当时赫赫有名的“伶界大王”、京剧谭派艺术的创始人谭鑫培。电影上映之时，百姓反应极其热烈，竟有“万人空巷来观之势”。从《定军山》开始，中国电影事业发展起来。

七　体育风俗

（一）传统体育风俗的沿袭

滑冰本是满族民间的传统游戏，清中叶后北方汉民族参加滑冰活动的越来越多，到了清代末年，滑冰也为我国北方汉民族所爱好的运动之一。尤其花样滑冰的内容比前期更为丰富。光绪二十六年（1900年），富察敦崇在他所作的《燕京岁时记》里有这样的记载：“冰鞋以铁为之，中有单条缚于鞋上，身起则行，不能暂止。技之巧者，如蜻蜓点水，紫燕穿波，殊可观也。”[①] 一位65岁的滑冰老人齐子林，从十二岁（1883年）起就练习滑冰，入手时，先练“官子”八式（速度滑冰），熟练后再学花样滑冰。据说他能练的花样“名目至为繁多”，主要有“猿猴抱桃、卧鱼、双飞燕、鹞子盘云、金鸡独立、哪吒探海（夜叉探海）、凤凰展翅、童子拜佛、卧睡春、香炉爪、千筋附、朝天镫、大蝎子、摇身幌”[②] 等十四式。

清后期，在河南、安徽、江苏交界一带，有习武之俗。20世纪初，

① （清）富察敦崇：《燕京岁时记》，北京古籍出版社1981年版，第91页。

② 《北平体育月刊》4卷2期，载国家体育运动委员会运动技术委员会编《中国体育史参考资料》第四辑，人民体育出版社1958年版，第18—20页。

伴随着废科举、兴学校和资产阶级革命团体的发展，南方出现了著名的群众性武术团体“精武体育会”，北方组织了“中华武士会”。精武体育会兼收南北武术流派，后来在全国各地设立了分会 40 多处。同一时期，全国各地还出现了北京的“四民武术社”，河北完县的“蒲加拳社”，上海的“拳术研究会”，山东青岛的“中华武术会”等武术团体。由此可见，在清末，汉民族民间习武强身的风俗仍长盛不衰。

（二）西式体育项目的进入

近代体育，一开始总是与军训练结合在一起。晚清最早的体育是军队练洋操。始于咸丰十年（1860 年）上海租界成立“常胜军”进行以体育队列、队形、步法为基础的军事训练，其影响愈来愈大则在洋务运动后，以西法训练军队的洋务军事学堂陆续建立。

民间的体育活动晚于军队。20 世纪初年，清政府批准的“癸卯学制”中规定体育为城市中小学堂的必修课，从此中小学堂开始正式添设体操课。除了民间推动、官府倡导之外，外国人的体育活动也在一定程度上影响了民气民风。

宣统二年（1910 年）九月，全国第一次运动会在南京召开。各省共计 140 多名运动员参加了田径、足球、篮球、网球等项目的比赛，观众达 4 万多人。晚清的体育活动终于从军队走向民间，成为精神文化生活、健身活动的一项重要内容。

第四节 清后期汉民族的礼仪风俗

一 诞育风俗

（一）祈子和怀孕

清后期，在婚礼上有许多祈子风俗，如新娘进门时，以布袋铺地，辗转更换，令步其上，谓之传袋，以讨传代之彩。在湖南民间，仍然保存着比较原始的“麒麟送子”仪式。据胡朴安《中华全国风俗志》记载，清代的湖南长沙就有这种风俗，大体情形是：每当耍龙灯的到主家时，主家送过礼物，人们就将龙围绕不孕妇女舞一圈，然后将龙身缩短，上边骑一小孩，在堂前绕行一周，就算是麒麟送子。清人有诗曰：

妇女围龙可受胎，痴心求子亦奇哉。
真龙不及纸龙好，能作麒麟送子来。[①]

此外，还流行过一种叫“转胎”的风俗。其主要方法是让怀孕妇女佩戴某种物品，或实行某种法术，从而转换所怀胎儿的性别。而更加简易便捷的转胎法，有如欲生男孩者，令孕妇多看男娃娃的画像，多接触男孩，多吃公鸡及雄性动物的肉，等等。

（二）产子和洗三

产妇临盆时，各地也有一系列的禁忌，如安徽产妇临盆时，戒随意乱泼盆中污水，恐污及送生娘娘，招来灾祸。婴儿降生时，其胎盘的处理，在浙江东部山区，要以陶钵盛之，上覆肥泥，再栽一丛葱，谓长生葱，以示长生聪明。[②]

洗三的仪俗中国南北都有。胡朴安《中华全国风俗志》：“小儿生后三日，名为洗三。是日必招收生婆到家，酒食优待，然后由本家将神纸（俗称娘娘码儿）并床公、床母之象，供于桌，供品用毛边缸炉（北京点心名）五盘。由收生婆烧香焚神纸，毕，将火或煮之槐条水倾入盆内，旁置凉水一碗及两盘：一盘胰子、碱、胭脂、粉、茶叶、白糖、青布尖儿、白布数尺、秤杈、剪子、锁、镜等物；一盘盛鸡子、花生、栗子、枣、桂圆、荔枝等物，均用红色染过。诸亲友齐集床前，将各样果子，投数枚于盆内，再加冷水两匙，铜元数十枚，名为添盆。添毕。由收生婆洗小儿。洗罢，将小儿脐带盘于肚上，敷以烧过之明矾末，用棉花捆好。所有食物，全由收生婆携去。”[③]

（三）寄名神佛和认干亲

清后期，民间缺医少药，婴儿的死亡率高。故民间恐育儿不大，遂有寄名神佛之俗。徐珂《清稗类钞·风俗》曰：“惧儿夭殇，……且有寄名于神鬼如观音大士、文昌帝君、城隍土地。”“或即寄名于僧尼，而亦皆称之曰干亲家。”[④] 在江南地区，这种寄名关系的结束要到小儿长大成人

① 胡朴安：《中华全国风俗志》（下编），河北人民出版社 1986 年版，第 329 页。

② 周耀明：《东阳风俗志》1985 年铅印本。

③ 胡朴安：《中华全国风俗志》（下编），河北人民出版社 1986 年版，第 18—19 页。

④ 徐珂：《清稗类钞》第 5 册，中华书局 1984 年版，第 2192 页。

后的成婚那天，仪式是将原先寄名时留于寺庙的“过寄袋”取回，俗谓“拔袋”。举行过这些仪式后，寄名关系才告结束。

清代汉民族民间还普遍流行小孩认干亲风俗。认干亲风俗流行的原因据近人钟毓龙《说杭州·说风俗》的分析，主要有三：“一因两家交情深密，更以儿女承寄，作为干亲家，多一重亲谊；一因子女之八字不能永年，宜出寄于属某肖之人，方能解免；一因子女之八字冲克父母，出寄所以远之也。此皆算命先生之言，而承寄者亦以此二项为多。”①

承寄之方法，在南方，由出寄者之父母，备具王母寿星神马，并素菜十碗，前往受寄之家斋供，本生父母率领之，外加糕、桃、烛、面、鞋袜、鞋舄等，以献干父母；又准备盛筵一席并香楮等，前往祭干父母之祖先。干父母对于所寄之子女，一为代取名字，俾从自姓，列于子女之排行；二为送见面礼；三为用金银恩锁片等物，置于所取名字之纸上而送之，名曰压帖；四为衣帽鞋袜等，而其中必有包袱、领巾、肚兜三项，谐音谓之“包领大”也。承寄之后一年之内，干儿女每逢各节，如新嫁女儿之例，必送干父母以节礼，除夕须送年饭及岁烛一对，三年为满。干父母则答以压岁钱及果饵等。

（四）周晬、成年礼和生日礼

婴儿周岁，有周晬风俗。江南地区孩童周晬时，还要斋王母寿星，戴百家锁，亲友送礼相贺。小孩长大成人时，有冠笄礼风俗。

尽管昔日繁复的冠礼笄已废，但其遗风仍作为传统风俗流行于民间。然而更为普遍的是，汉民族大部分地区将冠笄之礼合于婚礼之中。一般在婚礼前三日或一日举行。要宴请宾客，为加冠者起字、号，并书于墙壁。自此该男子可以使用字、号，可以进入本族祠堂，做成年人该做的事情。

四川所盛行的婚前“簪花之礼”，亦为冠礼附于婚礼之例。成都民间娶妻时“婚前一日，父命其子至当前，亲加冠服，教以成人之道。祀祖毕，亲友簪花披红，举酒酌贺”。②

清后期，民间贺生日、祝寿之风颇盛。尤其是为老人祝寿，大摆排场，甚为铺张。《上海研究资料》一书记载同治年间上海知县叶廷青为母亲做寿的情况曰：寿日前两天，衙门内便已很热闹，大堂、二堂、花厅、

① 钟毓龙：《说杭州》，浙江人民出版社 1983 年版，第 492 页。

② （清）李玉宣等修：《同治重修成都县志》。

签押房、账房等处张挂灯彩，晚上请知宾；寿日前一天为预祝；寿日那一天为正寿；26 日为谢客；27 日结束。正寿诞席分上下两等 96 桌，其贺客轿夫、随役、厨夫、茶夫等勤杂人员吃面共 2050 碗，仅吃一项花费大洋 1088 块，钱 411815 文。

二　婚姻风俗

（一）旧礼通行

晚清社会品官士庶的婚礼各依官方规定的婚礼制度而行，同光后西式婚礼渐有影响，一时出现新陈并杂的局面，表现出烦琐复杂的特点。旧式论婚先使媒妁，然后选吉日纳娶。是时穿吉衣，祭告天地，告谒祖先，各种仪式都有严格的规矩。婚俗也十分讲究，迎娶之日，有的“置马鞍于门限，令夫跨过。院中设香案，置斗粟，插弓矢、铜镜、秤杆于内，南向拜之”。有的“自新妇至门口至入房，俱有一人在旁唱喜歌，手提篮盛胡桃、铜钱、碎草乱撒之，谓之‘下亲’”；有的“新妇舆至门，新娘抽矢三射，云以去煞神”；有的“食水饺，饺不熟，即熟亦讳言之。生者，取生育之义也”；有的“及夕，新郎新妇取花插之窗，必在窗之低格，愈低，则得子愈早”等等。[①] 各地的婚姻讲究门第等级、父母包办，婚礼繁缛复杂并含有许多迷信色彩等是大致相通的。至晚清，汉民族民间的婚礼有了简化的趋向。

（二）缔婚用媒和择亲论财

清后期，民间男女缔婚仍要由媒人“合两家之好”。所以在婚礼上媒人成了最重要的客人。但媒人的主要目的不是成人婚姻之美，而是为赚取别人的财物，流弊累累。正如清末有人所说：“夫媒妁者，古人以之比于鸠鸩，后世以之伦于谩妲，故世之为媒妁者，大率皆趋附之徒，好事之辈。其本意所在，或以之博取厚酬，或以之交欢豪族，财帛之外，他非所顾。于是短长其言，上下其手，事成则己任其功，事败则人受其祸，其心术与狐蜮相去无间矣”。[②] 所“父母之命，媒妁之言”建立起来的婚姻，实际上是包办婚姻、买卖婚姻。

---

① 徐珂：《清稗类钞》第 5 册，中华书局 1984 年版，第 1990 页。

② 陈壬：《论婚礼之弊》，载《辛亥革命前十年间时论选集》第 1 卷，生活 · 读书 · 新知三联书店 1978 年版，第 856 页。

晚清时期，经济较为发达的地区门第观念受到冲击，出现择亲论财的现象。道光以后，“士人一登科第，择乡里之富厚之者，广送朱卷，不问其出身奚若……甚且结为婚姻”。[①] 婚姻论财不问门第当是社会经济发展、商人社会地位提高的一个标志，也是社会风气变化的一个反映。

（三）娃娃亲、空妇婚和纳妾

娃娃亲是指男方未到婚龄，父母则为之定婚或娶妻，等他成人后再正式婚配的婚姻形制。

空妇婚是指未婚夫不在家而娶妻的婚俗形式。这种婚姻形式在广东较为流行。徐珂《清稗类钞·婚姻类》曰：“粤东有被人掠卖至外国为苦工者曰猪仔，若其家已为聘妻，久俟不归，则仍迎娶如仪。”[②] 新娘婚后，有的终生见不到丈夫，有的见到丈夫时也已老矣。新娘嫁至新郎家，必须恪守规定，不得与外人亲近，更不得与其他男子发生性关系，否则，会遭到族人的严惩。

到了清代晚期，由于财富的积累，政治的腐败，贵族官僚、巨贾豪富，挥金如土，穷奢极欲，纳妾之风更是大肆蔓延。对此，《大公报》曾经作过披露：“今年天津宦场中有以二千元而纳妾者，有以六千元而纳妾者，有以二万元而纳妾者，纳妾之风愈盛，而妾之价值亦愈高，于是天津市面乃出现一种奇特之广告，大书‘禁止纳妾’四字。”[③]

（四）要求婚制变革

鸦片战争以后，晚清社会的各个方面都在发生着深刻的变化，婚姻规制也不例外。尤其在中日甲午战争以后兴起的资产阶级改革、革命运动中，维新派与革命派提出了“妇女解放”的口号，对封建婚姻制度展开了猛烈抨击。如康有为在《大同书》中发出“扫除千万年女子之害”的呼喊；陈王《觉民》报撰文《论婚礼之弊》，列举了封建婚的六大弊害：“男女不相见之弊”“父母专婚之弊”“媒妁之弊”“聘仪奁赠之弊”“早聘早婚之弊”“繁文缛节之弊”。维新派、革命派在抨击旧婚姻关系的同时，大力提倡“文明结婚”，并付诸行动，给晚清社会的封建

---

① 沈守之：《借巢笔记》，引自陈登原《中国文化史》（下册），世界书局 1935 年版，第 297 页。

② 徐珂：《清稗类钞》第 5 册，中华书局 1984 年版，第 2003 页。

③ 《大公报》1909 年 7 月 30 日。

婚姻制度以很大的冲击，在“预备立宪”中，清政府在修订律法时，对旧的婚姻制度进行了一些变通，如废除了不许“同姓为婚”“良贱为婚”“满汉为婚”的禁忌，规定“定婚须经父母之允许，但男逾三十，女逾二十五岁者，不在此限”①。这与旧的《律例》比起来毕竟有了不小的进步。

在清末的上海，另一种文明婚俗悄然兴起。有的女青年为了了解男方家庭而在订婚之后由媒人陪同择日登门拜见未来的公婆、丈夫，此后一直到举行婚礼之前都可以与男方接触，此俗被称为“通脚”。这种做法与汉民族传统婚俗中直到结婚之日掀去盖头，夫妻才第一次相见的做法有很大的不同，表现出婚俗走向进步的新特征。比民间婚俗更进一步的是清代末年受到近代教育的知识分子或革命党人的自由恋爱、自主结婚，虽然并不普遍，但代表了晚清社会婚俗变化的正确方向。在此基础上，清末文明婚礼应运而生。

（五）文明婚礼出现

“文明婚礼”，除婚礼地点不在教堂、不用牧师主婚外，许多礼节大致从西礼中移植过来，虽然杂有中国传统婚礼的某些内容，但精神和形式基本上西化。文明婚礼，实有三长。1. 以父母之命，媒妁之言，而取男女之同意，以监督自由。其办理次序，先由男子陈志愿于父母，得父母允准，即延介绍人请愿于女子之父母，得其父母允准，再由介绍人约期订邀男女会晤，男女同意，婚约始定。2. 订婚后，男女立约，先以求学自立为誓言。3. 婚礼务求节俭，以挽回奢侈风俗，而免经济生活之障碍。结婚之日，当由男女父母各给以金戒指一事，礼服一袭。文明婚礼制并无定式。

三　丧葬风俗

（一）丧葬有制

清后期，仍然实行丧葬有制。为了保证丧葬礼制的实施，清代统治者不惜约之以严刑峻法，严令各地丧葬，“务从简朴，毋得僭妄”。此外，清代还专门设立违礼纠察队，查禁违礼行为；并责成地方官推行礼制，要求“居官以正俗为要务”；对士庶治丧遵礼之人量加劝奖，以求在全国上

---

① 故宫博物院明清档案部编：《清末筹备立宪档案史料》（下册），中华书局1979年版，第888页。

下实行礼制，确保社会生活以礼而行。

（二）厚葬成风

但是不管统治者如何控制，违礼越制、重殓厚丧的事总是时有发生。重殓厚丧在汉民族文化中根基甚深，与传统文化“敬天法祖”“慎终追远”等观念紧密相连，因之很难改变。清后期，在沿海地区，由于工商业发达，社会经济生活水平提高，在丧葬风俗方面，盛行厚葬之风。当然，实行厚葬的主要是殷富之家。至于官宦人家，则因受朝廷礼制的束缚，不能过分地奢侈铺张，但仍比普通人家要浮靡排场。相比之下，厚葬之风在北方，特别是天津等地比较盛行。《申报》曾有报道说，天津“东门外南斜街又有两家出殡，一来一去，仪从辉煌，路途拥塞，未至灵辆，相左不能前进，几经周折然后过去”①。

（三）传统丧礼因袭如故

清后期，广大的汉民族民间仍然流行着传统的丧葬礼俗。人死，北京丧仪要开殡书、念“倒头咒”。人死三日，要“接三”。入殓，《杭俗遗风》载：“亲人均应跪于材前，材内底下稍用桴炭、草纸盖好，再用七星板压住，然后衾褥入殓。”② 出殡时，亲友要前去吊丧送葬，届时所送的吊仪有所讲究。

在四川巴渝地区、陕西华县等地则要给死者发“路引”。“路引”是死者赴阴间的通行证，民间认为，只有持路引，人地府才能不受阎王小鬼的阻拦。“路引”是一张木刻印纸，上印有籍贯、姓名、年龄、出生、住址等，要由治丧人将死者的情况一一填写清楚，纸上印有这样一段话：“尊奉佛法僧三宝，愿我佛大慈大悲，兹因大限已到，特此路引前往丰都阎罗天子殿前报到。伏愿怜悯，大施慈悲，度信士某某极乐世界，不胜哀祷之至!”“路引”上面还盖有三个大印，一个是“阴天子印”，一个是“城隍印”，一个是“地方衙署印”。当人死，其家人在烧了“倒头钱纸”之后，便把“路引”填写好，然后焚烧掉，以示死者顺利通过阎王殿。

（四）七七追荐依然流行

传统的七七追荐之俗，在清后期依然流行。首七，一般在死后的第六天举行；二七在死后第十四天（或第十三天）举行；三七由和尚念受生

---

① 《申报》1878 年 11 月 19 日。

② 范祖述：《杭俗遗风》，上海文艺出版社 1989 年影印本，第 75 页。

经，晚上放焰口；四七，按民俗，多由亲戚出钱请和尚念经；五七按俗应请道士做道场；六七须由女婿操办。

七七又称断七，这一天只放焰口。一般人家追荐以七七为止，但有的丧家因送七之人太多而有做十个七的。也有一些富裕人家，为表示家境阔绰而做十个七。

（五）流行纸冥器

广东办丧事要给死者送纸“冥器”，即用纸、竹等扎成各种物具，像纸屋、纸轿、纸人、纸牛、纸马等，且在制作上得十分讲究，包括院墙窗户、楼台厅堂、书斋、花圃、桌椅几案等，有的甚至还包括金银仓库和箱笼橱柜等，其中储藏着金银纸绽和经牒。此俗上海也有流行。

在晋中地区，丧葬流行烧纸扎。纸扎既可以表示亡者的年龄，也可作为丧家的标志。亡者谢世后第 2 日为烧纸日，此时，要把“岁纸”挂到大门外一侧，摆设香案、阳寿牌位、祭祀等物品，以此说明亡者的姓名、享年、生前身份等，同时也昭示了主丧人家的门户地址。假使年岁不足享寿（60 岁）的，其死后不得用岁纸。岁纸的条数越多，说明亡者的年龄越大。按当地方言“岁纸”谐音“续子”，以象征招魂、反演子孙。由此，在当地还形成了一种抢岁纸的风俗，人们将抢到的岁纸用红纸扎成三角小包，或“手圈”“戒指”，别在腰间，或佩戴于身；甚至还为满月婴儿做“满毛圈圈”（将岁纸卷成条状缝在孩子佩戴的“长命锁”的颈圈上），以期婴孩能够长命百岁。

（六）西式丧礼出现

相比而言，清末时期在西俗东渐影响下的移风易俗倒给中国的丧葬传统带来了一定的变化，民间的厚葬之风在一些地区还是有所遏制。有的地方不请僧道设坛诵经而请西洋乐队吹奏；有的地方举行追悼会以寄托对死者的哀思。追悼会的议程大致是摇铃开会，报告开会宗旨，宣读祭、诔之文，鞠躬致礼，演说，奏哀乐，等等。删繁就简当是清末丧葬变化中最具新意的一个趋向。

中国传统丧礼发生最大变化是在辛亥革命之时，南京临时政府废除了清王朝实行的丧礼制度，肯定了新式丧礼，在丧葬风俗方面实行了深刻变革。由于南京临时政府存在时间较短，未来得及制定出一套完备的丧礼，但它还是在丧葬方面采取了一系列破旧立新的新措施。这无疑为后来民国新丧礼的建立奠定了基础。

第五节　清后期汉民族的岁时风俗

一　新年风俗

（一）从元日到十二

元旦日主人早起开门放爆仗，并拜祖先神像是汉民族地区过年时的传统风俗，清后期此俗仍存。杭州“元旦，晨起开门，施放爆竹，谓之开门爆。将戤门之甘蔗取进，置于厅上画桌之两旁；再以除夕所预书之‘开门大吉’红条，贴于大门之上……家人以次行拜年礼”。[①] 正月初一，北京要“挂千”，亦称“挂钱”“门笺”；台湾则有正月初一“贺正”风俗。

初二日起，各家拜财神，亲戚互相往来拜年；初三日，谓之小年朝。江南地区早餐以莱煮年糕而食之，仍不煮粥；初五日，北方谓之破五，“破五之内不得以生米为炊，妇女不得出门”[②]；初八日为谷日，民间要占年岁之丰歉。是日，南方杭州有“烧八寺香”之俗[③]，北方“初八日黄昏之后，以纸蘸油，燃洒一百零八盏，焚香而祀之，谓之顺星”。

十二日，南方杭州“灯市开始，龙灯上山开光。凡新制成之龙灯，两眼暂不点睛，必于是日行至城隍山龙神庙中拜供后，以墨汁点其睛，故曰开光。俗谓之龙灯上山”。

（二）元宵灯节

北京灯节则在十三日开始，《燕京岁时记》载曰：“自十三以至十七均谓之灯节，惟十五日谓之正灯耳。每至灯节，内廷筵宴，放烟火，市肆张灯，而六街之灯以东四牌楼及地安门为最盛，工部次之，兵部又次之，他处皆不及也。”

在南方杭州，还要在十三日的前一日将灯节所要迎赛的引龙灯拿到龙神庙“点睛参谒挂红。称为龙灯开光”[④]。此夜，赴吴山龙神庙的各路龙，相互戏要，飞舞腾跃，十分壮观。

---

① 钟毓龙：《说杭州·记风俗》，浙江人民出版社 1983 年版，第 305 页。

② （清）富察敦崇：《燕京岁时记》。

③ 初八，善男信女“于城外之圣因、灵隐、净慈、昭庆、凤林、虎跑、胜果、海潮八寺烧之。谓如此则得佛佑，而下世能令八字好，故烧，是以寺为字也”。

④ 范祖述：《杭俗遗风》，上海文艺出版社 1989 年影印本，第 3 页。

在街市上所售的食品，北方“十鲜俱备，而以元宵为大宗”①。南方杭州则称元宵为“灯圆”，“以糯米粉搓作大团，其中实有细节之杂物，如胡桃、花生、芝麻、枣子、鸡油、洗沙之类，名曰灯圆，以之馈送亲友，名曰灯节盒”。

清后期，北京灯市已实行了灯与市分家，《燕京岁时记》曰“前明灯市在东华门王府街东，崇文街西，……今则灯归城内，市归琉璃厂矣”。杭州则有城隍山灯市，殊为热闹。

十六日，江南地区凡去年出嫁之新娘，照例回娘家居住。晚上，有祭床公床母之事。

十七日民间称为落灯节，晚间须作享祭先。祭毕，则将神像前所供之杯筷尽行收去。

十八日，是日清晨，江南于神像前供年糕，所谓上灯圆儿落灯糕。供毕，即将神像及一切过年之陈设品收拾起来，以备来年再用。

十九日、二十日或二十一日，清代官府于此三日正式视事，谓之开印。开印，京官“由钦天监选择吉日吉时，先行知照朝服行礼”②。

（三）正月拜年

正月拜年是各地均有流行的风俗。钟毓龙的《说杭州》详述：

> 亲戚交游广者，尤为麻烦。至新密友，不能不亲到，泛泛者止能令人持名片往贺，谓之飞片。其片甚大，凡家中男子悉列其名，如某某率子、侄某某，曾孙、侄曾孙某某之类，片尾注住某处，谓之注地脚，便其人之不飞回片也。……飞片者，兼持马铃，至门振其铃，伪为骑马亲到者。问之，则曰适已脱笼矣。片上例无称谓，唯新婿贺妻党，则有称谓，但不用红片，而用白色全帖，束以红纸，而注其所拜者之称呼于上。为所拜者，亦如其帖以答之。……富贵之家，有司阍者，皆用门簿，以记客人之往来。上写题凤二字，或留芳二字，于新年则特置一簿，记其亲到或飞片，以备考查。而于其首必捏造亲到者四人：一曰寿百龄老太爷，住百岁坊巷；一曰富有余老爷，住元宝街；一曰贵无极大人，住大学士牌楼；一曰福照邻老爷，住五神福楼。……初十外往，谓之拜灯

① （清）富察敦崇：《燕京岁时记》。

② 同上。

节。谚云："有心拜节，寒食不迟"，总以一拜为重。虽终岁不接者，至此亦往拜也。拜年不仅麻烦，且多破费。客人之来，主人须饷以糕粽等例点。而主人之仆人，即向客人道喜，客人即须给以喜包，名曰西瓜包，殆言其凉薄也。一项为男女仆人新年之大宗收入。女太太于亲族来者之小儿女，更须给以荷包。其制以厚红纸为之，状必荷花，口穿一线，可收可放，可以悬挂，中储银元，名之出手货。荷包之外，更须给以点心包。若五日之内客人乘轿而来，留之午膳者，其轿夫并应供给以饭，以其时饭店未开，无从得食也。[1]

二　春时节俗

（一）立春风俗如旧

清后期，有立春日迎春之俗，《燕京岁时记》曰："立春先一日，顺天府官员到东直门外一里春场迎春。立春日，礼部呈进春山宝座，顺天府呈进春牛图。礼毕回署，引春牛而击之，曰打春。是日富家多食春饼，妇女等多买萝卜而食之，曰咬春，谓可以却春困也。"

在江浙地区，若遇立春日适逢元旦者，谓之"岁朝春"，有"百年难遇岁朝春"之说。清末杭州立春之俗，芒神要造六十个，春牛为纸牛、活牛各一，迎春队伍中并有乞丐扮演春官，颇具特色。

在四川，立春节有迎春、游春和打春牛等风俗活动，其热闹场面在现藏于绵竹县文管所的清代《迎春图》有所反映。立春前一日，身着朝服的县令乘坐大轿，率领所属文官，在仪仗队、执事牌、万民伞的簇拥下，鸣锣击鼓，到县城东门外先农坛的春场迎春。仪仗中还有穷人或乞丐扮演渔、樵、耕、读和八仙等。春场上，春牛芒神偶像被放在专设的春座上，正中设供案，左右排列拜席，两名春官分别举一"春"字和"吉"字，执事手举"喜报阳春"的红帖跪向赞礼官。迎春队伍到时，赞礼官读祝文，毕，众官向勾芒神行礼献酒，毕，县内生员抬起春牛芒神，列队回城。接着是游春，即迎春队伍绕城一周。游时，沿途彩棚栉比，家家门前挂"喜"字灯笼。迎春队伍载歌载舞，扮演"秋江""闯宫""船舟借伞""西游记"等戏目，并有龙灯、狮灯、彩灯水八仙和七节断尾龙表演；吹打乐队演奏足盆鼓、包包锣、大钹、小钹和长柄唢呐，迎春队伍来

① 钟毓龙：《说杭州》，浙江人民出版社 1983 年版，第 421—422 页。

到县衙前，将春牛芒神安放于署前的彩棚里，游春活动告毕。

（二）二月花朝南北有别

二月二日，北方为春龙节。《咸丰武宣府志》载曰："以二日为春龙节，取灶灰围屋如龙蛇状，名曰引钱龙，招福祥也。"这一日还禁忌妇女在家用针线，以为用了便会伤害龙的眼睛[①]。南方则以二月二日为社日，又称土地生日。"杭谚曰：'二月二，煎糕炒豆儿。'家家举行之，以祀土地。盖春祭社之礼也。"

二月十二日，南方为花朝节，"以红纸剪糊为花篮形，悬于各花各树之上，或仅以红条粘之，云是日百花生日也"[②]。北方则以二月十五日为花朝节，《燕京岁时记》载："二十五日曰'花朝'，小青缀树，花信始传，骚人韵士，唱和以诗。"

（三）三月清明如旧

二月春分，清时为祭祖之日，《燕京岁时记》曰："（北京）官中祠庙皆有大臣致祭，世家大族亦于是日致祭宗祠。"

三月初三日，在南方有郊外踏青、戴荠菜花之俗，《说杭州》曰："是日踏青，男女皆戴荠花，谚云：'三春戴荠花，桃李羞繁华'。"[③]

清明日，除带柳、扫墓、祀祖等风俗外，南方还有"驱虫""购清明狗""寒食躲青"之举；北方清明日"惟祭祀扫坟茔而已"。各寺院也"制造法船至晚焚之"，并设"盂兰会"。夜晚，则有"荷叶灯、蒿子灯、莲花灯"，沿河要"放河灯"[④]，并有城隍庙会之俗。

二十八日为东岳诞辰，各地有东岳庙会。北京东岳庙会的日期长达半月，俗称"尘会"。《燕京岁时记》曰："东岳庙在朝阳门外二里许，除朔望外，每至三月十五日起，开庙半月，士女云集，至二十八日为尤甚，俗谓之'尘会'，其实乃东岳大帝诞辰也。"

三　夏时节俗

（一）立夏秤人比肥瘠

立夏日，杭州店铺作坊各伙友，皆得休假，有"五郎八保上吴山"

① （清）富察敦崇：《燕京岁时记》。

② 钟毓龙：《说杭州》，浙江人民出版社1983年版，第428页。

③ 同上书，第430页。

④ （清）富察敦崇：《燕京岁时记》。

之谚。五郎者：一为剃头郎；一为打米郎，米店中之舂米者；一为倒马郎，即出粪者；一为皮匠郎；一为箍郎，打箍者也。八保者：酒店中之伙友曰酒保；面店中之伙友曰面保；茶店中之伙友曰茶保；饭店中之伙友曰饭保；以马赁人而随其后者曰马保；一曰地保，管一地方之事者；一曰像像保，即阴阳生；一曰奶保，即以育婴为业者。立夏日还有悬大秤“秤人”风俗，“男女老少，除有孕者外，皆须以秤称之，计其轻重，以与去岁比较其肥瘠”①。

（二）浴佛节市民放生

四月初八日，杭州“西湖热闹异常，皆烧香而兼放生者也。昭庆、净慈各寺门外，皆有预备放生之物，丛集其间，各种俱有，而以水族为多。渔人之龟、丐者之蛇为尤多。马、牛、猪、羊、鸡、鹅等则放之于江干之大云栖，或放之于城内东园之小云栖，水族则放之于三潭印月”。“诸寺院各有浴佛会，僧尼辈竞以小盆贮铜像浸以糖水，覆以花棚，铙钹交迎，遍往邸第富室，以小杓浇灌以求布施。”居民则于“是日以红纸写‘每逢四月八，毛虫多出嫁。嫁在深山里，永不回娘家’四语，粘于壁柱上，盖厌胜也”。②

（三）独特的朱天君生日

四月二十四日，江南俗传为朱天君生日，实际为祭祀明末崇祯皇帝朱由检。钟毓龙《说杭州》记清末杭城此俗曰：“是月二十四日，为朱大天君生日，杭人崇奉之，茹素有经月之久者，名曰朱天素。亦有行会之事。庙宇不止一处，而以在下城之仓桥者香火为最盛，实则明之崇祯皇帝也。朱者其姓，君即皇帝也。手执一环，即自经时之环也。被发者，其自经时之状态也。崇祯尚非无道之君，而又能身殉社稷，故杭之遗黎哀而庙祀之。恐触清帝之忌，故止能隐约以为表示。四月二十四日，为崩后五七之日，年隔三百，遗黎都尽，数典忘祖，但以邀福而已。”③

（四）端午风俗因旧制

五月初五为端午节，各地均有吃雄黄酒、吃端午粽等风俗。江南杭州，则要吃“五黄”。“杭人谓五月为五黄月。雄黄之外，有黄鱼、有王

① 钟毓龙：《说杭州》，浙江人民出版社 1983 年版，第 435 页。
② 同上书，第 434—435 页。
③ 同上书，第 436 页。

瓜，有咸鸭蛋中之蛋黄，又用黄豆板以裹粽子，是曰‘五黄’。”端午节驱“五毒”、辟邪之俗，各地普遍流行，喝雄黄酒、挂菖蒲剑、挂桃叶、贴符条等，即辟毒驱邪之常见手法。

端午节，各地还有龙舟之戏。杭州西湖龙舟竞渡。除此以外，清代汉民族各地的端午节的厌胜物已从古代朱索桃印、艾人、五彩缕、赤灵符中滋生出更多的新的厌胜物，如天师符、彩葫芦等。

汉民族社会自古即认为五月为“恶月”“毒月”，该月毒虫滋生，瘟疫流行，易得病灾，因此形成了许多禁忌。至清后期，北京仍有该月不迁居、不糊窗隔之俗，同时还流传着端午日井水有毒之说，故该日禁忌从井中汲水，每户都要在前一日争相汲水，蓄满缸釜。杭州则有小孩不剃发的禁忌。上海一带忌讳称恶，故称善月。

五月二十日，南方为分龙日。俗传自此日起，诸龙分行布雨，故有“夏雨隔牛背”之说；北方则谓五月二十三日“分龙兵”“盖五月以后，大雨时行，有雨，故须得龙兵分之也”。[①]

（五）六月洗象拜观音

六月六日，《燕京岁时记》曰：“象房有象时，每岁六月六日牵往宣武门外河内浴之，观者如堵。后因象疯伤人，遂不豢养。光绪十年以前尚及见之。……同治末年、光绪初年，越南国贡象二次，共六七只，极其肥壮。都人观者喜有太平之征，欣欣载道。”

六月十九日，俗传为观世音菩萨出家之日，江南城乡善男信女多往寺庙进香。在江浙一带，“有好事者，且于湖中大放花灯。其法用纸扎荷花形，下缀以木片，轻浮水面，中燃红烛，多至千余盏，虽波飘荡，掩映满湖。是夜茶楼酒肆面食店，通宵达旦，概不收市，利几三倍焉”。[②]

四　秋时节俗

（一）七夕衍生出牛生日

七月七日，清后期山东一带的汉民族又演变出贺牛生日的风俗。由于牛郎织女婚配得助于老黄牛，因此，民间以七月七日为牛生日。

---

① （清）富察敦崇：《燕京岁时记》。

② 钟毓龙：《说杭州》，浙江人民出版社1983年版，第440页。

初七日清晨，俗谓“乌鸦喜鹊飞鸣较迟，俗谓之填桥去”①。江浙民间妇女多要于此日以槿柳叶洗头发，以为可以如织女般黑亮。

七月十二日晚上，江南家家必备莲蓬、菱、藕等物，以供祖先。谓“七月十二接祖宗，西瓜老藕瞎莲蓬”。

七月十三日，为中元节之前二日，凡新丧之家，灵前须供细点十二盘，或十六盘为一桌，多者数桌，均亲戚所送。灵前悬白灯，结白彩，拜忏念经。故是日以前，街上只见送礼。是日则飞舆往来，皆拜中元节也。

七月十五日为中元节，江南有“盂兰盆会”，其资费由富商或夫绅筹募，会有“陆会”“水会”之分，在娱鬼的同时，也起娱人的作用。

（二）中元水会

中元夜，除陆上盂兰盆会之外，又有水上盂兰盆，名曰水会，以赈济水上孤魂者。杭州等地，“每岁七月二十左右，在中城河、上城河，各雇大船五六只，船中有道士，有和尚，有吹唱道场，有老太婆念佛号，船头设佛笼之灯塔一座，四围设立冥镪制成之伞扇等。……朝发夕还，沿途则焚冥镪。凡此水会过时，上下货船均须让路”②。

（三）中秋“偷瓜”成新俗

八月十五中秋节，南方除赏月、吃月饼外，又有烧斗香、唱南词和赏桂等风俗。在清代汉民族中秋节风俗中，最具特色的当属“偷”俗，如“偷儿女”“偷瓜”和“摸秋”等。

中秋夜，陕北地区有“偷儿女”的风俗。即在中秋之夜家家摆出瓜果祭月、赏月时，一些无儿无女的人家便于夜深时去别家偷摸一些红枣、瓜果等食物，取其“早生贵子”之吉。即使此行被主人发现，也不会追究，一笑置之。

偷瓜之俗，流行较广。中原地区中秋之夜有儿童到田里偷摘南瓜，画上婴孩或插泥人后，送到无子或新婚人家。拖泥带水的瓜被放进被褥之中，主家亦不恼怒，还热情款待送瓜儿童。湖南、贵州一带则由不育者的亲友去邻里菜园偷冬瓜，以彩色绘成人面，裹以衣服，送至不育人家。其妇得瓜，剖食之，以为这样可得子。

---

① （清）富察敦崇：《燕京岁时记》。

② 钟毓龙：《说杭州》，浙江人民出版社 1983 年版，第 445 页。

五　冬时节俗

（一）“冬至大如年”

冬至，在南方是个大节，有“冬至大如年”之说。杭州，“前一晚，泛扫内外各地，谓之扫隔年地，以冬至日不扫地也。又以欢喜团（其制杵炭屑而范之，上下合成，圆而有扁势），炽红置铜鼓中，安放房中，谓之锹隔年铜鼓儿。是日早晨吃年糕，并供祖宗，佐以开缸之冬咸菜。是日作享之祭品，必用包头鱼。又以陶箩实以米，上铺年糕、橘子、黄菱肉等，再以红绿丝扎成之花朵如扇形者，插其上，名曰供年饭，亦曰聚宝盆也。典当中之向例，岁终甄别人员，不必明言，是日膳食时，但以包头鱼之头紧对某人，则某人即可自行离店矣”①。

（二）腊月交“平安米”与吃“腊八粥”

十二月初一日，杭州此日起，居家要交“平安米”，《说杭州》曰：“是月初一日起，每晚，必有人以木板相击，周走而呼，其词曰：‘奉宪传谕，寒冬腊月，楼上楼下，灶前灶后，鸡钟焙笼，一街两岸，家家户户，火烛小心。’此呼者为本里地保，大街小巷，无不遍及。每五日，向各家取米少许，谓之收平安米，或予以钱亦可。此法原于清初之徇火令，此即所谓徇火也。杭城多火患，冬日天于风燥，容易惹火，故日日申儆之。”②

十二月初八日，俗称“为腊八，居民以菜果入米煮粥，谓之‘腊八粥’；或有馈自僧尼者，名曰‘佛粥’”。杭州腊八粥要“贻亲友”。此日妇女“又有烧里八寺香之举”③，即早起到城里的八座寺庙依次烧香。

（三）腊月送灶和除尘

十二月二十三日，谓灶神生日，各地要送灶，亦谓之谢灶。京师祭灶，《燕京岁时记》曰：“二十三日祭灶，古用黄羊，近闻内廷尚用之，民间不见用也。民间祭灶惟用南糖、关东糖、唐饼及清水草豆而已。糖者所以祀神也，清水草豆所以祀神马也。祭毕之后，将神像揭下，与千张、元宝等一并焚之。至除夕接神时，再行供奉。是日鞭炮极多，俗谓之小年

---

① 钟毓龙：《说杭州》，浙江人民出版社 1983 年版，第 449—450 页。

② 同上书，第 451 页。

③ 同上书，第 450 页。

下。”南方送灶，在钟毓龙的《说杭州》中有详细的叙述。

除夕将近，各地均要除尘。《光绪祥符县志》曰：“当除之夕也，洒扫庭阶，陈设供奉，入更后，启外门鞠躬迎神以入，奉爵以安神位献岁三日，不敢洒扫，虑尘神几筵也。”

（四）除夕酬神祈福成主俗

腊月二十日以后，南方各地，家家户户例须酬神，俗谓“请年纸”，亦曰请菩萨，殆由古之腊祭演变而来。《说杭州》中记述甚详：

> （浙江杭州一带，酬神之）“祭品，富有之家，必用腌猪头一个，于冬至前选购，皱纹如寿字者，谓之寿字猪头。屠人肩送至门者，曰送元宝来。腌透悬于风日之处，至是则熟而荐之，以其形似，名曰元宝肉，惟俗耳。……元宝肉之两旁，佐以煮熟全鸡一只，或两只，及鲜活之鲢鱼两尾，其旁各置厨刀一柄，备神之自割也。是谓三牲。亦有不用猪头而以肉代之者，连腹与背，亦曰元宝肉。更有戒杀生而以鸡卵代鸡者，亦曰三牲。有用五牲者，猪头之外，再加羊肉一方，猪肉一方，但猪头与猪肉何所区别，仍止四牲耳。此外更佐以十六盘：荔枝、桂圆、核桃、红枣、柿饼、红桔、荸荠、黄菱肉、年糕、粽子、豆腐、羊血、盐、米、香菇、木耳。用三牲者，加羊肉一盘，而去红桔，仍为十六盘。供时有用神马者，其数甚多，可以排列一桌，不知是何神也。然为简便计，不用神马者为多。上供三茶六酒。酒壶左右各一，箸以二十副，每十副束以红绳，分置左右，而不排列，殆以杯少箸多之故也。供桌之前，系以红帷，用大小烛台各一对，而中置香炉，是五事儿。仅用烛台一对及香炉者，曰三事儿。香用裹而不用棒。香炉之下，又别置小香炉，以爇沉檀。烛台上各挂金纸元宝。天井中则置圆炉盆，有三足铁架，实以栗炭，为送神马及元宝之用。祭神之时，所有悬挂之满堂红、立台各灯，均燃以红烛。神堂、祖先堂前亦如之。惟男子拜而妇女不预，则重男轻女之习惯，谓神意亦如此耳。祭毕之后，又盛饭两大碗，上作圆形，而各置大桔一，重复斟酒上香，而将三牲颠倒其位置，是曰请祖宗散福也。亦有借此邀亲友宴饮者，名曰饮散福酒。祭毕之后，所有桌帷、三事及燃而未尽之烛，均保留之。元宝已焚化，另易以更精美者，至次年落灯时，始与祖先神像一并撤去之。故登其堂，其家之已请年纸与否，可一望而

知。祭毕送神之时，多有施放双响与鞭炮者，故自二十以后，爆竹之声连日不觉，如遇吉日，更可通宵不绝”。“唯有丧者之家，在服未除以前，此礼则不举行。”①

在北方，除夕夜有“岁”之俗，“除夕自户庭以至大门，凡行走之处遍以芝麻秸撒之”；户内要装饰“摇钱树”，“取松柏枝之大者，插于饼中，缀以古钱、元宝、石榴花”等，谓之“摇钱树”；家内要“挂千”等等。所设之“年饭”也颇具特色，“年饭用金银米为之，上插松柏枝，缀以金钱、枣、龙眼、香枝、破五之后方始去之”②。

杭州除夕要挂祖宗图像，《说杭州》曰：“除夕之事甚多，一曰挂遗像。祖宗遗像，俗名真纸，或作神子，择一室，按序悬挂之。遗像多者，合数代之像缩摹为一幅，自上而下，名曰代图，亦曰三代容、五代容。又有绘图为祠堂形，而分书某考某妣之神位者；又有绘一世系图而张之者，其式不一，晚间则祭祀之。祭品较平时为丰，而多有所取义。”③

此外，杭州等地，除夜还要敲隔年铜鼓及扫隔年地，“俗传元旦日箬帚不出门，恐如愿在其中也。元旦日不扫地，须于除夕夜扫之”。还要接灶神，其“上天已七日矣，于午夜接之归，取新购之灶司神马（其额曰东厨司命真君），置之灶中；又取新购之花元宝悬之左右两檐，而祀之以四碗四盘。四碗为新做之素菜，四盘者，炒青珠豆一盘，煎年糕一盘，三果合一盘，三蔬合一盘是也。又加年饭一盅，置之灶山之上，至次年正月八日始撤去”。还要封井，“购井泉童子神马一，以三果一盘，三蔬一盘，及烛台、香炉，合置于大盘中，置之地上而祀之。又供净茶一杯，焚送以小元宝一幅，随以红纸长条纵横粘于井栏上”。还要封门，“所封者，大门也。用红皮甘蔗二支，其长相等者，各以红绿纸束之，而插柏枝其上。有门神马，祀之如井泉之式。祀毕，将门关闭上闩，以长红纸二条，各书‘封门大吉’四字，相交斜贴其上，随以甘蔗倚于门上，所谓戤门甘蔗也，殆取渐入佳境之意。封门之后，未至天明，切忌再开。必不得已，须如元旦开门之仪。店铺则以纸马挂招牌之上，号曰青龙吉庆。大门外面，

① 钟毓龙：《说杭州》，浙江人民出版社 1983 年版，第 453—455 页。

② （清）富察敦崇：《燕京岁时记》。

③ 钟毓龙：《说杭州》，浙江人民出版社 1983 年版，第 455 页。

或贴春联，即古桃符板也”①。

第六节 清后期汉民族的信仰风俗

一 多神崇拜

（一）佛道神崇拜世俗化

到清代末年，汉民族民间信佛之风更盛。《清稗类钞》载晚清佛教的状况时说：“寺院遍郡邑，供奉文殊、普贤、释迦、观音诸像。晚近信徒多乏知识，但业忏醮为生计。男称僧，女称尼。惟人情每不能脱然生之际，故中夏社会仍多信之，用以治丧，外人遂称我国为佛教国。”②

全真道甚至出现兴盛的局面。该道中的龙门派兴盛于江浙，不仅扩展到内地各省，而且在东北、西北、西南等边缘地区，也有他们的传播之迹。湖北武昌的长春观，为当时龙门派的大丛林，与西安八仙庵、成都二仙庵等著名道观并驾齐驱。北京白云观在清末的势力及影响更为显赫，不仅常年有大批善男信女光顾朝拜，而且还交结宫禁，势倾京师。据郑观应估计，在汉民族地区，“僧道两门所聚徒众部下数十万，或众至百万人”③。

（二）俗神信仰普遍

清代在汉民族地区，民间俗神信仰最为发达的要数江浙、福建、广东一带东南沿海地区，浙江杭州，“信鬼神，好淫祀”，在清时仍有案可查的祠庙宫观就达 200 多处，其中属于神道、神话和民间传说的寺庙就有 50 多处。

《福建通志·风俗志》指出：“闽人好鬼，风俗相沿，而淫祀惑众。”在福安县甘棠堡，聚居着郑、林、虚、陈、刘、蔡等 20 余个姓氏，堡里各种寺庙共有数十座。其中既有共有的寺庙，也有家族私有的。

江苏一带俗以六月二十四日为雷神诞辰，俗称雷尊诞，有素食之举。此外，民间还崇拜床神，俗传床神为专司保护小孩之神。梨园子弟以田相

---

① 以上所引均见钟毓龙《说杭州》，浙江人民出版社 1983 年版，第 456—457 页。

② 徐珂：《清稗类钞》第 4 册，中华书局 1984 年版，第 1940 页。

③ （清）郑观应：《盛世危言·僧道》，载《郑观应集》（上册），上海人民出版社 1988 年版，第 537 页。

公为行业保护神。

至于各地的庙会，则常有善男信女云集而来，求神拜佛，祛灾许愿。

二　巫术禁忌

（一）符咒禳解风俗兴盛

羌族跳端公（芮逸夫教授1941年9月作品）

对符咒的信奉，在清代汉民族民间已达到无以复加的地步，在清后期著名的义和团反帝爱国运动中，许多义和团战士相信胸前佩了符咒，就可刀枪不入，面对红毛子的洋枪洋炮冲锋陷阵，而为此丧生。

上刀梯招魂是清时常见的禳解方式，又名上刀山，是在一个很高的梯子上每格都拴一把刀，刃部朝上，巫师赤脚，踏着刀刃，爬到梯顶，行招魂仪式，然后从另一侧面跳下去，脚掌却不会受伤，人们往往以此为神奇。

（二）巫傩之风不绝

四川降神又称“跳端公”，道光年间江西人黄勤业在游峨眉山时所目睹的“跳端公”风俗曰：“夜深坐旅会中，忽闻邻人鼓乐大作，盖蜀俗抱病之家不事医药，请人祈神，祈者衣锦诡异，极似鲍老登场，名‘跳端公’。”①

---

① （清）黄勤业：《蜀游日记》，载《小方壶斋舆地丛钞》。

江西“各大姓宗族倡捐置买田租，竞立神会，雕彩傩像，兴修傩庙，以供报赛”[①]。

在傩风最盛的湖南，巫傩活动已糅入民俗之中。《光绪武冈州志》载曰：“湖外之俗好巫而尚鬼，观楚辞诸篇可见。都梁祷雨禳疫皆用巫祝；小儿有疾者或编竹为桥，上施赤帛，旁荼竹枝，使巫婆娑器件，谓之度花岁；旱祈雨遣灵巫，将才舆导杖迎致山神，令巫昼夜鼓歌吹螺致雨，先雨知期；卜以杯王交，得圣阴王交则吉，阳则否；或舆黄龙行且唱，使童孺助歌，呼巫登岩穴呼雨，谓之‘打寨’；富家往往设石为坛，届三秋必用少牢鸡鹜祷祭，男曰召姻娅相庆，聚巫歌舞靡靡寝为敝俗。”[②]

（三）禁忌繁多

清后期的汉民族社会，日常生活中仍颇讲究避讳禁忌，人们举手投足之间均得小心翼翼，以免破禁祀忌。《中华全国风俗·河南》载曰：清时洛阳地区婚嫁，“新娘轿前有良人先行，各持一红毡。每过庙，或大石、大树，均遮掩之，以为恐有触犯神明”。[③]

妇女婚后丧夫者，则更被民间视为“丧门星”“扫帚星”，俗称“寡妇”，民间忌娶之。北京等地还忌婴儿五日落脐带。

第七节　清后期汉民族的社会风俗

一　宗族风俗

（一）“义门”家庭衰落，宗族制度强化

清后期汉民族的宗族风俗基本上是前期的延续，“义门”式大家族家庭仍然得到朝廷的提倡，使这些大家庭仍艰难地维持着面上的荣光。如蓟州郝氏，七世同居，百多口男耕女织，读书出仕，出游不超过 20 里。[④]但由于外界社会小家庭种种好处的诱惑，似洪水般冲击着“义门”的堤岸，大家庭的分崩离析已无可挽回，分家析居现象屡屡发生。故清后期的“义门”式大家族家庭数量已远远不及前期。

① （清）谢沄纂修：《同治义宁州志》。
② （清）许绍宗修：《光绪武冈州志》。
③ 胡朴安：《中华全国风俗志》（下编），河北人民出版社 1986 年版，第 122 页。
④ 《同治建州府志》卷十《轶事》。

但宗族组织反而得到强化。尤其是在南方，在有些聚族而居的村落，宗祠并非一族一座，大的宗族建有总祠、支祠，数量达数十座之多。如湖南醴陵，3000 人以上的 93 个宗族共建祠堂 603 座，其中丁氏一族即建有祠堂 77 座。[①] 每至清明、冬至春秋两季合族祭祖，称族祭。族中成年男子必须参加，无故不到者罚银罚谷或罚筵席。[②] 祠堂同时又是宗族处理族务、执行家法的所在地，俨然如官府之衙门。

（二）南方宗教械斗成风

在清后期，宗族之间械斗成风。主要盛行于南方各省，通常是宗族势力过大，宗族与宗族之间积怨甚深造成的结果。有些地方尚斗之风甚至殃及刚出生的孩子。《清稗类钞》中有这样的记载："乐平属江西，人皆剽悍，辄以鸡肠细故，各纠党以械斗。其俗，凡产一男子，须献铁十斤或二十斤于宗祠，为制造军械之用。戚友之与汤饼会者，亦以铁三斤投赠，以故族愈强者，则军械巨炮愈多。"[③]

（三）聚族而居和杂族而居

从血缘关系的角度来看，清后期社会的农村村落分为单姓利落和复姓村落。单姓村落是一村一姓，聚族而居。这类村落通常是由一位祖先辗转迁来，经过几代的繁衍发展而形成。村落所有成员都有血缘关系。如浙江奉化县的忠义乡有青湾、萧家等 33 村属于单姓村落，占全乡 124 村的 26% 以上[④]。在单姓村落中，往往宗族组织就代替了村落组织。复姓村落是由两姓或两姓以上家族所组成，大多以某一姓或某几姓为主。如维新派领袖康有为的祖籍广东南海县苏村，聚居有六姓。因康有为之叔康国器曾任护理广西巡抚，康氏家族成为当地的名门望族。

二　会社风俗

（一）商业行会风行

清后期商业发展较快，故行会组织较发达。当时的行业组织主要是商帮和会馆。其风俗与前期基本相同。除商帮和会馆外，还有公所。公所多

---

① 刘谦：《民国醴陵县志 · 氏族志》。

② 《澄江袁氏宗谱》卷三《祠规》。

③ 徐珂：《清稗类钞》第 5 册，中华书局 1984 年版，第 2203 页。

④ （清）吴文江纂：《光绪忠义乡志》卷五。

为业缘组织。公所的作用，主要是“联络同业之声气”“维护同业之信用”，并制定行规，以防止恶性竞争。据统计，在清末，仅苏州一地就共有各行业的公所 157 个。[①] 公所的大量诞生，是清后期行会风俗演变的主要特色。此外，清代行会组织还有根据行业神比及场所名称而命名的阁、宫、观、庙等，如汉口木工业组织称“鲁班阁”、银炉场帮称“太清宫”等。[②]

到了 19 世纪末 20 世纪初，随着城市商业的进一步发展，我国历史上第一个商会组织——上海商业会议公所于光绪二十八年（1902 年）初在上海成立，成员包括汇业、钱业、丝业、茶业、银行业、轮船招商局、电报局等 20 多个行业和企业，并以“痛陈官场习气，随时随事集各商切实考求利弊”[③] 为宗旨，拟定了包括“明宗旨”“通上下”“联群性”“陈利弊”“定规则”等要求在内的组织章程。

光绪三十年（1904 年）初，清政府颁布《商务简明章程》。《章程》明令“凡属商务繁富之区，不论系会垣、系城埠，宜设立商务总汇，而商务稍次之地，设立分会”[④]。同年 5 月，上海在原商业会议公所的基础上，率先依法设立了上海商务总汇。此后，创设商会的热潮在全国城镇兴起。光绪三十三年（1907 年），囊括 45 所商务总会、998 所商务分会，拥有 2 万多名董事和近 20 万名会员的商人社团——中华商会联合会，在各地商务总会共同发起下而成立。

（二）学会成时髦

清末，中国社会上已出现了一批由教会学堂和洋务学堂培养出来的新型知识分子，面对日益严重的民族危机，迫不及待地想用刚刚学到的西方社会学理论，为改良中国政治服务。因此，从 19 世纪 90 年代中期起，一批新式文人政治结社——学会，便应运而生。

戊戌时期的学会人数一般不多，组织也不甚严密。这一时期，政治性学会的主要活动有三方面。第一，聚众讲演。如强学会“三日一会”，南学会则专门“讲论会友”，随时问答。第二，创办报刊，成为当时的舆论中心。如北京强学会的《中外纪闻》，上海强学会的《强学报》和《时务

① 唐文权：《苏州工商各业公所的兴废》，《历史研究》1986 年第 3 期。

② （清）盛宣怀：《愚斋存稿》卷七，武进盛氏思补楼 1932 年刻本，第 36 页。

③ 同上。

④ 《大清光绪新法令》第 16 册，

报》，等等。第三，阅读和藏书。如南学会开办不久，“以阅经时文书为主”，宣讲停止后，“惟听人时往翻阅书籍”。

戊戌时期的政治性学会，虽从其宗旨及活动中透露出明显的“近代性”，但就其组织和活动特征看，仍带有浓厚的旧式文人结社的气息。

随着社会的进步和西俗东渐，清末出现了一些富时代气息的以改良社会风俗为宗旨的民间组织，其成员大多为知识分子，其组织性质也与各种学会相似。其中影响较大的有“不缠足会”“延年会”“戒烟会”和“剪辫团”等。

光绪六年（1880 年）不缠足会首先在福建厦门建立，规定凡立约画押，保证履行该会不缠足公约者均可入会。公约规定会员的女儿均不得缠足。之后，戊戌维新人士著文章、办学会，开展了一场颇具声势的不缠足运动。光绪二十三年（1897 年）六月由梁启超、汪康年、谭嗣同、麦孟华、康广仁等在上海创立不缠足总会。该会《章程》规定“凡入会人所生女子，不得缠足”“凡入会人所生男子，不得娶缠足之女”。此举不久便获得全国响应和效仿，入会者竟达 30 万众。[①] 20 世纪以后，则出现了妇女自己组织的不缠足会。如光绪二十九年（1903 年）二月，由高白淑夫人创办的“杭州放足会”，四川彭水县创办“天足会”，等等。

（三）江湖帮社兴盛

晚清，华北地区出现了一个带有极浓厚的民间宗教传习色彩的、以“灭洋”为宗旨的组织——义和团。义和团的组织从纵向看，门口、总坛、坛口虽有联系，但无严格的统属关系。从横向看，各门各总坛和各坛口互不联系，各自为政，如此松散的组织形式，决定其无法承担其宗旨赋予的“灭洋”重任。

晚清时期汉民族地区的江湖帮社，会党组织名目繁多，帮派林立，主要可分为天地会和哥老会两大派系。天地会主要活动地区在福建、两广以及湖南、江西、云南等地。哥老会兴起于四川，太平天国时期迅速蔓延到湖南、湖北和贵州、陕西等地，19 世纪末，开始进入安徽，与盘踞这一带的青帮势力争夺两淮盐利。清末，长江流域成为哥老会活动最盛的地区。咸丰以后，南方各省的许多乞丐、盗窃帮伙也逐渐被天地会和哥老会所控制和同化。

① 《劝戒缠足丛说》，《万国公报》光绪二十六年六月。

清代会党首先是以脱离土地的农民和失业手工业者为主体的游民结社组织，组织结构摹拟封建家族制而形成，因此，各帮都有一套严格的辈分等级制度；其次，会党组织各帮派内部都立有极端严格的家法，若有违反，轻则体罚，重则丧命；再次，会党各帮派都有严格的帮规，凡不孝父母、越礼反教、临阵退缩、私造谣言、欺兄灭弟、调戏兄嫂、引水带线、贪财爱宝、私看内财、红面视兄、不遵节制、酗酒行凶等都要分别处以各类刑罚。

会党的参加者最初都是社会下层，主要为破产农民、小手工业者、江湖游民。19 世纪 70 年代以后，原属社会中上层的地主乡绅也开始加入会党。辛亥革命时期，以孙中山为首的资产阶级革命党人十分重视会党的力量，通过广泛的调查和深入的宣传，逐步将分散的会党各帮派组织联合起来，以“革命排满”统一会党宗旨，使会党在推翻满清政府的武装斗争中，起了举足轻重的作用。

第八节　清后期汉民族风俗的特点

一　承启

介于中古与现代之间的清后期，是一个承先启后的过渡时期。在这个时期，中国的政治、经济、文化、社会诸方面都有一个由传统向现代转变的问题，这种转变所给与社会风俗的影响，同样也是推动着后者由传统向现代转变：人们用近代物质文明和精神文明改造农业社会的传统风俗，将其中不民主、不文明、不科学、不卫生的习惯抛弃，对其中优良的民族文化则加以改造，使之现代化。

由于社会处于过渡时代，风俗的演变也表现出承先启后的过渡性特征：一方面，古老的传统风俗仍顽固地要保住地盘；另一方面，新的社会习尚在艰难地夺取阵地，守旧势力与革新势力激烈斗争的结果，是旧俗与新风的并存与杂糅——清后期的女学掺有较多的封建意识。如“修身课讲的则都是当时要女子们必须服从和照办的‘三从四德’等封建道德的旧观念”[①] 等；于父母之命外，征得子女认可始通媒的“允诺婚”，就是

① 易绍菊、彭淮口述：《黄陂第一所女子学校——木兰学校》，《武汉文史资料》1985 年第 2 辑。

包办婚姻与自由婚姻之间的一种过渡形态。

二 融会

风俗习惯固然具有民族性、地域性，各个国家、民族、地区人们的风俗习惯呈现出各种不同的风貌；但它又具有渗透性，不同国家、民族和地区人们的风俗习惯可以互相影响，互相渗透。汉民族早就在不断地吸收异域异族的风俗来改造、丰富自己的生活方式。

到了清后期，一方面由于满族统治者解除了禁止满汉通婚等禁令，殄除了满汉之间的民族鸿沟，使得满汉之间的经济、社会、文化交流进一步加深、加快，促进了满汉风俗的融会。在饮食方面，“满汉令席”大餐在社会上的流行节即是一个明证。

另一方面，在对外开放的条件下，西俗大量涌入。汉民族人更是从多方面吸收国外传来的先进风尚，使自己生活的领域不断扩大，生活方式不断丰富，使民族性风俗向综合性多元习尚演变，甚至出现了民族性风俗与西方习尚并存的局面，有的则成为复合风俗，体现了中西合璧的兼容性。例如清末民初的“文明婚礼”，堪称中西合璧的范例。

三 非衡

汉民族社会的风俗文化在清后期确实发生了重要的变化，出现了朝着文明、民主方向发展的趋向。但是，我们对清后期社会风俗的这种变化又不能作过高的估计，因为那些变化在广袤的中国大地上，毕竟属于局部的，表现了风俗变异的不平衡性。

就风俗内部看，有些领域，如生活风俗，衣、食、住、行和娱乐等，由辫子到短发，由小脚到天足，由长袍马褂到西装革履，由轿子到小汽车，变化较大。而有些领域，如宗族风俗、信仰风俗等，则变化甚微，中国农村的宗族制度及其影响一直延续到1949年以后，反对联宗祭祖、宗族械斗，曾是20世纪年代政府农村工作中颇费力气的艰巨任务；鬼神迷信则在农村仍一代一代流传。就区域来看，城市变化较大，上海、广州、天津、青岛、武汉等中心城市，得风气之先，变化比较迅速，比较深刻；而边远农村、山区，变化程度甚小。就社会人员构成看，新式知识分子、工商界人士和青少年，改变旧传统、接受新风俗比较快；而封建遗老、地主乡绅和老年人，则思想比较保守，不愿放弃旧风俗，接受新风尚。

所以，总的来说，清后期汉民族社会风俗的发展和演变有着地区、阶层差异性，从而具有非衡的特点。

四 洋化

西方物质文明在清后期对外开放以前就已渗入中国。16 世纪初叶，葡萄牙商人首先来华交易。不久，西班牙、荷兰、英、法、美等国商人、使节先后从海上到达中国。1684 年，清朝政府开海禁，在云台山、宁波、漳州、澳门等处设海关，进行正常的中外互市。

外国商船从海上带来的货物和西方使节奉献的“贡品”，多为中国人所罕见，于是人均“辄以洋名：陶之铜胎为洋瓷，髹之填金者为洋漆，松之针小、木矮者为洋松，菊之瓣大色黑者为洋菊，以及洋罽、洋绵、洋绮、洋布、洋铜、洋米之类，不可偻指”。到了清道光年间，“凡物之极贵重者，皆谓之洋，重楼曰洋楼，彩轿曰洋轿，衣有洋绉，帽有洋篇，挂灯曰洋灯，火锅名为洋锅，细而至于酱油之佳者亦名洋秋油，颜料之鲜明者亦呼洋红洋绿。大江南北，莫不以洋为尚”①。

鸦片战争以后，随着外国经济侵略而来的西方物质文明的大量渗透。各种洋货逐渐冲击着中国人的生活习惯，使得他们自觉不自觉地改变原有生活方式，接受某些外来的生活方式。当时社会风俗的洋化特点最明显的标志就是西服的流行，而吃西餐大菜也成了当时社会的一种时髦。

① 陈作霖：《炳烛里谈》，转引自陈登原《中国文化史》（下册），世界书局 1935 年版，第 300 页。

第五章　民国汉民族风俗史记

第一节　民国汉民族风俗概况

一　演变轨迹

（一）资产阶级风俗变革运动为风俗的革故鼎新作了铺垫

民国初期之所以成为中国风俗演进的一个分水岭，是与20世纪初年资产阶级风俗变革运动分不开的，它为民国时期风俗的全面革故鼎新作了铺垫。

清末资产阶级还是一股朝气勃勃的政治力量，他们渴望按照自己的阶级意志改造中国，不仅建立资产阶级的政治制度和意识形态，还要以资产阶级精神改造人们的生活，建立起新的社会生活秩序。他们把陋俗恶习视为导致国家衰弱的重要因素，坚信要救国，挽救民族危亡，就必须改良社会，废除陈规陋习。于是，他们提出了改良风俗的举措。还在戊戌变法时期，康梁维新派就提出了"戒缠足，兴女学"的进步口号，并成立了"天足会""戒缠足会""戒鸦片烟会"等改良风俗的团体。它们的活动，多少起到了启迪民智、开通风气的作用。比如，熊希龄、谭嗣同等在湖南倡立的延年会，就有其独特之处。所谓延年，不是要人们"以有尽之年，而欲延之使无尽"，而是要人们"延于所得之年之中""延年于所办之事"。就是改革无谓耗费时间的不良风俗，注重时效，崇尚精简，使"一日可程数日之功，一年可办数年之事"。对于虚文酬应等陋习，也在免绝之列。在一个浸透着封建陈规腐习的社会，这些倡导自然属于文明之风。

清末于社会产生相当影响的移风易俗，是关于女权问题。妇女要跟男子平等，头一件事是革除摧残妇女的缠足陋习。资产阶级思想家和知识分子指出，缠足陋习是封建妇道的结果，中国妇女"襁褓未离，而'三从'、'四德'之谬训，'无才是德'之瞽言，即聒于耳而浸淫于脑海，禁识字以绝学业，强婚姻以误终身，施缠足之天刑而戕贼其体干焉，限闺门之跬步而颓丧其精神焉”。[①] 这种恶俗造成了严重危害，一方面残害妇女自身，使妇女“终身为废人，亦足悲矣”；另一方面影响到下一代的健康成长，因为“缠足之母，运动不灵，血脉停滞，人人皆病夫；所生儿女，亦瘠弱夭昏，多不获其天年，其得成立者类多病夫”。[②] 这就严重损害了国民的身体素质。所以资产阶级知识分子大声呼吁，必须废除缠足，以保护广大妇女的身心健康。

与女权问题有关的另一个有力的举措，是倡办女学。20 世纪初年的中国社会掀起了一股兴办女学的热潮。1903 年《奏定学堂章程》将女子学习归入家庭教育法，1905 年设立学部时，女学仍归家庭教育部门管理。1906 年初，慈禧太后面谕学部建置女学，女学始单列入学部职掌。1907 年正式颁布《女子师范学堂章程》39 条、《女子小学章程》28 条。中国女子教育终于取得了合法地位，女子学习文化知识技能的合法权利得到官方和社会的承认，“女子无才便是德”的传统观念被击破，这对几千年来一系列残害妇女的传统风俗是一次巨大的冲击。

除此之外，清末资产阶级思想家和知识分子还抨击了其他一些社会恶俗，试图解除套在人们身体和精神上的种种枷锁，树立良好的社会风气。他们坚决反对吸食鸦片，指出：“中国鸦片之害，弥漫已臻极点，始焉禁卖、禁吸、禁种，终于无效。近年来以财政紊乱，倒行逆施，反从而劝之，土捐膏捐，所在皆是，岂复有人礼乎！”[③] 买卖人口和蓄奴是封建社会等级制度的产物，成为社会上的恶习。其萌生归因于经济问题，“女流而富者，则谓太太，谓之小姐；女流之清苦者，则奴婢也”。她们之间的荣辱贵贱，“一听乎钱神之指挥而已”。故而改良者们认为，必须进行社会变革，实现自由平等，清除买卖人口、蓄奴之弊端，有人说：“买卖人口之陋风，实文明世界之玷，实人道之蟊贼。由今以往，不可不取此陋风一扫而空之。”“买奴者，弊风也，恶德也”，所以“奴婢不可以不废止也！”[④] 留发辫也是当时的精英们力图铲弃的风俗，他们认为发辫风俗已不合乎时代精神，而

---

① 丁初我：《女子家庭革命说》，《女子世界》1904 年第 4 期。

② 张枬、王忍之：《辛亥革命前十年间时论选集》，生活·读书·新知三联书店 1978 年版，卷一下第 923 页。

③ 可权：《改良风俗论》（下），《东方杂志》1904 年第 1 卷第 8 期。

④ 亚震：《奴婢废止议》，《河南》1908 年第 9 期。

且还包含着屈辱的成分，甚至把剪辫与否视为顽固和进步的标志。

资产阶级思想家和知识分子在对传统陋俗进行全面批判的同时，还有意识地触动了一些根深蒂固的风俗观念。在社会风俗方面，首先，他们否定了“父母之命，媒妁之言”的传统婚姻观；其次，他们批判并否定了等级森严、男尊女卑的家族制度；再次，改良的先驱者们批判了早婚早育、多子多福的生育观。在精神风俗方面，他们看到了迷信流行及其造成的危害，认为迷信的盛衰与国民之智愚成反比例。因此，他们利用自己所掌握的科学知识，对封建迷信展开了全面的批驳，掀起了中国历史上第一次破除迷信的高潮。

清末资产阶级推行改良风俗决心不可谓不猛。然而，这种急功近利的行为更多带有一厢情愿的意味。资产阶级的风俗改良不可避免地囿于封建性和落后性，急于破旧立新，突出强调了社会风俗的时代性和变异性以及改良风俗的政治意义，却忽视了传统风俗中的合理成分和优良传统，无视社会风俗的传承性和自身的演变规律，对社会风俗自身的特性认识不足。因而他们提出了改良社会风俗的任务，却没有找到改良社会风俗的途径。在改良风俗的手段上，显得比较急躁，更多的是主张用行政措施强行革除旧俗，大有章太炎所谓“旧俗之俱在，即以革命去之”之势。这种冒进的做法及心态，根本无法完成移风易俗的任务。

不过，清末的风俗改良运动又确为民国风俗的革新作了理论上、宣传上乃至实践上的准备。可以说，民国风俗的演进正是清末风俗改良的自然延续及深化。由于有了清末资产阶级改良主义者风俗改良的大力倡导，辛亥革命之后，一股改革不适应民主共和制度的社会风俗的潮流蔚然兴起，其深广的意义又远非清末任何一个时期的风俗改良可比。

（二）民国风俗的演进是一个现代化的过程

在民国三十多年的历史中，风俗的演进是一个现代化的过程。既然外国侵略者打开中国社会对外封闭的大门，带进资本主义生产和生活方式，带进社会现代化的诸种因素，那么中国民间风习的演进，朝新的方向转变，就会不以包括外国侵略者和中国统治者在内的任何人的意志为转移。传统风俗的现代化是中国风俗发展的必然趋势。为此，辛亥革命以来的无数社会精英，在风俗的革故鼎新方面作了大量的主观努力，加速了民国风俗现代化的进程。民国风俗的现代化是以其民主化、文明化为标志的，明显透示出以下三条延伸的轨迹。

1. 人本化

民国风俗发展史，贯穿了一个有目共睹的现象，就是于人的身心健康有损的风俗在逐渐减少，反之，被大力倡导并获得广泛流播的风俗，都把人置于至高无上的地位。

在中国长期的封建社会里，人们的个性受到君权、神权、族权、夫权的严重压抑，谈不上个人的人格。辛亥革命之后，资产阶级以西方自由、平等、博爱的理性原则为依据，要求恢复人生的平等权利和地位，重新认识人的价值。南京临时政府成立后，颁布了一系列革除“旧染污俗”的政令，推进社会风俗的改良。其目的是为了捣碎束缚人们个性发展的封建锁链，提高人的地位和尊严。

之后的北伐战争、抗日战争和解放战争，目的是要把民众从水深火热中拯救出来，战争期间自然也就伴随着种种文化革命，其中之一就是以人道主义反对封建专制主义，废除各种野蛮落后的风俗，恢复人的地位与尊严。有相当多的蹂躏、摧残人性和压抑人格的陈规陋习，在 20 世纪 40 年代的解放区，已得以真正根除。

2. 科学化

迷信，是从诸多原始信仰活动中残留下来的意识和行为，它表现了人类对大自然种种现象的迷惑、恐惧以及由此而引起的崇拜和幻想，也表现了人类反抗自然、求福避祸的本能和愿望。进入阶级社会后，由于统治者的提倡，迷信更挟行政的力量而泛滥，形成形形色色的迷信风俗。辛亥革命后，随着破除封建观念风俗活动的开展，反对神权迷信的斗争也出现高潮。许多移风易俗团体，以攻破神权迷信为急务，主张以科学反对迷信。为此，这些团体十分重视宣传科学知识，普及文化教育。这也为后来“五四运动”“德先生”和“赛先生”的诞生埋下了种子。

破除迷信一直是民国移风易俗的一个主要内容，也是这一时期风俗发展的一条基本线索。到了 20 世纪二三十年代，迷信的地盘已日趋萎缩，人们的迷信心理已相对淡漠——作为各种神像置放场所的寺庙，在信仰者心目中本应视为圣地，可是，民国期间的许多寺庙被毁或改作他用，并没有激起信仰者的义愤，也没有出现群众性的护庙运动，这不能不视作民间传统迷信心理式微的表征。

再如，民国初期各大城市仍普遍存在的同乡组织，往往都保存了传统的乡土神的崇拜。有的是关岳，有的是祖宗，有的是城隍，这些乡土神的崇拜是同乡中心理认同的重要标志。可是，自从“科学的光明射透了神道的神秘圈，贡献给人群以更能控制自然和人事的手段与技术，使人群不再乞灵于神”①。

此外，这一时期，凡带有宗教迷信、盲目信仰性质的旧节令风俗，在全国各地也逐渐式微或被废除。如迁安县盂兰盆会，新河县的城隍巡游，临晋县的中元祀厉坛等等，均已废除。而其他类型风俗中的落后、迷信内容也被科学、文明内容代替。

诚然，民国风俗在涤荡迷信的道路上并不是一帆风顺的，同时也未能从根本上铲除迷信的根基，但风俗演进的总趋势是向着唯物、健康的方向发展。

3. 政治化

20 世纪初期，资产阶级就认识到社会风俗与政治的相互关系，认识到改良社会风俗在政治进步中的作用，所以他们得出一种共识，那就是改良风俗必须成为社会全面变革的一部分，必须把政治变革和移风易俗结合起来。此外，资产阶级思想家和知识分子还具体论述了某些具体风俗改革与政治进化的关系，进一步就强调了风俗改良的政治意义。

这种将移风易俗政治化的思路和做法，在民国时期得到继承和发扬。南京临时政府成立后，为了尽快革除封建社会遗留下来的种种弊端，增长有利于资产阶级统治的新的社会风气，将改良风俗作为一项重要的政治任务来抓。在短短两三个月内，先后颁布了“废除贱民身份，许其一体享有公民权利”“禁止买卖人口”“革除前清官厅称呼”“晓示人民一律剪辫”以及禁赌、禁烟、禁唱淫戏等一系列的法令与命令。在革命政府的领导与号召下，移风易俗很快发展为一场政治色彩浓郁的群众运动，各类改良风俗的团体，自然也就应运而生了。

革命党人亦视移风易俗为一项政治事务。孙中山曾赞扬“女界共和协济会”为妇女解放所做出的努力和贡献，并给予赞助。黄兴也曾对北京万国改良会所和正东育化会赞许有加。这表明革命党人已把这项工作提高到了政治的高度，视其为政治生活中的一个不可缺的内容。

中国共产党成立后，亦一直沿袭了孙中山领导的革命党的做法，把移

---

① 张静如主编：《北洋军阀统治时期中国社会之变迁》，中国人民大学出版社 1992 年版，第 351 页。

风易俗纳入革命的总体框架之中，要使广大民众不仅从政上、经济上获得解放，而且还必须冲破封建陋俗这张无形的网，挣脱几千年来摧残人性的迷信思想的桎梏，从而真正获得全面的翻身。

从孙中山到毛泽东，从 20 世纪 20 年代的农会组织到三四十年代的边区各级政府，都认识到风俗习惯在民众翻身求解放的道路上所起的作用，并积极领导和参与了涤除封建恶习的活动。因此，使得民国风俗的演化渗入了浓重的政治意味。移风易俗的政治化，或者说是政治化了的移风易俗，这是民国风俗发展过程中的一个突出特点。故而此期间风俗的嬗变也就较之其他时代更为迅速、更为剧烈、更为深刻。

二　学史概况

（一）民俗学运动中的风俗研究

1913 年 12 月鲁迅在《教育部编纂处月刊》上发表《拟播布美术意见书》，首先提出建立民俗文化组织的倡议。同年周作人在绍兴县教育会月月刊第 4 号《儿歌之研究》一文中，首先使用了“民俗学”一词。1918 年初，刘半农、沈尹默、沈兼士、钱玄同四教授经校长蔡元培批准组成北京大学歌谣征集处，发起征集歌谣，以此揭开了我国民俗学研究的序幕。

北京大学的歌谣征集活动得到全国的热烈响应。1921 年上海商务印书馆出版的《妇女杂志》月刊自第 7 卷 1 月号起开辟了“民间文学”和“风俗调查”两个专栏，风俗研究引起社会的重视。1922 年底，北京大学又成立了歌谣研究会，创办了我国第一个专门性的民俗学和民间文学的刊物——《歌谣周刊》。

《歌谣周刊》的宗旨在《发刊词》中有明确的说明：“本会搜集歌谣的目的共有两种，一是学术的，一是文艺的。我们相信民俗学的研究在现今的中国确是很重要的一件事业。”发刊词还特别指出：“歌谣是民俗学上的一种重要材料，我们把它辑录起来，以备专门之研究。”把歌谣之搜集明确放在民俗学的范围之内。更重要的是《歌谣周刊》开辟了具有民俗意义的专号，对婚俗、丧俗、岁时节日、信仰等进行研究。出了《婚姻》（4 次）、《腊八粥》等专号。

继歌谣研究会之后，北京大学又成立了风俗调查会。调查会制定通过的“风俗调查表”，是我国第一份比较正规和全面的风俗调查提纲。这个调查表，将风俗范围分割为环境、思想和习惯三大块，共 54 个方面，概

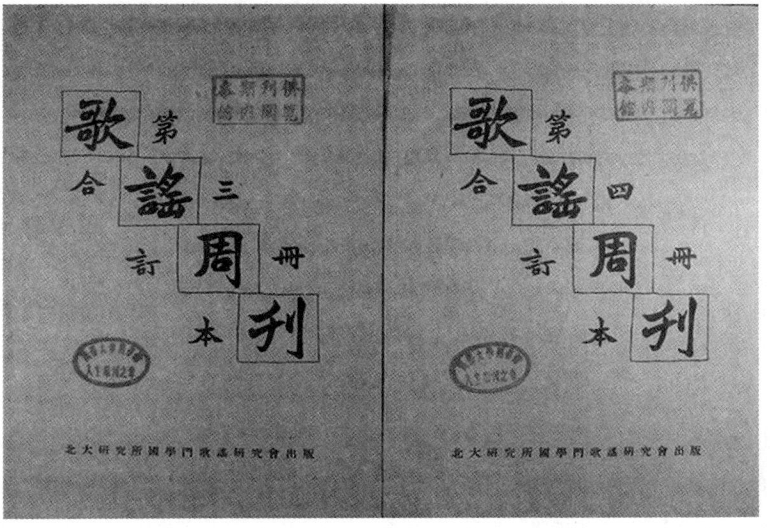

《歌谣周刊》

括较全。它反映了当时风俗调查会和歌谣研究会一些学者对风俗的理解和认识水平。此外，风俗调查会还编辑了《妙峰山》《东岳庙》《北京市招》等3种风俗书籍。

1927年11月，中山大学成立了我国第一个正式以“民俗学”命名的组织——广东中山大学民俗学会，创办了《民俗周刊》。该刊共出123期。其中有“槟榔专号”“清明专号”“中秋节专号”“旧历年专号”“神的专号”（4次）、“妙峰山进香专号”“疍户专号”等，均以风俗为研究对象。何思敬《民俗学的问题》、杨成志《民俗学问题格》、钟敬文《数年来民俗学工作的小结》、陈锡襄《风俗学试探》等都是对风俗研究极有价值的重要文章，基本上代表了20世纪20年代末30年代初民俗学研究的最高水平。

中山大学民俗学会还出版了民俗学丛书37种，其中有关风俗研究的有顾颉刚、刘万章的《苏粤的婚丧》、周振鹤的《苏州风俗》、顾颉刚的《妙峰山》、奉宽的《妙峰山琐记》、魏应麒的《福建三神考》等。

1930年前后，钟敬文、钱南扬、娄子匡等在杭州发起，成立了中国民俗学会。编辑出版《民俗周刊》，以及《民俗学集镌》两辑。发表了《紫姑的姓名》（娄子匡）、《从祭祀说起》（钱南扬）、《南阳婚俗》（蔡一木）等风俗研究方面的文章。同时还利用浙江《民众教育季刊》，出版了“民间风俗文化专号”，集中推出了一批中外民俗学者的论文，有意识地介绍与借鉴国外民俗学理论。

民国时期的民俗学活动，“以北大为开端，以中大为发展，北大始其源，中大畅其流，再加 20 世纪三十年代各地的活动，形成了一个比较繁盛的时期”。在这场民俗学活动中，风俗研究始终被放于重要的地位，体现出民国时期学者对社会风俗文化的重视和尊重。

（二）风俗学研究著作的大量涌现

在民国民俗学的发端和发展过程中，涌现出一大批杰出的民俗学学者。他们原本从事其他学科，诸如社会学、考古学、心理学、语言学、文学、历史学、哲学等的研究，现在却不约而同地聚集在一起，投身于民俗学领域，开始对民俗学进行较为科学系统的探讨。由于他们大多是从本学科的角度来研究民俗学，使得民国时期民俗学研究的成果极为丰富，而且颇具特色，明显带有交叉学科的味道。在民俗资料调查、民俗学基础理论、专题研究以及民俗发展史四方面，都有一大批水准极高的著述问世。仅以风俗研究而言，就有尚秉和的《历代社会风俗事物考》，杨荫深的《衣冠服饰》，陈东原的《中国妇女生活史》，贾仲的《中华妇女缠足考》，杨树达的《汉代婚丧礼俗考》，陈顾远的《中国婚姻史》，李安宅的《〈仪礼〉与〈礼记〉之社会学的研究》，陶希圣的《婚姻与家族》，等等。可以肯定地说，民国时期的风俗学专著较之以往任何一个时代都要多样、深刻，有些甚至至今仍无法超越，确实是现代意义上的风俗学著作。

（三）系统性风俗志书和风俗资料汇编的出现

民国时期属系统性风俗志书和风俗资料汇编性质的著作主要有胡朴安编的《中华全国风俗志》，李家瑞编的《北平风俗类征》和瞿宣颖辑的《中国社会史料丛钞》。

《中华全国风俗志》，胡朴安编著，1923 年上海广益书局出版。是我国第一部全国性风俗志专著。全书分上下两编，共 60 余万字。摘选历代古籍、近代报刊及杂著中各省省的风俗资料，编选而成。上编按市、县分别选录，下编以民俗划类汇辑。该书，上编体例近似地方志，对某一地区的风俗只作概貌式的描述。当然书中也不乏对某些区域的风俗进行了文献的考索，材料较为丰富，颇具学术价值。如对湖南风俗史料的考索，从《后汉书》开始，将历代为官者所提及的湖南风俗的言加以辑录，使其风俗发展和演变的历史脉络一目了然，为后世民俗研究者提供了极大的便利。

书的下编按类排列，体式活泼，有综述、分述，有议论，有粗有细，有详有略，凡涉及风俗之记载，尽皆搜罗。如京兆《北京辅轩录》所含“社会丛谈”“八埠艳语”“新年佳话”“礼俗杂志”“百业消长”“负贩琐录”“晨巷食谱”“燕京百怪”“游览会期”“燕市杂咏”10 部分 267 则，从多方面反映了民国初年北京社会风俗的面貌。

《北平风俗类征》，李家瑞编纂。全书上、下两册，1937 年 5 月商务印书馆出版。该书是专门介绍北京各种风俗的资料书。编者广泛搜集载有有关北京民俗书籍报刊的材料，征引书目极多，达 600 多种。其中明代以前著述近 200 种，几占三分之一，绝大部分为清至民国间的著作。尤其难能可贵的是，李家瑞十分注重晚近的风俗资料的引用，许多风俗事象在当时仍处于流行之中，为“活”的风俗。从而使得本书的时代特征非常明显。

《中国社会史料丛钞（甲编 399)》，瞿宣颖（1894—1973）（一作 1892—1968）纂辑，1937 年商务印书馆出版。《中国社会史料丛钞》名为“社会史料”，实为“风俗史料”。全书共 53 万字。该书所辑范围极为广泛，涉及风俗的各个领域。正如顾颉刚在该书序言中所说：“取材博而用力深，上自民族经济，下至衣食住行，及夫一物一事之形态，一时一地之风尚，莫不备焉，此可谓极搜集史料之能事矣。”

（四）传统文人笔记对当时风俗的记述

民国时期，文人笔记对当时风俗的采录和记载颇多，而且呈现出专门化的趋向。如 1938 年 9 月北京双肇楼刊印的《京津风土丛书》，共收书 17 种。其中包括民国时期的风俗笔记著述，就有《燕市负贩琐记》（燕归来簃主人)、《燕市货声》（闲园鞠农)、《春明岁时琐记》（让廉)、《天津杨柳青小志》（张江载）等。

《燕京负贩琐记》为一本以记录饮食风俗为主的著作。书中记载了北京摊贩所贩卖的食用杂品，从豆芽、头肉、干羊肉到耗子药、戏术、缝破鞋等无所不有，描绘了一幅绚丽多彩的街市风俗画。《燕市货声》为一部专门记叙北京小商贩沿街叫卖风习的书籍。《春明岁时琐记》则记载了一年四季不同节会里的风习人情。而《天津杨柳青小志》记叙了天津著名的年画生产地杨柳青的疆域、河流、产业、民风、神庙及其他人文环境，为地志之书。

第二节 民国汉民族的生产风俗

一 农业风俗

（一）麦作风俗的发展和变迁

民国时期，北方各地汉民族作物的栽培，有各种粮食作物，如大麦、小麦、稻、谷、玉米、大豆、绿豆、豇豆、豌豆、高粱、黍等；各种经济作物，如花生、芝麻、油菜、棉花、大麻、苎麻等，其他则有地瓜（红薯）、土豆（马铃薯）、山药、芋头等。此外还有园艺作物，如各类蔬菜、瓜、藕、药材等。北方麦作地区每年秋收后，农民即对明年耕地的使用做出安排。北方麦作地区每年秋收后，农民即对明年耕地的使用做出安排，其余的就是麦田了。

播麦之前要耕地，耕地之前先施农家土杂肥。将土杂肥运进耕地之中，分小堆一行一行放好，称为“送粪”。送粪用大车、小车（独轮车）、板车（地排车）。在山区则多用驴驮篓。办法是在毛驴背上放上特制的鞍子、架子，架子上再放上用荆条编制的驮篓，驮篓在驴两边，粪置驮篓中驮运山坡耕田中。开耕之前，先把送进田间的土杂肥用铁锨均匀撒开，称为“撒粪”或“扬粪”。

北方种地的田耕具不同，而有犁耕、耦耕、刨耕等区别。小麦播种通常用“耧”。耧，又称“耧车”“耩子”。由耧脚、耧腿、耧斗、耧杆、扶手、拖板等部件组成。耧斗分为两格，大格用于盛种子，小格用于匀送，两格间有调节播种量的活门相通，此门称为“耧门”，耧门通排种管的入口，称为“耧眼”，种子由“耧眼”向下通到耧脚的足窍，把种子播于耧脚所开的浅沟里，系在耧腿后的拖板随跟覆土、平均、掩种。

耧车之外，尚有手播点种，瓠种诸法。其中瓠种之俗，尤有趣味。取大葫芦一个，两头凿空，中贯木棍，一端手执为柄，一端中空为“嘴”用以泻种。再于上方开孔为注种的“门”。播种时，置麦种于葫芦中，一手执柄，一手挥短棍敲打葫芦，沿垄沟边行边作，使种子成一线播在垄沟里。其操作精熟者，行走有章法，敲打有节拍，令人叹服。

北方多春旱，谚曰：“春雨贵似油。”由春到夏，小麦生产的各阶段如泛青、起身、拔节、挑旗、扬花、灌浆、蜡熟，遇旱皆需浇水。北方提水灌溉工具，先有辘轳，后有水车，沿湖、沿河则又有戽斗之法。其中使用最普遍的是镰铲。

北方收麦用镰，因此，麦收开始，称为“开镰”。麦熟极快，谚曰“麦熟一晌”。又赶上雨季即将到来，故北方又称收麦为“抢收”。抢收期间，往往天未明下地，小半夜收工，早饭与午饭都由儿童或妇女挑往田间，称作“送饭”。

北方打麦或用“连枷”捶打，或用碌碡碾压。打麦用的碌碡，为便于回转，其石磙都做成了一头较大，一头略小。牲口上套后，要“捂眼”。为了减轻劳苦，打场人常常唱起即兴编词的“打场号子”。

打场时每打一遍，即要用杈抄翻一遍，叫“翻场”。边打边翻，到太阳快落山时，则要收场。收场时有“扬场”之俗。扬场人斜迎着风手操木锨，铲起不多不少的一些带糠带草的麦粒，估量力风大小或高，或低，或直，或斜地扬起，利用风力，将麦粒与草糠分开。扬净的麦粒经晒干，就可以入仓了。

（二）稻作风俗的积累

民国时期南方汉民族稻作地区的生产技术风俗一仍其旧，比之清后期，并无多大的变化，但在水稻生产的一些仪式风俗方面，比前代积累了更多的操作实例。如“开秧门”“关秧门”“尝新米”等。

南方稻作地区一般在清明前后下稻种。下稻种须在下午，传说上午下稻种，稻种要浮起来，秧要出毛病。浙江宁波则称下稻种为“落秧子”。稻种落田要择日，忌逢“乙”之日。下稻种的人要吃饱点心，年糕或粉干之类，认为肚子吃得饱，稻种下得匀，秧也长得好，稻子会丰收。下种时忌说鸟雀等词，而要说些“口彩话”，如稻种挑出去，习惯浅于箩口，以讨“浅出满进”之口彩。箩绳要仔细检查，防止倒翻，临出门要念“一担出，万担进”，男的挑担，女的说吉利话。稻种下田后，在秧田前竖一稻草人，为驱赶鸟雀食谷。并用三炷香、三根黄荆柴，外包黄裱纸、云鹤，插在田缺边，认为这样五谷神会保护秧苗长得好。下了稻种之后，春耕生产开始紧张，民间忌男女房事，长辈要把已成家的儿孙叫到自己房里睡，以保护身体。

种田插秧开始，第一次拔秧时，要用香与蜡烛到秧田里烧一烧，再开始拔秧，叫“开秧门”。农家视“开秧门”如办喜事，以迎一年农事的开端。在浙江嘉兴此日的饮食是“早晨鲞鱼中午蛋，晚上一顿小酒会”，并且“上午团子下午糕，点心送到田横头”。吃鲞鱼头，寓意为种田有“想头”。鲞鱼头放在桌上，鱼头要向南，兆晴，会有好运；忌向北，向北则兆雨，不吉利，团子和糕，象征团团圆圆，年成步步高。

开秧门时还有若干禁忌：插第一行时忌开口，认为开了口以后手要伤筋；插秧时，人与人之间不可随便传递秧把，认为传递秧把会使这两个人成为冤家；甩秧把时，忌甩在种田人的身上，认为被秧把甩中的人要倒霉等等。

插秧结束的那一天，称“关秧门”。风俗一定要早上岸，即安排农活必须在下午三四点钟时就全部完成，如果估计来不及，要及早请帮手相助。次日，媳妇都要回娘家，探望父母，并要送上一些礼物。

插秧以后，农家勤管田水，经两遍耘田施肥后，即要“烤田”，以促使稻禾根系发达。到了六月初一，正是早稻飘香季节，浙江农村家家户户进行烧田头活动，也叫“请五谷神”。早稻长到八成熟时便要收割“尝新”，农民把早稻米磨成米粉，拌以早稻草灰汁，加糖，捏成团状蒸熟，称“灰汁团”，先供“灶君”，然后合家聚吃。

稻谷成熟开镰割第一丘稻时，要请五谷神，即用酒饭、香火等祭品在田头烧一下。割稻时，脚不准搁在稻桶上，不准以镰刀敲击稻桶，不准打口哨，否则，是对五谷神不敬，要影响丰收。

江南稻作地区农民置办大件农具很不容易，一般要传之后代。所以在农具使用方面有着许多特殊的风俗。如农具做好首先请人题字，题词大部分是吉利话：如稻桶上题“五谷丰登”，谷柜上写“大有丰年”，米柜上“玉粒珠玑”，等等。

耕牛是南方稻作地区最重要的生产用具，是农民的好帮手，故农民对耕牛的护理十分细小。春耕大忙之前，农民要给耕牛喂糯米饭、豆饼、老酒、黄糖、鸡蛋等营养饲料，并用水洗刷耕牛，称“壮膘”。

（三）杂作风俗的丰富

民国时期，由于现代工业的发展，为工业提供原料的经济作物的种植面积比清代有了较大幅度的增长，在棉花、麻、药材、蔺草等经济作物种植方面的风俗文化比前代更加丰富。

在南方棉区，棉农于每年正月初八日、十八日、二十八日用桃木做身子，外包稻草，扎成人样，名曰“仙姑”，点烛插香跪拜，卜问当年风潮、水旱、病瘟、收成等。

棉花得瘟病，即插扫帚，认为可以镇瘟。如果插扫帚不灵，就用红纸做成一面小红旗，插在地头驱瘟。或用春节谢年供过菩萨之米饭晒成饭干撒在地里，有的乱撒一把，有的一亩地撒七粒或十三粒不等，但须单数。或把庙里的关牒放在地里燃烧驱瘟。也有用五色水（河水、天水、池水、井水、海水）混合，用嘴含着喷在发病虫的地里。

棉农摘的第一朵棉花，一定要塞在耳朵里，回家后用新棉供灶君菩萨。七月三十日为地藏王菩萨生日，棉区每家每户取清水和新棉，供在廊下，上香三炷，向天遥拜。新棉蘸水擦眼，传说能使眼目明亮。

浙江鄞县有种植“贝母”的风俗，贝母为中药“浙八味”之一。种贝母，一般择最好的土地，并在地头供酒饭，祈愿贝母收成好。立夏时节，收获贝母，把挖上的鲜贝母用石灰拌混，筛过后晒干，俗称“做贝母客人”，各村请戏班演贝母戏。贝母收获季节，村里开起糖坊，制作各类糖果，不用钱买，而用贝母调换，俗称“元宝换吃场”（元宝指贝母，吃场即糖果）。

（四）水利管理的有序化和机器排灌的引入

民国时期社会动荡，所以少见有较大水利工程的修建，水利排灌器具除有些试验农场有机动抽水机使用外，在绝大部分汉民族农村仍使用传统的排灌器具，如筒车、翻车、桔槔、戽斗、辘轳等。但南方“圩田”地区在防涝方面，其风俗比前代有所变化。

南方圩田面积很大，数十、数百乃至数千亩者均有之。由于圩田地势较低，容易受涝。江浙圩田四周一般筑有堤塘，俗叫“塘浔”（浔，就是水边），有些地方叫“埭”。每村设埭长，负有筑埭、修埭、维护埭埂安全和倒埭时指挥抢险的职权。

筑埭、建埭、修塘浔，旧时要用牲礼祭奠当方土地菩萨，并占卜得允后方可动工。在浙江长兴泗安的埭埂上，每隔一段路，建立一个土地庙，意请护佑。

在平时，堤埂上因向外车水需要所开的缺口，各家车完水要填塞牢固，否则会受到不同程度的惩罚。洪水季节，埭长要派人巡埭。

民国时在洪汛季节，若连日大雨、暴雨，各地城乡有禁止杀生，不准吃鱼肉荤腥的“断屠”风俗。届时县衙也会贴出告示，宣布断屠，俗称“断屠牌”。对于专业渔民，县衙发放鱼丁（饷银）作为补贴。

断屠的用意，主要是罪己谢天，祈祷上苍，保佑黎民百姓，消灾禳祸。抗日战争后，断屠之俗渐衰。

（五）传统农作俗信的沿袭

民国时期江南农村几乎每村都有五圣庙，以“五圣”为农业产生的保护神。关于“五圣”的来历。传说有二：一种传说五圣是五兄弟，家里很穷，对母亲很孝，死后成神，玉帝封他们管民间善恶之事；一种传说，五圣即五谷神，能使风调雨顺，五谷丰登。五圣庙一般建在村口，很小很低。有的村坊只用三块砖头，二直一横，搭成庙的样子，里面贴张红纸，写上几个字，就算五圣庙了。

在正月，要“甩火把”，又称“烧田蚕”。正月里的半夜，农家用稻草扎成小把，点燃后高举火把在田岸上奔跑，或将火把甩上落下，口中高呼咒语性质的歌谣：“火把损得高，三石六斗稳牢牢。火把掼到东，家里堆个大米囤；火把掼到南，国泰民安人心欢；火把掼到西，风调雨顺笑嘻嘻；火把掼到北，五谷丰登全家乐。”也有在田中烧茅草、茭白草的。

民国时期，流行最广、影响最大的农作俗信当是“求雨”。有曝晒神像以求雨的方法。如浙江象山人将龙王像曝晒三日后，还要结队赴龙潭请“圣”。曝晒的神像除龙王外，也有关帝、玉皇、观音等其他神像的，如在广东省潮州地区曝晒的是“雨迁爷”。

此外，在祈雨时，各地又有不同的仪典程序。在河北沧州，祈雨多抬关帝像巡游，九日内如祈雨成功，则要演剧关帝酬谢。[①] 浙江东阳祈雨时，要用捞斗捉一只青蛙或一条白鱼，青蛙为龙子，白鱼为龙女，装入水瓶，回村供奉。[②]

假如阴雨连绵，久无晴日，则有许多祈祷天晴的风俗。常见的有扫晴娘和木棒打门、木杓挖天等。

二　副业风俗

（一）俗重副业

农业生产以出售为目的，成为民国农民普遍的时尚。这是资本主义商品经济对中国传统的自给自足的封闭性的小农经济冲击的结果。纷纷出卖农副产品，这本身就是一种经贸风俗事象；客观上可以增加农民的收入，提高农民的生活水平，同时，又深刻地促使了农民生产和生活观念的

---

① 李学谟：《沧县志》，1933 年铅印本。

② 周耀明：《风俗文化论》，广西民族出版社 1996 年版，第 257 页。

嬗变。

在民国时期，不出卖自己的农副产品的农家几乎是没有的，农家完成出售风尚的过程和步骤，便构成了一幅与农家的农业生产活动完全不同的风俗画。这在民国大量的志书中有生动的描摹。如民国年间的上海金山县城乡，“土人重农逐末者寡其行贾于外者惟米、花、布等物，居货者多土著。平章市价而低昂之，谓之牙行。负贩各物，营微利以自给，谓之小经纪。其黠者伺有货至，则拉而散之店口或居民，名为代卖，实资中饱，谓之白拉主人。如牛、豕、农器，各乡镇俱有集期。大率商贾风俗，富则守分读书，贫则依人谋食，势使然也”①。

既然生产是为了销售，就必须适应市场经济的需要。因之民国时期农业生产的品种与前代有明显的变化，出现了一些原是少种甚至是前所未闻的农产品。譬如洋葱、薄荷等。随着人们日常生活的日趋“洋”化，农民在副业生产自然也要满足这种要求。譬如，“民国后，洋布盛行，黄草事业日见发达，徐行附近多改织黄草品，近城外多改织毛巾，所织之布仅供家衣着，纱多不自纺而改买洋纱”②。

（二）畜牧风俗因传统

民国时期广大农村所饲养的大牲畜，一般是役畜，如马、驴、骡、牛等；但也有部分作肉畜的，奶用畜的饲养在汉民族地区则初见端倪。

北方役畜常见的是马、驴、骡，主要用于运输、犁地和推磨，俗称“牲口”。北方喂养牲口多用“栏”或“圈”，所喂养的饲羊常用谷草，外加玉米秸、豆秸、豆角皮、干圭草、地瓜蔓、麦糖、麸皮，及豆饼、花生饼等。

马、骡、驴等圆蹄畜，要按时挂铁掌，俗称“上蹄子”。是故北方农村，大道旁多有专打马蹄铁、上蹄子的“蹄庄”，以致许多地方出现了“打驴蹄张家”“打驴蹄李家”等村名。

南方役畜以牛为主，也有少量的马，如云贵地区则有以马为役畜者，主要用于运输，常结队而行，俗称“马帮”。南方养牛，春、夏、秋三个季节，多为放养，牛以吃鲜草为主；冬天则要“栏”养，以喂干饲料为主，常见的有豆秸、玉米秸、稻草、干草等粗饲料，外加豆饼、大豆等粗

① （清）龚宝琦等：《重修金山县志》卷十七《风俗》。

② 吕舜祥、武嘏纯编：《嘉定曮东志》卷三《物产·天然物》。

饲料，春耕、夏收夏种大忙季节，还要喂之以黄酒、米酒，及一些滋补的中草药，以保证使役。逢年过节时则有“请栏神”之俗，农村家家户户在牛栏边，贴一张“栏神”，认为它会保护六畜兴旺。

肉畜主要有猪和鸡，但农家养猪，目的重在积肥。北方喂猪的场所，称为猪栏、猪圈或简称为称为圈。猪圈分圈坑、圈台、圈墙、栏门等部分。圈的位置有设在大门外的，这样讲卫生、出粪方便。但不少地方设在院内近屋门外，这多半出自安全和饲养方便的设想。北方猪圈与人的居室紧紧相连，且将圈台的一部分做成半洞形，与室内火炕相邻，便于猪仔越冬。

南方养猪人家在除夕夜要“斋猪栏”。在猪舍置一小方凳，凳上供香烛，主人面对猪栏作揖祈祷。在浙江平湖农村，母猪怀孕后，要在猪棚上吊一只空甏，认为可以收摄声音，以保母猪安静，也有辟邪之意。此时，忌在猪棚左右放爆竹、敲锣鼓等。

农家养鸡，主要是主妇的事情。民国时期，养鸡卖蛋成了农家日常费用的重要补充，因此母鸡最为妇女所重视，以至于流行了这样的谚语：“老太太三条命：母鸡、闺女和外孙。”

（三）养蚕多禁忌

南方苏杭一带，在民国时期是著名的丝绸之乡，农民家家种桑，多多养蚕。农家每年在养春蚕前，每家都要买只泥猫放在灶台上；在蚕室的窗上，要用红纸剪猫形窗花贴上；对家养的猫看管得特别好；养春蚕期间，家人讲话忌说“老鼠”，而叫“夜佬儿”，晚餐不喂猫食，让它去蚕室拖老鼠，以保护蚕宝宝；并家家户户关门闭户，从边门进出。养蚕女头髻上要插根鹅毛，或戴一朵用红色彩纸扎成的“蚕花”，以图吉利。蚕花不只在养蚕时节戴，平日也可戴，祀神祭祖时也戴。传说这种戴蚕花的风俗源于春秋时，为西施首创。以后，逐渐成为蚕乡妇女的一种特殊装饰品。此外，尚有许多的养蚕俗信，如做“蚕日”、祀蚕神、做茧圆及种种的“蚕禁”。

民国时期养蚕禁忌多。《蚕桑辑要》曰：“蚕有七忌：自小至六忌烟熏；忌酒醋五辛；忌麝香油报；忌饲雾叶；忌饲热叶；忌侧近舂捣；忌丧服产妇。”① 如浙江海盐一带蚕家往往在门口打上许多桃树桩，缚上用左

① （清）沈秉成辑：《蚕桑辑要》，清同治十年常镇通道署刊本。

手搓的草绳，张成网状。当地人即知道该家主人养蚕忌生人，都不去造访。海宁一带，则在廊下围草帘子，隔一段插一根桃树枝，表示蚕禁。亲邻均不往来，只可在河埠头淘米、洗衣时相互询问蚕讯。此外，语言也有不少禁忌，忌说“亮”字，“亮蚕”是蚕病，“天亮了”则要说“天开眼了”；“酱油”要说成“颜色”，“酱”同“僵”谐音，忌僵蚕等等。

（四）粮食加工仍以碾、磨为主

民国时期汉民族农村粮食的加工，脱壳、去皮主要用碓臼碾，粉碎主要用石磨。少量粮食脱壳、去皮用碓臼。一般村庄在村中设公用碓臼。南方多为脚踏，称踏碓，而手舂的碓臼则家家都备有。水碓则是营业性的。大批粮食脱壳、去皮北方多用碾子。南方碾米则多用木砻。碾米后清除糠粞用“扇车”，又称“风车”“扬风车”或“扬扇”。没有扇车时，除糠用簸箕。北方碾子除用作脱壳、去皮之外，有时也用来粉碎某些粮食，如将黍米粉碎为糕面，将地瓜干粉碎成地瓜面时，均用碾子。

一般粉碎粮食用磨。根据动力，也有人力、畜力和水力之分。乡间通用人力石磨，一般三五家就备有一具。畜力磨，则以牲畜为动力，北方多为驴；南方则用黄牛或水牛为动力。南水磨则以水为动力，南方多见，大多系营业性的，俗称“磨坊”。

（五）家庭编织业发达

民国时期，机织“洋布”已充斥城市市场，但在广大农村汉民族大多数农家依然保持着“男耕女织”的传统风尚，一家大小的衣服仍是专妇手织的“土布”为材料。如当时浙江嘉兴的“拷花布”就很有代表性。另外，又有其他编织风俗，如北方的编柳条筐、编芦席等，南方编竹筐、竹席、草席、草帽等。

（六）山林风俗未有变革

在丘陵地区，农家又以栽树植果为副业。民国时期，在许多地农家上山植树，先要用猪头、鸡、鹅、鱼等祭山神，请山公山婆。然后由族长分发树苗种植。

在浙江山区，不论谁家的山，村里人人都有看管林木的义务，若发现有人偷树，即报告族长，由族长决定罚其东道，也称罚酒肆。村里凡砍公有大树出售，要请族长太公出面议价，择日砍伐。砍伐时指明有些生肖的人必须避开，先祭土，后开斧。砍首斧者可得若干钱或大米（一般是出售树价的百分之二十）。首斧多由无妻小者（俗称“砂锅”）来砍，该人轻砍三斧后，再由其他人砍。俗谓由此人砍过后其他人就无罪了。

乡间把埋葬有祖坟或官绅的山称为“风水山”，称大户人家祠堂前和庙宇前的大树为“风水树”。“风水山”上的一草一木不准乱砍，“风水树”也不许随便砍伐。每逢节日要去祭祀，否则认为祖宗神灵要发怒，将大祸临头。若不得已要砍伐“风水树”出售，须族长同意。砍前，先择良辰，由族长带领，用“三茶六酒”拜树神，再开土祭土地菩萨，即一人用锄头锄一下土，一人手执酒壶在树四周洒酒，接着开斧。因怕树神报复，一般人不敢开头斧，唯胆大才敢，开一斧给米一斗，开三斧给三斗。

种果树时，种者忌把自己的影子一起“埋”入，否则认为摘果子时种者则亡。在深山冷岙里禁忌呼喊别人的名字，认为要被妖怪拖去。在山上吃剩的食物忌带回家，认为吃了要肚痛。

三　渔业风俗

（一）海洋渔俗日趋丰富

海上渔业生产门类繁多，一般称出海打鱼为大海市，称近海落潮时拾蛤捉蟹为“赶海”或“赶小海”。从前，大海市集中在春季和秋季，称之为“春汛”“秋汛”。

在北方，推船下海、拉向上滩均称“拉船”，拉船有号子，渔民亲切地称为“号儿”，唱号子名为“打号儿”。山东长岛县地方风俗，凡拉船，只要一声号子呼唤，人无分男女，必齐奔海岸，不问为谁拉船皆拼命出力，即使平日有怨隙之家也在所不辞。

南方沿海地区称出海捕捞为“碰海”。鱼汛期分“起水”“头水”“二水”“三水”等四水。渔民对出海的日期讲究逢双不逢单。每水出海前先上香拜菩萨，再以酒菜请菩萨。船老大向菩萨娘娘参拜许愿，祈求“给我第一对”（产量很高之意），并许以做戏之愿。

浙东渔民海上作业多到舟山渔场，捕捞以黄鱼为主。渔船捕上第一条大黄鱼，要先供船上菩萨。供毕，老大吃黄鱼头，众人分吃鱼身。若发现鲻鱼，立即将其头斩掉，谓鲻鱼是不吉之物。民国时期，渔民尚无钟表，故多用点香计时，下网时点上一支香，香点完即收网。

民国时期渔民打造渔船的仪式十分隆重。东海渔民造渔船要择吉日开工，亲朋送礼，礼物有酒肉、馒头、炮仗等。上平底板（即船底龙骨）犹如造屋之上梁，颇为隆重，要放炮仗。船头称“船龙头”，藏有金银之物，或用银钉，两只船眼各藏两枚银角子，或银圆。船眼有眼白眼珠，眼珠不能朝天，要朝下，意即看海上之鱼。钉船眼规定用三枚钉子。先在左右上角钉两枚，第三枚定好位而不钉上，待良一到，即把穿着红布条的铁钉，一敲而入。下水前，渔民把渔船装扮一新，船头涂上红黑白三色，船头、船尾都插上红旗，旗长一丈二尺，上书“天上圣母娘娘”，又用红黄蓝白黑五色布披挂船身。前后上下都有船对，船头书：“虎口出银牙”，桅杆顶书：“大将军八面威风”，船舵书：“万军主帅”，船尾书：“顺风相送”或“顺风得利”。并选择吉日良辰下水，敲锣打鼓放鞭炮，以示庆祝。

东海渔民在船上作业时，有许多禁忌。如春汛时老大穿长裤；船上吃饭时座位固定，不得随意乱坐；菜肴放在正中，各人只吃自己一边，不能吃对面或两旁的菜；船与船之间借东西称“拔红头”，一般不肯借给，若要借则先以柴送给对方；船上不可说不吉利的话，说话忌带“倒”“翻”“没有”等词，忌做倒、翻之行动；“倒掉”和“卖掉”，“翻个面”叫“转个堂”，“没有”说成“满发”，睡觉不可俯着睡，碗不可覆盖，筷子称“撑篙”，不可搁在碗上，不可用筷子在船板上蹬，等等。

（二）淡水鱼俗仍重神示

民国时期，以捕捞为生的汉民族渔民，仍流行信神重祀之俗。南方太湖流域渔民奉灶王爷为河渔神，农历十二月二十四，渔民在锅灶前摆上鱼肉和豆制品等供品，点上香，敬谢灶王爷的恩德。传说灶王爷是掌管河里的鱼的，每年此日夜间要渔民开放一次鱼库，让渔民捕更多的鱼。

渔民早上开船捕鱼，如果船头下面发现一只老鼠游过，而又捕不到鱼，则认为犯了忌讳，立即就收网回家，不再捕鱼。并忌讳黑白颜色的鱼跳上船头，以此为不吉利。如果捕到鲤鱼，则认为这天一定“利市”，网网丰收；如果捕到黑鱼，则以为是特大吉兆，黑鱼头黑，兆“黑心”，这天一定会捕到一大批鱼。如果正月里捕到身上有斑点的鱼，则预兆六月份捕鱼要丰收；如果早上开船时发现有一条狗在河里游，认为要交好运；如此等等。

四　手工业和工业风俗

（一）百作手艺行规严格

民国时期的工匠号称“百作手艺”，往往都有一技之长，常见的门类有铁匠、石匠、木匠、泥匠、瓦匠、篾匠、漆匠、成衣匠、剃头匠、铜匠、镴匠等。

民国时期工匠多为随父或亲眷学艺，也有出门拜师。学徒拜师先找“保头人”，征得师傅同意后，订立“师徒合约”方可上门。学期三年，没有工钱，对意外伤亡事故师傅不负责任。逢年过节，徒弟要向师傅送礼。学徒满师要办“满师酒”，祭祀鲁班祖师，宴请诸位常客工匠、至亲好友，学徒须向师傅、师母行三跪九叩大礼，师兄师弟之间把盏基酒，互相庆贺。

泥匠、木匠、石匠等建筑匠作均供奉鲁班为祖师，俗称“百作手艺供鲁班”。尤其石匠、木匠、泥瓦匠，逢年过节摆设香烛佳品供祭。篾匠崇拜泰山，认为泰山是鲁班徒弟；另一说为鲁班儿子。

在“百作手艺”内部，各匠的风俗也不尽相同。如石匠、进场采石先要用香烛纸马请过山神土地，然后再动手工作。工作时，任何人不准开口，认为开口容易出工伤事故，谁开口，出了事故就找谁。放炮时，有的石头挂在那里，似倒非倒；出了这种险情，也要请山神土地，祈求保佑。

石匠造桥，先要由村里有名望的人出面祭拜天地。石匠工具要统统供在桌上，再供三牲、酒菜祭品。祭时，石匠要念：“万古千年，行人安全”等吉利话，然后动土。桥造成要摆“圆桥酒”。石匠的祖师也是鲁班师。

木匠自认为是鲁班师最亲的徒弟。木匠用的尺叫“鲁班尺”，弹墨线的工具叫“班母”。民间认为木匠的工具是辟邪的，若房子造好，住进去运气不好，床铺做好后，夫妻不和，都认为是得罪了木匠，用了“鲁班法”，往往要请木匠来解除。木匠做嫁妆，或造房子，主人都要送红纸包，并请吃喜酒。

民国时期的铁匠多以打制农具、厨具为业，如锄头柴刀、菜刀、铁锹等，有固定的铺面。铁匠的祖师爷是尉迟恭，但也有以太上老君为祖师者。烧炭匠上山烧炭，要在山脚用三块石头搭个小庙形状，每日得膜拜。第一天还要用猪头、酒祭陈老相公。

成衣匠又叫裁缝。裁缝有几样用具与其他行业不同：一是量衣脚的尺，叫“三元尺”；一把熨衣服的熨斗，形如龙头；一根挂丝线的棍子，一头也雕有龙头。民国时期的裁缝，都是上门揽活。在办喜事（嫁女或娶亲）人家做活的裁缝需成双数，认为逢单不吉利，一般去四人，寓

“四季发财”之意。裁缝收学徒也要介绍人、保人，写投师契，拜祖师。出师要摆“出师酒”，除师傅外，介绍人、保人、师兄弟都要参加。裁缝拜“轩辕氏”为祖师。

民国时剃头匠又雅称“理发师”，经营方式有店而开业和上门服务两种。店面开业的叫“理发店”，上门服务的叫“剃头担”。剃头匠自信是三百六十行中第一种行业，皇帝曾封理发匠以举人身份，因为皇帝的头，也要理发，也要理发匠动手剃。过去理发要挖耳朵，传说挖耳工具也是皇帝封的，称“半付銮驾”。每年到十二月二十之后，再剃头时，就不挖耳朵了，谓之“封警”。理发业供的祖师爷叫罗祖，也有讲是吕洞宾。

理发业里“行话”很多，如剃光头叫“木龙”，理西发叫“西草”，剃平头叫“平草”，洗头叫“浆草”，剃刀叫“亲子”，修面叫“盖盆子”，围巾叫“大栏”，毛巾叫“小栏”。有些地区还用狮、象、麒、麟、猊、虎、豹、鹿、狼、狐十个字代替十个数目字，在顾客面前用暗语讲价格。

（二）传统作坊新瓶装旧酒

民国时期，汉民族的许多传统作坊虽在名称上已逐步演变为工厂或商业，但许多传统的行业风俗仍得以因袭。民国时期，为配合上海市的建设需要，浙江成为全国著名的砖瓦生产中心。浙江砖瓦工人仍认为其祖师爷是鲁班，在每一窑点火之前，旧时都要举行祭祀仪式。在窑门一侧的窑围上，贴上印有鲁班像的神纸，在窑凉快前叠几块土坯为桌，供一个猪头、一只鸡、一条鱼，俗称“六眼”（因这三件供品共有六只眼睛，旧时土窑也是六眼），点上香烛，斟上酒，然后由“大伙”（领班师傅）带班叩头礼拜。仪式完毕，方可点火烧窑。然后一起将供品吃掉。

广东铸锅作坊则规定凡入行的学徒，行例规定，每名跟师学艺者须先交纳约200斤米价学艺费，学艺期间只有伙食工资，要跟师学足1440天（4年），如因缺勤，一天补回一天，够期才为满师。满师后有幸得到雇用，也要挨师一年，在挨师期间，兼在作坊中老板煮饭和干粗重工作。晚上还要看守工场，且无工资发给，理发等费用亦须自理。铸造工人如自行辞职，两年内任何老板（店主）均不得雇用；如果被老板解雇的工人，则其他厂家可以随时雇用。

浙江龙泉陶瓷作坊建时，首先要请风水先生择定吉地吉日。开工时，要在窑地设祭礼神，以求烧出好瓷品。建窑日，严禁儿童、孕妇进入窑地，也不允许挑粪桶的人在地前经过，以防触犯神灵。在窑旁立有窑公。开窑点火必先祭祀窑公，并备酒肴请师傅，俗叫“做窑福”。七月十八日为祭窑日，俗传这天是龙泉哥窑祖师章生一制成“窑变瓷器”的日期。平时窑工在窑场用膳不能说话，用膳时碗筷不能碰响桌子，也不能把筷放在碗上。入窑要择逢三六九的日期，并要祭祀祖师、山神、土地。在入窑的整个过程中讲吉祥话，严禁秽物经过，防止秽气入窑，影响烧窑。

（三）现代工业风俗初步形成

民国工业与明清的不同之处，主要在于机械化程度的明显的提高。这也是民国社会经济风俗迅速发生变革的标志之一。外国货代替本国货、机制工业品代替手工业品，即洋布淘汰土布、轮船淘汰沙船、线袜淘汰布袜、火柴淘汰火石、煤气灯和电灯淘汰油盏灯等的情况，在民国各地的志书中比比皆是。

国外先进技术和机器设备的引进，将汉民族传统手工业工场改造为机器生产的带有现代化性质的工厂。例如，以生产“414”钟牌毛巾著名的三友实业社，1912年从手工作坊开始，1929年后大量使用电力织机，发展成为我国毛巾业最大的企业；生产三星牙膏的中国化学工业社社，1911年开设时都只是雇少数工人在家里生产的手工作坊，1920年使用电力机生产，逐步成为日用化工业著名的大厂。其他如机器修造、缫丝、榨油、碾米、轧米、织布、制茶、油漆、制皂等业，都在向机制工业过渡。

民国工业生产的近代化，不仅大大提高了生产效率，减轻了劳动强度，而且促使了城市居民生活的城市化，以往那种日出而作、日落而息的刻板平静的生活模式逐渐被丰富多样、日趋活跃的都市生活所取代。生产工具替换，本身就是工业风俗一次深刻地嬗变，同时又伴生出其他诸多新的隐性因素，这无疑激化了相关的生产和生活风俗的相应调整和演变。

五　商业风俗

（一）庙会演变成商业集市

民国以来，庙会照例是定期举行的。至于香火则因国历与旧历交替，使人们对于宗教祭日之记忆渐趋模糊，宗教信仰亦日益淡化。一些庙会逐渐演变为有固定会期的商业性集市。

民国期间的庙宇中均设定期市集，交易百物。市场大抵在庙宇中隙地上，而延展于庙旁隙地，与庙外市街的商业行为，构成庙会的中心。庙会上的买卖，大多是卖主租赁庙中的房屋、地段，固定设摊进行的。每届会期，货主总是到惯常的地方摆上摊位，做起生意。

民国时期，中国的近代商业虽然有了相当的发展，然而，由于传统的影响，以及近代商业经营范围的限制，人们对庙会这种特殊的买卖依然表现出了极大的热情。当时，北京的厂甸庙会一直很繁盛。每年春节期间，从南新华街北口到东西琉璃厂并延伸到虎坊桥一带，售货鳞次栉比，叫卖声喧器震耳。据1930年的统计，参加厂甸庙会的商贩近1000户，其中古玩玉器商贩300余户，玩物类商贩200余户，饮食类商贩100余户，用品类商贩100余户，其他商贩100余户。

上海永和制造厂
母女图老商标广告画

（二）商业广告和招牌的西式化

民国商业气息比较浓厚，商人们总是利用一切可能的传播媒介宣传自己的商品，这使得当时的广告丰富多彩，很是繁荣。从民国报刊广告的内容看，五花八门，几乎无所不包。其中出现频率最高的是药品和戏剧电影广告。

举例而言，1938年10月10日《文汇报》共出16版，每版都刊有商业广告。第一版全为中国福新烟公司的广告所占；第二版上有北平药局广告；第四版有两则广告，一则是上海永和公司“白雪”护肤膏广告，一则是金星自来水笔制造厂的广告。这表明民国时期的工厂商家利用报刊媒体做广告已成风俗。

民国时期的店招也有明显的西化倾向，这主要表现在两个方面。一是出现了用霓虹灯作商业标志的情形。二是招牌用洋名、沙利文、白宫、爵禄、巴黎、安琪儿、安哥拉、卡尔登、阿耳岛等带洋味的店招各地纷纷出现；不少店招还使用了英文字母。

（三）小贩货声风俗承古风

民国时期的行商小贩，在走村串户贩卖货物时，仍继承旧时的传统，利用响器声和吆喝声招徕顾客。民国时期的北京城里的货声颇具特色，小贩的吆喝一般有简单的曲调，顾客即使听不清他所吆喝的内容，但根据其约定俗成的曲调就能辨别卖的是什么货物；小贩的响器也大都按行业的不同而各具特色，方便顾客辨别。北京、天津一带卖小吃的小贩，吆喝花样颇多，常见的有“老豆腐，开锅!”“炸丸子，开锅!”“热的啰……大油炸鬼，芝麻酱来……烧饼”“炸面筋……肉”“哎嗨，小枣儿混糖的豌豆黄嘞!”如此等等。北京、天津一带小贩用于招徕顾客的响器，常见的有剃头的手里拿一把上宽下窄、形似镊子的响器，叫“唤头”，用铁棒拨拉发出“嗡嗡”三声；卖布的用拨浪鼓；卖日用百货的用竹藤棍敲击葫芦瓢；等等。

第三节　民国汉民族的生活风俗

一　服饰风俗

（一）男子剪辫

男子剃发留辫，原是清代满族统治者初入中原时强迫汉人接受的方式。因此，在清代男子蓄辫与否，成为汉民族社会衡量其是否效忠朝廷的标志。进入民国，原由满族统治者强加于汉民族社会的男子剃发留辫风俗，随着清朝统治的灭亡和社会历史条件的改变，也就难以持续下去了。资产阶级革命党人认为，衣冠发式是“民族之徽识”“常与民族精神相维系，望之而民族观念油然而生”，[①] 因而号召人民剪辫子。为此，南京及

① 汪精卫：《民族的国民》，载《民报》1905年第1期。

各地政府还专门颁布剪辫令。很快得到了普遍的响应，剪辫热潮在全国范围内迅速兴起。

其实，民初的剪辫子时尚也是服饰本身发展规律使然。因为西装与辫子是格格不入的。实行新军服制的清兵身着西式军服脑后一条辫子已让人觉得不伦不类，西装革履本是为更精神、更简洁。实用和美观是物质风俗的主要追求，在服饰方面更是如此。

当然，一种旧风俗的革除，绝非是一蹴而就的，因为在这个过程中不乏求稳守旧者。

（二）男服易式

发式与衣冠是密不可分的。随着民初剪辫活动的展开，社会上又出现了“易服热”。剪辫后，人们大多开始有了戴帽子的服饰习惯。于是博士帽（西式毡帽）、草帽、卫生帽及毛绳便帽等各式帽子流行起来。“民国以来，男子皆剪发，且风气日盛，夏季之草帽，销行日盛。今已通行全国。当初概用劣货（指外货），自抵制后，国货草帽公司踵起。日夜赶制，尚不敷销，劣货几绝迹矣。”①

在民国时期，汉民族社会的男子服装，西装、中山装占据了主要地位。不仅官员、知识分子喜欢穿，其他阶层的人也照样穿；城市是如此，一些远离都市的偏僻县乡也是如此。而上海、北京这样的大城市，穿西装的男子极多。西装是辛亥革命前后维新人士和革命党人的典型穿着，中山装是革命导师孙文先生改造英国式猎装所制；因为这两点，民国建立前后，人们把西装、中山装与维新、革命结合到了一起，“无如政界中人，互相效法，以为非此不能厕身新人物之列”②。至于学生，除了规定的学生服外，更是带头在服饰上洋化，民国时期的知识分子则流行穿长袍。

（三）妇女放足

如果说人们的社会政治心理的变迁与民国后人们逐步除去留辫的恶习有关的话，那么，民国后妇女逐渐摆脱缠足等恶习，则更多的是与人们的社会道德心理及现代生活观念（包括审美意识）的变迁有关。民国政府成立后，几次三番下令禁止缠足，认为“缠足一事，残毁肢体，阻阏血

---

① 《申报》1912年7月16日。

② 《大公报》1912年6月1日第1张。

脉，害虽加于一人，病实施于己姓”[①]。规定未缠足禁止再缠，已缠不足年限者应即放足。在这些劝禁妇女再缠戒除缠足旧习的过程中，没有因为民初民众政治心理的滞后而发生冲突。相反，人们的审美观念在悄悄发生变化，越来越多的人不再以足小纤弱为美，而以肢体强健、合乎自然为理想。妇女缠足时全部自制（绣）鞋袜，费时伤神；放足后，妇女终可以步出家门，自选鞋袜。有一首诗形象地描述了这种变化：“往来短巷复长街，革履声喧橐之偕；转眼清明佳节近，无须重绣踏青鞋。”[②]

（四）女服趋时

至于民国时期的女式服装，则经历了一个实质西化，表面还以中式为主的过程。

民国时的青年男女服饰

民国初年，妇女服装一般仍保持着上衣下裙的形制，与清代没有太大的区别。只是有一些青年妇女受日本女装的影响，穿窄而修长的高领衫袄和黑色长裙，以为唯此才当得起文明、新潮。其后，女子服装渐呈西化趋势。一改过去胸、肩、腰、臀完全呈平直状态的传统服装造型，将衣服裁制得长度减短，腰身收紧，袖口缩小，比较注意“曲线美”了。

从20世纪20年代开始，中国开始流行模仿传统，兼之吸收了一些西方服装优点的女服，最终形成了旗袍。30年代中期，旗袍至衣长、袖长、衩长上不断翻花样，致使这种服装一时衣长及地，连鞋子都看

① 《孙中山全集》第二卷，中华书局1982年版，第232页。

② 《咏沪上女界新装束》，“自由读”载《申报》1912年3月20日。

不见，一时又缩短至膝盖处，使整个小腿都裸露在外面；一时行长衩，一时兴短衩。不过，袖口是越缩越短，由肘上缩到上臂半露，再缩到肩下二三寸；同时，腰身越来越窄。有的窄到要吸了气才能扣上纽扣。进入20世纪40年代后，旗袍的式样趋向于取消袖子，缩短长度和减低领高，并省去了烦琐的装饰，使其更加轻便、适体。这种定型了的标准式样，主要是延纳了西式女服的一些特点。

除了旗袍，大城市如上海、广州、北京、天津等地的妇女还喜着披风、大衣、西装、马甲、长裙等。

在领导时装新潮流方面，电影演员、模特、交际花走在最前，作用也最大，上流社会的妇女趋而从之。什么“番花”女西装、西式裘皮大衣、百褶裙，好莱坞不断变换的明星服都在上海、北京、天津等地流行过。

（五）服饰尚新

民国时期，不论男女服饰都“洋洋洒洒，陆离光怪，如入五都之市，令人目不暇给”[①]。人们赞赏苏州某些人的装束别致说：“绸伞高擎足踏革履之女界学生华丽煞”“马鞭高挥身穿军服之将弁人材气焰煞”“草帽高戴口衔雪茄之少年学生时髦煞”“襟褂白兰嬉游道旁之浮荡子弟顽皮煞”。[②] 在天津，人们惊叹女子打扮的花样翻新情况说：“有剪了头发穿件长衫戴顶洋帽的，也有秃着头穿洋装的，这是剪发的一起了。不剪发的呢？大半不梳辫子啦，有把髻梳在前面像一朵花像一个蝴蝶似的，也有梳在头顶上的，梳在两旁边的，梳在后头的，有千百个式样。”[③] 这反映了人们在选择衣式发型时，不再重视身份贵贱，唯以美观新奇相尚。

二　饮食风俗

（一）日常饮食沿旧制

在民国时期的主食中，在汉民族中占据着主导地位的主食依然是米、面以及米面制品。江南地区的人，以稻米为主食，一日三餐，或粥或饭，莫不借此疗饥。但每天的点心、间食、糕饼等，则都是面粉制品。尤其是

① 《梦游民国》，“自由谈”载《申报》1912年9月14日（3）。
② 《苏州之七煞》，《时报》1912年8月20日（七）。
③ 《看我们女子被人家耻笑啦》，《大公报》1912年6月27日（三）。

面条，花样之多，无出其右，有荤面、煎面、冷面、阳春面、糊涂面，种种色色，指不胜屈。

与南方相反，在北方，人们主要吃面粉制品，偶尔也吃些米饭。北方的面粉制品，花色品种繁多，寻常的就有面条、饺子、馄饨、馒头、包子等多种。民国时期的南北主食除米面外，也有不少人以南瓜、山芋、小米等杂粮作为主食。

欧风东渐后，面包上市了，热狗、三明治出现了，于是在传统主食之外，又有了一种西洋式的主食。故而民国时期的主食，较之前代，品种丰富多了。

（二）都市菜形成系列

民国时，清末一度衰落的汉民族饮食业，这时期逐渐得到了恢复。民国初年，是北京饮食业发展的鼎盛时期，地方菜馆达 100 多家，具有北京、山东、江苏、广东、四川、河南等 20 多种不同风味。

在上海，各种地方风味菜肴的门类已很齐全。20 世纪 20 年代末，除在本地菜馆外，已有徽州、苏州、无锡、宁波、扬州、粤、京、豫等地方风味。其中，最先进入上海的是安徽菜，它以馄饨鸭和大血汤，烧得格外地道，名扬沪上。苏锡菜以船菜著称，由于它口味与上海相仿，加上苏锡人在沪居多，因而格外受到欢迎，发展极快，不到几年就名列前茅。如创建于 1862 年的“同治老正兴菜馆”，以咸肉豆腐、炒肉百叶、炒鱼粉皮、肠汤线粉和各色河鲜而名噪全沪。

1927 年，国民党政府定都南京之后，南京成了政治和经济中心。发达的交通和繁荣的市场，促进了饮食业的兴旺，南京饮食业走上了一个新的鼎盛时期。出现了早点四绝，一绝是七家湾“李荣兴”的牛肉汤；二绝是中华门内贵人坊“清和园”的荤素干丝；三绝是武定桥下的“包顺兴”的包饺，和后来居上者有“刘长兴”；四绝是西门殷高苍“三栈楼”的烧饼。

（三）西餐番菜进一步流行

民国时期，中国各地的菜馆，依然是中菜的天下。然而，由于当时与外界接触渐趋频繁，东西方来华人数急剧增多，因而在交通要冲及沿海各大城市，出现了相当多的西菜馆和东洋菜馆。

西菜馆亦称番菜馆，出现于清朝后期，是来华洋人不断增加后出现的一种饮食风尚。民国时期，各地开设的西菜馆，数量颇为可观。1914 年北京较出名的西菜馆有4家，到1920年发展到12家。天津在民国后，出现了11家番菜馆。1935年10月，意大利人路易·路迈在淮海中路开设喜乐迈法式西菜馆，它就是现在上海最负盛名的红房子西菜馆的前身。沪地西菜馆业中还有一些俄式菜馆，经营者有白俄罗斯人也有中国山东人，最盛时曾达十余家。

除了西菜外，民国时舶来的饮食中，还有一种东洋菜。经营这种菜的菜馆，绝大部分由日本人开设，在口味上完全有别于中菜和西菜。总体上它没有西菜影响大。

（四）西式饮料进入

民国期间，北京通行的饮料一是烧酒，即白干，南京称为“高粱烧”“蚌埠烧”“牛庄烧”，受到上中下不同阶层的欢迎；二是绍兴黄酒，名色也很多，大都通行在中上阶层，日常饮此者很少；三是山东、山西黄酒，只作为应酬家乡客人而已；四是江米白酒，可以用在药内。

在饮的“家族”里，除酒外，主要的还有茶。民国北京茶行，十之九皆为安徽人，所谓“茶叶某家”的便是，有名者为：吴家、汪家、方家、罗家、胡家、程家几姓，而安徽人中尤以歙县为主，所以北京的歙县义地便由茶叶吴家负责典守。

民国时期，当绝大多数人在饮固有的酒茶之时，一些身居大都市中的人，开始尝试品味西洋饮品。西洋饮品，主要有各种洋酒、咖啡、冷饮，是随着洋人的来华逐渐传入的。在北京、上海、天津、广州等地，洋酒洋饮料不仅西菜馆、酒吧、咖啡馆内有，中式饭店、菜馆中也准有，以满足顾客不时之需。到了夏天，啤酒、汽水、冰激凌的消费量都很大，甚至在一些小县城，这些洋酒水也“尤为夏日宴饮之所尚”[①]。汽水等新式饮料的消费量日增，引起了投资者的注意。1923年，上海资本家在沁乐水厂的基础上大加扩建，更新设备，用新式技术生产汽水。创出了家喻户晓的名牌汽水“正广和”。

（五）纸烟流行

民国的饮食文化中，“吸”的西化最为明显。西方传入的简便、经济的纸烟，在民国年代大多吸烟者投以青睐。在城市中，中国古老的旱烟、水烟逐渐被淘汰。民初北京“添设专售纸烟的商店，至少有300家。其

① 于云峰等：《安东县志》，1931年铅印本。

代售之铺，尤不在内。纸烟销售既多，于是中国旧烟店乃大形减色。益以公卖结果，税日重、价日增，遂驱全市之人多愿舍中国之烟，而用外国之烟。盖因其价虽微昂，而取携则颇便利也"①。甚至以产烟叶、吸旱烟闻名的东北，"县人无论老幼男女，嗜叶子烟者颇多，虽盛夏亦终日不去口，近则多用纸烟，亦如之，盖成习癖矣"②。但在广大农村，旱烟、水烟仍是广大烟民的首先之俗。

三　居住风俗

（一）民居南北有别

民国时期，汉民族以住平房最为普遍，有平顶与人字斜顶之分，瓦有五间者，一明两暗，中间为堂屋，东西屋设火炕，皆在南窗下；灶头设于敞屋外入门处。北方喜住有正房、厢房的四合院。一般有院墙角门等。南方的民宅与之不同，多为院落式建筑，是由院与落结合起来组成的建筑物称为落。落与其正面的庭院组合，就形成了院落。

民国民居的南北差异十分明显。北方汉民族室内以锅灶、火炕为主体，朝向一般主房皆坐北朝南。南方水多，房基多立于水中，墙下可通船，运送粮柴、垃圾等极为方便。北方平原则重视打地基，挖槽夯实，再砌砖石，屋架以坚木为之，有五檩、七檩、九檩之分，最少的也有三檩。然后加椽，前后出檐翘脊的，讲究五梁八柱。民国时期的屋顶，常用油毡、石棉瓦、水泥瓦等软轻的材料。墙面，北方以砖纹为美，南方多涂抹灰泥，北京尚黑墙，涂黑灰，庄严肃穆；南方有的地区，如广东等地尚白墙，涂白灰，洁净大方。民国的店铺作坊，多为邻街、敞门式。南方汉民族一般灶头在后间后院，北方则进门先见灶头，然后才进入住室。南方睡床，双人床男女对向睡。北方睡炕，均并头睡，且头一律向坑檐，不能头朝里。从以上的简略对比可以看出，民国民居的南北差异是比较突出的。

（二）农村居室沿旧制

民国时，汉民族各地农村的居室仍沿旧制。浙江平房、楼房都很高大宽敞，光线充足，空气易流通。大部分有天井，深度有二进、三进，叫作"三间二进""五间三进"等，也有"三间对合""五间对合"，这种对

---

① 胡朴安：《中华全国风俗志》（下编），河北人民出版社 1986 年版，第 21 页。

② 王鹤龄等：《义县志》，1939 年铅印本。

合，进门为厅，上面为堂。房间建在两边，房子利用率较低。

在海南乡村，农家居室则茅屋、瓦屋互用，屋式与城市相同，但低小而窗少，或不设窗。其低者檐高仅四五尺，门户矮狭，出入必须低头。一般住宅多无厕所，人们早晚觅屋外僻静处方便。如屋前后有园林草地，则成为天然的厕所。牛猪栏设于大门外或屋后，上无盖，下无垫，粪便堆积达二三尺。

山西平民住宅多是平房矮屋，土窑土楼。其宅院狭窄，居室简陋。住宅多为正向，建筑结构为三间三檩或五间三檩，间架七尺左右，入深约八尺。土木结构居多。山区偏远地区住窑洞的很多，窑洞一般是顺山势地势切成平面，然后向平面纵深处掏掘而成。贫者居住拥挤，室内凌乱。富家居室宽敞，院落讲求几合几串，以四合楼院为主，多者达二串三串院子。

甘肃镇原农民多居窑洞。修窑时要先看地形，再由土工绘图。有三只窑为一院的，五只窑为一院的，七只窑为一院的，都取单数。以中间的一只窑为主房，在此会见宾客，称为客窑。此外，或家主所居，或儿女所居，或作厨房，或住长工，或养牲口，或储粮食，均有一定的地方，毫不紊乱。每只窑盘一土炕，千百家同一构造。

（三）城市西式建筑流行

民国时期，在那些与西方交往日益频繁的城市里，民居建筑不论是在所用的材料，还是创作手法，以及建成后的风格上，与固有的建筑形式有了很大的不同，而带有鲜明的西化特点。

像上海这种西方殖民势力较强的城市，在租界和越界建筑路的地段里，社会中上层人士居住的花园洋房、西式公寓鳞次栉比，自不待言。就是中下层人士居住的弄堂房子的外观、结构也逐步洋化和现代化。在其他一些大城市里，民国后的西式建筑也使城市变化不小。在汉口，“屋舍亦极壮丽，且高楼大厦亦甚多”。[①] 在青岛，“市内住屋多属欧式建筑”[②]。在许多城市里，连烧给死人的冥屋也改用纸扎洋房了，表现了人们在住房上的趋新崇洋心理，生前住不上，死后也要让他住上。

在西北色彩较浓的城市里，居民住宅样式流行较广泛的是里弄建筑，西式里弄住宅是在改造中国传统低层院落式住宅的基础上发展起来的。它

① 《汉日小志》，1915 年铅印本。

② 袁荣叟：《胶澳志》，载《民族志》五《生活》。

20 世纪 20 年代的上海

使后者由“合院”式变为“联立”式。而其中又以上海的里弄建筑是最具特色、最富代表性的。新式里弄住宅主要建造于 1919—1930 年，复兴村、四明屯、静安别墅等建筑为其代表。这类住宅的单体建筑中，起居室、卧室、厨房、餐室、书房、日光室、工友室、浴室乃至汽车间等一应俱全，房间的功能分工十分明确。

此外，在上海、青岛、汉口、广州等现代化程度较高的大都市中，花园式洋房也开始流行。其中以上海为最。20 世纪 20 年代后，上海已发展成为国际性大都市，大批资产阶级住宅开始建造起来。这些花园住宅为适应业主的不同口味而设计成各种不同的式样，各姿百态，无奇不有。其中数量最多的是英国乡村别墅式。

到了 20 世纪 30 年代以后，高层公寓这种西式建筑在许多大城市中开始大规模出现。高层公寓是一种集体式住宅，每幢、每层有多个单元、多家住户。它是将欧式花园住宅向空中发展的现代样式。这种住宅以二室户、三室户居多数。公寓的设施，除电梯外，还有暖气、煤气、热水设备和垃圾管道，有的还在厨房里配备了电冰箱。

（四）城市贫民的棚户居室

汉民族各地城市的居住风俗，还出现了一个引人注目的现象，即出现了面积不等的棚户居室区。上海在民国时期以繁荣著称，但另外，也存在居住环境十分恶劣的棚户区，两者形成了鲜明的对比和反差。

上海的棚户区是随外国资本进入上海而产生的，最初时出现于黄浦江畔，接着蔓延于工业区，最后遍布于全市。据调查，至20世纪40年代后期，上海200户以上的棚户区共有322处，其中2000户以上的有4处，1000户至2000户的有39处。此外，还有大量200户以下的零星棚户，估计上海棚户总数在20万户左右，居民近100万人。

（五）迁屋风俗传统依旧

民国时期，尽管各大城市中流行起全新的西式建筑住宅，但人们在迁居仪式、居处禁忌等方面仍以传统为主。此时，南方迁居新房，事先要砌灶，浙江的灶头一般为三眼灶。在灶头靠外镬处的上方，有翅角的灶君神龛，有灶家菩萨的神座，一般是一块有座的木牌，上缚一张灶君神马，前置香炉、蜡台，逢节要祭祀。

在灶砌好后，则要迁入新居时，对于搬迁之物要分先后次序。如杭州第一批搬入者为发篮、梯子、晾衣的多枝竹竿、万年青、吉祥草和柴米等。其次再迁神堂和祖宗堂。祖宗堂大都奉于厅堂左边。右边配以神堂，奉观音菩萨、土地神或天地君亲师等牌位。商贾之家也奉伏虎元坛，即财神。祖宗堂和神堂迁入后，便搬家具、箱笼、杂物。最后，选择吉时良辰，全家老小搬入。全家集齐于新宅后，预先有亲友迎之入屋，并以灯烛导之登楼，此时不说一语，取俗谚“闷声大发财”之意。然后，饮糖茶一杯下楼，这时亲友才齐声祝贺。当天设宴，称“乔迁喜酒”，亲友送年糕元宝，取“发宝”之意，有的则送贺轴。[1]

（六）各地建房俗信

民国时期，汉民族建房仍有讲究风水朝向，重视奠基仪式、举行上梁典礼等传统的俗信。江南人在建房前一般请阴阳先生用八卦盘选择宅地，定出朝向。据说，宅地左有水称为玄武，这是最贵之地。民间认为，宅地东有流水达江海者主吉，东有大路者主贫，北有大路者主凶，南有大路者主富。住宅的朝向一般以坐北朝南为佳，阳光充足。大门定向以东为佳，所谓“紫气东来”，所以大门多在左首，称为青龙。宅地选定后，房主以三牲和香火祭拜。住宅开工前多书写红条幅压在宅地上，条幅的内容是“姜太公在此，百无禁忌”，人们认为如此则在建房时不会出事故。[2] 另

① 浙江民俗学会编：《浙江风俗简志》，浙江人民出版社1986年版，第31—32页。

② 刘克宗等编：《江南风俗》，江苏人民出版社1991年版，第138—139页。

外，建房禁忌“门对门”“门对弄”和“屋脊对门”等，凡有此者则俗称“相冲”，即有相克之意，往往在门框上挂米筛、镜子、八卦图或书写“泰山石敢当”“姜太公在此，百无禁忌”等字样以辟邪。遇到邻家屋檐正对本家，在屋面放“瓦砾将军”（一般是姜太公钓鱼泥瓦像）或种屋葱，因“葱”与“冲”谐音。[①]

福建人在建房时求实避虚，忌宅大门小或门大宅小，忌在屋场空间上场院大于室屋，忌院墙残缺，忌井灶不全。并以宅小人多和六畜多，宅门大小适中，院墙完整，井灶齐全，宅中水渎向东南流为理想住宅。

民国时期，建房仍为人生喜事之一，南方有“上梁”之俗，届时亲友们往往要挑一担礼物前往祝贺。礼物以糕粽团为主，这里取上梁时高中团圆之意。礼物中还有茶食、水果、鸡鸭等物。建房者的亲友们宁可典衣质物，也要挑着礼物前往祝贺。江浙人在上房梁时有抛梁的风俗，抛梁即泥木匠从房梁上向四面抛撒糕粽团，使下面的观众争相抢拾。所以上房梁时不仅贺者盈门，而且观众成群，糕粽团满天纷飞，势若雹雨，热闹异常。

四 交通风俗

如果说在“衣”“食”“住”风俗的变迁中，人们总是或多或少地保留了传统的民族形式的话，那么，在“行”，亦即交通的问题上，只要经济条件许可，人们对现代科学技术的产物总是来者不拒，欣然接受，对旧有的交通方式并无多少留恋之情。

（一）肩舆风俗式微

清代的达官贵人、士绅商贾多以肩舆代步。到了清末，从西方传的马车开始代替肩舆。此外，人力车、脚踏车、摩托车（汽车）也有始穿行于街道。民初，车舆制度废除，仪仗冷落，封建官威，扫地殆尽，“咸改他业矣”[②]。轿子在民国时期存在的历史并不长。这在小城市是如此，在大城市表现得更为明显。据有人统计，上海有营业执照的轿子，在 1910 年为 331 个，到 1919 年就只剩 16 个。许多地方轿子成了人们打趣的对象，而完全失去贵族老爷身份的象征意义。

---

① 浙江民俗学会：《浙江风俗简志》，浙江人民出版社 1986 年版，第 135—136 页。

② 周振鹤：《苏州风俗》，上海文艺出版社 1989 年影印本，第 83 页。

（二）黄包车流行于都市

清末时期传入中国的人力车逐渐流行起来。人力车，不少地方称之为东洋车，据说是在1874年3月24日由法国人米拉从日本输入中国来的。最初的人力车，两个大轮为木制，车身很高，车中仅可坐一人或两人。后来，经过国人改装，人力车变成了黄包车。比之于人力车，黄包车因改用了橡胶轮胎，放宽，改低了车身，安装了油布车篷，变得舒适实惠了些。民国人力车的流行之因，一方面是对它作了改良；另一方面与当时的路况有关。民初各大中城市在改造旧城中虽也修了些马路，但当时的路况远非适于行驶较高速的机动车。据载，抗战前，南京的人力车有11180辆，常熟也有700多辆。在农村，则流行以独轮车运送客人。

（三）现代化交通工具流行

民国时期，除了非机动车作为市内公共交通的工具外，还有很多的机动车担负着市内客运任务。其中，最早的发展最快的大概要数电车。到1926年，全国拥有电车的城市有上海、香港、天津、北京、大连、抚顺。正在修筑或计划修筑电车的城市有广州、沈阳、哈尔滨、杭州、常州、江阴、宜兴等地。到了20世纪40年代中叶，上海的电车生意已相当发达了。

此外，民国时期新兴更为先进的交通工具还有火车和飞机等。科技的发展将此期间的交通风俗真正引入了现代化的路子。与此前的同类风俗有了根本上的区别。对此，白寿彝先生有过明确的阐述："中国的新交通（按指民国政府成立后）和以前不同之点：第一，为交通之科学化，以机械的力量逐渐代替以前使用的人力、畜力和风力。第二，为交通组织之商业化，凡各种新交通工具之利用。均可以普通的交易方式行之，没有阶级上的限制，和以前专为军事政治上的便利而设的交通事业不同。这两点，是现代中国交通和以赶交通之根本歧异。"① 伴随着新的交通工具的不断涌现，社会风尚也必然会发生相应的变化，"自铁路四通，奇技淫巧，毕萃于都市，故近城镇者习奢华，而山泽则尚朴素，风气固判然两截"②。

生活节奏的加快，呼唤着新式交通工具的出现；同时又改变了人们固有的交通观念和一定区域内"行"的风俗。华北铁路沿线各县，县志中

① 白寿彝：《中国交通史》，商务印书馆1993年影印本，第212页。

② 宋衍绵纂：《蒲圻县乡土志·人文》，蒲圻县教育局铅印本1923年，第21章《风俗》。

几乎都记载了“脚踏车增多”。如北宁铁路过境的昌黎县，“脚踏车，城镇集市多有驾驭者”[①]；平汉铁路边上的望都县，“近年脚踏轮盛行，商人及各机关多用之”[②] 等等。

第四节　民国汉民族的礼仪风俗

一　育诞风俗

（一）祈子之俗未有更张

民国时期汉民族的旧式婚礼上，均有“撒帐”之俗，虽撒的果品虽各地不尽相同，但其中所寄寓的“祈子”之意是一致的。如红枣取“早生”之意，栗子谐“利子”之音，桂圆取“尊贵”之意。花生象征花开富贵早结子，石榴象征多子，如此等等。在民国旧式婚礼的“撒帐”仪式上，还有杂撒香烟的。香烟即机制纸烟，系民国时新流行的烟品。此时进入婚姻礼俗，则含有“香大绵延”的祀吉意味。

另外，在汉民族一些地方的婚礼上，又有“传袋”之俗，新娘从轿里出来后，要从一个个米袋上走过。其真实意义是为了祝吉求子。婚礼上除传席和撒帐外，民国时期还有一些祝吉求子的小插曲，比如剪石榴、葫芦窗花、贴麒麟送子、连生贵子年画；吊双筷子，讨“快（生）子”的吉兆；煮个半生不熟的“汤心鸡蛋”给新娘吃，赚她说“生”字；等等。

湖南衡阳则在中秋晚上送子，送的是冬瓜。这瓜是几天前在菜园子里偷来的，并且用彩色绘成面具，用衣服裹成人形，由年长命好的老人抱着，爆竹噼啪地送去。送到家里时，把冬瓜放在床上，用被子盖住，老人念祝吉词：“种瓜得瓜，种豆得豆。”据说，不孕妇女吃了冬瓜就能怀孕。江苏淮安在元宵节之后到二月二日之前这些天送子，送的是小红灯或者从特定地方取来的砖块。“灯”与“丁”音近，取添丁生男之意；砖块代表“璋”，祝福得“弄璋之喜”。送子的时候也要“锣鼓喧腾，乐声大作”，送去的灯或砖挂在床头。迎到孩子的人家都要设宴款待亲友乡邻，得子之后还要重礼答谢送子人。[③]

---

① 陶宗奇等纂：《昌黎县志·民俗志》，1933 年铅印本。

② 王德干等修：《望都县志·民俗志》，1934 年铅印本。

③ 胡朴安：《中华全国风俗志》（下编），河北人民出版社 1986 年版，第 186 页。

（二）怀孕俗信

民国时期，在汉民族民间还有许多男女预测的方法和有关俗信，如“酸儿辣女”这是中国民间流行相当普遍的预测男女的俗信，是说妊娠期孕妇喜食酸物，预兆生男，喜食辣物，预兆生女。因此，常有人为了生男而把所有种类的酸性食物弄给孕妇吃。“儿勤女懒”，所怀为男，孕妇勤快，所怀为女，孕妇疏懒；“儿带母愁”，孕妇常常面带愁容，则所怀为男；“女儿打扮娘”，视妇女面部变化较大，则所怀为女；如此等等。

此外，还有一些近乎卜筮、博戏的预测男女的方法，诸如：元宵节，新婚夫妇（孕或未孕）同时点燃正月初二从女家带回的红、白并蒂莲灯，看哪盏先灭。若白灯先熄，兆生男孩，红灯先熄则主生女。将冬至节汤圆就着火烤，如果汤圆胀而不裂则生男，如胀而破裂则生女。这种方法也可用其他类似食品作道具。

（三）产俗多禁忌

民国时期，农村医疗卫生条件差，妇女产子如过鬼门关，故临产时有许多辟邪驱秽之俗。如院门上挂弓箭的风俗，以求抵御、射杀各种邪祟，祓除它们的阻障，使婴儿顺利降生；在陕北，由婆婆在房门贴上老虎剪纸，据说有了老虎把门，妖魔就不敢进屋摄走娃娃了。此类驱邪产俗不仅盛行于民间，皇室、豪门大族也未能免俗。

孕妇顺利分娩以后，要由洗生婆初步擦洗婴儿，处理脐带、胎盘。此时，新生儿洗浴有许多讲究。湘西地区讲究浴盘里的水不能多，也不能深，多了小孩尿多，深了小孩不善言辞。洗浴时先洗双眼，谓“开大门”；次洗鼻子，谓“点龙鼻”；再是洗嘴，谓“开龙”；最后由头部洗到胸部、手足。[①] 此一时期，妇女分娩仍被视为不洁、有许多产妇禁忌。婴儿一降生，主人家报喜各地也不尽相同。最常见的是携红蛋（或称喜蛋）去岳家报喜。有的地方报喜时要明显地标示出所生是男孩还是女孩。湘西地区是提鸡报喜，生女提母鸡，生男提公鸡；江浙地区提一把空茶壶向外公外婆报喜，生女以红头绳系壶柄上，生男则系壶嘴上；有的地方除了报喜之外，还在家门口张挂出诞生的标志，以防止不知情者遽然闯入，带来邪秽之气或风寒灾病，影响孕妇与婴儿的安康。

---

① 张劲松、谢基贤：《古今育儿习俗》，辽宁大学出版社 1988 年版。

（四）三朝洗三吃黄连

民国时期，新生儿诞生之第三天要举行“三朝”，庆贺新生命的诞生。亲朋邻里携贺礼前来道喜，生子之家也要排开宴席、招待客人。三朝礼起源较早，到民国时又有了许多新的风俗内容，如开奶与开荤。江浙一些地区开奶时，家人要让婴儿品尝黄连。仪式进行时，事先请好的一位能说会道的妇女将黄连汤抹数滴于婴儿嘴上，一面说：“好乖乖，三朝吃得黄连苦，来日天天吃蜜糖。”然后把肥肉、状元糕、酒、鱼、糖等食品制成汤水，用手指蘸少许涂于婴儿唇上，并唱道：“吃了肉，长得胖；吃了糕，长得高。”“吃了酒，福禄寿。”“吃了糖和鱼，日日有富余。”最后让婴儿尝一口别人那里要来的乳汁。

在三朝礼中，最主要的仪式是“洗三”。洗三的仪俗南北都有。如安徽寿春“婴孩三日后，必为之净洗，谓之洗三朝。置红鸡于床前，使产妇焚香祷告，谓之拜床公、床母。若产妇有病，令洗婆代拜”[①]。

（五）满月剃头

婴儿出生一个月，要做“满月水”，亲友礼相贺。北方贺者多系女性，所送的礼物则多为小儿用品，有俗谚云：“姑姑家的帽子、姨姨家的鞋，老娘家的铺盖拿将来。”满月礼除设宴款待客人，庆贺“弥月之喜”外，还普遍流行剃满头与游行等俗。

在浙江绍兴，满月剃头外婆家要送有圆镜、关刀、长命锁等物，圆镜照妖，关刀驱魔，长命锁锁命。苏州亲友所送茶食糕点也用意颇深：云片糕象征祥云片片，如意糕象征吉祥如意，大蜜糕象征甜甜蜜蜜，等等。剃头时额顶要留“聪明发”，脑后要蓄“撑根发”，眉毛则全都剃光。此时，婴儿的胎发又称“血发”，受之父母，除了要留一些表示对父母的尊敬、孝意外，剃下来的也需谨慎地收藏起来。有的地区是将胎发用红布包好，缝在小孩枕头上，有的则是搓成圆团，用彩线缠好，挂在床头辟邪。在北方许多地区，满月剃头的礼仪要由婴儿的舅舅主持，或必须有舅舅参加；舅舅没来，则要让婴儿手捏蒜臼，以示舅舅在场。

（六）百日礼送百家衣

婴儿出生百日叫百晬，宋代以后，汉民族就有“百日礼”风俗。民国时，西北、中原一些地区称作百日礼为“过百岁”；北京城则有称“百

---

① 胡朴安：《中华全国风俗志》（下编），河北人民出版社 1986 年版，第 285 页。

禄”者。

百日礼亲友携礼来贺，主人设宴款待。在山东，百日礼多在婴儿出生的第九十九天过，一般由姥姥、妗子、姨姨、姑姑等来送礼庆贺，比较亲密的街坊朋友也有来送礼的。所送礼物除食品果蔬外，便是小儿衣饰，其中最有特色的是百家衣和百家锁等，百家衣状如僧衲，是集各种颜色的碎布头连缀而成的。百家衣是为了长寿，有的孩子穿到周岁才脱掉。百家锁也叫“长命锁（索）”“百家索”“百家练”等。百家锁上一般有文字或图案，文字多为“长命富贵”“长命百岁”等祝吉词语，图案则象征福寿绵延不断的景物。

（七）抓周内容有更新

婴儿到一周岁生日时，家人要为婴儿举行周晬礼，庆贺祝福一番。周晬礼较为隆重。在浙江萧山，这天要“设祭祀神飨祖，岳家戚族，则均以礼物相馈送，乃设燕飨之。其所赠之衣履，较弥月时为大，非曩日一寸之冠、一尺之服矣”①。

周晬礼上流行最普遍的仪俗是“抓周”。抓周也叫“拈周”，指在小儿周岁生日这天，摆放各种象征物品，随其抓取，试其志向。民国时期，抓周仪俗遍及南北，其风颇炽。胡朴安《中华全国风俗志》对此多有记载，如记北京地区风俗曰：“至周岁，于小儿生日，将士农工商所用之器具置于桌上。小儿梳洗毕，衣新衣，抱至桌前，任其随意抓取。若所取者为笔，将来必为文人；若所取者为算盘，必为商人。诸如此类，名曰抓周。”②

（八）拜干亲流行

民国时期，人们有“生辰八字”之俗信，养小儿之家如果认为小儿的“生辰八字”与父母相克，则为难养，要让小儿拜认干亲。民国时期拜认干亲的仪俗是多种多样的，最为流行的是上门拜认，即婴儿的父母备认亲礼品，携小儿前往要拜认的人家认亲。干亲要回礼，并给孩子按自己家的排行取名，有的不仅更名，还要换姓。以后，每逢节日，孩子的生父生母，要替孩子送礼给干亲，干亲也要送孩子衣帽饮食等。杭州的此种关系以三年为满。

贵州盘县有以撞亲来拜认于亲的风俗：择黄道吉日，在大路之畔陈列

---

① 胡朴安：《中华全国风俗志》（下编），河北人民出版社1986年版，第251页。

② 同上书，第19页。

果品，焚香烧钱，面后静候行人。第一个经过这里的，便当作孩子的干父或母。此人无如休也不能推却，只得承认，并为小孩更名换（己）姓。

此外，也有拜物为亲的，山东邹县有些地方认定山中某块大石头有灵，就在上面拴一段红头绳，认作干亲。泰安有的地方认麦场的碌碡为亲，把碌碡竖起来，拴上红头绳，便算认了干亲。浙江民间则多拜古树为干亲，一般是松树为干爹，樟树为干娘。在杭州一带则流传拜胡干爷。

（九）寄名神佛要“还俗”

民国时期，若小儿多病难养，则有“寄名神佛”之俗，试图借助神佛的佑护，渡过关厄。寄名神佛指父母将婴儿或幼子送到寺庙，请和尚命佛门中的名号。寄名神佛之后，并不是永不还俗，而是借神佛的保佑，躲避过一定时期的关厄后，就要“还俗”。在北京地区，“还俗”的礼仪行为是“跳板凳”[①]。也就是在孩子长大的时候，选择吉日，备礼到庙上进供，庙主找碴儿责罚小儿，小儿便跳板凳，回家留发。

（十）圆锁礼始见于世

民国时期，小儿百日时所戴的百家锁要一直戴到 12 岁。民间认为，12 岁之前，孩子的魂魄不全，受惊吓会丢失，也会被妖魔鬼怪摄走；满 12 岁，孩子魂魄已全，能够独立应付灾厄与邪祟，无须护身符的保护了。于是，锁就要摘下来，即所谓圆锁。届时，要举行圆锁礼，并富有成年仪式的意义。圆锁礼一般在孩子 12 周岁生日时举行。这天，要铺排酒宴、大宴宾客。来者多为女客，所携礼品各色不等。在黄河流域，客人所携礼品最突出的是面花，其中最具特色的是送给当事人的面盔和面项圈，并且要象征地佩戴一下。12 岁时，与圆锁礼相类似的还有“还愿”“还俗”的仪俗。这种风俗也与孩子早年的一些仪俗有关，如孩子幼时，寄名给神佛仙道的，则此时要“还俗”。若求子、三朝、满月、百日、周年及其他时间曾向神佛许过愿的，则此时要“还愿”。

（十一）成年礼并入婚礼

古代，男子成年要行“冠礼”。民国时期，传统的冠礼已极为少见。劲挺《延安风土记》载，延安人婚礼前三天行冠礼，“新郎挨户拜族里长者，为长者斟酒。亲朋共饮，新郎的父亲为儿子加冠。次日，用红纸写

---

① 李芳等修，杨德馨等纂：《顺义县志》，1933 年铅印本。

‘乳名××，今值弱冠，更为官名’，贴在门前，表示成人”[①]。这里的冠礼几乎是与婚礼合并的。

女子成年礼仪叫笄礼。民国时期笄礼已废。但在婚礼时的“开脸”仪式，则有着强烈的“成年礼”意味；另外，民国时期的民间女子，婚前多梳长辫，婚后则扎发髻，当是古代笄礼之遗俗。

二　婚姻风俗

（一）自由恋爱出现

辛亥革命以后，社会风气大开，新式婚制逐步流行开来。如在浙江定海，“流行一种新婚礼节，既无所谓文明结婚，士族多仿行之”[②]。镇海，“自欧风东渐，婚礼亦改以简易，谓之文明结婚，多于商埠行之，乡村尚少”[③]。在江苏武进，婚仪“民国以来，旧式未改，参用新礼”[④]。河北清苑县“有行新式婚礼者”[⑤]。当时的新式婚制的形式和内容虽因地而异，比之清代，婚姻自主的风气逐渐在社会上流行起来。男女婚姻除“父母之命，婚姻之言”外，还须征得当事人的同意。在河北盐县，“民国以来，蔑古益甚，男女平权之说倡，而婚配自择”[⑥]。内蒙古，“其结婚之始，亦有经过恋爱之过程者，俟彼此相许，始告父母，或请冰人而聘订”[⑦]。四川江津，“近则闻有用新式婚礼者”“男女经介绍人之传达，互得同意后，乃各告父母为之主婚，或直由父母提倡者，亦必经男女自身许可。”[⑧] 北京“近来风气稍变，由自主而得父母之允许的也很多了”[⑨]。从授受不亲，父母之命，到男女会晤，自择意中人，这确是婚姻生活中主婚权利的一大进步现象。

（二）婚礼程式趋简

婚姻是家庭的基础，婚礼是人生之大礼，中国自古以来对婚姻就异

---

① 劲挺：《延安风土记》，西北大学出版社 1986 年版，第 9 页。

② 陈训正、马瀛修：《定海县志・方俗志》。

③ 洪锡范、盛鸿焘修：《民国镇海县志・风俗》。

④ 胡朴安：《中华全国风俗志》（下编），河北人民出版社 1986 年版，第 177 页。

⑤ 金良骥、刘云亭修：《民国清苑县志・风俗》。

⑥ （清）周克友纂修：《民国潜山新志》卷三十。

⑦ 《民国蒙族概况》。

⑧ 聂述文修：《民国江津县志》卷十一《风俗》。

⑨ 李清悚、蒋子奇：《首都乡土研究》，南京书店 1939 年版，第 70 页。

常重视，规范了极为繁缛琐细的“六礼”，作为婚礼必须经过的程序。尽管随着社会经济的发展和生产力的提高，六礼的施行愈来愈趋于简化，但在封建社会，简要的程度是有限的。民国初期，许多人都对旧式婚礼进行了猛烈批判。1928年，当时的政府在全国范围内颁布了《婚礼草案》，其中规定：“各种聘礼一概免除”“所有礼品一概革除”，并具体规定了“结婚礼节”的21项程序。有的地区对上述《婚礼草案》作了变通，如广西省政府于1933年颁布的《广西省改良风俗规则》规定：“订婚礼物最多不得过二十元，结婚礼物（聘金在内）最多不得过银一百六十元。”在这种政治形势和社会环境下，简化婚礼已成为一种较为普遍的社会现象。在当时社会上，一般从议婚到成婚大致经过以下三个阶段。其一是订婚。开始议婚，往往由男家求亲友或媒人通言女家，女方若许可，则两家互订婚约，又称许亲、订亲等。其二是纳聘。一般由男方向女方送交不同数量的聘金或布帛纺物之属，女方以冠履等物回之，又称“完聘”“大聘”或“过大礼”。其三是成婚。俗称“娶媳妇”。是日，鼓乐喧闹，宴请亲戚宾客，行成婚礼。当然，各地女昏礼删繁就简的情况不一样，但“三礼”或“四礼”已为广大民众所接受。如山西临县，“古者婚礼六，后约为三，临县谓纳采为定亲，纳征为送钱”①，新绛，“六礼之中仅存纳采，请期、亲迎三种”②，等等。

婚礼形式上趋于简单，花费自然节省了许多。“往往有借旅馆及青年社行结婚礼者，此亦嫁娶从俭之好现象也。”“其仪节简而易行，用费亦少，谓之文明结婚礼。”③“新礼对于陪装，以随时适用为限。”④山西临汾县，“风俗改良，渐有提倡一日竣事者，是亦节省财力之一道。更有家中不结一彩，不悬一灯，一切布置统假城内饭庄行之，尤为便利”⑤。

（三）文明婚礼流行于都市

在汉民族社会的旧式婚姻礼俗中，愚昧迷信的内容很多，如亲迎时的号哭、拜天地鬼神、闹洞房等。而文明婚礼则参用中西礼仪，有别于中国

① 刘焕东纂修：《临泉县志》卷十三，1936年。

② 徐昭俭修，杨兆泰纂：《新绛县志》卷三，1929年。

③ 王禄昌、裴纲修，高觐光、温翰桢纂：《泸县志》，1938年。

④ 张应麟修，张永和纂：《成安县志》，1931年。

⑤ 刘玉玑、关世熙修：《临汾县志》卷六，1933年。

旧式婚礼。

新式婚礼，结婚之前男女双方交换戒指，既为订婚证物。婚礼多在公园、学校、旅馆等处举行。门悬旗结彩，富有者还有花坊，庭设礼案。新郎新娘与主婚人、证婚人、介绍人及音乐部、男女来宾均有一定席次。迎娶不用花轿仪仗，而改为汽车结彩，导以军乐。具体仪式一般是：奏乐，司仪员、男宾、女宾、主婚人、介绍人及新郎新娘入席，证婚人宣读证书，各方用印，新郎新娘交换饰物，相对行鞠躬礼，谢证婚人及介绍人，行见亲族礼，行受贤礼，来宾演说，唱文明结婚歌等。由于新式婚礼简便、实惠，可给男女双方带来实际的好处，自然容易为大家普遍接受。

（四）集体婚礼出现

民国婚礼中社会化程度较高的是集体婚礼。这一婚礼样式直至今日仍在大力提倡。其最初出现于上海等大都市，以后逐渐推展到桂林、常熟等中小城市。在上海，这种婚礼于20世纪20年代至30年代之交就由商界团体创办了。到1935年为响应国民党所倡导的新生活运动由社会局加以提倡以后，它便在上海大规模地推行起来。

民国·上海第二次集体婚礼（王开照相馆作品）

1935年4月2日，上海举行了首届集团结婚的新人演习仪式，市长吴铁城亲临并做了报告，他指出："中国旧有的礼节太繁琐了。"人们因此"花费了不少的金钱和时间。甚至社会上还有许多人，将毕生省俭积蓄所得的钱，尽花于这些婚丧喜庆的人生大事上面……本政府有鉴于此，特提倡集团结婚”。[1] 翌日，首届集体结婚按时在江湾市府大礼堂正式举行。下午3时，在军乐队进行曲伴奏下，57对身穿蓝袍黑褂的新郎和身着粉色软缎旗袍、头披白纱、手持鲜花的新娘，随着引导步入礼堂，分成两行。接着，由司仪报告双方姓名，每两对一次依序登台，向孙中山遗像三鞠躬，新人相对二鞠躬，各证婚人一鞠躬。然后，由证婚人发给结婚证书，赠授纪念品，并致证婚词。礼毕，新郎新娘在音乐声中步出礼堂，在广场上摄影留念。这次婚礼，十分隆重。市长吴铁城、社会局局长吴醒亚不仅出席了婚礼，而且分别担任了证婚人和仪式主持人。至于围观的市民，更是人山人海。他们争着观看的，不光是新郎新娘，更主要的是集体结婚这一中国婚姻史上的创举。[2]

（五）旧式婚礼占据农村舞台

民国时期汉民族社会的婚姻风俗基本上是新旧婚礼并存。据1940年《平乐县志》记载，“乡村中仍墨守成规”，实行旧婚礼。

民国时期的旧式婚礼基本沿袭清末传统和“父母之命，媒妁之言”的古训形成的。大致可分为订婚礼、结婚礼和婚后礼三个方面。河北地区的订婚礼的主要环节有四：换庚帖。俗称“换八字”，是经媒人或亲友介绍，双方同意后，先举行换庚帖的手续。即是将男女双方生辰八字，用红帖写好，选择吉日由媒人代为交换。必须先交男方的八字帖交到女方，再将女方的八字帖交给男方，又称之为“换小贴”。合婚。双方收到庚帖后，各找算卦的算命合婚，不能决定，就再找一次或多次。合婚有上等婚、中等婚、下等婚之分，还有绝命婚，等等。如系上中等婚，双方当然高兴，便成的希望大；如系下等婚或绝命婚，双方当然害怕，便成的希望小。但是如果门第财产等主要条件合适时，也有勉强协议的。换婚书。俗称“换大帖”，这是最重要的一个环节。双方同意后，须请冬烘先生，按照《玉匣记》和皇历，或找算卦先生按照男女的生辰八字，选择黄道吉日交换婚书，其程序也是先由男方写好婚书由媒人送交女方，再由女方写好婚书，交媒人带回男方。押书礼。俗令订婚不能换空书，双方必须备些礼品，随婚书带去，一般男方备些衣料首饰或钱币等。女方备些靴帽衣料或钱币等，男方的礼品重一些。也有一些开明人家，双方协议，互免押书

---

① 《今日举行首届集团结婚》，《申报》1935年4月3日。

② 蒋伟国：《民国三教九流》，安徽人民出版社1993年版，第86—87页。

礼。只在婚书封套内各放制钱四枚，作为押书礼，以避空书之名。

河北地区的结婚礼的主要环节有择吉、请期、亲迎、拜天地和入洞房。此外，江南地区旧式婚礼的闹新房时，则要唱“仪式歌”。如亲友向新郎新娘敬酒时唱曰：“一杯酒来敬新郎，合家幸福喜洋洋；二杯酒来敬新娘，早生贵子状元郎。”浙江温州则有“借嫁”又称“背灯”婚俗。指女子在未嫁前，经卜者算命，若命犯“破娘家”的，则在出嫁时，不可在家中上轿。而要于出嫁前几天，女子化装成乞丐由男方偷偷接出门，先到尼庵或寺庙暂住。嫁时，则“瞒”着女方家属在庙中更换嫁衣，子夜间上轿。只能在嫁后满126天才可回娘家。否则，风俗认为娘家会遭受不幸①。天津和杭州的三请之俗，实乃古代婚姻“三成其礼”之遗风。②

在依然流行旧式婚礼的广大农村，男女婚礼大都追求铺张、排场奢华。据20世纪30年代的一份“奁仪录”载，一个富豪之家为嫁女儿所准备的嫁妆竟达93种之多。其中，有床、桶、盆等日常生活用品，有花软枕、洋毡、锦被、金漆攒合等高档消费品。最后竟然还有两名侍婢。当然，这么多嫁妆，一般小康之家是无力置办的。但即便如此，不少家庭仍要罄家之所有，努力把婚礼举行得热烈、铺张。当时有首歌谣反映山东等地农村嫁礼的最起码开销曰：“一百钞（山东省钞），一百现（大洋），四身衣料贡丝缎，二百个喜饼二百斤面。”可见当时汉民族社会婚俗之一斑。

（六）抢婚仍有余风

民国时期许多地方仍流行“抢婚”的婚姻仪式。民国时期的抢婚，大多是假抢。抢婚的原因多种多样，主要有订婚后男家衰落，女方赖婚；丈夫因家贫而卖妻，妻子不走或族中不许；夫亡而家贫，家长强迫女子再嫁；夫妻感情不和，男方将女子转卖于他人而恐怕女方不许；也有男女双方家长为省下一笔婚礼开支，瞒着已聘女子而假抢的。抢婚一般应准备充足的人力和器械，以便在可能发生的冲突中取胜。抢亲一般在晚上，人们破门而入后，强拉女子入轿，女子如反抗太强则缚其手足。轿入男家后则夫妻一同拜堂，与普通婚礼基本相同，只是除因男家衰落，女方赖婚而进

---

① 浙江民俗学会编：《浙江风俗简志》，浙江人民出版社1986年版，第194页。

② 张鸿来：《婚礼杂说》，北京文化学社1928年版，第14—15页，转引自luomen的博客（http://blog.sina.com.cn/s/blog_7940a8de0102vyyn.html）。

行的抢婚外，亲友一般不来庆贺。在浙江绍兴，抢婚大多为了省钱，男女两家都想省钱，便瞒着已聘的女子，同媒人一起议定抢亲事宜。新郎多乘新娘不备而将她抢入轿中或船舱，然后回家拜堂成亲。也有男家得知女家有赖婚之意，则纠众前去抢亲的。这种抢亲如果男家未能如愿以偿，则女家会借机退聘毁约。抢婚时，即使未能抢到女方，男家也不能空手而归，而必须抢回一只鸡，否则认为男家会发生火灾。[①]

（七）交换婚、童养婚、入赘婚和典妻婚余存

民国时期的婚姻风俗，除普遍流行的“父母之命、媒妁之言”的女嫁男娶婚姻样式外，还有交换婚、童养婚、入赘婚和典妻婚等样式余存。

交换婚是两家互以异性家属交换婚配的婚姻形式，又叫“换亲”“对门亲”。这种婚姻的出现主要源于家境贫寒，无法支付彩礼，或男子本身条件差，如丑陋、残疾或年长等。家长不得不以女儿为筹码，与另一情况相近的人家换女儿，从而为儿子换来媳妇，双方达成一种互惠关系，无须请人说媒和支付彩礼，当地民谚称此为“姑娘相匹配，两头都省事”[②]。在浙江嘉兴平湖农村，交换婚被称为“姑娘嫂”，多户之间的交换婚则称为“三调亲”或“四调亲”。交换婚的婚礼与一般婚娶基本相同，只是嫁妆可从简，只要随嫁一只马桶即可。换亲的两家除了换女儿外，还换马桶，因此又称交换婚为“兑马桶”。另外，当地农村的灶头上，在大镬子旁边都有只汤罐，汤罐有“竖烟囱，立门头”之意，因此又称交换婚为“兑汤罐”，意为两家都可传宗接代。[③]

童养婚指女方在童年时即被男家收养，长大后成亲的婚姻形式。一般有两种情况：一是家有儿子后，同时抱养或买进别家幼女作为养女，长大后与儿子结婚，养女转为儿媳；一是婚后暂无儿子，先抱养或买进别家幼女作为养女，待生儿子后再将养女转为儿媳，又叫“等郎婚”。有的养女十几岁才等来“郎”；而假若始终等不到“郎”，则将养女出嫁。在广西融县，有的中等人家为节省婚嫁费用，以十元或七八元及酒肉数斤买进别家幼女为养女，称为“养奶金”，表示不同于聘金。长大成婚时有宴请亲

① 浙江民俗学会编：《浙江风俗简志》，浙江人民出版社 1986 年版，第 247—248 页。
② 福建民俗学会编：《闽台婚俗》，厦门大学出版社 1991 年版，第 128 页。
③ 浙江民俗学会编：《浙江风俗简志》，浙江人民出版社 1986 年版，第 309 页。

友的，也有不再举行宴会的。[1]

童养婚属于包办婚，婚姻的当事人多不幸福，而且由于童养媳多为廉价购来的劳动力，在家庭中地位很低。安徽有首歌谣唱道："养媳妇，到灶边，心中有苦赛黄连，骂声恶婆老不死，养媳妇受苦到哪年?"还有首歌谣唱道："养媳妇，实在苦，淘米拎水爬滩坨，冷粥冷饭吃一肚，挨打挨骂真正苦。"

入赘婚又称"招养婚"，指男子入女家为婿的婚姻形式。在杭州，入赘婚的原因主要是女家无男丁，欲招婿承袭产业或女家不愿女儿远离而行赘婚。成婚日，女家要备四人轿抬新郎，俗称"抬郎头"。或提前一天将新郎接至女家，第二日再抬新娘兜喜神方一转，好像男家迎娶。也有新娘不坐花轿的，届时只是男女拜堂成亲的。[2]

典妻婚又叫承典婚，民间俗称"借妻生子"。指丈夫将妻子作为物权客体临时典给别人，是由买卖婚派生出来的一种临时性婚姻形式。典妻婚在宋代已经流行，明清时期更为常见。民国初年孙中山大总统曾颁布"禁止典雇妻女"的法律条文，但民国时期某些地区的典妻婚仍然十分盛行。在福建福安县，典妻又叫"租妻"，期限一般为3—5年，在此期间所生的孩子全归后夫。如妻子因病去世，前夫与后夫会共同料理后事。租期满后，前夫应用原价赎回妻子。浙江奉化在1930年前后，某些寡妇难以度日，只得将自己典给别人为妻，以获得钱、粮养活子女，维持生活。在浙江松阳，若丈夫长期患病，无力养家，则要将妻子典于别人；若典夫上门住的，则俗称"招夫养夫"。典妻一般要有媒人，要立契约。在典租期内不得与前夫同居，甚至不准往来，所生的孩子归受典人所有。租典期满，如被典人不愿回前夫家，受典人可根据自己的意愿与出典人谈判，再出一笔钱续租续典或者买下。[3] 有的受典人也要选择吉日在夜间用轿抬典妻回家，并宴请宾客，举行一定的仪式。浙江武义典家要在祠堂摆香火，并宴请族长、房长及长辈，取得他们对典妻婚的认可。[4]

（八）离婚渐趋自由

民国时期婚姻风俗变迁的重要表现之一是离婚日益自由。封建时代只

---

① 黄志勋修：《融县志》，1936年铅印本。

② 浙江民俗学会编：《浙江风俗简志》，浙江人民出版社1986年版，第41页。

③ 同上书，第248页。

④ 同上书，第441—442页。

允许男子休妻，而决不许妇女自动提出离异，法律、规约、习惯从各方面都严格保证这一点。辛亥革命时期的思想解放运动及妇女运动，迫使社会做出有限度的让步，以至民国之后，情况发生了变化。如浙江遂安县，“近自妇女解放声起，离婚别嫁亦日渐多”；镇海县，“离婚之案，自民国以来，数见不鲜”；鄞县，“迩来则离婚之风渐行”。[①] 河北雄县“离婚之诉，日有所闻”；山东夏津县“近数年来，结婚、离婚颇尚自由，通都大邑时有所闻”。《申报》于 1913 年 1 月 13 日宣称：“（上海）审判厅请求离婚者多。”《大公报》也于 1913 年 9 月 15 日宣称：“近来法庭诉讼，男女之请离婚者，实繁有徒，此皆前此所未有。”据当时大理院的离婚判例档案，在主动离婚者中妇女占近半数，这是一种引人注目的倾向，说明在离婚方面出现了由传统向现代、由不自由向自由的转变。这种转变在 1915 年制定的《民律新编》中也有所体现，如规定夫妻不和谐，两相提出离婚的，应准予离婚；受虐待、受重大侮辱、遭恶意遗弃或发现对方重婚者，都可提出离婚。这是中国历史上第一部规定离婚自由的民法草案。

至“五四运动”前后，西方文化的影响空前加强，离婚的风气更加盛行。至 20 世纪 30 年代，离婚自由之风已吹到工商界及一部分自由职业者中[②]。在 20 世纪 40 年代后期，在解放区，由于政府提倡婚姻自由，反对包办婚姻，曾出现一次离婚小高潮。当时人民法院受理的民事案件中以婚姻案为主，如华北解放区在 1949 年上半年共有 26535 件民事案，其中 13619 件是婚姻案。而对离婚后的财产分割也有了一些约定俗成的办法，如“离婚出自男子则予妇赡养费用，出自女子者，女须偿还聘金”[③] 等。

随着时间的推移，离婚自由风气已深入农村地区。但在广大农村男女离婚总被看作不光彩的事。民间有谚语曰：“好人不离婚，离婚不正经。”有的甚至认为离婚是“大逆不道”[④]。

（九）冥婚旧俗仍有延续

冥婚又称“嫁殇婚”或“虚合婚”，俗称“鬼婚”。男女双方或其中一方为已死的子女联姻的婚姻形式。男女订婚后双双死亡，双方父母商定

---

① 臻悟：《关于离婚的小调查》，载《妇女杂志》第 8 卷第 4 号，1929 年。转引自万建中、周耀明《汉族风俗史》第五卷，学林出版社 2004 年版，第 303 页。

② 《婚姻问题参考资料汇编》第 1 辑，中央人民政论法制委员会，1950 年。

③ 张传保、汪焕章纂：《鄞县通志》。

④ 《婚姻问题参考资料汇编》第 1 辑，中央人民政论法制委员会，1950 年。

由童男童女各捧其木主牌拜堂。婚礼完成后举行丧礼，将双方的棺材合葬于一穴。或双方生前并无婚约，死后由父母出面找媒人说合成婚，并选择吉日迁棺合葬，并举行一定的仪式。[①] 或订婚后男的死亡，女的到男家与“木主”拜堂成婚，并为男方守寡。或男女订婚后女的死亡，男的到女家参加葬礼，并“跋棺”（即跨棺）、哭拜，承认死者是自己的妻子，将女的灵牌请回家去，安放在祖龛上供奉；以后男的结婚时，床上要摆三个枕头，交杯酒要备三份。并尊死者为正妻，后结婚的为妾。妾所生的子女要称死者为“妈妈”，称亲生母亲为“婶婶”。或女的未订婚即死亡，其父母一般要通过媒人给死者找到一位“冥婚夫”后才能收殓。这位“冥婚夫”也要参加死者葬礼，承认自己是死者的丈夫，并将“冥妻”灵位安放在自己家中，“冥婚夫”一般是贫家子弟，想从女家得到一笔可观的“陪嫁”费，供自己今后结婚时用。[②]

三　丧葬风俗

（一）传统丧礼仍是主流

民国时汉民族的丧俗，依然崇尚古礼。往往寻常百姓之家的丧事，也要完成了几十道步骤后才算告成。其时的丧葬仪式主要包括：寝苫枕块，哭泣守灵，做七诵经，圆坟殃祭。当然，完整的丧葬仪礼程式远不止上面四个步骤，其繁复的程度较之婚礼有过之而无不及。仅就民国北京而言，从人死倒头到灵柩安葬，其家属要先后做好将尸体停上灵床，给亡人穿寿衣，请僧道为先人念咒超度，请阴阳风水先生给死者开“殃榜”，把先人装入寿材，为其擦双眼“开光”，替其制作打狗棒并放在其手中，在沿街门框上贴出丧条，去至亲密友处报丧并致讣闻，在死者亡故的第三天设灵堂供亲友吊唁，亲属在灵柩两边守灵，为亡人糊烧活，在接三送三日为死者放焰口，在伴宿日请和尚道士念经，为亡人烧库，请族中德高望重家业兴旺子孙满堂的长辈给先人的神主牌“点主”，为先人发引送殡等项事务。在现代文明之风渐趋流行的北京，其民众举办丧事的仪节尚且如此复杂，就更遑论民风更为淳朴、礼俗未经西洋文化大冲击的广大农村了。

在民国时期的传统丧礼中，各地还有一些特殊的风俗。如广州丧家举

① 浙江民俗学会编：《浙江风俗简志》，浙江人民出版社 1986 年版，第 157 页。

② 福建民俗学会编：《闽台婚俗》，厦门大学出版社 1991 年版，第 71—72 页。

办丧礼时，要通过仪仗铺临或直接雇用“喊婆”哭丧。山西对死于非命者要大兴阴阳之道，设镇器镇物，念制经咒语；因为风俗认为亲属死于非命会“犯重丧”，对生人不利。如遇上有长辈的中青年死亡，则称为少亡，其棺木要刷为红色，埋葬时不入正穴。死于他乡者，则尸体不准入村，灵棚要搭在村外，或直接搭在坟场，其丧事较为简单。①

（二）丧葬礼俗趋向改良

民国初年，一些开明进步人士深切感到汉民族传统丧礼确实有虚伪、繁杂、不近人情的一面，主张对充满着封建宗法迷信色彩的丧礼加以改良。南京“民国以来，效西俗者，则以黑纱缠背为服，一扫历来斩衰期功缌麻之制”②。江苏武进，“凶丧之礼，民国初年，少数士伸，曾有改革陋俗，力从节俭之举”③。

新式丧礼的特点在于：一是无等级差别，“官吏居丧，其服制与人民无异”；二是力行节俭，“家中有丧，衣衾棺椁之事，宜称家之有无，量力行之”；三是在礼仪形式上，“男女可暂用旧式丧服，亦可仍用平时礼服。惟男子左臂围以黑纱，女子胸际薮以黑纱结。来宾亦然。不用亦可”。还可以“仆文通告戚友宗族，并可登载日报”。“定期设奠受人吊唁外，在家或借公共处所，或借巨大园林，开追悼会。无论男女，均可前往。”④ 这里，新式丧礼的戴黑纱、登讣告、设吊唁处、开追悼会、送花圈、致悼词等仪式与礼节，与今天流行于城镇的丧礼已无甚大区别。

不过民国的丧礼更多是不中不西的情况，仅以送丧礼仪来说，“上海的风俗，出殡的时候，和尚、道士，走在一大排，中国音乐、外国音乐、笛子、喇叭、锣鼓、洋鼓、洋号，闹上几大队，叫上几十辆马车。女人走不动坐马车，男人走得动，也坐马车。亲朋送葬，不是亲朋，也要多约些来送葬。这哪里是出殡，这是约人逛马路”⑤。所有的变化，不过是改用增加了军乐队、旗彩、挽联幛、花圈等，体现出中西结合、新旧交错的时

① 路成文、祁风义、聂元龙编：《山西风俗民情》，山西省地方志编纂委员会办公室 1987 年版，第 237—240 页。

② 叶楚伧、柳诒徵主编，王焕镳编纂：《首都志》（下），1935 年铅印本，南京市地方志编纂委员会办公室 1985 年翻印本。

③ 胡朴安：《中华全国风俗志》（下编），河北人民出版社 1986 年版，第 178 页。

④ 陈铎：《日用百科全书》，商务印书馆 1919 年版。

⑤ 《新青年》第 7 卷第 5 号，1920 年 4 月 1 日。

代特征。

（三）公墓制度试行

民国时期，丧葬礼俗的变迁，更多表现在对旧丧礼的改良或改造上，而改良所依据的自然主要是当时介绍进来的西方礼俗。如西方公墓制度的引入就是一例。1928 年 10 月 20 日，南京国民政府内政部公布了《公墓条例》。该条例规定，市、县、政府、私人和私人团体都可以设置公墓。公墓应设于市、村附近，并与工厂、学校、公共处所、住宅、水源、道路有一定距离。其面积、深度由市县政府统一规定。各墓左右不过六尺，前后不过十尺，各墓就标号，并有人管理。碑上须注明姓名、籍贯、殃葬年月日。非经墓主不得起掘①。这一规定几乎是照搬西方国家的公墓制度。

由于官方的墓葬制度实行的是全面西化的政策，所以实施起来遇到很大的阻力，中国民众绝不会轻易放弃固有的墓葬习惯。尽管南京国民政府对实行公墓制较为热衷，但是，各地对此积极性不高。鉴于真正实施者极少，1935 年 3 月，南京国民政府军事委员会委员长行营公布了《提倡公墓办法》的电文，该电要求各省市政府从速筹设公墓。② 此后，江苏、河南、甘肃、广东等六省及安徽的部分市县上报了筹备公墓办法。1936 年 10 月 30 日，行政院又公布了《公墓暂行条例》，它是“将《公墓条例》参照行营所颁办法，暨各省市实际情形修改”③ 的。此件公布后，《公墓条例》《提倡公墓办法》即行废止。1942 年 5 月 1 日，行政院秘书处又以顺字第 8104 号训令要求各省规划公墓，并指出：“公墓制度为一种优良之制度，亟应加紧推行，值此战争期间，尤有必要。”④ 但该训令颁布后仍无多少效果。总之，从 1928 年 10 月至 1943 年的 15 年间，公墓制基本上停滞在训令、办法等方面，付诸实践的并不多见，

与公墓制一样，西方近代的火葬制度也是伴随其对华侵略而传入中国的，但中国人对此的接受比公墓制更晚。1935 年 3 月，国民党中央民众训练部制定的《倡导民间善良风俗实施办法》和翌年 10 月行政院公布的《公墓暂行条例》中都有提倡火葬的内容，但直至 1947 年，南京国民政

① 内政部年鉴编纂委员会编：《内政年鉴》（四），商务印书馆 1936 年版，第 343 页。

② 《中国国民党五届三中全会内政部工作报告》，载台湾《革命文献》第七十辑，1976 年，第 391、382 页。

③ 同上。

④ 南京国民政府内政部档案，中国第二历史档案馆馆藏档案。

府内政部对近现代火葬场的知识尚缺乏了解。因此，终民国时期，火葬制度未在中国正式建立起来。

（四）国葬初现

国葬指以国家名义为国家元首、高级官员或有特殊功勋的人所举行的葬礼。国葬一般以民葬为基础，但因其带有政治色彩，所以同民葬相比，国葬还具有以下特点：

> 以政府名义发出讣告；以政府要员组成治丧委员会或"大丧典礼承办处"；全国各官署、军营、军舰、海关均下半旗；文武官吏停止宴会若干日（最多27天，以下同）；民间辍乐若干日；官署、团体轮流前往上祭品吊唁；文官臂缠黑纱若干日，武官及士兵于胳臂及刀柄上缠黑纱若干日；官署公文封面用黑边（宽约5厘米）若干日；官署公文盖黑色印花若干日；官报封面亦用黑边若干日；出殡日，鸣炮一百零八响，官署、民间均辍乐一日，学校停课一日。

国葬出殡行列一般为：

> 国旗；党旗；功名牌；万民旗、万民伞；锦旗锦标；国家典礼局仪仗队，旗群旗海；国家军乐队；挽联、匾额、花圈、花篮；民间仪仗队；民间响器；僧、道、番、尼送殡人员；孝属；灵柩；送殡车辆，依次为：治丧委员会或大丧典礼承办处庶务车，治丧委员会或大丧典礼承办处财务车，治丧委员会或大丧典礼办处礼宾车，本家帐房车，孝属车，来宾车，军警联合弹压车，消防车。①

（五）追悼会始行于世

追悼会是民国时期的新生事物，有人说它既像祭奠，又像是开吊。追悼会一般由死者的亲友、学生、部下或地方机构、团体等主办，开会的地点大多在死者家、公共场所或死者灵前。会前，主办者通过登报、送讣告或打电话等方式请有关人士参加。举行追悼会时，一般供奉死者的照片或牌位，如在灵前举行则无须供奉，但都要设置供桌、五供儿、灵花等，供

---

① 常人春：《老北京的风俗》，北京燕山出版社1996年版，第347—349页。

品有水果、点心、茶、酒等，会场上搭棚不搭棚都可。来宾送的礼品多为花圈和挽联，会上的服务人员会向来宾送纸花或鲜花，供来宾戴在胸前。追悼会的一切费用都由主办者承担。开会的具体礼仪大致有以下两种程序：

> 摇铃开会，奏哀乐，主祭人献花果，奏琴唱追悼歌，述行状，读祭文，奏哀乐，行三鞠躬礼，奏琴唱歌，演说，奏哀乐，家属答谢行三鞠躬礼，闭会。
>
> 开会，报告开会宗旨，宣读祭文、宣读诔词，行三鞠躬礼，述行状，演说，家眷答谢来宾行三鞠躬礼，奏乐散会。①

第五节　民国汉民族的岁时风俗

一　新式节日

（一）元旦及各种纪念日

民国初年的新纪念日除了民国成立（元月 1 日）和国庆（10 月 10 日）纪念以外，尚有孙中山诞辰、逝世纪念日，革命先烈纪念日（3 月 29 日），国耻纪念日（5 月 9 日），植树节（清明日），等等。20 世纪二三十年代又有了国际妇女节，儿童节（4 月 4 日），国际劳动节，学生运动纪念（5 月 4 日），教师节（8 月 27 日），等等。这些新设的节日，或多或少地带有重新确认某一天的价值，承认其对民众的影响力等方面的含意。但人们对于新节日，并不是从其一出现就表示接受和认同，其间曾经历过一个曲折的过程。它们之中，只有两个节日——公历新年元旦和 10 月 10 日国庆，后来在一定范围内被民众所接受，使之成为具有一定风俗活动内容的新兴节日。

在民国期间，北京每到国庆日和元旦，都要举行各种游园等民间娱乐活动。例如元旦这日，“正阳门外珠市口，当中建有五色电光花彩牌楼。开放先农坛，任人游览祭器。中华门内开放临时市场，所有商贩、艺剧等项莫不云集，并有茶棚、咖啡馆热闹非常……而临时市场之内又有中央公园……东城之隆福寺、西城之护国寺两庙会，亦加增会期。（在此）三日，

① ［日］武田昌雄：《满汉礼俗》，上海文艺出版社 1989 年版，第 354—355 页。

所有商铺一律挂旗结彩，京城地面，气象一新”[①]。民国初年在元旦之日的那种冷清的场景，已不复存在了。上海每到国庆日一般要“照例悬旗结彩，举行提灯、开会、游行等庆祝”活动，而提灯、游行所经之外，“鸣鞭炮欢迎”，“欢声雷动，有填街塞巷的情势。”这天五色国旗到处可见。上海郊区的沈家行村，“亦往往有游艺会之举，如国庆日、圣诞节、阳历新年节等；每次举行，村民必麇集学校内”[②]。有些县城也出现庆祝活动。宣化县“1月1日，过阳历新年。官署、商店暨各学校门首悬旗结彩，互相拜年贺喜。……10月10日，为武昌起义纪念日，各界悬旗庆祝；各学校开庆祝会；延请名人讲演或开办联合运动会”[③]。这些活动中出现的仪式、方法，例如，悬国旗、游行、游园、张灯结彩、开庆祝会、举行提灯会、放假休息等，已经从官定的形式逐步演化成新式城市风俗。

（二）星期日通行于中上社会

岁时风俗的变化，还表现在20年代初，西方人过星期日的习惯也开始在中国社会一部分人中通行了。“七日一休息，其法极便，吾国此风已渐通行。”[④] 当时就有人指出：“我们从前，读书人只知道初一十五拜孔子，三、六、九做文课。商人只知道初二、十六请财神、吃猪肉。其余的种种人，据我所知，信教的既没有定期的休息，所以星期日初次入门的时候，本来是格格不相入的。但休息自然谁也欢迎，所以决不因他是洋货而有人出来抵制。星期日于是乎在中上级的社会里极通行了。”[⑤]

民国岁时节令的嬗变，固然与官方及有识之士的倡导有关，但是迎合了社会发展需要，得到了社会的承认，并成为人们认为规范的一种习惯力量。这些从形式到内容都体现了现代生活观念、价值观念和娱乐观念的现代节令风俗，本身就构成了现代生活方式的内容之一。

二　传统节日风俗

（一）元旦变成春节

民国时期，由于新历法的颁布和实施，西历的一月一日成为元旦，中

---

① 《申报》1915年1月6日。

② 张镜予等：《社会调查——沈家行实况》，商务印书馆1924年版。

③ 陈继曾、陈时隽纂：《宣化县新志》，1922年铅印本。

④ 《申报》1920年7月21日。

⑤ 《晨报》1921年10月16日。

历的正月初一就改称为“春节”，这就是正月初一为春节的来历。民国时期汉民族的春节风俗，基本因袭传统而行。传统的年俗在农村从祭祖祀神、禁扫地，到出门拜年、压岁钱、新嫁女归宁、迎财神，各项行事一一保留着传统原貌。更具特色的是，还出现了人生日“称人”，谷生日“祈丰年”，天生日“拜佛”，地生日“祭地神”等更为崇信旧俗的行为。然而，在另一方面，却又让人们感受到旧传统中也被注入了新的观念，如“状元及第旧名词，要换共和称五族”“作事须求脚脚踏实地”，以及旧时宗族制度下父亲家统治礼仪，与妇女“走三桥”以却病疾风俗的消失等等。这当然是因为民国以后民主共和思潮冲击，以及家庭结构变化所导致的结果。所以旧传统并不是一成不变的，即使在农村，也能体现出移风易俗的演化过程。

（二）传统节日的革新

民国时期汉民族的农事节令、祭祀节日、纪念节日、庆贺节日、社交游乐节日，大多仍保持了原先的一套活动方式，但在这种节日风俗的传承中，我们还是不难发现其中的变异，闻到一股新时代的气息。

首先，原带有宗教迷信、盲目信仰的旧节令风俗逐渐衰落和被废除。迁安县“七月十五日，为‘盂兰盆会’。向年有僧道荐醮，投放河灯，以救溺鬼，近数年其例废除”[①]；新河县“十月朔日，祭祖先。是日，城隍辇出巡游（此举今废）”；“清明日，士女头戴柳枝、拜扫祖茔。城隍是日坐巡，会末人舁之游郊外（此举今废）”。[②] 年节时祭祀意识的淡化，是与民国初期崇尚科学、破除迷信的思潮分不开的，是“五四”时代精神渗入年节风俗的结果。

其次，一些原本以祈福纳祥为目的的祀祭节日，演化为娱乐性的体育竞技活动。如当时苏州河北有所谓黄大仙会者，每逢出会，人数众多，新奇百出，旗伞仪仗之外，有高跷、臂锣、舞叉、打对子等，时人称为武会，以别于城隍出巡之“文会”等。这类赛会，虽起于宗教祭祀的傩戏，但在民国特定的人文环境中，已完全演化为市民性的喜庆竞技活动了。

再次，西洋式的游乐项目被大量吸纳入我国传统的年节风俗之中，逐渐形成了新的群体性的游乐节俗。如原来流行于沪上殖民商人中的赛马游

---

① 滕绍周修：《迁安县志》，1931 年铅印本。

② 庞柄辉修：《新河县志》，1929 年铅印本。

乐，民国时已成为上海民众的主要岁时娱乐活动。在节日娱乐中，民国时期纸牌、麻将成为首选之俗。此外，还有演奏会、赛花会、俱乐部、西式饭店、酒店、烟馆、戏院、“西国青楼”“梨园北里”“粉黛南都”等冶游渊薮，在上海、广州等大都市盛行开来，已成了现代节日文化不可或缺的部分。

最后，民国以降，都市中节日的内涵还被灌输了浓浓的商业化的味道。随着社会的半殖民地化，又在辛亥革命、政体共和、“五四”新文化运动，以及一些西方思潮的冲击影响下，投射在节日民俗中的活动性质也发生了相适的变化。某些节日与历史事件、人物发生的关联被斩断了，节日内在的古老的民俗信仰被外来的资本主义文化的商业气息所冲淡，商人把节日作为发财获利的良好时机，而民众也乐意在节日中尽兴地消费。民国期间，上海的商人在新年初三过后，就开市营业；也有些商人择在新年吉日开张新居，并以优惠价招揽主顾。

总而言之，随着人们物质生活水平的相对提高，人们在平日里也可品味年节时的美食佳肴；娱乐方式及场所的增多，人们也不必要等到年节时才放松自己；而节日名目的增多，包括外国节引入，又使得节日给人的神圣和喜庆之感变得淡漠。所有这些，必然导致民国节日的内涵及外在表现形式剧烈的嬗变。

第六节　民国汉民族的信仰风俗

一　封建迷信趋向式微

民国初年，汉民族掀起了一次破除神权迷信的运动。“自民国成立”“激烈反常之辈，又主张废弃孔祀”“破除迷信神权之说”“一唱百和”，到处出现“毁坏佛像，打碎城隍，占据寺院庵观，驱逐僧道女尼”的现象。[①] 湖南、安徽、浙江许多省份，发生过毁庙反神的风潮。各类神职人员，惶惶不可终日。“僧人也，尼姑也，今皆在淘汰之列。”[②] 家庭中供奉的“天地君亲师”的牌位，也有遭取缔的。随之而来的新文化运动，则以“赛先生”（科学）为武器，猛烈抨击有神论和有鬼论。陈独秀发表

---

① 《三教大会议》，《大公报》“杂录”1912 年 19 日。

② 《僧尼道与学堂之关系》，“杂评三”，《申报》1913 年 3 月 8 日。

《有鬼论质疑》，指出一切自然现象都可以用科学法则说明，所谓“天合天罚天幸”、鬼神、灵魂、炼丹、符咒、算命、卜卦、鬼摄影、扶乩、风水、阴阳五行等都是万不可信的，森罗万象中并没有神灵为之主宰。“人类将来真实之信解行证，必以科学为正轨。一切宗教，皆在废弃之列。”如果“鬼神之说大张，国家之运告终”。正是在这种时代背景下，民国的宗教信仰风俗较之前代有所收敛。在天津，“自历代以来，佛教颇盛，寺院遍设各处，香烟若云，梵吹如雨，晨钟暮鼓，声闻全市。津人之信仰者，十凡八九。……有志之士，痛夫国势之受凌夷，知非大兴教育，不足以开通民智，抵御外侮，乃盛倡毁寺办学”。自民国“毁寺兴学之议起，佛寺十九被毁，所存者寥寥数处而已”[①]。上海在近代以后，渐成为中国佛道两教的中心之一。据《民国上海县志》记载，到1927年为止，载入名称的79个寺庙中，只有近50个还在部分或全部仍作为宗教寺院继续使用。

二　农村俗神崇拜风头不减

民国时期，在各地城市及知识分子中，宗教信仰之风虽然有所弱化，但在广大农村及城镇的普通市民和手艺工匠中仍信神重祀，对各种神祇膜拜不已。此时，汉民族社会的神灵崇拜主要表现在庙会和常年供奉神像等方面。庙会，往往和人们祭祀土神、各行业祭祀祖师以及佛教和道教的宗教活动紧密结合。

在北方，有常年供奉神像的风俗。将近年关要祭祀可供神灵。此时除了供奉各种美味食品外，神桌前还要设香炉、蜡扦、花筒或香筒等。蜡扦上插大型“素蜡”，有些烫以金字，如“花开富贵，云现吉祥”。蜡扦下压黄线、千张、元宝等，称为“敬神钱粮”。花筒内插上金银佛花。神桌前地下摆蒲团，供礼拜用。家宅六神，如灶王、财神、土地等均须上供、烧香。如果家中没有常年供奉的神像，一般要在除夕日临时设天地桌，也要摆祭器、陈供养、挂钱粮、烧香秉烛。据说除夕夜至初一晨为诸神下界，考查人间善恶，所以届时人们都须恭谨行事。同时在院内正中要设香炉点上檀香和芸香，富室要烧藏香，以迎接诸神的光临。北京接神仪式一般由尊长主持，首先查好当时喜神、财神、福神以及阳贵、阴贵诸神的方位，然后主祭人才正式举着高香到院中向各个方位依次叩首，表示恭接诸

---

① （清）张焘：《津门杂记》。

神。礼毕举香回到堂上，插入香炉，再三叩首，全家按尊卑长幼次序三叩首。然后请香根，将神像和黄线、千张、元宝等一起请下，拿到院中钱粮盆里与松木枝、芝麻秸同时焚化，最后燃放鞭炮，表示接神仪式完毕。[①]

民国时，所供奉的神甚多，大约有天神、灶神、财神、火神、宅神、栏神、门神、井王、土地等，而以天、灶、财三神为最上等。淮阳人所以敬奉这些神的理由是：天神调风雨，灶神主家政，财神司财源，火神司烽火；宅神保院庭，门神掌门禁，井王管水泉，土地司五谷。各司其职，各掌其事，对于人类的祸福和生活的安危有极大的关系。敬奉神时需用礼品，以香纸炮烛最为普通。不过较为级别较高的神，如天神、灶神、财神、火神、土地等，则除了普通礼品外，还供以食肉、果品之类，以示有别。此外，农具有农具之神（如车、套、犁、耙、石磙等），工具有工具之神（如斧、锯、钻、凿等），甚至老树、旧窑、古墓、巨坑、大桥等也各有其神。只是对于这些神的敬法与上不同，其礼仪比较简单。

民国时期的工商业户则有行业神崇拜。他们除了在公庙祭祀其行业先师外，各户也在家内进行祭祀。如豆腐行及粉行祭祀淮南先师（即汉淮南王）；铁匠祭祀太上老君；食品旅游业祭祀关帝；药材店祭祀孙思邈；等等。在祭祀行业先师的同时，都祭祀财神，而且互相封锁，因此有偷盗财神的风俗[②]。

三　祭祖祀宗城乡有别

民国时期由于家庭结构小型化，长辈地位式微，科学思想广泛传播，祖先崇拜这一家庭宗教功能也逐步衰落。早在 1919 年周作人就发表文章抨击祖先崇拜："这宗风俗，令人废时光，费钱财，很是有损，而且因为接香火吃羹饭的迷信，许多男人往往借口于'不孝有三，无后为大'的谬说，买卖蓄婢，败坏人伦，实在是不合人道的坏事。"[③] 到了 20 世纪二三十年代，部分城市居民也认识到祖先崇拜的害处。据 1927 年对 317 人所做的调查，85.5% 的人不赞成带有宗教神秘色彩的祖先崇拜，72.6% 的

① 常人春：《老北京的风俗》，北京燕山出版社 1996 年版，第 125—130 页。

② 刘谦：《醴陵县志》，1948 年铅印本。

③ 周作人：《祖先崇拜》，载《每周评论》第 10 期，1919 年 2 月。

人认为中国社会正力求进步，祖先崇拜助长守旧崇古心理，应绝对废除。绝大多数人（81.5%）认为祖先应该纪念，但不应采取祭祀方式，可以用其他方式代替。[①] 据20世纪30年代初的一项对大学生进行的调查，188人中有82.5%不赞成祖宗祭祀，71.7%的人认为应废除祖先祭祀而代之以其他纪念方式。[②] 可见，带有迷信及偶像崇拜色彩的祖先祭祀观念正在城市中逐渐被淘汰。

但是在广大的农村，祭祖活动依然有着强大的生命力。如同以往一样，民国祭祖活动的主要形式依然是家祭。家祭，是一般民众以家里所设的祖宗神主牌位为对象的祭祀活动的统称。通常，它是在自家的祠堂内进行。依旧俗，民国时期的祭祖之礼，大行于春夏秋冬四时和祖先的忌日。新年伊始，超乎其他任何节俗，要事便是奉祀祖先。除夕，五鼓一筹，家家户户供祖先像于堂中，罗列果饼，更烛炷香，以祈一岁之安。有的人家悬挂五世同幅的祖宗像，称为“五代图”。正月元旦，鸡初鸣，全家即起，肃正衣冠，由家长率妻儿女依次拜之。缙绅之家，多有家庙，此礼则在庙中举行。除除夕之时祭祖外，每届元旦、清明、端午、中元、重阳、冬至及祖宗亡故之日，阖族之人也要分赴祠堂，面对供奉着的祖先牌位。献上时新果蔬、鱼肉菜肴。至于祠祭活动的具体仪式，各地有着不同的做法。

但到了20世纪二三十年代，农村的祭祖活动也受到了一定的冲击。在农民运动较活跃的地方，原本是用来祭祖的祠堂却成为一种新式的公共场所。两湖农民在旧祠堂中建立了农会和农军，并在这里召集群众大会，审判或处决那些作威作福的恶霸。他们用孙中山的相片和革命标语代替了过去的祖宗神位和匾额对联。毛泽东带领工农革命军来到江西永新县三湾村，曾将经过改编的军队的团部设在三湾钟家祠堂。著名的中国共产党湘赣边界的第一次代表大会会址就在宁冈县茅坪的谢氏慎祠，会议的主席台就是祠内的供桌，往日的神龛牌位，被马克思、列宁的画像和镰刀斧头红旗取代。非常时期的战争破坏了人们正常的生活秩序，按部就班的祭祀活动自然也被扰乱；活着的人尚且性命无定，也就无心顾及祖先了，祠堂改变用处便在情理之中。

---

① 潘光旦：《中国之家庭问题》，新月书店1928年版。

② 周叔迦：《家庭问题之调查》，《社会问题》第1卷第4期，1931年1月。

四 新式迷信抬头

民国以降，一方面地方当局拆庙毁观，大反迷信活动，烧香之风一时顿减；另一方面，统治者和一部分知识分子中流行着“祀天、信鬼、修仙、扶乩”等迷信活动，还出版杂志宣传这种迷信，宣称“鬼神之说不张，国家之命遂促”，甚至说鬼神之存在能用“科学”方法证明。竟有一些知识界人士自称“平日主有鬼论甚力”，断言“鬼之存在至今日已无丝毫疑义”。① 当时，传统的封建迷信，诸如看香头、占卜之类仍然有市场，然则别出心裁，以科学为名，翻出新花样，最流行提扶乩之术。

扶乩颇具诱惑力，有所谓“开通之士，足迹半天下，生平虽不信鬼神之说，独于扶乩一事笃信勿懈”。此时，知识界有灵学会与济生会之设，是西方“灵魂会”研究在中国的变相产物，亦为民国后盛行之一时的风俗。灵学会设有盛德坛，出版《灵学丛志》，提倡迷信与复古。在该坛成立之日，他们扶乩，称“圣贤仙佛同降”，推定孟子主坛，“所有古代的名鬼一齐出现，鬼的字，鬼的画，鬼的文章，鬼的相片，无奇不有”②。每天晚上 6 时至 9 时，“降真巨鸾，仙灵轮集，有求必判，并为学理上之批答，解疑析难，言简意赅”。并编《灵学杂志》一册，详记问答之词，以供研究心灵学者之探讨，颇具学术气味。据说，中华书局经理陆费伯鸿适因负债涉讼，局事岌岌莫保，求示方针，乩词中有：“讼则终凶是至言，忍羞含垢思屯艰；风涛一过平如镜，苦尽甘来问九天。”词句似颇为切合实际所问，如果确是如此，则人们赖以乩坛仙语指示办事即可万事大吉了，显然是十分荒唐的。

济生会之乩坛，为沪上商界臣子王一亭、黄楚九、朱葆三等捐资，设于上海宁波路上。巨商富贾，大家妇女之往卜休咎者络绎不绝，且有富室姬妾在内，充当笔墨及司招待女宾之职。以单日为男宾叩示之期，双日为女宾叩示之期，均免纳费。

许地山曾进行过扶箕迷信的研究，深有感触地说：“数十年来受过高生教育的人很多，对于事物好像应当持点科学的态度，而此中人信扶箕的

---

① 胡绳：《论五四新文化运动中的民主与科学》，载《近代中国与近代文化》，湖南人民出版社 1988 年版，第 495 页。

② 柴萼：《梵天庐丛录》卷三。

却很不少，可为学术前途发一浩叹。”[①] 知识分子尚且如此，遑论没有文化的百姓，“男子且然，何论妇女”。当时社会上迷信泛滥，诞妄不经之言不胫而走。这些新式迷信是由中西文人雅士倡导而形成的民国时俗之一，对于以科学文明为标榜的人们来说，不能不说是一个悲剧。

坟墓讲究风水是民国期间流行的迷信风俗之一。民国坟墓风水观念十分玄虚，人们对于坟墓风水也更认真，有时选择一块墓地非常困难。风水先生总是说原先的家族墓地风水不好，建坟后会使子孙遭受各种灾难。人们为了避灾求福，往往大费钱财求请风水先生另择墓地。当时福建有人死数年不下葬，甚至有二三代停棺一室不下葬者。其中既有因贫穷而无钱出葬或买地下葬的，也有因风水不好而停棺等待好风水之地的。故当时福建西部有“风水先生指一指，石匠师傅累半死”的说法。

第七节　民国汉民族的社会风俗

一　家庭风俗

（一）家庭制度变迁

汉民族封建社会制度的突出特征是“大家庭”，即所谓“兄弟同居”“同居爨共”。在这种制度下，汉民族家庭能够“五世同堂”“九代同居”，会被国人视为美德而受到颂扬。民国以后，尤其是在“五四”时期，一些开明人士发现中国封建家庭制度的残酷与不合理，终于喊出了“旧家庭是厉行专制，束缚自由，为社会进步的碍障物”[②] 的声音，并申言要坚决改造它。

民国时人在认识了中国传统家庭制度的实质，并决心对其进行改制之后，便将构建新式小家庭的参照目光投向西方。西方的小家庭制度和自由结婚等生活风俗使国人感稀奇、新鲜，并有人开始照样模仿；在亲身体验中感到西方家庭风俗的文明，从而进行了中国家庭生活风俗的改良。新民学会会员罗学瓒在法国亲眼看到了西方进步的家庭制度，1920 年从法国写信给毛泽东，真实反映了在西方文明风俗影响，和中国青年对封建婚姻家庭的厌恶。他说：“前日在蒙达尼尔会议上，一言及家庭，即有无限的

① 许地山：《扶箕迷信底研究》，上海文艺出版社 1988 年影印本，第 107 页。

② 郭妙然：《新妇女与旧家庭》，载《新妇女》第一卷第 2 号，1920 年 1 月 5 日。

悲伤！家庭、家庭，真是杀尽中国人的牢狱！我等不能不设法急求解决也。”反映了“五四”时期西方文明风俗对青年知识分子的强烈影响。在这种历史背景下，封建大家庭纷纷分崩离析，随之而起的是“父母妻子”或“妻子儿女”的小家庭。

据民国时期一些社会学家对当时社会家庭规模的统计来看，除少数地区家均人中是6—7人外，绝大多数地区的家均人口是4—6人，农村家均人口是5.20—5.50人。很显然，4—6人家庭规模绝非所谓传统农业社会中的多世同堂、子孙满膝的大家庭。这说明民国时期传统的大家庭在现实生活中是极少的。而且，在绝大多数家庭中，家庭成员基本上是由“父母妻子”或“妻子儿女”组成的。在一般的4—6口之家中，有3—5口完全是由“妻子儿女”两代组成，其余才是祖孙辈的家庭成员。至于与家长同辈的兄弟姐妹，则极少在一起共同生活。

民国时期新式家庭的出现，既是世界性的趋势，也是中国近代经济政治变动带来的家庭制度变迁的一个必然结果。台湾省有学者认为从此“由世界性的趋向取代了中国家庭的典型。它改变了以同族为家庭中心，而成为以婚姻为家庭中心”，开始了“从制度到伴侣”的转变。① 但是，在现实中民国家庭风俗的变迁过程十分缓慢。至20世纪二三十年代，形式上的新式小家庭仅仅局限在城市和贫困的无产者中间，而在广大的农村，仍通行旧式大家庭。直到全国解放，占绝大多数的农村家庭仍然保留着传统的家庭形式。

（二）分家析产文书为凭

在民国时期，农村俗称男子结婚为“成家”，意味着结婚已成了新家庭产生的标志。男子既然成家，就要和父母、兄弟姐妹分家断产。兄弟多的，等幼弟成家后便分家，或幼弟与父母一起住。分家即兄弟之间平分父母的财产，包括房屋、田地山产、现金及其他大农具、家具和用具。分家时要请娘舅、姑夫到场，聘请通文墨之士写好“分家书”（或“分家簿”），略陈分家之缘由及分家之办法，开具分到主要财产的名称（田地、山产须说明面积、坐落位置），并选择吉日，举办分家酒。

办分家酒之日，娘舅、姑夫及主要族亲必须到场。浙江湖州地区，分家诸兄弟的岳家，则要女婿送一对分家竹。分家竹要留枝带叶，用红丝带

---

① 吴自甦：《中国家庭制度》，台北商务印书馆1975年版，第85页。

或苎麻捆在一起；同要送一套炊具、食具。

这天要拜分家主和祭祖，正堂贴分家主的马张，室内备酒药，设香烛。分家的诸兄弟和来宾，都要拜揖顶礼；同时燃放爆竹。此前，分家竹已解去捆带，竹梢某丫枝上已挂好用红丝绵兜裹着的竹油盏，叫“挂膳火”，还挂一串用红头绳穿起来的六个或十二个“顺治铜钿”，以讨彩头，并将这两株竹分立于檐前，间距约一尺。礼毕，兄弟在“分家书”（或“分家簿”）上画押确认。

分家时，娘舅、姑夫是公证人。若兄弟有争持不下之事，娘舅、姑夫秉公而断，兄弟不得再有违拗。据说若筷子按份分后，余数不足每户一双时，娘舅、姑夫要当场折断，以示公平。若遇娘舅、姑夫也为难时，则由父母裁决。

分家时还有“父借子讨，父欠子还”的民间成规，即人家欠父亲的，子女可以去讨（事前分好数量和具体债户）；父亲欠人家的，在分家时平分给诸兄弟负责归还。也有某兄弟多得一份家产而多分担相应的债务，或某兄弟少得一份家产而少分担或不分担相应的债务的情况。

分家后，父母多采取吃轮家饭的办法。轮家饭多数为半月一轮，也有五天一轮的。轮到时必备稍好的菜肴，要把上座留给父母，父母未入席动筷，子女不得先吃。个别长寿者，子亡媳故，便在孙子家吃轮家饭。

二　宗族风俗

（一）宗族离散

民国时期宗法思想已趋向淡化，再加军阀混战、水旱饥荒等带来的社会动荡不安，也导致宗族出现了离散的现象。如《民国慈利县志》载曰：民国初年，由于军阀连年混战，该地持续处于兵荒马乱之中，民不安业，疲于奔命，宗族成员四散，以致出现了“耆旧凋零，典型浸失”“旧日典常一切废弃隳坏无余”[①] 等现象。同时，由于城市工商业兴起，大量农村人员流向城市，流向工矿地区，而且还出现了一些与传统家庭迥异的城市家庭、工人家庭。这些为数众多的流动人群，特别是城市家庭、工人家庭，实际上已经远离了或者基本脱离了农村宗族势力的束缚。有些人即使仍流落农村，到他处农村谋生，或举家迁徙到别的有荒可垦的地方，也是

---

① 邓典谟等纂：《民国慈利县志》卷十一《祠祀第八》。

五方杂处，“既无宗族思想之维持，复无安土重迁之观念”，随时准备离去。[①] 另外，商业资本和高利贷资本侵蚀农村，加剧了农村土地兼并，族田已成为买卖兼吞的对象，也逐步破坏了宗族赖以存在的物质基础。如郴州陈氏的族田，就大量被本族的豪绅买去，化公为私，名为购买，实则侵渔。[②] 宗族失去族产这一经济基础，就势必丧失它的凝聚力，加快它的离散。

（二）修谱从宽

在民国社会动荡不安的情况下，一些地方在修族谱时，出现了“源流主宽”的现象。过去，一个家庭如果无子，收外姓子弟为继嗣，则在族谱中只能别为附谱，以免混淆血统，造成“乱宗”。民国时期，这种情况则逐渐有所松动。如在汝城县，民国时期，已是“阖县家谱，主宽者为多”[③]，即使系外姓收入继嗣者，与本姓一视同仁，不入“另册”。“这表明人们宗法观念有所淡化，对‘异姓乱宗’的防范有了放松。”[④]

三　乡里风俗

（一）邻里互助成风

邻里互助，是汉民族社会代代相传的惯俗，民国时期仍沿其旧，而且互助内容及于许多方面。首先有婚丧事的互助。山东乳山、海阳地方，人家有女将嫁，亲邻各送麦面若干，云是“给闺女做‘体己干粮’”，名曰“送面”。人家结婚，村人或多或少，总以红纸相裹，送一点钱，书面上叫“喜仪”，乡人只称作“人情”“送人情”。至娶亲之日，俗称“办喜事”，村人不呼自至，纷纷前去帮忙。其中有些人且是办某项事务的有经验的里手，如记账的，采购的，办宴的，接待的，掌司礼仪的，几乎形成专职，甚至连劈柴、挑水、跑腿传信的人也都有专责。靠着全村人的热情与井井有条的行动，婚礼总是安排得有条有序。作为报酬，亦不过吃杯喜酒，吃碗喜面。

遇有丧事，从病危到下葬，前前后后亦都有人相帮。山东长岛县大

---

① 孟维宪：《洞庭湖滨之农民生活》，载《东方杂志》第 33 卷第 8 号，1936 年 10 月。

② 《民国郴阳陈氏家谱》卷一《族谱遗训》。

③ 陈必闻修：《民国汝城县志》卷二一《政典志·礼俗下》。

④ 严昌洪：《西俗东渐记——中国近代社会风俗的演变》，湖南出版社 1991 年版，第 253 页。

钦岛的几处村庄，从前村村都有两位善理丧事的老人，一男一女，男曰“土公头”，女曰“浆水老婆”。村民家有丧事即请此二人来，从更换寿衣、整容、报庙、烧倒头包袱、停尸、报丧、入殓，直至出殡下葬诸种礼仪、事务均由此二人主持。“土公头”主外，“浆水老婆”主内，分工明确，绝不紊乱。各地通行的风俗还有，富家丧葬，开圹、殡仪多雇乡间专门班子办理，而贫寒人家，一切挖墓、抬埋事情都由村人帮忙包办。

其次是修房盖屋中的互助，包括备料当中的伐木、采石、运沙、运土、运砖瓦，开工以后，则和泥、挑水、来往递料诸事，统谓之“当小工”“拉下脚”。这许多工作是靠邻里“帮工”来做的。

再次生产劳动中的互助，也是千百年来的协力风俗，各地都有不同的形式。几家几户联合，这几日为此一家干活，那几日为彼一家干活，劳动量大体相当，名为“换工”或“变工”。一家有役畜，一家有车或有大农具，合在一起互相使用，名为“插犋”。几家几户常年互相劳动，名为“插伙”或“搿伙”。此外，如借驴推磨、压碾、走亲戚、借车借船办急务等，更是习以为常。

复次是经济上的互助，如“扒会”，是乡间的一种互贷活动，是穷苦人家对付高利贷的一种手段。由一人作会首，串连若干人入会，定期扒会，入会人各携相等股金前来，会首主持拈阄，事前议定凡人中签，拈中的，几人平分所有股金，作无息贷款。下次再扒会，上次中签的就只拿股金不参加拈阄了，这样，反复几次，最后得还本的人也得到一次使用会中贷款的机会，这一次会就算结束。扒会的总期一年到三年不等。

最后是日常生活的互助，平时极多互赠菜蔬瓜果、好饭好菜的活动，俗语之所谓“三把韭菜两把葱”“三碗饺子两碗面”即指此。若请人做事或受人礼物超出了通常范围，则谓之“欠人情”必于年节期间以相当礼品报答，名为“打人情”。

（二）结义拜亲流行

结义民国时期，农村中还流行各种活动，俗名“结拜”“拜把子”。结拜的仪式多半要焚香、盟誓、跪拜，有的还要刺破手指滴入酒碗喝“同心酒”。这种结拜的目的，有的是在谋求生活上、道义上的知心人。如他们的誓词中所说的“有福同享，有难同当”；又有受《三国演义》等故事的影响，结生死之交，“不能同年同月同日生，但愿同年同月同日死”。

此外又有拜干亲。大凡年轻人之间，情投意合而结拜的，叫“拜干兄弟”“干兄弟”“拜干姐姐”；若年轻人或年轻人之家长为某种目的要结拜长辈为干亲时，名为“拜干爹”“拜干娘”“认干爹”“认干娘”；反之，由长辈主动与年轻人结干亲的，则称为“认干闺女”“认干儿”。这种种关系，亲密时自十分亲密，冷落时亦任其冷落。

此外还有同村异姓异族之间的，互认“街坊辈”，按相应的亲族称谓，称村中异姓人为爷爷、奶奶、大爷、大娘、叔叔、婶子、兄、弟、姐、妹等，相沿几辈，序列不乱，这大约总是先辈外来户攀附老住户的结果。

（三）村规民约

村规，又叫“村规约”“乡规民约”，是村民进行自我约束与管理的一种风俗。

民国时期的村规大多没有白纸黑字的条文，多数是代代相传共同遵守的成规。村规的内容很多，各村也不一样，禁斗殴、禁赌博、禁吸毒的内容，差不多村村都有。山区为保护公共林木，常常规定何时禁牧、何时禁拾草、何时禁采药等，统谓之“封山”，开禁则曰“开山”。山东蓬莱、黄县一带沿海村庄，男子多出外经商，家中只老幼、妇女守户，为安全，亦为避嫌，家家都有白日闭户的习惯，有人来，必“啪啪”打门，主人闻声，未出门即高声喊问：“谁呀!”答：“某某某。”开门而出又必大声寒暄，之后才礼让入门。若不叫门即入，风俗以为失礼。

（四）村落治安

民国时有村落调解的风俗，俗称“说合事”“和弄事”。村人分家、家务纠纷、邻舍纠纷都由村中有威望的人出面调解。又有村落保卫，许多地方村中建有“更屋子”，村民每夜轮流“打更”。“打更”的方法是备一大木梆，按一夜五更时刻，巡街打梆子，目的是报更点，也是报平安。山林、果林、庄稼地、菜地的集体守卫，通常是每到收获之前，选一人或数人巡回看管，名为“看山”“看泊”“看青”。与守护的同时，必伴之以传统的或临时制定的“山规”“泊规”。犯了“山规”的人往往受到没收工具、罚物罚款等处罚。

还有村落消防，民国时期许多村落都备有“水龙”等消防设备，并组织有义务消防队。浙江东阳农村每逢夏至后的第一个辰日，要进行“分龙”仪式，届时将“水龙”抬至溪陂或池塘边“分龙喷水”，实际上是进行消防演习。

四　社交礼节

（一）新式礼制流行

辛亥革命推翻了清王朝，同时也就否定了维护这一制度的跪拜礼以及其他相应的社交礼俗。民国成立伊始，1912 年 1 月初，就有人在《申报》发表文章，提出“拜跪、脱帽之礼，概废不用，但用鞠躬点额（军界所用之额手礼能通行最佳）”[①]。同年 3 月，“丁祭”祀孔日子来临，浙江民政司请示是否照常祀孔，行何礼仪？内务部、教育部通电答复：在民国通礼颁行之前，“文庙应暂时照旧致祭，惟除去跪拜之礼，改行三鞠躬，祭服则用便服”[②]。随后，又明令废除社交中的跪拜、作揖、“打千”、请安、道“万福”等旧式礼节。在此基础上，1912 年 8 月 17 日，北京政府正式以法律的形式颁布了普通《礼制》。与废除跪拜礼密切联系，南京临时政府也实行革除“大人”“老爷”等不平等称呼。

民国初年社交礼改革中所推行的鞠躬礼，在本质上已不同于古代社会中的鞠躬礼。传统的鞠躬礼仅仅单方面行之于下对上的恭谨，在上者是不用鞠躬回礼的；新的鞠躬礼则推广于全社会，人人奉行，含有平等的意义。废除大人、老爷之类的称呼，也是从民主共和制度建立考虑的，对于破除封建等级观念具有重要意义。然而，职员称呼“咸以官职”，仍显得与“人民之公仆”的宗旨不相适应，包含有新的等级意义；而民间普通称“先生”、称“君”，在广大劳动群众中也觉得过于文雅，难于普遍实行。

民国 17 年（1928 年），国民政府内政部在民国初年礼仪改革的基础上，进一步拟订《相见礼》，虽未正式公布，但已在各省试行推广，对社交礼俗变迁也产生了重大影响。

（二）民间以茶为礼

民国时期的民间礼节当以客来敬茶之礼最有影响。汉民族社会自宋代以后，即有客来敬茶的礼俗，发展到民国时期，一个茶字，又衍化出许多新的交际礼俗。如浙江地区若有小辈言语间或行动上冲犯了尊亲，致使尊亲发怒，于是由第三者从中调解，经尊亲许可，嘱小辈向尊亲敬茶，表示赔礼，以平其气，事态严重的还须跪敬。

---

① 《服式刍议》，《申报》1912 年 1 月 7 日。

② 《丁祭除去跪拜》，《申报》1912 年 3 月 5 日。

又有新女婿茶。新女婿第一次上门，岳家例先奉茶，富裕人家上茶达七道之多：参茶、燕窝茶、银耳茶、莲心茶、桂圆茶、红枣茶、清茶。普通人家只备二三道而已。茶毕，新女婿拜见岳父母以及尊长，然后开宴款待，陪客4人或6人，菜肴精美。这时岳家五服之内的亲房要一一向新女婿敬茶，茶具用有盖瓷质茶碗，泡茶四杯或六杯，盛于锡制或红木制长方形的茶盘中，用红纸写明某房某房。但此茶并不直接送到新女婿座前，而是放在主人预先摆在厅堂外走廊中的八仙桌上，茶具精巧玲珑，五光十色，式样既别致，排列又整齐，看上去非常美观。茶的种类视各房的家境而定。

民国时期儿童上学时，家长要备红糖茶一大壶，先向孔子的牌位敬茶，其次敬老师，最后分敬同学，俗称上学茶。之所以用糖茶是希望日后师生相处和同学相聚都甜甜蜜蜜。

当客人来访，献上香茗，宾主例不饮用。若来客三言两语告辞，主人当然欢迎；若喋喋不休，主人听得厌烦，或有要事急待处理，没有时间长聊，于是端起茶杯请客用茶，这是表明送客之意。敬茶本是客气，在此场合变成逐客之令，可算是种特殊的功能。

新娘进门，宾客入洞房闹房，新娘例须一一敬茶。宾客去而复返，新娘照敬不误，来五次敬五次，来十次敬十次，不可厌烦。有的亲戚朋友在结婚之日未曾参加，以后不问时日如何长久，第一次光临必须由新娘亲自奉敬一次茶，而且不分辈分长幼要同等看待，称为“吃新娘子茶”。①

新娘子孝敬公婆的茶，则叫“早茶”。献早茶一般在新媳妇进门后的前三天早晨，皆由伴娘将茶准备就绪，静候公婆起身并盥洗完毕，新媳妇亲手端奉茶水，以示孝意。为期一般只有三天，然而也有无限期的。如有夫弟则要等到娶了弟媳，为嫂的才可免除此役，否则须待自己生下儿子并娶了儿媳，这项差使才始由下一代来承当，而自己也有资格享受儿媳妇孝敬的早茶了。

五　妇女风俗

（一）“自梳女”在广东中部盛行

在民国时期，在广东一带的妇女中流行一种名为“自梳”的特殊风俗。自梳女风俗曾盛行于广东中部的顺德、番禺、中山、南海等县，是封

① 张行周：《宁波习俗丛谈》，台湾民主出版社1973年版，第242—244页。

建制度下的畸形风俗。民国时期未婚少女均蓄辫，婚后始束髻。唯上述地区一些妇女却通过一种特定的仪式，自行易辫而髻，以示决心不嫁，独身终老，称为“自梳”或“梳起”。另一种少女迫于父母之命不能“自梳”，只好在举行婚礼后长归母家，避免与丈夫同居。这种妇女名曰已婚，实亦独处，与“自梳”名异而实同，称为“不落家”。女子一经“自梳”后即成铁案，终生不得反悔。如有勾三搭四，即为乡党所不容，其甚者往往被捆缚塞入猪笼，投于河中浸死。自梳仪式的筹备，多在自梳女及不落家妇女聚居的“姑婆屋”内进行。所需的物品如新衣（包括内衣、底裤）、新鞋、新袜、梳子、红头绳、妆奁及祭品烧肉、鸡、红包、大发、生果、线香、宝烛、茶、酒等，均由“姑婆屋”内的姐妹暗中帮助陆续备办。自梳前必须住宿“姑婆屋”，以香汤（黄皮叶煲水）沐浴后，即召齐志同道合的姐妹聚谈，由已自梳的姐妹传授“心法”，如如何坚持独身、应付家庭阻挠，及如何在家庭立揣、独立谋生、互相帮助等。至晨光曦微路上没有行人时，联同前往附近的神庙举行自梳仪式。自梳的女子到神庙后，在观音座前摆开携去的衣物和祭品，点起香烛，向神像前三跪九叩，以示自梳永不婚嫁的决心。然后由事先约定的已自梳的妇女为她拆开原梳的辫子，改梳云髻（也有在先一晚将辫梳成髻的）。接着便将衣服脱下，换上新衣。这个自梳的女子再向观音菩萨叩拜后即与同行的姐妹互拜、道贺。仪式至此便告结束。

自梳女一经“梳起”，即有权视母亲为己家，以母家之事为自己之事，为母亲操持家务，俗称“把家姑婆”。这类自梳女一般具有较浓厚的传统的宗法观念，以兄、弟辈之“荣辱”为荣辱；视兄、弟辈之子女为子女。由于她们对母家事过分关心和专断，常引起兄嫂弟媳的不满。但母家的亲属宁愿忍让，也不愿让她们离家出走而使乡俗认为其兄嫂弟媳霸道加以指责。

有些人家的女儿蓄意要过独身生活，但父母防范甚严，无法自梳，或虽已秘密自梳，但不告诉父母及公开宣布，致被迫出嫁，就只好采取婚后“不落家”的办法。这些妇女为了达到不落家的目的，在结婚后设法保护其志向，不与丈夫发生性关系。因为一旦怀孕，按俗例必须落家，从此便不得脱身。决心不落家的妇女临嫁时需由先辈姐妹教以应付的办法，还要由金兰姐妹（结拜姐妹）特制一套防御衣服给其穿上。这种衣服用厚布制成，上下衣相连，穿上后由金兰姐妹用麻线将所有夹处密密缝牢固，使新郎难以扯开。为保护自己身体，多随身携带剪刀作为自卫武器。如新郎施用暴力，即大声呼救。当时风俗，新婚时娘家必遣“大妗”（陪侍新娘的妇女）伴随新娘过门，决心不落家的妇女，其“大妗”及仆从即以金兰姐妹乔充，闻声即群集护卫，帮助新娘渡过难关。

（二）“不落夫家”

在广东地方，新娘在婚礼后，须在夫家住至“三朝”才能回母家，俗称“回门”。回门的当晚仍须回到夫家，直至满月才许回母家小住。但不落夫家的妇女则不依此风俗，在夫家住至“三朝”，回门后即不返夫家。有些小康以上的家庭，既不愿意女儿自梳，又拗不过女儿独身终老的决心，且又怕女大不嫁逢年过节留在家中不吉利，只好采取“买门”的折中办法，即替女儿找夫家时，订明女儿不落家，宁愿花钱给女婿纳妾为代。以后凡大年大节，则由夫家迎回去；若迎而不去，则任由其任往乡中姐妹处度年、度节。家资富有的由父母另拨房屋给她们居住，以免留在母家。不落家的妇女虽不与夫家共同生活，但在夫家仍是主妇。夫家有红、白喜事，必派人迎回去。尤其遇到翁姑及夫婿丧事，必须回去“上服”尽孝。除此之外，就只有待到她本人病重无可救药时，才使人抬回夫家待毙。弥留期间的饮食、医药以至死后的殓葬、招待费用等均由她本人自备，不用夫家破费一文，且多有遗产留给妾及庶出子女。其死后，夫家必以主妇礼送丧。也有不回夫家而死于“姑婆屋”或尼庵的。如果死在母家，则为不祥，非有特殊情况，必为乡党不容①。

第八节　民国汉民族风俗的特点

一　“洋”化

清末，一些受了西方思想影响的青年学生，就在生活上带头“洋”化，试图领导时代风尚。但辛亥革命前，在时尚风俗和生活方式上，中国百姓普遍是采取排外态度的。辛亥革命后，由于帝制的覆灭，共和制告成，人们在政治上和思想上获得解放。在接收西方文化和生活方式方面自然显得更有胆量和信心。按当时人的说法，就是“民国新建，亟应规定服制，以

① 陈曾等：《自梳女与不落家》，载《广东风情录》，广东人民出版社 1987 年版，第 23—29 页。

期整齐划一。今世界各国，趋用西式，自以从同为宜”[①]。这是有意识地向西方风习靠拢。因此，民国初年，全国很快掀起了一股西化的潮流。

当时西化速度比较快，西化程度比较较深的首推衣、食、住、行等生活风俗。这是因为一种文化对异质文化的吸收，往往开启于那些可直观的表面的生活习尚层次。在着装方面，民国成立后，朝野上下青睐“西装”、洋伞、洋布、洋鞋、呢帽（村民叫荷兰帽）之类的洋物。

在饮食方面，上层社会饮食豪侈，除传统的山珍海味、满汉全席外，请吃西餐大菜已成为买办、商人与洋人、客商交往应酬的手段。西菜、西式糖、烟、酒都充斥民国市场，并为很多人所嗜食。我们可以从当时的《大公报》新式中秋月饼广告中看出当时“洋化”的态势：“本号不惜工本，置有外国机器，聘请旁通泰西化学饼师，选买上等洋面，精制各式面包、饼食、咸甜疏打、各样罐头、饼干，已蒙远近贵客光顾……今再改良，以西式饼之材料制造中秋月饼，不独适口，而且花样新奇，至于一切人物、花草，均用外国糖浆推凸，玲珑异常，食之既见爽心，观之更觉悦目。”[②] 而且这种习俗的改变不断地由沿海地区向内地扩展。当时山西的一个乡绅在日记中记载了这种变化。“近年来为学之人，竞分两路，一曰守旧，一曰维新。守旧者惟恃孔孟之道，维新者独求西洋之法。守旧则违于时而为时人所恶，维新则合于时而为人所喜，所以维新者日益多，守旧者日渐少也。”[③]

在居住方面，住西式楼房，有西式家具成为时尚。洋楼的广增，使城市改观。沈阳“建筑宏丽，悉法欧西，于是广厦连云，高甍丽日，绵亘达数十里”[④]；杭州“西湖多别墅，且大率为西式之建筑，有改‘欲把西湖比西子’之下句，为‘近来西子作西装’者”[⑤]。当时的西式住宅可分为一般民居、高层公寓和别墅三大类。即便一般的楼房，也多配有花园、亭池、电灯、自来水。室中铺陈，富丽堂皇。

在交通方面，汽车、火车、飞机，尤其是前两者已成为人们生活中较重要的交通工具，而铁路的优势更是传统的运载工具望尘莫及。民国的大

---

① 《申报》1912年8月20日。

② 《新式中秋月饼》，《大公报》1906年9月9日。

③ （清）刘大鹏：《退想斋日记》光绪三十一年（1905）。

④ 《奉天通志》卷九七《礼俗三·居室》。

⑤ 徐珂：《可言》卷一，第10页。

城市内，车水马龙，熙来攘往。北京“车的名目式样极多，到现在越法变本加厉，如火车、电车、摩托车、脚踏车、人力车，以及洋式马车，皆非前人梦想所及”①。上海“有乘各式汽车、马、电车者，有乘轿者，有男女携手同行者，有男女同车左拥右顾疾驰而过者”②。

除衣、食、住、行外，民国风俗的西化还在电影、舞蹈、戏剧、商业、礼俗及婚姻等诸方面有所展露，甚至西化已不仅停留于生活现象之表层，而且触及人的思想观念和意识形态。

民主与科学思想的引入，既显现了“五四”的时代风貌，也极大地冲击着传统的封建色彩浓厚的风俗观。中国传统风俗习惯之轴心应是儒家思想，“五四”新文化运动所高举的从西方引入的科学与民主的旗帜，则使中国人从孔子儒家思想所浸染的传统风俗和风俗观念的束缚下挣脱出来，从而重新建构一种充满朝气的蕴含民主与科学意识的风俗观念，让人们生活在一个相对宽松和自由的风俗圈中。

中俗西化既是民国风俗现代化的关键，又是发展的必然趋势，也是一个理性的移风易俗的过程。仁人志士们是在对中国传统风俗作了深刻的省思之后，才张开双臂欢迎西洋风俗的涌入的。进入民国以后的相当长的一段时间，文化思想界面对汹涌而至的西洋风俗，展开了一场热烈的争论，对中西风俗之优劣作了较全面的审视。也正是由于有了较为正确的评判，人们，才主动、热情地欢迎“西俗东渐”。

尽管在风俗西化的初始阶段，也有“过头”之处，甚至到了“崇洋”的地步，但风俗的“全盘西化”是不可能的，西方风俗不管有多么好，多么富有现代气息，也不能全面取代中国的本土风俗，何况西方风俗同样也有许多不足之处，更何况中国民间文化的传承具有其他民族难以匹敌的强烈惯性。因此，民国风俗“洋化”的倾向始终是局部的，而且多滞留于城市。不过，这确是民国风俗显著的特征之一。

二　尚奢

辛亥革命以前的中国，尚俭抑奢就成为统治阶级大力倡导和维持的一种行为规范。近代以降，由于西方资本主义的入侵，商品的日益大量输

① 逆旅过客：《燕市积弊　都市丛谈》，北京古籍出版社 1995 年版，第 37 页。

② 《梦游民国》，《申报》1912 年 9 月 14 日。

入，以及适应侵略者的需要，在中国兴办了各种经济文化实体。在西方商品经济的强烈刺激下，中国资本主义的发展，到19世纪末20世纪初年，作为工商业中心的近代城市，在沿海、沿江的许多省份先后兴起。在各大城市里，纷纷增设戏园、公园、游乐场等娱乐场所，高楼大厦多配有花园、亭池、电灯、自来水，室内陈设也高雅华贵，富丽堂皇；在各大商店里，五光十色，琳琅满目的生活消费品充斥市场，诱惑着人们的感官，刺激着人们的购买欲望。竞相使用高档物品和穿戴外国货成为一种值得炫耀的时髦。

进入民国以后，这种奢华的风气更加强盛。辛亥革命爆发以前，社会经济本已极端凋敝。革命的爆发，开始时对各地商业亦有所影响，但奢侈之风并未收敛。尤其是在那些国民党新贵当中，这种奢侈放荡的现象表现得更为突出："官僚也，议员也，政客也，元勋伟人也，以及办学务办公益之绅若董也，惟旧孳孳，莫不以攫取宝钱为首策。目的达，腰缠富，取精既多，用物斯宏，溺情于声色赌博者无论矣；既宫室车马服用筵宴之类，亦突过璞而不以为泰，精神上无一事堪与欧美仿佛，惟用度之奢侈骎骎乎将凌欧而轶美。"①

上行下效，民国奢侈的社会风尚亦渗入民间，在人们日常生活的方方面面都有展示。虽然尚奢之风对于动摇封建社会等级观念，打破小农生产方式，促进商品流通，起到一定的推波助澜的效果，但对民国时期的政治和社会生活都注入了浓烈的腐蚀剂。当时某报记者曾委婉地指出："当兹风雨飘摇之际，我国民宜如何减衣缩食，尝胆卧薪，以维系一发千钧之民国。"② 奢侈放荡之风，无疑有害于国计民生。

纵观民国的奢侈消费风俗，明显展露了以下几个特点。一是尚虚礼，讲排场。二是趋时，在消费世风变迁中，民国时人渐渐养成了追逐新奇趋时的享乐风习。三是病态消费。民国各都市的烟赌娼等病态消费，也如雨后毒菇般地滋生起来。

必须指出，民国既是一个动荡不安的时期，广大民众饱受战乱之苦，生活水平普遍比较低下，又是一个革故鼎新的时代，恶习的清除，良俗的倡导是这一时代风俗发展的总趋势。因此，民国风俗并非一味地奢侈，有

---

① 《大公报》1915年5月18日。

② 《大公报》1913年4月24日。

的地区的一些民俗事象也有日趋简略之变化。

三　重商

在封建时代的中国社会有着轻商抑商的社会心理和风俗习惯。到了清末，在西方观念的影响下，一些有识之士，如马建忠、郑观应、康有为、梁启超等资产阶级改良主义思想家，一而再、再而三地发出了发展工商业的呼声，及当时新闻媒体对此也大造舆论，至民国建立前三四年，重商之风越发普及，商人的社会地位也越来越高。在重商风气的熏染下，中国官方、民间都开展了各种各样的商业活动，但这些商贸活动仅在局部地区展开，其声势和影响还不足以改变传统的重农抑商的思想意识、社会心理和风俗习惯。

辛亥革命后，形势发生了翻天覆地的变化，南京临时政府根据西方资产阶级的注重经济利益和实际效果的功利主义思想，对传统的重农抑商的观念和风俗进行了坚决的荡涤。南京临时政府一成立就特设实业部，并拟定了《商业注册章程》，准许各类商号自由注册，取消前清规定原种种注册费用。开办企业的种种限制的取消，使工商业的发展获得更多的自由。

在政府大力提倡和强力推行工商业的同时，资产阶级的代表人物也积极行动起来，为发展工商业奔走呼号。

在这种发展工商业的大气候下，大中城市皆出现人争经商、群趋从商的风尚。那些从乡村和小市镇源源涌入大都市的居民，无论原来是商贾贩夫，还是士宦乡绅，乃至农工妇道，皆步入商界；有钱者自开店铺，无资者受雇于商家，导致商业的骤兴。民国时期的都市中，中国人办的各种商号、店铺如雨后春笋般出现。许多人离乡背井，来到繁华的都市，目的就是寻找从商谋生的职业，特别是在江、浙、闽、粤的一些地方，出现了士庶男女纷纷弃学弃农，援亲托友，流入都市，争相商务的风尚。

诚然，人们对工商业趋之若鹜的同时，一些负面的影响也随之而来。“重商轻农”的心理和意识的产生，导致人们对农业则用心不专，得过且过。因商误农的现象在全国各地大面积出现，严重阻滞了农业生产的发展。

随着商品经济的发展，金钱势力迅速崛起，拜金主义开始蔓延。而崇商拜金也导致了“欺诈奸伪”之风的盛行。

四　非衡

在半殖民地半封建的民国社会，伴随着外国资本主义的入侵，中国自给自足的自然经济经历了一个由城市到农村、由沿海到内地的递进解体过程。在沿海地区，尤其是在一些大、中城市，这里既是欧风美雨冲击较早和较为深刻的地区，又是中西文化交流、融合的中心带；这里是民国开埠通商、海外贸易、工商业集中、都市化集聚的开端，也是价值观念、生活方式、社会风气转变的先导。而在广大的农村，尤其是穷乡僻壤的内地，基本上仍处在自给自足、对外封闭、故步自封的氛围之中。

民国时期经济严重的不平衡的格局，必然导致风俗发展的不平衡。一般而言，沿海（特别是通商口岸）地区风俗的更新快于内地，城市早于农村。上海、广州、天津、青岛、武汉等中心城市，得风气之先，成为移风易俗的示范区；而边远山区，则变化程度甚小。在那里交通不便，文化教育落后，经济发展十分缓慢，近代文明之风难以吹到，人们长期生活在中世纪氛围之中。即使在同一区域内，民国风俗的不平衡性同样是存在的。这主要是因为不同阶层和年龄的群体在对待新旧风俗的态度上存在差异。

汉民族风俗史进入民国，明显处于一个革故鼎新的转折过渡期。而“革故鼎新”本身就蕴含了不平衡的因素，亦即是说，新旧风俗交织在一起，不可能是清一色的新，也未必是完完全全的旧，往往是呈现出中西混杂、新旧并陈的格局。以婚礼为例，江苏宜兴，“自民国以来，政体虽变，而新郎之戴顶履靴者，仍属有之，然亦有喜学时髦戴大礼帽以示特别开通者。最可笑者，新郎高冠峨峨，履声橐橐，在前面视之，固俨然一新人物也。讵知背后豚尾犹存，红丝辫线，坠落及地”，至陪宾四人，“有西装者，有便服者，有仍服满清时礼服者，形形色色，无奇不有”①。这种混杂的情况表明，民初的中西、新旧之文化，正处于一种既排斥又妥协的状态之中；旧的事物，常常采用新的形式出现，而新的事物，也常常不脱旧的胎记。打破了旧的统一婚姻礼制后，在新的婚姻礼制出现之前，人们只能根据民国后的社会风尚以及自己心理倾向去选择婚姻礼仪的方式。

一般而言，任何时代的风俗都会有新旧之别，传统风俗和新兴风俗始终处于一种嬗变的状态。但是，民国时期风俗的新旧反差较之以往任何一

① 胡朴安：《中华全国风俗志》（下编），河北人民出版社 1986 年版，第 181—182 页。

个时代都要醒目、突出。这一风俗的不平衡性展示出来的，便是风俗事象的色彩斑斓和丰富多彩。再以直观性最强的服饰风俗为例：辫子剪去了，清朝统一服制取消了，人们却有些不知所措了。一段时期内，中国人穿什么的都有，有穿长衫、马褂的，有穿西装、中山装的，也有的人中西服装混穿，上身是西装，下身则是绑腿裤，颇为滑稽。总之，“西装东装汉装满装，应有尽有，庞杂至不可名状”①。

民国年代服饰上的这种不伦不类、变化莫测，令人眼花缭乱的现象，实际上透示了民国时期汉民族社会民众在审美情趣方面的不平衡性：一方面力图通过服饰的标新立异来表现自己的独立人格，竭力宣泄自己长期受禁锢的爱美欲望；另一方面又不愿一下子割断与历史的联系，长期以来积淀下来的传统审美习惯萦绕于身，斩之不断，挥之不去。于是，传统的服饰消亡得越快，对其的追忆和眷恋就更为强烈。当一部分人穿着洋装革履神气十足地招摇过市的时候，另一部分身着传统服饰的人则以自己继承了前辈宝贵的财富而沾沾自喜。民国服饰新旧并陈的现象还说明，当此新旧文明交替之，在旧传统、旧权威被打破，新秩序、新权威形成之前，人们心理上存在一种不平衡感和失落感。

由于民国社会发展的不平衡性，汉民族社会家庭风俗的变迁同样在社会各阶层中表现得深浅各异，一方面小家庭成为主流；但另一方面城市尤其是小城镇中仍有一些大家庭存在，传统的家族制并未完全解体，不少城市家庭还有宗祠存在，大家族的势力依旧相当强大。民国社会政治、经济变革极不彻底，又始终因袭着传统社会的重荷，因此，城市及小市镇家庭的转型必然表现出新事与旧物、变革与复古种种矛盾、冲突的错综复杂的不平衡特征。民国时期的其他类型的风俗亦莫不如是。

总而言之，民国风俗演进过程中的不平衡性，既根源于一定的生产方式，又不随着生产方式的改变而迅速的改变。而风俗的发展和变异，有其自身的规律，试图人为地打破新旧风俗及良俗陋风存在的不平衡，这是不可能的，也是徒劳的。更何况民国处于中古到现代之间，是一个过渡时代，风俗的演变自然也常有承前启后的特征。

---

① 《大公报》1912 年 9 月 8 日（二）。

漢民族史記

徐杰舜　主编

汉民族史记

9

海外移民卷

徐杰舜　丁苏安　著

中国社会科学出版社

目　　录

汉民族海外移民史编

汉民族海外移民史编

在世界民族的万花筒中，万花筒的转动虽瞬息万变，但汉民族的存在却万变不离其宗，永远存在于万花筒的任何一个图像之中。也就是说：现在世界上到处都是中国人，而这几乎到处可见的中国人，绝大多数是中国的汉民族。

汉民族移民海外，传播了文化，开发了世界，给世界带去了无限的生机，如《易经·系辞下传》所云："致远而利天下"。

汉民族是世界民族之林中的奇葩，是全球的汉民族。

在这个语境下，本编将汉民族海外移民史分为五个时期，即汉民族海外移民的萌动时期（先秦到秦汉）；汉民族海外移民的开启时期（三国两晋南北朝到隋唐）；汉民族海外移民的初发时期（两宋到元）；汉民族海外移民的曲折发展时期（明到清前期）；汉民族海外移民的大发展时期（清后期到现在），来呈现汉民族二千多年波澜壮阔的海外移民史。

第一章　绪论

汉民族是世界民族之林中的奇葩。

在世界民族的万花筒（kaleidoscope[①]）中，她以悠久而连绵的历史、灿烂而多彩的文化、坚忍而和合的理念、众多而共美的人口，屹立于世界民族之林，无疑是世界民族万花筒中最耀眼、最伟岸的奇葩。

在世界民族的万花筒中，万花筒的转动虽瞬息万变，但汉民族的存在却万变不离其宗，永远存在于万花筒的任何一个图像之中。也就是说：现在这世界上，到处都是中国人。而中国人中，汉民族人口为118295万人，占总人口的90.56%；各少数民族人口为12333万人，占总人口的9.44%。[②] 所以，这几乎到处可见的中国人，绝大多数是汉民族。

汉民族本是一个安土重迁的民族，《汉书·元帝纪》即云：“安土重迁，黎民之性。”说的是留恋故土，不肯轻易迁移。而现在的情况是世界上几乎处处可见汉民族的存在，据暨南大学华侨华人文献信息中心截至2002年4月27日的统计，全世界共有华侨华人34072632人，集中分布于140个国家。其中，亚洲有28175752人，分布在34个国家；欧洲有1618640人，分布在26个国家；非洲有136865人，分布在33个国家；美洲有3570750人，分布在33个国家；澳洲和太平洋岛屿有570625人，分布在14个国家。汉民族在世界各国的分布虽极不均匀，多的达百万以上，少的仅有十余人。如人数超过100万人口的国家有8个，人口最多的国家是印度尼西亚，有731万人，其次是泰国（610万）、马来西亚（528

---

① Kaleidoscope，集合了希腊语的kalos“美丽”、eidos“形状”和scope“观看”等美丽的词语，将它最主要的特点都概括出来。

② 中华人民共和国国家统计局：2005年全国1%人口抽样调查主要数据公报（2006年3月16日）。

万)、新加坡(229 万)、菲律宾(220 万)、缅甸(200 万)、美国(200 万)和越南(190 万)。人口不足百人的国家有 17 个,五大洲均有分布。有些国家的汉民族人数虽然极少,如黎巴嫩仅有 12 人,马耳他有 15 人。其他还有汤加、刚果、塞拉利昂、保加利亚、多哥、罗马尼亚、博茨瓦纳、苏丹、喀麦隆、马拉维、摩洛哥、巴巴多斯、阿曼、斯威士兰等国人数也很少。但不管人多人少,可以说世界几乎处处有汉民族了。

"世界华侨华人人口分布"数据

美洲地区 总计(3570750)		
国家(地区)	人数	资料来源
阿根廷	30000	《南洋商报》1994. 4. 18
阿鲁巴	600	《星洲日报》1993. 11. 23
安的列斯群岛(荷)	700	《1996—1997 年华人经济年鉴》
巴巴多斯	50	《1996—1997 年华人经济年鉴》
巴哈马(荷)	200	《1996—1997 年华人经济年鉴》
巴拉圭	10000	《星洲日报》1993. 11. 23
巴拿马	150000	《华侨日报》1994. 1. 8
巴西	100000	《澳门日报》1992. 11. 16
玻利维亚	12000	《星洲日报》1993. 11. 23
伯利兹	1500	《世界华侨华人概况》
多米尼加共和国	15000	《1996—1997 年华人经济年鉴》
厄瓜多尔	20000	《星洲日报》1993. 11. 23
法属圭亚那	600	《星洲日报》1993. 11. 23
哥伦比亚	7000	《1996—1997 年华人经济年鉴》
哥斯达黎加	63000	《华商经贸》369 期
古巴	6000	《宏观报》1994. 11. 15
圭亚那	20000	《星洲日报》1997. 1. 16
海地	200	《星洲日报》1993. 11. 23
洪都拉斯	1500	《1996—1997 年华人经济年鉴》

续表

国家（地区）	人数	资料来源
加拿大	910000	《星洲日报》1996. 6. 9
库拉索岛（荷）	600	《星洲日报》1993. 11. 23
美国	2000000	《联合早报》1995. 11. 12
秘鲁	60000	《澳门日报》1992. 11. 16
墨西哥	30000	《南洋商报》1994. 4. 18
尼加拉瓜	3000	《星洲日报》1993. 11. 23
萨尔瓦多	1500	《宏观报》1994. 11. 15
苏里南	13000	《华侨与华人》1988. 2
特立尼达和多巴哥	20000	《星洲日报》1993. 11. 23
危地马拉	14000	《宏观报》1994. 11. 15
委内瑞拉	50000	《澳门日报》1992. 11. 16
乌拉圭	300	《欧洲时报》1996. 2. 5
牙买加	25000	《1996—1997 年华人经济年鉴》
智利	5000	《1997 年世界年鉴》

亚洲地区 总计（28175752）

国家（地区）	人数	资料来源
阿富汗	169	《世界华侨华人概况》
阿拉伯联合酋长国	150	《世界华侨华人概况》
阿曼	80	《世界华侨华人概况》
巴基斯坦	3600	《星洲日报》1993. 1. 25
巴林	48	《1996—1997 年华人经济年鉴》
朝鲜	10000	《世界华侨华人概况》
东帝汶	10000	《宏观报》1994. 11. 15
菲律宾	2200000	1986 年报刊
韩国	30000	《世界华侨华人概况》

续表

国家（地区）	人数	资料来源
柬埔寨	300000	《星洲日报》1993. 11. 23
科威特	200	《世界华侨华人概况》
黎巴嫩	12	《1996—1997 年华人经济年鉴》
老挝	200000	《广西侨务侨史文集》一辑
蒙古国	4000	1983 年使馆材料
孟加拉国	700	《世界华侨华人概况》
缅甸	2000000	《华商经贸》354 期
马来西亚	5280000	《宏观报》1994. 11. 15
尼泊尔	20348	《1996—1997 年华人经济年鉴》
日本	170000	《宏观报》1994. 11. 15
塞浦路斯	720	《华人月刊》1996. 3
斯里兰卡	3500	《1996—1997 年华人经济年鉴》
沙特阿拉伯	45000	《星洲日报》1993. 11. 23
泰国	6100000	《星洲日报》1993. 11. 23
土耳其	60000	《世界华侨华人概况》
文莱	100000	1986 年剪报材料
锡金	400	《世界华侨华人概况》
新加坡	2291100	《星洲日报》1995. 4. 3
伊拉克	100	1986 年报刊
伊朗	200	《星洲日报》1993. 11. 23
以色列	225	《1996—1997 年华人经济年鉴》
印度	135000	《世界华侨华人概况》
印度尼西亚	7310000	《宏观报》1994. 11. 15
约旦	200	《星洲日报》1993. 11. 23
越南	1900000	《广西侨务侨史文集》一辑

续表

欧洲地区　总计（1609640）		
国别	人数	资料来源
奥地利	20000	《欧洲时报》1994. 11. 7
爱尔兰	5000	《世界华侨华人概况》
保加利亚	25	1978 年外交部材料
比利时	30000	《欧洲时报》1997. 4. 20
冰岛	100	《1996—1997 年华人经济年鉴》
波兰	200	《星洲日报》1993. 11. 23
丹麦	6000	《世界华侨华人概况》
德国	111000	《广东侨报》1998. 3. 19
法国	300000	《1996—1997 年华人经济年鉴》
梵蒂冈	150	《1996—1997 年华人经济年鉴》
芬兰	1000	《1996—1997 年华人经济年鉴》
荷兰	80000	《星岛日报》1989. 2. 13
捷克	100	《星洲日报》1993. 11. 23
卢森堡	6500	《1996—1997 年华人经济年鉴》
罗马尼亚	35	1978 年外交部材料
挪威	1000	《世界华侨华人概况》
马耳他	15	1978 年外交部材料
葡萄牙	10000	《1996—1997 年华人经济年鉴》
俄罗斯	680000	《华侨与华人》
瑞典	20000	《星暹日报》1994. 12. 19
瑞士	13286	《1996—1997 年华人经济年鉴》
西班牙	35000	《欧洲时报》1994. 6
希腊	229	《世界华侨华人概况》
匈牙利	10000	《世界华侨华人概况》
意大利	30000	《华侨与华人》1991. 1
英国	250000	《星暹日报》1995. 2. 8

续表

大洋洲地区　总计（570625）		
国家（地区）	人数	资料来源
澳大利亚	454000	《星洲日报》1993. 1. 25
巴布亚新几内亚	10000	《澳门日报》1992. 11. 6
斐济	8000	《世界华侨华人概况》
关岛 塞班岛	5000	《星洲日报》1993. 11. 23
马绍尔群岛	12000	1986 年报刊材料
瑙鲁	1000	《星洲日报》1993. 11. 23
所罗门群岛	5000	1979 年外交部材料
社会群岛	7000	1986 年报刊材料
圣诞岛	2605	《1996—1997 年华人经济年鉴》
塔希提	20000	《世界华侨华人概况》
汤加	20	《1996—1997 年华人经济年鉴》
西萨摩亚	10000	《1996—1997 年华人经济年鉴》
新喀里多尼亚	1000	《海外华人及其居住地概况》
新西兰	35000	《世界华侨华人概况》

非洲地区　总计（136865）		
国家（地区）	人数	资料来源
阿尔及利亚	2000	《1996—1997 年华人经济年鉴》
安哥拉	500	《星洲日报》1993. 11. 23
埃及	110	《世界华侨华人概况》
埃塞俄比亚	100	《星洲日报》1993. 11. 23
博茨瓦纳	40	《1996—1997 年华人经济年鉴》
多哥	30	《世界华侨华人概况》
刚果	20	1979 年使馆材料
加蓬	100	《星洲日报》1993. 11. 23

续表

国家（地区）	人数	资料来源
加纳	500	《世界华侨华人概况》
津巴布韦	300	1979 年使馆材料
喀麦隆	50	《星洲日报》1993. 11. 23
科特迪瓦	200	《1997 年世界年鉴》
肯尼亚	190	《世界华侨华人概况》
莱索托	1000	《世界华侨华人概况》
利比亚	500	《星洲日报》1993. 11. 23
利比里亚	120	《世界华侨华人概况》
留尼汪	25000	《1996—1997 年华人经济年鉴》
马达加斯加	30000	1986 年报刊材料
马拉维	50	《世界华侨华人概况》
毛里求斯	40000	1986 年报刊材料
莫桑比克	700	《星洲日报》1993. 11. 23
摩洛哥	50	《星洲日报》1993. 11. 23
南非	30000	《参考消息》1994. 5. 9
尼日利亚	2000	《星洲日报》1993. 11. 23
塞拉利昂	20	《世界华侨华人概况》
塞舌尔	2000	《1996 年华人经济年鉴》
斯威士兰	90	《世界华侨华人概况》
苏丹	45	《1996—1997 年华人经济年鉴》
圣多美和普林西比	100	《1996—1997 年华人经济年鉴》
坦桑尼亚	600	《星洲日报》1993. 11. 23
乌干达	100	《星洲日报》1993. 11. 23
赞比亚	150	《漂洋过海的客家人》
扎伊尔	200	《1996—1997 年华人经济年鉴》

资料来源：暨南大学华侨华人文献信息中心提供。（http：//www. chinaiiss. com/info/html/huaren1. htm）；又见《世界杰出华人年鉴 2009—2010 年》，世界杰出华人年鉴编辑中心。

这种世界处处有汉民族的现象，不是与汉民族安土重迁的习俗相悖吗，为什么会出现这种现象呢？这正是本卷所关注的议题。让我们走进汉民族海外移民的时空世界，去探研世界处处有汉民族的国际现象吧！

第一节　汉民族与华人华侨

汉民族移居海外，一般不称为“汉民族”或其简称“汉族”，历史上曾被称为“支那人”，辛亥革命前的清王朝，中国汉人处于满族的统治之下，当时的日本，作为亚洲革命的一个圣地，许多反清的仁人志士在此得到支持，在“中国”这个词还没有被民众公认之前，“支那”一词，是外国人对中国的称呼（源于“秦”的传讹），初现于印度佛典。日本从江户时代（1603—1867 年）中期以后曾使用过。到 19 世纪中期之前，日本人用“支那”指称中国与“唐国”“清国”等无意义上的差别。“支那人”则是对中国汉人的尊称。所以很多革命家直接借用日本称呼称自己是“支那人”。如，宋教仁在创办《二十世纪之支那》的杂志，梁启超用“支那少年”为笔名，还有许多人，自称“支那人”，拒绝承认自己是“清国人”。又因唐王朝在中国历史上是一个强盛的朝代，因而在海外的汉人往往称自己是“唐人”，如今遍布世界的“唐人街”由此而来。“华侨”一词出现于 19 世纪 80 年代。正如庄国土所言：

> 华侨出国历史的发端是与对外贸易相联系的，可以说，从有海外交通贸易时，就有因贸易原因而“住蕃”的华侨。中国史籍上除记载个别出国之人外，尚有以地区的名称记载华侨的。如叫闽粤人、闽人、粤人、漳泉人、潮州人、广府人等。通指海外国人的称呼有“北人”。宋代朱彧的《萍州可谈》卷二记载：“北人过海外，是岁不归者谓之住蕃。”宋代尚称海外中国人为“华人”①“中国贾人”②。元代有的记载称为“中国人”③“唐人”④。明代史籍中，也常称华侨

① 《宋史·高丽传》：高丽王城“华人数百，多闽人因贾舶至者”。

② 《宋史·阇婆国传》：“中国贾人至者，待以宾馆，饮食丰洁。”

③ （元）汪大渊：《岛夷志略》龙牙门条：“男女兼中国人居之。”

④ （元）周达观：《真腊风土记》贸易条：“国人交易皆妇人能之，所以唐人到彼，必先纳一妇人者，兼亦利其能买卖故也。”

为“中国人”[①]“唐人”[②]。进入清代后，华侨出国日益增多，有关华侨的史料也较以前多得多。除了统治阶级有时诬蔑华侨为“游民”“流民”“弃民”“汉奸”“内地奸民”外，一般民间著述和官书中，用“唐人”[③]“汉人”[④]“华人”[⑤]“内地民人”[⑥]“中国人民”[⑦]“中华人”[⑧]“内地民”[⑨]“内地之民”[⑩]，等等。[⑪]

后来为什么称之为“华人”“华侨”？这必须从“中华民族”一词的出现谈起。

一　横空出世：中华民族概念的源起

“中华”原意与中国相通，又与华夏相系。《唐律疏议》：“中华者，中国也。亲被王教，自属中国，衣冠威仪，习俗孝悌，居身礼义，故谓之中华。”[⑫]朱元璋反元之时于吴元年（1367年）十月命令徐达等北伐发布告谕中原地区人民的檄文中明确提出了“驱逐胡虏，恢复中华”[⑬]的口号，并说“归我者永安于中华，背我者自窜于塞外”[⑭]。而“中华民族”一词是由历史悠久的“中华”和近世才出现的“民族”两词合成的。据陈连开先生考证，“中华”一词，大约在晋代已出现，与“中国”一词

① （明）马欢：《瀛涯胜览》爪哇国条载：新村“盖因中国人来此轫居，遂名新村”。

② 《明史·满剌加传》：“间有白者，唐人种也。”

③ （清）颜斯综：《南洋蠡测》：新加坡“近闻已聚唐人，杂番数万”。

④ （清）魏源：《海国图志》卷一二：“汉人自古以来与此洲（婆罗州）贸易。”

⑤ （清）王大海：《海岛逸志》葛剌巴条：“华人自明永乐时，三宝太监郑和等下西洋采买宝物，至今来往通商不绝”。

⑥ 《史料旬刊》第22期，安南脱回厂徒案：“银厂矿砂旺盛，夷民不诸采炼，向为内地民人开空。”

⑦ 阙名：《柔佛略述》：“中国人民种植于其土者十万众”，载《小方壶斋舆地丛钞》第十帙下。

⑧ （清）谢清高：《海录》：“巴荷国一名南巴哇，……中华人居此者难以耕种为生。”

⑨ （清）王之春：《国朝柔远记》卷三：“内地民希图获利，往往留在彼处。”

⑩ 《清康熙朝实录》卷二七〇：“内地之民希图获利……甚至有留在彼处（吕宋，噶剌巴）之人。”

⑪ 转引自庄国土《“华侨”一词名称考》，《南洋问题研究》1984年第1期。

⑫ 《唐律疏议》卷三《释义》。

⑬ 《明太祖实录》卷二六，吴元年十月丙子条。

⑭ 《明太祖实录》卷三〇，洪武元年二月壬子条。

一样是个多义词，论地区是指中原，扩而大之及于王朝直接管辖的郡县地区；论民族主要是汉人；论文化是指中原传统文化。因此，历史上的少数民族如北魏鲜卑、辽代契丹在接受了传统的中原文化以后自认为无愧于“中国”和“中华”的称号。“民族”一词在 19 世纪与 20 世纪之交从日文中引进而来，是指民族与国家同一的含义。在“民族”一词出现以后，不久就出现了“中华民族”一词。率先使用“中华民族”一词的是梁启超。[①]

“中华民族”一词在清末民初横空出世，有深刻的历史背景和社会根源。帝国主义压迫和内部民族矛盾，尤其是国家危亡引发了人民的民族危机感，进而促使了民族意识的觉醒，人们认识到应当发动并整合中国各民族抵抗列强的侵略。就是在这个时代背景下，梁启超开始认识到中国民族生存的危机。1899 年，梁启超在《东籍月旦》一文中，使用了现代意义上的“民族”一词。他在评介当时有影响的世界史著作时称这些论著“于民族之变迁，社会之情状，政治之异同得失……乃能言之详尽焉”。又云：“著最近世史者，往往专叙其民族争竞变迁，政策之烦扰错杂。”[②]梁启超从这种民族竞争的理念出发，又大胆地提出了民族主义是近代史学的灵魂。1901 年，梁启超发表《中国史叙论》一文，首次提出了“中国民族”的概念，他将中国民族的历史划分为三个时代：“第一，上世史，自黄帝以迄秦之一统，是为中国之中国，即中国民族自发达、自竞争、自团结之时代也；第二，中世史，自秦统一后至清代乾隆之末年，是为亚洲之中国，即中国民族与亚洲各民族交涉、繁赜、竞争最烈之时代也；第三，近世史，自乾隆末年以至于今日，是为世界之中国，即中国民族合同全亚洲民族与西人交涉、竞争之时代也。”[③] 梁启超在这里反复用了三个“中国民族”，而且从宏观上勾勒出三个时期的不同特点，这是他对中国历史宏观审视之后得出的结论。

在对“中国民族”认识的基础上，1902 年，梁启超正式提出了“中华民族”。他在《论中国学术思想变迁之大势》一文中，先对“中华”一词的内涵做了说明。其云：

---

① 陈艳飞：《“中华民族”概念内涵的演变》，《民大研究生学刊》2004 年第 1 期。

② 梁启超：《东籍月旦》，载《饮冰室合集》第一册，中华书局 1989 年版。

③ 梁启超：《梁启超全集》（第一册），北京出版社 1999 年版，第 453 页。

> 立于五洲中之最大洲而为其洲中之最大国者，谁乎？我中华也；人口居全地球三分之一者，谁乎？我中华也；四千余年之历史未尝一中断者，谁乎？我中华也。①

随后，梁启超在论述战国时期齐国的学术思想地位时，正式使用了“中华民族”，其云：

> 齐，海国也。上古时代，我中华民族之有海权思想者，厥惟齐。故于其间产出两种观念焉，一曰国家观；二曰世界观。②

由“民族”到“中国民族”，再到“中华”和“中华民族”，梁启超基本上完成了“中华民族”概念的创造。这是目前所见到的关于“中华民族”的最早运用，从此，一直沿用到了今天。

这就是中华民族概念的横空出世。

二 内涵演绎：梁启超中华民族内涵的变迁

在梁启超手中横空出世的“中华民族”，一开始在具体使用“中华民族”一词时还不太确定，有时指“汉族”，1902 年，他在《论中国学术思想变迁之大势》一文“炎黄子孙”一词注文中指出：“下文省称黄族。向用汉种二字。今以汉乃后起一朝代，不足冒我全族之名，故改用此。”1905 年，梁启超在《历史上中国民族之观察》中 7 次以上使用了“中华民族”一词，更是明确指出“今之中华民族，即普通俗称所谓汉族者”，它是“我中国主族，即所谓炎黄遗族”。③ 有时又指中国的所有民族，就是在《历史上中国民族之观察》中，梁启超以汉族与别的民族的“混合”与“同化”为中心展开论证。他认为，汉族（在此指“中华民族”）“自始本非一族，实为多数民族混合而成”④。在“先秦以前，中国本土除华族以外，还有八族，即苗族、蛮族、蜀族、巴族、氐族、徐淮族、吴越

① 梁启超：《梁启超全集》（第二册），北京出版社 1999 年版，第 561 页。

② 同上书，第 573 页。

③ 梁启超：《饮冰室专集》，中华书局 1936 年版，第 1—2 页。

④ 同上书，第 4 页。

族、百濮族。最后，除苗、濮二族外，其余六族皆已同化于中华民族（汉族）”[①]。从历史演变的角度指出，中华民族是中国境内的所有民族，汉、满、蒙、回、藏等为一家，是多元混合的。在此，他承认了中国民族的多元，但他又把这个多元的民族视为一个整体，可指“汉族”，又称“中华民族”。这正是梁启超既可贵又矛盾之处。

但梁启超的思想并没有停滞。1922 年，他在《中国历史上民族之研究》一文中，提出了“民族之分野，民族成立之唯一要素，在‘民族意识之发现与确立。何谓民族意识？谓对他而自觉为我’”。而且“凡遇一他族而立刻有‘我中国人’之一观念浮于其脑际者，此人即中华民族之一员也”[②]。此时，梁启超已把对中华民族的认识提升到“民族意识”的范畴内，如其所言，“吾所释民族之意义略如是，今准此以论中华民族”。[③]在这里，梁启超将“中国人”与“中华民族”等同起来，非常智慧地把国家认同与民族认同整合了起来。指出了在中华民国成立之后，建设现代民族国家和多民族国家认同的方向。正如人们所指出的：“梁启超所提出的‘中华民族’共同体的观点，不仅矫正了革命党人内部存在的狭隘的排满民族主义思想，而且也为革命党人、立宪派人士及满清开明贵族所接受，为消除民族歧视、促进各民族关系和谐、实现民族团结、维护国家统一，发挥了积极的理论指导作用。尤其是梁启超对‘中华民族’内涵的界定，开创了中华民族大家庭构建的新起点，就其基本精神而言，已接近于费孝通先生提出的‘中华民族多元一体格局’的理论。”[④] 但学者们将梁启超对中华民族内涵概括为“多元混合”说。

三　一石激浪：中华民族概念的讨论

一石激起千层浪。“中华民族”是清王朝面临崩溃之时，民族精英分子在构建现代民族国家的过程中，运用现代民族国家理论和中国的本土文化，根据中国政治发展的态势和走向，在民族主义语境下构建出来的一个新称谓。这个新称谓一出现，面对清末民初中国社会急剧转型，各种政治

① 梁启超：《饮冰室专集》，中华书局 1936 年版，第 13 页。

② 梁启超：《梁启超全集》（第六册），北京出版社 1999 年版，第 3435 页。

③ 同上。

④ 赵志研：《梁启超：提出“中华民族”概念第一人》，《中国民族报》2009 年 1 月 16 日。

力量的博弈，纷纷寻求国富民强之路，各种政治思潮蜂起，以民族主义对中国的前途命运的真切关怀及其巨大的社会动员能力，在各种思潮中脱颖而出，成为推动近代中国发展变化的重要思想力量。尽管梁启超与时俱进，丰富了中华民族的内涵，但争论也随之而起。

（一）杨度的“文化边界”说

这第一层浪激起的是杨度的“文化边界”说。继梁启超之后，晚清著名的思想家、立宪派代表杨度也是“中华民族”的积极使用者。1907年5月20日，杨度在他创办的《中国新报》发表了系列文章《金铁主义说》。杨度的这个系列文章虽然在基本意义上与梁启超大同小异，但在文化意义上却有自己的高见，他说：

> 中国向来虽无民族二字之名词，实有何等民族之称号。今人必目中国最旧之民族曰汉民族，其实汉为刘家天子时代之朝号，而非其民族之名也。中国自古有一文化较高、人数较多之民族在其国中，自命其国曰中国，自命其民族曰中华。即此义以求之，则一国家与一国家之别，别于地域，中国云者，以中外别地域远近也。一民族与一民族之别，别于文化，中华云者，以华夷别文化之高下也。即此以言，则中华之名词，不仅非一地域之国名，亦且非一血统之种名，乃为一文化之族名。故《春秋》之义，无论同姓之鲁、卫，异姓之齐、宋，非种之楚、越，中国可以退为夷狄，夷狄可以进为中国，专以礼教为标准，而无亲疏之别。其后经数千年混杂数千百人种，而称中华如故。以此推之，华之所以为华，以文化言，不以血统言，可决知也。故欲知中华民族为何等民族，则于其民族命名之顷，而已含定义于其中。与西人学说拟之，实采合于文化说，而背于血统说。①

这就是杨度的“文化边界”说。为此，杨度以文化为识别民族的边界，他认为：“今日之中华民族，则全国之中除蒙、回、藏文化不同，语言各异而外，其余满、汉人等，殆皆同一民族。”② 因此，他主张实行“满汉平等，同化蒙、回、藏”的所谓“国民统一之策”。“则是自明其非

① 刘晴波编：《杨度集》，湖南人民出版社2008年版，第372页。

② 同上。

血统的民族主义，而特采文化的民族主义为手段，以解决蒙、回、藏之问题。”[①] 认为这样以平等为目的，以暂时不平等为手段。进行文化融合之后，就会看到将来“不仅国中久已无满、汉对待之名，亦已无蒙、回、藏之名词，但见数千年混合万种之中华民族。至彼时而更加伟大，益加发达而已矣”的必然结局。[②] “其始也，姑以去其种族即国家之观念；其继也，乃能去其君主即国家之观念，而后能为完全之国民，庶乎中国全体之人混化为一，尽成为中华民族，而无有痕迹、界限之可言。”[③] 在这里，杨度把“中华民族”看成是汉、满、蒙、回、藏一体化发展的最终方向，以发展的眼光看待“中华民族”的内涵，是极富政治家眼光的。杨度继续在文化民族主义理论出发看待“中华民族”，而且杨度也是在这个方向寻求国家建设的方案，把“中华民族”作为多民族文化融合后的统一的政治共同体。

杨度的“文化边界”说将中华阐释成文化统一，把中华民族归之为文化族名，所有生长于中国这块土地上的民族经过交流融合，可以不可分割地形成一个中华民族。这无论是在当时还是现如今，不仅具有理论价值，也有应用意义。

（二）章太炎的“汉族中心”说

这第二层浪激起的是章太炎的“汉族中心”说。杨度的《金铁主义说》发表后，遭到了以立宪派为对立面的革命家、思想家、学者章太炎的质疑和驳论。

章太炎在文化主张上属于国粹派，在政治立场上属于革命派，在学术思想上属于古文经学派，行严守夷夏大防之道，斥华夷互融之说。从他的学术思想出发，其民族思想带有强烈“排满”的民族建国色彩。他在东京留学生欢迎会演说辞中自述“民族思想渐渐发达”是源于《东华录》和郑所南、王船山的书中的“保卫汉种”的见解，而在民族主义思想上“有学理收拾进来”是从甲午战争以后，对西方各国书籍阅读而来的。[④] 而后，在其现代民族国家的思路下，表现出了强烈的民族建国欲望，在

① 刘晴波编：《杨度集》，湖南人民出版社 2008 年版，第 373 页。
② 同上书，第 369 页。
③ 同上书，第 370 页。
④ 汤志钧编：《章太炎政论选集》（上册），中华书局 1977 年版，第 269 页。

《民报》一周年纪念会的祝词中，章氏三呼：“《民报》万岁！汉族万岁！中华民国万岁！”[①] 要建设一个汉族的“中华民国”之主张显而易见。在此之后，对于构建民族国家的民族革命，他说：“所谓民族革命者，本欲复我主权，勿令他人攘夺耳。”[②] 指明革命的归宿就是建立现代民族国家，且国家主权彻底完整地属于汉族人，不可被他民族剥夺。

在这种民族思想的观照下，章太炎针对杨度等人提出并诠释的“中华民族”概念，在其针对杨度的《金铁主义说》而发表的《中华民国解》一文中，从其“反满”立场出发，给出了回应。他在文中引用杨度的“故欲知中华民族为何等民族，则于其民族命名之顷，而已含定义于其中”原文，提出“中华民族”，并以自问自答的语气确认“夫岂徒保中华民族之空模，而以他人子弟充其阙者”，最终提出“汉人以一民族组织一国家，平等自由，相与为乐”的理想目标。[③] 从章太炎的文意来看，“中华民族”仍沿用汉人之意。但是章太炎的“汉人”却与梁启超、杨度等人以“中华民族”指代的汉人有着本质上的区别。章太炎的“汉人”是排满的汉人，是欲建立中华民国的中华民族的成员，是人人享有民族国家主权的汉人，是秉持了传统的夷夏大防和现代民族国家观念并投身民族革命的汉人，不同于梁启超先生所指的满汉融合下的汉人，更不是走君主立宪道路的汉人。这就是章太炎的“汉族中心”说。

章太炎与梁启超、杨度虽然在使用“中华民族”上，都是指代汉人，但是由于各自的政治立场和文化取向不同，在对“中华民族”的指称上却有着不同的内容。章太炎试图运用其深厚的古文经学功力解读“中华民国”这一国号的正统及发生缘由，从而提出以汉人为特指的“中华民族”作为建立中华民国的民族基础，来建立现代民族国家。因此，在西方民族国家理论的影响下，由汉人承担建构“中华民国”政治共同体的设想，而其民族载体就是以章太炎的“汉族中心”说为内涵的“中华民族”。在这里，“中华民族”只是汉族的一个别称而已。

由此看来，章太炎不反对杨度以及梁启超用“中华民族”来概括中国各民族的论断。他与杨度所不同的是：一是坚持要以汉族为中心；二是

① 汤志钧编：《章太炎政论选集》（上册），中华书局 1977 年版，第 326 页。

② 同上书，第 519 页。

③ 章太炎：《太炎文录初编》（别录卷一），上海人民出版社 2014 年版，第 258 页。

要由汉人组织政权；三是以汉族来逐步同化其他少数民族。众所周知，章太炎是一个汉族中心主义者。但他在这里表述的观点较其 1903 年前后宣传的民族复仇主义已经有很大的转变。[①]

（三）孙中山的“五族共和”说

这第三层浪激起的是孙中山的“五族共和”说。

国父孙中山在其革命实践过程中，也为中国的民族主义提供了丰富的思想来源。

1894 年，檀香山兴中会盟书中孙中山提出了以“驱除鞑虏，恢复中国，创建合众政府”[②] 作为入盟的誓词。此时，孙中山的民族观就是在满汉关系上恢复汉族的统治，并且在国家建设上走效法西方民族国家的道路。

1903 年，东京军事训练班誓词首创“驱除鞑虏，恢复中华，创立民国，平均地权”[③] 的口号。此后 1905 年成立的中国同盟会总章中仍以此为宗旨。

1906 年，中国同盟会革命方略中将“驱除鞑虏，恢复中华”解释为民族主义，将“建立民国”解释为民权主义，将“平均地权”解释为民生主义。

“五族共和”思想是 1911 年武昌起义时湖北各界人士提出并议决的。其一开始就与国旗“五色旗”紧密联系在一起。有资料记载，辛亥武昌起义时，湖北各界人士商议成立军政府，提出并议决有关事项十四款，其中前四项是：“一、以谘议局为军政府。二、称中国为中华民国。三、改政体为五族共和。四、规定国旗为五色，以红黄蓝白黑代表汉满蒙回藏为一家。”[④] 因此，一般认为“五共和就这样正式提出来了”[⑤]。同年，在上海召开的共和联合会大会议决：“取五族共和的意义”，以五色旗为国旗。1912 年，民国初建，孙中山在临时大总统宣言书中提出，“国家之本，在于人民。合汉、满、蒙、回、藏诸地为一国，即合汉、满，蒙、回、藏诸

① 李喜所：《“中华民族”概念为梁启超最先提出具有重要意义》（http：//www. ce. cn/xwzx/gnsz/gdxw/200604/17/t20060417_ 6722576. shtml）。

② 孙中山：《孙中山全集》（第一卷），中华书局 1982 年版，第 20 页。

③ 同上书，第 224 页。

④ 曹亚伯：《武昌革命真史·正编》，上海中华书局 1930 年版，第 37 页。

⑤ 张正明、张乃华：《论孙中山的民族主义》，《民族研究》1981 年第 6 期。

族为一人，是曰民族之统一。”[1] 这就形成了孙中山的“五族共和”[2] 说。

辛亥革命前对中华民族概念的讨论正是中国社会急剧转型的前夕，正如有的学者所总结的那样：

> 梁启超、章太炎、杨度、孙中山等人在构建演绎“中华民族”这一有着明确的政治实用主义色彩的民族主义话语体系时，由于对清王朝政治遗产处理方式的不同，出现了两种不同的政治设计，即君主立宪和共和革命，在民族关系的处理上则反映为满汉融合改良宪制和“排满”以建立汉族政权。在这其中，梁启超作为立宪派的主要代表人物率先使用并传播具有满汉融合深意的政治概念“中华民族”，并赋予它以汉族文化为主同化融合其他民族的文化共同体属性，以此在“以华变夷”传统民族观角度上解释满汉关系，借此应对革命派“排满”革命之呼声；而作为革命派的孙中山从成立兴中会开始，就以“排满”为目标，矢志“驱除鞑虏，恢复中华”，后因政治形势变化，不断调整民族政策，从“排满”到反满清政权，再到辛亥革命后，在“中华民族”的基础上，采用“五族共和”；而同样以革命为方向，以“排满”为宗旨的章太炎与孙中山又有着不同之处，就是他以传统的春秋大义为界限，以严格“种族”界限来界定政治变革的方向，试图建立单纯的汉族国家，这也正是章太炎最后与孙中山分道扬镳的缘故之一；而杨度则在文化民族主义上，在支持君主立宪的国家建设方案上，提倡走满汉文化融合的道路，试图以传统民族观中“以华变夷”的原则去沟通满汉关系，以君主立宪的政治体制缓解民族矛盾，继续清王朝的未来。[3]

确实，当时中华民族的精英们讨论中华民族的概念，无一不是“忧天下之忧而忧”之举。它超越了传统的种族和地域的束缚，体现了“中国各民族是一家”的新的民族理念；它告别了“夷夏之辨”的陈腐观念，

---

① 孙中山：《孙中山全集》（第二卷），中华书局 1982 年版，第 2 页。

② 参阅潘先林《“五族共和”思想的提出、确立与渊源论析》，《思想战线》2006 年第 3 期。

③ 于长江：《清帝国的崩溃与“中华民族”称谓的起源与演绎》，硕士学位论文，浙江大学，2010 年 4 月 21 日，第 30—31 页。

反映了中国各民族平等相处、团结一致的新的追求。它是中国传统民族观念开始走向现代的重要标志之一。但也要指出的是以“华族”“支那民族”“中国民族”“中华民族”等来称谓汉族，在此后的立宪派和革命派那里，都不是个别现象。即使是用来指称“汉族”的“中华民族”一词，在清末也还并不算常见词，甚至比“中国民族”一词的使用还要少得多。这可能与日本的用法有关。当时。日本一般称汉族为“支那民族”。中国留日学生或照搬使用，如 1904 年陶成章著《中国民族权利消长史》[①] 中的“中国民族”即指汉族[②]。但是，诚如黄兴涛所言，“在清末，‘中华民族’一词和‘大民族’观念、各民族平等融合的共同体观念虽然都已经出现，但这两者之间却还并没有有机地结合在一起，也就是说‘中华民族’这个符号，与中国境内各民族平等融合的一体化民族共同体的现代意义当时还并未完全统一起来。这两者间合一过程的完成，是在辛亥革命爆发后逐渐实现的”[③]。

这样看来，辛亥革命前关于中华民族概念和内涵的讨论，为“华人”“华侨”词语的出现提供了背景。

四　水到渠成：华人华侨名称的出现

在社会转型之时，一个新概念的出现，实际上是随之而来的文化转型的必然结果。

在辛亥革命前后，伴随着中国社会剧烈的社会转型而来的文化转型，民族意识的觉醒，“中华民族”一词的出现，移民海外的中国人，水到渠成地逐渐被称为“华人”“华侨”。

（一）华人名称的出现和使用

“华人”的名称出现比“华侨”早。1840 年鸦片战争后，一直到 20 世纪初，对海外中国人的称呼大多用“华人”或“华民”，以及由此派生的“华工”“华商”等。在大量的官书和私人笔记中，都记述了使用“华人”名称的情况。咸丰十年（1860 年）粤抚耆龄在奏折中说：“英吉利馆招去

---

① 参见陶成章著，汤志钧编《陶成章集》，中华书局 1986 年版，第 212 页。

② 黄兴涛：《现代“中华民族”观念形成的历史考察——兼论辛亥革命与中华民族认同之关系》，《浙江社会科学》2002 年第 1 期。

③ 同上。

华人 720 余口。”[①] 同治三年（1864 年）总理各国事务衙门大臣薛焕在奏折中也说：“华商小吕宋贸易，应照最好之国相待。”[②] 同治六年（1867 年）李鸿章转呈的丁日昌奏折中，也用“华人”指中国出洋之人[③]，此其一。

其二，这时，私家著作中也大量使用“华人”或“华民”。如由斌椿率领的清王朝第一个派往西方的使团 1865 年前往法、英、俄、德游历，在他所作的游历笔记《乘槎笔记》中记载：越南产米，“华人贩运者络绎不绝”[④]。同治年间的《游历笔记》描写新加坡风情时，云：“华人皆闽广人，善贸易，绅商富户甚多，有中华街。”[⑤] 志刚的《初使泰西记》同治六年（1867 年）随蒲安臣出使旧金山则称：“华人”“华商”，中美续增条约则称“华民”[⑥]。到光绪年以后，“华人”“华民”的使用更为普遍。光绪十六年（1890 年），薛福成《出使英法意比日记》中，讲越南西贡中国人的情况时称“华民”，他写道：“华民五万，分之为五：曰广帮、潮帮、琼帮、嘉应帮、闽帮”，写新加坡时则称“华人”。李鸿章、张之洞、左宗棠等清朝大吏的著述[⑦]及朝廷的上谕、廷寄、奏折等，大多用“华人”或“华民”来称呼海外华侨。这种状况一直持续到 20 世纪初。

其三，鸦片战争以后，中国对外交涉事务日增，很多条约、协议中，都使用“华民”来称呼中国人。如 1860 年中英、中法北京条约就规定，“华民情甘出口，各地督抚不得阻拦”。[⑧] 此后，在与英、法交涉来往的照会、协议、条约中，也多用“华民”，以及派生的“华工”“华商”，如同治五年（1866 年）总理衙门给英国的有关契约华工出洋的照会中，就用“华民”“华工”等词，而英国给中国的照会中，也用“华民”“华人”“华工”等词[⑨]。

中国史籍中用“华人”称呼海外华侨早在宋代就出现过，《宋史·高丽传》即云：高丽王城“华人数百，多闽人因贾舶至者”。但属凤毛

---

① 《筹办夷务始末》咸丰朝，卷五二。
② 《筹办夷务始末》同治朝，卷二八。
③ 《筹办夷务始末》同治朝，卷五五。
④ （清）斌椿：《乘槎笔记》。
⑤ 阙名：《游历笔记》，载（清）王锡祺《小方壶斋舆地丛钞》十一帙第八册。
⑥ （清）志刚：《初使泰西记》。
⑦ 参见《李文忠公全集》《张文襄公全集》等书。
⑧ 《筹办夷务始末》咸丰朝，卷六七。
⑨ 《筹办夷务始末》同治朝，卷三九。

麟角。

“华人”一词的大量使用是咸丰十年以后的事。这时，由于中外交涉日多，清外交的不断失败，西方资本主义国家挫败了愚昧自大的“天朝”，“洋务”一词代替“夷务”，而兴起了“洋务运动”。于是，与洋商对应使用“华人”“华商”。一直到清末，“华”字的使用主要作为“洋”字的对应词，因此，“华民”或“华人”还没有发展成为海外中国人的专称。①

现在要问的是，历史为什么会选中一个“华”字，来构成与海外有关的汉人的称呼？究其根源是与“华夏”一词的“华”字有密切的关系。《汉民族史记》第 1 卷在论述汉民族的前身华夏民族形成时曾论述过：“春秋时期在中华大地上横空出世的新民族”，先秦的历史文献中有的称之为“华”或“诸华”。《左传·襄公十四年》中有“诸戎饮食衣服不与华同”的说法，又有“诸华必叛”② 的记载。有的又多称为“夏”或“诸夏”。《尚书·虞书·舜典》有“蛮夷猾夏”的说法，《左传·闵公元年》又有“诸夏亲昵”的记载。③ 可见，时而又以“华”与“夷”对称，古人时而以“夏”和“蛮夷”对称，所以孔子干脆视“夏”与“华”为同义词，他说：“裔不谋夏，夷不乱华”④。最早把“华”“夏”连用的也是《左传》，即《左传·襄公二十六年》云：“楚失华夏”，这是关于“华夏”一词目前所知的最早记载。虽然春秋之时文献中仍多以“夏”或“诸夏”，“华”或“诸华”称呼在民族大融合的潮流中横空出世的新民族，但随着历史的推移，“华夏”一词遂成为这个新民族的族称。

正是因为汉民族的前身是华夏民族，所以“华夏”一词在中国影响深远，并形成了“华夷之辨”的民族意识和边界。所以，汉民族在对海外移民的过程中，为了区别中国人与外国人，自然会逐渐把目光投射到“华夏”这一词前缀的“华”字，从而使“华”字最终脱颖而出，成了对移居海外中国人称呼的首选。

（二）华侨名称的出现和使用

鸦片战争以后，闭关自守的禁海政策解禁，1860 年签订的中英北京

---

① 庄国土：《“华侨”一词名称考》，《南洋问题研究》1984 年第 1 期。

② 《左传·襄公四年》。

③ 《左传》中关于“诸夏”的记载颇多，此仅举一处为例。

④ 《左传·定公十年》。

条约第五款规定："凡有华民情甘出国……无论单身或携带家属……毫无禁止。"1865 年，恭亲王奕䜣在与英法公使谈判"中国契约劳工出洋办法"时，提出中国政府承认华工自由出洋。于是，中国大门洞开，汉民族移民海外的人越来越多，在此态势下，一则与移居国的交涉也随之不断增多；二则汉民族移民在经济上也逐渐形成为一股力量，清王朝政府逐渐加强了对移民的管理。

1893 年，清政府驻英公使薛福成上奏"请豁除旧禁招徕华民疏"之后，光绪二十五年（1899 年），清内阁奉上谕，一方面，"著准于厦门设立保商局"以"保护出洋回籍华商"[①]，"不准关津胥吏及乡里莠民藉端苛扰"；另一方面，"著各出使大臣随在妥筹保护"旅居海外商民。此时，华侨的身份才得到清王朝政府的正式承认。1909 年，清政府颁布了一部"国籍法"，正式确认侨居国外的华侨及其子女亦为中国人。[②]

其实，在汉语中，"侨"字本为旅居、客寓、寄居之意。《韩非子·亡征》中即云："羁旅侨士。"东晋南朝之时，永嘉之乱导致北方汉族人民大量南迁，东晋政府遂在其聚居之地，以他们原籍州、郡、县的名称（亦有新立名称者）设立临时性的地方行政机构以登记和管理他们。由于为流寓百姓寄住在别的州郡境内设立的地方行政区划称为侨，使"侨"字被用到了极致。其后经过土断[③]，许多寄治州郡获得实土。但因本是外地迁来，故继续称为侨州、侨郡、侨县。所居南迁汉族人民被称为侨人。因此之故，鸦片战争后，中国汉族人民不断移民海外，自然而然地逐渐被称为"侨民"。

"侨民"之称也有一个过程。开始使用"侨"字还是泛指国与国之间的流寓情况，如道光二十六年（1846 年），闽浙总育刘韵珂、福建巡抚郑祖琛一道奏折中提到，"英、法两国兵船，连年驶往，并各指使国人，侨寓琉球"。这大概是清代使用"侨"字指国外流寓的较早文件[④]。咸丰八

---

① 光绪二十五年四月十五日，内阁奉上谕："许应骙奏福建厦门设立保商局，保护出洋回籍华商一摺：'闽民出洋多籍来漳泉，以厦门为孔道。此项民人不忘故土，偶一归来则关卡苛求，族邻诈扰，以致闻风裹足'。……著准其于厦门设立保商局……凡有出洋回籍之人，均令赴局报到，即为之照料还乡。倘仍有各项扰累情事，准受害之人禀局立予查办，以资保护。"转引自郑民《华侨概念、定义问题初探》，《东南亚研究》1988 年第 3 期。

② 郑民：《华侨概念、定义问题初探》，《东南亚研究》1988 年第 3 期。

③ 土断，即并省侨郡县，所有侨人必须在居留之地编入正式户籍黄籍，与土著百姓同样负担调役。

④ 《筹办夷务始末》道光朝，卷七七。

年（1858 年）《中法条约》中也提到："中国大皇帝欲派钦差大臣前往大法国京师侨居，无不各按品级延接，全获恩施。照泰西各国所派者无异。"[①] 但这是指使节而非侨民。此后略有变化，1868 年，中国与大西洋国的议约条款第一款规定："两国商民人等彼此侨居，皆获保护身家。"[②] 到同治十三年（1874 年）三月，李鸿章与秘鲁大使会商秘鲁华工事宜，与秘使订"查办华工专条"，内载："凡侨寓秘国，无论何国人民呈禀式样最优者，华工一体均沾其益。"[③] 这时所用的"侨"字意义较明确，指包括中国在内的各国寓秘侨民。

据专家研究，首先用"侨"字专指中国人流寓海外的可能是使美大臣陈兰彬。1878 年，陈兰彬在"应派驻美中国领事以资保护侨民"的奏折中提到："再臣等查华人侨寓美国各埠邦共约十四余万。"[④] 此后，这种用法越来越多，光绪七年（1881 年）陈宝琛的"条陈求讲洋务六事折"中写道："华民侨居各岛，实繁有徒，中国遣使臣，置领事，将收而抚之也。"[⑤] 光绪十一年（1885 年）张之洞的一条奏折中也提到"外洋各埠，华商甚多……祇以侨居异土，每受洋人欺凌"。同年，中法会议"越南十款"中，也记载"中国商民侨居越南"[⑥]。

不久，"侨寓""侨居"渐渐发展到"侨民"或"侨氓"。光绪十四年（1888 年），总理衙门以"澳侨"称呼澳大利亚的华侨。[⑦] 特别到 19 世纪最后十年，使用"侨民"或"侨氓"就很多了。光绪二十四年（1898 年），使美大臣伍廷芳在"檀香山领事折"中说："俯念该处华民生计，准设领事馆驻扎料理，稽查，实于侨氓大有裨益。"[⑧] 同年，一条电寄美、日、秘国大臣伍廷芳的上谕中，谕令赈济古巴华侨，内载"酌量由使弗项下拨款赈抚……总期实惠侨氓"[⑨]。翌年，朝廷以"潮州侨民

① 转引自王赓武《关于华侨史的一些问题》，《南洋问题研究》1981 年第 1 期。
② 《筹办夷务始末》同治朝，卷三〇。
③ 《李文忠公全集》译署函稿二。
④ 《清季外交史料》卷一四。
⑤ 《陈文忠公奏议》光绪七年闰七月。
⑥ 《清季外交史料》卷六六。
⑦ 《清季外交史料》卷七六。
⑧ 《清季外交史料》卷一三四。
⑨ 《清光绪朝实录》卷四二二。

捐助东赈”，颁新加坡天后庙匾额。[①]

发展到后来，不仅国内史籍使“侨”字，国外华侨聚居的地方也使用“侨”字。成书于19世纪90年代的《槟榔屿志略》就记载，槟城长庆寺廊柱上所记捐者名字中，就有很多是用“侨居”者某人。[②] 可见“侨”字的使用到19世纪末已是比较广泛了。

那么，“华侨”一词究竟何时出现的呢？对此学者多有争论，起初中外华侨史学者一般认为“华侨”一词大概19世纪末才出现，20世纪初之后渐流行起来，随后在各种文书中广泛使用。持这一观点者，大多是根据日本学者成田节男在《华侨史》中的考证而言。成田节男认为，清光绪二十四年（1898年），旅日横滨华商创办一所子弟学校，名为华侨学校，这是“华侨”一词见于文字的滥觞。[③] 朱杰勤在其所著的《东南亚华侨史》[④] 中，陈碧笙在《关于华侨和华侨史的几个问题》一文也沿用此说[⑤]。但是，庄国土根据所查资料的研究，认为“华侨”一词最早出现于1883年郑观应在呈交李鸿章的一篇呈文中，“禀告北洋通商大臣李傅相为招商局与怡和、太古订立合同”一文中云：“凡南洋各埠华侨最多之处，须逐渐布置，亦派船来往。”中法战争期间，郑奉督办粤防大臣彭玉麟之命，于1884年6月赴西贡、暹罗、金边各处了解政情，对南洋一带的军事，经济、民情等情况作了实地考察，建议朝廷利用华侨力量加强边防。在“禀报督办粤防大臣彭宫保在西贡、金边、暹罗等处察探法人情形”一文中亦云：“各国商民虽百数十人，无不设立领事，独我国未有，华侨之受苛虐，无处可伸，亦大憾事。”[⑥] 郑观应在稍后的著述中也反复使用“华侨”一词[⑦]。为此，庄国土认为，在清朝20世纪以前的官方档案中，除了这三条材料外，尚少见“华侨”一词，大量使用的还是“华民”“华人”。用“华侨”的地方与“华人”意思同样，均包括华商、华工。到20世纪最初几年，“华侨”一词也

---

① 《清光绪朝实录》卷四四三。

② （清）力钧：《槟榔屿志略》卷十。

③ 庄国土：《“华侨”一词名称考》，《南洋问题研究》1984年第1期。

④ 朱杰勤：《东南亚华侨史》，中华书局2008年版。

⑤ 陈碧笙：《关于华侨和华侨史的几个问题》，《华侨问题资料》1980年第1期。

⑥ 郑观应：《盛世危言后编》卷十《船务》；卷五《军务》。

⑦ 郑观应的《盛世危言后编》虽成书在民国初年，但他收集的书、札、文却是郑氏半生陆续所写，史料的真实性比较可靠。

不多见，光绪十年（1884 年）六月朝廷颁令："以神灵感应颁美国金山华侨昭一公所关帝庙匾额，曰义昭海域，并以侨居商民急公好义，传旨嘉奖。"① 其次，光绪二十年（1894 年），使美、日、俄大臣杨儒奏："华侨锐减，请裁撤马丹萨分领事以节经费。"② 光绪二十五年（1899 年），伍廷芳也奏："秘鲁华侨财物被掠案、赔款议结。"③《东华录》《清实录》《清季外交史料》及朝廷奏折、上谕中也用过数次，但主要还是用"华人"或"华民"。即使是流亡海外的康有为、梁启超及孙中山，用"华侨"一词也不多。"华侨"一词的广泛流行开来，据推测是在 1905 年以后。④

五　民族认同：华人华侨与汉民族

民族认同即民族认同性，也是民族认同意识。它是"对他而自觉为我"⑤ 的一种意识，是"同一民族的人感觉到大家是属于一个人民共同体的自己人的这种心理"⑥。其实，广义的民族认同不仅包括个体对本民族的信念、态度和行为卷入，而且还包括个体对他民族的信念、态度和行为卷入情况。与民族认同相关的民族认同感包括以下几个要素：民族自我认同、民族归属感、民族态度和民族社会参与和文化实践等。

由于华人华侨绝大多数是汉民族⑦，一般来讲汉民族是一个具有强大

---

① 《清光绪朝实录》卷一八八、三五五。

② 《清光绪朝实录》卷一八八、四二二。

③ 《清光绪朝实录》卷一八八、四四三。

④ 参见庄国土《"华侨"一词名称考》，《南洋问题研究》1984 年第 1 期。

⑤ 梁启超：《梁任公近著》下卷，商务印书馆 1924 年版，第 44 页。

⑥ 费孝通：《关于我国民族的识别问题》，《中国社会科学》1980 年第 1 期。

⑦ 据研究：中亚国家约有 60 万少数民族华侨华人：哈萨克斯坦有侨胞约 30 万人。其中维吾尔族约 22 万人，回族约 2 万人，东干人约 5 万人；吉尔吉斯斯坦现在约有各族侨胞 16 万人。其中，维吾尔族约 4 万人，回族（含东干人）约 10 万人，哈萨克、乌兹别克、柯尔克孜各族约 2 万人。中东维吾尔华侨华人有 20 万，哈萨克族华侨华人 2.5 万，回族华侨华人 2 万，韩国的中国朝鲜族华侨华人为 376563 人。此外，瑶族华人华侨移居美国。目前移居美国的瑶族华人华侨约有 1.7 万人（一说有 2.5 万人），分布在美国西部华盛顿、俄勒冈、加利福尼亚等州，其特点是大部分分散，小部分集中，都是居住在城市。最多的是加利福尼亚州，有 8000 余人；移居法国有 1000 余人，加拿大有 5000 余人，新西兰有 100 余人。另外，在墨西哥、巴西、瑞典、澳大利亚和非洲国家也有少数瑶族华人华侨居住。还有蒙古族、藏族、彝族等华人华侨移居海外，人数并不多，没有人进行统计。参见庄国土《华侨华人分布状况和发展趋势》，国侨办 2006—2007 年度重点课题；张冠梓《关于国外瑶族的分布变迁》（http://www.mzb.com.cn/html/report/255691—1.htm）；黄钰、黄方平：《国际瑶族概述》，广西人民出版社 1993 年版，第 342 页。

凝聚力和向心力的民族。这种凝聚力和向心力在很大程度上源于对汉文化的高度认同。中华文化所蕴含的民族精神、民族品质、民族美德等，不仅被生于斯、长于斯的人们所代代传承，也被移居海外的华人华侨充分认同和继承。最能反映华人华侨对汉民族文化认同与传承的，是如下几个方面。

天下观是汉文化价值体系中最显著的特征之一。中国历史自秦朝统一天下到 1840 年，尽管内部时常会有一些摩擦和碰撞，分分合合，合合分分，但在从多元走向一体的过程中，建立一个天下一统的中国，一直是汉民族与其他历代中国少数民族不懈追求的梦想。千百年来，沉淀在汉民族的共同心理素质中，成为共同的情感、共同的理念、共同的记忆。这种天下观在海外华人华侨的观念中打下深深的烙印。无论身在何地，家安何方，他们都以“龙的传人”自诩，以祖籍国是“中国”而自豪。在他们心里，“中国”是一个完整的概念，是他们的“根”之所在。

人和观是汉民族传统文化中最基本的思想。在中国传统文化的“天时、地利、人和”中，人和是最重要的内容。《易经》天地人三才之道①认为，人和是“曰仁与义”，就是要讲仁义才能做到人和，德和才能人和，德和是人和的前提。任何社会都不是由单一的因素构成的，人们共处一个社会，通过各种不同的利害关系而交织在一起，人与人之间只有和睦相处，社会才能得到和谐发展。这样，仁者以关爱他人为出发点，进而达到人人和睦，社会和谐。后来孟子又提出“天时不如地利，地利不如人和”的主张，并概括为“仁者爱人”，《中庸》进一步强调“和也者，天下之达道也”。为此，“和为贵”的思想深深融入汉民族的血脉，体现了汉民族在对人与自然、人与社会、人与人之间关系的深刻认识和辩证处理之中，成为汉民族薪火相传的价值观和民族心态。这种人和观也被华侨华人所充分认知并发扬光大。背井离乡的华侨华人之所以能够很快地适应海外的生存环境，创业起家，落地生根，与他们传承祖先的人和理念不无关系。在为人处事上，他们以中庸为道，不偏不倚，兼顾各方，尚义重情，随和温良；在创业发展方面，他们讲究“和为贵”“和气生财”，相互帮

① 三才之道，即《易经》其言者三才之道。三才产生的顺序是先有天地，而后有万物，人居于万物之中，天、地、人之间的关系是并列平等的。三才之道，总称曰天理，人为天地所生，当然不能违背天地之道，虽然三才并列，但不可误会人与天地齐等。

扶，互利共荣。华人华侨谦和礼让的品质，成为他们与其他国家民族沟通、共处的润滑剂，增加了与所在国人民相处的融洽与和谐。英国哲学家罗素曾赞许说："中国至高无上的伦理品质中的一些东西，现代世界极为需要。这些品质中我认为和气是第一位的。""中国人摸索出的生活方式已沿袭了数千年，若能被全世界采纳，地球上肯定会比现在有更多的欢乐祥和。……然而，欧洲人的人生观却推崇竞争、开发、永无平静、永无知足以及破坏。……若不能借鉴一向被我们轻视的东方智慧，我们的文明就没有指望了。"①

文化观是汉民族精神世界的文化表达。一个民族的文化观体现了一个民族如何对待自己，如何对待他者，如何对待自己所处的自然环境。在一个文化厚实的民族社会里，懂得尊重自己，所以有素质；懂得尊重别人，所以有道德；懂得尊重自然，所以可永续发展。汉民族文化长盛不衰，连绵不中断，在历史的长河中创造了一个又一个文化高峰，这在世界文明史上是绝无仅有的。在历史的沧桑中锤炼了汉民族文化的兼容性、多样性、开放性。华人华侨从走出国门的第一天起，就带去了汉民族文化上的元素及传统形式。中文学校、中文报刊和社团组织构成了华人华侨社会文化的三大基石，并以此为载体完整地保留了汉民族文化的浓重色彩。另一方面，他们兼容并蓄，博采众长，在传承汉民族文化的同时，融合他国文化中的有益成分，丰富自己的文化内涵，逐渐形成独具特色，体现他们思维方式、行为方式、生活方式的华人华侨文化，使汉民族文化在海外得到广泛传播和发扬光大。

勤俭观是汉民族的传家宝。勤，就是尽力多做，不断地做，故《说文解字》云："勤，劳也。"《诗经·周颂·赉》亦云："文王既勤止。"《尚书·无逸》也云："厥父母勤劳稼穑。"通俗地说，勤就是"开源"。俭就是朴素、节省、不奢侈。《韩非子·难二》云："俭于财用，节于衣食。"《左传·庄公二十四年》亦云："俭，德之共也；侈，恶之大也。"通俗地说，俭就是"节流"。在汉民族的历史上有一个动人的故事：传说舜时，大禹治水取得了很大的成功，舜认为禹确是一个德才兼备的贤人，老百姓又爱戴他，想让位于他，但禹再三谦让，不肯接受，舜感动地说：

---

① ［英］罗素：《中国问题》，秦悦译，学林出版社 1996 年版，第 7、167 页。转引自戎章榕《品"智"生活·汉字："和"与"和合文化"》，《光明日报》2012 年 3 月 28 日。

“惟汝贤，克勤于邦，克俭于家。”[①] 几千年来，“克勤于邦，克俭于家”一直受到后世的称颂，并简化成“克勤克俭”的成语。汉民族在历史的磨难中，养成了吃苦耐劳、勤勉节俭的品格。这种传家宝，在海外华人华侨身上得到极大弘扬。无论身处何地，从事何种职业，华人华侨闻鸡起舞、不知疲倦的奋斗精神，节俭聚财、集腋成裘的创业过程，以及惊人的适应力和创造力，均为世人所赞叹。

风俗观是汉民族传统文化的行为表达。风俗是一面镜子，是一个民族在生产、服饰、饮食、居住、婚姻、丧葬、节庆、娱乐、礼仪、信仰等物质生活和文化生活方面广泛流行的，经常重复出现的行为方式。这种行为方式就是人们自觉的喜好、风气、习尚和禁忌等，它流布于民间，为大众所自觉传承。无论哪个民族，只要展示出自己的风俗，可以像照镜子一样照出自己的风貌、风姿乃至风韵。汉民族的风俗源远流长、丰富多彩，极具凝聚力。这种行为表达，在海外华人华侨身上也得到很好的传承。无论是棋琴书画，还是中医中药；又无论是节日岁时，还是红白喜事，如讲汉语，习方言，吃中餐，穿唐装，舞狮子，玩龙灯，练武功，华人华侨都在海外继续传承着，表现出一颗永不忘本、永不忘根的“中国心”。

华人华侨对汉民族的认同是永不断根而世代相传的。最典型的莫过于越、柬、老华人对汉民族的认同。20 世纪 70 年代以后，越、柬、老的大量华人由于共同的原因，再移民到美国、法国、英国等国。越、柬、老华人再移民不仅被国际舆论认为属于同一个移民群体，他们也自认为是一个整体。就是这样一个再移民族群，仍然强烈地认同汉民族，传承着汉民族的风俗习惯、宗教信仰。如在已有 45 万华人再移民的美国南、北加州，圣盖博谷原来的电话区号是“818”，许多华人再移民为了“发一发”，特意搬迁过来。由于电话用户超过负荷，电话公司决定再设一个“626”的区号，不料却引起华人再移民的群起抗议。电话公司怎么也不明白改一个电话号码就会影响华人发财，双方的文化差异显而易见。1981 年，南加州华裔联谊会发起兴建大型观音庙，1997 年再度扩建。每逢初一、十五，有数千善男信女前来拜菩萨，香烟缭绕，热闹非常。在举行“标灯大会”的观音宝诞日，更加热闹，交通常常为之堵塞，但酷爱宁静的附近居民却感到厌烦，因此而引起的冲突时有发生。2000 年 9—10 月，美国加州州

① 《尚书·大禹谟》。

立大学在华人再移民最集中的南加州橙县（有 12 万华人再移民）做了一次专项调查。调查结果显示，华人再移民仍然保持着原来的生活习惯和语言文化，思乡情怀重，与祖国的联系多；比较关注中国海峡两岸的政治，对美国的主流政治则关心不多，选举投票率很低；有 93% 的受访者自认为是中国人[①]。可见再移民的越、柬、老华人的民族认同对于华人华侨与汉民族的关系是一个颇有意义的诠释。

现在我们可以对汉民族安土重迁的习俗重新进行认识了。历史的记忆告诉我们：汉民族不仅在国内历史上经常迁徙，最有名的是三国魏晋南北朝和宋辽夏金时，北方民族大迁徙入主中原，中原汉民族大量南迁，出现了“闯关东”“走西口”，以及洪洞县大槐树的传说[②]。为了研究中国的移民问题，葛剑雄、吴松弟和曹树基三人历时九年，写出了 256 万字 6 卷本的《中国移民史》，展现了中国以汉民族为主流的波澜壮阔的移民史画卷。其实，汉民族的移民历史从来没有中断过，正如葛剑雄所言：“可以毫不夸张地说，移民的历史与中国的历史、世界的历史共同开始，移民的作用和影响无所不在，无时不在，中国史和世界史的研究都离不开移民史的研究。”[③] 若深入考量安土重迁的内涵，我们发现“安土”的意思更应该是汉民族人民期望和梦想安居乐业；“重迁”的意思是移民一定要深思熟虑，迁入地应该比迁出地更宜安居乐业。

对于汉民族安土重迁的解读，美国学者孔力飞在他 2008 年的新著《他者中的华人：中国近现代移民史》中，也有独到的解读，孔教授援引史实指出，虽然明清时期曾多次在中国东南沿海地区实施“海禁”，但从来就没有完全成功过。无论当时推行海禁的直接原因是什么，导致其失败的根本原因却是共同的，那就是冒险破戒者需要从海外贸易和海外移民中获取实际利益。由此可见，“移民”或曰“流动”实际上一直是中国人的基本生存战略，民众的基本需求从来就不可能通过政令完全阻止。的确，

---

① 郭玉聪：《越、柬、老华人再移民的民族认同》，《世界民族》2008 年第 6 期。

② 在今天华北平原的大部分地区，流传着关于山西洪洞大槐树的传说。这一传说的内容是：我们的祖先是从山西大槐树下迁来的；山西洪洞大槐树是我们祖先的发祥地，是我们的根。这一传说分布于今天河北的中南部、山东西部、中部和南部、河南中北部以及安徽淮河以北的大部分地区。在有些地区，大槐树变成了老鸦窝——一个大槐树上的老鸦窝。大槐树不仅仅是人们的口耳相传，它还被镌刻在古老的墓碑上，写在脆黄的族谱中。

③ 葛剑雄：《中国移民史》第一卷，福建人民出版社 1997 年版，第 7 页。

综观中国社会发展的漫漫历程，普通民众为谋生存、求发展而离乡背井，游走迁移，史不绝书。无论是闯关东、走西口，还是下南洋、赴金山；无论是国内著名的徽商、晋商，还是名震南洋的华商、侨领，无不形成于流动迁移之中。

由此，孔教授对“安土重迁”做出了新的解读：

其一，中国文化中的“安土重迁”并不意味着固守乡土，而是表现为即便远离家乡千万里仍然保持着与故乡故土从情感到物质的关联。无论是为逃避迫害的被动性迁移，或是出于经济目的的自愿迁移，无论是长久性的移居他乡，或是季节性的往返流动，迁移者背负的往往是家庭乃至家族的振兴期待，他们的“家”始终扎根在那片生于斯、长于斯的土地上。中国人所说的“一家人”，可能分别居住在相距十里、百里乃至千万里的不同地方，但通过经济上的互惠仍互视为“一家人”。因此，中国人的迁移，不是与出生地和与生俱来之血缘群体的分离，而是既有联系的地域扩展。

其二，正因为中华文化所具有的以上深刻内涵，“安土重迁”的另一面，就是“衣锦还乡”。绝大多数从故土家乡向异域他国迁移的中国人，其意愿多为在国外打拼一段时间后，就衣锦还乡。而且，历史上数以百万计的“移民”也正是这么做的，从而形成了中国特殊的“侨居”文化。孔教授指出，在中文当中，找不到一个能够与英文 emigrant 完全对应的词。英文 emigrant 的意思是指“从自己的所在地迁移并（永久性地）定居在另一个地方”；但中文传统“移民”的语义虽然指人的流动，却并不包含“在另一地永久定居”的意思。

既“守”又“走”，地域上的分离与情感和经济上的相连并存，这就是中国迁移文化的基本特征。传统中国人的生活取向是血缘高于一切，其价值的主要尺度存在于他终生归依的那个集团之中。尤其对于从传统乡村走向海外的第一代移民而言，无论立足于何处，其生命之根总是联系着故乡那个与生俱来的群体，而他的人生价值也总是希望在那个群体中得到确认。由此，“安土重迁”与“移民发展”一双看似对立的人生取向，在中国人对于“家”和“家乡”之浓厚情感与执著认同的基础上，获得了统一。[①]

所以，安土重迁与海外移民并不相悖，两者完全可以在汉民族海外移民中求得统一。因此，如果说三国魏晋南北朝和宋辽夏金时期是中国历史上的两次大移民潮的话，那么，从鸦片战争前后兴起的至今乃方兴未艾的汉民族海外移民，应该是前两次大移民潮之后的第三次移民潮。

第二节　移民理论与华侨华人学

人类为什么要移民？这是一个实际问题，也是一个理论问题。对此问题的解读，建构了许多有关移民的理论。在中国由于华人华侨数量居世界移民的前列，故研究华人华侨的学者们正在努力构建“华侨华人学”。

一　移民理论种种

国际学术界构建的移民理论很多，对移民现象作了种种解读，归纳起来主要有以下 6 种：

（一）离散论的解读

离散（Diaspora），既是一个历史的现象，亦是当今存在的社会现象，是当下国际上最流行的移民理论。

公元前 3 世纪，犹太人因为巴比伦之难而远离家园，开始了数千年的漂泊，在异乡生根发芽却始终对家乡念念不忘。首字母大写的“离散”（Diaspora）一词专指因为历史事件而分散到世界各地的犹太人[②]，虽然身在不同国家，使用不同的语言，但是因为宗教信仰以及对犹太文化的传承，使得每一代犹太人心中都有一个“回到故土”的梦想。第二次世界大战时期，犹太人遭遇前所未有的悲惨命运，纳粹加诸犹太人头上的大屠杀使得全世界都震惊于犹太人的命运竟如此悲剧。战后以色列建国，流散在全球各个角落的犹太人终于有机会返回那个被上帝选中的“流着蜂蜜

---

① 李明欢：《海外华人移民的现代篇》，《读书》2009 年第 8 期。

② Cohen，Robin，2008，*Global Diasporas：An Introduction 2nd Edition*，University of Washington Press，转引自刘冰清、石甜《族群离散与文化离散研究的来龙去脉》，《学术探索》2012 年第 2 期。

和牛奶”的祖国（homeland）。

第二次世界大战后，“离散”这个词的词义发生变化，逐渐从犹太人群体转移到描述各种族群团体因为政治、文化、社会等情形而被迫离开自己国家，在其他国家或地区居住，在客居国（host country）采取种种方式保存族群文化，对家园故土始终心存“回去”的念想。因此，“离散”这一词语渐渐地被用来分析亚美尼亚人、黑人、华人等族群/群体的社会状况。与此同时，该词的定义也逐渐被扩大，一些研究者使用离散来分析全球化情境下的劳工迁徙带来的文化认同。“被迫”不再是离散的充分必要条件，一些族群/团体主动离开原居住地，为了工作、婚姻、家庭等原因到另外的地方居住；一些族群成员并不会长期在所属国以外的国家/地区长期定居，而是像候鸟一样定期来回往返。这些新出现的经济、文化现象给“离散”一词的定义提出了新的挑战，甚至有学者提出，“离散”一词可以用来指称妇女的全球迁徙和流动现象，即女性离散（women diaspora）。但是，有学者严肃地指出，我们对“离散”一词的定义和用法需要经过谨慎的探讨和思考，因为如果这个词可以指称任何现象、任何族群，那么，它就不具有任何实际意义了。

从20世纪90年代初期起，中国的学者开始关注离散现象与华人认同。港澳的学者集中探讨海外华人与香港、澳门的本土社会的联系，以及到香港、澳门来求职或政治避难的非洲人、尼泊尔人等群体在当地社区的融合状况。由于20世纪80年代“亚洲四小龙”的崛起，吸引了大量的东南亚人到香港和台湾求职工作，另外，还有大量的外籍新娘嫁入台湾、香港和澳门。与之相反的现象是70、80、90年代不断有香港人和台湾人移民到澳大利亚和加拿大。于是，海外华人是否符合“离散”一词的定义，成为学者们探讨的主题之一。汉语、风水信仰、节庆等文化元素成为海外华人建构文化认同的重要组成部分。为了保持文化认同，秘鲁的华人不惜下血本地兴建华文学校，教授中文以谋求传播中华文化、实现文化认同的目标。

族群迁徙是否必然意味着在迁入国的领土上被消融、被涵化？回到“离散”一词最初描述的对象——犹太人这一群体上来看，遍布世界各地的犹太人已经为这个问题提供了部分答案。亚美尼亚人、波多黎各人、爱尔兰人等各个族群在历史上的经历同样回应了该问题。文化认同固然在族群迁徙过程中扮演了重要角色或者说决定性因素之一，但是族群迁徙是否完全等于离散本身呢？“离散”一词是否可以用来形容因为性别取向而离开原居住国的群体，即同性恋离散（gay/lesbian diaspora），是否可以用来形容因为就业等因素而全球流动的劳动力离散（labor diaspora）？这些问题都有待于未来的研究提供确切信息，亦为未来的研究指出了一个方向。

1. 离散概念的内涵与外延

离散（diaspora），又被译为“流散”“散居”，通常被用来描述因为政治、经济、宗教、历史等各种原因被迫离开公民身份原属的国家，而到其他国家以难民、移民等身份居住。离散（diaspora）一词来自希腊语dispersion，而 dispersion 又是从 diaspeirein 变形而来，其意思为撒种（dia，表示跨越；speirein，σπε ρω，播种，种子）、散播（scatter）。2001 年出版的美国《韦伯斯特词典》上给出的释义是两类，第一类含义是指“巴比伦之囚[①]以后，分散在巴勒斯坦（现在的以色列）以外的犹太人定居点”；第二类含义则将分散居住的群体扩大到犹太人以外的其他人群，“分裂或分散开来了的一群人，迁徙或迁移；离开祖国而定居在其他地方的一群人；这群人现在所居住的地方”。

“离散”（diaspora）这个词最初出现是在圣经中，描述犹太人从巴勒斯坦的家园被流放。公元前 6 世纪，犹太人被逐出巴比伦的事件创造了“离散”这个词的含义，这个词在圣经故事里就有定义，圣经里面关于离散是被描述成“流放—返回”这一熟悉的模式。第二次世界大战后，关于离散的研究不仅仅是关注犹太人，视野范围也扩大到了美籍非裔、海外华人以及因为持续战乱所流离失所的亚美尼亚人，讨论的内容也不仅仅是家园故土与客居他国的族群的关系，扩大到了第二代与故国的想象，因为劳动市场的开拓而引发的迁移[②]等。新的用法则涉及分离的任何类型，包括诸如中国人的贸易离散，或像土耳其人和墨西哥人的劳动迁徙离散[③]，诸如离散经历的一些扩大用法，比如所有“跨—国”[④] 的移动人群。

---

① 巴比伦之囚是指公元前 597—前 538 年间，两度被新巴比伦王国国王尼布甲尼撒二世征服的犹太王国，大批民众、工匠、祭司和王室成员被掳往巴比伦，这些人被称为“巴比伦之囚”。

② Miles, Ann, 2004, *From Cuenca to Queens: An Anthropological Story of Transnational Migration*, University of Texas Press，转引自刘冰清、石甜《族群离散与文化离散研究的来龙去脉》，《学术探索》2012 年第 2 期。

③ Cohen, R., 1997, *Global Diasporas: An Introduction*, London: UCL Press, pp. 83—104.

④ Appadurai, A., 1996, *Modernity at Large: Cultural Dimensions of Globalization*, Minneapolis: University of Minnesota Press, pp. 139—157. 转引自刘冰清、石甜、徐杰舜、韦小鹏《族群迁徙与文化离散研究的来龙去脉》，载罗勇、徐杰舜主编《族群迁徙与文化认同》，黑龙江人民出版社 2012 年版。

由此可见，“离散”一词无论是应用上还是理解上，都经历了一个膨胀过程。1998 年，在巴黎的一次会议上，期刊《离散》（*Diaspora*）的编辑 khachig Tölölyan 说，其撰稿人用“离散”这个词来描述 38 个不同的群体。Rogers Brubaker 甚至严厉地指出，“离散”（diaspora）这个词在学术圈里本身就经历了一种离散（diaspora）。Rainer Bauböck 和 Thomas Faist 总结了“离散”一词的三个特征：迁徙或分离的原因从以前的被动到现在涉及迁徙的任何类型；有一个从家园与目的地之间的地理移动，只不过以前是关注返回故土的想象，现在是对目的地的探讨；某一族群或团体在定居国/定居地的遭遇，包括社会融合、涵化等内容。

2. 其他族群的离散与认同：以海外华人为例

除了一些早期的不够正式的资料以外，从 20 世纪 60 年代到 70 年代的古典定义被系统性地扩大了，变得越来越常见用于形容非洲人、亚美尼亚人和爱尔兰人的分离。当学者们将“离散”一词用来形容 20 世纪的分离现象时，这种描述激发了另外一些研究者的灵感，将 16 世纪以来的奴隶贸易导致非裔美国人的祖先们永远地离开了故土，而非裔美国人对国家的认同与自身认同的重叠，使得离散现象更复杂。在这之后，“离散”一词的定义越发被扩大了，亦有学者认为，海外华人的散居现象也符合“离散”一词的内涵与外延。

在扩大到对其他族群的离散经历的研究时，研究的主题也从以前比较注重分析历史上的离散现象转向与客居国的政治、经济、性别研究等主题结合在一起了。也就是说，在扩大离散一词的含义时，以前仅仅是分析离散这个词适不适合用来描述其他的族群，其他族群的经历是否吻合“离散”一词的含义。而现在的研究，则把离散现象与当今的社会现实对接，分析离散群体融入当地社会时的种种际遇。Robbie B. H. Goh 和 Shawn Wong 检视了亚洲人离散的两个主要方面，东亚和南亚；他们在客居国问题，犯罪、住房、就业、种族歧视以及其他问题，并将其与全球化和公民身份联系起来。

海外华人的祖先如此积极主动地到海外谋生，并且以一带十的方式将家族宗亲都带到海外。有学者争论，到底华人的这种迁徙模式是否可以用“离散”一词来表述？进而衍生出另外一个问题，劳动力的流动算不算离散？此前对于海外华人的研究，多数集中在离散后的海外华人是怎样相互认同的，即在遥远的异乡，他们是怎样建构出文化元素进而对其进行一种

“符号性消费”呢？在马来西亚，以乡籍为标签的会馆里供奉了菩萨、张圣君和义安尊王。在美国的华人往往会采取加入基督教教派的方式，一方面是获得心灵的宁静，另一方面是将信仰与融入美国结合起来，国族认同和“中华认同”是明显分开的。①

3. 21 世纪全球化视野下的离散

21 世纪才走过十几年，而离散人群遍布全球，非洲人、加勒比人、日本人、南亚人、菲律宾人等。1991 年，Safran 创办了名为《离散》（*Diaspora*）的期刊，从理论、文化和历史角度对离散现象进行考量。在越来越扩大定义的环境中，很多例子和情况现在被遮蔽在离散的伞下了，我们需要从犹太人的研究传统到对这种无可避免的，在应用的时候出现的稀释、变化和扩展的情况感到敏感而做出一些基本的推论。英国利兹大学一个为期五年的项目“离散、迁徙和认同”关注这些问题，没有迁徙，可能存在离散吗？比如同性恋离散，反资本家或反恐网络可以成为离散吗？不能因为有人说自己是离散，就真的是了。社会结构、历史经历、之前的概念理解、其他社会行动者的看法都会影响到给某个特定群体贴上离散的标签的合法性。而《离散》创办者 Safran 认为，离散指的是，当一个“被逐出国外的少数群体的社区”的成员共同拥有以下特征：

> 他们或他们的祖先，背离了一个原来的中心，到了两个或更多个陌生的地域；
>
> 有集体记忆，关于起源的家园的幻想或传说，包括地理位置、历史和辉煌成就；
>
> 相信他们不是—或者永远不会被客居国完全接受，所以保持部分的游离；
>
> 故土是理想中的，被认为是当条件满足时，他们或子孙应该返回；
>
> 相信离散的所有族群成员专心于家园故土的维持，以及它的安全和兴旺；
>
> 各种方式与家园保持联系，种族共同意识和团结一致是一个重要

① ［美］杨凤岗：《皈信·同化·叠合身份认同：北美华人基督徒研究》，默言译，民族出版社 2008 年版。

的方式来定义这种关系的存在。①

全球化的背景，给离散研究提出了新的挑战。Sheffer提出未来研究的六个可能性方向：

> 未来的研究中，第一个可能的领域是重新审视离散不同类型的基本特征，跨国和跨领土（Miles and Sheffer，1998）；无领土和与领土相关；历史的、现代的和刚开始出现的；在人口统计学上的对冲反应，也就是离散一方面从规模和数量上都在增加，另一方面同化和融合也在增加。什么移民会形成新的离散或加入现存的离散队伍中。第四个研究领域应该处理那些仍然存在的理论性主题。第五个研究应该包括未来对适应性的一些本质上的缘由进行分析，离散族群居住在客居国时为了他们持续的存在所采取的主要策略。第六个，关于离散的适应性和策略的改变，之前这个是被忽略的。最后一个仍然是离散—故土的关系。②

21世纪又是互联网的时代，数码技术和互联网在资讯方面扮演的角色，是之前任何时代都无法比拟的。阿帕杜莱（Arjun Appadurai）认为，全球文化经济下的分离和差异，创造出五个层面的地景——族群的、媒体的、技术的、金融的和理念的，而这五个背景之间是互相关联的。

4. 中国的离散研究

与国外的研究者相比，中国的离散研究还处于后来者的位置。港台的学者们较早涉入离散现象以及离散族群的讨论，尤其把离散现象与全球化下的劳工流动相联系起来。大陆学者很早就开始研究离散现象所涉及的族群，诸如犹太人在中国的定居情况③、海外华人的生活状况与文

---

① Cohen，Robin，2008，*Global Diasporas：An Introduction 2nd Edition*，University of Washington Press，p. 6. 转引自刘冰清、石甜《族群离散与文化离散研究的来龙去脉》，《学术探索》2012年第2期。

② Sheffer，Gabriel（Gabi），2009，*The Need and Usefulness of Diaspora Studies*，Encyclopedia of the Jewish Diaspora：Origins，Experiences and Culture，M. Avrum Ehrlich，editor，ABC - CLIO，LLC. Xxix. 转引自刘冰清、石甜《族群离散与文化离散研究的来龙去脉》，《学术探索》2012年第2期。

③ 潘光旦：《中国境内犹太人的若干历史问题》，北京大学出版社1983年版。

化认同[1]等，只是并没有过多地使用和讨论“离散”一词对于中国社会的观照。从中国作为海外华人的“祖国”而言，蔡苏龙分析了全球化进程中的族群离散及全球化与华人离散社群的关系问题。[2] 陈历明分析了潮剧怎样在华人社区里被传播和消费，其背后所隐藏的也正是华人离散社群对“传统中华文化”的认同，亦期望借助戏剧的手段来实现一定程度上的文化再构。[3] 中国作为客居国，自 20 世纪 70 年代起就为印支难民提供生存所需物品。[4] 虽然缺少对“离散”一词的内涵与外延的讨论，章戈浩研究了互联网作为一种传播媒介是怎样与族群互动发生影响的，进而对整个族群认同的情感基础都有激发。[5] 除此之外，从文学、社会学、政治经济学角度对其进行剖析，也是值得考虑的内容。总之，大陆的离散研究分为两个层面，关注实际上属于“离散族群”的研究者们较少从离散这个角度去思考，更多地是从族群认同本身去考虑种种定义和诠释。而探讨“离散”比较多的则是从文学作品出发，关注印度离散现象、海外华人离散现象等，他们对文本的分析和把握，亦是对“离散”这一词语在当下是否适用的问题进行了追问。[6]

（二）移动论的解读

移动论即移动性（mobility），也是当下比较流行的有关移民研究的新理论。

移动性作为一个新的社会属性，移动性不仅前所未有地显现其功能，而且它成为现代性的一个基础和基本的说明。时间上，“全球化”（globalization）时代的到来，以及自 20 世纪 80 年代中期以来世界范围内兴起“全球化”的讨论浪潮。在这一个历史时期里，世界范围内的各种社会因素出现了越来越密切的关联和互动，特别是以经济作为联接纽带的功能扮演着举足轻重的角色。这意味着在世界范围内，人们的移动已经超越了简

---

① 吴洪芹：《海外华人的民族认同与国家观念辨析》，《华侨华人历史研究》1996 年第 1 期。

② 蔡苏龙：《全球化进程中的华人离散社群问题探讨》，《东南亚研究》2006 年第 5 期。

③ 陈历明：《海外华人与潮剧》，《东南亚研究》1995 年第 5 期。

④ 曾国华、陈寿德、张民保：《印支难民安置工作的回顾与思考》，《八桂侨史》1988 年第 1 期。

⑤ 章戈浩：《数字时代离散族群的沟通方式》，《新闻前哨》2010 年第 11 期。

⑥ 参阅刘冰清、石甜《族群离散与文化离散研究的来龙去脉》，《学术探索》2012 年第 2 期。

单的为满足生计所进行的遵循自然节律的移动和迁移，而是根据“全球化”需求在生产、商品、消费、信息、资本、技术、交通、安全、服务等全方位移动。“全球化”也在这样的形势下应运而生。

“全球化”这一概念源于对国际关系和“现代化”的延续。[①] 在吉登斯那里被描写成这样一种景象：在世界范围内广泛的社会关系得到了越来越明显的加强，它使得在某一个地方所发生的事情对其他地方产生越来越明显的影响。反之，在其他地方发生的事情，对某一地方也造成比以往越来越明显的影响。[②] 在以往的传统社会里发生并限制在同一个地方、同一个人群范围的情形，现在已经越来越超出了社会、民族和地域的边界而成为“全球性”的事情和事务。“全球化”现象当然不止政治经济领域，社会文化也会出现空前的“流动”；有学者根据“全球化文化潮流”的变化情形，归纳出了五种“流动的图景”：

1. 族群的图景（ethnoscape）。指不同的民族、族群和人群，包括移民、难民等在全球化的背景下出现大规模的移动现象，致使人们的生活也随之移动，从而发生史无前例的生活方式上的改变。

2. 技术的图景（technoscape）。指科学技术作为一种技术性工具和概念已经在全球化经济和文化活动当中扮演了一个无以替代的重要角色。

3. 财经的图景（finanscape）。指全球资本的流通。当代社会是一个经济商品的社会，在这个社会中，任何东西都可以通过财政手段和经济活动来进行交易和交换。资本的活动比历史上的任何一个时期都更加活跃和具有广泛性。

4. 观念的图景（ideoscape）。扩张性的政治理念和价值，特别是以西方为主控叙事（the master narrative）的社会价值——构成自欧洲启蒙运动以来历史社会价值的主导“范式”。很显然，在全球化的趋势里，社会的价值体系和观念形态也会借助全球化的流动进行传播和互动。“西方中心”的价值观会在这一过程中继续起着“执牛耳”的作用。

5. 媒体的图景（mediascape）。通过诸如报纸、杂志、电视节目以及电影等广泛传播信息的方式以展示其特殊的现代能力。毫无疑问，现代传

---

① Burns, P. M., *An Introduction to Tourism & Anthropology*, London and New York: Routledge, 2002, p. 124.

② Giddens, A., *The Consequence of Modernity*, Cambridge: Polity Press, 1990, p. 64.

媒是全球化的一个奇迹，它可以使人们在同一时间内了解到世界正在发生的事情。就像“9·11”事件，世界上的数十亿人几乎是在同一时间观看到的悲剧事件。好莱坞把美国式的文化传到了世界各个角落。[①]

新的移动属性打破了既往的“边界”范畴：资金、资本、观念、形象、信息、人群、物品和技术都在移动，[②] 使移动从传统意义上超越了简单“工具性功能”而上升为一种表述范式，以往相对单纯的、同质化程度高、缓慢变迁的文化形态和格局逐渐消失。与此同时，“移动”的方式、价值和意义也发生了改变。现代社会的“移动性”还表现在观念的“移动”和“转变”——不仅改变了人们的日常生活，也改变了人们的思维形态。它“携带”着诸如符号、隐喻、生活方式、价值观念等。[③] 这些变化不仅表现在“流动”的速度上，更重要的是，“流动—移动”本身成了一种现代社会的认知主体。这样的变化与变革从观念到范式给民族志所带来的影响和作用同样也是革命性的。[④]

移动性这一社会属性所带来的各种变化很自然地反映在各个学科的研究领域中，今天的迁移，包括移居、侨居、移民已经成为当代世界事务中发生最为频繁、最为重要的一件事情，并在这一社会再生产的过程中，产生出新的认同需求。客家人“新客运动”正是这一情势的典型例证。客家人不仅是一个家庭、姓氏、乡党、团体、个人等离开自己的原居地、祖籍地，甚至到另外一个客居地、地区或者国家生活、居住。于是，认同问题便随之上升为当代社会中最重要、最复杂的社会现象，成了一个极其复杂多样的存续和变化关系，也因此在研究中出现了专门的认同主题甚至领域。与此同时，伴随着这一移动方式所产生的价值依附和价值附加，成为现代社会中一种带有强烈政治意味的历史事件，比如近代以降，我国出现了一大批客属华人、华侨迁移海外的历史现象，他们在海外与祖国之间游

---

① Appadurai, A., Disjuncture and Difference in the Global Cultural Economy, In Featherstone, M. (ed.), *Global Culture, Nationalism, Globalization, and Modernity*, London: Sage, 1990, pp. 295—310.

② Ibid..

③ Rojek, C. & Urry, J. (ed.), *Touring Cultures: Transformations of Travel and Theory*, London and New York: 1997, pp. 10—15.

④ Clifford, J., *Routes: Travel and Translation in the Late Twentieth Century*, Massachusetts: Harvard University Press, 1997.

走，或从事革命活动（如孙中山），从事商业活动，并以各种方式支持祖国各种事业，这种现象被安德生称为“远程民族主义”（long - distance nationalism）事业。[①]

同时，当代大规模旅游的兴起也唤起人们对移动性这一表述范式更深刻的反省。其后果是重建一种新的世界秩序。麦克内尔在《空聚场》（*Empty Meeting Ground*）一书中认为：“人们浪迹天下的意识在旅游行为中的终极目标是为了建立完整世界中永久性的家居生活。”[②] 现代社会的快节奏变化，全球化的加速到来，使人们的日常生活和工作已经很难囿于一个稳定不变的工作场地，许多工作的完成和生活目标的实现有赖于旅行活动。现代人已经非常习惯在旅行中生活，由此也产生了空前的迁移行为和移动意识。逻辑性地，诸如“离散”“再地化”“非地化”“无家化”“寻根”“怀旧”“认同”等文化母题遂成旅行表述范式的新景观[③]。

（三）推拉论的解读

推拉论是西方古典的移民理论。西方古典推拉理论认为，劳动力迁移是由迁入地与迁出地的工资差别所引起的。现代推拉理论认为，迁移的推拉因素除了更高的收入以外，还有更好的职业、更好的生活条件、为自己与孩子获得更好的受教育的机会，以及更好的社会环境。

推拉理论的起源可以追溯到19世纪。最早对人口迁移进行研究的学者是英国的雷文斯坦（E. Ravenstien）。他于1880年发表的一篇题为《人口迁移之规律》的论文。在这篇论文中，他提出了七条规律，一是人口的迁移主要是短距离的，方向是朝工商业发达的城市的；二是流动的人口首先迁居到城镇的周围地带，然后迁居到城镇里面；三是全国各地的流动都是相似的，即农村人口向城市集中；四是每一次大的人口迁移也带来了作为补偿的反向流动；五是长距离的流动基本上是向大城市的流动；六是城市居民与农村居民相比，流动率要低得多；七是女性流动率要高于男性。[④] 与此

---

① Benedict Anderson, *The Spectre of Comparions: Nationalism, Southeast Asia and the World*, London: Verso, 1999, pp. 58—74.

② MacCannell, D., *Empty Meeting Ground*, London: Routledge, 1992, p. 5.

③ 参阅彭兆荣《移动正义：客家政治文化结构中的核心价值》，《广西民族大学学报》（哲学社会科学版）2012年第3期。

④ 吕世辰：《国外学术界关于农民流动与社会结构变迁的研究综述》，《中国农村观察》1998年第3期。

同时，美国社会地理学家莱文斯坦（E. G. Ravenstein）对移民的迁移规律进行了总结。他认为：人口迁移并非完全盲目无序地流动，而是遵循着一定之规。左右人口迁移的动力，是推拉因素作用的结果①。在“推拉模型”中，“推力”指原居地不利于生存、发展的种种排斥力，它可以是战争、动乱、天灾、生态环境恶化等对某一地区具有普遍性影响的因素，也可以是某一小群体遭遇的意外或不幸。“拉力”则是移入地所具有的吸引力，它可以是大量呈现的新机会，也可以是仅仅对于某一小群体的特殊机遇。②

人口学家巴格内（D. J. Bagne）研究人口流动的原因时也认为，人口流动的目的是改善生活条件，流入地的那些有利于改善生活条件的因素就成为拉力，而流出地的不利的生活条件就是推力。人口流动就由这两股力量前拉后推所决定。在巴格内之后，迈德尔（G. Mydal）、索瓦尼（Sovani）、贝斯（Base）、特里瓦撒（Trewartha）都做了一些修正。后来，国际劳工局也在一些研究报告中验证了巴格内的理论。李（E. S. Lee）在《移民人口学之理论》一文中，在巴格内理论基础上，认为流出地和流入地实际上都既有拉力又有推力，同时又补充了第三个因素：中间障碍因素。中间障碍因素主要包括距离远近、物质障碍、语言文化的差异，以及移民本人对于以上这些因素的价值判断。人口流动是这三个因素综合作用的结果。③

虽然百年来移民潮风云变幻，但推拉论为后续者不断引用并不断拓展。据李明欢的研究，综观 20 世纪 70 年代以前发表的诸多研究移民问题的著述，虽然具体着眼点大相径庭，推拉因素孰重孰轻也见仁见智，但是，无论是以美国的古巴移民、德国的土耳其移民，还是东南亚的中国移民为研究对象，研究者在不同程度上注意从他们的原居地寻找将他们“推”往异国他乡的排斥力，同时剖析将他们“拉”往异国他乡的吸引力。并对推拉论进行了批评：其一，推拉论将“迁移”描述成某一群体被动地被“推”、被“拉”的过程，无视移民主体在这一过程中的主观能

① 丘立本：《国际人口迁移与华侨华人研究》，载郝时远主编《海外华人研究论集》，中国社会科学出版社 2002 年版，第 46 页。

② 李明欢：《欧洲华侨华人史》，中国华侨出版社 2002 年版，第 3—4 页。

③ 吕世辰：《国外学术界关于农民流动与社会结构变迁的研究综述》，《中国农村观察》1998 年第 3 期。

动性，因而是片面的。其二，推拉论无法回答当移出地，或移入地原先存在的“推拉”因素发生变化之后，为什么移民行为并不一定立刻终止；反之，在另外的个案中，某些“推拉”因素并未发生明显变化，移民行为却减少或下降了。其三，在相似的“推拉”因素的作用下，同一群体中有的人走上了移民道路，有的人却依旧故我，安于现状，原因何在？其四，移民行为完全是推拉因素作用下的“理性选择”吗，其中难道不存在偶然的恣意行为吗？

总之，20 世纪后期西方出版的移民著述中，学者们已不再简单地去寻找、罗列不同的或特殊的“推拉因素”，而更多地着眼于分析究竟是哪些因素、在什么情况下形成产生移民行为的“推力”或“拉力”，而相似的“推力”或“拉力”又如何在不同的对象身上发生不同的效应。除了因严重天灾人祸而引起的突发性移民潮外，“主动移民”的动因问题尤其吸引学者的关注。近年来，在西方学术界中较有影响的有关推拉论学说主要有：

第一，新古典主义经济理论（Neoclassical economics）。以亚瑟·刘易斯（Arthur Lewis）、乔治·J. 波亚斯（George J. Borjas）、迈克尔·托达洛（Michael Todaro）、拉里·萨斯塔（Larry Sjaastad）等为主要代表。该理论着重从经济学的角度分析移民行为产生的动因。学者们或从宏观上比较移民输出国与移民输入国之间人均收入及就业机会方面存在的明显差距，或具体对移民个体移出之前与移入之后的收入差距做出定量分析，进而指出：国际移民取决于当事人对于付出与回报的估算，如果移民后的预期所得明显高于为移民而付出的代价时，移民行为就会发生。学者们还强调指出：移民行为往往只受到移出地与移入地劳动力市场因素的影响，只要移民后的净收益有吸引力，那么，移民后生活条件、工作环境可能改变等其他因素，则往往不被潜在移民群体所顾及。由此推导，一方面，移民将去往收入最高的地方，而移出地与移入地之间的收入差距将因移民行为而缩减，直至弥合；另一方面，政府可以通过调整相关政策以控制移民的流入与流出，例如，政府可以提高移民流入本地的附加支出，或增加对雇用移民的雇主的附加税收，以减少乃至阻止移民流入。

第二，新经济移民理论（The new economics of migration）。该理论的主要代表是奥迪·斯塔克（Oded Stark）、爱德华·泰勒（J. Edward Taylor）等。首先，他们特别强调移民的动因不应仅仅着眼于分析迁移的个体，而必须以一家、一户甚至一个社区为单位进行剖析。

第三，劳动力市场分割理论（Segmented labor market theory）。迈克尔·皮奥雷（Michael Piore）从分析发达国家经济体制内部对于劳动力的结构性需求来探讨国际移民的起源问题。他认为，国际劳动力迁移主要是由需求决定的，而且，在大多数情况下，都是由发达国家的雇主们（或由政府代其出面）大量雇用发展中国家的廉价劳动力而引发的。皮奥雷指出，现代发达国家业已形成了双重劳动力需求市场，上层市场提供的是高收益、高保障、环境舒适的工作，而下层市场则相反。由于发达国家本地劳力不愿意进入下层市场，故而需要来自第三世界的廉价移民劳工填补其空缺。在“双重市场理论”的基础上，艾勒占德罗·波特斯（Alejandro Portes）和罗伯特·巴赫（Robert Bach）进一步提出了“三重市场需求理论”，即再加上一个“族群聚集区”（Ethnic enclaves）。他们认为，这一在移民族群自身发展基础上形成的经济圈对其原居地人群有特殊的吸引力：一方面，该经济圈的运作需要引进新的低廉劳力以增强其产品的市场竞争力；另一方面，由于族群经济圈的形成，移民企业家的地位更显突出，原居地人群往往从这些成功者身上汲取移民的动力，从而推动新的移民行为。

第四，历史结构与世界体系理论（Historical - structural theoryand world systems）。历史结构理论最早出现于 20 世纪 50 年代，并在六七十年代形成著名的“依附理论”（Dependency throry），进而达到其影响的顶峰。西尔索·弗塔多（Celso Furtado）、弗纳多·H. 卡多索（Fernando H. Cardoso）等一批受马克思主义影响的学者们提出：资本主义强权国家通过不平等贸易而迫使不发达国家依附于他们，形成世界范围内位于“核心”地位的工业化国家与被置于“边缘”的不发达国家之间的不平等分工。虽然“依附理论”并没有直接涉及国际移民问题，但是，进入 20 世纪八九十年代后，伴随着学界对于“全球化”问题的高度关注，越来越多学者将人口的跨境迁移与全球化时代的世界体系形成相互结合进行考察。其主要观点是：商品、资本、信息的国际流动，必然推动国际人口迁移，尽管后者可能呈现出与前者之间的反向流动，但毫无疑问，国际移民潮是市场经济全球化的直接结果。①

① 参阅李明欢《欧洲华侨华人史》，中国华侨出版社 2002 年版，第 3—8 页。

（四）网络论的解读

网络论（Network theory）是对移民的一种新解读。

移民网络是一系列人际关系的组合，其纽带可以是血缘、乡缘、情缘等。移民网络形成后，一方面，移民信息可能更准确、更广泛传播，移民成本可能因此而降低，从而不断推动移民潮；另一方面，随着时间推移，向外甚至向国外特定地区定向移民可能融入某地的乡俗民风，从而不再与经济、政治条件直接相关。学者们还注意到，20 世纪下半叶以来，西方国家实行的为“家庭团聚”开绿灯的移民政策，促进了网络的延伸，产生了“移民增殖效应”。弗雷德·阿诺尔德（Fred Arnold）等人曾以美国的菲律宾和韩国移民为例，提出连锁移民的比例是：平均每个来自菲律宾的移民将带入一个家庭成员；每个韩国移民将带入 0.5 个家庭成员。格勒米那·亚瑟（Guillermina Jasso）和马克·罗森茨维格（Mark Rosenzweig）的研究结论则是：每个新移民在移居十年后平均带入 1.2 个“劳工类”新移民①。

（五）连锁论的解读

连锁论被称为连锁因果说（Cumulative causation），也是对移民的一种新解读。

连锁因果论基于如下假设：第一，某人认识的人群中移民的人越多，此人移民的倾向就越大；有过一次移民经历的人，再度移民的可能性相对更大，并可能带动其亲朋好友移民。第二，移民汇回家乡的钱款，将增加原居地的收入不均，从而使那些没有移民汇款收入的家庭增强“相对失落感”进而引发新的移民。因此，移民行为有其自身内在的延续性。法国著名社会学家布迪厄（Pierre Bourdieu）的“惯习说”（Habitus）也被用于作为剖析移民之“理性”或“非理性”选择的连接点：在某一社会群体中，当“移民行为”内化为超越意识控制的、具有衍生性的“惯习”时，即使诱发初始移民行为的客观环境发生变化，被局外人断定为非理性的移民行为在该群体内仍会获得认可而得以延续。②

（六）文化论的解读

文化论被称为“移民文化”说（Culture of migration），也是对移民的

① 参阅李明欢《欧洲华侨华人史》，中国华侨出版社 2002 年版，第 8—9 页。笔者对此有切身感受。

② 同上书，第 9 页。

一种新解读。

按照“移民文化”的基本观点，在某些地区人群当中，伴随着人口的跨境迁移而逐渐在当地演绎出了一种新的文化，这种文化在综合移出国与移入国的价值观念、行为准则、人生态度的基础上，创造出一个新的、相当自主的、跨越国境的虚拟空间，并展示出如下主要特征：那些在物质上获得成功的移民被尊为样板；他们的行为方式在原生活圈内被奉为圭臬；成长中的年轻人从就业取向、人生目标到价值观念均与移民国外融为一体，“移民”成为该群体共享的社会文化资源。在此特殊文化的潜移默化之下，成长中的一代代新人往往在不由自主中，或在群体及个人均认为理所当然中追随其前辈走上移民道路。移民行为因而生生不息。西方学者的“移民文化说”，与中国传统的“侨乡文化”“侨乡意识”有相似之处。近年来，西方研究中国移民问题的学者，同样注意中国“侨乡”研究。而且，随着“侨乡”（Qiaoxiang）一词的拼音越来越多地被直接用于西方的相关研究著述中，可见该词已在一定程度上被接纳为一个国际性词汇。[①]

二　华侨华人学的构建

中国是海外华人华侨的祖籍国和母国，中国的华侨华人学术研究从20世纪初开始已有近百年的历史。从20世纪二三十年代以来，中国即出版了一系列华侨华人的学术著作，从罗香林到王赓武，到周南京，以及庄国土、梁志明、李安山、李明欢等，涌现了许多有名的学者专家。使华侨华人历史和社会状况问题的研究，在中国已成为一个基础相当深厚的学术领域。可见，现在中国的华人华侨研究已不再是历史研究的分支学科，而是涉及政治、经济、文化、历史、社会、民族、人口、国际关系等诸多领域的综合性研究，其研究理论和方法也已广泛地涉及人文社会科学的诸多基础学科和分支学科，华侨华人研究实际上已成为多学科研究者共同参与研究的“边缘交叉学科”，此为一方面。

另一方面，中国的移民与发达国家移民及亚洲发展中国家移民相比，又具有自身的特点。西方的一些移民理论和研究成果，并不一定都适用于中国国情和文化，并不能完全解释海外华人华侨的有关问题。

---

① 参阅李明欢《欧洲华侨华人史》，中国华侨出版社2002年版，第9—10页。

平心而论，在华人华侨研究领域，中国学者应该有自己的声音，在吸收西方国家社会科学理论和研究成果的同时，不仅仅是追随西方的学术传统和规范，应根据自己的实际和需要，开展自己的研究，构建移民研究的中国话语和中国体系。为此，中国学者们开展了构建“华侨华人学”的讨论，1987 年陈烈甫在《华侨学与华人学总论》一书中提出了华侨学与华人学的概念；1992 年王季琛发表《大力开展华人学研究》[①] 一文，提出了构建“华人学”的问题；2000 年暨南大学华侨华人研究中心获批教育部人文社科重点研究基地，华侨华人研究也将华侨华人学科建设列为重大科研项目；2002 年周南京主编的《华侨华人百科全书》（总论卷）[②] 论及了建立华侨华人学的看法；厦门大学南洋研究院长期开设硕士学位课程“华侨华人学概论”，2003 年由北京大学华侨华人研究中心主持的“华侨华人学科建设研究”的教育部课题正式启动；同年《华侨华人历史研究》刊物开辟专栏，展开了华侨华人学科建设的讨论，凡此等等，都表明华侨华人学的构建已进入人们的视野，已列入人们的议事日程。

第三节　汉民族海外移民史研究述评

华人华侨的研究是从华人华侨史开始的，迄今为止已一百余年。

一百余年来，学者们披荆斩棘、呕心沥血、专心致志、不遗余力，开辟了华人华侨史研究的学术园地，为我们今天撰写汉民族海外移民史，奠定了雄厚而扎实的基础。

一　汉民族海外移民史研究学术史回顾

在华侨史视野中的汉民族海外移民史研究学术史大约可分为五个时期：

（一）华侨史研究的发轫（1900—1920 年）

近代以来，在鸦片战争之后，我国历代史书中开始出现对华侨问题的零散记载。一些主张变法维新的知识分子也时常在报刊上发表一些有关华侨问题的文章。但早期有关华侨华人问题的著述多出自西方殖民官吏、外

① 王季琛：《大力开展华人学研究》，《华人月刊》1992 年第 1 期。

② 周南京主编：《华侨华人百科全书》（总论卷），中国华侨出版社 2002 年版。

交官和领事官员之手，如，1885 年荷兰人德·赫鲁（J. J. M. deGroot）所著的《婆罗洲华人公司制度》、范·珊迪克的《海外华人》（1909 年）等书研究了华人移居荷属印尼的历史。美国人西华德（G. F. Seward）的《中国移民》（1881 年）极力鼓吹为了美国的利益，应该尽量为华工开放美国西部，以促进当地经济的发展。此外，惠特尼（J. A. Whitney）发表的《华人与华人问题》（1888 年）也同样带有强烈的政治色彩。

20 世纪初开始，西方及日本出现大量华侨、华人的研究著述，其着力点在于对海外华侨华人社会的研究，并且逐渐摆脱早期单纯描述性普及读物或政府报告的形式，走向严格意义上的学术研究。其中代表作如麦克奈尔的《海外华人》、坎贝尔的《华人苦力移民》、柯立芝的《中国移民》、克莱门蒂的《华侨在英属圭亚那》、巴素的《马来亚华人》、卡托的《荷属东印度华人的经济地位》、马德豪斯的《新西兰华人》、成田节男的《华侨史》、小林新作的《中华民族的海外发展》、吴主惠的《华侨的本质》、长野朗的《支那民族之海外发展》、井出季和太的《华侨》等。除此之外，海外华人学者宋旺相、林添佑等人的著述，也有相当分量。另外，在一些中外关系史专著中，如马士的《中华帝国对外关系史》中，也较多地论述了清代华侨华人问题。

这些西方学者的著述，重视从个别区域或国家入手，综合运用历史学、人类学、社会学、经济学、法学理论，对海外华人的历史和现状进行较为深入的研究，诸如华侨社会结构、华人同化意识、秘密会党、华人信仰、华人教育、华人经济等方面，无一不纳入其研究课题之内，形成风格各异、内容充实的著述，覆盖了华侨华人社会的各个方面。可以说，西方对于华侨华人的学术研究，从一开始就不是历史学或经济学、政治学之类的单一学科的研究，而是综合性的、全方位的研究，其覆盖面甚广且不断扩大。特点在于研究对象的单一性，而不是学科或研究方法的单一性。①

稍后，由于华侨史的研究正符合中国国内政治的需要，即晚清政府一改先前的“弃侨”劣政而采取的“护侨”措施，正在制定办法吸引华侨投资国内实业。与此同时，革命党与保皇党则为了各自的政治需要，在海外华侨社会大造舆论声势，争取支持力量。辛亥革命推翻了中国历史上延续 2000 多年的封建帝制，创立民国，孙中山在革命实践中发出了“华侨

① 参阅袁丁《从学术史看华侨华人研究的学科发展》，《华侨华人历史研究》2004 年第 2 期。

是革命之母”的赞誉，而康有为、梁启超等人也切身感受到了华侨所蕴藏的巨大力量。[①] 这些都为华侨史的研究打通了道路。中国真正具有学术意义的华侨史研究，是从梁启超开始的。1904 年，梁启超第一个写出了华侨史研究的专著——《记华工禁约》。他在其中比较系统地评述了华侨移居美国、美国排虐华侨和旅美华侨进行斗争的历史过程。他将这篇专著作为《新大陆游记》的附录，后来收入他的《饮冰室合集》中。1905 年，梁启超又在《新民丛报》上发表了《中国殖民八大伟人传》，专门评述了历史上著名的华侨人物。于是，博学多才的梁启超成了中国华侨史研究第一人。

1909 年，孟森在《外交报》上发表《论爪哇侨民请定国籍法》，论述了美国及荷属地区华侨受虐待的历史，主张清政府应尽早制定国籍法以保护海外华侨。

1910 年，《地学杂志》创刊，这本杂志上经常刊登华侨史研究的文章。有些学者从经济地理学角度出发，论述华侨与祖国的联系，提出应重视保护华侨的主张。是年，署名羲皇正胤在《民报》上连载发表了《南洋华侨史略》，其中不乏有价值的资料，成为国内第一篇较完整的地区华侨通史性的专著。

1911 年，胡绍南在《东方杂志》上发表了有关华侨人物研究的《中国殖民伟人传》。

1913 年，上海归国华侨联合会编辑出版《华侨杂志》，这是国内最早由归国华侨创办的一份刊物。该杂志上刊登过一些有关华侨史研究的文章。

1920 年，湖南人士何海鸣负责编辑出版《侨务旬刊》。该杂志总部设在北京，分部设在上海，还在东南亚和美国等地设立海外分部。该刊共印行 141 期，文章内容丰富，资料来源广泛。许多学者将自己撰著的华侨史研究论文投寄该刊发表。自《侨务旬刊》问世以后，国内可谓有了专门从事华侨史研究的机构和阵地了。[②]

20 世纪初，华侨史的研究何以能发端？其原因主要：其一，华侨的足迹已遍布世界；其二，随着华侨移居各国人数的增多，海外出现了日趋

① 谭天星：《中国华侨华人史研究的回顾》，《八桂侨史》1993 年第 1 期。

② 同上。

剧烈的排华，对此，作为祖籍国的中国人民表示愤慨，纷起声援，1905年曾爆发了抗议美国排华的全国规模的抵制美货运动；其三，辛亥革命时期，海外华侨积极支援祖国革命，功绩卓著；其四，中华民国诞生后，华侨又大力支援祖国的建设事业，赢得了国内人士的交口赞誉。正是在这个背景下，华侨史研究的发轫就是自然而然的事了。

（二）华侨史研究的初兴（1920—1945 年）

在第二次世界大战之前，英、法、荷、日诸国在华侨华人问题上作了大量调查研究，英国皇家亚洲学会（伦敦）及其华北分会（上海）、海峡分会（新加坡）、伦敦大学远东及非洲学院、法国巴黎大学汉学院、法国河内远东学院、荷兰莱登大学汉学院、荷兰巴达维亚学会等机构都先后出版了许多有价值的著作。尤其是日本政府基于侵略战争的需要，在1938—1943 年间，通过各种公开或秘密的研究机构，派出大批研究人员，在东南亚各地从事调查，出版了总题为《华侨调查研究》、共 104 种有关东南亚华侨的研究报告，至今仍有很高的史料价值和学术价值。据对这一类的著述有了解的袁丁所说："当时的这些出版物，多是描述性的政府报告、殖民官员和外交官的笔录或普及性通俗读物，学术性虽不强但史料价值高，体现出华侨华人研究最初并非是一个严谨的学术领域，而是一个现实感极强的政治、经济、社会公共领域问题。"①

而进入中华民国时期的中国，华侨史的研究也进入起步阶段，陈起森的《华侨宝鉴》（1925 年）、薛平山的《华侨与革命》（1926 年）、李长傅的《华侨》（1926 年）和《南洋华侨史》（1929 年）、温雄飞的《南洋华侨通史》（1929 年）、龚为遂的《中国民族海外发展状况》（1929 年）等，就是早期较有分量的专门著述。此外，1928 年前后，号称华侨最高学府的上海暨南大学（原名暨南学堂，位于南京，后迁址上海真如，扩为综合性大学）专门成立南洋文化事业部，由专门从事东南亚华侨史研究的专家刘士木出任该部主任，姚楠先生当时亦在该部供职。该部编辑出版《南洋研究》《南洋情报》和《南洋丛书》等书刊，登载了许多有关华侨史研究的论著。

20 世纪 30—40 年代，中国对华侨华人的研究有所发展，出现大批专著、译著和论文，其中较有代表性的著作有：何汉文的《华侨概况》

① 袁丁：《从学术史看华侨华人研究的学科发展》，《华侨华人历史研究》2004 年第 2 期。

(1931 年)、刘继宣与束世澂的《中华民族拓殖南洋史》(1935 年)、李长傅的《中国殖民史》(1937 年)、丘汉平的《华侨问题》(1936 年)、张相时的《华侨中心之南洋》(1937 年)、姚楠的《马来亚华侨史纲要》(1943 年)和《中南半岛华侨史纲要》(1946 年)、陈里特的《中国海外移民史》(1946 年)、冯自由的《华侨革命开国史》(1947 年)、丘守愚的《东印度与华侨经济发展史》(1947 年)等。其中,代表性的学者有:

一是李长傅,他的《华侨》是中国最早的关于华侨问题的综合性著作之一。随后,他又撰写了《南洋地理志》《南洋华侨移殖史》《菲律宾史》《南洋华侨概况》《南洋华侨史》《南洋史纲要》等书,其代表作是1937 年出版的《中国殖民史》(商务印书馆)。《中国殖民史》是在其早期对东南亚华侨华人研究的基础上扩展而成,全书分五章,“总论”对殖民之意义、中国殖民之地理环境及中国殖民之动因进行了分析,并将中国殖民分为四个时期:殖民初期、鼎盛时期、中西势力接触时期和欧人势力时期,重点研究各个历史时期的殖民活动。李长傅较重视历史研究中的方法论,在许多问题上都有独到的见解,如提出经济动因“为中国殖民之主要动因”,这是颇有见地的。这部著作可以说是“华侨殖民论”的代表作之一。[①] 虽然此书如同时期的多数著作一样,存在用大国中心主义观点将华人移居海外类比于西方的“殖民事业”等不恰当的观点,但时至今日,仍不失为研究华侨华人史的有价值的参考书,可“作为 1949 年以前国内华侨华人历史研究最高水平的代表作”[②]。

二是陈达和陈礼颂。陈达 1923 年在美国出版专著《中国移民——专门涉及劳工状况》后,1937 年又出版《南洋华侨与闽粤社会》一书,该书从社会学和人口学的角度研究华侨历史和现状,使世人为之耳目一新。特别是该书从实地调查入手,采取了家庭采访及实地考察的比较研究办法,大量利用方志、族谱、口述史料、调查报告等材料,在资料引证方面别具一格,个案调查与整体分析相结合,“其在分析华侨出国的背景和侨乡的社会生活方面有许多精辟论述和细致的考察,不失为利用综合学科研究华侨华人史的代表作,并已成为华侨华人研究的范式成果之一”[③]。他

① 李安山:《中华民国时期华侨研究述评》,《近代史研究》2002 年第 4 期。

② 袁丁:《从学术史看华侨华人研究的学科发展》,《华侨华人历史研究》2004 年第 2 期。

③ 同上。

的研究不仅对国内学者有相当大的影响，在国际学术界也享有名望，表明中国学者已走向世界。[①]

陈礼颂也受过严格的西式学术训练，特别是人类学、社会学方面的训练，并用以研究华侨华人问题。20 世纪 30 年代，陈礼颂用了一段时间在广东著名侨乡潮州从事严格意义上的田野调查，几乎涵盖了侨乡社会的各个方面，从而得到了有相当高学术价值的成果，写成《一九四九前潮州宗族村落社区的研究》[②]，使得其研究成果不仅向世人贡献了各种结论，而且成为后来学者研究的范式。[③]

三是刘继宣和束世澂。他们俩人均为金陵大学的教师，前者为文史教授，后者为文史讲师。其合著的《中华民族拓殖南洋史》旁征博引，对汉代以来中国人移民南洋的历史进行了总的梳理。在“导言”中，作者明确表示：“愚等之为此编，或于唤起民族之自觉心，恢复民族之自信力，不无裨益乎?”[④] 该书最大的特点是史料相当丰富，共引用中外文书目 160 余种之多，其中既有中国的官方资料，如《外交公报》和《海关进出口贸易统计月报》，也有华侨居留国的官方资料，如菲律宾的海关报道、荷属印度的移民报告；既有国家的侨务报道，如侨委会《华侨快览》，又有地方志；既有古代文献，又有当代研究华侨问题的名家著述。此外，作者还参考了英文和日文文献。即使用现在的标准看，这一著作也是极具学术功力的，不愧为民国时期华人华侨史的代表作之一。故该书具有相当重要的学术价值，影响颇大，长期为人引用。[⑤]

此外，1929 年，温雄飞写成《南洋华侨通史》，李长傅发表《南洋华侨史》。此二著因发表年代相同，内容相近，可称姐妹篇。1930—1933 年，黄竞初的《华侨名人故事录》、中央侨委会编著的《华侨所受不平等待遇》和黄警顽等编撰的《南洋霹雳华侨革命史迹》先后出版。1937 年，程天放著成《加拿大之华侨》一书。此书论述虽较简略，但属开创之作，

① 李安山：《中华民国时期华侨研究述评》，《近代史研究》2002 年第 4 期。

② 陈礼颂：《一九四九前潮州宗族村落社区的研究》，上海古籍出版社 1995 年版。

③ 袁丁：《从学术史看华侨华人研究的学科发展》，《华侨华人历史研究》2004 年第 2 期。

④ 刘继宣、束世澂：《中华民族拓殖南洋史》(导言)，国立编辑馆 1934 年版，第 11 页。

⑤ 李安山：《中华民国时期华侨研究述评》，《近代史研究》2002 年第 4 期；袁丁：《从学术史看华侨华人研究的学科发展》，《华侨华人历史研究》2004 年第 2 期。

仍具有一定地位。是年，罗香林在《禹贡》杂志上发表了《罗芳伯所建婆罗洲坤甸兰芳大总制考》。这是华侨史考证研究方面的一篇佳作，后由商务印书馆印成了小册子。

20 世纪 30 年代末，不少学者在《南洋研究》《新南洋》《南洋》以及《东方杂志》等刊物上发表了华侨史研究的论著。一些学者着重研究华侨的地理历史，也有的致力于华侨史的考证工作。

在抗日战争期间，中国学者并没有停止对华侨史的研究，与当时抗战相联系的华侨史研究论著也时有发表。1938 年，林云谷的《抗战与华侨》（中山文化教育馆）一书出版，此书仅 52 页，却将华侨研究的重点转到与中华民族生死存亡相关的问题上。1940 年 3 月，为避战乱，我国南洋问题、华侨史专家学者许云樵、郁达夫、关楚璞、张礼千、姚楠、刘士木等齐聚新加坡，创立了中国第一个涉及侨史研究的民间学术团体——中国南洋学会，编有《南洋学报》和《南洋学会丛书》。1941 年 12 月 8 日，太平洋战火燃起，南洋学会在新加坡的活动被迫停止了四五年，会员星散。1942 年 3 月，经重庆国民政府侨务委员会和教育部的批准，重庆南洋研究所成立。1943 年该所创办了《新南洋》（季刊），它如 1939 年复刊的《南洋研究》、中正大学华侨同学会编印的《南洋》、李清悚主办的《侨民教育》、郭威白主编的《侨务十年》等都是注重华侨问题的刊物。40 年代前半期，亦有不少华侨史研究方面的论著问世。其中不乏有价值的著作，如 1943 年出版的姚楠《马来亚华侨史纲要》（商务印书馆）。该书当时曾得到了泰国华侨蚁光炎先生设立的学术奖金。三年后姚楠发表了另一篇专著《中南半岛华侨史纲要》（商务印书馆）。

20 世纪 20—40 年代前半期的华侨史研究，比之前一阶段有了长足的发展，其特征是：（1）研究基地扩大。除了上海、福建和广东以外，四川、云南、江西等地也开展了华侨史的研究。（2）研究机构、团体、刊物增多。（3）研究的成果显著。除有关的论文、专著大量问世外，侨情调查报告也大大增多。（4）研究的范围扩大。华侨史研究从局限于某个专题的研究发展为对某一国家、某一地区甚至全世界的华侨通史进行研究，这是一个从点到线再到面的发展。（5）研究的水平提高。这一时期取得的成果中，许多具有较高的学术价值，长期为人重视，华侨史作为一个专门的学术领域得到认同。

（三）华侨史研究的曲折（1946—1979年）

抗日战争结束后不久，蒋介石即发动了反人民的内战，我国的华侨史研究开始出现停滞状态。但40年代后期仍有著作问世，这一时期的主要著作有李朴生《华侨问题导论》（1945年）、丘汉平《战后华侨问题》（1945年）、张荫桐译《南洋华侨与经济之现势》（1946年）、刘令编《华侨人物志》（1949年）等。冯自由也是民国时期研究华侨问题的另一位重要人物。他的《华侨》（1940年）、《华侨革命史话》（1945年）和《华侨革命开国史》（1947年）至今仍是研究华侨与辛亥革命之关系的必要参考书。

在这个时期值得一提的是陈里特的《中国海外移民史》。该书是继李长傅后另一部研究华人海外移民的综合性史学著作。与《中国殖民史》不同的是陈里特将移民史分为三个部分。前两篇“移殖篇”（分胚结、萌芽、长成和中衰4个时期）和“政策篇”（分劳绩与上国自尊、崇拜外人和自立自强3个时期）均按历史叙述；“史训篇”按专题，分为惨案、猪仔和取缔3节。《中国海外移民史》有以下几个特点：一是统计数字和各类表格较多；二是注释详尽具体，史料相当丰富；三是对华侨为抗战所做贡献和侨营事业已有所涉及。[①] 此书承前启后，是民国后期研究华人华侨通史的一部重要著作。

1949年中华人民共和国成立以后，华侨史的研究工作曾有所开展。50年代中有过一些有影响的论文专著发表，如田汝康的《近代华侨史的阶段问题》和张人羽、丁则民分别撰著的《美帝排华史》等。但是，直至70年代末，从整体上说，我国的华侨史研究没有能够全面深入地开展。

在大陆的华侨史研究陷入停滞曲折之下，台湾的华侨史研究情况却大相径庭，有较大的发展，其主要表现在：

1. 1956年10月出版了由祝秀侠任主编的《华侨志·总志》，各分志从1958年起至1967年止，前后十年，共出《越南华侨志》（1958年）、《泰国华侨志》与《马来亚华侨志》（1959年）、《新加坡华侨志》与《柬埔寨华侨志》（1960年）、《印尼华侨志》（1961年）、《老挝华侨志》（1962年）、《北婆罗洲华侨志》（1963年）、《缅甸华侨志》（1967年），共9册。这套书完全按通史、国别史传统模式设计。王赓武曾客观地评价

① 陈里特：《中国海外移民史》，中华书局1946年版。

说："在所有这些丛书中，作者们特别强调华侨史上的民族自豪感。"[①]

2. 1960年由海外出版社出版了郑彦棻所编《十年来的海外华侨》（1950—1960年），全书分十个专题，即（1）十年来侨胞对领袖的拥戴；（2）十年来侨胞对祖国的贡献；（3）十年来侨胞"反共斗争"；（4）十年来侨胞国际影响；（5）十年来侨胞与当地的关系；（6）十年来侨胞人口与侨团组织；（7）十年来侨胞事业；（8）十年来侨办报刊；（9）十年来华侨经济；（10）十年来海外青年运动。[②]

3. 1983年由中华学术院南洋研究所所长、法学博士杨建成主编，开始还重新刊印了26集的《南洋研究史料丛刊》，至1986年全部出齐。这套丛刊主要是收集30年代日本情报部门搞的调查报告和一些日本学者的专著，具有相当的资料和学术价值。

4. 有一批学有所成的学者进入华侨史研究领域，形成了以"中央研究院"民族学研究所的李亦园和1982年应聘到该所任客座教授的郭振羽为代表的学术团队。他们运用人类学、社会学来研究海外华人社会，并从事实地的调查研究，称之为"田野研究"，为了推动这项研究工作，他们合作于1985年推出一套《海外华人社会研究丛书》，"丛书"的第一辑就出了13册：

第1号《东南亚华人社会研究》（上），李亦园等著。

第2号《东南亚华人社会研究》（下），李亦园等著。

第3号《一个移殖的市镇——马来亚华人市镇生活的调查研究》，李亦园著。

第4号《美国华人经济现况》，吴元烈主编。

第5号《新加坡的语言与社会》，郭振羽著。

第6号《海外华人与东南亚的经济发展》，吴元烈、吴春熙合著。

第7号《巴布亚新几内亚华人百年史》（1880—1980年），吴燕和著。

第8号《星马华人私会党的研究》，麦留芳著。

---

① ［新］王赓武：《东南亚与华人》，中国友谊出版公司1987年版，第238—239页。

② 陈民：《台湾华侨史研究述略》，《华侨华人历史研究》1988年第3期。

第 9 号《砂劳越华人史》，陈约翰著。

第 10 号《爪哇土生华人的政治活动》，廖建裕著。

第 11 号《新加坡华人的家庭与婚姻》，Maurice Freedman 著。

第 12 号《夏威夷的华裔移民》，Clarence Glick 著。

第 13 号《密西西比的华人》，James Loewen 著。

上列 13 本专著中，第 1、2 号汇集 6 篇论文，第 3 号是主编之一李亦园于 60 年代末在麻坡的田野研究报告，第 5 号是郭振羽应邀任民族学研究所客座教授期间完成的专著，其余 9 种全都是选择英文原著，其目的在于向国内学者介绍西文的华人研究情况，这也是这套丛书的特色之一。由于突破了华侨史研究的传统模式，确实使人耳目一新。

在此，特别值得一提的是，罗香林长期不懈研究罗芳伯[①]所建婆罗洲坤甸兰芳大总制。1961 年，其将数十年关于“兰芳大总制”的研究成果总结为《西婆罗洲罗芳伯等所建共和国考》（香港中国学社出版发行）一书。该书详细地论述了罗芳伯在西婆罗洲所建“兰芳公司”的历史意义及其演进为“共和国”之史实等众多问题，终使罗芳伯与其所建“兰芳大总制”一事得以大白于天下。[②]

总之，从上可见，大致可以看出台湾对华侨华人史三十多年发展的轨迹——从原先比较注重传统史学模式，并带有浓厚政治色彩，发展为多种形式和多学科交叉发展，学术性重于政治性，无论是研究理论、研究形式、研究方法，以及研究队伍组成的素质上，都有明显的变化，在向多元化方向发展的同时努力与国际学术界接轨。

（四）华侨史研究的发展（1980—2012 年）

改革开放后，中国社会进入了一个新的历史时期，华侨史的研究开始了崭新的发展。

---

① 罗芳伯（1738—1795 年），广东嘉应人，于 18 世纪中叶来到西加里曼丹。初以教书为业，后来邀集一部分同乡从事采金业，在短短五年的时间里，罗芳伯将曼多附近数十里的产金地都控制在自己手中。他又指挥自卫武装组织，帮助当地苏丹平定内乱，并因此而获得苏丹酬谢的大片领土。在此基础上，罗芳伯于 1777 年建立了具有地方自治机能的“兰芳大总制”，又称“兰芳公司”。对于“兰芳大总制”及其建立者罗芳伯，梁启超、温雄飞、李长傅、刘继宣和束世澂等学者在其著述中均有涉猎，但均未能探究出这一事件的“庐山真面目”。

② 高伟浓、王国强：《罗香林对中外关系史和华侨史的研究》，《暨南学报》2003 年第 5 期。

新的发展的表现除了专门的研究机构相继建立外，出版了一些专业刊物，发表了一批论文，举办了许多学术会议，但最重要的是出版了一批有一定影响的学术专著，主要有：

1. 华侨史史料及工具书方面的著作，有陈翰笙主编的《华工出国史料》、福建师大历史系华侨历史资料选辑组编的《晚清海外笔记选》、广东省政协文史资料研究委员会编的《华侨沧桑录》、刘玉遵等撰写的《“猪仔”华工访问录》，以及中山大学东南亚历史研究所和图书馆合编的《华侨史论文资料索引》和郑民、梁初鸿等人编的《华侨华人史书刊目录》等。

2. 华侨史专题研究方面的著作，有中国社会科学院近代史研究所编的《近代史资料专刊：华侨与辛亥革命》、洪丝丝等撰著的《辛亥革命与华侨》、林金枝等撰著的《近代华侨投资国内企业史研究》等。

3. 华侨通史问世。这就是1991年由厦门大学出版社出版的陈碧笙著《世界华侨华人简史》。这部华人华侨通史抓住了华侨问题的实质和规律，摒弃了所谓“殖民”问题、移民问题、国籍问题、亲戚问题等说法，独辟蹊径，以“华侨问题的实质是民族问题”为指导思想，提出了中华民族向海外大移动的观点。在此基础上，分析中华民族大移动的趋势是由北向南移动，从大陆向海洋移动，从亚洲向美、澳、欧、非诸洲移动。因此，华侨出国的规律，“应该是中外经济发展上存在有阶段上的差距”。前期由于中国经济发展水平高于东南亚各地，所以开始有华侨、水手出国；后来中国经济水平低于东南亚和欧美各国，造成大量华工出国，这是不以人的意志为转移的客观规律。所以，《世界华侨华人简史》不是以中国朝代更迭作为历史分期的依据，而是以华侨自身的发展进程及其在各个历史阶段的显著特征为标准，充分体现该书的创新特色。此书在理论创新上超过了民国时期的任何一部华人华侨通史著作，称得上1949年后中国研究华人华侨通史的代表作。

不久，巫乐华主编的《华侨史概要》（中国华侨出版社1994年版）出版，该书分为华侨出国、区域华侨史、排华运动、华侨对侨居国社会经济发展的贡献、华侨文化教育、华侨社团、爱国爱乡对祖国社会经济文化发展的贡献、中国侨务机构侨务政策的演变、结语——从华侨到华人等九章构成。此书名为“华侨史”，实为专题报告。

4. 区域华侨史填空白。区域华侨史历来是一个学术空白。此时有了根本的扭转。朱杰勤的《东南亚华侨史》（高等教育出版社 1990 年版），陈碧笙主编的《南洋华侨史》（江西人民出版社 1989 年版），李春辉、杨生茂主编的《美洲华侨华人史》（东方出版社 1990 年版），李安山的《非洲华侨华人史》（中国华侨出版社 2000 年版），李明欢的《欧洲华侨华人史》（中国华侨出版社 2002 年版），高伟浓的《拉丁美洲华侨华人移民史、社团与文化活动远眺》（暨南大学出版社 2012 年版）陆续问世，为中国华人华侨史开创了新篇章。这些都是具有开拓性、创新性的填补空白之作。

5. 国别华侨史大发展：国别华侨史在这个时期有了较大的发展。1985 年温广益、蔡仁龙等编撰的 1949 年以后中国大陆第一部国别华侨史《印度尼西亚华侨史》问世以来，李学民、黄昆章的《印尼华侨史》（广东高等教育出版社 1981 年版），黄滋生、何思兵的《菲律宾华侨史》（广东高等教育出版社 1989 年版），杨国标、刘汉标、杨安尧的《美国华侨史》（广东高等教育出版社 1989 年版），李白茵的《越南华侨与华人》（广西师范大学出版社 1990 年版），林远辉、张应龙的《新加坡马来西亚华侨史》（广东高等教育出版社 1991 年版），杨昭全的《朝鲜华侨史》（中国华侨出版社 1991 年版），徐善福和林明华的《越南华侨史》（广东高等教育出版社 2011 年版）也相继出版，凡此等等，大大丰富了中国华侨史的内容，初步形成了国别华侨史的体系。

6. 专题华侨史有创新。专题华侨史是对华人华侨进行微观研究的重要方面，在这个时期有许多创新。曾瑞炎的《华侨与抗日战争》（四川大学出版社 1988 年版），吴凤斌的《契约华工史》（江西人民出版社 1988 年版），林金枝的《近代华侨投资国内企业史研究》（福建人民出版社 1989 年版），任贵祥的《华侨第二次爱国商潮》（中央党史资料出版社 1989 年版），汪慕恒主编《东南亚华人经济》（福建人民出版社 1989 年版），庄国土的《中国封建政府的华侨政策》（厦门大学出版社 1989 年版），陈昌福的《日本华侨研究》（上海社会科学院出版社 1989 年版），秦钦峙、汤家麟的《南侨机工回国抗日史》（云南人民出版社 1989 年版），余思伟的《中外海上交通与华侨》（暨南大学出版社 1991 年版），沈殿忠等的《中日交流史中的华侨》（辽宁人民出版社 1991 年版），方雄普的《华侨航空史话》（中国华侨出版社 1991 年版），黄慰慈、许肖生的《华侨对祖国抗战的贡献》（广东人民出版社 1991 年版），赖伯疆的《海外华文文学概观》（花城出版社 1991 年版），杨力的《海外华人报业研究》（北京燕山出版社 1991 年版），曾少聪的《东洋航路移民——明清海洋移民台湾与菲律宾的比较研究》（江西高校出版社 1998 年版），袁丁的《近代侨政研究》（天马图书出版社 2002 年版），曾玲的《越洋再建家园——新加坡华人社会文化研究》（江西高校出版社 2003 年版），周大鸣、柯群英主编《侨乡移民与地方社会》（民族出版社 2003 年版），庄国土等《二战以后东南亚华族社会地位的变化》（厦门大学出版社 2003 年版），刘宏的《战后新加坡华人社会的嬗变：本土情怀·区域网络·全球视野》（厦门大学出版社 2003 年版），吴前进的《国家关系中的华侨华人和华族》（新华出版社 2003 年版），李其荣的《国际移民与海外华人研究》（湖北人民出版社 2005 年版），陈衍德、卞凤奎主编的《闽南海外移民与华侨华人》（福建人民出版社 2007 年版），徐鹤森的《民国浙江华侨史》（中国社会科学出版社 2009 年版），王晓萍、刘宏主编的《欧洲华侨华人与当地社会关系》（中山大学出版社 2011 年版），陈志明的《迁徙、家乡与认同：文化比较视野下的海外华人研究》（商务印书馆 2012 年版），唐若玲的《东南亚琼属华侨华人》（暨南大学出版社 2012 年版），凡此等等，由于多学科的参与，新意穷出，新人层出，成果累累，大大丰富了华人华侨史的研究。[①]

虽然华侨史研究在我国近年来有了新的发展。但是，我们必须清醒地认识到这样一个事实：从横向上考察，我国的华侨史研究还处于相当落后的状态中。目前，世界上已出版的华侨史研究方面的著作计有 1800 余部，其中大多数是国外学者写成的，国内学者（未包括港、台学者）撰著的仅有不到一百部，而这不到一百部的著作中多半又是中华人民共和国成立以前出版的。中华人民共和国成立至今，面对全球化的席卷，面对世界处处有华人华侨的态势，我们只出版过数量极少的世界华侨通史性的著作，华侨的历史在我们国内现有的中国通史、世界通史和中外关系史书中，都还没有获得她应有的地位，这是极不相称的。

二　汉民族海外移民史研究学术讨论

汉民族海外移民史从华侨华人的视野进入，对开端、上限、内容、分期、范式五个问题开展了既有学术价值又有现实意义的讨论，取得了一定

---

① 参阅谭天星《中国华侨华人史研究的回顾》，《八桂侨史》1993 年第 1 期。

的学术成就。

（一）开端问题

汉民族海外移民何时发端？学术界众说纷纭。郭梁从华侨何时出现切入，归纳有以下七种观点：

一是华侨始于商周说。台北出版的《华侨志·总志》认为：《商颂·长发》有“相土烈烈，海外有截”一句，可见殷人已发展至海外，并认为周武王封箕子于朝鲜以前，那里就有华侨。另外，该书还根据《论语》公冶长记孔子之言：“道不行，乘桴浮于海。从我者其由与！子路闻之喜。”这句话断言，孔子及其得意门生子路都有志去当华侨，不幸未实现。

二是华侨始于秦汉说。例如，李长傅《南洋华侨史》，刘继宣、束世澂《中华民族拓殖南洋史》，何汉文《华侨概况》，日本人福田省三《华侨经济论》都持此说。

三是华侨始于东晋说。温雄飞《南洋华侨通史》说：“南洋华侨拓殖史，于何记始，征之纪录，以晋僧法显为第一。”

四是华侨始于唐朝说。李长傅《中国殖民史》、日本人成田节男《华侨史》、美国人密亨利《华侨志》都持此说。

五是华侨始于宋代说。例如，陈碧笙《关于华侨和华侨史的几个问题》一文，认为宋代出现了第一代的华侨。

六是华侨始于明代说。例如，英国人布赛尔（又译巴素）写的《东南亚的中国人》一书持此说。

七是华侨始于清末说。澳大利亚国立大学教授王庚武认为，华侨史的范围是1900年以后到1955年万隆会议这一时期。[①]

上述种种说法究竟孰是孰非，其实只要明确华侨概念的界定，又了解汉民族起源、形成和发展的历史，应该不难解决。

（二）上限问题

对华侨史的开端众说纷纭，对华侨史的上限也有几种较对立的观点。

第一种观点认为华侨史的上限应断自唐代。这是比较通行的看法。理由主要有：第一，海外华侨皆自称为唐人，如朱彧《萍洲可谈》谓：“汉威令行于西北，故西北呼中国为汉。唐威令行于东南，故蛮夷呼中国为

① 郭梁：《鸦片战争以前华侨历史的发展阶段》，《南洋问题研究》1982年第4期。

唐。”《明史·真腊传》亦云：“唐人者，诸蕃呼华人之称也，凡海外诸国尽然”；是“唐人”原是外国人对中国人的称呼，其后中国人亦用以自称，如近代的唐山与唐人街。第二，唐代南海交通贸易空前发达，蕃商、蕃舶接踵而至，政府设蕃舶使专理共事。第三，中外史籍如玄奘的《大唐西域记》、杜环《经行记》《通考》、马素地《黄金牧地》等书都说在大食、阿拉伯、爪哇和苏门答腊等地可以见到移居海外的华人，而且有一定的数量。[①]

第二种观点认为华侨史的上限应该断自宋。持这种观点的学者认为，华侨史的上限应该断在华侨出国已经成为历史上一个比较常见的现象的时候才开始。而这种现象只有在南宋经济重心南移、封建社会经济发生急剧变化之后才有可能出现。主要有四个原因：一是沿海土地的开发和人口的激增，二是商品货币经济的空前发展，三是阶级结构的变动，四是造船和航海技术的进步。而这些现象皆未见于唐代，始见于宋代，所以华侨史的上限应该断自宋代。[②]

第三种观点则综合了上述两家的观点。持这种观点的学者认为，唐宋时期是华侨逐渐出现的时期。随着对外交通和贸易的发展，中外交往频繁，从唐朝开始，便有极少数中国人旅居国外从事商业或手工业活动，他们可以说是最早期的华侨。海外中国人之所以长期有“唐人”之称，与强大的唐朝在世界上的影响和唐代中国人移居国外是有关系的。唐代的华侨，中国史籍虽然无确实记载，但根据外国人记述，例如，阿拉伯人记载，唐代的中国商船经南洋、印度至波斯湾贸易，在底格里斯河和幼发拉底河的河口末罗国，有许多中国人居留地，而且子孙繁衍，可见移居在此已有几代人了。在阿拉伯的亚丁，也有中国人的居留地。[③] 到了宋代海上交通和对外贸易的发展，客观上增加了商人及其他人员出国旅居的机会，因而中国人侨居海外的人数和地区也更多了，尤其在南洋还出现了长期定居在该地的中国商贾。宋朝的文献中，还有关于“过海入蕃”的中国人在国外居住二十年以至“娶妻养子”的记载。[④] 可见，宋代已有长期移居

① 陈碧笙：《关于华侨史分期的几个问题》，《社会科学战线》1983 年第 4 期；史如林：《近年来我国对华侨史的研究》，《东南亚纵横》1987 年第 1 期。

② 陈碧笙：《关于华侨史分期的几个问题》，《社会科学战线》1983 年第 4 期。

③ 转引自李长傅《中国殖民史》，商务印书馆 1900 年版，第 60 页。

④ 《宋会要》《刑法》二、《禁约》一。

国外的华侨了。总之，唐宋时代由于海外贸易的发展有中国商人定居在贸易地，也有逃到海外避乱，最后定居下来。他们是最早的华侨。[①]

第四种观点认为华侨史的上限应该从汉代开始。持这种观点的学者认为，华侨史应以中国人最早而且人数最多的移居地——东南亚的历史分期为主要依据，并适当注意中国史与世界史的分期特点。因此，以东南亚地区为主体的华侨史是从汉代开始的。[②]

第五种观点认为华侨史的上限应该从远古开始。持这种观点的学者认为，华侨史既不能根据中国历史的分期来划分，也不能根据侨居地的历史来划分，而应根据华侨历史本身的进程来划分。因此，从远古到明朝前半期，华侨既然不多，可以考虑把这段漫长的时期作为华侨史的早期。[③]

此外，关于华侨史的上限，还有始于秦汉、始于明代、始于 1900 年等说法。凡此等等观点的分歧，关键在于各人所把握的确定上限的标准不同。确定了标准，分歧可迎刃而解。

（三）内容问题

汉民族海外移民史研究的内容同样是从华侨史层面进入的。

由于众所周知的原因，台湾与大陆有很大的不同。人们过去有一个印象：对海外华侨，由于台湾当局一贯坚持血统主义国籍法，把已取得外国籍的华人也当作具有中国国籍的华侨，因此，在统计上华侨人数总是比实有人数多得多在华侨的研究方面，台湾学者历来比较注重传统史学模式，并带有浓厚的政治色彩。但近年来，随着时间的推移，人物的代谢，特别是通过国际交流、聘请外籍华人学者当客座教授，从研究课题的范围，到研究的形式和方法等，都有了很大的变化，明显地向多元化方面发展。

而大陆对华侨华人史的研究所涉及的范围相当广泛，主要集中在如下 7 个方面：

1. 关于华侨出国史：（1）移民史的分期；（2）华侨、华人、华族等概念的鉴定；（3）移民的人数、移民的模式；（4）近代华工出国的原因、遭遇及其性质；（5）中国历代政府的华侨政策的研究；（6）再移民。

2. 关于华侨与祖国的关系问题：（1）华侨爱国主义；（2）华侨与辛

---

① 郭梁：《鸦片战争以前华侨历史的发展阶段》，《南洋问题研究》1982 年第 4 期。

② 史如林：《近年来我国对华侨史的研究》，《东南亚纵横》1987 年第 1 期。

③ 同上。

亥革命和抗日战争；（3）华侨在国内投资；（4）华侨与侨乡社会。

3. 关于华侨华人社会问题：（1）华侨、华人社会是否实际存在；（2）从华侨社会到华人社会的转换；（3）华人社区；（4）华人社团。

4. 有关华人的同化与认同问题：（1）同化的观点；（2）认同的观点；（3）“同化论”与“认同论”的比较；（4）对战后东南亚国家同化政策的评价；（5）华人同化或认同的现状及其前景。

5. 有关华侨华人经济问题：（1）战前的华侨经济；（2）第二次世界大战后华人经济发展的特点；（3）东南亚华人资本。

6. 有关华人参政问题。

7. 有关华侨华人的文化教育问题：（1）华人文化的特质；（2）华文教育；（3）华人的宗教信仰与心态；（4）华人文学；（5）战后华文报刊。

看来，两地对华侨华人史研究内容的差异很大，比较而言，台湾方面政治色彩过浓，大陆方面内容则更丰富。但若从汉民族海外移民史的定位出发，在内容上要提炼，要集中。

（四）分期问题

汉民族海外移民史如何分期？虽然至今没有一本“汉民族海外移民史”问世，就有关华侨角度的华侨史，除商务印书馆 1935 年出版了刘继宣、束世澂合编的《中华民族拓殖南洋史》，1938 年出版了李长傅的《中国殖民史》外，就别无他出了。但是，学术界对华侨史分期的研究也有几种不同划分法。

1. 第一种为二分法

二分法以谭天星为代表，他认为：

华侨史研究走过一条艰难、曲折之路。总体来说，中国的侨史研究可以 1949 年为界分为前后两个时期。前期又可分为萌芽、形成和初步发展几个阶段。后期由于海峡两岸的阻隔，两岸的侨史研究分道而行，而中国大陆的侨史研究又经历了发展、挫折、复苏和新的跃进等几个阶段。

这种分法大而统之，未尝不可。但具体而言，历史是需要细节来充实的，否则只是一副骨架。

2. 第二种为三分法

三分法以温广益为代表，他认为：

（1）从汉代我国与东南亚诸国发生各种交往关系到西方殖民者较大规模地东渐以前，即从纪元前后至 16 世纪。这个时期属于古代史的范畴，是华侨社会发生和初步形成的时期。

（2）从西方殖民者较大规模地东渐到第二次世界大战结束，即从 17 世纪初至 1945 年。这个时期属于近代史的范畴，是华侨社会进一步形成和发展壮大的重要时期。19 世纪 70 年代以后，西欧各国先后进入帝国主义阶段，西方殖民者对东南亚的掠夺手段，已从商业资本转变为产业资本和金融资本，并给华侨的经济活动以较大影响；其次，华侨的民族意识日益觉醒，与祖国的关系也日趋密切。所以，这个时期可分为两个阶段，即 17 世纪初到 19 世纪 70 年代为近代前期，19 世纪 70 年代到 1945 年为近代后期。

（3）从第二次世界大战结束到现在。这个时期属于现代史的范畴，是华侨社会发生剧烈变化的时期。这个时期，华侨虽已大部分加入了当地国籍，但华侨仍然存在，他们的历史地位和作用仍未结束，华侨社会仍未解体，并且不可能在短期内消亡，而且 50 年代以后，特别是 60 年代以来，华人的活动已逐渐占据了历史舞台。[①]

巫乐华在《华侨史概要》中也持三分法，即华侨出国溯源、宋至鸦片战争前的华侨出国、近代华侨出国[②]三个时期。

这种分法前后都是粗线条式的勾勒，缺乏实在感。

据史如林的介绍，还有一种三分法，即以东南亚地区为主体的华侨史可分为三个时期：从汉代至 16 世纪，是华侨社会发生和初步形成的时期；从 17 世纪初至 1945 年，是华侨社会进一步形成和发展壮大的时期；从第二次世界大战结束到现在，是华侨社会发生剧烈变化的时期。这种分法从地域出发局限性大而不妥。

3. 第三种为四分法

四分法的分法众说纷纭，不一而足。主要有：

（1）李长傅的四分法

最早提出四分法的是李长傅，1937 年他在《中国殖民史》中把中国的海外移民史分为四个时期，即中国殖民之初期、中国势力时代、中西势力接触时代、欧人势力时代。按照他的观点，中国殖民的开始是在中外通商贸易空前发达的唐宋时代。到了元代以及明初期，中国封建王朝国力强

① 温广益：《华侨、华人的含义及华侨史的分期》，《开放时代》1985 年第 2 期 。

② 巫乐华主编：《华侨史概要》目录，中国华侨出版社 1994 年版。

盛，因而便成了中国殖民鼎盛时期。自 16 世纪葡萄牙、西班牙殖民者先后东来以后，便与中国向东南亚的移民发生冲突，从而进入中西势力接触时代。到了 19 世纪以后，欧洲殖民者就占了上风。[①]

李长傅观点根本的错误，是混淆了以强权为基础的“殖民”与和平谋生的“移民”之间的本质差别，将华侨的产生和发展过程，看成是中国封建统治者与西方殖民者争夺、控制东南亚的过程，因此大不可取。

（2）郭梁的四分法

1982 年，郭梁在《鸦片战争以前华侨历史的发展阶段》一文中提出的四分法认为：

第一，唐代以前中外交通的发展、中外政治经济文化的交往为华侨的产生创造了前提条件；第二，唐宋两朝代是华侨逐渐出现的时期；第三，元至明代中期是华侨在东南亚地区广泛分布的时期；第四，明朝中叶至鸦片战争是华侨迅速发展、海外华侨社会初步形成的时期。[②]

郭梁的观点好在为唐代以前华侨的产生提供了一个空间，但对鸦片战争以后的历史空间留了空，可视为有头无尾的四分法。

（3）陈碧笙的四分法

1983 年，陈碧笙在《关于华侨史分期的几个问题》一文提出的四分法认为：

第一期从 12 世纪初叶（南宋建炎元年）沿海商品经济急剧发展开始到 16 世纪后半期（明隆庆、崇祯间）明代海禁开放，前后四五百年，在中国历史上是封建经济高涨时期，在华侨史上是华侨开始大量出现和广泛分布时期。

第二期从 16 世纪下半期海禁开放到 1840 年鸦片战争爆发，前后约三百年，在中国历史上是资本主义萌芽因素出现时期，在华侨史上是华侨出国大量增加和华侨在所在国的社会经济基础逐渐确立时期。

第三期从 1840 年鸦片战争爆发至 1949 年中华人民共和国成立，前后一百零九年，在中国历史上是半殖民地半封建社会时期，在华侨历史上是华工大量出国和华侨民族意识日益觉醒、开始形成当地民族时期。

---

① 李长傅：《中国殖民史》，商务印书馆 1937 年版，转引自蔡苏龙《侨乡社会转型与华人华侨的推动：以泉州为中心的历史考察》，天津古籍出版社 2006 年版，第 4 页。

② 郭梁：《鸦片战争以前华侨历史的发展阶段》，《南洋问题研究》1982 年第 4 期。

第四期从1949年中华人民共和国成立至现在，在中国历史上是社会主义社会时期，在华侨史上是华族在所在国的社会政治地位发生深刻变化，正式成为当地民族之一时期，这个时期刚刚开始不久。[①]

陈碧笙的观点整合了改革开放初期中国学者对华侨史的研究成果，有一定的学术价值。但若从汉民族海外移民的全过程去看，中国汉民族在12世纪以前的海外移民活动被删除了。这恐怕是陈碧笙分期的最大败笔，可视为有尾无头的四分法。

（4）史如林的四分法

此外，据史如林介绍，还有一种意见认为，华侨历史既不能根据中国历史的分期来划分，也不能根据侨居地的历史来划分，而应根据华侨历史本身的进程来划分。因此，从远古直至明朝前半期，华侨既然不多，可以考虑把这段漫长的时期作为华侨史的早期；从明朝后半期放松海禁到鸦片战争约三百年期间，华侨增加了很多，是华侨史上一个相当重要的时期；鸦片战争以后，中国人出国才逐渐形成高潮，华侨空前增多，是华侨史上一个更重要的时期；第二次世界大战以及中华人民共和国成立以后，华侨历史进入了另一个时期。[②] 这种分法可谓是前粗后细，但前后两段可商榷的地方太多。

对华侨史的分期之所以有如此大的分歧，原因很多，首先是分期的依据或标准不统一，有以中国历史的分期为依据的，有以移入国的历史分期为依据，有以世界史的分期为依据，有以中国海外移民史的分期为依据，有以华侨出国原因为依据，还有以华侨社会本身发展的历史为分期依据，等等。依据和标准不同，分期不同也就是理所当然的了。还有，对历史内涵的认识也很重要，如对海外华侨社会是否有无一个发生、形成和发展的过程的认识；“华侨”一词出现之前，中国人是否已经大量移居国外的认识，等等。[③] 但是，如果从汉民族的角度去考虑分期问题，视野可能会大得多了吧！

（五）范式问题

每一个科学发展阶段都有特殊的内在结构，而体现这种结构的模型即

---

① 陈碧笙：《关于华侨史分期的几个问题》，《社会科学战线》1983年第4期。又见陈碧笙《世界华侨华人简史》，厦门大学出版社1991年版，第19—21页。

② 史如林：《近年来我国对华侨史的研究》，《东南亚纵横》1987年第1期。

③ 温广益：《华侨、华人的含义及华侨史的分期》，《开放时代》1985年第2期。

“范式”（paradigm）[①]。汉民族海外移民史研究的范式也是在华人华侨研究中考察的。对此，李亦园有精辟的分析。他认为海外华人研究有三个范式，代表三个不同的研究趋向：

第一个是着重同时限的民族志范式，如他本人所著的《一个移殖的市镇——马来亚华人市镇生活的调查研究》一书，由台北“中研院”民族学研究所出版为专刊第一号（1970 年），以及在东南亚华人研究方面，有施振民的菲律宾华侨的广泛探讨（*The Chinese Immigrants: Selected Writings of Professor Chinben See*, 1992）、郭振羽的新加坡研究（《新加坡的语言与社会》，1985 年）、杨建成的马来西亚研究（《马来西亚华人的困境》，1982 年）、庄英章等的新加坡研究（《新加坡华人的祖先崇拜与宗乡社群整合》，2000 年）；在欧、美、澳华人研究方面，有陈祥水研究纽约皇后区华人移民（*Chinatown No More: Taiwan Immigrants in Contemporary NewYork*, 1992 年；《纽约皇后区新华侨的社会结构》，1991 年）、叶春荣的密歇根州华人社区研究（*A Chinese American Community: the Politi - cization of Social Organization*, 1989）、黄道琳的加勒比海区研究（《加勒比海区域的华人》，1986 年）等；在大洋洲华人研究方面，有吴燕和的巴布亚新几内亚研究（《巴布亚新几内亚华人百年史 1880—1980》，1985 年）、童元昭的大溪地研究（*The Changing Chinese Ethnicity in French Polynesia*, 1993）等。

这一类理论范式是一种人类学式的模型，其特点是着重于同时限（synchronic）的民族志式的长期田野调查研究，这一类型研究所得的资料虽极为深入、详尽，但是其最主要的缺点却在于较缺乏时间的深度，也就是较缺乏历史透视性。[②]

第二个是注重时间深度的历史学范式。历史学家研究海外华人，一向较注重时间的深度，所建立的研究范式更具有历史透视的意义。例如，著

---

① 范式的概念和理论是美国著名科学哲学家托马斯·库恩（Thomas Kuhn）提出并在《科平革命的结构》（*The Structure of Scientific Revolutions*）（1962 年）中系统阐述的，它指的是一个共同体成员所共享的信仰、价值、技术等的集合。指常规科学所赖以运作的理论基础和实践规范，是从事某一科学的研究者群体所共同遵从的世界观和行为方式。

② 李亦园：《中国社科院海外华人研究中心成立并举办“海外华人研究研讨会”祝贺词兼谈海外华人研究的若干理论范式》，载郝时远主编《海外华人研究论集》，中国社会科学出版社 2002 年版，第 16—17 页。

名的华人研究学者王赓武在他的《中国与海外华人》[①] 一书中，一开始所提出的“海外华人四大类型”（华商型、华工型、华侨型、华裔或再移民型）的说法，就兼具类型性质与跨时限（diachronic）观念交相配合的概念。[②]

从王赓武这个四大类型的分类，可以看出华人移居海外的不同历史形态，似乎较难用离散（diaspora）一词涵盖，所以王赓武提出的这个研究范式确有其导引研究的优越性。

第三个则是着眼于移居地文化社会脉络的族群互动范式。这种范式将华人社会放在不同的移居地环境下，探讨其与当地族群间的关系及互动情况。香港中文大学陈志明的论著《华裔和族群关系的研究——从若干族群关系的经济理论谈起》（1990年）[③] 就是一个范例。陈志明的论据虽然大多以他自己比较熟识的马来西亚华人与当地马来人（巫人）的关系为例，但他参照的却是很有原则性的族群关系理论，同时在适当的脉络中也广泛引用其他地区的族群关系为例，从而确实更深入而完整地建构了华人在移居地与土著/多数民族的族群关系图像。[④]

总之，李亦园认为，上述范式似乎可以相当广泛地涵盖了海外华人研究的领域。不过，这些范式却都是属于整体性的研究，而在海外华人研究领域中除去整体研究的范式外，若干特殊个别领域的研究，以往较少受人注意，却具重要意义，也很值得从事研究者多加注意。从我个人的偏好来看，譬如华人教育方面、华人妇女方面以及华人精神健康等也是很有其特殊意义的。[⑤] 归纳起来，李亦园概括的范式，简言之为社会人类学范式、历史范式、族群范式。前面介绍陈达的《南洋华侨与闽粤

---

① 王赓武：《中国与海外华人》，商务印书馆1994年版。

② 李亦园：《中国社科院海外华人研究中心成立并举办“海外华人研究研讨会”祝贺词兼谈海外华人研究的若干理论范式》，载郝时远主编《海外华人研究论集》，中国社会科学出版社2002年版，第17—18页。

③ 陈志明：《华裔和族群关系的研究——从若干族群关系的经济理论谈起》，载《“中央研究院”民族学研究所集刊》1990年第69期。

④ 李亦园：《中国社科院海外华人研究中心成立并举办“海外华人研究研讨会”祝贺词兼谈海外华人研究的若干理论范式》，载郝时远主编《海外华人研究论集》，中国社会科学出版社2002年版，第19页。

⑤ 同上书，第20页。

社会》和陈礼颂的《一九四九前潮州宗族村落社区的研究》也属于社会人类学范式。当然，若从汉民族海外移民方面去考量，恐怕还可以创造不少新范式。

第四节　汉民族是世界的

世界是人类的，人类是由民族或族群构成的。在世界的视野中，所有的民族或族群都是世界的。由此出发，我们来考察和审视汉民族。

在世界地理中，喜马拉雅山是无与伦比的，它以绝对的高度和庞大的山体甲冠天下。在世界民族之林中，汉民族也是无与伦比的，它以绝对的人口和连绵悠久的历史独步千古。

一　汉民族在“滚雪球”中形成和发展

汉民族的人口是在历史上长期以“滚雪球”的方式而形成的。《汉民族史记》第1卷有详细的论述，本卷略作铺陈。公元前21世纪前后，夏民族在黄河中游河洛流域的黄土地带首先崛起，开始了汉民族“滚雪球”式形成的第一步。

此后，从公元前16世纪到公元前770年，商民族、周民族在黄河流域，楚民族、越民族在长江流域相继崛起，汉民族形成“雪球”的滚动出现了多元的态势。

春秋战国之时，汉民族形成雪球滚动的范围扩大了，不仅在夏、商、周、楚、越诸族之间滚动，而且还在部分蛮、夷、戎、狄中滚动。更重要的是在雪球的滚动中，各民族之间的界限逐渐消失，许多小雪球开始滚成一个大雪球，融合成了一个非夏非商非周非楚非越，又非蛮非夷非戎非狄的新民族——华夏民族。汉民族这个雪球，从夏民族的200余万人，滚动发展到战国盛时已有2000万人了。[①] 这时的华夏民族作为汉民族的前身，其由秦人、齐人、楚人、赵人、燕人等族群构成。

秦始皇雄才大略，将华夏民族这个雪球的滚动推上了统一的轨道。汉承秦制，华夏民族这个雪球在“大一统”中滚动发展转化为汉民族。在这个历史性的滚动中，汉民族的人口从战国盛时的2000万人左右，发展

---

① 王育民：《中国人口史》，江苏人民出版社1995年版，第46、76页。

到汉武帝后元二年（前87年）时的3200万人左右，到汉平帝元始二年（公元2年）时已达5900万人了。[①]

汉民族在雪球的滚动中形成，也在雪球的滚动中发展。

修炼千年，横空出世的汉民族，一开始便以世界上独一无二的稳定性和罕见的吸收力屹立于世界的东方，开始了她滚雪球般的发展历史。

东汉末年，天下大乱，北方少数民族纷纷入主中原，中原汉族大批南迁，于是在魏晋南北朝至隋唐之时，汉民族在滚雪球的发展中，在北方吸收了入主中原的匈奴、鲜卑、乌丸、羯、氐、羌及部分蛮族，在南方吸收了部分蛮、俚、僚、傒等族，使汉民族这个雪球越滚越大，从汉代的5900余万人，发展到唐代前期达8000万至9000万人之间。[②]

历史的发展常常有惊人的相似之处。唐末五代，天下又大乱，北方少数民族再次纷纷入主中原，中原汉族再次大批南迁，于是，在宋辽夏金元之时，汉民族这个雪球继续向前滚动，在北方吸收了契丹、党项、女真等少数民族，在南方也吸收了部分少数民族，从而越滚越大，从唐代前期的八九千万人发展到北宋大观三年（1109年）突破1亿，有10441万余人。[③]

汉民族这个雪球经历了汉末、唐末的大乱不是越来越小，更不是消失，而是越滚越大，尤其在元以后中国统一的大趋势下，汉民族这个雪球更是越滚越大，明万历二十八年（1600年）人口达1.5亿[④]，及至清道光三十年（1850年）人口已达4亿[⑤]。

进入近现代以后，汉民族这个雪球，仍然不断地向前滚动发展，中华人民共和国成立时，其人口已逾6亿，到20世纪末已近12亿人。在地域上则从黄河、长江流域向南发展到珠江流域抵海南岛和台湾岛，向东北发展到黑龙江流域。

汉民族又历经了两千多年的沧海桑田，在雪球的滚动中发展，而今已成为世界上最大的一个民族，屹立于世界民族之林。

---

① 王育民：《中国人口史》，江苏人民出版社1995年版，第92页。

② 同上书，第213页。

③ 同上书，第297页。

④ ［美］何炳棣：《1368—1953年中国人口研究》，葛剑雄译，上海古籍出版社1989年版，第262页，转引自王育民《中国人口史》，江苏人民出版社1995年版，第459页。

⑤ 王育民：《中国人口史》，江苏人民出版社1995年版，第515页。

这样，汉民族从开始起源到形成到发展，上下历时约五千年，其绝对的人口数是中华大地上成千上万个大大小小的民族或族群，在多元的互动、交流、磨合、整合、认同和融合中逐渐走向一体，形成今天的中国，乃至世界绝对人口最多的一个民族，这是世界民族从多元走向一体的一个样本、一个范例、一个重要的阶段性成果，其既不是靠侵略战争，也不是屠杀掠夺而成，哪里有一丝一毫大民族主义的影子？

汉民族连绵不绝的历史，同样既不是侵略而成的，又不是扩张而得的，也不是掠夺而积的，更不是屠杀而形成的，而是一个自然而然的悠悠发展过程。

汉民族从多元走向一体的历史过程十分漫长。大约五千年前，中国在经历了夏、商、周、楚、越等族从部落到民族的发展过程，又经历了夏、商、周、楚、越等族及部分蛮、夷、戎、狄融合，形成华夏民族。在春秋战国民族融合的熔炉中铸成的华夏民族是一个分散的、不统一的民族，《说文解字》中所说“田畴异亩，车涂异轨，律令异法，衣冠异制，言语异声，文字异形”的情况。但是随着经济社会的进一步发展，特别是铁制农具的普遍使用，反映商业发展的金属货币的广泛流通，华夏民族经济社会的联系越来越紧密，于是出现了荀子所说“四海之内若一家”[①]，孟子所说使天下“定于一”[②]的“大一统”思想。在这种思想的观照下，夏、商、周三族的祖先都纳入了“兼有天下”[③]的黄帝体系之中，各族各诸侯国的统治者都变成以黄帝为共同祖先的亲戚，黄帝成了天子和诸侯共同崇拜的始祖神。为了使“天下为一”，[④]秦始皇雄才大略，用十年时间灭了六国，从多元走向一体，建立了中央集权的“大一统”的秦王朝。

秦王朝建立后，秦始皇采取了推行郡县制，筑长城，规定“书同文”，“行同伦”，“治驰道”，统一货币、度量衡和“车同轨”等一系列措施，使华夏民族也从分散走向了统一。但是，由于秦统一后仅十五年，即亡于秦末农民大起义，这时，刚统一起来的华夏民族的命运如何呢？在这个历史的突变中，汉承秦制，在“大一统”思想的观照下，汉武帝采

---

① 《荀子·议兵》。

② 《孟子·梁惠王上》。

③ 《黄帝经通释》，胡信田注释，天工书局1984年版，第273页。

④ 《荀子·儒效》。

取了创设刺史制度，把全国分为十三州郡；实行“编户齐民”；颁布“推恩令”“左官律”和“附益阿党之法”；颁行五铢钱、均输法、平准法，建立了全国范围的商业网；“罢黜百家，独尊儒术”一系列措施，使华夏民族在滚雪球中完成了向汉族的发展和转化，在世界民族之林扎下了根，汉民族在滚雪球的“大一统”中最终形成。

当汉民族滚雪球形成过程完结后，又很自然地转入了汉民族滚雪球发展的过程，这个过程经历了魏晋南北朝及隋唐滚雪球的发展，宋辽夏金及元明滚雪球的再发展，清及民国滚雪球的大发展三个阶段。在汉民族发展的这个历史过程中，汉民族建立的中央政权自不必多言，对于汉民族悠久不绝的历史有特别意义的是元王朝和清王朝，前者为蒙古族所建，后者为满族所建。按一般的铁律，在这种所谓亡国的危机中，汉民族应被蒙古族或满族灭之。事实上，蒙古族和满族在入主中原，征服汉民族的初期，都实行了民族压迫政策，元王朝把汉人列入最低等级，只允许民间十户（另一说为六户）共用一把菜刀；清王朝实行“圈地”[①] 政策，规定“留头不留发，留发不留头”，强制汉民族改变风俗习惯。但是具有强大生命力的汉民族，如同马克思所说：“野蛮的征服者总是被那些他们所征服的民族的较高文明所征服，这是一条永恒的历史规律。”[②] 结果恰恰相反，不是蒙古族和满族的武力征服汉民族，而是汉民族的文化征服了蒙古族和满族。尤其是满族所建的清代在承袭元、明统一的政治态势下，汉族的发展进入了一个相对稳定的时期。经康乾盛世，入主中原的满族并没有能征服被统治的汉族，在满汉共治之下，征服者满族反被被统治者汉化。清初，随着清兵的入关，有26万—27万满族内迁，北京及中原不少地方成了满族的主要聚居地。经过清至辛亥革命近三百年的发展，满族人已大部分汉化了。及至清道光三十年（1850年），中国人口已达4亿以上，[③] 其中绝大多数是汉民族。

照理说汉民族几经危机、几经磨难、几经沧桑，在历史上多次被推到悬崖的边缘，但如传说中的凤凰，其作为人世间幸福的使者，每五百年就要背负着积累于人世间的所有不快和仇恨恩怨，投身于熊熊烈火中自焚，

---

① 将汉民族的农田强改为牧场。

② 《马克思恩格斯选集》第2卷，人民出版社1972年版，第70页。

③ 王育民：《中国人口史》，江苏人民出版社1995年版，第515页。

以生命和美丽的终结换取人世的祥和和幸福，同样在肉体经受了巨大的痛苦和轮回后，在涅槃中重生。这是活生生的历史，这个历史不仅仅刻在我们的记忆之中，也记载在浩如烟海的历史文献之中，且从未中断，这又是世界上绝无仅有的。

所以我们从汉民族起源、形成和发展来看，汉民族悠久不绝的历史，不仅仅不是侵略而成的，不是扩张而得的，不是掠夺而积的，不是屠杀而形成的，相反是在多次被征服、被掠夺、被屠杀的态势下，在“凤凰涅槃”中延续了民族、发展了民族，而形成世界上绝无仅有的一个拥有上下五千年（按习惯说法）连绵不断历史的人口最多的民族。诚然，汉民族人口世界第一，民族族体世界最大，虽是大民族，但却无一丝一毫大民族主义的影子!

历史就是这样严肃，也绝对正义。有比较才能鉴别，有鉴别才能分清是非，辨明黑白。因此，无论是一个国家，还是一个民族，你怎么说、怎么做它是会认真记载下来，既不会偏袒我，也不会照顾你，是什么就是什么。汉民族在长期历史发展中，自然而然地形成的绝对人口和连绵悠久的历史独步千古就不是什么民族主义，而只能是历史记载沉淀下来的事实，与大民族主义完全不沾边，不搭界，不相干。在这个认识的基础上，我们才能放眼全球，去观察和研究汉民族的海外移民。

二 汉民族海外移民的性质

在滚雪球中形成和发展的汉民族，为什么是世界的？这就需要说明汉民族海外移民的性质，为此又必须先了解华侨问题的实质是什么。

（一）华侨问题的实质种种

关于华侨问题的实质大概有如下几种说法：

1. 殖民论

在20世纪二三十年代，华侨研究的早期著作都比较流行殖民论，如梁启超写《中国殖民八大伟人传》，胡绍民写《中国殖民十六伟人传》，李长傅写《中国殖民史》等，都以殖民立论，关键词都是“殖民”。所谓殖民最初指的是在地中海沿岸驻扎300个罗马公民和他们的家属用于防卫海上袭击的一种制度。从公元前200年开始，这种制度被广泛实行，所有殖民者保留罗马公民的一切权利。这样就使得罗马的实际控制地域大大扩展，这一意义被引申到近代以来的资本主义扩张，指强国向所征服的地区移民。在资本主义时期，指资本主义国家把经济政治势力扩张到不发达的国家或地区，掠夺和奴役当地的人民。[①] 由此可见，视华侨问题的性质为“殖民”是完全错误的，其没有把专事侵略扩张的殖民主义国家与备受外国欺凌压迫的旧中国加以区别；没有把为加强统治、压迫、奴役而移民与为生计所迫而向外逃亡，或被诱拐俘掠出境加以区别；没有把占据优越地位对殖民地进行剥削掠夺以自肥与在当地惨遭无止境的歧视、排斥、压迫、驱逐甚至大规模屠杀加以区别。[②] 混淆了两种性质完全不同的移民。他们不知道西方国家殖民都是以国家的实力为后盾，得到过国家最大的帮助和支持；而华侨出国一向都被封建王朝看作“背弃祖宗庐墓”“自外圣化”的“莠民”而遭到明令禁止。

这种错误观点在国内早已没有市场，但在国外却还在流行，一些反华分子始终将殖民论当作“排华”的借口，所谓“共产主义侵略”，所谓“中国第五纵队”，所谓“新黄祸论”，无一不是针对华侨“殖民”而言。

2. 亲戚论

在民间习惯将华侨出国，好比女儿出嫁一样，视为亲戚关系问题。在中国古代“亲指族内，戚言族外”[③]，今则专称族外亲属为亲戚，旧律的亲属为宗亲、夫妻、外亲及妻亲四类，专指血亲关系而言，范围是很狭窄的。华侨出国，不少人虽靠亲戚关系穿针引线，搭桥引路，然后在国外就聚合为各种会馆或同乡会；更大则为说同方言的人，如温州帮、福建帮、潮州帮、客家帮、广府帮等。

亲戚论虽是古老的一种血缘关系，把华侨视为家族内的问题，这不足以代表华侨的全貌，在国际法上也不能因亲戚而进行法律交涉，所以亲戚论上不了大雅之堂。

3. 移民论

华侨问题的实质最流行的说法是移民问题，相比之下，这个说法比较易被人们认同，但概念还是比较模糊而复杂的，首先，移民情况不一：有和平的移民，也有战争的移民；有集团的移民，也有分散的移民；有自愿的移民，也有被迫的移民；有属于殖民性质的移民，也有不属于殖民性质

---

① “殖民”（http://www.baike.com/wiki/%E6%AE%96%E6%B0%91）。

② 陈碧笙：《世界华侨华人简史》，厦门大学出版社 1991 年版，第 10 页。

③ 孔颖达《礼记·曲礼疏》：“亲指族内，戚言族外。”

的移民；有依靠国家力量的移民，也有不依靠国家力量的移民。华侨究竟是属于哪一种呢？其次，移民出国之后，有短期逗留数载即归者，也有长期居留数代、十数代不返者；有仍旧保留中国国籍者，也有取得当地国籍者；有与本族妇女成婚者，也有与当地妇女成婚者；有严格保持中国传统生活习惯者，也有遵从当地风俗习惯者。前几种固然称作移民，后几种还是不是“移民”呢？移民还有古代与近现代之分，远古时代中国移民到越南、朝鲜、日本，早已与当地民族相融合而不可辨认。

总之，移民是一种社会现象，至于为什么移出，怎样移出，移出之后又发生了什么样的变化却是“移民”内涵包括不了的。

4. 国籍论

华侨问题的实质是国籍问题，这是最近 20 世纪 50 年代在国内兴起的一种说法。

根据 1955 年中国与印尼签订的双重国籍条约，他们认为只有具有中华人民共和国国籍的人才算华侨，才有资格取得中国政府的保护；已经取得当地国籍的人就不是华侨，而是华人，就没有资格取得中国政府的保护，否则就有干涉外国内政之嫌。

其实，这个问题也相当复杂，按照这一说法，丧失了中国国籍就和祖国一刀两断了，事实是不是这样呢？各国国籍法的制定，有的采用血统主义，有的采用出生地主义，有的以血统主义为主以出生地主义为辅，有的以出生地主义为主以血统主义为辅，情况错综复杂，强调一致是很不容易的。如就华侨与国籍的关系上说，一个华侨可以有两个或三个以上的国籍，一家之中父子兄弟可以分属几个不同的国籍，已有的国籍可以放弃而改入另一个国籍，也有什么国籍都没有的人（所谓“无国籍者”）。而且现在台湾仍然承认有双重国籍。不少华侨虽然已经加入外国国籍，但心中仍然向往祖国，为祖国做了不少好事，像陈嘉庚、李政道等人就是典型的例子。他们并不因此而引起所在国的“敏感”或异议。

还有，华侨尽管取得了所在国国籍，但仍然是一个“华人”，中华民族的身份并没有改变，在其正当权益受到损害时，本人可以据理力争，祖国同胞也理应加以声援和赞助，对于本族人民惨遭迫害屠戮绝不能熟视无睹，置而不问！因此，把华侨问题的性质视为国籍问题，对正确认识和处理华侨和华人问题论无济于事的。

5. 民族论

华侨问题的实质是民族问题，这是 1991 年陈碧笙在《世界华侨华人简史》中提出的看法。

陈碧笙认为，华侨是移居海外的中华民族。中华民族有四千多年的悠久历史，是世界古代文明的中心之一。中华民族没有发生过严重的宗教纠纷或宗教战争。中华民族是由几十百个种类和大小不同的民族经过多次曲折反复的斗争融合而成，以聪明、勇敢、勤劳、节俭、忍耐和适应力强著称于世。

中华民族在移到东南亚之后，遇到两类经济文化水平发展不同的民族。第一类是殖民主义国家的统治民族，如早期的葡萄牙人、西班牙人和荷兰人，后期的英国人、法国人、美国人和日本人。他们的人数较少，经济文化水平较高，依靠其优越的军事、政治和经济力量对殖民地人民（当地人民和华侨）进行残酷的镇压和掠夺。第二类是原先住在当地的土著民族，如安南的京族，柬埔寨的高棉族，泰国的泰族和佬族，缅甸的缅族和掸族，马来西亚和印度尼西亚的马来族，菲律宾的泰加洛族，等等，在西方殖民者侵入以前，大部分尚停留在原始公社制或封建领主制阶段，生产水平很低，只能提供一些狩猎、渔捞产品，对华侨带来的粗手工业品普遍表示喜爱和欢迎，关系相当融洽。

在西方殖民者侵入以后，由于土著民族生产知识落后，又有人身依附关系的束缚，而华侨则人数众多，体力强壮，勤劳能干，可以担任开发土地、矿山和收集土特产的任务，因而被西方殖民者采取俘掠、诱拐以及鼓励等方法大量移入。

华侨问题之所以是民族问题，其根源在于在西方殖民者的统治下，土著民族多数从事农业和渔业，华侨多数从事手工业、经济作物种植业和小商贩；土著民族散居农村，华侨大半集中城市。华侨一般不占有土地，华侨资本家雇用的多数是本族工人，与土著民族并不存在对抗性的矛盾。所以，这种职业上的分工和居住地点的不同并不一定会引起什么严重的冲突。问题在于，当西方殖民者害怕华侨反抗，决定采用屠杀政策时，往往以准许掠夺华侨的财物为饵，鼓动土著民族参加，因而造成了许多惨绝人寰的惨案。在日常统治中，又故意挑拨离间，制造不和，分而治之，使各族人民互相怀疑猜忌，不易团结对敌。在西方殖民者相继退出数百年来殖民主义政策所造成的影响，也由于战后霸权主义国家所制造的“共产主义侵略”的神话，土著民族的统治阶级也纷纷以华侨剥削当地民族、华侨控制当地经济命脉为名实行种种歧视、排斥、压迫的政策，把一桶水倒在华侨身上，以掩盖自己统治的失败。有些国家的华侨成为“二等公民”，不能担任行政首脑，不能充当军队或警察。华人学校和华文报刊受到种种限制，就是已取得当地国籍者也没有例外。这样，华侨和当地民族的矛盾就成为当前的主要问题之一。

华侨离不开东南亚，但华侨如何能在东南亚生存下去，是一个很现实的问题。所以，无论就历史或现状看，华侨问题的实质就是中华民族在海外的大移动，从北向南移动，从大陆向海洋移动，从经济水平低的地方向经济水平高的地方移动，从南宋到现在从没有停止过，而且一代比一代多，今后还将继续不断地移动下去。①

（二）汉民族海外移民的性质

至此，陈碧笙对华侨问题的实质述评已很清楚，现在回到汉民族海外移民的性质问题上来，我们应该如何认识这个问题呢？

所谓性质就是事物的本质。在哲学中，本质，又称为“实质”，是指事物存在的根据，即某一对象或事物本身所必然固有的。从根本上，使该对象或事物，成为该对象或事物，否则该对象或事物就会失去其自身的，特定属性或特定一套属性。

对于汉民族海外移民的性质可从民族性、历史性、生存性三个方面去认识：

1. 民族性：对汉民族的高度认同

为什么讨论汉民族海外移民的性质首先要从民族认同出发。道理很简单，如果向海外移民的华人华侨对汉民族的身份都不予认同，那一切都无从谈起了。

认同（identity），最初起源于哲学中两事物相同时“甲等于乙”的同一律公式。《新哥伦比亚百科全书》把其归属为哲学的范畴，表示“变化中的同态或同一问题”②。后来广泛应用于心理学研究领域，现代心理学意义上的“认同”一词最早是由心理学家弗洛伊德提出，他认为，“认同是个人与他人、群体或被模仿人物在感情上、心理上趋同的过程”。③ 此后，埃里克森在弗洛伊德“认同”概念的基础上，提出了“自我同一性”

① 参阅陈碧笙《世界华侨华人简史》，厦门大学出版社 1991 年版，第 9—14 页。

② Jean. Phinney, Ethnic Identity in Adolescents and Adults: Review of Research, *Psychology Bulletin*, 1990, 108 (3): 499—514.，转引自李忠、石文典《当代民族认同研究述评》，《西北民族大学学报》2008 年第 3 期。

③ 车文博：《弗洛伊德主义原理选辑》，辽宁人民出版社 1988 年版，第 375 页。

的概念，进一步对认同进行了解释和阐述，他将同一性分成“自我同一性”和“集体同一性”两种。[①]

人类学家马凌诺斯基[②]认为，“认同”含义在民族研究领域内衍生出了“民族认同”（ethnical identity 或 national identity）的概念。美国学者迈尔威利·斯徒沃德把认同概念扩展到民族认同，他认为，“民族认同概念是指个人与他人、群体或模仿人物在情感上、心理上趋同的过程。共同体的成员将自己和他人认同为同一民族，对这一民族的物质文化和精神文化持接近态度”。[③]

中国学者在借鉴了西方学者对民族认同理论的同时，根据各自的理解，提出了自己的观点，与文化概念一样，也是众说纷纭。如，王建民认为，“民族认同是指一个民族的成员相互之间包含着情感和态度的一种特殊认知，是将他人和自我认知为同一民族的成员的认识”。[④] 周星认为，“民族认同意识是民族心理特质的核心内容，它意味着某一民族共同体的所有成员，都感觉或意识到他们属于同一个民族”。[⑤] 王希恩认为“民族认同即是社会成员对自己民族归属的认知和感情依附”。[⑥] 郑晓云认为“一个民族对于其文化及族体的认同，也就是民族认同”。[⑦] 刘昌吉认为“民族认同即指一个民族的人们对其自身及文化倾向性的认可与共识”。[⑧] 孙九霞将民族认同界定为：“民族成员对自我身份归属的认知以及在心理上的依附感。”[⑨] 关凯认为，对于特定民族的个体成员来说，民族认同有两个来源：

---

① ［美］埃里克森：《同一性：青少年与危机》，浙江教育出版社 1998 年版。

② ［英］马凌诺斯基：《文化论》，费孝通译，华夏出版社 2002 年版。参阅李忠、石文典《当代民族认同研究述评》，《西北民族大学学报》2008 年第 3 期。马凌诺斯基又译为马林诺夫斯基。

③ ［美］迈尔威利·斯图沃德编：《当代西方宗教哲学》，周伟驰等译，北京大学出版社 2001 年版，第 86—93 页。

④ 王建民：《民族认同浅议》，《中央民族学院学报》1991 年第 2 期。

⑤ 周星：《民族学新论》，陕西人民出版社 1992 年版，第 30 页。

⑥ 王希恩：《民族认同与民族意识》，《民族研究》1995 年第 6 期。王希恩在《说民族认同》一文中又说，民族认同即是“社会成员对自己民族归属的认知和感情依附”。《学习时报》第 164 期。该报为周报（1999 年 9 月 17 日创刊）。

⑦ 郑晓云：《论全球化与民族文化》，《民族研究》2001 年第 1 期。

⑧ 刘吉昌：《民族认同与中华民族的发展》，《贵州民族学院学报》2003 年第 4 期。

⑨ 孙九霞：《现代化背景下的民族认同与民族关系——以海南三亚凤凰镇回族为例》，《民族研究》2004 年第 3 期。

> 一方面为内在的自我认同意识，无论是原生的还是工具主义的，产生于血缘、家庭、语言、价值观以及社区环境和集群行为的影响之中，另一方面为外部认同，族群的外部认同来源于非群体成员对族群成员社会差异的感知，这种差异主要是在文化上，包括语言、习俗、观念与价值倾向、生活方式等。
>
> 无论是自我认同还是外部认同，族群认同的主要特征是群体性的共同的心理感受，这种感受或者称之为感情，能够把本群体和其他群体区分开来。一般来说，族群在文化上与外部群体——一般是主流群体的区别，来自族群成员带有自身独特性的社会化过程。
>
> 族群认同这种现象的出现有一些规律性特点，其中最大的特点就是族群认同只有在族群成员和外部社会发生关系时才出现，换句话说，族群之间的差异需要来自于比较，如果失去了“他者”（others）的对照，“自我”也就失去意义了。①

民族认同是一个复杂的结构，包括对民族的归属感和承诺、对民族的积极评价以及对民族活动的卷入。汉民族是一个既“和而不同”，又高度认同的民族。一方面，内部差异巨大到南北之间从语言到文化，从生存策略到经济生活，从服饰到饮食，从婚俗到丧俗，从节日到礼仪等各具风情。就北京人与广州人来说，北京人说的是京腔，广州人讲的是粤语，两种方言基本不通；北京人善从政，广州人善经商；北京人服饰多正装而必须御寒，广州人则多休闲而轻薄；北京人的婚俗一向较传统，广州人的婚俗则多了几分洋气；北京人的春节风俗以庙会为特点，广州人则以花会为风景；北京人讲究门第，广州人尊行宗族。凡此等等，都表明北京人与广州人差异巨大。而另一方面，尽管差异如此巨大，却从来没有影响北京人与广州人对汉民族的高度认同。所以，汉民族虽然“十里不同风，百里不同俗”，却达到了“和而不同”的高度认同的境界。

这种境界，在汉民族海外移民的华人华侨社会中同样如此。在民族认同中，华侨华人大多都情系桑梓、心怀故土、恋祖爱乡、认同汉文化。正如杜甫在《月夜忆舍弟》诗中所表达的：“露从今夜白，月是故乡明。”因此之故，寻根祭祖的热潮在华侨华人中长盛不衰。自20世纪90年代全

① 关凯：《族群政治》，中央民族大学出版社2007年版，第46—47页。

球华人有规模的“重返黄帝陵”寻根祭祖始，二十几年来，前来拜祭黄帝陵的港澳台同胞和海外华人华侨已逾百万人次[①]，分别来自世界四大洲。黄帝陵已成为海内外汉民族寻根问祖、民族认同的圣地。炎黄概念的民族认同，在海外华人华侨中包含着浓郁的民族情结，已成为血脉之根、民族之根、历史之根、文化之根的象征。

从血脉之根、民族之根、历史之根、文化之根的民族认同出发，汉民族海外移民的华人华侨社会的民族认同在海外的平常生活中，是如何展演表达的呢？为此，郭玉聪在日本神户对华人华侨聚居地进行了田野考察，以民族认同四个元素：语言、地域、宗教、共同意识为分析框架，提供了一个案例。

神户华人华侨社会虽然规模不大，但几乎具备了华侨社会的所有特色。20世纪20年代以来，在日本各地区中，神户（含神户市周边、兵库县内）华人华侨数量也比较多。1984年和1992年，日本华侨（持“永住者”在留资格的中国人）[②] 的总数，分别只有22318人和26388人，而神户分别有6504人和6780人[③]，在各地区中首屈一指。所以，在日本华侨华人社会中，神户华侨华人较有代表性。另外，在20世纪90年代，华人华侨二、三代的人数已经远超过第一代人，抽样调查显示，18—60岁以上的华侨华人的世代，各年龄段的人数差不多，各年龄段的第一代都很少，合计只占总数的4.7%；四、五代的也不多，占5.6%；而二、三代占89.7%。二、三代已经成为神户华侨华人社会的中坚力量。1996年，神户华侨总会等十个主要侨团的会长、理事长，第一代仅1位，第二代的共9位，其中8位在日本出生。因此可以说，神户华侨华人的主体是二、三代。郭玉聪的调查有效问卷为257份。据统计，在“自己是什么人”的问题上，答卷结果显示：

---

① 《公祭黄帝》（http://baike.baidu.com/view/2152503.htm）。

② 日本有多种外国人在日本的签证类型（在留资格），除“永住者”外，持“定住”“日本人的配偶者等”以及14种可以就职的在留资格的中国人是不是华侨，学术界和侨界歧义纷呈。写的是二、三代，实际上主要是“永住者”的二、三代，所以暂且只将华侨的范围限于“永住者”。关于在日本外国人的在留资格，可参见日本法务省出入国管理局《外国人的就职·雇用》，日本加除出版株式会社1990年版，第102页，转自郭玉聪《神户华侨华人二三代的中华文化认同》，《华侨华人历史研究》2001年第3期。

③ 《日本华侨的认同变化——华侨的多元化融合》，东信堂1999年第56期，转自郭玉聪《神户华侨华人二三代的中华文化认同》，载《华侨华人历史研究》2001年第3期。

1. 回答是“中国人”的有84人，占32.7%；
2. 回答是“华侨”的有66人，占25.7%；
3. 回答是“华人”的有11人，占4.3%；
4. 回答是“日本人”的有3人，占1.2%；
5. 回答是“中国人也是日本人”的有80人，占31.1%；
6. 回答是“有时不知道自己是什么人”的有13人，占5.1%[①]。

从上可见，认同“中国人”“华侨”“华人”的总计有161人，占62.7%。答卷者中有88.3%是在日本出生的，其余的也在日本生活了几十年，他们或生于斯，或长于斯，却仍有半数以上的人认同中国人，也就是认同汉民族。

在“你认为进入中华同文学校得到了什么好处”的问题上，答卷结果显示：

1. 回答“确立了中国人的认同”的有118人，占45.9%；
2. 回答“学会了中国语”的有217人，占84.4%；
3. 回答“学习了民族文化”的有118人，占45.9%；
4. 回答“培养了国际化的感觉”的有44人，占17.1%；
5. 回答“取得了与日本学校同等的学历”的有53人，占20.6%；
6. 回答“容易融入华侨社会”的有50人，占19.5%；
7. 回答“得到了老师的亲切指导”的有54人，占21%；
8. 回答“经历了比较自由的校风”的有19人，占7.4%；
9. 回答“其他”的有14人，占5.4%；
10. 回答“不明”的有3人，占1.2%。[②]

从上可见，通过在中华同文学校学习汉语，毕业生中能够“确立中国人的认同者”加上“容易融入华侨社会”者有168人，达65.4%；“学会了中国语”的有217人，占84.4%，这两项对汉民族的认同也很高了。

华侨华人二、三代的对汉民族的认同，当然不等同于他们对中国的国

① 郭玉聪：《神户华侨华人二三代的中华文化认同》，《华侨华人历史研究》2001年第3期。
② 同上。

家认同，也不是对生物意义上的中国人的认同，而是对文化意义上的中国人的认同。因此，对汉民族的认同，主要是对传承、弘扬中的反映汉民族特点的汉文化的认同。

神户中华同文学校不仅是日本首屈一指的华侨学校，而且足以与世界各国的华侨学校媲美。在神户还有许多其他国家或地区的华侨社会罕见的文化教育机构，其中神户华侨历史博物馆，海外规模最大的孙中山纪念馆，还有会员多为华人华侨的、活动频繁的神户华人华侨历史研究会等，使华人华侨二、三代的文化活动更具活力和创意。另外，还有屡次毁于战火与天灾，重建时规模却不断扩大的关帝庙和南京町（中华街）。关帝庙、南京町等不仅是华侨华人祭祀、集会的场所，也是他们开展演戏、踩街游行等活动，传播中华文化的场所。正因为中华文化的气氛浓厚，在只有六千多华侨的神户，华人华侨的文化名人辈出，硕果累累。华人华侨二、三代的很多作品都与中国的历史文化有关，如陈舜臣的中国历史小说，陈德仁、陈来幸的关于华人华侨、孙中山的著作，林爱兰编的《一衣带水》，林爱艳编的《沁园春》等。

对汉民族认同有特别价值的是神户华侨华人二、三代对汉语的坚持和使用。问卷调查结果显示，在已婚并有婚约书的132人中，68.2%使用汉语言文字；8.3%使用中国语和日语；22%使用日本语。华侨华人在日本择偶，虽有重视中国人的现象，但由于他们人数很有限，在日本人的汪洋大海中难以画地为牢，曾有不少华侨女子执意不与日本人论婚嫁而误了婚事。因此，华侨华人逐渐有与日本人联婚的趋势。同样的道理，他们在日本不能不说日语，日语已成为他们的第一语言。但不管他们与什么人联姻，在关键的婚约书上，大部分人则坚持使用汉语言文字。这种婚约文化的表达足见华侨华人对汉民族认同的坚持，英国语言学家帕默尔指出，汉语言文字“是中国文化的脊梁”①，在紧要处选择汉语言文字，正说明了华侨华人二、三代仍保持着中国文化的脊梁②。

令人更为信服的是日本华人华侨中，台湾籍华人华侨也对汉民族有根的认同。众所周知，在日本占领台湾的50年间，日本强迫同化在日的台湾籍华人华侨，要求他们改换日本姓名，禁止他们进行汉民族的文化活动，企图消除其民族属性，改变其民族认同。但是，正如英国民族学教授

① ［英］帕默尔：《语言学概论》，李荣等译，商务印书馆1983年版，第99页。

② 郭玉聪：《神户华侨华人二三代的中华文化认同》，《华侨华人历史研究》2001年第3期。

安东尼·D. 史密斯（Anthony D. Snith）所说的：“民族认同虽然在某些时期会被重新塑造，但不会衰减消失。”① 日本台湾籍华人华侨的民族认同，更加证明了汉民族的海外移民对民族根的高度认同。

（1）语言元素：中华同文学校是学习中国语言文化的场所

中华同文学校是神户华侨华人的首选，其中，台湾籍华侨华人选中华同文学校的比例略低一些，选华侨幼稚园的比例略高一些。

由梁启超创办的神户中华同文学校，已历经百年沧桑。神户台湾籍华侨、华人与该校也有不解之缘。曾常年任中华同文学校校长的李万之先生说：“在日本降服后台湾回归祖国，许多台湾子弟要求进入我校读书，但他们年级不同，又来自不同学校。老师们经过研究之后，决定开设特别班，先教授拼音字母和简单会话，待经过一段时期后，再编入正式班级。现在回想起来，当时的这项措施很好，是老师们对大陆与台湾统一的具体贡献。通过在一起读书学习，大陆与台湾籍侨胞几十年的隔阂消失了，同学们之间的感情融洽了，有些人毕业后还结为夫妻。这在当时对沟通此地台湾侨胞与大陆侨胞之间的情感起了很大作用。”②

参与问卷调查的 82 名台湾籍华侨华人中，有 38 名毕业于神户中华同文学校，另有 20 名肄业于该校，还有 14 名就读过神户华侨幼稚园，共计 72 名，占总数的 87.80%。调查结果显示，多数台湾籍华侨、华人就读神户中华同文学校是为了学习民族文化，确立中国人意识。这也是他们对汉民族文化认同的一种显性表达。

（2）地理元素：南京町是中国地域的象征

在神户，令华侨、华人感到亲切的第二个场所是南京町（中华街）。南京町是 19 世纪 70 年代神户华侨的发祥地。日本侵华之前，在这里居住的华侨最多时达 6200 多人。南京町是华侨商店、中国货物的汇集之处，也是最富有中国风味和中国建筑特色的街市。在第二次世界大战的空袭中，南京町成为一片废墟。第二次世界大战结束后，华侨商店所剩无几。但是，1981 年在日华侨、华人摆脱政治纷争，积极致力于复兴南京町。

① ［英］史密斯：《全球化时代的民族与民族主义》，龚维斌、良警宇译，中央编译出版社 2002 年版，第 139 页。

② ［日］李万之：《我和神户中华同文学校》，载［日］安井三吉编《近百年日中关系史的展开与阪神华侨》，中村印刷株式会社 1997 年版，转引自郭玉聪《日本华侨华人二、三代的民族认同管窥——以神户的台湾籍华侨、华人为例》，《世界民族》2005 年第 2 期。

时任神户中华总商会会长的陈德仁先生频频召集在日华侨、华人开会，筹办“南京町商店街振兴组合”。此后，在日华侨、华人携手共建南京街，至20世纪90年代初，“南京街振兴组合”的成员增至86家，华侨成员增至43家，其中台湾籍的成员最多，广东籍的次之，福建籍的再次之。

陈德仁先生曾在复兴南京町的动员大会上指出：神户的南京町如同世界各大都市都存在的“唐人街”；“对华侨来说，‘唐人街’是可以让人怀念遥远的祖国的第二故乡”[①]。应该说，这是华侨、华人复兴南京町的原因之一，也是60.9%的神户台湾籍华侨、华人对她感到亲切的主要原因，也是他们对汉民族文化认同的一种显性表达。[②]

（3）信仰元素：关帝庙是汉民族宗教信仰的场所

神户关帝庙虽然不是华侨华人聚居神户的主要原因，但在令他们感到亲切的场所中名列第三，而且，选择因关帝庙而聚居神户的台湾籍华侨、华人的比例远远高于其他华侨、华人。

神户关帝庙是由来自中国大陆的侨领麦少彭等于1887年组织兴建的，1945年毁于美国飞机的轰炸，1947年由台籍侨胞翁沛翰等发起重建，1977年又遭回禄之灾，翌年，由神户中华会馆联合在日华侨华人再建。1995年，关帝庙在阪神大地震中遭到损坏，又由在日华侨、华人合组的神户华侨震灾对策本部筹款修建。

关帝庙前的石柱上刻着“中国关帝庙”五个大字。门匾上的“关帝庙”三个字为于右任墨宝，门联为：“精忠扶汉业　德泽萌侨民”。主要由台湾籍华侨、华人集资兴建的礼堂有两幅隐含“台湾同乡”四个字的藏头对联：“台梓分传灵显香火　湾流长驻忠义威声”，“同侨占安康有仰圣德　乡情秉诚朴共沐天恩”。神户关帝庙中除了供奉关帝爷之外，还供奉了观音菩萨和天后圣母妈祖等，香火兴旺，信徒众多。每年农历五月十三日的“关帝祭”，三月十九日、六月十九日、九月十九日的“观音祭”，三月二十三日的“妈祖祭”，在日的华侨、华人都会来祭祀。每年农历七月十五日，这里都要举行盛大的盂兰盆会，在日华侨、华人来“共沐天

① ［日］《神户中华总商会会刊》1981年第3期，转引自郭玉聪《日本华侨华人二、三代的民族认同管窥——以神户的台湾籍华侨、华人为例》，《世界民族》2005年第2期。

② 参阅郭玉聪《日本华侨华人二、三代的民族认同管窥——以神户的台湾籍华侨、华人为例》，《世界民族》2005年第2期。

恩”。

关帝庙庙主曾对郭玉聪说：“神户华侨华人没有不曾捐款给关帝庙的，也没有人不来祭祀的，因为这里供奉着我们中国的神。”这也是他们对汉民族文化认同的一种显性表达。[①]

（4）社会元素：华侨、华人社团是华侨、华人共同意识的象征

神户的台湾籍华侨、华人聚居有华侨总会和同乡会。他们对同乡会馆的亲切感（22%）甚至高于来自中国大陆的华侨、华人（3.9%）。

1949 年以后，来自中国大陆和台湾的侨胞合组了一些社团，如神户中华会馆、神户中华总商会、同乡侨团等。最能反映出日华侨华人互相认同的社团是福建会馆。福建会馆及其前身福建公所是闽南人的会馆。中华人民共和国成立后，金门岛虽然被台湾当局占领，但长期以来，福建会馆的所有会员不仅未曾发生过冲突，而且一直紧密团结、共同奋斗。1985 年前后，福建会馆的会员不超过 40 名，如以商号计，才 24 家，但他们用 3 亿日元兴建了 8 层高的福建会馆大厦，利用其租金兴办与祖国有关的教育、文化等公益事业，授予留学日本的中国学生尤其是闽南籍学生奖学金[②]。1987 年，福建会馆大厦刚出租了一部分房间，贷款还远远没有还清，就开始授予留学生奖学金。在阪神大地震中，福建会馆大厦也遭到损坏，维修费用达 2750 万日元，但被授予奖学金的人数反而从 1995 年的 6 名增至 1996 年的 8 名。被授予奖学金的留学生都希望能回到中国服务。

每年春节，福建会馆所有会员及家眷都举行团拜和文体活动。每年还组织两三次以中国为主要目的地的旅游活动。福建会馆的会员及家眷不仅彼此认为是“我族”，而且亲如一家人。

在非常时期，来自台湾海峡两岸的侨胞也常联合成立临时组织，1995 年的神户华侨赈灾对策本部就是一个例子。在阪神大地震中，神户华侨、华人和留学生损失惨重，有 54 人罹难，其中台湾籍华侨、华人 6 人，轻、重伤者更多，房屋损坏 1358 栋，其中台湾籍华侨、华人的房屋 85 栋。面对突如其来的灾难，来自台湾海峡两岸的侨胞决定共同成立一个临时组

① 参阅郭玉聪《日本华侨华人二、三代的民族认同管窥——以神户的台湾籍华侨、华人为例》，《世界民族》2005 年第 2 期。

② 参见日本福建会馆编《闽南》，1994 年 11 月。

织，处理共同面临的难题：救死扶伤，处理罹难者后事，包括举办大型追悼会；开展募捐、救济活动；统一规划，进行灾后重建；参加神户的赈灾活动，塑造华侨华人的良好形象。没有哪个侨团自外于华侨、华人的统一行动。

侨团成员在内部互相认同，对外则自认为是一个整体，这就是包括台湾籍华侨、华人在内的神户华侨、华人的民族认同。这也是他们对汉民族文化认同的一种显性表达。①

谈到华人、华侨的民族认同时，人类学家吴燕和曾把它分为三种类型，他指出：

> 为了说明华人（汉民族）认同的文化情景之随意性，我想着重就认同形成过程的三种类型进行比较：其一，分布于世界各地的华裔移民子孙仍具有“华族”认同感，但他们却表现出多种类型的族群文化特色。许多海外华人不会讲汉语，不信奉华人民间宗教，尤其突出的是其生活方式与生活于中国（大陆）的华人不同。在中国国内，他们被冠以“海外侨胞”“中国同胞”“中国国民”“中国人种”，或简称“华人”或“中国人”等政治术语。其二，在不同历史时期，不论是在东南亚的华裔移民子孙还是在中国境内的汉人后裔中，都存在土著化的族群意识过程……本人是指，一些华裔子孙失去其祖先的族群认同，而完全接受当地人的土著文化，也就是被当地土人完全同化的过程。另一部分华人后裔，也许下处于族群认同和文化变迁的过渡过程。这部分人并不是属于混血族群，而被认为是既非华人群也非当地土著族群的一种特殊族群范畴。②

海外移民对于汉民族认同“华人情结”，旅居日本的民俗学博士何彬有一段讲得既朴素又真切，她说：

> 在国外，这些浓缩了汉族传统文化、表现汉文化民间信仰的食

① 参阅郭玉聪《日本华侨华人二、三代的民族认同管窥——以神户的台湾籍华侨、华人为例》，《世界民族》2005 年第 2 期。

② 吴燕和：《族群意识 · 认同 · 文化》，《广西民族学院学报》1999 年第 1 期。

品，往往静悄悄地排列在海外中餐馆的普通菜单上或甜点栏里。海外异文化生活圈的人们会欣赏它的制作精细、巧妙，赞美它独特的美味。而对于生活在海外的那些具有汉文化认同感的人们来说，这些食物属于他们曾经生长于其中的母文化里含有特殊文化意义的节日食物，它们具有不同于中餐菜谱上其他食物的某种特殊的含义。对他们来说，这些食物不仅是民族饮食的杰作，更是代表母文化的特殊文化符号①。

确实，“华人情结”所表达的对汉民族母文化的眷恋，正是华侨华人对汉民族高度认同的一种文化表达，从中我们可以窥见汉民族海外移民的性质之一就是民族性。而所谓民族性就是对汉民族的民族认同。

2. 历史性：历史的长期积淀

历史是时间的一种积累。

时间（time）是一种客观存在。时间的概念是人类认识、归纳、描述自然的结果。在中国，其本意原指四季更替或太阳在黄道上的位置轮回，《说文解字》曰：“时，四时也”；《管子·山权数》说：“时者，所以记岁也。”随着认识的不断深入，时间的概念涵盖了一切有形与无形的运动。对于“时”的内涵，《孟子·篇叙》注：“谓时曰支干五行相孤虚之属也。”可见“时”是用来描述一切运动过程的统一属性的。由于古代汉民族的学者研究的问题基本是宏观的、粗犷的、慢节奏的，所以只重视了“时”的问题。后来因为研究快速的、瞬时性的对象的需要，补充进了“间”的概念。于是，时间便涵盖了运动过程的连续状态和瞬时状态，其内涵得到了最后的丰富和完善，“时间”一词也就最后定型了。

“时间”一词虽然定了型，但文学家对时间的体验是“光阴似箭，日月如梭”，即是日与夜、光与阴的交汇，体现了古人对时间不可逆性的认识以及对此的感慨。但在哲学家的脑中，却产生了一系列的思辨，什么是时间？时间是物理的，还是心理的？对时间的感受是绝对的，还是相对的？时间真的是不可逆的吗？时间有开始和结束吗？而在历史学家眼中，时间就是过程、就是积累、就是记忆，也就是历史本身。

① 何彬：《从海外角度看传统节日与民族文化认同》，《文化遗产》2008 年第 1 期。

那么，时间及至历史，与汉民族海外移民的性质有什么关系呢？回答是肯定的。为什么？

要明白汉民族海外移民的历史性，就必须了解中国民族关系发展的大趋势，从而可进一步了解汉民族是如何一步一步走向全国，然后再一步一步地走向世界，在成为世界的汉民族的同时，世界又是怎么处处有汉民族的。

中国民族关系发展的大趋势究竟是什么？如前所述，既然大趋势就是事物发展长时期的总的运动方向，那么，中国民族关系发展的大趋势就是中国民族互动、整合、融合和认同的长时期内总的运动方向。

综观上下五千年的中国历史，根据中国历史和中国民族关系发展不同时期的不同特点，中国民族关系发展的大趋势可分为三大阶段。

（1）第一个阶段：从多元融合走向华夏一体

从夏商周三代到秦，中国民族关系的大趋势是从多元融合走向华夏一体。

从远古时代起，在中国民族或族群的崛起就是多源和多元的。那时，在中华大地上大致有五个大的超级族群集团，即炎黄族群集团、东夷族群集团、苗蛮族群集团、百越族群集团、戎狄族群集团。

到了公元前 2070 年，源于炎黄族群集团夏族的形成，拉开了中国民族关系从多元融合走向华夏一体大趋势的序幕。中华大地上的民族或族群，在多元互动和融合中出现了新的组合。夏族大约是由颛顼、帝喾、伯益、皋陶、羌人、共工、驩兜、三苗、鲧等族群互动融合而形成，到禹时，夏族的族群结构已号称“万国”①。商族的多元融合虽然很难考释清楚，但通过郑樵的《通志略・氏族略》关于夏商时期共有 62 国的记载，可以窥视商族也是多元融合而形成的，所以汤灭夏时，商族的族群已号称“万邦”②“万方”③了。周族的多元融合更为复杂，史载武王“克商”后“封邦建国”④，举行授土授民时，周公长子得“殷民六族：条氏、徐氏、萧氏、索氏、长勺氏、尾勺氏”；武王弟康叔得“殷民七族：陶氏、施氏、繁氏、锜氏、樊氏、饥氏、终葵氏”；唐叔得“怀姓九宗”⑤，所有这

---

① 《左传・襄公七年》：“禹会诸侯于涂山，执玉帛者万国。”

② 《尚书・商书・仲虺之诰》。

③ 《墨子・兼爱下》。

④ 《左传・僖公二十四年》。

⑤ 《左传・定公四年》。

些“氏”其实也都是周族属下的族群了。

周王朝是中国民族关系从多元融合走向华夏一体发展大趋势的关键平台，这时的族群除夏、商、周、楚、越外，还有被称为夷、蛮、戎、狄的诸多族群，此所谓《礼记·明堂位》所言的“九夷、八蛮、六戎、五狄”①。

但是，在中国民族关系第一个大趋势的作用下，春秋之时，风云渐变，西周时壁垒森严的民族或族群边界逐渐被打破，由民族或族群互动而激起的民族或族群多元融合的浪潮首先在夏、商、周三族之间兴起。晋惠公作“州兵”② 是一例。周襄公七年（前 645 年），秦晋之战中，晋惠公做了秦的俘虏。晋人为了加强军事力量以雪耻而作“州兵”，打破了西周以来武装部队主要由被称为“国人”的周族和效忠于周王朝的商贵族所编成的规定。周制“王国百里为郊，二百里为州，三百里为野”③，各诸侯国也大致如此。居“州”之人本是被周族征服的“庶人”，其地位与居都、邑内的“国人”（自由民）不同，没有服兵役的政治权利。作“州兵”后，情况就变了，被征服的“庶人”就与“国人”一同正式服兵役。这样，“州兵”的建立，不仅说明“国”与“州”对立的逐渐消除，夏、商、周三族的杂居越来越厉害，也说明征服者周族与被征服者夏族、商族、“怀姓九宗”等之间的鸿沟也逐渐得以填平，族群间互相敌视的心理也越来越淡薄，所以，我们可以认为作“州兵”是晋国内夏、商、周三族多元融合为一的一个标志。

秦晋联姻更是春秋时期夏、商、周三族多元融合基本完成的标志。大家知道，西周分封诸侯时，晋开国君王是周成王的弟弟唐叔虞，是周族

---

① 《周礼·职方氏》亦云：“四夷、八蛮、九闽、九夷、五戎、六狄。”《尔雅·释地》也云：“九夷、八狄、七戎、六蛮。”

② 《左传·僖公十五年》：晋“于是乎作州兵”。

③ 《司马法》。又晋作“州兵”，《左传·僖公十五年》注：“五党为州，州，二千五百家也。因此又使州长各缮甲兵。”《国语·晋语二》也有此说法。故李亚龙《西周与东周》（上海人民出版社 1956 年 11 月版，第 170 页）、翦伯赞、郑天挺主编《中国通史参考资料》第一册（中华书局 1962 年 4 月版，第 112 页）、1979 年版《辞海》（缩印本第 94 页）以及《辞源》（商务印书馆 1981 年修订第 2 版，第 950 页）均采用此说法。此说源于《周礼·地官·大司徒》。然此说本为六乡制度，六乡之人本来就要服兵役，无所谓作“州兵”。从当时的历史条件来分析，晋所谓作“州兵”的“州”，应是《司马法》中之王国“二百里为州”的“州”。故中国社会科学院经济研究所吴慧《试论春秋时期的社会性质问题》（《中国社会经济史论丛》第 1 辑，山西人民出版社 1981 年版，第 118 页）一文采用此说是有道理的。

人；而秦则是非周族人。[①]《史记·秦本纪》载秦的先祖“蜚廉生恶来。……父子俱以材力事殷纣。”秦晋联姻混血，表明夏、商、周三族之间的族群界限完全被打破了。因而“秦晋”二字，成了中国古代婚姻关系的代名词。

春秋战国时期，中国民族关系从多元融合到华夏一体发展大趋势以不可阻挡之势滚滚向前。由于夏、商、周三族以及楚、越二族与夷、蛮、戎、狄诸族群的分布呈交错状态，所以春秋时期率先在夏、商、周三族之间涌起的民族或族群多元互动融合的浪潮，不可避免地波及和扩展到楚、越和夷、蛮、戎、狄之间。甚至自称“我诸戎饮食衣服不与华同，贽弊（币）不通，言语不达”[②] 的西边羌戎首领驹支，在驳斥了晋国大臣范宣子不让驹支参加会盟的攻击后，“赋《青绳》而退”[③]。可见戎族驹支不仅会讲“华”语，并且能赋《诗经》以达意，表现了相当的文化水平，这又说明诸戎在与晋的长期交往中，也被卷入春秋族群互动融合的激流之中了。

这样，在整个周王朝之内，无论东西南北，所有的民族或族群几乎都被卷入春秋战国时期民族或族群多元融合的激流之中，形成了波澜壮阔的民族或族群多元融合的洪流。这时，中国民族关系从多元融合走向华夏一体的标志，是被称为“诸夏”[④] 的华夏族在中华大地上横空出世。

但是，曾几何时，秦始皇雄才大略，从边缘走向中心，一举统一了天下，实行了“书同文”“堕名城”“治驰道”“车同轨”“行同伦”的大一统政策，使多元融合而形成的华夏族从分散走向统一，开始屹立在世界的东方。于是，中国民族关系发展的第一个大趋势，从公元前2070年夏王朝的崛起，到公元前206年秦的统一，历时两千余年，终于从多元起源，经多元融合，走向华夏一体而告结束。

（2）第二个阶段：从民族互化到汉化成为民族融合的主流

从两汉到清代，中国民族关系的大趋势是从民族互化到汉化成为民族融合的主流。

---

① 秦人族属不定，有戎人说，又有夷人说。

② 《左传·襄公十四年》。

③ 同上。

④ 《左传·闵公元年》。

在中国民族关系的大趋势从多元融合走向华夏一体而宣告结束之时，中国的民族结构并没有形成华夏一体、一统天下的格局，而仍然是多民族或多族群共存的态势。

国势强盛的汉帝国，是华夏族转化发展为汉族的一个拐点。在汉帝国通西域、伐匈奴、平西羌、征朝鲜、服西南夷、收闽粤南粤，与周边族群进行空前频繁的各种交往活动中，其他民族或族群称汉帝国的军队为“汉军”，汉帝国的使者为“汉使”，汉帝国的人为“汉人”。于是，汉帝国之名“汉”遂被称呼为华夏族之名，汉族之名自汉帝国始称。这时，与先秦时期最大的不同是形成了人口占多数的汉族与人口较少的其他少数民族共存的二元结构。

如两汉之时，是汉族与北方草原的匈奴、鲜卑，东北的夫余、高句丽、乌桓，西北的羌族、西域诸族，西南的西南夷、板楯蛮，中南和东南的武陵蛮、俚、僚及乌浒蛮等少数民族共存的二元结构。而及至明代，则是汉族与北方的蒙古族，东北的女真族、“索伦部”（今达斡尔、鄂温克、鄂伦春等族的统称），西北的畏吾尔等，西南中南的西蕃（西番，元明史籍对青藏地区少数民族的泛称，多为今日藏族的祖先）、壮、瑶、苗、黎、东番（高山）、土家、罗罗（彝）、仲家（布依）、水、侗、仫佬、民家（白）、百夷（又称摆夷，今傣族）、么些（纳西）、哈瓦（又称嘎喇、古剌，今佤族）、毛难（毛南）、攸乐（基诺）、京、畲、倮黑（拉祜）、俅人（独龙）、巴苴（普米）、山头（又称“野人”，景颇）等少数民族共存的二元结构。

在这种汉族与少数民族共存的二元结构中，中国民族关系发展的大趋势是从民族互化到汉化成为民族融合的主流。

所谓民族互化，就是在民族互动、磨合、整合和认同中，既有少数民族融合于汉族，也有汉族融合于少数民族。

少数民族融合于汉族的汉化趋势，即孟子所说“用夏变于夷者”[1]，在从两汉到清前期（1864 年前）的两千余年中不胜枚举，如东汉末年，匈奴人迁入八郡之地，特别是曹操分匈奴为五部之后，世代以游牧为生的匈奴人逐渐定居务农了。《三国志·魏志·梁习传》在叙述了匈奴壮丁经过改编调发之后，“部曲服事供职，同于编户”，“百姓布野，勤劝农桑”。

① 《孟子·滕文公上》。

匈奴人与汉人杂居愈久，则接受汉文化也愈深。魏晋以后，匈奴人都改用汉姓，用汉语了。如前赵称汉王的刘渊，就以上党儒生崔游为师，学习《易》《诗》《书》三经，尤好《春秋左氏传》及孙、吴兵法，并博览《史记》《汉书》等汉族文化史籍经典。刘渊子刘聪、侄刘曜都是精通汉文化的匈奴人，内迁的匈奴人最后都无例外地汉化了。

又如魏晋南北朝时期，魏孝文帝迁都洛阳；禁止鲜卑落后风俗，鼓励鲜卑人与汉人通婚；改服汉服，不准穿本族服装，改鲜卑二字、三字复姓为汉语单姓，本人即改姓“元”氏；禁说鲜卑话，改说汉语。凡此等等的措施，使鲜卑人迅速地汉化了。

再如宋代的契丹族本来在大漠之间“畜牧畋渔以食，皮毛以衣，转徙随时，车马为家”[①]。但是在汉族的影响下，阿保机除“筑城郭立市里以处汉人，使各有配偶，垦艺荒田”[②] 外，还“为城郭宫室之制于漠北”[③]，并正君臣，定名分，设置州县，改用汉姓[④]，改变契丹族旧有的统治方式。阿保机于神州三年（916 年）下诏建孔子庙，“皇太子春秋释奠”[⑤]。道宗本人则经常请人讲解四书五经，并不避夷、狄之讳。在生活习俗上也多吸收和继承汉族的风俗，不仅一般情况下喜着汉服，兴宗后大礼时也着汉服了[⑥]。并仿汉俗过端午节、重阳节。契丹族民谣，“垂杨寄语山丹，你到江南艰难，你那里讨个南婆，我这里嫁个契丹”[⑦]，都表明在民族融合的大潮之中，契丹族与汉族之间结为秦晋之好，民族壁垒最顽固的部分被打破了，契丹族也就逐渐汉化而成为汉族的一部分。

唐代和亲随从人员的“夷化”也是一例。与吐蕃和亲最典型的是太宗时嫁与松赞干布的文成公主。她的随从就有“蚕种及造酒、碾、硙、纸、墨之匠”[⑧]。文成公主的随从有多少人文献中没有记载，但至今藏族民间传说：“远从汉族地区，来了王后公主。把五千五百名工匠，带到咱

① 《辽史·营卫志》。

② （北宋）欧阳修：《新五代史·四夷列录》。

③ （北宋）薛居正：《旧五代史·外国列传第一》。

④ 《辽史·后妃传》：“太祖慕汉高皇帝，故耶律兼称刘氏，以乙室、拔里比萧相国，遂为萧氏。”

⑤ 《辽史·宗室传》。

⑥ 《辽史·仪卫志》。

⑦ 参见任崇岳《论辽代契丹族对汉族文化的吸收和继承》，《中州学刊》1983 年第 3 期。

⑧ 《旧唐书·吐蕃传上》。

们藏土。给西藏地区工艺，打开了发展门户。”[①] 可见文成公主的随从起码有几千人。正是文成公主这些工匠随从与藏族的互动磨合，一方面给藏族以影响，另一方面他们也被藏族“夷化”了。故唐代岭南诗人陈陶的诗云：“黠虏生擒未有涯，黑山营阵识龙蛇。自从贵主和亲后，一半胡风似汉家。”[②] 可见这些数以千计的工匠随从，随着历史的沧桑都“夷化”为吐蕃人了。

在汉族“夷化”的过程中，是自宋元以后，尤其明清之时，中国少数民族在形成民族的过程中，不少汉族移民在“夷化”中成为近现代少数民族的祖源之一。回族的形成是一个典型，13 世纪初年，约当南宋末叶，自 1219 年成吉思汗西征，到 1258 年旭烈兀攻陷巴格达，蒙古贵族先后征服了葱岭以西，黑海以东信仰伊斯兰教的各民族。被征服各族，或由于军事、政治、经济的原因，或出于被迫征调和自愿，纷纷随蒙古军来到中国，一说有二三百万人，一说有数十万人，其中包括军士、工匠、商人、学者、贵族和妇孺百姓等。他们被统称为“西域亲军”或“回回军”。在他们进入中国的过程中，“回回军”被蒙古人编入“探马赤军”，主要分驻在甘肃河西，宁夏、河南、山东、河北一带以及云南等地镇守屯田，从事农业和畜牧业，即“上马则备战斗，下马则屯聚牧养”[③]。1273 年，元世祖下令：“探马赤军，随地入社，与编民等。”于是，除一部分回族人聚居在一起，仍过着兵农合一的生活，被称为“屯戍”人户外，大部分“回回”军士在社的编制下，成为普通农民，他们或聚居、或杂居，与当地的汉族形成杂居格局。这样，经过自南宋末年到元亡，约一百五十年的发展，定居在中国各地的回回，主要与当地的汉族，以及蒙古、维吾尔等民族的融合，到明代时已形成回族。[④]

此外，西北的土族、撒拉族、保安族、裕固族，西南的白族、阿昌族，中南的壮族、仫佬族、毛南族等少数民族在其形成过程中都有汉族成

---

① 王沂暖、唐景福：《藏族文学史略》，《西北民族大学学报》（哲学社会科学版）1984 年第 4 期。

② 《全唐诗》卷七四六。

③ 《元史·兵志》。

④ 《中国少数民族》编写组：《中国少数民族》，民族出版社 2009 年版，第 145 页。

分的融入。[①]

在中国民族关系发展大趋势的第二阶段中，虽然民族互化是双向的，有“用夏变于夷者”的汉化，也有“夏变于夷者”的夷化，但是历史是有选择的，在汉化与夷化的博弈中，由于人口的、历史的、地理的、文化的、经济的、政治的种种因素所至，中国民族关系发展的第二个大趋势最终选择了以汉化为主流。于是，中国民族关系发展的第二个大趋势，从夏王朝的崛起，公元前202年汉帝国的建立到1911年清王朝的灭亡，历时两千余年，终于从民族互化走向以汉化为主流而告结束。

（3）第三个阶段：从以汉化为主流转向中华民族认同

从1911年辛亥革命推翻清王朝开始，直到当下，中国民族关系发展的大趋势是从以汉化为主流转向中华民族认同。

这时，为什么运行了两千多年中国民族关系发展以民族互化走向以汉化为主流的大趋势会转向？换句话说，是什么力量扭转了中国民族关系发展大趋势的方向？是近代民族概念的引入和民族意识的觉醒。

鸦片战争以后，种种关于民族的概念，都彻底颠覆了中国传统的“夷夏之辨”或“华夷之辨”民族观，使中国人开始认识到民族并不仅仅是对华夏文化和汉文化认同的问题，认同则为“华”或“夏”，不认同则为“夷”或“蛮”的简单的划分。民族应该是具有血统、生活、语言、宗教、风俗习惯等特征人们的共同体。这种悄然而入的民族概念，真是四两拨千斤，轻而易举地拨转了中国民族关系发展两千多年来从民族互化走向以汉化为主流的大方向。

人们开始明白世界的民族并不仅仅以华夷为边界，汉族也只是世界上成千上万个民族或族群中的一个；也彻底颠覆了中国传统的“天下为国”的国家观，人们才猛然明白，中国也不过是世界上成千上万个国家中的一个。天下是民族林立、国家林立的多元世界。于是，在这样的国际背景下，汉民族才真正开始面向世界，开始走向世界，与此同时，也自然而然地激活了中国民族的中华民族意识，如前所述，汉民族的海外移民才逐渐被称为“华侨”“华人”。

这样，从鸦片战争后民族概念的引入拨转了中国民族关系发展大趋势

---

① 《中国少数民族》编写组：《中国少数民族》，民族出版社2009年版；徐杰舜：《中国民族史新编》，广西教育出版社1991年版。

的大方向，到甲午战争后的民族危机激活了中华民族意识的觉醒，再到“五四运动”升华了中华民族意识，最后到抗日战争激发了中华民族意识的全面高涨，给我们勾勒出了中国民族关系发展大趋势从以汉化为主流转向中华民族认同的路线图。

今天我们站在汉民族面向世界、走向世界的历史高度，在一个长时段内去观察汉民族发展的趋势，可以很清晰地看到中国民族关系发展所经历过的从多元融合到华夏一体的大趋势、从民族互化到以汉化成为民族融合主流的大趋势，也应该可以很清晰地看到当下中华民族认同已成为中国民族关系发展的大趋势。与前两个大趋势相比，包括汉民族的海外移民在内，这第三个大趋势虽然是刚刚开始，运行的时间也只近百年，但作为大趋势的方向性运动，这个趋势是不可逆转的。这样一个由上下五千多年时间串起来的汉民族起源、形成和发展的历史过程，绝不是历史知识和历史感悟浅薄的人可以理解的。

确实，中国民族关系发展的大趋势，正是汉民族走向全国、走向世界的一种文化表达，从中我们可以窥见汉民族海外移民的又一个性质就是历史性。而所谓历史性就是汉民族历史的长期积淀。

3. 生存性：生存策略的调适

讨论汉民族海外移民的性质，最本质的是由生存性所决定的。在哲学中，性质就是本质，又称为“实质”，是指事物存在的根据，即某一对象或事物本身所必然固有的。那么，汉民族海外移民的原因究竟是什么？这是汉民族海外移民本身所必然固有的特质。前述汉民族海外移民性质的民族性和历史性，一是确定汉民族海外移民的民族属性，二是确定汉民族海外移民的历史属性。

生存策略本是指生物界适应于获取和利用资源的生物生命史形式或行为方式。生物中有的物种不习惯忍受拥挤和竞争，常向边际环境、新生空白环境中扩散，或在生长时间上与别的物种错开，机会物种或逃避物种属于此类。蒲公英是典型一例，它常在路边等受搅动较大的环境中生存，繁殖力高，带绒毛的籽粒有很强的扩散能力，使它的后代不断追逐新环境。同时它在春天萌发早，当别的植物开始生长时，它已经开花结实，完成了生命史，避开了与别的植物的竞争。

人类也如此，为了生存，人类必须进食。但是人类不像其他动物，仅仅是满足于采集或猎捕到的食物，人类还要保证食物来源的安全性及稳定性。同样，对于以农业为根本生存策略的汉民族来说，其精耕细作的农业必须以土地为根。于是，土地就成了汉民族的命根子。当占汉民族绝大多数人口的农民不习惯忍受拥挤和竞争之时，为了生存，就必然常向边际环境、新生空白环境中扩散而移民。

在中国历史上由北方中原向南方的自北而南的移民大多是这种情况。由于自然地理环境的不同，在中国黄河流域的中原地区的开发比长江流域及其以南的地区早得多，所以直到汉代，中原地区的人口密度远比南方高。如西汉末的元始二年（2 年），黄河流域中自燕山山脉以南、太行山和中条山以东、豫西山区和淮河以北这一范围内的人口密度为每平方公里 77.6 人，其中不少行政区的密度超过每平方公里 100 人。这一地区的面积只占西汉疆域的 11.4%，而人口却占了 60.6%。关中平原的人口也非常稠密，长安附近地区的人口密度超过每平方公里 1000 人。如果以淮河和秦岭为界，北方的人口占 80% 以上，南方还不到 20%。南方不仅平均人口密度很低，不少地方基本上是无人区，当时的浙江南部和福建、广西和广东大部、贵州等地人口密度都还不足每平方公里 1 人。①

在人口最稠密的关东和关中地区，在西汉后期已经有不少人均土地很少的“狭乡”，这些地方土地开发已尽，在当时生产条件下已无法使人人有地种，也无法养活再增加的人口，出现了相对过剩人口。但在长江流域或以南地区，开发程度还很低，到处是有地可垦的“宽乡”。这一有利条件当然会吸引北方无地少地的农民南迁，所以西汉和东汉期间都有大批来自黄河流域人口稠密区的农民自发迁入长江流域，特别是中游地区。关中平原的灾民大多越过秦岭进入汉中盆地及四川盆地，也有的越秦岭后往东南进入南阳盆地再南迁长江中游，或直接顺汉水而下。黄河下游地区灾民一般从南阳盆地及江淮平原南下。这样，为了生存，中原汉民族在历史掀起了一波又一波、一浪又一浪向南方迁徙的浪潮。到元代南方的户口数竟占全国总数的 85%，实际人口估计也在 80% 以上。② 南方的人口在明朝后期创造了空前的纪录，超过了 2 亿。南方的平原、河谷和低山坡地几乎

① 葛剑雄：《中国移民史》第一卷，福建人民出版社 1997 年版，第 56 页。

② 何炳棣：《1368—1953 年中国人口研究》第八章“土地利用与粮食生产”，上海古籍出版社 1989 年版。

完全开发利用。①

为了生存，就是在北方中原汉民族不断地向南方移民的过程中，中国东南沿海，从杭州湾至雷州半岛，也逐渐得到了开发，东汉末和三国期间的南迁、永嘉以后的南迁的移民，最初主要定居在今浙江北中部和江西北部；安史之乱后北方人口再次南迁，及至唐末福建才开始有较多人口迁入，经过五代期间和北宋前期的开发，到北宋后期，不仅浙江、江西的平原地区人满为患，连本来几乎成无人区的福建也人满为患了。

为了生存，移民只能从福建西南部进入人口相对稀少的广东东部。但广东东部的平原面积也不大，山区能够容纳的人口更加有限，所以，在平原上的人口趋于饱和，耕地不足以供养本地人口，向内地和其他地区的移民又受到自然和社会因素各种限制的情况下，在地理上面向海洋的浙江、福建和广东的汉民族，下南洋向海外移民必然成为主要出路。

秦汉以来，东南沿海地区已经纳入中原王朝的疆域版图，如上所述，汉化成为中国民族关系发展的主流，汉民族很快成为主要民族，汉文化随之取得了主导地位。

而且，从15—16世纪开始出现了两种统治者无法控制的因素，为了生存，大大加快了浙江、福建和广东汉民族移民海外的进程。一是本地的人口压力。在明开国百来年以后，东南沿海那些平原和附近丘陵的人口急剧增加，趋于饱和。在经商、从事手工业、移民内地、扩大耕地等手段作用有限的情况下，在法律上依然属于非法的情况下，海外移民便成了东南沿海大批贫民的主要出路。因此，到17世纪后期，侨居东南亚的华人已有相当大的数量，在有些国家已经形成了人口数以万计的华侨聚居区。二是西方殖民主义国家对廉价劳动力和初级产品的迫切需求，以及他们所采取的残酷无耻的掠夺手段。这些国家在殖民地利用华人劳工生产经济作物和矿产品，又使用华工从事本土的开垦和建设。鸦片战争以后，招募、诱骗、掠夺华工的规模和数量激增，华工的去向也从东南亚扩大到北美、南美、澳洲和欧洲，部分幸存的华工便定居在那些国家或地区，成了迁入国的永久居民。

在鸦片战争以前，起主要作用的是第一种因素，所以官方的禁令多少有点效力。此后则两种因素同时起作用，腐败的清朝政府就无能为力了。

① 葛剑雄：《中国移民史》第一卷，福建人民出版社1997年版，第59—60页。

而且随着沿海口岸的开放，输出移民的地区已不再限于闽粤沿海，通商口岸和列强某些据点也成为移民的集合地。移民仍以贫民为主，但也逐渐扩大到其他阶层，包括一些上层人士。①

事实就是这样作了记载，为了生存，中国汉民族历史性地先在国内由北向南移民，从小范围、小规模的移民，到大范围、大规模的移民，再向海外移民，先下南洋，向东南亚移民，再转向世界各国移民。这种在移民中求生存的文化表达，可见，生存性正是汉民族海外移民的性质所在。而所谓生存性就是汉民族的生存策略。

有学者指出："虽然西方的科技和经济现代化将继续对中国产生影响，但华人世界将在数量和性质上对我们居住的这个地球村产生极大影响。""华人世界不仅包括中国大陆的 22 个省份、5 个自治区、4 个直辖市、香港和澳门这两个特别行政区、台湾以及高度中国化的新加坡，还包括散居并活跃在世界各地的华人。'中国区域'不只是为了从'和平的世界'获益而构建的一个跨越国界的区域，也是全球化的加速器。""认真地与中国接触就是要接受中国化的可能性。"中国"已经在重塑我们这个时代"。"中国是能够将大家整合在一起的因素：如果事实证明在这个受到东西方文明紧张关系威胁的世界上，中国是一个实验室，各种文化可以通过相互交流而受益，那么大家应该高兴地看到中国成为 21 世纪新的世界规则的缔造者之一"②。显然，不仅中国在经历全球化，而且全球通过汉民族的海外移民也在感受到中国的影响力。

总之，汉民族是世界的，世界处处都有汉民族的存在。这绝不是大民族主义的表现，而是汉民族生存策略的必然。汉民族的海外移民带给世界的不是侵略、不是战争、不是掠夺、不是屠杀，而是经验、是开发、是和平、是繁荣。在世界民族之林中，汉民族通过海外移民，以绝对的人口、连绵悠久的历史独步千古，更以无比的勤劳、和气友善的精神流芳百世。

第五节 汉民族海外移民史的分期

历史分期旨在揭示不同历史时期或阶段之间的质的差别，从中发现其

---

① 葛剑雄：《中国移民史》第一卷，福建人民出版社 1997 年版，第 73—74 页。

② 高大伟：《21 世纪，一个有中国特色的世纪》，《参考消息》2007 年 11 月 7 日。

发展特点及规律。所以，分期是汉民族海外移民史研究的一个重要组成部分。其目的在于通过对不同时期汉民族海外移民的比较分析，寻找时代的特征，并从其变化中把握汉民族海外移民史的发展脉络。

一　中国移民史分期

汉民族海外移民史的分期虽然有其自身的规律和特点，但由于与中国移民史有密切的因果关系，所以受到中国移民史分期的影响。

（一）葛剑雄对中国移民史的分期

葛剑雄将中国移民史分为四个阶段。

1. 第一阶段：先秦时期（前220年前）

这阶段的人口总量还很少，到末期估计不超过3000万。这些人口大部分居住在黄河流域，但除了少数地方人口较密集外，大多数地区人口密度还很低；在黄河流域之外的地区人口更加稀疏。正因为如此，单纯出于人口压力的迁移一般还不存在。

随着国家的形成和制度的完善，政治和行政因素引起的移民开始出现，如西周迁商的遗民、分封诸侯国造成的移民。只是限于当时的生产条件，特别是农业生产和粮食储备的条件，由一个政权组织大规模移民的可能性还不大，因而还只是作为特殊情况出现。在一个政权的有效控制区范围不大的情况下，也不可能出现距离很长的移民。

2. 第二阶段：秦朝至元末（前221—1368年）

这一阶段长达1589年，经历了中国封建社会的大部分，其间有过几次长时期的分裂，也几度建立疆域辽阔的统一国家。即使在分裂时期的割据政权，一般也实行集权统治，用行政或军事手段强制实施的移民始终不断，成为移民的一种重要方式。这种移民的迁入地往往是首都、边疆等政治、军事要地或若干与统治者有重要利益联系的地区，数量一般很大，迁移时间也很集中。

这一阶段移民的主流是北方黄河流域向南迁往长江流域及更远的地区，以及蒙古高原、东北、西北的牧业或半牧业民族不断进入黄河流域。从秦汉开始直到元末，这类移民潮流虽时起时伏，但始终没有停止过。在此期间，中国的经济、文化重心经历了一个从北方转移到南方的过程①，

① 这里所指的北方与南方的界线是淮河（含下游故道）、秦岭和白龙江。

北方和南方的人口比例也从初期的 8∶2 强转化为后期的 2∶8 弱。[①] 南方的人口优势至此达到了极点。这一结果是由于南方经济文化发展、北方饱受战乱破坏所造成的，但北方人口的大批南迁无疑是更重要的原因。

3. 第三阶段：明初至太平天国起义爆发前（1368—1850 年）

在南方已成为全国人口最稠密的地区之后，由北向南的移民潮流不复出现，移民运动显示出两个新的特点。

第一，尽管明初曾由政府采用行政手段强制实行大规模的移民，但更多的是由政府倡导、组织或招募人口从相对稠密地区迁入稀疏地区和经济不发达地区，从此，这类移民基本取代了强制性的迁移。清入关前对明朝统治区的掠夺性迁移和入关初期的强制性移民，可视为敌对政权间的例外情况。

第二，此期间中国的人口很快就再次突破了 1 亿，在明代后期增加到约 2 亿；明清之际虽有大幅度下降，但在 18 世纪就超过了明朝的纪录，达到新的高峰。当时不仅南方大部分地区人口已经相当稠密，就是北方的平原地带也已人满为患，因此无论南方还是北方，由平原向山区的迁移成了移民的主流。当中国的人口出现 4.3 亿的空前纪录时，内地绝大部分适宜开发的山区已经开垦殆尽，稍具规模的移民已经无处可迁了。

4. 第四阶段：太平天国起义至 20 世纪上半叶（1851—1950 年）

太平天国起义和清朝的镇压使中国人口至少减少了 7000 万，其中的大部分又发生在人口最稠密的长江中下游地区，却没有引起大规模的移民。因为长江中下游地区的人口密度仍然很高，依靠本地人口的迅速增长和相邻地区的就近补充，就足以满足恢复经济的需要。所以这阶段的移民只能是填补空白式的，即无论内地还是边疆，平原还是山区，只要还存在人口相对稀少的地方，周围的移民就会迅速地加以填补。所谓空白，并不一定是无人区或处女地，而是泛指任何能够安置移民的地区。在全国范围内，东北和台湾就是两个仅存的主要移殖区。面对帝国主义的侵略威胁，清朝政府终于全面开放了东北的封禁区，并且采取了一些鼓励向东北和台湾移民的措施，中国移民史上规模最大的移民运动由此开始。在较小的范

---

① 关于南北的人口比例，详见葛剑雄《中国人口发展史》第十三章“人口分布的变化”，福建人民出版社 1991 年版。初期的比例系据西汉的数字推测，后期的比例关系已经考虑了户口数与实际人口的差异。

围内，各地因天灾人祸而产生的人口相对稀疏地区也成为移民的目标。

在这一阶段中国始终缺少一个强有力的统一的政府，没有能够对向边疆和新开发地区的移民做出合理的规划，提供充分的支持，因而向东北等地的移民具有很大的自发性和盲目性，往往造成生态环境的破坏、资源的浪费和产业的畸形发展。在日本帝国主义侵占东北期间，对东北的移民更成为侵略者对中国的一种掠夺手段。

另一方面，帝国主义国家强行打开了清朝的大门，设立通商口岸以后，上海、天津等沿海城市和新兴的工矿城市吸收了大批农村和小城镇人口，从而形成了一股新的移民浪潮。同时帝国主义国家对廉价劳动力的需求和东南沿海地区日益增加的人口压力，使向海外的移民出现新的高潮。①

（二）张国雄对中国移民史的分期

张国雄在《中国历史上移民的主要流向和分期》一文中在对中国移民史进行分期的同时，提出需要进一步对“移民”作“主流移民”和“非主流移民”的划分。主流移民的特征将其所处的时期与其他时期区别开来，是分期的依据。那么，划分主流移民和非主流移民的标准是什么呢？

第一，时间。任何移民运动都有一个兴起、发展、结束的过程。主流移民运动在同时期的所有移民运动中，持续的时间最长，而且高潮起伏，迁移潮一浪接一浪地冲击着迁入地。

第二，规模。在同时期的移民运动中，主流移民的数量最大。不排除在某个阶段主流移民数量比非主流移民小的可能，但是移民过程保证了主流移民在总量上的领先地位。

第三，空间。主流移民都是在大地理区之间迁移，如流域与流域之间（黄河流域与长江流域，黄河流域与辽河、松花江流域），或流域内上中下游之间。因此，也是跨大行政区的迁移，距离长。此其一。其二，主流移民的主要迁移方向突出而稳定，非主流移民缺乏主要迁移方向。

第四，影响。移民是一种社会经济现象，任何移民运动都会引起现有的人口分布和经济地理格局发生程度不同的变化。由于迁移时间、迁移规模、迁移空间的不同，主流移民和非主流移民引起这种变化的大小存在明显的差别。主流移民对人口分布和经济地理格局的改变，具有全局的意

---

① 参阅葛剑雄《中国移民史》第一卷，福建人民出版社 1997 年版，第 44—47 页。

义，十分重大，非主流移民根本无法与之相比。

第五，有些非主流移民可能具有以上某一项特征，但是主流移民必须同时具有上述四个特征。这也是它们的区别所在。

根据这个标准，张国雄认为“主流移民”的定义是：在一个时期内的所有移民运动中，迁移时间最长，迁移规模最大，在大地理区之间展开，其影响也最显著的那部分移民就是主流移民。它们所具有的特征反映了那个时期人口迁移的规律。据此，张国雄也将中国移民史分为四个阶段。

1. 先秦时期黄河中下游的多向移民

从一些零散文字简略而间接的记载中，我们对秦统一以前一千三百多年间的移民运动的了解，较商代以前要具体丰富得多了。商、周的迁都，西周分封以及春秋战国时期各国争战所导致的疆域变迁，为我们提供了了解、认识那个时期移民运动的一些线索。因为这些政治、军事行动必然引发移民运动的出现。虽然这些只是当时实际存在的移民运动的一部分，要依此谈论主流移民的特征、迁移的规律，条件尚不充分。但是，它们毕竟反映了一些值得注意的现象。

首先，黄河中下游是移民最频繁的地区。商王朝立国后的六次迁都，西周分封的燕、鲁、齐、卫、宋、晋、蔡等绝大部分诸侯国，是在这一地区。春秋战国时期林立的诸侯国同样以黄河中下游为多。即使可与中原诸国争雄到战国时疆土最辽阔之南方楚国，其发展的主要方向也是在靠近黄河流域的江淮之地。不论是与同处长江流域之吴、越争战，还是战国后期都城由郢迁陈，迁寿春，都反映了这一战略态势。上述政治、军事斗争引发的移民运动主要在以黄河中下游为中心的地区进行，应是不争之事实。

其次，这些迁移大多具有一定规模。迁都实际上是宗族、臣民的人口大转移，分封也以集团性迁移为基础，绝不是几个贵族到封地去轻松地接管。因为西周灭商后很多分封之地存在着强大的敌对势力。比如周武王封太公于营邱建齐国，以控制山东半岛东部最大的敌对势力莱夷。“太公就国，其初颇为不顺，几经较量齐国才巩固了自己的统治。”[①] 如果没有一定数量的同族人为后盾，恐怕不少异地受封者只有愧对周王了。

2. 由北向南移民加快了人口和经济重心的南移

自秦统一到两宋时期，中国人口分布和经济地理最重要的变化恰恰发

① 《史记·齐太公世家》。

生在黄河和长江流域之间。即，唐宋时期南北户口之比发生了根本的转变，北多南少成为历史，长江下游之江东成为新的人口最稠密的地区。经济重心也移向了南方。国家财政收入由秦汉以来对关东的依重，转而“常转漕东南之粟”[①]。“国家根本，仰给东南”[②]。太湖和宁绍平原变成了米粮仓，“苏湖熟，天下足”的民谚应运而生并广为流传。

面对这两个根本性的变化，不能不使人联想到一千多年间那一批又一批南下的移民。人口分布的转变经历了一个由量变到质变的过程，南下的移民似一块块砝码不断增加着南方人口在全国总人口中的比重。东汉时期，各郡国户口较西汉普遍减少，只有 38 个郡国例外。这 38 个郡国有 15 个在黄河中下游，另 23 个在长江流域和岭南。[③] 西汉末年，移民的南下是一个关键因素。“永嘉之乱”九十多万人南迁，至少使南方增加了六分之一的人口。唐贞观十三年（639 年）南北户口之比首次出现6∶5，南方超过北方。到天宝元年（742 年）北方又占了优势，北南户口之比变成了6∶5。这一拉锯变化到南宋初年以南方最终超过北方而结束，南北户口之比为6∶4。[④] 对此，应充分肯定唐“安史之乱”后“四海南奔似永嘉”，“衣冠南避，寓于兹土，参编户之一”[⑤]；和北宋靖康之乱后那 500 万北方移民南下对人口分布格局的最终改变所做的贡献。

3. 由东向西移民与“湖广熟，天下足”

元明清时期中国人口分布的格局没有根本的改变，主要是流域内的调整。长江中游商品粮基地的建设则是经济地理变化的一件大事。

在流域内的人口调整中，长江上中下游之间的调整占有重要地位。“江西填湖广，湖广填四川”改变了本流域内的人口分布格局，使之趋于均衡合理。从人口统计数据的一般情况看，今湖南、湖北作为迁入地其人口增长幅度在明代并不大，人口密度仍较低。如果把接受移民数量很少的广大湘鄂西山区排开来看两湖平原、丘陵地区的人口变化，结论就不一样了。以江西为主体的移民主要分布在鄂东、江汉—洞庭平原、湘中，清前

① 《新唐书·食货志》。

② 《宋史·范祖禹传》。

③ 梁方仲：《中国历代户口、田地、田赋》甲表 9，上海人民出版社 1980 年版。

④ 葛剑雄：《中国人口发展史》，福建人民出版社 1991 年版，第 342、343、345 页。

⑤ 严中平等：《中国近代经济史统计资料选辑》，科学出版社 1955 年版，附录清代乾、嘉、道、咸、同、光六朝人口统计表。

期两湖由人口输入转为人口输出，迁出地又集中在这几个地区。这一事实使我们有理由相信，两湖平原、丘陵地区的人口密度因“江西填湖广”运动而提高的幅度比目前看到的要大得多。清前期的“湖广填四川”使四川在道光末年就成了全国第一人口大省[①]，其人口密度由乾隆五十年代的 16.67/平方公里上升到嘉庆十七年（1812 年）的 40.22/平方公里。乾隆年间，湖北人口密度和人口数量占全国总数之百分比就都超过了江西，湖南逼近江西。[②] 长江上中下游的人口差距得以大大缩小。

4. 近代多向移民与中国人口分布东西对比格局的形成

中国沿边地区土地辽阔，原有人口基数低，近代的沿边多向移民运动唯“闯关东”对东三省人口状况的改变最为显著。

东三省人口原以辽河中下游的奉天为多，北部的吉林、黑龙江人烟更为稀少，主要活动着以渔猎为主的满族和以游牧为主的蒙古族。“闯关东”的洪流渐渐改变了这一状况。咸丰十一年（1861 年），奉天与吉林的人口之比为 1∶8.6。光绪二十三年（1897 年）缩小到 1∶6.4，到宣统年间又进一步缩小到 1∶2[③]。黑龙江的人口由嘉庆年间的 16 万，增加到宣统年间的 185 万[④]。所以有人说，20 世纪 20—30 年代向东北移民的狂潮“其规模之大，可以算得是人类有史以来最大的人口移动之一”[⑤]。东三省因之成为当时中国人口增长最迅速的地区之一，与内地的人口差距在明显缩小。这一变化还改变了先秦以来中国人口分布南北对比的传统格局，开始呈现出东多西少的分布特征。

以闽、粤移民为主体的华侨则促进了中国对世界各国政治、经济、社会、文化的了解，扩大了中国人的视野，加强了中国与世界经济、政治的联系。

总之，从地理角度看，第一期是在中华文明最重要的发祥地黄河中下游展开，形成了中国人口分布北重南轻的格局。第二期在黄河和长江两大

---

① 《文苑英华》卷八〇四。

② 严中平等：《中国近代经济史统计资料选辑》，科学出版社 1955 年版，附录清代乾、嘉、道、咸、同、光六朝人口统计表。

③ 据梁方仲《中国历代户口、田地、田赋》甲表 86（上海人民出版社 1980 年版）和严中平《中国近代经济史统计资料选辑》附录（科学出版社 1955 年版）测算。

④ 梁方仲：《中国历代户口、田地、田赋》甲表 86、88，上海人民出版社 1980 年版。

⑤ 李德滨、石方：《黑龙江移民概要》，黑龙江人民出版社 1987 年版。

中华文明发祥地之间进行，改变了北重南轻的人口分布状况。此后南北之间的移民很少出现。第三期长江流域内人口分布的调整，巩固了全国人口分布南重北轻的态势。第四期不仅使中国移民运动成为国际移民的一部分，而且“闯关东”使东北人口速增，中国人口分布传统的南北对比格局逐渐向东西对比转移。这四个时期构成了中国移民史发展变化的基本轮廓，为现代人口分布奠定了基础。胡焕庸在30年代提出的著名的中国人口瑷珲——腾冲分布线（东多西少），就是四个移民期逐步展开的产物。

从主流移民与区域开发互为因果看，四个时期主流移民迁移的方向、持续的时间、展开的地域虽各不相同，但是表现出了一个由人口密集、经济开发程度高的地区向人口稀疏而开发程度低的地区离心状转移的共同特点。促使主流移民特征变化的根本原因，既不是政治的，也不是军事的，而是地区开发这一经济因素。主流移民与区域开发互为因果。①

从上述葛、张对中国移民史的分期来看，汉民族移民史从先秦算起，历经三四千年，从近代才开始比较有规模、有影响地向海外移民。葛剑雄认为从太平天国起义至20世纪上半叶（1851—1950年），“帝国主义国家强行打开了清朝的大门，设立通商口岸以后，上海、天津等沿海城市和新兴的工矿城市吸收了大批农村和小城镇人口，从而形成了一股新的移民浪潮。同时帝国主义国家对廉价劳动力的需求和东南沿海地区日益增加的人口压力，使向海外的移民出现新的高潮”②。张国雄认为近代多向移民“使中国移民运动成为国际移民的一部分”③。

二　汉民族海外移民史分期

没有规矩不成方圆。分期要有一定的标准，不然会失去方向。虽然葛剑雄并没有具体提出对中国移民史分期的标准，但他认为“移民”应是“具有一定数量、一定距离、在迁入地居留了一定时间的移动人口”④。这应该是他们对中国移民史分期的标准。

但对汉民族海外移民史的分期不能完全按葛剑雄的观点进行。因为汉

---

① 参阅张国雄《中国历史上移民的主要流向和分期》，《北京大学学报》1996年第2期。

② 参阅葛剑雄《中国移民史》第一卷，福建人民出版社1997年版，第44—47页。

③ 张国雄：《中国历史上移民的主要流向和分期》，《北京大学学报》1996年第2期。

④ 葛剑雄：《〈中国移民史〉发凡》，《历史地理》1990年第9辑，第133页。

民族向海外移民在开始的时候并不具备一定的数量。依笔者之见，汉民族海外移民史的分期标准，要注意一个背景、一个态势、一个流向。

一个背景，就是要注意汉民族形成和发展与汉民族海外移民的关系，因为我们研究的范围是汉民族的海外移民，这是由汉民族海外移民的民族性决定的。

一个态势，就是要注意汉民族海外移民与中国移民史的关系，因为我们研究的范围是中国人口最多的民族——汉民族的海外移民，它是中国移民史的一个组成部分。这是由汉民族海外移民的历史性决定的。

一个流向，就是要注意汉民族海外移民与迁出地和迁入地的关系，因为这关系到汉民族海外移民能否解决生存问题，能否生活得比在迁出地更幸福、更美好。这是由汉民族海外移民的生存性决定的。

在这个标准下，汉民族海外移民史可分为五个时期：汉民族海外移民的萌动时期（先秦到秦汉）；汉民族海外移民的开启时期（三国两晋南北朝到隋唐）；汉民族海外移民的初发时期（两宋到元）；汉民族海外移民的曲折发展时期（明到清前期）；汉民族海外移民的大发展时期（清后期至今）。

第二章　汉民族海外移民的萌动时期

汉民族是一个胸怀宽广、志向远大的民族，在世界东方的中华大地上，从其起源开始到形成的过程中，自觉或不自觉地萌动了向海外移民的想法。

从先秦直到秦汉，是汉民族起源和形成的时期，与之相伴是汉民族海外移民的萌动时期。

《礼记·月令》云："天地和同，草木萌动。"此处本指草木发芽。借用"萌动"一词，意在一石二鸟，即一方面先秦是汉民族起源和形成时期，这是"萌动"的第一层意思，另一方面又是汉民族海外移民的滥觞之时，这是"萌动"的第二层意思。正所谓"天地和同，草木萌动"。《礼记·月令》中的这句话，用来说明汉民族的起源和形成与汉民族海外移民的缘起同是萌动是再恰当不过了。

第一节　汉民族航海史的开端

俗话说：万事俱备，只欠东风。在中国历史上，原始时代及至三代（夏、商和西周）汉民族的起源已经启动，汉民族的海外移民也已经萌动，那么，海外移民的必备条件——航海工具和航行技术，都准备好了吗？

一　中国航船早期的演进

据航海史专家的研究，中国航海历史悠久。早在7000年前的新石器时代晚期，汉民族的祖先伏羲氏已能用火与石斧"刳木为舟，剡木为楫"[①]。其他还有种种传说，如《世本》云："共鼓、货狄造舟"；《山海经》云：

① 《易经·系辞》。

“番禺始作舟”；《物原》云：“轩辕作舟”；《墨子闲话》云：“工倕作舟”；《发蒙记》云：“伯益作舟”；《吕氏春秋》云：“虞姁作舟”；《拾遗记》云：“轩辕变乘桴以造舟楫”，凡此等等，正是说明先秦三代航海工具革命性的进步已为汉民族的海外移民创造了条件，准备好了工具。

商代青铜鼎铭文

资料来源：孙光圻：《中国航海历史的开创时期——夏、商、西周（公元前21世纪—公元前770年）》，《世界海运》2011年第2期。

航海需要经得起海洋大风大浪的航船，于是为了改善“刳木为舟”的独木舟的稳定性与运载能力，人们开始在独木舟的四周装上木板。随着木板列数的不断增加，这个作为船底的独木舟就相形地变小和变浅了。发展到后来，当它成为实际上的一艘船底板或船龙骨时，独木舟就演变成为木板船了。从中国最早的古文字——甲骨文的“舟”字中，可以看到木板船的大略（见下图）。英国著名的中国古代科技史专家李约瑟指出，从这个字可以看出，其时的船已“不是欧洲人想象的用一个船头柱、船尾柱连接龙骨所组成的，而是带有尾板、舱壁及方端结构的船。换句话说，即帆船的原型”[①]。这种木板船看来已有多种型制，它左右对称、平衡、平底、方头、方尾、首尾略上翘，前后两端有甲板，而且出角。更值得注意的是，“舟”字中有二至四条横线，这很可能说明，当时的木板船已有横梁或横隔板结构，这对于增强船体的横向强度、抗衡海洋中的风浪是大有裨益的。

木板船的出现，使汉民族先民们的水上运载工具开始摆脱了原材料方

① 转引自孙光圻《中国航海历史的开创时期——夏、商、西周（公元前21世纪—公元前770年）》，《世界海运》2011年第2期。

舟 

甲骨文的“舟”字

资料来源：孙光圻：《中国航海历史的开创时期——夏、商、西周（公元前21世纪—公元前770年）》，《世界海运》2011年第2期。

面的大桎梏，使船只的大小、尺度、线型的设计与建造进入了一个更为经济、科学、自由的领域，不但为航海史开辟了一个新的时期，并为航海工具的更高级发展奠定了基础。

在古代航海活动中，风帆是最主要的船舶驱动装置。在中国沿海的开放性海域中盛行着有规律的季风，船只在水上航行时，感受到风的推力或阻力是非常自然的。汉民族的先民们使用风帆最早很可能在新石器时代。据考古资料可知，在西安半坡遗址出土的陶片上已有编席样的纹饰。在河姆渡遗址第四文化层中，也曾发现了距今约7000年的管形骨针、木刀和小木棒等原始纺织部件。这说明，当时汉民族的先民们编织席状帆布之类兜风物应有可能。在制作挂帆的桅杆方面，新石器时代的祖先似也应无困难，如在河姆渡遗址中，即发掘出直径为23厘米、长约6米的圆木长柱，而且已有榫木结构，因此，制作风帆的设备完全有可能。古书《物原》上曾有“燧人以瓢济水，伏羲始乘桴，轩辕作舟楫，……夏禹作舵加以篷碇帆樯”[①]的记载。以及“禹效鲎制帆”的传说记载。风帆出现的明确记载，始于殷商时代的甲骨文。甲骨文字中，已有可以释义为“帆”的“凡”字了。如“戊戌卜，方其凡?”释读为“戊戌卜辞问，一定（或应该）要在舫船上挂帆吗?”[②]等。

二　航行技术的进步

随着夏、商、西周航海事业之发端，航海知识与技术也有了较大的进

① （明）罗颀：《物原·器原》。

② 参见孙光圻《中国航海历史的开创时期——夏、商、西周（公元前21世纪—公元前770年）》，《世界海运》2011年第2期。

步，如在海上导航知识的方面，最重要的是在海上航行必须明了舟船所在的位置，掌握舟船前进的方向。过去在航海中，以陆地目标来定位与定向是最主要的方法。《尚书·洛诰》中说，周公在洛阳选建城址时，曾绘有地图献给成王；《诗经·周颂》中说，武王定天下后，依据地图上绘的山川顺序进行祭祀活动；《周礼·地官司徒第二·大司徒》中还提到由大司徒掌管“天下土地之图”，图上可以辨认“山林、川泽、丘陵、坟衍、原隰”之分布。

在天文定向方面，商代人已能观察太阳在白昼运行过程中的相对方位来确定时辰，其中特别是“旦”“中日”“昏”三个时辰的太阳位置具有重大的定向导航价值。同时，当时还可能通过原始的“表”或“圭”测影来确定方位，这表明，在白天航行中，已可能利用太阳在不同时辰的方位来定向导航。至于在夜晚，已能通过观测恒星，特别是北斗星来进行海上定向导航。甲骨文与《夏小正》中，已多有与“斗”字有关的记载出现。当时北斗星位置比今天更接近北天极，在星月交辉的明朗夜空中，船只完全可以参照它的方位导航。在计时知识方面，夏代已有天干（甲、乙、丙、丁、戊、己、庚、辛、壬、癸）记日法，以十天为一旬。在商代，把天干记日法与十二地支（子、丑、寅、卯、辰、巳、午、未、申、酉、戌、亥）结合起来，形成了六十干支记日法。到周代，已有“挈壶氏挈壶……以水火守之，分以日夜”① 的记载，说明水漏计时器已经问世。由此推测，先秦三代时期，汉民族的先民们在航海活动中，很可能已能用“旬”或“日”来计时了。值得指出的是“天干”“地支”以及殷周时“八卦”（乾、坤、震、巽、坎、离、艮、兑）的创设，为后世航海罗盘24个方位字的确立奠定了重要的基石。

海上航行，必须掌握一定的气象知识，以保证当时海上安全航行。据殷墟卜辞记载及有关研究，殷人的气象知识已相当可观。在对风的认识上，他们已能观测来自东、南、西、北各种不同方位的风向，已能用一种叫“斿”或“旒”的旗子来候风，已能区别风力的级别，有“大风”“小风”“大掫风”（大骤风）、“大飈”（大狂风）之分，已能预卜当天甚至两三天之内的气象。在对天气的认识上，他们已能识别晴、阴、晦、黑、雨、雪、雷、虹、雾等。

---

① 《周礼·夏官·挈壶氏》。

船只在水上航行，还需要有一定的操纵技术。据殷墟卜辞看，当时已有“枚舟”的记载。《说文解字》训：“枚也，可为木，从木从支。”郭沫若释为：“枚舟盖犹言泛舟或操舟。”这说明已有操纵技术了。在船只驱动技术上，殷人已有划桨、撑篙、牵引等手段。在控制航向上，据甲骨文中的“般”字“象舟之旋”，可知当时已有能改变航向的工具。另外，殷人已领悟到水流对航向的作用了，如卜辞中有“泛”字，就很像前后二舟顺流航行之姿态。《说文解字》说：“泛，浮貌，一曰任风波自纵也。”而前述之“牵舟”，也说明殷人已知道逆流行船的困难，因此，“用索以挽”，牵引前进。

凡此等等，航海技术的进步，表明在先秦三代时期，汉民族的先民们已能远航异域他乡，以航海为手段的经济、外交、军事运输活动也开始发展起来，汉民族的古代航海事业已经进入开创阶段。①

第二节　原始时代及夏代汉民族航海的记忆

中国是国土广袤的大陆国家，又是具有漫长海岸线的海洋国家，海洋文明也是中华古老文明的重要部分。考古学表明汉民族的先民们早在8000年前甚至更早就已经使用独木舟了。旧石器时代的山顶洞人就已与大海有了接触。早期汉民族的先民们正是通过独木舟或竹木筏，借助太平洋上的洋流辐射到日本列岛，传播到菲律宾、马来西亚、印尼，甚至远播到太平洋中部。

一　原始时代汉民族航海的考古记忆

在汉民族的先民们走向海洋之初，由于生产力极其低下，航海器具极其简陋，航行知识与技能极其贫乏，因此，那个时代所谓的航海，基本上是视界不脱离陆地的航海，非常害怕视界里丢失了陆地。汉民族原始社会的航海起点，也只能是从视界所及的沿岸或邻近的岛屿之间短距离航行开始。

据考古发掘报告，辽东半岛及其沿海岛屿的新石器时代考古资料显

① 参阅孙光圻《中国航海历史的开创时期——夏、商、西周（公元前21世纪—公元前770年）》，《世界海运》2011年第2期。

示，在同属于小朱山下层（距今约 6000 年）文化层的众多遗址，如郭家村和双坨子遗址中，发现了相当数量的巨型石网坠以及习于在深水海域生活的大型鱼类（如鲸、鲨之类）的骨骼残骸。这表明在距今六七千年前后，辽东半岛黄海沿岸与附近海岛之间的短距离海上捕捞与迁徙航行已经开始。

同样的情况，在濒临大陆的一些沿海群岛上也屡见不鲜。在庙岛群岛上，由于其最南方的南长山岛与山东半岛北岸突兀处的蓬莱近在咫尺，同时群岛本身各大小岛屿均相望于道，故而山东半岛早期的滨海文化远在六七千年之前即渗入群岛。而在东海沿岸与舟山群岛一带，这类由早期航行所进行的文化传播迹象更是十分醒目。

随着原始社会生产力与航海能力的提高，人们开始驾着舟筏，小心翼翼地沿着海岸向较远的未知水域与彼岸前进。在黄海和日本海远古航行方面，据新石器时代朝鲜半岛南部和俄罗斯远东文化遗址考古所得，中国北方黄海沿岸的航线，在五六千年前即已延伸到异域他乡了。而在渤海海峡的远古航行方面，在距今 5000 年前后，山东半岛和辽东半岛之间通过航海而进行的文化渗透与交汇的迹象日益明显起来了。至距今 4000 年前后，这种趋势进而发展，典型的山东半岛龙山文化已明显地渗透到辽东半岛滨海地区。而这种文化传播的最佳途径就是横渡渤海海峡。从整个东部沿海看，当时已出现了区域性与超区域性的南北航行活动。这从山东龙山文化及东南滨海文化的分布与传播态势便可得到明确的结论。

距今 4500 年前后的龙山文化以薄如蛋壳的黑陶为典型特征，盛行于山东沿海地区，在沿海地区传播非常活跃。除如前所述的辽南地区外，还南下江、浙、闽沿海，甚至横越海峡，传至台湾岛。同样，以河姆渡文化为母系的东南滨海文化，在苏、浙、闽、粤等沿海也留下了众多的遗址。特别是远古造船专用工具——有段石锛，在东南沿海和岛屿需要造独木舟之处分布极为广泛，更证明了这一点。

上述龙山文化与河姆渡文化的传播情况，充分反映了在 5000 年之前，中国大陆南北之间的东部沿海一线，已出现了区域性或超区域性的原始航海活动。

在探索汉民族先民们向海外进行远洋漂航的可行性时，仍需借助对古代文化类型，特别是有段石锛等典型文化的传播态势进行分析。据研究，有段石锛在海外分布极其广泛，菲律宾、苏拉威西岛、北婆罗洲、波利尼西亚群岛、萨摩亚群岛、复活节岛，甚至新西兰和南美洲的厄瓜多尔均发现过有段石锛。人类学家林惠祥从时间、地理、人种与器型发展阶段等几个角度，具体论证了有段石锛的传播方向与路线：菲律宾的应是由台湾岛或广东经东沙群岛等处传去；苏拉威西和北婆罗洲的是由菲律宾传去；波利尼西亚诸岛的也应由菲律宾传去。

关于有段石锛向南洋与太平洋诸岛的传播，主要是依仗北太平洋海流、亚热带流、北赤道海流、赤道逆流、南赤道海流和南副热带海流，通过漂航来实现的。其具体的海外传播路线，很可能是分两步走：首先，通过沿岸航行或越海漂航传播到离大陆较近的台湾岛，再传往菲律宾、苏拉威西与北婆罗洲等地区。然后，由擅长航海的波利尼西亚人在相当漫长的历史时期内，将它们从东南亚地区逐步传播到太平洋波利尼西亚诸岛以及新西兰等处。

从世界航海史看，波利尼西亚人最早离开东南亚诸岛东航的时期，约在3000年之前。到公元前500年前后，抵达南太平洋的萨摩亚群岛与汤加群岛。大约到公元200年，他们又东航至社会群岛[①]与土阿莫土群岛，并经过相当漫长的航海探险，北面从萨摩亚群岛与汤加群岛出发，经托克劳群岛、菲尼克斯群岛，于1004年到达夏威夷群岛；东面从土阿莫土群岛出发，于12、13世纪前后到达复活节岛；西南面从萨摩亚群岛出发，经长达3000千米的航行，到达新西兰岛。从波利尼西亚人航海活动表看，这与中国沿海有段石锛在海外地区的传播态势是相吻合的[②]。

综上可知，汉民族的先民们在世界最早的航海文明活动中所作出的巨大努力，堪与地中海区域的著名航海民族媲美而毫不逊色。在遥远的时代里，他们以自己非凡的勇敢与智慧走向海洋，不但为其后中国古代航海事业的开创与形成奠定了重要的基础，而且为世界航海史的最初篇章留下了光辉的一页。

二　夏代汉民族航海的文献记忆

夏代之时，一些滨海夷族与中原王朝建立了臣属关系，《后汉

① 社会群岛正确的译名应是学会群岛，因为是纪念英国皇家学会而命名的。它是太平洋东南部法属波利尼亚的主要岛群。

② 参阅孙光圻《中国航海历史的蒙昧时期——旧石器晚期至新石器时期（公元前200世纪—公元前21世纪）》，《世界海运》2011年第1期。

书·东夷传》夷有九种，曰畎夷、于夷、方夷、黄夷、白夷、赤夷、玄夷、风夷、阳夷，昔尧命羲仲，宅嵎夷，曰旸谷，巢山潜海，厥区九族，是以九夷为嵎夷也。《说文解字》云："嵎山在辽西，一曰嵎夷，旸谷也。"薛士龙《书古文训》云："嵎夷，海隅诸夷，今登州，于钦齐乘因以宁海州为嵎夷，今登州"，于钦齐乘因以宁海州为嵎夷，宁海州，为今之牟平、文登一带，文登古属宁海州所辖。《东坡书传》中嵎夷当在东方海上。擅长于航海活动。《竹书纪年》记载"后芒即位，元年以玄珪宾于河"，即以珪璧沉于河以祭河神。说明夏商时人们已有模糊的海神崇拜。夏朝的帝芒（公元前21—前16世纪）曾"东狩于海，获大鱼"[①]。这项活动可能具有两种背景：一是进入文明的夏王朝生气蓬勃，由内陆川泽走向海洋，向渔猎的广度进军。二是如《夏禹制禁》[②] 所说，夏初生产力迅猛发展，造成内陆川泽渔业资源破坏，被迫向海上扩展。还有，少康死后，子杼继位，兴师"征于东海"，结果使得不甘臣服的东海人逃亡出海，据海进行反抗。古代有夙沙氏（黄帝臣）"煮海为盐"的传说，可见人们对海盐的认识是很早的。甲骨文中有"渔""舟"字，这主要是指河湖沼泽处的水上行为，但不能完全排除有涉及近海作业的可能性。然而不论哪种情况，围绕山东半岛的这种大规模的狩海射鱼，说明了世居于东方及沿海的夏商部落，与海外岛屿之间已有相当规模的航海活动。这不仅是汉民族先民们航海的原始起步，也是中国历史上的一个壮举。

由此可见，夏代在海外航行方面恐怕也有一定的能力了。据《诗经·商颂》载："相土烈烈，海外有截。"这说明相土干了一番轰轰烈烈的事业，在海外也有治理得很好的地方。据考，相土居今河南省商丘，东都在今泰山东部。"海外"之域，大约在今辽西地区或朝鲜一带。由此推测，当时很可能已建立了一条从山东半岛出发，横渡渤海海峡，到辽东半岛滨海地区，再进而沿黄海北岸东行，到达朝鲜半岛西海岸的海上航线了。

---

① 《竹书纪年》。

② 《逸周书·大聚》云："春三月，山林不登斤斧，以成草木之长；夏三月，川泽不入网罟，以成鱼鳖之长。"这可以说是我国历史上第一个保护林业、渔业资源的禁令，由于是夏禹首创，后世史家便称为"夏禹制禁"。

第三节　商周汉民族东渡移民的“猜想”

商周是汉民族海外移民最富传奇色彩的一个时期，它给世界留下了两个“猜想”①，一是殷人东渡移民美洲，或换个说法，即印第安人究竟是来自亚洲还是土生土长于美洲？二是殷人在箕子的带领下东渡移民朝鲜，还是日本，甚至是美洲？在本节我们先讨论第一个猜想。

据说哥伦布发现新大陆时曾有一份秘密报告说：“他在美洲海岸发现有驾鸟船的黄皮肤人在开矿。鸟船即端首，盛行于浙江、福建一带。采矿的黄皮肤人，难道不可能是中国人的后裔吗？”这份报告现在秘存于西班牙马德里海事档案馆里②。从此之后，美洲印第安人究竟是来自亚洲还是土生土长于美洲？也就成了世界移民史上的第一大猜想。

那么，人们是怎样猜想的呢？

> 当年商人是这样东渡美洲的：进攻东夷的商军和军属殷民面临亡国被围困的险境，商军统帅攸侯喜和靡虘侯决定，组织商军民越海东渡，东迁日出之国。他们将 25 万商军民和东夷百姓，分作 25 部族，

---

① 猜想是不知其真假的数学叙述，它被建议为真，暂时未被证明或反证（如“霍奇猜想”“周氏猜测”等）。当猜想被证明后，它便会成为定理。猜想一日未成为定理，数学家都要小心在逻辑结构之中使用这些猜想。

② 1492 年 8 月 3 日，哥伦布受西班牙国王派遣，带着给印度君主和中国皇帝的国书，率领三艘百十来吨的帆船，从西班牙巴罗斯港扬帆出大西洋，直向正西航去。经七十个昼夜的艰苦航行，1492 年 10 月 12 日凌晨终于发现了陆地。哥伦布以为到达了印度。后来知道，哥伦布登上的这块土地，属于现在中美洲巴勒比海中的巴哈马群岛，他当时为它命名为圣萨尔瓦多。1493 年 3 月 15 日，哥伦布回到西班哥伦布航海路线牙。此后他又三次重复他的向西航行，又登上了美洲的许多海岸。直到 1506 年逝世，他一直认为他到达的是印度。后来，一个叫作亚美利哥的意大利学者，经过更多的考察，才知道哥伦布到达的这些地方不是印度，而是一个原来不为人知的新的大陆。哥伦布发现了新大陆。但是，这块大陆却用证实它是新大陆的人的名字命了名：亚美利加洲。后来，对于谁最早发现美洲不断出现各种微词。哥伦布发现新大陆的结论是不容置疑的。这是因为当时，欧洲乃至亚洲、非洲整个旧大陆的人们确实不知大西洋彼岸有此大陆。至于谁最先到达美洲，则是另外的问题，因为美洲土著居民本身就是远古时期从亚洲迁徙过去的。中国、大洋洲的先民航海到达美洲也是极为可能的，但这些都不能改变哥伦布到达新大陆的影响。印第安人，又称美洲原住民，是除因纽特人外的所有美洲土著居民的总称。美洲土著居民中的绝大多数为印第安人，本来分布于美国各地，是东亚蒙古人种美洲支系。参阅胡远鹏《印第安人：来自亚洲还是土生土长于美洲?》，《福建师范大学福清分校学报》2007 年第 3 期。

> 分五路行动，每路中都有方夷舟师领航。大约每五族由一个王族率领。这五个王族即飞鹰族、飞虎族、飞龙族、飞蛇族、乌兔族。为行动方便，分别由攸侯喜和摩虘侯率领泛海东渡。东渡大军可能分成帆舰队和涕竹舟船队的混合编队。军官和贵族及黄金、玉器、珠宝、粮食、工具、武器、给养等，乘帆舰；军属平民和士兵乘涕竹。就这样，25万军民浩浩荡荡地从安徽、山东两地放舟入海。最初的航向可能是直接向东方航行，过日本三千诸岛抵达扶桑墨池旸谷日出国。入海后，由于海流和海风等缘故，便分成五路前进。其中有一部分人因途中船毁不得不登陆，还有一部分没有来得及上船或船上装不下的军民沿海岸线步行逃生。一部分船队经过“天之浮桥”到达秘鲁和中美洲，一部分向南跨岛再向东，另一部分乘舟向北穿过朝鲜海峡、日本海峡、千岛群岛、鞑靼海峡、阿留申群岛、阿拉斯加到北美洲，然后再南下；还有一支从山东半岛出发后登朝鲜半岛，进入东北夷肃慎、猃狁所在的东北亚，穿白令海峡、阿拉斯加，再南下，沿途设置标志，以方便后面的殷族前进。各路大军先后到达南、北美洲，而以中美洲人数为最多。胜利到达彼岸的殷民，分别得到侯喜王发放的粮食和种子，同胞兄弟姐妹以及同乡辛勤劳作，慢慢地在当地繁衍生殖并且最终安定下来。25部族兄弟为了永远铭记东渡美洲的艰辛，便在墨西哥西海岸盟誓，表示永远同生死共患难。[①]

从考古文化学来看，何丕荣在《光明日报》上发表《是谁先到“新大陆”》一文指出：“近几十年来，考古工作者在美洲，特别是在墨西哥发现了大量具有我国殷商时代至宋朝以后文化特征的文物和文化遗迹，据统计，其中已发现汉字59个，加上重复的汉字，共计已有140多个。从这些汉字的字体上看，从殷朝到宋朝，几乎都有。……”墨西哥的基奇霍夫教授说：“在欧洲人入侵之前，当地居民使用的所谓阿苏特克历法，是中国人发明的。”[②] 这个报道，实际上就是向世界宣告是殷人最早移民到墨西哥的。此说一出，就把所谓发现美洲新大陆的时间提前了2500多年。如果此说成立，那就可以说汉民族先民们早在3500多年前就已经移

---

① 《商人去了哪里?》，《广电报》2008年2月2日。

② 何丕荣：《是谁先到“新大陆”》，《光明日报》1992年6月6日。

民到了美洲，从某种意义上来说，那美洲印第安人岂不成了世界上最早的华侨或华人了？

让我们回到殷周的历史去看看这个世界移民史上的第一大猜想究竟如何。

一　汉民族先民殷人东渡移民美洲

建立商朝的殷人素习水上航行，其统治者已将航运作为立国大计。《盘庚》和《史记·殷本记》里，都记载了商帝盘庚从河北迁都到河南的事情。从河北到河南，必须渡过黄河。可惜的是，这些古书中没有记述当时渡河的情景、规模以及使用的航运工具，使我们现在很难了解当时水运的具体情况。但是，我们从河南安阳殷墟的王城遗址来看，当时迁徙渡河的规模是很大的。这说明在商朝中期已经有大规模的航运活动了。武丁时期举兵四征，说商军“挞彼殷武，奋伐荆楚，深入其阻，裒荆之旅”[①]，表明已越淮水，渡长江，打了大胜仗。卜辞还记载，帝辛（商纣王）征讨人方时，曾两渡淮水至齐，而后循海南行。

另据卜辞记载，商代帝王也动用了大量船只捉拿逃亡的奴隶。殷人还以舟船为交通运输工具，卜辞中记载盘庚在动员迁都时曾说：“若乘舟，汝弗济，臭厥载。”[②] 其意是，譬如乘船，坐上船后却不愿渡过河去，就只会招致船舟的朽烂。足见商代驶船行舟极为普遍。此外，卜辞中还有将船只作为贡纳之品的记载。殷墟遗址中出土的鲸鱼骨、海贝、大龟、象牙、蚌壳等。《禹贡·徐州》云：“海、岱及淮惟徐州：淮沂其乂，蒙羽其艺，大野既猪，东原底平。厥土赤埴坟，草木渐包。厥田惟上中，厥赋中中。厥贡惟土五色，羽畎夏翟，峄阳孤桐，泗滨浮磬，淮夷蠙珠暨鱼。厥匪玄纤缟。浮于淮、泗，达于河。”在《禹贡》中诸如“岛夷”“隅夷”“莱夷”“淮夷”“和夷”“三苗”“西戎”等都是代表着当时居住在各“州”比较大的族群，而在东至海、北至岱、南达淮河这一片区域中只提到“淮夷蠙珠暨鱼”。就文献研究和考古发掘成果，夏禹前后，徐州之域，在沂沭河地区、滨海地区、泰山地区生活着许多支属于东夷文化体系的夷人部落，蒙夷和

---

① 《诗经·商颂·殷武》。

② 《尚书·盘庚中》。

羽夷即是其中重要的两个部落。他们很可能是中国东南或南部沿海船民与海外地区进行航海贸易的证明。

原属东夷的殷人，居住地在今东北的西南部和河北省东北部。殷人后来扩大生活范围，越渤海而南下，至山东半岛，再进入豫、陕中原。北魏崔鸿在《十六国春秋·前燕录》中记下了一条极有价值的远古传说："昔高辛氏游于海滨，留少子厌越以居北夷，邑于紫蒙之野。"据考，高辛氏即帝喾，厌越当即殷祖契，滨海就是北海（今渤海）之滨，紫蒙指今辽宁省朝阳市西北以赤峰为中心的老哈河一带。根据这条记载，再结合古代文化类型的传播态势，不难想见，殷人当时在渤海水域沿岸航行以及横渡渤海海峡的航行已有相当水平了。

西周的开拓者对航行与舟船也十分重视。《诗经·大雅·棫朴》中颂周文王"淠彼泾舟，烝徒楫之，文王于迈，六师及之"。又颂文王结婚时"亲迎于渭，造舟为梁，丕显其光"[①]。在周代有所谓"天子造舟，诸侯维舟，大夫方舟，士特舟，庶人乘桴"[②] 之说。周武王时，还特设了专门管理舟船的官吏，称为"舟牧"[③] 或"苍兕"[④]。

西周历来将舟船作为争霸拓疆的重要手段之一。据《史记·周本纪》和《史记·齐太公世家》记载，商王朝末年，爆发了由周武王领导的讨伐商纣王的战争。为了使战争更有取得胜利的把握，武王九年（前1048年），武王率领队伍向东征伐，以此来检验各路诸侯的态度。当队伍来到孟津时，不期而会的有八百诸侯，他们率领的伐纣大军，会同武王的军队，大有席卷商都朝歌（今河南省淇县）之势。但是，要直捣朝歌，就必须渡过黄河，汹涌澎湃的黄河天险，浩瀚无边，滚滚的急流，奔腾不息。

孟津就是黄河有名的古渡口，水势也很凶险，在这里渡河，不但

---

① 《诗经·大雅·大明》。

② 《诗经·尔雅》。

③ 《礼记·月令》。

④ 《史记·周本纪》："后稷居邰，太王作周。丹开雀录，火降乌流。三分既有，八百不谋。苍兕誓众，白鱼入舟。太师抱乐，箕子拘囚。成康之日，政简刑措。南巡不还，西服莫附。共和之后，王室多故。檿弧兴谣，龙漦作蠹。颓带荏祸，实倾周祚。"《史记·齐太公世家》："师尚父左杖黄钺，右把白旄以誓，曰：'苍兕苍兕，总尔众庶，与尔舟楫，后至者斩。'遂至盟津。"司马贞索隐引马融曰："苍兕，主舟楫官名。"

要有坚强的意志，而且要有熟练的驾船技术。为了取得伐商的胜利，这次渡河等于是伐纣的演习。渡河的总指挥就是太师姜子牙。规定的时辰到了，只见他左手握着金黄色的大钺，右手举着白旄，双手一挥，发出命令："全军注意，管船的人把船分配好。全体将领和士兵，必须按规定时间渡河，延误者按军法处斩。"军令一下，几万人马立刻上船，踊跃向前，朝中流驶去。大批船只在黄河行驶，激起浪花无数，水面如同开了锅一般，大军全部按计划渡过了黄河。这是一次成功的演习。

两年之后，纣王灭亡之日来到了。武王趁时机已经成熟，便率领战车三百辆，虎贲（周王的近卫军）三千人，甲士四万五千人，再度在孟津会集各路诸侯，大队人马迅速地渡了黄河，直捣商都朝歌（今河南省淇县）。就这样，武王取得了伐纣战争的胜利。

西周初期伐东夷，见之于殷墟卜辞和西周金文所记不乏其例。卜辞上"正人方""王来正人方"中记述了周王征东夷的历程。[①] 铜器小臣艅尊铭："丁巳，王省夒仓，王锡小臣艅夒贝，惟王为正人方，惟王十祀又五，肜日。"此人方即夷方，亦即东夷。疐鼎亦有"隹王伐尸"的记载。[②]其用兵规模，复及淮上，东达海滨，覆巢之下，已无完卵，从其铭文中都充分地说明了对东夷战争的剧烈和延长。由于对东夷的征伐其面之广，不仅涉及徐夷、淮夷和山东半岛诸夷，而且对苏北地区的羽蛇部落同时征伐。

还有令人不解的是，攸侯喜本是封地位于今江苏一带的淮夷一部，是殷商末年重要的一个诸侯。公元前1045年，武王伐纣，攸侯喜勤王未果，而后就从中国史书中消失了。这是为什么呢？然而，根据历史记载，作为殷商重臣的箕子逃亡朝鲜后被武王追封。作为纣王长兄的微子被成王封为诸侯，一方面是因为周室秉承中国传统文化"存亡兴灭"的至德，尊崇殷商的后裔；另一方面是由于微子仁慈、贤明，深受商族遗民的爱戴；再则，因为微子建立的宋国保存商代的文化传统最多，被看作古代礼制的典范，受到各路诸侯的尊重。那么，勤王未果的攸侯喜及其十万大军到哪里去了呢？

---

① 《卜通》，第569页。

② 徐仲舒：《殷周之际史迹之析讨》，《历史语言所集刊》第七本第二分册，1936年。

在西周讨商伐夷的战争中，西周军队长途跋涉征东夷的羽蛇族群。由于殷人羽蛇族群参加了东夷反周联盟，屡迎征伐而又屡战屡败，终于被迫离乡背井，逃亡海外，创造了中国历史上最早的可歌可泣的海外大迁徙。真是无心插柳柳成荫，在生存与死亡的抉择中，殷人羽蛇族群为避开锋芒而寻求新的生存环境，终于走向海洋，九死一生，漂洋过海，到达了美洲。

羽蛇部落远洋航海的成功，已为在墨西哥发现的历史遗迹所证实。由于近年在墨西哥的考古发现，欧美学者认为有一批中国殷商之际的移民最先进入美洲，成为最早的美洲发现者和开拓者。1964 年，沃森在其《汉代以前的中国》中，提出自己的新观点，认为殷人从中国逃亡后，立即在大西洋彼岸的墨西哥建立起了自己的国家。迈克尔·科在其《美洲最初的文明》和《洛伦索与奥尔梅克文明》指出：殷流亡者到达墨西哥后首先在洛伦索建立了自己的部落中心。①

考古调查证明，历史的遗迹中，商代的影响特别强烈，其中作为“沼泽地中的祭坛”的拉文塔地面建筑物——圆形土墩，是美洲人所保留下来的最早的作为放置牺牲的部落举行祭祀的祭坛。这种习俗正是东夷部落先民以社为祭的反映。郭沫若先生曾依据甲骨文记载和文献提出的“祖社为一”的论点，堆土为坟即是祖先崇拜的反映；以石为社，当为祀神之所。拉文塔的圆形土墩和在我国东部沿海连云港将军崖发现的利用隆起的圆形山包作为祭坛以及徐州铜山县丘湾利用黄土堆积为土墩作为祭坛其功能是一致的。大石为“社主”，小石为“社足”的社祭遗风在东海之滨一直延续到三国。殷墟考古中曾发现许多可能被武王伐商时砸断了的许多用玉石雕成的“且”字形（象征“社”）的祖石，而美洲印第安人也同样崇拜用玉石雕成的祖石作为祭社的主神。将军崖岩画遗祭，在时代上据俞伟超先生推定当为殷商之际。这个遗迹似可推定为当时羽蛇部落作为社祭的祭坛所在，因而西方考古学家推断拉文塔建筑为殷人所筑不无依据。

美洲的印第安人，以羽蛇为其图腾崇拜。这种遗俗应视为羽蛇部落迁徙至墨西哥后，部落图腾崇拜在美洲世代延续的史证。墨西哥部落酋长所

---

① 参阅刘洪石《谁先到达美洲——羽夷、地望、族属、文化特征及其迁徙》，《海交史研究》1994 年第 1 期。

戴的饰有羽蛇神的帽子形制，左右分插有白色的羽毛，其形象与将军崖岩画第三组中饕餮人面纹仿佛，这个可比性不应视为偶然，它透露的不仅是一个图腾的孑遗，而是“血缘”关系的再现。这个以羽蛇为装饰的帽子，它体现了人神合一，是权力和智慧的象征。

法国人类学家列维-斯特劳斯曾指出：玛雅人蛇形面具和商朝青铜器中某些饕餮纹颇为近似。何光岳认为玛雅人，即为“妈夏”人之音转。[①] 并说：“羽蛇及羽蛇神，体现了美洲印第安人的人龙合一的祖先崇拜观念，凯蔡尔柯特尔是这种观念的典型表现之一。”此外，印第安人在世的部落首长或帝王亦自称为凯察尔柯特尔[②]，即是羽蛇神在人间的代表。因此，他们往往把自己的形象与龙（羽蛇）复合在一起。如像阿斯特克太阳石中外圈中的两条羽蛇口中的人，有人称其为阿斯特克人的两位杰出领袖蒙特祖马和内萨劳科约特利。[③] 在美洲，凤冠象征至高无上，所以，连羽蛇头上都饰羽，在首领居地以凤为第一等装饰，族人以饰羽为头等崇尚，这是模仿祖先的形象，表示自己是凤鸟的后裔。[④] 在危地马拉高原上，一条带着啄木鸟羽毛的蛇，此种啄木鸟被玛雅人视为圣鸟。[⑤]

王大有认为，凯察尔柯特尔是美洲印第安人的始祖神，是一位“可尊敬的外来人”，乘船渡海“来自墨西哥的西方”[⑥]，他是启明星神、羽蛇神、风神、风吹湖面波纹之神，既是太阳神，又是太阳之子，是仁慈的神，是无所不能的全能神。[⑦] 他是一位德高望重的长者，白发白须长髯白袍，也穿黑长袍。这位白色老人初到美洲时，因这里一片黑暗，混沌不分，于是创造了世界，用石头雕刻了一群巨人；由于巨人们后来触

---

① 何光岳：《东夷源流史》，江西教育出版社1990年版，第112页。

② 韩水军译：《盖查尔柯亚脱尔——877年托尔特克人的首领》，《拉美史研究通讯》1981年第3期。

③ ［墨］佩尼亚费尔：《阿斯特克历或太阳石》，载《墨西哥历史读物》第2卷，转引自何光岳《东夷源流史》，江西教育出版社1990年版，第111页。

④ 王大有：《龙凤文化源流》，北京工艺美术出版社1988年版，第207页。

⑤ ［美］派克斯：《墨西哥史》，生活·读书·新知三联书店1957年版，第12页。

⑥ 景振国：《扶桑新释》，《拉丁美洲丛刊》1981年第4期。

⑦ 引自王大有《龙凤文化源流》，北京工艺美术出版社1988年版，第256页。

怒了他，他便把他们沉到很深的水中；然后他让太阳和月亮从的的喀喀湖[①]上升起；他在蒂亚瓦纳科用泥土塑造了人和动物，赋予他们生命，教以语言、习俗、艺术、天文，并把他们分散到各个大陆，定居下来；然后，他带着他的儿子曼科·卡尔帕克和女儿玛玛·沃利奥来到民间，子教男农耕，女教妇纺织，他们还沿着安第斯山和海岸线，检查他们的洲戒和教导被遵守实行的情况。当凯察尔柯特尔在完成了他的使命后，他向人们说了声再见，就驾舟驶向金星，化为金星神了。据另一传说，年迈的老人乘船离开人们后，来到一个偏僻的地方，集木自焚，涅槃为人身鸟喙戴圆锥形帽子的启明星神兼风神（凤神）了，等等。

从上述这些几乎为所有印第安人熟知的凯察尔柯特尔的奇特来历与光辉业绩中，以及印第安人坚持认为这是历史而不是神话的执着信仰中，我们可以肯定凯察尔柯特尔确有其人，他的事迹确是经过高度赞誉而渐趋神化的史事。显而易见的是，他的事迹，与中国的太昊、女娲、少昊、羲和、常羲、盘古的事迹如出一辙，他的形象，具有浓厚的中国道教与佛教领袖人物的特征，以至不少人认为他是“慧深”等与佛教有关的“东方之神”[②]。但据各方面情况分析，凯察尔柯特尔的初始形象就是东迁美洲的少昊族领袖，所以他才具有如此强烈的中国殷商东夷集团领袖的气质。[③]

有意思的是，2004 年 8 月，中国中新药业亚马逊科学探险考察队完成对亚马逊河流域的漂流科考后，提出了如下的观点：居住在亚马逊地区的印第安人有可能是中国人后裔。根据科考队在亚马逊地区见到的印第安人长相和语言特点，专家指出，他们与古代中国人在诸多方面有类似之处。1975 年美国加利福尼亚发现一具 3000 年前的石锚，经过化验，确认这种岩石只在中国台湾海峡附近有，而美洲没有。科学家认为：“殷人早在 3000 多年前就航渡美洲”，这为中国人早在 3000 多年前就有人到过南美丛林提供了重要依据。有美国考古学家在南美亚马逊地区发现了 16 尊

① 的的喀喀湖（西班牙语：Titicaca），位于秘鲁和玻利维亚交界的安第斯山脉，湖面海拔高 3812 米，是南美洲最大的淡水湖泊，也是世界上海拔最高且大船可通航的高山湖泊。面积 8290 平方公里，平均水深 140—180 米，最深处达 280 米。湖中有 51 个岛屿，大部分有人居住，最大的岛屿的的喀喀岛上有印加时代的神庙遗址，也是印第安人的圣湖。

② 张志：《慧深和扶桑问题》，《世界历史》1979 年第 3 期。

③ 王大有：《龙凤文化源流》，北京工艺美术出版社 1988 年版，第 256 页。

雕像和6片玉圭，玉圭上刻有文字，科学家认为这是殷商文字，破译解读出来后是殷人祖先的名字：蚩尤、少昊等。所描述祭祀的习俗也和东夷人相同。科学家解读印第安人问候语“YINDIAN”为“殷地安”即“殷地安阳”，犹言“家乡好”；解读印第安人传说中的“HOSI王”为殷末军事统帅攸侯喜等。①

关于这条航线如何走，现代海洋科学的发展，为我们研究这条航线的可能性提供了科学的依据。连云山在举世纪念哥伦布发现新大陆500周年时，曾发表《谁先到达美洲》的专著，指出东晋高僧法显于安帝隆安三年西行求法，于公元413年回国，在公元412年9月5日搭上从狮子国去往罗马贸易的商船，在海上遇大风漂流九十日，到达一国名耶婆提的地方，经过考证这个耶婆提即是今日的墨西哥，作者分析，认为法显船队经过巴士海峡后，在当时西南季风的驱使下进入黑潮。黑潮带又称台湾暖流、日本暖流、太平洋暖流，在这个海域，黑潮带宽约200公里，这个数千年来不变其流向的海流其终点即为墨西哥的爪德芦佩岛，即今阿卡普尔科，古印第安地名与耶婆提相近。②

这条航线即是先沿苏北海岸航行，到达山东半岛，经长山列岛向东横断黄海，沿新罗西岸南下，进入日本海，利用日本暖流，随流漂泊，进入太平洋暖流，继续东漂，到达墨西哥的阿卡普尔科，在那里建立了自己的部落中心。虽九死一生，人数甚少，但却保留了汉民族的先民殷人羽蛇部落的土著文化，并在墨西哥繁衍生息，创造了举世闻名的玛雅文化，成为最早到达和开拓美洲文明的中国汉民族移民。③

一石激起千层浪。汉民族先民殷人真的是美洲历史的开创者吗？真的最先移民美洲吗？印第安人真的是商周时期汉民族的移民吗？由于材料并不是非常充足，所以国际学术界对此说争鸣不已。

早在16世纪，西班牙人何塞·阿科斯塔就提出人类是单一起源的，美洲的印第安人可能是亚洲人的后裔之说。1590年，法国学者阿科斯塔（Frey Joes de Acosta）就提出最早的印第安人是从亚洲通过白令海峡来到

---

① 李贤：《印第安人可能是中国人后裔》，《今晚报》2004年8月24日。

② 参阅刘洪石《谁先到达美洲——羽夷、地望、族属、文化特征及其迁徙》，《海交史研究》1994年第1期。

③ 同上。

美洲大陆的亚洲人。1752年，他的这一假说得到法国学者歧尼（De Guignds）的进一步推进，提出中国古籍中的“扶桑”就是美洲的墨西哥的说法。随后引发了西方学术界关于谁先发现新大陆的广泛讨论，最早提出殷人东渡美洲假说的是英国学者梅德赫斯特（W. H. Medhurst），他在翻译中国古典文献《尚书》时，又提出周武王伐灭殷纣王时可能有殷人渡海逃亡，途中遇到暴风，被吹到美洲的说法。在这些假说和推断的影响下，西方学术界一度形成了著名的“跨越太平洋文化关系论”的学术流派。

18世纪，俄国学者克拉契尼科夫第一次提出了古人类从亚洲经西伯利亚迁至美洲并形成印第安人的假说。从考古人类学来看，美国学者R. M. 昂德希尔在《红种人的美洲》一书中指出，南北美洲都没有发现从类人猿到上腭骨突出、眉弓大、头颅小的“半人类”的长期发展迹象，也没有发现人类在灵长目中的近亲巨猿化石。依此可以断定，印第安人历史的第一幕不是从新大陆开始，他们的祖先一定是外来的移民。美国学者迈克·周在1967年发表的论文《圣洛兰佐与奥尔梅克文明》中指出，在墨西哥东海岸的拉本塔发现的美洲最早的文明——奥尔梅克文明有很强烈的殷商影响，随后他又在1988年出版的《美洲的第一个文明》中提出，奥尔梅克文明在历史上出现的时间，接近中国古代文献中记载的大风暴发生的时间，奥尔梅克文明可能来自殷商。这样，就使汉民族先民殷人最先移民美洲的猜想前进了一步。

西方亮了，东方也亮了。首先引起日本学者的关注，早在20世纪初，日本考古学者白鸟库吉、桑原隲藏等人就开始对西方学者的讨论情况作系统介绍，白鸟库吉还提出殷人可能是经由朝鲜移居美洲大陆的。接着中国学者罗振玉、王国维对此也发生了浓厚兴趣，并曾委托清政府派往墨西哥处理索赔专案的特使欧阳庚调查有无殷人东渡美洲的痕迹。中国古人类学家贾兰坡就持亚洲远古先民经白令海峡到达美洲的观点。1991年，我国著名古人类学家贾兰坡先生在《大自然探索》第3期上发表《人在何时登上了美洲大陆》一文，他说：“我一直认为，从亚洲通向美洲只有一条路，那就是白令海峡。要想通过白令海峡，没有必要的装备和条件‘人工取火’和‘衣服’是无法越过严寒障碍的。”他还进一步指出，上述两个条件是在旧石器时代晚期才出现的。所以，他把迁徙的时期定在“距今1万数千年前”。此外，陈志良、朱谦之、卫聚贤、张树柏、张虎生、徐松石、罗荣渠、房仲甫和王大有、宋宝忠等人，从不同角度对此问题进行了探讨。正如房仲甫在《龙凤文化源流》序中所言：

> 大洋彼岸的美洲考古，近年不断传来发现有关古代中国文化在那里的遗物和遗迹的讯息。上自商代下迄南宋的都有，尤以商代最为集中。墨西哥出土一批具有中国人面孔的长头少发的翡翠雕像，恰与《御览》所引《晏子春秋》记载的“汤，长头而寡发”的形象相同。《说文·页部》说，尧也是“高长头”。五千年前的大汶口文化遗址中，也出土了三具高长型的头颅骨。人类学家裴文中对此解释说，是由“人工缠绕而变形的”，是北方沿海东夷特有的遗俗。在墨西哥则无此种奇特头型的任何演变过程。这批雕像已被考定为距今三千年左右的早期奥尔梅克时代所刻成，恰与我国殷商灭亡时间一致。如无殷人东渡，此种源于大洋西岸的雕像怎能在东岸突然产生？
>
> 的确，美洲也有类似“伏羲龙身，女娲蛇躯”的交尾图。一种镶嵌龙状的石刻，也出现在三千年前的墨西哥奥尔梅克文化中。此后，还有龙头、龙牙、龙眼、龙身、龙腹等与中国龙相同的图像，出现在墨西哥“特奥蒂华坎宗教舞蹈”图上。在墨西哥，诸如饕餮纹、祖石和虎神崇拜、“四合院”、与甲骨文相同的文字、所奉雷神的形象和方位观念，甚至连祭虎神的土台、小反射镜，也与商代的相同。至于秘鲁发现刻有中文的“太岁”碑，以及神像上镌有“武当山”字样的文物，那就更多了。至今，美洲发现古代中国的文字已有123个。龙凤文化发现于美洲绝不是偶然的巧合。[①]

二　汉民族先民殷人最先移民美洲新证

世纪之交，殷人最先移民美洲问题又引起中外学术界普遍关注。围绕这一问题，不少中外学者都曾发表过论著，提出过不少假说和推断。这些假说和推断大多都将发现于墨西哥东海岸的美洲最早的文明——奥尔梅克文明的出现和商代末年武王伐纣后原属商朝的殷人渡海远逃联系起来。那么，这个汉民族历史上的千古猜想究竟是真是假呢？

南京大学历史系教授范毓周等三位学者，2001年在美国文明起源探索与研究基金会（Foundation for Exploration and Re－search on Cultural Ori-

① 王大有：《龙凤文化源流》序，北京工艺美术出版社1988年版，第256页。

gins）提供的“商朝与奥尔梅克文化间的跨太平洋联系研究奖助金”（Grant for the Study on Prehistoric Trans - Pacific Contacts Shang and Olmec）资助下，赴墨西哥进行考古调查，获得了进一步的证明。

古代美洲印第安文明，以玛雅文明、阿斯特克文明、印加文明最为出色，又都受奥尔梅克文明的影响。奥尔梅克文明，是在中美洲韦腊克鲁斯（Veracruz）以南和塔巴斯哥（Tabasco）以西的墨西哥海湾沿岸文明，存在于约公元前1200年至前300年间。王大有等人认为，殷末军事统帅攸侯喜和摩王（徐方领袖）统率殷军民众东渡美洲后，举行会盟，刻“亚文”“月文”纪念，并仿照故国殷地安阳建立新“家”，拉文塔定为国都；仿洹河而为科潘河，并建太阳神庙，告祭祖先，因而，有了拉文塔祭祖玉圭玉雕文书。从此在尤卡坦半岛兴起了东渡美洲的殷商文明——奥尔梅克文明。

（一）新证之一：奥尔梅克文化祭祀中心的玉人、玉圭和文字与殷文化惊人的相似

他们考察了墨西哥城的国家人类学博物馆（National Museum of Anthropology）和塔巴斯科的毕尔霍摩萨的拉文达公园（La Venta Park，Villahermosa Tabasco），观察了在拉文达的4号遗址中发现的一组由16位小玉人和6根玉圭组成的奥尔梅克文化祭祀中心的文物原件和还原为原来摆放位置的复制品，发现在玉人身后左边的两根玉圭上刻有明晰的文字。两

拉文达4号中心祭祀遗址发现的玉人和玉圭

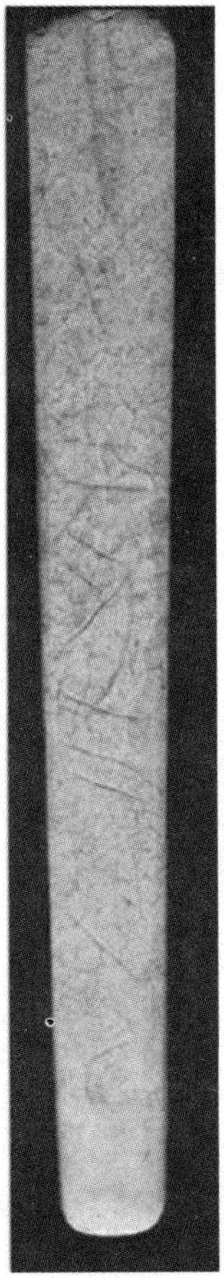

5 号玉圭

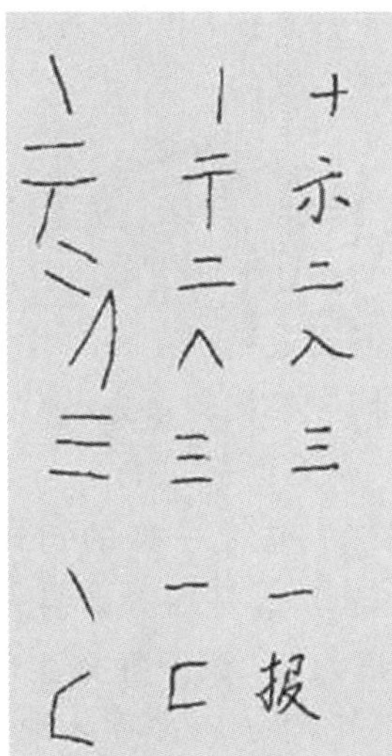

5 号玉圭上的文字释读

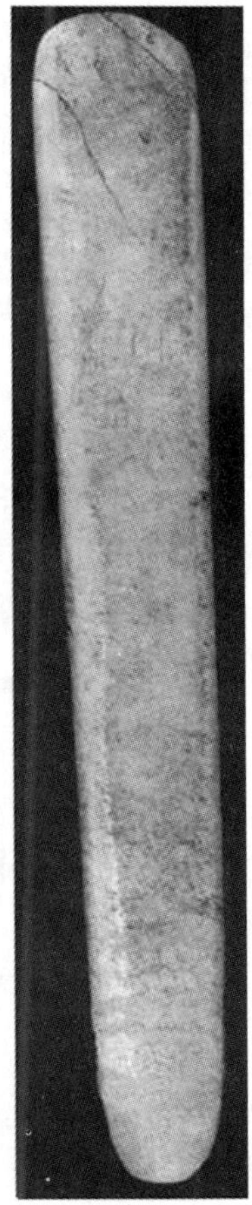

6 号玉圭

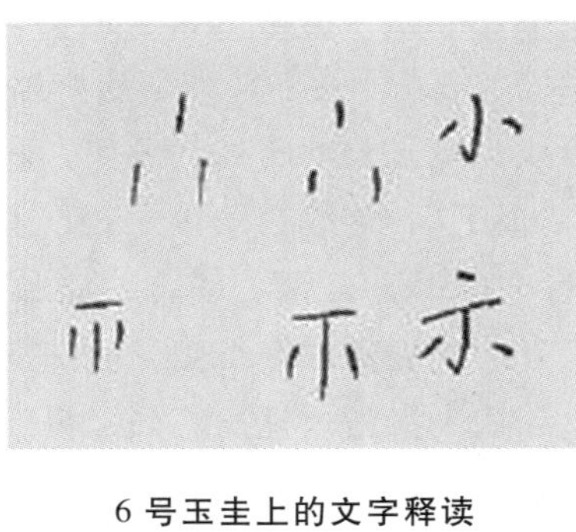

6 号玉圭上的文字释读

根玉圭靠近里边的一根，原被称为 5 号玉圭，其上竖行刻写着 7 个以直线和稍弯的斜线构成的文字，其形体结构与殷墟出土的甲骨文正相一致，对照甲骨文可以清楚地释读为现代汉字“十示二入三一报”，依照甲骨文语法文例可以断句为“十示二，入三，一报”。最左边的玉圭，原被称为 6 号玉圭，其上刻写两个字，对照甲骨文可以清楚地释读为“小示”二字。

甲骨文中“示”字多见，日本学者贝冢茂树、中国学者徐中舒均释其本义为敬奉于宗庙中的神主，甲骨文中商王的先祖一“世”称为一“示”：如甲骨文有祭祀“自”一“世”称为一“示”，如甲骨文有祭祀“自上甲六示”的卜辞（《甲骨续存》1786 片），实即合祭商人最早的先民“从上甲到示壬六代先公”，故称“六示”。甲骨文中又有合祭十代以上先民的卜辞，多用先述“十”接着述“示”再述个位数的方式，如“十二示”作“十示又二”。例如，合祭自先公上甲以下十二代先民的卜辞就有“甲申卜，贞：酒，求自上甲十示又二，牛？小示，几，羊？”（《存上》1785 片）这是卜问对上甲以下十二代直系祖先进行合祭，是否以酒祭方式，用牛作祭品；同时祭祀旁系先民“小示”，是否以“几”祭方式，用羊作祭品。因知，拉文达的这件玉圭上的“十示二”和上述《存上》1785 中的“十示又二”应是一样的句式，同样是指十二代祖先而言。而 6 号玉圭上的“小示”应是指旁系祖先的小宗而言。甲骨文中“入”有两义，一是动词“进入”，徐中舒先生所谓“自外而中”，这种意蕴沿用至今。

另一义则为“贡纳”。拉文达 4 号遗址出土的 5 号玉圭上“入三”的“入”，显然是作“进入”较妥。“一报”的“报”，甲骨文中都作“匚”状，是一面不封口的方框，罗振玉依据《说文》谓其为“受物之器”，金祖同进而谓“受主之器之测视”，其本义为宗庙中盛放神主的器具的侧视象形，因而用来作为商代王室先公的庙号。例如，商代王室最早的先公中就有“报乙”“报丙”“报丁”，连续三个以“报”相称。“报”又为规格极高的祭祀，如《国语·鲁语上》谓：“幕，能帅颛顼者也，有虞氏报焉。杼，能帅禹者也，夏后氏报焉。上甲微，能帅契者也，商人报焉。高圉、大王，能帅稷者也，周人报焉。凡禘、郊、祖、宗、报，此五者，国之典祀也。”据此，“一报”的“报”，可能是指最尊贵的先民。

令人惊讶的是，对照甲骨文释读 5 号玉圭和 6 号玉圭上的文字后，我们会发现，它所叙述的内容竟然与玉圭前面的玉人摆放的情景惊人的吻合。我们从上图可以看出，在玉圭前面共摆放了16件玉人，其中以墨绿色玉石（研究美洲文化的学者称之为“绿玉”，green stone）雕琢成的玉人为12个，他们均围绕背靠玉圭的一个红色玉人，靠近5号、6号玉圭的是3个白色玉人，他们排成一排，面向红色玉人，好像是从外面走进来。显然，如果我们的解释无误，这12个绿色玉人可能就是5号玉圭上的铭文所说的“十示二”，而3个走进来的白色玉人就是“入三”，“一报”可能是指站立在玉圭前面被大家共同朝拜的红色玉人。据原发掘报道，这些玉圭和玉人原来埋在拉文达4号中心祭祀遗址中，埋藏若干年后还曾被挖开检视，足见奥尔梅克人对这批文物的崇敬和重视。如果我们的推断不误，则这些玉人应当就是奥尔梅克人的祖先。至于6号玉圭上的“小示”，正好在3个白色玉人的旁边，表明这3个走进来的白色玉人可能是属于旁系的祖先，而且应是后来的三代祖先。这些玉人的面貌特征一望而知，都是中国人的面目。这与奥尔梅克的其他石雕神人形象都是中国人面貌特征的情况也是一致的。考虑到自商代后期盘庚迁殷后至帝辛（殷

拉文达文化的失掉神人像与儿童雕像

纣王）被周武王伐灭，共有12位商王，则拉文达4号遗址这组玉人中的12个绿色玉人极有可能是这最后12代商王的象征，3个走进来的白色玉人可能是商代王室的旁系后裔进入中美洲后传承的3代首领，故其身后玉圭上铭刻表示是属于旁系的“小示”。至于被这些玉人朝拜、站立在玉圭前的地位至尊的红色玉人则可能是他们的始祖，如同甲骨文所显示的商人

远祖“报乙”“报丙”“报丁”的象征，故称其为“一报”。如果这些推断无误，则奥尔梅克文化可能是商代灭亡后逃到中美洲的商人王室的旁系后裔遗留的文化遗存。根据中美洲学者的研究，拉文达奥尔梅克文化遗址的年代应在公元前 900 年前后，商代灭亡根据目前的研究其年代应在公元前 1000 年前后。在商代灭亡后近百年的时间里，其逃亡到中美洲的王室旁系成员作为新到达美洲后的首领传承三代是很自然的，他们将原来在殷墟故里使用的甲骨文东传到墨西哥也就不令人感到奇怪了。

（二）新证之二：毕尔霍摩萨博物馆刻写有甲骨文的石磬与殷文化惊人的相似

拉文达是奥尔梅克文化繁盛时期的中心，其地域靠近墨西哥东海岸的墨西哥湾。在毕尔霍摩萨市立博物馆（Villahermosa Museum）又发现了一件刻写有甲骨文的石磬。这是一件石质的敲击乐器，其形状与中国出土的石磬基本一致。这件石磬上刻有两行铭文，一行为横行 4 字，根据甲骨文及古文字结构释读，自左向右读为“戉尹入三”；另一行 4 字竖写，最后一字略变形，根据甲骨文可释读为“石三磬用”。“石”作简笔，“磬”外以不封口的方框作“凵”，可能是圈定此件的符号，可释读为“石三（此）磬用”。“尹”在甲骨文中为主管地方政务的职官，“戉”为地名，故“戉尹”当为戉地的执政官，“入”在甲骨文中是地方向中央王室贡纳的用词。在 1976 年发掘的安阳妇好墓中，出土了一件石磬，其上即刻有

商代晚期青铜器铭文

奥尔梅克文化的分布与鼎盛时期的中心遗址所在拉文达（La Venta）

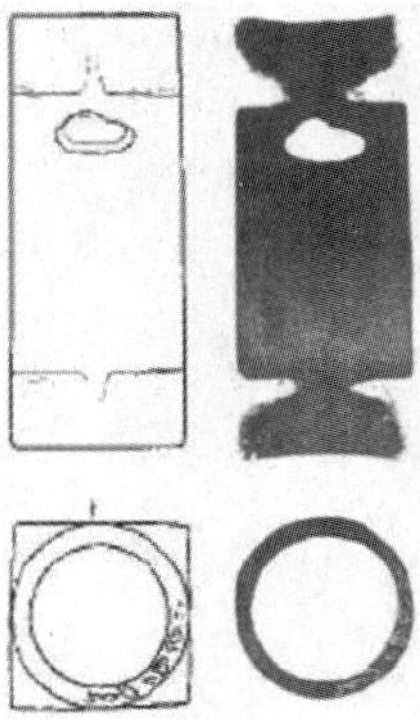

商代晚期玉器铭文

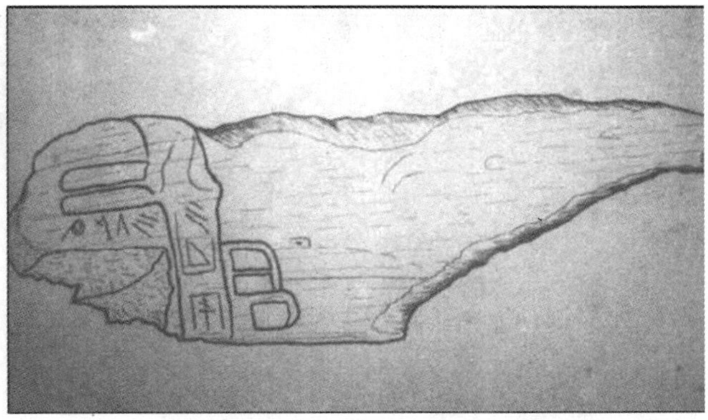

毕尔霍摩萨市立博物馆库藏的奥尔梅克文化石磬

山西襄汾陶寺 M3002 出土石磬

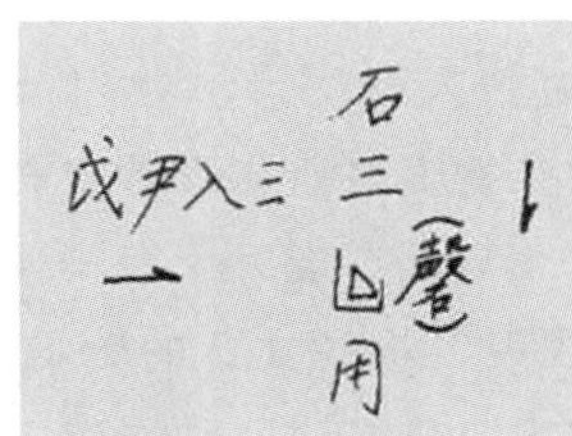

毕尔霍摩萨市立博物馆库藏的奥尔梅克文化石磬文字释文

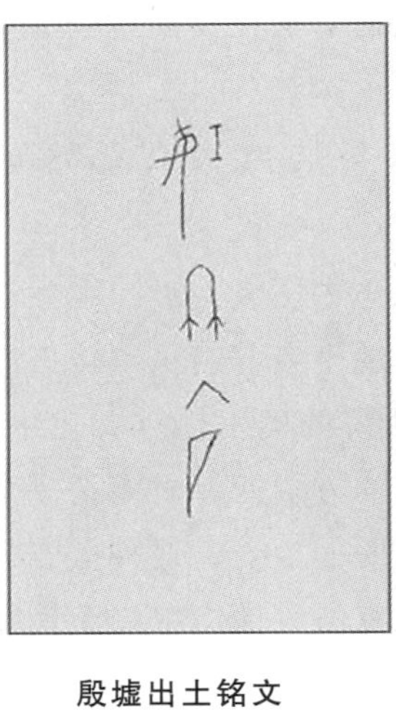

殷墟出土铭文

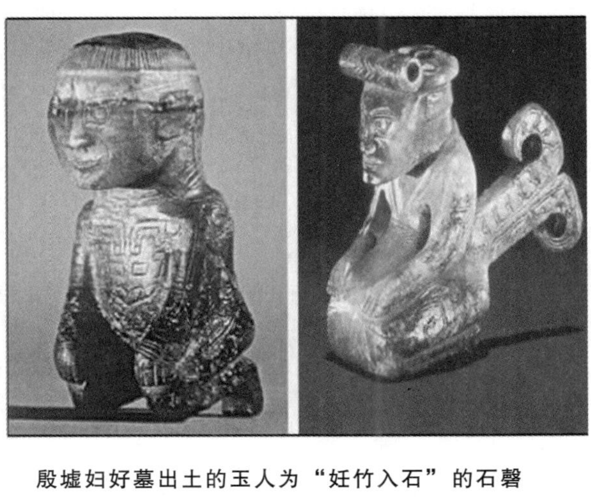

殷墟妇好墓出土的玉人为“妊竹入石”的石磬

墨西哥奥尔梅克文化的跽坐人石

“妊竹入石”，另一件玉戈刻有“卢方皆入戈五”，是方国部族向商王贡纳的实物资料，与甲骨文资料记载正可相互印证。

与此“戉尹入三”同例。因此，“戉尹入三”显然是讲戉地的执政官“戉尹”向拉文达的奥尔梅克文化中心政权贡纳3件石磬，“石三（此）磬用”则是讲3件石磬中此件石磬被采纳使用。至此，我们有理由相信，奥尔梅克文化所普遍使用的文字板可能就是商代后期殷人普遍使用的甲骨文。联系到前些年陕西周原地区发现的周原甲骨文，其中属于文王时期的文字与殷墟甲骨文具有惊人的一致性，足见商代后期在相当大的地域范围内普遍使用统一的文字，这些逃亡到墨西哥的殷人后裔仍在使用他们故里的甲骨文也就不奇怪了。

（三）新证之三：奥尔梅克人的生活习俗与殷文化惊人的相似

令人不得不信的是，奥尔梅克人不仅面貌特征与中国人相近，在生活习俗上与商代殷人也是相一致的。例如，商代殷人的坐姿普遍采取跽坐的方式，殷墟出土的玉器中的玉人即是如此。在墨西哥的奥尔梅克文化中，我们看到也有相当数量的石雕人像坐姿是采用跽坐的方式的。坐姿是一个民族日常生活的基本习俗，不同的民族往往具有不同的坐姿，这种坐姿的一致性无疑也反映了墨西哥的奥尔梅克文化中遗留有不少他们祖先商代殷人的习俗。

墨西哥的奥尔梅克文化遗存中还有不少带有明显非洲黑人面貌特征的

奥尔梅克文化中具有非洲人面貌特征的士兵人头巨型雕像

人头像，几乎都是带有头盔的武士的形象，西方的中美洲文化研究者多以此为据，认为奥尔梅克文明是来源于非洲的文明，其实这是不妥的。我们看到，奥尔梅克文明的突然崛起和繁荣绝非偶然，根据前面的讨论，我们有理由认为这个突然崛起和繁荣的文明是商代灭亡后逃亡到中美洲的殷人促成的。这些非洲面孔的士兵头像没有一个是有身体的，这与身躯完整的各种带有中国人面貌特征的神人或儿童雕像形成了鲜明的对比。他们可能是被殷人征服的原来从非洲进入墨西哥的非洲黑人，可能在与奥尔梅克文明的主体，即从中国来的殷人争夺奥尔梅克文明所在的地区时，被殷人及其后裔斩杀后以其头颅祭奠殷人先民的象征，所以在奥尔梅克文化的神人雕像前摆放着这些高大的头像。联系到殷墟王陵区商王大墓周围众多身首异处的祭祀坑和中美洲经久不衰的猎头习俗，这应当是一种合理的解释。①

（四）新证之四：美洲印第安人部分 DNA 与亚洲人 DNA 是相同的

另外，从国外高新科技的研究成果来看，长期以来，科学家们认为许多美洲印第安人是早期横渡太平洋的中国水手的后裔，生物化学家通过对印第安人脱氧核糖核酸（DNA）的分析为这种看法提供了佐证。美国佐

① 参阅范毓周《殷人东渡美洲新证》，《寻根》2011 年第 2 期。

治亚洲亚特兰大埃墨里大学的道格拉斯·华莱士教授通过研究得出结论：现在活着的美洲印第安人的部分 DNA 与亚洲、波利尼西亚群岛和美拉尼西亚群岛上的土著人的 DNA 是相同的。这种线粒体 DNA 中含有 37 个基因，这些基因总是从母亲遗传给孩子，因此在跟踪血缘方面是不会出错的。

华莱士教授的同事塞奥多尔·施舒尔博士说，现在看来，史前有两次从亚洲移民美洲的大浪潮。第一次发生在两万到四万年以前的冰河时期。当时人们从西伯利亚经过冰冻的白令海峡到达美洲。第二次移民浪潮发生在六千年到一万两千年以前。一些海上移民者从中国的东北部南下越南，经过菲律宾到斐济群岛和夏威夷，然后再到北美。他认为，有 1000—2000 人参加了这种海上横渡。在途经许多岛屿时，他们又建造新的船只，并对邻近岛屿进行开拓。①

总之，中国和墨西哥远隔万里，中间横隔着广阔的太平洋，殷人是如何远渡重洋来到新大陆的，一直令人难以想象。实际上，殷人是有相当航海经验和能力的民族。《诗经·商颂》中歌颂殷人先民的《长发》中有“相土烈烈，海外有截”的诗句，早在相土的先公时代，殷人已经可以跨越海域征服海外。《殷武》是颂祭成汤文治武功的诗句。甲骨文中有众多殷人使用舟楫的象形文字，如以迁都著名的盘庚的庙号中的“盘”字，甲骨文就是水中荡舟的象形。据《逸周书·作雒》，商代灭亡后，尤其是帝辛（殷纣王）的儿子武庚禄父在周公平定“三监之乱”后，“王子禄父北奔，管叔自杀，蔡叔被囚；周公征服熊、盈之族十七国，俘维（淮夷之族）九邑”。在这种纷乱的局面下，殷人的王室贵族浮海逃亡是很正常的。至于他们是如何到墨西哥的则不得而知，目前尚未发现他们由陆路辗转到墨西哥的任何迹象，合理的解释是他们先进入日本海，然后在太平洋暖流的推动下进入中美洲。据说曾经有人做过以木筏从日本海漂流到中美洲的试验，只要带足干粮淡水，依靠降雨补给是完全可以到达美洲的。当然，殷人是否是这样到达美洲的，还可以进一步探讨。但他们确实到达了墨西哥并促成了美洲最早的文明——奥尔梅克文明的崛起和繁荣，成为哥

① 《美洲印第安人祖籍在中国——基因分析为此说提供佐证》，《科技文萃》（湖南）1994 年第 3 期，转摘自《新华每日电讯》1993 年 12 月 9 日。

伦布到达新大陆之前最早发现新大陆的亚洲先民应当说是有据可信的。[①]

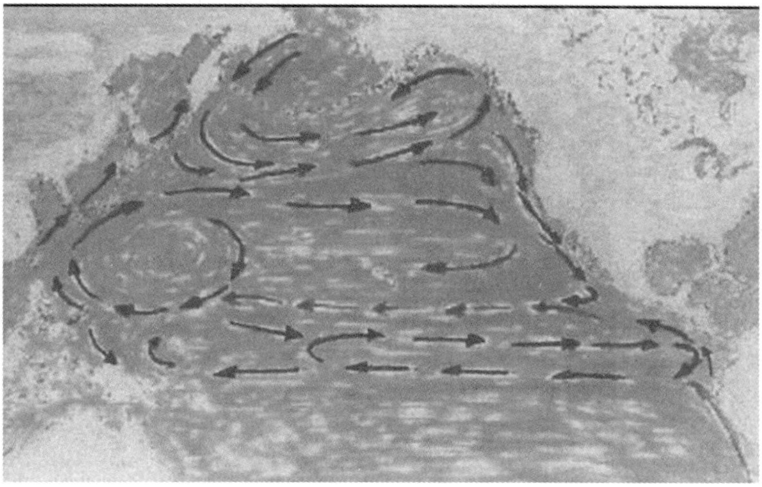

太平洋暖流图

汉民族海外移民，就是这样在移民美洲传奇的“猜想”中萌动了。

第四节　汉民族先民殷人箕子移民的猜想

武王伐纣灭商时，还有一部分殷人在箕子的带领下东渡移民，他们究竟是到了朝鲜，还是日本，甚至是美洲？也是莫衷一是，除了多数人认为箕子带领下的殷人是移民到了朝鲜外，也有人认为他们是移民到了日本。有学者甚至根据在美洲出土的一些中国早期文物，认为商代遗民大举东渡，经过北太平洋、阿留申群岛，最后到了墨西哥，成为最早来到美洲大陆的人。[②] 那么，这个猜想的真相究竟如何呢？

一　殷人箕子移民是东渡还是“走之朝鲜”？

无论中国文献，还是朝鲜文献，都肯定是箕子带领下的东渡移民，他们确实是移民到了朝鲜，其他之说证据尚不足。

箕子，商末贵族，纣王叔父，名胥，朝歌人。殷纣王时，曾官居太

① 参阅范毓周《殷人东渡美洲新证》，《寻根》2011 年第 2 期。

② 房仲甫：《扬帆美洲三千年》，《人民日报》1981 年 12 月 5 日。

师，辅佐朝政，因封国于箕（山西太谷一带），故称箕子。箕子移民是东渡还是“走之朝鲜”？这是一个具体的微观的猜想。

《史记·宋微子世家》记云：

> 箕子者，纣亲戚也。纣始为象箸，箕子叹曰：“彼为象箸，必为玉桮；为桮，则必思远方珍怪之物而御之矣。舆马宫室之渐自此始，不可振也。”纣为淫佚，箕子谏，不听。人或曰：“可以去矣。”箕子曰：“为人臣谏不听而去，是彰君之恶而自说於民，吾不忍为也。”乃被发佯狂而为奴。遂隐而鼓琴以自悲，故传之曰箕子操……武王既克殷，访问箕子。武王曰：“於戏！维天阴定下民，相和其居，我不知其常伦所序。”箕子对曰：“在昔鲧陻鸿水，汩陈其五行，帝乃震怒，不从鸿范九等，常伦所斁。鲧则殛死，禹乃嗣兴。天乃锡禹鸿范九等，常伦所序。”於是武王乃封箕子於朝鲜而不臣也。其后箕子朝周，过故殷虚，感宫室毁坏，生禾黍，箕子伤之，欲哭则不可，欲泣为其近妇人，乃作麦秀之诗以歌咏之。其诗曰：“麦秀渐渐兮，禾黍油油。彼狡僮兮，不与我好兮！”所谓狡童者，纣也。殷民闻之，皆为流涕。

箕子移民朝鲜的记载，真的是意义非凡，因为这是中国文献中有文字记载的汉民族先民移民海外的一个大事件。其意就是箕子是纣的亲属，纣王最初制作象牙箸时，箕子就悲叹道：“他现在制作象牙箸，将来就一定还要制作玉杯；制作玉杯，就一定想把远方的稀世珍宝占为己有。车马宫室的奢侈豪华也必将从这里开始，国家肯定无法振兴了。”由于纣王淫佚无度，箕子进谏，纣王仍不听。有人说：“可以离开了。”箕子说：“作人臣的向君主进谏，君主置之不理，便离他而去，这是张扬君主的恶行，哗众取宠于百姓，我不忍心这样做。”于是箕子披头散发、假装疯癫做了奴隶。并隐居弹琴聊以自慰，所以人们传颂他的曲子为《箕子操》。据《竹书纪年》《岐山甲文》（H31：2）：云“唯衣（殷）鸡（箕）子来降，其执罙氒（厥）史。在旃你卜曰：南宫郃其作（酢）。”意思是，殷人箕子绑缚着双手，由史官陪从来降。武王卜之神龟，大吉。命大臣南郃以礼相迎，设宴款待。说明武王克殷释箕子囚，确实携箕子归丰都。后武王命召公奭释箕囚，封召公于燕，封箕子于朝鲜是有特殊原因的。这种安排应是武王谋取东北边疆安宁的一种怀柔国策。[①] 所以，武王灭商后见箕子时才说："唉！上天默默地安定百姓，使他们安居乐业，我却不知道上天定民的常理次序。"箕子回答说："早先鲧堵塞大水，扰乱了上天五行的规律，上帝就怒气冲冲，天道大法九类常理因此败坏。鲧被杀死，禹就接续而兴起。上天赐给禹天道大法九种，常理因而有了顺序。"武王听完箕子的一番陈述，就把朝鲜封给了箕子，未让他作臣民。后来，箕子朝拜周王，经过故都殷墟，感伤于宫室毁坏坍塌、禾苗丛生，箕子十分悲痛，想大哭一场，但不行；想小声哭泣，又感到近于女人的性格，于是触景生情吟出《麦秀》诗，诗中说："麦芒尖尖啊，禾苗绿油油。那个小子啊，不和我友好！"所谓小子，就是纣王。殷的百姓看到这首诗，都为之泣下。

与此同时，朝鲜古代新罗、百济、高丽的一些史籍中，对箕子在朝鲜半岛的活动多有记载。如《三国史记》把箕子看作朝鲜建立及获中华册封的第一个国王，并把箕子当作神加以祭祀。《海东绎史》载："箕子率五千人入朝鲜，其诗书礼乐，医药卜筮，皆从而往，教以诗书，使知中国礼乐之制，衙门官制衣服，悉随中国。"从这些文献所记，都没有明确说箕子移民是东渡，还是"走之"。

而《尚书大传·洪范》明言"走之朝鲜"云："武王胜殷，继公子禄父，释箕子囚。箕子不忍周之释，走之朝鲜，武王闻之，因以朝鲜封之。箕子既受周之封，不得无臣礼，故于十三祀来朝。"《汉书·地理志下》明言云："玄菟、乐浪，武帝时置，皆朝鲜、秽貉、句骊蛮夷。殷道衰，箕子去之朝鲜，教其民以礼义、田蚕织作。"《尚书大传·洪范》"走之朝鲜"和《汉书·地理志下》　"去之朝鲜"意思差不多。在此虽不言"渡"，但从地理上讲若从东北过去，要过鸭绿江，而从山东过去，则要渡海了。可惜文献上对此均无记载，人们只好去猜想了。

学者的猜想归纳起来有四种：

一是从山东半岛移民说。如《中国东北史》一书即记载为："商亡，箕子率族就封于辽西孤竹之地，仍称箕族，隶于燕侯管辖之下。不久，可能是因为山戎的南入辽西，箕族开始了大规模迁徙，一支南下，最后到达山东半岛；箕族的主要部分则由箕子率领东迁至朝鲜半岛北部古朝鲜之

① 黄历鸿、吴晋生：《"箕子朝鲜"钩沉》，《北方文物》2001年第3期。

地，建立了箕氏朝鲜。”①

二是从辽西移民说。《东北通史》记载：“箕子率其族民北迁，进入东北后，必先经过辽西地区。……曩侯器在辽西出土，也说明箕子在辽西有短时期的停留。但辽西的孤竹之地既有燕侯的势力，其北又有山戎等部族的威胁，加之‘箕子耻臣周’；故箕子适辽西不久，就继续东迁，最后到达朝鲜半岛北部，与当地貊族系的一支——良夷结合，建立起箕氏朝鲜。”②

三是从东北移民说。李德山认为，“箕子由于不愿为异族的周朝服务，率领一部分箕族东迁而进入了东北。这样，箕族的一部由中原民族一变而成了东北古民族之一。”③“居住未久，由于人少势孤，不免受制于强族，箕子或颇感生存不易。于是便再次率族民东南迁，最终进入了箕族亲属民族古朝鲜之地。”④ 程妮娜在其主编的《东北史》中也持此说云：“箕子为延续殷人的社稷出走，可供他选择的去向十分有限。当时商人的西方是日渐强大的敌国周，周人还在东南各地建立了据点。在北方，商人正在与东夷人进行大规模的战争。所以箕子从商朝的王畿出行，唯一可供选择的方向就是东北上，向东北地区迁徙。”⑤ 而其由辽西迁居朝鲜的原因则是：“箕子自辽西迁往朝鲜的原因很可能是担心受到纣王的进攻。……为躲避商纣王的加害，箕子不得不向东迁入朝鲜地（即今朝鲜半岛大同江流域），进入东夷人的聚居区。”⑥

四是从山东移民说。朱亚非认为商周之际，箕子率数千殷人出走，从山东东渡，是山东半岛人民大批走向海外的开端。⑦

这样看来，殷人箕子移民是东渡还是“走之朝鲜”的猜想归结起来就是一个问题，即移民路线问题。此问题目前也只好任大家去自由猜想了，反正无论走哪条路线，结果都一样，箕子率五千余殷人移民到了朝鲜，并建立了“箕子朝鲜”。其实，从汉民族先民海外移民的层面看，重要的是箕子移民为何东行这个问题厘清了，方可知汉民族海外移民东亚最

---

① 佟冬：《中国东北史》，吉林文史出版社1987年版，第164页。

② 李治亭：《东北通史》，中州古籍出版社2003年版，第55页。

③ 李德山：《中国东北古民族发展史》，中国社会科学出版社2003年版，第102页。

④ 同上书，第104页。

⑤ 程妮娜：《东北史》，吉林大学出版社2001年版，第12页。

⑥ 同上书，第12—13页。

⑦ 朱亚非：《山东人民走向世界的最早探索》，《齐鲁文化研究》2006年总第五辑。

早的起因究竟是什么。

据考，“箕”是商代的一个大族，东北是殷商祖先发源之地，辽西是箕子先人箕侯的封国。[①] 早在箕子之前，“箕”的名字已在甲骨文中屡屡出现。罗振玉《殷墟书契前编》中就收录有“又老箕侯”“王其在箕”等卜辞。早在20世纪初期，王国维曾提出过箕子先人以辽西为封地的观点[②]，但在当时只能是一种推测。1973年，在辽宁喀左县北洞村出土了带有“箕侯亚矣”铭文的殷代方鼎。其铭文与甲骨卜辞相吻合。有关学者认为，“㠱”释“箕”，这一考古发现证明了辽西地区即殷商时期箕侯的封地[③]。可见，箕，作为殷商同姓宗族，在殷商入主中原后，被分封在祖先发源故地，与孤竹等一起成为商朝在北方的封国。因此，箕国与商王朝之间有着密切的政治、经济和文化往来，这一点可以从辽宁地区出土的大量殷商时期的青铜器中得到证明。

1949年以来，在辽宁地区特别是辽西一带，先后出土了数量可观的商代青铜器，主要有50年代在喀左县马厂沟村出土了殷代晚期的鱼父罍等铜器[④]，70年代在喀左县山湾子村出土了殷代晚期的鱼尊、舟卣等铜器[⑤]，在喀左县北洞村出土了多件殷代早中期铜器[⑥]及前文提到的“箕”方鼎，70年代末在喀左县高家洞村出土了一件相当于殷墟文化二期的铜瓿[⑦]，在朝阳木头城子出土了一件典型的商代中期的铜鼎。[⑧] 这些青铜器主要集中在大凌河流域的喀左、朝阳一带，有的已跨过辽河，如新民出土的銎式斧，抚顺出土的环首刀等都与殷墟的相似[⑨]，有的已北达西拉木伦河流域的克什克腾旗，1973年在此地出土了典型的商代晚期铜甗。[⑩] 通过

---

① 阎海：《箕子东走朝鲜探因》，《北方文物》2001年第2期。

② 王国维：《观堂集林》卷一八：“箕子之封朝鲜，事非绝无渊源，颇疑商人于古营州之城，夙有根据，故周人因而封之。”

③ 《辽宁喀左北洞村出土的殷周青铜器》，《考古》1974年第6期。

④ 见《文物参考资料》1955年第8期。

⑤ 《辽宁喀左县山湾子出土商周青铜器》，《文物》1977年第12期。

⑥ 《辽宁喀左县北洞村出土的殷代青铜器》，《考古》1973年第4期。

⑦ 《辽宁喀左高家洞商周墓》，《考古》1998年第4期。

⑧ 《辽宁克什克腾旗天宝同发现商代铜甗》，《考古》1977年第5期。

⑨ 魏凡：《就出土青铜器探索辽宁商文化问题》，《辽宁考古、博物馆学会成立大会会刊》，1981年。

⑩ 《辽宁克什克腾旗天宝同发现商代铜甗》，《考古》1977年第5期。

上述商代青铜器的分布，我们可以推断出当时箕国的基本范围：以大凌河流域为中心，东达辽河，北抵西拉木伦河，西邻孤竹国。

可见，辽西作为箕子先人的故有封地，对于箕氏家族来说在此地区当然有一定的威望和号召力，因此，箕子在殷商灭亡后，为了生存，东走朝鲜绝非偶然，东北（特别是辽西）与箕子及殷商之间深厚的历史渊源，是促使箕子东走朝鲜的根本原因。①

二 殷人箕子移民是在商亡之前还是商亡之后？

对此问题，我们还是要先回到历史文献中去看。

本来历史文献大多认为箕子移民在商亡国后，《尚书大传·洪范》云："武王胜殷，继公子禄父，释箕子囚，箕子不忍周之释，走之朝鲜，武王闻之，因以朝鲜封之……"稍后作为正史之首的《史记》亦主此说，《史记·宋世家》记载为："武王既克殷，访问箕子，箕子对洪范，于是武王乃封箕子于朝鲜而不臣也。"又《淮南子·道德训》中有"柴箕子之门"一句，高诱对其所下注语也为："纣死，箕子亡之朝鲜，旧居空，故柴护之也。"北宋成书的《太平寰宇记·四夷·朝鲜》也记载道："朝鲜，昔武王释箕子之囚，箕子不忍食周粟，走之朝鲜。"

据此，一些学者多持这种观点，认为殷人箕子移民是在商亡之后，李德山《中国东北古民族发展史》一书中就全面阐述了这个观点，反驳殷末未亡说所持之依据；其次，李德山结合有的学者所认为的："实际是写殷商灭亡之后，箕子别离故国，去之朝鲜的整个历程与痛苦心境"的观点，对《周易·明夷》卦爻辞作以诠释后认为："此段卦文，不也清楚地交代了箕子东迁是在其国破家亡之后吗？"最后，李德山又从孔子所赞誉的"殷有三仁"入手，分析三位伟大的人格，进而认为："与他们怀有同样志向、位列三贤之一的箕子，绝不会在面临国破家亡的重大时刻而率人出走。若果如此，则于情于理都不符。"李德山经过充实有力论证后认为："箕子率族民东迁只能是在殷商灭亡之后。"②

但是《汉书·地理志》则云："殷道衰，箕子去之朝鲜……"而《后

---

① 赵海军：《古今文献之箕子记载与研究综述》，硕士学位论文，东北师范大学，2006 年。

② 李德山：《中国东北古民族发展史》，中国社会科学出版社 2003 年版，第 106—110 页。又见《关于古朝鲜几个问题的研究》，《中国边疆史地研究》2002 年第 2 期。

汉书·东夷列传》记载更为明确："昔箕子违衰殷之运，避地朝鲜……"明言箕子移民朝鲜的时间是在"殷道衰"的商朝末年，而不是武王灭商以后。当时箕子也许是看到商朝大势已去，便率领一部分商民迁居朝鲜。后来周武王封箕子于朝鲜，只是承认一种既成事实罢了。

据此，一些学者认为殷人箕子移民是在商亡之前。因为在商末动荡的社会、政治环境中，当时有远见的政治家已经认识到纣不可谏[①]，预感到商王朝的灭亡，但对此问题做出的反应却各有千秋。"三仁"[②] 中，"微子数谏不听，乃与太师、少师谋，遂去国。比干则抱着生过不谏，非忠也；畏死不言，非勇也；过则谏，不用则死，忠之至也"[③] 的思想，强谏而死。箕子却主张"今诚得治国，国治，身死不恨，为死，终不得治，不如去"。对微子、比干的做法都表示反对。[④] 他的思想已具有后来的思想家孟子"民为贵，社稷次之，君为轻"[⑤] 思想的萌芽。箕子首先考虑的是如何保全社稷以延殷祀，其次才是忠君，不彰君恶。所以箕子以佯狂的方式图谋离开商纣自谋发展，以期实现保全殷人社稷的目的，但却遭到纣王的囚禁。究其原因，应是纣王对箕子的出走有所察觉。箕子之行是率部同行，只有这样，才有可能实现他保全殷人社稷的理想，箕国近在畿内[⑥]，对于他的不满行为，纣王不可能毫无察觉。《吕氏春秋·慎大览》："武王胜殷……靖箕子之宫"，注："以箕子避乱佯狂而奔，故清净其宫以异之也。"故《汉书·地理志》才会有"殷道衰，箕子去之朝鲜"的记载。显然，箕子在殷亡前即已出走。而《尚书大传》《逸周书》《史记》等书却都载有武王释箕子之囚。唯一合理的解释是，箕子于被囚期间暗中出逃，纣王没有公开此事，武王灭纣欲释箕子之囚，才发现并公开了这一秘密，同时宣布箕子无罪，故古书中释箕子之囚一作"原箕子之囚"[⑦]。而且，依当时的交通条件，五千多人规模的移民队伍在一个多月的时间里不可能

---

① 《史记·殷本纪》。

② 殷末三仁为微子、箕子、比干。孔子《论语·微子》说道："微子去之，箕子为之奴，比干谏而死，殷有三仁焉。"

③ 《史记·殷本纪》正义。

④ 《史记·宋微子世家》。

⑤ 《孟子·尽心》。

⑥ 丁山：《商周史料考证》，中华书局1988年版。

⑦ 杨军：《箕子与古朝鲜》，《吉林大学社会科学学报》1999年第3期。

从商都赶到朝鲜。可见箕子当在殷亡前即已出行，记载着武王克纣以后“释箕子之囚”的诸书指的不是释放箕子，而是宣布箕子无罪，故释箕子之囚一作“原箕子之囚”①。

箕子移民朝鲜究竟是在武王灭商前还是灭商后，争论可能还要继续下去，因此，猜想也就不会停止。依笔者的猜想，在殷周之交，为了生存，以五千之众大规模的移民朝鲜，恐怕不是一两个月，甚至不是一两年的事。而且箕子在武王灭商后第二年就朝周，从时间上看也不合逻辑。故笔者赞成箕子移民朝鲜是在灭商前。

但是不管是灭商前还是灭商后，箕子移民朝鲜后，殷商遗裔在朝鲜半岛上所建地方政权，存国近千年，这是不争的事实。

三　箕子移民朝鲜与朝鲜人民共同开发了朝鲜

箕子及其殷人移民朝鲜后，在朝存国近千年。《后汉书·东夷传》记载箕子后代的情况云：“其后四十余世，至朝鲜侯准，自称王。汉初大乱，燕、齐、赵人往避地者数千口，而燕人卫满击破准而自王朝鲜，传国至孙右渠。”“昔箕子违衰殷之运，避地朝鲜。始其国俗未有闻也，及施八条之约，使人知禁，遂乃邑无淫盗，门不夜扃，回顽薄之俗，就宽略之法，行数百千年，故东夷通以柔谨为风。异乎三方者也。苟政之所畅，则道义存焉。仲尼怀愤，以为九夷可居，或疑其陋，子曰：‘君子居之，何陋之有！’”《三国志》注引《魏略》记述得更详，而且记述箕子移民朝鲜以后，“其子及亲留在国者，因冒姓韩氏”。现在，该国的确既有箕姓，又有韩姓。箕子在朝鲜半岛统治了近一千年。根据《太原鲜于氏世谱》，朝鲜的鲜于氏源自箕子朝鲜的后人，而他们从箕子开始，一共经历了41代君主，直到公元前1世纪才被灭。

箕子到达古朝鲜地区以后的情况，《汉书·地理志下》记载得比较具体：

> 玄菟、乐浪，武帝时置，皆朝鲜、秽貉、句骊蛮夷。殷道衰，箕子去之朝鲜，教其民以礼义、田蚕织作。乐浪朝鲜民犯禁八条：相杀

① 杨军：《再论古朝鲜研究中的几个问题——答张碧波先生》，《吉林大学社会科学学报》2000年第6期。

以当时偿杀；相伤以谷偿；相盗者，男没入为其家奴，女子为婢。欲自赎者，人五十万，虽免为民，俗犹羞之，嫁取无所雠。是以其民终不相盗，无门户之闭，妇人贞信不淫辟。其田民饮食以笾豆，都邑颇放效吏及内郡贾人，往往以杯器食。郡初取吏于辽东，吏见民无闭藏，及贾人往者，夜则为盗，俗稍益薄。今于犯禁浸多，至六十余条。可贵哉，仁贤之化也！然东夷天性柔顺，异于三方之外，故孔子悼道不行，设浮于海，欲居九夷，有以也夫！

箕子开发古朝鲜的具体情况，该国史书《东史纲目》的记载比中国史书更详细。朝鲜王朝史学家安鼎福缩写《东史纲目》时，不仅参考了中国的各种史书，而且广泛总结了该国《三国遗事》《三国史记》《三国史略》《丽史提纲》《东国通鉴》《东史纂要》《东史会纲》等史书和历代作家文集的成果。他在《东史纲目》卷一记载说：

己卯（周武王十三年），朝鲜箕子元年。殷太师箕子东来，周天子因以封之。箕子，子姓，名胥馀。封于箕而子爵，故号箕子。仕殷为太师。纣为淫佚，箕子谏，不听而囚之，乃被发佯狂而为奴，鼓琴以自悲。及周武王伐纣入殷，命召公释箕子囚，问殷所以亡，箕子不忍言，王乃问以天道。箕子为陈《洪范》九畴。箕子不忍周之释，走之朝鲜。武王闻之。因以朝鲜封之而不臣也。

都平壤。筑城郭。施八条之教。

箕子之来，中国人随之者五千。诗、书、礼、乐、医、巫、阴阳、卜筮之流，百工技艺，皆从焉。初至，言语不通，译而知之。设禁八条，其略：相杀偿以命；相伤以谷偿；相盗者，男没为家奴，女为婢，自赎者人五十万。虽免为民，俗犹羞之，嫁娶无所雠。是以其民不盗，无门户之闭；妇人贞信不淫。

其民饮食以笾豆。崇信让，笃儒术，酿成中国之风教。以勿尚兵斗，以德服强暴，邻国皆慕其义归附。衣冠制度，悉同乎中国。

定田制，教民田蚕。

箕子用殷田制，教民以田蚕织作。不三年，民皆向化。礼俗以兴，朝野无事，人民欢悦。以都邑之江比黄河，以其山比嵩山，作歌颂其德。韩氏百谦曰："余到平壤，见箕田遗制，阡陌皆在，周然不

> 乱。”古圣人经理筹划变夷为夏之意，犹可想见。其田形亩法，与今孟子所论井字制不同。其中含球、正阳两门间区划，最为分明。其制皆为田字形，田有四区，区皆七十亩。大路之内，横而见之有四田八区。四田，四象之义耶？八区，八卦之象耶？八八六十四，正正方方，其法象先天方图。噫！此盖殷制也！《孟子》：“殷人七十而助。”七十亩，本殷人分田之制。箕子，殷人，其画野分田，宜效宗国。①

这里记述了箕子率领5000人到达朝鲜地区之后，定都平壤，传播中原的文化，推广先进的生产技术，并制定了成文法，采用了类似殷商的田亩制度，与朝鲜原居民一起开发了朝鲜地区。西村丰所撰《韩国沿革史》亦载：“或曰东至大同江，西至普通江之间，幅员大约一里，平坦如盘，所谓箕子井田之遗制；又有箕子之井，箕子之宫址等。其井田之状，东西为经，南北为纬，道路广狭平直，沟洫修明，规划井然，一丝不乱，宛然棋局。”还说：“城之西北部，松榆蓊郁，阴翳蔽日，曰菟山，箕子之墓在焉，名箕林，守其地者，担负护持之责，禁樵采。”② 这些古迹，一方面说明“箕子朝鲜”确实存在，另一方面说明后世的朝鲜人民对古代箕子的怀念。

箕子入朝鲜，利己又利人，为了生存，他及其后代不仅对开发半岛做出了贡献，而且已经融合为古朝鲜民族的一部分，并得到了普遍的认同。所以，古代韩国传统史书，从来都肯定箕子的开发之功，并以箕氏王朝为正统。韩国古代三大诗人之一的李齐贤，在《题长安逆旅》中，把自己的祖国称为“海上箕封礼义邦”。

第五节　春秋战国秦汉时期汉民族东渡移民的传说

春秋战国到秦汉是汉民族形成的关键时期。这时先秦三代的夏、商、

① 安鼎福：《东史纲目》，［韩］民族文化推进会1982年版，转引自陈浦清《箕子开发古朝鲜考》，《求索》2003年第1期。

② ［日］西村丰撰：《韩国沿革史》，《燕胎芝馆丛书》，转引自黄历鸿、吴晋生《“箕子朝鲜”钩沉》，《北方文物》2001年第3期。

周、楚、越诸民族与部分蛮、夷、戎、狄诸民族在互动、磨合、整合和融合中，形成华夏民族；又经过春秋战国的民族大融合在“大一统”中，华夏民族经秦始皇的统一，到两汉时转化发展成汉民族。就是在这个大的时代背景下，汉民族海外移民在猜想中萌动了，秦汉时在传说中发展。这个传说就是“徐福东渡日本”。

一　春秋战国到秦汉汉民族航海业的发展

春秋战国到秦汉汉民族航海业有了长足的发展，出现了海王之国[①]，航海踪迹，遍布鲁、江、浙、闽、粤沿海，甚至包括今越南北方沿海水域。

（一）春秋战国航海业的发展

春秋战国时期的造船水平有了大幅度的提高，造船数量开始增多，船舶种类突破单调格局，不但商船与战船分道扬镳，独具建置，而且在同一性质的船舶中，也是类型各异、用途不一。如以战船为例，即有大翼、中翼、小翼、突冒、楼船、桥船、戈船、太白、飞云、苍隼、金船、小儿、先登、飞鸟等许多品种，在海战中，各负进攻、防御、运输、侦察、巡逻之职。与此同时，又采用了先进的工艺技术，船体结构较为坚固。如1978年在河北平山县三级乡中山国一号墓附近发现的五艘战国时期的木船，就是铁箍拼接船板，并用铅皮、麻布、油灰等填塞缝隙的工艺手法。由于在战国考古发掘中，多有铁质条状物、尖状物、铁棺钉和普通铁钉出土，可以推知当时造船很可能已采用了铁钉金属拼接工艺，这对于加强船体的结构强度是大有裨益的。而且船舶载重量也大大增加，趋于重甲板、大型化。如，秦国的运粮船可载六百斛[②]；飞云船前后“相去五十步”[③]；吴越战船的规模“广一丈五尺二寸，长十丈。可容战士二十六人，棹五十人。舶舻三人，操长钩矛斧者四，吏仆射长各一人；凡九十一人”[④]。吴国还有一种更大的主力旗舰，各曰“余皇”，它型制宽大，首尾高耸，

---

① 参阅杨新亮《海王之国：齐国的海洋经济文化》，《华北水利水电学院学报》（社会科学版）2011年第3期。

② 《华阳国志》。

③ 《北堂书钞》卷一三七。

④ 《越绝书·逸文》。

船首绘有鹢鸟，专供吴王乘坐，亦为“涉川之良器”①，体势庞硕。1935年在河南省汲县山彪镇战国墓出土的“水陆攻战铜鉴”，故宫博物院所藏的“宴乐渔猎攻战铜壶”和1956年在四川省成都市百花潭十号战国墓出土的“嵌错金铜壶”，均为其例。②

宴乐渔猎攻战铜壶纹饰

资料来源：孙光圻：《中国古代航海史》，海洋出版社2005年版，第69页。

春秋前期中国海上强国的出现。如齐国，公元前7世纪中期，齐桓公以大政治家管仲为相，整顿国政，发展农商，置办盐铁，锐意兼并，成为东方霸主，并将势力影响扩展到山东半岛东部，“通齐国之鱼盐于东莱”③。前567年，齐国征服莱国，齐地到达山东半岛沿海地区，经过与素习航海的莱人相互交融，齐国终于成为能直接控制环山东半岛以及渤海航行的海上强国。《孟子·梁惠王下》称：前6世纪中后期至前5世纪初的齐景公即曾对晏子说：“吾欲观于转附（今山东省烟台市芝罘）、朝舞（今山东半岛东北端成山），遵海而南，放于琅琊（今山东省胶南县琅琊台西北）。”由此可见，从山东半岛北部出渤海海峡，再循黄海沿岸南下

① （东晋）葛洪：《抱朴子·博喻》。

② 孙光圻：《中国古代航海史》，海洋出版社2005年版，第67—68页。

③ 《国语·齐语》。

至胶州湾一带的航路已被打通。实际上，这条黄渤海航路，还可以延伸直达东海钱塘江口，如“行海者坐而至越，有舟故也。”[①] 即为例证。西汉古籍《说苑·正谏篇》中还说齐景公曾“游于海上而乐之，六月不归”。可见齐国已牢牢地掌握了山东半岛沿海的航行权，沿海航行已相当活跃，舟来船往，习以为常，故而就连孔丘也说：“道不行，乘桴浮于海。”[②] 可见齐国的海上实力非常雄厚，无怪其时有“海王之国”的威名[③]。

此外，吴国地处今长江下游的沿海地区，它西临太湖，东望大海，是一个以水军见长，“不能一日而废舟楫之用”[④] 的江南海上强国。史籍中曾记载楚人伍子胥投吴后，与吴王阖闾谈论如何训练“舡军”（水军）时说：“船名大翼、小翼、突冒、楼船、桥船，今舡军之教比陵军（指陆军）之法，乃可用之。大翼者当陵军之冲车，楼船者当陵军之楼车，桥船者当陵军之轻足骠骑也。”[⑤] 越国以会稽为首都，越人也自古习于航海，越王允常之子勾践曾说：“夫越性脆而愚，水行而山处，以船为车，以楫为马，往若飘风，去则难从。”[⑥]《淮南子》中也说：“胡人便于马，越人便于舟。”[⑦] 越国称造船工为“木客”，称水军士兵为“船卒”，称船为“须虑”，称海洋为“夷”[⑧]。他们的航海踪迹，遍布江、浙、闽、粤沿海，甚至包括今越南北方沿海水域，其在春秋末年盛期的舟师雄风也就不言而喻了。[⑨]

（二）秦汉时期航海技术的进步

春秋战国航海事业的发展，促使秦汉的航海工具日渐成熟，航海技术有了新的进步。

汉代的船舶，特别是水师的战船，种类繁多，各具形态与用途。据《释名》介绍：“军行在前曰先登，登之向敌阵也，外狭而长曰艨冲，以冲突敌船也；轻疾曰赤马舟，其体正赤，疾如马也；上下重板曰槛，四方

---

① 《慎子·逸文》。

② 《论语·公冶长》。

③ 孙光圻：《中国古代航海史》，海洋出版社 2005 年版，第 71 页。

④ （清）顾栋高：《春秋大事表》卷三三。

⑤ 《太平御览》卷七七〇，引《兵法内经》。

⑥ 《越绝书·记地传》。

⑦ 《淮南子·齐俗》。

⑧ 《史记·货殖列传》。

⑨ 参阅孙光圻《中国古代航海史》，海洋出版社 2005 年版，第 73 页。

施板以御矢石，其内如牢槛也；五百斛以上还有小屋曰斥候，以视敌进退……二百斛以下曰艇，其形径梃一人所乘行也。”

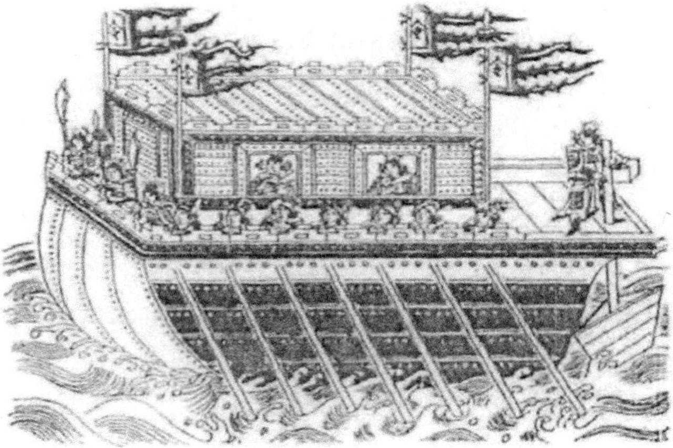

汉代的斗舰（采自《武经总要》）

汉代的艨艟（采自《武经总要》）

到了东汉时代，船舶上的各种推进与操纵设备已基本齐全，如橹的发明，它是一种新颖独特的“长桨”。橹是由长桨演进而来的一种新的推进与操纵工具。操作时将其纵置于舷侧，用手来回摇动橹柄，即可产生持续的推力，这比间歇性做功的普通船桨要提高不少功效。同时，橹如果来回摇动的速度不一样，且单向加大橹叶的入水角度时，还能控制船舶航向。这种简便、多能、高效的航行器具是中国古代造船家与航海家的一大发

汉代的走舸（采自《武经总要》）

明。又如风帆的发展基本成熟。秦代徐福船队东渡和西汉汉使的航程表明，当时已能凭借季风进行航海。到东汉时，关于风帆的记载已比比皆是，并列入《辞书》。东汉末年，刘熙在《释名》中更对风帆有所定义："帆，泛也。随风张幔曰帆，使舟疾泛泛然也。"再如木石锚的问世，这是以石块为锚体、木棍为锚爪的有机结合物。石块可加快整锚沉底的速度，而木爪可以加强锚体对底质的抓力，更好地稳住船舶，这是航海工具成熟的重大标志之一。

汉代航海工具成熟的又一个重大标志是中线舵的出现。中线舵是使船舶改变和保持航向的关键设备，被称为船舶航行的主帅，凌波之宝。诚然，人类在5000多年前已经发明了利用自然风力推进的帆，但是由于没有中线舵，在风浪中船舶不能灵活如愿地改变方向以使船处于有利帆角（帆角指帆面与船舶首向的夹角，如果帆角小于20°帆船就会踟蹰不前）。而航行中如果没有高效的垂直中线舵不时改变船之航向，帆船就无远洋航行的能力。在汉代以来的有关典籍中可以看到，中国船上的操纵工具在这一时期已完成了由艉桨、艉梢至中线舵的过渡。从图中可见方首、方尾、平底的中国古船的典型特点，确实也为安装中线舵提供了有利条件，允许有上下开口的船之尾封板，既可为中线舵提供支撑点，又可为中线舵的升降提供条件，中国船众多结构上的有利条件，使之在纪元初的东汉年间已经发明了悬挂式可升降的中线舵，这可由广州出土的著名东汉墓中的灰陶船模得以证明，此船模尺度虽小，长不足 56 厘米，但它却能充分显示出当时中国船匠精湛的造船技艺和所使用的先进操船和系泊工具。

中国古船的尾部

资料来源：辛元欧：《中国古代造船技术中的四项发明》，《机械技术史》2000 年第 10 期。

广州出土东汉灰陶墓葬船模型（按广州博物馆收藏的照片复制）

资料来源：辛元欧：《中国古代造船技术中的四项发明》，《机械技术史》2000 年第 10 期。

这些航海工具的出现，都为汉民族的海外移民准备了条件。

另一方面，秦汉航海技术的进步主要表现在海上导航上：

1. 地文导航

汉代的航海当以近海沿岸航行为妥，汉朝使者远涉印度洋也要遵循这一原则。因为在茫茫大海中，如无可靠的定位手段，船舶非但无从确定继续前进的航向，而且将随时有触礁、搁浅，甚至发生海难的危险。在这种航海态势下，船舶远航必然以地文导航与陆标定位为依据。从历史记载分析，汉代的地文导航术已有重大的发展。其一，对航程与航期开始有了初步的估算，即以“月”和“天”（或“日”）为海上计程单位，这种较为模糊与粗糙的航程估算方法是古代世界航海活动中所通用的。如著名的汉使航程就是这样计算航程的。其二，对海洋地理有了新的认识，东汉杨孚曾对南海之海岸地形有所记载，说“涨海（即南海）崎头，水浅而多磁石，徼外人乘大舶，皆以铁叶锢之，至此关，以磁石不得过”[①]。其三，已出现对海上地形地貌进行精确测量的“重差法”。唐人李淳风注《海岛算经》，其中测量和计算海岛距离与高度的数学基础即是“重差法”。这种“重差法”利用矩或表，通过两次观测，既能求得海岛之高度，又得其远近，较之仅利用勾股关系进行观测的“九章算术”法，在提高计量精度上又前进了一步。

秦汉时期对海洋地理有了新的认识。那时称现在的南海为“涨海”。“南海，大海之别有涨海”[②]。“涨海”，不仅专指今天南海的海区，而且还指我国的南海诸岛，如三国东吴万镇《南州异物志》云：“涨海崎头，水浅而多磁石。”[③] 吴康泰《扶南传》云：“涨海中倒珊瑚洲，洲底有盘石，珊瑚生其上也。”[④] 这些地理地文的描述，说明在南海中有无数珊瑚礁岛，且在不断成长中。又由于潮汐的涨落使许多岛屿、沙洲、暗礁，时而露出海面，时而又隐藏在浩渺的碧波下，因而南海又被称为涨海。这都具有导航作用。

2. 天文导航

秦汉时期在天文导航方面也有明显的进步。当时的太初历（后改名为三统历），已具备了气朔、闰法、五星、交食周期等内容，并提出以没

---

① 《异物志》。

② （唐）徐坚等：《初学记》卷六《地部中·海地二》，中华书局1962年版，第115页。

③ （宋）李昉：《太平御览》卷九八八《药部·磁石》，中华书局1960年版，第4372页。

④ （宋）李昉：《太平御览》卷六九《地部·洲》，中华书局1960年版，第327页。

有中气（雨水、春分、谷雨等十二节气）的月份为闰月的原则，这一原则在农历中一直使用到现在。太初历第一次明确提出了135个朔望月中有23个食季的食周概念，并建立了一套推算五星位置的方法，为后世历法树立了规范。汉代天文学的成就，为航海天文导航提供了条件。据《汉书·艺文志》记载，西汉时的海上导航占星书籍已有《海中星占验》12卷，《海中五星经杂事》22卷，《海中五星顺逆》28卷，《海中二十八宿国分》28卷，《海中二十八宿臣分》28卷，《海中日月慧虹杂占》18卷，总计达136卷之多。虽然这些古籍久已佚散，但从题目中可窥见其时的航海天文术很可能已具备如下几个内容：一是对海洋空中星座的判别与验证；二是对海洋空中五大行星的各种征候与运行规律的认识；三是对海洋空中二十八星宿的地理位置与相互关系的记录；四是对海洋上太阳、月亮、彗星、彩虹等杂类的预测。这里既涉及航海天文，又涉及航海气象。汉代船员已能利用北斗星与北极星来进行定向导航了，成书于西汉初期的《淮南子》即云："夫乘舟而惑者，不知东西，见斗极则寤矣。"足见当时近海与远洋航行之兴盛。

3. 季风导航

秦汉时期由于掌握了利用季风进行航海的技术，东汉应劭在《风俗通义》已经提到："五月有落梅风，江淮以为信风。""落梅风"意即梅雨季节以后出现的东南季风。两汉时期人们只有利用季风，才能做远洋航行。

正因为有了季风导航，所以才能出现较大规模的远航活动，如西汉元鼎五年（前112年）秋，武帝遣水师分五路会攻番禺时，齐相卜式也奏请"愿与子男及临淄习弩、博昌习船者请行"①，试图从山东沿海直驶闽粤。又如元鼎六年（前111年）秋，武帝"遣横海将军韩说、中尉王温舒出会稽，楼船将军杨仆出豫章"②，渡海南下，往攻东越王余善。而汉武帝时期的汉使远航印度洋，更是很好地利用了季风，即汉船在冬十一月前后乘北风举帆起碇，则经五个月航行至都元田大致在次年春四月。其后四个月，出马六甲海峡，沿孟加拉湾东岸北上，正好趁夏季南风前进。又从邑卢没国（今佛统一带）到堪离国（泰国之巴蜀）的二十余天，依然

---

①《汉书·卜式传》。

②《汉书·武帝传》。

一路顺风。及至秋冬来临，海船正好再趁印度洋东北季风，沿孟加拉湾西岸向西南航行两个月后到达黄支国（今印度东南岸之康契普腊姆）。由此可以推断，至迟到西汉时期，中国人对于西太平洋与北印度洋上的季风规律已有所掌握，并将之应用于航海活动了。

4. 潮汐导航

民谚说："老大勿识潮，吃亏伙计摇。"航海与潮汐的关系实是非常密切。船舶在岛屿或海岸附近水域航行，必须了解潮汐涨落规律，以防海水退潮时造成搁浅或触礁，同时也可借潮流向，进出港湾或快速航行。因此，对潮汐的认识是海洋水文知识的重要内容之一。

秦汉时代，人们对潮汐的认识已超过表面现象，并进而探究潮汐成因以及与其他事物之间的内在关联。在春秋战国时代，人们对于潮汐升降特别是通海河口的明显奇特的潮汐现象虽有所观察，但感到难以理解，如将汹涌的钱塘江口大潮，传说成是"子胥恚恨，驱人为涛"[①]。到了汉代，人们关于潮汐的认识有了突破。西汉时枚乘的著名辞赋《七发》中，指出："将以八月之望，与诸侯远方交游兄弟，并往观涛乎广陵曲江。"[②] 可见至迟西汉，人们已熟知"望日"有大潮，而且秋八月之潮势更大，故而有观潮之俗。东汉王充对传统的潮汐迷信观念提出了有力批判。指出潮汐"天地之性，上古有之。经曰：'江汉朝宗于海'，唐虞之前也"[③]，绝非从伍子胥时才有。又进一步指出："其发海中之时，漾驰而已；入三江之中，殆小浅狭，水激沸起，故腾为涛。"[④] 成功地解释了江河入海口的暴涨潮现象。最后，正确提出"涛之起也，随月盛衰"[⑤] 的科学假说，第一次把潮汐成因与月球运动联系起来，为我国的潮汐理论与航海作了杰出贡献。[⑥]

秦汉航海是中国古代航海史上的第一个大发展时期，以地文、天文、季风和潮汐导航为支撑，汉民族开辟了对日本列岛与南亚地区的远洋航路。

---

① （东汉）王充：《论衡校释》卷四，黄晖校释，中华书局 1990 年版，第 180 页。
② （南朝梁）萧统编，李善注：《文选》卷三四，中华书局 1977 年版，第 488 页。
③ （东汉）王充：《论衡校释》卷四，黄晖校释，中华书局 1990 年版，第 181 页。
④ 同上。
⑤ 同上。
⑥ 史景峰：《秦汉航海史研究》，硕士学位论文，广西师范大学，2012 年。

二 海上丝绸之路：秦汉汉民族航海业的发展

“丝绸之路”一名，是德国地貌学、地质学家李希霍芬（Ferdinand von Richthofen，1833—1905），在所著《中国》（三卷）中提出的。他对中国进行多次调查考察后，指出中西陆上通道进行的主要贸易是丝绸，故名“丝绸之路”。此名出现后，有些学者认为，中国的丝绸不仅从陆路运往西方，也经由海道。因而法国汉学家沙畹（Edouard Chavannes，1865—1918）在其所著《西突厥史料》中提出，“丝路有海陆两道”。其后，日本学者三杉隆敏在其 1967 年出版的《探索海上丝绸之路》的专著中明确提出。所谓“海上丝绸之路”是相对陆上丝绸之路而言的，这个概念如今已被学术界所普遍接受。①

先秦之时，岭南地区海上交往为海上丝绸之路的形成奠定了基础。早在距今 6000 年前后，岭南先民已经利用独木舟在近海活动。距今 5000—3000 年期间，东江北岸近百公里的惠阳平原，已经形成以陶瓷为纽带的贸易交往圈，并通过水路将其影响扩大到沿海和海外岛屿。通过对海船和出土陶器，以及有肩有段石器、铜鼓和铜钺的分布区域的研究得知，秦代岭南先民已经穿梭于南中国海乃至南太平洋沿岸及其岛屿，其文化间接影响到印度洋沿岸及其岛屿。根据出土遗物以及结合古文献的研究表明，南越国已能制造 25—30 吨的木楼船，并与海外有了相当的交往。南越国的输出品主要是：漆器、丝织品、陶器和青铜器。输入品正如古文献所列举的“珠玑、犀（牛）、玳瑁、果、布之凑”。主要的贸易港口有合浦和徐闻。

（一）南方海上丝绸之路

南方海上丝绸之路又可称为南海丝绸之路。秦汉时期是开发海上“丝绸之路”并将航向远洋发展的时代，为以后汉民族海外移民“下南洋”开通了海路。

海上“丝绸之路”兴起于西汉武帝时期，《汉书·地理志》记载：

> 自日南障塞、徐闻、合浦船行可五月，有都元国；又船行可四月，有邑卢没国；又船行可二十余日，有谌离国；步行可十余日，有

① 参阅纪宗安《试论南方丝绸之路与海上丝绸之路的关系》，《岭南文史》1993 年第 4 期；《中国海上丝绸之路》（http://blog.sina.com.cn/s/blog_7686b9ee01012rmn.html）。

> 夫甘都卢国，自夫甘都卢国船行可二月余，有黄支国，民俗略与珠崖相类，其州广大，户口多，多异物，自武帝以来皆献见。有译长属黄门，与应募者俱入海市明珠、璧流离、奇石异物，赍黄金杂缯而往。所至国皆禀食为耦，蛮夷贾船转送致之，亦利交易，剽杀人，又苦逢风波溺死，不者数年来还，大珠至围二寸以下。平帝元始中，王莽辅政，欲耀威德，厚遗黄支王，令谴使献生犀牛，自黄支船行可八月，到皮宗；船行可（八）（二）月，到日南、象林界云。黄支之南有已程不国，汉之译使自此还矣。

可见，西汉朝廷派出译使率领的船队，沿着民间贸易开发的海上航线，到达中南半岛、南洋群岛、印度东南海岸和斯里兰卡等地。公元前1世纪，中国丝绸已成为地中海世界最珍贵的衣料，其中部分衣料是从“海上丝路”到达地中海东岸的。外国的香料、金银器、宝石、琉璃器（玻璃）等货物亦从海路运到中国。《汉书·地理志》所载海上交通路线，实为早期的“海上丝绸之路”，当时海船载运的“杂缯”，即各种丝绸。东汉航船已使用风帆，大秦（罗马帝国）已第一次由海路到达广州进行贸易，东汉时期，“至桓帝延熹九年（166年），大秦王安敦（Marcus Aurelius Antoninus，121—180）遣使自日南徼外献象牙、犀角、玳瑁，始乃一通焉。”[①] 这是历史记载的中国与罗马帝国的第一次往来。这个时期，中国带有官方性质的商人也到达了罗马。这标志着横贯亚、非、欧三大洲的真正意义上的海上丝绸之路的形成。

中国丝绸的输出，早在公元前便已有东海与南海两条起航线。南海起航线即为南方丝绸之路，秦汉时有徐闻、合浦两个始发港，两地都是沿海地区，都具备远航出海的条件，而且两地都可以通过水陆连接，连通中原与岭南地区以及两个始发港，致使中原运送到岭南的物品可以出口海外，也可以使从海外来华的各种商品到达岭南后，通过这些水陆通道进一步运输到中原及北方。利用优越的地理优势，岭南海上丝绸之路的贸易由此展开。

合浦港的地理位置十分优越，不仅具备了水深、避风、便于船舶停靠的有利条件，而且还有以南流江水系构成的货运通道。当时中原内地、云

① 《后汉书·西域传》。

贵高原的货物，主要有三条通道进入合浦郡境内，一是湘漓水道，自秦始皇开凿灵渠后，此道便成为岭南与中原地区的主要交通要道。沿长江水系由湘江过灵渠进入漓江，途经桂林、昭平、梧州，再由梧州逆浔江而上，经北流河到达玉林平原地区，过桂门关后，沿南流江到达合浦港口。二是红水河水道，红水河古称牂牁江，上源有南、北盘江。两江相汇后，经天峨、来宾到达郁江，溯郁江而上至贵港，又陆行进入玉林，再沿南流江到达合浦港口，云南、贵州乃至四川的货物当时均可经此道输出海外。三是左、右江水道。右江水道源自驮娘江和云南东面的西洋江，两江相汇后经百色、田阳、田东，于南宁地区与左江相汇；左江上源由流经越南北面的红河、黑水河构成，两河汇合后经龙州、崇左、扶绥到达邕江。自邕江顺流至横县后上岸陆行至灵山一带，再从武利江经南流江到达合浦港。合浦港在汉代能成为中国海外贸易的主要口岸，与当时合浦郡的社会经济发展密切相关，此外，合浦郡海岸线漫长，当地居民以渔业、采珠等职业为生。捕渔捞蚌以作食物始于原始时代，东兴新石器时代贝丘遗址的动物骨骼、软体动物介壳是当时人类渔猎生活的证据，直到近现代，仍有专门从事海上捕鱼为主的水上人家。海上采珠活动应在先秦时期就有，到了汉代，由于中原朝廷官吏的喜好，合浦郡的采珠业已相当发达。采珠有相对固定的海域，故《旧唐书·地理志》载："廉州合浦县有珠母海，郡人采珠之所。"因此，汉代合浦港是当时国内物资集散和对外贸易的重要口岸，它对发展中西交通和贸易起着重要的枢纽作用。可见合浦港为海上丝绸之路最早的始发港之一。

徐闻港就是在汉武帝开辟海上"丝绸之路"中崛起的。西汉时期，合浦郡辖徐闻，港口扼琼州海峡的咽喉，南出琼崖，东通闽浙，西经钦廉，北达内陆，航海南下，可到越南、暹罗、南洋群岛、印度及东非各国。它是当时我国商船南航的启运港，也是古大秦（罗马）、天竺（印度）、波斯（伊朗）等国的船舶到中国的目的港。这里不仅囤积着大量货物，而且有许多中外船舶停靠在此，补充淡水和食物。因此，徐闻港在汉帝国时期是我国南部的货物中转港和集散地，作为合浦郡所属的徐闻港虽然是"支港"，但两汉时确实是海上"丝绸之路"的又一个始发港。

（二）北方海上丝绸之路

北方海上丝绸之路又可称为东海丝绸之路。早期北方海上丝绸之路的源头在山东。从先秦起，就有自山东沿海经辽东半岛、朝鲜西海岸到日本南部的一条海上交通线。这条海上丝绸之路，有其鲜明的特点，从时间上看，它的形成要早于汉代通往西域的丝绸之路；从形成的方式看，它不像张骞通西域那样，得益于中国封建王朝与外国政府使节之间的往来，而是由民间百姓大规模向海外迁徙造成的。

北方海上丝绸之路，大体上是自琅琊（今胶南县）、芝罘（今烟台市）、蓬莱一带出发，沿山东海岸北行，渡过长山列岛，先驶入辽东半岛，再转向东南，沿朝鲜西海岸南下，最后渡过对马海峡进入日本九州沿海一带。早在西周，就有“倭人贡畅”[①] 之说。到战国时期，山东沿海已出现了琅琊、芝罘等几个大港口，并有人们自此出海的记载。即便在当时尚不算大的斥山港（今石岛一带），也出现了中朝商人们在此转手文皮（虎豹等兽皮）的交易活动[②]。《管子·轻重甲》还记载，管仲曾建议齐桓公以通商作为武器而臣服邻国，“发、朝鲜不朝，请文皮、毤服以为币乎！……然后八千里之发、朝鲜可得而朝也”。用齐国的货物和发（发，东夷的一个部落，可能在朝鲜半岛北部或辽东半岛一带）、朝鲜交换“文皮、毤服（鸟兽落毛为毤，毤服指鸟兽落毛所做的衣服，即皮衣）”。秦汉之际，成千上万的山东半岛居民辗转迁居到朝鲜半岛和日本列岛，把山东各种物产和生产技术带往新的家园。所以山东地区先进的纺织技术和精美的纺织品逐渐地在朝鲜半岛流传开来。20世纪初，日本人在平壤附近连续发掘出多处汉代古坟，从古坟中出土了大量的绫绢等丝织品残片，织工精细，经一些考古学家研究后认为是出自汉代齐地三服官的产品。

日本在公元前2世纪初，大约相当于中国秦汉之际，是从绳纹文化向弥生文化的过渡时期。在这个时期，由于中国北方海上丝绸之路的开辟，加上大批中国移民的东渡，正是“至远而利天下”[③]，使日本的生产力出现了很大的进步。自春秋战国以来，山东地区特别是以临淄为中心的齐地纺织业突飞猛进的发展，为陆上和海上丝绸之路的开辟提供了保证。临淄一带生产的纺织品，尤其是丝织品，自春秋战国至魏晋时期均是国内最负

---

① （东汉）王充：《论衡·恢国》。

② 《管子·揆度》记载，朝鲜文皮（有花纹的兽皮，多指虎皮、豹皮）是输入齐国的重要商品，被管仲称为“七策”之一，天下最好的商品之一。

③ 《易经·系辞下》。

盛名的产品，在国内纺织业独占鳌头长达数百年之久。不仅为周边各国人民所喜爱，而且推动了邻国纺织业的发展。日本历史学家井上清认为："弥生时代文化，完全是生产力发展的结果，而其发展是外来文化构成的，弥生文化并不是绳纹文化的继续和发展，而是外来文化，这是无可置疑的。"① 日本在绳纹文化时代，是处在刀耕火种阶段的，尚没有铁器、青铜器和纺织工具。纺织品最早在日本出现，是在弥生时期的墓葬中。如在佐贺县高来郡三会树景化园遗址一座墓葬的瓮中，发现了许多一寸见方的残绸布片，属于平织物，经线四十至五十根，纬线三十根，与汉代齐地所产绸绢大致相同。这与汉代史籍称日本"土宜禾稻麻纻蚕桑，知织绩为缣布"② 是相吻合的。《魏志·东夷传》亦云，汉代时日本情况：男子衣横幅，但结束相连，略无缝，妇人作衣如单被，穿其中央，贯头衣之，种禾稻纡麻，蚕桑缉绩，出细纻缣丝。由此可见，北方海上丝绸之路及汉民族移民对日本丝织晶和麻织品的影响之大之深。③

三　徐福东渡移民日本的传说

（一）"三神山"与徐福东渡

春秋战国时期，山东半岛沿海居民探寻"三神山"的活动十分兴盛。

三神山的由来，实起于战国。《史记·封禅书》《汉书·郊祀志上》中记载："其传在渤海中，去人不远……盖尝有至者，诸仙人及不死之药皆在焉。其物禽兽尽白，而黄金银为宫阙。未至，望之如云；及到，三神山反居水下，临之，风辄引去，终莫能至云。"《史记·武帝纪》记载："建章宫中，建泰液池，中有蓬莱、方丈、瀛洲、壶梁，象海中神山龟鱼之属。"《列子·汤问》亦有"渤海之东有五山焉，一曰岱舆，二曰员峤，三曰方壶，四曰瀛洲，五曰蓬莱"的记载。

其实，所谓三神山，不同的时期有不同的所指。从《史记》《汉书》的描写看，古代渤海沿岸的人民，看到渤海中的海市蜃楼，不明白它的科学成因，以为海中真的有这样一些岛屿。他们便到海中寻找，果然发现一些原来不了解的新岛屿。从蓬莱、方丈、瀛洲这些名称看，应是古代东莱

① ［日］井上清：《日本历史》上册，闫伯纬译，天津人民出版社 1974 年版，第 15 页。

② 《后汉书·东夷传》。

③ 参阅刘凤鸣《山东半岛与东方海上丝绸之路》，人民出版社 2007 年版，第 36—40 页。

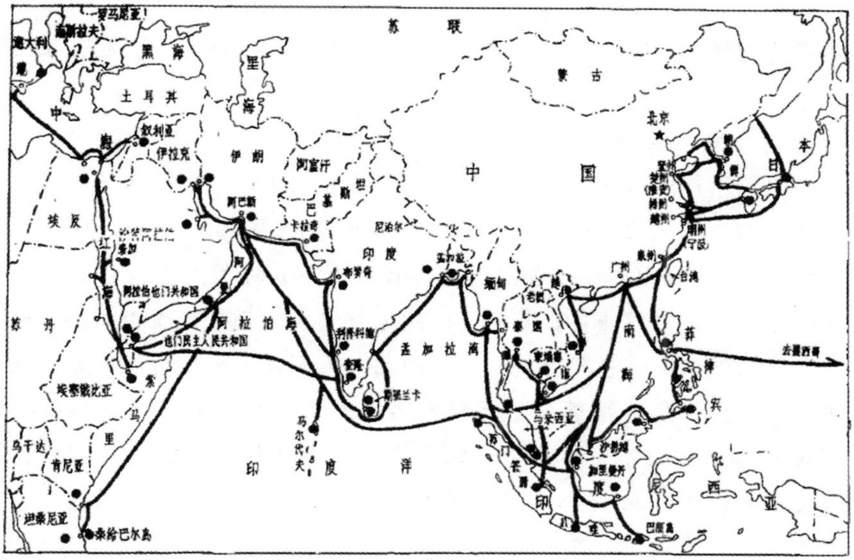

—— 海上“丝绸之路”航线。
● 中国丝绸通过海上“丝绸之路”传布到的国家和地区（均用现名）。

海上丝绸之路示意图

资料来源：陈炎：《“丝绸之路”从陆路转向海洋》，《瞭望周刊》1984 年 8 月 4 日。

人所寻找的地方。东莱人，即指战国时山东一带的族群。王献唐在《炎黄氏族文化考》中指出：蓬莱犹风莱，为风夷、莱夷二族合名之地。古代风夷为东方九夷之一，即在此一带。莱夷初尚稍西，后亦寖沿而东，风夷先后同居一处，故以风莱名地”。“瀛即嬴，亦即嵎夷之嵎，荣成之荣，一音之转，亦属羲、农族名，谓嬴族所居湖山也。其言方丈者，丈即场字，犹言方场，方族之场也。其言蓬莱者，乃蓬莱之族，渡海至此，因旧名为号，合名例可单称，故又曰蓬壶。其言瀛洲者，嬴族所居之洲，湖中有山，山在洲中，四围为水，故亦曰瀛洲，洲义犹场，瀛洲犹方丈也。测其情势，即今之海岛，故蓬莱亦曰蓬岛。”① 可见蓬莱、嬴族均为东莱的族群。康熙《黄县志》说：黄县尧时为嵎夷地。蓬莱、方丈、瀛洲都是莱夷在海中居住的海岛。

战国时期，神仙学说盛行，方士们便把海市蜃楼现象加以渲染，说成是海中的神山，山上有长生不死药。传说三神山上，禽兽及万物都是白

① 参见王献唐《炎黄氏族文化考》，齐鲁书社 1983 年版，第 552 页。

色，宫阙为黄金白银所砌，传得神乎其神。于是激起汉民族先民们争相下海东渡寻仙岛，东渡的探索又在传说中进行，故而促成了中国北方汉民族先民向一衣带水的朝鲜半岛以及日本列岛的移民。

（二）徐福东渡的传说

在寻找三神山求仙药的传说中，徐福也加入了求仙药的队伍。这个寻找三神山的热潮从战国一直延续到秦王朝时达到高潮。《十洲记》记载："秦始皇时，大宛中多枉死者横道，数有鸟衔草，覆死人面皆登时活，有司奏闻始皇。始皇使使者赍此草，以问鬼谷先生，云是东海中祖洲上不死之草，生琼田中，一名养神芝。其叶似菰，生不丛，一株可活千人。始皇于是谓可索得，因遣徐福及童男童女各三千人，乘楼船入海，寻祖洲不返。"[①] 而徐福对秦始皇称海中有鲛鱼阻止，不能到达神山。又曾说：海中大神对采药之事说："汝秦王之礼薄，得观而不得取。"[②] 秦始皇相信了徐福的话，批准徐福两次入海寻仙。于是，秦王朝时汉民族最大最重要的东渡移民——徐福东渡日本跃上了历史舞台，据传说：

> 春秋战国时代，传说在我国燕（今河北）、齐（今山东）东面的大海中，有蓬莱、方丈、瀛洲三座神山，山上遍野长满瑶花芳草，住着天仙海神。神仙们饮着琼浆玉液，吃着灵丹妙药，可以仙寿永昌，长生不老。当时一些国君幻想不死，曾几次三番派人乘船到海里去寻访神山，探求仙药。据有些归来的航海者讲，这些神山在茫茫的大海之中，真是无影无踪，难寻难觅。但有时却不知从哪里刮来一阵大风，掀起一股海流，就使船只得以驶近神山。这时站在船头举目望去，只见神山上云霞掩映，瑞气浮腾，用黄金和珠宝堆砌而成的宫殿屋宇在飘渺的轻雾云中光芒四射，遍体雪白的珍禽异兽在奇花异木之中奔腾飞跃，好一派绮丽美妙的神仙景象。然而令人奇怪的是，当船家真的将船驶近神山时，这一切却又忽然沉入茫茫的碧波之中了。然而"上穷碧落下黄泉，两处茫茫皆不见"，始终没有一个幸运儿的足

① 《十洲记》亦名《海内十洲记》，旧题东方朔撰，《四库全书总目十洲记提要》记载："盖六朝人所依托。"据近人考证，应为东汉道士所撰。这是记载了东汉时的神话传说。唐戴孚撰《广异记》也有相同记载。

② 《史记·始皇本纪》。

迹可以踏上那神山仙岛，留给他们的只是一片可望而不可即的海市蜃楼。

公元前221年，秦始皇扫平六国，统一神州，建立了中央集权的封建专制国家。在秦朝繁重的苦役和沉重的苛捐压迫下，不少沿海地区的贫苦百姓为逃避暴政，不惜冒九死一生的风险，纷纷乘筏驾舟，出海移居。到始皇二十八年，秦始皇巡海出游，北至山东琅琊[①]，面对滔滔沧海，想起了燕齐时代的神山仙药传说，为了满足他梦想长生不死，永享骄淫的天子欲望，就下令叫山东方士徐福（又名徐市）入海，为他去寻神山，取仙药。徐福虽是一个闯江湖的方士，常在沿海漂泊，也有一定的航海经验，但他对于这个难题也深感忧虑。他知道烈风暴戾，凶涛无情，对任何人都不会例外，此番入海求药，难免一去不回，葬身鱼腹。可是迫于秦始皇的淫威，也只得硬着头皮怏然而去。

一连几年的海上漂荡，徐福在与风涛的搏斗中增长了不少天象水文知识，积累了不少航海经验，但是船舶所到之处，除了无边无际的海空外，哪里有一星半点的神山影子！燕齐的传说像噩梦一样整天萦绕在他的心头，而秦始皇残暴严酷的音容更像一把利剑悬在他的颈上，使他惶惶然不可终日。为了复命，他不得不编造了一套神秘的故事去诳骗秦皇，说什么遇到了金甲神，登上仙山，觐见了神王。看到了琼楼玉宇，奇花异草，珍禽异兽。至于仙丹妙药，则要秦皇斋戒沐浴，表示至诚，并差遣童男童女三千和有各种本领的工匠随船同往，才能取得。

秦皇听信了徐福的汇报，当即下令选三千名童男童女、杂技百工，连同各种谷物和财宝，交给徐福带着，重新入海求药。徐福知道这次虽然骗过了秦始皇，但下次再空手回来，就无法复命，难免做刀下冤魂了。在准备出海的日子里，他面对着浩瀚无垠的海洋愁肠百转，思绪万千。正在无计可施时，突然，他闪过一个念头：与其下次回来束手待毙，还不如拼九死求一活，带着这批童男童女和各色工匠漂洋过海移居外域，说不定老天爷保佑，让我们找到栖身之所，可以耕作度日，安居乐业呐！他反复地推敲揣摩，觉得只有走这条道路

① 今山东日照县。

> 了。就这样，在一个夏天的早上，徐福带领三千童男童女和各色工匠，洒泪拜别了生他养他，难舍难离的故土。经过艰险的漂洋远航，海陆辗转，历尽千辛万苦的徐福船队，终于漂流到了日本海中东瀛、蓬莱一带的岛屿上，完成了举世瞩目的东渡日本的远征。从此，徐福这一群中华儿女的祖先们，便在那平原广泽，沃野千里，景候宜人，土著亲善的近邻异域上建立了生活基地，并在那里耕作劳动，养儿育女，一直延泽至今，成为古代中国漂洋越海来到日本土地上的第一批移民和友好使者。同时，随着时光的流逝，也渐渐演变为“出云民族”“铜铎民族”的始祖，成了日本民族的有机组成部分。[①]

这就是流传千年的徐福东渡的传说。

（三）徐福东渡的传说是真的

徐福东渡的传说究竟是真是假呢？这本是历史上的一个谜。但现在此谜已解，徐福东渡的传说是真的。

正因为是真的，所以历史文献上早已留下了徐福东渡的足迹，最早见于《史记·秦始皇本纪》中称徐福为“徐市”，而《史记·淮南衡山列传》中称徐福为“徐市”。《史记·秦始皇本纪》中共有三次提到徐福。第一次提到徐福是在秦始皇二十八年（前 219 年），“齐人徐市等上书，言海中有三神山，名曰蓬莱、方丈、瀛洲，仙人居之。请得斋戒，与童男女求之。于是遣徐市发童男女数千人，入海求仙人。”第二次是在秦始皇三十五年（前 212 年），“始皇闻亡，乃大怒曰：‘吾前收天下书不中用者尽去之。悉召文学方术士甚众，欲以兴太平，方士欲练以求奇药。今闻韩众去不报，徐市等费以巨万计，终不得药……’”。第三次是在秦始皇三十七年（前 210 年），“方士徐市等入海求神药数岁不得，费多，恐谴，乃诈曰：‘蓬莱药可得，然常为大蛟鱼所苦，故不得至，原请善射与俱，见则以连弩射之。’始皇梦与海神战，如人壮。问占梦博士曰：‘水神不可见，以大鱼蛟龙为候。今上祷祠备谨，而有此恶神，当除去，而善神可致？乃令入海者赍捕巨鱼具，而自以连弩候大鱼出射之。自琅琊北至荣成山，弗见。至芝罘，见巨鱼，射杀一鱼。遂并海西’”。《史记·淮南衡山列传》中又云：“又使徐福入海求神异物，还为伪辞曰：‘臣见海中大神’，

① 孙光圻：《徐福和三千童男童女》，《航海》1980 年第 6 期。

言曰：‘汝西皇之使邪？’臣答曰：‘然。’‘汝何求？’曰：‘愿请延年益寿药。’神曰：‘汝秦王之礼薄，得观而不得取。’即从臣东南至蓬莱山，见芝成宫阙，有使者铜色而龙形，光上照天。于是臣再拜问曰：‘宜何资以献？’海神曰：‘以令名男子若振女与百工之事，即得之矣。’秦皇帝大说，遣振男女三千人，资之五谷种种百工而行。徐福得平原广泽，止王不来。”从司马迁所记，可见徐福东渡的传说其情节和内容与《史记》所载基本一致。

正因为是真的，所以在历史文献中，相关的记载还有很多，如《汉书·郊祀志》中引用的谷永说汉成帝的话“秦始皇初并天下，甘心于神仙之道，遣徐福、韩终之属多赍童男童女入海求神、采药，因逃不还，天下怨恨？”又如《汉书·蒯伍江息夫传》引伍被答淮南王的话：“于是百姓力屈，欲为乱者十室而五。又使徐福入海求仙药，多赍珍宝，童男女三千人，五谷百工而行。徐福得平原大泽，止王不来。于是百姓悲痛愁思欲为乱者十室而六。”再如《北齐书·文苑》中提到：“而燕君、齐后、秦皇、汉帝，信彼方士，冀遇其真，徐福去而不归，栾大往而无获……。”其中徐福、栾大都以方士的身份见于史书，在此更被作为求仙无果的方士的代表，可见徐福不仅确有其人而且知名度完全可以与“大尤尊盛，至妻公主，爵位重累，震动海内”的栾大媲美。

正因为是真的，所以唐代诗人李白、白居易、李商隐在诗中都提及徐福东渡采长生不老药的故事。宋代的欧阳修在其撰写的《日本刀歌》中，提到徐福止留的事云：“传闻其国居大岛，土壤肥沃风俗好。其先徐福祚秦民，采药淹留丱童老。百工五种与之居，至今玩器皆精巧。前朝贡献屡往来，士人往往工辞藻。徐福行时书未焚，逸书百篇今尚存。令严不许传中国。举世无人识古文。”

正因为是真的，所以到了明朝时期，在开国皇帝朱元璋的诗中，也提及徐福东渡不归之事。1376 年，日本高僧中津绝海来华受到了朱元璋的接见。朱元璋向高僧询问了熊野徐福庙古迹。高僧作诗曰：“熊野峰前徐福祠，满山药草雨余肥。只今海上波涛稳，万里好风须早归。”朱元璋也和诗曰：“熊野峰高血食祠，松根琥珀亦应肥。当年徐福求仙药，直到如今更不归。”

正因为是真的，所以日本的典籍中也有很多关于徐福东渡的记载，明确了徐福一行最后的落脚地是日本。在日本第一次提到徐福率童男童女，留止之处在日本的是《义楚的六帖卷二十一》，其言："日本国，亦名倭国，东海中。秦时，徐福将五百童男、五百童女止此过也。今人物一如长安……又东北千余例，有山名一'富士'，亦名'蓬莱'……徐福至此，谓蓬莱至今子孙节曰'秦氏'。"① 从中我们基本可以以此断定徐福东渡最终是到了日本。日本国的另一个国名是倭国。日本的地理位置也更加明确，在东海中，不是所在绝远，卒不可得至。"富士"在日语中的意思是仙草，富士山的名字在日本至今仍在使用。而且日本文献中最早公开承认徐福东渡的是南北朝时由北岛亲房撰写的《神皇正统计》。书中提到了徐福东渡留止日本这一传说，公开承认了徐福传说的真实性。"始皇好神仙，求长生不死药于日本"。并且还说徐福带来了三皇五帝的遗书，秦始皇焚书坑儒后，孔子之经遂存于日本。从此以后，陆续可见日本史籍中收录徐福之事。②

（四）徐福东渡日本"至远以利天下"

徐福东渡日本是历史的真实，其迁出地在哪里呢？目前中日学术界中有三种主要的观点，一是江苏赣榆县金山乡徐阜村说；二是山东龙口黄县说；三是山东胶南琅琊说。此外，还有山东崂山说、山东平度说。争论虽然厉害，其中应以山东龙口黄县说比较可信，其理由在于：第一，《史记》明确记载"齐人徐福"；第二，《汉书·地理志》载东莱郡有徐乡侯国；第三，元人于钦《齐乘》云"徐乡，盖以徐福求仙为名"③。但是徐福无论是何处人，其为汉民族的族属当不会有误。徐福东渡移民，两次东渡，万人伴行④，其规模之大，在汉民族移民史上真可以说是"前无古人，后无来者"也。

徐福为何要带万人东渡移民？有人会说《史记》中不是很清楚地写着为秦始皇"入海求仙人"吗？其实这只是显性的原因，深层次的原因应是为了生存。众所周知，秦始皇统一全国实行高度集中的封建体制，超大型的工程一个又一个，压得人民连气都喘不过来了，很快就把人民投入水深火热之中，为了生存，那时老百姓谁不想脱离秦始皇的统

---

① 转引自李寿旭《徐福其人其事及其东渡对古代日本的影响》，《内蒙古农业大学学报》（社会科学版）2011 年第 3 期。

② 同上。

③ 周延云、宫同文：《建国以来国内外徐福研究述评》，《烟台大学学报》（哲学社会科学版）1994 年第 3 期。

④ 山东省徐福研究会、龙口市徐福研究会编：《徐福研究》，青岛海洋大学出版社 1991 年版。

治，去寻求幸福的生活。所以，徐福就利用了秦始皇求长生不死的心理，蒙骗了秦始皇，到远离秦帝国的地方去追求幸福生活，一去不复返了。

那么，徐福"入海求仙人"的迁入地所去的"平原广泽"究竟是哪里？虽然也有种种说法，有的认为是到了朝鲜①；有的认为是先到了朝鲜半岛南部，以后才到的日本九州；有的认为是舟山岛和台湾②；有人认为徐福所去的地方是东海中的某一个海岛，而且是"离陆地不远的岛屿"③；也有人认为，徐福到了美洲，理由是在墨西哥等地不断发现有关中国的文物④；也有人认为，徐福第一次到日本（前 219 年），第二次到美洲（前 210 年）；还有人认为，徐福到了吕宋岛⑤，其根据是，《三国志·吴主传》和《后汉书·东夷传》都记载："徐福率童男女去澶洲不归，并繁衍子孙数万户"，而澶洲即吕宋岛。

但是，国内外许多学者都肯定徐福东渡的终点是日本。我国现代著名的史学家范文澜、翦伯赞、吕振羽、顾颉刚、杨宽、马非百等一大批学者在有关著作中都肯定了这个观点。20 世纪 50 年代以来，日本及台湾、香港等地的许多学者也都论证了徐福率万名汉民族先民去到了日本。

有学者提到：日本人民"视徐福是中国丝绸的传播者和开拓东海丝路的先驱"⑥。1986—1989 年，在徐福传说较为集中的日本九州佐贺县吉野ク里发掘了一处较大的日本弥生时代（前 3 世纪—3 世纪）聚落遗址，这成为日本最重要的考古发现之一。它包括环壕遗址和大量的坟丘墓，同时出土了铜剑、铜镜、铜铎和玉管等珍贵文物。铜剑、铜镜、铜铎和玉管等珍贵文物来自中国，或中国去的工匠所制作。⑦"吉野ク里"遗址的发现为中国人东渡日本提供了较为有力的考古证据，尽管我们无法将徐福与

---

① 罗元贞：《徐福不可能到达日本》，《山西大学学报》（哲学社会科学版）1987 年第 4 期。

② 同上。

③ 《学林漫录》第 4 辑，中华书局 1981 年，转引自周延云、宫同文《建国以来国内外徐福研究述评》，《烟台大学学报》（哲学社会科学版）1994 年第 3 期。

④ 《徐福到何处去》，《北京晚报》1983 年 8 月 27 日。

⑤ 马非百：《秦集史》，中华书局 1982 年版，转引自周延云、宫同文《建国以来国内外徐福研究述评》，《烟台大学学报》（哲学社会科学版）1994 年第 3 期。

⑥ 陈炎：《海上丝绸之路对世界文明的贡献》，《今日中国》2001 年第 12 期。

⑦ 安志敏：《吉野ク里遗迹的考古发现——日本最大的弥生文化环壕聚落》，《考古与文物》1990 年第 2 期。

日本简单画上等号，但是考古证据和民间传说日趋一致，致使一些日本学者认为徐福东渡日本确有其事。更有许多日本人还以徐福的后裔自居。

徐福东渡，汉民族移民日本，在求得自身生存的同时，也“至远以利人”[①]，促进了日本社会的进步和发展。中、日史学家都认为，在日本绳纹时代晚期，中国的齐、燕文化就经朝鲜半岛传入了日本列岛，并对日本文化在由绳纹时代进入弥生时代这一过程中产生着巨大的决定性影响。

1. 对日本农业的影响。日本绳纹文化时代，处在刀耕火种阶段，尚没有青铜器、铁器和纺织工具。日本弥生时代的标志：一是从此日本开始了农业生产，特别是水稻种植传入日本；一些日本学者把日本稻种分为 A 型和 B 型，并明确指出 A 型与长江中下游发现的炭化稻米相似，B 型稻与华北地区发现的炭化稻米和稻痕相似。据此断定日本列岛的稻种是由中国大陆传入的，而传入的时代则与徐福东渡的时代吻合。因此，在日本徐福被尊为农耕神。二是生产中使用青铜器和铁工具。所以日本学者认为：“弥生文化不是绳纹文化的继续和发展，而是外来文化的传人。”[②]

2. 对日本医药的影响。徐福是方士出身，擅长医药。东渡日本后，他将中国医学在日本进行传播发展。徐福给日本带去了许多珍贵的药材。如《日本书记》和《古事记》都有记载，天台乌药产于中国，是徐福带到日本的。日本著名医学家富士川游博士在《日本医学史》中记载：“秦徐福至日本，率领百工技艺，医人亦在其中。”更是徐福将中国医学传入日本的力证。徐福所带去的中国医药知识经过相当长时间的摸索而不断完善。古代日本的医学是在吸收中国黄老之学和方剂为特点的道家医学的基础上发展起来的。日本的医药知识和医疗技术最早是徐福从中国传到日本的，所以日本人尊奉徐福为“司药神”。在 7 世纪的时候，以中国医学为中心的医学体系在日本得以确认。15 世纪以前，日本医学知识完全模拟中国医学，叫作汉医、汉方。直到今天在日本仍有一部分医生采用传统的中国医学进行疾病的治疗。[③]

3. 对日本文字的影响。中日两国古代史籍都有记载，汉字最早是由

① 《易经·系辞下》。

② 王保田：《日本简史》，上海人民出版社 2006 年版，第 10 页。

③ 李寿旭：《徐福其人其事及其东渡对古代日本的影响》，《内蒙古农业大学学报》（社会科学版）2011 年第 3 期。

徐福一行传入日本的。北宋的欧阳修所作的《日本刀歌》诗中记有“徐福行时书未焚，逸书百篇今尚存。令严不许传中国，举世无人识古文”。林罗山是日本江户时代的大儒，他著有《罗山文集》中称“徐福之来日本，在焚书坑儒之前六七年矣。想蝌篆籀韦漆竹牒，时人知者鲜矣。其后世世兵燹，纷失乱坠，未闻其传，呜呼！惜哉！”这些史学家的观点应该都是有说服力的。汉字的传入促进了日本民族文字的产生，从这一点上来说徐福又被日本人民封为“文字之神”。[①]

2200多年前，徐福率大批汉民族移民到日本，是中国传统文化的一次大传播，是中日第一次大规模的经济和文化交流。徐福带领汉民族“男女三千人，资之五谷种种百工而行”，是到海外去开拓新的事业。徐福的汉民族移民给生产力还相对落后的日本带去了秦王朝高度发展的造船、航海技术及先进的耕种方式、百工技艺与生活习俗等，推动了日本社会各个方面的进步。现在的DNA分析也证明，“约有30%的日本人是从中国去的，30%是从朝鲜半岛去的，另外还有一些南太平洋岛国一带的血统”[②]。1950年，日本学者为了研究证实日本和中国两大民族之间血统人种关系，自发组成“日本族头骨指数测定会”，由日本国各大学的解剖学教授对大学的男女生的头骨进行测量。这一调查历时五年，先后有六七万人接受了测量。结果表明，日本人的头骨指数，大多数与中国江苏、浙江、安徽、福建及山东半岛人的头骨指数相同。这足以说明日本人的祖先有许多是来自中国的汉民族。[③]

由于徐福带汉民族移民与日本原住民一起开发了日本，“至远以利他人”[④]，所以徐福在日本备受尊崇，有人认为徐福是其祖先，有人认为徐福就是日本传说中的第一代天皇神武天皇。在日本民间，早已将徐福神化，他被尊为司农耕、医药之神，至今仍然祭祀不衰。此外，在日本各地建有的众多的徐福祠、徐福墓，并进行徐福大祭等，可以说这不仅是日本人对他个人的推崇，更可以看作是对秦代汉民族先民前往日本改变日本社会面貌的一种纪念。[⑤]

---

① 张良群：《中外徐福研究》，中国科技大学出版社2007年版，第5页。

② 王保田：《日本简史》，上海人民出版社2006年版，第5页。

③ ［日］羽田武荣：《日本学者看徐福》，《海洋世界》1995年第7期。

④ 《易经·系辞下》。

⑤ 孙瑜：《徐福东渡及其象征性意义》，《黑龙江史志》2011年第7期。

（五）秦汉时期汉民族移民朝鲜和南洋

秦汉之交，为了避战乱求生存，汉民族移民朝鲜。《三国志·濊传》记载："陈胜等起，天下叛秦，燕、齐、赵民避地朝鲜数万口。"当时，山东半岛的汉民族百姓海外避难地最大可能就是朝鲜半岛，因为即使使用最简易的渡海船只也可沿着庙岛群岛渡过渤海湾，"循海岸水行"到达朝鲜半岛西海岸，从而进入朝鲜。

这时燕地汉民族移民朝鲜者甚多，《史记·朝鲜列传》中记载："朝鲜王满者，故燕人也。自始全燕时，尝略属真番朝鲜，为置吏，筑鄣塞。秦灭燕，属辽东外徼。汉兴，为其远难守，复修辽东故塞，至浿水为界，属燕。燕王卢绾反，入匈奴。满亡命，聚党千余人，魋结蛮夷服而东走出塞，渡浿水，居秦故空地上下鄣，稍役属真番、朝鲜蛮夷及故燕齐亡命者，王之。都王险。"汉高祖十二年（前 195 年），燕王卢绾反叛战争再起，汉朝军队重兵镇压，卢绾北逃匈奴帐下。辽东、辽西兵乱，迫使中国北部、东部汉民族百姓再度东徙。此时的箕氏王朝已经衰落，为了扩充势力而采取积极吸收中国流民的政策，这在一定程度上助长了燕地汉民族为求生存而的逃亡朝鲜。

燕人卫满率千余汉人渡过浿水，避入古朝鲜。郭沫若主编的《中国史稿》中指出："西汉初年，燕地人卫满率领一千余人，渡浿水，入朝鲜，投依朝鲜王箕准。"[①] 朝鲜王箕准把卫满安置在朝鲜西部，方圆百里。范文澜的《中国通史简编》指出："汉初，卫满在朝鲜立国，在大同江南岸的王俭城建都，统治着朝鲜半岛的西北部分。"[②] 浿水，一般认为是大同江。卫满的力量聚集雄厚之后，于前 194 年，卫满向箕准假传汉朝大军要来进攻，请求到准王身边守护。卫满率军攻占王都，驱逐准王，自立为朝鲜王，此即"卫满朝鲜"之始。卫氏朝鲜直接受到中国大陆汉文化的影响，其社会发展进程比半岛南部的三韩——马韩、弁韩、辰韩要快。这时大量的汉民族移民进入了朝鲜。

前 37 年，朱蒙建立高句丽国。《三国史记·新罗本纪》记载："高句丽王无恤袭乐浪灭之，其国人五千来投，王纳之，分居六部。"高句丽故国川王十九年（197 年），"中国大乱，汉人避乱来投者甚多，是汉献帝建

① 郭沫若：《中国史稿》，人民出版社 1979 年版，第 388 页。

② 范文澜：《中国通史简编》第二册，人民出版社 1964 年版，第 91 页。

安二年也”。《三国史记·高句丽本纪》记载：高句丽山上王二十一年(217年)，“汉平州人夏瑶以百姓一千余家来投，王纳之，安置栅城”。

《后汉书·东夷列传》记载：“汉初大乱，燕、齐、赵人往僻地者数万口。”“灵帝末，韩、濊貊并盛，郡县不能制，百姓苦乱，多流亡入韩者。”“鲜卑濊貊连年寇钞，驱略小民，动以千数，而裁送数十百人。”东汉末，真番、临屯、乐浪、玄菟四郡汉人皆没入高句丽。高句丽又西侵辽东、辽西、右北平，亦掠有汉人。这些汉人大多融入高句丽及朝鲜人之中。“桓、灵之末，韩、涉强盛，郡县不能制，民多流入韩国。”[①] 这里的“民”就是乐浪郡汉人。后汉末，公孙康分乐浪郡辖下的屯有县以南地区设置带方郡，郡治在带方县。治下多是逃亡的汉人。带方郡城址位于朝鲜黄海北道凤山郡石城里。城址北面发现的墓砖上有“使君带方太守张抚夷”“大岁戊申渔阳张抚夷”的铭文。张抚夷为渔阳（今北京密云）人，出任带方太守，葬于戊申年，即晋武帝太康九年（288年）。这样的墓有2000座，多为方台形封土的坟丘墓，形制与中原地区的汉代古墓类似，可见，在秦汉时期，汉民族移民朝鲜已成为东北、山东汉民族求生存的一条活路了。

此外，汉代，随着中国到南洋和印度洋航路的开辟，中国到东南亚、南亚地区的商人也渐渐增多，有些商人即留居于当地。《后汉书·东夷列传》记载了“会稽东冶县（今福州）人有入海行遭风，流移至澶州者”的事，有人认为澶州即为菲律宾。今天在苏门答腊、爪哇和加里曼丹等地发掘的大量汉代陶瓷用品也证明了汉代中国与南洋地区的政治、文化和贸易的交往，以及中国最早的汉民族移民的存在。[②]

从先秦到秦汉时期，在这漫长的两千多年中，伴随着汉民族的起源和形成，汉民族海外移民在东渡美洲的猜想中萌动，在徐福东渡日本的传说中发展。这种萌动中发展的主要特点，一是从神秘的猜想走向民间传说，从民间传说走向现实社会，汉民族海外移民的轨迹也逐渐清晰；二是这个时期汉民族的海外移民主要移民方向是“东渡”到美洲、到朝鲜、到日本；三是这个时期海上丝绸之路的形成和开通为以后汉民族海外移民较大规模地“下南洋”，打通了海路，准备了条件；四是这个时期汉民族海外

① 《三国志·东夷传》。

② 巫乐华主编：《华侨史概要》，中国华侨出版社1994年版，第8页。

移民的迁出地主要是辽西、山东和苏北的汉民族先民；五是这个时期汉民族海外移民开始形成了“至远以利天下”① 的价值取向和原住民共同开发的传统。

汉民族的海外移民在从先秦到秦汉的萌动中开始走向海洋，走向世界。

① 《易经·系辞下》。

第三章　汉民族海外移民的开启时期

汉民族在秦汉形成横空出世，就以“至远以利天下”的视野和胸怀走向世界，伴随的是汉民族海外移民的开拓时期。

汉民族海外移民的开启时期从三国两晋南北朝到隋唐五代。在华侨华人史学家眼中一般认为两宋开始才有华侨出现，宋以前只能是为华侨的产生创造了前提条件。[①] 但是，在人类学和民族学的视野中，汉民族的海外移民早已萌动，而到了三国两晋南北朝和隋唐五代之时，汉民族的海外移民已走上航道，开启开来了。

第一节　汉民族航海史的初步发展

航海是人类在海上航行，跨越海洋，由一方陆地去到另一方陆地的活动。汉民族的航海事业经历了从先秦到秦汉的开端，到三国两晋南北朝和隋唐五代之时，已有了初步的发展。

一　造船业的兴旺

航海必须要有可在海洋航行的船。由于海上环境与内河环境相比更加恶劣，危险更大，因此，在建造规范和适航标准上，海船都比内河船要求更高、更严格。汉民族航海史开启时期航海事业的初步发展，首先表现在造船业的兴旺上。

（一）三国两晋南北朝造船业的发展

三国及其后的南朝各代所处皆为水域，对航海事业均有所发展。东吴

① 郭梁：《鸦片战争以前华侨历史的发展阶段》，《南洋问题研究》1982 年第 4 期。

除设沿江造船地外，在沿海也设有船厂，如会稽、永宁（今温州）等地，在平阳县还设有船屯。在建安（今福州）设有管船的典船校尉。造船数量很多，其战舰“雕刻丹镂，青盖降橹……蒙冲斗舰之属，望之若山”。此时东吴已是“泛舟举帆，朝发夕到，士风劲勇，所向无敌”的航海强国了。① 这一时期，造船数量也惊人。东吴降晋时，在建业一战即获吴船 5000 余艘。② 南朝时沈攸制造“战舰数百千艘”③。刘宋的“孝武帝度六合，龙舟翔凤以下，三千四十五艘。舟航之盛，三代二京无比”④。南朝宋元嘉二十七年（450 年），拓跋焘南侵时，刘宋沿江设防，“陈舰列营，周亘江滨，自采石至于暨阳（今江阴一带），六七百里”⑤。当时中国南方造船之盛可见一斑。

在此特别值得一提的是南朝时，水轮船的出现。南朝梁（502—557 年）造船巧匠徐世谱巧思过人，对战舰型式屡有创新，曾亲造楼船、拍舰（使用冷兵器拍竿的战船）、火舫、水车等船舰，领管梁代水军，平息侯景之乱，归陈后为陈高祖陈霸先所器重，水战之舟具均委其制作。其中，水车一类战舰当就是车船无疑，可能当时由南朝科学家祖冲之创制的“千里船”亦属此类。于是我们就可以把中国车船的创世时间上推至公元 6 世纪。车船与轮船的发明都是人类欲寻找一种减小船员劳动强度的船舶推进方式而得以问世的。所不同的是在近代可使用机械动力，而古代没有动力机，于是这种发明只好用人足或通过动物（如牛）牵动绞盘系统的绳索使船两侧的水车转动以减小船员推进船舶的劳动强度。⑥

（二）隋帝国造船业的发达

隋帝国立国虽然仅 38 年，但在造船业上独树一帜的是造龙船的发达，

① 《三国志·吴志》。

② 同上。

③ 《南史·沈攸之列传》。

④ 《初学记》卷二五。

⑤ 《资治通鉴·宋纪》。

⑥ 关于水轮船使用这类装置推船前进的设计构思在西方源于 4 世纪的拜占庭时期，并于 14—15 世纪曾对这类推进装置有过议论，但直到 16 世纪的西班牙，才在船上用牛拉绞盘系统的绳索而实现之，但并未推广。而在中国历代竟有那么多造船师出巧思创制车船，可见他们都有改制时下船舶推进模式的创新意图。而轮船的发明使中国船匠埋藏了一千多年的梦想变成了现实。在 19 世纪初，当明轮蒸汽战船首次抵达中国海岸时，这种推进方式在中国人眼里并未感到有任何新奇之处。

中国车轮船（采自《古今图书集成》）

资料来源：辛元欧：《中国古代造船技术中的四项发明》，《机械技术史》2000年第10期。

各种各样的舟船，无形中形成一次船舶大检阅。《隋书·炀帝纪》载："遣黄门侍郎王弘、上仪同、于士澄往江南采木，造龙舟、凤艒、黄龙、赤舰、楼船等数万艘。"所造"龙舟四重，长二百尺。上重有正殿、东西朝堂，中二重有百二十房，皆饰以金玉，下重内侍处之。皇后乘翔螭舟，制度差小，而装饰无异。别有浮景九艘，三重，皆水殿也。又有漾彩、朱鸟、苍螭、白虎、玄武、飞羽、青凫、陵波、五楼、道场、玄坛、板艙、黄篾等数千艘。后宫、诸王、公主、百官、僧尼、道士、蕃客乘之，及载内外百供奉之物，共用挽船士八万余人，其挽漾彩以上者九千余人，谓之殿脚，皆以锦彩为袍。又有平乘青龙、蒙冲、艚艓、八棹、艇舸等数千艘，并十二卫兵乘之，并载兵器帐幕，兵士自引，不给夫。舳舻相接二百余里，照耀川陆，骑兵翊两岸而行，旌旗蔽野。"[1] 据统计，炀帝首次游江就拥有船只5191艘。[2] 造船业的兴旺之势在世界上真是屈指可数。

① 《资治通鉴》隋纪四。

② 同上。

（三）唐王朝造船业的兴盛

唐王朝船舶以其坚固雄伟而闻名于世，在载重量和适航性方面称雄于海上。唐王朝有一种巨型远洋海舶，《岭外代答·舟楫》说：其大如巨室，“帆若垂天之云，舵长数丈，一舟数百人”，“盖其舟大载重，不忧巨浪而忧浅水”。在那时，“言舟之大者，莫木兰若也”①。所以，在唐诗中，我们经常能够读到“木兰舟”一词。木兰舟是唐王朝出现的一种用木兰花树干做成的巨型远洋海船。据史料记载，唐王朝的木兰舟船体庞大、可同时搭乘六七百人。由于它结构坚固、抗风浪力强，木兰舟在太平洋和印度洋上声名远播。曾经当木兰舟在波斯湾航行时，因为船身过大，而只能停泊在今天伊朗南部的港口里，货物要换小船才能继续向西航行至幼发拉底河口。搭乘木兰舟是十分安全的，于是许多到中国经商的阿拉伯人都宁可在港口囤货数日，等待木兰舟的到来。

唐王朝时，为了适应繁盛的外交与贸易需要，造船基地的数量大幅度上升。据《资治通鉴》所载，当时的主要修造大船的地方即有：宣（今安徽省宣城县）、润（今江苏省镇江市），常（今江苏省常州市）、苏（今江苏省苏州市）、湖（今浙江省湖州市）、杭（今浙江省杭州市）、越（今浙江省绍兴市）、台（今浙江省临海市），婺（今浙江省金华市）、江（今江西省九江市）、洪（今江西省南昌市）等州及剑南道（今四川省内）的沿江一带；同时，北方沿海的登州（今山东省烟台市蓬莱县）、莱州（今山东省掖县），南方沿海的扬州、福州、泉州、广州与交州，亦是著名的海船建造基地。上述这些地方的造船工场，能承建大量的河船、海舶与战舰。唐太宗征伐高句丽时，一次就发江南十二州工匠造大海船数百艘。刘晏做江淮盐铁转运使时，在扬子（今江苏省仪征县）一地就设置了十个造船工场，修建大批用于漕运的“歇艎支江船”。对唐代舟船之盛，史称：“且如天下诸津，舟航所聚，旁通巴、汉，前指闽、越，七泽十薮，三江五湖，控行河、洛，兼包淮、海、弘舸巨舰，千舳万艘，交货往还，昧旦永日。”② 另据《渊鉴类函》介绍，唐时曾在关中举行一次各地建造的舟船博览，“每舟署某郡，以所产暴陈其上”。当时，来自广陵、会稽、南海、豫章、宣城、始安、吴郡之各色船舶“皆尾相衔进，数十

---

① 《岭外代答·外国门下·木兰皮国》。

② 《旧唐书·崔融传》。

里不绝，关中不识连樯、挟橹，观者骇异”[①]。扬州则是唐王朝在长江下游地区最大的造船中心，官营造船工场也多设在此州之内。唐中宗时，洛阳要购买“竞渡船十只，请差使于扬州修造，须钱五千贯”[②]，平均每只船的造价为五百缗。刘晏任盐铁使后，“于扬子置十场造船，每艘给钱千缗”[③]，其造价高过中宗时所造竞渡船的一倍。为了严格掌握造船的质量，刘晏还派“专知官十人，竞自营办”[④]，前后制造“歇艎支江船二千艘”[⑤]。刘晏根据扬州船业的实际情况，制定了相对合理的造船费用标准。用高价格吸引造船者，同时分场设官员，允许各船场之间公平竞争。这样，不但保证了造船的工期和所需数额，也大大刺激了扬州地区造船业的发展，造船能力不断提高。

唐王朝的造船业具有雄厚的实力，足以担负那个时代水上交通作业的使命。造船工场分布于全国各地。《资治通鉴》卷二〇一记载：龙朔三年（663 年），高宗“以海东累岁用兵，百姓困于征调，……诏罢三十六州所造船”，可见分散而密集的造船基地构成了唐王朝造船业的整体。

更重要的是，唐王朝能够建造巨大的航海船舶，并通过海船来联系外部世界。唐初，阎立德就在洪州制造“浮海大航五百艘”[⑥]。天宝二年（734 年），鉴真和尚东渡日本，乘海船出发，船上除船工之外，尚有 18 名僧人和 85 名工匠，并随船携带大批物资[⑦]，足见海船的容载量之大。《一切经音义》卷一记载唐王朝有种叫作“苍舶”的大海船，长二十丈，可载六七百人。唐懿宗时，陈磻石曾建议利用海船运输，供给养于南征军队：“自福建装船，不一月至广州，得船数十艘，便可致三万石至广府矣”[⑧]，于是，懿宗派陈磻石专督海运。由此可见，用于运粮的海船装载量都达到千石以上。

有创意的是，为了航海的需要，唐王朝的海船上还配备了救生小艇，

---

① 《渊鉴类函》卷三八三《舟部》。

② 《全唐文》卷一七三《水衡监二条》。

③ 《资治通鉴》卷二二六。

④ 《唐语林》卷一。

⑤ 《新唐书·食货志》。

⑥ 《新唐书·阎立德传》。

⑦ 《唐大和上东征传》。

⑧ 《旧唐书·懿宗纪》。

以备不测。据《太平广记》卷一七七所引《谭宾录》记载："归崇敬累转膳部郎中，充新罗册立使。至海中流，波涛迅急，舟船坏漏，众咸惊骇。舟人请以小艇载，崇敬曰：'舟人凡数十百，我岂独济！'逡巡，波涛稍息，举舟竟免为害。"由此可以窥知唐王朝海船的装置配备日趋完善。

唐王朝的船舶制造在以下几个方面取得了较大成就：

1. 水密舱的设计与完备

水密舱将船舱用木板隔成数间，予以密封，造船业称之为水密舱。江苏如皋出土的唐王朝木船，全船分为 9 舱，舱房设有间隔板，结构紧固。扬州施桥镇出土的唐王朝晚期的两条木船，其中大船分为 5 个大舱和若干小舱，隔舱板与船舷榫接，隙缝处均用油灰填塞。水密舱的设置有两个优越性，一是一舱受损，其他舱房不致漏水，既保证了航行的安全，又便于及时抢修。第二，隔舱板横向支撑船体，增强了抗御侧向压力的能力。

这是汉民族在造船业上的一个伟大发明。当意大利马可·波罗（Marco Polo）在中国时（1275—1292 年）看到在他处从未见到过的中国古船这一独特结构时，惊诧之余不免大加赞赏，并介绍说，中国海船常发生这样的情况，当某一航船上发现某舱进水时，船长即下令把舱内货物移往他舱，然后堵漏或停靠一处赶修，修复后再把货物返回原舱，全船仍安全无恙地继续航行[①]。应该说中国船匠采用横舱壁结构的设想由来已久。英国李约瑟（Joseph Needham）博士（1900—1995 年）曾用竹筏在中国的广泛应用来证明中国船匠早就对竹子的结构和浮性有深刻的理解，从而独一无二地创制出与竹子半体相类似的船体结构与外形[②]。限于木结构连接工艺技术，直到唐王朝时中国才出现了水密舱壁，这可由江苏如皋出土的唐王朝古船得以证明。也就在唐末五代间，由于水密舱壁的问世，中国船就愈造愈大，航程愈走愈远，开始进入印度洋，并以坚固、抗风力强、安全性好而著称于世。

2. 船体钉接榫合连接工艺的使用

唐王朝的木船都同时采用了榫接和铁钉并用的连接法。如皋发现的唐

---

① 辛元欧：《中国古代造船技术中的四项发明》，《机械技术史》2000 年第 10 期。

② 同上。当西方近代造船科学诞生后，按船舶结构原理以及不沉性理论证明这种结构最为科学和合理，进而建立了一舱或多舱不沉的理论，为近代船舶设计原理奠定了基础。于是中国古代木船上的水密舱壁结构竟然在西方及世界各地的现代钢船上无一例外地被采用。

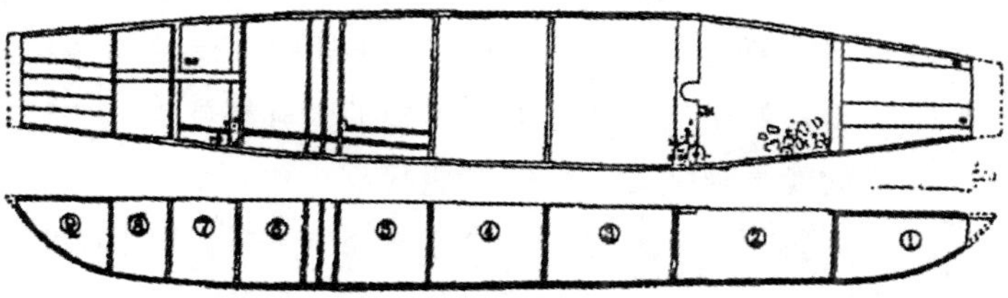

江苏如皋出土唐船水密舱壁示意图

资料来源：《文物》1974 年第 5 期。

王朝木船的船身用三段木料榫合而成，船舱及底部均以铁钉依次钉成人字缝结构，其中填石灰桐油，严密坚实。铁钉断面为方形，钉长 16.5 厘米，钉帽直径为 1.5 厘米。铁钉共分两排，上下交叉钉成，平均每排隔 12 厘米打入铁钉一根；上下两排交叉，相隔 6 厘米。[①] 这种重叠钉合的工艺，造船行业称之为人字缝。用钉接榫合的方法联接船木，大大增强了船体的高强度，即使船木接合处在一种结合法受损的情况下，另一种结合体仍能起到固守作用。同时，船体如此结合，表面光滑，减少了航行阻力。

3. 风帆幅度的增加

增加风帆的幅度，可以使舟船能够更有效地借助自然风力，加快行驶的速度。《唐国史补》卷下就记载："舟船之盛，尽于江西，编蒲为帆，大者或数十幅，自白沙溯流而上。"

4. 船底涂漆工艺的使用

唐僖宗时，杜亚任淮南节度使，为迎办竞渡之戏，"乃令以漆涂船底，贵其速进"[②]。船底涂漆，不仅能够减少水的阻力，增加航速，而且起到了保护船材、防止腐烂的作用。

5. 动力推进装置的革新

据《旧唐书·李皋传》记载，德宗时，李皋"常运心巧思为战舰，挟二轮蹈之，翔风鼓浪，疾若挂帆席，所造省易而久固"。这种舟船，增加了两个水轮，用人力转动，使之拨水前进，这种动力系统在中国造船史上还是首次使用。

---

① 如皋出土的唐帝国木船见《文物》1974 年第 5 期；文物编辑委员会编《文物考古工作三十年（1949—1979）》，文物出版社 1979 年版，第 209 页。

② 《旧唐书·杜亚传》。

对于中国唐舶之盛况，外国学者和旅行家们的古代文献与著作中多有涉猎。意大利学者菲勒斯在《中世纪的中国与非洲》一书中指出，中国大约从600年开始，就建造了具有五层甲板的大吨位帆船，中国帆船的体积很大，抗风浪的能力很强。一位曾在唐代到过中国的古代阿拉伯大旅行家苏莱曼（又译为穆根来），在其撰成于851年的《中国印度见闻录》[①]中说，波斯湾中风浪险恶，中国唐代的海船特别巨大，抗风浪能力强，能在波斯湾中畅行无阻；又说，因中国海船体积很大，吃水很深，不能直接进入幼发拉底河口，也不能通过阿曼暗礁群水域，故而只能将货物从巴士拉、阿曼和其他地方先运到西拉夫（Siraf，其故址位于塔黑里港，北纬27°38′处，977年毁于地震，为古代波斯湾最大之航海贸易枢纽），然后再装上中国海船转运。还说，在故临（今印度东南部的奎隆）有一军事哨所，向过往海船供应淡水并征收关税。每艘中国船交税1000个第尔汗，而其他船仅交税10—20个第纳尔。据考，1000个迪尔汗银币等于50个第纳尔金币，则中国船的纳税额是外国船的2.5—5倍。这也从一个侧面反映了中国海船的载重量大。由于海船大，航行安全度高，因此，“唐代五代间，阿拉伯商人东航者皆乘中国船”[②]；如果中国船未到，他们甚至宁可等待。由此，唐舶之称雄印度洋航业，可见一斑。[③]

总之，唐王朝的船舶制造技术在许多方面都有进步，舟船的体积大为增加，结构更加牢固，装置趋于完善，航速有所提高，[④]遂可称雄于海上，为汉民族的海外移民准备了“东风”。

二　导航术的进步

大海航行靠导航，在汉民族航海史的开启时期，随着远洋航行的日益活跃并向外延伸，中国航海者的地文航海知识与技术也得到了进一步的充实，导航技术又有了较大的进步。

（一）航路指南开始充实

海船在某一条航线上往返次数多了，随着经验的积累，就会总结出一

---

① 《中国印度见闻录》，穆根来、汶江、黄倬汉译，中华书局1983年版。

② ［日］桑原隲藏：《蒲寿庚考》，转引自孙光圻《中国古代航海史》，海洋出版社2005年版，第199页。

③ 孙光圻：《中国古代航海史》，海洋出版社2005年版，第198—199页。

④ 参阅王赛时《论唐代的造船业》，《中国史研究》1998年第2期。

些带有规律性的航路指南式条文。最初的航路指南，可能仅是对某些航程与航期的朴素纪录，如早在西汉汉武帝时的“汉使航程”即为其例。在三国至南北朝时期的史籍文献中，这种简陋的航路指南的文字不但有所增多，而且在内容上也开始有所充实，出现了一些与航海活动关联更为密切的记录，试举若干案例如下：

例一，“从扶南发投拘利口（古港名，似今马六甲海峡东口，为马来语 selat 之音译），循海大湾中，正西北入历湾（今孟加拉湾）边数国，可一年余，到天竺江口（指恒河口）”[①]。这段航路指南中，有港口、海湾、航向、航期、河口等要素。

例二，“夷洲在临海东南，去郡二千里，土地无霜雪，草木不死，四面是山”[②]。这段航路指南，标明了夷洲的海上方位、航行距离，以及判认陆标地形等要素。

例三，“从迦那调洲乘大舶，船张七帆，时风一月余日，乃入大秦国”[③]。这段航路指南的地望尚待研究，但亦已写明了船舶、风帆、风向、航期等要素。

例四，“涨海（今南海）中，到珊瑚洲，洲底有盘石，珊瑚生其上也”[④]。这里对所途经海区的海岸对景文字之先声这些航路指南虽然都很简陋，但与前面历代相比，已是一个历史性的进步。

（二）中国传统地图与海图绘图原则的建构

大海航行还要靠海图。从航海实践的原则上考虑，海图是应与航路指南之类的文字描述同步产生和发展起来的。

两晋时代，中国传统地图的绘图原则由裴秀提出“制图六体”而得到了确立，这一些原则，对于后来海图的绘制同样产生了深远的影响。裴秀（224—271 年）是晋初著名的地理学家，河东闻喜人。他在前人制图的经验基础上，结合自己的亲身体验，提出了“制图六体”：

“一曰分率，所以辨广轮之度也。二曰准望，所以正彼此之体也。三曰道里，所以定所由之数也。四曰高下，五曰方邪，六曰迂直，此三者，

---

① 《梁书・中天竺传》。

② （三国吴）沈莹：《临海水土志》。

③ 《太平御览》卷七七一，引《吴时外国传》。

④ 《太平御览》卷三五九，引《扶南异物志》。

各因地而制宜，所以校夷险之异也”[①]。这就是说，绘制地图，第一要有比例尺，第二要确定方位，第三要知道由此及彼的道路和里程，余下三个因素表明道路有高低、正斜、迂直的不同。裴秀认为，绘图要“以此六者，参而考之。然远近之实，定于分率；彼此之实，定于道里；度数之实，定于高下、方邪、迂直之算。故虽有峻山巨海之隔，绝域殊方之回，登降诡曲之因，皆可得举而定者。准望之法既正，则曲直远近，无所隐其形也”[②]。裴秀提出的“制图六体”，除了经纬线和地图投影尚未涉及外，其他有关地图绘制的重要原则，都基本上提出来了。裴秀的绘制平面地图的科学理论，一直指导着我国传统的地图（包括海图）制图学的发展。这种深远的影响，我们可以从明代著名的《郑和航海图》中看得很清楚。该海图虽没有经纬线和墨卡托投影，但在每一幅区域性质的海图上，仍有一定的比例、方位与距离可寻。

值得注意的是，两晋、南北朝时期，山水画逐渐发达，并自此以后，在我国古代地图中逐渐形成一种山水画形式的地图。它既是地图，又像图画，其方位、道里往往表示得不准确，这种情况在传统的海图中表现得尤为明显。航海者往往把他们需要注意的重点图形如港湾、陆标、岛礁等，详细而形象地描绘在海图上，而对其他部分则画得较为简略，也不一定画得符合实际上的比例。[③]

唐代兵部设有职方郎中一职，从事绘制执掌图籍。当其绘制外国地图时，特委鸿胪即往访国外人，详询其“本国山川风土，为图以奏”。史部王权则令各地呈送“水陆道路”，并须载之以图。其有山岭浜湖，步骑舟楫各得便于登涉者，亦须备载。虽未明确提出航海用图之名，但“水陆道路”之图已具其实。[④]

（三）天文导航技术的进步

前章已述及早在西汉时期，天文航海的“海中占星书”就多达 136 卷，在《淮南子》中，已出现了明确的利用天体进行海上导航的文字记载。到三国以后，随着远洋航海的范围越来越广泛，以及横渡航行的海上

---

① 《晋书·裴秀传》。

② 同上。

③ 孙光圻：《中国古代航海史》，海洋出版社 2005 年版，第 189 页。

④ 房仲甫、姚二云：《扬帆美洲与海上丝路》，海洋出版社 2010 年版，第 128—129 页。欧洲航海图的出现，则在船用指南针从中国传出之后，即公元 1311 年。

跨距越来越长，有关天文导航的文字亦开始迭见不鲜。晋代葛洪在《抱朴子》中说："夫群迷乎云梦者，必须指南以知道；竝（并）乎沧海者，必仰辰极以得反（返）。"[①] 法显在《佛国记》中也记着："大海弥漫无边，不识东西，唯望日、月、星宿而进。若阴雨时，为逐风去，亦无准。"另外，古籍《谈薮》曰："梁汝南（今河南省汝南）周舍，少好学，有才辩。顾谐被使高丽，以海路艰难，问于舍，舍曰：昼则揆日而行，夜则考星而泊。"[②]

上述三段史料，表明天文导航术在当时近海与远洋航行中的应用已日趋重要和普遍。船员们已懂得利用北辰星、北极星来引导船舶安全返航；在横越孟加拉湾这类海上直航跨距较大的水域时，天体定向的导航价值尤其突出，已成为在茫茫海洋上引导船舶向预定目的港前进的唯一技术手段；在黄海水域赴高丽的航行中，无论是航行还是锚泊，都离不开太阳与星座的参照。更耐人寻味的是，上述文献记载对天体的观测方法时，用了"仰"与"考"的字眼。这是否表示航海者已开始利用"仰辰极"的角度变化来确定自己的返航程度，是否开始利用"考"各种星座与本船之间的相互位置来确定自己的锚泊场所呢？若如是，则是否可以将之视为天文定位导航的萌芽初露呢？从天文学史角度考察，在三国、两晋、南北朝时期内，出现了一些新型的星图，人们对于星辰数目的认识进而增多，对星辰间的方位的判别也趋于定量化。如孙吴至西晋时的太史令陈卓，就曾"总甘、石、巫咸三家所著星图"[③]，绘制了圆型盖天式星图，内收有238官，1436星。同时，在南北朝时，天文仪器也更臻精良与简便，公元412年，在晁崇与斛兰主持下，铸成了中国历史上唯一的一台铁制浑天仪。值得注意的是，它的底座上设有"十字水平"[④]，这是天文观测中利用水准仪之始。尽管这些星图与天文仪器不是用在航海方面的，但是，人们对于星辰知识的逐渐丰富，以及对于测量天体必须有水平基准的认识深化，无疑会给后来的天文航海术的发展带来深刻的影响。[⑤]

---

① （晋）葛洪：《抱朴子·外篇》卷一《嘉遁》。

② 《渊鉴类函》卷三六。

③ 《晋书·天文志》。

④ 同上。

⑤ 孙光圻：《中国古代航海史》，海洋出版社2005年版，第190页。

（四）航海水文与气象知识的进步

在大海航行中，对沿途的水文现象与气象态势的认识也是至关重要的。三国、两晋、南北朝时期，在这两方面的认识也在逐步加深。

1. 对潮汐认识的加深

到晋代时，杨泉与葛洪又继承与发扬了王充的潮汐随月盛衰的理论。杨泉指出："月，水之精。潮有大小，月有亏盈。"[①] 这一见解，以月纯属水之假说，从另一角度再次肯定了月亮对潮汐的内在影响，强调潮汐之大小与月亮的盈亏是相应的。葛洪对杨泉的潮汐说取支持和发展的态度，他说："潮者，据朝来也；汐者，言夕至也。一月之中，天再东再西，故潮水再大再小也。"[②] 他进而开始考虑太阳与潮汐成因的关系，并试图以此来解释潮汐在一年四季中的变化。尽管他对其中的真实原因还不清楚，加上有关计算也有错误，使得结果很不成功，但他引进太阳的起潮作用，至少是对潮汐理论研究中的一种进步。对于和航海安危干系甚密的江河入海口的喇叭形水域的暴涨潮，葛洪在继续批斥"涛是伍子胥所作"的错妄旧说之同时，提出了潮汐的"力"与"势"理论，认为潮汐起自遥远的大洋，故力盛势大，进入海口水域后，其力不衰，其势不减，于是潮汐高隆，掀起怒潮。[③] 这些说法，都较王充在《论衡》中的相应解释有所进步。

2. 对信风的认识加深

信风，是风帆航海的主要动力源。海上航行，特别是远洋航行，必须依赖信风并认识信风的规律。早在西汉时期，中国人已对西太平洋与北印度洋东部水域的信风规律有了认识和利用。三国以后，随着航海活动的增多，对信风的转换时间以及某些航区中船舶在信风驱动下的相应航期也开始有了初步的定量概念。如从法显由印度航海归国的记载中，可以分析出在一般正常情况下的信风航行规律。

例一，义熙五年（409 年），法显"载商人大舶泛海，西南行，得冬初信风，昼夜十四日，（由多摩梨帝国）到师子国"。按，冬初时，北印度洋盛刮东北信风，法显海船航向西南，一帆风顺，故 14 天即从恒河入

---

① （晋）杨泉：《物理论》，见《唐类函》引文。

② （晋）葛洪：《抱朴子·外佚文》，见《四部备要》子部。

③ 同上。

海口航达印度半岛南端附近的斯里兰卡岛。

例二，义熙七年（411 年）八月顷，法显搭船自师子国东航，开始两天好信风，但第三天便值大风，使船漂泊无算，险遭不测，直至 90 多日后，才到耶婆提国。按，每年八月正值西南信风末期，在此后的东北信风恒吹之前，当有一段风向转换不定的过渡时期。法显东航可能赶了晚期，以至适逢此时，故难免遭海上颠簸之苦。然而，从另一角度考察，足可证明，当时海船已可利用信风横越宽阔的孟加拉湾口水域了。

例三，义熙八年（412 年）四月十六月，法显带 50 日粮，登船由耶婆提起航，"东北行，趣广州"，虽然途中又突遇"黑风暴雨"，经过 3 个月左右的漂难，始抵中国山东半岛南部的"牢山"（崂山），但从同舟海商的议论中可在四、五月东南信风期间，"常行时正可五十日便到广州"。可见，从苏门答腊东南部至中国南方海岸之间的航行，还是相当便捷的。[①]

信风在汉代已被认识并见于文献记载。到晋代，它被人们称为"黄雀长风"。晋人周处在《风土记》中就说过："六月则有东南长风，俗名黄雀长风"。他还在《仲夏长风扇暑》的注解中说："此节（指小暑，农历六月初一）东南常有风至，俗名'黄雀长风'，盖即'舶鯙风'也。"所谓"黄雀"，指一种候鸟，体长约 12 厘米，上体浅黄绿，下体白色，带暗褐或暗黑纹，夏居我国东北，秋迁浙、闽、粤过冬，迁时过河北、山东、江苏。因黄雀迁徙常与东南信风同时进行，故名后者为"黄雀长风"。"长风"者，风向较恒定之风。民间有谚语说：小暑吹了东南风，四十五天拔草（舶鯙）风，即为此意。

从三国两晋南北朝到隋唐，是汉民族形成后航海事业初步发展的时期。这个时期虽然由于政局动荡，国家分裂，使中原与北方地区的航海活动在规模与数量上有所徘徊或减衰，但江南与整个东南沿海及近海与远洋的航海事业与航海技术，在质量与水平上仍继续呈现出上升的势头。在这一历史时期中，帆舵配合的信风航海技术已走向成熟，为接踵而至的隋唐航海进入全面繁荣的新阶段奠定了必要的基础。

三 港口的发展

大海航行还要有港口，以停泊船只、集散旅客和货物。据阿拉伯旅行

① 孙光圻：《中国古代航海史》，海洋出版社 2005 年版，第 190 页。

家、地理学家伊本·考尔大贝在 9 世纪中叶撰成的名著《道程及郡国志》[①] 中说："中国贸易港自南向北，顺序记之：鲁金（Luqin）[②]、汉府（Khanfu）、汉久（Khanju）、刚突（Qantu）[③]。"这一记载，主要是根据阿拉伯商人的来华途经所述，故而尚有疏漏。实际上，除上述四大港口外，还有福州、明州、登州等，亦是舟帆云集、商贾不绝的重要航海贸易港。现按由南而北的方向，将其时主要海港略述如次。

（一）广州港

广州港，位于珠江口，濒临南海，"地当要会，俗号殷繁"[④]，自春秋经秦汉到唐代形成的一个"蕃汉大商""通舶"远洋的大港口，即为中国南方的重要航海口岸之一。入唐后，随着航海贸易量不断扩大，广州港因其经济腹地辽阔，水陆交通便捷，朝廷统治稳固，而发展成为中国第一大港。不但"市舶集于粤东"[⑤]，而且往返于东、西亚远洋水域之间的中外海舶，也大都以广州港为起讫点。

唐开元二年（714 年），广州成立市舶司，令周立庆为市舶使。至贞

---

① 伊本·胡尔达兹比赫在他的著作《道里邦国志》中列举唐朝的四大贸易港：鲁金（Luqin）、汉府（Khanfu）、汉久（Khanju）、刚突（Qantu）。史学家已考订，鲁金即龙编，今越南河内一带，汉府即广州，刚突即扬州，唯有第三港汉久，究为何地，尚未有定论。

② 鲁金即交州港。交州，是唐代位于中国最南方的行政区域，其主要航海贸易口岸为比景港。北景港，汉代属日南郡，后一度为林邑占领；自吴晋至隋，都属交州管辖；唐代在驩州（今越南河静）以南，侨立景州，仍归属交州总督府；位于今越南顺化东南附近的灵江口北。为唐代南海航行的必经之地。义净《南海寄归内法传》中记航程说："驩州正南步行，可半月余；若乘船，终五六潮，即到匕景，南至占婆，即是临邑。"《大唐西域求法高僧传》中说，慧命返国，"适马援之铜柱，息匕景而归唐"。交州港在国内外海上交通中地位相当重要，南航可通南洋与印度洋地区；北驶可直趋广、闽地区，为进出中国的南端航行枢纽。到了海外贸易全面繁荣的唐代，交州港的航海地位与日俱增。故而唐人李肇在《国史补》中称："南海舶，外国船也，每岁至安南、广州。"这里的安南，其主要航海口岸即为交州北景港。唐五代间，交州北景港在中外航海界久饮盛誉，直至北宋太平兴国六年（981 年），黎桓自立为安南王后，才实际上脱离了中国的管辖；但其声名依然广为流传，直至 1516 年，阿拉伯人伊本·伊叶士还将之称为"到达中国的第一港口"（费琅：《阿拉伯、波斯、土耳其之远东地志》）。因交州港已属越南，故本界不再列入中国港口。

③ 关于唐四大航海贸易港之地，除交州、广州、扬州外，对伊本·考尔大贝所列的第三港汉久（Khanju）的辨认尚有分歧，一般认为是"泉州"，但有近说考"越府"为明州港（今浙江省宁波港），详见沈福伟《论唐代对外贸易的四大海港》，《海交史研究》1986 年第 2 期；还有人称应是福州，详见廖大珂《福建海外交通史》，福建人民出版社 2002 年版。

④ 费琅：《阿拉伯、波斯、土耳其之远东地志》。

⑤ 《瀛环志略》卷二。

元（785—805年）年间，出入海船数量大增，航海贸易随之增多，原来机构不胜其任。于是，在元和年间（806—820年），改“以岭南帅（节度使）监领之，设市区、令蛮夷来贡者为市”[①]。市舶使遂升称为“押蕃舶使”，成为中央驻港大员。从此，岭南节度使主持内政，“押蕃舶使”主管外商，“合二使之重，以治广州”[②]。

在唐中后期，广州港的航海贸易态势虽因若干原因而有所起落，但总的来说，是十分兴旺发达的。其时，“舟行所聚，洪舸巨舰，千舳万艘，交货往还”[③]，出入广州港的远洋船只难以胜数。750年据鉴真和尚从海南岛至广州时所见，在珠江中“有婆罗门、波斯、昆仑等舶，不知其数，并载香药、珍宝，积载如山”。[④] 中外海舶“每岁至广州”，“至则本道辐辏，都邑为之喧真”[⑤]。756年“安史之乱”勃起，763年，广州市舶使吕太一举兵叛行，一度导致广州港航海贸易量锐减。李勉出任广州刺史、岭南节度观察使时，“西域舶泛海而至者岁才四五”[⑥]。经过李勉整饬调治，广州港不但恢复了旧观，而且有了新的起色。到李勉于775年回长安任工部尚书时，一年抵达广州的海船达“四千余”。如以西南季风期间到广州为计，则每天进港者将有50余艘左右，其航海业之活跃，由此可见一斑。然到8世纪末的贞元年间，因广州市舶官吏巧取豪夺甚烈，中外海舶避至交州港，广州港再度衰落。直到大和八年（834年），唐文宗发保护海外贸易的“病愈德音”，诏令“除舶脚、收市、进奉外，任其来往通流，自为交易，不得重加率税”[⑦] 后，广州港才重新振兴起来。阿拉伯商人苏莱曼到达广州时，看到的已是舟樯林立、商货云集的繁华港埠，侨居广州的外商已达12万人。同时代的另一书《中印考察》也说：“广州是商船所泊集的港口，亦为中国货与阿拉伯货荟萃的地方。”由此可见，唐代末期，广州又是一个大海港了。[⑧]

---

① （唐）韩愈：《孔戣墓志》。

② 《柳河东集·岭南节度使飨军纪》。

③ 《文献通考》。

④ 《大唐和上东征传》。

⑤ （宋）王谠：《唐语林》卷八。

⑥ 《旧唐书·李勉传》。

⑦ 《全唐文》卷七五。

⑧ 沈福伟：《对外贸易的四大海港》，《海交史研究》1986年第2期。

（二）泉州港

泉州港，位于福建省南部的晋江下游的泉州湾内，该处水陆交通便利，航道深邃，港湾曲折，是古代中国著名的天然良港之一。早在6世纪的南梁时，泉州（当时为晋安郡）已有了与马来半岛等南洋地区的通航记录。入唐以后，随着福建南部社会经济的发展与海外交往的兴起，物产殷富、丝瓷鲜美的泉州开始成为我国东南沿海对外贸易的航海口岸之一。唐元和六年（811年），泉州的行政地位由中州上升为上州[①]，进一步加快了泉州港的发展。为了管理对海外的航海贸易事务，唐政府在泉州设立“参军事，掌出使赞导”[②] 这虽非明确的市舶使记载，但其内涵具有市舶使性质是不言而喻的。故清代学者蔡永蒹说：“（唐）至德、乾元时(756—760年)，鱼朝恩奏，设立福建观察使清源（泉州）参事、平海（安海）参事处，署安海稽征蕃舶、商舟之税。”[③] 民国《同安县志》亦称：“唐大食通市于广州、泉州诸良港，置市舶提举司以征收海舶货税。”[④]

到五代十国时，王审知与留从效等闽政权，更是大力扩建与发展泉州港，使之成为招徕海外贸易的主要口岸之一。泉州港闻名中外的别称“刺桐港”，即因其时环城遍植刺桐树而致。唐五代时，从海外航达泉州，进行物资贸易与文化交流的主要是阿拉伯人、波斯人与东南亚人。他们之中，有的进行伊斯兰教传教活动，如穆罕默德之弟子三贤沙谒储与四贤我高仕，即传经卒葬泉州。[⑤] 也有的进行经商活动，如唐天祐元年（904年），三佛齐（今苏门答腊东南部巨港）曾遣使蒲阿粟至闽博易。[⑥] 由此，泉州港舟舶渐多，呈现一派“市井十洲人”“还珠人贡频”[⑦] 的初盛景象。但泉州港到元代时才迎来它的繁荣时代。

（三）福州港

福州港，地处福建闽江口。早在汉代就与海外国家发生了贸易往来。

---

① 《唐会要》卷七〇。

② 《新唐书·百官四下》。

③ 《唐会要》卷三〇，蔡永蒹注。

④ 《同安县志·税赋》。

⑤ 《闽书·方域志》。

⑥ 《唐会要》卷一〇〇。

⑦ 《全唐诗》卷七《送李使君赴泉州》。

三国吴在闽中设建安郡，辖地包括福建全境[①]，郡治虽设在建瓯，但福州位于福建中部沿海，向为福建政治、经济、文化的中心，交通便利，尤其是闽江流经其南境汇入大海，闽江及其众多支流深布内地，形成扇状的交通运输网络，使福州便于联系广阔的经济腹地，自福州以下的闽江入海水道深阔，利于海上航运，因此福州成为建安郡的主要出海港口。三国吴曾在此置典船校尉，主持造船，并建立水军基地。[②] 正是福州在海上交通上的重要地位，所以当时凡提到与造船航海有关的"建安郡"指的都是福州，建安成为福州港的别称，福州通航航道便称为"建安海道"。隋代裁并闽中郡县，废州置建安郡，郡治设在闽县[③]，唐初因之[④]，自此建安郡作为福州的别称而流行。《隋书·东夷传》记："流求国，居海岛之中，当建安郡东，水行五日而至。"南宋高僧志磐也说："流求国居海岛，当建安郡东，水行五日而至。"[⑤] 在外国旅行家中，把福州作为中国对外贸易著名港口称为建安也是很普遍的。如元初马可·波罗来福州，在其游记中曾记："你们要知道福州城就是建州王国的京都。建州是蛮子省九部中的一部，这城的商业很盛，有许多商人和工匠。"[⑥] 可见，福州在古时确曾以"建安郡"而扬名于世。

早在汉代就是我国东南海运的枢纽，与中南半岛有海上交通和贸易。[⑦] 南北朝时福州的海外交通进一步发展，与马来半岛乃至印度都有舶船往来[⑧]，已是当时重要的对外贸易港口。唐代福州对外交通和贸易的迅速发展，还表现在通商地区不断扩大，往来国家日益增多。"其地东带沧溟，南接交广"[⑨]，海外交通除了与中南半岛，马来半岛诸国的传统航线

① 《三国志·吴书·吴三嗣主传》。

② （唐）李吉甫《元和郡县图志》卷二九，《江西道·福州》。

③ 《隋书·地理下》。

④ 《新唐书·地理五》。

⑤ （宋）志磐：《佛祖统记》卷三二。

⑥ 《马可·波罗游记》，张星烺译，商务印书馆 1936 年版，第 330 页。张星烺译作建州，应译为建安。

⑦ 廖大珂：《唐末五代福州海上交通的发展变化与甘棠港的兴衰》，《福建史志》1993 年第 2 期。

⑧ 道宣《续高僧传》卷一，《拘那罗陀传》。

⑨ （唐）颜真卿：《送福建观察使高宽仁序》，载《全唐文》卷三三七。

之外，又开辟了多条新航线，其中主要有新罗航线、日本航线、三佛齐①航线、印度航线、大食②航线等。唐时新罗人崔致远也说："闽岭鄱江（指赣江），豁通道路"，因此福州城"万国之梯航竞集"③。直至唐末五代，福州依然是"条支（阿拉伯的古称）雀卵，谅可继于前闻"④。

唐大和年间（827—835年），中央政府在福州也设置了市舶司，管理海税等的征收唐文宗曾亲自关切该港整治，竭力促进海外贸易。唐代末年，王审知据闽时，在福州积极开发港口，整治航道，被喻为"德政"。由于这一时期福州侨居不少外国侨民，唐王朝还在此专门设置"都蕃长"一职，以管理侨民事务，这也反映了当时福州对外贸易之繁盛。

（四）明州港

明州（今浙江宁波市）地处东海之滨，位于奉化江与余姚江会合处的甬江两岸，是我国古代著名的沿海贸易港。地处甬江下游，濒临东海杭州湾，气候温和，季风盛明，经济腹地辽阔，资源物产丰富，为古代东南沿海大港之一。早在新石器时代，河姆渡人的航行活动即相当活跃。又据古史记载，明州一带原为夏禹第五代孙夏王少康的庶子无余的封地，称"甬句东"，在夏、商、周三代均为越族活动地区。秦始皇统一六国，"悉定荆江南地，降百越之君"⑤，在明州一带正式建立鄞、鄮、句章三县，属会稽郡。但当时这三县的治所均不在今宁波市城区内。从春秋战国至秦汉时代，该地方多为舟船与水师的活动基地。至东晋隆安四年（400年），晋将刘牢之为了防御当时的孙恩农民起义军，才第一次在"三江口（奉化江，余姚江、甬江会合处，今宁波市城区内）筑城"，"刘牢之筑以塞三江之口，西城外有城基，上生竹篠，俗称篠墙"⑥。唐武德四年（621年），唐政府在原句章、鄞、鄮三县地置鄞州，设州治于三江口，但只经

---

① 三佛齐是当时东南亚的强国，领土包括苏门答腊岛和马来半岛南部。据（宋）于竞《王审知德政碑》记载，唐末三佛齐诸国经常派遣使团至福州，向唐朝廷进贡，并开展贸易活动。

② 大食，隋唐时期西亚崛起了强盛的阿拉伯帝国，中国史籍中称作的"大食"。大食帝国热衷于开拓东方，尤其是对大唐帝国的海上贸易，双方的通商往来盛极一时。有唐一代，大食商人纷纷驾舟东来，活跃于我国的各个贸易口岸和商业都会，

③ （唐）崔致远：《奏招降福建道草贼状》，载《唐文拾遗》卷三五。

④ 《王审知德政碑》。

⑤ 《资治通鉴·秦纪二》。

⑥ 《乾道四明图经》卷一《城池》。

历短短四年，鄞州又被降为鄮县，隶属越州（州治在今绍兴市），鄮县治所亦迁到四明山麓冲积扇地带的小溪（今鄞县鄞江桥）。可见在唐初，濒江临海的三江口一带经济开发还很不充分，明州港口城市形成的条件尚不成熟。

一直到唐玄宗开元二十六年（738 年），宁波一带再次从越州分离出来，正式建立明州，州治仍在小溪。唐中后期，明州三江口一带已逐渐发展成为一个经济兴旺、交通畅达、人口众多的商港重镇，唐政府遂于穆宗长庆元年（821 年），复将州治移于三江口，并建起“周回四百二十丈”长的子城（城址在今宁波市区鼓楼周围），以作州署和置州学。到唐末，在刺史黄晟主持下又建起约“周回十八里”长的明州罗城（城址在今宁波市区环城马路一线）。[①] 至此，明州港口城市格局完全形成。20 世纪 70 年代，宁波市考古发掘出唐代明州港城的许多遗址遗物。如唐东渡门，乃是唐代明州直通州治的主要大道口，城门外又是通向国际海运码头的咽喉。唐渔浦门，其内侧是州城的后集市区，西南侧为州治所，城门外为姚江南岸水运码头，唐城址文化层中还出土有“乾宁五年六月”的铭砖和“大中二年”铭文青瓷器。[②] 可见明州港兴起于中晚唐。[③]

明州港兴起，北连长江、淮河、汴河，东通海外，成为去日本最捷近的港口，也随之成为浙江东部的政治、经济中心，“海外杂国，贾舶交至”[④]。大历十二年（777 年）开辟对日南路航线之后，一般六七天便可到达日本。往北，十天上下即可航达高句丽，比原来从山东登州出发经朝鲜去日本航路较顺，成为航渡日本和高句丽的主要港口。大量精美的越绫与越瓷通过海洋，远销日本、朝鲜，并经由广州、交州运往南洋与印度洋等亚非各国。特别是在唐代中日睦邻航海中，明州港的地位尤为显赫，甬江口的望海镇已不啻通向日本的“桥头堡”了。《乾道四明志》中就曾对明州港的航海地位做过这样的评述：“南则闽广，东则倭人，北则高句丽，商船往来，物货丰衍，东出定海，有蛟门虎蹲天设之险，亦东南之要

① 《宝庆四明志》卷三《城郭》。

② 林士民：《宁波考古新发现》，《宁波文史资料》1984 年第 2 辑。

③ 周百鸣：《商港城市明州兴起原因探析》，《浙江学刊》1989 年第 2 期；孙光圻：《中国古代航海史》，海洋出版社 2005 年版，第 190 页。

④ 《乾道四明志》卷一。

会也。”①

为加强明州港的航海贸易，唐政府在那里设有相应的管理机构。《鄞县通志》中说：“唐代海外贸易渐兴，有市舶使之设，置务于浙，鄞（鄞县，即明州治所所在地）亦隶属焉。”《宝庆四明志》也说：“汉扬州、交州之域，东南际海，海外杂国，时候风潮，贾舶交至，唐有市舶使总其征。”尽管对明州是否为唐代市舶使的建地之一尚有争议，但该港的航海地位是不容否认的。到五代十国的萧梁时，因“江淮道梗，吴越泛海通中国，于是沿海置博易务”。这里的“博易务”，显然类似于市舶管理机构。同样，这里的“沿海”，也显然包括明州港在内。从历史轨迹上看，唐代明州港的发展有两个突出特点：一是完成了港址的东移，由句章迁至三江口；二是转变了港口职能，由军事为主转向以贸易为主，为其宋代的繁荣打好了基础。

（五）扬州港

扬州港，处于江苏省长江下游，最早由周朝在此建立干国。“干”（音 hán）本有涯岸之义，用“干”做国名，表明这个封国的地理特征足临近江海之滨；后来“干”字又加上偏旁“邑”，成为“邗”字，读音未变。到春秋初期，邗国为吴国所灭。吴王夫差为北上争霸中原，于公元前 486 年在邗国故地筑邗城，开邗沟。邗沟是第一条沟通长江和淮河的人工运河，邗城是历史上最早的扬州城。邗城位于长江与邗沟的交汇口，作为码头和兵站的作用已十分明显。此时的邗城滨江处已初具港口的雏形，因此，原始的扬州港在春秋时代已经出现了。

邗城于汉代改称广陵，这时的邗沟水系经过整治，与江南运河开始沟通，汉初，吴王刘濞控制淮南，坐镇广陵，大力开发江苏沿海盐业。为运盐通商，刘濞开了茱萸沟（亦称运盐河），这条运河西起茱萸湾（今扬州东北郊湾头镇），东通海陵仓（今泰州）及如皋蟠溪，是通扬运河的前身，茱萸沟西联邗沟，东达沿海盐区，成为苏北地区一条十分重要的盐运水道，促进了淮南盐业的发展。《汉书·枚乘传》称：“夫汉并二十四郡，十七诸侯，方输错出，运行数千里，不绝于道，其珍怪不如东山之府；转粟西乡，陆行不绝，水行满河，不如海陵之仓。”这反映了当时淮南盐业的兴盛和盐运的发达。广陵地处长江下游北岸，邗沟流注长江之口，茱萸

① 《乾道四明志》卷一。

沟开通后，扬州港不仅扼江淮水运交通的咽喉，又成为淮南海盐的转运枢纽。良好的港口和发达的水运使广陵迅速发展，到刘濞坐镇广陵时，它已是“周十四里半”的大城，成为一方都会了，扬州港海外交通的历史，最早可追溯到东晋，据《高僧传》记载，我国高僧法显于399年从长安出发，沿陆上丝绸之路到印度留学，后来再去斯里兰卡留学，然后搭乘商船回国，于412年漂行至青州崂山，再从山东半岛航行来扬州。东晋时，尼泊尔高僧佛驮跋陀罗循着海上丝绸之路，继而又沿着长江东游，是历史上第一个到达扬州的外国人。①

自从隋代修筑南北大运河以后，扬州成为南通长江、东海、北接淮汴京洛，西连襄鄂内地的水陆交通枢纽与四方货物集散地。濒江临海扼南北大运河咽喉的扬州，因地处通江达海的水网中心，成为当时中国航海贸易的大港之一。

唐代在扬州设有市舶机构，并遣节度使对外国海商常加问候，以确保航海贸易之正常进行，促进了黄河流域与长江流域的经济文化交流，使扬州出现了繁华局面，成为东南一大都会。这时，扬州周围河湖交错，坡塘密布，“方圆百里，支辅四集”，航运条件十分优越，成了南北物资集散中心，扬州的兴旺，充分反映了港口和水运对城市发展的巨大影响。唐代的扬州衔接江海，是大江南北水陆交通的枢纽，漕运中转的大港，商贾云集，“雄富冠天下”。唐代中期刘晏主持漕政，将江南贡赋集中扬州，然后转运北上，并在扬州附近设专造漕船的十大造船场，从而强化了扬州的水运枢纽地位。物资的流通，刺激着手工业、商业的迅速发展，促使扬州成为一个繁荣的商业港埠，《资治通鉴》载：“扬州富庶甲天下，时人称扬一益二，言扬州居一，益州为次也。”②

从扬州港发出的船舶，既可横越东海直航日本，又可由淮水至楚州，或由淮南运河和济水至登州，再转航朝鲜半岛与日本；也可由长江口掉樯南驶浙、闽、粤沿岸，并远航南洋。数以千计的波斯、阿拉伯商人泛海至扬州，从事珠宝、香料与丝绸、瓷器的物资交易，有不少人定居扬州，形成所谓“波斯邸”“波斯庄”。据史籍称，唐肃宗时，“会刘展作乱，引平

---

① 赵苇航等：《扬州港的过去、现在和未来》，《扬州师院学报》（自然科学版）1994年第3期；孙光圻：《中国古代航海史》，海洋出版社2005年版，第263页。

② 《资治通鉴》卷二五九，唐昭宗景福元年。

卢副大使田神功兵马讨贼。神功至扬州，大掠居人资产，鞭笞发掘略尽，商胡大食、波斯等商旅死者数千人”①。由此不难想象，当时扬州的远洋航海贸易业是何等兴旺。②

在唐皇朝的近300年中，以物产丰饶、百货云集、人文荟萃而闻名于世，故有“富甲天下”之称。虽携“十万贯”前往货贸，犹置一粟之于沧海。唐大历以前，海潮还可涌进扬州城内。日本的遣唐使，大多经东海达扬州，再去长安。新罗、大食、波斯的使者去唐都，也多数经过那里，因此当地设有接待使者的宾馆。唐代，波斯商人直接来到扬州经商。他们称扬州为“扬都”。在那里建有“波斯邸”，设有“波斯店”，经营珍宝，其贸易额“动辄百万”。唐人将波斯贾视为富商，有的人家生子竟然名叫“波斯”。大食商人流寓在扬州的人数也很多。回教创始人穆罕默德曾有名言：“求学问尤当去中国。”可见，唐帝国的开放政策，吸引了大批海外商人，由海上通道来扬州的外国商人为数众多，留居扬州的外国商人、留学生，有时多达数千人，当时，船舶从扬州港起航，可东通朝鲜、日本，南抵南洋，西达西亚，成为海上丝绸之路上的著名港口。

（六）登州港

登州港在历史上并没有确切的名称，只是黑水河与密水河两河的入海口处的一个自然的不正规的港湾，东西地势低洼宽阔，中间呈东北至西南走向。从周围原始地貌可以看出，唐代以前甚至新石器时代古港的面积要比现今的水城大三四倍，③ 以后慢慢发展成为渔船的避风港。战国时，以“登州港”为主要港口开辟了北方远海航线，由于其优越的地理条件地处山东半岛北岸突兀部位，扼锁渤海之口，与朝鲜半岛相对，自远古以来即为我国北方沿海的航海要冲，使其在秦时发展，延长到朝鲜半岛及日本④，并成为秦皇汉武海上巡幸、求仙活动的重要港口；汉武帝也巡幸东

① 《旧唐书·邓景山传》。

② 孙光圻：《中国古代航海史》，海洋出版社2005年版，第190页。

③ 曲连福、罗世恒：《登州古港的港区变迁》，载《蓬莱古船与登州古港》，大连海运学院出版社1989年版；李步青、王锡平：《登州港的变迁及其在历史上的作用》，《海交史研究》1988年第2期。

④ 张毅：《北方航线在我国海交史上的地位》，《海交史研究》1986年第2期。

莱（登州港所在地，港在郡治北）共 8 次。[①] 海上巡幸和求仙活动无疑促进了造船、航海以及港口业的发展，可见，“登州港”的发展规模在当时已达到相当水平，为汉代开辟海上丝绸之路奠定了物质基础。公元前 109 年，“登州港”作为“军事港口”作用开始凸显。《史记 · 朝鲜列传》记：汉武帝元封二年秋，“遣楼船将军杨仆，从齐浮渤海，兵五万人”，即从登州沿庙岛群岛用兵朝鲜。东晋咸和八年（333 年）至咸康七年（341 年），后赵加紧军事战备，特别加强了海上运输，不断对燕发动战争，这样登州港就出现了繁忙的军事运输。船舶从登州港出发，往北渡渤海可通渤海国和朝鲜半岛，又循朝鲜半岛抵达日本，这条沿岸航路，航程长，但较为安全，为主要航路；也可横渡黄海直达朝鲜半岛西海岸，经济州岛到达日本，这是一条快速航路，山东半岛沿海人民对此航线亦相当熟悉。这两条是隋唐之际去朝鲜半岛和日本的海上通道。而登州港往南又可与扬州、明州、福州等东南沿海各港口相通。因此，这一时期，登州港不仅在环渤海区域的内外海上交通中举足轻重，也是东南沿海港口同东北亚国家海外贸易往来的最重要的中转港。到唐代时，随着山东半岛农业、纺织业、金银矿冶业、制盐业、造船业的发展，登州的海外贸易业也迅速繁荣起来。当时，登州成为北方的第一大港，亦为对朝鲜半岛海上贸易的航海枢纽。

隋唐五代时期，是登州港的鼎盛时期，是当时北方最重要的港口，也是日本及新罗来朝贡的主要进出海口。自 618 年以来，登州港的国际影响日渐扩大，一时成为全国最重要的港口之一。唐中宗神龙三年（707 年），鉴于登州在对外交往中发挥的作用日显重要，将登州治所由牟平移至蓬莱，遂定名登州港。登、莱二州不仅是当时中国北方海外交通的重要门户，而且还是重要的造船中心和贸易中心，唐代北方的大船建造地只有山东半岛的登、莱二州。由于政通人和，山东半岛经济发展迅速，此时，日本朝野激发了唐朝文化的热潮，新罗和唐朝的关系十分密切。新罗商船经常航海至登州港从事贸易、外交和文化交流活动，以至曾在登州、密州等沿海设新罗坊予以接待安置[②]，海外贸易交往空前增加，登州港空前繁

---

① 《史记 · 武帝本纪》《资治通鉴 · 汉记》。

② 单兆英、寿杨宾主编：《登州古港史》，人民交通出版社 1994 年版。

荣，逐渐走向鼎盛[①]。

在汉民族海外移民开启时期厘清海港的兴起，对于明确中国海外移民的迁出地为什么绝大多数在东南沿海，为什么侨乡也绝大多数在东南沿海，海外华人华侨为什么绝大多数是汉民族，有着重要的意义。

四　航线的扩大

大海航行还要有航线。中国的航海业发展到唐帝国时已有了较大的发展。唐代的海外交通，由于政治、经济和文化的原因，大致分为两个根本不同的航区：一是西方至大食（阿拉伯），包括南海和印度洋沿岸国家，这个航区以通商贸易为主；一是北方与东方至高丽、渤海、新罗、百济以迄日本，这个航区以人民、使节的往来为主。[②]

（一）渤海航线

唐代，与渤海国之航海交往极为频繁。仅据《渤海国志》所述，自唐神龙元年（705 年）至开成四年（839 年），渤海国单方面的遣唐使即达 40 次之多，黄海和渤海水域上一派舟樯交梭的景象。

当时唐与渤海国之间的惯行海上航路，唐贞元时期（785—804 年）宰相、著名的地理学家贾耽（730—805 年）在《皇华四达记》的“登州海行入高丽、渤海道”中记载，其云：

> 登州东北海行，过大谢岛（今山东省长岛县庙岛群岛南部的长山岛）、龟歆岛（今庙岛群岛中部的砣矶岛）、末岛（今庙岛群岛中部的钦岛）、乌湖岛（今庙岛群岛北部的隍城岛）三百里。北渡乌湖海（今渤海海峡北部的老铁山水道），至马石山（今辽宁省大连市旅顺口区之老铁山）东之都里镇（今旅顺口区）二百里。东傍海壖（今大连至旅顺南路海边），过青泥浦（今大连市中心青泥洼桥一带），桃花浦（今大连市金县东北清水河口之红水浦）、杏花浦（今大连市庄河县碧流河口的花园口）、石人汪（今石城岛北部海峡），

① 朱龙、董韶华：《登州港与东方海上丝绸之路》，《中国海洋大学学报》（社会科学版）2004 年第 4 期；陈丽华：《唐宋之际登州港的繁荣与福建海上交通的发展》，《青岛大学师范学院学报》2008 年第 2 期；孙光圻：《中国古代航海史》，海洋出版社 2005 年版，第 190 页。

② 丁正华：《唐代中日海运》，《航海》1980 年第 1 期。

> 橐驼湾（今鹿岛以北的大洋河口）、乌骨江（今辽宁省丹东市附近鸭绿江入海口处）八百里。……自鸭绿江（今鸭绿江）口舟行百余里，乃小舫泝流东北三十里至泊沟口（今蒲石河口），得渤海之境。又泝流五百里，至丸都县城（故址在今吉林省集安县城，东濒鸭绿江），故高丽王都。又东北泝流二百里，至神州（渤海西京鸭绿府所领之首州，今吉林省临江镇）。又陆行四百里，至显州（渤海中京显德府所领之州），天宝中王所都（其地似为今吉林省和龙县西古城子）。又正北如东（偏东）六百里，至渤海王城（今黑龙江省宁安县渤海镇，西北濒临牡丹江）。①

（二）朝鲜航线

唐代与朝鲜半岛之间的海上航路，主要有如下几条。

1. 第一条朝鲜航线：黄海北线

第一条朝鲜航线是贾耽在“登州海行人高丽、渤海道”中所述的，先由登州渡渤海海峡，再由辽东南岸西行至乌骨江（今鸭绿江口），此后，前往朝鲜半岛的港岸航路是：

> 乃南傍海壖，过乌牧岛（今身弥岛）、贝江口（今大同江口，可循江溯流至平壤）、椒岛，得新罗西北之长口镇（今长渊县之长命镇）。又过秦王石桥（今瓮津半岛外岛群中一岛，据说形如桥道者）、麻田岛（今开城西南方海中的乔桐岛），古寺岛（今江华岛），得物岛（今大阜岛），千里至鸭绿江唐恩浦口（此句似误，应为鸭绿江千里至唐恩浦口，唐恩浦口为今仁川以南的马山里附近海口，以今图估测，似在牙山湾内）。乃东南陆行，七百里至新罗王城（今朝鲜半岛东南部之庆州）。②

这条沿岸航路，航程较长，但较为安全，当为惯常之主要航路。当然，从唐恩浦口取海道绕航朝鲜半岛东南部的庆州，也可行，只是所需时

---

① 《新唐书·地理志》，引自孙光圻《中国古代航海史》，海洋出版社2005年版，第205—206页。

② 《新唐书·地理志》。

间更久而已，中日之间的北路北线，即黄海北线中的前半段航线就是如此。[①]

2. 第二条朝鲜航线：快速航线

第二条朝鲜航线从山东半岛的登、莱沿海起，直接东航（或东北航），横越黄海，直达朝鲜半岛西海岸的江华湾或平壤西南的大同江口。唐代几次对高丽的海上用兵，其舟师就走过这条快速航线。另据《元和志》称，在文登县“东北海中有秦始皇石桥，今海中时见有坚（竖之讹）石似柱之状”，此石桥，即为贾耽“登州海行入高丽、渤海道”中的“秦王石桥”。可知这条横渡黄海航路，对于山东半岛沿海人民来说，亦已相当熟悉了。

3. 第三条朝鲜航线：江浙航线 1

第三条朝鲜航线是从江浙沿海或长江口出发，先沿大陆海岸北上，行至山东半岛成山角附近，再或者东渡朝鲜半岛西海岸，或者北驶渐进，跨岛沿岸续航至朝鲜半岛。这条航路，实质上是前面两条航路在中国沿海的延伸而已，航海上应无困难。

4. 第四条朝鲜航线：江浙航线 2

从浙江沿海或长江口出发，向东北斜穿东海与黄海水域，直趋朝鲜半岛西南部沿海，或先趋朝鲜半岛南部水域的济州岛，再转航半岛本土。从唐代的航海水平分析，开通这条航路是没有困难的。正如前述之新罗饥民浮海至浙东求食，以及张保皋对浙东的航海贸易，此航路的存在应无问题。

（三）日本航线

唐朝与日本之间的睦邻航海交往极为频繁，唐代中日海运，它的内容大致可分前后两个时期。前期是日本派出的遣唐使舶，以日本船和新罗船为多，所走航程多以沿朝鲜半岛北行，经辽东渡渤海口至山东半岛登陆，即所谓北线。此线虽然可避黄海的风浪，但航程远，时间长。后为避开新罗改走南线，但因船舶与航海技术的限制，往往被东海或黄海的风浪所害。因此，后期大都改用唐人驾驶的唐舶，多采用直接横渡东海，逐渐掌握了最近便的中日航线。形成了以“两路四线”为主的海上航线。[②]

---

① 孙光圻：《中国古代航海史》，海洋出版社 2005 年版，第 217 页。

② 丁正华：《唐代中日海运》，《航海》1980 年第 1 期。

1. 北路北线（黄海北线）

这条航线盛行于唐代初期，基本上是沿袭前代的传统航法，是一条沿岸与逐岛性质的航线，其特点是航程较长，但航行较安全，对于航海能力较弱的海船，是较为稳妥的。故而，日本、新罗、百济等航海者多走此线。

北路北线的基本走向是：

> 由中国山东半岛北岸的登州出发，先经庙岛群岛东北行，横渡渤海海峡至辽东半岛南端，然后沿黄海北岸东航，过鸭绿江口，转向东南入西朝鲜湾；接着，循朝鲜半岛西海岸南下，绕航过瓮津半岛、江华湾、群山湾、双子群岛，到达朝鲜半岛南端。继而，或者穿越半岛与聃罗国（济州岛）之间的济州海峡，直航日本九州北部的筑紫大津浦；或者先沿半岛南岸东航至巨济岛与釜山一带，再以对马、壹岐为中介横渡朝鲜海峡，抵达筑紫大津浦，这里是当时日本大宰府的航海门户，又称为娜大津或博多大津（今博多）。最后，由此东航，经关门海峡入濑户内海，航达当时日本的政治中心奈良附近难波的三津浦（今大阪市南区三津寺町，为日本遣唐使船的始发港和终至港）。

2. 北路南线（黄海南线）

这条航线即隋使裴世清赴日航路，日僧圆仁返国时亦走此线。其基本行程是：由中国登州登县赤山莫琊口（今山东省靖海卫附近）起航，东渡黄海，直取朝鲜半岛西岸瓮津半岛西端的长山串、白翎岛一带。然后，再沿岸南下，驶向日本。其后段航线走向，与北路北线略同。按圆仁的航法是，穿越济州海峡，径趋值嘉岛；而裴世清的航法则是，经对马、壹岐而往。

3. 南路南线（东海南线）

这条航线大约辟自唐代中期。在此期间，朝鲜半岛形势发生了重大变化。新罗摆脱了唐军占领后，相继征服了高丽与百济，在676年统一了朝鲜半岛。此后，新罗与日本的关系紧张起来，在8世纪中叶，日本国曾欲对新罗兴师问罪。在这种政治态势下，中日之间，传统的北路黄海航路难以为继，只得另辟新线，我国史书上所谓“新罗梗海道，更繇明、越州朝贡"[1]，即指此种变迁。同时，日本的势力范围，在8世纪前后，也已扩至其本土南方的若干岛屿上。据日本古文献载，在文武天皇二年（698年），曾派文忌寸博士等8人探访南屿；次年七月，就有多漱（今种子岛）、夜久（今屋久岛）、奄美（今奄美大岛）、度感（今德之岛）等遣人至日本朝贡。紧接着在此后一年半的大宝元年（701年）正月，便开始任命遣唐使桑田真人等取南路，由东海入唐。到元明天皇和铜七年（714年）十二月，除奄美、夜久、度感以外，又有信觉（今石垣岛）、球美（今久米岛）等遣人至日本献方物，由此对南方岛屿情况日益明了。为提高海船走南路南线的安全度，日本朝廷还曾于天平七年（735年）遣人在"南岛树碑"导航；后在天平胜宝六年，因"其牌经年，今既朽坏"，又特"敕大宰府"，"宣依旧修树"，并强调要"每牌显著岛名，并泊船处、有水处及去就国行程，遥见岛名，令漂着之船，知所归向"[2]。南路南线的基本走向是：

> 由中国的明州（今浙江省宁波市）、越州（今浙江省绍兴市）的沿海港浦出发，举帆东驶，横越东海，首达日本南方的奄美大岛附近，然后由此逐岛北航，约经吐火罗（今宝七岛），夜久、多袮（祢）等，越大隅海峡而至九州西南萨摩（今鹿儿岛县西部海岸），再沿肥后（今熊本、长崎两县西海岸）、肥前（今佐贺县）抵筑紫大津浦；最后入关门海峡，由濑户内海抵达难波的三津浦。

唐代高僧鉴真之东渡日本，走的就是这条南路南线。

4. 南路北线（东海北线）

由于南路南线在日本南方岛屿要绕一个大圈，航程依然较长；同时，由奄美大岛西行横渡东海对日本遣唐使船队而言，与由筑紫直接西行横渡东海，在所受风波之险上几无区别。所以，在第四期遣唐使时期，日方便基本上不走南路南线了。特别要指出的是，到唐代后期，随着技艺精湛的中国航海者活跃于东海水域，建立中日之间快速对渡新航线的条件已完全具备了。这条南路北线的基本走向是：

---

① 《新唐书·东夷传》。

② 《续日本纪》天平胜宝六年条。

从中国江浙沿海的楚州（今江苏淮安）、扬州、明州、温州等港口启程，向东偏北横越东海，直抵日本肥前松浦郡的值嘉岛（今平户岛与五岛列岛）。然后，驶向筑紫的大津浦（今博多）和难波。[①]

（四）南洋—东非航线

隋帝国时，与南洋的航海交往隋代因国势兴盛，文化先进，航海能力上升，加上隋炀帝好大喜功的“务远略”政策，因此，与南洋各国的航海交往有所发展。据史籍所载，在隋仁寿末与大业初（604—605年），隋炀帝曾派大将军刘方平复交州，并授他为日南郡驩州的行军总管，以“经略林邑（今越南东南部）”。刘方即“亲帅大将军张悉等以舟师出比景（属日南郡）”[②]，沿中南半岛东岸南下，航达林邑海口，并击破林邑王梵志的象队；嗣后，双方建立了航海朝贡关系。其他一些南洋国家，如“去日南郡舟行六十日”[③] 的真腊（今柬埔寨及越南南端一带）[④]，“自交趾浮海”可至的婆利（今印度尼西亚的巴厘岛，或以为在今加里曼丹岛）、丹丹（约今马来半岛中部）、盘盘（约今马来半岛北部）等国，均曾遣使入贡，进行海上通好。而隋朝也对之回以厚礼，并派出船队出访南洋，其中最著名的航海事件，即是常骏出使赤土国。“赤土国，扶南之别种（猛吉篾种族）也，在南海中，在水行百余日而达所都，其地多赤，因以为号。”[⑤] 据考，其地约在今马来半岛南部。据《隋书·南蛮传》中“赤土国”条所载，常骏一行航海出使赤土国的经过与航路如下：

炀帝即位，募能通绝域者。大业三年（607年），屯田主事常骏、虞部主事王君政等，请使赤土。帝大悦，赐骏等帛各百匹，时服一袭，而遣赍物五千段，以赐赤土王。其年十月，骏等自南海郡（今广东省广州市）乘舟，昼夜二旬，每值便风，至焦石山（今越南占婆岛），而过东南泊陵伽钵拔多洲（今越南归仁以北的燕于岬），西与林邑相对，上有神祠焉。又南行，至师子石（今越南最南方的昆

① 参阅孙光圻《中国古代航海史》，海洋出版社2005年版，第234—237页。

② 《资治通鉴》卷一八〇。

③ 《隋书·南蛮传》。

④ 同上。

⑤ 同上。

> 仑岛附近一岛），自是岛屿连接。又行二三日，西望见狼牙须国（今马来半岛中部北大年与吉打一带）之山，于是南达鸡笼岛（今马来半岛东南方的一个岛屿），于赤土之界。其王遣婆罗门鸠摩罗以舶三十艘来迎，吹蠡击鼓，以乐隋使，进金缫以缆骏船。月余至其都。

唐王朝时，中国远洋船队，不但已越过印度半岛，航至阿拉伯海与波斯湾，而且已首次到达红海与东非水域。广大的北印度洋，已成为唐代航海家大展身手的舞台。那时，由广州出发的海外航线，经常定期航行的有六条：

1. 广州、南海（东南亚）、锡兰（今斯里兰卡）、阿拉伯、波斯之间（此线经阿拉伯海岸入波斯湾）；
2. 广州、南海、锡兰、美索不达米亚（今伊拉克）之间（此线经阿拉伯之南复经亚丁峡、红海）；
3. 波斯、锡兰、南海、广州之间；
4. 阿拉伯、锡兰、南海、广州之间；
5. 锡兰、阇婆（爪哇）、林邑（越南中部）、广州之间；
6. 广州、南海之间①。

据《唐大和上东征传》记载，市舶繁荣时，广州客商如云，“江中有婆罗门、波斯、昆仑等舶，不计其数；并载有香药、珍宝、积载如山；……狮子国、大石国、骨唐国、白蛮、赤蛮等往来居住，种类极多”。770 年，到广州的外国商船达 4000 余艘，这在 8 世纪是十分可观的。唐贞元宰相贾耽在《广州通海夷道》中，对海上丝路南洋—波斯湾航线做了详细记载：

“广州通海夷道”——海上丝绸之路的延伸。这是中国同大食东西两大帝国通商贸易的实录。它反映了中国海上丝绸之路从汉代的终点斯里兰卡延伸到东非印度洋西部桑给巴尔海峡的实况：

> 第一段航路：“广州东南海行二百里至屯门山（今香港北屯门岛，九龙西南方），乃帆风西行，二日至九州石（今海南岛东北之七

① 《世界史上广东之位置》，《新民丛报》1905 年第十五号，转引自邓端本《唐代广州的海外交通》，《广州研究》1982 年第 2 期。

洲列岛)。南二日至象石(今海南岛东南岸的独珠山)。又西南三日行,至占不劳(今越南东岸处的占婆岛),山在环王国(即或占域,今越南中南部)东二百里海中。又南二日行,至陵山(今越南归仁以北的燕子岬)。又一日行,至门毒国(今越南归仁)。又一日行,至古笪国(今越南芽庄)。又半日行,至奔陀浪州(即宾童龙,今越南藩朗)。又两日行,到军突弄山(今昆仑岛)。又五日行,至海硖(今马六甲海峡),蕃人谓之'质',南北百里,北岸则罗越国(今马来半岛南端),南岸则佛逝国(在今印尼苏门答腊东南部)。佛逝国东水行四五日,至诃陵国(今印度尼西亚爪哇岛),南中洲之最大者。"

第二段航路:"又西出硖三日,至葛葛僧祇国(今马六甲海峡南部不罗华尔群岛),在佛逝西北隅之别岛,国人多钞暴,乘舶者畏惮之。其北岸则箇罗国(今马来半岛西岸的吉打)。箇罗西则哥谷罗国(今克拉地峡西南海岸)。又从葛葛僧祇四五日行,至胜邓州(今苏门答腊北部东海岸棉兰之北的日里附近)。又西五日行,至婆露国(即婆鲁师洲,在今苏门答腊岛北部西海岸大鹿洞附近)。又六日行,至婆国伽蓝洲(今尼科巴群岛)。又北四日行,至师子国(今斯里兰卡),其北海岸距南天竺国(今南印度)大岸百里。又西四日行,经没来国(今印度西南部拉巴海岸的奎隆),南天竺之最南境。又西北经十余小国,至婆罗门(今印度)西境。又西北二日行,至拔飐国(今印度孟买以北的巴罗奇)。又十日行,经天竺西境小国五,至提飐国(今印度河口以西,卡拉奇略东),其有弥兰大河(阿拉伯人对印度河的称谓),一曰新头河(今印度河),自北渤昆山(今昆仑山)来,西流至提飐国北,入于海(今阿拉伯海)。又自提飐国西二十日行,经小国二十余,至提罗卢和国(今波斯湾头的巴丹附近),一曰罗和异国,国人于海中立华表,夜则置炬其上,使舶人夜行不迷(据《苏莱曼游记》称,在幼发拉底河口,靠近俄波拉和阿巴丹处,有大灯塔三座,每夜光芒四射,为船舶进出口之导航设施,可参证之)。又西行一日,至乌剌国(即俄波拉,今奥波拉),乃大食国今阿拉伯地区泛称)之弗利剌河(今幼发拉底河),南入于海(今波斯湾),小舟泝流二日,至末罗国(今巴士拉),大食重镇也。又西北陆行千里,至茂门王(即哈里发)所都缚达城(今巴格达)。自婆罗门南境从没来国至乌剌国，皆缘海（今阿拉伯海和波斯湾）东岸行”。

第三段航路，贾耽似采取了倒叙手法：“其（指阿拉伯海）西岸之西，皆大食国。其西最南谓之三兰国。自三兰国，正北二十日，行经小国十余，至设国（今也门的席赫尔）。又十日行，经小国六七，至萨伊瞿和竭国（今阿曼的哈德角），当海（今阿拉伯海）西岸。又西六七日行，经小国六七，至没巽国（今阿曼的苏哈尔）。又西北十日行，经小国十余，至拔离謌磨难国（今波斯湾内巴林岛的麦纳麦），又一日行，至乌剌国与东岸路合。”①

这条南洋—东非的航线简略介绍如下：

广州—屯门（今香港青山湾）—西行 2 日—九洲石（海南岛东北角）—南行 2 日—象石（海南岛东南岸）—西南行 3 日—占婆岛（今越南境内）—东行 200 里—环王国—南行 2 日—燕子岬—行 1 日—门毒国—行 1 日—古笪国—行半日—藩朗（今越南境内）—行 2 日—昆仑岛—行 5 日—新加坡海峡、苏门答腊、马来半岛—东北行 4 日至 5 日—爪哇—西行 3 日—马六甲海峡、布罗瓦尔诸岛—西行 5 日—苏门答腊北部—行 6 日—尼科巴群岛—北行 4 日—狮子国—北行—南天竺—西行 4 日—没来国（今印度南部）—西北行—十余小国—西北行—印度西岸—西北行 2 日—孟买附近—行 10 日—巴基斯坦—经 5 个小国—卡拉奇东—西行 20 日—二十余小国—西行—波斯湾阿巴丹附近—西行 1 日—幼发拉底河口—行 2 日—巴士拉。

对于三兰国地望争论已久，有的认为是东非索马里的泽拉，即亚丁湾南岸的三麻兰古国之中心；有的认为是东非坦桑尼亚的达累斯萨拉姆；有的认为是坦桑尼亚的桑给巴尔岛或附近大陆岸。后两种意见，其地域相去不远，均在今桑给巴尔海峡附近，应较为可信。其原因在于：

一是据贾耽记载，由广州至末罗国的航期，不过 89 日，而三兰国至乌剌国，也需 48 日，如三兰国为泽拉港，则从亚丁湾至波斯湾头的航期

① 参阅孙光圻《中国古代航海史》，海洋出版社 2005 年版，第 244—246 页。

似不应如此漫长，而从泽拉至设国也无需20日的行期。反之，如以桑给巴尔海峡附近为算，则实际航期可能与记载日程大致相仿。二是从三兰国至设国，文献记载是“正北行”，这与从桑给巴尔海峡驶往席赫尔的航向基本一致，而与泽拉驶往席赫尔的东行航向较难合。三是据东非考古所见，数目可观的中国古瓷及其碎片广泛分布于亚丁湾至莫桑比克海岸一线，肯尼亚出土的8世纪时的唐代青瓷引人注目，而桑给巴尔海峡西岸发现的多达400件之众的中国古瓷，尤其令人印象深刻。从上分析可见，唐舶远洋航行的终点三兰国，应当是今桑给巴尔海峡附近。[①]

除了贾耽所记的“广州通海夷道”外，阿拉伯历史学家艾布·赛德·哈桑在增补《苏莱曼游记》（又称：《中国印度见闻录》）时撰成的《历史的锁链》一书中，还曾提到中国唐舶到达过红海内的吉达港，并由彼北上驶向埃及。这条红海航路，对于业已远航至亚丁湾的中国航海者来说，穿过曼德海峡，继而沿海北上，乃是相当自然的事情，在航海工具与航海技术上并无困难。[②]

总之，唐代之时，汉民族已开辟了从广州经南洋、印度洋到东非的桑给巴尔海峡的航线，为汉民族海外移民南洋及西亚、非洲打通了海路。

第二节　汉民族海外移民的探索

汉民族是一个千锤百炼、坚韧不拔的民族。在她从多元走向一体的历史长河中，三国魏晋南北朝是汉民族形成后碰上的第一个危机时期。

东汉以后，中原大乱，泱泱汉帝国四分五裂，到处是纷争战乱，到处是封建割据，汉帝国时代的各民族或族群四处流徙，北方匈奴、鲜卑、乌丸、氐、羌纷纷入主中原，江汉地区的部分蛮族也涌进中原，在中原地区形成汉民族与匈奴、鲜卑、乌丸、氐、羌及蛮族交错杂居的局面；而北方汉民族人民又大批南移，在长江及珠江流域形成汉民族与蛮、俚、僚、傒等南方少数民族或族群交错杂居的局面。在这种错综复杂而又多变的危机

① 桑给巴尔海峡位于东非、赤道以南的坦桑尼亚。坦桑尼亚大陆与桑给巴尔岛之间为桑给巴尔海峡，宽为36千米。现属坦桑尼亚联合共和国。经济以农业为主，盛产丁香与椰子，素有丁香岛之称。

② 孙光圻：《中国古代航海史》，海洋出版社2005年版，第246页。

态势下，汉民族是新生还是灭亡？这是汉民族第一次面临着生死存亡的严重危机。古代世界上有很多显赫一时的民族，如古埃及民族、古罗马民族、古希腊民族等，都由于战争或被消灭，或被征服同化而在历史上销声匿迹了。那么，汉民族的命运如何呢？

如果说商周是汉民族海外移民最富传奇色彩的一个时期，它给世界留下了两个“猜想”，那么，三国两晋南北朝和隋唐五代的汉民族给世界留下了两个关键词，一个是移民，一个是探索。移民，就是在战乱中移民求生存；探索，就是在海外探索更好的生存地。汉民族的命运就是在迁徙中生存，在探索中新生。犹如凤凰涅槃“死了的光明更生了”“死了的凤凰更生了”。①

一 汉人南迁：汉民族的第一个大移民时代

汉王朝的瓦解和灭亡，虽然是一个王朝政治体的崩溃，却是一个民族共同体的重构。也就是说，汉王朝的灭亡却是汉民族新生的开始。在这个大分裂、大混战、大动荡的时代，汉民族以其顽强的生命力，在中原坚守着自己的文化传统，以其巨大的吸收力和凝聚力，融合了入主中原的匈奴、鲜卑、乌丸、氐、羌及蛮族等少数民族的同时，又在向南方的迁徙中走向新生，从而开始了汉民族的第一个大移民时代。

一向“安土重迁”② 的汉民族怎么会进入大移民的时代？确实，“安土重迁”本“黎民之性”，但在原居地生存不下去，走投无路之时，唯一可行的生存策略就是移民，找一块“安土”生活下去。那么，东汉末年以来，汉民族在中原大地上还能生存下去吗？

（一）战乱逼迫汉民族百姓移民

东汉末年，战乱四起，一是起于军阀混乱，二是起于少数民族贵族的割据，三是起于农民起义，而迫使汉民族百姓为避战祸而远走他乡，流徙移民。

1. 起于军阀混战而流徙移民

西汉初期，只有边郡太守才许统兵，所谓“初置四郡，以通西域……保边塞，以二千石（太守）治之，咸以兵马为务”。所以程不识、

① 郭沫若：《凤凰涅槃》，载《郭沫若诗集》，内蒙古文化出版社2006年版。

② 《汉书·元帝纪》：“安土重迁，黎民之性；骨肉相附，人情所愿也。”

李广“俱以边太守将军屯”[①]。东汉中叶以后，少数民族的起义遍及内地，农民革命运动也发展到全国范围。由于军事的延续和扩大，刺史、太守主兵的制度遂由沿边州郡延至腹地。刺史、太守握有军民财政诸权，地方政府的势力开始重要起来。黄巾起义爆发后，东汉帝国的末日已经来临，中央权力薄弱，对州、郡不能控制，军阀割据局面遂由刺史、郡守的擅兵而形成。如关东军阀董卓，他所拥的西北军成分很复杂，除了汉民族人以外，还杂有胡、羌族的雇佣兵，没有什么纪律。进入洛阳以后，他放纵士兵“淫掠妇女，剽虏资物，谓之‘搜牢’”[②]。有一次他派兵去阳城（今河南登封），正是春季祭祀社神的日子，士兵突然把祭社的民众包围起来，男子的头全被斩下，挂在车辕上；车上满载妇女、财物，他们歌呼返回洛阳，声称击“贼”大胜。[③] 当董卓撤出洛阳时，其“部兵烧洛阳城外面百里。（卓）又自将兵烧南北宫及宗庙府库民家，城内扫地殄尽”[④]。“（卓）尽徙洛阳人数百万口于长安，步骑驱蹙，更相蹈藉，饥饿寇掠，积尸盈路”[⑤]。卓死时，“三辅民尚数十万户，卓将李傕等放兵劫略，攻剽城邑，人民饥困”，“强者四散，羸者相食，二三年间，关中无复人迹”[⑥]。

在反董卓的军阀混战中，王允的失策是在董卓死后，董卓的部众尚有十多万人，王允不愿下赦令赦免他们，加以收编，而坚持要他们解除武装。董卓的余部认为王允偏向关东军，西北军“今日解兵，明日当复为鱼肉矣”，就会被人消灭。董卓的部将李傕、郭汜等遂联兵攻破长安，杀王允。接着董卓的部将又彼此争权夺利，互相残杀起来，一片混战。[⑦]

又如山东，世家大族和地方牧守在声讨董卓的同时，又互相厮杀起来。正如《三国志·魏志·文帝纪》注引《典论·自叙》中所说的：“名豪大侠，富室强族，飘扬云会，万里相赴。……山东大者连郡国，中者婴城邑，小者聚阡陌，以还相吞灭。”“关东诸州郡起兵，众数十万，皆集

① 《汉书·李广传》。

② 《后汉书·董卓传》。

③ 王仲荦：《魏晋南北朝史》，上海人民出版社 2003 年版，第 18 页。

④ 《三国志·魏志·董卓传》注引《续汉书》。

⑤ 《后汉书·董卓传》。

⑥ 《三国志·魏志·董卓传》《后汉书·董卓传》。

⑦ 王仲荦：《魏晋南北朝史》，上海人民出版社 2003 年版，第 20 页。

荥阳及河内，诸将不能相一，纵兵抄掠，民人死者且半。”① 青州素殷实，户至百万，刺史焦和参加内战，“不暇为民保障……州遂萧条，悉为丘墟”②。后来曹操与徐州牧陶谦战时，“京师遭董卓之乱，人民流移东出，多依彭城间”，曹操至，“坑杀男女数万口于泗水，水为不流”，他又“引军从泗南攻取虑、睢陵、夏丘诸县，皆屠之，鸡犬亦尽，墟邑无复行人”③。大抵当时最富庶的地方，也就是战争最激烈的地方，如陈留、颍川两郡，其全盛时，陈留户十七万七千、口八十六万九千，颍川户二十六万三千、口百四十三万六千④，后都被战争破坏得荒凉不堪；涿郡旧有民户十万、口六十三万⑤，到了曹魏时，只“领户三万”⑥ 了；鄢陵（属颍川郡，今河南鄢陵）旧有民户五六万家，经过战火浩劫之后，也只剩下数百民户⑦；人口集中的黄河流域，“名都空而不居，百里绝而无民者，不可胜数”⑧，“野战死亡，或门殚亡尽”⑨，“百姓死亡，暴骨如莽”⑩，造成了“千里无人烟”与“白骨蔽平原”的悲惨景象⑪。

2. 起于少数民族贵族割据而流徙移民

因少数民族贵族割据而流徙移民的现象也非常严重。东汉帝国末年内迁的北方少数民族受到西晋统治阶级的奴役和压榨，不断举行反抗和斗争，到了西晋政权崩溃前夕，少数民族的贵族大都挣脱西晋王朝的统治，形成一种独立割据的势力。如匈奴族的酋长刘渊，自归附汉朝之后，自谓

---

① 《三国志·魏志·司马朗传》。

② 《三国志·魏志·袁绍传》注引《九州春秋》。

③ 《三国志·魏志·荀彧传》注引《曹瞒传》。

④ 《续汉书·郡国志》。

⑤ 同上。

⑥ 《三国志·魏志·崔林传》注引《魏名臣表》。

⑦ 《晋书·庾峻传》：颍川鄢陵人也。祖乘……峻少……游京师，闻魏散骑常侍苏林老疾在家，往候之。林尝就乘学，见峻，流涕良久曰：“……鄢陵旧五六万户，闻今裁有数百。”

⑧ （汉）仲长统：《昌言·理乱》。

⑨ 《三国志·魏志·明帝纪》注引《魏略》。

⑩ 《三国志·魏志·文帝纪》注引《典论·自叙》。

⑪ 《后汉书·仲长统传》李贤注：“献帝婴董卓之祸，英雄棋峙，白骨膏野，兵乱相寻，三十余年。三方既宁，万不存一也。”《三国志·吴志·朱治传》注引《江表传》：“中国萧条，或百里无烟，城邑空虚，道殣相望。”“旧京空虚，数百里中无烟火。”《三国志·魏志·王昶传》：“文帝践祚……（昶）为洛阳典农，时都畿树木成林。”参阅王仲荦《魏晋南北朝史》，上海人民出版社 2003 年版，第 21 页。

是汉朝的外孙，故冒姓刘。[①] 八王之乱[②]时，成都王司马结刘渊为外援，遣刘渊回并州调发匈奴五部之众，想叫他们参加内战，并以刘渊为北单于。后刘被匈奴贵族共推为大单于。304 年刘渊改称汉王，建庭左国城（今山西离石北）。308 年又改称皇帝，建都平阳（今山西临汾市西北），国号汉。当时聚众青、徐的王弥、曹嶷，起兵于赵、魏的汲桑、石勒，上郡四部鲜卑陆逐延，氐族酋长单徵等均拥众归刘渊，以其为共主。刘渊转战青、徐、兖、豫四州，所向披靡，一度攻入西晋重镇许昌，其兵锋直捣西晋政府所在地——洛阳。这时，石勒率众三万转战于魏郡（治邺）、汲郡（治汲，今河南汲县西南）、顿丘（郡治顿丘，今河南清丰西南）一带，攻下豪族堡壁 50 余处。309 年夏，石勒又攻下河北郡县堡壁百余处，部众发展到十余万之多。同年，刘渊亦遣将攻占黎阳（今河南浚县东北），败晋将王湛于延津（今河南延津北），沉杀男女万余口于黄河[③]。311 年，石勒在苦县（今河南鹿邑）的宁平城（今河南郸城东北三十五里），把西晋的主力部队十多万人全部消灭。同年夏，刘曜、王弥攻破洛阳，俘晋怀帝。史载石勒掠夺到的汉人及少数族人民，有好几百万：

《晋书·石勒载记》：逯明攻宁黑于茌平，降之，因破东燕酸枣而还，徙降人二万余户于襄国。……徙平原乌丸展广、刘哆等部落三万余户于襄国。……支雄、逯明击宁黑于东武阳，陷之，……徙其众万余于襄国。……（刘）聪死，……靳準杀（聪子）粲于平阳……勒攻準于平阳小城，平阳大尹周置等率杂户六千降于勒，巴帅及诸羌、羯降者十余万落，徙之司州诸县。……石生攻刘曜河南太守尹平

---

① 《晋书·刘元海载记》。

② 八王之乱是西晋时统治阶层历时十六年（291—306 年）之久的战乱。战乱参与者主要有汝南王司马亮、楚王司马玮、赵王司马伦、齐王司马冏、长沙王司马乂、成都王司马颖、河间王司马颙、东海王司马越等八王。太熙元年（290 年）晋武帝临终时命弘农大姓出身的车骑将军、杨皇后（杨芷）的父亲杨骏为太傅、大都督，掌管朝政。继立的晋惠帝痴呆低能，即位后，皇后贾南风（贾后）为了让自己的家族掌握政权，于永平元年（291 年）与楚王司马玮合谋，发动禁卫军政变，杀死杨骏，而政权却落在汝南王司马亮和元老卫瓘手中。贾后政治野心未能实现，当年六月，又使楚王司马玮杀汝南王司马亮，然后反诬楚王司马玮矫诏擅杀大臣，将司马玮处死。贾后遂执政，于元康九年废太子司马遹，次年杀之。诸王为争夺中央政权，不断进行内战，史称“八王之乱”。

③ 王仲荦：《魏晋南北朝史》，上海人民出版社 2003 年版，第 219 页。

于新安，斩之，克壁垒十余，降掠五千余户而归。

《资治通鉴》晋咸和三年：后赵将石聪……虏寿春二万余户而归。

《晋书·刘曜载记》：上邦（刘曜为石勒将石堪所执，曜余众西保秦州，秦州治上邽）溃，季龙……徙其台省文武、关东流人、秦雍大族九千余人于襄国。

《晋书·石勒载记》：季龙克上邽……勒徙氐、羌十五万落于司、冀州。……（石）生……徙秦州夷豪五千余户于雍州。……季龙……徙雍、秦州华戎十余万户于关东。……徙秦州三万余户于青、并二州诸郡。

《晋书·石季龙载记》：索头郁鞠率众三万降于季龙……散其部众于冀、青等六州。……（季龙）伐段辽……乃迁其户二万余于雍、司、兖、豫四州之地。……寇（东晋）荆、扬北鄙……掠七万户而还。……徙辽西、北平、渔阳万余户于兖、豫、雍、洛四州之地。……王擢克武街，……徙七千余户于雍州。大都被强迫安置在石赵政权的政治军事中心襄国、邺城和拱卫首都的司（州治邺）、冀（州治信都，今河北冀州）等州郡。他们在掠夺中倘若遇到抵抗，就屠城戮邑，极残酷之能事。

又如羯族石勒和石虎，在八王混战中，成都王司马颖被杀，颖部将公师藩起兵赵、魏，声称为颖复仇，有众数万。石勒先归公师藩，后又归为刘渊部将。在这一时期，石勒发展军队到十余万人。311 年，追击西晋主力军东海王司马越军于苦县宁平城，全歼晋兵。同年与刘曜、王弥会师攻破洛阳。不久，石勒又诱杀了王弥，兼并了王弥部众。西晋东北八州，勒有其七。[①] 314 年，石勒又袭杀王浚，取幽州，割据了河北、山东的大部地区。316 年，击败晋将刘琨。321 年，灭鲜卑段氏；同年，乘东晋祖逖之死，进据河南、皖北。323 年，破曹嶷，取青州。329 年，灭前赵，并有关陇。中原地区，除辽东慕容氏、河西张氏以外，皆为石勒所统一，并于 319 年自称大单于、赵王，定都襄国（今河北邢台市）。石勒在其初起

---

① 《晋书·石勒载记》。

时，转战南北，攻下坞垒堡壁，往往“税其义谷，以供军士”[①]。后来进据襄国，曾因粮食不足，“闻广平（郡治广平，今河北鸡泽东）诸县秋稼大成……分遣诸将收掠野谷”，采用掠夺方式来取得粮食。至于碰到大灾荒的年头，草木及牛马毛都给螽蝗吃尽，石勒不顾人民死活，采用武力对人民来进行粮食掠夺，因此之故，当时人民要称石勒为“胡蝗”了。[②]

333年七月，石勒病死，太子弘即帝位，权力掌握在石虎手中，虎自为丞相、魏王、大单于，总摄朝政。石勒杀人不少，石虎杀人尤多。有一次石勒派石虎去攻打青州（治广固，今山东青州西北八里），广固降，石虎坑杀广固的军士三万人；城中尚留下许多平民，石虎还想全部杀尽，石勒所任命的青州刺史刘徵提出抗议，说：“你叔父派我来青州，是要我来管理人民；你如把人杀得一个不剩，我的官也做不成了，只能跟你回去。”石虎为了照顾刘徵的官职起见，勉强下命令留下男女七百口不杀，由刘徵率领，留在广固。[③]

在石虎的残暴统治之下，人民的兵役、力役负担和所受的苛索，超过任何一代。如石虎“将讨（辽西）慕容皝，令司、冀、青、徐、幽、并、雍兼复之家（有免除兵役特权的家族），五丁取三，四丁取二”；没有免役特权的家族，其壮丁尽发为兵，更是不用说了。中原地区的壮丁经过这次征发之后，“合邺城旧军满五十万”[④]。石虎又“盛兴宫室于邺，起台观四十余所，营长安、洛阳二宫，作者四十余万人。又敕河南四州，具南师之备；并、朔、秦、雍，严西讨之资；青、冀、幽州，三五发卒，诸州造甲者五十万人。兼公侯牧宰竞兴私利，百姓失业，十室而七。船夫十七万人，为水所没，猛兽所害（采木深山之故），三分而一。……发雍、洛、秦、并州十六万人，城长安未央宫……又发诸州二十六万人，修洛阳宫。……发近郡男女十六万，车十万乘，运土筑华林苑及长墙于邺北，广

① 《晋书·石勒载记》。

② 《晋书·孝愍帝纪》：建兴五年秋七月，大旱，司、冀、青、雍等四州螽蝗；时石勒亦竟取百姓禾，时人谓之“胡蝗”。

③ 《太平御览》卷一二〇引《十六国春秋·后赵录》曰：石虎性酷虐无道，降城陷垒，坑斩士女，鲜有遗类。《晋书·石勒载记》：曹嶷降，送于襄国，勒害之，坑其众三万。季龙将尽杀嶷众，其青州刺史刘徵曰：“今留徵，使牧人也；无人焉牧？徵将归矣！”季龙乃留男女七百口配徵镇广固。

④ 《晋书·石季龙载记》。

长数十里。……暴风大雨，死者数万人”①。有一次石虎想进攻东晋，令征调士兵，“课责征士，五人车一乘、牛二头、米各十五斛、绢十匹。诸役调有不办者，皆以斩论。穷民率多鬻子以充军制，而犹不足者，乃自经于道路。死者相望，而求发无已”②。石虎还大发百姓家女年十三以上、二十以下的三万余人充后宫，地方政府为了取媚讨好起见，强夺已婚而貌美的妇人九千余人充数，故有“夺人妻女，十万盈宫”③ 的说法。这样，中原地区的人口，更为减少；生产组织，更为破坏。史称：“时众役繁兴，军旅不息，加以久旱谷贵，金一斤直米二斗，百姓嗷然无生赖矣。”“海、岱、河、济间，人无宁志矣！”“荆、楚、徐、扬间，流叛略尽。”④ 这般残酷无情的统治，汉民族百姓岂能活下去！?⑤

3. 起于农民起义而流徙移民

因农民起义而流徙移民也非常严重，据统计，东汉中期以后，在安帝统治的十九年中，农民起义发生了四次；顺帝统治的十九年中，农民起义发生了十三次；冲、质两帝一共在位不满两年，农民起义却发生了四次；桓帝统治二十一年，农民起义发生了十四次；灵帝即位（168 年），一直到 180 年，十二年中农民起义发生了六次。以上还不过是有史可稽的，那些规模较小的农民起义，更是不可胜计。参加起义的人数，也愈来愈多。在安、顺时代，不过数千人。到了桓帝时代，如永兴二年（154 年），泰山、琅琊爆发了公孙举、劳丙领导的农民起义，人数已多达三万人⑥；延熹五年（162 年），长沙、桂阳、苍梧、南海、南郡等地区爆发了卜阳、潘鸿、李研领导的农民起义，人数就多达十余万人了。⑦ 灵帝光和三年（180 年），庐江、江夏爆发了黄穰领导的农民起义，人数也多达十余万人。⑧ 到了 184 年，便总爆发为全国性的黄巾大起义。

在战乱四起的政治环境中，汉民族百姓常常被搞得家破人亡，妻离子

---

① 《晋书·石季龙载记》。

② 《魏书·羯胡石勒传》。

③ 《晋书·石季龙载记》。

④ 同上。

⑤ 王仲荦：《魏晋南北朝史》，上海人民出版社 2003 年版，第 227—230 页。

⑥ 《后汉书·桓帝纪》《段颎传》《赵彦传》。

⑦ 《后汉书·桓帝纪》《度尚传》《陈球传》。

⑧ 《后汉书·巴郡南郡蛮传》。

散，何处有“安土”，何处能生存？不流徙移民就只有死路一条了。

（二）灾害逼迫汉民族百姓移民

天灾与人祸是一对双胞胎。东汉末年以来在人祸四起之时，天灾也蜂起。

1. 三国两晋天灾的蜂起

三国、两晋之时，黄河、长江两流域间，连年凶灾，据邓拓在《中国救荒史》的统计，总计200年中，遇灾304次。地震、水、旱、风、雹、蝗螟、霜雪、疾疫等纷至沓来。两百年间旱灾60次，水灾56次，风灾54次，地震53次，雨雹之灾35次，疫灾17次，蝗灾14次，歉饥13次，霜雪、“地沸”[①] 各2次。当时受灾程度，不亚于前代，甚或有过之。

如旱灾，永嘉三年（309年）的旱灾造成了“江、汉、河、洛皆竭，可涉”[②]；元康四年（294年）的地震造成了“山崩地陷，坏府城，杀居民”[③]；水灾则辄浸没六七州，而一州之中，漂流居民动辄几千家，如晋武帝咸宁三年（277年），“九月，戊子，兖、豫、青、徐、荆、益、梁七州大水，伤秋稼”。其中仅荆州五郡，据报被水漂流的四千多家[④]，其他州郡数目也不下于此。而每三年八个月就有一次暴风，为害很大。如晋太康二年（281年）“五月，济南大风，折木伤麦；六月，高平大风折木，坏邸阁四十余区；七月，上党又大风，伤秋稼”[⑤]。

又如雨雹之灾，据《晋书·五行志》所载：咸宁五年（279年）“五月丁亥，钜鹿、魏郡雨雹，伤禾麦；辛卯，雁门雨雹，伤秋稼；六月，庚戌，汲郡、广平、陈留、荥阳雨雹，景辰又雹陨霜，伤秋麦千三百余顷，坏屋百二十余间；癸亥，安定雨雹，七月丙申，魏郡又雨雹；闰月壬子，新兴又雨雹；八月，庚子，河南、河东、弘农又雨雹，兼伤秋稼三豆”。《石勒载记》述咸和七年（332年），“雹起西河介山，大如鸡子，平地三尺，洿下丈余，行人禽兽死者万数，历太原、乐平、武乡、赵郡、广平、

① 按《晋书·五行志》载：“光熙元年五月范阳国地燃，可以爨。”又《姚兴载记》称：“义熙二年华山郡地涌沸，广袤百余步，烧生物皆熟，历五月乃止。”所谓“地燃”“地沸”者，当即火山未爆裂的状态。

② 《晋书·怀帝本纪》。

③ 《晋书·惠帝本纪》。

④ 《晋书·武帝本纪》。

⑤ 同上。

钜鹿千余里，树木摧折，禾稼荡然”。可见雨雹灾害也很严重。

再如疾疫之灾，如晋武帝咸宁元年（275 年）“洛阳大疫，死者大半”；怀帝永嘉四年（310 年）“襄阳大疫，死者三千余人”；元帝永昌元年（322 年）“天下大疫，死者十二三”。

还如蝗螟之灾，怀帝永嘉四年（310 年）“大蝗，自幽、并、司、冀至于秦、雍，大蝗食草木，牛、马毛鬣皆尽”；元帝大兴元年（318 年）一乡之中“蝗害禾稼，纵广三百里，食生草尽”，致“诸郡百姓多饥死”。

此外因陨霜杀谷，禾麦不实而遭饥馑，也甚于前代。[①]

2. 南北朝天灾的蜂起

东晋之后，在南北朝割据的 169 年中，水、旱、蝗螟、地震、霜其次地震 40 次，再次风灾 33 次，霜雪之灾 20 次，雨雹之灾 18 次，蝗灾、疫灾各 17 次，歉饥 16 次。以上各种灾害，为祸之烈，惨不忍睹。

有水灾为害，如（北魏）高祖太和九年（485 年）诏曰：“数州灾水，饥馑荐臻，致有卖鬻男女者……百姓无辜横罹艰毒。……是年京师及州镇十三水旱伤秋稼；南豫、朔二州大水，各杀千余人。”[②] 肃宗熙平元年（516 年），九月，丁丑，淮堰破，萧衍缘淮城戍村落十余万口，皆漂入于海。[③]（北齐）后主天统三年（567 年），秋，山东大水，人饥，僵尸满道。[④]

有旱灾为害，如（宋）孝武帝大明七年（563 年），东诸郡大旱，甚者米一升数百，京邑亦至百余，饿死者十有六七。[⑤] 高祖延兴三年（473 年），州镇十一大旱，州民饿死者二千八百四十五人。[⑥]

还有地震为害，如世宗延昌元年（512 年），四月庚辰，京师及并、朔、相、冀、定、瀛六州地震。恒州之繁畤、桑干、灵丘，肆州之秀容、雁门地震陷裂，山崩泉涌，杀五千三百一十人，伤者二千七百二十二人，牛马杂畜死伤者三千余[⑦]；孝武帝大明六年（562 年），秋七月，甲申，

① 邓拓：《中国救荒史》，武汉大学出版社 2012 年版，第 14—15 页。
② 《魏书·高祖本纪》。
③ 《魏书·肃宗本纪》。
④ 《北史·齐后主本纪》。
⑤ 《南史·宋前废帝本纪》。
⑥ 《魏书·高祖本纪》。
⑦ 《魏书·灵征志》。

地震，有声自河北来。鲁郡山摇地动；彭城女墙四百八十丈坠落，屋室倾倒；兖州地裂泉涌，二年不已。[①]

还有暴风之灾，文帝元嘉三十年（453 年），正月，大风拔木，雨冻杀牛马无数[②]；世宗景明元年（500 年），二月癸巳，幽州暴风，杀一百六十一人。[③]

此外，有时霜雪杀害桑、麦、禾、豆、稻、菽的范围往往达七八州，最严重的达十几州。每次大雨雹又常使家畜、草木、禾稼尽绝，千里无遗。蝗螟害稼，更为常见。而每次疫灾，死者常二千数百人，多则十四五万人。[④]

天灾侵袭的结果，是谷麦不收，酿成大饥。如世宗景明二年（501 年），三月，青、齐、徐、兖四州大饥，民死者万余口。明年，河州大饥，死者二千余口[⑤]；肃宗神龟元年（518 年），春正月，乙酉，幽州大饥，民死者三千七百九十九人[⑥]；简文帝太清三年（549 年），七月，九江大饥，人相食者十四五[⑦]。

怎么才能活下去？反正左也是死，右也是活不下去，还不如远走高飞，到另一个地方去，可能还有一条生路。于是，三国魏晋南北朝之时就成了汉民族的一个大移民时代。

（三）汉民族向南方大移民

天无绝人之路。

东汉末年战乱多在北方，无论军阀混战，还是少数民族贵族割据，或是农民起义，多发生在被称为中原的北方。而汉魏之际开始得到较大规模开发的江南地区，则相对比较稳定，人口也较少，未开发的地方也比较多，更拥有关东和关中地区所无法比拟的、极其优越的自然条件。那里气候温和，雨量充沛，土地肥沃，河网交错，利于各种作物的生长。司马迁曾评

---

① 《宋书·五行志》。

② 同上。

③ 《魏书·灵征志》。

④ 《北史·魏本纪第二》。

⑤ 《魏书·世宗本纪》。

⑥ 《魏书·肃宗本纪》。

⑦ 《南史·梁简文帝本纪》。

价：江南“地广人稀”，“火耕而水耨”，“地势饶食，无饥馑之患”[①]。如福建一带，自从汉武帝北徙闽越人于江淮以后，基本上成了无人区。至东汉末年的建安年间（196—220 年），侯官的地方官制仍为“长”。史载，建安元年（196 年），侯官长商升为支持会稽太守王朗而起兵。根据汉代官制，万户以上称令，万户以下称长，则可知当时侯官辖地的人口尚不足万户。[②]及至“三国时，江淮为战争之地，其间不居者各数百里”[③]，人们纷纷南迁。西晋永嘉之乱，“京洛倾覆，中州士女避乱江左者十六七”[④]。

1. 第一阶段：三国到西晋时期

东汉末年，汉民族向南方的大移民始于初平元年（190 年）关东州郡起兵讨伐董卓之时，董卓挟献帝迁都长安，将洛阳 200 里内数百万人强行西迁[⑤]，引发了汉民族百姓由中原地区向南方的大迁移。除了这数百万人外，青、徐二州（约相当今山东大部和江苏北部）有百余万人逃往幽州刺史刘虞所辖的今河北北部、北京市和辽宁西部[⑥]。洛阳一带还有少数人逃脱了董卓军队的逼迁，迁回故乡或向东迁移。今山东西部和河南的人口主要向南迁至今湖北江陵的荆州一带投奔荆州牧刘表。[⑦] 不久大迁移开始于初平三年（192 年），王允杀董卓后，董卓的部将李傕、郭汜等攻入长安，杀了王允，又自相攻击，关中大乱。关中的难民有数十万东迁至今江苏徐州一带投奔徐州刺史陶谦[⑧]。另有数万户进入今四川境内投奔益州牧刘焉[⑨]。一部分向出武关（今陕西商州市西南丹江北岸）经南阳盆地继续迁入荆州。献帝西迁长安时，“三辅户民尚数十万户”，经过这场大乱，“强者四散，羸者相食”[⑩]，到兴平二年（195 年）时，“关中无复人

① 《史记·货殖列传》。

② 陈支平：《汉人南来与闽北的开拓》，载《武夷文化研究——武夷文化学术研讨会论文集》2002 年 8 月 1 日。

③ 《宋书·州郡志》。

④ 《晋书·王导传》。

⑤ 《后汉书·董卓传》。

⑥ 《后汉书·刘虞传》。

⑦ 《后汉书·刘表传》。

⑧ 《后汉书·陶谦传》。

⑨ 《后汉书·刘焉传》。

⑩ 《后汉书·董卓传》。

迹”[①]。就在这一年，孙策渡长江南下经营江东，江淮间不少人随之南迁。至建安四年（199 年），孙策攻下皖城，俘获袁术留下的“百工及鼓吹部曲三万余人”，迁至吴（今苏州市）[②]。建安十六年（211 年），屯兵关中的马腾、韩遂等十部起兵反曹数万户越过秦岭进入汉中盆地，投奔张鲁[③]。建安十八年，曹操与孙权相持不下后北归，“恐沿江滨郡县为（孙）权所略，征令内移。民转相惊，自庐江、九江、蕲春、广陵（相当于今自江淮间安徽、江苏地）户十余万皆东渡江，江西遂虚，合肥以南惟有皖城（今安徽潜山县）”[④]。这是这时汉民族向南方移民规模较大的一次，人数达数十万之多[⑤]。

此后，永嘉之乱[⑥]前夕，巴蜀已有从雍、秦流入的中原汉民族百姓。而且王室或军阀为发展自己实力，往往利用鲜卑、羌、乌桓让他们内迁，晋时，已达到“八百七十万口”[⑦]，成为社会问题。永嘉后，一些有远见的王室贵族、朝野士大夫已知觉及此，连一度掌权的东海王司马越也把自己行营从下邳（江苏睢宁）南移至建邺（南京），说明晋室上层谋划南渡。这对大批汉人南迁有号召作用，导致了中原汉人大批南迁。

这个时期，吴国是汉民族百姓南迁的主要目的地。据中国移民史家葛剑雄的研究，吴国的移民主要来自北方今河南、山东、安徽和江苏北部，其他地区仅有零星迁入，而完全没有关中和西北的移民。此外，见于《晋书》的还有几例：卷 57《滕脩传》，滕脩，南阳西鄂（今河南南阳市宛城区南）人；卷 58《周访传》，周访曾祖，汝南安城（今河南汝南县东南）人；卷 78《孔愉传》，孔愉，梁国（今河南商丘县南）人，迁于

---

① 《后汉书·董卓传》。

② 《三国志·吴书·孙讨虏传》注引《江表传》。

③ 《后汉书·刘焉传》。

④ 《三国志·吴书·吴主传》。

⑤ 葛剑雄：《中国移民史》第二卷，福建人民出版社 1997 年版，第 271—273 页。

⑥ 永嘉之乱是指公元 311 年即永嘉五年，匈奴攻陷洛阳、掳走怀帝的乱事。晋初八王之乱，加以天灾连年，胡人遂乘时入侵。永兴元年（304 年），匈奴贵族刘渊在左国城（今山西离石）起兵，逐步控制并州部分地区，自称汉王。光熙元年（306 年），晋惠帝死，司马炽嗣位，是为怀帝，改元永嘉。刘渊遣石勒等大举南侵，屡破晋军，势力日益强大。永嘉二年，刘渊正式称帝，四年刘渊死，子刘聪继位。次年，刘聪遣石勒、王弥、刘曜等率军攻晋，在平城（今河南鹿邑西南）歼灭十万晋军，又杀太尉王衍及诸王公。旋攻入京师洛阳，俘获怀帝，杀王公士民三万余人。

⑦ 《晋书·文帝纪》。

会稽山阴（今浙江绍兴市）；卷82《干宝传》，干宝，新蔡（今河南新蔡县）人。由于迁吴国的对象中不少人都是率领大批宗族和部曲同行的，[1]南迁后基本就在吴国安顿下来。可见吴国接受的移民数量很多，仅建安十八年（213年）即至少有四五十万，但当时各国的户口统计范围并不是全部人口，所以不能反映实际人口数量。

吴国期间，其境内的行政区域有了显著的增加。以今浙江省境为例，自东汉末中平以后至西晋太康（184—289年）。所设新县最西南已达到今江山市西北（定阳县），最远已至今瑞安市（罗阳县），很多已进入原来人迹罕至的山区。在汉代还存在的大片空白、未设县的地区，至此已大部消灭。[2] 这固有山越人被纳入郡县管辖的因素，但也可肯定是汉人不断南迁，人口增加的结果。

今福建省境的例子更能说明问题。直到东汉末年之前，当地还只有从秦朝沿袭下来的一个东冶县（今福州市）。但孙吴占有江东后，先后增设的县竟多达7个。[3] 其中的吴兴、建平、建安位于由今浙江越仙霞岭，沿建溪入闽的交通线上；昭武、将乐位于由今江西越武夷山，沿富屯溪入闽的交通线上；南平则正处于这两条交线相会的闽江旁；这样的分布恰恰反映了移民由今浙、赣两方面迁入福建后，渐次推进，逐渐定居的态势。东安县设于今南安县东丰州，在晋江下游，这说明移民的开发区已开始进入晋江流域，但总的来说还是在闽江流域。

今江西境内也有类似情况，但今湖南省和岭南地区的县级行政区划并没有明显的增加和变化，可见北方移民主要分布在今苏南、皖南、浙江、江西、福建，而以赣江流域和闽江流域为南界，在此范围以南和以西就只有移民潮的余波了。

如果以县级行政区的设置作为一个地方的初期开发基本完成的标准，吴国的新开发区超过了整个东汉新增加的单位，是南方开发史上一个有突出进步的阶段。这主要得益于汉民族移民的迁入，以及主要由汉民族移民

---

① 如《三国志·吴书·鲁肃传》载鲁肃率300余人南行，类似情况颇多。

② 参见谭其骧《浙江各地区的开发过程与省界、地区界的形成》，载复旦大学中国历史地理研究所《历史地理研究》第1辑，复旦大学出版社1986年版。

③ 参见吴增仅《三国郡县表》附杨守敬考证，载《二十五史补编》第三册，中华书局1995年重印本；《中国历史地图集》第三册，中国地图出版社1982年版。

所传播的相对先进的生产技术和文化。[1] 从此，汉民族百姓南迁的大门洞开，为了生存，为了过上安定的生活，移民到南方去，成了北方汉民族中一股永不停息的潮流。

西晋永嘉之乱引发了北方汉民族南迁的大浪潮。

西晋末永嘉（307—313 年）年间的战乱和西晋的最终覆灭，因传染病流行、旱灾、霜害、饥荒，迫使北方汉民族人口的大规模迁移，其中主要的迁移方向是南方，大部分汉民族移民的迁入地也是南方。永嘉二年初，全国出现空前大旱，长江、汉水、黄河、洛水都一度断流，人们可涉水过河。在大旱后，北方幽、并、司、冀、秦、雍等六州爆发严重蝗灾，"草木及牛马毛皆尽，又大疾疫，兼以饥馑"，"流尸满河，白骨蔽野"[2]。可见，大多数汉民族百姓在北方的故乡已无法生存。怎么办？只有南迁移民以求一条生路。

当时的形势是这样：永嘉五年后，建康已成为晋朝实际上的政治中心，江南又是远离战火的安全区，所以晋朝的宗室贵族、文武大臣、北方的世家豪族都以建康及周围地区为主要迁移目标，这一阶段南迁的大族和官员，不仅成为司马睿建立东晋的主要支柱，也在整个东晋和南朝起着举足轻重的作用。如以王导等为首的琅琊临沂（今山东费县东）王氏，以王承为首的太原晋阳（今山西太原市西南）王氏，以谢鲲为首的陈郡阳夏（今河南太康县）谢氏，以袁瓌为首的陈郡阳夏袁氏，以庾亮为首的颍川鄢陵（今河南鄢陵县西北）庾氏，以桓彝为首的谯国龙亢（今安徽怀远县西北）桓氏，以荀崧为首的颍川（今河南许昌、临颍一带）荀氏，以圭曼为首的泰虹南城（今山东平邑县南）羊氏，以周颉为首的汝南安成（今河南汝南县东南）周氏，以蔡谟为首的济阳（陈留）考城（今河南民权县东北）蔡氏，济阳考城江氏，彭城（今江苏徐州市）刘氏，以刁协为首的渤海饶安（今河北盐山县西南）刁氏，以卞壶为首的济阴冤句（今山东曹县西北）卞氏，以郗鉴为首的高平金乡（今山东嘉祥县南）郗氏，以诸葛恢为首琅琊阳都（今山东沂南县南）诸葛氏，以颜含为首和琅琊临沂颜氏，鲁国（今山东曲阜市）孔氏，以毛宝为首的荥阳阳武（今河南原阳县东南）毛氏，河东安邑（今山西夏县西北）人卫玠，太原

① 葛剑雄：《中国移民史》第二卷，福建人民出版社 1997 年版，第 280—283 页。

② 《晋书·食货志》。

祁（今山西祁县东南）人温峤等。此外，东晋初的北伐主将祖逖和其弟祖约，也是在这一阶段南迁的。[①]

战乱迁徙，苦不堪言。如褚翜在永嘉四年就已“招合同志，将图过江”，并已从阳翟“先移住阳城（今河南登封市东南）界”，但因道路不通，只得停留原地。洛阳陷落后，又与荥阳太守郭秀共保万氏台，聚集的难民有数万人。永嘉六年，率数千家准备东下，但又因沿途危险而留在密县（今新密市东南）。以后率众人到达汝水柴肥口，再次受阻而无法前进。直到一年多后，褚翜才到达建康。[②] 也正因为如此，难民在迁移过程中大多以原籍或宗族为单位，或依附于原籍的强宗大族、地方官员，集体行动。这既是在迁出地长期形成的乡土情谊和宗族观念的必然延续，如《宋书·王懿传》所云：“北土重同姓，并谓之骨肉，有远来相投者，莫不竭力营赡；若不至者，以为不义，不为乡里相容。”至于北方名门大族的首领、地方官员、豪强、士人，因具有军政实力、社会地位或指挥组织能力，自然成为各个汉民族移民团体的领袖。对他们来说，这既是尽了道义上的责任，也是维护本人、本家族或本地人的利益基础的手段。所以一个移民团体往往有数百上千人，甚至数万人，如上述褚翜所率。又如祖逖家“世吏二千石，为北州旧姓”，“及京师大乱，逖率亲党数百家避地淮泗，以所乘车马载同行老疾，躬自徒步，药物衣粮与众共之，又多权略，是以少长咸宗之，推逖为行主”[③]。东莞姑幕（今山东诸城市西北）人徐澄之为州治中，“遂与乡臧琨等率子弟并闾里士庶千余家，南渡江，家于京口（今江苏镇江市）”[④]。

这样，为了安置涌入南方成千上万的汉民族移民，东晋太兴三年（320 年）七月，元帝以从琅琊国（都开阳，今山东临沂市北，辖境约相当周围数县）迁来的近千户在其侨居地建康置怀德县[⑤]，是专为北方汉民族移民设置的第一个政区。以后又在北方汉民族移民集中定居的淮河以南、长江以北和江南沿江一带设置了以安置移民为主的侨州、侨郡和侨

① 参阅葛剑雄《中国移民史》第二卷，福建人民出版社 1997 年版，第 315—316 页。

② 《晋书·褚翜传》。

③ 《晋书·祖逖传》。

④ 《晋书·儒林传·徐邈》。

⑤ 《晋书·元帝纪》。

县，如在江北置有徐、兖、幽、冀、青、并等州[①]，在徐州还侨置过司州[②]。明帝时（323—325年）“又立南沛、南清河、南下邳、南东莞、南平昌、南济阴、南濮阳、南太平、南泰山、南济阳、南鲁等郡以属徐、兖二州”[③]。迁入江南的还有来自秦国（原扶风国，约相当关中泾水、渭水以西北地）的流民，因而曾改堂邑县（今江苏六合县北）为秦郡，并侨置了尉氏县。[④] 于是，永嘉之乱后的汉民族南迁大移民的浪潮开始减退。

2. 第二阶段：东晋及南北朝时期

进入东晋及南北朝时期，汉民族南迁的浪潮并没有停止，随着东晋在与十六国交战的关系而使汉民族南迁浪潮呈波浪式的起伏。

第一次起伏于太宁三年（325年）。太宁三年，后赵军接连向晋在北方的残余势力发动进攻，晋淮北诸将或降或逃，司、豫、徐、兖四州完全沦陷，晋朝的北界退至淮河一线。淮北的居民渡淮南迁，原来迁至淮北避乱的北方汉民族难民此时又继续南迁，为安置这些流民，在锺离县（今安徽凤阳县东北临淮关）侨立徐州。[⑤] 据葛剑雄研究：“从太宁三年至咸和四年的汉民族南迁浪潮，明显反映在侨州郡县的设置上。在江南的淮南郡及其辖县就是为此而设的。”《晋书·地理志》豫州后序：“成帝又侨立豫州于江淮之间，居芜湖。时淮南入北，乃分丹杨侨立淮南郡，居于湖。又以旧当涂县流人渡江，侨立为县。”《宋书·州郡志》扬州淮南郡称：“其后中原乱，胡寇屡南侵，淮南民多南度，成帝初，苏峻、祖约为乱于江淮，胡寇又大至，民南度江者转多，乃于江南侨立淮南郡及诸县，晋末，遂割丹阳之于湖县（今安徽当涂县）为淮南境。”又南徐州：“晋成帝咸和四年，司空郗鉴又徙流民之在淮南者于晋陵（治丹徒[⑥]，今江苏镇江市东北）诸县，其徙过江南及留在江北者，并立侨郡县以司牧之。”又南豫州：“晋江左胡寇强盛，豫部歼覆，元帝永昌元年，刺史祖约始自谯城退还寿春。成帝咸和四年，侨立豫州……治芜湖（今安徽芜湖市）。”

---

① 《宋书·州郡志》南徐州序。

② 《晋书·地理志》司州后序。

③ 《晋书·地理志》徐州后序。

④ 《晋书·地理志》雍州后序。

⑤ 《宋书·州郡志》徐州：“明帝世，淮北没寇，侨立徐州，治锺离。”

⑥ 《宋书·州郡志》晋陵太守：“太兴初，郡及丹徒县悉治京口，郗鉴复徙还丹徒。”估计当在此年。

流民的分布和定居并不限于侨州郡县的范围，如孔坦在苏峻乱后任吴兴内史（治今浙江湖州市，辖浙西数县），辖区内就有不少“江淮流人”[①]。当时人称：“自江陵至于建康，流人万计，布在江州（治今江西南昌，辖境约有今江西、福建及湖北、湖南一部）。”[②] 所谓“布在江州”，应指江州境内的长江沿岸[③]。此后一段时间，后赵对晋虽有局部袭击，但并无实质性的推进，边境地区的南迁仍时有发生，如咸康六年至建元元年间（340—343 年），镇守襄阳的桓宣“遣步骑收南阳诸郡百姓没贼者八千余人以归”[④]。永和五年（349 年），后赵主石虎死，国内大乱，晋军进据寿春、下邳、彭城（今江苏徐州市），褚裒率众 3 万赴彭城北伐，“北方士民降附者日以千计”[⑤]。

第二次起伏于永和六年（350 年）。永和五年末，冉闵在后赵境内大肆屠杀胡、羯，次年自立为魏帝。后赵残余势力与冉闵相战，前燕军南下夺取后赵故地，羌人首领蒲洪等率秦雍流民夺取关中，中原战乱愈演愈烈。至永和七年，“盗贼蜂起，司、冀大饥，人相食。……青、雍、幽、荆州徙户及诸氐、羌、胡、蛮数百余万，各还本土，道路交错，互相杀掠，且饥疫死亡，其能达者十有二三”[⑥]。这时一般汉民族百姓，特别是士大夫的心目中，南方的东晋依然是正统所在，所以北方籍人口也会以东晋为避乱目的地。如北地泥阳（今陕西耀县东南）傅氏，是晋司徒傅祗、秘书丞傅畅之后，“胡乱得还”[⑦]。因王敦之乱而北投石勒的刘隗（彭城人），其孙刘波（时任后赵冠军将军王洽参军）于此时与王洽一起降晋。[⑧] 祖逖之子道重，在祖约祖氏全家被杀时获救，也以此时南归。[⑨] 又如谢尚于永和中镇寿阳（今安徽寿县），“尚于是采拾乐人，并制石磬，以备太乐。江表有钟石之乐，自尚始也”[⑩]，等等。

---

① 《晋书·孔坦传》。
② 《晋书·刘胤传》。
③ 葛剑雄：《中国移民史》第二卷，福建人民出版社 1997 年版，第 320—321 页。
④ 《晋书·桓宣传》。
⑤ 《晋书·褚裒传》
⑥ 《晋书·石季龙（虎）载记》。
⑦ 《宋书·傅弘之传》。
⑧ 《晋书·刘隗传》。
⑨ 《晋书·祖约传》。
⑩ 《晋书·谢尚传》。

此外，晋军取得局部胜利或退兵时，往往将当地汉民族民户迁回，如永和六年，庐江太守袁真袭取合肥（今安徽合肥市），“迁其百姓而还”①；永和十年，桓温自关中撤军时，“徙关中三千余户而归”②；永和十二年，桓温与姚襄战于伊水，“徙其众三千余家于江汉之间”③。由于关中也战乱不息，秦、雍汉民族流民也大量南迁汉中，或继续南下蜀地，或顺汉水而下，迁至襄阳（今湖北襄樊市）一带。东晋已于此前的永和三年（347年）灭成汉，所以此时也在蜀地和汉水流域设置了若干侨州郡县。如据《晋书·地理志》：“及桓温平蜀之后，以巴汉流人立晋昌郡，领长乐、安晋、延寿、安乐、宣汉、宁都、新兴、吉阳、东关、永安十县，又置益昌、晋兴二县，属巴西郡；于德阳界东南置遂宁郡；又于晋寿置剑阁县，属梁州。后孝武分梓潼北界立晋寿郡，统晋寿、白水、邵欢、兴安四县；梓潼徙居梓潼，罢剑阁县；又别置南汉中郡，分巴西、梓潼为金山郡。”这些建置证明自晋重新取得蜀地后，北方移民一直在迁入巴蜀。又如《宋书·州郡志》云：雍州，“胡亡氐乱，秦、雍流民多出樊、沔，晋孝武始于襄阳侨立雍州，并立侨郡县”。秦州，“晋孝复立，寄治襄阳”。又云：益州，“安固太守，张氏于凉州立。晋哀帝时，民流入蜀，侨立此郡”。可见此郡人口主要应来自凉州。④

第三次起伏于太元八年（383年）。太元八年，淝水之战东晋大胜，太元九年，晋军分道北上西进，先后攻克襄阳、彭城、洛阳、黎阳（今河南浚县东），至次年又攻克成都，收复益、梁二州。⑤ 此后数年间，北方前秦、后秦、后燕、西燕、北魏等政权间的争夺异常激烈，这些都引起流民的南迁。如太原祁县（今山西祁县东南）人王懿、王叔兄弟在苻坚败后起兵，兵败后南奔泰山，“太元末，徙居彭城”⑥；可见是在太元十九年泰山被后燕攻陷后再南迁的。据《宋书·州郡志》，晋安帝时将原来侨置在襄阳的秦州迁至汉中南郑，显然是为了适应安置来自原秦州地区流民的需要。秦州的西京兆郡、西扶风郡，都是晋末为安置流入汉中的三辅流

---

① 《晋书·石季龙载记》下。

② 《晋书·苻坚载记》。

③ 《晋书·穆帝纪》。

④ 葛剑雄：《中国移民史》第二卷，福建人民出版社1997年版，第322—325页。

⑤ 《资治通鉴·晋纪》太元九年、十年。

⑥ 《宋书·王懿传》。

民而设的。益州的怀宁郡、始康郡、晋熙郡都是安帝时为了安置“秦、雍流民”“关陇流民”和“秦州流民”。

义熙元年（405 年），晋刘裕遣使向后秦求和，并索回隆安二年（398 年）的失地，后秦主姚兴将汉水以北的南乡、顺阳、新野、舞阴等十二郡归还于晋。[①] 这引起一些北人投向南方。义熙十四年，留在关中的晋将自相残杀，关中郡县纷纷降于夏。在刘裕和晋军东归时，一些关中人随之迁回，如河东闻喜（今山西闻喜县）裴先福（裴叔业先人）南迁后寓居寿阳（今安徽寿县）[②]，京兆霸城（今陕西西安市东北）王氏[③]，武威姑臧（今甘肃武威市）人陡阴袭迁至南（今湖北公安县西北）定居[④]；京兆杜陵（今陕西长安县东北）韦肃，“刘义真镇关中，辟为主簿，仍随义真度江”[⑤]。此外，河南也有人南迁，如河南阳翟（今河南禹州市）褚该的先人，在晋末迁居江左[⑥]。另一些人则是在关中的战乱中先东迁至河南，然后再南迁晋境。如王猛之孙王康，先携家至洛阳，再至彭城（今江苏徐州市）。后又去洛阳视母，当地就有“长安徙民”等百余人和“侨户七百余家”，王康家属被接至建康。[⑦]

义熙十三年（417 年），晋将刘裕北上收复中原，军抵关中，但东晋朝廷要刘裕退兵。三秦父老孺幼为之哭别，随后许多不甘受外族秦、夏统治的汉民族百姓又先后南渡，《宋书·州郡志》载：“三辅流民当时南渡者三千二百三十六户，七千五百三十口。”

《宋书·州郡志》中明确载为晋末以北方汉民族移民所置的侨郡、侨县有：荆州南义阳郡（治今湖南安乡县西南），“晋末以义阳（治今河南新野县），流民侨立”；汝南县，“晋末汝南郡（治今河南息县），民流寓夏口（今湖北武汉市东南），因立为汝南县”。永初中，康穆率乡族三千余家南迁襄阳岘南，宋为此专门设置了华山郡蓝田县，寄治襄阳（今湖

① 《资治通鉴·晋纪》义熙元年。
② 《南齐书·裴叔业传》《北齐书·高乾传》。
③ 《魏书·王世弼传》。
④ 《梁书·阴子春传》。
⑤ 《魏书·韦阆传》。
⑥ 《周书·艺术传·褚该》。
⑦ 《宋书·王镇恶传》。

北襄樊市），康氏相继任华山太守[1]。

第四次起伏于元嘉十九年（442年）。元嘉十九年，何承天向宋主献策称："今青兖旧民，冀州新附，在界首者二万家，此寇之资也。今悉可内徙，青州民移东莱、平昌、北海诸郡。太山以南，南至下邳，左沭右沂，田良野沃，西阻兰陵，北扼大岘，四塞之内，其号险固。民性重迁，闇于图始，无虏之时，喜生咨怨。今新被抄掠，余惧未息，若晓示安危，居以乐土，宜其歌抃就路，视迁如归。"[2] 何氏的建议是否被采纳，史无明文，但从当时形势分析，已经聚集在宋魏交界处的数万难民迁入宋境的可能性是很大的。元嘉二十二年，河东汾阴（今山西万荣县西南）薛永宗起兵，次年败死，族人薛安都投宋，又北上招集，至以魏兵势盛而退回襄阳。薛氏"世为强族，同姓有三千家"，安都虽战败而归，带回的族人也还不少。[3]

此后不久，东晋元熙二年（420年），南方刘裕的宋国已取代东晋，南北朝对峙开始。宋永嘉二十七年（450年）、泰始二年（466年），北魏均以60万大军南侵，迫使刘宋防线由淮北南撤至淮南，失去淮北五州、淮西九部，宋也侨立州县安置南下汉人。南朝齐、梁、陈各代也如晋置州郡县，给中原南下失去原籍的汉民以"侨籍"安置，这些流入江南各州县的外来户，为了生活只好进至南方诸省之山区，开始大都集结赣南，以后扩展至闽西、粤东的闽粤赣边境地区。他们依宗姓聚居在一起，保持着中原的风俗习惯，包括语言、民俗、歌谣诸方面，世代相传，保留中原遗风。如梅县《松口钟姓族谱》载，先祖因避（晋末之）乱，从（河南）颍川来到（江西）于都，后流落到（福建）宁化，复由宁化来州（指清末广东嘉应州今梅州市）属松口开基创业，这是见记载的客家大姓溯源之一例。

第五次起伏于宋泰始六年（470年）。进入南朝之后，随着北方政权汉化程度的加深，与汉族人民间的民族矛盾已降至次要地位。所以，除了因政治斗争失败、逃避惩处等原因而投奔南方的人员及边境地区的灾民外，较大规模的人口南迁在泰始六年后已不复存在，汉民族南迁只剩下余

---

① 葛剑雄：《中国移民史》第二卷，福建人民出版社1997年版，第325—329页。

② 《宋书·何承天传》。

③ 《宋书·薛安都传》。

波了，如：

梁普通六年（525 年），魏徐州刺史元法僧称帝失败后降于梁，“拥其僚属、守令、兵戍及郭邑士女万余口南人”①。

梁承圣元年（552 年），侯景之乱刚平息，北齐占有江北，百姓不愿属齐，广陵（今江苏扬州市西北）侨民朱盛、张象潜聚众袭齐刺史，梁将陈霸先渡江救援。后因梁、齐议和而退兵，江北居民随军南迁者万余口。②

陈祯明元年（587 年），隋所立梁国主萧琮入朝长安，隋军逼近江陵，琮叔萧岩、弟萧瓛等率所属文武及居民二万余口渡江投陈。③陈割扬州吴郡和钱塘县置吴州，以萧瓛为刺史，又以萧岩为东扬州刺史。从祯明三年陈亡后萧岩、萧瓛都曾被百姓“推为主以御隋师”④来看，祯明二年前随迁的百姓大概大多是被安置在吴州一带的。

3. 中原汉人已南迁到长江边：汉民族第一个大移民时代的路线图

汉民族第一个大移民时代的路线图虽有不同的说法，谭其骧在《晋永嘉丧乱后之民族迁徙》⑤ 中分为东西二线。胡阿祥《东晋南朝侨州郡县与侨流人口研究》⑥ 中分为五线。丘菊贤和杨东晨则认为晋末至隋唐以前，中原各地汉人南移的基本路线是，中原汉人大部分人都集结今河南南阳，经襄樊沿江东下，至今九江，过鄱阳洲顺赣水汇集在今赣南山区；唐宋时再朝闽入东西，东南至粤东地区；少部分则由淮水或南或东沿海道进入浙闽的。⑦ 葛剑雄综合两家所言，提出了他的三线说，他认为：这次移民高潮历时一百多年，计其余波更长达三百年，但移民南迁的路线前后大致相同，主要有东、中、西三线：

---

① 《魏书·肃宗纪》。

② 《资治通鉴·梁纪》承圣元年。

③ 《陈书·后主纪》。萧岩等所率人口《纪》作“十万余口”，据《陈书·陈慧纪传》改。

④ 《周书·萧詧传》。

⑤ 谭其骧：《晋永嘉丧乱后之民族迁徙》，《燕京学报》1934 年 6 月第 15 期。

⑥ 见胡阿祥《东晋南朝侨州郡县与侨流人口研究》，江苏教育出版社 2008 年版。

⑦ 丘菊贤、杨东晨：《中原汉人南徙与客家述评》，《河南大学学报》（社会科学版）1990 年第 1 期。

东线以淮河及其支流（包括当时入淮各水）汝、颍、沙、過（涡）、睢、汴、泗、沂、沭等水和沟通江淮的邗沟构成主要水路，辅以各水间陆路。不仅在今河南、山东和安徽、江苏北部的司、豫、兖、青、徐诸州移民大多由此线南渡，就是在今山西、河北的并、冀、幽州的流民也多数在渡过黄河后循此线而南。由今河南和淮北渡淮的北人往往居留于淮南，或继续由陆路南下，渡江后定居于皖南、赣北沿江地带。由今山东、豫东而下的流民一般居于沿泗水的彭城、下相、淮阴一带，或渡淮居于苏北，或由邗沟南下广陵（今扬州市西北），过江至京口（今镇江市），聚居于江南。还有少数人由山东或苏北航海至广陵或江南，甚至直接到达东南、南方沿海。此线的起点是西晋、十六国和北朝经济文化最发达、人口最稠密的地区，终点又是东晋、南朝政治中心所在和经济文化最发达地区，所以是最重要的一线。永嘉后的北人南迁，特别是宗室贵族、文武大臣、世家大族，多数经由此线。江淮间和苏南、皖南是侨州郡县的主要设置区，也是北方移民最集中的地方。

中线起点主要是洛阳和关中，分别由洛阳经南阳盆地，由关中越秦岭东南经南阳盆地，由关中越秦岭至汉中盆地顺汉水而下，最后都汇聚于襄阳，然后再由汉水东南下。在今甘肃、陕西、山西和河南西部的秦、雍、梁、司、并的流民大多走此线，南迁后往往定居于襄阳、江陵等汉水流域和长江中游地区。也有一部分人从南阳盆地东南越过桐柏山、大别山的隘口进入江汉平原。

西线汇聚了今甘肃、陕西、宁夏、青海境内的凉、秦、雍流民，由穿越秦岭的栈道进入汉中盆地。继续南迁者循剑阁道南下蜀地，或部分利用嘉陵江水路，定居于沿线和成都平原。也有人在今甘肃南部沿白龙江而东南。在蜀地发生战乱时，部分流民又循长江东下，进入长江中下游。①

总之，在汉民族的第一个大移民时代，汉人南迁到了长江边，主要分布在从巴蜀到荆州、江洲，及至建康的长江沿岸一带。

二　东渡探索：汉民族海外移民的艰难探索

汉民族海外移民东渡的探索是一个艰难的开端。

前述箕子朝鲜的猜想和徐福东渡的传说，一直处在历史的迷雾之中，反映了汉民族海外移民东渡探索的艰难。但历史前进的步伐是不会停止

① 葛剑雄：《中国移民史》第二卷，福建人民出版社 1997 年版，第 338—340 页。

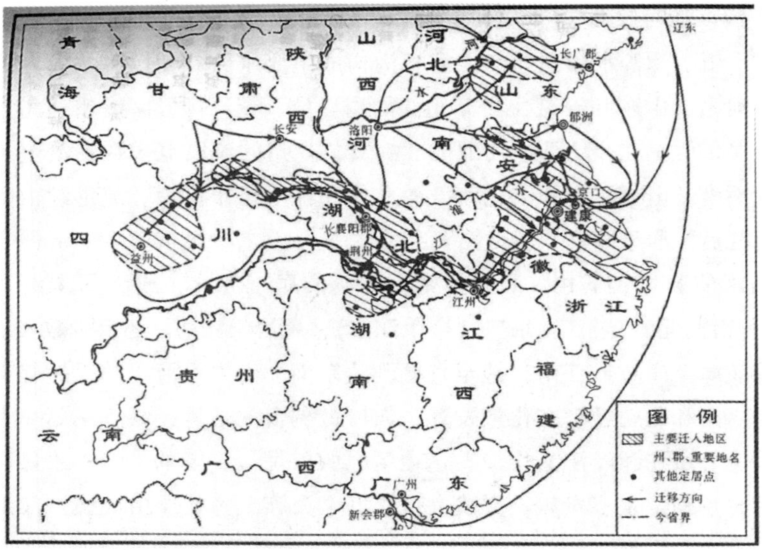

永嘉乱后移民南迁的路线和迁入地区的分布

资料来源：葛剑雄:《中国移民史》第二卷，福建人民出版社 1997 年版，第 339 页。

的，汉民族东渡移民的探索一直在历史的轨道上运行着。

（一）汉民族东渡向日本移民的探索从未停止过

自徐福东渡日本移民之后，汉民族东渡、移民日本的探索从未停止过，特别是在国内政局动荡、经济凋敝之时，汉民族移民取道朝鲜半岛渡海至日本者络绎不绝。据孙光圻所引日本方面史料记载：仲哀天皇八年（199 年），一位名叫功满王的中国人，把蚕种从朝鲜半岛的百济传至日本；应神天皇十四年（214 年），弓月君（融通王）率领来自一百二十县之中国居民前往日本；应神天皇二十年（220 年），又有阿知使主率来自十七县之中国人移居日本①。所以，两汉时，在日本定居的汉民族移民人数很多，日本古籍称“秦汉百济内附之民，各以万计”。大批中国移民带去了先进的华夏文化，对于开发与建设日本列岛产生了重大的历史作用；而日本方面也对身怀优技的中国移民欢迎备至，并极力诱导。据说，应神天皇十四年（214 年）与十六年（216 年）时，有一批中国移民为新罗所

① 参见《日本书纪·应神纪》《古语拾遗》。

阻，不能来日本，日本方面即遣户田宿祢等，授以精兵，讨伐新罗，为中国移民开辟道路。①

而日本方面的情况，在中国也有了更多的记载。大约在公元前 1 世纪，日本列岛上出现了许多部落小国，并各自开始与中国建立定期的互动交往。在中国官方史籍上，也开始出现记载了日本列岛的传记。如《后汉书·东夷传》中亦云："倭，在韩东南大海中，依山岛为居，凡百余国。自武帝灭朝鲜，使驿通于汉者三十许国。国皆称王，世世传统。其大倭王居邪马台国。乐浪郡徼去其国万二千里，去其西北界拘邪韩国七千余里。"今朝鲜凤山附近的带方，即带方郡，治所在带方，辖境约当今朝鲜黄海南道、北道，系东汉献帝建安九年（204 年）公孙康分乐浪郡南部而设置。由于大批秦汉时的汉民族移居日本列岛，因此，对该区域的地理位置与风土人情也逐渐明晓。自此之后，有关"三神山"的迷雾扫除一空，这从一个侧面也反证了"三神山"即为日本列岛的事实。

到汉代，日本列岛已有百余部落小国。而三十国（或三十余国），大概指九州和本州近畿一带，即在今京都、大阪、神户一带以西的地区。这些地区同中国大陆的海上交通开展较早，也是当时日本列岛上生产力最发达、生产水平最高的地区。这些地区的小国，为汲取中国汉民族的先进文明，不惜乘风破浪前往中国。中国古籍对此屡有记载，如《后汉书·东夷传》说："建武中元二年（57 年），倭奴国奉贡朝贺，使人自称大夫，倭国之极南界也。光武赐以印绶。安帝永初元年（107 年），倭国王师升等献生口百六十人，愿请见。"值得注意的是，倭奴国使首次到达东汉京师的那次友好访问，得到了有关文物的明确证实。光武帝所赐予之金印，已于日本天明四年（1784 年）春二月二十八日，由北九州福冈县志贺岛（当时称筑前国糟屋郡志贺岛叶崎）上的一个名叫甚兵卫的农民，在挖水沟时掘得。该印 2.3 厘米见方，0.8 厘米厚，重约 108.7 克，金质蛇纽，阴文篆文，上刻"汉委奴国王"五字。它与我国云南晋宁发现的西汉金印"滇王之印"，在金质、雕刻、字形和蛇纽等方面类同；又与 1981 年 2 月，在江苏扬州甘泉山附近出土的"广陵王玺"，除印纽不同外（"广陵王玺"为龟纽），其他在金质、形制、字体、大小、重量诸方面相近。按

① 《日本书纪·应神纪》，参阅孙光圻《中国古代航海史》，海洋出版社 2005 年版，第 124 页。

汉代印绶之制，天子玉印，诸王和宰相金印紫绶，九卿银印青绶，其下依次为铜印黑绶与木印黄绶。倭奴国王被授金印紫绶，以诸王规格待遇，足见汉朝政府对与日本列岛交往的重视。[①] 所以，直到三国时“倭人在带方东南大海之中，依山岛为国邑。旧百余国，汉时有朝见者，今使译所通三十国”。[②]

在东渡日本的探索中，三国中之魏国航海的主要业绩，也就体现在与日本列岛的海上来往上。魏景初二年（238 年），魏军击破公孙渊，势力向东扩至东及朝鲜半岛带方、乐浪、玄菟诸郡，声威远播。这年六月，“倭女王遣大夫难升米等诣郡，求诣天子朝献”，并“男生口四人，女生口六人，班布二匹二丈”。魏明帝对此深为嘉许，诏封倭女王卑弥呼为“亲魏倭王”，赐给金印紫绶和大量的金、珠、刀、铜镜以及各色丝绸织品。正始元年（240 年），魏帝为加强与倭的友好关系，由带方郡太守弓遵、建忠校尉梯儁等，“奉诏书印绶诣倭国，拜假倭王，并赍诏赐金、帛、锦罽、镜、采物。倭王因使上表答谢恩诏”。正始四年（243 年），“倭王复遣使大夫伊声耆、掖邪狗等八人”，渡海至魏，“上献、生口、倭锦、绛青缣、绵衣、帛布、丹木、𤝔、短弓矢”[③]。元始六年（245 年），魏为嘉奖倭女王派出使者，“诏赐倭难升米黄幢。付郡假绶”[④]。这是魏使第二次渡海赴日。

元始八年（246 年），王颀就任带方郡太守。由于日本列岛上“倭女王卑弥呼与狗奴国男王卑弥弓呼素不和”，为争取魏的支持，各遣使者至带方郡“说相攻击状”。魏即“遣塞曹掾史张政等”渡海使日，“赍诏书、黄幢，拜假难升米为檄告喻之”。其时，适逢倭女王卑弥呼去世，“更立男王，国中不服，更相诛杀，当时杀余人，复立卑弥呼宗女壹舆，年十三为王，国中遂定”。张政等“以檄告喻壹舆，壹舆遣倭大夫率善中郎将掖邪狗等二十人送政等还”，并再次“献上男女生口三十人，贡白珠五千，孔青大句珠二枚，异文杂锦二十匹”[⑤]，以答谢魏使之调停功绩。

从 238—247 年的短短十年中，魏、倭共有六次使节来往，足见当时中日之间的交流互动是相当频繁的，这种东渡往来的探索不断地推动着汉

---

① 参阅孙光圻《中国古代航海史》，海洋出版社 2005 年版，第 125—126 页。

② 《三国志・魏书・倭人传》。

③ 以上所引均见《三国志・魏书・倭人传》。

④ 参见陈炎《东海“丝绸之路”初探》，《海交史研究》1985 年第 2 期。

⑤ 《三国志・魏书・倭人传》。

民族东渡移民。

（二）东渡日本航线在艰难的探索中改进

据孙光圻研究，这一时期的中日航路，《三国志·魏书·倭人传》中记载云："倭人在带方东南大海之中，依山岛为国邑，旧百余国，汉时有朝见者，今使驿所通三十国。从郡（带方郡）至倭，循海岸水行，历韩国，乍南乍东，到其北岸狗邪韩国，七千余里；始度一海，千余里至对马国。……所居绝岛。方可四百余里，土地山险，多深林，道路如禽鹿径，有千余户，无良田，食海物自活，乘船南北市籴。又南渡一海千余里，名曰瀚海，至一大国，方可三百里，多竹木丛林，有三千许家，差有田地，耕田犹不足食，亦南北市籴。又渡一海，千余里至末卢国，有四千余户，滨山海居……"由此登岸陆行，再辗转至倭女王国。

在这里，韩国实指朝鲜半岛西岸位于带方郡之南的马韩。狗邪韩国，即"弁辰狗邪国"，也即《后汉书·倭传》中的"拘邪韩国"，辖镜约当今朝鲜半岛东南部的庆尚南道等地。对马国，即今日本对马岛。一大国，即今日本壹岐岛，"一大"似为"一支"之误；《梁书》《北史》等均称"一支国"，日本古籍亦均作"伊伎""伊吉"和"壹岐"，其音读略同。末卢国，即肥前的松浦，约当今日本佐贺县东松浦半岛的松浦或唐津一带。至于魏使最后到达的倭女王国都邪马台所在的地望，有九州说与大和说，至今尚未统一。从上述地望之辨析，可以看出魏使前往日本列岛本土的海上航路是这样的：从魏属带方郡起航，先沿朝鲜半岛西岸南下，绕过半岛西南端，再沿着曲折的海岸和岛屿群到达半岛东南部的釜山地区，接着取对马岛和壹岐岛为中介横渡朝鲜海峡，抵达九州北部的松浦沿岸，最后分赴日本列岛上有关地区。

从航海角度考察，这条"对马—壹岐"横渡朝鲜海峡航路，比秦汉时所取的"对马—冲之"航路偏西，这客观地反映了三国时期的航海技术与航行速度，较前代有了明显的进步，以至对马暖流对航行的影响相对减弱，海员们能够较为自主和便捷地往返于中日之间了。①

（三）鉴真东渡日本的艰难探索

在汉民族东渡的艰难探索中，鉴真东渡是汉民族移民日本的一个典型代表。

---

① 参阅孙光圻《中国古代航海史》，海洋出版社 2005 年版，第 148—149 页。

1. 鉴真其人

鉴真（688—763 年），扬州江阳县（今江苏省扬州）人，俗姓淳于。当时正值武后执政时期，全国都崇尚佛教，鉴真生活的扬州佛教气息浓厚。他的父亲是一个在家信佛的居士，曾在扬州向大云寺的智满禅师学过佛法，是一个虔诚的佛教徒。鉴真少时禀赋聪颖，常随父进入佛寺，祈求消灾降福，受到佛教信仰的影响和熏陶，培养了浓郁的宗教情感。14 岁那年，他主动提出想出家为僧，征得父亲同意后便成为大云寺的小沙弥，从智满禅师受戒学禅门，法名“鉴真”。

唐中宗神龙元年（705）春，佛教南山律宗创始人道岸应大云寺智满和尚的邀请，从长安来到了扬州。由智满推荐，鉴真在大云寺从道岸受菩萨戒。那年鉴真 18 岁。他勤奋好学，从道岸那里学通了不少佛义，道岸又是当时著名的建筑专家，亲自向鉴真传授绘画和建筑艺术。鉴真昼夜苦思，精奥透髓。鉴真的好学使他佛业大进，很得南山宗的青睐。这一年，鉴真离开大云寺，拜越州龙兴寺道岸学戒律，并受“菩萨戒”。

唐景龙元年（707 年），鉴真外出游历求学，东入洛阳；次年，又到了首都长安，并于同年三月二十八日，由著名的律宗法师弘景主持，在实际寺登坛受“具足戒”。年仅 20 岁的鉴真，在中国佛教界开始崭露头角。此后，他游历于长安与洛阳，穷究佛教经义，成为学识渊博精深的大和尚，同时在耳濡目染之中，对东邻日本有了一定的了解，曾感慨地说：“以此思量，诚是佛法兴隆有缘之国也。”①

年轻的鉴真在名师指点下，勤学好问，博览群书，潜心钻研，遍访高僧，又不拘泥于门派之见，学问大有长进，很快就成为律宗中的新秀。唐开元元年（713 年），26 岁的鉴真②，满载丰硕学术成果返回扬州，开始讲经弘法。当时佛教重要的是宗派师承，宗派间对佛教的某些教义、宗旨的理解及实行有所不同。唐代的律宗分成 3 派：南山宗、相部宗、东塔宗。鉴真对各家学说互为参照，以南山宗为主，广为吸收，成为南山宗的嫡传；同时，又成为三宗的集大成者，成为继道岸与道岸弟子义威之后，全国众望所归的授戒宗主、名满天下的律学权威。这期间，他前后宣讲《大律》和《疏义》40 遍，宣讲《律钞》70 遍，宣讲《轻重仪》和《羯

---

① ［日］真人元开：《唐大和上东征传日本考》。

② 一说此时鉴真 27 岁。

磨疏》各10遍。多年以来，他临坛授戒，度人4万余，弟子中的西京安国寺睿光、扬州兴云寺惠琼、江州大林寺志恩、苏州开元寺辩秀、天台国清寺法云等35人，都是各地著名僧寺的律师，在佛教界享有极大的声誉，鉴真可谓是桃李满天下。

唐开元二十一年（733年），德高望重、闻名遐迩的授戒大师鉴真成为大明寺方丈，45岁的鉴真成了唐代著名的高僧。[①]

2. 鉴真东渡

鉴真东渡是艰难而又悲壮的一次移民。

唐天宝元年（742年）冬十月，随日本第九次遣唐使于唐开元二十一年（733年）来华的留学僧荣睿、普照，受国内统治阶层委托，至扬州大明寺拜谒鉴真，说“佛法东流至于日本国，虽有其法，而无传法人”。恳请鉴真“大和尚东游兴化”。鉴真即环顾诸僧，问“我同法众中，有谁应此远请?”然而众皆默然，一无对者。良久，有一僧祥彦说：“彼国太远，生命难存，沧海淼漫，百无一至，人生难得，中国难生，进修未备，道果未克，是故众僧缄默。”笃信“普度众生”大乘教义的鉴真听后，掷地有声地说：“为法事也，何惜身命！诸人不去，我即去耳！”[②] 多么坚毅！多么悲壮！从此，鉴真及其弟子等便开始了六次东渡日本的坚毅而又艰难的历程。

（1）鉴真第一次东渡探索

唐天宝二年（743年）鉴真开始了第一次东渡探索。

一开始因唐宰相李林甫的哥哥李林宗的荐信，在扬州仓曹李凑的支持下，包括打造船只，积储粮食在内的准备工作进展较为顺利。但这年四月，如海和尚因被道航视为少学后辈，不宜同行，而密告于淮南采访厅采访使班景倩，说“道航造船入海，与海贼连”。当时，按唐朝法律，僧人私渡日本是触犯刑律的。故班景倩一面扣留如海，一面派兵到有关寺院搜寻中日僧众，道航、荣睿等人均遭逮捕。最后虽因李林宗亲笔信而释放诸人，但“所造船没官”充公，鉴真初次东渡以告吹而终。

（2）鉴真第二次东渡探索

第一次东渡探索的失败，并没有动摇他东渡的决心。

---

① 孙光圻：《中国古代航海史》，海洋出版社2005年版，第224页；马晓惠：《六渡扶桑不悔，始证鉴真菩提》，《海洋世界》2012年第1期。

② ［日］真人元开：《唐大和上东征传日本考》。

日本僧人荣睿、普照在当年，即唐天宝二年八月被释后，决意“仍旧请僧，将还本国”[①]。遂再次密访扬州大明寺。鉴真感其情真意切，不但劝慰他俩，表示同意，以必遂本愿，而且亲自出钱八十贯，买得岭南道采访使刘臣邻的一艘旧军船，并雇招舟人工 18 名，工匠 85 名，筹措了航行所需的粮食药品、用具和文物书籍等物资，准备再次东渡探索。

经过近四个月的准备后，十二月，鉴真师徒等一行，由扬州出发，顺长江举帆东下，当航抵狼沟浦（今江苏省南通市狼山江面）时，遇狂风恶浪，旧船破损，无法行驶。船上众人只得暂避浅滩，抢修船只；不料又逢潮水逆涌，浅滩被淹，水深半腰。当时正适隆冬，寒风刺骨，米浸粮损，其艰辛是度不难想见。这样，第二次东渡也宣告失败。

（3）鉴真第三次东渡探索

第二次东渡失败后，鉴真在阿育王寺度过一年多后，决定从福州出发再行东渡。

在鉴真的亲自组织下，修好了船只，再次扬帆，欲取大坂山（今大盘山）直驶日本。没想到到达大坂山后无法靠泊，只得转驶下屿山。又因风向不对，在那儿等待了一个月，才遇顺风继续航行。可是，天有不测风云，当鉴真坐船刚驶近乘名山（又作桑石山或桑子山，即今舟山岛北之大衢山）时，又突遇风暴；旧船才避险，又触暗礁，再次破损沉海，淡水、干粮亡失罄尽，鉴真等一行好不容易爬到岸上，饥渴三日，才有渔民前来救援。接着又被明州（今浙江宁波）地方官软禁于鄮县名刹阿育王寺中，鉴真第三次东渡在艰难的探索中再次失败。

（4）鉴真第四次东渡探索

鉴真在阿育王寺的消息传开后，各地请他去讲学者络绎不绝。唐天宝三年（744 年），鉴真在越州（今浙江绍兴）、杭州、湖州（今江苏吴兴）、宣州（今安徽宣城）等地巡回传授戒律，并暗地筹集再次渡日的经费。为避开官府耳目，他计划在福州登舟远航。于是，他先派弟子法进等人去福州买船，做好有关准备。然后自己想以巡回朝圣佛迹为由，经台州、温州而至福州。但此事被鉴真在扬州的弟子灵佑得知，他因不忍师父去冒“沧溟万里，死生莫测”[②] 的渡海风险，遂与各寺僧众牒告官府，以

① ［日］真人元开：《唐大和上东征传日本考》。

② 同上。

阻止鉴真渡日。于是，江东道采访使派人赶到黄岩县禅林寺，将鉴真一行护送回到扬州大明寺，第四次东渡未行而夭折。

（5）鉴真第五次东渡探索

在鉴真的心中，除了东渡日本的决心以外，海水把心里所存的杂念都淘空了。

唐天宝七年（748 年）春，日僧荣睿、普照又从同安郡（今安徽安庆）乘船抵扬州崇福寺谒见鉴真，迅即议定再赴日本，并马上措办船只与远航必需品。六月二十七日，鉴真及弟子、水手等一行 35 人，自崇福寺出发，至扬州三叉河口登舟起航，沿新河至瓜洲镇，入长江东航，行至狼山附近时，又历经了风急浪高的考验，终于冲出长江口，南驶越州界三塔山。在这儿停留一月，等候到顺风后，又航行至舟山群岛附近的暑风山，抛泊一月。

十月十六日晨，鉴真一行趁西南顺风扬帆东驶。见前方有一迷蒙的海岛，然至中午却渐告隐灭。随着这一海市蜃楼幻景的消失，突然“风急波峻，水黑如墨”，在沸浪怒涛中，海船一会儿如上高山，一会儿似入深谷，全船“人皆荒醉，但唱观音”，连船上水手也以为即将沉没，纷纷丢箱笼等物以减轻船载。此时，船如一叶浮萍，失去控制，随风飘荡，在“蛇海”与“飞鱼海”中各逐波三日。这期间，“众僧恼卧（晕船不起），但普照师每日食时，行生米少许与众僧以充中食，舟上无水嚼米，喉干，咽不入，吐不出；饮咸水，腹即胀”，真是“一生辛苦，何剧于此”①。直到第七天，风暴稍息开始连着下雨两天，船上积得淡水，才渐复生机。第九天，船靠近一无名岛，大家竞相上岸找到水源，汲泉而归，继续航行。就这样在海上漂流了 14 天，终于靠上了一个鲜花盛开、树竹葱茏的地方，原来鉴真一行已从东海漂入南海，来到了海南岛的最南端。在那儿，他们又遇到四位热心的经纪商，并随之抵达了振州（今海南崖县），被地方官冯崇债迎入大云寺。第五次东渡在艰难的探索中仍然以失败而告终。

（6）鉴真第六次东渡探索

鉴真率弟子五次东渡探索，结果不是受官府或寺僧阻挠就是遭风浪袭击，拆船损人，半途而废。但是，鉴真东渡传经授戒之心并未因此而泯，反而意志更坚。他从海南岛取道广东、江西、安徽、回到扬州后，不顾双

① ［日］真人元开：《唐大和上东征传日本考》。

目失明之困，继续筹集经典文物，等待再次东渡的时机。

唐天宝十二年（753 年），十月十五日，日本第十次遣唐使大使藤原清河、副使大伴古麻吕、吉备真备和留唐任官的著名日本留学生阿倍仲麻吕等，在回国之前又来到扬州延光寺参拜鉴真，探询赴日传教弘法之意。鉴真虽已 66 岁高龄，但烈士暮年，壮志未已，又开始了第六次东渡探索。

鉴真欲再度赴日的消息在扬州道俗中传开后，有关寺院为阻挠此行，进行严密防范。这时，正好鉴真弟子仁斡从婺州（今浙江省金华市）来扬州，密知师父将欲远行，遂私下约定由他先备船，在江头接候。十月二十九日晚，鉴真及弟子等 24 人，由龙兴寺潜行至江头，迅即登舟启程，出大运河入长江，直趋黄泗浦（今江苏常熟黄泗），与日本遣使船队会合。十二月十五日，鉴真一行分乘第二、三、四船，遣唐使船队四舟同发，驶向归途。十一月十六日，船队入东海，即被强劲的东北风吹散，第四船不知去向，存下三艘船只经艰苦航行，至十一月二十一日先后抵达阿尔奈波岛（今冲绳岛）。十二月六日，海上刮起难得的南风，三船相继起航，第一船触礁，无法行动。鉴真所乘的第二船经多弥（今日本种子岛），于七日到达益救岛（今日本屋久岛）并抛泊候风十天，等待其余两船。

这时，第一船修复续航后，因遭偏北风暴而漂至安南罐州（今越南境内），全船 180 人，仅藤原清河与阿倍仲麻吕等十余人幸免于难；第三船最后也航返日本。十二月十八日，第二船自益救岛续航；十九日，“风雨大发，不知四方”①。鉴真等又饱尝颠簸之苦，于二十日中午，抵达萨摩国阿多郡的秋妻屋浦（今日本鹿儿岛县川边郡西南的坊津町秋目村）。二十六日，鉴真等一行在日僧延庆的引导下进入日本太宰府，并于次年（754 年）二月一日航达日本遣唐使船队的始发港难波（今日本大阪附近）。二月四日鉴真到达日本首都奈良，受到日本举国上下盛大的欢迎，皇族、贵族、僧侣都来拜见。②

众所周知，鉴真赴日的目的是作为传戒师传授正规的戒律，日本佛教由此整肃了威仪，作为国家佛教得以完备。但从汉民族东渡移民日本的层面上看，鉴真东渡何尝不是汉民族东渡、移民日本的一次艰难的探索呢？

---

① ［日］真人元开：《唐大和上东征传日本考》。

② 参阅孙光圻《中国古代航海史》，海洋出版社 2005 年版，第 225—228 页。

如果说徐福的东渡，移民日本还处在传说的历史迷雾之中，那么，鉴真东渡，移民日本则是中日两国正史的真实记载。

为此，鉴真六次东渡，艰难探索，坚贞不渝，终成正果，移民日本，从而成为汉民族移民史上具有开拓性的一个里程碑。

3. 鉴真移民日本成为“天平之甍”

鉴真移民日本后，在日本的十年生活中，他按扬州大明寺格局，在奈良建立了著名的唐招提寺。他孜孜不倦地授戒讲经，开创了日本的律宗。同时，他还广泛地传播先进的中华汉文化，为增强中日睦邻友好贡献了毕生的精力，直到今天仍然受到两国人民的极大尊敬与深切怀念。在日本，他被尊称为“天平之甍”，意为他的成就足以代表天平时代文化的屋脊[①]。诚如郭沫若 1963 年在纪念鉴真逝世 1200 周年时所赋的诗句那样：

> 鉴真盲目航东海，一片精诚照太清。
> 舍己为人传道艺，唐风洋溢奈良城。[②]

---

① 马晓惠：《六渡扶桑不悔，始证鉴真菩提》，《海洋世界》2012 年第 1 期。

② 转引自孙光圻《中国古代航海史》，海洋出版社 2005 年版，第 228 页。

第四章　汉民族海外移民的初发时期

汉民族经三国魏晋南北朝到隋唐的大发展，在两宋到元代，又一次经历了大动荡、大分化和大迁徙。中国历史再一次在一个全新的背景下，演出了北方党项、契丹和女真等少数民族入主中原，北方汉民族人民大规模南迁的历史活剧。就是在汉民族的第二次大迁移中，汉民族作为东方的“海上马车夫”，继续以“至远而利天下”的视野和胸怀进一步走向世界，于是，伴随而来的是汉民族海外移民的初发时期。

汉民族海外移民的初发时期从宋辽夏金到元代。两宋在华侨华人史学家眼中正是华侨开始出现的时期。[①] 因此，从宋辽夏金到元代，是汉民族海外移民的关键时期。而从汉民族海外移民史的全过程去看，这个时期在人类学和民族学的视野中，在中国古代航海历史上的鼎盛时期，汉民族的海外移民已进入初发状态，生机勃勃的汉民族海外移民的初发时期到来了。

第一节　大航海时代:汉民族航海事业的繁荣

一　宋元政府的海洋国策

宋王朝时期，中央政府采取了中国历史上空前的海洋贸易政策，使航海事业成为稳定政局、维护统治、活跃经济、扩大影响的国策。宋第二代皇帝太宗开启了最早的“招商引资”，雍熙四年（987 年）五月，朝廷就“遣内侍八人赍敕书、金帛，分四纲，各往海南诸蕃国，勾招进

---

① 郭梁：《鸦片战争以前华侨历史的发展阶段》，《南洋问题研究》1982 年第 4 期。

奉，博买香药、犀、牙、真珠、龙脑"①。第六代皇帝神宗郑重地提出富国良策——"东南利国之大，泊商亦居其一焉"②。所以，他要求臣下"创法讲求"，积极推动对外国的航海贸易，以期"岁获厚利，兼使外藩辐辏中国，亦壮观一事也"③。南宋窝居江南后，更是竭力推进航海贸易的国策，宋高宗就直言不讳地说过："市舶之利最厚，若措置得当，所得动以百万计，岂不胜取之于民？朕所以留意于此，庶几可以少宽民力尔。"④ 南宋是中国古代唯一不抑商的帝国，大量的劳动力流向非农业领域，堪称"产业革命"；随着经济高速发展，"金融革命"风起云涌，铸币量激增，纸币开始普遍使用；丰厚的财富还点燃了科技革命的燎原之火——宋代是一个发明创造极多而又水平极高的时代，指南针虽是前代的发明，却是在宋朝才真正广泛运用在远洋船舶上。

南宋不仅大力发展"国企"，还积极发展"民企"，政府鼓励资金雄厚、有实力的豪家大姓打造海船，购置货物，招聘船员，前往海外经营，专门制定了奖惩和税收制度。凡能"招诱舶货"的本国纲首（船长）与积极运货的外国海商，都"补官有差"；凡"亏损蕃商物价"，影响航海贸易者，俱以降职处办。⑤ 与此同时，南宋政府为加快远洋船舶周转率，增加海运收入，还于隆兴二年（1164 年）制定了"饶税"政策，规定："若在五月内回舶，与优饶抽税之，如满一年，不在饶税之限；满一年以上，许从本司追究。"⑥ 朝廷还花费巨资改善增建大量港口，在海岸线上每隔 30 里建立灯塔导航系统，形成了万里海岸线全面开放的新格局。泉州九日山留下的大量南宋祈风石刻，便是当时每当春夏之交和秋冬之际，泉州官员向海神"通远王"祈求顺风而下留下的记录。

正是在这些积极发展海外贸易政策的驱动下，宋代航海业呈现出千帆竞发、百舸争流的兴盛景象。南宋成了世界第一个海洋强国。一位西方汉学家在点评中国历代王朝时，赋予南宋的便是一句极高的赞誉——"是当时全世界最富有和最先进的国家"。它创造了堪称上下五千年历朝之冠

① 《宋会要辑稿》职官四四。

② 同上。

③ 《续资治通鉴长编拾补》卷五。

④ 《宋会要辑稿》职官四四。

⑤ 同上。

⑥ 同上。

的国家年财政收入——1.6亿两白银，这个数字是惊人的——后来的明朝在国力强盛时期，也只不过勉强够到了它的十分之一；及至清朝咸丰年间，拥有了南宋四五倍的人口，年财政收入却也只有三四千万两。甚至曾有学者提出，南宋的经济规模占到了当时世界经济总量的75%。①

历史是靠证据说话的。1987年，人们在广东阳江海域发现了一艘沉没的南宋商船，命名为“南海一号”。根据船头朝向和航线位置，专家们推断其当时正在向东南亚、印度洋方向航行。

这无疑是一艘与众不同的沉船，其船体庞大，长约30米，排水量估计可达600吨；制作精良，水密隔舱技术成熟，虽已被海水浸泡了800多年，木质仍坚硬如新，敲起来当当作响。沉船研究中有一个“宋船现象”——在此之前，海洋丝路上的中国帆船不过是百舸争流中的一部分，如1998年在印尼海域边便发现了一艘满载中国唐代货物的阿拉伯三角帆船。可到了宋朝，在丝路沿途发现的沉船几乎全是中国船，且大多船形巨大，技术精良，拥有着重要的考古地位，南海一号、华光礁一号、泉州后渚沉船等莫不如此。

陆上史料的记载与沉船构成了紧密的呼应——南宋之前，与我国通商的海外国家和地区只有约20处，而到了南宋则激增至60个，大量新航路被开辟，范围也从南海、印度洋推广至波斯湾、地中海和东非。突飞猛进的海洋贸易给南宋带来了巨额的财富，宋神宗时期仅市泊税收一项便占到了财政总收入的15%—20%，成为支持宋室江山的重要经济支柱。这不仅空前，也堪称绝后（中国2000年海洋产业的总产值，在国内生产总值中的比重不过为3%）。②

元世祖以空前辽阔的疆域及远播欧、亚、非的强大国威为背景，以世界大国的风范，使中国古代航海事业继续保持鼎盛的发展势头。起自蒙古草原游牧部落的元朝统治者，历来注重商业贸易。早在蒙古大汗时期，其上层贵族经常即由回回商人为中介，替自己牟取利益。对于既能招财进宝，又扩大朝廷声威的航海贸易，当然就格外重视了。在元朝灭宋的同时，元王朝即着手接管并组织对外航海贸易事务。至元十四年（1277

① 司徒尚纪：《海底沉船复原中国“大航海时代”》，《中国国家地理》2010年第10期，又见《经济视角》（上旬刊）2011年第3期。

② 同上。

年），元世祖攻占浙、闽，初定江南后，即招降并重用在海外有广泛影响的南宋泉州提举市舶使兼大海商蒲寿庚，设置海外诸蕃宣慰使与市舶使。次年八月，他又下诏中书省，通过唆都、蒲寿庚等向海外宣布海外贸易政策："诸蕃国列居东南岛屿，皆有慕义之心，可因蕃舶诸人宣布朕意，诚能来朝者，朕将宠礼之，其往来互市，各自所欲。"[①] 同时，派使者唆都奉玺书"招谕南夷诸国"[②]。又遣亦黑迷失、杨廷璧、周观达、孛罗等频频出使南海与印度洋诸国，进行招诱贸易活动，"于是，占城、马八儿二国首来通商，其他诸国次第效之，元代互市遂臻于盛"[③]。

为了鼓励私人造船从事海外贸易，至元二十八年（1291 年），忽必烈整治市舶司，颁布了《市舶则法》共 23 条，规定了舶商应遵守的法则，以及对违法谋私行为的惩罚办法。同时，也设立了保护普通舶商的条款：各衙门不得"差占"舶商船只，"永为定例"，后人不得更改；选派清廉止直者任市舶司官员；商舶进港，"不许现任官府权豪势要人等诡名请买"；免除舶商、船工、水手家庭成员的一切杂役，以示朝廷体恤之意。《市舶则法》维护了普通舶商的权益，"富民往诸蕃商贩者，率获厚利，商者益众"[④]。海上贸易呈现空前繁荣的景象，到延祐元年（1314 年），出口量超过海外市场的吸纳能力，出现了"中国物轻，蕃货反重"的现象。朝廷采取了积极干预措施，规定"发舟十纲，给牒以往，归则征税如制，私往者没其货"，限制商船出海，减少货物出口数量。至治三年（1323 年），贸易形势恢复正常，限制措施取消，从此海上贸易进入稳步发展时期，富民舶商得到充分发展机会。沈万山就是其中的代表人物。沈万山又称沈万三，苏州吴县人，原本无家无业，"变为海贾"，"转展贸易，至金数百万，因此显富"，成为历史上著名的江浙富民。江浙富民逐渐发展为一个新的行业阶层，其持续发展对社会的进步当有深远意义。

元代商船航域广阔，南洋诸岛、印度洋北部诸岛、印度东西海岸，乃至阿拉伯半岛，中国舶商都与之有频繁的贸易。繁荣的海上贸易使元代交钞成为世界上第一种国际性纸币。马可·波罗在中国期间（1275—1292

---

① 《元史·世祖纪》。

② 《元史·唆都传》。

③ ［日］桑原隲藏：《蒲寿庚考》。

④ 《元史·铁木迭儿传》。

年）看到海外客商在大都贸易，都乐于接受交钞结算。纸币在商业活动中建立了信誉，后来流通于海外，元末人汪大渊曾附舶出海，归来后著《岛夷志略》，记载在交趾、罗斛（泰国南部）、乌茶（印度奥里萨邦北部）等地，用交钞与当地货币折兑使用，并称“甚便民”，既反映了中国的经济实力，也说明舶商与各国建立了友好互信的良好贸易关系。

繁荣的海上贸易促进了远洋航船建造技术的进步。宋代，最大的海舶载重5000石，客商各占地数尺，“下以贮物，夜卧其上”，舱内“无少隙处”①。元代，建造载重9000石的海舶已很普遍，船分上下共四层，“内有房舱、官舱和商人舱。官舱内的住室附有厕所，并有门锁，旅客可携带妇女、女婢，闭门居住”②。元代的造船技术是其航海能力的体现，泉州是当时世界知名的造船基地，西方旅游者对中国的造船水平无不表示惊叹③。所以宋元造船业十分兴旺，在濒海临江地区建有众多的造船基地。宋代的造船基地主要有：金州、籍州、潭州、衡州、鼎州、楚州、泗州、赣州、洪州、吉州、温州、明州、秀州、平江府、复州、松江、镇江府、建康、叙州、眉州、嘉州、泸州、淮南路、两浙路、广东路、福建路等处，几乎遍及全国，其中尤以浙江的温州与明州为最多，如“哲宗元祐五年（1090年）正月四日诏，温州、明州每年造船以六百只为额”④，占全国造船总额的20%以上。同时，福建的漳、泉、福、兴化的“滨海之民”，也时常“自备财力”，订造海舶，以“兴贩牟利”⑤。元代的造船基地主要有扬州、泉州、广州、湖南、赣州、汴梁、襄阳等，造船数量极为可观，动辄数千艘。如“至元十年（1273年），刘整请教练水军五六万及于兴元金（即广州）、洋州、汴梁等处造船二千艘”⑥；“至元十九年（1282年）九月壬申，敕平滦、高丽、耽罗及扬州、隆兴、泉州，共造大小船三千艘”⑦。

---

① 朱彧：《萍洲可谈》卷二。

② ［摩洛哥］伊本·白图泰：《伊本·白图泰游记》（原名《异域奇游胜览》），马金鹏译，宁夏人民出版社1985年版，第491页。

③ 李增新：《元代航海业述论》，《北京行政学院学报》2003年第6期。

④ 《宋会要辑稿·食货五十》。

⑤ 《宋会要辑稿·刑法二》。（宋）李心传：《建炎以来朝野杂记》甲集卷一四“东南折帛钱”。

⑥ 《元史·世祖本纪》。

⑦ 《续资治通鉴》卷一八六。

总结历史经验，如果实事求是地评价宋元时代的航海业，宋元两代是构建中国历史上的大航海时代的主角，可以说宋王朝开创了中国历史上的大航海时代，元王朝则继承了宋王朝以航海业为国策的政策，把中国历史上的大航海时代推向了高峰。

二　汉民族航海技术的新突破

宋元两代航海业的蓬勃发展，有力地刺激了汉民族航海技术的新突破。

（一）造船工艺的进步

宋元制造海船的工艺有了新的进步。据文献记载和1974年在福建泉州出土的宋船残骸以及1976年在朝鲜半岛南部新安发现的元船遗存可知，其时之海舶，已具备如下几个主要特点：

第一，体势庞硕，载重量大。宋时应用得最普遍的是“可载二千斛粟”的中型海船，叫“客舟”，其“长十余丈，深三丈，阔三丈五尺”[①]；而“长阔高大”“皆三倍于”“客舟”的海船，叫“神舟”，望之“巍如山岳，浮动波上，锦帆鹢首，屈服蛟龙”[②]。《岭外代答》在记载“浮南海而南”的木兰舟时说，“其如巨室”，“一舟数百人，中积一年粮，豢豕酿酒其中……盖其舟大载重，不忧巨浪，而忧浅水也”。元代的海船大小与宋相比，有过之而无不及，据阿拉伯大旅行家伊本·白图泰（又译伊本·拔都他或伊本·白图塔）介绍，当时“中国船舶共分三等，大者曰艟克，中者曰艚，第三等者曰舸舸姆”，“一大船役使千人：其中海员六百，战士四百，包括弓箭射手和持盾战士以及发射石油弹战士，随从每一大船有小船三艘，半大者，三分之一大者，四分之一大者，此种巨船只在中国的刺桐建造。”[③] 可见其体势之庞大，简直就是一座水上宫殿。

第二，船体坚固，结构精良。在船体制作上，确保纵向强度的龙骨常选杉松为材，船侧板与船壳板也用二重或三重木板加固，并用桐油、石灰、麻丝等舱缝，以防漏水。在连接工艺上，采用平接与搭接相结的鳞式

---

① （宋）周去非：《岭外代答》。

② 同上。

③ ［摩洛哥］伊本·白图泰：《伊本·白图泰游记》（原名《异域奇游胜览》），马金鹏译，宁夏人民出版社1985年版，第490页。

结构[①]，以钉榫为主要构件。采取水密隔舱技术，增加船体横向强度，一般有十几个水密隔舱，即使破损一二个舱，也无倾覆之虞。在船型上，采用“上平如衡，下侧如刀”的 V 形设计，不但可增强船舶稳性与回舯扭矩，而且能减低水下阻力，“贵其可以破浪而行也”。为改善船舶的摇摆性能，船腹两侧“缚大竹为橐以拒浪”[②]。为适应跨洋越海的供应需要，海船上建有淡水舱。

第三，航器先进，设计齐备。就动力设备而言，帆樯高大众名，类型用途各异。以二千料中型海船为例，其“大樯高十丈，头樯高八尺，风正则张布飘（帆）五十幅，稍偏则用利蓬”，“大樯之巅，更加小飒十幅，谓之野狐飘，风息则用之”[③]。那些大型海船则“有三帆至少是十二帆，帆系用藤篾编织，其状如席”[④]；航行之时，“帆若垂天之云”[⑤]，且可随时起落掉戗。除风帆外，船上还有橹、桨、篙等人力驱动装置，以在无风或进出湾时使用。在操纵海船航向的舵装置方面，为适应近海与远洋不同水深在船尾设有“大小二等”的“正舵”和“三副舵”[⑥]。在海船抛泊装置方面，设有铁锚或木石锚。“铁锚者重数百斤”，下有“四爪”[⑦] 木石锚“下垂町石，石两旁夹以两木钩”，“上绾藤索”，可由船首两夹柱中间的车轮收上或放下[⑧]。

宋元海船之先进，在当时世界上是举世无双的。马可·波罗在其游记中曾将他所目击的中外海船作过比较。例如，波斯湾头的阿拉伯人虽久习航海，但马可·波罗却认为他们造船技术相当简陋。他说，这种船只木材过于坚脆，造船时铁钉打不进去，并容易震裂，而且船板的连接方法十分简单，主要是用椰索缝合，同时船底也不涂沥青，只用鱼脂油，再加絮捻缝，此外，它的船体很小，仅一桅、一舵、一舱，连铁锚也没有，因此在

---

① 据泉州古沉船所见，自龙骨至舷侧板 14 行，1—10 行由二层船板叠合而成，11—13 行由三层船板叠合而成，采用搭接、平铲接两种结构工艺，并以麻丝、竹茹、桐油灰舱缝。

② 以上所引均见（宋）徐兢《宣和奉使高丽图经》。

③ 同上。

④ ［摩洛哥］伊本·白图泰：《伊本·白图泰游记》（原名《异域奇游胜览》），马金鹏译，宁夏人民出版社 1985 年版，第 490 页。

⑤ （宋）周去非：《岭外代答》。

⑥ （宋）徐兢：《宣和奉使高丽图经》。

⑦ （宋）周去非：《岭外代答》。

⑧ 孙光圻：《中国古代航海史》，海洋出版社 2005 年版，第 279 页。

印度洋航行中，稍遇恶劣天气，即触礁沉船，酿成海难。相形之下，他亲自乘坐的中国海船就大为不同了，它们是用冷杉木制成，有坚固的主甲板，甲板下面辟设六十个小舱，船上的舵很结实，竖四桅，张四帆，其中有二桅，可以竖起也可以放下。吨位较大的中国船，舱室多达十三个，互相之间由厚板隔开，用榫眼相接，舱隔十分水密，即使一舱进水也不致危及全船。船壳板都是用双层板造成的，船板内外都用麻絮捻缝，并用铁钉固定。因为这里不盛产沥青，所以不用它来涂船，而是用下面所制的一种东西来涂抹船底。居民把生石灰和剪细的大麻混合在一起，再加入从某种树上取下的树脂，制成一种软膏，这种混合物的粘性奇强，甚至超过了沥青。①

（二）航海地理观念的进步

航海地理的观念进步与航海事业的发展是成正比的。宋元时代，由于航海活动空前活跃，人们的航海地理观念又得到了进一步的明确与发展。

宋代虽沿袭前代，将从东南亚至东非的广大亚非地区，通称为“海南诸国”或“南海诸国”，但是对其具体内涵已开始有了较为明确的认识。如《岭外代答》卷二“海外诸蕃国”条说：“诸蕃国大抵海为界限，各为方隅而立国，国有物宜，各从都会以阜通。”它对海南诸国的航海地理中心地区作了说明：“正南诸国，三佛齐其都会也。东南诸国，阇婆其都会也。西南诸国，浩乎不可穷；近则占城、真腊，为窊里诸国之都会；远则大秦，为西天竺诸国之都会，又其远则麻离拔国，为大食诸国之都会，又其外则木兰皮国，为极西诸国之都会。”又对上述地区的海陆态势作了介绍，“三佛齐之南，南大洋海也。海中有屿万余，人莫居之，愈南不可通矣。阇婆之东，东大洋海也……愈东则尾闾之所泄，非复人世。稍东北向，则高丽、百济耳。西南海上诸国不可胜计，其大略亦可考。姑以交趾定其方隅：直交趾之南，则占城、真腊、佛罗安也；交趾之西北，则大理（今云南省和四川省的西南部）、黑水（约在中国西南部）、吐蕃（今青藏高原）也；于是西有大海隔之，是海也，名细兰。细兰海中，有一大洲，名曰细兰国。渡之而西，复有诸国：其南为故临国；其北为大秦国、王舍城、天竺国。又其西有海，曰东大食海（今阿拉伯海），渡之而

---

① ［意］马可·波罗：《马可·波罗游记》，梁生智译，中国文史出版社 1998 年版，第 223—224 页。

西，则大食诸国也。……又其西有海，名西大食海（今地中海），渡之而西，则木兰皮诸国凡千余；更西则日之所入，不得更闻也”。由此可知，宋人的航海地理观念已相当清晰，较之唐代贾耽之《广州通海夷道》已大有长进。

元代则进一步将“海南诸国”这一庞杂的地理概念，划分为东洋和西洋；有的文献如陈大震的《南海志》，则更细分为小东洋、大东洋、小西洋等。综观元代有关著作可知，当时的东、西洋划分，以龙牙门[①]与喃巫哩[②]之间的水道（今马六甲海峡）为界。此界以西，为西洋；此七界以东，为东洋。在西洋水域（北印度洋）中，似以印度半岛南端故临为界。西面的阿拉伯海、波斯湾、红海、东非沿海等称西洋（或大西洋）；其东的孟加拉湾称小西洋。在东洋水域（西太平洋）中，又以渤泥[③]为界，其以西称大东洋，其以东则称小东洋。

（三）地文定位技术的进步

宋元航海者在地文定位方面的认识也大有进步，已能对各种“海中之地”因其形势不同而赋以相应的地理概念。如徐兢就将人类可合聚落户的大块陆地称为“洲”；将比“洲”小，但仍可居住者称为“岛”；将小于“岛”者称为“屿”；将小于“屿”，尚可生长草木者，称为“苫”；而将纯由岩石构成的不毛之地，称为“礁”。[④]

特别重要的是，从元代开始，已在浅险航道上，设置人工陆标，来帮助海员定位。至大四年（1311 年）十二月，常熟船户苏星因粮船时在长江口甘草一线搁浅，遂建议“立标指浅”，并用自己的两艘小船抛泊在西暗沙咀，竖立旗缨。这一建议，经海道府会集海运千户殷忠显、黄忠翌等认可，即“晓谕运粮船户，起发粮船，务要于暗沙东、苏星鱼船偏南正西行使，于所立号船西边经过，往北转，落水行使，至黄连沙嘴抛泊”；

---

① 龙牙门：古岛屿或海峡名。故址或以为新加坡和苏门答腊岛之间的林加群岛和海峡，或以为指新加坡的克佩尔港（Keppel Harbour，一译石叻门），或泛指新加坡岛。古代海舶出入马六甲海峡时经此。《诸蕃志》“三佛齐”条译作凌牙门。《岛夷志略》和《星槎胜览》有专门记述。《海录》译作龙牙国。

② 喃巫哩即南巫里，也叫蓝无里国。在今印度尼西亚苏门答腊岛西北角亚齐河下游哥打拉夜一带。

③ 亚洲加里曼丹岛北部文莱一带的古国。中国史籍称其为勃泥、佛泥、婆罗。

④ （宋）徐兢：《宣和奉使高丽图经》卷三四。

还规定，“如是潮退，号上桅上，不立旗缨，粮船只许抛住，不许行使”。[①] 由于西暗沙咀航标“于官有益，于民有便”，因此，接着又在其他几处险浅航段也设立了人工陆标。这些固定与浮动航标的设置，是元代及其以前千百年来航海者的经验教训的总结，它不仅对于航行安全起着有效的保障作用，而且也说明了元代的地文定位技术，已从由单纯地利用天然地物的被动状态，发展到制造人工陆标的主动地步。

（四）航用海图的问世

宋元时代，航用海图终于问世。航用海图，是根据海上活动需要而绘制的专用地图。在海图上，一般应能反映出一定水域的地形地貌、水文要素，定位条件及其他与航行有关的资料和说明。但可以设想，早期的海图，也许是航海者信手画下的极其简略的航路及海岸或岛屿的非常粗糙的轮廓，并以此作为航行的大致提示与参照。由于这种原始、简陋的海图作为“舟子秘本”，一般匿而不宣，鲜为人知，加上海上条件恶劣，风吹浪浸，极易散失，难于流传，故目前尚无法准确断定其最早问世之时限。但可以有充分理由认为，至迟到宋代中国已使用海图，因为在这方面有了明确的记载。如北宋咸平六年（1003 年），广州地方官曾向朝廷进呈《海外诸蕃图》[②]，宣和五年（1123 年），徐兢奉使高丽时，曾在“神舟所经岛洲苫屿而为之图”[③]；南宋时，赵汝适也曾“阅诸蕃图”[④]。可惜的是，这些海图早已流失，难识其貌。

但是，到了元王朝时，航海图的应用更为普遍。据史载，早在元军南下攻宋时，著名学者金履祥曾“进牵制捣虚之策，请以重兵由海道直趋燕蓟，则襄樊之师不攻自解，且备叙海舶所经。凡州县及海中岛屿，难易远近，历历可据以行，宋廷臣不能用。伯颜师入临安，得其书及图，乃命以宋库藏及图籍仪器由海道运燕京。其后，朱清、张瑄献海漕之策，所由海道，视履祥图书咫尺无异”[⑤]。由此可见，早在宋末元初，北洋航区的海图已广泛用于民间。又据明《海道经》附录的《海运以远就近则例之图》中记述，元海道都漕运万户府，还曾“推究地理远近，将船户湾船

① 《大元海运记》卷下。

② 《续资治通鉴长编》卷五四。

③ （宋）徐兢：《宣和奉使高丽图经》卷三四。

④ （宋）赵汝适：《诸蕃志》。

⑤ 《新元史》卷二三四。

处及装粮路分，通画图书，明白标写去处里路”，并在延祐七年（1320年）九月“著为定式，刻之于石，使久而不得湮没”。这块珍贵的石刻，在《海道经》问世时还存在，只是“缺字石损候补”[①]，然历经沧桑，现已荡然无存。不过，庆幸的是，在明代的《海道经》中尚保存了一卷元人底本的《海道指南图》，这是目前所见的中国古航海图中最早的一幅。它的范围包括长江下游与整个北洋，所绘示意航路，东南起自浙江宁波与江苏南京，然后出长江沿苏、鲁海岸北上，并以山东半岛成山角中心点衍射，东北至辽南海岸，北至辽海营口，东至渤海湾海河口。全幅海图一字排开，未标经纬度，沿江岸与海岸按顺序表列各处港口、岛屿及锚泊场所共61个，并分段用“正东”“正南”“正西”“正北”“西南”等标明方位，“在成山头附近的嘴海卫”岸线旁侧，还注有“白蓬头激浪如雪”，“见则回避”的航路指南文字。图上尚未见到有如明代《郑和航海图》中的海岸对景的描绘，这可能是由于北洋一线业为船户走熟，仅写地名已足资导航。这份古航海图应为当时船户在北洋漕运中所习用，是研究我国古代航海史的极为珍贵的资料。[②]

（五）指南针的应用

在茫茫大海航行，除了靠地文与天文导航外，一种全天候的恒向导航仪器——指南针在宋元时代应运而生。

指南针是中国古代的四大发明之一。[③] 指南针的前身称“司南”，早在战国时即已问世。但这种以天然磁石加工而成的圆勺型测向器显然不适于在波涛颠荡的海洋上应用。到了宋代，由于科技水平的全面提高，特别是由于人工磁化技术的出现，才使这种航海必需的导航仪器的诞生成为可能。

据文献记载，在北宋庆历四年（1044年）已有人工磁化的指南鱼，但其磁化强度较弱，还不能用于航海。嘉祐八年（1063年），北宋科学家沈括在《梦溪笔谈》中介绍了一种钢针磁化法：“方家以磁石磨针锋，则能指南，然常微偏东，不全南也。”这种利用天然磁石的磁场，使钢针内部磁力线排列规则化，从而获得磁性的方法，既简便又有效，为实用指南

---

① 《海道经》。

② 参阅孙光圻《中国古代航海史》，海洋出版社2005年版，第337—342页。

③ 四大发明为：火药、指南针、造纸术、活字印刷。

针的制作开辟了广阔的前景。沈括还介绍了四种指南针的装置方法，并认为，“水浮多荡摇，指爪及碗唇上皆可为之，运转尤速，但坚滑易坠，不若缕悬为最善。其法取新纩中独茧缕，以芥子许蜡缀于针腰，无风处悬之，则针常指南”①。

从航海角度考察，沈括所述的四种指南装置，以水浮针最为简易实用。它是“以针横贯灯心（灯心草），浮水上，亦指南，然常偏丙位”。由于不论船舶在海中如何摇摆，而容器中的水面总有维持水平的倾向，因此，水浮针的指向效果相当稳定。同时，值得注意的是，北宋人所谓指南针“常微偏东”或“常偏丙位”②（正南偏东15度），表明当时已认识到地磁偏角的存在。这对于提高船舶的导航精度具有重大的意义，比1492年哥伦布在横渡大西洋到达“新大陆”时的发现，早出4个世纪以上，是古代中国磁学与导航技术走在世界前列的明证之一。

据陈元靓在《事林广记》中介绍，南宋末年的木制指南鱼与指南龟，是当时颇为流行的定向仪器。从实用航海来看，前者可用于海上；后者虽暂不相宜，然却开旱罗盘之先声，其价值也不容忽略。

那么，指南针何时用于海上导航呢？据北宋宣和元年（1119年）朱彧所著的《萍洲可谈》云：“舟师识地理，夜则观星，昼则观日，阴晦观指南针。”据考，朱彧之记载采自其父朱服之见闻。朱服在元符二年（1099年）至崇宁元年（1102年）曾知广州。由此可推，中国航海者用指南针的时限，不晚于11世纪末，此为一证。另一证见于北宋宣和五年（1123年）成行，并由徐兢归撰的《宣和高丽奉使图经》亦云：“是夜，洋中不可住，惟视星斗前迈，若晦冥，则用指南浮针，以揆南北。”可见指南针上船，一开始仅是作为阴晦天使用的辅助性导航仪器。但是，随着它在航海实践中显示出来的优越性，很快就成为航海者不可缺少的主要导航手段。宋人赵汝适即说，“舟船来往，惟以指南针为则，昼夜守视惟谨，毫厘之差，生死系矣。”③ 吴自牧也说，“风雨冥晦，惟凭针盘而行，乃火长（船长）掌之，毫厘不敢差误，盖一舟人命所系也。”④ 由此，不但可

① （宋）沈括：《梦溪笔谈》卷二四。

② （元）程棨：《三柳轩杂识》，寇宗奭《本草衍义》。

③ （宋）赵汝适：《诸蕃志》。

④ （宋）吴自牧：《梦粱录》。

以看出海船对指南针的倚重，而且也可知道，至迟到南宋时，指南浮针已演进成为水浮式磁罗盘——“针盘”了。

及至元代，针盘在航海中的重要作用越来越凸显。正如汪大渊所云：“观夫海洋泛无涯矣”，“孰得而明之?”“故子午针人之命脉所系”[①]；若“针舵失，人造孰存?”[②] 这样，罗盘针位已成为主要的一种航路指南手段，这不仅是元代航海技术的一个重大突破和进步，也是在世界航海史上一件划时代的大事，为以葡萄牙、西班牙为代表的欧洲航海家，在15世纪揭开“地理大发现”的序幕，从技术方面准备了必要的条件。[③]

三　汉民族宋代横渡印度洋

宋元时代中国对东亚的航线依旧，而对南洋和西亚及非洲的远洋航行空前活跃。

南宋时以广州或泉州为始发港，驶向南洋和西亚及非洲的远洋航海文献，当时主要的远洋航线有广州（或泉州）—三佛齐[④]航路，三佛齐是宋代舶商在南洋进行直航贸易的主要口岸。由于三佛齐地扼新加坡海峡东南海口，故成为中国与印度洋沿岸航行交往的要冲，东、西方的远洋船舶大多在此“修船转易货物”[⑤]；广州（或泉州）—阇婆[⑥]航路，宋时的阇其富盛甚于三佛齐，也是与中国在南洋通商的重要岸；广州（或泉州）—兰里—故临航路，兰里，位于苏门答腊岛西北端班达亚齐，扼孟加拉湾与马六甲水道之交口，地当太平洋与印度洋之航行要冲，是东、西方船必经的咽喉区域，至于故临国，由于位于印度半岛西南部著名的马拉巴贸易海岸，故东、西方船主莫不择此歇泊补给、换乘适航海舶继续航行；广州

---

① （元）汪大渊：《岛夷志略》“万里长塘”条。

② （元）汪大渊：《岛夷志略》“昆仑”条。

③ 参阅孙光圻《中国古代航海史》，海洋出版社2005年版，第345—349页。

④ 三佛齐王国（Samboja kingdom），又作室利佛逝（音译自梵文 Sri Vijaya）、佛逝、旧港，简称三佛齐，存在于大巽他群岛上的一个古代王国，在鼎盛时期，其势力范围包括马来半岛和巽他群岛的大部分地区。

⑤ （宋）朱彧：《萍洲可谈》卷二。

⑥ 阇婆，古国名，古曰阇婆达。宋元嘉时，始朝中国。唐曰诃陵，又曰社婆，其王居阇婆城，宋曰阇婆，皆入贡。洪武十一年，其王摩那驼喃遣使奉表，贡方物，其后不复至。或曰爪哇即阇婆。但是《元史·爪哇传》不言，且曰：“其风俗、物产无所考。”太祖时，两国并时入贡，其王之名不同。或本为二国，其后为爪哇所灭，然不可考。

（或泉州）—兰里—故临—大食[①]航路，大食是中古时代阿拉伯“诸国之总名”。周去非曾说：“诸蕃国之富盛多宝货者，莫如大食国”；广州（或泉州）—兰里—麻离拔航路，麻离拔，又称大食麻罗拔，是宋时阿拉伯诸国中的魁首，地处阿拉伯半岛南部的卡马尔湾头，是中世纪亚丁兴起以前印度洋上“巨舶富商皆聚”[②] 的最大港口之一；广州（或泉州）—兰里—东非航线。[③]

但是，特别有重大意义和价值的是，宋王朝时横渡印度洋所经营的阿拉伯与东非航路，在远洋航行性质上具有重大的开拓意义，它是宋代航海事业臻入进步和繁荣的主要标志之一。

中国人早在汉代已通过马六甲海峡进入印度洋，并迟至唐代，就航达阿拉伯与东非海岸。但是，这些远洋活动的性质，基本上是沿岸近海，逐级渐进，积而至远的，其每一单元航次的航程近、航期短，海上跨度相对较短，充其量不过是大洋的某些边缘海或海湾，因而对所途航区气象水文之优劣，后勤补给之速迟，要求比较宽容，万一在航行中发生危机，即可及时地驶回陆岸，修整回避，严格地讲不是真正意义的远洋航行。

而到宋王朝时，海船不仅可以直接跨越诸如东海、黄海、暹罗湾、孟加拉湾之类较小的海区，而且可以横渡北印度洋，从南亚直航西亚与东非海岸。这些远洋活动的性质，与汉唐时相比，已然而异，其特点是远离陆岸、越洋跃进、直航致远，其每一单元航次的航程远、航期长，海上跨度相当大，已是大洋腹域，因而对所途航区航程远、航期长，海上跨度相当大，因而对所途航区气象水文之优劣，后勤补给之速迟，要求极为严格，一旦航行中出现困境，都必须独立地在深海大洋中寻求缓解的对策。所以，横渡印度洋航路的开辟，充分反映了宋王朝时汉民族船员对沿途天文、地文、水文和气象的熟悉与掌握的程度，以及在各种气候下的导航与船艺技术等，已较之前有了革命性的重大进步。这不但在中国古代航海史上具有划时代的意义，为元代汉民族的海外移民准备了更多更好的条件，而且在世界古代航海史上书写了彪炳千秋的一页。[④]

---

① （宋）周去非：《岭外代答》卷三《大食国》。

② 同上。

③ 详见孙光圻《中国古代航海史》，海洋出版社 2005 年版，第 319—326 页。

④ 同上书，第 326 页。

四　汉民族元代考察非洲和澳洲

汉民族在宋代横渡了印度洋，进了元代就走进了非洲、澳洲，考察了非洲、澳洲，为汉民族移民非洲、澳洲做了首次调查。

这进入非洲、澳洲，考察非洲、澳洲的就是元代航海家、“东方的马可·波罗”汪大渊。

汪大渊（1311年—?），元朝时期的民间航海家，字焕章，南昌人。至顺元年（1330年），年仅20岁的汪大渊首次从泉州搭乘商船出海远航，历经海南岛、占城、马六甲、爪哇、苏门答腊、缅甸、印度、波斯、阿拉伯、埃及，横渡地中海到摩洛哥，再回到埃及，出红海到索马里、莫桑比克，对非洲一些国家和民族进行了初步的考察。然后又横渡印度洋回到斯里兰卡、苏门答腊、爪哇，经澳洲到加里曼丹、菲律宾返回泉州，前后历时五年。

至元三年（1337年），汪大渊再次从泉州出航，这一次历经南洋群岛、阿拉伯海、波斯湾、红海、地中海、非洲的莫桑比克海峡，及澳洲各地，两年后，即至元五年（1339年）回到泉州。

汪大洲远航回国后，便着手编写《岛夷志》，把两次航海所察看到的各国社会经济、奇风异俗记录成章，作为资料保存下来。①

汪大渊著《岛夷志》的态度是很严肃的，曾说书中所记“皆身所游焉，耳目所亲见，传说之事则不载焉”。为它作序的泉州地方官、著名文人张翥说：“汪君焕章当冠年（二十岁），尝两附舶东西洋，所过辄采录其山川、风土、物产之诡异，居室、饮食、衣服之好尚，与夫贸易用之所

① 《岛夷志》编成后，当时泉州路正在修郡志，泉州地方长官（称达鲁花赤）与主修郡志的人见此书在为赞赏，即将《岛夷志》收入《泉州路清源志》中，作为附录。后来汪大渊回到久别的故乡南昌，将《岛夷志》节录成《岛夷志略》，在南昌印行。这本书才得以广为流传。但《岛夷志》一书却在元末兵乱中大部分散失，明朝后终于失传。现仅存《岛夷志略》。《岛夷志略》分为100条，其中99条为其亲历，涉及国家和地区达220余个，《岛夷志略》可以说是上承宋代周去非的《岭外代答》、赵汝适的《诸蕃志》，下接明朝马欢的《瀛涯胜览》、费信的《星槎胜览》等的重要历史地理著作，而其重要性又远远超过这些宋、明的著作。《四库全书总目》说：“诸史（指二十四史）外国列传秉笔之人，皆未尝身历其地，即赵汝适《诸蕃志》之类，亦多得于市舶之口传。大渊此书，则皆亲历而手记之，究非空谈无征者比。”汪大渊游踪的广远，著述的精深，对研究元代中西交通和海道诸国历史、地理有重要参考价值，直到清代中叶以前，还是名列前茅的著作，所以引起世界的重视。

宜，非亲见不书，慢信乎其可征也。”

《岛夷志略》记述澎湖、琉球、三岛、麻逸、无枝拔、龙诞屿、交趾、占城、民多朗、实童龙、真腊、丹马令、日丽、麻里鲁、遐来忽、彭坑、吉兰丹、丁家卢、戎、罗卫、罗斛、东冲古剌、苏涪篱、针路、八都马、淡邈、尖山、八节那间、三佛齐、啸喷、勃泥、明家罗、暹、爪哇、重迦罗、都督岸、文诞、苏禄、龙牙犀角、苏门傍、旧港、龙牙菩提、毗舍耶、班卒、蒲奔、假里马打、文老古、古里地闷、龙牙门、东西竺、急水湾、花面、淡洋、须文答剌、僧加剌、勾栏山、特番里、班达里、曼佗郎、喃巫哩、北溜、下里、高郎步、沙里八丹、金塔、东淡邈、大八丹、加里那、土塔、第三港、华罗、麻那里、加将门里、波斯离、挞吉那、千里马、大佛山、须文那、万里石塘、小唄喃、古里佛、朋加剌、巴南巴西、放拜、大乌爹、万年港、马八儿屿、阿里思、哩伽塔、天堂、天竺、层摇罗、马鲁涧、甘埋里、麻呵斯离、罗婆斯、乌爹等地，共一百篇、二百多个地区。

《岛夷志略》对明代地理书有很大的影响。随郑和下西洋的翻译官马欢曾阅读《岛夷志略》，他在《瀛涯胜览序》写道：“余昔观《岛夷志略》，载天时、气候之别，地理、人物之异，感慨然叹气曰：普天之下何若是之不同耶？……余以通译番书，添被使末，随其（指郑和宝船）所至，鲸波浩渺，不知其几千万里。历涉诸邦，其天时、气候、地理、人物，目击而身履之；然后知《岛夷志略》所著者不诬。”曾随郑和下西洋的另一个翻译官费信所著《星槎胜览》，其内容有一半来自《岛夷志略》。明代地理学家张燮撰写的《东西洋考》也引用《岛夷志略》。《岛夷志略》在历史地理的研究上有重要史料价值，汪大渊对世界历史地理的伟大贡献，很早就引起世界的重视。1867 年，英国汉学家、伦敦传道会传教士伟烈亚力首次在《中国文献纪略》（*Notes on Chinese Literature*）中列举《岛夷志略》。1871 年，俄罗斯汉学家埃米尔·布雷特施奈德在《古代中国对阿拉伯、阿拉巴属地和其他西方国家的知识》一书中，用大号汉字“岛夷志略”列举书名，并简略地介绍《岛夷志略》中的“天堂”条。美国汉学家柔克义曾翻译大部分《岛夷志略》载 1913 年《通报》。法国汉学家额卢素、费朗曾分别在 1914 年和 1922 年将《岛夷志略》的一些篇章翻译成法文发表。1915 年藤田丰八日文译本。法国汉学家伯希和有一篇论文《论岛夷志略》，载 1951 年《伯希和遗著》。

在此，特别要提出是汪大渊对澳洲的考察。《岛夷志略》除记载了非洲的社会风土人情外，还记载了考察澳洲的见闻：一是麻那里；二是罗娑斯。

当时中国称澳洲为罗娑斯，把达尔文港一带称为麻那里（marani），泉州商人、水手认为澳洲是地球最末之岛，称之为“绝岛”。汪大渊记载当时澳洲人的情况：有的“男女异形，不织不衣，以鸟羽掩身，食无烟火，惟有茹毛饮血，巢居穴处而已”。有的“穿五色绢短衫，以朋加剌布为独幅裙系之”。还记载有一种灰毛、红嘴、红腿、会跳舞、身高六尺的澳洲鹤，“闻人拍掌，则耸翼而舞，其仪容可观，亦异物也”。他称之为“仙鹤”。又称澳洲一种特有的红得像火焰一样的树为“石楠树”。

汪大渊还记载了澳洲北部某地“周围皆水”，即指今天澳洲达尔文港以东一大片沼泽地。所记“有蠔如山立”，即指澳洲西北高峻的海岸附着很多牡蛎。还记载有澳洲北部海岸的安亨半岛和高达八百米的基培利台地，“奇峰磊磊，如天马奔驰。形势临海，风俗野朴”。“南北之地，悬隔千里，尚有寒暑之殊”[①]，这些都是真实无误的。

这是见著于世的关于澳洲最早的文字记载。可是西方学者，却不承认汪大渊到过澳洲，在汪大渊到澳洲后近二百年，欧洲人才知道世界上有澳洲大陆。

汪大渊作为一个布衣草根，以一己之力，两次下西洋，考察了非洲，发现了澳洲，写出了《岛夷志略》，正是由于汪大渊对世界历史地理的伟大贡献，故西方学者称汪大渊为“东方的马可·波罗”[②]；也正是由于汪大渊对汉民族海外移民的伟大开拓，故又可称其为汉民族海外移民的开拓者。

第二节　汉民族的第二个大移民时代

唐安史之乱后经过近 152 年的大动荡、大迁徙，到五代十国，中国再次进入了一个大分裂、大动乱的历史时期，在这 200 多年中又出现了中原

① 以上所引澳洲材料均见（元）汪大渊原著，苏继庼校释《岛夷志略校释》“麻那里”“罗娑斯”，中华书局 1981 年版，第 294、373 页。

② 黄帆：《汪大渊：中国的航海先驱　东方的马可·波罗》，《泉州晚报》2007 年 9 月 21 日。

汉民族人民大批南移，北方少数民族大量内迁，在历史惊人相似的重演中，汉民族迎来了第二个大移民时代。

五代十国时的后唐、后晋、后汉就是西突厥的沙陀族人李克用、石敬瑭、刘知远分别建立。10 世纪初，形成汉族的北宋、契丹族以辽和党项族的西夏以“三国鼎立”。12 世纪初金灭辽、灭北宋后，又出现了女真族以金国与汉族的南宋“南北对峙”的局面。直到 1276 年蒙古族建立的元朝灭南宋，统一全中国，在被征服的民族危机面前，汉民族又面临着严峻的考验。但是，正如历史进程所表明的那样，通过这次民族危机的挑战和检验，汉民族的移动性再次拯救了汉民族。

在中国历史上，史家谓汉人南迁，一般为两次大浪潮，一为西晋八王之乱后，二为北宋靖康之乱后的汉人南迁。因为这两次移民浪潮同时导致了汉民族政权的南迁。后有学者认为唐后期的安史之乱后，唐政权虽未南迁，但从安史之乱后的藩镇割据、黄巢农民战争和五代纷争，都引发了一定规模的北方汉民族人口南迁浪潮，特别是唐末黄巢起义之后的北方汉人南迁，规模远大于安史之乱。从时间上讲此次移民潮，始于玄宗天宝十四载（755 年）安史之乱爆发，止于五代（960 年）结束，持续了 200 多年，影响十分深远。故多数学者已认同对中国南方地区开发和经济发展，产生过重大影响的北方人口大规模南迁的浪潮有三次，即除西晋八王之乱和北宋靖康之乱两次外，还有唐后期安史之乱到五代结束这一次。[①]

笔者从汉民族海外移民的角度切入，从汉民族海外移民的发展规律来分析，从五代宋辽夏金到元这个时期，正好包含了移民史界所认同的后两次北方人口大规模南迁的浪潮，为此，笔者将这两次北方人口大规模南迁的浪潮整合为汉民族第二次大迁徙时代。

汉民族第二次大迁徙时代分为两个阶段，第一个阶段为唐代之乱引发的汉人南迁，可称第二次大迁徙时代前期；第二阶段为宋代之乱引发的汉人南迁，可称第二次大迁徙时代后期。

一　唐代之乱引发的汉人南迁

唐代之乱引发的汉人南迁，按照吴松弟的研究，可分为安史之乱、藩镇割据、黄巢农民战争和五代纷争四个时期：

---

① 吴松弟：《中国移民史》第三卷，福建人民出版社 1997 年版，第 232—233 页。

(一) 安史之乱时期的汉人南迁

安史之乱是唐王朝于755年至763年所发生的一场政治叛乱，是唐由盛转衰的转折点，从此唐王朝形成藩镇割据的态势。由于发起叛唐者乃是安禄山与史思明二人为主，因此史称“安史之乱”。安史之乱历时七年零两个月，乱事最终虽然得以平定，可是对中国后世政治、经济、社会、文化、对外关系的发展均产生极为深远而巨大的影响。司马光在《资治通鉴》唐肃宗乾元元年中云：安史之乱爆发之后“由是祸乱继起，兵革不息，民坠涂炭，无所控诉，凡二百余年”。

安史之乱爆发以后不到一年的时间，战火便燃遍了黄河中下游的主要地区，愈演愈烈。战争给这一区域带来了惨重的破坏，黄河以北地区是叛乱的核心地区，“自禄山肇祸，瀛、博流离；思明继衅，赵、魏堙厄。枌榆井邑，靡获安居，骨肉室家，不能相保”[①]。“生人赀产扫地，壮赍负，老婴则杀之，杀人以为戏”[②]。叛军仅攻下魏州（治今河北大名县北）便杀死数万人[③]。关中地区惨状亦然，“今连岁治戎，天下凋瘵，京师近甸，烦苦尤重，比屋流散，念之恻然。……京畿户口减耗大半”[④]。东都洛阳一带是唐军和叛军拉锯的地方，数百里内，“井邑榛棘，豺狼所嗥”，人口不满1000户。甚至东到徐州，北至相州（治今河南安阳）的广大区域也是“人烟断绝，千里萧条”[⑤]。

不过，逃避战乱并不是北方人民迁移的唯一原因，农民处境的日益恶化也是重要原因。至德二载，肃宗诏书说：“诸州百姓，多有逃亡，或官吏侵渔，或盗贼驱逼，或赋敛不一，或征发过多。俾其怨咨，何以辑睦?”[⑥] 诏书所说的导致逃亡的原因，除“盗贼驱逼”指安史之乱，其余都是剥削过重所致。战争中人民的大量死亡和避难人口的大批南迁使北方人口数量急剧减少，但政府基于战争的需求却又需要役使更多的人力和物力，仍留在当地的人民无法忍受，只有逃亡一途。《资治通鉴》宝应元年正月下的注文，清楚地说明安史之乱后租调和民户逃亡的关系：“天宝十

---

① 《贬田承嗣永州刺史诏》，《全唐文》卷四七。

② 《新唐书·史思明传》。

③ 同上。

④ 《减京畿官员制》，载《唐大诏令集》卷一〇一。

⑤ 《旧唐书·郭子仪传》。

⑥ 《唐会要》卷八五《逃户》。

三载，天下未乱，租调之入为盛。十四载而禄山反，租调始有违负逋逃。自是迄于去年，大难未平，战兵不止，违负逋逃，年甚一年。”[①] 上举宝应元年四月代宗的诏书，也说明躲避繁重的劳役是人口迁移的一个重要原因。韩愈追溯道：“当是时，中国新去乱，士多避处江淮间。尝为显官得名声以老故自任者，以千百数。”[②]

许多北方汉民族人民在南迁时，往往携家乃至举族迁徙。例如，崔氏家族，包括博陵安平人崔众甫，其堂兄弟崔祐甫，姐姐卢夫人崔氏，侄女窦夫人崔氏，四家均在安史之乱后自北方南迁江西，“内外相从，百有余口”[③]，人口不可谓不少。在李白看来，移民南迁的规模超过西晋永嘉之乱以后的迁徙。他替人上书皇帝，指出：“天下衣冠士庶避地东吴，永嘉南迁，未盛于此。”[④]

由于时代的局限，历史文献大多只提到官员和士大夫的迁移，很少提及普通民众，但他们却是迁徙浪潮的主体部分。因此，“自幽蓟兵兴”以后，便出现“人无土著，士者、农者迁徙不常，慕政化则来，苦苛暴则去”这种局面[⑤]。陆贽甚至说：“天宝季岁，羯胡乱华，海内波摇，兆庶云扰，版图坠于避地，赋法坏于奉军。”[⑥] 杨炎在建中元年（780 年）制定两税法时，也认识到：自至德以后，“天下残瘁，荡为浮人，乡居地著者百不四五，如是者殆三十年”[⑦]。此话虽然夸张，却反映了不在籍的流动人口众多的事实。

建中元年制定两税法，规定“户无主客，以见居为簿；人无丁中，以贫富为差”[⑧]，从而将以往脱籍的人口重新登记。当年推行两税法时，朝廷派人到各地按比户口，“约都得土户一百八十余万，客户一百三十余万”[⑨]。在两税法制定以前，土户也叫主户，指本地的原居民，客户则指离乡背井的流民。此后，无论是土户还是客户，只要拥有资产，均成为两

---

① 《资治通鉴》卷二二二。

② 《考功员外卢君墓铭》，《全唐文》卷五六六。

③ （唐）崔祐甫：《上宰相笺》，《全唐文》卷四〇九。

④ （唐）李白：《为宋中丞请都金陵表》，《全唐文》卷三四八。

⑤ （唐）庞严：《对贤良方正能极言直谏策》，《全唐文》卷七二八。

⑥ 《均节赋税恤百姓六条》，《全唐文》卷四六五。

⑦ 《旧唐书·杨炎传》。

⑧ 同上。

⑨ 《通典》卷七《食货》。

税户，列入现居地的正式户籍，只有部分没有资产的佃农和雇农等客户未列入国家正式户籍。因此，建中元年所按比出的130余万客户，包括迁徙来的移民和隐漏脱籍人口，移民在其中占相当部分。如估计移民占其中的50%，而分布在南方的北方移民又占其中的70%，则北方移民有45万户左右，200多万人。考虑到建中元年是在安史之乱结束后的十余年，并考虑到可能还有一些人未列入统计这两个因素，估计在安史之乱结束时大约有250万北方汉人定居在南方。①

（二）藩镇割据时期的汉人南迁

唐代平定安史之乱，是以军事进攻和招纳叛军将领的方法实现的。大历十二年（777年），李正己据有相当于今山东省绝大部分和江苏北部的15州之地，拥兵10万，雄踞东方；田承嗣据有今河北省南部、河南北部和山东西北的7州，拥兵5万；李宝臣据有今河北中部的7州，拥兵5万；梁崇义据有今湖北西北部和河南西南部的6州，拥兵2万。这些节度使，"相与根据蟠结，虽奉事朝廷而不用其法令，官爵、甲兵、租赋、刑杀皆自专之"，还在境内"筑垒、缮兵无虚日"②，成为唐王朝的国中之国。

自德宗建中元年（780年）起，发生在局部地区的藩镇之间争夺地盘和藩镇与朝廷之间的战争不断发生，战乱地区的人民生命财产经常受到威胁而南迁。与此同时，北方汉族人民为了躲避过重的赋役也南迁。

建中二年正月，成德节度使李宝臣死，其子李惟岳要求承袭父亲职位，遭到唐德宗的拒绝，不久，成德、魏博、淄青、山南东道四节镇起兵反唐，即所谓"四王二帝之乱"（因有四节镇称王、二节镇称帝得名）。六月，淮宁节度使李希烈反，据襄阳一带为己有。蕲州（治今湖北蕲春县北）刺史李良安，因李希烈对其"外示宠行，实去之也"，遂领老幼两万余口，渡江迁入江西，依附于江西节度使李皋③，这是藩镇割据时期一次规模不小的移民。

建中元年，两税法的实施并没有能遏止民户的外逃势头。德宗时陆贽

① 吴松弟：《中国移民史》第三卷，福建人民出版社1997年版，第234—243页。

② 《资治通鉴》卷二二五，代宗大历十二年。

③ 阙名：《李公墓志铭并序》，载周绍良主编《唐代墓志汇编》，上海古籍出版社1992年版，第1910页。

指出："（两税法）创制之首，不务齐平，但令本道本州各依旧额征税……唯以旧额为准，旧重之处，流亡益多，旧轻之乡，归附益众。"①"旧重之处"的长吏为了应付赋税额，只好把逃走者的负担分摊到未逃者身上，使原已重的赋役更加沉重，势必促使更多的民户出逃。"旧重之处"的民户流往"旧轻之乡"，成为两税法制定以后民户移民的重要原因。史籍中没有提到"旧重"和"旧轻"地区的州名，却有不少州县因长吏治理有方而"流人自占""户口日增"的记载，这些州县主要集中在南方地力有余而赋役较轻的地区，可以说南方是逃户的主要迁入地。

藩镇割据时期，南方的一些府州，特别是汉州（治今四川广汉市）、襄州（治今湖北襄樊市）、江陵府（治今湖北荆州市江陵区）、衡州（治今湖南衡阳市）、越州（治今浙江绍兴市）等府州，因在发展经济方面取得成绩或减轻人民负担，都接纳了相当数量的外来移民。有的州移民人数甚多，如衡州和汉州分别达到6000户和9000户。而衡州，据吕温《简获隐户奏》②，元和六年（811年）全州检刮出未登记户籍的人家16700户，如依《通典》卷七所载建中初诸道客户占总户数的比例（土户共180余万，客户共130余万，客户占总户数的42%），估计浮客有6000多户。越州可以余姚县为例，据阙名《唐故李府君墓志之铭》，贞元年间李汲任余姚县令，"子人济俗"，"户口增倍，歌谣至今"③。

藩镇割据时期汉人南迁虽然规模不大，但却连接了安史之乱和黄巢起义之间汉人南迁的轨迹，使这个时期的汉人南迁因此而连绵不断。

（三）黄巢起义时期的汉人南迁

黄巢起义再次触发了唐末北方汉人南迁的高潮。

黄巢起义形成持续二三十年大规模的农民战争，纵横于黄河流域和南方各地，使中原陷入长期战乱之中，如黄巢军和唐军在陈州（治今河南淮阳县）一带作战300余日，"于是自唐（治今河南泌阳县）、邓、许（治今许昌市）、汝（治今汝市）、洛（治今洛阳市）、郑、汴（治今开封市）、曹（治今山东定陶县西）、徐、兖数十州，毕罹其毒"；"关东仍岁

① 《均节赋税恤百姓六条》，《全唐文》卷四六五。

② 《全唐文》卷六二七。

③ 周绍良主编：《唐代墓志汇编》，上海古籍出版社1992年版，第1889页。

无耕稼，人饿倚墙壁间，贼俘人而食，日杀数千”[①]。秦宗权军之残暴更令人发指，“贼既乏食，啖人为储，军士四出，则盐尸而从。关东郡邑，多被攻陷”；“西至关内，东至青（治今山东青州市）、齐（治今山东济南市），南出江淮，北至卫（治今河南卫辉市）、滑（治河南今县），鱼烂鸟散，人烟断绝，荆榛蔽野”[②]。

为了避乱，北方汉人不得不又一次向南方迁徙，“王畿之人”，“大半流丧”[③]。如洛阳人许浑迁居丹阳（今属江苏）不久，其在洛阳的旧友也相继迁入，便不由得写诗发出“全家南渡远，旧友北来频”的感慨[④]。与此同时，《金华子杂编》作者刘崇远一家流寓江南，恒州人倪氏一家被迫迁居江浙，连偏居极东南安史之乱时北方移民较少的福建，此时也有不少移民，仅某一天，“奔闽之僧尼士庶”便达五千人[⑤]。

王畿地区如此，江淮地区同样。如原居江夏黄氏族人分别向江南和西蜀迁移[⑥]。此外，长江中下游的一些地方，因黄巢南下和军阀争战，迫使一些人向更加僻远的地区流亡。如宛陵（今安徽宣州市）人顾蒙在广明以后自某地流落江浙间，甲辰年（中和四年，884 年）淮浙亦乱，于是避地到广州。[⑦] 苏州人陆氏为避唐末之乱，迁入福建侯官（今福州市）。[⑧] 丘氏自湖州（今属浙江）迁泉州永春（今属福建）[⑨]，都是其中的例子。

另一种情况是这个时期北方汉人的南迁，除了以一家一户为单位的零散迁徙，还有一些是在州官和州将带领下的集体南迁。如光启元年（885 年）光州（治今河南潢川县）汉人的南迁是其中最著名的一次。为避开秦宗权的进攻，光州刺史王绪“悉举光、寿（治今安徽寿县）兵五千人，驱吏民渡江”，经长途跋涉进入福建，随其迁入的移民可能达二三万人。[⑩] 又如兖州节度使朱瑾和前往支援的河东将领史俨、李承嗣，于乾宁四年

---

① 《旧唐书·黄巢传》。

② 《旧唐书·秦宗权传》。

③ 《旧唐书·王徽传》。

④ 《江上喜洛中亲友继至》，《全唐诗》卷五三一。

⑤ （唐）黄滔：《福州雪峰山故真觉大师碑铭》，《全唐文》卷八二六。

⑥ （宋）杨杰：《黄府君行状》，载《无为集》卷十四，四库全书本。

⑦ （五代）王定保：《唐摭言》卷十，丛书集成初编据学津讨原本。

⑧ （宋）王安石：《临川集》卷九二《陆广墓志铭》，四部丛刊本。

⑨ （宋）刘克庄：《后村集》卷一五四《丘公行状》，四部丛刊本。

⑩ 《资治通鉴》卷二五六，僖宗光启元年正月。

（897 年）二月率残部并“拥州民俱来”，投附淮南杨行密[①]，也是一次较大规模的集体迁徙。

此外，还有两种形式的南迁，一是许多北方汉人大乱前由于任官、出使、经商、当兵、流放等原因暂住南方，乱后因避乱或道路不通而决意不回。如天祐元年（904 年）杨承休奉命出使江南，“杨行密乱江淮，道阻不克归，遂留居杭州”[②]；清河（今属河北）县人尚悫，唐末在润州（今江苏镇江市）任馆驿巡官，因北方乱留居不归。[③] 滑县人邓密唐末谪南方，子孙因家于福建沙县，后世代为沙县人。[④] 中原人裴莅，唐末驻守雷州（治今广东海康县），因乱不能归，其子裴绍迁居吉阳（今海南三亚市东北）。[⑤]

另一种是在黄巢军纵横南北的作战过程中，许多北方军人因被俘、投降、受伤、掉队等原因流落在南方。如淮南节度使高骈下属将领郑汉章、毕师铎、秦彦、李罕之、许勃、徐约等人，都是投降唐军的黄巢军将领[⑥]，随其留居的黄巢部众应有一定数量。唐末，一度控制浙东七州之地的刘汉宏也是黄巢部众。[⑦] 鲁景仁则是南下岭南时因病留居连州（治今广东连县）的黄巢部下。[⑧] 此外，在潭州被黄巢军战败的 5 万名北方军人，生存的人除了被黄巢军俘获以外，相当一部分人由于北方大乱可能都留在当地。青州人陶英在唐末任太尉，因得罪朱温，授征南将军领兵出镇昭州（今广西平乐县境），唐亡后全家隐居于此。[⑨]

就移民的迁徙规模和空间分布而言，唐末黄巢起义时较安史之乱时更大、更广泛，但显然不及宋代靖康之乱以后。如果说在安史之乱结束时大约有 250 万名汉人移民定居在南方，而靖康之乱后的头十余年大约有 500 万人南迁，则唐末估计有 400 万汉人南迁。[⑩]

---

① 《十国春秋》卷一《吴一·太祖世家》，第 14 页。

② （宋）欧阳修：《欧阳修全集·文忠集》卷六一《杨公墓志铭》，世界书局本。

③ （宋）徐铉：《骑省集》卷三〇《尚公墓志铭》。

④ （宋）李纲：《梁溪集》卷一七〇《乐全居士墓志铭》，四库全书本。

⑤ （宋）王象之：《舆地纪胜》昌化军“官吏”。

⑥ 《资治通鉴》卷二六七，僖宗光启三年四月；卷二五三，僖宗乾符六年正月；卷二五七，僖宗光启三年四月。

⑦ 《新唐书·刘汉宏传》。

⑧ 《资治通鉴》卷二六一，昭宗光化元年三月。

⑨ 《十国春秋》卷七五《楚九·陶英传》。传载陶英领兵 8 万出镇，疑兵数有误。

⑩ 参阅吴松弟《中国移民史》第三卷，福建人民出版社 1997 年版，第 251—260 页。

（四）五代十国时期的汉人南迁

五代十国时期，北方的大混战虽已不多见，但在半个多世纪中，先后经历了后梁、后晋、后唐、后汉和后周五次改朝换代的过程，每一次改朝换代无不通过军事武力。同时，北方并未形成真正统一的局面，仍存在着许多大大小小的割据政权，后期在河东还形成北汉国。而且这时契丹族于947年改国号大辽，不断向中原扩张。这样，除了战争继续刺激北方汉人向南迁移外，统治集团内部的矛盾也迫使人口南迁。而南方各国为了增加国家的力量，对北方汉人采取了招抚政策，如吴国“宽刑法，推恩信，起延宾亭以待四方之士……。士有羁旅于吴者，皆齿用之”①。因此，“北土士人闻风至者无虚日”②。南唐继承了吴国招徕四方之士的政策，不仅注意招收上层移民，也注意招纳下层移民。南唐规定：“其向风面内者，有司计口给食，愿耕食者授之土田，仍复三年租役。”③ 吴越国也“常使画工数十人居淞江（今吴淞江，时为吴越国界），号莺手校尉，伺北方流移来者，咸写貌以闻，择清俊福厚者用之”④。这样，五代十国时期北方汉人的南迁仍达到一定的规模。

契丹军在中原作战过程中，多有杀掠之举，如后汉天福十二年（947年）在相州（今河南安阳市）屠城，全城仅剩男女700人。⑤ 为了躲避契丹南侵引起的战乱，河北、河南的一些官吏和人民迁入南方。密州（治今山东诸城市）刺史皇甫晖，棣州（治今山东惠民县东南）刺史王建，俱率州人南奔，迁入南唐⑥；后晋雄武节度使何重建以秦、阶、成三州降后蜀，迁入蜀中⑦；都是其中规模较大的集体迁移。

后周显德五年（958年），周世宗率军大举进攻南唐。旬日间攻破海州、泰州和静海军等地。在此情况下，南唐元宗下令焚烧东都（今扬州市）的宫殿、寺庙和民居，将人民迁到长江以南地区。⑧ 泰州的士庶老幼

---

① 《新五代史·南唐·李昪世家》。
② 《十国春秋·南唐一·烈祖本纪》。
③ （宋）马令：《南唐书》卷一，丛书集成初编本。
④ 《十国春秋·吴越二·武肃王世家》。
⑤ 《旧五代史·汉书·高祖纪》。
⑥ 《十国春秋》卷二四《南唐十·皇甫晖传》。
⑦ 《十国春秋》卷四九《后蜀二·后主纪》卷五三《后蜀六·何重建传》。
⑧ 《旧五代史·周书·世宗纪》。

也在刺史的率领下，尽室渡江南迁。[①] 不久，南唐求和，上表改称“国主”，割江北之地予后周，又引起淮南人民新的南迁，原居濠州（今安徽凤阳县东北）的李元清就是随同南唐溃兵一同迁入金陵的。[②] 这次迁移，无疑是五代时期淮南人民最大规模的一次南迁。[③]

（五）汉民族的第二个大移民时代前期小结

汉人第二次大移民遍布南方各地，其中，江南、江西、淮南和蜀中吸收了最大量的移民，是移民的主要迁入区域，福建则是唐末移民的重要迁入区。

苏州长期以来是太湖流域的区域中心，影响并达到长江下游地区，唐代的江南东道治所即设于此。由于经济文化发达，向来被誉为“甲郡标天下”[④]。唐代北方汉人移民也以其为重要聚居地，江南各州的第一位。如苏州治所吴县北方汉人移民占到当地人口的三分之一。天宝时苏州有人口 63 万余[⑤]，按此比例估算，移民至少有 20 万。

婺州（治今浙江金华市）的汉人移民多集中在唐末五代，安史之乱阶段衢州的人口有较多的增长，乾元元年（758 年）玉山县自衢州改隶新成立的信州，但在两年后的上元元年有人却说衢州人口未见减少，而且“去岁江湖不登，兹境稍穰，故浙右流离多就遗秉，凡增万余室而不为众”[⑥]。在当时的情况下，涌入衢州的万余户“浙右流离”应有南方籍和北方籍两部分人。婺州在开元至元和间乡数由 189 个增加到 200 个[⑦]，表明人口有一定的增长。除此以外，与汉民族海外移民迁出地关系最密切的是福建和岭南。

1. 福建的汉民族移民

福建是中国著名的汉民族海外移民迁出地，号称中国第一侨乡[⑧]，故

---

① （宋）徐铉：《周公墓志铭》，《全唐文》卷八八五。

② 《十国春秋》卷二九《南唐十五・李元清传》，第 422 页。

③ 参阅吴松弟《中国移民史》第三卷，福建人民出版社 1997 年版，第 260—263 页。

④ （唐）白居易：《自到郡斋仅经旬日……》，载《全唐诗》卷四四七。

⑤ 《新唐书・地理志》。

⑥ （唐）李华：《衢州刺史厅壁记》，《全唐文》卷三一六。

⑦ 《元和郡县图志》卷二六〇。

⑧ 近日率团到美访问的福建省侨务办公室副主任卢圣鑫透露，中国大陆旅居海外的华侨总数逾三千万人，其中福建即高达一千零八十万人，首度超越广东，成为中国第一大侨乡。卢圣鑫表示，根据今年中国大陆人口普查数字发现，福建省华侨总数约占全大陆的三分之一，而且超过原来的第一大侨乡广东省。可说每三名福建人就有一人生活在海外。（http://www.chinanews.com/2001—05—21/26/92694.html）。

在此要特别关注其移民的态势。福建偏处中国东南沿海山区，是中国南方开发较晚的地区，由于气候炎热，其他地区的人民一般也不是很容易适应其环境。但在汉民族第二次大移民时代南迁汉人移民逐渐增多，如廖氏本居河东晋阳（今山西太原市南），安史之乱后以其族避地闽中，家于延平（今南平市）山谷间；宋人徐务的祖先也在天宝末避乱入闽，居住泉州莆田。此外，宋代修建莆田木兰陂的李宏的祖先，于天宝末入闽。贞元十三年（797 年），泉州刺史于东湖亭举行宴会，为到长安赴考的八名秀士送行，席间作客的有天水姜阅、河东（指今山西境）裴参和、颍川（今河南许昌）陈诩和邑人济阳（今山东邹平县境）蔡沼。[①] 这四人可能都是迁居福建的北方人或其后裔，其中蔡沼已定居泉州，故称邑人。此外，贞元间福建最为出名的才子林藻、林蕴兄弟，可能也是北方移民。可见，安史之乱和藩镇割据阶段的移民以泉州最多。

但在福建地方史上，河南光州（潢川县）汉人的迁入影响最大。中和元年（881 年），唐僖宗为避黄巢起义而入蜀，于是江淮大乱。寿春（安徽寿县）人王绪率万余人占领寿州，不久夺取光州，固始人王潮自主一县军政事，依附于王绪。光启元年（885 年）正月，为避开河南军阀秦宗权的危害，王绪、王潮率所部南迁，经江州入江西，并溯赣江而上，当月进入福建的汀州（今长汀县）和漳州。当年八月，王潮兄弟发动兵变，囚王绪自立。次年攻占泉州，景福二年（893 年）占领福州，控制福建全境。此后，王潮及其弟审知先后得到唐朝的承认和册封，王审知的儿子建国称王，即五代史上的闽国，以福州为都城。[②] 陆游说："唐广明之乱，光人相保聚，南徙闽中，今多为大家"[③]，可见此次移民规模显然不小。《新五代史·闽王审知世家》载：此部"自南康入临汀，陷漳浦，有众数万"。此次迁移不过一二十天便到达福建境内，显然进军比较顺利，估计在河南随同迁移的人绝大多数都到达福建，到漳浦后的数万部众中相当部分都是北方汉人，估计迁入的移民数量在二三万人。

总之，唐末五代进入福建的北方汉人移民人数甚多，仅次于蜀汉而占第二位。虽实际移民数量未必能超过江南和淮南，但福建仍是唐末五代南

---

① （唐）欧阳詹：《泉州刺史席公宴邑中赴举秀才于东湖亭序》，《全唐文》卷五九六。

② 《新唐书·王潮传》；《资治通鉴》卷七二，卷七五。

③ （宋）陆游：《渭南文集》卷三三《傅正义墓志铭》，四部丛刊本。

方重要的北方汉人移民迁入区之一。在此以前从来没有如此多北方人民迁入福建，因而对区域开发产生了重要影响。唐末五代的北方汉人移民主要分布在福州、泉州和建州，分布得极为广泛，可以说遍及福建的绝大多数的县，甚至连偏僻的山区县，例如建州的沙县和松溪，也有北方汉人移民。为此，福建人口迅速增长，北宋太平兴国时户数较唐开元增加三倍多。以唐天宝福建各州辖境为单位，统计自唐开元至北宋初太平兴国年间的各州户数增长百分比，可以发现以西部建州最高，达837%。依次向汀州、福州、泉州递减。①

2. 岭南的汉民族移民

再一个与汉民族海外移民迁出地有关的是岭南。岭南在唐时的经济文化十分落后，被中原人认为是“炎蒸结作虫虺毒”②，极不适宜居住的瘴疠之地。宪宗时人李涉更一针见血地指出：“岭外行人少，天涯北客稀。”③ 在安史之乱和藩镇割据这两个阶段，迁入岭南的北方汉人移民人数很少，在当地的影响极其有限。但到了唐末，具有一定规模的汉民族南迁的移民潮开始冲击岭南。

一是大批北方军人为防御南诏进入岭南。咸通四年（863 年）四月，新任岭南西道（今广西南宁市）节度使康承训率荆、襄、洪、鄂四道兵 1 万人赴镇。④ 七月，复置安南都护府于行交州（约在今越南北部，确地不详），发山东兵 1 万人戍之，各道援兵源源不断进入岭南。⑤ 驻扎在岭南西道的兵力，最多时达到近 4 万人。⑥ 这些军人在此驻屯时间很长，咸通九年发生的规模很大的庞勋起义，便是部分屯军因得不到及时轮换而发生的。虽然文献没有记载这些军人是否留居当地，但北宋驻守南宁的襄汉军人因长期驻守而成为当地居民⑦，使人想到唐末驻守岭南西道的军人可能也有部分人留居。五代时被南汉刘隐辟为幕府的北方人王定保，就是在唐末“属南蛮骚动，诸道征兵”时前往岭南西道任邕的管巡官，因北方乱

① 参阅吴松弟《中国移民史》第三卷，福建人民出版社 1997 年版，第 300—305 页。

② （唐）李绅：《逾岭峤止荒陬抵高要》，《全唐诗》卷四八〇。

③ 《鹧鸪词二首》，《全唐诗》卷四七七。

④ 《资治通鉴》卷二五〇，咸通四年三月。

⑤ 《资治通鉴》卷二五〇，懿宗咸通四年七月。

⑥ 僖宗《南郊赦文》，《全唐文》卷八九。

⑦ 《大明一统志》卷八五引《元志》，陕西古籍出版社影印本。

留居岭南的。[①]

二是北方人避乱的好地方。例如，司农卿周杰以为岭南可避乱，于是派其弟周鼎申请担任封州（治今广东封开县境）录事参军，周杰于天复中也弃官携家前往岭南。[②] 北宋冯元的四世祖本始平（今陕西兴平县）人，官广州，因黄巢乱不得归，定居当地。[③] 最大的一次迁移可能是安州（今湖北安陆县）军人的南迁。昭宗乾宁二年（895 年）十二月，安州防御使家晟因与朱温亲信不和，害怕得祸，与指挥使刘士政、兵马监押陈可璠率兵 3000 人长途袭占桂州，家晟不久被部下杀死，刘士政被朝廷任命为经略使。[④]

三是唐代流放罪犯和谪官的主要地区，他们往往携家前往。宪宗时孔戣任岭南节度使，时“士之斥南不能北归与有罪之后百余族”，孔氏对这些人“才可用之，禀无告者女子为嫁遣之”[⑤]。此后卢钧任岭南节度使，又行此政，使贞元元年到开成元年（785—836 年）的半个世纪中，“衣冠得罪流放岭表者，因而物故，子孙贫悴，虽遇赦不能自还”的几百家，在医药、殡殓、婚嫁等方面都得到政府帮助。[⑥] 可见谪官和流犯人数不少，已构成岭南北方移民的一个重要部分。五代连州人孟宾于就是唐末谪官的后代，他赋诗说：“吾祖并州隔万山，吾家多难谪郴连。”[⑦]

凡此等等，说明五代时有一定数量的北方人民迁入岭南。五代人齐己《送错公、栖公南游》诗说：“北京丧乱离丹凤，南国烟花入鹧鸪。明月团圆临桂水，白云重叠起苍梧。威仪本是朝天士，暂向辽荒住得无？”[⑧] 可见，错公、栖公是南迁桂林一带避乱，居住都城的士人。北方汉人移民最多的州是韶州（今广东韶关市）和广州、桂州、涟州。又周去非《岭外代答》卷三“五民”载，钦州有民五种，“二曰北人，语言平易而杂以南音，本西北流民，自五代之乱，占籍于钦者也”。这正是岭南汉人迁入

① 《新五代史·南汉刘隐世家》；《唐摭言》卷三《散序》。
② 《宋史·周克明传》。
③ （宋）宋祁：《景文集》卷六二《冯待讲行状》，丛书集成初编本。
④ 《资治通鉴》卷二六〇。
⑤ 《新唐书·孔戣传》。
⑥ 《旧唐书·卢钧传》。
⑦ （宋）王禹偁：《小畜集》卷二十《孟水部诗集序》。
⑧ 《全唐诗》卷八四六。

的一个缩影。

总之，从安史之乱到五代十国中国的第二个大移民时代前期，中国人口的分布发生了重大的变化。据吴松弟的研究，经历唐后期五代，到北宋初太平兴国年间南方人口数量已经超过北方。此后，南方占全国人口的比重稳步上升，到元代达到极点，明清时期有所下降，但仍占全国四分之三上下。据此可见，安史之乱是我国历史人口分布的一个分水岭，在此以前北方人口占全国的半数以上，此后南方占半数以上，并且稳步上升。①

二　宋代之乱引发的汉人南迁

宋代之乱指的就是靖康之乱。

靖康之乱是指中国历史上的一次著名事件，发生于北宋皇帝宋钦宗靖康年间（1126—1127 年）。靖康二年四月金军攻破东京（今河南开封），在城内搜刮数日，金太宗下诏废宋徽宗、宋钦宗二帝，贬为庶人，强行脱去二帝龙袍，并掳徽宗、钦宗二帝和后妃、皇子、宗室、贵卿等数千人后北撤，其中还有教坊乐工、技艺工匠等数千人，携文籍舆图、宝器法物，百姓男女不下 10 万人等，东京城中公私积蓄被掠一空。

靖康之乱，北宋灭亡，从而引发了中国第二次大移民时代后期汉人南迁更大的浪潮。据吴松弟的综合研究，靖康之乱以后北方人口的南迁断断续续持续了一个半世纪，若以移民不同的背景作为划分时期的标准的话，可分靖康之乱、南宋金对峙、南宋蒙元对峙三个时期。②

（一）靖康之乱时期的汉人南迁

在金灭北宋前后的十七年（1125—1142 年），战火几乎烧遍整个黄河中下游地区，给北方人民带来惨重的战争灾难。庄绰说："建炎元年秋，余自穰下（指今河南南阳市）由许昌以趋宋城（今商丘县），几千里无复鸡犬。"③ 河北、河东、山东等地"皆被其害，杀人如刈麻，臭闻数百里，淮泗之间亦荡然矣"。④ 金军还驱掠大批人民进入今东北等地，仅在开封一地"华人男女，驱而北者，无虑十余万"⑤。为了活命和生存，不仅皇

① 葛剑雄主编：《中国移民史》第三卷，福建人民出版社 1997 年版，第 354 页。
② 同上书，第四卷，第 247 页。
③ 《鸡肋编》卷上，第 21 页。
④ （宋）李心传：《建炎以来系年要录》卷四，建炎元年庚申朔，第 87 页。
⑤ 同上书，建炎元年四月辛酉，第 92 页。

室、官僚、士大夫，连平民百姓也纷纷向南方地区迁移。

建炎元年（1127 年）十一月，张遇率领北方流民渡过长江，进入池州（安徽贵池）[①]，标志着北方流民武装集团开始进入江南。建炎三年正月，金军进入淮南。二月初，高宗下令"听士民从便避兵"，并令刘正彦部兵护卫皇子和六宫自扬州迁杭州。[②] 三日，金军陷天长，离扬州只有百里，高宗闻讯大惊，匆匆忙忙带五六名内侍和亲军数人乘小渡船渡过长江[③]，百官和百姓有数万人纷纷跟随南渡[④]。在二月的其他日子里，北方移民仍继续自各长江渡口进入南方，朝廷也"令有司具舟常（常州）、润（今镇江），迎济衣冠、军民家属"[⑤]。为加快摆渡速度，朝廷命令将领"多以绢帛堆垛江口赏募，日夜济渡"[⑥]。史载"高宗南渡，民之从者如归市"[⑦]。

建炎三年十二月，知徐州赵立率亲兵、禁兵、民兵约 3 万人迁入楚州（今江苏淮安）[⑧]。

建炎四年六月，秦帅辛兴宗统所募秦（今甘肃天水市）、凤（今陕西凤翔县）诸州"良家子"赴江南[⑨]；密州人徐文统所部反金武装 5000 人泛海南归，到达两浙[⑩]。

绍兴元年（1131 年）三月，朝廷要求常州、平江府赈济淮南、京东西等路"避寇渡江流移失业之民"[⑪]，这部分人可能就是金军北撤后迁入江南的移民。

建炎和绍兴初年，流民武装集团的南迁也在不断进行着。综合《宋史·高宗纪》和《建炎以来系年要录》《三朝北盟会编》建炎三四年各卷的记载，有张用、王善、宋进等 13 个武装集团南迁。每一集团少者几千

---

① （宋）李心传：《建炎以来系年要录》卷十，建炎元年十一月戊子，第 239 页。

② 《宋史·高宗纪》。

③ 《三朝北盟会编》卷一二一，炎兴下帙二十一。

④ 《宋史·赵密传》。

⑤ 《宋史·高宗纪》。

⑥ 《三朝北盟会编》卷一二二，炎兴下帙二十二。

⑦ 《宋史·食货志》。

⑧ 《建炎以来系年要录》卷三十，建炎三年十二月己亥。

⑨ 《建炎以来系年要录》卷三四，建炎四年六月乙亥。

⑩ 同上书，建炎四年六月壬辰。

⑪ 《咸淳毗陵志》卷四《诏敕》，道光钱塘汪氏振绮堂刊本。

人上万人，多者十几万人。如建炎三年十月，郭仲威部几万人渡过长江，进入平江府[①]；四年，孔彦舟部进入洞庭湖以南地区[②]；绍兴元年八月，曹成部进入湖南，之后向岭南发展，直进到广西贺州[③]。当时迁入江南，在江南活动的还有许多其他的武装集团，他们控制的北方流民不下百万人。

汉人不仅南迁长江流域的江南一带，还向岭南的山区和边远地区移民，包括今广东、广西和海南三省区虽比较偏远，因远离战争也是北方人民避难的乐园，“时中原士大夫避难者多在岭南”[④]。如原居荆门（湖北今市）的理学家胡安国一家，靖康之乱后寓居湖南湘潭，湖南北部乱后复向南部的邵州（邵阳市）迁移，此后更进入广西全州灌阳县[⑤]；管理宗室成员的大宗正司先自开封迁到虔州，建炎四年三月再向南迁入广州[⑥]。连广西非汉民族居住的沿边 13 州也有北方移民。[⑦] 曾在各地流徙的北方诗人张嵲记当时的情景云：“十年敌骑遍寰海，北客走到天南陬。天高地迥岂不广，南来北去皆离忧。”[⑧]《鸡肋编》卷上也云：“建炎之后，江、浙、湖、湘、闽、广，西北流寓之人遍满。”

对靖康之乱时期的汉人南迁，吴松弟总结说：靖康元年至建炎四年（1126—1130 年）的北方人口南迁，大约有三个浪潮：金军攻入河北、河东以后，移民进入河南和淮南；攻入淮南以后，移民进入江南；攻入江南以后，一些移民进入岭南、福建以及其他山区。当然，这种总结只是指出了汉人南迁的主要趋势。[⑨]

（二）南宋金对峙时期的汉人南迁

宋金绍兴和约的正式签订，标志着两国开始进入南北对峙时期，这一时期一直继续到金亡。这一时期（1141—1234 年），宋金双方都曾发动过大规模战争，但往往几年便宣告结束，双方仍维持秦岭—淮河这一分界

---

① 《建炎以来系年要录》卷二八，建炎三年十月庚寅。

② 《建炎以来系年要录》卷三一，建炎四年正月甲午。

③ 《宋史·高宗纪》。

④ 《建炎以来系年要录》卷六三，绍兴三年三月癸未。

⑤ 见（宋）胡寅《斐然集》卷二十《悼亡别记》。

⑥ 《建炎以来系年要录》卷三二，建炎四年三月丁卯。

⑦ 《建炎以来系年要录》卷六三，绍兴三年三月癸未。

⑧ 《紫微集》卷五《行建溪上是晚同宿小桥感怀书事》。

⑨ 葛剑雄主编：《中国移民史》第四卷，福建人民出版社 1997 年版，第 258 页。

线。每一次北方人口南迁都与战争相联系，在此期间的北方人口南迁，可分为海陵南侵之役、开禧北伐之役、宣宗南侵之役、宋蒙灭金之役四个阶段。

1. 海陵南侵之役与汉人南迁

绍兴三十一年（金正隆六年，1161 年）四月，金海陵王率文武大臣进入河南，准备南侵。与此同时，北方汉人开始南迁。

六月，淮北民兵崔唯夫、董臻等率领万余人南迁。[①]

九月，均州武钜招纳到来自金界的忠义、归明人 2 万余人并老小数万口[②]；十一月，邓州人苏俦率家属和客户 4000 余人迁入湖北[③]。

这次南侵只持续了半年左右，金军在采石的渡江作战失败。十二月，侵入淮南的金军全部北撤。宋朝利用暂时的优势，加紧招纳北方汉人。在东线，宋军戚方部收到归正人和金兵 4000 余人，蒙县民倪震率 4000 余人渡淮进入南宋，来自淮北的大批归正人进入楚州，著名词人辛弃疾率部分耿京领导的山东义军南下，淮西一带招到愿意屯田的归正人大约 17000 名。此外，宋军在海州招募到山东义军 4000 余人，且每人各有家小，多者达十余口。在中线，迁入荆襄地区的“西北来归之人甚众”[④]。在西线，宋军收复位于今甘肃南部的秦洮路，招到弓箭手 1 万人。

这个阶段北方汉人南迁的移民主要分布在长江南北和两淮地区。[⑤]

2. 开禧北伐之役与汉人南迁

开禧二年（1206 年）南宋权臣韩侂胄发动北伐，重新掀起北方汉人南迁的浪潮。

战争爆发前，金朝饥荒，数十万饥民流徙在淮北的唐、邓、颍、蔡、寿、亳诸州之间。由于“淮北流民有愿过淮者”，一部分人趁此机会迁入南宋。

南宋对金全面开战以后，没想到很快失利，金军反攻，进入宋境，江淮人民再次被迫南迁。仅淮南的安丰（今安徽寿县）、濠、盱眙、楚、

---

① 《宋史·高宗纪》，第 601 页。

② 《宋会要辑稿》兵一五之九。忠义、归明人均是南宋对自金界南迁者的称呼。

③ 《三朝北盟会编》卷二三一，炎兴下帙一百三十一。

④ 《建炎以来系年要录》卷一九八，绍兴三十二年闰二月壬辰。

⑤ 参阅葛剑雄主编《中国移民史》第四卷，福建人民出版社 1997 年版，第 262 页。

庐、和、扬七州军，“其民奔进渡江求活者几二十万家”[①]。

据开禧二年十一月枢密院报告，两淮渡江人民主要分布在镇江、平江、建康、江阴、广德、嘉兴、湖、常、衢、婺、信、饶等府州军。[②] 更重要的是“自开禧兵变，淮民稍徙入于浙、于闽”[③]。

这个阶段北方汉人南迁的移民主要分布在长江以南和浙、闽地区。

3. 宣宗南侵之役与汉人南迁

嘉定七年（1214 年），在正崛起的蒙古国的攻击下，金宣宗被迫迁都南京（今开封市），国土范围大减，只据有河南、陕西等地区。为了取南宋的土地财产以弥补损失，十年（1217 年）四月，金军开始攻宋，史称宣宗南侵。

与宣宗南侵相伴的，土著居民南迁和金界人民大批迁入，到嘉定末年陕南、汉南、淮南等“三边之地”已形成“民夷（指来自金界的汉族移民）杂居”“客主不敌”的局面。[④]

4. 宋蒙灭金之役与汉人南迁

金末，“河朔大乱，凡二十余年，数千里间，人民杀戮几尽，其存者以户口计，千百不一余”[⑤]。这时，新兴的蒙古国约南宋联合灭金。南宋理宗绍定五年（1232 年，金天兴元年，蒙古窝阔台汗四年），南宋派兵与蒙古军一起合围金都汴京，金亡。于是，面对战乱，大批北方汉人“又多转徙南北”[⑥]，又出现一次北方汉人口南迁的浪潮。如绍定六年，孟珙统率宋军在河南作战，先后俘获金朝军人和民户甚多。第一次是 120020 户；第二次是 32000 人；第三次是军士 15500 人，民户 35300 户 125553 人；第四次是壮士老小 12300 人。[⑦] 这些汉人最初留在唐、邓，不久蒙古

---

① （宋）叶适：《叶适集·水心文集》卷二《安集两淮申省状》，第 10 页。

② 《宋会要辑稿》食货六八之一〇三。

③ （宋）叶绍翁：《四朝闻见录》，载《淮民浆枣》卷五，参阅吴松弟《中国移民史》第四卷，福建人民出版社 1997 年版，第 264—265 页。

④ （宋）魏了翁：《鹤山集》卷一九《被诏除礼部尚书内引奏事第四札》卷一六《值前奏事札子二》，参阅葛剑雄主编《中国移民史》第四卷，福建人民出版社 1997 年版，第 265—267 页。

⑤ 《静修集》卷一七《孙君墓铭》。

⑥ 同上。

⑦ 《宋史·孟珙传》。

军大举攻宋，他们中的一些人便随宋军南迁。[①]

（三）南宋蒙元对峙时期的汉人南迁

蒙古铁骑并没有因为南宋与之联盟灭金而停止向江南的进攻。理宗端平元年（1234 年）正月，蒙古和宋联合灭金。第二年，蒙古便挥师南下，分三路攻打南宋的四川、荆襄和淮南地区，宋蒙战争全面展开。

此后宋元对峙了四十五年，直到恭帝德祐二年（1276 年，元至元十三年）宋亡，三年后（1279 年）帝昺蹈海，南宋残部彻底覆灭。在这个对峙时期汉人的南迁，可分为蒙元攻宋之役（端平元年至景定元年，1234—1260 年）和蒙元灭宋之役（咸淳四年至帝昺祥兴二年，1268—1279 年）两个阶段。

1. 蒙元攻宋之役与汉人南迁

蒙古军队占领北方以后，滥杀无辜，其凶暴超过当年的女真人，迫使北方人民大量迁入南方。当时，淮南百姓主要迁入长江以南，嘉熙元年（1237 年）“淮民避兵，扶老携幼渡江而南无虑数十百万”[②]。淮民自镇江上岸以后，旬日之间即向常州流徙，并继续向东迁移，自毗陵（常州）而苏（州）、湖（州），自苏、湖而杭（州）、秀（州）。此外，江阴军、建康府、太平州、池州、江州、兴国军、鄂州、宁国府等地也有不少淮民[③]，连长江中的沙洲也是淮民麇集的地方。同年，京西南路各州军丧失，士人多迁居江陵和鄂州。鄂州武昌县（治今鄂州市）从流入境内的难民中招收 3000 人为雄淮军[④]，可见流入鄂州和江陵府的不仅有士人，更有大量的平民百姓。

端平三年（1236 年），进入黄州的边境人民“日以千计”，当地造屋 3 万间供他们居住。[⑤] 淳祐四年（1244 年），孟珙在荆襄“招河南八郡来归”，并招纳中原移民和“江淮失业人”组成武胜军。[⑥] 开庆元年（1259 年），李庭芝在扬州于平山堂外筑大城，驻扎来自开封以南的移民 2 万人。景定初，因蒙古大将李璮降宋，其辖下的涟水三城的汉人被迁入通州

① 葛剑雄主编：《中国移民史》第四卷，福建人民出版社 1997 年版，第 268 页。

② （宋）杜范：《清献集》卷八《便民五事奏札》，四库全书本。

③ 《宋史·理宗纪》。

④ 《寿昌乘》“尺籍”，光绪武昌柯氏息园刻本。

⑤ 《宋史·孟珙传》。

⑥ 《宋季三朝政要》卷二。

（今江苏南通市）和泰州之间。

在北方汉人大批迁入的态势下，于江淮地区的京西南、淮南东、淮南西、荆湖北四路，在被元军占领之年（元至元十二年或十三年，1275 年或 1276 年）的户数比南宋嘉定十六年（1223 年）增加很多，百分比远远高于长江以南各路，改变了嘉定以前户口下降的趋势。[①]

2. 蒙元灭宋之役与汉人南迁

元灭宋已大势所趋。在蒙元灭宋战争期间，除了北方人民迁入江淮和江淮人民迁入江南这两种移民浪潮仍在继续外，对汉民族海外移民有特别意义的是南宋残部大批迁入闽广。

宋德祐二年（1276 年）正月，元军兵临临安城下，南宋恭帝和太后降元，南宋亡。当晚不愿降元的丞相陈宜中逃归温州，将领张世杰也率所部离开临安。次日，驸马杨镇，将领苏刘义、张亮节、张全等人，奉度宗儿子益王赵昰、广王赵昺和二王之母杨氏、俞氏南行，也进入温州。于是南宋残部纷纷汇聚温州。不久，又自温州退入福州。五月，于福州立年仅九岁的赵昰为宋主，改元景炎，筹划在东南抗元事项。福建、两浙、广东等地的南宋残余势力纷纷响应。十一月，元军进入福建，陈宜中、张世杰等人奉帝昰自福州乘船经泉州、潮州、惠州南走，由于广州已被元军占领，船只停泊在井澳（今中山市南大横琴岛下）。景炎三年四月，赵昰病死，陆秀夫等人立赵昺为宋主，不久迁居新会之崖山（今新会南）。次年二月，宋元海军展开决战，宋军大败，陆秀夫负幼帝投海死，南宋残部灭亡。随二王入广的幸存者中，除陈宜中、曾渊子等少数文武臣子流落海外[②]，有的北归，有的入广。而入广的汉人移民后来成了汉民族海外移民的主要来源。

据吴松弟研究，随二王迁闽广的人数，《宋史》阙载，《宋季三朝政要》载自福州发舟入海时，计有正军 17 万、民兵 30 万有奇，内淮兵 1 万[③]。《宋史纪事本末》卷一〇八《二王之立》章取此说，又载赵昺迁崖山时官、民、兵还有 20 万人；崖山兵败后宋军“尸浮海上者十余万人”[④]。因此，有二三十万官、民、兵自福州南行。[⑤]

① 参阅吴松弟《中国移民史》第四卷，福建人民出版社 1997 年版，第 269—271 页。

② （宋）郑思肖：《郑思肖集·大义略叙》，第 173 页。

③ 《宋季三朝政要》附录卷六《广王本末》。

④ 《宋史·瀛国公纪》同此说。

⑤ 葛剑雄主编：《中国移民史》第四卷，福建人民出版社 1997 年版，第 272 页。

综观中国历史上出现过的二次大移民时代，靖康之乱阶段的北方人口南迁，其规模之大，迁入人口之多，影响之深远，无疑要超过以后的任何一个时期和任何一个阶段。

三 第二次大移民时代对汉民族海外移民的影响

人们一定会问，写汉民族的海外移民，为什么要花这么多的篇幅写汉民族的国内移民？其实，笔者在本书的绪论中早已明示，从整体上看，汉民族的海外移民正是汉民族国内移民的延伸和继续。从历史上看，一般来说，“安土重迁”的汉民族，都是因为战乱、灾害的天灾人祸的逼迫下，走投无路，在原居地活不下去了，才被迫迁徙。

历史发展从秦汉到宋元（前221—1279年），前后整整1500年，汉民族经历了两个大移民时代，掀起了三次南迁的浪潮，逐步向南推进移民。

在第一次大移民时代，先从中原黄河流域向长江流域迁徙，主要分布在江苏、安徽、江西、湖北及四川长江北岸，少部分过了长江，极少进入浙江、福建及岭南。

在第二次大移民时代前期，再从长江流域北岸过江，向江南一带迁徙，并逐渐从线状分布向面状分布发展，逐渐布满了江苏、安徽、江西、湖北及重庆、四川，包括山区在内的大部分地方，并开始进入浙江、福建、广东、广西。

在第二次大移民时代后期，成规模地进入浙江、福建及岭南。

这种波浪式地从北向南的逐步推进、延伸和发展，使汉民族向海外移民的条件越来越成熟。而在海外移民的种种条件中，除航海必需的船舶、导航技术、远洋航行的工具，以及对世界和世界各国的认识和了解以外，最重要的是要有敢为天下先的人。有了这样的人，才天不怕地不怕，皇帝老子也不怕，才去出海、出大海大洋。长期以来，汉民族所生活的东亚大陆，虽然面临着广阔的海洋，但以农业为主的经济生活，作用于汉民族性格和文化选择，在漫长的演进过程中，农业文明逐渐占据了主导地位。虽然也有海洋文明的出现，但一直没有上升至主位。正如有人所言：汉民族文明以农业文明为主流，海洋文明则是浪花一朵，居于从属的地位。作为典型的大陆—河流文明，汉民族文明在相当长的历史阶段中曾执世界文明的牛耳。汉民族有农业和手工业，特别是纺织、造船、制瓷、造纸、印刷、火药、建筑等行业的成就，一度令世界各国望尘莫及。由此人们不能不承认，大河文明创造了灿烂而持久的汉民族文化，维系了汉民族的从多元走向一体。

但面对海洋的汉民族，一直锲而不舍、坚韧不拔地走向海洋。这样，汉民族从形成开始，历经了1500年迁徙，宋元时，汉民族中终于有人脱颖而出，开始形成胆识、智慧、坚毅不同于一般的族群，勇于开拓、取于冒险、能勇往直前、有无畏精神的一些族群——闽南人、潮汕人、广府人、客家人、福州人、温州人、宁波人等，这是中国第二次大移民时代对汉民族海外移民最重要的影响。

（一）汉人南迁福建与闽南人、福州人的萌起

前曾述及汉代之时福建几成无人区，此后历经三国魏晋南北朝到隋唐进入福建的汉人移民仍极少。到了宋代，福建远离中原，又有重山阻隔，当南宋初金兵和北方流民武装集团进入江南，战火烧遍两湖和江东西、两浙的大部分地区之时，福建也爆发了叶浓、范汝为、张员等领导的当地人民起义，但为时很短，影响范围也小。建炎四年（1130年）李纲自广东结束流放，打算到江西德兴与在那里避难的家人团聚，因江西等地“颇有群盗啸聚”，不得不自广东绕远道经惠州、潮州、汀州（福建长汀县），不久又携家入闽避难。[①] 绍兴元年（1131年），原居江南的翟汝文因“金人南渡”，也“避地闽峤”[②]，可见福建还是当时南方比较安全的地方。南外、西外二宗正司辖下的赵氏宗室成员也在建炎三年底迁入福建。[③] 早期汉民族移民的迁入福建，就这样揭开了后来勇于移民海外的向闽南人、福州人萌起的序幕。

汉民移民经海、陆两路入闽。沿海港市福州和泉州，居江西入福建大道的邵武军（今邵武市）、建州（后改名建宁府，今建瓯县）、汀州，都是移民较多的府州，其中福州是福建北方汉人移民最多的府州。据统计：建炎年间福州户数比北宋元丰三年（1080年）增加58649户，年平均增长率达4.9‰。淳熙年间（1174—1189年）又比建炎年间增加51083户[④]，年平均增长率达2.9‰。蔡人奇《藤山志》云：“唐末宋初居民鲜

① （宋）李纲：《梁溪集》卷二四《立春日……偶成三篇》。

② （宋）翟汝文：《忠惠集》附《翟氏公巽埋铭》，四库全书本。

③ 《建炎以来系年要录》卷三十，建炎三年十二月甲午。

④ 据《淳熙三山志》卷十，元丰户211546，建炎户270201，淳熙户321284。

少。赵宋南渡以后，避乱者渐次迁藤，至元朝始成村落。”[①] 从而揭开了福州人萌起的序幕。

泉州是南宋宗子的重要居住地。建炎三年十二月，南外宗正司自镇江迁往泉州，随行的宗子 349 人开始成为泉州的新居民。“其后日以蕃衍”，到庆元年间（1195—1200 年）发展到 1700 余人，绍定年间（1228—1233 年）达 2300 余人。[②] 除了宗子，泉州还有一定数量的士大夫和平民移民。真德秀知泉州时，泉州人称李訦、杨炳、傅伯成等居住泉州的三位老臣为“三大老”[③]，李訦和傅伯成的祖先都是南宋初自北方迁入。这些人的迁入泉州，从而揭开了闽南人萌起的序幕。

对于福建地方有特别意义的是五代十国时闽国的建立。唐昭宗景福二年（893 年）汉人移民王潮、王审知王氏兄弟攻占福州，并逐渐据有福建全地。王潮被授职为福建观察使，不久升为威武军节度使。唐乾宁四年（897 年）王潮死，其弟王审知受封为琅琊王。后梁开平三年（909 年），王审知受封为闽王，为五代十国的十国之一，先定都于长乐（今福建福州）。后唐长兴四年（933 年）王审知次子王延钧称帝，国号闽，建都长乐。之后闽国内乱，永隆五年二月（943 年），延钧弟王延政于建州称帝，国号殷，年号天德。天德三年（945 年），延政复国号为闽，不久即为南唐所灭。

闽国的建立虽然时间很短，但意义非凡，福建在 10 世纪时成为一个独立国家，这在福建省历史上是一个转折点。福建的发展第一次不是为全中国，而是为自己，这不仅为福建的经济增长打下了基础：荒地开垦了，人口增加了，当地工商业兴起了，使得福建在宋代成为越来越重要的省份。而且使正在萌起的福州人、闽南人具有了某种程度的不怕皇帝的独立性格。这样，福建商人在相对自由，又得到官方支持的贸易环境下发展了

① 蔡人奇：《藤山志》，转引自朱维干《福建史稿》上册，福建教育出版社 1984 年版，第 235 页。今福州市桥南三叉街十锦里旧称藤山。

② （宋）真德秀：《西山文集》卷十五《申尚书省乞拨降度牒添助宗子请给》。《郑思肖集·大义略叙》载宋末事，说：“泉州素多宗子，闻张少保至，宗子纠集万余人出迎王师，叛臣蒲寿耕闭城三日，尽杀南吾外宗子数万人。”吴松弟按：按此数字似有夸大，因为绍定距宋末六十余年，即使按庆元至绍定年间的年平均增长率计算，也繁衍不到 4000 人。吴松弟：《中国移民史》第四卷，福建人民出版社 1997 年版，第 349 页。

③ 《西山文集》卷四二《李公墓志铭》。

他们的航海技术，从而推动了他们海外移民的进程。[①]

（二）汉人南迁汀、赣与客家人的萌起

汀、赣二州虽位于今闽赣粤三省交界处，群山耸立，环境闭塞，但仍有交通线经过。通赣州的广州—大庾岭—洪州大道自唐后期以来即为中原通往岭南的主要交通线，汀州也有道路南通广东，北经建昌军入江西平原。南宋初期江南和江西的平原地区大乱，一些北方移民便顺着这些道路迁入汀、赣二州避乱。据周建新在《江西客家》和吴松弟在《中国移民史》第四卷的研究：南宋初期，当江西的大部分地区因战争人口数量有所下降时，位于南部和东南部的赣州、建昌军（今南城县），以及属于福建但与二州军毗邻的汀州（今长汀县），人口数量却有了较快的增长。高宗绍兴年间赣州户近12.1万，孝宗淳熙年间为29.3万，年平均增长率达25.6‰，高于全国年平均增长率几十倍。[②] 汀州在孝宗隆兴二年（1164年）户数为174517，较元丰年间增加9.3万户，年平均增长率达9.1‰。[③]这些地区人口的增加，一定程度上要归之于外来人口的迁入。正如南宋诗人杨万里所说："豫章自建炎兵余，民多死、徙。"[④] 这些流徙的百姓，除一部分被金军强迫北迁，大部分人只能迁入邻近的山区。除了来自江西的移民，二州军还有一定数量的北方移民。他们主要有四部分人，即南宋初期迁入的北人，南宋中期迁入的归正人，南宋后期自江南其他地区迁入的北人后裔，驻守当地的由北方人组成的军队。这些人迁入汀、赣，从而揭开了客家人萌起的序幕。

（三）汉人南迁岭南与广府人的萌起

岭南在南宋士大夫的眼中，是不甚适宜居住的地区，不仅因为这里是经济文化相当落后的蛮荒之地，而且在此也不易取得功名。直到南宋后期，宋末文坛领袖刘克庄还说："国家忧顾在西北，功名机会在西北，天下士不游广陵谒陈登，适荆依刘表，则入蜀客严武。……若岭峤偏远，无

---

① 参阅王赓武《中国与海外华人》，商务印书馆1994年版，第94—95页。

② 据《嘉靖赣州府志》卷四。书未载户口系年，计算时各取绍兴年间和淳熙年间的中间年份，即绍兴十六年（1146年）至淳熙八年（1181年）。

③ 户数据《郡县志》和《临汀志》，《永乐大典》卷7890"汀"字。

④ （宋）杨万里：《诚斋集》卷一一九《张爽行状》。杨万里（1127—1206年），字廷秀，自号诚斋野客，吉水南溪（今吉水县黄桥乡湴塘村）人。他是南宋杰出的诗人，与陆游、范成大、尤袤齐名，被后人推为"中兴四大家"。

进取蹊径，世以为雾潦炎热之地。士或南辕，亲友谏止；不可止，则握手郑重，以尊生为足；不相知者至有息阴止渴之疑。”[①] 直至元代，人们还认为：“方今庾岭南，谈者以为偏且远，风气异中州，仕者不欲住，往者又欲不久居。”[②] 尽管如此，建炎和绍兴初年，由于岭南不是金军和北方流民武装集团作战区域，所以岭南仍然是南方的安全地区。庄绰说：“自中原遭胡虏之祸，民人死于兵革水火疾饥坠压寒暑力役者，盖已不可胜计，而避地二广者，幸获安居。”[③] 于是陈与义、朱敦儒、朱胜非、胡安国和自北方退入江南的宗子都在金军侵入江南之后迁入岭南，时内、外宗正司分寓广州、泉州和潮州，广、潮便位于本区。[④] 其实，这些人不过是迁入岭南避难的北方人的极少一部分。史载：“时江北士大夫，多避地岭南者”[⑤]；“时中原士大夫避难者，多在岭南”，甚至广西与少数民族居住区相接壤的沿边 13 州也有汉人移民。[⑥] 除了入广避难的士大夫和民众有可能定居于此，在广东路北部的连州（广东连县）被岳飞军击溃的曹成部流民武装也有人可能定居于此。绍兴初，曹成部拥众 10 万，在连州 2 万溃卒降于岳飞。[⑦]

当然，岭南北方汉人移民的绝对数量要远远少于其他区域，但由于地广人稀，移民在一些地区人口中所占的比重不可小觑，而且在绍兴末年以后仍有汉人移民迁入。孝宗乾道元年（1165 年），周必大曾为“湖湘之民方避地”进入广东作过一首《次韵广东芮漕》的诗。次年，原融州通判唐孝颖谈广南考试情况时，提到寄居在岭南的“西北流寓人”[⑧]，应是指新迁入的北方汉人移民。因此，绍兴末金海陵王南侵时期也有一定数量的北方移民进入岭南。此外，南宋末年也有一批移民随二王迁入岭南。光宗绍熙二年（1191 年），朝廷要求各地宗子清理不规范的姓名，限四川和岭

① 《后村集》卷九六《送卓渔之罗浮》。

② （元）徐明善：《芳谷集》卷上《送郑大使之广东序》，四库全书本。

③ 《鸡肋编》卷中。

④ 据（宋）陈与义《陈与义集》附《简斋先生年谱》；（宋）周必大《文忠集》卷一七七《朱敦儒出处》；（宋）胡寅《斐然集》卷一六《再论朱胜非》；《建炎以来系年要录》卷四八，绍兴元年十月壬申。

⑤ 《建炎以来系年要录》卷五六，绍兴二年七月甲申。

⑥ 《建炎以来系年要录》卷六三，绍兴三年三月癸未。

⑦ （宋）岳珂：《金陀粹编》卷五。

⑧ 《宋会要辑稿》选举二六之四。

南的宗子在一年内清理完毕[①]，可见本区也是宗室的分布地之一。

迁入岭南的北方汉人移民，还要包括驻守当地的军人和流放于此的谪官及罪人。绍兴三年七月，由于广东盗贼作乱，朝廷令岳飞部差官兵3000人并家小前去广州驻守[②]，有万余人。这支由韩京率领的军队称为摧锋军，以后基本驻在广东。[③] 广西的军人相当一部分也来自北方，如隆兴元年（1163年）全州军士骚乱，知州王次张“密召邓州一二以为腹心，从容治事如常事”，遂得以平叛。[④] 因此，军人及其家属是宋代岭南外来移民的重要部分，北宋平定侬智高后留居邕州（治今南宁市）的军人1500人便对当地产生很大影响，《大明一统志》引元代方志甚至说“今邕人皆其种类，故语言类襄汉”。南宋进驻的军队无疑也会对驻地产生一定的影响。

明人叶盛说：“广东人言其地有宋坟无唐坟，盖自宋南渡后衣冠冢多流落至此，始变其族事丧葬也。”[⑤] 可见在明代人看来，南宋时广东有一定数量的北方移民。广州不仅是广南东路的首府，也是宋代重要的外贸港口，因此北方移民较多，南宋初期，内、外宗正司曾分寓广州和潮州，后虽然北迁江南，但在两地都留下少数人，加上原在岭北后再迁广东的一些宗子，因此两州都有宗子，广州的宗子分布在南海、番禺、东莞、香山诸县。据《大德南海志》卷九所载的进士题名，南宋时广州进士共101名，宗室有13名，占了八分之一左右。此外，在广州参加科举考试的流寓士人（其中部分为移民）也有一定数量，宁宗时广州知州陈岘便曾“奏增流寓解额以收寒士”，“重修延恩馆处士族之落南者”[⑥]。如果将已经落籍广州和军队中的北方移民也计算在内，移民可能在当地人口中占一定的比例。

广东的南雄州（今南雄县）、海阳、连州、广州、东莞、南海、番禺、四会、香山（今中山市），除南雄州、海阳与连州外，均位于珠江三

---

① 《宋会要辑稿》帝系七之一二。

② 《宋会要辑稿》兵五之一七。

③ 见《建炎以来朝野杂记》甲集卷十八《殿前司摧锋军》；《宋史·崔与之传》。

④ （宋）楼钥：《南涧甲乙稿》卷二一《王公墓志铭》。

⑤ 《水东日记》卷十四，四库全书本。

⑥ （宋）真德秀：《西山文集》卷四四《陈公墓志铭》。

角洲。这些地方是汉人移民在广东的主要分布区。[①] 这些人迁入岭南，从而揭开了广府人萌起的序幕。[②]

与福建建闽国一样，对于广东地方有特别意义的是五代十国时南汉国的建立。南汉（917—971 年）是五代十国时期的地方政权之一，位于现广东、广西两省及越南北部。唐末岭南士人云集，有的是为了避战乱，有的是被流放岭南的名臣后裔，还有因战乱阻隔不得北返的任满地方官。在刘谦任封开（今广东封开）刺史之时，已拥兵过万，战舰百余。刘谦死后，刘隐继承父职。觅收用这三类士人为辅佐，遣其弟刘岩（889—942 年）率兵平定岭南东西两道诸割据势力，控制了岭南；西与楚争容桂之地，攻占了容、邕两管（今广西西部、南部及广东部分地区）。天祐二年（905 年），升任静海军节度使。梁开平元年（907 年），刘隐受后梁封为彭郡王，909 年改封为南平王，次年又改封为南海王。刘隐死后，其弟刘龑袭封南海王。刘龑凭借父兄在岭南的基业，于后梁贞明三年（917 年）在番禺（今广州）称帝，称兴王府，国号“大越”。次年，刘龑以汉朝刘氏后裔的身份改国号为“大汉”，史称南汉。971 年为北宋所灭，历五主，共六十七年。

南汉国的建立对于广府人的经济及人文性格的形成，与闽国的建立对于闽南人和福建人一样，具有非凡的、不同寻常的意义。

第三节　下南洋：汉民族海外移民的初步发展

从五代十国到元王朝的 460 多年，是中国历史上最动荡、最分裂、最苦难，且灾害越来越严重的时期。俗话说：此处不留爷，自有留爷处。此处活不下去，就换个地方活！但千百年来，汉民族一直处在从北到南的迁徙移动之中，经过 1500 余年的两次大迁徙、三次南迁浪潮，汉民族几乎遍布中国，连汉唐时仍是少数民族天下的岭南也有成规模的汉人迁入。土地还是那块土地，人口却成倍地增加。在现代国家概念还没有进入人们政治生活的时代，汉民族便开始向海外移民了，到了宋元时代，开始了

① 参阅吴松弟《中国移民史》第四卷，福建人民出版社 1997 年版，第 401—408 页。

② 关于闽南人、潮汕人、广府人、客家人、福州人、温州人、宁波人等汉族族群形成和发展的历史详见《汉民族史记》第 3 卷。

“下南洋”的移民。

一 灾害依然肆虐

在五代前后五十四年中，天灾的发生，达51次。其中，计有旱灾26次，水灾11次，蝗灾6次，雹灾3次，地震3次，风灾2次。当时各种灾害情形，史书多有记载：

后周太祖广顺三年（953年），十月，境内大旱，边民有鬻男女者。

后周广顺二年（952年），夏六月，丁酉，大水入成都，壤延秋门，漂没千余家，溺死五千余人，冲毁太庙四室及司天监。七月暴水又大至。

后唐明宗天成三年（928年），夏六月，大蝗蔽日而飞，昼为之黑，庭户衣帐悉充塞。

后晋高祖天福六年（即后蜀后主广政五年，941年），春正月，地震；十月又地震，摧民居以百数。①

两宋前后487年，遭受各种灾害，总计874次。其中最多的是水灾，达193次；其次是旱灾，达183次；再次是雹灾，达101次。其余风灾有93次，蝗灾有90次，歉饥有87次，地震有77次。此外，还有疫灾32次，霜雪之灾18次。两宋灾害频度之密，相当于唐代，而其强度和广度，则更甚于唐代。下面举数例明示：

太宗太平兴国二年（977年），正月，京师旱。六月曹州大风，坏济阴县廨及军营；孟州河溢，坏温县堤七十余步；郑州坏荥泽县宁王村堤三十余步；又涨于澶州，坏吴公村堤三十步；开封府汴水溢，坏大宁堤，浸害民田；忠州江涨二十五丈；兴州江涨，毁栈道四百余间；濮州大水，害民田凡五千七百四十三顷；颍州颍水涨，坏城门军营民舍；景城县雨雹。七月，蜀、汉江涨，坏城及民田庐舍；开封等八县，河溢害稼；卫州蝻虫生；永定县大风雹害稼；道州春、夏霖雨

① 以上所引均据《十国春秋·吴越忠懿王世家》。

不止，平地二丈余。

淳化元年（990年），正月至四月不雨，河南、凤翔、大名、京兆府，许、沧、单、汝、乾、郑、同等州旱。六月，许州大风雹，坏军营民舍一千一百五十六区；鱼台县风雹害稼；陇城县大雨，坏官私庐舍殆尽，溺死者百三十七人；吉州大雨，江涨，漂坏民田庐舍；黄梅县堀口湖水涨，坏民田庐舍皆尽，江水涨二丈八尺；洪州水涨，坏州城三十堵，民庐舍二千余区，漂二千余户；孟州河涨，京师暴风起，东北尘沙曀日；棣州飞蝗害稼；开封、河南等九州饥；开封、陈留、封丘、酸枣、鄢陵旱。八月，京兆、长安八县旱。十月，乾、郑二州，河南寿安等十四县旱。①

孝宗淳熙四年（1177年）春，大饥。正月，建康府雨雹。五月，建宁府、福州、南剑州大雨水，漂民庐数千家；钱塘江涛大溢，败临安府堤八十余丈；又败堤百余丈；明州，漂没民田，又雨雹。秋，昭州螟；真州大疫。九月，大风雨，驾海涛，败钱塘县堤三百余丈；余姚县溺死四十余人，败堤二千五百六十余丈；败上虞县堤、梁湖堰及运河岸；定海县，败堤二千五百余丈；鄞县败堤五千一百余丈；襄阳府旱。十月，福清县、兴化军大风雨，坏官舍、民居、仓库及海口镇，人多死者。②

光宗绍熙二年（1191年），春，涪州疫，死数千人。正月，大雨雹，震雷电以雨，至二月大雪连数日。建宁府大风雨雹，仆屋杀人；赣州霖雨，连春夏不止，坏城四百九十丈。三月，大风雨雹，大如桃李实，平地盈尺，坏庐舍五千余家，禾麻、蔬果皆损，瑞安县亦如之，坏屋杀人尤甚。瑞安县大风，坏屋拔木，杀人；温州大风雷雹；蕲州饥，夔路五郡亦饥，渝、涪为甚。阶、成、凤、西、和州亡麦；宁化县连水漂庐舍田亩，溺死二十余人。五月，建宁州水，福州水，浸附郭民庐，怀安、侯官县，漂千三百余家；古田、闽清县亦坏田庐；利州东江溢，坏堤田庐舍；潼川府东、南江溢；真、扬、通、泰、楚、滁、荣州大旱。六月，东南江又溢，再坏堤桥，水入城，没庐舍七百四十余家；郪、涪、射洪、通泉县汇田为江者千余亩。七

① 以上所引均据《宋史·太宗本纪》及《五行志》。

② 《宋史·孝宗本纪》及《五行志》。

月，嘉陵江暴溢，兴州圮城门、郡狱、官舍几（凡）十七所，漂民居三千四百九十余；潼川、崇庆府、绵、果、合、金、龙、汉州、怀安、石泉、大安军、鱼关皆水。时上流西蕃界古松州江水暴溢，龙州败桥阁五百余区；江油县溺死者众。高邮县蝗至水暴溢，龙州败桥阁五百余区；江油县溺死者众。高邮县蝗至于秦州。①

宁宗嘉定二年（1209年），春，两淮、荆襄、建康府大饥，米斗钱数千，人食草木，流于扬州者数千家，渡江者聚建康，殍死者日八九十人。二月，大风。三月，雨雹。四月，蝗、旱，浙西大旱，常润为甚；淮东西江东，湖北皆旱。五月，连州大水，败城郭百余丈，没官舍聚落甚多。六月，飞蝗入畿县；西和州水，没长道县治；昭化县水没县治，湮漂民庐；成州水入城，圮垒舍；同谷县及遂宁府、阆州皆水；夏都民疫死甚众；淮民流江南者，饥与暑并多疫死。七月，台州大风，而激海涛，漂圮二千二百八十余家，溺死尤众。秋，诸路大歉，常润尤甚。冬，行都大饥。②

元代一百余年间，受灾总共达513次。其频度之多，实在惊人！计水灾92次，旱灾86次，雹灾69次，蝗灾61次，歉饥59次，地震56次，风灾42次，霜雪28次，疫灾20次。其中较严重的灾情，如：

世祖至元二十五年（1288年），杭、苏二州，连岁大水。四月，运河决，杭、苏、湖、茹四州，复大水。五月，徐邳屯田，雨雹害麦；灵寿、阳曲等县亦雹；盖州旱，民饥；东平路及西安路，商、耀等十六州，皆大旱；资国、富昌等一十六屯，雨水，蝗害稼；汴梁路及赵、晋、冀三州亦蝗；八月至九月，献、莫州饥，又霖雨害禾稼。

二十七年（1290年），四月，平山、沧州等地旱；诸州大风雹，害稼；河北十七郡蝗；婺州螟，害稼；开元、河东、山西，诸道州县饥；芍坡屯田，霖雨害稼二万二千四百八十亩有奇。五月，陕西陨霜杀稼。七月，大同、平阳、太原陨霜杀稼；终南等屯，霖雨又害稼万九千六百余亩；江西大雨，水皆溢；二月至八月，地三震，武平尤

① 《宋史·孝宗本纪》及《五行志》。

② 《宋史·宁宗本纪》及《五行志》。

甚，压死官民七千二百二十人，坏仓库局四百八十间，居民无数。又是年夏，河溢太康，没民田三十一万九千八百余亩，怀、孟诸路皆大水，害稼不可胜计①。

成宗元贞二年（1296 年），是岁五州十余县雨雹；汴梁诸州大风损禾。夏，二十六州蝗。四月，太原、阳曲饥。八月，咸宁、金、复州、兴隆路陨霜杀稼；大名、开州、怀、孟、武陟等县旱。九月，莫、献二州旱。十月，化州旱。十二月，辽东、开元旱。又是岁五月至十二月，太原、平晋、莫亭等县水，又大都路水，损田稼七千余顷；河决开封。又大都、保定、汴梁、江陵、沔阳、复州风损禾。②

文宗至顺二年（1331 年），是岁霍、隰、石三州，阜城、平地二县旱。正月，宁海饥。二月，胶州饥，又大风。三月，察罕脑儿、蒙古饥；河净、德宁等处蒙古部饥；登莱、浙西诸路，云内州、辽阳境大同路、檀顺、昌平等处饥。四月，博兴州、泰兴县、内蒙古饥；衡州路属县河中府蝗；真定、武陟县地震，逾月不止；衡州路属县比岁蝗，旱，仍大水，民食草木殆尽，又疫疠，死者十九；潞州、潞城县大雨水，又大雪。五月，胶州、辽阳东路，蒙古、万户府、河间属县饥；宁夏、绍庆等五路属县大水。六月，兴和属县饥；河南、晋宁二路诸属县蝗；大都等五路属县及诸屯水；彰德路之临彰县，彰水决。秋七月，龙兴路饥；冀宁属县雨雹；湖州安吉县大水暴涨，漂死百九十人；大都、河间、汉阳属县水。八月，沅州饥；辰州、兴国二路虫伤稼；河南、奉元属县蝗；江浙诸路水潦害稼，计田十八万八千七百三十八顷。九月，兴和、宝昌州、思州、镇远府饥；湖州安吉县久雨，太湖溢，漂民居二千八百九十户，溺死百五十七人。十月，江浙、平江、湖州等路水，伤稼；吴江州大风雨，太湖溢，漂没庐舍资畜千九百七十家。十二月，河南大饥。冀宁、清源县雨雹。③

真是“屋漏偏逢连夜雨，船迟又遇打头风”④。天灾伴着人祸，还让

① 《元史·世祖本纪》及《五行志》。

② 《元史·成宗本纪》及《五行志》。

③ 《元史·文宗本纪》及《五行志》。参阅邓拓《中国救荒史》，武汉大学出版社 2012 年版，第 19—25 页。

④ 参见（明）冯梦龙《醒世恒言》，北京十月文艺出版社 2004 年版。

人活吗？

二　南洋：汉民族心中的“世外桃源”

天外有天，山外有山。

宋元之时，汉民族在天灾与人祸的逃难中，感到中国大地上可生存的地方所剩无几之时，沿海的汉人就面向大海，把眼光投向了他们心目中的“世外桃源”——南洋。下面让我们扫描一下唐代及宋元时的南洋。

（一）南洋：南海各国

南洋是中国古代对东南亚一带的称呼，是以中国为中心的一个概念。包括马来群岛、菲律宾、印度尼西亚群岛，也包括中南半岛沿海、马来半岛等地。南洋的地理概念主要是指包括当今东盟十国在内的广大区域。而广义的南洋还包含当今的印度、澳大利亚、新西兰以及附近的太平洋诸岛。本书南洋指今东盟十国在内的区域。

东盟十国包括中南半岛上的老挝、柬埔寨、缅甸、泰国、越南、马来西亚6国及太平洋上的新加坡、文莱、菲律宾、印度尼西亚4国。而东盟十国在中国古代史中被统称为“南海各国”。下面让我们从源头说起南海各国的概况。

1. 古老挝国

古代及中世纪至迟在10万年以前，老挝地区已有人类居住，在老挝发现的古人类头骨化石表明，史前社会曾先后居住过美拉尼西亚人、尼格罗人和印度尼西亚人。发现较多的洞穴遗址和零星分布的文化遗存分别属于和平文化、北山文化和东山文化，其中以川圹查尔平原的巨石文化最为著称。14世纪以前的老挝历史，史籍上记载很少，几乎一片空白，只是在一些传说和神话中流传着，但从9—13世纪遗留下来的许多文物证明，当时的老挝属于古高棉族的统治范围，高棉和印度的文化通过佛教传入了老挝，使老挝文化在很大程度上受到其影响。有文字记载的老挝历史始于14世纪（又译“范甘”“法努”“召发翁”“昭发洪”）时代。直到中国元末明初的1353—1377年，法昂用武力征服了华潘、芒芬、万象、占巴塞等地的领主，建立了老挝历史上第一个统一的多民族国家，称“澜沧王国”（又称“南掌”）意为“万象之邦”，它的领土包括现在老挝全部和泰国东北部大部分地区在内的大片土地。今天，从琅勃拉邦经过万象到沙湾拿吉，在湄公河沿岸仍有很多庙宇、宝塔以及王宫、王陵等精美建筑，这都说明当时老挝的经济文化有相当高度的发展，成为当时印度支那半岛上很有影响的封建国家之一。由于法昂奠定了老挝王国的基础，因此他被视为老挝王国建国的始祖①。

现在能追溯到老挝上古的历史是这样的：1—12 世纪，老挝地区的主要居民为孟—吉蔑人，他们建立起许多奴隶制小国，其中以川圹和甘蒙一带的西科达蒙较为强盛，中国史书称之为"堂明"。《三国志·吴志·吕岱传》云：227 年，"岱既定交州，复进讨九真，斩获以万数。又遣从事南宣国化，暨徼外扶南、林邑、堂明诸王各遣使奉贡。"此为中国文献记载堂明王遣使到中国东吴聘问最早的一条史料。6 世纪，中国南北朝时真腊（柬埔寨）兴起，南并扶南，北兼道明（堂明）、僧高诸国，今万象以南尽为其所有。8 世纪初，真腊分裂为二：南部为水真腊，北部以今老挝地区为中心形成了陆真腊。陆真腊又名文单国。② 中国唐王朝 717—798 年之间，文单国先后四次遣使到中国访问。中国宋代 9 世纪初，水、陆真腊重新统一，真腊成为中南半岛强国之一。10 世纪以后，中国宋代之时，相继迁入老挝地区的泰佬人开始兴起，建立了许多小国，以琅勃拉邦的孟斯瓦国最为强盛。中国元末之时 1353 年，孟斯瓦王子法昂在真腊帮助下，统一老挝全境，建立了以佬族为主体的封建国家——澜沧王国（又称南掌王国），首都为琅勃拉邦。其疆域东界安南（今越南），东南连占婆（今越南中部），南接真腊（今柬埔寨），西邻暹罗（今泰国），西北及北部与缅甸、中国接壤，从而奠定了现代老挝的疆界。

法昂王实行"景孟制"，分封诸子到各地进行统治；又从柬埔寨引进了小乘佛教。桑森泰王进一步健全了统治机构，更换了许多官吏。他把国人分为三个等级：贵族、平民和奴仆（苦儿）。贵族分为六等：昭帕耶、

① 张良民：《老挝文学史概述》，《印度支那》1987 年第 3 期。

② 黎道纲认为："陆真腊"方圆和北部政治形势不合，将相关"驩州"至"文单国"的经行路线改为始终"西南方"，得出后者乃在今泰国穆达汉府的新观点。又以此为基础进行推论，描绘出"先吴哥"时期"真腊国"的疆域今地：东限长山，西至湄南河，北止湄公河，南濒泰国湾。比较其宗主"扶南国"鼎盛时期的领封，"先吴哥"时期"真腊国"的管辖相对狭小，究其原因，盖因北面受到"南诏国"武力的威胁，而在西面，因"堕罗钵底国""迦罗舍弗国"等的存在难以发展。至于"参半国"，非"文单西北"的大国，而是"真腊西南"的小国。所以，循着建立国家的"人"的线索，"陆真腊史"为"柬埔寨史"的部分，而非"老挝史"或"泰国史"可以溯源的"主体"部分。见黎道纲《文单国方位新考》，《南洋问题研究》2000 年第 2 期。此说备考。

帕耶、披阿、献、闷、坤，按级别大小担任各级官吏，被称为“昭孟”。此外，桑森泰王还普查全国人口，整编军队，把全国30万佬族壮丁编为五个“会索”，每个“会索”设常备军3万，后备军2万，另有5万留守队。这些措施巩固了老挝统一。

2. 古柬埔寨国

柬埔寨人很早便在这里生息、繁衍，创造人类早期的文明。考古工作者在三隆森、龙甫劳及穆鲁白利等地发掘出新石器时代的遗物，如石斧、骨制钓具。俄厄港的发掘进一步显示出这时人们已进入金石并用的时代。由于柬埔寨地处陆海的通道，远古时代的一些部族从陆路或海上由此经过，进入印度支那腹地，或在东南亚沿海定居。公元前6—前5世纪，中国春秋战国之交，柬埔寨人的祖先——高棉人（又称吉蔑人）由中国云南南迁，在湄公河上游、孟河一带短暂停留后，分别向西南和东南方向移动，到达今柬埔寨和越南南部一带，建立了扶南国。

（1）扶南国时期的柬埔寨

扶南是柬埔寨最古老的王国，也是东南亚第一个最强大的国家。“扶南”一名，来源于中国史籍，现代高棉语为Phnom，意为“山地之王”，这是当时人们把山岳作为神明降临的圣地的自然崇拜思想的反映。在东南亚历史上，扶南占有极为重要的地位。扶南古国是在谷特牧岛上发展起来的。这个岛的原始居民是吉蔑族，又称高棉族。约在公元1世纪时，吉蔑族的女首领柳叶公主[①]在谷特牧岛称王。当时，尚处于历史黎明时期的部落状态。[②]

扶南国“在日南之南大海西湾中，广袤三千里，有大江（湄公河）水西流入海”[③]。农业生产比较发达，扶南人“以耕种为务，一岁种，三岁获”[④]。中国南北朝时，扶南还处于部落社会，《梁书·扶南国传》云：“扶南国俗本裸体，文身被发，不制衣裳。以女人为王，号曰柳叶。年少壮健，有似男子。”《南齐书·扶南国传》亦云：“混填举弓遥射，贯船一面通中人，柳叶怖，遂降。混填娶以为妻。恶其裸露形体，乃叠布贯其

① 《晋书·扶南传》作“叶柳”，《南齐书·扶南国传》和杜佑《通典》卷一八八扶南条均作“柳叶”，与《梁书》同。

② ［英］D. G. E. 霍尔：《东南亚史》（*A History of South - East Asia*），中山大学东南亚历史研究所译，商务印书馆1982年版，第25页。

③ 《南齐书·扶南国传》。

④ 《晋书·扶南国传》。

首，遂治其国，子孙相传。”这个摸趺国，又作横趺国①。《太平御览》卷347引《扶南土俗》提到“乌文国，昔混填初载贾人大船入海，所成此国”。这些神话传说，反映了东南亚一些国家包括扶南国在内，都有几个族群迁徙融合的过程。

约1世纪时，一个叫混填的印度人来到扶南娶扶南最早的女王柳叶为妻，从而成为国王。3世纪，百姓共推大将范蔓为王。范蔓自称“扶南大王”，兼并邻近各族群，并由海道向马来半岛扩张，从而领有广大领土，成为统治中南半岛南部的一个强盛国家。其疆域大体相当于今日的柬埔寨和越南的南部。

《太平御览》卷938引康泰的《吴时外国传》还提到扶南国的“鳄鱼，大者长二三丈，有四足，似守宫，常吞食人。扶南王范寻敕捕取置沟堑中，（范）寻有所忿者，缚以食鳄。若罪当死，鳄便食之；如其不食，便解放以为无罪”。可见这个原始奴隶制国家，刑法是既不合理而又非常残酷的。扶南的婚姻比较自由，“男女恣其奔随”。“死者有四葬，水葬则投之江流，火葬则焚为灰烬，土葬则瘗埋之，鸟葬则弃之中野。”②

扶南国开始具有国家的初步规模，有国王、城郭和宫室，实行王位继承制，并以“邑”对其诸子进行分封；有军队；有文字；人民交纳贡赋。柳叶和混填“生子，分王七邑”。后王混盘况不久又统一了七邑，建成了一个扶南国。后混盘况死，子盘盘立，不久病死，大将范蔓取得政权，“攻伐旁国，咸服属之”。“乃作大船穷涨海，开国十余，辟地五六千里”。“自号扶南大王”③。扶南一时成为东南亚的强大国家，开始“攻略傍邑不宾之民为奴婢”，用奴婢来“货易金银彩帛”。因此，奴隶制度有了较快的发展。贫富分化已非常显著。“大家男子截锦为横幅，女为贯头，贫者以布自蔽。”④ 从人们的服饰上就可以分别看出不同的身份来。⑤ 这是一个

---

① 王仲荦按：《太平御览》卷七八七引康泰《扶南土俗》曰：“优钵国，在天竺之东南可五千里，国土炽盛，城郭、珍玩、谣俗，与天竺国同。”又引康泰《扶南土俗》曰：“横趺国在优钹之东南，城郭饶乐，不及优钵也。”横趺、摸趺，是同一国名，当有一误。优钵在天竺东南五千里，摸趺又在优钵的东南，大概在今孟加拉国境内或缅甸的西北部靠孟加拉湾一带。见王仲荦《魏晋南北朝史》，上海人民出版社2003年版，第686页。

② 《南史·扶南国传》。

③ 同上。

④ 《南齐书·扶南国传》。

⑤ 参阅王仲荦《魏晋南北朝史》，上海人民出版社2003年版，第679—681页。

从原始社会刚脱胎出来的初期奴隶制国家。

在公元最初几个世纪，勤劳智慧的扶南人就创造了比较发达的物质文明和较为先进的文化。早期的扶南便有了较为发达的农业和比较先进的冶金术与手工业。他们能制造金银器皿。以木为料，建立宫室和房屋。从劳动中，已经懂得了某些天象的规律，有了初期的历法。在东西方海上交通和贸易中，扶南是一个中转站，也是一个商品集散地。4 世纪，中国南北朝后期扶南一度处于分裂和混乱状态。4 世纪末或 5 世纪初，陈如二世被举为扶南王，结束了混乱局面，他“复改制度，用天竺法”，婆罗门教和佛教也先后传入扶南。婆罗门教成为国教。

扶南和中国很早便开始了交往。公元 84 年，扶南派遣使者到中国访问，两国以珍贵的礼品相互馈赠。这是史书所载两国最早的接触。中国三国之时，两国交往更加频繁。

（2）真腊国时期的柬埔寨

5 世纪末到 6 世纪初，马来半岛的顿逊、盘盘诸国挣脱了扶南的羁縻，5 世纪中叶，爪哇西部多磨罗国的兴起和东邻逐渐强大的林邑抗争，扶南海上贸易无法再垄断，经济上日趋衰落。同时，在 514 年阇耶跋摩死后，发生王权争夺事件，由于统治者内部的纷争，扶南开始衰落。6 世纪中叶，高棉人宣告脱离扶南王国而独立。中国史书称之为“真腊”。真腊国在 6 世纪末或 7 世纪初，战胜了扶南，建立起统一的高棉王国。8 世纪初，由于内战，国家发生分裂。8 世纪末，夏连特拉王朝趁机入侵，吞并了真腊王国。9 世纪初，阇耶跋摩二世重新统一真腊。802 年定都于吴哥地区，史称吴哥王朝。吴哥王朝时期，真腊经济发达，文化繁荣，成为印度支那半岛的一个十分强盛的封建农奴制国家。

在真腊时期，柬埔寨实现了由奴隶占有制国家向农奴制国家的转变。出现了农奴主和农奴的阶级分野。土地属于以国王为代表的农奴主阶级所有，农奴只有土地使用权，他们要将收获的 1/10 作为地租交给土地所有者。奴隶还存在于真腊社会，但已不是社会劳动力的主体，真腊的封建农奴制延续了千余年。

真腊原是扶南的属国。扶南和林邑同俗，“有城郭宫室。王姓古龙。居重观、栅城，楉叶以覆屋。王出乘象”。“俗不为寇盗。田一岁种，三岁获。”国出金刚钻，“可以刻玉”。“人喜斗鸡及猪。以金、珠、香为税。”初都特牧城，后特牧城“为真腊所并，益南徙那弗那城”[1]。唐高祖武德、唐太宗贞观时，扶南王曾一再遣使来唐。此后真腊兴起，扶南就被真腊吞并了。

真腊又称吉蔑[2]。其地“南接车渠国，西有朱江国”。真腊“王姓刹利氏，名质多斯那。自其祖渐已强盛，至质多斯那，遂兼扶南而有之。死，子伊奢那先代立，居伊奢那城，郭下二万余家。城中有一大堂，是王听政之所。总大城三十，城有数千家，各有部帅”。“其王三日一听朝，坐五香七宝床，上施宝帐。其帐以文木为竿，象牙、金钿为壁，状如小屋，悬金光焰。”“前有金香炉，二人侍侧。王着朝霞古贝，满络腰腹，下垂至胫。头戴金宝花冠，被真珠璎珞，足履革屣，耳悬金珰。常服白叠，以象牙为屩。若露发，则不加璎珞。臣人服制，大抵相类。”有五大臣及诸小臣，“朝于王者，辄以阶下三稽首。王唤上阶，则跪，以两手抱膊，绕王环坐。议政事讫，跪伏而去。阶庭门阁，侍卫有千余人，被甲持仗”。“其人行止皆持甲仗，若有征伐，因而用之。其俗非王正妻子，不得为嗣。”

真腊“人形小而色黑，妇人亦有白者，悉拳发垂耳，性气捷劲”。“以右手为净，左手为秽。每旦澡洗，以杨枝净齿，读诵经咒。又澡洒乃食，食罢还用杨枝净齿，又读经咒。饮食多苏酪、沙糖、粳粟、米饼。欲食之时，先取杂肉羹与饼相和，手掇而食。娶妻者，唯送衣一具，择日遣媒人迎妇。男女二家各八日不出，昼夜燃灯不息。男婚礼毕，即与父母分财而居。父母死，小儿未婚者，以余财与之。”“其丧葬，儿女皆七日不食，剔发而哭，僧尼、道士、亲故皆来聚会，音乐送之。以五香木烧尸，收灰以金银瓶盛，送于大水之内。贫者或用瓦，而以彩色画之。亦有不焚，送尸山中，任野兽食者。”[3]

真腊，《元史》中又作甘不察。元朝将领唆都侵占城，曾遣一虎符万户、金牌千户往使其国，被拘不返。至元二十二年，真腊与占城贡乐工十人，及药材、鳄鱼皮诸物。元贞元年（1295 年），元遣使招真腊，随行的有永嘉人周达观。使团在真腊逗留一年。返国后，周达观据其亲身见闻，

---

① 《新唐书·扶南传》。

② 吉蔑又译为高棉。

③ 以上所引均见《隋书·真腊传》。

撰写了《真腊风土记》。“书中除了描写国部中的伟大建筑和雕刻之外，还广泛地叙述当地人民经济活动，包括农业、工业、贸易等，和叙述当地人民日常生活，包括衣、食、住、行等情况。这方面的重要史料，是现存的同时人所写的吴哥文化极盛时代的唯一记载。”① 书中谈到贸易时，载“土人最朴，见唐人颇加敬畏，呼之为佛，见则伏地顶礼”。又“唐人之为水手者，利其国中不着衣裳，且米粮易求，妇女易得，屋室易办，器用易足，买卖易为，往往皆逃逸于彼”。汪大渊著《岛夷志略》亦载吴哥宫殿之壮丽。且载，“国人犯盗，则断手足、烙胸背、黥额。杀唐人则死。唐人杀番人至死，亦重罚金，如无金，以卖身取赎”②。

9—13 世纪，高棉人民创造了高度发达的物质文明和灿烂的吴哥文化，12—13 世纪是其最辉煌繁荣的时期，最杰出的代表是吴哥寺和吴哥通王城。

3. 古缅甸国

缅甸历史可以上溯到 5000 年前。当时缅甸的伊洛瓦底江边的村庄已有人类居住。早在三四千年前，在今缅甸境内已有名叫尼格黎多的原始居民使用石器，过着游猎生活。在两三千年前，又有马来民族系统的原始人进入缅甸，从事原始农业。缅甸是多民族国家，大致可分为三大语族。最早徙入缅甸的，为孟—高棉语族的孟、崩龙、佤、克伦等族；其次，是藏缅语族的帖（今钦人）、干漾（今阿拉干人）、骠（今缅人）、克钦（景颇人）等族；最后，是壮侗语族（亦称侗泰语族）的掸人、克耶人等。他们大约从公元前 9 世纪开始，就先后从中国青藏高原和云贵高原陆续迁入缅甸，最初过着原始社会生活，大约到青铜时代（前 2000—前 2 世纪）的末期，原始社会崩溃，开始过渡到阶级社会。

相传公元前 200 年骠人进入伊洛瓦底江的上游地区，并掌控中国和印度之间的通商之路。两世纪之后孟族来到锡唐河流域，而在 849 年缅甸人接管骠河流域并建立蒲甘城。

据缅甸史记载，最早出现的国家为藏缅语族帖人（今钦人）的太公王国（缅名德贡），所以缅甸谚语有：“缅甸历史从德贡开始。”其后，干

---

① 夏鼐：《真腊风土记》校注序，中华书局 1981 年版。

② 《岛夷志略校释》，中华书局 1981 年版，第 69—70 页。

漾人在今阿拉干建叫不当城，骠人在下缅甸[①]卑谬建室利差呾罗国（骠国），而孟人则在直通建苏勿吒蒲迷国（直通王国）。公元前 3 世纪，印度教和佛教已自印度传入下缅甸，对缅甸的历史产生了影响。

（1）骠国时期的缅甸

骠国是古代缅甸骠人在今伊洛瓦底江流域地带所建的国家。樊绰《蛮书》卷十云："骠国，在蛮（指南诏）永昌城（今云南保山）南七十五日程，阁罗凤所通也。其国用银钱。以青砖为圆城，周行一日程。百姓尽在城内。有十二门。当国王所居门前有一大象，露坐高百余尺，白如霜雪。俗尚廉耻，人性和善少言，重佛法。城中并无宰杀。又多推步天文。若有两相诉讼者，王即令焚香向大象思惟是非，便各引退。其或有灾疫及不安稳之事，王亦焚香对大象悔过自责。男子多衣白氎。妇人当顶为高髻，以金银真珠为饰，余着青婆罗裙。又披罗段，行必持扇。贵家妇女，皆三人五人在傍持扇。有移信使到蛮界河赕。则以江猪白氎及琉璃罂为贸易。"[②] 骠国国内分为二百九十八个部落，其著名者有三十二个部落。

其王姓困没长，名摩罗惹。"其国相名摩诃思那。其王近适则舁以金绳床，远适则乘象。嫔姝甚众，常数百人。其罗城构以砖甓[③]，周一百六十里，濠岸亦构砖。相传本是舍利佛城。城内有居人数万家，佛寺百余区。其堂宇皆错以金银，涂以丹彩，地以紫矿，覆以锦罽。其俗好生恶杀。其土宜菽粟稻粱，无麻麦。其理（治）无刑名桎梏之具，犯罪者以竹五十本束之，复犯者挞其背，数止五，轻者止三，杀人者戮之。男女七岁则落发，止寺舍，依桑门，至二十不悟佛理，乃复长发为居人。其衣服悉以白毡为朝霞，绕腰而已。不衣缯帛，云出于蚕，为其伤生故也。君臣父子长幼有序"[④]。南诏兵强地接，骠国常受其羁制。

缅人崇信佛教，统治阶级就把国王的世系说成同佛祖释迦牟尼的世系一脉相承，以提高其在人民中的神权地位。因此，缅甸早期历史往往同佛陀故事相联系，带有神话传说的性质。5 世纪以后，才有碑文记载。中国古籍中有大量有关缅甸古代史记载，为研究缅甸古代史的珍贵资料，中外

① 上、下缅甸是英国殖民者的人为划分。

② （唐）樊绰撰，向达校注：《蛮书校注》，中华书局 1962 年版，第 233 页。

③ 甓，井壁也。

④ 《旧唐书·南蛮西南蛮传·骠国传》。

学者无不引用。

（2）蒲甘王朝时期的缅甸

据中国史书记载，公元前2世纪，从中国航行到南印度的海船，要途经位于下缅甸沿海的邑卢没和夫甘都卢等国。1世纪时，上缅甸已有敦忍乙和掸国同中国有友好往来。8—9世纪，骠国已有发达的农业和高度的文化。832年骠国都城被南诏灭亡后，其居民逃亡到缅人聚居的蒲甘，渐同缅人融合。相传蒲甘城建于849年，蒲甘王朝（1044—1287年）是由阿诺耶塔国王（1044—1077年在位）于1044年建立，为缅甸第一个统一的王国，以小乘佛教为国教。阿诺耶塔国王相继征服掸族和孟族，也不断扩展领土。在阿朗西都国王1111—1167年在位掌政时，小乘佛教逐渐成为主流，并在13世纪初期达到鼎盛。当时建造的3000余座寺庙尚有100座保存至今。1287年，忽必烈率领蒙古人大肆入侵而结束了蒲甘王朝。

蒲甘王朝是缅甸历史上的黄金时代，农业、手工业发达。上座部（小乘）佛教代替了阿利教以后，蒲甘城佛塔林立，成为佛教圣地。从寺庙佛塔的碑文证明，最初使用的文字是巴利文和孟文。1090年，阿难陀寺的1500幅壁画皆用巴利文和孟文解释。到1112年在妙悉提佛塔上，四面镌刻着内容相同的巴利文、孟文、骠文和缅文的碑铭（见妙悉提佛塔碑铭），可见当时同时使用这4种文字。直到缅王那罗波帝悉都（1173—1210年）执政后才统一使用缅文，缅甸历史始有缅甸文字可据。这时发展起来的缅文的宗教文学主要取材于经典和碑铭等作品。

蒲甘王朝覆灭后，缅甸进入封建割据的分裂时期，西部阿拉干宣告独立（见阿拉干王朝）。东部的东吁是缅人聚居地，正在集结力量，准备东山再起。东北部的掸族在推翻蒲甘政权之后，于1364年在阿瓦建阿瓦王朝，同下缅甸以孟人为主的白古王朝南北长期对峙。这个时期，战争频繁，国无宁日，土地荒芜，为缅甸历史上社会经济的衰退时期。上缅甸大部分地区受掸人的统治，缅人因不堪忍受掸人的压迫，又因逃避兵役和灾荒，纷纷向东吁移居，为东吁的兴起增添了力量。1531年，缅人领袖莽瑞体建东吁王朝后，完成了缅甸的第二次统一，使社会经济得到恢复和发展，是缅甸历史上的鼎盛时期。

4. 古越南国

越南之地，在夏商周三代称为交趾，秦称为象郡。汉武帝平南越，于公元前111年置九郡，其中三郡在今越南，即交趾（今河内一带，旧称北圻）、九真（今越南清化、义安、河静三省）、日南（今为广南以南，平定、富安等七省，旧称中圻）三郡。三国时代，改名为交州，唐代又改称为安南。直至唐宋，区内大乱，割地称雄者凡 12 处，俱号“使君”。州刺史丁公著的儿子丁部领，起而肃清群雄，成一统之业，于公元 968 年（宋开宝元年）称帝，起宫殿、制朝仪、置百官、立社稷，建立“大瞿越国”。越南建国自此始，从此以后，中国人移居越南者可以称为“华侨”[①]。虽然越南与中国曾有过藩属关系，但仍应了解它的古代历史。

（1）占婆国时期的越南

占婆国（在今越南中南部），中国史上称之为林邑国。东汉初平（190—193 年）初年，中原地区军阀混战，日南郡[②]象林县的占婆人区逵也起兵杀象林县令，自号占婆王，都典冲城，即汉象林县城（今越南维川南茶荞地方）[③]。到了东吴孙权赤乌十一年（248 年），占婆的势力向北推进，攻下东吴交州的西卷县，改称区粟城（今越南广平淚江南岸的高牢下村）。[④] 从此区粟城便成为占婆国的别都，“兵器战具，悉在区粟”[⑤]。区逵数传至外孙范熊为占婆王。范熊死，子范逸继位。范逸死（331 年），其臣范文杀范逸子自立为王。他开始用兵攻灭大岐界、小岐界、式仆、徐狼、屈都、乾鲁、扶单等部落，“威加诸国”，有战士四五万人，成为东南亚的一个强大力量。

---

① 朱杰勤：《东南亚华侨史》（外一种），中华书局 2008 年版，第 6 页。

② 日南郡在古代相传为越裳氏地。班固《汉书·地理志》记载：“日南郡，故秦象郡，武帝元鼎六年开，更名。”其中日南为秦朝象郡之说应属讹误。汉武帝元鼎六年（公元前 111 年）平定南越后正式设郡，治所在西卷县。新朝时期改为“日南亭”，东汉时恢复了“日南郡”的名称。公元 192 年（一说 137 年），日南郡南部的象林县发生叛乱，象林功曹之子、占族人区连（又作区达、区逵、释利摩罗）聚集数千人起义，杀死了汉朝的县令，独立为林邑国（占婆国），中国的南疆由北纬 13 度缩至北纬 16 度一带（即今顺化一带）。三国东吴建衡元年（269 年），林邑王范熊攻陷了西卷县城，改称为区粟城，日南郡治遂迁往朱吾县。后来吴国发兵讨伐林邑，恢复了西卷县。吴天纪二年（278 年），吴国废除了日南郡，并入九德郡。四年后西晋朝廷恢复了日南郡的设置，郡治在象林县（在今顺化附近，非汉代之象林县）。

③ 《水经·温水注》：温公浦……西，即林邑都也，治典冲……秦汉象郡之象林县也。《晋书·林邑国传》：林邑国，本汉时象林县。

④ 《水经·温水注》：泠水……东径区粟故城南。考古志并无区粟之名。应劭《地理风俗记》曰：“日南，故秦象郡，汉武帝元鼎六年，开日南郡，治西卷县。”《林邑记》曰：“城去林邑步道四百余里。”《交州外域记》曰：“从日南郡南去到林邑国，四百余里。”准径相符，然则（区粟）城故西卷县也。

⑤ 《水经·温水注》。

占婆国的风俗，“居处为阁，名曰干栏”。“书树叶为纸。”[①]“文字同于天竺。”[②] 由于占婆的气候，“四时暄暖，无霜无雪”，所以一般人民“皆裸露徒跣，以黑色为美”[③]。到了5世纪，中国唐王朝时，占婆“男女皆以横幅古贝（草棉布）绕腰以下，谓之干漫，亦曰都漫。穿耳贯小环。贵者著革屣，贱者跣行”。“其王者，著法服，加璎珞，如佛像之饰。出则乘象，吹螺击鼓，罩古贝繖（伞），以古贝为幡旗。”[④]“良家子侍卫者二百许人，皆执金装刀。”[⑤]“国不设刑法，有罪者，使象蹋杀之。”[⑥]“有弓、箭、刀、槊。以竹为弩，傅毒于矢。乐有琴、笛、琵琶、五弦，颇与中国同。每击鼓以警众，吹蠡（海螺）以即戎。”[⑦] 国人“事尼乾道（尼犍外道），铸金银人像，大十围”[⑧]。“其大姓号婆罗门。嫁娶必用八月，女先求男，由贱男而贵女。同姓还相婚姻。使婆罗门引婿见妇，握手相付，咒曰‘吉利吉利’以为成礼。”

占婆国著名的产品有古贝、沉香、瑇瑁、贝齿。“古贝者，树名也，其华成时如鹅毳，抽其绪纺之以作布，布与纻布不殊。亦染成五色，织为斑布”[⑨]。这就是举世闻名的草棉布。自从汉九真（郡治胥浦县，今越南清化省马江右岸的栏村）太守任延推广耕犁以来，占婆的农业生产力显著提高了。“名白田，种白谷，七月火作，十月登熟；名赤田，种赤谷，十二月作，四月登熟，所谓两熟之稻也。”[⑩] 先进的农业技术和先进的丝纺织手工业技术的推广，大大促进了占婆社会经济的发展。

（2）环王国时期的越南

中国隋唐时的环王（在今越南中部），本曰占婆，中国史上称之为林邑。唐至德（756—758年）以后，始自称环王。

环王“地东西三百里而赢，南北千里。西距真腊雾温山，南抵奔浪

① 《南史·林邑国传》。

② 《隋书·林邑国传》。

③ 《晋书·林邑国传》。

④ 《南史·林邑国传》。

⑤ 《隋书·林邑国传》。

⑥ 《南史·林邑国传》。

⑦ 《隋书·林邑国传》。

⑧ 《南齐书·林邑国传》。

⑨ 以上所引均见《南史·林邑国传》。

⑩ 《水经·温水注》。

陀州”[①]。“地气冬温，不识冰雪，常多雾雨。其王所居城（占城），立木为栅。王著白氎古贝，斜络膊，绕腰，上加真珠金锁，以为璎珞，卷发而戴花。夫人服朝霞古贝以为短裙，首戴金花，身饰以金锁真珠、璎珞。王之侍卫，有兵五千人，能用弩及矛，以藤为甲，以竹为弓，乘象而战。王出则列象千头，马四百匹，分为前后。其人拳发色黑，俗皆徒跣，得麝香以涂身，一日之中，再涂再洗。拜谒皆合掌顿颡。嫁娶之法，得取同姓。俗有文字，尤信佛法，人多出家。父母死，子则剔发而哭，以棺盛尸，积柴燔柩，收其灰，藏于金瓶，送之水中。”“俗以十二月为岁首，稻岁再熟。自此以南，草木冬荣，四时皆食生菜，以槟榔汁为酒。有结辽鸟，能解人语”[②]。“冶金银（佛）像，大或十围。”“不设刑，有罪者，使象践之，或送不劳山，畀自死。”[③]

5. 古泰国

在今天的泰国境内，公元3—6世纪时有金邻、顿逊、狼牙修等国家。

（1）金邻国

金邻国在今泰国的西南部。万震《南州异物志》介绍金邻国的风土民俗云：“金邻一名金陈，去扶南可二千余里。地出银。人民多好猎大象，生得乘骑，死则取其牙齿。”[④] 康泰《扶南日南传》也谈到“金陈国入四月便雨，六月乃止，少有晴日，六月不雨常晴，岁岁如此”[⑤]。由于金邻国地处暹罗湾上，所以古时称暹罗湾为金邻大湾。

（2）顿逊国

顿逊国在金邻国的西南，也在今天泰国西南部。中国史书上说它在扶南“南界三千余里”。又说：“顿逊国在海崎（海岸弯曲处）上，地方千里。城去海十里，有五王，并羁属扶南。顿逊之东界通交州，其西界接天竺、安息徼外诸国，往还交市。所以然者，顿逊回入海中千余里，涨海无崖岸，船舶未曾得经过。其市，东西交会，日有万余人。珍物宝货，无所不有。”[⑥] 康泰在《扶南传》上还说“顿逊国，人恒以香花事天神，香有

---

① 《新唐书·南蛮传·环王传》。

② 《旧唐书·南蛮西南蛮传·林邑传》。

③ 《新唐书·南蛮传·环王传》。

④ 《太平御览》卷七九〇引。

⑤ 《太平御览》卷一一引。

⑥ 《梁书·扶南国传》。

多种。……冬夏不衰，日载数十车于市卖之，燥乃益香。亦可为粉，以傅身体”[①]。这个国家距离扶南要比金邻国远，当在今泰国东南部马来半岛万伦湾沿岸一带，这是当时横断马来半岛克拉地峡的必经之地，所以东西商贾云集，商业非常发达。这个南朝时期商业繁荣的顿逊国，可惜在隋唐时期已史无记载。

（3）狼牙修国

狼牙修国在今泰国南部马来半岛上的北大年（Pattani）附近一带。这也是当时东南亚地区东西贸易繁荣发达的地方。《梁书·狼牙修国传》说它“土气物产与扶南略同。偏多栈、沉、婆律香等。其俗，男女皆袒而被发，以古贝为干缦。其王及贵臣，乃加云霞布覆胛，以金绳为络带，金环贯耳。女子则被布，以璎珞绕身。其国累砖为城，重门楼阁。王出乘象，有幡联旗鼓，罩白盖，兵卫甚设”。梁武帝天监十四年（515 年）、普通四年（523 年）、中大通三年（531 年），狼牙修国王凡三次派遣使节至建康访问，并馈赠方物，这就加强了两国间的经济文化交流。

对于狼牙修国，义净《求法高僧传》云：义朗律师“附商船，挂百丈，陵万波，越舸扶南，缀缆郎迦戍，蒙郎迦戍国王待以上宾之礼”。义禅论师“到郎迦戍国，婴疾而亡”。道琳法师“越铜柱而届郎迦，历诃陵而经裸国”。可见狼牙修国唐代亦译作郎迦戍国，可惜《旧唐书》《新唐书》皆无传，其风俗习惯，都无从详细考知了。

（4）堕和钵国

据《旧唐书·真腊传》记载，古泰国中还有一个堕和钵国，或译为杜和罗钵帝国。[②]《新唐书·骠国传》说骠国“东陆真腊，西接东天竺，西南堕和钵，南属海，北南诏”，则堕和钵即今泰国无疑，《新唐书·堕和罗传》称：堕和钵“西属海，东真腊”，从地望来讲，也是非泰国莫属。堕和钵“国多美犀，世谓堕和罗犀”。

又据《新唐书·投和传》记载，投和国“在真腊南，自广州西南海行百日乃至。王姓投和罗，名脯邪迄遥”。投和大概就是堕和罗的异译。《通典·投和国》云：“投和国，隋时闻焉。”投和王“遥理数城，覆屋以瓦，并为阁而居，屋壁皆以彩画之。城内皆王宫室，城外人居，可万余

① 《太平御览》卷九八一引。

② 见（唐）义净《求法高僧传·大乘灯禅师传》。

家。王宿卫之士百余人。每临朝，则衣朝霞，冠金冠，耳挂金环，颈挂金涎衣，足履宝装皮履。官属有朝请、将军，总知国政。又有参军、功曹、主簿、城局、金威将军、赞理（赞治台）、赞府等官，分理文武。又有州及郡县，州有参军，郡有金威将军，县有城局。其为长官，初至，各选官僚，助理政事。刑法，盗贼重者死，轻者穿耳及鼻并钻鬓。私铸银钱者截腕。国无赋税，俱随意供奉，无多少之限。多以农商为业。国人乘象及马，一国之中，马不过千匹，又无鞍辔，唯以绳穿颊，为之节制。音乐则吹蠡击鼓。死丧则祠祀哭泣，又焚尸，以罂盛之，沉于水中。若父母之丧，则截发为孝。其国市六所，贸易皆用银钱，小如榆荚。有佛道。有学校，文字与中夏不同”。“其（民）屋以草覆之。王所坐塔，圆似佛塔，以金饰之。门皆东开，坐亦东向”。

堕和钵有属国二，一曰昙陵，在海洲中（马来半岛上）。昙陵可能就是金邻的异译。古称今暹罗湾为金邻大湾，昙陵如果是金邻异译的话，一定在马来半岛的北部（克拉地峡以北）的暹罗湾东海岸，北与堕和罗境界相接。

堕和钵另一属国曰陀洹，亦曰耨陀洹，《新唐书·堕和罗传》说它“在环王西南海中，与随和罗接”。《旧唐书·陀洹传》也说陀洹“东南与堕和罗接”，大概位于今暹罗湾或曼谷湾的西海岸。陀洹国“无蚕桑，有稻麦麻豆兽。畜有白象、牛、羊、猪。俗喜楼居，谓为干栏。以白毡、朝霞布为衣。亲丧，在室不食，燔尸已，则剔发浴于池，然后食”①。

6. 古马来西亚

中国史书中从汉朝时就有对马六甲的记载。1 世纪时佛教和印度教在这里均立足，并从这里传布到整个群岛。印度人最晚在公元前 3 世纪来到马来语地区，印度商人在这里购买这里丰富的树木和海产品，以及与同样很早就到达这里的中国商人进行贸易往来。在今天的马来西亚境内，有婆皇、丹丹、婆婆国、罗越等小国。

（1）婆皇国

据近人考证，在今马来西亚境内马来半岛上的彭亨。宋文帝元嘉十九年（442 年）、二十六年、二十八年，孝武帝孝建二年（455 年），大明三年（459 年）、八年，明帝泰始二年（466 年），婆皇国王凡七次派遣使节

① 《新唐书·堕和罗传》。

来建康访问，并馈赠礼物，这就加强了两国间的经济文化交流。

（2）丹丹国

据近人考证，在今马来西亚马来半岛南部的吉兰丹。梁武帝中大通三年、大同元年（535 年），陈宣帝太建三年（571 年）、十三年，后主至德二年（584 年），丹丹国王凡六次遣使来建康访问，并馈赠金银、琉璃杂宝、火齐珠、古贝、香药等，在太建三年的一年中，便派遣了两个使团到达中国，从而加强了两国间的经济文化交流。

《新唐书·单单传》称：单单“王姓刹利，名尸陵伽，日视事”。《通典·丹丹传》称：“理所可二万余家，亦置州县，以相统领。王每晨夕二时临朝，其大臣八人，号曰八座，并以婆罗门为之。王每以香粉涂身，冠通天冠，挂杂宝璎珞，身衣朝霞，足履皮屦。近则乘舆，远则驭象。其攻伐则吹蠡击鼓，兼有幡旗。其刑法，盗贼无多少皆杀之。土出金、银、白檀、苏方木、槟榔，其谷唯稻，畜有沙牛、羖羊、猪、鸡、鹅、鸭、獐、鹿，鸟有越鸟、孔雀，果蓏有蒲桃、石榴、瓜、瓠、菱、莲，菜有葱、蒜、蔓青。”

唐高宗乾封元年（666 年）、总章三年（670 年），单单王两次遣使来唐，赠送方物①。

（3）婆婆国

据《太平御览》卷 787 引《梁书》说，婆婆国在“南海大洲中，北与林邑隔小海，自交州船行四十日至其国”。这个小海，是指南海而言的。唐僧人义净《南海寄归内法传》里提到的盆盆洲，《宋史·真宗纪》里提到的蒲婆国，实际都是指婆婆国，当在今马来西亚的加里曼丹北部沙捞越或沙巴和文莱境内。② 《太平御览》卷 787 引《梁书》，说婆婆国“百姓多缘水而居，国无城，皆竖木为栅。王坐金龙床，每坐，诸大人皆两手交抱肩而跽”。“其国多有婆罗门”，“王甚重之”。“有僧尼寺十所，僧尼读佛经，皆食肉而饮酒。”“其矢多以石为镞，矟则以铁为刃。”南朝宋文帝元嘉（424—453 年）、孝武帝孝建（454—456 年）、大明（457—

---

① 《册府元龟》卷九七〇。

② 以前的人以为婆婆国在今马来半岛上，这是不确当的。由于今本《梁书》有残缺，稽考婆婆今地址的人没有发现《太平御览》里所引《梁书》佚文有在“南海大洲中”和“北与林邑隔小海”这几句话，所以会有这样的说法。它既在林邑之南，只有把它安置在加里曼丹北部最为合适；如果是在马来半岛上的话，应该说“东与扶南隔小海”了。

464 年）中，梁武帝的中大通元年、四年、五年，大同六年，陈宣帝太建三年，后主至德二年，婆婆国王先后近十次派遣使节来建康访问，并馈赠沉香、檀香、詹糖、菩提树叶等方物，说明这个地区很早就和中国有了经济文化交流。

到中国唐代时，婆婆国称名为“盘盘”，《旧唐书》专立《盘盘传》。唐僧人义净在《南海寄归内法传》里提到的盆盆洲，《求法僧传》里提到的诃陵国之北的渤盆国，《宋史·真宗纪》里提到的蒲婆国，实际都是盘盘国的异译。盘盘国当在今马来西亚的加里曼丹北部沙巴、沙捞越或文莱一带。据《旧唐书·盘盘传》记载：盘盘人“皆学婆罗门书，甚敬佛法”。“王曰杨粟翨。其民濒水居，比木为栅，石为矢镞。王坐金龙大榻，诸大人见王，交手抱肩以跽。其臣曰勃郎索滥，曰昆仑帝也，曰昆仑勃和，曰昆仑勃谛索甘，亦曰古龙。古龙者，昆仑声近耳。在外曰那延，犹中国刺史也。有佛、道士祠，僧食肉，不饮酒，道士谓为贪，不食酒肉。”①

（4）罗越国

罗越，在今马来半岛南端柔佛一带。《新唐书·地理志》称唐宰相贾耽考边州交通极详，其七曰“广州通海夷道”，“广州东南海行”，“至奔陁浪州。又两日行，到军突弄山（昆仑岛）。又五日行至海硖（马六甲海峡），蕃人谓之‘质’，南北百里，北岸则罗越国，南岸则佛逝国”。佛逝国，就是室利佛逝国的简译。《新唐书·罗越传》：罗越者，“商贾往来所凑集，俗与堕罗钵底（堕和罗）同。岁乘舶至广州，州必以闻”。

（5）羯荼国

羯荼国，据近人考据，在今马来半岛西海岸的吉打一带。义净的《大唐西域求法高僧传》中讲到自己，“百丈双挂”，“五两单飞”，“似山之涛横海”，“如云之浪滔天”，“未隔两旬，果之佛逝，经停六月”，“送往末罗瑜国，复停两月，转向羯荼”。“从羯荼北行至裸人国”。又云：“净回至南海羯荼国”。无行禅师“泛舶一月，到三佛齐国。后乘王舶”，“达末罗瑜洲。又十五日，到羯荼国。至冬末，转舶西行”，“到师子洲”。又云：法振禅师“鼓浪诃陵之北，巡历诸岛，渐至羯荼”。可见羯荼是由

① 《新唐书·南蛮传·盘盘传》。

南洋群岛至印度的必经之地，想必商业发达，人口繁盛，可惜记载阙如，无从详考了。①

7. 古印度尼西亚

爪哇是人类发源地之一，远古时期已有人在此繁衍生息。早在公元前2世纪后半期，在印尼出现了最早的奴隶制国家叶调。公元3—7世纪出现了古泰、达鲁马、耶婆提、干陀利等分散的小王国，其中5—6世纪，开展与中国贸易，并传入印度的佛教。7世纪中期，苏门答腊东南部兴起室利佛逝（三佛齐）王国，迅速发展为海上强国。

中国唐朝称三佛齐为“室利佛逝”。三佛齐王国，又作室利佛逝（音译自梵文 Sri Vijaya）、佛逝、旧港，简称三佛齐，存在于大巽他群岛上的一个古代王国，在鼎盛时期，其势力范围包括马来半岛和巽他群岛的大部分地区。中国南北朝至唐前期，苏门答腊岛上曾存在过一个名叫干陀利国的古国，后来三佛齐王国取代了它。

三佛齐在当时为南洋群岛海上交通和国际贸易的枢纽，印度、波斯、大食的商人从海路来中国，必须经过三佛齐，中国的商人和取经僧要从南海、印度洋去外国贸易或求法取经，也必须经过三佛齐。唐高宗时僧人义净来往五天竺，都在室利佛逝歇足。义净在《大唐西域求法高僧传》里提到自己在咸亨三年（672年）十二月至广府（广州）泛海，“未隔两旬，果之佛逝。经停六月，渐学声明。王赠支持，送往末罗瑜国，复停两月，转向羯荼”。后又到达天竺，由天竺归国，归途又经过“羯荼国，所将梵本三藏五十万余颂，唐译可成千卷，权居佛逝矣”。后来义净“于佛逝江口升舶，附书凭信广州，见求纸墨，抄写梵经，并雇手直，于时商人风便，举帆高张，遂被载来，求住无路”。“遂以永昌元年（689年）七月二十日达于广府”。“所将三藏五十万余颂并在佛逝国，事须覆往”。“又以其年十一月一日附商舶去番禺，望占波而陵帆，指佛逝以长驱”。“未经一月，届乎佛逝”。义净三次停留在三佛齐前后达十多年之久。他的《大唐西域求法高僧传》里还载有运斯师者，“旋回南海，十有余年，善昆仑语，颇知梵音”。“后便归俗，住三佛齐国，于今现在”，“年可四十矣”。又云：无行禅师，“东风泛舶，一月，又到三佛齐国”。又云：智弘禅师，“向交州住一夏”，“随舶南

① 参阅王仲荦《隋唐五代史》，上海人民出版社2003年版，第652页。

游，到三佛齐国”。又云：善行师，“净之门人也，随至三佛齐”。又云：大律法师，“遂以永淳二年（683 年）振锡南海”，“泛舶月余，达室利佛逝洲，停斯多载，解昆仑语，颇习梵书”。又有“波岸法师、智岸法师，并是高昌人也”。“观化中天，与使人王玄廓相随，泛舶海中，遇疾俱卒。所将汉本《瑜伽》及余经论，咸在三佛齐国矣”。唐地僧侣留滞在三佛齐的如此之多，唐地商人居留在三佛齐的人数可能更多。

此外，关于三佛齐到底在什么地方至今未能定论，估计位于苏门答腊东部某条河的入海口附近，有可能就是今天的巨港。三佛齐的国王统治着一个由苏门答腊的滨海地区、马来半岛和婆罗洲所组成的、松散的海上王国达 700 年。部分时间里三佛齐也控制爪哇岛部分地区，不过爪哇岛上始终有对抗的国家不服从三佛齐的统治。三佛齐是一个商业国家，每年有中国和印度的舰队到这里来做生意，有时甚至有从日本、阿拉伯和伊朗的船只到达。三佛齐最大的敌人是暹罗，暹罗多次试图从北部征服三佛齐。从 10 世纪开始三佛齐的势力开始减弱。三佛齐不是中央集权的国家，10 世纪中与爪哇的一系列战争影响了其商业发展，导致国力衰弱。11 世纪开始被一个称为马来的势力开始与三佛齐对抗。马来可能位于今天的占碑省。与此同时伊斯兰教的普及也削弱了信印度教的国王的势力。最早皈依伊斯兰教的地区如亚奇脱离了三佛齐的统治。13 世纪末素可泰王国控制了马来半岛大部分地区。但直到 14 世纪三佛齐依然控制着它最富饶的部分。它的香木、海产品、金、锡、香料、蜡和果干在中国和在西方均非常畅销。

除三佛齐之外，印度尼西亚这个千岛之国在历史上还出现过诃罗单、干陀利、婆利、哥罗等国。

（1）诃罗单国

诃罗单国《宋书》说它“治阇婆洲”①。据近人考证，阇婆洲即今爪哇岛。还有一个阇婆达国，也可能在爪哇岛上。诃罗单国在中国东吴时，称为诸薄国，“诸薄”就是“阇婆”的异译。《梁书·扶南国传》提到“扶南东界即大涨海，海中有大洲，洲上有诸薄国，国东有马五洲（后之马礼洲，即今之巴厘岛）。复东行涨海千余里，至自然大洲（今加里曼丹岛）”。《太平御览》卷 820 引康泰《吴时外国传》说：“诸薄国女子织作白叠花布。”这种织作白叠布（草棉布）的草棉，当时已逐渐移植到中国

① 《宋书·蛮夷列传》

海南一带，行将成为我国纺织手工业史上的大事。康泰《扶南土俗》还提到“诸薄之西北，有耽兰之洲，出铁”[①]。这个耽兰洲，就是今天的苏门答腊岛了。嵇含《南方草木状》里还说，“铁出耽兰洲，裸夷装船载铁至扶南买之”[②]，大概当时耽兰洲的铁器，是驰名南亚的。万震《南州异物志》说：“鸡舌（香）出在苏门。云是草花，可含，香口。”[③] 这个“苏门”，和前面提到的耽兰洲的“耽兰”，合起来成为“苏门耽兰”，正是今天苏门答腊岛的异译，那是最早见之于中国史书的。

及至中国唐王朝时，阇婆称杜薄，《通典·杜薄传》云：“杜薄国，隋时闻焉，在扶南东涨海中。直海渡数十日而至。其国人貌白皙，皆有衣服。国有稻田，女子作白叠华布。出金、银、铁，以金为钱。出鸡舌香，可含以香，不入衣服。鸡舌，其为木也，气辛而性厉，禽兽不能至，故未有识其树者，华熟自零，随水而出，方得之。杜薄洲有十余国城，皆称王。”

（2）干陀利国

据近人考证，在今印度尼西亚苏门答腊岛上的巨港。《梁书·干陀利传》也说它“在南海洲上”。“出斑布、古贝、槟榔。槟榔特精好，为诸国之极。”中国东晋时的著名旅行家、取经僧法显，从师子国搭船回国，泛海九十天，到达耶婆提国，在这个国家住了五个月之久。耶婆提国就是干陀利国的异译。干陀利国王在我国南朝宋孝武帝孝建二年，梁武帝天监元年（502年）、天监十七年（518年）、普通元年（520年）；陈文帝天嘉四年（563年），凡五次遣使至建康访问，并馈赠金银宝器、玉盘、金芙蓉、杂香药等珍贵礼物，南朝皇帝也回赠许多礼物，从而加强了彼此间的经济文化交流。

（3）婆利国

据近人考证，就是今天印度尼西亚的巴厘岛。《梁书·诸夷传》说它“在广州东南海中洲上，去广州二月日行”。这个国家“一百三十六聚。土气暑热，如中国之盛夏。谷一岁再熟，草木常荣。海出文螺、紫贝”。“其国人披古贝如帊，及为都缦。王乃用斑丝布，以璎珞绕身，头著金冠

① 《太平御览》卷七八七引。
② 《太平御览》卷八一三引。
③ 《太平御览》卷九八一引。

高尺余，形如弁，缀以七宝之饰，带金装剑，偏坐金高坐，以银蹬支足。侍女皆为金花杂宝之饰，或持白毦拂及孔雀扇。王出，以象驾舆，舆以杂香为之，上施羽盖珠帘，其导从吹螺击鼓”①。其“国人善投轮刀，其大如镜，中有窍，外锋如锯，远以投入，无不中”②。婆利国的刑法，“其杀人及盗，截其手。奸者锁其足，期年而止”③。

及至唐王朝时，《旧唐书·南蛮西南蛮传·婆利传》云：“婆利国，在林邑东南海中洲上。其地延袤数千里，自交州南渡海，经林邑、扶南、赤土、丹丹数国乃至焉。其人皆黑色，穿耳附珰。王姓刹利耶伽，名护路那婆，世有其位。王戴花，形如皮弁，装以真珠璎珞，身坐金床。侍女有金花宝缕之饰，或持白拂、孔雀扇。行则驾象，鸣金击鼓吹蠡为乐。男子皆鬈发，被古贝，布横幅以绕腰。风气暑热，恒如中国之盛夏。谷一岁再熟。有古贝草，缉其花以作布，粗者名古贝，细者名白氎。”唐太宗贞观四年（630年），婆利王遣使来唐，赠送方物。

（4）哥罗

《新唐书·南蛮传·盘盘传》：盘盘在南海曲“其东南有哥罗，一曰个罗，亦曰哥罗富沙罗”。哥罗在今印度尼西亚的加里曼丹岛的东加里曼丹自治区和南加里曼丹自治区一带。“王姓矢利波罗，名米失钵罗。累石为城，楼阙宫室茨以草。州二十四。其兵有弓矢槊殳，以孔雀羽饰纛。每战，以百象为一队，一象百人，鞍若槛，四人执弓槊在中。赋率输银二铢。无丝纻，惟古贝。畜多牛少马。非有官不束发。凡嫁娶，纳槟榔为礼，多至二百盘。妇已嫁，从夫姓。乐有琵琶、横笛、铜钹、铁鼓、蠡。死者焚之，取烬（骨灰）贮金罂沈之海。”④

（5）赤土国

赤土国，也在印度尼西亚的加里曼丹南部。隋炀帝大业三年（607年），曾派屯田主事常骏等出使赤土国。大业六年，赤土国王的使节也到达弘农谒见炀帝。

《隋书·赤土传》谓赤土国“在南海中，水行百余日而达所都”。大

① 《梁书·诸夷传·婆利国传》。

② 《隋书·婆利传》。

③ 同上。

④ 《新唐书·南蛮传·盘盘传》。

业三年，常骏等出使赤土时，从广州出发，南行“至师子石，自是岛屿连接。又行二三日，西望见狼牙须国（北大年）之山，于是南达鸡笼岛，至于赤土之界”。西面望见北大年的山峰之后，船又南行，到达鸡笼岛，可见鸡笼岛在北大年之南。北大年东南的大岛，只有加里曼丹，赤土国在加里曼丹，常骏等在加里曼丹南部坤甸等地登陆，是极其可能的。登陆以后，赤土王“遣婆罗门鸠摩罗以舶三十艘来迎，吹蠡击鼓”，“进金锁以缆骏船，月余，至其都”，可见内河航行，时间很长，只有在大岛上航行才说得通。赤土国“土色多赤，因以为号”。“地方数千里。其王姓瞿昙氏”，“有三妻，并邻国王之女也。居僧祗城，有门三重，相去各百许步。每门图画飞仙、仙人、菩萨之像，县金花铃毦，妇女数十人，或奏乐，或捧金花。又饰四妇人，容饰如佛塔边金刚力士之状，夹门而立。门外者持兵仗，门内者执白拂。夹道垂素网，缀花。王宫诸屋悉是重阁，北户，北面而坐。坐三重之榻。衣朝霞布，冠金花冠，垂杂宝璎珞。四女子立侍，左右兵卫百余人。王榻后作一木龛，以金银五香木杂钿之。龛后悬一金光焰，夹榻又树二金镜，镜前并陈金甕，甕前各有金香炉。当前置一金伏牛，牛前树壹宝盖，盖左右皆有宝扇。婆罗门等数百人，东西重行，相向而坐。其官有萨陀迦罗一人，陀拏达义二人，迦利蜜迦三人，共掌政事；俱罗末帝一人，掌刑法。每城置那邪迦一人，钵帝十人”。“冬夏常温，雨多霁少，种植无时，特宜稻、穄、白豆、黑麻，自余物产，多同于交阯。以甘蔗作酒，杂以紫瓜根。”

赤土人“皆穿耳剪发，无跪拜之礼。以香油涂身。其俗敬佛，尤重婆罗门。妇人作髻于项后。男女通以朝霞、朝云杂色布为衣。豪富之室，恣意华靡，唯金锁非王赐不得服用。每婚嫁，择吉日，女家先期五日，作乐饮酒，父执女手以授婿，七日乃配焉。既娶则分财别居，唯幼子与父同居。”。人死火葬，“贵贱皆同”。但“父母兄弟死则剔发素服，就水上构竹木为棚，棚内积薪，以尸置上”。“唯国王烧讫，收灰贮以金瓶，藏于庙屋”。赤土人“椰浆为酒”，“酒色黄赤，味亦香美”①。

（6）拘蒌密

据《新唐书·盘盘传》记载：哥罗“东南有拘蒌密，海行一月至。南距婆利，行十日至”。“与赤土、堕和罗同俗”。拘蒌密可能是苏拉威西

① 以上均引自《隋书·赤土传》。

岛。唐高宗永徽中，拘蒌密王遣使至唐赠五色鹦鹉。

（7）诃陵

诃陵，亦作阇婆，“在南方海中洲上居，东与婆利（巴厘岛），西与堕婆登……接，南临大海”。诃陵国大概在今印度尼西亚爪哇岛的中部。国中“竖木为城。作大屋重阁，以棕榈皮覆之，王坐其中，悉用象牙为床。食不用匙箸，以手而撮。亦有文字，颇识星历。俗以椰树花为酒，其树生花，长三尺余，大如人膊，割之取汁以成酒，味甘，饮之亦醉”①。诃陵“出瑇瑁、黄白金、犀、象，国最富，有穴自涌盐”。“有文字，知星历。”“王居阇婆城，其祖吉延东迁于婆露伽斯城（今爪哇岛之苏腊巴亚，华侨称之曰泗水），旁小国二十八，莫不臣服。”“山上有郎卑野州，王常登以望海。夏至立八尺表，景在表南二尺四寸。”“至上元（760—761 年）间，国人推女子为王，号‘悉莫’，威令整肃。”②

（8）堕婆登

堕婆登，《旧唐书·堕婆登传》记载“在林邑南，海行二月。东与诃陵，西与迷黎车接，北界大海”。《元史·外国列传》称爪哇海为蒲奔大海，蒲奔疑即堕婆登之异译。“风俗与诃陵略同。其国种稻，每月一熟，亦有文字，书之于贝多叶。”③ 唐太宗贞观二十一年，堕婆登王遣使来唐，赠送古贝、象牙、白檀等方物，唐亦报以厚礼。

三佛齐，亦译作尸利佛誓，或作金利毗誓，简译作佛誓，它的都城在今印度尼西亚苏门答腊岛的巨港（巴邻旁）。《新唐书·三佛齐传》云：其“地东西千里，南北四千里而远。有城十四，以二国分总，西曰郎婆露斯。多金、汞砂、龙脑。夏至立八尺表，影在表南二尺五寸。国多男子。有橐它，豹文而犀角，以乘且耕，名曰它牛豹。又有兽类野豕，角如山羊，名曰雩。肉味美，以馈膳。其王号‘曷蜜多’”。《太平寰宇记》卷一百七十七《金利毗逝国》条云：“其国有城邑庭舍，衣朝霞白叠，每食，先泥上铺席而后坐。国王名本多扬牙。前有队仗甲、鍪甲。用贝多树皮。其风俗物产，与真腊同。”

8. 古菲律宾

古代菲律宾的历史基本上无文字记载。

---

① 《旧唐书·诃陵传》。

② 《新唐书·诃陵传》。

③ 《旧唐书·堕婆登传》。

菲律宾原始社会约从40万年前开始，直到公元初年。在吕宋岛南部和巴拉望岛上，菲律宾考古学者都发掘发现了从旧石器时代经新石器时代到金属时代的完整的文化层系，这表明在若干万年以来菲律宾群岛就是菲律宾古代先民劳动、生息的地方。吕宋岛北部的卡加延河谷是菲律宾远古人类活动的最早场所。远在旧石器时代初期，属于直立人系统的远古人类曾在这里猎杀大批菲律宾犀牛、原始象等哺乳动物。在巴拉望岛上的一处洞穴中发现了旧石器时代晚期塔崩人的头盖骨。他们生存于2万多年前，不会猎捕大动物，靠采集食物为生。25000—30000年前有一批矮黑人从巴拉望陆桥进入菲律宾，成为菲律宾群岛最早的居民；塔崩人最早是属于矮黑人种的，而今日菲律宾的尼革利陀人乃是他们的后裔。尼革利陀人肤黑身短，分布于吕宋、棉兰老、班乃、内格罗斯、巴拉望各大岛内陆的山区或林地，主要从事渔猎或采集，以其所得同平原居民交换大米、布帛等生活用品。通常他们分成50人以下的群，各处流动，生产资料公有，消费品平均分配，个人财产只限于一些衣服和饰物。20世纪初，全菲共有尼革利陀人约25000名，现在只剩1万人左右了。[①] 从公元前五千年前后开始，菲律宾进入新石器时代。

对于菲律宾古代历史的构建有两种观点。

一是移民浪潮论认为，同东南亚其他一些国家一样，菲律宾的种族和语言分布都很复杂，如语言就有100—150种之多。四十年前，海因格尔登、拜尔等学者提出移民浪潮说，认为今天东南亚海岛部分（包括菲律宾）民族语言的复杂是由新石器时代到金属时代来自亚洲大陆的多次移民浪潮造成的。按拜尔的叙述，早在公元前一万年以前就有一批原始马来人经由巴拉望进入菲岛，而从公元前4000年到公元15世纪之间，又前后有过两批“印度尼西亚人”和三批“马来人”大规模迁入。每一批移民在体质、语言和物质文化上都各自具有显著的特点；农业、制陶、驯养动物、铁器……等文化因素无一不是由移民从外面带进菲律宾来的。新来的移民因为文化较高，总能占住海岸、平原而将原住民逐渐迫退入内陆山区去；现今菲律宾境内的各族，绝大多数可以推定是这一支或那一支移民的

---

① 金应熙主编：《菲律宾史》，河南大学出版社1990年版，第6—7页。对于这种曾广泛流行的论点，菲律宾历史学家霍卡诺提出了强烈的反对意见。他认为，把塔崩人说成属于矮黑人种或者肯定矮黑人是菲律宾群岛的最早的居民，都是不科学的臆想。

后裔。

二是文化流变说认为，从 20 世纪 60 年代起，菲律宾考古学家霍卡诺、埃班赫利斯塔等人纷纷对此说提出怀疑和质难，认为移民说给人以一种错误印象，似乎菲律宾古代文化全是外来的“印尼”或“马来”成分，这也显然与历史事实不符。而且把菲律宾古代的人群移动，描述为若干次大规模的“移民浪潮”，新来的移民一次又一次地将原来的住民挤向内地，也未免太简单化了。人群移动确实曾对菲律宾民族和文化的形成产生重要的影响，可是他们却极少以大规模的“浪潮”形式出现，而多数采取“细流”的形式，每次移动限于一个或若干个家族，菲律宾各地区原来的居民核心，也绝不总是被迫退入内地，而是同不断渗入的这些“细流”发生融合，共同创造新的文化。

研究菲律宾史前时期人口分布的颜戈彦指出，在烧荒耕作的经济条件下，菲律宾各个居民点所蒙受的人口增殖压力是很重的，不时会有 25 人左右（由几个家族组合而成）的群体分出去新的地区另谋生活。为了适应新的环境，这些群体在文化上不断有所创新和变化，经过一段长时间后就可能发展为彼此有显著差异的集团了。这种侧重从内部的分化演变来说明菲律宾民族和文化的形成的学说，即不同地区不同环境下的创新和演变才是其主要的原因之说被称为文化流变说。①

有关菲律宾群岛历史的文字记载，最早的当属中国史籍。在《宋史》《文献通考》《宋会要辑稿》《岭外代答》《诸蕃志》和《元史》《岛夷志略》等一批宋、元史籍中，就曾提到摩逸（又称麻逸、麻叶）、三屿（又称三岛）、白蒲延、麻里噜、蒲端和苏禄等“国”。据中外有关学者考证，他们的具体地理位置，除了蒲端和苏禄是在南部的棉兰老岛和苏禄群岛外，其余都在菲律宾群岛的北部。如摩逸位于今民都洛岛，三屿（三岛）为马尼拉湾北岸的加麻延及其湾口以南的巴拉延和巴亚兰吉三港的总称，白蒲延即菲律宾群岛北部的巴布延群岛，麻里噜即吕宋林牙因湾西北口的巴林瑙港。这些记载表明，从 10 世纪至 14 世纪这一时期，菲律宾群岛上已经出现了一些较大的“国”或政治中心。

（1）摩逸国

摩逸国（或称麻逸、麻叶）。《宋史·阇婆传》载：又有摩逸国，太

① 金应熙主编：《菲律宾史》，河南大学出版社 1990 年版，第 10—12 页。

平兴国七年（982 年），载宝货至广州海岸。摩逸位于浡泥之北，占城之东，距离二日程。据有关学者考证，摩逸为民都洛岛（Mindoro）故名 Mait 的对音，黑人国之意，即今民都洛岛。《诸蕃志》还记载："三屿，白蒲延、蒲里噜、里银东、流新、基汉等，皆其属也。"[①] 这样，便可以清楚看出处于现在菲律宾北部的民都洛与吕宋二岛，都在摩逸国的范围之内[②]。

（2）蒲端国

据考证，蒲端国故地在今菲律宾棉兰老岛东北部的武端地区[③]。《宋史》仅载该国于 1003—1011 年，曾先后四次遣使到中国[④]，其来使"多市汉物、金银归国，亦有旗帜之类"[⑤]。这是宋、元二代，菲律宾唯一与中国有外交关系的国家。

（3）苏禄国

苏禄国据考证，故地在今苏禄群岛，其名最早见于成书于大德八年（1304 年）的《大德南海志》，汪大渊撰写的《岛夷志略》则有专条记载："苏禄有酋长。……其所产珍珠为著，此苏禄之珠，色青而白圆、其价甚昂。中国人首饰用之，其色不退，号为绝品。"可见苏禄是以产珍珠而著名，但出现较迟。

此外，在棉兰老岛上，还有沙华公国（或称沙胡重）和三麻兰国，故地均在今三宝颜地区。据宋代周去非撰《岭外代答》一书记载，"沙华公国，其人多出大海劫夺，得人缚而卖之阇婆（今印尼的爪哇岛）"。

上引中国史籍的有关记述，说明从 10 世纪开始，菲律宾的北部先有国家出现，而且还形成已能控制周围（主要是吕宋岛）一些属国的摩逸国。到元代，还记述该国古酋豪之丧，则杀奴婢二三十人以殉葬。[⑥] 比起南部的武端和苏禄，其社会经济的发展程度会较高一些。其原因很可能与当时同中国的海上贸易，两国间的经济交流而产生的影响有一定的关系。

---

① 《诸蕃志》卷上，麻逸条。

② 《宋会要辑稿》，第 197 册。

③ 中大东南亚历史研究所编：《中国古籍中有关菲律宾资料汇编》，中华书局 1980 年版，第 9 页。

④ 《宋史·真宗本纪》。

⑤ 《宋会要辑稿》，第 197 册。

⑥ （元）汪大渊著，苏继庼校释：《岛夷志略校释》，中华书局 1981 年版，第 179 页。

因为中国商人运载去的商品，主要是铜鼎、乌铅（或铅网坠）、铁针、铁块等，说明这些商品是当地人民所需要的生产工具、生活用品，因此，对当地生产力的发展，必定起到了促进的作用。

在中国明代中叶以前，原先宋、元史籍中所载的古国，除了南部的苏禄外，其余在中国明代的史籍如《明史》《明实录》《明会典》《殊域周咨录》和《东西洋考》中均已消失，但却又有合猫里（猫里务）、冯嘉施兰、吕宋和古麻剌朗（或麻剌）、网巾礁老、沙瑶、呐哔见于记载。据学者考证，合猫里、冯嘉施兰和吕宋，均在现今菲律宾群岛的吕宋岛；古麻剌朗、网巾礁老、沙瑶和呐哔等则分布在南部的棉兰老岛上。

西班牙人入侵前的班乃岛上的一部民间史话《马拉塔斯》也说，大约 1250 年时，婆罗洲的 10 位马来酋长带领所辖民众，航海北上而到菲律宾的班乃岛，来到一个叫作阿提王国的首府所在地，向阿提王买了一片低地定居。后来，这批马来移民在今安蒂克省的马兰杜格建置了首府，并把势力扩大到吕宋的八打雁沿岸，后来，其中一位首领苏马贵耳把其治下的咸蒂克（安蒂克）与另两名酋长治理的怡朗怡朗（伊洛伊洛）和阿克兰两地联合成一个邦联，用马查—阿斯山之名，称为“马查—阿斯邦联”，后来成了菲律宾群岛上最大的邦联。

以上记载表明，至少从 10 世纪起，即中国的宋代，菲律宾群岛上一些地方才出现了“国”或“邦联”等政治中心。但是，这些“国”或“邦联”，或其他政治中心到底有多大规模，其具体情况到底如何？这些记载中都几乎没有提及。中国史籍一般只是笼统地称为“小国”。

后来，随着西班牙人的到来，一些传教士、官吏和学者开始对菲律宾群岛的社会作了些较详细的观察，并留下一些记载，从而才使人们对当时菲律宾群岛居民的政治、经济和社会状况有了较为清楚的认识。

例如，西班牙神父莫尔加在其所著的《菲律宾群岛志》中，记述了 16 世纪末他住在马尼拉时见到的菲律宾社会的状况：“在各个岛屿，没有像在其他王国或其他地方看到的那种统治全岛的王和领主，只有那个或这个岛的某一地方被土著居民所承认的众多的首领。这些首领以非凡的能力把人们组成村落或部落，他们拥有自己的亲兵或随从。部落服从首领并敬重他。……首领的职位及其权力是由父传子、子传孙的亲子关系继承。在没有儿子的情况下，则首领的兄弟及旁系亲族继承。首领的职责是管理、指挥随从和亲兵，裁决他们的诉讼案件，救济贫苦。”人民则“向首领交纳名为‘普伊斯’的人头税”。当时这种由一个首领统治下的最大政治单位即村社或部落叫“巴朗盖”（barrangay），“首领对自己巴朗盖内的人具有无上权力，对待他们就像随心所欲地对待随从那样，巴朗盖的居民对自己的生命、孩子和财产没有任何自主权，也没有丝毫申诉的权利，一切听其所为”。

另一些早期到达菲律宾群岛的西班牙人的记载中还提到，这种巴朗盖的规模一般为30—100家，人口不超过1000人，有一些稍大的巴朗盖，如宿务、马克坦、马尼拉、维甘等处，则各有2000多家居民。

正如菲律宾政治学者O. D. 科尔普斯所认为：与其他东南亚国家不同的是，在菲律宾的历史上不存在严格意义上的政治体制。①

9. 古新加坡

新加坡古称淡马锡，位于马来半岛南端、马六甲海峡出入口，北隔柔佛海峡与马来西亚相邻，南隔新加坡海峡与印度尼西亚相望。它由新加坡岛及附近3个小岛组成，面积710平方公里。

8世纪时，这个海盗猖獗的海岛曾叫淡马锡，爪哇语“海市”之意。由于季节的影响，海运的船舶经常云集在此，所以逐渐成为一个船舶停泊的商埠。据马来史籍记载，1150年前后，苏门答腊的室利佛逝王国的一位王子，为了寻找理想地点建立新地方来到淡马锡。在洁白的沙滩上，王子突然看见一只从未见过的怪兽向他致意后疾驰而去。这怪兽红身、黑头、白胸，雄健敏捷。王子很喜欢，便问随从：“那是什么动物?”随从信口答道：“狮子。”王子十分高兴，认为这里是吉祥之地，便决定在此建都，并取名“狮城”。在梵文中，Singa意即“狮子”；pore意即“城堡”。

新加坡是梵语“狮城”之谐音，由于当地居民受印度文化影响较深，喜欢用梵语作为地名。而狮子具有勇猛、雄健的特征，故以此作为地名是很自然的事。过去华侨多称其为“息辣”，即马来语“海峡”的意思，也有因其小而将之称为星洲、星岛的。

10. 文莱

文莱古称渤泥，自古是以土著人为主体的酋长国。到14世纪末时文莱已成为一个经济发达、商业繁荣、国力强盛的国家。15世纪伊斯兰教

---

① 何平：《西班牙人入侵前菲律宾的巴朗盖社会》，《东南亚》1996年第1期。

传入，建立苏丹国。16世纪初达到极盛时期，曾远征加里曼丹岛东海岸、爪哇、马六甲、吕宋等，控制了包括现在沙巴和沙捞越的大部分地区。16世纪中期起，葡萄牙、西班牙、荷兰、英国等相继侵入。16世纪末国力逐渐衰弱，其海外领地被西班牙与荷兰占领。

回首溯源，我们在中国宋元时代的历史坐标上，回顾了南洋各国的历史和社会文化状态，可以清晰地看出，与中国相比，在中国唐王朝、宋王朝、元王朝把汉民族文化发展推向一座又一座世界高峰之时，南洋各国的社会发展非常不平衡。

老挝历史，史籍上记载很少，几乎一片空白，只是在一些传说和神话中流传着。

柬埔寨的扶南古国是在谷特牧岛上发展起来的。这个岛的原始居民是吉蔑族。“国王行乘象，妇人亦能乘象”。扶南社会“无牢狱，有讼者，则以金指环若鸡子投沸汤中，令探之；又烧锁令赤，著手上捧行七步，有罪者手皆燋烂，无罪者不伤。又令没水，直者入即不沈，不直者即沈也”①。

缅甸的骠国国内分为二百九十八个部落，其著名者有三十二个部落；俗尚廉耻，人性和善少言，重佛法。若“有两相诉者，王即令焚香向大象思惟是非，便各引退。其或有灾疫及不安稳之事，王亦焚香对大象悔过自责”。②

越南的占婆国，风俗“居处为阁，名曰干阑”；“书树叶为纸”③；到了5世纪，中国唐王朝时，占婆“其王者，著法服，加璎珞，如佛像之饰。出则乘象，吹螺击鼓，罩古贝繖（伞），以古贝为幡旗”④；“国不设刑法，有罪者，使象踏杀之”⑤。

泰国的堕和钵国刑法为盗贼重者死，轻者穿耳及鼻并钻鬓。私铸银钱者截腕。国无赋税，俱随意供奉，无多少之限⑥。

马来西亚的丹丹国：“二万余家，亦置州县，以相统领。王每晨夕二

---

① 《南齐书·扶南国传》。

② 《蛮书·南蛮疆界接连诸蕃夷国名》。

③ 《南史·林邑国传》。

④ 同上。

⑤ 《南史·林邑国传》。

⑥ 《通典·投和国》。

时临朝，其大臣八人，号曰八座，并以婆罗门为之。王每以香粉涂身，冠通天冠，挂杂宝璎珞，身衣朝霞，足履皮屦。近则乘舆，远则驭象。其攻伐则吹蠡击鼓，兼有幡旗。其刑法，盗贼无多少皆杀之。"①

印度尼西亚的赤土人"皆穿耳剪发，无跪拜之礼。以香油涂身。其俗敬佛，尤重婆罗门。妇人作髻于项后。男女通以朝霞、朝云杂色布为衣。豪富之室，恣意华靡，唯金锁非王赐不得服用。每婚嫁，择吉日，女家先期五日，作乐饮酒，父执女手以授婿，七日乃配焉。既娶则分财别居，唯幼子与父同居"。人死火葬，"贵贱皆同"②。

菲律宾直到10—14世纪，才出现了一些较大的"国"或政治中心。

新加坡8世纪时，还是一个叫淡马锡的海盗猖獗的海岛。

文莱古称渤泥，到14世纪前还只是一个以土著人为主体的酋长国。

南洋各国的这种原始态势，给中国汉民族的海外移民创造了合适的背景和条件：

一是南洋各国与当时中国南方少数民族的发展状态不相上下，与汉民族社会经济文化发展的水平相差甚远，即在中国封建社会高度发展的唐宋元时期，东南亚各国仍然停留在封建领主制或原始公社制阶段，许多地方还处于刀耕火种状态。这就给掌握了先进生产方式和科学技术的中国汉民族移民，提供了巨大的开发空间，可开垦荒地；传入较先进的生产技术，如种植水稻、甘蔗、蔬菜等作物，提高胡椒产量；带去牲畜，为畜牧业打下基础；熬糖酿酒，为工农产品为当地人民提供了粮食和副食品；传入养蚕制绢法；兴修水利，开沟修渠；输入中国文化，丰富当地人民的文化生活，等等。汉人移民"英雄有用武之地"。

二是由于南洋各国发展迟缓，人口相对较少，文化素质相对较差，与中国唐王朝时人口已达8000—9000万，宋王朝时人口已达一亿③相比，南洋就显得地广人稀了，这就为汉民族移民提供了一个中国皇帝"鞭长莫及"的生存空间。

三是由于南洋各国经济社会相对欠发达，非常需要中国制造的产品，如丝绸、茶叶、陶器、瓷器、铁器、铜钱等。如南宋输出到东南亚各国的

---

① 《通典·丹丹传》。

② 《隋书·赤土传》。

③ 王育民：《中国人口史》，江苏人民出版社1995年版，第213页。

商品，主要是瓷器和各种丝织品。《诸蕃志》记载，自东南亚至非洲有16个国家购买宋朝器，铁器和漆器亦大量倾销海外。中国出口的商品都是生活必需品，对提高当地人民的生活水平是有作用的。所以中国各种手工业品普遍得到东南亚人民的喜爱，而携带这些物品的中国人也同样受到东南亚人民的欢迎和尊重。除日用品外，输入东南亚的还有金、银和铜钱。中国商人本来用这些货物来交易土产，但不久它就成为普遍流通的当地硬币，有些当地居民甚至珍藏起来，作为纪念品或美术品。中国农业技术也跟着汉民族海外移民的到达而输入东南亚各国，如蔬菜瓜果的种植之类。此外，中国人所用的大秤，由于携带和使用方便，在印尼广泛使用，对于印尼的度量衡制度不无影响。印尼史家陶威斯·德克尔在《印尼史纲要》一书中写道："我们的祖先是向中国学习用蚕丝纺绸的，不久，我们自己也会纺绸了。"①

然后商人又将南洋的丁香、豆蔻、沙金、白银、铜、锡、铅、象牙、肉桂、翠羽、槟榔、乌楠木、犀角、木棉纱、沉香、熊、豹、虎、麂皮、玳瑁等当地土特产运往中国，这种贸易，给中国汉民族移民经商，提供了广阔的市场。

四是南洋各国海上距离较近，船航半月、月余即可到达，航路风浪较小，风险也较小，与隋唐到宋元可以横渡印度洋比较高度发展的航海技术和水平相比，一般的老百姓的下南洋虽不是"胜似闲庭信步"，但也不是什么太艰难、太危险的事了。

五是随着人们秦汉以来，到隋唐下南洋的探索，中国汉民族对南洋风土人情、社会经济、自然地理的了解也越来越多、越来越深，于是"天高皇帝远"的南洋，遂成了中国汉民族人民心中的"世外桃源"了。

正如温雄飞在1929年的《南洋华侨通史》中所云："（林）道乾率众既至，视为世外桃源，从事耕植，垦辟土壤，勃泥酋长尤乐亲近之，赘以女，划其所属之地若干，使道乾率众居之，治理其国土。道乾遂立国于是，称王。其部下亦多赘酋长小头目之女云。其所居以道乾之名名之，号曰道乾港。"② 确实，对于战乱繁多，灾害频发，赋税苛重的汉民族人民来说，南洋真是一个"世外桃源"。

① 转引自西光《中国印尼人民友好关系史略》，《北京大学东方研究》1980年第1期。

② 温雄飞：《南洋华侨通史》，东方印书馆1929年版，第235页。

三　下南洋：汉民族海外移民的初步发展

在汉民族海外移民的初步发展中，南洋这个汉民族心目中的“世外桃源”，成了唐之后五代到宋元时代，汉民族海外移民的主要目的地。

汉民族为什么要下南洋？本章以及前述各章从民族史、移民史、航海史、社会史、经贸史、华人华侨史、学术史等层面，论述了汉民族为什么要移民海外，汉民族是怎样一步一步走向海外的。由于地理和社会发展的种种原因，从先秦到隋唐汉民族海外移民的主要目的地是东亚的日本、朝鲜。五代以后的宋元时代，汉民族海外移民的主要目的地却转向了南洋，主要原因是背景变了：

1. 中国国内的大移民时代基本结束

汉民族经过前后历时 1000 多年的两次大移民时代，到宋元时已经完成了从南到北，从黄河流域向长江流域，以及珠江流域的移民，并且基本上完成了从点到线再到面，从平原到山区的分布，再要移民那就只有出海下洋了。而因为福建西北横贯武夷山脉与江西、浙江等省相邻，虽无崇山峻岭，但山脉绵延不断，山路狭窄，不便远行，使福建处于与中原联系不多的环境中，向内地移民的可能性很小。因此，福建人欲向外发展，只有面向浩瀚的大海，在大海中找出路，求生存，这样，东南亚成为最理想的地区。这种人文地理和自然条件，也决定了福建人必然会站在汉民族海外移民潮头。

2. 中国的经济重心转移到了南方

宋王朝南迁以后，中国的经济重心转移到了南方，宋王朝，尤其是南宋是中国历史上最重商的朝代。据庄国土研究，两宋时期，中原与西夏、辽、金长期对立，除茶、马互市外，陆路交通几乎断绝，海外贸易地位日趋重要。宋代海外贸易可分朝贡贸易和市舶贸易。朝贡贸易兼有政治职能，甚至有时以政治职能为主，通过蕃国携带贡物前来朝贡和中国朝廷厚馈回赐保持睦邻关系，以此扩大宋王朝的声威，通常宋朝的回赠礼品价值远大于贡品。市舶使贸易则是海外贸易的主体。朝廷在各通商口岸设置提举市舶司管理和控制海上中外私商贸易，发挥了征收商税、若干海货专营、接待朝贡、发放出海贸易“公据”或“公凭”等职能。

由于宋王朝对外贸易仅有海路一途，因此竭力鼓励海外贸易。中央政府奖掖海外贸易的措施可分两方面：一是招诱蕃商来华贸易。北宋初年，宋太宗曾遣内侍8人携敕书金帛，分四路往海南诸国招徕蕃商，[①] 来华进行大宗贸易者尚有奖赐。大食蕃客蒲啰辛贩价值30万的乳香，得补承信郎一职[②]。每年10月间，市舶司出钱摆宴犒请在华海商首领。《宋会要》绍兴十二年记载，“每年于十月内，依例支破官钱三百贯文，排办筵宴……犒设诸国蕃商”。并举行隆重的祈风典礼，迎送蕃商出洋商贸。二是鼓励中国商人出海贸易。宋代对私商贸易实行公凭制，“商旅出海外蕃国贩易者”，须到市舶司申请公凭，由市舶司发给官券，即“公据”才能出洋。宋代鼓励并控制私商贸易的主要目标是增加财政收入，所以促进私商贸易繁荣并严格加以管理，通过征税、博买等项取得海上贸易之利润。这对朝廷的财政收入是至关紧要的，可见朝廷发展海上贸易心情之切。[③]

3. 宋元时代航海技术的新突破

在大海中航行，航海技术是关系到生命安全的大事，茫茫大海，什么样的船可以下海，什么样的船可以在近海航行，什么样的船可以进行远洋航行？不仅与造船工艺有关系，与航海技术也有关系，尤其与导航技术有关系。这就是本书为什么要不厌其烦地在每一章中要结合中国乃至航海史的资料，来说明航海技术的进步对早、中期汉民族海外移民的意义和作用的原因。可以说，如果没有航海技术的进步，就不可能有远渡重洋而移民他方。而宋元之时，指南针在航海技术上的应用，更是扫除了大海航行的障碍，其作用和价值前两节中已有专门论述，在此不赘。在此要说的是，技术的应用往往要迟于技术的进步，特别是在古代。所以，当中国宋元时代的大海船横渡印度洋时，一般的商船下南洋就是“小菜一碟”了。

4. 宋元时代中国航海交通事业进入了鼎盛时期

航海事业的发展直接影响汉民族的海外移民，这几乎成了中国研究古代海外移民史的入口，所以几乎所有研究华人华侨海外移民历史的学者，大都是从航海事业的进步和发展切入的。从1929年温雄飞的《南洋华侨通史》，到1935年刘继宣和束世澂的《中华民族拓殖南洋史》，到1937年李长傅的《中国殖民史》，莫不如此。而正是由于宋元时代，不但近海航行十分兴旺，而且远洋航行也非常发达，通航区域空前广泛。整个南洋

① （清）梁廷枏等纂：《粤海关志》卷二，文海出版社1974年版，第14页。

② 《宋史·食货志》。

③ 庄国土：《华侨华人与中国的关系》，广东高等教育出版社2001年版，第43—45页。

以及广大的北印度洋甚至地中海区域都留下了中国航海者的踪影，出现了“东西南数千万里，皆得梯航以达其道路”“虽天际穷发不毛之地，无不可通之理”[①]的鼎盛局面。

所有这些，都为宋元时代汉民族海外移民下南洋铺平了道路。

四　汉民族下南洋的主力军

宋元时代，汉民族海外移民下南洋的主力军是汉民族中的福建人。为什么呢?

福建人欲向外发展，东南亚实为最理想的地区。因为福建西北横贯武夷山脉与江西、浙江等省相邻，虽无崇山峻岭，但山脉绵延不断，山路狭窄，不便远行，使福建处于与中原联系不多的环境中，向内地移民的可能性很小。

历史上，福建与东南亚的航路就比较活跃，海上丝绸之路便是从包括泉州在内的一些港口出发的。如在海外早负盛名的德化瓷器，就主要是经过泉州经水路转销海外的。福建的闽南人通过海外贸易与东南亚地区交通频繁、关系密切。在帆船时代，乘季风（秋冬西北风，夏季东南风）来往，自福建沿海至西贡约一星期至十日，至曼谷约半个月至二十日，至新加坡约二十日至一个月，至菲律宾最近的口岸三日便可达到。福建人下南洋，虽然有远涉重洋的感觉，但路程并不很远。

移出地的状态如此，移入地的情况也非常适合福建人生存。

东南亚地区资源丰富，易于谋生。东南亚河流纵横，气候良好，雨量充足，土壤肥沃，很早就是农业发达的地区，可以从事垦殖的平地与坡度不高的山坡很多，具有发展农业的优良条件。如泰国、缅甸与越南河道纵横，平原广阔，为世界重要的产米区，也是大米输出国。东南亚的山区，到处树木茂盛，林业的经营若能有计划地采伐与种植，实为一种取之不尽、用之不竭的资源；岛屿众多，海岸线长而曲折，因而渔产丰富；地下资源也很丰富，如石油、煤炭、铁矿、锡矿、铜矿等。福建人下南洋，到这些资源丰富的地区，自然容易谋生，发展的机会就很多。

有学者比较研究说：东南亚为热带地区，与亚热带的华南地区气候相

---

① （元）吴鉴：《岛夷志·序》。载（元）汪大渊著，苏继庼校释《岛夷志略校释》，中华书局1981年版，第5页。

差不大，汉民族人向南移植，容易适应。尤其是菲律宾群岛和中南半岛，气候受海洋的调节，骄阳之下，海风和畅，并不酷热难耐。此其一。其二，由于东南亚雨量充足，全境没有一块沙漠，到处青苍一片。山区则林木茂盛，平地则田畴千里，其适于人类的生存发展。其三，东南亚地区中南半岛有大河，沿河两岸有广大平原，河水涨时，淋盖田地，所携泥沙，实为良好肥料，故宜于农业发展。印度尼西亚的爪哇岛受火山喷液之赐，有天然肥料，促进了农业的发展，仅爪哇岛就可以容纳六千万居民。菲律宾为群岛国，没有大河，但多平原，农地占全国面积的百分之四十八，宜于农业发展。所以人在东南亚容易谋生，长年夏季的气候，一件单衣，可以从年初穿到年底，不需要棉衣、棉鞋，亦不需冬衣棉被，衣装的问题容易解决；几根竹子，几片树叶，便可搭盖一间可以栖息的简易茅屋，住宿问题容易解决；野生的瓜果，种类很多，随处拈来，可以充饥，而产量丰富的香蕉甚至可以替代米饭，吃饭问题容易解决。

谋生容易，在东南亚娶妻也容易。当地妇女更中意于勤劳、经济条件好的汉民族移民，所以组建家庭也容易。在闽南族谱中，处处可见福建人在南洋娶番女的记载。如以泉州《延陵锦霞吴氏族谱》为例，该族谱记载清代下南洋的有明确婚娶记载的有 17 人，其中有 10 人都娶了番女（其中有 2 人是妾娶番女）。原晋江“凤李友兰公派房谱”，中有“孙月公……受室夷女”“孙猛公……外出安南，受室夷女”“孙地公……外出南越即越南，受室夷女”“孙务公……外出小吕宋，受室夷女”等记载①，可见娶番女是很普遍的。此外，东南亚地区生活环境与福建相似，易于当地人适应。而东南亚土著居民，稍有劳动，挥汗如雨，故多养成安于现状、闲散过日、不做远计的生活习惯，与南渡华侨在故乡饱受磨难后决心奋力闯出一片天地的抱负迥异。南渡华侨，尽管以未曾受过教育的穷苦大众居多，但他们的劳作经验、经商能力普遍高于当地土著人。再加上汉族人勤劳俭朴、善作久计、守信用等优点，使得华人更容易在海外闯出一番事业。于是形成了渴望出人头地的福建人“孔雀东南飞”。

交通的便利、谋生的容易，这就对福建人海外移民形成一股强大的外在拉力。

---

① 《延陵锦霞吴氏族谱》，载庄为玑、郑山玉《泉州谱牒华侨史料与研究》，中国华侨出版社 1998 年版，第 7、780 页。

在唐代以前，福建沿海地区已经有人由于特殊原因，取海路到达苏门答腊、缅甸、印度、斯里兰卡等地。根据《后汉书·东夷列传》记载："会稽东冶县人有入海行遭风，流移至澶州者。"据学者考证，在西汉时，福建属会稽郡管辖，东冶就是当今的福州的位置，澶州乃菲律宾群岛的古称。这是至今所见关于福建人出国的最早记载。

唐王朝前，福建沿海土地尚未大量开发，人口也不多，所以海外移民者甚少。但冒险者仍有，史书中有一些只言片语的零星记载可供追索。

唐王朝时，中国其他地方尚鲜有汉民族向海外移民，而福建人已开风气，有一些向海外求生，到达东南亚及日本等地港口，从事商业或手工业活动。菲律宾礼智省的马亚辛发现立于唐高宗显庆六年（661 年）的郑国希之墓。其墓碑载，郑氏原籍南安，这是已知东南亚最早的福建人坟墓①。此后，福建人向海外移民下江南，见于记载的事逐渐不绝于书：

例一，唐僖宗乾符五年（878 年），黄巢起义军攻入福州。起义军经泉州转广东时，曾驻扎在九龙江畔，当时有许多漳州农民投奔黄巢起义军。后来起义军在龙溪境内被唐军打败，黄巢率部撤往广东，部分起义军将士下海赴南洋避难，许多漳州籍士兵也随同前往。跟随而去的还有不少破产农民。据阿拉伯人马素提撰写的《黄金牧地》说，他在公元 943 年航海经过苏门答腊时，看见许多中国人在那儿耕种，在巴邻邦（今巨港）区域特别多，他们是因为避黄巢之乱而到那里的。②

例二，后晋开运元年（944 年），留从效出任晋江王，进一步开展海外贸易，陶瓷、铜铁泛于番国。他还派人出使占城。随着海外交通和对外贸易的发展，泉州一带的商人出国经商的逐渐增多。③

例三，考古资料记载，南洋的桑多邦（闽南人称"山猪基"）发现有唐代泉州出产的黑瓷和白瓷；在文莱，也发现过安溪的唐瓷。这些说明，当时已有泉州商人到此经商或居住。

例四，据《晋江华侨志》记载，唐末五代初，王审知据闽期间，发展生产，大兴海舶，但是到了闽国晚期，弊政丛生，泉州一带有许多人迁

---

① 林国平、邱季端：《福建移民史》，方志出版社 2005 年版，第 214 页。

② 吴凤斌主编：《东南亚华侨通史》，福建人民出版社 1994 年版，第 12 页。

③ 漳州市人民政府侨务办公室编：《漳州华侨志》，厦门大学出版社 1994 年版，第 6—7 页。

移国外谋生。[①]

进入宋元时代，西部少数民族政权兴起，战事连连，阻断了传统的中西交通要道丝绸之路，因此对外交往贸易逐渐转向海路。北宋时，泉州设置市舶司，政府鼓励海外贸易。闽南一带到南洋经商的人渐多。担任泉州市舶司二十多年的赵汝适写了《诸蕃志》一书，记述泉州港至占城（越南南部）、真腊（柬埔寨）、凌牙门（新加坡）、阇婆（爪哇）等地的航行时间，以及福建商人与东南亚诸国经商贸易的盛况。

及至南宋，经济重心随之南移，福建的开发得以迅速发展，对外经济贸易活动更加活跃，使福建得以迅速开放的同时，沿海地区也出现人稠地狭的状况。正如宋代廖刚所说："七闽地狭人稠，为生艰难，非他处可比。"[②] 因此，福建沿海居民或经商往来于番国，或受雇于他人谋海为生。福建籍的商人、水手更是频繁地往返于东南亚各港口之间。他们之中有在当地等待来年季风返航"住冬"的"行商"；也有因经商需要而定居当地"十年不归""住蕃"的"住商"。[③] 这些人堪称福建汉民族早期海外移民先驱者。

在这种态势下，关于宋代福建人到东南亚的记载不胜枚举：

——《宋史·阇婆列传》云，建溪（今建瓯）商人毛旭多次往阇婆经商贸易。淳化三年（992 年），毛旭还充任前来我国进贡的阇婆国使节的翻译。

——宋代沈括的《梦溪笔谈》卷二十五云："大中祥符二年（1009年），安南人共推闽人李公蕴为主。"[④] 李公蕴祖籍晋江东石李家港，早年随兄李淳经商并侨居安南，曾任安南国殿前指挥使，后来创立安南李氏王朝。

——13 世纪，泉州人王元懋"尝随海舶诣占城国，国王嘉其兼通蕃汉书，延为馆客，仍嫁以女，留十年而归"。王元懋还让吴大为纲首，率

① 吴泰主编：《晋江华侨志》，上海人民出版社 1994 年版，第 24 页。

② 廖刚：《高峰集》卷二。

③ "住冬"语见赵汝适《诸蕃志》"南毗国"条，"泉舶四十余日到兰里（今苏门达腊西北）住冬，至次年再发，一月始达"。"住蕃"语见宋代朱彧《萍洲可谈》卷二，"住蕃虽十年不归"。

④ 吴泰主编：《晋江华侨志》，上海人民出版社 1994 年版，第 24 页。

领 38 人“同舟泛海，一去十载”①。

——1972 年，文莱的一个穆斯林公墓发现一块汉字墓碑，碑上刻“宋泉州判院蒲公之墓，景定甲子，男应、甲立”。景定甲子，是南宋景定五年，即 1264 年。有学者认为，从这一碑文推断，为这位卒葬于此地的“判院蒲公”立碑的两个儿子应与甲，应该是定居文莱、祖籍泉州的华侨。②

——莆田县西天尾也发现一块立于南宋绍兴八年（1138 年）的《祥应庙碑记》，碑文曰：“郡北十里，有神祠，故号大官庙。大观元年（1107 年）……次年赐庙曰祥应。谨按，侯官五季时已有初宇。泉州纲首朱仿，舟往三佛齐（今爪哇东部），斋请神之香火而虔奉之。舟行迅速，无有阻险，往返曾不期年，获利百倍，前后之贾于外番者未尝有是。”③

——南宋后期，暹罗（泰国）国王曾慕名招徕中国工匠，仅晋江磁灶的吴氏族人就有多人“泛海传艺”④。

——据《南安华侨志》载，宋代南安石井人丁有财、许汉青等，把南安生产的瓷器、铜铁制品、翁绢、布匹、蔗糖等货物运往南洋诸国，又把那里的木材、香料运回国内销售，成为当地巨富。⑤

——1947 年和 1961 年，沙捞越博物馆先后在古晋沙捞越河口山都望发现唐人贸易区、华人墓和大规模铸铁等遗址。在双溪查旺、双溪布亚以及沙斑等地，也发现了炼铁炉、铁钉及木炭等，经炭化测定为距今 1315 年。说明这些地方的炼铁自唐宋以来一直在进行，有专家认为这类铸铁场与福建同安所发现的古铁矿工场很相似。⑥ 还有专家认为，“根据常识来推断，这么大规模熔炼出来的山都望铸铁只能由从北方（很可能是宋、明间中国东南部的炼铁中心泉州）开来的远洋船队运走”⑦。

---

① （宋）洪迈：《夷坚志》卷三。

② 庄为玑：《文莱国泉州宋墓考释》，《南洋问题研究》1991 年第 1 期。

③ 福建省地方志编纂委员会编：《福建省志·华侨志》，福建人民出版社 1992 年版，第 28 页。

④ 《磁灶吴氏族谱》，参见吴泰主编《晋江华侨志》，上海人民出版社 1994 年版，第 26 页。

⑤ 刘安居、陈芳荣主编：《南安华侨志》，中国华侨出版社 1998 年版，第 25 页。

⑥ ［法］克洛迪娜·苏尔梦：《重新评价华人开发东南亚的贡献》，《南洋资料译丛》1982 年第 2 期。

⑦ 郑德坤：《沙捞越考古》，载邓聪、吴春明主编《东南考古研究》第二辑，厦门大学出版社 1999 年版，第 294 页。

——在这些史料中，特别有意思的是一个关于“八罐茶”的故事：宋末元初，文天祥曾在漳州一带收集残部，并有许多漳州人被招募。元兵进入闽南之后，这些人在闽、粤沿海抗击元军，失败后纷纷逃往南洋，大都侨居占城、爪哇、苏门答腊等地。泉州籍的许多不愿臣服元朝统治的义士和难民逃居菲律宾、爪哇、文莱等地，并终老于异乡。福州地区的一些义士也逃往占城、交趾等地。当时，郑所南（思肖）[①] 的《心史·大义略事》载：“曾蒲子等诸文武臣流离海外，或仕占城，或婿交趾，或别流他国。”据说郑所南待在宋亡之后，行踪不定，最后从泉州搭乘帆船出洋，到达爪哇。当时，他想寻找一块土地作为开辟园林之用。他了解到拥有这些土地的酋长特别喜欢中国茶，于是用八个瓷罐装满茶叶送给酋长。酋长十分高兴，就把他的属地划出方圆一里的面积相赠。郑所南把这个地方取名为“八罐茶”[②]。这虽然仅仅是个传说[③]，但却折射出宋亡之后有福州人移居南洋的事实。

——元王朝先后九次渡海用兵，其中元三十年（1293 年）远征爪哇，元军发兵二万，战船千艘，就是从泉州港启程。后损兵折将，无功而返，却有不少兵士留居当地。如，在爪哇勾栏山，“有病卒百余人留山中，今唐人与番人丛杂而居之”[④]。曾经随郑和出洋的巩珍在《西洋番国志》中

---

① 郑所南的《心史》原稿发现经过甚奇。据多种史料记载，明末崇祯十一年，吴中久旱，城中居民买水而饮，争汲者相于道。那年冬天十一月初八，苏州承天寺狼山中房浚疏古井，僧人达始忽挖得一物，开始以为是一块砖头，冲洗干净才发现是一个铁函（铁箱），当时大家诧为神赐，不敢开启，把铁函供在寺里的佛龛中。僧人决定打开，方知函内填有石灰，内又有一个锡匣，匣内封有蜡漆，最里面有个纸包。纸包有两层，外包纸中间写有“大宋铁函经”“德佑九年佛生日封”字样；旁边另有两行字“大宋世界无穷无极”“此书出日一切皆吉”。内包纸上写有“大宋孤臣郑思肖百拜封”十字。再打开，则是折叠成卷的《心史》稿本，内咸淳集、大义集、中兴集各一卷，共诗二百五十首，另有文三十篇，前后自序五篇。全书深寄亡国之痛，对宋亡经过及元统一江南后的时事言之甚详。经过三百多年的浸渍，依然纸墨如新，古香扑鼻。于是，观者无不惊异万分，奔走相告。这就是郑所南的诗文集《心史》发现的经过，世称《铁函心史》或《井中心史》。1988 年书目文献出版社影印《北京图书馆古籍珍本丛书》，1997 年齐鲁书社影印《四库全书存目丛书》，两者都收录了《心史》。

② 郑树荣：《郑所南与“八罐茶”》，《广东侨报》1982 年 10 月 15 日。

③ 李长傅《中国殖民史》云：“据爪哇华侨传说，郑思肖曾至爪哇之吧城，携其乡人同去，其居留地曰八茶罐，乃以茶八罐与土人相易者。当时建屋一十六间，遗迹至今犹存。但考之中国纪载，郑氏自宋以后终老吴下，足未出国门一步，此其附会也。”参见李长傅《中国殖民史》，商务印书馆 1937 年版，第 68—69 页。

④ （元）汪大渊著，苏继庼校释：《岛夷志略校释》，中华书局 1981 年版，第 248 页。

说，在爪哇东部的“杜坂”[①]，“此地约有千余家，中国广东及漳州人多逃居于此”。马欢等校注的《瀛涯胜览》亦云：“杜坂番名赌班，地名也。此外约千家……其间多有中国广东及漳州人多流居此地。”他还记述闽、粤人移居巨港的情形，“旧港即古三佛齐国是也……国人多广东、漳泉人逃居于此地”[②]。可见，元代时已有成批的福建人定居爪哇一带了。

凡此等等，不一而足。

归纳起来看，宋元时代福建的海外移民大多数是从事贸易的商人和谋生的手工业者、农民等，还有不少人或因政治原因而遁逸，或因躲避军役、战乱而逃居。前期，他们中的很多人比较频繁地往返于国内和南洋之间，移民带有不稳定性。从分布地区看，这一阶段的福建人主要侨居在贸易比较发达、交通比较便捷的今越南、马来西亚、印尼的爪哇与苏门答腊以及菲律宾、文莱等地。他们虽分布各地，但在侨居地往往是聚居一处，逐渐形成一个个小规模的汉民族的移民社会群体。作为汉民族海外移民的主力军，经过宋元时代的移民，福建人开风气之先，经过几百年的过程，从宋到元移民向海外移民估计总数有数万人。早期汉民族移民规模尚小，直到明初，据估算印尼各地的汉民族移民最多时总数 2 万多户，5 万多人。整个东南亚地区汉民族移民总数应不少于 10 万人，其中泉州籍汉人移民有 4 万或 5 万人。在所有侨居地中，吕宋的汉人移民最多。[③]

世界终于向敢于开风气之先的福建人敞开了怀抱，他们成了东南亚各国经济开发的“拓荒者”。

五　汉民族下南洋的历史轨迹

道路终于开通，历史的拐点也终于来到。

在汉民族海外移民从萌动、开启、初步发展到进一步发展的拐点上，我们才可以站在元王朝历史的制高点上，以汉民族大迁徙的历史整体为背景，回顾汉民族下南洋的历史轨迹。

中国与南洋交往始于何时？从中国历史文献中去看，较为明确的记载是始于秦汉。但考古材料却将这种交往的时间提前到了新石器时代。

---

① “杜坂”，华侨称之为“厨闽”。

② （明）马欢、冯承钧校注：《瀛涯胜览》中“爪哇国条”，商务印书馆 1935 年版。

③ 漳州市人民政府侨务办公室编：《漳州华侨志》，厦门大学出版社 1994 年版，第 11 页。

20 世纪 50 年代，林惠祥先生从体质、文化、史学遗物等方面论证马来半岛、印尼群岛上马来族与中国南方古越族颇多相似之处，认为马来人是蒙古利亚种的南支从中国南方大陆南迁后，与当地尼格罗人（Negro）与印度尼西亚人（lndonesians）混血而成的。南迁的时期大约始于新石器时代；同时也将中国新石器文化、青铜文化带入东南亚地区。[①] 考古发掘证明了这种联系的存在。如 1930 年缅甸德马多河发现的石斧、石楔、石凿，与中国周口店的石器相似；印尼各地陆续发现的四方形石斧、铜鼓，显然是中国新石器时代、青铜时代的产物；越南北山发现的印纹陶器，在菲律宾各地大量发现的石锛，都是中国新石器时代的产物；缅甸瑞波县内发掘的环石，与仰韶文化新石器相似。[②]

有的学者认为，在婆罗洲，达雅克人和佛罗勒斯的雅达（Ngada）人的艺术风格和手工艺品中，犹可寻见周朝风格的痕迹。[③] 缅甸掸邦境内发现的铜器、青铜器，其铸造风格是由中国传入的。[④] 菲律宾新石器时代后期，中国南方农业文明传入菲律宾，较有代表性的是吕宋岛北部高山地区的梯田文化[⑤]，其引水工程、水稻种植法与中国南方大致相同。苏继庼在《岛夷志略校释·叙论》中也说“我国人侨居海南（指南洋），就已发现的实物而观，亦可视其肇始于公元前一二世纪间。今苏门阳答腊岛帕塞马（Pasemah）区域所发现之古代石刻，其风格有与陕西兴平县霍去病墓前诸石刻相类者。而科林芝（Korintji）古塜所出土诸明器中，有题‘初元四年’（公元前 45 年）字样之陶器一件，殆为海南所发现有年代可据之最早遗物”[⑥]。

由上可见，尽管缺乏确凿的文字资料记载，在秦以前，中国与东南亚早已存在着生产、文化上的交流，这种交流到秦汉以后有了进一步发展。

---

① 林惠祥：《南洋马来族与华南古民族的关系》，《厦门大学学报》1958 年第 1 期。

② T. 0. Morris，The Prehistoric Stone Implcments of Burma，*Journal of the Malayan Branch*，Royal Asiatic Society，（JBRS）Vol. 25. 转引自吴凤斌主编《东南亚华侨通史》，福建人民出版社 1994 年版，第 2 页。

③ 希达雅特：《印度尼西亚华人社会和文化》，转引自周南京《历史上中国与印度尼西亚的文化交流》，载周一良主编《中外文化交流史》，河南人民出版社 1987 年版，第 191 页。

④ T. O. Morris，*Copper and Bronze Antiquities from Burma*，JBRS，Vol. 28，Par. l. 转引自吴凤斌主编《东南亚华侨通史》，福建人民出版社 1994 年版，第 2 页。

⑤ 刘芝田：《中菲关系史》，台湾正中书局 1964 年版，第 193—197 页。

⑥ （元）汪大渊著，苏继庼校释：《岛夷志略校释》，中华书局 1981 年版，第 1—2 页。

万事都有源。从新石器时代开始的中国与南洋的交往就是汉民族下南洋的源。万事开头难。汉民族海外移民下南洋的轨迹是怎样的呢？

（一）汉民族因经商航海而下南洋

中国与南洋的交往开了一个好头，汉民族下江南从秦汉萌动，到三国魏晋到隋唐的开启，汉王朝以来开始的中国与南洋的私商贸易、官方朝贡关系，有了进一步的发展。“从有对外贸易始，就有因贸易活动而‘住蕃’的华侨”。这种说法虽属推论，但古代汉民族的海外移民是与对外贸易活动联系在一起的。

古代航海贸易常利用季风。从中国发舶通常乘冬季的东北季风南下，从南洋归来常乘夏季初的西南季风回国。错过季风或因贸易原因停留当地进行商贾活动，叫作“住蕃”，宋人朱彧说：“北人过海外，是岁不还者，谓之住蕃。”[①] 汉代商贾出海贸易数年才归，当包括“住蕃”时间，这些“住蕃”数年的汉民族商贩，可谓第一代汉民族移民。

汉王朝就有关于华商航海的记录，如汉代木华（字玄虚）的《海赋》云：

> 于是候劲风，揭百尺，维长绡，挂帆席……或掣掣泄泄于裸人之国，或泛泛悠悠于黑齿之邦。[②]

有学者认为，“裸人之国”“黑齿之邦”当位于南洋某地。据刘芝田引用拜尔（Beyer）的观点，公元1世纪前后数百年间，可能有一批瓮葬文化民族的移民从福建来到菲律宾，而这个民族可能是由中国河南省迁来福建的客家人。[③] 这些移民及其后裔即菲律宾“洗骨葬”民族，但可惜没有明确的文字记载所证实。

在经商航海中，中外史籍记载，唐代时已有汉民族移民在南洋定居。据蔡永兼的《西山杂记》记载，晋江航海世家的水手已有定居于南洋者。“唐开元八年（720年），东石（晋江）林知祥之子林銮、字安东。曾祖父林智慧航海群蛮，熟知海路。林銮试舟至渤泥，往来有利，沿海畲家人

---

① （宋）朱彧：《萍洲可谈》卷六。

② （汉）木华：《海赋》。

③ 刘安居、陈芳荣主编：《南安华侨志》，中国华侨出版社1998年版，第23页。

俱从之去，引来番丹。蛮人喜彩绣，武陵多女红，散以香料易彩衣。晋海商人竞相率航海”[①]。“林銮引蛮舶泊东石，沿海航舟遂相率赴蛮”[②]。这条史料记述了东石一带海外贸易的盛况，蔡永蒹又记载：“涂公文轩与东石林銮航海至渤泥……涯之北，有陈厝、戴厝，俱从涂之操舟人。”[③] 渤泥即婆罗洲，船主涂文轩的水手陈姓、戴姓等留居当地，又闽南海舶出海向不载妇女，涂文轩的水手想必纳当地妇女，聚居久之，竟成陈厝、戴厝村落。

唐代国势强盛，从广州、扬州、泉州等贸易港口出发的中国海商远航东南亚、西亚进行贸易活动，各国商贩贡使往来不绝，将大唐文明远播海外。正如汉武帝开疆西域使汉朝声威远播中亚一样，唐朝声威随着中外海商贡使的频繁交往远播南洋、西亚。唐人遂成为南洋各国称谓汉民族的名称。正如北宋的朱彧在《萍洲可谈》卷二说：“北人（中国人）过海外，是岁不还者，谓之住蕃。诸蕃国人至广州，是岁不归者谓之住唐。”“汉威令行于西北，故西北呼中国为汉。唐威令行于东南，故蛮夷呼中国为唐。”后来，《明史·真腊传》也云：“唐人者，诸蕃呼华人之称也。凡海外诸国尽然。”从此，唐人、唐山、唐人街诸名称长久广泛地流传至今。从此，汉民族海外移民被称为“唐人”；唐人在海外的集聚地称为“唐人街”；中国则被称为“唐山”。这一时期汉民族海外移民下南洋的开启，不但人数开始增多，而且不少人也从“流寓”变为定居，从零散寓居到聚居成村，形成早期的“唐人街”。

及至北宋时期，西北地区为几个少数民族政权割据，互相混战，特别是西夏王朝兴起，与北宋连年战争，常年阻断西北丝路，中外交往贸易只能依靠海路。北宋天圣元年（1023 年），大食国使者由丝路涉西夏前来朝贡，宋仁宗诏命大食使臣此后取海道前来广州，再到开封，其理由是“恐为西人抄略”[④]。北宋时期，海外使者、商人来华多由海路。金国崛起后，屡败宋军，赵宋政权南渡，北方经济重心随之南移，南方经济的开发

---

① 蔡永蒹：《西山杂记》，“林銮”条。转引自聂德宁《中国与文莱贸易往来的历史考察》，《中国社会经济史研究》2008 年第 2 期。

② 蔡永蒹：《西山杂记》，“池店”条。泉州海交馆藏本。转引自庄国土《菲华晋江籍社团的变化及近 30 年与祖籍地的联系》，《南洋问题研究》2001 年第 1 期。

③ 同上书，“麦园”条。泉州海交馆藏本。

④ 《宋会要辑稿》蕃夷四。

和迅速发展，奠定了海外交通的物质基础。

宋代经济重心南移后，因战乱兵祸或谋生诸原因，北方人民大量南下，闽、粤迅速得到开发。虽然一方面促进经济的繁荣，但另一方面使闽、粤沿海迅速出现地狭人稠的状况，宋官廖刚说："七闽地狭人稠，为生艰难，非他处可比。"[①] 海上贸易的发展和纵横海上的华舶为东南沿海人民提供了大量的谋生机会，于是富者贩货往来异域，成为大小海商。贫者也能受雇为水手纤夫，谋海为生，成为地狭人稠的东南沿海居民的出路。

宋代苏门答腊、爪哇与中国往来颇便，三佛齐与泉州（顺风一月）、广州（顺风二十日）有定期航路来。广州与阇婆亦通航路，自十一月十二月发航，顺风一月可到。故二地汉民族移住者亦众。如阇婆、中国商人至者，待以宾馆，饮食丰洁。[②] "渤尼则尤敬爱唐人，醉则扶之以归歇处"[③]；苏吉丹（阇婆支国）厚遇商贾（唐人），无宿泊饮食之费[④]，其对汉人移民之优待可以想见。

宋代陈汝适的《诸蕃志》"渤泥条"曾述汉民族商人在婆罗洲、菲律宾贸易的情形云：

> 番舶抵岸三日，其王与眷属率大人（王之左右号曰大人）到船问劳，船人用锦藉跳板迎肃，款以酒醴，用金银器皿、褖席、凉伞等分献有差。既泊舟登岸，皆未及博易之事，商贾日以中国饮食献其王，故舟往佛泥，必挟善庖者一二与俱。朔望并讲贺礼。几月余，方请其王与大人论定物价，价定然后鸣鼓以召远近之人，听其贸易。价未定而私贸易者罚。俗重商贾，有罪抵死者，罚而不杀。船回日，其王亦釃酒椎牛祖席，酢以脑子、番布等，称其所施。[⑤]

正由于贸易、航海业的发展，宋、元时期随海舶前往各国经商贸易者

① （宋）廖刚：《高峰集》卷二。

② 《文献通考》卷三三二。

③ （元）汪大渊著，苏继庼校释：《岛夷志略校释》，中华书局1981年版，第148页。

④ （宋）赵汝适：《诸蕃志》苏吉丹条。

⑤ 转引自聂德宁《中国与文莱贸易往来的历史考察》，《中国社会经济史研究》2008年第2期。

比比皆是。北宋政和五年（1115 年）往占城的华商陈惟安，乾道三年（1167 年）往占城的华商陈应、吴兵船等都是有名人物。南宋大官僚张俊派一老卒，携 50 缗[①]资本出海贸易。他先建造大船，广收绫绸、金银器皿，带了 200 多人，冒充大宋回易使（贸易使者），前往与中国有朝贡关系的东南亚各国，换取当地国王馈赠的各种方物，获利数十倍。[②] 大商家携绫绸、金银器皿放洋获暴利，小商人也以粗细瓷器、丝绸、漆器乃至盐、糖、酒出海博易。

很多人因住蕃经商、受雇乃至仕禄而留居南洋，成为汉民族海外移民史载有“住蕃虽十年不归”者。[③]《桂海虞衡志》云：“闽人附海舶往（占城）者，必厚遇之。因命之官，咨以决事，凡文以诡乱，多自游客出。”[④]占城都顺化，与中国的政治、经济、文化交往相当密切。泉州海商王元懋，“尝随海舶诣占城国，国王嘉其兼通蕃汉书。延为馆客，仍嫁以女，留十年而归，所蓄奁具百万缗”[⑤]。王元懋还出钱让吴大作纲首，率 38 人“同舟泛海，一去十载”[⑥]。此外，也有因出洋贸易遭难而滞留南洋成为华侨的。《夷坚志》还提到，泉州僧本偁言，其表兄为海贾，欲往三佛齐，在途中触礁，漂至一海岛，与当地妇女成婚生三子，在岛上滞留七八年后，才搭过路船舶回泉州。[⑦]

宋王朝时不但有海商、水手住蕃博易，也有仕人胥吏入海觅利。元祐年间（1086—1093 年），“入蕃海商……时有附带曾经赴试士人及过犯停替胥吏过海入蕃者，或名为住冬，留在彼国数年不回，有二十年者，娶妻生子”[⑧]。

（二）汉民族因研究佛学而下南洋

因研究佛学而下南洋，是汉民族海外移民早期下南洋的先驱。公元 7 世纪，有室利佛逝国出现，它的领域包括巨港，即现在的占碑地区、邦加

---

① 一千钱称缗，同贯（一千钱称贯，又铸钱场所穿在钱孔中的方形竹木条也称贯）。

② （宋）罗大经：《鹤林玉露》丙编，卷二，中华书局 1983 年版。

③ （宋）朱彧：《萍洲可谈》卷二。

④ （宋）马端临：《文献通考》卷三〇三，引“桂海虞衡志”条。

⑤ （宋）洪迈：《夷坚志》卷三。

⑥ 同上。

⑦ 同上。

⑧ 《宋会要辑稿》刑法二。

和克拉峡，并控制马六甲海峡。因此成为中国和印度交通线上的重要港口，也是到印度取经的必经之地。所以，室利佛逝不仅是繁盛的商港，而且是研究佛学的中心。唐代著名僧人往往在此停留，翻译佛经。其中最著名的是义净。前一章已有专节介绍过义净，在此要说的是671年从广州乘船前往室利佛逝，受到国王的优礼。他在室利佛逝停留6月，然后到印度研究佛经十年，采了一些佛典返回室利佛逝，译成汉文。义净所著的《南海寄归内法传》是在室利佛逝写成而寄回中国的，他著的《大唐西域求法高僧传》，自称“从西国（印度）还，在南海室利佛逝撰，寄归”。义净在室利佛逝前后住了十二三年，用朱杰勤的话说：“可以说是印尼华侨了。”[①] 还有一位高僧运期，他精通古爪哇语，居住在爪哇和室利佛逝，终老于印尼。他也是一个印尼华侨。还有不少僧侣长期住在印尼。还是朱杰勤所说：“他们在华侨史上应该占有显著地位。”[②]

（三）汉民族因被掠为奴而下南洋

被掠为奴而逃是汉民族下南洋的又一条途径。北魏时，就有因被掠为奴而逃到东南亚者。如扬州人范文，“少被掠为奴，卖堕交州，年十五六，遇罪当得杖，畏怖，因逃，随林邑贾人渡海远去”[③]。范文因祸得福，教林邑王建造富室、城邑、器械等，被任命为相。[④]

南北朝至隋唐，岭南盛行奴婢买卖，宦族、世家和酋领不但蓄奴众多，而且有把男女人口与象牙、犀角等同贩卖的风俗。岭南海外贸易发达，奴婢也被作为货物交换夷商的舶来品。《梁书·王僧孺传》云：“（王僧孺）出为南海太守，郡常有高凉生口（奴婢）及海舶，每岁数至。外国贾人以通货易。旧时州郡以半价就市，又买而即卖。其利数倍，历政以为常。”[⑤]根据以上记载，可见高凉郡的生口也是外国贾人购买的商品，每年运到南海郡的生口当有相当部分被贩往海外。交趾占城一带皆有收买汉人的习俗[⑥]。这些贩往海外的生口当有一部分是卖到南洋。据记载，411年前爪

---

① 朱杰勤：《东南亚华侨史》，中华书局2008年版，第10页。

② 同上。

③ （北魏）郦道元：《水经注》卷三六引《江东纪事》。

④ 《晋书·四夷传》。

⑤ 《南史·王僧孺传》亦载：“（王僧儒）出为南海太守，……又外国舶物，高凉生口，岁数至。皆外国贾人以通货易。旧时州郡就市，回而即卖，其利数倍，历政以为常。”

⑥ 《宋会要辑稿》刑法二、禁约三。

哇万丹西部已有中国人定居的村落。[①]

宋代越南虽自立国，但仍与宋朝保持藩属关系，两国人民因交通比较方便，相互来往和移居的情况不减前代。撰写正史者视为当然，亦不详细记载。因为这个地区的经济和文化都与中国有密切关系，与远方的岛国不同。越南北部与中部自秦汉以来，其人民受中国教育，习中国文字。独立后，其行政组织、教育和科举制度，均模仿中国，甚至以汉文为官方及文学著作的通用文字，直至清末。在这种历史情况下，越南当地人民与汉民族移民久已杂处，越南的汉民族移民问题反而不大受人注意。但仍有个别作者提到中国人移居越南及占城的事实。宋遗民郑所南在《心史》中所说："诸文武臣，流离海外，或仕占城，或婿交趾，或别流远国。"[②] 即指宋末的遗臣在国内不能立足，流寓于越南等地。其人数当不少。安南虽然在宋代称藩于中国，可是叛服不常。嘉祐三年（1036 年）和嘉祐四年（1037 年）两次侵略我国南部的邕州、钦州和廉州，并俘虏大批吏民入安南，朝廷有旨切责，勒令送还掠去的人口。"始约归三州官吏千人，久之，才送民二百二十一口。"[③] 对此朱杰勤评论说："安南屡次掠夺中国人口是难以估计的。"三州的官吏归还的已有千人，则平民被掠去的定多几倍，而平民归还只有 200 多人，可见拘留在安南境的远不止此数。这些没有放还的华人，就是被迫而成为安南华侨了。越南邻邦的占城（旧称林邑，又称环王，唐末称为占城，今越南中圻、顺化、平定等地）也有不少来人移居。例如《大越史记》载："李神宗大彰宝嗣四年（1136 年）时帝病笃，医治无效。明空（华僧）治之，愈，拜为国师。"这是中国人移居占城的一个例子[④]。

安南掠夺中国人口通常有两种方式，一是诱贩，二是暴力剽掠（有时以战争手段）。岭南豪族蓄奴、买卖生口之风到宋元时继续存在。"南州客旅，诱人作婢仆、担夫，至州洞则缚而卖之。一人取黄金二两，州洞转卖入交趾，取黄金三两，岁不下数百千人。有艺能者，金倍之。知文书者，又倍之。面缚驱行，仰系其首，俾不省来路。既至其国，各认买主，

① 三宝垄：《新民日报》1956 年 12 月 31 日，转引自吴凤斌主编《东南亚华侨通史》，福建人民出版社 1994 年版，第 11 页。

② 转引自朱杰勤《东南亚华侨史》，中华书局 2008 年版，第 12 页。

③ 《宋史·交趾传》。

④ 朱杰勤：《东南亚华侨史》，中华书局 2008 年版，第 12 页。

为奴终身。皆刺额上为四五字，妇人刺胸乳至肋拘系严酷，逃亡必杀。”[①] 宋代至道元年（995 年），“交州战船百余艘，寇如洪镇，略居民，劫廪实而去”；大中祥符二年（1009 年），“蛮人劫海口蜑户”。1014 年，“故钞如洪砦，掠人畜甚众”。明道元年（1032 年），“略居人马牛，焚室庐而去”[②]。这些却是安南寇边掠夺宋朝边民财物。天圣六年（1028 年），宋朝与安南发生边境冲突，安南军队“剽掠边民，累行跟寻，并不放还劫去人口”[③]。嘉祐五年（1060 年），安南“以兵入宋界，……掳虏其指使杨侣才及男女牛马不可胜数”[④]。熙宁八年（1075 年），安南十万大军入侵钦、廉、邕三州，“俘三州人而还”[⑤]。元代至元二十二年（1285 年），元军入越受挫，被安南军队“俘其余党五万余以归”[⑥]。而被掠为奴后大多融入安南社会，但他们无疑也是汉民族海外移民的一部分，而且是越南汉民族移民较多的一个重要原因。

（四）汉民族因战乱滞留而下南洋

10 世纪时，阿拉伯人马素提在《黄金牧地》一书中提到，他在公元 943 年经过苏门答腊时，看到许多中国人耕种于岛上，“而尤以巴邻旁（室利佛逝）为多，盖避中国黄巢之乱而至者”。[⑦] 此外，李长傅在《中国殖民史》中说：“黄巢之乱，中国南部受祸甚烈，广州之蕃商被杀戮者达十二万人，则中国人受其影响而移往海外，为当然之事也。是以唐代当为中国海外殖民正式开幕之始，此即华侨所以呼唐人之由来也。”[⑧] 也有史料记载，避黄巢之乱定居安南的，有河南商丘郑金成妻及子郑和，郑和与越女结婚生女名越贞。[⑨]

又元兵南征，与越军交战于咸子关，“昭文家将赵忠宋军，衣宋衣执弓矢从征……元人见之，皆惊曰，有宋人来助，因此败北。初宋亡，其人

---

① 《文献通考》卷三三十，四裔考。

② 《宋史·交趾传》。

③ 《安南史略》卷一二。

④ 同上。

⑤ 《越史通鉴纲目》正编，巷十。

⑥ 《大越史记全书》卷五《陈纪一》。

⑦ 李长傅：《中国殖民史》，商务印书馆 1937 年版，第 60 页。

⑧ 同上书，第 61 页。

⑨ 张文和：《越南华侨史话》，黎明文化事业股份有限公司 1975 年版，第 16 页。

归我，日爝纳之。有赵忠者为家将，故败元之功，日熻居多”①。可见中国人有不少在越南军中。

因战乱滞留南洋而成为移民者，还有元军南征爪哇留下的伤病兵卒。1293 年，忽必烈发兵二万，战船千艘，远征爪哇新柯沙里王朝，师劳无功，死伤病卒三千人后撤兵回国，有不少伤病士兵留居当地，同当地土著杂居。《岛夷志略》勾栏山条记载：“国初，军士征阇婆，遭风于山下，辄损舟，一舟幸免，唯存钉灰。见其山多木，故于其地造舟一十余只。若樯柁，若帆，若篙，靡不具备，飘然长往。有病卒百余人不能去者，遂留山中。今唐人与番人丛杂而居之。”② 可能由于聚居成落的缘故，这些居住在勾栏山的百余名病卒，“留养不归，后益蕃衍，故其地多华人”③。而被贩卖掠掉到安南的中国边民、战俘尽管数量很多（仅贩往者每年“数千人”），但到安南后被贩卖为奴，分散杂居，可能很快被融入当地社会，到明代的南洋华侨社会中，已不见其踪迹了。

宋元鼎革，也有相当部分人因政治原因遁逸南洋，成为汉民族的海外移民。南宋厓山之役，陆秀夫携幼主蹈海殉难，一部分宋朝遗臣不甘臣服元朝，远遁海外。“曾渊子等诸文武臣流离海外，或仕占城，或婿交趾，或别流他国”④。宋末将领张世杰也率余部及部分百姓分乘舰船百多艘，移居交趾、占城、真腊等处。⑤ 据安南史籍记载：宋咸淳十年（1274年），一批宋人南投安南，“以海船三十艘装载财物，妻子，浮海来萝葛原”⑥。宋代舰船，少则载百多人，多则载五六百，从乘坐百多艘船看，当时移民印度支那的军队和百姓当以数万计。仅安南沿岸萝葛原一地，即有近万南宋遗民南投。

（五）汉民族因谋生而下南洋

宋以前，出洋贸易之人主要是因住蕃而留居当地，元代出洋华人开始为谋生而定居当地，与当地人杂处繁衍子孙。元代出使真腊的周达观著有《真腊风土记》，有相当篇幅谈到当地汉民族的移民，以往的史籍尚无出

---

① 《大越史记全书》卷五《陈纪一》。

② （元）汪大渊著，苏继庼校释：《岛夷志略校释》，中华书局 1981 年版，第 248 页。

③ 《明史·外国列传》“勾栏山”条。

④ （宋）郑肖南：《心史》“大义述略”条。

⑤ 王文元：《法属印度支那与中国的关系》第一章，云南历史研究院 1979 年版。

⑥ 《大越史记全书》本记，卷五。

其右。为了贸易上的方便，华商到真腊后，常与当地人通婚。“（真腊）国人交易，皆妇人能之。所以唐人到彼，必先纳一妇人者，兼亦利其买卖故也。”他提到死葬习俗说：“今亦渐有焚者，往往皆唐人之遗种也。”这就是指此地华侨后人往往采用火葬。《马可·波罗游记》亦称火葬为中国异俗之一。定居当地的汉人移民已不全是为了贸易，有的纯粹是为了寻求较好的生活环境。“唐人之为水手者，利其国中不着衣裳，且米粮易求，妇女易得，屋室易办，器用易足，买卖易为，往往皆逃逸于彼。”到处为家的水手，到了这个有利可图、衣食住及性生活容易解决的地方就会流连忘返，老死于此。周达观在真腊还碰见温州同乡薛氏，宋末来此地，已居住 35 年①。南洋其他地方也有不少华人与当地人杂居。在马来半岛的龙牙门（新加坡），“男女兼中国人居之，多椎髻穿短布衫，系青布捎”。②明初所记爪哇东部锦石有华侨千余家，当有不少是元代前来之人。这些因贸易或住蕃或因故留居当地者，应该是宋元时代汉民族海外移民的主要组成部分。元初不甘受新朝统治的宋朝遗民，有不少到越南谋生。据越史载：他们“以海船三小艘，装载财物妻子，浮海来萝葛原。至十二月，引赴京，安置于街嬶坊”③。

还有，温斯泰德在评论三佛齐人变质而沦为海盗时说：“当时三佛齐的人民将农业和正当的工作留给中国人去做，到后来中国人也腐化了，于是这一大帝国的都城都变成海盗的渊薮。”④ 由此可见，当时必有许多汉民族移民为了谋生，而在三佛齐从事农业和正当工作，而这些正是三佛齐人所不愿意干或不能干的工作。

此外，宋代始有记述东南亚国家的书出现。例如周去非撰的《岭外代答》十卷就有一卷记载越南、柬埔寨、缅甸、印尼等国，还有赵汝适的《诸蕃志》也是记述东南亚各国风土物产的书籍。赵汝适曾任提举福建路市舶司，书中材料大部分是向海商调查访问的结果。其中有一条材料对于华侨史十分重要。他说：“蒲甘国有诸葛武侯庙。”⑤ 蒲甘在今缅甸。今之缅甸古代分为二国，北曰缅，南曰白古。9 世纪初年，缅甸迁都蒲

① 以上各段均引自（元）周达观《真腊风土记》贸易条、流寓条、异事条。

② （元）汪大渊：《岛夷志略》龙牙门条。

③ 《大越史记全书》卷五《陈纪一》。

④ ［英］温斯泰德：《马来亚史》，姚梓良译，商务印书馆 1974 年版，第 30 页。

⑤ （宋）赵汝适：《诸蕃志》“蒲甘国”条。

甘，故宋代典籍即以蒲甘名其国。蒲甘国有诸葛武侯（诸葛亮）庙，可以证明三点：第一，此庙一定是华侨们建立；第二，庙的建立年代可能在唐宋之间；第三，立庙必须有人侍奉香火，不能绝祀，可见华侨在缅甸的众多，否则不能长期维持这个庙宇。

汉民族海外移民下南洋时，还有一些唐代僧侣，如运期、贞固弟子僧加提婆等留居佛逝不返中土。运期且还俗，终老于彼。[①] 还有元代的道士，据《钦定越史通鉴纲目》卷八载：陈英宗兴隆十年（元大德六年，1302 年）壬寅春正月，居北方（指中国）道士于安花坊。不事生产的中国道士还能集体住在越南一个地方，人数一定不少。其他从中国而来各行各业的人成为越南汉人移民的人数自然更多了。

还有记载说 9 世纪时，已有中国人在马来亚吉打居住采锡。[②] 又据爪哇史籍记载，唐同光六年（924 年）有一艘中国大沙船在爪哇之三宝垄附近沉没，船客漂流至岸，其管舱者献宝物于直葛（Tegal）王，得王之允许，招集余众，定居其地，受优良之待遇，是为中国人定居爪哇之始。马来半岛当中国与印度、大食航路之冲，故汉民族移民亦早，颜斯综的《南洋蠡测》云："新忌利坡（新加坡）有唐人坟墓，记梁朝年号，及宋代咸淳。"可以证明此地已有汉人移民了。尽管汉民族下南洋的原因及途径很多，但汉民族海外移民还仅仅是一个初步发展，其主要表现：

一是南洋作为汉民族心目中的"世外桃源"，下南洋已成为宋元时代汉民族海外移民的主要迁入地，从而使南洋成为汉民族海外移民最多的地区。还是温雄飞在 1929 年的《南洋华侨通史》中所云："（林）道乾率众既至，视之为世外桃源，从事耕植，垦辟土壤，勃泥酋长尤乐亲近之，赘以女，划其所属之地若干，使道乾率众居之，治理其国土。道乾遂立国于是，称王。其部下亦多赘酋长小头目之女云。其所居以道乾之名名之，号曰道乾港"[③]。

二是汉民族海外移民下南洋不但人数众多，而且从"流寓"变为定居，从散居到聚居成村，初步形成了汉民族海外移民社会，所以东南亚华侨史权威学者朱杰勤说："宋元之际，有些东南亚华侨聚居一处，自成村

① 冯秉钧：《中国南洋交通史》，上海书店 1984 年版，第 53 页、第 57 页。

② 宋哲美：《马来西亚华侨史》，香港东南亚研究所 1966 年版，第 64 页。

③ 温雄飞：《南洋华侨通史》，东方印书馆 1929 年版，第 235 页。

落，有些杂居于当地人民之间，与当地妇女成婚，开始同当地民族同化融合起来。"①

三是由于汉民族海外移民的影响开始造成，所以汉人移民有专名，即在北宋时开始被称为"唐人"，他们聚居的地方被称为"唐人街"②。对"唐人"之称，为什么到宋代才流行开来，而不是在唐代流行？这与汉民族的族称之"汉"的形成情况相似。汉代之时，华夏民族在向汉民族转化发展时，被称为"秦人"，而不是"汉人"。后随着汉帝国国威的不断增长，国运日益加强，"秦人"遂被称为"汉人"，直到南北朝，"汉人"一词才真正赋予"汉族"之义。及至唐代，由于唐王朝是中国封建社会的黄金时代，唐文化千余年来不仅影响着中国，也影响着东方和世界，于是，唐王朝时，又出现了"唐人"一词指称汉民族的新情况。关于"唐人"一词出现的原因，清初诗人王士禛在《池北偶谈·汉人唐人秦人》中作了明确的说明，其云："昔予在礼部，见四译进贡之使，或谓中国为汉人，或曰唐人。谓唐人者，如荷兰、逻罗诸国。盖自唐始通中国，故相沿云尔。"可见称汉民族为"唐人者"，多为自唐王朝开始才与中国有往来的国家。所以至今东南亚一带及海外仍有人称华侨为"唐人"，不少国家华侨聚居的地方还建有唐人街。但是，"唐人"一词作为族称，并没有被汉民族本身所承认，唐王朝时虽比汉王朝更繁荣、昌盛，但其在与周边邻国和邻族交往中仍自称"汉"。可见唐时所称的"汉"，就是指唐地及唐人，"汉"字原来所指的汉朝人之义已完全消失，而指汉民族之义则由南北朝时北方少数民族对汉民族的他称而转变、发展为汉民族的自称了。正因为"汉人"之称在唐代已从他称变为自称，所以唐以后，"汉人"（或"汉民"）一词的应用更为广泛了。③ 而"唐人"则成为汉民族海外移民的专有名词，到北宋时才逐渐流行开来。"我国人在海外者，每呼为唐人。此固始于唐代，但自宋经元明至清，莫不皆然，所谓唐人，决不仅指唐代之中国人也，前已详言之。某君引颜斯综《南洋蠡测》：'新忌利

① 朱杰勤：《东南亚华侨史》，中华书局 2008 年版，第 15 页。

② 参阅庄国土《华侨华人与中国的关系》，广东高等教育出版社 2001 年版，第 21—55 页；吴凤斌《东南亚华侨通史》，福建人民出版社 1994 年版，第 1—19 页；朱杰勤《东南亚华侨史》，中华书局 2008 年版，第 6—16 页。李长傅《中国殖民史》，商务印书馆 1937 年版，第 39—69 页。

③ 参阅徐杰舜《汉民族发展史》，四川民族出版社 1992 年版，第 215—220 页。

坡，有唐人坟墓。'《东西洋考》：'爪哇人分三种，即唐人、土人、西番贾胡。'而证明唐代住居诸土者正多。不知前者系指梁、宋时代之中国人，因原文固明谓'有唐人坟墓，记梁朝年号，及宋代咸淳。'后者则指明人。因《东西洋考》之著者为明人，而《明史》固明谓'唐人者诸蕃呼华人之称，凡海外诸国尽然。'是以凡一切记载。凡称为唐人，而无其他旁证，决不可谩指为唐代之中国人也。"①

汉民族经宋元时代的初步发展，到元王朝的建立，以一个蒙古族之力统一中国，把中国历史推向了更高的境界，向世界展示了中国各民族互动和融合的宽阔胸怀。对此，元史专家周良霄说："人们习惯地把历史比作一条汹涌曲折的长河。这条河源远流长，因为它是汇合其流程内所有的支流而成的。所谓河海不择细流所以成其大。中国的历史长河，便是融会了所有中国各民族——无论是历史上的或现存的——历史文化所组成的。两条巨大的江流在它们的交汇处合流，相互激荡、扭转，进而混合、交流，最后融成一体，浩荡东去，为大自然增添了奇异的景观，而且往往因此改变下流的环境。这在自然界是常见的现象。元朝的历史也很像是这样。蒙古民族如同一股湍急的山洪，不，应该说是巨大的泥石流，从漠北草原上，汹涌地冲向内地，与颇趋沉寂的汉文化主流（包括已趋汉化的女真文化）相碰撞、搏击、渗透、交融。终于一个制度上糅合汉、蒙传统文化的元王朝建立了起来，完成了全国空前规模的大统一。试想，这是一幅何等惊心动魄而又丰富多彩的历史画卷！"②

正是这个元王朝，金戈铁马，气吞万里，从蒙古草原驰骋到整个东亚、中亚、北亚、西亚大部分地区，中国、欧洲中部和东部，以及非洲最北部大地之时，又承袭了汉民族作为东方的"海上马车夫"，乘风破浪，在大海中航行，继续下南洋，谱写了汉民族海外移民初步发展的乐章。

---

① 李长傅：《中国殖民史》，商务印书馆 1937 年版，第 66 页。

② 周良霄、顾菊英：《元史》，上海人民出版社 2003 年版，序言，第 1—2 页。

第五章　汉民族海外移民的曲折发展时期

入明王朝以来，汉民族演出了郑和下西洋的航海大戏，从而把汉民族推向了海外移民的第一个高峰，汉民族继续以“至远而利天下”的视野和胸怀大踏步地走向世界。这样，当历史进入明王朝和清王朝时，伴随而来的是汉民族海外移民的曲折发展时期。

汉民族海外移民的曲折发展时期从大明王朝开始到清王朝前期结束。明代是中国航海政策从宋元开放向封闭转型的时代，却又是中国航海业以鼎盛向高峰发展的拐点。因此，从明代到清代，乘着宋元时代下南洋之浪潮，勇于开风气的汉民族中的闽南人、福州人、广府人、客家人，不怕风浪、不怕死，不断冲破封锁，继续下南洋，并开始下西洋，走向更广阔的世界。1935 年刘继宣和束世澂在《中华民族拓殖南洋史》中说：

> 中华民族，足迹遍五洲，海水到处，殆无不有中国人。其生息于国外者，数逾千万，聚之足以成国，可谓盛矣！此千万人，非由政府有殖民政策以主持其移殖也，又非有社会之勠力协助以鼓励之也，其冒百死，涉重洋为祖国争辉，一反安土重迁之习，谓非吾族之豪俊者乎？①

在这个时期，汉民族在走向世界的过程中，给历史留下了“郑和下西洋”“海禁”和“土生华人”三个关键词。而历史的走向有时不仅不以人的意志为转移，反而会给人们一个大惊叹号：中国大航海时代的终结，反而铸成了汉民族走向世界的伟大结果！这恐怕是“海禁”制造者们始

① 刘继宣、束世澂：《中华民族拓殖南洋史》，商务印书馆 1935 年版，导言，第 1 页。

料之所不及也。

第一节　巅峰与跌落:中国大航海时代的终结

在以宋元帆船为主体构成的大航海时代，形成的中国航海事业鼎盛时期的大波浪，在大明王朝郑和七次下西洋的乘风破浪中，把中国的航海业推向巅峰之时，也是中国航海业跌落的开始，从而宣告了中国大航海时代的终结。

一　巅峰时刻：大明王朝郑和下西洋

乘着宋元大航海鼎盛时期的大波浪，大明王朝的航海事业迅速臻至巅峰时刻。这是为什么呢？据航海史学家孙光圻的专业分析，一是下西洋的大规模航海活动，提供了强大的物质基础。郑和船队下西洋时，“造巨舰通海外诸国”，“供亿转输，以巨万万计”①，每次都要“费钱粮数十万”②，如果没有强大的经济实力作后盾，是无法支撑的。二是宋元时期的中国航海事业曾长期处于鼎盛状态，并居于世界领先地位，这一切为造就明初郑和下西洋的旷世盛举，奠定了基础。从航线水平与航行范围来看，宋元人已开辟了横渡印度洋的远洋航线，并遍航亚非一百几十个国家与地区，人们对远在天涯海角的异域他乡的各种情况已相当了解，而且从航海技术来看，宋元人已将古代航海技术推进到“定量航海”阶段，这一切，使得郑和船队得以在“洪涛接天，巨浪如山”③ 的汪洋大海上，“云帆高张，昼夜星驰，涉彼狂澜，若履通衢”④。科技水平的发展是具有历史延续性的，郑和下西洋之举，乃是宋元航海科技文明的一次升华性的总检阅。⑤

宋元发展航海事业是为了商贸，那大明王朝花巨资，组织宝贵船队下西洋，又是为什么呢？

孙光圻也作了分析，他认为，明成祖朱棣之所以要不惜耗资巨大，接二连三地派出大规模的远洋船队对海外进行“赉赐航海”，还有两个政治

① 《明史·夏原吉传》。

② （明）严从简：《殊域周咨录》。

③ （明）郑和：《天妃灵应之记》碑文。

④ 同上。

⑤ 孙光圻：《中国古代航海史》，海洋出版社 2005 年版，第 378—381 页。

原因：

一是维护明成祖在国内的最高统治地位，巩固永乐政权。永乐初期，国内的政治形式极为严峻，统治集团内部矛盾重重。朱棣为了彰显自己是明朝的正统皇帝，他屡次派郑和下西洋，开展恩威并施的外交活动，目的就是为了争取海外地区的承认和归附，造成“万邦臣服”“祯祥毕集”的外交盛况，以贯彻其“四夷顺则中国宁”[①] 的战略意图，以巩固永乐政权。来转移国内政治视线，提高个人的政治威望，巩固其最高统治地位。[②]

二是扩大大明王朝的国际声威，以偿封建帝王“君主天下”“御临万方”的虚荣心理，满足上层贵族追求异域珍奇的享受欲望。明成祖以武力夺取帝位后，出于内政与外交的需要，其“天朝大国”唯我独尊的思想也随着当时国内经济实力的增强而重新抬头。永乐元年（1403 年）十月，他对礼部大臣说：“帝王居中，抚驭万国，当如天地之大，无不覆载。”[③] 为了实现其“四海一家”“广示无外”[④] 的天子欲念。于是永乐三年（1405 年），朱棣决定采取集中力量“走出去”“耀兵异域，示中国富强”[⑤] 的方略，派郑和率领以强大武装为后盾的远洋船队，“赍币往赉之，所以宣德化而柔远人也”[⑥]。

两者相比，宋元发展航海事业是为了发展经贸，明代发展航海事业是为了炫耀政治，这就决定了明代的航海事业，可以举全国之力，迅速地把“蛋糕”做强做大，甚至做到极致，但却缺乏持久的动力。好！我们先看大明王朝是如何把航海事业的“蛋糕”做强做大的。

从永乐三年（1405 年）至宣德六年（1431 年），郑和先后七次奉诏出使西洋，为将中国古代航海事业推向顶峰奉献了毕生的精力。

郑和率领着这支庞大的船队，先后七下西洋。航迹遍及西太平洋与印度洋的广大亚非海岸，在继承与发展宋元航海的基础上，建立了一个多点

---

① 《明成祖实录》卷一二七。

② 孙光圻：《中国古代航海史》，海洋出版社 2005 年版，第 382—384 页。

③ 《明成祖实录》卷二三。

④ 《明成祖实录》卷一二。

⑤ 《明史·郑和传》。

⑥ （明）郑和：《天妃灵应之记》碑文，转引自孙光圻《中国古代航海史》，海洋出版社 2005 年版，第 384 页。

交叉型的综合性航线网络，把中国古代航海事业推入巅峰时刻。

在介绍郑和下西洋的历程之前，先要明白郑和所下的“西洋”在哪里？据孙光圻的研究，郑和下的“西洋”，在地理概念上既不同于达·伽马绕过好望角以后所谓的“西洋”（今大西洋），也不同于其后明万历年间张燮在《东西洋考》中以“文莱即婆罗国”来划分东、西洋的地理概念。据郑和本人所立的《天妃灵应之记》碑对七次远航历程的总结，以及他的随员马欢与巩珍等人的著述所证，当时是以“苏门答剌国”（今苏门答腊岛萨马朗加）为“西洋总路头”① 的。按今天的航区概念来说，即以马六甲海峡西口为界，其西的广大北印度洋水域为“西洋”，其东的东南亚与东亚水域则为“东洋”②。

郑和，字三保（或作三宝），是中国历史上伟大的航海家，也是世界航海史上杰出的先驱者。明洪武四年（1371 年）生于云南昆阳和代村。据称，其先祖是元朝的咸阳王赛典赤·瞻思丁。另据明永乐三年（1405 年）礼部尚书兼左春坊大学士华亭人李至刚为郑和父亲所撰的《故马公墓志铭》称，郑和全家笃信伊斯兰教，曾祖名拜颜，由于郑和近侍宫中，深得明成祖器重，加上幼年时的家庭熏陶，青壮年时的勤奋好学与战争磨炼，使他既“才负经纬，文通孔孟”③，又“有智略，知兵习战”④，其“姿貌才智，内侍中无与比者”⑤；更兼他虽信奉伊斯兰教，又皈依佛门，成为“菩萨弟子”⑥，这对于出使信仰伊斯兰教与佛教的广大亚非国家极为有利——正是这些人才条件的综合，终于使这位从小幼志可嘉，并饱经坎坷与磨炼的 35 岁的太监，被明成祖遴选为出使西洋船队的主要组织者与指挥者，成为中国历史上彪炳千秋的航海英雄。

（一）彪炳千秋：郑和七次下西洋

明王朝永乐三年，郑和出使西洋，揭开了世界大航海时代的序幕，是中国拥抱世界的象征。以此为开端，中国人大批大批地走出国门，走向海洋，站到了人类文明交会的大舞台上。

---

① （明）巩珍：《西洋番国志》。

② 孙光圻：《中国古代航海史》，海洋出版社 2005 年版，第 393—394 页。

③ 《郑和家谱》出使条。

④ 佚名：《郑和传》。

⑤ （明）袁忠彻：《古今识鉴》卷八。

⑥ （明）姚广孝：《佛说摩利支天经》经后题记。

从永乐三年（1405 年）至宣德六年（1431 年），郑和先后七次奉诏出使西洋，为将中国古代航海事业推向顶峰奉献了毕生的精力。其远洋航行的丰功伟绩与艰苦卓绝，正如他在福建长乐县南山寺《天妃灵应之记》碑文中所刻："涉沧溟十万余里。观夫海洋，洪涛接天，巨浪如山；视诸夷域，迥隔于烟霞缥渺之间，而我之云帆高张，昼夜星驰，涉彼狂澜，若履通衢……"①

1. 郑和第一次下西洋

永乐三年六月十五日（1405 年 7 月 11 日），明成祖"命和及其侪王景弘等通使西洋"，从而开始了第一次下西洋。

第一次下西洋时，郑和船队"自苏州刘家河（刘家港，今江苏省太仓浏河）泛海至福建"，抛泊休整。同年冬天，趁东北季风"复自福建五虎门（在今福建省长乐县）扬帆"② 南下。此行首达占城（今越南中南部），再至爪哇，然后，经旧港（今苏门答腊岛巨港）、苏门答剌、南巫里（南浡里，今苏门答腊班达亚齐）、锡兰山（今斯里兰卡），最后抵达古里（今印度卡利卡特，又译科泽科德）。

"古里，西洋大国"，"诸蕃要会也"③。郑和初下西洋时，曾在那里建一碑亭，立石勒文曰："其国去中国十万余里，民物咸若，熙皞同风，刻石于兹，永昭万世。"④ 这是中印两国人民世代友好交往的象征。在返航途中，船队在旧港又遇到"聚众三佛齐国劫掠番商"⑤ 的广东潮州人陈祖义。郑和遣人招谕之，祖义诈降，而潜谋邀劫官军。⑥ "有施进卿者，告于和"⑦；"和等觉之，整兵提备。祖义率众来劫，和出兵与战，祖义大败。杀贼党五千余人，烧战船十艘，获其七艘，及伪铜印二颗，生擒祖义等三人。"⑧ 永乐五年九月二日，郑和回到南京复命。"苏门答剌，古里、满剌加（今马来西亚马六甲）、小葛兰（今印度奎隆）、阿鲁（今苏门答

---

① 参阅孙光圻《中国古代航海史》，海洋出版社 2005 年版，第 384—386 页。

② 以上所引均见《明史·郑和传》。

③ 《明史·古里传》。

④ （明）马欢：《瀛涯胜览》，转引自孙光圻《中国古代航海史》，海洋出版社 2005 年版，第 394 页。

⑤ （明）郑和：《天妃灵应之记》碑文。

⑥ 《明成祖实录》卷五二。

⑦ 《明史·三佛齐传》。

⑧ 《明成祖实录》卷五二。

腊岛中西部）等国王遣使”，随船队来华“朝贡方物”[①]。

郑和第一次下西洋时人数据载有 27800 人，历时两年又三个月。

2. 郑和第二次下西洋

史载“永乐五年（1407 年）九月癸亥（十三日），郑和复使西洋”[②]。这次主要访问了占城、爪哇、暹罗（今泰国）、满剌加、南巫里、加异勒（今印度南端加耶尔伯德纳姆）、锡兰山、柯枝（今印度柯钦）、古里等国。回国之期，约在永乐七年（1409 年）夏季七、八月间。

在这次出使中，郑和于永乐七年二月初一在锡兰山为联络并加深与当地居民的友情，“以金银织金、纻丝宝幡、香炉花瓶、表里灯烛等物，布施佛寺”[③]，并以汉文、阿拉伯文和泰米尔文等三种文字立碑勒文，颂扬锡兰佛教之盛，祈佑“人舟安利，来往无虞”[④]。此碑后于 1911 年发现于斯里兰卡之迦里镇，现存于科伦坡国家博物馆，系斯里兰卡国宝。

郑和第二次下西洋时人数据载有 27000 人，历时一年又五个月。

3. 郑和第三次下西洋

郑和第三次下西洋，据《星槎胜览》云：“永乐七年己丑，上命正使太监郑和、王景弘等统领官兵二万七千余人，驾使（驶）海舶四十八号，往诸番国开读赏赐。是岁秋九月，自太仓刘家港开船，十月到福建长乐太平港停泊，十二月于福建五虎门开洋。”[⑤] 此次所历国家，据《明实录》卷八三载：“……太监郑和赍敕使古里、满剌加、苏门答腊、阿鲁、加异勒、爪哇、暹罗、占城、柯枝、阿拨把丹、小柯兰、南巫里、甘把里诸国，赐其王锦绮纱罗。”永乐九年六月十六日，郑和还京。

郑和第三次下西洋历时九个月。

4. 郑和第四次下西洋

郑和三次下西洋，明成祖认为“以西洋近国已航海贡琛，稽颡阙下，而远者犹未宾服”[⑥]，决定让郑和第四次下西洋。永乐十年（1412 年）十

① 《明成祖实录》卷七一。

② 《明成祖实录》卷五二。

③ （明）郑和等：《布施锡兰山佛寺碑》，转引自孙光圻《中国古代航海史》，海洋出版社 2005 年版，第 395 页。

④ 《明史·成祖本纪》。

⑤ 转引自冯承钧《中国南洋交通史》，上海书店 1984 年版，第 95 页。

⑥ 《明史·忽鲁谟斯传》。

一月丙申（十五日），明成祖下诏“遣太监郑和等赍勅”[①]四下西洋，远航波斯湾、红海与东非海岸。

史载永乐十一年（1413 年）冬十月，郑和正式启程。这次航行所及的海外国家，较前大为增加，据孙光圻统计有：满剌加、爪哇、占城、苏门答剌、柯枝、古里，喃渤利（南巫里）、彭亨（今马来西亚彭京河口）、急兰丹（今马来西亚哥打巴鲁）、加异勒、忽鲁谟斯（今霍尔木兹海峡格什姆岛）、比剌（似今莫桑比克港），溜山（今马尔代夫群岛）、孙剌（似今莫桑比克的索法拉）、阿丹（今也门的亚丁）、剌撒（今伊萨角）、木骨都束（今摩加迪沙）、不剌哇（今布腊瓦），麻林（今基尔瓦·基西尼瓦）等。[②]

又据马欢所著《瀛涯胜览》卷首序云：“永乐十一年癸巳，太宗文皇帝敕命正使太监郑和统领宝船，往西洋诸番开读赏赐，余以通译番书，亦被使末。”此行有“宝船六十三只，大者长四十四丈，阔一十八丈，中者长三十七丈，阔一十五丈。”“计下西洋官校、旗军、勇士、通事、民稍、买办、书手，通计二万七千六百七十员，官八百六十八员，军二万六千八百名，指挥九十三员，都指挥二员，千户一百四十员百户四百三员，户部郎中一员，阴阳官一员，教谕一员，舍人两名，医官、医士一百八十员，余丁两名，正使太监七员，监丞五员，小监十员，内官内史五十三员。”永乐十三年七月八日，郑和回国。

郑和第四次下西洋时人数据载有 27670 人，历时一年又十个月。

5. 郑和第五次下西洋

郑和第四次下西洋回来后第二年，《明史·郑和传》记载：永乐“十四年（1416 年）冬，满剌加、古里等十九国遣使朝贡，辞还；复命和等偕往赐其君长”。于是，郑和又开始了第五次下西洋。

郑和奉诏开始准备第五次下西洋后，于永乐十五年（1417 年）五月十六日，首先到福建泉州灵山回教先贤墓行香，“望灵圣庇佑”[③]。同年冬天，船队开洋出国。这次航行，郑和先要护送亚非诸国使臣回国，由近及

① 《明成祖实录》卷一三四。又见《明史·忽鲁谟斯传》。

② 孙光圻：《中国古代航海史》，海洋出版社 2005 年版，第 396 页。

③ 《泉州灵山回教先贤墓行香碑》，转引自孙光圻《中国古代航海史》，海洋出版社 2005 年版，第 397 页。

远，一般先到占城，然后到爪哇，以此经旧港、满剌加、彭亨，到苏门答剌、南巫里。转向西航至锡兰，而达柯枝，然后到古里。由古里向西北行至忽鲁谟斯，又南下入阿拉伯海，而至剌撒、阿丹，由阿丹过曼德海峡，而抵木骨都束、卜剌哇、麻林等东非国家。再由麻林东航，横渡印度洋，经由溜山、锡兰、苏门答剌、满剌加等地回国。遍访了古里、爪哇、满剌加、占城、锡兰山、木骨都束、溜山、喃渤利、卜剌哇（不剌哇）、阿丹、苏门答剌、麻林、剌撒、忽鲁谟斯、柯枝、南巫里、沙里湾泥（今印度南端东岸）、彭亨、旧港等19国。[①] 这次随行的有蒲寿庚的后代蒲日和，最远到达了东非的木骨都束、卜喇哇、麻林等国家。永乐十七年七十七日，郑和船队返回国内。

郑和第五次下西洋给人们留下了一份珍贵的历史文献，即在柯枝国封山勒铭。柯枝国东是大山，西临大海，南北滨海，是古代印度半岛重要的商港。永乐年间，中国与柯枝之间的友好关系有较大的发展。永乐十年，“郑和再使其国，连二岁入贡，其使者请赐印诰，封其国中之山”[②]。于是明成祖趁郑和第四次出使之际，赐柯枝国王可亦里印诰，正式封他为柯枝国王，并封其国中之山为镇国山，命郑和至柯枝国时封山勒铭，刊碑以志其事。碑文由朱棣亲自撰写。当年的碑刻迄今尚未发现，但碑之文字内容，在多种中国史籍中都有记载，是郑和第五次下西洋的一份珍贵的历史文献。

郑和第五次下西洋历时两年又三个月。

6. 郑和第六次下西洋

永乐十九年正月三十日，“忽鲁谟斯等十六国使臣返国，赐钞币表里。复遣太监郑和等赍敕及锦绮纱罗绫绢等物赐诸国王，就与使偕行”[③]。由是，郑和赶在东北季风之尾，扬帆南下，统领舟师六下西洋。这次所到的地方有忽鲁谟斯、阿丹、祖法儿（今阿曼的佐法儿）、剌撒、不剌哇、木骨都束、古里、柯枝，加异勒、锡兰山，溜山、喃渤利、苏门答剌、阿鲁、满剌加、甘巴里等十六国；此外，尚有暹罗、榜葛剌（今孟加拉国）等国。其中阿丹国即今也门民主人民共和国之亚丁，地处红海南口，是古

① 《明成祖实录》卷一八三。

② 《明史·外国传七》。

③ 《明成祖实录》卷一一九。

代西亚重要的国际贸易港口。永乐十四年（1416 年），其国因郑和船队来访，曾遣使奉表来中国贡方物；使者归国时，明成祖又命郑和赍敕及彩币，偕往赏赐。阿丹国气候温和宜人，土地肥沃，资源丰富，手工业和商业也较发达。郑和使团对阿丹国进行了友好访问，对阿丹国的物产、手工业、商业贸易的状况等，都有了比较详细的了解，知道这里是进行国际贸易和采办珍宝较为理想的场所。永乐十九年郑和第六次下西洋时，船队的一支分宗，在内官周某的率领下，到阿丹国对国王及大小头目开读诏敕，进行赏赐，并开展贸易活动①。

另据向达所藏的疑为《针位篇》的清初抄本残卷称："永乐十九年（1421 年）奉圣旨，三宝信官杨敏，字佛鼎，洎郑和、李恺等三人，往榜葛剌等番邦，周游三十六国公干……"②，但惜资料缺略，难识全豹。然而，因这次下西洋涉及地点甚多，故郑和船队要在一年半时间内遍航各处，谅必是分批分船队进行的。永乐二十年（1422 年）八月十八日，"中官郑和等使诸蕃国还"③。

郑和第六次下西洋历时一年又五个月。

7. 郑和第七次下西洋

宣德五年六月，郑和奉诏七下西洋时，明成祖、明仁宗均已过世，郑和也年逾花甲，然而烈士暮年，壮心未已，举帆开洋，又开始了新的航程——第七次下西洋。

宣德五年六月九日，明宣宗朱瞻基命郑和再次出使西洋。同年闰十二月初六，船队从龙湾（今南京下关）起航，二月三日集结于刘家港。在刘家港，郑和等立《娄东刘家港天妃宫石刻通番事绩碑》。船队到达福建长乐太平港，在南山三峰塔寺立《天妃灵应之记》石碑。两碑都记下了他们六次出航的历程。宣德六年十二月九日船队从五虎门出洋。这次远航经占城、爪哇的苏鲁马益、苏门答剌、古里、竹步，再向南到达非洲南端接近莫桑比克海峡，然后返航。当船队航行到古里附近时，郑和因劳累过度一病不起，于宣德八年（1433 年）四月初在印度西海岸古里逝世。船

---

① 参阅《明史·外国传七》，"祖法儿"条。

② 向达藏《针位篇》清初抄本残卷。转引自陈平平《从生物学角度分析郑和船队杨敏远航分队（1421—1425）发现世界的可能性》，《南京晓庄学院学报》2010 年第 2 期。

③ 《明成祖实录》卷一二三。

队由正使太监王景弘率领返航，经苏门答剌、满剌加等地，回到太仓刘家港。宣德八年七月初六郑和船队到达南京。

关于第七次下西洋的航行，祝允明在《前闻记》中曾有详细记载，因其文献价值很高，兹辑录如下：

> 里程：宣德五年（1430 年）闰十二月六日龙湾开船，十日到徐山，打围。二十日出附子门，二十一日到刘家港。六年（1431 年）二月二十六日到长乐港。十一月十二日到福斗山。十二月九日出五虎门，行十六日，二十四日到占城。七年（1432 年）正月十一日开船，行二十五日，二月六日到爪哇斯鲁马益。六月十六日开船，行十一日，二十七日到旧港。七月一日开船，行七日，八日到满剌加。八月八日开船，行十日，十八日到苏门答剌。十月十日开船，行二十六日，十一月六日到锡兰山别罗里。十日开船，行九日，十八日到古里国。二十二日开船，三十五日，十二月二十五日到忽鲁谟斯。八年（1433 年）二月十八日开船回洋，行二十三日，三月十一日到古里。二十日大䑸船回洋。行十七日，四月六日到苏门答剌。十二日开船，行九日，二十日到满剌加。五月十日回到昆仑洋，二十三日到赤坎，二十六日到占城。六月一日开船，行二日，三日到外罗赤坎，二十六日到占城。六月一日开船，行二日，三日到外罗山，九日见南澳山，十日晚望见望郎回山。六月十四日到崎头洋，十五日到碗碟屿，二十日过大小赤，二十一日进太仓。七洋，十五日到碗碟屿，二十日过大小赤，二十一日进太仓。七月六日到京，二十一日关赐奖衣宝钞。①

郑和第七次下西洋人数据载有 27550 人，历时一年又七个月。

郑和及其所主持的七次史诗般的航行，集中体现着中华民族勤劳智慧，不畏艰险，不怕牺牲，勇于探索的伟大精神。诚如百余年前梁启超所言："及观郑君，则全世界历史上所号称航海伟人，能与并肩者，何其寡矣。郑君之初航海季，当哥伦布发现亚美利加以前六十余年，当达嘉马

① （明）祝允明：《前闻记》下西洋条，转引自孙光圻《中国古代航海史》，海洋出版社 2005 年版，第 398 页。

（达·迦马）发现印度新航路以前七十余年。”① 事实的确如此，郑和下西洋七次历时28年，舟帆所至广及亚非海岸，这一远航盛举，集中展示了中国古代劳动人民悠久的航海传统、先进的航海技术与巨大的航海能量，它非但在中国航海史上矗起一座前无古人、后无来者的不朽丰碑，而且在世界航海史上，也谱写了跨洋越洲、进行世界性航行的光辉新篇。翻开15世纪上半叶世界各国的航海活动史册，无论在船队组织的规模上，还是在远洋活动的范围上，也无论在海上航路的质量上，还是在航海技术的水准上，都达到了古代世界航海史上的巅峰水平。② 堪称无与伦比，史称一绝。

（二）黯然谢幕：中国航海史的大拐点

郑和下西洋航路的主要特点，据孙光圻研究，主要有：

一是开辟了中国古代历史上航程最长的远洋航路。二是建立了多点纵横交叉的综合性远洋航路网络；三是将宋元以来横渡印度洋航路提高到一个新的阶段。③ 确实，郑和船队的活动范围极为辽阔，航路从中国的东海之滨，远伸向西亚、东非的广大海区。在西北方向，航路直通波斯湾、阿拉伯海与红海，郑和船队已成为忽鲁谟斯、阿丹等海港的常客。在西南方向，航路沿东非海岸已越过赤道，到达了南半球水域的麻林地。在郑和停航26年之后的1459年，欧洲地图家弗拉·毛罗所绘的世界地图上，有两段注记中也提到中国帆船（Junk）从印度起航，在郑和第六次下西洋期间，曾进入南非海域，甚至到达好望角附近。其中的一处，是注在索法拉角（德尔加多角）和绿色群岛（阿尔达布拉群岛、科斯莫莱多群岛、科摩罗群岛）的外海处，说是曾有船先西南后转西做过海上冒险，往返达4000英里，远至非洲的西海岸，因此，推测至少越过了非洲南端的厄加勒斯角。另一处的注语说，在迪布角，“约在1420年来自印度（extragengem）的一艘中国帆船，通过男、女岛，绕过迪布角，横越印度洋，取道绿色群岛和黑水洋，向西和西南向连续航行40天，但见水天一色，别无他物。据随员估计，约行2000英里。此后情况不妙，该船便在70天后转回迪布角”。李约瑟在谈到此事时说，“海员们曾登岸求食，获见巨大的

① 梁启超：《祖国大航海家郑和传》，《新民丛刊》1904年第21号。当时用“中国之新民”笔名发表。

② 参阅孙光圻《中国古代航海史》，海洋出版社2005年版，第384—400页。

③ 孙光圻：《中国古代航海史》，海洋出版社2005年版，第403—405页。

鸵鸟蛋。”① 其实，据房仲甫的研究：

根据郑和第六次下西洋从太仓刘家港，即太平洋岸出发，分䑸船队航至印度后，按照弗拉·毛罗“注记”所说，“中国帆船（Junk）从印度起航”，“横越印度洋”，“向西和西南向连续航行”，“约行2000英里”。另据李约瑟的《中国科学技术史》所说，“海员们曾登岸求食”来看，郑和船队进行了连接太平洋、印度洋和大西洋的三大洋的探险活动。

当后来的达·伽马到达非洲东岸后，在马林迪找到了富有航海经验的阿拉伯水手艾哈迈德·伊本·马季德领航，就是沿着郑和船队开辟的航路，横越印度洋，直达科泽科特的。② 这不是郑和船队在15世纪地理大发现之间发挥了先导作用，又是什么呢？郑和船队为达·伽马做了“铺路”的工作。③

这就是说郑和的船队为达·伽马从大西洋绕过非洲的好望角进入印度洋开了路④，这正是郑和下西洋，中国航海史的巅峰时刻。

历史的接力棒有时并不是传给自己的国家和民族。当10—14世纪中国的宋元时代及至明初牢执世界航海史之牛耳之后，本来已拿到接力棒的明代完全可以继续辉煌于大海，但人们绝没想到的是，雄踞世界前列达17个世纪之久的中国古代航海事业，在巅峰时刻出现的同时却出现了一个大拐点，由于明王朝执行了“海禁”政策，使中国的古代航海事业开始在世界上跌落。对此，《中国国家地理》发文专论云：

与中国帆船的早早起步不同，欧洲在10—11世纪才出现了初具

---

① ［英］李约瑟：《中国科学技术史》第4卷第3册，科学出版社2010年版。

② 杨熺等：《中国航海史》，人民交通出版社1988年版，第272页。

③ 房仲甫、姚斓：《哥伦布之前的中国航海》，海洋出版社2008年版，第130页。

④ ［葡］瓦斯科·达·伽马（约1460—1524年）开辟西欧直达印度海路的葡萄牙航海家，早期殖民主义者。1497年奉国王之命，率领舰队从里斯本出发，绕过好望角，第二年到达莫桑比克。后得到阿拉伯领航员帮助，终于到达印度西南部重镇卡利库特，并满载交换来的宝石、香料而归。1502年、1524年又两次远航印度，最后死于葡萄牙驻印度总督任上。他开辟的航路，促进了欧、亚商业关系的发展。

规模的帆船，可仅仅过了几百年，在16世纪初，在欧洲诸国政府的大力鼓励和资助下，西方大型远航帆船已经得到了突飞猛进的发展——舵轮、抽水机等先进机械被增置；风帆系统的改进大大提高了航速；带经纬度的海图和望远镜则完善了远航技术；特别是精良的火炮系统，让这些新晋列强的帆船亦商亦战，在海上获得了更多闪转腾挪的空间。

而在遥远的东方，曾领先世界的中国帆船却从巅峰跌落下来。郑和在最后一次下西洋的途中病逝于印度附近的大海上。随着这位航海家的去世，帝国的远航戛然而止，随之甚嚣尘上的是对其"违反祖制"的攻击，积累的航海资料也被付之一炬。辉煌的大明船队像一片云一样飘过来，又像一片云一样消散了，仿佛是这个东方帝国向海洋的一次隆重而悲壮的道别。

其称郑和的第七次下西洋为"从世界大航海舞台的黯然谢幕"①。

二 跌落低谷：明清海禁四百年

郑和把中国航海事业推上了巅峰，本来可以把中国航海事业推向新的阶段，继续引领世界航海的潮流。但事态的发展并不如此。对这个拐点，《中国国家地理》发表了海洋学家梁二平的文章作了探讨：郑和死去仅仅40多年，1477年，郑和下西洋的档案《郑和出使水程》便离奇消失。翻阅明朝的史料，如万表的《灼艾余集》和严从简的《殊域周咨录》，其中记载的是兵部侍郎刘大夏藏匿了郑和下西洋档案，而在顾起元的《客座赘语》② 中则说刘大夏焚毁了郑和下西洋档案。刘大夏当时还有一段十分义正词严的表白，也被记录下来："三保下西洋，费钱粮数十万，军民死且万计，纵得奇宝而回，于国家何益，此特一时弊政，大臣所当切谏者也。旧案虽有，亦当毁之，以拔其根。"从这段话来看，刘大夏对于郑和下西洋深恶痛绝，只恨自己不能早生几十年，好以死谏之，以至40多年

① 以上所引均见司徒尚纪等《海底沉船，复原中国"大航海时代"》，《中国国家地理》2010年第10期。

② 《客座赘语》是明代顾起元所著的史料笔记，成书于明神宗万历四十五年（1617年）。全书10卷，计文467篇，记述明朝南都金陵的地理，历史、典故、人物、典章、制度、风俗、故事传说等，可稍补史乘之缺。

后，也要冒着巨大的政治风险，将下西洋的档案藏匿或销毁。最狠的是“以拔其根”这四个字，不仅当年郑和的航海事业不值得再被记录和表彰，以后也不要有人再妄想做同样的事情，我们可以说，刘大夏确实有“先见之明”，因为此后的几百年，官方的航海活动确实彻底绝迹，“海禁”这项自毁长城的政策被越来越坚决地予以执行。[①]

（一）明清实行“海禁”政策的背景

那么，人们不禁要问：明、清两代为什么放着好端端的行之有效的航海政策不用，而偏偏要实行“海禁”政策呢？换一句话说，明清实行“海禁”政策的背景究竟是什么？

1. 政治上专制

先看大明王朝的国情。明王朝中期以来，中国封建主义渐趋僵化与没落。在郑和下西洋结束后的第三年，即 1435 年，明英宗幼年即位，大权旁落，朝政日废。1449 年，发生了震惊朝野的“土木之变”：正统十四年，蒙古瓦剌部落太师也先以明朝减少赏赐为借口，兵分四路，大举攻明。宦官王振不顾朝臣反对，鼓励英宗朱祁镇御驾亲征，七月命皇弟郕王朱祁钰留守，朱祁镇率军 50 万亲征，出居庸关，同行的还有英国公张辅、兵部尚书邝野、户部尚书王佐及内阁大学士曹鼐、张益等 100 多名文武官员。行至土木堡（今河北怀来东），被瓦剌军队追赶上来，把明军团团围住，两军会战，明军全军覆没，王振被部下杀死，明英宗被瓦剌军俘虏。此后，明王朝很快衰落，统治集团矛盾迭出，平民百姓怨声载道。为维护封建专制统治，大明王朝在政治上竭力强化皇帝的中央集权，设吏、户、礼、兵、刑、工六部，一切政务与兵刑大权均集于皇帝。又先后设锦衣卫、东厂、西厂等特务侦缉机构，大肆捕杀异己。这一切，使全国所有事业（当然也包括航海事业）的有关政策与法令，均决断于皇帝为核心的封建朝廷。

再看清王朝的国情。1644 年，崛起于东北地区的少数民族——满族入主中原，建立了中国历史上最后一个封建专制政权——清王朝。这个王朝的前身，是才从奴隶制转入封建制不久的后金政权。因此，在它统一全国后，基本上沿袭了明王朝的封建体制，这对于清王朝贵族来说，已算是相当“先进”的了。

---

① 梁二平：《中国古代的航海家哪去了?》，《中国国家地理》2010 年第 10 期。

清初的中央机构，一度仿效明朝，但最高决策权仍属于议政王大臣会议。到雍正时，清始设军机处，总揽全国军政大事，裁决权完全出自皇帝，各地的巡抚与总督也由皇帝的心腹人员担任；各少数民族地区，则由皇帝委任“理藩院”与驻守大臣、将军共同治理。同时，清政府还下令八旗旗丁必须尊奉皇帝为至高无上的君主。

2. 经济上保护封建自然经济

明、清王朝顽固地保护封建自然经济，严厉压制资本主义萌芽的成长。明王朝中期以来，随着农业与手工业生产水平的提高，以及社会分工与商品经济的进一步发展，资本主义的萌芽已开始出现。如江南一些地区的民间纺织业坊主，已雇工达数十人之多，他们“以机杼起家致富”“富至数万金”，有的甚至达“百万金”①。同时，靠出卖手艺，“自食其力”的机工也已出现，他们“得业则生，失业则死”，与机户的关系是“机户出资”“机工出力”“计日受值”。这类雇佣劳动者在其他手工业部门如浆染业、造纸业、榨油业、铸铁业、制瓷业以及航海业中，也屡见不鲜。到清代前期，资本主义萌芽逐步得到缓慢的发展。在某些手工业生产中，包买商与手工工场主的活动较明代更为活跃。前者以借贷方，使生产活动受商业资本的直接控制；后者拥有较多的生产资料，雇工多达数百人，并采取相应的“按日按工发给”的计时工资制与有力可多做多得的计件工资制，使雇佣劳动具有更为典型的意义。面对着资本主义萌芽的露头，明清政府坚持“崇本抑末”的经济总方针，一方面通过严格的户口制度与法令，将农民牢固地束缚在小块土地上；另一方面以重税、严律、强征、禁榷以及封建性的行会、帮会等手段，限制并打击民间资本主义因素的发展，使之无法成为足以与封建主义抗衡的社会力量。

3. 思想文化上忠君唯上

明清政府大力推崇忠君唯上的儒家哲学与三纲五常的宗法思想。对内，一方面以科举考试与八股文取士，用学校制度培养维护官僚地主利益的孝子贤孙；另一方面大兴思想狱与文字狱，凡有妄议朝政、鼓吹异端者，一律严加镇压，轻者判刑充军，重者杀头戮尸。对外，一方面故步自封，因循守旧，以“天朝大国”自居，宣称要“加恩体恤”“御驭万国”；另一方面防夷如虎，闭关锁国，千方百计抵制西方资本主义思潮，以免

① （明）张瀚：《松窗梦语》卷六，《异闻记》；（明）沈德符：《万历野获编》卷二八。

“滋扰生事”，有损封建主义国体。

为了确保与延续官僚地主阶级的既得利益与封建特权，他们以一种在本质上属于顽固、僵死、腐朽的目光观察国内外的形势，并做出了相应的决策。这些决策非但使中华民族手足受掣，无法在迅速发展与变革的时代中竞雄于世界民族之林，而且使西方列强乘虚而入，一步步将神州大地变成他们坐地分赃的殖民地。[①]

而这时，世界却进入了一个急转弯的新时代。马克思在《资本论》第一卷中曾说：“资本主义生产的最初萌芽，在 14 世纪到 15 世纪，已经稀疏地可以在地中海沿岸的若干城市看到。”[②] 到 15 世纪中叶，随着欧洲生产力的发展与生产关系的变革，资本原始积累被提上历史议程。为了冲破对东方的贸易危机，寻找殖民地、黄金财富与廉价劳动力，以葡萄牙、西班牙为急先锋，西欧诸国掀起了开辟全球性海上新航路的探险热潮。1486—1487 年，葡萄牙迪亚士探险队到达好望角；1492 年，西班牙哥伦布船队横渡大西洋，到达中美洲；1492—1498 年，葡萄牙达・伽马远征队从里斯本出发，绕过非洲南端，抵达卡利卡特，首次打通了东印度航路；1519—1521 年，西班牙麦哲伦船队进行了人类历史上第一次环球航行。正如马克思与恩格斯所指出的：“美洲的发现，绕过非洲的航行，给新兴的资产阶级开辟了新天地。东印度和中国的市场，美洲的殖民化，对殖民地的贸易、交换手段和一般商品的增加，使商业、航海业和工业空前高涨，因而使正在崩溃的封建社会内部的革命因素迅速发展。”[③] 随着资本主义势力的海上扩张与东侵，西方列强亦盗亦商的舰队举起“公海航行自由”的旗帜，在本国政府的全力支持下，不但控制了整个印度洋与横跨太平洋的航路，而且把其锋芒直逼中国沿海。葡萄牙人于 1511 年征服满剌加后，1516—1517 年开始与中国通商。当时，裴勒斯特罗与安德洛德“驾大船到广州澳口，铳声如雷，寻退向东莞南头”，非法“造屋树栅”，占据屯门岛。以后又屡次“杀人抢船”，“剽劫行旅”[④]，骚掠粤闽海岸。1553 年，他们通过行贿中国地方官，以避风晒货为名，强行“租

① 参阅孙光圻《中国古代航海史》，海洋出版社 2005 年版，第 424—426 页。

② 《资本论》第 1 卷，人民出版社 2004 年第 2 版，第 784 页。

③ 《共产党宣言》，见《马克思恩格斯选集》第 1 卷，人民出版社 1972 年版，第 252 页。

④ 《明史・外国传》。

借”澳门，接着又建筑炮台，设立官署，使之成为西方侵华的第一块殖民地。1565 年，西班牙人在横越太平洋，占据菲律宾后，于 1575 年与中国通商，获准以厦门为贸易口岸。在 1603—1639 年间，西班亚殖民当局三次屠杀在菲律宾的华侨，接着又在 1626 年强占台湾的基隆。荷兰人在 16 世纪末入侵东南亚，接着，1602 年成立海外殖民大本营——荷兰东印度公司，以爪哇巴达维亚（今雅加达）为据点，频叩中国海关大门。1622—1623 年，荷兰先后入侵澎湖与台湾，并在 1641 年撵走西班牙人而独占台湾。英国人在 1600 年设立了享有对殖民地军事、政治与经济全权的东印度公司，并在 17 世纪中叶击败“海上马车夫”荷兰，成为世界上最强大的殖民帝国，1637 年，由魏德尔率领的英舰队开赴广州，强占虎门炮台，企图以武力强迫中国对英开放。面对蓬勃兴起的西方资本主义国家，大明王朝显然已老态龙钟了，于是越老越怕，越怕就越封锁。

及至清代，从 1699 年起，英获准在广州设立商馆，并不断要求增辟商港，裁减税收，从而发生了有名的“洪仁辉案”。

洪仁辉（James Flint）是英国人。1753 年，英国东印度公司要求洪仁辉船长在广州以北的宁波港开设一个分公司。1755 年以后，洪仁辉船长和他的水手们抵达宁波，并受到热烈欢迎。回国时，洪仁辉船长带回了满舱的中国货物。可在 1757 年，当他再次到达宁波时，中国人先让他等着，然后没收了他半船的货物，并不作任何解释就收缴了船上的所有火炮。接着，乾隆皇帝发出谕旨，规定对外贸易只能在广州进行。浙江巡抚当即命令洪仁辉离开宁波。洪仁辉扬帆起航，但他并不开往广州，而是一直开到天津。作为第一个进入天津的英国人，他打算去北京见皇帝，但这在当时是不可能的。于是他不得不放弃这一打算，满足于说服一名地方官员，请他把一份申请报告递交朝廷。然后洪仁辉便又从天津回到广州，等待皇帝的答复。

在广州等着洪仁辉船长的是总督的召见。英国东印度公司的代理人很不放心，便陪同前往。他们一进总督府，腰间的佩剑立即被摘下，并被推到总督面前，想强迫他们磕头，但遭到英国人的拒绝。洪仁辉被判流放澳门三年，不准再来中国。其罪名是他违抗皇帝旨意去了天津。至于那名好心替洪仁辉向朝廷转交申请报告的天津官员，据说被砍了头。

洪仁辉的尝试由于 1760 年清朝廷发布的法令而失败。这项法令使外贸条件变得更加困难：（1）外国人必须在春节离开广州，撤到澳门，直至秋天；（2）中国人不得同外国人做生意，也不得为外国人服务，否则判流放罪；（3）外国人不准学中文，他们只能同广州公行的翻译接触；（4）任何外国商船在中国领水停泊期间船上都必须有中国官员；（5）外国人不准携带武器，他们送寄信件都必须通过中国当局；（6）外国人如和中国人发生纠纷将按中国法律处理。

此后英国殖民者又时常骚扰中国沿海，炮击居民，劫掠华船，走私鸦片，测量海道，绘制地图，而法国人于1640年开始对华贸易，也在广州开设商馆，并大肆进行天主教的渗透活动；美国人也在1784年派“中国皇后”号船来广州通商，虽起步较晚，但很快发展成西方列强中仅次于英国的第二对华贸易大国与鸦片贩子。[①] 面对咄咄逼人的西方殖民者，清政府越来越怕，越怕越封锁，越封锁“海禁”就越严。

这就是明清实行“海禁”政策的背景。

（二）大明王朝“海禁”政策的内容

明清的“海禁”始于明太祖朱元璋。

早在明太祖朱元璋立国之初，就明确定制：“片板不许下海。”[②] 他之所以罢市舶、申海禁，不但是因为“朕以海道可通外邦，故尝禁其往来”[③]，以便尽快巩固新建的明朝统治，而且也在于这种“引贾四方，举家舟居，莫可踪迹”[④] 的民间航海，对必欲“令四民务在，各守其业”[⑤] 的封建主义制度构成了严重的威胁。因此，他其后一再诏令，主要政策为：

（1）“严禁交通外番”[⑥]。

（2）“无得擅出海与外国互市”[⑦]，“敢有私下诸番互市者，必置之重法”[⑧]。

（3）“禁民间用番香番货”，“凡番香、番货，皆不许贩鬻，其现有

---

① 参阅孙光圻《中国古代航海史》，海洋出版社2005年版，第422—426页。

② 《明史·朱纨传》。

③ 《明太祖实录》卷七〇。

④ （明）周忱：《与行在生户部诸公书》《昭代经济言》卷二。

⑤ 《明太祖实录》卷一七七。

⑥ 《明太祖实录》卷二〇五。

⑦ 《明太祖实录》卷二五二。

⑧ 《明太祖实录》卷二三一。

者，限以三月销尽”[①]。

(4)“罢太仓黄渡市舶司”[②]。洪武七年（1374年），明政府下令撤销自唐朝以来就存在的，负责海外贸易的福建泉州、浙江明州、广东广州三市舶司。

(5)“以倭寇仍不稍敛足迹，又下令禁濒海民私通海外诸国”[③]。

此后，朱元璋于洪武二十三年（1390年），再次发布“禁外藩交通令”；洪武二十七年（1394年），为彻底取缔海外贸易，又一律禁止民间使用及买卖舶来的番香、番货等；洪武三十年（1397年），再次发布命令，禁止中国人下海通番。于是，连与明朝素好的东南亚各国也不能来华进行贸易和文化交流了，中国对外贸易遂告断绝。

（三）大明王朝“海禁”政策的实施

朱元璋对于“海禁”的执着超过了中国历史上任何一位皇帝，他在位期间，每两三年就要再次重申一遍海禁的政策。此后，大明王朝海禁政策的实施就在严格海禁和有限开禁之间徘徊反复。

大明王朝的“海禁”和“开禁”之间的较量，最早可追溯到朱元璋开国之初。这位开国元勋完成统一大业之后，改革旧制，整肃吏治，实施兴修水利、奖励垦荒等一系列立国安邦良策，很快生产迅速发展，人民安居乐业。然而，他也做出了一个极为荒唐且糊涂的决策：“片板不许下海！”[④] 以致明代以来，航海贸易业日趋衰败、一蹶不振。

尽管“海禁”政治在明朝历代政府中基本上占据统治地位，可是“开海”派与“海禁”派的明争暗斗、拼死对抗一刻也没有停止过。特别是沿海地方政府中的部分官员看到“开海”的好处，极力主张开放海禁，以抽取市舶带来的巨额税收，采弥补财政困难。这种思想后来在一些海禁派官员中也扩张蔓延，不少人主张稍稍改动先宗列祖的法令。特点是明代中期以后，举国上下反政府呼声高涨，各地相继爆发了规模大小不等的农民起义。明政府为了镇压起义军大肆招兵买马，军事开支日益增加，便使财政收入更加不敷使用，如果一意孤行，不但难以维系庞大的军费开支，

① 《明太祖实录》卷二三一。

② 《明太祖实录》卷四九。

③ 《明太祖实录》卷一三九。

④ 《明史·朱纨传》。

而且将会动摇整个封建王朝统治的根基。于是，他们决定开放“海禁”，另辟一条财源“捷径”。

1567 年，福建巡抚都御史涂泽民，正式上书明廷“请开海禁，准贩东西二洋”。由此，沿袭长达两个世纪的海禁政策开始松动了。但今非昔比，涂泽民奏折里提到的“东西二洋”，地理概念早已与郑和七下西洋时期的大相径庭。郑和所指的“西洋”，是广大的北印度洋水域，而这个时期该海域早已被西方列强所控制，中国商船队根本无力问津。这时的“东洋”指的吕宋、苏禄诸国；而“西洋”则为交趾、占城、暹罗诸国；它们均位于马六甲海峡以东南海水域，范围比以前狭窄多了。即使是“东洋”，亦不包括日本，因为明政府已被“倭寇”扰得四处不宁、难以招架。

历史早已证明，凡逆历史潮流而动的政策，执行愈严反抗愈烈。在长期实施海禁政策的高压之下，必然导致海上走私活动（贸易）日趋猖獗。当时的日本等国家在明政府一意孤行的海洋限制和封锁下，瓷器、丝绵、纱绢、棉布等中国产品奇缺，价格极为昂贵。沿海的渔民和商人看到贩卖中国货“获利颇丰”，加上生活穷困潦倒的海商更是串联勾结，占据沿海地区的个别近岸岛屿为基地，公开或秘密地贩运。福建、广东交界的南澳，福建漳州海外的晤屿岛，浙江宁波海外的双屿相继成为中国与海上各国之间互相贸易的物资集散地。其中，尤以宁波海外的双屿岛规模最大，走私贸易活动最为盛行。于是，明王朝的“海禁”和“开禁”之间的较量集中表现在走私贸易与搜捕走私的斗争上。

以双屿为例：双屿港距离浙江镇海 60 余里远。实际上佛渡水道南端的双屿门航道，它介于六横岛与浙江大陆之间。其南端的双屿门航道的东侧是六横岛，西侧是佛渡岛，南北长 4 海里，宽约 0.8 海里，水深 20 米，为船舶往来南北各港的重要航道。航道中央有上下两个小岛，所以明代便将它称为双屿。双屿在海上走私贸易中占有极好的地理优势，面对浙江大陆，距岸 20 余里，有集散进出口货物的方便条件，且航路四通八达。据文献记载，双屿海上贸易最盛时，建有各类馆舍一千余间，天主教堂和医院各 2 所，长住居民达 3000 余人，其中葡萄牙人就有 1200 余人。

双屿港的走私活动骤增，贸易交换频繁，影响日益扩大，已引起当地官府的不安。1542 年，宁波知府曹浩采取突然行动，大肆搜捕走私海商，捣毁了部分走私巢穴和基地。然而，当地士绅早已与走私海商串通一伙，共同与明政府对抗。为避免激起民愤，防止事态进一步扩大，明政府被迫暂时放弃搜捕走私海商的活动。

搜捕走私的斗争又特别复杂地表现在“抗倭”上。这里所讲的“倭寇”，并非明朝的抗倭名将戚继光率领的“戚家军”转战沿海各地，将之打得闻风丧胆、大败而归的倭寇，而是指嘉靖年间由中国走私海商为主体，与少数日本海盗相勾结组合起来的海上武装集团。这些走私海商清一色的日本倭人打扮：剃光前颅头发，梳成倭人的发式，穿上倭人的衣服，打着倭人旗号。其所以如此“乔装打扮”，原因在于明朝的文武官员非常惧怕日本海盗，畏倭如虎。这些“倭寇海盗”纵横往来，若入无人之境。沿海守军官兵闻风丧胆、一触即溃。不过，在平民百姓面前则变了一副嘴脸，或强夺民财，或杀民冒功。

在这批中国“倭寇海盗”中，绝大多数是属于深受封建社会剥削压迫的贫民渔户。他们以海为田，把航海视为出路，如果不下海就断了生计。在这种情况下，他们铤而走险，与海盗相勾结，是不难理解的。还有一些“倭寇海盗”则是出身于航海的商人和出身于贫民的武装走私集团首领。前者都是拥有雄厚资财的海商，聚众结伙，有较强的武装力量，因而走私的规模一般都很大，常常数百艘海船，时分时合，官军对其也奈何不得。后者大多数是破产的农民或渔民，先前在海上走私谋生，不断遭受到官府的围剿搜捕，被逼成为海盗。福建漳州诏安的吴平，从小在地主家当奴隶，因不堪主子的虐待，奋起反抗，后来逃亡海上成为一个远近有名的大盗。他的同伙曾一本原是一个偷坟墓者，自追随吴平后声势越闹越大，人数最多时发展到万余人，拥有船只200余艘，是一个名副其实的海上武装走私集团。

1564年，明朝将领俞大猷派人招降吴平，很快吴平又拉竿反叛，俞大猷急忙命令部将汤克宽、李超出击，结果连连败北，明廷一怒之下把俞大猷革职罢官。但在1566年的一次海战中，吴平船队事先没有接到情报，疏忽大意了，在万桥山澳遭到明水军的夹击，大批船只被烧毁，吴平本人也不知所向。吴平战败后，曾一本等人继续进行武装反抗，经常活动在海丰惠阳之间，被当地官府和封建地主视为心腹大患。

软硬兼施历来就是封建统治者惯用的两手。在久战不克的情况下，广东总兵汤克宽出重金招抚曾一本。曾一本及部属1200人假装接受招抚，被改编成官军，驻扎在广东潮阳。时间仅隔一年（1568年），曾一本因不满明军参将缪印的专横跋扈，再度反叛，杀了缪印，大败官军。明朝廷接战报慌了神。只得重新起用俞大猷，令他前去进剿。俞大猷还没有部署停当，曾一本就率领60艘大舰浩浩荡荡杀来。俞大猷仓促应战，一时间火箭飞矢铺天盖地而来，明军船队没来得及动手，就已毁烧过半……从此，曾一本船队更加纵横驰骋，往来于福建、广东沿海之间，根本不把明朝官军放在眼里。曾一本被俘后宁死不降、大骂不绝，最后被官府杀害。曾一本死后，他的部属继续坚持斗争。林凤率领一帮人马又与明政府周旋，战斗近10年之久。明政府实施的海禁，是一种逆潮流而动的愚蠢和落伍的行为，嘉靖年是为最严酷的实施时期。明世宗朱厚熜所推行的政策，使得中国航海事业失去了自宋元以来持续鼎盛的大好势头，并逐步在世界航海领域中，成为可悲的落伍者。①

（四）清王朝“迁海”政策的内容及实施

1644年清军入关后，全国各地掀起了广泛的反清运动。特别是郑成功在东南沿海人民的有力支持下，曾三次北伐，攻打江浙沿海和长江下游，给清王朝造成了重大的威胁。清王朝统治者为隔断抗清力量与人民的结合，多次颁布海禁与迁海法令。

顺治十三年（1656年），清政府宣布：“海船除给有执照许令出洋外，若官民人等擅造两桅以上大船，将违禁货物出洋贩卖番国，并潜通海贼，同谋结聚，及为向导，劫掠良民者。或造大船，图利卖与番国，或将大船赁与出洋之人，分取番人货物者，皆交刑部治罪。至单桅小船，准民人领给执照，于沿海近处捕鱼取薪，营汛官兵不许扰累。”② 同年，清政府宣布：“今后凡有商民船只私自下海，将粮食货物等项与逆贼贸易者，不论官民，俱奏闻处斩，货物没官，本犯家产，尽给告发之人。”③

清政府下了两次海禁令，但收效不大，未能达到困扼郑成功的目的，于是，进而推行“迁海”政策。

最先提出“迁海”建议的是郑成功的叛将黄梧。顺治十三年（1656年），郑成功北伐抗清，留守海澄的部将黄梧因畏惧郑治军严厉而举城降清。为向清政府献媚效忠，黄梧提出“剿寇五策”，并说：“金、厦两岛

① 参阅倪建中主编《海洋中国》中册，中国国际广播出版社1997年版，第634—639页。

② 《光绪大清会典事例》卷六二九。

③ 《光绪大清会典事例》卷七七六。

弹丸之区，得延至今日而抗拒者，实由沿海人民走险，粮饷油铁桅船之物，靡不接济。若从山东、江、浙、闽、粤沿海居民，尽徙入内地，设立边界，布置防守，不攻自灭。”他建议，“将所有沿海船只，悉行烧毁，寸板不许下水。凡溪河监（竖）桩栅，货物不许越界。时刻瞭望，违者死无赦。”[①]

清政府采纳了黄梧的剿寇建议，遣兵部尚书苏纳海赴福建勘迁。顺治十八年（1661 年）初，郑成功为坚持长期抗清，渡海收复了被荷兰殖民者所侵占的台湾岛。同年，清政府正式下令“迁海”：“迁沿海居民，以恒为界，三十里以外，悉墟其地。”[②] 康熙三年（1664 年），“又遣吏部尚书伊里布、兵部尚书硕图，偕藩院将军提督复勘，令再徙内地五十里”[③]。康熙十八年（1679 年），又在“福建上自福宁，下至诏安，赶逐百姓重入内地，或十里或二十里”[④]。上述三次强制性的“迁海”，波及北起山东半岛，南至珠江三角洲的广大沿海，不但造成“沃壤捐作蓬蒿”“滨海数千里，无复人烟”[⑤] 的历史大悲剧，而且导致“内外阻绝”“商旅不通”[⑥]，使东南沿海稍有复苏的航海贸易业又遭到了沉重的打击。[⑦]

（五）清王朝有限的“开禁”政策

康熙二十二年（1683 年），施琅率水师 3 万余人收复台湾，中国重新统一。清政府为安抚沿海民心，就地抽募兵饷，着手开放海禁。康熙二十三年（1684 年）三月，允浙、闽、粤海援山东例，听百姓海上贸易与捕鱼。同年九月，康熙皇帝发布谕令，正式宣告“开禁”。谕令说：“向令开海贸易，谓于闽、粤边海民生有益，若此二省民用充阜，财货流通，各省俱有裨益。且出海贸易，非贫民所能，富商大贾，懋迁有无，薄征其税，不致累民，可充闽、粤兵饷，以免腹里省分转输协济之劳，腹里省分钱粮有余，小民又获安养，故令开海贸易。”[⑧] 次年，清政府又“置江、

---

① （清）江日昇：《台湾外纪》卷十一。
② 《重纂福建通志》海防篇。
③ （清）阮元：《广东通志》边防篇。
④ （清）江日昇：《台湾外纪》卷二二。
⑤ （清）施琅：《靖海纪事》序。
⑥ 《闽海纪略》。
⑦ 参阅孙光圻《中国古代航海史》，海洋出版社 2005 年版，第 433—434 页。
⑧ 《清圣祖实录》卷一一六。

浙、闽、粤四海关，江之云台山，浙之宁波，闽之厦门，粤之黄埔，并为市地，各设监督，司榷政"[①]。由此经雍正朝至乾隆年间，沿海榷关又增至山海关、津海关、江海关、浙海关、闽海关、粤海关等六大海关，专门管理航海贸事务。

从康熙二十三年（1684 年）至道光二十年（1840 年）鸦片战争爆发，清政府在海外贸易方面，表面上执行的是"开禁"政策（其中，在康熙五十六年（1717 年）至雍正五年（1727 年）间，又有十年对南洋禁），但"商船一出外洋，茫茫大海，任其所之"，既不能"跟随踪迹"，又不能保证其"无透越禁洋之实事"[②]，这倒是使统治者最为担心的事情，因此，实际上贯彻的仍是"海禁宁严毋宽"[③] 的"闭关"政策。为什么会是这样呢？据孙光圻分析[④]：

第一，限制了人民出海自由贸易。由于中国晚期封建社会的阶级矛盾与民族矛盾非常尖锐，清政府为维护专制统治，对人民的防范极为森严，这在航海政策上反映得十分明显。康熙五十九年（1720 年）规定："出洋商船初造时，先报明海关监督及地方官，该地方官确访果系殷实良民，取具澳甲里族各长并邻伍保结，方准成造。完日，地方官亲验，梁头并无过限，舵水并无多带，取具船户不得租与匪人甘结，将船身烙号刊名，然后发照。照内将在船之人年貌、籍贯分析填明。及船户揽载开放时，海关监督将原报船身丈尺验明，取具舵水连环互结。客商必带有资本货物，舵水必询有家口来由，方准在船。监督验明之后，即将船身丈尺，客商姓名人数，载货前往某处情由及开行日期，填入船照。[⑤]"雍正九年（1731 年），为使"盗匪即无人假冒"，又规定："嗣后商、渔各船照票内舵工水手各年貌项下，将本人箕斗验明添注，均于进口、出口时按名查验，一有不符，即行根究。"[⑥] 清政府之所以如此严申戒律，正在于害怕人民在海外聚众反清。故而康熙五十九年（1720 年），当圣祖获悉"每造船出海贸易者，多至千余。回来者不过十之五六，其余悉卖在海外，赍银而归"时，

---

① （清）梁廷枏：《夷氛闻记》卷一。

② 《朱批谕旨》，雍正五年二月十七日浙江巡抚李卫奏折。

③ 《朱批谕旨》，雍正二年十月九日，对两广总督孔毓珣奏折的朱批。

④ 参阅孙光圻《中国古代航海史》，海洋出版社 2005 年版，第 435—439 页。

⑤ 《光绪大清会典事例》卷六二九。

⑥ 《光绪大清会典事例》卷七七六。

即下令“其南洋自宋、噶喇巴（今爪哇）等处，不许前往贸易”[①]。从而又“海禁”南洋十年。

第二，限制商品出口。清代，价廉物美的中国商品在世界市场上具有强大的竞争力，不用说那些饮誉遐迩的传统商品，即是“内地贱菲无足轻重之物，载至番境，皆同珍贝，是以沿海居民，造作小巧技艺，以及女红针线，皆洋船行销，岁收诸岛银钱货物百十万入我中土”[②]，故而只要政府大力支持航海贸易，不但能左右南洋市场，而且必能在国际关系上继续扮演一个重要的角色。然而令人遗憾的是，清王朝却采取了背道而驰的政策。

乾隆二十四年（1759年），清政府以“江浙等省丝价日昂”“不无私贩出洋之弊”为由，下令沿海各地严禁丝及丝织品出口，规定“傥有违例出洋，每丝一百斤发边卫充军；不及一百斤者杖一百，徒三年；不及十斤者枷号一月，杖一百；为从及船户知情不首告者，各减一等。船只货物尽入官。其失察之汛口文武各官，照失察米看出洋之例，分别议处”[③]。同年，又规定，因为“绸缎等物总由丝觔所戒，自应一体察禁”[④]。这一愚蠢而苛刻的禁运政策实施五年后，“不特丝价依然昂贵，未见平减，且遇值蚕事收成稍薄，其价较前更昂”[⑤]，于是被迫“开禁”，但仍只许被批准出海之商船，各配搭土丝及二三蚕丝若干，限额出口，“而头蚕湖丝，绸匹等项，仍严行查禁”，“其绸缎纱罗及丝棉等项，照旧禁止”[⑥]。清政府禁止传统的丝绸出海，使“内地贩洋商船亦多停驾不开”[⑦]，直接打击了民间航海贸易事业的正常发展。嘉庆二十二年（1817年），清政府又将深受海外欢迎的茶叶作为禁止出口的货物之一，谕令皖、浙、闽三省巡抚，“严饬所属，广为出示晓谕，所有贩茶赴奥之商人，俱仍照旧例，令由内河过岭行走，永禁出洋贩运，傥有违禁私出海口者，一经拿获，将该商人治罪，并将茶叶入官。若不实力禁止，仍听私运出洋，别经发觉，查

① 《清朝文献通考》卷三三。

② （清）蓝鼎元：《论南洋事宜书》，《鹿州初集》卷三，厦门大学出版社1995年版，第55页。

③ 《光绪大清会典事例》卷六三〇。

④ 《清高宗实录》卷六三〇。

⑤ 《皇政政典类纂》卷一一八。

⑥ 《皇朝文献通考》卷三三。

⑦ 《皇政政典类纂》卷一一八。

明系由何处海口偷漏，除将守口员弁严参外，并将该巡抚惩处不贷。”①此外，诸如粮食、铁器、硝磺、金银等亦属禁止出口之列。特别是粮食，清政府控制极严，连船员食用也不准多带，每船只能依照人口多少与往返航期，每人一天以一升米为度。

第三，限制了船只出海。直至 15 世纪末，中国远洋海船尚居世界航业界前茅。但从 16 世纪开始，在封建专制政权的人为压制下，中国出海船只在技术与质量上就走上了相对落后的道路。顺治十二年（1655 年），清政府规定不许打造双桅大船。康熙二十三年（1684 年）“开禁”时又规定，“如有打造双桅五百石以上违式船只出海者，不论官兵民人，俱发边卫充军。该管文武官员及地方甲长，同谋打造者，徒三年；明知打造不行举首者，官革职，兵民杖一百”。② 至康熙四十二年（1703 年），虽允许打造双桅船，但又限定“其梁头不得过一丈八尺，舵水人等不得过二十八名。其一丈六七尺梁头者，不得过二十四名”。若“其有梁头过限，并多带人数，诡名顶替，以及汛口盘查不实卖行者，罪名处分皆照渔船加一等”③。此外，在康熙三十三年（1694 年）还曾规定，严禁“内地商人在外国打造船只”，违者“严加治罪”④。这些清规戒律，使中国木帆船制造业发生了历史性的大逆转。

第四，限制出海船只携带武器。清王朝在限制航海工具的同时，还于康熙三十三年（1684 年）严禁中国出海商船携带武器。康熙五十九年（1720 年）重申：“沿海各省出洋商船，炮械军器概行禁止携带，如地方官不严查禁止，致商船仍行私带者，照失察鸟枪例罚俸一年。”⑤ 雍正六年（1728 年），虽有所放宽，但仍规定“鸟枪不得过八杆，腰刀不得过十把，弓箭不得过十副，火药不得过二十斤”。⑥ 雍正八年（1730 年）又放宽到每船带炮不得过两门，火药不得过三十斤。⑦

综上所述，可见清王朝的所谓“开禁”，实际上是“海禁”的“新瓶

① 《光绪大清会典事例》卷六三〇。
② 《光绪大清会典事例》卷七七六。
③ 《光绪大清会典事例》卷一二〇。
④ 《皇朝文献通考》卷二三。
⑤ 《光绪大清会典事例》卷一二〇。
⑥ 《光绪大清会典事例》卷六二九。
⑦ 《光绪大清会典事例》卷六二九。

装旧酒，换汤不换药”而已。

（六）海禁对中国的影响：自绝于文明世界

历史是无情的。历史发展到一定的阶段，若不跟进，就会被历史毫不留情地淘汰。明、清前期在世界发生资本主义兴起的历史性转型之时，如若能适时地利用当时尚属强大的经济与军事实力，适应潮流，进一步发展国家的航海力量，积极参加已出现于世界贸易的全球化竞争，那么，整个近代史就可能会是另一种格局。然而，历史是没有可以后悔的。中国在近代化的道路上，不明形势，不识时务，面临西方殖民主义的东渐，清王朝不肯开眼看世界，依然沉溺于“天朝大国”与“万国朝贡”的帝王迷梦之中，这特别典型地反映在乾隆五十八年（1793 年）就英使马嘎尔尼访华事件而致英王的敕谕之中。在该敕谕中，乾隆帝声称：“天朝物产丰盈，无所不有，原不藉外夷货物以通有无。特因天朝所产茶叶、瓷器、丝斤，为西洋各国及尔国必需之物，是以加恩体恤，在澳门开设洋行，俾得日用有资，并沾余润。”接着，在拒绝英国关于扩大通商要求的同时，一再宣扬：“天朝加惠远人，抚育四夷”；“天朝统驭万国，一视同仁”；“朕于入贡各邦，诚心向化者，无不加以体恤，用示怀柔”；“尔国王当仰体朕心，永远遵奉，共享太平之福”[①]。由此可见，在清帝国皇帝心目中，对外航海贸易纯属可有可无。可有，则是我“天朝”对“入贡各邦”的“加恩体恤”，“加惠远人”；可无，则是我“天朝物产丰盈，无所不有，原不藉外夷货物以通有无”[②]。

正如马克思在《中国革命与欧洲革命》中所说：非常遗憾的是，清王朝始终沉溺于“天朝帝国万世长存的迷信”与“野蛮的、闭关自守的、与文明世界隔绝的状态”之中，直到其声威被“不列颠的枪炮”“扫地以尽”[③] 为止。可见海禁对中国最大的影响，就是自绝于文明世界。

第二节　汉民族三大海外移民族群在迁徙中形成

汉民族海外移民中主要的族群是浙江人中的温州人、宁波人；福建人

① （清）王先谦：《东华续录》乾隆朝一一八。

② 参阅孙光圻《中国古代航海史》，海洋出版社 2005 年版，第 440 页。

③ 《马克思恩格斯选集》第 2 卷，人民出版社 1972 年版，第 2 页。

中的闽南人、福州人；广东人中的广府人、潮汕人（闽南人），以及闽粤赣桂的客家人。其中从宋代起及至明清下南洋最多的是闽南人、广府人和客家人。对这些族群，《汉民族史记》第 3、4 卷中有详述，本卷仅从移民与下南洋的视角加以陈述。

一 闽南人在迁徙中形成

自两宋至元明，是闽南人形成的确定期。入宋以来，在战乱频仍之下，中原汉族移民继续南迁入闽。尤其是南宋初年，福建作为南宋的后方，不仅战乱较少，而且经济文化也较发达。故叶绍翁云："自开禧兵变，淮民稍徙入于浙、闽。"[①] 据吴松弟的统计，靖康乱后南迁入闽南泉州和漳州的移民 33 人，始迁者 17 人。而泉州作为南宋宗子的重要居住地，建炎三年（1129 年）十二月，南外宗正司自镇江迁往泉州，随行的宗子 349 人就定居了下来。"其后子孙日以蕃衍"，到庆元年间（1195—1200 年）发展到 1700 余人，绍定年间（1228—1233 年）达 2300 余人。[②] 漳州亦然，嘉定《清漳志》称："中兴（南渡）以来，生齿日繁，漳之事物，益非昔比。"[③]

但是，泉州、漳州两个小平原的自然条件虽好，气候宜人，有晋江、九龙江和木兰溪的灌溉，但终因地方狭小，山低水短，流量较小，加上年降雨量又偏少，而常闹旱灾，土地逐渐沙质化，丘陵之间多望天田、旱地，沿海又多沙滩，少海涂，久而久之就显得人多地少，资源不足了。所以南宋之时，随着漳州沿海地区的繁荣以及汀州地区的开发，夹在二者之间的山区地带，才有较多的外地汉人迁入定居。据陈支平的研究，从目前漳州内地山区南靖、平和等县的民间族谱看，这里的居民，绝大部分是在宋代及其以后迁入的。如平和县，据《平和县志》记载，该县现有居民属于南宋以前迁入的姓氏无考，而目前有族谱明确记载迁入时间的 16 个姓氏中，都是在南宋之后迁入的，其中明代就有：长乐秀峰游氏，明嘉靖年间（1522—1566 年），游均政由永定县大溪迁居于长乐秀峰。大溪江氏，明初，江肇元从永定县方头迁居大溪。九峰

① 《四朝闻见录》卷五"难民浆枣"条。

② （宋）真德秀：《西山文集》卷一五《申尚书省乞拨降度牒添助宗子请给》。

③ 转引自光绪《漳州府志》卷首，《旧序》。

杨氏，始祖原籍宁化县石壁村杨家坊，明洪武年间（1368—1398 年）杨世熙迁徙南靖县河头坪（现属平和九峰）；明正德十三年戊寅（1518 年）平和建县始移福坪（今九峰杨厝坪），后其子孙繁衍于九峰、长乐、崎岭等地。壶嗣吴氏，明洪武四年辛亥（1371 年），吴文应从漳浦迁徙大溪壶嗣（时属南靖县辖）。崎岭、长乐林氏，明洪武三年（1370 年），藻公之后裔庆元迁居平和，庆元之裔孙大荣、大华、大俊等分居长乐之下村、癸村，崎岭之承坑、中寨、黄竹坑、乌石坑、顶厝寨、下楼、田里厝等地。霞寨岩岭庄氏，明宣德年间（1426—1435 年），庄敬旺从南靖县奎洋迁居平和霞寨岩岭。[①] 再如南靖县，双峰丘氏，元大德十年（1306 年）迁入，始祖丘杰秀；奎洋庄氏，元仁宗延祐七年（1321 年）从广东大埔迁入；庙兜郭氏，明洪武九年（1376 年）由长泰迁入；书山、斗山、涌山萧氏，永乐九年（1414 年）由江西吉安迁入；版寮刘氏，元惠宗至正五年（1345 年）由赣南瑞金转迁而来；和溪林雅林氏，元至正年间迁入；竹员陈氏，元成宗年间（约 1300 年）迁入；长教简氏，元正至年间迁入。[②]

明清时期，闽南民系的族姓迁徙也相当频繁，其族姓不断向省内其他民系分迁。据林国平、邱季端在《福建移民史》的研究[③]，其中迁往仙游的谢氏、张氏族人繁衍发展较为旺盛。据《兴化谢氏宗谱》载：玉墩上珠谢氏，“始祖绎轩公祖籍系南安县十一都三图人。……绎轩公于明朝弘治二年（1489 年）迁居仙游孝仁里上珠”。沧溪东林斗北谢氏，“其三世孙维顺原居晋江尾村后，明朝天顺二年（1458 年）迁居晋江北门外金豁大埔头，后子孙又迁居溪坂。至十一世孙世光于清朝康熙年间（1670 年前后），因遭水灾，遂从溪坂率其妻子迁入仙游枫亭连鼎山下，遂构屋定宅，是为东林之始祖。至今已历 320 多年，传子孙 11 代”。埔缝谢氏，“始祖谢延原为清朝顺治年间狱吏。康熙二年（1663 年），自晋江押送陈氏某犯充军，途经枫亭石牌兜，狱吏谢延与陈犯二人因对时政不满，乃相议在此地避难。于是谢延择居石牌兜，……不久谢延又迁居石斜，称为

---

① 新修《平和县志》卷三《人口》，群众出版社 1994 年版，第 116—118 页。

② 以上见南靖县民间各姓氏族谱《世系》《源流》，转引自陈支平《福建六大民系》，福建人民出版社 2000 年版，第 100—101 页。

③ 参阅林国平、邱季端主编《福建移民史》，方志出版社 2005 年版，第 60—62 页。

‘东山石斜’，厥后公有友根、友力两房复迁今之埔缝定居”。仙游城关至喜亭谢氏，“宗支始祖谢义哥，于清嘉庆年间（1805年前后）率兄弟谢秀哥、谢谋哥及合家老少33人，从泉州晋江杜塘村份下迁居仙游城关谋生，遂于至喜亭建房定宅，至今已传七代”。莲井谢氏，“据传始祖名春奎，祖妈黄氏，从漳州东头谢（社）迁来，为最早开发莲井诸姓之一。迁居时期相传是明洪武元年（1368年），至今600多年，多单丁过代，蕃衍甚缓”。[①] 另据《仙游张氏各宗支源流世系图》载：枫亭苍厅、埧头和下仔南张，“于明正德年间（1506—1522年），从南安鹏溪迂回展转返迁卜居于此地（其上祖原是本县大济塔峰第十八世秉积公之长子世玉公，又名十郎公。时因避难赘南安簧后李氏，至第三代开族立祠，以鹏溪为堂号，繁衍甚众，后遭匪难，部分宗亲遂返迁上述地方，至今已有470多年）”。郊尾沙溪张，“入仙初祖绵夫公于明嘉靖五年（1526年），从漳州海澄县江口街徙居此地，繁衍生息至今已有473年”。盖尾聚仙内坑张，“入仙初祖欲成公于明嘉靖年间，从永春石鼓少卿村迁此居住，裔衍内坑张、内坑外张、前连张、城关东门、南门张等村落，至今已有470多年”。榜头溪尾大望张，“入仙初祖均用公，谥名进卿公，于明嘉靖乙未年（1535年），从永春石鼓少边村入仙卜居此地，至今已465年”。榜头何麓庄林张，“入仙初祖齐质公于明嘉靖年间（1542年），从泉州徙此定居，至今已有458年”。郊尾东湖炉峰张和城东土寨张，“上述二张入仙初祖易洲公，于明嘉靖年间（1522—1566年）携两子，长曰昌吾、次曰直吾从南安洪濑迁入仙游，长子昌吾卜居土寨繁衍生息，易洲公与次子直吾卜居郊尾东湖炉峰繁衍生息”。龙华平原青山张，“入仙初祖昇台公于明嘉靖年间从南安迁来卜居繁衍今建新下厝、顶张、后厝、新厝下张、溪坂庄安厝、向阳、安厝西坂张等村落”。此外，明清期间相继从惠安张坑迁入仙游繁衍生息的张氏还有六支：枫亭兰友张、新街口张、园庄东坪张、岭北蒋宅张、内宅张和盖尾湖坂湖里张等[②]。

闽南人族姓迁往莆田的，如戴氏，“明正德至嘉靖间，勉轩公、大盛公、朝烈公自漳浦县东坂迁居莆田江口镇馆后（今石狮村）”。“清乾隆

---

① 谢亚榆主编：《兴化谢氏宗谱》，内部资料，1997年。

② 仙游县张氏族谱编委会编：《仙游张氏族谱》，第三章“仙游张氏各宗支源流世系图”，2001年。

间，玉山公自泉州惠安迁居莆田城内戴衙里，传10代，现有130人。”①迁往福州的，如战坂柳氏，“世祖仰湖公于明嘉靖四十一年以倭寇之乱，偕两弟全家由龙溪仓惶出走。在奔乱途中，一往禅寺为僧，一往连江东岸捕鱼为业。湖公偕妻子逃至榕北莲花峰山麓，遂卜筑居焉。迄今有419年，凡17世，发展达300余户”。② 迁往闽西、闽北的，如詹氏，“明代由漳平、安溪迁到（永定）湖雷。今分布在湖雷乡白岽、合溪乡武北、抚市乡贝溪”。③ 徐氏，“始祖元指挥使自吉安府于大明洪武二年（1369年）入福建，……择于漳之（南靖）邑，相厥麟峰之麓，开基高才杜焉。生三子：长曰胡伯公，迁居上杭县，次子居南靖”。④ 吕氏，“清康熙间，吕应龙由漳平县永福迁居（浦城）万安乡连墩”。⑤ 梁氏，“第一世宏远，行甲一，福建漳州长泰县坑柄乡原祖也”。“第八世时芳，行辛一，迁浦始祖，发脉于金钱岗，开族今立为长春房发派。”“第八世时菲，行辛二，迁浦始祖，发源于谷满山桥，今立为次秋房发派。生于明万历己亥年，……终于康熙丁巳年。”⑥

闽南人族姓大量外迁的同时，省内其他民系的许多族姓也不断地向闽南地区播迁。如闽西、闽北地区迁往闽南：赖氏，“朝英公，……居石壁城（汀州宁化县）也……迨有明定鼎，廓清字内，长孙六十一郎、次孙六十二郎、次孙六十三郎乃于洪武二年（1369年）闻朝廷开漳，招集新民，兄弟相率下漳择地开基。至平和地方低回留之不能去。兄弟合商不忍远离，积玉公六一郎择卢溪漳汀之地，乃漳水、鄞江分界往东交冲之所也。因筑室居住，便就问讯石壁城故居也。六三郎即住琯溪，得心田其地广饶，舟车可通，乃开基焉。六二郎取葛竹，去漳汀不远，层峦耸秀，媚色可餐，有竹林遗意焉。遂作室于后坪埔……”⑦ 张氏，“明成化十七年（1481年）自延平府永安县上石拨柴岭迁入德化大铭”。⑧

兴化族姓迁往闽南：南湖郑氏，“皋公第十一代再分八房……大房彦

---

① 莆田戴氏源流研究会编：《福建莆田戴氏联谱》，内部资料，2000年。
② 《柳氏族谱》，《福州战坂柳氏重修族谱序》。
③ 新修《永定县志》卷三《人口》。
④ 南靖高才杜：《徐氏族谱·世系》。
⑤ 新修《浦城县志》卷五《人口》。
⑥ 三修《梁氏合修族谱》卷四、卷六。
⑦ 南靖南坑《赖氏族谱·世系》。
⑧ 新修《德化县志》第三篇“人口”，新华出版社1992年版。

臣公二十五世郑芝居永春”。“阜公第十一代再分六房……二房叔元公十四代郑绚……迁漳州，为漳州始祖；……三房叔庠公二十代郑璿，官惠安教谕，因家焉，为惠安始祖；四房叔达公二十一代郑德居泉州。”[①] 飞钱陈氏，明代，“富洋房十八世宋生公，迁居永春；大圳房廿二世宝公，迁居永春林黄；下楼房廿三世江公，迁往德化麻埕；东宅房廿三世于十一公、廿四世行良公，迁居惠安小溪；中厝房廿二世敬公，迁往大田县”。清代，“林田房廿五世玉鸣公，迁居泉州城内田中”。[②] 这是一方面。

另一方面，闽南人开始向粤东潮汕地区南迁。对闽南人有吸引力的是商业利益的刺激，闽南人重商贸、善经营的特征，笔者在后面将详述。就国内市场来说，当时的广东无疑是闽南人开展贸易活动的最佳地区，一则地域相连，二则交通方便，从商业利益说，仅大米输出，闽南素有“饔飧所资，上则吴浙，下则粤之潮、高，如数月海舶不至，则待哺”[③] 之时，潮州却以稻米为大宗出口商品。“闽船来广籴粟，必多聚于潮州”[④]，运回闽南“至则就籴”。另外，粤东地区盛产的蔗糖、潮布、瓷器以及其他工农业产品，也是闽南商人极感兴趣的贸易商品。故“贾人欲得厚利者皆相率南入粤东，号称走广”[⑤]。

粤东的潮汕地区包括今潮州、汕头、南澳、澄海、饶平、揭阳、潮阳、揭西、普宁、惠来、海丰、陆丰等县，与福建紧紧相邻，故而成为闽南人南入广东的第一站。如南宋大臣王大宝的祖先，潮阳大姓程氏和海阳大姓林氏的祖先，均自闽迁入。[⑥] 乾隆《潮州府志》卷三十三《宦绩》载游宦留居潮州者共 10 人，都来自福建。[⑦] 又如还有一些福建人，在潮州置不动产，平时往来于家乡与潮州间，最后迁居于此。永福县人吴某，就是一例，其“于潮薄有赀产”，家乡因自然灾害“田庐萧然”以后定居

① 《南湖郑氏大宗谱》“序二”。

② 《飞钱陈氏族谱》（续修本）。

③ 《泉州府志》卷二〇“风俗”。

④ 黄挺、杜经国：《潮汕古代商贸港口研究》，载《潮学研究》第一辑，汕头大学出版社 1993 年版。

⑤ 傅衣凌：《明清时代商人及商业资本》，人民出版社 1956 年版。

⑥ 《宋史》卷一八六《王大宝传》；《乾隆潮州府志》卷三〇《程瑶传》；《光绪海阳县志》卷二八《古迹略三・林从周墓》。

⑦ 方志明确记载九人籍贯福建，另一人陈汤征籍贯河南固始，由宋末迁入。按河南固始为闽人的重要祖籍地，府志当以祖籍而不是以福建作为其籍贯，陈也是闽人。

潮州。此后，其弟、妹又奉母亲往来于潮州和福州间。[①] 陈藻《过海丰》诗："忽听儿音乡语熟，不知方到海丰城。"[②] 陈藻是福建人，过海丰听见"儿音乡语熟"，故宋人王象之在《舆地纪胜》中亦云："土俗熙熙，有广南福建语"[③]，可见当地闽南移民已成气候。所以宋人祝穆在《方舆胜览》中说：潮州"虽境土有闽广之异，而风俗无潮漳之分"。"土俗熙熙，无福建广南之异。"[④] 可见闽南人已成为潮汕地区居民的主体，这些闽南移民就被广府人称为"福佬人"。

闽南人"走广"的浪潮一直兴盛不衰，经对20部族谱移民资料的统计，明清时向粤东潮汕地区移徙的有128个家庭、286人。如《圭海许氏族谱》所记漳州海澄许氏家族，"（七世）仁齐，尚玉四子，妣李氏，逃居潮州"；"（九世）承佑，三之子，居潮州"；"（十一世）英孙，国扬长子，住潮州蔗林。英武，国扬次子，住潮州蔗林。慕奇，其和子，迁居潮州。一金，生四子，长子士美，诸子同父俱在海丰乌树住。启赤，一燕三子，移住广东吉（揭）阳县。隆正，日暄子，妣郭氏，合葬潮州澄海县桑林社。"此种记载不胜枚举。足见潮汕福佬人与闽南人千丝万缕的地缘和血缘关系把他们紧紧地联成一个整体，在福建的闽南人就是在广东的福佬人；在广东的福佬人就是在福建的闽南人。

当闽南人迁入潮汕的同时，也有一部分闽南人迁入雷州半岛，有的直接从闽南迁入，有的则先迁入潮汕的海丰、陆丰，然后再转迁入。据王象之的《舆地纪胜》记载，绍圣年间（1094—1098年）南恩州（辖今阳江、阳春、恩平等县）"民庶侨居杂处，多瓯闽之人"。[⑤] 而州治所在的阳江县"邑大豪多莆（田）、福（州）族"；[⑥] 化州（治今县）"以典质为业者十户，而闽人居其九"。[⑦] 于是当地人民均以闽语"平日相与言"[⑧]，可

① （宋）刘克庄：《后村集》卷一五五《吴君墓志铭》。

② 载《乐轩集》卷二，四库全书本。

③ （宋）王象之：《舆地纪胜》卷一〇〇"潮州·四六"，江苏广陵刻印社影印惧盈斋刻本。

④ （宋）祝穆：《方舆胜览》卷三六《潮州·事要》。

⑤ （宋）王象之：《舆地纪胜》卷九八引丁梿《建学记》。

⑥ 《嘉靖龙海县志》卷八《黄朴传》。

⑦ （宋）王象之：《舆地纪胜》卷一一六引范氏《旧闻拾遗》。

⑧ 《大明一统志》（陕西古籍出版社影印本）卷八四引宋代《图经》说雷州有官语、客语和黎语："官语可对州县官言，客语相与言也，黎语虽州人或不能尽辨。"按《道光广东通志》卷九三《舆地略》说宋代崖州，"惟语言是客话，略与潮州相似"，则客语即闽南语。

见闽南人也已成为雷州半岛居民的主体了。

海南岛的闽南人也是从宋代以后迁入的。《琼台志》卷七《风俗》说："赵宋以来，闽越、江、广之人仕、商流寓于此者，子孙多能收家谱是徵"。据吴松弟先生对海南氏族资料的调查研究，今在海南分布很广的许多氏族，大部分是宋代从福建、小部分从岭南移居而来的。如人数很多的符氏，其先人宋代从福建入琼抚黎，先居文昌，后子孙繁衍，支系众多，散居在琼山、万宁、陵水、崖县、儋县等地。邢、吕、韩、张、冯、慕、黄、周各姓，往往自称或记载祖籍福建等地，于宋末或明初迁入。① 而海南语属于闽南方言的分支②，可见闽南人也成了海南居民的主体了。

二　广府人在迁徙中形成

自宋至明是广府人的形成时期。宋代是中国历史上一个最动荡不安的王朝，从宋靖康之乱始，经南宋与金的对峙，南宋与元的对峙及至南宋灭亡的 150 年间，北方汉民族向南迁移延绵不绝，而入粤汉族多以南雄珠玑巷为进入广东的第一站。

对广府人的形成有决定意义的是北方汉族入粤聚集在南雄珠玑巷后，在战乱波及岭南以后，聚集在南雄珠玑巷的汉族移民大规模地向珠江三角洲南迁。从而跨出了形成广府人有决定意义的一步。其实，熟悉广东族谱的人都了解，广府人所居地区各姓氏族谱大多记载自己的祖先来自南雄珠玑巷。而这些与广府人的源起有关的族谱，如《南雄珠玑巷人南迁史话》和《南雄珠玑巷南迁氏族谱、志选集》③ 等书中，所搜集的粤中、珠江三角洲近 30 个市县、140 余姓氏的珠玑巷南迁民后人的族谱和家谱，多是明清时期所修纂。

从族谱中还可知南雄珠玑巷在广府人源起中地理位置的重要意义，明末清初的"岭南三大家"之一④，有"广东徐霞客"美称的屈大均在

① 葛剑雄主编：《中国移民史》第四卷，福建人民出版社 1997 年版，第 186—187 页。

② 李新魁：《广东的方言》，广东人民出版社 1994 年版，第 415 页。

③ 南雄县政协文史资料研究委员会、南雄珠玑巷人南迁后裔联谊会筹委会合编：《南雄珠玑巷南迁氏族谱、志选集》1994 年 6 月铅印本；南雄珠玑巷人南迁后裔联谊会筹委会编：《南雄珠玑巷人南迁史话》，中山大学出版社 1991 年版。

④ 明末清初"岭南三大家"为屈大均、陈恭尹和梁佩兰三位学者。

《广东新语》两处写到珠玑巷，一处讲望族先祖的来历：

> 吾广故家望族，其先多从南雄珠玑巷而来。盖祥符有珠玑巷，宋南渡时诸朝臣从驾入岭，至止南雄，不忘枌榆所自，亦号其地为珠玑巷，如汉之新丰，以志故乡之思也。①

另一处讲珠玑巷之名的来历：

> 珠玑巷得名，始于唐张昌。昌之先，为南雄敬宗巷孝义门人，其始祖辙，生子兴，七世同居。敬宗宝历元年，朝闻其孝义，赐兴珠玑绦环以旌之。避敬宗庙讳，因改所居为珠玑巷。②

据屈大均所言，珠玑巷之得名有张九龄的14世孙张昌七世同堂，受赐珠玑而得名之说；又有因祥符（开封）有珠玑巷，宋南渡时诸朝臣来到南雄以后，称其地为珠玑巷以志故乡之思之说。但不管何说，都说明珠玑巷是中原通往岭南驿道上的重要枢纽地。所以《开平县志》卷二云："述故乡必曰珠玑巷，此乃由中人广东必以珠玑巷为停驿或即因而侨寓。"③这样，在广府人的心目中，珠玑巷就是一个象征。象征什么呢？象征他们先祖的故乡。

据黄慈博先生辑《珠玑巷民族南迁记》④，以及《南雄珠玑巷南迁氏族谱、志选集》⑤所记，分布在今珠江三角洲广府人的211个氏族中有191个氏族是从南雄迁入的，而其中有187个氏族是宋代从南雄迁入珠江三角洲的，占了总数的98%。⑥珠江三角洲由于泥沙淤积，河岸成滩，河道变浅，沼泽地多，自然条件比南雄山区优越得多，故自南雄珠玑巷南迁

---

① （清）屈大均：《广东新语》，中华书局1997年版，第49页。

② 同上书，第50页。

③ 南雄县政协文史资料研究委员会、南雄珠玑巷人南迁后裔联谊会筹委会合编：《南雄珠玑巷南迁氏族谱、志选集》1994年6月铅印本，第151页。

④ 见南雄县政协文史资料研究委员会、南雄珠玑巷人南迁后裔联谊会筹委会合编《南雄珠玑巷人南迁史话》，中山大学出版社1991年版。

⑤ 南雄县政协文史资料委员会、南雄珠玑巷人南迁后裔联谊会筹委会合编：《南雄珠玑港南迁氏族谱、志选集》，1994年6月铅印本。

⑥ 吴松弟：《中国移民史》第四卷，福建人民出版社1997年版，第176—205页。

到此的汉族围堤造田，据曾昭璇先生统计，宋代在东、西、北江下游修筑简易土堤 35 条，长 90000 丈以上，护田 30000 顷以上。① 从此南迁移民安居于此，使得珠江三角洲人口大增，据《南海志》记载，南海县为 143259 户，南宋时达 195713 户，南宋与唐比，700 多年间人口增加了 153470 户，南宋的户数是唐时的 4.6 倍。唐时珠江三角洲每平方公里有 1.2 户，到宋时已有 4.8 户。② 广州的主客户比北宋时为 45∶55，客户超过主户，南宋时为 44∶56，客户仍然超过主户③，而客户大多是从南雄珠玑巷迁去的。

南雄珠玑巷人的大量南迁珠江三角洲，给正在发育中的广府人注入了新鲜血液，加上唐宋时广州话作为粤语的标准音已经水到渠成，故广府人的形成已基本上完成。

及至元末明初，由于南雄战乱频仍，人祸与天灾并至，再次掀起了南雄珠玑巷人南迁的移民潮。这些移民进一步充实了珠江三角洲，明政府遂新置顺德、三水、开平、恩平、新安、从化、高明、广宁、长乐（今五华）等县安置南迁的南雄珠玑巷人。这些移民多集中在西、北江三角洲的高要、四会、三水、南海、顺德、新会、香山诸县围堤造田，有明一代的 270 多年间珠江三角洲共筑堤围 181 条，总长度为 220400 丈。④ 与此同时，随着明初改路为府，广州府辖南海、番禺、顺德、东莞、新会（今宝安）、三水、增城、龙门、香山（今中山市）、新会、新宁（今台山）、从化、清远、连州（今连县）阳山、连山等 1 州 15 县，“广府”之名遂成为广州府一带汉族的俗称。而由于广府人以讲粤语为特征，故粤西南、粤中，以及桂东南讲粤语的汉族均被称为广府人。

三　客家人在迁徙中形成

从南宋初年开始，因战乱而南迁的北方汉族大批涌入赣南的赣州，以

① 曾昭璇、曾宪珊：《宋代珠玑巷迁民与珠江三角洲农业发展》，暨南大学出版社 1995 年版，第 15 页。

② 徐俊鸣：《隋唐宋之间广东人口分布变迁的初步分析》，《广东人口》1980 年第 2 期。

③ 据《元丰九域志》和《南海志》。参阅曾昭璇、曾宪珊《宋代珠玑巷移民与珠江三角洲农业发展》，暨南大学出版社 1995 年版，第 17 页。

④ 《珠江三角洲农业志（初稿）》第 2 册，转引自蒋祖缘、方志钦主编《简明广东史》，广东人民出版社 1993 年版，第 209 页。

及与之相毗邻的闽西的汀州，使得这些地方的人口数量激增。据嘉靖《赣州府志》卷四记载，高宗绍兴年间赣州有近12.1万户，孝宗淳熙年间已有29.3万户，年平均增长率达25.6‰，高于全国年平均增长率几十倍。[①] 汀州在孝宗隆兴二年（1164年）户数为174517，较元丰年间增加了9.3万户，年平均增长率达9.1‰。[②] 此外，南宋初期江南和赣北平原地区大乱，不少北方移民也纷纷迁入赣、汀二州避乱，高宗时迁入的李明、晁端规、周虎臣便是这批北方移民的代表。而且绍兴以后，赣、汀二州又是南宋政府安排自金朝南迁的归明人和归正人的地区之一，据统计，前后迁入汀州的宗子有5人。[③] 元灭宋后，赣、汀二州又是文天祥部众抗击元军的根据地，坚持了两年在此地失败后不少人亦定居于此。[④] 所有这些自西晋以来尤其是宋元时迁入赣、汀二州的北方汉族移民，他们在群山耸立、环境闭塞的赣南和闽西这个摇篮里积淀下了宋元时期汉族的语言，形成客家话。

在元末明初天灾和人祸并至的动乱年代，明初的洪武大移民中迁入赣、汀的北方汉族移民不断增加，使得这一区域本来就比较恶劣的自然环境和生产条件难以承载，于是赣、汀二州操客家话的人就向毗邻的人口较稀少，而土地又较多的粤东、粤北迁徙。明中叶成化年间，梅州已是“流移错杂，盖客户愈盛”[⑤]，迁入者以赣、闽两地为主。嘉靖年间，永安县（今紫金）“山谷中多良田，流民杂居”[⑥]，迁入者亦多来自江西、福建；和平县建县时，即有来自操客家音的福建人。南雄府从洪武、永乐到宣德、成化年间，数任知事、通判都“徕流移，辟荒地”。永乐年间归籍人口达数万人[⑦]，始兴一县，江西人竟占了当地人口的一半，而福建人则占了20%。[⑧] 韶州府正统年间已是“主户少而客户多”。客户被准予“占

---

① 因资料缺乏，建昌军在南宋初年的人口情况无法统计，但据《宋史·地理志》所记，绍兴八年（1138年）建昌军析置新城县（今黎川）和广昌县可证其人口激增。

② 据《郡县志》和《临汀志》，载《永乐大典》卷七八九〇“汀”字。

③ 《永乐大典》卷七八九四，“汀”字。

④ 参阅《宋史·文天祥传》。

⑤ 光绪《嘉名州志》卷八《礼俗》。

⑥ 《永安县三志》卷末《邑事》。

⑦ 道光《广东通志》卷二四八。

⑧ 《古今图书集成》卷一三二三《南雄府风俗》。

籍编入户册"[1]，而占籍者多为"江、楚、闽汀之民"。[2] 由此可见，赣、汀二州操客家语的人在明代大量迁入粤北、粤东，并在梅州形成了一个聚居区。

明代中叶，赣闽粤边地区大多已得到开发，人稠地狭的矛盾开始突出，相对过剩的人口不得不向山区迁移，于是今福建永定、平和二县境，今广东平远、和平县境，以及赣南甚至赣中的山区，即大帽山和九连山的大山区，都汇聚了大量流民，辛勤地披荆斩棘，"砍山耕活"。[3] 这些移民，与当地土著难免有争地和分摊赋税等方面的矛盾，发生纠纷时亦难免有械斗、"流劫"等事情的出现，因而被以"盗""贼""流寇"等恶名，在一般情况下，仍以"侨寓""山民""山野子""棚民"等特殊名称，与土著相区别。官府对于这类移民，要设法招抚，故有"抚民"之称，在政策上要给予"抚民"一些特殊的待遇，则又有"新民"之谓。史书中不仅记载了当时官府曾设"抚民通判""抚民馆"负责对他们的招抚工作，为权宜之术[4]，而且又常把抚民称为新民，如《安远县志》卷六之三《名宦》云："李多祚，字可久，石首人，由乡举，嘉靖壬戌（四十一年，1562 年）任。时三巢构乱，伯洪、大石、小石三堡俱被胁从贼，而腰古、丹竹楼等堡，又皆招抚新民。公调度有方，驾驭得体，乡勇效力，而新民协心。故下沥之役，独当一面，擒叛、招降，类以千计，寇遂平。而三堡流移者，亦尽归业。"

"客家"名称是明中叶出现的，开始是作为他称而出现的，但是随着官方的使用，加上在族群冲突中族群自我意识的强化，"客家"之称遂得到了其自身的认同而演化成了自称。这时，也只有在这时，由于"客家"名称的出现，才标志着客家人的最后形成。

明中叶之后至清代之际，客家人迅速地进入了发展期。明清之交客家人的发展路线，基本上是自闽粤迁入赣南地区。这些倒迁入赣的客家人，石城、瑞金一带称之为"客纲"，上犹、崇义一带称之为"棚民"。因他们来自闽西、粤东各地，因此后来又被赣南"本地人"称为"客籍人"。

---

① 道光《广东通志》卷二四八。

② 《古今图书集成》卷一三二〇《韶州府纪事》。

③ 《王文成公全书》卷十《立崇义县治疏》。

④ 《天下郡国利病书》卷七《福建·闽中分处郡县议》。

而且，闽粤客家回迁入赣后，再北上进至赣中之吉安，赣西之安福、宜春、萍乡、万载及湘之醴陵、浏阳、平江，再北至赣之铜鼓、修水等县，大大扩展了客家人的分布区域。[①]

清代中叶之后，在赣闽粤边地区社会与文化的发展进程中，出现了一个十分显著的变化，即原先一直作为移民接纳地的赣闽粤边地区，从这一时期开始成为人口的输出地，客家人开始离散四方，开始了在国内的迁徙发展，其规模越来越大，迁移的距离越来越远。从赣闽粤边地区走的赣西北、浙南山区、广东中南部地区，甚至远徙至四川和台湾等地。

1. 客家人向赣闽浙的迁徙

从清代前期开始的赣闽粤边地区大规模对外人口大迁徙的移民潮，一直延续到 19 世纪中叶。在这场持续两个多世纪的族群迁徙中，赣闽粤边地区的人口输出一直以闽西和粤东北为主，赣南虽然也有零星的人口输出，但主要还是作为闽粤移民人口的接纳地而存在的。

在福建东南沿海一带经济发展所形成的巨大牵引力作用之下，闽西的客家移民在向闽南一带迁移的同时，也在向延平、兴化、福州等府的边远山区迁移。随着周边市场对蓝靛和油茶等需求的日益增强，闽南和闽东一带的富商大贾开始把资金投向闽中和闽东的山区。在乾隆时，就有漳州人王凤于嘉靖后期去永福租山种菁的记载，《永福县志》云："嘉靖四十年，漳人王凤以种菁失利，聚众据二十八都为乱。……不旬日至数千人……西北诸都残毁萧然。"[②] 可见规模之大不可等闲。这样，久而久之，迁居闽中和闽东一带的客家人遂越来越多。在闽中的延平府一带，早在嘉靖后期，就有客家移民前来垦山种植。民国《南平县志》引旧志云：明嘉靖至万历年间，在该县山区，"依山傍谷，诛茅缚屋而居，曰棚民。携山禾、芋、桐、茶、杉、漆、靛、苎、番薯之种，挈眷而来，披荆棘，驱狐狸种之，率皆汀泉漳永之民"[③] 在闽东福州府一带的山区，客家移民的数量也不少。以福州府属的永福县（今永泰县）为例，乾隆《永福县志》云："永邑皆山田，火耕水耨，泷莳崖锄，用力勤矣。……至若穷冈邃谷，多漳（州）、泉（州）、延（平）、汀（州）之氓，种畲栽菁，伐山

① 周建新：《江西客家》，广西师范大学出版社 2007 年版，第 52 页。

② 乾隆《永福县志》卷十《杂事》，引旧志。

③ 民国《南平县志》卷十一《礼俗》。

采木，其利乃倍于田，故永多客氓，黠而为党，凌轹土著，岁缦揭竿而呼者，皆客氓也。”①

在福建东北部的福宁州一带，也有闽西客家移民的足迹。万历《福宁州志》云：“漳、汀流寓之民，辟地种菁，弥漫山谷，客倍于主，米价腾踊。”② 除种植蓝靛之外，闽西的客家移民还在宁德境内从事开矿、冶银等活动。嘉靖《宁德县志》云，宁德县境内，“外郡有无籍顽民，往往聚集群众，偷矿煎银，甚至肆为劫掠，拒敌官兵，杀伤人命，殃及无辜”③。这里所谓的“无籍顽民”，大多数是来自汀江流域的客家移民。④

浙江南部一带的丽水、云和、遂昌等县以及温州府的泰顺等县，这一时期也有闽西客家移民的活动。⑤ 他们在浙南山区的活动，开启了清代早中期浙江境内“棚民”运动的先河。⑥

明代中期，福建和广东流民开始进入赣南。罗玘指出：“春耕闽粤者，彼曰良民也，秋入赣建，翼然而虎，巨寇也。”⑦ 赣指赣州府《治今赣州市》，建指建昌府（治今南城县）。此时的闽、粤流民还只是在农闲季节进入赣南，并未定居。

《明史·洪钟传》中曾提及成化年间赣、闽、粤三省交界地区的人口流动问题，洪钟“成化十一年（1475 年）进士，为刑部主事，迁郎中，

---

① 乾隆《永福县志》卷一《风俗》。

② 万历《福宁州志》卷二《舆地志下·风俗》。

③ 嘉靖《宁德县志》卷四《遗事》。

④ 王东：《那方山水那方人：客家源流新说》，华东师范大学出版社 2007 年版，第 299 页。

⑤ 据梁肇庭的研究，见 Sow - Theng Leong，*Migration and Ethnicity in Chinese History*，*Hakkas*，*Pengmin and Their Neighbors*，SMC Publishing Inc.，Taipei，1998，p. 46. 转引自王东《那方山水那方人：客家源流新说》，华东师范大学出版社 2007 年版，第 299 页。

⑥ 乾隆初年开始掀起一阵入山垦荒的狂潮。这一大批入山垦殖的人被通称为“棚民”或“寮民”。史书记载，江、广、黔、楚、川、陕之无业者，侨寓其中，以数百万计，垦种荒地，架屋数椽，即可栖身，谓之棚民（《清宣宗实录》卷十）。棚民之出现可以上溯到明朝中叶，最初是以种菁或种麻为业，后开山种玉米。初期入山种菁的棚民人数远没有后来之多，地区主要限于福建、江西、浙江等省。后波及中国南方及西南各省区，在强大的人口压力下，此类活动尚远及其他各省。闽、广、云、贵，以及华北各省，无处无之。对中国生态破坏很大，据民国初年统计，清初中国大约还有 40 亿亩的森林，覆盖率大约在 28%，但是由于清中叶的错误垦殖政策及大批棚民的破坏性活动，生态环境遭到史无前例的浩劫，使森林面积减少大半。

⑦ 林汀水：《福建人口迁徙论考》，《中国社会经济史研究》2003 年第 2 期。

奉命安辑江西、福建流民。还言福建武平、上杭、清流、永定，江西安远、龙南，广东程乡，皆流移错杂，习斗争，易乱”。三省的边境地区成为流民的聚集之所。

明代中期赣南的地方官开始对流入赣南山区的广东流民进行安插，王守仁说：“其初畲贼，原系广东流来，先年奉巡抚都御史金泽行令，安插于此。”① 金泽于弘治间任职，所以安插之事也当发生在弘治年间。

明代中期流入的部分闽人是佃耕者。在宁都县，康熙时魏礼说：“宁都属乡六，上三乡皆土著，故永无变动；下三乡佃耕者悉属闽人，大都福建汀州之人十七八，上杭、连城居二三，皆近在百余里山僻之产。……夫下乡闽佃，先代相仍，久者耕一主之田至子孙十余世，近者五六世、三四世……久历数百年。”② 闽人原籍与上引《明史·洪钟传》相同，流入的时间也是在明代中期。

除了闽、粤人口的流入外，嘉靖初年巡抚赣南的右副都御史周用还指出，有流民来自赣南相邻的赣中地区。周用说：“南赣地方，田地山场坐落开旷，禾稻竹木生殖颇蕃，利之所共趋，吉安等府各县人民年常前来谋求生理，结党成群，日新月盛。”③ 赣中盆地的过剩人口在向湖广大量迁移的同时，也在向赣南流动。

海瑞以赣州府兴国县的情况为例，说明赣南地区明代中期的土著流失及外来流民的问题，非常具体。海瑞说：

> 卑职自到任至今，县民每告称：“近日赋役日增，民多逃窜。雩都里分虽少，田广粮轻，里甲富实，户户齐足。”本县犹以人各私己，将疑将信。查户口，则名虽五十七里，实则不及一半。嘉靖三十年以前犹四十四里，今止三十四里。卑职到任后，极力招徕，今亦止得四十里，其间半里、一分、二分、三分里分尚多。通十排年计之，该五百七十人，今止四百三十二人。其间有有里长而全无甲首者，有有甲首而止存一二户，户止一二人者。以故去县二十里外，行二十里、三十里，寥寥星居，不及十余家。问其人又多壮无妻，老无子。

---

① （明）王守仁：《立崇义县治疏》，《明经世文编》卷一三〇。

② （清）魏礼：《魏季子文集》卷八《与李邑侯书》。

③ （明）周用：《乞专官分守地方疏》，康熙《西江志》卷一四六。

今日之成丁，他日之绝户也。人丁凋落，村里荒凉，岭内县分似此，盖绝少也。[①]

隆庆三年（1569 年）和万历四年（1576 年），赣南地区先后设置了定南县和长宁县（今寻乌县），从自然村的统计中，我们知道，这两县的明代人口多从粤北地区流入，是赣南地区典型的客家县。

2. 客家人向珠江三角洲的迁徙

客家人向珠江三角洲的迁徙始于明中叶，明嘉靖二十七年（1548 年）的《香山县志》“风俗”篇云：“其调十里而殊，故有客语，有东语。客话自城内外及恭常之半为一，通于四境。”客家人的迁移途径，一是闽粤客家回迁赣南；二是粤东客家从程乡、长乐一带山区移动到海丰、归善乃至珠江三角洲一带。及至清前期，闽西的客家移民在向福建东南沿海一带迁移的同时，还在向地处岭南的潮州府和惠州府等地迁移。这些客家移民主要充当矿工，《宋史·食货志七》即云：“潮、梅、汀、赣四州之奸民居焉，其魁杰者号大小洞主，土著与贩负皆盗贼也。”此所谓“土著与贩负皆盗贼”即指迁徙到这些地方客家矿徒。[②] 清代之时，移民走得较远的，已达博罗。及至清朝康、雍、乾、嘉年间，粤东、粤北的客家更向珠江三角洲一带扩散，移垦增城、花县、新安、东莞、鹤山、高明、开平、恩平、阳春、阳江等县。造成这种状况的原因，经济上是粤东、粤北客家住地人稠地狭，珠江三角洲及其附近的沿海、平原地区因为经济发展需要劳力；政治上是朝廷实行迁海政策，后来又下令复界，招致各地流民、山民与迁民入垦已荒芜的沿海地区。[③]

地处岭南的粤北、粤东山区，明代前期人口稀少，成为外来人口集聚之所。成化年间，梅州（今梅州市）“流移错杂，盖客户愈盛”[④]。迁入

---

① （明）海瑞：《兴国县八议》，《明经世文编》卷三〇九。

② 有关“矿徒”，在明末清初福建和广东的地方志中多有记载。清初的蓝鼎元在《鹿洲初集》一书中，也时有记述。如卷十二《潮州府图说》云：“揭邑极西有河婆，大山深僻，为从来盗贼窟穴，矿徒出没之区，莫有知其要害者。”《揭阳县图说》亦云：“西南河婆诸山，绵亘深远，高原大谷，多连海丰、永安诸矿山，为奸徒窟穴，盗贼窝巢，历来抗法之区。”转引自王东《那方山水那方人：客家源流新说》，华东师范大学出版社 2007 年版，第 299 页。

③ 谢重光：《客家形成发展史纲》，华南理工大学出版社 2001 年版，第 271 页。

④ 光绪《嘉应州志》卷八《礼俗》。

人口以闽、赣两地为主。至嘉靖年间，析程乡（今梅州市地）与兴宁置平远县，崇祯年间又析平远及程乡地置镇平县（今蕉岭县）。平远和镇平两县的名称是典型的移民地名，也是为安抚流民而设置的。

明代祝允明记载："惠州壤邻汀赣，奸民实繁"①，指的是流民众多。嘉靖年间，永安县（今紫金县）"山谷中多良田，流民杂居"②，迁入者多自江西、福建来，也有从潮、惠诸县迁来的。③ 和平县建县时，有自福建来者，操客家音；也有自江西来者，操水源音；由此构成和平县的两大方言。④ 万历年间，博罗县有来自本省的客家人迁入，也有来自闽漳的移民。⑤

南雄府从洪武、永乐到宣德、成化年间的数任知事、通判在任上都"徕流移，辟荒地"。永乐年间归籍人口达数万人。⑥ 万历年间，"客浮于主，至有强壮盈室而不入版图者矣"⑦。府属之通济镇，"天顺以来为无籍者占住"⑧，始兴一县，江西人竟占了当地人口的一半，而福建人则占了20%。⑨ 这些江西人可能是从赣南流出的。

韶州府。正统年间韶州已是"主户少而客户多"，"而翁源、乳源尤甚"，客户被准予"占籍编入户册"⑩，前来占籍者，多为"江、楚、闽汀之民"⑪。到成化年间，流民又有进入，如英德县，成化以前人口不多，"成化间自闽、自江右前来入籍，习尚一本故乡"⑫。从上引资料来看，韶州的江西和福建移民从明初至明代中期在绵绵不断地迁入。

由此可见，明代是广东粤北和粤东地区外来人口大量迁入的时期。粤北地区的外地移民主要来自福建和江西，福建来自客家人居住之汀州，江

---

① 道光《广东通志》卷九三《惠州府风俗》。
② 《永安县三志》卷末《邑事》。
③ 康熙《永安县次志》卷十四《风俗》。
④ 道光《广东通志》卷九三《惠州府风俗》。
⑤ （清）顾炎武：《天下郡国利病书》卷一〇〇《广东·博罗县》。
⑥ 道光《广东通志》卷二四八。
⑦ 乾隆《保昌县志》卷四《田赋》。
⑧ （明）江璞：《通济镇记》，《古今图书集成》卷一三二四。
⑨ 《古今图书集成》卷一三二三《南雄府风俗》。
⑩ 道光《广东通志》卷二四八《滕员传》。
⑪ 《古今图书集成》卷一三二〇《韶州府纪事》。
⑫ 道光《英德县志》卷四《风俗》。

西则是来自毗邻的赣南。以闽汀客家人为主的移民自宋末元初大量迁入以后，形成了广东梅县一带最早的客家人居住区；明代闽汀人和赣南人继续迁入，赣南人遂融入客家人之明代新设的长宁、永安、连平（今和平县西地）、和平、大埔、平远和镇平皆为今天的纯客住县，加之以前的梅县、兴宁、龙川、河源、始兴、英德、仁化和长乐（今五华县）等县，构成近代广东东江、北江、韩江上游山区客家人集中分布的形势。[①]

大约到了明代中期，广东潮州府和惠州府的北部山区以及韶州、南雄二府形成一个客家人居住区。从明代后期开始，居住于此的客家人便不断向南部迁移。万历年间，惠州府永安（今紫金市）和归善（今惠州市）的汉人与畲民发生冲突，致使人口大量死亡，于是大批居住于兴宁和长乐的客家人迁入永安、归善[②]，以至“山谷中多良田，流民杂居”[③]。客家人还迁入了邻近的博罗县，他们“鳞集棋布”“闽之汀漳亦间至矣”[④]。零星的移民分布区清代岭南地区的人口迁移，主要是客家人口的迁移。原居于粤东、粤北地区的客家人除了迁入四川、江西和台湾等地以外，还大量迁入珠江三角洲地区以及广东其他府州。

民国《赤溪县志》卷八中提及明末清初广东客家的迁移时说，吾粤客族“于明季清初又多迁移于广属之番禺、东莞、香山、增城、新安、花县、清远、龙门、从化、三水、新宁，肇属之高要、广宁、新兴、四会、鹤山、高明、开平、恩平、阳春以至于阳罗、高、雷诸属州县，或营商寄寓，或垦辟开基，亦先后占籍焉”。罗香林先生曾引《崇正同人系谱》卷一之语说：“此外则广州属之增城、东莞、新安、番禺、花县、龙门、从化、香山、三水等县，又西江之肇阳罗、沿海之高、雷、琼、廉等州县，广西全省各州县，湖南毗连广东各州县，在皆有吾系，大抵皆在清初康、雍、乾各朝代，由梅州及循州之人，或以垦殖而开基，或以经商而寄寓。此盖为最后移殖者。”[⑤]

根据民国《香山县志》卷三《氏族志》的记载，在全县364个迁移时代明确的氏族中，清代迁入的达182族，占全县氏族总数的50%；其

---

① 参阅葛剑雄主编《中国移民史》第五卷，福建人民出版社1997年版，第404—410页。

② 万历《惠州府志》卷二。

③ 道光《永安县三志》卷末《邑事》。

④ （清）顾炎武：《天下郡国利病书》卷一〇〇《广东》七。

⑤ 罗香林：《客家源流导论》，兴宁希山书藏发行1933年版，第66页。

中有109个氏族来自新会和顺德，29族来自广州府其他沿海县。另有其他府的氏族共32个，其中迁自惠州和嘉应州的客家移民氏族共15个，另有3个来自福建的氏族，合计有18族，占全县氏族总数的5%。

花县于康熙二十四年设番禺、南海二县而设。设县之初，人口稀少，于是有招民垦荒之举措。首任知县王永名就招四方流民，授廛垦田。此时招人的垦荒者大部分来自江西及广东嘉应州及惠州府属各县，如民国《花县志》卷九《人物志》有《袁钊传》云："袁钊字燕北，其先赣人，康熙中割南（海）、番（禺）西北壤置花县，募民开垦，其高祖才，应募至，遂家于邑之蓝坑乡"，即是一例。民国《花县志》卷四《经政志·户口》云："康熙二十五年建花县始于南、番二县，割拨户口人口共五千二百二十二户，男丁共七千七百四十三丁，妇口共六千七百七十五口。"按每户5口计，应有人口2.6万左右。至宣统年间，"东隅一万二千五百八十四户，西隅六千五百二十六户"，合计户数为一万九千余户，人口约为10万，是建县时的土著后裔。客户占全县总人口的24%—25%。

香港学者萧国健在《香港新界家族发展》一书中列有香港地区的各种族谱所记氏族迁入情况，清时香港属新安县辖，该地移民情况可大致反映新安县移民情况。据萧国健所引资料，宋代迁入有林、邓、刘3族，元代迁入有吴、彭、廖、文、侯5族，明代迁入有胡、徐、袁、陈、黎、谢、温7族，清初至乾隆年间迁入的有胡、温、罗、黎、叶、何、张、郑、邓、钟、成、文、林、李、黄、杨、邱、陈、冯、蓝、苏、吴、丘、傅、侯、朱、刁、俞、曾、廖、刘、翁、翟33族。[①] 就族数而论，清代前期迁入的氏族占香港氏族总数的65%，但考虑到年代较为久远的氏族其所含人口较多这一规律，香港地区的清代移民人口的比例应当较此为低。如此，清代香港地区移民氏族之人口相当于全县人口的44%左右。据嘉庆《新安县志》卷八《户口》记载，乾隆五十八年至嘉庆二十三年新安县共约24万人。假定这是嘉庆年间的人口数，以7%的速度回溯至乾隆四十一年，有人口约18万，合计有客家移民4.5万人。

凡此等等，都说明从明代到清前期客家人仍是汉民族中移动性最大的族群。

至此，汉民族移民的态势已非常清晰地展示在世界面前：自汉民族从

① 萧国健：《香港新界家族发展》，显朝书室1991年版，第1—15页。

华夏民族转化、发展来以后，到明清之时，经过近两千年的迁徙移民，总的趋势是从北到南，在从黄河流域到长江流域到珠江流域的山水之间遍布汉民族之后，在东南沿海的福建和广东已打造成了闽南人、广府人和客家人，他们作为汉民族海外移民的主流族群，从宋元之时已大批下南洋之后，到明及清前期已更大规模地下南洋及其他国家了。

第三节　反海禁下南洋

从明王朝到清王朝前期的 472 年，是中国历史最稳定、最统一，也是最封闭、最保守的时期。说其稳定、统一，是因为自明代以来，中国的统一已成定局，从此再也没有出现过大分裂、大割据的局面，且明代是中国由汉民族任皇帝的最后一个封建帝国，清代则是由少数民族任皇帝的中国最后一个封建帝国。这两个不同民族任皇帝的王朝交替并没有使中国大乱，而是连绵相连，不仅保持了统一，还使中国疆域从此基本定型。而说其封闭、保守，是明代及清前期制定并执行了海禁政策，保守封建专制制度，从而与世界发展的大趋势背道而驰，使中国的发展失去了一个最好的转机，从此长期处于落后态势。

但历史的发展有时会完全违背统治者的本意，明、清的统治者的海禁政策不仅没有能阻挡得住汉民族的海外移民，在逆反心理的驱使下，反而是越禁越刺激了汉民族的海外移民，经过两千余年迁徙的移民，成千上万的已形成下南洋传统的闽南人、广府人、客家人为了生存，“冒百死，涉重洋”[1]，远走高飞，继续下南洋，并与土著人融合，“至远而利天下”[2]，形成“土生汉民族移民”，从而建构了汉民族海外移民的发展时期。

一　天灾伴随着人祸

如果说明清的海禁政策是人祸，那么各种灾荒就是天灾。老天爷并不帮忙，明清时期的天灾之多、之烈、之惨在中国又是前所未有的。

（一）明代的天灾

明王朝共历 276 年，灾害之多，竟达 1011 次，这是前所未有的纪录。

---

① 刘继宣、束世澂：《中华民族拓殖南洋史》，国立编译馆 1935 年版，第 1 页。

② 《易经·系辞下》。

计当时灾害最多的是水灾，共196次；次为旱灾，共174次；又次为地震，共165次；再次为雹灾，共112次；更次为风灾，共97次；复次为蝗灾，共94次。此外，歉饥有93次，疫灾有64次，霜雪之灾有16次。当时各种灾害的发生同时交织，为极复杂的状态。如：

成祖永乐十四年（1416年），正月，怀庆、彰德等府大水。五月，汉水涨溢，淹没州城；南平、将乐、沙县、顺昌大水；北京、河南、山东饥。六月，真定府、获鹿县雨雹；平阳、大同所属州县饥。夏，浙江大旱，疫疠。七月，广信、饶州、衢州、金华大水，坏房舍死人畜甚多；邵光大水，荡舍，漂溺男女数万口；卫辉府、新乡县、安乐州、通州及顺义、宛平二县蝗；开封府十四州县淫雨，决黄河堤岸，没居民田稼；山东邹县淫雨，暴水至，坏民庐舍二百十二户；霑化县雨，伤田禾；永平府久雨，滦、漆二河溢坏民田禾庐舍。九月，宁陵县水；盐城县飓风，海水泛溢，伤民田二百十五顷；京师地震①。

世宗嘉靖二年（1523年），春，高平风沙。正月，应天、凤阳、山东、河南、陕西地震；南畿、青、齐、雍、豫诸州同时地震。二月，诸城大风。四月，畿内蝗；柳州、新安所大饥；全辽大风，折损禾苗大半，又大雨，河水注涨，冲没田禾；全州等卫男女，漂溺一百四十名，牛马四百五十余，倾倒民舍城垣无算。五月，大旱。夏，广西雨雹。七月，长州县大风拔木。秋，腾冲旱；乐会地震。八月，河南大水；湖州、三至、象山、岳州俱大水。九月，南北畿、山东、河南、湖广、江西俱旱；应天、苏松、淮阳、徽池等十四郡及徐、滁等地为甚；湖广亦旱；武定大雨雹，又平定大雨雹②。

神宗万历二十九年（1601年），二月，至五月，畿辅内外半年不雨，旱。又云南省城夏秋不雨；澂江自二月至六月不雨，大旱；贵州夏四月不雨，旱，又京房大旱。五月，贵州大饥。六月，定番州地震。七月，寻甸地震；荥河水溢，冲坏民田；四川水，漂昭化民居，没禾稼；贵州大疫；汾西、汾州诸县及辽州大饥；又永昌饥，永春霖

---

① 《明史·成祖本纪》《五行志》及《通纪会纂》等书摘引。

② 同上。

雨数日，大水溢郡城。八月，延绥、榆林二卫所雪、雹相继。十一月，京堂大雷雨。

神宗万历四十一年（1613 年）夏，绛州、平遥大水，人死甚众。四月，兴安雨雹，如弹碎瓦；汉江以北如鸡卵，伤禾稼。七月，泾水暴溢数十丈，没民居；蕲水、广济、沔阳大水；福建大疫；山东大风雨，海溢。秋，洛阳飞蝗蔽天，食禾尽；蒲州、临晋、猗氏、荥河、万泉、安邑、平陆、蒲县及福建俱大旱；临汾、襄陵、洪洞、曲沃、赵城、太平、夏县、垣曲、吉州、隰州、宁乡大水。八月，贵溪地震。十二月，宁都地震①。

从以上所引的几则文字中，我们不难想见，明代二百多年中所受的灾害，是何等严重！

（二）清代的天灾

清王朝统治中国，共 296 年，灾害总计达 1121 次，较明代更加繁密。其中有：旱灾 201 次，水灾 192 次，地震 169 次，雹灾 131 次，风灾 97 次，蝗灾 93 次，歉饥 90 次，疫灾 74 次，霜雪之灾 74 次。至于灾害的严重性，从以下所举各年份的事实，就可看出：

世祖顺治五年（1648 年），山东夏津蝗。春，广州等三州县大饥，人相食。二年，丘县大雨雹。三月，海丰雨雹损麦；泾阳地震。闰三月，昆山雨雹如斗，破屋杀畜。五月，衡水蝗；平乐等州县发大水，白河堤决；东平大雨淹禾；陵川霪雨害稼。六月，无为州大风拔木。夏，饶平旱。八月，海丰飓风，毁庐舍无算。

六年（1649 年），直隶真定、顺德、广平、大名四府，及山西太原、平阳、汾、辽、泽五府州皆被水；吉州自春徂夏旱。正月，潞安飙风大作；南乐地震；全蜀仍饥。四月，庄浪陨霜杀麦。五月，阳信蝗害稼；阜阳淮河涨，平地水深丈许，坏民舍无算。六月，临淄、寿光大雨雹，平地深数尺，木叶尽脱。九月，定远厅雨雹伤麦。十月，咸宁大雨雹，所过赤地。

---

① 以上引均据《明史·神宗本纪》《五行志》及《通志会纂》等书摘引，转引自邓拓《中国救荒史》，武汉大学出版社 2012 年版，第 25—27 页。

八年（1651 年）春，平湖等四州县饥。正月，苏州、昆山地震。二月，顺德雨雹如斗，击毙牛马。四月，潜山蛟出千百条，江暴涨，坏民居。五月，旌德大雨，蛟发，平地水丈余，溺死人畜无算；潞安霪雨八十余日，伤禾稼，倾倒房屋；邱县大雨雹；汾西雨雹，大者如拳，小者如卵，牛畜皆伤，麦无遗茎。六月，江阴霪雨六昼夜，禾苗烂死。七月，黎城雨雹，大如鹅卵。八月，乌程等州县四大水伤禾。

十年（1653 年），直隶、湖北、湖南、江苏、安徽、山东各州府县皆灾。四月，贵池雨雹，大如碗，屋瓦皆碎；武宁雨雹如石，杀鸟兽；崇阳雨雹，人畜树木多伤。五月，海宁雨雹如鸡卵，屋树无存；泾阳雨雹如拳；永寿雨雹大如拳，小如卵，积地五寸，大伤禾稼。六月，苏州大风雨，海溢，平地水深丈余，人多溺死；安定、白河雷雨暴至，水高数丈，漂没民居，泾阳大水，田禾淹没；文登大雨三日，海啸，河水逆行，冲压田地二百五十余顷。夏，乐亭旱；兴宁等五州县饥。八月，澄海飓风大作，舟吹上屋，飞空中，官署民房尽毁，压毙男妇，不计其数。十月，袁州雨雹，大如栲栳者甚多，有一雹，形如杼，长一丈一尺有奇。十一月，文安府谷蝗。冬，保安大雪匝月，人有冻死者；西宁大雪四十余日，人多冻死。

十一年（1654 年），直隶八府，山东二十一州县，江南五州县，浙江二十二县卫旱。又湖广石门蝗；陕西汉阴雹；直隶各府饥。正月，潜山等七州县地震。二月，太湖大风。四月，天台旱。五月，宝鸡等三州县地震，坏屋压人；长乐雨雹；汉阳雨雹，大如鸡卵，平地深一尺。六月，雒南大雨雹，积地尺许，人不能行；茌平黄河决，村墟漂没；全椒飓风大作，瓦飞；兴安等八州县地震，坏民舍，压死人畜甚众。七月，襄垣旱。十一月，武强旱。冬，湾河大雪，冻死人畜无算。

圣祖康熙三年（1664 年），江西四十一州县旱；直隶、江南、浙江、福建、湖广、陕西间被水。春，揭阳饥。二月，保安州、龙门地震；县州骤寒，人有冻死者；莱阳雨，奇寒，花木多冻死。四月，新城、邹平、阳信、长清、章邱、德平、益都、博兴、高苑、宁津、东昌、庆云、鸡泽陨霜杀麦；临城大风伤人。八月，余姚、山阴大水害稼。十二月，朔，玉田、邢台大寒，人有冻死者；解州、芮城大寒；益都、寿光、昌乐、安邱诸城大寒，人多冻死；大冶大雪四十日，民多冻馁；莱州奇寒，树冻折殆尽；石棣大雪连绵，深积数尺，至次年正月方消；南陵大雪深数尺，民多冻馁；茌平大雪，株木冻折。

二十九年（1690 年），河南、甘肃旱；江南十五州卫，浙江五县，云南二县水。二月，杭州地震。五月，湖州大雨一月，田庐俱损；六安狂风暴起，屋瓦皆飞，大木尽拔；临邑、东昌、章丘蝗；七月，平陆、武清蝗。八月，余姚大水，蛟出以千计，平地水深丈余；诸暨、上虞皆被水，田禾尽淹。十一月，高淳大雪，树多冻死；武进大寒，木枝冻死。十二月，庐江大寒，竹木多冻死；当涂大雪，橘橙冻死；阜阳大雪，河口冻，舟不通，三月始消；宜都大雪，树鸟坠地死；竹谿大雪，平地四五尺，河水冻；三水大雪，树俱枯；海阳大寒，冻毙人畜；揭阳大雪杀树；澄海大雨雪，牛马冻死。

世宗雍正二年（1724 年），江浙海潮溢水；春，蒲台大饥。二月至八月，鹤庆不雨。三月，麻城霪雨伤麦。五月，福山雨雹，大如鸡卵；澄海大水，堤决四十余丈；光化、汉水溢，伤人畜禾稼。六月，阳信大疫；夏，海宁、嘉兴旱，井泉涸。七月，泰州海水泛溢，漂没官民田八百余顷；海宁海潮溢，塘堤尽决；余姚海溢，漂没庐舍，溺死二千余人；景州等三州县旱，井泉涸。八月，江浦陨霜，杀稼；秦州雨雹，击毙牛马、鸟雀无算；东安雨雹伤稼。

高宗乾隆十三年（1748 年）秋，山东邹平等二十州县水；西安、福建旱。春，曲阜等五州县饥。正月，鹤庆、信宜、象州、恩县、遂安雨雹，大如斗，伤麦豆；昆山大雨冰雹，击死人畜无算。五月，泰州、通州大雨雹，坏屋；滕县大雨雹，大如臼，民舍损坏无算；泰州、通州大风雨，拔木坏屋；历城地震。六月，乐平雨雹伤稼。夏，兰州等十二州县蝗。秋，怀来、怀安、西宁、蔚州、保安雨雹成灾；东平大疫。十二月，上海大寒，雨雪；忠州西乡大雨雹，伤禾。

德宗光绪二年（1876 年）春，望都等四州县旱；日照、海阳、滦州饥；曹州旱，二麦无收。四月，惠民大雨雹，鸟雀多击死。自冬徂夏，亢旱。五月，遂昌奇寒，人皆重棉；南昌等八州县大水；肥城旱。五月旱，关属一百四十余州灾；福州省城大雨，上游溪流下注，又值海潮涌涨城内，西南东水深七八尺，庙宇、营房、衙署、城乡、民居、田园等均被淹浸，居民登墙爬屋，或扳树而避，城内西南一带尤重；闽清大雨，山水横流，上溪水涨涌入境内，深三四丈，淹毙人口；东省丰工决口，黄河横流，泗河口迤南迤北五十里，运河堤岸五十里全行冲毁，张家桥至泗河口泗河约二十里，河身溢，济宁南乡各地三百数十村，悉为泽国。六月，黄岩大风雨，拔木坏屋，田禾淹没殆尽。八月，宁津、东光、临榆陨霜杀禾；藁城旱；浙江杭州等府所属之余杭雨，淹没田庐，淹毙人口；台州府属之临海飓风，海潮陡涨，淹毙居民，田禾受伤。十一月，江北旱灾较重，饥民前赴苏、常就食。十二月，山西阳曲等州县，旱雹蝗水交至。

三年（1877年），三月，大风暴雨，雷霆震烁，电火电光，引动火药，焚毁火药军装无算，震塌附近民房八十余户，压毙男女甚多。四月，沔阳雨雹；武进、霑化等六州县均旱。五月，宣平大水；福建省城雨，山水骤发，海潮上泛，城内外水深五六尺至丈余。六月，均州雨雹，大如鸡卵；高陵大雨，田禾尽没；青浦地震；高陵大饥，饿死男妇三千余人；湖南、广西水；陕甘旱；东预、畿辅飞蝗；苏浙大风雨，倒塌房屋；福建、广东均水；山西亢旱。夏，昌平等五州县蝗；京师亢旱；顺天各属歉；河南、山西尤重。九月，三姓风雹，田禾被淹。秋，海盐、柏乡蝗；山西、河南、陕西亢旱。十月，豫省亢旱。十一月，山西大旱；潮州水旱；晋省饥民倒毙甚多。

四年（1878年）春，东平、三原旱。二月，畿辅直隶二十州县旱。五月，浙江金华、衢州、严州三府属，深山发蛟，同时被水，淹毙人口，冲失房舍；山西被灾尤重。夏，常山等十州县大水。七月，内丘等六州县旱。八月，京山大旱。九月，灵州蝗；东平大雨伤禾。十二月，襄阳地震；唐县等四十州县饥；樊口、长港内通诸湖盛涨，江水倒灌，城市被淹；晋、豫奇灾，居民死者百数十万。

五年（1879年），五月，文县大水，城圮，淹没一万八百三十余人；登州各属大雨四十余日；陇右诸州县，甘肃阶州、文县、西和等处地震，城堡庙宇官署民房倾坏，伤毙人口甚多。夏秋雨水，淹没田地，秋禾无收，春麦难种，民被灾甚深。六月，永嘉大风雨，坏官厅民居；莱阳怪风突起，屋瓦皆飞，拔木无算。①

以上都是清代灾情较重的年份。其中尤以光绪二年至五年连续四载的

① 以上均据《十一朝东华录》及《清史稿》摘引，转引自邓拓《中国救荒史》，武汉大学出版社2012年版，第27—32页。

大灾荒，虽已属清代后期，因时间距今不算很远，一般还常有讲到。如马罗利就说："至今中国人脑海中，所能追忆灾情最重之一次饥荒，乃当一八七六至一八七九年间。……就此三年中，山西、河南及山东之一部分，毫无雨水。据华洋义赈会报告云：在此次空前巨灾之时期中，因受饥饿疾病及强暴之侵迫而牺牲者，约有九百万至一千三百万人之多。"[①] 其实，如果就整个清代灾荒历史的严重情况来说，这段话所着表述的事实，只不过冰山之一角罢了。

二　反海禁，"冒百死"，下南洋

在南洋汉民族的移民中有句口头禅："客家人开埠，广府人旺埠，闽人和潮人占埠。"[②] 这句流传在民间的顺口溜，在某种意义上，是对汉民族海外移民早期历史的概括和真实写照，反映了汉民族不同族群在南洋的历史地位和作用。[③]

（一）客家人反海禁下南洋

"客家人开埠"，客家人天生是一个移民族群。

客家人从中原迁徙到东南地区的福建、广东之后，地处韩江、北江、东江上游的山区，土地贫瘠，又无港口，所受的人口压力，比其他族群更大。又加上明末清初反清运动的失败，因此多远涉南洋。这些去南洋的客家人，在家乡没有商业根据地的港口，也没有航海贸易的经验，因此一到南洋，经济上便与故乡脱节，而成为孤立无援的移民，只好靠双手劳动。或从事农工，或经营矿业，披荆斩棘，替人开埠。

根据史料记载，客家人海外移民，走向世界最早是在宋朝末年。那是一个冒险向海外移民的时候。宋王朝末年丞相文天祥，他是江西吉安县客家人，为保卫宋朝，起兵勤王，号召各地人民踊跃参战，其中闽、赣、粤边区的客家人，纷纷响应文丞相号召，与追赶的元兵展开了浴血奋战，结果参战的客家子弟难以抗衡，战至最后全军覆没，幸存者无立足之地，冒险逃往南洋。

---

① 马罗利：《饥荒之中国》（*China, The Land of Famine*），转引自邓拓《中国救荒史》，武汉大学出版社 2012 年版，第 32 页。

② 黄浪华：《客家人的性格》，《海内与海外》2009 年第 2 期。

③ 罗英祥：《飘洋过海的客家人》，河南大学出版社 2003 年版，第 1 页。

据记载客家人第一个出国的大概是广东梅县松口的卓谋。宋朝末年（1277 年），元兵侵占中原，继而进入江西、广东一带。当时宋帝封文天祥为信国公，文天祥广泛征集四方义士，共同护卫宋帝，希望挽回局势。文天祥征集 8000 名英勇壮汉，与元兵展开激烈战斗，从而收复梅州。最后因元兵势大，寡不敌众，全军溃败，退到松口，感动了仁人志士。当时松口卓姓 800 壮丁，自愿参战，岂料因敌我悬殊，缺乏援兵，难于抗战，败走潮州，乘船逃退，舟沉崖山（现广东新会县南海中），被浸死者十之八九。当时卓谋幸免于难，召集生存者，结队乘坐木船，漂泊南洋，至婆罗洲（现在印尼加里曼丹）定居，开垦荒地，创家立业。不到二十年，把荒芜的岛屿开垦成为富庶的宝岛。现在婆罗洲北岸仍有中国式城堡的废址，即卓谋等人当年留下的遗迹。从这个史料记载，卓谋及和他一起漂泊的伙伴，成为有据可查的最早出国的客属汉民族海外移民，已有 700 多年的历史。①

及至清帝初年，反清复明志士们不满清朝的统治，客家人有反清复明思想，留在本国，建立了天地会组织。为在海外建立机构，邀集一批知心朋友，冒险到南洋群岛建立基地，此为一方面。另一方面因客家地区人口繁衍过快，山多田少，生活贫困，不得不到海外谋生，那时除了广州、宁波、泉州三个船泊公司有利于中国与南洋的往来外，还建有两个港口，1820 年厦门港，1852 年建了汕头。这两个港口也成为华工出洋的一个口岸。清朝嘉庆二十五年（1820 年），恰好是英国殖民主义者莱佛士到新加坡建埠的年代。从此，西方殖民主义者的经济、政治侵入东南亚一带，他们要开矿山，开发种植园，建海港，需要大批劳动力，这些劳动力的来源主要依靠中国南方失业的农民和手工业者。那个时期，也正是“契约华工”（卖猪仔）形成高潮的时期，故出洋人数最多。清雍正到乾隆年间，海禁日见松弛，出洋华工日众。闽浙总督高其倬在给皇帝的奏章中写道：“放洋的船只，大都名为贸易输物，实则运载华工出洋，一次有五六百人者……”②

为寻求生存，客家人冒着生命危险去“过番”（去南洋）。他们往往历尽艰辛才到达目的地。如清乾隆三十七年（1772 年），广东梅县石扇人

① 黄竞初编著：《华侨名人故事录》，商务印书馆 1940 年版，第 2 页。

② 转自黄玉钊《论客家人迁徙海外的经历及其历史贡献》，《嘉应大学学报》1997 年第 1 期。

罗芳伯抱着去南洋采金谋生的希望，邀集了同乡青年陈兰、江戊及潮州籍青年宋插等9人，从嘉应州出发，跋山涉水，步行寻找出海地，途中又有福建的客家人加入他们的行列，共12人到达东莞。他们在东莞又邀集一批人，作了比较充分的准备，带着工具、种子、干粮、淡水等物，从东莞虎门驾独木连体船出发，作冒险深入浮海旅行。靠一片风帆随风漂荡，曾漂至琼崖（今海南岛）、西沙、菲律宾、南沙等处，时经两个多月，经过多少艰难险阻，才漂流到婆罗洲的三发（闽南话叫慕娘岛，即今印尼的加里曼丹岛）登陆，离坤甸尚有一天的路程。这里基本上还是一个没有开发的荒岛，除了马来人在北部开垦一些土地，东南部有少数本土人（巫人）过着刀耕火钟的生活外，全岛依然荒芜，荆棘丛生，飞禽走兽出没于荒野，沼泽遍布，一片荒凉。据坤甸华侨罗明伦祖传抄写本《坤甸开拓记》中描述“……污物层层堆积，年复一年，深不可测。臭气之难闻，令人作呕。芒草与野藤交织，巨木比比皆是，泥潭隐没，如无底之洞，长竿亦难见底。毒蛇猛兽，虎视眈眈，令人生畏。不见粟米炊烟，满目之荒凉，似虚似梦，实吾罕见……”罗芳伯等把这个荒岛开发出来，而后到东万律开采金矿。罗芳伯在当了兰芳大统制大唐总长后所作的《金山赋》中，对上述经历有这样的记述：

> 盖闻金山之胜地，时怀仰止之私衷，地虽属蛮夷之域，界仍居南海之中。岁值壬辰，节届晚钟，登舟自虎门而出，南征之马首是东。携手偕行，亲朋百众；同舟共济，色相皆空；予自忖曰：既从虎门而出，定直达乎龙宫。无何，远望长天，觉宇宙之无尽；下临无地，想云路之可通。真如一叶轻飘，飞来万里；好借孤帆迳达，乘此长风。时则从小港而入，舟人曰：金山至矣！……嗟嗟，早晚披星，满眼之星霜几易；晨昏沐浴，周身之雨汗交流，“由郎”荡漾于怀中，乍分乍合：“刮子”婆娑于水底，欲去仍留……嘻嘻，蛮烟瘴雨，损体劳行，岂无志于定远，又何乐乎少卿，远适他乡，原效陶朱之致富；登高作赋，实为骚客之怡情。乃作歌曰：巍巍独立万山巅，云水茫茫自绕旋。如此好山如此水，蹉跎岁月亦潸然。

这段辞赋，作者虽经过美化，但字里行间仍能看出当时出海及至岛上开发之艰辛。[1]

出国较早的还有开发南洋海珠屿的第一代汉民族海外移民也是客家人。乾隆十年（1745 年），广东大埔客家人张理、丘兆进和福建永定客家人马福春，从潮州乘坐大眼鸡船漂洋过海，准备到爪哇巴达维亚谋生。船到南洋海面，突遇飓风，大眼鸡船被冲到槟榔屿上的一个突出海角——海珠屿上（今马来西亚地区）。当时，船已毁废，无法再去爪哇，只好在此居住。在同船 50 人中，唯张理是一位有知识的人，他教人伐木建屋、开垦土地，并用船上携带来的物品向土人换取食物和种子，开始种植粮食。张理等人和当地土人一起，经过几十年奋斗，把海珠屿建设成为富庶的岛屿。由于张理等人造福当地汉民族海外移民和土人，被称为“大伯公”[2]。后来，居住在当地的汉民族海外移民为纪念这位侨领，在海珠屿建起了“大伯公庙”，立有碑碣，文曰：“五属之侨，凡有所献，不自以为功，而归功于大伯公。”“海水所到之处，就有汉民族海外移民（华侨华人）；有汉民族海外移民（华侨华人）的地方就有客家人。”纵观客家人出国历史，可以说是一部苦难与辛酸交织而成的拓荒史。[3]

对客家人海外移民的苦难与辛酸还可从他们出国的过程来体验：

一是驾舟漂泊出海。从 13 世纪末至 19 世纪中叶的近 600 年间，广东客家人出国有个明显特点：集众结伙，乘坐木船，顶风破浪，在茫茫大海任其漂泊到哪个海岸，就在哪里落脚。一些老汉民族海外移民回忆，最早出国的人乘坐的是“大眼鸡”木船，小的可坐十多人，大的可坐 20 多人，上面挂起风帆，随风漂流。遇上好天气，顺风而漂，一般 10 天或者半月，就可漂到南洋的岛上。碰到飓风或恶劣的气候，说不定要漂流两三个月，甚至半年才能到达目的地。在途中，舟覆人亡，常有发生。据史料记载，侨领叶亚莱[4]是广东惠州人，清嘉庆元年（1796 年），他带领众乡友 200 多人，漂流到马来半岛的柔佛境内，开采锡矿。那一带锡矿储量大，中国的华工陆续来开采者，逐年激增，叶亚莱被当时英国殖民统治者封为“甲必丹”（首领），作为专管汉民族海外移民的权威公务员。

---

① 见房学嘉主编《客家研究辑刊》1997 年第 2 期，第 168 页。

② 中国人民政治协商会议广东省梅州市委员会文史资料委员会编：《梅州文史》1990 年第 3 期，第 68 页。

③ 罗英祥：《飘洋过海的客家人》，河南大学出版社 2003 年版，第 1 页。

④ 黄竞初编著：《华侨名人故事录》，商务印书馆 1941 年版，第 8 页。

从这个过程可看出，清代以前冒险漂流出国者，都不是独自而往，而是数十人，甚至上百人，集体往异国求生。这样人多势众，可以互相帮助，互相照顾，如遇各种纠纷，恃集体的力量，合力抵御，共同解决，有利于汉民族海外移民在居住国生根和发展。

二是当“契约华工”出国。早在 18 世纪末和 19 世纪初，西方殖民主义者占领南洋群岛和美洲各地后，从事开发，需要大量劳工，鼓励汉民族移民移居，或用残酷手段在我国东南沿海一带拐卖人口——诱骗充当廉价劳动力，他们被称为“猪仔”。当时设在广州、汕头港口附近客栈有 30 多家，就是为洋商代办“猪仔”的客行（猪仔馆）。客家人被卖“猪仔”的绝大多数人，是通过这两个港口附近的客栈出去的。清人张心泰在道光七年（1827 年）写的《粤游小志》中说：“广东省……有诱愚民而贩卖出洋者谓之‘猪仔’。”[①] 这是国内最早提到“猪仔”的文献。

客家人海外移民的苦难与辛酸从他们在印度尼西亚多从事小商小贩可以看出，他们的经营有四种类型：一是流动小商贩，最常见的一种客家人海外移民小贩叫“卖郎当”，在梅州称为“货郎”。他们肩挑杂货，敲锣摇鼓，游乡串户，到处兜售，招徕顾客。二是固定摊贩。此类摊贩多设在有关当局指定的集市地点与当地小商贩杂处经营，贩卖各自的土特产。荷兰殖民者占据巴达维亚（今雅加达）后，此类固定摊贩，更多出现于市区热闹街道。三是零售商。经营此业的客家移民多设有小商店，其经营地位比前两类稍高，所经营的物品也较齐全。荷兰殖民者入侵印度尼西亚后，此类小商店遍及乡间山村，当地人称为“亚弄店”。所售货物多为日常所需油、盐、酱、醋、米、咸鱼、煤油等，也有生产所需的小农具之类，多为夫妻店。四是批发商。经营此类商业的，多为资本较大的商人。他们主要从事批发业，有的还拥有仓库和多种船舶车辆，从事沿海贸易，并联系着许多小商贩。以上从商的四种类型中，大多数属于前三种，后一种为数极少[②]，他们大多小本经营，起早摸黑，含辛茹苦，创业艰难。

客家人为了生存，“冒百死”，付出的艰辛，同时也做到了“致远而利天下”，如被称为“锡和橡胶王国”马来西亚，客家人侨居马国有 200 多年的历史。在当地“客人开埠”的传说中，叶亚莱就是一个功臣。他

---

① 转引自罗英祥《飘洋过海的客家人》，河南大学出版社 2003 年版，第 8 页。

② 同上书，第 13—14 页。

祖籍广东惠州淡水，17岁即随同乡到马国古城马六甲，在当地锡矿场当杂工，后成为马来西亚首都——吉隆坡开埠功臣。[①] 140多年前，吉隆坡还是一个刚开辟的小城市，由于附近有丰富的锡矿，汉民族海外移民从各地来开矿的日多。那时英人势力还未侵入马来西亚，吉隆坡属于雪兰莪苏丹管理。1870年发生内乱，出身锡矿工人的叶亚莱，挺身而出，协助苏丹（土王）治平叛乱，雪兰莪苏丹封他为吉隆坡“甲必丹”（相当于市长）管理吉隆坡。经过战乱的吉隆坡，疮痍满目，一片废墟，叶亚莱统率汉民族海外移民，惨淡经营，重建吉隆坡，使之成为一个繁荣的城市，他辞世后，当时英国驻官罗杰哀悼之，他曰：“亚莱之死，在政府失一干练而忠实官吏，在余私人则失一最为亲切景仰之良朋。”[②]

就这样，客家人用自己的苦难和辛酸走向世界，开辟了一个全新的天地。

（二）广府人反海禁下南洋

“广府人旺埠”，广府人也是好样的。

明代，朝廷颁行“海禁”时紧时弛，但广州府基本上仍是外贸不断。海禁时官商被禁止，但私商仍不断出洋。明洪武三年（1370年），朝廷在宁波、泉州、广州三地设市舶提举司，有接待外商的驿馆，宁波的名“安远”，泉州的名“来远”，广州的名“怀远”，朝廷规定各地通商地域，宁波通日本、泉州通琉球，广州通占城、真腊、暹罗、爪哇、三佛齐等12国。这就把下南洋的大门开在了广府人的大门口了。

这样，到洪武七年（1374年），明政府撤销三地的市舶司，至明成祖时才恢复。永乐三年（1405年），郑和七次下西洋也令广州外贸随之活跃。嘉靖元年（1522年），全国海禁复界，只留下广州市舶司，广州成了唯一合法的外贸口岸，这就为广府人加快下南洋的步伐提供了条件。于是广州怀远驿（今十八甫、杨巷路一带）接待外商居住，最盛时有120所房屋，促使附近的西关也成了热闹的市集，中外贸易颇盛。隆庆元年（1567年）起，海禁撤销，广府人的商人出洋贸易人数更大增。

明代常到广州贸易的有12—15个国家，包括日本、朝鲜、暹罗、占城、利加、苏禄国（今属菲律宾）、渤泥、古里（今印度西岸）、古麻喇

---

① 谢佐芝主编：《世界客属人物大全》上册，新加坡1990年7月版，第316页。

② 同上书，第105页。

（今肯尼亚范围）、爪哇、真腊、柯支（今印度西部）、锡兰山（斯里兰卡）、苏门答剌（苏门答腊）、旁葛剌（今孟加拉国）等。

明正统十四年（1449 年），南海下柏村（今罗村）人黄萧养起义反明，在冲鹤、桂洲、大良、马齐等地建起根据地，新会、东莞、香山等地不堪官府重压的民众也相继起义，拥戴黄萧养。起义失败后，朝廷严缉起义者，累及乡亲，水藤乡（后属顺德）一批农民乘船出洋，辗转到达印度，成了早期顺德汉民族海外移民。三水大塘邹姓 30 多人为避官府缉捕而出洋，后来辗转到美洲，成为早期的三水汉民族海外移民。

嘉靖三十二年（1553 年），葡萄牙人贿赂官府，借口货物浸湿，需在澳门（时称濠镜）晒货，便住下来。万历五年（1577 年）又买通官府代奏朝廷，租借澳门为定居贸易地。次年，皇帝准予他们定居，并每年夏、冬两季到广州海珠岛进行定期集市贸易。以后，澳门成了广州外贸航线重要的一站。因澳门隶属香山县，也使香山县的外贸加速发展，方便了广府人特别是香山人出洋。

约于 1507 年明正德年间，东莞人莫萍出海漂流至安南（越南）海阳道查阳县，其子莫登庸勇力过人，以功封“武川伯”，嘉靖六年（1527 年），还成了安南王，历六世 66 年。此乃早期东莞汉民族海外移民。

明隆庆元年（1567 年）海禁撤销后，古籍记广府人出海者“十倍于昔”，许多随船出海的人在三佛齐、爪哇、渤泥、吕宋（菲律宾）、暹罗定居。从宋元到 19 世纪上半叶，华商的贸易网络一直是南洋及远东地区贸易运转的主要依靠。17 世纪初荷兰人入侵东南亚时，繁盛的万丹港就活跃着华商。万丹执政者厚待华商，利用华商参与管理外贸。1609 年，万丹居住着数千华商，大部分人很富有。[①] 当时，北大年的人对华商也礼待有加，不少华商居留当地。

明初，三佛齐国中多广东、福建人，那里土地肥沃，三季收稻，种养有蔬菜、生果、牛、羊、猪、犬、鸡、鸭等。明代在旧港拥戴梁道明的广府人中，是众多的做工、务农者。他们勤劳耕作，此后世代务农者不乏其人。郑和下西洋时在爪哇见到杜板、新村（当地称草儿昔，即锦石）、苏鲁巴益（当地称苏八把牙）皆有汉民族海外移民聚居，广东人多是做工、务农者。万丹的汉民族海外移民种植胡椒，也种稻米。1619 年荷兰人占

---

① 吴凤斌主编：《东南亚华侨通史》，福建人民出版社 1994 年版，第 81 页。

巴达维亚后，招收大量汉民族海外移民去开发，职业有商人、工人、农民、园丁及渔民，具体工作有制糖、酿酒、伐木、烧窑、锻铁、造木、种菜等。1641 年荷兰占领马六甲后，令留城的汉民族移民店主、工匠及农夫必须负责开垦田地，又把郊外的田园租给汉民族海外移民耕种。

清初，朝廷也实行海禁，顺治四年（1647 年）颁布《大清律例》，其中规定："凡官员兵民私自出海贸易，及迁移海岛居住耕作者，以通贼论处斩。"1661 年，颁布《迁界令》，强令闽、粤等 5 省沿海百姓内迁 50 里，弄得民不聊生，激起沿海百姓起义，起义失败，当有不少人逃往海外。康熙二十四年（1685 年），朝廷取消海禁，实行"开海贸易"之策，设立粤海关、闽海关、浙海关、江海关。但于 1717 年，又实行"南洋禁航令"，不准商船往南洋吕宋等地贸易，规定出洋贸易的百姓三年之内准其回籍，是年以后私去者不得复回。乾隆二十二年（1757 年），封闭闽、浙、江三个海关，只留广州的粤海关。从此时到道光二十二年（1842 年），广州又成为全国唯一的通商口岸，这就又为广府人下南洋大开了方便之门。

顺治十三年（1656 年），清廷颁《禁海令》，1661 年，颁《迁界令》。康熙元年（1662 年）朝廷勒令广东沿海 24 州县人内迁 50 里，出界者死。1664 年又勒令再内迁 30 里。1661—1681 年的"迁界"期间，造成大片田园荒芜，广东沿海居民出洋数以万计，其中不少广府人。海禁、迁界令除迫使一批广府人出洋外，还激起番禺周玉、李荣率水上居民起义，起义失败后一批人逃亡海外。历史上广州地区的起义，总会造成两类人出国。有钱人害怕战乱，遂乘船出洋，或待战乱平息再回来，或侨居外国经商。而义民在起义失败后为避官府捕杀，也浮海至异国，多以做工或务农为生。其实，历代因避乱而出国侨居者，也多数以工、农为业。广府汉民族海外移民商人的成名、事业发展，其下属员工不少是同乡，这是必然的。所以，清仁宗嘉庆七年（1802 年）广东惠州、博罗天地会起义前后，也有广府人避往东南亚。

清王朝在全国的统治局面稳固后，一些抗清失败者痛感复明无望，便移居印度支那半岛。1679 年，原镇守高、雷、廉等地的明总兵陈上川及镇守龙门等处的总兵杨彦迪，不肯事清，率部下及军眷 3000 余人，乘战船 50 余艘从海路到达安南南部。当时安南南北分治，南部是阮氏王朝执政。阮氏王朝将陈上川、杨彦迪部安排到未开发的湄公河三角洲的南圻边和地区，进行垦荒开发。这批军士安顿下来成了安南汉民族海外移民，后来代代相传，称为“明乡人”，其中不少原是广府人，如后来居于堤岸的朱、徐、毕、王四姓，就是与广州禺北（后属花县）田美村朱姓、三华店徐姓、毕村毕姓、大珠村王姓一脉相承的。①

就在康熙二十四年（1685 年），粤海关在广州黄埔村（今属海珠区新滘镇）设海关，正是“近水楼台先得月”，不但使黄埔村人不少出洋，也方便了广州商人到外国经商。不少广府人经此出洋。广州作为商品集散地，其辐射范围除延伸至华北、华东、西南、西北各地外，还伸延至东南亚、日本、美洲、欧洲等地。清代前期，广州外贸主要客方有英、美、法、葡萄牙、西班牙、荷兰、瑞典、丹麦、普鲁士（今属德国）、奥地利、比利时、意大利、秘鲁、墨西哥、越南、暹罗、爪哇、苏门答腊、新加坡、吕宋、菲律宾等地的商人。从 1749 年至 1838 年，进入广州港的商船达 5390 艘，其中以英国最多，美国次之。经广州出海到南洋一带贸易的船只每年 30 多艘。

清代前期见于记载的广府出洋经商者还有：1687 年（康熙二十六年）广州人叶振德出洋，乾隆年间番禺人潘振承往吕宋，1776 年番禺人范光喜往越南，等等。据 18 世纪后期谢清高的《海录》记载，马来西亚各邦有数以万计的广东人从事商业活动，而在爪哇噶喇叭（今雅加达）市区中，从事商业的华商不下数万人。19 世纪初，黄埔村人胡宏根、胡宏善兄弟便到新加坡经营粮食生意，后来开设“黄埔公司”，经营牛肉、面包、蔬菜等。1830 年，胡宏根之子胡亚基（璇泽）从家乡到新加坡，帮助父亲管理业务，19 世纪上半叶之后，胡亚基的生意蒸蒸日上。

除经商、避难以外，据马来西亚华族史研究家刘子政考证：在沙捞越的“山都望”发现唐代宋代汉民族移民开设的铸铁厂遗迹，可见当地的铸铁技术是唐代由中国传入。由此推断，早期汉民族海外移民出国也有经营工业的。

早期因避难出国的义军移民，多是务农。在苏门答腊耕种的黄巢旧部应有广府人。这有一故事可参考：879 年黄巢义军分水陆两路进攻广州。水军进入珠江后，守广州的官军在东塱南的下龙湾用木桩、铁链封锁珠江，并派重兵把守。黄巢水军无法突破此水道，乃派兵及招民工开凿从三

---

① 《花县华侨志》，花都市地方志办公室 1996 年版，第 88 页。

山河通向珠江的人工河，在不堪官府压迫的百姓的支持下，数日间掘成此河，义军兵船从此河突击唐军背后，前后夹击，摧毁唐军水上防线而攻进广州。民间为纪念此河是黄巢大王所开，名之为大王滘（又称大黄滘）。黄巢攻进广州后，把一批贪官污吏、土豪劣绅押到大王滘边南滘一侧高地处斩，后来人称此高地为黄巢墩。此可见广州的穷苦百姓是赞赏黄巢起义的，加入义军亦在情理之中。

马来半岛的胡椒是汉民族海外移民从亚齐传入的，1790 年英国人在槟榔屿开发 400 英亩的胡椒园，招华工种植。1795 年前，粤、闽人到槟榔屿种胡椒者万余人，每年出胡椒 2 万石。1816 年，荷兰人到香港、澳门招募华工到邦加岛开采锡矿。新加坡在 1819 年前，已有汉民族海外移民在实利山一带种植胡椒、甘蜜、粮食、果树、硕莪（西米）等。新加坡开埠后，大批华工来开发，1836 年有甘蜜、胡椒园 250 个，1840 年有 477 个，1848 年达 800 个，华工最多时有万余人。柔佛地区农业也由汉民族海外移民开发，1833 年给来开发者发“开港证”，多数是潮州人，也有广府人，如开发丰盛港的黄福等。

据英文沙捞越历史载，最早进入沙捞越定居的汉民族移民，可能是 1830 年到达成邦江的粤籍人士刘直（译音）与几位同乡，后移留古晋，以种菜及畜养牲口为活。

嘉庆五年（1800 年）起，英国东印度公司驻广州商馆在广州偷偷招雇华工出洋。如香山人程世帝、鲍志等十余人受雇乘船到南洋槟榔屿开垦；1819 年，香山人梁寿（亚胜）受聘于英人莱佛士爵士，到新加坡任厨师，是到新的首位香山人。

广府人用自己的勤劳和聪明才智，在开拓中走向世界，在走向世界中开拓了新的园地。

（三）闽南人反海禁下南洋

“闽人和潮人占埠”，足见闽南人在下南洋汉民族移民中的重要地位。

《山海经·海内经》云：“闽在海中。”顾炎武在《天下郡国利病书》中说：“海者，闽南人之田也。”[①] 所以，明、清实行海禁政策等于断了闽南人的生路。为了求生存，闽南人反海禁，只有“冒百死”下南洋。

明朝初年，朱元璋为肃清东南沿海的张士诚、方国珍等反明残余势

① （清）顾炎武：《天下郡国利病书》卷九三。

力，防范屡屡骚扰沿海地区的倭寇，厉行“海禁”，撤销泉州、明州等处市舶司，限制对外贸易，禁止私商出海。这一政策导致海外贸易急剧萎缩，但是闽南沿海人多地少，农业凋零，冒死出海经商者仍为数不少，因而“有禁洋之名，未能尽禁洋之实”①。到了明永乐年间，社会已逐步稳定，经济也日趋繁荣。明成祖朱棣恢复因“海禁”而衰落的海外贸易，发展对外关系，以扬威国外。永乐元年（1403 年），下诏恢复泉州、明州、广州市舶司②；永乐三年（1405 年），泉州、明州、广州三市舶司专门设立驿馆，接待来华使者、蕃商。同时，派遣官员出使海外，最著名的就是郑和七次下西洋。

关于郑和七次下西洋之事，本书上节已有详述，在此不赘。郑和下西洋客观上促进了中外经济文化交流，进一步沟通了中国与南洋诸国的关系，也促使大批福建商人、水手、农民、小手工业者，沿着这条路线到东南亚各地经商和谋生。

福建沿海地区与郑和下西洋有密切关系。福建的福州、泉州、漳州是当时重要的造船之地。出洋之前，郑和的船队多次驻扎在福州长乐太平港，修造船舶、招募水手、祭祀海神、等候季风。大批富有航海经验和具有各种技能的闽籍人士，被郑和招聘，跟随他出使。如，兴化的白旺、张资为航海人员③，晋江的蒲和日被聘为翻译，福清的林贵和则是专管天文占候的阴阳官，其他有关采办、贸易、联络等方面的人员也不少④。其中有些人在船队到达爪哇的巴达维亚、旧港，以及文莱、马六甲等地后，留居当地。

郑和所率船队到过吕宋、苏禄等地之后，闽南人移居菲律宾群岛的逐渐增多。《明史》载：“吕宋居南海中，去漳州甚近……闽南人以其地近且饶富，商贩至者数万人，往往久居不返，至长子孙。”⑤《闽书》的作者何乔远也说：“吕宋为西洋诸番之会……闽南人多往焉，其久贾以数万。”⑥ 明成化年间，龙海县角美鸿渐村许氏族人定居吕宋，此后越来越

① （清）顾炎武：《天下郡国利病书》卷九三。

② 《明成祖实录》卷二三。

③ 明弘治《兴化府志》卷四九，“兵级”条。

④ 福建省地方志编纂委员会编：《福建省志 · 华侨志》，福建人民出版社 1992 年版，第28 页。

⑤ 《明史 · 外国四 · 吕宋》

⑥ （明）何乔远：《闽书》卷三九。

多的人迁居南洋，到明弘治四年（1491 年），该村十有八九的住户在南洋谋生。晋江县的陈、黄、柯、蔡、吴、许、李、王等姓氏族谱中，都记载他们的先人在明成化以后移居吕宋的史实。由此可见，郑和下西洋在客观上为侨居者创造了更好的生存环境和发展空间，对闽南人迁移东南亚的影响深远。因此，郑和被南洋汉民族移民尊为神明，在众多的三宝庙里，他至今还受到汉民族移民的顶礼膜拜。

从明初闽南人移民的结构与出国原因看，他们大多数是为了生存，从事贸易的商人和谋生的手工业者、农民等，还有不少人或因政治原因而遁逸，或因躲避军役、战乱而逃居。前期，他们中的很多人比较频繁地往返于国内和南洋之间，移民带有不稳定性。这一时期，闽南人出国主要到达菲律宾、印尼以及马来亚一带。据 1931 年的《华侨概况》记载，14 世纪时，福建人林旺航海到菲律宾进行种植，并向当地人传授耕种的方法。[①] 16 世纪时，菲律宾的农业经济还很落后，1585 年和 1590 年，西班牙殖民者曾两次派人到闽、粤，招收中国农民来此垦场耕种。[②]

17—19 世纪，闽南地区移居菲律宾的最多。据雷戈里奥·弗·赛义德的《菲律宾共和国——历史·政府与文明》统计，1571 年西班牙占领马尼拉时，当地只有 150 名汉民族移民，1593 年猛增至 1 万名，1603 年整个菲律宾群岛已有汉民族移民 3 万多名，有近 3 万名集中在马尼拉汉民族移民居住区内。就在这一年，西班牙殖民者在马尼拉对汉民族移民进行大屠杀，死难者达 25000 人，其中海澄人约占 80%。[③] 何乔远记载说："其地迩闽，闽漳人多往焉，率居其地曰涧内者，其久贾以数万，间多削发长子孙者。"[④] 到 1747 年已增至 4 万人。另据统计，1606 年，从漳州月港起航往马尼拉的有 25 艘中国帆船，载移民 2011 名。[⑤]《吕宋记略》记载："吕宋闽南人寄居者，亦不下六七千家。"所以，菲律宾汉民族移民中祖籍闽南的一直占绝对多数。

因为从福建去菲律宾的人多，以至"现在菲律宾人的家具和农具，

---

① 何汉文：《华侨概况》，神州国光社 1931 年版，第 120 页。

② 陈荆和：《十六世纪之菲律宾华侨》，新亚研究所 1963 年版，第 62 页。

③ 乾隆《海澄县志》卷一八。

④ （明）何乔远：《名山藏》，"王亨记三·吕宋"。

⑤ 刘芝田：《中菲关系史》，台湾正中书局 1979 年版，第 405 页。

其名称之发音，多与福建之漳厦一带语言相似”[①]。这一时期，去马六甲定居的也有不少漳州人。据1613年伊里狄绘制的满拉甲（马六甲）城市图，有中国村、漳州门和中国溪等地名。漳州门应该是漳州籍汉民族移民的较为集中的居住地。1641年，荷兰人占领马六甲，因为该地福建人较多，所以委任漳州籍华商郑芳扬为甲必丹，利用汉民族移民发展当地的经济，并招引汉民族移民来定居。

1619年，荷兰殖民者开始兴建巴达维亚，嗣后便在巴达维亚推行甲必丹制度，以华制华。因为当地讲闽南话的福建人多，所以1619年10月由荷殖民当局指派的第一任甲必丹是祖籍福建同安的华商苏鸣岗，负责管理闽南人事务。在印尼，闽籍汉民族移民占多数，而且闽籍华商财力也较充足，因此殖民当局经常委任闽南人出任汉民族移民官职。如三宝垄从17世纪末到20世纪30年代，委任的18名甲必丹全部是闽南人。1649年，被委为巴达维亚甲必丹的颜二是福建龙溪人。

17世纪初，每年从漳州月港开往巴达维亚的商船都在四五艘，每艘可载客数百名。明天启五年（1625年），从泉州港开来巴城的商船，带来360名小贩，肩挑着中国的瓷器到处叫卖。仅1625—1627年的三年间，就有1280人到达巴城，其中回国的不到三分之一。[②]

明代时，马来半岛的北大年为暹罗属地，吉兰丹是该地的码头。据张燮《东西洋考》记载，“嘉靖末年，中国沿海的海盗逃奔此地，聚至2000人”。[③] 大部分是闽、粤、浙人。

另据张燮《东西洋考》“文莱”条载，文莱即婆罗国，“俗传今国王为闽人，随郑和征此，留镇其地，故王府旁旧有中国碑……王有金印一枚，重十六两，印上篆文，作兽形一只，云是永乐间所赐者”。《明史》中也有类似记载：“万历时，为勃泥王者，闽人也。或言郑和使婆罗，有闽人从之，因留居其地，其后人竟据其国而王之。邸旁有中国碑，王有金印一，篆文上作兽形，言永乐朝所赐。民间嫁娶，必请此印印背上，以为荣。”[④] 因此，明代中后期到文莱经商贸易和从事种植的闽南人很多。

---

① 何汉文：《华侨概况》，神州国光社1931年版，第120页。

② 科尔哈斯（Collihars）编：《官方文件》1628年2月20日信，卷一，第92页，转引自林国平、邱季端主编《福建移民史》，方志出版社2005年版，第220页。

③ （明）张燮：《东西洋考》卷二，吉兰丹条。

④ 《明史·外国传四·婆罗传》。

到明代末年，东南亚汉民族移民以闽南人最多，广东人其次。菲律宾的汉民族移民几乎都是福建人，巴城和北大年的汉民族移民也以闽南人为主。缅甸北部的华商中，闽南人也占相当大的比例。因为在这一时期，漳州月港是中国私商出洋和蕃舶来华的主要港口，而当时广州不得发船，也不准蕃舶进入，月港成了汉民族移民出国的主要通道。加上福建沿海的人口压力越来越大，出洋变成主要的选择。据估计，明末南洋汉民族移民总数约 10 万人，闲人则占 70%—80%。从职业上说，以商贩为主，其中闽南人占 60% 以上，其次是各类工匠。

从清初到鸦片战争前夕这一时期，闽南人继续来到闽籍汉民族移民传统的侨居地印尼、菲律宾以及马来半岛的马六甲、吉兰丹、柔佛等地。后又陆续扩展到槟榔屿、森美兰、彭亨、雪兰莪等地垦殖场和矿区。婆罗洲的文莱、沙捞越以及暹罗（泰国）、柬埔寨、越南等地，又有新的闽籍汉民族移民的足迹。

1673 年，由于马六甲的闽南人增多，甲必丹郑芳扬及继任者甲必丹李为经（君常，厦门人）发起倡议，闽籍汉民族移民集资在马六甲兴建青云亭，作为福建同乡聚会和祭祀的场所。李为经是在明朝覆亡之后来到马六甲的，青云亭内所供神主的纪年是 1685 年。李为经的女婿、也是马六甲甲必丹曾其禄，在青云亭所供神主的署名是“反清义士”，其神主纪年为 1706 年。①

康熙二十二年（1683 年）清军攻占台湾，跟随郑成功抗清的闽南籍官兵大批逃往南洋各地，其中有数百人逃到菲律宾。乾隆十年（1745 年），福建永定人马福春与广东大埔人张理、丘兆进等 50 余人，从汕头前往巴达维亚，船在途中遇大风漂至槟榔屿，只好在当地住下，以开荒种地、捕鱼为生。在马福春带领下伐木烧炭，开辟田园。丘兆进是铁匠，利用破船上的烂铁打制农具。张理有文化，教人识字，采药治病。他们成为开辟槟城的先驱。张理被称为大伯公，丘兆进为二伯公，马福春为三伯公。至今还保留有乾隆壬子（1792 年）的香炉和嘉庆己未（1799 年）的大伯公庙。②

乾隆丁丑（1757 年），福建永春丰山陈臣留到马六甲谋生。据说他善

---

① 颜清湟：《星马华人与辛亥革命》，联经出版事业公司 1982 年版，第 16—17 页。

② 邝国祥：《槟榔屿与海珠屿大伯公》，《南洋学报》第 13 卷第 1 辑，第 53 页。

用中草药治病，曾治愈苏丹妻子的绝症，苏丹便赐予他大片土地以供开垦。于是，陈臣留回国带了数百名亲友同乡来马六甲从事种植。[①] 乾隆末年，已有数百闽南人在吉兰丹“贩卖货物及种植胡椒”[②]。

柔佛苏丹推行港主制，发给开发者开港证。从1833年开始到1917年，一共开了138条港，以种植胡椒、甘蜜。领到开发证最多的是潮州人，其次就是闽南人。如刘三发、林忠亮等闽人多在麻坡开垦种植胡椒、甘蜜。种植园的工人中，也有很多闽南人。[③]

1720年，巴达维亚城市内外的汉民族移民总数已逾10万人。1733年，仅巴达维亚城内已有汉民族移民8万人。这些汉民族移民也多数是闽南沿海迁去的小商贩、农民和手工业者。他们在当地推广种植水稻，栽种并收购胡椒，种蔗榨糖，酿酒或经商。

这一时期，闽南人到暹罗从事农业生产的也不少。1750年，福建海澄山塘乡西兴村人吴让（阳）到宋卡先在红山头附近种菜、捕鱼，第二年迁到阿旺村，农、渔业兼营。两年后，又迁到宋卡胶井区，雇用4户人家捕鱼，成了一个小渔业主。1769年，他成为宋卡湖内四岛五岛燕窝包税主，每年纳税白银50斤，所收燕窝作为贡品，直接运到中国等地销售。1775年，吴让（阳）担任宋卡太守，此后他的子孙继承其位历150年之久，而且还招来大批的闽南人到这里垦殖。[④]

1821年，福建平和壶嗣北门社人吴福星、吴万利父子，到达暹罗北大年开采锡矿，后来创办了人口商行“金利号”。

西方殖民者为了掠夺东南亚地区丰富的自然资源，开始千方百计诱拐闽、粤沿海的青壮年到殖民地去充当苦力。1519年，葡萄牙殖民者就已公开在海上掳掠中国东南沿海渔民、船民，运到葡属东印度出卖。从17世纪20年代起，荷兰殖民当局也开始从闽、粤沿海招募华工。17世纪中叶，为了兴建巴达维亚城和发展爪哇的蔗糖生产，他们通过华商到闽南地区招募种蔗制糖的农民和铁匠、木匠、泥水匠等。

1819年1月28日，英国殖民者莱佛士登上新加坡岛时，岛上只有

---

① 永春《留安刘氏族谱》。

② （清）谢清高：《海录》，吉兰丹条。

③ 彭家礼：《英属马来亚的开发》，商务印书馆1983年版，第25页。

④ 吴凤斌主编：《东南亚华侨通史》，福建人民出版社1994年版，第126页。

150 人，其中汉民族移民 30 人。到了 1820 年 8 月，增加到 1500 人，其中大部分是汉民族移民。1821 年 2 月，中国船第一次从厦门港直航新加坡后，便陆续有船从福建的港口来此。早期新加坡闽南人移民主要是经商。1824 年，新加坡沦为英国殖民地，并辟为自由港，大部分货物免征关税，允许商人自由买卖。因此，有些汉民族移民商人从马六甲移居新加坡。如祖籍漳州海澄的陈笃生（1789—1850 年），出生在马六甲的祖籍永春的陈金声（1805—1864 年），祖籍漳州漳浦的薛佛记（1793—1847 年），祖籍泉州的蔡沧浪（1788—1838 年），等等。其他的闽南人则大多直接来自泉州、漳州两府所属各县。与此同时，英国殖民者为了开发新加坡，不惜通过人贩子从马六甲以及闽、粤等地，诱骗大批契约劳工，参加修建港口、船坞以及各种市政工程。据不完全统计，在 19 世纪 30 年代，仅闽粤沿海的每年有 800—2000 名劳工来到新加坡[①]，其中有许多闽南人。清道光八年（1828 年），薛佛记等闽籍侨商兴建恒山亭，作为福建同乡（实际上指漳、泉、厦为主的闽南方言区的闽籍人士）的联谊之所。恒山亭设董事会，是当时“福建帮”的领导机构，薛佛记任大董事。同时，还购置义山，作为漳、泉人的公墓。1839 年，陈笃生发起集资在汉民族移民商号集中的直落亚逸街兴建天福宫，作为闽南人聚会与祭祀的场所。1840 年，天福宫落成，陈笃生任天福宫大董事。此后，闽籍汉民族移民的活动中心从恒山亭转到天福官，逐渐取代恒山亭的地位。天福宫也因此成为福建会馆的前身。[②]

据不完全统计，到鸦片战争爆发前夕，整个东南亚地区的汉民族移民总数已达 150 万人左右。暹罗的汉民族移民近百万，闽南人占 20%—25%，主要集中曼谷。在曼谷的汉民族移民中，闽南人约占 60%，有 20 多万人[③]。在马来半岛各土邦内的商贩以闽南人为主。海峡殖民地（槟榔屿、马六甲、新加坡）的汉民族移民以闽南人占多数，约占 50%。爪哇汉民族移民中的闽南人仍为多数，约占总数的 70%。菲律宾的汉民族移民绝大部分是闽南人，占 90% 以上。越南、缅甸也都有相当数量的汉民

① 福建省地方志编纂委员会：《福建省志·华侨志》，福建人民出版社 1992 年版，第63 页。

② 杨进发：《早年天福宫的领导层》，载《陈嘉庚研究文集》，中国友谊出版公司 1988 年版，第 120 页。

③ 林俞：《暹罗的双重国籍》，载《太平洋事务》第九卷，1936 年第 2 期。

族移民。因为在 18 世纪 70 年代，移民郑昭在暹罗为王，所以从这时开始，有一批潮州人进入暹罗，暹罗汉民族移民数量在不长的时间里激增，以至到鸦片战争前夕，暹罗汉民族移民数量达到 90 多万人，占东南亚汉民族移民总数的 60%。因此也改变了东南亚汉民族移民籍贯的结构，即粤人约 90 万人，其中潮汕人约 50 万人，闽南人约 52 万人，其余是云南、广西、浙江等籍。从职业看，这时从事种植业的最多，约占 40%；商贩为第二，约占 33%；矿工约占 20%；其他职业约为 7%。①

明代及清代前期东南亚地区的闽南人移民不仅人数激增，而且分布范围也进一步扩大。他们大多数是自由移民，一般聚居在经济较发达、交通较便利的地方，同时也开始出现被殖民者招募或掳掠的闽籍劳工。闽籍汉民族移民从事的职业向多样化的趋势发展。在闽籍汉民族移民比较集中的居住区，他们仍保持着原有的方言、生活方式、民族传统和文化习俗。随着闽籍汉民族移民数量的不断增加，他们逐步形成以同乡、同族为维系纽带的汉民族移民社会群体，成为后来东南亚各国“福建帮”同乡社团组织的基础。

地缘性社团是闽南人移民社会的重要基石。所谓地缘性社团，即以地缘为纽带构成的组织，也有以方言区为单位组成。此类社团多称为会馆或同乡会，其组合形式有以镇、县、府州、一省或数省为单位，不尽相同。闽南人地缘性社团发端于地缘性汉民族神庙。闽南人素有敬神祈福的习俗，所以福建的各类庙宇繁多。闽南人离乡背井来到异国谋生，承受着新环境的煎迫与考验，敬神和祈求神灵保佑成为他们重要的精神依托，因此，他们建立了各类神庙，供奉的神灵中包括来自家乡的保护神。1673 年，马六甲的闽南人甲必丹郑芳阳和李为经（君常）创建了敬奉观音的庙宇“青云亭”，成为当地闽籍汉民族移民共敬神灵、联络感情的聚合之地，也是甲必丹的办公场所。② 这是马六甲以民间宗教为纽带的地缘性社团雏形，到 1824 年，英国与荷兰签约，英以印尼苏岛明古连（Bencoolen）向荷兰政府换取马六甲，英国人接管马六甲之后，即废除甲必丹制

① 吴凤斌主编：《东南亚华侨通史》，福建人民出版社 1994 年版，第 259 页。

② 许云樵：《中华民族拓殖马来半岛考》，载《雪兰莪中华大会堂五十四周年纪念特刊》，1977 年。

度。呷华社会[1]失去几个世纪来汉民族移民传统的领袖制度，于是则以青云亭亭主来取代甲必丹的领导地位。亭主制度实行至 1915 年才废除，历时 91 年，共有 6 位亭主，均为闽南人。[2]

清代福建出现大规模移民海外的浪潮。以晋江安海 12 族谱的统计数字为例，仅从清初到鸦片战争以前，出国汉民族海外移民即达 138 人，超过整个泉州地区明末以前的出洋总数，而鸦片战争后至清末出国的记载就更是俯拾即是。[3] 反以《永春鹏翔郑氏族谱》为例，该族谱记载出洋的共 1068 人，出洋的时间跨度达 350 年，其中清代下南洋的就达 871 人，而清以前出国的仅 2 人。[4] 再以永春《桃源凤山康氏族谱》为例，该谱记载出洋的共 184 人，其中清代出国的有 175 人，清以前出国的仅 3 人。[5] 而且很多族谱，如德化《龙井苏氏族谱》《龙洵鹏都陈氏族谱》《龙俊郭氏族谱》，晋江《园坂蔡氏家谱》《钱江长房派石厦厝后分施氏家谱》《梅塘蔡氏族谱》，石狮《龙津蔡氏家谱》《莲江东间林氏宗谱》等，是从清代开始才有族人出洋记录的。清代闽人迁移南洋的规模确实超越了以往任何朝代，据庄为玑先生统计，福建省晋江、南安、永春、安溪四县族谱中移居东南亚的人数如下（包括鸦片战争后的情况）：

明嘉靖年间 11 人，隆庆年间 5 人，万历年间 49 人，天启年间 4 人，崇祯年间 10 人，顺治年间 22 人，康熙年间 61 人，雍正年间 42 人，乾隆年间 226 人，嘉庆年间 157 人，道光年间 361 人，咸丰年间 219 人，同治年间 263 人，光绪年间 383 人。[6] 这些仅是四县族谱中有姓名可考的人数，而不见于族谱的也会有不少。从抽样调查的数据可见一斑，清代下南洋的闽人的规模确实是以往朝代无法比拟的。

“闽人和潮人占埠。”闽南人在反海禁下南洋中，冒百死，求生存，

① 呷华社会，即实行甲必丹制度的华人社会。

② 参阅林国平、邱季端主编《福建移民史》，方志出版社 2005 年版，第 217—223 页。

③ 参见郑山玉等《泉州侨乡族谱华侨出国史料剖析》，载庄为玑、郑山玉主编《泉州谱牒华侨史料与研究》下册，中国华侨出版社 1998 年版，第 1098 页。

④ 据《永春鹏翔郑氏族谱》资料统计而得，关于出洋时间，除少数有明确记载外，其余均以出生年加 20 统计，即按常情一般于“弱冠南渡”，而推定其出洋时间。该族谱见庄为玑、郑山玉主编《泉州谱牒华侨史料与研究》上册，中国华侨出版社 1998 年版，第 102—203 页。

⑤ 据《桃源凤山康氏族谱》资料统计而得，载庄为玑、郑山玉主编《泉州谱牒华侨史料与研究》上册，中国华侨出版社 1998 年版，第 328—343 页。

⑥ 庄为玑：《福建历史地理》（改编本），福建地图编纂委员会 1976 年版，第 370 页。

终于开辟了一个新的世界。连美国学者孔飞力都不得不承认："早期殖民统治者在经济领域的以下三方面严重依赖于华人，包括：与中国的贸易；从当地获取财富；以及为殖民城市提供服务。"① 还是"客家人开埠，广府人旺埠，闽人和潮人占埠"这句口头禅说得好，明代及清代前期汉民族海外移民反海禁，冒百死，下南洋。他曾总结说："在世界范围内，1990 年前后，共有约 3700 万自称具有华裔血统或被他人归类为华人者居住在除中华人民共和国大陆地区和台湾地区以外的 136 个国家。② 其中，70% 居住在东南亚（俗称'南洋'），那里千百年来一直是中国移民的目的地，而且，在全部约 3700 万华侨华人当中，大约半数居住在印度尼西亚、泰国和马来西亚这三个东南亚国家。因此，就移民数量而言，东南亚显然是核心区。"③ 可见正是：八仙过海，"开埠"的"开埠"，"旺埠"的"旺埠"，"占埠"的"占埠"，各显神通，"至远而利天下"。

第四节　土生华人：汉民族海外移民融入东南亚民族

一个民族能进入大海，也就能融入世界。

汉民族在中华大地上横空出世五千余年，历尽风雨，饱尝沧桑，一步一个脚印，从黄土高原走向长江、黄河、珠江……终于走向大海，下南洋，走向世界。

汉民族在移动行走中，"滚雪球"地与许许多多的民族或族群在互动中磨石、整合、融合，逐渐从小到大发展成了中国人口最多的民族。走向大海，走进世界后，汉民族又以她特有的宽阔胸怀，独有的融合力，在下南洋走向世界中，与东南亚各民族和睦相处，互动通婚，逐渐融入东南亚民族。土生华人就是汉民族与东南亚民族通婚融合的结晶。

在东南亚的土生华人主要有明清时代所产生的马来西亚、新加坡的"峇峇"人、越南的"明乡"人、缅甸的"桂家"人、暹罗（泰国）的

① ［美］孔飞力：《他者中的华人：中国近现代移民史》，李明欢译，江苏人民出版社 2016 年版，第 59 页。

② 此为孔飞力所引资料据 1994 年的数据。

③ ［美］孔飞力：《他者中的华人：中国近现代移民史》前言，李明欢译，江苏人民出版社 2016 年版，第 2 页。

“洛真”人、印度尼西亚的“伯拉奈干”人和菲律宾“密斯蒂佐”人等混血族群。

一　马来半岛的峇峇人

峇峇人（Baba），指的是15世纪初期移居到满剌加（马六甲）、满者伯夷国（印尼）和室利佛逝国（新加坡）一带的明代华人的后裔。明王朝时，跟着郑和下西洋的随从众多，庞大的船队五次来马六甲驻节，他的部下其中有一些人留了下来，并在南洋一带定居，和当地的男女通婚，生下的孩子中，男性称为“峇峇”（Baba），女性称为“娘惹”[①]（Nyonya，或 Nonya），主要分布在今天的新加坡、马来西亚、印尼等地。

马来半岛的峇峇人主要分布在马来西亚和新加坡。笔者在新加坡考察峇峇人时，观看了峇峇人的歌舞表演，参观了峇峇人博物馆，品尝了峇峇人的“娘惹”美食，考察了峇峇人的住宅，对峇峇人留下了深刻的印象。

（一）峇峇人的形成

峇峇人在几百年的繁衍中，一方面保存着传统的汉民族文化，一方面融入了南洋的马来文化乃至欧洲文化，最终在语言、饮食、服装、瓷器、建筑等多个层面形成了自己独特的风情、风貌和风姿。面对这个汉民族与世界民族互动融合，生动而有特色的典型案例，我们可以作更深入的了解。

马来半岛汉民族移民与当地女子通婚所生子女被称为峇峇（Baba）。峇峇词源自 Bapa，是马来人对华人的尊称，后来发展成为马来人对华人的通称，再发展成特指“混血男性华人”；也有说法认为：Baba 是孟加拉土话，原用于称呼欧洲籍的儿童，传入马来半岛后，把华人儿童也称为 Baba，从而形成这一词；在《道格拉斯闽语字典》里，Baba 被解释成来自海峡殖民地的混血华人。[②] 而在海峡殖民地另一些词典里，此词用来指出生于这些地方的华人，不论他是混血或者纯粹；陈志明教授则认为，

---

① “娘惹”是马来语 Nyonya 的译音，意为“夫人”，女孩子则叫作“Nona”，有新加坡人认为“娘惹”一词翻译不好，应该是“娘娜”比较好。

② J. D. Vaughan, *The Manners and Customs of the Chinese of Straits Settlements*, Kuala Lumpur: Oxford University Press, 1971, p. 46. 转引自陈恒汉《从峇峇娘惹看南洋的文化碰撞与融合》，《沈阳师范大学学报》（社会科学版）2011年第3期。

Baba 一词源自中东。[①] 实际上，Baba 通常只用来称呼男性，现在马六甲的马来人也有以 Baba 或者 Ba 来称呼父亲或者男性华人，峇峇人的女性被称为“娘惹”，是马来语中 Nyonya 或 Nona 的音译，意为“夫人、小姐”。但这个词还可以追溯到从闽南话“娘娘”（Nio - nio）这个尊称，甚至直到现在，我们还可以看到有些印尼闽裔妇女，取名常用“娘”字，如：美娘、金娘、惠娘等。与 Baba 最初为尊称的命运相同，Nyonya 原来最早是被马来人尊称那些非马来人（比如汉民族移民）女子的词语，后来演变为指代汉民族移民与当地人结合的后裔中的女性。此外，细察“峇峇”的“峇”字，是南洋汉民族移民创造出来与其族群称呼对应的汉字，在文献资料中不会单独使用，凡是有“峇”字的地方，必然和“峇峇”或“南洋”相关，似乎就是为了“南洋土生华人”而造生出来的一个字。“峇”字拆开来看很有意思，是“山”和“合”的结合。“山”指的是当地原住民族的“山地人”，而那些与山地民族女子通婚或结合的华人，所传下的混血后代就是“峇峇”了。[②]

其实，马来半岛汉民族移民与当地人的通婚融合由来已久。史载，明永乐时有福州汉民族移民阮、芮、朴、樊、郝等姓来到马六甲，定居“娶番生子一，久之连姓氏也忘记，变成远、裔、飘、盆、哮等姓”。[③]《东西洋考》记载，马六甲男女“身肤黑漆，间有白者，唐人（种）也”。[④] 对照费仪《星槎胜览》所载“间有白者，唐人种也”，可知此文中缺一“种”字。《明史》也记载，马六甲男女，发上均打髻，但有些肤色比较淡薄者，是华人的后裔。[⑤] 由此可知，汉民族移民与马来女所生的混血儿的肤色有明显不同。

在新加坡出版的《峇峇文化之旅》中还介绍说：

---

① Tan Chee Beng, *Chinese Peranakan Heritage in Malaysia and Singapore*, Kuala Lumpur: Fajar Bhakti, 1993, p. 12. 转引自陈恒汉《从峇峇娘惹看南洋的文化碰撞与融合》，《沈阳师范大学学报》（社会科学版）2011 年第 3 期。

② 陈恒汉：《从峇峇娘惹看南洋的文化碰撞与融合》，《沈阳师范大学学报》（社会科学版）2011 年第 3 期；梁明柳、陆松：《峇峇娘惹——东南亚土生华人族群研究》，《广西民族研究》2010 年第 1 期；杨丹丹：《浅析马来西亚华人的族群认同——由峇峇娘惹文化所想到的》，《魅力中国》2010 年第 12 期。

③ （明）王应山：《闽都记》。

④ （明）张燮：《东西洋考》卷四。

⑤ 《明史·外国传》。

> 峇峇是早期南洋华人移民与当地妇女通婚的后裔，他们主要分布在马六甲、新加坡、槟城和印尼。他们承袭了中国明朝时期的一些习俗和祭祀仪式，结合当地马来人、印度人、印尼人的生活方式，后来也受到欧洲殖民统治的影响而趋向洋化。中国闽粤一带的商人乘季候风赴南洋经商“住蕃”，往返两地之间，把妻儿留在家乡。为了经商方便，有些华商便娶当地女子为妻，其中以和峇厘人（Balinese）或巴达克人（Batak）的妇女通婚为多。商人回中国时，他们的蕃妻就代为经营在南洋的生意。就这样，一个结合华族和马来族文化特色的族群逐渐形成了。
>
> 有关峇峇的源头，南洋有这么一个传说。15 世纪，中国明朝皇帝派使者到马六甲，并带着大批的金银珠宝、丝织品和陶瓷器等。马六甲苏丹看到这么一份厚礼，我可得礼尚往来呀！就回赠了象牙、犀角、明珠和香料等土产，让使者带回去送给皇帝。中国明朝皇帝看到礼物后，龙颜大悦。他送公主汉丽宝到满剌加，嫁给苏丹满速沙，促进彼此的友好关系。另外有五百名中国贵族男子和宫女陪嫁。苏丹把公主等随从安顿在马六甲的一座小山。这座山后来名为“中国山”“华人山”（Bukit Cina），今日华人称为“三宝山”。宫女与随从聚集一处，并与当地贵族通婚。他们保持着中国的生活方式和文化，但也结合当地的风俗。①

这位汉丽宝公主，是什么来历呢？中国史籍上，没有明成祖的女儿嫁到东南亚的记录，郑和亲自审编的下西洋的大量珍贵记录，也业已遗失或被销毁。不过从流传广度来看，汉丽宝公主应该是有其人的，也有可能是皇室宗亲的女儿。从中国这一面，找不到这位有传奇人生的汉丽宝公主的任何资料，只有在马来史典籍《马来纪年》中找寻。但进一步追究，就算有传说有汉丽宝公主，可是为何三宝山上，甚至马六甲任何地方，到现在都没有“她”的墓碑？或许，《马来纪年》的内容大部分是民间传说而已。

现实的情况是，据荷兰驻马六甲司令官巴塔萨尔·博特的《马六甲报告书》称，1678 年马六甲总共有 137 座砖房和 583 座亚答屋，其中华

① 林玉钻等：《峇峇文化之旅》，亚太图书有限公司 2004 年版，第 2—9 页。

人拥有 81 座砖房和 51 座亚答屋。马六甲居民 4884 人中，华人有 756 人（内含 290 名奴仆），即成年男子 127 人，妇女 140 人，儿童 159 人；男奴 93 人，女奴 137 人，童奴 60 人。此外在荷人后备军有华人 40 名。[①] 这些“华人中的妇女很可能是巴达克人或巴利人奴隶。在马六甲还没有华人妇女时，她们被华人男子娶为妻子”。“这些华人主要是商人、艺匠和木工，他们都比较富裕”[②]。此种经济地位决定这些汉民族移民娶了当地女子为妻后在家庭中仍居主导地位。

汉民族移民商人乘季节风赴南洋经商，经常来回两地之间。为了经商便利，纳当地女子为妻。当他回国时，其妻即代为经营商业。新生子女，男的则携回中国，女的称土生子女仍留在该地，但不许与当地男子结婚，只许与汉民族移民或新来的汉民族移民婚配。如丁加奴在 1785 年英国人来以前，已有汉民族移民与土生子女通婚。廖内群岛和槟榔屿也是这种情况。[③]

南来的汉民族移民不断地增加。1757 年，福建永春岵山陈臣留到马六甲做生意，获利后回乡率引亲友百余人前来。[④] 这些人来后不少与当地人结婚生子。据沃德博士（Dr. Ward）1827 年报告，1827 年马六甲华人有 3989 名，内有 512 名“奴隶”，而且这些华人大都是混种的，即“华人与马来人”通婚所生。[⑤] 马六甲直到 19 世纪还有买卖奴隶现象，峇厘人（Balinese）被带来马六甲出卖。早期著名马来学者文西阿都拉于 19 世纪中期记载武吉斯人、峇厘人在马六甲卖为奴隶，大都被华人、印度人和马来人买下为妻妾。[⑥] 这里记载的是指有钱的华商可以买妻妾和家仆，而一般的汉民族移民劳动者则是买不起的。

英国开辟槟榔屿和新加坡港后，汉民族移民人数也因而增加。据卜列尔氏《马六甲海峡英属地统计表》中所显示的数字，1823 年新加坡汉民族移民有 3327 人，其中男 2966 人，女 361 人，男女比例为 8∶1。1850 年

---

① 华侨志编纂委员会：《马来亚华侨志》，华侨志编纂委员会 1958 年版，第 77 页。

② ［英］克尼尔·辛格·桑杜：《华人移居马六甲》，载中外关系史学会编《中外关系史译丛》第 3 辑，上海译文出版社 1986 年版，第 194 页。

③ 李长傅：《南洋华侨史》，暨南大学南洋事业部 1929 年版，第 46 页。

④ 颜文锥：《永春华侨出国原因和对侨居地的贡献》，《福建论坛》1982 年第 1 期。

⑤ 林水檺等：《马来西亚华人史》，马来西亚留台校友会联合总会 1984 年版，第 173 页。

⑥ 同上书，第 174—175 页。

汉民族移民有27988人，其中男25749人，女2239人，男女比率为12∶1。[①] 布克莱《逸事史》中认为，1837年前，中国女性还不曾从中国南来新加坡。据报纸报道，仅有两位真正中国女性在新加坡，他们是小脚女人，数年前在英国伦敦展览过。巴素据此认为，1823年新加坡统计列为华人的361女性中“多数为马六甲‘峇峇’，其中有些为印度尼西亚人。据纽波尔氏在1839年所说，这些女性，不是中国生长的女人，而全是混血的，大部分来自邻近岛屿”。[②]

19世纪中，汉民族移民与当地民族通婚，主要是与那些非回教徒的峇厘人、暹罗人和峇达人等。在吉兰丹，汉民族移民多与当地的暹女通婚，由于该处“禁妇女嫁中华人，故闽粤人至此鲜娶者，有妻皆暹罗女也”[③]。但以后也有变化，在内地一个布莱汉民族移民村中，除暹女外汉民族移民也与当地土著民族女性结婚。[④]

在槟榔屿，莱特在1794年致孟加拉国总督函中称，槟城汉民族移民“男女儿童人口约占三千”[⑤]。1818年汉民族移民有7858人，1830年达8963人。汉民族移民与马来女、暹女通婚，尤其是与“参参”人（Orang Sam Sam受马来人涵化的土生暹女）通婚。“参参人与华人通婚后，其儿女被华人同化”[⑥]。福建德化浔中林祥清，精医术。1859年南来新加坡业医，三年后移居槟榔屿，开设养元药铺及养元酱园，娶马来妇，生言忠、有益、有财三人，建业兴家。[⑦] 也有许多华侨通婚定居后葬在侨居地。安海《李氏族谱》记载，其族人于1868年到滨榔屿，并葬于槟榔屿。永春城关《李氏族谱》记载，其族人于1856年到槟城，死后也葬在该处。[⑧]

---

① ［英］巴素：《马来西亚华侨史》，郭湘章译，台北“国立”编译馆1966年版，第60页。

② 同上书，第50页。

③ （清）谢清高：《海录》，吉兰丹条。

④ Pulai, An Early Chinesc ScTllement in Kelantan, *Journal of the Mslayan Brsnch of the Royal Asistlc Society ii.* （past 2）. 1933, p. 153. 转引自吴凤斌《东南亚华侨史》，福建人民出版社1994年版，第206页。

⑤ 华侨志编纂委员会：《马来亚华侨志》，华侨志编纂委员会1958年版，第82页。

⑥ 陈志明：《海峡殖民地的华人——峇峇华人的社会与文化》，载林水檺等《马来西亚华人史》，马来西亚留台校友会联合总会1984年版，第174—175页。

⑦ 德化浔中《林氏族谱》。

⑧ 安海《李氏族谱》，永春城关《李氏族谱》。

在彭亨，明代初年就有很多汉民族移民流寓该地。19 世纪初，有很多汉民族移民在勒巴河一带开矿。1838 年阿布都拉溯河而上到处于深山丛林中的齐赖金矿区，见到“华人村中皆客家人，他们同马来人及峇厘女奴通婚。他们的后裔说中国话多于马来话”[①]。

在马六甲，1861 年有汉民族移民 10039 人，其中男 7037 人，女 3002 人。1881 年汉民族移民有 15721 人，其中男 11701 人，女 4020 人。1902 年汉民族移民有 18864 人，其中男 14477 人，女 4387 人。[②] 这些人中特别是工匠和厂商“大部是华人与马来亚人的混合种。这些人具有蒙古人种的面貌，都没有纯粹的华人那样显著。不过他们仍旧保持着倾斜的眼窝、长发和高颧骨，以及汉民族移民祖先无胡须面孔的特色。他们身体强壮与秀美，极能耐劳，但缺乏勇气”[③]。马六甲峇峇“保留中国人的风俗习惯和宗教，而失掉了他们的语言”[④]。由于当地妇女不懂汉语，孩子与母亲一起学会了马来语，久之产生了一群讲马来话的华人。

由于大部分下南洋的明代或之后的那些移民，原籍是在中国的福建南部和广东潮汕地区，他们的语言都属于闽南语系，即“福建话”。这样，当一个说着闽南话的华人父亲和一个操马来语的母亲走到了一起，结果当然就是互动交流。而在后代语言的选择上，按道理应该是以父亲为尊，然而养育孩子的任务一般是由母亲承担。这样，峇峇人的语言，既不是单纯的马来语，也不是单纯的闽南话，他们的日常用语被称为“峇峇马来语”，在使用马来文字和汉语语法的同时，词汇则是马来语、闽南方言乃至泰语等掺杂在一起，对普通汉语“官话”则一窍不通。峇峇马来语的精髓在于它的语调顺口、活泼调皮，就连娘惹的“哭丧”，那情态语调与闽南农村地区丧事上女性的哭诉几乎一模一样。[⑤]

峇峇所讲马来话，与地道马来语不尽相同。其一，峇峇马来语中夹杂许多闽南方言；其二，峇峇把许多马来语发音作了改变；其三峇峇用中国

---

① ［英］巴素：《东南亚之华侨》，郭湘章译，台北“国立”编译馆 1966 年版，第 28 章。

② 林水檺等：《马来西亚华人史》，马来西亚留台校友会联合总会 1984 年版，第 172—173 页。

③ ［英］巴素：《马来西亚华侨史》，刘前度译，《光华日报》1950 年版，第 26 页。

④ 同上书，第 26 页。

⑤ 参阅陈恒汉《从峇峇娘惹看南洋的文化碰撞与融合》，《沈阳师范大学学报》（社会科学版）2011 年第 3 期。

语法来讲马来语。这种峇峇马来语，自成系统，称为峇峇语。[①] 峇峇语成了峇峇人认同的主要文化元素。

（二）峇峇人的特点

笔者在新加坡考察时，峇峇人最引人注目的特点是妇女的服饰。猛一看其有明代汉服的遗风，细一看又具东南亚的风采。峇峇人妇女的服饰称为娘惹服饰“卡芭雅”（Kebaya），它是在轻薄简便的马来服饰传统基础上，加上中国传统的花边修饰，再改成西洋风格的低胸衬肩，穿戴时无带无扣，仅以三枚胸针将衣服对襟扣住，给人一种既清新又华贵的感觉，尽显精致与奢华。娘惹服装颜色极富特色，不仅有中国传统的大红及粉红，也有马来人的吉祥色——土耳其绿，服装上点缀装饰的图案，则常常是中国传统的花鸟鱼虫、龙凤呈祥。随着服饰的不断发展，不仅运用中国传统的手绣和镂空法，而且从欧洲引来英、荷衣服的蕾丝缀在长衫上，剪裁充分显示腰身，再配上峇迪沙笼裙，使姑娘少妇愈加婀娜娇媚，同时显得娴淑，使内向与外向之美得到完美的结合。

而那些早期贸易行买办的峇峇，也是中西并举，既穿对襟立领疙瘩袢的汉服和中式裤、戴小帽，或长衫马褂、留长辫，同时择时、择地穿正宗西服和洋人的便服，或者有时就干脆衬衫加长裤。越往近代，着装的西化倾向越发彻底。

另外，珠绣也是娘惹一项独特的传统手工艺，在土生华人社会具有特别的意义。作为汉民族移民传统“女红”手艺的一部分，土生华人俗信，一名女子要嫁得好婆家，非绣得一手好珠绣不可，而珠绣也成了衡量一个女子是否贤惠的重要根据，更是娘惹们不可或缺的嫁妆。她们在出嫁时都会为未来夫婿缝制“珠绣鞋”，跟其他用珠子串织成的腰带、腰包和头饰一起，陈列在新房的玻璃橱柜中，当展品展示在亲友面前。娘惹珠绣的手工细腻，构图讲究，有的鞋子的图样充满维多利亚风格，因为许多娘惹喜欢采用产自欧洲的切割珠来缝制，每颗珠子都有一定倾角，可以增加立体感，让珠鞋看来闪闪发亮，充满贵气。一般上珠绣图案多为花鸟虫鱼，在土生华人的珠绣腰带还有八仙、十二生肖等图案。腰带是马来服装特有的配件，八仙和十二生肖图案则是华人的民俗产物。

娘惹美食更是峇峇人的一绝。娘惹美食的材料丰富多样，讲究货真价

---

① 李钟钰：《新加坡风土记》，《东南亚南亚研究》1997 年第 1 期。

实，原汁原味，一般中餐的鸡鸭猪牛羊、各种蔬菜、海鲜乃至当地的菠萝、椰浆都会用到。由于东南亚盛产香料，所以，娘惹菜味道香浓，色彩艳丽，使用的香料包括亚参片、亚参膏、咖喱叶、峇拉煎、楠姜、黄姜粉、芫荽粉、红葱、八角、肉桂、葱头油、红辣椒、石古仔、酸柑、虾米干、香茅、黑果等。在今天的娘惹餐馆，虽然已经不像过去手工磨制那么复杂烦琐，但所用的酱料也都由起码十种以上的香料调配而成，不同的酱料混合可以带出截然不同的新鲜口味，从而酿出了“娘惹菜”的独特风味和招牌效应，如新马等地非常有名的“椰浆饭”，就是把水和椰浆加入香米，再放入香兰叶，煮成香喷喷的椰浆饭，然后加入炸小色拉鱼仔，以虾膏辣酱调味，用香蕉叶包裹。汉民族移民则进一步创新，添加炸鸡翅、炒鸡蛋丝或煎蛋、炸鱼、虾米、花生米、生黄瓜片等，这种搭配思路与粽子、饭团乃至闽南的“芥菜饭”都有相似之处。又如风靡南洋的“叻沙”，这是一种典型的娘惹小吃，不仅继承了南方汉民族移民的烹调传统，也富有独特的马来风味，其做法通常是以椰浆、香料和辣椒熬成汤底，然后淋在放有粗米粉、豆芽及峇拉煎、鲜蚶等配料的碗里，而土生华人进一步添加了豆腐、鱼饼、炸豆干等与中式辣椒酱，变成一碗香味四溢的令人垂涎不已的美味。再比如“五香”，类似热狗、火腿肠的造型，其实就是泉州很普遍的“鸡卷”和“鱼卷”的合成品，但南洋的“五香”吃起来感觉似乎多了点土豆泥，并且带着微微的香辣，可见已经马本化了，而且上架到超市柜台。

除了菜肴之外，娘惹糕点更是享负盛名，以款式多样、味道香浓、做工精细、造型甜美、色彩缤纷而著称，看起来非常诱人，而且都是采用香草或花瓣等天然色素上色，非常独特醒目，洋溢着艳丽的热带风情。糕点是每个娘惹必须学会做的食物，以椰浆、树薯粉、玉米粉、巴兰叶汁为原料，加以细砂糖和水蒸煮而成。制作过程中粉浆要分段倒入，以便达到层次分明、色彩鲜艳的效果。娘惹糕种类繁多，从命名也可以看出闽南糕点的影响，例如萝卜糕、九层糕、木薯糕、青米糕、香草糕等，不胜枚举。

在饮食习惯上，娘惹菜也是宜室宜家，上得了餐厅，进得了私房。除了可以是街边的平民小吃外，峇峇人也有自成一统的“娘惹正餐”的规范，它囊括了各地的风格，兼有华人、马来人、印度人以及欧洲人（以英国和葡萄牙人为主）的进餐特点，中西正餐的佐料在娘惹菜里也都是必不可少的，既有咖喱和辣椒，也有柠檬草和香兰叶等，当然，娘惹美食除了追求中餐讲究材料的原汁原味外，还要做充分的准备工作，讲究烹饪方法，甚至连桌子用具、进餐方式、布置摆设等都用心非凡，别具一格。

峇峇人对瓷器的使用到了极致。峇峇人用的瓷器称为“娘惹瓷”，是特指19世纪中至20世纪初晚清民国时期，马六甲海峡华人定制的中国南方生产的专供峇峇娘惹使用的粉彩瓷器。娘惹瓷色彩丰富装饰华丽，主色调为红色（洋红、官粉）和绿色（碧绿、水绿）。器面多为红地开光或绿地开光，在浅绿或胭脂红底子上饰大红大绿的凤凰牡丹，形成红绿对比的鲜明色，有些陶瓷内外都有图案，一些还在釉上再绘图。

娘惹瓷主题纹饰多为中国传统的凤凰牡丹，偏爱花、叶纹样，但很少出现汉民族习惯常用的人物和山水，从而又反映出马来文化的色彩。这是由于伊斯兰教不使用人物做装饰，所以峇峇人尊重马来民族的宗教和风俗习惯。

在生活中，瓷器是日常生活和隆重仪式上不可缺少的重要角色。这些带着中国传统图样和南洋风味色彩的瓷器，寄托着峇峇人的思乡思祖情怀。所以峇峇人把凤凰牡丹一再重复入图在餐盘、茶壶、花瓶、水罐等各种用具上，隐隐让人感到艳丽和热烈的背后的含蓄和蕴意，似乎隐隐有一些飘零的怅惘和离散的愁绪印在冰凉的瓷面上，而那个可以做出如此美丽瓷器（china）的地方就叫作“中国”（China），那个血脉源起的“故国”，就是一个凤凰盘旋、牡丹绽放的地方……此时此地娘惹瓷已经化为了一个民族文化的符号。

民居深受汉民族传统文化的影响，又融入了马来和欧洲的风情。峇峇人大都居住在长型的有闽南建筑特点的房子，通常屋内非常宽敞，里边有一个天井，可以容许阳光及雨水进入屋内。中国造型的门窗、马来式的屋檐，再加上欧风梁柱雕饰，形成独一无二的峇峇建筑文化。屋里那些厚重的木制家私，皆是以中国的红木制成，其设计则融合了中国、英国及荷兰风格，而在家居饰物方面，就用了很多“中国风”浓厚的寓意吉祥的图案。很多习俗与礼节都是沿袭中国，尤其是闽南一带的传统。他们非常重视汉民族人的礼节，逢“年兜”（春节）、清明、“普度”（农历七月）及祖先忌日，都上供祭拜祖先。峇峇娘惹家庭注重孝道，讲究长幼有序，过年过节，作为子孙或年幼的一辈，得向长辈跪着磕头、敬茶及祝安。

峇峇人在婚俗上也非常讲究汉民族传统“门当户对”，那些有权势的家族之间常常联姻。峇峇人在举行婚礼时，依然沿用三跪九叩的清朝古礼，娶亲用花轿，锣鼓喧天，喜气热闹。新郎身穿长袍马褂，头戴瓜皮帽，新娘则身穿裙褂、霞帔，头戴凤冠，身上有许多点缀的饰物。“梳头”和“纳彩”，均是源自闽南一带的风俗。“梳头”是最重要的仪式，也是新郎与新娘的成年礼；“纳彩”则是新郎和新娘两个家庭在婚礼前互相交换结婚礼物的仪式。礼物包括成套的珠宝首饰和布料，还包括欧洲的一些风俗，如一对蜡烛、白兰地酒和橘子。

李钟钰在《新加坡风土记》中记述：“久居叻（新加坡）之华人，多娶土人为室，其装饰与安南女子略同，窄袖宽衣，其长没足，因而所生之女亦从土装。闻闽人潮人家中，竟无一汉装女子者，不若男子尚有一辫存其本真也。”男子峇峇大多穿西服，女的称“娘惹”（Njonja，Nyonya）则穿马来服，但略有不同。马来女上衣，前后对襟一样长，平常无装饰，颜色较深，多黑色、红色或其他深色。而娘惹服，前长后短，前多绣花纹，颜色多浅、淡、雅。下服则用马来裙（纱笼）装束。纱笼与中国古装相似，乍看疑为中国古装，槟城人作《槟榔屿竹枝词》云：

> 撇却新装服古装，乌云高簇缀珠光。长衫同志多阴性，赤脚纱笼煞大方。

沙笼服装到辛亥革命后渐废，盛行新式海上时装等。[①]

总之，马来峇峇的特点是：在人种上为汉民族移民与马来人的混血种。在语言上通行马来语，在信仰上主要信仰回教。在社会习俗上，重母方面轻父方，所生子女多重女而轻男。在衣着上穿马来装。在日常生活上，食不用箸，以右手代之，左手授礼或接物，则斥为无礼。对中国态度有隔膜，亲近于当地。

（三）峇峇人的发展

汉民族移民与马来女通婚所生子女，一般三代后成为峇峇，即“三代成峇”。随着峇峇人数不断增加，逐渐形成峇峇社会。峇峇社会形成于18世纪，在19世纪英国统治时期得到发展。

19世纪是峇峇社会的黄金时代。峇峇得到英国政府的重视和保护，表现在：

---

① 学潜：《槟榔屿之华侨妇女》，《南洋研究》1920年3卷1号，第125页。

1. 在经济上，峇峇华人在商务中起着重要作用，他们会讲马来语、英语，熟悉当地情况，欧洲商人需要这样的人来推销洋货并购送土产。峇峇与欧洲人进行商业和企业合作，使两者之间有密切的经济关系。

2. 在政治上，英国政府让一些峇峇担任政府职位如立法、行政和市政委员等职，峇峇华人成为华人社会的优越阶层。

3. 在文化教育上，英国在19世纪一二十年代之后设立四间英语学校和学院，使得英语成为华人知识分子的语言。这些学校是：

1814年在马六甲成立的英华书院（Anglo - Chinese College）。

1816年在槟城成立的槟榔屿自由学校（Penang Free School）。

1823年在新加坡成立的新加坡工学院（Singapore Institute）。

1867年改称为莱佛士工学院（Raffles Institute）。

1826年在马六甲成立的马六甲自由学校（Malacca Free School），1878年改称马六甲高级学校（Malacca High School）。①

4. 在社会组织上，峇峇有自己的组织并办有报刊。1900年新加坡峇峇成立"海峡英籍华人公会"，马六甲也在同年成立公会。在1894年开始办报，又出版了马来诗歌诗集，产生了峇峇文学。②

峇峇华人实际上分成中英混血和中马混血两种，英国统治政策和教育政策实际上使峇峇分成上层峇峇和下层峇峇。

20世纪以来，峇峇群体逐渐并入华人社会之中。1921年马来亚土生华人有258189人，占华侨总数的22%；1931年土生华人有535205人，占汉民族移民总数的31.2%。③

20世纪90年代笔者认识了时任香港中文大学人类学系主任、马来西亚出生的陈志明教授，他是国际上研究峇峇人的权威学者，笔者当时任《广西民族学院学报》执行主编，1999年笔者特别约请陈教授赐稿，故而得以发表了陈先生研究峇峇人的大作《华裔族群：语言、国籍与认同》④。陈先生的论文从族群认同切入说：

---

① 陈志明：《海峡殖民地的华人——峇峇华人的社会与文化》，载林水檺等《马来西亚华人史》，马来西亚留台校友会联合总会1984年版。

② 同上。

③ 华侨志编纂委员会：《马来亚华侨志》，华侨志编纂委员会1959年版，第116页。

④ 陈志明：《华裔族群：语言、国籍与认同》，《广西民族学院学报》（哲学社会科学版）1999年第4期。

当中国人刚移居或定居到国外时，他们首先要做的事情之一就是要学会或使用这一地区的通用语言。例如：帕兰那堪（Perarakan）华人——东南亚讲马来语的华人，他们把当地的语言接纳为自己的语言。经历了一定的时间后，由于语言和为适应当地社区、社会而进行的社会文化调适，华裔族群产生了不同的文化认同和不同的族群认同。

马六甲的峇峇人情况就是最好的例子。那些亦自我认同帕兰那堪人的峇峇人是华人，但其亲昵语，即家人或密友之间使用的语言已不是华人方言，而是被称作峇峇马来语的“混杂”马来语。早期的中国移民不得不与土著人交往，要结婚的人事实上是与马来人、暹罗人、峇里人的土著女子以及此类家庭之后裔通婚。所以出现了讲马来语的土生土长的华人也就不足为奇。他们为自己的本土身份而自傲，甚至鄙视“新客”——后来的华人移民。尽管如此，“新客”因峇峇人不讲华语而鄙视他们。

相对于地位较低的“新客”来说，峇峇人在当地享有显赫的身份，19 世纪峇峇商人控制了包括新加坡、马六甲和槟榔屿的海峡殖民地的地方贸易，然而到 20 世纪，“新客”又控制了这一地区的贸易。

英国的殖民化（统治）使得峇峇人，特别是住在城市的峇峇人学习英语。今天，马六甲约居住有五千多峇峇人，以马来语为母语，其中很多人懂英语。因为他们讲马来语，所以被“纯华人”看作是似马来人。尽管峇峇人在某些方面被马来人涵化了，但他们仍然保存了很多华人传统文化，有些文化特征甚至连所谓的“纯华人”——被涵化程度较少的华人，都已不再保留的传统。也许是因为遗失了他们的华人母语等原因，今天的峇峇人特别重视中国传统习俗与宗教。直到现在，一些峇峇人还采用传统的中国婚礼，包括穿着“古老的”中国婚礼服等。

在此我们最感兴趣的是：语言是族群认同的一个重要标志，但语言的丧失并不一定意味着族群认同的丧失。峇峇人不讲华人语言，但他们一直是华人。然而，这一现象确实影响到族群认同的性质和认知。当人们坚持“华人”这一标志时，其意义已经改变，即峇峇人已被认为是不同类型的华人，他们成了“次族群”范畴里的华人。

与此同时，那些源自福建的峇峇人也自我认同为福建人。

因此，我们有必要来区分文化认同与族群认同。一个不讲华人语言的人仍可以是一个华人。在马来西亚，因为华人之间一般相互不讲马来语，所以，峇峇人被认为是不同类型的华人。

事实上，在马来西亚，由于语言涵化，不同地方的华人有不同的认同。例如：在吉兰丹（Kelantan）的东北部讲闽南方言的华人受马来语和泰语方言影响较大。在亲朋好友之间也讲马来语和泰语，而青年人当中实际上喜欢讲吉兰丹的马来语方言。“纯华人”就鄙视并称他们是半唐驔人（半泰半华人），他们自称是唐人，这是当地的闽南人称呼华人的专有名词。

在槟榔屿的华人，他们大多源自福建闽南，讲一种被涵化的闽南方言，也就是通常讲的槟城福建话。相对于马来西亚其他地方的华人方言，槟城福建方言更多地借用了马来语中的词汇，在语音类型上也受到泰话影响。尽管槟城福建华人的其他文化特征也受到影响，例如：老年妇女穿戴“沙笼”，但正是槟城福建方言使槟城的华人有别于马来西亚其他地区的华人。

与此相似，如果我们到东马来西亚沙捞越和沙巴州，当地的华人使用当地的通用语，不难将当地的华人与其他地方的马来西亚华人区别开来。例如：在加帛（Kapit）的华人能讲流利的伊班话，而在巴拉甲（Belaga）的华人能讲加央话。因此，华人亲朋好友之间、华人群体内所使用的语言以及华人与非华人交往所使用的语言成为区分华人群体内“我群”与“他群”的标志。

在跨境民族的概念中，区别一个国家的华人与其他国家的华人之客观特征就在于他们所讲的语言。这是我们辨认在印尼讲流利印尼语的华人、在泰国讲泰语的华人或在菲律宾能轻松自如地交替使用华人语言（闽南话或普通话）、达卡语或菲律宾英语的华人的方法。与此相似，华裔美国人讲美国英语时，东南亚的华人常常认为他们太美国气了。

综上所述，“华人”的概念始终是主观认同的问题。主观地说，一个华人是否讲华人语言并不能削弱他们作为“华人”认同的程度。事实上，峇峇人是可以他们讲马来语而强调他们是不同类型的“华人”，他们也可以因为保留着某些“纯华人”都已不再保留的华人习俗而自认为比其他华人更华人。然而，正是语言或者说华裔族群所讲的语言使他们与其他类型的华人区分开来，因此可以说语言与华人认同有密切的关系。我还要指出的是：峇峇人的经验并不是个性的，而事实上是所有华裔的共性现象，只是程度不同而已。语言上受到马来人涵化的峇峇人，代表着华人认同一种类型。

……

在华裔族群当中，有的被涵化的程度较深。这就产生了“纯”华人与被涵化的华人的识别。事实上，不管是就生物或文化意义来说，都不存在纯华人，即使是在一国之内，“纯华人”也并不“纯”，只不过是涵化的程度较小而已。例如：在马来西亚，非峇峇人的闽南人认为他们比峇峇更纯，认为峇峇人像马来人。但当他们对台湾人讲福建话（闽南话）时，台湾人就会发现他们有点“番”（受非华人影响）。因为在马来西亚的所谓纯福建华人也借用了一些马来语词汇。有一位马来西亚的华裔朋友告诉我，他第一次到香港时，他问巴士司机“Ke to lui?”（“多少钱”）时，司机看着他然后评论到：他肯定是从新加坡来的。我的朋友意识到他所讲的广东话太马来化了。

在马来西亚，那些“纯华人”不仅爱使用“峇峇”来指马六甲地区的峇峇人，也用来指那些总体上被涵化较多的华裔。在印尼，也有托托（Totok）华裔（“纯华人”）和帕兰那堪（perana kan）华裔（“峇峇人”）。但在很多国家并没有什么特别的名字来称呼所谓的纯华人，这也是可以理解的：那些“纯华人”自视为华人而不把被涵化了的华裔视为纯华人，因而他们才使用这种有贬义的词来称后者。

陈志明对峇峇人的族群分析，给我们展示了汉民族海外移民与南洋各民族互动、融合的生动图景。对此，孔飞力也有相类似的看法，他说：“峇峇们与华人社会的关系则依托于他们所传承的华人的传统仪式和信仰，他们长期保持着中国沿海地区所熟悉的地方神的崇拜，这一历史可以追溯到早期马六甲青云亭的建设。尽管马六甲的峇峇们已经部分地马来化了，他们的话语中包含了一批特殊的克里奥尔词汇，但是，他们的马来化范围并不包括伊斯兰实践。他们认同中的仪式层面，仍然完全保持着源自福建的传统，这也就成为他们与成千上万直接从中国来到新加坡的福建新移民之间的天然纽带。一些峇峇移民家族虽然处于文化边缘地位，但毕竟同时具备能够与不同文化相沟通的特殊能力，因而得以成为新加坡福建帮的首领，并进而成为整个华人社会的首领。直到20世纪初期，他们一直充分利用自己的文化边缘性特点，成功地以一种文化去撬动另一种文化，从而确立了自己在双重文化中都拥有的特殊地位。”①

二　越南的明乡人

越南也是出现土生华人的国家。越南的土生华人称为明乡人，明清两代均有汉民族移民与越南土著民族互动融合，形成土生华人——明乡人。②

明末清初时期，一部分明朝遗民为逃避清政府的“薙发易服”政策，纷纷南逃越南。那些不满清朝的华人告别故土，早将身家托付海外，甘做海国之民。一切都与时俱变，不变的唯有他们对逝去的大明的忠诚与缅怀，一种文化的认同与固执，至死不渝。张九龄的不朽名篇《望月怀远》启发了明朝海外遗民的爱国情怀！诗曰：

> 海上生明月，天涯共此时。情人怨遥夜，竟夕起相思。
> 灭烛怜光满，披衣觉露滋。不堪盈手赠，还寝梦佳期。

因此，在胡志明市明乡嘉盛会馆有两副对联：

> 耻作北朝臣，纲常郑重；

---

① ［美］孔飞力：《他者中的华人：中国近现代移民史》，李明欢译，江苏人民出版社2016年版，第164页。

② 关于明乡人的研究主要有：陈荆和：《关于“明乡”的几个问题》，载《新亚生活双周刊》8卷12期；包遵彭主编：《明史论丛》，台湾学生书局1968年版，第145—156页；陈荆和：《十七、十八世纪之会安唐人街及其商业》，《新亚学报》1957年第3卷第1期；陈荆和：《承天明乡杜与清河庯——顺化华侨史之一页》，《新亚学报》1959年第4卷第1期；蒋君章：《明遗民对越南建设与统一的贡献》，载《中越文化论集》，“国防研究院”、中华大典编印会1968年版，第45—54页；Ramses Amer, The Study of the Ethnic Chinese in Vietnam: Trends Issues & Chal-lenges, Asian Culture, *Singapore*: *Society in Vietnam Studies*, Singapore, No. 22, June, 1998, pp. 23—42；林苹苹中译本《越南华人自研究：趋势、议题及挑战》，《海华与东南亚研究》第3卷第3期，2003年7月；李庆新：《越南明香与明乡社》，载《中国社会历史评论》第十卷，天津古籍出版社2009年版，第205—223页；吴凤斌主编：《东南亚华侨通史》，福建人民出版社1994年版，第188—194页。

宁为南国客，竹帛昭垂。
明王永治南天，天光化日；
乡里安居越地，地利人和。①

"海上生明月" 正好是海上建一个明王朝的一种隐喻。可见，在 "耻作北朝臣" 的 "明乡人" 那里，"继承明朝香火"，使 "明王永治南天" 是他们的心愿。"海上生明月" 正好表达了他们心目中的 "明朝" 没有泯灭，而在海外复活了，更侧重于在文化意义与社会心态上对明朝的认同，在居住国尽量按照中国传统去营造并维持一个 "非清" 的 "海上明朝" 的生活方式。

（一）明末清初汉民族移民大量迁入越南

明末清初，大量明帝国遗民和抗清志士移民越南，明朝遗臣朱舜水，不愿事清，于 1646 年投走到越南会安，并于此居住 13 年。② 1650 年前后首先在会安建立明香社③，以维持 "明朝香火"。此后，迁来的明人不断增加，其中以 1671 年莫玖率众 400 余人；1679 年，"故明将龙门总兵杨彦迪、副将黄进，高雷廉总兵陈上川、副将陈安平率兵三千余人，战船五十艘" 为最多。越南政府认为 "而穷逼来归，不忍拒绝"，于是 "仍授予官职，令往东浦居之"，"彦迪等诣阙谢恩而行"④。与此同时，许多抗清的仁人志士也被迫移民越南。清人蔡廷兰在《海南杂著》中提及阮福映危难之时，得到天地会何喜文帮助之事："嘉隆计穷……献文喜，遂与设誓，同适暹罗国（今泰国），乞精兵数万，分道夹攻……乘胜攻克顺化，进取东京。" 何献文即是何喜文，原籍四川，曾入白莲教，后改隶天地会，于 18 世纪率部入越。⑤

另外，一定数量的中国战俘，也是汉民族移民的一个重要来源。1788

---

① 陈毓墀：《越南 "明乡人" 及其会馆》，载《广东文献》2001 年第 24 卷第 4 期，第 63—66 页。

② 黄国安：《中越关系史简编》，广西人民出版社 1986 年版，第 111 页。

③ 陈荆和：《清初郑成功残部之移殖南圻》（下），《新亚学报》第 8 卷第 2 期，第 483 页注 46。

④ 中国社会科学院历史研究所：《古代中越关系史资料选编》，中国社会科学出版社 1982 年版，第 643—649 页。

⑤ 戴可来、于向东：《蔡廷兰〈海南杂著〉中所记越南华侨华人》，《华侨华人历史研究》1997 年第 1 期。

年，清兵“攻陷东京（今越南河内），不久为阮文惠所逐，也有大批士兵被俘”。同年，“孙士毅及提督许世亨率两广兵一万出关”，“士毅走回镇南关……士毅与还者不及一半”，“广西军营迷失奔兵赴镇投自首者共有五百数十名”。[①] 可见明清之交，由于政权的更迭，汉民族政治性和军事性移民占很大比重，正如陈荆和所云：“流亡东南亚方面明郑或南明人士南奔之动机，大多是不屑接受满清之统治，或者抵抗满清政府变服头之令而弃捐祖宗之坟墓而他往。”[②] 这类移民规模大，有组织，影响深远，尤其在政治上的作为远非其他类型移民所能及，他们构成清初广府人移民越南的主要形式。而移民地则遍布全越，南圻最众，中圻也不少。余缙《属国效顺疏》谓广南国自明季以来“士民流寓彼境者以亿万计”[③]。此说虽然过于夸张，但却形象地反映了汉民族移民越南人数之众。

不仅如此，这一时期，也有相当数量的破产商人、手工业者以及没有土地或者失去土地的农民，迫于生计而流亡越南。广东与越南接壤，海道相通，广府人因各种原因侨居越南独多于他省。在边境地区，地旷人稀，官府管理往往鞭长莫及，民众交往没有太多限制，私下迁徙的，违禁通婚的，亡命逃奔者，在在有之，甚至拐卖现象也不时发生。明中期一份笔记指出：

> 其地土人极少，半是省民。南州客旅诱人作婢仆担夫，至州洞则缚而卖之。州洞转卖入交人，取黄金三两，有艺能者倍之，知文书者又倍之。面缚驱行，仰系其首，俾不省来路，既之其地，各认买主，为奴终身，额上皆刺字，妇人则刺胸乳，拘系严酷，惟恐逃亡。又有秀才、僧道、技术及配隶亡命逃奔者甚。[④]

广府人因经商谋生而居留越南者当为数不少，如郑和下西洋所到之处每次都不少部卒落籍南洋，占城为第一站落籍者当不少。还有沿海平民在海上航行或捕捞渔猎，遇风漂流至越南者时有发生。如明成化十三

① 赵和曼：《广西籍华侨华人资料选编》，广西人民出版社 1990 年版，第 490—501 页。

② 陈荆和：《关于“明乡”的几个问题》，《新亚生活双周刊》8 卷 12 期，载包遵彭主编《明史论丛》，台湾学生书局 1968 年版，第 145—156 页。

③ （清）余缙：《大观音堂文集》卷二。

④ （明）郑若曾：《郑开阳杂著》卷六《郑韶州记略附录》，四库全书本。

年（1477 年），广东珠池奉御陈彝奏：南海县民遭风飘至安南被编入军队及被阉禁者超过 100 人。[①] 成化中，海南文昌人吴瑞与同乡刘求等 13 人到钦州做生意，遇风漂至安南，当局将他们“俱发屯田，以瑞独少，宫之”[②]。又如清康熙二十年（1681 年）至二十二年（1683 年），清朝攻克台湾后，稍弛海禁，1684 年（康熙二十三年）开海贸易，设粤海关、闽海关、浙海关、江海关于广州、厦门、宁波、云台山，管理沿海对外贸易，征收关税，沿海商舶遍于占城、暹罗、真腊、满剌加、渤泥、荷兰、吕宋、日本、苏禄、琉球诸国。会安为广南对清朝贸易的主要港口，清初大汕称：“大越国会安府者，百粤千川舟楫往来之古驿，五湖八闽货商络绎之通衢。”[③] 暂住或长住的“清商”以及其他各色华人络绎不绝。[④]

据李庆新研究，明代安南的广府人移民主要为商业移民，分布在中越边境地区和会安等对外商贸繁剧的城市。会安的广府人移民大体有两种：一是因为风信不顺，或商务迁延，错过每年七、八月风期还国而暂时居留者，此即所谓“押冬”或“压冬”者。二是长期居留者，多为商铺守柜，或船主代表、公司代理；他们一方面销售商铺遗留之商货，另一方面预先收购丝织物、奇南香、糖、胡椒、燕窝、鱼翅、苏木等物，以待来年华舶南航时有充分之商货供应。阮氏政府对外商采取鼓励贸易政策，划定区域以供中、日商民侨居。[⑤] 英国史学家霍尔（D. G. E. Hall）说，当葡萄牙人开始在会安贸易时：“常常来到这里的中国人和日本人构成了人口的多数，他们在自己的判事统治之下，在各自的区域内居住。”[⑥] 17 世纪中叶，会安约有华人 5000 人。18 世纪末，华人人数达到 6000 人。[⑦]《大南一统志》称会安“南滨大江，岸两旁瓦屋蝉联二里许，清人居住有广东（广府）、福

① 《明宪宗实录》卷一〇六，成化八年七月癸亥。

② 《明孝宗实录》卷一五三，弘治十二年八月辛卯。

③ （清）大汕：《海外纪事》卷四。

④ 李庆新：《濒海之地：南海贸易与中外关系史研究》，中华书局 2010 年版，第 313 页。

⑤ 陈荆和：《关于“明乡”的几个问题》，《新亚生活双周刊》8 卷 12 期，载包遵彭主编《明史论丛》，台湾学生书局 1968 年版，第 145—156 页。

⑥ ［英］D. G. E. 霍尔（D. G. E. Hall）：《东南亚史》上册，中山大学东南亚历史研究所译，商务印书馆 1982 版，第 498 页。

⑦ 张文和：《越南华侨史话》，黎明文化事业股份有限公司 1975 年版，第 29 页。

建、潮州、海南、嘉应五帮，贩卖北货。中有市亭会馆，商旅凑集”①。于是，在会安的中国人聚居地形成了“大明客庯”，即唐人街。② 所以，1695年，广南会安的英国人保衣亚在给英国东印度公司评议会的信中说：“会安之房屋数约一百户，除四五家日人外，均为华人所居。”“自场厂盛开，监察官多集清人采之，于是一厂佣夫至以万计。矿工、蠼户结聚成群，其中多潮州（今广东潮州）、韶州（今广东韶关）人。”③ 雍正九年，上谕，“广西两通道交趾，闻该地方有无智愚民，抛弃家业，潜往交趾开矿，更有奸匪之徒，潜逃异域，以致追缉无踪者，似此违禁妄行，渐民可长”④。

可见，躲避战火的小商小贩、无地少地的农民等纷纷逃亡越南，并且这些人数量不少。正如彭国栋所言：“明末中土人士避乱寓越者颇多。”⑤ 及至清乾隆年间（1736—1796年），中国商人在越南“已娶番妇，生有子女，与夷人结有姻娅并庐墓田园，情甘异域”⑥。“内地商民出口贸易并雇工觅食，乐予近便，俱由隘口出入，而若辈在外又多娶有番妇，或留恋不归，或往来之间，夷境已同内地，久无中外之防”⑦。

汉民族移民迁入越南后，发生了什么变化呢？这就是明乡人的形成。

（二）明香与明乡人

面对大批中国汉民族移民的迁入，越南北方郑氏与南方阮氏采取的对策有所不同。北方郑氏政权因临近中国，大批接纳南移华人，恐惹起清朝之干涉，故虽未拒绝华人入境，但华人居留的条件相当严厉，生活和商业活动受到限制。而南方阮氏政权为了增强国力，扩张疆土，采取“广招流民”政策，对“而穷逼来归”的汉民族移民，“不忍拒绝”，于是“仍

---

① 高春育等修：《大南一统志》卷五《广南·市铺》，转引自李庆新《濒海之地：南海贸易与中外关系史研究》，中华书局2010年版，第314页。

② 参阅李庆新《贸易、移植与文化交流：15—17世纪广东人与越南》（http://www.hanfu.hk/forum/redirect.php? fid=17&goto=nextoldset&tid=5353）。

③ 戴可来、于向东：《蔡廷兰〈海南杂著〉中所记越南华侨华人》，《华侨华人历史研究》1997年第1期。

④ 赵和曼：《广西籍华侨华人资料选编》，广西人民出版社1990年版，第490—501页。

⑤ 彭国栋：《中越文化论集》，中华文化事业委员会1942年版，第265页。

⑥ 《清高宗实录》卷二二六，日本大藏出版株式会杜，转引自向大有《清代广西向国外移民三大板块背景要素的比较研究（上篇）》，《八桂侨刊》2010年第1期。

⑦ 《军机处录副奏折》，中国第一历史档案馆编藏，转引自向大有《清代广西向国外移民三大板块背景要素的比较研究（上篇）》，《八桂侨刊》2010年第1期。

授予官职，令往东浦居之”[①]。为了定居、经商等方面管理的方便，设立了特殊的华人村社——明香社。

所谓“明香”，会安萃先堂碑文释为“维持明朝香火”。Gustave Hue 认为是“清朝入主中国时迁移到安南的明朝遗臣”。A. Schriener 则释为 17 世纪末“逃难到交趾支那之明朝遗民与当地妇女通婚而生下的混血儿”[②]。可见“明香”和“明香社”是明清改朝换代的产物，所以它的出现时间不会早于 1644 年（明崇祯十七年），而且“明香社”的出现先于“明乡社”。我国学者陈荆和也认为“明香社”（而不称“明乡社”）设立的时间在 1645—1653 年之间，很可能在 1650 年（神宗庆德二年）前后，这是有道理的，现有文献表明，“明香社”一词最早出现在《大南实录》[③]。该书显宗戊寅六年（1746）二月云：

> 初置嘉定府，命统率阮有镜经略真腊，分东浦地，以鹿野处为福隆县（今升为府），建镇边营（即今边和），柴棍处为新平县（今升为府），建藩镇营（即今嘉定）。营各设留守，该簿、记录及奇队船、水步精兵，属兵，斥地千里，得户逾四万，招募布政以南流民以实之，设立社村坊邑，区别界分，开垦田土，定租庸税例，纂修丁田簿籍。又以清人来商，居镇边者立为清河社，居藩镇者立为明香社（今明乡）。于是清商、居人悉为编户矣。[④]

可见“明香”原为明末南移的明人在越南所设立的一种组织。他们不愿剃发结辫穿着清服臣服清朝，随着明朝灭亡逃居越南，1650 年前后首先在会安建立明香社[⑤]，以维持“明朝香火”，以后南来的明人不断增加，而阮朝为安抚流民，加强对南圻的控制，广泛建立乡村基层组织，设

---

① 中国社会科学院历史研究所：《古代中越关系史资料选编》，中国社会科学出版社 1982 年版，第 643—649 页。

② 李庆新：《贸易、移植与文化交流：15—17 世纪广东人与越南》（http：//www. hanfu. hk/forum/redirect. php？ fid = 17&goto = nextoldset&tid = 5353）。

③ 李庆新：《濒海之地：南海贸易与中外关系史研究》，中华书局 2010 年版，第 313 页。

④ 《大南实录前编》卷七，显宗戊寅七年二月，横滨有邻堂出版，昭和三十六年。（http：//www. midnation. net/domain/zhongnanbandao/lishi/20081224—132_ 3. html）。

⑤ 陈荆和：《清初郑成功残部之移殖南圻》（下），《新亚学报》第 8 卷第 2 期，第 483 页注 46。

立村社坊邑，其中定居藩镇者立为明香社，居镇边者立为清河社；有所区别的是，明香社的汉民族移民是原有的“居人”，而清河社的华人则是后来的“清商”。移居越南的明香社、清河社中国人都成为阮朝的编户齐民。

成书于黎显宗景兴三十七年（1776年）黎贵惇的《抚边杂录》在介绍顺化对外贸易时也提到莫盘县（后改延福）的明香社：

> 顺化处水陆，连接广南。广南之右，通诸蕃国；其海道则距闽、广只三四日，故商船从来凑集。大明永乐时有设入顺化市舶提举司，又有搜钱场。阮家割据，所收舶税甚饶。该艚、知艚各一员，该簿艚、该府艚、记录艚、守艚各二员，该房六人，令史三十人，仝锐兵五十名，艚另（艚兵）四队七十名，通事七名；明香、会安、劮唠占，锦庯及廊钩等社差司采保。[①]

这就是说在任用艚务官员时，阮主经常会优先考虑华人，如该艚、知艚、该部艚、记录、通言及其他与艚务相关的职务，原则上皆由明香社和清和社之侨民担任。[②]

1862年嘉隆王统一全越后，于1807年令在南、中、北圻普遍设立明香社，以管理明人，立社编入户籍。最初明香社本指明朝遗民定居地，他们寄希望于“反清复明”。但随着历史时光的流逝，复明早已无望，且这些遗民经过数代变迁，与当地女子不断通婚，结果所生混血儿越来越具有地方色彩，“明香”已失去原来特色，乃改“明香”为“明乡”。“明乡”已指华裔而言，成为中越混血儿的总称。1811年已有“北客住寓者，亦谓明乡”之称。[③] 1826年“秋七月二日，改正北客为明乡”[④]。此后越南各地“明香”均改称“明乡”。

据《大南实录》记载，圣祖明命七年（1827年）七月，“更定诸地

① 黎贵惇：《抚边杂录》卷四，河内社会科学出版社1972年版，第31a—31b页。转引自邱普艳、梁立俊《越南阮主时期的对华贸易政策》，《黄河科技大学学报》2007年第6期。

② Tran Kinh Hon Mac va chua Nguyen tai Ha Tien, Sai con: Van Hoa A chau, 1958, p. 70. 转引自邱普艳、梁立俊《越南阮主时期的对华贸易政策》，《黄河科技大学学报》2007年第6期。

③ ［越］潘叔直：《国史遗编》，香港中文大学新亚研究所东南亚研究室1965年版，第72页。

④ 同上书，第163页。

方别纳明香社税例”。据户部奏议可以看出，明香社主要分布在如下地区：承天、广南、富安、平定、广义、北城、义安、山南、清葩、嘉定、永清、河仙、龙川、坚江，比较集中在越南中部和南部。[①] 英国学者巴素也认为，柬埔寨与交趾支那（南圻）是华人最为稠密的地区，混血人口最多。在交趾支那，明乡的人数做多。启定六年（1921 年），估计人口 64500 人；保大六年（1931 年），增至 73000 人，其中滀臻、薄寮、茶荣、迪石的“混血的人数”比纯粹的华人要多。下表是保大六年南部六省明乡人数：

保大六年南部六省明乡人数

滀臻	薄寮	茶荣	芹苴	迪石	河仙	小计
13000	11000	8500	4000	4000	3000	43500

资料来源：Victon Purcell, *The Chinese in Southeast Asia*, New York: Oxford University Press, 1965, p. 179. 转引自李庆新《越南明香与明乡社》，《中国社会历史评论》2009 年第 00 期。

明命八年（1828 年）七月，明香社改名为明乡社，此后“明香”改称“明乡”[②]。会安的明香社至迟在黎神宗癸巳年即庆德四年已经出现，但在全越推广，也就是改名“明乡社”，则在阮朝明命八年。从此，明乡人正式被视为安南人，被赋予同等的权利，明乡社成为安南基层组织[③]。

明乡人受到当地政府优待。当时越南把汉民族移民分成两类：旧华侨——明乡人；新华侨——清国人。对清国人有诸多限制，指定地区居住和贸易，登记入册，无证的拘禁。明乡人被视为已入籍的越南臣民，所以没有受到这么多的限制，且被获准应试科举，补用官场，免服劳役和兵役等待遇。

总之，从“明香”到“明乡”的演变过程大致是这样的，即“明

① 《大南实录》正编第二纪，卷四十，明命七年七月。

② 《大南实录》正编第二纪，卷四七。转引自李庆新《越南明香与明乡社》，《中国社会历史评论》2009 年第 00 期。

③ 参阅李庆新《越南明香与明乡社》，《中国社会历史评论》2009 年第 00 期；李庆新：《贸易、移植与文化交流：15—17 世纪广东人与越南》（http://www.hanfu.hk/forum/redirect.php?fid=17&goto=nextoldset&tid=5353）；李庆新：《“海上明朝”：鄚氏河仙政权的中华特色》，《学术月刊》2008 年第 10 期。

乡”原意含有继承明朝香火之意，大约在1650年广南对外商港会安铺已经设立，至1700年阮主在南越开置嘉定府，居藩镇者立为明乡社，令清商居民悉为编户。19世纪初，嘉隆帝统一越南，在三圻普遍设立明香社。明命八年（1827年）七月，阮主将各地客社庄铺称为“明香”者均改为“明乡”。随着明乡社设立渐多，中国人与越南人通婚，“明乡”变成普遍指中越混血儿及其子孙了。

越南阮朝许多名臣就是明乡人。郑怀德（1765—1825年），先祖为福建长乐人，历任阮朝户部尚书、吏部尚书、刑部尚书、礼部尚书和国史馆副总裁等职；吴仁静（1769—1816年），先祖广东人，任兵部参知、工部尚书等职；潘清简（1778—1867年），原福建海澄人，历任兵部尚书、礼部尚书和户部尚书等职；陈养钝（1813—1883年）原福建龙溪人，历任工部尚书、户部尚书、兵部尚书、机密院大臣和辅政大臣等职，这些人都已越化，成为当地民族的组成部分。

明乡人越化情况可以从陈氏族谱看出一斑。陈元烁撰《承天明乡社陈氏正谱》一书记载了陈氏十世通婚变化的情况，现列成简表如下：

陈氏十世通婚一览

世次	姓名（生平年）	妻室	生育
一世	陈养纯（1610—1688年）	原配：孺人，福建龙溪人 继配：孺人，顺化师鲁下社人	子一 子一
二世	陈总（1644—1714年）	原配：刘素，师鲁下社刘翁女	子一女二
三世	陈宗（1675—1714年）	原配：游括，华裔 再娶：陈台，慈淑人	子一 子三女四
四世	陈渭（1715—1795年）	原配：阮尧，嘉定人 副室：唐氏 庶姬：黎氏 庶姬：黎氏	子七女二 子一女二 子三女二 子一
五世	陈士益（1748—1814年）	原配：高璋，福州高一寿女 再娶：陈聿泰，长乐陈聿缓女 次室：宋氏，清化宋山县人	子三女二 子一 子三女二
六世	陈朝纲（1776—1825年）	原配：林珠，同社林日升女	子四女二

续表

世次	姓名	妻室	生育
七世	陈养钝（1813—1883 年）	原配：梁瑞，礼部尚书梁进详女 次室：黄鉴，河内明乡黄氏女 次室：阮卓，清化人 庶姬：陈文，广田人 庶姬：黎氏，广平人 庶姬：尊氏	子一女九 子四女三 子三女一 女一 女一 无
八世	陈怀永（1850—1887 年）	原配：龚采，按察使龚世誉女	子五女七
九世	陈迎本（1868—1911 年）	原配：谢炤，工部尚书谢叔颖女	子八女三
十世	陈元焕（1889—1928 年）	原配：尊琰，清化省总督尊黏女 庶姬：某氏	子六女四 子一

资料来源：吴凤斌主编：《东南亚华侨通史》，福建人民出版社 1993 年版，第 190 页。

从表中及陈氏族谱所载，可以大体看出汉民族移民通婚前后与祖国和侨居国关系的发展变化：

从陈氏一世到九世的原配都是中国人或明乡人（汉民族移民），直到十世原配才为越南人。而各世次房则大多数为越南当地人。陈氏各世女儿大多数与明乡人结合。这种安排反映了陈氏各代在思想意识上仍希望以祖国祖宗为正宗，试图在陈氏原配婚姻关系上仍保持与祖宗的宗族关系。但为了在当地定居生存的各种需求（陈氏一世到四世经商，五世以后多任官职），又需要在次房安排上加强与当地有更多的联系。在这两种关系中，陈氏与当地关系变得越来越重要。陈氏次房也就比原配多，次房所生子女也超过原配所生子女，他（她）们通晓当地语言，熟悉当地情况，作用也越来越大。发展到第十世时就连原配也为越南女子，陈氏各代婚姻关系发展到此起了质的变化。

随着婚姻关系的变化，陈养纯一世时就出现了“两头家”，一个家在福建龙溪，那里有原配妻子和儿子陈总。另一个家在越南，娶了当地女子，生了陈洪。在这两个家中，养纯主要的家仍在国内，他因“避乱南来，生理衣服仍存明制”①。而其儿子陈总南来后情况就起了变化。此时养纯原配可能已故或仅存亲戚，儿子南来使得在越南的家显得更重要。陈总南来十数年“衣服已异”并“不复再返故乡”②，抵越不久就娶明乡女成了家。陈氏三世和四世还有回福建探亲拜祖，与家乡保持宗族的联系和来往。五世以后就很少回去，特别是七世养钝成为达官显贵，就多与当地人来往，这固然有维持其政治地位的需要，更多的有经济上的活动和职业上的需求。这样，陈氏与祖国关系日渐疏远和淡薄，与当地融化程度也日益加深。

明乡人受到越南王朝的优待，也受到越南政策的约束。由于明乡人不许返回中国③，又不得杂入清人户籍，就只能在当地通婚越化。明乡人税收亦比越南人重，这也促使明乡人走向越化。

（三）从清人到明乡人

清代中国人入越南的汉民族移民者被称为“清人”，或称北人、北客。他们的居住、衣着和语言都受到限制，1696 年“严饬北人侨越者，言语衣服，一遵越俗……违者罪之”④。1764 年禁止清国商人杂居，违者押送境外。1810 年又规定华商须有当地证明，方能居留和他往，擅去留者，坐以罪。在税收方面亦较明乡人为重，且不断增加税收。这情况使清人不断从流寓到定居，通婚融化，其所生混血儿即称明乡人，遂使明乡人数不断增加。

这样，越南的汉民族移民大量增加，他们与当地人通婚结合亦日益普遍。晋江“颜钟珍，生康熙丙子（1696 年）五月，客安南（中圻），彼处娶妇”。陈立辉“往安南求利，在是地婚娶”⑤。1743 年两广总督奏，汉民族移民在越南“多娶有番妇”，“流落番境住家者”⑥。1744 年清廷军机处奏折中提到：“查从前在彼已娶有番妇，生有子女，与夷人结有姻娅

① 陈元烁：《明乡陈氏正谱》，第一世。陈荆和：《承天明乡社陈氏正谱》，香港中文大学新亚研究所东南亚研究室 1964 年版，第 41 页。

② 同上书，第 10 页。

③ 明命十年（1829 年）诏示：“明乡人夫妇及其家族，不得复返中国。”邬增厚：《越南华侨商业年鉴》，第 17 篇第 3 节。

④ ［越南］潘清简：《钦定越史通鉴纲目》，黎熙宗正和十七年（1696 年）秋七月。

⑤ 晋江《颜氏族谱》，《陈氏族谱》。

⑥ 《清高宗实录》卷二〇二，1743 年 11 月。

并庐墓田业。情甘异域者，照例安插彼地为民。"① 可知汉民族移民在当地通婚、置田业、建房舍、入户籍并葬身侨居地者已属不少。1776 年广东番禺人范光喜，在越做药材生意，娶安南女，生子二。1759—1774 年在越经商粤人李阿集，亦娶越女为妻。② 汉民族商人曾嵘在国内已有元配并生子名异才，在交趾又娶越女岑氏，生子名异智③。按规定，在越成家立业后不能回国，曾嵘违禁潜归。但异智未回，以后异才于道光年间到越访弟。当时在越汉民族移民多娶越女以利贸易，而越女亦"好纳唐人为婿，呼唐人为叔"④，一娶"有番妇，或留恋不归，或往来之间"⑤。

越南"原无本国别样文字"，受中华文化影响极深，越南语长期受到汉语的影响，特别在两汉和隋唐时期，分别形成汉语"古汉越语"和"汉越语"，汉语与泰语（老挝语）、蒙吉语（Mon - Khmer）成为越语的三种来源。13 世纪，越南借用或仿照汉字创造了本国文字喃字，最初用以书写地名、人名、告示等，后来发展为写诗作文；由于喃字书写比汉字复杂，表音困难，难于推广，未能取代汉字。越南人著书立说，参加科举，大多还是使用汉字；在日常越南语里，更是"永远混合有古汉越语和越化汉语"。阮翼宗曾经说，越南自士燮以后，"自官至民，冠婚丧祭，理数医术，无一不用汉字"。⑥

明清时期大批华人移居越南，把中国语言文字、典籍文献带到越南，对各地方言产生重要影响。《嘉定城通志》谓：

> 国人皆学中国经籍，间有国音乡语，亦取书中文字声音相近者，

---

① 《军机处录副奏折》，乾隆九年（1744 年）九月初六日。

② 《军机处录副奏折》，乾隆四十一年（1776 年）一月二十九日。

③ 光绪《黎平府志》卷下，孝友。

④ （清）蔡廷兰：《越南纪略》，载《海南杂著》一书。

⑤ 《广州将军策楞奏折》，乾隆八年（1743 年）七月十七日，《明清史料》庚编，第一本。

⑥ 方豪：《从越南语文见中越文化关系》，《幼狮》第 5 卷第 6 期，1957 年 6 月；收录于《方豪六十自定稿》，1969 年，第 2549 页。士燮是东汉末年交州地区最大的地方势力。建安八年，士燮为交趾太守；士燮之弟壹合浦太守，次弟䵋领九真太守，䵋弟武领南海太守。《三国志》卷 49《吴书·士燮传》说：士燮"雄长一州，偏在万里，威尊无上。出入鸣钟磬，备具威仪，笳箫鼓吹，车骑满道，胡人夹毂烧香者常有数十。妻妾乘辎軿，子弟从兵骑，当时贵重，震服百蛮，尉他不足踰也"。

随类而旁加之。如金类则旁加金，木则加木，言语则加口之类。仿六书法，或假借、会意、谐声，以相识认……

其人土谈，常杂以唐人、高蛮之语，听闻者习知之，而不辨其所以异。①

越南人称清人为“唐人”，华侨多广府人，广府、闽南方言（包括潮州话）在当地影响较大，如藩安平阳、新隆两县“民居稠密，铺市联络，梁家瓦屋，比比相望，多通福建、广东、潮州、海南（俗称琼州府为海南）、西洋、暹罗诸国语”②。

明乡人在越南各地的城市、乡村和岛屿定居下来，也带来了汉民族的文化传统。嘉隆朝明香人郑怀德所撰《嘉定城通志》记录了南圻各地民间婚丧嫁娶、节庆典礼、祈祷乐事，据称具有浓厚的中华色彩，端阳、七夕、中秋、重九等传统佳节，“多如中华制度”，“中国华风已渐渍，蔚然畅于东浦矣”。各地“庶民服舍器用，略如大明体制”。藩安地区“文物、服舍、器用，多与中国同”。永清镇龙湖、沙的“风俗与藩安镇大同”。定祥镇美湫也与藩安镇差不多。在郑怀德看来，南圻已经是一个“衣冠文物之邦”!③

19 世纪下半叶，法国把越南变为殖民地后，对明乡人基本采取同化政策。1867 年 2 月下令将明乡人和越人一样对待。1874 年重申这一规定在殖民当局法令强制下就有蓄臻、薄寮地区的明乡人（占南圻汉民族移民人数三分之一）转而剃发结辫列入清人户籍，不愿成为越人并担负越人一样的兵役和徭役。

19 世纪下半叶和 20 世纪初，正是汉民族移民大量出国时期，许多中国人来到越南。这时期汉民族移民通婚越化情况，可以从汉民族移民和中越混血侨生人数的变化中看出。据估计，1879 年南圻汉民族移民约有 44000 人。④ 1883 年南圻汉民族移民 40000 人，北圻汉民族移民 25000 人。⑤ 1889

① 郑怀德：《嘉定城通志》卷四《风俗志》。

② 同上。

③ 郑怀德：《嘉定城通志》卷三《疆域志》。

④ 杨建成：《法属中南半岛之华侨》，文史哲出版社 1984 年版，第 13 页。

⑤ Mac Nair, *The Chinese Abroad*, p. 49. 转引自吴凤斌主编《东南亚华侨通史》，福建人民出版社 1994 年版，第 193 页。

年南圻汉民族移民有 56729 人。① 1906 年，中南半岛汉民族移民有 232000 人，其中南圻汉民族移民 115000 人；中圻汉民族移民 5000 人；北圻汉民族移民 22000 人。② 这年在南圻汉民族移民中明乡人有 40000 人，即不到四个汉民族移民中就有一个明乡人。在北圻汉民族移民中明乡人混血侨生 2000 人，即 12 人中有一个明乡人。1921 年中南半岛汉民族移民总数 293000 人，其中南圻 156000 人，北圻 32000 人，中圻 7000 人。③ 另据调查，1921 年南圻混血汉民族移民有 64500 人④，亦即四个汉民族移民中有一个混血侨生。混血儿比例稍增，人数仍是一直上升。这里的混血汉民族移民仅指第一代后裔，二、三代以后混血汉民族移民已融入当地人民之中。

1920 年 6 月法国政府下令，亚洲外国人继承所有权转移时应予课税，土著则免。这样明乡人在继承父亲财产上无法律保护，只有加入越南国籍才行。1933 年 8 月更规定，父母一方为当地人时，其子女为法国人民或保护民，由是明乡人已被越化。

总的看来，南圻明乡人比中、北圻明乡人越化得较快，到 20 世纪初，南圻明乡人大多已越化。⑤

三　缅甸的桂家人

缅甸位于亚洲东南部、中南半岛西部，其北部和东北部同中国西藏自治区和云南省接界，中缅国境线长约 2185 公里，其中滇缅段为 1997 公里；东部与老挝和泰国毗邻，缅泰、缅老国境线长分别为 1799 公里和 238 公里；西部与印度、孟加拉国相连，缅印、缅孟的国境线分别为 1462 公里和 72 公里；缅甸南临安达曼海，西南濒孟加拉湾，海岸线总长 2655 公里。

缅甸的形状就像一块钻石镶嵌在中南半岛上。在地形上缅甸境内多数的山脉与河流是中国山系和水系向南的延伸，对于两国人民与文化交流互动极为便利。所以缅甸也有土生华人，称之为“桂家人”。

---

① 《中南半岛年鉴》，1889 年，第 530 页，原各地总散为 56528 人，误。转见《法属中南半岛之华侨》，第 32 页附表一。

② 杨建成：《法属中南半岛之华侨》，第二章，文史哲出版社 1984 年版。

③ 《越南统计年鉴》，第 2 卷 63 页；第 3 卷，第 53 页。转引自吴凤斌主编《东南亚华侨通史》，福建人民出版社 1994 年版，第 193 页。

④ 杨建成：《法属中南半岛之华侨》，文史哲出版社 1984 年版，第 155 页。

⑤ 参阅吴凤斌主编《东南亚华侨通史》，福建人民出版社 1994 年版，第 191—194 页。

（一）汉民族移民缅甸的历史记忆

历史是有连贯性的。在论述桂家人之前，有必要简略了解缅甸及汉民族移民缅甸的历史记忆。

汉民族移民迁入缅甸的历史，据学者依据史籍研究[①]，早在公元前4世纪末3世纪初期，在中国西南边区与古印度（身毒）之间，已有陆路商道的存在。这条始自于汉代的道路从长安到成都后，路分两线，其中一条经雅安、汉源，过大渡河、西昌、会理，然后从攀枝花拉鲊渡金沙江上云贵高原、经永仁、大姚、祥云至大理，与云南通过缅甸茶马古道相连，商人经此至古缅甸（汉代称掸国，即为缅北 Shan 人部落）。如《史记·西南夷列传》所载，曾在大夏（现今阿富汗北部 Balkh）的市集内发现“邛杖蜀布”。这两种物资均是古印度殊少难见之物，可见蜀地商贾，可能就是华人进入古缅甸之肇始。[②] 此外，学者由考证《汉书·地理志》所述，认为邑卢没国[③]在现今缅甸沿岸，谌离国为骠国的悉利城，而夫甘都卢国则为缅甸的蒲甘城，由此也可推测当时中国的海上交通可能已到这缅甸南部，甚至到达南印度。[④]

历史进入了三国时代，吴、魏到缅甸已可通水路。如诸葛亮《前出师表》云：“五月渡泸，深入不毛”，有人考证“不毛”或属现今缅甸北部的八莫（Bhamo）。[⑤] 此外，缅甸民间点灯节的风俗，与中国在中秋节施放孔明灯甚为相似，当地盛传此一习俗系三国时代由川滇地区传入缅甸[⑥]。

---

① 文崇一：《1965 早期中缅关系之研究》，载《“中央研究院”民族学研究所集刊》1965年第20期；陈孺性：《汉、唐至宋、元时期在缅甸的华人》，载《海外华人研究》（新加坡），新加坡国立大学图书馆，1992年，第41—42页。

② 同上书，第41—42页。

③ 古国名。故地或以为在今缅甸勃固附近。据《汉书·地理志》所述，古代从中国南部至印度半岛的海上交通线经此。中世纪时，阿拉伯人记载的 Ruhmi、Rahma、Rahman 等，可能皆指此地。

④ 文崇一：《1965 早期中缅关系之研究》，载《“中央研究院”民族学研究所集刊》1965年第20期，第48页。

⑤ 翟振孝：《祖裔、地域分文化展演：近半世纪东南亚缅甸华人的社群建构》，博士学位论文，台湾清华大学人类学研究所，1994年。

⑥ 华侨志编纂委员会：《华侨志：缅甸》，华侨志编纂委员会1967年版，第83—85页；陈烈甫编：《缅甸的华侨与华人》，载《东南亚洲的华侨、华人与华裔》，台湾正中书局1979年版，第335页。

唐代之时，对于自滇西越经古缅甸（唐代称骠国，属骠人在卑谬建立之国家）至古印度的通道，留有详细的文字记录，《新唐书·地理七下》云："自羊苴咩城西至永昌故郡二百里。又西渡怒江至诸葛亮城二百里。又南至乐城二百里。又入骠国境，经万公等八部落至悉利城七百里。又经突旻城至骠国千里。又自骠国西度黑山至东天竺迦摩波国千六百里……一路自诸葛亮城西去腾充城二百里。又西至弥城百里。又西遇山二百里至丽水城，乃西渡丽水、龙泉水二百里至安西城，乃西渡弥诺江水千里至大秦婆罗门国。又西度大岭三百里至东天竺北界嵩没卢国……与骠国往婆罗门路合。"而且唐代时中国商人在现今滇缅边境的贸易来往，在《蛮书》卷二《山川江源》也有记载，其云："高黎共山在永昌西，下临怒江，左右平川，谓之穹赕、汤浪加萌所居也。草木不枯，有瘴氣。自永昌之越赕，途经此山，一驿在山之半，一驿在山之巅。朝济怒江登山，暮方到山顶。冬中山上积雪苦寒，秋夏又苦穹赕、汤浪毒暑酷熟。河赕贾客在寻傅羁离未还者，为之谣曰：'冬晴欲归来，高黎共上雪。秋夏欲归来，无那穹赕热；春时欲归来，平中络赂绝。'"由此可见，往来于中国与古缅甸之间的商人不少，而行旅艰辛，所以，滇缅边境流传俗谚云："要走夷方路，先把婆娘嫁""男走夷方，女多居孀；生还发疫，死弃道旁"等，生动地反映了往来于滇缅旅人所面临艰难处境。①

宋代缅人势力兴起取代了骠人，建立了蒲甘王朝。此一时期由大理至蒲甘的陆路往来频繁，其中亦多为汉民族商人。更重要的是宋代对外贸易亦极为发达，在沿海的大城市经常汇聚各国的船只及商人，赵彦卫在《云麓漫钞》中记载，南宋时"福建市舶司，常到诸国舶船……真腊、三泊、缘洋、蒲甘国则有金颜香等"②。可见宋代与缅甸蒲甘之间应已有海上交通的往来。③

及至元代中国文献称蒲甘为缅国，缅国初期仅是云南行省的附属地

① 陈孺性：《汉、唐至宋、元时期在缅甸的华人》，载《海外华人研究》（新加坡），1992 年，第 47—48 页。

② 转引自翟振孝《祖裔、地域分文化展演：近半世纪东南亚缅甸华人的社群建构》，博士学位论文，台湾清华大学人类学研究所，1994 年。

③ 文崇一：《1965 早期中缅关系之研究》，载《"中央研究院"民族学研究所集刊》1965 年第 20 期，第 56 页。

方，至1286年改置缅中行省，前后维持约五年时间。当时中缅间的交通颇为发达，而据以推测华人之中应有来自云南以外的地面。同时，除了以陆路往返者外，或另有取自海道而来的可能。[①]

明代时期，华人商贾正式进入缅甸的阿瓦、八莫等地营商，不限于前代仅以骡、马驮物的“马帮”往来于中缅边区。商人们将缅北奇缺的食盐由云南输入，再将缅甸盛产的棉花运回中国，进行盐棉贸易，当时中缅边境附近的八莫和封岸的江头城，因华人聚居日多而渐趋繁荣[②]。明末王室衰颓，永历帝为清兵所败而进入缅甸，其随从数千名臣民亦进入缅甸境内，除少部分被俘或是战死之外，其余大多数军民后裔皆在现今缅北一带定居，并从事银矿开采事业。

到了清代，华人商贾以商船携带大批中国的瓷器、丝绸、茶叶、工艺品，以及马来亚和印度尼西亚的黄金、土产等前来，交换缅甸出产珍贵的燕窝、鱼胶、虫胶等产品。当时由中国来到缅甸的商船分为闽帮与粤帮，其中闽帮商船船号多冠以“金”开字头，例如，金万发、金顺发、金福盛、金和顺等；而粤帮商船则多冠以“广”字，像是广悦兴、广和舆、广衡昌、广和昌等。此外，闽帮商船多漆青色，而粤帮藺船多漆以朱色，因此又有舆“青头船”“红头船”之别称。至此，中国与缅甸海上贸易的重要性，已逐渐凌越滇西与缅北之间的陆路交通。[③]

更重要的是清代中叶以后，中国境内天灾人祸民生凋敝，闽粤地区华人由于生活艰困，纷纷外出另谋生计。当时邻近的东南亚一带，因物产富饶经济繁荣，最受华人青睐。据翟振孝的田野调查，有的华侨报道人叙述当年长辈移民的情形时说：“我父亲他们当时留在大陈谋生不容易，大家都跑到南洋去。家乡的男人大部分十几岁都坐船出去外面作生意，来缅甸的人很多”，而且“那个时候缅甸钱很大很值钱，一块美金可以换缅甸钱四塊。缅甸这个国家自然资源很丰富，什么绿宝石、蓝宝石、翡翠、石油、柚木、白米啊都有”。于是，有大批闽、粤华人离乡外出至东南亚地

---

① 文崇一：《1965早期中缅关系之研究》，载《“中央研究院”民族学研究所集刊》1965年第20期，第47—85页；陈孺性：《汉、唐至宋、元时期在缅甸的华人》，载《海外华人研究》（新加坡），1992年，第41—57页。

② 华侨志编纂委员会：《华侨志：缅甸》，华侨志编纂委员会1967年版，第94页。

③ 陈烈甫编：《缅甸的华侨与华人》，载《东南亚洲的华侨、华人与华裔》，台湾正中书局1979年版，第335—338页。

区，俗称为“出南洋”[①]。

（二）桂家人的形成

在这个历史背景下，桂家（Gwe Chia）人，出现于17世纪明末清初之际，形成发展于18世纪。“桂家者，明永明王（即永历帝）官族子孙”[②]。“缅劫永明时，诸人分散驻沙洲……百余年，生聚日盛，称桂家”[③]。也有记载说他们是“随永明入缅之官族也，子孙沦于缅，自相署曰贵家”[④]。此贵家亦即桂家，指同一族群。这些记载表明最初的桂家是入缅的南明永历帝文武官吏及其后裔组成的。

1659年南明桂王朱由榔逃入缅甸时，随从有1478人[⑤]，分水陆两路而下，到缅都阿瓦（曼德勒）东面马达耶居住，因生活所逼，陆续四出谋生。1661年7月，发生“咒水之祸”，即清顺治十八年七月十八日（1661年8月12日），缅甸国王莽白给逃到缅甸境内的南明永历帝朱由榔捎来口信，让他明日过河，同饮咒水盟誓，以结友好。朱由榔及一些大臣皆看出其中有诈，但寄人篱下，又不敢不去，只好命大学士马吉翔、大臣沐天波等部分文武官员前去赴约。次日上午，马吉翔等人来到缅军驻地塔下，即被三千缅军团团包围。沐天波见有变故，立即夺刀反抗，终因寡不敌众，大小官员42人全部被杀。随即缅军赶往朱由榔住处，追杀随从300余人。此后朱由榔及随从尚余340余人。1661年12月清兵攻至阿瓦城，永历帝等被执，余下人员还在缅北生活，久之繁衍成桂家。另外，明末李定国、白文选、祁三升等所部将士三四万人，从1659年到1662年先后转战于滇西、缅北和暹罗北部一带。到1662年仍有25000人散居缅北和滇缅边境一带，久之也成为桂家。

由此可见，桂家一开始就是一个政治逃亡的移民集团，他们是在作为明王朝子孙这一政治认同基础之上形成的，具有“复明”的鲜明政治特点。他们建立望乡台定期纪念，以示不忘复明。但以后随着时间推移，明

---

① 翟振孝：《祖裔、地域分文化展演：近半世纪东南亚缅甸华人的社群建构》，博士学位论文，台湾清华大学人类学研究所，1994年。

② （清）孙士毅：《绥缅纪事》。

③ （清）吴楷：《乾隆腾越州志》卷十，边防，缅考。

④ （清）赵翼：《平定缅甸略述》。

⑤ 陈炎：《中缅文化交流两千年》，载周一良《中外文化交流史》，河南人民出版社1987年版，第28页。

朝灭亡已久，他们亦已定居通婚，日渐融合于当地文化，虽以桂家为名，已失明朝臣民之实。

宫里雁是明末张献忠干将，李定国部下宫氏的后裔，原祖籍江宁。他的妻子曩占（古）是掸族人，当地孟良土司的女儿。[①] 这种婚姻关系亦表明了桂家后代的通婚缅化。宫里雁以重新振兴波龙银矿（1736—1762 年）闻名，并拥有四万名劳工队伍。这些华工被编成军队式自卫组织，平时采矿，战时打仗。由于宫里雁不仅团结了北缅甸新旧华商、华工，华裔（包括从中国出逃的罪犯），而且联合了下缅甸华裔集团敏家（Gwe Karens）形成当时缅甸一大势力。

敏家居住下缅甸白古（勃固）一带，有三千多人。华侨很早到下缅甸，到元代，福建泉州等地华侨来此经商，由于生活容易，“故贩其地者十去九不还也”[②]。这“十去九不还一者”即与缅女通婚繁衍。到十七、十八世纪时兴起敏家一股势力，由于“时缅甸荷税之重，无以复加。机之织布，母之哺乳，均有课征”[③]，逼使敏家反压迫反剥削，配合得楞族同时起兵，拥立与敏家有历史渊源的人为王，并于 1752 年攻入缅都阿瓦，使东吁王朝灭亡。

1759 午缅军洗劫波龙银厂，宫里雁于 1762 年被害后，桂家和敏家遂散居各地，敏家与克伦族通婚融化，桂家与掸联姻，成为缅甸掸族的拉裕支系。

1747 年和 1769 年乾隆两次征缅，无功而还，被俘或遗落清兵有数千。[④] 他们在当地种植或以其他工艺为生，并与当地缅女通婚。这些人的后裔被缅人称为“胞波”，即手足同胞、亲戚之意。

汉民族移民缅甸的情况，不少旅缅人士也有记述。如 1783—1808 年在缅传教的意大利人，天主教神父圣基诺曼所著《缅甸帝国》一书说：“从云南广东和中国其他地方来的华侨……很早以前就留居缅甸，并且渐渐繁衍，遍布全国。”此后，1871 年，云南人王芝由缅往印度到英国，所著《海客日谭》说：在阿摩罗补罗（阿瓦北面）“滇人在此者四千余家，

---

① 俞正燮：《缅甸东北两路地形考》，载《癸巳类稿》，商务印书馆 1957 年整理本。

② 腾冲县和顺乡《李氏宗谱》，载周一良《中外文化交流史》，河南人民出版社 1987 年版，第 20 页。

③ ［英］哈威：《缅甸史》（下册），姚辛良译，商务印书馆 1973 年版，第 364 页。

④ 其中在阿瓦的战俘有 2500 名。《缅甸华侨志》，1977 年台北版，第 97 页。

闽、广人百余家，川人才五家”。在仰光，“广东，福建通商者数万人”①。1879 年黄懋材由缅赴印度等地，所著《西辅日记》记述说：新街（八莫）“贸易经营俱妇人为之，故汉人居此者，多纳缅妇为室”，漾贡（仰光）“未见中土女人，皆纳缅妇为室也”②。前已述及的宫里雁所处时期，“桂家”就已包括了许多在缅新旧汉民族移民的华裔。“桂家”逐渐演化成为土生华人之一：中缅混血儿的通称。

（三）从桂家人到“果敢”

作为中缅混血儿的桂家人，经过与缅甸人的长期互动、磨合和融合，逐渐成为缅甸民族的组成部分，而被缅甸人称为“果敢”。③

云南作家李必雨曾到缅甸做过田野考察，他说：

缅甸有一个自 1948 年该国独立时就在国中注册的民族，叫“果敢”族。这个民族说汉语、用汉文、穿汉装、使用农历，大部分聚居在萨尔温江中下游和泰缅边境。我国和缅甸的史籍称之为“桂家”。另外一些“桂家”则与别的民族融合，成了掸族、克伦族、佤族等。虽然变更了族籍，却仍保存着汉族的部分风俗习惯和汉族的姓名。名震寰宇的“金三角”大毒枭坤萨祖籍云南永昌府，祖上三百余年前到了缅甸。他虽然已成了缅甸睿莫地区的掸族土司，但有时仍用汉名张奇夫，也说汉语。这些桂家人其实大多是永历皇帝遗臣的后裔。永历称帝前是南明“桂王”，所以他的臣民的后裔都以“桂”自称。

1657 年（清顺治十四年），吴三桂率清军追击明朝最后一个皇帝永历帝朱由榔，永历由贵州安隆逃到云南。吴三桂步步紧逼，永历的大将晋王李定国虽然尽力抗击，但由于孙可望的捣乱，南明军队难以抵挡清军和孙可望的夹攻。1658 年，永历由永昌府（保山）逃到腾越（腾冲）。途中君臣绝粮，饿得奄奄一息，腾越和顺乡人用鸡蛋炒了当地特产饵脍敬献。永历吃后大加称赞：“腾越饵脍色香味三绝，

---

① 《小方壶斋舆地丛钞》，第十帙，第 418 页。

② 《云南侨史通讯》1988 年第 1 期，第 8 页。

③ 参阅吴凤斌主编《东南亚华侨通史》，福建人民出版社 1994 年版，第 194—196 页；梁晋云《缅甸果敢的历史与现状》，《中国边疆史地研究》2001 年第 2 期。

又救了朕的驾，堪称天下第一美味。”他这人既怯懦又刚愎，无甚可取之处。唯独这一封赠留下了一段佳话。此后腾越人便把鸡蛋炒饵脍叫作“大救驾”，成为云南著名的一项传统小吃。当然，后世的“大救驾”添上了鸡脯、香蕈等配料，味道更为鲜美。

1659年初，李定国在潞江血战，阻击清军。永历听到李定国在潞江失败的消息，慌忙逃到蛮莫（今缅甸八莫），请蛮莫土司带了黄金100斤去见缅王，请求到缅甸京都阿瓦城避难。缅王贪图永历的珍宝，同意了，但他仅派四艘小木船来接。这四艘船只够载官眷，那些大臣和侍卫一部分设法雇船随行，另外有马的900多臣民走陆路，打算到阿瓦与永历会合。永历顺伊洛瓦底江南行，辗转到了阿瓦。明代邓凯的《求野录》记载：“先在腾越，从官及妇侍等尚四千，至蛮莫只一千四百五十余人，至是仅六百四十六人而已。”那没法跟随永历南下的两千多臣民便流落在滇缅边境，成了第一批桂家人。

永历到了阿瓦，缅王却并不与他相见，把他弄到实阶去软禁起来，派兵监押。那些走陆路的臣民，“缅人悉掠为奴。多自杀。唯岷王世子八十余人流入暹罗。”（《明史·诸王传》）。这些人成了泰缅边境桂家人的鼻祖。

永历帝落到了缅王手里之后，李定国、白文选带兵到了缅甸，致书缅王，要求缅王送出永历帝。缅王始终把永历居为奇货，拒不交出。李定国、白文选便于1660年杀到缅甸京城阿瓦城郊，多次攻城。缅王的王弟莽勐白带5万人来援。李定国白文选寡不敌众，只得退兵。1661年，吴三桂率清兵直捣缅京。缅王被迫交出永历。吴三桂用弓弦将永历绞死于昆明的逼死坡。

李定国退出阿瓦，鉴于莽勐白已断了他的退路，只得往南走。到了白古。但白文选这时闹分裂，带走部分兵将。一些兵将不愿服从白文选，“有马九功者入古剌，有江国泰者入暹罗。暹罗王以女为定国次妃。于是间道通殷勤，谋连兵攻缅。九功等亦为古剌招到溃兵，得三千人，亦致书定国，相与掎角。”《求野录》但这两处勤王救主之师刚刚出发，适值李定国得知永历已经被吴三桂逮回昆明，连日痛哭，绝食七日而死。“暹罗古剌之兵失望而返。”

虽然没救出永历，但永历的这些遗臣在孟艮、白古、古剌和泰缅边境扎下了根子，他们的后裔与当地百姓亲睦相处，为开发这些地方做出了卓越贡献。“桂家”子弟中，最为有名的是官里雁。[1]

1783—1808年在缅传教的意大利人、天主教神父圣基诺曼所著《缅甸帝国》一书说：“从云南广东和中国其他地方来的华侨……很早以前就留居缅甸，并且渐渐繁衍，遍布全国。”

1871年，云南人王芝由缅往印度到英国，所著《海客日谭》说，在阿摩罗补罗（阿瓦北面）“滇人在此者四千余家，闽、广人百余家，川人才五家”。在仰光，“广东，福建通商者数万人”。

1879年黄懋材由缅赴印度等地，所著《西辎日记》记述说，新街（八莫）“贸易经营俱妇人为之，故汉人居此者，多纳缅妇为室焉”。漾贡（仰光）“未见中土女人，皆纳缅妇为室也”[2]。

这些记述也都反映了缅甸汉民族移民与当地人民通婚、繁衍融合的情况[3]。

那么桂家人为什么会改名为“果敢”呢？后来，在缅甸掸邦有一山脉名叫科干山，外地人讹称为“果敢山”，既以称山，又以称全境约5100平方公里的这块膏腴的土地。久而久之，这里便改称“果敢”，连居住这里的桂家子女也改称果敢族。据说，桂家人初到麻栗坝时，这里还是虎狼出没、荆莽遍地的茫茫一片荒野。只是在山上有少量德昂族、傈僳族和佤族居住，水边只有几寨掸族（中国称傣族）。桂家人筚路蓝缕，胼手胝足，与这里的土著民族和睦相处，经营300余年，按照自己家乡的面貌，把这里建成在缅甸颇负盛名的一方热土。

果敢原土司杨家的家谱记载，他家先世是南京应天府上元县柳树湾大石板人氏，明初随沐英征南，落籍于顺宁。桂王入滇，高祖杨高学跟随。到缅甸，勤王失败后，避地隐居于麻栗坝火烧寨。那里尚有杨氏祖坟。从杨高学起已传十一代。果敢声名赫赫的“鸦片大王”罗兴汉的家谱记载，其高祖系李定国麾下副将。永历蒙难后，率部属潜入麻栗坝。为避清兵追缉，多次迁徙，并告诫后人勿与外人接近，勿供天地。罗家自其高祖至

① 李必雨：《流落缅甸的永历皇帝遗臣后裔》，《文史天地》2001年第2期。

② 《小方壶斋舆地丛钞》，第十帙，第418页。

③ 参阅吴凤斌主编《东南亚华侨通史》，福建人民出版社1994年版，第195—196页。

今，已传十二代，仍不供天地。原大伙头陈家的家谱载，其祖先是贵州安隆所人氏，也是随永历入缅的。[①]

果敢麻栗坝是一个汉味十足的地方。考察过这里的李必雨描述说：

踏上果敢的地面时，简直就像回到了明朝末年。沿途见到的民居，瓦顶土木结构的多，一般都是南北向长三间，辅以猪圈马厩谷仓等附属建筑；也有一些高墙深院、翘角门楼的富人住宅，典型的汉族乡村风味。老妇人全都裹着小脚，衣服长及膝下，有的还镶有宽边。看去确实是明代遗民。汉子伙子穿高领对襟布扣衫、大裤管长裤；姑娘媳妇则多剪齐耳短发，穿右衽姊妹装，长裤、布鞋。

果敢人至今仍保留着先代的宗教信仰和风俗习惯。果敢老街有一所古庙，供的神灵很多，主要是供关圣和观音菩萨。因为所供太杂，难定庙名，老百姓称之为“大庙”。飞檐红墙，雕梁画栋，十分宏伟。大门门楼上供着魁星。过了天井，便是关圣祠。有左中右三殿。正殿塑着关公和持刀的周仓、捧印的关平。右殿供财神赵公元帅。左殿供文昌帝君。隔一天井，后面是观音殿。殿台上正中塑着莲台观音，左右分塑文殊、普贤。每年二月十九，这里都要举行观音会。善男信女纷纷前往捐献功德、领取祝表、祈福求子。三月十五举办财神会，商人们都去献祭。九月初一到初九有“九皇会”。九月十三则有关圣会。

二月初八，村子里每家出一个人到官庙祭“土主”，虔诚地磕头上香。据说土主是韩文忠公韩愈；家家都杀鸡祭祀。果敢人对祭祖特别认真，也许是因为远离故土、远离祖先庐墓的缘故，清明节上山扫墓；端阳食粽子，有的人家改为吃包子；六月二十四，果敢人家家都要杀鸡看卦，以预卜下半年的休咎，晚饭后用锅灰把男孩的脸涂黑，用以驱邪，这是过“火把节”。火把节是云南白族、彝族、普米族、汉族的节日。这样看来，果敢人的祖先，以云南籍的为多。中秋，家家都要在屋外摆设香案，供上月饼、核桃、雪梨、香瓜、板栗，全家团坐吃月饼；冬至杀年猪，家家都要遍请乡邻；春节贴春联、穿新

① 李必雨：《流落缅甸的永历皇帝遗臣后裔》，《文史天地》2001 年第 2 期。

> 衣、吃年饭，青年男女聚集广场打秋千、比赛打陀螺，从初一狂欢到初五。这些，都和他们祖籍百姓的庆祝方式毫无二致。当然，也加进了果敢特有的内容，如在节日里，青年男女都要弹起弦子按一定的队形欢乐歌舞。他们称为“打歌”。[①]

在缅甸的汉民族移民，1891 年有 37000 人，1911 年有 122000 人，1921 年有 149000 人。1931 年有 194000 人，其中 104000 人为缅甸出生者。[②] 南缅甸丹老侨生，竟占当地人口一半。丹那沙林区中，很多乡村的村长由土生华人担任，表明汉民族移民通婚融合后的混血族群，已取得当地人民的信任，他们已成为缅甸民族中的组成部分。[③]

四　泰国的洛真人

汉民族移民在暹罗（泰国）与暹女通婚所生的混血儿称为“洛真”（Luk Chin；Lukjin）[④]。但关于洛真人的材料极少，除吴凤斌主编的《东南亚华侨通史》持此说，也没有说明出处及来源。笔者从百度和知网上搜索，竟无一条信息可证。

那么，“洛真”一名究竟是从何而来，其义又有什么考量？笔者咨询了广西大学的泰语专家，据称“洛真”（Luk Chin；Lukjin）早期迁徙到泰国的汉民族移民，绝大部分是男子，当他们在泰国定居之后，一般都会与泰国当地女子通婚，这在当时甚至形成了一种风气。汉民族移民男子与泰国女子通婚后生下的后代，即被吴凤斌先生称为“洛真”（Luk Chin；Lukjin）。香港三联书店出版的《海外华人百科全书》中也采用了“洛真”（lukjin）的译名。[⑤] 其实，“Luk Chin；Lukjin”音译为“洛津”或“洛金”更准确些。这是以父系血缘所下的定义。“洛真”人出生在泰国，生活在泰国，可以行使在泰的社会、经济、政治权力，相当一部分人从“苦力”工作做起，白手起家，积攒了一定的积蓄之后转做小生意，进而从事贸易。现在泰国的商界、政界名人中有部分就是当年“洛真”的后

---

① 李必雨：《流落缅甸的永历皇帝遗臣后裔》，《文史天地》2001 年第 2 期。

② 《云南侨史通讯》1988 年第 1 期，第 8 页。

③ 参阅吴凤斌主编《东南亚华侨通史》，福建人民出版社 1994 年版，第 194—196 页。

④ 同上书，第 196 页

⑤ 潘翎主编，崔贵强编译：《海外华人百科全书》，香港三联书店 1998 年版，第 222 页。

代。而依照泰国的法律来定义的话，凡具有华人移民血统且出生在泰国的人，即被称为“华裔泰国人”。

众所周知，汉民族移民东南亚，与当地妇女通婚是个普遍的现象，但是否形成一个独立的族群，各国的情况不尽相同。如马来半岛的土生华人称为“峇峇人”[①]，其有自己的语言、服饰和风俗习惯等族群特征，从而成了东南亚极富个性特征的土生华人族群。而迁入泰国的汉民族移民走的却是暹化即泰化之路，与泰国人的融合程度很深。明代黄衷《海语》在谈到泰国华人移民时就说过：“国无姓氏，华人流寓者始从本姓，一在传亦亾（古同‘亡’）矣。”[②] 可见，汉民族移民迁入泰国，若干代后即被泰人融合。对此，《外国史略》一书也说过：“每年有潮州、福建人赴暹罗居住，多娶其土女，现所居二万余，弃汉俗，衣食一如暹罗。国王也择其聪明者官之”[③]，以至今日泰国南部人大半含有华人血统。久而久之，今天泰国的华人比华侨多得多。据统计，泰国的华侨约三十万，而华人（参加泰籍的）约有二百七十万人，他们约占泰国总人口14%，居住遍及泰国各地城乡。[④]

虽然“洛真”之名并未广泛使用，也并没有成为泰国土生华人的专称，而泰国“华人”一称确被广泛认同广见于文献。但既然吴凤斌先生在《东南亚华侨通史》中确称泰国土生华人为“洛真”，笔者就顺风顺水，顺着汉民族移民迁入泰国，建立早期社区的历史轨迹，对泰国的土生华人——洛真人略作钩沉。

（一）汉民族移民泰国的历史记忆

汉民族移民在“下南洋”中，泰国就是一个重要的迁入地。与暹女通婚融合历史由来已久。最早移民泰国的大多是少数在当时泰国境内各港口作短期停留或中长期侨居的汉民族商人。泰国历史之父——县降亲王所说：“中国亦自蓝甘杏王时代起首，开始移民来暹。证之碑文勒记，蓝甘杏王之理国治民，虽至今日，犹堪称羡，如鼓励居民，使城与城贸易，国

---

① 徐杰舜：《马来半岛的峇峇人》，《百色学院学报》2014年第1期。

② （明）黄衷：《海语》卷上，第2页上，暹罗条。段立生：《黄衷及其〈海语〉》，《东南亚》1984年第3期。

③ 转引自钟福安《泰国华人社会的形成述论》，硕士学位论文，北京语言文化大学，2001年，第17页。

④ 同上。

与国通商，取消阻碍交易之厘金局，使在中途不得征收货税。”①

公元 13 世纪，在泰国北部先后形成过三个以泰族为主体的国家——素可泰王国、清迈王国、帕耀王国。国力最强、疆域最广的素可泰王国在中国文献中被称为“暹国”。在素可泰王朝时期（1238—1438 年），中国汉民族移居泰国的情况还比较单纯，主要有两种：

一是宋元之际不愿向元帝国投降而逃到暹国的宋帝国遗民。南宋末年，不少遗民因不服蒙古人统治而逃到国外去。郑所南《心史·大义略叙》：“诸文武臣流难海外，或仕占城，或婿交趾，或别流远国。”等到元兵攻安南、征占城的时候，流亡在这两地的宋人有的就走入暹国。《宋史·陈宜中传》云：“益王立，复以（陈宜中）为在丞相。井澳之败，宜中欲奉王走占城，乃先如占城谕意：度事不可为，遂不反。二王累使召之，终不至。至元十九年（1282 年）大军伐占城，宜中走暹，后没于暹。”与此同时，与南宋丞相陈宜中一起逃到暹国的人中，还有一批他的亲信和随从。

二是聘请到暹国从事陶瓷业的中国工匠。据泰国文献记载，素可泰王朝第三位国王兰甘亨大帝在位时期（1287—1317 年），“泰国国内政治统一，局势稳定，经济发展，贸易昌盛，在其与中国来往的贸易货品中，陶瓷器具成为最受注意的东西，大帝决心在泰国进行生产，特地聘请中国技师，并在素可泰、彭世洛及北榄坡等处建立制作火炉进行生产”②。

传说中国陶瓷师傅发现素可泰北面 50 英里处的宋加洛瓷土，是制作瓷器的优质材料，经兰甘亨大帝批准，把窑址迁移到宋加洛。宋加洛烧瓷窑，是素可泰王朝时代中国元代工匠到泰国烧制瓷器处所。

而在阿瑜陀耶王朝时代（1350—1767 年），来自中国东南沿海的移民已成多元态势，据学者研究，大致有五种：

（1）谋生移民。十七世纪时，阿瑜陀耶王朝国都“大城周围显然

---

① 共丕耶达吗銮拉查奴帕：《暹罗古代史》，王又申译，商务印书馆 1931 年版，第 23 页。

② 张仲木：《素可泰王朝时代的泰中经济贸易关系》，载泰国《星暹日报》1997 年 10 月 18 日。转引自钟福安《泰国华人社会的形成述论》，硕士学位论文，北京语言文化大学，2001 年，第 10 页。

也有中国人在养猪，而在市肆中也有各种中国工匠在营业"①。又如，雍正二年（1724年），清朝的广东官吏发现泰国来华朝贡的船上"梢目（船工）九十六人，均全系广东、福建、江西等省人民。"他们"居住该国历经数代，多有亲属妻子"②。再如，开发宋卡、名扬泰国南疆的吴阳，也是阿瑜陀耶王朝时代从中国移居泰国的谋生移民。

（2）技术移民。据《暹罗古代史》记载，暹罗国"那困因王于未进阿瑜陀耶京即王位之前，曾于公元1377年往明都南京，入宫朝见中国皇帝，以后终其朝代，皆与中国修好。中国人之来阿瑜陀耶京贸易通商者，想亦必自那坤因王朝代开始。在醒不里小河沿岸之瓷窑地方，今日尚有瓷窑痕迹，其为中国式瓷窑，与宋加洛及素可泰等处毫无差异。据吾人推想：那坤因王亦必曾步蓝甘杏王之后尘，带领中国匠人来暹烧瓷"③。

（3）垦殖移民。泰国南部北大年港的早期开发者林道乾，他于400多年前出生于广东潮州府惠来县一个农民家庭，因生活所迫成为十六世纪中叶闽粤沿海的著名海盗。后为明朝官兵所败，于万历六年（1588年）亲率随行部众二千多人、大小船舶百余艘，向南远迁，抵达泰南北大年。"其后女王即以道乾为驸马，以公主妻子，并划滨海地方为其食邑。当地土人与道乾部众相处甚洽，多与结亲联姻。道乾既受封地，且已皈依回教，遂率众致力垦殖，构筑房舍。并就河流入海处辟建海港，以便渔民出海，及对外贸易，是为道乾港"④。

（4）商贸移民。明代黄衷于嘉靖十五年（1536年）成书的《海语》载：在暹罗国都大城，"虽王之妻妾，皆盛饰倚市，与汉儿相贸易，不讶亦不敢乱。"⑤ 明代张燮（1574—1640年）于万历四十六年（1613年）成书的《东西洋考》也载：16世纪末至17世纪初的北大

---

① G. W. Skinner, *Chinese Society in Thailand. An Analytical History*, Ithaca, New York, 1957, p. 14. 转引自钟福安《泰国华人社会的形成述论》，硕士学位论文，北京语言文化大学，2001年，第10页。

② 《广东通志》，第一七〇卷，"经政略"第十三。

③ 共丕耶达吗銮拉查奴帕：《暹罗古代史》，王又申译，商务印书馆1931年版，第50页。

④ 吴翊麟：《暹南别录》，商务印书馆1985年版，第207页。

⑤ （明）黄衷：《海语》卷上，暹罗条。转引自钟福安《泰国华人社会的形成述论》，硕士学位论文，北京语言文化大学，2001年，第11页。

年港，从事贸易活动的“华人流寓甚多，趾相踵也”①。

(5) 反清移民。明末清初，在皇朝更迭的战乱中，又造成一次海外移民。明代许多移民不服清朝（1644—1911 年）的统治，在举兵失败后逃奔国外，传说当时有一艘满载明代遗民的海船就在泰国东海岸停泊登陆。②

由于汉民族移民的不断迁入，在暹罗国都大城，“有奶街，为华人流寓者之居”③。其实“奶街”原先是大城一条小河的名称，后由于这一带成为大城汉民族移民聚居的商业区，明代人对泰语 Naigai 音译“奶街”，今译为“乃该”。根据泰国有关史料证实：在阿瑜陀耶王朝中后期，泰京共有五处相连或靠近的华侨居住点，形成一个具有区域性生活共同体的早期华侨社区。“乃该”既是上述五处华侨居住点之一，又是这个早期华人社区中的最大的商业、住宅结合聚居区。④ 1300 年和 1350 年中国两批瓷器匠在素可泰和宋家洛定居，久之通婚同化，元朝时也已有华侨在普吉岛定居。福建莆田城关《林氏族谱》记载其族祖于永乐癸未（1403 年）到暹罗谋生，直到卒葬于该地。晋江安海《颜氏族谱》记载其族祖于正德丙寅（1506 年）来暹罗谋生，并卒葬该地。南安石井《许氏族谱》亦记载其族祖于嘉靖癸未（1523 年）到暹罗谋生，也是终其一生并葬在那里。他们都是到暹罗后通婚并定居了下来。

（二）泰国汉民族聚居地的出现

对于不断迁入的汉民族移民，阿瑜陀耶王朝采取了欢迎和厚待的政策。如在立法上《律法》的十三条规定：“不准西方人和印度人与暹罗妇女结婚，因为这些外国人与暹罗妇女所生的子女会向外国泄露国家机密，对国家安全造成危害。华侨则不受限制，可以和暹罗妇女自由通婚，可以

① （明）张燮：《东西洋考》卷三，大泥条。

② 参阅钟福安《泰国华人社会的形成述论》，硕士学位论文，北京语言文化大学，2001 年，第 12 页。

③ （明）黄衷：《海语》卷上，暹罗条。转引自钟福安《泰国华人社会的形成述论》，硕士学位论文，北京语言文化大学，2001 年。

④ 帕实·集帕沙：《大城时代的华人社区》，光远译，转引自钟福安《泰国华人社会的形成述论》，硕士学位论文，北京语言文化大学，2001 年，第 12 页。

在暹罗境内自由旅行、自由活动。"[①] 成书于1730年（雍正八年）的陈伦炯《海国闻见录》亦云：暹罗"尊敬中国，用汉人为官，理国政，掌财赋"[②]。

到了17世纪，汉民族移民在泰国的主要侨居地，除大城（阿瑜陀耶）、北大年、万佛岁（吞武里）、宋卡外，尚有北榄坡（那空素旺）、北柳（差春骚）、万仑（素叻他尼）、洛坤（那空是贪玛叻）和普吉岛。此外，其时泰境内的曼谷、尖竹汶（占他武里）、夜功（沙没颂堪）、佛丕（碧武里）和董里等地，也有旅居的华侨。[③] 据估计：当时，泰国国都大城"有三千至四千名华侨"，全泰国"至少有华侨一万人"[④]。

如暹罗北大年为汉民族移民聚居地，1540年有许氏兄弟许一（松）、许二（楠）、许三（栋）和许四（梓）定居生活于此。[⑤] 1554年有东莞人何亚八、郑宗兴等定居，漳州人张那督父子世居于北大年并任当地官吏[⑥]。早期汉民族移民定居通婚不久即融于当地。由于"国无姓氏，华人流寓者，始从本姓，一再传亦亡矣"[⑦]。黄衷《海语》的记述表明汉民族移民移居暹罗通婚后姓氏逐渐消亡的事实。[⑧]《北大年纪年》记述林道乾率众于万历初午到北大年，"居迦斯，娶巫女，遂入籍焉"。"迦斯巫人咸谓林道乾为其族祖"[⑨]，显示了迦斯村人为中暹结合所产生的新族群。

① 《国花牡丹礼赞集》（奉献泰中建交二十周年纪念），曼谷，1996年，第167页。

② 陈伦炯：《海国闻见录》，"南洋记"中之暹罗。转引自钟福安《泰国华人社会的形成述论》，硕士学位论文，北京语言文化大学，2001年，第12页。

③ G. W. Skinner, *Chinese Society in Thailand: an Analytical History*, Ithaca, New York, 1957, p. 386. 转引自钟福安《泰国华人社会的形成述论》，硕士学位论文，北京语言文化大学，2001年，第12页。

④ 同上。

⑤ （明）郑舜功：《日本一鉴》1939年。（明）胡宗宪：《筹海图编》卷五。

⑥ 《广东通志》卷一八八，前事略。（明）张燮：《东西洋考》卷三，大泥条。

⑦ 《林氏族谱》。此注引吴凤斌主编《东南亚华侨通史》，福建人民出版社1994年版，第197页漏注。经查此语出自《林氏族谱》的记载，早在明成祖永乐元年（1403年）时，他们的先人已到暹罗经商谋生，16世纪前期，华侨在暹罗已有专门的居住地，"有奶街为华人流寓者之居，……国无姓氏，华人流寓者始从本姓，一再传亦亡矣"。

⑧ （明）黄衷：《海语》卷上，暹罗条。

⑨ 许云樵：《北大年史》，南洋编译所1946年版，第119页。参阅吴凤斌主编《东南亚华侨通史》，福建人民出版社1994年版，第191—196页。

1600 年前后，北大年女王处有三位汉民族移民（漳州人张姓、李桂、林隐麟）任要职[①]，表明了汉民族移民已融入暹罗社会的组织结构中，成为当地社会的一员。

明末清初，许多汉民族移民纷纷南移暹罗，尤以潮州人和闽南人为多。潮州人到春武里一带，闽南人则到宋卡一带，不久通婚暹化。《清实录》记载，1724 年有闽粤等省徐宽等 96 人，“住居该国，历经数代，各有亲属”[②]。当地人民“尊敬中国，用汉人为官属，理国政，掌财赋”[③]。这时期汉民族移民通婚暹化情况可以从郑镛、吴让、许泗漳三家族的变化看出来：

1. 郑氏家族

郑镛，广东澄海华富村人，是一个破产的农民，年少不得志，为村人所奚落，乃于雍正（1723—1735 年）初年南渡暹罗谋生。初在阿瑜陀耶城贩卖水果为业，惨淡经营。后任大城赌饷官，包揽赌税，渐至发达，封官为爵，娶暹女洛央为妻，于 1734 年 4 月 17 日生郑信。“信”字泰语为“财富”，是由郑信养父昭披耶却克里（财政大臣）取名。郑信由养父抚育成长，13 岁当王官侍卫，21 岁按暹罗俗出家为僧，三年后还俗，后擢升达城军政长官，封披耶侯爵。[④] 郑信生于华人家庭，长于泰人家庭，从小受暹罗贵族传统教育的熏陶，精通华语和泰语。郑信的生长环境和其出身具有中暹混血儿的特质，使他能团结暹罗人民和汉民族移民，驱逐外族的入侵，并被拥为暹王，称郑昭（“昭”Chao，为王的译音）。

2. 吴氏家族

吴让（阳），字士侃（1717—1789 年），海澄县山塘乡西兴村人。1750 年 34 岁时来宋卡，后娶博他仑人庄氏淑慈（？—1785 年），生子文成（天成），文振（玉成）和文茂（茂成）。1769 年被任命为宋卡内湖四岛、五岛燕窝税吏，1775 年为宋卡城主，封子爵。1784 年长子吴文辉（1745—1811 年）承其位，封公爵，管宋卡、吉打和丁加奴三地。妻室郑

---

① ［美］史金纳、魏崇寿、林俊锦：《泰国华侨社会史的分析》，载《南洋问题资料译丛》1964 年第 1 期，第一章“华侨志：马来亚”，第 75 页。

② 《清世宗实录》卷二五。

③ （清）陈伦炯：《海国闻见录》上卷，南洋记，台湾商务印书馆 1986 年版，第 12 页。

④ 暹罗官制分五等：昭披雅（公爵）、披雅（侯爵）、拍（伯爵）、銮（子爵）、坤（男爵）。

氏，无子。1811 年吴志从（天丛，1775—1817 年）继其职，封侯爵，妻室曼谷人，生子女各一，继室某氏生子二。1817 年吴志生（天生，1777—1847 年）继位，封公爵，原配通淑生子一，继配娘缴、白兰、生女二，均为暹女。1847 年吴文爽（志仁，1797—1865 年）继位为公爵，妻室春、娘一、璇均为暹女，生子四女四。1815 年吴绵（振兴，1865—1884 年）继位为公爵，妻室娘戍、娘朴、娘胭等生子十女八。1884 年吴乃宠（1829—1888 年）继位为侯爵，妻室娘妗、吴一等三人，生子九女六。1888 年吴登箴（1854—1904 年）继位为侯爵，妻室心满等四人，生子四女六。吴氏八任宋卡太守达 150 年，今尚有家祠牌位和墓碑可资考据。[①]

从吴氏家族史可以看出：一世吴让和二世吴文辉还保持汉民族习俗，都讲汉话。他们学当地语言只作为第二语言。吴让纳暹女庄氏只是作为次室，死后都按汉民族仪式埋葬。也就是说，他们身为暹官，仍保留汉民族传统习俗。到了三世时已经暹化，志从（天从，又译天钟）和志生妻、妾均为暹女，家庭以讲暹语为主。志生学中文只作第二语言。且是当地小乘教徒。死后按暹式葬礼。其同辈志仁、志良和志礼死后都举行火化，只不过把骨灰葬在中国式坟墓里。三世时开始使用双姓名，既有汉民族姓名，又有暹罗姓名，如文成子福星又名乃匹，文臣子马又名乃谦。此“乃”字为暹名华译，说明姓名上也开始暹化。而四世以后即吴让曾孙辈（吴香、省、绵、生、深、力、吉等）已不讲中国话，甚至没有中国名字，如乃宠、乃挞、乃突、乃拍浪等。到了六世已全都用暹名乃，如乃广汪、乃碧、乃安和乃恃等。吴登箴（乃参）自幼习暹文，年二十剃发入寺为僧。此时还出现族内通婚或越代通婚，此“习俗使他们曾祖父震惊”[②]。可见，在姓氏上，吴让子、孙还用吴氏。但其曾孙辈已自称或被称为“那宋卡 Na Songkla”暹名。吴让子孙受封于宋卡，因此都被称为那（纳）宋卡，并以那宋卡为姓。[③] 此家族从吴让开始已传至十代，按其字辈为士、文志仲宣、登楼作赋、映（雪观书，礼思孙子），传下子孙有几

① 吴翊麟：《宋卡志》，台北商务印书馆 1968 年版。

② 夏鼎勋：《闽侨吴阳及其子孙》，载《华侨新语》1953 年第 11—12 期，曼谷，第 82 页。

③ 在拉玛瓦世以前，暹罗人和滇西中国人一样，都是有名无姓，即使有名亦往往随时更改，有少年、成年和老年时代的名，有做不同官员的名。五世皇规定每人须有姓后，父子仍不一定同姓。直到 1912 年颁有《姓氏条例》后，暹罗才普遍使用姓氏。

千人，但十之九均已暹化。家族许多成员成为政府和商界显要人物，成为当地社会中不可分割的成员。总之，吴氏家族史表明，吴氏在一、二世开始暹化，三世大变化，四、五世后已全部退化。[①]

3. 许氏家族

许泗漳（1797—1882 年），龙溪霞写社人，家贫，1810 年 13 岁时南来槟榔屿做苦工，1822 年 25 岁时到暹罗南部攀牙经商。1845 年封为麟郎王，组织锡矿公司开采锡矿。1854 年加封为郎州伯（拍）。1862 年擢升为郎郡侯（丕雅）。许泗漳有二个妻子，一为中国籍女子，一为暹罗女子。生子：心正、心广、心泉、心钦、心德、心美。许卒，子心广继其位，袭侯爵。后有功，又受封加爵。泗漳其他儿子均受封。心美功绩最著，初为董里子爵，后为侯爵、普吉总督，被誉为"泰南有史以来最杰出的统治者"[②]。许心美子许裕利，亦封侯爵，为暹驻新加坡总领事。

许氏家族的暹化亦于第一代许泗漳通婚受禄开始。第二代许心美以剪发入籍闻名于世，1901 年他在曼谷观礼中"正式改换他的国籍，这一仪式是在内务部部长官邸里举行的，他在一大群亲王和官吏面前剪下辫子"[③]。在第三代即许泗漳孙辈中，除了回到槟榔屿去的仍保留为中国人外，在暹罗的如许裕利等都成为暹罗人。许氏家旅都已改姓，采用那·拉廊（Na Ranong）姓氏。[④]

上述三个家族暹化都是从第一代通婚开始。通婚使中国人在当地成了家，并与当地构成血缘关系和生产关系。随之是信仰和风俗习惯的改变，直到姓氏改变。这种变化都是在自然的、不受任何外在强迫而是通过自愿选择来完成的。

（三）汉民族移民建立的吞武里王朝

及至 18 世纪中叶的吞武里王朝时代（1767—1782 年），泰国国都大城汉民族移民的规模已很大，吞武里王朝即为华裔所建。这个历史的过程大致是这样的：

1759 年缅甸军队向泰国发动侵略，"缅军推至大城，缅太子所领前

---

① 参阅吴凤斌主编《东南亚华侨通史》，福建人民出版社 1994 年版，第 200 页。

② ［美］兰敦：《泰国的华侨》，1941 年，第 14 页。

③ ［英］坎贝尔：《二十世纪的暹罗》，1902 年，伦敦，第 276 页。

④ ［美］史金纳、魏崇寿、林俊锦：《泰国华侨社会史的分析》，载《南洋问题资料译丛》1964 年第 3 期，第 79 页。

锋，扎营波三顿区，时华人税官銮亚派披博真奉请以二千华人为志愿军出战，皇许之”①。1765年，缅甸新王再出兵侵略泰国。“时哒府王郑信（潮属澄海县籍族泰华侨郑镛之子），已升官为披耶（侯爵），奉命率华泰部属五百名协防京城。”② 由于阿瑜陀耶王朝末代国王“政治腐败，被缅军于1767年4月8日攻陷。在大城王朝沦灭之际，哒王郑信（郑皇大帝）见大势已去，遂偕五百华泰子弟冲出缅军包围圈，东奔罗勇，招募当地华泰人加入部队计五千之众，分乘船五百艘沿海道进入湄南河，攻占吞武里，乘胜克服大城。郑皇见全城尽成废墟，荒凉满目，乃下令迁都吞武里。同年在吞武里登基。后代人民敬奉以大帝衔”③。

郑信在建立吞武里王朝以后，出于建设新都、恢复经济、活跃商贸的需要，遂公开招徕中国汉民族移民，于是，大批闽、粤移民移居泰国。在吞武里王朝建立初期，最先访问泰国的欧洲人之一的约翰·克劳福（John Crafurd）写下这样的观感：“郑信的同乡是在他大力鼓励下，才这么大批地被吸引到泰国来定居的。华侨人口的这一异常扩张，几乎可以说是泰国的数百年中所发生的唯一重大变化。”④ 汉民族移民迁入泰国，根据泰国学术界的统计已发现以下姓氏：

龚官关官管郭冈甘辜古顾高葛庚孔匡邝康柯钟庄查章张詹招赵金姬纪剧植左桌朱祝曾郑甄贾姜江蒋简周邹邛全常蔡曹祁齐瞿覃秦程成岑陈钱柴丘戚赐崔车宋辛幸施孙苏谢盛薛夏萧董段丁邓刁佃杜戴童唐谭陶涂滕田陀汤天甯牛倪聂卜包贝白盘蒲浦裴彭樊符甫冯潘庞方犯范傅封莫马麦梅毛茅米蒙孟苗荣杨袁阮饶余于俞云岳叶容任隆龙罗蓝凌林刘柳吕黎梨利历李卢鲁陆雷劳梁连廖赖王万汪韦温文魏危卫熊雄邢邵徐时石许史佘沈冼洪宏黄韩回胡何侯翁安应尹尤游蚁易巫邬武伍吴

---

① ［泰］棠花：《泰国古今史》，泰威信印刷有限公司1982年版，第38页。

② 同上。

③ 林光辉：《新编泰国七十三府》，泰国南美有限公司1984年版，第2页。

④ G. W. Skinner, *Chinese Society in Thailand: an Analytical History*, Ithaca, New York, 1957, p. 21. 转引自钟福安《泰国华人社会的形成述论》，硕士学位论文，北京语言文化大学，2001年，第13页。

燕晏颜阎严姚欧花华霍贺上官司马司徒慕容欧阳。①

大批中国汉民族移民的迁入，这对泰国洛真人的形成起了关键性的作用。

（四）洛真人的形成

在中国汉民族不断迁入与暹罗人互动、磨合和融合的背景下，中国汉民族移民逐渐暹化。

早期汉民族移民及其子女容易被暹化。例如，魏源于 19 世纪中叶所辑《海国图志》转引《外国使略》称："每年有潮州福建人赴暹罗居住，多娶其土女。现所居者二万余，弃汉俗衣食，一如暹罗。"这就是说，从已知的 16 世纪至 19 世纪的泰国男性汉民族移民，都因其时没有汉民族女性移居泰国，多与当地泰族妇女通婚，正如潮汕俗话所说"入乡随俗，入港随湾"。大约从 14 世纪开始，汉民族移民与泰国人之间就已经实行通婚制，并因此形成一个特殊的族群——土生华人。约翰·克劳福记述 19 世纪 20 年代初在暹罗的中国人说："在暹罗的中国人多半是从广东和福建两省迁移来的，但也有许多是从海南岛迁移来的，以及少数是从浙江等江南地区来的……中国人不带家眷。他们很快地就和暹罗人通婚，双方彼此均毫无踌躇，甚至不论他们原有的宗教信仰如何，或是否有宗教信仰，他们也采取佛教拜神方式，上暹罗庙寺进香，并向僧侣依例布施。少数人甚至剃发为僧，出家修行。虽然这种生活方式和他们的勤勉性格是不相合的，更堪注意的是他们放弃了浪费金钱于竖立墓碑的偏好，而像暹罗人一样埋葬他们的死者。"②"在暹罗的中国人不带家眷。他们很快就和暹罗人通婚，双方彼此均毫无踌躇，甚至不论他们原有的宗教信仰如何，或是否有宗教信仰，他们也采取佛教拜神方式，上暹罗庙寺进香，并向僧侣

① 钟福安：《泰国华人社会的形成述论》，硕士学位论文，北京语言文化大学，2001 年，第 17 页。

② ［英］约翰·克劳福：《驻暹罗和交趾支那大使日记》，1828 年，第 450 页。［英］巴素：《东南亚之华侨》，郭湘章译，第 11 章。台北"国立"编译馆出版，台湾正中书局 1966 年 10 月初版，1974 年 8 月四版。转引自岳蓉《法律规范与社会信任——华人族群融入泰国主流社会的启示》，《贵州师范大学学报》2004 年第 2 期。

依例布施。"[①] 这是一方面。

另一方面，互动是双方的事情，汉民族移民的男性愿意娶泰国女人为妻，那么，泰国的女人为什么愿意嫁给也汉民族移民的男性呢？华人问题学者史金纳分析说："事实上，也存在几个方面的诱因促使泰国妇女嫁给华人。在泰国本地人中，擅长于商业活动的不是男子，而是妇女；毫无疑问，当地妇女的商业才能对勤奋的华人男子来说是大有裨益的。……华人男子一般都能够找到当地最好的姑娘与自己结婚，因为与当地男子相比，华人能够出得起更大的价钱，更加善待和体贴自己的妻子。此外，与当地女子结婚对华人来说也是有很多好处的，可以帮助他更好地在当地立足。一个华人商人，如果有一个当地妻子，便可以帮助他更好地了解和适应当地的风俗习惯，据说在早期，华人如果娶当地女子为妻，就能够更容易获得贷款。况且，与当地女子结婚的费用比与华人女子结婚的费用要低得多。"[②] 史金纳还认为，在当时，只要职业和经济条件允许，华人移民总是娶当地女子为妻，这已经成为一个规律，因为华泰通婚不存在任何社会障碍。"华人与泰人在种族特征，甚至在身体外表方面都没有什么大的不同，如果说有一些差别的话，那就是华人的皮肤比纯种的泰人更白一些。"[③] 可见族际通婚是汉民族移民融入泰国社会普遍而有效的形式。

所以，在国际学术界，以史金纳为代表的学者将华人的泰化程度作为决定华人是否融入泰国社会的决定性标志[④]。据曾三次航行东来的郭士立记述："中国人很想遵从暹罗人卑躬屈膝的习惯。有些人与暹罗人联姻以后，甚至抛弃了他们穿的短衣和裤了，变成一个十足的暹罗人。由于中国人宽松的宗教和暹罗没有什么小同，中国人甚易遵从暹罗人的宗教仪式。如果他们有了子女，他们就常常剃掉他们的发辫，让他们当一个时期的僧

---

① 转引自岳蓉《法律规范与社会信任——华人族群融入泰国主流社会的启示》，《贵州师范大学学报》2004 年第 2 期。

② G. William Skinner, *Chinese Society in Thailand: an Analytical History*, Ithaca: Cornell University Press, New York, 1957, p. 127. 转引自曹云华《从族际通婚看泰国华人与当地民族的关系》，《东南亚研究》2001 年第 2 期。

③ 同上。

④ G. W. Skinner, *Leadership and Power in the Chinese Community of Thailand*, Ithaca: Comell Unnrersity, 1957. 转引自岳蓉《法律规范与社会信任——华人族群融入泰国主流社会的启示》，《贵州师范大学学报》2004 年第 2 期。

侣。经过二代或三代，中国人显著的特征便逐渐整个消失，而一个那样顽固执于本国习俗的国民也就整个变成暹罗人了”。[①] 所以，曹云华统计说：在泰国，20 世纪初期以前的华人男子，一般都是与当地人通婚。据有关方面统计，在 1905 年，华人人口占了全国人口（830 万人）的 10% 左右，华人人口之所以占如此高的比重，实际上与族际通婚有关系。“许多移民定居下来，与当地泰族通婚。号称‘洛真’（lukjin）的混血子孙，几乎都自认为华人”[②]。史金纳也认为，“华人移民在暹罗居住 5 年之后，便会有一半的人与当地妇女结婚。”[③]

暹化后的中国汉民族移民即为洛真人。

魏源《海国图志》引《外国史略》记述 19 世纪上半叶情况时写道：“每年有潮州、福建人赴暹罗居住，多娶其土女，现所居者二万余众，弃汉俗，衣食一如暹罗。国王亦择其聪明者官之，使理征赋贸易之事。”[④] 1823 年有福建永定人翁日升往暹罗贸易，日久“通晓番语……被任通事”[⑤]。通事即翻译。

1872 年前后，有潮安西坑乡人张宗煌来到曼谷，初当厨夫。继当火砻劳工，再当小船夫，月薪仅三铢。后改业当园丁，日薪十铢，始有所蓄，历十二年后始创出入口公司并娶暹女为妻。张再通过岳母关系取得当地伐木专利权，因而起家，办金成利行，专营火砻、火锯、森林、木材等业，因而富甲全侨。[⑥] 此为华侨娶暹女取得事业成功的例子。

20 世纪初，由于中暹交通的改善，华侨寓居者比例随之增加。“据估计，新来者中约有百分之四十留在暹罗，其中约有一半与暹女结婚。”[⑦] 这种估计没有见到数字的依据，大概只是一种推测。但说明这时通婚还是不断无阻碍地进行。1902 年詹采卿被任命为北暹程逸男爵（坤）。他有

① Karl Gutzlaf, *Journal of Three Voyages Alongthe Coast of China in* 1831, 1832 *and* 1833, London, 1840, p. 23. 转引自吴凤斌《东南亚华侨通史》，福建人民出版社 1994 年版，第 202 页。

② 潘翎主编，崔贵强编译：《海外华人百科全书》，香港三联书店 1998 年版，第 222 页。

③ G. W. Skinner, *Chinese Society in Thailand: an Analytical History*, lthaca: Cornell University Press, New York, 1957, p. 127.

④ （清）魏源：《海国图志》卷七，引《外国史略》。

⑤ 《清宣宗实录》卷四八。

⑥ 华侨志编纂委员会：《泰国华侨志》，1959 年，第 187 页。

⑦ ［英］巴素：《东南亚之华侨》，台北“国立”编译馆出版 1966 年版，第 202 页。

30 多个孙子，除 2 个外都成了暹罗人。①

上面所列举的是华侨与暹女通婚的事实。而暹男与华女通婚也不断地进行。华裔女儿很快都会被泰族上层阶级娶为妻子。19 世纪 20 年代一个资料指出，暹罗领导阶级“喜欢娶华人的女儿或是华人家世的妇女胜过泰族的妇女”②。安娜·利诺文《暹罗官廷中的英国女教师》一书中，谈到暹罗却克里四世禁宫内的一个中国妇女，“她并不美丽，但体态宜人，待人接物有术，文盲，出生于中层阶级——父为中国人——能以纯直的态度识辨真理”③。鲍尔宁《暹罗王国及人民》一书中提到，拉玛一世（1782—1808 年在位）的父亲和大城华人区美丽的华女结婚，拉玛二世（1809—1823 年在位）若有四分之一中国血统，拉玛三世（1824—1850 年在位）则有中国血统八分之一，拉玛四世（1851—1867 年在位）又是拉玛第二和苏丽燕皇后所生，这样拉玛四世是半个华人了。拉玛四世又娶华女生了梭拉帕公主，此公主又成为拉玛六世（1910—1924 年在位）、拉玛七世（1925—1934 年在位）的母亲，这样暹罗皇室有一半中国血统了。④ 据说，拉玛六世在一次会上命令他的朝臣有中国血统者站到宫廷的右边，结果有 90% 的人站到了右边去。⑤

据统计，1825 年暹罗汉民族移民有 23 万人，1850 年有 30 万人，1880 年有 43.5 万人。1900 年汉民族移民有 60.8 万人，占总人口 8.3%。1929 年暹罗总人口 11506207 人，其中汉民族移民 445274 人（男 313764 人，女 131510 人），土生华人 113050 人。⑥

正如有学者所言：“‘华人族群’，词义指代广泛，包含第一代侨民、第二代、第三代……甚至包含那些有中国血统，但已不会说汉语的华人。

① ［美］史金纳、魏嵩寿、林俊绵：《泰国华侨社会史的分析》，《南洋资料译丛》1964 年第 3 期。

② ［美］史金纳、王懋和：《泰国对华侨的同化政策》，《南洋资料译丛》1957 年第 3 期。

③ Anna. H. Leonowens, *An English Governess at the Siamesc Court*, Boston, 1870, p. 247. 转引自吴凤斌《东南亚华侨通史》，福建人民出版社 1994 年版，第 203 页。

④ ［英］鲍尔宁：《暹罗王国及人民》卷一，伦敦，1857 年，第 65 页。载《南洋资料问题译丛》1962 年第 2 期，第 122 页。

⑤ 林俞：《暹罗的双重国籍》，载《太平洋事务》1936 年第 9 卷第 2 期。

⑥ ［美］史金纳、王懋和：《泰国对华侨的同化政策》，载《南洋资料译丛》1957 年第 3 期；［英］巴素：《东南亚之华侨》，第十章。参阅吴凤斌《东南亚华侨通史》，福建人民出版社 1994 年版，第 196—203 页。

这一特殊群体最早通过商贾往来逐渐融入泰国的主流社会，并在与主流社会的冲突与融合中，逐渐在文化上相互渗透、相互影响，逐渐形成泰国多元文化的重要组成部分；在经济上，他们亦以其特有的吃苦耐劳传统，逐渐成为泰国独具强势的经济主体。"[①] 而这个泰国"华人族群"就是泰国的洛真人。

五 菲律宾的密斯蒂佐人

在菲律宾，土生华人被称为"华裔混血儿"，即"密斯蒂佐"（Mestizo 或 Chinese Mestizo）。

汉民族移民在菲律宾定居生活的历史非常悠久。菲律宾礼智省马亚辛就发现了唐高宗龙朔元年（661 年）郑国希的墓碑，还表明福建南安人郑国希早在 7 世纪时就已在菲律宾居住并安葬于该处。《明史·吕宋传》云："闽人以其地近且饶富，商贩者至数万人，往往久居不返，至长子孙。"这段文字记载了明代在菲律宾定居通婚繁衍子孙的情况。当时汉民族移民中流行这样一句话："若要富，须往猫里雾。"[②] 猫里雾即吕宋南部的布里亚斯岛。可知汉民族移民已深入菲律宾内部。正是汉民族移民与菲律宾土著互动、磨合、整合和融合，形成了菲律宾的土生华人族群——密斯蒂佐人。

（一）菲律宾密斯蒂佐人形成的背景

在菲律宾为什么会形成一个人口众多的土生华人——密斯蒂佐人？这是由迁出国与迁入国不同的历史背景造成的。

从迁出国而言，中国从明代开始，封建政府就开始实行海禁政策，禁止人民通贩外洋，移居国外。把汉民族海外移民看着是"贱民""无赖"，视汉民族海外移民为"弃民"，听任西方殖民者屠杀；甚至不惜与西方殖民者勾结，共同对付汉民族海外移民，削弱汉民族海外移民的势力。至清代，海禁政策趋严。清前、中期的海禁、迁界政策，在严禁人民出国的同时，也严禁私自下海者的潜归。[③] 其直接后果是使海外华侨滞留当地，繁衍后

---

① 岳蓉：《法律规范与社会信任——华人族群融入泰国主流社会的启示》，《贵州师范大学学报》（社会科学版）2004 年第 2 期。

② （明）张燮：《东西洋考》卷五，"猫里雾"条。

③ 刘芝田：《中菲关系史》，台湾正中书局印行 1979 年版，第 428—439 页。

代，“加速了海外华侨社会的发展和与当地人民进一步同化融合的过程”①，更重要的是“深层影响则是使他们望乡兴叹，视归国为畏途，久而久之，便是故乡情结的淡化以及离心力的产生和地缘认同的弱化”②。这种断后路的国家政策，是致使菲律宾汉民族移民在地化的一个重要内因。

从迁入国来说，则是民族互动、磨合和整合的结果，其表现有两个方面，一方面是汉民族移民与菲律宾土著民族自然融合的结果，对此，曾少聪在《东南亚华人与土著民族的融合研究——以密斯蒂佐和峇峇为例》一文中分析说：“早期的移民，他们大多孑身一人来到菲律宾，通常是不带妻室的，他们在吕宋生息繁衍后代，可以推测他们是与土著通婚。从《东西洋考》的记载中，我们知道早在明代华人就与菲律宾的土著通婚。”③ 从上述密斯蒂佐人的人口数，可以看出华人与菲律宾土著通婚的情形是十分普遍的。曾少聪还进一步分析说：“由于移民大多是青壮年的男子，他们通常是单身一人进入新的移居地，出于生理和生活的需要，他们需要成家。然而，移居地的汉人妇女很少，尤其是早期移民。所以许多移民只好与土著结婚。西统时期的菲律宾，殖民者鼓励华人天主教徒与土著天主教徒通婚，华人与土著通婚可以得到许多好处，例如可以拥有土地等，这种客观的环境也促使华人与土著的通婚。移民与土著通婚的结果，促进了华人与土著的同化和融合。”④ 所以，在西班牙人来之前，汉民族移民与菲律宾民族的各阶级进行广泛的接触，汉民族移民是和平的移民，没有国家作为后盾，而且双方的经济是互补的。汉民族移民与当地人之间不存在敌意。从文化学的角度来讲，这种文化移入会促使两种文化产生融合，包括通婚。华菲混血儿的产生是两种文化接触的必然结果。⑤

另一方面是西班牙人强迫同化的结果。西班牙殖民者到菲律宾以后，汉民族移民与西班牙人也有接触，但为什么没能产生较有规模的西班牙人

---

① 吴凤斌主编：《东南亚华侨通史》，福建人民出版社 1994 年版，第 59 页。

② 杨国桢、郑甫弘、孙谦：《明清中国沿海社会与海外移民》，高等教育出版社 1997 年版，第 127 页。

③ 陈守国：《华人混血儿与菲律宾民族的形成》，吴文焕译，菲律宾华裔青年联合会 1988 年版，第 5 页。

④ 曾少聪：《东南亚华人与土著民族的融合研究——以密斯蒂佐和峇峇为例》（http://www.docin.com/p—4143756.html）。

⑤ 施雪琴：《中菲混血儿认同观的形成：历史与文化的思考》，《南洋问题研究》2000 年第 1 期。

和汉民族移民的混血儿呢？而相反的是，却有一定数量的西菲混血儿。其原因一是西班牙人实行“分而治之”的政策，菲律宾土著的政治地位高于汉民族移民，西班牙人利用通婚的手段来拉拢菲律宾土著的上层；二是菲律宾人容易教化，很快就成为天主教徒，这一点使西班牙人比较容易接受菲律宾人。而汉民族移民则不然，他们有独特的宗教信仰和风俗习惯，与西班牙人之间存在着较大的“社会距离”。更重要的是，在菲律宾的西班牙人并不能全面地代表西班牙文化。在菲律宾的西班牙人主要是殖民地官员、士兵、传教士和商人，基本上没有下层的劳动者。他们是以征服者的身份来到菲律宾，所以汉民族移民与西班牙人的接触层面受到很大的局限，双方基本上是处于相互不信任、隔离、对立的状态。在这种态势下，要进行通婚融合几乎是不可能的。①

正如施雪琴所说：“华菲混血儿的产生实际上是华人文化、菲律宾文化及西班牙文化互相涵化的结果。在华菲混血儿产生的过程中，各种文化的因素进行了重新组合。混血儿保持了华人和菲人的某些体貌特征，风俗习惯，继承了华人祖先经商的才能，在 18 世纪即成为与华人对抗的商场劲敌。但他们认同菲律宾社会，在文化上又吸取了许多西班牙文化的因素，如信奉天主教、讲西班牙语等。从华人文化这个角度来看，混血儿已经丧失了中华文化的实质部分。他们不认同西班牙，但又带有西班牙文化的烙印，从某种角度来讲，华菲混血儿是一种‘新菲律宾人’。”②

（二）菲律宾密斯蒂佐人的形成

菲律宾密斯蒂佐人是如何形成的？这与西班牙的殖民统治有关。根据吴凤祥的研究，1570 年 5 月西班牙船队侵犯马尼拉时，在马尼拉港内泊有四艘华船，并有 40 名已婚华商居住。西班牙军队还俘虏了几名已婚的妇女，其中一个女的已发疯。这里记载的只是当时战乱中西班牙军队所见到的一部分汉民族移民。1571 年到马尼拉的男女汉民族移民有 150 多人。“彼等为了中国境内发生之动乱而携眷逃至此地，从事丝织品、良质棉布及其他杂货之贩卖。据说，彼等至此后均改宗为天主教徒。”③

---

① 施雪琴：《中菲混血儿认同观的形成：历史与文化的思考》，《南洋问题研究》2000 年第 1 期。

② 同上。

③ 引自 J. A. , Robertson, E. H - Blair, *The Philippine Islands*, Vol. 3, pp. 101 - 102. 转引自吴凤斌主编《东南亚华侨通史》，福建人民出版社 1994 年版，第 218 页。

1574年广东饶平人林凤率大小船只62艘，兵2000，水手2000，妇女1500人，携带兵器、粮食、农具家畜和种子到菲律宾。他们被西班牙军队打败，遇到仁牙因湾邦加西楠，又被包围，除一部分突围出海外，其余散居北吕宋山间，久之与当地人民融合。“今天吕宋西岸居住着许多华裔的乙峨罗地族，据说是他们的子孙”①。在西班牙入侵菲律宾前及统治菲律宾的初期，汉民族移民在菲律宾的通婚融化是自然同化，不受任何阻碍。15世纪末西班牙巩固对菲律宾殖民统治后，除了自然同化外，又增加了强迫同化。

西班牙殖民者为什么要在菲律宾强迫同化汉民族移民？这与西班牙的历史有密切的关系。据施雪琴的分析，西班牙国家的形成是基督教十字军从北非穆斯林占领者手中夺回其领土的结果。② 所以，历史上西班牙曾经长期处于伊斯兰教势力的统治，一直到11世纪，基督教的势力才开始在西班牙将伊斯兰教势力逐出。但基督教与伊斯兰教徒在伊比里亚半岛上的战争一直继续到15世纪。③ 15世纪末，西班牙成为一个统一的基督教国家，并对异教徒实行非常极端的宗教迫害政策，强迫他们皈依基督教，对拒绝皈依者则疯狂地加以驱逐、迫害。于是，西班牙在欧洲成了反新教的首领，以及地中海反伊斯兰教的首领。天主教成为西班牙的国教，大力传播天主教成为历代西班牙国王孜孜以求的目标之一。西班牙国王菲利普二世曾经说：“朕是上帝的工具；重要问题是吕宋王国皈依天主教，而上帝已预定朕来实现这个目的，为此目的而挑选朕做他的国王；由于上帝已把这个光荣的工作交给朕和王国政府，朕将占领吕宋群岛，虽然这样做会耗尽朕的资产。”④ 就是在这个背景下，西班牙人占领菲律宾后，为了减少汉民族移民对其统治的威胁，同时又带有征服中国的野心。⑤ 定下了使菲律宾汉民族移民西班牙化的政策。

① 杨建成：《华侨史》，文史哲出版社1985年版，第212页；陈申行：《中国人到东南亚》，第81页。转引自吴凤斌主编《东南亚华侨通史》，福建人民出版社1994年版，第218页。

② ［美］伊曼纽尔·沃勒斯坦：《现代世界体系》第1卷，载《16世纪的资本主义农业与欧洲世界经济体的起源》，高等教育出版社1988年版，第410页。

③ 陈台民：《中菲关系与菲律宾华侨》（第1册），菲律宾以同出版社1961年版，第61页。

④ 周南京、吴文焕编：《菲律宾的华人》，菲律宾华裔青年联合会1993年版，第1页。

⑤ 陈台民：《中菲关系与菲律宾华侨》（第1册），菲律宾以同出版社1961年版，第163—189页。

所谓西班牙化，往往就是天主教化。在西班牙人看来，汉民族移民似乎就是“亚洲的犹太人”[①]。在西班牙人眼中，汉民族移民与欧洲的犹太人似乎有某些相似之处，其一，是汉民族移民所承载的文化、所信仰的宗教、独特的风俗习惯与西班牙人迥然相异，这一点他们类似犹太人；其二，是与菲律宾未开化的土著相比，汉民族移民拥有卓越的经商才能和显赫的经济地位。所以，西班牙人占领菲律宾后，发现汉民族移民是开发菲律宾不可缺少的人力资源，而且在商业贸易层面上，华商对于西方殖民者来说还有着特殊的作用。甚至深感菲律宾生活的方方面面都离不开汉民族移民，连西班牙殖民军队远征也要招募汉民族移民。更重要的是菲律宾的汉民族移民远远超过西班牙人，又使西班牙人猜忌和害怕。为此，西班牙国王曾数次下令，限制菲律宾汉民族移民的数量，并限制汉民族移民从事职业的范围。[②] 但随着菲律宾的不断开发，需要的汉民族移民越来越多，西班牙政府限制汉民族移民人数的政策必然会影响菲律宾的发展。因为西班牙殖民统治时期，菲律宾殖民政府的年财政收入的20%—30%是来自汉民族的移民，而且绝大部分是从“巴利安”汉民族移民聚集区征收的关税和入境税以及居留许可税，所以，限制汉民族移民又会大幅度地影响西班牙殖民政府的财政收入。[③] 为了使汉民族移民彻底地成为顺民，西班牙殖民当局对汉民族移民实施强迫同化的政策。首先是对汉民族移民实行教化政策，强迫其学习西班牙语，改变风俗习惯，如强迫汉民族移民削发入教，并运用经济调控手段和暴力屠杀强迫汉民族移民改变宗教信仰，如规定只有改变宗教信仰并通婚菲化者才能得到土地，并享有免税权；给和华人结婚的菲律宾妇女发奖金。[④]

为了进一步同化汉民族移民，西班牙统治者于1581年在马尼拉开设

---

① 英国的约翰·克罗富特在其1820年出版的《印度群岛的历史》中论述道：“华侨作为亚洲的中国商人的地位，正如犹太人处于中世纪欧洲的未开化人群当中的地位一样，垄断着商业，为自己创造了最良好的环境。”此外，日本的华侨问题学者须山卓也说过，过去泰国的国王作过这样的评价：“华侨是亚洲的犹太人。”参阅施雪琴《中菲混血儿认同观的形成：历史与文化的思考》，《南洋问题研究》2000年第1期。

② 吴凤斌主编：《东南亚华侨通史》，福建人民出版社1993年版，第59页。

③ 箭内健次：《论马尼拉的所谓“巴利安”》，转引自李国卿《华侨资本的形成和发展》，郭梁、金永勋译，福建人民出版社1984年版，第196页。

④ 1842年西班牙殖民政府殖民报告书。转引自李国卿《华侨资本的形成和发展》，郭梁、金永勋译，福建人民出版社1984年版，第203页。

教堂，这时已有一部分华人成为教徒，并住在巴色河北岸教堂所在的敦度村（Tondo）。到1588年敦度村有100多汉民族移民，他们都已结婚，其中许多是基督教徒。到1622年敦度已有500名华菲混血儿居住。

1618年班乃岛怡朗有100余汉民族移民与当地女子通婚。

1622年在马尼拉比农多有500个做生意的混血汉民族移民，他们没有回国去，因为他们已经结婚，并且没有发辫，已成为这里的居民。

西班牙1628年颁布法令规定，在菲律宾信奉天主教的汉民族移民，可以与菲律宾人杂处。[①] 此法令一下，不少汉民族移民为取得与菲律宾杂居权利，免受集中居住的限制，相率改信天主教。1629年仅在伊通、怡朗就有100名以上汉民族移民与当地女子结婚，而且这类人数与日俱增。[②] 汉民族移民"既多诣吕宋，往往久住不归，名为压冬，聚居涧内为生活，渐至数万，间有削发长子孙者"[③]。据记载，自1618年至1633年，汉民族移民居住村涧内接受洗礼入教者达4752人。[④]

1634年在马尼拉比农多教堂和巴连教堂之间通常定居有2万以上的汉民族移民，分住两个区域：一是在维南多斯，由已结婚基督教徒汉民族移民组成；另一区域是涧内，到1638年华侨人数有2.5万—3万人。按照西班牙当局的分析资料，1650年分布于马尼拉的汉民族移民：一是在涧内，多为"异教徒"；二是敦度，华菲混血教徒少数；三是比农多，华菲混血教徒；四是溪泊，为华人教徒。[⑤] 通婚入教的汉民族移民有商人、木匠、铁匠、理发匠等手工业者以及工人、农民等。

上述记载汉民族移民通婚者仅为马尼拉一地。在菲律宾其他各省汉民族移民也多通婚菲化。1690年在黎刹省坦博班与马拉翁，有华人血统的就有7500人。[⑥] 可见，中菲混血儿在17世纪时便已形成一社会阶层。

进入18世纪后，1755年，西班牙殖民当局规定本年六月三十日为改

---

① 陈烈甫：《菲律宾的历史与中菲关系的过去与现在》，台湾正中书局1968年版，第96页。

② 转引自吴凤斌主编《东南亚华侨通史》，福建人民出版社1994年版，第219页。

③ （明）张燮：《东西洋考》卷五，吕宋条。

④ 转引自吴凤斌主编《东南亚华侨通史》，福建人民出版社1994年版，第220页。

⑤ 同上。

⑥ 同上。

信天主教日，至是日不肯改宗教者，一律予以驱逐。结果，被放逐出境的华人多至2070人，为研究教义而获准留住者达108人，改宗为教徒而获准居留者515人。①

1759年西班牙殖民当局用暴力驱逐拒绝改教的汉民族移民，通过经济调控和立法手段加快了混血儿集团的壮大。随着中菲混血儿的不断增加，渐渐地形成一个族群。于是中菲通婚所生的混血子女被称为“密斯蒂佐”②。由于他们的人数不断增多，西班牙政府遂于1741年把原来菲律宾居民的三个等级（西班牙人、土著居民、华侨）分为四个等级：西班牙人（包括西菲混血儿）、土著居民、中菲混血儿、华侨。除第一等免税外，其他三个等级分别按不同标准纳税：土著居民纳税最少，中菲混血儿次之，华侨则纳税最重。19世纪中叶的纳税情况是：土著民1.5比索。中菲混血儿3比索，华侨6比索。③ 这种等级划分的结果是从法律上确立了中菲混血儿的法律地位。到19世纪中叶，他们被允许每25—30人组成自己的村社，可在自己镇长管辖之下，另行造册和土著分开，还可以建立自己的公会。④

在18—19世纪中，华菲混血种人数不断增加。1787年，北吕宋仁牙因有菲律宾人6490人，其中华菲混血种占2793人。1810年全菲律宾2395676人中，华菲混血种占121621人。到1850年，全菲律宾人口400万有余，而华菲混血种有24万人。有六个省份，华菲混血占三分之一或更多，另六个省份占5%—16%。⑤ 1859年巴乃岛摩罗人口16428人，华菲混血占1106人。⑥ 到19世纪末，全菲律宾华菲混血种约50万人，其中马尼拉有46000人。⑦ 而在西班牙统治时期汉民族移民最多时才达到

---

① 陈荆和：《十六世纪之菲律宾华侨》，新亚研究所东南亚室刊1963年版，第149页。

② 杨建成：《菲律宾的华侨》，第17页，第24页之一注二，中华学术院南洋研究所，1985年。

③ ［英］巴素：《东南亚之华侨》第52章，《南洋问题资料译丛》1958年第2—3期，第186页。

④ 陈宁国：《中菲混血人与菲律宾民族国家的形成》，《世界史研究动态》1983年第8期。

⑤ ［英］巴素：《东南亚之华侨》第52章，《南洋问题资料译丛》1958年第2—3期，第186页。

⑥ 陈宁国：《中菲混血人与菲律宾民族国家的形成》，《世界史研究动态》1983年第8期。

⑦ John Bowring, *A Visit to the Philippine Islands*, 1895, p. 359. 转引自吴凤斌主编《东南亚华侨通史》，福建人民出版社1994年版，第221页。

93562人。[①] 中菲混血儿接受当地教育，倾向当地社会，在18世纪中期后混血儿经济逐渐发展，中菲混血儿形成菲律宾社会上的一大族群。[②]

（三）菲律宾密斯蒂佐人的菲化

菲律宾密斯蒂佐人形成之初，在政治上倾向于中国，但随着年代变迁，他们逐渐转变倾向于当地社会。他们由原来接受中国传统教育变为接受当地文化教育，这都是出于实际的考虑。华菲混血人几乎都变成虔诚的基督教徒，其中不少人变成基督教著名领袖。在1766年西班牙下令驱逐全菲华侨出境后，他们逐渐在商业经济上占重要地位，并作为独立的菲律宾民族资产阶级而兴起，形成社会上一大势力。所以到19世纪40年代汉民族移民被允许去菲律宾后，他们已能立足于农业经济，成为农场主，种植园主，或从事高级技术人员，医生、律师、作家和记者等职业。他们在国家经济、社会和政治生活中担任着更大的任务，其“人数之多，影响之广已使得西班牙使用的混血人一词几乎专指中菲混血人了”[③]。

华菲混血人散居菲律宾群岛各地，以及他加禄族、米沙鄢族、比科尔（米骨）族、伊洛卡诺族等部落或部落联盟尚未形成统一民族的地方。华菲混血人在各地的经济活动，以及他们中涌现出来大批的杰出社会政治活动家，促进了现代菲律宾民族形成的过程。华菲混血人是两个民族融合的结果，使菲律宾人除了热情、乐观、直爽、好客的特性外，又具有汉民族勤劳、节俭、坚韧不拔和勇敢精神。[④]

西班牙于1863年颁布教育法令，允许菲律宾人和混血人接受高等教育，这样在19世纪70年代后，许多人进入马尼拉各大学攻读，以至到西班牙、美、法、英、德等国家留学，回国后成为菲律宾社会的中坚力量。

他们是反对西班牙殖民统治的中坚力量，同菲律宾人一道参加了反对西班牙殖民统治的斗争。1872年爆发了反对西班牙统治的甲米地兵变，失败后，参加者受镇压、被流放。被杀害的三位神父何塞·布尔戈斯神

① 西统时期唯一的一次人口调查数据（1886年）。转引自［英］巴素《东南亚之华侨》，第49章，载《南洋问题资料译丛》1958年第2—3期，第169页。

② 参阅施雪琴《中菲混血儿认同观的形成：历史与文化的思考》，《南洋问题研究》2000年第1期。

③ 陈宁国：《中菲混血人与菲律宾民族国家的形成》，《世界史研究动态》1983年第8期。密斯蒂佐（Mestizo）一词，原指西菲混血人，后转变为专指中菲混血人。

④ 周南京：《关于菲律宾华人同化问题》，《东南亚》1988年第2期。

父、马里亚诺·戈麦斯神父、哈辛托·萨莫斯神父中，除前者为中菲混血后裔再与西班牙、法国混血外，后两人均为华菲混血种。[①] 另一华菲混血种密斯蒂佐在菲律宾独立战争（1896—1902 年）中起领导作用。被称为菲律宾国父的何塞·黎刹数代都是中菲混血儿：

一世高祖父南哥，福建泉州上廓乡人。来菲后改西名为都明奥·林戈（Domingo Lin - Co），1697 年 35 岁时接受天主教洗礼。他与汉民族移民亚虞斯汀·泰戈（Agustin Chinco）的女儿结婚。泰戈也于 1692 年接受天主教洗礼。

二世曾祖父弗兰西斯哥·迷加诺（Francisco Mercado），1731 年生，1771 年 5 月与侨生女贝那达·莫尼查（Bernada Monicha）结婚，曾任宾南（Binan）社长。

三世祖父范·迷加诺（Guan Mercado），亦称甲必丹范，曾三任宾南社长，娶杜米干社侨生女西维拉·河里贾德拉（Civila Ali - jandra）为妻。

四世父亲名与曾祖父一样，亦叫弗兰西斯哥·迷加诺。马尼拉扶西大学毕业，与特奥多拉·阿约佐（Teodora Ajonzo）结婚，居内湖省加南巴社。

五世何塞·黎刹（Dr. Jose Rizal，1861. 6. 19—1896. 12. 30），毕业于马尼拉典耀大学、圣道马斯大学，留学西班牙马德里中央大学，获医学、哲学和文学学士文凭。组织革命活动，写了许多宣传革命的文章、诗歌和小说，在菲律宾独立战争中被杀害。[②]

积极支持和赞助菲律宾革命的罗曼王彬（Roman Ongpin），数代是华菲混血种：一世祖父王彬是福建晋江人，早年来菲，经营洋烛厂，娶菲女，生子西门王彬。二世父亲西门王彬，娶侨生女坦班西央（Tanben-siang），生子女五，罗曼王彬为第二子。三世罗曼王彬（1847. 2. 28—1912. 12. 10）。从小学英文，未受过中国教育，是地道土生子，懂得中国人一般的习惯，他于 1882 年 35 岁时创建“82 号”公司，经营铁器、文具等生意，以标价出售闻名。一生衣着土服，决不穿外国装。因不遗余力支持革命，被称为最有高度爱国心的人，为了表彰他的功绩，在他逝世后三年即 1915 年，马尼拉市政府将华侨聚居地沙其里谢街改名为王彬街。

---

① 陈宁国：《中菲混血人与菲律宾民族国家的形成》，《世界史研究动态》1983 年第 8 期。

② 刘芝田：《中菲关系史》，台湾正中书局 1964 年版，第 509 页。

罗曼王彬娶菲女，生子女亚尔芬士王彬等 19 人。[①]

菲律宾共和国第一任总统埃米略·阿奎那多将军是华菲混血后裔，其首席顾问阿波利纳里奥·马比尼也是有华人血统的他加禄人。

在菲律宾共和国国会议员中，不少是华菲混血人，其中最著名的是负责货币发行的马里亚诺·林合（Mariand Limjap）和特勒斯弗罗·安东尼奥·蔡浅（Telesforo Antonio Chuidian）。林合（？—1888 年），福建人，早年来马尼拉时，穿清朝服装戴红缨帽子[②]，后受天主教洗礼，以经营糖、烟、麻而富有。与民伦洛区菲女结婚，生儿子三个。马里亚诺·林合为其中之一，他继承父业，商务更加兴旺。蔡浅，也是福建人，少年来菲，及长经商，以经营铁器进口商著名，还经营咖啡、糖、酒等，在马尼拉拥有许多房产。儿子安东尼奥·蔡浅，虽然已使用了当地流行姓名，但仍保存了华人生活习惯，既会说本地话又会说闽南话。

此外还要值得一提的是参加菲律宾革命的汉民族移民侯亚保。侯亚保（1856. 8. 27—1922. 5. 27），西名为 General Jose Ignacio Pauao。原名刘亨赙，南安刘林村人。1872 年 16 岁时来菲以铁匠为业，学会了大加禄语（菲律宾语）和西班牙语，又懂得一点英语。1899 年 43 岁时与吕宋岛东南端米骨区菲女加罗仁那结婚，又学会讲流行的米骨话。他不仅负责生产兵器支持菲律宾革命，还加入战斗行列，因战功累累，从一个步兵中尉一直擢升到准将。[③] 侯亚保生有华菲混血种儿子两个、女儿五个。总之，菲律宾汉民族移民的菲化就是这样从学菲语、娶菲女、信菲教开始的。[④]

六　印度尼西亚的伯拉奈干人

印度尼西亚的土生华人称为“伯拉奈干”（Paranakan）人。他们是印度尼西亚华人社会中比较特殊的一个族群。他们的“父亲”是中国人，他们的“母亲”是印度尼西亚人。所以，他们不同于印度尼西亚人，也有别于中国人。说他们是中国人，他们太像印度尼西亚人；说他们是印度

---

① 刘芝田：《中菲关系史》，台湾正中书局 1964 年版，第 525 页。

② E. Arsenio Manuel, *Dictionary of Philippine Biography*, Vol. 1, pp. 248—251. 转引自吴凤斌主编《东南亚华侨通史》，福建人民出版社 1994 年版，第 224 页。

③ 刘芝田：《中菲关系史》，台湾正中书局 1964 年版，第 513—525 页。

④ 参阅吴凤斌主编《东南亚华侨通史》，福建人民出版社 1994 年版，第 218—226 页。

尼西亚人，他们又太像中国人。[①]

（一）汉民族向印度尼西亚的移民

汉民族向印度尼西亚的移民可以追溯至汉代。据《汉书·地理志》记载，汉代时已开辟与东南亚和印度、斯里兰卡的海上交通线。这条航线大体是：起航地在当今雷州半岛，先沿着印度支那海岸航行，然后进入暹罗湾，在泰国东岸登陆后，步行越过地峡，再自下缅甸出发，西渡孟加拉湾，到印度的东南隅，最后转入斯里兰卡；归航时，穿过马六甲海峡，绕马来半岛南端而返回广东[②]。由于苏门答腊（包括其周围的许多岛屿）处在这条航线上，所以，在公元纪元前后，中国与印度尼西亚的交往应该已经开始。更有力的证据是《后汉书·顺帝本纪》云，“十二月，日南徼外叶调国、掸国遣使贡献”。在这条记载的注文中，引《东观记》作了进一步的说明：“叶调国王遣使师会诣阙贡献，以师会为汉归义叶调邑君，赐其君紫绶，及掸国王雍由亦赐金印紫绶。”《后汉书·南蛮西南夷列传》也作了内容大体相同的记载：“顺帝永建六年（131 年），日南徼外叶调王便遣使贡献，帝赐调便金印紫绶”。可见“叶调”是现今的爪哇[③]。考古材料也提供了证据，1936 年，荷兰学者奥赛·德·弗玲尼斯（Orsoy de Flines）在爪哇西部的万丹发现供祭祀用的汉代陶器。他认为埋葬这种陶器的坟墓必然是中国人的坟墓，由此而推测中国人在公元前后已来到爪哇岛，有的可能在万丹定居下来。[④]

如果说汉代已有汉民族移民迁入印度尼西亚只有蛛丝马迹的证据，那么，唐末已有汉民族移民成批迁入印度尼西亚。有学者研究认为：唐末汉民族海外移民的主要原因是，唐末发生黄巢领导的农民起义引起的社会混乱现象。起义军攻陷广州城时，对城内的外国商人进行屠杀，并使城内的中国商人受到威胁，迫使这些人成批地逃离广州，流亡至东南亚各地避难。另一个唐末汉民族海外移民的主要因素，就是唐代中后期中国对外的海路交通和海上贸易的发展，给予成批出洋的人提供了足够数量的海船。[⑤]

---

① 王列耀：《欲回而又难回的远乡——印尼土生华人文学的“寻根”地图》，《郑州大学学报》2004 年第 6 期。

② 温广益等编著：《印度尼西亚华侨史》，海洋出版社 1985 年版，第 3 页。

③ 同上书，第 4 页。

④ 转引自林端志《爪哇华侨中介商》，《南洋问题资料译丛》1957 年第 4 期，第 24 页。

⑤ 李学民、黄昆章：《印尼华侨史》，广州高等教育出版社 1987 年版，第 25 页。

根据10世纪一位阿拉伯游历家马素提撰述的《黄金牧地》记载，“在后晋天福八年（943年）途经印尼苏门答腊东南部沿海地区，看见那里有许多中国人从事耕种，尤其是在巨港一带，中国人最为集中，他们都是在唐末黄巢起义军攻占广州城（879年）之后，逃难至该地区的”。[①]西方学者莱弗士著《爪哇史》、坎贝尔著《爪哇的过去和现在》，也有这样的记载：“在10世纪上半叶（五代十国时期），有一艘中国海船在爪哇三宝垄附近的海上沉没，船员和乘客分别在扎巴拉、三宝垄、直葛上岸，其管仓者向直葛土王献上宝石之后，获得土王的许可，定居该地，并且受到较好的对待。”[②] 可见，汉民族海外移民印度尼西亚历史的开端应该是在唐末。[③]

唐末至宋代，即10世纪初至12世纪，苏门答腊和爪哇两岛都经历了多次政治动荡和战争，但是它们仍然同中国保持着友好往来。宋代中国与东南亚海岛国家的贸易往来最多的国家还是印度尼西亚。[④] 由于宋代末期中国民间商人及其他阶层出洋谋生往往十年、二十年不归，并且同土著妇女结婚和生育儿女，因此，在侨居国开始出现“土生唐人”。同时，由于华侨与土著居民杂居的结果，华侨同土著居民在风俗习惯和宗教信仰方面也出现了某种互相影响、互相渗透的现象。例如，三佛齐的属领佛啰安，汉民族移民和土著住民都习惯于每年农历六月十五日共同行动，隆重烧香敬拜该地区的海港守护佛——飞来佛，亦即观音菩萨。[⑤]

爪哇岛是元代中国商人常去贸易的地方，而且爪哇东部的几个重要海港城镇如杜板、绵石、泗水，在元末明初已成为汉民族移民集聚的村落。据明初跟随郑和下西洋的通译马欢所写的《瀛涯胜览》记载，杜板居民有千余家，其间多有广东及福建漳州人流寓于此，鸡羊鱼菜甚贱。杜板之东的革儿昔，原是沙滩之地，自从有中国人来到此地居住，遂名“新村”，华侨住户千余家，村主是广东人，各处土著居民都来到“新村”做

① 转引自李长傅《中国殖民史》，商务印书馆1937年版，第60页。

② ［英］莱弗士：《爪哇史》第二卷，吉隆坡牛津大学出版社1965年版，第92页；［英］坎贝尔：《爪哇的过去和现在》第一卷，第138页。

③ 李学民、黄昆章：《印尼华侨史》，广州高等教育出版社1987年版，第26页。

④ ［日］桑原隲藏：《蒲寿庚考》，中译本，第95页，转引自李学民、黄昆章《印尼华侨史》，广州高等教育出版社1987年版，第35页。

⑤ 《宋史·外国列传》五，三佛齐国条。

买卖，居民的生活十分殷富。在苏鲁马益（泗水），亦有村主，管理土著居民千余家，其间亦有中国人。①

在婆罗州，据《岛夷志略》及明初随郑和下西洋的费信所撰《星槎胜览》记载，当元军远征爪哇时，取婆罗州海道，途中遇风，大部分海船遭损坏，停泊于婆罗州西南海岸假里马达附近的小岛勾栏山，待伐木造舟之后又继续向爪哇进发，其中有100余名病卒留在该岛，同当地人民杂居，后来成为该岛华侨②。

明王朝时，虽然郑和下西洋提高了中国的威望，但是明朝的海禁政策没有取消。然而，郑和下西洋所推动的民间商人海上贸易，以及沿海居民出洋谋生和移民的活动与日俱增。正如王赓武所言，1433年以后，“将近整个世纪，旅行和商业的限制并没有严厉加以执行。事实上，常常是全然不闻不问。私人的贸易，有时为富有的官僚家族所主办和资助，成为获得南洋产物的主要手段”③。明朝在穆宗隆庆元年（1567年）听取福建巡抚都御史涂泽民关于开放海禁的奏议，准许中国民间商人同东南亚诸国通商，只有对日本仍然实行海禁政策。开放海禁，有利于中国商人出洋贸易，也使得汉民族移民海外不断增长。

（二）伯拉奈干人的形成

有了移民就必然会与当地人互动通婚，来爪哇的华人，通常是男性，他们同当地的女性，不论是非伊斯兰教徒或名义上的伊斯兰教徒通婚混血就会形成新的族群④。伯拉奈干人的形成经历了一个漫长的历史过程。

印度尼西亚的汉民族移民与当地人通婚融合是从汉唐开始的，到了明代，苏门答腊巨港、爪哇泗水、锦石、三宝垄、下港等地汉民族移民均各有数千户，他们在当地定居通婚，“多有从回回教门受戒持斋者”⑤。三宝

---

① （明）马欢：《瀛涯胜览》，“爪哇国”条，商务印书馆1935年版，第8—9页。

② 《岛夷志略》，“勾栏山”条，第248页；费信：《星槎胜览》，“交栏山”条，冯承钧校注本，商务印书馆1938年版，第9—10页。转引自李学民、黄昆章《印尼华侨史》，广州高等教育出版社1987年版，第53页。

③ 王赓武：《南洋华人简史》，台北水牛出版社1969年版，第34—35页。

④ ［印尼］廖建裕：《对印尼华人的分析》，郑仁良译，方惠堂校《东南亚研究资料》1985年第2期。

⑤ （明）马欢：《瀛涯胜览》。

垄华侨首领孙龙即为混血土生华人。[①] 汉民族移民为了在当地生活，也学会当地语言。明英宗正统三年（1438 年），爪哇国使臣烈马团良，通事（翻译）殷南、文旦，“本皆福建龙溪县人”，并有“家属”。[②] 1602 在不丹已有唐人街。[③] 许多汉民族移民通婚定居后一直到卒葬该地。晋江深沪吴氏族谱记载其族祖于崇祯戊辰（1628 年）出国，卒葬于“加流巴辨”（巴达维亚，今雅加达）。[④] 晋江永宁陈氏族谱记载，其族祖地于康熙癸卯（1663 年）到“交留巴”（雅加达），并卒葬于该地。[⑤] 厦门海沧谢氏族谱记载，谢又达“生康熙九年（1670 年），卒康熙三十七年（1698 年），葬交留巴西垅创灰垲大墓”；谢崇陛生康熙六年（1667 年），卒康熙三十五年（1696 年），葬交留巴。[⑥]

1619 年任巴城甲必丹的福建同安人苏鸣岗，“善说马来话或葡萄牙话”[⑦]。他于 1644 年去世，在巴城尚有墓碑为记。杨昆，别名龚泰，是苏鸣岗的左右手，首批来巴城的汉民族移民。“杨昆属‘削发者’之列，表明他在某种程度上皈依穆斯林”[⑧]。他于 1639 年逝世于巴城。这两人都是定居通婚融化于当地社会的早期著名汉民族移民。

1673—1682 年巴城华侨人口统计

年份	成年		14 岁及以上		14 岁以下		小计
	男	妇	子	女	子	女	
1673	978	754	107	70	453	385	2747
1674	1010	789	186	142	470	484	3081
1676	1084	1014	178	127	569	517	3489

① 李炯才：《印度尼西亚——神话与现实》，第 127—135 页。转引自吴凤斌主编《东南亚华侨通史》，福建人民出版社 1994 年版，第 210 页。

② 《明英宗正统实录》卷四三。

③ ［日］岩生成一：《下港唐人街盛衰考》，载《东洋学报》卷三一，第 4 期。

④ 晋江深沪《吴氏族谱》。

⑤ 晋江永宁《陈氏族谱》。

⑥ 厦门海沧《谢氏族谱》。

⑦ C. R. 博克塞：《明末清初华人出洋考》（1500—1750），载姚楠主编《中外关系史译丛》第 1 辑，上海译文出版社 1984 年版。

⑧ ［荷］包乐史：《头家的遗言——荷印初期华商杨昆传略》，《南洋资料译丛》1990 年第 2 期，第 68 页。

续表

年份	成年		14 岁及以上		14 岁以下		小计
	男	妇	子	女	子	女	
1677	1038	894	120	109	516	499	3176
1678	1097	913	106	99	523	482	3220
1679	952	912	132	141	447	422	3006
1680	972	945	105	96	526	512	3156
1681	916	891	104	75	503	444	2933
1682	948	957	96	43	565	492	3101

资料来源：*Bataviasche Dagragister*（《巴城日志》），1673—1682 年。转引自吴凤斌主编《东南亚华侨通史》，福建人民出版社 1994 年版，第 211 页。

上表所列华侨妇女和儿童都不大可能是从中国南来的。根据《开吧历代史记》所载，直到 17 世纪末，只移入一位中国妇女，当时罕见，几乎轰动整个巴城。"康熙三十八年（1699 年）正月，唐船来吧。有王界夫妇潜搭此船来吧，登岸时唐番俱见，此信播扬通吧，直至大王耳边。王界妻郑氏，体态生成（天然），仪范端庄，衣服与吧人迥异，大王询知备细，切意欲观中华妇人，即令来请，王界夫妇齐到王府内相见。迨此船回唐，被人出首，有司拘究领载妇人出口之人，连累被杀者数人"[①]。1815 年，在三宝垄好几百汉民族移民中，也"只有两位"中国妇女，"她们的穿戴和缠足，使当地妇女感到奇怪，她们与她们交朋友，为了观罕见衣服和小脚"[②]。这些记载表明，在中国妇女极少出洋情况下，汉民族移民只能与当地女子或侨生女子结婚。以后情况有所改变，如在婆罗洲坤甸，1834 年汉民族移民所娶"妇女中有不少中国人，不过达雅族妇女占大多数"[③]。

早期印度尼西亚汉民族移民大部分是与当地女子自由通婚，但也有小部分采取"买奴为妻"的方式，以华商居多。"买奴为妻"者，买妻一人或二人，到离开时又把妻卖出，子带回。[④] 这是 16 世纪以前的情

① 转引自吴凤斌主编《东南亚华侨通史》，福建人民出版社 1994 年版，第 211 页。

② ［印尼］林天佑：《三宝垄历史》，暨南大学华侨研究所 1984 年版，第 122 页。

③ ［英］布赛尔：《东南亚的中国人》第 40 章，引额尔一书。

④ 1596 年荷兰佛朗克·方·德尔《航海日记》，《南洋问题资料译丛》1957 年第 2 期。

况。17世纪以后有些变化，若华人死去，其妻妾被卖掉，只留一个为正室，此正室多为华人所最宠爱者。此类买奴为妻者人数不多，在1677年巴达维亚城“最多只有20人”[①]，而1699年巴城华侨男子已有1038人。[②]

这种“买奴为妻”与一般奴隶仍有区别。“华人买了这些马来女人供自己使唤，可以随意和她们同宿。这些马来女人也可以自由外出露面。”[③]“这些妇女大多数都是去巴利岛买来的女奴，后来就成为他们（华人）的妻子”[④]。

如巴城颜二观娶巴利女颜二雅（又名奶二官）为妻。颜二观于1638—1648年任巴城甲必丹，逝世后奶二官继其职任甲必丹（1648—1655年）[⑤]。她未生过孩子，虽是文盲，但表现了才干，每事都亲自参加讨论和处理，左右了商业界，自己还拥有几只船。[⑥] 在三宝垄，有黄万官（1670年生）“赘番女白氏（1679年生）”[⑦]。在爪哇岛北部三宝垄等沿海地区，汉民族移民与当地人通婚繁衍已久，“许多印度尼西亚原住民样子同中国人样子非常相似”[⑧]。

汉民族移民与当地女子通婚，主要是在当地生活以取得立足点的需要。当地也有卖女情况。据记载：“市肆贸易皆妇女，以妇人计丁取赋，赋且重，呼中国人为唐人。女子嫁唐人，得免赋。故船至时，常有老媪携幼女，艳妆求售，所费甚廉，惟不许携归耳。娶之后，不惟操作甚勤，即

---

① 克里斯托费尔·施魏策尔：《东印度航海记》，第33—34页。转引自吴凤斌主编《东南亚华侨通史》，福建人民出版社1994年版，第212页。

② 《巴城日志》，1677年。转引自吴凤斌主编《东南亚华侨通史》，福建人民出版社1994年版，第212页。

③ 克里斯托费尔·施魏策尔：《东印度航海记》，第197页。转引自吴凤斌主编《东南亚华侨通史》，福建人民出版社1994年版，第212页。

④ ［英］布赛尔：《东南亚的中国人》第38章。

⑤ 《开吧历代史记》，载《南洋学报》第9卷第1辑，第29—30页。转引自吴凤斌主编《东南亚华侨通史》，福建人民出版社1994年版，第212页。

⑥ 王福涵（译音）：《十九世纪前爪哇印度尼西亚人与中国人的通婚》，《南洋问题资料译丛》1958年第1期。

⑦ 晋江：《黄氏族谱》。

⑧ 《印度尼西亚华裔少数民族问题译文专辑》，载厦门大学南洋研究所《南洋问题资料译丛》1963年第3期。

赴市交易等事，俱能任理。”[①]

1740 年，在爪哇拉查威西（新埔头），有个韩姓汉民族移民与当地女子结婚，生了混血儿韩兴祥。他参加了 1740 年起义，并在拉查威西入了伊斯兰教，成为爪哇人。韩兴祥善于医学，医治了新埔头天猛公女儿的不治之症，天猛公就把女儿许配给韩兴祥，婚后生了五个孩子。其中一个孩子叫穆新，勤劳能干，被伯雷顿长官收为义子，“提升为巴拿禄干县长。当时巴拿禄干是以治安不好而闻名的，可是由于穆新管辖该地措施英明，所以那个地区成了爪哇最安宁的地区之一”。穆新于 1776 年逝世。穆新没有子女，财产由他哥哥查英・地尔多罗罗的儿子——沓沓三与沓沓米顿（译音——两兄弟名字仍是中国名）所有。沓沓米顿后来成为巴拿禄干县长，又任布格县长，与双门纳王诺多古苏莫一世的女儿结婚，由此通婚所生儿子叫罗登・巴古斯韩书德（译音），韩书德以后为麦苏基县长。沓沓三也做了很多事业，从麦苏基县长升为罗登阿地巴地，立大功，得“骑士勋章”[②]。

上述韩氏家族的发展较典型地说明了汉民族移民在当地通婚融化或融合的过程：南来汉民族移民韩某为第一代。其子韩兴祥是韩某与当地女子通婚所生混血儿，属第二代，已入乡随俗，加入伊斯兰教。韩兴祥与当地女子结婚所生的穆新为第三代，升任县长。沓沓三和沓沓米顿为第四代，均任县长等职。罗登・巴古斯韩出德为第五代，也升任县长。在第四、五代时姓名还使用中国名字，而以后“中国名字从爪哇这个高贵家族成员名单中消失了”[③]。

在泗水，同祥可以看到汉民族移民通婚融合的情况。一个名叫三洪（译音）的混血儿汉民族移民，与泗水阿地巴地儿子勒痕深交，并为这个好朋友贡献不少力量。三洪不久就提升为波郎县长。三洪女儿又与泗水勒痕成亲，婚后生佐克罗尼哥四世，此人后来就继承了三洪庞大的遗产。

汉民族移民通婚融化也从信仰的改变表现出来。在 17 世纪，巴城只有六个汉民族移民信仰基督教。[④] 1740 年后，汉民族移民信伊斯兰教的人

---

① 云庵著，颜森整理：《甲喇巴》，《南洋学报》10 卷 1 辑，第 10—11 页。

② 王福涵：《十九世纪以的爪哇岛上印度尼西亚人与中国人的通婚》，《明星周刊》1958 年 2 月 15 日，第 633 号春节特刊，第 7—9 页。

③ 同上。

④ H. G. 米利斯：《荷属东印度的中国人与基督教》，《南洋问题资料译丛》1956 年第 1 期。

数也大大增加，到1766年，由于信仰伊斯兰教的汉民族移民越来越多，以至于他们得另由一个甲必丹管辖。1786年在巴城甲汶芝禄路建立了一个清真寺，专供信仰伊斯兰教的汉民族移民祈祷之用。[①] 1827年去世的巴城甲必丹穆罕默德·查巴尔，就是中国伊斯兰教徒，采用当地名字。华人甲必丹蔡振声（陈振声）也是一个信仰伊斯兰教的中国人。

在盛产香料的摩鹿加群岛，元朝时已每年有唐舶往来。以后汉民族移民日增并通婚定居。仅以安汶岛为例，汉民族移民通婚融化情况有如下表：

安汶岛汉民族移民通婚融化情况表　　单位：人

性别	1676年	1689年	1702年	1792年	1795年
中国男子	107	96	125	62	56
当地女子	67	70	86	88	94
混血儿	134	149	170	237	279
合计	317	315	381	387	429

资料来源：吴凤斌主编：《东南亚华侨通史》，福建人民出版社1994年版，第215页。

从上表可以看出，从16世纪下半叶到18世纪末期间，尽管安汶岛华侨人数渐趋减少，而与当地女子通婚数却不断增加，所生混血儿的数字也不断剧增。安汶华侨亦已按当地风俗改信基督教。华侨不仅通婚融化，而也改变了信仰。

1783—1793年在爪哇任私塾教员的漳州人王大海，在其所著《海岛逸志》中指出："闽广之人，扬帆而往者（指爪哇），自明迄今，四百余载，留寓长子孙，奚止十万之众。"[②] 王大海还记载其同乡漳州东门外深青社，有苏某在南洋娶妇某氏，以不获利而归，卒于家。南洋妇知其家贫，亲老子幼，乃航海到闽，养姑教子，以终其身。[③] 王大海也真实地记载了汉民族移民通婚融化或融合情况："华人有数世不回中华者，遂隔绝声教，语番语，食蕃食，衣蕃衣，不屑为爪亚（爪哇）而自号曰息览，奉回教，不食猪犬，其制度，与爪哇无异。"[④]

---

① 甫榕·沙勒：《荷兰东印度公司成兰后在印度尼西亚的中国人》，《南洋问题资料译丛》1957年第3期。

② ［日］岩生成一：《论安汶岛初期的华人街》，载《南洋问题资料译丛》1963年第1期。

③ （清）王大海：《海岛逸志》；（清）王锡祺：《小方壶斋舆地丛钞》，第十帙。

④ （清）王大海：《海岛逸志》。

印度尼西亚的伯拉奈干人就是在汉民族移民自汉唐开始，不断与当地女子通婚后形成的。在印度尼西亚，汉民族移民与当地女子通婚所生的混血儿称为“伯拉奈干”人。伯拉奈干原意为土生的人，后发展成专指土生华人。这是就族群体而言，还有个别他称，男性土生华人叫峇峇（Baba），女性土生华人已婚者叫惹娜（Nyonya），未婚者叫诺娜（Nona）。[①] 第二次世界大战前，一些印尼人称这些土生华人为“印多”，（Indo），但这个称呼现在专门使用于欧洲印尼混血的人，而伯拉奈干[②]的提法被广泛用于称呼印度尼西亚的土生华人。

一个能融入世界的民族，才是真正的世界民族。汉民族以她顽强的生命力和融合力，在整个古代及中世纪从北到南，从黄土高原走向蔚蓝海洋，在下南洋中与土著民族互动、融合，在东南亚形成马来西亚和新加坡的峇峇人、越南的明乡人、缅甸的桂家人、暹罗的洛真人、菲律宾密斯蒂佐人和印度尼西亚的伯拉奈干人等混血族群，为世界民族大花园增添了灿烂而鲜艳的民族之花。

---

① ［印尼］廖建裕《对印尼华人的分析》，郑仁良译，方惠堂校，《东南亚研究资料》1985年第2期。

② 有学者译为“珀腊纳坎”人。见［印尼］廖建裕《对印尼华人的分析》，郑仁良译，方惠堂校，《东南亚研究资料》1985年第2期。

第六章　走向世界：汉民族海外移民的大发展时期

大海是广阔的，汉民族海外移民从先秦的传说到移民美洲的猜想，从秦汉的东渡到隋唐及宋元时代的下南洋，一浪又一浪，从探索开启到发展拓殖，终于在明清反海禁，冒百死，尤其是1840年鸦片战争后，伴随着地理大发现，以及大航海开始的全球化，进入近现代，汉民族继续漂洋过海，从下南洋到下西洋，一步一步地走向世界，不断开辟新天地，“至远而利天下”，真正进入了汉民族海外移民的大发展时期。

第一节　汉民族移民从东南亚走向世界

汉民族移民走向世界是从东南亚开始的。这是什么原因、什么背景造成的呢？

放眼看16、17世纪的世界，随着地理大发现后的世界第一次全球化的兴起，西方殖民浪潮席卷全球。就是在这个背景下，据《明实录》载，正德十二年（1517年），葡萄牙殖民者就曾以武装船只闯入珠江口，在广州地区“招诱亡命，诱买子女”[①]。两年后，又占据屯门，“掠买良民，筑室立寨”[②]。1571年，侵占吕宋岛的西班牙殖民者，为了取得生活必需品和经营对墨西哥、秘鲁转运中国商品的贸易，不但招徕中国帆船与其通商，而且诱使中国汉民族劳动人民移民定居马尼拉。[③] 17世纪初叶，爪哇的荷兰殖民者，公然把他们在西里伯斯岛搞的“盗人制度”扩展到中国。

① 《明实录》正德十二年。

② 《明史·佛郎机传》。

③ 温广益：《福建华侨出国的历史和原因分析》，《中国社会经济史研究》1984年第2期。

所谓“盗人制度”，正如马克思在《资本论》中所说：“荷兰——它是十七世纪标准的资本主义国家——经营殖民地的历史，‘展示出一幅背信弃义、贿赂、残杀和卑鄙行为的绝妙图画’。最有代表性的是，荷兰人为了使爪哇岛得到奴隶而在苏拉威西岛卖行盗人制度。为此目的训练了一批盗人的贼。盗贼、译员、贩卖人就是这种交易的主要代理人，土著王子是主要的贩卖人。”[①] 这种扩展到中国的“盗人制度”，实行“多派战舰，窥伺中国，掳其丁口以归，用以实我岛属”[②] 的海盗政策，并以甲必丹[③]制度雇用华工开发巴达维亚。[④]

此后，随着世界从殖民为特征的全球化态势的发展，19 世纪欧洲人在南洋殖民之中心地，凡三处，即西班牙之于吕宋，荷兰之于爪哇，英国之于马来半岛，中以马来半岛开发最后，而其有赖中国人者亦最巨。而 18 世纪末 19 世纪初，英国殖民者先后占领了马来西亚的槟榔屿和新加坡，为了开发当地资源，大规模招徕华工华商。1819 年，莱佛士开发新加坡，当时岛人仅有渔夫 150 人，而中国人占二十余人，英人经营该岛，不到四个月，人口增至五千，而大部分为中国人。一年后人口增至一万二千，亦以中国人为多，重要商业，多系中国人经营。[⑤] 1831 年，从厦门直航新加坡的第一艘中国帆船抵达后，载有“过番客”的帆船，渐渐从趋驶马尼拉而改驶新加坡。从此，新加坡不仅成为东南亚地区转卖契约华工的中心市场，而且发展为向其他洲转贩华工的基地。这对汉民族移民从东南亚走向世界起了推动作用。这时，英国殖民者除了利用加入其殖民地籍的华商招诱“新客”外，还通过东印度公司驻广州商馆的买办，在珠江三角洲一带偷募华工。为了躲避清政府的检查，东印度公司驻广州代理人勾结葡萄牙人，将偷募的华工转移到澳门，乘葡萄牙船出海。鸦片战争前的一二十年中，不断有成批的契约华工被用这种方法偷运出口。1810 年，葡萄牙人还独自从澳门运走几百名中国种茶工人送到巴西，这是第一次成

---

① 《资本论》第一卷，人民出版社 1975 年版，第 820 页。

② ［美］密亨利：《华侨志》，岑德彰译，商务印书馆 1928 年版。转引自李春辉、杨生茂主编《美洲华人华侨史》，东方出版社 1990 年版，第 50 页。

③ 英语 captain 音译，犹首领，用以称呼将校级军官及商船船长。荷兰之殖民地内，华人为官吏，专司诉讼租税等华侨事务而无预政实权者，亦称“ 甲必丹 ”。

④ 巴达维亚即今日的雅加达。

⑤ 李长傅：《中国殖民史》，上海书店 1984 年版，第 211 页。

批到达美洲的华工。[①] 正是在这一时期，中国东南沿海地区开始出现“诱愚民而贩卖出洋”的“卖猪仔”现象。[②] 在这种国际势力的裹挟下，在鸦片战争前，汉民族海外移民，从东南亚走向世界的浪潮已成发展的态势。

鸦片战争后，中国的大门被侵略者的炮火轰开了，这就为西方殖民者从中国本土直接掠夺更低廉的华工创造了条件。原本建立在东南亚地区的苦力买卖基地被西方殖民者推进到中国大陆，华工被贩往或被诱往的地区则迅速扩大到急需劳动力的美洲。于是，继 17、18 世纪的黑奴贩运之后，19 世纪 40 年代，又出现了太平洋航道的契约华工运输，其从兴起到衰落，历经 30 年之久。据统计从 1851 年到 1925 年，总数达 193 万的契约华工被输送到海外。[③] 契约华工是继茶叶、棉布、白银之后，近代中国为世界市场提供的又一重要“商品”[④]。这一特殊商品的产生，既是近代世界全球化的产物，也是近代中国汉民族海外移民，从东南亚走向世界的重要标志。

第二节　汉民族移民走进美洲

在走向世界中，汉民族移民是怎样迁入美洲的呢?

就近现代世界范围来说，美洲是汉民族移民从东南亚走向世界的重要地区之一。在美洲各地，美国，加拿大、墨西哥、古巴、秘鲁、巴西等国为主要迁入国，其他美洲国家，诸如巴拿马、危地马拉、尼加拉瓜、萨尔瓦多、洪都拉斯、哥斯达黎加、阿根廷等国无一例外地有汉民族移民迁入。

一　汉民族移入墨西哥在先

近现代汉民族移民迁入北美洲是从南洋开始的。这与西班牙人开通的从菲律宾到墨西哥的航线有直接关系。

据《中墨交涉序略》记载：“我国人前往（墨西哥）者，盖始于明季，其时即有墨银输运来华。”[⑤] 这说明在明朝万历年间中国与美洲贸易开始后不久就有华人赴墨西哥。事实上，16 世纪末和 17 世纪前半期，即

① 李长傅：《中国殖民史》，上海书店 1984 年版，第 218 页。

② （清）张心泰：《粤游小志》。

③ 陈泽宪：《十九世纪盛行的契约华工制》，《历史研究》1963 年第 1 期。

④ 张坚：《近代世界经济交往大潮中的契约华工》，《八桂侨史》1998 年第 4 期。

⑤ 《中墨交涉序略》，载王彦成、王亮《清季外交史料》卷九。

明清之际，已有一些中国商人、工匠，水手、仆役等沿着开辟的中国—菲律宾—墨西哥之间的太平洋贸易航路，一部分菲律宾华工、华侨乘西班牙人的“马尼拉大帆船”横渡太平洋到达墨西哥侨居，并在首府墨西哥城创建了美洲历史上第一条唐人街——中国侨民聚居区，成为美洲华侨的先驱。[①] 由于他们是经由马尼拉转去墨西哥经商或做工的，因而被称为“马尼拉华人”。

早期墨西哥的汉民族海外移民大部分是广东的四邑人，还有香山、南海人。1635 年，统治墨西哥城的西班牙殖民政府颁布法令，禁止在城内开理发店，只准他们在城郊开业，但不得超过 12 间，并不得招西班牙人为徒。台山人多操理发业，这当是指台山人而言。1746 年，桑切斯写的《美国剧院》提及，在墨西哥的阿卡普尔科港有不少中国造船匠。哈林在《美洲西班牙帝国》中记载，17 世纪墨西哥的克罗塔罗的纺织工场和萨卡特卡斯矿区已有不少华工。

早期的汉民族移民先于美国迁入墨西哥，但后来大批的汉民族移民则是从美国迁入墨西哥的。在 1864 年前后，当时有美国商人承办墨西哥由美国巴索到墨西哥城的铁路，于是有了从美国迁入到墨西哥的第一批华人[②]。1876—1877 年间，华人梁越茂、马林永、朱炳林、朱昌叶、郑宗、马亨、马祝等人应英商之雇，先后由美国南下到美墨边境的恩塞纳达市，砍树作为火车燃料以及开采金矿，这是去墨西哥较早的又一批华工[③]。此后，华人逐渐增加，到 1895 年旅墨华人总数已到 1000 人[④]。1899 年 12 月，清政府驻美公使伍廷芳在华盛顿与墨西哥驻美公使签订了中墨友好通商行船条约。其中规定，两国人民据本人自愿可以从自由互相旅居、经营事业并享受最优惠国待遇。此后，双方还互设了使领馆。还在两国建交谈判过程中，“华民自闻中墨议约。来（墨）者已数千人”[⑤]。中墨建交后，

---

① 哈林（C. H. Haring）：《西班牙美洲帝国》（*The Spanish Empire in America*），1947 年版，第 212 页。

② 余受之：《墨西哥华侨史话》，海外文库出版社 1954 年版，第 10—11 页。

③ 欧阳民：《墨国下加省华侨沿革史略》，中山出版社 1971 年版，第 71 页。

④ ［日］长野朗：《中华民族之国外发展》，“国立”暨南大学南洋文化事业部 1929 年版，第 48 页。

⑤ 清廷《外务部档》光绪二十五年十一月十三日出使大臣伍延芳关于与墨西哥立约建交的奏折。

"华人赴墨日益增多"。1904 年增至 8000 多人。[①]

19 世纪末叶，墨西哥开始大批招募华工，1902—1921 年，有华侨伍学晃、黄国兴等在香港开设茂利和中华轮船公司，开辟了中墨之间的直达航路，曾先后运送了四五万粤籍贫苦华人到墨西哥谋生，当时墨西哥未设移民局，出入国境完全自由。[②] 可以说是旅墨华侨的极盛时期。稍后，美国因修筑铁路完成，大批华工失业，他们为谋求生计受到歹徒诱骗，从三藩市非法入境到达墨西哥的墨西卡利地区。据有关统计材料，1910 年时旅墨华人为 13203 人，即比中墨建交前增加了十几倍，1922 年仅加利福尼亚一州就有华侨 9000 人。[③] 另据中国有关档案材料，1910 年旅墨华人已不下 3 万人。[④] 到墨西哥的华人大都在美墨边境地区的铁路、铜矿、石油公司、种植园当劳工。据我国 1907 年的有关档案材料，旅墨华工，东北一带不下数万，或在车路佣工，或在田园耕作。[⑤] 由于华人比较集中，逐渐开发了一些边境城市。[⑥]

20 世纪后，墨西哥的汉民族移民人口在 1970 年约 17000 人，十年后增至 20500 人。有些也是先到墨西哥，待机从越界潜入美国。机会未到时只好暂时滞留，亦有后来成为久居的。汉民族移民十分之八为粤籍，四分之三为华裔，聚集各大城市。首都墨西哥城有 4000 余人，汉民族移民开发的墨西卡利市有 3000 余人，坦皮科和瓜达拉哈拉市各有 2000 余人，其余分布于各小城市[⑦]。

二　美国成了汉民族海外移民的主要迁入地

汉民族移民打工迁入美国可能是最早的一种方式。早在 1571 年，在

---

① 清廷《外务部档》光绪二十五年九月二十日外务部关于设立驻墨使馆的奏折；光绪三十年六月初四日出使美、墨、秘、古国大臣梁诚致外务部丞参函。

② 欧阳民：《墨国下加省华侨沿革史略》，中山出版社 1971 年版，第 40 页。

③ ［日］长野朗：《中华民族之国外发展》，"国立"暨南大学南洋文化事业部 1929 年版，第 48 页。

④ 清廷《外务部档》，宣统二年八月十七日出使美、墨、秘、古国大臣张荫棠关于应邀参加墨国独立一百周年纪念大典的奏折。

⑤ 清廷《外务部档》，光绪三十三年五月初十日出使大臣梁诚致外务部丞参函。

⑥ 参阅并转引自李春辉、杨生茂主编《美洲华人华侨史》，东方出版社 1990 年版，第 628、629 页。

⑦ 陈碧笙：《世界华侨华人简史》，厦门大学出版社 1991 年版，第 391 页。

加利福尼亚北部就出现了一批中国造船工[1]，不过其时加利福尼亚尚为西班牙所管辖。据美国史学家休伯特·班克罗夫特（Hubert Bancroft）说，1571—1748 年，就有华人船工为西班牙人所雇用，在加利福尼亚南部海岸从事造船活动。[2] 另一史学家米尼（E. S. Meany）写道，1788 年已有华工在西北部海岸建造船只。[3]

1788 年，在大陆的另一边，英国东印度公司的英国商船船长约翰·米尔斯筹划用森林茂密的美洲西北沿海的木材建造船只。于是，他带着一批造船匠、木匠、铁匠和水手，从广东扬帆起航。米尔斯的冒险事业有望大获成功，远征队在努特卡海湾的温哥华岛上建起了一块皮毛贸易区，其中贸易站、码头、滑台，应有尽有。他们建造了一艘 40 吨的纵帆船“西北美洲”号，在这一带沿海建造这种规模的船只，这还是第一次。这艘帆船载着英国船员和中国船员驶往不列颠哥伦比亚沿海的夏洛特皇后群岛。中国造船工并没有全部随船离开努特卡海湾，米尔斯船长又带来了 29 名汉民族移民，1789 年，美国船长梅特卡夫也带来 45 名，努特卡移居地扩大了。由此可见，在刘易斯和克拉克率领的探险队于 1804 年抵达西海岸之前，在这些东部探险家们首次领略太平洋的风貌之前，早已开始在西部沿海劳作了。[4] 作为熟练工匠和造船工，中国人在太平洋沿岸名闻遐迩。19 世纪，加利福尼亚的历史学家休伯特·班克罗夫特曾说，早在 1571—1746 年，西班牙人就在南加利福尼亚，特别是 1781 年在洛杉矶雇用了作造船工。[5]

德国作家路德维格·路易斯·萨尔瓦多至少列出 1781 年 9 月 4 日洛杉矶建城时的一名居民。证据表明，18 世纪后期，从墨西哥北上前往北加利福尼亚的早期西班牙探险队里便有华人。据说有两名，一名于 1774

---

① 陈翰笙主编：《华工出国史料汇编》第七辑，中华书局 1984 年版，第 11 页，第 1 页。

② 休伯特·班克罗夫特：《班克罗夫特文选》（*Hubert Howe Bancroft*, *Selected Works*）第 14 卷，旧金山历史出版公司 1890 年版，第 385 页。转引自李春辉、杨生茂主编《美洲华人华侨史》，东方出版社 1990 年版，第 112 页。

③ E. S. 米尼：《华盛顿州史》，麦克米伦出版公司 1909 年版，第 26 页。转引自李春辉、杨生茂主编《美洲华人华侨史》，东方出版社 1990 年版，第 112 页。

④ E. S. 米尼：《华盛顿州的历史》，麦克米兰出版公司 1909 年版，第 26 页。转引自陈依范《美国华人史》，世界知识出版社 1987 年版，第 11 页。

⑤ 休伯特·豪·班克罗夫特：《选集》第 14 卷，史料公司 1890 年版，第 335 页。转引自陈依范《美国华人史》，世界知识出版社 1987 年版，第 11 页。

年，另一名于 1793 年，在蒙特雷受洗皈依了天主教，还有一个名叫阿南的人，是蒙特雷西班牙总督帕布罗迪索拉家中的厨师。阿南是中国南部广东金山人，1815 年 10 月 27 日皈依基督教，两年后去世。[①]

1796 年 4 月，荷兰东印度公司驻广州的代理商、荷兰人凡·布拉姆霍克吉斯特来到美国，在费城附近定居，随身带来 5 名中国仆人。[②] 后来，5 名青年首批来到美国的一所学校学习。1818—1825 年，他们就读于康涅狄格州的康沃尔外国教会学校。其中一个名叫廖阿希（译音）的青年，成了皈依新教的第一位美籍华人。还有一位阿龙，日后担任了著名的钦差大臣林则徐的通事（林则徐在鸦片战争前夕焚烧了大批英国鸦片）。据说，1836 年停泊在旧金山的方帆双桅船“博利瓦”号上，有一名中国船员。1847 年，一位英国商船船长拥有的中国帆船“耆英”号，由中国船员驾驶前往纽约。在纽约市立博物馆内，至今还收藏着一张“耆英”号的巨幅油画，它停泊在纽约港，轰动一时。是年，至少又有 4 名汉民族移民来到美国。到纽约的有容闳[③]与另外两个学生；年轻的商人褚明（译音）去了旧金山。[④]

康熙二十四年（1685 年），清朝取消海禁后，到广州的各国商船大增，古籍记云：“一年之中，千舡往回”，“每年出洋船只所用舵工、水手、商人等，为数甚多，就粤而论，借外来洋船以资生计者，约计数十万人”[⑤]。其中部分人是上洋船当海员，后出洋居留国外做工。如花县平山村人刘厥稳先当水手，后到檀香山伐木，1815 年到美国加州替货主看仓；花县江春，原是水手，1819 年到美国加州，娶西妇为妻，后开洗衣馆。1743 年，香山张家边大岭乡人欧阳光前被英国人带往美国做苦工，后与儿子到旧金山西南的洛克镇垦荒。

---

① 詹姆士·卡利顿：《印第安人与旧蒙特里的开拓者》，加利福尼亚宗教史研究院 1950 年版。转引自陈依范《美国华人史》，世界知识出版社 1987 年版，第 12 页。

② 麦礼谦、胡垣坤：《美国华人史纲》，美国华人研究计划小组 1973 年版。转引自陈依范《美国华人史》，世界知识出版社 1987 年版，第 12 页。

③ （清）容闳：《西学东渐记》，霍尔特出版社 1909 年版，转引自陈依范《美国华人史》，世界知识出版社 1987 年版，第 12 页。

④ 《旧金山纪事报》1878 年 7 月 21 日，第 5 页，转引自陈依范《美国华人史》，世界知识出版社 1987 年版，第 12 页。

⑤ 《广州市志·华侨志》，转引自龚伯洪编著《广府华侨华人史》，广东高等教育出版社 2003 年版，第 31 页。

乾隆五十年（1785年），到中国贸易的美国商船“帕拉斯号”从广州航行回到美国巴尔的摩港，船员中有3名：阿成、阿全、阿官，后留于当地。嘉庆年间（1796—1820年），香山人袁生乘澳门船游历欧美，后在纽约定居。19世纪初，已有香山人在檀香山，最早的名叫刘泽。19世纪30年代，香山、东莞等地有农民到檀香山种蔗、榨糖。以后，仍有不少香山人到此。

贸易往来促进了汉民族移民的迁人。1784年2月22日，美国商船“中国皇后号”从纽约出发，8月28日到达广州的黄埔海关。这艘船带来的皮毛、花旗参等货物大受中国人欢迎，于1785年5月11日回到纽约，带回去的茶叶、丝绸、瓷器、棉布、肉桂等商品，又大受美国人欢迎。这一次行程，获纯利3万多美元，在商人中影响甚大。此后，美国各地商人纷纷到广州贸易，而广州商人前往美国经商者也大增。黄埔村梁氏族谱中记该姓早期的华侨商人，如梁直堂（1727—1797年）约于1774年曾出洋经商，获利而归；梁韬（1798—1869年）青年时曾赴美商多年，学会种牛痘。此外，增城新塘村民陈容达、陈容秋兄弟及陈晃于1821年（道光元年）乘船到美洲经商，并在香港创办了安兴公司，将家乡的大米、荔枝干等土特产销往美洲，从美洲运洋货回香港出售，终成大富。1837年（道光十七年），广州商人阿华特（译音）到美国波士顿经商并定居。

1820年起，美国移民局开始有了关于中国人到达美国的正式记录。有价值的是1820年之前单独或搭伴来美的汉民族移民姓名均有案可稽。在华盛顿国家档案馆的一份文件里，详细记载了阿兴、阿川和阿春等三名水手的情况。1785年，他们所在的“智慧女神”号船长离船去结婚，他们便与其他几个水手一起流落到巴尔的摩。他们请求国会资助生活费，之后，又得到一位名叫利瓦伊·霍林斯专营中国货的商人的照顾，过了将近一年。还有，1820年这一年恰是中国人根据自己的远航见闻叙述美洲的最早记录。美国移民局统计，1820年移入美国的中国人有1名。1830年有8名。直到1850年达758人。二十年间人数增加了近百倍①。早期移入美国的中国人有海员、工人、农民、学生、家庭佣工和商人，其中商人占

① 乔治·西华德：《从社会和经济方面考察中国移民问题》（*Chinese Immigration in its Social and Economic Aspecs*），1981年版，第7页。转引自李春辉、杨生茂主编《美洲华人华侨史》，东方出版社1990年版，第113页。

一定比重。一些比较富有的商人是带着资本和货物前往的。到后来大量移入的时候，贫苦的工人、农民、渔民和城市贫民占绝大多数，初期有相当一部分是被拐骗或绑架的。[①]

华工大批移入美国是在19世纪50—80年代。这是美国最早一代的华侨。淘金是大批华工最早从事的工作，首先是从加利福尼亚开始的。[②]

1848年1月24日，墨西哥把加利福尼亚正式割给美国之前9天，在离旧金山不远的萨卡拉门托东北35英里的科罗马（Coloma）发现了金矿。这一发现是美国西部开拓史上著名的“淘金热”的开端。当时加利福尼亚的居民，除了800印第安土著人外，只有12000墨西哥人、白人牧场主与其他一些定居者。很多住在旧金山的人闻讯后，立即赶到发现黄金的地方。头一批赶到的48人中有几名华人。两个华人在莫尔河边低地（Moores Flat）找到一块重240磅的黄金，人们趋之若鹜。

12月，美国总统波尔克（Polk），在国会正式宣布了发现金矿的消息。由此淘金的人从加利福尼亚南部、美国中西部、俄勒冈、纽约、新泽西、新英格兰以及中美洲、欧洲、中国等地蜂拥而至。1849年，停泊在旧金山金门湾的船只多达777艘。到1849年9月时，从各地赶到加利福尼亚金矿区的人已接近十万人，其中有323名华人。[③] 因为发现金矿的消息过了5个月才传到中国，中国人去得比较迟，1850年后才大批移入加利福尼亚。这一年，在加利福尼亚总共有华侨4000名，据记载1850年淘金华工只增加500人左右。1851年进入金矿区的华工才大量增加。

中国人移入美国的人数从1850年的700多人猛增到1860年的34933人[④]，少数华工通过艰苦劳动，几年可积下几千美元。他们回到广州、香港时，亲友们看到这些“金山客”[⑤] 在美国发了财，消息传开后，要去的人就更多了。不久俄勒冈、内华达和华盛顿等州也相继发现了金矿，淘金

---

① 李春辉、杨生茂主编：《美洲华人华侨史》，东方出版社1990年版，第113页。

② 清代首任驻美公使陈兰彬在其所著的《使美纪略》说：“旧金山地居美之科尼西郊，洋语呼该埠曰珊瑚西士科，开自一千八百四十七、八年，即道光二十八、九年，时地宝初显，各国流民闻风趋赴，蚁聚峰屯。”

③ 陈依范：《美国华人发展史》，香港三联书店1984年版，第37—39页。

④ 乔治·西华德：《从社会和经济方面考察中国移民问题》（*Chinese Immigrtion in its Social and Economic Aspecs*），1881年版，第7页。转引自李春辉、杨生茂主编《美洲华人华侨史》，东方出版社1990年版，第117页。

⑤ 这是当时广东人对从美国归来的侨胞的称呼。

的华工一度多达 30000 名。1864—1867 年，由于排华运动，估计有 1 万名华工被迫离开金矿区，约占当时华人金矿工的 1/3。但是，到 1868 年金矿华工仍然有 15000 人左右，到 1870 年又增加到 17000 人。

华人金矿工的劳动不仅为加利福尼亚州，而且为整个美国创造了大量的财富，大大促进了美国经济的繁荣和发展。1870 年，华人矿工最多的仍然是加利福尼亚州，计有 9087 名，占该州矿工总数的 25%；其次是爱达荷州，华人矿工 3853 人，占矿工总数的 58.5%；再次是俄勒冈，华人矿工 2428 人，占总数的 61.2%，比重最高；然后是蒙大拿州 1415 人，比重为 21%；内华达州 240 人，比重为 2.9%；最少的是华盛顿州 44 人，比重为 25.4%，因为该州矿产有限，矿工总人数只有 173 名。[①]

早期华工所从事的第二项重要行业，是修建铁路。美国为了沟通东西两部分的交通，国会于 1862 年通过立法，决定修建一条横贯美国大陆中部连接东西两部分的第一条主要铁路干线，即联合太平洋—中央太平洋铁路。这条铁路的建设在美国经济发展史上具有极重要的地位。早期许多美国铁路干线与支线的建筑工程都有华工参加，地区也比较广泛，不仅限于西部，还有西北部和西南部。参加的人数最多时约占全部华侨总数的 1/4 以上。[②] 有些铁路所雇用的华工占相当大的比重，在中央太平洋铁路线上，华工占总筑路工人的 95% 以上，显然是筑路的主力军。1863 年开工时，中央太平洋铁路公司所雇用的工人全是白人，其中有爱尔兰移民，也有内战退伍军人。但工程进展很慢。两年时间只修建了 50 英里。为了加快建筑速度，同时又因招收不到足够的白人工人，而且白人工人流动性很大，最后公司才不得不雇用华工。最初雇用的 50 名华工到达工地后，公司先让他们干一些粗活，掘地运土等。经过试工，公司发现华工勤劳努力，手脚轻快而又价廉，不怕任何艰难困苦，许多白种工人不愿做或者无法完成的工作，华工都能克服。公司十分满意，称华工人为“向大自然最坚实的堡垒进行围歼的劳动大军”，这才开始大批雇用。仅 1868—1869

---

① 托马斯·泰：《加利福尼亚华侨史》（*The History of the Chinese in California*），旧金山侨美华人史学会 1973 年版，第 33 页。转引自李春辉、杨生茂主编《美洲华人华侨史》，东方出版社 1990 年版，第 119 页。

② 据陈依范估计，1868 年夏天，在铁路工地上劳动的华工不下 14000 人，占当时旅美华侨总数的四分之一以上。参阅陈依范《美国华人发展史》，香港三联书店 1984 年版，第 72 页。

年，运到旧金山的华工人数与前四年相比增加了2倍，以至呈现出“崎岖的山区很快挤满了天朝人，他们挥着铁铲，推着轮车，赶着马车，在山岩和土方中打眼、放炮”的图景。[①]

中央太平铁路公司大量招募华工是在1867—1870年，1870年，在美华人达62726人，比1860年多28000多人。1869年一年新去的华工和移民有12000多人，超过以往任何一年。1870年在美人数达62736人。[②] 此外，还有一些美国新闻记者，由于目睹华工在筑路过程中，披荆斩棘、身荷重负的精神，把他们誉为“美国之真实开路先锋”[③]。

早期在华埠开设的小商号以夫妻店、父子店和兄弟店居多。在华埠外开华人商店规模比较大，但为数不多。在矿区和铁路工地附近，凡是华工比较多的地方就有小商店，这就形成一个小华埠。1878年，在旧金山华埠的有华人商店396家，在埠外有22家。到1882年，前者增加到511家，后者增加到156家，华人商业已达到一定的规模。

按其职业分类，华人有华工、华商、华人学者、教授、科学家等。华工中又有华人矿工、华人铁路建筑工、华人农田工人等。1848年加利福尼亚金矿发现后，华侨、华人相继来到旧金山，到冬季，集中在旧金的华侨、华人往往多达20000—25000人。[④] 多数人在矿山、农场做工，只有为数不多的商人和在服务行业中做工的人留在旧金山。1860年，在旧金山的华侨、华人只有2719人，还没有在埃尔多拉多（Ei Dorado）和卡拉韦拉斯（Calaveras）金矿做工的人多。当时华侨、华人已遍布加利福尼亚州的43个县，只有两个县没有华人。1870年，在62000多华人中，在加利福尼亚州的有49000多人。在西部其他各州如爱达荷、蒙大拿、内华达等，都有数以千计的华工。1869年联合太平洋—中央太平洋铁路建成，大量华侨向东迁移。纽约、波士顿等地逐渐发展成为华侨集中的第二个地区。在中部、中西部和南部铁路修建完工后，也有大量华工散居这些地区。大量华人东迁自然也同加利福尼亚猖狂排华有关。[⑤]

---

① 李春辉、杨生茂主编：《美洲华人华侨史》，东方出版社1990年版，第120—121页。

② 乔治·西华德：《从社会和经济方面考察中国移民问题》（George F. Seward, *Chinese Immigrtion in its Social and Economic Aspecs*），1881年，第7页。

③ 李春辉、杨生茂主编：《美洲华人华侨史》，东方出版社1990年版，第123、126页。

④ 同上书，第135页。

⑤ 陈依范：《美国华人发展史》，香港三联书店1984年版，第6页。

近几十年，美国都市不断发展，各大城市的汉民族移民人口也日见增加。据《美洲华人华侨史》研究：1940年时集中到城市的华人人口已占华人总人口的90.6%；1950年增加到93%；1960年再增加到97.5%。此后20多年增长比例更大，据美国人口普查，1960年，华人最集中的地方仍然是西部各州，包括夏威夷州在内，其人数共占全美华人总数的63%，东部各州占23%，其他各州占14%。到1970年，西部各州的华人人口比重降到57%，而东部则增加到27%，其他各州增加到16%。1970年，美国华人总数为435062人，其中加利福尼亚州有170331人，其次是纽约州，有81378人。如以城市华人人口计算，纽约市已取代旧金山，跃居首位。前者有华人约70000人，而后者约为60000人。檀香山、洛杉矶，分别为36000和27000多人。1970年奥克兰华埠的华人人口超过10000人，芝加哥、萨克拉门托、波士顿、休斯敦等华埠人口为6000—9000人[①]。美国成了汉民族海外移民的主要迁入地。

三 汉民族移民迁入加拿大渐成规模

约在1780年，中国和加拿大之间开始了经济、贸易往来。跟荷兰人和北欧人一样，中国侨民也是加拿大早期的外来移民。故早在1858年弗雷塞河谷（Fraser R.）出现采金狂潮前汉民族移民就到达了加拿大。据载，1788年，英国船长约翰·米尔斯（John Mears）从澳门带中国铁匠和木工到今加拿大西部温哥华岛。他们在岛上的努卡桑湾（Nootka Sound）建房后建造了北美第一艘40吨重的大船“西北美洲号”[②]。这可能是最早到加拿大的汉民族移民。

另外，据说一个名叫孟马克（Mark Moon）的华人也在1858年以前从纽约到达加拿大的多伦多市，在现在多伦多旧唐人街中心的约克街开设一家杂货店。[③]。1858年6月30日维多利亚日报有一篇题名为《一个中国的开拓者》的报道，确切地记载中国移民的早期情况：“据说数名中国人随着弗雷塞河的移民队伍已离开了加利福尼亚，在维多利亚的街道上虽然

---

① 李春辉、杨生茂主编：《美洲华人华侨史》，东方出版社1990年版，第151—152页。

② 同上书，第337页。

③ 芬顿·布雷斯勒（Fenton Breslor）：《中国人的秘密组织》（*The Chinese Mafia*），1981年，第230页。转引自李春辉、杨生茂主编《美洲华人华侨史》，东方出版社1990年版，第337页。

至今还没有见到这种人，但在几条路口出现的那幅招牌说明一个叫张祖（Chang Tsoo）的传奇式人物已到我们这里。"① 这是不列颠哥伦比亚报纸第一次提到中国移民。但是，华人大量来到加拿大的历史开始于弗雷塞河谷出现采金狂潮以后。因此，至今加拿大的华人把第一批采金华侨由美国乘船抵维多利亚（华侨用广州语音译为域多利）的日期——1858 年 8 月 28 日作为华人最早到达加拿失的纪念日。②

汉民族移民大批地迁入加拿大是在 19 世纪中叶淘金潮和修铁路时期。

1855—1857 年，加利福尼亚的深矿队和温哥华岛英国殖民政府合作，于 1857 年秋在耶鲁、霍普和哈利逊（Harrison）一带发现金矿，消息传出后，美国人、欧洲人和澳洲人等像潮水般涌来形成一股采金狂潮。1858 年 5 月，一个参加勘探金矿的华人阿康（Ah Hong）回到旧金山，向在此的汉民族移民传播发现"新金山"的消息。而这时美国加利福尼亚利金矿已经减产，排华气氛日趋高涨，华侨正感彷徨。于是，华商和美国采金商迅速招雇华工前往采金。6 月 28 日，第一批华工 300 人由旧金山的华商合记号，从加勒比乘"俄勒冈"（Oregon）轮抵维多利亚港。此后陆续有华工和华商由美国乘船到维多利亚，其中大多数转往金矿区。1859 年 1 月 7 日，"罗伯特·帕塞求"（Robect Passengu）轮由香港载来第一批直接在广东招雇的华工。1859 年 3 月，《维多利亚公报》报道，有一家旧金山的华商安排 2000 名华工到维多利亚。1860 年，有更多华工由香港到来。据《维多利亚殖民者报》（Vietoria Daily Golonist）估计，单是 1860 年，由海上到达维多利亚的华人就有 4000 人。此外，在出现采金潮的头两年，由陆路从美国步行到新威斯敏斯特的华人估计有 2000 人。③

1858—1862 年，华人淘金地区是在弗雷塞河中游一带，1862—1871 年产金的中心地带向弗雷塞河上游和汤姆森河流域转移。1863 年约有 4000 华人在卡里布（Cariboo）地区。巴克维尔（Barkerville）成为这一金矿区的中心市镇，居民最多时有华人 3000 人，仅在 1862 年就有 16 家华人商店开业，其中有 8 家餐馆。④

---

① 李春辉、杨生茂主编：《美洲华人华侨史》，东方出版社 1990 年版，第 337 页。

② 同上书，第 338 页。

③ 同上书，第 339 页。

④ 埃德加·威克伯格等（Edgar Wiekbergelo）：《从中国到加拿大，在加拿大的中国人社团史》（*From Chinese to Canada, of the Commnitjes in Canada*），1982 年，第 18—19 页。转引自李春辉、杨生茂主编《美洲华人华侨史》，东方出版社 1990 年版，第 341 页。

淘金潮接着是修筑横贯加拿大的太平洋铁路。

1881 年，美国人安德鲁·安德当克（Andrew Onderdonk）承建了这条铁路，其马上委托华商联昌从香港招雇 2000 名华工。当年，从香港到达维多利亚的船有 6 艘，共载来华人 1739 人，加上从美国来的华人，全年入境华人为 2939 人。安德当克为了从香港招华工，包租了两艘轮船在 1882 年，同年有 18 艘船由香港到达，载来华人 7508 人，加上由美国来的华人 575 人共 8083 人。新来的华人除个别的以外，都是直接或间接为修筑铁路而招雇的。1883 年，从中国直接来的华人为 555 人，但由美国来的增到 2667 人。1884 年上半年有 3 艘船自香港到达，载来华人 584 名。同期由美国来的华人有 872 名。自 1881 年至 1884 年上半年，共有 15701 名华人在维多利亚入境，而在修建铁路以前的五年（1876—1880 年）中，只有 8 艘船从香港载来华人 2326 名。① 据加拿大华商马青在《先驱者》一书所述："在 1880 年 6 月至 1887 年 7 月之间，25000 名中国人来到加拿大，占当时卑诗省（大不到颠哥伦比亚省）总人口的 1/5。"

淘金和建筑太平洋铁路时期，到加拿大的华工绝大多数是广东珠江三角洲的贫苦农民，据一份研究资料揭露，1884 年在加拿大的华侨有 63.6% 来自台山、开平、恩平和新会四县，其中来自台山和开平两县的占 41.7%；有 18.3% 来自番禺、南海、顺德；有 18.2% 来自鹤山、增城、中山、宝安、东莞、花县和阳江；只有 1% 来自广东省的其他县或其他省。可见华人、华侨中 99% 以上的是汉民族，汉民族移民迁入加拿大渐成规模。

移民加拿大的汉民族对加拿大的开发做出了重大的贡献。时任加拿大首相麦克唐纳说："没有华人就没有太平洋铁路。"1884 年《关于华人移民的皇家调查报告》中说："毫无疑问，太平洋铁路的建筑和完工，如无华工将无限期延长。"② 后来，加拿大《多伦多明星日报》支持多伦多为 19 世纪在加拿大工作的中国铁路工人修建一座纪念碑发表社论中指出：100 多年前，11000 名中国工人被送到加拿大来修建太平洋铁路。而这条铁路又把东海岸和西海岸连接在一起，加拿大才成了一个国家。然而，在

① 《皇家委员会关于中国移民的报告，1885 年，格雷的报告》附录Ⅳ，（Report of Royal Commission on Chinese Immigsation，1885 Gray's Report）。

② 同上书，第 14 页。

修建这条铁路的过程中，有4000名中国人失去了他们的生命。[①]

总之，从16世纪末开始，在新航线不断被开辟的近代全球化中，先行“下南洋”的汉民族移民开始走向世界，其中走向北美洲，迁入墨西哥、美国、加拿大，以及加勒比海各国，是这一过程中的一支洪流，尤其是移民美国和加拿大至今生生不息，久盛不衰。

四　汉民族移民迁入古巴的多是“契约华工”

古巴位于加勒比海的西北部，是西印度群岛中最大的岛国，华人早年有契约劳工多达十二万余人。据1879年就担任中国驻古巴总领事的谭乾初，从英总领事署册部抄出华工去古巴人数的统计，从1847年至1874年的27年中，在古巴登岸的来自厦门、澳门、香港、汕头、黄埔的契约华工达126008名（运输途中因溺水、病故、逃亡、自杀等原因而死亡的17032名除外）。谭乾初的统计数，与古巴《玛丽娜日报》1859年发表的1847年至1859年9月的统计数字相对照，几乎完全相同。[②] 谭乾初记载契约华工抵古巴情况如下：

1847年（道光二十七年），由厦门来二水，合共612名，在船身故者41名。

1853年由厦门来九水，由澳门来五水，合共5150名，在船身故者843名。

1854年出汕头来三水，由澳门来一水，合共1750名，在船身故者39名，内误溺者8名，病故者31名。

1855年由汕头来四水，由厦门来一水，由澳门来一水，合共3130名，在船身故者145名。

1856年由厦门来三水，由汕头来四水。由澳门来三水，由香港来四水，合共6152名，内有女人7名，在船身故者1182名，内误溺者30名。

---

① 转引自李春辉、杨生茂主编《美洲华人华侨史》，东方出版社1990年版，第349、352、357页。

② 陈翰笙主编：《华工出国史料》第六辑《拉丁美洲华工》，中华书局1984年版，第175—176页。

1857年由汕头来九水，由香港来五水，由澳门来十二水，由厦门来二水，合共10101名，在船身故者1554名，内自溺者10名，逃走者5名，吞鸦片烟者16名。

1858年由香港来五水，由澳门来十五水，由汕头来十水，由厦门来三水，合共16411名，内女人45名，在船身故者3027名，内自缢者2名，自溺者5名，自尽者3名，误溺者5名，枪毙者6名，跌死者2名，不知去向者9名。

1859年由黄埔来三水，由澳门来十二水，由厦门来一水，合共8539名，在船身故者1332名。

1860年由厦门来一水，由澳门来十四水，由汕头来一水，由小吕宋来一水，合共7227名，在船身故者1008名，内非命者32名。

1861年由省城来二水，由黄埔来二水，由澳门来十二水，合共7263名，在船身故者522名，内自溺者1名。

1862年由澳门来一水，共400名，在船身故者56名。

1863年由澳门来三水，合共1045名，在船身故者94名。

1864年由澳门来七水，合共2664名，在船身故者532名。

1865年由澳门来十九水，由省城来一水，合共6810名，在船身故者407名。

1866年由香港来一水，由澳门来三十四水，由省城来一水，由黄埔来六水，由汕头来一水，合共14169名，在船身故者1126名。

1867年由澳门来四十二水，合共15659名，在船身故者1297名。

1868年由澳门来二十一水，合共8400名，在船身故者732名。

1869年由澳门来十九水，合共7340名，在船身故者1475名。

1870年由澳门来三水，合共1312名，在船身故者63名。

1871年由澳门来五水，合共1827名，在船身故者178名。

1872年由澳门来十九水，由省城来一水，合共8914名，在船身故者766名。

1873年由澳门来九水，合共5488名，在船身故者427名。

1874年由澳门来三水，合共2677名，在船身故者186名。

以上共计23个年份由中国来者合计143040名，船上身故者合计

17032 名。除身故外，抵古巴者实共 126008 名。[①] 这些华工基本上来自珠三角，多为汉民族的广府人。他们在 1868—1879 年的第一次独立战争中立过战功。但 1929 年起古巴政府严格限制华侨入境和原住华人就业迫使华人大量外迁，至 1949 年所余已不及三万人。[②]

五　汉民族移民华工开发了秘鲁

秘鲁位于南美洲西部，1821 年 7 月 28 日宣布独立，1854 年废除奴隶制。19 世纪中叶（1840—1880 年）是秘鲁经济发展史上的“鸟粪时代”。因为鸟粪是当时国际市场上非常畅销的商品。在 1840—1880 年的四十年中，秘鲁总共开采了 1200 万吨鸟粪，价值 7.5 亿比索[③]，平均每年约 1875 万比索。在 19 世纪 60—70 年代，秘鲁的鸟粪开采每年为秘鲁政府提供 1000 多万至 5000 万比索的收入，差不多占国家财政收入的 75%—80%。这其中作为华工的汉民族移民做出了巨大的贡献。从 1849—1874 年的 25 年中，10 万（一说 12 万）名中国清王朝广东、福建的汉民族被卖入秘鲁，他们中有的被卖给了企业家，在铁路、矿山、鸟粪场修路、铺铁轨、挖矿、淘粪，有的被卖给了种植园主，在种植园里种地、采摘蔬菜水果等。美国的史学家瓦特·斯图尔特说：“在整个进口移民的时期，这种产业的大部分劳动都是由中国人承担的。”[④] 特别是在契约苦力制度的初期，钦查群岛上挖掘和装运鸟粪的繁重苦活，几乎全部落在华工身上。据统计，从 19 世纪 50 年代到 60 年代，先后有 4000 多华工被卖到钦查群岛开采鸟粪[⑤]，而且几乎全部在难以忍受的强迫劳动中牺牲了性命。

在秘鲁发展史上，秘鲁沿海地区的农业曾经由于奴隶制度的废除而陷入瘫痪。只是在陆续输进了 9 万名华工之后才得以重新恢复和发展；大批

---

① 谭乾初：《古巴杂记》，第一卷，第 18 页。载《晚清海外笔记选》，海洋出版社 1983 年版，第 224—226 页。

② 陈碧笙：《世界华侨华人简史》，厦门大学出版社 1991 年版，第 393 页。

③ 埃拉克利奥·博尼利亚：《鸟粪和秘鲁资产阶级》，第 146 页。转引自李春辉、杨生茂主编《美洲华人华侨史》，东方出版社 1990 年版，第 583 页。

④ 瓦特·斯图尔特：《秘鲁华工史（1849—1874）》，张铠、沈桓译，海洋出版社 1985 年版，第 82 页。

⑤ 李长傅：《中国殖民史》，上海书店 1984 年版，第 266 页。

华工的到来，的的确确对秘鲁的农业危机“起到了一种挽救的作用”[①]。1876 年的一次人口调查统计材料证明，在秘鲁沿海各省的某些地区，华工、华人几乎占了居民的多数，很多棉花种植园和甘蔗种植园拥有成百上千的华工；亨利·斯韦恩的大种植园甚至拥有华工 1500 名。有些地区，如曾经发生过著名的 1871 年华工起义的帕斯维尔卡地区和距帕斯维尔卡不远的阿乌卡利亚马地区，华工的人数都占了居民总数的 60% 以上。来这里旅游的外国人看到在地里干活的都是中国人，甚至怀疑自己是不是已经来到了“亚洲的田野”。秘鲁学者温贝托·罗德里格斯根据当时的人口统计材料做出结论说：“‘亚洲人’在（秘鲁）经济上是有决定性意义的，因为他们几乎都是种植园里的直接生产者。”[②]

秘鲁白银储量占世界总量的 21%，是全球白银储量最多的国家。为了开采白银，必须修建从利马到中部山区奥罗亚的铁路。而在这条铁路的修建中，华工也是主要的劳动力。据温贝托·罗德里格斯记载，光是 1870 年从中国招去修建利马—奥罗亚铁路的契约华工就有 8000 人之多[③]，差不多占了施工劳工总数的一半。在施工中，华工“坚韧不拔，从不喝酒”[④]。秘鲁著名经济学家艾米利奥·罗梅罗称赞他们“是那个时代最出色的筑路工人”。利马—奥罗亚铁路的建设为 19 世纪末秘鲁白银矿的开发创造了必要的条件，从而揭开了秘鲁经济史上“白银年代”的序幕。

汉民族华工对秘鲁经济开发的贡献，秘鲁学者有公正的评价。温贝托·罗德里格斯说，秘鲁“苦力劳工的历史”就是“财富的真正创造者的历史”[⑤]。瓦特·斯图尔特更说：“……在 1850—1875 年这 25 年间，在秘鲁当时的条件下……离开中国，不存在其他的移民来源。”而没有契约华工，秘鲁的“农业就会凋敝，富饶的鸟粪矿就不能开发，工业和铁路

---

① 温贝托·罗德里格斯·P. 编：《秘鲁的苦力华工》（*Los Trabjadorio Chinos Culies En EI Peru.*），张铠译，利马出版社 1977 年版。载陈翰笙主编《华工出国史料》第六辑《拉丁美洲华工》，中华书局 1984 年版，第 253 页。

② 科比·杜冯：《古巴华人研究》，载陈翰笙主编《华工出国史料》第六辑《拉丁美洲华工》，中华书局 1984 年版，第 251 页。

③ 同上书，第 249 页。

④ 同上。

⑤ 同上书，第 260 页。

建筑就要停顿。尽管他们没有健壮的体格……"[①] 但他们还是用自己的劳动为秘鲁的开发做出了巨大的贡献。[②] 汉民族的移民劳工从凌晨4点开始干活，一直要干到晚上天黑，逃跑的被抓捕后鞭打并且带上脚镣，干满八年契约的可以获得"自由人"的身份，后来可以选择回国，由于对清政府的失望和痛恨，10万华人劳工中只有几十人选择归国，他们留在了秘鲁，同当地黑人、印第安人、因纽特人等族群通婚，落地生根，后来，少部分华人凭借着后天的努力和秘鲁逐渐民主化的大环境，他们有的成为企业家，有的成为作家，有的成为政治家，进入秘鲁上层社会。

秘鲁的华侨与秘籍华人除个别人外，原籍均为广东，而以中山县人为最多，次为番禺、台山、开平、鹤山、新会、花县、南海、三水、顺德等县，可见他们都是汉民族。这些汉民族移民分布于秘鲁全国各地，但绝大部分居住在沿海地区，山区和森林地区较少。各城市中以首都利马为最多，占60%—70%，约有汉民族移民7000人，秘籍华人2万多人。其次为北部的契克拉约市，有汉民族移民和秘籍华人200多户。再次为卡亚俄港，约有150户，其他城市都不超过100户。现在旅居秘鲁的华侨和秘籍华人，没有确切的统计数字。1972年11月，秘鲁外交部移民局公布，旅秘华侨为8529人。据我国有关方面1982年统计材料旅秘华侨约有8000人。秘鲁官方从未公布过秘籍华人的数字，估计现在有40000人左右，但不包括那些不懂中国话，同华侨社会和中国无甚联系的几代以上的华裔。[③]

六　汉民族移民遍及南美洲和巴勒比海湾

汉民族移民除大批迁入美国、加拿大、墨西哥、古巴、秘鲁以外，也遍及南美洲和加勒比海湾。试举几例：

(一) 巴西的汉民族移民

巴西是拉丁美洲最大的国家，也是近代历史上华工在拉美旅居最早，当前华侨和外籍华人在拉美洲最多的一个国家。早在1810年前后，澳门

① 瓦特·斯图尔特:《秘鲁华工史（1849—1874）》，张铠、沈桓译，海洋出版社1985年版，第196页。

② 参阅李春辉、杨生茂主编《美洲华人华侨史》，东方出版社1990年版，第583—586页。

③ 同上书，第669页。

葡萄牙人招茶农到巴西，其中有广州人。据记载，1812 年，有中国茶农来此传艺。他们是巴西最早的华侨。今天里约热内卢的蒂茹卡国家公园建有中国亭，便是对这些茶农的永久纪念。可惜由于过度劳累及不适应当地气候，茶农不久就死亡殆尽。稍后，移民陆续而来，有的以“卖猪仔”方式来，还有的来从事开矿、修铁路和种棉等艰苦劳动。他们在苦苦熬过卖身年限而成为“自由人”后，一般在当地落脚，靠走街串巷贩卖小商品维持生活。这种情况在南美洲大陆那些曾经存在过“猪仔华工”和“契约华工”的国家中司空见惯。据统计，1812—1814 年，以“契约华工”身份到达巴西的中国移民有 1410 名。巴葡殖民当局多次在广东、福建招募华工，还有些华工是从其他国家通过各种途径进入巴西的。①

1880 年（光绪六年）清政府最初与巴西有外交往来时，旅居巴西的华人有 2000 多人。② 1881 年中巴建立外交关系时，由于清政府坚决拒绝了巴西的招工要求，所订中巴通商条约中也没有作出有关华侨问题待遇的规定，此后华工去巴西的仍然很少。虽然巴西宣布准许外国人入境，1808—1940 年的 130 多年中，入巴西的外国侨民总数达 400 余万人，但 1884—1933 年的 50 年内，华侨进入巴西的总人数仅为 1581 人。③ 据中国国民政府驻巴西公使馆查报，1931 年旅居巴西华侨人数为 820 人，1940 年为 592 人④，直到 1949 年旅居巴西华侨也不超过 1000 人。但 1949 年后，由于种种原因从中国大陆、台湾，以及印尼、菲律宾和其他东南亚国家移去的华人不少。这种情况使得巴西汉民族移民的队伍更加扩大。到 20 世纪 80 年代初，据中国有关方面的统计，旅居巴西的华侨和巴籍华人数增至 10 万左右，跃居拉美各国首位。其中巴籍华人占 80%，华侨约 2 万人。巴西华侨、巴籍华人中广东省籍的约占总人数的 20%，多系 1949 年前去巴西的；1949 年后携资去巴西的江浙，山东省籍人占 20%，台湾省籍人约占 60%；大陆其他各省如湖南，湖北等省也有。巴西虽然是全

---

① 高伟浓：《拉丁美洲华侨华人移民史、社团与文化活动远眺》（上册），暨南大学出版社 2012 年版，第 3 页。

② （清）李鸿章：《李文忠公全集》，译署函稿，卷 11，第 9—11 页。

③ 《今日侨情》第三辑，海外出版社 1956 年版，第 65—66 页。

④ 《国民政府档》，国民政府侨务委员会：《国外华侨分布统计》（民国三十一年辑），1942 年油印材料。

世界各地华侨、华籍华人籍贯最复杂的一个地区，但也多为汉民族移民。[①]

（二）巴拿马的汉民族移民

到19世纪末期，旅居巴拿马的华侨约5000人。他们最初做工，稍有积蓄后，开始经营商业、农业和渔业，经济上渐居优势。1903年巴拿马独立时，清政府考虑到“该处开河，华民众多”，便宣布承认巴拿马政府，双方建立外交关系。据1918年调查，旅巴拿马华侨约有3500人，其中2500人居住在首都巴拿马城。

但由于巴拿马政府的种种限制，到1945年时，据国民政府驻巴公使馆查报，旅巴华侨人数下降为2000人。[②] 1968年2月，据台湾国民党政府驻巴拿马“大使馆”查报，共有华侨3000人，另有土生华裔4000余人。此后虽然从台湾、香港、大陆和其他一些地方又有一些汉民族移民迁入，但由于许多人已取得当地国籍，所以到1982年时，持中国国籍的华侨只有500人，巴籍华人则约有2万人。据1987年统计，华侨、华人总数有七万多人，很多人由此移转到美国、加拿大及拉丁美洲诸国，故流动性较大。当地出生者约占80%。这样，使巴拿马华人人数仅次于巴西和秘鲁，在拉丁美洲居于第三位。[③]

巴拿马的华人、华侨绝大多数为广东籍汉民族移民，以花县、中山、鹤山、清远、惠安、三邑等县人为最多。在巴拿马的首府巴拿马城为例，有一处被称为“华人街”的地方，街道纵横交错，汉字店号、招牌林立，加上不绝于耳的广东乡音，使人犹如置身于广东省的某个城市。

巴拿马的华人多系早年广东中山、鹤山、花县、清远、宝安等县受雇来此修筑铁路、开凿运河的汉民族华工，运河开通后即留在两岸从事农牧事业，以勤劳节俭而奠定基础，逐渐移至城市，经营工商业。现多聚居首都巴拿马市和科隆两地，散居运河两岸者仅属少数。[④]

（三）危地马拉的汉民族移民

危地马拉位于中美洲北部地区，与墨西哥、伯利兹、洪都拉斯和萨安

---

① 李春辉、杨生茂主编：《美洲华人华侨史》，东方出版社1990年版，第673—674页。

② 《国民政府档》，国民政府侨务委员会编制之《国外华侨人口分布统计》，（民国三十五年辑），油印材料。

③ 李春辉、杨生茂主编：《美洲华人华侨史》，东方出版社1990年版，第640页。

④ 陈碧笙：《世界华侨华人简史》，厦门大学出版社1991年版，第392页。

瓦多接壤。汉民族移民迁入危地马拉约始于1856年间，有一名叫欧阳友的华人移居并因在军队立功，被危政府授予上尉军职。1890年粤籍华人明钊南在危地马拉开设东升隆商店。1895年后移居华侨渐增，危政府下令华人注册，登记者有579人。1897年，危地马拉总统颁布令，禁止中国移民，禁令虽经颁布，但华人仍继续前往，最盛时人数达千人。但排华法令限制了汉民族移民的迁入。

1944年5月危当局曾颁布限定华人居留额为657人，且新客不准入境居留。到1945年时，据国民政府驻危公使查报材料，旅危华侨由千余人减至745人。[①] 1953年台湾国民党政府驻危地马拉“总领事馆”查报，旅危华侨有2123人，其中土生华裔约1600人。到20世纪70年代末，据有关方面统计材料，旅危华侨和危籍华人共7000余人，80%以上为危籍华人。

旅危华侨和危籍华人原籍全为广东汉民族，以中山、南海等县人为主。多聚居在首都危地马拉城，少数散居于各地，主要在北方和东方。十分之九从事商业，以经营布匹，杂货店为最多，其次是进出口贸易业，餐馆和运输业。[②]

（四）厄多瓜尔的汉民族移民

厄多瓜尔位于南美洲西北部，西临太平洋，赤道横贯国境北部，厄瓜多尔就是西班牙语“赤道”的意思。厄多瓜尔有华人约16000人，80%以上为当地出生或已归化所在国。老一辈多从广东中山移来的汉民族，新的多来自台湾或港澳。聚居海港瓜亚基市者约9000人，居首都基多（Quito）者约2000人，余则多居各城镇。各类商店共五百余家，工厂二十余家，农场十余家。从过去经营餐馆业，逐步发展到食品加工、杂货、饲养、农业、机械和汽车，一般较为富有，出现了一些“五金大王”“蔬菜大王”和“咖啡大王”[③]。

（五）委内瑞拉的汉民族移民

委内瑞拉位于南美洲北部，有华人约12000人，当地出生的华裔占三

---

① 《国民政府档》，国民政府侨务委员会编制之《国外华侨人口分布统计》，（民国三十五年辑），油印材料。

② 李春辉、杨生茂主编：《美洲华人华侨史》，东方出版社1990年版，第643页。

③ 陈碧笙：《世界华侨华人简史》，厦门大学出版社1991年版，第395页。

分之二以上。老华侨来自广东和福建的汉民族，新的多从中国台湾、香港、英国、加拿大移居，多数聚居首都加拉加斯和商港马拉开波等城市。

（六）苏里南的汉民族移民

苏里南位于南美洲北部是一个多民族国家，最早到达苏里南的汉民族移民，是来自印尼爪哇。1853 年，有 500 名华工分数批乘船从爪哇开往苏里南，组成一个庞大的开荒队伍。以后在 1858—1870 年期间，阿姆斯特丹移民公司又在香港招募华工 2000 名运往苏里南。他们多是广东人和福建人，在合同期满后没有回国，留在当地经商或当种植国工人。

（七）巴拉圭的汉民族移民

巴拉圭位于南美洲中部，有华人约 10000 人，老一辈是来自广东沿海的汉民族移民，后又由台湾，香港、越南、柬埔寨迁人，聚居首都亚松森和巴西边境桥头市，开设各种商店三百四十余家，工厂及农收场各十五家。

（八）哥伦比亚的汉民族移民

哥伦比亚位于南美洲西北部，19 世纪 40 年代，一批广东台山人到达南美的圣・安德烈岛（后属哥伦比亚）垦殖，为哥伦比亚汉民族移民的先驱。据《世界华人华侨简史》载其有华人共约 5000 人，多是来自广东四邑，次为中山的汉民族，又次则为后移入的台湾、香港和东南亚各国华人。汉民族移民大约有 3000 人住在巴兰几亚市，700 人住在首都波哥大。大多数人经营餐馆业，全国共有 220 多家，次为杂货铺 60 余家，又次则超级市场、百货、制造、畜牧、菜园、养殖等业。①

（九）牙买加的汉民族移民

牙买加是加勒比海的一个岛国，有华人 29000 余人，当地出生者占 80%，有绵延子孙达三四代者。大多来自广东沿海各县，多数聚居安东尼奥港，次为首都京士敦。经营餐馆、旅馆、粮食、电影院、保险、房地产各类行业一千五百余家，大小工厂八十余家，大小农牧场二十余家，以餐馆业和房地产业最为发达。②

（十）特立尼达和多巴哥的汉民族移民

特立尼达和多巴哥位于加勒比海的东南部，西印度群岛东南端，原为

① 陈碧笙：《世界华侨华人简史》，厦门大学出版社 1991 年版，第 394—396 页。

② 同上书，第 394 页。

英国属地。此国虽小，但在整个拉丁美洲却是华工最早到达的地区。1802年特立尼达总督向英政府提出移入契约华工开发特立尼达的建议。1806年从中国运去华工147人，接着又运去第二批192人。[①] 到20世纪20年代，特立尼达人口为36万。华人约为5000人，绝大部分为侨生华裔，而且大多已取得英国国籍，主要从事小本经营，掌握当地中小商业75%左右[②]。据1991年出版的《世界华侨华人简史》记载，到20世纪末，特立尼达和多巴哥的华侨、华人共10000余人，多是来自广东中山、新会和台山的汉民族，大半聚居首都西班牙港和城市圣费南多等地。[③]

汉民族移民就这样从东南亚和中国大陆一浪又一浪地迁进了美洲，并在开金矿、修铁路、办商店、建植物园等方面为开发美洲做出了伟大的贡献。

第三节　汉民族移民走进欧洲

在走向世界中，汉民族海外移民是怎样迁入欧洲的呢？

与汉民族移民迁入美洲相比，汉民族移民迁入欧洲相对较晚而人数较少。当近代以来汉民族移民以“契约华工”的身份迁入美洲之时，欧洲大地几乎是“这里的黎明静悄悄”。为什么会这样呢？据李明欢在《欧洲华侨华人史》的研究：“近代欧洲是以对外殖民为主的国家，对于进入欧洲本土的外来移民，尤其是非白色人种，表现出明显的种族歧视。因此，虽然英、法、荷、葡等西欧老牌殖民帝国都曾在中国掠夺大批劳力以开发其在亚洲、美洲、非洲乃至大洋洲的殖民地，虽然欧洲列强的远洋公司早就开始以中国海员为廉价劳动力，但是，19世纪后直接进入欧洲本土的中国人，则一直遭到歧视与排斥。”[④] 也就是说以欧洲为中心的西方殖民

---

① 李春辉：《拉丁美洲史稿》，商务印书馆1983年版，第334—335页。

② 《千里达华侨近况》1926年10月《南大与华侨》4卷3号，第28页。转引自李春辉、杨生茂主编《美洲华人华侨史》，东方出版社1990年版，第656页。

③ 参阅李春辉、杨生茂主编《美洲华人华侨史》，东方出版社1990年版，第656页；陈碧笙：《世界华侨华人简史》，厦门大学出版社1991年版，第394页。

④ 陈里特：《欧洲华侨生活》，海外月刊社编印1933年版，第29—31页。原统计数中还包括在俄罗斯的华侨11.9万人，土耳其华侨7000人。参见李明欢《欧洲华侨华人史》，中国华侨出版社2002年版，第24页。

者不喜欢汉民族移民进入他们的家园。

但历史的潮流是阻挡不住的。汉民族移民走向世界的潮流也阻挡不住地进入了欧洲。从16世纪中叶开始启动，经过长达三个多世纪的启动和酝酿，终于在两次世界大战后掀起了两次移民高潮，从而使欧洲大地，尤其是西方殖民者的家园——西欧，也布满了汉民族移民的足迹。

一 汉民族移民迁入欧洲的早期记忆

近代以来，西方史籍中明确提及留居欧洲的中国人最早出现于16世纪中叶。1552年，葡萄牙著名文学家、史学家若奥·德·巴罗斯的著作《十年》在里斯本出版，书中的“地理篇”引用了一部中国书中的地图，并根据该书的资料介绍了有关中国的山川人文。巴罗斯本人不懂中文，为此，他在书中言及，在购买该本中文书的同时，也“购买”了一名“会阅读和书写我们的文字，并且精于阿拉伯数字”的“中国奴隶”[①]。据英国学者的分析，这位中国奴隶大约是在1540年或那以后不久抵达葡萄牙，而且，他很可能是“葡萄牙人海盗行径的一个受害者”。

在汉民族海外移民欧洲历史上占有一席之地的沈福宗，他是经由来华传教士的举荐而远赴欧洲的。沈福宗是江苏江宁人。出生于1658年，其父亲是一位皈依了耶稣的中医。沈福宗出生后即受洗入教，并一直在教会学校中接受教育。他自幼聪颖，学习成绩出众，完成学业后即被耶稣会传教士 Philip Couplet（中文名：柏应理）神父召到身边工作。柏应理是《中国的哲学家孔夫子》的主要译者，沈福宗为柏应理的翻译工作提供了重要帮助。1680年，柏应理受耶稣会中国传教会委托，回欧述职，沈福宗被挑选担任书记员，一同赴欧。1683年，沈福宗抵荷兰，不久转道罗马，1684年抵巴黎。在巴黎期间，沈福宗曾应路易十四的邀请访问凡尔赛宫。1687年，很可能是因为得到英国牛津大学邀请，沈福宗离开法国

① 巴罗斯在《十年》一书中，三次提及这位“中国奴隶”的协助，在（地理篇）中提到：“因为我为翻译这些图书而购买的一名中国奴隶也会阅读和书写我们的文字，且精于阿拉伯数字。”在书提及中国的长城时，又提及：“此图是我们命令在那里购买，同时还购买了一名翻译它的中国人以及其他书籍。”最后，为证明其关于中国资料的正确性，巴罗斯又第三次写道：“此书由中国传来，并由一个中国人予以翻译，我们要弄到此人就是为了让他翻译此书。”引自［英］博克塞《欧洲早期史料中有关明清海外华人的记载》，杨品泉摘译自《天下月刊》1939年12月，《中国史研究动态》1983年第2期，第20页。

赴伦敦，受聘牛津的博德莱安图书馆（Bodleian Library），从事中文图书的分类工作，成为在英国图书馆正式工作的第一位汉民族移民。在 1691 年，已在欧洲侨居八年的沈福宗启程经里斯本返回中国，可惜在海轮航经莫桑比克海峡时，年仅 33 岁的沈福宗不幸病逝于船上。

1713 年，法国史籍第一次记载一位中国青年在法国与法国姑娘结婚，是为有明文记载之中法通婚第一例。此位中国青年姓黄，但原来的中文名已不可考，从有关资料中只知道他的祖籍在福建兴化府莆田县，法文名是 Arcade Hoang（有时又作 Arcadio Hoamg 或 Arcadius Hoange），而且，还知道他将自己的姓与法文教名之音译合在一起，起了个中文教名：黄嘉略（他本人有时又写作“黄加略”）。1702 年，梁宏仁受教会派遣去罗马向教皇报告教会事宜，邀请当时 23 岁的黄嘉略以其私人秘书身份同行。同年 10 月，两人抵巴黎，不久转赴罗马。1706 年，梁宏仁带黄嘉略由罗马抵巴黎，准备返回中国。可是，由于路易十四接受了推荐，任命黄嘉略为他本人的中文翻译，负责翻译中文信函，整理王家图书馆中的中文书籍，并命他编写一部汉法字典及一部汉语语法书。在巴黎工作期间，黄嘉略爱上了法国小姐玛丽—克洛德·雷尼埃（Marie - Claude Regnier），两人于 1713 年 4 月 23 日在巴黎正式结婚。1715 年黄嘉略在欧洲先后生活了 14 年，其中在巴黎皇家图书馆工作了五年，为编辑、整理、译介中文名篇做了大量的工作。

1739 年，在莫斯科出现了俄国历史上第一个汉满语学校，任教于该校的是一位来自中国的年轻人周戈。周戈自称出身于中国的名门贵族，1731 年 9 月 11 日，他在莫斯科接受了东正教洗礼，不久又娶教友、一位宫廷裁缝的女儿为妻。为了返回中国，周戈曾请求面见沙皇，希望被委派到中国边境，为俄国从中国招募工匠，购买货物，但未能获准。从 1738 年 2 月起，周戈尝试着在圣彼得堡私人开班授课，教授汉满语。不久，俄国外交委员会因“与中国宫廷的公函来往”所需，正式将周戈招募到莫斯科办事处，要求其为俄国培养汉满语人才。1739 年 7 月 19 日，以俄国外交委员会名义开办，由周戈担任教师的“汉满语学校”正式开学。周戈在俄国生活了二十多年后，在莫斯科去世。①

汉民族海外移民到德国史料的发现，是一个意外的收获。广州中山大

① 参阅李明欢《欧洲华侨华人史》，中国华侨出版社 2002 年版，第 60—67 页。

学信息管理系青年教师徐文辉于2000年7月28日在柏林德国国家图书馆东亚手稿部发现香山人冯亚星的资料。在德国国家图书馆东亚手稿部中，有一部保存完好的冯亚星用德文书写的一则简短自传，译文如下："我今年35岁，1792年生于中国广东省香山县。我是一位宰相家的儿子，我的伯父是清朝广东海关的高级官员，他与很多欧洲船主有广泛的朋友关系，我因此在1816年8月3日离开了我的祖国。"这是冯亚星于1828年11月在德国波茨坦写的。

冯亚星喜欢游历世界，且识外文，他在1816年8月3日登上荷兰籍船主 Lasthausen 的船，第三次前往欧洲，后又到达大西洋南部、远离欧洲大陆的圣·赫勒拿岛。该岛上有近400名从广州来的汉民族移民，冯亚星留下来据说当了被流放至此的拿破仑的厨师。拿破仑去世后，冯亚星到了伦敦，1823年与冯亚学（可能是同乡兄弟）到德国。1823年3月，冯亚星、冯亚学在柏林贝伦街65号登台演奏中国乐器（据推测是二胡，后来此二胡曾在普鲁士国王的宫廷艺术品收藏室保存了一段时期），让德国人感受到东方音乐的魅力，一时引起轰动。以后两人还到过耶拿、汉堡、不来梅等地，他们活跃于上流社会，引起当时的普鲁士国王的重视。两人得到王家资助，到哈勒大学帮助德国汉学创始人威廉·夏特研究"汉语语言的精髓"达三年之久。1826年后，冯亚星、冯亚学一起在波茨坦出任普鲁士国王弗德里希·威廉三世的"宫廷茶道师"。其实，这只是为发给他们高薪而设的虚衔，冯氏二人做的仍是文化交流工作。1828年、1829年，冯亚星先后将6部欧洲宗教文献翻译成中文。

冯亚星于1826年4月2日在波茨坦教堂，与18岁的德国女子克拉拉结婚，共生养了一女二子，其后代生活于德国、西班牙等地。[①]

历史虽然已成史料，但上述碎片式的记忆，却是汉民族移民在近现代迁入欧洲的开始。

二　第一次世界大战后汉民族移民迁入欧洲的小高潮

机会是给有准备的人最好的礼物。

第一次世界大战结束之后，欧洲经济的恢复和发展给汉民族移民迁入欧洲提供了一个难得的机会。

---

① 莫艳文、孙朝方：《追寻一颗"星"，引出一段"古"》，《羊城晚报》2000年8月30日。

（一）汉民族移民从“船员”到“侨民”实现“欧洲梦”

首先抓住这个机会的是受雇于英国远洋船的水手船员。据考从“船员”到“侨民”是19世纪中叶之后中国人进入欧洲的一个主要途径。

据大英博物馆资料记载，有三个祖籍潮州的吴姓华人海员，经常出海行船暹罗（泰国）、安南（越南），漂洋过海，经验丰富。在1899年的冬天，他们随着一艘英国轮船来到伦敦后没有盘缠而流落在此，于是只好在伦敦东部的船坞区落户，后来和当地贫困劳工一起开设杂货店、餐馆。十年后，他们居住的地区开始形成初具规模的华人社区。数十年后，吴姓三海员陆续过世，船坞区也逐渐式微。加上伦敦市政府发展苏豪区，华人社区便从东部迁移到爵禄街一带落户。这三个吴姓海员就是英国华侨史上记载的最早到英国的华人①。

本来，在欧洲列强的本土，既无需要建设的种植园，又无等待开发的矿山，因此，除了19世纪末沙皇俄国曾大批利用中国劳工为其修建连接欧亚大陆的西伯利亚大铁路之外，直至第一次世界大战之前，欧洲列强并不曾直接从中国招募劳动力进入欧洲。但是，欧洲从事欧亚远洋航运的诸多船务公司，却老早就盯上了“价廉物美”的中国人，并一批批地雇用他们去充当远洋货轮的水手。欧洲公司中最早招募中国人担任远洋水手的是英国东印度公司。最早见于1782年7月27日在伦敦出版的《晨报》（*Morning Chronick*）。是日，该报的一则消息报道：在东伦敦斯泰尼（Stepney）发生了一起斗殴事件。在此事件中，有些“非常强悍的中国人”卷入其中。这是关于伦敦住有来自中国的水手的最早报道。渐渐地，关于中国和其他亚裔水手在伦敦港区的生活状况极为糟糕的状态在报章上越来越多地被披露。

东伦敦地区中国水手及其他亚洲水手非人的生活状况，引起了英国有关当局的关注。1814年，英国议会通过一项议案，要求东印度公司必须为亚洲水手们“提供食品、衣物和必要的住宿条件”，同时，英国议会还决定成立一个专门委员会，就有关情况做详尽调查并提出进一步建议。次年，该委员会向议会正式提交了调查报告，题为“关于1814—1815年印度和其他亚裔海员的报告”（Report on Lascars and other Asiatic seamen,

---

① ［葡］麦基洗德：《广东华人在欧洲（一）哪些华人最早开拓欧洲“唐人街”》，《神州民俗》（通俗版）2013年第6期。

1814—1815)。这个报告具体描述了萨得威尔兵营内拥挤不堪的居住状况，对中国水手的居住状况却给予较好评价，报告认为：中国人的住处显得“干净、通风，给人以基本舒适的感觉，这些在其他印度水手居住的房间是看不到的。看来中国人对他们的生活状况是满意的”。不过，就在同一报告中，调查员们也对他们所见情况的真实程度表示了怀疑。

此外，当时还有些滞留当地较长时间的中国水手，搬到了萨得威尔地区的一些小客栈里居住。在当地人眼里，这些小客栈尽是些“声名狼藉之处”。1817 年，伦敦政府有关当局指控这些小客栈中时有非法娼妓出入，要吊销客栈的营业执照。

上述两条材料透露了两条明确无误的信息：一是 18 世纪末至 19 世纪初，已有不少中国人在东印度公司的远洋航船上担任水手；二是当时已有一定数量的中国水手留居伦敦，并引起有关当局的注意。

1813 年和 1833 年，英国东印度公司对印度和中国的贸易垄断权相继被取消。1858 年，英国东印度公司被完全关闭而彻底破产，标志着英国工业资本对商业资本的胜利。此后，英国殖民者对中国的掠夺更变本加厉。1865 年，英国港口城市利物浦的两家公司正式开辟了直接从欧洲航抵中国的航线。随后，英国多家远洋公司也相继涉足经营中欧航线。其中，尤以英国“大洋轮船公司”的“蓝烟囱航线”(Blue Funnel Line)生意最为兴隆，其远洋货船长期穿行于利物浦与香港、上海之间。中欧航线的经营者换了，但是，雇用中国水手的做法仍被沿用，尤其是“蓝烟囱”的船员中，中国水手的比例明显上升。而且，不但是英国的远洋公司，同期荷兰、德国的一些远洋公司，也雇用了不少中国船员。这些受雇于欧洲远洋公司的中国船员，除来自香港本地外，主要来自与香港毗邻的广东珠江三角洲一带的宝安地区以及台山、开平、恩平、新会四邑。①

早已留居英国等西欧国家的船员紧紧抓住了这个实现“欧洲梦”的机会，从“船员”变成了“侨民”，从而带动了那些率先离家赴欧谋生的小贩也实现了“欧洲梦”。他们在实现自己的“欧洲梦”后，或衣锦还乡买地买屋，或踌躇满志召唤老家来人相助。这样，很快地产生了连锁反应，对于实现了“欧洲梦”的汉民族移民之亲朋好友、乡人邻里产生了极大的诱惑力，后者纷纷效仿。于是，从 20 世纪 20 年代末 30 年代初至

① 参阅李明欢《欧洲华侨华人史》，中国华侨出版社 2002 年版，第 85—87 页。

30 年代中期，在欧洲华侨的主要原居地广东的宝安以及浙江的青田、温州一带，兴起了移民欧洲的“过番风”小高潮。

（二）汉民族移民从“华工”到“侨民”实现“欧洲梦”

接着抓住机会的是赴欧“华工”。历史上在欧洲列强的本土，除了沙皇俄国在 19 世纪就大量利用中国劳工为其修建横跨西伯利亚的大铁路之外，大批中国劳工被运往欧洲则出现于第一次世界大战爆发后。

1914 年，大战爆发后，欧洲各国的工业、农业、运输业，无不面临人手短缺的严重困难。而“整个中国都成为潜在的，事实上是无求无尽的劳力供应的源泉”[①]。于是，开战第二年，协约国的代表火速来华，“商议”到中国自由招募劳工之事。但当时的中国政府在大战爆发之际曾宣布严守中立，不敢贸然应允。可是，一来由于列强百般施压，二来中国政府也幻想以提供人力资源为交换筹码，求得两方列强对其统治的支持。几经密谋，制定了所谓“明守中立，暗事参加”的“以工代兵”的策略。从而开始实施大规模招募参战华工的计划。

自 1916 年起至第一次世界大战结束，由俄国、法国和英国分别招募，先后约有 30 万华工被送往欧洲战场及协约国所辖战区[②]，成了这场帝国主义战争悲惨的受害者乃至直接的牺牲品。

1. 俄国的华工

沙皇俄国是在欧洲列强中最早将华工用于其本国开发与建设的国家。在俄国属于远东地区的各行各业中，都有华工在工作，他们绝大部分在农场和牧场，也有在原始森林中的伐木场、煤矿和金矿从事苦力、仆役或小商贩等行业。据 1910 年俄国政府官方统计资料，在俄国从事公务劳动，以及在金矿和乌苏里铁路工作的外国人共有 51404 人，其中华工占 95% 以上。[③] 除此之外，还有大批华工辛勤工作在兴建西伯利亚大铁路的工地上。从 1892—1916 年西伯利亚铁路全线贯通，先后有大约 20 万华工在西伯利亚铁路建设沿线从事最艰苦的工作。华工们在饥寒交迫中艰苦筑路，与修建美国和

---

① 曼尼科、古尔（Manieo Gull）：《华工从威海卫出国赴法的组织工作》1918 年 4 月。载陈翰笙主编《华工出国史料汇编》第十辑，中华书局 1980 年版，第 308 页。

② 上海《申报》1919 年 6 月 6 日的报道，赴欧华工数“达三十万人”。转引自李明欢《欧洲华侨华人史》，中国华侨出版社 2002 年版，第 100 页。

③ 伊·巴比切夫：《在远东参加国内战争的中国朝鲜劳动者》，转自李永昌《旅俄华工与十月革命》，河北教育出版社 1988 年版，第 19 页。

加拿大的铁路一样，上万公里长的西伯利亚大铁路是数十万中国劳工的血汗和生命铺就的。

根据1917年2月9日上海《民国日报》的一则报道，在长春义成公司充当买办的周冕，曾一次就“招募”了多达两万名的华工，去俄罗斯斯莫林斯克省（Smolensk Province）砍伐木头。俄政府的一份统计资料表明，俄国共招募了15万名华工，其中5万人被送往前线。[①] 另据，俄国学者波夫的研究，仅仅在1916年，就有49272名华工被运到俄国。“除了北极圈以外。华工遍布俄国各地”，“将华工大量运往靠近前线的工作甚至持续到1917年。仅仅在德俄交战期间，就往俄国的欧洲部分输送了不下15万华工”。在十月革命爆发前，被俄国政府“招募后编为军队，作前线冲锋之用”的5万华工中。据说“死亡于军中者，达两万人许，余约万人左右于革命起时遣送回华”[②]。

1917年，俄国爆发了震惊世界的“十月革命”。在这场革命运动中，由华工组成的赤卫队，直接参加了莫斯科的十月武装起义，参加了攻打彼得堡冬宫的战斗。当新生的苏维埃政权遭到国际反动势力扼杀时，数万在苏华工应召加人苏联红军。据1919年5月22日上海《申报》报道，华工参加苏联红军者，达三四万人之众。[③]

2. 法国的华工

根据法国大学汉学家的资料记载，第一名华人是来自广东顺德种花工匠、粤人基督教徒胡若望。据说，拿破仑在被囚的岛上宴请路过的英国海军军官舰长时，胡若望正在窗外的花园里工作。席间，拿破仑指着胡若望说：“你看，这些中国人十分善良，他们有才能智慧与自尊心，决不会长期像这样忍受英国人或任何其他民族的奴役的。”这就是传说中最早一个到法国的广东人。[④]

---

① Alexanaer G. Larin：《中国人在俄罗斯：历史透视》（*Chmtse in Russia：Ahistorical Perspective*），载 Gregor Bcnton & Frank Pieke 主编《欧洲华侨华人》，第284页。转引自李明欢《欧洲华侨华人史》，中国华侨出版社2002年版，第103页。

② 陈里特：《欧洲华侨生活》，海外月刊社1933年版，第118—119页。转引自李明欢《欧洲华侨华人史》，中国华侨出版社2002年版，第103页。

③ 转引自李明欢《欧洲华侨华人史》，中国华侨出版社2002年版，第119页。

④ ［葡］麦基洗德：《广东华人在欧洲（一）哪些华人最早开拓欧洲“唐人街”》，载《神州民俗》（通俗版）2013年第6期。

传说归传说，史载法国于 1916 年，派陆军部代表乔治·陶履德（George Truptil）中校到中国，具体协议从中国招募劳工赴欧参战一事。为了掩人耳目，陶履德以“农学博士”的身份公开活动，而中国方面则由中国交通银行出面，注册成立“惠民公司”具体操办招工之事。惠民公司的总部设在天津，随着招工范围的拓展，又相继在香港、浦口、青岛等地设立了分公司。惠民公司的招工人员被派往全国各地，尤其是在北起京、津，中经沪、宁、南至穗、港的广阔区域，散发传单，张贴告示，登报宣传，四处招募。在不到三年的时间里，惠民公司共向法国送去了大约 3.5 万名华工，其主要输出地包括：

天津：先后 3 批总计 6038 人；

香港：先后 5 批总计 3221 人；

浦口：先后 14 批总计 18970 人；

青岛：先后 3 批总计 4418 人。①

由于“惠民公司”从招工中获利丰厚，香港、上海等地的一些买办、商家争相效仿。1916 年冬，香港人梁培约集数人在香港注册成立“香港利民公司”，先后三批往欧洲送去两千余华工。其中第二批华工搭乘的“亚多士号”（Athos）航船在地中海附近被德国潜艇击沉，船上 500 多华工不幸遇难。

1916 年 10 月，陶履德授意上海中法实业银行的买办朱麟笙，在上海港租界成立“兴业洋行”。招收“工头”和“工匠”（“技术工人”）赴法，应聘人的年龄以 18—45 岁为限，雇佣期两年，“工头”的日工资是 8.25 法郎，“工匠”的日工资是 5.5 法郎。由于纸面上所显示工资明显高于中国企业所给予的待遇，因此对当时生活于贫穷之中的中国工人颇有吸引力。短短数月内，“兴业洋行”就从上海江南造船厂和沪宁铁路局为法国招收了 1066 名对方急需的技术工人。②

3. 英国的华工

英国也在 1916 年 10 月 5 日与中国签署了招工协定。该协定在字面上同样规定被招募的华工将被用于补充工农业所需的劳力，主要被派往工厂、港口、

---

① 以上有关内容摘自《惠民公司报告》，转引自陈翰笙主编《华工出国史料汇编》第十辑，中华书局 1980 年版，第 294—295 页。

② 李明欢：《欧洲华侨华人史》，中国华侨出版社 2002 年版，第 106 页。

公路、铁路、矿山、林区、农场等处工作，不能直接用于军事行动。按照该协定，英国雇佣华工的期限为三年。英方招募的华工包括翻译、技术工人和普通劳工。1916 年秋，威海卫侨工事务局开始为英国招募华工。随之，英方又以英商和记洋行的名义在青岛的沧口设立华工收容所。随着英国在华的招工活动逐步向济南、香港、广州、汕头、汉口等地拓展，以招收华工为牟利手段的香港利民公司、广州沙面志利洋行、上海兴业洋行、上海道信洋行等纷纷成立。1916 年至 1918 年间，英国共从中国招募了 10 万华工，并将其送往从英国所辖各战区。英方将应募华工编为“华工营”，每营人数从 100 人到 1000 人不等，其中人数最多的 7 个营，每营人数达 3000 人以上。

大战结束时的法国，满目疮痍，面目全非。由于百废待兴，城乡重建迫切需要大量人手，而大战期间无论是由法国或由英国出面招募的华工，大多数被用于法国。据法国学者统计，大战停战时，在法华工约为 9.6 万人，1919 年 5 月，仍有 8 万华工受雇于法国，他们的主要任务是在遭受战火蹂躏的地区从事清理与重建工作。①

第一次世界大战的赴欧华工在漫漫五年求生异国期间，战后他们中的小一部分人抓住了机会，有的与法国人结了婚，成了家，就此留在了法国；有的则认为在法国求一条生路比返回贫困交迫的家更好些，也想方设法定居当地。据法国官方统计，大战后留居法国的华工总计约有 3000 人，其中 1850 名技术工人正式与法国的冶金工业签订了新的工作合同，其余的则分别在法国巴黎近郊的各机械制造厂、飞机制造厂工作。② 当战后的“遣送期”结束后，这些留居者的身份实际上也就随之从“战时契约劳工”转变成为“移民劳工”。法国有学者认为，战后留居法国的 3000 名华工，有人认为这些华工成了“第一批旅法移民”③。

1988 年，以《法国华人百年史》论文获得博士学位的华裔廖遇常率先发起了为一战华工恢复声誉之举。在法国华人社团的共同努力下，是年

① 原文摘自法文版《第一次世界大战史料》，由法国《富善》杂志社资料室翻译，载《富善》1996 年 6 月，第 4 期，第 31 页。

② 李明欢：《欧洲华侨华人史》，中国华侨出版社 2002 年版，第 116 页。

③ 廖遇常：《法国华人一百年：1900 年以来的华人生活》（中法文双语本），法国共忆协会，1994 年，第 5 页。转引自李明欢《欧洲华侨华人史》，中国华侨出版社 2002 年版，第 117 页。但李明欢以为，在华工于第一次世界大战后移居法国之前，已有其他中国人陆陆续续移居法国，就此而言，华工并不能算是“第一批旅法移民”。

11 月 28 日，在纪念第一次世界大战停战 70 周年之际，巴黎市政府在巴黎华人的第一个聚居区——巴黎里昂火车站为参战华工建立了一块纪念铜牌，上面用中、法两种文字写道："公元 1916 年至 1918 年，14 万华工曾在法国参与盟军抗战工作，有近万人为此献出了宝贵的生命。战后，其中 3000 人定居法国，并在巴黎市里昂车站周围形成了第一个华人社会。" 1998 年 11 月 2 日，在纪念第一次世界大战停战八十周年时。巴黎又在华人聚居的第 13 区为参战华工再立一座纪念碑。碑上用中、法两种文字醒目地铸刻着："纪念在第一次世界大战中为法国捐躯的中国劳工和战士，1914—1918。" 巴黎 13 区区长杜蓬在揭幕仪式的讲话中指出，这个纪念碑将把华裔族群的先驱为捍卫法兰西、为法国的自由而流血牺牲的历史昭示后人，具有非常重要的意义。他认为，纪念碑的落成是法中两国友好关系、法中两国人民友谊进一步发展的体现，是华裔族群为融入法国社会不懈努力的明证。他在结束讲话时，高呼"华裔族群万岁！""在法兰西共和国中的华裔同胞万岁！"①

（三）汉民族移民从"留学"到"侨民"实现"欧洲梦"

进入 19 世纪之后，清王朝面临资本主义列强的强烈冲击，两次鸦片战争，使古老的"天朝"摇摇欲坠。于是，在清朝封建统治集团一片茫茫然不知所向的迷乱中，洋务运动应运而生，在"自强""求富"的大纛下，自 19 世纪 60 年代始，所谓的新政相继出台，其中就包括"向欧洲派遣留学生"的新政，从而开通了到欧洲留学的道路。进入 20 世纪后发展成赴法勤工俭学运动，形成了在汉民族移民史上的第一次留欧热潮。这就为中国留学生成批进入欧洲，尤其是随着其中部分人由"留学"始而以"移居"终，抓住机会，成为"侨民"，实现了"欧洲梦"②。

清代的官费留学虽始于 1875 年福州船政局派了 5 人随船政局技术监督法国人日意格到英、法参观学习；1877 年 3 月 31 日，福州船政学堂首批赴欧留学生共 30 人分赴英、法留学，但自费留学欧洲的早已开始。据载，晚清思想家王韬于 1868 年逗留英国时，就曾在笔记中提及与当时在英国留学的韦宝珊、黄咏清等一同出游，可见至迟此时已有中国学生自费

---

① 李明欢：《欧洲华侨华人史》，中国华侨出版社 2002 年版，第 119—120 页。参阅该书第 102—103、106、110、113、116—117 页。

② 同上书，第 121—122 页。

留欧。1873 年，广东新会人伍廷芳自费留学英国，选修法律[①]，刘锡鸿《英轺私记》即云："新会人伍廷芳来谒，盖赴英学律，三年已成，考取律师者……年约三十岁，明白俊爽。"[②] 1886 年，曾纪泽归国途经法国马赛时，也有粤籍留学生陈源流登门拜见，此人"自备资斧来学法文"，而且已经"在马赛书垫肄业"[③]。

不过，大批自费留学生进入欧洲，以及部分留欧学生由"留学"始而以"移居"终，成为侨民的现象，是进入 20 世纪之后才出现的事。这就是 20 世纪初年著名的赴法勤工俭学运动，是为汉民族移民欧洲一个具有划时代意义的重大事件。

那么，"勤工俭学"何以兴起？1901 年，清廷公使孙宝琦赴巴黎上任，李石曾等人作为随员同往法国。李石曾等抵法后，一面在使馆工作，一面入法国大学求学。1903 年，吴稚晖因"苏报案"[④] 出国去英国留学。1900 年，吴稚晖从英国去往法国，和李石曾等人一起，共同参与孙中山的反清革命活动。但是，当时他们都还是留学生。在既无官费来源、又无当地奖助学金资助的情况下，他们只能提倡"苦学"，靠自己的劳动解决生活问题，"俭学风"由此而兴。李石曾、吴稚晖等人也从自身的实践中，总结出应"兴尚俭乐学之风，而助其事之实行"[⑤]。

1912 年 2 月，李石曾、吴玉章等 15 人在北京发起成立了"留法俭学会"，成立"留法预备学校"。当时任教育总长的蔡元培对此极为支持，主张大力提倡，一些社会名流也相继表态支持，湖南、河北、山东、山西、四川等省之省政府并为首批赴法勤工俭学的志愿者提供一定数额的资

① 王韬著：《漫游随录》，陈尚凡、任光亮校点，社会科学文献出版社 2007 年版，第 130 页。

② 刘锡鸿：《英轺私记》，朱纯校点，岳麓书杜 1986 年版，第 70 页。伍廷芳后来成为中国近代史上著名的外交官。

③ 曾纪泽：《出使英法俄国日记》，王杰成标点，岳麓书杜 1985 年版，第 955 页。

④ 苏报案，是清政府为镇压资产阶级民主革命思潮而罗织的文字狱，是辛亥革命前的著名反清政治案件。1903 年，邹容、章太炎分别写出轰动全国的《革命军》和《驳康在为论革命书》。《苏报》连续发表《读〈革命军〉》《序〈革命军〉》《介绍〈革命军〉》等文章，大骂皇帝和清政府，高呼革命为神圣"宝物"，要求建立资产阶级"中华共和国"，推荐《革命军》为国民必读的第一教科书。同时报道各地学生的爱国运动。为此清政府照会上海租界当局，以"劝动天下造反""大逆不道"罪名将章太炎等逮捕。邹容激于义愤，自动投案。

⑤ 李明欢：《欧洲华侨华人史》，中国华侨出版社 2002 年版，第 131 页。

助。“赴法勤工俭学”迅速引起热烈反响，很快开始实施。1912 年 11 月底，第一批勤工俭学学生乘火车经西伯利亚前往法国。俭学会成立后仅一年，经该会安排赴法者即“不下八十余人，其他抱俭学宗旨或留学或家居自由汇集者亦四十余人”①。然而，1914 年第一次世界大战的爆发，勤工俭学运动只得暂时中止。业已进入法国的百余名学生。适逢法国因大战而迫切需要人手，就业不仅不成问题，而且作为廉价劳动力而颇受法方欢迎。随着 1916 年后十多万华工涌入法国，早期的留学生们居高临下地担当起了组织、帮助、教育华工的职责。这一举措对初抵异域的华工而言，犹如雪中送炭；对于法国官方而言，也起到了帮助其安定社会的作用。

从 1919 年到 1920 年，是勤工俭学运动的高潮。大战刚结束，勤工俭学运动的组织者们认为新的机会来了，立刻扩大宣传，极力鼓动国内青年学子赴法。而早期抵法之留学生到处受欢迎之状况，更被当成活生生的实例。当时一份报告赴法勤工俭学情形的文章即写道：“当生等第一次来法时，今法总理克理满梭所办之《人道报》且大登其欢迎词，谓此班学生为交换中法文明者云。同学之入学校及工厂者。其待遇皆优于本国人；且有蒙达耳一校，更将中国国旗大悬特悬，以为荣耀；各校并为中国人特开班次，特设住所……”② 如此现身说法，自然使诸多本来就向往到欧洲去追寻新文化的莘莘学子，更加跃跃欲试。1919 年 3 月后，赴法勤工俭学运动迅速高涨，进入 1920 年，平均每月从中国奔赴法国者达百人以上，最多时达到 230 多人。至是年年底，仅仅是在华法教育会名册上登记的勤工俭学学生数，即有约 1600 人，新近抵达而尚未列入名册者，还有一百余人，总数在 1700 人以上，成为一时盛事。③

1921 年后继续在法国求学的学生中，每年约有 150 人往新创办的“中法大学”学习。1919 年第一次世界大战结束后，法国同意中国停止支付“庚子赔款”，该部分钱款由中法两国政府协议在里昂建立一所专门招收中国学生的大学，即“中法大学”。1921 年，中法大学正式建成并招

① 舒新城：《近代中国留学史》，中华书局 1927 年版，第 88 页。

② 同上书，第 91 页。

③ 不同资料所引数字略有不同，此处所引见奇峰《留法勤工俭学生经过纪实》。《时报》1921 年 12 月 8 日。载清华大学中共党史教研组编《赴法勤工俭学运动史料》第一册，北京出版社 1979 年版，第 123 页。

生。该大学主要从中国招收经由官方甄选的学生，并给予特待生、免费生、正式自费生等不同待遇。该大学先后开办了25年，共招收了473名学生。另外部分留学生分别进入巴黎大学、里昂大学、国立高等农业专门学校、巴黎农学院、巴黎高等矿业学院、法国国立工艺专科学校等30多个大专院校学习。[①] 据20世纪30年代初的统计，在“中法大学”学生中，有35人获得博士学位，30人获文理硕士，24人获工程师文凭，此外，在留学法国不同高校的中国留学生中，还有12人获法国大学高等文凭，59人获法国里昂化学院、巴黎电气学校、巴黎矿业学校等高等院校的毕业证书，有157人获专科高等证书。[②]

留法勤工俭学学生在法国留学的命运也是坎坷艰难，对此，学者们有不少论述。本书关注的是，最后有一部分留法勤工俭学学生继续留居法国。这些人各有不同经济来源：有的因出身于官宦或富裕之家，可以靠家中的支持继续其学业；有的因学习成绩特别突出，得到法国大学的资助，得以继续完成学业；有的转入免费的教会学校学习；还有的则设法转为中国的官费留学生，从中国官方得到资助渠道。在后两部分人当中，有一部分学生以留学始而以移居终，据法国学者统计，其中有400—500人在结束学业后留居法国。他们最后完成了从“留学”到“侨民”的转型，实现了移民的“欧洲梦”。这部分人虽然为数不多，但是作为一个高知识阶层群体，他们为欧洲华人社会注入了新的成分，从一个特殊的层面促进了处于雏形中的欧洲华人族群的发展。[③]

这样，在第一次世界大战前后，由部分船员、华工和留学生“欧洲梦”实现，构成的汉民族移民欧洲的小高潮。

三　第二次世界大战后汉民族移民迁入欧洲的大高潮

第二次世界大战是世界历史一个重要转折。作为第二次世界大战主战场的欧洲，重创后重建家园，屋漏又逢连夜雨，一是借反法西斯战争胜利而兴起的亚非拉民族解放运动，如釜底抽薪，动摇了宗主国英、法、荷等

① 李治华：《里昂中法大学话旧》，载《旅法华侨俱乐部二十周年纪念特刊，1972—1992》，第73—77页。

② 陈里特：《欧洲华侨生活》，海外月刊社1933年版，第93—95页统计。转引自李明欢《欧洲华侨华人史》，中国华侨出版社2002年版，第143页。

③ 参阅李明欢《欧洲华侨华人史》，中国华侨出版社2002年版，第143页。

老牌殖民帝国的根基。二是东欧各国先后建立了人民民主国家，重构了欧洲的政治版图，从而使汉民族移民面临新的选择。

（一）东南亚汉民族移民向欧洲的再移民

国家要独立，民族要解放。第二次世界大战后选择再移民欧洲的汉民族移民，主要有印尼的华裔迁入荷兰，马来亚的华裔迁入英国和印支华裔难民迁入西欧。

1. 印尼的华裔迁入荷兰

第二次世界大战后，随着印尼独立的节节推进，从 1949 年起至 50 年代中期，荷兰殖民当局先后安排总计达 25 万人之多的“荷属东印度的荷兰人”从印尼群岛返回荷兰本土。在这批“回归人员”中，以在前荷属东印度任职的荷兰军政人士及其眷属为主，同时也包括曾经任职或服务于荷兰殖民当局、殖民军队的非荷兰人。在遣返撤离浪潮之裹挟下，有部分印尼华裔迁居荷兰，据李明欢研究，他们主要可分为三类人：

第一类是符合荷兰规定的所谓“荷属东印度的荷兰人”中具有华裔血统者。由于荷属东印度当地华人以独立经商为主，直接任职殖民当局者并不多，而为荷兰军队当兵更为绝大多数华裔家庭所鄙弃，因此，撤回荷兰的“东印度荷兰人”虽多达 25 万，但一般估计其中具有华人血统者不过区区数百人。

第二类属自由移民者，他们主要是因为缺乏在印尼继续生活的安全感而选择了移民荷兰的道路，这部分人士以曾经受过荷兰教育的华裔专业人士为主。自 20 世纪初叶起即不断有印尼华裔将子女送往荷兰求学，在第二次世界大战前，这些华裔青年在完成学业后，大多选择重返印尼。战后，当印尼环境发生不利于他们生存发展之变化时，他们所拥有的荷兰学历，则使他们在考虑再移民时以荷兰为首选之地。

第三类是以“留学”身份进入荷兰的印尼华裔青年。战后，从印尼前往荷兰留学的华裔青年人数猛增。究其原因，一是由于大战使正常的留学中断数年，因此，当和平恢复之后，前往荷兰留学的印尼华裔学生出现了一个小高潮；但另一重要的潜在因素则在于，面对战后印尼扑朔迷离的政局，一些富裕的华人家庭将送子女赴荷留学作为日后可资利用的安全通道之一。①

---

① 李明欢：《欧洲华侨华人史》，中国华侨出版社 2002 年版，第 373 页。

根据研究印尼华裔移民荷兰历史的荷兰学者估计，第二次世界大战期间滞留荷兰的原荷属东印度华裔学生大约百人，大战一结束，赴荷留学的印尼华裔学生数立即出现上升，据1948年的统计，是年，留居荷兰的印尼华裔已上升到大约500人，其中约80%以上是战后才赴荷求学的学生。到1957年。全荷印尼华裔总人数增至大约1400人，其中登记为“学生”身份者约1000人，已定居者约400人。[①] 相对于数以百万为计的印尼华人社会，这一数字显然微不足道，但是，由于20世纪50年代时全荷兰来自中国本土的移民仅为2000人左右，因此。倘若将印尼华裔视为荷兰华人社会的有机组成部分，那么，荷兰华人社会的总体规模则几近翻了一番，其影响不容低估。[②]

2. 马来亚的华裔迁入英国

马来亚一直是汉民族历史海外移民的主要迁入地之一，及至20世纪30年代末期，马来亚华人人口已经达到马来亚全部人口的40%，并且广泛地活跃于社会经济各个领域。[③] 第二次世界大战中，马来亚的华人为马来亚的独立，与日本侵略者浴血奋战。战后，1945年英国殖民者卷土重来，1948年6月，英国殖民政府宣布马来亚进入紧急状态，经过长达十年的风风雨雨，1957年8月马来亚联合邦才宣告独立。但做出了重大的贡献的马来亚华人却受到不平等的待遇。这时，由于战后重建迫切需要劳动力，原宗主国英国，出台了吸引原殖民地移民的相关法令。1948年，英国在战后修订公布的国籍法令中规定：凡持有英联邦成员国国籍的公民，均有权在英国定居。该项法令为包括马来亚在内的英联邦公民移居英国提供了方便，使那些不满在马来亚处境的华人选择了再移民到英国。据李明欢研究，战后从马来亚地区移居英国的华人主要包括以下三大类：

第一类是以劳工身份进入英国，他们成为20世纪50年代后在英国蓬勃兴起的中餐业的生力军之一。

---

① Kees Van Galen：《无源之水：来自印尼的华人》（Dorp Zondcr Naam：de Chinezen uit Indonesie），Gregor Benton & Hans Vermeulen 主编：《华人》（*De Chinezen*），1987年，第144页。转引自李明欢《欧洲华侨华人史》，中国华侨出版社2002年版，第374页。

② 李明欢：《欧洲华侨华人史》，中国华侨出版社2002年版，第374页。

③ 1951年《南洋年鉴》，第58—59页。另参阅（香港）黄枝连《东南亚华族社会发展论》，上海社会科学院出版社1992年版，第118—119页。转引自李明欢《欧洲华侨华人史》，中国华侨出版社2002年版，第374页。

第二类是专业移民。与战前荷属东印度的情形相似，自20世纪初年起，即不断有在马来亚接受了英文教育的富裕的华裔家庭子女，继续前往英国深造。第二次世界大战期间，在中国著名新闻记者萧乾访问英国的有关报道中，就曾经提及：在著名的剑桥大学“有一个中国同学会，因为来自马来亚的华侨占大半。开会时全说英文”①。战后马来亚虽然宣告独立，但与英国的文化联系长期延续。因此，前往英国留学的马来亚华裔学生依然络绎不绝。对于原居地生存环境之不满，促成部分留学生在学成之后留居当地，成为50年代进入英国之华裔新移民的组成部分之一。

第三类是来自马来亚的华裔女护士。②

从20世纪40年代末50年代初起，由马来亚移居英国的华人人数明显增加。1951年英国英格兰与威尔士人口普查资料中，首次将居住在该地区的华裔人口按其出生地进行划分。是年列入该人口普查的华人人口总数是19396人，其中出生地为新、马者合计共7301人，占是年正式登记在册之英国华人总数的38%，1961年，新、马华人在全英华人中所占比例又增至51%。

英格兰与威尔士华人出生地统计（1951—1981年）

年份	中国内地		中国香港		新加坡		马来亚		总额
1951	8636	45%	3459	18%	3255	17%	4046	21%	19396
1961	9192	24%	10222	26%	9892	26%	9516	25%	38750
1971	13495	14%	29520	31%	27335	28%	25680	27%	96030
1981	17569	11%	58917	38%	32447	21%	45430	29%	154363

资料来源：李明欢：《欧洲华侨华人史》，中国华侨出版社2002年版，第377页。马来亚1963年后为马来西亚。

3. 原葡属殖民地华人迁入葡萄牙及西欧

葡萄牙是西欧另一个老牌的殖民国家，在20世纪70年代之前，仍然占有比本土大22倍的殖民地，它们是：安哥拉、莫桑比克、几内亚（比绍）及中国澳门等。进入70年代之后，原葡属东非殖民地的民族独立运动风起云涌，动摇了殖民宗主国的统治。1974年7月24日，葡萄牙政府

① 萧乾：《海外行踪》，湖南人民年版社1983年版，第40页。

② 李明欢：《欧洲华侨华人史》，中国华侨出版社2002年版，第376页。

终于被迫允许东非殖民地各国自主选择独立。

在原葡属非洲殖民地中，华人相对较多的国家是莫桑比克，据 1929 年上海侨务协进会非洲特派员莫次南的调查，当时葡属东非首府马贵斯（Lourence Margues，今莫桑比克首都马普托）有华侨 460 人，比罅（Beira，今莫桑比克重要港市贝拉）有华侨 577 人，其他地区有华侨 70 人，共 1107 人。[①] 时至 70 年代上半叶，全莫桑比克华侨华人约有 7500 人，其中大约 3500 人住在马普托，4000 人住在贝拉。在葡属东帝汶独立前，当地也有一个多达万人的华侨华人群体。[②]

70 年代之前在莫桑比克的华侨华人，以经营杂货店为主，据 1972 年统计，全国有华商经营的杂货店 283 家，进出口行 20 家，百货店 16 家，还有由华侨经营的农场 30 多家。1975 年莫桑比克独立后，政府宣布将所有私营企业收归国有，当地华侨多年创下的事业，瞬间荡然无存。[③] 当社会处于动乱中时，许多华侨纷纷外迁，有的移居南美巴西，有的移居美国、加拿大，据说其中有大约 700 人移居葡萄牙。1975 年东帝汶独立后，很快即遭到印尼吞并，在战乱中，当地华人纷纷外逃，据说也有数千人逃到了葡萄牙。[④] 另据台湾侨务部门提供的资料，安哥拉及莫桑比克独立时，从两地迁居葡萄牙的华人有大约 2000 人，从东帝汶迁居葡萄牙的华人有大约 1500 人。[⑤]

因此，虽然从原葡属殖民地移居葡萄牙的华侨华人累计达三四千人，但据 1980 年的统计，葡萄牙华侨华人华裔总人口为“一千八百八十余人”[⑥]。

还有来自南美洲北部苏里南原葡属殖民地华人的再移民。

在 20 世纪最后 25 年内以特殊身份移居西欧的华人移民中，有一部分

---

① 谷川编：《亚非利加洲华侨概况——上海侨务协进会非洲特派员莫次南调查》，民国 18 年 12 月 4 日。方积根编：《非洲华侨史资料选辑》，新华出版社 1986 年版，第 15—16 页。转引自李明欢《欧洲华侨华人史》，中国华侨出版社 2002 年版，第 509 页。

② Ana Tcixeira：《葡萄牙华人社会中的企业家》（Entteprcneurs of the Chinese Community in Portugal），Gregor Benton & Frank Pieke 主编：《欧州华侨华人》，第 257 页。转引自李明欢《欧洲华侨华人史》，中国华侨出版社 2002 年版，第 509 页。

③ 杨万秀主编：《海外华侨华人概祝》，广东人民出版社 1989 年版，第 376 页。

④ 王鼎熹：《西班牙·葡萄牙华侨概况》，台北正中书局 1991 年版，第 73 页。

⑤ 中华经济研究院：《华侨经济年鉴》，1981 年版，第 454 页。转引自李明欢《欧洲华侨华人史》，中国华侨出版社 2002 年版，第 510 页。

⑥ 同上。

是来自原荷属殖民地、葡属殖民地的华人移民。

据统计，1950 年，苏里南有华侨华人 2371 人，1964 年增加到 5544 人，1971 年又增加约 6400 人。[①] 另一统计则显示，时至 1975 年苏里南独立前，华侨华人在苏里南 40 万总人口中约占 2%，即有 8000 人左右。苏里南华人以原籍广东的客家人为主，尤以东莞、惠东、宝安等三县人为最多。但 50 年代后迁居苏里南者，大多是先从广东农村到香港，再由香港移居苏里南。[②]

由于苏里南长期为荷兰的殖民地，苏里南人移居荷兰已有相当长的历史，但是，在 20 世纪 60 年代之前，定居荷兰的苏里南人并不多。五六十年代移居荷兰的苏里南人。以富裕的克里奥尔人（Creole）[③] 为主，他们移民的主要目的是为了工作、求学，为了给孩子以一个较好的生活环境。进入六七十年代，随着拉美独立运动高涨，苏里南本国政坛动荡，民族关系出现紧张状况。正当许多中产阶级担心进一步动乱危及生存之时，荷兰政府于 1974 年公布了一项政策：凡是在苏里南正式独立之前移居荷兰者，可以直接得到荷兰公民身份。此规定一出，在苏里南兴起了一股移民热潮。据本身也是从苏里南移居荷兰的华裔学者曾伟华（Frank W. F. Tseng）的研究，当 70 年代上半叶苏里南处于动荡之中时，大约有 4000 名苏里南华侨相继移居荷兰，约占当时苏里南华侨总数的一半。另一项关于全荷兰苏里南移民的调查则显示，时至 20 世纪 80 年代中期，定居于荷兰的苏里南人连同其在荷兰出生的后裔总数达 18 万人，其中 4 万人居住在阿姆斯特丹。其中，65% 是克里奥尔人，28% 为兴都斯坦人（Hindustant），华人与爪哇人各占 3.5%。照此推算，80 年代中期荷兰的苏里南华人大概为 6300 人。[④]

4. 印支华裔难民随“印支难民潮”迁入西欧

印支华裔难民随“印支难民潮”迁入西欧，也是这个汉民族移民再移民浪花中的组成部分。

20 世纪 70 年代大批进入西欧的华人移民潮，首先来自亚洲的印度支

---

① 杨万秀主编：《海外华侨华人概况》，广东人民出版社 1989 年版，第 254 页。

② 李明欢：《欧洲华侨华人史》，中国华侨出版社 2002 年版，第 505 页。

③ 克里奥尔人指生于拉美的欧洲人后裔，也包括这些人与黑人或印第安人的后裔。

④ 李明欢：《欧洲华侨华人史》，中国华侨出版社 2002 年版，第 506 页。

那地区。十多万印支华裔难民随“印支难民潮”蜂拥而入西欧，形成了西欧华人社会一个特殊的“印支华裔”族群。由于该族群的总人数几乎相当于此前西欧华人群体人口的两倍以上，故而促使西欧华人社会的人口、经济、文化构成等随即发生重大变化。

在印支事变发生前夕或初期即逃离印度支那的华侨华人，主要是通过个人关系，向业已生活在西方国家的亲朋好友求助。但是，当排华大潮铺天盖地席卷而来之时，印支难民问题引起了联合国及国际舆论的高度重视，除了华侨华人的母国中国接收了27.9万印支难民之外，经由联合国难民署的协调，西方发达国家基于人道主义原则而相继接收、安置了其余一百多万印支难民。①

在西欧，几乎每个国家都或多或少接收了部分印支难民。其中，根据联合国难民署的统计资料，接收印支难民最多的是法国，截至1986年12月底，法国作为印度支那地区的原宗主国，共接收印支难民114081人。其次是西德，接收了30934人，英国也接收了20700人，此外，比利时、荷兰、瑞典、西班牙、瑞士等国，也分别接纳了数千印支难民，全西欧接纳的印支难民总数在20万—25万人，增加了一个12万—15万人的华侨华人华裔群体。换言之，由于时至20世纪60年代后期，法国的华侨人口不过区区6000人，而全西欧华侨华人总数也才不足6万人，因此，十多万印支华裔群体如潮水般地突然涌入，几乎在刹那间使法同华人社会彻底改观，同时也使其他西欧国家的华人社会呈现出不同既往的新面貌。② 据法国侨领介绍，1981年法国第一次大赦时，当时业已进入法国而没有合法身份的中国人几乎都“拿到了身份”。由于当时滞留法国的中国人不多，而且，好些人是前来投亲靠友的原印支华裔，在总计达13.2万名转换了身份的移民中，中国移民和印支华裔加在一起还不到1%。但是，到了1992年小规模地“放宽移民身份”时，“拿到身份”的中国人（以青田、温州人为主）就猛增到1.2万人，而没有能够拿到身份的更多。从1997年6月延续到1999年的第三次大赦，中国人共有9000人提出申请，7500人获得合法居留，此时，据法国内政部估计，还有6万—8万来自中

---

① 李明欢：《欧洲华侨华人史》，中国华侨出版社2002年版，第499页。

② 同上书，第500页。

国的非法移民等着合法化。[①]

再以西班牙的历次大赦为例。1985 年西班牙第一次大赦时，提出申请的中国人共有 1192 人，其中 347 人被拒，845 人如愿转换身份，占获得大赦总人数的 2.2%。在 1991 年 6 月开始的第二次大赦期间，中国人获得合法身份者增至 4291 人，占获得大赦之总人数的 4%。第三次大赦始于 2000 年 3 月，终于在 7 月 31 日，在总共 85526 名获得合法身份的移民中，中国人占 5.8%。[②]

印尼的华裔迁入荷兰，马来亚的华裔迁入英国、原葡属殖民地华人迁入葡萄牙及西欧和印支华裔难民迁入西欧，卷起了第二次世界大战后汉民族移民欧洲一朵耀眼的浪花。

（二）汉民族移民以中餐业为“诺亚方舟”迁入欧洲

中餐业是汉民族海外移民的“诺亚方舟”[③]。汉民族移民迁入欧洲也是这个大高潮中一个具有“中餐”特色的浪花。

这个移民浪花是由香港新界的汉民族开的头。1962 年 1 月，英国颁布了新的移民法，规定从是年 7 月 1 日起，将对新移民实行“保证人制度”（a voucher system），即每个新移民都必须提供由雇主出具的证明，保证抵达英国之后可以有工作，其移民申请方能获得批准。于是，从该移民法公布到正式付诸实施的半年内，香港新界的移民潮骤然高涨，一些原本并未下决心移民的乡民因担心新法实施后可能无法去往英国，赶紧申请移民，因此。在 1962 年 7 月 1 日之前，共有 869 名新界人迁入英国，比 1961 年同期翻了一番。而在新法实施后的半年内，移民英国的新界人下降到 269 人。可是，仅仅经过很短一段时间调整，进入 1963 年，进入英国的新界人又回升到 775 人。[④] 原因很简单：在已有众多新界人定居英国之时，通过亲缘、乡缘纽带，由雇主出面担保使新移民获得工作许可，完全不成问题。时至 60 年代末，据有关调查提供的资料，全英 3000 家中餐

---

① 李明欢：《欧洲华侨华人史》，中国华侨出版社 2002 年版，第 519 页。

② 关于西班牙大赦的有关统计数据根据以下资料整理：（1）Joaquin Beltrán Antolin《西班牙华侨华人》；（2）《西班牙结束无证者合法化运动，8.5 万人获居留证》，载《欧洲时报》2000 年 8 月 4 日。

③ 赵海燕：《中餐业——海外华人的“诺亚方舟”》，《侨园》1994 年第 2 期。

④ James L. Watson：《移民与宗族：在香港与伦敦的文氏家族》，第 77 页。转引自李明欢《欧洲华侨华人史》，中国华侨出版社 2002 年版，第 418 页。

馆（包括小型外卖店）的雇主及从业人员中，90%以上是来自香港的新界。①

向受雇于英国的新界人发放的护照数（1952—1965 年）

年份	发放护照	年份	发放护照
1952—1953	15	1959—1960	927
1953—1954	118	1960—1961	1275
1954—1955	96	1961—1962	2270
1955—1956	235	1962—1963	1138
1956—1957	缺	1963—1964	775
1957—1958	缺	1964—1965	591
1958—1959	839		

资料来源：李明欢：《欧洲华侨华人史》，中国华侨出版社 2002 年版，第 419 页。

第二次世界大战后香港新界人的再移民还有一个值得注意的现象，那就是虽然他们 20 世纪五六十年代移居欧洲的基本上都以英国为目的地，但是，随着英国中餐业过速增长而竞争激烈，有些人在英国获得居留后，即跨海到荷兰、比利时、德国等地开设新的中餐馆，因此，60 年代时，“香港人”也成为这些西欧大陆国家华人新移民最重要的组成部分。

据荷兰餐饮协会的统计，20 世纪 50 年代中期，全荷兰像样的中餐馆有数十家；1960 年增加到 225 家；1970 年发展到 618 家，同期中餐馆在全荷各类餐馆中所占比例也从 1960 年的 12%上升到 1970 年的 22%②。但是，按荷兰老华侨的说法，以上统计数只限于较具规模的正式餐馆，如果加上那些家庭式的小食店，时至 20 世纪 60 年代末，全荷中餐馆肯定超过 1000 家。③ 换言之，60 年代末时，就中餐馆总数而言，荷兰仅及英国的 1/3，可是，荷兰是西欧的一个小国，因此，倘若论及中餐馆在人口中及

① 《华侨经济年鉴》，1968 年版，第 452 页。转引自李明欢《欧洲华侨华人史》，中国华侨出版社 2002 年版，第 418 页。

② 荷兰皇家饮食业公会：《荷兰中印餐饮业形象调查》（Koninklijk Verbond van Ondemersin het boreca – en Aanverwatde bcdrijf，“*Imago Chinees lndische Bednjvcn，Een Ondcrzoek Naar Het Imago Vande Chinees lndische Restaurants in Nederland*），1997 年印刷，第 16—17 页。

③ ［荷］陈彬编著：《荷兰华侨简史》，第 29—30 页，转引自李明欢《欧洲华侨华人史》，中国华侨出版社 2002 年版，第 430 页。

地理上的平均数，则荷兰中餐馆的分布率已高达全荷每万人口中有中餐馆 0.73 家，每千平方公里有中餐馆 24.5 家，高居于全欧的榜首。

战后初期第一批在荷兰开餐馆的，既有广东人，也有浙江青田、温州人。相对而言，因为战前浙江人多从事小贩生意，战后初期有相当一部分人仍然继续习惯于靠批发、贩货为生，因此战后初年广东人投入中餐业的比例更高一些。为什么？

第一，利用乡缘纽带，从新加坡雇用自己的同乡。战前 30 年代浙江温州一带兴起“番邦热”时，有部分人去了新加坡。可是，相对于早已在新加坡编织起层层网络的闽南人，新来乍到的温州人得以求生的领域相对狭小得多。海外华人的亲缘、乡缘纽带往往与业缘相重合，早期新加坡的温州人小群体中“九十五巴仙”[①] 是从事木器制造业，“温州木匠”或“上海师傅”（因有些温州人借大“上海”之名为自己壮威）就成了新加坡温州人的群体形象。战后，西欧的发展远较东南亚要快得多，因此，当荷兰的温州人无法直接从家乡“带人”时，便纷纷从新加坡召唤同乡前来加盟，甚至一度在新加坡的温州人中刮起一股再迁移之风。

第二，想方设法利用一切可能从家乡带来至亲。20 世纪五六十年代时，中国大陆极其严格的出境管理规定从法律上将出国的合法途径限制到最小。可是，既然有缝，就可“插针”，事实证明，即使在外界普遍认为中国完全关闭移民出国大门的五六十年代，青田温州人移民西欧的涓涓细流也从来没有完全停止过。在青田，从 1950 年至 1959 年，全县正式批准出国总计 152 人，1960 年至 1965 年，全县正式批准出国 124 人，年均出国人数为 17 人。[②] 在文成县，从 1949 年至 1969 年也有 130 人经由县公安局正式办理了出国手续。[③]

这样，英、荷两国中餐业的发展，汉民族移民的迁入，促进了中餐业在西欧其他国家的发展，也可看出汉民族移民迁入欧洲的态势和规模。如在与荷兰相邻的比利时，50 年代初，全比华侨不足百人，开设中餐馆 11 家，8 家在安特卫普，3 家在布鲁塞尔。十多年后，据台湾驻比机构 1967

---

① “巴仙”是东南亚一带华人用语，即“百分之”或者“%”，由英语“parcent”音译而来。

② 《青田县志》，浙江人民出版社 1990 年版，第 642—643 页。

③ 《文成县志》，中华书局 1996 年版，第 227—228 页。

年的统计，全比华侨已增加到565人，中餐馆增至123家。[①]

在西德，虽然大战期间德国华侨元气大伤，但是，战后，当西德经济重又占据西欧首位时，西德华侨的事业也获得相应发展。50年代初，西德约有40家左右中餐馆，到1964年，已增至220余家。

在西欧大国法兰西，虽然早期青田温州人出国时就是奔着“法兰西，好赚钱”而远涉重洋，但是，由于法国人基于强烈的民族优越感而对在世界上享有贵族声誉的“法国大餐”的崇拜，中餐在法国的发展十分不易。战后中餐在法国是由巴黎开始。慢慢延伸到外省，如里昂、马赛、尼斯等地。20世纪50年代中期，全法国有中餐馆20余家，其中规模较大者有六家。时至60年代末，全法国中餐馆增至200家以上，其中“纯正中餐馆计有105家，越南餐馆一百家左右。也兼营中国菜”。另据法国内政部的调查，1960年巴黎市内共有97家中餐馆，1970年增到187家。[②]

顺便提及，中餐业是汉民族海外移民的“挪亚方舟”[③]，据1968年统计，全西班牙共有由当地华侨经营的28家餐馆、酒吧、咖啡馆等，从业员工350人左右，其中约100人为华侨，其余为当地人。[④]

20世纪五六十年代西欧主要国家中餐馆发展概况　　单位：家

国别	年份	中餐馆总数	年份	中餐馆总数
英国	1955	300 +	1965	3000
荷兰	1950	65	1964	1000 +
比利时	1955	11	1967	123
西德	1955	40—50	1964	220 +
法国	1955	20 +	1967	205
西班牙	1955	3	1968	28
瑞士	1955	2	1968	10

① 李明欢：《欧洲华侨华人史》，中国华侨出版社2002年版，第435页。

② 法国内政部的调查数据。廖遇常：《法国华侨一百年》，第16页。转引自李明欢《欧洲华侨华人史》，中国华侨出版社2002年版，第437页。

③ 赵海燕：《中餐业——海外华人的“诺亚方舟”》，《侨园》1994年第2期。

④ 李明欢：《欧洲华侨华人史》，中国华侨出版社2002年版，第441页。

续表

国别	年份	中餐馆总数	年份	中餐馆总数
葡萄牙			1968	6
奥地利	1950	2	1970	5
意大利	1958	1	1967	3
卢森堡	1955	1	1968	3
丹麦	1955	2	1969	10 +

资料来源：李明欢：《欧洲华侨华人史》，中国华侨出版社 2002 年版，第 441—442 页。

汉民族移民迁入欧洲这个具有“中餐”特色的浪花几乎席卷了欧洲。

（三）汉民族移民以皮革业为“桥梁”迁入欧洲

汉民族移民有的以中餐业为“挪亚方舟”迁入欧洲，而有的以皮革业为“桥梁”迁入欧洲。

20 世纪五六十年代法国华侨的皮革工场大多就在住宅内，以制造女用皮包为主。靠着这种艰苦的创业精神，华侨在法国的皮革业有了一定进展。从 1946 年到 1955 年间，法国共有 37 家华侨皮革加工工场，包括两家批发商和 15 家零售商，主要集中于巴黎第三区。到了 60 年代末，法国华侨皮革工场已增至 100 家左右，“规模较大者雇工数十人，小型者则为家庭营业，虽利润不厚，但以华侨惨淡经营，仍能维持营业”①。

在意大利，20 世纪 50 年代初，全意华侨不足 400 人，以浙江青田温州人为主，他们集中于米兰、博洛尼亚（Bologna）等少数几个地方，其中博洛尼亚是意大利的皮革制品批发中心。意大利华侨的皮革业在激烈的竞争中逐渐有所发展。及至 50 年代后朝，意大利华侨开设的大大小小的皮包公司、皮革作坊、皮包摊贩等总计达 120 家。其中最成功的是米兰华侨胡锡珍的皮革业批发公司，该公司属下工厂生产的皮包品种多达上千种，产品远销欧、亚、北美、拉美和非洲等数十个国家。② 60 年代末，全意华侨增至 700 余人，“侨胞几全部经营皮革业、制造胶质皮包、皮箱及

① 中华经济研究院：《华侨经济年鉴》，1968 年版，第 452 页。转引自李明欢《欧洲华侨华人史》，中国华侨出版社 2002 年版，第 443 页。

② 中国侨政学会：《今日侨情》，海外出版社 1956 年版，第 81 页。

旅行袋、手提袋等，并栽批发与零售业务”[①]。

在葡萄牙，当地华侨人数不多，但从事皮革业的比例不小，他们多半在自己的家里开设小规模的工场。用葡萄牙人做工，然后批发销售。在20来家这样的小工厂内，有六七家经营得法，营业甚发达，不仅在当地批发销售，而且在葡属非洲扩展业务。[②]

汉民族移民以皮革业为“桥梁”迁入欧洲的浪花在西欧也有不小的影响。

（四）汉民族移民迁入欧洲大高潮的汇聚

从各路迁入欧洲的汉民族移民在欧洲汇聚卷起了大高潮，据20世纪50年代的统计，汉民族移民人口最集中的欧洲国家是法国，全法约2700名华侨中，约90%居住在巴黎及其近郊，其余大约5%居住于里昂，4%居住于马赛，居住在其他城市的大约1%。

在英国，汉民族移民人口中大约45%居住在伦敦，而且主要集中于伦敦东区，另有45%集中于利物浦，余下10%分布于曼彻斯特及其他城市。

荷兰汉民族移民主要集中于阿姆斯特丹、鹿特丹和海牙三大城市。大约半数居住于阿姆斯特丹，30%居住在鹿特丹，15%在海牙。

德国汉民族移民一直以柏林、汉堡为主要居住地。50年代时，德国汉民族移民较为集中的城市依次为柏林、汉堡、法兰克福、不来梅、慕尼黑、杜塞尔多夫等，在柏林有一二百人，前四城市汉民族移民人数总和相当于全德汉民族移民总数的70%—80%。战后，德国汉民族移民的流动趋向是渐渐走向莱茵河流域的城市，如法兰克福、杜塞尔多夫、埃森等，这些都是莱茵河的商业或工业都市。

在意大利，战后初年汉民族移民人数比战前有明显下降，依据台湾有关方面1955年的调查统计，是年全意华侨380人，其中居住于米兰的有120人，博洛尼亚30人，佛罗伦萨15人，罗马10人，热那亚6人，都灵6人，其他地区十余人。

在西班牙，据1955年的统计，除留学生及天主教僧侣之外，共有汉民族移民21家，总人数132人，其中成人66人，少年38人，儿童28

---

① 孙明权：《旅意华侨散记》，载［奥］《奥华快讯》第91期。

② 《华侨经济年鉴》，1968年版，第453页。

人。这 21 户人家中有 7 家居住在巴塞罗那，5 家在巴伦西亚，4 家居住在马德里，另有 3 家在丹吉尔（Tanger）。

比利时的 99 名汉民族移民全都居住于首都布鲁塞尔及安特卫普两大城市。①

欧洲华侨人口统计（20 世纪 50 年代）

国别	华侨人数（人）	资料来源	备注
英国	3000	1955 年英国侨领报告	包括爱尔兰共和国在内
法国	2000	1955 年台湾驻法代表机构调查	
荷兰	2000	1955 年台湾驻比代表机构估计	
德国	500	1955 年柏林华侨工商协进会估计	
意大利	330	1955 年台湾驻意代表机构登记资料	其中 130 人为妇孺，隶属梵蒂冈天主教人士 150 人未列入
爱尔兰	200		绝大多数为留学生。留学生中半数以上是从非法毛里求斯和南洋各地去的学生
梵蒂冈	150		均为天主教士，隶属于梵蒂冈但居住在意大利
西班牙	132	1955 年台湾驻西代表机构登记资料	另有留学生及天主教僧侣 80 人未列入统计
葡萄牙	120	1955 年台湾驻葡代表机构调查	内成人男 75，女 4，儿童男 19，女 22
比利时	99	1955 年 1 月台湾驻比代表机构登记	另有留学生 27 人未统计在内
奥地利	30	1952 年 6 月台湾驻法代表机构调查	

① 李明欢：《欧洲华侨华人史》，中国华侨出版社 2002 年版，第 445—456 页。

续表

国别	华侨人数	资料来源	备注
瑞士	30		
希腊	2	1953 年台湾驻希代表机构调查	
卢森堡	1	1955 年台湾驻卢代表机构登记	
北欧及苏联、波兰、捷克等国	2347	根据台湾相关代表机构报告	
总计	10791		

资料来源：李明欢：《欧洲华侨华人史》，中国华侨出版社 2002 年版，第 456—457 页。

20 世纪 60 年代西欧主要国家华侨人口统计

国别	华侨人口（50 年代）	华侨人口（60 年代）	60 年代统计数据来源
英国	4500	45000	1965 年英国华侨年鉴统计数
法国	2000	6000	1962 年台湾委派代表考察报告
荷兰	2000	2353	1964 年 6 月 13 日荷兰政府司法部公布数字
德国	500	1200	1964 年 8 月 1 日西柏林华侨工商联合会估计
意大利	330	700	未注明
比利时	99	565	1967 年 4 月 24 日台湾驻比代表机构估计
西班牙	132	336	1968 年 5 月 29 日台湾驻西代表机构查报，留学生不计入
葡萄牙	120	176	1968 年 4 月 26 日台湾驻葡代表机构查报
瑞士	30	120	台湾驻瑞通讯人员报道，其中半数为留学生，其次为在各国际组织任职者
希腊	2	16	1966 年 5 月 9 日台湾驻希代表机构查报
卢森堡	1	10	1967 年 4 月 24 日台湾驻比代表机构估计
总计	9714	56476	60 年代西欧华侨人口比 50 年代增加近五倍

资料来源：李明欢：《欧洲华侨华人史》，中国华侨出版社 2002 年版，第 457—458 页。

汉民族移民不断迁入欧洲所卷起的移民大高潮，在欧洲出现了汉民族移民与当地人同居或通婚的现象。第二次世界大战期间，不少荷兰华侨与荷兰女子结婚或同居，在荷兰安下了家。类似的情况在西欧其他国家的华侨当中也存在。据 20 世纪 50 年代中期的统计，在西欧各国华侨中，德国华侨与当地妇女结婚或同居所占比例最高，大约占华侨总人数的一半，意大利华侨与当地妇女结婚者约有 1/3，法国华侨与荷兰华侨各有 1/4，英国华侨与当地女子结婚的较少，但也占华侨总数的 1/10。① 需说明的是，以上人口统计数包括了 1949 年前后甫抵西欧的年轻留学生，如果将年轻留学生悉数扣除的话，那么，战前移居西欧的华侨与当地人结婚者比例应当更高。依据以上同一统计，西班牙侨民（不包括留学生和天主教僧侣）共有 21 个家庭，其中只有两家是中国太太，其余全是西班牙太太。在葡萄牙，79 名成年华侨中只有 4 名是女性，但在当地出生的华侨子女共计 41 人，可见绝大多数华裔儿童的母亲是葡萄牙当地人。另据 60 年代后期的统计，生活在意大利米兰的华侨有 250 余人。其中除少数人士外，均与意大利女子结婚。② 而据李明欢的调查，这些在西欧安家的华人，基本上来自温州、福州、青田等中国汉民族地区。

大战期间及战后初年在西欧建立的若干中欧家庭祖籍简况

编号	出生年月	祖籍
1	1907. 11. 23	平阳
2	1912. 4	瑞安
3	1908. 2. 11	文成
4	1913. 6. 5	瓯海
5	1917. 4	瑞安
6	1917	福州
7	1910	瑞安
8	1899	东莞
9	1915	文成

① 徐斌：《欧洲华侨经济》，海外出版社 1956 年版，第 87 页。

② 《华侨经济年鉴》，1968 年版，第 453 页，转引自李明欢《欧洲华侨华人史》，中国华侨出版社 2002 年版，第 467 页。

续表

编号	出生年月	祖籍
10	约 1910	文成
11	1910	青田

资料来源：李明欢：《欧洲华侨华人史》，中国华侨出版社 2002 年版，第 470 页。

上述各国汉民族移民与当地女性共同组建家庭“安家西欧”，标志着西欧华人已经进一步转变为以“定居型”为主的移民群体，开始把“根”扎入了当地国。从此，他们把自己的命运与当地国的紧密地联系在一起，从而预示着西欧华侨社会的构成将进一步向多元化发展，时至 20 世纪 60 年代末，欧洲华侨社会基本上完成了跨越时代的转型，即战前移居西欧的华侨业已“安家”当地国。[①] 从此，汉民族移民在欧洲经历了七八十年的迁移与适应，在欧洲聚集起了一个 10 万人华人社会的基础上，在 20 世纪最后 25 年中又完成了从十万向百万的跨越。[②] 这样，战后，西欧诸国从移民输出国转变为移民输入国，50 年来共接纳各类合法移民 2000 万、难民 400 万，其中，来自中国以及其他国家和地区的中国人、华裔移民约 100 万。占全欧外国移民总数的 4%。[③] 这些汉民族移民有来自西欧诸国原殖民地印尼、马来亚、印度支那、苏里南等地的华裔难民或移民，有来自香港和广东的粤语族群体，有浙江的青田、温州人，有台湾人战后因婚姻、投亲、求职移民欧洲，等等，从而卷起了汉民族移民欧洲的大高潮。[④]

第四节　汉民族移民走进非洲

在走向世界中，汉民族海外移民又是怎样迁入非洲的呢?

---

① 李明欢：《欧洲华侨华人史》，中国华侨出版社 2002 年版，第 482 页。

② 欧洲被称为华侨、华人的汉民族移民人数众说不一，欧华联会 1997 年向欧盟提交的《欧洲华侨华人社会报告书》称有 200 万；香港《华人月刊》1998 年 3 期有人估计有 150 万左右，其中大约五分之三集中在西欧诸国。朱慧玲在《欧洲华侨华人社会的现状及其特点》（载《华侨华人历史研究》1999 年第 4 期）认为 150 万左右比较确切。

③ 《欧洲华侨华人社会报告书》附件一，欧华联会编，1998 年 7 月，第 21 页。转引自朱慧玲《欧洲华侨华人社会的现状及其特点》，《华侨华人历史研究》1999 年第 4 期。

④ 李明欢：《欧洲华侨华人史》，中国华侨出版社 2002 年版，第 484 页。

在一般人的印象和观念中，汉民族移民会迁入东南亚，迁入美洲，迁入欧洲，恐怕很少会迁入非洲吧!? 其实不然，在走向世界中，汉民族从东南亚和中国本土的移民过程中，在广袤的非洲也留下了一串又一串迁徙的足迹!

一 汉民族对非洲的历史记忆

非洲对于汉民族来说，是遥远而陌生的。但中国与非洲却早有来往。这种交往的历史始于何时？由于历史记忆的久远而显得有些模糊，致使学术界众说纷纭：

有的提出春秋战国说：张象认为，约从公元前 6 世纪起，大夏与埃及即有往来，“只要中国的商品及有关中国的信息传到大夏，就有可能传到埃及；只要中国人来到大夏也就有可能获得埃及的信息”[①]。而大夏据《史记·大宛列传》记载，其国就是蓝市城（今阿富汗斯坦巴尔赫附近），居民人数达一百多万，以务农为生，善于经商，兵力薄弱。前 139—前 129 年，伊犁河、楚河流域的大月氏人西迁，大夏遂臣服于大月氏。汉张骞于前 128 年前后抵此时，月氏“臣畜大夏”[②]。后大月氏越过妫水（今称阿姆河）南下，占领蓝市城，大夏退至妫水（今中亚阿姆河流域）上游之南。可见，即便大夏与埃及有往来，离汉民族聚居的中原地区还是十分遥远，故记忆模糊当在情理之中。

沈福伟则将中西交通的最早日期提到春秋战国，“埃及和中国的西部地区，可以通过草原牧民，成为彼此的近邻。中国和非洲之间最早发生的往来，因此可以追溯到春秋（前 770—前 476 年）、战国（前 475—前 221 年）时代”。[③] 而他认为，由于路途遥远交通不便，双方的贸易只能通过转手进行，故记忆模糊也当在情理之中。

有的提出汉代说：《后汉书·西域传》载：汉章帝建初三年（78 年），班超遂定西域，因以超为都护，居龟兹。“六年（81 年），班超复击破焉耆，于是五十余国悉纳贡内属。其条支、安息诸国至于海濒四万里外，皆

① 张象：《古代非洲与中国交往的四次高潮》，《南开史学》1987 年第 2 期；《古代中非关系研究中的几个问题》，《西亚非洲》1993 年第 5 期。

② 《史记·大宛列传》。

③ 沈福伟：《中国与非洲——中非关系二千年》，中华书局 1990 年版，第 11—12 页。

重译贡献。九年，班超遣掾甘英穷临西海而还。皆前世所不至，《山经》所未详，莫不备其风土，传其珍怪焉。于是远国蒙奇、兜勒皆来归服，遣使贡献。”此“兜勒”，即是古代厄立特里亚的著名海港阿杜利。据沈福伟考证，兜勒的使者在公元100年即到达洛阳，“埃塞俄比亚的阿克苏姆王国由于阿杜利使者的来华，成为第一个和中国正式建立外交关系的非洲国家”[①]。在中非关系史上刻下了极深刻的记忆。杨人楩在《非洲通史简编》中也指出，“可以肯定，中非之间的间接贸易关系在中国两汉时期业已开始”[②]。此外，还有一些学者支持此说，如陈公元认为：“早在公元前2世纪（汉代），非洲文明古国埃及就和中国有了间接的交往和海上贸易。”[③] 张俊彦认为：“在东汉时，中国经过北非和罗马帝国已经有了直接的海上往来。”[④] 一个提到“间接贸易关系”，一个强调“直接的海上往来”，时间上则大致相同。而孙毓棠先生则早在1979年的一篇论文中就提到：“远在汉代，中国和埃及通过中介国转手，已有商品交易，相互文化交流。这种关系开始于张骞西使后不久。”[⑤]《中非关系史》的作者持同样观点，他们认为尽管中国和埃及之间在公元前10世纪前后已有间接的民间往来，但中埃关系的起点仍应以张骞通西域开始。因为“从这个时候起，中国人才知道了埃及的亚历山大城（黎轩），并发使黎轩”[⑥]。

所有这些记忆，在历史上或多或少地留下了痕迹，据李安山的研究，根据目前掌握的资料，唐代以前中国与非洲交往的证据，有文献材料记载：

——《史记·大宛传》载“黎靬”。外国学者伯希和、戴闻达、费莱西和我国一些学者认为是埃及的亚历山大城。[⑦]

---

① 沈福伟：《中国与非洲——中非关系二千年》，中华书局1990年版，第70—72页。

② 杨人楩：《非洲通史简编》，人民出版社1984年版，第112页。

③ 陈公元：《古代非洲与中国的友好交往》，商务印书馆1985年版，第1页。

④ 张俊彦：《古代中国与西亚非洲的海上往来》，海洋出版社1986年版，第11页。

⑤ 孙毓棠：《汉代的中国与埃及》，《中国史研究》1979年第2期。

⑥ 艾周昌、沐涛：《中非关系史》，华东师范大学出版社1996年版，第1页。台湾学者方豪也持这个观点，见方豪《中西交通史》，台北中国文化大学，1983年版，第150页。

⑦ 伯希和：《犁靬为埃及亚历山大城说》（通报1915年），冯承钧：《西域南海史地考证译丛七编》，中华书局1957年版，第34—35页；马文宽、孟凡人：《中国古瓷在非洲的发现》，紫禁城出版社1987年版，第77页；艾周昌、沐涛：《中非关系史》，华东师范大学出版社1996年版，第5—8页。

——《前汉书·地理志》中所载“已程不国”。外国学者赫尔曼认为是埃塞俄比亚（Ethiopia）[①]，张星烺也持此说。[②]

——《后汉书·西域传》中所指“大秦国”。一些学者认为是罗马帝国的东都，包括叙利亚、埃及及小亚细亚。[③]

——《魏略·西戎传》所载“迟散”“乌迟散”，一些学者认为是埃及的亚历山大城。如德国学者夏德提出，“《魏略》又云：‘海西有迟散城。’迟散二字的古音，可以推断为 Disan。我敢说这是中国人对尼罗河支流上的亚历山大城 Alexandrea 的读法。”“迟散即亚历山大城”[④]。

有考古材料记录：

——1979 年，在徐州贾旺发现的东汉画像石。石上绘有多只“麒麟”，其中至少三只具有非洲长颈鹿的一些典型特征。[⑤] 这提供了中国对非洲特产有所认识的证据。

——1993 年，奥地利科学家在研究埃及第 21 王朝时期（公元前 1070—945 年）的一具女尸的头发时发现异物，经分析是蚕丝的纤维。当时只有中国能生产丝绸，“可以认定这是中国的产品”[⑥]。这说明中国的特产已运至埃及。[⑦]

据此，李安山的推论是：“第一，民间接触早于官方交往。在唐代以前，关于非洲的见闻已传到中国。第二，间接交往早于直接交往。在唐代以前，双方的特产已经通过中间商人传入。”[⑧]

进入唐代，汉民族对非洲的历史记忆开始明确起来，这时关于非洲的文献主要有杜环的《经行记》、段成式的《酉阳杂俎》和贾耽的《古今郡国县道四夷述》三种。如杜环的《经行记》虽已亡佚，但却有价值。因为其是《通典》作者杜佑之族子，随镇西节度使高仙芝西征，天宝十年

---

① 沈福伟：《中国与非洲——中非关系二千年》，中华书局 1990 年版，第 80 页注 1。

② 张星烺：《中西交通史料汇编》，中华书局 1984 年版，第 6 册，第 20 页。

③ ［德］夏德：《大秦国全录》，朱杰勤译，商务印书馆 1964 年版，第 4 页。

④ 同上书，第 68、78 页。还可参阅许永璋《我国古籍中关于非洲的记载》，《世界历史》1980 年第 6 期。

⑤ 徐州博物馆：《论徐州汉画像石》，《文物》1980 年第 2 期。

⑥ 《三千年前埃及已用中国丝绸》，载《人民日报》1993 年 4 月 2 日。

⑦ 参阅李安山《非洲华侨华人史》，中国华侨出版社 1999 年版，第 44—47 页。

⑧ 李安山：《非洲华侨华人史》，中国华侨出版社 1999 年版，第 48 页。

（751 年）在怛逻斯河[①]战役兵败，被大食人所俘。直至十余年后，宝应初（762 年）经海路自广州而回，著《经行记》。今散见于《通典》边防典中的 1500 多字[②]。其中有关于“摩邻国”一节，可以证实，“摩邻”肯定位于非洲。而段成式的《酉阳杂俎》记载了拨拔力国的物产和风土人情，说明拨拔力国位于东非海岸一带。且反映了中、晚唐的中国人对非洲对一地区的认识已经有了较为确切的认识。贾耽的《古今郡国县道四夷述》虽也已佚，《新唐书·地理志》中录其所记从广州经波斯湾到东非的航程，其中“三兰国必在更南东非洲沿岸，已无可疑”[③]。除此三部著作外，一些研究唐史的重要史料如《旧唐书》《册府元龟》《唐会要》等，亦多提到“卷发黑身”“通体漆黑，惟唇红齿白”的黑人奴婢。[④] 更有价值的是唐代中国与非洲贸易的直接证据，则是在非洲发现的唐陶和唐钱，以及在中国发现的唐俑和唐画中的黑人。如一方面，在非洲出土的唐代中国陶瓷数量较多，约有两万件，绝大部分集中在埃及的福斯塔特。[⑤] 另一方面，1954 年，在西安市南郊嘉里村的唐代裴氏小娘子墓里，首次出土了一具黑人陶俑，其高 15 厘米，全身肤色墨黑，头发卷曲成螺旋状，脸扁平，鼻梁不高，鼻翼较宽，唇红眼白，嘴唇较厚[⑥]，是典型的非洲黑人形象。据此，李安山的推论是中国的商船尚未抵达非洲，唐朝只有极个别人在特殊情况下到过非洲，在非洲发现的唐代古瓷很可能是间接贸易的商品，埃及似乎是中国古瓷作为间接商品的第一站，中间商应为介乎中国与非洲之间的阿拉伯地区的商人。[⑦]

到了宋元时代，汉民族对非洲的历史记忆深刻起来。这时，中国与非洲的海上交通已经开通，这在南宋人周去非所著《岭外代答》（1178

---

① 即 Talas，今译为“塔拉斯河”。

② 参阅张一纯《经行记笺注》，中华书局 1963 年版。

③ 张星烺：《中西交通史料汇编》，中华书局 1984 年版，第 2 册，第 159 页。

④ 李安山：《非洲华侨华人史》，中国华侨出版社 1999 年版，第 53 页。文献提到的非洲地名此唐代更多，对非洲一些国家和地区的描述更为详尽，更为具体。

⑤ 福斯塔特遗址位于埃及首都开罗的南郊。公元 642 年阿拉伯人攻陷埃及，建立此城。在随后的五百年里，福斯塔特一直是埃及政治、商业和制陶业中心。1168 年在第二次十字军东征时毁于战火。

⑥ 林葆仁：《从西安非洲黑人俑谈起》，《文物》1979 年第 6 期；沈百昌：《中非交往的历史见证》，《百科知识》1983 年第 3 期。

⑦ 参阅李安山《非洲华侨华人史》，中国华侨出版社 1999 年版，第 48—55 页。

年)、赵汝适的《诸蕃志》(1225 年) 和元人汪大渊的《岛夷志略》(1349 年) 等书中都有记载。交通的开通促进双方民间和官方关系的发展。如《诸蕃志》关于非洲的记载有不少是作者通过采访所得的关于东部非洲的第一手资料，即书中所载非洲国家和地名有勿斯里、默伽猎、弼琶罗、中理、遏根陀、层拔、昆仑层期、木兰皮、毗喏耶、陁盘地等。其中的弼琶罗即《酉阳杂俎》的拨拔力国，为今非洲东北部的柏培拉；勿斯里为今埃及；木兰皮基本抄自《岭外代答》；遏根陀国为亚历山大城；陁盘地为埃及的达米埃塔港；毗喏耶为今突尼斯及利比亚的黎波里一带。[①] 如根据考证，层拔国为今桑给巴尔 (Zanzibar)。“大山”是指东非的乞力马扎罗山。[②] 周去非的《岭外代答》和赵汝适的《诸蕃志》中均提到“昆仑层期”。“层期”似为波斯字“Zenj”的音译，意为“黑人”。古代的东非海岸原称为“Zenjibar”(Zanjibar，即桑给巴尔)。“Bar”意为“海岸”“土地”，桑给巴尔则意为“黑人土地”或“黑人国”，这原指东非的全部海岸地带，现在这一地名仅包括桑给巴尔岛、奔巴岛及其他一些小岛。“层拔”似为“Zenjibar”的音译。[③] 凡此等等，不胜枚举[④]，足见宋元时代汉民族对非洲的认知有了长足的进步。

认知的进步是建立在实际交往基础上的。如在非洲发现的宋代和元代古瓷比唐代古瓷更多。根据马文宽、孟凡人等人的研究，目前已发现宋元古瓷的非洲国家有埃及、苏丹、摩洛哥、埃塞俄比亚、索马里、肯尼亚、坦桑尼亚、津巴布韦等国，在马达加斯加也发现了元代龙泉青瓷贴花双鱼洗、景德镇褐斑青白瓷葫芦形小壶等。还有在一处遗址同时发现这几个时代的古瓷。例如，在津巴布韦的著名的椭圆形遗址(“大津巴布韦遗址”)附近的伦得遗址曾发现一个窖穴，出土物中包括宋元时期 13 件器物的 43 件片青瓷。[⑤] 这是非洲方面的材料之一例。而在中国方面，对非洲的了解

---

① 费琅：《昆仑及南海古代航行考：苏门答剌古国考》，冯承钧译，中华书局 1957 年版，第 49 页。

② 同上书，第 53—54 页。

③ 张铁生：《中非交通史初探》，生活·读书·新知三联书店 1972 年版，第 19—20 页。

④ 李安山：《非洲华侨华人史》，中国华侨出版社 1999 年版，第 55—62 页。

⑤ 马文宽、孟凡人：《中国古瓷在非洲的发现》，紫禁城出版社 1987 年版，第 3—6、8—14、18—23、26—29、31—32、35 页。

也进一步加深。元代朱思本（1273—1333年）曾绘制了一幅当时世界上最精确的非洲地图，画中已出现南部非洲，其中一端直指南方。可惜朱思本绘的这幅地图已佚，只能在明代罗洪先增补的《广舆图》中见到。然而，与朱思本同时代的地理学家李泽民绘制的《声教广被图》也画出了非洲和欧洲。①

据此，李安山的结论是：中国与非洲的海上交通已成事实，各种贸易往来日趋频繁；中国文献对非洲一些国家和地区的描述更为详尽，更为具体；中国与非洲之间的民间交往互动更加积极，汪大渊访问东部非洲和伊本·白图泰访问中国均加强了双方的相互了解；中国与非洲一些国家的官方往来加强了，双方互派使节或商人以外交使节的身份互访已在史书上有所记载。②

汉民族的历史记忆进入了明代，世界闻名的郑和下西洋，不仅渡过西印度洋，直抵非洲东部海岸，而且随同郑和出使非洲的费信、马欢和巩珍回国后分别撰写了《星槎胜览》《瀛涯胜览》和《西洋番国志》，更为详尽地描述了非洲诸国家和地区的状况，具有重要的史料价值。具有重要价值的是东部非洲航线的开通，以景德镇青花瓷为主流的中国瓷器大量运到非洲。

据此，李安山的结论是，明代的郑和下西洋，一使中国对非洲的认识有了质的飞跃，二使中非关系从带偶然性的民间商业往来，上升为主动的、定期的、亲密的官方关系。从而为清代以来到近现代汉民族移民迁入非洲铺平了道路。据李安山研究，早期迁入非洲的汉民族移民包括两部分人：自由移民和契约劳工。所谓“自由移民”，主要有三个来源：一是乘船从东南亚或中国来到非洲的华人，他们有的是被断了后路的农民，有的是被迫流亡的反清志士；二是早期从巴达维亚（今雅加达）流放至开普刑期已满的犯人，他们或因遭囚禁而不愿回国，或已经习惯当地生活，或因未获批准而不得不待在非洲，还有的则因缺少路费或其他因素而未能搭上回国船只；三是契约期满后仍然留下来的华人，他们已小有积蓄，愿意在外谋生。大致而言，在早期，毛里求斯和留尼汪的华人来自广东（包括广府人和客家人）和福建；马达加斯加的华人是清一色的广东人；南

① 沈福伟：《中国与非洲——中非关系二千年》，中华书局1990年版，第252—258页。

② 李安山：《非洲华侨华人史》，中国华侨出版社1999年版，第63—67页。

非的早期华人相对复杂一些，但主要也是来自广东和福建。[①] 这些人或务农，或经商，并逐渐在各自的地区安下家来。但汉民族移民迁入非洲的高潮却兴起于18世纪到20世纪初期。

二 契约华工：汉民族移民迁入非洲的开拓者

汉民族移民迁入非洲经过漫长的历史铺垫，终于在明清之际被契约华工打通。

早在非洲奴隶贸易[②]走向衰落的时期，一些欧洲国家将国力衰弱的中国，看作为其在美洲和非洲各殖民地引进苦力劳工的最佳来源地。虽然1904—1910年是契约华工赴非的高峰期，但在此以前，已有不少华工被招募至非洲。早在鸦片战争以前，欧洲列强就开始从中国掠夺劳动力。据统计，从1800年到1850年，从中国运送到世界各地的契约华工已达32万人[③]；1850—1875年，出国契约华工人数高达128万；1876年到1900年的出洋华工人数也有75万，其中就有一部分进入非洲，成了汉民族移民迁入非洲的开拓者。

所谓契约劳工，即服役一定年限后可获得自由的劳工。各国契约时间不同，如法国为十四年，葡萄牙为五至十年不等。法国的契约劳工集中在两个地区：从西非地区（如塞内加尔和加蓬）到西印度群岛；从东南非洲到贝岛（马达加斯加）、科摩罗和留尼汪。葡萄牙的契约劳工主要集中在圣多美和普林西比[④]，从中国来的契约华工均先后被运至这些地区充当苦力。李安山在《非洲华侨华人史》中详细地论述了欧洲列强从18世纪到20世纪初招募契约华工到非洲的情况，本书简述如下：

---

① 当时清政府为了切断海外反清人士的补给线，在广东、福建等地坚壁清野，致使百姓无法生存。关于南非华人的来源，可参见 Melanie Yap and Dianne Leong Man, *The History of Chinese in South Africa*, pp. 32—35. 毛里求斯、留尼汪和马达加斯加的华人来源，可参见李卓凡《西印度洋华侨史》，转引自方积根编《非洲华侨史资料选辑》，新华出版社1986年版，第144—148，181—182、215页。

② 15世纪中叶至19世纪末叶，西方殖民主义国家为了向美洲殖民地种植园和矿山提供劳动力，从黑非洲掳走大批黑人，将其远程贩运到美洲等地，这就是血腥的非洲奴隶贸易。

③ 陈泽宪：《十九世纪盛行的契约华工制》，附表，《历史研究》1963年第1期。

④ Paul E. Lovejoy, *Transformation of Slavery: A History of Slavery in Africa*, Cambridge: Cambridge University Press, 1983, pp. 146—147. 转引自李安山《非洲华侨华人史》，中国华侨出版社1999年版，第87页。

（一）毛里求斯的契约华工

毛里求斯位于马达加斯加以东约800公里处。早从1760年起，法国人就开始将华人运送到毛里求斯的种植园劳动。第一批华人是被法国海军将领德斯坦作为人质从东南亚地区掠来的，约有300名。法国人原想迫使他们从事农业生产，但华人以经营商业不谙农事为由拒绝，法国人只好在第二年将他们遣返。根据华人学者、毛里求斯文化、艺术和娱乐部长曾繁兴的研究，这批人似乎没有全部离开。[①] 1762年，法国人又直接从中国运来一批华工。[②] 到18世纪80年代，法国不断从中国运送劳工到毛里求斯。毛里求斯华人学者李卓凡在《西印度洋华侨史》中说：

> 广州代为毛里求斯招工的法商夏尔·德斯坦曾提说："1783年开往法兰西岛的英国、丹麦和法国的船上，有三千多名中国人。我本人从广州乘路易港商人达里法爵士的船往法兰西岛运送过132人，其中有19个技工：鞋匠、铁匠、裁缝和木匠。第二年，我又说服了12名糖业农民和工人，带着工具，前往法兰西岛，这些人是总督和总务官向我要的。"[③]

为了发展甘蔗种植园业和制糖工业，毛里求斯政府极力主张引进契约移民。从零散的材料看，在法国殖民时期，引进华工是在某种无规律的状态下进行的。1810年，英军占领该岛后，在东南亚担任过英国驻扎官的法夸尔被任命为毛里求斯总督。他极力主张从中国引进劳工的政策。1843年，毛里求斯从英属海峡殖民地[④]引进了1000名中国苦力。[⑤] 从1840年

---

① 曾繁兴：《寻根：毛里求斯的华人》，邓抗升译，《明报月刊》1980年第1期（总169期），第40—41页；《毛里求斯华人简史》（刘新彝译自毛里求斯《周末报》1981年4月初专题文章），转引自方积根编《非洲华侨史资料选辑》，新华出版社1986年版，第44页。关于这批华人的待遇，可参见李卓凡《西印度洋华侨史》，附录文件，文件二：德福尔热给公司的信。1762年7月20日。转引自方积根编《非洲华侨史资料选辑》，第307—309页。

② 陈公元：《古代非洲与中国的友好交往》，商务印书馆1985年版，第49页。

③ 李卓凡：《西印度洋华侨史》，转引自方积根编《非洲华侨史资料选辑》，新华出版社1986年版，第121页。

④ 海峡殖民地（英文：Straits Settlements），是英国在1826—1946年间对位于马来半岛的三个重要港口和马来群岛各殖民地的管理建制。

⑤ Persia Crawford Campbell, *Chinese Coolie Emigration to Countries Within the British Empire*, p. 338. 转引自李安山《非洲华侨华人史》，中国华侨出版社1999年版，第90页。

12 月 29 日到 1843 年 7 月 5 日，毛里求斯在新加坡的代理人为毛岛各公司招募了 3000 名华工；李卓凡引用的一份政府档案表明："1840 年至 1844 年间，从加尔各答、新加坡或海峡的其他港口共招募了八千至九千名中国移民。但未从中国本土招工。"① 在短短的几年内，华人成为毛里求斯岛所招农业工人的主要成分。②

有了契约华工的开拓，以后的毛里求斯华人主要是以自由移民方式迁移过来的。③

（二）留尼汪的契约华工

留尼汪是位于西印度洋的一个火山岛，距马达加斯加东南 676 公里，与毛里求斯相隔很近。1827 年，留尼汪政府决定输入亚洲移民，契约华工很可能是从这时候开始引进的。但此时的劳工主要是从印度来的。两年后，政府签发了一项《有关印度、中国劳工和其他亚洲的自由民》的法令。④ 1843 年，留尼汪政府发布法令，以试验的名义宣布引进 1000 名华工。

三年后，即 1846 年，格雷伯总督虽然宣布停止引进新的契约华工，但在这期间，留尼汪仍先后派人到东南亚和中国大陆直接招募华工，在 1844 年即招募两批。1845 年初，留尼汪派来的招工人员抵达厦门，与在此地开业的英商德记洋行的康纳利取得联系。6 月，由德记洋行经手，用招募契约劳工的办法招到苦力 180 人，搭乘一艘法国船由厦门开往留尼汪。同年 10 月 4 日，又有一批华工抵留尼汪。1846 年，留尼汪岛又招到一批契约华工计 200 人，也从厦门出港。这些华工都与雇主订有契约，做工五年，每月工钱为银币 4 元。根据陈泽宪的研究，"这是西方资本主义国家从厦门招工出洋的第一次记录"⑤。此后不久，1849 年。法国政府公

---

① 李卓凡：《西印度洋华侨史》，转引自方积根编《非洲华侨史资料选辑》，新华出版社 1986 年版，第 273—274 页；表十八，第 299—301 页。

② 《毛里求斯华人简史》（刘新彝译自毛里求斯《周末报》1981 年 4 月初专题文章），转引自方积根编《非洲华侨史资料选辑》，新华出版社 1986 年版，第 45—46 页。

③ 李安山：《非洲华侨华人史》，中国华侨出版社 1999 年版，第 89—91 页。

④ 《有关印度、中国劳工和其他亚洲的自由民》法令的主要条款为：（1）雇工契约需呈交特别委员会确认，方能生效；（2）契约工期为五年；（3）月薪应高于十法郎；（4）享有食品配给和医疗待遇；（5）契约工回国费用由雇工负担。这是西印度洋地区最早制定的关于亚洲劳工移民的法令。

⑤ 陈泽宪辑：《非洲地区英、法、比、葡、西、德各殖民地招募华工纪略》，载陈翰笙主编《华工出国史料汇编》第九辑，第 263 页。多米尼克·迪朗、让·亨顿：《留尼汪华侨史》，转引自方积根编《非洲华侨史资料选辑》，新华出版社 1986 年版，第 456、463—463 页。

布了留尼汪岛在 1848 年废除奴隶制度时的人口统计。当时岛上有 31291 白人，66621 有色人，其中包括 590 名中国人。到了 1882 年，法国又从上海为留尼汪招去 2101 名华工。[①]

从 1885 年起，留尼汪政府恢复招募契约华工，这次一直持续到 1901 年。1901 年，812 名福州人乘坐德国轮船抵达留尼汪。[②] 他们是留尼汪招募的最后一批契约华工。这样，到 1901 年，留尼汪共从福建招募华工 3000 人。[③] 19 世纪来到留尼汪的契约华工在契约期满后的去向分为三种：有的华工直接回国；有的转到毛里求斯或非洲其他地区；也有一部分留下来与当地妇女结婚成家，在留尼汪扎下了根。[④]

（三）圣赫勒拿岛的契约华工

圣赫勒拿岛位于大西洋南部，是一个火山岛，距非洲西海岸 1840 公里。1657 年，此岛落到英国人的手里，成为英国东印度公司的领地，专为航行于欧亚之间的船舶担任补给任务。岛上除个别白人外，绝大多数是黑人奴隶。英国废除奴隶贸易后，这里的劳动力供应日益困难，1810 年，圣赫勒拿岛的总督委托英国东印度公司驻广州商馆大班，设法代招一批中国工匠和农夫。[⑤] 1810 年 5 月，英国东印度公司将 50 名华工从广东运至圣赫勒拿岛。他们的表现使公司十分满意，于是公司又运来 150 名华工。当时的圣赫勒拿岛的总督亚历山大·比特森对华工的工作种类及其作用进行了描述：这些华人大部分受雇于农业，如将土地用栅圈起来、平整土地、烧荒、赶车、种植和收获马铃薯，以及其他工作，“有些人已成为十分在行的庄稼汉”。英国东印度公司付给这些华工每人一天 1 先令的工钱，定量供给他们食物。除从事通常的手工和农活外，他们还参与了一些准军

---

① 《国际移民》第 1 卷，第 59—60 页。转引自陈翰笙主编《华工出国史料汇编》第九辑，中华书局 1984 年版，第 264 页。

② Edith Wong - Hee - Kam, *La Diaspora Chinoise aux Wascareignes: le Cas de la Reunion*, p. 9. 根据李卓凡的著作，这批契约华工为 802 名。参见李卓凡《西印度洋华侨史》，转引自方积根编《非洲华侨史资料选辑》，新华出版社 1986 年版，第 175 页。

③ 何静之：《留尼旺岛华侨志》，华侨志编纂委员会 1965 年版，第 17 页。转引自李安山《非洲华侨华人史》，中国华侨出版社 1999 年版，第 92 页。

④ 李安山：《非洲华侨华人史》，中国华侨出版社 1999 年版，第 91—93 页。

⑤ 陈泽宪辑：《非洲地区英、法、比、葡、西、德各殖民地招募华工纪略》，载陈翰笙主编《华工出国史料汇编》第九辑，中华书局 1984 年版，第 254—258 页。

事活动。[①]

此后，圣赫勒拿岛总督哈德逊·罗伊爵士非常希望引进契约华工，1816 年 5 月 7 日，他向英国下议院的特别委员会申诉说：

> 我于 1813 年提出申请要求得到的中国人一直未抵达，这造成了本岛的某种不方便，特别是在波拿巴将军来后所做的安排使得对劳动力的需求增加了。这种不方便多少由于贵会授权让每船抵达时带来几名中国人这一措施而减小了。我们希望这一措施能继续下去，直到我们共收到 150 人为止。我们的基地希望能增加到这一理想人数，如果没有贵会所应承担的介入作用，那将既不方便也不适合。

1817 年再次致函英下议院特别委员会。在这封信中，他的要求进了一步，从 150 名增加到 350 名，并要求尽快送到。他明确表示，圣赫勒拿岛需要 20 名木匠、10 名石匠、10 名泥水匠、6 名铁匠，还需要能够种田、饲养牲畜和园艺的农业工人。但机缘未到，他的愿望似乎没有结果。

（四）马达加斯加的契约华工

马达加斯加位于印度洋西部，隔莫桑比克海峡与非洲大陆相望，为非洲第一、世界第四大岛。早在 18 世纪后期和 19 世纪初，即有人建议法国政府将华工引进马达加斯加。马达加斯加的早期华人是从毛里求斯和留尼汪迁移去的，这些人不能算作契约华工。然而，不时也有法国人将华工从中国附近港口运去马达加斯加。如 1865 年，有一艘从澳门开来的法国船将一批人数不详的劳力运抵马达加斯加。[②] 第一批契约华工是于法国正式在马达加斯加建立殖民统治的 1896 年抵达此岛的。当时雇用契约华工主要是为了修建塔马塔夫——塔那那利佛公路。华工分为四批抵达马达加斯加：

---

① A. Beatson, *Tracts Relative to the Island of St. Helena*, *London*, Bulmer, 1816, pp. 186—187. 转引自李安山《非洲华侨华人史》，中国华侨出版社 1999 年版，第 93 页。

② 陈泽宪辑：《非洲地区英、法、比、葡、西、德各殖民地招募华工纪略》，载陈翰笙主编《华工出国史料汇编》第九辑，中华书局 1984 年版，第 275 页。

契约华工抵达马达加斯加简表

批数	登岸日期	离岸日期	苦力人数（人）	备注
1	1896.5.10	1897.2.5	499	
2	1896.8.25	1897.5.20	614	
3	1897.4.5	1897.12.20	1 023	285 人因病于 1897 年 9 月 2 日被遣返回国
4	1897.8.11	1898.5.19	867	55 人因装病于 1897 年 9 月 2 日被遣返回国

资料来源：Slawecki, *Frehch Policy Towards the Chinese in Madagascar*, p.85. 转引自李安山《非洲华侨华人史》，中国华侨出版社 1999 年版，第 95 页。

20 世纪初，马达加斯加殖民政府又引进了两批契约华工。一次是为修筑迭戈—苏瓦雷斯公路而于 1900 年招募的，主要任务是从事路面工作，根据当地总督发给殖民部的电报，其需要数量为 500 人。这批华工 1900 年 2 月 10 日出发，于当年 4 月抵达迭戈—苏瓦雷斯。1901 年，马达加斯加总督再次决定从中国引进契约劳工。经过与法国殖民部的艰苦谈判并征得同意后。殖民地政府又与塔马塔夫的一位商人达成了引进华工的协定。根据加利埃尼总督于 1901 年 5 月 8 日在《独立的马达加斯加公务纪事》上颁布的“有关本殖民地招募和使用华工的指令”，雇佣华工的契约如下：

（1）华工受雇三年，从在塔马塔夫登岸算起。
（2）华工月薪为 25 法郎；领队为 30 法郎。
（3）华工享受衣、食、住和医疗补助费。
（4）契约期满后发给回国路费。①

这批华工于 1901 年 6 月 27 日抵达塔马塔夫，共计 764 名，外加一名翻译。他们很有可能是由长期待在中国并富有招工经验的法国商人法郎西

① Slawecki, *French Policy Towards the Chinese in Madagascar*, p.96. 转引自李安山《非洲华侨华人史》，中国华侨出版社 1999 年版，第 96 页。

斯·魏池招募的。根据中国学者陈泽宪收集的资料，法商弗郎西斯·魏池受马达加斯加殖民当局的委托，于1901年向福州洋务总局提出在福州招工的要求。一方面有清朝官员的同意①，另一方面有法国驻福州领事高井和在当地活动的天主教传教士的协助，魏池和他所雇用的招工人员采取欺骗手段，在1901—1902年陆续招到3000多人，他们分批搭乘法国轮船前往马达加斯加和留尼汪两地。

招募这批契约华工的初衷是让他们修筑塔那那利佛铁路，但最后参加修建铁路的只有280人。其余被分配到殖民地各地区。契约华工的分布地区如下：

塔马塔夫	100人
“大圈地”	26人
马任加	50人
安布西特拉	19人
菲亚特兰楚瓦省	200人
塔那那利佛—曼扎卡里纳—穆拉曼加（铁路）	280人
阿尼瓦勒诺	39人
贝托弗	20人
农业劳务	22人②

（五）坦噶尼喀的契约华工

坦噶尼喀在非洲东部，濒印度洋。1886年，坦噶尼喀成为德国殖民地。1892年，德国东非特许公司和德国东非种植园公司联合到英国海峡殖民地和中国汕头招工。然而，受东非德国人委托办理的招工业务的德国商行和英国商行在当地声名极坏，德国人在汕头的招工因遭到当地群众的反对而没有成功，最后在新加坡招到240个中国男工、243个爪哇男工和24个爪哇女工。这批劳工于1892年7月25日从新加坡搭乘英国轮船佛林特歇尔号驶往东非海岸。当年8月10日，西方的一些报纸，如德国的

① 陈翰笙主编：《华工出国史料汇编》第九辑，中华书局1984年版，第174—177页。

② Slawecki, *French Policy Towards the Chinese in Madagascar*, p. 97. 转引自李安山《非洲华侨华人史》，中国华侨出版社1999年版，第97页。

《柏林日报》和《商业新闻》，均刊登了第一批东亚劳工抵达德属东非殖民地的消息。

1892年9月，东非的德国人又通过澳门的葡萄牙苦力贩子招到一批华工，并由一艘英国轮船运往坦噶尼喀。此后，东非的德国种植园公司于1896年在汕头、1902年在澳门、1907年在新加坡招募了好几批契约华工到坦噶尼喀种植园充当苦力。当时中国的胶州湾已成为德国的租借地。这一租借地的德国人也参与了为德属东非殖民地招募契约华工的勾当。例如。在1905年，他们就从山东的内地招到60个青年壮劳力，送往坦噶尼喀去当警察。[①]

德国人招募华工的主要用途是修建两条铁路：一条自北部坦嘎港到莫希（简称坦莫线）的铁路，全长220英里，从1891年开始，工程时断时续，1911年完成，费时二十年。另一条自达累斯萨拉姆到坦噶尼喀湖畔的基戈马（简称达基线），全长780英里，1904年兴工，1914年完成。中国工人给德国人修筑这两条铁路的事实在香港的早期报纸有零星报道，东非华侨曲拯民先生根据自己在东非的经历和与当地人士的交往，搜集了一些资料。据李安山的研究，居住在坦莫线一带的非洲人谈到，20世纪初，有“大批”中国筑路工人，在乌森巴拉山下居住，教导他们一般农事，怎样种茶。另有山东高密人张书传，在光绪年间应聘到南非约翰内斯堡附近的金矿区担任翻译和传教工作。他曾谈到英、德两国在同一时期在胶州湾一带招募工人到非洲去。此外，坦桑尼亚独立后曾留任铁路局的苏格兰人总工程师默里，在中国与坦桑尼亚就修建坦赞铁路一事谈判时。凡涉及工程问题，皆邀请他参加。默里谈到，有上千的中国工人曾给德国政府修筑铁路，可惜铁路局已无档案可查。[②]

1891年，德国开始修建坦莫线铁路。为了加快进度，德国人于1898年从中国招募劳工，中国工人自远东各地应征而来。当一些中国人在北伐初期到东非洲来做木工时，见到过几位曾在德国统治时期参加过修筑铁路的工人和管工员。他们中间有的已与当地妇女成亲，无意返国而最后终老于东非。根据居住在坦噶至莫希铁路沿线的非洲人的说法，在20世纪初，

① 陈泽宪辑：《非洲地区英、法、比、葡、西、德各殖民地招募华工纪略》，载陈翰笙主编《华工出国史料汇编》第九辑，中华书局1984年版，第272—273页。

② 李安山：《非洲华侨华人史》，中国华侨出版社1999年版，第99页。

有“大批”中国筑路工人，在乌森巴拉山下居住。这些中国劳工教导他们一般农事，怎样种茶。双方关系颇为融洽。那一地区至今还有一个“上海村”（当地语称 Kijiji Shanghai）。[①]

中国人在德属东非修建铁路的事实，似乎早已被人遗忘。然而，据李安山的综合所得，确知中国人参加筑路的人数约 2000 名。[②]

（六）法属西非的契约华工

法属西非，行政中心设在塞内加尔的达喀尔。19 世纪，法国在西非的殖民活动主要集中在塞内加尔地区，并从这里辐射到各个殖民地。1854 年，法国的拿破仑三世任命费德尔布为塞内加尔总督。授意他在非洲西部进行殖民扩张。费德尔布在达喀尔大兴土木。当时，专门从中国招募的一批劳工，在此作泥水匠、瓦匠、木匠等苦工，参加了达喀尔当地的市政建设。

1879 年，法国驻广州领事师克勤，奉法国政府之命，向中国政府官员要求准许法国商人为法国的殖民地从南方各通商口岸招募华工。1880—1882 年，法国商人先后在广州、汕头和上海招募了大批华工，分别送到法属非洲殖民地塞内加尔和留尼汪及其他地方，1881 年，达喀尔—圣路易铁路和克兹—库里科罗铁路的建设工程同时开工。先后运到塞内加尔的华工都被迫参加修建达喀尔—路易港铁路这一工程。而这些劳工是在付出了生命的代价之后，于 1885 年建成了这条铁路。[③]

侥幸活下来的华工很有可能又转入了克兹—库里科罗铁路的建设。由于这条铁路线路长，地形复杂，当局为了推动从亚洲引进劳工，于 1883 年成立了一家法—中贸易公司，专门引进契约华工。1899 年，法国殖民政府又从印度支那地区引进了一批契约华工。[④]

---

① 中国人工作十四年之久。1914 年，铁路竣工，幸存 600 余人，除了约二十名被留用外，尽被遣返原地。曲拯民：《中国人在东非洲造铁路》，《明报月刊》1981 年 11 月（总第 191 朗），第 69—75 页。

② 李安山：《非洲华侨华人史》，中国华侨出版社 1999 年版，第 99 页。

③ 同上书，第 101 页。

④ ［苏］苏勃波丁：《法国在西非的殖民政策，1800—1900》，方林等译，世界知识出版社 1960 年版，第 68—69 页；R. L. Buell, *The Native Problem in Africa*, New York: Macmillan, 1928. Vol. ll, p. 26；参阅陈泽宪《非洲地区英、法、比、葡、西、德各殖民地招募华工纪略》，载陈翰笙主编《华工出国史料汇编》第九辑，中华书局 1984 年版，第 275 页。陈泽宪认为 19 世纪末法国人招募华工是为了修建法属刚果的普安特努瓦尔—布拉柴维尔铁路的修建，但这条铁路直到 1900 年才正式开始动工。

（七）英属西非的契约华工

英属西非[①]在19世纪末也引进了契约华工。当时，英国的黄金海岸殖民地正致力于对阿散蒂王国的最后征服，加上殖民地本身的各种需要（如修建道路、运送物质、出口物资和矿产品的生产等），存在着严重的劳动力不足。为了解决这一问题，从1875年到1889年，殖民政府多次颁布关于劳动力的法令[②]，授予殖民政府直接征用劳工的权利，以解决劳动力紧缺的问题。到19世纪90年代的中期，由于金矿开采需要熟练劳工，黄金海岸总督马克斯韦尔提出了引进中国劳工的问题。他认为，中国矿工比本地矿工更勤快，这将有利于本地黄金开采业的发展。[③]

实际上，早在19世纪70—80年代，即有人建议从中国引进矿工。英国殖民主义者看到了这一殖民地黄金生产的巨大潜力，同时看到美国、加拿大、澳大利亚和西印度群岛等地引进中国契约华工后所产生的变化，似乎对中国劳工有一种迷信，认为引进契约华工可以改变这个殖民地的面貌。于是，1883年，理查德·伯顿和V. L. 卡梅隆在视察了黄金海岸殖民地瓦索金矿后，提出了引进中国矿工的建议。[④] 同一年，埃利斯在他的著作中也写道："如果某个精力充沛的总督只要能够引进中国劳工，黄金海岸的面貌将很快会变得与现在这个样子大大不同。"[⑤] 马克斯韦尔总督提出这个计划的真实目的是想通过这一计划来测试大规模引进中国劳工的可能性，从而加快殖民地的黄金生产。这一计划最后获得了殖民部的同意，也得到了英国商界的认可。于是，黄金海岸殖民政府于1897年引进了一

---

① 16世纪末至17世纪初，英国开始从西非沿海不断向内陆渗透和扩张。1889年，英国宣布冈比亚为殖民地。1896年，宣布塞拉利昂为保护国。1897年，宣布黄金海岸为殖民地。19世纪下半叶至20世纪初，英国在尼日利亚沿海和内地先后建立多个殖民统治机构。1914年，英国统一了这些机构，成立"尼日利亚殖民地和保护国"。第一次世界大战结束喀麦隆西部和多哥西部划归英国委任。第二次世界大战后，英国又以"联合托管"的名义对这两地继续其殖民统领地派总督或专员治理。1957年3月，海岸宣布独立，更名为加纳，多哥加入。1960年10月，尼日利亚宣布独立。1961年10月，英国"托管"的喀麦隆西部并入尼日利亚，南区并入的喀麦隆共和国。1961年4月，塞拉利昂宣布独立。1965年2月，冈比亚宣布独立。

② 这些法令包括1875年的"劳工法令"、1883年和1889年的"公共劳工法案"、1893年的"主人和仆役与雇用外国人法令"、1894年的"道路法令"等。

③ *Gold Coast Independent*, August 22, 1896. 转引自李安山《非洲华侨华人史》，中国华侨出版社1999年版，第102页。

④ 李安山：《非洲华侨华人史》，中国华侨出版社1999年版，第102页。

⑤ 同上。

批中国劳工。

1897 年 7 月，16 名中国矿工和技术人员抵达黄金海岸的温尼巴港口。他们是从海峡殖民地转到利物浦，然后抵达温尼巴的。中国劳工被安置在阿基姆—斯韦德鲁，由马克斯韦尔总督的儿子乔治·马克斯韦尔和另一名外科医生负责管理他们。中国矿工被安排在瓦索和阿基姆—阿布阿夸的矿井，与当地矿工一起劳动。[①]

（八）刚果自由国的契约华工

从 19 世纪 70 年代起，比利时国王利奥波德二世以欺骗和贿赂等手段与刚果河流域的国王或酋长签订了四百多个奴役性条约，后来进一步将这些地区据为己有。1884 年的柏林会议将刚果河以东的地区划给利奥波德二世，并议决成立以他为君主的刚果自由国。1887 年，比利时国王利奥波德二世派人到中国商讨招募劳工一事，清政府认为比利时虽与中国订有条约，但只能为本国属地招工，不能代为刚果自由国招工，并以此为由对利奥波德二世的要求予以拒绝。

1892 年，刚果自由国通过其在中国的代理人，与以澳门为据点的葡萄牙劳工贩子打通关节，并委托其在中国为刚果自由国招募劳工。葡萄牙招工代理人在广州内地为刚果招工时提出了下列合同条件：

（1）愿意去刚果自由国做工的人必须与雇主订立为期三年的劳动契约。

（2）做工期间必须听众雇主指挥，不得任意停工。

（3）华工抵达刚果后，每月工资为 45 法郎。

（4）雇主为华工提供膳宿。

（5）华工往返刚果的船票由雇主支付。

（6）华工契约期满后如愿在刚果留居，可以向雇主请领 400 法郎现金。

这次共有 542 人应募，其中包括 536 名中国男子，6 名男童。1892 年 9 月 28 日，这批华工乘德国轮船渥斯坦号从澳门出口前往刚果，特别值得一提的是其中一名华工携带妻子同往，这在契约华工中极少见。后来，

① 李安山：《非洲华侨华人史》，中国华侨出版社 1999 年版，第 103 页。

澳门和香港的招工贩子又暗中到琼州、汕头等地为刚果自由国招募华工，并将招到的这些人集中在澳门或香港装船运往刚果。关于这批华工的招募情况，中国海关的《通商贸易年册》（1892年度）和当时的《英国驻华领事商务报告》（拱北口，1892年）均有记载，一些西方著作也提到了这一事实。①

但这批华工的表现不尽如人意，刚果自由国也表示不拟再招华工。然而，利奥波德二世无时无刻不在打契约华工的主意。为了达到目的，刚果自由国的全权代表余锡尔伯爵十分活跃，在其他欧洲国家驻华使节中频频活动，最后终于促成了双方于1898年7月10日在北京议定了《中国与刚果专章》。专章只有两款，其中第二款称："议定中国民人可随意迁往刚果自由之国境内侨寓居住。凡一切动者静者之财产皆可购买执业，并能更易业主。至行船，经商、工艺各事，其待华民与待最优国之民人相同。"② 由此可看出，签订此章之目的全然在于使刚果自由国能够从中国招募劳工。随后，刚果自由国先后于1901年、1902年、1904年和1906年四次招募华工。③

（九）南非的契约华工

南非地处南半球，位于非洲大陆的最南端。南非引进契约华工与"黄金热"有密切的关系。

1867年，在奥兰治河（桔河）岸边发现了一颗重21克拉、后来被称为"欧雷卡"的金刚石，两年后又发现了那颗闻名于世的"南非之星"。比钻石矿开采更为疯狂的是"黄金热"。1870年，在瓦尔河北岸的祖潘斯伯格地区发现了金矿富集层；三年后，在莱登堡地区又发现了更多的金矿富集层，1884年，在东部的巴伯顿地区发现了更有价值的矿层，两年后，在威特沃特斯兰德（后简称兰德）这块高地发现了丰富的金矿脉。一时

① 比埃尔·约阿、萝西娜·勒纹：《在刚果的托拉斯》，世界知识出版社1964年版，第26页。

② 王铁崖编：《中外旧约章汇编》第一册，生活·读书·新知三联书店1982年版，第785页。

③ 陈泽宪：《十九世纪盛行的契约华工制》，《历史研究》1963年第1期；陈翰笙：《"猪仔"出洋——七百万华工是怎样被拐骗出国的》，（http://www.f81.net/dv6/dispbbs.asp? Id = 44864&boardid = 70&star = 1）；艾周昌：《一八九八年中刚（扎伊尔）条约与华工》，《社会科学战线》1983年第3期；陈泽宪：《非洲地区英、法、比、葡、西、德各殖民地招募华工纪略》，载陈翰笙主编《华工出国史料汇编》第九辑，中华书局1984年版，第266—269页；李安山《非洲华侨华人史》，中国华侨出版社1999年版，第105页。

间，世界各地的淘金者蜂拥而至。“黄金城”约翰内斯堡就是在 1886 年由淘金者发展起来的。随着矿业的开发，英国的开普殖民地与原住民布尔人的矛盾日益加深，最后终于于 1899 年爆发了英布战争。

英布战争以英国人的胜利而告终。1902 年 5 月 31 日弗里尼欣条约的签订确立了英国的统治地位，布尔人则从战胜者手里得到了 300 万英镑的补偿费。战后的南非百废待兴。金矿业开始吸引大批投资。在短短一年多的时间里，“已经花费了好几百万英镑，建立了 299 家新公司，并且已找到了无数金钱来开发这个国家的矿产资源”[①]。尽管劳工（包括黑人和白人劳工）的人数已经超过了战前，但远远不能满足金矿开采规模的扩大。在这种情况下，南非的矿业资本提出了从中国引进劳工的建议。这一建议很快付诸实施。1904—1910 年，大批华工在南非和德兰士瓦金矿辛勤劳作，为南非金矿的开采做出了贡献。[②]

英国政府原来打算从中国进口 20 万劳工。后来因各种因素，英国政府不得不于 1906 年 11 月决定停止在华招工。关于中国 1904—1907 年输出到南非金矿的劳工数，可谓众说纷纭。有英国官方统计 63811 人；到达兰德矿场数为 62960 人；有中国方面根据南非总领事刘玉麟于光绪三十二年（1906 年）报告，当时南非矿上已有华工 47212 人，加上已发招工执照而尚未抵达的华工 16000 人，共计 63212；有中国学者 5 万余人说、7 万多人说、15 万人说；有外国学者统计的 63938 人[③]。

在这众说之中，据李安山的研究，有两人的数据比较靠谱，一是彼得·理查森根据南非德兰士瓦的政府档案和矿区所存文件进行了研究，认为从 1904 年 6 月第一批到 1907 年最后一批，中国从各港口输出华工计 34 批，其中香港 3 批，大沽 3 批，其余均从秦皇岛和芝罘（今烟台）输出，从中国离岸华工数为 63938 人，在南非德班抵岸华工数为 63695 人。[④] 二

① Campbell, *Chinese Coolie Emigration*, p. 167. 转引自李安山《非洲华侨华人史》，中国华侨出版社 1999 年版，第 107 页。

② P. Richardson, *Chinese Mine Labour in the Trnsuaal*. 宋晞：《清末华工对南非屈兰斯瓦尔金矿开采的贡献》，华冈出版社 1974 年版。转引自李安山《非洲华侨华人史》，中国华侨出版社 1999 年版，第 107—108 页。

③ 李安山：《非洲华侨华人史》，中国华侨出版社 1999 年版，第 108—109 页。

④ P. Richardson, *Chinese Mine Labour in the Trnsuaal*, pp. 192 - 197、204. 转引自李安山《非洲华侨华人史》，中国华侨出版社 1999 年版，第 110 页。

是谢子修在他的《游历南非洲记》中提到最早五次抵达南非的华工人数共计 9130 人。

李安山认为，这五批的离岸地与彼得·理查森引用的资料基本一致，抵岸人数也基本相同。到 1904 年 9 月底，专为南非金矿招募的华工约 9100 人。开滦煤矿保存的外报档案可证实这一点。1905 年的数字可以从当时的另一份报纸所载资料中得出。据 1906 年 1 月 10 日英国的《摩宁普士报》（疑为 Morning Post 之译名）载，此时，英国已决定停止招募华工。派驻南非的总督塞尔伯恩伯爵（旧译佘尔本）在发给英国殖民大臣的电文中提到了当时招募华工的大致情况。截至 1905 年 12 月 20 日，已至者为 47241 人；还须招募 14700 人，共计 61941 人。塞尔伯恩伯爵还专门谈到 1905 年所发进口华工募照总数。[①] 从电文上看，塞尔伯恩总督仅将 12 月的 3000 人募照卡住未发，已发募照达 36792 人，但须注意这只是政府允许的招募华工人数，而非实际招工数。若加上前面所提到的 1904 年底的华工抵达数 24000 人，1906 年 2 月底，华工抵达南非数为 61000—62000 人。更为可信的是塞尔伯恩伯爵上面提到的 1905 年底华工抵达数 47241 人。而在 1906 年全年，德兰士瓦方面共抢运 15000 余名华工人境。[②] 而且 1996 年出版的由南非华人学者撰写的《南非华人史》也认可 64000 人这个数。为此，李安山认为，南非金矿共输入华工 63000—64000 人，应是比较合乎史实的。[③]

从上可见，汉民族移民迁入非洲，契约华工作为开拓者，法属殖民地最早输入华工；刚果自由国引进的华工命运极为悲惨；西、葡输入华工的形式比较隐蔽；德属东非的华工主要用于铁路建设；英属南非输入华工的数量最多。[④] 因此，正是契约华工以他们的血肉筑起了一条迁入非洲的通道。

三 编年史：契约华工迁入非洲的轨迹

经过两百余年的沧桑迁徙，非洲各地输入的契约华工从少到多，从点

---

① 《论南非招募华工》，载《外交报》第 138 期，1906 年 4 月 8 日（光绪三十二年三月十五日）。转引自李安山《非洲华侨华人史》，中国华侨出版社 1999 年版，第 112 页。

② 陈泽宪：《1904—1910 年英国为南非特兰士瓦金矿招募华工史料辑存》，载陈翰笙主编《华工出国史料汇编》第九辑，中华书局 1984 年版，第 236 页。

③ 李安山：《非洲华侨华人史》，中国华侨出版社 1999 年版，第 114—115 页。

④ 同上书，第 115 页。

到面，从东非到西非，已有了一定规模。李安山在《非洲华侨华人史》中根据他所尽力搜集到的中外资料，写出了从1700—1910年契约华工迁入非洲的编年史。

（一）1700—1800年

在18世纪，除毛里求斯外，在南非、留尼汪、马达加斯加均已出现一些华侨。虽然这些华侨大多数是自由移民。但不能排除他们中的一些人是契约华工或从契约华工的身份转变而来。毛里求斯在这一期间引进的契约华工大约为5000人。这5000人中包括已见诸书面记载的1760年、1762年和1783年共三批，此外还应有未记载的。这些人中除死于毛岛以外，后来的去向可能移居到南非等地区。[①] 此外，在这一百年中，赴非洲其他地区的华工约1000人，共计6000人。[②]

（二）1800—1850年

毛里求斯在1801—1850年间，引进的华工有记载的为两批，1829年400人和1843年1000人。李卓凡的数字（1840年底至1843年7月为3000人）以及他的统计表“运送中国雇工的船只名单（1829—1843年）”，共计2701名。这是其从当时报纸上的资料统计得来。其中1829年只有两批，计398名，均为从新加坡引进。从同一地点、同一时间以及数量看，这很有可能是上面提到的400名那一批。其实，1843年共有六批，总数为670人。从船只抵达时间的跨度（从1月到7月）和总数上看，都不像上面提到的那一批。加上未留下记录的华工数，毛里求斯在这一期间引进华工约为5000人。还有，最重要的是政府文件中提到的1840—1844年的8000—9000人。据此，在1800—1850年间，毛里求斯引进的华工为12000人。

留尼汪早在1827年就决定输入亚洲移民。1829年，留尼汪政府发布的“有关印度、中国劳工和其他亚洲自由民”的法令说明当时已在引进的华工。有记载的华工有两条路线，一条是从东南亚，1843年总督决定引进1000人，1844年，“苏富伦号”从东南亚运来54名华工；1844年7月7日，“野鸭号”运来75名华工，其中6名在路途死亡。同年8月，“帕拉斯女神号”运来第三批华工；10月，“新回归号”从新加坡运来了

① 南非的华人多声称他们的祖先来自毛里求斯。

② 李安山：《非洲华侨华人史》，中国华侨出版社1999年版，第117页。

178名华工，随后又运来第五批。这批华工多系闽籍人。另一条是从中国本土，留尼汪政府直接从中国福建招募华工。[①] 1845年从厦门运来了两批。

此外，在1848年有4200名亚洲劳工抵达留尼汪。他们抵达时，雇主为了管理的方便，不是将他们按国籍姓名进行登记，而是将他们编号并按号码的先后分派工作。这些劳工中肯定有中国人，但其具体数目不得而知。[②] 据此，留尼汪在这一期间引进华工约为3500人。圣赫勒拿岛有记载的为两批共200人。此岛的华工在一段时期内稳定在400人左右。[③] 因此加上后来陆续引进的华人，共计500人。北非地区和大西洋岛屿（如以种植园经济和黑奴制盛行而闻名的葡属圣多美普林西北、西属费尔南多波）和南非等地共约1000人。

总之，这50年非洲各殖民地引进契约华工共计17000人。

（三）1851—1900年

从1851年到1900年的50年间，契约华工引进非洲的地区进一步扩大，除上述地区外，德属东非、法属马达加斯加、法属西非、英属西非、刚果自由国也相继引进。

德国为了修筑从坦噶到莫希和从达累斯萨拉姆到基戈马这两条铁路，先后多次在中国的胶州湾、汕头、澳门和东南亚等地招工。虽然有记载的仅有1892年两批、1896年、1898年四次，但李安山认为肯定不止此数。其理由是：第一，德国人在非洲抢占的殖民地还在绥靖过程，加上各殖民地本身均需劳动力，因而非洲劳工缺乏。第二，德国不像英国有印度这样人口众多的殖民地，劳工无法从他处得到。因此，从1892—1900年，估计德国输入契约华工约4500人，其中2500人招自中国各地，2000人招自东南亚地区。[④]

马达加斯加在这一时期也大量输入契约华工。法国完全征服马达加斯

① 多米尼克·迪朗、让·亨顿：《留尼汪华侨史》。转引自方积根编《非洲华侨史资料选辑》，新华出版社1986年版，第456、462—463页。1844年的契约华工系闽籍人，参阅华侨经济年鉴编辑委员会《华侨经济年鉴》，1959年，第725页。

② 何静之：《留尼旺岛华侨志》，华侨志编纂委员会1965年版，第16页。

③ Melanie Yap and Dianne Leong, *Man*, *Colour*, *Confusion and Concessions*, p. 13. 转引自李安山《非洲华侨华人史》，中国华侨出版社1999年版，第118页。

④ 李安山：《非洲华侨华人史》，中国华侨出版社1999年版，第118页。

加是在 1896 年。在这以前，法国殖民者不时从中国或东南亚引进华工。据当地一位姓肖的华人说，在 19 世纪 80 年代末，一批华人来到北部的迭戈—苏瓦雷斯，这些是从广州湾招募来的华工。这批华工抵达此地的时间实际为 1890 年，人数为 500 名。[①] 1896 年，法国总督宣布解放奴隶，劳动力问题提上日程，第一批正式引进的契约华工于 1896 年抵达马达加斯加，主要是为了修建塔马塔夫——塔那那利佛公路，有 3003 人。加上在 50 年未记载的输入华工，估计共有 5000 人。

在 19 世纪下半叶，法国在留尼汪的殖民地政府不断委托在中国的法国商人引进契约华工。1852 年，留尼汪政府引进了 27100 名亚洲劳工。然而，这批劳工无国籍、姓名登记，只按编号分配。因此，这些劳工中究竟有多少华人不得而知。不过，由于留尼汪政府已有在英属海峡殖民地和中国本土招募华工的经验，将这批劳工中的华人数估计为 7000 人比较适中。1867 年，法国人又一次引进契约华工在当地种植甘蔗。[②] 除 1882 年招募的 2101 名华工和 1901 年的 812 名华工这两次有记录的资料外，留尼汪殖民政府在 1885—1901 年间恢复从中国引进劳工，并多次输入契约华工，至 1901 年止，已从福建招募华工计 3000 人。故而这一期间输入留尼汪的契约华工数估计为 12500 人。

法属西非在这一时期引入的契约华工，虽然缺乏具体的华工数字，但从当时法国人先后在广州、汕头和上海等港口大肆招工，并专门成立一家法—中贸易公司这一点来看，输入华工的数目绝不会少于 5000 人。

英属西非引进的华工似乎不多，只能估计为 500 人。

刚果自由国从 1892 年起即通过其在中国的代理人，从澳门和广州为刚果运送契约华工。第一批招募了 542 人，这也是这一期间仅有人数记录的一次。后来，刚果自由国的代理人又分别从琼州、汕头等地招募华工。刚果自由国在这一时期引进华工约 1000 人。

葡属圣多美—普林西比岛和西属费尔南多波岛输入契约华工的数目只能估计。葡萄牙占有澳门，可从澳门运送华工而不被注意。同时，圣多

---

① Slaweeki, *French Policy Towards the Chinese in Madagascar*, p. 44. 李卓凡：《西印度洋华侨史》，转引自方积根编《非洲华侨史资料选辑》，新华出版社 1986 年版，第 209 页。

② 华侨志编纂委员会：《华侨志：总志》，第 196 页。转引自李安山《非洲华侨华人史》，中国华侨出版社 1999 年版，第 119 页。

美—普林西比岛的种植园是颇有名声的，此岛契约华工数估计为 1500 人。西属费尔南多波岛约为 500 人。

这一时期的另一个重点是南非。根据叶惠芬的研究，从 1849 年到 19 世纪末，契约华工先后已出现在开普敦、纳塔尔等地。如 1849 年 1 月 12 日，一些中国工匠抵达伊丽莎白港；1857 年，开普殖民地又引进了一批华工。1858 年南非一家蔗糖公司引进一批蔗糖种植园华工；1875 年 8 月 16 日，75 名中国劳工抵达南非，这批人是由纳塔尔殖民政府从毛里求斯引进的；1881 年 11 月 10 日，20 名中国劳工抵达商非，其中 2 人中途死亡；1882 年，152 名契约华工从香港上船，其中 126 人安全抵达南非①。这一期间引进的华工数估计为 1000 人。

这一时期非洲的其他地区也引进了华工。在葡属东非，华人修建铁路出了力，据菲利普·斯诺的资料，葡萄牙人从广东输入了数千名劳工来到莫桑比克。当时莫桑比克的南部还不时发生暴动，华工就是在这种艰苦的条件下修筑了荷属东非殖民地的第一条铁路。由于缺乏具体数字，葡属东非在这一时期估计输入华工 3000 人。加上北非地区、苏伊士运河地区、英属东非以及毛里求斯等地引进的华工，这一时期估计共引进华工约 5000 人。②

从上可见，从 1851 年到 1900 年的 50 年间，契约华工进入非洲形成一个小高潮。

（四）1901—1910 年

在 1901—1910 年间的十年间，契约华工的最大输入者是英属南非。除了 19 世纪提到 63695 人之外，要统计这一期间招到南非的契约华工，还须加上 1904 年 5 月以前英国招募到南非金矿的契约华工和在这一期间招募南非去的其他契约华工。这样，1901—1910 年间在英属南非的契约华工应有 70000 人。徐艺圃提到从中国口岸运出的华工比一般学者的估计数要多。我认为有些可能运到了邻近的英属罗得西亚和葡属莫桑比克。虽然缺乏证据，但英属罗得西亚在 20 世纪初为引进契约华工专门制定了移民法，而在莫桑比克确实存在华人人口增加和非法移民现象。例如，莫桑比克的华人数在

---

① Melanie Yap and Dianne Leong, *Man*, *Colour*, *Confusion and Concessions*, pp. 14－24；萧次尹：《非洲华侨经济》，海外出版社 1956 年版，第 4、16 页。转引自李安山《非洲华侨华人史》，中国华侨出版社 1999 年版，第 120 页。

② 李安山：《非洲华侨华人史》，中国华侨出版社 1999 年版，第 119—121 页。

1893 年为 52 人，在 1900 年为 84 人，到 1903 年陡增到 287 人。在 1906 年，确实有一些华人从洛伦索—马贵斯非法进入德兰士瓦。[①] 我们可以将这一期间引进到这两个殖民地的契约华工估计为各 500 人，共计 1000 人。

马达加斯加在 20 世纪初还在不断引进契约华工。1901 年引进的 764 人和 1901—1902 年陆续招到的 3000 多人（与留尼汪分享）是有案可查的两批。1901 年 10 月，812 名华工乘一艘德国船抵达留尼汪。[②] 如果加上没有记录的，马达加斯加输入的华工数约为 2500 人，留尼汪约为 2500 人。法属北非缺乏资料，估计为 1000 人。[③]

刚果自由国与中国签订条约后，于 1901 年、1902 年、1904 年先后从澳门等地招募华工，1906 年又从香港招了 500 余人。这一时期从中国引进劳工数估计为 2000 人。

德国人的两条铁路分别于 1911 年和 1914 年建成。在非洲修筑铁路极其艰苦，需要不断地补充劳工。特别是 1907 年胶州湾成为德国的租借地后，胶州湾的德国人直接参与了为其在非洲的殖民地招工的任务。在此期间招募的华工约为 2500 人。

其他地区（包括葡属几内亚等地）引进华人约 1000 人。

总之，从 18 世纪中叶到 1910 年，非洲从中国引进契约华工共计 142000 人。[④] 这些契约华工对非洲的开发作出了不可磨灭的贡献，他们作为汉民族移民从东南亚和中国本土迁入非洲开辟了道路，一些非汉民族移民是跟随着契约华工来到非洲的，他们迁入非洲的目的是为这些华工提供生活服务，从而构成了早期非洲华侨的重要组成部分，同时为后来的汉民族移民迁入非洲打下了基础。

第五节　汉民族移民走进大洋洲

在走向世界中，汉民族海外移民又是怎样迁入大洋洲的呢？

---

① Melanie Yap and Dianne Leong, *Man*, *Colour*, *Confusion and Concessions*, pp. 38, 180. 转引自李安山《非洲华侨华人史》，中国华侨出版社 1999 年版，第 121 页。

② 多米尼克 · 迪朗，让 · 亨顿：《留尼汪华侨史》。转引自方积根编《非洲华侨史资料选辑》，新华出版社 1986 年版，第 475 页。

③ 陈泽宪将 1900—1925 年输往欧洲大陆、英国和北非的契约华工人数估计为 15 万人。参见陈泽宪《十九世纪盛行的契约华工制》，《历史研究》1963 年第 1 期。

④ 李安山：《非洲华侨华人史》，中国华侨出版社 1999 年版，第 123 页。

大洋洲是世界上最小的大洲，位于太平洋西南部和南部的赤道南北广大海域中。在亚洲和南极洲之间，西邻印度洋，东临太平洋，并与南北美洲遥遥相对。大洋洲并不只有澳、新两国，还有巴布亚新几内亚独立国、斐济群岛共和国、基里巴斯共和国、马绍尔群岛共和国、密克罗尼西亚联邦、瑙鲁共和国、帕劳共和国、萨摩亚独立国、所罗门群岛、汤加王国、图瓦卢、瓦努阿图共和国。还有十几个地区为美、英、法等国的属地。在地理上划分为澳大利亚、巴布亚新几内亚、新西兰、美拉尼西亚、密克罗尼西亚和波利尼西亚六区。作为汉民族移民的迁入地，大洋洲不仅早有汉民族移民的踪迹，而且澳大利亚和新西兰已成当今汉民族移民重要的迁入地。

一　汉民族移民迁入大洋洲的历史记忆

记忆往往要找地标，而汉民族移民迁入大洋洲的历史记忆基本上集中在澳大利亚。

澳大利亚，这一块驼背犀牛状的古老大陆，是大洋洲的主要国家，也被人们认为是地球上除南极洲外人类近代最晚发现的一块大陆，常常被简称为“澳洲”。

本书第四章第一节曾论及元代汪大渊的《岛夷志略》除记载了非洲的社会风土人情外，还记载了考察澳洲的见闻：一、麻那里；二、罗娑斯。当时中国称澳洲为罗娑斯，把达尔文港一带称为麻那里（marani），泉州商人、水手认为澳洲是地球最末之岛，称之为“绝岛”。但人们不能不惊奇的是，在汉民族海外移民的历史中，汉民族的先民夷人和越人就已同大洋洲有了接触与交往。

张秋生在《澳大利亚华侨华人史》史有详细的论述，其云：

距今6000年前，文化类型属于青莲岗文化的夷人和越人分布在中国黄淮下游和东部沿海。考古学者们在菲律宾、北加里曼丹、苏拉威西以及接近澳大利亚北部的帝汶岛上，均发现了与中国青莲岗文化相接近的考古学类型，发现了与当地出土石器完全不同的磨制石斧。瑙鲁面积只有24平方公里，是世界上最小的岛国。青莲岗文化可能是大洋洲南岛语系的祖型文化①，此其一。其二，在大洋洲波利尼西亚、新西兰等地还发现一种

---

① P. S. 贝尔伍德：《太平洋的早期居民》，《科学》1981年第3期。转引自张秋生《澳大利亚华侨华人史》，外语教学与研究出版社1998年版，第1页。

扁平舌形石，波利尼西亚人称之为“巴图”（Palu）。它是东部波利尼西亚人最有代表性的武器之一，主要由玉石、鲸骨或木头制成。其三，在美拉尼西亚还发现有鸟头棍和仪式用锛（Nbonet）。这三种器物在中国南方新石器时代晚期遗址内均有发现。一些学者从其年代和形制的原始型推断它们源于中国。[①] 中国人类学家也有相同的观点，如林惠祥认为，分布在中国南方福建、台湾、太平洋波利尼西亚的有段石锛，均起源于中国。[②]

考古学、民族学提供的材料也显示，中国东南夷文化与大洋洲的古代文化也有很密切的关系。P. S. 贝尔伍德指出，太平洋迄今所知的南岛语系的祖先起源于台湾岛，那里在大约 6000 年前可能只讲这样的一种语言。[③] 台湾是大陆通往大洋洲的门户，“南岛四系的文化均可在台湾找到”[④]。他从语言学的角度引证说：“波利尼西亚的 Meae 为坛台，源于中国语的庙。”而在美拉尼西亚，一种象征阴阳性的巨石文化“多尔门”被称为 Sua 或 Sar，它与汉语“社”（常者切）字音相近。中国山东和辽东均发现有“多尔门”和“门希尔”，亦称石棚文化。更有意义的是，“筏”一词，在波利尼西亚多称 Vaka，在印度尼西亚则较多称 P'ai，而中国古代南方曰“排”，北人曰“伐”。凌纯声认为，波利尼西亚的筏（Vaka）来自中国北方[⑤]。

正因此故，澳洲史学家拉索尔·伍德（RussalWard）认为，澳洲土著起源于亚洲，他说考古发现显示：最早到大洋洲的居民有两支，即 Australoid 和 Mongoloid。第一支来自印度支那，约在一万年前，他们进入了新几内亚、澳大利亚和美拉尼西亚大部。接着，来自中国南部和台湾的蒙古人种（Mongoloid）散布于密克罗尼西亚和波利尼西亚，并和先前的新几内亚、美拉尼西亚的 Australoid 人进行大融合，而没和澳大利亚的那一

---

① 孔尼华（G. H. R. von Konigswald）：《太平洋区几种武器起源于亚洲说》，转引自张秋生《澳大利亚华侨华人史》，外语教学与研究出版社 1998 年版，第 2 页。

② 林惠祥：《中国东南区新石器文化特质之一：有段石锛》，《考古学报》1958 年第 3 期。

③ P. S. 贝尔伍德：《太平洋的早期居民》，《科学》1981 年第 3 期。转引自张秋生《澳大利亚华侨华人史》，外语教学与研究出版社 1998 年版，第 2 页。

④ 凌纯声：《中国祖庙的起源》，载台北“中央研究院”《民族学研究所集刊》，第 7 期。

⑤ 凌纯声：《台湾的航海筏及其起源》，载台北“中央研究院”《民族学研究所集刊》，第 1 期。

支融和。因而，澳洲土著人可能是 Austraid 人中最纯的一支代表。[①]

如果考古材料太遥远而只是传说或猜想，那文献资料的蛛丝马迹透露的又是什么信息呢？唐宋以前汉民族移民到达大洋洲的信息，学者的考证仍然处在传说或猜想之中。

香港学者卫聚贤根据中国古籍上的有关记载猜想：汉民族的先民至少在公元前 6 世纪末已到过澳洲。他从《春秋》一书中鲁国史官所列若干次仅澳洲可见的日食记录，推论当时鲁国人已有到过澳洲的，即公元前 592 年（鲁宣公十七年）到达澳洲北部，公元前 553 年（鲁襄公二十年）到过澳洲南部，而鲁国人第一次到达澳洲在齐桓公到越南后 50 年。[②] 卫聚贤又提出澳洲特有动物袋鼠在《淮南子》和《山海经》中已有记载。他认为《淮南子》所述"北方有兽其名曰蹶，鼠前而兔后，前是鼠，后是兔，趋则顿，走则颠"，即为袋鼠。关于《山海经》中所载"有兽，左右有首，名曰跊踢。有三青兽相并，名曰双双"，卫先生解释"左右有首"即一兽有二首，亦即袋鼠袋中怀有小袋鼠之状，"跊踢"即袋鼠足迹和动作，"三青兽相并"则为一袋鼠袋中怀有两小袋鼠之状。[③] 卫聚贤还认为澳洲土著所用飞去来器（Boomerang）即中国古籍中所说的"枉矢"和"飞刀"，中国篆书的"争"字即状一人手持弯木之形。又举《山海经》中所言"凿齿持盾，一曰戈"，即为中国人有飞去来的佐证。[④] 尽管卫聚贤所引文献言之凿凿，也有人从航海的角度分析了中国人先于欧洲人到达澳洲的可能性[⑤]，但充其量也只能是一种猜想。

唐宋以来汉民族移民是否曾经到达澳大利亚，因正史上尚未有记载，

---

① 拉索尔·伍德：《有人类以来的澳大利亚》（Russel Ward, *Australia Since the Coming of Man*），圣马丁出版社 1989 年版，第 11 页。转引自张秋生《澳大利亚华侨华人史》，外语教学与研究出版社 1998 年版，第 3 页。

② 卫聚贤：《中国人发现澳洲》，1960 年，第 4 页。转引自张秋生《澳大利亚华侨华人史》，外语教学与研究出版社 1998 年版，第 3 页。

③ 同上书，第 90 页。转引自张秋生《澳大利亚华侨华人史》，外语教学与研究出版社 1998 年版，第 3 页。

④ 同上书，第 70—73 页。转引自张秋生《澳大利亚华侨华人史》，外语教学与研究出版社 1998 年版，第 3 页。

⑤ 连云山：《谁先到达美洲》，中国社会科学出版社 1992 年版；石森秀三：《波利尼西亚人的来源问题》，载《世界民族探险旅行志》1977 年第 1 卷，第 147 页；张小华：《中国与大洋洲、美洲古代交往的探讨》，《中央民族学院学报》1984 年第 7 期。

而唐宋元明时代人所记述的海外国邑，有许多至今尚未能考其确切地点，故也只能进行推论。

如从地理位置上看，澳洲史学家菲茨杰拉德认为“同荷兰人和西班牙人一样，亚洲人不但知道澳洲，而且还到过澳洲，只不过人们很少予以重视罢了”①。澳洲北部和印尼群岛仅一水之隔，就唐代以来中国的先进航海技术而言，当不成问题，况且魏晋六朝高僧去印度取经，大都到过爪哇等地。自唐宋至元明时代，前已提及过的元代旅行家汪大渊，曾于14世纪30—40年代远游亚、非、澳各洲，其《岛夷志略》一书就记载了澳洲北部海岸等地方的风土人情和物产，并还有关于帝汶岛的记载。在印度尼西亚的所有岛屿中，帝汶岛不仅最接近澳洲，而且最靠近达尔文港。台湾学者刘达人、田心源还推论：“元朝马可波罗在13世纪末年的游记中曾谓：中国早知南方已有一个大陆，若干学者认为所指即澳洲。”②

澳洲历史学家曼宁·克拉克考证说：“到15世纪初，中国人和苏门答腊、爪哇、帝汶岛以及西里伯（苏拉威西岛）的望加锡等处进行贸易。他们对在北京可卖高价的海参和极乐鸟很感兴趣，这促使他们利用来自望加锡的布吉海员转运这些产品。望加锡附近海参捞捕场的耗竭使布吉人逐渐远到澳大利亚北岸捞捕。他们把该地叫作‘马雷加’（Marega），即‘海参地’。”③ 值得注意的是除通商外，作为中国人的汉民族先民还和新几内亚群岛居民通婚。因为“马来人与中国人早已和这些岛上居民互有交易。从若干不可否认的证据中，我们可知他们还和岛民通婚，各岛土人种族变化的踪迹可为证明”④。

在这些推论中，最值得重视的是1879年澳洲殖民地市政工程部官员斯特劳布里奇指挥一批政府雇用的华工在达尔文港筑路时，在海拔70英尺处的一棵大榕树下深4英尺处发现了一座玉石寿星像。1928年3月8日，史学家N. B. 廷德尔先生在南澳皇家学会提交的论文中，首次提出它是唐朝中国的道教寿星雕像，而且可能在唐朝时期就被人带至澳洲。1954

---

① C. P. 菲茨杰拉德：《是中国人发现了澳洲吗?》，《中外关系史译丛》第1辑，上海译文出版社1984年版。

② 刘达人、田心源：《澳洲华侨经济》，海外出版社1958年版，第27页。

③ 曼宁·克拉克：《澳大利亚简史》，广东人民出版社1973年版，第5—6页。

④ *Proceedings of the Geographical Society of Australasia*, First Session 1883—1884, Vol. 1, 1885年，第7页。转引自刘渭平《澳洲华侨史》，星岛出版社1989年版，第19页。

年，菲茨杰拉德发表了引人注目的论文《是中国人发现了澳洲吗?》，论文详细描绘了该雕像的外貌形状，认为它是14世纪即中国明代的产品，“很可能属于郑和在15世纪初年所统率的那支庞大的船队……在一个极短暂的时期内，中国的势力曾掠过澳洲北部海岸，抵达该地，旋即又离去，只留下了一道引人注目而又唯一的一次接触的踪迹。”[①] 卫聚贤也认为其头部比后世之寿像较小，推断它系明朝出品，“不能迟于成化（西历1465—1488年），当为郑和部下之物，郑和派人到澳洲乃为祭寿星”[②]。但由于寿星像发现的前四年，即1875年，已有大批华工在达尔文修筑道路，该寿星像又可能为华工遗留之物。“亦有一部分学者认为系澳洲土人自水手中得来者”[③]，故张秋生也不得不认为，以玉寿星像作为华人先于欧洲人到达澳洲的证据也只能是推论。

关于中国人早期到达澳洲的时间，还有不少有意义的甚至是可靠的记载。不少西方学者认为最早到达澳洲西海岸的是中国船员。1942年，一位澳洲作家在悉尼杂志《瓦克鲍特》（*Walkbout*）上撰文记述在澳洲北部小岛上发现清代中国文字的事。该岛叫史威司岛（Sweets Islands），它“是在加本德里亚湾中的一个狭长小岛，但有着悠久的历史，远在白人移殖澳洲之前，该岛已开始其历史。……1802年佛林德斯船长环航澳洲时，即曾在该岛登陆。他是第一个到达该岛的英国人。其所乘的‘调查’号船在由悉尼出航中受损极大。当船在该岛停泊修理时，船员们在岛上掘井得水，发现在附近一株大树上刻有许多中国字，并有1748年的年号，这是亚洲捕参渔人曾经到过此岛的证据”[④]。1798年为清嘉庆三年，其时虽在英国库克船长在悉尼湾登陆之后，却比澳洲1851年的金矿大发现早了近五十年。如果所载属实，则可证明中国人在18世纪末已经到达澳洲了。更有力的材料是，美国传教士丁韪良（W. A. P. Martin）主编的《中西闻见录》1873年出版的该报第23号“南海近事”，在叙及澳洲情况的同时，首次介绍了澳洲淘金华工的情况，提到“美拉布纳”（墨尔本），在同治十一年（1872年）时，“该城民数增至十九万三千六百九十八名口，内有

---

① C. P. 菲茨杰拉德:《是中国人发现了澳洲吗?》，载《中外关系史译丛》第1辑，上海译文出版社1984年版。

② 刘渭平:《澳洲华侨史》，星岛出版社1989年版，第24页。

③ 刘达人、田心源:《澳洲华侨经济》，海外出版社1958年版，第28页。

④ 刘渭平:《澳洲华侨史》，星岛出版社1989年版，第20页。

华人一万八千名。他处华人亦复不少”。[①] 另一随郭嵩焘出使英国的官员刘锡鸿，还在其日记中沿用了华工的叫法，把澳大利亚称为“新金山”。他记述了在前往英国途中与后为驻英使馆参赞的英人马格里（Holliday Macartney）的关于新金山和华人的谈话。马氏告诉他：“中国民人易钤束，愈于洋人。今其在新金山者十五六万，皆改装从英服，驱驾毫不费力，从未有恃众抗官者。”[②] 从一定的意义上来说，这些恐怕都是近代汉民族移民迁入澳洲的滥觞。

二 汉民族移民早期迁入澳洲的两个渠道

汉民族移民迁入澳洲也是从华工开始的。在大航海的全球化时代，以东南亚汉民族移民，以及广东、福建为主的中国东南沿海省份中，以农民为主体的汉民族人口强迫性或自发性地被卷入世界人口迁移大潮。关于华工最早何时到达澳洲。根据英文著作 *Colonization of Asia* 所载：自“1823—1825 年始，华侨即开始到澳洲来。”[③] C. P. 菲茨格拉尔德在其著作 *The Third China* 中提到：“第一个中国人在 1827 年到达澳洲。”[④] 1829 年，澳大利亚殖民地理论家 E. G. 威克菲尔德在其著名的《悉尼通讯》中，向政府建议：在新南威尔士“雇佣贫穷的中国人作为契约工人开发澳大利亚”[⑤]。1834 的 4 月 19 日《悉尼先驱晨报》又撰文提出，“有必要着手把中国华南地区的居民有组织地输送到新南威尔士。可以雇佣华人充当农工、园丁、机器匠、铁匠、细木工、建筑工等。招募中国劳力的整套办法，颇像贩卖奴隶：雇主必须按每一个人 5 英镑数目向输送苦力的公司

① 陈翰笙主编：《华工出国史料汇编》第四辑，中华书局 1981 年版，第 499 页。

② 刘锡鸿：《英轺私记》，岳麓书社 1986 年版，第 64 页。

③ 雷镇宇：《澳洲华侨概况》，台湾正中书局 1991 年版，第 9 页。

④ C. P. 菲茨格拉尔德：《第三个中国》（C. P. Fitzgerald，*The Third China*），墨尔本 1965 年版，第 81—108 页，参见王省吾《1848—1888 年的中国移民机构》（Sing - Wu Wang，*The Organization of Chinese Emigration*，1848—1888）序言 Xii。转引自张秋生《澳大利亚华侨华人史》，外语教学与研究出版社 1998 年版，第 49 页。

⑤ E. G. 威克菲尔德：《悉尼通讯》（*Letter From Sydney*，*Postscript*），第 202 页，载迈拉·威拉德《至 1920 年的白澳政策史》（*History of the White Australia Policy to* 1920），第 2 页，墨尔本大学出版社 1974 年版。转引自张秋生《澳大利亚华侨华人史》，外语教学与研究出版社 1998 年版，第 49 页。

付钱，而苦力的劳动报酬，除伙食外，每月不超过 1 英镑”[①]。在这个背景下，华工输入澳洲于 19 世纪 40—50 年代兴起。正如华侨史家李长傅所说：“中国人移殖澳洲，殆始于 1840 年到 1859 年之间”[②]，距今已有 160 多年的历史了。

华工迁入澳洲有两个渠道：

一个渠道是从英属海峡殖民地新加坡间接输入。在鸦片战争前，由于通商口岸没有开放，澳洲需要的华工一般只能从英属海峡殖民地间接招进，所以在 1937 年的悉尼报纸上出现了澳洲商人在新加坡招募华工去澳洲的广告[③]，而且由中国至澳洲及新西兰的华工也是乘外国船只由新加坡转去的。[④] 当时有多少华工应募尚无记载，但据统计，1851—1875 年间至澳洲及新西兰的华工为 6 万人。[⑤] 另据悉尼《人民辩护报》载：“早在 1838 年马凯曾受借地人的委托，用私人出资方式，输入几百个中国苦力。”[⑥] 其实，虽未得到政府批准，但新加坡和澳洲之间的私人苦力贸易已开始进行，林金枝引用西方资料说：“越年至 1840 年，由新加坡及厦门，通过华人代办，断断续续运出数百人在悉尼拍卖，强壮的卖至 11 镑，弱小的 2 镑至 5 镑，给英国或爱尔兰人作‘货办’，合同是 3 年或 5 年不等。”[⑦] 可见这些华人苦力显然来自英属海峡殖民地。另据南澳 SACA 的民族事务委员会调查的资料表明：“第一个到南澳来定居的中国人叫汤山（Tim Sang），他是一位家具商，1840 年曾向一个政府部门投标。”另外，从南澳人口调查数字表明：“1836—1860 年，该州有 60 位中国血统的永久居民。”[⑧] 这应该是 19 世纪中期定居澳洲的一批汉民族移民。

---

① ［俄］П. М. 伊凡诺夫：《从移民问题看中澳关系的发展（19 世纪 50 年代至 20 世纪 40 年代）》，载《国外中国近代史研究》第 23 辑，中国社会科学出版社 1993 年版。

② 李长傅：《中国殖民史》，商务印书馆 1937 年版，第 222 页。

③ *Chinese Repository*, Vol. 1, 1873 年 10 月，第 299—300 页。转引自张秋生《澳大利亚华侨华人史》，外语教学与研究出版社 1998 年版，第 50 页。

④ 郑有奎：《猪仔的掠夺及其利润》，载陈翰笙主编《华工出国史料汇编》第四辑，中华书局 198 年版，第 243 页。

⑤ 同上。

⑥ *The Peoples Advocate*, March 10, 1849. 转引自张秋生《澳大利亚华侨华人史》，外语教学与研究出版社 1998 年版，第 50 页。

⑦ 林金枝：《华人移居澳大利亚史略》，香港《华人月刊》1986 年第 9 期。

⑧ 同上。

另一个渠道是从中国东南沿海直接输入。鸦片战争后，外国商人选中了厦门作为从事非法苦力贸易的中心，并在那里相继建立了6家外国苦力代理机构，即海德洋行（Hyde, Hodge & Co.）、捷记洋行（Jackson, Robert & Co.）、合记洋行（Syme, Muir & Co.）、杜勒洋行（Turner & Co.）、沙米尔德洋行（Smeired & Co.）和德记洋行（Tait & Co.）①，其中以英商德滴（Tait）开设的德记洋行最有权势，他竟然将专为扣押华人等候装船的"猪仔馆"设在清朝官府衙门旁边，并兼任领事。经过英国政府的认可，德滴从1846年开始陆续担任西班牙、荷兰和葡萄牙三国驻厦门领事。英国在这一时期的厦门苦力贸易中占了优势。在6家苦力代理行中，除了沙米尔德洋行属于荷兰人外，其余5家均为英国人所开设。因而这一时期从厦门被掠卖的华工，有相当数量被送往急需劳工的英属殖民地澳大利亚，华工大批输入澳大利亚由此发端。

从1848—1853年，每年都有成百及至上千名华工从厦门被贩运至澳洲。这段时间正是西方殖民者掠卖华工的高潮时期，据《国际移民》资料统计："1845—1852年，从厦门共输出2666名华工去澳大利亚。"② 又据《美国外交政府文件》统计："1847—1953年从厦门共输出8281名华工，其中1848—1853年3月输出新南威尔士悉尼3425人。"③ 究竟有多少华工从厦门被外国苦力商人运载至澳洲，已很难有准确的统计，此处根据一些所能查阅到的资料还有两个大同小异的大致统计：

《华工出国史料汇编》

从厦门被外国苦力商人运载至澳洲的华工数

年份	运达地点	华工人数（人）
1848	悉 尼	120
1849	悉 尼	150

① ［澳］王省吾：《1848—1888年的中国移民机构》，第355—360页。转引自张秋生《澳大利亚华侨华人史》，外语教学与研究出版社1998年版，第51页。

② 陈翰笙主编：《华工出国史料汇编》第四辑，中华书局1981年版，第541页。

③ 《美国外交及政府文件：美国与中国》（*American Diplomatic and Public Papers. The United States and China*, edited by Jules Divids, Series Ⅰ. 1842 1860, Vol. 17）第一部分，卷17，《苦力贸易与中国移民》，威尔明顿出版社1973年版。转引自张秋生《澳大利亚华侨华人史》，外语教学与研究出版社1998年版，第51页。

续表

年份	运达地点	华工人数（人）
1850	悉　尼	406
1851	悉　尼	1478
1852	悉　尼	1077
1853	悉　尼	254
总　计		3485

资料来源：陈翰笙主编：《华工出国史料汇编》第三辑，中华书局1981年版，第96页。

《至1920年的白澳政策史》

从厦门被外国苦力商人运载至澳洲的华工数

年　份	运达地点	华工人数（人）
1848	悉　尼	120
1849	悉　尼	270
1850		
1851	悉　尼	1438
1852	悉　尼	1228
1853		
总　计		3056

资料来源：迈拉·威拉德：《至1920年的白澳政策史》（*History of the white Australia Policy to* 1920）第9—10页，墨尔本大学出版社1974年版。

由此上各种统计资料可见，在苦力贸易所处高潮的六年左右时期内，仅从厦门一地运往澳洲的华工已在3000人以上，而且这还是偏低的记载。而赴澳华工总数根据陈泽宪先生的“1800—1900年出国契约华工估计”表，在19世纪的100年间赴澳洲和新西兰华工已达78000人。

1800—1900年赴澳洲、新西兰华工数估计表　　单位：人

1801—1850年		1851—1875年		1876—1900年	
总计人数	每年平均数	总计人数	每年平均数	总计人数	每年平均数
10 000	200	60 000	2 400	8 000	320

资料来源：郑有奎：《猪仔的掠夺及其利润》，载陈翰笙主编《华工出国史料汇编》第四辑，中华书局1981年版，第240—241页。

对澳洲华人史有专门研究的张秋生，对汉民族移民早期迁入澳洲的态

势曾进一步分析说，早期赴大洋洲华工主要集中在澳大利亚，占 90% 以上，特别是早中期。因新西兰开发较晚，1860 年南岛发现金矿后，欧洲因金矿开采枯竭，排华风潮迭起，澳洲华工转赴新西兰，1866 年为 1219 人，至 1871 年增至 2641 人，1874 年达到高峰，为 4816 人。后由于移民限制法令的通过，华人逐渐离境，至 1896 年全新西兰华人为 3700 余人，1906 年仅有 2500 人。[①] 而华工大批输入澳洲则在 19 世纪中叶淘金热时期，即 1845—1850 年以后，在此之前，赴澳华工多为零星、分散进入，以从事农牧业为主，人数极其有限，且多为从英国海峡殖民地新加坡等地间接招进[②]。而“新金山”，这个地名称呼的出现正是澳洲淘金热的产物。据清末李圭在《东行日记》中云：“美国卡厘方利亚省（即 California）之三藩谢司戈城（即 San Francisco），华人以其地产金，称为金山，嗣南洋澳大利亚亦产金，称金山，而以新旧别之。”[③] 三藩市遂被称为旧金山。澳大利亚第二大城市、维多利亚的首府墨尔本及其周围主要金矿区即当年被淘金华工称为“新金山”的地方。金矿大发现是澳洲历史上具有划时代意义的事件，华工大批赴澳是和金矿的发现与开采紧密地联系在一起的。[④]

三　淘金华工绝大多数是中国东南沿海的汉民族

1851 年以来，大批华工乘船从厦门、香港、新加坡等地来到盛产黄金的新南威尔士、维多利亚和昆士兰等殖民地，一般每批 600—700 人，他们在悉尼、墨尔本各口岸停靠后，即成群结队前往金矿区。当时维多利亚西南部的巴拉腊特（Ballarat）就是华工集中之地。据 1853 年有关资料统计，该地即有华工 2000 人，三年后激增至 25000 人。有一时期，在巴拉腊特全市中，华人就占了 1/4，该地苏华伦的（Sovereign Hill）因产金丰富而华工比较集中。此外，巴拉腊特北部的阿拉勒特（Ararat）和阿沃卡（Avoca）等地也出产黄金，吸引了不少华工前往。由于维多利亚境内的金矿较多，华工前去淘金也最多。维多利亚首府墨尔本便被华工称为

① 刘渭平：《澳洲华侨史》，星岛出版社 1989 年版，第 221 页。

② 张秋生：《澳大利亚华侨华人史》，外语教学与研究出版社 1998 年版，第 58 页。

③ 李圭：《小方壶斋舆地丛钞》，第十二帙，册二，叶九十四至九十五。转引自张秋生《澳大利亚华侨华人史》，外语教学与研究出版社 1998 年版，第 64 页。

④ 张秋生：《澳大利亚华侨华人史》，外语教学与研究出版社 1998 年版，第 64 页。

"新金山"。[①]

而在1855年以前，即澳洲的淘金热开始的最初五年，金矿事业兴旺繁荣，华工很受欢迎，和白人移民相处和睦，可以不受限制地自由进出澳大利亚各殖民区，且人数成倍增加。华人急剧增长的趋势。可以从维多利亚金矿场的华人记录明显地反映出来：1854年，华人有2341人；1857年底30000人以上；1858—1859年达42000人。[②] 其他殖民区的情况也是如此，如在新南威尔士州，1856年仅有华人896人入境，1858年便激增至12000人，至1861年全州共有华人21000人，占全州人口的1/6。昆士兰州自1869年发现金矿后，亦有大量华人进入，在1876年初有大批广东淘金人涌入昆士兰州北部帕尔姆金矿区，其中80%集中在库克和帕尔姆两个矿场上。[③] 至1877年昆士兰州共有华人25000人，平均每7个居民中即有一个中国人。[④] 淘金华工的足迹甚至还到达了荒无人烟的北领地。张秋生援引C. Y. 蔡所说："1870年后期，有几千名中国人为黄金所吸引，到达那里，他们竟占当地非土著原住人口的半数左右。据报告，1877年前后，北领地的中国人曾达7000人之多。"[⑤] 西澳金矿发现较晚，在1882—1900年间。即使在偏僻的西澳，也有淘金华工的身影。据统计，在此期间，西澳华人从145人发展到1521人。[⑥]

对汉民族移民迁入澳洲有意义的是19世纪中期以来，到澳大利亚淘金和做工的华人，绝大多数是福建、广东等沿海省份汉民族的贫苦农民，也有少数失业知识分子。

据1856—1857年维多利亚立法会议《关于华人移民的特别委员会的报告》及有关资料表明：当时移居维多利亚的华工2/3是农民，另外1/3

---

① 张秋生：《澳大利亚华侨华人史》，外语教学与研究出版社1998年版，第72页。

② 《澳大利亚百科全书》（*Australian, Encyclopaedia*）第2卷，密执安大学出版社1958年版，第351页。转引自张秋生《澳大利亚华侨华人史》，外语教学与研究出版社1998年版，第74页。

③ C. Y. 蔡：《移居澳大利亚的华人》（*Chinese Migration and Settlement in Australia*），悉尼大学出版社1975年版，第24页。转引自张秋生《澳大利亚华侨华人史》，外语教学与研究出版社1998年版，第74页。

④ 同上书，第28页。

⑤ 张秋生：《澳大利亚华侨华人史》，外语教学与研究出版社1998年版，第74页。

⑥ 同上。

是工匠、店员和商人。[①] 从华工来源的地区分布看，初期前往澳洲的大多是从厦门去的闽南人，而随后前去的则多为从香港去的汉民族广东籍的台山、新会、恩平、开平、东莞、增城、高要、中山等地人。关于各县早期赴澳华人的确切人数，已无详细的记录，但根据已有资料可以确定，来自台山和新会的移民占了优势。

下表所列为“南墨尔本华人寺庙”所登记的 1893—1913 年居住在墨尔本，来自台山、开平、新会、恩平及其他地方的华人人数。[②]

1893—1913 年在南墨尔本华人寺庙登记的华人籍贯和人数

姓氏	台山	开平	新会	恩平	其他地方	总　数
王	455	26	396	4	5	886
雷	777	—	—	—	—	777
刘	529	4	19	1	—	553
宁	178	16	285	—	34	513
吴	461	5	36	—	2	504
陈	196	3	154	1	2	356
梁	69	43	228	1	—	341
张	21	60	209	1	—	291
钟	13	—	175	—	—	188
其他姓	2754	770	1579	39	16	5158
总　数	5452	927	3081	47	59	9567

资料来源：张秋生：《澳大利亚华侨华人史》，外语教学与研究出版社 1998 年版，第 66 页。

从该表可知：台山移民占了总数的 51%，新会移民位居第二，占总数的 45%。二者合计为 96%，占移民绝大多数。另外，所有的雷姓、大

---

① 《关于华人移民的特别委员会的报告》（*Report of the Select Committeeon the Subject of Chinese Immigration*）第 3—4 页，载《1856—1857 年维多利亚会议决议和记录》（*Votes and Proceedings of the Legislative Council of Victoria*，1856—1857，Vol. 2），转引自张秋生《澳大利亚华侨华人史》，外语教学与研究出版社 1998 年版，第 65 页。

② C. Y. 蔡：《移居澳大利亚的华人》（*Chinese Migration and Settlement in Australia*），第 79 页，悉尼大学出版社 1975 年版。转引自张秋生《澳大利亚华侨华人史》，外语教学与研究出版社 1998 年版，第 65 页。

多数的刘姓和吴姓来自台山，宁姓、梁姓、张姓和钟姓主要来自新会。据澳洲华裔学者 C. Y. 蔡考证，每一姓氏几乎又都来自少数几个村[①]，据另一华裔学者杨进发先生统计，台山、新会移民主要居住在墨尔本，而中山移民主要分布在悉尼和布里斯班。[②] 华工涌入的速度很快，1857 年已达 4 万人，当时在 6 个外国淘金者中就有一个是中国人。[③] 而这些中国人就是中国东南沿海一带的汉民族。黄昆章对澳洲华人的祖籍也做过分析，其云：

> 澳洲华人最早的祖先主要是来自厦门一带的南部福建人（包括漳州、泉州、厦门、同安、海澄、漳浦等地）及福州人。以后随着汕头、广州等口岸的开放，广东籍的华人源源而至，成为澳洲华人的最主要来源。他们主要来自广州附近各县、四邑（台山、开平、新会及恩平）、南海、番禺、顺德、中山、三水、肇庆及高要一带，还有汕头一带的潮阳、揭阳及普宁等地。广东各地的客家人及海南岛人也有一些。二战后，华人移民来自中国各地、港澳地区。他们的祖籍已扩大至江苏、浙江、山东及新疆等地。但仍以广东人为最多。占 80%。因而广州话成为华人社会流行的方言。[④]

黄昆章在此提到来自新疆的华人，据笔者 2008 年和 2015 年在悉尼的考察和访问也是新疆的汉民族。可见，澳大利亚华人移民的主要来源地是中国大陆、越南、马来西亚、中国香港、新加坡、柬埔寨、东帝文，巴布亚新几内亚以及中国台湾。下表显示了从 1861—1986 年华人来源地的构成情况。早期的华人主要来自中国大陆，多为广东、福建两省的劳工，主

---

① C. Y. 蔡：《移居澳大利亚的华人》（*Chinese Migration and Settlement in Australia*），悉尼大学出版社 1975 年版，第 80 页。转引自张秋生：《澳大利亚华侨华人史》，外语教学与研究出版社 1998 年版，第 66 页。

② 杨进发：《1901—1921 年居住在新南威尔士和维多利亚的华人》，博士学位论文，澳大利亚国立大学，第 322—324 页。转引自张秋生《澳大利亚华侨华人史》，外语教学与研究出版社 1998 年版，第 66 页。

③ G. 塞尔：《黄金时代》（Serle，G.，*the Golden Age*），墨尔本大学出版社 1963 年版，第 75 页。转引自张秋生《澳大利亚华侨华人史》，外语教学与研究出版社 1998 年版，第 66 页。

④ 黄昆章：《澳大利亚华侨华人概况》，《岭南文史》1991 年第 4 期。

要分布在澳大利亚的金矿区，20 世纪开始有香港和马来西亚的华人移入澳洲；第二次世界大战后，新加坡的华人也有向澳大利亚移居；20 世纪 70 年代起，台湾，尤其是越南华人或作为投资移民或作为难民身份在澳洲有明显增加。这也说明澳洲的汉民族移民一是从中国东南沿海一带迁入，二是从东南亚一带迁入。

澳大利亚华人的来源地及其规模（1861—1986）

按出生地划分（单位：人）

年份	中国大陆	中国香港	中国台湾	马来西亚	新加坡	越南
1861	38258					
1871	28351					
1881	38533					
1891	36032					
1901	29907	167				
1911	20775	413		782		
1921	15224	337		630		
1933	8579	236		866		
1947	6404	762		1768		
1954	10277	1554		2279	1127	
1961	14488	3544		5793	2759	
1966	17390	4206		9179	3641	
1971	17601	5583		14945	5532	
1976	19542	8818	431	19880	8989	2427
1981	25883	15717	877	31598	11990	41097
1986	37469	28293	2056	47802	16434	83044

资料来源：贺交生、陈印陶：《当代澳大利亚华人人口结构研究》，《南方人口》1991 年第 4 期。

四　白澳政策的废除与汉民族移民迁入澳洲的高潮

在澳洲移民史上从 19 世纪中期到 20 世纪中期曾有一个实行了一百余年的“白澳政策”。

所谓“白澳”是指“通过禁止亚洲人和太平洋岛屿居民移居澳洲驱逐、喀纳喀[1]劳工出境以及歧视居住在澳洲的亚洲人和太平洋岛屿居民（包括毛利人）等办法，维持欧洲人在澳大利亚社会中的绝对优势”[2]。19世纪中期以来，由于种种因素和原因澳洲排华运动的不断升级，1855年6月，维多利亚立法议会通过由州长汉萨姆本人提出的一项严格的移民限制法，它开了澳洲各殖民区限制华人入境的先河。三十三年后，即1888年6月，澳洲第二次殖民地州际大会的召开，六州殖民地在对华移民政策上采取了一致态度，通过了更严厉的限制华人入境的决议，把华人摒绝于澳洲大门之外。1893年以后，禁止华人和亚洲人入澳已成为议会不断讨论的议题，1901年澳大利亚联邦成立后，在社会舆论的强烈支持下，“白澳政策”在整个澳大利亚联邦范围内全面实施，直到20世纪70年代。排斥包括华人在内的有色人种已成为澳大利亚联邦政府的一项基本国策。[3] 于是，致使原在澳华人也纷纷离去，造成澳洲华人人口日益减少。据张秋生研究，1901年，澳洲华人总数为29627人，1911年和1921年分别减至22753人和17157人，1933年又减至10846人，1947年更减至9144人，不到50年间，人数竟减少了近70%。[4]

但是，历史的潮流总是向前的。澳洲地旷人稀，中西部大批国土有待开发，需要大量劳动力，只有大量吸收移民，才能加速发展经济。不然，正如澳大利亚新闻部长所言：“增加人力，否则灭亡！”[5] 而1959年墨尔本成立的“移民改革团”在移民改革方案中提出：“现在该是公开和过去决裂的时候了。我们应宣布‘白澳政策’的死亡。”[6] 到60年代中期，改革和废止“白澳政策”已成为澳洲社会各界人士普通关注的议题。各个政党相继改变了本党种族主义的内外政策。就连一贯倡导和维护白澳政策的工党，也于1965年首先从其党纲中删除“白澳政策”，并于1971年6

---

① 波利尼西亚语，意为“男人”。

② 曼宁·克拉克：《澳大利亚简史》（*A Short History of Australia*），新美国图书馆出版社1980年版，第196页。转引自张秋生《澳大利亚华侨华人史》，外语教学与研究出版社1998年版，第124页。

③ 详见张秋生《澳大利亚华侨华人史》，外语教学与研究出版社1998年版，第124—138页。

④ 同上书，第138页。

⑤ 同上书，第140页。

⑥ 沈已尧：《海外排华百年史》，中国社会科学出版社1980年版，第90页。

月在工党第 29 届年会上，通过实行新移民政策的决议，保证在移民问题上不再有种族歧视。[①] 在澳洲国内移民改革派、有识之士和世界进步潮流推动下，澳洲政府终于开始放弃白澳政策。1966 年 3 月 9 日澳大利亚总理霍特在国会宣布实行新移民政策，1972 年工党领袖惠特拉姆上台执政后，在对华移民政策方面作出了重大调整，正式废止了白澳政策，使中澳关系从此进入了一个新的阶段，从而迎来了汉民族移民迁入澳洲的新高潮。[②]

澳大利亚霍克政府又于 1987 年 10 月颁布了新的商业移民计划，规定从 1988 年 6 月 1 日起，每年从世界各地吸收 1.2 万名商业移民入境，其中特别欢迎香港商人。根据商业移民计划入澳的华人移民来源除香港、台湾、马来西亚和其他东南亚国家和地区，中国大陆也已成为重要来源，1990 年、1991 年度曾达 700 人。[③]

有人统计，战后四十年间，澳洲共输入移民 350 万人左右，其中 6% 是 60 年代中期放宽对非欧洲人入境限制之后来自亚洲各国的移民。1966 年中国血统的移民有 3.5 万人。在整个 20 世纪 70 年代亚洲移民已占澳洲移民总数的一半。80 年代中期以来，大批中国留学生进入澳洲，人数高达 6 万人，仅 1987 年一年中国留澳学生就达 7000 人。1990—1991 年的财政年度中，有 40555 人来自香港、越南、马来西亚、台湾、中国大陆及新加坡，占澳洲移民总数的 33%。据估计这一年度大陆移民总数超过 3 万。目前，澳洲移民总数中，亚裔占 1/2 以上，而在亚裔移民中，又差不多有半数是华人血统。[④]

对于汉民族移民有意义的是，澳大利亚基廷政府于 1994 年初宣布给 1989 年 6 月 20 日抵澳的 19000 名中国留学生及其家属共 28000 人以永久居留权，还有其他符合澳洲条件的 8000 人也将获永久居留。[⑤] 据统计，

---

① 拉索尔·伍德：《澳大利亚历史》（*Australia History*），希曼尼教育出版公司 1978 年版，第 400 页。

② 详见张秋生《澳大利亚华侨华人史》，外语教学与研究出版社 1998 年版，第 140—143 页。

③ ［澳］戈登·福斯主编：《当代澳大利亚社会》，赵曙明主译，南京大学出版社、澳大利亚迪金大学出版社 1993 年版，第 41 页。

④ 同上书，第 41—42 页。

⑤ 张秋生：《澳大利亚华侨华人史》，外语教学与研究出版社 1998 年版，第 144 页。

1966年澳洲仅有华人2.3万人[①]，1975年为3.8万人[②]，1986年达17.2万人[③]，1991年增至28万人[④]，20世纪末已达40万人左右[⑤]。

进入21世纪后，汉民族移民澳洲更是掀起了高潮。据澳洲2006年人口普查结果显示，澳洲有华侨华人67万左右[⑥]，占当地定居人口的3.41%。与2001年人口普查比较，华侨华人大约年均增长4.07%，是澳大利亚总人口年增长率的3.52倍。在澳的中国大陆出生者中，约有73.2%成为澳大利亚公民。澳大利亚华人中，讲广东话的最多，说普通话的略少，还有讲少量方言的人。汉语说得好或者很好的人数约占75.38%。[⑦]

澳大利亚移民部公布的《2012—2013年移民趋势》报告显示，在过去十七年内，中国大陆出生人口数量上升迅速，仅排在英国、新西兰之后，位居第三位。同时，2012—2013年财政年度移民中，中国大陆移民人数位居第三，排在新西兰和印度之后。据不完全统计，目前，澳大利亚华人人口几乎达到100万人[⑧]，汉民族移民迁入澳洲高潮呈现。

五　汉民族移民足迹遍及大洋洲各国

澳洲虽然是汉民族移民迁入大洋洲的主要迁入国，但其他各国亦留下了汉民族移民的足迹，是“海水到处有华人”的生动呈现。大洋洲的汉

---

① C. Y. 蔡：《移居澳大利亚的华人》（*Chinese Migration and Settlement in Australia*），悉尼大学出版社1975年版，第66页。转引自张秋生《澳大利亚华侨华人史》，外语教学与研究出版社1998年版，第177页。

② 转引自张秋生《澳大利亚华侨华人史》，外语教学与研究出版社1998年版，第177页。

③ ［澳］戈登·福斯主编：《当代澳大利亚社会》，赵曙明主译，南京大学出版社、澳大利亚迪金大学出版社1993年版，第42页。

④ 雷镇宇：《澳洲华人概况》，台湾正中书局1991年版，第1页。转引自张秋生《澳大利亚华侨华人史》，外语教学与研究出版社1998年版，第177页。

⑤ 台湾《华侨经济年鉴》，1995年，第834页。转引自张秋生《澳大利亚华侨华人史》，外语教学与研究出版社1998年版，第177页。

⑥ 据澳大利亚《星岛日报》报道，2006年8月8日，澳洲的华人有66.989万人。

⑦ 范超：《澳大利亚华侨华人概况》（http://www. chinanews. com/hr/2012/05—22/3905396. shtml）。

⑧ 张秋生：《加强大洋洲、南太平洋地区华侨华人问题研究的新思考》，《东南亚纵横》2012年第9期。

民族移民来自中国不同地区。19 世纪的华商主要是客家人，来自福建厦门港。20 世纪之交，广东移民占据了主导地位，除塔希提和新卡拉多尼亚外，粤语成为主要语言。现在，南太平洋群岛的华人的来源地则更加复杂了。[①]。

（一）汉民族移民迁入新西兰

汉民族移民迁入新西兰的历史可分为三个时期，即暂居者时期（1881—1945 年）、同化时期（1945—1987 年）和新移民潮时期（1987 年至今）。暂居者时期，新西兰华人的特点是以单身男性劳工为主，妇女儿童极少，需要交纳人头税。在同化时期，新西兰政府对包括华人在内的所有非英裔移民实行特许证政策。华人也被称为“模范少数民族”。新移民潮时期自 20 世纪 90 年代中期开始，华人持续攀升，至 2000 年，大陆是一直位居第二的移民来源地，香港和台湾的华人移民人数却持续下降。2006 年，新西兰华人人口总数为 135171 人，其中来自中国大陆的有 78117 人，占 58%；中国香港 7686 人，占 6%；中国台湾 10764 人，占 8%。据新西兰奥克兰大学亚洲学院教授叶宋曼瑛博士统计，1996 年华人人口数只占全新人口数的第六位；2001 年则上升为第四位；到了 2006 年，华人人数超过了澳大利亚裔人，上升至第二位。[②] 2013 年新西兰的人口普查最新统计则显示，新西兰总人口 450 万，华人已达到 179397 人。截至人口普查当日，新西兰境内的中国大陆华裔人口总数为 170346 人，中国香港华裔人口总数为 246 人（222 人为常居人口）；柬埔寨华裔人数为 135 人（132 人为常居人口），马来西亚华裔人数为 1887 人（1848 人为常居人口）；新加坡华裔人数为 762 人（738 人为常居人口）；越南华裔为 57 人（均为常居人口）；台湾华裔为 5964 人（5715 人为常居人口）。[③]

（二）汉民族移民迁入斐济

斐济（斐济语：Matanitu Tugalala o Viti）是一个太平洋岛国，由 332 个岛屿组成，其中 106 个有人居住。1643 年荷兰航海者塔斯曼首先来到斐济。19 世纪上半叶欧洲人开始移入。1874 年沦为英国殖民地。1970 年

---

① 郭又新：《南太平洋岛国华侨华人的历史与现状初探》，《东南亚研究》2014 年第 6 期。

② 晓雾：《“华人在新西兰”学术讲座综述》，《华侨华人历史研究》2011 年第 4 期。

③ 转引自康晓丽《1980 年代以来新西兰华人身份认同的变化》，《南洋问题研究》2015 年第 3 期。

10 月 10 日独立，并成为英联邦成员。1987 年改称共和国，并脱离英联邦。2009 年改国名为“斐济共和国”。

早在明末清初，斐济已出现了华人的踪影，而吸引他们的便是斐济盛产的檀香木和海参。但因他们大都是水手，随欧洲人商船而至亦随船而归。一直到 19 世纪末叶，即 1855 年，第一位华人名叫梅百龄（又名梅屏耀）广东省台山端芬镇人，从澳洲悉尼只身驾驶帆船到斐济并定居列武卡镇，他开了“行利”（Houng Lee）公司，这也是斐济华人的第一家公司。1882 年，梅先生回中国娶妻阮氏，并偕黄佑、陈泰和海南德三人，再次驾船回到斐济，阮氏也成为第一位来斐定居的华人女性。

继梅氏之后陆续来斐的有杨祖波、骆槐、苏华、甄护、梁华等人，但据老华侨的忆述，在英国接管斐济前后，来自欧洲的白人殖民统治者，需要华人厨师为其料理伙食，所以从新西兰等地雇用了一些华人，计有翟有才、关贤、黄友、谭炳南等人，这些人之中或许会有人早于梅氏来斐。但据潘翎编著的《世界华人百科全书》中，仅提及 1855 年第一个华商抵斐，1872 年第二个华人登上斐济海岸。1913 年，来自广东开平横江的余咸中经人引荐来到斐济。在 1918 年与同宗兄弟余板中，还有余凤，邝祥修一起成立了“广泰公司”。此后，多经变迁，不断发展，为斐济经济做出了贡献。

1900 年，斐济华人仍不足百人，到了 1911 年人口普查，华人已有 305 名，包括妇女 29 名。辛亥革命爆发后，引起华南局势动荡，大批华人从中山，四邑迁来斐济，为本地华人各行各业增添了一批生力军，华商数目也迅速增加。1915 年已达 821 名。1913 年华人生意牌照从 105 个增加到 1917 年的 198 个。1936 年斐济华人人口已达 1751 人，其中包括 275 名妇女。

1911 年，华人主要活动在以下四个地区：列武卡、苏瓦、Nadroga 和 Rewa，以香蕉种植为主。

迁入斐济的华人基本上是汉民族，如 20 世纪 20 年代在斐济西区巴城，有一位叫方作标的中山人，他来自广东中山市沙溪镇敦头村，当地人称他为“方利”。他虽目不识丁，却独具慧眼，力排众议，全力支持一位白人朋友开采金矿，并提供后勤补给。后来这位朋友真的找到了金矿，为了报答，他将开矿的后勤供给专利权给了“方利”，“方利”也因此生意兴隆，很快发展成西区最大的华人商行“方利行”，并经营房地产生意。

当时许多跟随他的华人，后来自立门户，成为大商家的也不少。

在20世纪初到40年代，可以说是斐济华人的黄金年代，当时华人大小商号已不下数百间，在苏瓦的金明街、玛街、威玛鲁街和阿米街一带，几乎三步一间华人店铺，亦因此成为首都的闹市区，而“广泰”“中兴隆”“安和祥”“永安泰”和“广生”则称为五大华人公司。华人大小商店更遍布斐济大小岛屿，根据一些老华侨的回忆，当年1900多名华人，间接操控了斐济贸易市场的四分之一。①

2003年统计全国人口86.8万。其中，斐济族占51%，印度族占44%，其余为罗图马人、欧洲人、华人等，华人约6000人。而据郭又新研究，斐济华裔人口约为8000人，多数是第二、三代华裔，95%以上已加入当地国籍，以广东籍人为主，其中又以东莞（占华侨华人总数的30%）、开平、中山、台山四地人数为最，华侨华人主要集中在首都苏瓦（近3000人）和劳托卡市。②

（三）汉民族移民迁入瑙鲁

瑙鲁（英语：The Republic of Nauru；瑙鲁语：Ripublik Naoero）位于南太平洋中西部的密克罗尼西亚群岛中，有“天堂岛”之称。瑙鲁面积只有24平方公里，是世界上最小的岛国。

瑙鲁人是密克罗尼亚人的一支，为马莱人、美拉尼西亚人和波利尼西亚人的混合类型。

2006年瑙鲁居民为9265人。瑙鲁的民族包括瑙鲁人（58%）、太平洋岛国人（26%）、欧洲人（8%）及华人（8%）。瑙鲁本土的欧洲人原本全由英国人组成，他们大多在独立后离开。瑙鲁是世界闻名的由鸟粪积成的磷肥产地之一。从1907年到1913年，3000多名华工被运往瑙鲁。1935年，瑙鲁有契约华工921人。在瑙鲁岛上，契约华工主要从事挖掘磷肥工作。在瑙鲁的华工不仅要冒着赤道的酷热、生活的艰辛，还要冒着鸟粪的恶臭和剧毒，不少人不是很快死掉，就是因绝望而自杀。现在有华

① 以上参阅孙嘉瑞《斐济华人史话》（http：//www.fijichinese.com/history/history_of_chinese_in_fiji.htm）；《华商王国话兴衰》（http：//www.fijichinese.com/history/chinese_business_fiji.htm）。

② 世界华人公益联合会：《斐济地区简介及华人社团组织名录》，转引自郭又新《南太平洋岛国华侨华人的历史与现状初探》，《东南亚研究》2014年第6期。

人 730 余人。[1]

（四）汉民族移民迁入萨摩亚

萨摩亚位于太平洋南部，萨摩亚群岛西部，由萨瓦伊和乌波卢两个主岛及七个小岛组成，为波利尼西亚群岛的中心。其原名“西萨摩亚”，曾经是德国的殖民地，1962 年独立，1977 年 7 月更名为“萨摩亚独立国”。现为英联邦成员国之一。

萨摩亚人口约 174000 人，90% 为萨摩亚人。但萨摩亚混血华裔随处见。寻根问源，早在 19 世纪末，在萨摩亚的德国殖民者就开始招募华工，使华人曾达到数千人之多。移居萨摩亚的汉民族多为男性，他们与萨摩亚姑娘结婚生子后，开始在城里经商。

20 世纪二三十年代成批华工来萨摩亚种植椰子香蕉，最多时达数千人，后因新西兰政府实施种族政策，华人数量开始减少，最后留下数百人，已与当地人通婚。目前，纯血统的华人仅 60 人左右，但混血华裔超过 3 万，约占萨摩亚总人口的 20%，数量在外来血统中居首位。[2]

2011 年 7 月，知名华人企业家、新西兰华人华商圆桌议会创建人陈克恩在萨摩亚的 Sasina 部落被授予高级酋长 Tupailelei 的称号，成为这个南太平洋岛国上的首位华人酋长。萨摩亚的议长、前司法部长和议员、负责议会司法事务次官均为华裔，这些在萨摩亚政治和经济领域具有举足轻重地位的华人基本都有萨摩亚血统，生活习惯与萨摩亚人无异，完全被当地同化[3]。

（五）汉民族移民迁入巴布亚新几内亚

巴布亚新几内亚位于南太平洋西部，是大洋洲第二大国，属英联邦成员国，是一个包括新几内亚岛东半部及附近俾斯麦群岛、布干维尔岛等共约 600 余个大小岛屿的岛国。

巴布亚新几内亚现有汉民族移民约 12000 人[4]，一是当地出生的华

---

① 《瑙鲁华人》（http：//www.360doc.com/content/13/0702/13/11567645_ 297109029. shtml）。

② 《萨摩亚华人》 http：//www.360doc.com/content/13/0515/21/11567645 _ 285686912. shtml；郭又新：《南太平洋岛国华侨华人的历史与现状初探》，《东南亚研究》2014 年第 6 期。

③ 郭又新：《南太平洋岛国华侨华人的历史与现状初探》，《东南亚研究》2014 年第 6 期。

④ 《巴布亚新几内亚国家概况》（http：/ /www.fmprc.gov.cn /mfa _ chn /gjhdq _ 603914 / gj_ 603916/dyz_ 608952/1206_ 608978/）。

人，多数从事批发、超市、房地产和加工业等，资本较大，在巴新社会有一定地位和影响。二是来自东南亚各国和港台的华人，多经营超市、伐木、捕鱼、餐馆等，生活较富裕。三是近年来来自中国大陆（主要是福建省）的华侨、华人，大多打工、经营餐馆和小店等。这些汉民族移民约 5000 人居住在首都莫尔兹比港。①

值得一提的是，在巴布亚新几内亚出现过一位有史以来第一位华裔总理，他就是陈仲民，英文名叫朱利叶斯陈（Sir Julius Chan），其祖籍是广东省台山市斗山镇安南村委会江潮村。他被誉为巴新的"政治明星"，受到巴新人民的爱戴。②

（六）汉民族移民迁入密克罗尼西亚

密克罗尼西亚（Federated States of Micronesia，FSM），位于赤道以北西太平洋密克罗尼西亚地区的加罗林群岛上，全国共有 607 个岛屿（其中 65 个岛屿上有人居住），为西太平洋岛国。其国海域面积大，渔业资源丰富，尤以金枪鱼著名。加罗林群岛先后历经西班牙、德国、日本和美国统治。1986 年 11 月 3 日，密克罗尼西亚联邦获得内政、外交自主权。密克罗尼西亚目前约有华侨华人 1000 人。③

（七）汉民族移民迁入瓦努阿图

瓦努阿图位于南太平洋西部，属美拉尼西亚群岛，由 83 个岛屿（其中 68 个岛屿有人居住）组成。最大的岛屿是桑托岛，首都为维拉港。全国 98% 为瓦努阿图人，属美拉尼西亚人种。

瓦努阿图共和国有 4000 多华侨华人，其中 3000 人已成为永久居民，还有 1000 多新移民，其中来自中国香港的约 200 人，来自中国内地的约 800 人。④

早期瓦努阿图的华侨华人大部分来自广东的汉民族。近些年，一批华人移居瓦努阿图创业，讲普通话的华侨华人越来越多，约占华侨华人总数

---

① 冯庆权编纂：《大洋洲华人宣教工场手册大纲》，转引自郭又新《南太平洋岛国华侨华人的历史与现状初探》，《东南亚研究》2014 年第 6 期。

② 《巴布亚新几内亚历史上首位华裔总理陈仲民》（http：//news. ifeng. com/gundong/detail_ 2011_ 01/19/4351595_ 0. shtml？ t = 1476362536211）。

③ 郭又新：《南太平洋岛国华侨华人的历史与现状初探》，《东南亚研究》2014 年第 6 期。

④ 《瓦努阿图移民热华人店塞爆首都》（http：/ /www. chinapress. com. my /node /475013）。

的35%[①]。故郭又新则云："生活在瓦努阿图的华人来自广东、香港、中国北方地区、台湾以及马来西亚。"[②]

（八）汉民族移民迁入汤加

汤加（The Kingdom of Tonga），位于太平洋西南部赤道附近，是由173个岛屿组成的岛国，其中36个有人居住。1845年，汤加王国由多个岛屿联合而成，在1875年行君主立宪制至今，是南太平洋众岛国中唯一维持君主制的国家。截至2014年7月，汤加人口为10.64万。据有人估计汤加约"有五六千名中国人，他们大多来自广东、福建，还有部分来自东北"[③]。郭又新则云："汤加的华人大部分是新移民，既有来自广东、福建这种传统侨乡的，也有来自上海、天津、内蒙古的。"[④]

正是"有海水之处有华人"。在走向世界中，汉民族移民从亚洲的东南亚和中国大陆迁入美洲、欧洲、非洲的同时，也迁入了海水包围着的大洋洲。

---

① 冯庆权编纂：《大洋洲华人宣教工场手册大纲》，第17页。转引自郭又新《南太平洋岛国华侨华人的历史与现状初探》，《东南亚研究》2014年第6期。

② 郭又新：《南太平洋岛国华侨华人的历史与现状初探》，《东南亚研究》2014年第6期。

③ 《汤加王国的中国人》（http：//blog. sina. com. cn/s/blog_ 9fb3ea91010152v6. html）。

④ 郭又新：《南太平洋岛国华侨华人的历史与现状初探》，《东南亚研究》2014年第6期。

总后记

历史有时能预计，但多数情况下无法预计。所以，在我学术研究的规划中，从来没有敢奢望写一部多卷本的汉民族史。因为要写一部多卷本的汉民族史，那实在是一个巨大的学术研究工程。据我所知，有些民族史的研究都是大工程，不仅有政界领导挂帅，且有政府资金支持，启动资金少则几十万，多则几百万；参编人员也有十几人；并设有办公室，甚至有专门的资料团队、写作团队、营销团队以及办公人员；历时十几年，或者更长久。

我对汉民族历史的研究，从 1979 年 12 月起步，真正是“小脚女人”，一步一步地走了四十年，从《汉民族历史和文化新探》（1985 年），到《汉族民间风俗丛书》（1990 年），到《汉民族发展史》（1992 年），到《雪球——汉民族的人类学分析》（1999 年），到《汉族风俗史》（5 卷本）（2004 年），到《中国汉族》（2012 年）和《中国汉族通史》（2 卷本）（2012 年），也算是一个汉民族研究的学术“马拉松”。

一　《汉民族史记》研究和撰写的“马拉松”

没有奢望，却有机会。

2012 年时，在云南人民出版社原社长刘大伟先生的慧眼中，我三十多年的汉民族研究似乎是一块尚未切开的“原石”。蒙刘社长和云南人民出版社的支持，我于 2012 年 12 月开始了《汉民族史记》（九卷本）的“马拉松”。

机会的到来有时真是千载难逢的。有了机会，如果抓不住，就会遗憾和后悔终身。

为了紧紧地抓住这个终身难得的机会，近五年来，我将全部的精力投入《汉民族史记》（九卷本）的研究和撰写之中。在这“苦斗”的日子里，虽说是要积三十多年汉民族研究之大成，但随着时间的流逝，学术的发展，这九卷本不能是我过去所撰和所主编著作的简单相加，而应该吸纳新观点，补充新资料，进行新整合。这个工作量之大、之繁、之细，以一人之力，确实“压力山大”！

饭要一口一口地吃，路要一步一步地走。九卷本的《汉民族史记》打破历代王朝史的框架，结构上承司马迁《史记》的范式传统，以汉民族历史、族群、文化、风俗和海外移民的专题结构，企图进一步深化和建构汉民族的历史。面对这个“压力山大”的项目，尽管前进的路上满布荆棘，困难重重，但汉民族研究的学术“马拉松”——《汉民族史记》（九卷本）的研究和撰写已然开始，那就让我们一步一个脚印步地来记录这个“马拉松”的历程吧！

1. 第1卷，《历史卷》（上）撰写的说明

“卷首语”说明了《汉民族史记》为“献给全球华人”研究和撰写的背景，研究和撰写《汉民族史记》想向人们传达什么样的信息，传达什么样的价值观，并介绍了学术团队的组成。

第一编“总论”，以汉民族研究的缘起、汉民族研究学术史、汉民族史研究文献回顾、汉民族是一个自觉的民族四章的篇幅，系统而全面地介绍了汉民族研究的学术史，以及研究和撰写本书的学术历程，使读者对汉民族研究有一个较完整的认识和了解。

第二编“汉民族发展史编”，系统、全面论述了汉民族的起源、形成和发展的历史。在这一编中，本书除保持了1986年完稿、1992年出版的《汉民族发展史》中有关论述之外，还根据近三十年中国汉民族研究的学术发展，新写了“汉民族的五帝时代”；充实了“汉民族的起源时代”；调整了“汉民族的形成时代”和“汉民族的发展时代”的结构，其中在“汉民族的发展时代”部分增写了近代史时期汉民族的新发展。

《汉民族史记》第1卷向人们展示了汉民族起源、形成和发展波澜壮阔的历史过程。但汉民族在这样的滚雪球中，一方面展示了从多元走向一体的历史过程，另一方面呈现出了一体多元[①]的在线状态。

2. 第2卷，《历史卷》（下）撰写的说明

上述一体多元的在线状态，充分体现了汉民族来源的多元性、文化的

① 赵旭东：《一体多元的族群关系论要——基于费孝通“中华民族多元一体格局”构想的再思考》，《社会科学》2012年第4期。

多样性、历史的多彩性。所以，在第 1 卷之后，我们在第 2 卷中，从历史演进的实际出发，以区域为边界，分华南、华东、华中、华北、东北、西北和西南七个区域，分别展示了汉民族在这些区域形成和发展的生动态势和精彩过程，正是不同的区域、不同的族群、不同的时期所形成的族群互动、磨合、整合和融合，才形成了汉民族历史发展的丰富多彩。这一幅又一幅的地域历史画卷，可使人们从纵深上认识和了解汉民族的历史及其多元性和多样性。

《汉民族史记》第 2 卷是学术合作的结晶，从 1996 年 12 月开始，历时三年，其成果《雪球——汉民族的人类学分析》，在人类学泰斗费孝通先生“要重视和加强对汉民族的人类学研究”题词的鼓励下，在出版家胡小静先生的精心编辑下，于 1999 年由上海人民出版社出版。从此，一个汉民族研究的“雪球”滚向世界，其所提出汉民族研究的“雪球理论”得到国际学术界的认同。二十年后的今天，在研究和撰写《汉民族史记》第 2 卷之时，我们将该书中有关部分摘出，并加以修订和充实，成为此卷。具体分工如下：第一章华南汉民族史记由徐杰舜撰写；第二章华东汉民族史记由陈华文撰写；第三章华中汉民族史记由韦东超撰写；第四章华北汉民族史记由徐杰舜、郭万平撰写；第五章东北汉民族史记由徐杰舜、孟宪刚、赵忠文撰写；第六章西北汉民族史记由彭清深撰写；第七章西南汉民族史记由鲁刚撰写。全卷由徐杰舜统稿，特别是每一个省、市、自治区的概况，徐杰舜根据新的资料进行了全面的修订和补充。这二十多年前的合作，能延续到今天，无论谁来回忆，都是令人愉快的。

3. 第 3 卷，《族群卷》（上）撰写的说明

《汉民族史记》的研究和撰写进入第 3 卷，即进入研究和撰写汉民族族群史记了。如何进行，如何表述，如何呈现？颇费了一番思考。

本来，1999 年，在我所主编的《雪球——汉民族的人类学分析》一书中，对汉民族的族群已做过初步的结构分析和特征表述。但当时初学族群理论，大家对其并不熟悉，更缺乏深入了解，所以 1997 年 12 月在上海举行“第二届当代汉族学术研讨会”时，《雪球——汉民族的人类学分析》课题组成员对是否运用族群理论展开了激烈的争论。最后，坚持了对族群理论的运用，但十七八年后再读，却感到了挥之不去的肤浅。

使人踌躇的是，《汉民族史记》第 3 卷如何研究和撰写？2014 年开始着手时，摆在我面前有两条路，一条路是将《雪球——汉民族的人类学

分析》中有关章节简单地凑合在一起成书，这样省事省力省时。另一条路是在中国族群研究积累了近二十年成果的基础上，另辟蹊径，重起炉灶，撰写一部全新的汉民族族群史记，这样当然艰辛而费力费时。

为了对得起自己的学术追求和学术理想，对得起广大读者，踌躇之后，我选择了后者，决定走创新之路，写一部新的汉民族族群史记。

但是，时过人变，原来参与《雪球——汉民族的人类学分析》的研究和撰写的学者有的成了单位的顶梁柱，有的年事已高，有的已作古，于是，我毅然决然地挑起了担子，2014 年全力投入《汉民族史记》第 3 卷的研究和撰写。

正当我“孤军”奋战之时，三峡大学的刘冰清教授伸出了援助之手，承担了第一编族群论和第四编华中的汉族族群的研究和撰写任务，助了我一臂之力！

本卷共五编：族群论；东北汉民族族群编；华北汉民族族群编；华中汉民族族群编；华南汉民族族群编。

从《汉民族族群史记》第 1 卷到第 2 卷，一路走来，我们领略了汉民族从多元走向一体的恢宏气派和壮阔波澜；从第 3 卷的研究和撰写中，我们又开始体验了汉民族“一体多元”的多彩在线和多元结构。可见汉民族史的风彩、风姿和风韵确实迷人。

4. 第 4 卷，《族群卷》（下）撰写的说明

从第 3 卷到第 4 卷，一路走来，在体验汉民族“一体多元”的多彩在线和多元结构之中，深感汉民族的“多元一体”与“一体多元”，真是世上最巧妙而又精当的民族结构和民族认同。一方面是历史悠久而结构复杂，另一方面则是文化多姿而高度认同。这样，在汉民族的生命“马拉松”中，孕育、凝聚、磨合、整合和融合成了世界上人口最多的民族。

本卷共三编：华东汉民族族群编；西北汉民族族群编；西南汉民族族群编。

从第 1 卷到第 4 卷来看世界民族过程，在亚洲东部的中华大地上真正是创造了一个奇迹：给世界一个高凝聚度且伟岸无比的汉民族。

5. 第 5、6 卷，《文化卷》（上、下）撰写的说明

一个民族要立足于世界民族之林，文化的呈现是其重要的表征。

汉民族的文化如何呈现，汉民族的文化史走的又是什么路线图？从 1992 年我的《汉民族发展史》出版以来，心中一直在思考这个问题。

一是回顾了1992年《汉民族发展史》中对汉民族文化的呈现。《汉民族发展史》从琴、棋、书、画；吃、穿、住、用；民族礼仪；民族节日；民族戏曲；民族武术；民族医药；民族工艺；汉民族文化的象征——泰山、长城、大运河9个方面，横向地描绘了汉民族的文化图像。但这种图像呈现缺乏历史的纵深感。

二是反思了1999年《雪球——汉民族的人类学分析》中对汉民族文化的表达。其从多元的视角，将汉民族文化的呈现分为华南、华东、华中、华北、东北、西北和西南七大区，分别呈现了各区汉民族的历史、族群和文化。这种多元态势的表达，虽然展示了汉民族从多元走向一体的结构和态势，但仅就汉民族的文化史而言，不仅缺乏整体性的观照，仍然缺乏历史的纵深感。

三是考察了近二十年来国内汉民族文化研究的动态，区域文化研究方兴未艾，岭南文化、闽台文化、云贵文化、川渝文化、中原文化、燕赵文化、东北文化、齐鲁文化、江浙文化、赣徽文化、湘湖文化、甘青文化、海派文化、京派文化、三晋文化等研究蜂起。在这种汉民族区域文化的热流中，我们曾设计将汉民族的文化史以区域文化的形式来呈现。但仔细一想，这仍然克服不了以往的研究缺乏历史的纵深感的缺陷。

经过反复斟酌，特别是读了众多版本的《中国文化史》和《中华文化史》以后，最后决定从纵的方向上呈现汉民族文化及文化史。

此后，我与罗彩娟和杨军经过一年半的努力，终于在《汉民族史记》第5卷《文化卷》（上）中，以文化底蕴，汉民族文化的来源；文化凝聚，先秦华夏民族文化的构建；文化定型，从秦到汉汉民族文化的图像；文化融汇，从魏晋南北朝到隋唐汉民族文化的图像四章的结构；在第6卷《文化卷》（下）中，以文化变古，从北宋到南宋汉民族文化的图像；文化重建，从元到明汉民族文化的图像；文化开新，从清到民国汉民族文化的图像三章的结构，将汉民族的文化史展示在读者面前。

在纵向的视野中，以文化底蕴、文化凝聚、文化定型、文化融汇、文化变古、文化重建、文化开新为关键词，勾勒了汉民族文化史发展的轨迹和路线图，试图把世界上唯一一个有连绵五六千年历史，波澜壮阔、跌宕起伏汉民族的文化发展、演进和融汇的图像，动态地、有历史纵深感地呈现给读者。

6. 第7、8卷，《风俗卷》（上、下）撰写的说明

凡事都有起伏。

跑马拉松不是一根筋地一个速度冲到底，而是有节奏、有规律地跑到终点。

攀登也不是一个劲地一直爬啊爬，也是有节奏、有规律地冲到顶峰。

学术研究亦然，也不是一口气写啊写，也是有节奏、有规律地写到结尾。

在《汉民族史记》的“马拉松”长跑，或称学术攀登中，《汉民族史记》第7、8卷所要完成的《风俗卷》（上、下），是一段特殊而又有特别意义的“马拉松”长跑或学术攀登。

为什么呢?

因为我们对汉民族风俗的研究源起很早。记得三十六年前，即1983年，当我还是中学教师之时，就萌发了进行汉民族风俗史研究的念头。1990年5月，我应浙江师范大学中文系之邀，给该系畲族班的学生讲授中国民族史的课程。乘此机会，我请浙江师范大学报编辑部的陈顺宣、中文系的陈华文，以及当时还在浙江工作的周耀明到金华商讨研究“汉族风俗史”的方案，并进行了学术分工。于是，心仪多年的汉民族风俗史研究终于萌芽了。

学术的研究不是一蹴而就的，汉族风俗史研究的虽已起跑，但进行得并不顺利，有的因种种原因退出了，而有的又加入了进来；有的因种种原因没有能完成研究任务，因体例不同和内容简略，而又不能进行修改而放弃了；有的因种种原因虽然写出了初稿和二稿，但没有参加后面的修改。但陈华文、陈顺宣、万建中和周耀明与我一起坚持“跑”了下来。到1997年，总算基本完成《汉族风俗史》的初稿。1998年完成了190万字的《汉族风俗史》第二稿，中国民俗学泰斗钟敬文先生，在近百岁时专为此书撰写了“序”，使《汉族风俗史》在中国学术的沃土上顽强地扎下了根。

此后，几经周折，2001年广西人民出版社出版了一本40万字的《汉族风俗文化史纲》，2004年才由学林出版社出版了187万字的《汉族风俗史》（五卷本），全书由徐杰舜主编，其中：徐杰舜撰写第一卷（绪论、先秦汉族风俗）；周耀明、万建中、陈华文撰写第二卷（秦汉、魏晋南北朝汉族风俗）；万建中、周耀明、陈顺宣撰写第三卷（隋唐、宋元汉族风

俗）；周耀明撰写第四卷（明代、清代前期汉族风俗）；万建中、周耀明撰写第五卷（清代后期、民国汉族风俗）。

但这并没有结束，所谓好事成双。

八年后，2012 年，我们得到云南人民出版社的支持，在刘大伟先生的具体领导下，获得了集汉民族研究之大成的绝好机会，撰写多卷本汉民族史，有机会把汉民族风俗史编入其中。这时，当年参加研究团队的学者们的状态多变又多样：万建中教授在北京师范大学任民俗学与文化人类学研究所所长，陈华文教授在浙江师范大学任杂志社社长，陈顺宣先生年事已高，早已退休；周耀明先生因病去世。而把汉民族风俗史写入《汉民族史记》，不能把 187 万字全收录，必须进行新的加工，把内容压缩到 80 万字左右。在征得万建中、陈华文、陈顺宣同意之后，《汉民族史记》第 7 卷由广西大学罗树杰教授协助，第 8 卷由南京大学韦小鹏博士协助，进行了全面的压缩，并特别核对了引文。最后由徐杰舜统稿并定稿。

这就是《汉民族史记》第 7、8 卷一段特殊而又有特别意义的“马拉松”长跑或学术攀登。

7. 第 9 卷，《海外移民卷》撰写的说明

跑马拉松最后一段就是冲刺。

登山最后一程就是冲顶。

《汉民族史记》第 9 卷就是我这次学术马拉松跑的冲刺，或我攀登学术高峰的冲顶。对于我来说，是一个全新的领域。

早在二十七年前，1992 年我的《汉民族发展史》出版时，就有学者指出该书最大的不足，就是没有把海外华人纳入汉民族研究的视野。当时我甚为遗憾。是啊！伟岸的汉民族不仅是中国人口最多的民族共同体，其在海外被称为“华侨华人”的子孙们，也是世界上人口最多的移民族群啊！所以人们常说“凡有阳光的地方就有华人”。看今天的世界，五大洲何处无华人？从东半球到西半球，从北半球到南半球，天涯何处无华人？汉民族真可以堪称永不落的“太阳民族”了。

也有人常说“凡有海水的地方就有华人”。在汉民族的移民史上，五六千年连绵不绝的历史，渡黄河，跨长江，过珠江，从江河走向海洋，冒百死，反海禁，下南洋；又漂洋过海，从南洋又到下西洋，足迹遍及大洲小岛，连世界上最小的岛国——瑙鲁也有汉民族移民的身影。汉民族亦真

可以堪称“海洋民族”了。

这样一个伟岸的“太阳民族”或“海洋民族”是怎样形成的？查阅文献虽不能说“前无古人”，但可资参考者甚少。这就使我学术马拉松跑的冲刺，或攀登学术高峰的冲顶困难无比。马拉松跑到这里，学术高峰攀到此地，也无退路。更何况要弥补20多年前的遗憾，必须跑到终点，攀上顶峰。

为此，我义无反顾地投入冲刺和冲顶之中。在千头万绪中撰写《海外移民卷》时，我牢牢地抓住了三点：

一是把与汉民族移民有关的学科，如人类学、民族学、历史学、宗教学、航海学、灾害学和外交学等学科打通整合在一起，抓住民族史、移民史、航海史、造船史、灾荒史、外交史、华侨华人史、佛教史等与汉民族移民有关的部分，努力打通，实现跨学科的交融和整合，来建构汉民族的海外移民史。

二是用大历史的视野，把汉民族的海外移民置于中国历史，乃至世界历史的大背景下，思考“安土重迁”的汉民族为什么会从江河走向海洋？为什么会冒百死，反海禁，下南洋？为什么又会从南洋下西洋而走向世界，如《易经·系辞下》所云：“致远以利天下。”成为一个对世界的开发做出了巨大贡献的“太阳民族”或“海洋民族”。

三是借华侨华人史的学术高地，尽力吸收华侨华人史学者们的研究成果，从而极大地丰富了《汉民族海外移民史记》的内容，使之有血有肉而可立于学术之林。为此，要深深地感谢华侨华人史的学者们！

《汉民族海外移民史记》正是由于有了这三个助力，才建构了汉民族海外移民的历史分期：先秦到秦汉为汉民族海外移民的萌动时期；三国两晋南北朝到隋唐为汉民族海外移民的开启时期；两宋到元为汉民族海外移民的初发时期；明到清前期为汉民族海外移民的曲折发展时期；清后期到现在为汉民族海外移民的大发展时期等五个时期。

在这个分析框架下，我努力勾勒了汉民族海外移民的路线图：

在萌动时期，汉民族海外移民从神秘猜想走向民间传说，从民间传说走向现实社会，移民方向是“东渡”到朝鲜、到日本；海上丝绸之路的形成和开通，为以后汉民族海外移民大规模地“下南洋”，打通了海路，准备了条件；汉民族海外移民的迁出地主要是辽西、山东和苏北的汉民族先民；形成了“致远以利天下”的价值取向和原住民共同开发的传统。

在开启时期，汉民族海外移民东渡日本的探索有了新的进展，从一直处在历史迷雾之中箕子朝鲜的猜想和徐福东渡的传说，发展到鉴真东渡日本的实际探索。鉴真东渡是汉民族移民日本的一个典型代表，从而成为汉民族海外移民史上具有开拓性的一个里程碑。

在初发时期，在华侨华人史学家眼中正是华侨开始出现的时期。[①] 此时亦是中国古代航海历史上的鼎盛时期，南洋已成为汉民族海外移民心中的“世外桃源”。汉民族海外移民下南洋不但人数众多，而且从“流寓”变为定居，从散居到聚居成村，初步形成了汉民族海外移民社会，他们聚居的地方被称为“唐人街”。

在曲折发展时期，明代既是中国航海政策从宋元开放向封闭转型的时代，却又是中国航海业以鼎盛向高峰发展的拐点。因此，从明代到清代前期，乘着宋元时代下南洋之浪潮，勇于开风气的汉民族中的闽南人、福州人、广府人和客家人等，不怕风浪，冒百死，反海禁，继续下南洋，并融入东南亚民族，形成了一批土生华人。事实上，中国大航海时代的终结，反而铸成了汉民族走向世界的伟大结果！

在大发展时期，1840 年鸦片战争后，伴随着地理大发现，以及大航海开始的全球化，汉民族移民继续漂洋过海，从下南洋到下西洋，一步一步地走向世界，不断开辟新天地，迁入美洲、欧洲、非洲，也迁入了海水包围着的大洋洲。“致远而利天下”的胸怀，呈现出“有海水之处有华人”的分布图。

《海外移民卷》作为《汉民族史记》的最后一卷，也就是我汉民族研究目前阶段的终点，也就是我在总后记中所说的一次学术“马拉松”。但从第 1 卷到第 9 卷，汉民族从一个原生民族的形成，经区域、族群、文化和风俗的内涵发展，又几经凤凰涅槃，不断重生，直到海外移民，走向世界，终于成为名副其实的“太阳民族”或“海洋民族”。这就是九卷本《汉民族史记》向世人展示的汉民族发展路线图。

二 《汉民族史记》（九卷本）研究和撰写的感慨

作为一次学术马拉松跑，冲刺到达终点之后，感慨万千：

一感慨真做学术确实需要身心的完全投入。自 2012 年 12 月开始进入

① 郭梁：《鸦片战争以前华侨历史的发展阶段》，《南洋问题研究》1982 年第 4 期。

《汉民族史记》的研究和撰写之后，五年来，近1500天日日夜夜的坚持，尤其是2014年上半年的两次休克，使我更感到在进入70岁之后，要完成这个项目的紧迫性和艰巨性。确实，汉民族研究博大精深，内涵极为丰富。我从事汉民族研究五十余年，出版《汉民族发展史》二十余年，原以为撰写《汉民族史记》不难，把我各个阶段对汉民族的研究整合起来就可以了。但动手之后，就感到并不是那么一回事。且不说二十多年学术的发展不允许，就是我的内心也不允许我简单地重复自己。学术的真谛是创新，我要超越自己，就要从理论上、结构上、内容上最大限度地吸收学术界的成果，来充实自己、完善自己和发展自己。为此，我调整了节奏，加强了身体锻炼，尽最大努力阅读相关文献，吃透别人的研究成果，故而将两年的计划，延长到近五年完成，将10卷的规模压缩为9卷。五年来，我始终抱定“献给全球华人”的宗旨和承诺，用毅力战胜了种种困难，把500多万字的《汉民族史记》（九卷本）贡献了出来，为12亿多人口的汉民族树了碑、立了传。

二感慨真做学术确实需要坚持挖好学术之“井”。十多年前我在《科研方略论》中说过：“我在汉民族研究方向上二十余年坚持不懈地挖自己的这口学术之井，而且越挖越深，科研成果不断积累，或者说我这口井的出油量或者出水量越来越丰富，使科研成果在一个学术方向上积少成多，久而久之形成规模，从而自然地会产生规模效应，这就是学术影响和学术知名度的必然扩大和提高。深挖井，不仅可以在一个学术方向上走向学术前沿，建立学术制高点，还可以用这口井丰富的油或水，来培育和发展相关方向上的学术成果……”[①] 50余年的治学生涯证明，如果没有1985年的《汉民族历史和文化新探》，没有1990年的《汉族民间风俗丛书》，没有1992年的《汉民族发展史》，没有1999年的《雪球——汉民族的人类学分析》，没有2001年的《汉族风俗文化史纲》，没有2004年的《汉族风俗史》（五卷本），没有2012年的《中国汉族通史》（2卷本）、《中国汉族》和《徐杰舜集——汉民族研究集萃》，我是断然不敢接受研究和撰写《汉民族史记》的！更重要的是，在这个积累过程中，我的汉民族研究成果不仅受到国内学术界的肯定，还受到国际学术界的认同，2008年我应斯坦福大学之邀在“汉民族研究反思国际研讨会”上做主旨讲演，

① 徐杰舜：《科研方略论》，《湖北民族学院学报》2007年第1期。

与 50 余位国际学者进行了交流和对话，汉民族研究的国际学术视野，使汉民族研究之“井”的学术效应溢出世界。

三 《汉民族史记》研究和撰写的感恩

感慨是一种内省心态，而感恩是一种外向表达。

俗话说：谁也不能包打天下。在这《汉民族史记》（九卷本）即将付印的终点之处，我想表达我的感恩之情。

我能完成《汉民族史记》，不能不由衷地向所有影响、支持、关心、帮助过我的朋友们表示感恩之情。

此时此刻，我由然想起最早影响我爱上人文社会科学的王文中先生。记得那是 20 世纪 50 年代初期，文中先生是我大姐徐菊仙的丈夫，而他中国人民大学研究生的身份却更吸引我。那时候我是一个刚进中学读书的初中生，每逢寒暑假，以及文中先生研究生毕业进入华中工学院（现为华中科技大学）任教期间，给我讲了不少人文社科界的学苑逸事，特别是曾与他同学过的李希凡与蓝翎“两个小人物”写《关于〈红楼梦简论〉及其它》《评〈红楼梦研究〉》，顿时轰动文坛的故事，深深地吸引了我。在我心中朦胧地产生了一个理想：我也要成为一个从事人文社会科学的人！那时我的大姐夫王文中先生成了我最早的偶像！

吃水不忘挖井人。《汉民族史记》选题的由来，不能不感恩云南出版界的刘大伟先生。他 2012 年 6 月在银川“书博会”上认识我之后，以出版家的眼光建议我集五十年汉民族研究的大成，撰写一部十卷本的《汉民族通史》。这是我做梦也不敢想的事，却被刘大伟先生激起了心中的千层浪，从而才有了我的《汉民族史记》之“马拉松”。

此时此刻，我面对电脑，不由想起我近四十年来读过的上千本书，看过的上万篇论文，在此虽不能一一列出，但在几千个的脚注中，已充分展示了他们对《汉民族史记》的巨大贡献。所有的参考文献汇成了一个伟岸的学术巨人，使我能站在他的肩上攀登《汉民族史记》这座学术高峰。

此时此刻，我要特别感恩的是万建中先生、陈顺宣先生、陈华文先生、彭清深先生、韦东超先生和已故的鲁刚先生、周耀明先生，如果没有他们在 20 世纪 90 年代与我共同完成《雪球——汉民族的人类学分析》和《汉族风俗史》，打下了汉民族研究的基础，那我今天也难以单挑起《汉民族史记》的重担！

我能完成《汉民族史记》，还要感恩中国社会科学院学部委员、中国人类学会会长郝时远研究员和中国民族学会会长和中央民族大学杨圣敏教授的鼎力推荐，以及国家出版基金资助。

此外，还要感恩给我具体帮助和支持的南宁师范大学杨军研究员，他参与了第6卷的部分撰写工作；三峡大学刘冰清教授，她参与了第3卷的研究和撰写；广西大学罗树杰教授，他参与了第7卷的改写；南京大学博士生韦小鹏，他参与了第8卷的校对和改写；浙江武义县继续教育中心丁耀明先生，他参与了第9卷的校对；比利时鲁汶大学博士生石甜，她参与了第3卷和第4卷部分社会调查；广西民族大学罗彩娟教授，她参与了第5卷的部分资料搜集工作；泰国东方大学博士研究生丁苏安全力参与了第9卷英文资料的搜集和翻译工作，成了我撰写第9卷的得力助手；武汉大学硕士生杨海燕同学，她在2016年为我从网上下载了许多学术著作，解了我的燃眉之急。他们的工作是我完成《汉民族史记》不可或缺的组成部分！感恩在我这五年的学术“马拉松跑”的征程中，有你们同在！

我能完成《汉民族史记》，还要感恩给我支持的广西民族大学的校领导，特别是校长谢尚果教授，由于他的支持，不仅使我能与中山大学刘志伟教授合招了罗彩娟博士为博士后，协助我开展研究，还批准我聘请了韦小鹏为助理，专事校对、核对原文和办理杂事。韦小鹏去南京大学读博士后，又批准我聘请了刘晓敏硕士为助理，这不仅解了我的后顾之忧，更重要的是从一定程度上保证了文献和文字的质量。更不能忘怀的是广西民族大学卡成林书记，黄晓娟副校长；民族学与社会学学院王柏中院长，藤兰花和黄兰红副院长；社科处旷乾处长（现为广西教育研究院院长）、李强珍副处长和陈其峰科长；财务处苏华童处长和张勤珍副处长；学报编辑部秦红增主任等对《汉民族史记》在学校立项的支持。

我能完成《汉民族史记》，还要感恩国家民委原巡视员、中国人类学民族学研究会副会长黄忠彩先生，他审阅了我的1—5卷书稿，给我把了关。感恩广西民族大学文学院韦树关教授，他以语言学家的专业眼光，审读并校对了第3卷和第4卷中有关语言的部分，使我不至于因对语言学的一知半解而有误于读者。

还有我不能不提及的是我的胞弟徐杰芳先生，这个北海舰队的退伍军人，晚年退休后爱上了篆刻和绘画，成了一名民间篆刻家。当他从《文汇报》的《文汇学人》上看到记者黄春宇对我的访谈录：《从多元走向一体的民族历史记忆》后，便默默地用心为我篆刻了《汉民族史记》的书名印章，有效地增添了本书的汉民族色彩。

我还要衷心地感恩浙江恒友机电公司董事长、桂林金钟山旅游开发有限公司董事长吕志辉先生，他是本书最具诚意的支持者。十多年来，如果没有他对我无私的鼎力支持，很难想象我的研究和生活境况会是怎样一个状态，而今天在本书即将出版之时，我深感自己遇见吕志辉先生实为此生之大幸！

最后，我必须记下《汉民族史记》（九卷本）出版的经历。2016 年 12 月初，本书全稿杀青后，中国社会科学出版社闻风而动，赵剑英社长慧眼识珠，于 2017 年 1 月 6 日派出冯春凤编审、朱华彬副编审和王莎莎编辑三人到南宁，与广西民族大学有关领导和我讨论了出版《汉民族史记》的具体事项。随后，中国社会科学出版社在赵剑英社长的大力支持下，从总编室到印制科都为出版本书开了“绿色通道”，总编辑魏长宝先生、总编室主任陈彪先生、印制戴宽先生等也都从各方面支持本书的出版。还值得特别提出的是在本书装帧设计中，中国社会科学出版社历史与考古出版中心的郭鹏先生建议突出最具汉民族文化特点的“汉”字，以此为设计思路，这个建议是无比正确的。蔡立国先生根据这个建议，遵循汉民族贵黄尚红尊黑的审美取向，对《汉民族史记》的装帧做了精心设计，其匠心精神令人感动。尤其值得称道的是责任编辑王莎莎，为本书的编辑、装帧设计、校对和出版付出了很多心血！还有更令人感动的是国家民族事务委员会民族问题研究中心对《汉民族史记》的认同。

使我感到荣幸的是著名历史学家、武汉大学资深教授冯天瑜先生为本书所写的序。冯先生是我的老朋友，国学功底深厚，其父冯永轩先生于 1926 年清华研究院第一期毕业，是王国维、梁启超、赵元任三位国学大师的高足，至今仍保存着康有为、王国维、梁启超等国学大师，以及曾国藩、李鸿章的诗联及信札。正是有这样的学术背景，冯先生对我的汉民族研究极为重视，2012 年特将我的《汉民族发展史》收录于《中国专门史文库》。今又不顾癌魔缠身，提笔为本书作序，实在珍贵无比。

千恩万谢，尤其道不尽成百上千的学者们，在百余年汉民族学术史上积累数以万计的研究成果哺育和滋润我的恩情。

历史将永远记住，在汉民族研究学术史上所发生的这一切。

四　绵薄之力，吾心不悔

跑过了这一程，走过了这一山，到达了终点和攀上了顶峰，汉民族研究的学术“马拉松”——《汉民族史记》（九卷本）的研究和撰写走到这里，已圆满了。

《庄子·养生主》云：“吾生也有涯，而知也无涯。以有涯随无涯，殆已；已而为知者，殆而已矣。”说实话，五年来研究和撰写本书的经历，使我深深体验到了“已而为知者，殆而已矣”的疲困不堪，但吾初心不改，能为伟岸的汉民族，为“太阳民族”或“海洋民族”的全球华人，贡献自己的一份绵薄之力，吾心不悔！

徐杰舜

2016 年 6 月 22 日

于武汉江南家园寓中初稿

2017 年 2 月 8 日

于南宁怡璟湾寓中二稿

2019 年 7 月 9 日

于武汉金银潭寓中定稿

漢民族史記

徐杰舜 主编

汉民族史记

6

文化卷（下）

徐杰舜 杨军 著

国家出版基金项目
NATIONAL PUBLICATION FOUNDATION

中国社会科学出版社

目　　录

汉民族文化史编（下）

汉民族文化史编（下）

汉民族的文化史是一条川流不息的大江大河。

这条大江大河从史前、先秦、秦汉、魏晋南北朝和隋唐一路奔腾而来，进入宋代以后，在汉民族文化发展时代的分期中，本编呈现从北宋到南宋汉民族文化的变古、从元到明汉民族文化的转型、从清到民国汉民族文化的开新等三个时期，汉民族多彩而丰富的文化图像。

鸟瞰汉民族的文化史，从史前到民国汉民族文化的图像和态势，俱往矣，汉民族文化史是指向汉民族未来的心灵巡礼。

第一章　文化变古：从北宋到南宋汉民族文化的图像

汉民族文化史的演进从唐代到宋代，跨越的时间仅 72 年，即五代时期。这与汉民族文化从汉代的高峰跨越到唐代的高峰长达 361 年相比，确实是微不足道的。但文化的演进并没有固定的模式，有时快有时慢，有时跨越的时间长有时则短，关键要看演进的条件、背景和机遇。从唐代汉民族文化中脱胎而出的宋代汉民族文化，虽然没有经历长达 361 年之久的民族大融合，但却是赵匡胤兵变而闪建了宋王朝。这种闪建式的飞跃，使宋王朝有了与唐王朝大相径庭的出身。宋王朝这种兵变式的出身，决定了宋朝的政策，故赵匡胤夺取了政权后，即导演了历史上著名的“杯酒释兵权”，从而确定了“重文轻武”的基本国策。对此，《续资治通鉴长编》卷二载：建隆二年（961 年），当赵匡胤问赵普国策时，赵普总结五代历史的经验教训，说：“陛下之言及此，天地人神之福也。此非他故，方镇太重，君弱臣强而已。今所以治之，亦无他奇巧，惟稍夺其权，制其钱谷，收其精兵，则天下自安矣。”此为“轻武”。那何以治天下呢？南宋周必大在《文苑英华序》中说：“太宗皇帝，丁时太平，以文化成天下。”此为“重文”。

赵匡胤重文轻武的国策决定了宋王朝的国运走势，即国势积弱，文化繁荣，从而形成与唐王朝完全不同的王朝文化形象：唐朝感性加胡气，宋朝理性加文气。冯天瑜在《中华文化史》中将唐宋两朝的文化概括为唐型文化和宋型文化，有一段很精辟的评述：

> 所谓唐型文化，是一种相对开放、相对外倾、色调热烈的文化类型。李白的诗、张旭的狂草、吴道子的画，无不喷涌奔腾着昂扬的生命活力；昭陵石雕中雄壮健伟、神采飞扬的“八骏”，乾陵石雕中粗

壮雄伟的石狮，李爽墓中双手握拳、昂首挺胸、足踏怪兽、远眺怒吼的陶天王俑无不透露出大气盘旋的民族自信。所谓宋型文化，则是一种相对封闭、相对内倾、色调淡雅的文化类型。有宋理学者意于知性反省，造微于心性之间；两宋古文舒徐和缓，阴柔澄定；宋词婉约幽隽，细腻雍容；宋诗“如纱如葛”，“思虑深沉”；宋代建筑尚白墙黑瓦，槛枋梁栋，不设颜色，专用木之本色；宋代瓷器、书法、绘画脱略繁丽丰腴，尚朴澹、重意态。即如宋人服饰，也“惟务洁净”，以简朴清秀为雅。①

那么，人们要问，为什么会形成这两种截然不同的汉民族文化类型呢？唐朝的感性加胡气，说到底，是魏晋南北朝361年民族或族群大融汇的必然结果，唐朝的汉民族文化正是这种文化融会的结晶，正如启良所分析的那样：“唐王朝是依循传统的文明模式而安邦治国的，重在人文教化。然而这一时期同时又是自周初以来中国历史上最具有野性的时期，具体说是野蛮民族之风尚最有影响的时期。大量的胡人移居内地，给唐王朝直接带来了胡化的生活方式和精神气质。胡人大多是野蛮的或半野蛮的民族，他们没有精致的制度设置，没有系统化的理论形态，没有规范社会的道德教化。他们是粗野的，靠力量决定一切，同时也是豪情奔放的，敢爱敢恨，并能直接地和充分地表达他们的情感世界。盛唐之气象，很大程度上便是胡化的风尚同中原文化传统相结合的产物。”② 而宋朝的汉民族文化则从唐朝的汉民族文化直接过渡而来，一是从唐朝汉民族文化的“娘肚子”带来了文化变革的基因，二是宋王朝建立于兵变之上，制定了“重文轻武”的国策，从而决定了宋朝汉民族文化发展的走向必然会比唐朝更文明、更理性、更精致。这也正是启良所说的：“宋代，人文教化和礼仪规范严格得多，特别是理学兴起之后，文明的成分大大地得以加强，人们的言行举止都被框定在礼教的范围之内。这样的文化与思想样式，直接的影响就是：人变得越来越文明，身上的粗野之气越来越少，越来越变得性格内向，富有理性。相应地，宋人的胆略和勇气也就被削弱。他们开

① 冯天瑜、何晓明、周积明：《中华文化史》，上海人民出版社1990年版，第634页。

② 启良：《中国文明史》（下册），国际文化出版公司2010年版，第569页。

始变得柔弱而胆小，委曲而求全，缺乏骨气和英雄主义的气概。”① 呈现出理性加文气的气质。

其实唐型与宋型并没有谁更文明的问题②，只是文明的表达方式不同而已。重要的是不同类型文明形成的原因何在，其内涵又如何。

对于唐代汉民族文化的论述前文已有详述，在此提出是为了论述宋代汉民族文化的内涵及特征。在展开论述之前，有必要明了宋代汉民族文化形成的时代特征究竟是什么。

在“重文轻武”国策的背景下，宋王朝制定了一系列重文的政策，主要有：崇儒重教，文官治州；释道兼用，以助政治；重经重史，求鉴资治；收藏文献，广为刊刻；科举兴盛，拔擢寒微；诏示子孙，不杀士人。③ 这些政策大大解放了宋代文人的思想，激发了文人的人文精神，解除了文人的后顾之忧。宋代文人的这种精神状态集中表现在“疑古惑经”上。在封建社会文人要“疑古惑经”是需要勇气的，搞不好轻者坐牢，重者杀头，都是性命攸关的事。但宋王朝崇儒重教、拔擢寒微、不杀士人等政策，犹如给文人的“定心丸”，一下子打开了文人的思想大门，激活了文人的创造力，致使汉民族文化在唐、五代时孕育的新因素，经过宋代初期的发育，到了宋仁宗时终于发生躁动，破土而出，出现了新的因子，展现出新风貌，体现出新特征，如经学变理学、宗法变宗族、私学变书院、切韵变广韵、四大发明变应用、陆上丝路变海上丝路、纪传变通鉴、唐诗变宋词、人物画变文人画，凡此等等，各个文化领域都受到了影响，宋王朝“以文化成天下”，汉民族在宋代演出了“丕变”④ 文化更新的多幕大戏。

对于宋代汉民族文化的“丕变”，国外学者把宋代理学称为新儒学（New Confusianism）。但还是清人皮锡瑞说得精准，他在《经学历史》中说宋代经学进入了“变古时代”。变古时代的宋代汉民族文化在“思想解放”的文化语境下，宋代文化之繁荣昌盛，被公认为“前所未有”，同样引领中国乃至世界文化的潮流，登上了汉民族文化的又一座高峰。陈寅恪

---

① 启良：《中国文明史》（下册），国际文化出版公司 2010 年版，第 569 页。

② 同上书，详见第 569 页。

③ 详见郑师渠总主编，吴怀祺分册主编《中国文化通史 · 两宋卷》，北京师范大学出版社 2009 年版，第 15—19 页。

④ 丕变即大变。《书 · 盘庚上》：“罔有逸言，民用丕变。”孔传：“民用大变从化。”

曾这样评价说："华夏民族之文化，历数千年之演进，造极于赵宋之世。"① 邓广铭也精辟地指出："两宋期内的物质文明和精神文明所达到的高度，在中国整个封建社会历史时期之内，可以说是空前绝后的。"②

第一节 经学变理学:汉民族儒学文化的变古

宋代汉民族文化的变古首先发生在经学。

从唐代承袭而来的经学，带着新儒学的"尖尖角"进入宋代。唐代新儒学的"尖尖角"正是中晚唐的儒生李翱整合儒、道、佛三家思想，援佛、道入儒，撰写了《复性书》一书，重构了儒家心性理论，提出了自己的复性理论，从而将儒家心性论，从较为朴素的形而下的道德实践形态上升到本体论的高度，为宋代新儒学的发展开了先河，也为经学变理学铺平了道路。

一 新儒学与经学的哲学化：理学诞生

经学的哲学化就是从新儒学演进到理学的进程。这个过程可以看作儒学的变革。这是由于从唐代进入宋代经学的先天不足和宋代社会治理的后天需要决定的。

经学的先天不足，就是在唐代三教并存之中，相对唐代佛、道的活跃和生机勃勃，儒家经学是滞后和死气沉沉的。所以"终唐之世，儒家调和儒佛，多停留在社会功能与政策执行上，其理论上的融洽，也远不及道教"③。因此，经学发展到宋代虽已露出了新儒学的"尖尖角"，但要继续发展，却面临着严重的障碍。这个障碍就是沿袭东汉章句注疏之学的唐代经学，仍墨守成规、局限于章句名物典章制度的训诂诠释，又拘泥于"师法""家法"，对汉儒孔安国、郑玄不敢稍有异议，更不敢背离孔孟之旨，严重地束缚了人们的思想和创造力，使学术走进了死胡同。这种先天

① 陈寅恪：《金明馆丛稿二编》，生活·读书·新知三联书店2001年版，第277页。

② 邓广铭：《谈谈有关宋史研究的几个问题》，《社会科学战线》1986年第2期。

③ 瞿林东、施建中等总纂：《中华文明史》第五卷（隋唐五代），河北教育出版社1994年版，第556页。

不足对于儒学来说是致命的弱点。

经学的后天需要，就是宋初统治者为了医治百年战乱的创伤，使封建社会秩序得到恢复并强化专制统治，除实施发展生产的积极措施外，制定了“以文化成天下”的治国战略，大力推行重文崇儒的文化政策。《宋史·文苑传序》曰：“（宋太祖）首用文吏而夺武臣之权，宋之尚文，端本于此。”宋太宗还在科举考试中增加了通过考试经书入仕的人数，设有“九经”“五经”“三礼”“三传”等科目。与此同时，宋初还设立专为皇帝讲儒家经义的讲席（经筵），以翰林侍讲学士、侍读学士及崇政殿说书等充任讲官。宋真宗还亲往曲阜谒孔子庙，加谥孔子为“至圣文宣王”。后又作《崇儒术论》，并诏令邢昺等人校定《周礼》《仪礼》《公羊传》《穀梁传》《孝经》《论语》《尔雅》义疏为《七经正义》，作为科举考试的标准本和官定的教科书，显示了倚重儒家文化的意向。但是直到仁宗庆历前，儒学的振兴并未获得多大进展，佛教、道教的影响也无明显减弱，儒学的独尊地位更是远未形成，宋初的80余年仍继续保持着唐代三教并存的格局。

面对这种局面，在宋代儒学面前就摆着一个尖锐的问题，是变革的发展还是保守走向末路？就连宋仁宗也感慨地说：儒者通于“天、地、人之理”和“明古今治乱之源”[①]，学问是渊博的，但是传统经学用先人的章句、思想“拘牵”他们，限制了学者，使之不能自由地表达自己的学说，“则吾豪俊奇伟之士何以奋焉！”于是，仁宗庆历年间（1041—1048），一些学者由不信汉唐古注，进而大胆怀疑儒家经典，并攻击训诂章句的经学方法论，思想学术界开始发生变化。南宋陆游曾叙述说，唐和宋初，学者对孔安国、郑玄都不敢议论，更何况议论圣人。从庆历以后，“诸儒发明经旨，非前人所及。然排《系辞》，毁《周礼》，疑《孟子》，讥《书》之《胤征》、《顾命》，黜《诗》之序，不难于议经，况传注乎！”[②] 其间，尤以欧阳修提出《易》之《系辞》非孔子所作，对学界震动甚大。自此以后，李觏、司马光相继怀疑《孟子》，欧阳修、苏轼、苏辙诋毁《周礼》，苏轼讥讽《尚书》，苏辙、晁说之否定《诗序》等，于是，风生水起，怀疑经传的思想迅速形成一股潮流，从而揭开了经学变革

① （宋）李焘：《续资治通鉴长编》卷一百四十七，中华书局1985年版，第3563页。

② （宋）王应麟：《困学纪闻》卷八引。

的序幕。

经学的变革从方法论入手，一些儒生根据自己的思想观点去取舍儒经和解说经文“义理”，逐渐形成了一种新的治经方法。方法变则视野变，庆历年间的一些著名学者、思想家，大多“各出新意以解经，蕲以矫学究专己守残之陋”[①]。如范仲淹提倡释《易》要“随义而发”[②]，胡瑗的《周易口义》，即开有宋以来“以义理说《易》之宗”[③]。孙复“不惑于传注”，主张重新训释六经，阐发“微义”[④]。石介甚至想从《周易》中探究出一套“穷理尽性”之学。与此前后，刘敞《七经小传》、王安石《三经新义》刊行，更是撇开传注，独研义理，另立新意，多与汉唐诸儒的旧说大有不同。可见，新的治经方法，在当时充满了革新精神，在一定程度上打破了儒家经典和注疏的权威地位，是对传统经学的某种否定与批判，同时也是当时学术界的一次思想解放，促使经学从汉唐的章句注疏之学向宋明义理之学的转变。

这种转变，一方面使儒生们有可能从他们所重视的《周易》《春秋》《周礼》《论语》《孟子》等儒家经典中去发掘一些便于做出符合时代要求的阐述和发挥“义理”的思想资料；另一方面，则给儒生们利用儒家经学的范畴、命题、理论框架以建构新的理论学说和新的思想体系提供了有利条件。于是，庆历以来，在经学革新的过程中，著名的政治改革家、思想家范仲淹就把事物运动变化的规律称为“理”，当时的文坛盟主欧阳修则提出了“天理”范畴，认为“物无不变，变无不通，此天理之自然也”[⑤]。虽然它们都还没有达到认识本体论的程度，但对于“理”本体论的思想萌芽。有意义的是，欧阳修在《本论》中提出要“修其本而胜之”[⑥]，即儒家经学要从根本上提高自己的哲理性，才能战胜佛、道学说。

与此同时，理学先驱“宋初三先生”胡瑗、孙复、石介，解放思想，大胆变革，开宋代学术之先河。就胡瑗来说，他提出“明体达用”之学云：“命者，禀之于天；性者，命之在我。在我者，修之；禀于天者，顺

① （清）钱大昕：《重刻孙明复小集序》。
② 《易义》。
③ 《四库全书总目》。
④ 同上。
⑤ 《欧阳文忠公集·明用》。
⑥ （宋）欧阳修：《本论》，《欧阳文忠公集》卷十七。

之。愚鲁辟喭者，皆道其所短而使修之者也。”[①] 在此，强调道德修养的重要性，实质上已在提倡道德性命之学，这是理学的重要内容之一。与此同时，他还借《易》谈论哲理，以论证现实社会的合理性。他的《周易口义》影响很大，是后来著名理学家程颐《易》学思想的来源之一。再拿孙复来说，他的《春秋尊王发微》中，着重阐明尊王“微旨”，“道明分”大义，强调纲常伦理的重建，以巩固专制集权统治。可见，胡瑗的“明体达用”之学和孙复的尊王“微旨”，就含有理学政治伦理观的因素。还有，石介的思想则更进一步，已具有明显的理学色彩。他不仅言必称韩愈的道统论，而且还力图将君统与道统结合起来，宣称“自夫伏羲、神农、黄帝、尧、舜、禹、汤、文、武、周公、孔子以至于今，天下一君也，中国一教也，无他道也”[②]。说明“一教”（儒家学说）与“一君”相辅相成，君统与道统是统一的。同时，他还认为“道”是天地万物的根本，贯穿一切事物之中，天地人间、自然和社会都受“道”的支配。他的这一观点，不仅与此后的理学以“理”（或“道”）为最高范畴的“理”本体论相当接近，而且可以从中看出理学思想体系的端倪，经学的哲学化已经很深了。

随着经学革新的深入，促使经学进一步哲学化。当时，以周敦颐、张载、程颢、程颐、邵雍、苏轼等为代表的一批年青学者，进一步吸取宋初以至庆历以来经学革新的积极成果，以传统儒学为主干，以是否有益于纲常名教作为价值尺度和取舍标准，在儒家经学“义理”的形式下，吸取佛学和道教理论思维的精华，从而创建了理学思想体系，实现了经学的哲学化——儒、佛、道思想的渗透和融合。从此，儒学即以“性与天道”的高深哲理来论证封建道德纲常和专制集权的合理性、神圣性。庆历、熙宁年间，理学的开创者们都不约而同地在理气、性命、道德等问题上各抒己见，著书立说，授徒讲学，各自创建了具有不同思想特点的理学流派。于是，新儒学走向了成熟，宣告汉民族古代学术思想领域一次新变革的完成，其标志就是经学的一个新形态——“理学”的诞生。[③]

---

① 《宋元学案·安定学案》。

② 《徂徕先生集·上刘工部书》。

③ 本节参阅宋德金、张希清总纂《中华文明史》第六卷（辽宋夏金），河北教育出版社1994年版，第486—489页。

二 学派林立与人格建构：理学成熟

哲学是一个民族思想的结晶，具有哲学底蕴和内涵的理学一旦问世，便迅速发展繁荣，成为宋代汉民族的学术主流和思想主导，并以学派林立和人格建树的文化呈现走向成熟。

（一）学派林立显繁荣

从先秦的“百家争鸣”到宋代的“思想解放”，造就了汉民族哲学史上两个最繁荣的时代，一个是先秦哲学的时代，另一个是宋明哲学的时代。宋明时期，是汉民族历史上哲学家、思想家出现最多、思想水平最高的时代。[①] 作为先秦儒家思想新发展的宋明理学，其源起于宋代。

宋王朝是一个性格分裂的“双面人”，一面是缺乏阳刚血性，军事积弱；另一面却温文儒雅有余，文化昌盛。就是在这种在学术思想氛围比较宽松的政治环境下，宋代在理学从诞生到走向成熟的过程中，儒生文人，思想解放，交锋争辩，上承汉唐，下讫明清，创建学派，创造了学术的繁荣。从欧阳修、胡瑗、范仲淹等掀起学术新风开始，到北宋中期，形成了六大学派，即王安石的新学，周敦颐的濂学，张载的关学，程颢、程颐的洛学，邵雍的象数之学，苏轼的蜀学。这六大学派都有自己的领军人物，有比较完整的学说体系，有代表性成果。及至南宋，有朱熹与陆九渊的并峙，以及吕祖谦的吕学，张栻的湖湘之学，陈亮、叶适的实学。这些学派，围绕理气心性等基本问题，激荡融会，形成了气本论、理本论、心本论的对峙和分野。宋王朝的理学，可谓异彩纷呈，学派林立。但从理学的发展史来看，最有代表性的是以程朱为代表的理学派、以陆九渊为代表的心学派，以及与理学对峙以陈亮和叶适为代表的实学派。

1. 理学派

理学派的开山祖是周敦颐，他以儒学思想为主融合道学、佛学，建立了一套综合探讨宇宙本源、万物生成、人性、封建伦常等问题的哲学体系，提出“无极而太极”“性”“命”“理”等范畴。

理学派的奠基人是周敦颐的弟子程颢、程颐兄弟。他们以“理”作为哲学的最高范畴，提出了略为系统的“理气说”“人性论”“格物致知说”等。二程最重要的学术贡献是提出天理说。程颢在《二程全书·遗

---

① 参阅陈来《宋代理学话语的形成》，《河北学刊》2008 年第 1 期。

书》中云："天者理也"，认为"天即是理"，"理"是最高实体。程颢强调，天理是需要自己体会出来的，而不是从外在的见闻得来，因此他说"吾学虽有所受，天理二字却是自家体贴出来"[①]；在修养功夫上，程颢最重要的主张是"识仁"，他说："学者识得仁体，实有诸已，只要义理栽培。如求经意，皆栽培之意。"[②] 同时，识得之后，则需要"敬守"的工夫，然后才有自得、自成。与此同时，程颐提出重要的"性即理"的命题，认为人性本原即是天理，是无不善的；但是，人的气质则有清有浊，才（材质）则禀于气，因此有善有不善。在这里，程颐继承了孟子性善之说，而纠正了孟子"才也是善"的说法。在修养功夫上，程颐有"主敬"之说。所谓敬，是"主一无适"[③] 之义；敬之效验是虚静，也即所谓"敬则自然虚静"[④]。同时也重视"致知"[⑤]，他发挥了《礼记·大学》篇"致知在格物"之义，强调知须是真知，知而后能行。程颐将"主敬"与"致知"两个观点概括为一句精辟的话："涵养须用敬，进学则在致知。"[⑥] 二程还从上述人性论出发，提出了他们的理欲观。他们并不一概否定"欲"或"物欲"，曾明确地说："逐物是欲"，"以富贵为贤者不欲，却反人情"[⑦]，认为人的欲望是合乎人的自然本性的。而他强调"人心"与"道心""私欲"与"天理"的对立，从而提出了"存天理、灭人欲"[⑧] 的主张。

理学派集大成者是周敦颐的四传弟子、南宋的朱熹。他主要继承和发展了二程的学说，并吸取了北宋其他理学家的某些观点，使"天理论""性论""格物致知论""持敬说"等理论更加丰富和严密，完成了宋代理学集大成的历史使命。因此，后人把创立和完成这一理学体系贡献最大的二程、朱熹连在一起，合称为"程朱学派"。在理论上，朱熹所论性理有四方面内容：一是"理一分殊"，即天地之间只是一理，而理之一则又

① 《二程外书》卷五。
② 《二程遗书》卷二。
③ 《二程遗书》卷十五。
④ 《二程遗书》卷二。
⑤ 同上。
⑥ 《二程遗书》卷十八。
⑦ 《二程遗书》卷六。
⑧ 同上。

表现在万事万物之差殊之中。他认为合万物而言，其本只是一太极，也即一理；若从本而推至末，则太极一理之实被万物分之以为体，从而万物之中各具一太极。二是“心统性情”，即心之未发为性，心之已发则为情。因此，性与情分别是心之体与用，心得以统兼性与情；同时，心能经过涵养之功夫，而使情顺乎性、发而中节。三是格物穷理，即格物致知之说，认为“格，至也”，格物即是穷致事物之理，经过“今日格一物、明日格一物”的穷致事物之理的过程，最终会有“豁然贯通”之处。[①] 四是知先行后，即“论先后，知为先；论轻重，行为重”[②]。除在这四方面继承前辈之说更臻细密外，对前辈之说也有不同的观点，如朱熹还提出“天理人欲，同行异情”[③] 的观点，认为天理、人欲是既对立又相互依存的，他不同意二程把天理、人欲截然对立开来。他说：“有个天理，便有个人欲。盖缘这个天理，须有个安顿处，才安顿得不恰好，便有人欲出来。”[④] 并提出要“克己复礼”，认为“克己”就是灭除“私欲”，“复礼”就是要使其言行都合乎“礼”的准则。他认为，“礼”是“天理”的外在表现形式，只要通过对礼仪的自觉遵循，就能复归于“天理”[⑤]。

理学发展到朱熹之时，可谓理学发展的高峰，是理学成熟的形态，也是儒学发展的又一新阶段。朱熹的地位和影响，在理学发展史上，是首屈一指的。有人誉他是汉民族古代自孔子而后最大的学问家和思想家。[⑥]

2. 心学派

陆九渊是宋明理学中“心学”一派的开创者。他的心学（又称“陆学”）作为南宋理学的主要一翼，与程朱理学共同构成儒学发展史的新阶段。

与朱熹师承渊源深厚不同，陆九渊学术上并无师承，但他融合孟子“万物皆备于我”和“良知”“良能”的观点，以及佛教禅宗“心生”

---

① （宋）朱熹：《御纂朱子全书》卷六。

② （宋）朱熹：《御纂朱子全书》卷三。

③ 《朱子语类》卷一〇一。

④ 《朱子语类》卷十三。

⑤ 参阅宋德金、张希清总纂《中华文明史》第六卷（辽宋夏金），河北教育出版社1994年版，第519页。

⑥ 以上参阅范立舟《从学派林立到理学独尊：空前活跃的宋代思想学术及其影响》，《求是学刊》2009年第5期；宋德金、张希清总纂《中华文明史》第六卷（辽宋夏金），河北教育出版社1994年版，第522页。

"心灭"等论点，创立"心学"。陆九渊的心学主要有两点：一是心即理。陆九渊认为"盖心，一心也；理，一理也，至当归一，精义无二，此心此理，实不容有二"①，此心此理"充塞宇宙"。"宇宙便是吾心，吾心即是宇宙"②，无所不在。二是先立乎其大者。陆九渊认为，学者最重要的是见得此心此理，这就是孟子所说的"先立乎其大者"③，这是功夫上的首要任务，至简至易。"心学"所谓简易功夫，即是陆九渊所创立的认识论与道德修养论。他所要求的"只是就人日用处开端"④，把道德的自我修养贯彻到日常生活的各个方面。这与程朱理学相比，确实大大简化了"穷理尽性"的烦琐过程，其修养功夫，简便易行，人人可为，时时可为，事事可为，故称之为"简易功夫"。正如他所说："学无二事、无二道，根本者立，保养不替，自然更新，所谓可大可久者，不出简易而已。"⑤"易简则可久可大"这句话，出自《周易·系辞》，这是《易传》作者对世界的一个深刻的哲学观察，认为最根本的也就是最简易的。⑥

陆九渊的及门弟子大体集中在江西和浙东两个地区。两地弟子的风格和对陆派心学的建树也各有千秋。江西弟子，人数甚多，"不下百千辈"⑦，他们着力于构筑陆派门户，并上书著文，力争陆学地位。真正对陆学在理论上有所阐发的，为浙东弟子"甬上四先生"杨简、袁燮、舒璘、沈焕，他们在南宋学界也占有一定的地位，他们从不同的角度传播和发展了陆派"心学"。陆学既是对先秦孔孟学派思想的继承和发展，同时又是作为南宋理学的主要一翼，打破了当时程朱理学一统天下的局面，与程朱理学共同构成中国儒学发展史上的一个新阶段。心学在明代被王阳明发扬光大，获得了空前的发展，成为中国封建末期影响甚大的社会思潮。

3. 实学派

实学，历史上习惯称为"事功之学"。实学派有两个流派，一为陈亮

---

① （宋）陆九渊：《象山集》卷一。

② （宋）陆九渊：《象山集》卷二二。

③ 《孟子·告子》上。

④ （宋）陆九渊：《象山集》卷三五。

⑤ （宋）陆九渊：《象山集》卷五。

⑥ 参阅宋德金、张希清总纂《中华文明史》第六卷（辽宋夏金），河北教育出版社1994年版，第524—525页。

⑦ 道光《临川县志》。

的永康学派，二为叶适的永嘉学派。

陈亮是永康学派[①]的创立者，叶适是永嘉学派的创立者。两派学说虽各有特点，但共同特点鲜明。在哲学上则高举“实事实功”的旗帜，“左袒非朱，右袒非陆，而自为门庭”[②]，同朱熹、陆九渊等“皆谈性命而辟功利”[③] 的理学派和心学派进行了理论争论，成为宋代哲学发展的一个重要环节。他们的哲学思想尽管没有形成一个完整的体系，但陈亮立足于“以适用为主”，与“正心诚意”空谈天理性命相对立，并反驳了朱熹所说的汉唐专以人欲行之中偶有与天理相合，所以才能长久的说法，使陈亮所倡导的以义利、王霸之辨为特征的事功之学，在中国学术思想史上却是尽放异彩的。而叶适强调功利，注重事功，坚持以事功与义理相统一，既批评朱学，又批评陆学，与永康学派在政治观点和学术主张上互相辅助。使永嘉学派的理论具有其鲜明的战斗性，故而朱熹曾批评说：“陆氏之学虽是偏，尚是要去做个人；若永嘉、永康之学，大不成学问！不知何故如此。”[④] 清代学者黄宗羲在《宋元学案·艮斋学案案语》中则评论说：“永嘉之学，教人就事上理会，步步着实，言之必使可行，足以开物成务。”公正地说明了永嘉之学“务实不务虚”，与理学、心学相对立的思想实质。叶适的事功之学和“以物为本”的哲学思想，以及他对于道学正统的理论批评，使由他而集大成的永嘉学派，成为当时与朱学（理学）、陆学（心学）鼎足而立的独立学派，正如清人全祖望所言：“乾、淳诸老既殁，学术之会，总为朱（熹）、陆（九渊）二派；而水心龂龂其间，遂称鼎足。”[⑤] 足见叶适在中国学术发展史上的重要地位。

总之，宋代儒学在学派林立之中又有理学、心学和实学三派的鼎立，理学派从外部世界中借用了道教的“玄道”理论，将其改造为亘古不移的“理”；心学派从内心世界中借用了佛教的“自性”学说，将其改造为永恒不变的“心”；实学派坚持了儒家传统的崇道德、重功利的理论，把道德和功利统一了起来。从而不仅可以有效地应对佛、道两教在信仰问题

① 因陈亮为婺州永康（今属浙江）人，故有此称。

② 《宋元学案·止斋学案》。

③ 《宋元学案·龙川学案》。

④ 《朱子语类》卷一二二。

⑤ 《宋元学案·水心学案序录》。

上的挑战，而且在使儒学哲学化、精致化的同时，更完美地表达了实现“格物、致知、正心、诚意、修身、齐家、治国、平天下”的社会理想。这样，“所产生的影响是复杂的、多方面的，其最终的结果便造就了与唐代风格迥异的文化创造，在阴柔、细腻、内向、儒雅等诸方面达到了一种登峰造极的地步”①，从而将汉民族文化推向了又一座高峰。这就是宋代理学对汉民族文化的最大贡献。

（二）人格建树彰成熟

宋代理学的成熟不仅表现在学派林立上，这是学术层面的呈现，更重要的是表现在文人的人格建树上，这是检验文人人品的试金石。

人格的建树是宋代理学中伦理学主体性的本体论的必然。这种本体论孜孜讲求“立志”“修身”“涵养德性，变化气质”以完成“内圣”人格。所谓“内圣”人格，是汉民族传统文化精神在封建时代的最高表现形式，据冯天瑜的研究其意蕴有三：

> 一曰：“孔颜乐处”。程颢曾说：“昔受学于周茂叔，每令寻仲尼、颜子乐处，所乐何事？”② 程颐也说：“颜子在陋巷，‘人不堪其忧，回也不改其乐’，箪瓢陋巷非可乐，盖自有其乐耳。‘其’字当玩味，自有深意。”③ 所谓“孔颜乐处”实际上指圣贤之乐不在外物，而在自我，是自我意识到自身与万物浑然一体，达到“与天地合其德，日月合其明，四时合其序，鬼神合其吉凶”的真善美高度统一的境界。
>
> 二曰：“民胞物与”。张载在《正蒙·西铭》中提出“民吾同胞，物吾与也”的命题。所谓“民胞物与”，其意为百姓都是我的同胞，万物都是我的朋友。这种民胞物与的博大胸怀，体现出一种广阔的“宇宙意识”。中国知识阶层正是在这种“宇宙意识”中，引发出强烈的社会道德责任感与庄严的历史使命感，从而将个人人格的完成，置于大众群体人格的完成之中。
>
> 三曰：“浩然正气”。所谓浩然正气，即执着于人格理想与道德

---

① 陈炎：《中国审美文化史·唐宋卷》，上海古籍出版社2013年版，第195—196页。

② 《二程遗书》卷二。

③ 《二程遗书》卷十二。

信念，不为任何外来压迫所动摇。[①]

若进一步从人生观方面看，理学所主张的这种人格建树，比传统儒学具有更为强大的穿透力和说服力，对中国人民的民族气节和人生境界产生了巨大的影响。因为理学“由知天而知人”，从宇宙本体论的高度论证了人性、人伦与宇宙天地之理的相通和统一，这就把人伦道德高扬到了与天地共存、与日月同辉的高度，“杀身成仁”“舍生取义”等观念成为一种普遍认同的价值体系。在理学家看来，“仁”“义”是天理的外在体现，为“仁”“义”而献身，不是死而是生，是获得了与天地共存、与宇宙共存的永恒生命，是“死而不亡”。所以理学家都极重视教育，注重人格的培养。如陆九渊强调“天地之性人为贵”[②]，做人最重要。他说：“上是天，下是地，人居其间，须是做得人，方不枉。”[③] 他把人作为自然和社会的核心，强调人在宇宙中的重要地位。因此，他认为教育学生应把学习做人放在首位。那么，教人做个什么样的人呢？陆九渊强调“堂堂地做个人”[④]。他认为，做人比学知识更重要，即使没有文化，不识一个字，这也不要紧，要紧的是涵养品格，要做一个堂堂正正的人，具有人格尊严的人。在陆九渊心目中“堂堂地做个人”有两种含义：一是做伦理道德上的“完人”，即古人所推崇的“君子”。二是做独立的“超人”，即体现“天地之心”的“主宰者”，即“明理”“立心”，能驾驭万物之上的、无所不知的、无所不能的、能体现作为世界本体的“心”的“超然”的人。这种顶天立地“超人”的形象是：“激励奋迅，决破罗网，焚烧荆棘，荡夷污泽”[⑤]，“仰首攀南斗，翻身倚北辰，举头天外望，无我这般人”[⑥]。如果说培养“完人”是继承孔孟以来的儒家传统的话，那么，培养人格独立的“超人”则是陆九渊的创新，可见宋代理学家们对人格的建树是何等的重视。[⑦]

---

① 冯天瑜、何晓明、周积明：《中华文化史》，上海人民出版社1990年版，第661—662页。

② 《孝经·圣治章》。

③ （宋）陆九渊：《陆九渊集》卷三五。

④ 同上。

⑤ （宋）陆九渊：《陆九渊集》卷三四。

⑥ （宋）陆九渊：《仰首》诗。

⑦ 参阅张二平、徐丽华《浅析陆九渊“学为人”的教育思想》，《阴山学刊》2005年第2期。

宋代理学建树理想人格的理论与观念，对于汉民族注重气节、注重道德、注重社会责任与历史使命的文化性格无疑产生了深远影响。张载庄严宣告："为天地立心，为生民立命，为往圣继绝学，为万世开太平"①，显示了人的伦理学主体性的崇高与伟大。理学家们的努力没有白费，正是由于理学的这种理论上的努力，才使"仗义死节"的儒学口号变成了汉民族的价值信仰，才使得南宋灭亡之际涌现出一大批像文天祥、谢枋得、黄震这样的舍生取义之士，才出现"海上浮尸犹十万"的悲壮场面。"人生自古谁无死，留取丹心照汗青"，由文天祥所传递出来的这种社会责任感、历史责任感以及道义责任感，闪烁着理想人格的灿烂光辉，浸润了宋代理学的精神价值与道德理想，成为汉民族精神文化的"脊梁"②。这才是理学成熟的真正标志。

第二节　豪强宗族变平民宗族：汉民族宗族文化的变古

经学变理学，思想的解放，为宋代的变古转型开通了道路。

对于历史悠久的汉民族来说，任何一个文化事项的历史记忆动辄几百年上千年。汉民族乡村社会的宗族文化从豪族宗族变平民宗族，正是从一千余年前的宋代开始的。

一　豪强宗族：从汉到唐汉民族乡村社会的形态

宗法制度从西周开始，便是汉民族传统文化中最核心的部分之一。本书第五卷第三章第三节"以德配天：华夏民族宗法文化的内核"中对其的起源、内涵和影响已有详述，在此不赘。现在要讨论的是从秦汉到隋唐，汉民族的乡村社会的宗法制度是一个什么状况呢？宗法制度是随着秦的统一而崩溃还是延续了下来？

秦始皇的统一战争虽然灭了六国，但早已深深浸入汉民族乡村社会底

① 《宋元学案·横渠学案》。

② 参阅冯天瑜、何晓明、周积明《中华文化史》，上海人民出版社 1990 年版，第 662 页；龚书铎主编，王育济等《中国文化发展史·宋元卷》，山东教育出版社 2013 年版，第 180—181 页。

蕴的宗法制度并没有崩溃，其宗族组织有的延续、有的蜕变、有的崛起，一般来说秦汉时期的宗法组织大概有四种形态：一是旧贵族的宗族组织。如战国四公子孟尝君、信陵君、平原君、春申君的宗族势力，基本上是春秋时期就开始得势的贵族宗法势力。他们不仅有同姓宗族集团，而且还有大批依附人和食客；秦末农民起义时六国旧贵族的宗族势力纷纷加入，说明这一势力还很强。但在秦统一中国的战争到西汉初年打击地方割据势力的过程中，这一势力受到打击、分化瓦解以至消失于历史舞台。二是新兴官僚的宗法势力。汉初刘邦当了皇帝后，开始了布衣天子、布衣卿相的局面，这些原先来自社会下层的新兴官僚，利用自己的政治、经济势力，特别是世袭特权占有大批土地，迅速崛起，成为新兴宗法势力的主要代表，如西汉中山靖正刘胜有子一百二十余人[①]，光禄大夫师丹妻妾数十人，有子男女二十余人[②]，东汉开国皇帝刘秀，就是在西汉时崛起的南阳豪族地主。三是民间经营工商致富的商人宗法势力。他们不仅家族宗族势力很大，而且常役使数百上千的僮仆从事生产和经营，形成宗法性依附关系。如蜀卓氏“富至僮千人”[③]。四是广大农村中新分化出来的个体家长制家庭，商鞅变法规定成年儿子必须和父亲分居，秦汉时期产生了大批国家编户齐民下的小家庭，一家四五口人，他们是自耕农，并逐渐分化为中小地主或佃农、佣农，这种家庭中也存在父权、夫权，《墨子·天志上》即云：“恶有处家而得罪于家长而为可也”；《商君书·垦令》中也提出了“家长”一语，可见从小家庭发展到宗族已有萌芽。[④] 这是秦汉时汉民族乡村社会宗族组织的基本状况。

具体而言，秦汉时期的豪强宗族主要由两部分人构成。一部分人是六国贵族后裔以及残存的地方势力，如被秦始皇迁徙到蜀郡临邛的原赵国强宗卓氏，迁徙到南阳的原魏国强宗孔氏，西汉初年被迁徙到关中的原楚国宗室后裔屈、昭、景氏，山东临淄一带的原齐国宗室后裔田氏等。他们不论是居住原籍还是迁移新居，一般都是聚族而居，血缘关系仍然比较稳固，还保留着宗法组织。另一部分人是两汉形成的豪强新贵，如西汉景帝

① 《汉书·景十三王传·中山靖王刘胜》。

② 《汉书·师丹传》。

③ 《史记·货殖列传》。

④ 钱宗范：《浅论中国宗法制度的存在形态和发展阶段——兼评当前宗法研究中的几种错误观点》，《玉林师专学报》1998年第1期。

时，丞相田蚡兴置甲第，兼并土地，成为新兴的豪强大族；灌夫也在颍川广占田园，蓄养宗族宾客，成为著名的大姓豪族。东汉政权是在豪强地主支持下建立的，因而豪强地主势力迅速膨胀，朝廷和地方各级政权被邓禹、岑彭、李通等大姓组成的南阳豪强集团，王常、王霸、冯异等大姓组成的颍川豪强集团和寇恂、王梁、耿纯等大姓组成的河北豪强集团所把持，东汉政权逐渐豪强化。

东汉末年，豪强大姓遍布各地。有些大族因长期定居一地，人口众多，宗族兴旺。往往聚族众数百家至数千家。许褚在汉末“聚少年及宗族数千家，共坚壁以御寇”[①]；李典聚族3000余家，为躲避战乱，他“徙部曲、宗族万三千余口居邺”[②]，不胜枚举。随着强宗大族势力不断发展，他们逐步控制了东汉政府选官任官的征辟察举制度，开了门阀士族制度的先河。[③] 可见秦汉四百多年的发展，从西周延续下来的宗法制度演化成了豪强宗族制度。

及至魏晋南北隋唐时期，豪强宗族制度进一步发展。曹魏时，设立了代表豪强大族利益的九品中正选官制度。故两晋政权的建立者司马氏不仅本身是豪强大族，而且司马睿的江南政权更是在南北豪强大族支持下建立起来的，最终形成了“上品无寒门，下品无势族”[④] 的门阀士族政治。所以南北朝时期，虽然国家政权屡经嬗替，但豪强大姓聚族而居和把持政权的局面却没有改变。南方六朝长期为顾、陆、朱、张等大姓和北方随晋室南迁的王、谢二姓所把持，北方各民族政权则由崔、卢、李、郑诸大姓控制。北魏政权为照顾世家大族利益，实行宗主督护制，利用宗族代替基层政权组织，负责行使权力，督责赋役。隋唐时期，豪强大族进一步发展，特别是隋唐国家统一，中原六族因社会安定而迅速发展。河东薛氏，自北魏以来成为大族，到隋唐时期仍是高门望族。河东裴氏也是延续到唐朝的数代官宦之族。赵郡李氏隋朝时族人百余口，数世同居共爨，兄弟子侄俱为官僚，成为北方大族。此外，弘农杨氏、京兆杜氏、博陵崔氏、范阳卢氏，在隋唐时期仍然十分显赫。与此同时，南方大族仍有较大势力，如武

---

① 《三国志·许褚传》。

② 《三国志·李典传》。

③ 罗炳良：《宗法制度与汉唐社会》，《北方工业大学学报》1993年第4期。

④ 《晋书·刘毅传》。

康沈氏在隋时聚族达数千家，尽管经历了梁末侯景之乱的打击，但仍保有很大实力，“为远近所服”[①]。彭城刘氏在唐代200余人数世同居，家无异爨，族中官至州郡刺史者即达20余人，成为南方世家大族。[②]

经过从两汉到隋唐1100余年的发展，豪强宗族形成了聚族而居、庄园经济和坞堡组织三大特点。

1. 聚族而居。汉唐时期的强宗大姓凭借政治和经济实力，团聚自己的同姓亲族，还占有没有血缘关系的同姓和异姓人口。雄踞州郡，聚族而居。在这种豪强宗族中，首领都是强宗大姓地主，称为宗主。聚居在宗族组织中的依附人口，或是土地兼并过程中破产的自耕农被宗族地主胁迫为依附佃农，或是一些小自耕农因不堪封建国家沉重剥削，连同土地投充为宗主地主的依附佃农。与宗主同姓者称为宗族、宗亲、宗人、宗众、宗属、宗部、宗伍、宗党等，异姓者则称宾客、佃客、部曲、徒附等。这些宗众、宾客脱离了国家户籍，不再负担国家赋税和徭役，成为宗主的私属。向宗主交纳地租，服各种杂役。每个宗主拥有的宗众、宾客多寡不等，少者数十家，“民多隐冒，五十三十家方为一户”[③]；多者成百上千家，“或百室合户，或千丁共籍”[④]，形成遍布各地的宗族组织。西汉济南瞯氏宗族300余家共同族居，涿郡高氏因人户众多，分东西两房聚居。东汉刘秀外祖父樊重有依附农民1000余家，他岳父阴氏也有宗族1000余人，而大地主田畴占有的宗众，宾客竟多达5000余家。东晋郗鉴有宗族1000余家。北魏河东薛广聚同姓族众3000余家，世居汾阴。可见，这一时期豪强大族聚居的现象十分普遍。

2. 庄园经济。从西汉中期开始，豪强大族就疯狂兼并土地，形成阡陌相连的大地产。到魏晋南北朝时期，庄园制经济进一步发展。宗主把他们占有的大片土地用沟堑、堡垒围圈起来，形成一个大院落式的园林庄园，宗主就是庄园主，他的宗众、宾客也都居住在庄园之中。如两汉之际的樊重、樊宏父子的庄园占地300余顷。南朝孔灵符的庄园占地265顷，庄园内有两座山和九处果园。庄园基本上不与外界发生联系，宗众、宾客

---

① 《旧唐书·沈法兴传》。

② 罗炳良：《宗法制度与汉唐社会》，《北方工业大学学报》1993年第4期。

③ 《魏书·李冲传》。

④ 《晋书·慕容德载记》。

从事农业生产和手工业生产，大多是在庄园内部进行，“闭门成市”①，完全是为满足庄园内部消费。庄园中的宗众、部曲是庄园主的依附农民，他们从宗主那里领取一块土地耕种，以一家一户为单位向宗族地主服役交租，把全部剩余产品乃至部分必要产品交给庄园主，供他们挥霍享乐。这些依附农民世世代代隶属庄园主，不能迁徙，人身依附关系很强，成为宗主庄园中的佃农，使自给自足的庄园俨然成为一个个独立的割据王国。

3. 坞堡组织。坞堡组织是汉唐豪强宗族的特产。两汉时期，北方的宗主就强迫宗众、部曲为兵，组织坞堡武装，“强宗右姓各拥众保营”②，以宗族为单位结堡自固。宗族坞堡组织严密，宗主就是堡主，堡丁由宗众、部曲组成。坞堡既是一个生产组织，又是一个武装集团，平时从事农业生产，战时“勒部曲，整行伍”③，组织堡丁自卫。如孙静组织了一支500多人的宗族武装，帮助孙坚起兵。晋室南渡后，北方沦为少数民族统治，战乱频仍，结垒筑堡现象更加普遍，几乎每个宗族坞堡都有宗兵武装。江淮之间有坞堡十余座，河北一带有坞堡100多座，河东地区多达300余座，而关中地区大大小小的坞堡则有3000多座。并随着北方战争规模不断扩大，坞堡组织的军事力量也逐渐强盛，成为大大小小的地方割据军事集团，加剧了社会动荡不稳。④

总之，豪强宗族与西周春秋时的宗法宗族比较有显著的不同：一是宗法宗族是从父系氏族家长制发展起来的，豪强宗族是从秦汉时的个体家长制家庭中发展起来的。二是宗法宗族属于周王的同一宗法系统，宗统与君统合一，豪强宗族与皇帝一般不同姓不同宗，宗统与君统不结合。三是宗法宗族氏族血缘性较强，自天子至士以至庶人，都是同姓同血统；豪强宗族仍以血缘作为宗族凝聚的宗法基础，地域性、经济性较强，宗族均以世代占有的土地势力作为经济基础，除宗族成员外，还有大批部曲、佃客、僮仆等依附者和奴隶。他们和家主间虽多数无血缘关系，但也存在家长式的强制性的依附和奴役的关系，一般都拥有独立的政治、经济、军事力量。四是族权、父权、夫权均存在。但在宗法宗族中，族权强于父权，而

① （晋）葛洪：《抱朴子·外篇》卷三四。

② 《后汉书·郭伋传》。

③ 《晋书·庾衮传》。

④ 以上参阅罗炳良《宗法制度与汉唐社会》，《北方工业大学学报》1993年第4期。

夫权还不很突出；豪强宗族则族权、父权、夫权均在，表现得都相当强烈。[①] 所以，综观豪强宗族的发展史，在其1100多年的演进中，实际上一直是豪强大族控制着汉民族乡村社会。

正是由于豪强宗族控制了汉民族乡村社会，所以隋唐五代300多年间，豪强宗族势力一直很强大。直至唐朝中期安史之乱后，门阀士族受到冲击，呈现出衰微之势。此后，唐末农民战争又沉重打击了各地的豪强大族，使他们在战乱中逐渐荡析瓦解，豪强宗族最终退出了历史舞台。进入五代，这是中国历史上又一个“礼废乐坏”的时代，北宋欧阳修惊呼：“五代之乱极矣！”[②] 当时的汉民族社会，不但武人唯利是图，毫无礼义之教、忠信之心，即便是文臣官僚也无视儒家的纲常名教，不顾礼义廉耻，上自朝廷帝王，下至宗族庶民，儒家纲常伦理扫地，礼崩乐坏，“君君、臣臣、父父、子子之道乖，而宗庙、朝廷、人鬼皆失其序，自古未之有也！”[③] 于是，宗族沦落，姓氏混乱，士大夫很少有能够保有其宗族者，清人顾炎武云：“氏族之乱，莫甚于五代之时。”[④] 经历了五代十国的战乱，豪强大族终于被扫除净尽，族人星散，豪强宗族也随之土崩瓦解。[⑤]

二　平民宗族：宋代汉民族乡村社会的转型

宗法制度虽然在中国根深蒂固，但是，宋代以前的宗法礼制，宗族依然属于特权阶级（包括贵族、官员、士大夫等）的专利，一直以来，王朝的礼制只认可皇帝、贵族、官僚对祖先有不同权利建庙祭祀祖先，而平民（庶人）没有这个权利。[⑥] 所以，“礼不下庶人”的观念也是根深蒂固的，平民对祭祀、修祠等宗族行为不敢越雷池一步，也无所追求。可以说，这个时期的庶民对祖先、祖籍、同宗同族没有太确切的概念和表现。简言之，一般的平民，连祭祖宗的“宗庙”都不能立，哪里谈得上有资

---

① 钱宗范：《浅论中国宗法制度的存在形态和发展阶段——兼评当前宗法研究中的几种错误观点》，《玉林师专学报》1998年第1期。

② 《新五代史·一行传》。

③ 《新五代史·唐废帝家人传第四》。

④ （明）顾炎武：《日知录》卷二三，《通谱》。

⑤ 参阅王静雯《宋代的宗法家族组织》，《辽宁行政学院学报》2012年第7期。

⑥ 科大卫：《祠堂与家庙——从宋末到明中叶宗族礼仪的演变》，《历史人类学学刊》2003年第1卷第2期。

格参加任何宗族祭祀呢？这种“礼不下庶人”的状态，直至宋代，才开始发生根本性的变化。宋王朝生产力发展已经达到比较高的程度，商业已经较之前有很大的发展，国家对经济采取比较自由的态度。但同时，宋王朝又是一个强调中央集权的国家，在权力高度集中的情况下，社会底层则难以监管。因此，朱熹、程颐等理学家希望通过“拜祖先”的办法将汉民族的乡村社会加以控制，《朱子家礼》就是结合了传统儒学和宋朝所需的产物。程颐认为：“天子置于庶人，五服不异，祭亦如此。”因此主张废除拜祭祖先的等级差别；而朱熹在其《家礼》中也表示，“君子将营室，先立祠堂于正寝之东，为四龛，以奉先世神主”。宋朝理学家所提倡的礼制改革，在很大程度上为祭祖和宗族发展平民化提供了重要的思想依据。[①] 具体来说，宗族平民化要从宋明理学的重要奠基人之一的张载谈起。

张载（1020—1077 年）是宋代一位充满济世抱负的儒家学者。他的一生，孜孜以求“为天地立志，为生民立道，为去圣继绝学，为万世开太平”[②]。为了挽救内外交困的北宋王朝，张载不仅建构了理学的理论基础，还力倡恢复宗法制度以稳定封建统治秩序，并在北宋最早也较系统地提出了重建宗法的主张。

张载为什么在宋代会提出重建宗法呢？李静在《论张载重建宗法的思想》一文中有专门的论述：

> 张载对古代宗法制度的衰亡和魏晋至唐世家大族的瓦解深感惋惜，在他看来，唐宋以来地主阶级的统治之所以很不稳定，地主阶级本身的分化之所以那样激烈，其主要根源在于“宗子法废”，“谱牒又废”，即宗法制度的瓦解。他感叹道：“宗法不立，则人不知统系来处。古人亦鲜有不知来处者，宗子法废，后世尚谱牒，犹有遗风。谱牒又废，人家不知来处。”[③] 由于宗法制度废绝了，魏晋隋唐时期世家大族用以维护门第等级的谱牒制也不复存在，“无百年之家，骨肉

---

① 参阅钟嘉妍《社会形态与宗族文化——略论中国宋代以来的宗族变化与发展》，《黑河学刊》2011 年第 11 期。

② （宋）张载：《张子语录·中》。

③ （宋）张载：《经学理窟·宗法》。

无统”[①]，人们的血缘关系松弛，以至血缘宗亲观念淡薄，“虽至亲，恩亦薄”[②]，造成世风日下，人心浇漓。为了解决地主阶级内部斗争激烈、至亲相残的激烈冲突，稳定封建统治秩序，张载力倡重建宗法制，“立宗子法”。为此，他从以下四个方面论证了重建宗法制的必要性与合理性。

第一，宗法制能“敬宗收族”，强化伦常观念，培养人们的封建道德意识。

“敬宗收族”的主张源于《礼记》。《礼记·大传》中说：“人道亲亲也。亲亲故尊祖，尊祖故敬宗，敬宗故收族，收族故宗庙严，宗庙严故重社稷，重社稷故爱百姓，爱百姓故刑罚中，刑罚中故庶民安，庶民安故财用足，财用足故百志成，百志成故礼俗刑，礼俗刑然后乐。”主张从人道亲亲出发，利用人们的血缘关系，灌输血亲相爱、亲族团聚的观念以维系族人的团聚，令世风醇正，社会稳定。张载继承了这一思想，极力提倡“敬宗收族”。用什么办法来“敬宗收族”呢？在张载看来，就是重建宗法制。他说：“宗法若立，则人人各知来处。”[③] 使族人之间的血缘关系清楚，就能尊祖敬宗，血亲相爱。所以，“管摄天下人心，收宗族，厚风俗，使人不忘本，须是明谱系、世族与立宗子法。”[④]

第二，宗法制是维系家族组织所必须。

魏晋以至隋唐，许多地主阶级家族保持累世公侯的局面，家族内部组织结构牢固，血缘关系分明，“人人各知来处”。归有光深有感慨：“自魏以来，故家大族，盖数百年传系不绝，可谓盛矣。”[⑤] 北宋时，谱牒之学衰落，世家大族土崩瓦解，地主阶级家族累世公侯的局面不复存在。……而实行宗法制就可避免这一现象。因为“所谓宗者，以己之旁亲兄弟来宗己。”[⑥] 按宗子之法，一切旁亲兄弟都要以宗子为主，一切家产均由宗子继承，而不由众子均分，祭祀之事也由

① （宋）张载：《经学理窟·宗法》。
② 同上。
③ 同上。
④ 同上。
⑤ （明）归有光著，周本淳校点：《震川先生集》卷二，《华亭蔡氏新语序》。
⑥ （宋）张载：《经学理窟·宗法》。

宗子负责，这样，别子团聚在宗子周围，形成森严的等级组织，一个家族就得以稳固，可以世世代代传下去，不至于分散。……只有家族稳固了，才能谈得上国家的稳固。所以宗法制通过维系家族组织，又对稳固封建统治起了积极作用。

张载把宗法制视为维系家族组织所必须，扩大了宗法制实施的范围。宗法制不仅用于维系帝王世系和豪族地主的家族组织，它还适用于崛起于贫贱之中的庶族地主家族，以求保持他们的家族久安，允许他们“编入高贵的品级，成为新进的世家，‘世守其禄’”[①]。……张载把秦汉以来仅仅保留在帝王和世族豪门的世系中的宗法制发展为普及到民间的家族宗法制，使宗法制表现出平民化的特征。

第三，宗法制可以使朝廷有世臣，有利于巩固封建政权。

张载认为，要使封建国家政权长治久安，朝廷必须依靠一批世代掌权的贵族，即“世臣”。而宗法制废绝后，“无百年之家”，累世公侯的局面已不复存在，能够崛起于贫贱之中的公卿也不能传袭下去，“且如公卿一日崛起于贫贱之中以至公相，宗法不立，既死遂族散，其家不传。”[②] 张载对此深感忧虑，说：“宗子之法不立，则朝廷无世臣。”[③] 认为只有重建宗法制，使地主阶级的大家族世代掌权，保全封建官僚家族的社会地位，世代显荣的公侯卿相才会培养起忠义精神，竭忠尽力来维护朝廷的利益。所以张载宣称：“宗法若立，则人人各知来处，朝廷大有所益。”“公卿各保其家，忠义岂有不立？忠义既立，朝廷之本岂有不固？”如果不立宗法，“则家且不能保，又安能保国家！”[④] 可见，张载是基于巩固封建统治的目的来主张重建宗法制的，他把宗法制看作稳定和巩固封建国家的社会组织基础。

第四，宗法是“天理”之必然。

张载把宗法制提到“天理”的高度去认识和推行，使宗法制有了“天理”支撑的合理性和不可侵犯的神圣性。张载说：“‘天子建国，诸侯建宗’，亦天理也。譬之于木，其上下挺立者本也，若是旁

① 侯外庐主编：《中国思想通史》第四卷上册，人民出版社 1959 年版，第 547 页。
② （宋）张载：《经学理窟·宗法》。
③ 同上。
④ 同上。

枝大段茂盛，则本自是须低摧；又譬之于河，其正流者河身，若是泾流泛滥，则自然后河身转而随泾流也。”① 认为宗法就是天理，如同树木旁枝和河流径流必须以树干和主流为宗一样，“宗之相承故理也”② 因此，行天理，必倡宗法。

正是基于这种认识，张载主张依照“天子建国，诸侯立家，卿置侧室，大夫有贰宗，士有隶子弟”的传统模式，全面恢复宗法制度，建立从天子、诸侯、公卿、大夫到士的一整套宗法制，使全社会都纳入等级森严的宗法组织之中，政治组织与血缘组织相结合，家与国同构，君与父合一，整个社会便是一个以宗子为核心组成的封建大家族：“大君者，吾父母宗子；其大臣，宗子之家相也。”③ 宗法成为缚系封建社会的君、臣、民的牢固纽带，人与人之间的关系成为宗法化的伦理关系，从而使阶级矛盾缓和，宗法成为社会的内聚力。④

张载关于重建宗法制的初步设想，以及他所主张的宗子法后来发展为管理族中事务的族长制，族长在宗族中拥有至高的统治地位。其建家庙的思想则对其后的朱熹产生了重要影响，朱熹将张载设想的家庙改称“祠堂”，作为一个家族祭祀祖先、团聚族人的中心。选立族长与建立祠堂成为宋代及后世重建宗法制度的基本内容。自宋以后，宗法制逐渐盛行起来，并在民间得到日益巩固，“著族必有谱”，宗祠盛行。可以说，张载对自宋以后宗法制的复兴和在民间的普及起了推波助澜的作用。⑤ 而宗法制的重建实质就是宗族的平民化。

宋代提出要搞宗族重建，为什么要推行宗族平民化？因为宋代社会虽是一个专制的社会，但在州县以下广大的基层社会，国家权力并不是直接接触民众的，所谓“皇权不下县”，二者之间还要隔着一个民间社会权威体系，“县下惟宗族”。但如前所述，以豪强为代表的宗法宗族制度，在唐末五代频繁的战乱中遭到严重打击，其优越的社会身份和政治地位丧失

① （宋）张载：《经学理窟·宗法》。

② 同上。

③ 《西铭》。作者注《西铭》原名《订顽》，为《正蒙·乾称篇》中的一部分，张载曾将其录于学堂双牖的右侧，题为《订顽》，后程颐将《订顽》改称为《西铭》，才有此独立之篇名。

④ 李静：《论张载重建宗法的思想》，《重庆社会科学》2000 年第 4 期。

⑤ 同上。

殆尽。宋代以后，科举考试制度完全确立，代替了豪强大族的世袭选官制。随着商品经济的发展，土地关系发生较大变化，土地进一步私有化，地权转移速度加快，租佃制成为主要的土地经营形态。上述这些因素都使得士家大族赖以依存的九品中正制和庄园制走向崩溃，而豪强大族群体也趋于没落。阶级关系和经济关系的变化为一般官僚地主和庶民地主势力兴起创造了条件。而正如王善军所说："门阀宗族制的衰落，带来了宗法人伦关系和伦理道德的弱化。面对这样的现实，宋代统治阶级痛感'世道衰，人伦坏'给统治带来的潜在威胁。他们深深地体会到，要想稳定封建专制统治，必须重整伦理道德，要想重整伦理道德，必须重整宗族制度。"[①] 而"加强宗族血缘凝聚力、消弭因贫富分化产生的族内矛盾以及确保士大夫家庭长享富贵，成为重建宗族制度要解决的基本问题"[②]。这就为宗族的平民化提供了社会需要和政策支持。豪强宗族已灭，重建宗族只能面对正在兴起的庶民地主势力，于是，在宋代，豪强宗族制势必向平民宗族制转型。[③]

据文献记载，宋代的宗族组织大致可分为两类：一类是以血缘关系为纽带而形成的个体小家庭聚族而居的家族，这类家族相当普遍。各小家庭分户别立，拥有自己的生产、生活资料，家族内部有部分财产为大家所共享，这部分共享的财产主要是义田、墓田和祭田。另一类是世代同居共产的大家庭，财产属大家庭所有，合门为一户，这一类以赵鼎[④]和陆九渊[⑤]家族为代表。这两类宗族组织的结构和性质，"既不同于殷周时期以政治与血缘关系高度统一的宗法组织，也不同于东汉以后讲究出身、门第的门阀士族以及割据一方的精英组织，它是民间自发组成的以男系血统为中心的基层组织"[⑥]。这就是平民宗族。

平民宗族的重建对于"皇权不下县"的宋代来说是必需的。马克

---

① 王善军：《宋代宗族和宗族制度研究》，河北教育出版社 2000 年版，第 20 页。

② 常建华：《宗族志》，刘泽华主编《中华文化通志——制度文化典》第 4 典，上海人民出版社 1998 年版，第 38 页。

③ 参阅李文治、江太新《中国宗法宗族制和族田义庄》，社会科学文献出版社 2001 年版，第 2—3 页。

④ 参阅（宋）赵鼎《忠正德文集》卷八《家训笔录》。

⑤ 转引自（宋）罗大经《鹤林玉露》卷五《陆氏义门》。

⑥ 冯天瑜、何晓明、周积明：《中华文化史》，上海人民出版社 1990 年版，第 207 页。

斯·韦伯《儒教与道教》曾有一个他者的评价，他说：

> 从社会角度来说，对于宗族成员，包括在异乡，特别是城里生活的人的存在来说，宗族就是一切。……正式的行政，事实上只限于市区和市辖区的行政。在基层社会，行政不会碰到外面那样强大的宗族血亲联合体……一出城墙，行政的威力就一落千丈，无所作为了。因为除了本身就足够厉害的宗族势力外，它还得面对基层本身有组织的自治。[①]

所以“基层自治说”看到了中国皇权通过官员行政管理不可能深入基层社会的现实。而宗族的首领就是控制宗族成员的实际领袖，是乡民中间的精英。其通过宗族组织控制宗族成员显而易见是一种不需要行政支出的高效率的“民间行政组织”[②]。这样，宋代重建的平民宗族发挥了强大的社会文化功能，伦常秩序十分分明。据冯天瑜的研究：宗族最高首领为族长，族长是族人共同行为规范——宗规、族约的主持者和监督者，是全族的统帅。族内发生纠纷时，由族长主持召集族中“宗贤”加以解决，不服统率者，族长有权依照宗规、族约加以制裁。每一宗族内有“世相授”的竹篦，“族长欲挞有罪者则用之”[③]。族长在宗族内的无上威权，屡见于历史记载。宋代理学家陆九渊之兄陆九韶便是一位大家长。《宋史·陆九韶传》记载：“九韶以训戒之辞为韵语。晨兴，家长率众子弟谒先祠毕，击鼓诵其辞，使列听之。子弟有过，家长会众子弟责而训之，不改，则挞之，终不改，度不可容，则言之官府，屏之远方焉。”欧阳修在《胥氏夫人墓志铭》中也描述了族长庄严肃穆、令人望而生畏的形象：“每端坐堂上，四顾终日如无人，虽其婴儿女子，无一敢妄举足发声。”[④]

与此同时，平民宗族在提高族人文化素质亦发挥重要功能。如河南府汪氏：“世家新安……以力田课僮仆，以诗书训子弟，以孝谨保坟墓，以信义服乡闾。”[⑤] 范仲淹所制定的义庄规范条文规定：“诸位子弟得大比试

---

① ［德］马克斯·韦伯：《儒教与道教》，王容芬译，商务印书馆 1995 年版，第 144—145 页。

② 以上参阅康武刚《宋代的宗族组织与基层社会秩序》，《学术界》2015 年第 4 期。

③ 《燕翼诒谋录》。

④ （宋）欧阳修：《欧阳文忠公集》卷六二，《胥氏夫人墓志铭》。

⑤ （宋）汪藻：《浮溪集》卷十九，《为德兴汪氏仲德作堂记》。

者，每人支钱一十贯文，再贡者减半，并须实赴大比试乃给，既已给，而无故不试者追纳。”“（择）有士行者二人充诸位教授，月给糙米五石。”这种奖励学有成就者与以族中公产聘请教师的措施，诚然是鼓励子弟求取功名，光宗耀祖，壮大宗族势力，但在一定程度上也起到了普及文化，提高族人文化素质的作用。此其一。其二，宗族共同体在宗族生活中，还努力贯彻“厄穷守道”① 的原则。所谓“厄穷守道”，指的是以精神上的自我满足来克服物质上的贫穷困苦。平民宗族尽管采用种种手段强化宗族经济实力，但在小农经济的总背景下，毕竟经济能力有限，而供养人口又过多，因此，大多宗族成员生活窘迫寒伧。有的宗族“窘困”，“乃举族蔬食数年，未尝食肉”②。对于这种困苦生活，宗族共同体总是以“视陋巷菜羹如华屋玉食”③ 的精神上的自我满足与自我安慰来加以克服，引导族人在厄穷苦海中坚守道德信念。

宋代平民宗族一经在乡村基层确立，便得到宋代统治者的大力支持；平民宗族常常享有政府部门赐予的旌表、贷食、蠲免赋役等优渥殊宠的待遇。如“许祚……八世同居，长幼七百八十一口……春夏常乏食；诏岁贷米千斛”④。“李耕……聚居至七百余口，累数十百年……蠲其课调。”⑤“刘承诏……同居四百余人，同籍者十世，上闻，旌表门闾，常赋之外，悉免徭役。”⑥ 宋太宗在出行中甚至还亲自接见宗族族长，以示关顾。⑦ 与此相应，两宋理学家对平民宗族的“合理性”“神圣性”不遗余力地加以哲学上、伦理学上的论证。儒学把同居共财理解为孝悌的表现，理学则对它加以理论的抽象和概括，认为这是天理对社会和事物的一种万古长存的规定，是人的本质的体现。于是，同居共财的平民宗族上升到了崇高的地位。朱熹在表彰洪氏宗族时就当众宣布：“洪门义氏，累世义居……此天性人心，不易之理。”⑧ 理学关于平民宗族理论的播扬，不仅使宗族更为

---

① （宋）苏过：《斜川集》卷五，《襄城程先生美中墓志铭》。
② （宋）苏舜卿：《苏学士文集》卷十六，《朝奉大夫尚书度支郎中……王公行状》。
③ （宋）刘克庄：《后村先生大全集》卷一五六，《韩母李氏墓志铭》。
④ 《宋史·许祚传》。
⑤ 光绪《湖南通志》卷一六二。
⑥ 光绪《浙江通志》卷一八八。
⑦ （宋）王德臣：《麈史》卷中。
⑧ 《朱文公集》卷九九，《知南康榜文》。

强固地维系下去，而且直接缔造了一些家族的成立。煊赫一时的汉阳张氏宗族，就是在理学的直接影响下获得发展："自宋世游（酢）黄（庭坚）二大儒先后知汉阳军，日讲明正，学士得闻性命道德之归，由是风格丕变……有八世同居、家属三千余口如张昌宗者。"①

由两宋开端的平民宗族的构建，在汉民族文化史上意义深远。深入乡间基层的平民宗族通过对宗族成员的直接控制，重新建立起了弥漫于基层社会的宗法秩序。从此以后一千余年的历史长河中，在汉民族乡村社会重建重构的宗法观念、儒家伦理纲常都以平民宗族为中介，更加深入地渗透于汉民族乡村社会和汉民族文化的血肉之中。② 而对于平民宗族的崛起，曹锦清从汉民族农村建设的角度给予了高度的评价，认为宗族平民化就是让老百姓、一般的农民，有立祠堂的权利。③ 这种逆袭，在西周的宗法制度下是根本不可想象的，在豪强宗族时代也是不可能的。2006 年 8 月，笔者在采访《黄河边的中国》的作者曹锦清时，他从新农村建设谈到了宋代的宗族平民化：

> 我们再往前追溯历史，至少到了宋代，农村的高分散局面已经形成了。我们在土改时用来划分农村阶级的几个概念，如雇农、佃农、贫下中农、中农、富农、地主等等，在宋代都能找到相对应的阶层。经历唐五代，世家大族已退出历史舞台，中国农村社会向扁平化方向发展，土地在各家族中的流转加快了，各农户间在财产上的重点流动及空间流动加快了。"富不过三代"、"三十年河东，三十年河西"的谚语开始流行了，商品经济的发展使得唐、宋之间的城市建制发生了有史以来第一次重大变化。我们现在从《清明上河图》上看到的破墙开店、商业繁华的景象，在唐及唐以前的城市中是看不到的。土地流转及家族贫富分化的加剧促使宋儒们思考"乡村社会"重建的问题。王安石创立的保甲法，其实是为了让农民组织起来共同防御人口的社会流动而引发的犯罪问题；范仲淹创设族田、义田是相对于同族

---

① 民国《夏口县志》卷七〇。

② 以上参阅冯天瑜、何晓明、周积明《中华文化史》，上海人民出版社 1990 年版，第 665—670 页。

③ 曹锦清：《宋以来的乡村组织重建——历史视角下的新农村建设》，《三农中国》2006 年第 3 期。

> 内各农户的私田而言的，目的是用族田的地租，即共同收入来解决贫困族人的教育、医疗、求助等等公共品的供给问题。关于张载首创宗族制，后来新的宗族制演变为三项基本制度：一是祠堂；二是族谱；三是族田。族田可以视为同族集体的经济建设、祠堂制，即社会组织建设；而族谱、祭祀活动，其实是宗族的文化建设，即促成了分散各户对同宗的文化认同，使之具有相互救济、扶助的共同意识。在宋以前，一般平民百姓不允许建独立的祠堂，建祠堂、修族谱都是官僚士大夫的事，即所谓礼不下庶人。到了宋代面对高分散、高分化的乡村社会只能允许“礼下庶人”。①

从西周开始的宗法制度作为汉民族传统文化中最核心的部分之一，在经历了宗法宗族和豪强宗族两种形态两千余年的发展之后，经宋代的脱胎换骨，又以平民宗族的崭新面貌奔向新的千年。

第三节　私学变书院：汉民族教育文化的变古

俗话说：教育先行。宋代之所以能创立理学，且思想家式的理学大师辈出，与教育的发达，具体地说与书院的崛起密切相关。完全可以说，在汉民族教育文化史上，正是宋代的书院造就了一大批思想家，而这一大批思想家在学术自由的环境下，创造了影响汉民族思想、意识和心态的理学。所以，“无论是从宏观角度还是从微观角度对宋代文化进行考察，我们都不应该忽视书院的特殊功能及其对宋代文化发展所产生的重要影响。作为一种颇具特色的教育和学术研讨机构，书院不仅为两宋培养了大量人才，更重要的是书院极大地促进了学术的繁荣和兴旺。同时，作为一种文化传播媒介，宋代书院又以其开风气、厚风俗的功效浸染社会的多个角落，培育了两宋时期浓厚的人文气象，从而为宋代文化高峰的出现推波助澜”②。

---

① 徐杰舜：《〈黄河边的中国〉前后的故事——华东理工大学曹锦清教授访谈录》，载荣仕星、徐杰舜主编《人类学世纪真言》，中央民族大学出版社 2009 年版，第 381 页。

② 参阅刘玲娣《宋代书院及宋代学术文化的发展》，《湖北师范学院学报》2002 年第 2 期。

一 私学和官学在唐代转向的背景

汉民族传统的学校有私学和官学两类，私人讲学的历史源远流长。春秋战国时期，孔子聚徒传道授业，开私学风气之先，成为万世师祖，一部《论语》，就是私学活动的实录。先秦时代的重要学派无不借讲学形式得以传播。秦王朝灭亡后，私学大开放。本书第四章中已述及，西汉初年，儒家五经的教学十分活跃。在齐、鲁、燕、赵等地已形成具有声势和影响的各个学派。此外，道、法、刑名、方术都有私学。及至汉武帝确立“独尊儒术”的文化政策以后，教育被置于“治国之本”的地位，蒙学繁荣，显赫的学术流派可在朝廷立博士，称为官学。唐代官学发达，建立了以国子监、太学、四门学①、弘文馆和崇文馆为主体的官学系统，主要教授儒家经典。那么，高度繁荣的唐代汉民族教育文化为何会受到如此巨大的挑战呢？

任何事物的发展都是有利有弊，有得有失的。唐代汉民族文化虽然无比辉煌，但在教育上实行的是官学养士与科举取士结合的制度，其结果虽然铸就了唐诗的巅峰，使唐王朝获“诗唐”之美称，但却造成了教育的偏峰路线，从而导致官学发展的滞后。我们可以回过头来看一下：唐初，朝廷将官学养士与科举取士结合起来，科举考试内容也主要是考察士人对儒家经典的掌握程度，于是，“通经”成为唐代前期科举制度选拔官吏的主要标准。更重要的是，由于唐代前期的官学规定只有具备一定品级的官员子弟才有资格入学，这样官学基本上被世族子弟所垄断。而作为科举考试的另一重要来源的乡贡则是以平民为主体，他们很难有入官学系统学习儒家经典的机会。这种双轨制对人才的脱颖而出极为不利。所以，武则天时，直接从各地征召士人到洛阳，官学生徒在科举中的优势渐渐消失，其结果是直接导致官学衰落。而安史之乱更是致使官学遭受重创，从此一蹶不振，并引发科举制的变迁，即与官学衰败一致的明经科的地位也日趋下降，被认为是“不足发名成业”的科目，在仕途上受到公开排斥，而与

① 国立学校名。北魏太和十九年（495年），在洛阳立国子、太学、四门小学。四门学始此。北齐改四门小学置，隶国子监，设博士、助教各二十员，学生三百人，教授学生五经文字。隋朝沿置，博士、助教各五员，学生三百六十人。文帝开皇十三年（593年）罢。唐复置，隶国子监，设博士、助教各六人，直进四人，学生一千三百人，五百人为七品以上及侯伯子男之子，八百人为庶人子弟之俊异者。宋亦曾置。亦称“四门馆”。

明经同为常科的进士科则日渐受到重视。此后，随着科举取士制度考试内容、科目的演变，以诗赋为考试内容的进士科逐渐成为士人所追逐名利的主要科目，诗赋亦成为士人学习的主要内容，而这并不是官学教授的主要内容，舍弃官学而去寻觅另外的求学之所成为不少士人的选择，这成为唐代中后期官学衰败的主要原因之一。①

一物败必有一物兴。官学的衰败就为书院的兴起准备了条件，所以书院又滥觞于唐代。据袁枚的《随园随笔》记载，书院之名肇始于唐代。据《新唐书·百官志》和《唐六典》记载，开元五年（717 年）收集天下典籍，在乾元殿整理，设各种专职整理和管理人员。六年（718 年）乾元殿更名为丽正修书院，改修书官为丽正殿直学士，并于光顺门外亦设一丽正修书院。十三年（725 年），大明宫光顺门外，东都明福门外两所丽正修书院，均改为集贤殿书院。这就是“书院”之名的缘起，从其职能来看，此书院虽为朝廷藏书、校书的机构，却也有教学活动。唐文宗大和年间，曾任集贤殿书院学士的大诗人刘禹锡出任苏州刺史，后来他回忆在集贤殿书院的生活时说：“余为书殿学士四年，所与居皆鸿生彦士。一旦诏下，怀吴郡章而东，门下生感惜是行，且曰：‘吴中富士必有知书，宜为太守所礼者’。”② 其中所提到的“鸿生”“门下生”是为集贤殿书院中的学习者，“门下生”应是指受业门下的学生。由此可知，唐代集贤殿书院不只藏书，还有读书、教授生徒的功能。有学者统计《全唐诗》诗题中所见的书院有 11 处③，载于方志的唐代书院有 17 所④。其中，皇寮、松州、义门、梧桐四书院，史料中已有关于教学活动的明确记载。但唐代私人书院的这类讲学活动规模较小，尚不普遍，且未形成定制。⑤

五代时，民间书院的发展极其有限，新建书院只有河南登封太乙书院（嵩阳书院前身）、江西泰和匡山书院和广东连州天衢书院等三四所。唐

---

① 刘河燕：《宋代书院与欧洲中世纪大学产生背景之比较研究》，《求索》2010 年第 8 期。

② （唐）刘禹锡：《刘宾客文集》卷二〇，上海古籍出版社 1963 年版。

③ 陈元晖、尹德新、王炳照：《中国古代的书院制度》，上海教育出版社 1981 年版，第 5 页。

④ 毛礼锐主编：《中国教育通史》第三卷，山东教育出版社 1987 年版，第 57 页。

⑤ 参阅刘伟红《试析书院的形成与发展历程》，《北方论丛》2003 年第 5 期；宋德金、张希清总纂《中华文明史》，第六卷（辽宋夏金），河北教育出版社 1994 年版，第 466 页；白新良《中国古代书院发展史》，天津大学出版社 1995 年版，第 3 页。

代缘起的书院虽无定制，但作为适应社会需要的新生事物，是一种有别于汉唐以来官方教育机构的新生儿。欧洲中世纪与之同时出现的大学一样，它们的出现，既是对传统教育机制的补充，又是对官方教育机构的挑战，无论在西方还是东方，都预示着教育机制正面临着一场重大的变革。①

二　书院在宋代的崛起和繁盛

书院之所以在宋代崛起，从而开创汉民族教育的新时代，不仅由于官学的衰败给创造了条件，而且还是魏晋及隋唐儒、道、佛三教论战的一个结果。为什么这样说呢？

本书第五章曾专门论及三教论战的情况，从魏晋及隋唐近 700 年的争辩，佛教以理论上的优势，越辩越强；道教以善吸收的路线，也越战越盛。而作为官方哲学的儒学自从儒学被纳入科举制度之后，儒学的工具化和形式化的弊病也逐渐显露出来了，其直接后果就是理论严重刻板、僵化和滞后，在生机勃勃的佛、道面前，显得老态龙钟。尤其是自唐进北宋以来，由于朝廷对佛教的保护和崇尚，佛教势力发展对儒家文化和教育的发展构成了极大的威胁。而道教也以大量的民间传说和鬼神故事吸引来者，大力拓展其传道的社会辐射圈。唐朝时佛、道昌盛，寺观林立，儒学相对衰落，佛、道都有它们各自传播发展的场所。面对这种态势，儒家怎么办？一向重视教育的儒家终于明白，要理论创新，必须有思想家；要有思想家，必须有学术自由；要学术自由，必须有自己的思想阵地。也就是说儒家为了在民间或者社会上能够有一席之地，也需要一个场所来传播他们的思想。因此，书院的创立，在一定程度上可以说是儒家为了同佛、道争思想阵地的必然结果。

于是，在新的社会价值观驱使下，书院在宋代迅速崛起，无法进入或者不愿意就学于官学的士人纷纷将求学希望转向书院。正如朱熹所云："前代庠序之教不修，士病无所于学，往往相与择胜地，立精舍，以为群居讲习之所，而为政者乃或就而褒表之。"② 面对士人的求学渴望，宋代出现了创建书院的热潮，涌现诸如白鹿洞、嵩阳、岳麓、石鼓、睢阳

① 龚书铎主编，王育济等：《中国文化发展史 · 宋元卷》，山东教育出版社 2013 年版，第 111 页。

② （宋）朱熹：《衡州石鼓书院记》，《朱文公文集》卷七九，《四部丛刊》本。

(应天府)、泰山、茅山等著名书院。据统计，北宋共建书院71所[1]，其中直隶3所、河南5所、陕西1所、山西1所、山东4所、江苏4所、浙江4所、福建3所、江西23所、安徽4所、湖北3所、湖南8所、广东4所、四川4所。这些书院，或为名儒讲学之所，或为延师授课之处，教学功能突出，且管理体制初具雏形，设有山长或山主、洞主、洞正、堂长等主持书院讲席；设有副山长、助教和讲书协理教务。在经费来源上，不少书院还有供师生廪膳的学田，或为私人捐赠，或为政府拨给。北宋时以白鹿洞、岳麓、睢阳、嵩阳四大书院代表了书院的最高水平。南宋学者吕祖谦在《白鹿洞书院记》中就称："国初斯民，新脱五季锋镝之厄，学者尚寡，海内向平，文风日起，儒生往往依山林，即闲旷以讲授，大率多至数十百人。嵩阳、岳麓、睢阳及此洞为尤著，天下所谓四书院者也。"[2]

北宋崛起的书院，到南宋进入繁盛状态。书院成了理学家讲学授业、传播理学的主要阵地。在理学大师朱熹、张栻等人的带动下，兴办书院，宣讲理学，致使南宋书院数量大增，分布区域扩大。据白新良《中国古代书院发展史》一书统计，南宋时期新建书院299所，修复唐五代和北宋书院18所，加上创建时间不明确，在南宋时期仍然活动的书院125所，则书院总数量达442所，是北宋书院数量的4.5倍。从地域分布上看，江西最多，有147所；浙江次之，有82所；福建第三，有57所。其余依次为湖南43所、广东35所、江苏23所、四川18所、安徽16所、广西11所、湖北9所、贵州1所。由此可见，书院不仅分布在东南文化发达之地，而且已经广泛建立于广西、贵州等边远地区。此为一方面。

另一方面，南宋的书院学术活动非常活跃，理学家们利用书院这个学术园地，或以明心为言，或以务实为训，或互为疑问以观其所向，或相与辩难以砺其所学，讲学活动极其频繁，成为当时文人最时兴的学术生活，促成了南宋学术文化的空前发展，其主要形式有：

1. 学术"讲会"

学术"讲会"又称"会讲"，是汉民族古老的学术研讨方式，到宋代这种形式成为汉民族书院教育文化创新和发展的主要形式。学术"讲会"

---

① 白新良：《中国古代书院发展史》，天津大学出版社1995年版，第4—5页。

② （宋）吕祖谦：《白鹿洞书院记》，《东莱集》卷六，《四库全书》第1150册，上海古籍出版社1987年版，第53—54页。

的宗旨在于相互探讨争辩，或发挥一个学派的精义，或辨析不同学派之间的差异。讲会地点可以在书院，也可以在书院以外。正如何平立所云："讲会是南宋以后书院讲学的重要组织形式，也是书院区别于官学和一般学校的重要标志。"① 南宋时期带有学术论辩式的会讲主要有乾道三年（1167 年），朱熹与张栻在岳麓书院的"朱张会讲"；淳熙二年（1175 年），吕祖谦出于调和朱熹与陆九渊学术上的分歧而发起和组织的鹅湖之会；淳熙五年（1178 年），陆九龄和朱熹在铅山崇寿观音院之会。②

在此要特别介绍一下在汉民族书院文化史和学术文化史上著名的鹅湖之会。宋淳熙二年（1175 年）六月，吕祖谦为了调和朱熹"理学"和陆九渊"心学"之间的理论分歧，使两人的哲学观点"会归于一"，于是出面邀请陆九龄、陆九渊兄弟前来与朱熹见面。六月初，陆氏兄弟应约来到鹅湖寺，双方就各自的哲学观点展开了激烈的辩论。会议辩论的中心议题是"教人之法"。关于这一点，陆九渊门人朱亨道有一段较为详细的记载："鹅湖讲道，诚当今盛事。伯恭盖虑朱、陆议论犹有异同，欲会归于一，而定所适从。……论及教人，元晦之意，欲令人泛观博览而后归之约，二陆之意欲先发明人之本心，而后使之博览。"③ 所谓"教人"之法，也就是认识论。在这个问题上，朱熹强调"格物致知"，认为格物就是穷尽事物之理，致知就是推致其知以至其极。并认为，"致知格物只是一事"，是认识的两个方面。主张多读书，多观察事物，根据经验，加以分析、综合与归纳，然后得出结论。而陆氏兄弟则从"心即理"出发，认为格物就是体认本心。主张"发明本心"，心明则万事万物的道理自然贯通，不必多读书，也不必忙于考察外界事物，去此心之蔽，就可以通晓事理，所以尊德性，养心神是最重要的，反对多做读书穷理之功夫，以为读书不是成为至贤的必由之路。会上，双方各抒己见，互不相让，争议了三天，陆氏兄弟略占上风，但最终结果却是不欢而散。④ 鹅湖之会是汉民族古代思想史上的第一次著名的哲学辩论会，且不说学术思想上的影响，仅就此事本身就足以载入史册。

---

① 何平立：《中国古代私学发展的文化精神》，《学术月刊》2002 年第 8 期。

② 参阅郭翠丽《宋代理学学派交融与碰撞之特点》，《南昌大学学报》2010 年第 4 期。

③ 《陆九渊集》卷三六，《年谱》。

④ 张杨：《从鹅湖之会看朱陆思想的异同》，《黑龙江史志》2009 年第 22 期。

2. 学术讲学

宋代讲学成风，文人中的各阶层都热衷于讲学。厌弃科举的士子、科举落第者、及第的进士，他们中有的贫困潦倒，有的高官厚禄，但都乐于讲学。而书院是最好的讲学场所，不少书院以讲学者为中心，有的书院也因请不到宿儒而荒废。书院讲学十分方便，为士大夫所喜爱，如淳熙八年（1181 年），朱熹邀请陆九渊到白鹿洞书院讲学；绍兴二十年（1150 年）和淳熙三年（1176 年），朱熹两次在钟山书院讲论道义；绍熙五年（1194 年），朱熹到岳麓书院讲学；据方彦寿先生考证：朱熹讲学的书院 20 所，曾经讲学而经后人创建的书院有 21 所。[①] 又如像刘清之这样的名儒，“罢官严陵，亟至东莱吕公书院讲论经义，留数月乃去”[②]。

宋代书院讲学的内容甚为丰富，尽管首要的是讲析儒家经典，但一般都融进了宋代学者的学风，重性命义理，好各抒己见。除了《诗》《书》《易》《春秋》等外，还讲近人著述，特别是阐发学派的“宏纲大旨”及其精义与异同。更开放的是宋人讲学除讲书之外，还联系社会现实问题，借题发挥，陈平日之感，注重个人品行修养的教育，如科举之事，几乎所有的讲学者都要论及。朱熹、陆九渊、叶适等人都有过关于科举制的议论，批评由科举而生的弊端。[③] 陆九渊著名的《白鹿洞讲义》，就是根据“君子喻于义，小人喻于利”一句，阐明他对参加科举的看法，以启导学士。他认为，学子应是“专志乎义而日勉焉，博学、审问、慎思、明辨而笃行之，由是而进于场屋。其文必皆道其平日之学，胸中之蕴，而不诡于圣人。由是而仕，必皆供其职，勤其事，心乎国，心乎民。而不为身计，其得不谓之君子乎！”[④]

3. 学术通信

南宋书院学者之间的学术交流多以通信的方式呈现。陈亮指出：“乾道（1165—1173 年）间，东莱吕伯恭（祖谦）、新安朱元晦（熹）及荆州（张栻）鼎立，为一世学者宗师，亮亦获承教于诸公后，相与上下其

---

① 方彦寿:《朱熹书院与门人考》序言，华东师范大学出版社 2000 年版，第 1 页。

② 《宋元学案》卷五九,《清江学案》。

③ 以上参阅陈岳红《略论宋代讲学之风的特点与作用》,《荆州师专学报》1990 年第 2 期；郭翠丽《宋代理学学派交融与碰撞之特点》,《南昌大学学报》2010 年第 4 期。

④ 《象山先生全集》卷二三,《白鹿洞书院讲义》。

论；今新安巍然独存，益缔晚岁之好。”[①] 也就是说，朱熹与浙学领袖吕祖谦以及荆州学派之间密切交流，形成了各自学派。吕祖谦、张栻、朱熹被时人称为“东南三贤”。朱熹与吕、张二人更多的学术交往是通过书信来完成的。《礼记·学记》说：“独学而无友，则孤陋而寡闻。”朱熹学术的成长与吕祖谦之间的相互学术切磋密不可分，“两人书信往来频繁，在《朱文公文集》中，《答吕伯恭书》有一百〇四通，比任何人为多。而在《东莱吕太史文集》中，《与朱侍讲书》也有六十七通，超过给别人书信总和的半数”[②]。书信以讨论学术为最。朱熹与张栻的关系非同一般，有着长达16年的学术交往，结下了深厚友谊。朱熹与张栻平生只见过三次面，其余时间则是以书信形式进行学术交流。据今存二人文集所载统计，朱熹致张栻的信函55件，张栻致朱熹的信函73件、答问25件。[③]《朱熹集》中还收录朱熹写给胡大时的书信15封，写给吴翌的书信13封，写给胡实的书信6封，写给胡大原的书信4封，写给胡大壮的书信1封。[④]

4. 合作编书

合作编书也是南宋书院学者之间学术交流的一种重要方式。如朱熹、吕祖谦二人合作编纂了《近思录》，二人精选周敦颐、程颢、程颐、张载四先生语录，共622条，以《论语·宪问》中的“切问而近思”为题，分14卷，按类编纂。《朱子近思录·吕祖谦序》中说：“《近思录》即成，或疑首卷阴阳变化性命之说，大抵非始学者之事。祖谦窃尝与闻次缉之意：后出晚进于义理之本原，虽未容骤语，苟茫然不识其梗概，则亦何所底止？列之篇端，特使之知其名义，有所向望而已。”最后的成书采纳了吕祖谦的意见，书成后分别印刻于婺州和建阳。此后，朱熹又于淳熙年间，与张栻共同编定《四家礼范》，由刘珙刻印于建康。这可从陈振孙《直斋书录解题》中著录而知，《直斋书录解题》云：“《四家礼范》五卷，张栻、朱熹所集司马、程、张，吕氏诸家；而建安刘珙刻于金陵。”[⑤]

① （宋）陈亮：《龙川文集》卷二一，《与张定叟侍郎书》。

② 陈荣捷：《朱子新探索》，华东师范大学出版社2007年版，第555页。

③ 粟品孝：《朱熹与宋代蜀学》，高等教育出版社1998年版，第159页。

④ 郭翠丽：《宋代理学学派交融与碰撞之特点》，《南昌大学学报》2010年第4期。

⑤ （清）陈振孙：《直斋书录解题》卷六，徐小蛮等点校，上海古籍出版社1987年版，第188页。

这种合作编书的学术交流方式为后世树立了榜样。[①]

南宋书院学术的发达和繁荣，还促使书院藏书和供祀的文化功能更加完备。南宋书院藏书十分丰富，就藏书而言，北宋时，通过朝廷赐书和私人购书等途径，部分书院也有一定数量的藏书。宋初应天府书院就有书籍数千卷；咸平四年（1001 年）三月，岳麓书院也得到朝廷赐予的儒家经典和注疏，以及《史记》《玉篇》《唐韵》等书籍。但总体上看，北宋书院的藏书功能还十分有限。到了南宋，书院几乎成为各地的图书馆，不少书院都设有书库和藏书楼。就供祀活动而言，供祀仪式也较北宋完备。北宋书院的供祀活动与官学基本相同，都是以儒家先师先贤为祭祀对象。南宋时，除了供祀孔孟等先圣之外，还非常注重供祀忠臣、名宦、乡贤及周、程、张、朱等理学大师，以起到维护学统和教育感化的作用。

总之，书院一经崛起，便成为宋代文人生活中的重要内容。理学家及儒生士大夫们不仅以书院为研究学术、推行道德教育的基地，而且在书院生活中交流情感，声气相求，追逐一种精神上的自得。朱熹在《白鹿洞讲会次卜丈韵》一诗中吟道：

青云白石聊同趣，霁月光风更别传。
珍重个中无限乐，诸郎莫苦羡腾迁。[②]

可见，书院生活寄托了汉民族文人追求道德及知识独立的理想与情趣，也是宋代思想家的摇篮。[③]

第四节　《广韵》与宋体字：汉民族语言文字的变古

语言是一个民族特征的重要基因，文字是语言记录的符号，是传承文化的精灵。汉民族自秦汉以来，汉民族的语言文字有了许多变化，据王力

① 参阅郭翠丽《宋代理学学派交融与碰撞之特点》，《南昌大学学报》2010 年第 4 期。

② 《朱文公文集》卷七。

③ 参阅冯天瑜、何晓明、周积明《中华文化史》，上海人民出版社 1990 年版，第 689 页；陈少峰等编著《鼎盛与革新：隋唐至明中叶的精神文明》，北京大学出版社 2009 年版，第 261 页。

在《汉语史稿》中的研究：汉语的历史，公元 3 世纪以前（五胡乱华以前）为上古期[①]，4—12 世纪（南宋前半期）为中古期，13—19 世纪（鸦片战争）为近代。[②] 这样，两宋的汉语就处在汉语从上古期向近代转变的拐点之上。

在这个拐点上，汉民族的语言文字发生了重要的变古，一是《广韵》的编纂，保存了汉语千年的古音；二是宋体字的发明，稳定了汉字千年的字形。

一 从《切韵》到《广韵》：保存了汉语千年的古音

宋代是汉民族语言文字史上一个重要的转折时期。由于宋代学者崇尚理学，刻意创新，治学风气为之大变而不法古人，使人耳目一新，从而开拓了不少新领域，提出了很多新见解。在语言文字学的研究上开创了古音学、金石学等新学科，并在《说文》研究、等韵学的发展、韵书编撰以及古籍新注等方面都取得了令人瞩目的成果，筚路蓝缕，功不可没。在这个大的社会文化背景下，从《切韵》到《广韵》集汉民族韵书之大成的路线图如何呢？

汉语语音经过从汉代到宋代近 1200 年的演变，特别是经历了魏晋南北朝的民族大互动、大磨合和大融会，一些学者就注意到了语音在历史发展中的变化。如早在汉代，东汉郑玄在《诗经·小雅·常棣》笺中说："古声填、置、尘同。"刘熙在《释名·释车》中也说："车，古者曰车，声如居，言行所以居人也；今曰车，声近舍，车，舍也，行者所处若居舍也。"从魏晋南北朝开始，人们对语音的古今流变的认识渐渐模糊起来，他们以当时的语音为标准去衡量周秦古音，因此，在读周秦两汉时期的韵文时，遇到古今语音发生变化的地方就感到不押韵，于是临时改变其中一个或几个韵脚字的读音，使得按当时语音读起来韵脚和谐，这就是所谓"叶韵"，又称"协句"或"合音"。如《诗经·邶风·燕燕》云："燕燕于飞，上下其音。之子于归，远送于南。瞻望弗及，实劳我心。"唐代经学家、训诂学家陆德明在《经典释文》"南"字下说："沈（重）云协

① 《汉语史稿》原注：五胡乱华之所以对汉语有重大影响，因为国家崩溃了，部族融合了（五胡），人民迁徙了（北方流民大批南下）。

② 王力：《汉语史稿》，中华书局 1980 年版，第 43 页。

句，宜乃林反。”意思是说，沈重认为应该把在当时与“音”“心”两个韵脚字不押韵的“南”字改读成“乃林反”，使“音”“南”“心”三个韵脚都能押韵。事实上，在周秦两汉古音中，“音”“南”“心”三字同在侵韵，本来是押韵的。到魏晋南北朝时期，侵韵发生了分化，包括“南”字在内的一部分原侵韵字变为覃韵字，“南”与“音”“心”二字也就不押韵了，这完全是语音历史演变的结果。所谓“叶韵”的说法，不懂语音的变化，以今律古，显然是错误的。陆德明已经看到“叶韵”说的错误，指出“古人韵缓，不烦改字”，但是最早对古音进行专门研究的是宋代的吴棫。

吴棫（约 1100—1154 年）是宋代被称为“通儒”的古音韵学家、训诂学家。他的古音学著作有《毛诗叶韵补音》《字学补韵》《楚辞释音》《韵补》等，可惜前三种都已失传。《韵补》一书共 5 卷。该书取《易》《诗》《尚书》以及北宋欧阳修、苏轼的文集等 50 种著作，考查古人周韵与韵书分韵不同的地方。本书第五章中对汉民族音韵学的创立已有详述，在此要明确的是学界普遍认同《切韵》是现今可考的最早的韵书，这一语音系统完整地保存在后来的《广韵》，甚而《集韵》等书中。因此将依据后两者复原出来的语音系统称为“切韵音”，作为中古汉语的代表。故吴棫研究古音的基本方法是：以《切韵》音系为代表的中古音的 206 韵为依据，直接把韵文的押韵字系联、归类、分部，凡韵文押韵与 206 韵不合的，就用古音通转的理论来解释，从而开创了用系联押韵字以求古音的研究方法。虽然此法还缺乏明确历史断代观念，整理方法还不够严谨，分部过于粗疏。但是，由于《韵补》作为汉语音韵学史上第一部研究古音的著作，吴棫被誉为古音研究的开路先锋是当之无愧的。[①]

与吴棫的《韵补》创研究古音之法的同时，在印度传入的梵语悉昙（siddham）的启发下创立了汉民族所特有的语音学——等韵学。

所谓等韵学，是古代分析汉语发音原理和方法的一门学问，其建立“五音”“清浊”的原理来分析声母发音部位和发音方法，并创造一套字母来表示汉语的声母系统；建立“等呼”的理论来分析韵母结构，并且制成若干图表来说明汉字字音构造。

---

① 参阅宋德金、张希清总纂《中华文明史》第六卷（辽宋夏金），河北教育出版社 1994 年版，第 587—589 页。

据考，等韵学理与等韵图在唐代都已经出现。对此，黄易青的《〈守温韵学残卷〉反映的晚唐等韵学及西北方音》一文已有明确的论述，其认为敦煌写本《守温韵学残卷》本身的内容反映，它是基于一种韵图而述的，这种韵图与宋代《韵镜》在基本结构上大致相同，推知《韵镜》是由它发展来的。释守温是唐末人，其韵学残卷可据以考知唐代韵图及有关门法的大体内容，弥补对这方面了解的不足。唐代等韵图的结构是：三十字母以唇、舌、牙、齿、喉五音为序，各部位基本以清、次清、浊、清浊为序；每栏分四等，区别洪细；四声相承。唐代亦有门法，如音和、类隔、凭切等，为宋代门法滥觞。唐代韵图和门法反映了唐代等韵学的水平，包括对音类、音值审辨的精细程度。① 可惜的是，唐人编制的等韵图都失传了。

到了宋朝，等韵学有了进一步的发展。宋人编制了不少等韵图，流传至今的尚有佚名的《韵镜》、郑樵的《七音略》、祝泌的《皇极经世解起数诀》、佚名的《四声等子》和《切韵指掌图》等。

《韵镜》是我国现存最早的等韵图。其由 43 张图构成，把《切韵》系韵书的 206 韵分列在 43 张图内，每图横列以七音和清浊标明声类，暗含了中古音系声类的 36 字母。纵列以韵目、四声和四等标明韵类，韵图的纵横交会处就是一个汉语的音节。因此，《韵镜》实际上就是以 206 韵为代表的中古音音节的声、韵、调配合图。

宋代另一部重要的等韵学著作是《四声等子》，一般认为是南宋时期的作品。这是一部富于创新精神的著作，对等韵图的编制有很大改进。它最大的贡献是把“摄”的概念运用到等韵图中。“摄”是等韵学家合并语音相近的韵构成的语音单位。《四声等子》把 206 韵概括为 16 个摄，把《韵镜》的 43 张等韵图简化为 20 张。这种以一摄统多韵的方法，使语音系统的脉络更加清楚，使汉民族的音韵研究大大前进了一步。②

在这个基础上，迎来了《广韵》的集韵书之大成。《广韵》是汉民族第一部官修韵书，全称是《大宋重修广韵》，宋真宗祥符元年（1008）由

① 黄易青：《〈守温韵学残卷〉反映的晚唐等韵学及西北方音》，《北京师范大学学报》2007 年第 3 期。

② 参阅宋德金、张希清总纂《中华文明史》第六卷（辽宋夏金），河北教育出版社 1994 年版，第 589—590 页。

陈彭年、丘雍等人奉诏编纂而成。《广韵》是增广《切韵》的意思，它是在《切韵》《唐韵》等韵书的基础上修订而成。

《广韵》的编纂体例，首先是按平上去入四声分卷，平声字多分为两卷，全书共分5卷。其次，每卷内又按韵母划分韵部，其中上平声28部，下平声29部，上声55部，入声34部，全书共分206个韵部。最后，在同一韵部里，再依声母分成小韵，同一小韵中的字声母和韵部都相同。全书共有3890个小韵，每个小韵中在第一个字下用反切注音，不同小韵之间用“O”作标志隔开。

《广韵》在汉民族语言学史上具有重要地位，其不仅是第一部法定的国家级韵书，而且由于是汉民族完整保存至今的最早的韵书，其代表的是中古的语音系统，书中保存的丰富的语音材料，不仅是研究中古音的重要依据，也是上探古音、下推现代语音的桥梁和纽带，具有极重要的科学价值和文献价值，甚至可以说它是汉民族永不磨灭的“录音带”。[①] 正如国学大师黄侃1920年在《与友人论治小学书》中所说：“音韵之学，必以《广韵》为宗，其与《说文》之在字书，轻重略等。”[②]

二　从楷书到宋体：稳定了汉字千年的字形

《广韵》保存了汉语千年古音，宋体字则引领了汉语的基本字体。

汉字的演变经历了两次巨变，第一次是汉代的“隶变”，对此，本书第五卷有详述，在此要论及的是汉字的第二次巨变，即宋代的“宋变”，就是宋体字的出现。为什么将宋体字的出现称为“宋变”，并与“隶变”并论？

第一，宋体字的发明是唐代书法大家欧、褚、颜、柳聚焦的结果。在唐代，当纸张得到广泛普及，毛笔的性能也变得更加优越时，书法艺术进入了发展的全盛时期。这时的书法大家们，从持笔的方法，到运笔的力度，从每种字体的风格特征，到每个字形的间架结构，都形成自成一体的风格，从初唐四家，到颜真卿，再到柳公权，他们的手写体到了炉火纯青

① 参阅宋德金、张希清总纂《中华文明史》第六卷（辽宋夏金），河北教育出版社1994年版，第590—592页。

② 黄侃：《与友人论治小学书》，《唯是》月刊1920年第3册。转引自宋德金、张希清总纂《中华文明史》第六卷（辽宋夏金），河北教育出版社1994年版，第591页。

的程度。于是，在隶书的基础上，出现了进一步和最终的简化，这就是“由隶而楷”。

楷书，由隶书的草写体发展而来，确切地说它简略了隶书的书写规则。将隶书笔画最具特征的波磔改为平直的笔画，以方角转弯和硬勾笔画来代替隶书里的圆弧弯转的笔画。至唐代，书家们以各自的境界和修养对楷书之面貌不断进行改革和完善，将其推向了极致。唐人张怀瓘《书断·八分》曰“本谓之楷书。楷者，法也、式也、模也”[①]，意即楷书的“楷”有“楷模”之意。“楷书”本来并非专指某种字体，而是指可以作为楷模的字或有法度的字，楷书是在快速书写隶书时发生的变化，所以，明人孙鑛在《书画跋跋》中云：“余尝谓汉魏时，隶乃正书，钟王小楷乃隶之行。”在这种态势下，唐代成了楷书的集大成时期，这一时期涌现了许多著名的书法家，如欧阳询、颜真卿、柳公权等，他们适应书法艺术的发展规律，对楷书进行了完善和改造，并将之由士大夫阶级普及民众，在行政、科举、教育等方面，使其具有了巨大的流通性和普遍的社会基础，自然也成了雕版印刷的首选字体，而宋体字就是由楷书字体在刻字刀的影响下逐渐演变聚焦而成。

由隶书的快速书写发展而来的“钟王楷书”[②]，作为碑刻用字，在结体和笔法上都还有不够庄严稳重之处，为此，人们不断对其进行完善，直到唐初，欧阳询才较好地完成了这项工作。明人孙鑛曾说：“若楷书则断自欧阳始，点点画画，皆具法度，无一笔迁就从便，意正与隶同，法正与行草相匹配也。”[③] 欧体楷书对唐以后的书法影响很大，是楷书完善法度、规矩的第一重要书体。在长期模仿欧体的过程中，版刻字体将其特征继承了下来，故许多雕印书籍都带有欧体的笔意，欧阳询对楷书的改造不仅完善了楷书，也对宋体字的结体、风格产生了深远的影响，可见欧体也是聚焦宋体字的一个内容。

聚焦宋体字还有一个颜体。颜真卿在深刻理解二王书法的基础上，以自己的真知灼见完成了楷书的变法。他首先将楷书的敧势拉向正面，使楷

---

① （唐）张彦远：《法书要录》卷七。

② 钟繇，三国时期曹魏著名书法家、政治家，书法造诣颇深，与王羲之并称为“钟王”。王羲之，东晋著名书法家，被后世称为“书圣”，他变革楷书与行书，成为一代风范。

③ （明）孙鑛：《书画跋跋》。

书的结字平正端方，在把结字站正的基础上，又对楷书笔画做了调整，有意识地把横、撇等画写得细瘦，把点、捺等笔画写得肥壮，使笔画的粗细变得悬殊。这一点在楷书的变革中至关重要，因为在结字端正时，如果笔画粗细依旧是均匀的，写出的字就会显得呆板、僵化，这正是颜真卿的高明之处。他还上法篆隶，将古拙苍劲的笔意带入颜氏楷书之中。这样一来，颜体楷书结体虽方正却不呆板，笔画虽悬殊却不俗不弱，形成了端方四至、伟岸浑然、远取诸法而合于世情的新书体。所以，楷书的演化正是宋体字发展的起点，故北宋的刻本字体深朴厚重，多使用名家的字体，正楷有唐代的欧阳询、颜真卿、柳公权，行楷有宋代的苏轼、徽宗的瘦金体。当时浙江刻本多用欧体，福建刻本多用柳体，蜀本采用颜体。明人谢肇淛在《五杂俎》中说："凡宋刻有肥、瘦两种，肥者学颜，瘦者学欧。行款疏密任意不一，而字势皆生动，笺古色而极薄不蛀。"可见，宋体字正是唐代书法大家欧、褚、颜、柳聚焦的结果。[①] 这个"宋变"是汉语言文字史上划时代的事件，其意义绝不亚于"隶变"。

第二，宋体字的发明是宋代社会文化大发展必然的结果。柳诒徵在《中国文化史》中评论说："有宋一代，武功不竞，而学术特昌。上承汉、唐，下启明、清，绍述创造，靡所不备。"[②] 故宋代文化建设成就非凡。北宋初年，即兴建崇文院收藏图书。奉敕撰成的《崇文总目》共 66 卷，收书有 36669 卷；《太平御览》《太平广记》《文苑英华》《册府元龟》四大书以及《资治通鉴》相继编纂，规模超过前代。

前已述及，宋代书院崛起，藏书是其一大功能，加上科举面向庶族文人，为平民向上流动打开了通道，从而大大促进了文人阶层的扩大。而理学的创立，学术之自由，思想之活跃，儒道释三教融合，学者纷纷著书立说，又进一步促进了出版事业的发展。以文学为例，唐宋文学并称，宋词为一代之文学，唐宋散文八大家，宋代占有六家。据缪钺《全宋文·序》称："宋代文章，有别集流传者六百余家，如以无别集而文章零散传世者合而计之，作者将逾万人，作品超出十万。"《宋史·艺文志》著录宋人撰述达"九千八百十九部，十一万九千九百七十三卷"。宋代作家作品数

① 以上参阅杨艳芳《论宋体字的形成与特征》，硕士学位论文，南京艺术学院，2011 年，第 5—6 页。

② 柳诒徵：《中国文化史》（中），东方出版中心 2007 年版，第 660 页。

倍于辉煌的唐代，真可谓《论语·八佾》所云：“郁郁乎文哉。”

众所周知，在未有雕版印刷的年代，大量书籍和宗教的经文都是靠人工抄写而成，故形成了抄书行业，职业的抄写者被称为“经生”，长期的职业抄写又形成了“经书体”。但在宋代文化造极大发展的时代，如果还是让“经生”手抄“经书体”出版书籍，根本不能适应宋代文化事业的需要。明丘濬《大学衍义补》云：“宋朝以文为治，而书籍一事尤切用心，历世相承，率加崇尚。”于是，随着政治统一、经济恢复、教育发展和文化生活的繁荣，社会对书籍的需求量越来越多，极大地促进了印刷业的发展，宋代不仅各级政府刻书，士大夫阶层也都热衷于刻书，因有利可图，坊间刻书更是遍及各地，印刷书籍开始成为商品。所以，宋体字的发明又是宋代社会文化大发展的必然结果。[①] 这个“宋变”也是汉语言文字与社会需要相适应的划时代的事件，其意义绝不亚于“隶变”。

第三，宋体字的发明又是雕版印刷术问世的直接结果。关于印刷术的发明将另节专述，在此要述及的是繁荣的宋代文化造就了印刷术的辉煌，柳诒徵在《中国文化史》中说：“而雕版印刷术之勃兴，尤与文化有大关系。故自唐室中晚以降，为吾国中世纪变化最大之时期。前此犹多古风，后则别成一种社会。”[②] 由此可见，宋刻书成为宋代文化的有效载体。在书籍的大量生产中，由于刻字工匠的快速雕版而逐渐形成了“宋体字”。

具体而言，雕版印刷术产生后，商品图书的生产不再仅仅依赖手抄，8世纪的长安已经出现了专门印书的作坊，生产规模比手抄方式扩大了许多，这就要求能够快速、大量地复制书籍产品。其实，初期的雕印书籍和手写本几乎没有差别，所用字体大多是模仿名家笔意的楷书。宋体字是伴随着雕版印刷技术的发展而催生的，它吸收了楷书合理的部分，摒弃了与之规律相悖的成分，对楷书的结构和笔画都做了高度的概括。与此同时，雕版印刷技术和宋体字之间的关系是互动的，宋体字依赖雕版印刷技术而发展、普及，雕版印刷技术又促使宋体字不断改进和完善，使其满足“快速”“简便”“正规”“适阅读”的要求。雕印术能够得到应用和快速发展的原因，在于能够再现和表达当时的主流文字，同时，又能使文字适

---

① 徐建平：《宋代文化造极的见证者——宋体字》，《开封大学学报》2003年第3期；杨艳芳《论宋体字的形成与特征》，硕士学位论文，南京艺术学院，2011年，第3页。

② 柳诒徵：《中国文化史》（中），东方出版中心2007年版，第642页。

应这种技术的变化，从而出现了宋刻本。

最初雕版印刷是以楷书上版，专门书写标准楷书的人员有着深厚的楷书功底，善于模仿名家笔意。但雕刻是比书写更加艰辛枯燥的工作，而这些社会最底层的刻工获得的收入却相当微薄。为了生存，刻工们只能不分寒冬酷暑的工作，不断摸索提高工作效率的方法。他们发现在保持文字基本外形的前提下减少奏刀次数可以大大加快工作进度，而减少奏刀次数最有效的方法，就是把文字原来的弧线简练成直线，将复杂不规则的地方变得简单规律易处理，宋体字就在这种变化中开始初露端倪。可以说，宋版印本所用的规整楷体正是宋体字的源头，而快速雕刻则是促使宋体字形成的主要原因。

在快速雕刻的要求下，宋体字以程式化为要求对楷书进行了改造，将手写的曲线形笔画改造为直线型笔画，对笔画中存在的共性特征加以提炼和抽象，以减少造型元素，从而减少奏刀次数。刚劲硬挺的笔画仍然保持了线条应有的弹性，这是宋体字笔画力度的根本所在。结构的方正均衡、整齐划一也是对楷书进行梳理和规范的结果，这种规范保证了文字排版及印刷效果的整齐划一。规整的字形排除了偶然性，加强了规律性，便于缮写，便于雕刻。整齐均匀的文字还使排版行列分明、十分有序，因此更易于辨识和阅读。另外，方正平稳的字形既便于横向发展，又便于纵向延伸，在把握文字规律的情况下，易于发展出新的样式和风格，长宋、扁宋、黑体等字体都是在宋体字笔画和结构的基础上发展而来。可见，宋体字从笔画到结构都保持了高度一致的整体性。[①] 这个“宋变”也是汉语言文字与雕版印刷相适应的划时代的事件，其意义已不是“隶变”可同日而语的了。

总之，宋体字的发明作为唐代书法大家欧、褚、颜、柳聚焦的结果，作为宋代社会文化大发展必然的结果，作为雕版印刷术问世的直接结果，不仅丰富了汉字的形态，更重要的是使汉字的字型从此稳定，生命旺盛，千年未变，最终取得字形的权威地位，在汉字规范史上无疑是一个很大的飞跃，故堪称汉语言文字史上的“宋变”！

---

① 以上参阅陆锡兴《宋体字产生及其在文字史上的意义》，《南昌大学学报》2007 年第 3 期；杨艳芳《论宋体字的形成与特征》，硕士学位论文，南京艺术学院，2011 年，第 9—11、48 页。

最后，要说明的是，对于宋体字产生时代，学术界有两种观点相对立：一种观点认为宋体字是形成于宋代，另一种观点则认为宋体字产生于明代中期。[①] 然而金岷彬从2008年开始在哥伦比亚大学东亚图书馆、普林斯顿大学东亚图书馆查阅，并在2010年找到了宋版书上的被作为后世印刷字体宋体字的原型字样。这就原始材料上确定了宋代说。同时，又有学者通过对文物的鉴定和考古研究，发现了不少明代中期以前的宋体字实物资料。这些实物资料包括政府公文、雕版书籍及货币合同印等，其中最早的资料比明代中期要早近四百年。且其分布范围也极其广泛，在少数民族文化中也有出现。这足以证明早在宋代，宋体字就升华了汉字字型。可见，明代的书版写工和刻工把被他们发扬光大的汉字印刷字体称为“宋体字”，也并非空穴来风。虽然宋体字产生的确切时间尚有待考证研究，但宋体字产生于宋代是完全可以确定的。[②] 这毕竟是汉民族文化史上的一件大事！

从此以后，虽然汉民族书法以多样性的姿态呈现于世，但宋体字作为印刷体的权威字型，以书籍为载体，写满了汉民族上下五千年璀璨的文化，旖旎着汉字魅力的无穷，内含着汉民族文化鼎盛的底蕴，彰显着汉民族永恒屹立的一种神圣。[③]

第五节　四大发明变四大应用：汉民族科技文化的变古

中国古代举世闻名的“四大发明”，即造纸术、印刷术、火药和指南针，一直是汉民族的骄傲。前已述及，造纸术、司南发明于汉代，雕版印刷和火药则发明于唐代，只有人工磁化的指南针和活字印刷术是在宋代发明的。对于这些对世界文明有重大贡献的四大发明从汉民族文化史的层面去探讨，其来由甚至发明权的问题在国际上仍时有质疑或争议。其实，说起来四大发明在宋代以前都已显身于世，而宋代是汉民族科技发展的井喷期，所以，对于宋代来说重要的是四大发明的应用问题。

---

① 张秀民：《中国印刷史》，上海人民出版社1989年版，第509页。

② 参阅方跃武《宋体字刍议》，《美与时代（上）》2013年第11期。

③ 参阅春华秋实《汉字（散文诗）》，散文网（http：//www. sanwen. net/subject/3608725/）。

一　“四大发明”之说的由来及面对的挑战

“四大发明”之说的发明权并不在中国，据江晓原的研究，最早出现在英国哲学家弗朗西斯·培根1620年出版的《新工具》中，他提出了三大发明：火药、指南针、印刷术，没有造纸术。培根说这三项发明改变了世界历史，但并没说这三项发明是谁做出来的。他认为这些发明的来历是不清楚的。稍后马克思基本上承袭了培根的说法，他说：“火药、指南针、印刷术——这是预告资产阶级社会到来的三大发明。火药把骑士的城堡炸得粉碎，指南针打开了世界市场并建立了殖民地，而印刷术变成新教的工具，总的来说变成科学复兴的手段，变成对精神发展创造必要前提的最强大的杠杆。”[①] 在此，马克思也没有把这三个发明归于中国。

从三大发明变成四大发明。最初是来华的耶稣会会士艾约瑟（Joseph Edkins，1823—1905），他把造纸术列为其中。最大的功劳要归英国科技史学家李约瑟。他大力赞美和强调四大发明是中国人做出的贡献。李约瑟长期研究中国科学史，不断称颂中国古代的科技成就，他被视为“中国人民的伟大朋友”。四大发明通过李约瑟提倡之后，进入了我们的教科书[②]，从此，此说风靡世界。这就是“四大发明”之说的由来。

但挑战随之而来。在有关四大发明的争议中，有“今天全世界用的都是黄色炸药，而中国人所发明的火药是黑火药”之说；有“中国古代到底是真的发明了指南针，还是只不过发现了地磁现象”之说；有“旱罗盘是西方人发明的、水罗盘可能是中国人发明的”之说；凡此种种，不一而足。江晓原在《关于四大发明的争议和思考》一文中，对上述争议一一作了回应、澄清和分析，明确四大发明火药发明权难以动摇，造纸问题莫自寻烦恼，司南迄今仍然只是一个神话。比较复杂的是印刷术，韩国人企图争夺中国雕版印刷术的发明权，但没有成功；在活字印刷上，他们也无法超过毕昇；但是在金属活字印刷上，他们占了先，联合国教科文组织确认他们比中国的金属活字印刷要早。[③]

争论、质疑是历史的常态，而穿越历史，走进宋代，我们可以看到的

---

① ［德］马克思：《机器、自然力和科学的应用》，人民出版社1978年版，第67页。

② 参阅江晓原《关于四大发明的争议和思考》，《科技导报》2012年第2期。

③ 同上。

是四大发明是如何应用于汉民族社会生活的。

二　宋代造纸术的成熟与广泛应用

宋代汉民族科技发展的井喷，第一个大亮点就是汉民族造纸术的发展。造纸是汉民族在科技文化上对世界、对人类的一大贡献，自汉代发明后，到两宋时汉民族的造纸技术已进入成熟期，主要表现在三个方面：

一是抄纸技术的提高。造纸水平的关键技术在于抄纸，而对于巨幅纸的生产更是体现技术水平的标志。明人文震亨在《长物志》卷七中说：宋“有匹纸，长三丈至五丈；有彩色粉笺及藤白、鹄白、蚕茧等纸”。另一位明人屠隆《纸笔墨砚笺》也说：宋“有匹纸，长三丈至五丈，陶穀家藏数幅，长如匹练，名鄱阳白”。“匹纸”当指此纸长达一匹左右而言，至今仍有保存下来的。如辽宁省博物馆藏宋徽宗赵佶草书《千字文》长达三丈余，其间并无接缝，纸上朱地描以泥金云龙纹图案；故宫博物院藏南宋法常（1176—1239年）《写生蔬果图卷》，原是白色精细的皮纸，明人沈周在此图的跋中说：“纸色莹洁，一幅长三丈有咫，真宋物也。”经测量，其高为47.3厘米，横长达814.1厘米。巨幅匹纸的出现充分说明了宋代抄纸设备、抄纸技术都有了较大的进步。

那么，宋代抄纸的具体状态又如何呢？宋人苏易简在《文房四谱·纸谱》中曾对宋代匹纸的抄造工艺作过简要的描述，其云：“黟、歙间多良纸，有凝霜、澄心之号。复有长者，可五十尺为一幅。盖歙民数日理其楮，然后于长船中以浸之，数十夫举抄以抄之，傍一夫以鼓而节之；于是以大熏笼周而焙之，不上于墙壁也。由是自首至尾，匀薄如一。”可见匹纸在宋代多产于今皖南的黟、歙一带；抄纸是在长船式水槽中进行的，需数十人执纸帘，一人击鼓指挥，协同进行。关于纸帘的情况苏氏不曾提及，人们推测应是以较细长的竹条以丝线拼接而成的。这种抄纸工艺至今在汉民族民间仍传承着。

二是造纸原料的丰富。造纸技术水平的高低，还可表现在造纸原料的扩大上。宋代造纸的原料在继续使用麻、树皮的同时，又大量地使用了竹、麦秆、稻秆等纤维，从而开拓了造纸技术的新纪元。

竹纸约发明于唐，宋后便普遍推广开来。苏轼《东坡志林》卷九载：“今人以竹为纸，亦古所无有也。”可知北宋人认为竹纸是刚兴起不久的。宋代竹纸主要产于江浙一带，北宋早期时质量仍然欠佳。苏易简《文房四谱·纸谱》说："江浙间有以嫩竹为纸……盖随手便裂，不复粘也。"北宋晚期，竹纸质量得到迅速提高。米芾《书史》说："予尝捶越（州）竹（纸），光滑如金版，在油拳上，短截作轴入笈番覆，一日数十张，学书作诗。"此"油拳"即杭州之皮纸。南宋陈槱《负暄野录》卷下说："今越之竹纸，甲于他处。"嘉泰《会稽志》还谈到了竹纸的五大优点："滑，一也；发墨色，二也；宜笔锋，三也；卷舒虽久，墨终不渝，四也；唯不蠹，五也。"前四点评价都是十分得体的，唯第五点有些夸张，因在诸纸中，竹纸最易受蛀。据检验，今故宫博物院所藏米芾《珊瑚帖》，宋人所摹王羲之《雨后帖》、王献之《中秋帖》，皆为宋代竹纸。除了纯竹纸，宋人还用竹与其他原料混合造纸。经鉴定，今故宫博物院珍藏的米芾《公议帖》《新恩帖》皆系竹料、麻料混合纸；米芾《寒光帖》则为竹料与楮皮的混合纸。

从现代造纸学观点看，竹料是富含纤维的，其纤维细胞的含量占细胞总面积的60%—70%。造纸原料由麻过渡到树皮是一个进步，而由麻和树皮过渡到竹，则是个更大的进步。在造纸史上，竹纸的出现，可以说是具有划时代意义的事件。西汉之后，麻纸的使用开始普及；晋唐时期，藤皮纸亦一度盛行，因竹纸质量较好，原料来源亦较广泛，此时便逐渐取代了麻纸和藤皮纸的显要地位；宋代之后，麻纸的地位有所衰退，藤皮纸则渐被淘汰。宋代被广泛应用的是竹纸和树皮纸。西方竹纸大约是19世纪才出现的。1875年，一个名叫劳特里奇（Thomas Routledge）的英国人写了一本关于以竹造纸的小册子，而且是用竹纸印刷出来的。它被认为是西方最早的竹纸。竹纸在南方汉族民间流传久远，如江西奉新县石溪村至今仍传承着砍竹—沤竹—洗料—舂料—抄纸—压纸—晒纸的造竹纸的工艺流程。①

此外，还有草纸的生产。《文房四谱·纸谱》载："浙人以麦茎、稻秆为之者脆薄焉，以麦藁、油藤为之者尤佳。"这是关于草类纤维纸的最早记载。草纸的出现，进一步扩大了造纸原料的来源。而英国用西班牙草制成的草纸是1857—1860年间，比汉民族造革纸迟了八九百年。

三是纸的品种增多。造纸技术的进步还表现在品种的扩大上。元人费

① 参阅左美容《江西传统手工造纸调查研究——以奉新石溪村手工造纸为例》，硕士学位论文，江西师范大学，2012年。

著的《蜀笺谱》载，宋仅成都一地，以造纸为业者便有数百家之多。宋纸有以原料命名的，也有以产地、加工状况命名的，还有一些名称则完全是一种赞许和美誉，如“鹄白”“蚕茧”“凝霜”等。宋代浙江有一种备受后人重视的“金粟山藏经纸”，经检验，它原是桑皮纸及麻纸。温州地区当时生产过一种“蠲纸”，实为桑皮纸。蜀中还生产过一种叫“谢公笺”的十色纸，据费著《蜀笺谱》说，它可与唐代“薛涛笺”齐名。在众多色纸中，与唐同样，亦重黄纸。在宋代诸多加工纸中，有两种纸比较值得注意：

1. 水纹纸

水纹纸，又叫“花帘纸”“砑花纸”，属于艺术加工纸范围，它能给人一种潜在的美感。在透光处看时，能显示出除帘纹外的多种纹理、艺术图案或文字；当平置和不透光时，图案和文字便隐而不现，奇妙无穷。《文房四谱·纸谱》说，其纸纹是用雕有纹理和图案的模子砑出来的：“逐幅于方版之上砑之，则隐起花木麟鸾，千状万态。”陶穀《清异录》“文用”条说：“姚顗子姪善造五色笺，光紧精华。砑纸板乃沉香木刻山水、折枝、花果、狮凤。……幅幅不同，文绣奇细，号砑光小本。”此外，从理论上讲，这图案和纹理亦可编织在纸帘上，令其稍凸于帘面，抄纸后，此处便因较薄而形成了透光纹理。

水纹纸始见于唐，但唐代遗物甚鲜，现存世界上最早的水纹纸是故宫博物院收藏的李建中（945—1013年）的《同年帖》。此帖由大小二纸联成，小纸（8.4厘米×33厘米）呈现出透光的精巧水纹图案。故宫博物院收藏年代稍后的有米芾（1051—1107年）《韩马帖》（33.2厘米×33.2厘米），呈现出复杂的云中楼阁图案。欧洲水纹纸是1282年由意大利法布里亚诺造纸厂生产的，纸上只有简单的十字架纹。

2. 防蛀纸

防蛀纸是一种特种纸。宋版《春秋经传集解》在书末刻记云：“淳熙三年（1176年）四月十七日，左廊司局内曹掌典秦玉桢等奏：闻壁经《春秋左传》《国语》《史记》等书，多为蠹鱼伤牍，未敢备进上览。奉敕用枣木、椒纸，各造十部，四年九月进览。监造臣曹栋校梓，司局臣郭庆验牍。”此“椒”当指蜀椒，其果实中含有香茅醛等，具有杀虫功能。“椒纸”当是用蜀椒果实的浸出液处理过的纸。其法约有两种，一是把浸入的椒液兑入纸浆中；二是把它涂布于成纸之上。

可见，宋代不但生产了大量的普通用纸，最大限度地满足了书籍印刷和日常事务之需；而且生产了许多具有特殊性能的纸，从而最大限度地满足了宋代汉民族社会的特殊需要。①

三　雕版印刷的发展和活字印刷的发明

宋代汉民族科技发展的井喷，另一个大亮点就是汉民族的雕版印刷发展到了鼎盛时代，一是发明了铜版印刷和型版套色印刷，二是发明了活字印刷术。

宋代发明了铜版印刷是确凿无疑的。据考，北宋曾用铜版印刷过商品广告。中国历史博物馆今藏有“济南刘家功夫针铺”铜版。其最上部刻“济南刘家功夫针铺”8 字，上半部正中刻玉兔捣药图像，左、右两边分刻“认门前白”“兔儿为记”8 字，下半部刻有“收买上等钢条”等 28 个字。据有关专家鉴定，其为北宋遗物。此外，南宋曾用铜版印制过纸币“会子”。《文献通考·钱币考二》载：“淳熙三年（1176 年）诏：第三界、四界，各展限三年，令茶场会子库将第四界铜版接续印造会子二百万，赴南库桩管。”上海市博物馆今尚收藏有会子铜版。版式长方形，上部右边为金额（大壹贯文省），左边为料号，当中是赏格文：“敕伪造会子犯人处斩。赏钱壹千贯”等 58 个字，赏格文下是“行在会子库”5 字，再下为花纹图案。

汉民族在古代织物上的型版套色印染约发明于汉代，但纸上的套色印刷却是到了宋代才发明出来。元人费著的《蜀笺谱》载：“大观元年五月，改交子务为钱引务，所铸印凡六：曰敕字、曰大料例、曰年限、曰背印，皆以墨；曰青面，以蓝；曰红团，以朱；六印皆饰以花纹。红团，背印则以故事。”说明当时四川流通的纸币“交子”（钱引）是用六块印版，青、蓝、红三色套印而成的。此外，1974 年，山西应县木塔中发现辽代彩色雕版套印的《炽盛光九曜图》和彩色漏印的《南无释迦牟尼佛像》等七件印刷品，均当统和年间（983—1012 年）印成，这是今见最早的套印实物。可见，这套色技术当时只用于纸币和佛像。

宋代在印刷术上最惊人的突破是庆历年间（1041—1048 年）由毕昇

① 参阅宋德金、张希清总纂《中华文明史》第六卷（辽宋夏金），河北教育出版社 1994 年版，第 323 页。

发明了活字印刷术。《梦溪笔谈》卷一八载："板印书籍，唐人尚未盛为之，自冯瀛王始印《五经》，已后典籍皆为板本。庆历中，有布衣毕昇又为活板。其法：用胶泥刻字，薄如钱唇，每字为一印，火烧令坚。先设一铁板，其上以松脂、腊和纸灰之类冒之。欲印，则以一铁范置铁板上，乃密布字印，满铁范为一板。待就火炀之，药稍熔，则以一平板按其面，则字平如砥，若止印三二本，未为简易，若印数十百千本，则极为神速。常作二铁板，一板印刷，一板已自布字。此印者才毕，则第二板已具，更互用之，瞬息可就。每一字皆有数印，如'之'、'也'等字，每字有二十余印，以备一板内有重复者。不用则以纸贴之。每韵为一贴，木格贮之，有奇字素无备者，旋刻之，以草火烧，瞬息可成。不以木为之者，文理有疏密，沾水则高下不平，兼与药相粘，不可取；不若燔土，用讫再火，令药熔，以手拂之，其印自落，终不沾污。昇死后，其印为群从所得，至宝藏之。"这里简要地记述了泥活字制作、印刷的全过程，以及诸注意事项，泥活字的优点、木活字的缺点等，是宋代文献中关于活字印刷的最早记载。

后世学者对毕昇的活字印刷进行过许多模仿和研究，据《牧庵集》卷一五载：忽必烈的谋士姚枢曾因《小学》书流布未广，教其弟子杨古"为沈括活版，与《近思录》、《东莱经史论说》诸书散之四方"。此"沈括活版"即沈括记述的活字印刷。清代翟金生曾对胶泥活字进行了 30 多年的研究和试制，制作泥活字 10 万多个，并在 70 岁高龄时印刷了《泥版试印初编》。从科学考察和模拟试验的情况看，翟氏活字的制作过程约可分作三步：一是镌刻阳文反书的木活字；二以此木活字为模，把泥坯加工成阴文正书的泥活字，并风干，焙烧；三以阴文正书泥活字为模，把泥坯制成阳文反书的泥活字，后风干，在 500℃左右焙即成。①

那么，宋代用活字印刷的著作是什么呢？宋代用活字印刷过何种书籍，过去一直缺乏记载，清代以来藏书目录中著录了七八种宋活字本，张秀民认为均不可信。1985 年，台湾学者黄宽重先生在南宋周必大文集中，发现有周氏以泥活字印书的记载，始见确证。《周益文忠公集》卷一九八载有绍熙四年（1193 年）周必大与程元成给事札子，其中有云："近用沈

① 参阅宋德金、张希清总纂《中华文明史》第六卷（辽宋夏金），河北教育出版社 1994 年版，第 325—326 页。

存中法，以胶泥铜板，移换摹印，今日偶成《玉堂杂记》二十八事，首恩台览。尚有十数事，俟追记补缀续纳。”由此可知，周必大曾用泥活字印刷过所著《玉堂杂记》。[①]

从雕版印刷到活字印刷，这是印刷术的一个飞跃，不仅是印刷史上一次伟大的技术革命，更对人类文明史的发展起过重大的作用。

四　火药技术用于军事

宋代汉民族科技发展的井喷，第三个大亮点就是汉民族古代火药技术应用于军事。

炼丹师发明的火药到了宋代却一跃成了军队的撒手锏。由于战争的需要，北宋政府在东京开封设立了“广备攻城作”，这是个生产军用物资的大型兵工厂，分为11作，其中便有“火药作”，可见宋代对火药应用军事的重视。在“火药作”的运作下，人们对火攻器械进行了大量的研究，出现了冯继昇的火箭法，唐福的火球、火蒺藜，石普的火球、火箭等。火药武器大量出现，推动了火药的配方改进和专门的火药研究，如北宋曾公亮、丁度等编著的《武经总要》中就有三个火药配方。从文献记载看，宋代的火药配方成分增多，与唐代火药相比，主要成分硝、硫、木炭，宋代火药硝的成分增加到两三倍，已与后来黑火药的硝的含量接近。同时在火药中加入其他材料，以利于易燃、易爆、易毒等效果。所以火药虽不是宋代汉民族的发明，但他们在制造和使用过程中进行了较大的改进，努力将火药应用到武器制造和发明上，推动了火药的实用性，使火药这一古老的技术得以发挥更大的作用[②]，归纳起来，宋代火药用于军事经历了一个“三级跳”。

1. 第一跳：火药箭的使用

宋代火药用于军事的第一跳是弓火药箭和弩火药箭的使用。火药箭分为弓火药箭和弩火药箭两类，是利用弓和弩发射的箭杆上带有火药包的装置。庆历四年（1044年）成书的《武经总要》前集卷一三载：“火箭，

---

① 参阅宋德金、张希清总纂《中华文明史》第六卷（辽宋夏金），河北教育出版社1994年版，第326页。

② 参阅郑师渠总主编，吴怀祺分册主编《中国文化通史·两宋卷》，北京师范大学出版社2009年版，第413—417页。

施火药于箭首，弓弩通用之。其傅药轻重，以弓力为准。”此“火箭”显然即是弓火药箭和弩火药箭。《宋史·兵志》载：开宝三年（970年），“兵部令史冯继昇等进火箭法，命试验，且赐衣物束帛”。咸平三年（1000年），“神卫水军队长唐福献所制火箭、火毬、火蒺藜”。从《武经总要》的有关记述来看，这些“火箭”显然都是靠弓弩发射的。直到南宋时期，弓火药箭和弩火药箭还在大量使用。《嘉定镇江志》卷一〇载，镇江府守臣副制史弥坚曾请朝廷调拨“火药弓箭五百支。……火药弩箭五百支，蒺藜火炮二百筒”。南宋赵与衮《辛巳泣蕲录》中说：辛巳年（1221年）金兵攻蕲州，宋军“同日出弩火药箭七千支，弓火药箭一万支”。

与弓火药箭和弩火药箭相近的是蒺藜火球。蒺藜火球是用抛石机投掷、在火药包中夹有铁质锋刃器的火器。《武经总要》前集卷一一、卷一二载有毒药烟毬、蒺藜火毬和火炮三者的火药配方。后者共重5斤2两2分，计由14种药物配成，其中有焰硝2斤半，晋州硫黄、松脂各14两，窝黄7两，麻茹、乾漆、砒黄、定粉、竹茹、黄丹各1两，黄蜡、桐油各半两，清油、浓油各1分。制法是“以晋州硫磺、窝磺、焰硝同捣，罗（之）。砒磺、淀粉、黄丹同研，干漆捣为末，竹茹、麻茹即微炒为碎末，黄蜡、松脂、清油、桐油、浓油同熬成膏，入前药末旋旋和匀，以纸五重裹衣，以麻缚定，更别熔松脂傅，以炮放”。其余两种火药的药料与此有不少是相同的，但分量不同。毒药烟毬由13种药料配成，比较特殊的有砒霜、狼毒、沥青等；蒺藜火毬由10种药料组成，比较特殊的有干漆、沥青等。总的来看，此三种火药所配硝、炭量都是较低的，皆呈膏状，若仅依硝、炭、磺三者计，则三物所占比例大体为60%、10%、30%，属纵火性、延烧性，而非爆炸性火药。看来，这大体上也反映了北宋制造火药的基本情况。[①]

此外，北宋时还有一种名叫鞭火药箭的火器，是用竹竿的弹力发射的。箭竿上亦带一个不大的火药包。

2. 第二跳：火炮使用

宋代火药用于军事的第二跳是火炮的使用。火炮约始见于唐代末年。

① 参阅宋德金、张希清总纂《中华文明史》第六卷（辽宋夏金），河北教育出版社1994年版，第327页。

宋人路振《九国志·郑璠传》载：唐天祐初（904 年前后），杨行密军围攻豫章（今江西南昌），部将郑璠命所部“发机飞火，烧龙沙门，率壮士突火先登入城，焦灼被体”。此“机”当即抛石机。“飞火”当即飞越空间较大的炮火。许洞（约 976—1017 年）《虎钤经》卷六解释得更为明白：“飞火者，谓火炮、火箭之类也。”

在宋代的文献中出现了有关火炮的记载，当时的火炮形制不尽相同，有纸制、陶制和铁制等。北宋末年，在宋金战争中，宋朝军队就发明使用了“霹雳炮”“震天雷”等杀伤性较大的火炮。震天雷是铁制火炮，威力很大，杀伤性很强，在《金史》中就曾这样记载：“火药发作，声如雷震，热力达半亩之上，人与牛皮皆碎迸无迹，甲铁皆透。”到了南宋，不仅火炮大多为铁制，且数量相当可观，时人李曾伯曾记载：“荆淮铁火炮有十数万只。”① 南宋机发火炮技术比较重要的成就，是铁质火药包的发明。这说明，火药配方已逐渐从延烧型发展到了爆炸型的阶段。铁质火药包至迟出现于 13 世纪早期。《辛巳泣蕲录》说：南宋嘉定十四年（1221 年），金人攻蕲州时便曾使用，其形如“匏状而口小，用生铁铸成，厚有二寸”。金哀宗天兴元年（1232 年），蒙古兵进攻汴京时，守城金兵也使用过这种火炮。《金史·赤盏合喜传》载：“其守城之具，有火炮名‘震天雷’者，铁罐盛药，以火点之，炮起火发，其声如雷，闻百里外，所爇围半亩之上，火点著甲铁皆透。”从有关记载看，这种火炮在南宋时期的生产和使用数量都是较大的。李曾伯《可斋续稿》后集卷五说：“火攻之具，则荆淮之铁火炮动（辄）十数万支，臣在荆州，一月制造一二千支，如拨付襄郢皆一二万。”②

南宋末年，元军攻南宋，马塈守静江，元军围城十余日，城内粮尽，城几乎不保，元军迫使宋守军投降，马成旺部将娄钤辖不为所动，在元军攻城时，“娄乃令所部入拥一火炮然之，声如雷霆，震城土皆崩，烟气涨天外，兵多惊死者，火熄入视之，灰烬无遗矣”③。可见火药威力之大以及出现了巨型火炮。这些火炮，不管是小型、中型或巨型，也不论是陶

① （宋）李曾伯：《可斋续稿后集》卷五。

② 宋德金、张希清总纂：《中华文明史》第六卷（辽宋夏金），河北教育出版社 1994 年版，第 328 页。

③ 《宋史·忠义六》。

制、纸制、铁制，不是用火药放射的火炮，可能是以埋藏、放置的方式，也可能是引爆炸药包之类的火器。①

3. 第三跳：火枪的使用

宋代火药用于军事的第三跳是火枪的使用。火枪的使用源起于喷气式火器的出现。喷气式火器的装置方法是将含硝量稍高的火药装入纸筒中，纸筒中心留下半个插引信的空腔，空腔下留一个引信出口，筒的上部用一层薄泥封顶，最后将此火药缚于箭竿上。火药点着后，高温火焰和气流便从底口急速喷出，因空气的反作用力而使纸筒飞起，再不需机械力的帮助。这就是今日火箭的鼻祖。

喷气式火箭约发明于12世纪，依据是这时不但发明了如上所述的引信，而且发明了烟火、爆仗。北宋孟元老《东京梦华录》卷七载，东京军士御前表演百戏时，“忽作一声霹雳，谓之爆仗……忽就地放烟火之类”。此“爆仗”“烟火”显然是一种火药杂戏。其发明年代自应在此之前。若无发射药，是难得制出烟火的，故一般认为烟火是喷气式火箭的前身。接着是管形火枪的出现，南宋初，陈规守德安城御金人时就采用“长竹竿火枪二十余条”。李曾伯在1257年也提到“如火箭则有九十五只，火枪则止有一百五筒”②。1259年，南宋寿春府开始“造突火枪，以巨竹为筒，内安子窠，如烧放，焰绝，然后子窠发出，如炮声，远闻百五十余步”③。这种火枪就是元代铜火铳的前驱，不同的是枪管由竹改为铜。这可以说是当时最先进的火药武器。管形火器的出现在兵器史上是一个重大的突破，为近代炮的发展奠定了基础。

宋代汉民族火药的改进和火炮的应用在12世纪后经中亚传到欧洲，对欧洲社会产生了巨大的震动，足见宋代的科学技术在飞越国界后对世界历史进程所产生的巨大影响。④

---

① 参阅郑师渠总主编，吴怀祺分册主编《中国文化通史·两宋卷》，北京师范大学出版社2009年版，第414页。

② （宋）李曾伯：《可斋续稿后集》卷五。

③ 《宋史·兵志》。

④ 参阅郑师渠总主编，吴怀祺分册主编《中国文化通史·两宋卷》，北京师范大学出版社2009年版，第413—417页；宋德金、张希清总纂《中华文明史》第六卷（辽宋夏金），河北教育出版社1994年版，第327—330页。

五　指南针用于航海

宋代汉民族科技发展的井喷第四个大亮点就是指南针应用于航海。

汉民族古代最早是利用太阳及其投射的影子来确定方向的，但因其受天气影响较大，后又发明了司南来指南。不管人们对司南有多少质疑，司南在汉民族中大约沿用了一千多年时间，到指南针宋代才出现。指南针是由司南发展而来的，它们的指极磁体主要有三点区别：一是形状和大小不同。司南呈杓状、瓢状，体形较大；二是材质和加工方法不同，司南为天然磁石琢磨而成，指南针为钢针经人工传磁而成；三是装置方法不同，司南的"磁杓"是直接放在栻占式地盘上的，指南针之磁针却有三种装置方法。指极磁体由天然磁石进到永久磁铁，是人类认识上的一大进步。

《汉民族史记》第五卷第四章已论述了宋代指南针的出现和使用。指南针的记载始见于北宋中期。《茔原总录》载，宋仁宗庆历元年（1041年）杨维德言：欲定四正方向时，须得先取"丙午针"（即正南偏东7.5度），待针停止摆动后，中而格之，方可得到正确方向。这是关于指南针和磁偏角的最早记载。在北宋庆历四年（1044年）已有人工磁化的指南鱼，但其磁化强度较弱，还不能用于航海。嘉祐八年（1063年），北宋科学家沈括在《梦溪笔谈》卷二四云："方家以磁石磨针锋，则能指南，然常微偏东，不全南也。水浮多荡摇，指爪及碗唇上皆可为之，运转尤速，但坚滑易坠，不若缕悬为最善。其法取新纩中独茧缕，以芥子许蜡缀于针腰，无风处悬之，则针常指南。其中有磨而指北者。予家指南北者皆有之。磁石之指南，犹柏之指西，莫可原其理。"在此，沈括说了五个方面的问题：一说宋代指南针是用"磁石磨针锋"、进行人工传磁而得到的。二亦谈到了磁偏角，说指南针并非不偏不离地指着正南，而是稍稍偏东。三说到了磁针的三种装置方法，即漂浮法、支承法和缕悬法。四说指南针是由方家制成的。五说磁针指南是一种自然现象，其理尚不明了。由沈括的记述看，当时使用较多的应是漂浮式的水针和缕悬针。到了政和年间（1111—1118年）冠宗奭《本草衍义》也谈到了漂浮式和缕悬式指南针。支承法虽较灵敏，但因支承处"坚滑易坠"故，是稍后才流行开的。这漂浮式和支承式指南针后来就演变成了所谓"水罗盘"和"旱罗盘"。北宋军火家曾公亮等人编纂的《武经总要》前集卷一五曾谈到过一种指南鱼，其云"其法以薄铁叶剪裁，长二寸，阔五分，首尾锐如鱼形，置炭火中烧之，候通赤，以铁钤钤鱼首出火，以尾正对子位，蘸水盆中，没尾数分则止，以密器收之。用时置水碗于无风处，平放鱼在水面令浮，其首常南向午也。”此“薄铁叶”显然是含碳量稍高的钢片。此“蘸水”亦即常说的淬火，这是获得永久磁铁的重要措施。从现代技术原理看，淬火组织钢比退火组织钢具有更大的矫顽力，即在获得磁性后，前者比后者更能保持住磁性。“以密器收之”，可能是进行人工传磁的过程，密器内当藏着天然磁石。南宋时，据陈元靓在《事林广记》中介绍，南宋末年的木制指南鱼与指南龟，是当时颇为流行的定向仪器。从实用航海来看，前者可用于海上；后者虽暂不相宜，然却开旱罗盘之先声，其价值也不容忽略。

那么，指南针何时用于海上导航呢？据北宋宣和元年（1119 年）朱彧所著的《萍洲可谈》云：“舟师识地理，夜则观星，昼则观日，阴晦观指南针。”据考，朱彧之记载采自其父朱服之见闻。朱服在元符二年（1099 年）至崇宁元年（1102 年）曾知广州。由此可推，中国航海者用指南针的时限，最迟不晚于 11 世纪末，此为一证。另一证见于北宋宣和五年（1123 年）成行，并由徐兢撰的《宣和高丽奉使图经》亦云：“是夜，洋中不可住，惟视星斗前迈，若晦冥，则用指南浮针，以揆南北。”可见指南针上船，一开始仅是作为阴晦天使用的辅助性导航仪器。但是，随着它在航海实践中显示出来的优越性，很快就成为航海者不可缺少的主要导航手段。宋人赵汝适即说，“舟船来往，惟以指南针为则，昼夜守视惟谨，毫厘之差，生死系矣”①。吴自牧也说，“风雨冥晦，惟凭针盘而行，乃火长（船长）掌之，毫厘不敢差误，盖一舟人命所系也”②。由此，不但可以看出海船对指南针的倚重，也可知道，至迟到南宋时，指南浮针已演进成水浮式磁罗盘——“针盘”了。

罗盘是指极磁针与带刻度的圆形承受器组合而成的。有关实物形象始见于南宋中期。1985 年江西临川窑背山南宋墓出土了 70 件江西烧造的瓷俑，其中有张仙人俑一式二件，俑高 22.2 厘米，由模印法贴塑而成。俑束发绾髻，身着右衽长衫，左手抱一罗盘，右手紧执左袖口，底座上墨书有“张仙人”三字。显然这是一个旱罗盘。该墓下葬于 1189 年，依此可

① （宋）赵汝适：《诸蕃志》。

② （宋）吴自牧：《梦粱录》。

以推测，旱罗盘的产生年代当可上推到南宋早期。在古代文献中，罗盘的记载始见于曾三聘《因话录》中，其“子午针”条说：“地螺，或有子午正针，或用子壬、丙午间缝针。”此“地螺”当即地罗。罗盘用于航海的记载约始见于13世纪早期。南宋赵汝适《诸蕃志》（1225年）谈到福建市舶司的一些情况时说：“舟舶来往，惟以指南针为则，昼夜守视惟谨，毫厘之差，生死系矣。”

指南针的使用，人类第一次得以在茫茫大海上自由航行，使航海如虎添翼。这种全天候航行的能力，引爆了航海业的革命，开辟了许多新的航线，缩短了航程，加速了航运的发展，不仅促进了宋代海运业的发展，更重要的是促进了汉民族与世界各国各民族的文化交流和贸易往来。汉民族在南宋指南针导航不久，就被阿拉伯海船采取，并经阿拉伯人把这一伟大发明传到欧洲，促成了以后哥伦布发现美洲新大陆的航行和麦哲伦的环球航行，对欧洲的航海业乃至整个人类社会的文明进程都产生了巨大影响。恩格斯在《自然辩证法》中指出，“磁针从阿拉伯人传至欧洲人手中在1180年左右”。1180年即南宋孝宗淳熙七年。所以说，指南针的发明和应用在汉民族文化史上是一件了不起的大事，是汉民族对世界文明做出的又一大贡献。①

总之，宋代汉民族科技发展的井喷，在汉民族文化史上集中呈现了汉民族科学技术发展的世界水平，并体现了汉民族在科学技术方面的聪明才智。更重要的是它在世界历史上改变了人类近代文明的进程，大大促进了人类文明的传播和发展。

第六节 纪传体变通鉴体:汉民族史学文化的变古

历史记忆是需要记录的，那么如何表述？两汉创立了纪传体，进入宋代以后，善于变古的宋代汉民族，开史学一代新风，创立了通鉴体。所谓通鉴体就是编年体，这种体裁的史书一方面可以给人提供历史发展的全面

---

① 本节参阅郑师渠总主编，吴怀祺分册主编《中国文化通史·两宋卷》，北京师范大学出版社2009年版，第414—416页；宋德金、张希清总纂《中华文明史》第六卷（辽宋夏金），河北教育出版社1994年版，第330—332页。

脉络和过程，另一方面它给人以历史多方面相互联系的概念。宋神宗赞许其“鉴于往事，有资于治道”，因此赐书名为《资治通鉴》。

一　从《史记》到《资治通鉴》的大变古

汉民族一直有记录历史的传统，并重视史书的编纂体例。许多史学名家都通过自己的史书，在这方面独树旗帜，别开生面。刘知几把唐以前史书归结为六家。一曰《尚书》家，二曰《春秋》家，三曰《左传》家，四曰《国语》家，五曰《史记》家，六曰《汉书》家。《尚书》是记言体，《春秋》是记事体，《左传》是编年体，《国语》是国别体，《史记》是通史纪传体，《汉书》是断代纪传体。这六家代表了唐以前历史编纂的六大学术流派，其他史书编纂辨例，不过是六家之流而已。从秦汉至唐初，史学界主流是编年史和纪传断代史两种体例，其他四家流传不广。所以，刘知几根据史学编纂史的发展态势，又把六家体例统归之为“二体”[①]。所谓“二体”，即编年体和纪传体，前者以《春秋》《左传》为代表；后者以《史记》《汉书》为代表。

由此可见，编年体本是汉民族古代最古老的史书体裁。这种史书体裁的特点，是“以事系日，以日系月，以月系时，以时系年”[②]，即以时间为中心，依照年月顺序记述史事。由于这种史书的特点前因后果关系密切，易于反映历史发展的进程，因而成为先秦时期广为流传的一种体裁。当时各诸侯国都有按年记事的编年史，且多以“春秋”命名，像周之《春秋》、宋之《春秋》、燕之《春秋》等。而鲁国史官左丘明编撰的《春秋左氏传》，则是先秦编年体史书中比较完备的一部，初步确立了编年体在史坛上的地位。但是，自从西汉司马迁纪传体通史——《史记》问世后，直到五代，汉民族的史学几乎都是纪传体史书的天下，《史记》以后各代正史，都以纪传为体，陈陈相因，成为传统风气，历代史家大多都是着力于上代或本代的纪传体。史学编纂既以纪传体为正宗，纵有编年体史书，也只是起长编的作用，不能列为国史定本。例如北魏最初由邓渊、崔浩、高允等接续修成的国史采用编年体，到了魏孝文帝时，又依纪传体加以改编。于是，在纪传体独尊的背景下，编年体文献仅有东汉荀悦

① 《史通·二体》。

② （晋）杜预：《春秋左传集解序》。

《汉纪》和晋袁宏《后汉纪》两部史籍。又据《新唐书·艺文志》著录的汉唐之间的历史文献中，纪传体史籍“七十家，九十部，四千八十五卷”，编年体史籍仅“四十一家，四十八部，九百四十七卷”。可以说，从两汉到五代，纪传体史书体例已成为历代史家修史的楷模，而编年体史书体裁由于不受史家重视，已走上了衰落的境地。正如清人浦起龙所讲：“上起三国，下终五季，弃编年而行纪传，史体偏缺者五百余年。”[①]

从史学体例的多样性来说，纪传体与编年体本来各有优劣。但历代统治者推崇断代史、纪传体，贬抑通史、编年体。而古代史学家和目录学家大都将断代纪传体的地位放在通史编年体之前，“自隋《经籍志》著录，以传记体为正史，编年为古史，历代依之，遂分正附，莫不甲纪传而乙编年。则马、班之史，以支子而嗣《春秋》；荀悦、袁宏，且以左氏大宗而降为旁庶矣”[②]。

宋以前，真正有分量的编年体通史可以说没有一部，这是为什么？而为什么从纪传体向编年体的变古又为什么偏偏发生在宋代？对此，唐初史学家刘知几曾经在某种程度和某种层面上进行过一次总结，写成了汉民族古代第一部史学理论专著《史通》，它系统地考察了先秦以来中国史学的发展，提出了一系列有见地的改革旧史的积极主张。但是刘知几与司马光两人处于不同的时代，前者处于汉民族社会的唐初鼎盛时期，后者处于汉民族社会的北宋积弱积贫时期。故唐初的统治者对于封建文化的整理和意识形态的统一十分重视，对唐以前诸朝历史进行大规模的整理和改编。而北宋的统治者面对严重的社会危机，更迫切需要总结历代统治者的统治经验教训，以期改变自己“积弱积贫”的政治局面。两个时代的政治诉求不同，这就为汉民族史学文化的大变古提供了可能和机会，此其一。其二，由唐至宋，历史著作门类和体裁增多了，史家在实践中对体例和史学方法的讨论也进一步深入，整个史学又有了极大的发展。由于刘知几和司马光所处的时代不同，所以作为史学家，两人所面临的任务也必然不同。刘知几的史学理论中属于中国史学传统和珍贵经验的东西，被司马光所借鉴和吸收并付诸《资治通鉴》的编修实践中去，有些东西被扬弃了。刘知几在唐代前期美断代而贬通史，司马光主会通而用编年体。断代纪传体

---

① 张煦侯：《通鉴学》，安徽教育出版社 1982 年版，第 21 页。

② 《文史通义·书教下》。

这种形式已经不能适应宋代统治总结历代帝王统治经验教训的历史内容的需要，战国至宋，千有余年的社会历史。不是断代纪传体所能包举的，司马光撰《资治通鉴》采编年通史体，是由于贯通古今，时限过长，中国封建社会发展到了后期，社会人事日渐复杂，社会文化特别是历史学有了相当发展的客观之“势”使之然也。也就是说社会的需要，也为汉民族史学文化的大变古提供了可能和机会。其三，汉以后的史家因循纪传体古法，不知“通变”，积弊日深。到了宋代，汉民族的史籍经过千余年的刊行，已是汗牛充栋，愈益繁杂，学者“未易卒览”，以至造成宋人“怠于治史”“荒于史家久矣”[①]。而《史记》后为史家所青睐的纪传之体，因“文字繁多，虽以衡门专学之士，往往读之不能周浃”[②]。在这种态势下，迫切需要编写一部“因丘明编年之体，仿荀悦简要之文，网罗众说，成一家书”[③] 的简明系统的编年体通史著作，以使人“通知历朝大势”[④]。而这正是司马光编写《资治通鉴》最初的动机。早在仁宗嘉祐年间，司马光曾和他的门生刘恕谈起过他的最初心愿：“《春秋》之后，迄今千余年，《史记》至《五代史》，一千五百卷，诸生历年莫能竟其篇第，毕世不暇举其大略，厌烦趋易，行将泯绝。予欲托始于周威烈王命韩、魏、赵为诸侯，下迄五代，丘明编年一体，仿荀悦简要之文，网罗众说，成一家书。”[⑤] 神宗元丰年间，他又在《进资治通鉴表》中说：“凡百事为，皆出人下，独于前史，粗尝尽心。自幼至老，嗜之不厌。每患迁、固以来，文字繁多，自布衣之士，读之不遍，况于人主，日有万机，何暇周览，臣常不自揆，欲删削冗长，举撮机要，专取国家盛衰，系生民休戚，善可为法，恶可为戒者，为编年一书，使先后有伦，精粗不杂，私家力薄，无可由成。”由此观之，可知司马光早就有“欲取其要，为编年一书”[⑥] 的打算，以解决因“史籍猥多”而造成的“诸生历年莫能竟其篇第，毕世不暇举其大略，厌烦趋易，行将泯绝”的史学危机局面。也就是说史学本身发展的需要，也为汉民族史学文化的大变古提供了可能和机会。

---

① 转引自张煦侯《通鉴学》，安徽教育出版社 1982 年版。

② 同上书，自序。

③ （宋）刘恕：《资治通鉴外纪》自序。

④ （清）张之洞：《輶轩语》，《宜读〈通鞧〉》。

⑤ （宋）刘恕：《资治通鉴外纪》后序。

⑥ 《司马温公文集》卷一，《进资治通鉴表》。

水到渠成，汉民族史学文化在宋代来了一个华丽的大变古，《资治通鉴》作为汉民族古代一部通鉴体的史学巨著横空出世。[①]

二　司马光与《资治通鉴》

司马光（1019—1086 年）是汉民族历史上不同凡响的人物。他是陕州夏县（今山西夏县）涑水乡人，世称涑水先生。北宋政治家、史学家、文学家。历仕仁宗、英宗、神宗、哲宗四朝，卒赠太师、温国公。《宋史·司马光传》云："光生七岁，凛然如成人，闻讲《左氏春秋》，爱之，退为家人讲，即了其大旨。自是手不释书，至不知饥渴寒暑。群儿戏于庭，一儿登瓮，足跌没水中，众皆弃去，光持石击瓮破之，水迸，儿得活。其后京、洛间画以为图。仁宗宝元初，中进士甲科。年甫冠，性不喜华靡，闻喜宴独不戴花，同列语之曰：'君赐不可违。'乃簪一枝。"司马光为人温良谦恭、刚正不阿；做事用功刻苦、勤奋。以"日力不足，继之以夜"[②] 自诩，其人格堪称儒学教化下的典范，历来受人景仰。[③]

《资治通鉴》是司马光主编，刘恕、范祖禹、刘攽分撰，最后由司马光删定的通史巨著，它不仅代表着北宋史学的最高成就，而且也是汉民族史学文化的双子星座之一。

《资治通鉴》是一部编年体通史，自英宗治平三年（1066 年）司马光开局修史，次年，英宗死，神宗即位，提前为其书作序，并赐书名曰《资治通鉴》，至元丰七年（1084 年），书成进上，历时 19 年。

《资治通鉴》共 294 卷，上起战国时期韩、赵、魏三家分晋（前 403 年），以示"周虽未灭，王制尽矣"，下迄五代周世宗显德六年（959 年），以衔本朝国史，记述了其间 1362 年史事。另有"《目录》30 卷，略举事目，年经国纬，以备检寻"；《考异》30 卷，"参考群书，评其同异，俾归一途"。《目录》相当于大事编年，《考异》是说明文献取舍之故，与本书相辅而行。《资治通鉴》的产生，是汉民族编年体史书长期发展的结果，其集史学和文学成就于一身，是一部堪与《史记》媲美的史

---

① 袁伯诚：《论〈资治通鉴〉的编纂体例——〈资治通鉴〉研究之三》，《固原师专学报（综合版）》1982 年 Z1 期；郭争鸣：《略论〈资治通鉴〉对编年体史籍的传承》，《济宁师专学报》2001 年第 2 期。

② 《进资治通鉴表》。

③ 崔凡芝：《三晋历史人物》，书目文献出版社 1993 年版。

书，并由此而形成通鉴学。

通鉴学主要分两大体系：一是续书系，即李焘、毕沅、徐乾学等继承司马迁传统，依《资治通鉴》体例延续记载历史事件；二是注补系，即胡三省、严衍等在《资治通鉴》的基础上注解、补充、考异，这些都是对历史学发展有贡献的工作。相比较而言，续书系的历史贡献更高，发扬司马光编年体记事的通史传统，对历史事件记载有利于让后世能把握历史发展的脉络，便于把历史经验用于社会实践中，防止重新犯历史错误。注补系中有的单纯从学术角度对待《资治通鉴》，最有创新的是袁枢，他以原著为基础，简略大事记创建《资治通鉴纪事本末》，把近三百卷简编成四十多卷，这是史学纪事本末体的建立。有的从注解方面，其中胡三省的注解最有影响，有的从补充方面，最著名的是严衍、谈允厚师徒等。另外在《资治通鉴》原作的基础上，朱熹写过评述，并产生创作了《通鉴纲目》的作品，也算是纲目体的建立。这些通鉴学分支在历史上发挥的作用迥异，袁枢的作品被宋孝宗称赞，对治国有些作用。李焘、毕沅、徐乾学的作品延续记载历史，对历史学的传承记载有重要作用，也能继承和发扬司马光思想精神和学术传统，对治国兴邦有意义。胡三省的注解对保存历史记载和帮助阅读理解原著有重要作用，便于历史知识缺乏的初学者阅读学习。严衍师徒对原著补充了大量资料，严衍是通鉴迷，用他自己话，在生气时看通鉴能变欢喜，能整天不吃饭看通鉴，在学术基础上丰富资料。[①]

《资治通鉴》作为汉民族史学文化编年体集大成者，其学术价值和文化意义古有定论，清人章学诚曾说："合纪传之互文，而编次总括乎荀、袁，司马光《资治通鉴》作焉。"[②] 他是在讲到"史部之通"的"极盛"状况时这样说的。从章学诚的所论来看，《资治通鉴》在体裁上有三个特点：一是它把两汉以来历代纪传体史书的内容综合起来，并使分散于纪传之中的同一史事得以集中地反映出来；二是它总括了《汉纪》《后汉纪》等编年体皇朝史的成果；三是它同纪传、典制、文征等几种体裁的通史代表作一道，把史学上的通史撰述推进到新的阶段。除此以外，经过900余年的历史沧桑，《资治通鉴》更突显了以下几点价值：

① 《司马光和通鉴学》(http://blog.sina.com.cn/s/blog_55e9ae200102vjj0.html)。

② 《文史通义·释通》。

1.《资治通鉴》的政治价值

在中国史学史上，这种知古察今、以史为鉴的政治意识由来已久。《资治通鉴》的内容，以历代统治的盛衰得失为叙述的中心，具有强烈的政治意识。司马光自述该书的主旨是："专取关国家盛衰，系生民休戚，善可为法，恶可为戒者"，从而达到"鉴前世之兴衰，考当今之得失，嘉善矜恶，取是舍非，足以懋稽古之盛德，跻无前之至治"[①] 的目的。司马光身体力行，把国家的盛衰、政治的得失、统治人物的政策和行为的善恶、生民的休戚等政治大事，作为《资治通鉴》的主要内容。所以，《资治通鉴》着力记载了国家的盛衰相关的兵力的强弱、用兵的韬略、战事的胜败，以及各个时期的错综复杂的民族关系，却没有把历代典章制度、学术文化和各阶层众多的历史人物等，作为重点来记述。正如元初史学家马端临所说："至司马温公作《通鉴》，取千三百余年之事迹，十七史之纪述，萃为一书，然后学者开卷之余，古今咸在。然公之书，详于理（治）乱兴衰，而略于典章经制。非公之智有所不逮也，编简浩如烟埃，著述自有体要，其势不能以两得也。"[②] 他说的"详于理乱兴衰"，是中肯地指出了《资治通鉴》的政治价值。所以，《资治通鉴》之所以能产生更大的社会影响和历史影响，主要原因是它包含了周、秦、汉、魏、晋、宋、齐、梁、陈、隋、唐、后梁、后唐、后晋、后汉、后周所谓"十六代"皇朝的兴衰得失。在这一点上，它所提供的历史经验教训，是以往的任何一部史书都不能与之相比的。这就是《资治通鉴》的政治价值之所在。

2.《资治通鉴》的史料价值

史料是史学的生命，史学靠史料说话，一部史学著作的价值大小基本上由史料所决定。《资治通鉴》采集史料极为广泛，它打破了断代史采择史料的领域限制，网罗宏富，取材精审。除据正史外，并采稗官野史、百家谱录、总集别集、传状碑志等杂史，引书达332种。往往一事而用三四种资料纂成，取舍谨慎，考证详细。它所采辑的许多著作，后来已经散佚，全赖《资治通鉴》而得以保存大概。《四库全书总目史部总叙》云："今观其书，如淖方成祸水之语，则采及《飞燕外传》，张彖冰山之语，

---

① 《司马温公文集》卷一，《进资治通鉴表》。

② 《文献通考·序》。

则采及《开元天宝遗事》，并小说亦不遗之。”可知当时搜集资料的范围是极其广泛的。元代大注家胡三省在《资治通鉴》卷二百一十二（唐纪）开元十三年的注中也说“温公作通鉴，不特纪治乱之迹而已，至于礼乐历数，天文地理，尤致其详。读通鉴者，如饮河之鼠，各充其量而已”。虽仅在此发凡，但推及全书，莫不如此。不仅如此，《资治通鉴》的史料，还取于历代实录。实录是按年经月纬的体例，将重要事件分别归属，凡王朝的各种政治、军事、经济的举措变化，自然灾祥，人事变更以及帝王的生死、婚丧、命名、赠谥、习礼、祭祀等，都要记录下来，从诏令奏议、百司重要案牍，以至重臣勋旧的生平事迹，也要选载，这些资料都有可靠的档案作为依据，事件发生的时间和地点也都有正确记录，其中虽多曲笔讳饰，但史料价值仍较一般记载为高。司马光修《通鉴》时，能看到唐五代的实录。所以，流传至今的司马光《通鉴稿》，当是据实录所作的提纲索引一类著作。司马光在《答范梦得》一信中指示负责唐纪的范祖禹编注丛目要“先将实录事目标出”，用实录作为编丛目的底本。历代实录是最详尽的编年史，唐以后的实录，是司马光编《通鉴》的蓝本。[①] 可见，《资治通鉴》在史料的摄取上之丰富，非一般史书可比拟，故《四库全书总目》，称其“网罗宏富，体大思精，为前古之所未有”，顾炎武也誉其为“后世不可无之书”[②]，都是公允的评价。所以，《资治通鉴》从史料上与司马迁的田野考察一样，有异曲同工之妙。这就是《资治通鉴》的史料价值之所在。

3.《资治通鉴》的评论价值

史论结合是史学的基本规范，汉民族的史学文化早就有这种学术与现实结合的传统。孔子的《春秋》和左丘明的《左传》褒贬笔法就是这种传统的历史呈现。据袁伯诚的研究：《春秋》的褒贬形式是一字断义，过分简单，碰到复杂的历史事件，只字片语就难以明断是非。因此这种褒贬形式不适合后来史书叙事详备，充分展开议论的要求。《左传》开始突破这种褒贬形式，在展现人物的活动中评价人物，使褒贬有充分的事实依据，又常常在叙事中，通过所记历史人物之口表达作者的观点，大有寓论断于叙事的味道。特别是以“君子曰”“君子谓”的形式直抒作者的胸

① 黎仕培：《〈资治通鉴〉和我国古代编年体史书》，《安顺师专学报》1994 年第 3 期。

② 《日知录》卷九“著书之难”条。

臆，开后世史书论赞的先河，故为《通鉴》“臣光曰”史评体例不祧之宗。可见《左传》的褒贬形式是《春秋》一字褒贬的笔法的发展，其创造性为《春秋》所不及的。《左传》以后，东汉荀悦撰《汉纪》，裴子野撰《宋略》都附有自己的评论，是《春秋》褒贬精神和《左传》史论体例的继承和发展。影响之及到宋人修史，更是喜欢附加自己的评论，以示《春秋》褒贬之义例。从《通鉴》附论的数量看，司马光是着力于史论的撰写的，对我国封建时代的史学一直产生着影响。自战国以后，经汉唐以来儒者和史家的反复阐扬，统治者的不断提倡，被史家奉为著述的圭臬，载笔的训典。特别是宋代，《春秋》褒贬书法对历史著作的影响加强了。欧阳修撰《五代史记》，以《春秋》书法，对五代武夫擅废立之权，“无父无君”之事痛加贬斥。

而《春秋》和《左传》的褒贬精神对司马光修《通鉴》的影响更加深远。司马光比以往史家更加自觉地把《春秋》褒贬精神注入自己的著作中去，从而使我国封建史学和现实政治的联系更加紧密了。但青出于蓝而胜于蓝。司马光修《通鉴》只取《春秋》的褒贬精神，不取《春秋》的褒贬形式。《春秋》《左传》《通鉴》三书的褒贬精神是一脉相承的，但《通鉴》的“臣光曰”史评中的褒贬书法有不少地方超过《春秋》与《左传》。如《春秋》褒贬书法中最大的弊端是讳书，为后世的进步史家所不取，司马光修《通鉴》也扬弃讳书之法。《春秋》序事采取“必待贬绝而罪恶见者”，讲究“微而不显，婉而成章”的效果，《通鉴》采取“臣光曰”的史论体例，把史家据事直书和进行褒贬善恶结合起来，必待贬绝而后罪恶见者，强调“明辨善恶”“好是正直”的效果。再以《左传》和《通鉴》相比，《左传》的“君子曰”的议论，是就事论事，虽然也带有总结历史经验的性质，但不是系统的全面的理论性很强的总结，往往是从一人、一国、一时的需要出发，谈一些带有感性的体会。另外，《左传》还没有摆脱神权至上的影响，多载巫卜先验之辞，作者在神化的烟雾中，影响了其对历史事件和历史人物的正确评价。《通鉴》则是总结历史经验而论，远胜于《左传》，其附论中有不少见解和主张，是当时社会现实的反映，是对汉民族社会实践活动的概括和总结。它反映了汉民族古代社会中某些反复出现的问题，如作为统治者如何做到知人善任，虚心用谏，崇俭戒奢的问题；历代王朝兴亡废替，亡国败家的教训；刑赏政令之得失，信诈仁暴之好坏，名实才德之轻重等问题，都是千百年来出现的历史现象，都与宋代汉民族社会的现状密切相关。

更重要的是，司马光在《通鉴》中，以“臣光曰”的形式发表的一百一十四篇史评，选录前人的史论九十五篇（基本上都符合司马光自己的观点），共计二百零九篇，不是为评论而评论，而是针对宋代汉民族社会的历史经验和教训的总结，是当时社会危机四伏，朝野上下响起一片“求治”呼声中的产物。[①] 就是在这种背景下，司马光把自己置于历史环境里去思考，去抉择，使历史和现实得以呼应起来。他说的“前世之兴衰”，这是史书上可以写得出来的；他说的“鉴”，有的可以写得出来，如“臣光曰”或援引前代史论，有的就无法写出来，而是通过读史的人去思考、去认识才能实现的。至于“考当今之得失”“嘉善矜恶，取是舍非”[②]，这基本上不是历史问题而是现实问题了；确切地说，这是通过认识历史问题从而更好地认识现实问题。所谓“考”，所谓“嘉”“矜”“取”“舍”，都是对作者和读者提出来的。司马光的这种撰述思想和他在表述上的艺术性成就，使《资治通鉴》具有特殊的魅力。元人胡三省认为：“为人君而不知《通鉴》，则欲治而不知自治之源，恶乱而不知防乱之术；为人臣而不知《通鉴》，则上无以事君，下无以治民；为人子而不知《通鉴》，则谋身必至于辱先，作事不足以垂后；乃如用兵行师，创法立制，而不知迹古人之所以得，鉴古人之所以失，则求胜而败，图利而害，此必然者也。”[③] 这是《资治通鉴》的评论价值之所在。[④]

4.《资治通鉴》的范式价值

《资治通鉴》问世后，受到学者普遍赞扬，对史学发展产生了极大的影响，它使“上起三国，下终五季，弃年而行纪传，史体偏缺者五百余年”[⑤] 的史学界著史状况得到了彻底改观。从此以后，以《资治通鉴》为范式的编年体史书蓬勃发展起来，补撰、改编、续作、注释、仿制、评论，诸家蜂起，蔚然大观。以南宋李焘的《续资治通鉴长编》、李心传的

---

① 袁伯诚：《论〈资治通鉴〉的编纂体例——〈资治通鉴〉研究之三》，《固原师专学报（综合版）》1982 年 Z1 期。

② 《司马温公文集》卷一，《进资治通鉴表》。

③ 《新注〈资治通鉴〉序》。

④ 参阅袁伯诚《论〈资治通鉴〉的编纂体例——〈资治通鉴〉研究之三》，《固原师专学报（综合版）》1982 年 Z1 期。

⑤ （清）浦起龙：《史通通释·古今正史》。

《建炎以来系年要录》、徐梦莘的《三朝北盟会编》三部为代表的编年体巨著，到明代谈迁的《国榷》、清代陈鹤的《明纪》、夏燮的《明通鉴》等一大批编年体史学著作的问世，都是最好的明证。此外，还产生了许多以编年体续写《资治通鉴》的史籍。其重要者如元代的《资治通鉴前编》、明代的《资治通鉴补》《宋元资治通鉴》，以及清代的《资治通鉴后编》等。可以说，司马光《资治通鉴》的编成，又重新确立了编年体在史坛中的地位。正如清人浦起龙所说："至宋司马氏光，始有《通鉴》之作，而后史家二体，到今两行，坠绪复续，厥功伟哉。"① 这是《资治通鉴》的范式价值之所在。②

汉民族浩如烟海的历史典籍，《纪传》和"编年"是其两大基本支柱。③ 唐代史学评论家刘知几著《史通》，专写一篇"二体"，其云："丘明传《春秋》，子长著《史记》，载笔之体，于斯备也。"但《春秋》与《史记》尚不相称。直到司马光以他卓绝的《资治通鉴》，才完成了汉民族史学文化"二体"的双核驱动。

第七节　唐诗变宋词：汉民族文学的变古

汉民族的文学是高峰连连，辉煌无比。正如王国维所说得："凡一代有一代之文学，楚之骚，汉之赋，六代之骈语，唐之诗，宋之词，元之曲，皆所谓一代之文学，而后世莫能继焉者也。"④ 唐宋之际，在唐诗的高峰之后，又有了宋词的绝顶。⑤

一　崛起：词从民间小技登上大雅之堂

在唐诗登上汉民族文学高峰之时，词就已经出现了。但与唐诗相比，词往往被士大夫视为"诗余"的"雕虫小技"⑥。《旧唐书·音乐志》云：

---

① （清）浦起龙：《史通通释·古今正史》。

② 参阅郭争鸣《略论〈资治通鉴〉对编年体史籍的传承》，《济宁师专学报》2001年第2期。

③ 参阅黎仕培《〈资治通鉴〉和我国古代编年体史书》，《安顺师专学报》1994年第3期。

④ 王国维：《宋元戏曲史·自序》，上海古籍出版社1998年版。

⑤ 参阅陈炎主编《中国审美文化史·唐宋卷》，上海古籍出版社2013年版，第231页。

⑥ 陈炎主编：《中国审美文化史·唐宋卷》，上海古籍出版社2013年版，第231页。

“自开元以来，歌者杂用胡夷里巷之曲。”说的是词从少数民族（胡夷）和民间（里巷）发源的。从早期词牌来看，《菩萨蛮》当是西域乐曲，《叨叨令》《调笑令》当是坊间小曲。作词被称为“倚声填词”，也就是根据现成的乐曲填写歌词。所谓“词”者，歌词也。既然词来自民间，那就必然带着它固有的“野性”——自由、朴实、不加掩饰的情爱，近乎天籁的清新，同时也会有着原始的粗犷。刘毓盘在《词史·自序》中说：

> 后人作词之法，即古人言乐之法也。盖忠臣义士，有郁于胸而不能宣者，则托为劳人思妇之言，隐喻以抒其情，繁称以晦其旨。进不与诗合，退不与典合。其取径也狭，其陈义也高。其至者则东西南北，惝恍无凭。虽博考其生平，亦莫测其真意之所在。而又拘以格律，谐以阴阳，毫厘杪忽之微，不得自我而作古，必有司我言者，不能随我心之所之也，故与诗相成而适相反。此即有心创作者，以新体施之诗者可，以新体施之词则不可，故不能别出一途以相夸耀也。上自三唐，迄于元季，根柢骚雅，各有可观。①

1931年版的初版，大致上也是这样的观点。有学者甚至将屈原的《九歌》与《九章》的体式进行了对比，发现二者篇幅一短一长，体式一复杂多变一简单，其中“二湘”与“二司命”在篇幅、句式及押韵换韵等方面都相同或相似。因此，推测《九歌》是据楚民间“九歌”的改创之词，又是倚“九歌”曲调而填写的歌词，即屈原《九歌》是据“九歌”的九支曲调填写的十一首诗歌，进而论证“倚声填词”之法古已有之。② 此说早在20世纪30年代被文学史家胡云翼在《中国词史略》中所否定，其云：“如果说词起源于先秦时代，而事实上词的进展又晚在五代两宋，中间竟孤绝了一千多年毫无词的消息，这如何讲得通？”③

人是喜欢“喜新厌旧”的，这在某种意义上可以认为是文化创新的一种动力。汉民族的诗歌，从《诗经》开始都是起自民间，起自通俗，

① 刘毓盘：《词史》，商务印书馆2015年版，第3—4页。

② 参阅郑家治《〈九歌〉的体式与原始“倚声填词”臆测》，《西华大学学报》2007年第5期。

③ 胡云翼：《中国词史略》，岳麓书社2011年版，第1—2页。

甚至起自流行，后来才慢慢“高雅”起来，登上了大雅之堂。诗是这样，词也是这样。这就是《孟子·梁惠王下》所云：“古之乐，犹今之乐也。”对于词登上大雅之堂的场景，民国学者胡云翼在《中国词史略》中有一段生动的描述，其云：

在中唐以前，文人自文人，乐工自乐工。文人自作他的诗，乐工自作他的歌辞。文人的诗是给人诵读的，所以他们写成整齐的五七言诗；乐工的歌辞是要合音乐唱的，所以他们依曲拍填成长短句的歌辞。但是乐工不是文人，他们的歌辞往往做得俚俗不雅，所以常常拿着文人现成的诗，去合着乐来唱，以抬高乐的价值；文人方面也乐得把自己的诗给乐人去唱，以广布自己的文名。二者相互为利，相互为用，关系便发生出来了。我们看盛唐的诗人，多以自己的诗给伶人妓女歌唱为荣。到了中唐，则乐工们竟以贿赂来求诗人的新作了。那些著名的诗人，如李贺，李益，韦应物，刘禹锡，白居易，元稹的诗，都给伶人妓女们去唱了。文人与乐工关系乃更密切。于是文人一方面自己写诗给他们去唱，一方面也会高兴地去依着乐调的曲拍来试填长短句的歌辞。白居易偶然戏填了一首《忆江南》，刘禹锡便跟着填起来了；韦应物偶然填了一首《转应曲》，戴叔伦便跟着填起来了。三四个文人尝试了，十几个文人便跟着来尝试了，便成为新时髦了，后世无数的文人便都趋向到这一条路来了。①

对于这种情景，唐代还有一个“旗亭唱诗”的故事：

开元年间某一日，诗人王昌龄、高适、王之涣一起到旗亭喝酒，不久又有四个漂亮的歌姬到旗亭小聚。王昌龄说：“咱们哥三个也算是有点名头的了，但是倒不便自己排一个先后位次。今天咱们在暗处看各位歌姬演唱的诗歌，谁的诗被唱得多，谁就占优。”不久一个女子唱道：“寒雨连江夜入吴……”王昌龄得意地在壁上划了一道，说：“不好意思，我占先一首绝句了。”接着又一女子唱道：“开箧泪沾臆……”高适也在壁上划了一道，说“这是我的绝句了。”接着又

① 胡云翼：《中国词史略》，岳麓书社2011年版，第7页。

> 一女子唱道："奉帚平明金殿开……"王昌龄又划了一道，说："我两首绝句了。"王之涣指着没开口的那个最美的女子说："这个女子开口，必唱我的诗。果真如此，你们就拜我为师。"不久，那个梳着双丫髻的美女开口唱道："黄河远上白云间……"果真是王之涣的《凉州词》。歌声一起，四座无一点喧哗，人人屏气息神，竖耳静听。原来此女歌喉极为高亢明亮，有穿云裂石之妙，兼慷慨雄浑之气。把那塞上大漠的雄豪气概传达得令人叹服。端的是字字玑玉、声声金石。曲毕，满座乐工歌伎正要喝彩，三位诗人却在一旁拊掌呵呵大笑。众人一惊，正要发作，见三人相貌不俗，便不敢造次，上前问道："三位官人为何大笑？是嫌我辈唱得不好吗？"王之涣道："非也。恰才三位所唱，正是吾三人作的诗。我三人以唱诗为赛。今我赢了，他两人须得拜我为师，故在此大笑，不想惊动各位。"回首又对王昌龄、高适揶揄道："果不出我所料吧！你们还有什么话可说！"三人又是一阵大笑。于是重整杯盘，尽欢方散。①

可见，唐诗在唐代汉民族的社会生活中是一种流行，一种时尚，而且盛唐时期诗都是用来唱的，也就是今天的歌词。那些脍炙人口的诗篇，在当时类似现在的流行歌曲。② 但民间的诗歌一旦"高雅"起来，升为宝塔尖上的东西，其代价就是不那么合孟子所言之"乐"了，同时就会刺激人们去寻找"乐"的新样式，来满足人们的好奇心和精神需要，于是在诗高度发展、高度完善的唐代会出现词，词就伴随着唐诗走向高峰应运而生。文学的社会功能，除了许多正统观念强调的"文以载道""文章合为时而著，歌诗合为事而作"③ 外，毕竟还有抒发个人情感和怡情的作用，当诗成为"诗教"，成为庄重堂皇内容的载体时，词就承担了抒发个人情感和怡情的功能。所以，词从一开始就以"诗余"的面目出现，最早的词作总集命名为"花间""尊前"就是这个道理。

---

① 事见（宋）王灼《碧鸡漫志》，载唐圭璋《词话丛编》，中华书局 1986 年版。参阅亦顽《旗亭唱诗》，《音乐爱好者》1987 年第 1 期。

② 《旗亭唱诗——闲话唐代文化之七》（http：//blog. sina. com. cn/s/blog_ 4fcd5e5e0100kn29. html）。

③ （唐）白居易：《与元九书》。

词，在唐代民间被称为“曲子”。宋人王灼在《碧鸡漫志》中曾云：“盖隋以来，今之所谓曲子者渐兴，至唐稍盛。”清人刘熙载《艺概·词曲概》中亦云：“词即曲之词，曲即词之曲。”这里所说的“曲”主声，指音乐；“词”主文，指文字。可见，曲与词的关系在乐曲歌辞中是紧密联系的。所以，有学者研究认为，词的母体是燕乐。燕乐所配的歌辞，被称为“曲子词”，即后来简称的“词”。这些词被之于管弦，传唱于人口，在唐代的“娱乐手册”中占了一席之地，连大唐天子也十分喜爱。据《唐会要》载，玄宗曾赐“五品已上正员清官、诸道节度使及太守等，并听当家畜丝竹，以展欢娱，行乐盛时”；宣宗也爱听《菩萨蛮》，宰相令狐绹奉其所好，常假温庭筠之手以进。影响所及，一衣带水的日本也奏响了曲子词的旋律，嵯峨天皇及其臣属就曾唱和过张志和的《渔歌子》。[①]值得庆幸的是曲子词在敦煌被发现。

1900年，考古人员在敦煌鸣沙山第288石窟（藏经洞）里发现了几百首抄写的民间词，史称“敦煌曲子词”，为研究词的发展提供了极其珍贵的原始资料。[②]敦煌曲子词作者众多，且来自民间，有守边的士卒、隐士、歌伎、商人、乐工、医生、道士、落魄文人等；题材广泛，任二北的《敦煌曲初探》中就分为二十类：民间疾苦、怨思、别离、旅客、感慨、隐逸、爱情、伎情、闲情、志愿、豪侠、勇武、颂扬、医、道、佛、人生、劝学、劝孝、杂俎。[③]王重民的《敦煌曲子词集叙录》说：“有边客游子之呻吟，忠臣义士之壮语，隐君子之怡情悦志；少年学子之热望与失望，以及佛子之赞颂，医生之歌诀，莫不入调。其言闺情与花柳者，尚不及半。”[④]在艺术上保留了民间作品的质朴与清新，风格也较为多样。同时，在敦煌曲子词里，还保存下一些在现存唐代文人词中很少见的长调。值得注意的是，在敦煌曲子词中写得最好、最多的依然是言男女情爱的作

---

① 汪超、王兆鹏：《漫话婉约词的特点及进程》，《古典文学知识》2012年第1期。

② 敦煌曲子词已整理成集的有：王重民的《敦煌曲子词集》，辑词164首；饶宗颐的《敦煌曲》，辑词318首；任二北初编《敦煌曲校录》，兼及《五更转》等俗曲佛曲，扩大到545首；任二北后又编定《敦煌歌辞集》，扩大到凡入乐者概采录，计1200余首。但一般论敦煌曲子词者，仍以具有调名，合乎词体的为主，即以王重民收集的曲子词为主要研究对象，以便与乐府歌辞及其他俗曲歌辞区别开来。

③ 任二北：《敦煌曲初探》，文艺联合出版社1954年版，第1页。

④ 王重民：《敦煌曲子词集叙录》，《中国敦煌学百年文库》文学卷（一），甘肃文化出版社1999年版。

品，还是“诗余”的面目，即词的初始状态。清人朱孝藏跋《云谣集杂曲子》云：“其为词拙朴可喜，洵倚声椎轮大辂，且为中土千余年来未睹之秘籍。”高国藩在《谈敦煌曲子词》一文中也说，敦煌曲子词来自民间歌谣，无论是从考证曲子词的作者或反映的思想内容和它在民间流传的特性等方面的判断，它都是属于民间词的范畴，是词的早期形态。可以肯定地说敦煌曲子词是民间词，在学术界上是更有依据和说服力的。通过对曲子词的研究可以洞察千年以前，中国古典词学发轫期它具有的初始状态。[①] 但是，敦煌曲子词虽为词之初始状态，但是它绝非杂乱无章之歌辞。无论内容、体制、品格都为后世词学的发展提供了基础。在汉民族古典文学发展进程中，宋词被视作一代文学的标帜，而敦煌曲子词则是成就宋词的直接源头。[②]

其实，词的母体是燕乐，故而在此还要追溯一下开启一代词体之源的燕乐。从 4 世纪起，西域音乐陆续从印度中亚细亚经新疆、甘肃传入中原一带，到了隋唐之时便流行起来。据《旧唐书·音乐志》记载：“自开元以来，歌者杂用胡夷里巷之曲。”所谓的“胡夷之曲”与“里巷之曲”，也即这种外来的西域音乐与中原汉族传统的音乐相融合，便产生了一种新兴的音乐形式，即燕乐。宋代沈括《梦溪笔谈》卷五云：“唐天宝十三载，以先王之乐为雅乐；前世新声为清乐；合胡部者为宴乐（燕乐）。”此雅乐是秦代以前的古乐，清乐是汉魏六朝的乐府，燕乐是隋唐的西域音乐。雅乐消亡了而清乐继起，清乐消亡了而燕乐大盛于世。就音乐文学史上来说：《诗经》中诗篇之可歌，在我国《左传》等古籍中早有明确的记载。汉魏乐府诗本来就可以被之管弦。故配雅乐的歌词保存到现在的是诗三百，配清乐的歌词是乐府，而配燕乐的歌词是曲子词，或简称词。[③]

在燕乐流行，词风大兴的背景下，“词”逐渐开始了登大雅文堂的“旅途”。

众所周知，诗之可歌，是先有诗而后为之谱曲，而词则先有曲谱，然后才来按谱填词，王安石曾经说过：“古之歌者，皆先为词，后有声，故

① 参阅高国藩《谈敦煌曲子词》，《文学遗产》1984 年第 3 期。

② 参阅孙其芳《敦煌曲子词概述》，《社会科学》1980 年第 3 期。

③ 参阅韩波《从“敦煌曲子词”看“词”的初始状态》，硕士学位论文，东北师范大学，2005 年，第 5—6 页。

曰：‘诗言志，歌永言，声依永，律和声’，如今先撰腔子，后填词，却是‘永依声’也。”[1] 正说明了词的创作方法与诗之不同，所以我们常常把写词叫作“填”词。由于词在民间广泛流行，逐渐引起一部分比较接近民间的诗人的注意，他们也依照这些民间流行的曲调填起词来，如张志和、韦应物、刘禹锡、白居易等人都写了一些小词。这是一个重大的转型，流行于闾巷之间的词作为一种新的诗歌品种开始登上文人学士的几席，向大雅之堂迈出了重要的一步。

虽然中唐的词还是以“诗余”的面目出现，但文人词的艺术样式已经基本成型，并出现了一批有成就的词作家，也出现了一批优秀的词作。作为从民间的雕虫小技向大雅之堂的一种过渡，中唐的诗人，大都在有意识向民间文学学习，代表人物是韦应物、白居易等，他们都留下了优秀的词作。如：

> 中唐优秀的词作有张志和的《渔父词》：“西塞山前白鹭飞，桃花流水鳜鱼肥。青箬笠，绿蓑衣，斜风细雨不须归。”但是，常常把这首词收入唐诗中的。不过这首词确实是倚谱填写的。
>
> 戴叔伦的《调笑令》：“边草，边草，边草尽来兵老。山南山北雪晴，千里万里月明。明月，明月，胡笳一声愁绝。”
>
> 韦应物的《调笑令》二首：“胡马，胡马，远放燕支山下。跑沙跑雪独嘶，东望西望路迷。迷路，迷路，边草无穷日暮。”
>
> “河汉，河汉，晓桂秋城漫漫。愁人起望相似，塞北江南别离。别离，别离，河汉虽同路绝。”
>
> 白居易的《忆江南》三首：“江南好，风景旧曾谙。日出江花红胜火，春来江水绿如蓝。能不忆江南？”
>
> “江南忆，最忆是杭州。山寺月中寻桂子，郡亭枕上看潮头。何日更重游？”
>
> “江南忆，其次忆吴宫。吴酒一杯春竹叶，吴娃双舞醉芙蓉。早晚复相逢？”
>
> 白居易的《花非花》（据说是他自己作曲填词的）：“花非花，雾非雾，夜半来，天明去。来如春梦不多时，去似朝云无觅处。”

---

① （宋）赵令畤：《侯鲭录》卷七引。

刘禹锡的《潇湘神》："斑竹枝，斑竹枝，泪痕点点寄相思。楚客欲听瑶瑟怨，潇湘深夜月明时。"

凡此种种，表明中唐汉民族文人作词已经蔚然成风。但因在转型之中，词牌有限，常有的也就是《一七令》《忆长安》《调笑》《三台》等十几个，还有一些词牌是以整齐五七言句为基础的，如《菩萨蛮》《清平乐》等。而且用语比较口语化，诙谐生动，与民间词的语言风格比较相近，与诗的语言差距大，凸显了中唐词还保存着文人词向民间词学习的鲜明痕迹。

到了晚唐，著名词人温庭筠的出现加速了民间词向文人词的转型。

中唐之时虽有不少文人词出现，这些词的作者都是写诗名家，如杜牧有《八六子》，是现存唐代文人词中最早的一首长达九十字的中调；又如皇甫松，词作更多，他的《摘得新》《竹枝》《梦江南》等，但写词对这些诗人来说只随俗偶而为之，并非精心制作。只有温庭筠才是真正花了心血作词的。他是个才子，更是个浪子，其与青楼歌伎过从甚密，与艳帜高张的鱼玄机有非同一般的交情。正是这种经历，促使他更多地倾力作词，作艳词。温庭筠现存词作有六七十首，所含曲调达十九种，其中如《诉衷情》《荷叶杯》《河传》等，句式变化大，节奏转换快，与诗的音律差别很大，必须熟悉音乐，严格地"倚声填词"。试以《河传》为例：

湖上，闲望。雨萧萧，烟浦花桥路遥。谢娘翠娥愁不销，终朝，梦魂迷晚潮。荡子天涯归棹远，春已晚，莺语空肠断。若耶溪，溪水西，柳堤，不闻郎马嘶。

这首词句式参差，节奏多变，韵脚频转，与诗的节奏韵律完全是另一回事。也就是说，词的艺术个性特征在温庭筠已经充分形成。难怪清人陈廷焯《白雨斋词话》曾说："《河传》一调，最难合拍，飞卿振其蒙，五代而后，便成绝响。"《菩萨蛮》向来被认为是温庭筠的代表作：

小山重叠金明灭，鬓云欲度香腮雪。懒起画娥眉，弄妆梳洗迟。照花前后镜，花面交相映。新帖绣罗襦，双双金鹧鸪。

这首词以浓丽细腻的笔调描画了一个慵懒娇媚的女子晨起梳妆的情景，末句以“双双金鹧鸪”反衬女子的孤单，含蓄曲折。词调两句一转韵，平仄对转，节奏纡徐回环，是极其成熟的词作。温庭筠写情别具精彩，如他的《梦江南》：“梳洗罢，独倚望江楼。过尽千帆皆不是，斜晖脉脉水悠悠，肠断白蘋洲。”白描写来余味隽永，开南唐后主的先河。温庭筠是第一个大量写词的词人，他的词比他的诗对后世的影响更大，无论是词的语言、词的风格，甚至词的社会功能，都是自温庭筠始才真正定型的。自温庭筠后，唐代的文人词才走向成熟而向登上大雅之堂迈出了最坚实的一步。进入五代，词家竞起，其中以西蜀和南唐最为兴盛。前者以韦庄等《花间集》词人为代表，后者以南唐中主李璟、后主李煜和冯延巳为代表，他们对词的发展都做出了一定的贡献。于是词就由民间雕虫小技正式登上大雅之堂——文坛而崛起。[①]

二　绝顶：宋词攀登汉民族文学的新高峰

词的崛起，为宋词攀登汉民族文学的新高峰铺平了道路。

在汉民族文学发展史上，以五言、七言为主的古近体诗一直是古典诗歌的主要形式。宋代也不例外。就诗与词的比例来说。有宋一代的诗人诗集，远比词人词集为多。唐圭璋编《全宋词》广为收罗，也不过两万多首。如果编起全宋诗来，恐怕将十倍此数。再以词坛著名作者来说，除个别人外，他们的诗也远比词多。如北宋的苏轼，是杰出的大词人，豪放派的魁首，但他的词只有300多首，而留传下来的诗却有近3000首。又如南宋的陆游，也是一位著名词人，但他留传下来的词只有130多首，而他自称“六十年间万首诗”，现存的《剑南诗稿》就有9300多首。

但是，正如鲁歌在《我国古代诗歌发展的又一高峰——宋词》一文中所说：

---

① 以上参阅鲁歌《我国古代诗歌发展的又一高峰——宋词》，《内蒙古大学学报》1992年第1期；《唐代的词1——闲话唐代文化之三十六》（http：//blog. sina. com. cn/s/blog_ 4fcd5e5e0100nynx. html）；《唐代的词2——闲话唐代文化之三十六》（http：//blog. sina. com. cn/s/blog_ 5ecf79530100u54f. html）；《唐代的词3——闲话唐代文化之三十六》（http：//blog. sina. com. cn/s/blog_ 5ecf79530100u54h. html）；《唐代的词4——闲话唐代文化之三十六》（http：//blog. sina. com. cn/s/blog_ 4fcd5e5e0100o07i. html）。

> 尽管宋代的诗人和诗作远比词人和词作为多。我们却不能不以词作为来宋代文学的代表而与唐诗并列。因为五、七言近体诗到唐代已发展到鼎盛时期，虽然唐以后直到今天，作者一直不断，但只是继承，并没有新的发展。而词则自隋唐五代兴起以来，到了宋代却蔚为大观，名家辈出，流派众多，在诗歌发展史上大放异彩，成为具有与前代诗歌不同特色的盛极一时的新高峰。①

“北宋继续着五代的词风而益加发展，可以说是词的黄金时代。当时，上自帝王名相，下至贩夫走卒，都知道作词，提倡词或欣赏词，其盛可想。”② 那么，宋词是如何攀登上汉民族文学的新高峰，在唐诗的高峰之后，又有了宋词的绝顶的呢?③ 对此，纪昀在其《四库全书总目提要》上谓北宋词凡三变，其曰：“词自晚唐五代以来，以清切婉丽为宗，至柳永而一变，如词家之有白居易，至轼而又一变，如诗家之有韩愈。遂开南宋辛弃疾等一派。”胡云翼在《中国词史略》中，则从词的特点出发，对宋词发展的路线图作了论述，其云：

> 北宋词分为下列四期：（一）小词时期（即宋初因袭晚唐五代词风的时期）；（二）慢词时期（柳永等）；（三）诗人的词的时期（苏轼等）；（四）乐府词的时期（周邦彦等）。④

而笔者从汉民族文化史的角度，认为宋词攀登汉民族文学新高峰的路线图应该是：宋初：宋词攀登新高峰的起步；北宋：宋词攀登新高峰上了新的平台；两宋之交；宋词攀登新高峰有了新的升华；南宋：宋词攀登新高峰上了绝顶。

（一）宋初：宋词攀登新高峰的起步

宋初商业兴盛，都市繁华，歌台舞榭，妓馆酒楼，遍及汴京和各大都会，呈现出经济发达和文化繁荣的新气象，也给一向在酒筵歌席吟唱的词

---

① 鲁歌：《我国古代诗歌发展的又一高峰——宋词》，《内蒙古大学学报》1992年第1期。
② 胡云翼：《中国词史略》，岳麓书社2011年版，第21页。
③ 参阅陈炎主编《中国审美文化史·唐宋卷》，上海古籍出版社2013年版，第231页。
④ 胡云翼：《中国词史略》，岳麓书社2011年版，第21页。

以创作的兴盛环境。与此同时，市民阶层的壮大也给适应他们生活情调的词以广泛流行的场所。加上宋王朝统治者限制武功，提倡文治，太宗赵光义，仁宗赵祯“洞晓音律”[①]，亲自度曲制词，大臣如晏殊、欧阳修等又都擅长此道，创作了不少词作，“依声填词”形成风气，从而促使宋词攀登新高峰起步。其代表人物是晏殊、晏几道父子以及欧阳修、范仲淹等。

晏氏父子被合称为“二晏”，在宋初词坛颇有影响。在宋代文人当中，晏殊人称“大晏”，其基本上生活在北宋盛世——仁宗朝，十四岁以神童入试，被皇帝宠爱赐进士出身，仁宗朝曾位居宰相，一生顺顺利利，算是一个幸运儿。而作为词人，他的词在攀登新高峰的起步中，形成了显著的特点：一是为盛世讴歌，点缀太平，呈现出富贵娴雅、雍容大方的“贵族”色彩。如《浣溪沙》：

> 一曲新词酒一杯，去年天气旧亭台，夕阳西下几时回？无可奈何花落去，似曾相识燕归来，小园香径独徘徊。

词中流露出词人一股淡淡的伤感，但细细体味其词境、词味，其中蕴藏着一种雍容富贵的“气派”和娴雅大方的“风度”。二是意境深远，情中有思。晏殊不同于一般留恋美景酒色的词人，在他的词中往往有一种忧郁和不安的情绪，深藏着思想内蕴。如《浣溪沙》：

> 一向年光有限身，等闲离别易销魂，酒宴歌席莫辞频。满目山河空念远，落花风雨更伤春，不如怜取眼前人。

可见其是借描写艳情生活抒发“人生无常”的感叹。

晏殊的词远承花间词，近学冯延巳[②]，在花间词的富贵雍容中加入了冯延巳的清俊，在情与理、情与思方寸之间的把握是恰到好处的，从而超越于传统的艳科小道，呈现出一种幽微深曲、朗润丰厚的圆润之美，既有

---

① 《宋史·乐志》。

② 冯延巳（903—960年），南唐词人，又名延嗣，字正中，五代广陵（今江苏扬州）人。仕于南唐烈祖、中主二朝，三度入相，官终太子太傅，卒谥忠肃。他的词多写闲情逸致，文人的气息很浓，对北宋初期的词人有比较大的影响。宋初《钓矶立谈》评其“学问渊博，文章颖发，辩说纵横”，其词集名《阳春集》。

珠玉般宝珠辉煌的富贵气象，又具有天然去雕饰般清新俊丽的自然气息。自其晚年自编《珠玉词》一卷传世以来，“珠圆玉润”便成了众人对其词风最精妙的概括。[①] 这样，晏殊以“珠圆玉润”的形象开始了宋词向新高峰的攀登。

晏殊的儿子晏几道，人称“小晏”，也非等闲之辈，号称令词的“圣手”，他把令词的创作推到了一个新的高度，以至达到了“追逼《花间》，高处或过之”[②] 的境地。与晏殊的一帆风顺相反，晏几道一生仕途不顺，虽出身高贵，但后来穷困潦倒。他性情孤傲，不肯趋炎附势。但此人把感情看得很重，在男女婚恋上，表现得异常痴情、深情。多种因素交织在一起，使晏几道的词非常复杂，热情与伤感交织在一起，富贵与悲凉混杂在一块，使他的词充满了“伤心”的色彩。晏几道的词令人“伤心”，主要通过抒情上的两个特点来达到此目的，以追忆的手法向读者敞开自己内心的创伤。如《临江仙》：

> 梦后楼台高锁，酒醒帘幕低垂。去年春恨，却来时。落花人独立，微雨燕双飞。
>
> 记得小苹初见，两重心字罗衣。琵琶弦上说相思。当时明月在，曾照彩云归。

从追忆开始，又以追忆了结，讲述了他与小苹难忘的爱情故事，读起来令人感到抑郁怅恍。重逢，本来是欢喜的场面，但在晏几道的笔下，那短暂的重逢却是异乎寻常的痛苦。如《鹧鸪天》：

> 彩袖殷勤捧玉钟，当年拚却醉颜红。舞低杨柳楼心月，歌尽桃花扇底风。
>
> 从别后，忆相逢，几回魂梦与君同？今宵剩把银釭照，犹恐相逢在梦中。

---

① 参阅郑师渠总主编，吴怀祺分册主编《中国文化通史·两宋卷》，北京师范大学出版社2009年版，第327—328页；紫燕游梁《浅谈晏殊词“珠圆玉润”的风格》（http://tieba.baidu.com/p/2935293573）。

② 陈振孙：《直斋书录解题》卷二一，上海古籍出版社1978年版。

晏几道词最大的特点是韵味。表现在他对往事的追忆上，他往往将现实的追忆借助梦境来加以表现，而在迷离恍惚的梦境中，表现自己真实的悲哀。后晏几道的词编成《小山词》，比起当时其他词集，《小山词》确实令读者有出类拔萃之感，宋人论者无不推崇，黄庭坚在《小山词》的“序”中说他的词“清壮顿挫，能动摇人心”[①]；王灼在《碧鸡漫志》说他如“金陵王谢子弟，秀气胜韵，得之天然，将不可学”[②]。

欧阳修是北宋诗文革新的领袖，他提倡古文，因而散文庄重而严肃。但他又是与晏殊同时代的词人，他的词有“雅”的一面，也有“俗”的一面，格调基本上是风流蕴藉。欧阳修虽是诗文革新的领袖，但在词的创作上由于受“青春才子有新词，红粉佳人重劝酒”[③] 的思想影响，因此其词的创作基本上停留在五代词风的水平上。他的词有的写男欢女爱，有的写赏花醉酒、惜春思乡，与晏殊创作风格相似，故有“欧晏”之称。

欧阳修词强化了情感表现，他强调“有情痴”的“情多”，这既坚持了文学作品的情感特质，又突出了词体尤为强调窈渺写心的特点，故有人认为欧阳修的词具有词的特质，诗的渊源[④]，大多具有婉曲层深的特点，如他的一首名词《踏莎行》的上片从时令景物的变化引出征人的离愁：“候馆梅残，溪桥柳细，草薰风暖摇征辔。离愁渐远渐无穷，迢迢不断如春水。”起句对仗工整，写景疏淡，以春水喻离愁也十分形象。下片设想思妇登高远望征人：“寸寸柔肠，盈盈粉泪，楼高莫近危栏倚。平芜尽处是春山，行人更在春山外。”征人与思妇两相对照，更显得情思深婉。欧阳修词正是用这种婉曲层深的手法表现人间“有情痴”的“情多”，从而巩固了婉约词的基本特点。清人刘熙载说：“冯延巳词，晏同叔得其俊，欧阳永叔得其深。”[⑤] 冯煦亦说：“其词与元献同出南唐，而深致则过之。……疏隽开子瞻，深婉开少游。”[⑥] 这些论述说明了欧阳修词的深婉

---

① （宋）黄庭坚：《小山集序》，《豫章黄先生文集》卷十六，《四部丛刊初编》，上海书店1998年版，第163页。

② （宋）王灼：《碧鸡漫志》，唐圭璋：《词话丛编》，中华书局1986年版，第83页。转引自孙维城《“秀气胜韵，得之天然”——晏几道词艺术分析》，2008年词学国际学术研讨会论文集。

③ （宋）欧阳修：《玉楼春》。

④ 孙维城：《欧阳修词：词的特质诗的渊源》，《安庆师范学院学报》2003年第3期。

⑤ （清）刘熙载：《艺概・词概》，上海古籍出版社1978年版。

⑥ （清）冯煦：《蒿庵论词》，《介存斋论词杂著・复堂词话・篙庵论词》，人民文学出版社1959年版。

特点。作为婉约词的基本特点，正是上承冯词而又下启秦观词，这正是欧词在宋词中的地位所在。还要指出的是，欧词的这种深婉特点，使作品表现出咀嚼不尽的韵味，使词既继承了诗的抒情性，又有别于诗，形成了词体特有的曲折言情的特点，故欧词不像大晏那样娴雅，也没有小晏的凄婉，却独具清疏和婉的风格。[①] 由此我们可以看出，欧阳修的词以“婉曲层深”的形象开始了宋词向新高峰的攀登。

此外，范仲淹、林逋、张升、宋祁、寇准等人都有著名词作行世，把词坛小令，即令词[②]发展到了极致，从而在宋初形成了宋词向汉民族文学新高峰攀登的一个高潮。

（二）北宋：宋词攀登新高峰开拓的“新天下”

攀登是一个逐渐向上的过程，要到达顶峰，不同的高峰往往有不同的登山路线，有不同的艰难，有不同的高度。宋初令词虽达到极致，但随着词调慢慢变长，以词坛小令为主的阶段进入了“慢词”的“新天下”[③]。

慢词是宋词的主要体式之一，其字句长，韵少，节奏较为舒缓，它与令词一起成为宋代词人最为常用的曲调样式。慢词的名称从“慢曲子”而来，“慢曲子”是相对“急曲子”而言的，指依慢曲所填写的调长拍缓的词。《词谱》卷十“慢词”即云“盖调长拍缓，即古曼声之意也”。按照乐曲的节奏从急到慢实质上是词从形式到内容的一大进步，而北宋把词推上攀登汉民族文学新高峰新天下的是北宋的两大词人柳永和苏轼。

柳永，初名三变，崇安（今福建崇安）人。他虽以文采名于世，却为统治者所弃，终生在政治上不得志。曾经有人在仁宗面前举荐他，仁宗批了四个字：“且去填词。”故自称为“奉旨填词柳三变”。为什么会这样呢？可惜《宋史》没有将柳永入传，但关于柳永的事迹却充满了传奇，明代文学家冯梦龙就是根据笔记和野史，对柳永的生平进行了创作，在

---

① 参阅郑师渠总主编，吴怀祺分册主编《中国文化通史·两宋卷》，北京师范大学出版社2009年版，第328—329页；龚书铎主编，王育济等著《中国文化发展史·宋元卷》，山东教育出版社2013年版，第185页；孙维城《欧阳修词：词的特质诗的渊源》，《安庆师范学院学报》2003年第3期。

② 令词，也叫小令或令曲，节奏较为急促，是长短句歌词中的短调。“令”的由来，大概是出于宴席间的酒令。唐、宋时期，有歌伎唱曲劝酒的习惯，尤其在官场中更为盛行。白居易有《就花枝》诗中就有“醉翻衫袖抛小令”的诗句。宋人刘攽《中山诗话》中说：“唐人饮酒，以令为罚。今人以丝管歌讴为令者，即白傅所谓。”

③ （宋）王灼：《碧鸡漫志》卷二。

《喻世明言》第十二卷中写了《众名姬春风吊柳七》的故事。其实，柳永也像古代汉民族大多数的文人一样，把从政作为自己人生的第一目标，哪知仕途坎坷。1017 年柳永赴京赶考，结果名落孙山。他轻轻一笑，填词道："富贵岂由人，时会高志须酬。"五年后，第二次开科又再次落第。他便写了一首《鹤冲天》："黄金榜上，偶失龙头望。明代暂遗贤，如何向。未遂风云便，争不恣狂荡？何须论得丧。才子词人，自是白衣卿相。烟花巷陌，依约丹青屏障。幸有意中人，堪寻访。且恁偎红倚翠，风流事，平生畅。青春都一饷。忍把浮名，换了浅斟低唱。"这是一首发牢骚的词，大致意思是没考上有什么关系呢？只要有才，也一样会被社会承认，是一个没有穿官服的官。要那些浮名有什么用？还不如把它换来喝酒唱歌。但是那美丽的词句和优美的音律却征服了所有的歌迷，覆盖了所有的官家和民间的歌舞晚会，最后还传到了宫里。当时的宋仁宗一听大为恼火。又过了三年，柳永再次参加考试，终于以他出众的才华通过了。但临到皇帝圈点放榜时，宋仁宗看到柳永的名字，想起了他那首《鹤冲天》，就在旁批道："且去浅斟低吟，何要浮名？"又把他的名字勾掉了。皇帝的轻轻一笔，彻底地把柳永推到市民堆去填词。柳永只好自我解嘲说："我是奉旨填词。"从此他终日流连在歌馆妓楼、瓦肆勾栏，他身上的文学才华和艺术天赋与这里的喧闹的生活气息、优美的丝竹管弦、多情婀娜的女子发生共鸣，从而造就了里程碑式的词人柳永，造就了独特的"俚俗词派"①。

柳永是北宋第一个以毕生的精力专事写词的词人，他精通音律，又熟悉民间新曲，当时"教坊乐工，每得新腔，必求永为辞，始行于世"②。他在宋词上的贡献，主要在于他以新鲜通俗的语言、铺叙白描的手法，发展完善了长调慢词，并用这种新体真实地反映了当时的都市文明和市民生活，扩大了词的容量，丰富了词的表现力，在内容、形式和技巧上都使词的发展达到了一个新的高峰，对宋代的婉约派和豪放派词家都产生了重要影响。他的作品不仅长于铺叙，构思细密，布局完整，层次分明，而且通俗流利，极富音乐性。柳永的词现存近 200 首，都收在他的《乐章集》中，造诣最高的是抒写离人思妇和羁旅行役的作品，代表作如《雨霖铃》：

---

① 参阅《奉旨填词柳三变》（http://tieba.baidu.com/p/1313998843）。

② （宋）叶梦得：《避暑录话》。

寒蝉凄切。对长亭晚，骤雨初歇。都门帐饮无绪，留恋处，兰舟催发。执手相看泪眼，竟无语凝噎。念去去，千里烟波，暮霭沉沉楚天阔。多情自古伤离别，更那堪，冷落清秋节！今宵酒醒何处？杨柳岸，晓风残月。此去经年，应是良辰好景虚设。便纵有千种风情，更与何人说？

其中“今宵酒醒何处？杨柳岸晓风残月”成了传诵千古的名句。另有《蝶恋花》“衣带渐宽终不悔，为伊消得人憔悴”被王国维引来比喻做学问的第二境界，凡此等等，不胜枚举。他的词受到各阶层群众的喜爱，不仅市井之人喜欢，而且宫中也传唱，佛门弟子、道教真人也爱好，可以说成了当时的“流行歌曲”。在西夏，“凡有井水饮处，即能歌柳词”①；金主完颜亮读了柳词，“欣然有慕于‘三秋桂子，十里荷花’，遂起投鞭渡江之志”②，可见，柳词流传的广泛和久远③。柳永对于词的贡献可以说是里程碑式的，他的《乐章集》标志着宋词开拓了攀登汉民族文学新高峰的新天下。

为宋词开拓攀登汉民族文学新高峰新天下的另一大词人是苏轼。

苏轼，号东坡居士，四川眉山人。他出生在一个富有文学传统的家庭里，20 岁时已经成为“博通经史，属文昌数千言”的作家。苏轼具有多方面的文艺才能，在诗、词、散文、书画等方面都有着极高的成就，他以丰富、广泛的创作实践完成了北宋的诗文革新运动。

苏轼在我国词史上有着特殊的地位，他在词方面的成就甚至超过了他的诗文。苏轼是以诗文革新运动的精神来填词的，他在柳永发展慢词的基础上进一步开拓了词的意境。从他现存的 300 多首词中可以看出，他把能够用来写的题材和主题，如怀古、感旧、记游、说理等，都写入词里，把歌者之词变成了诗人之词，使得词在柳永之后，又出现了一种更为彻底的变革，成为一种可以独立发展的新诗体。所以刘辰翁说：“词至东坡，倾

---

① （宋）叶梦得：《避暑录话》。

② （南宋）罗大经：《鹤林玉露》。

③ 参阅张志盛《柳永“奉旨填词”》，《语文知识》2004 年第 8 期；《谈谈“奉旨填词的柳三变”——析柳永对宋词发展的贡献》（http：//www. doc88. com/p－045673523809. html）。参阅龚书铎主编，王育济等著《中国文化发展史·宋元卷》，山东教育出版社 2013 年版，第 186 页。

荡磊落，如诗，如文，如天地奇观。”①

苏轼的词具有浪漫主义的艺术特征，词风豪迈奔放，富于幻想，意境雄浑博大，语言风格独特。他经常以散文的笔调来写“慢词”，自由挥洒，只要能恰当地表达他的思想感情，任何词语都可入词，不会为了迁就声情而改变文情，从而摆脱了音律所加于词的束缚，使词体得到了彻底的解放，为词的发展开辟了更广阔的途径。王灼《碧鸡漫志》卷二称其“指出向上一路，新天下耳目，弄笔者始知自振”。他的这种风格也因而被人们概括地称为“豪放”。在苏词中最能表现其豪放词风的代表作是《念奴娇·赤壁怀古》：

> 大江东去，浪淘尽，千古风流人物。故垒西边，人道是，三国周郎赤壁。乱石崩云，惊涛裂岸，卷起千堆雪。江山如画，一时多少豪杰。遥想公瑾当年，小乔初嫁了，雄姿英发。羽扇纶巾，谈笑间、樯橹灰飞烟灭。故国神游，多情应笑我，早生华发。人间如梦，一樽还酹江月。

以及《水调歌头》：

> 明月几时有？把酒问青天。不知天上宫阙，今夕是何年。我欲乘风归去，又恐琼楼玉宇，高处不胜寒。起舞弄清影，何似在人间！转朱阁，低绮户，照无眠。不应有恨。何事长向别时圆？人有悲欢离合，月有阴晴圆缺，此事古难全。但愿人长久，千里共婵娟。

苏轼不仅开创了豪放一派的词风，对传统婉约派的发展也有新的贡献。他在继承欧阳修和张先等人的基础上，提升了婉约派词的格调，扩大了词中所反映的生活面，使之不限于儿女私情，或写乡村，或写山林，或发议论，或抒襟怀，各尽其妙。另外，在关于男女恋情描写这一词中最普遍的题材上，苏轼也开辟了一些新的意境。如他的《水龙吟·咏杨花》《洞仙歌》等，几乎都可被视作散文诗。而他的《蝶恋花》《江城子》都把爱情写得缠绵悱恻，荡气回肠，取得了很高的艺术成就。总之，苏轼词

① 刘辰翁：《辛稼轩词序》，《须溪集》卷六。

的风格是多种多样的，他既开创了豪放词，为南宋以辛弃疾为代表的爱国词人开辟了道路，又发展了婉约词，使婉约词在真挚、细腻的描写之中，更增添了凝重、淳厚的风格。[①]

柳永、苏轼开拓了宋词的新天下之后，在词句精练及写作技巧上更臻成熟，人才辈出，出现了号称"苏门四学士"的黄庭坚、秦观、晁补之、张耒。

如以黄庭坚和秦观为例，黄庭坚以诗与苏轼齐名，时称"苏黄"。作为开创江西诗派的一代诗人，在两宋诗坛影响很大，与此同时，他的词名亦自不小。与黄同时期的诗人陈师道曾说过："今代词手，唯秦七、黄九耳。唐诸人不迨也。"[②] 足见其词作亦有别样深蕴的艺术风范。如黄庭坚的词在语言上的一个特点，是善于锤炼新生之语作为词句的关键，使词显得精警劲健，与其诗作力倡"脱胎换骨""点石成金""无一字无来处"之论所打造之奇硬拗涩之风颇有神同。如《减字木兰花中秋无雨》词中"醉送月衔西岭去"一句，"衔"字何等新奇有趣，使整个画活了起来，赋予了生命感。基于独到的诗歌底蕴，黄庭坚还善于运古人诗句于词，凭借读者对诗句的含意的理解，来深化词的意蕴，如《水调歌头游览》中的结句："醉舞下山去，明月逐人归"，便是化用李白《下终南山过斛斯山人宿置酒》诗中的起句，"暮从碧山下，山月逐人归"，令人感到那种太白式的飘逸。可见黄庭坚打破了婉约词的语言范式，改变了那种甜熟的老路，使黄庭坚的词感情峭拔，语言瘦硬，多用典故，以诗法入词，造成了一种词学艺术上的"陌生化"，使人们觉得新颖别致，造成了审美感受上的新鲜感，为宋词的新天下增了光。[③]

又如秦观在诗、文、词、赋等方面均有所成就，尤其词在艺术上有很高的成就。如虽然秦观在词中歌唱的仍是"情"与"愁"这些古老的主题，但他去掉了柳词中庸俗猥亵的情趣，创造了许多优美的艺术形象，传达出真挚而纯洁的感情，并善于以长调宛转铺叙，即景抒情，尤其擅长通

---

① 参阅龚书铎主编、王育济等著《中国文化发展史·宋元卷》，山东教育出版社 2013 年版，第 187—188 页。

② 《苕溪渔隐丛话·后集》卷三三。

③ 参阅龚书铎主编，王育济等著《中国文化发展史·宋元卷》，山东教育出版社 2013 年版，第 189 页；郑师渠总主编，吴怀祺分册主编《中国文化通史·两宋卷》，北京师范大学出版社 2009 年版，第 337—338 页。

过凄迷的景色和宛转的语言表达感伤情绪，将强烈的主观感情注入其中，更增添了作品的感染力。故刘熙载说："秦少游词，得《花间》《尊前》遗韵，却能自出清新。"① 有意思的是他绝少用典，语言自然清新，流畅而不松散，典雅而不费解，如人们熟悉的《鹊桥仙》："纤云弄巧，飞星传恨，银汉迢迢暗度。金风玉露一相逢，便胜却人间无数。柔情似水，佳期如梦，忍顾鹊桥归路。两情若是久长时，又岂在朝朝暮暮。"等等传诵千古的名篇，都为宋词的新天下添了色。②

在宋词的新天下之下，以周邦彦为首的大晟词派③也是不可忽视的。周邦彦的出现，正可以起到一定的收束作用，为肆意的词坛提供了一定的规范。清人陈廷焯《白雨斋词话》说："词至美成，乃有大宗，前收苏、秦之始，后开姜史之始。"④ 其成就主要是发展词乐，创新了词调，使词的"格律化"程度有所提高。因周邦彦"妙解音律"，后来又以音乐家的身份入掌大晟乐府机构，无疑推动了词乐的发展，促进了词调的繁荣，提高了词调的"格律化"程度，使慢词出现了"整严化"倾向，一改柳词"直说""直叙"的写法，给人一种"沉郁顿挫"的感觉，使词意境深厚而耐人寻味。如《兰陵王》：

柳阴直，烟里丝丝弄碧。隋堤上，曾见几番，拂水飘绵送行色。登临望故国，谁识京华倦客。长亭路，年去岁来，应折柔条过千尺。

闲寻旧踪迹，又酒趁哀弦，灯照离席，梨花榆火催寒食。愁一箭风快，半篙波暖，回头迢递便数驿，望人在天北。

凄恻，恨堆积。渐别浦萦回，津堠岑寂，斜阳冉冉春无极。念月榭携手，露桥闻笛。沉思前事，似梦里，泪暗滴。

---

① （清）刘熙载：《艺概·词概》卷四，上海古籍出版社1978年版。

② 参阅龚书铎主编，王育济等著《中国文化发展史·宋元卷》，山东教育出版社2013年版，第189页。

③ 宋徽宗崇宁年间（1102—1106年）创立大晟府，并以周邦彦为提举，招集词人、乐师整理古音、古调，创作新乐，名"大晟乐"；词人按调填词，世称"大晟词"；在"大晟府"形成的以周帮彦为首的词派即为"大晟词派"。大晟词人的语言典雅、含蓄，词风清疏、明快；他们还整理了一些在当时流传、但尚未定型的古调，并创作了许多慢曲、引、近、犯等新调，成为后人填词的规范。

④ 周邦彦，字美成。

别出心裁的是周邦彦善于融合前人的诗语，大量采撷前人诗句，以增添作品的书卷气味，并通过引用典故，使人产生联想，增加作品的感染力，使语言增添斑驳绚丽的光泽，开创了一种“富艳”“典丽”的语言风格，为宋词的新天下加了瓦。

（三）两宋之交：宋词攀登新高峰“别是一家”

两宋之交，政局大变，宋室南迁，改变了词人的命运，也改变了词的风格。在这家国患难之时，宋词攀登汉民族文学新高峰的脚步并未停止，而是在特殊的历史背景下，从婉约转向豪放，正如李清照在《词论》中所云：“词别是一家。”① 这把宋词攀登新高峰推向“别是一家”的代表词人是李清照和岳飞以及被誉为“词坛双璧”的张元幹和张孝祥。

李清照，号易安居士，山东济南人，生长在士大夫家庭之中，年时即有诗名，18 岁时嫁宰相之子、太学生赵明诚，即《金石录》作者，过着幸福美满的生活。靖康之难，举家南渡，不久后丈夫病故，她独自漂流在杭州、越州、金华一带，在凄苦孤寂中度过了晚年。李清照的词可以南渡为界，分为前后两期。前期词主要描写伤春怨别闺阁生活的题材，表现了女词人多情善感的性格。如《如梦令》描写惜春的感情：“昨夜雨疏风骤，浓睡不消残酒。试问卷帘人，却道海棠依旧。知否，知否？应是绿肥红瘦。”她因赵明诚外出而作的相思怨别词，更是情意深挚委婉，别具一格。如《醉花阴》描写女词人在重阳节时，倍感孤寂，于是以自喻说：“东篱把酒黄昏后，有暗香盈袖。莫道不消魂，帘卷西风，人比黄花瘦。”构思新颖，意趣高雅。她早期还有一首境界壮阔、想象新奇的《渔家傲》：

> 天接云涛连晓雾，星河欲转千帆舞。仿佛梦魂归帝所。闻天语，殷勤问我归何处？
>
> 我报路长嗟日暮，学诗谩有惊人句。九万里风鹏正举。风休住，蓬舟吹取三山去。

表达了词人对更为广阔的生活天地的渴望和追求。

① 《苕溪渔隐丛话·后集》卷三三。

李清照已由贵妇人角色变为“飘零遂与流人伍”[①] 的寡妇。在民族受辱、国家危亡之时，她与人民一起逃亡，因而有了共同的愿望和命运，也发出了共同的哀叹，个人的命运与民族的荣辱紧紧相连，抒发出怀念故国旧家的情意，表现了词人爱国主义的精神。如《永遇乐·落日熔金》《武陵春·风住尘香花已尽》，都反映了这样的精神。她的词则充满了“物是人非事事休”的浓重感伤情调，从而表达了她对故国、旧事的深情眷恋。如有名的《声声慢》：

寻寻觅觅，冷冷清清，凄凄惨惨戚戚。乍暖还寒时候，最难将息。三杯两盏淡酒，怎敌他，晚来风急？雁过也，正伤心，却是旧时相识。

满地黄花堆积，憔悴损，如今有谁堪摘？守着窗儿，独自怎生得黑？梧桐更兼细雨，到黄昏，点点滴滴。这次第，怎一个愁字了得？

上片表现词人“寻寻觅觅”，又无所寄托的失落感，以及在“冷冷清清，凄凄惨惨戚戚”的环境中独自伤心的神态。下片触景生情、悲秋自怜，全词语言明白、节奏急促，情调凄婉。全词流露出对国家变故、昔乐今哀的深切悲痛之情，正是一字一泪的千秋绝唱。后来宋末词人刘辰翁读此词，不禁“为之泣下”[②]。

李清照的词，真挚的感情和完美的形式水乳交融，浑然一体。一方面她将“语尽而意不尽，意尽而情不尽”[③] 的婉约风格发展到了顶峰，以致赢得了婉约派词人“宗主”的地位，成为婉约派代表人物之一。另一方面，她词作中的笔力横放、铺叙浑成的豪放风格，又使她在宋代词坛上独树一帜，从而对辛弃疾、陆游以及后世词人有较大影响。这正是两宋之交词风从婉约向豪放转变的一种文化生态，从而造就了李清照的词“不徒俯视巾帼，直欲压倒须眉”[④] 的新风格，形成“易安体”，开一代之风气，在两宋词坛上独树一帜，以其才名于世，并余响后世，称誉百年。同代人辛弃疾、刘辰翁等皆有效“易安体”之作，且自称“托之易安自喻，虽

① （宋）李清照：《上枢密韩肖胄诗二首》。

② 参阅宋德金、张希清总纂《中华文明史》第六卷（辽宋夏金），河北教育出版社 1994 年版，第 669 页。

③ （宋）李之仪：《跋吴思道小词》。

④ （清）李调元：《雨村词话》卷三。

辞情不及，而悲苦过之”①。后来者更不计其数，明人王士祯赏其才情，叹“易安体”之协美，竟一口气和词数十首。② 还是清人况周颐《蕙风词话》卷二中说得好：“易安笔情近浓至，意境较沈博，下开南宋风气。”在宋词攀登汉民族文学新高峰的征途中，李清照犹如一颗璀璨的明星，文成一格，“别是一家”。

“别是一家”的两宋之交的词人，在无情的战争面前，打破了象牙塔中的艺术梦境，挥剑起舞、立马高歌。就连婉约词派的代表人物，弱女子李清照都写下了“生当作人杰，死亦为鬼雄。至今思项羽，不肯过江东”的《夏日绝句》，还有哪位词人再去浅斟低唱呢？于是，岳飞的《满江红》便成了南宋词坛中的开篇之作：

> 怒发冲冠，凭栏处，潇潇雨歇。抬望眼，仰天长啸，壮怀激烈。三十功名尘与土，八千里路云和月。莫等闲，白了少年头，空悲切。
>
> 靖康耻，犹未雪；臣子恨，何时灭？驾长车，踏破贺兰山缺。壮志饥餐胡虏肉，笑谈渴饮匈奴血。待从头，收拾旧山河，朝天阙。

这不是骚人的闲情逸致，也不是墨客的夸大其词，它发自一个出生入死、大败强敌，想要挽救宋朝命运的将军之口的“忧国之音”，难怪其有披肝沥胆之声、折金裂石之力！表达了岳飞恢复故土“还我河山”的心声。故陈廷焯在《云韶集》中评之为“何等气概，何等志向！千载下读之，凛凛有生气焉”。大大激发了汉民族的民族意识，从而成为千载传诵的慷慨悲壮之歌。③

被誉为“词坛双璧”的张元幹和张孝祥更是用大量豪放悲壮的词作来反映抗金斗争，表达汉民族意识的爱国词人，

张元幹的词风多样，以豪放悲壮为主，继苏轼之后突破了词写离愁别

---

① （宋）刘辰翁：《须溪词》《永遇乐·璧月初晴》小序：“余自乙亥上元诵李易安《永遇乐》，为之涕下。今三年矣，每闻此词，辄不自堪，遂依其声，又托之易安自喻，虽辞情不及，而悲苦过之。”

② 参阅尹邦明《浅论李清照在词史的地位》（http：//www.360doc.com/content/10/0716/19/191190_ 39483496.shtml）。

③ 参阅陈炎《中国审美文化史·唐宋卷》，上海古籍出版社2013年版，第274页；宋德金、张希清总纂《中华文明史》第六卷（辽宋夏金），河北教育出版社1994年版，第670页。

恨、男欢女爱的狭窄题材，把社会生活的重大主题纳入其中。《四库全书总目》曾云："其词慷慨悲凉，数百年后，尚想其抑塞磊落之气。"今存词作180余首，有《芦川词》传世。张元幹的代表作是两首《贺新郎》：

曳杖危楼去。斗垂天、沧波万顷，月流烟渚。扫尽浮云风不定，未放扁舟夜渡。宿雁落、寒芦深处。怅望关河空吊影，正人间、鼻息鸣鼍鼓。谁伴我，醉中舞？

十年一梦扬州路。倚高寒、愁生故国，气吞骄虏。要斩楼兰三尺剑，遗恨琵琶旧语。谩暗涩、铜华尘土。唤取谪仙平章看，过苕溪、尚许垂纶否？风浩荡，欲飞举。

梦绕神州路。怅秋风、连营画角，故宫离黍。底事昆仑倾砥柱，九地黄流乱注？聚万落、千村狐兔。天意从来高难问，况人情老易悲难诉。更南浦，送君去。

凉生岸柳催残暑。耿斜河、疏星淡月，断云微度。万里江山知何处？回首对床夜语。雁不到、书成谁与？目尽青天怀今古，肯儿曹、恩怨相尔汝？举大白，听金缕。

这两首于绍兴八年（1138年）声援李纲上书反对和议的词，不仅意境苍凉、忧愤深广，而且还表现了词人的民族气节和汉民族意识的崇高境界，因而千古传诵。

张孝祥的词题材比较广泛，风格也较为多样。王国维在《人间词话》中说："词以境界为最上，有境界则自成高格，自有名句。"[①] 张孝祥豪放悲壮的词就具有境界空阔、情调舒徐的意境。这种境界的铸成与他的身世坎坷有关。绍兴二十四年（1154年）张孝祥参加廷试，与秦桧之孙秦埙同场。当时的主考官为讨好秦桧而将秦埙判为第一，张孝祥为第二。高宗皇帝亲读策论后，认为张孝祥"议论雅正，词翰爽美"，将其擢为进士第一，为此引起了秦桧的嫉妒。及第后，张孝祥又上疏为岳飞鸣冤，更加引起秦桧的忌恨。后来，秦桧诬蔑张浚谋反，张孝祥的父亲张祁也因此下狱。秦桧死后，张孝祥曾积极协助张浚北伐，因而不断遭到"主和派"

① 王国维：《人间词话》，上海古籍出版社1978年版，第1页。

的打击和诽谤。张孝祥的爱国词以两首《水调歌头》为标志：

> 雪洗虏尘静，风约楚云留。何人为写悲壮，吹角古城楼？湖海平生豪气，关塞如今风景，剪烛看吴钩。胜喜燃犀处，骇浪与天浮。
>
> 忆当年，周与谢，富春秋。小乔初嫁，香囊未解，勋业故优游。赤壁矶头落照，淝水桥边衰草，渺渺唤人愁。我欲乘风去，击楫誓中流。

> 濯足夜滩急，晞发北风凉。吴山楚泽行遍，只欠到潇湘。买得扁舟归去，此事天公付我，六月下沧浪。蝉蜕尘埃外，蝶梦水云乡。
>
> 制荷衣，纫兰佩，把琼芳。湘妃起舞一笑，抚瑟奏清商。唤起《九歌》忠愤，拂拭三闾文字，还与日争光，莫遣儿辈觉，此乐未渠央。

前一首写于绍兴三十一年（1161 年）宋军大败金兵于采石矶之后，词人抑制不住内心的喜悦，为战争的胜利而欢欣鼓舞。后一首写于乾道二年（1164 年），作者遭谗言落职，以屈原那出淤泥而不染的高风亮节来勉励自己，要做一名无愧于天地国家的血性男儿。两首词都写得张弛得法、开阖有度。作者思接千载，视通万里，将现实的处境放在历史的维度下加以思考，得意时并不忘形，悲观时并不绝望，可谓有大家风度，使读者可以清楚地看到一个忠贞而又潇洒、执着而又坦荡的词人的形象。张孝祥今存词作 224 首，有《于湖居士长短句》传世。他“别是一家”的境界，为宋词攀登上汉民族文学新高峰的绝顶铺平了道路。[①]

三　南宋：宋词攀登新高峰的绝顶

宋词的攀登新高峰，经两宋之交词人的垫铺，辛弃疾开始了向绝顶的冲刺。

辛弃疾（1140—1207 年），号稼轩，山东历城人。他的一生充满了传奇的色彩，21 岁就参加了山东耿京的抗金起义军。绍兴三十二年（1162

① 参阅陈炎《中国审美文化史 · 唐宋卷》，上海古籍出版社 2013 年版，第 275—276 页；裴善明《试论张孝祥词风特色》，《江淮论坛》1997 年第 5 期。

年），朝见高宗的辛弃疾在返回部队的途中听说叛徒张国安将耿京杀害，遂带领50轻骑兵冲入5万之众的兵营，生擒张国安并号令部队重新反正，其英雄壮举，令朝野震动。此后，他一直站在抗金的第一线，上万言书，主张对金抗战，恢复中原。然而他抗金的主张，却得不到南宋腐朽政权的支持与重视，或被派去整顿地方事务，或被征调讨伐农民暴动，或被迫赋闲隐居，陷于英雄无用武之地的境遇。直到晚年才被重新准备北伐，却已难以亲赴沙场，杀敌立功了。只好把自己的一腔爱国爱民的雄图和壮志难酬的悲愤寄托在词章之中。然而，也正是这种特定的遭遇，使他有更多的时间研习文字，最终成为一代词宗，把宋词推上了攀登汉民族文学新高峰的绝顶。

辛弃疾的词雄奇阔大，豪迈奔放，笔力沉郁，慷慨悲壮，宣泄出一股苍凉之气，开创了一代新词风。他的词现存600多首，是宋代词人中词作最多的一家。其作品经过后人的整理后，大部分收在词集《稼轩长短句》之中。在辛弃疾的词中，一方面爱国思想和战斗精神贯串始终，壮怀激烈的爱国主义感情时时透过他的词句喷薄而出，如《菩萨蛮·书江西造口壁》一首：

郁孤台下清江水，中间多少行人泪。西北望长安，可怜无数山。青山遮不住，毕竟东流去。江晚正愁余，山深闻鹧鸪。

可以说，一字一句都是爱国者的血和泪。而他自己最喜爱的一首代表作《永遇乐·京口北固亭怀古》，更是情调激越，豪气满怀，充满了鼓舞人心的爱国激情：

千古江山，英雄无觅，孙仲谋处。舞榭歌台，风流总被，雨打风吹去。斜阳草树，寻常巷陌，人道寄奴曾住。想当年，金戈铁马，气吞万里如虎。

元嘉草草，封狼居胥，赢得仓皇北顾。四十三年，望中犹记，烽火扬州路。可堪回首，佛狸祠下，一片神鸦社鼓。凭谁问，廉颇老矣，尚能饭否？

另一方面，在词作艺术上，辛弃疾的词也达到了一个新的高峰。这首先表现在他对雄奇阔大的意境的创造和比兴手法的运用上，这与他远大的政治抱负和强烈的爱国热情是一脉相承的。其次是他的语言风格独特，在突破散文、诗、词等不同样式的语言界限上，辛弃疾比苏轼更为大胆。无论是诗、散文、群经、诸子以至佛典，他都能信手拈来，填入词中。最难得的是这些风格差异显著的材料在经他融铸成篇后，竟能妙出天然，毫无拼凑的痕迹，大大丰富了词的表现手法和语言技巧。另外，辛词内容非常广泛。苏轼是以诗为词，而对辛弃疾来说，凡是可以写进其他文学样式的内容，无一不可写进词里。词至辛弃疾才达到了冲破一切樊篱的境界。与广泛的内容相适应的是风格的多样化。辛词虽以慷慨雄奇、沉郁苍凉、豪放悲壮为主流，但委婉缠绵、回肠荡气、高朗空灵、清雅平淡之篇也不少，而且都达到了相当高的水准。如开阔处，他有“举头西北浮云，倚天万里须长剑”（《水龙吟》）的气势；精巧处，他有“众里寻他千百度，蓦然回首，那人却在，灯火阑珊处”（《青玉案》）的妙语；归隐处，他有“吾庐小，在龙蛇影外，风雨声中”（《沁园春》）的境界；赋闲时，他有“大儿锄豆溪东，中儿正织鸡笼，最喜小儿无赖，溪头卧剥莲蓬”（《清平乐》）的心境；开心时，他有“人远近，路横斜，青旗沽酒有人家”（《鹧鸪天》）的情趣；寂寞时，他有“把吴钩看了，栏杆拍遍，无人会，登临意”（《水龙吟》）的感慨；兴起时，他有“少年横槊，气凭陵，酒圣诗豪馀事”（《念奴娇》）的豪情；颓唐时，他有“杯，汝来前。老子今朝，点检形骸”（《前调》）的漫语……如果说北宋时期的柳永、苏轼都曾为丰富词的表现形式做出过贡献话，那么将这种形式发展到淋漓尽致的境界，则莫过于辛弃疾。在他这里，几乎任何思想、任何情绪、任何需要表达的东西，都可以随手拈来，化为庄谐不一、雅俗共赏的词句，给人以或惊、或喜、或悲、或怨的美感享受。在这类词中，我们更能领略到他摧刚为柔、刚柔相济、婉约中见豪放的过人之处。南宋诗人刘克庄在《辛稼轩集序》中高度评价了辛弃疾词的成就，其云：“（辛）公所作大声镗鞳，小声铿锵，横绝六合，扫空万古，自有苍生以来所无。其秾纤绵密者，亦不在小晏、秦郎之下。”①

辛弃疾在词的发展史上是一位划时代的作家，他的艺术实践给词坛带来了深远影响，开辟了词发展的一个新时代。虽然他与苏轼并称“苏

① （宋）刘克庄：《辛稼轩集序》，《稼轩词编年笺注》，上海古籍出版社1993年版。

辛”，但世人对其词成就的推许远远胜过苏轼，清代词人及词论家周济即云：“苏、辛并称，东坡天趣独到处，殆成绝诣，而若不经意，完璧甚少。稼轩则沉着痛快，有辙可循，南宋诸公，无不传其衣钵，固未可同年而语也。”[①] 辛弃疾词的成就不仅影响了南宋的爱国词坛，对后世也产生了重要影响，正如《四库全书总目提要》所说的：“其词慷慨纵横，有不可一世之概，于倚声家为变调，而异军特起，能于剪红刻翠之外，屹然别立一宗，迄今不废。”

在辛弃疾同时或稍后的时代里，受其影响的爱国词人有50多人，最著名的如陆游、陈亮、刘过、刘克庄、戴复古、文天祥、刘辰翁等。他们的词风都受到辛弃疾的影响，形成了南宋中叶以后声势浩大的爱国词派，从而展现了宋词“绝顶”的风采、风姿和风貌。[②]

第八节 人物画变文人画：汉民族绘画文化的变古

大唐画风，气势恢宏，绚烂备至，建构了汉民族绘画艺术的一座高峰成。但从“仙界”下凡人间不久的唐画聚焦于人物画，是吴道子出神入化的宗教人物和张萱、周昉雍容典雅的绮罗人物铸造了“盛唐气象”，从而形成唐代人物画雄踞画坛的态势。正如唐人朱景玄《唐朝名画录》所说：“夫画者，以人物居先，禽兽次之，山水次之，楼殿屋木次之。”进入宋代，继承了唐代的画脉，绘画的繁盛虽不亚于唐，但画风大变，唐代发达的宫廷人物画转向描绘市井风格的宋代文人画。

艺术是社会的一面镜子。宋代画风的转向是因为社会转型的结果。陈炎有一个很精辟的分析，其在《中国审美文化史》中说：

> 宋代社会的一大特点是在农村经济的基础上实现了科技、贸易和手工业的繁荣，出现了一些类似开封的商业化城市。而城市经济的繁荣也在一定程度上带动了审美文化的发展。过去只是宫廷、寺庙中常

---

① （清）周济：《宋四家词选·目录序论》，中华书局1985年版。

② 陈炎：《中国审美文化史·唐宋卷》，上海古籍出版社2013年版，第277—278页；龚书铎主编，王育济等著：《中国文化发展史·宋元卷》，山东教育出版社2013年版，第192—193页。

见的绘画，现在已大规模地进入了富裕阶层的家中，并成为茶坊酒肆装点门面的需要。吴元老《东京梦华录》中记载，大画家李成曾为开封某生药铺作山水壁画。吴自牧《梦粱录》也说："汴梁熟食店张挂名画，所以勾引观者，留连食客。"可见，弄幅字画在家中挂挂，在当时是一件颇为时髦的事情。……

城市经济不仅刺激了绘画的发展，而且影响着画风的转变。在唐代，绘画主要用于宫廷和寺观的装饰，因而宗教人物画始终占据着主导地位。入宋以后，不仅儒、释、道三足鼎立的意识形态被瓦解，而且绘画也大规模地进入了繁华的世俗场所，锱铢较量的商行和吆五喝六的酒肆显然已不再适合悬挂过于严肃的宗教人物画。在这种情况下，能够缓解城市居民紧张、疲惫的心态，并使之重新接近大自然的山水花鸟画得到了长足的发展，继晚唐、五代之后完全占据了绘画的主导地位。

尽管市民的需求和宫廷的倡导在普及与提高的两个层面上为绘画的发展注入了活力，但与此同时，也由于前者的粗制滥造和后者的僵化保守而带来了弊端。针对这些弊端，大约在北宋中、后期，以苏轼、米芾为代表的一批知识分子打出了"士夫画"的旗帜。[①]

陈炎所言极是，宋代是一个平民化的世俗社会，发达的商品经济促使绘画艺术商品化，诸如开设店铺描绘肖像，山水画、节令画等进入了销售领域……由于社会经济的发展，促使社会各阶层对绘画艺术的需求量不断增大，涌现出一大批职业画工，专擅为宫廷、寺观、酒肆装堂饰壁；大量的经卷、科技、经史类书籍的插图版画也广泛地传播了宋代文明；广阔丰富的社会生活开拓了风俗画前所未有的新天地，它和市俗文学一起为市民阶层所喜闻乐见。[②] 于是，北宋熙宁、元丰年间，开始出现了文人画热潮，形成了宋代画坛独立的文人画家群。文同、苏轼、李公麟、米芾等文人士大夫从艺术理论和创作风格上确立了"士人画"，即文人画。他们强调画家的品格和文化修养，在艺术上标新立异，不为形囿，不拘法度，以

---

① 陈炎：《中国审美文化史 · 唐宋卷》，上海古籍出版社 2013 年版，第 204—205 页。

② 宋德金、张希清总纂：《中华文明史》第六卷（辽宋夏金），河北教育出版社 1994 年版，第 756 页。

笔墨直抒胸臆，把政治失意所产生的精神压抑宣泄在笔墨之间，表现画外之意，在描绘形象世界的同时，展现出文人士大夫疏放不羁的精神世界。将诗、书、画融为一体，构成文人画独特的艺术语言。南宋的米友仁、杨无咎、赵孟坚等人继续实践和丰富了北宋文人画的创作活动，在不同的绘画题材上各有所成，画院画家梁楷和僧法常均受到文人画风的影响。[①] 从而在汉民族的绘画文化史上刮起了三股画风，即山水画的沉静典雅之风，花鸟画的"野逸"写实之风和风俗画的曲尽其妙之风，从而举起了"文人画"的旗帜，把汉民族的绘画文化推上了鼎盛时期。

一　山水画的沉静典雅之风

宋代文人画在山水画方面刮起了沉静典雅之风。

汉民族绘画文化史上，宋代山水画学古而不泥古，极富创造性地总结并发展青绿山水画求真尚工，水墨山水画求新求异，以及以诗入画、以书入画、以禅入画的成果。形成了风雅清瘦、精致细腻、内敛自省、幽淡清新，以及更贴合平民大众生活的特点，从而铸成宋代山水画以沉静典雅的突出风格独树一帜于汉民族画坛。

宋代的山水画，给人的第一印象就是有一种宁静之美。这种宁静之美从审美的角度来说就是典雅，从哲学的角度来说就是"中和"。

"中和"而沉静，沉静而典雅，一直是汉民族文化传统精神的一种境界。孔子主张情与理和，庄子推重心与物和。而自唐代以来，旨在探讨"意"与"象"关系的"意象"美学范畴日益受到重视，朱熹更是专门研究了"理"与"象"之间的关系。在他看来，"人伦天理"的"理"，乃是一切事物的"体"，而显现每一事物的"象"，则可称之为"用"。用他的话说："体用一源者，自理而观，则理为体，象为用，而理中有象，是一源也；显微无间者，白象而观，则象为显，理为微，而象中有理，是无间也。"[②] 显然，这一理论所赖以建立的基础在于对事物的两极兼容并蓄，强调既兼顾此极又兼顾彼极，以最终达至"允执其中"[③] 的目的。

---

① 宋德金、张希清总纂：《中华文明史》第六卷（辽宋夏金），河北教育出版社 1994 年版，第 757—758 页。

② （宋）朱熹：《四书章句集注》，中华书局 1983 年版，第 18 页。

③ 《论语·尧曰》。

在理学笼罩的宋代，宋代山水画奉行“中和”的理念，形成由外而内、从内向外循环颐养的从艺之道，要求画家既要“会意也尚巧”[①]，又要“为物也多姿”[②]，以寻求审美的主观之“睛”与客观之“景”的和谐对应。这种审美理想直接表现在绘画艺术中，造就了中国传统绘画既不刻意摹拟客观自然之形，又不让主观审美情思超离视觉形象依托的绘画创作思维和语言表现特点，进而形成了中国画独特的写实传统——“应物传神”[③]，并在宋代山水画中得到了突出体现。如北宋画家范宽将传统、造化皆融于精神之中，作画时并不需要到客观自然中去捕捉物象，计算笔墨，而是一任其具有丰富涵养的精神之流露。北宋宣和（1119—1125 年）年间，由官方主持编撰的宫廷所藏绘画作品的著录著作《宣和画谱》称其“览其云烟惨淡，风同阴霁难状之景，默与神遇，一寄于笔端之间”[④]。北宋郭若虚《图画见闻录》也说：他“理通神会，奇能绝世”[⑤]——“理通”指的是好道之理与物理、画理相通，而“神会”则指自己的精神与山林自然之精神相会而融为一体。所以宋代文人士大夫文化的相互渗透，画家们深入生活，烟云供养，或隐居山林，或旷游自然，把自己对自然的感悟融入山水画创作之中，搜奇异峰峦，创穷极造化：李成描绘自己熟悉的齐鲁风光，范宽描绘自己熟悉的关陕风光，董源描绘自己熟悉的江南风光，郭熙更是“饱游饫览”……山水画风向世俗生活靠拢。[⑥] 虽然同样追求以“真”为特色的具体而真实的空间景象，但宋代山水画的“真”在中庸观不偏不倚、兼容并蓄以及在事物的和谐统一中，既没有向如实描绘风景的方向单纯发展，也没有完全脱离真山真水的自然情趣，而是以沉静典雅之风在汉民族的绘画文化史上独树一帜。从《窠石平远图》以及《关山春雪图》这些意境幽远的写实性山水画中，我们可以充分体会到宋代山水画所特有的宁静之美。这正是宋代画家根深蒂固的行事方式——“中庸之道”使然。正所谓“超以象外，得其环中”[⑦]，既要写实，又要

① （晋）陆机：《文赋》。
② 同上。
③ 叶青：《应物传神——中国画写实传统研究》，江西人民出版社 2004 年版，第 48 页。
④ 潘运告主编：《宣和画谱》，湖南美术出版社 2000 年版，第 71 页。
⑤ 何志明、潘运告编著：《唐五代画论》，湖南美术出版社 1997 年版，第 89 页。
⑥ 方向军：《浅析宋代山水画的特点》，《甘肃高师学报》2005 年第 4 期。
⑦ （唐）司空图：《诗品·雄浑》。

写意，此端与彼端的联结以及对立面的相互中和，构成了“中庸之道”的最基本形式，也塑造了中国式山水画写实的最高境界[①]，从北宋早期的李成和范宽，开拓了宋初全景式大山大水的写实面貌，神宗时期的郭熙在表现自然山川的细微变化和精神感受方面施展了卓越的才华，到徽宗时，青绿山水和小景山水都有长足的进展，尤其是意趣超然的米氏云山给北宋末期的山水画注入了新的生机；南宋山水多展示江、浙一带秀丽山川，李唐、马远、夏圭等一变北宋雄强之风，笔墨强劲、简放，集雄、秀为一体[②]，以艺术的魄力震撼着欣赏者，南宋山水画的创作主要不是着眼于高山大川的恢宏和博大，而转向了物象本身的内在生命和意蕴。大大增强了南宋绘画的概括性、含蓄性和象征性，从而在宋代画坛上刮起了一股山水画的沉静典雅之风。这是汉民族审美的绘画总结，也是今天汉民族审美的源头活水。[③]

二　花鸟画的“野逸”写实之风

宋代花鸟画盛行“野逸”写实之风，把汉民族花鸟画推进了极盛时代。

宋代花鸟画“野逸”写实之风的形成和发展经历了一个与“富贵”派互动融合的过程。北宋初期，花鸟画基本上形成两大流派，一是以黄筌、黄居寀父子为代表的富贵画派，一是以徐熙为代表的野逸画派，两派风格不同，俗称“黄筌富贵，徐熙野逸”[④]。

黄筌、黄居寀原为西蜀名画家，西蜀灭亡后来到开封，成为宋画院的宫廷画家——待诏，其画法也就成为画院的标准，而“较艺者，视黄氏体制为优劣去取”[⑤]。黄家画风在宋代宫廷中，占主导地位有90余年。黄筌的花鸟画多取材于宫廷园圃中的珍禽异鸟、奇花怪石，画法工整细丽，造型准确，颇能乱真。先用极细的墨线勾出轮廓，然后墨染填彩，被称为

---

① 以上参阅王冬梅《论宋代山水画的儒学蕴涵》，《新疆艺术学院学报》2009年第2期。

② 参阅宋德金、张希清总纂《中华文明史》第六卷（辽宋夏金），河北教育出版社1994年版，第763页。

③ 《宋画江山：揭秘南宋文艺青年的生活方式》（http：//mt. sohu. com/20160113/n434449198. shtml）。

④ （宋）郭若虚：《图画见闻志》卷一《论徐黄体异》。

⑤ 《宣和画谱》卷十七。

“勾勒填彩，旨趣浓艳”[1]，适应了宫廷贵族的审美时尚，故有“黄家富贵”之誉。

徐熙一生未仕，以高雅自任，放荡不羁，所画多花竹、林木、蝉蝶、蔬果、草虫之类，追求野生动植物的天趣和轻秀，反对雕琢妩媚。画法上称为“落墨”，即先用墨笔描绘出物体的整个形态，然后在局部略施色彩，以墨为主，着色为辅，整个画面给人以朴素自然的美感。此画法多迎合士大夫在野派的口味，故称之为“野逸”派。

这两大画派的互动是从富贵画派排斥野逸画派开始的。宋初，徐崇嗣携画入北宋画院，但野逸的画风受到以黄居寀的排斥。据沈括《梦溪笔谈》记载，当时徐熙的孙子徐崇嗣因继承了野逸派画风，而被黄居寀斥为“画法恶不入格”，而被排斥在画院外。《画继》[2] 也说：“图画院四方召试者源源而来，多有不合而去者。盖一时所尚专以形似，苟有自得，不免放逸，则谓不合法度，或无师承。故所作止众工之事，不能高也。”在这种情况下，“黄家富贵”更加富贵，而“徐氏野逸”也更加野逸了。[3]徐崇嗣不得已而改学黄筌画法，又自创“没骨法”[4]，施色柔美精丽，与黄家父子不相上下。他不用笔墨勾勒、只以丹粉点染而成，集黄筌之长，才博得黄家认可。《宣和画谱》卷十七云：“今之画花鸟者，往往以色晕淡而成，独熙落墨以写其枝叶蕊萼，然后敷色，故骨气风神，为古今之绝笔。”

但是，到了北宋中叶，富贵画派与野逸画派的互动有了逆转。逆转的原因是崔白等人出来，在尊重客观、模仿自然的前提下，纠正“黄派花鸟”富贵艳俗缺陷的同时，也创造了新的画格，使宋初以来一直居主导地位的黄氏画法受到了冲击，从而改变了画院只重富贵画派的风气。

崔白，神宗时为画院待诏，他的花鸟画往往取材于败荷芦雁、雪竹山鸥、秋塘群鹅、寒鸦野兔之类，显然是受了“徐熙野逸”的影响。在技法上，他也突破了“黄派花鸟”的局限，常常工中带写，不尚雕琢。现存的《双喜图》，是其重要的传世佳作。画面描绘了秋风乍起的山野场

---

① 郭廉夫：《花鸟画史话》，江苏美术出版社 2006 年版，第 47 页。

② （宋）邓椿：《画继》。此书是一部画史著作，全书共十卷，载北宋熙宁七年（1074 年）至南宋乾道三年（1167 年）间画家 219 人小传。

③ 陈炎：《中国审美文化史·唐宋卷》，上海古籍出版社 2013 年版，第 208 页。

④ 国画术语，直接用彩色作画，不用墨笔立骨的技法叫作没骨法。

景：荆草、树枝顺风摇曳；一只山雀却逆风展翅，惊慌地在空中保持着平衡；另外一只虽然已经落在了枝头，但仍惶恐不安地鸣叫着；而地上的野兔却安闲地回望着山雀，仿佛在问他们为什么这样大惊小怪。整个构图将树木、山雀和野兔在秋风中的不同表现交汇到一起，动静结合，富有情调。[①] 可见他的画的特点是“体制清赡，作用疏通”[②]。所画无不精绝，“落笔运思即成，不假于绳尺，曲直方圆，皆中法度”[③]。他的画风突破了在北宋画院保持了将近一个世纪的“黄氏体制”。此外，崔悫（崔白之弟）和吴元瑜（崔白弟子）也都冲破了“黄氏体制”，画风自成一家。[④]

继崔白之后，进士出身的文同（字与可），有较高的文学修养。他画的墨竹不仅汲取了徐派的野逸，而且表现了文人的旷达。为了画好竹子，他甚至整天坐在亭子中对竹子做静观默察，因而，对于竹子的形态和风韵，能入微地贮存于自己的胸中，做到所谓“胸有成竹”。但他又不像职业画家那样过分地重视技巧，而将意韵看得更为重要。据苏轼记载，文同画竹，“必先得成竹于胸中，执笔熟视，乃见其所欲画者，急起从之，振笔直遂，以追其所见，如兔起鹘落，少纵则逝矣”[⑤]。这种凭借灵感而不是依靠功夫的艺术创作，显然与宫廷画家一枝一叶的精心描摹迥然不同，它或许不够严谨，但也脱尽匠气。对此，苏轼有诗赞道：“与可画竹时，见竹不见人。岂其不见人，嗒然遗其身。其身与竹化，无穷出清新。庄周世无有，谁知此疑神？”[⑥] 以墨写竹，并不自文同始，但观其流传至今的《墨竹图》，那疏朗得体、潇散有致的寥寥几笔，确显出前人所没有的书卷气息。[⑦] 正如《中国文化通史·两宋卷》所云：文同“画竹的最大成功之处在于‘成竹在胸’”[⑧]。

---

① 陈炎：《中国审美文化史·唐宋卷》，上海古籍出版社 2013 年版，第 209 页。

② （宋）郭若虚：《图画见闻志》卷四《纪艺下·花鸟门·崔白》。

③ 《宣和画谱》卷十八《花鸟门·崔白》。

④ 参阅陈炎《中国审美文化史·唐宋卷》，上海古籍出版社 2013 年版，第 209 页。

⑤ （宋）苏轼：《文与可画筼筜谷偃竹记》。转引自陈炎《中国审美文化史·唐宋卷》，上海古籍出版社 2013 年版，第 209 页。

⑥ （宋）苏轼：《书晁补之所藏与可画竹三首》，转引自陈炎《中国审美文化史·唐宋卷》，上海古籍出版社 2013 年版，第 209 页。

⑦ 参阅陈炎《中国审美文化史·唐宋卷》，上海古籍出版社 2013 年版，第 209 页。

⑧ 郑师渠总主编，吴怀祺分册主编：《中国文化通史·两宋卷》，北京师范大学出版社 2009 年版，第 369 页。

宋室南渡，花鸟画尤呈兴盛之势，“野逸”写实之风越刮越强劲。南宋花鸟画家众多，作品丰富，纨扇、册页更盛，许多山水画家和人物画家均擅此道，各具新态。画院画师 90 余人当中专画花鸟，或以人物、山水画擅长而兼画花鸟者达半数以上，著名的花鸟画家有李安忠、李迪等人。这一时期的画法，已完全突破“黄氏体制”，或双勾，或没骨，或点染，或重彩，或淡彩，或水墨，或工笔，或写意，各逞其能。他们的作品，生动而有神韵，用笔严谨而无拘束，对后世产生了重要影响。

宋代的花鸟画在富贵画派与野逸画派的互动中不断前进。画家们注重对花鸟草虫等描摹对象的深入观察和体验，以使描摹对象更为逼真。他们重视师法自然，观察细致入微，创作精密不苟。如北宋的花鸟画名家赵昌长于写生，他每日在朝露未干时绕栏观察花卉情态，对景执笔调色，因而所画对象形象生动，被认为达到了“与花传神”的境地。特别是北宋末年的宋徽宗赵佶，虽在政治上昏庸无能，但在花鸟画的发展中却占有重要地位。他的作品在艺术上严格地要求写实，形神兼备，精妙入微。正是北宋的宫廷画家以严谨写实的艺术手法把北宋花鸟画的发展推向了顶峰。南宋时期，花鸟画又出现了新的转机，手法上粗细、繁简并举，加之淳朴的水墨花卉，使这一时期的花鸟画面目繁多。总之，宋代花鸟画盛行“野逸”写实之风，达到了汉民族绘画史写实风格的最高成就。①

三　风俗画的曲尽其妙之风

宋代风俗画盛行曲尽其妙之风，就汉民族绘画史来看，无论宋以前，还是宋以后，都没有风俗画有像宋代那样繁荣兴盛的态势。宋代风俗画真正把汉民族绘画文化推上了历史的巅峰。

汉民族的风俗历史悠久，丰富多彩。风俗画的发展最早可追溯到先秦时期，在壁画、铜器、汉代画像砖石中，出现大量狩猎、农耕、纺织、出游、宴饮等题材的创作。但“风俗”一词用于绘画艺术最早仅见于魏晋时期，据史载晋明帝司马绍有“人物风土图传于代”②；南朝宋顾宝光的

---

① 参阅郑师渠总主编，吴怀祺分册主编《中国文化通史·两宋卷》，北京师范大学出版社 2009 年版，第 368—369 页；龚书铎主编，王育济等著《中国文化发展史·宋元卷》，山东教育出版社 2013 年版，第 260 页。

② （唐）张彦远：《历代名画记》卷五。

“射雉图、麻纸画洛中车马斗鸡图、越中风俗画，并传于世”[①]。唐范长寿有“风俗画、醉道士图传于代”[②]。唐朱景玄《唐朝名画录·序》曰：“（东晋）陆探微画人物极其妙绝……且萧史、木雁、风俗、洛神等图尚在人间。可见之矣。”“妙品上八人”中另记载：“（唐）韩滉……能图田家风俗，人物、水牛，曲尽其妙。”[③] 由此可见，真正意义上风俗画始于晋、唐。在宋代风俗画风靡之前，一些绘画已出现世俗化的倾向，如唐代张萱的《虢国夫人游春图》。上一章中已述及，隋唐人物画成就甚高，不管是道释人物画还是仕女画，都在不同程度上表现出世俗化的倾向。而五代、两宋时，人们不仅继续使用“风俗”一词，赋予它更刻的含义，而且还将风俗画视为绘画种类之一，并有大量的不同题材的风俗画作品问世，从而造就了汉民族风俗画的鼎盛和辉煌。[④]

所谓风俗，《汉书·地理志》云：“凡民禀五常之性，而有刚柔缓急音声不同，系水土之风气，故谓之风；好恶取舍动静无常，随君上之情欲，故谓之俗。”风俗画是人物画的延伸和发展，以描绘人们的社会生活为主要内容。宋代风俗画之所以兴起，在宋王朝实行崇文兴文政策，文人得到极大的尊重，画家的地位得到提高的背景下，与宋代汉民族社会的农民依附性弱化、城市生活世俗化和审美普及化有直接的关系。

1. 文艺思潮平民化所致

风俗画之所以在农村题材上突破，又与宋代文艺思潮的平民化有密切的关系。钱穆曾说过：“论中国古今社会之变，最要在宋代。宋以前，大体可称为古代中国，宋以后，乃为后代中国。秦前，乃封建贵族社会。东汉以下，士族门第兴起。魏晋南北朝定于隋唐，皆属门第社会，可称为是古代变相的贵族社会。宋以下，始是纯粹的平民社会。除蒙古异族入主，为特权阶级外，其升入政治上层者，皆由白衣秀才平地拔起，更无古代封建贵族及门第传统的遗存。故就宋代而言之，政治经济、社会人生，较之前代莫不有变。”[⑤] 这种变化，反映到文艺思潮上就是宋代文学艺术在题

---

① （唐）张彦远：《历代名画记》卷六。

② （唐）张彦远：《历代名画记》卷二。

③ （唐）朱景玄：《唐朝名画录》。

④ 程沁：《苏汉臣〈秋庭婴戏图〉研究》，《美与时代（下半月）》2009 年第 6 期；刘琪：《浅析宋代风俗画》，《青年文学家》2012 年第 6 期。

⑤ 钱穆：《理学与艺术》，载《宋史研究集》第七辑，台湾大化书局 1974 年版，第 2 页。

材和风格方面的平民化倾向。因此，宋代人物画像包括农民在内的平民生活题材拓展就水到渠成了。而宋代汉民族丰富多彩的生活内容、风俗习惯、宗教信仰等，恰恰正是宋代风俗画生成的现实土壤。这样，宋代文艺思潮的平民化影响和渗透到绘画领域，风俗画的兴起就有明显的影响和推动。正如《中国美术简史》所说：在宋代，“绘画作为固定行业与社会建立更广泛的联系，突破了宗教题材及贵族范围的羁绊，扩大了视野，使世俗美术有了很大发展”①。在这种风气下，出现了一大批擅长表现平民题材的风俗画家，如高元亨、张择端、叶仁遇、杨威等。这些画家把创作内容扩大到现实生活气息浓厚的农村和市井的广阔天地。他们在作品中，或反映耕织劳作，或描绘市井生活，或表现民俗活动，或刻画生活小景，曲尽其妙地把原先人物画中主要以描绘贵族和宗教题材的格局进行了有力的拓展，从绘画的角度形象“记录”了宋代的社会面貌、风土人情、城乡生活等方面的内容，充分展示出宋代风俗画发展的艺术水平。②

2. 农民依附关系弱化所致

宋代汉民族农村最大的变化是人身依附关系的弱化。本章第二节已论述“平民宗族”如出现，乡村社会的转型，故自北宋始，封建佃户和工匠身份发生了改变，农村的佃户农民对地主不再是完全依附的部曲、佃客，代之以租佃为主的“佃客”。他们可以租种地主的土地，如有实力还可购得土地成为国家的税户。当时出现贫富不定的状态，田地也不是固定某人，买卖自由，各取所需，这样提高了农民的生产积极性，农村生产力得到一定的解放，农作物的产量较前有明显的增加，农村经济迅速发展，为人们改变生活方式提供了可能。与此同时，物质生活水平的提高使得人们在精神上产生了更高层次的要求，人们有时间、有精力和有经济实力提高生活质量。所以，人身依附关系的弱化，致使生活方式的改变，也渐渐形成新的风俗习惯，与此同时农民的审美观也会随之得以改变，这是风俗画得以兴起的一个社会基础。

农村的新发展使风俗画的题材扩展到农村生活的方方面面，于是，符

① 中央美术学院美术史系中国美术史教研室编著：《中国美术简史》，高等教育出版社 1993 年版，第 122 页。

② 参阅程波涛《宋代人物画向世俗题材拓殖状况与风俗画兴起的原因》，《阅江学刊》2010 年第 5 期。

合农民欣赏水平的艺术形式——风俗画应运而生。就风俗画而言，表现题材从佛、仙、贵族领域扩大到乡村生活的广阔天地。如王居正的《纺车图》生动地描绘了柳树下两农妇正在纺织的场景，表现了农家的日常生活情趣。在户外的大树下，两位农村妇女正在纺纱：年轻的媳妇一手摇动着纺车的轮子，一手还抱着吃奶的婴儿；年迈的婆婆则弓腰驼背，吃力地扯动着手中的纱线。在构图上，两个人物一静一动、一坐一站，形成了必要的张力。在细节上，我们甚至可以看到婆婆膝上的补丁，及其脸上所刻满的生活的艰辛。在氛围上，媳妇身后还有一个五六岁的儿童手持小竿，牵着青蛙在玩耍；她的前面，则有一只小狗在穿梭奔跑。所有这些，都表现出浓郁的乡村气息。[①] 牧牛图是当时颇为流行的风俗画题材：李迪的《风雨归牧图》以巧妙的构图、精细而流畅的笔墨成功地表现了夏季风雨交加之时，披蓑衣的牧童驱牛急归的生动场景。阎次平的《牧牛图》描绘了不同季节中的牧童生活；此外还有《秋林放犊图》《雪中归牧图》等。凡是生活中所能见到的场景在当时的风俗画中都有反映。农民的生活和生产成为画家的创作题材，这在汉民族绘画文化史上是一个惊人的突破！

3. 城市生活世俗化所致

宋代风俗画兴起的重要原因还在于都城结构的转型，与唐首都长安在都城结构相比，宋代的都城不再是坊（市民居住处）和市（商品交易处）的严格区分，形成了坊市混合的结构。这种转型，适应了商品经济发展的趋势，把商业活动从封闭的坊中解放出来，扩散到大街小巷的沿线。于是在宋代主要大城市如汴梁、临安等，商人和手工业者众多，他们与贵族聚集在一起，形成了相当规模的市民阶层，出现了前所未有的商业新景观：商业活动不再有时间限制，夜市营业至二更，到五更时分又再开。于是，不仅城市人口大大增加，而且丰富了都市生活，市民文化由此而兴。一些富裕的市民家中已经能够装饰以书画作品，个别家庭还可能藏有名家作品。许多的酒肆和茶馆也附庸风雅，以字画装点门面。从而在一定程度上刺激绘画的产出规模。因此，市民文化的兴起和繁荣，他们对绘画的需求是宋代风俗画产生的另一个社会基础。[②]

① 参阅陈炎《中国审美文化史·唐宋卷》，上海古籍出版社 2013 年版，第 207 页。

② 参阅程波涛《宋代人物画向世俗题材拓殖状况与风俗画兴起的原因》，《阅江学刊》2010 年第 5 期。

于是，世俗化的审美趣味催生了一大批风俗画画家。据《图画见闻志》记载，高元亨“多状京城肆车马”，叶仁遇“多状江表市肆风俗，田家人物”，陈坦画“田家娶妇，村落祀神”，此外如高元亨的《从驾两军角觝戏场图》、燕文贵的《七夕夜市图》、苏汉臣的《货郎图》等，都有很高的造诣。这些作品大大扩充了绘画艺术的生活内容，从各个侧面反映了普通民众的生活状态，因而生动、活泼，充满了平民的气息，反映了宋代平民对社会生活的兴趣和一种幸福感。

在此，值得特别提出的是张择端的《清明上河图》。此画最为人所熟知，高处鸟瞰、移步换景，全画分为三个段落，开首为汴梁城郊的乡村景色，中段是以虹桥为中心的汴河两岸商业、交通的热闹场面，把全图推向高潮，尾部是市内的繁华街景，全卷长528.7厘米、宽24.8厘米，总计人物500多，牲畜超过50只，船只、车轿各20有余，不仅史料价值为一时之冠，而且其以散点透视和长卷的构图方式描绘了汴京东南城内外清明时节的广阔场景，从杨柳新绿、炊烟淡淡的郊外，到车水马龙、摩肩接踵的虹桥；从算卦卖药、修车造船的市井，到旌旗猎猎、气势雄伟的城门；从缥缈淡远、似有似无的舟楫，到锱铢较量、人声鼎沸的庭院……画家将农村与城市、植物与人物、河流与建筑巧妙地搭配起来，从而在虚与实、繁与简的变幻中调整着观众的视点、控制着节奏的变化，将画面推向一个又一个高潮。在技法上，画家兼工带写，线条流畅，大到广阔的原野、浩渺的河流、高耸的城郭，小到房上的砖瓦、门上的牌匾、车上的钉铆，都可以看得一清二楚。界尺描摹处不觉得呆板，笔墨挥洒处不显得懈怠。整个画面繁简得法、张弛有度。在细节的处理上，画家不仅注意区别各色人等在服饰、装束上的差异，而且注重刻画人物之间在特定环境下的相互关系。一幅画面竟有500多个人物，有问者，有答者；有呼者，有应者；有卖者，有买者；有忙者，有闲者；有动者，有静者……笔法细腻而老到，构思缜密，情节变化极富戏剧性，层层铺垫，形成高潮，引人入胜。更可贵的是此画系实景绘画，在如此之大的篇幅内，反映如此丰富的社会内容，显然是一件十分困难的事情。而该画的价值，就在于实而不板、繁而不乱、长而不冗。在构图上，画家采取“散点透视”的传统方法，让观者在移形挪步中不断领略汴河两岸的风土人情[①]，且与

① 参阅陈炎《中国审美文化史·唐宋卷》，上海古籍出版社2013年版，第207—208页。

孟元老《东京梦华录》的记载相合，足见作者概括集中和严谨写实的创作风范。

所以，从根本上来说，作为社会风俗真实展现的《清明上河图》，体现的不再是精英阶层的绘画，而是普通平民的绘画，在画中平民的社会生活是描绘的主题，用郑振铎的话来说，是“人民生活画卷”[①]。可见，《清明上河图》曲尽其妙地代表了风俗画的一切特征：它是壮观的长卷，描绘世间万象，技巧极为写实，既再现了大都市汴梁的生活，又有对进城的农村百姓的表现，是宋代社会的真实写照。如果说风俗画是中国绘画史的重要代表，那么，《清明上河图》则是宋代风俗画乃至中国绘画的集中代表，对于美术史来说，被称为“绘画史上最重要的作品之一”[②]。可见《清明上河图》确实是一幅千古不朽的稀世奇珍，无上瑰宝。

张择端是北宋徽宗时代的宫廷画家，明人王梦端的《书画传习录》说他“幼读书，游学于京师，任至翰林承旨。性习绘事，工于画界，尤嗜于舟车、市桥、郭径，别成家数也。以失位家居，卖画为计，写有《清明上河图》”。可见他既当过宫廷画家，也当过民间画家。或许正是这种复杂的双重经历，使他既具备了精湛的艺术技巧，又有了丰富的生活经验，从而最终登上了这座在后人看来似乎是不可企及的艺术高峰。[③]

一般艺术史区隔历史绘画都说某某朝代的绘画，对于宋朝的绘画，却专门有一个敬称：叫作“宋画”。这是因为宋代山水画的沉静典雅之风，使其创作主要不是着眼于高山大川的恢宏和博大，而转向了物象本身的内在生命和意蕴；宋代花鸟画的“野逸”写实之风，使其创作不仅花鸟形象达到精微传神，而且从中表现出了对生活的热情与理想，把自然属性与道德品格相联系；风俗画的曲尽其妙之风，使风俗画具有强烈的时代特征和风格特点，既体现出了较高的艺术价值，又蕴含了大量的历史信息，是宋代社会文化的一个缩影，兼有社会历史学的价值。也有其不可逾越的成就，从而大大增强了宋画的概括性、含蓄性和象征性。这是汉民族审美的绘画总结，也是汉民族审美的源头活水。有学者

---

① 郑振铎：《〈清明上河图〉的研究》，《郑振铎美术文集》，人民美术出版社 1985 年版，第 230 页。

② 王逊：《古代绘画的现实主义》，《文物参考资料》1954 年第 1 期，第 37 页。

③ 参阅陈炎《中国审美文化史·唐宋卷》，上海古籍出版社 2013 年版，第 207 页。

说得好：

> 倘若就中国绘画的继往开来而言，这一树桃李在宋代之前，花开一季；到了宋代开始结果，由此，便引来了中国绘画的千树万树。对于中国艺术史来说，南宋是一个重要的转折，那是一个充满多样性的时代，充满想象力的朝代，创造了中国绘画史上的又一个里程碑。[①]

第九节 小结：在宋代文艺复兴式的文治盛世中完成文化变古

宋代是汉民族文化的一个奇葩时代。历来中国学者一方面有人认为其不尚武功，积贫积弱；另一方面又有人评说其“郁郁乎文哉”[②]，是文治盛世。但日本学者对宋代则有高度的评价，历史学家宫崎市定[③]（1901—1995）认为在宋代，有“东方的文艺复兴”的美称。关于宋代史，宫崎市定的代表性观点为：

> 其一，“宋以前，天子的地位不稳固，常受贵族威胁。自宋起，天子的地位非常稳定。”这一点不少研究宋代的学者也看到了，但还重视不够。其二，“宋代可以说是东方文艺复兴的时代。”这一点，似少有人论及。虽有学者也意识到了宋代的伟大，但提法没有这样明确。许多学者只不过认为宋代在漫长的中国古代史中应有一定的地位，而并非只是“积贫积弱”四字了得。宫崎市定明确指出，宋代不仅在中国史中是一个伟大的时代，它还是整个东方的伟大的时代之一。如果就文化艺术而论，宋朝在整个东方是当时最伟大的国家。其三，“中国文化，开始时落后于西亚，以后渐渐扭转了这种局面，到了宋代则超过西亚而居于世界最前列。”此语从亚洲通史的角度立

① 《揭秘南宋文艺青年的生活方式》（http：//mt. sohu. com/20160113/n434449198. shtml）。

② 《史记 · 孔子世家》。

③ 宫崎市定是研究亚洲史的著名学者，早年曾留学法国。他的研究以中国古代史中的宋代史为中心而及于整个亚洲史。他对从古到今的中国史都有精辟的见解。研究范围涉及政治、外交、社会和文化等方面。宫崎市定的许多见解都具有历史哲学的性质。主要著作有《中国史》《亚洲史概说》《九品官人法研究》《科举史》等。

论，颇具说服力。[①]

宫崎市定的“宋代可以说是东方文艺复兴的时代”的观点极为新颖且具独创性，换一句话说“东方文艺复兴”论其实是日本学界的“宋代近世说”的另一种说法，是站在世界史的范围，认为中国的宋元时期与西亚、南亚、东亚及欧洲的近世化过程相同步，或者说是世界近代化链条中不可或缺的一环。[②] 这就为人们认识和评价宋代汉民族文化史的历史地位提供了新的视角和框架。从这个认同出发，我们可以认为宋代汉民族文化的变古，是文艺复兴式的变古，从而具有近世性、变古性、重文性和平民性的特点。

1. 近世性

日本学者之所以认为“宋代可以说是东方文艺复兴的时代”，是以他者的眼光，审视和比较了东西方文化发展的历史，发现发生在14世纪至16世纪末17世纪初欧洲的文化运动，从文学艺术、自然科学到宗教哲学，都出现了一种新的思想动向，囊括了对古典文献的重新学习，在绘画方面直线透视法的发展，以及逐步而广泛开展的教育变革，使欧洲文化返老还童进而发展到一个崭新的时代。那么，中国宋代汉民族先于欧洲，于10—13世纪在政治上结束了贵族政治，开创了文人政治；在经济上弱化了金属货币，开启了纸币革命；科技上实现了造纸、印刷、火药和指南针的应用；学术上冲破了儒学牢笼，创造了理学体系；文学上把宋词推上了高峰；艺术上向世界奉献了以《清明上河图》为代表的风俗画；文字上创制了“宋体”造福汉民族子孙后代，凡此种种，创造了一个伟大的“文治盛世”，更应该是“文艺复兴的时代”。故黄仁宇在《中国大历史》中云：“公元960年宋代兴起，中国好像进入了现代，一种物质文化由此展开。货币之流通，较前普及。火药之发明，火焰器之使用，航海用之指南针，天文时钟，鼓风炉，水力纺织机，船只使用不漏水舱壁等，都于宋代出现。”[③]

---

① 以上各条言论引自中国社会科学院历史研究所翻译组编译《宫崎市定论文集》，商务印书馆1963年版。参阅并转引自张思齐《宋代——东方的文艺复兴》，《重庆大学学报》2001年第1期；《宋朝：中国的文艺复兴时期》，《科学大观园》2009年第19期。

② 参阅李华瑞《“唐宋变革”论的由来与发展（下）》，《河北学刊》2010年第5期。

③ ［美］黄仁宇：《中国大历史》，“第十一章 北宋：大胆的试验”，生活·读书·新知三联书店2007年版。

所以，1910 年，宫崎市定的老师内藤虎次郎（1866—1934 年）在日本发表了《概括的唐宋时代观》一文指出："中国中世和近世的大转变出现在唐宋之际。"由此他提出了"唐代是中世的结束，而宋代则是近世的开始的唐宋历史观"①。提出了著名的"唐宋变革论"②，足见宋代的"文艺复兴"比之欧洲的文艺复兴有过之而无不及，在时间上更早。其实，细考起来，欧洲的文艺复兴甚至是受到宋代的某种影响而发生。正如有学者所分析的那样：

> 宋朝历史素来极受中外历史学家的关注，从日本的内藤湖南到法国的谢和耐，特别是宋朝在经济、科技和文化方面的进步，得到全世界学者的赞赏和肯定。"四大发明"几乎成为宋代中国的最响亮名片，马克思称赞说"这是预告资产阶级社会到来的三项伟大发明"。英国历史学家约翰·霍布森毫不讳言西方文明起源于东方，"正是宋朝中国许多技术和思想上的重大成就的传播，才极大地促进了西方的兴起。"③

正因为宋代具有这样一些历史的特征，所以，历史学家钱穆在《中国经济史》中说："中国在唐代以前可称为古代社会。自宋代起至现在可说是近代社会。"④ 钱穆之言与内藤虎次郎之论殊途同归，点明了宋代汉民族已走出古代社会，而开始进入近代社会。可见，近代性正是宋代汉民族文化的出发点。

2. 变古性

变古是宋代汉民族文化的基本特点。何谓变古？《韩非子·南面》云："不知治者，必曰：'无变古，毋易常。'"说的是改变传统的法制和准则。

宋代汉民族文化的变古与儒家思想的发展有关。在宋代走进近世的社

---

① ［日］内藤湖南：《概括的唐宋时代观》，黄约瑟译核，载刘俊文主编《日本学者研究中国史论著选译》第 1 卷《通论》，中华书局 1992 年版，第 18 页。

② 详见张广达《内藤湖南的唐宋变革说及其影响》，《唐研究》第 11 卷，北京大学出版社 2005 年版；柳立言《何谓"唐宋变革"?》，《中华文史论丛》2006 年（总 81 期）。

③ 杜君立：《如果让我选择，我愿意活在中国的宋朝》，《南都周刊》2014 年第 25 期。

④ 钱穆讲述，叶龙记录整理：《中国经济史》，北京联合出版公司 2013 年版，第 248 页。

会背景下，疑经惑古成为风气，原有学风烦琐的经学已经不能适应时代要求，引发“经学变古”，即宋学变汉学之“古”：一是经学观念的转变；二是经学解释方法的革命；三是经学怀疑思潮的兴起。清末学者皮锡瑞在《经学历史》八的标题即云：宋代经学进入了“变古”阶段。通过经学变古，宋儒建立起一套与汉唐传注之学不同的新的经学范式——宋学，从此理学勃起，进而引发了汉民族文化的丕变，各个文化领域内受到了震荡，出现了新的因子，展现出新风貌，体现出新特征。于是，在经学变理学的引领下，宗法变宗族、私学变书院、《切韵》变《广韵》、楷书变宋体、四大发明变四大应用、纪传体变通鉴体、唐诗变宋词、人物画变风俗画……足见，即使在中国历史好语境中，宋代也是独树一帜的。因此，可以说“变古”二字，是宋代经学的特征，更是宋代汉民族文化的基本特点。①

3. 重文性

宋代“崇文抑武”是历史上有名的，在此且不评说其利弊，但造成宋代汉民族文化的重文性却值得一叙。

宋代重文是从宋太祖建宋王朝一开始就定下来的国策。《宋史》卷四三九《文苑传·赞论》曰：

> 艺祖革命，首用文吏而夺武臣之权，宋之尚文，端本乎此。太宗、真宗其在藩邸，已有好学之名，及其即位，弥文日增，自时厥后，子孙相承，上之为人君者，无不典学，下之为人臣者，自宰相以至令录，无不擢科，海内文士，彬彬辈出焉。国初杨亿、刘筠，犹袭唐人声律之体，柳开、穆修，志欲变古，而力弗逮。庐陵欧阳修出，以古文倡，临川王安石、眉山苏轼、南丰曾巩起而和之……

更重要的是宋代的重文政策，不仅表现为“人君”的“尚文”“典学”，更表现在为文人设置了两道保护线：

第一道保护线是密立誓碑。誓碑的传说，首见于叶梦得的《避暑录话》。叶梦得是历经哲宗、徽宗、钦宗、高宗几朝的官员，他见多识广，

① 参阅杨世文《宋代经学变古的几个问题》，《四川大学学报（哲学社会科学版）》2006年第6期；郑师渠总主编，吴怀祺分册主编《中国文化通史·两宋卷》，北京师范大学出版社2009年版，第3页。

学识渊博，他在《避暑录话》中写道：

> 艺祖受命之三年（962 年），密镌一碑，立于太庙寝殿之夹室，谓之誓碑，平日用销金黄幔蔽之，门钥封闭甚严。因敕有司，自后时享（四时八节的祭祀）及新太子即位，谒庙礼毕，奏请恭读誓词。独一小黄门（即宦官）不识字者从，余皆远立。上至碑前，再拜跪瞻默诵讫，复再拜出。群臣近侍，皆不知所誓何事。自后列圣相承，皆踵故事，岁时伏谒，恭读如仪，不敢泄漏。

这块誓碑镌刻的内容为：

> 一、柴氏子孙，有罪不得加刑，纵犯谋逆，止于狱内赐尽，不得市曹刑戮，亦不得连坐支属；
>
> 二、不得杀士大夫及上书言事人；
>
> 三、子孙有渝此誓者，天必殛之。

密立誓碑，保护文人士大夫之举，在中国历史上乃至世界历史上都极为罕见。笔者很欣赏一位网友的评论，他说："要知道，在此之前和之后的中国士人，包括文人、读书人、知识分子，是被统治者视为呼之即来、挥之则去的御用'跟班'，是被权力拥有者视为用得着时用用，用不着时丢掉的'抹布'。然而，宋太祖竟然在这块深藏于密室的誓碑上，写了这样一行字：士人不可杀。这可是空前绝后的。不但焚书坑儒的秦始皇做不到，以儒冠为尿壶的汉高祖做不到，就是酷爱读书写诗的魏武帝也做不到，甚至连有着宽广纳谏胸怀的唐太宗也做不到。"① 特别有意义和有价值的是，这块誓碑的誓言，被宋朝历代帝王所遵守，这就为宋代的士大夫参政议政提供了宽松的环境和安全的保证。这种重文的彻底性有力地保证了宋代汉民族文化的创新和发展。

中国封建社会，一共有过三百多个皇帝，赵匡胤却能做出历朝历代都未有过的誓言承诺，这是赵匡胤总结了唐末至五代二百年间战乱频仍的历

---

① 《历代王朝为何只有宋朝不杀文人士大夫》（http://bbs.tiexue.net/post_8208338_1.html）。

史经验以后，所作出的英明决策，也是其高瞻远瞩之所在。

第二道保护线是尊崇士大夫。宋王朝尊崇士大夫的具体措施为“擢科”，即科举制度的高度完善和广泛推行。

对于宋代的科举制本书虽然没有专门论述，但其与唐代的科举制相比，其变古也十分明显，据《中国文化发展史》的研究：一是科举考试的内容规范化，基本上以诗赋和经义为主。二是“殿试”成为制度，使考生均有机会直接成为“天子门生”，以提高读书中举的荣耀感。三是考试规程更为完善，设立了一套严格的出题、评卷、定等办法和考场规则，形成了相对公平的竞争机制。四是应试对象逐渐放宽，取消了隋唐时期考生的身份限制，工商异类和僧道归俗之徒也可以参加科举考试。五是录取名额大幅度增加。唐代每科取士不过 20 人，而宋代太祖时每科已达 90 人，太宗时 500 人以上，共开 8 次，登第者达 7000 人；真宗时开科 9 次，取士 5000 人；仁宗时开科 13 次，取士超过万人。六是进士授官十分优渥。一旦科举中第即释褐授官，“自宰相以至令录，无不擢科”[①]。这种完善的科举取士政策，极大地激发了社会各阶层的重文热情，正如邓广铭先生所言：“这种种因素具备，遂使每一个丰衣足食的小康之家，都要令其子弟去读书应考，争取科名。科名虽只有小部分人能够争取得到，但在这种动力之下，全社会却有日益增多的人群的文化素质得到大大的提高。因此我们可以说，科举制度在两宋发挥出来的进步作用，所收取到的社会效益，都是远非唐代之所可比拟的。”[②]

这种尊崇士大夫以及加强他们自豪感的措施所营造出来的全社会重文的大氛围，致使有宋一朝成为政治、经济、史学、哲学、文学、艺术及至自然科学等各方面杰出人才最密集的时代。仅以仁宗前后几十年时间论，出类拔萃、彪炳史册者不下数十人。如范仲淹、欧阳修、韩琦、富弼、包拯、司马光、王安石、苏轼、苏辙、晏殊、宋祁、曾巩、柳永、黄庭坚、秦观、周敦颐、邵雍、张载、程颢、程颐、蔡襄、李公麟、苏颂、沈括……都在各个领域内为中国文化的丰富发展做出了重大贡献。[③] 所以才

① 《宋史·文苑传序》。

② 邓广铭：《宋代文化的高度发展与宋王朝的文化政策》，《历史研究》1990 年第 2 期。

③ 参阅龚书铎主编，王育济等《中国文化发展史·宋元卷》，山东教育出版社 2013 年版，第 5—6 页。

有了遍布各地的书院，才有了四大发明的应用，才有了规范汉语的《广韵》，才有了宋体字，才有了以《资治通鉴》为代表的通鉴体，才有了宋词，才有了以山水画、花鸟画和风俗画的艺术高峰……

重文必须重教，重教才会重文。宋人汪洙在《神童诗》中就画龙点睛地说："天子重英豪，文章教尔曹，万般皆下品，惟有读书高。"所以，我们甚至可以说，正是汉民族文化重文的特点，才造成了宋代的文治盛世。

4. 平民性

宋代汉民族文化的平民性是相对于汉、唐汉民族文化的贵族（豪强大族）性而言的。众所周知，从两汉到隋唐是豪强大族的天下，经过1100余年的发展，形成了聚族而居、庄园经济和坞堡组织三大特点，凸显出了典型的贵族性。但从中唐到五代一百多年的战乱，使得整个唐代汉民族社会天翻地覆，那些从汉代传到唐代的相沿几百年的世家大族在这个空前的乱世中，终于被摧毁了。特别是五代的极度混乱，如同一个炒锅一样，将社会各个阶层颠簸出原来的轨道，上下颠倒，贫富易位。[①] 于是，进入宋代后，唐代的"豪强士族"社会，变成了平民社会。正如钱穆所说：

> 论中国古今社会之变，最要在宋代。宋以前，大体可称为古代中国，宋以后，乃为后代中国。秦前，乃封建贵族社会。东汉以下，士族门第兴起。魏晋南北朝定于隋唐，皆属门第社会，可称为是古代变相的贵族社会。宋以下，始是纯粹的平民社会。除蒙古满洲异族入主，为特权阶级外，其升入政治上层者，皆由白衣秀才平地拔起，更无古代封建贵族及门第传统的遗存。故就宋代而言之，政治经济、社会人生，较之前代莫不有变。[②]

在平民社会的大环境下，宋代汉民族的社会结构变了，社会运行机制变了，社会风尚变了，如：

——宋代援佛、道入儒，整合儒、道、佛三家思想，对宇宙秩序、人

① 参阅张宏杰《第一个平民社会》，《新京报》2013年1月4日。

② 钱穆：《理学与艺术》，载《宋史研究集》第七辑，台湾大化书局1974年版。

伦秩序和社会价值做了重新安排，形成了一个突出平民性基本精神的文化图景，使贵族化的经学蜕变成了平民化的理学。

——宋代打破了维持了两千多年“礼不下庶人”的传统，把豪强宗族蜕变成了平民宗族。

——宋代把源远流长的私学改造成了学术自由的平民书院。

——宋代吸收雕书工匠的技艺和经验，创造了以“宋”命名的宋体字。

——宋代通过无数平民工匠的努力，将四大发明应用于社会，推动了造纸、印刷、航海以及军事的发展。

——宋代不拘一格使“胡夷里巷之曲”升华成可与唐诗媲美的宋词。

——宋代大胆创新，使农民和城市平民入画，创造了风俗画，把宋画推上了绘画艺术的高峰。

凡此种种，不胜枚举，以完全不同于汉唐的新气象屹立于世界的东方，以“文治盛世”的新风貌引领着世界文化的潮流。

第二章　文化重建：从元到明汉民族文化的图像

汉民族历史惊涛骇浪的一幕终于在宋末拉开。

1235 年，一代天骄，成吉思汗，金戈铁马，气吞万里，宋元战争全面爆发。这场战争延续近半个世纪，至 1279 年（元至元十六年，南宋祥兴二年）崖山之战，宋军覆没，南宋灭亡。崖山之战是汉民族历史上刻骨铭心的痛，《宋史·瀛国公二王附》记载：

> 十六年正月壬戌，张弘范兵至崖山。庚午，李恒兵亦来会。世杰以舟师碇海中，棋结巨舰千余艘，中舻外舳，贯以大索，四周起楼棚如城堞，居昺其中。大军攻之，舰坚不动。又以舟载茅，沃以膏脂，乘风纵火焚之。舰皆涂泥，缚长木以拒火舟，火不能爇。二月戊寅朔，世杰部将陈宝降。己卯，都统张达以夜袭大军营，亡失甚众。癸未，有黑气出山西。李恒乘早潮退攻其北，世杰以淮兵殊死战。至午潮上，张弘范攻其南，南北受敌，兵士皆疲不能战。俄有一舟樯旗仆，诸舟之樯旗遂皆仆。世杰知事去，乃抽精兵入中军。诸军溃，翟国秀及团练使刘俊等解甲降。大军至中军，会暮，且风雨，昏雾四塞，咫尺不相辨。世杰乃与苏刘义断维，以十余舟夺港而去，陆秀夫走卫王舟，王舟大，且诸舟环结，度不得出走，乃负昺投海中，后宫及诸臣多从死者，七日，浮尸出于海十余万人。杨太后闻昺死，抚膺大恸曰："我忍死艰关至此者，正为赵氏一块肉尔，今无望矣！"遂赴海死，世杰葬之海滨，已而世杰亦自溺死。宋遂亡。

崖山是汉民族一个值得记忆的地方，民间的记述更是可歌可泣，有一首诗这样表达人们对凄然收场的宋王朝的怀念：

为了复兴宋室，一直不停奋战，但事到如今，已无力挽回了。

——“陛下，您是大宋的正统后裔，应该断然做出不辱没您血统的决定。”

“我明白了，你没有背弃我，并且自始至终侍奉我。太感谢了！”

陆秀夫面对少帝这种勇敢的态度，不得不强忍住眼泪。

——“陛下……”陆秀夫背起少帝，用带子紧紧地捆绑在一起。

——“蒙古军，将来有一天，继承我们遗志的同胞，一定会征讨你们的！”①

就这样，历史定格在陆秀夫背着少帝投海自尽这一刻。这就是南宋最后一战的崖山之战。陆秀夫和少帝死了，南宋终结，汉民族第一次遭遇灭顶之灾。从此汉民族作为被征服民族进入元代。

从元到清（1271—1644年），历时373年，汉民族文化经历了一次过山车式的挫折、冲突、互动和重建。

第一节　元代的文化冲突与明代的文化重建

元王朝的建立，汉民族的被征服，文化冲突不可避免。可以说元代近百年的历史，从一定的意义上来说，就是汉民族文化与蒙古族文化冲突与互动的历史，而进入明代，汉民族重新“君临天下”，所面临的就是在汉、蒙文化互动、融合之后，汉民族文化重建的问题。

一　冲突与互动：元代汉民族文化的变乱

对于已积三千余年历史的汉民族来说，被征服的灭顶之灾，受“异族”的统治是难以接受的。但难以接受是心态，残酷无情的战争是现实。不管你愿意还是不愿意，接受还是不接受，蒙古铁蹄践踏之处，“人民杀戮几尽，金帛子女、牛马羊畜皆席卷而去，房屋焚毁，城郭丘墟”②。昔日的繁庶之区，变成了丛榛灌莽、狐兔出没之地，往往“百里无人声”③。

① 李毅鹏：《宋亡之后无中国，明亡之后无华夏》，《记者观察》2013年第8期。

② 《两朝纲目备要》卷十四，宁宗嘉定七年七月乙亥。

③ （元）柳贯：《柳待制文集》卷十二，《太康王氏扶城墓表》。

与此同时，在历次征伐战争中，存在着极为严重的人口掳掠现象。蒙古诸王、将校和大小汉族军阀都大量掳掠人口，抑为私奴，一次战争所获动辄以万计。这些私奴被称为“驱口”，意即“被俘获驱使的人”。南宋灭亡后，元统治者对于汉民族文化的态度是轻贱、蔑视、遗弃的。民族分四等，汉人、南人被压在社会底层；职业分十级：一官、二吏、三僧、四道、五医、六工、七匠、八娼、九儒、十丐。[①] 文士儒生竟位于娼妓工匠之后，屈居“老九”。可见汉民族文化的精英在元统治者眼中是多么低贱。与此相应，科举制度中止七八十年，这样一来，元代文人基本上处于贬之唯恐不低，条条向上道路被堵塞的困厄境遇之中。[②] 汉民族文化遭到史无前例的变乱。

蒙古族灭宋，如何一统有成熟的思想形态和政治形态，社会发展水平远不是蒙古族所能比拟的汉民族的“江山社稷”？这对马背上形成的蒙古族也是一个巨大的挑战和考验。

在草原上驰骋千里、所向披靡的成吉思汗，攻城略池是行家里手，蒙古军每到一地，便是烧杀掠夺，成吉思汗这一政策的实行，致使蒙汉文化从一开始就发生了剧烈的冲突。成吉思汗去世后，1230 年，蒙元大臣别迭等人还建议元主窝阔台说：“汉人无补于国，可悉空其人以为牧地。”[③]“虽得汉人亦无所用，不若尽去之，使草木畅茂，以为牧地。”[④] 即杀光汉人，把耕地都变成牧场。这种“汉人无用”论的奉行，使汉民族文化进一步被踩在蒙古马蹄之下。

可幸的是在蒙哥汗时代，成吉思汗一系的诸亲王中，其远在俄罗斯、波斯和中亚细亚者因远离中原，不可能与汉民族文化发生关系。其在蒙古本土者，对汉民族文化也缺乏感觉。只有忽必烈一人，对中原的汉民族文化采取了宽容的姿态。这就为蒙汉文化的良性互动、磨合和融合提供的可能。史载这位“思大有为于天下”[⑤] 的亲王，早在 1244 年就在“潜邸”

---

① （宋）谢枋得：《叠山集》。

② 参阅冯天瑜、何晓明、周积明《中华文化史》，上海人民出版社 1990 年版，第 736—737 页；本卷总纂李凭、全根先《中华文明史》第七卷（元代），河北教育出版社 1994 年版，第 2 页。

③ 《元史·耶律楚材传》。

④ 《元文类·耶律楚材神道碑》。

⑤ 《元史·世祖本纪》。

延四方文学之士，“问以治道”[1]。在他身边迅速集结了大批儒生士大夫，其中许衡、郝经等人，都是名重一时的理学之士。他们无不力主“行汉法”，并屡屡向忽必烈进言。如至元元年（1264年）徐世隆进言忽必烈：“陛下帝中国，当行中国事。”[2] 至元三年（1266年）许衡作《时事五事》，他引述历史经验指出：“北方奄有中夏，必行汉法，可以长久。故后魏、辽、金历年最多，其他不能实行汉法，皆乱亡相继，史册具载，昭昭可见。”并进一步论证道：“以是论之，国家当行汉法无疑也。”[3]

正是在许衡、郝经等儒生士大夫的反复进言下，在既有的以汉法经略汉地的实际效应影响下，忽必烈决定改革旧俗，推行汉法。忽必烈推行“汉法”，激化了蒙古贵族中“华化”派与保守派的矛盾，“西北藩王”曾遣使入朝，责问忽必烈说：“本朝旧俗与汉法异，今留汉地，建都邑城郭，仪文制度，其故如何?”[4] 许衡针对此种责问，上书反驳说：“考之前代，北方之有中夏者，必行汉法乃可长久。故后魏、辽、金，历年最多。他不能者，皆乱亡相继。史册具载，昭然可考。使国家而居朔漠，则无事论此也。今日之治，非此奚宜?”[5] 已决心推行“汉法”的忽必烈当然赞同的是保留汉人，而不是将其杀掉。他诏谕参知政事高达曰：“昔我国家出征，所获城邑，即委而去之，未尝置兵戍守，以此连年征伐不息。家者，取其土地人民而已，虽得其地而无民，其谁与居？今欲保守新附城壁，使百姓安业力农，蒙古人未之知也，尔熟知其事，宜加勉旃。湖南州郡皆汝旧部曲，未归附者何以招怀，生民何以安业，听汝为之。”[6]

由此矛盾的斗争，演成忽必烈与阿里不哥的争夺汗位之战，结果导致蒙古帝国的分裂和元帝国的产生。建立元王朝的忽必烈不仅没有把汉人杀掉，而且还用汉人做官，借助儒生帮他建立朝纲，教化社会。郝经《陵川集》曰：“今主上……践祚之初，以为创法立制，非耆旧英贤则不可，乃起宋子贞于东平，王文统于益都，许衡于覃怀，其余茂异特进，弓旌相

---

① 《元史·世祖本纪》。
② 《元史·徐世隆传》。
③ 《元文类》，《鲁斋遗书》卷七。
④ 《元史·高智耀传》。
⑤ 《元史·许衡传》。
⑥ 《元史·世祖本纪》。

望，使之论定统体，张有纲维。”[1] 即对儒家典章制度的各种细目，如帝号、官制、农桑、赋税、钞法、课程、舆服、经筵进讲、郊祀、太庙、社稷、谥法、旌表、学校、贡举、五刑五服、祭令等，几乎都被作为一代国制继承下来。尽管忽必烈实行“汉法”并不彻底，蒙古固有旧俗仍在汉地有大量保留，但是，统治体系与文物制度的“汉化”面貌已十分明朗。[2]

冲突和互动是元代文化变乱的两大主题。

一方面是冲突。由于元代一直对汉民族实行高压的不平等的民族压迫和民族歧视政策，以硬性的手段扼制汉人的不满。《元典章》卷五七《禁治习学枪棒令》记载：

> 据御史台呈：……奸民不事本业，游手逐末，甚者习学相扑，或弄枪棒，有精于其事者，各出钱帛，拜以为师……长此不已，风俗恣悍，狂妄之端，或自此生。今后军民诸色人等，如有习学相扑或弄枪棒，诸人首告是实，教师及习学人并决七十七下，拜师钱物给告人充赏；两邻知而不首，减犯人罪一等；社长知情故纵，减犯人罪二等。庶几恣悍之风不作，凶强之技不传，驯化民情，坐消变故。此于政治所系非轻，本台迄遍下合属，严行禁治施行。

这就是说，在法律上蒙古人（或色目人）殴打汉人或南人，汉人和南人不能还手，只能向有关部门申诉。《元典章·刑部》便有“蒙古人打汉人不得还”之条文。文曰：“蒙古人员殴打汉儿，不得还报，指立证见，于所在官司赴诉。”另据《高太史凫藻集》，蒙古人和色目人因其特权地位，奸淫掳掠，无恶不作，而汉人和南人“束手不敢拒，相惊若寇”。更有甚者，蒙古人因醉酒而打死汉人，无须偿命，只要交出安葬费，就可完事。政治歧视还体现在科举取士方面，进士及第，分左右榜。蒙古人尚右，因而右榜上的蒙古人和色目人视为上选，而左榜的汉人和南人虽同是进士，却要低出一等。科举之后的授官，待遇也不一样，蒙古人

① （元）郝经：《陵川集》卷三七，《宿州与宋国三省枢密院书》。

② 以上参阅冯天瑜、何晓明、周积明《中华文化史》，上海人民出版社1990年版，第727—728页；启良《中国文明史》（下册），国际文化出版公司2010年版，第589—590页。

一经授官，就是从六品，而其余三个等级则要递减一等。在经济上以及日常生活中，各等级的差别亦有严格的规定。如括马，蒙古人可以不括，色目人括三分之一，汉人和南人则全部括取。并明文规定，汉人和商人不得聚众畋猎，不得举行大型的宗教活动，不得携带武器，甚至连养狗养雀鸟也被禁止。①

但是，越是压迫得厉害，反抗也越厉害。从元王朝建立之日起，就遭到汉人的强烈反对。1277 年，福建的陈吊眼“聚众十万，连五十余寨”；几年后，黄华又在福建起义，“众几十万，号头陀军”。广东的黎德等人，“船七千艘，众号二十万”。1288 年，钟明亮又在广东、福建、江西三省的交界处，举起反元的义旗，“声势张甚”。而且，这几处起义只是代表性的，实际上在元初，民族斗争此起彼伏，远不止上述三四处。1283 年，朝臣崔彧就在奏章中说：“江南盗贼相挺而起，凡二百余所。”② 不久，又有奏章称：“江南盗贼凡四百余处。”③ 正如启良在《中国文明史》中所云：“一方是汉人的民族反抗，一方是蒙古统治者的高压政策。这两种力量的对抗只会导致双方的冲突更为剧烈。元代的统治经过一百余年的时间，终于被汉人所推翻，很大程度上就是因为民族矛盾的无法调和。”④

另一方面是互动。文化冲突是两个异质文化接触后的激烈反应，战争是残酷的，但战争也是推动社会前进的一种动力。由战争引起的文化冲突把蒙、汉两个文化差异巨大的民族紧密地联系在一起，真正是大破大立。对于蒙古民族来说是学习汉民族农耕文化的长处，对于汉民族来说是打破几千年的积弊，冯天瑜等在《中华文化史》中有中肯的评述：

> 元代是一个政治现实、思想现实严峻的时代，至高至尊的汉族封建朝廷被还处于较低社会发展阶段的游牧民族踏得支离破碎，人们习以为常的传统信念受到了空前的挑战，国破家亡的巨大痛苦，使整个民族产生了汉代以来最为深沉的郁闷。元代又是一个活力抒发的时

① 参阅启良《中国文明史》（下册），国际文化出版公司 2010 年版，第 593 页。

② 《元史·崔彧传》。

③ 《元史·世祖本纪》。

④ 启良：《中国文明史》（下册），国际文化出版公司 2010 年版，第 599 页。

> 代，蒙古铁骑以草原游牧民族勇猛精进的性格席卷南下，汉唐以来渐趋衰老的封建帝国被输入率意进取的精神因子。随着原社会僵硬躯壳的破坏，长期被严格束缚的种种和封建社会主体理论离心的思想情绪也乘隙得以暂时抒放。于是，整个社会的思想文化处于一种失去原有重心和平衡的混沌状态。虽然，元统治者对汉文化体系中能有效维系统治的正统意识形态，也十分重视并加以提倡，但是，对传统理性和政治现实怀疑、漠视、厌恶乃至反对的心理与情绪，仍然执着地弥漫于社会各阶层中，尤其是下层社会。①

这种对汉民族文化的大破才能给汉民族文化注入新的血液，使文化互动发生一些质的飞跃，而走向文化融合，从而促进元代汉民族文化获得曲折的发展。对此，本章将一一展开论述。

二　专制与复古：明代汉民族文化的重建

1368 年，一代布衣朱元璋，“朝为田舍郎，暮登天子堂”②，建立了明王朝。

放牛娃出身，当过和尚的朱元璋“一步登天”，成了中国历史上最后一个汉民族皇帝。那么，他是如何对待文化及文人呢？朱元璋这个汉民族皇帝建立的明王朝，前有蒙古族忽必烈建立的元王朝，后有满族努尔哈赤建立的清王朝，夹在两个少数民族为皇帝的王朝中间，这对汉民族文化史的演进又有什么影响呢？这是我们认识明代汉民族文化重建必须弄明白的问题。

面对元代汉民族文化所遭遇的“灭顶之灾”，尽管元朝统治者在文化思想上“行中国之道”③，将程朱理学官学化，使汉族士大夫部分地接受了这个政权。然而元王朝过多的保留“胡人”之风，即所谓“以胡俗变易中国之制”，像弟收兄妻、子烝父妾之类，都是汉民族绝对难以接受的观念。文化上“以夷变夏”的羞辱感，以及政治上民族歧视的屈辱感。造成了汉族士大夫沉重的精神压抑。故朱元璋一推翻元王朝统治，当即下

---

① 冯天瑜、何晓明、周积明：《中华文化史》，上海人民出版社 1990 年版，第 735—736 页。

② （元）高明：《琵琶记》。

③ （元）郝经：《陵川集》卷三七，《与宋国两淮制置使书》。

诏恢复“唐制”：

> 诏：复衣冠如唐制，初，元世祖起自朔漠以有天下，悉以胡俗变易中国之制，士庶咸辫发垂髻，深襜胡俗。衣服则为袴褶窄袖及辫线腰褶，妇女衣窄袖短衣，下服裙裳，无复中国衣冠之旧。甚者易其姓氏为胡名，习胡语俗化既久恬不知怪。上久厌之至，是悉命复衣冠如唐制。士民皆束发于顶，官则乌纱帽、圆领袍、束带、黑靴；士庶则服四带巾、杂色盘领衣，不得用黄玄。乐工冠青卍字顶巾，系红绿帛带。士庶妻首饰许用银镀金耳环，用金珠钏镯，用银服浅色团衫，用纻丝绫罗紬绢。其乐妓则戴明角冠皂褙子，不许与庶民妻同，不得服两截胡衣。其辫发、椎髻、胡服胡语胡姓一切禁止。斟酌损益皆断自圣心，于是百有余年胡俗悉复中国之旧矣。①

对此，“复衣冠如唐制”，汪广洋有《诏下谕平幽蓟兼喜复唐时衣冠》诗曰：“日射卿云拥建章，内官催谒萃鹓行。已闻河朔平全蓟，更喜衣冠遇盛唐。”② 可见当日士大夫重见汉家衣冠的喜悦之情。但朱元璋的这个诏令，仅仅从形式上恢复了汉习，在文化的深层次上并无反思，而与汉民族的许多开国皇帝一样，特别害怕别人同他们一样夺取政权。为了防范别人的“犯上作乱”，唯一可取的办法就是把一切权力集中于自己手里，实行专制主义统治。

拿朱元璋与刘邦相比，两人都是布衣出身，朱元璋打天下时，他深知儒生可用，也能礼贤下士，可一旦坐上皇位以后，便对文人实行残酷的迫害，大兴文字狱，走向文化专制主义。刘邦刚好与之相反。刘邦打天下时，原本是看不起文人的，以为马上打天下，也能马上坐天下，在听了陆贾和郦食其等人的话之后，才转而礼遇儒生，走向文化“大美”气象。③

再拿朱元璋与赵匡胤相比，两人都怕别人像他们一样或“揭竿而起”，或“黄袍加身”，都收掌了军权，但赵匡胤只“抑武”，不但不抑

---

① 《大明太祖高皇帝实录》卷三〇。

② （明）汪广洋：《凤池吟稿》卷八。

③ 陈炎主编，仪平策著：《中国审美文化史·秦汉魏晋南北朝卷》，上海古籍出版社 2013 年版，第 3 页。

文，反而主密誓“崇文”、保护文人，使宋代走向“文治盛世”。朱元璋则是既抑武又压文，实行文化专制政策[1]，使明代走向“沉暮”[2]之世。

在这样的背景下，专制和复古成了明代文化重建的两大主题。

文化专制是明王朝的基本文化政策。对思想上稍有“越轨”“悖逆”迹象的士人，“稍有触犯，刀锯随之”[3]，甚至株连九族，大批儒生士大夫因文字而遭飞来横祸。明初定制：凡遇正旦（岁首）、冬至、万寿圣节（皇帝生日）等节日，以及为皇太后、太皇太后上尊号和册立太子等庆典，官府必须上表笺祝贺。此外，遇有恩典赏赐依例须上谢恩表。在地方官府，这两类表笺照例由教官执笔撰拟。这本是礼节性的官样文章，朱元璋却用异样的眼光逐字逐句认真阅读。由于他读书不多，对字音字义、文理文脉、用典藻饰等有关知识半懂不懂，正正经经的颂扬字句，被他胡嚼蛮啃，妄作附会，结果都被认为含讥带诮。对此，谢苍霖、万芳珍在《三千年文祸》一书中列举甚详：如“浙江府学教授林元亮为海门卫官作《谢增俸表》中，有‘作则垂宪’之语；北平府学训导赵伯宁为都司作《贺万寿表》，有‘垂子孙而作则’之词；常州府学训导蒋镇为知府作《贺正旦表》中，有‘睿性生智’等语，朱元璋把‘则’都念成‘贼’，以为是讥讽他参加过红巾军，把‘生’读作‘僧’，认为指他曾出家当过和尚”。于是，作者们接二连三地做了屈死鬼。[4]

稗官野史上还记载：太祖尝元夕出游，见一灯谜画一妇女，手怀西瓜，安坐马上，马蹄甚巨，朱元璋大怒，认为灯谜寓意指马后（因为马后是淮西人，大脚），还朝后即下令刑官将做灯谜的士民缉拿处死。江西僧人来复被召进京城做法事，一次赐膳，来复呈诗谢恩。诗曰：“金盘苏合来殊域，玉碗醍醐出上方。稠迭滥承上天赐，自惭无德颂陶唐。”诗中的“殊”，朱元璋拆为“歹朱”二字，以为是骂朱明王朝；诗中“无德”二字本是作者的自谦，朱元璋则认为是骂他的。于是杀来复。[5]

---

① 参阅启良《中国文明史》（下册），国际文化出版公司 2010 年版，第 605—607 页。

② 冯天瑜、何晓明、周积明：《中华文化史》，上海人民出版社 1990 年版，第 753 页。

③ （清）赵翼：《廿二史札记》卷三二。

④ 谢苍霖、万芳珍：《三千年文祸》，江西高等教育出版社 1996 年版。转引自启良《中国文明史》（下册），国际文化出版公司 2010 年版，第 608 页。

⑤ 参阅冯天瑜、何晓明、周积明《中华文化史》，上海人民出版社 1990 年版，第 760 页；启良《中国文明史》（下册），国际文化出版公司 2010 年版，第 609 页。

朱元璋不仅镇压任何触犯自身忌讳的文字，而且决不容文人著文言及宫闱秘事或政治弊端。洪武年间监察御史张尚礼作宫怨诗云：“庭院沈沈昼漏清，闭门春草共愁生。梦中正得君王宠，却被黄鹂叫一声。”“高帝以其能摹图宫阃心事，下蚕室死。”佥事陈养浩作诗云：“城南有嫠妇，夜夜哭征夫。”“太祖知之，以其伤时，取到湖广，投之于水。”①

朱元璋大兴文字狱、推行文化专制主义的做法，被其后继者所承袭，明成祖朱棣从建文帝手中夺取皇位后，严禁建文时的主要谋臣、明初文学家方孝孺的著作流行，下令“藏方孝孺诗文者，罪至死”②。朱棣还查禁大量不利封建统治的戏曲，并颁旨：“敢有收藏，全家杀了。”③ 此外，因出试题得祸，或进书得祸的，在永乐年间亦迭有出现。更有甚者，明代皇帝大量使用特务手段，特务机构厂（东厂、西厂、内行厂）、卫（锦衣卫）以士人为重点侦伺对象，“飞诬立构，摘竿牍片字，株连至十数人”④。

在这种文化专制的“白色恐怖”之下，思想的自由被扼杀，明代汉民族文化的重建会走向何方呢?

文化复古是明代文化重建的基本走向。

明代科举考试规定“但许言前代，不及本朝”⑤。这其实是明王朝文化专制的集中写照。在绝对禁止任何对当代问题思考指挥棒的指挥下，文人们只能向后看，“这时的艺术家越来越经常地不是以新思想，而是以过时的旧思想鼓舞自己”⑥。于是，这就直接导致明代复古的文化走向，即“物不古不灵，人不古不名，文不古不行，诗不古不成”⑦。

对明代文学复古的路线图，冯天瑜等在《中华文化史》中有一个简明的梳理：

---

① （明）刘辰：《国初事迹》。参阅冯天瑜、何晓明、周积明《中华文化史》，上海人民出版社 1990 年版，第 760 页。

② 《明史·方孝孺传》。

③ （明）顾起元：《客座赘语·国初榜文》。

④ 《明史·刑法志》。

⑤ 《日知录》卷十六，“试文格式”。

⑥ ［苏］贡恰连科：《精神文化——进步的源泉和动力》，戴世吉译，求实出版社 1988 年版，第 227 页。

⑦ （明）李开先：《闲居集·昆仑张诗人传》。

还在明初，杨维桢、林鸿等人就极力倡言复古。如杨维桢，力倡“非先秦两汉弗之学”，“久与俱化，见诸论撰，如睹商敦周彝”[①]。林鸿是闽中诗派领袖，他发表诗论，声称“学者当以（唐）为楷式”[②]，其所著《鸣盛集》“专学唐……皆极为摹拟”[③]，“绳趋尺步”[④]。成化、弘治年间的文坛领袖、阁臣李东阳，也是宗唐、崇杜者，在他看来，唐以外各个时代诗歌无一可取。他的门生邵宝更径直主张以先秦古文为师。掀起了一股文化复古的浪潮。

明中期弘治——万历年间，文化复古浪潮更为高涨。弘治年间，以李梦阳、何景明为首，包括徐祯卿、边贡、康海、王九思、王廷相等“前七子”结成的文学团体，在文坛上树起“复古”大旗，“文称左迁，赋尚屈宋，古诗体尚汉魏，近律则法李杜”[⑤]，“非是者弗道”。“文自西京，诗自中唐而下，一切吐弃，操觚谈艺之士翕然宗之”[⑥]。文学复古之说因而“大行”。至嘉靖中，又有以“文苑之南面王”李攀龙和王世贞为首，包括谢榛、宗臣、梁有誉、徐中行、吴国伦在内的“后七子”继之而起，他们“持论谓文自西京，诗自天宝而下，俱无足观”[⑦]，并公然主张：“文必西汉，诗必盛唐，大历以后书勿读”[⑧]。由“前后七子”发起并鼓动的文学复古运动由弘治到万历间，持续约百年之久，影响颇大，“天下推李、何、王、李为四大家，无不争效其体”[⑨]。

万历以后，“前后七子”的文学复古主义在李贽、唐顺之、归有光、袁宗道、袁宏道及袁中道等人的猛力批判下，势头虽有所减弱，但仍不绝于世。至晚明，文学复古主义又呈现出复苏气象。着意于评经的学者孙矿，力主复古：“世人皆谈汉文唐诗，王元美亦自谓诗知大历以前，文知西京以下，愚今更欲进之古，诗则建安以前，文则七

① （明）宋濂：《杨氏墓志铭》。
② 《明史·林鸿传》。
③ （明）李东阳：《怀麓堂诗话》。
④ 《明诗别裁集》。
⑤ 《续藏书·何景明传》。
⑥ 《明史·文苑传序》。
⑦ 《明史·李攀龙传》。
⑧ 《明史·王世贞传》。
⑨ 《明史·李梦阳传》。

雄而上。”[①] 既是政治结社、又是文学团体的复社和几社，承“前后七子”余流，以“兴复古学”相号召，其中，“幼时既好秦汉间文，于诗则喜建安以前”[②] 的陈子龙，倡言复古最力。钱谦益、艾南英虽排诋“前后七子”，但却只不过将宗法对象由唐人变为宋人，仍然逡巡于“师古”的道路上。

总之，有明一代正宗文学的发展尽管一起一伏，一开一阖，但基本上未改复古大势。清人沈德潜在《明诗别裁集·序》中言：“宋诗近腐，元诗近纤，明诗其复古也”，当是颇有眼力的概括。[③]

其实，尽管他们更多谈论的是汉唐诗文，而其骨子里实是对那种盛世气象的向往。如杨士奇《唐人醉归图为金学士题》诗曰：“翩翩六骏出腾骧，醉里衣冠见盛唐。”可以说，终明之世，士大夫们都有一种复古的汉唐情结。所以，文学的复古乃是明代文化复古思潮下的文学变奏。它与“书必篆隶”“器从旧式”“官名从古”“礼从古制”等社会风气以及经学领域的汉学复兴、学术领域的考据学兴起、藏古之家的大量出现等，是同一种背景下的产物。[④] 总之，明代文化复古的走向，无可奈何地把明代汉民族文化引向了“沉暮”和“黯淡”。

三　曙光：全球化视野下晚明汉民族文化重建的新希望

明代汉民族文化重建的两大主题已经铸成，但全球化给晚明汉民族文化的演进带来了新希望。

几千年来，在世界历史上，东方与西方，如两条轨道上跑的车，基本上是各跑各的路，很少交会，更少交叉。有的只是丝绸之路上的交往和交流。但 15 世纪的“地理大发现”时代。新航路发现与葡萄牙人东来，把东方中国与西方欧洲联系在一起。从此以后，东方与西方再也不是两条轨道上跑的车，而是一条“全球化”号船上的乘客。美国学者罗伯特·基欧汉（Robert O. Keohane）和约瑟夫·奈（Joseph S. Nye）在《全球化：

① 《与吕甥玉绳论诗文书》。

② 《仿佛楼诗稿序》。

③ 冯天瑜、何晓明、周积明：《中华文化史》，上海人民出版社 1990 年版，第 767—768 页。

④ 详见刘毓庆《“前后七子”的诗文复古与明代文化复古思潮》，《山西大学学报》（哲学社会科学版）2004 年第 5 期。

来龙去脉》中对“全球性因素”与“全球化”作出了具有历史纵深感的探讨。他们指出：“全球性因素是指世界处于洲际层次上的相互依存的网络状态。这种联系是通过资本、商品、信息、观念、人员、军队，以及与生态环境相关的物质的流动及其产生影响而实现的”；“我们认为，全球性因素是一种古已有之的现象。而全球化，不论过去还是现在，都是指全球因素增加的过程”。[①] 这个“全球因素增加的过程”论非常正确，也非常重要，不仅具有历史的纵深感，也以“世界体系”的视野把东方与西方紧密地联系在一起了。那我们也就可以说，在明代，尤其从晚明开始，以中国为中心的“天下”，开始转向进入“全球化”的“世界体系”，所以美国学者贡德·弗兰克引起国际学术界震动的著作《白银资本》的副标题就叫作《重视经济全球化中的东方》，在他的研究框架中，1500—1800 年“经济全球化中的东方”是以中国为中心的亚洲地区。他说：

> “在 1800 年以前，欧洲肯定不是世界经济的中心。”“整个世界经济秩序当时名副其实地是以中国为中心的”，因为“外国人，包括欧洲人，为了与中国人做生意，不得不向中国人支付白银，这也确实表现为商业上的‘纳贡’”；“‘中国贸易’造成的经济和金融后果是，中国凭借着在丝绸、瓷器等方面无与匹敌的制造业和出口，与任何国家进行贸易都是顺差。因此，正如印度总是短缺白银，中国则是最重要的白银净进口国，用进口美洲白银来满足它的通货需求。美洲白银或者通过欧洲、西亚、印度、东南亚输入中国，或者用从阿卡普尔出发的马尼拉大帆船直接运往中国”[②]。

这个论证直接把晚明定位于全球化开端的中心地位，大大开阔了我们的视野。受到启发，中国学者也有类似的看法：“全球化的历史可以追溯到 15 世纪后期。在这一时期，由于哥伦布发现了美洲新大陆，迪亚士和伽马等葡萄牙人开辟了抵达亚洲的海上航线，麦哲伦率领船队完成了环球

① ［美］罗伯特·基欧汉、约瑟夫·奈：《全球化：来龙去脉》，陈昌升摘译，《国外社会科学文摘》2000 年第 10 期。

② ［美］贡德·弗兰克：《白银资本——重视经济全球化中的东方》，刘北成译，中央编译出版社 2008 年版，第 27、166、167、169 页。

航行，从而宣告了东西半球相互隔绝的历史的结束。此后……世界市场也从欧洲拓展到美洲、亚洲和非洲等许多地区。世界各大洲和各国之间的经济联系大大加强，国际贸易量迅速增加。世界市场雏形初具，全球化初露端倪。"① 对于晚明卷入以东方为中心全球化贸易浪潮的论述，樊树志在《晚明史》和《晚明大变局》中这两本著作中有详细的论述，他指出：

> 16 世纪下半叶至 17 世纪中叶的晚明时期，正处在新航路发现之后的"全球化"起步阶段。在这个阶段，中国在全球经济中占有重要的地位，除了邻近国家传统的朝贡贸易之外，遥远的欧洲国家如葡萄牙、西班牙、荷兰等国以及它们在亚洲与美洲的殖民地，都卷入了与中国的远程贸易，而且都毫无例外地处在贸易逆差之中，占世界产量三分之一甚至更多的白银源源不断地流入中国。另一方面，地理大发现后的"全球化"进程也表现在文化上，其主要标志就是以耶稣会为代表的教会向世界包括中国派出传教士，在传教布道的同时传播文艺复兴以来欧洲的科学与文化。晚明时期进入中国的耶稣会士，通过澳门这个中西交流的窗口，对中国的知识界产生了影响②。

在这个全球化的世界背景下，晚明汉民族文化图像中出现了"西学东渐"的新事物。所谓"西学东渐"，是指近代西方学术思想向中国传播的历史过程，其虽然亦可以泛指自上古以来一直到当代的各种西方事物传入中国，但通常而言是指在明末清初以及晚清民初两个时期之中，欧洲及美国等地学术思想的传入。而晚明正是"西学东渐"的开端。

在"西学东渐"开端之时，1552 年（嘉靖三十年），耶稣会创办人之一的圣方济各·沙勿略由印度卧亚（果阿）到广东上川（台山市上川镇），这是西洋教士直接进入中国之始。③ 1583 年（万历十一年），耶稣会士利玛窦和罗明坚进入广东肇庆，并在肇庆建立起传教据点。以此为端绪，耶稣会士竞相来华。在诸多来华传教土中，最为著名者为利玛窦。他

---

① 郭连成：《面向 21 世纪的经济全球化——概念、成因、回顾与展望》，《国外社会科学文摘》2001 年第 2 期。

② 参阅樊树志《晚明史》上卷，复旦大学出版社 2015 年版，第 6—65 页；《晚明大变局》，中华书局 2015 年版，第 81—145 页。

③ 参阅刘昭瑞《上川岛方济各·沙勿略墓园散记》，《寻根》2006 年第 6 期。

既具教士的虔诚，又具学者的渊博。他在中国采取了较为贴近中国国情的传教手段，如走上层路线、顺应汉民族习俗、进行学术传教等，使耶稣会士很快在汉民族地区稳定了脚跟，不仅耶稣会士们与官府、士人接交颇深，而且入教者直线上升，明亡前夕，中国天主教信徒已达三万八千人。①

耶稣会士来华，带来了与中国文化性格面貌迥异的西方文化，一种异质的高势能文化开始猛烈撞击汉民族的文化系统。在晚明，汉民族文化第一次遇到一种高势能的异质文化的挑战，这就是传教士输入的西学。西学作为一种高势能的文化，主要表现为传教士带来了西方艺复兴时期的自然科技成就，如天文历法、数学、地理学、物理学与机械工程学、火炮制造术等，而这些科技成果比中国传统科技要为先进，是一种高势能的文化。②

晚明“西学东渐”的态势会如何发展？如何影响明代汉民族文化的重建？冯天瑜有一个分析和判断，他说：

> 依照世界文化史发展的通例，高势能文化或迟或早总是要向低势能文化系统流动、传播的。在上古时期，它表现为希腊、罗马文化影响地中海地区；古华夏文化影响周边所谓的“夷狄”部落。在中世纪表现为属于世界前列的中国文化对东亚、西亚乃至欧洲的影响。当然，高势能文化向低势能文化圈的流灌，并不排斥低势能文化向高势能文化圈的流动与传播，但两者无论是在深度、广度、速度上，还是在对于人类文化发展进程的影响上都存在着明显的差异。因此，高势能的西方近代文化向四周辐射、传播是历史发展的必然趋势。以耶稣会士为媒介的西学东渐，便是这股时代大潮的先声。③

历史已经撬动，曙光已照中华，在沉暮和黯淡中的汉民族文化，在与

① 参阅沈福伟《中西文化交流史》，上海人民出版社 2006 年版，第 380 页。

② “势能”本是物理学术语，指物质系统由于各物体之间存在相作用而具有的能量。在世界文化大系统内，各子文化系统之间产存在着势能之分。发展水平较高的文化系统可称为“高势能文化”。反之，则称为“低势能文化”。若发展水平相当，则可谓为“等势能文化”。参阅冯天瑜、何晓明、周积明《中华文化史》，上海人民出版社 1990 年版，第 795 页。

③ 冯天瑜、何晓明、周积明：《中华文化史》，上海人民出版社 1990 年版，第 799 页。

西方文化的互动、冲突、磨合中，必将会获得升华的新希望。

第二节　行省制与卫所制：汉民族制度文化的重建

制度文化是人类为了自身生存、社会发展的需要而主动创制出来的有组织的规范体系，它是人类文化的一个重要层面，又是物质文化与精神文化的中介。作为有组织的社会规范系统，制度文化既是物质文化的反映形式，又是精神文化的物化形态，其服务与制约着人类的群体活动，它在文化体系中具有相对稳定的特性。汉民族传统制度文化中的地方行政管理制度，自春秋战国经过几百年的酝酿，出现了郡县制，到秦王朝确立起郡县制以来，一直稳定地发展了约 1700 年，到了元代才发展成行省制，掌管各郡县的兵甲、屯田、钱粮、漕运等大事。元行省制度创立了一种以行省为枢纽，以中央集权为主，辅以部分地方分权的新体制，对元朝统治、疆域巩固、多民族统一的作用居功至伟，对元代以及后来的明清及近当代汉民族社会都产生了深远影响。

明代虽承行省制，但又在全国以及边疆要害之地设立卫所，从而形成对疆土的管理是由行政系统和军事系统来完成的双轨制。卫所制并不仅仅是一种单纯的军事机构和军制的组成部分，而是明王朝对整个国家疆土进行管理的一种方式，不仅改变了地方区划的整体格局，对地方社会的影响也绝不仅仅是军事方面的，而是更全方位的、复杂的。①

一　行省制：元代汉民族制度文化的重建

行省制的形成，实际上是汉民族制度文化与少数民族制度文化互动、磨合、整合和融合的文化重建。

（一）行省溯源

“行”“省”两字在汉语中早已使用。据考：“省”具有“察看”“检查”之意，如《史记·秦始皇本纪》：“皇帝春游，览省远方”；“省”又

---

① 参阅王大华、朱正威《论行省制的历史价值及其终结》，《陕西师大学报》（哲学社会科学版）1988 年第 3 期；邓庆平《明清卫所制度研究述评》，《中国史研究动态》2008 年第 4 期；彭勇《明代卫所制度流变论略》，《民族史研究》第 7 辑，民族出版社 2007 年版。

有“减少”“简便”之意，如元代理学家许衡说：“人法相维，上安下顺，而宰执优游于廊庙之上，不烦不劳，此所谓省也。”到了汉代，“省”则指皇宫，皇帝居住的地方称禁中、省中。从三国曹魏开始，由皇宫的代称转变为中央枢要机关。黄初元年（220 年），曹魏文帝建立起中书省，即负责审理奏章，草拟诏旨，参与机要，为政府出令机构。到了西晋，又出现了门下省，即皇帝的侍从、顾问机构。中书省和门下省起初都设在皇宫之中，因而以“省”为称，后来才脱离皇宫，成为中央行政枢要机构。魏晋以后，早在东汉就已建立起来的尚书台，也改称尚书省，与门下省、中书省合称三省，为中央三大枢要机关。开皇二年（582 年），隋文帝建行台省，作为尚书省的派出机构。蒙古忽必烈汗中统、至元年间，开始分立行中书省，成为高级地方行政机构。可以说，“省”经历了由皇宫—中央行政机构—中央行政派出机构—高级地方行政机构的演变。①

而“行”则具有代理之意，如《三国志·魏武帝纪》：“太祖行奋武将军。”所以自东晋起，中央官吏称为台官，而把代表中央的地方大行政区机构称为“行台”，所以，自魏晋以来，文献典籍常有称中央尚书台为“中台”或“内台”，而其临时在外设置的分支机构则称之为行台，它是中央尚书台分置于外地、施行尚书台事务的专门机构。自魏晋到隋唐，行台制度在行台的不断设置中发展出较为完整的形态。到金代时，曾两度设立行台（省），金前期设置行台长达 13 年之久，金后期，章宗明昌五年（1194）出现行省设置，直至金亡，共设置 36 处行省，但这些都是中央尚书省的派出机构，称为行尚书省。② 可见“行尚书省事”实际上是从汉代直至宋金时汉民族与少数民族制度文化互动、磨合、整合和融合的结晶。蒙古灭金时曾派扎鲁忽赤驻燕京，汉人沿用金朝旧制，称燕京为“行尚书省事”。《元史·百官志》又记“金人来归者，因其故官，若行省，若元帅，则以行省、元帅授之”。这样，蒙古又继承金制，设立了“行省”。

（二）行省制形成的背景

历史是发展的，汉民族的郡县制，虽然上下层次简明，统治效能显著，虽然汉唐两次出现盛世，但汉唐后期均走向地方割据，天下大乱，这

---

① 吕建中：《中国古代的行省制度》，《青海师专学报》（社会科学版）2002 年第 3 期。

② 李俊刚、韩冰：《元朝行省制度及其渊源略论》，《兰台世界》2015 年 7 月下旬。

是为什么呢？

在历史演进的过程中，人们不断地思考着、探索着。

秦统一后，全面实行郡县制，分全国为36郡（后增至40多郡），下设1000余县。这种郡县制在汉民族文化史上影响深远。但诸侯国原本也属一级行政区划，秦朝取消诸侯国这一层次，就拉大了郡县与中央的距离。因此郡的数目需要不断增加，以为弥补。直到西汉郡数增至上百，比秦时翻了一番，郡县制才算基本定型。西汉在郡县之外另设了一些诸侯国，但经过削落，到武帝时诸侯封国与郡已无差异，实际上还等于是郡县制。西汉共有83郡，20封国，下辖1587县。西汉郡县制稳定成熟，既体现中央集权，也给地方放权，上下得体。郡守县令实权很大，行政效率较高，汉兴70年，从文景之治到武帝盛世，治国相当成功，不能不说与郡县制简要合理有关。

但定型以后的郡县制也有缺陷，郡国多达上百，一级政区显得过于分散。武帝为此在郡国之上增设一级监察机构，分全国为13州部，派“部刺史”常驻。东汉有105郡国，下辖1180县，13州部依旧设立，与西汉近似。但东汉地主庄园及门阀政治的兴起使地方势力膨胀，中央削弱。这使13州部日趋重要，刺史权力扩大，从监察官一变而成地方行政长官。灵帝改刺史为州牧，正式认可州为一级政区。郡县两级制变成州郡县3级制。郡上设州本应增强中央对地方的控制，弥补中央与郡之间的空档，但事实恰恰相反。因为州是地方势力强大的产物，所以州牧只代表地方势力，集军、政、财权于一身，形成军阀割据，大大削弱中央。东汉由此而亡。

魏晋南北朝分裂动乱，王朝更迭频繁，地方政区划分复杂，州郡越设越滥，导致恶性循环：地方势力越大，州郡设立越多，而州郡越多，地方势力便越强大。三国至西晋，州郡增加33%—66%。永嘉南渡后，江南出现大批侨州、郡县。南北朝时州郡增加更甚，南方有104州586郡2205县（梁朝），北方有111州519郡1352县（东西魏）。此时的州只相当于两汉的郡。这样，州郡县三级制不仅没有显示出治世之功，反而为乱世火上加油，必然走向失败。

隋文帝废除郡制，变州郡县三级为州县两级制，全国设311州。隋炀帝改州为郡，又大力并省一级政区，仅存192郡1226县。虽恢复了郡县制，但郡是秦朝的5倍，是两汉的2倍，过于分散的缺陷又有扩大。

唐承隋制，仅改郡为州，全国置359州，1573县。州比隋又增加近一倍，因此唐中央与地方之间的空档更大。为此，唐太宗在州之上增设一级监察机构，分全国为10道，派朝臣分察天下，玄宗增为15道。唐朝强化州县，太宗认为“治人之本，莫重刺史”①，他把全国刺史的姓名记在屏风上，标红黑点以记其善恶，“坐卧恒看”②。县级机构组织完备。唐贞观之治和开元盛世与汉相仿，与州县制的合理不无关系，同样，大唐衰微后，天下裂于落镇割据，走向乱世，亦与汉相仿，也与州县制的缺陷有关。历史常常有惊人的相似，藩镇的得志，正是钻了中央与州县之间的空档。

五代十国是藩镇割据的产物，地方政区仍是州县二级，北方约130州，南方约170州，与大唐相似。宋朝“惩创五季，而矫唐末之失策”③，为防止地方割据，加强中央对地方的控制，在州县之上增设一级政权——路，地方政区变为路、州（府、军、监）、县三级。全国分为15路（后增至23路），下辖351州（府、军），1234县。北宋的路在很大程度上只代表中央。路的军、政、刑、财四权分立，互不统属，直属中央，长官身份主要是代表中央到地方监督指挥，因此统称“监司”。路、州、县官均由朝官兼任。路以下的州府还设立皇帝的耳目——号称“监州”的通判，以分州府之权。县级机构简缺，少有全设者。范祖禹说过：“收乡长、镇将之权悉归于县，收县之权悉归于州，收州之权悉归于监司，收监司之权悉归于朝廷。”④ 中央对地方的控制达到前所未有的程度，地方割据虽然防止了，但是州县的职能却降低了，致使山河破碎。如是，路州县三级制取代郡县两级制的尝试也归于失败。

正如周振鹤所言：“历史上的中央与地方关系就像钟摆一样，一时摆向这边，一时摆向那边。中央集权过大了，地方运转不好，那就要放一点权；放权放得太厉害了，容易造成地方各自为政，中央管不了了，那就要收权。”⑤ 这样，人们在反思和探索中，发现郡县两级虽然上下层次简明，

---

① 《新唐书·循吏列传》。

② 《贞观政要》卷三。

③ （宋）叶适：《法度总论二》，载《水心别集》卷十二。

④ 《宋史·范祖禹传》。

⑤ 黄晓峰、饶佳荣：《周振鹤谈政治地理视角下的中央与地方》，《东方早报》2014年2月16日第A02版。

统治效能显著，但郡县制在中央与一级政区之间存在明显的权力空档，当中央政府控制力下降时，便易产生裂隙。汉唐后期均走向地方割据，天下大乱，问题的症结正在于此。汉末、魏晋南北朝、两宋是州郡县或路州县三级，为时约700年。这种三级制虽有补空的意义，但结果或削弱中央或削弱郡县，损害原来两级制的合理性，造成地方行政紊乱。纵观元朝以前封建地方行政区划的演变趋势，是从两级制试图走向三级制，似乎在探寻一种对治理中国这样一个大国更为适宜的层次与秩序：既能弥补中央与地方之间的空档，又能保障两级制固有的合理性，使上下协调一致，结为一体。[①] 于是行省制应运而生，终于在金王朝时浮出水面，在元代的文化重建中确立。

（三）行省制的确立

中统元年（1260年），元世祖忽必烈建元王朝，迁都大都。为了对广大汉民族地区进行有效的行政管理，忽必烈遵用汉法，立即立中书省以总揽政务。不久又设立了执掌全国监察的御史台和掌管全国军务的枢密院。中央机构以中书省、御史台、枢密院为核心，组成了元朝统治者加强中央集权的工具，中书省作为元代全国最高行政管理机构遂成定制。

中央中枢机构确立后，随即开始建立地方行政管理制度。中统元年七月，忽必烈曾设立过燕京行中书省，实质总领汉地的政务直到1262年才并入中书省。可见，此处设立的燕京行中书省实质上就是中书省的派出机构，为了实行某一项政治功能遇事而设。到1283年前后，各处行省的设置已经渐趋稳定。鉴于以中书省宰臣行某处省事系衔偏重，因此改衔为某处行中书省丞相、平章，或右、左丞，参知政事，不再以中书省官入衔。这样，行省基本上已由中央派出机构转变成了固定的地方行政机构。

1286年，铨定省、台、部、院官，罢各行省所设丞相，只设平章政事为行省最高长官，以与都省（中书省相对于行省又称为都省）相区别。后来，部分地大事繁的行省许设丞相。除去一些因对外用兵而临时设立的行省建置之外，元代正式设立的行省共有十一个。这十一个行省当中，征东行省置于高丽（今朝鲜），属于半独立机构，性质与作为中央直辖行政

① 参阅王大华、朱正威《论行省制的历史价值及其终结》，《陕西师大学报》（哲学社会科学版）1988年第3期。

区的其他十个行省不同。[①] 由于元代各个行省的设置不在同一时间，设置时所面临的军事、政治形势也不一样，所以行省的设置目的不尽相同。岭北行省和辽阳行省地处蒙古帝国的兴起发家之地，主要考虑的是防卫祖宗之地，防范诸蒙古部落的叛乱和作为多次西征和南征的后勤供给保障基地；中原汉地、关中、西南等属于军事扼要之地，则派驻许多的蒙古骑兵团在河南江北行省、云南行省、四川行省来进行军事控制；而东南的南宋旧地本就是天下财赋重地，其行省设置不仅是为了镇压反抗，更是为了搜刮财赋进统治者囊中。通常所说元代的行省，主要就是指以下十个行省：

陕西行省，辖境包括今陕西省以及甘肃省、内蒙古自治区的部分地区；

甘肃行省，辖境包括今宁夏回族自治区、甘肃省大部，以及内蒙古自治区的一部分地区；

辽阳行省，辖境包括今辽宁、吉林、黑龙江三省，以及黑龙江以北、乌苏里江以东今属苏联的地区；

河南江北行省，辖境包括今河南省，以及湖北、安徽、江苏三省的长江以北地区；

四川行省，辖境包括今四川省大部以及陕西、湖南两省部分地区；

云南行省，辖境包括今云南省全境、四川省和广西壮族自治区的部分地区，以及泰国、缅甸两国北部；

湖广行省，辖境包括今湖南省、贵州省、广西壮族自治区的大部，以及湖北、广东两省部分地区；

江浙行省，辖境包括今浙江、福建两省全境，安徽、江苏两省南

① 征东行省是元朝设在高丽王国的一个特殊的行政机构。征东行省曾多次置废，每一次兴废沿革都与元丽关系的好坏密切相关，是其具体和直观的反映。不同于内地行省，元朝一般不直接任命征东行省的官属，而以高丽国王在名义上兼任行省左丞相，征东行省也不向元朝中央政府交纳赋税，在元代诸行省中独树一帜。元政府曾多次试图将征东行省内地化，但都没有成功。另一方面，由于征东行省的特殊地位，它在元丽外交和高丽内部的政治斗争中，也起到了一些独特的作用。所以，终元一代，高丽都臣属于元王朝。征东行中书省辖境，除高丽国外，还包括直属元王朝统治的二府一司。元王朝统治的二府一司地区，则由元廷任命的征东行省参知政事进行管理。

部，以及江西省部分地区；

江西行省，辖境包括今江西、广东两省的大部分地区；

岭北行省辖境包括今蒙古人民共和国全境，中国内蒙古、新疆两自治区一部分，以及苏联西伯利亚地区。

以上10个行省，统治着元王朝60%以上的国土。10省之外，邻近首都大都的地区，共29路、8州，包括今河北、山西、山东三省全境，以及内蒙古自治区部分地区，被称为“腹里”，由中书省直接统辖。管理腹里地区有关事务的一些专门机构，都直接统属于中书省下面的六部。吐蕃、畏兀儿地区，未建行省，分别由宣政院、大都护府统领。[①]“到了元成宗、武宗时，行中书省作为地方行政机构，成为定制，各省的行政区划也大致固定了下来。”[②]元代行省是最高级的地方机构，其长官总揽一省的政事、军务、司法等各项工作，除了领置行省下属的路（府、州）和县（州）两级政权机构和宣慰司、宣抚司的重大行政事务外，还有权“处理境内官吏迁转，考核和刑律诉讼等政刑之事；掌管境内兵甲、驿铺、镇戍军队等军国重事；掌管境内农桑、水利、屯田、漕运和赋税征收等经济事宜”[③]。可见，行中书省的长官以一人兼有行政、经济、军事大权。至此，元朝正式的国家地方行政管理制度才得以正式确立。

行省制是元代汉民族制度文化在文化重建中的一个创举，意义重大。首先，形成“都省握天下之机，十省分天下之治”[④]之势，既体现了中央集权，又体现了地方分治，是集权与分治和谐的统一。其次，行省既是中央派出机构，代表中央，也是地方最高行政机构，代表地方。它使中央权力下移了一个层次，同时又使地方机构上升了一级，大大靠近中央。它的两重身份使上下紧密结合浑然一体，摆正了中央与地方的关系，也妥善解决了两千年来未能解决的中央与一级政区衔接不良的空档问题。从而彻底消除了地方割据，稳定了“北逾阴山，西极流沙，东尽辽左，南越海

① 参阅李凭、全根先本卷总纂《中华文明史》第七卷（元代），河北教育出版社1994年版，第22—23页。

② 白钢：《中国政治制度史》，天津人民出版社2001年版，第678页。

③ 刘宇：《行省制度略论》，《史志学刊》2007年第6期。

④ （元）许有壬：《至正集》。

表”[①] 的大元帝国，它的出现既是对秦以来郡县制度的发展，也是历史上地方行政区域划分制度的一次重大改革。汉民族的制度文化，在长期实行郡县制的过程中，不断完善其组织结构，终于使行省制的组织结构达到了最合理的状态，对后世产生了深远的影响，初步奠定了今天中国的行省规模和政区划分。[②]

二　卫所制：明代汉民族制度文化的重建

明在承袭行省制的同时[③]，又创立了卫所制，形成了自上而下、纵横交错的双轨网络体系。

（一）把卫所从军制研究的窠臼中解放出来

卫所制则是有明一代重要的军政制度。明代全国普设卫所，卫所作为明帝国基本的军事单位，管辖一定数量的军户，承担军役。从表面来看，卫所在很大程度上仅是一种军事性质的地理单位。但是谭其骧认为卫所是一种行政区划，他在 20 世纪 30 年代发表的《释明代都司卫所制度》[④] 中指出，明代的某些都司卫所是一种地方区划，“置卫所以统辖军伍，设都司以掌一方兵政，其初本与地方区划不相关。洪武初或罢废边境州县，即以州县之任责诸都司卫所；后复循此例，置都司卫所于未尝设州县之地，于是此种都司卫所遂兼理军民政，而成为地方区划矣”。他认为《明史·地理志》中收录的实土卫所才是地方区划，无实土者不载，说明其与地理无涉。他还根据《明史·地理志》，按照都司分类，逐一列出其下所属

① 《元史·地理志》。

② 参阅王大华、朱正威《论行省制的历史价值及其终结》，《陕西师大学报》1988 年第 3 期；王晋香《元朝行省制度的建立及其特点》，《新课程研究：职业教育》2008 年第 5 期。

③ 明虽承袭元代的行省制，但此行省非彼行省。明代的地方政府比较复杂，是三级（布政使司—府—县）与四级（在府县之间有州）的混合。因为地方最高一级政区最有可能发生割据，所以明代就向宋代学习，将事权分散于都（都指挥使司，掌军事）、布（布政使司，掌民政）、按（按察使司，掌司法）三司手中。三司分立制度与元代行省性质并不一样。前者是官署分开，后者官署唯一，只是官员职权分散。明代的高层行政区划习称为省，在大部分时间内，全国分为十五省。但省其实从未作为正式名称，十五省的正式叫法应是两京十三布政使司。三司分立制就是防止地方权力过大的重要措施，只是到了明后期地方多事，不得不以总督巡抚来节制三司，以保证地方政府的正常运作。参阅黄晓峰、饶佳荣《周振鹤谈政治地理视角下的中央与地方》，《东方早报》2014 年 2 月 16 日第 A02 版。

④ 谭其骧：《释明代都司卫所制度》，《禹贡》第 3 卷第 10 期，1935 年；后收录于《长水集》上册，人民出版社 1987 年版。

的实土卫所。谭其骧从历史地理学的学科背景出发研究明代的都司卫所，为卫所制度的研究开辟了一条异于军制史研究范畴的蹊径。

20 世纪 80 年代以后，学者们重新进行具有某种“地方行政区划”性质的卫所研究，并在很大程度上跳出了将卫所局限于军制研究的窠臼，重新认识了卫所制度，也重新认识了明代对所辖区域的管理方式。周振鹤在《体国经野之道——新角度下的中国行政区划沿革史》[①] 一书中论及卫所，首次提出“军管型政区”的概念，将实土卫所视为一种“特殊的地方行政组织和行政区划”，而无实土的卫所都不列于《明史·地理志》中，以示与政区无涉。比如内地卫所就是星罗棋布，与府州县相错杂，只是单纯的军事组织。在看待卫所的政区性质问题上，区分实土卫所与非实土卫所，这与谭其骧的观点是一致的。郭红也在“军管型政区”的概念下研究明代的都司卫所，撰写了《明代卫所移民与地域文化的变迁》[②]《明代都司卫所制度与军管型政区》[③] 等文，进一步发展了谭其骧和周振鹤关于“实土卫所”的观点，认为明代卫所在行政区划意义上可以分为实土、准实土、非实土三种类型，所增“准实土卫所”即分布在府州县境内、占有大量土地人口的卫所，具有一定的行政区划意义，清朝裁撤卫所时，它们都被改置成正式的政区。

这样，将卫所理解为地方行政区划，将卫所的理解以一种纯粹军事机构的樊篱中挣脱出来，给明代卫所的研究赋予了新的考察视角，也使明代卫所问题具有了前所未有的重要意义，因为其不再是一种单纯的军事机构和军制的组成部分，而是明帝国对整个国家疆土进行管理的一种方式，改变了地方区划的整体格局，对地方社会的影响也绝不仅仅是军事方面的，而是更全方位的、复杂的。所以，卫所研究对重新审视明代的许多历史问题都具有了重要的意义。[④]

（二）卫所制溯源

卫所制度是明朝非常重要而独特的制度文化，它既是一种军事制度，也是一种行政管理组织形式。这种卫所制度的许多内容来源于汉代的屯田

---

① 周振鹤：《体国经野之道——新角度下的中国行政区划沿革史》，香港中华书局 1990 年版。

② 郭红：《明代卫所移民与地域文化的变迁》，《中国历史地理论丛》2003 年第 2 期。

③ 郭红：《明代都司卫所制度与军管型政区》，《军事历史研究》2004 年第 4 期。

④ 参阅邓庆平《明清卫所制度研究述评》，《中国史研究动态》2008 年第 4 期。

制、唐代的府兵制、宋代的更戍法，以及秦汉以来的军户世袭制，同时又糅合元朝的军事职官制，足见卫所制的多元源头。但对卫所制影响最大的一是唐代的府兵制，二是元朝的军事职官制。

最早涉及明代卫所制度与唐府兵制关系的是《明史·兵志一》，其云："明以武功定天下，革元旧制，自京师达于郡县，皆立卫、所，外统之都司，内统于五军都督府，而上十二卫为天子亲军者不与焉。征伐则命将总兵官，调卫所军领之。既旋，则将上所佩印，官军各回卫所。盖得唐府兵遗意。"而府兵制源出北朝后期。西魏的宇文泰在大统九年（543年），广泛招募各地汉族豪强地主从军，通过他们的从属关系，带来了大量家兵、部曲等私人武装。西魏政权根据他们所带军队的众寡，授予各种不同爵位。这种使地方割据的私人武装中央化的办法，不但增强了朝廷军力，同时使鲜卑部落兵与汉族封建兵制逐渐结合，创置了"府兵制"。当时府兵与民籍分开，不属郡县管辖，他们只管打仗，不负担其他赋税。到了隋代府兵制起了很大变化，军府名称为骠骑府，以骠骑将军为长官；军士开始编入户籍，从事生产。隋炀帝时，府兵直接从民间征调，男子年满二十一岁即可参加府兵。全国府兵由十二卫分领。大业三年（607年）改骠骑将军府为鹰扬府，长官为鹰扬郎将，军人称"卫士"，卫府制度趋于完善。唐初全国共有634个府，均由十二卫和东宫六率分领。一改隋朝鹰扬府为折冲府，每府府兵归折冲都尉管辖，并规定在设府的地方，人民有充府兵的义务。服役年龄是20至60岁，应征充当府兵的人，平日务农，农闲教练，征发时自备兵器、资粮。这实际上是一种兵农合一的兵役制度。证调服役的人，定期宿卫京师或戍边；战时出征，战事完毕，即"兵散于府，将归于朝"①，不得专兵②。明代朱元璋从府兵制中得到启发创立了卫所制，故钱穆明确指出："明太祖平天下，原定有'卫所制度'，其实也就如唐代的府兵制，不过名称不同而已。"③

卫所编制及其职官称谓，可以追溯到元代甚至更早。元代的侍卫亲军以"卫"为编制，设都指挥使和副都指挥使统领。"千户"曾是蒙古军队的基本单位，以十户—百户—千户—万户的十进位方法编制。朱元璋初掌

① 《新唐书·兵志》。

② 参阅谭家健主编《中国文化史概要》，高等教育出版社2010年版，第40页。

③ 钱穆：《中国古代政治体制得失》（新校本），九州出版社2012年版，第133页。

军权时，军官名称及军伍编制均较为混乱。至正二十四年（1364 年），朱元璋称吴王后，在改造和统一所属各武装力量时，决定用卫所制来编组军队。当年四月，鉴于“招徕降附，凡将校至者皆仍旧官，而名称不同”，决定“立部伍法”，规定：“其核诸将所部，有兵五千者为指挥，满千者为千户，百人为百户，五十人为总旗”，法令中有关指挥、千、百户、总小旗所辖军数的规定，成为有明一代卫所的基本建制。此所谓“甲辰整编”[①]。

（三）卫所制确立

明王朝建立后，立卫所以管理地方，卫所制度被确定为治理国家的军政制度。1365 年，常遇春攻克安陆，“以沔阳卫指挥吴复守之”[②]。1366 年四月，“辛未，左相国徐达克安丰……凡得兵四千，马千匹，粮九百余石。又遣千户赵祥将兵至颍，获其运船以归。遂立安丰卫，留指挥唐胜宗守之”[③]。次年十月徐达北征，沂州王信欲降，朱元璋遣人密谕徐达：“王信父子，反复不可遽信，宜勒兵趋沂州以观其变。如王信父子开门纳款，即分两卫军守其地，信父子及部将各同家属，遣至淮安。若益都济宁、济南俱下，各令信军五千及我军万人守之，其余军马分调于徐、邳各州守城，然后发遣其家属与居，惟士兵勿遣分调。之后，仍选其马步精锐者从大军北伐。苟闭门拒守，即攻之。”[④] 这里谈到了朱元璋对大军安置、降地防御、卫所设置的基本思路，其政策思路是相当明确的。

洪武元年（1368 年），太史令刘基奏立“军卫法”，开始以卫、所为单位来组织全国军队。具体办法，据《明史·兵志二》载：“天下既定，度地害要，系一郡者设所，连郡者设卫。大率五千六百人为卫，千一百二十人为千户所，百十有二人为百户所。所设总旗二，小旗十，大小联比以成军。”卫的长官称卫指挥使，千户所长官称千户，百户所长官称百户。在地方，统制一省卫所的机构是都指挥使司，长官称都指挥使，都指挥使司与掌一省之政的布政司、专事狱讼司法的按察司并称三司。按地理位置，卫所划分为京卫、边卫、腹里卫所和番夷卫所。洪武二十六年

---

① 《明太祖实录》卷十四，甲辰年四月壬戌。
② 《明太祖实录》卷十七，乙巳五月乙亥条。
③ 《明太祖实录》卷二〇。
④ 《明太祖实录》卷二六，吴元年冬十月辛未。

（1393 年）定天下都司卫所的数字，内外卫三百二十九，守御千户所六十五。如以足额计算总的兵力在一百五六十万人。卫所的隶属关系，京卫以外的卫所属都指挥司，有十三：北平、陕西、山西、浙江、江西、山东、四川、福建、湖广、广东、广西、辽东、河南，大体与十三布政使相当。此外又有行都指挥司二，即甘州和大同，一对西北边境，一对北方边境。中央则属于大都督府管辖，洪武十三年（1380 年）改为五军都督府，分别统率诸军司卫所。这就是明代卫所军制确立的大格局。①

卫所一方面是明代统军机构的基本单位，另一方面又是地方行政单位。故建立在卫所制度之上、与之相辅而行的主要有军户世袭制度、屯田制度、漕运制度、班军制度、征戍制度、募兵制度和驿站制度等。卫所制度除了日常防御职能，对卫所军户实行严格的世袭制度，实行屯田外，还具有行政管理职能。

明王朝对疆土的管理分别是由行政系统和军事两大系统来完成的，行政系统是六部—布政使司（直隶府、州）—府（直隶布政司的州）—县（府属州），军事系统是五军都督府—都指挥使司（行都指挥使司、直隶都督府的卫）—卫（直隶都司的守御千户所）—千户所。明代军事系统的都司（行都司）、卫、所在绝大多数情况下也是一种地理单位，负责管辖不属于行政系统的大片明帝国疆土。明代的卫所不能理解为现在的军营，它更类似于现在的生产建设兵团，它是具有独立行政职能的地理单位，基本上管辖有面积多少不等的耕地和多少不一的旗军、普遍民户或少数民族人口。② 明朝统治者为维持这样一支庞大的军队，军饷的供给成了一个重大问题，朱元璋便推行军屯的办法。在边疆，军队是三分守城、七分屯种；在内地，是二分守城，八分屯种；亦有一九、四六、中半之法，因地而异。每军屯种五十亩为一份，但由于肥瘠、远近不同，每一份又或百亩，或七十亩，或三十亩，二十亩不等。永乐元年（1403 年），入库屯田粮二千三百四十五万余石，可见成绩是很大的。所以朱元璋曾得意地说："吾养兵百万，要不费百姓一粒米。"③

---

① 参阅朱永嘉《明代政治制度的源流与得失》，中国长安出版社 2014 年版，第 123 页。

② 顾诚：《明帝国的疆土管理体制》，《历史研究》1989 年第 3 期；顾诚：《明前期耕地数新探》，《中国社会科学》1986 年第 4 期。

③ 《续文献通考》卷一二二，转引自钱穆《中国古代政治体制得失》（新校本），九州出版社 2012 年版，第 133 页。

明王朝立国之初，许多地方的行政权和军事权都是由卫所武官来代理的。如在颍州，洪武元年（1368 年）十一月，置颍州卫，“命指挥佥事李胜守之。颍州自元季韩咬儿作乱，民多逃亡，城野空虚。上因如汴，道过其地，遂命胜筑城立卫，招辑流亡，民始复业”，即由卫所官暂理民事。[①]在河南邓州，“守御前所千户所，治在州治东，明洪武三年命镇抚孔显兼知邓州事，六年，升正千户，颁印专理军务”[②]。在边地，如云南、贵州和四川等西南少数民族较为集中的地区，以防守为目的而设立的卫所或军民府，更能体现卫所制在地方的行政管理和军事防守的双重职能。

这种管理模式的建立，既表明明初以武功定天下后，行政机构的建立很可能依托于军事机构，也表明在一些地区，仍然需要驻扎军队来维持秩序。此外，明太祖认为，在经济相对落后的边地，设置行政官员会增加地方百姓的负担，而集生产与戍守于一体的军事系统兼及地方行政管理，不失为一条行之有效的途径。[③] 洪武四年（1371 年）三月，明太祖命中书省臣曰：“山北口外东胜、蔚、朔、武、丰、云、应等州，皆极边沙漠，宜各设千百户，统率士卒，收抚边民。无事则耕种，有事则出战，所储粮草，就给本管。不必再设有司，重扰于民。”[④]

由于明代卫所制度有利于国家控制军队，减轻军饷负担；有利于军户个人和家族在获产、扩产与控产上得到便利，从而改善生存状态；有利于国家在广大疆域的边陲及内部存在的统治相对薄弱的地区扩展势力、加强统治有着推动作用，从而巩固的国家疆域，所以卫所制能与行省制长期并存，并延及清代。

第三节　《农书》与《农政全书》：汉民族农耕文化的重建

农业是汉民族的立命之本。汉民族的农业发展经历了漫长的历史过程。为了说明元、明汉民族农耕文化的重建，先简要回顾一下汉民族农业

---

① 《明太祖实录》卷三六（下），洪武元年十一月。

② 顺治《邓州志》卷九，《创设志·所治》。

③ 参阅彭勇《明代卫所制度流变论略》，《民族史研究》第 7 辑，民族出版社 2007 年版。

④ 《明太祖实录》卷六二，洪武四年三月癸巳。

发展的路线图。据农史专家研究，中国古代农业史划分为五个发展阶段：

1. 原始农业时期；

2. 沟洫农业时期（虞、夏、商、西周、春秋），也是从原始农业到精耕细作农业过渡时期；

3. 精耕细作农业成型时期（战国、秦、汉、魏晋南北朝），主要特点是北方旱田精耕细作技术体系的形成；

4. 精耕细作农业扩展时期（隋、唐、宋、辽、金、元），主要特点是南方水田精耕细作技术体系的形成；

5. 精耕细作农业持续发展时期（明、清），主要特点是为了适应全国性人多地少格局的形成，多熟种植的推广和耕作技术的精细化。①

与此相应，如果不计原始农业时期，那么汉民族的农学研究史，据《中国科学技术史·农学卷》，大致分为四个阶段：

1. 农学的萌芽和形成阶段——先秦时期。

2. 农学的发展与成熟阶段——秦汉魏晋南北朝时期。

3. 农学全面发展阶段——隋唐宋元时期。

4. 农学继续深入发展阶段——明清时期。②

这样看来，元、明两代汉民族的农耕文化正是处在一个交接的拐弯处，元代处于农学全面发展阶段的最后一个节点上，而明代正处于农学继续深入发展阶段开始的节点上。在这两个节点上，汉民族都留下了农耕文化发展的代表作——《农书》和《农政全书》。

一 《农书》：元代汉民族农耕文化发展的标志

在蒙古铁蹄下，汉民族的农业遭到践踏，“人民杀戮几尽，金帛子

---

① 李根蟠：《试论中国古代农业史的分期和特点》，《中国古代社会经济史诸问题》，福建人民出版社 1990 年版。

② 参阅《中国科学技术史·农学卷》。

女、牛马羊畜皆席卷而去，房屋焚毁，城郭丘墟”①。但元世祖是一个明白的皇帝，即位时认识到“国以民为本，民以衣食为本，衣食以农桑为本”②。于是，逐渐改变统治策略，要求官员采集农书和种桑法，并刊刻、颁布天下。至元六年（1269 年）八月，“命中书省采农桑事，列为条目，仍令提刑按察司与州县官相风土之所宜，讲究可否，别颁行之”③。七年（1270 年）颁布的农桑之制一十四条，要求社长教督农民因地制宜种桑枣榆柳杂果等。至元十年（1273 年），司农司官员编辑《农桑辑要》，“镂为版本进呈”④；至元十六年（1279 年）淮西江北道按察司“采择到树桑良法”，行御史台向各地推广⑤。至元二十三年（1286 年）六月“诏以大司农司所定《农桑辑要》书颁诸路”⑥，从世祖至顺帝时经过多次印刷颁布，总数在两万部左右，每隔五六年，就颁行一千四五百部。⑦ 历次印刷《农桑辑要》都是“给散随朝并各道廉访司、劝农正官”⑧。成宗大德八年（1304 年）下诏刊刻王祯《农桑通诀》《农器图谱》及《谷谱》等书，说是“考察精详，训释明白。备古今圣经贤传之所载，合南北地利人事之所宜，下可以为田里之法程，上可以赞官府之劝课，虽坊肆所刊旧有《齐民要术》《务本辑要》等书，皆不若此书之集大成也，若不锓梓流布，恐失其传”⑨，于是刊刻并颁布天下⑩。在这个历史背景下，王祯的《农书》应运而出。

（一）王祯的爱农情结和农学意识

元代的王祯，是一个具浓郁爱农情结和农学意识的士大夫。他自成宗元贞元年（1295 年）至大德四年（1300 年）任宣州旌德县尹（今安徽旌德县）六年，任职期间生活朴素，自己捐俸修建学校、桥梁、道路，教导农民种植树艺，施舍医药给穷苦病人。接着由旌德调任信州永丰（今

---

① 《两朝纲目备要》卷十四，宁宗嘉定七年七月乙亥。

② 《元史·食货志》。

③ 《元史·世祖纪三》。

④ （元）王磐：《农桑辑要》序。

⑤ 《元典章》卷二三《劝农·种植农桑法度》。

⑥ 《元史·世祖本纪十一》。

⑦ （元）大司农司编撰，缪启愉校注：《元刻农桑辑要校释》附录。

⑧ 后至元五年《农书咨文》《元文类》卷三六蔡文渊《农桑辑要序》。

⑨ （元）王祯：《农书》附录“元帝刻行王祯农书诏书抄白”，中国农业出版社 1981 年版。

⑩ 以上参阅育菁《元朝皇帝重农书》，《北京师范大学学报》2000 年第 5 期。

江西广丰）县尹，继续施行德政。在旌德任职时，他施行“劝农”措施，开始农民不理解，有抵触情绪，同僚们也多加讽嘲揶揄，但他不动摇，坚持推行。三年后，果然取得了显著成效。由于他对老百姓做了不少好事，所以人们对他颇有好评，说他“惠民有为”①。他同情农民，反对统治者无止境的剥削。《农桑通诀·劝助》篇中说：“今夫在上者，不知衣食之所贵，唯以骄奢为事。不思己之日用，寸丝口饭，皆出于野夫田妇之手……朘削膏脂以肥己。”

王祯不仅在感性上有爱农情结，在理性上亦有农学意识。他像汉民族古代许多知识分子一样，具有传统的农本思想。《农书·自序》一开始就说：“农天下之大本也”，“古先圣哲敬民事也，首重农，其教民耕织种植畜养，至纤至悉”。《农书》的写作正是这一思想的付诸实践，也是表现他平生抱负之一端。在农学意识的支配下，王祯富有创新精神。在写作《农书》过程中，他注意对新工具和技术创造发明的搜集整理，并予以充分的赞赏。他自己对发明创造新机械也很感兴趣，如“授时活法指掌图”和“转轮排字盘”，就是他的两项有意义的发明。另外，就《农书》本身而言即富有创新精神，不论形式，还是内容，在许多地方突破了以前的农书。王祯反对虚文，重切实致用。认为进行“劝农”工作必须“加实意，行实惠，验实事，课实功”，具体做法就是“以身率先于下”，“亲执耒耜，躬务农桑”，引导推动农民“恳恳然劳之哉！”在《农书》中，他从实用目的出发，比较南北方农具、耕作和蚕桑方法的优劣，而加以介绍推广。②

（二）王祯《农书》的主要内容

《农书》开篇是作者简短的“自序”，全书正文共计 37 集 370 目，分《农桑通诀》《百谷谱》和《农器图谱》三大部分。

《农桑通诀》计分 6 集 26 目。开卷叙述了农事、牛耕和蚕事的“起本”，即历史渊源。接着以“授时”“地利”与“孝悌力田”三篇，说明天时、地利的作用和力田的重要性。然后转入正题，记载从耕种到收获为止的农业生产中一些共同基本措施，如垦耕、耙耢、播种、锄治、粪壤、

---

① 万历《旌德县志》。

② 参阅李凭、全根先总纂《中华文明史》第七卷（元代），河北教育出版社 1994 年版，第 148 页。

灌溉、收获。“种植”（种植树木，包括桑树）、“畜养”（包括马、牛、羊、猪、家禽、鱼、蜂）、“蚕缫”三篇作为农家副业。其余“劝助”“蓄积”“祈报”篇，只是与农业有关的一些农政、持家和祭神内容。概而言之，这一部分的内容，贯穿着农本观念与天时、地利、人和共同决定的思想，和《齐民要术》序中“教民”的主导思想一脉相承，属农业总论性质。

《百谷谱》计分11集83目。“谷属”14目，记载了粟、稻、大小麦、黍、大豆、豌豆、荞麦、蜀黍、胡麻、麻子等14种作物的栽培、田间管理、收获、储藏、利用等技术与方法；“蓏属”12目，介绍了甜瓜、西瓜、冬瓜、瓠、芋、蔓菁、萝卜、茄子、姜、莲藕等12种作物；“蔬属”19目，记述了葵、芹、芸薹、芥子、菌子、葱、韭等20种作物；“果属”18目，包括有桃、梨、枣、柿、荔枝、龙眼、柑橘、银杏等23种果树。此外，还记述了21种竹木、纤维、药材的栽培管理、收获、收藏以及利用的技术和方法。最后的饮食类，原有“豳风七月诗说”“食时五观”和“备荒论”三篇，前两篇已佚失，现仅存“备荒论”，从积谷仓和区田、柜田等积极防荒措施谈起，又列举了许多可以代粮用的野生植物。《百谷谱》实质上是一部农作物栽培论。

《农器图谱》是全书的重点所在。共计306幅插图，分为20门（20集）261目。20门分别为田制门（14目）、耒耜门（16目）、镢锸门（12目）、钱镈门（11目）、铚艾门（12目）、杷朳门（15目）、蓑笠门（10目）、蓧蒉门（搬运工具，20目），杵臼门（10目）、仓廪门（12目）、鼎釜门（8目）、舟车门（9目）、灌溉门（23目）、利用门（包括水利工具和水力设备，14目）、麰麦门（收麦的特殊工具，8目）、蚕缫门（20目）、蚕桑门（10目）、织纴门（7目）、纩絮门木棉附（制作丝绵和棉花加工工具，12目）、麻苎门（16目）。每一图均附有文字说明，记述构造、来源、用法、演变以及优缺点等，并且大都附有一段韵文，或一首诗赋，它们大半为王祯自己所作。如《田制门》中的区田、圃田、围田、柜田、涂田、沙田、架田是一些特殊的土地利用和改良，反映出我国古代劳动人民为了生存，在人多地少条件下是如何千方百计找地种的。丰富多样的农具图像，反映出劳动人民根据不同地区、不同需要而创造出来不同的农具，以及农业技术的进步。一些不属农具范围内的“梧桐角”（用梧桐叶卷成角形的口吹哨子），“薅鼓”（薅田时，挂在村头树梢上，敲击时，能起召集人和娱乐之作用）、“击壤”（老农玩的一种游戏），与农民的生产、生活关系密切，显现了元代及以前农村中的一些民俗风习。[①]

（三）王祯《农书》对农学的创新

王祯《农书》是汉民族农耕文化中，精耕细作农业扩展时期最后一个节点农学研究的代表作，其对农学的创新：

一是王祯《农书》兼论南北方，是我国第一部对全国范围的整个农业作系统研究的专著。以前的大型综合性农书如《氾胜之书》《齐民要术》《农桑辑要》等只限于记述北方旱地农业生产技术知识。王祯虽是北方人，但他曾做过安徽、江西两省的地方官，又到过江、浙，因此，在《农书》里无论是记述耕作技术、农具使用，还是栽桑养蚕，总是时时顾及南北的差别，致意于其相互间的交流，如说：“今采摭南北耘耨之法备载于篇，庶善稼者相其土宜择而用之，以尽锄治之功。”[②] 又说：“大粪力壮，南方治田之家，常于田头置砖槛，窨熟而后用之，其田甚美。北方农家亦宜效此，利可十倍。”[③] 从而综合了黄河流域旱地农业和长江流域水田农业两个方面的生产实践经验。

二是具有较完整的农学体系。秦、汉及其以前的农书，现存的只有《吕氏春秋》中的“上农”“任地”“辨土”“审时”四篇和《氾胜之书》现存的三千余字。6 世纪后魏的《齐民要术》是现存最早、最完整的大型综合性农书，对后世有较大影响。王祯《农书》比起《齐民要术》更具有整体性和系统性。《齐民要术》还没有明确的总论概念，属这方面的内容只有“耕田”和“收种”两篇，构成全书主要的是农作物栽培各论，分别叙述各项生产技术的倾向性很明显，再就是酿造和食谱占了全书很大的分量。如果说《齐民要术》是中国古代农学体系的奠基，发展到王祯《农书》，这个农学体系可以说是基本形成了。

三是将农器列为综合性农书的重要组成部分是从王祯《农书》开始的，也是《农书》的一大特点。汉民族的古代农具，到宋元时期已发展至高峰。唐宋时代已出现了论述农具的专著，如唐代的《耒耜经》，宋代

---

① 参阅李凭、全根先总纂《中华文明史》第七卷（元代），河北教育出版社 1994 年版，第 148—149 页。

② 《农桑通诀·锄治》。

③ 《农桑通诀·粪壤》。

曾之谨所撰《农器谱》，可惜已亡佚不存。王祯《农书》中的《农器图谱》的篇幅占全书的80%，是在宋代基础上的进一步发展。王祯不仅描绘了当时通行的农具形制，而且已失传的古代农具经他研究后也绘出了复原图。《农器图谱》中收录的若干农业机械，如32锭水力大纺车等，无疑在当时世界上也处于先进水平。总之，《农器图谱》展示了汉民族古代农业生产工具的卓越成就，这在汉民族农耕文化史上是空前的，并成为以后此类著作的范本。①

二　《农政全书》：明代汉民族农耕文化发展的标志

元明交接，汉民族农耕文化从全面发展阶段转入继续深入发展阶段。这个时期农业技术在原有基础上日益向更为精细完善和集约化的方向改进，如套犁深耕、浅耕灭茬、沙田栽培、亲田法、看苗肥施、小麦移栽等技术即于这一时期形成。引人注意的是，与全球化开端相应的是，原产南美洲的新作物甘薯、玉米、马铃薯、烟草等作物，在明末陆续引进中国汉族地区，不仅见证了全球化进程在中国的开始，对缓和粮食不足的矛盾和对山地的利用起了不小的作用。在这种全球化的互动中，西方近代农业科技零星地开始传入，明代的汉民族还总结了棉花和甘薯两种作物的耕作技术。就在这个汉民族文化重建出现曙光的晚期，汉民族古代农耕文化集大成的扛鼎之作——《农政全书》问世。

（一）徐光启的科学精神和重农思想

明代的徐光启，是汉民族真正可以称为杰出农业科学家第一人。为什么这样说？因为他不仅是万历三十二年（1604年）进士，官至文渊阁大学士、礼部尚书。而且“雅负经济才，有志用世”②，在明代末年的西学东渐过程中，在时间意义上虽并非第一个接受并传播的人，在他之前有王泮、瞿太素等人，但就接受西学的深度与广度，就中西会通并大力创新，就对当时及后世的影响面而言，则无人能出徐光启之右。从这种历史地位上去考察，称其为明清间倡导西学的第一人，徐光启当之无愧。

徐光启所处的时代正是欧洲近代科学迅猛发展的时期，他敏锐地认识

---

① 参阅李凭、全根先总纂《中华文明史》第七卷（元代），河北教育出版社1994年版，第149—150页；张维青、高毅清《中国文化史》，人民出版社2010年版，第466—467页。

② 《明史·徐光启传》。

到“他山之石，可以攻玉”，于是孜孜矻矻地介绍西方的科学知识。他与意大利传教士利玛窦合作译编了欧几里得的经典著作《几何原本》，译文中的许多名词至今仍被初等数学采用。他对数学的重要性很有见地，认为凡“有形有质之物，有数有度之事，无不赖以为用”[①]。徐光启引进伽利略发明的望远镜和欧洲的时钟，进行天文研究，绘制出《全天球恒星图》。还借鉴西法推算预报日食，编著了《新法历书》七十四卷，达到了当时世界先进水平。可见，徐光启以进取之心追求真理，以创造之心融汇中西，以肝胆之心报效民族，在数学、天文历法、农学、军事方面均有卓越贡献，传世之作影响深远，是一位具有科学精神、学贯中西的大学者，是一位既对汉民族传统自然科学技术继承和总结，又对近代西方科学技术知识加以介绍、推广、应用和创新的杰出科学家。

出身社会底层的徐光启非常了解汉族农民艰辛的生活，在农业科学技术的研究与推广方面下了很大的功夫。他从汉民族的重农思想和实际出发，十分关怀和重视农民在生产技术上的成就。许多民间技艺经他总结后，得到理性的升华，传诸后世，影响很大。徐光启通过调查访问获得大量劳动人民的生产经验，“经行万里，随时咨询，颇有本末”；“广咨博讯，遇人辄问……随问随笔，一事一物，必讲究精研，不穷其极不已”。[②]如他躬身实践，把甘薯种引进上海，多次试种，终获成功。又在天津地区开荒辟田，兴修水利，试种水稻，亦获丰收。他研究乌桕树的种植方法时，捩转乌桕枝能多结子的知识，就是从山中老圃那里学来，并结合自己的试验而得出的。他还指出：“此法农书未载，农家未闻，恐它树木亦然，宜逐一试之。”[③] 即广收前人的有关资料，虚心纳取农民的种植经验，最后又自己试种，才撰写成章。他介绍的用大罐藏老薯藤留种法，就是他从一位福建人那里学来的。而蝗虫生活史的正确记载，也是他从农民的经验中得出来的。《救荒本草》是前人编的食用植物谱，他亲尝其中许多种有争议的植物，得出确切的结论，充实了这本书的科学内容。可见徐光启

---

① 廉其事：《我国近代科学的先驱——纪念徐光启逝世三百五十周年》，《北京日报》1983 年 12 月 15 日第三版。

② （明）徐光启撰：《农政全书校注·出版说明》，石声汉校注，上海古籍出版社 1979 年版，第 4 页。

③ （明）徐光启撰：《农政全书校注·种植·木部》，石声汉校注，上海古籍出版社 1979 年版，第 1066 页。

崇尚实践，通过调查、访问、观察、实验，把古代农业科技提到新的科学高度，并在农业科学技术的研究与推广方面下了很大的功夫。[①]

徐光启的农学著作甚多，有《甘薯疏》《种植图说》《种竹图说》《宣垦令》《农辑》《农遗杂疏》《北耕录》，以及他的代表作《农政全书》，绝大部分是在他亲身实践的基础上编著而成的。凡此等等，都充分体现了徐光启“富国必以本业”[②]；“水利者，农之本也”[③]；备荒救荒应“预弭为上，有备为中，赈济为下”[④] 的重农思想。

（二）徐光启《农政全书》的主要内容

徐光启的《农政全书》共 60 卷 12 门类约 60 万字，“杂采众家，兼出独见，有得即书，非有条贯”[⑤]。其材料主要来自三个方面：一是历代农书知识，所引文献共 225 种，有些未注明出处的引证尚未包括在内，这使我国古代许多散失的文献得以保存；二是当时全国各地农民的生产经验和生产技术；三是徐光启本人在上海、天津、北京等地从事农业科学研究的心得体会。这些丰富的农业科学资料，是徐光启在几十年里长期积累下来并在此基础上分门别类、整理汇编而成的。在汉民族古代社会中，农业生产几乎包办了人们衣食生活的一切，所以农业生产的整个体系很复杂。《农政全书》以 12 大类划分，大类有类名，类名之下更有专名。主要内容为：

（1）“农本”3 卷，包含经史典故、诸家杂论和国朝重农考；

（2）“田制”2 卷，包含井田考、《农器图谱 · 田制门》；

（3）“农事”6 卷，包含营治、开垦、授时、占候；

（4）“水利”9 卷，包含南北水利、《农器图谱 · 灌溉门》及

① 以上参阅刘明《论徐光启的重农思想及其实践——兼论〈农政全书〉的科学地位》，《苏州大学学报》2005 年第 1 期；张安奇、步近智总纂《中华文明史》第八卷（明代），河北教育出版社 1994 年版，第 117 页；廉其事《我国近代科学的先驱——纪念徐光启逝世三百五十周年》，《北京日报》1983 年 12 月 15 日第三版；彭勇《徐光启：信奉天主教的近代科学先驱》，《中国民族报》2007 年 12 月 11 日第 007 版。

② 《明史 · 徐光启传》。

③ （明）徐光启撰：《农政全书校注 · 凡例》，石声汉校注，上海古籍出版社 1979 年版，第 2 页。

④ 同上书，第 4 页。

⑤ 同上书，第 5 页。

《利田门》《泰西水法》；

（5）“农器”4卷，包含耕作、播种、收获及加工；

（6）“树艺”6卷，包含谷部、蓏部、蔬部、果部；

（7）“蚕桑”4卷，包含养蚕法、栽桑法、蚕事及桑事图谱；

（8）“蚕桑广类”2卷，包含棉、麻、葛；

（9）“种植”4卷，包含竹、木、茶及药用植物；

（10）“牧养”1卷，包含六畜、家禽、鱼、蜂；

（11）“制造”1卷，包含食物、营室等；

（12）“荒政”18卷，包含《备荒总论》《备荒考》《救荒本草》《野菜谱》。

从上可见，1—5属于总论性质的内容，即首先从思想认识上确立农业生产的重要性，然后依次论述农业生产赖以进行的各项基本条件：土地、天时、水利和农具。6—12属于各论的部分，其安排是依照我国历代农桑并重的传统思想，农（粮食）在前，蚕桑（衣）在后；蚕桑广类是光启的新创造，因元明以来棉花的重要性日益上升；其余依次是林、牧、农产品加工，最后为荒政。全书条分缕析，纲举目张，比较系统、严谨。《农政全书》的体系结构可说是对我国几千年传统农业所做的最好概括。①

（三）徐光启《农政全书》的主要成就

在汉民族农耕文化史上集大成的主要成就是开风气、承传统、重研究。

1. 开风气

开风气就是开中西农学文化交流风气之先。学贯中西的徐光启在《农政全书》中吸收了西方有关农学知识，如在水利篇中附有徐光启与传教士熊三拔合译的《泰西水法》，系统介绍欧洲水利知识，对弥补我国农业水利不足之处大有裨益。徐光启引用当时西方最新考古发现：“近数十年前，有发故水道者，启土之后，铁钁（锄）不入，百计无所施。既而穴其下方，乃坏坠焉。视其甃（管壁）涂之灰，用是物也，厚半寸许耳。

① 以上参阅刘明《论徐光启的重农思想及其实践——兼论〈农政全书〉的科学地位》，《苏州大学学报》2005年第1期；张安奇、步近智总纂《中华文明史》第八卷（明代），河北教育出版社1994年版，第140页。

此道由来甚久，以历年计之，在汉武之世焉。”“汉武之世”在公元前1世纪前后，相当于古罗马帝国的“内战时代”。古罗马的下水道，历来被视为世界奇观之一。下水道管壁所涂之灰，即火山灰水泥，天然的混凝土建筑材料。它历经16、17世纪，仍坚硬无比，“铁镬不入”。徐光启主张在中国发展此新建筑材料，他预言：“求得之，大利于土石之工。”徐光启还躬身实践把甘薯种引进上海，多次试种，终获成功。[①] 能融会中西方的科学知识。

2. 承传统

承传统就是批判地继承汉民族农耕文化的传统。《农政全书》对前人文献的取舍上，既加以重视，勤于搜集，又不盲目追随，而是区分糟粕与精华，有批判地继承。《氾胜之书》和《齐民要术》都受阴阻五行谶纬和佛教思想的影响，书中或多或少收录了一些违反科学的迷信资料，如乞灵于厌胜术来防治蚜蚄（黏虫）等。徐光启虽然大量摘录了《齐民要术》的文字，但对上述糟粕性文字一概不录。《农政全书》也没有像陈旉《农书》、王祯《农书》、《授时通考》等那样设立“祈报”篇。当我们把《农政全书》放到历史的背景下来检查其选材，可以更清楚地看到徐光启去糟粕、取精华的鲜明立场。

此外，徐光启在选录前人文献时，对其中某些观点看法不能苟同或有不同的看法时，就用“玄扈先生曰”的方式，紧接着引文加以评论。而且这也成为《农政全书》体系的一个引人注目的特色，仅在卷十二的“水利总论”中，即有玄扈先生的夹注40余条之多。玄扈先生的评语内容十分广泛多样，有指出引文中错误认识的；有纠正前人叙述中的缺点或补充其叙述不足之处的；有指明古今时代不同或地域不同，以免读者阅读时易发生混淆的；还有纠正前人计算上的失误，指出古今度量衡的不同，提醒人们不可以以今律古的。这是十分难能可贵的。

《农政全书》是汉民族保留下来的不可多得的古代农业专著，它较为全面地记述了汉民族古代的农业生产、农业政策、土地制度、土地利用方式、各种耕种方法、农田水利、农具农时、救荒政策和措施等，不仅反映了明代农业的最新发展，也总结并保存了17世纪以前汉民族古代劳动人

---

① 王庆余：《论徐光启引进西方科技中几个问题》，《苏州大学学报》（哲学社会科学版）1985年第2期。

民在农业生产中取得的农业技术和经验。

3. 重研究

重研究就是能以科学理论与科学实践相结合。《农政全书》除大量搜集了前人文献资料外，更重要的是有徐光启本人的许多可贵的农学上的研究心得见解。如讲到插杉法，便说“江南宣、歙、池、饶等处”如何如何；讲梧桐，便说“江东江南之地”如何如何；讲椒子，便说“晋中人多以炷灯也”；讲白蜡虫，便说“浙中独金华此业最盛，而鬻子于绍兴、台州、湖州；川中独南部西光、嘉定最盛，而鬻子于潼川……”又如对蝗虫生活史的调查研究，对番薯、棉花、乌桕、女贞、稻麦、油菜等栽植的心得体会，总是把采访所得同躬亲实践结合起来，所以，其记述总较其他农书为深刻。此其一。

其二，由于徐光启本人的亲身实践积累，关于农作物的特性、栽培要点，掌握了第一手材料，不仅有丰富的感性认识，进而能提炼为理性认识。他的农业实践主要有两个时期，一是万历三十五至三十八年（1607—1610 年），为其父守丧，在上海老家和徐家汇祖茔附近从事农耕实践及研究。二是万历四十一至四十六年（1613—1618 年），在天津从事屯垦，种植稻，同时种植了少量蔬菜和 20 余种中草药植物。在这两次实践的基础上，他撰写了《甘薯疏》《芜菁疏》《吉贝（棉花）疏》《种棉花法》《代园种竹图说》《宜垦令》《北耕录》和《农遗杂疏》等。它们虽然佚失了，但其主要内容都包含于后写的《农政全书》中。徐光启的农业科学知识既广博，又具有一定深度。有学者统计，他在近 80 种作物项下写有注文或专文。对这样众多、涉及面广泛的植物都有独到的见解，实在令人惊异，充分体现了徐光启治学严谨的学术态度，不愧为汉民族近代科学的先驱。

总之，《农政全书》是汉民族现存的四大农学古籍中分量最大、内容最全的一种。后人评论此书道：“其书本末咸该，常变有备，盖合时令、农圃、水利、荒政数大端，条而贯之，汇归于一。虽采自诸书，而较诸书各举一偏者，特为完备。”① 徐光启的《农政全书》与李时珍的《本草纲目》、宋应星的《天工开物》、徐霞客的《徐霞客游记》为明代晚期科学文献的四大巨著。这部巨著，借鉴了历代农书精华、劳动人民的生产经验

① 《四库全书总目三》，上海古籍出版社 1987 年版，第 192 页。

和西方的科学知识，与自己呕心沥血的研究成果融为一体，至今仍具有很大研究价值和实用价值，不仅是明代汉民族农耕文化发展的标志，也是汉民族农耕文化的扛鼎之作。①

第四节　《授时历》与《天工开物》：汉民族科技文化的重建

科学技术是一个民族所积累的关于自然、社会、思维的知识体系和手段，也是一个民族文化水准的一个标尺。元明之际汉民族的科技文化在文化重建中发展到一个新的高度，元代以《授时历》为代表，表明汉民族的天文学在元代继宋之后达到新的高峰。明代以《天工开物》为代表，表明明代汉民族的科技水平站在世界的前沿。

一　《授时历》：汉民族天文学新的高峰

在元代，汉民族虽然处于被统治地位，但特殊的历史人文环境编成的《授时历》，也使汉民族的天文学发展达到了一个新的高峰。

（一）蒙汉文化互动促进了天文学的发展

元代天文学的发展是蒙汉文化互动融合的一个结晶。

从蒙古族来说，他们一是有崇敬上天的习俗。13 世纪前期他们信奉萨满教，保留了对上天和日月的崇拜。《蒙鞑备录》说："其俗最敬天地，每事必称天。"《黑鞑事略》有"其常谈必曰托着长生天底气力无一事不归之天"。据《元朝秘史》记载，1206 年成吉思汗任命失吉忽秃忽为普上断事官的诏书中就有："当'我'被长生天护祐着，使天下百姓入轨就范的时候，你要作我的耳目……任何人不得违背你的话。"二是相信占卜，卜人备受尊敬。成吉思汗身边就有不少星占家随他征战，耶律楚材便是其中一个极受重视的星占家。《新元史·耶律楚材传》载："太祖十五年（1220 年），西域人奏五月望夕月食，楚材曰否，果不食；明年楚材奏十

① 以上参阅张安奇、步近智总纂《中华文明史》第八卷（明代），河北教育出版社 1994 年版，第 141—142 页；刘明《论徐光启的重农思想及其实践——兼论〈农政全书〉的科学地位》，《苏州大学学报》2005 年第 1 期；廉其事《我国近代科学的先驱——纪念徐光启逝世三百五十周年》，《北京日报》1983 年 12 月 15 日第三版。

月望当月食，西域人曰不食，是夜月食八分。帝曰：‘汝于天上事尚无不知，况人事乎！’是年八月长星见西方，楚材曰：‘女真将易主矣’，明年而金主殂。帝出兵必命楚材卜。”耶律楚材以他丰富的天文历法知识，做出优于西域星占家的天象预报，赢得了成吉思汗的信任。可以说，崇天信卜是元代天文学能得以发展的思想基础，也是与汉民族的天文学能得以互动的重要一方。

从汉民族来说，宋代的天文学对北方少数民族的天文学一直有很大影响。如果说辽颁用的大明历是抄祖冲之的历法，天会十五年（1137 年）金颁用的大明历却是同名不同内容的历法，其实质上是受宋代行用的优秀历法纪元历的影响而编制成的历法，后于 1180 年经赵知微重修后仍以大明历名行用。《元史·历志》称“元初承用金大明历”，并云：“蒙古初无历法，太祖十五年驻驿撒马尔汗城回鹘人奏：五月望月食。中书令耶律楚材以大明历推之，太阴当亏二分……”可见至迟在 1220 年左右是沿用大明历的，说明元建国之前所用历法是受宋、金历法影响的，也就是说蒙古族所用历法一直受汉民族的影响。

此外，与元代历史形势相契合的是成吉思汗西征时，中国和阿拉伯之间在天文学方面产生比较密切的交流。不少中国天文学家参加了马拉盖天文台的工作和《伊利汗天文表》的编制；许多西域天文学家来到中国，带来了阿拉伯天文学知识和历法。不同体系的天文学的交流极有利于天文学的发展，这是元代天文学得到较好发展的一个重要原因。据《新元史·历志》载：“楚材以旧历（大明历）不验，遂别造庚午元历……是时太祖方用兵西域，其书不果颁用。楚材常言：西域历五星密于中国，又作麻答历，今不传。……至世祖至元四年（1267 年），西域人扎马鲁丁用回回法撰万年历，帝稍采用之。”可见庚午元历是元代编出的第一部历法，麻答历是参照西域历法编出的第二部历法，可惜因成吉思汗忙于用兵而都未能行用，今庚午元历犹存，麻答历失传。精通大明历又自撰庚午元历的耶律楚材说“西域历五星密于中国”，应视作权威评价。再造麻答历吸收其长处显然提高了五星计算的精度，确实推进了中国天文学的发展。[①]

这样，两条道上跑的“车”在天文学上交汇，加上与阿拉伯天文学

---

① 李凭、全根先总纂：《中华文明史》第七卷（元代），河北教育出版社 1994 年版，第 204—205 页。

的交流，碰撞出了学术的火花，造就了新的历法——《授时历》。

（二）郭守敬与天文观测为《授时历》奠定基础

历史往往会出一点意外。编制《授时历》的主要人物本有许衡、王恂和郭守敬三人。王恂早已以算术闻名一时，他做太子赞善时曾对太子燕王说：算数是六艺之一，是关系定国家安人民的大事。世祖命他负责改历，他以许衡能明历理而推荐他来领头，谦称自己只知历数而负责推算。许衡是一大儒，尤精易学。他特别赞赏郭守敬“历之本在于测验”的观点，支持制造新仪进行实际观测。新历颁行一年后王恂去世，许衡已于颁历当年病卒，然而此时有关授时历的计算方法、计算用表等均还没有定稿，整理著述的重任便落到了郭守敬一个人身上。

郭守敬（1231—1316 年），是元代最杰出的天文学家、数学家、仪器制造专家和水利专家。他在天文历法、算学、机械构造、仪器制作、地形测量、农田水利建设、河道工程修建等许多方面都取得了辉煌的成就，在我国科学技术史上具有崇高的地位，在世界天文史上也占有重要的地位。

郭守敬的父亲去世较早，他是跟着祖父长大的。祖父郭荣学识渊博，不但通晓五经，而且精通数学、天文、水利等，经常和当地一些士大夫在一起讨论学问。这种环境对郭守敬影响很大，他从小就喜欢学习各种自然科学知识，常常留心观察周围发生的各种自然现象。不仅如此，他还在祖父的指导下，阅读了许多自然科学方面的书籍。郭守敬十五六岁时，得到了一幅拓印的“莲花漏图”。莲花漏是一种构造复杂的古代计时仪器，是北宋燕肃在前代漏壶的基础上加以改进而发明的，计时比较精确。由于长年的战争，莲花漏已经变得十分稀罕了，很少有人见到实物。单凭一张图，即使是成年人，也很难搞清它的原理和构造。少年郭守敬得到这幅图后，认真钻研，很快就弄清了莲花漏的原理，并且能够讲得头头是道。郭守敬还曾用竹篾仿照古图扎制浑天仪，并且用它来进行实际观测。可以说，郭守敬在少年时代就已经在自然科学研究方面显示出了非凡的才能。

郭守敬生活在蒙古帝国奇迹般地统治着半个地球的时代。在中国，正是稚气的野蛮征服了衰朽的文明转而以粗犷的气魄和纯真的自信“大手大脚”地拥抱文明的时期。这是一个新兴的少数民族王朝带着朝气和雄心在巩固它的统治的时期，在铁腕的空隙里悬浮着宽容和大度。这为当时的科学技术的发展提供了适宜的气候和土壤。金末元初，在邢州西南 70 公里的磁州（今河北省磁县）武安县的紫金山，郭守敬与刘秉忠、张文谦、张易、王恂在这里一起研习学问。在紫金山研习的这几个人，后来相继进入元朝政府，有的在政治方面做出杰出贡献，也有的在科学方面有所发明创造。紫金山的经历，使郭守敬在天文、算学、历法等方面打下了坚实的基础，对他一生的事业有重要的影响。

元中统三年（1262年），由张文谦推荐，郭守敬任提举诸路河渠，次年升河渠使。至元元年（1264年），郭守敬跟随张文谦行省西夏，次年任都水少监。至元二十三年（1286年），郭守敬任太史令，二十八年（1291年）领都水监，三十一年（1294年），任知太史院事。在元朝朝廷任职的半个多世纪里，郭守敬在自然科学的许多领域中都做出了极为重要的贡献，尤其是在天文学上有两大贡献，即创制天文仪器，进行天文观测。[①]

1. 创制天文仪器

从至元十一年（1274年）起，郭守敬与许衡、王恂、杨恭懿一道参与制定《授时历》。治历工作一开始，郭守敬就说："历之本在于测验，而测验之器莫先仪表。"[②] 这个观点，得到大家的认同，从而使治历工作一开始就建立在科学的基础上。

（1）创制简仪

早在战国时代，汉民族先民便已有了测天仪器——浑仪。浑仪又称浑天仪，是一种由七八层环圈叠起来的大型天文仪器，是一种模拟天球的仪器。仪器上的各个环，分别代表地平线、南北子午线、赤道、黄道等。仪器中心有轴，两头指向天球北极和南极。这些环有的是固定的，有的能转动。有的环上刻着度数、时刻或方位。最里面一道叫作四游环，能围绕南北极枢轴旋转。双环正中间夹着一根空心长管，外方内圆，能在环缝之间转动，叫作窥管。窥管就像是近代天文台上的望远镜，只是没有透镜。如果东西向转动四游环，同时南北向转动窥管，便能从窥管中瞄准天球上的任意一点，观测随便哪个天。起初浑仪的结构比较简单，经过一千多年的不断改进和完善，到唐代，浑仪已经十分完美，当时在世界上是首屈一指的。

但是浑仪也有明显的缺点，由于它的环圈太多，所以观测者在窥管下

① 参阅王绶琯《伟大的天文学家郭守敬》，《邢台师范高专学报（综合版）》1996年第4期；樊善国《科学巨人郭守敬》，《中国典籍与文化》1996年第2期。

② 《元史·郭守敬传》。

端观测时，常会发现瞄准的天体被一道环挡住了，很不方便，有时还会把一个难得的观测机会错过了。郭守敬根据自己的实际观测经验，针对浑仪的不足之处，做了大胆的革新创造：一是将浑仪的环圈拆散，只保存了其中两组基本的环圈系统，即地平环和赤道环，他使这两组环圈各自独立设置，而把那些不必要的环圈和做支架用的环圈统统去掉了。利用简仪不但丝毫不影响对星空的观测，而且还成功地解决了多环掩映的问题。二是提高了刻度分划的精细程度。在赤道环之外，郭守敬还设置了一个百刻环，通过它与其他部件的配合，可以测定地方真太阳时和黄道坐标。元代以前的天文仪器最多只能量到 1 度的 1/4，估量到 1/12。可是简仪能量到 1/10°，估量到 1/20°。百刻环上每刻等分为 36，1 周 100 刻就是 3600 分，这与近代天文学把一周分为 360°、1°分为 10 分的制度有异曲同工之妙。三是简仪的赤道环可以在固定的百刻环上转动，为解决摩擦力过大的问题，郭守敬在百刻环和赤道环之间安装了四个圆筒形的短铜棍，让两个接触面之间由原来的滑动摩擦变为滚动摩擦。这一发明就是近代滚珠轴承和滚柱轴承的开端。郭守敬的这一发明，比意大利文艺复兴时期的达·芬奇设计的滚筒轴承大约要早两个世纪。这样，郭守敬创制了世界上第一台用一高一低两个支架支撑起极轴的赤道仪，望远镜发明以后，不少望远镜安装时采用了这种赤道装置；世界上第一台集测赤道坐标和地平坐标于一仪的多功能综合测量仪，位于高支架下方的叫作立运仪的就是测量天体地平坐标的仪器；开创了在仪器上同时设置为安装调整使用的附加设备的先河，即使用渠水准、正方案和候极仪分别解决置平仪器，轴线在子午方向和确定极高的问题，使该仪成为具有自我调整功能、设备极为齐全的仪器。

近代天文台上所设置的赤道仪，特别是英国式的那一种，都是简仪的型式，所不同的是近代采用望远镜代替简仪上的窥管，刻度盘由于技术水平提高而缩小或另行设置读数台，而其原理与简仪完全一样。简仪制成于至元十六年（1279 年），而丹麦天文学家第谷（Tycho Brahe）于 1598 年制成赤道仪。郭守敬比西方使用赤道装置早 319 年。可以说，简仪是世界上最早的大赤道仪。简仪之所以能有如此高的成就，不但因为郭守敬等人注意到了宋代在解决浑仪重环遮挡弊病的努力，而且注意到了金代民间天文学家丑和尚改革仪器形制的设想，同时他们还注意吸收上都西域天文仪器的优点。如采用窥衡代替望筒，并创造了窥孔中加十字丝和窥孔向里缩而窥衡尖端指示刻度的新方法；立运仪是对“咱秃·朔八台”的革新，达到了左右转而周窥、高低举而遍测之目的。但是最重要的还是郭守敬等人创造性的设计和精心的制作。正因为它是历史上首次出现的新仪器，所以《元史·天文志》的仪器介绍将它列在首位。①

（2）创制圭表

自古以来，人们就注意到冬至那天太阳在南天的位置最低，正午时投射在地面的影子也最长。人们根据冬至前后日影的长短来定出冬至的准确时刻，而测量太阳影长的仪器就是圭表。“表”是一根直立的铜制标竿，“圭”是从表脚向正北方向延伸的一条石板，上面标有刻度，实际上就是一条长尺。在使用圭表的过程中，有一个问题始终没有得到完满的解决。这就是：表身若是较短，日影也必然较短。数据的误差也就比较大；表身若是较高，日影的端部就会比较虚淡模糊，有时甚至连影子的边缘算在哪里也不好确定。郭守敬一边使用传统的八尺之表进行观测，一边在实践中摸索改进其不足的办法，终于设计了一种新的圭表——高表。表高 4 丈，为铜制。郭守敬使用的是宋元通用尺，1 尺等于 24.53 厘米。4 丈高的表，连同底座共有 11 米多，相当于 5 层楼的高度。他将表伸出圭面的高度定为 36 尺。表顶部左右两边各装饰一条龙。各以龙爪抓住一根长 6 尺、直径为 3 寸的横梁。从表顶到横梁中心为 4 尺高，再加上 36 尺表身，圭面之上的表高正好为 40 尺。这样，就解决了影长以后影端虚淡的问题，使投影的边界清晰。②

（3）创制景符

郭守敬还发明了景符。景符是高表的辅助仪器，即利用孔成像原理，使高表横梁所投虚影成为精确实像，清晰地投射在圭面上，达到了人类测影史上的最高精度。为了不使高表在风中摇动，郭守敬使高表有 4 尺嵌入圭座，有 10 尺埋入土中。为了使圭面及横梁保持水平状态并便于校正，圭面上还刻有两条平行的水槽，与南北两端两个小圆池相通，横梁上也刻有一条水槽。操作时，水槽内都注上水来进行水平校正。前代测量表影所

---

① 本节参阅樊善国《科学巨人郭守敬》，《中国典籍与文化》1996 年第 2 期；王绶琯《伟大的天文学家郭守敬》，《邢台师范高专学报（综合版）》1996 年第 4 期；李凭、全根先总纂《中华文明史》第七卷（元代），河北教育出版社 1994 年版，第 209—211 页。

② 参阅樊善国《科学巨人郭守敬》，《中国典籍与文化》1996 年第 2 期。

用的最小单位是分，可以估读半分，即5厘，郭守敬制作的高表的圭面上所使用的最小单位是半厘，即5毫。加之表高增加了5倍，所以运用高表所测得的数据是非常精密的。①

（4）创制仰仪

由发明景符而引发的又一项新的发明是仰仪。仰仪发明以前，测者要在浑仪或者黄道游仪上测量太阳，当望筒对向太阳之际，刺眼的光芒令观测者苦恼，且影响对准精度。郭守敬发明的仰仪主体是一个形似大锅的直径一丈二尺的铜半球，好像锅坐在灶台上一样平放在砌好的台座里。一个可以转动的景符位于半球的球心，阳光通过景符上的小孔在球面里清晰地成像，于是从球面上网格似的刻度就能读出太阳的去极度、时角和地方真太阳时，特别是在日食时，日食全过程各阶段的位置和时刻，均可连续记录下来。于是，仰仪使仰视观测变为俯视观测，看太阳变为看太阳的像，大大改善了观测条件，并提高了测量的精度。可以说，仰仪是一件构思全新的发明，是世界上第一架太阳投影的观测仪。②

除了简仪、高表和景符以外，郭守敬为修历还设计和监制了其他许多新的天文仪器。包括候极仪、浑天象、玲珑仪、仰仪、立运仪、证理仪、窥几、日月食仪以及晷定时仪9种。另外。他还制作了适合携带的仪器4种：正方案、丸表、悬正仪和座正仪。③

2. 进行天文观测

郭守敬说："历之本在于测验，而测验之器莫先仪表。"④ 可见，测验仪器问题解决后，关键是观测。要观测，就要建天文台。在元世祖的支持下，当大都天文台建成之际，郭守敬向世祖奏进仪表式样时，为了说明这些仪器，郭守敬从上早朝讲起，直讲到下午，忽必烈没有表现出一点倦意。⑤ 大都天文台不仅以其规模和功能设计冠绝一时，更令人注目的是该台拥有的观测仪器，它们都是一些闪耀着汉民族智慧之光的极为出色的科

---

① 参阅樊善国《科学巨人郭守敬》，《中国典籍与文化》1996年第2期。

② 参阅李凭、全根先总纂《中华文明史》第七卷（元代），河北教育出版社1994年版，第211页。

③ 参阅樊善国《科学巨人郭守敬》，《中国典籍与文化》1996年第2期。

④ 《元史·郭守敬传》。

⑤ 参阅李凭、全根先总纂《中华文明史》第七卷（元代），河北教育出版社1994年版，第212页。

学仪器，在世界天文学发展史上，也是一座里程碑。

至元十六年（1279 年），郭守敬向元世祖忽必烈建议在全国范围内进行大规模的天文测量。他说："自唐一行开元间令南宫说天下测景，书中见者凡十三处。今疆宇比唐尤大，若不远方测验，日月交食分数时刻不同，日月星辰去天高下不同，即目测验人少，可先南北立表，取直测景。"① 忽必烈完全同意他的看法，马上批准付诸实施。

郭守敬与许衡、王恂等人经过仔细规划安排，决定东起朝鲜半岛，西至川滇与河西走廊，南及南中国海，北至西伯利亚，设立 27 个测影点，分别派出人员，并由 14 个监候官负责，"分道而出"。郭守敬在忽必烈批准后的第 27 天，就从大都出发，先向北到上都（内蒙古正蓝旗闪电河北岸兆乃曼苏默），然后再折向南，历经阳城（河南登封县告成镇以北）等处，一直到达南海。郭守敬主持了 27 个地方的日影测量，北极出地高度，二分、二至、日食时刻、昼夜时刻的测定。除一些重要城市外，还特别规定从北纬 15°的南海起，每隔 10°设点，到 65°为止。这些地点是：南海、琼州（海口）、雷州、衡岳（衡山附近）、吉州（吉安）、鄂州、扬州、阳城、南京（开封）、岳台（开封以西）、大名、东平、西凉州（武威）、成都、兴元（汉中）、安西府（西安）、太原、西京（大同）、高丽（朝鲜开城）、登州（蓬莱）、益都、北京（辽宁宁城西北大明城）、上都、大都、北海（俄罗斯通古斯卡河一带）、铁勒（俄罗斯贝加尔湖以西）、和林（蒙古国乌兰巴托西南）。从东经 126.5°（开城）到东经 102.7°（武威）；从北纬 14.8°（西沙、中沙以南）到北纬 64.1°，南北 5000 多公里，东西 2500 多公里。除个别有疑问的地点外，同现代测量结果比较，北极出地高度的平均误差只有 0.35°。其中，益都、兴元（汉中）的纬度误差为零，大都的误差为 0.3°。在七百多年前，郭守敬能够测得这样精确的数据，不得不说是个奇迹，② 从而为《授时历》的编写奠定了坚实的学术基础。

（三）集大成的《授时历》

蒙汉互动的结果是元世祖决定编造新历。在他眼里，五星计算密于中国的西域历法，颇有新意的西域仪象，但都不是"正宗"。上都司天台和

① 《元史·郭守敬传》。

② 参阅樊善国《科学巨人郭守敬》，《中国典籍与文化》1996 年第 2 期。

《万年历》都未被当作正统，也没有给它们以重要的地位，他还是决定继承和发展传统的中国汉民族的天文学。正因为如此，《授时历》的编制思想，为制历而研制的观测仪器、历法中使用的数学方法等统统是汉民族传统。至元十三年（1276年），元世祖诏命改治新历，经过郭守敬、许衡、王恂等人四年的努力，至元十七年（1280年）历成，世祖赐名《授时历》，并于至元十八年（1281年）颁新历于天下。

郭守敬的天文论著计有《推步》7卷、《立成》3卷、《历议拟藁》3卷、《转神选择》2卷、《上中下三历注式》12卷、《时候笺注》2卷、《修改源流》1卷、《仪象法式》2卷、《二至晷景考》20卷、《五星细行考》50卷、《古今交食考》1卷、《新测二十八舍杂坐诸星入宿去极》1卷、《新测无名诸星》1卷、《月离考》1卷等，都曾收藏于元翰林国史院，有少数曾流传到民间，但原著在编制《授时历》过程中，通过新制仪器的观测验证，"考正"了7项天文数据；运用新创立的数学方法，求出5项日月运行的资料。

《授时历》考证的7项天文数据分别是：（1）至元十三年到至元十七年的冬至时刻；（2）回归年长度及岁差常数；（3）冬至日太阳的位置；（4）月亮过近地点的时刻；（5）冬前月亮过升交点的时刻；（6）二十八宿的赤道坐标；（7）元大都（今北京）日出日没时刻及昼夜时间长短。计算出的5项新数据分别是：（1）太阳在黄道上不均匀的运行速度；（2）月亮在白道上不均匀的运行速度；（3）由太阳的黄道积度计算太阳的赤道积度；（4）由太阳的黄道积度计算太阳的去极度；（5）白道与赤道交点的位置。

由于《授时历》有极好的实测基础，它的基本数据十分准确。元人许衡认为"冬至者历之本"①，郭守敬用高表测量所得冬至时刻就比较准确，连续两年所测冬至时刻之间的间隔，就是回归年的数值。为了这一数据，他选出从南朝宋大明六年（462年）到元至元十五年（1278年）的冬至时刻，从中选取6个较准确的数据，求得一回归年平均长度为365.2425日。这是一个与现行公历相同却早于格里高里300多年的年长数据。既反映了测量的高水平，也说明了《授时历》有很高的精度。难怪它成为中国历史上行用最久的一部历法。因为明代《大统历》实际就

① 《元史·许衡传》。

是《授时历》，所以它是从 1281 年用到 1644 年长达 363 年的一部历法。

这部历法在汉民族的天文学史上有两大创新：一是郭守敬经过实测并加以归算出来的黄赤交角与用近代理论推算的理论值十分接近。这些经过实测验证的数据为《授时历》的推算提供了很好的基本数据。在推算中郭守敬始创"招差法"，利用累次积差求得太阳和月亮的运行速度，实际上与欧洲 1670 年创立的、后来称之为"牛顿内插法"的计算方法是一样的，这是对中国数学的一大贡献。二是《授时历》中不再采用以分数表示小数部分的做法而采用百进位制，提高了计算精度。废弃上元积年法，以至元十八年（1281 年）冬至时刻为历法历元，都反映了制历者践行的革新精神。

所以，《授时历》是汉民族历史上最著名的历法之一，它集汉民族古代诸历之大成，成为体现汉民族传统天文学体系的最后一部历法。[①] 作为对照，在西方天文学的年表中，丹麦著名天文学家、近代天文学的奠基人第谷·布拉赫在丹麦天文堡的时期是 1576—1596 年。而在天文学上的成就与第谷·布拉赫不相上下的郭守敬活跃的时期 1231—1316 年，在第谷·布拉赫之前约 300 年。这就是说，在郭守敬独步一时的年代里，欧洲科学正处于漫长的沉寂。[②]

二 《天工开物》：汉民族科技水平站在世界的前沿

明代，由于汉民族社会经济的发展，自然科学技术的长期积累，一方面汉民族的科学技术的发展进行了总结，另一方面明末欧洲耶稣会传教士带来了西方的自然科学技术，使汉民族的自然科学技术继续向前发展。这时期科学技术在许多方面继续领先于世界，"自 16 世纪中叶至 17 世纪这一百年，在我国科学技术史，是个群星灿烂的时期"，如农学、水利、数学、医学、地理学、物理学等方面取得了不少的成就，各种科学成果异彩纷呈，并出现了以《天工开物》为代表的世界科学名著。

（一）《天工开物》的背景：领先世界的汉民族科学技术

明代在文化重建中，汉民族传统的科学技术进入了历史性的全面总

---

① 参阅李凭、全根先总纂《中华文明史》第七卷（元代），河北教育出版社 1994 年版，第 213—215 页。

② 参阅王绶琯《伟大的天文学家郭守敬》，《邢台师范高专学报（综合版）》1996 年第 4 期。

结，在一些自然科学技术领域仍处于世界前列，并蕴含着走向近代的一线曙光。

一是在数学上表现在对“数”的作用的科学认识，彻底地排除了传统的神秘主义象数学的影响，不仅把数学作为演算工具，而且把“数”作为探求自然和检验客观事物规律“理”的科学认识之基础和方法。朱载堉提出“凡天地造化，莫能逃其数”，“天运无端，惟数可以测其机；天道至玄，因数可以见其妙。理由数显，数自理出，理数可相倚而不可相违”。徐光启不但把全部科学知识都纳入了数学的轨道，要由“数”达“理”，而且指出“理”“义”“法”“数”之间的辩证关系，其含义也是把宇宙同一事物都存在着的数量关系作为基点，通过科学观测和研究，以数学原理来归纳和概括自然规律“理”。这一“数学化”的倾向，接近于近代实验科学的理论认识。这一切，为由明入清的科学家方以智提出“质测”（科学）以“通几”（哲学）的理论总结、将唯物主义哲学与自然科学相融合，做了物质和理论上的准备。

二是金属技术表现在炼铁方面：构筑了较为坚实的炉子，发明了用焦炭冶炼，使用了活塞式风箱，使用了萤石作稀释剂；在炼钢方面：发明了串联式炒炼炉，灌钢技术有了提高，焖钢工艺始见于记载；有色金属冶炼方面，始创了炼锌工艺，火法炼铜有了详细记载；在铸造方面，金属熔炼技术有了提高，泥型、砂型和熔模铸造都有了发展，生产了不少既宏大又精工的器物；金属加工方面，热锻、拉拔、化学热处理等，都有了发展，还创造了生铁淋口工艺。①

三是制瓷技术表现在制瓷技术的发展。假若唐代瓷业可用“南青北白”、宋代可用“六大瓷系”描述的话，那么，明代便有了瓷都景德镇。明代制瓷技术的主要成就是：景德镇创造了“脱胎”瓷器。石灰碱釉基本形成，发明了吹釉法，釉下青花术普遍发展起来，它不但是景德镇，而且成了全国瓷器生产的主流。在低温釉基础上发展起来的各种釉上彩，达到了比较成熟的阶段，成化时期（1465—1487 年）还开创了釉下青花和釉上多彩相结合的新工艺。单色釉技术有了较大提高，永乐、宣德时期的铜红釉，充分显示了明代窑工的高超技艺。除江西景德镇外，福建德化的

① 参阅张安奇、步近智总纂《中华文明史》第八卷（明代），河北教育出版社 1994 年版，第 145 页。

象牙白，山西晋南的法华三彩，江苏宜兴的紫砂器等，也都反映了明代制瓷技术的杰出成就。明代汉民族还发明了阶级式龙窑和倒焰式馒头窑，为提高热利用率，改善烧成条件和产品质量，创造了良好的条件。①

四是纺织技术发展进入全盛期，此时的纺织品产量、质量、品种都比以前有了很大提高。棉织品远远超过了丝麻，成为大众衣料的主要来源。纺织技术的主要成就是：棉花初加工中发明了脚踏式、“飞轮”式搅车以及悬吊式弹棉机。蚕业中采用了方格蔟；缫丝操作总结出了“出水干”操作法，发明了竹针眼导丝法；织机技术更为完善，创造了“改机”，织出了漳缎、双面绒、妆花缎等名贵织物；使用了猪胰精炼法；在红花饼制作中创造了“青蒿覆一宿”的杀菌处理等，各项染色工艺更臻成熟起来。②

五是被誉为中国古代四大发明的造纸、印刷、火药、指南针技术，在明代都有了长足的进步。纸的生产规模迅速扩大，各项操作更加完善，产量和品种增加，质量提高。指南针更加广泛而有效地用到了航海技术中。原有的雕版印刷、木活字印刷使用得更为普遍；称之为饾版的雕版套色彩印达到了空前发展的阶段；称为拱花的压印技术也有了很大发展；使用了铜活字和铅活字。明代书籍生产之盛，是以往任何时候都不可比拟的。火药的三元配方术更加成熟起来，人们对硝、硫、碳在火药中的作用有了进一步的认识，硝、硫提纯技术都有了进一步的提高。金属管形火器在技术上取得了多项重要进步，并广泛地应用到了战场上，集束式火箭进一步发展，发明了多级火箭，进行了人类历史上第一次火箭载人的飞行试验，发明了自动爆炸的地雷、水雷和定时炸弹，《西园闻见录》卷七三说，明代“火器千百为种”，这充分反映了当时火器技术之盛。③

此外，还有建筑与造园技术、造船与航海技术、机械工程技术、医学、农学等都在继承古代传统科学技术基础上有了进一步的发展。

从上可见，明代汉民族在科学技术方面取得了不少的成就，对汉民族传统科学技术既有继承，又有创新，从而达到汉民族古代科学技术的最高

① 参阅张安奇、步近智总纂《中华文明史》第八卷（明代），河北教育出版社 1994 年版，第 154 页。

② 同上书，第 160 页。

③ 同上书，第 170 页。

水平。并涌现出一批献身科学技术考察与研究工作的科学家，如李时珍、朱载堉、徐弘祖、宋应星等。他们或抛弃当时一般知识分子追求科举入仕的时尚，或主动让出王爵，转而潜心钻研科学技术，成为汉民族古代科技群星中耀眼流芳的一批杰出人物。与此同时，对外来科学技术也进行了积极的互动、研究和吸收。如明中叶以后，一批欧洲天主教耶稣会传教士来到中国，如利玛窦、熊三拔等，他们把所掌握的西方数学、天文、历法等知识及科技仪器，作为在华传播天主教的敲门砖。一批关心国家社稷又虚心向学的学者，如徐光启、李之藻等积极努力，以这些传教士为媒介，翻译整理了一批西方科技著作，也对明代汉民族科学技术的发展，产生了积极的作用。[①] 可见，宋应星《天工开物》的时代，是汉民族历史上罕见的一个科学文化蓬勃发达的时期，他的这一名著的产生也不是偶然的和孤立的现象。

明代科技著作一览表

科学家	学科	主要著作	初版年份
李时珍（1518—1593 年）	药物学	《本草纲目》	1596
潘季驯（1521—1595 年）	水利工程	《河防一览》	1590
徐光启（1562—1633 年）	天文学 农　学	《崇祯历书》 《农政全书》	1631 1639
茅元仪（？—？）	军事技术	《武备志》	1621
王徵（1571—1644 年）	机械工程	《新制诸器图说》	1627
计成（1582—？）	造园学	《园　冶》	约 1634
徐霞客（1581—1641 年）	地理学	《徐霞客游记》	1776
宋应星（1587—约 1666 年）	工艺技术	《天工开物》	1637
方以智（1611—1671 年）	博物学	《物理小识》 《通雅》	1664 1666

资料来源：胡道静：《〈天工开物〉及其作者宋应星》，《辞书研究》1982 年第 5 期。

（二）《天工开物》的问世：汉民族“工艺百科全书”

汉民族著名科学家宋应星撰写的《天工开物》，是中国和世界科学史

① 参阅郑师渠总主编，陈梧桐分册主编《中国文化通史》明代卷，北京师范大学出版社 2009 年版，第 385—386 页。

上的一部重要著作。它详尽地记录了中国古代的农业和手工业技术，其中包括不少在当时是居于世界领先地位的工艺措施和科学创见，是了解中国古代科技成就的重要文献资料，被国外研究者誉为“中国 17 世纪的工艺百科全书”。

1. 宋应星其人其事

宋应星（1587—约 1666 年），字长庚，江西奉新县人。明万历十五年丁亥（1587 年）出生在一个破落的官僚地主家庭。童年时在他的叔祖宋和庆的家塾中读书八年。29 岁时，与其兄宋应昇同时考中举人。当年冬天，两兄弟就跋涉北上到京师，以应次年（1616 年）的会试，但二人都没有中进士第。以后在万历四十七年（1619 年）、天启三年（1623 年）、天启七年（1627 年）和崇祯四年（1631 年）四次北上会试，都遭到同样失败的命运。五上公车不第，时已 45 岁，对科举感觉绝望，不再追逐功名，而于崇祯七年甲戌（1634 年）出任江西分宜县教谕。在此期间，他把长期积累的科技资料进行整理总结，编著成《卮言十种》等书。《天工开物》经宋应星的挚友涂绍煃资助，于崇祯十年丁丑（1637 年）五月在江西刊版行世。《卮言十种》大约也在这年的秋冬时候刊版，今存者仅为残帙四种。

宋应星在科学技术上所以取得杰出的成就，一是和他当时所处的客观条件有关，明代末季资本主义经济开始在我国萌芽，促进了社会生产力和科学技术的广泛的发展，使他有机会亲自参与各种生产实践和调查研究；二是与他自己的进步思想及人生观有关，而且这是更主要的原因。宋应星非常厌恶那些热衷追求仕禄、不学无术的人和纨绔子弟，有些人自幼学习“治乱经纶”，甚至著书呈献朝廷，妄图以此“进身博官”，但实际并无任何本领，因而慨叹“晨炊晚饷，知其味而忘其源者众矣”，还说他写“此书于功名进取，毫不相关也”。宋应星把自己的书房称为“家食之问堂”（《天工开物·序》），“家食之问”就是吃、穿和日用物器之类的学问，典故出自《易经·大畜》，意思是有“大德”做大官的人，都是以官职养贤，不让贤者在家自食；而宋应星以“家食”命其堂名，正好说明其志趣所在，他要研究的学问和那些官僚绝不相同。由于他的这种人生态度，就决定他能够接近劳动群众，热情赞扬他们的聪明才智，留心观察学习他们的生产技术，并专心致志整理和总结他们在生产实践中的丰富经验和成果。

崇祯十一年戊寅（1638 年），宋应星在 52 岁升任福建汀州推官。崇祯十六年（1643 年），派任亳州（今安徽省阜阳地区）知州，时在李自成的起义大军进入亳州而又撤出以后次年三月，李自成大军破京，明廷覆亡。继之，清军入关。就在这大变动时刻，宋应星挂冠而去，归返乡里，一直过着隐居生活，拒绝仕清。有证据说明他在清顺治十二年（1655 年）尚健在。大约在康熙初年去世，享年约八十。[①]

2.《天工开物》横空出世

汉民族最早的一部优秀的工学专著是收在《周礼》中的《考工记》。《考工记》成书在战国时代的初期，记载了 25 个工种的内容，包括木制马车的总体设计、兵器创造、礼器和食器的制作、钟鼓磬等乐器的制作规范和声学特性、都城宫室的建筑规划、制革工艺、染色工艺、标准量器的铸造工艺等，是一部先秦工艺技术的宝贵文献。薛景石的《梓人遗制》[②]一书是元中统二年（1261 年）刊印出版的一部木构机械正艺规范的佳著，机具按使用性能分类叙述，每类先介绍历史，一物一条，共一百一十条。每物又分别按其部件叙述，参考古代器物图和当时制度，绘有总图和分图并注明尺寸，易解易学，比较实用。但只残存一卷，专述织机的结构和打造规范，包括提花机（华机子）、立织机（立机子）、织造一般丝麻原料的木织机（卧机子）和专织罗纹织物的木机（罗机子）等。

从《考工记》经过《梓人遗制》到《天工开物》尽管经历了自先秦到明末的漫长过程，毕竟是汉民族工学在艰难曲折中前进发展表现[③]，所以《天工开物》的问世可说是千年横空出世。

《天工开物》分上、中、下三编。宋应星很重视发展农业生产，也重视所有手工业及商业的作用，对农工两个方面的生产技术都有记述，但工业方面的比重大；农业生产的篇卷中也兼叙了农产品的加工方法和农具的创造方法。因此，19 世纪法国著名的汉学家儒莲把它看作一部工艺技术

---

① 以上参阅胡道静《〈天工开物〉及其作者宋应星》，《辞书研究》1982 年第 5 期。又一说宋应星大约在清顺治年间去世，见张安奇、步近智总纂《中华文明史》第八卷（明代），河北教育出版社 1994 年版，第 176—177 页。

② 薛景石，金末元初河中万泉（今山西万荣县）人，生卒年不详，是古代杰出的机械设计师兼制造家。唐朝以后多称木工为“梓人”，故以梓人遗制为书名。由元初文学家段成已作序。但当时只有孤本传抄，未能广传。明初收录于《永乐大典》。

③ 参阅胡道静《〈天工开物〉及其作者宋应星》，《辞书研究》1982 年第 5 期。

的百科全书。[①] 汉民族传统社会轻视农工，但农学的著作还比较丰富，这表明了又有“重农”的一面。所以，把《天工开物》作为一部工学著作看待，更能显示宋应星突出着重工学的意义。[②]

《天工开物》全书依照“贵五谷而贱金玉”的原则，把有关农业的内容排在卷首，其次是衣、用方面，而把珠玉排在卷末，共有 18 个类目，每类 1 卷，共 18 卷，依次是乃粒（谷类）、乃服（衣类）、彰施（染色）、粹精（粮食加工）、作咸（制盐）、甘嗜（制糖）、陶埏（制陶）、冶铸（铸造）、舟车、锤锻、燔石（烧炼矿石）、膏液（制油）、杀青（造纸）、五金（金属冶炼）、佳兵（兵器）、丹青（朱墨）、曲药（酿造）、珠玉。这 18 卷内容几乎包括了当时中国汉民族所有重要产业部门。除此，宋应星还写了《观象》《乐律》两卷，但在付梓刊印时删去。该书附有作者自绘插图 120 多幅，画面生动、线条清晰、比例适当、有立体感，更真实和直观地反映了古代各种器物的形状、结构及其原理，以及各种工艺的生产工序或生产过程。

《天工开物》上编记载了谷物豆麻的栽培和加工方法，蚕丝棉苎的纺织和染色技术，以及制盐、制糖的工艺等。中编记载砖瓦、陶瓷的制作，车船的建造，金属的铸锻，煤炭、石灰、硫黄、白矾的开采或烧制，以及榨油、造纸的方法等。下编记述金属矿物的开采和冶炼，兵器的制造，颜料、酒曲的生产，以及珠玉的采集和加工等。

《天工开物》突出地反映了以下特点：

第一，记述和总结了汉民族在农业和手工业生产技术等各方面的卓越成就，有些方法、技术或经验，直到今天还在使用或具有重要的参考价值，如用砒霜拌麦种防治虫害，施用骨灰、石灰改良土壤，用压榨法和水代法提制油脂，用晒盐法代替煎盐法制取海盐，用石灰中和蔗汁的酸性和

---

① 1837 年，法国汉学家儒莲把《授时通考》的“蚕桑篇”，《天工开物·乃服》的蚕桑部分译成了法文，并以《蚕桑辑要》的书名刊载出去，马上就轰动了整个欧洲，当年就译成了意大利文和德文，分别在都灵、斯图加特和杜宾根出版，第二年又转译成了英文和俄文。当时欧洲的蚕桑技术已有了一定发展，但因防治疾病的经验不足等而引起了生丝之大量减产。《天工开物》和《授时通考》则为之提供了一整套关于养蚕、防治蚕病的完整经验，对欧洲蚕业产生了很大的影响。著名生物学家达尔文亦阅读了儒莲的译著，并称之为权威性著作。他还把中国养蚕技术中的有关内容作为人工选择、生物进化的一个重要例证。周祖亮：《〈天工开物〉的史料价值与影响研究》，《兰台世界》2009 年第 24 期。

② 参阅胡道静《〈天工开物〉及其作者宋应星》，《辞书研究》1982 年第 5 期。

除去杂质等措施，以及在金属铸造过程中金属热处理技术等。

第二，真实地反映了汉民族的某些工艺技术水平处于当时世界上先进或领先的地位，如陶瓷制造从选料、制坯、入窑烧制等一系列生产设备、方法和程序，制造竹纸和皮纸的设备和方法，丝绸纺织和提花技术，矿藏开采过程中的井下巷道支护、通风、矿井充填及选洗技术等；又如用铜和锌两种金属炼制黄铜，是人类历史上最早论述其方法的记录。

第三，不仅广泛地总结和记录了汉民族古代劳动人民丰富的生产实践经验，而且在科学理论上也取得一定成就，说明宋应星善于从普遍现象中发现本质，而提出真知灼见。例如，根据土壤、气候、栽培方法等不同，可以培育出水稻、大麦的新品种事例，他总结出“种性随水土而分”（《乃粒》），物种可以发生变异。他又注意到不同品种的蚕娥杂交，可以“幻出嘉种”（《乃服》）这一变异情况，认识到通过人工努力可以改变生物品种的特性这一道理，事实上否定了物种不变的传统观念，从而为品种改良提供了理论根据。此后，在欧洲，德国人卡·弗·伏尔弗，也对物种不变的形而上学的传统观念进行了第一次冲击，但比宋应星晚了120多年。又如在《丹青·朱》条中记载，“每升水银一斤，得朱十四两，次朱三两五钱”，共得朱十七两五钱。这里的“朱”指朱砂，又名辰砂，即硫化汞，此句意思是水银与硫发生化学反应而生成硫化汞，其数量超过原来的水银。宋应星认为“出数（指多出的部分）借硫质而生”，反映了他对“质量守恒定理”的初步认识。法国人拉瓦锡在18世纪70年代才确立“质量守恒定理”，但也比宋应星晚了130多年。还有，宋应星强调世界是物质的，同时又强调人的伟大作用。此书取名《天工开物》，便包含这种意义：“物生自天，工开于人，曰天工者，兼人与天言之耳。”[①] 日本学者薮内清认为“天工（指自然力）是根本，顺天工制造出来有利用价值的器物则存在着人类的技术”[②]。总之，自然界蕴藏着丰富的物质资源，这些形成于自然界本身的各种资源，就是“天工”；通过人类的努力开发，创造出各类物质资料，就是“开物”[③]。宋应星创造性地借用典故，把《尚书·皋陶谟》中的“天工”和《易·系辞

① 丁文江：《天工开物·跋》，世界书局1936年版。

② ［日］薮内清：《关于〈天工开物〉》，载《〈天工开物〉研究论文集》，章熊、吴杰译，商务印书馆1961年版。

③ 以上参阅张安奇、步近智总纂《中华文明史》第八卷（明代），河北教育出版社1994年版，第177—178页。

上》中的“开物”，巧妙地复合成“天工开物”四字，来命名自己所撰写的这部专门讲述农业和手工业生产技术的著作，其意思就是说，《天工开物》记载的是人们代替大自然创造万物的奥秘。[①] 简明而深刻，甚为经典。

《天工开物》横空出世，国内外学术界都给予了高度评价。据不完全统计，截至1989年，《天工开物》一书在全世界发行了16个版本，印刷了38次之多。其中，国内（包括大陆和台湾）发行11版，印刷17次；日本发行了4版，印刷20次；欧美发行1版，印刷1次。这些国外的版本包括两个汉籍和刻本，两个日文全译本，以及两个英文本。而法文、德文、俄文、意大利文等的摘译本尚未统计入内。《天工开物》一书在一些地方长时期畅销不滞，这在古代科技著作中并不是经常看到的。因此，科学家丁文江在《天工开物·跋》中写道：“三百年前，言农工业书，如此其详备者，举世界无之。盖亦绝作也。”[②]《中国科学技术史稿》也指出，《天工开物》是世界上一部有关农业和手工业生产的百科全书。[③] 日本科学史家薮内清亦明确指出，在此类中国技术书之中，《天工开物》可以说是极优秀的著作。[④] 英国的中国科技史家李约瑟博士则把《天工开物》的作者称为中国的狄德罗，称赞《天工开物》是“中国最伟大的技术典籍”[⑤]。

第五节　王阳明与心学：汉民族儒学文化的重建

儒学是具有生命力的。从元到明，汉民族的儒学如坐过山车般的有惊无险，其重要的一种形态——理学仍稳居“一尊”的地位，表现了儒学生命的张力。但在明代的文化重建中，心学崛起，儒学的生命力又一次演

① 参阅周祖亮《〈天工开物〉的史料价值与影响研究》，《兰台世界》2009年第24期。

② 丁文江：《天工开物·跋》，世界书局1936年版。

③ 杜石然：《中国科学技术史稿》下册，科学出版社1983年版，第182页。

④ ［日］薮内清：《关于〈天工开物〉》，载《〈天工开物〉研究论文集》，章熊、吴杰译，商务印书馆1959年版，第11—12页。

⑤ 杨显东：《在纪念宋应星诞辰400周年大会上的讲话》，丘亮辉、周嘉华、李昆峰：《〈天工开物〉研究》，中国科学技术出版社1988年版，第14页。以上参阅石丽华、罗见今《论〈天工开物〉中的生态技术思想及其现实意义》，《内蒙古师范大学学报》（自然科学汉文版）2007年第4期。

绎了自我演进的非凡能力。

一　“有国家者，所当崇奉”：从元到明理学定为一尊

自孔子创儒学，历汉唐经学到两宋理学，就是在元代，由于理学既具有适应非汉族统治下士人精神、心理需要的一方面，又具有在非汉族统治下振复发展儒家政治、伦理文化的另一面，因此，理学在元代也得到迅速发展，不仅身为蒙古幕僚辅臣的姚枢、许衡、郑经等，对程朱理学诸子尊信不疑，甚至忽必烈也尊崇理学，谓“有国家者，所当崇奉”[①]，且长期以来“声教不通”的局面被打破，辽、金活跃于北方的经学派均被方兴未艾的南方理学大一统取代。由于朱学在元代“定为国是”，使“学者尊信，无敢疑贰”[②]，成为试士标准的官学，科举取士的考试办法以朱熹的《贡举私议》为蓝本，考试内容则以程、朱等注解的《四书》《五经》为主，“非斯言也，罢而黜之”[③]。京师国子学，各路、府、州、县的儒学，各乡村的社学，各地庙学，一律以朱熹对孔、孟著作的注疏为主，将朱熹的《四书集注》称之为“圣经章句”。宋、元许多理学家的著作，都由元廷明令雕版发行，“《四书》讲章，浩如烟海”[④]，理学成为官学，影响遍及朝野，成为蒙汉民族文化融合的一道风景，从而既造就一大批著名朱学人物如朱升、宋濂、叶琛、刘基等，这一批饱饫朱学的理学名士成为明初理学传授者和学术中坚人物，又为明代文化重建编纂三部理学“大全”做了文献上的准备。[⑤] 这正是儒学生命力在非常态下调适的一次生动表现。

不仅如此，儒学的生命力还在于自我演进的能力。明初，理学被奉为官学，定为一尊。朱元璋多次诏示：“一宗朱子之书，令学者非五经孔孟之书不读，非濂洛关闽之学不讲。”[⑥] 朱棣敕胡广等纂修《四书大全》《性理大全》《五经大全》，颁行天下，以此作为士子习业的经典著作。朱

① 《新元史·成宗上》。

② （明）何乔远：《名山藏·儒林记》。

③ 《元史·许衡传》。

④ 《四库全书总目》卷三六，《经部四书类二——四书大全》提要。

⑤ 参阅冯天瑜、何晓明、周积明《中华文化史》，上海人民出版社1990年版，第734—735页；张维青、高毅清《中国文化史》（三），人民出版社2010年版，第377—378页。

⑥ （清）陈鼎：《东林列传》卷二。

棣在《大全》首中明确宣告，三部《大全》“行之于家，用之于国”，是治国与统一思想的大纲，它的功能，是“使家不异权，国不殊俗”。三部理学《大全》的颁布，从法典的意义上，正式废弃了唐代钦定的《五经正义》，以义理之学取代了汉唐训诂。明代统治者又规定科举考试一律以朱熹的注为准。于是：“世之治举业者，以《四书》为先务，视《六经》为可缓；以言《诗》，非朱子之传义非敢道也；以言《礼》，非朱子之家礼弗敢行也；推是而言，《尚书》、《春秋》，非朱子所授，则朱子所与也。”[①] 就这样，从元到明，程朱理学被推上至尊正宗地位。[②]

二　“江门心学”：理学向心学转向的开端

明初，随着程朱理学独尊地位的确立，其思想禁锢的作用也愈为明显，并显示出它的式微而停滞不前。[③]

明初理学家主要沿袭程朱理学的“天理观”，通过对理和气关系的论证，来探讨道德修养的方法，提倡笃行践履和格物致知。《明史·儒林传序》云：“原夫明初诸儒，皆朱子门人之支流余裔，师承有自，矩矱秩然。曹端、胡居仁笃践履，谨绳墨，守儒先之正传，无敢改错。学术之分，则自陈献章、王守仁始。”《明儒学案·莫晋序》亦云：“明初，天台、渑池椎轮伊始，河东、崇仁风教渐广，大抵恪守紫阳家法，言规行矩，不愧游夏之徒，专尚修，不尚悟，专谈下学，不及上达也。……前此诸儒（按指陈献章、王守仁），学朱而才不逮朱，终不出其范围。”从明初理学家宋濂、方孝孺、曹端、薛瑄、吴与弼等人的情况看，也确实如此，而且显示出对程朱理学的亦步亦趋和保守的特质。但在明初程朱理学的流布中，同时也承袭元代朱陆合流的趋势，采纳不少陆学的观点，更强调心的作用，重视“明心”“总心”“存心”和“静时涵养”的功夫，因而从他们间采陆学或转向心学的倾向看，即说明了程朱理学在明初的式微。[④]

在这个转向中，“江门心学”当了开路先锋。

---

① （清）朱彝尊：《道传录序》。

② 参阅冯天瑜、何晓明、周积明《中华文化史》，上海人民出版社 1990 年版，第 734—735 页。

③ 赵吉惠等主编：《中国儒学史》，中州古籍出版社 1991 年版。

④ 参阅郑师渠总主编，陈梧桐分册主编《中国文化通史》明代卷，北京师范大学出版社 2009 年版，第 157 页。

“江门心学”为广东新会白沙里人陈献章所创。白沙里濒临江门，故称其学为“江门之学”。

《明史·儒林传序》在概述明代学术思想演变时说：

> 原夫明初诸儒，皆朱子门人之支流余裔，师承有自，矩矱秩然。曹端、胡居仁笃践履，谨绳墨，守儒先之正传，无敢改错。学术之分，则自陈献章、王守仁始。宗献章者曰江门之学，孤行独诣，其传不远；宗守仁者曰姚江之学，别立宗旨，显与朱子背驰，门徒遍天下，流传逾百年，其教大行，其弊滋甚。嘉隆而后，笃信程朱，不迁异说者，无复几人矣。

从这段叙述里可以看到，明代学术局面从初期朱学统治到中后期心学风靡的转变，是由陈献章开始，王守仁完成的，明代的心学是由陈献章开创的江门心学和王守仁开创的姚江心学两派组成的。这就表明，江门心学在明代汉民族儒学文化重建中具有重要的地位。

陈献章的“江门心学”之所以能成为明代心学的开端，是由其心学思想的“天地我立、万化我出、宇宙在我”的心本论，“以自然为宗”的宗旨和“静坐中养出端倪”的方法决定的。

1. “天地我立、万化我出、宇宙在我”的心本论

陈献章提出宇宙一分为三，天、地、人，但又统一于气，气的运动变化形成宇宙间形形色色的万有之物。他认为虽气凝聚为有形之物，却有“道”“超然”于“形气”，“道不可言状”，道是看不见摸不着的，道是虚，但非空。在道与气的关系上，陈献章认为道和天地一样“至大”，至大至虚的道是宇宙万物的根本，宇宙为形气的实体，是虚实的统一，实中存虚，虚寓于实。他同宋明理学家一样旨在探究道、理、形、气之间的关系，但其宇宙观已不沿袭“理气先后”或“心即理”的固有模式，而是重辟“本虚形乃实”的蹊径，既言虚又言实，既讲形气又讲道与精神。从他“道”为“天地之本”的观点看，似与朱熹以“理”为“生物之本”的观点相近，却又有所不同，他不像朱熹那样把“理”看作独立于万物之先的绝对本体，而是提出了万事万物万理具于一心的观点。由此，

他进一步引申出“天地我立，万化我出，而宇宙在我”[①] 的心本论观点，这与陆九渊的“宇宙便是吾心，吾心便是宇宙”[②] 的观点又似乎十分相近，但也有不同之处。陈献章认为有此“心”方有此“理”，有此“诚”方有此“物”。他说：“君子一心，万理完具，事物虽多，莫非在我”[③]，“天地之大，万物之富，何以为之也？一诚所为也。盖有此诚，斯有此物，则有此物，必有此诚。则诚在人何所？具于一心耳”[④]。所以他的这个观点和陆九渊“心即理”[⑤]“万物森然于方寸之间”[⑥] 的观点是完全相同的。这种心本论，陆九渊是用“宇宙便是吾心，吾心即是宇宙”两语来概括，而陈献章则用“天地我立，万化我出，宇宙在我”三言来表达。所以，陈献章的心本论和陆九渊一样，都是以“宇宙”为思索背景，极力强调主观扩充，认为万事万物皆是“心”的创造，皆是“心”的充塞。

2.“以自然为宗”的心学宗旨

陈献章从心本论出发，提出“以自然为宗”的修养目标或为学宗旨，他说：“古之善为学者，常令此心在无物处，便运用得转耳，学者以自然为宗，不可不著意理会。”[⑦]“以自然为宗”，就是要达到一个毫无约束的“浩然自得”的境界，将天地、生死、贫富、功利都置之度外，从自然和社会的束缚中解脱出来，以获得绝对自由自在的精神状态。

3.“静坐中养出端倪”的心学方法

那么，如何才能达到“以自然为宗”的“浩然自得”这个目标呢？陈献章说：“为学当求诸心，必得所谓虚明静一者为之主，徐取古人紧要文学读之，庶能有所契合，不为影响依附，以陷于徇外自欺之弊，此心学法门也。”[⑧] 可见，陈献章的心学方法，即他的“心学法门”，实际上，一是指以静求“心”，即只要“静坐”，便可“即心观妙”。所以他教人“从静中养出端倪来”。[⑨] 也就是要经历由静致虚、立本体道的过程。二是

---

① 《陈献章集·杂说》。

② 《象山全集》卷二二《杂说》。

③ 《白沙子》卷一《论前辈言铢视轩冕·尘视金玉》中。

④ 《白沙子》卷一《无后》。

⑤ 《象山全集》卷十一《与李宰》。

⑥ 《象山全集》卷三四《语录》。

⑦ 《白沙子》卷二《遗言湛民泽》。

⑧ 《白沙子》卷四《书自题大塘书屋诗后》。

⑨ 《白沙子》卷二《与贺克恭黄门》。

以“我”观书，强调书要为人所用，人不要被书所束缚。于是他直截了当地提出“为学当求诸心，必得所谓虚明静一者为之主，徐取古人紧要文字读之，庶能有所契合，不为影响依附，以陷于徇外自欺之弊：此心学法门也”[①]。

由此看来，我们虽不可用“心学”概括陈献章的全部学说，但心学确又是他学说的重要组成部分。他所创立的“江门心学”派因其思想特征介于程朱理学和明代心学之间，所以既可称为理学新派，也可视内心学思潮的开端。正如明末清初经学家、史学家、思想家黄宗羲在《明儒学案》中肯定“有明之学，至白沙始入精微”，又指出白沙与阳明之学最为接近。的确，陈献章对明代心学的建立，功不可没，在明代思想史上有承前启后的作用。[②]

此外，论“江门心学”，不能不谈陈献章的弟子湛若水对“江门心学”的发展与修正。

湛若水（1466—1560 年），广东增城人，学者称他为甘泉先生。他于 29 岁从学于陈献章，很得其师的器重，视他为自己学术的继承人。湛若水在继承陈献章的“天地我立，万化我出”的心本论的基础上，提出了“万事万物莫非心”[③] 的心本论观点，认为“心外无事，心外无物，心外无理”[④] 和“天地万物皆我分内”[⑤]（卷二三）。构成湛若水思想特征的还是他的“随处体认天理”的为学、修养方法。黄宗羲把湛若水的“随处体认天理”与王阳明的“致良知”，看作“王、湛之学各立门户”[⑥] 的标志。湛若水也认为自己生平著述“其词虽多，不过止在体认天理四字”[⑦]，而且他还把“随处体认天理”看作“千古圣贤心法之要”[⑧]。湛若水还认为，自己的“随处体认天理”是发展了陈献章的“静坐中养出端倪”的修养方法。因为他主张动静、心事合一，强调随时随事发现“本心”、践

① 《白沙子》卷四《书自题大塘书屋诗后》。

② 以上参阅郑师渠总主编，陈梧桐分册主编《中国文化通史》明代卷，北京师范大学出版社 2009 年版，第 162—164 页；崔大华《江门心学简述》，《中州学刊》1986 年第 2 期。

③ 《甘泉先生文集》卷二〇。

④ 《甘泉先生文集》卷七。

⑤ 《甘泉先生文集》卷二三。

⑥ 《明儒学案 · 甘泉学案》。

⑦ 《甘泉先生文集》卷十九。

⑧ 《甘泉先生文集》卷二〇。

履“天理”。他说：“体认天理而云随处，则动静、心事皆尽之矣。”[①] 也就是说，无论动或静，无论思或行，都要合乎“天理”，符合伦理道德规范，因而他认为在动静、心事合一之中，自然包含并发展了陈献章的“静坐”法。可见，湛若水的“随处体认天理”与陈献章的“静坐中养出端倪”的心学修养方法，虽在本质上是相同的，但在具体内容上，湛若水却融会了程朱理学中的“天理”和“事理合一”的观点，从而充实和发展了心学的修养方法。湛若水虽说是发展了心学的修养方法，而实际上却又是对陈献章心学有所修正：一方面，表现为对陈献章的“近禅”趋势的遏止；另一方面，则是减弱了陈献章对“浩然自得”的个体意识的追求。将陈献章虚实参半的宇宙观发展得更为完整更具思辨性。[②]

三 “姚江心学”：王守仁的心学体系

创建“姚江心学”的王守仁是明朝才兼文武、奇志大勇的政治家、军事家，但令他名垂青史的却是他在心学上的贡献。被后世尊为“中国最后的大儒”[③]“中国圣人”[④]。

（一）一代宗师王阳明

王守仁（1472—1529 年），字伯安，祖籍浙江余姚，年轻时因家迁至山阴（绍兴越城），他筑室阳明洞而自号阳明子，故学者称他为阳明先生。他是明代心学的代表人物，也是明代汉民族最有影响的思想家、教育家、军事家和政治家。

王阳明的一生，作为军事家和政治家，立下不世之功，彪炳史册；作为思想家和教育家，开创儒学新天地，成为一代“心学”宗师。他的心学，人称王学或阳明心学，又称“姚江之学”。从而彻底改变了明代中叶以后汉民族思想发展的整体格局，成为具有世界影响的“千古大师”。[⑤]

---

① 《明儒学案·甘泉学案》。

② 参阅张安奇、步近智本卷总纂《中华文明史》第八卷（明代），河北教育出版社 1994 年版，第 474 页；郑师渠总主编，陈梧桐分册主编《中国文化通史·明代卷》，北京师范大学出版社 2009 年版，第 164 页。

③ 许葆云：《中国最后的大儒：王阳明、张载与关中三李》，陕西人民出版社 2015 年版。

④ 沧海月明：《中国圣人王阳明：一代旷世大儒的传奇人生》，中华工商联合出版社 2014 年版。

⑤ 梁启超：《复余姚评论社论邵二云学术》。

但他的一生又坎坷波折，历经贬谪、受诬、辞官、病老等人生中的不幸。彭勇在《环球人物》中对王阳明的经历有一简要的记述，节录如下：

足智多谋　屡立奇功

王阳明出生于一个世代为官的书香门第，从小就受到了良好的教育，并以读圣贤书、修身齐家治国平天下为己任。他兴趣广泛，不仅诗文出众，还热衷于骑射兵法。15岁时，他开始随父亲游历黄河南北、大江上下，了解风土民情，熟悉边塞形势。

弘治十二年（1499年），27岁的王阳明考中进士，正式步入仕途。

王阳明在做官时，非常注意观察人的内心世界。正德初年，王阳明因冒言直谏触犯权贵，被贬至贵州龙场。到任不久，捕获了一个罪大恶极的强盗头目。此人平时杀人越货，无恶不作，审讯时还摆出一副死猪不怕开水烫的架势，说："我犯的是死罪，要杀要剐随便，就别废话了！"王阳明微微一笑，说："那好吧，今天就不审了。不过，天气太热，你还是把外衣脱了，我们随便聊聊。"强盗头目说："脱外衣还可以松松绑，脱就脱吧。"王阳明又说："天气实在是热，不如把内衣也脱了吧！"强盗头目也说："光着膀子也是经常的事，没什么大不了的。"王阳明接着说："膀子都光了，不如把内裤也脱了，一丝不挂岂不更自在？"强盗头目马上紧张起来，连忙说道："不方便，不方便！"王阳明说："有何不方便？你死都不怕，还在乎一条内裤吗？看来你还是有廉耻之心的，是有道德良知的，你并非一无是处呀！"强盗头目点头称是，便把罪行从实交代。

……

1519年，居住在南昌的宁王朱宸濠举兵叛乱。蓄谋已久的宁王组织了十万大军，顺江而下，势如破竹，准备一举拿下南京，自立皇帝。时任赣南巡抚的王阳明奉命阻击。他采取围魏救赵战术，直接攻打宁王的老巢南昌。宁王首尾无法兼顾，只好回师救援，双方大战于鄱阳湖上。期间，王阳明下令将写有"宸濠叛逆，罪不容诛；协从人等，有手持此板，弃暗投明者，既往不咎"字样的免死牌，扔入鄱阳湖中。到后来，叛军几乎人手一块，军心哗变。朱宸濠仰天长叹："好个王守仁，以我家事，何劳费心如此！"就这样，在短短30

多天的时间内，一场危及江山社稷的叛乱，几乎是在王阳明的谈笑之间就灰飞烟灭了。

宦海沉浮　屡遭不测

王阳明尽管屡立战功，政治声望不断升高，但是仕途却日趋坎坷。

1505年，正德皇帝继位。正德皇帝是明代最风流成性的天子，他荒淫无道，整天与一帮太监混在一起，游山玩水，酗酒逞强，把朝政当儿戏，只听任刘瑾等宦官胡来。刘瑾狐假虎威，朝政大坏，凡有良知的官员无不痛心疾首，但大部分官员选择了趋炎附势。正德元年（1506年）冬天，正直官员戴铣、薄彦徽等20多人上书正德皇帝，要求严惩刘瑾一伙人，结果反被打入死囚。

当时任兵部主事的王阳明出于义愤，冒死和其他人一起上书为这些官员辩护，请求释放他们。正德皇帝看了奏疏，极不耐烦地对刘谨说："这些小事就不要烦我了，你自己看着办吧。"刘瑾此时正对王阳明等人恨之入骨。他当即下令，将王阳明重打四十大板，谪迁至贵州龙场，作一个没有品级的驿丞。尽管这样，刘瑾仍不想放过王阳明，他暗中派人尾随王阳明，准备将他在途中害死。

王阳明行至钱塘江，遇到了刘瑾派出的杀手。他急中生智，乘夜色跳入江水，并把自己的衣物留在岸边，制造了投水自杀的假象。浙江官府和他的家人都信以为真，在钱塘江中四处寻找尸体，还在江边哭吊了一场。王阳明潜逃到福建，想隐姓埋名，了此一生，又担心影响家人的安全，只好想方设法避过追杀，到贵州赴任。

虽然后来刘瑾倒台，王阳明被重新起用，但他的仕途并没有从此一帆风顺。他迅速平定了宁王朱宸濠的叛乱，不但没有受到嘉奖反而招至飞来横祸。原来，正德皇帝感觉在宫里待着没什么意思，正想借宁王叛乱之际"御驾亲征"，过一把打仗的瘾。没想到王阳明这么快就平定了叛乱，正德皇帝龙颜大怒，认为王阳明轻而易举地平定叛乱，是对自己的"大不敬"。有官员乘机上奏，说王阳明与宁王串通一气，所以才会轻易将宁王俘获。

无奈之下，王阳明只好假装把宁王放掉，让自称为"威武大将军"的正德皇帝率领大军"亲自"把宁王捉住。皇上和太监们总算过了一把瘾，上演了一场别出心裁的闹剧。他们"亲征"后装模作样地宣布：御驾亲征大获全胜，平叛以胜利结束等。平叛宁王的功劳记在了正德皇帝和宦官身上。王阳明保全性命已属万幸，自然不敢再奢望什么功劳，他的仕途再一次陷于低谷。

一年后，嬉游成性的正德皇帝驾崩，嘉靖皇帝登基。屡立战功的王阳明却未等来命运的改变。他被任命为南京兵部尚书的闲职。忧愤之下，以回家养病为名请求辞官回归故里，得到批准。回到老家的王阳明兴办书院，讲学不辍，继续完善和传播他的思想。

嘉靖六年，两广地区再次爆发少数民族起义，朝野上下又想到了被闲置已久的王阳明，让他重新出山，前去镇压起义。不幸的是，此时王阳明的身体每况愈下，到任不足一年就病逝了。

知行合一　“心学”宗师

在中国哲学发展史上，王阳明的“心学”无疑是一颗璀璨的明珠。他开创的一代学术新风，不仅浸润了明代近百年的儒学，在明清之际掀起了一股近代的启蒙思潮，而且直到现在，仍为人们津津乐道。

王阳明从小接受程朱“理学”教育。他对南宋大理学家朱熹的“格物致知”思想深信不疑，希望通过对自然界一草一木的耐心品味和静心思考，以得到所谓的“天理”。

一次，他与朋友一起到家里种植的竹子旁边，做“格物”体验。他们两人天天面对竹子思考，期盼茅塞顿开那一刻的到来。朋友坚持了三天就病倒了，王阳明坚持七天之后，也病倒在床。

这件事对王阳明打击很大，他想：一株竹子就让自己思索了七天，依然没有什么结果。自然界事物千千万，自己哪有那么多时间和精力去逐一思索？他开始对朱熹的理论产生怀疑——“天理”岂是“格”尽天下事物就可以得到的？王阳明心中充满了困惑与彷徨，他开始寻找新的途径来探知人生的真谛。

王阳明思想上的转折点就是“龙场悟道”。王阳明在龙场，带着不少随从。王阳明是一名学者，自有在艰苦环境中坦然处之的涵养。但是，他的随从们却一个个病倒了。王阳明被迫自己打柴担水，做稀饭给随从们吃。他又担心他们心情抑郁，便和他们一起朗诵诗歌，唱唱家乡的曲子。唯有这样，随从们才能稍稍忘记当时的处境。

然而，王阳明却始终在想：“如果是圣人，面对这种情况，会有什么办法呢？”

昼夜苦思的王阳明，终于在一个夜梦中豁然开朗，悟得“圣人之道，吾性自足”的道理。他从睡梦中跳起来，欢呼雀跃地大叫：“我知道了，我知道了！”“中夜大悟格物致知之旨”，荒芜的龙场，给了哲学家心性的自由，成了王阳明“运思”的天堂。

……

立德、立功、立言是古人实现自己人生价值的最高境界，王阳明用自己一生的行动实现了人生的最高价值。王阳明临终前，他的学生周积问他还有什么遗言，他自信而乐观地说：“此心光明，亦复何言！”后人从中不难品味出他的满足感与成就感。[①]

王守仁自弘治十八年（1505年）就开始授徒讲学，此后，无论是居家休养或戎马倥偬，他都广收弟子，传授他的心学思想。他先后曾讲学于贵阳书院、绍兴稽山书院和龙泉寺中天阁。他的著述，后由弟子编定为《王文成公全书》（一名《阳明全书》）。

一代宗师王阳明，身后好评如云。他的学生都认为他属于“才雄”“雄杰”“命世人豪”[②]。明末清初思想家、文学家黄宗羲云：王阳明“可谓震霆启寐，烈耀破迷，自孔孟以来，未有若此深切著明者也”。曾国藩亦云：“明代论学，每尚空谈，惟阳明能发为事功……阳明之文有光明俊伟之象。”[③] 钱穆评论说：“其实明代理学，只需举王阳明一人为代表，其他有光彩有力量的，也都在守仁后。”[④] 杜维明亦云：“王阳明是中国的，而他更是世界的。”[⑤] 沧海月明《中国圣人王阳明》一书的“序一”中更称：“在中国漫长的历史长河中，曾被人们称为圣贤却又没于尘埃中的人实在不少，但若论千古以来最励志、最纠结、最委屈、最郁闷、最孤寂却又最完美的圣贤，怕是非王阳明莫属了。”“从清朝起，中国民间就有一种广为流传的说法：明朝若只有一个皇帝，那就是朱元璋；明朝若只有一

① 彭勇：《王阳明 悟“天理”易 悟“官道”难》，《环球人物》2006年第17期。

② 参阅陈来《有无之境：王阳明哲学的精神》，北京大学出版社2013年版，第2页。

③ 以上均转引自沧海月明《中国圣人王阳明》，中华工商联合出版社2014年版，第11页。

④ 钱穆：《宋明理学概述》，九州出版社2011年版。

⑤ 沧海月明：《中国圣人王阳明》，中华工商联合出版社2014年版，第7页。

个宰相，就是张居正；明朝若只有一位圣贤，那便是王阳明。”[①]

（二）王阳明“姚江心学”的来源

理学为什么会转向心学？这对认识王阳明“姚江心学”的来源至关重要。陈来在《有无之境：王阳明哲学的精神》中有生动的分析，他说：

> 王阳明哲学就其直接意义来说是对朱熹哲学的反响，他倡导的“心学”是在明中期封建统治极度腐败、程朱理学逐渐僵化的情况下出现的思想运动，具有时代的意义，同时，也是北宋以来理学扬弃佛道，不断发展的长期过程的一个结果，在整个理学的发展中占有重要地位。王阳明富于创造精神，他的哲学一脱当时程朱派的经院习气，具有一种勇往直前的气概，充满了生气勃勃的活力。他能像禅宗大师一样用某些人惊奇的指点方法使人领悟，他的思想盈溢着生命的智慧，因而十分有感染力和吸引力。[②]

在这个背景下，我们可以很清楚地看到王阳明心学思想有三个主要来源：

第一个来源是对包括宋代理学在内传统儒学的继承和改造。在“姚江心学”的体系中，有许多哲学、伦理的范畴、命题，如心、性、仁、诚、良知良能、万物一体、修齐治平、天理人欲等，都来自传统儒学。其中主要是继承了孟子的“良知”学说和陆九渊的“心即理”的思想，并在批评和否定程朱理学的过程中，也对其某些观点进行了继承和改造，以创立和丰富自己的学说。

第二个来源是受“江门心学”的影响。王阳明在京任职期间结识了湛若水，二人定交时正是王阳明不满于朱学而探寻新的思想出路之时，湛若水的“自得”思想给了他重要启发。而且二人的思想学说都偏重内心涵养，故“一见定交，共以倡明圣学为事”[③]。王阳明又从湛若水处间接受到其师白沙之学的熏陶。王阳明的及门弟子王畿（龙溪）就曾指出：

---

① 沧海月明：《中国圣人王阳明》，中华工商联合出版社 2014 年版，第 1 页。

② 陈来：《有无之境：王阳明哲学的精神》，北京大学出版社 2013 年版，第 2 页。

③ 《王阳明全集》，《年谱一》。

“我朝理学开端，还是白沙，至先师而大明。”① 黄宗羲也说：“有明之学，至白沙始入精微，至阳明而后大。两先生之学，最为相近。”②

第三个来源是受佛学禅宗的影响。王阳明在青年时代，就曾学习和探究过佛、道典籍。他认为，儒、佛在某些观点上并不完全排斥，而是可以相通，佛、道之学与儒家圣人之间的“毫厘”差别，只在于佛、道要超脱尘世、背离封建伦理纲常。因而他辟禅甚力，甚至想将佛禅伦理化，变为治世的“圣学”。而在他的心学体系中，确有不少地方汲取了以禅宗为主要内容的佛学对心性的论证和直觉的修养方法。③

（三）王阳明“姚江心学”的形成

王阳明“姚江心学”的形成过程，黄宗羲在《明儒学案·姚江学案》中有比较明确的概述，他指出了王学在形成过程中所谓“三变”：

> 先生之学，始泛滥于词章，继而读考亭之书，循序格物，顾物理吾心终判为二，无所得入。于是出入於佛、老者久之。及至居夷处困，动心忍性，因念圣人处此更有何道？忽悟格物致知之旨，圣人之道，吾性自足，不假外求。其学凡三变而始得其门。自此以后，尽去枝叶，一意本原，以默坐澄心为学的。有未发之中，始能有发而中节之和，视听言动，大率以收敛为主，发散是不得已。江右以后，专提“致良知”三字，默不假坐，心不待澄，不习不虑，出之自有天则。盖良知即是未发之中，此知之前更无未发；良知即是中节之和，此知之后更无已发。此知自能收敛，不须更主于收敛；此知自能发散，不须更期于发散。收敛者，感之体，静而动也；发散者，寂之用，动而静也。知之真切笃实处即是行，行之明觉精察处即是知，无有二也。居越以后，所操益熟，所得益化，时时知是知非，时时无是无非，开口即得本心，更无假借凑泊，如赤日当空而万象毕照。是学成之后又有此三变也。

---

① 《龙溪先生全集》卷一〇。

② 《明儒学案·白沙学案》。

③ 参阅张安奇、步近智总纂《中华文明史》第八卷（明代），河北教育出版社1994年版，第476页。

遵黄宗羲的评析，王阳明“姚江心学”的形成有三个阶段：

第一阶段，王阳明为了科举考试曾“泛滥于词章”，继而遍读朱熹著作。经过遵循朱学而“格竹”的失败，感到朱学的思想体系难以解决“格物致知”过程中使外在的“理”转化为内在的“知”，以及如何将“知”与“行”统一起来等重要问题，于是放弃朱学、另辟蹊径。

第二阶段，“出入于佛、老者久之”，想从佛、道中寻求新的出路。

第三阶段，则是所谓“龙场之大悟”。他 37 岁被贬至贵州龙场，“摈斥流离，而于万里绝域，荒烟深菁，狸鼯豺虎之区，形影孑立，朝夕惴惴”，且“疾病之与居，瘴疠之与亲”[①]，身处逆境，只有靠自己的主观意志和精神去消解客观存在的危难险阻，才能生存下去。经过他的冥思苦想和神秘体验，终于“大悟”：“圣人之道，吾性自足，不假外求”[②]，从而确立了“吾心之良知即所谓天理”[③] 的思想。

在“龙场大悟”之后，“姚江心学”继续发展，刘宗周把它归纳为：“吃紧在去人欲存天理，进之以知行合一之说，其要归于致良知。”[④] “致良知”说是王阳明在平定宁王朱宸濠叛乱而反遭陷害之后提出来的。这是思想的核心内容，是其思想体系的关键，同时也正是“姚江心学”发展成熟的标志。

（四）王阳明“姚江心学”的理论体系

作为明代汉民族心学大师的王阳明，其心学思想体系，要比南宋陆学更为广泛而精致完整。从某种意义上说，王学是集汉民族古代主观唯心主义之大成。“姚江心学”体系主要包括一个核心和三个基本内容。“良知”是“心之本体”说、“知行合一”说和“致良知”说三个方面。

一个核心，即“姚江心学”的核心概念是“心”。如何重建心体、发明本心，是王阳明思想的核心问题，这也就决定了“姚江心学”向内探求的特质。那么，什么是“心”？王阳明认为“心即理”。对此，王阳明在《传习录》中载：

---

① 《王阳明全集》卷三五，《附录四》，《年谱四》。

② 《王阳明全集》卷三一，《附录一》，《年谱一》。

③ 《王阳明全集》卷二，《语录二》，《传习录》中《答顾东桥书》。

④ 《明儒学案·姚江学案·阳明传信录》。

爱问："至善只求诸心，恐于天下事理有不能尽。"

先生曰："心即理也，天下又有心外之事、心外之理乎？"

爱曰："如事父之孝、事君之忠、交友之信、治民之仁，其间有许多道理在，恐亦不可不察。"

先生叹曰："此说之蔽久矣，岂一语所能悟！今姑就所问者言之，且如事父不成去父上去求个孝的理？事君不成去君上求个忠的理？交友治民不成去友上民上求个信与仁的理？都只在此心。心即理也。此心无私欲之蔽即是天理，不须外面添一分。以此纯乎天理之心发之事父即是孝，发之事君便是忠，发之交友治民便是信与仁。只此心去人欲存天理上用功便是。"[①]

在此，王阳明明确地界定了心就是理，天下没有心外的事和理。这就从根本上颠覆了程朱理学主张"性即理"的概念。[②]

从"心即理"的概念出发，王阳明从三个方面建构了"姚江心学"的思想体系。

1. "良知"：心之本体论

王阳明的"良知"范畴出自"良知良能"说。孟子曾云："人之所不学而能者，其良能也；所不虑而知者，其良知也。"[③] 在此所指"不虑而知""不学而能"是一种先验道德意识。王阳明则继承了陆九渊的"心即理"观点，把"良知"与"心"看作同一意义的范畴，所谓"良知者，心之本体"[④]，进而发挥"心即理"的观点，把"良知""心""性""理"（天理）都看作一事："心即性，性即理"，"夫心之本体，即天理也；天理之昭明灵觉，所谓良知也。"[⑤] 于是，在王阳明的"姚江心学"中，"良知"范畴已演变为融本体论、功夫论、道德论为一体的最高的哲学范畴。

可见王阳明在孟子"良知良能"说的基础上，把"良知"扩充为一

① 《王阳明全集》卷一，《语录一》，《传习录》上。

② 程朱理学主张"性即理"，认为人的本性由天所赋予，而天理作为人性的内容又规定了人的一切活动。

③ 《孟子·尽心上》。

④ 《王阳明全集》卷二，《传习录》中《答陆原静书》。

⑤ 《王阳明全集》卷五，《文录二·书二》，《答舒国用》。

种贯穿万事万物的普遍原则。“良知”作为“心之本体”，是心的本然状态。王阳明的“良知”是伦理学上的良心，亦即道德意识的主体。“良知”是“与物无对”的本体，是造化天地万物鬼神人类的精灵，人的一切认识和实践的活动，都是为了复归此本体。所以，王阳明说：“心者，身之主也。而心之虚灵明觉，即所谓本然之良知也。”[①] 王阳明把“心”进行了高度的抽象和概括，把排除了“私欲”和外物干扰的“本心”即从“一块血肉”的人心升华为“良知”，“良知”便是“心”的形上本体，它处在虚灵明觉和恒照的状态。因此，作为超越具体“身心”特征的“良知”，便是超越了具体“器”的“道”。“夫良知即是道。良知之在人心，不但圣贤，虽常人亦无不如此。若无有物欲牵蔽，但循着良知发用流行将去，即无不是道。”[②] 良知即是天道。

这样，王阳明把“良知”的内涵加以扩充，并赋予宇宙本体的地位，认为“良知”是“心之本体”。他说：“是心之本体，心自然会知。见父自然知孝，见兄自然知悌，见孺子入井自然知恻隐，此便是良知，不假外求。”[③] 可见，“良知”更加能够表示出道德本体的普遍性。

这种普遍性主要表现在两个方面：一是指道德本体是每个人所先天具有的。王阳明说：“是非之心，不虑而知，不学而能，所谓‘良知’也，良知之在人心，无间于圣愚，天下古今之所同也。”[④] 他认为“良知”是绝对普遍存在的，不管圣愚贤不肖，都具有这个作为“心之本体”的“良知”。二是道德本体的具体发用是普遍的。王阳明认为道德本体是先天的、普遍的道德本体的发用，即道德实践的展开，也无须外在的动力或行为的造就，而完全取舍于每个人是否“肯致”。这也是“圣人”“贤人”与“愚”“不肖”的区别所在。但是，不管人是否“肯致”此“良知”，道德本体的存在及其发用都是普遍的、绝对无条件的。王阳明说“心之良知是谓圣。圣人之学，惟是致此良知而已。自然则致之者，圣人也；勉然而致之者，贤人也；自蔽自昧而是不肯致之者，愚不肖者，虽其蔽昧之极，良知又未尝不存也。苟能致之，即与圣人无异矣。此良知所以

① 《王阳明全集》卷二，《传习录》中《答顾东桥书》。
② 《王阳明全集》卷二，《传习录》中《答陆原静书》。
③ 《王阳明全集》卷一，《传习录》上。
④ 《王阳明全集》卷二，《传习录》中《答聂文蔚》。

为圣愚之同具，而人皆可以为尧舜者，以此也”[1]。

王阳明把“良知”“心”“性”“理”（天理）都认作一事的做法，将“良知”赋予“天理”的崇高地位，使“良知”成了判断一切是非、善恶的准则，其目的是增强人们践行伦理道德的自觉性，从而克服朱学所造成的不良影响，为“破心中贼”服务，从而确立了“良知”的本体地位。[2]

王阳明说：“夫良知一也，以其妙用而言谓之神，以其流行而言谓之气，以其凝聚而言谓之精，安可以形象方所求哉？”[3] 良知既虚又无，从虚而言，是天之太虚，有气虚故能包容万物，而为造化的精灵，天地万物才能在良知中发用留行，若良知非虚为实，天地万物何以在良知中发用流行；从无而言，因其无形，才能造化各种貌相形色，若已有形色，便会成为造化的障碍，无形才有形。从这个意义上说，无一物超与良知以外，良知虚而无限。“良知”是超越于万事万物的。

2. “知行合一”：心之知行观

王阳明“知行合一”的知行观是“姚江心学”体系重要组成部分。

王阳明为何要提出“知行合一”？他说：“逮其后世，功利之说日浸以盛，不复知有明德亲民之实。士皆巧文博词以饰诈，相规以伪，相轧以利，外冠裳而内禽兽，而犹或自以为从事于圣贤之学。如是而欲挽而复之三代，呜呼其难哉！吾为此惧，揭知行合一之说，订致知格物之谬，思有以正人心，息邪说，以求明先圣之学，庶几君子闻大道之要，小人蒙至治之泽。”[4] 正是由于当时一般士人言行不一，知行分离，甚至发展到衣冠禽兽的地步，并且公然宣扬功利之说，导致道德沦丧，世风日下。王阳明提出“知行合一”的学说，正是为了纠正这种状况，以“正人心，息邪说”[5]。可见王阳明的“知行合一”说主要是为了解决道德的修养功夫而

① 《王阳明全集》卷八，《文录五·杂著》，《书魏师孟卷》。

② 以上参阅张安奇、步近智本卷总纂《中华文明史》第八卷（明代），河北教育出版社1994年版，第477—478页；张锦波、吴辉《浅释王阳明哲学思想中的“良知”概念》，《福建论坛（社科教育版）》2011年第10期；郑师渠总主编，陈梧桐分册主编《中国文化通史》明代卷，北京师范大学出版社2009年版，第169页。

③ 《王阳明全集》卷二，《语录二》，《传习录》中《答陆原静书》。

④ 《王阳明全集》卷八，《文录五·杂著》，《书林司训卷》。

⑤ 《孟子·滕文公下》。

提出的。

王阳明的“知行合一”的知行观，不是渊源于陆九渊，相反，倒和程朱学派有一定的渊源关系。程朱理学在知行问题上是“知先行后”说，而王阳明的“知行合一”说恰是针对程朱立论的。他的“知行合一”说是对程朱“知先行后”说的扬弃，从前者向后者的转化有其思想上的必然联系：一方面是从儒家理学向儒家心学的转化；另一方面王阳明的“知行合一”说又是作为程朱的“知先行后”说的对立物而产生的，它是对后者的否定。①

王阳明“知行合一”的“知”有三层含义。第一，是指作为知行本体的知，即“良知”。第二，是指作为“行之始”的知。这种知是良知自然而然的表现，是具有现实性的知，如“见父知孝”“见兄知弟”等。这种知又是行中之知，发生在主体活动的初始，是主体对自身活动目的自觉，是主体行为的自觉性的表现。第三，是指行之总结的知。就是“亲身履历而后知”的知，它不是仅仅对主体活动目的的自觉，而是对主体活动本身的体会、总结。在王阳明的心学中，只有这种知才是全面的知。②

王阳明“知行合一”的“行”有两层含义。第一，“行”是指人们心理上的意念活动。正如他说：“我今说个知行合一，正要人晓得一念发动处。便即是行。”第二，“行”是“笃行”。“笃者，敦实笃厚之意。已行矣，而敦笃其行，不息其功之谓尔。”简言之，王阳明的“知行合一”的“行”，是指“良知”的发用流行。

总之，所谓“知行合一”就是指“良知”的体用合一。王阳明认为，良知在发用流行中，知与行是合一而不分的，若被“私欲”隔断了，或者没有去认真践行“良知”，良知本体就会晦暗不明。所以，王阳明讲知行合一，讲复本体，实质上就是要保持所谓良知的本体面目。显而易见，知行本体也即是心之本体，言知即有行在，言行即有知在，知行只是一个功夫。在此，须指出的是王阳明虽强调了“知行合一”，

---

① 以上参阅王路平《知而必行 如水就下——论王阳明的“知行合一”说及其现代意义》，张新民：《世界人文——区域·传统·文化》第三辑，巴蜀书社 2009 年版。

② 参阅徐忠《王阳明“知行合一”新探》，《安顺师专学报》（社会科学版）1997 年第 1 期。

但却又夸大了二者之间的统一性。这样，在另一种意义上，他又混淆了知与行的界限，抹杀了它们之间的区别。但“知行合一”说在认识和道德论上还是有积极意义，有利于扭转当时浇薄的士风，崇尚空论不重践行的弊端。

3. “致良知”：成为圣人的根本途径

王阳明一辈子思考“心学”的心血结晶是“致良知”。

“致良知”说是王阳明晚年提出的，并自认为是理论上的一大发明。他自己对此就拍案叫绝云：“区区所谓‘致知’二字，乃是孔门正法眼藏！于此见得真的（谛），直是建诸天地而不悖，质诸鬼神而无疑，考诸三王而不谬，百世以俟圣人而不惑。知此者，方谓之知道；得此者，方谓之有德。”[①] 被他称作“孔门正法眼藏”“圣人教人第一义”[②]。可见，“致良知”说是“姚江心学”体系的核心部分。

王阳明的“致良知”说是通过对《大学》的“致知”和孟子的“良知”观点，以及陆九渊的“心即理”说的吸收、改造而融合成的。他把修、齐、治、平的活动说成是“格物、致知、诚意、正心”的修养活动。他从“致知”引出“致良知”以代替朱熹的释“致知”为“穷理”。故他在“致知”方法上与朱熹不同，不是把“格物”释为“即物”，而是释“格”为“正”，所谓“格者，正也，正其不正以归于正之谓也”。[③]“格物”成为“正物”或“正事”。因为王阳明认为“天下之物本无可格者，其格物之功只在身心上做”[④]。所以他所说的“正事”是指按“良知”而行之，即强调用意念修养去指导行为。由此可以得知，王阳明释《大学》的“致知在格物”，也就变成为“致知在诚意”，所谓人的参与，不过是人心的参与，是“意之所用”。所以，王阳明的“致良知”说，主要是讲道德修养，说的是如何通过“致”的工夫，使“良知”在人的修养和行为中得到完满体现，而这正是成为圣人，即孔子所言“君子”的根本途径。

至于“致良知”的具体内容和途径，则包括“体认良知”的静的工

① 《王阳明全集》卷五，《文录二·书二》，《与杨仕鸣（辛巳）》。

② 《王阳明全集》卷二，《语录二·传习录中》，《答欧阳崇一》。

③ 《王阳明全集》卷二六，《续编一》，《大学问》。

④ 《王阳明全集》卷三，《语录三》，《传习录下》。

夫和“实现良知”的动的工夫两个方面，前者是讲人的身心修养，后者讲的是以“良知”去规范人和社会。

所谓“体认良知”的静的工夫，指的是“反身而诚”的内省直观，即“不假于外求”的“自明本心”的本体证悟。就如他自己所说的：“君子之学以明其心，其心本无昧也，而欲为之蔽，习为之害。故去蔽与害而明复，匪自外得也。”[①]

所谓“实现良知”的动的工夫，即要求人们按照传统伦理道德规范去为人处世。他认为，讲修养不能空谈道德性命而“悬空无实”，必须使“良知”在现实行动中体现出来，在为人处世中做到“去恶”“为善”[②]。

这一静一动，把作为“天理”的良知说成就在人的心中，“不假于外求”“明白简易”“虽至愚下品，一提便省觉”（卷六）。把“惟圣人能致”的“良知”本体下降到人人皆有、圣愚皆同的普及地位，所谓“良知之在人心，不但圣贤，虽常人亦无不如此”（卷二）。就给人们规范了一条成为圣人的根本途径。

这样“良知”：心之本体论；“知行合一”：心之知行观；“致良知”：成为圣人的根本途径等三点构成的“姚江心学”思想的基本体系，彻底改变了明代中叶以后汉民族思想发展的整体格局，王阳明也成了具有世界影响的“千古大师”。

第六节　李时珍与《本草纲目》：汉民族医学文化的重建

元代是汉民族与各民族医学交流和发展的时代，呈现出汉、蒙、回、藏、维等各具特色的民族医学交相辉映、争奇斗艳的局面。汉族中医学继承了宋金医学，涌现出以朱丹溪为代表的滋阴学派，在舌诊、针灸以及虚劳证治方面有可喜进步。由于多年的战争，客观上促进了金创外科、骨伤科的长足发展。药物学成就则以元代蒙古族的饮食习俗及其食疗本草的撰著尤为突出。同时，具有阿拉伯医学特点的回回医学，在元代医学中占有

① 《王阳明全集》卷七，《文录四·序记说》，《别黄宗贤归天台序（壬申）》。

② 以上参阅张安奇、步近智本卷总纂《中华文明史》第八卷（明代），河北教育出版社1994年版，第480—482页。

重要的地位。元代专门设立了广惠司、回回药物院等相应的机构，其医书、医术和药物也大量传入内地，其中有一些内容被汉民族中医学融化、吸收而成为中医学的一部分。所有这一切都为明代汉民族医学文化的重建打下了良好的基础。[①]

明代汉民族的医学文化在重建中得到前所未有的大发展。如人痘接种术的发明和推广使用，不仅有效地预防天花，而且给牛痘发明以启迪，成为世界人工免疫的先驱。随着手工业的发达，人们对职业病的防治也有所进步。吴又可突破原有的传染病学说的理论框架，提出全新的传染病学说——“戾气”学说，这在理论上已非常接近病原体，是中国传染病史上的一个伟大创举。临床各科空前发展，为纠正时医用药偏重寒凉之弊，薛己、张介宾、赵献可等医家大倡温补，并形成学派。内、外、妇、儿、骨伤、针灸等各科均有专著问世，甚至还有疾病专著。中医八纲辨证纲领的确立、病案格式的建立等，都是医学文化高度发展的产物，并形成三大特点：一是产生多项有重大意义的医学创造或发明；二是医药著作大量编撰，有集大成、专科专病和普及等各种医籍；三是中外医药交流空前频繁，西洋医学初传中国。其中尤以李时珍集 16 世纪前中药学之大成，编成《本草纲目》，成为汉民族药学史上的重要里程碑，也是世界民族医药宝库中绚丽夺目的瑰宝。[②]

一　李时珍：“医中之圣”

李时珍（1518—1593 年），湖北蕲州（今湖北蕲春）人。他出生在一个世医家庭。祖父是一个走乡串户的“铃医”，社会地位低下，没有留下名字。他的父亲李言闻，医术比较高明，在当地颇有名气，曾被荐为太医院吏目，撰有《四诊发明》等医书。

李时珍在家庭的熏陶下，从小就喜爱医药，随父诊病抄方。但李言闻却不愿李时珍以医为业，把光大门庭的希望寄托在儿子身上，希望他走科举功名之路。李时珍自幼对医学很感兴趣，但秉承父命，不得不寒窗苦

① 参阅李凭、全根先本卷总纂《中华文明史》第七卷（元代），河北教育出版社 1994 年版，第 227—228 页。

② 参阅张安奇、步近智本卷总纂《中华文明史》第八卷（明代），河北教育出版社 1994 年版，第 231 页。

读，按时去参加科举考试。14 岁那年（1532 年）参加了在家乡黄州举行的“童试”。两门考试科目：四书义（八股文）和试帖诗，都取得好成绩，中了秀才，可谓少年得志。父亲鼓励他继续努力，勤奋地学习四书、五经，努力去参加三年一次在武昌举行的“乡试”。更希望他乡试中考后，能进府学去学习，争取参加廷试，金榜题名，成为一名“进士”。但李时珍对八股取士那一套并不感兴趣，他的思想总是同科举考试格格不入，乡试一次再次遭到失败。这样，他从 17 岁开始连续三次参加乡试，均未考中，此为日后李时珍立志从医埋下契机。20 岁赴武昌乡试回家后，因积劳成疾，得了可怕的骨蒸病，长期发高烧，几乎死去，后经父亲一味黄芩汤而病得愈。

嘉靖十九年（1540 年）正是庚子年。李时珍抱着极大希望，第三次去参加乡试，结果仍名落孙山。这次考试的失败，对 23 岁的青年人来说是一次极大的打击。多年的“进士梦”彻底破灭了。从此，李时珍立志读书学医，其对父亲说我“身如逆流船，心比铁石坚，望父全儿志，至死不怕难”。从此“十年不出户庭”，遂“博学无所弗窥”[①]，涉猎“子、史、经、传、声韵、农圃、医卜、星相、乐府诸家”[②]，若有心得，即随手著录。10 年的苦读，他独嗜医籍，为他后来的医药研究和著书立说，打下了坚实的基础。

23 岁的李时珍，经过三四年刻苦学习，经常随父亲临证实践，医术逐步提高。26 岁时开始独立行医。这时，恰遇社会上发生了两桩重大事变，对他的专业学习和医疗实践影响极大。

第一件事是李时珍立志学医的第一年（1540 年），明朝嘉靖皇帝（世宗朱厚熜）决意炼丹成仙。1542 年，奸臣严嵩入阁，为讨得皇帝喜欢，叫真人陶仲文大建雷坛，为皇帝求神祝福。第二年，明世宗干脆不临朝政，专心炼丹。地方官府奉命逼迫人民上山采灵芝，捕梅花鹿，进献于朝廷，以保皇帝长生不死。皇帝下诏设雷坛、修道院、炼丹、求药。在李时珍的家乡，他们父子以前行医治病的场所玄妙观，也改建雷坛设醮。道士们神气舞扬，他们父子被赶出观外。正当方士们炼丹猖獗之时，蕲州地区 1545 年惨遭大旱，接着又遇水灾。人民衣食无着，四处饿殍枕藉。可怕

① （清）顾景星：《白茅堂集》卷三八。

② （明）王世贞：《本草纲目·序》。

的瘟疫大肆流行。28岁的李时珍同父亲一起，全心全意为群众治病防疫，深受群众爱戴，史称“千里就药于门、立活不取值”①。瘟疫流行，向李时珍提出许多疑难病症，促使他认真钻研医术，精益求精，他的医术迅速提高，远近闻名。

另一件事是1546年，李时珍的父亲补了贡生；由于他医术高明，当地人对他刮目相看；他可出入顾、郝等名门，较受尊敬，渐与郝家有了交谊。郝家有位儒士好医，家藏不少名贵医书。这些医书他自己并未经常阅读。李时珍凭着父亲同他的交谊，常去他家借医书看。除了为人治病，只要有闲暇就刻苦钻研。史称李时珍读书“十年不出户庭”，就是指这段在家行医苦读的事。由于有了丰富的临床经验，又有珍贵的医学典籍可供参考，勤学深思的李时珍，很快就具备了超出一般乡村医生的理论水平。这时，他的父亲也在写自己的医学著作。父子相互启发，共同研究，李时珍在医药学上进步很快。

李时珍十分聪明好学，在深厚的家学基础上，善于博采众长，医术日精，不久就在蕲州一带打开了局面。他在医疗过程中，随时注意总结经验，著成《濒湖医案》一书。并经常向民间人士请教，搜集简易有效的单验方，集为《濒湖集简方》。更为可贵的是，他和他父亲一样，医德高尚，为病家所称誉。封氏《蕲州志》说他“托医以寿世，千里就药于门，立活不取值”，同情贫苦百姓。治病常常不收诊疗费。他以医术精湛医德高尚而闻名遐迩。荆穆王、富顺王、都昌王等当地王侯也慕名求诊。后来因诊断治愈了楚王府中小儿的“虫癖”怪病，医名大增，被楚王府聘为“奉祠”，掌管“良医所”（专门负责王府宗亲医疗保健的机构）事务。有一次，楚王世子突然昏厥不醒，李时珍又施妙术使之起死回生。后又被举荐到“太医院”任职，曾升为“院判”（仅次于院使的官职），一年后便托病辞归故乡。

李时珍对中医各科理论和临证皆有很深的造诣，常有独到的见解。嘉靖四十三年（1564年），他在父亲《四诊发明》和前人《脉诀》的基础上，“撮粹撷华”，参入己见，编成《濒湖脉学》。书中把脉象归纳为浮、数、实、长、洪、紧、动、促、沉、迟、涩、虚、短、微、缓、革、濡、

① 转引自张安奇、步近智总纂《中华文明史》第八卷（明代），河北教育出版社1994年版，第232页。

弱、散、细、伏、结、代、滑、芤、弦、牢 27 种，详细而准确地论述了每一脉象的形状特点、辨别方法和主病范围，且运用诗歌韵体，便于记诵。《四库全书总目提要》谓其“既能博考，又能精研”，廓清前代《脉诀》诸书许多谬误，发前人所未发。自此书问世，学医者视之为入门之向导，深造之阶梯。1927 年此书传到国外，并译成德文；1929 年又在莱比锡刊行，风靡国际医坛。李时珍也很重视经络学说的研究，他对前人有关奇经八脉的论述加以系统整理，对奇经的生理特点进行理论概述，于隆庆六年（1572 年）著成《奇经八脉考》。书中确立了奇经辨证施治的基本法则，并把经络生理与养生理论及其气功功法有机联系起来，在研究人体生命科学方面也颇有参考价值。

李时珍一生著述甚多，医书还有《本草纲目》《脉诀考证》《白花蛇传》《濒湖医案》《命门三焦客难》《命门考》《集简方》和《五脏图论》等，文学著作有《邁所馆诗集》《诗话》等。在所有著作中，《本草纲目》是他呕心沥血的力作，堪称他学术成就的代表作。据此，李时珍成为汉民族的“医中之圣”。

1956 年 2 月，李时珍陵园修好，蕲春县人民政府去专函请求中国科学院第一任院长郭沫若题字。郭沫若于同月题写了如下赞词：

> 医中之圣，集中国药物学之大成。本草纲目乃 1892 种药物说明，广罗博采，曾费卅年之弹精。造福生民，使多少人延年活命。伟哉夫子，将随民族生命永生。李时珍乃十六世纪我国伟大医药家，他在植物学研究方面，亦为世界前驱。郭沫若，一九五六年二月。①

“医中之圣”的称呼，便由此得出。郭沫若评价本草纲目“集中国药物学之大成”，这是很中肯的，而“伟哉夫子，将随民族生命永生”一语，已经把李时珍提升到了民族伟人的高度。在郭氏看来，李时珍的成就是“世界前驱”这一点很重要，领先于世界，在当时的中国，是很重要的，尤其是中国当时处于赶超世界先进国家的时候。

1963 年，郭沫若参观湖北省博物馆后，又提笔写下了第二段题词：

① 《郭沫若为李时珍墓题词》，载唐明邦《李时珍评传》附图，南京大学出版社 1991 年版。

> 李时珍是伟大的自然科学家，他在药物学中尤其有特殊的成就。他的本草纲目记载药物近两千种，具有总结性与创造的特色。使中国医术得以推进，人民健康有所保障，他已被公认为世界第一流科学家中一位显著的人物。要永远向他学习。一九六三年十二月十四日，郭沫若。

这一段题词中，李时珍已经不仅是“药物学集大成者”，还是“伟大的自然科学家”，而且是“世界第一流科学家中一位显著的人物”。仅仅在国内有名气还不足以使其得到如此高的推崇，国际影响力才是他得到神化的推动力。①

二　《本草纲目》：“古代中国的百科全书”

《本草纲目》是汉民族伟大的医药学家李时珍编著的划时代科学巨著，其蕴藏的汉民族传统文化亦博大精深，正如英国生物学家达尔文所言，《本草纲目》是“古代中国的百科全书”。亦如英国著名的科学史家李约瑟在《中国科学技术史・导论》第一卷中，李时珍和《本草纲目》就得到了极高的评价，“毫无疑问，明代最伟大的科学成就，是李时珍那部在本草书中登峰造极的著作《本草纲目》”。“李时珍作为科学家，达到了同伽利略、维萨里的科学活动隔绝的任何人所能达到的最高水平。”“中国博物学家中，‘无冕之王’李时珍写的《本草纲目》，至今这部伟大著作仍然是研究中国文化史中化学史和其他各门科学史的一个取之不尽的知识源泉。”② 而早在1590年，明代著名的文学家王世贞在《本草纲目・序言》中称：

> “兹岂禁以医书觏哉，实性理之精微，格物之通典，帝王之秘箓，臣民之重宝也。”翻开《本草纲目》“如入金谷之园，种色夺目，如登龙君之宫，宝藏悉陈，如对冰壶玉鉴，毛发可指数也，博而不

---

① 参阅郝长燚《不断被记忆的李时珍——李时珍形象演变与社会文化变迁》，硕士学位论文，南开大学，2011年，第44—45页。

② ［英］李约瑟：《中国科学技术史・导论》第一卷，科学出版社、上海古籍出版社1990年版，第151页。

繁，详而有要，综核究竟，直窥渊海”。

明代江西按察司按察使张鼎思于1603年在《重刊本草纲目·叙》中称其文化思想价值：

> 得其精者，可以养生，可以保身，可以全生，可以养亲，可以济世……达者观之，则可以穷万物之赜，可以识造化之妙，可以见天地之心。[①]

《本草纲目》刚一问世，就以其巨大的文化力量穿越国度影响着亚、欧、美等多国的科学界、文化界，被翻译成日、朝、英、法、德、俄、拉丁等多国语言。时至今日，我们依然可以从《本草纲目》的190多万字、52卷、1892种药、1109幅药图、11096首附方中感受到所蕴藏的丰富文化内涵。书中所载的一动一植一石一水、一草一木、一花一果、一谷一菜、一病一方等构成了一座人类文化大厦，如果深入内部，就会发现其中许多汉民族的珍品和瑰宝。[②]

（一）《本草纲目》的编撰过程

李时珍在行医过程中，深感“本草一书，关系颇重”[③]，它不仅直接影响医生的技术发挥，还关系到病家的健康和生命。但以往的本草书“注解群氏，谬误亦多”[④]，贻害无穷。李时珍以一名医生高度负责的精神，决心重新编著一部新的本草专著。李时珍撰写《本草纲目》，从1552年开始，到1578年完成，共经历了27年。大体可分为两个阶段：

第一阶段（1552—1568年）：采方问药，收集资料。

1552年，李时珍开始重修本草。而这一年倭寇入侵东南沿海诸省；次年，西方殖民主义者葡萄牙人乘机强租澳门。外寇压境，昏庸的皇帝仍一味炼丹求仙，命令州县广采灵芝仙草，进奉朝廷，却从来没有想到像唐宋时代那样，由官家来主持重修本草。

---

① （明）李时珍、刘衡如：《本草纲目》校点本，人民卫生出版社1982年版。

② 王剑：《论〈本草纲目〉的文化内涵》，《时珍国医国药》2015年第12期。

③ （明）李建元：《进〈本草纲目〉疏》。

④ 同上。

1556年，楚王府慕李时珍之名，请他去给世子治病。世子病愈后，委他为王府奉祠正，充当王府贵族的专用医生。其实，楚王府真正宠信的是一批炼丹的道士，并不把李时珍放在眼里。李时珍常常对炼丹道士们的行为不满，故时时遭到他们的刁难。李时珍只好利用机会走出王府，到蛇山观音阁去为群众诊病，以便于向群众寻方问药。

1559年，皇家下诏招揽天下名医，李时珍被楚王府推荐入了太医院。他利用在太医院工作的方便，建议由官家主持修订本草，却遭群起反对。李时珍在那里供职一年，唯一的好处是有机会出入寿药房和御药库，实地观察了不少难以见到的名贵药物，为重修本草扩充了药物知识。他对那里尊宠方士、炼丹求仙的气氛十分厌恶，一年后，便托故回家，一心修本草。

回家后，李时珍排除了种种困难，带着儿子和徒弟开始远出寻方采药，广泛地向老农、渔夫、樵夫、铃医请教，足迹遍及湖北、安徽、江西、湖南、江苏等地。万里跋涉，登过太和山、大别山、茅山、伏牛山等名山。除了向书本学习外，他还躬身实践，深入民间，虚心向有实践经验的人们请教。如向农夫学习有关谷、菜等方面的知识，向渔民请教各种鱼类的生活习性，向车夫学习采用旋花“益气续筋”的功用知识，向猎人学习捕兽、捕蛇及动物的习性知识，还从手工业工人处学到采矿和防止采矿过程中中毒的措施和方法等。他深入林区、矿井、菜畦等地体验，如观察狸狼的生活习性、采集铅矿、种植韭黄等，收集各种植物、动物、矿物标本。对某些药物还亲自栽培（如薄荷、红花、蕲艾等）、试服（如何首乌、曼陀罗等）。他的治学态度非常严谨，为了订正一味蓬蘽，区别其5个不同品种，他亲自采集，一一比较，并与《尔雅》所载者进行对照，“始得其的。诸家所说，皆未可信也”。类似的例子，不可胜数。李时珍大约花费了15年的时间，采集了大量珍贵的药物标本，写下了数百万字的访问记录，为进一步研究整理本草，积累了丰富的第一手实际资料，这对于《本草纲目》的写作，有着决定性意义。

第二阶段（1568—1578年）：厘定纲目，撰写本草。

1568年，李时珍51岁，重修《本草纲目》的工作进入撰写时期。经过十多年的艰苦探索，反复比较，去粗取精，去伪存真，以及一次又一次对药物资料的加工整理，李时珍《本草纲目》的科学体系日益完善。直到1578年，《本草纲目》最后定稿，大约花了11年时间。

这是李时珍一生中重修本草的黄金时代，但他创建本草学新体系的艰苦思考过程，却很少留下文字记载。人们只知道“稿凡三易，然后告成”①。从呈现在人们面前的这一巨著来看，不难想见重修工作的艰巨和困难。

一难是要确定分类体系。旧本草共有1500多种药物，李时珍又新增了370多种，对于近1900种药物，如何加以分类，是个大问题。汉代《神农本草经》建立上、中、下三品分类法，这一分类法已沿袭两千年。《本经》只载365味药，三品分类法虽不科学，也还适用，检索比较方便。而药物多至近1900种，这种分类法已不适用了。宋代唐慎微编撰《证类本草》先按十部分类，每部之下，再按三品分类，虽有改进，仍不科学。李时珍吸取《证类本草》十部分类的思想，加以发展，建立15部、60类分类法，废除三品分类法，只在药名下保留三品分类的历史痕迹，以利于检索旧本草。以部为纲，以事项为目，创建了药学史上新的科学体系，促进了中药分类的科学化。

二难是要确定“主治”“发明”。李时珍对各种药物要按八个方面进行概括论述，即释名、集解、正误、修治、气味、主治、发明、附方。这八大研究项目中，他用力最勤、分析最精的主要在“主治”与“发明”两项。这也是衡量科学研究水平的两个主要方面。“主治”一项，大多是对药物研究的新发展。既有继承，又有创造；“发明”一项，更是发表自己独到见解的方面，是研究心得的结晶。李时珍对药物理论分析的许多精湛见解，大部写在这一项下。这一部分保留李时珍独运匠心的思想资料最丰富。不难想象，“三易其稿”过程中，这两部分是他呕心沥血、反复修改、用心独苦之所在。

三难是要绘制药图。《证类本草》有药图800多幅，但存在不少问题，或图文不相符，或有图无文。李时珍作了很大改进。这是项繁重的任务，在李时珍的指导下，金陵本《本草纲目》中说主要由他的儿子李建元完成绘制，总计绘了1100多幅，其中不少植物和动物药图都绘制得精致生动。有人称它是一部画谱。

1578年，《本草纲目》最后定稿。它建立了新的分类体系，处处闪耀着新的发明，大大扩充了新方新药，改进了药图。以新的面貌呈现在人们

---

① 《四库全书提要》。

面前，丰富了汉民族医药学宝库，为汉民族医学文化史确立了划时代的标志。

（二）《本草纲目》的伟大成就

《本草纲目》问世誉满天下。1590 年，《本草纲目》终于得到南京藏书家、刻书家胡承龙的支持，开始刻印，这是李时珍多年梦寐以求的事。“万历岁庚寅春上元日”，即 1590 年正月十五日，明代文坛盟主、史学巨匠王世贞为《纲目》写了序言，如前所引对《纲目》作了很高的评价，称赞李时珍为“北斗以南一人”，即天下绝无仅有的人才。

知己之言，其贵胜金。李时珍生前能获得文坛领袖如此评赞，喜出望外；30 年的辛勤劳动，总算得遇知音。对于饱经沧桑、年逾古稀的李时珍，这是莫大的安慰。正如《李时珍评传》所言：王世贞的序言，虽然写得很简单，评价亦较抽象，但基本上肯定了《本草纲目》一书的特点。“博而不繁，详而有要”，同以往药学著作相比，它的确是既博且详的，内容之丰富，体例之新颖，叙述之审慎，医药结合，图文并茂，实在大大超越前代。称许《本草纲目》一书“实性理之精微，格物之通典”，这一评价很有见地。《本草纲目》的确不只是一部药学著作，它包含着极丰富的哲学思想，还包含丰富的植物学、动物学、矿物学、天文学、物候学知识。今天人们借伟大科学家达尔文的话称之为“古代百科全书”，实非过誉。王世贞的序言称《本草纲目》为“帝王之秘录，臣民之重宝”，肯定了《本草纲目》为保障人民的生命健康方面具有巨大的实用价值，这一评价也是中肯的。王世贞是当时学术界最有威望的人，他的评价，句句有分量。①

《纲目》问世，很快誉满天下。此书印行后，引起学术界极大重视，印出的书，供不应求，很快就再版了。1603 年，金陵本出版后第七年，江西巡抚夏良心加以重刻，并改正金陵本中的一些讹误，药图也加以调整，刻印也更精致。金陵本印行后第十一年（1607 年），此书传到日本，受到日本医学界的重视，不久传到朝鲜，随后陆续传到欧洲，译成德文、法文、英文等多种文本，汉民族的这一科学巨著迅速地在世界各国产生学术影响。

《本草纲目》的伟大成就是多方面的。据《中华文明史》的研究：

---

① 唐明邦：《李时珍评传》，南京大学出版社 1991 年版，第 36 页。

第一，《本草纲目》是汉民族药学史上的重要里程碑。在药物学方面，首先对16世纪以前我国药物学进行相当全面的总结，增收了自《经史证类备急本草》问世以来几百年间出现的374种药物，其中若干药如三七、番红花、曼陀罗花、土茯苓等已为后世广泛应用。书中附有药物图1109幅，方剂11096首，其中8000多首是李氏自己收集或拟定的。其次，李时珍通过实际考察和文献考据，对药物基原、性能等进行辨析，纠正了以往本草书中的某些错误。关于名实不符的错误，如实为两药而误作一物的葳蕤和女萎，实为一物而误作两药的南星与虎掌，误为兰草的兰花，误为百合的卷丹等；关于归属分类的错误，如生姜误列为草类，薯蓣误归为菜类等，都一一予以更正。他还以科学观点，批驳以往记载服食水银、雄黄可以成仙的说法。如水银一药，《本经》列为上品，称其无毒。李时珍则列举历代中毒事例，谓其为"阴毒之物无似之者"。他品尝过多种药物，据实加以订正。如艾叶之味，《别录》称其味苦，时珍细辨，谓其"苦而辛"，"生则微苦大辛，熟则微辛大苦"。又如，李时珍纠正了诸如"草子可以变鱼"之类反科学的见解。其所补充订正各药气味，多有兼味及程度的记述，非亲口尝试，何能得此详情。再者，提出当时最先进的药物分类法，创立了本草书编写新体例。而且，确立了以纲目结构为本草著作新的编写体系，其书以部为纲、以类为目，"标名为纲，列事为目"，药之全体为纲、药之各部为目，纲举目张，一目了然。实践证明，这种编写体例能全面系统地反映药学体系和内容，比以往的同类著作在结构上大大进了一步。此外，在药性药效、药物栽培、炮炙制剂以及药物在各科病证治疗等方面，也有丰富的内容，而且不乏新的见解。

第二，《本草纲目》在医学方面也有杰出的贡献。例如在人体解剖学方面，书中创造性地提出"脑为元神之府"，大脑是全身的主宰，冲破了传统的"心为君主之宫"的旧观念，这对中医脏腑理论的发展是一大贡献。他还指出古人所说的脾，即俗名"联贴"，亦即今之胰脏，这样的见解也是富有启发性的。汇集民间和自己经用单验方的《濒湖集简方》和《濒湖医案》已佚，但主要的内容仍保留在《本草纲目》中。这些单验方常为后世医家所乐用，也说明了李时珍在挖掘民间医学经验方面有着不可磨灭的贡献。在书中，李时珍还收集了抗衰老药物近400种，有关健身长寿的方剂550多首，包括膏、丹、丸、散、酒、粥、服食、外用擦洗等剂型和用法，载录长寿、轻身、祛病、容颜等案例数十则，所有这些都为后世进一步研究抗老防病、益寿延年奠定了坚实的基础。李时珍不但搜罗食疗的药物十分广博，还将食物纳入本草中。他在《本草纲目》卷五“目录”中指出：“水为万物之源，土为万物之母。饮资于水，食资于土，饮食者，人之命脉也，而营卫赖之。”全书收载食用药用水 43 种，谷物 73 种，蔬菜 105 种，果品 127 种及一些可供食疗的食物，至今仍为临床和民间常用。如补气药：人参、五味子、黄芪、白术、山药、扁豆、大枣、甘草等；补血药：当归、熟地黄、阿胶、何首乌、枸杞、龙眼肉等；补阴药：沙参、麦门冬、天门冬、黄精、百合等；补阳药：鹿角、鹿角胶、补骨脂、巴戟天、淫羊藿、仙茅、锁阳、肉苁蓉、狗脊、骨碎补、紫河车、杜仲等药。书中记载的医学资料丰富而珍贵，除了大量的验方、附方及医论医案之外，还有一些宝贵的医学史料，他所记载的治疗技术有冰块冷敷退热法、蒸汽消毒法、辛烈香窜原料薰烟消毒法，以及有关铅中毒、汞中毒、一氧化碳中毒、肝吸虫病等病症，都是比较早而且比较正确的。

第三，《本草纲目》在其他自然科学方面，诸如植物学、动物学、矿物学、地质学、化学、物理学，乃至天文学、气象学和物候学等许多领域，也都取得令人瞩目的成就。《本草纲目》的植物药，是李时珍根据 1094 种植物的根、茎、叶、花、果的特点及其性味、外形、皮核以及生态习性、生长过程、地理环境与人类生活的关系等各种因素，综合分析、归纳比较而进行分类的，具有一定的科学性。1753 年，林奈在《植物种志》中创立了双命名法，即第一个字为名词，表示属名，第二字为形容词，表示种名。而《本草纲目》给每种植物确定一个“正名”，正名之下附有释名，这种命名方法与近代植物学所采用的双命名法基本吻合。书中所使用的植物正名，大部分被生物学界所采用，至今仍作为正式的中文学名。仅此亦足以说明李时珍对我国植物学发展的重大贡献和影响。而《本草纲目》最为突出的是对动物类药物的分类方法，书中把 444 种动物药分成虫、鳞、介、禽、兽、人 6 部，每部又分若干类。根据其所列，虫类相当于无脊柱动物；鳞类相当于鱼类；又有一部分爬行类、介类相当于两栖类（其中含有少数软体动物在内）；禽类相当于鸟类；兽类系指哺乳动物；最后则是人类。李时珍所谓“从贱至贵”的分类排列顺序，几乎完全符合现代动物学的分类系统，也蕴含着非常可贵的生物进化论思想。

《本草纲目》共载矿物药 265 种，并作了较为科学的分类。书中记载了钠、钾、钙、镁、铜、银、金、汞、锌、锡、铝、锰、铅、铁、硼、碳、硅、砷、硫19种单体元素，而化合物则多至数十种。并对每一种物质的来源、鉴别及化学性质都有详细的介绍。在制药化学方面，也有较突出的成就。书中记载了蒸馏、蒸发、升华、重结晶、风化、沉淀、干燥、烧灼、倾泻等各种化学反应。其中制备没食子酸的方法是先浓茶煎熬五倍子后沉淀，经曲菌发酵水解而析出没食子酸的白色结晶，这是以五倍子制没食子酸的最早记录。其他如制取碱式碳酸铅（粉锡）及醋酸铅（铅霜），利用硝石与矾石分解和氧化作用以制备铅丹，区别软石膏与硬石膏的方法等，都能说明当时汉民族的化学水平。此外，他还认识到鬼火即是磷自燃发光；月中“无桂”，其“阴影”“婆娑”是“山河之影”；星陨“为石”。对雨中降落金钱铅汞、毛血鱼肉等物，作了科学的解释。书中还记载许多关于化石的资料。

另外，《本草纲目》记载了生物界许多极有意义的现象，如动物对生活环境的适应，则以“鸟产于林，故羽似叶；兽产于山，故毛似草”，“毛合四时，色合五方”等来说明。还有动物遗传与相关变异现象的描述，也具有重要的科学价值。如野生动物经人工驯养可发生生活习性的改变，如乌骨鸡等。

《本草纲目》作为明代最伟大的一部科学著作，其内容含有浓厚的文化属性，有学者甚至撰文列举了其在训诂学、文学和民俗学上的成就[①]，足见《本草纲目》确实是汉民族古代的一部百科全书[②]。

第七节　《中原音韵》与《字汇》：汉民族语言文字文化的重建

汉语是汉民族的基本特征之一。从秦统一之后，到元代已1500年，

① 详见王蓓《〈本草纲目〉与传统文化》，《世界中西医结合杂志》2007年第1期；王蓓《从〈本草纲目〉看中医与民俗》，《世界中西医结合杂志》2007年第1期；赵珊珊《〈本草纲目〉中的民俗事象研究》，硕士学位论文，淮北师范大学，2014年。

② 参阅张安奇、步近智本卷总纂《中华文明史》第八卷（明代），河北教育出版社1994年版，第234—236页；黄兆胜《〈本草纲目〉对祖国医药学的贡献》，《时珍国药研究》1997年第1期；邓小英《〈本草纲目〉食疗初探》，《时珍国药研究》2000年第6期；孙晓生、陈晔《从食养食疗角度看〈本草纲目〉的养生贡献》，《新中医》2012年第8期。

这15个世纪的悠悠岁月，汉语发生了太多的变化，正是南腔北调不断融合，从13世纪开始已进入近代期，变化更是复杂，其主要特点是：全浊声母在北方话里的消失；－m尾韵在北方话里的消失；入声在北方话里的消失[①]，等等。但语言文字的研究却滞后于汉语语音和文字的变化。元以前的音韵学研究成果主要体现在韵书的编纂上。但自隋代陆法言作《切韵》以来，其后的韵书，如《刊谬补缺切韵》《唐韵》，乃至宋代的《广韵》《集韵》，都是在《切韵》的基础上演变而来，很少反映汉语变化的动态。而元代统治者虽以武力征服了汉民族，但汉民族传统文化1500年的压力却难得有所减弱，在汉民族的文化重建中，反而促使元代语言学家对汉语的研究敢于另辟蹊径，在音韵学和语法学方面有所创新，以周德清为代表的音韵学家，写出了《中原音韵》等一大批研究当时实际语音的韵书，在音韵学史上翻开了崭新的一页；卢以纬写出了《语助》，使语法研究在元代也有了新的进展。

有了元代突破性的研究成果，不仅带动了明代汉民族的音韵学研究，明代语言文字学研究的主要成就体现在音韵学上。在这一时期，古音学、等韵学以及韵书的编纂都取得了令人瞩目的成就。古音研究方面，杨慎、陈第等人在方法上、观念上都超越了前人；陈第提出的“时有古今，地有南北，字有更革，音有转移”[②]，是古音研究上具有划时代意义的宣言。等韵学方面，《韵法直图》《韵法横图》和《等韵图经》的出现，标志着等韵学的发展进入了一个新的阶段。韵书编纂上，《韵略易通》《洪武正韵》分别是对《中原音韵》系韵书和《切韵》系韵书的发展。文字学主要在字典的编纂上取得了一些新的进展，梅膺祚的《字汇》、张自烈的《正字通》在当时及后代都有一定的影响。训诂学主要在“雅学”和方言俗语的研究上有一些新的建树。

明代语言文字学研究的另一个重要特点是中西文化交流给明代的学术研究注入了新鲜血液。明代后期，许多欧洲传教士来华宣传教义，他们带入了西方一些先进的科学技术，促进了中西文化交流。他们当中有些人还从事汉语研究，并有专著问世，如利玛窦著有《西字奇迹》、金尼阁著有《西儒耳目资》，这些著作启发了汉民族的一些语言学家，对后世的汉语

---

① 王力：《汉语史稿》，中华书局1980年版（2012年重印），第43—44页。

② 《毛诗古音考·自序》。

文改革也有启蒙之功。[①]

一　元明汉民族音韵学的新篇章

《红楼梦》中有一句名言："大有大的难处。"套用这句话看汉民族音韵学史的发展，就是"久有久的难处"了。元以前的音韵学研究成果虽然主要体现在韵书的编纂上，但自隋代陆法言作《切韵》以来，其后的韵书，如大都是在《切韵》的基础上演变而来，很少反映汉语变化的动态。从某种意义上来说，传统的束缚就是一大原因了。束缚越久突破越难，一旦有机会突破，那就是一种创新的境界。元王朝取代宋王朝，就给汉民族音韵学的突破创造了一个绝好的机会，从黄公绍的《古今韵会》到周德清的《中原音韵》，不失时机地把握住了这个千载难逢的机会，翻开了汉民族音韵学史上崭新的一页。

（一）《古今韵会》和《古今韵会举要》夺先声

元初，福建邵武人黄公绍[②]，于元世祖至元二十九年（1292）之前，编成《古今韵会》30卷。此书旁征博引，是宋元之际字书训诂的集大成之作，夺汉民族音韵学突破的先声。

《古今韵会》虽夺了先声，可惜此书早已失传，现在我们只能从与他所处年代不远的学者们的语论中间接地了解到一些关于《古今韵会》的信息。谢启昆《小学考》称其："上本《说文》，中参籀古，下极隶俗，以至律书、方技、乐府、方言、经史子集，靡不研究。"《仪顾堂续跋》评云："其为《韵会》也，盖以《礼部韵略》训释简略，故博考经史，旁及九流百家，增及注说；又采异体，异义，辨其正俗，以为馈贫之粮而已。"熊忠在《古今韵会举要·序》中也这样评价："在轩先生黄公公绍，慨然欲正千有余年韵书之失，始评字书，作《古今韵会》。大致本之《说文》、参以籀、古、隶、俗，《凡将》《急救》，旁行敷落之文；下至律书、

① 参阅李凭、全根先总纂《中华文明史》第七卷（元代），河北教育出版社1994年版，第331页；张安奇、步近智总纂《中华文明史》第八卷（明代），河北教育出版社1994年版，第428页；孟爱华《〈中原音韵〉研究概述》，《语文学刊》2009年第12期。

② 黄公绍约出生于1236年或之前，成长在一个官宦之家，有良好的家庭教育背景，深受理学思想影响（其父、其友、其师多以理学家名世），中年后郁郁不得志，晚境佞佛，卒于1292到1297年之间。参阅杨荫冲《〈古今韵会〉作者黄公绍生平考略》，《中国典籍与文化》2009年第2期。

方技、乐府、方言，靡不研究。而又检以七音、六书、凡经史子集之正音、次音、叶音、异辞、异义，与夫事物、伦类制度，纤恶莫不详说而备载之，浩乎山海之藏也。”仅从以上几家评论中可得知，《古今韵会》虽名曰“韵会”，其实并不是专门研究音韵的著作，而是广泛搜集文字义训，资料丰富的文字、训诂方面的集大成的作品。[①]

尽管《古今韵会》以杂著称，但其集自隋代陆法言作《切韵》以来汉民族音韵学资料之大成，为其门客熊忠于元大德元年（1297）改编成《古今韵会举要》打下了基础。

熊忠认为《古今韵会》卷帙浩繁，学者不易遍览，因而在它的基础上删繁举要、补阙拾遗，编成《古今韵会举要》30卷。这部书虽然仍依据宋刘渊的《壬子新刊礼部韵略》分为107韵，但已开始突破，即在实际划分韵类、声类时，已经参照了当时北方官话的实际语音。据《中华文明史》第七卷的研究，这主要表现在以下两方面。

第一，熊忠已经认识到了107韵和宋元时代的实际语音有很大差距，并且指出，旧韵分韵有很多不合理之处，主要是有同一韵的字分入不同韵中，也有不同韵的字并入同一韵。鉴于这种情况，他在排列韵字时，根据当时的语音系统做了一些改动。他把每一韵内同一韵母的字归在一起，并选用一个韵母为代表字，注明“已上按七音属某字母韵”。如东韵的公、东、通、空、同……组字后注“已上属公字母韵”，东韵的弓、穹、穷、虫、融、隆、戎等组字后注“已上属弓字母韵”。

第二，熊忠根据实际语音，对入声韵进行了调整。《切韵》音系的入声收尾，有－p、－t、－k之分，这在《广韵》中界限还很清楚。但《古今韵会举要》则完全打破了它们之间的界限，许多按旧韵应分为三种不同韵尾的韵部，在此书中往往属于同一字母韵。这正好可以与20余年后的《中原音韵》把入声分别派入三声相印证，具体说明了入声消失的过程：先是收－p、－t、－k三种不同韵尾的入声韵合流，然后再逐渐转入平、上、去三声。

总之，熊忠的《古今韵会举要》虽然还算《切韵》系韵书，但其在实际划分韵类、声类时照顾了当时的实际语音，已隐含了元代的语音系统，这为汉语语音研究摆脱旧的体系做出了贡献，故而真正成为《中原

---

① 参阅张凡《〈古今韵会〉与〈古今韵会举要〉》，《贵州教育学院学报》2000年第6期。

音韵》完全脱离旧韵书而对实际语音进行描写之先声。[①]

（二）开新篇：元代《中原音韵》摆脱羁绊

元代的语言学研究，以音韵学成就最高。在《古今韵会举要》的基础上，与传统韵书彻底决裂的周德清，完全根据当时的实际语音编著的《中原音韵》翻开了汉民族音韵学史新的一页。

了解汉民族音韵学史的人都知道，陆法言以后的《切韵》系韵书，都遵循《切韵》的分韵标准，不顾当时的实际语音。宋、元时代的文人依据它们赋诗填词时，很明显地感觉到韵书和他们的口语有差别。因而，金元时代的某些韵书，如韩道昭的《五音集韵》、熊忠的《古今韵会举要》等，都做了局部改革。而周德清写成的《中原音韵》，则彻底打破了旧韵书的体系，完全根据实际语音而来。

周德清，江西高安人。元代戏曲家、音韵学家。他根据元曲名家作品的用韵，编成了具有划时代意义的两卷本《中原音韵》一书。此书于泰定元年（1324 年）完成初稿并被传抄，后经修改，于元统元年（1333 年）定稿并正式刻印。对于《中原音韵》所代表的音系，一般认为是元代的大都音系[②]，即当时的“雅音”（官话语音），其内容包括三个方面：

第一部分，曲韵韵谱，是北曲创作和演唱者审音定韵的标准。周德清提出：“欲作乐府，必正言语，欲正言语，必宗中原之音。”[③] 所谓“中原之音”，也就是指元代已经开始形成的，在当时北方河北、河南等地，各种场合通用的共同语言。周德清以“中原之音”为依据，以北曲杂剧作品为对象，总结其发声规律，收集了北曲中用作韵脚的常用单词 5000 多个，将声韵规范为 19 个韵部，每个韵部之下又分为平声、上声、去声。入声在当时北方方言中实际已无，故分别派入平、上、去三声之中，平声则又分为阴平和阳平。

第二部分，“正语作词起例”，主要论述曲韵韵谱的编制和审音原则，以及宫调曲牌和作曲方法等。周德清说明韵谱只收 5000 多个单字，有些

---

① 李凭、全根先总纂：《中华文明史》第七卷（元代），河北教育出版社 1994 年版，第 332 页。

② 关于《中原音韵》的音系基础有三种不同的意见：第一种认为《中原音韵》的音系基础是北方话；第二种认为《中原音韵》的音系基础是大都话。第三种认为《中原音韵》的音系基础是河洛话。详见孟爱华《〈中原音韵〉研究概述》，《语文学刊》2009 年第 12 期。

③ 《中原音韵·自序》。

单字则不宜作为曲韵韵脚。对一些易误混为同音的词，也列表两两对比，加以区别。他列举了北曲中常用的 12 个宫调和 335 支曲牌。每个宫调下列有属于此宫调的各种曲牌。另外，周德清还对元代北曲 17 宫调的调性色彩，分别作了描述说明。

第三部分，“作词十法”，主要表述了周德清的曲学理论主张。“十法”为：知韵、造语、用事、用字、入声作平声、阴阳、务头、对偶、末句和定格。“知韵”就是要求作曲者掌握北曲声韵规律，“究其词之平仄阴阳”，“考其词音”。“造语”是要求作曲时注意遣词造句，务造“俊语”并以“语、意俱高为上”。“用事”，周德清要求“明事隐使，隐事明使”，也即在运用古事时做到既含蓄又浅显，雅俗共赏。“用字”则是说“作曲切不可用生硬字、太文字、太俗字、衬垫字”。“入声作平声”是言入声作平声时不可不谨。“阴阳”是说阴平字和阳平字的用法。“务头”则是说要“知某调、某句、某字是务头，可施俊语于其上”。“对偶”则言扇面对、重叠对、救尾对。“末句”则讲曲尾末句的做法。“定格”是列举（仙吕）（中吕）（南吕）（正宫）（商调）（越调）（双调）所属曲牌的曲子，以及马致远［双调·夜行船］《秋思》一套散曲，作为定格，每支曲牌后各有评语，以这些定格曲牌作为作曲者的范本。①

《中原音韵》完全摆脱了传统仿古韵书的羁绊，开创了与《切韵》系韵书相对立的北音韵书，在古代韵书发展史上形成独立的一派，成为北音系韵书的始祖和代表作。更为重要的是，它反映了当时活的语言，为我们了解宋元时代的语音、研究汉语语音史提供了宝贵的材料。有人认为，在中古音向近代音转变的关键时刻，周德清及关汉卿等元曲大家选择以大都为主的北方口语音系为标准音，符合汉民族共同语以北京音为标准音、以北方话为基础方言的历史发展趋势。他们对汉民族共同语的贡献，可以与差不多和他们同时代的但丁、薄伽丘等人之于现代意大利语的贡献相媲美。但丁、薄伽丘等人也是以他们的杰作，促使以多斯岗方言为基础、以佛罗伦萨语音为标准音的现代意大利语形成。因而《中原音韵》一书的出现对近代汉语向现代汉语的发展具有划时代的意义。②

---

① 360 百科（http：//baike. so. com/doc/6715357 –6929401. html）。

② 参阅李凭、全根先总纂《中华文明史》第七卷（元代），河北教育出版社 1994 年版，第 333—334 页。

（三）“音韵蜂出”：明代音韵学一派繁荣

在元代汉民族音韵学开新篇的基础上，有明一代则“音韵蜂出”①。与其他朝代相比，明代音韵学著作无论在数量还是种类上，都有了很大发展，各类音韵学著作竞相出现，争奇斗艳，一派繁荣景象。单就韵书而言，据初步统计，流传至今的有70多部，其中包括《洪武正韵》系韵书，如乐韶凤、宋濂《洪武正韵》，杨时伟《洪武正韵笺》等；等韵化韵书，如乔中和《元韵谱》、李登《书文音义便考私编》等；蒙学类韵书如兰茂《韵略易通》、莫铨《音韵集成》等；诗韵类韵书如潘恩《诗韵辑略》、李攀龙《诗韵辑要》等；词曲类韵书如朱权《琼林雅韵》、胡文焕《文汇堂词韵》、陈铎《词林韵释》等；古今韵韵书，如张之象《韵经》、陈士元《古今韵分注撮要》等；反映方言的韵书，如戚继光《戚林八音》、郝敬《读书通》等。②

明代音韵学的发展可以万历元年（1573年）为界，大致划分为两个阶段，明初至隆庆末年为前期，著作较少，大都以羽翼《洪武正韵》为宗旨；万历元年至明末为后期，它一反前期的冷落状态，著作丰富，水平较高，而且体现出一定的创新意识。令人称奇的是明代衰落，各种社会矛盾日益激化，而音韵学研究为什么会如此繁荣呢？

究其原因，虽然复杂，涉及政治、思想、文化、学术、经济、语音演变等诸方面，但明代科举八股文讲究骈偶对仗的声律要求，并以八股取士，于是，解除“官韵”制约的明代科举，客观上对明代汉民族音韵学的发展和传播起到了特殊的促进作用。这是为什么呢？

《汉民族史记》第五卷曾言及科举制萌芽于南北朝，始于隋而成于唐，宋承唐及明都行此用人制度。要明白八股取士对明代汉民族音韵学发展的促进作用，有必要先对明代科举的内容进行一番考察。

明代科举始于洪武三年（1370年）丁酉，诏定以经义取士。③《明史·选举志二》云：

> 科目者，沿唐、宋之旧，而稍变其试士之法，专取四子书及

---

① 《颜氏家训·音辞篇》。

② 参阅李子君《科举与音韵——明代音韵学繁荣的原因》，《长春大学学报》2008年第6期。

③ 《明太祖实录》卷二二。

《易》《书》《诗》《春秋》《礼记》五经命题试士，盖太祖与刘基所定。其文略仿宋经义，然代古人语气为之，体用排偶，谓之八股，通谓之制义。

明初科场，考试的内容比较广泛，“自洪武三年版，第一场经义一篇，限五百字，《四书》义一篇，限三百字；第二场礼乐论，限三百字；逮至第三场，时务策一道，务直述，不尚文藻，一千字以上”①。三场之后，还要考试骑、射、书、律。洪武十七年（1384年）颁布新的考试程式，第一场试《四书》三道，二百字以上；经义四道，三百字以上。对考试的范围及标准也作了明确规定：“《四书》主朱子《集传》《易》主程《传》、朱子《本义》，《书》注蔡氏《传》及古注疏，《诗》朱子《集传》，《春秋》主左氏、公羊、穀梁三《传》及胡安国、张洽《传》，《礼记》主古注疏。”② 永乐年间，注疏废弃不用，颁布《四书大全》《五经大全》《性理大全》，合称《五经四书性理大全》，以之为命题范围和标准答案。③ “经义之文，自天顺以前，作者第敷衍传注，或整或散，初无定式。而成化以后，始有八股之号。嗣是以来，文日益盛，而至于隆庆及万历之初，其法益巧以密。”④ 由此可见，明初科举文体无论在形式上还是内容上都比较自由，具有一定的发挥空间，直至成化二十三年（1487年），完全程式化的八股文正式确立⑤，一直到光绪二十七年（1901年）十月下诏废八股，这种文体延续了近五百年。周作人在《论八股文》中指出：“因为八股是中国文学史上承先启后的一个大关键，假如想要研究或了解本国文学而不先明白八股文这东西，结果将一无所得，既不能通旧的传统之极致，亦遂不能知新的反动之起源。”⑥ 可见作为一种科举文体，

---

① （明）郎英：《七修类稿》卷十四，上海书店2001年版。

② 《明史·选举志二》。

③ 明代科举废弃古注疏的时间，史学界尚无定论，多数学者认为在永乐年间颁定《五经四书性理大全》时，正史如《明史·选举志二》云：“永乐间，颁《由书五经大全》，废注疏不用。其后，《春秋》亦不用张洽《传》，《礼记》丛用陈皓《集说》。”野史笔记如郑晓亦云：“乃后尽弃注疏，不知始何时。或曰始于颁《五经大全》时，以为诸家说优者采入故耳。”载郑晓《今言》卷一，中华书局1984年版。

④ （清）戴名世：《丁丑房书序》，《戴名世集》卷四，中华书局1986年版。

⑤ （清）顾炎武：《日知录》卷十六，商务印书馆1926年版。

⑥ 周作人：《论八股文》，《看云集》，河北教育出版社2002年版。

八股文对中国传统的政治、学术、文化、社会风习及思维方式等社会生活的各个方面，都产生了深远的影响[1]。

那么，八股文具体是一个什么样式呢?

八股文，又称“制艺”“时艺”“时文”“八比文”等，因题目的来源，分称《四书》文和《五经》文。科举作文以《四书》《五经》命题始于元仁宗皇庆二年（1313 年），“专立德行明经科，明经内《四书》、《五经》以程子、朱晦庵注解为主，是格物致知，修己治人之学”[2]。至明永乐十五年（1417 年）四月，颁布《五经四书性理大全》，对考试内容、命题范围作了统一规定，以经义取士遂成定式，终明及清末四百多年相沿不变。每篇八股文由两大部分组成：第一部分依次为破题、承题、起讲、领题；第二部分是正文，分起股、中股、后股、束股四段，每一段有两股，要求相对成文，体用排比对偶。

有比较才有鉴别。讨论八股取士对明代音韵学发展的作用，必须与另一个汉语音韵学发展的重要阶段宋代相对照。

宋承唐五代之制，主要以诗赋取士。诗赋都讲究押韵，而韵书则具有作为考官、士子共同遵守的审音定韵标准的功能，所以宋朝才不惜动用大量人力、物力组织韵书的编纂。隋唐韵书皆由私家撰作，宋初虽也有私人著作行世，但很快为朝廷官修、诏令颁行的官修韵书所取代，这是宋代韵书编纂的一大特点。宋代诗赋考试主司限韵的依据是“官韵”，景祐四年（1037 年）以前是《景德韵略》，以后是《礼部韵略》。宋代诗赋取士虽然客观上刺激了音韵学的发展，奠定了其在汉语韵书史上的重要地位，但不可否认，宋代“官韵”不仅对诗赋创作是一种束缚，对宋代音韵学的发展也是一种羁绊，“一部《礼韵》，遂如金科玉条。不敢一字轻易出入。……宋省监申明，儒绅论下，《韵略》集注，殆且五十余家”[3]。许多音韵学者只能在增修、增补《礼部韵略》上竭才尽智，拘拘然不敢越雷池一步，凡所修订，必上呈礼部看详，裁定取舍，这种刻板的制度，就极大地制约了音韵学的发展。

---

① 启功、张中行、金克木《说八股》（中华书局 2000 年版），王凯符《八股文概说》（中华书局 2002 年版），邓云乡《清代八股文》（河北教育出版社 2004 年版）等著作，都对八股文在历史上的积极作用给予肯定。

② 《元典章·礼部四》卷三一，《学校·科举程式条目》。

③ （元）熊忠编撰:《古今韵会举要》自序。

明代的情况与宋代恰恰相反，朝廷明令罢黜诗赋，专用经义取士，以《四书》《五经》命题，散文创作无需“官韵”作依凭，明初虽有官修《洪武正韵》颁行于世，但那只不过是朱元璋宣扬文治教化的一种手段，宋濂《洪武正韵·序》即云：“当今圣人在上，车同轨，而书同文，凡礼乐文物咸遵往圣，赫然上继唐虞之治。至于韵书亦入辰虑，下诏词臣随音刊正，以洗千古之陋，习猗盛哉！”[①] 吴沉的《洪武正韵·序》亦云：“惟皇上以神圣之资，顺天应人，既戡定海宇，以建一统之基，复大修文教，以绍哲王之治，重念旧韵杂以吴音，而非中华之音，遂命翰林侍讲学士臣乐韶凤、臣宋濂等纂集修定，而质正于左御史大夫臣汪广洋、右御史大夫臣陈宁、御史中丞臣刘基，书成赐名《洪武正韵》。……字画正而天下之文无不同，音韵正而天下之声无不同，协天下之中和，定亿兆之心志，不但一洗前代韵学之陋，而千万世得以有所遵守，猗欤盛哉！”[②] 可见其并不服务于科举，其功用与宋代“官韵”完全不同。所以明代官方垄断韵书编纂的局面，除一部《洪武正韵》外，音韵学著作都是由私家撰作的，作者的身份地位形形色色，上到王公巨卿，下至文人学士、僧侣，甚至连外国人也参与了音韵的研究，正是“人各操觚，遂成一时风气”[③]。这就是明代音韵学发展的显著特点。

由宋代的韵学在官，到明代的韵学在野，是音韵学发展的一大进步，它不仅有利于音韵学者充分发挥自己的聪明才智，也有利于音韵学的普及与繁荣。因此可以说，八股文虽然束缚了明代士子的思想，但对音韵学的发展却是一种解放，音韵学者脱离了“官韵”樊篱，韵书编纂依据语音演变规律或个人对语音演变规律的认识而行，因而明代音韵学才呈现出群星璀璨的繁荣景象。[④]

在此，先要回顾一下汉民族音韵学的简史和分类。所谓音韵学是研究古代汉语各个历史时期声、韵、调系统及其发展规律的一门传统学问。音韵学研究已经有一千多年的历史，其研究对象一般是元朝以前的汉语语音。按清儒的分法，音韵学分为今音学、古音学和等韵学三个分支。所谓

① 《洪武正韵》（七十六韵本）卷首，明刊本。

② 《洪武正韵》（八十韵本）卷首，明刊本。

③ 谢国桢：《增订晚明史籍考》，上海古籍出版社 1981 年版。

④ 本节参阅李子君《科举与音韵——明代音韵学繁荣的原因》，《长春大学学报》2008 年第 6 期。

今音学，研究对象是以切韵系统为代表的唐宋音系；古音学则是指先秦到隋朝的语音研究。等韵学则是来源于解析韵书，诠释反切的韵图。[①] 明代“韵书蜂出”，音韵学研究的成果集中表现在古音学和等韵学两个方向上。

1. 破除“叶音之说”：明代古音学的开创

在明代，要建立起科学的古音系统，关键是要破除“叶音之说”。所谓“叶音之说”是在没有确凿根据的情况下，强改字音以求押韵和谐，并非探明了韵字的本音。简言之“叶音之说”就是“转注”论。其根本错误，就在于对古韵采取一种形而上学的观点，而非历史的观点，不懂得语音是发展变化的。其后果，则是一个字可听出许多的音，造成汉字读音的极大混乱。明代研究古音的学者，比较著名的有杨慎、焦竑、陈第等人。

杨慎（1488—1559 年）的古音著作很多，有《转注古音略》《答李仁夫论转注书》《古音拾遗》等多种。他对《切韵》系韵书与上古音不同虽有一定的认识，他说：“自沈约之韵一出，作诗者据以为定，若法家之玉条金科，而古学遂失传矣。故凡见于经传子集，与今韵殊者，悉谓之‘古音转注’也。”[②]“古音转注”即程可久说的“四声互用，切响（指声母相同）通用”。不过，杨慎特别强调：“原古人转注之法，义可互则互，理可通则通，未必皆‘互’皆‘通’也。如‘天’之字为‘天、忝、舔、铁’，是其四声也；他年初之外有铁因切，是其切响也。其音‘忝、舔、铁’三音皆无义，而不可转，‘铁因’之切则与方言叶，故止有‘切响’可通，而四声不互也。”[③] 可见杨慎还不懂得上古语音也有时地不同的问题，也不懂得字有定韵，不存在什么“叶音”问题。所以，他谈古音，还是执今音部分妄以通转古音。“转注”论的根本错误还是立足于今音去看古音，不了解古音有自己的系统性，有自己严密的韵部系统，不能临时“转”来“转”去。故杨慎在理论上还不够明确，成就不大。

杨慎之后，首先是焦竑（1540—1620 年）旗帜鲜明地写出了《古诗无叶音说》的专论。焦竑说：

> 诗有古韵今韵，古韵久不传，学者于《毛诗》《离骚》皆以今韵

① 参阅赵芸《浅谈明代古音学研究》，《济南职业学院学报》2013 年第 6 期。

② （明）杨慎：《答李仁夫论转注书》。

③ 同上。

> 读之，其有不合，则强为之音，曰：此，“叶”也。予意不然，如《驺虞》——“虞”也，既音“牙”而叶“葭”与“豝”。又音“五红反”，而叶“蓬”与“豵”。“好仇”——“仇”也，既音“求”，而叶“鸠”与“洲”。又音“渠之反”，而叶“逵”。如此，则“东”亦可音“西”，“南”亦可音“北”，“上”亦可音“下”，“前”亦可音“后”。凡字皆无正呼，凡诗皆无正字矣。岂理也哉！[①]

接着陈第出来高举了批评“叶音之说”的大旗。陈第在少年时代就接受了叶音之说不可信的教育。他说：“余少受《诗》家庭，先人木山公尝曰：‘叶音之说，吾终不信。以近世律绝之诗叶音者且寡，乃举三百篇尽谓之‘叶’，岂理也哉！然所从来远，未易遽明尔。竖于他日有悟，毋忘吾所欲论著矣。’余于时默识教言，若介于胸臆。故上综往古篇籍，更相触证，久之豁然自信也。”[②] 后来他读了焦竑的《笔乘》，对于“古诗无叶音”的主张，深表赞同，认为“此前人未道语也”。万历三十二年（1604 年）春他来到南京，这年秋末，造访焦竑，“谈及古音，欣然相契”[③]。然后借焦氏所藏韵书古本，记忆旧稿，复加编辑。脱稿后，焦氏又为“补其未备”。《毛诗古音考》就是在这里正式定稿的。又过了十年，也就是万历四十一年（1613 年），陈第又写了《屈宋古音义》，这两部著作都有焦竑写的序言。

陈、焦的学术切磋和合作成了汉民族音韵学史上的一段佳话。两位杰出学者就一个双方都非常关注的问题相互切磋，这音韵学研究水平的提高，无疑有着重要的意义。可以说陈第的《毛诗古音考》，既融入了先代学者的研究心得，更倾注了其父及焦氏的心血。正因如此，这部大作不仅成了古音学史上的一座里程碑，同时也为清代训诂学的兴起打下了基础。因为清代的训诂学是以占音韵学为枢纽的，而陈第则是古音韵学的开创者。[④]

---

① （明）焦竑：《焦氏笔乘》卷三。

② 《屈宋古音义》跋。

③ 《毛诗古音考》跋。

④ 以上参阅胡苏《略论陈第对古音学的贡献》，《现代语文》2006 年第 2 期；赵芸《浅谈明代古音学研究》，《济南职业学院学报》2013 年第 6 期；张安奇、步近智总纂《中华文明史》第八卷（明代），河北教育出版社 1994 年版，第 429—430 页。

陈第在古音研究史上的贡献主要有两个方面：

第一，他彻底批评了“叶音”说，在观念层面他用历史的眼光看待古今音的差异，认为古今音的不同，有一个历史变化的过程，是一种必然。其在《毛诗古音考·自序》中说：“盖时有古今，地有南北，字有更革，音有转移，亦势所必至，故以今之音读古之作，不免乖刺而不入，于是悉委之‘叶’。夫其果出于‘叶’也？作之非一人，采之非一国，何‘母’必读‘米’，非韵‘杞’、韵‘止’，则韵‘祉’、韵‘喜’矣……厥类实繁，难以殚举；其矩律之严，即《唐韵》不啻，此其故何耶？又《左》《国》《易·象》《离骚》《楚辞》、秦碑汉赋，以至上古歌谣箴铭赞诵，往往韵与《诗》合，实古音之证也。”他认为古今语音有别，后人所谓“叶韵”的音，正好是古人本有的语音。此后的古音学家都接受了焦、陈的影响，明白了语音有古今之别，古诗自有其韵，不能依据今音来研究古韵，“叶音”说也就被彻底否定了。王国维称赞陈第的“古本音不同今韵”之说是古音研究史上的三大发明之一。[①]

第二，他确定了古音的研究范围，在方法论层面上用自己的研究实践，给学术界提供了探求古音的途径和方法。陈第具有明确的历史观念，他认为古音研究的下限是秦汉，主张以《诗经》《楚辞》等先秦韵文为古音研究的材料。他的《毛诗古音考》主要采用由个别到一般的归纳法来研究周秦古音、考证《诗经》音读，并创立“本证”“旁证”以明古读。所谓“本证”，即“《诗》自相证也”；所谓“旁证”，乃“采之他书也”。如果既无“本证”，又无“旁证”，“则宛转以审其音，参伍以谐其韵”。所考每字之下，先是注语，次列“本证”，再列“旁证”。他用这种方法共考证《诗经》中“其音合于古而异于今者，凡五百字”；后来又作《屈宋古音义》一书，考订《楚辞》中“合于古而异于今者”234 字[②]，并给这前后所考的600余字一一注音。有了这样的归纳工作和注音工作，距离上古韵部建立也就为期不远了。

尽管陈第没有归纳出古韵分部系统，所确定的“古读”也仅仅是一种假设，其具体音值并不一定妥当，但由于他对古音研究有正确的理论认

---

① 王国维：《观堂集林·五声说》。

② 其中80余字与《诗经》所考相同，不再另考，注明“详见《毛诗古音考》”。

识和较为科学的操作方法，因而他的古音研究成绩，不仅超过了他的前辈，而且还启迪了顾炎武、江永等清代古音学家，为清代学者就古韵而求古音提供了理论依据。可见，明代研究古音最有成绩的当推陈第，他第一个明确提出语音发展的观点，彻底推翻了流行很久的“叶音”之说，从观念上和方法上为古音研究开辟了新路。①

2. “盛行于世”：明代等韵学的初步繁荣

在明代汉民族古音学开创之时，明代的等韵学在宋元等韵研究的基础上，也出现了初步繁荣的局面。清人刘献廷在《广阳杂记》中说：“当明中叶，等韵之学盛行于世……学者目参禅为大悟门，等韵为小悟门。”可见当时学者对等韵学的重视程度。

在这种社会风气的影响下，明代出现了数十种等韵学著作，主要有徐孝的《司马温公等韵图经》、佚名的《韵法直图》、李世泽的《韵法横图》、袁子让的《字学元元》、桑绍良的《青郊杂著》、方以智的《切韵声原》、叶秉敬的《韵表》等。

徐孝所著《司马温公等韵图经》附在明人张元善编的《合并字学篇便览》一书之后，简称《等韵图经》，成书于明万历三十年（1602年）。此书是徐氏根据当时河北方言的语音对《切韵指南》加以归并而成。书中将16摄并为13摄；将36字母删并成22声母；把原来的入声字分别派入上、去和阳平，并称阳平为“如声”。因而，此书虽然打着司马温公的旗号，但实际所反映的音系已与传统韵书的音系大不相同了，较好地反映了北方话语音的发展变化。

《韵法直图》和《韵法横图》都附在明人梅膺祚的《字汇》一书之后。它们都是直接表示当时的读书音，分韵列韵图流行的范围很广，对等韵学的发展有很大影响。后代仿照这两种韵图而作书很多，逐渐形成了分别以《韵法直图》和《韵法横图》为代表的两种系统的韵图。一般认为，这部韵图所反映的音系是中原地区的共同语的语音，而且主要是记录当时书面语的读音，即读书音。

佚名的《韵法直图》在分析字音、分韵列字方面还存在不少缺点，分“呼”也有不科学的地方，但它的意义和影响却十分重大。一是变

---

① 以上参阅张安奇、步近智总纂《中华文明史》第八卷（明代），河北教育出版社1994年版，第429—430页；胡苏《略论陈第对古音学的贡献》，《现代语文》2006年第2期。

“等”为“呼”的先驱之一，而这种变革符合实际语音的变化；二是它对韵类的划分，也是从实际语音出发的，摆脱了传统韵书的束缚，所使用的韵目也与前代有所不同，为后代韵图所继承；三是它经常从韵头、韵尾各方面来区分韵类，对后来“四呼”的形成和定型化有重大意义。可见，此书改变了传统韵图的型制，具有承前启后的作用，在汉语等韵学史上占有重要地位，后代的许多韵图都是仿照它制作的。

李世泽的《韵法横图》原名《切韵射标》。因为它的韵图在列图格式上横列36字母，纵列开、齐、合、撮、混五呼，与《韵法直图》相反，所以梅膺祚将它改名为《韵法横图》。

全书所反映的语音基本上也是明代的读书音系统，但与《韵法直图》所反映的音系有些差异。此书问世后，影响也很大，后代也出现了一系列仿照它而制的韵图。

总之，明代汉民族等韵学最主要的特点是摆脱了中古韵书的影响，而以反映当时当地的实际语音为研究目的。这是汉语等韵学上一个具有划时代意义的重大进步。[①]

二　明代中西交融汉语注音的开端

明代既是汉民族走向世界新时期之开端，又是世界走进汉民族的新时代之肇始。

明代来华的传教士到中国后，我们很难想象当时他们学习汉语的艰难：因为汉语“吐字单音，同音异义，四声有别。字如绘画，言文不一”[②]。当时汉字是一种不用字母的文字，没有任何词典，没有任何参考书，也没有专职的教师。于是利玛窦先在记忆上寻求技巧，在南昌时还因此写了《西国记法》一书。他学习汉语的记忆方法之一是用形象的“拆字法”，如“要”字是一个从西部部落来的女子；“好”字是怀抱孩子的女仆；“利”字是收割庄稼的农民，等等。后来不但自己精通中文，还经常给别的西方传教士上中文课，他讲课的课本就是《四书》。利玛窦之所以能很快通晓汉语、汉文，除了靠看图识字和讲究记忆方法外，更有效的

① 以上参阅张安奇、步近智总纂《中华文明史》第八卷（明代），河北教育出版社1994年版，第431—432页。

② 朱维铮：《利玛窦中文著译集》，复旦大学出版社2001年版，第247页。

是还靠用拉丁字母注音帮忙。这样，利玛窦就成了用拉丁字母给汉语注音的首创人[①]。所以，汉语拼音的鼻祖就是利玛窦。

利玛窦在用拉丁字母给汉字注音方面经历了几个阶段。首先，在肇庆时。他曾和罗明坚一起合编过一本《葡华字典》（中文名为《平常问答词义》），共189页，每页分3栏：第一栏是葡萄牙语词条，第二栏是罗马字拼音。第三栏是汉字，方豪[②]称之为“第一部中西文字典”[③]。但这本字典并不完全。1598年，利玛窦与郭居静首途北京时，在华人修士钟鸣仁的帮助下，编了一本“中国词汇”，该“词汇”已经采用西文注音的方法，但已亡佚。真正体现利玛窦在给汉字注音上的贡献的是1605年刻于北京《西字奇迹》。这部只有6页的书，是“我国音韵史上，第一部用拉丁字拼汉字的音韵学著作”[④]。这部著作是据3幅宗教画写成的3篇文章组成：第一幅画题目是“信而步海，疑而即沈”；第二幅是“二徙闻实，即舍空虚”；第三幅是“淫色秽气，自速天火”，文章合387字。利玛窦用拉丁字母给他的文章注音，从而形成了利氏注音系统。“利氏注音系统”参照了意大利话和葡萄牙语的发音规则，并吸收了中国音韵学的成果；它有26个声母和44个韵母组成，并有5个音调符号，代表阴平、阳平、上声、去声和入声。这个系统虽有不够完善之处，但作为开山之作，为后来的汉语拼音方案奠定了基础。

更为完善、更为系统化的汉语拼音系统是20年后耶稣会士、法国人金尼阁（Nicolas Triganlt）[⑤] 所写的《西儒耳目资》。1625年（明天启五年）金尼阁对利玛窦的罗马字拼音方案加以修改扩充，用5个月时间写成该书，并于1626年在杭州出版。陈垣在重印《西字奇迹》跋言中说：“金尼阁著《西儒耳目资》即师其（利玛窦）法。”[⑥] 名为《西儒耳目资》

---

① 张奉箴：《利玛窦和金尼阁的中文拉丁注音》，《纪念利玛窦来华四百周年中西文化交流国际学术会议论文集》，辅仁大学出版社1983年版，第88页。

② 方豪（1910—1980年），浙江杭县（今浙江杭州）人。历史学家，天主教神父。出生于基督教圣公会家庭。后改宗天主教。

③ 朱维铮：《利玛窦中文著译集》，复旦大学出版社2001年版，第247页。

④ 张奉箴：《利玛窦和金尼阁的中文拉丁注音》，《纪念利玛窦来华四百周年中西文化交流国际学术会议论文集》，辅仁大学出版社1983年版，第89页。

⑤ 一说金尼阁是比利时人。

⑥ 朱维铮：《利玛窦中文著译集》，复旦大学出版社2001年版，第288页。

者，意即以之作为来华的西士学习中文之资助也。[①] 徐宗泽的解释是“意谓为西士攻读华文之便，耳以听字之音韵，目以视字之拼合，拼合即以西字码拼成字之声”[②]。但该书序者之一张缊芳对此的理解是：“未观字之面貌，而先聆厥声音者，一稽音韵谱，则形象立现，是为耳资。既睹字之面貌，而即辨其谁何者，一稽边正谱，则名姓昭然，是为目资。”[③]

法国人金尼阁用罗马字母给汉字标音的《西儒耳目资》，成了汉民族语文史上的一部里程碑式的著作，它克服了汉字靠直音和反切合音的弱点，而采用音素拼音注读，使得汉字注音更显科学、正确与方便。该书之特点，金尼阁本人概括为：“以西学二十五字，辨某某为同鸣父，某某为相生之母。分韵以五仄，如华音平，则征分清浊焉。不期反而反，不期切而切，不体外增减一点画，不法外借取一诠释，第学二十五字，才一因重摩荡，而中国文字之源，西学记载之派，毕尽于此。”[④]

更重要的是，《西儒耳目资》提供了《中原音韵》与现代北方话之间有用的过渡阶段材料，从它的注音我们可以直接了解当时山西语音的实际音值。它的出现，对后代韵图的制作，以及汉语文的改革都有启蒙之功。[⑤]

三 元明汉民族文字学的新拓展

汉语和汉字虽历史悠久，但对它们的系统而规范的研究自古以来却甚为滞后。上述有关汉语音韵学的研究在长达 15 个世纪的岁月中，从 601 年隋代陆法言作《切韵》到 1324 年元代周德清的《中原音韵》问世，走了 723 年，然后才有了明代的“韵书蜂出”。而汉语和汉字的语法研究，以及字典的编纂更是严重滞后。而元代汉民族文人在传统压力有所减弱的环境下为汉语语法的研究开拓了一块处女地，汉语的第一本语法专著——《语助》应运而出；明代则产生了一部按检索部首排列的新型字典——

---

① 顾保鹄：《从利玛窦开始传入我国的西方科学》，载刘小枫《道与言》，生活·读书·新知三联书店 1996 年版，第 107 页。

② 徐宗泽：《明清间耶稣会士译著提要》，中华书局 1989 年版，第 322 页。

③ ［法］金尼阁：《西儒耳目资》，文字改革出版社 1958 年版。

④ 同上。

⑤ 本节参阅陈义海《基督教在中国的传播与汉语研究的科学化——明清之际基督教文化对中国文化的影响》，《盐城师范学院学报》2006 年第 6 期；张安奇、步近智总纂《中华文明史》第八卷（明代），河北教育出版社 1994 年版，第 432—433 页。

《字汇》。

（一）《语助》：开汉民族语法学之端

在讨论汉民族的汉语语法学史时，遇到的第一个问题就是在《马氏文通》问世前有没有汉语语法学的问题。对此问题学术众说纷纭，否定者有之，肯定者有之，模棱者有之。① 吕叔湘、朱德熙早在50年代初就说过："汉语的词是没有形态变化的，所以汉语的语法也可以分成句子的结构和虚字的用法两部分，不过这两部分不能完全分开，因为有些虚字是与句子结构有关系的。"② 这就为汉语语法学勾勒出大致的框架，说明汉语语法学与印欧语法学是有显著区别的。可以说，语法学科的成立至少应该具备以下四个条件：第一，要有特定的研究对象，即语言结构规律本身；第二，这种研究应该是独立的系统的，而不是顺带的零星片断的；第三，这种研究要有为一定目的服务的行之有效的方法；第四，要有比较系统、比较完整的著作作为标志，并且对当时和后世产生比较深远的影响。如果用这些条件来衡量《语助》，可以说元代卢以纬的《语助》标志着汉民族古代语法学科的诞生。

卢以纬，元代东嘉（今属浙江）人，所著《语助》成书于元泰定元年（1324年）。这部著作收61组虚词，以及跟虚词有关的短语，共128个词条，其中单音节词68个，复合词和短语62个，并对它们的语法意义、语法功能进行了研究。《语助》作为汉民族第一部虚词专著，其研究范围已大大超出了单纯虚词研究的樊篱，延伸和扩展到整个汉语语法领域。当时，胡长孺在《语助序》云：

> 予友卢子允武以文诲人，患来学者抱疚犹彼若，爰摭诸语助字释而详说之。见者目豁心悟，悉喻所谓，成人之意厚矣。……胡子阅而喜曰：吾为子序而公之。俾呻佔毕者或畅厥旨，请勿狭其惠于二三子。③

---

① 详见单辉《〈语助〉研究》，硕士学位论文，聊城大学，2005年，第27页。

② 吕叔湘、朱键熙：《语法修辞讲话》，中国青年出版社1979年版，第4页。

③ 胡长孺：《语助序》，见（元）卢以纬著、王克仲集注《助语辞集注》，中华书局1988年版，第183页。

从这段话可以看出《语助》虽是以蒙童课本面世，但并不影响它的学术价值，《语助》不仅在当时语言文字的学习上起到过重要作用，“它是从训诂学、辞章学里分离出来，独立进行虚字规律探索的第一本书，从这一点上，可以说《语助》一书的问世，便成了汉语语法学创立的一个朕兆”[①]。足见《语助》在汉语语法学史上的开创性地位。因为它有着独特的研究路子，即从语气角度对虚词进行分类和综合分析，重视虚词与实词在语法功能上的区别，有针对性地区别虚词在不同句法位置上的不同作用，注意到词和短语的区别，通过虚词的语法作用来分析句型句式等。应该说《语助》已不再是文字学、训诂学的附庸，而是开创了独立地对以虚词为重要内容的汉语语法进行综合研究的局面，构建了体现汉语语法特点的汉语语法学的初步框架，并且对清代袁仁林的《虚字说》、刘淇的《助字辨略》、王引之的《经传释词》，乃至马建忠的《马氏文通》等语法著作都产生了巨大的影响。因此，《语助》的问世是汉语语法学诞生的标志。

《语助》一出版，当即就受到重视。从《语助》出版开始至清代初年，三百多年间翻印了许多次。目前所能见到的就有五种版本，包括国内出版的三种和日本出版的两种。[②] 尤其在日本，从1633年到1717年，半个世纪之内两次重印《助语》，足见这部书的影响是十分巨大的。此书不仅一再翻印，而且明代就有人为它详加注释，从现存的读本中仍可看到。注释的作者虽不详，但从他为胡序作注，而在清初的版本已经出现的情况来看，当在明末清初之际，即距今三百多年之前注释就极为细致，其字数约为正文的六倍，对音读、词义、引文都一一加以说明，给读者带来很大的方便。清康熙年间，又出现了《助语辞补义》《助语辞补》两书。前者由魏维新、陈雷二人合著，对《语助》61条100多虚词的用法，逐条予以补充；对每一虚词的词类和词性作了概括说明，并分别进行解说，创造了按词性不同分列义项诠释虚词的方法，确定了解释虚词的范例。后者作者不详（一说亦魏维新），是对《语助》一书的发展，在卢书61条100余字之外，另列了63条，诠释了《语助》未收韵虚词127个，使诠释的

---

① 胡奇光：《中国小学史》，人民出版社1987年版，第228页。

② 日本出版的版本有：（1）天和三年癸亥（1633年）出版的《鳌头助语辞》。（2）亨保丁酉年（1717年）出版的《重订冠解助语辞》。

虚词总数达到255个，对汉语虚词的研究更臻完备。该书的特点是重视同义、近义虚词的比较研究，并在诠释之后加上言简意赅的结论性意见，给人以完整的印象。总之，这两部书是《语助》的延伸和扩大，是在《语助》影响下对虚词研究的进一步发展。

研究汉语语法学史的学者都很关注元代卢以纬的《语助》，但是对它的评价却是有分歧的。一种意见认为，《语助》是汉民族的第一部研究虚词的专著，是汉语语法学萌芽阶段的语法著作。另一种意见认为，既然虚词是汉语语法的重要内容，那么就应该承认作为研究虚词的第一部专著《语助》具有语法学的性质。还有一种意见认为《语助》不但是汉民族的第一部虚词专著，而且是汉语语法学的雏形，因为它体现了汉语语法学的基本特色。

很明显，前两种意见都承认《语助》是我国第一部研究虚词的专著，这种研究已不同于过去零打碎敲地研究，而是从大量文献中搜集材料，然后加以分门别类进行综合研究。这两种意见的不同之处为是否承认《语助》的语法学性质。第三种意见比第二种意见又进一步，敏锐地从语法学的共性和个性对立统一的观点出发，看到了《语助》是体现了汉语语法特点并初步构建了汉语语法学框架的价值。正如何容所说："考察一种语言有多少种性质不同的表意单位，和它们怎样配合变化以表示出很繁复的意思，而予以系统的说明，这是文法学的任务。"[①]《语助》抓住了汉语语法的作为语言结构中的重要环节虚词这个内容，特别重视运用比较的研究方法，从虚词角度切入进而触及句子内部或句际间的语义结构关系以及词类等问题。因此，《语助》不但是汉民族第一都研究虚词的具有语法学性质的专著，也应该说它是一部汉语语法学的开山之作。

作为中国汉语语法学的初创之作，《语助》是存在一些不足，最突出的当然是它所构建的语法体系还不够完善：第一，句法内容显然还不够完备，还缺少句子和短语结构成分和结构关系的阐述；第二，所用术语还显粗疏，特别是对某些重要语法现象还没有给予必要的概括。《语助》的不足正如一切语法学初创之作一样是不可避免的，但是它毕竟在汉语语法学发展道路上迈出了艰难而又关键的一步，宣告了汉民族古代语言学一个分支学科汉语语法学的诞生。[②]

---

① 何容：《中国文法论》，商务印书馆1985年版，第2页。

② 以上参阅单辉《〈语助〉研究》，硕士学位论文，聊城大学，2005年，第24、27—31页。

（二）《字汇》：拓汉民族字典编纂之路

《字汇》是明代至清初最为通行的字典。2009 年 1 月在沈阳铁西区六马路阎恩发老人的家中，发现了这本字典的“真身”①。无独有偶，6 月河北省迁安市一位王姓收藏者得到一部明万历年间《字汇》，经国家博物馆专家鉴定，这本“字典”为明代珍本，有较高历史价值。②

《字汇》是明代梅膺祚编纂的一部大型字典。梅膺祚，字诞生，宣城人。《字汇》成书于万历四十三年（1615 年），共 14 卷，收字 33179 个，该书属槐荫堂刻本，全名叫金陵槐荫堂刻本。《字汇》创立了汉字字典编纂原则，其对字典的编检方法有创造性的改进，并简化《说文解字》的部首为 214 部，改变过去收字排列混乱的缺点，按笔画多少编排，率先创立难字“检字表”，并在每卷之首编制部首表，注明每部所在页码。这一重大改进，一直为后世所采用，直到旧本《辞海》仍是按例编制。注音是先反切后直音，释义简明清楚。字典中还列有古今汉字的对照。

《字汇》这部字典刊行之后，人们的高度评价主要集中在两点：一是合并部首并按笔画多少编排部首及部属字，检字方便；二是正文与附录的有机结合，功能完备而实用。就连清人朱彝尊在《重刊玉篇·序》里也大加称赞，评价其为“今之塾师《说文》《玉篇》皆置不问，兔园册子专稽于梅氏《字汇》”。足见《字汇》在当时是受一般学者、老师、学生欢迎的。后来的《正字通》《康熙字典》的编纂也是“依据明代《字汇》”而“加以增订”③ 的。可见这部“世所通用”的通俗《字汇》在当时影响之大。《字汇》在汉民族辞书史上占有重要的地位，胡朴安在《中国文字学史》中说：

> 梅膺祚《字汇》十二卷，又首末二卷，其书以笔画之多少，为分部之次弟。自一画至十七画，列二百十有四部，统三万三千一百七十九字。每部中又以笔画之多少，为列字之次弟。卷首以一画至三十三画之字，分笔画之多少，总列于前，以便检字者之查。清《康熙字典》之分部，虽云依照《正字通》，而《字汇》则在《正字通》之前，则《正字通》亦出于《字汇》。《字汇》以笔画之多少分部列字，可谓为

① 《明〈字汇〉现于沈阳民间》，《沈阳日报》2009 年 2 月 1 日。

② 《明代“字典”〈字汇〉惊现河北迁安》，《燕赵晚报》2009 年 6 月 3 日。

③ 《康熙字典·提要》。

> 检字者开一方便之法门。自《说文解字》以据形联系分部以来，言文字学者，多遵守之，实则改篆为隶，已不得据形联系之迹，至改隶为真，则形变弥甚。《玉篇》略以字义之同类者分部，然检字颇觉不便……《字汇》以笔画之多少，为分部之次序，每部又以笔画之多少，为列字之次序，虽非检字至善之法，视前则进步多矣。直至今日，为检字计，较善于此者，除王云五之四角号码外，大多数尚缘用数笔画之旧，此《字汇》在文字学史上极可纪之一事也。①

这是我国第一部汉字学史给《字汇》编纂方法的定位，充分肯定了它的开创性与使用价值。

第八节　戏曲与小说：汉民族文学文化的重建

元、明两代是汉民族文学文化发展一个崭新的文化重建时代。

于是，在此时的社会环境中，铸成了元代汉民族文化精神，锻造出“最为高贵”的文化魂魄。元代的精神与魂魄在血脉上与宋代汉民族文化恰相沟通，如同“一江春水”般波涛相连，大气磅礴地打造出了一个汉民族戏曲史的黄金时代。② 下与明代汉民族文化直接传承，如同黄河、长江奔腾向东，气贯长虹地建构了一个汉民族小说史的黄金时代。

一　元代：汉民族戏曲史的黄金时代

在事物发展的过程中，波浪起伏是常态。

宋代汉民族文化的“文治盛世”造就了一个时代的文化高峰，元代汉民族文化在“郁闷和愤怒”之中，曾经作为士大夫精神载体的正统诗文虽然无可奈何地走向衰落，却生成了另外一种新的与传统诗词完全不同的诗体——散曲，它以极其通俗的形式从另一个侧面表现了处于被压抑境地的文人的心声，成为元代汉民族文化又一道引人注目的风景和一笔难得

---

① 胡朴安：《中国文字学史》，中国书店1983年版，第244—245页。

② 李凭、全根先总纂：《中华文明史》第七卷（元代），河北教育出版社1994年版，第409页。

的财富，从散曲发展成杂剧和南戏，从而大气磅礴地打造出了一个汉民族戏曲史的黄金时代。

（一）散曲的崛起

散曲从何而来？又为何能崛起，与唐诗、宋词并称，而为汉民族文学史上璀璨夺目的明珠——元曲？探究起来，汉唐以降，配上音乐而可以歌唱的诗，是由文字的“词”和音乐的“曲”两部分组成的，到了宋代，则把“词”作为一种新诗体的名称，元代“曲”成为继词而起可以歌唱的新诗体“散曲”的名称。一般来说，独立存在的散曲叫“清曲”，放在戏曲中，则称为“剧曲”。

散曲最初兴起于金末北方，尚未形成完整的体系。元统一全国的过程中，北方少数民族的音乐得以输入中原，在金代“俗谣俚曲”[①] 的基础上融入“胡夷之曲”“胡乐”，便形成了散曲。元人的散曲就是北曲。徐渭《南词叙录》中指出：“今之北曲，盖辽、金北鄙杀伐之音，壮伟狠戾，武夫马上之歌，流入中原，遂为民间之日用。”

通俗地说，散曲属于音乐化的诗体，用今天的眼光来看，它其实就是流行歌曲。只是在古代，同一支曲子被反复使用，作者不断地在相同的曲调里填入新的歌词，所谓“依声填辞”。散曲不但作为流行歌曲而存在，同时也是元代戏剧的组成部分。北杂剧和南戏就是将这些流行歌曲吸收进它们的体系，成为戏曲。故而元人所称之“曲”，包含了两种意思，既指散曲，也指戏曲，它们两家本有着亲缘关系。众所周知，词也是依声填辞的，它同样是一种音乐化的诗体，而且曾于宋代风靡一时。然而到宋代后期，词走入了一条狭窄的胡同，它不断地雅化，在格律上要求越来越严格，在句式、字数上制造出许多苛刻规定，这就使自己变得凝固和僵化，逐渐失去鲜活的生命力，终于不再流行了。就在这个时候，一种新的来自民间的歌曲悄悄地成熟起来，它取代了词的地位，成为新的流行歌曲，于是散曲崛起。[②]

散曲作为一种新诗体，最突出的特点是在语言上的变革和格式上的创新。在语言方面，采用方言口语，显得纯真自然。在形式上突破了词的某些限制，因而显得生动活泼。在结构形式上，词多为上下两阕，也有三阕的，而曲却变为单阕体，如有必要，可用（幺篇）形式变为多阕；词的

---

① （金）刘祁：《归潜志》。

② 参阅王小舒《中国审美文化史·元明清卷》，上海古籍出版社 2013 年版，第 33 页。

字数、句数多有定格，而曲虽大体有定格，却有较大的灵活性和伸缩性，可以增句、减句、拆句、并句，亦可增字、减字等，同一曲牌用于不同场合，句格、字格并不相同。在音韵上，词用平水韵，曲用以北方口语为基础的中原音韵；词有入声，曲入派三声，曲韵还分上去、辨阴阳；词韵避同字，平仄往往分押，一首词可以换韵，曲韵则不避同字，平仄合押，一韵到底。在语言上，曲的语言较为口语化，可以大量运用衬字、虚字，而且用语不避重复，对仗形式也比较丰富，这都增强了曲的表现力和生动性。在艺术风格上，诗词贵雅，曲则尚俗；诗词忌纤巧，曲则贵尖新；诗词忌油滑，曲则多带诙谐。在格式方面，打破了诗的五、七言格局，以长短句格式出现，这一点虽与词相同，但比词更解放。[①]

据隋树森《金元散曲》辑录，元代散曲作家 200 余人，作品 4300 多首，其中小令 3850 余首，套曲 450 余套。散曲的出现和初步流行始于金末，创作可分前、后两期，大略以仁宗年间为界。

1. 延祐前期散曲作家文化生态

前期散曲作家的活动中心在大都（今北京），作家队伍中有地位显赫的达官贵人、文人雅士，如刘秉忠、杨果、卢挚、姚燧等；有著名的杂剧作家、书会才人，如关汉卿、白朴、王和卿、马致远等；还有教坊艺人，如珠帘秀等。由于作家的社会地位不同，思想感情各异，艺术素养差别也很大，使前期散曲呈现出丰富多彩的局面，散曲作为一种新兴的诗歌样式逐步走向成熟和兴盛。前期散曲多为酒席宴上即席之作，所以在生动、自然、本色、豪放等方面超过后期，但在反映社会内容的广泛性和艺术风格的多样化上不如后期。

前期散曲作家文化生态状况最好的，是那些杂剧作家、书会才人。他们的作品既保留了民间文艺通俗质朴、平易自然的意趣，又融会了文人的情感和才华，从而提高了散曲的艺术境界，其中以马致远的状态最好。他扩大了散曲的题材领域，提高了散曲的艺术意境，散曲至此堂庑[②]始大，体制始尊。其作品内容主要有叹世、咏景和恋情三类。叹世之作，既有“老

---

① 参阅李凭、全根先总纂《中华文明史》第七卷（元代），河北教育出版社 1994 年版，第 433 页；郑师渠总主编，任崇岳分册主编《中国文化通史·辽西夏金元卷》，北京师范大学出版社 2009 年版，第 288 页。

② 堂庑：指堂及四周的廊屋。亦泛指屋宇。

了栋梁才”“恨无上天梯”的感慨，又有“白发劝东篱，西村最好幽栖”的隐逸思想。代表作《双调·夜行船·秋思》套，表现了对人世间一切功名利禄的鄙弃和对人生若梦的感叹，以及对“密匝匝蚁排兵，乱纷纷蜂酿蜜，闹嚷嚷蝇争血”的污浊现实的愤慨。语言爽朗流畅，人们评为“万中无一”“一时绝唱”。被誉为“秋思之祖”的咏景名篇《天净沙·秋思》云：

枯藤老树昏鸦，小桥流水人家，古道西风瘦马。夕阳西下，断肠人在天涯。

这首《天净沙·秋思》自然有致，情趣天成，景物明朗，历来被人们推为小令中出类拔萃的杰作，被誉为“秋思之祖”，几百年来，它以其“深得唐人绝句妙境”[①] 的艺术魅力而脍炙人口，久诵不衰。评：“寥寥数语，深得唐人绝句妙境。”还有，他的恋情之作，清新动人，而不脂粉俗气。

从总体来看，马致远的散曲，声调和谐优美，语言清新豪爽，本色清俊，是散曲由俚曲向雅化过渡的产物，尤其是一些描写景物和叹世的作品，显示了他独特的艺术风格，开拓了散曲真率醇厚的独特意境。[②]

2. 延祐后期散曲作家文化生态

后期散曲作家的活动中心，逐渐从大都移至杭州一带。随着散曲的繁盛和发展，出现了一批专攻散曲，或主要精力和主要成就在于散曲创作的作家，如张可久、乔吉、贯云石、徐再思等人。他们勤于探究散曲的体制和规律，写出的不少好作品，丰富了散曲园地。后期创作在数量上比前期更多，反映社会生活更广泛，作品多讲究清秀华丽，或多或少地带有江南文学传统的妩媚色彩。但后期总的文化生态是语言越来越典雅，但大多数作品的内容远离现实，逐渐丧失了前期散曲作家朴素自然的特色，失去了前期的生命力。这方面的代表作家是张可久和乔吉，明人常将两人相提并论，称为“曲中李杜”[③]。

---

① 王国维：《人间词话》。

② 参阅李凭、全根先总纂《中华文明史》第七卷（元代），河北教育出版社 1994 年版，第 433—435 页；龚书铎主编，王育济等著《中国文化发展史·宋元卷》，山东教育出版社 2013 年版，第 244 页。

③ 李凭、全根先总纂：《中华文明史》第七卷（元代），河北教育出版社 1994 年版，第 436 页。

张可久是一代曲风转捩的关键人物，他一生仕途不太得志，便纵情声色，放浪山水，晚年久居西湖。他专力于散曲，特别致力于小令，作品流传到今天的有小令750多首，套曲7套，在元代散曲作家中作品数量可谓首屈一指。所写散曲，颇多抑郁感愤之作，如《醉太平·感怀》云：

水晶环入面糊盆，才沾粘便滚。文章糊成了盛钱囤，门庭改做迷魂阵，清廉贬入睡馄饨，葫芦提倒稳。

揭示当时社会黑白颠倒、贤愚不分的现实。其山林隐逸之作最多，在以“归兴”“旅思”“道中”命名的作品中，常常表现出悲凉的情绪和对安定的田园生活的渴望。他的套曲《湖上晚归》最为后人欣赏，如《一枝花·湖上晚归》：

长天落彩霞，远水涵秋镜，花如人面红，山似佛头青。生色围屏，翠冷松云径，嫣然眉黛横。但携将旖旎浓香，何必赋横斜瘦影。

这个套曲运用比拟的手法，勾勒西湖的黄昏景色，一方面大量熔铸前人名句，一方面精心雕镂独创俊语，创造出一种恬静的气氛和清劲的风格，因而被明人誉为“千古绝唱”。可见，张可久的散曲，讲究格律音韵，着力于炼字炼句，对仗工整，字句优美，熔铸诗词名句，追求含蓄蕴藉、典雅工丽，但有时过于注重形式美。明人朱权在《太和正音谱》中誉之为“词林之宗匠”。

乔吉，号惺惺道人，太原人，流寓杭州。他一生潦倒，因而寄情诗酒，思想颓废，这在他的散曲中表现得十分清楚。他的散曲有其独特的艺术风格，像张可久一样也讲究字斟句酌，以清丽为归，但其并不刻意求精，而是多少继承了前期散曲作家的质朴和大胆，从而雅俗兼备。如他的《水仙子·重观瀑布》：

天机织罢月梭闲，石壁高垂雪练寒，冰丝带雨悬霄汉，几千年晒未干。露华凉人怯衣单，似白虹饮涧，玉龙下山，晴雪飞滩。

描写瀑布，想象大胆，词句诡丽，出奇制胜。《水仙子·为友人作》

《怨风情·咏雪》等篇，又以生动浅白的语言，以及社会生活中常见的事物作巧妙的比喻，入于曲中，形成独特的雅俗兼备风格。可见，乔吉在一定程度上继承了前期散曲家俚俗直率的传统，因此有些人认为他的散曲比张可久更为当行。不过他写情必极貌以写意，用辞必穷力而追新，有过于纵情的毛病，有的还带有某种俳优习气，不免失之浅俗。明人李开先评他："蕴藉包含，风流调笑，种种出奇而不失之怪，多多益善而不失之繁，句句用俗而不失其为文。"[①]

乔吉的散曲作品据《全元散曲》所辑存小令200余首，套曲11首。散曲集今有抄本《文湖州集词》1卷，李开先辑《乔梦符小令》1卷，及任讷《散曲丛刊》本《梦符散曲》[②]。

散曲的崛起，虽然反映了在汉民族的文学领域内，曾经作为士大夫精神载体的正统诗文，在元代无可奈何地走向衰落，然而却生成了散曲以极其通俗的形式表现了处于被压抑境地的文人的心声。所以，诗歌发展到散曲，出现了对以往传统的全面反动，即语言上以俗代雅，抒情上以笑代悲，审美上以丑为美，如：

> 丑如驴，小如猪，《山海经》检遍了无寻处。遍体浑身都是毛。我道你有似个成精物，咬人的笤帚。[③]

> 夺泥燕口，削铁针头，刮金佛面细搜求。无中觅有，鹌鹑嗉里寻豌豆，鹭鸶腿上劈精肉，蚊子腹内刳脂油，亏老先生下手。[④]

正是，当元代对汉民族的征服，使生活中丑陋的东西比比皆是，传统的审美心态越来越无奈，逐渐失去依托的时候，人们的审美趣味也就必然走向反面。正如宇宙中有正物质，就有反物质一样。过去诗歌中表现的，

---

① 转引自李凭、全根先总纂《中华文明史》第七卷（元代），河北教育出版社1994年版，第436页。

② 以上参阅李凭、全根先总纂《中华文明史》第七卷（元代），河北教育出版社1994年版，第435—436页；龚书铎主编，王育济等著《中国文化发展史·宋元卷》，山东教育出版社2013年版，第244—245页。

③ （元）王和卿：《双调·拨不断·长毛小狗》。

④ 无名氏：《正宫·醉太平》。

大多是正面的东西，到了散曲这里，便有意突出那俗和丑的方面：以俗代雅、以笑代悲、以丑为美就这样成为散曲的三个艺术特征。元散曲因其全面的叛逆精神和痛快淋漓的审美风格反而赢得了汉民族诗歌史上一席特殊的地位，它也是汉民族审美文化史上一笔难得的精神财富。[①]

（二）杂剧的辉煌

元代杂剧的辉煌是元代的政治高压造成的。冯天瑜对于元代政治生态所铸成的文化生态有一个深刻的分析：

> 元代是一个政治现实、思想现实严峻的时代，至高至尊的汉族封建朝廷被还处于较低社会发展阶段的游牧民族踏得支离破碎，人们习以为常的传统信念受到了空前的挑战，国破家亡的巨大痛苦，使整个民族产生了汉代以来最为深沉的郁闷。元代又是一个活力抒发的时代，蒙古铁骑以草原游牧民族勇猛精进的性格席卷南下，汉唐以来渐趋衰老的封建帝国被输入率意进取的精神因子。随着原社会僵硬躯壳的破坏，主体理论离心的思想情绪也乘隙得以暂时抒放。于是，整个社会的思想文化处于一种失去原有重心和平衡的混沌状态。虽然，元统治者对汉文化体系中能有效维系统治的正统意识形态，也十分重视并加以提倡，但是，对传统理性和政治现实怀疑、漠视，厌恶乃至反对的心理与情绪，仍然执著地弥漫于社会各阶层中，尤其是下层社会。这种时代心理的典型具象化，就是辉映千古的元杂剧。[②]

可见，元代文人社会地位相对降低，大批文人投身于杂剧创作. 这对北曲杂剧时形成和兴盛起了关键性的作用。对此，文献记载颇多，元末邾经《青楼集序》说，元杂剧作家如关汉卿、白朴等，在国破家亡之际，“皆不屑仕进，乃嘲风弄月，留连先景”[③]。明代胡侍《真珠船》卷34也说，元代文人“沉抑下僚，志不获展……于是以其有用之才，而一寓乎声歌之末，以抒其怫郁感慨之怀”。在《张小山小令序》中进一步指出，

① 参阅王小舒《中国审美文化史·元明清卷》，上海古籍出版社2013年版，第39—40页。

② 冯天瑜、何晓明、周积明：《中华文化史》，上海人民出版社1990年版，第735—738页。

③ （元）夏庭芝：《青楼集》卷首。

大批元曲家的“不平之鸣”，乃是形成“元曲所由盛”的社会原因。[①] 在这个历史背景下，“高雅的诗、绮婉的词都已失去了往日的神采，不再撼动人心了，只有那从市井乡镇中走出来的戏曲才以其表现力极强的舞台形式，把人们带着血和泪的悲愤淋漓酣畅地喷吐出来，强烈地震撼人们的灵魂，成为一代文化之大观”[②]。于是，“儒人颠倒不如人”[③] 的历史走向，使杂剧作者得以较为自由地表达那个历史时代的深沉的悲愤、抗争与苦闷。与此同时，杂剧独特的艺术特征：系统的情节展现、直观的生活真实呈现以及对内在情意抒发的注重，使艺术家们有可能淋漓尽致地排泄内心的巨大的郁闷。诸种因素的相互推引，造成汉民族文人以极大的热情投身于杂剧创作，“以其有用之才，而一寓之乎声歌之末以抒其怫郁感慨之怀”[④]，形成了杂剧在精神上有两大主调：第一主调是倾吐整体性的郁闷和愤怒；第二主调是讴歌非正统的美好追求。[⑤] 出现了关汉卿、王实甫这样伟大的戏剧家。[⑥] 就是这样一批自称为“鬼”[⑦] 的剧作家，把满腔的悲愤和人间的不平注入自己的笔下，谱写出一出又一出惊天地、泣鬼神的艺术杰作，向这个人鬼颠倒的世界发出了反叛的呐喊，把汉民族戏剧推上了高峰。[⑧]

1. 关汉卿与《感天动地窦娥冤》

关汉卿，祁州（今河北安国）伍仁村人，祖籍解州，中国古代伟大的戏剧家，元杂剧的奠基者，具有世界影响的文化名人。他约生于1220年，卒于1300年，他重要的戏剧活动在大都（今北京）。他和杨显之、梁进之、费君祥、王和卿等杂剧、散曲作家交好，与杂剧名艺人珠帘秀也有交往。他经常出入歌楼舞榭，过着放浪形骸的生活。他在自己的《南

---

① （明）李开先：《闲居集》卷六。

② 王小舒：《中国审美文化史·元明清卷》，上海古籍出版社2013年版，第5页。

③ 阿英：《元人杂剧史》，《剧本》1954年第4期。

④ （明）胡侍：《真珠船》卷四。

⑤ 参阅余秋雨《中国戏剧文化史述》，湖南人民出版社1985年版，第152页。

⑥ 参阅冯天瑜、何晓明、周积明《中华文化史》，上海人民出版社1990年版，第737页；陈茂琼《元代文人与元杂剧兴盛相互关系论争综述》，《信阳师范学院学报》2002年第5期。

⑦ 元代剧作家钟嗣，把所有他熟悉的元曲作家的名字录下来，编成了一本《录鬼簿》，将剧作家称之为“鬼”，说：“余亦鬼也，使已死、未死之鬼，作不死之鬼，得以传远，余又何幸焉！”

⑧ 参阅王小舒《中国审美文化史·元明清卷》，上海古籍出版社2013年版，第9页。

吕·一枝花·不伏老》套曲中表白说："我是个蒸不烂、煮不熟、捶不扁、炒不爆、响当当一粒铜豌豆。""我也会围棋、会蹴鞠、会打围、会插科、会歌舞、会吹弹、会咽作、会吟诗、会双陆。便是落了我牙，歪了我嘴，瘸了我腿，折了我手，天赐与我这几般儿歹症候，尚兀自不肯休。则除是阎王亲自唤，神鬼自来勾，三魂归地府，七魄丧冥幽。天哪，那其间才不向烟花路儿上走！"自称"我是普天下郎君领袖，盖世界浪子班头！"一副倔强、孤傲、玩世不恭的姿态。①

但关汉卿又是一个执着于现世的人，他的作品题材多样，有公案剧、爱情剧、历史剧、文人逸事剧等，以《感天动地窦娥冤》（简称《窦娥冤》）为经典的代表作。

《窦娥冤》的题材渊源于《说苑》卷五《贵德》篇所记"东海孝妇"的故事，但所表现的却是元代的社会现实和关汉卿的思想感情。这出戏的主人公窦娥既不是有头有脸的大人物，也不是性格刚烈的男子汉，而是一位无依无靠、温顺本分的家庭妇女。她 3 岁时死了娘，7 岁被父亲卖予蔡婆抵债，做了童养媳，17 岁丈夫病故，又成为寡妇。对这一切，窦娥都逆来顺受，默默地屈从了，"我将这婆侍养，我将这服孝守，我言词须应口"。如果故事就这样发展，它顶多只是一出普通的苦情戏而已，但为什么《窦娥冤》却成了具有巨大震撼力的悲剧呢？一切是从窦娥的反抗开始的。泼皮无赖张驴儿父子借一个偶然的机会闯进了蔡家，要出流氓手段，要霸占蔡氏婆媳二人。蔡婆慑于威势，被迫应允。但窦娥却坚决拒绝了。她开始与强大的现实对抗："婆婆，你要招自招，我并然不要女婿！"一旦窦娥停止顺从，悲剧性的冲突就拉开了帷幕。接下来的打击接踵而至。张驴儿为达到霸占窦娥的目的，在食物中下毒，企图毒死蔡婆，未想竟误杀了自己的父亲。这个无赖乘势再次威逼窦娥，或是顺从，或是见官，"你要官休呵，拖你到官司，把你三推六问，你这等瘦弱身子，当不过拷打，怕你不招认药死我老子的罪犯！"窦娥毫不犹豫地选择了对抗，她要在官府的大堂上与恶人争个黑白是非，讨还一个公道。然而，这一天真的愿望也很快破灭了，那个只知收取金银的昏官桃杌不分青红皂白，上来便拿柔弱的窦娥开刀。一次又一次拷打窦娥，"一杖下，一道血，一层皮"。窦娥依然不肯屈服，她已准备为自己的清白和信念殉身。可是，在

① 参阅王小舒《中国审美文化史·元明清卷》，上海古籍出版社 2013 年版，第 8 页。

桃杌打算向年迈的蔡婆用刑时，出于对婆婆的怜悯和孝顺，窦娥不得不含冤承认自己犯下了杀人罪，于是被判斩首示众。

在这里，《窦娥冤》的戏剧冲突有三个依次递进的层面，即社会冲突、道德冲突和意志冲突。高利贷如羊羔儿息[①]的经济剥削，地痞流氓如张驴儿父子的社会恶势力，糊涂官吏如桃杌太守的政治压迫，这三座大山正是造成窦娥冤案的直接原因、外在机缘。但关汉卿着力表现的，并不是两种社会势力的冲突，而是道德与非道德的冲突。窦娥与张驴儿父子的冲突，主要是守节守贞的传统道德同蹂躏节操、鄙夷贞洁的不道德行为的冲突。然后，关汉卿的笔锋直击窦娥内心的意志冲突，即不安于现状与不得不安于现状、不信天地鬼神与不得不信天地鬼神、明知道德无用与不得不遵从道德之间的冲突。于是，无论窦娥怎样争辩和抵抗，她总是无法逃脱社会这只怪兽的血盆大口，一个善良的、似乎微不足道的生命顷刻间就要被吞没了。就在刽子手的屠刀即将举起之时，这个弱小的女人竟然爆发出震动乾坤的呼喊，迸射出一片电闪雷鸣般的光芒：

> 有日月朝暮悬，有鬼神掌着生死权。天地也，只合把清浊分辨，可怎生糊涂了盗跖颜渊：为善的受贫穷更命短，造恶的享富贵又寿延。天地也，做得个怕硬欺软，却原来也这般顺水推船。地也，你不分好歹何为地？天也，你错勘贤愚枉做天！

正是，在关汉卿的笔下，“这场冲突的确是至弱对至强，至柔对至刚，而其悲剧价值也正在这里。伟大的戏剧家关汉卿设计了中国戏剧史上最具悲剧气氛的一幕，满台飞雪，悲歌环旋，人神共愤，天地失色。那满台飘舞的雪花把主人公一腔的悲愤洒向了观众，洒向了人间。一个弱小的窦娥竟成为元代悲剧中一道最为耀眼的强光”[②]。这是窦娥的，也是关汉卿的呼喊！它倾发的是13世纪汉民族人民整体性的郁闷和愤怒之情。[③]

---

① 羊羔儿息是指高利贷的利息，差不多一年翻一番。羊羔儿息的叫法始见于元代，经营这种借贷的多为回鹘人。

② 王小舒：《中国审美文化史·元明清卷》，上海古籍出版社2013年版，第16页。

③ 参阅王小舒《中国审美文化史·元明清卷》，上海古籍出版社2013年版，第16页；李凭、全根先总纂《中华文明史》第七卷（元代），河北教育出版社1994年版，第415页；冯天瑜、何晓明、周积明《中华文化史》，上海人民出版社第738页。

这正是元杂剧的辉煌之所在。

2. 王实甫与“天下夺魁”的《西厢记》

如果说《窦娥冤》是元杂剧倾吐整体性郁闷和愤怒的代表作，那么讴歌非正统的美好追求的元杂剧的代表作就是王实甫的《西厢记》。

王实甫，大都（今北京）人。生卒年与生平事迹不详。可能由金入元。从他的（商调集贤宾）《退隐》套曲中，可约略知道他早年曾混迹官场，退隐后还感到惭愧和心有余悸，至少活到60岁。明贾仲明增补《录鬼簿》，写《凌波仙》词吊王实甫说：“风月营密匝匝列旌旗，莺花寨明飚飚排剑戟，翠红乡雄赳赳施谋智。作词章风韵美，士林中等辈伏低。新杂剧，旧传奇，《西厢记》天下夺魁。”

《西厢记》的故事取材于唐元稹的传奇小说《莺莺传》，但对其主题和情节进行了重大改编，展开在一个相国小姐崔莺莺与一位“白衣秀士”张君瑞之间。他们的相遇颇富传奇性：崔莺莺扶父亲灵柩归故里，途中暂居普救寺，张君瑞赴京应试，顺路进寺游玩。两人猝然相遇，一见钟情。于是，莺莺竟忘却自己正父丧在身，又已有婚约，一再顾盼张生，往回走时还回头觑看。张君瑞则为莺莺的临去秋波那一转“所陶醉”，当即决定“小生便不往京师去应举也罢”。在对爱情的渴望与追求面前，所谓礼义、所谓人生仕途顿时黯然无光，一场突破封建规范的男女情爱在庄严不过的寺庙内炽热展开。张生与崔莺莺追求理想婚姻的叛逆性行为理所当然受到正统世界的阻止与威压。然而，作者以高超的艺术手法，将这种阻止、这种威压化作失败一方，而将崔莺莺与张生心头的爱情之梦、团圆之梦，推为终成眷属的瑰丽现实。①

在《西厢记》中，王实甫采用多线交叉的形式，设置了三对戏剧矛盾：老夫人和崔、张、红娘之间的矛盾，崔、张、红娘三人之间的矛盾，孙飞虎的叛军和崔家、张珙及普救寺僧人之间的矛盾。三对戏剧矛盾中，老夫人和崔、张、红娘之间的矛盾是贯穿全剧的主线，而崔、张、红娘之间的矛盾则是作家描写的重点。全剧情节单纯而不贫乏，连贯而不平淡，波澜起伏，变故迭生，具有很强的艺术感染力。《西厢记》取材于《莺莺传》，却从思想灵魂上翻了《莺莺传》的案，它不仅充满激情地以完满的艺术结构展现出莺莺与张生爱情的忠贞不渝与理想的终成现实，而且高呼出瑰丽而奇峭的理想宣言：

---

① 参阅冯天瑜、何晓明、周积明《中华文化史》，上海人民出版社1990年版，第739页。

愿天下有情的都成了眷属。

“有情”并非有“理”，而以“情”为归依的婚姻却是人性的真实实现，是人类在文明进步途中所亟亟追求的先进的婚姻理想。王实甫的呼唤，正是对汉民族封建正统观念和正统文化的根本性的挑战。这也正是元杂剧的辉煌之所在。

元杂剧的繁盛，标志着汉民族戏剧艺术的成熟，自此，中国真正成为世界上的一个“戏剧大国”①。

（三）南戏的融合

元代戏曲除杂剧外，在南方尚有“南曲戏文”，简称南戏。明人何良俊《曲论》说：“金元人呼北戏为杂剧，南戏为‘戏文’。”② 南戏于北宋末、南宋初产生于浙江温州，据祝允明《猥谈》、徐渭《南词叙录》载，当时南戏又称“温州杂剧”“永嘉杂剧”。元代南戏流行于民间，发展到明代，成为流传汉民族中的主要剧种。

讲南戏的融合，不能不提曾风靡一时元杂剧的衰微。

元世祖至元十三年（1276年），元军占领南宋都城临安（今杭州），

① 参阅冯天瑜、何晓明、周积明《中华文化史》，上海人民出版社1990年版，第740页。

② 王国维在《宋元戏曲考》中将元明两代文献有关“戏文”即南戏的片言只语和零星介绍，汇总和串联起来，论述了南戏产生于南宋：以余所考，则南戏当出于南宋之戏文，与宋杂剧无涉；唯其与温州相关系，则不可诬也。戏文二字，未见于宋人书中；然其源则出于宋季。元周德清《中原音韵》云：“南宋都杭，吴兴与切邻，故其戏文如《乐昌分镜》等，唱念呼吸，皆如约韵。”（谓沈约韵）此但浑言南宋，不著其为何时。刘一清《钱唐遗事》则云：“贾似道（1213—1275年）少时，佻尤甚。自入相后，犹微服闲行，或饮于伎家。至戊辰（1268年）、己巳（1269年）间，《王焕》戏文盛行于都下，始自太学，有黄可道者为之。”则戏文于度宗咸淳（1265—1274年）四五年间，既已盛行，尚不言其始于何时也。叶子奇《草木子》则云：“俳优戏文，始于王魁，永嘉人作之。识者曰：若见永嘉人作相，国当亡。及宋将亡，乃永嘉陈宜中作相。其后元朝南戏盛行，及当乱，北院本特盛，南戏遂绝。”案宋官本杂剧中，有《王魁三乡题》，其翻为戏文，不知始于何时，要在宋亡前百数十年间。至以戏文为永嘉人所作，亦非无据。案周密《癸辛杂识》别集上，纪温州乐清县僧祖杰，杨髡之党……旁观不平，乃撰为戏文，以广其事。又撰《琵琶记》之高则诚，亦温州永嘉人。叶盛《菉竹堂书目》，有《东嘉韫玉传奇》。则宋、元戏文大都出于温州，然则叶氏永嘉始作之言，祝氏“温州杂剧”之说，其或信矣。元一统后，南戏与北杂剧并行。《青楼集》云：“龙楼景、丹墀秀，皆金门高之女，俱有姿色，专工南戏。”《录鬼簿》谓：“南北调合腔，自沈和甫始。”又云：“萧德祥，凡古文俱括为南曲，街市盛行，又有南曲戏文等。”以“南曲戏文”四字连称，则南戏出于宋末之戏文，固昭昭矣。见周锡山编校《王国维集》第三册，中国社会科学出版社2008年版，第93页。

北人大批南下，兴盛于北方的杂剧，也伴随南征的大军和南徙的人口，来到了南方。在北方享有盛名的杂剧作家如关汉卿、马致远、白朴等人，纷至沓来，或游历，或卜居，或出仕，继续着他们的杂剧活动。著名杂剧演员如珠帘秀等，也辗转来到扬州、杭州等地演出。一时间星河灿烂，名家汇聚，杂剧的重心遂向以杭州为中心的南方转移。于是，杭州众多的勾栏瓦舍，转眼成为杂剧的演出场所。良好的条件和机会，反过来更吸引大批杂剧作家和戏班源源南下发展。所以元初杂剧迅速在南方扎下深根，杭州和大都（北京），分别成为南方和北方杂剧活动中心，它们彼此呼应，交相辉映，迎来了元代杂剧的鼎盛时期。但到元武宗至文宗年间（1308—1332 年），关汉卿等杂剧名家陆续退出舞台，代领风骚的是郑光祖、乔吉、宫大用、秦简夫等人，他们虽然来自北方，但主要创作活动是在南方。同时，南方籍杂剧作家如金仁杰、杨梓、朱凯、沈和、范康等也崭露头角，成为杂剧创作的生力军。这一时期的作品明显体现出南方的人文色彩，创作风格趋向典雅，创作题材多为文人韵事和仙道隐逸；宣扬伦理的题旨日益加强，而积极的精神日渐消退。原先“本色”与“当行”并重的做法，转为侧重辞藻的华美，而剧作的舞台性则有所忽视，不太适于场上演出。而用北方的语言、乐曲演出的杂剧，越来越难以适应南方观众的要求。杂剧离开了哺育它形成、生长的土壤，不免削弱其生命力，此其一。其二，元代后期文人社会地位发生了变化，由于科举复兴，进士名额渐增，许多文人纷纷钻研举业，热衷仕途。这就使致力于杂剧创作的文人大为减少，文人由于仕途失意而产生的愤懑情绪也大为降温，文人同人民群众的联系也日益疏远。这就造成了杂剧创作队伍质量的下降。其三，在杂剧南移之后，杂剧与南戏这两种本质相同却在形式上有所区别的文化形态，得以相互碰撞与交融。这种文化冲击，使在南方流行的南曲戏文吸收了杂剧的长处，以一人一事为中心展开故事情节，又突破了杂剧一本四折、一人主唱的局限，改编和创作出一批优秀的作品，可见南戏的发展和成熟正是得益于与杂剧南移而形成的南北戏剧融合的趋势。①

于是，从元顺帝朝开始，杂剧日见沉寂，而南戏则在融合中兴起。但

① 参阅李凭、全根先总纂《中华文明史》第七卷（元代），河北教育出版社 1994 年版，第 412 页；郝晓屹《元代南北民族文化交融与戏曲发展变化》，《名作欣赏》2014 年第 17 期。

南戏植根于民间的土壤，在元代前期仍继续不断地发展着，显示了其强大的生命力。从元代流存的南戏剧目看，钱南扬《戏文概论》收录“宋元戏文二百三十八本”，大部分既非作于南宋，也非作于元末，而是元末以前的作品。从编剧活动看，元时杭州有编《小孙屠》的“古杭书会”“武林书会”，温州有编《白兔记》的“永嘉书会”，编《蟠桃会》的“敬仙书会”，可见有大批书会才人从事南戏的编撰创作。被称为元曲四大家之一的马致远也编过南戏，据说有《刘文龙传》《牧羊记》《风流李勉三负心记》三种。从演出活动看，元时南戏曾在大都和一些地区广泛流传演出。周德清在《中原音韵》“作词起例”中说：“悉如今之搬演南宋戏文，唱念声腔。”夏庭芝《青楼集》记述演员龙楼景、丹墀秀“专工南戏”，芙蓉秀杂剧与南戏兼工。周密《癸辛杂识》记载：温州乐清县恶霸和尚祖杰，在乡里横行霸道，甚至“刳妇人孕以观男女”。广大群众“旁观不平，惟恐其漏网也，乃撰戏文以广其事。后众言难掩，遂毙之于狱”[①]。可见，南戏到了元朝，不仅在剧本数量上比宋代有所发展，流传的地域也大大扩充，在融合中，出现了南北戏曲的交流和“南北合套”的剧本，南戏得到了进一步的繁盛和发展。

元代后期，在汉民族戏曲创作和演出活动的重心移到了南方的情势下，由于南戏吸收了杂剧的艺术经验，加上南戏自身的艺术形式较之杂剧所具有的长处，南戏蔚然大兴，很有压倒杂剧之势。元人钟嗣成《录鬼簿》记载，沈和甫有《欢喜冤家》戏文，“南北调合腔”，“是梨园南北分司”；萧德祥也是“南曲戏文衡方脉”，有《小孙屠没兴遭盆吊》戏文。这样，南戏的艺术形式在元代末年也逐步定型。在剧本体制上，南戏结构庞大，一本往往十多出或几十出，一出为一场，每出例有下场诗，重要人物上场时先唱引子，继以一段自我介绍的长白，叫作定场白。一出用多宫调的曲子组成多套曲，每套大抵三五曲。全出曲词的组织，一般有引子、过曲和尾声。上场的各种角色皆可司唱，演唱形式有独唱、复唱、接唱、合唱、分唱、轮唱、对唱等多种形式。在音乐上，多用南曲，也杂用北

① 元初周密《癸辛杂识》别集卷上记载：温州乐清县恶霸和尚祖杰，在乡里横行霸道，甚至“刳妇人之孕以观男女”。“荆刘拜杀”，是元末四大南戏《荆钗记》《刘知远白兔记》《拜月亭》《杀狗记》的合称。详见李凭、全根先总纂《中华文明史》第七卷（元代），河北教育出版社 1994 年版，第 430—432 页。

曲，称南北合套。在角色上，以生（男主角）、旦（女主角）为主，还有净、末、丑、外、贴等角色。明代传奇大体上沿用了南戏的艺术形式。

南戏的最负盛名的作品为“荆刘拜杀”四大南戏，即《荆钗记》《刘知远白兔记》《拜月记》《杀狗记》，但《琵琶记》则被誉为“曲祖”[①] 和“南曲之宗”[②]。

《琵琶记》作者高明，号莱根道人，后人称为东嘉先生，浙江瑞安人。他出身于隐士家庭，但却奔竞于功名仕途，至正四年（1344年）中乡试，次年中进士，先后出任处州录事、杭州行省丞相掾等职。其为人耿直，做官清廉，是位能干、刚劲的官吏。至正八年（1348年）方国珍在浙东起义，高明应命调为浙东阃幕都事，参与“平乱”。但到任不久，就因与主帅“论事不合”，从此“避不治文书”[③]。至正十二年（1352年）方国珍接受元朝“招抚”，高明也以“秩满告归”了。后来，高明解官归乡，旅居宁波城东的栎社，闭门谢客，潜心撰著《琵琶记》。这大约是在至正十五年（1355年）。最后，他以“不屈权势，病卒四明”[④]。正是有了高明的“秩满告归”和潜心撰著，才有了明太祖盛誉“山珍海错，贵富家不可无”[⑤] 的《琵琶记》。

高明《琵琶记》的原本现已不存。现存明代刻本十多种，大都经过明人加工。一般认为，现存清代陆贻典抄本《新刊原本蔡伯喈琵琶记》较接近原本。剧作写同赵五娘新婚不久的蔡伯喈，奉父命赴京应试。蔡伯喈中了状元后，牛丞相奉旨强行召其为婿。蔡伯喈以家有父母、妻室，极力辞婚，继而又向皇帝陈请辞官，皇帝不从。当蔡伯喈与牛府小姐结婚时，家乡陈留郡正遭天旱，赵五娘自食糠秕，把米粥侍奉公婆。公婆恸心憔悴而亡，五娘将公婆安葬后，携带琵琶上京寻夫。最后以一夫二妻大团圆结束。

《琵琶记》艺术价值甚高。从结构上说，是双线结构：一条线是蔡伯喈上京考试入赘牛府；一条线是赵五娘在家，奉养公婆。在南戏中，有许

---

① （明）魏良辅：《曲律》。

② （清）黄图珌：《看山阁集闲笔》。

③ （元）赵汸：《东山存稿·送高则诚归永嘉序》。

④ （清）陆时化：《吴越所见书画录》卷一，余尧臣《题〈晨起〉诗卷》。

⑤ （明）徐渭：《南词叙录》。除《琵琶记》外，高明还作有南戏《闵子骞单衣记》，已佚；诗文《柔克斋集》20卷，也已散失，现在只能看到50多篇。

多剧本都是双线结构，但在这些双线结构中，所组成的两个故事，有许多是互不相关的。而《琵琶记》的双线结构不同，以蔡伯喈和赵五娘的悲欢离合构成两条线索：仕途与穷途，京城与乡村，富贵与贫贱，安乐与悲苦……两相映照，交错穿插，它们共同敷演一家的故事，共同表演一个主题，形成强烈的对比，并逐渐把戏剧冲突推向高潮，产生了强烈的悲剧效果和巨大的艺术感染力，从而奠定了汉民族戏曲自由串联时空流线型结构的艺术格局，给人一种立体的、流动的、联想的审美感受，构成汉民族传统戏曲独特的审美特征。

从语言上说，是文采和本色两种兼备。蔡伯喈在京城生活这条线的人物，用的是文采语言，词句华美，文采灿然，语言富于色彩，讲究字句的雕琢，典故的运用，是一种高度诗化的语言，是一种高雅的语言；赵五娘这条线的人物，用的是本色语言，自然朴实，通俗易懂，生活气息很浓，不讲究辞藻的华丽，典故的运用，词句的雕琢。这是一种接近于人民生活的语言。赵五娘这条线上的人物，使用本色语言，也是由于他们的文化水平和贫穷生活而决定的。他们生活在农村，用朴素的语言来描绘这种生活，才能和谐一致。剧中两种不同的人物，使用两种不同的语言，构成两种不同的语言风格，这是《琵琶记》运用语言的独特之处。

从场景上说，把蔡伯喈在牛府的生活和赵五娘在家乡的苦难景象交错演出，形成强烈对比。这种场景的交错甚为人称道。吕天成《曲品》说："串插甚合局段，苦乐相错，具见体裁，可师可法，而不可及也。"与此同时，作者还特别善于运用口语抒情写物，对体贴人情的戏剧语言运用甚佳。明人王世贞在《艺苑卮言》中说："则诚所以冠绝诸剧者，不唯其琢句之工，使事之美而已。其体贴人情，委曲必尽，描写物态，彷佛如生，问答之际，了不见扭造，所以佳耳。"如《吃糠》《尝药》《剪发》《描容》等，情景相生、意趣深隽，自然流畅，感人至深，突出了戏剧冲突，加强了悲剧的气氛。

《琵琶记》最成功的是塑造了赵五娘的艺术形象，赞美了她善良、勤朴、坚韧、尽责的精神品质。在蔡伯喈离家以后，赵五娘挑起了维持家庭生活的重担，作者浓笔重墨地刻画了她克己为人、勇担苦难的性格。赵五娘的卖钗、剪发、侍病、咽糠、扒土葬亲、行乞探夫等一系列贤行孝举，不仅体现出她"有贞有烈"的道德品质，更重要的是体现出她忍辱负重、克己为人的精神品德。《琵琶记》全剧典雅、完整、生动、浓郁，显示了文人的细腻目光和酣畅手法。它是高度发达的抒情文学与戏剧艺术的结合。

《琵琶记》是把民间戏文与文人创作结合起来的成功之作，它把南戏创作提高到一个艺术上比较成熟，能雅俗共赏的新阶段。[①] 徐渭在《南词叙录》中说：高明“用清丽之词，一洗作者之陋，于是村坊小伎，进与古法部相参，卓乎不可及已”。正如《中国审美文化史》所说：“元代本来就是一个悲欢离合的大舞台，生活的戏剧化和戏剧的生活化，使得这个时代充满了特殊的魅力。”[②]

二　明代：汉民族小说史的黄金时代

明代汉民族文学又出了新的样本，那就是继汉赋、唐诗、宋词、元曲之后，小说崛起，并很快进入了汉民族小说史的黄金时代。

（一）街谈巷语：汉民族小说的渊源

汉民族小说源出“街谈巷语，道听途说”，故萌芽甚早。《孟子·万章上》载咸丘蒙和万章分别以关于舜和孔子、百里奚等人的传说闻于孟子，孟子或斥为“齐东野人之语”，或答以“否，不然，好事者为之也”。《庄子·外物篇》最早提出“小说”之说，其文曰：

> 任公子为大钩巨缁，五十犗以为饵，蹲乎会稽，投竿东海，旦旦而钓，期年不得鱼。已而大鱼食之，牵巨钩，陷没而下，骛扬而奋鬐，白波若山，海水震荡，声侔鬼神，惮赫千里。任公子得若鱼，离而腊之，自制河以东，苍梧已北，莫不厌若鱼者。已而后世辁才讽说之徒，皆惊而相告也。夫揭竿累，趣灌渎，守鲵鲋，其于得大鱼难矣！饰小说以干县令，其于大达亦远矣。是以未尝闻任氏之风俗，其不可与经于世亦远矣！

此说任公子钓大鱼的故事由“后世辁才讽说之徒，皆惊而相告”，即呈现了以实例或寓言形式透露出的，在先秦信息传播手段极为落后的情况

---

① 以上参阅李凭、全根先总纂《中华文明史》第七卷（元代），河北教育出版社1994年版，第428—430页。

② 王小舒：《中国审美文化史·元明清卷》，上海古籍出版社2013年版，第29页。

下人们口耳相传造作故事的文化生态。[①]

在此要交代的是在汉民族小说史上，“稗官”是一个既特殊又重要的问题。最初提到小说与稗官的是班固《汉书·艺文志》小序的一段话：“小说家者流，盖出于稗官，街谈巷语，道听途说者所造。孔子曰：‘虽小道，必有可观者焉，致远恐泥，是以君子弗为也。’然亦弗灭也。闾里小知者之所及，亦使缀而不忘，如或一言可采，此亦刍荛狂夫之议也。”这是关于小说和稗官的最早的理论解释和评价。

那么，稗官是一个什么角色呢？对汉民族小说的源起有什么意义呢？

据说班固删取刘歆《七略》以成《汉书·艺文志》，此说可能是从刘歆那里沿袭而来的。代表了汉民族传统的小说观念，影响甚为深远。值得注意的是，此说第一次提出了小说是出稗官之手。何为稗官？唐颜师古注云：“稗官，小官也”。《广雅释诂》云：“稗，小也”。但“小官”范围很广，究竟指何许人呢？学术界有三种不同的看法：一是余嘉锡在《小说家出于稗说》详考说，“稗官”是指“天子之士”。先秦士人很多，但汉无此制，而士仍存在，很多士接近于天子，奔走执事于王之左右，古时有“士传言，庶人谤”的记载，“天子之士”当是将别人采集的街谈巷语的小说传献于君，完成“小说”最后上交的任务，而采集、整理的大部分工作是没有进行的。二是浦江清在《说小说》中则说：“‘稗官’，如果是这样的官，无非是乡长里长之类，在他们那里保存着有这些书（指小说），或者即是他们的老辈所编造而传下来的”[②]，这一说法又将“稗官”指为接近于下层，生活在民间的经常搜集小说的人。三是鲁迅的看法，他说：“稗官职志，将同‘采诗之官，王者所以观风俗知得失’矣。”[③] 这指明“稗官”似乎又是介于天子之士和乡长里长之间的人。以上三种看法后来却被曲沐统合起来，他发表《稗官摭识》一文认为：“‘稗官’并不是实指哪一种具有爵秩的官员，而是泛指从事其一类工作的人员，即从事搜集、整理、进献、保存和编纂小说的人员，其中包括天子之士、采诗之官与乡里长老等人。”[④]

---

① 参阅杜贵晨《先秦“小说”释义》，《泰安师专学报》2000 年第 2 期。

② 浦江清：《说小说》，《文学遗产增刊》第六辑，作家出版社 1958 年版。

③ 鲁迅：《古小说钩沈·序》，人民文学出版社 1951 年版。

④ 曲沐：《稗官摭识》，《贵州社会科学》1982 年第 5 期。

其实，重要的是“稗官”与小说的关系，“稗官”是在小说产生之初，使小说被保存下来。从汉志之后，得成一家，由小到大，由微到显，蔚为大观的十分重要的一部分人。它是汉民族小说史上特定时期的产物。从阶段上看，主要现于周秦汉各代，至多到魏晋南北朝时期。到了文人作家“有意为小说”的时候，就不应该再称这些小说作“稗官”了。后人所以称唐人传奇为“唐稗”，宋人小说“宋稗”，说小说、听小说者谓“说稗”“听稗”等，这只是因为对“稗官”不明其义的一种习惯用语，惯于将“稗官”“稗史”用为小说的一种代称，这种用法直到明清之际仍然如此。“虽为翰苑名贤事，编入稗官小史中”[①]，仍将根据民间流传的放事加工的小说称之为“稗官”。凡此种种，都说明稗官与小说渊源关系之深。

弄清楚了“稗官”与小说的渊源关系，再看小说源起时的一些情境状态。《庄子·逍遥游》说：“齐谐者，志怪者也。”庄子的书既然是“寓言十九”，这话也就不可能为信史，但透露当时有“志怪”之人与书，社会上已经有了写作小说的活动这一点，是完全可信的。今见《山海经》《穆天子传》《汲冢琐语》等几部残缺不全的书，就是当时生成而今百不存一的小说萌芽之作。当然，关于这几部书的性质古来认识不一，但总的趋势越是近今越有更多的人视之小说，《隋书·经籍志》以下至《四库全书》的收录如此，近今学者的论述也是如此。所以文至战国而诸体大备，汉民族小说也是战国时代萌芽的。萌芽当然是很不完整的，犹如诗歌最初的“杭唷杭唷派”，但它已包含了后世发展的无限可能性，即《老子》所谓“合抱之木，生于毫末”[②]。

汉民族的古代小说起自街谈巷语，一开始就内容广泛，或者说驳杂，无系统，进入文字的记载也便是琐语短制，少至几十字，多亦不过数百上千字，大量早期小说书就由这样一些简短的条文罗列而成。这个特点后世不断地在更高的程度上重演。如晋代张华“好观秘异图纬之部，捃采天下遗逸，自书契之始，考验神怪，及世间闾里所说，造《博物志》四百卷”[③]。干宝“撰记古今怪异非常之事，会聚散逸，使同一贯，

① 《警世通言·钱舍人题诗燕子楼》。

② 《老子》第六十四章。

③ （晋）王嘉：《拾遗记》，《汉魏六朝小说大观》，上海古籍出版社 1999 年版，第 554 页。

博访知之者”[1] 作《搜神记》；蒲松龄自谓“才非干宝，雅爱搜神；情类黄州，喜人谈鬼。闻则命笔，遂以成编。久之，四方同人，又以邮筒相寄，因而物以好聚，所积益夥”[2] 等，都表明是从民间传说采录成篇或搜集素材进行创作。许多文言小说甚至注明故事是从某人听说的，清人纪昀的《阅微草堂笔记》中许多条文起句即某某人言，遵循的就是：“稗官……称说之”的传统。至于白话小说源出说话，更是民间“谈论故事”的嫡传。说话人和录为话本的人，行事就迹近古代稗官。所以向来有“稗官小说”“稗官野史”等称，内中就包含小说内容乃“街谈巷语，道听途说者之所造”的意思，尽管实际后世小说个人加工创造的成分越来越多。总之，汉民族小说起源于“街谈巷语，道听途说”是一个带根本性的民族特点。所以，汉民族早期的“小说”单篇最长的也不过如《穆天子传》《燕丹子》《汉武故事》那般规模。尽管它们已经显露了把许多相关故事联为一篇的意识，但终因缺乏气魄和想象力，而没有创造出荷马史诗那样恢宏阔大的格局。所以，汉民族小说由“街谈巷语，道听途说”发生，短篇在前，长篇在后；这与西方小说由神话演为史诗发生不同，长篇在前，短篇在后，正好相反。所以，汉民族小说由短篇发展为长篇，长篇常常如许多短篇的连缀；西方小说由长篇演化出短篇，短篇一度如许多片断的画面被镶在同一个框架之内。

正因为汉民族小说有这种文化发生的生态，所以，东汉桓谭在其所著的《新论》中，对小说如是说：“若其小说家，合丛残小语，近取譬论，以作短书。”后世如张华、干宝、蒲松龄等人的小说，及至从宋元话本到明清似话本、平话到明初至明中时的章回小说，无不如此。即同一个民间传说故事被许多作家记录或转录，如“干将莫邪”初见于汉代刘向《列士传》、赵晔《吴越春秋》，后见于魏文帝《列异传》、干宝《搜神记》；“宋定伯捉鬼”先见于《列异传》，后见于《搜神记》。同一题材又被世代作家重复加工改写，如唐代沈既济《枕中记》黄粱梦的故事，清代蒲松龄《聊斋卷异》有《续黄粱》、曾衍东《小豆棚》有《小黄粱》；一些人物被世代作家所附会改造，成“箭垛”式文学形象，如西王母、汉武帝、济公、包公等；一些作品成书时间绵长，如《三国演义》《水浒传》

① （晋）干宝：《进搜神记表》，载王尽忠《干宝研究全书》，中州古籍出版社 2009 年版。

② （清）蒲松龄：《聊斋志异》自序。

《西游记》，从故事传说到话本和加工写定都历数百上千年。可以说，历代文言小说的大部分作品，白话小说中短篇至明末凌蒙初《二拍》、长篇至《金瓶梅》以前的作品，都程度不同是世代积累成书之作。民间传说、民间文学供给文人以口头或书面的粗糙而有意味的材料，文人据以改易、放大、组合加工成有整一内容和形式的更高水平的小说著作。这个过程在世界各民族文学史中都普遍存在，但都不如汉民族小说发展中持续久、规模大、成就突出，汉民族堪称世界名著的小说约有一半是这样成书的。这就是汉民族小说的渊源。[①]

（二）“小荷尖尖角”：元代小说开路

元代小说已像模像样了，这也是有背景的。因其承袭六朝以来两种体制，即六朝志怪志人、唐代传奇的文言小说和宋代话本的通俗小说的传统而形成，故明代小说的奇峰崛起，其实在元代是“小荷”已露尖尖角。如《三国志平话》分上、中、下三卷，是由宋说话人讲史白话文学而来的，书文的开头有一段描述光武帝时秀才司马仲相阴间断刘邦、吕雉屈斩韩信、彭越、英布一案的“引子”，仲相断案后，命韩信、彭越、英布分别转生为曹操、刘备、孙权，刘邦转生为汉献帝，曹、刘、孙三人三分汉室天下以报宿仇，而仲相转生为司马懿，由司马氏削平鼎立三国，统一天下。虽然《三国志平话》内容多荒诞无稽之谈、语言文字较粗糙，但其结构宏伟，许多故事情节引人入胜，初具长篇小说规模。明人罗贯中正是利用元代《三国志平话》，及唐宋以来有关三国故事和民间传说、元杂剧等材料，加以想象和综合、编排，创作出了雅俗共赏的小说《三国志通俗演义》，即《三国演义》。又如施耐庵以其惊人的艺术才能，把《第五才子书水浒传》，以及《大宋宣和遗事》、民间艺人讲说水浒话本、民间传说、元杂剧等集中起来，加以整理、组织和加工修饰，演绎成了著名长篇小说《水浒传》。再如明中叶出现的深受世人喜爱的浪漫文学巨著《西游记》，作者吴承恩，也是参考了唐宋元以来民间传说唐僧取经的神奇故事，特别是元代《西游记平话》而写成的。[②]

可见，元代小说在汉民族小说发展史中，起了承上启下的作用，其所

---

① 以上参阅杜贵晨《中国古代小说民族传统初论》，《曲靖师专学报》1994 年第 1 期。

② 郑师渠总主编，任崇岳分册主编：《中国文化通史 · 辽西夏金元卷》，北京师范大学出版社 2009 年版，第 297—298 页。

露的“尖尖角”，为明代艺术大师们创作《三国演义》《水浒传》《西游记》提供了丰富的内容，终成亭亭玉立的“荷花”。

（三）灿烂千古：明代小说的奇峰突起

汉民族的小说经过了长时期的孕育，在明代达到了很高的成就。尤其是通俗小说，不但历史演义、英雄传奇、神魔、世情、公案、拟话本等诸体皆备，为数甚多，而且出现了像《三国演义》《水浒传》《西游记》《金瓶梅》等“四大奇书”和冯梦龙的“三言”这样的经典名著。明代小说展现了广阔汉民族的社会生活和丰富的人情世态，表现了各阶层的审美趣味，同时也标志着汉民族白话文学的真正成熟，从而在汉民族文化史上灿烂千古。

1. 罗贯中与《三国演义》

罗贯中（约1310—1385年），元末明初著名小说家、戏曲家，是中国章回小说的鼻祖，代表作《三国演义》。14岁时母亲病故，于是辍学随父亲去苏州、杭州一带做生意。元朝末年，天下大乱，群雄并起，罗贯中也曾参与其中。王圻的《稗史汇编》说罗贯中“有志图王”，是一个有政治抱负的人。他在苏州结识施耐庵，两人以师徒相称，一同参加位于平江（今苏州）的张士诚反元起义政权，做过一段时间幕僚，曾与另一位吴王朱元璋为敌。入明后，即专心致力于小说创作。他还写过戏曲和乐府隐语，现存有《赵太祖龙虎风云会》杂剧。《西湖游览志余》称罗贯中“编撰小说数十种”，又相传他有《十七史演义》的巨著。今存署名罗贯中的小说，有《三国演义》《隋唐两朝志传》《残唐五代史演传》《三遂平妖传》等。

《三国演义》全名《三国志通俗演义》。全书以“分久必合，合久必分”作为小说的总体框架，以汉末三国历史发展的进程作为故事情节进展的线索，集中揭露了汉末三国时期统治阶级的内部矛盾。罗贯中博采正史、民间故事、杂剧、平话编写而成的。全书内容“七分实事，三分虚构”，但作者艺术表现能力极强。一方面它通过艺术形象深刻地揭示了汉末三国时期社会生活的某些本质和规律，另一方面又鲜明地表露了作者对历史的思索和爱憎；一方面尽可能地取材于真实的历史事件和历史人物，并力图恰如其分地描述人物在当时历史条件下可能有的言语行动，另一方面又充分发挥艺术虚构和艺术想象，在故事情节的设置和人物形象的塑造上充分发挥艺术创造力。凡是《三国演义》中精彩动人的地方，往往是虚多于实的，如赤壁之战、三气周瑜、七擒孟获、单刀赴会、空城计等。而《三国演义》的短处在于，有时重叙述过于重描写，让滞重的历史事实羁绊了自由的艺术想象。《三国演义》的创作方法，为历史小说的创作提供了宝贵的艺术经验。

《三国演义》在人物塑造、情节结构和语言风格等方面，也有着突出的成就。首先，作者刻画人物，往往是抓住人物的主要性格特征，特别是某种道德品质，通过不同的故事情节反复渲染，使之鲜明突出，令人们形成深刻的印象。人们常说，《三国演义》中有“三绝”——曹操奸绝，关羽义绝，孔明智绝，说的就是这种艺术手法。此外，还有刘备的仁、赵云的勇、张飞的莽、周瑜的褊狭、鲁肃的忠厚等。其次，毛宗岗评《三国演义》说：“三国者，乃古今争天下之一大奇局；而演《三国》者，又古今为小说之一大奇手也。”小说写了 40 多次战斗，使战争的连续性和战役的独立性有机地结合起来，由此构成全书的情节发展。作者又以蜀汉为中心，以诸葛亮为重点，安排全书的故事和人物。这样，小说主线突出，前后贯串，宾主照应，曲折变化，脉络分明，构成一个比较完美的艺术整体。《三国演义》的语言风格，历来被评为“文不甚深，言不甚俗”，雅俗共赏，具有简洁、明快而又生动的特色。叙述语言不以精雕细刻或铺张扬厉见长，而以粗笔勾勒见工。人物语言虽然不够口语化，半文半白的，但用于表现古人还是比较适宜的。这一传统被继承下来，成为历史小说、历史剧的独特语言。《三国演义》中既有千军万马的恢宏场景，也有一人一事的精心描写，充分体现了作者驾驭鸿篇巨制的能力。

《三国演义》在民间影响很大，在民间口头语中如“三个臭皮匠，顶个诸葛亮”“说到曹操，曹操就到”等，就与《三国演义》在民间广为流传分不开。尤其是关羽的形象，更成为民间崇拜的偶像，从战神演化成财神，至今香火不断。在汉民族文学史上还没有一部作品在民间有如此深远的影响。所以，《三国演义》是汉民族古代章回小说的开山之作，它的出现为人们认识生活和表现生活提供了一种新的文学体裁，这种体裁足以容纳丰富多彩的社会生活和错综复杂的人物关系。《三国演义》又是汉民族古代历史演义小说的典范之作，它标志着历史小说的辉煌成就。①

2. 施耐庵与《水浒传》

明代文坛人才辈出，与罗贯中同期的施耐庵（1296—约 1371 年），

---

① 参阅龚书铎主编，毛佩琦主编《中国文化发展史》明清卷，山东教育出版社 2013 年版，第 102 页；张安奇，步近智本卷总纂《中华文明史》第八卷（明代），河北教育出版社 1994 年版，第 618—620 页。

本名彦端，江苏白驹人，元末明初小说家。博古通今，才华横溢，举凡群经诸子，词章诗歌，天文、地理、医卜、星象等，施耐庵于元延祐元年（1314年）考中秀才，泰定元年（1324年）中举人，至顺二年（1331年）登进士不久任浙江钱塘县尹。元末张士诚于白驹场（今分属兴化和大丰）起义，定都平江（今苏州）建立抗元政权，施耐庵曾效力于张士诚，之后施耐庵避乱迁居兴化。后弃官归里，闭门著书，与门下弟子罗贯中一起研究《三国演义》《三遂平妖传》的创作，搜集并整理关于梁山泊宋江等英雄人物的故事，最终创作“四大名著”之一的《水浒传》[①]。可与罗贯中并称明代小说双雄。

《水浒传》成书于一个很特殊的时期，元末社会生活的丰富，尤其是“天高皇帝远，民少相公多”的江南一带文人士大夫们纵情诗酒的生活，为一些文人再创造这种历史长篇小说提供了条件。因此，施耐庵《水浒传》的创作必然始于元末。在明初严厉的文禁之下，不仅不可能创作出这样的长篇小说，而且事实证明，已经成书的《水浒传》在明初也没有刊刻流行。直到弘治间，民间对于宋江等人的故事，还只限于话本的描述，而士大夫们也仅知其故事见于《宣和遗事》等书，并不知道《水浒传》[②]。所以成（化）、弘（治）间人陆容见到民间斗叶子游戏中，叶子上附以宋江水浒英雄人物，但其诨号、名字均不同于《水浒传》，他也只称：“盖宋江等皆大盗，详见《宣和遗事》及《癸辛杂识》。”[③]

《水浒传》故事取材于北宋末年的宋江起义，这次起义在《宋史》的《徽宗本纪》《张叔夜传》《东都事略·侯蒙传》，以及《十朝纲要》《三朝北盟会编》等史籍中，都有简略的记载。但是，小说的主要依据不是史籍，而是民间的传说。宋末元初，画家龚开（1222—1304年）的《宋江三十六人赞》，初次完整地记录了36人的姓名和绰号。《序》中明确地说“宋江事见于街谈巷语”，可以见出历史事实向传说故事的转化。元代

---

① 《水浒传》作者施耐庵是否实有其人？几百年来曾议论纷纷。1989年江苏省社会科学院文学研究所王同书的《施耐庵之谜新解》（中国文联出版公司）全面考证了这个问题，作者根据自己多年从事调查施耐庵的历史生平的第一手资料撰写而成，并附有文物史料图片，解开了“施耐庵之谜”，认为：江苏白驹施彦端（字耐庵）即是《水浒传》作者，著名文学史家冯其庸、朱一玄、喻衡等都作了充分的肯定。

② 参阅商传《明代文化史》，东方出版中心2007年版，第351—352页。

③ （明）陆容：《菽园杂记》卷十四。

出现了一批水浒戏，人物故事日益发展丰富，水浒英雄由 36 人发展到 72 人，又发展到 108 人。在宋元以来广泛流行的民间故事、话本、戏曲的基础上，施耐庵进行了综合性的再创造，完成了《水浒传》这部长篇巨著。

《水浒传》以它杰出的艺术描写，通过梁山宋江起义的故事，反映了汉民族广阔的社会生活，揭示了农民起义的发生、发展和失败过程的一些本质方面。在这个大背景下，《水浒传》故事极富传奇性，全书以“拳打镇关西”“火烧草料场”“智取生辰纲”“宋江杀惜”“武松打虎”“血溅鸳鸯楼”“江州劫法场”“三打祝家庄”等若干个故事衔接而成，一波未平，一波又起，起伏跌宕，变化莫测。每个故事既有相对的独立性，而故事之间又有着有机的联系，所有的故事完整地展示了梁山起义的发生、发展、高潮和结局的全过程。这是一种链条似的小说结构，一环紧扣一环，首尾浑然一体。小说在人物塑造方面，往往给人以既理想又真实，既高大又平凡，既夸张又可信，既可敬又可亲的感受。而且，与《三国演义》中人物形象性格的凝固化和单纯化不同，《水浒传》塑造了一批性格丰富化和复杂化的人物形象。如林冲、杨志，性格都随环境、遭遇的变化而发展变化。杨志从效忠朝廷到不满朝廷，从走投无路的落魄失意到受统治者赏识的踌躇满志，从为统治者卖命到落草逃命，从被迫求生到自觉反抗，性格是逐渐变化的。《水浒传》善于描写英雄人物的缺陷美，如林冲的软弱、李逵的莽撞、鲁智深的粗鲁等。特别是对宋江形象内心矛盾的细致描绘，把他内心中正与邪、言与行、行与思、真与假、悲与喜等重重矛盾揭露得淋漓尽致，从而塑造出汉民族文学史上并不多见的具有复杂性格的形象。

《水浒传》的语言艺术是以口语为基础，经过加工提炼而创造的文学语言。其语言特色是明快、洗练、准确、生动。无论是叙述语言还是人物语言，大都惟妙惟肖，有浓厚的生活气息。全书描绘了一百单八个英雄好汉，如此众多的人物，作者却能恰如其分、神情毕肖地表现出每个人物复杂多样的思想感、心理状态和性格特征，除了在人物外形、容貌、服饰、动作及事件描写上表现出卓越的功力，其语言运用，也表现出作者娴熟的驾驭能力。与此同时，分析《水浒传》的语言可以发现：作者对汉语的深刻认识表现在作品直接语言的运用上，在《水浒传》一书中，直接语言的语音、词汇、语句和段落除本身的准确、丰富和多彩之外，还恰如其分地表现了人物的性格特征、社会属性及心理状态。明小说、戏曲评点家叶昼在谈《水浒传》人物语言时，有这样一段评论："说淫妇便象淫妇，说烈汉便象烈汉，说呆子便象呆子，说马泊六便象马泊六，说小猴子便象小猴子，但觉读过，分明淫妇、烈汉、呆子、马泊六、小猴子光景在眼，淫妇、烈汉、呆子、马泊六、小猴子声音在耳，不知有所谓语言文字也。"① 这说明《水浒传》写景、状物、叙事、表情，极为灵动传神，尤其是人物的直接语言已达到高度个性化，让人脱了书本而进入事件情境中，亲眼见到事物、亲耳听到人物讲话的地步。如《水浒传》叙事，善于白描，简洁明快，绘声绘色，妙绝千古，没有滞拙的叙事和冗长烦琐的景物描写。如"武松打虎"一节，写人虎相搏，寥寥数笔，气氛紧张，场面激烈，抑扬顿挫，活灵活现，给读者留下了深刻的印象。小说人物语言的性格化达到了很高的水平，金圣叹评道："人有其性情""人有其声口"。② 如李逵的粗人快语，阮小七的心直性急，吴用的足智多谋，宋江的谦虚下人，都可以通过他们的说话，如闻其声，如见其人。当然，《水浒传》在艺术上也有不足之处。全书 70 回以前的描写比较精彩，70 回以后的情节和人物都缺乏动人之处。此外一些战争场面比较单调烦琐，千篇一律，还夹杂一些迷信和神秘色彩的渲染。③

《水浒传》是中国历史上一部划时代的小说，它第一次用生动细致的白描手法和穿插错综的情节表现了一部完整的历史故事，为其后长篇小说的创作确立了一个极高的起点。在它以后，再没有人能够在长篇历史小说上达到这样的高度了。它因此被誉为明代"四大奇书"之一。

3. 吴承恩与《西游记》

明代小说，佳作频出。继《三国演义》与《水浒传》之后，在明代中叶又出现了《西游记》这一神魔小说杰作。

《西游记》的成书同样经历了一个漫长的过程。作为《西游记》主体部分的唐僧取经故事，是历史上的真人真事发展演化而来。唐太宗贞观元年（627 年），玄奘（602—664 年）只身一人赴天竺（印度）取经，历经艰难险阻，至贞观十九年（645 年），取回梵文佛经 657 部。他口述西行

① 转引自张海燕《〈水浒传〉个性化的人物语言》，《渤海学刊》1995 年第 1 期。

② （清）金圣叹：《水浒传》序三，载《金圣叹评点才子全集》第三卷，光明日报出版社 1997 年版，第 11 页。

③ 以上参阅张安奇、步近智本卷总纂《中华文明史》第八卷（明代），河北教育出版社 1994 年版，第 621—624 页；张海燕：《〈水浒传〉个性化的人物语言》，《渤海学刊》1995 年第 1 期。

见闻，由弟子辩机写成《大唐西域记》。以后弟子慧立、彦琮又写成《大唐大慈恩寺三藏法师传》，穿插进一些带神话色彩的故事。此后取经故事在社会上广泛流传，带有越来越浓厚的神奇色彩。大约在晚唐五代时，出现了《大唐三藏取经诗话》，标志着玄奘取经由实事向神魔故事过渡的完成。孙悟空已取代唐僧而成为取经故事的主角，但内容还带有浓厚的宗教色彩。取经故事至迟在元代已大致定型，出现了元末明初的《西游记平话》，元人吴昌龄的《唐三藏西天取经》杂剧，元明之际杨景贤的《西游记》杂剧等文学作品。

《西游记》作者吴承恩（约1500—约1582年），号射阳山人。先世江苏涟水人，后徙居淮安山阳（今江苏淮安）。他出身于一个世代书香而败落为小商人的家庭。自幼聪慧好学，博览群书，文名著于乡里，但却屡试不中，直到嘉靖二十三年（1544年），30多岁时，才补为岁贡生。迫于母老家贫，做过短期的长兴县丞，后又一度任过荆府纪善。晚年归居乡里，放浪诗酒，贫老以终。吴承恩性格倔强，“迂疏漫浪，不比数于时人”。《二郎搜山图歌》自称：“胸中磨损斩邪刀，欲起平之恨无力；救月有矢救日弓，世间岂谓无英雄！”[①] 吴承恩“善谐剧”，酷爱稗史奇闻。他在《禹鼎志序》中说：“虽然吾书名为志怪，盖不专明鬼，时纪人间变异，亦微有鉴戒寓焉。”表明了他借神话故事以针砭现实的自觉的创作思想。《西游记》是吴承恩晚年所作。他在前代传说、平话和戏曲的基础上，改变了原取经故事浓厚的宗教色彩，输入了新的现实主题；把孙悟空置于全书中心人物的位置，赋予其鲜明的性格；将“大闹天宫”提到卷首，兼收并蓄了许多人所熟知的神话人物、神话故事，构建了完整宏伟的艺术结构，并且赋予小说以讽刺幽默的艺术风格。

《西游记》全书100回可分为三个部分：第一部分，第1回至第7回，写孙悟空的出身和大闹天宫的故事；第二部分，第8回至第12回，写唐僧身世、魏征斩龙、唐太宗入冥故事，交代取经缘由；第三部分，第13回至第100回，写孙悟空皈依佛门，同猪八戒、沙和尚一起保护唐僧到西天取经，历经九九八十一难，终于取到真经，修成了“正果”。全书的重点在第一部分和第三部分，这两部分以孙悟空的形象贯串一体。在写作上

① 《二郎搜山图歌》，载刘修业辑校《吴承恩诗文集》，古典文学出版社1958年版，第16—17页。此诗是吴承恩的一首题画诗，写于创作《西游记》之前。

突出了浪漫主义的手法，虽然所写的完全是超出了人间生活的天庭、地狱，神、佛、鬼、怪，但都活灵活现，具有超人的能力和活生生的人的行为特征。作者通过自己丰富的想象，勾画出一个仿佛就在身边的幻境，反映了当时人们对思想突破的渴望。在作者勾画的人间生活之外的境界中，却又都有着与人间社会相同的种种弊端，晚明社会中的种种腐败现象都被写到了神怪的生活当中。作者的敢说、敢骂、诙谐的揶揄和痛快淋漓，都是以前的小说中所没有的。神话小说本身的特点，给作者提供了更为便利的思想表现的条件。对于唐僧的那种带有嘲弄性的刻画本身便体现了作者鲜明的感情标准，而作者的感情更集中体现出书中成功刻画的主人公孙悟空的身上。这个以猴子为原型的神通广大的人物，除了猴子机灵好动的形象之外，《西游记》还突出地塑造了猪八戒和唐僧的形象。猪八戒的憨厚纯朴、贪馋好色和唐僧的迂腐懦弱、颠倒是非，给人们留下深刻的印象。

《西游记》是中国文学史上杰出的浪漫主义作品，主要特征是：一是天马行空的幻想。小说遵循假想的逻辑，而非现实的逻辑，如写孙悟空的腾云驾雾，呼风唤雨，七十二般变化，神奇的金箍棒，火眼金睛，等等。二是神奇莫测的情节。小说突破现实生活中的时空观念和生死界限，自由自在地描写“三界”（天上、人间、地狱）中的生活景象。三是超现实的艺术形象。《西游记》人物塑造的突出特点，是神性（幻想性）、人性（社会性）和物性（自然性）三者的有机结合，即神（妖）、人、兽的结合体。四是虚无缥缈的神话环境。小说中的环境往往蒙上幻想奇异的神话色彩，如花果山、天宫、西方极乐世界以及妖魔住的山洞等。此外，《西游记》的语言生动流利，人物语言富有鲜明的个性特征和浓烈的生活气息，而且往往表现出一种幽默诙谐的艺术情趣。吴承恩善于提炼生活中的口语，吸收新鲜有力的词汇和富于变化的句法，加工成一种优美的文学语言。

《西游记》是中国古代神魔小说的杰出代表，问世以后即产生了广泛的影响。全书集中了人类的正义、勇敢、力量和自信。从某种意义上说，这是晚明知识分子的一种自我价值的表露。尽管这部小说在一定程度上受到了时代的各种局限，不可能真正明确提出思想解放的要求，而且书中对于佛教以及三教合一的宣扬，也在一定程度上反映了作者所受理学思想的影响。但是，我们应该看到，这部小说在思想和艺术成就上都超过了以前的任何一部。且迄今再也没有一部神话小说能够与之相媲美。①

4.《金瓶梅》

明代四大奇书最奇者当为《金瓶梅》。其刚出世不久，就被称为明末第一奇书，也就是说，当时的大名士们，就认为它的艺术成就在《三国演义》《水浒传》《西游记》之上。

一因《金瓶梅》的作者至今还是一个谜。关于《金瓶梅》的作者，历来有着各种不同的说法。万历时人沈德符在《万历野获编》中说："闻此为嘉靖间大名士手笔。"明人因此臆断此即指当时著名的文坛领袖王世贞，并由此衍生出"苦孝说"的复仇故事。说王世贞父王忬进送《清明上河图》赝品于严嵩，为唐顺之识破，致陷王忬于死，世贞图报父仇，乃作《金瓶梅》，于书中设毒，献于唐顺之，将其毒死。其后又有人将比故事略作改动，将《清明上河图》改作辋川真迹，将识出赝品者改为汤裱褙。这些附会之说早已被后来的研究者所否定。近人据万历四十五年（1617 年）刻本《金瓶梅》中署名欣欣子的序中的一段话："窃谓兰陵笑笑生作《金瓶梅传》，寄意于时俗，盖有谓也。"断定作者应当是兰陵（今山东枣庄峄城区）人，而且书中确实使用了不少山东方言，更使人由此而确认作者是山东人无疑。至于作者究竟为谁，目前尚未能有定论。②

二因《金瓶梅》没有老师。《三国演义》《水浒传》和《西游记》从初型到定型历时漫长，如《西游记》从唐玄奘 627 年赴印度取经到 1592 年世德堂刻本，历时 965 年，中经《大唐西域记》《大唐大慈恩寺三藏法师传》《大唐三藏取经诗话》《西游记平话》，以及《唐三藏西天取经》和《西游记》两部杂剧，师者甚多。而《金瓶梅》没有任何样本可仿，是全新的创作，可谓横空出世。真正是匹夫而为百世师，一言而为天下法，从此为汉民族文学树立了全新的而且是至高的美学标准。不要说当时就"当惊世界"，就是现在也是天下第一奇书。《金瓶梅》是中国文学史上第一部由文人独创的长篇小说。从此文人独立创作就逐渐替代宋元以来根据民间话本进行整理改编，成为小说创作的主流。

三因《金瓶梅》以真实为美，哪怕这个真实是黑暗的、压抑的、丑

① 以上参阅张安奇、步近智本卷总纂《中华文明史》第八卷（明代），河北教育出版社 1994 年版，第 625—627 页；商传《明代文化史》，东方出版中心 2007 年版，第 357 页。

② 参阅商传《明代文化史》，东方出版中心 2007 年版，第 358 页。

陋的。全书100回，以西门庆一家的兴衰史为中心线索，展示了广阔的社会生活图景，且意脉连贯，蹊径相通，浑然一体。而且作者注重日常生活场面和生活细节的描写，对西门庆一家饮食、服饰、器玩和日常起居写得细致入微，这就赋予小说以强烈的真实的现实生活气息。在人物塑造上，《金瓶梅》更注意人物性格的描写，使人物性格趋于复杂化，从而更为生动、真实和丰满。如西门庆的贪婪狠毒，潘金莲的泼辣、淫荡、嫉妒，应伯爵的趋炎附势，等等，都真实得栩栩如生。在语言上，《金瓶梅》运用日常的生活语言来叙事状物，显得平实朴素、生动流畅，真实得传神模影，具有爽朗泼辣的风格。故鲁迅在《中国小说史略》评道：

> 作者之于世情，盖诚极洞达，凡所形容，或条畅，或曲折，或刻露而尽相，或幽伏而含讥，或一时并写两面，使之相形，变幻之情，随在显见，同时说部，无以上之。

由于真实，故小说人物语言的个性化也达到很高的艺术造诣，清人刘廷玑《在园杂志》评云：

> 凡写一人，始终口吻，酷肖到底，掩卷读之，但道数语，便能默会为何人。

这种现实主义的真实，活脱脱地把一个真实的明末汉民族社会定格式地展现在人们面前，不仅当时惊呆了明末的大名士们，就是今人读后亦恐怕目瞪口呆！

四因《金瓶梅》大胆地写了情欲和性，尤其是那些毫无掩饰的性描写，这对被“存天理，灭人欲”理学包围起来的汉民族不能不称奇。然而，我们要看到，《金瓶梅》又与同时及以后的猥亵类小说，如《如意君传》《痴婆子传》《绣榻野史》《浪史》等不同，它并非单纯地宣淫，而是把描写人性作为自己的中心，实际上小说正是以塑造和表现病态的、邪恶的人性作为自己宗旨的，在这一点上，它的确可称得上登峰造极，成了汉民族古代色情小说的代表。

因此之故，《金瓶梅》才与《三国演义》《水浒传》《西游记》一起被视作明代的“四大奇书”。其实《金瓶梅》与后三部小说有很大不同，其他三部小说都以描写英雄人物为主，而《金瓶梅》却塑造了一批浑浑噩噩的市井人物；后三部小说充溢着理想的光彩，歌颂、赞誉占据了主导方面，《金瓶梅》则没有一个正面人物，甚至没有一点亮色，暴露丑恶成为它唯一的内容。在刻画和展示丑恶方面，《金瓶梅》是第一流的。假如说在元散曲当中，以丑为美初次成为一种艺术倾向的话，那么在《金瓶梅》中，丑已经扩大为一个世界，而且与恶结合在一起，这是汉民族文学中一个极为特殊的审美现象。因此，可以说是四百年来，汉民族文学的第一奇书。

奇归奇，无论怎么评论，《金瓶梅》在汉民族文学史上的艺术成就，大都具有开创性的意义，是汉民族历史上第一部脱离开历史故事或者传说，而以社会日常生活为题材创作的小说，开了写作世情小说的先河。它的出现，说明了汉民族小说发展日趋成熟，为以后像《红楼梦》那样伟大的现实主义作品的创作提供了先例。①

第九节　绘画与工艺:汉民族艺术文化的重建

一个民族的气质和素养往往通过艺术来表达和呈现。从元到明，绘画与工艺两个艺术门类在多民族的文化交融中，在汇集南宋、金、西夏、大理、吐蕃艺术成就的基础上得到全面发展。

绘画艺术，在元代，文人画成为主流，力矫南宋末期萎靡柔媚的画风，追求北宋以前的“天工与清新”，讲求“逸气”与“逸笔”，出现了被称为“元人冠冕”的大画家赵孟頫，而壁画成就首推继承唐、宋传统的永乐宫道教壁画。在明代，绘画艺术大体可以归结为以两宋画院风格为代表的院体画和以黄公望、倪瓒、吴镇和王蒙“元四家”为代表的文人画两大传统的发展变异，虽画派纷呈、名家辈出，山水花鸟画与作为观赏对象的人物画，尤其是写意人物画，比较起前代来有长足的进步，工笔人物画已见式微，而接地气的民间版画和年画方兴未艾。

工艺美术，从元到明综合了宋之典雅、元之豪华，臻于富丽典雅、豪

① 以上参阅张安奇、步近智本卷总纂《中华文明史》第八卷（明代），河北教育出版社 1994 年版，第 628—630 页；商传《明代文化史》，东方出版中心 2007 年版，第 359—360 页。

放严谨，使明代工艺空前成熟，代表了汉民族的民族风格；工艺美术的品种空前完备，出现了以青花瓷和云绵为代表的陶瓷、染织、漆艺、金工、家具及各种材料的雕刻工艺的全面发展，完成了汉民族古代工艺美术之集大成。

一　“元人冠冕”：赵孟頫开创元代新画风

元代的知识分子、艺术家大多生活在一个种族歧视和职业歧视双重压迫的环境里，沦落到了社会的最底层，他们丧失了宋代优越的、受人尊敬的地位，遭受到种种不公正的待遇，这便激起了极大的愤慨和不满，于是，他们大多数采取不与社会合作的态度。体现在绘画界，就是反对媚俗之作，提倡知识分子的“士气”，借此来表现独立不屈的人格，与现实相对抗。这就为绘画摆脱世俗羁绊、自由而独立地发展提供了条件。

最早在画界提出反俗主张，倡导绘画变革的是由宋入元的赵孟頫。

赵孟頫（1254—1322 年），号松雪道人，生于吴兴（今浙江湖州）。他是宋太祖赵匡胤的第 11 世孙、秦王赵德芳的嫡派子孙。由于赵孟頫的特殊身份，入元后被召入京，授予了一个闲职。他对自己的处境有一个清醒的认识，对于出仕新朝，他又怀有很深的惭意，在长期的自责和反省中，把埋在心灵深处的情感全部投入艺术创作中，他在晚年的诗作里说：“齿豁头童六十三，一生事事总堪惭。唯余笔砚情犹在，留与人间作笑谈。”[①] 所以，赵孟頫对于画界的媚俗之风表示了强烈的厌恶：“今人但知用笔纤细，敷色浓艳，便自为能手，殊不知古意既亏，百病横生，岂可观也！”[②] 在此，他所说的“今人”，既指元人，也指宋人。他曾批评宋代院体画说：“宋人画人物，不及唐人远甚，予刻意学唐人，殆欲尽去宋人笔墨。”[③]

针对这种近世的媚俗之风，他提出了复古的主张：“作画贵有古意，若无古意，虽工无益。”[④] 赵孟頫反对院体画派，反对精细工巧、傅彩浓艳的媚俗趋向，这其实是在画界开启了一种革新运动。

---

① （元）赵孟頫：《自警》。

② （明）张丑：《清河书画舫·酉集》。

③ （明）朱存理：《铁网珊瑚》。

④ （明）张丑：《清河书画舫·酉集》。

元代是汉民族山水画发生重大转折的时期，这种转折体现在两个方面，一是变工整精细为荒率天真，二是变写实传神为写意得韵。两大转折最早体现在赵孟頫那里，我们从他42岁时所作的那幅著名的《鹊华秋色图》可以看到这一转折的明显迹象。

《鹊华秋色图》描写的是山东济南郊外的深秋景色，画面展现了鲁中平原的开阔和平坦，图的正中排列着大小姿态不一的各种树木，有杨树、柳树，还有松树。它们有的叶已转黄，有的叶片落尽，仅剩枝干，有的则保持着绿色。这些树木干粗而枝短，呈疏散的杂错排列。数条溪流从树丛芦苇中蜿蜒流过，几间简陋的茅舍掩映在远处的树林里，隐隐地有渔夫在收网打鱼。图画的左右上方各有一座山头平地拔起，右面那座高峻的是华不注山，左面那座扁平的是鹊山。这正是济南一带自然景观的再现，不玄虚，不矫饰，非常平实、自然，既没有南宋院体画的烟气渲染，故作神秘，也没有任何出人意料的惊怪之笔，给人亲切熟悉的感觉。在它朴素的真实里面，甚至还带有一点拙质的味道。赵孟頫开创的这种平凡、简率、拙质的新画风，与南宋院体的工巧、雅致形成了鲜明对照。写实的意境表观浓郁。而他49岁时所作的《水村图》则不用彩绘，也不取绢本，纯在纸上用淡墨干皴写成，笔法自由而放逸。该画由近及远，描绘了疏柳、丛草、溪流和湖泊，其中设有竹篱茅舍数间，屋后有小桥通向远岸。远处是连绵起伏的山峦，山势平缓，丛树错落，体现出江南清旷苍秀的景物特色。两相比较，《鹊华秋色图》表现的重点是近景和中景的树丛及茅舍，风格是写实的，连远处的两座山头的摆布也是一种真实的再现。而《水村图》的重点显然不在近景和中景的树丛、茅舍，而在于远处起伏的山峦和苍茫的野水，它们连绵和无尽的延伸显得意味深长。近景和中景当中的细微景物只有在远山和野水的映衬对比下，才获得了某种韵味。这幅笔调看似简率的山水图在平淡天真的画面当中透露出强烈的抒情气质，洋溢着一种诗意的表达。赵孟頫的这幅画标志了山水图从写实向写意的过渡，这是一个较《鹊华图》更加深刻的转变，以此奠定了元代山水画的基调。①

赵孟頫是一个时代绘画风格的形成者和发展者，是元代开启一代画风的领袖人物。他在汉民族绘画艺术史处于一个承前启后的地位，“承前”

---

① 参阅王小舒《中国审美文化史·元明清卷》，上海古籍出版社2013年版，第45—46页。

即师法传统却不落俗套，而是在源远流长的汉民族传统绘画自出新意，踏出了一条独具特色的新路。“启后”是指他的艺术思想与绘画风格不仅影响着同时代的人，并且对后来人也产生了极大的影响。① 所以，元代人对赵孟頫的绘画艺术极为推崇，称其为“元人冠冕”②。鉴于赵孟頫在美术与文化史上的成就，1987 年，国际天文学会以赵孟頫的名字命名了水星环形山，以纪念他对人类文化史的贡献。③

二　永乐宫壁画：元代壁画作品的精典

壁画作品的大量涌现元代壁画主要有宗教壁画、墓室壁画与宫室宅第壁画。存世作品水平最高、数量最多的是宗教壁画。元代统治者笃信宗教，对各种宗教采取兼容并存政策，以此来维护其精神统治，因此，各种宗教和教派都很活跃，其中占主要地位的是全真道教和佛教。它们各自留有不少壁画遗存。最有代表性的元代宗教壁画是山西芮城的全真教永乐宫壁画。

永乐宫原址在山西永济县，1959 年因建三门峡水库被整体迁移至山西芮城县城北 3000 米的龙泉村东侧。壁画面积约有 960 平方米，依次分布在龙虎殿（又称无极门）、三清殿（亦称无极殿）、纯阳殿（俗称吕祖殿）、重阳殿（也称七真殿）内，其中以三清殿的壁画规模最大、绘制最精，代表了元代壁画艺术的最高成就。

三清殿为永乐宫的主殿，殿内供奉道教最高的尊神三清像，塑像已毁，殿内壁画高 4.26 米，全长 94.68 米，壁画总面积达 403.33 米。壁画的主体部分为《朝元图》，画着以 8 位着帝、后装束的立像为中心的 290 多个神祇朝谒元始天尊的盛大场面。神像身高皆在两米左右。八主像分别为：南极、东极、紫微、勾陈、玉皇、后土、木公、金母。按照传统表现手法，将立像身材画得高于周围人物。画家通过人物的动态、表情，华贵的冕旒、衣饰、坐具、头光、华盖、供具，以及周围人物恭谨的态势，突出表现了其王者的雍容气度。在主像周围的众多神祇中，有一些可从其形象特征和服装、用具上识别出具体名号，其中主要是天蓬、天猷、黑杀、

① 韩绍云：《浅谈赵孟頫及其山水画的艺术特色》，《青春岁月》2011 年第 6 期。

② （明）董其昌：《画禅室随笔》卷二。

③ 参阅张蕾《元人“冠冕”赵孟頫》，《大众文艺》2014 年第 21 期。

真武四圣及其部从，玄元十子、廿八宿、五岳四渎、十太乙等诸神以及美丽的天女等。画家力图在统一的环境氛围中赋予这众多的神像以不同的个性特征，有的猛厉，有的温文儒雅，有的凶恶，有的和善。整个画面布局严谨，气势宏大，人物组合紧密而不局促，表现出富有经验的高超构图能力。画面以紧劲圆浑的线条勾勒，有的线长达一二米，轻重顿挫，具有很强的装饰性。着色主要用石青、石绿、朱砂、石黄等矿物质颜料，沥粉贴金，堂皇富丽。《朝元图》的画面结传世之宋代武宗元所绘《朝元仙仗图》及徐悲鸿纪念馆所藏《八十七神仙卷》相似，也可能是依据早期的粉本绘制的。在三清殿的斗心扇面墙内面有云气图，系洛阳名匠马君祥长男马七待诏和门生王秀先等人所绘，完工于泰定二年（1325 年）。纯阳殿内画《纯阳帝君仙游显化图》，表现道教八仙之一吕洞宾从降生到成仙度人的神话故事，共计 52 幅。壁画总面积为 193 平方米，部分画面为后世所重绘。画幅之间用山水、云雾、树石等自然景物巧妙隔开，内容十分丰富。其中描写的街肆酒馆、园林私塾、商贩农夫等市井生活景象，是研究宋、元社会风俗颇为珍贵的形象材料。殿内的扇面墙背绘《钟离权度吕洞宾图》，画钟离权度吕洞宾故事，吕洞宾的表情和动作表现出激烈的内心矛盾和斗争，十分传神。在殿门两侧南壁绘有对幅道观醮乐与道观斋供图。人物生动，绘画风格卓有古意，从题记可知为禽昌朱好古门人张遵礼待诏、李弘宜待诏等人于至正八年（1348 年）所作。重阳殿内壁画也以连环画的形式表现道教全真教派创始人王重阳从出生到变化成真人的奇异故事，共 49 幅。其创作年代较晚，艺术水平也不及纯阳殿壁画。①

对于永乐宫壁画的艺术成就，历来评价过低。对此，康书增提出了质疑，他说："永乐宫壁画是国宝，不会有人反对。说永乐宫壁画是世界级的艺术杰作，大概也没人提出异议。但若说与《最后的晚餐》《雅典学院》《西斯庭教堂天顶画》的艺术价值不相上下，一定会有人感到诧异。永乐宫壁画真有如此高的艺术价值和学术地位吗?"为此，康书增写《永乐宫壁画的价值与地位》一文，非常专业地将永乐宫壁画与意大利壁画从艺术表现力、造型准确性、代表性、形式感、绘画性、精美度、与环境的协调关系、设色、功能性、艺术性、材料与工艺 11 个方面进行了比较，

① 参阅李凭、全根先总纂《中华文明史》第七卷（元代），河北教育出版社 1994 年版，第 460—461 页。

得出的结论是：永乐宫壁画的艺术价值，可以与人类历史上任何民族、任何地区造型艺术的优秀作品相媲美。但其知名度和影响力，却不及以《天顶画》为代表的意大利壁画，也不及达·芬奇的油画《蒙娜丽莎》、米开朗琪罗的雕塑《大卫》、德拉克洛瓦的油画《自由引导人民》、列宾的油画《查波罗什人写信给苏丹王》等这些世界名作。这不能不是一个民族文化的悲哀。其原因种种，但不能不承认的是汉民族传统绘画表现力最强、发展程度最成熟的艺术形式是工笔重彩，永乐宫壁画虽然是工笔重彩人物画的杰出代表。然而自从文人画诞生以后，汉民族传统绘画的评判权就一直掌握在文人士大夫画家手中，致使在唐宋以前占据主导地位的工笔重彩人物画，宋以后完全被排斥出了主流画坛，而著名画工艺人马君祥、马七父子等人从事的壁画创作活动，被文人士大夫画家打入了“厮役”范畴，永乐宫壁画的价值自然也就“石沉大海”了。①

永乐宫壁画作为汉民族古代壁画的奇葩，是可与敦煌壁画相媲美的汉民族古代杰出的宗教壁画。它是汉民族绘画史上的重要杰作，也是世界绘画史上罕见的巨制。它承前启后，震古烁今，继往开来，不但独立于元代文人山水画之外，成为独立的宗教人物画体系，而且是汉民族宗教壁画的最后终结。②

三　版画与年画：明代民间美术的方兴未艾

明代美术的发展，在绘画艺术方面，大体可以归结为以两宋画院风格为代表的院体画和以元代黄公望、吴镇、王蒙以及倪瓒为代表的文人画两大传统的发展变异。此时，山水花鸟画与作为观赏对象的人物画，尤其是写意人物画，比较起前代来有长足的进步，出现了一批颇有影响的宫廷画家。在明初以后相当一段时期里，宫廷画风支配着社会的爱好与风尚，形成院体画风行的局面。画派纷呈、名家辈出，著名的有“浙派”戴进、吴伟；“吴门画派”沈周、文徵明、唐寅、仇英；“松江画派”与“画中九友”；“白阳青藤”的陈道复和徐渭的写意花鸟画，凡此等等，大多为宫廷画家。而版画和年画，因来自民间而接地气方兴未艾。

---

① 参阅康书增《永乐宫壁画的价值与地位》，《装饰》2007年第11期。

② 参阅程桂琳《永乐宫壁画文化价值浅析》，《天津美术学院学报》2011年第4期。

（一）庶民刀笔：民间版画的异军突起

明代版画是在雕版印刷的基础上异军突起而发展起来的。

1. 汉民族版画小史

自从有了雕版印刷术，汉民族的版画也就随之产生了。汉民族版画的来源，可以追溯到汉代的石刻画像，那种半浮雕的画像或阴线浅刻的画像，其手法已接近于后来的版画。传统版画多数是绘、刻分工，民间画工刻工是主要制作者，即所谓“庶民刀笔”。现存第一幅版画是唐代的一卷《金刚般若经》卷首扉画，其刀法谨严工致，是相当成熟的作品。

唐代汉民族的雕版印刷术，经宋、元两朝数百年的磨砺而被广泛应用于社会各个领域。元代时，大都（今北京）、平阳（今山西临汾）与杭州、建宁（今福建建瓯）分别是南北两地的刻书中心。尽管执政的蒙古贵族黩武享乐，但他们提倡宗教活动，这些地方出版的佛释经典和儒家文献，各种类书、应用书籍及其插图还颇为多样。存世至今的有《事林广记》（元至顺年间福建建安刻本）、《饮膳政要》（至顺元年，1330 年刻本）等精彩版画插图。当时北方官刻本的细腻工丽与南方画风的拙朴率真，直接影响到明代各地方特色的形成。在印制技术上，除了单色以外，元代还开始用朱墨套印（如至正六年即 1340 年制的《金刚经注》扉页图），为后来的进步奠定了基础。

至明代，监本图书进入高速发展时期，印刷规模、从业人员、出版数量都超越前代，而书林出版图书提倡增加插图，这些客观条件都促进了汉民族版画的发展。鲁迅说版画有过“体面的历史”①，即是指从唐代到明代的这段历史。雕版印刷术促成了汉民族版画的发生、发展。从此，汉民族古版画与佛经、小说、地方志、旅行指南等紧密结合，衍生出极为丰富的艺术形态，形成了独具汉民族特色的艺术形式，充分展现出汉民族古代版画独特的艺术品质。于是，汉民族的版画在明代便进入了一个新的阶段。这一时期的版画不仅继承了唐、宋时期传统的表现形式，较之前代，更显得规范化和世俗化了，而且突出了独有的创造性，极富生活气息。

这时，版画不仅用作书籍插图，而且也用于画家传授画法的“画谱”、文人雅士的“笺纸”、制墨名家的“墨谱”，以及民间娱乐用的“酒牌”。人物画在明代虽然一度出现了日趋衰退的状况，但在版画中的

---

① 鲁迅：《木刻纪程·小引》，载《且介亭杂文》，人民文学出版社 2006 年版。

人物画却是异军突起，呈现一片繁荣景象。文学戏曲作品在明代的兴盛，给版画提供了很大的空间。因此，版画的题材多为戏曲、小说中的故事情节，其人物具有鲜明的个性。这个时期一个突出的社会风气，诸多文人宦绅都以养家庭戏班为乐，而专业营业剧团的活动亦达到兴盛，这一因素就促进了明代戏曲剧本创作的繁荣，而且大量剧目都以木刻形式印刷出版，又大都附有版画插图。许多戏曲文学的插图作品，都是通过画家和雕刻技工的合作制作出来的，而且在这一时期也出现了身兼绘刻二职的艺人，一举改变了绘刻分工制作，使这一时期版画作品在艺术性上得到了很大程度的提高。

这个时期，许多知名画家，如明末清初绘画、书法、诗文俱佳的艺术大师陈洪绶（1598—1652 年），江南第一风流才子、明代画家、文学家唐寅（1470—1523 年）等也参与了版画的绘制。这些画家们在继承民间艺术传统和宋元画法的基础上，进行重新创造，因而与明代一味摹古的山水、人物画迥然不同，更富有创造性和生命力。这在《牡丹亭》《西厢记》《丹桂记》《琵琶记》《玉玦记》等作品中表现得极为突出，这些作品形成了明代版画的基本风格和表现形式。明代人物画大师陈洪绶，以细劲清圆的线条，简洁传神的造型，创作的《鸳鸯冢》《西厢记》等脍炙人口的戏曲剧本插图，就是这一时期版画风格的体现。他们独特的艺术风格和高超的绘画技巧，极大地提高了版画的艺术水平。从发展进程上看，以明代中叶为界限，前期的作品，风格豪迈朴实，构图简单，画面纯朴，线条疏落，保留着浓厚的民间色彩。明代中叶以后，出现了极为工丽的风格，而且流派纷呈，创作繁荣，形成了一套精细完备的版画制作体系和强烈的艺术特色。

明代的版画在形式的表现方面也得到创新，打破了唐、宋、元时期的单线刻制方法，在画面当中出现了黑白对比的运用。线条更具有画味，表现的能力也呈现多样化。不同风格流派的版画作品的出现，使明代版画艺术的繁盛。例如安徽的徽州派、江苏的金陵派、浙江的新安派、福建的建安派等，迥异的艺术创作风格，精湛的刻工，使各种戏曲剧目、文学作品的木刻版本绘制插图得以生动活现。如福建的建安派，自宋、元以来这里就是版画的制作中心之一。当时福建的出版行业也很兴盛，出版商对于插画非常重视，几乎每本书必有插图。其作风古朴简放，主要出于工匠之手。及至万历初，新安派的刻工来到建安，致使作风趋于工丽精细。他们继承元画的格式，以上图下文或对联式为主，内容多为历书、农耕图、儒教刊传、廉正公案、戏曲小说等。这类作品将传统木刻的特性与形式发挥到了极致，创造形成了汉民族派的风格特征，使明代的传统派达到了汉民族民间艺术的顶峰。

在这个时期还出现了版画艺术同彩印技术结合的技术。明代著名印人、画家胡正言（1584—1674 年）的十竹斋饾版[①]套色木刻的创造，对传统的绘画技法作了系统的整理，从此传统木刻走向了彩色多版套印的时代，这是对汉民族版画史上的巨大贡献。万历二十五年（1597 年）刊印的《寿星图》是现存最早的彩色版画。万历二十八年（1600 年）的《花史》是用涂版方法印制的彩色画集。到了天启七年（1627 年）的《十竹斋画谱》，已经达到了前所未有的技艺水平，并诞生了饾版和拱花两种印制方法，形成了一套具有高度技巧和十分精细的版画工艺体系。值得一提的是，这一时期，西洋的版画登陆中国，受其影响出现了西洋明暗刻法的基督教版画，汉民族的版画艺术从此迈开了中西绘画艺术相结合的第一步，这是明代汉民族版画走向世界重要的起步。[②]

2. 汉民族版画流派

版画是汉民族民间艺术不可分割的一个重要组成部分，明代的版画艺术不仅继承和发扬了前代版画艺术遗风，而且形成了它独创的民族风格和地域特色。当时有以安徽歙县为中心的新安派（又称徽派）、以福建建阳为中心的建安派、以江苏南京为中心的金陵派与以浙江杭州为中心的武林派，以及以苏州为中心的苏松派普遍活跃发展，汉民族版画进入一个前所未有的黄金时代。

新安版画派。自 15 世纪以来，新安派版画就以刻制精工闻名于世。传世作品既有宣扬封建礼教的《养正图解》《帝鉴图说》《古列女传》和《人镜阳秋》，也有大量如《水浒传》《金瓶梅》《琵琶记》等在市民文艺中涌现出来的名著插图。当地黄、汪、刘、郑、鲍诸家刻工代有相传，名手辈出，其中以歙县虬川黄氏尤为突出。黄氏世代相沿，成为数百人以刻版为业的专业队伍。他们很多人还能书善刻，有艺术才能，并以一丝不苟

---

① 十竹斋饾版是木版水印的旧称。明万历年间，安徽民间流行一种在套版基础上发展为多色迭印的美术印刷方法。

② 以上参阅刘颢《论明代版画的艺术特点》，《咸宁学院学报》2010 年第 4 期。

的精神从事镌刻。通过他们的实践，汉民族版画脱离了稚拙的学步阶段，实现了由粗略向精美、由古朴向秀丽的重大转折。从而形成精细秀美，线纹绵密柔和，构图注重人物的描写，身材修长，表情含蓄，并注意与室内外环境的陪衬，借景抒情的风格。

建安版画派。福建建安是宋元以来的书坊聚集处。明代虽然衰弱下来，但到嘉靖年间，尚有大小 60 家书坊。存世双峰堂余氏（象乌、象斗兄弟）万历二十二年（1594）刻印的《水浒志传评林》，上评、中图、下文字，图左右为标题，这种格式福建版画袭用很久。所以建安派版画给人以上图下文，阴阳刻兼施，较多地保存着民间艺术的真率质朴风格的印象，虽然受外地的影响，也有改为全幅大图的，如乔山堂刘龙田刻《古文大会》《西厢记》。总体上，它以数量多、价格低以及出版迅速，在明代版画中保持着一定的优势。

金陵版画派。受建安派的影响，金陵版画比较古朴，后受新安派启发，改变了原先的戏剧舞台式构图，以线描为主，风格日趋工丽，很少再用阴刻底色作图像。金陵刻工技巧的代表作有：魏少峰刻《三国志演义》，刘希贤、张承祖刻《金陵梵刹志》，陈聘洲等刻《西厢记》等。而采用全新技术印成的套色凸版《十竹斋笺谱》等，为金陵版画增添了异彩。

武林版画派。武林版画与新安版画有某种亲缘关系，但更偏重于景物，尤其是名胜的描写，构图上人物比例也略有缩小。刘希贤刻《三遂平妖传》、项南洲与洪国良合作刻《吴骚合编》都很有代表性。陈洪绶、蓝瑛、赵左等画家皆为版画绘稿。此外，万历三十七年（1609 年）记天下名山胜概 130 余幅的《海内奇观》等也有武林版画的特色。①

明末，"建安、金陵、和徽州的三大派似已经有合流的倾向，彼此互相影响着，彼此都向精致细密的道路上走"②。汉民族木刻版画发展至此，疏密并立的路子仍然存在。武林版画和苏州版画都倾向于典雅精巧的精密风格，与徽派一脉相承。但是作为京师的北京，风格却仍是疏豪的建安风格。1967 年上海嘉定出土的明代宣姓墓中，发掘出北京戏曲版画的刊本，

① 参阅张安奇、步近智总纂《中华文明史》第八卷（明代），河北教育出版社 1994 年版，第 770—772 页。

② 郑振铎：《中国古代木刻画史略》，上海书店出版社 2006 年版，第 127 页。

其中封面、扉页上的题图，粗犷质朴，是典型的疏放风格。此外，还有很多疏体画风的踪迹：明天启年间的七种《传奇》，所附插图刀法简捷，粗疏豪放；崇祯年间的《天辟演义》，其插图都具有疏豪的作风；《十竹斋笺谱》中的“韵叟”八幅图，种种动态人物以着墨不多的简笔写出，人物的神韵却跃然纸上……这些例子，都实实在在证明在明末，汉民族版画虽然徽派崛起，精工细致的画风影响巨大受世人追捧，但一脉相传的疏体画风仍在继续发展。①

版画，作为四大发明之一印刷术的延伸，在历史长河中记录和传播了汉民族的民间文化，将永彪青史。

（二）“年”的符号：民间年画的方兴未艾

版画作为一种具有特殊功能的绘画品种，与汉民族的风俗相结合，又衍生出了一种新的画种——年画。

汉民族民间在新春活动时，装饰环境，寄寓“避邪纳福”与喜庆吉祥的意愿。这种风俗由来久远，可追溯到汉民族的祖先黄帝时代，西汉王充著《论衡》卷二二《订鬼篇》引《山海经》佚文云：“乃作礼，以时驱之（鬼），立大桃人，门户画神荼、郁垒与虎，悬苇索，以御凶魅。”古人认为黑夜有邪恶出役、鬼魅出来。门上若贴武将门神，就可安睡。最早的年画是“驱鬼镇邪”的“门神”。人们深信：家里的灾难都是鬼魅在作怪。请门神把住大门。鬼魅进不了门，家里便平安了。《礼记·月令》中早有“祀门”的记载。而“神荼”和“郁垒”的确是“神”，可以捉鬼和吃鬼的。到了晋代，有“元旦画鸡于门”的风俗。因鸡一叫天就亮了，鬼魅则不见了。画鸡于门上使妖灾群恶不能为害。无疑扩大了年画中的门神题材。

其后延续不断，宋代孟元老的《东京梦华录》、周密的《武林旧事》，都提到临近岁节，市井上卖门神、桃符、钟馗等画片的情况。

本来在汉民族古代绘画品类里，没有年画这一画种。宋代虽然已有“岁旦在迩。席铺百货。画门神、桃符、迎春牌儿”②。但还未以“年画”之名来总称其品类。明朝年画题材渐扩大，民间年画的风俗节日而降，它寄托了人们对风调雨顺、农事丰收、家宅安泰、人马平安等祈福迎新、驱

① 张海欧：《简论中国传统木刻版画的风格流变》，《商业文化（下半月）》2011年第8期。
② （宋）吴自牧：《梦粱录》。

灾避邪的愿望。民间年画的欣赏者大都是文化低下的劳动人民。因此它在表达人民大众祈福禳灾心愿的同时。还传递一些文化历史之类的知识。从而使民间年画成为广大农村群众的重要精神食粮。它不只是岁末腊月才大量出现在乡村市集城镇街巷。平时喜庆节日、婚丧嫁娶中。仍可得见各种不同题材形式的“年画”。以往大凡岁时节日和平日婚丧嫁娶、升官拜师、迁居收获等民俗活动中，都有年画艺术形式点缀其盛。然而，早期的年画，多为徒手画成。宋代前后始有木版刻印者，但也无留存。明代则由于木刻版画的兴旺发展，形成了天津杨柳青、苏州桃花坞、山东潍县杨家埠、河南朱仙镇等年画生产中心。可以说，在空前活跃的市民文学与通俗文艺当中，年画变成了汉民族老百姓逢年过节中必不可少之物，如年画、门神、财神和灶神等。于是，年画成了汉民族“年”文化的重要符号，成了一种普及的、深为老百姓喜闻乐见的艺术形式。①

四 青花瓷与云锦：明代工艺美术的完美成熟

明代汉民族的工艺美术，在宋元基础上又向前发展了一步，工艺空前成熟。其风格综合了宋之典雅、元之豪华，臻于富丽典雅、豪放严谨。工艺美术品种空前完备，陶瓷、染织、漆艺、金工、家具及各种材料的雕刻工艺全面发展，是汉民族古代工艺美术集大成的时代。

明朝工艺美术之所以空前发达，主要原因：一是工匠地位有所改善，政府不像元代对工匠死死束缚，在官办作坊中不得改业、世代为奴，而是工匠不仅可以改业、可以个体生产与经营，甚至交纳代金，还可不去官办作坊服役，从而获得一定程度的解放。二是明代重视对外交流。永乐、宣德时，郑和七下西洋，带去大批瓷器、丝绸等工艺品，促进了国内工艺美术的生产。同时也带回了大量外国的工艺美术，尤其是伊斯兰工艺的材料、技术、样式、风格，很好地推动了工艺美术的创新与发展。三是明中期以后，江南出现了新生产关系的萌芽，促进了宋元以来的城市工商业和市民文化的大发展，民间工艺美术崛起，尤其是明末，其势头甚至超过了宫廷工艺美术，并影响了宫廷工艺美术。其中以青花瓷和云绵为汉民族工艺美术巧夺天工的精品代表。

① 参见李金贵《中国民间版画浅析》，《考试周刊》2011 年第 72 期。

（一）青花瓷：汉民族瓷器工艺的顶峰

说到青花瓷，年轻人首先想到周杰伦唱的《青花瓷》[①] 这首歌：

素胚勾勒出青花笔锋浓转淡
瓶身描绘的牡丹一如你初妆
冉冉檀香透过窗心事我了然
宣纸上走笔至此搁一半
釉色渲染仕女图韵味被私藏
而你嫣然的一笑如含苞待放
你的美一缕飘散
去到我去不了的地方
天青色等烟雨而我在等你
炊烟袅袅升起隔江千万里
在瓶底书汉隶仿前朝的飘逸
就当我为遇见你伏笔
天青色等烟雨而我在等你
月色被打捞起晕开了结局
如传世的青花瓷自顾自美丽
你眼带笑意
色白花青的锦鲤跃然于碗底
临摹宋体落款时却惦记着你
你隐藏在窑烧里千年的秘密
极细腻犹如绣花针落地
帘外芭蕉惹骤雨门环惹铜绿
而我路过那江南小镇惹了你
在泼墨山水画里
你从墨色深处被隐去
天青色等烟雨而我在等你
炊烟袅袅升起隔江千万里
在瓶底书汉隶仿前朝的飘逸

---

① 方文山作词，周杰伦作曲。

就当我为遇见你伏笔
天青色等烟雨而我在等你
月色被打捞起晕开了结局
如传世的青花瓷自顾自美丽
你眼带笑意

从这首歌再想到青花瓷，一种雅致的美感油然而生。所谓青花瓷（blue and white porcelain），又称白地青花瓷，常简称青花，是汉民族瓷器的主流品种之一，属釉下彩瓷。钴原料烧成以后呈现出蓝色，其特点是有较强的着色力、鲜艳的发色、永久不变的色彩。呈现的效果是洁净莹润的瓷面，相映幽靓苍翠的纹饰，犹如水墨画般的笔致韵味。青花瓷以其独特的汉民族传统艺术的真正魅力享誉海内外，成为一颗世界文化宝库其中的璀璨明珠。[①] 青花瓷这一称谓最早可以追溯到成书于元代至正九年（1349年）民间航海家汪大渊所著的《岛夷志略》，书中记载了作者从1330年到1339年间数次漂洋过海远至南洋诸国所见所闻的真实记录。在他的记录中有许多关于中国对外输出的瓷器产品，记载为“青白花碗”“青白花器”“青白花瓷器”等名词。

1. 唐青花瓷的开端

原始青花瓷于唐代已见端倪。河南巩义唐代黄冶窑址以及扬州唐代遗址出土的唐代青花瓷实物提供了证据。1975年，南京博物院等单位对扬州唐城遗址的发掘，出土一件唐代白釉蓝彩枕面的残片。[②] 这件唐代青花枕残片的出土，被看作汉民族陶瓷研究的重要发现，从此开启了唐代青花瓷研究的大门。当时冯先铭作了认真观察，就其造型、胎、釉与制作工艺等特征，初步断定为河南巩县窑的产品，并指出：“巩县窑又是唐代烧制唐三彩的著名瓷窑，而唐三彩中的蓝彩正是用钴料呈色的。”[③] 从工艺技术上说，唐代青花瓷是在烧制高质量白瓷和鲜艳绚丽唐三彩的基础上产

① 参阅张培培《元代青花瓷纹饰的形成及艺术特征》，硕士学位论文，西安美术学院，2013年，第7页。

② 南京博物院、扬州博物馆、扬州师范学院发掘组：《扬州唐城遗址1975年考古工作简报》，《文物》1977年第9期。

③ 冯先铭主编：《中国陶瓷》，上海古籍出版社1994年版，第454页。

生、发展起来的。[①] 从扬州出土的青花瓷片来看，其青料发色浓艳，带结晶斑，为低锰低铁含铜钴料，应是从中西亚地区进口的钴料。胎质多粗松，呈米灰色，烧结度较差。底釉白中泛黄，釉质较粗。胎釉之间施化妆土。器型以小件为主，有复、碗、罐、盖等。纹饰除丹麦哥本哈根博物馆收藏的鱼藻纹罐以外，其余的均为花草纹。其中花草纹又分两大类，一类是典型的中国传统花草，以石竹花、梅花等小花朵为多见；另一类是在菱形等几何图形中夹以散叶纹，为典型的阿拉伯图案纹饰。从这一点看来，又可证明唐青花瓷器主要供外销。[②] 可见，汉民族青花瓷的发端约在初唐时期，盛唐、中唐时期得到进一步发展。唐代应是青花瓷的滥觞期。

2. 宋青花瓷的颓势

晚唐末期，已经有了两百多年烧造历史并且进入成熟阶段的唐代青花瓷主要遭受不可抵挡的连年战争，导致的外销之路中断，钴蓝彩料匮乏以及窑工逃亡等因素而陷于绝境停止生产。因此，唐青花经过初创期以后，并没有迅速发展起来，而是走向了衰败，及至宋代也没有能再崛起。故到目前为止，我们能见到的宋青花只有从两处塔基遗址出土的十余片瓷片。一是1957年发掘于浙江省龙泉县的金沙塔塔基，共出土13片青花碗残片。该塔的塔砖上有绝对纪年北宋“太平兴国二年”（977年）；另一处是1970年在浙江省绍兴市环翠塔的塔基，出土了一片青花碗腹部的残片。该塔塔基出土的塔碑证明此塔建于南宋咸淳元年（1265年）。这十余片宋青花瓷片，都是碗的残片。胎质有的较粗，有的较细。纹饰有菊花纹、圆圈纹、弦纹、线纹等。青花发色前一处的较浓、发黑，后一处的较淡。发色较黑者，应是外罩透明釉太薄的缘故。[③] 浙江省本身就有着丰富的钴土矿，这些青花瓷应该就是使用了本地的钴料，它们与唐青花并无直接的延续关系。[④] 所以，后人论青花瓷一般很少提及宋青花。

3. 元青花瓷的崛起

进入元代，青花瓷开始崛起。唐兴而宋寂的青花瓷为什么会在元重新崛起？这与成吉思汗建立蒙古帝国有直接的关系。从汉民族的本位出发，

---

① 参阅张松林、廖永民《唐代青花瓷探析》，《中原文物》2005年第3期。

② 文化部文物局扬州培训中心：《扬州新发现的唐代青花瓷片概述》，《文物》1985年第10期。

③ 参阅浙江省博物馆《浙江两处塔基出生宋青花瓷》，《文物》1980年第4期。

④ 《唐代的青花瓷器特点》（http：//www. bestb2b. com/business_ 16304043. htm）。

在这个大征服中，大大加强了汉民族与西域、阿拉伯国家的贸易往来。宋代的产品也频繁运往波斯、伊朗、土耳其、苏门答腊或印度等地。外贸商品的需求量，尤其是对青花瓷的需求量大大增加，必然促使各类手工业生产的发展。最有力的证明是石屿二号沉船遗址提供的证据：2010 年西沙群岛海域水下考古调查时新发现的石屿二号沉船遗址，出土了相当数量的元代青花、卵白釉、白釉、青灰釉、酱釉瓷器，其年代统一，特征鲜明。这些船货分别产自江西景德镇窑，福建德化窑、晋江磁灶窑以及福建地区的其他窑场，均是当时重要的对外输出商品。值得注意的是，在这批出水瓷器中，尤以元青花瓷器引人注目，器类多样，有碗、杯、瓶、罐等；青花纹样丰富，有鸳鸯莲池纹、缠枝菊纹、莲瓣纹等，线条流畅，为典型的元青花风格。这批资料与国内一些城址、墓葬以及景德镇湖田窑等窑址所出土的元代青花瓷器相一致，部分器类还见于菲律宾等海外地区。由此可知，元青花瓷器是当时的外销瓷器品种之一。[①] 正是由于外贸的需要，所以，早在元统一南宋前，就在景德镇窑设立了“浮梁瓷局”[②]，把有较高工艺的工匠集中在这里，又因当地本身丰富的自然资源和良好基础，就为元青花的崛起准备了条件。在此基础上，逐渐形成了元青花的风格：

一是蒙古族风俗习惯的影响所致。元代统治阶级为巩固其统治地位，将其蒙古族从古代氏族以“苍狼白鹿”为标志的图腾和多神崇拜转向了绝对权威对天的崇拜。“汗”乃是“受天命降生的”，“君权神授”，是天的儿子，应上天而生的统治者，具有至高无上的权力。蓝天白云，是主宰万物有着绝对统治权的上苍的色彩，象征着至高无上的王权，蓝色的腾格里（天），成为黄金家族的代表色，也就有了后来“蓝色的蒙古人”之说。而在萨满教中白色在蒙古又有意为白骨，是高贵纯洁的象征，只有蒙古的贵族，充满智慧的天意体现者才配得上这样的纯洁的颜色和“薛禅”（智者）的称号。这些也是蒙古贵族崇蓝尚白的根源所在。所以，蒙古族所信奉喇嘛教的吉祥物是白色哈达，对蓝天又无比崇拜，因此蓝色是当时

---

① 参阅孟原召、鄂杰、翟杨《西沙群岛石屿二号沉船遗址调查简报》，《中国国家博物馆馆刊》2011 年第 11 期。

② 至元十五年（1278 年）元王朝在景德镇设置“浮梁瓷局”。这是元代政府在地方上唯一设置“掌烧造”官府用瓷的机构。

的代表色。而喇嘛教文化又深刻影响元青花的装饰，如意云肩纹为藏喇嘛教的象征，莲瓣纹则是佛教的象征，这对喇嘛佛道的信仰也在陶瓷艺术上有具体表现。蒙古统治者偏爱的丝绸制品也有影响，元青花的缠枝花纹样源于元代的丝织，元代服饰披肩便是如意云头纹的前身，还有元青花白地青花的装饰风格和丝绸的深底白花也有异曲同工之妙。另外，由于习惯游牧生活，大块吃肉大碗喝酒，当时的工艺美术便形成了豪放、粗犷的风格。因此元代常见的盘、罐、碗、瓶等，都是大件物品，充分体现了当时北方游牧民族豪爽、性格开朗的特征。

二是汉民族文化的影响所致。元代青花瓷的纹饰深受汉民族绘画、丝绸、青铜器、戏剧等方面的影响。如当时文人绘画对其有一定程度的影响，品质优异的原料能满足勾勒渲染的绘画要求，很好地将绘画的技法运用到瓷器绘画中去。青色的水墨画融合于洁白的瓷面上，使绘画技巧与制瓷工艺完美和谐地融合到一起，更体现了挥洒自如的文人意境。又如青铜器装饰手法和纹饰方面的精华被陶瓷工匠们汲取过来，元代的瓶罐类、盘镜等都来自青铜器的启发。再如人物画也是元青花常见的画面，大多是以历史故事为主要题材，例如昭君出塞、百花亭、萧何月下追韩信、三顾茅庐、蒙恬将军、西厢记、唐太宗故事等，反映出当时戏曲对元青花艺术创作的影响力。

三是青花瓷历史的发展所致。唐宋时期陶瓷的传统对元青花装饰纹样的艺术也具有极深的影响力。当时的窑口在纹饰造型、绘画笔法等方面都为元青花奠定了基础。唐宋时期的定窑刻花、磁州窑黑彩、南方吉州窑褐彩，在元青花纹饰上的规则图案和生动纹饰都得到充分的发挥。宋代的牡丹纹、莲花纹、龙凤纹等均是元代青花瓷器上最常出现的；宋代的瓷器上的回纹、蕉叶纹、云纹等也是元代青花瓷纹饰的根源依据。

四是中外文化交流的结果所致。元代的青花瓷主要销往海外，以适应中东各民族的需求。因此在造型和纹饰上迎合伊斯兰教的审美特征，不断地吸收外来因素。元青花造型的浑厚端庄，装饰方式的多层次、密而不乱，都留有伊斯兰的浓厚特色，与中东伊斯兰地区和南洋地区有着相似特征。例如元青花大盘，是典型伊斯兰风格，采用同心圆环多层次装饰。此外，元青花瓷器中以盘居多，体积硕大，与伊斯兰民族席地而坐的生活习俗相符。这些特征也显然是为了适应当地民族的特殊爱好。元代青花瓷的绘制风格直接受到外销瓷器特殊需求的影响，久而久之亦成为元青花自身的特征保留至今。[①] 20世纪后期，在韩国海域打捞出一艘中国沉船，船上满载元代青花瓷和釉里红瓷。这也是元青花在世界范围流通的历史证实。一个原产于中国的瓷器品种，在交通尚不发达的元代就远销东北亚、东南亚、西亚等国家，在地域跨度上已非同小可。

元青花既是民族文化融合的结晶，又是陶瓷工匠智慧和劳动的结果。元青花瓷的普遍特征是胎体厚重，器形硕大。元青花瓷器型丰富多样，如大罐、大瓶、大盘、大碗等，这样的大碗和大盘在元以前很少见。这些大件器饱满、厚重，气派非凡，具有鲜明的元代特征。造型的总体风格是重气势和力度，而不斤斤于细节的雕琢，有人说元人之瓷“粗者自粗，精者自精”。其实精者也不失其粗犷的风格。[②]

元代青花绘画艺术特点是笔势飞动，气势磅礴，整体效果阔绰大气，给人不拘小节的直观感受。其用笔纯熟，悬肘运腕而写，所绘出图案，挥洒自如，一气呵成，呈现一种浑厚而又妖娆雅致的神韵。到了元代的中晚期，青花瓷的烧造技术已经完全成熟，其特征是胎体厚重且洁白，釉面釉色莹润，白里泛青，纹饰素雅，色调清新，图案层次丰富等。色彩的稳定、沉着，造型的淳厚、朴实，是民间青花瓷的显著特色。更可贵的是造型、色彩、纹饰达到完美的统一，能巧妙地把粗糙的原材料变成细致、充满生活气息的民间艺术。虽然元代只有不到百年的短暂历史，却催生了“青花之王”，开启了明清两朝都难以企及的高度。所以元青花瓷是汉民族陶瓷发展史上一个重要里程碑，是继宋代的青瓷、黑瓷、白瓷、青白瓷与彩绘瓷之后，又一次的创新和飞跃。所以，元代是汉民族陶瓷发展的一个高峰，在这一阶段中，青花瓷的数量质量均达到了前所未有的水平。故而有古陶瓷界专家提出，要将青花瓷定为中国“国瓷”，以取代被世人普遍接受的青瓷的“国瓷”地位。[③]

4. 明青花瓷的辉煌

明代是青花瓷发展的黄金时代。明代青花瓷的生产分两大流派：

---

① 以上参阅张培培《元代青花瓷纹饰的形成及艺术特征》，硕士学位论文，西安美术学院，2013年，第7—8页；应海燕《论青花瓷的民族特性》，硕士学位论文，景德镇陶瓷学院，2013年，第8页。

② 参阅孟夏、肖福科《论元代青花瓷的基本特征及其造物思想》，《陶瓷科学与艺术》2008年第3期。

③ 参阅应海燕《论青花瓷的民族特性》，硕士学位论文，景德镇陶瓷学院，2013年，第8页；《元青花的瓷艺术》（http：//www. docin. com/p -1388345963. html）。

一大流派是官窑青花瓷。历代官窑瓷器是为皇帝、宫廷生产的，带有很强的帝王性和朝代性。因此明代官窑青花瓷依据这一时期王朝更替，通常分为洪武官窑青花，永乐官窑青花，宣德官窑青花和正统、景泰、天顺官窑青花瓷四个时期。

在洪武官窑时期，洪武二年（1369 年）明朝开始了官窑瓷器生产的体制，在景德镇珠山专门设立了官窑瓷厂。洪武官窑瓷器包括青花、白瓷、黑瓷、红釉瓷、釉里红及矾红彩瓷器几个主要品种，传世品最多的是釉里红和青花瓷。洪武官窑瓷器在风格上具有明显的元瓷遗风，上承元代、下启永乐，以古朴、粗犷、气势雄浑为主体风格，同时也趋于装饰风格简练，纹饰图案向文人画文雅韵致发展的方向。在装饰题材方面也比元代减少了很多，比较单调，主题纹饰多以折枝花、缠枝莲、庭院小景与云龙纹饰。洪武时期，龙纹在青花瓷中均为官窑瓷器，并且很有讲究，龙的身体细长，改变了元代龙纹凶猛矫健的形态，但整体形态基本保持了元代的风格。

永乐官窑时期是青花瓷器烧造的黄金时代。官窑青花瓷器的胎釉精细肥美、青花色泽浓翠欲滴、装饰纹饰多样、线条流畅优美并且瓷器造型丰富。永乐官窑的青花瓷器形成了自身清新隽秀的特点，纹饰布局大多比较疏朗，也有少量的纹饰布局较为繁密，其中花纹的绘制一般都较为纤细柔美。它还有模仿西亚地区金属、陶器的产品，表现出异域风情的特征较为明显。此时期的官窑青花瓷开始书写官窑款识，这是明代官窑青花瓷在纹饰风格上的一大变革。制作工艺日渐成熟和完善，永乐官窑青花基本脱离了从元向明过渡时期的风格，它们造型规整端庄，装饰纹样细腻灵秀，胎釉细润肥美。

宣德官窑时期，由于宣德皇帝朱瞻基和皇后对艺术品具有浓厚的兴趣，以及朱瞻基在诗、书、画及游艺等领域具有很高的艺术修养，在很大程度上促进了宣德时期官窑青花瓷器的发展。在色调方面因使用了进口的“苏泥勃青”“回青料”青花料，这一时期的青花瓷色调呈现蓝艳、有散晕、回青蓝中泛紫的特征。在纹饰方面，宣德官窑一改永乐的纤细风格，画意豪放生动，笔法遒劲酣畅，内容题材丰富，颇具时代特征。主要纹饰包括蔓藤纹饰、几何纹、阿拉伯文字纹饰，这些纹饰最明显的特征就是具有图案性，正是伊斯兰艺术禁止偶像崇拜的结果。宣德青花瓷胎体较厚重，但胎质坚致细白，制作精致，盘底不荡釉，为光滑的白砂底；青花瓷釉质细润肥厚，釉面多呈白色泛青状，但釉面多橘皮纹，这是这一时期的青花瓷在釉面上的最大特征。

正统、景泰、天顺官窑时期政治动荡，官窑器生产甚少，被后人称为官窑青花瓷制瓷业的“黑暗时代”。由于这三朝官窑均不见书款者，甚至在陶瓷史中一度称为“空白期”①。

另一大流派是民窑青花瓷。明代的民窑瓷器不像官窑瓷器那样带有很强的帝王性和朝代性，不会因帝王的喜好和王朝的更替而马上改变。明代民窑瓷器虽多不书写纪年的款识，但民窑青花瓷器仍然具有很强的时代特点和艺术风格，这些特质必然的表现在青花瓷器的造型、纹饰和胎釉、青料发色以及制作工艺上。因此，明代民窑青花瓷，大致分为三个时期，即明代早期、中期和末期。

明代初期民窑青花瓷器以青白瓷、青花瓷为主，此外还有少量的卵白釉瓷、红绿彩瓷。明代初期青花瓷还保留了元代遗风，典型造型有墩式碗、折腰盘、高足碗等，碗圈足平切，底心有乳点，有粘砂现象，制作较为粗糙，另外，从现存明代早期民窑青花瓷遗品中还发现有一种为圆涡底足，盘子折角生硬，盘底厚重，内心呈平面状，圈足较小，底足无釉为砂足。这时民窑青花瓷发色普遍灰暗，有的呈褐色，其青料应为国产料。胎色米灰，釉多为青白釉、灰青釉，普遍开片。纹饰方面也显得疏简，多见兰草、云气、牡丹、菊花、莲以及草书“福”“寿”等字样。到了永乐、宣德时期，受伊斯兰教的影响、梵文也逐渐运用到青花瓷中，笔法以一笔点划为多，碗盘内心都画有青花单圈或双圈纹。这一时期的瓷器烧造法仿照了元代时期，采用底心烧垫法，底足粗糙、不施釉，故底足不可能写款。

明代中期（成化时期到隆庆时期）民窑青花瓷以淡雅幽菁的发色和如脂如玉的底釉为标志，形成了汉民族青花瓷发展史上的第三次高潮。尽管这一时期制瓷成就仍然以官窑为代表，但是随着嘉靖时期“官搭民烧”制度的推广普及，为发展民窑制瓷工艺提供了广阔的空间，民窑的制瓷水平提升得很快，也诞生了一批批惊世骇俗之作。这个时期的民窑青花瓷，胎体较轻薄、洁白细腻、瓷化程度较高。釉有滋润的玉质感，光泽细润，

① 以上参阅应海燕《论青花瓷的民族特性》，硕士学位论文，景德镇陶瓷学院，2013 年，第 9—11 页。

呈青白色或白色，造型精巧工整，大件少，小件多，罐、碗给人以浑圆感，此外，香炉等器物多见于筒形炉和鼓形三乳足炉。并多用平等青，发色清淡，但无成化那种典雅感，有晕散现象，常见题材有人物故事、松鹤、麒麟、螺纹、虎纹、鱼纹、花鸟等。纹饰特点是缠枝花叶密而小，人物潇洒、神韵丰满，梵文图案有逐渐增多的趋势。款识有“大明年造”四字二行款、“壬子年造”四方纪年款等。到了嘉靖时期，民窑青花瓷主要采用回青料，呈色鲜艳、纹饰画法多为双勾分水、单线平涂等，布局繁杂而紊乱，画笔软弱，追求长寿等吉祥题材日渐增多，为明代中期青花瓷开创的一大特色。

明代末期民窑青花瓷到万历后期，官窑逐渐衰败没落之时，由于从明代嘉靖时期开始，宫廷所需的御器大多就已由民窑的“官古器”户烧造，即“官搭民烧”，而使民窑取得了空前的发展，达到了民窑制瓷水平的高峰时期。随着明末商品经济的发展和市场的扩大，一部分民窑作坊已从家庭小手工业作坊转变成了雇佣制的手工业作坊。此时的民窑装饰图案变得自由起来，不再受过去官窑皇室的束缚以某些特定的如缠枝、番莲纹、龙凤纹等固定的图案为主题的程式。明末崇祯时期，社会动荡，处于明清两朝交替的时期，崇祯青花瓷在此时既保留了明代的遗风，又渐渐孕育了清初青花瓷装饰的新风格。①

总之，明代青花，不论官窑，还是民窑，都达到了很高的水平，而且在明代的不同时期，青花瓷在釉色、造型以及纹饰上又存在诸多的审美差异，具体表现为明早期的浓艳凝重；明中期的清丽秀雅；明中后期的浓艳华贵；明末期的简朴清新。在明清交替之后，直接影响了清代青花瓷的发展。② 正如清人龚轼所言：“白釉青花一火成，花从釉里透分明。可参造化先天妙，无极有来太极生。”③ 此言着实不虚，青花瓷无论从用料、纹饰、烧制时间还是制作工艺上都极为考究，所以青花瓷在古时的使用频率是相当高的。平常人家中多将青花瓷用作容器，坚硬、耐磨且不易损坏。

---

① 以上参阅应海燕《论青花瓷的民族特性》，硕士学位论文，景德镇陶瓷学院，2013 年，第 11—13 页。

② 参阅李凭、全根先总纂《中华文明史》第七卷（元代），河北教育出版社 1994 年版，第 168—170 页；张安奇、步近智总纂《中华文明史》第八卷（明代），河北教育出版社 1994 年版，第 791—794 页；牛江涛《明代青花瓷的审美特征》，《衡水学院学报》2005 年第 2 期。

③ （清）龚轼：《景德镇陶歌》。

而书香门第、官宦人家大多将青花瓷作为装饰品，是一种身份和地位的象征，可谓各取所需。更有意味的是，青花瓷还有一系列“隐喻”之意，古时的读书人希望“青出于蓝而胜于蓝”，走上仕途后便有“青云直上”的愿望，渴望做一个人民爱戴的“青天”，甚至在卸甲归田之后，还希望能够“名垂青史”，“留取丹心照汗青”。“青”在当时汉民族文人心中的分量可见一斑。[①]

（二）云锦：汉民族织锦的顶峰

男耕女织的汉民族，根据《书经》《诗经》《周礼》《仪礼》《帝王世纪》的记载，早在商、周时期生产的丝织物中就已有了“锦”。所谓“锦”，宋人戴侗的《六书故里》云：“织素为文曰绮，织彩为文曰锦。”意思是说用染成各种颜色的丝线在绸地上织出五彩斑斓的图案花纹，使之成为美丽的彩锦，需要有先进的织造方法和很高的技术水平。因此，当“锦”出现以后，便被视为一种贵重的高级丝织物。古代人赠送礼物，通常是用束帛（普通的本色丝绸），到东周时即常用“束锦”了。战国时“锦”“绣”二字常被连称，以代表最美丽的织物，因而“锦绣”二字后来即被用作“美丽”或“美好”的象征。可见，在汉民族古代丝织物中“锦”是代表最高技术水平的织物。

育蚕织丝，是汉民族古代伟大的发明。1958 年，在浙江钱三漾新石器时代遗址中，出土了一批 4700 多年前的丝织物。[②] 经科学鉴定，证明这些织物所用的原料为家蚕丝，织造技术已具有一定水平。说明这一地区也是我国古代的丝织发源地之一。到了殷商时代，丝织物的生产早已脱离了原始的织造方法。商代甲骨文中的象形字，记载了当时的养蚕、栽桑、织绸的生产。甲骨文中有原始织机图样的象形文字，说明商代使用这种原始的“踞织机”已相当普遍。[③] 对 1950 年出土的丝绸残片进行科学分析发现，其中有的是采用水平很高的纺织技术织成的菱形花纹的暗花绸，说明织造这种织物的织机比原始织机有了很大的改进，而且已经有了提花装置。由此可见提花生产技术有一个漫长的孕育过程，这也为云锦这种以提花为主的丝织工艺打下基础。可见从殷商时代算起，汉民族育蚕织丝能够

① 参阅刘亮《青花瓷：中国瓷器史上的一抹“青”》，《燕赵晚报》2009 年 7 月 22 日。

② 《吴兴钱山漾遗址第一、二次发掘报告》，《考古学报》1960 年第 2 期。

③ 徐仲杰：《南京云锦》，南京出版社 2002 年版，第 3 页。

织出有花纹的提花丝绸，也已有三千多年悠久的历史了。春秋时，郑、卫、齐、鲁均是我国中原地区产锦之地。襄邑（今河南睢县）出产的美锦（文锦、重锦、纯锦、大丈锦）。直至两汉时期，襄邑仍是全国织锦的主要产地。王充的《论衡·程材篇》云："齐郡世刺绣，恒女无不能；襄邑俗织锦，钝妇无不巧……"可见襄邑织锦的闻名，不仅有广泛的民间生产基础，而且有很高的技术水平。东汉时，蜀锦兴起。魏、蜀、吴三国鼎立时，蜀锦不但是蜀王朝军需的重要来源，而且是与魏、吴贸易的重要物资。历史发展的事实证明，魏晋以后蜀锦的蓬勃发展，不仅取代了襄邑织锦的历史地位，且历经隋、唐、五代直到宋代，蜀锦生产一直处于兴盛状态，在全国丝织生产中居于领导地位。①

云锦，被称为最后的名门，是中国四大名锦②之一。云锦以图案花纹、色彩装饰、金线装饰等特点区别于其他地区的锦缎。而云锦的产生和发展与经济中心的南迁有着密切的关系。南京丝织业发端于东吴时期，东晋末年，大将刘裕北伐，灭秦后，将长安的百工全部迁到建康（今南京），其中织锦工匠占很大比例。后秦百工中的织锦工匠继承了两汉、曹魏、西晋和十六国前期少数民族的织锦技艺。417 年，东晋在建康设立专门管理织锦的官署——锦署，为南京云锦的产生奠定了基础。六朝以后，南京的纺织业开始复苏。从唐代起，丝织生产遍于长江下游地区。宋代，特别是宋王朝南渡以后，北方大批移民带来了官营织锦艺术，全国高级锦缎的生产中心转移到了江南，曾经是六朝和南唐故都的建康（南京），当时已成为一个政治地位很高的经济富庶繁荣的城市。元、明先后在南京设立了"以官领之，以授匠作"的官立织造机构。官营织造的优越条件和作为御用贡物的特殊要求，使云锦不断地创新突破，精益求精，在技艺上获得长足的发展，把汉民族古代丝织工艺技术推上了顶峰。

一方面，云锦的产生和形成与纺织技术的发展是分不开的。一是提花织机的完善为云锦的产生奠定了物质基础。丝织提花机从三国曹魏初年马钧进行改革后，经过唐、宋几代的改进提高，逐渐完善和定型。宋代《耕织图》上就绘有一部大型提花机据目前史料来看，这是世界上最早

---

① 以上参阅赵阅书《清代云锦色彩考析及应用》，硕士学位论文，江南大学，2009 年，第 5—7 页。

② 云锦、蜀锦、宋锦和壮锦，合称"四大名锦"。

的、结构完整的提花机。明宋应星《天工开物·乃服》篇中总结和记载了：轧车、弹弓、翻车、纺车、调丝车、经具、过糊具、腰机、提花机等纺织工具和机械，反映了明代纺织工艺与技术水平，在当时世界上处于较高的水平，也是相当完善的。[①] 从现代的角度来看，云锦结花本的技术也是现代提花机纹板装置的先驱。二是织造技法的创新为云锦提供了技术上的支持。从组织结构上看，唐代以前的锦多为重经组织的经锦，陈留、襄邑生产的织锦是经重平显花的暗结型经锦，蜀锦是纬重平显花的暗结型纬锦。唐以后，由于提花织造技术的发展，有了纬重组织的纬锦。宋锦改变为地结型经纬同时显花的斜纹织锦，工艺技术取得了重大的改进，为云锦的产生奠定了技术基础。元初期，创造了在缎纹底子上显金花的织金锦纳石矢。据《天水冰山录》[②] 的记载，明初织锦缎进一步发展，它吸收了缂丝通经断纬、分段挖花的方法，长梭子织地纬，以小管梭挖织花纹的妆花技术，其织造工艺最复杂，艺术效果最绚丽辉煌。

另一方面，云锦的产生和形成又与汉民族织锦工艺文化的传承有关。云锦风格的形成融合了唐代织锦的大气、宋锦的纹样的典雅及元“纳失石”喜用金的习俗。

唐代是我国封建社会的鼎盛时期，也是我国工艺美术发展的一个重要的转折时期。云锦装饰意匠多保持了唐代的风格特点。如唐代卷草典雅优美，叶片卷曲，叶脉旋转，具有勃勃的生机和动感。在云锦装饰纹样中演变为以牡丹、莲花为主体的串枝花，成为云锦图案中最常用的题材。在色彩方面，其风格继承了唐代善于运用色彩和退晕的手法。

宋代的彩锦构图秀丽、配色温雅，云锦图案中也多有仿宋代规矩纹锦，并取长补短加以变化运用，形成自己的特色。

元“纳失石”喜用金的习俗对云锦风格的形成影响甚深。用金装饰织物是云锦最具特色的特点之一。用金装饰织物，在汉民族丝织工艺上本来已有悠久的历史。最早有可能追溯到汉代以前。汉代以后，织物上用金见于记载的并不少。张澍的《蜀典》引魏文帝（曹丕）诏令，批评三国时的丝织物说：“金薄、蜀薄不佳，鲜卑亦不受……”意思是批评当时川

---

① 田自秉、吴淑生：《中国染织史》，上海人民出版社1986年版，第236页。

② 明朝大贪官严嵩在被抄家后，曾将其家产列清册，取“太阳一出冰山落”语意，名曰《天水冰山录》，仅誊录财的字数竟达六万多。

蜀生产的金锦、彩锦质量不好。这段记载表明三国时的蜀锦中确已有了金锦。用金装饰丝织物，真正盛行的是在元代。元代大量生产的著名的“纳石金”，就是一种贵重的织金锦。在元代，不仅最高统治者和百官的袍服用织金，三品以上官吏的帐幕也用织金。于是，金、元之际，锦缎生产由过去讲究以配色为主，转而为崇尚用金作主体表现，这是汉民族锦缎装饰和锦缎生产的一个重大转变。这既是蒙古族习俗之所然，也是蒙汉文化融合之果实。这对后来明、清两代御用（和官用）高级锦缎的设计、生产，产生了重大影响。明代作为御用贡物的南京云锦，就是在元代金锦基础上发展起来的，在金线的装饰运用上和金线的制作技术上，比之元代又有新的进步和创新。①

到了明代，又进一步发展创造了加金“妆花”锦缎的新品种，使其以“织金”和“妆花”这两个具有代表性的品种而闻名，形成了南京提花丝织锦缎自己特有的地方特色。元、明之时，南京云锦是专供皇室御用的贡物。在南京设立的官办织造，虽和南朝各代王廷的“织室”性质一样，但专为元、明皇室消费服用的云锦，不只在御用织造机构里生产，它在南京民间的丝织生产中也深深扎下了根基，成为除官办织造外，统治阶级搜罗锦缎的又一个重要来源。此外，南京云锦一直是蒙、藏兄弟民族长期喜用的织物，因此它并不因封建王朝的覆灭而消亡，这就是南京云锦得以流传不断的重要原因之一。②

从上可见，明锦是继汉、唐、宋、元诸锦之后，在中国丝织工艺史上新创的又一种新锦，是汉民族最高水平的织锦。明锦富丽典雅，绚烂如云霞，故俗称“云锦”。

云锦是宫廷织物，产于宫廷，用于宫廷，用作帐幔、铺垫、服装、装裱等。“妆花”是明锦的代表，图案布局严谨庄重，纹样简练大方，大花饱满，四方连续，色彩丰富，对比强烈，并以金银勾边、铺地（金宝地），或以中间冷灰色相间，或以色晕过度，或同花换色，金碧辉煌，典雅浑厚。纹样多为龙、凤、云纹、花鸟纹、几何纹、吉祥图案等，图案构

① 本节参阅赵阅书《清代云锦色彩考析及应用》，硕士学位论文，江南大学，2009 年，第 5—7 页。

② 参阅周海燕《论南京云锦艺术的传承与发展》，硕士学位论文，东南大学，2006 年，第 3—4 页。徐仲杰《南京云锦》，南京出版社 2002 年版，第 9 页。

成有团花、缠枝花、折枝花等形式，花大叶小，与当时陶瓷上的纹样风格一致，说明陶瓷图案与染织图案互相影响，互相促进，同步发展，共同体现时代精神。现存明正统年间的《正统经》是用云锦装裱的，保存了大批云锦实物，代表了早期的云锦（其中还有一部分是元代的），保存完好，花纹清晰，色泽如新，华丽典雅。北京明十三陵出土有大批衣物和丝织品，体现了明后期织锦面貌，大多是南京云绵。[①]

云锦的辉煌，代表了汉民族织锦工艺的最高成就，尤其是明代南京云锦艺人创造的木机妆花手工织造工艺，把丝织技术推上了历史最高峰，至今不能被现代机器取代。正如工艺美术教育家陈之佛教授所云："南京云锦是中国古代织锦工艺史上的最后一座里程碑。"[②]

第十节　大都与故宫：汉民族建筑文化的重建

建筑是一个民族文化的物化象征。汉民族建筑文化的特色更多地体现在它们的气质上。这里的"气质"是指物化于汉民族建筑形态的文化精神，及汉民族文化在不同时期的影响和创造。

汉民族建筑具有朴素淡雅的风格，主要以茅草、木材为建筑材，以木架构为结构方式（柱、梁、枋、檩、椽等构件），按照结构需要的实际大小、形状和间距组合在一起。这种建筑结构方式反映了汉民族传统宗法社会结构的清晰、有序和稳定。所以，《周易・大壮卦》早就提出的"大壮""适形"，及其"适形而止"的建造原则，是汉民族最早的建筑营造观念。其要求建筑的尺寸不可以超过一定的"度"，提倡建筑的尺度是根据实际需要和人的需要而定的。董仲舒说道："高台多阳，广室多阴，远天地之和也，故人弗也，适中而已也。"其是基于孔子认为建筑尺度要合"礼"以至"和"的思想，来讲所谓的"适形"，就是要适合自然形态，顺应自然的客观规律，要求符合人性的需要，以顺从人性的发展。[③] 由于

① 参阅张安奇、步近智总纂《中华文明史》第八卷（明代），河北教育出版社 1994 年版，第 799 页。

② 转引自谌强《揭开龙袍冠带神秘面纱》，载《光明日报》2008 年 7 月 15 日。

③ 参阅张婷婷《明清北京都城建筑蕴涵的"天人合一"思想研究》，硕士学位论文，黑龙江大学，2010 年，第 36 页。

木质材质制作的梁柱不易形成巨大的内部空间，古代建筑便巧妙地利用外埠自然空间，组成庭院。庭院是建筑的基本单位，它既是封闭的，又是开放的；既是人工的，又是自然的，可以俯植花草树木，仰观风云日月，成为汉民族“天人合一”观念的一种呈现，也体现了汉民族既含蓄内向又开拓进取的一种民族性格。与此同时，古代稍大一些的建筑都是由若干个庭院组成的建筑群，单个建筑物和庭院沿一定走向布置，有主有次，有高潮有过渡，成为有层次、有深度的空间，呈现出一种汉民族所追求的整体美和深邃美。其中宫殿、寺庙一类比较庄严的建筑，往往沿着中轴线一个接一个地纵向布置主要建筑物，两侧对称的布置次要建筑物，布局平衡舒展，引人入胜，成为汉民族“中庸之道”思维的一种呈现，也体现了汉民族既平衡左右又深化内涵的另一种民族性格。正如人类学家豪泽·霍依布林所言：“建筑传统就像语言甚或音乐一样，是一个种族的非常特殊的文化遗产。”①

确实，建筑可以称为人类文明的标志，每个民族都有自己的建筑方式，正如不同的文明存在鲜明的差异一样。人们不仅为了生存而构筑栖身的场所，他们也在按照美的观念创造自己的生活环境。在这里，美是民族个性的物质化体现，也是各民族审美文化的纪念碑。汉民族的建筑文化悠久而辉煌，本书一直没有机会论述，及至元、明，出现了元大都和明长城，就必须对汉民族的建筑文化作一番考究了。

一　汉民族建筑文化演进小史

汉民族建筑文化在时间上有汉、唐、宋、元、明、清之分，在地域上有东、西、南、北、中之别，可谓丰富多彩。在汉代的时候木构架体系已经基本形成，到唐代已达到成熟阶段。木构架体系历史悠久、体系独特、分布地域广阔，作品十分丰富，并且一直持续发展，完整地经历了古代全过程，是世界建筑史上的重要建筑体系之一。除了占主体地位的木构架体系之外，汉民族传统建筑还并存着干栏、井干、窑洞、土楼、碉房等多种其他建筑体系。这是因为中国幅员辽阔，各地区的气温、湿度、雨量、地形和地表土层差别很大，地方性的建筑材料资源也大不相同，众多民族的

---

① 转引自孙晓宁、于辉《探析现代住宅的“中国意与中国情”》，《华中建筑》2009 年第 3 期。

生产特点和生活习俗也差异较大。木构架体系建筑自身，由于这些同样的原因，在基本构筑形态的共同性基础上，也带有地域性、民族性的许多差异，因而形成了多彩多姿、不拘一格的建筑形式。例如，从通行于北方的迭梁式结构形式到通行于南方的穿斗式结构形式，从北方的四合院到南方的干栏式住房，从河南巩县与陕北地区的土窑洞到福建与广东客家族的土楼民居等，各有其不同的风格，从而形成了极富于艺术性的地方特色。在建筑体量、建筑造型、建筑图案、建筑色彩等方面，也是千变万化、绚丽多姿的。从宫室建筑中规格不同、形式各异的屋顶型式与组合方式到园林建筑中多彩多姿、无一雷同的镂窗形状与窗权（骨格）图案以及栏杆图案，从单体建筑与群体建筑中变化无穷的空间分隔到人文景观与园林建筑中依山就势的规划布局，形式多样、丰富多彩。汉民族历经几千年的建筑建造历史，祖先的优秀建筑遗产遍布全国，丰富的建筑传统文化源远流长。①

秦汉建筑类型以都城、宫殿、祭祀建筑（礼制建筑）和陵墓为主，宫殿结合官苑，规模巨大。祭祀建筑是汉代的重要建筑类型，其主体仍为春秋战国以来盛行的高台建筑，尺度巨大，形象突出，追求象征含义。秦王朝历史虽然短促，但在建筑上留下的宏伟业绩，却是千载以后仍为世人所仰叹的。阿房宫、骊山陵、万里长城，工程浩大宏伟，给后世建筑的发展带来了巨大影响。汉民族古代建筑体系在汉代已经基本形成。其突出表观就是木构架建筑渐趋成熟，砖石建筑和拱券结构有了发展。从现存的汉阙、汉壁画、画像砖、明器中都可看到，后世常见的叠梁式和穿斗式两种主要木结构已经形成。作为汉民族古代木架建筑显著特点之一的斗拱，在汉代已经普遍使用，从明器、画像砖等资料都可以看到种种斗拱的形象。当时的屋顶很大，形式也多样，以悬山顶和庑殿顶最为普遍，攒尖、歇山与囤顶也已应用。汉代建筑的柱阑额、梁枋、屋檐大都是直线，外观为直柱、水准阑额和屋檐，平坡屋顶，没有用曲线或曲面很平缓，已出现了屋坡的折线“反宇”，即以后“举折”或“举架”的初步做法，但曲度不大，风格端庄严肃。秦汉建筑艺术总的风格可以“豪放朴拙”四个字来概括。

隋唐在长期动乱以后复归统一，尤其盛唐时代，政治安定，经济繁

① 参阅王其均《中国民间住宅建筑》，机械工业出版社2003年版，第1—12页。

荣，国力强盛，与西域交往频繁，建筑艺术也取得了空前成就。隋唐建筑类型以都城、宫殿、佛教建筑、陵墓和园林为主。汉民族古代的宫殿、寺院、第宅等的布局和形式至此已基本定型。都城规划已完全规整化，气势恢宏，格律精严。宫殿组群极富组织性，空间尺度巨大，舒展而大度。隋唐建筑气魄宏伟，造型浑厚质朴，已较多采用凹曲屋面与屋角起翘，由汉式的直线形，变为由曲线和斜度微有变化的直线形的流丽遒劲与更富于韵律。在建筑物上没有纯粹为了装饰而加上去的构件，也没有歪曲建筑材料性能使之屈从于装饰要求的现象，总体风格粗壮大气。宫殿屋顶使用经渗炭处理的黑瓦，用黄、绿色琉璃做屋脊和檐口，色彩鲜明，和屋身的朱柱、绿窗、白墙形成唐代建筑最典型的色调。色调的简洁明快，屋顶的舒展大气，门窗的朴实无华，均给人以庄重大方的印象。隋唐建筑总的艺术风格可以用“雄浑壮丽”四字来概括，具有可贵的独创精神，重视本色美，气度恢宏从容。[①]

两宋的建筑风格总的来说是“细腻纤巧”，和隋唐建筑的粗壮朴实相比，宋代建筑在技巧娴熟的基础上，更着力于建筑细部的刻画，不仅一梁一柱都要进行艺术加工，而且对于装修和装饰更要着力细致处理。柱子变得相当纤细，更小的斗拱相互重叠，格子门的一条门框可以有七八种断面形式，在彩画中一朵花的每一片花瓣都要经过由浅到深的四层晕染才算完成。唐代多采用板门与直棂窗，宋代则大量使用格子门、格子窗、阑槛钩窗。木构架部分采用各种华丽的彩画，屋顶部分大量使用琉璃瓦，建筑的外观变得更加华丽了。

元明两代的建筑较之于唐宋时代的建筑缺少创造力，趋向程式化和装饰，建筑的序列组合更为丰富细腻，国家级祭祀建筑布局严整细致，建筑的地方特色和多种民族风格在这个时期得到了充分的发展。经过元代的简化，到明代形成了新的定型的木构架，梁柱构架的整体性加强了。由于明代宫殿、庙宇建筑的墙已用砖砌，屋顶出檐可以减少，斗拱作用也相应减少。但失去了原来意义的斗拱不但没有消失，反而变得更加繁密，成了木构架上的装饰物。官式建筑的装修包括彩画、装饰日趋定型化，等级分明。官僚地主兴建私家园林蔚然成风，尤其在经济比较发达的江南一带，给后世留下了一些别具特色的园林佳作。总的来说，元明建筑艺术可以

① 参阅李希凡《图说中国建筑史》，浙江教育出版社 2001 年版，第 40—54 页。

“精细富缛”四字大致概括。[①] 汉民族建筑文化的精华，通过历史的传承和沉淀，都集中大都和故宫的身上。大都和故宫，堪称汉民族建筑文化集大成的地标。

二　元大都与明北京：汉民族建筑文化的经典之作

从元大都兴建到明北京[②]的定型，为汉民族建设了一个世界级的城市建设地标。

（一）元大都的兴建

大都，是元代的首都。这里从春秋战国至唐代，一直是我国北方重镇，政治、经济、军事地位都极为重要。辽代曾在此设南京，金时又扩建为中都。元灭金后，中都城受到很大破坏，元世祖忽必烈继承大汗位后，自上都迁都于此，他废弃了金中都，而以其东北风景秀丽的离宫为中心，于至元元年（1264 年）着手平地规划建设新都城。

元大都是古代中国社会最后一座按照预先的整体规划平地兴建的都城，也是 13—14 世纪世界上最宏伟壮丽的城市之一，其严整的规划布局，建筑的技术、艺术水平都是当时世界上罕见的。《马可·波罗游记》这样描述大都：

> 汗八里城[③]位于契丹省的一条大河上，自古以来就以庄严华丽著称。城名的含义是指“帝都”。不过大汗根据占星者的预测，认为此城将来要发生叛乱，于是他决定在河的对岸另建一座新都。刚才所描

---

① 以上参阅吴丰《中国传统建筑文化语言的现代表述的研究》，硕士学位论文，湖南大学，2005 年，第 24—26 页。

② 北京上古时称幽陵，夏朝时称冀州，周朝时称蓟，春秋战国时是燕国的都城，故称燕京。秦置广阳、渔阳，西汉设幽州，东汉为广阳、蓟县，北魏称燕都，隋改涿郡，京杭大运河的北端就从这里开始。唐改称范阳，安史之乱时，安禄山就是从范阳起兵的。唐以后又一度称幽州。辽建都在上京，把这里作为陪都称幽都，也称南京，因此地在上京之南。金朝建都于此，称中都，并对其进行了扩建。这是北京八百余年建都史的开始。元朝时称大都，这时的北京城已是一个相当繁华的大都市了。明朝建立后，朱元璋将首都定在南京。1368 年，朱元璋手下大将徐达攻占元朝大都之后，即对大都城进行改建。第二年，朱元璋下令将元大都改称北平府，有平定了北方、从此安宁平静之意。后朱棣从他侄儿手中夺得政权后，将首都迁到这里，故称北京。到 1403 年，朱棣定都北平时，才改名北京。

③ 汗八里城，即大都。

写的皇宫和皇太子宫就在新都。新都和旧都只隔着一条河流①，这个新建的都城取名大都。

新都整体呈正方形，周长二十四英里，每边为六英里，有一土城墙围绕全城。城墙底宽十步，愈向上则愈窄，到墙顶，宽不过三步。城垛全是白色的。城中的全部设计都以直线为主，所以各条街道都沿一条直线，直达城墙根。一个人若登上城门，向街上望去，就可以看见对面城墙的城门。在城里的大道两旁有各色各样的商店和铺子。全城建屋所占的土地也都是四方形的，并且彼此在一条直线上，每块地都有充分的空间来建造美丽的住宅、庭院和花园。各家的家长都能分得一块这样的土地，并且这块土地可以自由转卖。城区的布局就如上所述，像一块棋盘那样。整个设计的精巧与美丽，非语言所能形容。②

从汉民族建筑文化史上来说，大都城的总体规划布局完全恪守《周礼·考工记》所确立的“匠人营国，方九里，旁三门，国中九经九纬，经涂九轨，左祖右社，面朝后市，市朝一夫”的原则进行规划修建。足见忽必烈为了表明蒙古族是汉民族合法继承者，争取汉族官僚地主的支持，极力提倡“行汉法”“仪文制度遵用汉法”的统治思想。可以毫不夸张地说，元大都是古代社会的历代都城中最接近汉民族周礼之制的一座都城。

据《中华文明史》第七卷的记述：“大都外城呈规则的长方形，东西宽6650米，南北长7400米，城周实测为28600米。南墙在今北京东西长安街一带，北墙在安定门外8里小关一线，至今城墙土垣残迹亦然可寻。东西墙的南段大体与明清北京城墙相合，环城有宽阔的护城河。城周共开11门，南、东、西各3门，北面为2门，城门上有高耸的城楼，元末时又在城门外加筑瓮城。城墙外侧筑马面，四隅建角楼。城墙全部用土夯筑，墙基宽达24米，在夯土层中用永定柱（竖柱）和纴木（横木）加固墙垣。墙顶设有半圆形瓦管，以排泄雨水。墙身内外表面未包砌砖石，而

① 即金口河，金世宗大定年间开掘，元初时已废弃，在莲花池附近。

② ［意］马可·波罗：《马可·波罗游记》，梁生智译，中国文史出版社1998年版，第116—117页。

是用芦席覆盖以防风雨剥蚀，故又称蓑城。史书称‘世祖筑城已周，乃于文明门外向东五里设苇场，收苇以蓑城。每岁收百万，以苇编排，自下砌上，恐致摧塌’[①]。张昱《可闲老人集·辇下曲》云：‘大都周遭十一门，草苫土筑哪吒城，谶言若以砖石裹，长似天王衣甲兵。’但至元亡，城墙亦未能用砖镶砌。”“皇城北有中心阁，自阁向南延伸至外城正门（的）丽正门，构成元大都南北向中轴线，宫城内的主要殿阁、门阙都布置在这条轴线上。阁西不远处有中心台，为全城的几何中心，并形成四至的基准，既合理地利用了原有地形，又突出了城市规划的总体效果，匠心独运，有很高的创造性。太庙、社稷坛按‘左祖右社’古制，分别布置在齐化门、平则门内。”[②]

从上可见，元大都城的平面设计，是密切结合地方特点来进行的。大都城址的选择，首先是考虑到以湖泊为中心的宫殿建筑的布局，在湖泊的东岸兴建宫城，也叫“大内”。湖泊的西岸，另建南北两组宫殿，南为隆福宫，北为兴圣宫，分别为皇室所居。三宫鼎立，中间的湖泊按照传统被命名为太液池。太液池中的琼华岛，也改称万岁山。万岁山以南，另有一个小岛叫作圆坻，也叫瀛洲，有长二百尺的白玉石桥直通万岁山。小岛上建有仪天殿，这就是现在北海大桥东端团城的前身。从圆坻建木桥接连太液池的东西两岸，从而在三组宫殿之间，建立了联系的中心。并以此为出发点，环绕三宫修建皇城，或称萧墙，也叫红门阑马墙。皇城之外再建大城（即外郭城）。[③] 大都城的中心点与外郭城四至的确定，对于整个城市街道坊巷的布局，起了决定性的作用。大都城南北略长，呈长方形。南墙在今北京城东西长安街的南侧，北墙在今德胜门与安定门以北五里，尚有残余的遗迹可见。东墙与西墙分别和今东直门与西直门各在南北一条垂直线上。北面城门两座，东曰安贞，西曰健德。其余三面各有三门。东面三门自北而南曰光熙、崇仁（相当于今东直门）、齐化（相当于今朝阳门）。西面三门自北而南曰肃清、和义（相当于今西直门）、平则（相当于今阜成门）。南面三门，正中曰丽正，东曰文明，西曰顺承。每座城门以内都

---

① （元）熊梦祥：《析津志辑佚》，北京古籍出版社 1983 年版。

② 李凭、全根先总纂《中华文明史》第七卷（元代），河北教育出版社 1994 年版，第 488—489 页。

③ 元建大都城，先从筑宫殿开始。参看赵翼《廿二史札记》卷二七，“元筑燕京”条。

有一条笔直的干道，两座城门之间，除少数例外，也都加辟干道一条。这些干道纵横交错，连同顺城街在内，全城共有南北干道和东西干道各九条。其中丽正门内的干道，越过宫城中央，向北直抵中心台前，正是沿着全城的中轴线开辟出来的。从中心台向西，沿着积水潭的东北岸，又开辟了全城唯一一条斜街，从而为棋盘式的干道布局，增添了一点变化。

上述纵横交错的干道，在城市的坊巷结构中起着不同的作用。其中占主导地位的是南北向的干道。因为全城的次要街道或称胡同，基本上都是沿着南北干道的东西两侧平行排列的。干道宽约 25 米，胡同宽 6—7 米。[①] 今天北京城内有些街道和胡同，仍然保持着元代的旧迹，例如从东四（牌楼）一条到西四（牌楼）十二条平行排列的胡同，就是最典型的一例。城市居民的住宅，集中分布在各条胡同的南北两侧，这样就使得每家住宅都可以建立起坐北朝南的主要住房。这一设计，显然是考虑到了北京气候的特点。北京地居中纬，又是季风影响十分显著的地方。这里冬季严寒干燥，多西北风。夏季炎热多雨，又以东南风为主。因此无论是为了冬季防寒和利用日照取暖，还是夏季便于通风和采光，都以坐北向南的住房为最相宜。所以从这一点来看，大都城城市街巷的布局，根据当时的生活条件来说，是合理的、科学的。[②]

大都又是元代最大的商业中心，城市各种市集达 30 余处，有综合性的商业中心，也有各行业的街市。最繁华的地方是在钟鼓楼西的海子一带，海子是大运河的终点，南来的各种商船都聚泊这里。沿岸有各种商店、酒楼，是贵族官僚和富商们游乐所在。对此，元人黄仲文的《大都赋》中有极为细致生动的描绘："论其市廛，则通衢交错，列巷纷纭。大可以容百蹄，小可以方百轮。""华区锦市，聚万国之珍异。歌棚舞榭，选九州之秾芬。""若乃城闉之外，则文明为舳舻之津，丽正为衣冠之海，顺承为南商之薮，平则为西贾之派。灭生地产，鬼宝神爱，人物造化，山奇海怪，不求而自至，不集而自萃……"

元王朝为了修建这座辉煌宏丽、规划严整的都城，调集全国各地大批优秀工匠，一般夫役就近征调，并动用大批侍卫军参加建设。元大都的建

---

① 中国科学院考古研究所、北京市文物管理处、元大都考古队：《元大都的勘查和发掘》，《考古》1972 年第 1 期。

② 参阅侯仁之《元大都城与明清北京城》，《故宫博物院院刊》1979 年第 3 期。

成是我国各族人民智慧和血汗的结晶，大批的西域人也为大都的建设贡献了自己的才华。[①]

（二）明北京的定型

明代的北京是在元代大都城的基础上改建和逐步扩建而成的。北京城的营缮工程在明代主要有两次。一次是永乐年间，明成祖朱棣通过“靖难之役”夺取帝位后，于永乐元年（1403 年）将自己的原封地北平升为北京，意欲迁都于此。永乐四年（1406 年）下诏，宣布于次年开始营建北京。由于大规模建筑准备不易，特别是由于对北方蒙古贵族残余势力连年作战，营缮工程到永乐十五年（1417 年）才全面展开，永乐十七年（1419 年）又为适应宫城皇城的布局，将南城墙向南移约 1.5 公里，仍开 3 门，至此北京内城轮廓基本形成，东西 6650 米，南北 5350 米，南面开 3 门，东西北各开 2 门，共 9 门。永乐十八年（1420 年）基本完工。据《明成祖实录》载：“营建北京，凡庙社、郊祀、坛场、宫殿、门阙，规制悉如南京，而高敞壮丽过之。”[②] 永乐年间对北京的营建是中国历史上都城建设继往开来的一次，它奠定并深深影响了此后北京城的基本面貌。此后，英宗正统元年（1436 年）又修建了 9 门城楼、瓮城箭楼和角楼，并将门外护城河上的木桥改为石桥，4 年完工，改称丽正门为正阳门，文明门为崇文门，顺承门为宣武门，齐化门为朝阳门，平则门为阜成门，到此，北京城基本定型，形成了北京内城的雄伟状貌。[③]

明中叶，蒙古贵族的马队不时南下，甚至迫近北京城，加之北京城外尤其是城南人口日益增多，为了加强京城防卫，至嘉靖三十二年（1553 年）起，又在内城南面加筑了一道外罗城，原议外城环包京城四面，终因财力不敷，只修了南面，将天坛、山川坛（后改称先农坛）也包括进来，形成了北京凸字形的轮廓，清王朝沿用未变。外城东西 7950 米，南北 3100 米，南面 3 门，东、西各 1 门，北面除通向内城的 3 座门外，东西两角还有通向城外的 2 座门，即东、西便门。外城内主要是手工业、商

① 参阅李凭、全根先总纂《中华文明史》第七卷（元代），河北教育出版社 1994 年版，第 488—489 页。

② 《明成祖实录》卷一一八。

③ 参阅郑师渠总主编，陈梧桐分册主编《中国文化通史》明代卷，北京师范大学出版社 2009 年版，第 387 页；张安奇、步近智总纂《中华文明史》第八卷（明代），河北教育出版社 1994 年版，第 270 页。

业区及规模宏大的天坛、山川坛。至此，北京内外城最后定型，并一直沿用到现代。①

此外，北京内城街巷大体沿用元大都的规划，分布在皇城衙署两侧，以崇文门、宣武门内两条南北大道与东西两城门内的两条大街相交，形成街道骨干，形如栉比的胡同，分散在干道两侧，胡同间再布置次要干道，其道路结构基本上是沿用传统的方格网式规划方式。居住区也与元大都相仿，以胡同划分成长条形的居住地段，多为四合院式住宅相并连，大多门开在南向，也有部分为北向者。明代将居住区划分为37坊，这些坊只是城市用地管理的划分，没有坊门坊墙，与汉唐里坊性质已完全不同了。内城多为贵族、官僚、商人住宅，一般市民、商贩多居外城。外城的街道与内城相比有明显差别，多是由金代逐渐发展起来的，未经规划，与城门的关系多为斜街，而街道胡同内部由于住宅建设无统一规定，因而逐步形成间距不等的不规则小街小巷。

明北京的商业区和市肆与元大都不同，元大都商业中心集中在鼓楼一带，明代城市向南发展，除鼓楼外，在东四、西四牌楼及正阳门外形成繁华的商业区。明中叶后行会制度大发展，正阳门外会馆林立，同类商业相对集中，形成行业街市，一直延续至清代。在今天北京市的地名中如猪市、米市、灯市、花市等，就反映了当时同类商业集中的情况。城市中还有许多定期的庙会，如东城隆福寺、西城护国寺、城隍庙等都是定期集市的场所。除在中轴线上布置的高低起伏、宏伟的宫殿外，北京城各处还散布着许多佛寺道观，规模、形制、色彩各不相同，突兀于民居之上，也极大地丰富了城市立体轮廓线。②

北京城的艺术构思集中体现了汉民族特别擅长的色彩处理能力：中轴线上的高潮即紫禁城普遍使用华贵的金黄色琉璃瓦，在沉实的暗红墙面和纯净的白色石台石栏的衬托下闪闪发亮；散在四外的坛庙色彩与它基本一致，遥相呼应；城楼和大片民居则都是灰瓦灰墙，是宫殿区的陪衬；它们又全都统一在绿树之中，呈现着图案般的美丽。英国人爱孟德·倍根在所著《城市的设计》中说："也许在地球表面上人类最伟大的单项作品就是

① 参阅张安奇、步近智总纂《中华文明史》第八卷（明代），河北教育出版社1994年版，第270页。

② 同上书，第272—274页。

北京了，这座中国的城市是设计作为皇帝的居处，意图成为举世的中心的标志。……在设计上它是如此辉煌出色；对今日的城市来说，它还是提供丰富设计意念的一个源泉。”[①] 这就是作为汉民族建设文化地标的北京城的文化图像。

三 故宫：汉民族建筑文化的精华

故宫，又称紫禁城[②]，位于北京中轴线的中心，也位于皇城中心，是世界上现存规模最大、保存最为完整的木质结构的宫殿型建筑。

在此，我们先稍稍回顾一下历史。汉民族的宫殿建造有两千多年的历史，根据史籍记载以及地下的发掘证明，自商代起就已有相当规模的宫殿出现，有人认为还要更早。经过秦、汉、唐、宋、元各代，随着帝王权威的不断增强和建筑技术的持续发展，宫殿的规模和水平日趋壮伟和精湛。久已闻名的秦之阿房宫，汉之长乐宫、未央宫，唐之大明宫，以及元代带有多民族色彩的壮伟宫殿，都曾代表汉民族建筑的最高水平，而今均已湮没不见。我们现今看到的北京故宫是明清时期的帝王建筑，它是在历代宫殿的基础上建造起来的，气魄、规模和成就均超过了以往任何时代，可以说，故宫是汉民族宫殿建筑的集大成，也是我们民族造型最为壮观的体现。[③]

元大都的皇宫，明初被朱元璋下令拆毁。明故宫于永乐四年（1406年）在元大都宫城废址上开始重建，永乐十八年（1420年）建成，为皇城的核心部分，也是全城建筑的重点区域。四面围以高大砖墙，墙上四角建有华丽的角楼，城外围以护城河。宫城平面呈矩形，南北长960米，东西长760米，四面开门，南曰午门，北曰神武门，东曰东华门，西曰西华门。

紫禁城沿用元大内旧址而稍向南迁动，南北961米，东西753米，周

① 转引自《非壮丽无以重威——中国都城与宫殿》（http：//www. docin. com/p－489833019. html）。

② “紫禁城”这个名称本身，也显示了天人合一的观念。“紫宫”原是星座的名称，又叫紫垣或紫微宫，是环绕北极星周围15颗星的总称。古人相信天象与人事相互对应，北极星恒定不动，被称为“帝星”，以示皇权的稳固，所以从秦汉起就常以“紫宫”指称皇帝的宫殿。“禁”：字表示禁卫森严。合紫、禁二字为一，就是紫禁城。

③ 参阅王小舒《中国审美文化史·元明清卷》，上海古籍出版社2013年版，第187页。

围开掘护城河，一律用规整条石砌筑驳岸，俗称筒子河，宫城的城墙不同于一般城墙，是用特制的细泥澄浆砖，灌浆砌筑，表面平整光洁，既坚固又美观。巍峨的城墙、清澈的筒子河给宫城设置一道屏障，雄踞于城墙上的城楼和建于四隅玲珑华丽的角楼，又赋予宫城特有的艺术风貌。城内宫殿建筑的规划设计以南京宫殿制度为蓝本，规模更加恢宏，布局更加严整。后门北面有人工推叠的土山，称万岁山，俗称煤山，山上五峰并峙。清乾隆时峰顶各建一亭。正中主峰所在处恰为元大内延春阁旧址，其上堆山，意在压住元代王气，所以又称镇山。万岁山位在城中轴线上，又恰好是内城的几何中心，以象征明代江山永固，登临山顶可俯瞰全城。与元代宫城相比，皇城、内城的南墙依次南移，加大了诸门间的空间，午门前面的两侧对称布置太庙、社稷坛，使中心御道更加突出、更加威严。

故宫是一个庞大的建筑群，它共拥有建筑物 1000 余幢，房屋 9000 多间，建筑面积总体为 15 万平方米。所谓壮观、伟大，对故宫来说其实是通过庞大的群体来实现的。与这一点相关联，故宫建筑真正强调和追求的不是向空中的发展，而是在地面的延伸，整座故宫占地 72 万平方米，绵延成一个长方形的区域，简直是一个“国中之国”。这种以平面延伸为壮美的观念体现了汉民族人的空间意识，毕竟辽阔才显得伟大，集群方显崇高。

庞大的群体并不是散在的，相反，它呈现为极规则的分布，最显著的特点在于那条贯穿南北的中轴线。所有重要的建筑物都排列在这条中轴线上，其他的建筑则按照对称原则分布在它的两边。此中轴线南起永定门，经前门、天安门、午门，入内城，然后历太和、中和、保和三大殿，抵后庭乾清、交泰、坤宁三大宫，再穿过御花园，出神武门，越景山直到地安门才结束，全长约 8 公里。它是故宫的中心，象征着至高无上的权威与尊严，也是故宫整体构思的着眼点所在。中轴线的两侧为均衡、对称式的分布，如天坛和先农坛，太庙和社稷坛，文华殿和英武殿，内庭的奉先殿和养心殿，东六宫与西六宫，乾东五所与乾西五所等，按照尊卑、亲疏的原则，由近而远相对排开，形成一种中高边低，群星拱月的格局。从汉民族伦理层面上说，这种格局体现了儒家尊卑有序、等级分明的意识。而从审美的层次上看，强调群体组合，强调有序化和对称性，追求平面伸展、主次对衬，又是汉民族普遍的审美观的体现。所以故宫建筑的格局既是伦理的，又是审美的；既是历史的，又是民族的。

汉民族的建筑物一般都不以高取胜，但却同样显出壮丽之美，《史记·高祖本纪》曾云："且夫天子四海为家，非壮丽无以重威。"故宫就是一个经典实例。如由太和门向前，穿过一片开阔的空地，再升登汉白玉石阶，仰望殿堂，简直就有登天的感觉。"非壮丽无以重威"，当年萧何说的这句话在此得到了绝好的印证。宫殿与空地之间是靠庑廊和宫墙连接的，北京有内外两道城墙环绕，外城为皇城，以东安门、西安门、地安门和天安门为城门，内城为紫禁城，以午门、东华门、西华门和神武门为城门，一律黄瓦、红墙，与宫殿同类。紫禁城四隅，又建有四座角楼，体制亦同。这样，把所有的宫殿建筑，包括其间的空地合为一个有机的整体。点与线的结合，实与虚的对衬，体现出宫殿的巨大、宏丽、华美和威严，构成了独特的汉民族式的壮观、宏丽之美。正如《易经·大壮》所云："大壮利贞。"

现在我们以交响乐的结构来感受一下故宫的大壮之美。

故宫是北京全城的中心，从正阳门以北宫殿区起点大明门（在正阳门稍北，现已不存）算起，向北穿过皇城、宫城，至景山之巅为止，轴线全长约2500米，有如交响乐，组成前奏、高潮和尾声三个辉煌的乐章。第一乐章最长，由大明门至宫城正门午门，共有三个串连的宫前广场，为前导空间；第二乐章即故宫本身，由前朝、后寝和御花园三部分组成，是高潮；第三乐章最短，自紫禁城北门神武门至景山峰顶万春亭，是系列的收束。每一乐章和各乐章中每一小段的艺术作用和艺术手法都有不同，但又相互连贯，前后呼应，一气呵成，共同服务于渲染大壮之美这一主题。

第一乐章：故宫的前奏。

大明门体量较小，建在平地上，只是一座单檐三券洞的门屋。门内天安门广场呈丁字形，先是丁字的一竖，狭窄而长，两旁夹建长段低平的千步廊，以远处的天安门为对景。纵长的广场和千步廊的透视线有很强的引导性，千步廊低矮而平淡的处理手法意在尽量压低它的气势，为壮丽的天安门预作充分的铺垫。在天安门前，广场忽向横向伸展，高大的城楼立在城台上，台下开五个券门，门前有向南凸出的金水河和正对五门的五座石拱桥，洁白的石桥栏杆、华表和石狮，与红墙黄瓦互相辉映，显得十分辉煌，气氛开阔而雄伟，与大明门内的窄小低平形成强烈对比，是前导序列的第一个高潮。这种欲扬先抑的处理是汉民族建筑群体构图经常采用的卓越手法。汉民族建筑鄙视一目了然，不屑于急于求成，强调含蓄和内在，天安门广场是一个杰出范例。

端门广场呈方形且封闭，气氛收敛，中庸平和，是一个过渡性空间，为另一个更大的高潮午门的到来预作酝酿。

午门广场呈纵长矩形。午门屹立于广场尽端，平面继承隋唐以来（如大明宫宫阙含元殿）的传统，作向南敞开的凹字形，在高大的城台正中立重檐大殿，从广场地面至殿顶高40米，是紫禁城的最高建筑。在左右凹字转角和前伸的尽端各建重檐方亭，其间用廊庑联结，轮廓错落，体量雄壮。广场两侧的朝房较低，午门下的两座值卫小屋也被有意压缩，更衬出午门的巍峨。午门左右前伸，扩大了景物的水平视角，也丰富了整体造型。凹字平面有很强的表现力，当人距午门越来越近时，三面围合的巨大建筑、单调的红色城墙逼面而来，封闭、压抑而紧张的感受也越来越强。人们沿着纵长广场很长的中道行进需要较长时间，使此种感受得以充分激化。总之，设计师通过种种手法，造成非常威猛而震撼人心的气氛，以显示皇权的神圣不可侵犯。

第二乐章：故宫的高潮。

进入午门以后，太和门广场气氛大为缓和，是从大明门起三个宫廷广场气氛层层加紧以后，转向全系列最大高潮太和殿广场之间的过渡。广场上建筑体量不大，有又一条金水河蜿蜒流过，上架五座石桥，也增加了一些轻松的气氛。太和殿广场呈正方形，四而廊庑围合，约4万平方米，是整个宫殿区乃至整个北京城的核心。大殿在广场北部，高踞于三层白石台上，正面通长达60米，而积2380平方米，从广场地面至殿脊高约37米，是中国现存最大殿堂。院南正中即太和门，左右有较小的两门，再左右以角楼结束。左右廊上各有一座楼阁，是广场横轴。

太和殿广场的性格内涵非常深沉丰富。大殿的巨大体量，它和层台形成的金字塔式的立体构图，以及金黄色琉璃瓦，红墙和白台，使它显得异常庄重和稳定，是“礼”的体现。“礼辨异”，强调区别君臣尊卑的等级秩序。同时，又在庄重严肃之中蕴含着平和、宁静和壮阔，寓含着“乐”的精神。“乐统同”，强调社会的统一协同，也规范着天子应该躬自奉行的“爱人”之“仁”。在这里既要显现天子的尊严，又要体现天子的“宽仁厚泽”，还要通过壮阔和隆重来展示被皇帝统治的这个伟大帝国的气概。艺术家通过这些本来毫无感情色彩的砖瓦木石，与在本质上并不具有指事状物功能的建筑及其组合，把如此复杂精微的思想意识，抽象但却十分明确地宣示出来了，它的成就是汉民族建筑艺术的骄傲。

从大明门开始到太和殿，所有广场全用大砖和石头铺砌，没有花草树木，以加强严肃的基调。

太和殿以后有中和、保和二殿，是它的陪衬。中和殿是方形平面。三殿共同坐落在工字形白石台座上。工字前沿突出大月台，若依上南下北方位，台形呈“土”字。按我国金、木、水、火、土的五行观念，土居中央，最为尊贵。

前朝以后，经过一座横向的乾清门广场为过渡或引导，即进入后寝。后寝是一座纵长庭院，内分前、中、后三院。前院乾清宫大殿最大，中院坤宁宫较小，后院是后寝与御花园之间的过渡。以后又在乾清、坤宁之间加建了一座方形平面的交泰殿，三殿共同坐落在一个一层高的工字形石台基上。整个后寝规模远比前朝为小，仅相当于后者的四分之一，但规划和建筑形象与前朝相似，仿佛交响乐主题部的再现，与前朝呼应。在礼制上，后寝是皇帝和皇后居住的地方，在后寝已开始有少量绿化。乾为阳，为男；坤为阴，为女；交泰则为阴阳和合。从后寝三殿的命名，也可以体味到中国人关于宇宙的哲学认识。

御花园虽称为花园，但所有建筑、道路、小池甚至花坛和栽植，都规整对称，只在局部有些变化，与汉民族园林特别强调的自由格局很不相同。这是因为它是严格对称的皇宫内的花园，又位在中轴线上，局部须服从全体，以保持全局格调的完整。但其中古木参天，浓荫匝地，花香袭人，波底藏鱼，毕竟也还是较富于生活情趣的地方。

第三乐章：故宫的尾声。

御花园以北通过一个小广场为紫禁城北门，称神武门，有高大的城楼。过门经护城河即达景山，是紫禁城的结束。景山中高边低，略作向前环抱之势，清代沿山脊建造了五座亭子。从建筑艺术构图的角度而言，沿紫禁城中轴线而来的汹汹气势，应该有一个有力的结束。这个“结束物”显然不能过小，若单以建筑来充任，势将不逮。设计师们在此堆筑起很大的景山，在山顶建造一些亭子，巧妙地解决了问题。亭子与宫内殿堂相比体量有限，避免夺去宫殿建筑的气势。景山又是整座宫城的背景，丰富了从宫城中能看到的天际线，提示宫城的规模，是宫城与宫外大环境的联系。

景山正中万春亭最大，方形三重檐，以黄色为主；两旁二亭较小，八角重檐，黄绿相当；最外二亭最小，圆形重檐，以绿色为主。在体量、体形和色彩上呈现富有韵律的变化，并分别与庄重的宫殿和宫外活泼的皇家园林，在气氛上取得呼应。①

故宫的壮美不仅像一首磅礴的文响乐曲，从某种意义上说，它其实更像一幅绚丽的图画。汉民族的建筑都是砖木结构的，这种以木材为骨架的屋子需要架梁叠枋，一般顶部都比较大，古代建筑顺势别开生面，将脊面设计成弯曲的形状，并使其檐角向外飞出，并反过来向上翘起，这种婉曲的线条，给人以视觉上的美感。可以说，屋顶是汉民族式建筑最引人注目的部分，而故宫恰可说是汉民族屋顶建造的典范。位于三大殿之首的太和殿采用的是最高级别的四面坡、两层脊的重檐庑殿式屋顶，这种屋顶极为气派，给人神圣、威严之感。屋顶上面还有许多装饰，正脊两端各有高达三米的浮雕式正吻，上面刻着一条飞龙，张嘴衔住正脊，尾巴向上翘起。四条屋脊的最前端，还排列着一串走兽造型，显得雍荣华丽。中和殿相对面积较小，呈正方形，采用的是攒尖式屋顶，四边各有一条屋脊到达顶端，最上部是一个渗金圆顶，灿灿发光。保和殿则采用了重檐歇山式屋顶，两侧中段折出，给人以变化和层次感。故宫其他的屋顶，有单檐的，有双檐的，有方形的，也有长形的，仅一座午门就采用了三种格式，它们高高低低，且错落有致，令人叹为观止。②

所以，故宫是汉民族建筑文化的最高典范，其在世界上享有崇高的声誉，英国学者李约瑟在他的名著《中国的科学与文明》中谈到它时曾说："我们发觉了一系列区分起来的空间，其间又是互相贯通的。……与文艺复兴时代的宫殿正好相反，例如凡尔赛宫，在那里，开放的视点是完全集中在一座单独的建筑物上，宫殿作为另外一种物品与城市分隔开来。而中国的观念是十分深远和极为复杂的，因为在一个构图中有数以百计的建筑物，而宫殿本身只不过是整个城市连同它的城墙街道等更大的有机体的一个部分而已……中国的观念同时也显出极为微妙和千变万化，它注入了一种融汇了的趣味。"他认为中国的伟大建筑的整体形式，已形成"任何文

---

① 参阅《非壮丽无以重威——中国都城与宫殿》（http://www.docin.com/p-489833019.html）。

② 参阅王小舒《中国审美文化史·元明清卷》，上海古籍出版社2013年版，第189页。

化未能超越的有机的图案”[①]。故宫作为汉民族建筑文化的精华，被誉为世界五大宫（北京故宫、法国凡尔赛宫、英国白金汉宫、美国白宫和俄罗斯克里姆林宫）之首。[②]

第十一节　藏书与《永乐大典》：汉民族图书文化的重建

一个民族文化素质的高低与藏书有密切的关系。

汉民族很早就有藏书的传统。私人藏书最早出现于战国时期，当时私人讲学的兴起为私人藏书创造了可能性，加之当时的简书、帛书轻便，便于流通与收藏，就为私人藏书提供了重要的条件，因而就有一些学者出于需要收藏一些图书：墨子“南游使卫、关中，载书甚多”[③]，“惠施多方，其书五车”[④]。墨子、惠施就是这个时期的私人藏书家。到了两汉，私人藏书渐渐兴起，一些官吏和学者结合自己的工作实际，积累藏书便于自己使用，尤其是因为汉惠帝解除了挟书禁令，民间藏书得以合法，故私人藏书较为普遍。东汉的蔡邕是汉民族第一个藏书近万卷的藏书家，他在会见王粲时，曾说：“吾家书籍文章尽当与之。”[⑤] 这表明他藏书极富。魏晋南北朝是汉民族书史上由简册过渡到写本书的时期，纸张的应用，使书籍的书写、携带、流传更加方便，也就使私人藏书家得书容易，藏书量也相应增加，藏书万卷的人较多，还有两三万卷的藏书家，梁人任昉“聚书至万卷，率多异本”[⑥]。这些藏书家所藏图书不仅自己使用，还广泛交流，一方面藏书家之间互相借抄，另一方面他们也从事借阅活动。晋人范平之子范蔚“家世好学，有书七千余卷。远近来读者恒有百余人，蔚为办衣食”[⑦]。这个时期还出现了专门建造藏书楼的现象，诸如北魏平恒“别构

① 转引自《非壮丽无以重威——中国都城与宫殿》（http：//www. docin. com/p－489833019. html）。

② 同上。

③ 《墨子·贵义》。

④ 《庄子·天下篇》。

⑤ 《三国志·魏书》。

⑥ 《南史·任昉传》。

⑦ 《晋书·范平传》。

精庐，并置经籍于其中”①。隋、唐科举制的实行，使读书之人和藏书之人增多。另外，写本书的兴盛，使得私人藏书的质量有所提高。这时的私人藏书较以前有所发展，一来藏书家增多，藏书量增加，有的藏书可与官府的藏书媲美；二来私人藏书的管理较为完善。唐人柳公绰按藏书的不同用途将图书实行分等管理，“家有书万卷，所藏必三本，上者贮库，其副常所阅，下者幼学焉”②。唐人李泌则用不同颜色的牙签对 3 万卷图书实行分类管理，经部用红色牙签，史部用绿色牙签，子部用青牙签，集部用白牙签。宋代以后由于雕版印刷盛行，印刷书籍日益增多，给私人藏书提供了更大的方便。宋代的私人藏书更为发达，北宋著名的藏书家有宋敏求、江正等人。宋代藏书家有几个特点：一是注意图书的校雠和保藏，藏书质量较高，宋敏求的藏书以校雠精审而著名。二是重视目录的编制，晁公武的《郡斋读书志》、陈振孙的《直斋书录解题》都是比较重要的私藏目录。三是意识到图书的保护，司马光在每年上伏及重阳间的天气晴明日设几曝书，所以他的藏书“皆新若手未触者”③，可见他对藏书还是保护得较好的。元代，私人藏书家以汉人为多，蒙古人也有一些，他们多半聚集在印刷业发达的南方，著名的有庄肃、倪瓒等人。这种深厚而悠久的藏书传统，不仅为明代汉民族藏书事业的发展奠定了基础④，也为汉民族超大型类书——《永乐大典》的编撰创造了条件。

一　书籍之利无穷：明代藏书文化达到高峰

对于文化的作用，朱元璋是有较深刻认识的，他曾说“武定祸乱，文致太平”⑤。这对文化不高的朱元璋来说甚为难能可贵。于是，建国伊始，洪武二年（1369 年）朱元璋就诏谕中书省：“朕恒谓治国之要，教化为先。教化之道，学校为本。今京师虽有太学，而天下学校未兴，宜立郡县皆学。”⑥ 在朱元璋这个指导思想下，首都南京创办了大学国子学（后改名为国子监），设专职教师讲授《四书》《五经》及《御制大诰》《大

① 《魏书·平恒传》。
② 《新唐书·柳公绰传》。
③ 费衮：《梁谿漫志》卷三。
④ 以上参阅王美英《试论明代的私人藏书》，《武汉大学学报》1994 年第 4 期。
⑤ （明）余继登：《典故纪闻》卷 1。
⑥ 《明太祖实录》卷二三四。

明律令》等。在地方上，明政府规定各府、州、县都要设立府学、州学、县学，在乡村则要办社学。洪武二年（1369 年），规定生员数额，府学四十人，州学三十人，县学二十人，后来名额有所增加。据《明史》中记述，到洪武中叶以后，“盖无地而不设之学，无人而不纳之教，庠声序音，重规叠矩，无间于下邑荒徼，山陬海涯。此明代学校之盛，唐、宋以来所不及也”[①]。明代教育的迅速发展，读书人增多，对书籍需求大增，出版业因此活跃，为藏书创造了良好的氛围。

更重要的是为网罗士大夫为明王朝服务，明政府恢复了隋唐以来的科举考试来选拔任用官吏。科举考试以八股取士，以《四书》《五经》为命题依据，极大地激发了不同阶层的士子，尤其是出身贫寒的士子参加科举考试的积极性。从而使整个社会形成了浓厚的苦读重教风气。争取考取科举，成为明代汉民族社会教育与家庭教育的导向和目标，正是“书中自有黄金屋”。于是，藏书遂成为汉民族的一种社会风尚。

从汉民族藏书史的源流发展来考察，明代藏书形成了皇家藏书、书院藏书和私人藏书的藏书体系，把汉民族藏书文化推上了高峰。

（一）皇家藏书数量宏富

明王朝历时 270 多年的时间，从洪武到崇祯共十七代。除了少部分昏庸糊涂皇帝外，整个王朝基本只是对藏书采取保护、扶持政策的，为藏书事业的繁荣和发展做出了重要保证。

据明人朱国桢《皇明大政记》卷 1 载：元至正二十四年（1364 年），朱元璋发兵攻灭陈友谅。即下令访求遗书。《明史艺文志》也记载：“明太祖定元都，大将军收图籍，致之南京，复诏求四方遗书，设秘书监，寻致翰林典籍以掌之。”明王世贞《明将征讨考》则云“徐达入北京，封其库府图书宝物”。这批由宋、辽、元历朝遗留下来的秘书阁藏书，全部运往南京，成为明代文渊阁藏书的基础。朱元璋又在洪武元年（1368 年）下诏征求民间遗书，以后陆续设置大本堂、弘文馆、秘书监、文渊阁、东阁、华盖殿以藏图书，使南京宫廷藏书大为充实。

太祖以后的皇帝仍旧处行了一系列搜求书籍的活动，“建文即位，尤急儒修，购遗书，申旧典。日惟汲汲不遑逸”[②]。永乐四年（1406 年），

① 《明史·选举一》。

② 《明史·成祖本纪》。

明成祖御便殿，召儒臣讲论，问起文渊阁藏书情况，学士解缙答："经史粗备，子集尚多缺。"成祖听后说："士庶家稍有余资，尚欲积书，况朝廷，可缺乎。"遂召来礼部尚书郑赐。令其派人四出购求遗书。并说："书籍不可较价直，惟其所欲与之，庶奇书可得。"而后对解缙等人说："置书不难，需常览阅乃有益。凡人积金玉欲遗子孙，朕积书亦欲遗子孙。金玉之利有限，书籍之利岂有穷也!"[①] 明成祖把"书籍之利"得比"金玉之利"还重要。

宣宗与明太祖、明成祖一样积极重视藏书，他曾"监视文渊阁，亲揽阅经史，与少傅杨志奇等讨论，因赐士奇诗"。[②] 宣德八年（1433 年），为了便于览阅，他还命少傅杨士奇、杨荣等于馆阁中择能书者数十人，取五经四书及《说苑》之类，"各录数本，分贮广寒、清暑两殿及琼花岛"[③]。在他当政期间，明朝的国家藏书达到极盛阶段，"是时秘阁贮书约二万余部，近百万卷。刻本十三，抄本十七"[④]。英宗正统六年（1441 年），杨士奇等人清点文渊阁藏书，编《文渊阁书目》，收书 7000 余种，达 43200 册，估计在 10 万卷以上，数量甚为宏富，且多系"宋元所遗，无不精美，装用倒摺，四周外向，虫鼠不能损"[⑤]。

此外，属于皇家藏书系列的中央政府的各种机构，如国子监、翰林院、各部署郎曹，也各有所藏。藩王府、府、州、县学，亦有多少不等的藏书。因而，国家藏书体系日趋完善。明代几代皇帝积极提倡藏书，对后来公私藏书蔚为风气起了积极的作用。[⑥]

明代皇家藏书数量宏富，一则可提供皇帝阅览，尤其明初的几位皇帝，都经常利用宫廷藏书，提供政事参考，正如朱元璋说过的"古先圣贤立言以教后世，所存者书而已"[⑦]；二则为培养皇太子和诸王的重要课堂；三则为培养统治阶级人才之用，如在永乐二年（1404 年），曾命解缙

---

① 以上所引均见《明史·艺文志》。

② 《明史·艺文志》。

③ 《明宣宗实录》卷一〇一。

④ 《明史·艺文志》。

⑤ 同上。

⑥ 以上参阅周飞越《明代藏书事业繁荣的政治因素探究》，《新世纪图书馆》2010 年第 3 期。

⑦ 《明太祖宝训》卷二。

等选新科进士中优秀者就学文渊阁，结业后可升任朝廷重要职务或外放地方官；四则为修撰史书和编辑《永乐大典》之用，清全祖望在《钞永乐大典》中说，“若一切所引书皆出文渊阁储藏本”，说明文渊阁藏书是《永乐大典》的基本素材。[①]

（二）书院藏书注重实用

明代书院地域分布广泛，极大地超过了以前各朝代，计有1500余所，分布在全国各地：北京3所、河北62所、山西53所、辽宁7所、上海4所、江苏49所、浙江173所、安徽95所、福建99所、江西265所、山东66所、河南109所、湖北66所、湖南97所、广东129所、广西61所、四川62所、贵州28所、云南66所、陕西24所、甘肃8所、青海1所、宁夏2所、海南20所、香港1所。[②] 显然，与前代相比，书院在全国各地的分布更加广泛，尤其是在东北、西北及西南等较为边远、经济文化欠发达地区也获得了不同程度的发展。有书院即有藏书，图书已随书院的发展，如影随形地遍布于华夏大地。但与皇家藏书相比，明代书院藏书发展虽然缓慢，但在藏书风尚的带动下，仍有不小的发展。明代书院的藏书以明初为底线，整体上基本呈上升趋势，直至明末战乱，其势才颓。

洪武年间，元代的书院藏书大多已灰飞烟灭于改朝换代的兵火之中，而政府又不主张创修书院以为文化教育机关，总体而言，这个时期书院藏书量下降到了宋代以来的最低点，而且这种情况一直持续到成化年间，共一百余年（1368—1487年）都没有大的改变，是为明代书院藏书的低迷期。然而，这个时期的书院藏书如同书院其他功能一样，也不是无事可纪。一些士大夫创建的书院沿因宋元之习，仍有谋求藏书之举。以江西为例，在吉安府吉水县城南文江，洪武初年，有邑人刘惠定建仁山书院，“其子龄增构馆阁，聚古今图书，以待来学者”[③]。在临江府新喻县，邑人梁寅也于洪武初年创建石门书院，“聚书遗子孙，名曰山庄”[④]。

孝宗弘治年间（1488—1505年），书院不兴的局面已经打破，院中藏书之业也日渐受人注意。西南如云南蒙化府，署知府胡光在弘治年间建有

---

① 参阅张安奇、步近智总纂《中华文明史》第八卷（明代），河北教育出版社1994年版，第446页。

② 李国钧等：《中国书院史》，湖南教育出版社1998年版，第538—539页。

③ 光绪《江西通志》，卷八一。

④ 同上。

明志、崇正等书院，派人“直往江南中州市群书，贮于观文楼。于是，云南诸学积书之富，惟蒙化为最”[①]。西北如陕西西安，提学王云凤在弘治九年（1496 年）修复正学书院，“建楼广收书籍，以资诸生阅览”[②]。陇州岍山书院建崇经阁，藏书万卷，“凡州郡之俊秀未籍于庠校者，皆聚学其间”[③]。这些都表明，书院藏书已经从明初的低迷之中走出，进入上升发展之途。

武宗正德年间（1506—1521 年）开始，明代书院进入大发展阶段，其藏书建设也越来越受到重视，而且历嘉靖、隆庆、万历 110 余年（1506—1620 年）而不衰。一是表现在藏书楼建设方面，甘肃徽县徽山书院建藏经阁藏书，以资多士；湖南益阳龙洲书院尊经阁高五丈，分三层，深广各以其度；广东合浦尚志书院有崇正门、克复堂、崇经阁、环翠阁、号舍、射圃等；浙江慈溪慈湖书院，为宋元旧院，嘉靖年间重修时，建有横经阁藏书；杭州虎林书院的藏书楼，与明贤堂、友仁堂、博士孝廉厅、会馔延宾所等建筑并峙；绍兴稽山书院有尊经阁；江西安福复真书院建有藏书之阁，院中师生捐书至数千卷，有诸经、诸史、诸子，俾学者探讨；泰和静斋书院有万卷楼藏书，邑人御史大夫陈文鸣凭其藏书“集解五经”，撰写著作多至百卷。[④] 二是表现在制度建设方面，江西白鹿洞订有《整书事宜》，规范院藏图书的保管与修补工作，而且将院藏书目分成按照年月开载的备查性和考经史子集而类附的分类性两大类，皆颇具特色。所有这些，虽不得以繁荣相称，但也足以证明其发展程度已达到相当高度。

穆宗隆庆、万历 50 余年间（1567—1619 年），书院藏书事业仍处于攀升阶段。在河南，隆庆二年（1568 年），永城县太邱书院建藏书楼三间，位于讲堂之后；万历六年（1578 年），辉县知县聂良杞重修百泉书院院舍，购书二十六部凡二百七十五册置于藏书阁中；万历三十八年（1610 年），商丘范文正公书院创建藏书楼三楹，与讲堂、文昌楼、文正公祠并峙。在江苏，万历年间，东林书院藏书五部四套三十四册；万历三

---

① 正德《云南志》卷六。

② 雍正《陕西通志》卷二七。

③ （明）孙慎行、张鼐：《虞山书院志》卷六，载《书籍志序》，万历刊本。

④ 嘉靖年间书院藏书情况，参见邓洪波等《中国书院制度研究》，浙江教育出版社 1997 年版，第 146—148 页。

十四年（1606 年），常熟虞山书院藏书二百六十五部，分为十一个类目，著录于《虞山书院志》中。在福建，万历四十六年（1618 年），提学副使岳和声扩建福州共学书院，收藏图书二十七种凡七百一十三本，书板九种凡二百二十七片。由此可见，各地书院对藏书楼建设和购求图书以供师生探讨研习的不断努力，使整个书院的藏书事业仍处于爬升发展的过程中。[①]

从整体上看，明代汉民族书院藏书多注重实用，收藏以经史等学术著作和通行版本为主，为丰富藏书甚或刻书。儒家经典是汉民族古代教育内容的基石，所谓“日月不灭，万古六经，囊括万有，韬孕经纶”[②]，明代也不例外。所以，宋元时号称天下四大书院之首的长沙府岳麓书院，弘治年间同知杨茂元重修时，即“辟道路，广舍宇，备器用，增公田，储经书”[③]，重建尊经阁。当时所藏之书目，载万历年间吴道行《重修岳麓书院图志》第四卷，计有《四书大全》《易经大全》《书经大全》《诗经大全》《礼经大全》《春秋大全》《性理大全》七部，皆为官颁之书，可以视为国家标准读物。明中期以后，王阳明的“心学”大盛，故而记录王阳明及其弟子论学问答的《传习录》，湛若水的《心性图说》《心性总筏二图说》《四勿总箴》等，都位列诸多书院必备的重点讲授书目之中。由此可见，书院藏书是书院教学的工具，以追求于教学实践、科举入仕及学术潮流为宗旨，故明代书院藏书并不追求旧刻珍本，首要考虑的是购置图籍的实用性、广泛性和权威性，即如何实现教学用书经济实用的问题。通检现存的明代书院藏书目录，几乎都是当时最流行的普通版本，鲜有著录版本者，道理即在于此。[④]

（三）私人藏书规模空前

明代私人藏书的发展大致可分为三个时期：明初至天顺年间（1368—1464 年），是明代私人藏书的产生期。这一时期的私人藏书，在很大程度上受到了宋元时期藏书风气的直接影响，藏书多由高官显贵所倡导，著名的藏书家也多以勋戚大僚为主，普通庶民百姓不多，较多地表现

---

① 以上参阅邓洪波、周郁《试论明代书院的藏书事业及特点》，《高校图书馆工作》2005 年第 5 期。

② 《王九溪夫子岳麓书院学箴九首碑》（http：//www. docin. com/p－248974200. html）。

③ （清）赵宁纂：《岳麓志》卷七。

④ 参阅张凤霞《明代书院藏书综观》，《江苏社会科学》2011 年第 4 期。

出一个朝代私人藏书初起时的特征。当时的藏书家，以浙江宋濂、江西杨士奇、江苏叶盛最为知名。成化至隆庆期间（1465—1572 年），是明代私人藏书的繁荣期。在此期间，明代社会逐渐步入繁荣与发展的轨道，明代的私人藏书持续发展，渐趋鼎盛。这一时期，藏书大户群雄并起，藏书规模日益扩大，藏书家的身份由早期的贵戚大僚为主，越来越多地下移至普通的士庶布衣，藏书总量与官府藏书相比越来越具有压倒优势。神宗万历以后，明朝朝廷腐败，社会状况每况愈下，但当时的私人藏书之风依然得以延续，藏书事业仍旧兴旺发达。

明代汉民族私人藏书尤以江浙两地的私人藏书事业发展持续兴旺。从明初开始，江苏、浙江私家藏收的发达已初露端倪。明代中叶，私人藏书进入鼎盛时期，苏、浙两省的私人藏书发展更快，呈齐头并进之势，逐渐确立了全国藏书中心的地位。直到明末，苏、浙两省作为私人藏书中心的地位仍得以保持，主要私人藏书家仍然分布在苏、浙两省。江苏是明代私人藏书的中心，私人藏书事业特别发达，藏书家数量之多，在全国独占鳌头。《中国历代藏书家辞典》载录有明代江苏藏书家 161 人，江苏藏书家中，以叶盛成名最早，他平生聚书达 2 万余卷。与叶盛同时代者，有陆容、吴宽等人。成化以降，江苏苏州地区的藏书之风盛极一时，出现了杨循吉积书至 10 余万卷。嘉隆之际，江苏藏书家影响最大者当属唐顺之、王世贞。唐顺之曾利用家中所藏大量典籍，分门别类，编成《左编》《右编》《文编》《武编》《儒编》等，并行于世。王世贞藏书 3 万余卷，他重视对宋元旧版书的收藏，据其自称藏有 3000 余卷，由此形成了他藏书的特色。万历以降，江苏私人藏书，以常熟一地为最盛，毛晋所藏图书共 8.4 万余册。

在整个明代，唯浙江的私人藏书堪与江苏媲美江浙两省各领风骚，构成了明代私人藏书的独特风尚，代表了明代私人藏书的最高水平。宋濂、项元汴、沈节甫、茅坤、范钦、胡应麟、祁承㸁、纽石溪等人，就是其中的佼佼者。浙江的藏书家当首推宋濂，宋濂藏书 8 万卷，堪与明初诸藩相比。嘉靖、隆庆年间，浙江的藏书家范钦、茅坤、沈节甫、项元汴等均名噪一时。尤其是范钦的天一阁藏书极富，最多时有 7 万余卷，为浙东之首。天一阁收藏大量宋元以来的刊本、稿本、抄本，而以明刻本为主，其中，尤以明代地方志、科举录用为其收藏特色，所藏明代各地方志 400 余种，比《明史·艺文志》所著录的还多。天一阁藏书至今仍然是我国古代流传最久、保存最为完好的私人藏书。

明代私人藏书的特点，一是藏书家数量众多。由于汉民族整个社会对藏书的重视，使得明代私人藏书规模与数量都冠于前代，达到了古代私人藏书史上的一个高峰。与官府藏书相比，明代的私人藏书影响更大，成就更高。明代的藏书家数量超过了以往的任何时代。据清叶昌炽《藏书纪事诗》记载，明代藏书家达427人（不含藩王藏书家），而范凤书则认为明代藏书家总计有800多人。如此众多藏书家的出现，标志着汉民族古代私人藏书事业在明代已进入一个鼎盛时期。

二是私人藏书规模空前。明代私人藏书在规模上不仅大大超越了唐宋时期，也超越了同时代的皇家藏书。真正能反映私人藏书数量与规模的，是明代出现了一大批藏书数量巨大、藏书种类齐全的著名藏书家，如宁波范钦天一阁藏书最多时达7万余卷；浙江山阴祁承㸁的澹生堂，藏书9000余种、10万余卷；黄居中、黄虞稷父子的千顷堂，藏书8万余卷；常熟毛晋汲古阁，前后聚书8.4万余册；苏州杨循吉卧读斋、闽县徐𤊹红雨楼，藏书皆超过5万卷。明代私人藏书不仅数量巨大，而且收藏范围很广，不少藏书家都有自己的收藏重点，所藏图书各有侧重，各具特色，在一定程度上做到了优势互补，这不仅提升了私人藏书的品位与价值，而且极大地促进了历史文化的保存与流传。

三是私人藏书精品多。宋刻本元时就已少见，而明代的藏书家则还有收藏。如，王世贞“小酉馆”，“刻书皆绝精”；他的弟弟王世懋“亦多宋梓”；钱谦益绛云楼藏书多“宋元精刻”。尤其是天一阁，不但藏有宋、元刻本，还藏有明的省、府、州、县等地方志和明初至明末的试士录，是十分珍贵的明代的直接史料。清诏修《四库全书》，向各地采访遗书，天一阁进呈书达638种，这都是外界不易见到的。还有千顷堂，也藏有宋、辽、金、元时代的版本，王鸿绪在编纂《明史稿》，也不得不请黄虞稷以他的藏书为基础写成《明史·艺文志》。①

总之，明代是私人藏书家辈出的时代，这期间出现了许多毕生致力于图书事业的藏书家。有些藏书家不惜以重金收买图书，太仓人王世贞以一个庄园换得一部宋刻版《两汉书》，兰溪人胡应麟也曾卖尽家产去换回图书。有些藏书家手自缮录，至老不厌。昆山人叶盛“服官数十年，未尝

① 以上参阅牛红亮、张小玲《略论明代的私家藏书》，《当代图书馆》2009年第1期。

一日辍书”，长乐人谢肇淛隆冬季节日夜抄写，十指如椎。有些藏书家还公开了自己的珍藏，从事传播文化的事业。江阴人李如一认为“天下好书，当天下共之”。因此他虽然变卖了大部分家产，力事收藏图书，但并非秘不示人，而是乐于借书他人。闽县人徐𤊹主张“传布为藏”，对登门借书之人设茶招待，不厌其烦。有些藏书家不辞辛苦，悉心校勘，常熟人赵琦美用了 8 年时间，对其所收的五卷本《洛阳伽蓝记》作了整理，先后共买进 5 种抄本和刻本，进行辛勤校勘，改正书中错误几百处。他曾购得《李诫营造法式》残帙一部，经 20 多年努力补齐了全书。此外，有些藏书家还从事刊刻工作，常熟人毛晋以高价求获珍密之本，然后精心影抄，开坊刻印，使之流布于世。①

明代的藏书以皇家藏书、书院藏书和私人藏书三个漂亮的亮相，在文化重建中，把汉民族藏书文化的高峰呈现于世。

二 《永乐大典》：汉民族的旷世之作

《永乐大典》是中国历史上规模最大的一部类书，也是至今为世界所公认的一部大型百科全书。

（一）汉民族类书小史

汉民族编撰百科全书性质的类书有近两千年的历史，不同于现代西方的百科全书，类书基本上是重要文献的选辑，分类编排，主要是供仕途举子采缀参考而编，有的还带有某些辞书成分。第一部著名的类书是建安二十五年（220 年）《皇览》。三国魏文帝时，由刘劭、王象、桓范、韦诞、缪袭等奉敕编撰，撰集经传，分门别类，据《魏略》著录，《皇览》共四十余部，每部有数十篇，八百余万字。供皇帝阅读，故称为“皇览”。原书隋唐后已失传。清人孙冯翼辑出佚文一卷，仅存冢墓记等八十余条，不及四千字，收入《问经堂丛书》。宋代王应麟《玉海》：“类事之书，始于皇览”，是汉民族类书的始祖。

后来编撰的著名类书还有隋代杜公瞻编的《编珠》。根据《编珠》原序所言，《编珠》是杜公瞻奉敕编纂，该书原有四卷，后来仅存前两卷，有两卷亡佚，只有类目尚存。又有虞世南所编《北堂书钞》，为其在隋秘

① 参阅张安奇、步近智总纂《中华文明史》第八卷（明代），河北教育出版社 1994 年版，第 448—449 页。

书郎任上所编。此书成为虞世南“无心插柳”之作。因所谓北堂，指隋秘书省的后堂。唐人刘禹锡《嘉言录》叙其事曰：“虞公之为秘书，于省后堂集群书中事可为文用者，号为《北堂书钞》。今北堂犹存，而《书钞》盛行于世。”可见其编辑此书，大抵是供文人撰文时采录参考资料所用。隋炀帝拒谏饰非，虞世南官卑职小，无所用事，故借摘抄图书以自娱，而竟成此不朽之世制。

唐代有欧阳询编撰的《艺文类聚》100卷。《艺文类聚》是唐代开国初年由高祖李渊下令编修的，欧阳询主编，参与其事的还有裴矩、陈树达等人，武德七年（624年）成书。此书分46部，每部又列子目727，全书百余万言。此书分类按目编次，故事在前，均注出处。所引诗文，均注时代。作者于题目，并按不同的文体，用“诗”“赋”“赞”“箴”等字标明类别。所引用的古籍，据北京大学研究所在1923年所做的统计，共为1431种，这些古籍大多散失，现存不足十分之一。因其所引者多为唐前古本，可用以互校今传之本而有可能纠订其误谬。远在宋代，周必大、彭叔夏校《文苑英华》，就已利用此书。《艺文类聚》和其他类书相比，此书在辑存文献的方法上有一个很大的特色，就是把“事”与“文”两条龙并成了一条龙，变更了类书的常规体制，也即事与文兼。这样做的最大好处，是大量保存了自汉至隋的词章名篇之功。此外，又有徐坚等人编的《初学记》。此书共三十卷，分二十三部，取材于群经诸子、历代诗赋及唐初诸家作品，保存了很多古代典籍的零篇单句。因此书的编撰原为唐玄宗诸子作文时检查事类之用，故名《初学记》。

宋代有李昉奉宋太宗命组织编修《太平御览》，是宋代一部著名的类书，为北宋李昉、李穆、徐铉等学者奉敕编纂，始于太平兴国二年（977年）三月，成书于太平兴国八年（983年）十月。此书采以群书类集之，凡分五十五部五百五十门而编为千卷，所以初名为《太平总类》；书成之后，宋太宗日览三卷，一岁而读周，所以又更名为《太平御览》。全书以天、地、人、事、物为序，分成五十五部，可谓包罗古今万象。书中共引用古书一千多种，保存了大量宋以前的文献资料，但其中十之七八已经亡佚，更使本书显得弥足珍贵。

《册府元龟》，也是北宋四大部书之一，政事历史百科全书性质的汉族史学类书。景德二年（1005年），宋真宗赵恒命王钦若、杨亿、孙奭等十八人一同编修历代君臣事迹。《册府元龟》与《太平广记》《太平御览》《文苑英华》合称“宋四大书”，而《册府元龟》的规模，居四大书之首，数倍于其他各书。“册府”是帝王藏书的地方，“元龟”是大龟，古代用以占卜国家大事。意即作为后世帝王治国理政的借鉴。《册府元龟》将历代君臣事迹，自上古至于五代，按照人物阶层身份，分门别类，先后排列，目的是“为将来典法，使开卷者动有资益”。采摭诠释了经、史、《国语》、《管子》、《孟子》、《韩非子》、《淮南子》、《晏子春秋》、《吕氏春秋》、《韩诗外传》和历代类书、《修文殿御览》，分类编纂。用编年体和列传体相结合，共分成1104门。门有小序，述其旨归。分为帝王、闰位、僭伪、列国君、储宫、宗室、外戚、宰辅、将帅、台省、邦计、宪官、谏诤、词臣、国史、掌礼、学校、刑法、卿监、环卫、铨选、贡举、奉使、内臣、牧守、令长、宫臣、幕府、陪臣、总录、外臣31部。部有总序，言其经制。历八年成书，总计有1000卷，诏题名《册府元龟》。

南宋有王应麟（1223—1292年）于1267年编撰的《玉海》。此书为当时应博学宏词考试之用而编，故所录资料重点在于典章制度及吉祥善事，与其他类书兼收广蓄亦有不同。故此书体例为类书，而内容实兼政书，是一部专论历代文物典章制度沿袭、变革之书。与唐人杜佑《通典》和宋人郑樵《通志》相较所不同者，仅在于体例不同，即引书与不引书之别，而从反映文籍情况、辑佚、校勘等方面说，引书之价值要远胜不引书者。又此书天文、律历、地理、艺文、礼仪、车服、郊祀、音乐、选举、官制、兵制、食货、祥瑞等类，亦可与历代史志相参看，互补有无。此书论述典章制度，略前代而详当代，故研究宋代典章制度，舍此书不成。其史料价值，远在《宋史志》之上。此书间有考证，断以自己按语。又所述一事，必考证源起、流变，源源本本。

可见，汉民族历代编类书从三国起已形成传统，且从隋到宋，一代胜过一代。

（二）《永乐大典》高峰耸立

正是因为汉民族历代有编类书的传统，故明成祖欲借修纂类书，炫耀文治，于永乐元年（1403年）七月命翰林侍读学士解缙等人负责编纂类书，宗旨是要把天下古今典籍融于一书之中。

解缙受命后立即开馆纂修，召集147人，于永乐二年（1404年）十一月完成，上表进呈。成祖赐名曰《文献大成》。不久，明成祖认为所纂尚多未备，过于简单，与其原意不符。于永乐三年（1405年）再命太子少师姚广孝、礼部尚书郑赐及解缙等人重新修纂，并于永乐三年和四年（1406年）由在朝官吏举荐经考核录用了一大批学识渊博、各有专长的人员充任纂修。参与大典编写的人员达2169人。永乐五年（1407年）书成，姚广孝上表进呈。明成祖定其名曰《永乐大典》，亲自制序，并称赞其“上自古初，迄于当世，旁搜博采，汇聚群书，著为奥典”。又召集了一大批各色缮写人员，于第二年冬天清抄完毕。全书共22937卷，目录60卷，分装成11095册，达3.7亿字。《永乐大典》对其所收的先秦至明初的8000余种典籍分门别类整篇整段抄入，一字不改，故使许多古代文献得以保存。

《永乐大典》采取按韵与分类相结合的“用韵以统字，用字以系事”的编纂方法。依《洪武正韵》的韵目，按每韵下分列单字，在每一单字下详注该字音韵、训释和它的篆、隶、楷、草各种书体，然后分类汇集和这一单字有关的天文、地理、人事、名物、诗文词曲等各项记载。所收典籍极为广泛，突破了过去类书偏重收辑儒家经典、史传文集的传统，广收了上自先秦、下至明初的经史子集百家之言以及天文地理、阴阳医卜、僧道技艺等8000余种典籍。

《永乐大典》的装帧独具一格。全书采用上等白宣纸，印有朱丝栏，每半页8行，大字占1行，小字抄成双行，行28字，楷书端正，墨色黝黑，微发古香。名物器什、山川地形皆用白描手法绘有图形，形态逼真，精丽工致，可称古代书籍插图中的佳品。所征引书名和圈点以及版心均用朱笔，极为醒目。每册高营造尺1尺5寸6分，宽9寸3分。书面硬裱，用粗黄布连脑包过，庄重朴实。

翻开《永乐大典》书衣，就是卷端，也就是正文的第一叶（页）。可以看到，整部《大典》都是用朱、墨笔写成的。朱笔主要用来绘制边栏界行，书写引用书籍的著者和书名；墨笔用来书写题名、卷数、韵目、书籍正文并绘制图画；圈点则是用内空外圆的芦、竹、骨或玉制笔管蘸上朱砂印泥戳上的。整体看起来端庄美观，朱墨灿然。

令人惊叹不已的是《永乐大典》的3.7亿字，都是书手们用明代官用的楷书馆阁体一笔一画抄写出来的。《永乐大典》中所绘山川器物也全用白描手法，精丽工致。这 3 亿多字在编纂时应该至少抄过一遍，2000 多人连编带抄用了 5 年时间；定稿后清抄，只用了不到两年时间就完成了。平均每天要抄 50 万字之多。清抄的书手中有许多是各地有名的书法家。由于现存的《永乐大典》是嘉靖年间重录的，永乐年间原本的书法不得而知。嘉靖年间负责重录工作的徐阶见到永乐本后，曾经赞叹说，旧本缮写得太好了，现在很难再找到这样的书手了。

汉民族文化的演进长时间内走在世界的前列。当 1407 年《永乐大典》问世之时，360 余年后，即以法国学者狄德罗为首的法国百科全书派才于 1751—1772 年编纂出版了《百科全书，或科学、艺术和手工艺分类字典》。但令人万分遗憾的是《永乐大典》成书后，虽一直为明代帝王御用之物，可是自清《永乐大典》重录之后，有关正本的记载很少，至明末已下落不明。清代康熙间，在皇史宬发现了《永乐大典》副本，但已有残缺。雍正间，副本由皇史宬移翰林院的敬一亭。乾隆三十七年（1772 年）清查了一次，缺 1000 多册，合 2422 卷。光绪元年（1875 年）清点时发现已不到 5000 册。至二十年（1894 年），翁同龢入翰林院查点，竟不足 400 册。此后，《永乐大典》又两经战乱，为帝国主义毁劫甚多。现经多方收集，散藏于世界各地的 800 余卷。尽管《永乐大典》的命运如此不济，但其仍不愧为汉民族的旷世大典。①

第十二节　宗教多元并存与民间宗教的活跃：汉民族宗教文化的重建

从元到明，既是宗教多元并存又彼此融合的时代，又是民间宗教最活跃最发达的时期。

元代自成吉思汗伊始，就对宗教实行兼容不拒、免去差税的优待和宽容政策。成吉思汗以后，历代蒙古族统治者虽因其本人对某些宗教的好恶而略微有些差别外，基本上承袭了成吉思汗的宗教政策，从而使宗教呈现出多元并存的繁盛态势。宗教不仅有汉民族传统的汉地佛教、道教，还有

---

① 参阅张安奇、步近智总纂《中华文明史》第八卷（明代），河北教育出版社 1994 年版，第 451—452 页。

伊斯兰教、藏传佛教、也里可温教（基督教）[①]、摩尼教[②]、犹太教、头陀教[③]、萨满教、白莲教等[④]。而元代与汉民族宗教文化重建有直接关系的一是全真道的繁荣与江南道教的流行；二是民间宗教白莲教的崛起；三是伊斯兰教、也里可温教的传入。

进入明代，汉民族宗教文化在重建中，形成了多元交错的局面。多种宗教同时并存和彼此高度融合，民间宗教空前活跃。一是宗法性传统宗教在典制上达到高度完备的程度。二是儒、释、道三教之间的交融深入理论的层次，汉地佛教，特别是禅宗，强调在入世中出世，内部融会各派，外部靠拢儒学；理学和心学也积极吸收佛学的思维成果，提升到很高的理论水平；道教的全真派衰微，正一派受朝廷重视而兴盛，道教理论皆以三教归一为时代特色。三是基督教再次传入，利玛窦以迁就儒学的方式取得传教初步成果；伊斯兰教受到保护而有平稳的发展，并开始汉文译述。四是民间宗教进入最活跃、最发达的时期，它们多脱胎于佛、道教，有的源于儒学，其中白莲教与罗祖教是两大主干，衍生出众多教门。

这样，从元到明，在儒、释、道三教进一步融合的态势下，汉民族宗教文化的重建集中呈现在三个方面，即道教的演进、民间宗教的活跃和基督教的传入。

一　从全真道到正一道：道教的演进

在儒、释、道三教融合的态势下，从元到明，汉民族的道教在文化重建中经历了从弱势走向强势、从崛起到成熟的历程，实现了从元代全真道的繁盛到明代正一道的流行。

（一）元代全真道的繁盛

全真道兴于金，而盛于元。汉民族的全真道为何在元代能得以繁盛？

---

① 也里可温教，即元代对于基督教各派的总称。

② 摩尼教于6—7世纪传入中国新疆地区，复由新疆传入漠北之回纥，而盛行于该地。唐代宗大历三年（768年），应回纥之请，于江淮等地建立摩尼寺。唐武宗会昌五年（845年）灭佛时，摩尼教亦遭严重打击，转而成为秘密宗教，并吸收道教及民间信仰，从而改称明教。明教因相信黑暗就要过去，光明即将来临，故敢于造反，屡有反政府之举。自北宋末年起，浙江、江西、安徽等地，皆曾发生明教造反之事。其后明教又与弥勒教、白莲社相结合，而演变成明代末年之白莲教。“明教”一词至清代虽已不复见于文献，但“明王”出世之说，犹流传于民间。

③ 头陀教，即大头陀教，又称糠禅，是金元两代佛教一支“异端”教派。

④ 详见孙悟湖《元代宗教文化的特点》，《中央民族大学学报》2001年第6期。

考察元代汉民族文化的重建，有两大原因：

第一大原因是成吉思汗及历代皇室对全真道的倚重。说起来有点不可思议，为什么成吉思汗会倚重汉民族的全真道？这要从成吉思汗与全真道龙门派丘处机的关系说起。

丘处机是全真七真中最负盛名的高道。金南迁后，全真道在社会上已成为一支强大的宗教势力，成为蒙古、金、南宋三朝争取的重要对象。1219 年，金朝与南宋先后派人去山东栖霞召丘处机，丘皆未应诏。同年，远在西征军中的成吉思汗闻其名，派近臣札八儿、刘仲禄持诏专程邀丘处机朝觐。丘预见蒙古必兴，进言成吉思汗可借其力以推行全真教义，早日息兵偃戈，去战乱杀戮之祸，便慨然应诺，以 73 岁高龄之身，于次年接成吉思汗之诏，邀其西行。他曾写诗给燕京道友，云："十年兵火万民愁，千万中无一二留。去岁幸逢慈诏下，今春须合冒寒游。不辞岭北三千里，仍念山东二百州。穷急漏诛残喘在，早教身命得消忧。"此诗表示了他以无为之教化有为之士的心愿，为的是让百姓早日过上太平安生的日子。留宿山北时，先驰表谢，拳拳以止杀为劝。发抚州，经数十国，行经万里。曾喋血战场，避寇叛域，绝粮沙漠，自崑苍（今作昆仑）历四年始达雪山（今阿富汗之兴都库什山）。丘处机在途中所写诗中，曾云，"蜀郡西游日，函关东别时，群胡皆稽首，大道复开基"，表示了弘道西域的宏愿。又云，"我之帝所临河上，欲罢干戈致太平"，表示了弭兵救民的济世之志（以上均见《长春真人西游记》）。成吉思汗既欲在政治上对全真道有所倚重，又欲求知长生养身之道，故对丘处机优待礼敬。当时成吉思汗正忙于西征军事，日事攻战，丘处机劝他说："欲一天下者，必在乎不嗜杀人；及问为治之方，则对以敬天爱民为本；问长生久视之道，则告以清心寡欲为要。"（《元史・释老传》）成吉思汗毕竟是位大政治家，十分欣赏丘处机的建言，说："天赐给我仙翁，开启我的心志"，发布了"已许不杀掠"的布告。并命左右将丘之言谈记录下来，用以教训诸子。为尊敬起见，称呼"神仙"，赐以虎符和玺书。有一天雷震，成吉思汗咨问，丘处机对答说，雷是天威，人之罪莫大于不孝，不孝则逆于天，于是天威震动、加以警告，听说境内多有不孝者，陛下应以天威之说训导民众，成吉思汗听从之。又一次成吉思汗于东山打猎，马跌倒，丘处机趁机劝诫说："天道好生，陛下年事已高，不宜频繁田猎"，于是成吉思汗罢猎很久。丘处机回到燕京，借助成吉思汗的威力和器重，救死济困，做了许多慈善事业，“时国兵践蹂中原，河南北尤甚，民罹俘戮，无所逃命。处机还燕，使其徒持牒招求于战伐之余，由是为人奴者得复为良，与滨死而得更生者，毋虑二三万人”，中州人称道之（见《元史·释老传》）。成吉思汗赐名丘处机所住天长观为长春宫，并派使者慰问，云：“朕常念神仙，神仙毋忘朕也。”丘处机80岁而卒（1227年），葬于长春宫处顺堂，即今北京白云观。丘处机曾在龙门山（今宝鸡市东南）隐居潜修七年，故其教派称龙门派。丘在世之日，全真道达到极盛。元太祖命丘掌管天下道教，诏免道院和道人的一切赋税差役，并先后在燕京建立“平等”“长春”“灵宝”等八会，于各地大建宫观，一时道人云集，教门大兴。丘处机对其弟子说：“千年以来，门开辟，未有如今日之盛!”（《北游语录》卷一）元宋子真《通真观碑》说，当时人们对全真道，“翕然宗之，由一以化百，由百以化千，由千以化万，虽十族之乡，百家之间，莫不有玄学以相师授，而况通都大邑哉!”元遗山《修武清真观记》谓丘处机雪山之行后，“黄冠之人，十分天下之二，声焰隆盛，鼓动海岳”，其教发展势头如火如荼。高鸣《清虚宫重显子返真碑铭》说，“夫全真教之兴，由正隆以来，仅百余载”，时当元世祖执政之初，“今东至海，南薄汉淮，西北历广漠，虽十庐之聚，必有香火一席之奉”，足见元初全真道流行之广，已是“大道汜兮，其可左右”了。[①]

第二大原因是全真道明确提出“三教合一”为基本教理。全真道作为道教的一个新生派别，它以“三教圆融”“识心见性”“独全其真”为宗旨，以“三教合一”“性命双修”“功行双全”“全真而仙”为基本教理，杂糅儒、道、释三家理论，对传统道教的教理、教义做出根本性的变革，构建出了新的道教理论体系。全真道的三教合一思想，在其创教祖师王重阳的修道初期即已显现出来。在“活死人墓”修炼之时，他即将儒、释、道三家相提并论：“稳驾青牛古圣人，白牛枝叶出斯因。儒医夫子成三教，垦辟愚迷怕落尘。”[②] 儒、道、释三教各有所长，都是使人驱除愚迷而超脱凡世的良药。六朝隋唐以来，儒、释、道三教中虽然都曾出现过不少“三教归一”论的宣扬者，但他们倡导“三教归一”，往往以本教为

---

① 参阅李凭、全根先总纂《中华文明史》第七卷（元代），河北教育出版社1994年版，第314—316页。

② 白如祥辑校：《王重阳集》，齐鲁书社2005年版，第36页。

最高。重阳祖师则完全开放，打破门户之见，鲜明地提出了三教同源、三教同功、三教平等、三教并用的观点，鲜明地举起三教一家的旗帜，实行三教联合的传教路线，使全真道的“三教合一”理论呈现出鲜明的特点。①

当然，全真道宣扬三教一家，也与道教的社会地位和当时的社会情势有着密切的关系，是全真道谋求自身发展的必然选择。长期以来，道教是三教中力量最弱的一家。道教全盛的唐代，全国道士女冠的总数不及佛教僧尼的二十分之一。在全真道兴起的金初，整个道教皆处于最为不利的境地。女真族素无道教信仰，在金立国之前，佛教就传入女真族中，从金太宗起，金廷就建寺赐田，礼遇名僧，对佛教的尊崇有过于北宋。金熙宗、章宗皆亲诣孔庙拜祭，金世宗并命以唐礼祀孔，颁印儒家经籍，以儒学开科取士。儒学在金代仍居统治思想核心的地位。与儒、佛二教的社会地位相比，道教明显处于弱势。因此，在道教势弱力微的情况下，全真道以三教为标帜，高唱三教归一，是颇合时机、富有号召力的。它一方面便于适应当时社会人士对三教兼容并蓄的思想基础，另一方面又可借助于儒、佛二教的优越地位和深广影响，把人们吸引入全真道之中。元刘谧的《三教平心论》卷上，即站在佛教的立场阐明了这一道理：“谓佛教与道教同，则庶不启道教之争，倡三教可以合一，则若儒若道，皆可诱而进之于佛。”王重阳虽未公开点明他倡导三教归一的真实用意，但其以三教归一诱人进之于道教的目的，在当时情形之下，也可以说是不言而喻。②

尽管如此功利，但道教作为汉民族宗教文化的重要组成部分，儒、道、释三教的相互作用、相互联系，对汉民族文化的发展与变迁产生了巨大影响。同时，三教间的相互影响、相互融合也促进了其自身发展演变，促进了其内部形态的发展与转化。从一定意义上讲，元代全真道的产生就是三教相互融合的典型代表。所以，全真道的创始人王喆死后，七大弟子弘扬全真教义，光大道门，其后继者人才辈出，形成若干道内教派，马钰创遇仙派，刘处玄创随山派，丘处机创龙门派，谭处端创南无派，王处一创嵛山派，孙不二创清静派，郝大通创华山派。其中以丘处机及其创立的龙门派对全真道发展的贡献最为突出，在后来影响最大，其教派累世传承

① 详见范玉秋《三教合一与全真道》，《管子学刊》2007年第3期。

② 同上。

不衰，使全真道呈现繁盛景象。①

（二）明代正一道的活跃

明朝二百多年，道教的演化又有新的特点。在金元两朝兴盛的全真道走上衰落，甚至沉寂，而正一道开始活跃。正一道是道教教派之一，或称正一教、正一派。正一道的来源主要有二：一是自战国以来的神仙方术及时称“善道”的黄老道，二是巴蜀地区少数民族的巫术。② 元以后，为道教上清、灵宝和天师道等各符箓派之总称，与全真道同为道教之两大派。正一道以《正一经》为主要经典，不重修持；崇拜神仙，画符念咒，降神驱鬼，祈福禳灾。相传张陵创教时，称太上老君降授以三天正法，“教以正一新出道法”，又“授正一科术要道法文”“正一盟威妙经三业六通之诀”，以“伐诛邪伪，与天下万神分付为盟，悉承正一之道也”。③ 传说张陵四代孙张盛徙居江西龙虎山后，为道教之龙虎宗，尊张陵为“正一天师”。唐宋崇道，南北天师道与上清、灵宝等道派逐渐合流，宋理宗敕三十五代天师张大可，提举三山（龙虎山、阁皂山、茅山）符箓，兼御前诸宫观教门事，龙虎山正一天师遂为各道派之首；元世祖命三十六代天师张宗演“主领江南道教”；元成宗大德八年（1276 年）授三十八代天师张与材“正一教主，主领三山符箓”，正一道以张天师为道首，其道士可以不居宫观而有家室。④

全真道衰落的原因很清楚：一是它与元王室关系紧密，受到明皇家的嫌弃；二是它的后期，道士不热心匡世扶危，而致力于全性葆真，社会影响缩小；三是修命养性之内丹术需要较高的文化层次，其道士按最初规定都是出家道士，一般住在宫观里，要做到不结婚、不食荤，平时也必须穿道装、束发留须。全真道道士。曲高和寡，道徒不易发展。所以明代的全真道离开了社会政治舞台的中心，走上了学者式的隐遁清修的道路。⑤

那么，为什么是正一道活跃于明代汉民族社会呢？考察明代汉民族文

---

① 参阅李凭、全根先总纂《中华文明史》第七卷（元代），河北教育出版社 1994 年版，第 314 页。

② 详见丁培仁《关于早期正一道的几个问题》，《宗教学研究》1986 年第 00 期。

③ 《云笈七签》卷二八。

④ 参阅赵宗诚《正一道》，《宗教学研究》1983 年第 2 期。

⑤ 参阅张安奇、步近智总纂《中华文明史》第八卷（明代），河北教育出版社 1994 年版，第 591 页。

化的重建，也有两大原因：

第一大原因是受到朱元璋及历代皇室对正一道的尊崇。道教是从汉民族文化土壤中生长出来的宗教，因此道教历来有着较为广泛的社会基础。明太祖起自民间，对于道教有特殊的感情，在他打天下时，身边的周颠和铁冠道人张中都是道士。而他本人也经常阅读道教的经典《道德经》。明初最为著名的功臣刘基，也是颇信道教的，传说他曾师从九江道士黄楚望，得其天文地理术数之法。历朝的统治者都要宣传自己是有天命的，就要神化自己，而道教在推算占卜方面的传统当然会成为统治者神化自己的工具。所以，太祖建国后道教与佛教一样，成为朝廷确定的官方宗教。洪武元年（1368年），江西龙虎山第四十二代天师张正常被召入朝，太祖命去其天师之号，封为真人，世袭，称龙虎山正一真人，秩正三品。另设法官、赞教、掌书各二人。阁山、三茅山各设灵官一人，正八品。另设太和山提点一人。这是一次特殊的恩封，表现了皇室对道教的尊崇。不久，明成祖的起兵夺位，在帮助成祖起兵的谋臣当中，就有一些以占卜为长的方士。永乐十五年（1417年），却有了一次对于道人徐知证、徐知谔的敕封（徐知证被敕封为九天金阙明道达德大仙显灵溥济德微洞元冲虚妙感慈惠护国庇民崇福洪恩真君，徐知谔被敕封为九天玉阙宣化扶教上仙昭灵溥济高明宏静冲湛妙应仁惠护国佑民隆福洪恩真君）。当时还在北京兴建了洪恩灵济宫。这是明初对于道教的一次盛典。据说一个名叫曾辰孙的道士在为成祖医病时祷于二徐真君，而且梦见二徐真君授以灵药，才治好了成祖的病。此事反映了从明初开始，道士的丹药便与宫廷生活有着紧密的联系。明朝的皇帝从成祖开始，几乎没有不服用道士丹药和用房中术的。这也就使明代的道教与佛教完全走上了两条不同的道路。与佛教的学术化不同，明代的道教走的是一条修炼斋醮的道路，从而不断地受到皇室的尊崇。这样，明代皇室的斋醮，“凡国有册立、册寿、冠婚、营缮、征讨、大丧诸典礼，岁时旱涝大灾变，则请告宗庙社稷，祭祀先期请省牲，进祝版、铜人，上殿奏请斋戒，亲署御名”① 都通过道士进行。

于是，宪宗时方士李孜省以方术得幸，内阁大学士万安，也借进献房中术而固宠。所以成化朝僧道多以符箓烧炼得官，到孝宗即位后，裁汰以僧道得幸的在朝官员，数目已经相当惊人，《明史·继晓传》云：“孝宗

① 《明史·职官三》。

初，诏礼官议汰。礼官言诸寺法王至禅师四百三十七人，喇嘛诸僧七百八十九人。华人为禅师及善世、觉义诸僧官一百二十人，道士自真人、高士及正一演法诸道官一百二十三人，请俱贬黜。”孝宗虽然对僧道进行了整顿，但是他本人也是信奉道家的，宦官李广便以道家修炼之术获幸。

有明一代道教最为显贵的时候是在嘉靖时，世宗因为过度崇信道教而与宋徽宗一样得到了“道君皇帝”之名。而且他自己也确实有道号。嘉靖三十五年（1556 年），他为其父上道号为：三天金阙无上玉堂都仙法主玄元道德哲慧圣尊开真仁化大帝。其母为：三天金阙无上玉堂总仙法主玄元道德哲慧圣母天后掌仙妙化元君。自号：灵霄上清统雷元阳妙一飞玄真君。后加号为：九天弘教普济生灵掌阴阳功过大道思仁紫极仙翁一阳真人元虚圆应开化伏魔忠孝帝君，再号为：太上大罗天仙紫极长生圣智昭灵统元证应玉虚总掌五雷大真人玄都境万寿帝君。①

正是因为受到皇室的尊崇，所以，从明洪武初年起，正一道天师即掌全国道教事，其地位超出全真道而为主导。第四十二代天师张正常于明初两度入京朝觐，被授正一嗣教真人，永掌天下道教事。此后，直到明末第五十一代正一天师张显庸，代代皆袭封大真人，掌管全国道教事务。世宗朝，由于正一道士邵元节显贵一时，正一道的政治地位也达到高峰。②

第二大原因是正一道以斋醮符箓为主要特色易于向民间扩散。正一道道士按传统都是不出家道士。他们可以结婚生儿育女，过家庭生活，可以食荤；除了上殿诵经、作经忏法事之外，平时可以穿俗装；不束发，不留胡须，发式随俗。不出家的正一道士，一部分在宫观里活动，也有一部分没有宫观。没有宫观的正一道士，也称火居道士，一般情况是平时穿俗装，住在家中，从事各种非宗教职业，遇有喜庆节日或丧葬时，应喜主或丧主之请，穿上道装去作法事。当然，也有少数正一道士自愿不结婚、不食荤、过出家生活的。

由于明代帝王热衷斋醮符箓之术，对汉民族民间百姓的生活也产生了影响。加之明代正一道为帝王尊崇，道门中人数量增多。加上正一道士本身又可以在家修炼，不用居于宫观之中。这样就造成道门中人越来越多，

① 参阅商传《明代文化史》，东方出版中心 2007 年版，第 323—325 页。

② 参阅张安奇、步近智总纂《中华文明史》第八卷（明代），河北教育出版社 1994 年版，第 588 页。

与世俗生活联系也越来越紧密的结果。民间建斋设醮，多为求问吉凶之事和超度亡灵，这是一般汉民族民众的普遍诉求，多为通过道教的此项活动，来达到祈禳祛祸的济世功能。设醮祈禳祛灾也是民间斋醮活动中较为频繁的一项，家中有人生病或身体出现异样，请道士为其做法事，建坛设醮驱妖，这是汉民族民间古已有之的习俗，明代民间对此需求更甚。以超度亡灵为例，千余年来，官民之家，有人去世，需请道士来建斋设醮，济度亡灵。朱元璋在《御制玄教斋醮仪文序》中也提到，凡家中有人去世，都会请僧、道为其殡送。不管父母，还是子女，如若不用此二家殡送，是为不慈不孝。如此习俗，给斋醮活动提供了很大的空间。

正一道的斋醮符箓之术能够如此为民众所热衷，一为正一道本身的社会教化功能，二为道教所具备的宗教功能，能够把斋醮符箓和神仙信仰紧密结合，满足世俗社会中的仙道贵生的心理。并且正一道的斋醮符箓之术本身也为百姓所需，道士为民间百姓去世后超度亡灵这一活动，俨然已发展为一种习俗。正一道士依靠这一专长，逐渐成为宗教职业者，借由正一道在明代的贵盛发展。[①]

明代道教虽仍以北方全真、南方正一为两大主要教派，但全真道隐微，正一道显贵。而且由于正一道参加了明代《正统道藏》和《万历续道藏》的编纂，既是明代帝王对道教尊崇的见证，也是明代正一道对后期道教的巨大贡献。《正统道藏》自永乐初年，成祖便敕令正一道四十三代天师张宇初主持编纂，“永乐四年，伏蒙圣恩，委以纂修道藏，入阁通类”[②]。永乐四年（1406年），明成祖一再催办，下令张宇初主持编修，至正统九年（1444年）。同年英宗又敕命邵以正督校，次年刊板事成，历时四十多年方才编完刊本。[③] 可见，《正统道藏》是由正一首领张宇初主持编修，永乐时期没有完成，邵以正在正统年间进行督校完成。明代《道藏》主要按道藏编排惯例，以三洞四辅为体例。收录内容来源自当时各地方的道观，以及元代《玄都宝藏》的残卷，再加上元明时期道书汇编而成，内容丰富。主要包含有“哲理、兵书、医书、道教教义、斋醮、

① 参阅姚丹丹《明代正一道研究》，硕士学位论文，河南大学，2015年，第32—33页。

② （明）张宇初撰：《道门十规》，吴亚魁点校，第639页。

③ 陈国符的《道藏源流考》中梳理相关史料如《汉天师世家》卷三、《紫霄观记》《道门十规》中都有“永乐四年夏，命编修道书以进”的记载。其后又有《皇明恩命世录》卷三记载敕真人张宇初编纂《道藏》。

科仪、符箓、仙传、山志等文献……”[①] 所收录以内容广泛且不拘一格而著称，与《四库全书》《大藏经》同列入汉民族文化遗产的宝库之中，是汉民族文化史研究的重要书籍，从而完成了道教演化的定格。

这样，正一道在明代整体上注重顺应当时汉民族向社会思想潮流，所做出的“融合三教”之举，以及对道教内丹论的修持方式的重视，使之改变道教长期以来较为重视的绝俗离世、长居深山的修行传统，变为入世，在家、出家皆可。在自身持续发展中，趋向世俗化，逐渐和社会民众关系紧密结合，与民间多神信仰和统治者的神仙信仰体系杂糅，成为民众生活中的一部分。[②]

二　白莲教与罗教：民间宗教的活跃

明代是中国民间宗教史上划时代的新时期，在这时期的民间宗教迅速兴旺、异常活跃、教派众多。特别在正德以后，民间宗教的组织和势力遍及大半个中国，主要活动于河北、山东、山西、河南、江苏、安徽、浙江、福建、江西、湖北、四川、陕西诸省。它的基本信徒是农民、手工业者、矿工、流民、漕运水手、城市贫民，总人数不下数百万之多，成为一支极为可观的社会力量。民间宗教的教派众多，彼此亦常有交叉互渗的情况，但缺乏全国统一的教会组织，各派自成一体，自有传承世系，在官方压迫和上层宗教排斥下，秘密或半秘密地进行活动，偶尔也打入贵族内部以谋求发展，但始终未能成为合法宗教。[③]

明代的民间宗教约可分为两个系统：一是以韩山童所创立的白莲教为发端，用白莲教之名结合弥勒信仰之实。这一系统的特点是主张在劫难之后实现天下太平，把人间建成理想的天国；另一个是以明代正德年间（1506—1521 年）形成的罗教为标志的罗教系统。这一教派的特点是把斋戒视为脱离劫难的主要手段，并不把同官府的斗争视为理所当然，他们所重视的是紧密结合而形成彼此合作的团体。这一派后来的主要发展动向是在以长江或运河的运输工人中培养行会性的组织，称为帮会，这些帮会起

---

① 刘华：《〈道藏〉的编纂及史料研究价值》，《图书情报工作网刊》2011 年第 12 期。

② 参阅姚丹丹《明代正一道研究》，硕士学位论文，河南大学，2015 年，第 42 页。

③ 参阅张安奇、步近智总纂《中华文明史》第八卷（明代），河北教育出版社 1994 年版，第 607 页。

到完善人际互助关系的作用，而且解决帮会内部的福利问题。民间宗教的这两个系统也有共同点，一是都宣扬劫难说，认为大劫难必定会到来，而且为时不远。二是主张入教即可得救。[①]

明代的民间宗教就其主流而言乃是元末白莲教的继续和发展，虽然并无严格定义上的教主传承和组织的续接，但在教义的基本倾向上，在经典（宝卷）的撰著流布上，在组织规则与活动方式上，众多教派都接受了白莲教的影响，客观的社会作用也相似，所以一般统称为白莲教。白莲教已经成为明清两代民间宗教的泛称，官方习惯用“白莲教”一词指称一切所谓“邪教”和异端，若有牵连，便遭镇压。所以民间宗教教派大都讳用白莲教的称谓而另起名目，这就造成了教派用语和官方用语上的差别，令人困惑而不易确切把握，实际上是同一股民间宗教潮流。

白莲教从宋元到明清的发展和演化主要有三个阶段：早期宋元阶段是净土阿弥陀佛信仰，结莲社做佛事以求往生西方净土，这个阶段的反叛性不强，所以能为蒙古贵族所容纳；中期元末明初阶段引入弥勒信仰，弥勒是未来佛，弥勒下凡便意味着明王出世，必然带来变天思想，很容易成为民变的旗帜，从此白莲教便成为一种反叛的宗教，既为元后期统治者所不容，又为明初统治者（他们是借白莲教打天下的）所禁断；后期是明中叶至清末，以罗教的兴起为转机，形成数以百计的教门，大都引入了无生老母信仰，正式产生了明清民间宗教自己独有的最高创造神和救世主，同时保留阿弥陀和弥勒信仰，突出“三期末劫”说，更加具有反叛性，因而受到当权者更加残酷的镇压，后期的教门多是罗教的衍支或受罗教影响，所以罗教起了相当关键的作用。

明代中叶，特别是明朝后期，白莲教等民间宗教非常盛行。以京畿地区为例，经常活动的有：红阳教、净空教、无为教、大乘教、龙天教、悟明教、金山教、顿悟教、金禅教、还源教、圆顿教、南无教、南阳教、黄天教[②]、红封教、大成教[③]、三阳教、罗道教[④]、闻香教、棒槌会等。其中传播最广、影响最深的是罗道教和闻香教。

---

① 参阅［日］野口铁郎《道教与民众宗教结社》，载［日］福井康顺等《道教》（第二卷），冯佐哲译，上海古籍出版社1992年版，第169—170页。

② （清）黄育楩：《破邪详辩》卷一，颜元，《存人编》卷二，见《四存编》，称有“皇天道”。

③ （明）董其昌：《神庙留中奏疏汇要》第七册《礼部》卷一。

④ （清）瞿九思：《罗道教侯表列传》，见《万历武功录》卷一。

罗道教，系明朝正德初年山东省即墨县罗清所创，所以又称罗祖教或罗教。罗清奉佛甚虔，茹素持戒，而不祝发，同时，娶妻生子，无异平民。[①] 著有五部六册，即《苦功悟道经》《叹世无为经》《破邪显正钥匙经》《正信除疑自在经》《巍巍不动泰山深根结果宝经》。[②] 五部六册主要受佛教影响，书中引用大量《金刚经》《涅槃经》《华严经》《圆觉经》《般若经》的内容，而以禅宗和净土为主。罗教奉达摩为正宗，尊崇六祖慧能，主张“三教共成一理”，“不住斋，不住戒，逢世救劫，因时变迁”[③]，不供佛像，不烧香，不作道场，不设经堂，颇有禅宗宗风。罗教教义，采用了佛教的性空说，着重阐发真空之义。《苦功悟道卷》说：“忽然参透虚空，未曾有天有地，先有不动虚空”，“这真空往上参，无有尽处；这真空往下参，无底无穷”。“也无古佛，也无众生；这个长存，再无别事；本来无一物，何处有尘埃。”罗氏发挥佛教空论，把世上一切事物，包括佛祖菩萨，统统都否定了，只承认一个绝对的永劫不坏的真空，它是宇宙的根本，它变化出天地日月、山河大地、五谷禾苗，乃至三千诸佛，所以真空法乃是罗教的哲学基石。罗氏提出本分家乡（后来的真空家乡），尘世是流浪家乡，有生有死，经历种种磨难，而最终的归宿是本分家乡，“既得高登本分家乡，永无生死”（《巍巍不动泰山深根结果宝卷》第二十三品）。又提出“无生父母”，“单念四字：阿弥陀佛，念得慢了，又怕彼国天上，无生父母，不得听闻”（《苦功悟道卷》卷一）。“无生父母”就是天下人的共同父母，亦即永恒的至上神。从此民间宗教形成“无生父母，真空家乡”的八字真诀，其源实出于罗教。后来“无生父母”变为“无生老母”，她是最高的女神。罗教教义也受到道家和道教的影响，从中吸收了“无极”“无为”等观念，用老子的“天下万物生于有，有生于无”的观点解释宇宙万物的来源，如《巍巍不动泰山深根结果宝卷》说：“天地日月，森罗万象，五谷田苗，春秋四季，一切万物，三教牛马，天堂地狱，一切文字，都是无极虚空变化。”无极又称真无极，亦即真空境界。罗教认为以往儒道佛三教的一切修持方法皆是有为法，都在扫除之列，只有无为妙法——摈弃一切欲念追求，才能真正使人

① （清）采蘅子：《虫鸣漫录》卷一。

② 《巍巍不动泰山深根结果宝卷》，载（清）黄育楩《三续破邪详辩》。

③ 《苦功悟道卷》卷一。

摆脱现实苦难，返本还原，了悟大道。所以罗教又被称为无极教、无为教，罗梦鸿又被尊称为无为祖、无为居士、无为宗师。

罗教正式形成以后，在教义和活动上都表现出极大的独立性和异端性，受到正统佛教人士德清、株宏和密藏的攻击，也受到政府的严厉禁断和镇压。经卷被烧毁，活动被取缔，一直处在左道旁门的邪教位置上。尽管如此受压，但信众甚多，连有的宗室亦很信奉，不但“执弟子礼”，并且促其到北京阙下献书。后来虽然被捕系狱，“以示左道惑众”① 被杀，但是，罗教的五部六册却流传了下来，几乎成为后来民间宗教宝卷的基础，也为今人研究明代白莲教等民间宗教提供了非常可贵的史料。②

罗教的第二代分成两大支派——无为教和大乘教，大乘教又有东西之分。无为教是罗教的正宗，《古佛天真考证龙华宝经》记载明季16个教派，其中有“无为教，四维视”，“四维”合为罗字，可知罗教一直被称为无为教。罗梦鸿之子孙在京畿一代传布此教，代代为无为教教主，直至清代犹然。

大乘教，又称闻香教。③ 明万历年间永平府滦州人（原籍顺天府蓟州）王森创立。王森（1541—1619年），黄尊素在《说略》中云：“王森原名石自然，蓟州皮工也。路遇妖狐，为鹰所搏。狐求救于森，森收之。至家，狐断尾相谢，传以妖香，凡闻此香者，心即迷惑，妄有所见。森以其术，创为白莲教，自称闻香教主，立大小传头会首名色。”由此可见，王森是举白莲教之旗，以“神授异香”为幌子创立的闻香教。④ 王森死后，由其第三子王好贤继领其教。在传教中，王森说：“信我可为王侯宰相，不信打落地狱。”⑤ 入教可以得到“来生善果”⑥，来号召群众。或用其他办法使群众相信他有神术，《滦州志》中就有这样的记载：“每遇贡献者至，如二人入室，必两褥、两被、两枕，杯著茶瓯皆如是。或四人五

① 瞿九思：《罗道教侯表列传》，见《万历武功录》卷一。

② 参阅张安奇、步近智总纂《中华文明史》第八卷（明代），河北教育出版社1994年版，第608页；李济贤《明代京畿地区白莲教初探》，载《明史研究论丛》，江苏人民出版社1983年版。

③ 《王森旧招节略》。转引自李济贤《明代京畿地区白莲教初探》，载《明史研究论丛》，江苏人民出版社1983年版。下引均从此转。

④ 《王森旧招节略》。

⑤ 同上。

⑥ 万历《永平府志》卷二。

人，其室所具物亦如其数，若先知者。其实屋宇殊多，每以所来人数引入所备之室耳；又北人卧必以炕，用柴烧之始温，其家不以柴，而以冷水浇灶口即热，盖预实石灰于炕中，偶以冷水浇之致灰性发热耳。"[①] 广大农民不知底细，"信为活佛"，争相入教。闻香教传徒聚众称作"五会"[②]。每会人数不一，《永平府志》云："或数十人，或百余人，聚为一会。"[③] 王森及其子王好贤也说："每会首下，或聚众一二百人，或四五百人"，"或二三千"，"数多寡不等"。[④] 于是，该教传播极广，山东、河南、山西、陕西、四川等省的不少地区，都有众多教徒。畿南地区的武邑、衡水、枣强、深州、束鹿、饶阳、武强、景州、献县、清河、故城、冀州、南宫、新河、藁城、晋州、安平等州县，"气候相通，共数十万人"[⑤]。北京附近的"各州县、营路、卫所、乡村、镇店"的广大群众，更是"云合响应，顶礼皈依"[⑥]。教徒不下二百万。由此可见，京畿地区白莲教的活动十分活跃，与明代相始终。[⑦]

万历二十三年（1595 年）王森被捕，判死刑，后来用贿得释，继续在京结交外戚中官，行教自如。其徒李国用以符咒召鬼之术别立宗教，出卖了他，王森再次入狱，并于万历四十七年（1619 年）死于狱中。之后，其子王好贤和徒弟徐鸿儒、于弘志等继续传教，徒党益众。王好贤以河北

---

① 光绪《滦州志》卷十八《外编·杂录》；梁清远《雕邱杂录》卷六曰："白莲教妖言惑众，万历时最胜（盛）。……其来投拜，必先见本枝头，将拜银送验过，仍还自封自收。……枝头进告教主，许为第几子、第几代、第几孙。先拜枝头为父为祖，登名在簿，始许执香立门外，一日或二日，方引参拜。教主高坐佛堂上，高台帐内。枝头先暗报来人银若干、计几块，今日吃何饭，作何事。引拜毕，献银，教主在内明指银数，与所食作事，果无差谬，愚民惊服慧眼。"

② 《王好贤招详》。该教"五会"内容待考，而其支派"棒捶会"聚众亦称"五会"，即"召棒槌会"创立人周印有五大传徒。第一传徒刘存性，次则陈文仲，又次陈永福，又次王从善，又次王大亮。五大传徒即"五会"，但每传徒不一定止传五人。如周印的第二传徒陈文仲，就"苦无家，出其门者尚少"。见张凤翔《恭报擒获妖首疏》。

③ 万历《永平府志》卷二。

④ 《王森旧招节略》《王好资招详》。而有的支派则如梁清远在记述万历年间白莲教时所说："其党共以十八人为子，每一子会约三子，三子会约九孙，九孙会约二十七孙，二十七孙会约八十一孙，总成五代，共一百二十一人为一枝。十八子号为十八枝，各立簿，填姓名贯址"，"每子认足前数，方称功德圆满，立地成佛"。见梁清远《雕邱杂录》卷六。

⑤ 张凤翔：《初报妖贼疏》，见《抚畿琉草》卷二。

⑥ 《王森旧招节略》。

⑦ 以上参阅李济贤《明代京轰地区白莲教初探》，载《明史研究论丛》，江苏人民出版社 1983 年版。

宝坻为中心，号召乡民，准备起事，夜聚晓散，传经联络。天启二年（1622 年）徐鸿儒、王好贤举行起义，徐鸿儒自号中兴福烈帝，建元大乘兴胜。以红巾为标志，攻破郓城、邹县、滕县，一时声势浩大。斗争一月有余，最后遭镇压失败，徐鸿儒和于弘志被捕杀，王好贤逃逸。徐鸿儒临刑时说："我与王氏父子经营天下二十余年，按籍而数，吾法门弟子已逾二百万。"① 由此，可知罗教之活跃，已引起明代"二百六十年来未有之大变"②，成为李自成、张献忠大起义的序幕。③

《中华文明史》总结明代汉民族民间宗教的共性颇为简要，引述如下：

> 其一，从形成过程上，或脱胎于佛教，或脱胎于道教，或转型于儒学；从教义上，大都是三教掺杂。
>
> 其二，"无生老母、真空家乡"是它们的独特信仰，同时兼有阿弥陀和弥勒信仰，以及佛道其他神灵信仰。
>
> 其三，"三期末劫"说是它们的主要教义。或宣传龙华三会：初会、二会、三会；或宣扬三阳：青阳、红阳、白阳；或宣示三天：苍天、青天、黄天。而以第二期为末劫，以救劫应变号召群众。
>
> 其四，它们的成员主要是下层群众，具有反叛性，一般为政府所禁止和镇压，活动常处在非法和秘密状态。
>
> 其五，教内领导集团往往形成家长式统治，教权由教首家族世代相传，或师徒相传。教首的思想比较复杂，有的代表教民利益，有的出于个人野心，有的想为当权者服务，不一而足。
>
> 其六，它们的经典多称宝卷，以韵文为主，散文为辅，用偈子、唱诗、曲牌等说唱文艺形式表述，浅显而生动，便于在民间流传。
>
> 其七，与正宗大教相比，重视女性的作用。神灵多女性，教首亦多女性，教徒中妇女的比重较大，在教内男女有一定程度的平等。
>
> 其八，生命力顽强，历经取缔和镇压，始终没有止息，而且愈演

---

① 《两朝从信录》卷二一。

② 《两朝从信录》卷十六，天启二年十月赵彦上疏。

③ 参阅张安奇、步近智总纂《中华文明史》第八卷（明代），河北教育出版社 1994 年版，第 609—610 页。

愈烈，形成一种强大的民间文化传统。[1]

三　基督教的传入

汉民族的宗教文化自汉代佛教传入后，一千多年来在与儒、道的融合中，走出了一条汉化的路，在汉民族中扎下了根，且这种所谓“三教合一”成了汉民族宗教文化发展的一种趋势，尤其是从唐到宋再到明，融合得越来越深，越来越广，在明代已融入汉民族的民间宗教之中。对此，本书有关部分已述，在此不赘述。而本节要述的在元、明汉民族文化重建中，汉民族文化中的又一个他者——基督教的传入，从而开拓东西方文化交流新篇章的历史路线图。

（一）景教入唐：基督教传入的第一波

说到基督教传入，要先从景教在唐初传入中国说起。

景教是基督教的一个支派，由曾任君士坦丁堡主教的叙利亚人聂思脱里（Nestorias）创立。该教因反对基督教的“三位一体”说而被视为异端，受到迫害，5世纪以后在波斯得到很大发展，并于唐初传入中国。[2]

1623年或1625年，《大秦景教流行中国碑》[3]在西安西郊的出土，碑文的作者景净为波斯人，它揭开了有文字记载基督教最早传入中国的历史。据碑文记载，635年，波斯主教阿罗本，“望风律以驰艰险”[4]来华，唐太宗命宰相房玄龄亲出长安西郊迎接，准赐传教布道。贞观十二年（638年）秋七月，唐太宗下诏赞扬该教：“波斯僧阿罗本远将经教来献上

① 张安奇、步近智总纂：《中华文明史》第八卷（明代），河北教育出版社1994年版，第614页。

② 基督教最早传入中国的时间在各种传说和记载中若隐若现，然多不足为据。明朝李九功《慎思录》和刘子高诗集载明洪武年间，江西卢陵掘一大铁十字架，上铸有对联一副“四海庆安澜，铁柱宝光留十字。万民怀大泽，金炉香篆蔼千秋”。并铸时间为赤乌年月。赤乌乃三国孙吴年号，刘子高因作《铁十字歌》，以志其奇。据王治心考证，此记载与西方第三世纪阿诺比斯所著的Adversus Gentes一书中说的中国为基督教“传到的国家中的一国”相印证，由这两处记载来看，基督教进入中国在唐代以前是非常有可能的。

③ 此碑至今仍保存在陕西省博物馆。关于碑文真伪的考证，学者的成果已较多，随着敦煌文献中《序听弥诗所经》《一神论》《三威续度赞》《尊经》《至玄安乐经》《宣元思本经》《景教大圣通真归法赞》《宣元至本经》等一批景教文献的发现，以及《唐会要》《册府元龟》、宋敏求《长安志》等文献记载的印证，目前国内外的学者已很少有人再怀疑它作为信史的可靠性。

④ 翁绍军：《汉语景教文典论释·大秦景教流行中国碑颂》，生活·读书·新知三联书店1996年版。

京，详其教旨，玄妙无为，生成立要，济物利人，宜行天下。”[①] 于是下令在长安义宁坊“建寺一所，度僧廿一人”。可知太宗并未真知该教教义，只觉得其教合于道家之旨，有利教化，故予支持。至唐高宗年间，“诸州各置景寺，乃崇阿罗本为镇国大法主，法流十道，富国元休，寺满百城，家殷景福”[②]。高宗时允许在各州建景教寺院，封阿罗本为镇国大法主，不少教士还供职或服务于朝廷和军队。

景教寺院初建时，因其教传自波斯，故名波斯寺，相沿至玄宗天宝四年（745 年）下令改称大秦寺。肃宗、代宗、德宗诸帝都尊重该教，建中二年（781 年），曾于大秦寺立《大秦景教流行中国碑》，从碑文记载来看，该教颇受皇室及上层的礼重，如太宗优宠阿罗本；玄宗令高力士送五圣写真（高祖、太宗、高宗、中宗、睿宗五帝之画像）供奉于大秦寺内，诏佶和、罗含等教土于兴庆宫修功德；肃宗宠教士伊斯以贵职；代宗于圣诞日赐天香以告成功。大臣如房玄龄、魏征、尉迟恭、郭子仪等，也尊崇该教。景教受中国当时习俗及佛教的影响，多用时语传布教义，如称教士为“大德”“僧”“僧首”，教士亦有通佛、道、儒学者，所以其教得以受容于汉民族社会。

但景教对于汉民族来说毕竟是一个异质的“他者”，在一段时间内遭到了佛教和一些民众的抵制：“圣历年释子用壮，腾口于东周。先天末下士大笑讪谤于西镐。”[③] 圣历是武则天的年号（698—700 年），先天是玄宗年号（712—713 年），这句话的意思是在武则天圣历年间，佛教势力很强，景教遭到其压制，而到玄宗先天末年，则又受到了长安城民众的排斥。这里“下士大笑”是用了《老子》四十一章：“下士闻道，大笑之”。从中可以看出景教僧众在处理民众的关系上的自恃，由此可能造成的紧张关系。就在景教一度困难之际，“有若僧首罗含，大德及烈，并金方贵绪，物外高僧，共振纲，俱维绝纽”[④]，罗含、及烈等主教的来到使景教渡过了冲突的难关。

于是，景教在中国演化时，大量参考佛教概念。其中较有趣的是，四

---

① 《唐会要》卷四九，《大秦寺》。

② 翁绍军：《汉语景教文典论释·大秦景教流行中国碑颂》，生活·读书·新知三联书店 1996 年版。

③ 同上。

④ 同上。

福音书的作者，均改以“法王”称呼：马太是明泰法王、路加是卢珈法王、马可是摩距辞法王、约翰唤成瑜翰法王；教堂叫作“寺”；大主教叫“大法王”；教士自然叫作“僧”。上帝的称呼则取叙利亚文 Alaha 音译，叫作“皇父阿罗诃”，亦有按道教规则以“天尊”称之者。在佛教及道教影响下，景教有发展成综合主教（Syncretism）的倾向。《大秦景教流行中国碑》的作者景净曾著有《志玄安乐经》，教导世人如何得到安乐。经文按照儒家经典《中庸》的格式撰写，渗入“无为”“清净”等中国哲学概念，经文曰：“无动无欲，则不求不为。无求无为，则能清能净。能净能净，则能晤能证。能晤能证，则遍照遍境。遍照遍境，是安乐缘。”甚至《大秦景教流行中国碑》碑文也是一个亦耶亦道亦佛亦儒的“四不象”①。

与此同时，汉民族对景教的认识也进一步加深，据《唐会要》天宝四载（745 年），玄宗下诏：“波斯经教，出自大秦，传习而来，久行中国。爰初建寺，因以为名。将欲示人，必修其本。其两京波斯寺宜改为大秦寺。天诸府郡者亦准此。”波斯寺遂改名大秦寺，说明汉民族对景教的源流已有较深入的认识。此期间景教与唐王朝的来往加深。据《大秦景教流行中国碑》碑文，玄宗曾率领五个宗室亲王亲临寺院，参加礼拜，并命内府宠臣高力士将高祖以下五位先帝的画像送人“寺内安置”。自玄宗而下至德宗等帝在位期间，都给予景教相当大的重视，出资建寺，颁行赏赐，节日问候等活动，如《大秦景教流行中国碑》所云：“宠赉比南山峻极，沛泽与东海齐深。”② 在唐王室的支持下，到德宗建年间，景教得到了一定的发展。

但景教作为基督教传入的第一波冲击并未成功。到唐后期武宗会昌灭佛时，景教被禁断。《旧唐书·武宗本纪》载，会昌五年秋七月庚子，敕并省天下佛寺，中书奏：“其大秦穆护等祠，释教既已厘革，邪法不可独存。其人并勒还俗，递归本贯充税户。如外国人，送还本处收管。”八月有制：“其天下所拆寺四千六百余所……勒大秦穆护、祆三千余人还俗，

① 详见陈义海《论景教的“他者”特征与景教碑的文化身份》，《盐城师范学院学报》2002 年第 3 期。

② 翁绍军：《汉语景教文典论释·大秦景教流行中国碑颂》，生活·读书·新知三联书店 1996 年版。

不杂中华之风。”由于灭佛运动的牵连，加之唐国运之衰，中西交通已呈衰败之势，景教在中国的传播也趋于衰落。唐亡后，景教即失迹于中国内地。据阿拉伯人摩哈美德（Mahomet）的记载，他于宋太宗雍熙四年（987 年）在巴格达城（Bagdad）遇到基督教教士那及兰（Najan），言及七年前（980 年）曾受命前往中国整顿教务，而其地基督教已全亡，全国中除其一人外，无第二基督徒[①]。历史就这样宣告了基督教传入的第一波的失败[②]。

（二）也里可温教：基督教传入的第二波

基督教传入的第二波，在唐以后，几乎相隔了 400 年才开始。而这一次传入则是随着元王朝的兴起实现的，传入中国的基督教聂斯托利派和方济各会，元人统称为“十字教”，蒙语为“也里可温”（Erkeun），意为“福分人”“有缘人”“奉福音之人”。《元史》中也曾见“阿勒可温”“耶里可温”等异译。

基督教传入第二波的前奏与景教有关。原来会昌灭佛后，景教的传播受到致命的打击。乾符之乱，沿海教众亦遭到屠杀，景教日趋式微，连部分大秦寺也名存实亡。然而在西北的绥远、宁夏、甘肃、蒙古、新疆和中亚许多区域，尤其是克烈部、乃蛮部、汪古和畏吾儿部等边疆民族中，景教仍是相传不绝的。传说，回回世纪初年，就曾留下了 20 万克烈人皈依上帝的逸闻。据说，克烈王某日在山中行猎，为暴风雪所阻，迷失了路径。忽然间有一圣者显形，对他说，“如果你信仰基督，我愿引导你走出迷途，使你绝境逢生。”克烈王答应了，于是在圣者的引导下安全地返回营帐。因此，他和他的臣民便都信奉了上帝。但这并非神话故事，明明白白载于当时教会的函件。其情节固带有传奇色彩，20 万的数字也或多夸大，但克烈部世有信奉基督教者确是事实。成吉思汗时克烈部长王罕的祖父和父亲的名字，明显都和基督教有关。该部扎合敢不的女儿莎尔合黑帖尼，即蒙哥和忽必烈的生母，也是该教信徒。蒙古诸汗的家人和宫廷里，多有景教的信奉者。至于社会基层景教的活动，也有迹可寻。蒙古人不但

---

① 张星烺：《中国交通史料汇编》（第一册），中华书局 2003 年版，第 232 页。

② 本节参阅郑师渠总主编，王永平分册主编《中国文化通史》隋唐五代卷，北京师范大学出版社 2009 年版，第 193—194 页；成祖明、罗琤《再析唐代景教之兴衰》，《天风·中国基督教杂志》2006 年第 4S 期；王静《唐代景教在华衰落之文化原因探讨》，《西北工业大学学报（社会科学版）》2006 年第 1 期。

与景教有着密切缘分，而且早在其入主中原以前，就与天主教方面发生直接接触。1246 年，作为教皇专使的柏朗嘉宾（Jeande Plen Carpin），就来到过蒙古的都城哈剌和林，还参加了贵由汗的登基大典。1254 年，法国的天主教士鲁布鲁克的威廉（William of Rubruk）也来到蒙古都城，拜访了蒙哥汗。他们都写有出访报告，介绍了蒙古多方面的情况，流传下来成为研究蒙、元史和中国北方地区历史的宝贵参考资料，其中就有不少关于基督教在蒙古的见闻。忽必烈本人，在他尚未南下建立元朝的时候，就以特别的兴趣和热情与天主教廷联络，媒介是意大利的尼可罗·波罗（Nicolo Polo）和马飞阿·波罗（Maffeo Polo）兄弟。这两个贵族出身的威尼斯商人，主要是受金钱欲望而非宗教热忱的驱使去东土探险，于 1265 年来到当时蒙古的都城上都（开平，今内蒙古正蓝旗东闪电河北岸），朝觐忽必烈。这位蒙古大汗和蔼而亲切地接见了来宾，兴致勃勃地垂询西方国家的情形，而“汗以慈祥的态度和他们交谈，殷勤询问西方各国、罗马的教皇和其他各基督教的君主王公等的情况。大汗希望了解这些皇帝和君主在国内的权威、领土的广袤、司法和军事的状况，尤其是教皇的情况、教会的事业、宗教的崇拜和基督教的教义”。[①] 并恳切地委派波罗兄弟充任访问教皇的专使，邀请教皇选派 100 名既精通宗教神学，又熟谙七艺（修辞学、逻辑、文法、算术、天文学、音乐、地理）的人，来和蒙古的学者们切磋学术，弘扬教义。又特别嘱咐他们，从耶稣基督圣陵的长明灯上带一点圣油来，说是自己敬重耶稣，把他看作真神。波罗兄弟跪着接受了使命，表示为此宁愿赴汤蹈火[②]。

波罗兄弟果真没有食言，历经千难万险回到故国，与教廷取得联系，又专程去耶路撒冷取上圣物，最后身负新教皇格列戈里第十（Gregory X）的使命，偕同教皇特派的两名教士，并且带上 17 岁的儿（侄）子马可·波罗（Marco Polo），再度踏上东行的万里途程。这一年，正好是忽必烈建立元朝的年份（1271 年）。

但是，两名教士没走多远就畏难而退，波罗家一行三人百折不挠，继续前进。他们穿经叙利亚的两河流域，横跨伊朗全境，踏过中亚沙漠，翻过帕米尔高原，寒暑数度，于元世祖至元十二年（1275 年）到达上都。

---

① ［意］马可·波罗:《马可·波罗游记》，梁生智译，中国文史出版社 1998 年版，第 6 页。

② 同上书，第 6—7 页。

其时忽必烈正在这里“巡幸”暂驻。波罗一行详细报告了事情的经过，呈上教皇的书信和礼品。忽必烈深受感动，他“十分虔敬地接受了从圣墓中取来的灯油，命令以宗教的诚心妥善地保存”①。波罗一行自然是备受款待和看重。这样，元朝与罗马教廷的官方联系便正式建立起来。而年轻的马可·波罗此行后所写的一本《马可·波罗游记》，把中国的面貌前所未有地展示给西方，不仅在中西文化交流史上有重要价值，而且也是元王朝与也里可温教联系的开始②。所以，董丛林在《龙与上帝》一书所说：“就契机而言，上帝此番是由蒙古马背上驮进中原的。”③

1289年，教皇尼古拉四世派意大利人、方济各会修士约翰·孟高维诺（John of Mon－tecorvino，1247—1328年）航海来华，受到元朝廷礼遇，成宗铁穆耳待他极为恭敬，并准许他公开传教。约翰·孟高维诺是进入中国的第一位天主教传教士，1298年在北京建立第一座教堂，1305年建成第二座，1318年建成第三座。据说这些教堂修得巍峨壮观，有高耸入云之钟塔，内悬钟三具，每时一鸣，以唤信徒之祈祷。他还招收150名7—8岁男童，成立神职班，教授拉丁文和希腊文，并将《新约》等宗教文献译成蒙文和畏元儿文。孟高维诺在华传教近30年，收信徒6000余人，连元世祖忽必烈的母亲别吉太后都成了他的信徒。1307年，教皇任命他为中国教区大主教，以后又相继派一批传教士入华协助他传教，但关山阻隔，多数人客死途中，到达中国者仅有亚诺尔德·各济尼（Arnold of Cologne）、哲拉德（Gerard）、裴莱格林（Peregrine of Castello）、安德鲁（Andrew of Perigia）。由于这些传教士的努力，至1328年，信徒已达3万，流传于大江南北，尤以江南沿海一带为盛，杭州、镇江、泉州皆建有教堂。至顺年间，镇江有十字寺7所。明万历、崇祯年间，在泉州发现三个十字架，系元代遗物。

元朝也里可温教曾与佛、道教发生冲突。《元典章》卷三三载，浙江温州地区也里可温教招收民户充本教户计、侵夺领管之权，在祝圣祈祷时要班立于先生（道士）之上，并将法箓先生殴打。于是礼部明文规定：

---

① ［意］马可·波罗：《马可·波罗游记》，梁生智译，中国文史出版社1998年版，第11页。

② 董丛林：《龙与上帝——基督教与中国传统文化》，锦绣出版事业股份有限公司1992年版，第26—29页。

③ 同上书，第26页。

“随朝庆贺班次，和尚、先生祝赞之后，方至也里可温等”，并禁止擅自招收户计。可见也里可温教地位在佛、道以下。

元朝末年，老一代入华传教士相继去世，教廷又派若望·马里诺利（Giovovanni deMarignolli）来到中国。马里诺利到中国后，受到了元顺帝的接待，但他看到元廷政治腐败，民族矛盾尖锐，出现了社会大动荡的前兆。他不顾元顺帝的挽留，三年后便回国向教皇述职去了。以后罗马教廷虽多次向中国遣使，但无一人到达。其间，也有中国基督徒前往欧洲。如畏元儿族人拉本扫马（1225—1294 年）和马克（1245—1317 年），在世祖至元十五年（1278 年）自山西霍山出发，西至巴格达。马克被基督教大总管登哈委为中国教区总主教，扫马任总视察。马克不久便接任大总管之职，扫马被伊儿汗国派任为欧洲大使，二人皆卒于西亚。

传教士在中国惨淡经营近百年的事业，随着元王朝的覆亡而中辍。从内部来看，也里可温教随着蒙古铁骑一起进入中原，信徒多为蒙古人和西域人。在蒙古贵族推行的民族歧视政策面前，广大汉族人民对他们带来的宗教也存在着怀疑、冷漠、敌视的情绪，也里可温教始终没有超出贵族的圈子，没有能在汉民族人民中间扎下根。从外部看，蒙古帝国统治欧亚大陆时期，从欧洲陆路来华十分方便，沿途都有蒙古驿站，五六个月即可到达。蒙古帝国崩溃后，中亚为信奉伊斯兰教的民族占领，切断了中、西陆路交通，明王朝又实行海禁。也里可温教便在内无适宜土壤、外无源头活水的情况下迅速枯竭了[①]。基督教传入的第二波再次以失败而告终。

（三）天主教：基督教传入的第三波

元王朝覆亡以后，基督教在中国沉寂了一段时间。此时，欧洲经历了文艺复兴，基督教也发生了天主教与新教的分裂，大踏步地完成了近代社会的文化转型。随着欧洲列强海外殖民事业的扩展，明末之时，数千名传教士来到远东，叩响了印度、日本、中国的大门。由于传教士输出宗教的热忱空前高涨，他们想方设法地要进入中国。

但是，要打开中国的大门谈何容易！

基督教传入第三波的开始是非常艰难的。当时中国东南沿海正受倭寇骚扰之苦，实行严厉的海禁。1541 年，罗马教皇保禄二世和耶稣会会长

① 李凭、全根先总纂：《中华文明史》第七卷（元代），河北教育出版社 1994 年版，第 322—324 页。

罗耀拉，应葡王约翰三世之请，派西班牙人方济各·沙勿略（Francisco Javier，1506—1552 年）去中国传教。但是他仅仅到了广东沿海的上川岛，却无法进入广州，最后客死在这个荒岛上。葡萄牙人占领澳门以后，传教士在中国门口找到了一个中间站。葡籍传教士伯来笃（Barrto）和公匝勒（Gonzenlez）步沙勿略之后尘，再次试图进入中国未果，退居澳门传教。

他们在澳门传教取得了很大成功，到 1565 年，教徒已达 5000 余人。1578 年，耶稣会印度和日本教务巡阅使范礼安（Alessandio Valignani）去日本前，在澳门住了一年时间，研究了中国的情况。他认识到，要去中国传教，首先要“学习中国语言和文字”。他从国内和印度调来了罗明坚（Michaele Ruggieri，1543—1607 年）、利玛窦（Matteo Ricei，1552—1610 年）等 40 余位优秀的传教士，在澳门组织他们学习汉语和中国的典籍文章。多年以后，罗明坚在回忆范礼安时说：“他用谦逊坚忍，把中国关得很紧的大门打开。因为他是第一个用中国语言文字，将耶稣救世的道理，在中国传布，更是由他把智慧的利玛窦领入中国。”①

其实除了“谦逊坚忍”外，传教士还有一个重要武器，就是西方先进的物质文明与精神文明成果。1581 年，据说罗明坚已经学会了 12000 个汉字，熟悉中国礼仪典章。他利用葡商每年春秋两季去广州交贸的机会，随队前往传教。当地官员见他洞悉本国语言而破格礼遇，允许前往肇庆谒见广东总督陈瑞。罗明坚不失时机地献上了中国人当时还没有见过的时钟等礼品，陈瑞非常喜爱，准许他留住天宁寺。几个月后陈瑞去职，但新总督郭应聘同样欣赏罗明坚的礼品。这时利玛窦也已来到中国，郭应聘赐他们一所房屋，但条件是他们必须“换上中国衣服，变成中国皇帝的子民”。于是罗明坚和利玛窦剃去头发，穿上僧服，成了名副其实的“洋和尚”，他们的住所被命名为“仙花寺”。这样，明成祖以来严厉的禁海令便被传教士打开了一个缺口，天主教与西方商品共同进入中国。

1588 年，罗明坚返回欧洲，利玛窦主持仙花寺。利玛窦出身于一个意大利官僚家庭，其父希望他去罗马学习法律，将来进入政界，但他偏偏选择了修道传教事业，并义无反顾地应范礼安之召，来到澳门，学习中文，进入中国，决心为上帝的事业奉献毕生。利玛窦是明末传教士中最著

① 王治心：《中国基督教史纲》，上海古籍出版社 2012 年版，第 61 页。

名的代表人物，在华传教事业的开拓者。1594 年，范礼安又派郭居静（Lazaio Cattaneo，1560—1640 年）来做利玛窦的助手。利玛窦留下郭居静而北上。通过数年的中国经历他已认识到，僧侣在中国的社会地位是不高的，于是他脱去僧服，换上儒装，以博得中国士大夫的好感。利玛窦有才识胆量，又善于交际，凭借他广博的中国文史知识，雄厚的西方天文、地理、历法知识，迅速在中国上层儒士中交了一批朋友。再通过三棱镜、日晷仪等精巧礼品的馈赠，取悦于官吏，迅速在南昌、南京等地建立了住院（当时的教堂），取得了传教的权利。此后，又有龙华民（Nicolo Longobardi，1559—1654 年）、苏如望（Joao Soeiro）、罗如望（Joao de Rocha，1566—1623 年）、庞迪我（Didagode Pantoia，1571—1618 年）等著名传教士相继来华，有的留住南方各住院，有的随利玛窦继续北上，1596 年，任在华耶稣会会长。

与佛教初入时一样，利玛窦明白要在中国站稳脚跟，必须傍皇帝，得到皇帝的支持。1598 年，利玛窦、郭居静等人进入北京，通过太监将自鸣钟、铁弦琴、圣经、圣像等礼物献给了万历皇帝。“两架自鸣钟最使皇上惬意，钟针随滴答之声移动，准时当当报鸣，神宗皇帝喜为天下奇物”①。皇帝还派宫廷乐师向传教士请教西洋铁弦琴的弹法。利玛窦等人虽未获得觐见机会，但却得到了在北京居留的默许。此前 13 年，他们在中国发展教徒不过百名，且没有在职官员或有影响的儒生。此后，教徒队伍迅速扩大，“1603 年，差不多 500 人；1605 年，有 1000 多；1608 年，有 2000 多”②。并且包括了一批著名的官员与儒生，基督教影响迅速扩大。明末汉民族的基督教徒中，徐光启（1562—1633 年）、李之藻（1569—1630 年）、杨廷筠（1557—1623 年）3 人最为知名。他们三人皆进士出身，儒门弟子，徐光启官至礼部尚书，李之藻为光禄寺少卿，杨廷筠曾做过监察御史。有这样一批朝廷重臣、著名知识分子参与，大大加快了基督教在华传播的速度。

基督教传入的第三波为什么会迅速取得成功？天主教的儒学化是一个重要的原因。

利玛窦等人在早期传教活动中，除了走上层路线，用科学技术吸引知

① 罗光：《利玛窦传》，台湾学生书局 1983 年版，第 119 页。

② 德礼贤：《中国天主教传教史》，商务印书馆 1933 年版，第 60 页。

识分子参与外，还有一个重要手段，就是尽力使天主教教义儒学化，以适应汉民族的情况。他们开始想使天主教“佛化”，冒充佛门一支而取得民众好感。但是不久他便发现，“国人的骄傲还没有转化到可以接受外国新宗教的地步，他们民族中还没有人信仰过它”①。可以说，利玛窦以一种职业宗教家的敏感，迅速捕捉到了汉民族，在儒家“敬鬼神而远之”宗教观的熏陶下，形成的一种特殊的宗教心理，他们对任何超人间的领域都缺乏笃诚、持久的信仰，但又出于现世实用的目的广拜仙佛，以增福利。利玛窦看出：“中国人害怕并且不信任一切外国人。他们的疑似乎是固有的，他们的反感越来越强，在严禁与外人任何交往若干世纪之后，已经成了一种习惯。”② “因为知识有限，所以他们把自己的国家夸耀成整个世界，并把它叫作天下，意思是天底下的一切”③。利玛窦逐渐明白，在汉民族的心理中，儒学的地位根深蒂固，于是改变战略，采取了“排佛补儒”的方法来取悦于儒生。于是，他们著文批评佛教轮回转世、因果报应的信念及不杀生的戒律。同时通过研习儒家经典，他们也深知儒学与天主教的根本对立之处。因此他们传教却并不急于翻译《圣经》，而是先写《天主实义》等著作，有选择地介绍天主教的知识，以致李贽在与他交往多年以后还怀疑他们来华的目的。

由于长期的碰撞与融合，儒、释、道三教的边缘已十分模糊，而儒学与宗法性传统宗教几乎是同根异体，教与学并行又交叉。于是传教士们引经据典，大作调和儒学与基督教的工作。汉民族自古便有天神崇拜信仰，传教士很自然地把“昊天上帝”与“天主”（God）等同。古籍中的“敬天”“事天”等字样被他们解释成古人拜上帝的宗教活动。儒家最重孝道，利玛窦附会说：孝道要尽三方面的义务，即向至高无上的天父——上帝，向一国之父——君主及向生身之父。他把儒学的“仁”等同于基督教的“爱”。把天主教蔑弃现世物质利益，追求永恒天国，等同于儒家的“重义轻利”，“存天理，灭人欲”……总之，利玛窦极力用儒家经典中的文字来阐发基督教教义，抹煞两者差异。同时他又决定，对中国宗法性传

---

① ［意］利玛窦、［比］金尼阁：《利玛窦中国札记》，何高济、王遵仲、李申译，中华书局2010年版，第170页。

② 同上书，第174页。

③ 同上书，第179页。

统宗教中祭天、祭祖、祭孔等礼仪活动采取宽容态度，允许信天主教的中国人在家保留祖宗牌位，在官场参加祭孔等活动，不使他们在社会生活中感到为难。利玛窦的这些调和工作迎合了中国士大夫的心理，受到了普遍的欢迎。以致徐光启在读了《天主实义》后，竟没有发现天主教与儒学有任何抵触之处。他说："百千万言中，求一语不合忠孝大旨，求一语无益于人心世道者，竟不可得。"[①] 如果说范礼安坚持要传教士学习中文打开了中国的大门，那么利玛窦儒化基督教则为大规模传教铺平了道路。

但基督教传入的第三波中途仍然走向了低谷。利玛窦在世，宁愿曲解教义，也要对中国民众原有正宗宗教信仰采取顺应态度，故能在中国顺利发展。而1610年利玛窦逝世后，龙华民接替主教职务，他一改对汉民族传统宗教的宽容态度，多次著文指出：中国人的"天"并不是上帝（God），而是自然神。1628年又在上海召开21名传教士和42名依返者会议，正式禁止把汉民族典籍中的上帝（天）当作基督教的上帝对应词使用，从而使矛盾激化。

在中国学者方面，明末黄贞著《不忍不言》《破邪集》《请辟天主教书》，王朝式作《罪言》，钟始声作《天学初徵再徵》，虞淳熙作《利夷欺天罔世》，林启陆作《诛夷略论》，许大受作《圣朝佐辟》，李光生作《儒教正》等文，力驳基督教。特别是黄贞的《破邪集》，举出基督教对中国哲学、宗教、伦常、道德构成的威胁"五大端"，猛烈抨击，在社会上引起较大反响。在佛教方面，袾宏作《天说》，普润作《诛左集》，密云作《辨天三说》，圆悟作《辨天说》，通容作《原道辟邪说》，如纯作《天学初辟》，反击天主教对佛教的攻击。一时间"天学"成为学术热点。

万历四十四年（1616年），排教活动由礼部侍郎署南京礼部尚书沈漼的三封上疏推向了高潮。他以崇正学、黜异端、严华夷为号召，力主排教。他提出禁教的理由有四：第一，西方传教士散处中国，时有窥伺之心。第二，劝人只信天主，不祭祖先，有伤孝道。第三，传教士私习历法，破坏了禁止民间研习天文的律令。第四，教徒擦圣油，洒圣水，聚男女于一室，伤风败俗。沈漼的上书在南京引起了广泛的响应。徐光启以礼部尚书的身份为天主教力辩，并压下了沈漼的第一封上书。他作《辨学章疏》说：西方教士"实皆圣贤之徒也，其道甚正，其宗甚严，其学甚

① （明）徐光启：《跋二十五言》。

博，其识甚精，其心甚真，其见甚定”，他们来中国传教，“盖彼国教人皆务修身以事天主，闻中国圣贤之教，亦皆以修身事天，理相符合”，故不怕危难，“乐相印证，兹使人人为善，以称上天爱人之意”。但是沈漼并不甘心，他又以“裔夷窥伺，潜住两京，则国家之隐忧当杜也”为由，于7月21日逮捕了耶稣会士王丰肃、谢务禄及华人信徒14人，幼童5人。8月14日又逮捕了钟鸣礼、张宷等8人。此事件在历史上称“南京教案”。以后他又两次上疏万历皇帝，要求明令禁教。万历帝经不住众人的反复陈情，终于在万历四十五年（1617年）12月28日下令封闭天主教堂，放逐传教士。庞迪我、熊三拔、王丰肃、谢务禄等人被押解广东。其他西方传教士则遁迹隐形，投寄教民家中避祸，传教事业受到一次打击。

南京教案对基督教传教事业造成了一定影响，但并未从根本上改变基督教继续传播的总趋势。许多传教士躲了起来，几个著名传教士押解广东，但是王丰肃改名高一志，谢务禄改名曾德昭，重新潜入内地传教。两年以后，由于明廷有事求助于传教士，传教事业再度发达起来。

万历四十七年（1618年），明军在辽东惨败，京师震惊。徐光启上疏请练兵自效，被皇帝采纳。他派人去澳门购买西洋大炮。有了先进武器，还要有会使用的人，天启二年（1622年），明熹宗遣使赴澳门，把16位传教士与7名葡军头目请入北京，协助明军作战。天启六年（1626年），袁崇焕镇守宁远，西洋大炮运至辽东，一举打败“八旗铁骑”，打伤努尔哈赤。明帝大喜，命名此炮为“安边靖虏镇国大将军”。传教士也再一次名正言顺地住在了北京。看来科技力量有时是可以左右精神力量的。

与此同时，除了大炮的威力外，修历也有求于传教士。万历年间，历法多年失修，推算经常失误。南京事件以前，徐光启等人便已指出：“大西洋归化人庞迪我、熊三拔等，深明历法。其所携历书，有中国载籍所不及者。”[①] 万历四十一年（1613年），李之藻任南京太仆寺少卿，即推荐庞迪我、熊三拔、龙华民、阴诺玛等人参与新修历法，此事为南京事件中废。天启元年（1621年）春，邢云露再次详述日月交食之事，证明中国历法不如西洋历法。皇帝令礼部检验。崇祯二年（1629年）五月朔，有月食，用中国历法推算，前后刻数皆不合，而徐光启用西洋历法计算，与

① （清）黄伯禄：《正教奉褒》，上海慈母堂第三次排印，光绪三十年。

实际完全符合。皇帝因此相信了西洋历法，命徐光启督责龙华民、邓玉函、汤若望等人，将中西历法相参校，不久写成了《崇祯历法》，大大提高了天文测算的准确率，传教士再度受到朝廷的重视。西方物质文明和精神文明的成果，给天主教壮了威，成了天主教在中国布道的有力依凭。

于是，明末基督教徒再一次激增。1627 年为 1.3 万人，1636 年为 3.82 万人。至清顺治七年（1650 年）达到了 15 万人。当时除云南、贵州外，各省均有传教士活动，基督教不仅在汉民族民间和士大夫中传播，而且流入了宫廷。据黄伯禄《正教奉褒》载，崇祯末年，宗室信徒已达 114 人，内廷奉教者 40 人。明末传教事业的再盛为清初基督教的发展奠定了基础。

明代基督教的再传入，虽然已经有了葡萄牙、西班牙等西方国家殖民扩张的历史背景，但从传教士在华活动的实际情况看，仍然属于和平传教事业。传教士们来华的直接动机还是出于扩大宗教事业的热忱。同时，宗教作为一种文化载体，基督教把西方先进的自然科学及物质文明成果带入了中国。西方近代天文、地理、数学、几何、物理、水利、机械、医药、音乐、语言、绘画等某些知识，都是此时期输入的。正如梁启超在《中国近三百年学术史》中说："中国智识线与外国智识线相接触，晋唐间的佛学为第一次，明末的历算学便是第二次。"①

明代基督教传入的第三波终于打开了中国大门的门缝。自成体系的汉民族文化，在几千年的封闭中，虽然对外也有文化的交流，但上下五千年的积淀，一般的外来"他者"是很难触动它的，更不用说要撼动它了。而基督教的传入，从表象看是一种宗教文化的传播，但是，宗教是一个非常执着的活跃因子；换言之，它在一种文化的内部，以及跨文化交流中，起着极其重要的媒介作用和范式作用。昔日佛教的传入，虽然给汉民族文化注入了新鲜血液，但由于生产力水平还没有新的力量产生，所以佛教文化给汉民族文化带来的只是量变。对于汉民族文化的总体上来说，只具有纵向文化的特点，缺乏横向的辐射。而汉民族文化纵向发展的特性，使其自身不具有跨界特点，只有外来异质文化才使之真正具有跨界的比较研究之实。而基督教自唐代之后在中国的传播，虽断断续续，但总算是打破了

---

① 本节参阅张安奇、步近智总纂《中华文明史》第八卷（明代），河北教育出版社 1994 年版，第 595—601 页。

中国文化纵向发展的平衡性，使之获得了横向刺激的因素和力量①。由此，我们考察和思考元、明汉民族文化的重建，应特别注意基督教的传入，虽然只是打开了中国大门的一丝丝门缝，但其在跨文化交往中的影响力、干预力和扩张力，将使具有上下五千年历史的中国大门洞开。如果说佛教的传入只是丰富了汉民族文化，那么，基督教的传入改变的将是整个汉民族社会。

第十三节　小结：在元明大变局中完成文化重建

13—16 世纪是世界大变局的时代。

先是 13—14 世纪雄踞东方中国的大变局。此时此刻，汉民族所建立的王朝被蒙古民族完全征服，从秦始皇开始的汉民族所建立的政权被蒙古民族建立的元王朝所取代，从此汉民族沦为第三等级的被征服民族。但生命力顽强的汉民族，在被征服、被统治的大变局中，仍然生生不息地一边吸收蒙古文化，一边在废墟上开始了文化重建。

接着是 15—16 世纪傲据西方欧洲的大变局。此时此刻发生了地理大发现，欧洲的航海家发现了绕过非洲好望角，通往印度和中国的新航路；越过大西洋，发现了美洲新大陆，从而标志着世界近代史的开始。与此同时，汉民族重新建立的明王朝，在这个大变局中，先在明代海禁的封闭中着手文化重建，明末在与欧洲基督教的跨文化互动中，第一次真正与西方文化相遇，不知不觉地开始了包含非汉民族文化因子的文化重建，为清及民国汉民族文化的开新打下了一个楔子。

在元明大变局中完成文化重建的汉民族文化，凝聚成了重建性、郁愤性、解放性、融合性和跨文化性的特点。

1. 重建性

元明文化的重建性，一则是因为元征服南宋的战争，从 1234 年到 1279 年，历时 45 年，致使汉民族地区兵荒马乱，疮痍满目，生灵涂炭，文化残破，元代完成了军事征服之后，必须在被损毁的文化废墟上重建新

① 陈义海：《宗教在中外文化文学关系中的意义》，《盐城师范学院学报》（人文社会科学版）2011 年第 1 期。

的文化之所然；二则明代要在蒙汉文化交流交融的基础上重建汉民族文化之所然。而所谓文化重建，绝不仅仅是旧传统的“复兴”问题，而往往是某种意义上的文化创新：

一如元代为了管理广袤的国土而创建了行省制，彻底更新了汉民族的行政区划制度文化，并使之延续了下去。而明代则为了加强军事管理，在承袭行省制的同时，又创建了类似于“军区”的卫所制，从而避免了地方官员军政大权一把抓的弊端，结束了自周朝开始中国分分合合、合合分分的历史。

二如明代在理学的根本问题上提出了一系列有别于朱熹的见解，公开亮出“从事于心学”① 的旗号，主张以“正人心”特别是“正君心”来匡救时弊，振兴国运，王阳明更是创立了以“良知”为核心，以“心之本体”说、“知行合一”说和“致良知”为基本内容的“姚江心学”体系，从而彻底改变了明代中叶以后汉民族思想发展的整体格局，王阳明也成了具有世界影响的“千古大师”。

三如徐光启的《农政全书》，在文化重建中，借鉴了历代农书精华、劳动人民的生产经验和西方的科学知识，与自己呕心沥血的研究成果融为一体，集汉民族农学之大成，成为汉民族现存的四大农学古籍中分量最大、内容最全的一种。

凡此三例，无论是行省制还是卫所制，也无论是心学还是《农政全书》，以及元、明的其他诸如《授时历》《天工开物》《本草纲目》《中原音韵》和《字汇》等文化成果，无一不是在新的历史背景下的一种文化创新。可见，文化重建本质上就是文化创新，重建性就集中体现了元明汉民族文化的特点。

2. 郁愤性

元代汉民族文化的重建，从心态上来说，显现在被征服汉民族的郁愤上。所谓郁愤，就是愤懑，就是郁闷和愤怒。这对被征服的民族来说是必然的。试想，在这种历史背景下，“儒人颠倒不如人”②，满腔的郁闷和悲愤何处可诉?! 何处可呼?!

所以，在蒙古铁骑的高压下，元代汉民族文化在“郁闷和愤怒”之

---

① （明）薛瑄：《读书录》卷二。

② 阿英：《元人杂剧史》，《剧本》1954 年第 4 期。

中，曾经作为士大夫精神载体的正统诗文虽然无可奈何地走向衰落，然而却生成了另外一种新的与传统诗词完全不同的诗体——散曲，它以极其通俗的形式从另一个侧面表现了处于被压抑境地的文人的心声，成为元代汉民族文化又一道引人注目的风景和一笔难得的财富，从散曲发展成杂剧和南戏，从而大气磅礴地打造出了一个汉民族戏曲史的黄金时代。

正是通过这种文化的重建，即通过元曲和杂剧去发泄。于是杂剧的作者们在文化管制相对宽松的条件下，得以在杂剧中较为自由地表达汉民族深沉的悲愤、抗争与苦闷，有了《感天动地窦娥冤》这样伟大的悲剧。窦娥所倾发的："天地也，做得个怕硬欺软，却原来也这般顺水推船！地也，你不分好歹何为地？天也，你错勘贤愚枉做天！"实际是十三世纪汉民族整体性的郁闷和愤怒之情。

这种郁闷和愤怒之情在画家中亦然。元代的画家大多生活在一个种族歧视和职业歧视双重压迫的环境里，沦落到了社会的最底层，他们丧失了宋代优越的、受人尊敬的地位，遭受到种种不公正的待遇，这便激起了极大的愤慨和不满，于是，他们大多数采取不与社会合作的态度，反对媚俗之作，提倡知识分子的"士气"，借此来表现独立不屈的人格，与现实相对抗。从而为绘画摆脱世俗羁绊、自由而独立地发展提供了条件，由宋入元的画家赵孟頫就是其中的代表人物。他的画一是变工整精细为荒率天真，二是变写实传神为写意得韵，使汉民族的山水画发生了重大转折。

从上可见，郁愤性是元代汉民族文化整体性的一种集中表达。

3. 解放性

对于汉民族的儒生文人来说，元王朝灭南宋，蒙古民族的征服虽然在心态上郁愤，但由于对汉民族传统文化拉枯摧朽式的冲击，一二千年来束缚儒生文人的绳索一下子被解除，使他们在思想上、精神上既有茫然感，更有解放感，从而形成了元代汉民族文化重建的解放性特点。

由于思想的解放，促使元代语言学家对汉语的研究敢于另辟蹊径，在音韵学和语法学方面有所创新，以周德清为代表的音韵学家，写出了《中原音韵》等一大批研究当时实际语音的韵书，在音韵学史上翻开了崭新的一页；卢以纬写出了《语助》，使语法研究在元代也有了新的进展。此学风又带动了明代汉民族的音韵学研究，如在古音研究方面，杨慎、陈第等人在方法上、观念上都超越了前人；陈第提出的“时有古今，地有南北，字有更革，音有转移”①，是古音研究上具有划时代意义的宣言。

由于思想的解放，从元到明，汉民族宗教文化在重建中，既是宗教多元并存又彼此融合的时代，又是民间宗教最活跃最发达的时期。元代自成吉思汗伊始，宗教就呈现出多元并存的繁盛态势。宗教不仅有汉民族传统的汉地佛教、道教，还有伊斯兰教、藏传佛教、也里可温教、摩尼教、犹太教、头陀教、萨满教、白莲教等。宗教的这种态势延及明代，形成了多元交错的局面，尤其是民间宗教空前活跃。

由于思想的解放，才使得许多知名画家，如明末清初绘画、书法、诗文俱佳的艺术大师陈洪绶，江南第一风流才子、明代画家、文学家唐寅等能参与“庶民刀笔”版画的绘制。他们与雕刻工匠们在继承民间艺术传统和宋元画法的基础上，进行重新创造，形成了一套精细完备的版画制作体系和强烈的艺术特色。

汉民族文化有几千年的积淀和许多模式化的传统，获得一次解放真是“千年等一回”，难能可贵。可见，解放性是元明汉民族文化重建中一个独特的特点。

4. 融合性

元明汉民族文化的融合性是这个时期的题中之义。

以被文学史家称为“元曲”的散曲为例刁散曲最初兴起于金末北方，尚未形成完整的体系。元统一全国的过程中，北方少数民族的音乐得以输入中原，在金代“俗谣俚曲”② 的基础上融入“胡夷之曲”“胡乐”，便形成了散曲。元人的散曲就是北曲。徐渭《南词叙录》中指出：“今之北曲，盖辽、金北鄙杀伐之音，壮伟狠戾，武夫马上之歌，流入中原，遂为民间之日用。”可见，元曲就是民族文化融合“荡人血脉”③ 的文学结晶。

又以元青花为例。元青花也是民族文化融合的结晶。从蒙古民族文化方面来说，青花瓷的创新是受蒙古族风俗习惯的影响所致。蓝天白云，是主宰万物有着绝对统治权的上苍的色彩，象征着至高无上的王权，蓝色的腾格里（天），成为黄金家族的代表色，也就有了后来“蓝色的蒙古人”

① 《毛诗古音考·自序》。

② （金）刘祁：《归潜志》。

③ 王小舒：《中国审美文化史·元明清卷》，上海古籍出版社 2013 年版，第 39 页。

之说。而在萨满教中白色在蒙古又有意为白骨，是高贵纯洁的象征，只有蒙古的贵族，充满智慧的天意体现者才配得上这样的纯洁的颜色和“薛禅”（智者）的称号。这些也是蒙古贵族崇蓝尚白的根源所在。所以，蒙古族所信奉喇嘛教的吉祥物是白色哈达，对蓝天又无比崇拜，因此蓝色是当时的代表色。而喇嘛教文化又深刻影响元青花的装饰，蒙藏喇嘛教的象征为如意云肩纹，莲瓣纹则是佛教的象征，这对喇嘛佛道的信仰也在陶瓷艺术上有具体表现。另外，由于习惯游牧生活，大块吃肉大碗喝酒，当时的工艺美术便形成了豪放、粗犷的风格。因此元代常见的盘、罐、碗、瓶等，都是大件物品，充分体现了当时北方游牧民族豪爽、性格开朗的特征。而从汉民族文化方面来说，元代青花瓷的纹饰深受汉民族绘画、丝绸、青铜器、戏剧等方面的影响。如当时文人绘画对其有一定程度的影响，品质优异的原料能满足勾勒渲染的绘画要求，很好地将绘画的技法运用到瓷器绘画中去。青色的水墨画融合于洁白的瓷面上，使绘画技巧与制瓷工艺完美和谐地融合到一起，更体现了挥洒自如的文人意境。又如青铜器装饰手法和纹饰方面的精华被陶瓷工匠们汲取过来，元代的瓶罐类、盘镜等都来自青铜器的启发。再如人物画也是元青花常见的画面，大多是以历史故事为主要题材，例如昭君出塞、百花亭、萧何月下追韩信、三顾茅庐、蒙恬将军、西厢记、唐太宗故事等，反映出当时戏曲对元青花艺术创作的影响力。两个民族文化的融合，创造了汉民族陶瓷文化发展的一个高峰。难怪有古陶瓷界专家提出，要将青花瓷定为中国“国瓷”，以取代被世人普通接受的青瓷的“国瓷”地位。[①]

再以元大都为例。元王朝为了修建大都为辉煌宏丽、规划严整的都城，调集全国各地各民族大批优秀工匠，一般夫役就近征调，大批的西域人也为大都的建设贡献了自己的才华，并动用大批侍卫军参加建设。从汉民族建筑文化史上来说，大都城的总体规划布局完全恪守《周礼·考工记》所确立的“匠人营国，方九里，旁三门，国中九经九纬，经涂九轨，左祖右社，面朝后市，市朝一夫”的原则进行规划修建，所谓“仪文制度遵用汉法”[②]。而从蒙古民族来说，足见忽必烈“行汉法”是为了表明

---

① 参阅应海燕《论青花瓷的民族特性》，硕士学位论文，景德镇陶瓷学院，2013 年，第 8 页；《元青花的瓷艺术》（http：//www. docin. com/p－1388345963. html）。

② 《元史·高智耀传》。

蒙古族是汉民族合法继承者，争取汉族官僚地主的支持，极力提倡的统治思想。所以，可以毫不夸张地说，元大都是古代社会的历代都城中最接近汉民族周礼之制的一座都城，更是元代各族人民智慧和血汗的结晶。

元代汉民族文化重建的融合性，使得元代虽然是蒙古民族建立的王朝，但其对汉民族文化的认同，才能够在汉民族文化史上占有一席之地，也使得汉民族文化连绵不绝。

5. 跨文化性

元明两代汉民族文化的跨文化性，近而言之是汉民族文化与蒙古族文化的接触、互动、冲突、交流和交融，这在上述融合性中已有论述。在此要补充的是，汉民族与蒙古民族地理上相邻，历史上相连，人种上相同，只是经济类型不同，故言“近而言之”。

那远而言之，指的是基督教的传入。元明两代，尤其明代，在正在启动的“全球化”中，欧洲文化与汉族文化真正在东方相遇。樊树志在《晚明史》年说：

> 上起万历元年（1573 年）下讫崇祯十七年（1644 年），正处在地理大发现后的经济全球化时代，从全球化的视野来看晚明时期的中国，或许会与以往传统史著中的晚明史视角大异其趣，或许会给今天的中国人带来更多新的启示。最令人难以置信的是，当时的中国竟然在经济全球化的世界占有如此重要的地位，不仅邻近的国家要与中国保持朝贡贸易，或者以走私贸易作为补充，而且遥远的欧洲国家、美洲国家都卷入与中国的远程贸易之中，使以丝绸为主的中国商品遍及全世界，作为支付手段的占全世界产量三分之一或四分之一的白银源源不断地流入中国。与此同时，西方耶稣会士不远万里来到中国，传教的同时把欧洲的科学文化传播到中国，与传统的中华文明进行前所未有的密切交流，并且把传统儒家典籍和中华文明介绍给西方。①

这相隔千山万水，历史隔绝、人种相异、经济生活和生计方式不同的国家和民族的相遇和接触，由此而引起的互动、冲突，才是而个异质文化的跨文化交流。所以，基督教的传入，顽强之致，从唐开始，历经三波，

① 樊树志：《晚明史：1573—1644》上，复旦大学出版社 2015 年版，第 6 页。

到明末终于登陆中国，进入汉民族社会生活。陈义海对这个过程，有一个归纳，他说："从唐贞观年间景教来华算起，基督教在华活动了将近1500年。这1500年的历史，不仅是基督福音试图渗入中华的历史，也是西方文化与中国文化相互认识、对话、碰撞的历史。"① 正是喝茶的碰到了喝咖啡的，所以，明代汉民族文化的重建具有了真正意义的跨文化性。

汉民族文化演进、发展到了明代，从先秦走来，历经了文化汇聚、文化定型、文化融会、文化变古、文化重建的路线图，历时已3000年，可以说是世界民族中唯一一个文化最悠久而连绵不绝的民族文化样本。但是，大有大的难处，老有老的问题。当东方遇到西方，自以为"天下""中心"的明王朝，并没有视基督教为西方文化的代表，对于传教士们对汉民族文化大门的撬动，还如樊树志在《晚明史》中所说："这一切对中国发生了重大的影响，但是这种影响并没有改变中华帝国的统治者对世界的看法，或者说外部的良好环境并没有引起统治者的足够重视与珍惜，一切仍然是以不变应万变，政治体制与权力运作仍然是中华帝国的老传统，听任政治的腐朽性极大地消耗它的国力，使它在经济全球化中的优势逐渐丧失。这当然是进入清朝以后才逐渐让人们看到的变化，但晚明时代已经初露端倪。本书（指《晚明史》）的宗旨便是以全球化的视野，来观察作为世界经济中心的明朝如何一步一步走向覆亡的历史。"② 确实，明王朝走到17世纪中叶风雨飘摇，气数已尽，汉民族文化的演进又到了一个大坎了。

---

① 陈义海：《对明清之际中西异质文化碰撞的文化思考》，博士学位论文，苏州大学，第7页。

② 樊树志：《晚明史：1573—1644》上，复旦大学出版社2015年版，第6页。

第三章　文化开新：从清到民国汉民族文化的图像

历史有时惊人的相似。从元到明，历史的过山车使汉民族做了近百年的被征服民族，汉民族文化在大变局中完成了文化重建。殊不知，明后，从清到民国，历史的过山车使汉民族再次做了满族所建清王朝的被征服民族，且长达267年之久。这真是汉民族及其文化的大不幸！

为什么？

因为这近三个世纪，正是世界全球化大发展的时期，17—19世纪，正如《共产党宣言》中所说："自然力的征服，机器的采用，化学在工业和农业中的应用，轮船的行驶，铁路的通行，电报的使用，整个大陆的开垦，河川的通航，仿佛用法术从地下呼唤出来的大量人口，——过去哪一个世纪能够料想到有这样的生产力潜伏在社会劳动里呢？"①。"资产阶级，由于开拓了世界市场，使一切国家的生产和消费都成为世界性的了。"② 本来落后于东方中国的西方欧洲，已结束了在中世纪的千年踯躅、徘徊和停滞，大踏步地进入了近代社会"把中世纪遗留下来的一切阶级都排挤到后面去"③ 了，同时也把本来在世界上一直在古代、中世纪居世界领先地位的中国及汉民族也"都排挤到后面去"去了。这是何等的大不幸。

更大的不幸是，欧洲的产业革命催化了国际分工，资本以其魔力无穷的巨掌将全世界卷入商品流通的大潮流中，"使未开化和半开化的国家从属于文明的国家，使农民的民族从属于资产阶级的民族，使东方从

---

① 《马克思恩格斯选集》（第1卷），人民出版社1972年版，第256页。

② 同上书，第254页。

③ 同上书，第252页。

属于西方”[①]。也就是说在欧洲掀起的全球化海啸已到中国海边，巨大的阴云已静默无声地笼罩在中国天空之时，乾隆帝在答复英使马戛尔尼时竟发出大言高论：“天朝无所不有，原不管外洋货物以通其无。特因天朝产茶叶、瓷器，是西洋各国及尔国必需之物，是以加恩体恤。”[②] 堪称学识最渊博的乾嘉学派大师俞正燮都断言：“洋人巧器，亦呼为鬼工，而罗刹安之，其自信知识在脑不在心。盖为人穷工极巧，可见心窍不开，在彼国为常，在中国则为怪也。”[③] 足见，在世界发生天翻地覆的大变局之时，整个汉民族对外部世界却一无所知。这又是何等的大不幸。

正是在对世界的变化一无所知的“夜郎自大”的语境下，比汉民族文明程度更低的满族所建立的清王朝征服了汉民族之后，经过“留头不留发，留发不留头”血与火的洗礼，在汉满文化的冲突和融合中，弘扬汉民族儒家“实学”传统精神，编辑气势磅礴的《四库全书》，以考据为特色的“朴学”的兴起，《红楼梦》《儒林外史》等小说的问世，昆曲的发展进入全盛时期，凡此等等，汉民族文化的重振，统统都是在封建主义旧体制、旧传统、旧思想之上的最后辉煌。

但是，在全球化的浪潮中，安乐窝是没有的。早在明末传教士已撬开一丝丝中国大门的基础上，清代“西学东渐”逐步形成浪潮，直至 19 世纪 40 年代爆发鸦片战争，西方资本主义用大炮打开了中国的大门，中西文化正式发生碰撞，一直到辛亥革命，建立民国，旋而北方吹来“十月的风”，五四运动……近二个世纪以来，汉民族文化始终在革命的“旋涡”和与西方文化冲突和融合中开新[④]。

第一节　从经世思潮到维新变法：汉民族学术文化的开新

一向我行我素的汉民族文化，面对欧洲掀起的全球化浪潮仍淡定地在传统的轨道上运行着。

---

① 《马克思恩格斯选集》（第一卷），人民出版社 1972 年版，第 255 页。

② （清）梁廷枬：《粤海关志》卷二三。

③ （清）俞正燮：《癸巳存稿·天主教记》。

④ 冯天瑜、何晓明、周积明：《中华文化史》，上海人民出版社 1990 年版，第 916—917、919—920 页。

清代伊始，明王朝覆亡的现实，促使汉民族许多思想家和儒生文人不得不反思其究竟，从而引发了对宋明理学的总结和批判，激发了经世思潮的兴起。但经世思潮中形成的“实学”，虽有点开新之意，但仍是旧制度之下的“新”，而不是新制度之下的“新”，所以，挽救不了汉民族文化苍老之境的颓势。而随着鸦片战争之后中国大门的洞开，洋务派的“种豆得瓜”，“不自觉地把机捩拧拨了一下，当机捩一旦转动，就逐渐地向着毁灭旧制度的爆炸点走去，再也没有任何力量能够迫使它停止下来”[①]，从而揭开了中国近代生产方式的序幕，也使思想家们在“开眼看世界”之后，提出了具有文化开新意义的“中体西用”说。

一　实学：经世思潮之果

“经世”一词最早见诸先秦诸子著作。《庄子·南华真经卷一》记载：“春秋经世，先王之志，圣人议而不辩。”儒家倡导“古之欲明明德于天下者，先治其国，欲治其国者，先齐其家；欲齐其家者，先修其身；……身修而后家齐，家齐而后国治，国治而后天下平”[②]。孥瑀推崇人的积极主动的作用：“人能弘道，非道弘人”[③]。认为优入圣域的儒家士子理当“为天地立心，为生民立命，为往圣继绝学，为万世开太平”。[④]

清代前期汉民族的思想家和儒生文人从反思中清醒地认识到：晚明理学的空疏本质，是导致明王朝覆亡的重要根源。痛定思痛，他们提出“救弊之道在实学，不在空言”[⑤]，“道不虚谈，学贵实效”，立足于现实学以致用，认为：“古之学一，今之学棼。古之学实，今之学虚。古之学有用，今之学无用。”[⑥] 主张以古代的实学代替当时的虚学。几经努力，清初社会讲求务实求真逐渐蔚然成风。这种务实之风广泛地渗透到政治、经济、学术、科学和文学艺术等学术领域，在暮气沉沉的学术界掀起了一股有开新意义的经世思潮。明清实学是中国古代学术思想发展的又一高峰，具有鲜明的时代特性。明清实学是在特定的历史条件下对长期居于统

① 戴逸：《洋务运动试论》，《人民日报》1962年9月13日。
② 《礼记·大学》。
③ 《论语·卫灵公》。
④ （宋）张载：《张子全书》卷十四，《近思录拾遗》。
⑤ （清）颜元：《存学编》卷二，《性理评》。
⑥ （清）冯辰等：《李恕谷先生年谱》卷二，三十一岁条。

治地位的儒学思想所做的批判和总结，也是时中国封建社会的历史进行全面反思的结果。这种批判、总结和反思，客观上反映了明清时期商品生产和资本主义萌芽的现实，表现出鲜明的近代走向，具有重要的启迪意义。

（一）大师云集

在清初经世思潮兴起之中，以黄宗羲、顾炎武、王夫之等为杰出代表的一大批思想家，无不指斥理学空谈之误国，并大力倡经世致用之学——实学。他们关心国事，抨击弊政，主张革新朝政以“救世”“济民”，甚至将批判的矛头指向封建专制君主。他们揭露了当时在田制、水利、漕运、荒政、赋税、兵制、边务、吏治、科举等方面的弊政，设计了各种改革方案，乃至提倡“工商皆本”，反对抑商，以利于经济发展的进步主张。在学术上，这批卓有成就的学者，著书讲学，从学术“务为有用”出发，提倡通经治世之学。

1. 实学大师黄宗羲

黄宗羲（1610—1695年），浙江余姚县人，学者称梨洲先生。他是明末清初杰出的思想家。他博学多才，一生历经坎坷而著述宏富，涉及哲学、经学、史学、文学、天文、历法、地理、数学等诸多学科，于哲学、史学、学术思想史的成就尤为卓著。他恢复了刘宗周所办的“证人书院”，还在鄞县举办“讲经会”，大江南北，“从者骈集”。其讲学内容，主张实用，反对空谈，强调博览经史、融会贯通。黄宗羲一生编辑了1600余万字，如《明文诲》《明文授读》《明史案》（仅存书目）等巨著。撰写的专著和诗文300多卷，计300余万字。其中最为重要的有《明夷待访录》1卷、《孟子师说》7卷、《葬制或问》、《破邪论》、《思旧录》、《易学象数论》6卷等，以及我国第一部学术史专著《明儒学案》，尚有未及完成而由其子黄百家和全祖望续成的《宋元学案》。

黄宗羲毕生致力于经世致用之学。他遵循父亲黄尊素“经术所以经世”[①]的遗训，除了在《明夷待访录》中鲜明地反映了他的政治、社会思想的治世宗旨外，在学术上他提倡研究学问必须着眼于现实社会，这正是对泛滥于当时的空虚学风的否定。不仅如此，黄宗羲还处处提倡实行，把学术与事功统一起来，在学术研究中强调务博通、尚实证，抨击当世儒者以伊、洛门下的“语录”为本，欺世盗名、置国难民生于不顾的空虚学

---

① 《鲒埼亭集》卷十一《梨洲先生神道碑文》。

风。梨洲之学是为经世实学，无论是他的政治、社会思想抑或是他的经史之学的研究，都深深地植根于为现实社会服务。他的独具匠心的学术史巨著《明儒学案》《宋元学案》总结了宋明理学、为清代学术起了开导作用，他的《明夷待访录》闪烁着早期启蒙思想的光彩，成为实学高潮中的巨浪[①]。他对实学的贡献主要有三点：

一是主张在法权面前人人平等。他认为法是“天下之法”，是为保护天下之“公利”的。先秦三代以上君是为天下的，臣是君之师友，并非“君之仆妾”，那时“山泽之利不必其尽取，刑赏之权不疑其旁落”。其法律非常之宽容，可谓之“无法之法”。然而，秦汉以后则完全不同。其所谓法是“一家之法而非天下之法也”，是为保护君主一人一姓之私利的，毫无为天下之心。这种法将天下置于专制君主的“筐箧”之中，“利不欲其遗于下，福必欲其敛于上；用人焉则疑其自私，而又用一人以制其私；行一事焉则虑其可欺，而又设一事以防其欺”[②]。黄宗羲的法制思想所蕴含的是：以天下之法取代一家之法的社会民主思想；有治法而后有治人的君主立宪色彩；贵不在朝廷贱不在草莽的法权平等观念。这种观点，反映了清初之际市民阶级的平权要求及其民主、平等愿念，具有极大的进步意义[③]。

二是在经济上提出了“工商皆本”的主张。黄宗羲反对“以工商为末”的传统政策，他说：“世儒不察，以工商为末，妄议抑之。夫工固圣王之所欲来，商又使其愿出于途者，盖皆本也。”[④] 为促进工商业的发展，他主张改革币制，整顿市场，调整物价，扩大贸易，抑制兼并，限制赋税，主张“重定天下之赋，必当以下下为则”[⑤]，以便造成“使封域之内，常有千万财用流转无穷”[⑥] 的繁荣局面。这种主张已具有近代意义。

三是在政治上提出了君“为天下之大害者”的口号。黄宗羲的实学

---

① 参阅陈哲夫总纂《中华文明史》第九卷（清代前期），河北教育出版社 1994 年版，第 408 页。

② 以上所引均见《明夷待访录·原法》。

③ 参阅周立升《论明清实学的近代走向——以黄宗羲实学思想为例》，《宁波党校学报》2006 年第 5 期。

④ 《明夷待访录·财计三》。

⑤ 《明夷待访录·田制一》。

⑥ 《明夷待访录·财计二》。

其目标也在现实的政治，其理想也在“思复三代之治”。但黄宗羲所构想的“三代之治”是在“三代之治”的复古理想中，开始具有了新的民主启蒙性质了。黄宗羲“三代之治”的“大同”理想实是开了后来由康梁和孙中山所倡导的资产阶级“大同”理想的先河。黄宗羲实学所具有的启蒙性、民主性，最典型地表现在他对封建君主专制制度的猛烈批判上，集中体现在他对封建君权的尖锐抨击上。在被称为“市民宣言”和“批判君主专制制度的檄文”的《明夷待访录》中，黄宗羲首次把社会危乱的矛头直指君权，把明朝祸亡的总根源归于君主专制制度。他痛斥“以君为主、天下为客”的君主独裁统治，控诉这一专制统治的残暴性：“屠毒天下之肝脑，离散天下之子女，以博我一人之产业。”认为“家天下”的封建君主专制统治其实质是让天下人尝尽各种痛苦以换取君王一家一姓的快乐，非常的不人道不合理。黄宗羲最终愤然呼出了“为天下之大害者，君而已矣”[①] 的时代最强音，淋漓尽致地体现出强烈反对封建君主专制统治的启蒙思想。因此康有为曾对黄宗羲大加赞赏：“本朝之人物以黄梨洲为第一”，“梨洲大发《明夷待访录》，本朝一人而已”，“梨洲为本朝之宗”。[②] 章太炎则于 1908 年 7 月，在《民报》时评中坦承：“余姚者，立宪政体之师。”[③]

总之，黄宗羲的实学思想具有两大特色，一是求实，二是明理。既是对中国传统学术的反思，又是对西方近代思想的吸取。他所高举“求实”和“明理”的旗帜，是清代实学中倡导科学精神的缩影，虽然尚不属于西方近代思想的范畴，但其发展方向与西方近代思想是一致的。这一点在汉民族传统文化的轨道上能发展出来，实属难能可贵，黄宗羲不愧为实学大师。

2. 实学大师顾炎武

顾炎武（1613—1682 年），江苏昆山人。原名绛，清兵攻陷南京后，改名为炎武。因故居旁有亭林湖，人称亭林先生。他出身于“江东望族”，自幼过继于叔母。嗣母王氏和嗣祖顾绍常以民族气节和关注社会现

---

① 《明夷待访录·原君》。

② 康有为：《万木草堂讲义》，载姜义华、吴根樑编校《康有为全集》（二），上海古籍出版社 1990 年版，第 587 页。

③ 章炳麟：《王夫之从祀与杨度参机要》，载汤志钧《章太炎政论选集》，中华书局 1977 年版，第 427 页。

实教育他，他于天启六年（1626年）14岁时，就参加了复社活动，与复社名士往来并议论学术和国事。在乡试落第后，“感四国之多虑，耻经生之寡术”（《亭林文集》卷六），毅然摆脱科举桎梏，发愤钻研实用之学。他从历代文书、方志中辑录了全国各地的山川形势、农田、水利、兵防、物产、赋税、交通等资料，致力于《天下郡国利病书》和《肇域志》的纂辑。他在经学、史学、哲学、地理、文学等学术领域均有很深的造诣，并在这些领域做出了举世瞩目的成就，是汉民族古代学术史上为数不多的几个通儒之一。他不仅学问大，而且人格高尚，其屈原式的民族气节，尤为后人所景仰。顾炎武的学问与其人格交相辉映，相得益彰，使之在学界享有特殊的崇高声誉和地位。①

顾炎武一生著述宏富，“卷帙之积，几于等身”②，今可考见者，已有50余种，涉及经学、音韵、文字、历史、地理、金石考古和诗文等学。他为清代学术开创了众多门径，其中包括经学的研究，音韵学、礼制、历史地理学的研究。他的代表作是《日知录》32卷、《音学五书》38卷、《天下郡国利病书》120卷和《肇域志》等，有很高的学术价值。顾炎武对实学的贡献有三。

一是提出“明道救世”的经世思想。面对当时黑暗的社会现实，顾炎武认为当务之急在于探索“国家治乱之源，生民根本之计”③。他在纂辑的《天下郡国利病书》中，首先关注的是土地兼并和赋税繁重不均等社会积弊，对此进行了有力的揭露，指出“世久积弊，举数十屯而兼并于豪右，比比皆是”，乃至出现了“有田连阡陌，而户米不满斗石者；有贫无立锥，而户米至数十石者”的严重情况。在所撰写的《军制论》《形势论》《田功论》《钱法论》和《郡县论》中，他探索了造成上述社会积弊的历史根源，指出“郡县之弊已极”，症结就在于“其专在上”④，提出了变革郡县制的要求。他指出，“法不变不可以教今……而姑守其不变之名，必至于大弊”。在《日知录》中，他更是明确地宣称自己的撰写目

① 参阅陈哲夫总纂《中华文明史》第九卷（清代前期），河北教育出版社1994年版，第413—414页；潘世华《顾炎武〈日知录〉中的实学思想》，硕士学位论文，四川师范大学，2010年，第1页。

② （清）王弘撰：《山志》卷三。

③ 《亭林佚文辑补·与黄太冲书》。

④ 《亭林文集》卷一。

的就是："意在拨乱涤污，法古用复，启多闻于来学，待一治于后王"①，并强调"君子之为学，以明道也，以救世也"②。表达了要求进行社会改革的思想愿望。

二是提出了"利民富民"的经世主张。顾炎武认为，"今天下之大患，莫大乎贫"③，因而认为"有道之世"，"必以厚生为本"④，他希望能逐步改变百姓穷困的境遇，达到"五年而小康，十年而大富"⑤。他不讳言"财""利"。他说："古之人君，未尝讳言财也。……民得其利，则财源通而有益于官；官专其利，则财源塞而必损于民。"他认为问题不在于是否言财言利，而在于利民还是损民，在于"民得其利"还是"官专其利"。他认为自万历中期以来，由于"为人上者"只图"求利"，以致造成"民生愈贫，国计亦愈窘"的局面。由此，他主张实行"藏富于民"的政策，认为"善为国者，藏之于民"。并且指出只有这样，才是真知其"本末"的做法。⑥ 与此同时，顾炎武对公与私的关系作了辩证的论述。他说："自天下为家，各亲其亲，各子其子，而人之有私，固情之所以不能免矣。……合天下之私以成天下之公，此所以为王政也。"⑦ 这就把人之有私看作完全合乎情理的现象，并且认为"用天下之私，以成一人之公而天下治"⑧。他的这种利民富民和"财源通畅"的主张，以及对"私"的肯定，都反映了当时新兴市民阶层的思想意识。

三是提出了"天下兴亡，匹夫有责"的经世口号。顾炎武所说的天下兴亡，不是指一家一姓王朝的兴亡，而是指广大的中国人民的生存和整个汉民族文化的延续。因此，他的"天下兴亡，匹夫有责"的口号，就成为一个具有深远意义和影响的口号，成为激励汉民族奋进的精神力量。而在顾炎武的一生中，也确实是以"天下为己任"而奔波于大江南北，即令他在病中，还在呼吁"天生豪杰，必有所任。……今日者，拯斯人

---

① 《亭林文集》卷六。

② 《亭林文集》卷四。

③ 《亭林文集》卷一。

④ 《日知录》卷二。

⑤ 同上。

⑥ 以上所引均见陈哲夫总纂《中华文明史》第九卷（清代前期），河北教育出版社 1994 年版，第 414 页。

⑦ 《日知录》卷四。

⑧ 《亭林文集》卷一。

于涂炭，为万世开太平，此吾辈之任也”[①]，充分表达了他“天下兴亡，匹夫有责”的高尚情操，更具有民主主义的启蒙精神。

总之，顾炎武高举“通经致用”大旗，自觉地为政治、为救世和明道而做学问，把通经看作正本清源的途径，把致用看作通经的目的和归宿。其实学思想的最大特色，是一反宋明理学的玄学，强调调查研究，开一代新风，提出“君子为学，以明道也，以救世也。徒以诗文而已，所谓雕虫篆刻，亦何益哉?”[②] 并强调做学问必须先立人格：“礼义廉耻，是谓四维”[③]，提倡“国家兴亡，匹夫有责”，“保天下者，匹夫之贱与有责焉耳”。[④] 足见顾炎武是清初崇实致用学风的倡导者之一。其被誉为“开国儒宗”“清学开山”，是继往开来的一代宗师。[⑤]

3. 实学大师王夫之

王夫之（1619—1692 年），字而农，号姜斋，湖南衡阳人。晚年因隐居衡阳石船山麓，学者称船山先生。他出身于书香门第，其父王朝聘学问渊博，尤精于“春秋学”。王夫之自幼随父兄学习，博览群书，文名重于乡里。但科举一再落第，到崇祯十五年（1642 年）第 4 次参加乡试才中了举人。同年末，与其兄将赴京会试，以李自成、张献忠为首的农民起义军席卷中原大地，阻断了赴考道路，未能成行。崇祯十六年（1643 年）九月张献忠部攻下衡阳，邀请王夫之兄弟加入起义军，遭到拒绝。顺治五年（1648 年），具有强烈民族意识的王夫之在南岳衡山策划武装抗清，因人告密而计划流产。翌年，南下投奔南明桂王，就任行人司行人之职。后险遭残害，乃投奔桂林抗清将领瞿式耜。不久，桂林失守，瞿式耜壮烈牺牲。王夫之潜回湖南，因誓不剃发、逃避清廷的追究而四处流离，于湘南一带荒山野岭之间流亡四年，直到顺治十四年（1657 年），方辗转返回湖南衡阳，于石船山麓隐居著述。从民族气节出发而产生的历史责任感，王夫之在极其艰苦的条件下坚持学术研究，著述不辍。

王夫之著作宏富，内容广阔，涉及政治、经济、哲学、历史、文学、

---

① 《亭林文集》卷三。

② 《亭林文集》卷四。

③ 《日知录》卷十三。

④ 同上。

⑤ 本节参阅陈哲夫总纂《中华文明史》第九卷（清代前期），河北教育出版社 1994 年版，第 414—415 页；陆月宏《顾炎武的明道经世之学发微》，《学海》2014 年第 6 期。

训诂、天文等许多方面。目前流传于世或有目可考的达 100 种、398 卷。[①]其主要著作有：《张子正蒙注》《尚书引义》《周易外传》《思问录》《老子衍》《庄子通》《读四书大全说》《读通鉴论》等。他的学术活动和思想主张，引领了清代学术与思想的发展路径，拉开了传统学术在近代转型的帷幕。王夫之试图通过潜心学术研究，探索出一条民族复兴之路。

王夫之对实学的贡献，集中呈现在哲学思想方面。他以“六经责我开生面”[②]的独创精神，批判陆王，改造程朱，抨击佛、老，吸收墨、法，继承发扬儒家文化的传统精髓，构建了一个博大精深的朴素的辩证法和唯物主义相结合的思想体系，把中国古代哲学推向了历史的最高点，王夫之的辩证法思想贯穿他整个思想体系中，其中的知行观就是其思想最好的反映，他对我国古代哲学中的知行观进行了比较彻底的梳理，做出了批判性的总结，反映了当时社会的时代特点。

王夫之在知行观上与宋明理学家相对立。他既批评程朱理学的“知先行后”观点，也抨击陆王心学的“知行合一”主张。他批评前者是割裂知行，“立一划然之秩序，以困学者于知见之中”[③]，将学者束缚于读书穷理的狭窄范围内。批评后者是“以知代行”，以混淆知行，把人们的思维活动当作行，使学者陷于体认良知而放弃了对人伦、物理的“身心尝试”。他指出，它们二者的共同倾向是贬低“行”，“划然离行以为知”[④]。在这一分析批判的基础上，王夫之提出了“知行相资以为用”[⑤]“并进而有功”[⑥]的知行统一观。他指出，知与行既有区别又有联系，二者各有功效、不容混同。他认为，人们在认识事物的过程中，知与行是紧密不可分的：“由知而知所行，由行而行则知之”[⑦]，即知中有行，行中有知，而知行相资以互用循环往复的发展过程，即在实践的基础上认识不断深化的过程。这就不仅驳斥了程朱理学派割裂知行的观点，也驳斥了陆王心学派混淆知行的观点，为实学理论的发展做出了重要贡献。

---

① 参阅欣子、石舟《王夫之著作目录考略》，《船山学报》1985 年第 2 期。

② “六经责我开生面”，是王夫之自题画像的堂联上句，表达了作者的文化使命感。

③ 《尚书引义》卷三。

④ 同上。

⑤ 《礼记章句》卷三一。

⑥ 《读四书大全说》卷四。

⑦ 同上。

王夫之虽然提出知与行“并进而有功”的观点，但他并不认为知与行是平衡对等的。他认为，“行”在人们的认识过程中是主导方面，进而提出“行可兼知，而知不可兼行”[①]的观点。其理由是：“知也者，固以行为功者也；行也者，不以知为功者也。行焉，可以得知之效也；知焉，未可以得行之效也。”[②]这就是说，只有通过“行”才能验证和体现“知”的效果，说明“行”对“知”的发展有决定性的作用。因此，他强调“力行而后知之真”[③]，而且尖锐指出“离行以为知”则会造成“其卑者流于训诂考据，其高者瞑目潜思”，“消心绝物”[④]的不良后果，以致步入“蹈虚”“空谈”的歧途。王夫之的知行统一观成为颜李学派[⑤]“习行”等早期实践论思想的先声。而且，王夫之还吸取和改造了佛教哲学的“能”（人们认识中的主观能动性）、“所”（客观认识对象）范畴，从而丰富和发展了朴素唯物辩证法的认识理论。

这样，王夫之从宇宙观到认识论等方面均对佛、道宗教以至宋明理学作了深刻的批判总结。在此之后，尽管统治者仍继续提倡理学，而理学在学术理论上已失去了创造力而趋于没落。清代学术逐渐朝着以顾炎武为开端的朴实的考证经史的途径走去。

与此同时，在方法论上，王夫之还提出了“言必有征”的务实方法。他除了强调治学必须经世致用之外，还要求治学要从实际出发，指出任何学说理论的建立，都要“言必有征”，建立在可靠的事实基础上，即所谓“言天者征于人，言心者征于事，言古者征于今”[⑥]。所以，他一向重视调查研究，“自少喜从人间问四方事，至于江山险要、士马食货、典制沿革，皆极意研究”[⑦]。对于史书注疏、志书年表，考驳同异，人之所忽，

① 《尚书引义》卷三。

② 同上。

③ 《尚书引义》卷十三。

④ 《尚书引义》卷三。

⑤ 颜李学派是17世纪在中国北方形成的一个重要的唯物主义学派，创始人为清初北方著名学者颜元与李塨。颜李学派标帜“实学”，主张“实文、实行、实体、实用”，与清初官方提倡的宋明理学相对立，在社会上产生过相当大的影响。它是17世纪中国思想界中对传统思想文化有所突破的一个新的学术流派。

⑥ 《张子正蒙注·有德》。

⑦ （清）王敔：《大行府君行述》。

"必详慎搜阅之，而更以见闻证之"[①]。故他"不信陈搏之学，亦不信京房之术"，反对"空谈玄妙"，提倡"言必征实，义必切理"[②]。不但推崇方以智的"质测之学"，并对当时传入的西方自然科学知识持欢迎态度。

总之，王夫之集汉民族古代唯物主义思想之大成，对宋明理学和佛、道思想均作了深刻的抨击和总结、改造，使汉民族朴素唯物辩证法的理论形态发展到顶峰，为清代实学高潮奠定了坚实的哲学基础，也为近代启蒙思潮的酝酿创造了条件。[③]

（二）实学体系

力倡"务实"之风的经世思潮，以"实"批"虚"，建构了"务实"、"不容已"、"言我之言"、田野考察的"实学"体系。

1. "务实"

"务实"，即"务当世之务"。顾炎武云："孔子删述六经，即伊尹太公救民水火之心？故曰'载诸空言，不如见诸行事'……愚不揣有见于此，凡文之不关于六经之指当世之务者，一切不为。"[④] 此云"务当世之务"，就是密切联系社会的现实问题，可以说这是经世致用学者为学的宗旨。朱之瑜亦云："大人君子。包天下以为量，在天下则忧天下，在一邦则忧一邦，惟恐生民之不遂。"[⑤] 他们把天下、邦国、生民之事都作为"当世之务"的具体内容。所以，李颙云："学人贵识时务……道不虚谈，学贵实效，学而不足以开物成务，康济时艰，真拥衾之妇女耳，亦可羞已！"[⑥] 这种康济时艰的精神，与理学的空谈学风，形成显明界限，构成了实学的核心。

2. "不容已"

"不容已"，即经世致用学者都提倡勇于任事的担当精神。清初学者潘耒称道顾炎武云："当明末年，奋欲有所自树，而迄不得试，穷约以老。然忧天悯人之志，未尝少衰。事关民生国命者，必穷源溯本，讨论其

---

① （清）王敔：《大行府君行述》。

② 《清史稿·王夫之传》。

③ 本节参阅陈哲夫总纂《中华文明史》第九卷（清代前期），河北教育出版社1994年版，第418—423页。

④ 《与人书二》，载《亭林文集》。

⑤ 《与冈崎昌纯》，载《舜水遗书》卷八。

⑥ 《二曲全集》卷七。

所以然。”[①] 对于这种勇于担当的精神，黄宗羲有一个精辟的论述，其云：“扶危定倾之心，吾身一日可以未死，吾力一丝有所未尽。不容但已。古今成败利钝有尽。而此‘不容已’者，长留于天地之间。愚公移山，精卫填海。常人藐为说铃，贤圣指为血路也。”[②] 这种“不容已”的精神，可以说是对时代的一种责任感。他们认为，圣贤与佛、老的区别，正在于此。颜元说：“人必能斡旋乾坤，利济苍生，方是圣贤，不然矫言性天，其见定静，终是释迦，庄周也。”[③] 因此，颜元立志“生存一日当为民办事一日”[④]。这种“不容已”的担当精神构成了实学的支柱。

3. “言我之言”

“言我之言”，就是创新精神。经世致用学者们要求独立思考，有所创新，决不蹈袭古人。顾炎武批评明代学风弊病说：“有明一代之人，其所著书，无非窃盗而已。”[⑤] 强调凡所做学问“必古人之所未及就，后世之所不可无，而后为之。”[⑥] 颜元则强调“立言但论是非”，反对“附和雷同”，他说：“立言但论是非，不论同异。是，则一二之见不可易也；非，虽千万人所同，不随声也。岂惟千万人，虽百千年同迷之局，我辈亦当以先觉觉后觉，竟不必附和雷同也。”[⑦] 唐甄提倡“言我之言”，贵在己出，反对蹈袭古人，他说：“言，我之言也。名，我所称之名也。今人作述，必袭古人之文，官爵郡县，必反今世之名，何其猥而悖也。”[⑧] 所以唐甄一生“不为应酬之文，意所欲言则言之”[⑨]。他的《潜书》能和黄宗羲的名著《明夷待访录》齐名，并非偶然。这种“言我之言”的创新精神，构成了实学的价值取向。

4. 田野考察

田野考察是经世致用学者比较看重的治学方法。如刘献庭脱身历九州，览其山川形势，访遗佚，交其豪杰，观其土俗，以益广其闻见，而质

---

① 《日知录》卷首。

② 《兵部左侍郎苍水张公墓志铭》，载《南雷文约》卷一。

③ 《颜习斋先生言行录》卷下。

④ 《年谱》卷下。

⑤ 《日知录》卷十八。

⑥ 《日知录》卷十九。

⑦ 《学问》，载《颜习斋先生言行录》。

⑧ 《潜书·行略》。

⑨ 《潜书·潘序》。

证其所学。[①] 他用通过田野考察，“讨论天地阴阳之变、霸王大略、兵法、文章典制、方域要害”，而成为清初的大学者。再如顾炎武，可以说是清初学者中推崇田野考察的代表。“凡先生之游，载书自随，所至阨塞，即呼老兵退卒询其曲折，或与平日所闻不合，则即坊肆中发书而对勘之。”[②] 他遍游北方，心怀探讨“国家治乱之源，生民根本之计”[③] 的目的，“一年之内半宿旅店”，“考其山川风俗，疾苦利病。”[④] 穷一生之功，写出“务质之今日所可行，而不为泥古之空言”[⑤] 的《天下郡国利病书》和“规切时弊，尤为深切著明”[⑥] 的《日知录》等名著。地理学家顾祖禹则“舟车所往，必览城廓，按山川，稽里道，问关津，以及商旅之子，征成之夫。或与从容谈论，考核异同”[⑦]。可见，这种田野考察之风，在清初学者中比较盛行，成为实学的方法论。

实学的兴起，大大扩大了清代学者们的研究范围，几乎涉及汉民族社会的一切方面，包括政治、经济、军事、国家、民族、法律、教育、地理、风俗、人情、自然科学等。如李颙“倡‘匡时要物’，少时著《帝学宏纲》、《经世蠡测》、《时务急著》诸书，‘凡政体所关，靡不规画’。”[⑧] 黄宗羲则是“上下古今，穿穴群言，自天官、地志、九流百家之教，无不精研”[⑨]。顾炎武也是“凡国家典制，郡邑掌故，天文仪象，河漕、兵农之属，莫不穷原究委，考正得失”[⑩]。王源说刘献庭“于礼乐、象纬、医药、书数、法律、农桑、火攻、器制、旁通博考，浩浩无涯”[⑪]。当时，就是在学术上仍属程朱派的学者，也已经跳出理学道德性命的范围，扩大了研究课题，陆世仪说：“今所当学者不止六艺，如天文、地理、河渠、

① （清）王源：《刘处士墓表》，载《居业堂文集》卷十八。
② （清）全祖望：《亭林先生神道表》，载《鲒埼亭集》卷十二。
③ （清）顾炎武：《亭林佚文辑补·与黄太冲书》。
④ （清）潘耒：《日知录·叙》。
⑤ （清）全祖望：《亭林先生神道表》，载《吉畸亭集》卷十二。
⑥ （清）潘耒：《日知录·叙》。
⑦ 《读史方舆纪要·自叙》。
⑧ 侯外庐：《中国思想通史》第 5 卷，人民出版社 1980 年版，第 299 页。
⑨ 《清史稿》卷四百八十。
⑩ 《清史稿》卷四百八十一。
⑪ （清）王源：《刘处士墓表》，《居业堂文集》卷十八。

兵法之类，皆切于世用，不可不讲。”[①] 最具有典型性的，可能是颜元的所谓“六府三事之学”。根据李塨的解释是：

> 六府三事，此万事亲民之至道也。言水，则凡沟洫、漕挽、治河、防海、水战、藏冰、鹾榷诸事统之矣；言火，则凡焚山、烧荒、火器、大战、与夫禁火，改火诸燮理之法统之矣；言金，则凡冶铸、泉货、修兵、讲武、大司马之法统之矣；言木，则凡冬官所职，虞人所掌，若后世茶榷，抽分大司马之法统之矣；言土，则凡体国经野，辨五土之性，治九州之宜，井田、封建、山河、城池诸地理之学统之矣；言谷，则凡后稷之所经营，田千秋、赵过之所补救，晁错、刘晏之所谋为，屯田、贵粟、实边、足饷诸农政统之矣。正德，正此金木水火土谷之德；利用，利此金木水火土谷之用；厚生，厚此金木水火土谷之生也。[②]

从上可见，清代实学派学者的研究范围，已经远远超出了传统理学、甚至经学的范围。他们的研究主要是与国计民生有关的问题，如潘耒所言：“关民生国命者，必穷源溯本，讨论其所以然。”[③] 研究范围的扩大，标志着实学时清代汉民族文化开新是有贡献的。[④]

（三）实学开新

清代经世思潮中汉民族文化的实学开新，孕育了中国社会由传统迈向近代的时代主题，即新民、科学和民主。这是因为：

第一，从清初到清中叶的近一百多年的历史进程，实学是这一历史阶段思想文化发展的主流。尽管清王朝统治者想方设法进行扼杀，但作为时代思潮来说，却始终凸显近代走向的特色。中国社会由中世纪向近代转型，是其自身发展的必然。实学正是这种必然在思想文化上的体现。

第二，实学作为汉民族文化长河中的一部分，既不同于先秦、汉唐和宋元的汉民族文化，又有别于近代和现代的汉民族文化。作为早期启蒙思

---

① 《清史稿》卷四百八十。

② （清）李塨：《瘳忘编》，国学保存会，清光绪三十四年（1908 年）。

③ （清）潘耒：《日知录·叙》。

④ 赵宗正：《清初经世致用思潮简论》，《哲学研究》1983 年第 6 期。

想的萌动，实学是汉民族传统文化向近代转型的预备阶段，亦可谓之是传统与近代接轨的切入点。

第三，历史的进程并非像某些公式那样呆滞和死板，随着历史条件的变化，思想文化也在不停地发生变化。清代西学东渐已开其端倪。一批实学思想家既接受西学，又肯定传统文化的历史地位。他们对中西文化的结合，寻觅了路径，探索了模式，为嗣后中西文化的正常交流与融合，提供了宝贵的鉴戒。[①]

从清初到清中叶，汉民族文化的开新，就在实学这条“船”上开始敲响了驶向全球化大海的锣鼓。

二 维新学派：洋务运动之瓜

德国学者贡德·弗兰克在《白银资本》一书中曾说：“‘东方’经历了更长的时间才‘衰落’，‘西方’在很晚的时候才真正‘兴起’。”[②] 经世实学从汉民族文化的体制内来看，当然是开新之学，但却是“衰落”中的开新。

尽管如此，17—19 世纪初“整个世界经济秩序当时名副其实地是以中国为中心的”[③]。“中国在世界瓷器市场上依然保持支配地位，在丝绸市场上还有部分的优势，在茶叶市场上拥有越来越大的优势，在纺织品方面基本上维持自给自足。中国直到 19 世纪初还保持着贸易顺差。”[④] 而“到 19 世纪中期为止，中国长期保持的出口顺差主要是通过外国人用白银偿付来解决的”[⑤]。所以，“这种贸易顺差主要基于它的丝绸和瓷器出口在世界经济中的主导地位，另外它还出口黄金、铜钱以及后来的茶叶。这些出口商品反过来使中国成为世界白银的‘终极秘窖’。世界白银流向中国，以平衡中国几乎永远保持着的出口顺差。当然，中国完全有能力满足自身对白银的无厌‘需求’，因为对于世界经济中其他地方始终需求的进口商

---

① 参阅周立升《论明清实学的近代走向——以黄宗羲实学思想为例》，《宁波党校学报》2006 年第 5 期。

② ［德］弗兰克：《白银资本：重视经济全球化中的东方》，刘北成译，中央编译出版社 2008 年版，第 249 页。

③ 同上书，第 110 页。

④ 同上书，第 295 页。

⑤ 同上书，第 104 页。

品，中国也有一个永不枯竭的供给来源”[①]。

但是，在“衰落”的中国与“兴起”欧洲，在全球化的世界市场上，欧洲下决心要扭转白银流向中国的贸易趋势，以英国为首的殖民者用心险恶地启用了鸦片贸易战略，“求助于从印度出口鸦片来强行‘打开’进入中国的‘门户’”[②]。

不幸的是，在对付鸦片贸易中，实学之新根本无济于事，1840 年，终于引发了震撼中国及汉民族的鸦片战争。[③] 在这场战争的大冲突中，中世纪的“刀剑”根本抵挡不住近代的“军舰大炮”。于是“衰落”的更“衰落”，“兴起”的更“兴起”，整个中国出现了“数千年未有”的大变局，雄峙东方、唯我独尊、沉睡不醒的古老中国，被动地进入了国际社会，不得不全面迎接全球化的挑战。

但“衰落”的中世纪中国，怎么也对抗不了“兴起”的近代欧洲。经过千百次的打击、刺激和失败，清王朝终于从睡梦中初醒。在清政府的主持下，对外开始发展与西方各国的外交关系；对内编练海陆军，制造枪炮舰船，兴办近代工矿交通企业，设立一些新式学堂，兴起了洋务运动。但万万没想到的是，洋务派种的“豆”，收获的却是维新学派这个“瓜”。

（一）中体西用：洋务运动种的“豆”

发生在 19 世纪 60—90 年代的洋务运动，又称自强运动或同光新政，是汉民族文化史开新的一个重要内容，也是中国近代史的一个重要内容。以 1860 年《北京条约》的签订、1861 年恭亲王奕䜣掌握实权，以及总理各国事务衙门的成立为标志，清王朝统治集团在“内忧外患”压力相对缓解的形势下，高举“自强”“求富”的旗帜，一路高歌却又步履维艰地开启了近代化的进程，并且一度出现了难得的中兴局面，直至 1895 年甲午海战战败、北洋水师全军覆灭以及《马关条约》签订，洋务运动遭受

---

① ［德］弗兰克：《白银资本：重视经济全球化中的东方》，刘北成译，中央编译出版社 2008 年版，第 119 页。

② 同上书，第 297 页。

③ 第一次鸦片战争（英语：First Opium War；1840 年 6 月 28 日至 1842 年 8 月，清朝道光二十年至二十二年）是中国和英国就英国向中国走私鸦片引发的一场战争，战争的导火线是英国商人在中国广东海域走私鸦片二十多年不止日盛，林则徐于 1839 年在广东强行销烟，中英矛盾逐次升级，而战争以中国失败并赔款割地告终。由此签署的《南京条约》是近代中国的第一个不平等条约，除赔款外，将香港岛永久让予英国，并使英国得到领事裁判权。

重创，宣告破产，前后历时 30 余年，几乎占据 70 余年晚清史、80 年中国近代史的一半时间。[①]

对于洋务运动的研究，60 余年来学术界一直纠结不已，时而打入“冷宫”，时而掀起“热”潮，否定肯定之起伏转变，似乎成为洋务运动史研究自身迂回曲折命运之缩影。[②] 但是，有一点是共同认同的，那就是洋务运动的发起者奕䜣、曾国藩、左宗棠、李鸿章等，确是封建制度忠贞不贰的卫道者。他们发起“洋务”事业的初衷，在于援西洋之长，以扶封建统治大厦之将倾。但是，事物的发展并不以他们的意志为转移，洋务运动的“结果和它的期望恰恰相反。它不自觉地把机捩拧拨了一下，当机捩一旦转动，就逐渐地向着毁灭旧制度的爆炸点走去，再也没有任何力量能够迫使它停止下来”[③]。以这一批封建朝臣为“始作俑者”引入中华大地的西方资本主义大工业生产方式及与之相联系的意识形态，按照它自身的发展规律，艰难地、不可阻挡地成长、壮大，终于将延续两千年的中国封建制度送进坟墓。这正像洋务派巨擘张之洞的弟子张继洵所评论的：“虽为公（指张之洞）所不及料，而事机凑泊，种豆得瓜。”[④] 这个评价十分形象而准确。

先讲种“豆”之“豆”。在汉民族学术文化的开新中，洋务派的“豆”开始即是“师夷长技以制夷”[⑤]。从学术上来说，持“器则取诸西国，道则备自当躬”[⑥]，“取西人气数之学，以卫吾尧、舜、禹、汤、文、武、周公之道”[⑦]。即运用了中国传统学术范畴体系中的道、器，本、末，形而上、形而下等概念来阐明中西文化的优劣、主从关系，具有鲜明的理论色彩，即王韬所言：“形而上者中国也，以道胜；形而下者西人也，以器胜，如徒颂西人，而贬己所守，未窥为治之本原者也。”[⑧] 1893 年，郑观应的《盛世危言》刊行，其中《西学》篇就说：“中学其本也，西学其

① 参阅邱志红《60 余年来国内洋务运动史研究述评》，《兰州学刊》2014 年第 12 期。

② 同上。

③ 戴逸：《洋务运动试论》，《人民日报》1962 年 9 月 13 日。

④ 《张文襄公治鄂记》。转引自冯天瑜、何晓明、周积明《中华文化史》，上海人民出版社 1990 年版，第 969—970 页。

⑤ （清）魏源：《海国图志·叙》。

⑥ （清）王韬：《杞忧生易言跋》，载《弢园文录外编》。

⑦ （清）薛福成：《筹洋刍议·变法》。

⑧ （清）王韬：《弢园尺牍》。

末也。主以中学，辅以西学。”1896 年 4 月，沈寿康在《匡时策》中也说：“中西学问本自互有得失……宜以中学为体，西学为用。”同年 8 月，孙家鼐在《遵议开办京师大学堂折》中，将“中体西用”说阐发得更加明白，其云：“今中国创立京师大学堂，自应以中学为主，西学为辅，中学为体，西学为用；中学有未备者，以西学补之；中学有失传者，以西学还之；以中学包罗西学，不能以西学凌驾中学。”

19 世纪 90 年代，中西文化在军事、政治、经济等各种领域内全面交锋。“中体西用”说正式出现和广为流行。梁启超在《清代学术概论》中说：

> 甲午丧师，举国震动；年少气盛之士疾首扼腕言“惟维变法”，而疆吏李鸿章、张之洞辈，亦稍和之。而其流行语，则有所谓“中学为体，西学为用”者，张之洞最乐道之，而举国以为至言。[①]

张之洞在他的《劝学篇》中对“中学为体、西学为用”的这颗“豆”的含义作了全面系统的阐述。

第一，张之洞指出，要讲西学，必以中学为先，所谓中学，概括言之，就是孔门之学，它“集千圣，等百王，参天地，赞化育”，博大精深。“今日学者，必先通经以明我中国先圣老师立教之言；考史以识我中国历代之治乱，九州之风土；涉猎子集以通我中国之学术文章，然后择西学之可以补吾阙者用之，西政之可以起吾疾者取之，斯有其益而无其害。”他认为，中国人如果不通中学，如同“无辔之骑，无舵之舟，其西学愈深，其疾视中国亦愈甚”。“虽有博物多能之士，国家亦安得而用之哉”[②]。

第二，张之洞认为中学的根本是“三纲五常”。他说：“君为臣纲，父为子纲，夫为妻纲，此白虎通引礼讳之说也，董子所谓道之大原出于天，天不变道亦不变之义。”[③] 就是说，“三纲五常”是永远不变的天道。

---

① 转引自冯天瑜、何晓明、周积明《中华文化史》，上海人民出版社 1990 年版，第 974 页。

② 以上所引均见张之洞《劝学篇内篇·循序》。

③ （清）苏兴编：《翼教丛编·张尚书明纲》。

这种“三纲五常”之道，不但中国有，西洋也有，是放之四海而皆准的东西。一切都可以变，只有这种天道不能变，“夫不可变者伦纪也，非法制也；圣道也，非器械也；心术也，非工艺也”。他所说的伦纪、圣道、心术，就是“三纲”之道。例如，他说：“法者所以适变也，不必尽同；道者所以立本也，不可不一。……夫所谓道本者，三纲四维是也。”他认为，如果抛掉了三纲，“而大乱作矣”[①]。

第三，张之洞为认民主是三纲之大敌，百害而无一利。他说：“故知君臣之纲，则民权之说不可行也。”[②] 他们之所以反对民权，其根本点就是为了保护君权。[③]

可见，19世纪90年代，“中学为体，西学为用”已成社会“流行语”。为什么会出现这样一种学术思潮？或者说洋务派为什么要种这颗“豆”？根本原因就是统治者为要保护自己的腐朽统治，为国际形势所迫，所以要办洋务，要学习西方的船坚炮利，但他们又害怕输入西方的自由民主思想，破坏了封建的统治秩序，废弃了他们的政治经济特权，因而特别强调君臣之义、“三纲五常”之类的伦常关系。鲁迅对洋务派的“中学为体、西学为用”这颗“豆”作过一针见血的评述：“西哲的本领虽然要学，子曰诗云也要昌明，换句话说：便是学了外国本领，保存中国旧习，本领要新，思想要旧。”[④]

（二）维新学派：洋务运动得的“瓜”

历史有时就会捉弄人。洋务派想保君权、保旧制度、旧思想，想“种豆得豆”，但收获的为什么是“维新学派”这个“瓜”呢？冯天瑜在《中华文化史》中做了分析，甚为中肯，引述如下：

> 1. 揭开中国近代生产方式的序幕，初步奠定近代文化的物质基础。
>
> 马克思在谈到新社会创立的前提条件时强调：“他们在自己的发展进程中首先必须创造新社会的物质条件，任何强大的思想或意志力

---

① 以上所引均见张之洞《劝学篇外篇·变法》。

② （清）苏兴编：《翼教丛编·张尚书明纲》。

③ 参阅胡绳武总纂《中华文明史》第十卷（清代后期），河北教育出版社1994年版，第98—99页。

④ 同上书，第99页。

量都不能使他们摆脱这个命运。”[①] 而洋务派的实绩正在于“创造新社会的物质条件”。他们开办了汉民族历史上第一批具有近代性质的大机器工业，产业分布比较齐全，有冶金、机械、煤炭、矿产、军工、纺织等等，实际上形成中国近代工业的产业构架。这些企业总数48个，资本总额2263万元，拥有工人四万人左右，其中500名工人以上的企业工人总数约三万[②]。洋务运动还初步改变了中国交通运输和通讯的落后状况，建立了包括轮船二十余艘、五万总吨位的轮船招商局，筑成铁路数百公里，“电线已环绕于十八行省间”[③]。当然，这一切相对于数亿人口、一千万平方公里土地的封建大国来说，分量显然过于单薄，但它毕竟是一个充满生机的开端。

2. 传播近代科技知识，培养中国第一批近代科技人才。

洋务派认识到“惟洋人制造确有精理，不从学堂出身者只能步其后尘，不能独出奇异，则西学馆之设，自不可少”[④]。“自京师设立同文馆招选满汉子弟延请西师，天津、上海、福建、广东仿造枪炮船械之地，无不兼设学堂，风气日盛，人才蔚起，海防洋务，利赖良多”[⑤]。洋务运动促成了中国近代教育的创生，不仅新式学堂遍及各地，而且开始了大规模的出国留学教育。留学生中当然不乏声色犬马之徒，但毕竟产生出詹天佑这样的杰出科技人才和邓世昌这样的优秀军事将领。从此，不同于封建士大夫的近代知识分子开始出现在历史舞台，并扮演了时代前驱的角色。

3. 促成社会风气的转变。

洋务运动大规模地引进“西学”“西艺”，强烈冲击了封闭保守的社会风气。“夷情叵测，反复靡常，利器精兵，百倍中国，其所以逞其贪纵者，不过持有长技耳。长技为何，一在战舰之精也，一在机器之利也。然彼有其战具，我非不可以购求；彼有其机巧，我非不可

---

① ［德］马克思：《道德化的批判和批判化的道德》，载《马克思恩格斯选集》（第一卷），人民出版社1972年版，第171—172页。

② 姜铎：《试论洋务运动的经济活动和外国侵略资本的矛盾》，载《文汇报》1962年1月12日。

③ （清）郑观应：《盛世危言》卷六。

④ 《张树声往来函牍》，黎兆棠函。

⑤ （清）刘铭传：《台设西学堂招选生徒聘西师立案折》。

以学习”[①]。学西夷之长，兴洋务之业，日益成为社会的共识。有人作此对比：“咸丰初元，国家方讳言洋务，若于官场言及之，必以为其人非丧心病狂必不至是，以是虽有其说，而不敢质之于人，不谓不及十年而其局大变也。今则几于人人皆知洋务矣。”[②] 中国传统的贵义贱利、重农轻商的观念开始发生动摇。“崇尚西学、仿效西法，渐知以商力浚利源，与西商并驾齐驱而潜夺其权”[③]，“逮其久，风气渐开，凡人心智慧不同，且将自发其复，臣料数十年后，中国富商大贾必有仿照洋机器制作以自求利益者”[④]。历史证实了李鸿章的这一预料。

4. 引发了思想、文化领域内的轩然大波，使国人对于中西文化相互关系的认识大大深入一步。

洋务运动的推行，在朝野上下引起强烈反响。清廷内部，顽固派以“立国之道，尚礼义不尚权谋；根本之图，在人心不在技艺”[⑤] 之类的陈腐论调攻击洋务派“捐弃礼义廉耻的大本大原”，败坏人心；而洋务派力陈当此“三千余年一大变局”[⑥]，兴办洋务正好比“君父之有危疾”而“百计求医”[⑦]，非如此不足以存亡继绝。双方论争不断，如1867年关于设立同文馆的论争，1874年关于设厂制器、筹备海防的论争，1880年关于铁路建设的论争等等，均轰动朝野，成为舆论中心。古井无波的传统社会渐起涟漪，由“死水微澜”而“洪波巨浪”。在全社会的范围内，洋务运动全面引入西学、西艺造成的中西文化的碰撞，也引起有识之士的深入思索。几乎与洋务运动的全过程共始终，中西体用之辩，成为19世纪60至90年代思想文化领域内的一场轩然大波。[⑧]

---

① 中国近代史资料丛刊：《洋务运动》第一册，上海人民出版社1961年版，第13页。

② 同上书，第484页。

③ （清）王韬：《弢园文录外编》卷1。

④ 中国近代史资料丛刊：《洋务运动》第四册，上海人民出版社1961年版，第14页。

⑤ 中国近代史资料丛刊：《洋务运动》第二册，上海人民出版社1961年版，第30页。

⑥ 中国近代史资料丛刊：《洋务运动》第五册，上海人民出版社1961年版，第119页。

⑦ （清）郑观应：《盛世危言》卷一。

⑧ 冯天瑜、何晓明、周积明：《中华文化史》，上海人民出版社1990年版，第970—972页。

就是在中西体用之辩中，汉民族维新学派这个“瓜”逐渐成熟。

汉民族近代思潮中的学术文化，其基本特点是资产阶级的“新学”反对封建主义的“旧学”。在理论形态上，虽未达到近代西方资产阶级学术思想成熟发展的水平，但是，许多杰出的思想家在继承发扬汉民族传统的优秀学术文化基础上，也都程度不等地将西方先进的科学理论引入自己的思想体系。这对于批判固有的封建传统意识，促进中华的觉醒，都起到了巨大的思想启蒙作用。

以康有为、梁启超、严复为代表的维新学派与洋务派不相同，是由一批具有强烈爱国意识和初步资本主义思想观念的新型知识分子组成的进步学术派别。他们的文化观糅进了更多的西方社会政治思想的因素，如进化论、天赋人权论、民主自由学说等。维新学派的文化观集中地体现在他们当时大力鼓吹的“新学”思潮上。

“新学”思潮具有以下几个方面的特征：一是用西学改造中学与用传统语言和思维表述西学互为一体；二是倡导今文经学，反对古文经学，借以否定封建意识形态的正统性和神圣性；三是复活明清之际的经世致用精神，用新学学说为维新变法服务；四是超越洋务派的“体用”界限，主张不仅要学习西方的“用”，更要学习西方的“体”，强调制度层面及社会文化层面的改革。①

1. 维新学派旗手康有为

康有为（1858—1927 年），广东南海人。他生长在最早遭受西方资本主义侵略和最早接触西方资本主义文化的广东。他早年接受严格的封建正统教育。成年后对旧学“渐厌之，日有新思，思考据家著书满家，究复何用?”结识在京城任职的张鼎华，“尽知京朝风气、近时人才及各种新书”。又游历香港，亲见资本主义文物制度，确比封建制度优越：“西人治国有法度，不得以古旧之夷狄视之。”于是“大攻西学书，声、光、化、电、重学及各国史志、诸人游记皆涉焉。……是时绝意试事，专精问学，新识深思，妙语精理，俛读仰思，日新大进”。另一方面，对汉民族传统学术，他鄙弃烦琐的汉学和空疏的程朱之学，喜好陆王心学，尤其在师从廖平之后，更拳拳服膺儒家今文经学，“复事经说，发古文经之伪，

① 郑师渠总主编，史革新分册主编：《中国文化通史》晚清卷，北京师范大学出版社 2009 年版，第 65 页。

明今学之正”[①]。西方的社会政治学说和自然科学、汉民族儒家今文经学，是康有为思想的两大支柱。

继承了龚自珍、魏源以《公羊》义例评议社会政治的传统，遂潜心“公羊之说”，探究“三世进化”理论，写成了《新学伪经考》《孔子改制考》和《大同书》等著作。康有为在这些以经学形式表述的著作中，注进了“新学”的思想内容，即“以新知附益旧学”[②]作为变法维新的理论依据。

康有为的《新学伪经考》以批判刘歆为名，对古文经学以至程朱理学和汉学进行了猛烈的抨击。他说：“凡后世所指目为‘汉学’者，皆贾、马、许、郑之学，乃新学，非汉学也；即宋人尊述之经，乃多伪经，非孔子之经也。”[③]他指出，自西汉末以来历代统治者所尊崇的儒家经典即古文经学，均是刘歆为了王莽篡汉而伪造的“新朝之学”。因为它湮没了孔子所传的真义，故而是“伪经”；只有西汉的今文经学，才是真经。从而破除人们对传统经学教条的迷信，为变法维新扫清思想障碍。

康有为的《孔子改制考》运用公羊家的义法，把历来被儒家当作“述而不作”的“先师”孔子，改造成为“托古改制”、推行仁道的“素王”或“教主”。他认为，孔子的学问在“六经”，而“六经”的宗旨是孔子为治“乱世”而变法“改制”的书。很明显，康有为是借孔子的“托古改制”之名作为手段，以抗衡封建顽固派。他把孔子说成是“素王”“教主”，或以西欧宗教改革的教主马丁路德自命，也意在利用道德和宗教的权威，以达到推行变法维新的政治目的。康有为还指出，孔子“托古改制”的微言大义在于《春秋》公羊“三世”说，即认为人类历史需经历“据乱世”“升平世”而到“太平世”这样三个阶段。康有为则把“三世”说解说成历史的进化是由君主制到君主立宪制再到民主共和制的普遍规律。这样，他就以西方资产阶级的观点来解说汉民族古人的“微言大义”，并试图借“三世”说来表明走君主立宪道路乃是中国历史发展的必然趋势，以伸张其变法维新的改良要求。

康有为的《大同书》的“大同”一词，则是他借取于《礼记·礼

① 以上所引均见《康南海自编年谱》。

② 梁启超：《清代学术概论》，上海古籍出版社 1998 年，第 157 页。

③ 《新学伪经考》卷一。

运》的“大同”说。在他看来,《礼运》所传与《春秋》公羊“三世”说,可以互为表里。公羊“三世”说的“升平世”,就是《礼运》的“小康”;“太平世”就是《礼运》的“大同”。他从“升平世”(小康)到“太平世”的历史进化观点出发,从而提出了一个由乱到治、实现太平盛世的空想社会蓝图。这正如他在《礼运注》中所说的:“大道者何?人理至公,太平世大同之道也;三代之英,升平世小康之道也。孔子生据乱世而志则常在太平,必进化至大同,乃孚素志。”这里就体现了康有为以新知益旧学之处,遂使古老的《春秋公羊》之说具有了崭新的思想内容。同时,也表明康有为关于“大同”的社会理想和他的公羊“三世”说的变法维新理论有着紧密的联系。因而,康有为的“大同”理想也是对他的变法理论的引申。李泽厚给予《大同书》以很高的评价,认为“大同”理想,是建筑在相当彻底和激进的政治、经济、道德等社会原理原则上的雄伟的社会主义乌托邦。“它是中国近代空想社会主义思想发展史上一个突出的重镇,但是另一方面,它又是与当时现实斗争完全脱节和无关的资产阶级自由主义式的乌托邦,它仅仅是一种完全悬空着的对未来世界乐园的启蒙者的乐观的信念和展望。”①

此外,康有为还运用《周易》“变易之义”来说明自然和社会的进化是一种普遍规律,从而提出了“变者,天道也”的重要命题。他说:“盖变者,天道也。天不能有昼而无夜、有寒而无暑,天以善变而能久;火山流金,沧海成田,历阳成湖,地以善变而能久;人自童幼而壮老,形体颜色气貌,无一不变,无刻不变。”② 就否定了“天不变,道亦不变”的传统观点,为新兴的资产阶级的变法维新运动提供了有力的理论根据。

康有为还把孔子的仁学和近代资产阶级的“天赋人权”说杂糅,构成了“以仁为主”的博爱说,为他的“大同”理想提供理论依据。他的学生梁启超曾概括其思想,称之为“博爱派的哲学”。梁启超说:“先生之哲学,博爱派哲学也。先生之论理,以‘仁’字为唯一之宗旨,以为世界之所以立,众生之所以生,家国之所以存,礼义之所以起,无一不本于仁,苟无爱力,则乾坤应时而灭矣。……故先生之论政论学,皆发于不

① 李泽厚:《康有为思想研究》,载《中国近代思想史论》,人民出版社 1979 年版,第 94 页。

② 《进呈〈俄罗斯大彼得政变记〉序》。

忍人之心。人人有不忍人之心，则其救国救天下也。”① 故康有为所谓的“仁”，实际上就是他倡导的“博爱”。

在晚清思想界，康有为产生了广泛而深刻的影响，从而成为维新学派的旗手。正如冯天瑜在《中华文化史》中所云：“戊戌变法是一场肤浅的、短命的政治变革，但却是一次深刻的，意义深远的思想启蒙。这一时期，执思想界牛耳的旗手是康有为。”②

2. 维新学派大师严复

严复（1854—1921 年），字几道，又字又陵，晚年号愈壄老人，福建侯官（今福州市）人。自幼家境清贫，无力进入自费学校，1866 年考入洋务派所创办的福州船政学堂，毕业后被派往军舰实习，周游南洋、黄海，后又随沈葆祯赴台湾调查军情。1876 年被选送到英国学习海军。在留学期间，除学习自然科学外，还广泛阅读西方的哲学、社会科学著作。1879 年回国，任福州船政学堂教习（教员）。次年，李鸿章在天津办北洋水师学堂，严复被调任总教习（教务长）、总办（校长）近 20 年。甲午战争中国失败，严复痛感必须实行维新变法，才能救亡图存。于是他积极配合康有为、梁启超发动的变法维新运动，决心“致力于译述以警世”。1895—1898 年间，翻译出版赫胥黎的《天演论》，发表了《论世变之亟》《原强》《救亡决论》《辟韩》等政论文章，抨击封建专制思想、宣传变法维新以图强。后又创办《国闻报》，大力宣传变法维新。戊戌政变后，严复仍继续从事西方学术著作的翻译工作。他率先系统地将西方资产阶级政治经济学说、思想文化制度及其理论依据介绍到中国，打开了人们的眼界，起了巨大的启蒙作用。

在严复系统传播的西学中，影响最大的是进化论和天赋人权论。

甲午之后、戊戌前夕，严复翻译出版了英国自然科学家亨·赫胥黎（1825—1895 年）的《天演论》。原书名为《进化论与伦理学》，严复取原书名的前半作为中译本的书名，“天演”即进化。赫胥黎在该书的前半部中介绍了达尔文（1809—1882 年）的生物进化学说；严复则通过此书的翻译，从西方找来了达尔文的进化论作为变法维新的理论依据，从而使其变法维新主张植根于近代自然科学的基础之上。他在《原强》一文中，

① 《南海康先生传》。

② 冯天瑜、何晓明、周积明：《中华文化史》，上海人民出版社 1990 年版，第 988—989 页。

首次简要地介绍了达尔文的学说，着重阐述“物竞天择，适者生存”的理论：“物竞者，物争自存也；天择者，存其宜种也。”他进而引申这一理论，认为“物竞天择”的生物进化规律也同样适用于人类社会：“动植如此，民人亦然。民人者，固动物之类也。”这说明，他想借用达尔文的“物竞天择”“优胜劣败”的进化论来告诫民众：中国如若再不运用这个自然规律变法图强，则将沦于亡国灭种而被淘汰的危险境地。这就是他着力翻译这部书的用意所在，即他所说的“于自强保种之事，反复三致意焉”[①]。在那个时代，《天演论》的进化思想，给汉民族打开了一扇思想之窗，打开了人们的眼界，提供了一种认识自然和人类社会的先进的思想武器，并向人们敲响了宣示祖国危亡的警钟，产生了巨大而深远的影响。

《天演论》不仅使“物竞天择”“适者生存”成了当时参加变法维新的爱国者的口头禅，而且有不少仁人志士正是由进化论的信仰者转变为革命民主主义者，以至成为共产主义者。章太炎、鲁迅、毛泽东早期，都曾受到严复翻译的《天演论》的思想影响。可以说，《天演论》在近代思想解放运动的历程中，起了巨大的启蒙作用。正如胡汉民指出的：“自严氏之书出，而物竞天择之理，厘然于人心，中国民气为之一变。”[②] 蔡元培也说：“五十年来，介绍西洋哲学，要推侯官严复为第一。”[③]

严复在传播达尔文的进化论的同时，还宣传18世纪法国启蒙思想家卢梭的天赋人权论。他指出，国家是由“社会契约”而结成的，人人都应享有上天所赋予的不可侵犯的自由权利。他反对君权神授，伸张民权。很显然，天赋人权论是西方资产阶级用来反对封建君主专制的思想理论之一；严复宣传卢梭的天赋人权论，就是旨在批判君权，伸张民权，为建立君主立宪制造舆论。他在《辟韩》一文中，抨击了韩愈的君权神授说，大胆指斥自秦以来的历代封建君主皆是“大盗窃国者”，并且阐述了他的君权民授、主权在民的思想。尽管他以“其时未至，其俗未成，其民不足以自治”为理由，未能得出废除封建君权的结论，但他对卢梭的天赋人权论的宣传，以及他伸张主权在民的思想，却对尔后的资产阶级民主革命派具有重要的启蒙作用。

---

① 严复：《译〈天演论〉自序》。

② 胡汉民：《述侯官严氏最近政见》。

③ 《五十年来中国之哲学》。

此外，严复还先后翻译了亚当·斯密的《原富》、斯宾塞的《群学肄言》、约翰·穆勒的《群己权界论》、甄克思的《社会通诠》、孟德斯鸠的《法意》、约翰·穆勒的《名学》和耶芬斯的《名学浅说》等，并在译本上写下了许多“案语”“评注”和“夹注”。上述名著的翻译出版，系统传播了西方资产阶级的经济、社会、政治、法律、伦理、逻辑等学说，对于抨击中国封建主义的旧制度、旧思想、旧文化，启迪人们的新思想，都起了启蒙的积极作用。[①] 严复不愧为维新学派的启蒙大师。

对此，梁启超对严复评价甚高，将之誉为“清季输入欧化之第一人”[②]。梁启超下此断言，依据是严复翻译的西方著作和输入的西学对中国思想界的空前影响：“惟侯官严几道（复），译赫胥黎《天演论》、斯密亚丹《原富》等书，大苏润思想界。十年来思想之丕变，严氏大有力焉。顾日本庆应至明治初元，仅数年间，而泰西新学，披靡全国。我国阅四五十年，而仅得独一无二之严氏。”[③] 这段话出自著名的《论中国学术思想变迁之大势》，其中屡次出现近代意义上的“国学”一词。从梁启超对严复输入西学“大苏润思想界”“大有力”之表述中，可见其对严复引领近代思想界风尚的肯定和褒奖，特别是其中的“独一无二”之誉将梁启超对严复的推崇表达到了极致，与梁启超在其他场合对严复“清季输入欧化之第一人”和“除严又陵外，曾无一人”的界定相互印证。除此之外，梁启超多次从“清季输入欧化之第一人”的角度突出严复在输入西学方面的卓越贡献。梁启超曾经说：“我中国英文英语之见重，既数十年，学而通之者不下数千辈，而除严又陵外，曾无一人能以其学术思想输入于中国，此非特由其中学之缺乏而已，得毋西学亦有未足者耶。”[④] 就西学而言，梁启超对于严复“清季输入欧化之第一人”的评价不仅是就严复对西学的介绍、翻译而言的，而且是就严复的西学素养和造诣而言的。不仅

---

① 以上参阅或转引自胡绳武总纂《中华文明史》第十卷（清代后期），河北教育出版社1994年版，第446—447页。

② 严群为商务印书馆“严译名著丛刊”作序说，“梁任公谓几道先生为清季输入欧化之第一人”。

③ 梁启超：《论中国学术思想变迁之大势》，载张品兴主编《梁启超全集》第二册，北京出版社1999年版，第619页。

④ 梁启超：《东籍月旦》，载张品兴主编《梁启超全集》第一册，北京出版社1999年版，第325页。

如此，在梁启超看来，输入西学远非易事，非同时精通中西学者不能。从这个意义上说，梁启超对严复是“清季输入欧化之第一人”的评价已经使严复学贯中西成为题中应有之义。①

维新学派“当之无愧的头一员健将”② 梁启超对严复有如此高的评价，足见严复是戊戌变法时期向西方寻找救国救民真理的另一代表人物，也是汉民族中第一位最为系统地在中国传播西学的启蒙大师。尽管他此后逐步转向旧学，至晚年成了复古主义者。但“严复满腔激情地在十分广阔的领域内，以前无古人、后少来者的气魄和水平，进行资产阶级的思想文化启蒙，筚路蓝缕，功不可没”③。

汉民族俗语本是“种豆得豆，种瓜得瓜”，符合常理常态。而洋务派搞洋务运动，却落了个“种豆得瓜”，超出了常理常态，但却是汉民族的学术文化在开新中选择方向，追赶历史潮流的使然。

第二节　从朴学勃兴到“打倒孔家店”：汉民族儒学文化的开新

思想的开新难，汉民族儒学思想的开新更难。

清初从汉民族的学术文化切入，从清初到晚清，演绎了从经学思潮到维新学派的变迁而开新，但这只是汉民族思想的一个侧面。由于还没有真正触动到汉民族思想之根——儒学，所以，维新学派的开新革命并不彻底，康有为就从改良派领袖蜕变为保皇派首领，严复晚年成了复古主义者。

而儒学的主体仍以主流的姿态，在清初实学的经世思潮到康熙中期之后，即趋于退潮势态，失去了批判的锋芒和启蒙精神的色彩之后，逐渐由“说经皆主实证”的乾嘉朴学占据了学术界的统治地位，从而创造了汉民族儒学文化的最后辉煌。

但历史的选择是不留情面的，在全球化的浪潮和西方文化剧烈冲击下，汉民族的儒学文化经历了17—18世纪的折腾，在现实的世界政治中

---

① 魏义霞：《论梁启超与严复的相互评价》，《史学集刊》2015年第5期。

② 冯天瑜、何晓明、周积明：《中华文化史》，上海人民出版社1990年版，第996页。

③ 同上书，第1001页。

不仅走不通，且往往碰得头破血流，所以，进入 19 世纪后，“内忧”加上“外患”，汉民族又一次陷入“亡国灭种”危机之中。“内忧”有太平天国和义和团之“忧”；“外患”有中英鸦片战争（1840—1842 年）、中法战争（1883—1885 年）、中日甲午战争（1894 年），以及 1900 年八国联军攻进北京之“患”。鲁迅说得好，“不在沉默中爆发，就在沉默中灭亡！”[①] 在“内忧”“外患”的夹击下，终于爆发了辛亥革命，推翻了清王朝，建立了民国，汉民族志士仁人在反对《辛丑条约》中，也终于像火山爆发一样掀起了“五四运动”，在新文化运动中喊出了“打倒孔家店”的口号！汉民族心理中沉淀了几千年的儒学文化，在朴学的最后辉煌中也终于以“矫枉过正”的方式开新。

一　朴学勃兴：汉民族儒家文化最后的辉煌

对汉民族儒家文化的朴学，人们似乎比较陌生。但若讲清代的“考据学”或“乾嘉学派”则声名赫赫。而要讲清代汉民族文化的开新也就绕不过朴学。

“朴学”一词，早见于《汉书·儒林传》。伏生再传倪宽见武帝，语经学。武帝说：“我始以《尚书》为朴学，弗好。及闻宽说，可观。乃从宽问一篇。”清儒钱大昕《仪礼管见序》也有“独《仪礼》为朴学”之言[②]。盖谓质朴之学。但朴学却盛于清代中叶。这时的“朴学”是指清代学者继承“汉学”传统，运用训诂条例与方法，加以发明，用于古籍整理与语言研究的工作。它不限于经文，也扩大涉及史籍、诸子百家以及文学方面。

清儒从反对宋明理学家“空谈心性”开始，提倡穷经博古，客观征实之学，给“朴学”赋予了新的含意。朴学勃兴的路线图是这样的：

朴学由顾炎武、阎若璩于顺治、康熙间开端，由惠栋、戴震于乾隆间发扬光大。洪亮吉《邵学士家传》云：“迨我国家之兴，而朴学始辈出，顾处士炎武、阎征君若璩首为之倡，然奥交未尽辟也。乾隆之初，海宇太平，已百余年，鸿伟瑰特之儒接踵而见，惠征君栋、戴编修震，其学识始足方驾古人。”乾隆之际，朴学鼎盛，惠栋、戴震相继成为一代宗师。汪中为李惇撰墓志铭云：“是时古学大兴，元和惠氏、休宁戴氏，咸为学者

① 鲁迅：《纪念刘和珍君》，载《华盖集续编》，人民文学出版社 2006 年版。

② 钱大昕：《潜研堂文集》卷二四，江苏古籍出版社 1997 年版，第 373 页。

所宗。”[①] 于是乾隆以后的朴学，即被称为“惠戴之学”。

惠戴学者研究的主要对象是儒家的经学，以及研究经学的工具小学。嘉庆时，阮元《拟国史儒林传序》总结乾隆时的经学成就时说：“惠栋、戴震等精发古义，诂释圣言”[②] 云云。他又为王引之撰《经义述闻序》时说：“我朝小学训诂远迈前代，至乾隆间，惠氏定宇、戴氏东原大明之。”[③] 由于读经的需要，牵动了探讨诸子百家、历史、地理、金石、天文、算术、目录版本、鸟兽虫鱼草木等一切诸学，形成了一个结构紧密的学术群。

乾隆以后的朴学，又名“汉学”，以区别并取代“宋学”。这标志一次治经方法论的历史性更新。胡适在《清代学者的治学方法》一文里指出：“‘汉学’这个名词很可表示这一派的共同趋向……就是不满意于宋代以来的学者，用主观的见解来做考古学问的方法。”[④]

在清初，顾炎武已先振臂高呼：“古之所谓理学，经学也”；“今之所谓理学，禅学也”[⑤]，对明季士大夫“空谈心性”发出尖锐的批判，并倡导“读九经自考文始，考文自知音始”[⑥] 的实学途径。但这时尚未划分汉、宋的壁垒，尚未产生“隆汉贬宋”的学术更新纲领。以故朴学尚未汇成潮流。

乾隆时，惠栋振兴“汉学”。程晋芳《周易述跋》云：“近者汉学之盛，倡于定宇。”[⑦] 惠氏四世传经，宗法汉学，见惠栋《上制军尹元长先生书》：“栋少承家学，九经注疏粗涉大要。自先曾王父朴庵公以古义训子弟，至栋四世，咸通汉学，以汉犹近古，去圣未远故也。”[⑧] 惠栋振兴“汉学”的理论见所撰《九经古义述首》：“汉人通经有家法，故有五经师，训诂之学，皆师所口授，其后乃著竹帛，所以汉经师之说，立于学官，与经并行。五经出于屋壁，多古字古言，非经师不能辨。经之义存乎

① （清）汪中：《新编汪中集》，田汉云点校，广陵书社 2005 年版，第 480 页。

② （清）阮元：《揅经室集》，中华书局 2005 年版，第 37 页。

③ 同上书，第 120 页。

④ 胡适：《胡适学术代表作》下卷，安徽教育出版社 2007 年版，第 80 页。

⑤ （清）顾炎武：《顾亭林诗文集》，中华书局 1983 年版，第 58 页。

⑥ 同上书，第 738 页。

⑦ （清）程晋芳：《勉行堂文集》卷五，上海古籍出版社 2003 年版，第 336 页。

⑧ （清）惠栋：《松崖文钞》卷一，上海古籍出版社 2003 年版，第 275 页。

训，识字审音，乃知其义，是故古训不可改也，经师不可废也。”① 惠栋代人所作《韵补序》也说：“孔子殁后至东汉末，其间八百年经师授受，咸有家法，故两汉诸儒多识古音。”②

经惠栋提倡，学者都信从通经必由汉儒训诂。钱大昕为惠栋撰《古文尚书考序》云：“今士大夫多尊崇汉学，实出先生绪论。”③

戴震继起，推衍惠栋义理存在于训诂之中的见解，坚持必由训诂以明义理，反对宋学凿空说经。《古经解钩沉序》云：“后之论汉儒者，辄曰古训之学云尔，未与于理精而义明，则试诘以求理义于古经之外乎？经之至者，道也；所以明道者，其词也；所以成词者，未有能外小学文字者也。由文字以通乎语言，由语言以通乎古圣贤之心志，譬之适堂坛之必循其阶，而不可以躐等。是故凿空之弊有二：其一，缘词生训也；其一，守讹传谬也。缘词生训者，所释之义，非其本义。守讹传谬者，所据之经，并非本经。今仲林得稽古之学于其乡惠君定宇，惠君与余相善，盖尝深嫉乎凿空以为经也。二三好古之儒，知此学之不仅在古训，则以志乎闻道也，或庶几也。”④ 余萧客，字仲林，师事惠栋，著《古经解钩沉》。惠栋去世后，戴震撰《题惠定宇先生授经图》，重申必由训诂以明义理，反对凿空说经。为弥缝惠氏汉学盲从古人的缺陷，戴震在思想方法上又提倡反对“株守”。他在《与王内翰凤喈书》云：“六书废弃，经学荒谬……仆情僻识狭，以谓信古而愚，愈于不知而作，但宜推求，勿为株守。凤喈，王鸣盛字。”⑤ 戴震尝自言，治经与惠栋不同，栋求古，震求是。王鸣盛《古经解钩沉序》云：“我交天下士，得通经者二人：吴郡惠定宇，歙州戴东原也。问与东原从容语：‘子之学于定宇何如？’东原曰‘不同，定宇求古，我求是。”⑥ 经过戴震的改进，兴起一代经学的新的方法论便形成了，即由训诂以明义理，既反对凿空说经，也反对株守错误的古注，目的是实事求是。

戴震虽不标榜“汉学”，但从其“由训诂以明义理”的方法体系来说，戴学仍属汉学。刘师培在《汉学变迁论》中即云：“古无‘汉学’之

---

① （清）惠栋：《松崖文钞》卷一，上海古籍出版社2003年版，第269页。

② 同上书，第272页。

③ （清）钱大昕：《潜研堂文集》卷二四，江苏古籍出版社1997年版，第368页。

④ （清）戴震：《戴震文集》卷十，中华书局1980年版，第146页。

⑤ （清）戴震：《戴震文集》卷三，中华书局1980年版，第47页。

⑥ （清）王鸣盛：《西庄始存稿》卷二四，上海古籍出版社2003年版，第315页。

名，‘汉学’之名始于近代，或以笃信好古该‘汉学’之范围，然治汉学者未必尽用汉儒之说，即用汉儒之说，亦未必用以治汉儒所治之书，是则所谓汉学者，不过用汉儒之训故以说经，及用汉儒之条例以治群书耳，故所学即以‘汉学’标名。”[①] 这即所谓“戴学”。

清代朴学，亦称“考据学”。朴学首重征实。清儒用以达到实事求是的共同手段便是“考据”，或称“考证”。考证重在证据，故而学者研究问题必先从广泛取证即搜集资料入手；然后进行比较鉴别，辨证据的真伪，辨证据版本不同的是非，辨证据内容的差异；最终归纳确凿证据，得到真实的结论。

考证不始于清代。宋司马光撰《资治通鉴》别为《考异》一书，交代对史料取舍之故。这是我国第一部史料考证的杰作。[②]

考证之法也大盛于清，乾嘉学风很快风靡全国，以致“家称贾马、人说许郑”[③]。顾炎武本明陈第之法，考《毛诗》古音，“列本证旁证二条，本证者，《诗》自相证也；旁证者，采之他书也”[④]。于是传统的考证方法，至此始具范式。乾嘉诸儒学大师广泛研究四部书，如惠栋等继阎若璩辨东晋本《古文尚书》为伪；戴震等校《水经注》，分清积久混淆的经和注；钱大昕等订历代正史的讹误；汪中等探索先秦诸子；邵晋涵等疏通《尔雅》；段玉裁等注释《说文解字》；王念孙、引之父子解古籍虚字，硕果累累，成绩辉煌。

“汉学”与“考据学”，在清代儒学界看来，是同义语。曾国藩《绵绵穆穆之室日记》于咸丰元年（1851年）七月初八、九、十日三天的眉识里，论治学有义理、词章、经济、考据四个方面，他解释说：“考据之学即今之‘汉学’也。”[⑤] 可以这样说，若无考据，则无清代的汉学，也就没有朴学。[⑥] 总之，朴学开创于清初学者顾炎武，盛于乾隆、嘉庆年

---

① 刘师培：《刘申叔遗书》，江苏古籍出版社1997年版，第1541页。

② 傅斯年：《傅斯年全集》第2册，湖南教育出版社2003年版，第42页。

③ 贾马许郑，指汉朝的四位经学大师贾逵、马融、许慎、郑玄。“家家许郑，人人贾马”，就是说当时知识分子都埋头钻研汉学，汉学上升为官方学术并且很快占据了学术界的主导地位，成为一种潮流，一种学风。

④ （清）顾炎武：《音学五书》，中华书局2005年版，第35页。

⑤ 祁龙威：《读曾国藩〈绵绵穆穆之室日记〉随笔》，载《书品》第6辑，中华书局2005年版，第23页。

⑥ 参阅祁龙威《“朴学”浅说》，《扬州大学学报》（人文社会科学版）2009年第1期。

间。这时，大师名家辈出，分为以惠栋（定宇）为首的“吴派”，与以戴震（东原）为首的“皖派”。尤以后者，更具有“朴学”的风格，而后，更以扬州为据点，以金坛段玉裁、高邮王氏父子（王念孙及其子王引之）、嘉定钱大昕、仪征阮元等为代表，汇合为“扬州学派”。尤其是戴学一派的其他佼佼者，如段玉裁、王念孙、王引之，则均为纯考据学者；吴派惠栋及其门人王鸣盛、钱大昕等人也是终生从事考据。他们在古籍的搜补辑佚、辨伪校勘、整理保存等方面取得了巨大的成就。正是大师辈出，硕果满枝。所以，从这个意义上来看，朴学对汉民族古典文化的整理和积累而言，在历史上还没有哪一个时期取得过乾嘉朴学那么辉煌的成果。他们的卓著成绩，可永载汉民族文化史册而不剪灭。[①] 于是，朴学在清代汉民族文化开新中放射出异彩光芒，成就了儒学文化的最后辉煌。

二　打倒孔家店：汉民族儒家文化在“矫枉过正”中开新

就在汉民族的知识分子沉醉于朴学的辉煌之中时，中国在 19 世纪初却爆发了乾坤颠覆的辛亥革命，推翻了清王朝，建立了“中华民国”。国际上则爆发了第一次世界大战（1914—1918 年），整个世界都处在动乱之中。在这种世界“三千年未有之大变局”之时，刚建立的民国，由于汉民族资产阶级力量先天不足，革命果实很快被袁世凯篡夺。在北洋军阀的统治之下，在文化上推行一种文化复古的专制政策，致使社会上尊孔读经的活动愈演愈烈，从而掀起了妄图复辟的尊孔复古逆流。这时，不仅袁世凯利用尊孔来为其复辟造舆论，一些主要尊孔团体也纷纷赞成复辟。在民间，以康有为及其弟子为中坚掀起的孔教运动，客观上适合了袁世凯、张勋为复辟帝制而尊孔的需要。1912 年 10 月，陈焕章、麦孟华、沈曾植等人在上海发起成立孔教会，推康有为为会长，陈焕章任总干事。总会初设上海，1913 年迁至北京，次年再迁至曲阜。在此前后，国内各地和海外一些地方都成立了尊孔团体。1913 年，袁世凯发布《尊孔祀孔令》；陈焕章等人联名上书国会，要求定孔教为国教，编入宪法。1915 年，直隶、河南的孔社先后上书参政院，请“早定君主立宪”，“复尊君崇上之本”；

---

① 参阅徐文炎《应该给清代“朴学”以正当的评价》，《新疆大学学报》（哲学人文社会科学版）1991 年第 3 期；王育济《走出“中世纪”——理学、实学、朴学的嬗演及其启蒙意义》，《中州学刊》1994 年第 1 期。

孔道会会长王锡蕃等致电北洋政府拥护袁世凯称帝；孔子76世孙孔令贻也致电请袁世凯“早日登基”。1916年，康有为致书总统黎元洪、总理段祺瑞，要求“以孔教为大教，编入宪法”。弄得整个中国社会乌烟瘴气，“中华民国”有名无实。

在这股尊孔复古逆流中，曾经是维新学派旗手的康有为却沦落成了孔教运动的首脑。他鼓吹建立孔教、提倡以孔教为国教，其主要理由：

一是宗教为人类文明的普遍特征，“凡国必有所谓国教也”[①]，可定孔教为中国国教。康有为认为，欧美发达之国均信奉基督教，法国革命与日本维新皆保存“国教”，唯有生番、野人无教，“今中国不拜教主，非自认为无教之人乎？则甘与生番野人等乎？”[②] 他力图将孔教宗教化，以使孔教符合宗教定义。他说：“孔子尊天事帝，无贰尔心，明命鬼神、为黔首则，原始反终，而知死生之说，精气为物，游魂为变，而知鬼神之情状，孔道何所不有……实为中国之教主。”[③] 既然孔子创设了圣教，则宜遍立孔教会，广为传布，以治人心，定风俗。

二是孔子之道亘万世而常新，适合于共和时代。他认为孔子大同之道适合于共和之世：“孔子之为道，博大如天，兼备四时……若至太平大同之义，则稍微其文，以待后圣发挥其义……今孔子有平世大同之道，以治共和之世，吾国人正可欢喜恭敬，讲明而光大之。”[④] 孔子太平大同之义，只需经“后圣”重新诠释，自能发现人道主义、博爱、平等、自由之说，因而适合现代社会。

三是尊孔与帝制无必然联系。康有为赞赏欧美各国“妙用政教之分离”，政治与宗教两不相碍，两不相失。认为“今吾国亦宜行政教分离之时矣”[⑤]。孔教可相对独立于政治，提倡孔教与帝制复辟也无必然联系。此外，他还强调孔教是“中国之魂”、民族精神，千百年来已“化于民俗，入于人心”，若毁弃孔教，无异于中华“种族”之灭绝。[⑥]

---

① 康有为：《康有为政论集》，中华书局1981年版，第842页。
② 同上书，第955页。
③ 同上书，第740页。
④ 同上书，第727—728页。
⑤ 同上书，第798页。
⑥ 康有为：《康有为政论集》，中华书局1981年版，第733页。

康有为提出“孔教”论，正是汉民族儒学文化之悲哀。[1] 面对西方文化，汉民族文化究竟应向何去？康有为的答案是走回头路。可见，儒学文化的开新在旧的轨道上运行是没有出路的。陈独秀曾一针见血地指出：“盖主张尊孔，势必立君，主张立君，势必复辟。理之自然，无足怪者。”[2]

此时此刻，汉民族文化向何处去？是走回头路，还是走新路？从而引发了针对尊孔逆流的新文化运动的发生，喊出了“打倒孔家店”的口号。

汉民族新文化运动的评孔批孔，即所谓“打倒孔家店”主要有两方面：反对定孔教为国教，编入宪法。他们指出孔子之道不适应于现代社会生活，不能定为国教，编入宪法。陈独秀认为：“文明进化之社会，其学说之兴废，恒时时视其社会之生活状态为变迁。”[3] “‘孔教’本失灵之偶像，过去之化石，应于民主国宪法，不生问题。”[4] 李大钊也指出，社会、道德都是进化发展的，“孔子之道，施于今日社会为不适于生存”[5]，不能将数千年前的孔子，“入于现代国民之血气精神所结晶之宪法”[6]。

在这个评孔批孔认同的基础上，陈独秀、李大钊、鲁迅、易白沙、吴虞等人，对康有为的“孔教”论进行了针锋相对的批驳：

第一，强调近代以来世界宗教已由盛而衰，孔教乃教化之教而非宗教之教，因此，反对把孔学树为宗教，更反对定孔教为国教。蔡元培指出：“孔子非宗教家，自广义的宗教言之（信仰心），必有形而上之人生观及世界观，而孔子无之；而所言者，皆伦理学、教育学、政治学之范围。孔子自言无可无不可，孟子评为圣之时者，其不立一定之信条可见。自狭义宗教言之，必有神秘思想，而孔子又无之，‘未知生焉知死’，‘未能事人

---

① 参阅郑师渠总主编，黄兴涛分册主编《中国文化通史·民国卷》，北京师范大学出版社 2009 年版，第 59—60 页。

② 陈独秀：《复辟与尊孔》，《新青年》第 3 卷第 6 号，转引自龚书铎《关于五四运动“打倒孔家店”小议》，《群言》2002 年第 4 期。

③ 《孔子之道与现代生活》，《新青年》第 2 卷第 4 号，转引自龚书铎《关于五四运动“打倒孔家店”小议》，《群言》2002 年第 4 期。

④ 《宪法与孔教》，《新青年》第 2 卷第 3 号，转引自龚书铎《关于五四运动“打倒孔家店”小议》，《群言》2002 年第 4 期。

⑤ 李大钊：《自然的伦理观与孔子》，载《李大钊文集》（一），人民出版社 1999 年版，第 248 页。

⑥ 李大钊：《孔子与宪法》，载《李大钊文集》（一），人民出版社 1999 年版，第 245 页。

焉能事鬼’，不语神怪……”[①] 也就是说，从广义上孔子不搞信仰主义，从狭义上孔子无神秘思想，因此孔教非宗教。陈独秀也强调：“孔教绝无宗教之实质（宗教实质，重在灵魂之救济，出世之宗也。孔子不事鬼，不知死，文行忠信，皆入世之教，所谓性与天道，乃哲学，非宗教）与仪式，是教化之教，非宗教之教。”[②] 陈独秀等人也不赞成定孔教为国教，不赞成把孔教写入宪法。在《宪法与孔教》一文中，陈独秀指出，以四万万人共有之宪法规定独尊独祀孔氏，阻碍思想信仰之自由，实在武断专横。李大钊在《宪法与思想自由》《孔子与宪法》等文中也指出，孔子是帝王专制之护符，宪法是国民自由之证券，两者渺不相涉，有人强使宪法与孔子发生关系，欲以宪法之权威为孔教壮声势，是极荒唐、荒诞的。

第二，强调孔教不适合共和时代，不能适应现代生活。陈独秀在《孔子之道与现代生活》一文中明确指出，孔子生活在封建时代，所提倡之道德为封建时代之道德，所垂示之礼教为封建时代之礼教，所主张的政治为封建时代之政治，这种封建时代之道德、礼教、政治是为少数君主贵族服务的，与多数国民之幸福无关，因此，不适合民主共和时代。李大钊表示，他不否认孔子于其生存时代确实为圣哲，但于今日之社会则已为残骸枯骨，“其学说之精神，已不适于今日之时代精神！”[③] 他们肯定孔子及其学说在宗法社会有其存在的合理性，但又强调了这种宗法社会之道德在总体上已不适应现代生活，不适应现代中国社会，从而断然否定了在现代中国建立孔教的可能。

第三，强调孔教与帝制、尊孔与复辟有必然联系，揭露了孔教为君主专制制度服务的反动实质。陈独秀指出：孔教“别尊卑、重阶级、事天尊君”，因此，“孔教与帝制，有不可离散之因缘”。[④] 孔教借君主之力行其道，而君主假孔教之力固其位，孔教与君主相得而益彰。反动势力提倡尊孔正是为了复辟帝制，“中国政治反动一次，孔圣人便走运一次”[⑤]。李

---

① 蔡元培：《致许崇清信》，《新青年》1917 年版，第 3 卷，第 3 号。转引自郑师渠总主编，黄兴涛分册主编《中国文化通史·民国卷》，北京师范大学出版社 2009 年版，第 60 页。

② 陈独秀：《陈独秀文章选编》上册，生活·读书·新知三联书店 1984 年版，第 220 页。

③ 李大钊：《自然的伦理观与孔子》，载《李大钊文集》上册，人民出版社 1984 年版，第 264 页。

④ 陈独秀：《陈独秀文章选编》上册，生活·读书·新知三联书店 1984 年版，第 139 页。

⑤ 陈独秀：《陈独秀文章选编》中册，生活·读书·新知三联书店 1984 年版，第 375 页。

大钊指出，历代专制帝王把孔丘作为偶像，“尊之祀之，奉为先师，崇为至圣”，因而孔丘之名“遂非复个人之名称，而为保君主政治之偶像”，并成为“历代帝王专制之护符”①。由此，他认识到帝制复辟需要孔子这尊偶像，而打倒孔家店正是要批判“君主专制之亡灵”。

历史上的孔教与帝制密切相关，民国以来的尊孔与复辟也有必然联系。这已为民初历史所证明。先是袁世凯为做皇帝而大搞尊孔，正如鲁迅所揭露的：“袁世凯也如一切儒者一样，最主张尊孔。做了离奇的古衣冠，盛行祭孔的时候，大概是要做皇帝以前的一两年。”② 再是张勋复辟时，孔教运动领袖康有为自始至终参与其中，正如陈独秀在《复辟与尊孔》中所说的，尊孔派都是复辟党。张勋复辟失败后，康有为于 1918 年辞去孔教会会长，孔教运动随之破产。③

但是，毋庸讳言，在尊孔复辟逆流甚嚣尘上，袁世凯发布《尊崇伦常令》，褒扬节烈孝行，恢复封建伦理纲常，明确规定：“国民教育，以孔子之道为修身大本”之时，“矫枉必须过正”。所以，汉民族新文化运动的倡导者们选择了“孔家店”作为封建文化的总体象征，把号称“至圣先师”的孔夫子作为这种文化的人格代表加以挞伐，喊出了“打倒孔家店”的响亮口号，是汉民族文化开新所必须大破之举：

1. *必须大破几千年的儒家传统意识形态*

以孔子为代表的儒家学派在其创立之初，只是百家之一，到了汉代，由于董仲舒的奏请，汉武帝“罢黜百家，独尊儒术”，儒家才最终取得思想领域里的统治地位。从此儒学与封建政治长期结盟联姻，成了封建政治统治的理论基础、指导思想、精神支柱、意识形态，成了封建专制统治的灵魂；而封建专制统治则成了儒学的依托、靠山、载体。新文化运动的倡导者们要大破大立，自然必须把批判矛头首先指向以孔子为代表的儒家思想。陈独秀指出：“固有之伦理、法律、学术、礼俗，无一非封建制度之

---

① 李大钊：《自然的伦理观与孔子》，载《李大钊文集》上册，人民出版社 1984 年版，第 264 页。

② 鲁迅：《从胡须说到牙齿》，载《鲁迅全集》第 1 卷，人民文学出版社 1981 年版，第 249 页。

③ 以上参阅郑师渠总主编，黄兴涛分册主编《中国文化通史 · 民国卷》，北京师范大学出版社 2009 年版，第 61—63 页。

遗”[①]，儒家伦理是“封建时代之道德”，儒家礼教是“封建时代之礼教”，“孔子之道”是“封建时代之精神”[②]。李大钊批判道：“孔子为历代君主所雕塑之偶像权威……专制政治之灵魂。”[③] 批孔猛将吴虞也指出：“盖孝之范围，无所不包，家族制度之于专制政治，遂胶固而不可以分析”，“家族制度为专制主义之根据”。[④] 胡适说道：中国思想界需要吴虞那样的“清道夫”，担来思想的清水“一勺一勺地洒向那孔尘弥漫的大街”，现代中国人应该“打倒孔家店”，“正因为二千年吃人的礼教法制，都挂着孔丘的招牌，故这块孔丘的招牌——无论是老店，是冒牌——不能不拿下来槌碎，烧去”。[⑤]

2. 必须大破封建纲常礼教

鲁迅在1918年发表的《狂人日记》，把中国延续几千年的封建社会历史斥责为封建统治者“吃人”的历史，认为所谓的“仁义道德”等封建旧礼教实际上沾满了人民的鲜血，指出封建道德的罪恶就在于殄灭个性，培养奴性。陈独秀抨击道：“君为臣纲，则民于君为附属品而无独立自主之人格矣；父为子纲，则子于父为附属品而无独立自主之人格矣；夫为妻纲，则妻于夫为附属品而无独立自主之人格矣。率天下之男女，为臣、为子、为妻而不见有一独立自主之人格者，三纲之说为之也。”[⑥] 李大钊指出：“看那二千余年来支配中国人精神的孔门伦理，所谓纲常，所谓名教，所谓道德，所谓礼义，那一样不是损卑下以奉尊长？那一样不是牺牲被治者的个性以事治者？”封建伦理道德“不是使人完成他的个性，乃是使人牺牲他的个性”[⑦]。而冲破封建专制主义和封建纲常礼教的桎梏，确立人的主体地位，强化人的自我意识和个性自由，是时代的课题。新文化运动的倡导者们在“打倒孔家店”口号下，揭露和批判封建纲常礼教对人性的摧残和压抑，顺应了历史进步的大潮。

---

① 《陈独秀著作选》第1卷，上海人民出版社1993年版，第131页。

② 李大钊：《李大钊文集》上册，人民出版社1984年版，第235页。

③ 同上书，第264页。

④ 中国社会科学院近代史研究所编：《五四运动文选》，生活·读书·新知三联书店1959年版，第84、86页。

⑤ 胡适：《吴虞文录序》，《晨报》1921年6月20日。

⑥ 陈独秀：《独秀文存》，安徽人民出版社1987年版，第34—35页。

⑦ 李大钊：《由经济上解释中国近代思想变动的原因》，载《五四前后东西文化问题论战文选》，中国社会科学出版社1985年版。

3. 必须大破封建旧文化才能大立新文化

新文化运动的倡导者们在批判封建旧文化的同时，提出了建设新文化的时代任务。陈独秀认为："孔教为我国历史上有力之学说，为鲁人精神上无形统一人心之具，鄙人皆绝对承认之，而不怀丝毫疑义。盖秦火以远，百家学绝，汉武独尊儒家，厥后支配中国人心而统一之者，惟孔子而已。以此原因，二千年来迄于今日，政治上、社会上、学术思想上，遂造成如斯之果。设若中国自秦汉以来，或墨教不废，或百家并立而竞进，则晚周即当欧洲之希腊，吾国历史必与已成者不同。……及今不图根本之革新，仍欲以封建时代宗法社会之孔教统一全国之人心，据以往之成绩，推方来之效果，将何以适应生存二十世纪之世界乎？"[①] "我们反对孔教，并不是反对孔子个人，也不是说他在古代社会无价值。不过因他不能支配现代人心，适合现代潮流，还有一班人硬要拿他出来压迫现代人心，抵抗现代潮流，成了我们社会进化的最大障碍。"[②] "孔子生长封建时代，所提倡之道德，封建时代之道德也；所垂示之礼教，即生活状态，封建时代之礼教，封建时代之生活状态也；所主张之政治，封建时代之政治也。封建时代之道德、礼教、政治，所心营目注，其范围不越少数君主贵族之权利与名誉，于多数国民之幸福无与焉。"[③] 就是说，打倒封建旧文化，建设以民主和科学为主旨的新文化，这是时代的要求，是实现社会进步、民族自强的必然选择。[④]

这就是汉民族儒家文化在"矫枉过正"中"打倒孔家店"的开新，本是历史的必然，但却有人认为这就是彻底否定中国传统，一笔抹杀中国文化，是不符合历史实际的。对此，在认识汉民族文化开新中也必须予以澄清。对这个问题，龚书铎在《关于五四运动"打倒孔家店"小议》中有一个明确的回应[⑤]：

其实在近代中国，批判封建伦理纲常，至晚在戊戌维新时期已开

① 水如编：《陈独秀书信集》，新华出版社1987年版，第118页。

② 陈独秀：《独秀文存》，安徽人民出版社1987年版，第415页。

③ 陈独秀：《孔子之道与现代生活》，《新青年》第2卷第4号。转引自傅静、董家丽《"打倒孔家店"之历史反思》，《理论学刊》2003年第5期。

④ 以上参阅傅静、董家丽《"打倒孔家店"之历史反思》，《理论学刊》2003年第5期。

⑤ 龚书铎：《关于五四运动"打倒孔家店"小议》，《群言》2002年第4期。

其端。辛亥革命时期进一步发展，并对孔子进行批评，即使被称为国学大师的章太炎、刘师培也反对独尊孔子和儒学，批评儒学。新文化运动的反对孔教、封建伦理纲常，是以前的继承和发展。新文化运动的倡导者尽管对孔子、对伦理纲常进行了猛烈的抨击，但对孔子、孔学并没有完全否定。如被称为"只手'打孔家店'的老英雄"吴虞，在他致陈独秀的信中就说："不按常谓孔子自是当时之伟人"[①] 陈独秀肯定了孔子的历史地位和孔学的历史价值，表示"反对孔教，并不是反对孔子个人，也不是说他在古代社会无价值"[②]，孔学是"当时社会之名产"，"使其于当时社会无价值，当然不能发生且流传至今日"[③]。李大钊也认为："孔子于其生存时代之社会，确是为其社会之中枢，确是为其时代之圣哲，其说亦确是以代表其社会其时代之道德"。他明确表示："余之掊击孔子，非掊击孔子之本身，乃掊击孔子为历代君主所雕塑之偶像的权威也，非掊击孔子，乃掊击专制政治之灵魂也"[④]。新文化运动倡导者批孔的指向是明确的，他们并没有对孔子和孔学彻底否定，一笔抹杀。况且批孔也不等于彻底否定中国传统，一笔抹杀中国传统文化。孔子和儒学不等于全部中国传统，不等于全部中国传统文化。

事实上，新文化运动的倡导者也是继承、发扬了优秀文化传统的。如陈独秀反对定孔教为国教，批判封建伦理纲常，是为了中国的民主、富强，强烈地表现了"以天下为己任"的优秀传统。他在《我之爱国主义》一文中，提出可持续的治本的爱国主义六项意见，即：勤、俭、廉、洁、诚、信。他认为这六项，"实为救国之要道"。显而易见，陈独秀所提倡的六项意见，都源之于传统，而且与儒家思想分不开。

不可否认，在新文化运动中，有的人如陈独秀、钱玄同确实在当时特定的环境下说过一些过激的言论。如钱玄同曾主张"欲废孔学，不可不先废汉文"，"欲废孔学，欲剿灭道教，惟有将中国书籍一概

① 《新青年》第 2 卷第 5 号。

② 《孔教研究》，《每周评论》第 20 号。

③ 《答常乃悳》（孔教），《新青年》第 3 卷第 2 号。

④ 李大钊：《自然的伦理观与孔子》，载《李大钊文集》（一），人民出版社 1999 年版，第 249—250 页。

束之高阁之一法”[①]。单从这些带有愤激之情的言论来看，是颇像一笔抹杀中国传统文化的主张的。但这只是个别人的言论，不是主流。钱玄同自己声称他的主张不代表《新青年》的同人，《新青年》编辑部也声明钱玄同的主张只是他个人的。对于一次文化运动、一股社会文化思潮来说，在发生发展过程中，出现某种过激的言论，是常见的现象。问题在于对这些言论是在什么情况下说的要做具体分析，它在整个运动（或思潮）中居于什么地位，是不是主流，是不是起支配作用，这是我们研究问题时应当把握的。“挑选任何例子是毫不费劲的，但这没有任何意义，或者有纯粹消极的意义，因为问题完全在于，每一个别情况都有具体的历史环境。……如果不从整体上、不是从联系中去掌握事实，如果事实是零碎和随意挑出来的，那么它们就只能是一种儿戏，或者连儿戏也不如。”[②]

第三节　从洋务运动到新文化运动：汉民族现代文化的开新

历史从深处走来，汉民族文化从明代进入清代再进入民国，是最颠覆、最纠结、最折腾的嬗变时代。古诗云：“竹外桃花三两枝，春江水暖鸭先知”[③]。对于文化的变迁最敏感的学术界从经世思潮到维新学派的开新，继而触动到汉民族文化的主流——儒学，又经历了从朴学勃兴到“打倒孔家店”的开新，大破之后大立什么？汉民族文化又经历了从洋务运动到新文化运动的嬗变，开始构建现代文化。

一　洋务运动：汉民族文化近代化的开端

虽然洋务运动“种豆得瓜”，即本章第一节所述洋务派种的“豆”，收获的却是维新学派这个“瓜”，讲的是洋务运动的结果，而洋务运动种“豆”的过程启动汉民族文化的近代化却功不可没。为什么这样说呢？

我们先来看看马克思和恩格斯对此的论述。马克思、恩格斯所生活的

① 《中国今后之文学问题》，《新青年》第4卷第1号。
② 《列宁全集》第29卷，人民出版社1990年版，第364页。
③ （宋）苏轼：《惠崇春江晚景》。

时代，恰是中国洋务运动时期。他们曾对当时中国的状况作过许多论述，指出由于近代科学技术向中国的传播，以及科学技术自身的社会功能必然使中国的社会结构发生变革。恩格斯指出：古老的中华帝国“闭关自守已经不可能了，即使为了军事防御的目的，也必须敷设铁路，使用蒸汽机和电力以及创办大工业。这样一来，旧有的小农经济制度（在这种制度下，农户自己也制造自己使用的工业品），以及可以容纳比较稠密的人口的整个陈旧的社会制度也都在逐渐瓦解”[①]。这“意味着古老中国的终结，意味着它的整个经济基础会发生渐进的，但却是全面的革命”[②]。“稍后，我们看到，中国这个一千多年来一直抗拒任何发展和历史运动的国家现在怎样被英国人、被机器翻转过来，卷入文明之中。”[③] 科学是资本主义文明的成果，科学反过来又促进了资本主义的发展。洋务运动在引进资本主义生产方式的同时，也引进了西方的科学技术。科学技术的社会功能必然会促进这个从外输入的资本主义萌芽的壮大，并影响和决定着汉民族文化的走向。[④]

历史的发展正是如此。

中国近代化起步于鸦片战争。从19世纪中期到20世纪中期（1840—1949年）这100多年里，中国危机四伏、政局动荡、战乱频仍、舆论纷扰。恰恰是在这样的混乱局势中，中国社会发生了天翻地覆般的根本性转型。社会形态转变了，政治体制转变了，汉民族文化也同时转变了。鸦片战争前那个愚昧自大、排外守旧、“严夷夏大防”、死守“道统”的古老的汉民族，终于启动了文化的近代化，从经世思潮到维新学派，经历了洋务运动的“制夷”—“悉夷”—“师夷”的艰辛历程。

（一）军事工业为近代化开路

自19世纪60年代以后，为了“制夷”，中国陆续出现了最早装备西式武器并采用西法教练的陆军——湘军、淮军；出现了中国最早的近代海军——北洋、南洋水师。于是，随之出现了中国最早的近代兵工厂——安庆军械所、天津机器局、山东机器局；出现了中国最早的近代舰

① 《马克思恩格斯选集》第4卷，人民出版社1995年版，第737页。

② 《马克思恩格斯全集》第39卷，人民出版社1974年版，第288页。

③ 《马克思恩格斯全集》第42卷，人民出版社1980年版，第472—473页。

④ 周东启：《从科学观的角度看洋务运动》，《自然辩证法研究》2002年第6期。

船制造厂——福州船政局、江南制造局；出现了中国最早的近代军校——求是堂艺局、天津武备学堂；出现了中国最早的侧重用于军事的近代通信设施一津沪电报线、天津电报总局。洋务运动就这样从军事起步。

当时，一些军工企业建立之初便起点较高，具相当规模。如江南制造局，同治六年（1867 年）迁上海高昌庙新址，占地 70 余亩，分有熟铁厂、气炉厂、机器厂、木工厂、铸铜铁厂、洋枪楼、煤栈、轮船厂等分厂，并在陈家巷设立火箭分厂，其后又陆续兴建气锤厂、枪厂、炮厂、炮弹厂、水雷厂、炼钢厂、栗色火药厂、无烟火药厂，又在龙华镇设黑药厂、枪子厂，在松江建火药库等。产品更新的速度也颇快。“同治四年创办之初，厂中机器均未全备。先就原有机器推广，造成大小机器三十余座，用以铸造枪炮炸弹。六年始造轮船。十三年仿制黑色火药。光绪四年仿造九磅子、四十磅子前膛快炮。五年更造前膛四十八磅、八十磅各种开花实心弹。七年造筒式一百磅药，碰电、热铁浮雷。六年仿造新式全钢后膛快炮。十一年停造轮船，专修理南北洋各省兵轮船只。十七年改造快新枪，试炼钢料，又造各种新式后膛快炮，及五十二吨、四十七吨大炮。十九年仿制栗色火药。二十一年试造无烟火药。二十四年造七密里九口径新毛瑟枪。”据不完全统计，江南机器制造局从建厂到 1904 年制造机器设备，计 54 种 600 多台，其中车床 138 台，刨床 47 台，钻床 55 台，其他如锅炉、轮船推进器等各种大小机器工具，不计其数。

值得强调的是，江南机器制造局在造船方面所造机器尤为突出。例如，1873 年建造的“海安”号和 1875 年建造的“致远”号，是较大较先进的两艘兵船，长 300 尺，动力为 1800 马力，载重量 2800 吨，其主机和锅炉等关键主要机器，均为江南厂自己所造。进而于 1876 年、1885 年建造了“金瓯”和“保民”两艘铁甲结构的兵船。由此可见“江南”制造机器的能力之强了。

江南机器制造局除了机械的制造之外，另附设有广方言馆（语言学校，原设于 1863 年，1869 年并入江南制造局）、翻译馆以及工艺学堂，用以介绍西方知识，以及培养语言和科技人才，在 1868—1907 年间，译书达 160 种，除以军事科技为主之外，旁及地理、经济、政治、历史等方面的书籍，其所翻译书籍，被认为超过晚清数十年其他翻译书籍的质量。①

这一切不仅开了近代化军事及民族工业与其他诸项文化事业之先河，而且对晚清的汉民族知识分子吸收西方知识也产生了很大的影响。

（二）建构大机器工业体系

物质的力量是不可替代的。为了“师夷”，汉民族文化的近代化也是以大机器工业体系为基础形成的，这正是小农经济体系所不能望其项背之所在。

近代大机器工业是一条龙配套的体系，军用工业不可能长久地孤立发展，势必会带动出其他的相关产业。制造舰船枪炮需要机器，制造机器需要钢铁，冶炼钢铁需要煤铁矿，煤铁矿开采后需要运输，制造业、钢铁业、采矿业、运输业、动力业互成流程，诸环节缺一不可。李鸿章等便发现，洋机器在耕织、印刷、制陶等方面都能发挥作用，有裨民生日用，原本并不是专为军火而设。于是，自同治十三年（1874 年）海防之议起，李鸿章即历陈煤铁矿必须开挖，电线铁路必须架设修筑，各海关口岸都应添设洋学格致书馆，以造就人才。除军用工业外，民用工矿业的兴办提上日程，洋务期间创办的此类企业中具规模的有：上海轮船招商局、台湾基隆煤矿、直隶开平煤矿、上海机器织布局、兰州织呢局等，初步构建了中国大机器工业体系的基石；中国民间开始涉足机器工业，出现了上海发昌机器厂、广东继昌隆缫丝厂等，中国的民族资本主义工业因此诞生。

中国的近代运输体系也伴随着铁路的兴修开始搭建。1873 年，英国兰逊—瑞碧公司以祝贺同治皇帝婚礼为名，提出送一条“婚礼铁路”给清王室，但被拒绝。三年后，英国怡和洋行上海自行修建了江湾至吴淞口的铁路，长 15 公里，被国人看作“异物”，两江总督沈葆桢只得以 28.5 万两白银购回后拆毁。

直到 1878 年，李鸿章创办唐山开平煤矿，为便于运输，修筑小铁路，担心引起民愤，最初用马车做牵引动力，继改用小机关车；直到 1886 年才扩筑路轨，轨距四尺八寸半，成为中国铁路轨道的定例，并使用机车牵引。到甲午战前，中国已铺设了由天津经大沽、滦州，并延伸到关外的铁

① 本节参阅刘玉才编著《传承与新变：明中叶至辛亥革命的物质文明》，北京大学出版社 2009 年版，第 132—134 页；夏东元《洋务运动与江南制造局》，《上海造船》2005 年第 2 期。

路，全长352.5公里。

面粉业的兴起也逐步形成规模。1900年正式开工的上海阜丰机器面粉厂，系安徽寿州官僚家族孙多森兄弟集资规银30万两创办的，日生产能力2500包。无锡的荣宗敬、荣德生兄弟，于1902年在无锡开办保兴面粉厂，这是荣氏家族投资于面粉工业的第一个企业。实质上就生产规模看，只是一家稍大的机器磨坊，到1905年增加设备，扩建成为机器面粉厂——茂新面粉厂。与此同时，上海开办的还有华兴、裕丰、裕顺等三家面粉厂，都在1904年正式投产。此外，江苏镇江的合兴面粉厂于1903年创立，1904年浙江宁波的通久远面粉厂开办。东北地区继俄商面粉厂之后，1904年在吉林宁古塔创立了裕顺和裕顺利两家面粉厂，初步形成了面粉业的体系。

印刷业的进步也颇引人瞩目，印刷术曾是汉民族古代的四大发明之一，但至近代已经落伍。1798年，捷克发明家塞尼费尔德发明了石印术，在鸦片战前已传入广州，而影响较大的是由《申报》馆主英国商人美查（E. Major）在华办的点石斋石印局，他于1884年5月在上海创办《点石斋画报》，在其后的20年间风靡中国。由中国民族资本家徐润创办的近代中国最大的石印企业——同文书局则在不长的时间里将《二十四史》《图书集成》和《全唐诗》等数万种鸿篇巨帙秘籍珍本批量石印出来。西洋石印较中式木刻优点很多，1883年，黄式权在《淞南梦影录》中写道："西国石板，磨平如镜，以电镜映象之法，摄字迹于石上，然后傅以胶水，刷以油墨，千百万书难竟日而成就，细如牛毛，明如犀角。"而几乎与石印技术同时出的中文铅印术更与现当代的中国印刷术直接相联系。印刷术的改善特别明显地兼具了物质文化与精神文化同时进步的双重效用。姚公鹤《上海闲话》记载："闻点石斋石印第一获利之书为《康熙字典》，第一批印四万部，不数月而售罄。第二批印六万部，适某科举子北上会试，道出沪上，每名率购五六部以作自用及赠友之需，故又不数月而罄。"在商人赚取物质财富的同时我们还看到了文化的下移和空前的传播。①

① 本节参阅刘玉才编著《传承与新变：明中叶至辛亥革命的物质文明》，北京大学出版社2009年版，第134—138页；徐新吾、杨淦、袁叔慎《中国近代面粉工业历史概况与特点》，《上海社会科学院学术季刊》1987年第2期。

（三）近代城市化的浪潮

在“师夷”的过程中，与工业化相伴而行的是城市化，中国出现了第一次近代城市化的浪潮。开始出现所谓“铜山西崩，洛钟东应”[①] 的经济现象，就是农村听命于城市，小城镇听命于大城市，大城市听命于通商大埠，通商大埠又听命于世界各大商都的状况。中国与世界经济一体化的浪潮初动，并逐步形成了长江下游、珠江三角洲和华北地区三大市镇密集区，特别是以上海为中心的长江下游城市带的崛起。1843 年开埠前，上海县的人口只有 50 万，其中的 30 万还是远郊人口，真正县城和近郊人口仅 20 万，充其量是一个中等规模的城镇，非但不能与南京（1852 年为 90 万人口）、杭州（鸦片战争前夕为 60 万人口）相比，即便与苏州（鸦片战争前夕为 50 万人口）相比也等而下之。但是，到了 1862 年，上海仅市区的人口就已达到 300 万，一跃成为当时中国乃至世界上的特大都市。

又如开埠前的汉口镇基本附着在汉水入江口上，因此古汉口的土码头、街道多集中在汉水之傍，如有名的汉正街，这是木船时代商贾只能活动在汉水岸边，难以在长江运营的表现，1861 年汉口开辟为通商口岸，列强巨轮航行于长江之上，在汉口沿江建码头、修仓库、开租界，于是汉口的市区发展走向由沿河折向沿江，在武汉关附近形成一片滨江区，商业中心发生位移，以汉正街向下推移到刘家庙、江岸车站一线，逶迤几十里，从 1861 年到 1911 年 50 年间，武汉三镇城区面积从不到 20 平方公里扩大到约 60 平方公里。

从 19 世纪 50 年代起，中国又依照不平等条约对外开放了营口、汕头、天津、汉口、重庆等沿海和内地沿江的城市为通商口岸。到辛亥革命前夕，全国被陆续开辟为通商口岸或商埠的城市已达 107 处，其中分布在沿海地带的，有上海、杭州、宁波、温州、福州、厦门、广州、青岛、天津等 23 处。到 1893 年，中国除台湾和东北以外的地区已拥有市镇中心 1779 个，城市人口达 2351.3 万人，城市人口占人口总数的 6%。

沿海被迫开埠的城市由于对外经济联系建立比较早，城市近代化的程度相对较快，在整个近代史进程中，无论在经济上、文化上都处于中国近代化的先行地位。从产业的角度看，不少华商开创的企业都首先诞生于沿

---

① “铜山西崩，洛钟东应”，又作“铜山崩而洛钟应”（《周易要义》）、“铜山西崩，洛钟东响”、“铜山西崩，灵钟应应”（《世说新语》）等。比喻重大事件彼此相互响应。

海开埠城市就是一个明证。其中纺纱、轧花、织麻、服装、造纸、印刷、罐头食品、机器制造、制革、电灯业最先落脚在上海、广州、厦门。这些企业的产生，标志着中国近代工业的萌生和发展，而孕育这些企业的沿海开埠城市无疑也担当起经济发展的先行者角色。[①]

中国洋务运动的这个过程，虽只短短的 30 余年，但却在汉民族几千年的“祖宗之法”上开了一刀，这对“以农为本”的汉民族来说，真是“四千年中二十朝未有之奇变”[②]。所以，仅看洋务运动的过程，就已经是历史性的大突破，而其“种豆得瓜”的结果，是不以洋务派的意志为转移的必然。这正好说明了文化的张力也是不可等闲视之的。因此，平心而论，洋务运动不仅为中国经济逐渐走向近代化创造了条件，同时，在通向近代化的道路上也迈出了艰难的一步。了解洋务运动的这个过程，可以使我们明白，在汉民族文化开新中，洋务运动本来是汉民族上层自上而下的自救运动，但洋务派却充当了历史的“不自觉的工具”，客观上发展了近代生产力，造就了旧制度的掘墓人——资产阶级和无产阶级，为汉民族的近代化向更深层次发展做了思想的、物质的、阶级的准备。从这一点来讲，洋务运动是符合文化发展规律和时代潮流的，是当时中国唯一切实可行的近代化途径。我们不能因为洋务运动没有触动旧的经济基础、旧的政治制度和封建礼教而否定它是一条唯一切实可行的途径。因为从文化角度讲，改变制度和礼教是近代化第二和第三层次的任务。在中国只能由资产阶级或无产阶级去先后完成。[③] 但从一定的意义上来看，洋务运动应是汉民族文化近代化的开端。

二　新文化运动：汉民族文化近代化的发展

洋务运动虽然“种豆得瓜”，但中国的近代化，汉民族文化的近代化却没有停止前进的步伐。

从洋务运动中我们已看出汉民族文化近代化的道路是从器物文化层面

---

① 本节参阅刘玉才编著《传承与新变：明中叶至辛亥革命的物质文明》，北京大学出版社 2009 年版，第 139—141 页；陶炎武《试论中国近代城市化进程》，《咸宁师专学报》1997 年第 4 期。

② 康有为：《保国会上演讲辞》，载中国史学会主编《戊戌变法》第 4 册，神州国光社 1953 年版，第 407 页。

③ 参阅刘曙东《如何从近代化角度评价洋务运动》，《常德师范学院学报》（社会科学版）2002 年第 5 期；何玲《浅析洋务运动与中国近代化》，《金田》2013 年第 4 期。

开始的，它的第一步就是以洋务运动为代表的经济和技术层面的变革。其主要成果是修铁路、开矿山、办工厂，开启了中国工业化的进程，带来了经济发展的现代模式。第二步是以戊戌变法和辛亥革命为代表的政治变革。和平改革的戊戌变法以失败告终，却促使更多的人走向了暴力革命。辛亥革命终于推翻了几千年的帝制，为中国带来了一个全新的民主共和政体。但是，从某种意义上说，辛亥革命的确是一场条件不甚成熟的革命，“中华民国”这个亚洲最先出现的共和国也的确是一个早产的婴儿。革命在缺少充分准备的情况下突然到来，匆匆催生了现代民主共和国体，却不可能为这个崭新的共和国准备下新型的官员和现代公民。所以，虽然在共和国的体制之下，人们的行为模式却远非共和国公务员和公民的关系模式，而是仍然上演着皇帝时代“为王牧民”的官员与千百万草民的旧戏。

换句话说，当时中国的情形是：一场政治革命胜利了，民主共和国的体制在革命风雨中诞生，但是，从上到下都不习惯这种新的国体和政体。一方面，作为共和国的总统、总理和各级管理者们，大都刚刚摘去清王朝的顶戴，很难迅速由皇帝的臣子转变为现代国家的管理者。包括那些作为清王朝专制统治反抗者的革命党人，也并不熟悉现代国家的政治规则。因此，共和国很难迅速走上国家管理的现代化轨道，而是不自觉地就会按照专制王朝的旧例行事。另一方面，作为理论上已经享有国家主权的人民，绝大多数并不知道自己已经是国家的主人，因而既不清楚公民的权利，也不清楚公民的义务，更不知道应该如何对待自己花钱雇佣的国家事务管理者——官员。他们仍然以草民自居，习惯于自居奴隶的地位。就像鲁迅笔下的阿 Q 走上大堂时一样，官员们并不让他下跪，但他还是自觉地跪下了。李大钊在《新的！旧的!》中就说：“中国人今日的生活全是矛盾生活，中国今日的现象全是矛盾现象。”他举了一系列例子：过年了，刚过新年，又过旧年；贺年的人，有的鞠躬，有的跪拜；黄昏走在北京的街头，为修身大本；关于婚姻，一方面订立禁止重婚的刑律，一方面却保留纳妾的习俗……李大钊认为，这种矛盾现象的原因是“新旧之间，纵的距离太远，横的距离太近，时间的性质差得太多，空间的接触逼得太紧”[①]。

总之，当时的中国已经建立起现代的政治体制，而人们的思想观念和

① 李大钊：《新的！旧的!》，《新青年》第 4 卷第 5 号，转引自李新宇《什么是“新文化运动”?》，《社会科学战线》2004 年第 3 期。

行为方式却与之相去甚远。汉民族的新文化运动正是在这样一种历史背景下发生的。[①]

（一）大论战：新文化运动的主战场

文化的大破大立，新文化运动首先呈现的是思想上的大破大立。要破汉民族有几千年积淀的旧思想谈何容易？于是新文化运动时期，汉民族思想界围绕东西文化问题发生了一场大论战。

这场大论战始于《新青年》创刊的1915年，直到20年代后期才因国民革命的武器批判压倒了思想战线上的批判武器而逐渐沉寂下来，前后延续了约十年之久。参与论战的双方主要是以陈独秀、李大钊、胡适为代表的新文化派[②]，以及以杜亚泉、章士钊、梁漱溟为代表的文化保守主义者。这场论战其时间之长，参与论战的人数之多，涉及的问题之广，影响之重大和久远，都是此前所发生的一切类似论战无法比拟的[③]。但就其整个论战的过程而言，主要争论的是东西文化的差异比较、新旧文化的关系看待和中国文化出路的选择这三个问题。

1. 东西文化差异的论战

对东西文化差异的问题，新文化派认为是"古今之别"。陈独秀1915年在《青年杂志》第1卷第1号发表的《法兰西与近世文明》一文中，依据进化理论，把人类的文明划分为古代与近代两个时期，并从思想上对其特征做了说明："古代文明，语其大要，不外宗教以止残杀，法禁以制黔首，文学以扬神武。此万国之所同，未可自矜其特异者也。""近代文明之特征，最足以变古之道，而使人心社会划然一心者，厥有三事：一曰人权说，一曰生物进化论，一曰社会主义。"以此特征来观察东西文化，他认为，东方的印度和中国这两种文明从文化进化的程度而言，"犹古之遗也"，是古代文明。这在东西文化比较史上是一个飞跃。因为在此之前，各种主张采纳或学习西方文化的人，持的是"西学中源"说，认为近世之西方文化不过是古代中国文化失遗的"古礼"而已，中国学习西

---

① 参阅李新宇《什么是"新文化运动"?》，《社会科学战线》2004年第3期。

② 五四前期新文化派主要是西化派，到了中后期中国早期马克思主义者开始登上历史舞台，成为新文化派的一部分，在反对文化保守主义者的文化主张上他们是西化派的同盟军，但对中国文化出路的选择他们与西化派又大相径庭，存在争论。

③ 详见龚书铎主编，郑大华分册主编《中国文化发展史·民国卷》，山东教育出版社2013年版，第121—128页。

方，并非是“以夷变夏”，只是使遗失的“古礼”重新返回中国。

此后，胡适也对东西文化之差异的实质作了“古今”的说明。他认为东西文化的差异不是什么类型或“路向”的不同，而是“时间上、空间上的一种程度的差异”，是发展速度的差异，是时代性的差异，是“古今之别”[①]。把东西文化之差异的古今性质表达得再清楚不过的大概要算常燕生了。1920 年，他在《国民》第 2 卷第 3 号发表《东方文明与西方文明》。在文中他将人们所列举的种种东西方文明的不同特征列了一张表：

东方文明的特色	西方文明的特色
重阶级	重平等
重过去	重现在
重保守	重进取
重玄想	重实际
重宗教	重科学
重退让	重竞争
重自然	重人为
重出世	重入世

常氏认为，“这两个关系是前后的，不是对峙的”。东方和西方不是自古以来就存在着这种种差异，无论东方还是西方，在古代“全是一样，并没有分别”。只是由于西洋文明已从古代进入现代。据此，常燕生得出结论：“一般所谓东洋文明和西洋文明之异点，实在就是古代文明和现代文明的特点。”

与新文化派的“古今之别”不同，文化保守主义者则认为东西文化是“中外（类型）之异”。杜亚泉在《东方杂志》第 13 卷第 10 号上著文，将东西文化概括为“静的文明”与“动的文明”。他在文中首先就中西社会及其差异做了一番比较，认为西方“以自然为恶”，“注重于人为”，“一切以人力经营治之”；中国“以自然为善”，“注重于自然”，

---

① 胡适：《读梁漱溟先生的〈东西文化及其哲学〉》，载《胡适文集》3，北京大学出版社 1998 年版。

“一切皆以体天意，遵天命，循天理为主”。“西洋人之生活为向外的”，以个人为中心；“我国人之生活为向内的”，“勤俭克己，安心守分”。西方“有种种之团体，若地方，若阶级，若国家，若民族，皆为一团体而成一种之人格，对于他团体为权利义务之主体”；中国“无所谓团体”，城镇乡，是地理上的名称，省道县，是行政上的划分，国家是封建时代的遗物，均“无人格的观念存于其间”。西方社会“既以竞争胜利为生存必要之条件，故视胜利为最重，而道德且其道德之作用，在巩固团体内之各分子，以对抗他团体，仍持为竞争而所谓道德者，乃从人与人关系间规定其行为之标准，故多注意于公德。而于个人行为，则放任自由”。中国社会则“往往视胜利为道德之障害，故道德上不但不崇拜胜利，而且有蔑视胜利之倾向。道德之作用在于消灭竞争，而以与世无争，与物无竞，为道德之最高尚者。所谓道德，即在拘束身心，清心寡欲，戒谨于不睹不闻之地，为己而不为人，故于个人私德上兢兢注意”。西方以“战争为常态，和平其变态”，“无时不在战争之中”，就是和平时期也是为下一次战争做准备；中国以“和平为常态，战争其变态”，有时虽然也发生战争，战争的目的是为了恢复和平。……凡此种种，在杜亚泉看来，不外“动”与“静”的区别。故此，他写道：“综而言之，则西洋社会为动的社会，我国社会为静的社会。由动的社会，发生动的文明，由静的社会，发生静的文明。”①

于是，新文化派和文化保守主义者对东西文化的优劣也做出了相反的评判。在新文化运动前期，新文化派根据进化理论，今胜于古，因此他们认为，已进入近代的西方文化比仍停滞在古代的东方文化具有不可比拟的优越性。但到了新文化运动的中后期，新文化派内部发生分化，其中的西化派仍然认为西方近代资本主义文化是人类文化的归宿，而中国早期马克思主义者则认为西方近代资本主义文化和东方古代封建主义文化一样，也已落伍过时，属于应被淘汰的文化，只有社会主义的新文化才代表人类文化发展的方向。而在文化保守主义者看来，既然东西文化是“中外之异”，所以就无法判定它们孰优孰劣。杜亚泉就认为，东西文化犹如异地

① 伧父：《静的文明与动的文明》，《东方杂志》第 13 卷第 10 号，1916 年 10 月，转引自龚书铎主编，郑大华分册主编《中国文化发展史 · 民国卷》，山东教育出版社 2013 年版，第 131—132 页。

并生的两种草木，殊科异类，各具特色，彼此无优劣之分。以“发生之效果论”，动的文明，冒险进取，生活“日益丰裕”，但“身心忙碌”；静的文明，内部节约，生活尽管“日益贫啬”，然而身心安闲。“以个人幸福论，丰裕与安闲孰优孰劣，殊未易定”，二者都有存在的价值和理由。[①]

2. 新旧文化关系的论战

对新旧文化的关系两派也存在尖锐对立。新文化派认为，西洋文化与中国固有文化的性质是“极端相反”的，如果认为“新”者为适，那就必须排斥“旧”者，反之亦然。“旧者不根本打破，则新者绝对不能发生，新者不排除尽净，则旧者亦终不能保存，新旧之不能相容，更胜于水火冰炭之不能相入也。”[②] 因此，西化派从新胜于旧、今胜于古的前提出发，反对新旧调和，反对保存旧的文化传统，而主张“破旧立新”“以新代旧”或“弃旧图新”。

而文化保守主义者则反对将西方文化和中国文化与新旧文化等同起来，认为新旧是一个历史的范畴，其含义因时、因地和内容的变化而异，“昨以为新，今日则旧”。与此相应，在中西文化关系上，“则不能不以主张刷新中国固有文明贡献于世界者为新，而以主张革除中国固有文明同化于西洋者为旧。故现时代之所谓新旧，与戊戌时代之所谓新旧，表面上几有倒转之观”[③]。故此，他们不同意西化派提出的“破旧立新”“以新代旧”或“弃旧图新”的主张，而赞同“新旧杂糅”“新旧调和”或“存旧立新”。

3. 中国文化出路选择的论战

中国文化向何处去？这是大论战的目的之所在。在新文化运动前期，新文化派的一致看法是：既然中国固有文化是旧文化，根本不适应现代需要，西方近代文化是新文化，比中国固有文化优越，那么，中国文化的出

① 伧父：《静的文明与动的文明》，《东方杂志》第13卷第10号，1916年10月，转引自龚书铎主编，郑大华分册主编《中国文化发展史·民国卷》，山东教育出版社2013年版，第134页。

② 汪叔潜：《新旧问题》，《青年杂志》第1卷第1期，1915年9月，转引自龚书铎主编，郑大华分册主编《中国文化发展史·民国卷》，山东教育出版社2013年版，第134页。

③ 伧父：《静的文明与动的文明》，《东方杂志》第13卷第10号，1916年10月，转引自龚书铎主编，郑大华分册主编《中国文化发展史·民国卷》，山东教育出版社2013年版，第135页。

路只能是“西方化”，而不是“东方化”或“中西文化调和”。陈独秀明确地说：“若是决计革新，一切都应采用西洋的新法子，不必拿什么国粹，什么国情的鬼话来捣乱。”① 即主张“文化取代论”。但到了新文化运动的中后期，如前所指出，中国早期马克思主义者开始走上思想文化舞台，他们在中国未来文化选择问题上他们和西化派又有争论。他们反对中国走“西方化”的道路，认为“俄化”，亦即走俄国十月社会主义革命道路才是中国文化的正确选择。

文化保守主义者则认为，当时的西方文化和中国文化都出现了严重的危机，西方虽然成就了辉煌的物质文明，但精神生活却十分贫乏和痛苦。中国正好相反，精神生活丰富和幸福，而物质文明则相当落后。因此，中国文化的出路既不是“西化”“俄化”，也不是顽固派所主张的固守传统，而是“一面开新，一面复旧”，取西方文化物质文明发达之长，补中国文化物质文明落后之短，实现中国的精神文明与西方物质文明的折中调和，即主张“文化调和论”②。

这个大论战，就其实质而言，是要不要向西方（后来包括俄国）学习、如何学习以及如何对待中国传统文化的问题。这正是民国时期汉民族文化开新的根本问题。

（二）民主与科学：新文化运动的旗帜

在新文化运动中，举起了民主与科学这两个立场鲜明的旗帜，将其视为西方先进文化的核心和汉民族文化发展的根本目标。换言之，只有到了民国时期，民主与科学才真正成为一种彼此有机联系的社会意识，一种逐渐深入人心的文化价值观念，一种引导此后中国文化发展的基本精神。

1. 汉民族对民主与科学的追求

从清到民国汉民族文化开新以来，先后有四代思想家追求过西方的民主。

从魏源、徐继畬等经世思想家对西方民主政治的羡慕，到郑观应、王韬等早期维新思想家对君民共主制度的要求；从康有为、梁启超等维新思想家发动的以兴民权、设议院、实行君主立宪为主要诉求的变法运动，到

---

① 陈独秀：《独秀文存》，安徽人民出版社 1987 年版，第 152 页。

② 以上参阅龚书铎主编，郑大华分册主编《中国文化发展史·民国卷》，山东教育出版社 2013 年版，第 135 页。

孙中山、章太炎等革命派领导的以建立资产阶级共和国为终极目标的辛亥革命，可谓是前赴后继，追求不止。但是西方的民主制度并没有在中国真正建立起来，辛亥革命虽然推翻了清王朝，结束了两千多年的封建专制统治，建立起了资产阶级共和国，但曾几何时，共和就成了假共和，民主亦成了假民主，中国人民在相当长的时期内仍然生活在封建专制的统治之中。

西方的民主制度虽然在中国没有真正建立起来，但晚清一些思想家对民主的追求，却在汉民族中产生了广泛而深远的影响。在追求民主的过程中，一些思想家曾大力宣传、介绍过西方的民主思想，如民权思想、平等思想、自由思想、天赋人权论、社会契约论、三权分立思想，等等。尽管由于救亡图存的现实需要影响了晚清思想家对西方民主思想的完整理解和系统接纳，但总的来看，晚清对西方民主思想的宣传、介绍还是有成效的，它至少使部分人们知道了世界上还存在一种比中国的专制主义思想先进得多的政治思想。

从清到民国汉民族文化开新以来，汉民族也没有停止过对科学的追求。在鸦片战争前后以林则徐、魏源为代表的经世思想家提出“师夷之长技以制夷”的思想，并在某种程度上对这一主张进行过实践。这是思想家追求科学的开始。到了洋务运动时期，以曾国藩、李鸿章为代表的洋务派继承了林则徐、魏源的“师夷之长技”的思想，将晚清对科学的追求大大推进了一步。

但到1895年甲午战争之前，中国人追求的主要是自然科学。所以当时翻译介绍的西学书籍也主要集中在自然科学方面，如数学、天文学、物理学、化学、动植物学、地质学、地理学、医学等基础科学，以及与工业制造有关的冶炼、造船、化工、开采、纺织、驾驶、军械等应用科学。另外，单项科学的翻译介绍也很全面，如物理学中就包括了力学、电学、声学、水学、热学等分支学科。社会科学在这一时期虽然也有一些介绍，但这种介绍是附带的、零星的，无论在数量上，还是质量上，都远远无法与自然科学相比。

洋务运动的失败，使人们对西学的认识发生了变化。如严复，在甲午战争后连续发表文章，反省洋务运动失败的原因，强调“大讲西学”的重要性，批评洋务派对西学的片面认识，认为商兵法、造船、制器，乃至天文、算学、格致，都不是西学的根本，西学的根本在“于学术则黜伪而崇真，于刑政则屈私以为公"①。梁启超在《戊戌政变记》的"上谕恭跋"里说："甲午以前，我国士大夫言西法者，以为西人之长，不过在船坚炮利，机器精奇，故学之者亦不过炮械船舰而已。此实我国致败之由也。乙未和议成后，士大夫渐知泰西之强，由于学术。"② 于是汉民族对科学的追求也就进入了一个新的时期。

一是追求的重点开始从自然科学转向社会科学。甲午战争以后，尤其是进入20世纪后，社会科学逐渐成了追求的重点。这可以从顾燮光的《译书经眼录》中看出，该书收1900年至1904年所译书目491部，其中自然科学164部，占总数的33.4%，社会科学327部，占总数的66.6%。另据《日本译中国书综合目录》一书的统计，从1868年至1895年，中译日文书8种，几乎全是自然科学，1896年至1911年中译日文书958种，其中自然科学（含应用科学）172种，约占总数的18%，社会科学786种，约占总数的82%。③

二是学会、团体和报刊成为传播科学的重要途径。20世纪后，先后有亚泉学馆（1900年）、普通学书室（1901年）、上海科学仪器馆（1903年）、上海的科学院研究会（1907年）等学会和团体的成立。与此同时，以传播科学为宗旨的报刊也开始在全国各地出现，一些综合性的报刊甚至政论性的报刊，如《东方杂志》《申报》《外交报》《政艺通报》等也开办有专栏或定期发表文章，宣传科学和科学思想。这些学会、团体和报刊为科学的传播做出过重要的贡献。

三是科学精神和方法的引进及影响。科学不仅是一种知识，更是一种精神和方法，而且与知识相比，精神和方法更重要一些。汉民族中第一位重视科学精神和方法，并将它引进中国的人是严复。严复最早认识到，西学的"命脉"不外两条，即在学术方面"黜伪而崇真"，在政治方面"屈私以为公"④。不少学人认为，严复的"屈私以为公"与"黜伪而崇真"是后来五四新文化运动的"民主与科学"口号的最初表述。因为五四新文化运动所提倡的"科学"指的也主要是科学精神和方法。科学精神和

① 《严复集》第1册，中华书局1986年版，第2页。

② 梁启超：《饮冰室合集》第6册，专集之1，中华书局1989年版，第27页。

③ 龚书铎：《近代中国与文化抉择》，北京师范大学出版社1996年版，第79—80页。

④ 胡伟希选注：《论世变之亟——严复集》，辽宁人民出版社1994年版。

方法的引进，在晚清追求科学的历程中具有非常重要的意义，为了国家富强和救亡图存而追求科学，这是晚清追求科学中一个显著的特点。[①]

2. 民主与科学：新文化运动的两面旗帜

汉民族新文化运动最大的特点是高举民主与科学两面旗帜，把民主与科学紧密地结合起来了。

民主是指民主精神、民主思想与资产阶级民主政治制度；科学是指科学精神、科学方法与具体的科学技术、科学知识。早在1842年，魏源在《海图国志·序》中提出“师夷之长技”主张的同时，又对西方的民主制度表示出羡慕之情。以郑观应、王韬为代表的早期维新思想家认识到，要实现国家富强，一方面要以“格致算学为本”，另一方面又必须变革“上下不通，君民相隔”的君主专制制度。所以他们在主张大力引进西学、发展科学的同时，又主张采纳西方的君民共主制度。到了甲午战争后，以康有为、梁启超、严复为代表的维新思想家对科学与民主的关系有了进一步的认识。在他们看来，要“兴民权”，实行君主立宪制度，须先“开民智”，提高国民的知识文化水平。要开民智，就必须大力发展科学文化事业，用严复的话说：“欲开民智，非讲西学不可。”[②] 而西学的内容，无非是自然科学和社会科学。也就是说，科学可以通过开民智而促进政治的民主化。

所以，要想实现富强，就必须实现科学与民主的结合。基于这个认识，晚清思想家，尤其是19世纪末20世纪初的思想家始终将追求科学与追求民主结合在一起，他们在大力宣传、介绍科学的同时，也在大力推进中国的政治民主化，或要求君主立宪，或倡导民主共和。[③] 而在新文化运动中，1919年1月陈独秀在《敬告青年》中大声疾呼：“欲摆脱蒙昧时代，羞为浅化之民也，则急起直追，当以科学与人权并重。”[④] 在此，陈独秀提出的是“科学与人权并重”。人们大多只记得陈独秀说过民主与科学，其实，在创办《新青年》之际，他提出的是人权与科学。在《法兰西人与近世文明》中，他认为“近代文明之特征，最足以变古之道，而

① 以上参阅郑大华《晚清思想家对民主与科学的追求》，《教学与研究》2005年第11期。

② 《严复集》第1册，中华书局1986年版，第41页。

③ 参阅郑大华《晚清思想家对民主与科学的追求》，《教学与研究》2005年第11期。

④ 《青年杂志》第一卷第一号。

使人心社会划然一新者”，首先是“人权说”[①]。后来，他又将民主与科学生动地称之为“德先生”和“赛先生”，明确表示：“我们现在认定只有这两位先生，可以救治中国政治上、道德上、学术上、思想上一切的黑暗，若因为拥护这两位先生，一切政府的压迫、社会的攻击笑骂，就是断头流血，都不推辞”[②]，从而将民主与科学的观念深深地烙在了知识分子的头脑之中。

“民主”与“科学”也可称为“民主”与“科学”革命，从而代替了“人权”和“科学”一说，这是新文化运动时高举的两面旗帜，也是运动中的基本口号人们也习惯称“两先生”，所谓“德先生”（democracy）和“赛先生”（science）。

“民主”与“科学”两词的提出对当时的社会震动很大，从而引发了不同的社会争鸣，原因是有许多人对两词的含义理解不同“民主”一词时至今日仍有三种不同争鸣：第一种观点认为“民主”，就是资产阶级的平等自由思想和资产阶级民主制度，反对封建专制，同时强调个性解放；第二种观点认为“民主”已不是一般意义上的民主，他要求唤醒更多“国民之觉悟”，主张发动“国民运动”，建立唯民主主义国家；第三种观点认为，“民主”是陈独秀讲的“人权”，“所谓人权也就是个体的自主之权，思想自由财产独立和人格平等之权。”[③] 陈独秀在《本志罪案之答辩书》书中，曾明确提出“要拥护那德先生，便不得反对孔教、礼法、贞节、旧伦理、旧政治”，这样我们很明白地就可以看出所谓“民主”之所指。既然人们对“德先生”有以上三种认识，那么“赛先生”自然也有许多人对其有不同的理解。第一种观点认为“科学”指近代自然科学。第二种观点认为“科学”不是自然科学，而是指科学的精神和科学的思想。第三种观点认为“科学”既包括自然科学，又包括科学态度、科学精神。陈旭麓先生在《近代中国社会的新陈代谢》中尤持此说。同样，陈独秀在《本志罪案之答辩书》中写道：“要拥护那赛先生，便不能不反对旧艺术、旧宗教！”[④] 可见其尤重

---

① 陈独秀：《法兰西人与近世文明》，《青年杂志》第一卷，第 1 号，转引自李新宇《什么是“新文化运动”?》，《社会科学战线》2004 年第 3 期。

② 《陈独秀文章选编》上册，生活·读书·新知三联书店 1984 年版，第 318 页。

③ 陈旭麓：《近代中国社会的新陈代谢》，上海社会科学院出版社 2006 年版，第 406 页。

④ 《新青年》第 6 卷，第 1 号，转引自王天强、刘琴《浅谈“新文化运动”中的道德伦理革命及民主与科学》，《传承》2009 年第 3 期。

科学精神和科学思想。①

新文化运动提倡民主，反对专制；提倡科学，反对愚昧；提倡新道德，反对旧道德；提倡新文学，反对旧文学。新文化运动激发了广大青年追求新思想的热情，促使人们冲破封建思想的罗网，探索救国救民的新出路，在近代中国掀起了一场思想解放的风暴，揭开了中国近代史的进程。“这两大口号的提出与广泛宣传，犹如给充满阴霾的中国大地注入了一股早春的气息，其功效和影响历久而弥远。”②

所以五四运动以后，追求科学、民主的思潮继续得到发展。科学方面，影响较大的有科学派、唯物史观派反击玄学派的“科玄论战”；20世纪30年代初至抗战以前“科学救国论”指导下的“科学化运动”；同时期左翼人士从事的“新社会科学”运动。民主方面，则有胡适、罗隆基发动的资产阶级“人权运动”；中共领导的人民民主运动，再次将民主与科学并提作为启蒙的目标，显示出文化思想与运动发展的螺旋式上升。

同晚清相比，民国时期人们对民主与科学的认识进一步深化了，因此对它们的追求也变得更加明确、强烈而执着。新文化运动以前，汉民族所理解的民主基本上是一种政治制度或政治理想，此后则明确认识到，它还是贯穿于经济、社会、文化各个方面的一种普遍合理、应当遵行的自由平等的价值观念。正如李大钊1919年2月在《劳动教育问题》一文中所指出的：“现代生活的种种方面，都带有Democracy的颜色，都沿着Democracy的轨辙。政治上有他，经济上也有他；社会上有他，伦理上也有他；教育上有他，宗教上也有他；乃至文学上、艺术上，凡在人类生活中占一部位的东西，没有不受他支配的。简单一句话，Democracy就是现代唯一的权威，现在的时代就是Democracy的时代。”③ 同年3月，谭平山也说：“今日世界之最大主潮为何？稍有识者，莫不举‘德谟克拉西’以对矣。”次年又说：今日时代思想的根本特质，就是民治主义，今日所谓民治主义的根本概念，就是平等自由两大观念。这种认识代表了当时新式知识分子

---

① 参阅王天强、刘琴《浅谈“新文化运动”中的道德伦理革命及民主与科学》，《传承》2009年第3期。

② 张岂之：《中国历史》（晚清民国卷），高等教育出版社2001年版，第250页。

③ 《李大钊文集》上册，人民出版社1984年版，第632页。

的普遍看法。[①] 至于自由平等，人们则认为，其价值核心又在于尊重个性、发展“个人”自主的人格。陈独秀将“自主的而非奴隶的”观念置于现代意识之首，主张“个人本位”；胡适撰写《易卜生主义》一文，倡导“健全的个人主义”，都是基于此种共识。“个人”的发现，乃是“五四新文化运动最重要的东西，也就是最能表现出它区别于此前二千余年的传统文化的地方”[②]。它对此后汉民族文化的发展具有十分重要的意义。[③]

3. 新文化运动推动了汉民族文化的开新

从入清以来，汉民族文化开新面临着巨大的挑战，一边是来自西方的全球化浪潮，一边是来自满族新政权的统治。“四千年中二十朝未有之奇变”[④] 的汉民族文化如何迎接挑战？汉民族的志士仁人们从17世纪开始求索，历经两个多世纪，终于通过新文化运动获得启蒙，从而推动了汉民族文化的开新。这是因为：

第一，新文化运动冲击了封建的思想、道德和文化，开启了近代汉民族思想解放的闸门。

从思想文化上终结了汉民族对封建制度的迷信。1924年4月19日，以中共中央执行委员会委员长陈独秀、秘书毛泽东联名发出的中共中央第十三号通告提出，五四纪念必须发挥五四运动两个重要的意义：（一）恢复国权运动；（二）新文化运动。“此时国外列强之压迫，国内旧思想之反攻，都日甚一日，因此，五四运动之精神仍有发挥之必要。”[⑤] 通过发扬新文化运动精神来应对“国内旧思想之反攻”的现实，

---

① 有关“五四”时期人们对民主内涵的广泛性及其价值的认识，可参见徐仲勉、张亦工等著《近代中国对民主的追求》，第六章，安徽人民出版社1996年版。另，1919年，胡适在一篇题为《1919年的知识中国》的英文文章中强调，当时人们的追求和觉悟，乃是“要对民主的意义有个更好的理解”。他说：“在名义的共和下，八年痛苦的失败渐渐地使年青的中国人认识到，民主是不能仅仅通过政治的变革来给予保证的。……民主不多不少正是所有民主化和正在民主化的力量的总体，这包括社会的、经济的、道德的以及思想等多方面的力量。构成中国这些新运动的指导原则之一的也正是这种认识。”转引自［美］格里德《胡适与中国的文艺复兴》，鲁奇译，江苏人民出版社1989年版，第188页。

② 耿云志：《中国新文化的源流及其趋向》，《历史研究》1994年第2期。

③ 郑师渠总主编，黄兴清分册主编：《中国文化通史·民国卷》，北京师范大学出版社2009年版，第35—36页。

④ 康有为：《保国会上演讲辞》，载中国史学会主编《戊戌变法》第4册，神州国光社1953年版，第407页。

⑤ 《毛泽东年谱（1893—1949）》（上），中央文献出版社2013年版，第123页。

实际上包含对新文化运动启蒙意义的褒扬。1942年3月2日，毛泽东出席中共中央白区工作总结委员会的会议时指出："中国有两个教条，一是旧教条，一是洋教条，都是思想上的奴隶。五四运动打破了旧教条的奴役，是一个重大的启蒙运动。"① 这种启蒙从此为汉民族文化的开新指明了方向。

第二，新文化运动推动了汉民族文化的转型。新文化运动使汉民族文化的外在表现形式、内在核心精神和整体性质发生了根本变化，对汉民族文化的现代转型产生了深刻影响。在毛泽东看来，"五四运动所进行的文化革命则是彻底地反对封建文化的运动，自有中国历史以来，还没有过这样伟大而彻底的文化革命"②。正是由于新文化运动反对封建文化的彻底性，改变了汉民族文化的发展方向和汉民族文化的性质。毛泽东指出："在'五四'以前，中国的新文化，是旧民主主义性质的文化，属于世界资产阶级的资本主义的文化革命的一部分。在'五四'以后，中国的新文化，却是新民主主义性质的文化，属于世界无产阶级的社会主义的文化革命的一部分。"③ 中国文化性质的改变，就是汉民族文化现代转型的重要标志。

第三，新文化运动推动了汉民族的解放。新文化运动对"国民性"的省思和批判，实际上就是对汉民族民族性的省思和批判。尤其是对青年的期待、呼声，唤醒了沉睡中的汉民族，提升了汉民族的民族精神，促进了汉民族人格的独立、个性的解放。1942年2月，毛泽东在延安干部大会讲演时说："如果'五四'时期不反对老八股和老教条主义，中国人民的思想就不能从老八股和老教条主义的束缚下面获得解放，中国就不会有自由独立的希望。"④

总之，新文化运动"这段光荣历史"⑤，对于汉民族的文化开新来说，无疑"是一个重大的启蒙运动"⑥。

---

① 《毛泽东年谱（1893—1949）》（中），中央文献出版社2013年版，第366页。

② 《毛泽东选集》第2卷，人民出版社1991年版，第700页。

③ 同上书，第698页。

④ 《毛泽东选集》第3卷，人民出版社1991年版，第832页。

⑤ 习近平：《青年要自觉践行社会主义核心价值观——在北京大学师生座谈会上的讲话》，《人民日报》2014年5月5日。

⑥ 参阅陈金龙《毛泽东如何评价新文化运动》，《毛泽东研究》2015年第2期。

第四节　从书院到学堂：汉民族教育文化的开新

从清到民国，汉民族教育文化的开新经历了三级跳大变迁。第一跳是在清代前期科举旧体制内的变迁，其特点是书院的官学；第二跳是在清代后期从旧体制向新学制过渡的变迁，其特点是废科举创新学制；第三跳是在民国新学制的诞生，其特点是民国学制定型。简言之，从清到民国，汉民族教育文化的开新所呈现的是一幅从书院向学堂嬗变的文化图像。

一　开新第一跳：书院的官学化

汉民族的教育文化在元、明两代，就已趋于僵化。清初面对广大汉族士儒，清政府既要笼络汉族士儒，又要确保清朝政权的稳定和满族贵族的特权，因而在科举和学校教育设置方面，均采取了优惠满、蒙贵族，歧视汉族的民族压迫政策，并大兴文字狱和科场案，迫害汉族士儒，从而严重地妨碍了汉民族教育文化的进步。对于汉民族书院这个独特的教育组织，清初汲取明末学子借书院讲学广聚门徒、讽议朝政的教训，统治者为压制人们的反清情绪而严禁创设书院。顺治九年（1652 年）政府下令：“各提学官督率教官生儒，务将平日所习经书义理，着实讲求躬行实践。不许别创书院，群聚徒党，及号召地方游食无行之徒，空谈废业。”[①] 受此影响，书院一度处于沉寂、停滞状态。直至顺治十四年（1657 年），才允许修复书院。终顺治时期，全国修复、重建的书院不过 61 所，新建的只有 45 所，呈现凋敝情形。[②] 随着清政权的稳固，清廷开始认识到书院的政治作用，康熙曾多次书写匾额赐予各地书院，虽没有明令却也流露出发展书院之意。康熙六十一年（1722 年），由抑制转为提倡，清政府积极创设、修复书院，书院逐步走向复苏。康熙一朝，新建书院 537 所，修复 248 所，共计 785 所，是顺治朝书院的十余倍。[③] 雍正、乾隆时迎来繁荣发展。雍正十一年（1733 年），清政府认为书院是“兴贤育才”之举，令各地督

---

① 《古今图书集成·经济汇编·选举典》。

② 白新良：《中国古代书院发展史》，天津大学出版社 1995 年版，第 124 页。

③ 邓洪波：《中国书院史》，东方出版中心 2006 年版，第 434 页。

抚于省城创办书院，并各赐帑金千两，作为营建之费。在朝廷的督谕下，京师设立了金台书院，各省省城书院陆续建成。直隶建莲池书院，山东建泺源书院，山西建晋阳书院，河南建大梁书院，江苏建钟山书院，江西建豫章书院，浙江建敷文书院，福建建鳌峰书院，湖北建江汉书院，湖南建岳麓书院和城南书院，陕西建关中书院，甘肃建兰山书院，四川建锦江书院，广东建端溪书院和粤秀书院，广西建秀峰书院和宣城书院，云南建五华书院，贵州建贵山书院，奉天建沈阳书院。在上述书院中，有的是新建的，有的是修复的，也有相当一部分是将原有的私人书院改造为官办书院。例如：四川之锦江书院始建于康熙四十三年（1704 年），修复于雍正元年（1723 年），湖北之江汉书院、广西之宣城书院均建于雍正十一年（1733 年）之前，是时尚无朝廷钦办或官办的形式，而陕西的关中书院，更是清初关中一带私人讲学的场所。

此后，各府州县纷纷效仿设立书院。乾隆本人还通过亲办书院，赐给书院金银匾额，从书院中择优举荐人才等措施，全国出现兴办书院的热潮。乾隆时期新建书院 1139 所，修复、重建书院 159 所，共计 1298 所之多。[①] 清代书院数量从此大增，远逾前代。据不完全统计：清代新建、复兴、改造的书院，达 1900 余所，其中民办的仅有 182 所，不到 10%。[②] 在书院设立无论从数量还是区域，均超越前朝的同时，汉民族的书院走向官学化。

汉民族教育文化开新的这第一跳表现得很典型，一是政府直接参与书院管理，审批书院的创建。为便于监管，雍正十一年（1733 年）发布上谕，清政府特意出资在省会设立一批书院。省会书院的创建，为各府州县书院教育体系的构建起到了示范作用，加速了书院官学化的进程。同时，在书院经费的管理上，官方出资虽不是主要经费来源，经费的使用却受到官府的严格监管。[③] 由此也就决定了书院办学的方向。此外，乾隆以后虽对书院采取积极支持态度，原则上却不许私办书院，“或绅士出资建立，或地方官拨公帑经理，俱申报该管官查复”[④]。地方书院的创办，必须经

① 白新良：《中国古代书院发展史》，天津大学出版社 1995 年版，第 172 页。

② 参阅陈元晖、尹德新、王炳照《中国古代的书院制度》，上海教育出版社 1981 年版，第 97 页。

③ 蔡志荣：《清代书院的经费运作特点及其现实意义》，《教育学术月刊》2008 年第 4 期。

④ 盛朗西：《中国书院制度》，中华书局 1934 年版，第 218 页。

过督抚的批准，或报送官府进行备案。各级书院大多吸纳为官学，书院丧失了自由办学的权利，出现书院与官学趋合的情势，官办书院占据了清代书院的绝大多数。

二是官府通过完善考试制度加强对书院的控制。许多书院演变为应科举考试的育人机构，修习内容也向八股试帖倾斜："仅以时文帖括，猎取功名，而经史之故籍无存也，圣贤之实学无与也。山长则徇请托，不校其学行，惟第其科名。"① 以致出现"专课帖括"的情况。政府还通过一些考试措施，实现对书院的管控。各省设立学政总领教育事务，并主要通过"课士"的方式对书院进行监管。书院招生考试的命题、阅卷、录取等整个过程均由官府加以组织；一些地方官员还定期到书院主持考课，书院考试由官吏出题或审批；考试地点安排在官府之中；鼓励书院生员参加考试以获取"膏火"② 等，书院运行始终贯穿官方的意志。

三是官府掌控书院山长、院长的任免与生徒的选拔。清政府鼓励发展书院的同时，也加大了对书院用人和入院生员的控制。书院山长、院长由官府任命，并通过对书院主持者、讲学者考核来决定奖惩。乾隆元年（1736 年）上谕中言："该部即行文各省督抚学政，凡书院之长，必须经明行修，足为乡士模范者，以礼聘请；负笈生徒，必择乡里秀异，沉潜学问者，肄业其中，其恃才放诞，佻达不羁之士，不得滥于书院中。……诸生中材器尤异者，准令举荐一二，以示鼓励。"③ 山长、院长纳入朝廷官制范畴，领朝廷薪水，书院原本自主延师讲学、钻研学术的风气不再。同时，书院生徒的招收也由官府举荐、认可；入院学生与官学一样，可以领取津贴"膏火"。官员可直接参与对生员的考查，乾隆九年（1744 年）下旨："通行各省督抚会同学政，将现在书院生徒，细加甄别，务使肄业者，皆有学有品之人，不得莠良混杂，即令驻省道员专司稽查。"④ 政府依靠掌握书院的人事权，来掌控书院的教与学⑤。

这样，在清前期，随着法定化的规范，汉民族的书院就彻底官学化了。从此，清代每岁正月下旬日中"集九邑成材之士扃门以试之，拔其

---

① 盛朗西：《中国书院制度》，中华书局 1934 年版，第 218 页。

② 膏火：比喻夜间工作的费用，多指求学的费用。

③ 陈谷嘉：《中国书院史资料》，浙江教育出版社 1998 年版，第 2489 页。

④ 《大清会典事例》卷三五九。

⑤ 本节参阅平志军《清代书院的发展分期与官学化趋势》，《兰台世界》2013 年第 24 期。

尤……分别以内课、外课、附课三等，隶入紫阳、正谊两院肄业。每月官课一，师课一”。考试由巡抚、学政主持，纳入地方政教范围。清世宗在“上谕”中说：“建立书院，择一省文行兼优之士，读书其中，使之朝夕讲诵，整躬励行，有所成就，俾远近士子观感奋发，宜兴贤育才之一道也。督抚驻扎之所，为省会之地，着该督抚商酌奉行，各赐帑金一千两……封疆大臣等并有化导士子之职。”[①] 清政府明令所设书院皆由封疆大吏控制，并由政府拨给经费，纳书院于官学的轨道，与官学一样。于是，汉民族在科举制体制上的这第一跳，书院教育实际已成为官学体制中的一个特殊的部分，并相对背离了书院教育“民间办学、自由讲学”的传统，使汉民族从私学起步的书院完全变成了科举的附庸。

作为科举的附庸，书院的地位仅仅为官学的补充。雍正十一年的上谕及乾隆元年（1736 年）的《训饬直省书院师生》中讲得非常清楚：其一，导进人材，广学校所不及，并与学校互为表里；其二，使读书应举者，也能屏去嚣浮奔竞之习；其三，使文行兼优之士读书其中，朝夕讲诵，整躬励行，有所成就，俾远近士子观感奋发；其四，使书院起到“古侯国之学”的作用，在府、州、县学生员不能胥会京师国子监的情况下，设书院作为府、州、县学的递升途径。由此不难看出，清廷普遍设置书院的目的，在于相对削弱科举对学校的拘约，弥补学校功能的不足，并将中央国子监与府州县学之间的空缺加以填补。一句话：原有的官学体制既不能有效地完成养成经世致用人才的任务，又存在自身无法克服的弊病，因而需要借助书院这种形式。书院不是取代原有的官学，而是发挥补充官学不足的作用。

当然，书院的特殊性在于它始终是种准官方性的体制，即使朝廷通过政令、经费等手段来直接控制书院教育，书院也不可能完全等同于中央的国子监或地方的府州县学。这一方面是由于朝廷的本意旨在限制书院的社会功能，使书院与官学互为表里，弥补官学的不足，而不是要让书院彻底官学化；另一方面则是由于书院毕竟拥有自己的传统，这种传统既是官方利用书院的价值所在，又是书院自身存在的价值所在，并且是无法被官学所取代的。因此，在官方可以容纳的范围之内，书院注重学术研究、注重讲学的传统只能被相对削弱，而不能彻底取消。这使得清代前期相当一部

① 《清朝续文献通考》卷七〇，《学校考》。

分书院，仍然能执汉民族学术文化进步之牛耳，并成为清初学术文化的根据之地。[①] 可见，清前期的第一跳仅仅只是在科举制轨道上的开新。

二 开新第二跳：从科举向学堂的突变

鸦片战争后，清代汉民族教育文化进入了突变时期。在民族危机日益加剧的背景，为了抵御外国侵略、拯救民族危亡的命运而被迫选择的出路。开初，仍局限于传统科举体制内部进行自我调节，1862 年后，同文馆的创建，标志着汉民族近代教育的萌生，也意味着清代汉民族教育文化开始进入了突变的第二跳。

科举本来作为拔擢民间英才的善政，其最重要的功能，是促成一个不靠出身而以考试入流的官僚阶层取代世袭的封建贵族阶层。连德国政治经济学家、社会学家马克斯·韦伯都评价说："此一制度导致候补者互相竞争官职与俸禄，因而使得他们无法联合起来形成封建官吏贵族。获取官职的机会对任何人开放，只要他们能证明自己有足够的学养。"[②] 正如冯天瑜在《科举制度——中国"第五大发明"》中所言："自隋唐至明清实行 1300 余年的'科举制度'，朝廷与平民对接，较之'世卿世禄'的贵族政治是一大进步，在不拘一格选拔治国人才、扩大统治基础等方面，发挥积极作用。据统计，明初百余年间，进士及第者来自三代无功名家庭的，多达六成，这较之世袭贵族政治无疑有其优越性。何炳棣（1917—2012 年）统计明清一万二千位进士、二万三千位举人的出身，发现来自寒门小户的几占一半，明代约为 55%，清代约为 37%。'白衣卿相'是科举制之下并不罕见的事例。"故而美国汉学家艾恺对科举制推崇备至，他说："这个在世界史意义上的独特制度培养并创造了优异阶级，该阶级在世界史上是独一无二的。世界上其他任何一个社会，包括美国独立革命与法国大革命，都是由一个世袭的武士阶级所统治，并常常由传教士或神职阶级辅助。但中国则非常不同，他们是非世袭，依靠学识，而非军事和武力获取权力的群体。"[③] 科举制使朝廷从平民中取用人才，较之贵族政治

① 本节参阅陈哲夫总纂《中华文明史》第九卷（清代前期），河北教育出版社 1994 年版，第 392—394 页；车红霞《书院官学化研究》，《辽宁教育行政学院学报》2008 年第 7 期。

② ［德］马克斯·韦伯：《儒教与道教》，洪天富译，江苏人民出版社 1995 年版，第 141 页。

③ 王传军：《中华文明震撼了我——访美国著名汉学家、芝加哥大学终身教授艾恺》，《光明日报》2013 年 9 月 1 日。

显示了平等性、公开性。[①] 所以，在科举制度实行的千余年时间里往往是朝代可以改，皇帝可以换，但科场不可不开。这说明科举制度在发展的过程中已带有强大的历史惯性。1900 年发生“庚子之变”，无法正常举行科举考试，但就是在慈禧太后和光绪皇帝出逃到河南的情况下，还下令次年要补行缺考的科举考试。有人曾感叹道：“在如此仓黄播越之中，而对下年之乡、会试，尚复兢兢注意，足见当时视取士之典尚为郑重。”[②] 因此，与以往各种取士办法比较起来，考试选才较之贵族政治显示了平等性和公开性。在这里，写这么长一段话，是要在论述废除科举前，回顾一下科举在汉民族文化史上的价值和历史作用。

但是，任何事物都有两面性，科举制也有其流弊，这便是助长读书做官、升官即得荣华富贵的社会风尚。宋真宗的《劝学诗》将科举考试的“好处”写得极形象：

富家不用买良田，书中自有千钟粟。
安居不用架高堂，书中自有黄金屋。
娶妻莫恨无良媒，书中自有颜如玉。
出门莫恨无人随，书中车马多如簇。
男儿欲遂平生志，六经勤向窗前读。

于是，功名利禄成为指挥棒，引导士人奔竞于仕途，其高明者治国平天下，立德、立功、立言；末流则沦为“禄蠹”，“其有老死于文场者，亦无所恨”，《儒林外史》中的周进、范进，便是碌碌终身的士人典型。读书当官成为深入社会各阶层的理念。这种风靡千载的风尚，此其一。

其二，科举制的另一弊端，是引导士人以经史为唯一学问，使科学技术等实际知识不入社会文化主流。而宋代“右文抑武”，高调实行科举制，导致士人柔弱，宋代经济文化发达而武功不强。科举制的此一缺陷，当时即遭有识者诟病，南宋朱熹有“谋恢复，当废科举三十年”的愤语。明清两代科举极盛，而八股取士等积弊渐深。延及清末，科考内容及考试

① 冯天瑜：《科举制度——中国“第五大发明”》，《山西大学学报》（哲学社会科学版）2014 年第 1 期。

② 吴永：《庚子西狩丛谈》，岳麓书社 1985 年版，第 122 页。

方法的迂腐愈益昭彰，康有为指出，科举出身的“翰苑清才”不堪新政之用，除熟悉八股制艺之外，“有不知司马迁、范仲淹为何代人，汉祖、唐宗为何朝帝者。若问以亚非之舆地，欧美之政学，张口瞪目，不知何语矣”①。固有的科举制已无法适应社会近代转型的需求，废改的呼声遍起朝野。②

于是，无论是洋务派还是维新派，都一致指斥科举八股误国祸民，是导致中国遭受一系列惨败以致割地赔款、积弱致贫的罪恶根源，要求废除八股，改革科举直至废除的呼声日益强烈，最终迫使清政府逐步限制直至废除科举。

清末改良直至废除科举，大体经历了三个步骤。

第一个步骤是改良科举考试的内容。戊戌变法期间，清政府一度废除八股试帖楷法取士，改用策论，并开经济特科，奖掖实学。戊戌变法失败后，上述措施均被取消。1901 年清廷迫于各方面的压力，再次明令废除八股，改用策论，同时废除武试，并采纳袁世凯的建议，命政务处、礼部合议选举鼓励章程，意图混合科举与学校的功能，向各级学堂的毕业生授予科名，但此项措施并未得到推广。

第二个步骤是递减科举中额。1903 年，张之洞、袁世凯联名上奏，指出科举一日不废则学校一日不能大兴，国家永无救时之人才，中国便永远不能富强。他们认为科举纵不能骤废，亦当酌量变通，为分科递减之法，并采乾隆时减裁中额的旧例，按年递减，将科场递减之额酌量移作学堂取中之额，以此来劝兴学堂。1904 年 1 月 13 日，张百熙、荣庆、张之洞又联名奏请递减科举、注重学堂，并提出具体建议：从下届丙午科（1905 年）起，每科递减中额三分之一，十年之内完全废除科举。

这个奏文还陈述了废除科举的急迫性：其一，科举未停，则士林对学堂持观望态度，不肯注重学堂，则朝廷兴学育材的意图不能得到贯彻。其二，科举不废，则民间绅富不肯捐资办学，诸省学堂经费难以筹集。学堂自然难以扩展。其三，科举不废，则入学者恃有科举入仕为退路，自不肯

① 康有为：《请废八股试帖楷法试士改用策论折》，载《康有为诗文选》，广东人民出版社 1983 年版，第 550 页。

② 参阅冯天瑜《科举制度——中国“第五大发明”》，《山西大学学报》（哲学社会科学版）2014 年第 1 期。

专心问学。其四，科举多剽窃文字，务在词章，学堂功课务在实修，中西学问皆可赅通，奖励实学，取材于学堂远优于科举。为了贯彻递减科举中额直至废除科举的宗旨，这个奏折还提出配套的措施，其内容包括：递减学政岁科试取进学额，直至停止岁科试，以后生员尽出于学堂；科举停止后，会试改为京师大学堂毕业考，乡试改为省高等学堂毕业考；科举既议停减，旧日举贡生员30岁以下者令入学堂肄业，30岁以上者于每科会试后大挑一次，酌情录用。在此奏递上的当天，清廷正式批准，实施递减科举中额的章程，并著令各督抚率督各府州县建设学堂。

第三个步骤是废停科举以广学校。1905年9月2日，以袁世凯为首的一些封疆大吏，包括盛京将军赵尔巽、两湖总督张之洞、两江总督周馥、两广总督岑春煊、湖南巡抚端方等又联名上奏，指出："科举一日不停，士人皆有侥幸得第之心，以分其砥砺实修之志。""学堂决无大兴之望。"袁世凯等人再次强调："补救时艰，必自推广学校始。而欲推广学校，必自先停科举始。拟请宸衷独断，雷厉风行，立沛纶音，停罢科举。"[①] 为了促使清廷下定最后决心，这个奏折还提出五条罢停科举后"最为切要"的补偿措施，以消除清廷的后顾之忧：一为尊经学，各类学校均以经学为根底，将经学课程置于首位；二为崇品行，实际是加强对学生言行举动的稽查和控制，使之不至越矩逾规，犯上作乱；三为速造师范，为各省各级学堂培养师资；四为勿取未毕业生，以避免重蹈科举之弊，保证教学质量，给予学堂毕业生以相应的举人进士出身，以资鼓励；五为在十年三科之内，扩大五贡正途的入仕名额，并增保举一途，以便体恤旧学之寒士，使新旧递嬗于无形。

在这一奏折呈上的当天，清廷便迫于朝野内外的压力，正式诏谕废停科举以广学校。至此，中国历史上存在1300年之久的科举制度正式废除，这标志着汉民族教育文化的开新实现了从科举旧体制向现代新学堂突变的第二跳。

三　开新第三跳：民国学制定型

中华民国的诞生，结束了长达数千年的君主专制制度，揭开了民主

① 《光绪政要》第27册，31卷，转引自陈哲夫总纂《中华文明史》第九卷（清代前期），河北教育出版社1994年版，第416页。

共和的新纪元，推动了汉民族教育近代化的深入发展。民国教育的开新第三跳承前启后，奠定了汉民族教育文化的近代基础。从清末壬寅—癸卯学制模仿日本，到民国元年对前朝学制的批判继承；从新文化运动民主与科学的洗礼，到 1922 年效法美国“六三三四”学制；从三民主义教育宗旨的确立，到民国学制的基本定型与局部调整；教育改革的道路坎坷多艰。民国成立之初，以蔡元培为首的临时政府教育部采取一系列措施，对清封建教育加以全面改造。1912 年 9 月 2 日，教育部公布了以蔡元培“五育”（军国民教育、实利主义教育、公民道德教育、世界观教育、美感教育）理论为蓝本的“中华民国”教育宗旨：“注重道德教育，以实利教育、军国民教育辅之，更以美感教育完成其道德。”这一方针，取代了清末“忠君、尊孔、尚公、尚实”的教育宗旨，体现了资产阶级民主主义的教育精神，为民国学制的制定确立了思想导向与精神基调。在此基础上，中西教育相斥相纳，民国教育快速多变的历程中，不少由外国移植的教育制度，或因不合中国的国情民性而“淮橘为枳”，或因圆凿方枘而中途夭折；但也有很多东西因大体适合中国社会发展及教育现代化的需要，经适度调整而在中国生根开花，成为民国教育制度的有机构成。同样，源于本土的中国传统教育，很多制度及教学内容因不合世界近代化潮流和社会进步的要求，不免在优胜劣败的竞争中被淘汰，但也有不少合理的内核和优秀的成分，在本土化的过程中被重新肯定，成为民国教育制度另一个重要来源。归综而言，民国教育在中国与世界、传统与西化、理想与现实、变革与稳定的比较选择和反复调适中①，经历了从初型到定型两个阶段。

（一）第一阶段民国学制的初型开新

1912 年（农历壬子年）9 月 3 日颁布了新的学制系统——壬子学制。自该制公布至次年（农历癸丑年）8 月，又相继推出一系列学校法令和规程，对民元学制进行补充、修改。上述法规与壬子学制总称为壬子癸丑学制②，宣告了民国学制的正式诞生。

---

① 参阅李华兴《论民国教育史的分期》，《上海师范大学学报》1997 年第 1 期；龚书铎主编，郑大华分册主编《中国文化发展史 · 民国卷》，山东教育出版社 2013 年版，第 502 页。

② 详见朱有瓛主编《中国近代学制史料》第 3 辑上册，华东师范大学出版社 1990 年版，第 27—29 页。

就其框架与内容而言，壬子癸丑学制在横向上包括普通教育、师范教育和实业教育三个系统，在纵向上又分为若干阶段和等级。普通教育中，受教育者从6岁入学至23岁、24岁大学毕业，修业17年或18年，分为三段四级：第一段为初等教育，内分两级：初等小学4年，为义务教育，毕业后可入高等小学校或乙种实业学校；高等小学3年，毕业后可入中学校或师范学校、甲种实业学校。第二段为中等教育，设中学校，修业4年，不分级，毕业后可入大学、专门学校或高等师范学校。第三段为高等教育，设大学与专门学校。大学修业期限为预科3年，本科3年（法科与医科药学门）或4年（文、理、商、农、医、工诸科）；专门学校修业期限为预科1年，本科3年（医科4年）。此外，小学以下设蒙养院，大学以上设大学院（招收大学本科毕业生或具同等学历者，主要从事高深学问研究），均不计入学制年限内。师范教育分为师范学校（预科1年、本科4年）和高等师范学校（预科1年、本科3年）两级，相当于普通教育的中等、高等教育阶段。实业学校分为甲、乙两种，包括农业、工业、商业、商船四类，修业年限概为3年。此外，在上述各级各类学校中，另设补习科、专修科及小学教员讲习所等，作为三个系统中特设或附设的旁支。[①]

由于时代条件的限制，民初学制的制定失之仓促，壬子癸丑学制对现实国情和教育规律缺乏深入认识，内容上不甚成熟，局限甚多。如在借鉴外国经验方面，一则单纯局限于取法日本学制，对于欧美学制的优长未及吸纳；二则对日制因袭过多，对其中不合中国国情、有违教育规律者少有扬弃。又如各级各类学校的目标定位与课程设置缺乏灵活机动性，尤其表现在中等教育单纯以升学为目的，“制度太划一，太不活动，不管社会的需要，不管地方的情形，也不管学生的个性，总将这呆板的同样科目，尽量灌输，致学生在学校里所受的知识和训练，用到社会上去，动有枘凿之虞。学校生活和社会生活，每不相适应。……中等学校之毕业生，谋生即系不易，升学又感困难”[②] 等。但就其思想内涵而

---

① 参阅龚书铎主编，郑大华分册主编《中国文化发展史·民国卷》，山东教育出版社2013年版，第502—503页。

② 朱叔源：《改良现行学制之意见》，《中华教育界》第10卷第3期，1920年，转引自龚书铎主编，郑大华分册主编《中国文化发展史·民国卷》，山东教育出版社2013年版，第513页。

言，壬子癸丑学制全面否定封建教育，切实贯彻民主精神，又改革了课程设置，缩短了修业年限，加强了师范教育，从而适应了汉民族教育文化近代化的迫切需要。与清末学制相比，既继承了清末癸丑学制的合理内核，又本着资产阶级民主主义的教育宗旨，剔除了其封建性糟粕与不合理成分。因而是汉民族近代第一部资产阶级民主主义性质的学校制度，是民国初年资产阶级教育改革的重要成果，为汉民族新型资产阶级学制的确立与成熟奠定了基础，在晚清以来学制近代化的进程中有着承上启下的重要地位。

（二）第二阶段民国学制的定型开新

五四新文化运动的兴起，动摇了封建教育的根基，推动了教育思想的解放。在这个新的时代背景下，自 1915 年起，以中国教育会联合会[①]等民间学术团体为活动基地，围绕旧学制的改革和新学制的创制，开展了持续、深入的探索。经过长达 7 年的反复酝酿，1922 年（农历壬戌年）10 月 11 日至 21 日，中国教育会联合会在济南召开第八次全会，决议通过了以美国学制为蓝本的《学校系统改革案》。同年 11 月 2 日，北洋政府以大总统名义颁布此案，是为中国近代第三部学制——壬戌学制，或称“新学制”（区别于壬子癸丑学制）、1922 年学制、“六三三学制”[②]。

壬戌学制全文包括“标准”“学制系统图”“说明”“附则”四部分。“标准”凡七条，扼要提出教育原则：“一、适应社会进化之需要；二、发挥平民教育精神：三、谋个性之发展；四、注意国民经济力；五、注意生活教育；六、使教育易于普及；七、多留各地方伸缩余地。”附则有二：“注重天才教育，得变通年限及教程，使优异之智能尽量发展”；“对于精神上或身体上有缺陷者，应施以相当之特种教育”。

“说明”部分对各级各类教育作了新的规定：初等教育修业 6 年，分初、高两级。初级小学校 4 年，可单设，义务教育暂以 4 年为期；高级小

① 该会是由各省及特别行政区教育会推派代表组成的全国性民间教育团体，以“体察国内教育状况，并应世界趋势，讨论全国教育事宜，共同进行”为宗旨，发起人有黄炎培、沈恩孚、经享颐等。1915 年 4、5 月间在天津举行第一届年会，以后每年举行一次，至 1925 年，前后共举行年会 11 次。1926 年解散。

② 因其在中小学学级划分上采用美式“六三三”分段法而得名。全文详见璩鑫圭、唐良炎编《中国近代教育史资料汇编·学制演变》，上海教育出版社 1991 年版，第 989—993 页。

学校2年。幼稚园列入初等教育段，收受6岁以下儿童。中等教育为期6年，分中学校、师范学校与职业学校三种。中学校分初、高两级，各为3年。师范学校得单设后2年或后3年，后者可酌行分组选修制。依旧制设立之甲种实业学校，均改为职业学校或高级中学农工商等科；依旧制设立之乙种实业学校，酌改为职业学校。高等教育分大学校、专门学校与大学院。大学校修业4—6年，医科与法科至少5年，师范4年（依旧制设立之高等师范学校，应于相当时期内提高程度，称为师范大学校）。因学科及地方特别情形，得设专门学校，修业3年以上。大学校及专门学校可附设专修科，修业年限不等。大学院为大学毕业及具同等程度者研究之所，年限无定。

在制定新的学校系统的同时，全国教育联合会还发起组织新学制课程标准起草委员会，以袁希涛、黄炎培、胡适、经享颐、金曾澄为委员，负责制定与壬戌学制相应的课程标准。该会延聘专家50余人，经过历时8个月的反复讨论，于1923年6月正式刊布了《新学制课程标准纲要》。纲要规定小学课程为国语、算术、卫生、公民、历史、地理（初小段之后四科合为社会）、自然、园艺、工用艺术、形象艺术、音乐、体育十二科目，授课以分钟计。初级中学课程分社会（公民、历史、地理）、言文（国语、外国语）、算学、自然、艺术（图画、手工、音乐）、体育（生理卫生、体育）六科，授课以学分计。高级中学分普通科与职业科。前者以升学为主要目的，内分两组：一组注重文学与社会科学，一组注重数学与自然科学，两组之课程皆分公共必修、分科专修、纯粹选修三类；后者以求职为主要目的，内分师范、商业、工业、农业、家事诸科。后期师范学校与高中师范科课程编制相同，均分为公共必修科目（国语、外国语、人生哲学、体育、音乐等）、师范专修科目（心理学入门、教育心理、普通教学法、各科教学法等）、纯粹选修科目（含分组选修科目与纯粹选修科目，前者分为文科、理科、艺术三组，后者含教育史、乡村教育、职业教育概论等）三类。大学和专门学校之课程，仍依民初课程标准，参以各校意见而定。该纲要虽未经政府正式颁布，但在各级各类学校的教育实践中仍产生了重要影响。

1922年的“新学制”就其诞生过程而言，从酝酿到成型历时7年，是学术探讨与教改实验、集体讨论与专家决策、民间行为与政府行为长期互动的产物，是文化教育界广大人士不断探索、深思熟虑的结果。就其对中外历史经验的借鉴而言，其制定者则本着“明辨择善”的原则，对清末、民初两部学制和欧美、日本诸国学制加以广泛、深入的考察与比较，对于外国经验决不“舍己从人，轻于吸收”，而是“如有适用的，采取它；如有不适用的，就回避它。本国以前的经验，如有适用的，就保存它；如不适用，就除掉它。去与取，只问适不适，不问新和旧”[①]，最终确立了以美国学制为蓝本（因其相对符合中国国情）但又决不盲从美制、尽弃前制的目标定位。这种在分析、批判基础上博采中外的文化态度，体现出“五四”新文化兼容并包的开放气度，也体现出近代汉民族教育改革理论与实践的日臻成熟。

1922年“新学制”是汉民族教育界集体智慧的结晶，“是适应时势之需求而来的”“应时而兴的制度”，是一部“适合国情，适合个性，适合事业学问需求的”“独创的”[②] 学制。它的诞生，标志着汉民族近代新型资产阶级学制的基本成熟、确立与定型。作为“五四”新文化运动在教育领域的一个重要成果，该学制鲜明地体现出民主、科学的时代精神，适应了中国民族资本主义发展的历史需要，其“六三三”分段法等内容经受了历史的检验，得以长期沿用，从而成为汉民族教育文化近代化历程中的一个重要里程碑。[③]

（三）大师辈出：民国教育开新的伟大成果

民国汉民族教育文化发展的一大成就和特征是大师辈出。[④] 在岳南的《大师远去》[⑤] 一书中就再现别开生面的民国大师群像。

民国是王纲解纽、诸侯蜂起、异族入侵，整个中国历史上少有的乱世，也是百花齐放、百家争鸣的大动荡、大辉煌的时代。在这样一个纷乱中暗含着文明与进步的特定的历史氛围中，在各个领域、各个层面，产生了一批特立独行的大师级人物，他们是：蔡元培、胡适、陈独秀、鲁迅、陈寅恪、辜鸿铭、傅斯年、陈垣、钱穆、赵元任、李济、梅贻琦、叶圣

---

① 陶行知：《我们对于新学制草案应持之态度》，《新教育》第4卷第2期。转引自龚书铎主编，郑大华分册主编《中国文化发展史·民国卷》，山东教育出版社2013年版，第516页。

② 同上书，第519页。

③ 本节参阅龚书铎主编，郑大华分册主编《中国文化发展史·民国卷》，山东教育出版社2013年版，第501—520页。

④ 杨永苏：《民国为何多大师?》，《文学报》2015年4月30日，第12版。

⑤ 岳南：《大师远去1：隐秘历史》，中国工人出版社2012年版。

陶、金岳霖、刘文典、闻一多、陈梦家、冯友兰、顾颉刚、钱玄同、李济、凌纯声、潘光旦、费孝通、林耀华、岑家梧、吴宓、王力、钱钟书、林徽因、冰心、柳亚子、张恨水、萧军、萧红、臧克家、艾青、赵丹、舒绣文、白杨、张瑞芳、秦怡、齐白石、徐悲鸿、张大千、傅抱石、潘天寿、关山月、李可染、丰子恺、林风眠、丁聪、贺绿汀、马思聪、晏阳初、陶行之、黄炎培、马寅初、章乃器、沈钧儒、史良、吴健雄、严济慈、吴大猷、侯德榜、茅以升、竺可桢、李四光、童第周、梁思成、李政道、陈省身、苏步青、钱伟长、钱学森、钱三强、冼星海……以及两弹元勋钱三强、钱骥、姚桐斌、赵九章、邓稼先、王淦昌……而这批人物的家庭背景、气质、爱好、学行、处世方式等诸方面各不相同，中西交汇，文化碰撞，从而构成了20世纪上半叶汉民族教育文化史星河中一道亮丽的风景。以清华国学院五位大师为例，是霸气横生的“人间最稀有的一个天才”傅斯年那冲天的怒吼；是“三百年仅此一人”的“教授的教授”陈寅恪那孤独的回望；是一代佳人林徽因与冰心的恩怨是非；是吴宓与毛彦文的“柏拉图之恋”；是一代狂人刘文典力踢蒋介石的奇闻逸事[①]；是著名学者闻一多在死神面前从容镇静的面容。

胡适在海外曾提出“一个国家有海陆空，不如有大学”的主张，被蔡元培赞叹不已。[②] 所以，民国的教育之所以能大师辈出，验证了曾任清华大学校长的梅贻琦所言：“大学者，非有大楼之谓也，有大师之谓也。”他还提出了一个“从游”的比喻，以老师为大鱼，学生为小鱼。认为“学校犹水也，师生犹鱼也，其行动犹游泳也。大鱼前导，小鱼尾随，是从游也。从游既久，其濡染观摩之效自不求而至，不为而成”。以教师的高尚品行来自然地引导学生，达到“不为而成”。这个“从游”法就是教育文化的魅力和教师“身教”的张力。民国汉民族教育文化的成功就表现在天才成群而来[③]，民国成了群星辉耀的大师时代。

---

① 刘文典在当时大权在握的蒋介石面前毫不畏惧，他说：“我刘叔雅非贩夫走卒，即是高官也不应对我呼之而来，挥之而去。我师承章太炎、刘师培、陈独秀，早年参加同盟会，曾任孙中山秘书，声讨过袁世凯，革命有功。蒋介石一介武夫耳，其奈我何！”刘文典充其量是一介书生，在权势富贵面前，丝毫也不畏惧，他既有中国传统士大夫的骨气，也有现代知识分子独立思考的勇气。

② 汪兆骞：《民国清流：那些远去的大师们》，《北京文学》（中篇小说月报）2016年第1期。

③ 参阅陈华文《大师们为什么成群地来》，《生活教育》2012年第9期。

第五节　从"小学"到"语言文字学"：汉民族语言文化的开新

语言是民族之魂，也是民族之根。汉字已有五千多年的历史，它的一笔、一画、一撇、一捺，都是有来历有出处的。有意思的是研究汉字的文字、音韵、训诂等规律的学问，作为经学的附庸，一直被称为"小学"。这个汉民族特有的"小学"若从汉代《说文解字》问世算起，历经两千多年，到清代才进入全面繁荣的时期，无论音韵，还是文字，或是训诂都取得了超越前人的成就。而乾隆、嘉庆两朝更是小学发展的黄金时期，其时名家辈出、著述如林，成为汉民族语言学史上一个不可企及的开新高峰。

直至发展到乾嘉"小学"鼎盛时期，仍旧未能摆脱作为经学释读术的附庸地位。但到清后期，著名的国学大师章太炎把传统小学的研究和西方语言学理论结合起来，使传统小学摆脱经学的附庸地位而开新，文字、音韵、训诂等名正言顺地成为"语言文字之学"①。

正是在语言文字学的规范下，民国兴起了白话文运动和汉字拼音化，使汉民族语言文字有了重大的突破而耳目一新。

一　清代"小学"在繁盛中开新

汉民族的"小学"到清代，进入了其"生命史"的黄金时期。为什么偏偏是清代，而不是明代、宋代？究其原因，除清代统治者屡兴文字狱，使学者不敢治文史，不敢论近、当代事，只好把目光转向经学、小学。而清统治者又开《明史》馆、《四库全书》馆，提倡文化、科学，在客观上为学者交流和学术发展提供了条件之外，从专业学术角度来看，主要是因为语言观念和语言研究方法在清代才有了创新。

汉民族语言文字学虽然源远流长，但直到清代才开始具有比较严格的科学意义。清以前的绝大多数语言学家，缺乏历史发展的观念，不明白词的音、义是不断发展的，古音、古义不同于今音、今义，因而在语言研究

---

① 章太炎：《论语言文字之学》，《国粹学报》1906 年第 24、25 期。转引自贾洪伟、李利军《章太炎的语言学译介的影响研究》，《外国语文研究》2015 年第 3 期。

中往往根据后代的语言材料来考察古音、古义。清以前的古音学家不能用发展的眼光去看待语音的历史演变，而用“叶音”[①] 来解释古今语音的不同，严重妨碍了古音研究发展。直到明代晚期的陈第，才对古今音的不同有了深刻的认识，指出：“时有古今，地有南北，字有更革，音有转移。”[②] 但他的观点在当时并没有得到普遍重视。清初的顾炎武接受了陈第的影响，离析《唐韵》和分析《诗经》用韵入手，研究古音。他著《音学五书》，分古韵为十部，使古韵分部初具雏形。乾嘉时的学者，如戴震、段玉裁、王念孙等，都已具备了较为明确的语言发展的观念，认识到：“有古形、有今形，有古音、有今音，有古义、有今义。”[③] 他们根据周、秦、两汉的古文献材料来研究古音、古义，避免了以今说古的弊端。另外，清儒具有了较为明确的语言观念，对文字和语言的关系做了进一步的探讨，认识到在字的形、音、义三者关系中，声音是中间环节，不管字形如何，只要声音相同，字义就有相同的可能。基于这种认识，他们在文字、训诂的研究中大量运用“因声求义”的方法，以语音为中心探求词义，从而取得了巨大成就。

就在这个时候，清代汉民族学者的学术思想和学风也有了创新。作为前朝遗民的大思想家兼古文献学家顾炎武、黄宗羲、王夫之等总结了明亡的教训，极力批判或者修正前代王守仁的“心学”，以及“束书不观，游谈无根”[④] 的空疏学风。他们受晚明学者焦竑、杨慎、陈第等人倡导的古学影响，治学以服、郑为准[⑤]，讲实证，重考据，拿“小学”作为解释诸经子史的基础。于是，清儒一扫明末浮夸、空谈的习气，形成了从材料出发治经考据、研究古音古义的学风。而在这种学风的影响下，清代的语言学家们实事求是、好学深思，把毕生精力投入研究当中。如段玉裁花了三十年时间作《说文解字注》，桂馥用四十年时间撰《说文义证》，江有诰则是用一辈子时间来研究古韵。“小学”的研究因此得以迅速而健康地发展，从而使汉民族的古音学、文字学和训诂学走向全面繁盛而开新。

---

① 叶音（读“谐音”）也称叶韵，叶句。“叶”也作“协”。指以改读字音的（错误）方式，来读诗经、楚辞等先秦的韵文，叶音这个称呼由朱熹提出。

② （明）陈第：《毛诗古音考》自序。

③ （清）段玉裁：《广雅疏证》序。

④ （宋）苏轼：《李氏山房藏书记》。

⑤ “服、郑”，即东汉末经学家服虔与郑玄的并称。

（一）古音学的开新

所谓“古音”是指韵书产生以前、周秦两汉时代的语音，即上古音。清代汉民族语言学家在古音方面用力最勤，成绩也最大，而这些成绩又集中体现在古韵分部的研究上。当时，古音研究有“考古”派和“审音”派之别。

“考古”派以顾炎武、段玉裁等为代表，他们研究古韵的主要方法是客观地分析、归纳先秦韵文材料，从开新中得出结论。

顾炎武是明末清初的思想家、学者，是把古韵分部的研究引上科学化、系统化的第一人，故而成为清代语言学的开山祖。他“潜心声韵五十年，作《音学五书》，而古音乃大明于天下”①。《音学五书》包括《音论》《诗本音》《易音》《唐韵正》和《古音表》五种，集中了他关于古音学和古韵分部的全部观点。这是清代研究《诗经》古音的一部重要的开创性著作。顾炎武的《诗本音》从分析《诗经》用韵入手来探索上古音，他不但对《诗经》中所有的韵脚进行归纳、分析，而且还拿这些押韵字与《唐韵》音系做比较，进而离析《唐韵》，建立上古韵部系统。顾炎武所采用的语音材料很广泛，对《诗经》中1900多个韵字，据押韵的实际情况，客观地归纳韵部，然后又同《广韵》的韵类作比勘，分别同异，综合贯串，又比较系统地运用了《说文》谐声材料以及异文、异译、异读、读若、声训、方言、前代传注等多方面材料，最后古《古音表》得出了古韵当分十部的结论：

东冬钟江第一
支脂之微齐佳皆灰咍第二
鱼虞模侯第三
真谆臻文殷元魂痕寒桓删山先仙第四
萧宵肴豪尤幽第五
歌戈麻支第六
阳唐庚第七
庚耕清青第八
蒸登第九

① （清）李因笃：《古今韵考》序。

侵覃谈盐添咸衔严凡第十

这十部虽然还很粗疏，但意义十分重大。一是奠定了古韵分部的基础。其第六、七、八、九四部为后代古音学家所接受，其他六个部也初具规模，不过是进一步离析的问题。二是离析《唐韵》，借今音分合以求古音，兼顾了语音的系统性和历史的发展。三是拿入声与阴声相配，揭示了上古入声字和阴声字的关系，改变了《广韵》入声分配系统，为后世多数古音学家所承认。

段玉裁（1735—1815 年），江苏金坛人，是清代著名的文字声韵训诂学家。段氏根据《诗经》用韵，写成《诗经韵谱》和《群经韵谱》，后又在这两部书的基础上作《六书音韵表》，分古韵为十七部。他的十七部是建立在江永十三部的基础上，“之、脂、支”三分，“真、文”分立，又从“幽”部中分出“侯”部而成。其中，“之、脂、支”三分“实千有余年莫之或省者”①，意义十分重大。他最大的贡献在于除了利用《诗经》和群经的押韵材料外，又能够充分利用文字的谐声以定古韵的部类。他所发明的“同声必同部”“古假借必同部”② 的定则，基本上符合上古汉语的实际，对后来人确立古韵部类以及通晓古书有很大的帮助。

“审音”派则以江永、戴震等为代表的，他们不光考察上古韵文的用韵情况，还根据等韵学、今音学原理和语音的系统性来考察上古韵部的分合情况。

江永（1681—1762 年），安徽婺源（今属江西）人，清代经学家、音韵学家。他做学问以考据见长，开皖派经学研究之先河。他熟谙音理、精于等韵、长于审音，音韵学著作有《古韵标准》《四声切韵表》《音学辨微》等。江永很敬佩顾炎武，同时也指出了顾氏古音研究的一些不足，最早提出“考古”“审音”概念。他在评论顾炎武古韵研究得失时说：“《古音表》分十部，离合处尚有未精；其分配入声多未当，此亦考古之功多，审音之功浅。”③ 可见他已经明确地认识到“考古、审音”方法在

---

① （清）戴震：《六书音均表》序；时建国：《清代“小学”的发展和成就》，《图书与情报》1998 年第 2 期。

② （清）段玉裁：《六书音均表二·古十七部谐声表》序文。

③ （清）江永：《古韵标准》，中华书局 1982 年版，第 4 页。

上古音古韵分部中的重要作用，并认为顾炎武分部多有粗疏，是因为审音不够严密。段玉裁在《江氏音学序》中评价江有诰的古韵分部时说："盖顾氏及余皆考古功多，审音功浅。江氏、戴氏二者皆深，而晋三（江有诰）于二者尤深。"[①] 可见，段氏认为自己和顾炎武注重考古方法，而江有诰和戴震则兼顾考古和审音两种方法。[②] 他在研究古韵时，充分利用了自己长于审音的优势。他先归纳出《诗经》的韵例，重新排比了《诗经》用韵，然后根据语音的系统性，运用等韵学、今音学原理对古韵进行重新分部。他对顾炎武的第三部进行了调整，又根据侈弇（舌面元音的高低）对立的原理，把顾的第四、五、十三部各分为二，得古韵十三部。在《古韵标准》一书中，他详细说明了自己分部的理由。关于入声问题，江永主张"数韵共一入"。他分入声为八部，这八部既可属阴声韵，又可属阳声韵。这样"同入相配，已兆阴阳对转之端"[③]。

戴震（1723—1777 年），安徽休宁人，清代著名的思想家、语言学家。他在经学、天文、数学、历史、地理等方面都有很深造诣，乾隆年间曾被特召为《四库全书》纂修官。曾受业于江永，经学、小学的很多地方都受到了江氏的影响。他不但博闻强记、知识渊博，而且有远见卓识，是当时学术界的领袖人物。他的著述甚多，音韵方面的有《声韵考》和《声类表》两部。《声类表》分古韵为九类二十五部，每类又阴、阳、入三分，并分别以影母字命名。戴震对古音研究的贡献是多方面的。"祭泰夬废"四韵独立，入声独立并从"药"部中分出一个"铎"部，都是他的发明。他主张阴声和阳声相配，也是清代最早讲古韵通叚的音韵学家。这种"阴阳二声相配"被王国维誉为自明代以来古音学上的三大发明之一。[④]

音韵学大师辈出，清代还有江有诰（？—1851 年），安徽歙县人。他用毕生精力研究音韵学，把先秦几乎所有的韵文材料都搜集到一起，做深入、全面的考察，还充分发挥了自己精通等韵、长于审音的优势，其兼有两派之长，著有《音学十书》，但刊行的只有八种：《诗经韵读》《群经韵

---

① （清）段玉裁：《经韵楼集》，上海古籍出版社 2007 年版，第 124 页。

② 参阅徐福艳《关于考古派与审音派划分的若干问题考究》，《咬文嚼字》2010 年第 4 期。

③ 章太炎：《重刊古韵标准》序。

④ 王国维：《韵学余论·五声说》。

读》《先秦韵读》《谐声表》《入声表》《唐韵四声正》《等韵丛说》《楚辞韵读》（附《宋赋韵读》）。其中《诗经韵读》是他研究古韵的中心材料。他在研究古韵时，仅读过顾、江、段三家著作，而没见过戴震、王念孙的书，但他的分部结果和王念孙基本相同。他考证《诗经》韵部的分合掌握了四个基本原则：第一，凡明显不在一起押韵的分为两部。第二，参照各类字同其他部类字的通用关系来断定两类字的分野。第三，根据《诗经》《楚辞》中平入是否合用的内容来确定平入相配的关系。第四，根据段氏“凡同声者必同部”的原则，拿《说文》的谐声系统跟《诗经》韵字相比证。江氏根据以上四项原则来考订古韵，分古韵为之、幽、宵、侯、鱼、歌、支、脂、祭、元、文、真、阳、耕、东、中、蒸、侵、谈、叶、缉二十一部。《入声表》是江氏古音学最精彩的部分。江有诰精于等韵，明了入声和阴声的对应关系，为使学者能够掌握阴声各部相承的入声字是些什么字，于是专据《说文》之谐声偏旁以及周秦人平入同用之章，参照等韵图而作《入声表》。江有诰在古音学上的另一贡献是肯定上古汉语实有四声的说法，他认为古今音式有别，有今读上、去而古读为平的，有今读平、去而古读为上的；也有今读一声，而古读却为两声的。他批评陆法言在编定《切韵》时不能审明古训，把今声误作古声来分析，因而出现了古属平声的字而误收入上声者（如“享飨颈颡”），古属平声的字而误入去声者（如“讼化震患”），古属上声而误入平声者（如“偕”）……由是撰写了一本《唐韵四声正》，后来当涂人夏燮作《述韵》，对江说作了进一步的推阐，古有四声的说法遂成定论。当时著名的学者段玉裁、王念孙等对于江氏的古音研究都给予了极高的评价，称赞他在“考古”“审音”两方面都有极深造诣，认为他集音韵学之大成，对以前各家都有匡补之功。这样，江有诰遂成为清代汉民族古音学开新集大成者。①

（二）文字学的开新

清代汉民族文字学的开新集中呈现在《说文解字》（以下简称《说文》）研究上。

众所周知，《说文》于东汉问世后，影响极大，其后编纂的字书，从

① 本节参阅陈哲夫总纂《中华文明史》第九卷（清代前期），河北教育出版社 1994 年版，第 453—457 页；时建国《清代“小学”的发展和成就》，《图书与情报》1998 年第 2 期。

《字林》《玉篇》到《字汇》《正字通》，乃至《康熙字典》，都按《说文》的体例来编排。但自东汉至清初，《说文》研究并不十分发达，除五代、宋初的徐铉、徐锴兄弟外，在《说文》研究上值得称道的人并不多。到了清代，情况发生了变化。清代的语言学家对《说文》倾注了大量的心血，为《说文》学的研究和发展做出了巨大贡献。根据丁福保《说文解字诂林》所附的《引用诸书姓氏录》，清代从事《说文》研究的达200余人，其中成就突出、堪称《说文》专家的就有几十人之多。其中，最为有名的是段玉裁、桂馥、王筠、朱骏声，世称"《说文》四大家"。

1. 段玉裁的开新

段玉裁可谓清代《说文》研究的巨擘，他在《汲古阁说文订》1卷的基础上，继而又于乾隆四十一年（1776年）开始，用了19年时间编成《说文解字读》长编540卷。然后才在此两书的基础上精炼加工，历时13年，并最终提炼为《说文解字注》30卷。此书打破了单纯校勘、考证的旧框子，寓作于述，为当时学术界所推崇，成为注释《说文》的权威性著作。王念孙在《说文解字注·序》中给它以极高的评价，认为自《说文》问世以来，"千七百年来无此作矣"。该书是段玉裁一生学术成就的结晶，也是清人研究《说文》的巅峰之作。

段玉裁的成功之处不仅在于他创通体例，对《说文》做全面细致的校订整理，更在于他能初步运用历史发展的观点和一些科学的方法来研究语言现象，通过注释提出并初步解决了一系列有关文字学、音韵学、训诂学的重大问题。《说文解字注》的学术价值是多方面的，据《中华文明史》第九卷的归纳：

> 一是校订《说文》，还许书之旧。《说文》一书经历代传抄，讹误不少，特别是唐代李阳冰改窜之后，妄增误删颠倒脱落之处比比皆是。段玉裁根据徐锴的《说文系传》，参照《尔雅音义》、《玉篇》、《韵会》、《太平御览》等，对大徐本进行了全面细致的校订，颇多是正。如校勘功夫之精深、态度之审慎。
>
> 二是阐明许书体例。《说文解字》没有凡例，段玉裁在注释的过程中每每阐发许书体例，这对一般读者很有帮助。
>
> 三是引证经传古籍，阐释、补充许慎的说解。
>
> 四是阐明形、音、义的关系，根据形、音、义综合考察《说

文》。段玉裁认为："小学有形、有音、有义，三者互相求，举一可得其二。有古形、有今形，有古音、有今音，有古义、有今义，六者互相求，举一可得其五。"① 这个观点贯穿于他的《说文》研究始终。在推求字本义时，他每每用以形说义和因声求义两种方法。

五是说明词义的引申和变迁，指出字和字义都有古今之别。

六是以声为义，探求词源。段玉裁已经注意到了声与义的关系，认为"声与义同源，故谐声之偏旁多与字义相近"②。他注《说文》时，每言"凡从某声者多有某义"、"凡字之义必得诸字之声"。

七是坚持事实，敢于批评许慎。段玉裁是尊许的，但同时纠正了许说的一些错误。他的小学修养很深，批评往往是中肯的。③

当然，《说文解字注》也不是尽善尽美的。段玉裁作注敢于提出自己的观点和看法，这是他的优点；但他有时过于自信，增删篆文、改动许氏原文，则未免失之武断。另外，由于段玉裁没有见到古文字，说解字形多拘泥小篆，有时难免穿凿。但《说文解字注》体大思精，尽管存在一些缺点，终是瑕不掩瑜。它至今仍是《说文》的最佳注本。

2. 桂馥的开新

桂馥（1736—1806 年），山东曲阜人。乾隆进士。他博涉群书，熟谙经史，潜心小学、精通声义，著有《说文解字义》《说文谐声韵谱考订》《缪篆分韵》《历代石经略》《札朴》《晚学集》《未谷诗集》等。其中《说文义证》一书最为重要，是作者用毕生精力完成的文字学开新之作。据《清史稿 · 儒林传》载，桂馥和段玉裁同时治《说文》，当时学术界也常常以"段桂"并称，但段、桂二人从未谋面，也互相没有见过对方的书。他们治《说文》宗旨不同：段玉裁是述中有作，桂馥则是"专胪古籍，不下己意"④。二书各有特色、相得益彰。张之洞在《说文义证 · 叙》中对段、桂二书做了一番评述，认为段书"声义兼明"，桂书"尤博于义"；段玉裁多"破字创义"，成一家之言，桂馥则"专左许书"，使学人

① （清）段玉裁：《广雅雅疏证》序。

② （清）段玉裁：《说文解字注》示部，"禛"字下注。

③ 陈哲夫总纂：《中华文明史》第九卷（清代前期），河北教育出版社 1994 年版，第 461—463 页。

④ （清）王筠：《说文释例》自序。

了解《说文》的本义。因此，“语其得于心，则段胜矣；语其便于人，则段或未之先也”。由于王筠的推重和张之洞的宣传，一时出现了段、桂齐名的局面。

3. 王筠的开新

王筠（1784—1854 年），山东安丘人。道光举人。他博涉经史、精于《说文》。著有《说文释例》《说文句读》《文字蒙求》《说文系传校录》等。王筠在段玉裁、桂馥、严可均[①]等人研究的基础上，综合分析诸家之说，为许书创通体例、为后人指示门径，独辟蹊径，成一家之言。《清史稿·儒林传》称：“其书独辟门径，折衷一事，不依傍于人。论者以为许氏之功臣、桂段之劲敌。”他的《说文》著作，以《说文释例》创见最多、成就最高。是专门阐明《说文》体例之作，其开新成就，一是比较系统、深入地阐发了《说文》的条例，为后人研究《说文》指示门径。二是注意汉字的内部联系，揭示汉字孳乳演变的规律。如他所立的“分别文”“累增字”的原则，直到今天仍有实际意义，近人黄侃称之为“不朽之论”[②]。三是利用金文等古文字材料来研究汉字字形结构，订正《说文》说解之误，开创了以古文字证《说文》的研究方法。王筠的《说文》研究，不但创见很多，而且说解通俗，注意到了文字的普及工作，在“《说文》四大家”中独树一帜、自成一家。

4. 朱骏声的开新

朱骏声（1788—1858 年），江苏吴县人。嘉庆举人。钱大昕的得意门生。他学识十分渊博，长于经学、小学，精研《说文》，以“通材大儒”著称于时。他著述宏富，有百余种之多，最为有名的是《说文通训定声》。《说文通训定声》18 卷，作者对此书倾注了大量心血，花费了半生精力。书刊行后，朱氏又亲自校勘、考订，增删改易，共补订 800 余条，后由其子刊为《说文通训定声补遗》2 卷。朱骏声根据形声字在汉字中占绝大多数，而象形、会意、指事很多就是形声字的声符这一事实，对《说文》的 9000 余字和增附的 7000 余字。

《说文通训定声》与段、桂、王三家著作相比，有许多独到的地方。它表面上因循《说文》、为《说文》服务，实际上是一部富有创造精神的

---

① 严可均，字景文，号铁桥，文字学家，著有《说文校议》等。

② （清）黄侃：《文字声韵训诂学笔记》。

专著，其主要贡献：一是全面分析和解说了词的多种意义，弥补了《说文》只讲本义之不足。二或为了做到信而徵，朱氏搜集了极其丰富的文献材料。这些材料遍及经、史、子、集，其丰富可比阮元的《经籍籑诂》。但《经籍籑诂》只是材料的汇集，而朱书则是将丰富的材料系统化：本训、别义、转注、假借、声训等条分缕析、分门别类，堪称博大精深。三是在编排体例上，按古韵和形声声符编次文字，体现了音义相通之理，也是对段玉裁"声与义同源""从某为声者必同是某义"之说的进一步发展。

《说文通训定声》也存在一些缺点，如：用以统字的古韵十八部不用传统韵目，而用《周易》的卦名来命名，既脱离了当时古音研究的实际，也给读者检索带来了不便；每字之下虽列转注、假借、别义、声训等，但有时并没有划分清它们间的界限。

总之，《说文》研究，高潮迭起，四大家是清代《说文》研究的突出代表，他们著作的侧重点不同，各有所长，但综合起来看，还是段玉裁的成就最高。①

（三）训诂学的开新

清代汉民族训诂学的开新集中呈现在训诂理论和词源研究两个方面。

在训诂理论上，主要探讨的是音义关系和词义系统的研究。

1. 训诂理论建构的开新

在字的形、音、义三者关系中，声音处于中心环节的地位，在音义关系的研究上，如何以声音通训诂？这在训诂上是一个关键问题。

本来文字是记录语言的符号，在本质上依赖于有声语言。但古代学者不明白这个道理，认为所有的文字都是直接表示词义的，同一意义必须有固定的写法。在训诂实践中，他们往往只重视文字的形体，而忽略了词的读音，把"字"和"词"等同起来。"这种重形不重音的观点，控制着一千七百年的中国文字学（从许慎时代到段玉裁、王念孙的时代）。只到段玉裁、王念孙，才冲破这个藩篱。"② 乾嘉学者音义关系认识的突破，使他们能从本质上认识文字形、音、义的关系以及文字和语言的关系，训诂

① 本节参阅陈哲夫总纂《中华文明史》第九卷（清代前期），河北教育出版社 1999 年版，第 460—468 页。

② 王力：《中国语言学史》，山西人民出版社 1981 年版，第 157 页。

学也进入了语言学领域。因此，黄侃说：“清代小学之进步，一知求本音，二推求本字，三推求语根。”[①] 这种“革命”性的成果，集中体现在郝氏《尔雅义疏》、段氏《说文解字注》、王氏父子《广雅疏证》《读书杂志》《经义述闻》等训诂专著上。可见，从训诂理论上说，段玉裁、王念孙已经具有了较为明确的语言观念，认识到文字是代表有声语言的，不管字形是否相同，只要字的读音相同，它们就有同义的可能。这样，古代文献中许多不好理解的字都可以得到合理的解释了。所以，王力给予了高度的评价，称“这是训诂学上的革命，段、王等人把训诂学推进到崭新的一个历史阶段，他们的贡献是很大的”[②]。

其实，水有源，树有根。根据声音探求词义作为一种研究古词义的主张，元初的戴侗及明末清初的方以智都曾谈到过这个问题。而明末清初的黄生[③]更是明确提出了“因声以知意”[④]“古音近通用”[⑤]“一音之转”[⑥]等原则。但他们没有进一步发掘音义之间的关系，再加上当时上古音系统没有建立，他们也无法将“因声求义”的方法有效地运用训诂实践。所以，真正对音义关系做深入阐发，上升到训诂学理论的还是戴震、段玉裁、王念孙等人。史载：戴震曾先后多次对音义关系做出精辟的阐发。他提出：“疑于义者，以声求之；疑于声者，以义正之。”[⑦] 并认为声音是贯穿文字、训诂的主线，说：“而字学、训诂、声音，未始相离，声与音又经纬衡从宜辨。”[⑧]

段玉裁在《广雅疏证·序》中说：“圣人之制字，有义而后有音，有音而后有形；学者之考字，因形以得其音，因音以得其义。”又说：“治经莫重于得义，得义莫切于得音。”

---

① 黄侃：《文字声韵训诂笔记》，上海古籍出版社 1983 年版，第 12 页。

② 王力：《中国语言学史》，山西人民出版社 1981 年版，第 157 页。

③ （清）黄生（1622—?），字扶孟，安徽歙县人。自以为钟灵秀于黄山白岳，故就己姓而别号白山。黄生在明代为诸生，入清不仕。所交王炜、龚贤、屈大均辈皆知名之士。于文字训诂之学极有根底，著有《字诂》《义府》。

④ （清）黄生：《义府》卷上“仡仡勇夫”条。

⑤ （清）黄生：《义府》卷上“敬寡、属妇”条。

⑥ （清）黄生：《义府》卷上“畴咨”条。

⑦ 《转语二十章》序。

⑧ （清）戴震：《戴东原集》，广东学海堂，清道光九年（1829 年）刻，转引自陈哲夫总纂《中华文明史》第九卷（清代前期），河北教育出版社 1994 年版，第 470 页。

王念孙则提出："训诂之旨，本于声音。故有声同字异；声近义同，虽或类聚群分，实亦同条共贯。譬如振裘必提其领，举网必挈其纲，故曰'本立而道生'、'知天下之至啧而不可乱也'。此之不寤，则字有别音，音别为义，或望文虚造而违古义，或墨守成训而鲜会通。易简之理既失，而大道多歧矣。今则就古音以求古义，引申触类，不限形体。"

正是基于对音义关系的深刻认识，段、王在他们的训诂实践中，大量运用"因声求义"的方法，以声音通训诂。他们的著作《说文解字注》《广雅疏证》堪称这方面的典范。由于段、王的影响，也由于上古音系统的日益完善并被人们普遍接受，清儒对"因声求义"莫不津津乐道，用它解决了很多问题，此其一。

其二，清人还探讨了词义的系统性。从纵的方面来说，词的本义和它的各引申义之间有其内在联系；从横的方面来看，一个词的引申系列又与另外一些词，如该词的同义词、反义词、同源词等密切相关。这种词义纵横交织的联系，就形成了词义的系统性。清以前的学者虽然注意到了一词多义问题，也注意到了一个词往往有同义词、反义词、同源词等相关词，但很少研究它们之间的关系。而以段玉裁、朱骏声为代表的一批清代学者，则对词义的系统性有了较为深刻的认识并着手研究，取得了很大成就。

对此，段玉裁做过深入研究，他较早而明确地提出了汉语词义系统的理论，并将它贯彻到了具体的词义研究中。他说："凡字有本义，有引申之义，有假借之义。"[①] 在给《说文》作注时，他不仅探讨了词的本义、引申义、假借义以及词义的发展变化问题，还注意对同义词、反义词、同源词等加以分析。段玉裁的研究有几点值得注意：

第一，他不只单纯注重本义，而是以本义为基点来把握整个词义系统，即以本义为主，兼及引申义、假借义。他说："凡字有本义焉，有引申假借之余义焉，守其本义而弃其余义者，其失也固；习其余义而忘其本义者，其失也蔽。"[②] 如词的引申义是从本义派生出来的，因而从本义出发推寻引申义，就可以发现词义的内在联系，做到以简驭繁。

第二，他给《说文》作注时，已经注意到了词与它的同义词、反义词、同源词之间的意义关系，对词义间的横向联系有一定的认识。如研究

① 《经韵楼集》卷十一。

② 同上。

词义引申的规律，他在《说文·十卷·犬部》云："状，犬形也。"段注："引申为形状，如'类'之引申为同类也。"段玉裁注意到了由"状"（犬形）到"形状"，与由"类"（犬相似）到"同类"，引申方式相同，都是由具体到抽象的引申。又《说文·八卷·欠部》："歇，息也。"段注："息者，鼻息也。'息'之义引申为休息，故'歇'之义引申为止歇。""息""歇"是训释字和被训释字的关系，"息"既引申为"休息"，于是"歇"也引申为"休息"的同义词"止歇"。这两个词引申内容相同，而且词义引申有相因关系。

可见，段玉裁的分析、研究和理论认识都已达到了很高的水平，就是对今天的汉语史、汉语词汇学研究，也有很大参考价值。

由于对音义关系有了深刻的认识，清代学者于以形索义之外，更注重"因声求义"。这一方面是因为上古音系统的建立和被人们普遍接受，另一方面是因为戴、段、王等深入阐发了音义关系，并将"因声求义"的方法有效地运用于训诂学实践，使当时及其后的学者都充分认识到了"因声求义"考据方法的科学性和重要性。"因声求义"是清代运用最广的词义考据方法，清人用它解决了很多问题。由于清代从事考据的学者队伍庞大，考据方法日趋科学、完备，因而产生了大量的考据著作，清代200余年间，学者对古代典籍进行了全面的整理。旧有文献，凡稍微重要一点的，都被疏证、整理过，有些经典的注本竟达数百部之多。众多的考据学家中，不乏通家大儒、专门名家，从而形成了汉民族乾嘉学术以讲究训诂考据为特色。体现在训诂上则表现为严谨、科学的训诂方法。乾嘉训诂凡立说必持之有据，既不盲从，也不妄立，实事求是，无征不信；梁启超就以"注意""虚己""立说""搜证""断案""推论"六端概括王氏父子训诂的科学方法。① 李建国就指出："他们成功地总结训诂学的历史经验，为近代训诂学发展铺平了道路。"② 与此同时，他们也完成了训诂理论建构的开新。③

2. 词源研究的开新

词源研究是清代汉民族训诂学开新的又一成果。

---

① 梁启超：《清代学术概论》，天津古籍出版社2003年版，第43—44页。

② 李建国：《汉语训诂学史》，上海辞书出版社2002年版，第289页。

③ 本节参阅陈哲夫总纂《中华文明史》第九卷（清代前期），河北教育出版社1994年版，第469—473页；姚小平《清代语言理论》，《暨南学报》2000年第3期。

在于清代汉民族学者已经具备了较为明确的语言观念，他们从语言学的角度深入研究音义关系，重新探讨词源问题就是水到渠成之事了。

清代学者在以声音通训诂的实践中，常常涉足词源的研究领域。如段玉裁主张“声与义同源，故谐声之偏旁多与字义相近”①，“从某为声者必同是某义”②；王念孙主张“就古音求古寺义，引申触类，不限形体”③，其《广雅疏证》每云“是凡言某者皆有某义”，都已经进入了词源学的研究领域。如果说他们的词源研究还都不够系统，那么，黄承吉的《字义起于右旁之声说》则已经上升到了理论的高度，“入乎语源之证发矣”④。

在词源研究上，清代虽然没有产生巨著，但他们的理论、方法及系联同源词的实践，却给后人以很大启发。

以戴震提出的“转语”研究为例：在语言发生的起点上，音与义的结合是约定俗成的，二者之间没有必然的联系。但经过社会约定的词语，在不同时代、不同地域，却可以滋生出一组组语音相近、意义相通的同源词。汉代的扬雄对这种现象已有所觉察，在所著《方言》中称之为“转语”或“语转”。但扬雄并没有对转语做出理论阐述，《方言》也仅是用“转语”说明了一些方音问题。而戴震提出的“转语”理论则是一个完整的体系，它试图通过语音内部的对转规律来说明词义之间的联系。“转语”所包含的方音转化、古今语音转化，符合历史比较的原则，用现代语言学的观点来看，应属于历史比较语言学的范畴。戴震的“转语”理论，比西方类似语言理论的建立早了近半个世纪。⑤

在此，可见戴震已明白语言是一个系统，他从发音部位、发音方法上探索古声母系统，并以此为根据来推求语词通转。他已注意到了声音和意义之间的辩证关系，企图从声义两方面来探求词源。他在《转语二十章·序》中说：“昔人既作《尔雅》《方言》《释名》，余以谓犹缺一卷书，创为是篇，用补其缺。俾疑于义者，以声求之；疑于声者，以

① （清）段玉裁：《说文解字注》祯下注。

② （清）龚自珍：《最录段先生定本许氏〈说文〉》，载《龚自珍全集》第三辑，上海古籍出版社 1999 年版。龚氏说，这是他“亲闻之外父段先生”的话。

③ （清）王念孙：《广雅疏证》自序。

④ 黄永武：《形声多兼会意考》，文史哲出版社 1984 年版，第 32 页。

⑤ 参阅伍铁平《语言类型学研究的意义》，《学术研究》1988 年第 3 期。

义正之。”这篇序是他青年时代写的，但此书却一直没有写成。所以，他的“转语”理论只能从这篇序和他的《声类表》中了解一些。尽管如此，“转语”理论意义十分重大。它是词源研究向科学化、理论化迈出的重要一步，启发了后代的学者，为清代词源研究指明了方向。

又以程瑶田的果蠃转语研究为例：在程瑶田关于词源研究的主要著作《果蠃转语记》中，其用双声叠韵的复音词来证明推求转语。这与戴震的“转语”仅表音近义通的单音字又有所不同。因为古汉语复音词多是联绵词，它们不能拆开来解释，纯粹“义存乎音”。程瑶田从“果蠃”二字入手，考求与之相关的同源词，是词源研究上的一个创举。

但《果蠃转语记》的开头说：“双声迭韵之不可为典要，而唯变所适也。声随形命，字依声立；屡变其物而不易其名，屡易其文而弗离其声。物不相类也，而名或不得不类；形不相似，而天下之人皆可以是声形之。亦遂靡或弗似也。”这说明程氏作此书的目的，不是为了专释“果蠃”一词，而是为了借此阐发音义通转的道理和事物命名的规律。于是，程瑶田从“果蠃”是个摹声词，联系古人常用以指带有圆形的东西，故通过对“果蠃”一词的考察，他罗列了一大批与“果蠃”音义相关的同源词，指出：“果蠃”一音乃是“肖物形而名之，非一物之专名”。也就是说，像“果蠃”那样圆形的东西，如轱辘、蛄蝼、果蠃等，都可以从“果蠃”之声得名。《果蠃转语记》列举了200多个例证，其中有些比较牵强，并不可靠，而且程氏也没有综合出转变的条例。但透过变化不定的字体，抓住了从声音考求同源词这一总纲，则是程瑶田的独到之处。

再以王念孙研究词源的著作《释大》为例：王念孙受到戴震“转语”理论及方法的影响，又进一步加以发挥，把它运用于系联同源词的实践，著成《释大》。如王念孙把《尔雅》等书中有关“大”义的字都搜集起来，再按照每字所属的字母的不同分类编次。一般是先根据四声的不同来编次排列同母之字，再按字逐一解释鲁与之相关的同源字。如“冈”字：“冈，山脊也；亢，人颈也，二者皆有‘大’义。故山脊谓之冈，亦谓之岭；人颈谓之岭，亦谓之亢。强谓之刚，大绳谓之纲，特牛谓之犅，大贝谓之魧，大瓮谓之瓬，其义一也。冈、颈、劲，声之转。故强谓之刚，亦谓之劲；领谓之颈，亦谓之亢。”[①] 此书根据“转语”理论系联同源词，触类旁通、左右逢源，且基本上都能言之成理，确能“示声义相通之理，使学者推而用之”[②]。确实，《尔雅释诂》把包含有大义的39个字汇聚在了一起，后来《广雅》又汇聚了60个字，这对于我们认识那个时期的词汇面貌是很有意义的。不过《尔雅》《广雅》的系联[③]是以意义为枢纽的，这些词虽然都有大义，但还不能说全都是同义词，更不能说都有同源关系。《释大》就不一样：不仅是数量上大大地扩充了，考虑到了意义上的共同之处，而且考虑到了声音方面的关系；不仅是考虑到了声音方面的关系，而且明确地以声音为枢纽进行系联；不仅是以声音为枢纽汇聚了一大批主词，而且又系联了一大批关系词，从而使我们对词之间的关系从音义两个方面获得更深入更开阔的认识。

从上可见，训诂学到了清代达到高峰，摆脱了字形的束缚，通过声音去寻求词的意义，从而开创了探寻词义的一个新局面。也只有到了清代以王念孙为代表的一批学者手里，因声求义才臻于系统化、理论化。他的老师戴震在《转语二十章序》里说：“疑于义者以声求之，疑于声者以义证之。”王念孙的《广雅疏证·叙》更是这种理论的一篇宣言。他在“叙”中说：

> 窃以为训诂之旨本于声音，故有声同字异、声近义同，虽或类聚群分，实亦同条共贯。譬如振裘必提其领，举网必挈其纲。……今则就古音以求古义，引申触类，不限形体。

对此，段玉裁为《广雅疏证》作的序评价说：“小学有形、有音、有义，三者互求，举一可得其二；有古形、有今形，有古音、有今音，有古义、有今义，六者互求，举一可得其五。……怀祖氏能以三者互求，以六者互求，尤能以古音得经义，盖天下一人而已矣。”与此同时，他们也完

---

① （清）王念孙：《释大》卷一。

② 王国维：《高邮王怀祖先生训诂音韵学书稿叙录》，载《观堂集林》第八卷，上海古籍出版社1983年版，第29—30页。

③ 系联法是一种利用反切来研究中古汉语声母和韵母类别的方法。通过反切上字与被切字同声母，反切下字与被切字同韵母和声调，对多组反切反复运用系联的方法，就可以把所有字按声母/韵母和声调归成若干类，每一类字同声母/韵母和声调。系联法最初在清末由陈澧提出。

成了词源研究的开新。①

清代汉民族的“小学”，在繁盛中走向开新，展现出了最后的辉煌。

二 “小学”的终结与语言文字学的确立

历史的走向自有生命的曲线，当走到最高峰展现的辉煌已是最后的辉煌时，它的终结也就要到来了。

传统“小学”在经过清前期乾嘉学者的大力发展尽显辉煌后，到清后期进入了终结时期。在西学的影响下，章太炎第一次将“小学”明确改称“中国语言文字学”。标志着现代语言文字学的著述开始产生。语言文字学研究的新角度、新方法、新认识、新材料不断出现，突破了传统“小学”一贯的研究范围。可以说，从这时起，才有了真正摆脱了经学具有自身理论体系的汉民族的语言文字学。

汉民族语言文字文化的这个开新，从根本上拨正了汉语研究的方向。章太炎何以有这么大的魄力和胆识，以一人之力，拨动并颠覆了有 1700 多年历史的“小学”？

一是章太炎把传统小学的研究和西方语言学理论结合起来，从而手握拨动并颠覆“小学”的杠杆。章太炎（1869—1936 年），名炳麟，太炎是他的号。浙江余杭人。他出生书香门第，并且家庭富有，有藏书楼，家中还有医学家传。幼年受祖父章鉴及外祖汉学家朱有虔的熏陶，光绪十七年（1891 年）章太炎遵从父亲古文经学家章睿的遗命入杭州诂经精舍，师从俞樾、谭猷等。早年关注经、子之学，初步确立对“今、古文”界线的认识。著有《膏兰室札记》《春秋左传读》等。1894 年中日甲午战争之后，章太炎曾为强学会捐款，与康南海、梁启超通信。又到上海任《时务报》主笔。1898 年春，曾应张之洞之邀赴武汉办报。戊戌政变后，章太炎仍遭通缉，避地台湾。1899 年夏，东渡日本，与梁启超等人修好，后又返回上海参与《亚东时报》编务工作。章太炎的思想受到多方影响，因为变化的历程相当繁复，依其《菿汉微言》中的自述，是以“始则转俗成真，终则回真向俗”

① 本节参阅陈哲夫总纂《中华文明史》第九卷（清代前期），河北教育出版社 2014 年版，第 479—481 页；张联荣《〈释大〉读后记》，《广播电视大学学报》（哲学社会科学版）2003 年第 2 期；侯尤峰《〈说文解字注〉中的同源字研究》，《湖北大学学报》（哲学社会科学版）1996 年第 1 期。

十二字予以归结。大抵而言可以 1908 年（光绪三十四年）著成《齐物论释》为界。在此之前，章氏先习朴学、诸子学以及西方进化论和社会学，在因苏报案入狱之后，则改习法相宗，而后思想便以唯识学为尚，认为先秦诸子之学皆不足比拟，固可谓“转俗成真”。自《齐物论释》著成之后，章太炎因齐物思想的启示，不再仅以唯识为唯一标准，转而认为凡“外能利物，内以遣忧”之学皆有价值，开始对古今中外的学术思想进行重估。即进入“回真向俗”的境界。归纳起来，形成章太炎思想的背景主要有四个渊源：一为受乾嘉考证学的影响，讲求客观实证；二为跟随晚清诸子学兴起的潮流，对荀子、庄子、老子三家思想加以揄扬，尊子贬孔；三为受到严复的影响，在其早年的文章中尤其多以进化论作为理论架构；四为佛学，尤其是佛学中的唯识论，是章氏后期思想的支柱，使其思想体系中充满个体主义、相对主义的色彩。除了这四大渊源外，顾炎武、王夫之的民族思想，章学诚、戴震、孙诒让、康有为等人的思想也对章太炎具有相当的影响力。知识可以转化成智慧，还可以转化成胆识、转化成魄力。正是有了这样的底蕴和底气，章太炎才成了终结“小学”之人。

二是章太炎治语言文字学不是“为学术而学术”，而是把学术与革命紧紧结合起来的结果。章太炎曾经说：“兄弟从前主张推倒满清，所以要研究国学；因为我们要研究国学，所以要推倒满清。研究国学与推倒满清，表面看来是两项事，其实就是一项事。”[①] 因而要谈他的革命思想就离不开他的小学研究，要论他的语言文字学成就也就更是离不开他的革命思想，他的语言文字学本身就是革命之学。胡适在他的自传中曾言：清代“三百年之中，几乎只有经师，而无思想家；只有校史者，而无史家；只有校注，而无著作。”[②] 章太炎正是立志革此流弊的学者，他著作繁富，立论奇新，特重创获，继往开来，是真正的思想家、史家和语言学家。他把学术与革命紧紧结合起来，他把“言文、历史”看成国魂来深入研究，是因为“遭世衰微，不忘经国；寻求政术，历览前史”[③]。所以鲁迅说章太炎是一位“有学问的革命家”[④]。

---

① 章太炎：《我们最后的责任》（1925 年 10 月 31 日演讲辞），载《醒狮周报》第 58 号，转引自万献初《论章太炎语言文字学理论的性质及其形成的背景》，《咸宁师专学报》1998 年第 1 期。

② 胡适：《〈国学季刊〉发刊宣言》，载《胡适全集》第 2 卷，安徽教育出版社 2007 年版。

③ 章太炎：《菿汉微言·后记》，转引自汤志钧《章太炎年谱长编》上册，中华书局 1979 年版。

④ 鲁迅：《关于太炎先生二三事》，载《鲁迅全集》第六卷，人民文学出版社 1981 年版。

正因为章太炎有这样的胆识和魄力，有这样的底蕴和底气，所以，他在学术上涉及面极广：哲学、宗教、政治、法律、社会学、经济学、逻辑学、医学、数学、经学、史学等无所不及，而以小学的贡献为最大。如果说政治上他早年鼓吹革命之功不可没，那么在学术上相对他把经学发展为史学、把诸子学发展成哲学而言，他把传统小学发展为独立而又成体系的语言文字学则是其最突出的学术成就：他教导和培育了一大批新的语言文字学人才，他建立的语言文字学诸分支的理论系统使传统小学与现代汉语言文字学的接轨成为可能。今天，我们要发展中国的语言文字学，要确实地建立汉语言文字学发展史，不研究章太炎的语言文字学，就会在传统与现代间出现一个断层。他甚至认为小学所研究的语言和文字本身就是历史："顷斯宾塞为社会学，往往探考异言，寻其语根，造端至小而所证明者至大，何者？上世草昧，中古帝王之行事，存于传记者已寡，惟文字、语言间留其痕迹，此与地中僵石为无形之二种大史。"[①] 语言文字不但是通经明史的工具，它本身就是历史，而保存历史弘扬国粹又是保种革命的首要课题，故章太炎以其《说文》之学来串通一切学术，他研究《说文》其实是革命工作的必然需要，也是革命大业的一个极为重要的组成部分，他的语言文字学的确就是革命之学。因此他总结为："小学者，国故之本，王教之端，上以推较先典，下以宜民便俗。"[②] 正因为它与国与民休戚相关，他才器之重而究之深，才会有如此丰厚的语言文字学研究成果，终开一代新学门径。

章太炎创立的语言文字学，并不仅仅是一个革命家的口号或一个空壳。他的主要著述有《文始》《新方言》《小学答问》《国学论衡》等。使"小学"真正摆脱经学的附庸地位，发展出一门独立的语言文字之学，是章太炎在语言文字学上的首要贡献。他在《论语言文字之学》一文中说："合此三种（文字、训诂、音韵），乃成语言文字之学。"他主张语言文字学应成为独立的学科，"非专以通经而已"[③]。这个认定，一锤定音，宣告了汉民族语言文字学的创立。

---

① 章太炎：《致吴君遂书》（1902年8月8日），转引自万献初《论章太炎语言文字学理论的性质及其形成的背景》，《咸宁师专学报》1998年第1期。

② 章太炎：《小学略说》，载《国故论衡》，上海古籍出版社2003年版。

③ 章太炎：《论语言文字之学》，《国粹学报》1906年第24期《文篇》。转引自徐时仪《略论中国语文学与语言学的传承及发展》，《上海师范大学学报（哲学社会科学版）》2011年第3期。

前已述及，汉代以来，“小学”一直是经学的附庸，直至发展到乾嘉鼎盛时期，仍旧未能全然摆脱作为经学释读术的附庸地位。因此，它的内容包罗万象，与经书内容有关的无不需要涉及，可以说，还没有一个与其他科学分工的固定范围。而章太炎将它确定为语言文字学，便确定了它的研究范围，找到了它在近代科学中应有的位置。章太炎在演说时讲过：“为甚提倡国粹？不是要人尊信孔教，只是要人爱惜我们汉种的历史。这个历史，是就广义说的，其中可以分为三项：一是语言文字，二是典章制度，三是人物事迹。”[①] 典章制度和人物事迹都属历史范围，章太炎的语言文字学，与史学一样，都是独立的人文科学。一门学科有了自己固定的研究范围，并且在与其他科学较为严密的分工中确定了自己的位置，便为它向近代的理论科学发展奠定了有利的基础。

章太炎没有把语言文字学变成一门空泛的理论，而是强调了它对语言材料的依存性和它在指导阅读、写作中的应用性。他既把经学转化为史学，便在研究和应用的对象上给语言文字学注入了新的生命。古代的经书虽然也是古代语言写成的，但是由于着重师承的缘故，解经的材料很多是僵化的，这就妨碍了语言研究的客观性。现在，把经看作记录古代人生活的历史，这就使语言文字的研究更易与古代社会现实结合，易于保持它的客观性。章太炎正是把语言文字学当作研究历史和文学的工具学科来建设的。他继承了旧小学的研究成果，也融合了一些国外语言学的经验，建立起一套在汉民族语言学史上前所未有的理论体系。

但是，章太炎在语言文字的研究上也有比较明显的局限：除了反对白话文登入文苑外，他还对出土的文物文字采取不信任的态度。但这都不能掩盖他在汉民族语言文字学学科创建上的伟大功绩。[②]

三　《马氏文通》：汉民族语言文字学的开山之作

汉民族传统语言学在学科的结构上是因汉字的形、音、义为研究对象而分别设立文字学、音韵学、训诂学，没有语法学这一分科。实际上应属

① 章太炎：《演说录》，《民报》第六号。

② 本节参阅胡绳武总纂《中华文明史》第十卷（清代后期），河北教育出版社 1994 年版，第 471—473 页；万献初《论章太炎语言文字学理论的性质及其形成的背景》，《咸宁师专学报》1998 年第 1 期。

语法学内容的虚词研究，历来是用训诂的方法并放在训诂学里研究的。到了晚清，第一部系统的语法著作《马氏文通》产生，它不但使汉语语法研究走向科学化、系统化的道路，而且改变了汉民族传统语言学的学科结构，成了汉民族语言文字学的开山之作。

《马氏文通》的作者马建忠（1845—1900 年），江苏丹徒人。幼年学习拉丁文、希腊文、英文和法文。1876 年，他以郎中资格由李鸿章派往法国留学，后来又兼任当时驻法公使郭嵩焘的翻译，回国后，参加了洋务派集团。他认为，要使国家富强，必须学习西方的先进科学技术，因而首先需要缩短学习本国文化的过程。出于"因西文已有之规矩，于经籍中求其所同所不同，曲证繁引，以确知华文义例之所在"[①] 之目的，他在 1898 年写成了第一部系统的语法书《马氏文通》。

《马氏文通》第一次将汉语的词从语法的角度划分了词类，并且分为实词和虚词两个部分。同时，它还系统地讲解了句法结构，初步建立了词法和句法的语法体系。这一工作，是参照拉丁语系的语法而完成的，其中不免有将汉语牵合拉丁语系语法的痕迹，但《马氏文通》并不是完全生搬拉丁语法，在不少地方都考虑了汉语的特点，提出了汉语语法的若干规律，并引用了大量的例子加以证明。这些规律是马建忠在继承前人成果的基础上加以归纳总结而成的，对后来的语法研究具有极大的指导意义。《马氏文通》总结的规律不仅包括句型、语序、词类等方面的问题，还论述了个别词的用法。[②]《马氏文通》有很多创新：

一是它广为搜集例句，例句非常丰富，全书共 7000 多条例句，作者对这些例句逐一辨别，采用归纳的方法，罗列了大量证据来证明他的观点。马建忠不仅建立了自己的语法体系，给汉语文言语法建立了一个框架，同时对虚词的用法作了详尽的论述，并与他构建的语法框架结合起来，使《马氏文通》既有骨架又有血肉，与前人专讲个别虚词的做法不同。虽然这些例句中不乏引用错误的地方，但这种从语言实际出发的作风又是十分可贵的。

二是他不以分类、举例为满足，还注重对语言规律的探讨，他把汉语

① 马建忠：《马氏文通》，商务印书馆 1983 年版，第 13 页。

② 参阅陈静《试论〈马氏文通〉揭示的汉语语法规律》，《四川师范大学学报（社会科学版）》1999 年第 1 期。

析分成九个字类，在认识上突破了故人的实字和虚字之分，是一个大进步，反映了中国第一部具有现代意义的语法的诞生，这个创新，不仅仅是多几个语法术语少几个语法术语的问题，而是一个质的飞跃。

三是它在语言学领域中的超前意识，《马氏文通》是在 19 世纪末写成的，作者在建立汉语语法学时所持观点，反映了他对 20 世纪语言学研究方面的高瞻远瞩，他在总结语言规律时不是单纯追求规律的百分之百的精确性，而是采用了概率法，说话留有余地。在西方对语言进行概率的描写直到 20 世纪中叶以后才被较多学者接受，特别是功能主义语言学派，如系统功能主义学派的韩礼德和美国功能主义的吉汶（Givon），马建忠比这些学者早了五六十年。

四是他也不愿把自己局限在严格意义的语法范围之内，并且要结合修辞，注重语义。

五是在阐述语法的过程中，他注意概念的界定，并讲究逻辑，吸收自然科学的研究方法，打破训诂学用语含混、关系不明确的旧习惯。

当然，《马氏文通》也有很多局限，如他所用的语料还是文言文，在语法体系上也存在不少漏洞和矛盾，但作为汉民族语言文字学的开山之作，其对后来以至现代汉语语法体系的建立，都有着极深的影响。正是在《马氏文通》的基础上，才有了 100 年来汉语语法研究的蓬勃发展。龚千炎对《马氏文通》作了非常中肯的评价："除了建立体系外，《马氏文通》的最大贡献在于把传统的成说加以根本的改造，变附庸为独立，变零散为系统，变谈论为科学。《马氏文通》不是舶来品，它融汇了我国传统语义学几乎所有的成就，例如句读之学、虚词、语序、省略、倒装等，在某种意义上它可以说是传统语文学的集大成者。我们认为，《马氏文通》的真正生命力正在于此。"①

《马氏文通》的诞生标志着汉民族语言文字学正在向近代科学过渡，它开创了汉民族语言文字学的一条新路。②

① 龚千炎：《中国语法学史稿》，语文出版社 1987 年版，第 23 页。

② 本节参阅胡绳武总纂《中华文明史》第十卷（清代后期），河北教育出版社 1994 年版，第 475—476 页；胡壮麟《反思与前瞻——纪念〈马氏文通〉发表一百周年》，《解放军外国语学院学报》1999 年第 2 期；陈静《试论〈马氏文通〉揭示的汉语语法规律》，《四川师范大学学报（社会科学版）》1999 年第 1 期。

四　白话文运动与汉语拼音化：民国汉民族文体改革的开新

民国之时，汉民族文体改革的开新是汉语言文字学的大拐点。这个文体改革以白话文运动与汉语拼音化的文化图像呈现于世。

（一）白话文运动的开新

汉民族近代兴起的白话文运动始于 19 世纪 90 年代，亦即资产阶级改良派维新变法运动时期。就话文运动经过维新派的鼓吹和试验，又经辛亥革命党人的大力推动，到五四运动前的几年里形成高潮。从当时的文化背景和政治背景看，白话文运动所要解决的，不仅仅是书面语的革新问题，还要解决以白话文为政治革新服务的问题。这是汉民族近代以文字改革为标示的文化革命运动的一个突出特征。统治汉民族文坛三千年的文言文体从根本上发生了动摇，而白话文的正宗地位逐步得以确立。[①]

白话文运动从形式上看是从报刊传媒上展开的。其从开启到确立经历了两个阶段：

第一阶段：晚清时期，以报刊为开启民智的工具，采用白话文办报，这是白话文运动的前奏。

从 19 世纪 70 年代末，黄遵宪纵览泰西各国及日本语言文字和文学变革发展大势，提出中国必须走“语言与文字合”的道路及行文必须“适用于今、通行于俗”[②] 的历史要求，到戊戌前夕梁启超在《沈氏音书序》中视“民智”为“国强”之根基，视言文合一为开民智之必要手段与途径，进而在《变法通议・论幼学》中将语文合一目标明确指向“俚语”，以及陈荣衮试图打破千百年来形成的语言雅俗界限的历史性努力，再到“百日维新”期间裘廷梁发表《白话为维新之本》，旗帜鲜明地提出“崇白话而废文言”的口号，晚清汉民族白话文运动先驱者“有意提倡白话”的理论自觉意识逐渐明朗，晚清白话文运动自此进入理论自觉阶段。

早在 1903 年，作为晚清白话文运动先驱者和文学界革命旗手的梁启超，已经开始运用历史进化观念来审视各国文学史，进而对汉民族语言文学发展进化之大势做出了大胆断言：“文学之进化有一大关键，即由古语

---

① 参阅于兴汉《中国近代白话文运动的历史透视》，《忻州师范学院学报》2002 年第 2 期。

② 黄遵宪：《日本国志》卷三三《学术志（二）》，1887 年，转引自胡全章《白话文运动：没有晚清何来五四》，《贵州社会科学》2012 年第 1 期。

之文学，变为俗语之文学是也。各国文学史之开展，靡不循此轨道”；“自宋以后，实为祖国文学之大进化。何以故？俗语文学大发达故”；“苟欲思想之普及，则此体非徒小说家当采用而已，凡百文章，莫不有然”。[①] 1905 年，革命派知识精英刘师培也站在古今中外语言文学发展史高度，总结汉民族语言文字及文体演变的历史规律，认为宋儒语录、元代词曲和明清小说之兴盛，“皆语言文字合一之渐”，进而断言：“中国自近代以来，必经俗语入文之一级”，此乃“天演之例”和“文字之进化之公理”。[②] 梁启超和刘师培的上述理论见解和文学史观，标志着晚清有识之士之提倡白话，逐渐从启蒙教育扩大到文学革新领域，“俗语”不只是在普及和实用方面优于文言的启蒙下层社会的必要的语言工具，而且是一种具有审美价值的文学表现手段。近代意义上的“文学”概念和文学进化史观的形成，标志着汉民族文学观念与世界的接轨。晚清白话文运动和文学革新运动先驱者尽管还没有明确打出“白话文学”这面旗帜，但显然已经清醒地认识到白话文学取代古语文学的历史发展趋势。在他们看来，这是包括中国汉民族在内的世界文学进化发展之关键和大势。[③]

在这个背景下，报刊媒体发挥了巨大的影响和作用。因此利用报刊进行文体改革是“取法乎上”的选择。王韬是报章文体的先行者。1874 年 2 月 4 日，王韬与友人在香港创办《循环日报》，并任主笔；十年间，他撰写了数百篇政论文章。王韬的政论文则满心而发、肆口而成，在很大程度上对传统散文、传统语体形成了冲击。王韬在《弢园文录外编 · 自序》中说：“知文章所贵在乎记事述情，自抒胸臆，使人人知其命意之所在，而一如我怀之所欲吐，斯即佳文。”这与黄遵宪“我手写我口”“我口写我心”一样，都是主张言、文合一。王韬的文章经常被内地报刊转引，但《循环日报》毕竟远处香港，对内地报刊语言的影响终为有限。1884 年，王韬退居上海，其影响力也逐渐转弱，接过王韬“接力棒”的是梁启超。

1896 年 8 月 9 日，梁启超、黄遵宪、汪康年等人在上海创办《时务

---

① 饮冰：《小说丛话》，《新小说》第 7 号，1903 年 9 月，转引自胡全章《白话文运动：没有晚清何来五四》，《贵州社会科学》2012 年第 1 期。

② 刘光汉：《论文杂记》，《国粹学报》1905 年第 1 期，转引自胡全章《白话文运动：没有晚清何来五四》，《贵州社会科学》2012 年第 1 期。

③ 以上参阅胡全章《白话文运动：没有晚清何来五四》，《贵州社会科学》2012 年第 1 期。

报》。创刊伊始，梁启超是当之无愧的主笔，《时务报》的文风具有浓郁的梁氏个人风格。《时务报》是当时发行量最大的国人自办报刊，梁启超所代表的“时务文体”也不胫而走。梁启超在《〈清议报〉一百册祝辞并论报馆之责任及本馆之经历》中这样描述：“甲午挫后，《时务报》起，一时风靡海内，数月之间，销行至万余份，为中国有报以来所未有，举国趋之，如饮狂泉。”二十余年后，梁启超在《清代学术概论》中总结“时务文体”的特色：“……务为平易畅达，时杂以俚语、韵语及外国语法，纵笔所至不检束，学者竞效之，号‘新文体’。”梁启超以超脱凡俗之姿，进一步冲荡古文。

与“新文体”实践同时，以《中国白话报》为代表的“纯白”文体也悄然而兴，代表人物是裘廷梁、林白水等。

1898年，裘廷梁在上海《苏报》发表《论白话为维新之本》，明确提出“崇白话而废文言”的宣言：“愚天下之具，莫文言若；智天下之具，莫白话若。……吾今为一言以蔽之曰：文言兴而后实学废，白话行而后实学兴，实学不兴谓之无民。”裘廷梁以白话为兴“实学”的工具，这是对的，但认为白话是维新之“本”，却是典型的工具至上论。此外，裘廷梁在文章中阐述了“白话八益”，其中有一条是“保皇教”，尤为迂腐可笑。白话文必须植根于“大众”才有生命力。裘廷梁是晚清白话文的首倡者之一，但是实绩却逊色于后来的林白水，立论不高。嗣后，裘廷梁在家乡与其侄女裘毓芬共同创办了《无锡白话报》。

林白水是晚清白话文报纸风潮中成就最大者。1901年6月，项藻馨创办《杭州白话报》，邀请林白水主笔。1903年12月，林白水又独立创办《中国白话报》，几乎以一人之力承担了所有文字的撰写。1904年10月，《中国白话报》停刊，存世不足一年。林白水的时事评论文章文风独特。与梁启超不同，他采用纯白语言，杂以方言、俗语，文笔冷隽，嬉笑怒骂，皆成文章。如果说梁启超是一个鼓动家，那么林白水则是一个批评家。林白水“冷眼热心”，他的时评文章为“五四”白话文运动提供了生动的文本资料。

戊戌变法前后，白话文报纸如雨后春笋，遍布全国各地，除了《无锡白话报》《中国白话报》《杭州白话报》之外，尚有《安徽俗话报》《宁波白话报》《苏州白话报》《伊犁白话报》等。晚清报界的白话文风潮并未形成足够的力量颠覆文言，当时通用语体仍然是文言文。白话文与文言文不仅仅是语体的不同，更重要的是其承载的价值观念、价值体系的不同。语体的改革必须与社会的改革同步，方能奏效。晚清的改良主义显然不能从根本上铲除文言所赖以生存的土壤。企图以改变语言来改变国运更是工具至上、舍本逐末，“白话为维新之本”的提法最具代表性。晚清白话报纸数量虽多，但是散处各地，各自为政，没有形成合围之势；同时，白话报纸缺乏像梁启超这样的巨擘，也并没有占据北京这样的重镇。另外，早期白话报纸的语言普遍冗长、拖沓、散缓，丧失了传统文言精练的优点。这些都是晚清白话文未能颠覆文言文的原因。[①]

第二阶段：民国初期，《新青年》有意识地利用自己的舆论宣传力量，以鲜明的旗帜和极大的热情催生了白话文运动，白话文的地位确立。

那么，《新青年》是如何拉开白话运动序幕的呢？

这是由陈独秀与胡适的通信引发的。对于胡适的通信，陈独秀答道“倘能详其理由，指陈得失，衍为一文，以告当世，其业尤盛”[②]。陈独秀希望将通信改为正式的论文，以产生更大的影响。陈独秀其时不但思想先进，同时还是一名优秀的编辑，他对白话文改革的重要性独具慧眼。“白话文的讨论——既有理论意义，又有可操作性，将理想与现实如此巧妙地缝合在一起，真是千载难逢的机遇。”[③] 他曾对远在美国的胡适说：“《青年》（指《青年杂志》）文艺栏意在改革文艺，而实无办法。吾国无写实诗文以为模范，译西文又未能直接唤起国人写实主义之观念，此事务求足下赐以所作写实文字，切实作一切改良文学论文，寄登《青年》，均所至盼。”[④] 此后，胡适再三斟酌，将他的《通信》加以修改和整理，于是有了《新青年》第 2 卷第 5 号上那篇著名的《文学改良刍议》，提出文学改良须从“八事”入手：“一曰，须言之有物。二曰，不模仿古人。三曰，须讲求文法。四曰，不作无病之呻吟。五曰，务去烂调套语。六曰，不用典。七曰，不讲对仗。八曰不避俗字俗语。”胡适被诩为文学革命“首举

---

① 以上见俞香顺、凡燕《白话文运动“三部曲”：以报刊为中心的考察》，《广播电视大学学报》（哲学社会科学版）2005 年第 3 期。

② 《新青年》第 2 卷第 2 号。

③ 陈平原：《思想史视野中的文学——〈新青年〉研究（上）》，《中国现代文学研究丛刊》2002 年第 3 期。

④ 中国社会科学院近代史研究所中华民国史组：《胡适来往书信选》上册，中华书局 1979 年版，第 5 页。

义旗的先锋”。

这种层次清晰、说明明确的论文是陈独秀所欣赏的。陈独秀的思想远比胡适激进，他对《文学改良刍议》中的观点从文学思潮的社会功用角度予以发挥，紧接着在《新青年》第2卷第6号发表了《文学革命论》，对胡适的文章给予相当的肯定和支持，强化了胡适的主张。陈独秀立论高卓，将文学革命与政治革命、宗教革命等统一起来，提出了“三大主义”，即国民文学、写实文学、社会文学。三者非白话文所不能办，陈独秀的见解很显然要胜胡适一筹。胡适后来回忆说：“当时若没有陈独秀‘必不容反对者有讨论之余地’的精神，文学革命的运动决不能引起那样大的注意。”[①] 这两篇文章成为现代白话文运动最初的动力。这样，胡适发表的《文学改良刍议》《建设的文学革命论》，陈独秀发表的《文学革命论》，刘半农发表的《我之文学改良观》等，较为系统地提出了以白话文代替文言文的主张。其主要内容有三：一是白话为文学之正宗；二是要让白话文成为唯一的通用书面语；三是白话文要以现代中国人的口语为源泉。这三点分别提供了打倒文言文正统的历史根据，提出了推行白话文的奋斗目标，指明了建设白话文的正确方向，《新青年》正式揭开了现代白话文运动之序幕。[②]

《新青年》的成功之处就在于在此后的很长时间内连续不间断地以书面语言的白话改革作为杂志的重心，不遗余力地进行鼓吹、宣传，反复强化这种现代白话的概念，不断地进行信息累积。随着胡适归国加盟，《新青年》对白话文的宣传力度又加大一层。他说：“舆论家的手段，全在用明白的文字，充足的理由，诚恳的精神，要使那些反对我们的人不能不取消他们的‘天经地义’，来信仰我们的‘天经地义’。”（5卷1号）毛泽东在年轻的时候说过：《新青年》的两大宗旨中有一个就是“反对古文，提倡白话”[③]。

《新青年》同人中虽然对社会改造各有主张，但对语言改革必要性的认识却完全相同。他们大量组织这方面的文章，以致在《文学改良刍议》

① 胡适：《新文学运动》，载《胡适学术文集》，中华书局1993年版，第152页。

② 参阅龚书铎主编，郑大华分册主编《中国文化发展史·民国卷》，山东教育出版社2013年版，第276页。

③ 华祝考：《毛泽东同志早期报刊活动》，载中国社会科学院新闻研究所《新闻研究资料》编辑部《新闻研究资料》第28辑，中国社会科学出版社1984年版，第4页。

和《文学革命论》之后的每期《新青年》中都有关于白话文改革的讨论，这实际是将白话文改革作为一项重要的“议程设置”，给予强烈的关注。也就是通过反复讨论某个话题，提示公众去想它，来“强化该话题在公众心目中的重要程度”[①]，使人们倾向于关注和思考媒介所注意的问题，从而间接达到影响舆论、左右人们的观点和思想的目的。最初几卷中有关白话改革的文章，都只是几个提倡者所作，从第4卷起，开始逐渐有读者参与讨论，并且人数也越来越多。专栏是一个杂志编辑思想和编辑方针的具体体现，《新青年》的“通信”栏也体现了它对这场运动的催生作用。该栏目中刊发的通信虽然每人都有各自的观点，在细致之处有所不同，但从总体来说，用现代白话文作为今后书面语方向的态度却是一致的。“通信”栏里有关现代白话文讨论的信件大量出现，朱经（朱经农）在信中说：“报（《新青年》）中通信一门，大半是‘中国今后之文字问题’。”[②]在这些通信中，主要讨论了用典问题以及语言改革的时间问题，还论及是否要用世界语或注音字母来代替汉语。胡适在答钱玄同的《中国今后之文字问题》中指出：“必须先用白话文字来代文言的文字；然后把白话的文字变成拼音的文字。”[③] 这种先用白话取代文言，然后看情况再说的态度，可以算是《新青年》同人的共识。《新青年》中的此类通信大多对白话文改革给予支持和鼓励，同时提出了各种意见，编者给予不同的回答，鼎力支持了这场白话文改革运动。[④]

与胡适、陈独秀的倡导同步，白话文创作也取得了丰硕的成果。《新青年》等杂志、刊物同样成为白话文作品的园地。

《新青年》的第1卷全部是文言文，从第2卷开始，胡适开风气之先，刊登用白话翻译的小说和自己创作的白话诗，第3卷第6号钱玄同在《通信》栏目中呼吁《新青年》应该率先垂范：“我们既然绝对主张用白

---

① ［美］沃纳·赛佛林等：《传播理论：起源、方法与应用》，郭镇之等译，华夏出版社2000年版，第246页。

② 《新青年》第5卷第2号。

③ 《新青年》第4卷第4号。

④ 以上参阅俞香顺、凡燕《白话文运动“三部曲”：以报刊为中心的考察》，《广播电视大学学报》2005年第3期；张积玉、杜波《〈新青年〉与现代白话文运动》，《厦门大学学报》（哲学社会科学版）2004年第2期；郑瑞萍《论五四白话文运动的发生与发展》，《山东理工大学学报》（社会科学版）2011年第1期。

话体做文章，则自己在《新青年》里做的，便应该渐渐的改用白话”；从第 4 卷起，白话文数量激增；第 6 卷则几乎完全采用白话。[①] 胡适的第一首白话诗《蝴蝶》即发表于《新青年》。《蝴蝶》原题《朋友》，刊登于 1917 年 2 月《新青年》杂志：“两个黄蝴蝶，双双飞上天。不知为什么，一个忽飞还。剩下那一个，孤单怪可怜。也无心上天，天上太孤单。”这首诗纯用白话，不用典，与胡适《文学改良刍议》中的主张吻合。鲁迅的第一篇白话小说《狂人日记》则发表于 1918 年 5 月的《新青年》第 4 卷第 5 号。继《新青年》之后，《每周评论》《湘江评论》等既成为传播马克思主义的阵地，也成为白话文作品的渊薮。1919 年，白话文报刊大量涌现，共有数百种之多。鲁迅、冰心、郁达夫等现代文学的巨匠都以报纸副刊为园地，创作了大量的白话文佳作。与白话文报刊的风行同步，当时出版业重镇商务印书馆发行了系列白话文教科书。1920 年 1 月，教育部颁令，国民学校低年级国文课教育也统一采用白话文。文言文、白话文之争终于尘埃落定，白话文得到了官方的认可，白话文的地位确立。[②]

但是，白话文运动的进行并不一帆风顺。1934 年 5、6 月，汪懋祖、许梦因在陈立夫的支持下兴起所谓“文言复兴”运动。汪懋祖发表《禁习文言与强令读经》《中小学文言运动》，许梦因发表《文言复兴之自然性与必然性》《告白话派青年》，均鼓吹文言，倡导读经。鲁迅、茅盾等进步作家应声而起，一致反对“文言复兴”。为了回击文言复兴的逆流，陈望道、胡愈之、叶圣陶、陈子展、乐嗣炳、黎烈文等在上海发起大众语运动。1934 年 6 月 18 日，陈子展发表《文言—白话—大众语》[③] 一文，首创“大众语”一词，指出：“从前为了要补救文言的许多缺陷，不能不提倡白话，现在为了要纠正白话文学的许多缺点，不能不提倡大众语。”1934 年 6 月 19 日，陈望道发表《关于大众语文学的建设》一文，认为：“大众语是大众说得出，听得懂，写得来，看得下的语言。”[④] 这是具有纲领性的两篇文字，阐明了发动“大众语”运动的出发点以及“大众语”的内涵，也就揭开了“大众语”讨论的序幕。

① 方汉奇：《中国新闻事业简史》，中国人民大学出版社 1995 年版，第 197 页。

② 俞香顺、凡燕：《白话文运动“三部曲”：以报刊为中心的考察》，《广播电视大学学报》（哲学社会科学版）2005 年第 3 期。

③ 陈子展：《文言—白话—大众语》，《申报·自由谈》1934 年 6 月 18 日。

④ 陈望道：《大众语论》，载《陈望道文集》第 3 卷，上海人民出版社 1981 年版，第 87 页。

从1934年6月到1936年1月，陈子展、陈望道、叶圣陶、夏丏尊、胡愈之、陶行知等人在《申报·自由谈》发表了大约500篇文章，以空前的规模展开了大众语运动。

与此同时，《社会月报》也展开了关于大众语的讨论。1934年7月25日，《社会月报》编辑曹聚仁发出一封征求关于大众语的意见的信。1934年8月《社会月报》刊登了鲁迅的《答曹聚仁先生信》，谈到了"大众语"问题；同期还刊登了杨邨人关于大众语的文章。因此，这一期《社会月报》有"大众语特辑"之称。鲁迅认为："做更浅显的白话文，采用较普通的方言，姑且算是向大众语去的作品。""大众语"相对于白话文更加"浅显"，而实现"大众语"的有效途径即是采用比较普通的"方言"。鲁迅的看法代表了20世纪30年代大众语运动的共识。①

确实，语言本身是中性的，没有阶级性，但同时，语言又是一种特殊的社会现象，具有时代性。白话文取代文言文成为通用书面语，是汉民族进入近代社会的重要标志之一。这一语体的转变并非一朝一夕之事。从黄遵宪提出"言文合一"的主张，到裘廷梁倡导"崇白话而废文言"，再到胡适、陈独秀倡导"文学革命"，在这短短的二十余年间，白话文实现了从理论提倡，到以白话报刊为标志的实践性的发展与飞跃。当然，文言文由于经过几千年的发展，已经形成了一定的规范和体式，因而还具有顽强的生命力。直到1920年，当时的民国政府教育部颁布法令，学校一律改为白话文，即国语进行教学，文言文才正式寿终正寝，白话文以崭新的姿态登上历史舞台，开创了汉民族语言文学的新局面。②

（二）汉语拼音化的开新

在白话文运动开新行进的同时，钱玄同、赵元任等人在1922年《国语月刊》"汉字改革"号上，提出汉字拼音化的动议，并拟出了罗马字方案。1925年，刘复、钱玄同、黎锦熙、赵元任、林玉堂（林语堂）、汪怡等人经过一年的讨论，九易其稿，拟定《国语罗马字拼音法式》。后由国语罗马字拼音研究委员会议决通过，1928年教育部作为国音字母第二式

---

① 参阅俞香顺、凡燕《白话文运动"三部曲"：以报刊为中心的考察》，《广播电视大学学报（哲学社会科学版）》2005年第3期。

② 参阅毕耕《近代白话文理论的产生及流变》，《理论界》2008年第4期；俞香顺、凡燕《白话文运动"三部曲"：以报刊为中心的考察》，《广播电视大学学报》（哲学社会科学版）2005年第3期。

正式公布。第一式是在 1918 年公布的《注音字母》。

1934 年，为推动白话文运动的全面开展，回击文言复兴的逆流，陈望道、胡愈之、叶圣陶、陈子展、乐嗣炳、黎烈文等在上海发起大众语运动。运动得到了鲁迅的大力支持。他们主张，书面语不能以“明白如话”为止境，更要进一步做到“话文合一”。而大众语是大众的语言，要达到大众“说得出，听得懂，写得来，看得下”①，做到为大众所有、为大众所需、为大众所用。

同年 10 月，叶籁士发表《大众语·土语·拉丁化》一文，正式介绍了吴玉章等人以瞿秋白拟定的以《中国拉丁化字母方案》为基础制定的《中国拉丁化新文字方案》。于是，围绕大众语与汉字、拉丁化新文字的关系问题，引发出拉丁化新文字运动。较多人认为拉丁化新文字比汉字更容易做到“话文合一”，新文字是大众语最理想的书写工具，因而主张废除汉字。鲁迅在《门外文谈》《中国语言的新生》《论新文字》等文中明确指出：促使书面语同口语相一致的关键是实行汉字拼音化。在汉语拼音方案里，国语罗马字虽“精密”而又“太繁”，有些妨碍普及，而拉丁化新文字有“简而不陋”的特色，便于大众掌握，从国语罗马字向拉丁化新文字发展，就可使拼音方案从“研究室或书斋的清玩”变为“街头巷尾的东西”。在鲁迅等人的倡导下，拉丁新文字的推广掀起了一个高潮，一直持续到 50 年代。②

总之，民国时期以文体改革、文字改革为旗帜的语文运动，到中华人民共和国成立后终于形成为国家的语言政策，普通话成为国家法定的标准语言，并正式公布了《汉字简化方案》和《汉语拼音方案》。从语言学研究的角度讲，民国时期的语文运动推动了语言研究基点转移的开新，即从研究文字和书面语研究转移到活的语言上来。1998 年，周有光在《白话文运动 80 年》中对白话文运动的开新做了一个总结，他说：“白话文运动是划时代的文化革命，是文明古国走向现代他的重要步骤。白话文运动要求的文体改革已经基本实现，白话文运动引起的思想解放还在继续

---

① 陈望道：《大众语论》，载《陈望道文集》第 3 卷，上海人民出版社 1981 年版，第 87 页。

② 本节参阅龚书铎主编，郑大华分册主编《中国文化发展史·民国卷》，山东教育出版社 2013 年版，第 277 页。

前进。”[1]

第六节　从红楼梦的“回光”到左翼文学：汉民族文学文化的开新

一个民族的文学是一种用形象反映民族社会生活的文化表达。

从整体上讲，清代前期的汉民族文学和清代社会一样依旧是在传统的轨道上缓慢地向前发展，处于一个旧时代行将终结的历史尽头。这个时期可以说是汉民族古代文学的总结时期，无论是诗词、散文等正统文学，还是小说、戏曲、说唱等通俗文学，都取得了令人瞩目的成就，呈现出最后辉煌的开新局面，但本质上是汉民族传统文学的回光返照。[2]

清代后期的汉民族文学，是汉民族文学向近代文学的过渡时期。这个时期资产阶级启蒙派、改良派、革命派的前赴后继，为晚清文学带来了繁荣昌盛、万紫千红的新景观，在文学上出现了“诗界革命”“文界革命”和“小说界革命”，放射出近代文学的灿烂曙光。但传统文学的潜流仍在继续发展。清代后期文学具有不同于以往任何时期文学的显著特征，在整体上，呈现出一种复杂景象和过渡状态，不仅新思潮和旧传统错综交织，在新思潮中包孕着旧传统，旧传统也受到新思潮的波染；而且，即使在一个作家的创作、一部作品的面貌中，也往往纷繁复杂，五光十色。[3]

民国时从辛亥革命前后到五四新文化运动之前，在文坛盛极一时并发生重大影响的是鸳鸯蝴蝶派文学，它是现代通俗文学的开端。此后五四文学革命的兴起，延续到 20 世纪 30 年代以左翼文学运动为代表的新文学，不但是民国时代的主导思想，也是世界左翼文学的一部分。这一时期汉民族的左翼文学将自己与祖国被压迫人们的命运、与世界被压迫人们的命运紧紧地联系在一起。人民性和世界性成了左翼文学运动两个鲜明的特征。

---

① 周有光：《白话文运动 80 年》，《群言》1998 年第 8 期。

② 参阅陈哲夫总纂《中华文明史》第九卷（清代前期），河北教育出版社 1999 年版，第 686 页；郑师渠总主编，赵云田分册主编《中国文化通史 · 清前期卷》，北京师范大学出版社 2009 年版，第 289 页。

③ 参阅胡绳武总纂《中华文明史》第十卷（清代后期），河北教育出版社 1999 年版，第 690 页；郑师渠总主编，史革新分册主编《中国文化通史 · 清后期卷》，北京师范大学出版社 2009 年版，第 334 页。

一 《红楼梦》的回光返照：清代前期文学的开新

清代前期的汉民族文学，作为汉民族古代文学的总结时期，虽然无论是诗词、散文等正统文学，还是小说、戏曲、说唱等通俗文学，在清初至中叶都取得了令人瞩目的成就，呈现出最后辉煌的开新局面[①]。但作为汉民族传统文学的回光返照，则集中呈现在曹雪芹的长篇小说《红楼梦》上。

（一）曹雪芹其人

曹雪芹（1715—1763 年），名霑，字梦阮，雪芹是其号。其祖籍辽阳，后迁河北丰润县。先世原是汉族，后为满洲正白旗“包衣”[②]。其家为百年望族，其上祖曹振彦，原是明代驻守辽东的下级军官，大约于金代天命六年（1621 年）后进攻下辽阳时归附的。曹振彦在明金战争以及入关后平姜壤之叛的战争中立过功，历任山西吉州知州、浙江盐法道等官职。曹家的发迹，实是从曹振彦开始的。曹振彦之媳，曹雪芹的曾祖父曹玺之妻孙氏，当了康熙皇帝的保姆。康熙二年（1663 年），曹玺担任江宁织造之职，前后共 21 年，最后病故在江宁织造任上。曹玺死后，康熙命其子曹寅任苏州织造，后有继任江宁织造、两淮巡盐御史等职。曹寅和康熙自幼便有深厚的友谊，康熙五岁受书时，曹寅就是伴读，后曹寅又选授銮仪卫事，侍康熙左右，两人的关系更加密切了。曹寅一代是曹家的鼎盛时期，曹寅的两个女儿都被选作王妃。康熙六次南巡，有五次以曹家的江宁织造署为行宫，后四次是在曹寅任职期间内，可见当时曹家的显赫以及和康熙帝关系之亲密。

曹寅是当时的名士，能诗善文，兼擅词曲，又是个有名的藏书家，曾主持《全唐诗》和《佩文韵府》的刊刻。这样的家庭传统对培养曹雪芹的文艺才能起了良好作用。曹寅死后，康熙命他儿子曹颙继任江宁织造。曹颙上任三年后病故。康熙又特命曹寅胞弟曹荃之子曹頫过继给曹寅并继任织造之职，曹家祖孙三代四人担任江宁织造之职共 60 余年。

雍正上台后，先从曹頫舅舅李煦开刀，抄了他的家，接着又发落到黑

---

① 详见陈哲夫总纂《中华文明史》第九卷（清代前期），河北教育出版社 1999 年版，第 687—725 页。

② 包衣，满洲语奴仆的意思。清人关前，凡所获各部落俘虏，均编为包衣，分属八旗。

龙江最荒远苦寒之地，冻饿折磨致死。雍正五年（1727 年），曹頫因“骚扰驿站”被捕，复以“行为不端，织造款项亏空甚多”，以及“将家中财物暗移他处，企图隐蔽”被革职抄家。曹頫入狱，并被“枷号”，曹家遂移居北京。据史料记载，曹家在京曾居住“蒜市口十七间半”房屋。曹雪芹一说是曹颙的遗腹子，另有一说是曹頫的儿子。

曹雪芹生于康熙五十四年乙未（1715 年），另说是生于雍正二年（1724 年）。出生在南京，曹雪芹在全家被抄后，迁回北京时年纪尚幼，按生于乙未说是 13 岁。曹家回北京后的具体情况，文献绝少记载，不过曹家自抄家后，家道急剧败落确是千真万确的。到了乾隆初年，曹家似乎又遭另一次更大祸变，从此一败涂地。曹雪芹一生正好经历了曹家盛极而衰的过程。13 岁前曾经在南京过了一段“锦衣纨绔”“饫甘餍肥”的生活，13 岁迁居北京以后，据红学家考证，初在宗学工做了一个时期，这时他结识了敦敏、敦城兄弟。乾隆十五年（1750 年）前后迁居北京西郊黄叶村[①]，“蓬牖茅椽、绳床瓦灶”，“举家食粥酒常赊”，贫病无医，又加上幼子夭折，生活更加悲凉。他由贵族上层一下跌入社会底层的巨大变化中，饱尝了世态炎凉。生活上的困顿并没有消磨曹雪芹的志气，相反更促使他嗜酒狂狷，对现实表现出傲岸不屈的态度。[②]

曹雪芹一生所经历的曹家盛极而衰的过程，不仅是清代行将走向历史尽头的缩影，也是汉民族传统文化走向无可避免没落的写照。这个人生悲剧、文化悲剧和时代悲剧纠结于曹雪芹一身，从而铸成了其传世名著《红楼梦》，把汉民族文学推上了世界文化的高峰。

（二）《红楼梦》其书

清代是汉民族古典长篇小说的黄金时代。清代前期长篇小说数量空前，风格流派多样，并有鲜明的时代特征。一方面清代前期长篇小说大多数是文人独立的创作，如果说明代长篇小说多有一个从民间传统、戏剧、说唱到文人编定的演化过程，多少涂染着民间通俗文化的色彩，那么清代长篇小说，虽然在素材上对民间传说、戏剧、说唱或野史杂传有所借鉴，

---

① 北京西郊黄叶村现为曹雪芹纪念馆。

② 参阅游国恩等主编《中国文学史（修订本）》四，人民文学出版社 2002 年版，第 274—275；郑师渠总主编，赵云田分册主编《中国文化通史》清前期卷，北京师范大学出版社 2009 年版，第 323—324 页。

但却更多地带上了文人作家思想感情和审美趣味，体现了封建末世文人阶层的审美理想。同时，在艺术风格与艺术手法上，清代前期的长篇小说也更多地追求独创性，小说形式更趋成熟。另一方面，清代前期的长篇小说更密切地贴近现实生活。如果说明代的长篇小说以展示英雄世界和神魔世界为主流，大多描写超凡传奇的英雄形象，只有《金瓶梅》是个例外，第一次用细腻而逼真的笔触描摹现实俗人的生活，那么清代长篇小说的主流便是描写现实社会的寻常生活，即使是才子佳人小说，也着重对现实社会生活的广阔描绘和深刻揭露。在这一意义上可以说，清代长篇小说较之明代长篇小说更具有世俗性特征。

《红楼梦》原名《石头记》，约动笔于乾隆九年（1744 年），曹雪芹30 岁左右。他“披阅十载，增删五次”，“字字看来皆是血，十年辛苦不寻常”[①]，但遗憾的是，曹雪芹生前没能完成他的创作计划。作品只留存了前 80 回，其余部分都已散佚。最初，这部作品只是在朋友中传阅，后来又以手抄本形式在社会上流传开来。乾隆五十六年（1791 年），程伟元第一次用活字版排印出版。出版时，书名由《石头记》改名为《红楼梦》，全书内容也由 80 回增至 120 回。一般认为，后 40 回是由高鹗续补。高鹗，字兰墅，汉军镶黄旗人，乾隆进士，为官内阁侍读、刑科给事中等，他是一位《红楼梦》爱好者，曾给自己取别号“红楼外史”。他根据原书提供的线索，极力揣摩前 80 回的暗示和意图，一一交代各个人物的结局，完成了贾宝玉和林黛玉的爱情悲剧，把小说组织成一个结构完整、故事首尾齐全的文学名著，对这部书的流传起到了重要的作用。

《红楼梦》问世不久，曾经以手抄本的形式流传了三十年，被人们视为珍品。“当时好事者每传抄一部，置庙市中，昂其价，得金数十，可谓不胫而走者矣！”[②] 及用活字印刷出版后，立即流行南北。从清代一些文人笔记的零星记载中，看到《红楼梦》已成为当时人们谈论的中心。京师流传的竹枝词说“开谈不说《红楼梦》，纵读诗书也枉然！”在谈论时，有时因双方争执不下，“遂相龃龉，几挥老拳”。民间戏曲、弹词演出

---

① 《红楼梦》第一回中有“曹雪芹于悼红轩中，批阅十载，增删五次”之说。此外，在甲戌本第一回前还有“字字看来皆是血，十年辛苦不寻常”之诗句。

② 程甲本：《红楼梦》程伟元序。

《红楼梦》时，观众为之“感叹欷歔，声泪俱下”[①]。甚至有人读了《红楼梦》，由于酷爱书中人物以至痴狂。[②]汉民族民众对《红楼梦》那喜爱可见一斑。不仅如此，两百年来对《红楼梦》的研究工作也一直没有间断，并有大量的研究著作产生，成为一种专门的学问——“红学”[③]。

《红楼梦》的核心内容，是描写贵族青年贾宝玉、林黛玉和薛宝钗三个人之间的恋爱和婚姻悲剧。小说以这一爱情婚姻悲剧为中心，反映了当时具有代表性的贾、王、史、薛四大封建家族的兴衰史。

贾宝玉是书中爱情婚姻悲剧的男主角，是贾府的继承人，也是封建贵族家庭的叛逆者。他生在一个“钟鸣鼎食之家，翰墨诗书之族”[④]，过着锦衣玉食的生活。从他一降生，家庭就为他安排好了一条功名富贵、光宗耀祖的人生道路。贾宝玉性格的基调是重情不重礼，即尊重个性，轻视礼法，主张各人按照自己的意志自由活动。在他心里，人只有真假、善恶、美丑的划分。他憎恶和蔑视世俗男性，因为世俗男性或奔竞于经济仕途的人生道路，或沉溺于醉生梦死的享乐生活，已经斫丧了人的自然本性，所以“浊臭逼人”。他爱慕和亲近“女儿”，“见了女儿便清爽”，因为少女纯洁无瑕，天真烂漫，没有受到世俗社会的污染，保持了人的自然本性。他只企求过随心所欲、听其自然、自由自在的生活，只希望在大观园女儿国中斗草簪花，低吟浅唱。所以警幻仙子说他：“在闺阁中可为良友，在世道中却不免迂阔怪诡，百口嘲谤，万目睚眦。”[⑤]但冷酷的现实社会是不允许他随心所欲的，所以他越来越深切地感受到“情”的幻灭：“悲凉之雾，遍被华林，然呼吸而领会者，独宝玉而已。”[⑥]对社会、对人生、对生命的体会和思考，愈益加重着他的悲剧感受；女儿们的悲惨命运和大观园的渐次凋零，也愈益促使他不得不直面“情”的幻灭；最后，林黛玉的泪尽而逝，更使他对一切彻底绝望了。他的追求是没有出路的，因为他所深恶痛绝的正是他所仰赖的，他所否定的正是他所依靠的。贾宝玉家

① （清）梁恭辰：《劝戒四录》。

② 参阅（清）邹弢《三借庐笔谈》；（清）陈其元《庸闲斋笔记》等书。

③ 参阅游国恩等主编《中国文学史（修订本）》四，人民文学出版社2002年版，第295—296页。

④ 《红楼梦》第二回。

⑤ 《红楼梦》第五回。

⑥ 鲁迅：《中国小说史略》，齐鲁书社1997年版，第185页。

破人散、骨肉飘零的悲剧，正是汉民族封建末世志士仁人寻求社会和人生出路，而最终无路可走的悲剧的艺术缩影。

林黛玉是书中另一个贵族叛逆者，也是爱情悲剧的女主角。她出生于“清贵之家”，聪慧过人，自幼就有一种“孤傲自许，目无下尘”[①] 的性格。后来父母双亡，寄居贾府。孤苦伶仃的人生遭遇和寄人篱下的生活，造成了多愁善感的心理，种种因素造就了她强烈的叛逆精神。她时刻感受着周围环境对自己的压抑和摧残，敏锐地觉察到生活中缺乏爱意和温情。高洁的天性和不甘居人后的心理，决定了她不愿接受现实生活的安排，屈从于外在的压力，而是始终以自己率真和锋芒毕露的言行，顽强地维护着自己的尊严，大胆地追求理想的爱情和幸福。她的这种叛逆思想在日常生活中多表现为言语尖刻、行为孤僻，与周围的环境格格不入，被人误解，使她时常陷入无边的痛苦中。在贾府“一年三百六十日，风霜刀剑严相逼”[②] 的生活中，只有和她耳鬓厮磨的贾宝玉才是她唯一的知己，也是她经过无数次的试探和考验，希望把此生托付于意中人。但她体弱多病的身体、孤苦伶仃的身世、招人忌恨的性格，特别是大胆的叛逆精神，决定了她不会被贾府所接受。但在黛玉与宝玉爱情达到心灵默契以后，与封建势力的矛盾越来越大，黛玉的痛苦也越来越深。但她始终保持着和封建势力不妥协的态度，对宝玉的爱情也至死不变。在焚稿断痴情一回中，她一面吐血，一面焚稿，以死向这个黑暗的社会表示最后的反抗。所以无论她与贾宝玉两个人是如何的相爱，最终也无法与以贾母为首的整个封建家族相抗衡，只能以失败而告终。对于林黛玉来说，爱情和她的生命紧密地联系在一起。可悲的是，封建势力不但剥夺了她选择爱的权利，拆散了她与贾宝玉两人的姻缘，还扼杀了她年轻美丽的生命。

薛宝钗也是这个爱情悲剧的另一女主角。她是封建贵族家庭培养出的一个标准淑女，聪明、美丽、活泼、安分守己、谦恭有礼，对封建礼教笃信不疑，处处事事都遵照着传统的观念来行事，从不越雷池半步。同时，她对自己的婚姻也抱有很高的期望，盼望自己将来能过上“夫荣妻贵、相夫教子”的圆满生活。她对自己出身的家庭和生活的上流社会抱着忠顺的态度，也希望用自己的聪明才智换取一个理想、幸福的婚姻家庭。她

① 《红楼梦》第五回。

② 《红楼梦》第二十七回。

很有心计，善于处理周围的人际关系，知道如何去赢得别人的好感和帮助。在生活中，她是一个最有人缘、最讨人喜爱的贵族小姐。所以，贾府最终选中了她和贾宝玉结成金玉良缘。这桩婚姻的背后，有着贾、王、薛三个贵族大家庭的共同利益所在，有着强有力的后盾支持。这也是宝黛爱情失败的深层原因。但是，这种形式上的婚姻并没有给薛宝钗带来她所梦想的幸福，她与贾宝玉思想上的隔阂永远无法克服，宝玉出家之后，薛宝钗落得一个独守空闺的结局，成了封建婚姻制度一个可怜的牺牲品。

《红楼梦》在展示贾宝玉、林黛玉、薛宝钗三人爱情婚姻悲剧的同时，还通过对贾、王、薛、史四大家族生活的描写，全面地暴露了封建社会后期的腐朽和罪恶。一是荒淫，贾府上下的男人大都生活腐败，道德沦丧，荒淫在这个贵族世家被视为平常之事。贾珍的公媳乱伦，贾琏的“包二奶”，贾赦对鸳鸯的企图，甚至连王熙凤与侄辈贾蓉也有染，等等，这些正应证了老仆人焦大的那句“爬灰的爬灰，养小叔的养小叔”的话。由荒淫所引起的人事纠纷，甚至恶毒的残杀，更是不断地动摇着这座封建大厦。虽然也有不少清白的女儿家努力地在这罪恶的泥潭里挣扎反抗，但最终也都与这腐朽的家族同归于尽，几乎没能有一个落得好下场的。二是奢侈，他们平时哪怕是穿衣、吃饭、梳头、洗脸等最轻微的事情都要由奴仆伺候，一次普通的螃蟹宴所耗银两就够“庄稼人过一年了”。一个妃子省亲，便大兴土木，堆山凿池，修建起豪华的“大观园”。一个少妇死了，用的棺材价值一千两银子，送丧的队伍如“压地银山一般”长达好几里。还有凤姐、探春等人在最后已感到家庭经济危机的来临，但这时谁也无法挽狂澜于既倒、扶大厦于将倾了。“一代不如一代”，更是这个贵族之家的致命伤。贾敬访道，贾赦淫乐，贾政的迂腐无能、头脑古板，贾珍、贾琏、贾蓉等纨绔子弟个个沉湎酒色，毫无廉耻，诸如此类，大观园中比比皆是。[①] 在贾府内部，人与人之间为了各自的利益，互相欺诈和倾轧，“一个个都像乌眼鸡似的，恨不得我吃了你，你吃了我”[②]。在封建家庭成员中，王熙凤是一个典型代表。“毒设相思局”“弄权铁槛寺”等情节，无不显示出她的阴险、毒辣、贪婪的性格。作者通过她的所作所为，更加彻底地暴露了封建贵族之家的腐朽和罪恶，以及封建礼教的虚伪。这

① 张维青、高毅清：《中国文化史》，人民出版社2010年版，第620—621页。

② 《红楼梦》第七十五回。

样一个腐朽没落的贵族家庭，在当时有着鲜明的典型意义。

此外，曹雪芹在小说中集中塑造了“金陵十二钗”等一系列女性形象。除此之外，小说还艺术地反映了封建社会的诸多方面的现实问题，对各种社会现象都进行了严肃认真的剖析，以无比丰富和深刻的内容展示了封建势力和叛逆者之间激烈的矛盾冲突。特别值得注意的是，尽管曹雪芹对封建社会作了深刻的揭露和批判，但他对自己出身的家庭却抱着无限的同情，对家族的没落也怀着深深的惋惜，加之世界观的局限，作品中充满了感伤、虚无、宿命的思想。

《红楼梦》是汉民族古典小说现实主义的顶峰。鲁迅说：“自有《红楼梦》出来以后，传统的思想和写法都打破了。”[1] 它的成功，不仅在于思想内容的无比深刻和丰富，也在于它形成了最能表现其内容的完美的艺术形式。小说在广阔的社会背景之下，成功地塑造了一大批个性鲜明、生动丰富的人物形象。全书中有名有姓的人物就有四百多人，其中上至皇亲国戚、贵族官僚，下及村姑老妪、道姑相士，三教九流，无所不包，这些人物面目迥异，性格分明，构成一个丰富复杂的人物世界。作者善于选取生活素材，精心提炼，通过不同的情节和角度细致入微地刻画出他们最主要的性格特点。作品内容虽然基本上是日常生活的描绘，但经过作者的提炼，一般都富有典型性和倾向性。同时，作者善于把对象放置在生活冲突的旋涡中，用人物自身对待外在冲突的态度和行为方式来揭示其思想品质和精神面貌。在塑造人物的过程中，能够做到用人物自己的语言和行动来表现其性格，注意运用心理描写来勾勒人物最本质、最深层的思想意识。

另外，作品中外在环境的烘托渲染和细节刻画对人物塑造也起到必不可少的作用，运用得也非常成功。曹雪芹把我国章回小说的形式发展到空前成熟的高度。《红楼梦》的艺术结构极其宏伟和复杂，作者成功地把如此众多的人物和事件有机地联系在一起，构成一个完整的艺术整体。书中有许多人物和事件常常是在同时活动和发展，但作者并没有把复杂的社会内容简单地处理为生活片段的连缀和单线演进，而是力求依照生活本身的多样性来安排故事情节，最大限度地反映出社会生活全部的复杂性和多重意义。作品最主要的情节是宝、黛爱情故事，但作者决不把视野局限在这一主题之上，而是在他们恋爱故事的周围穿插、布置了无数大大小小的生

① 鲁迅：《中国小说史略》，齐鲁书社1997年版，第382页。

活事件，编织成一个广阔的社会画面，通过这一重大主题，全景式地展现了封建社会末期的面貌。可以说，《红楼梦》的家庭婚姻生活正是从这一角度折射出时代的悲剧。纵观汉民族封建社会历史，正是在上层社会蔓延的种种腐败现象，阻碍了当时国家经济文化的发展和社会进步，导致国力的衰微、王朝的没落。从这个意义上说，贾府的悲剧正是时代悲剧的一面镜子。①

（三）《红楼梦》回光

《红楼梦》问世后，作为汉民族古典小说最后的一座高峰，人们大多认同它是一部无比形象、生动、丰富的百科全书式的汉民族封建社会史，而且既然是汉民族封建末世的文学，既然是汉民族古代传统文学的回光返照，就不能不鸣奏出深沉的感伤基调。人们感伤封建社会不可救药的衰颓，感伤封建文化无可避免的没落，感伤人生的空幻和苦闷，感伤前途的黯淡和渺茫，它的基调就是感伤。这种封建末世时代的感伤情绪及所呈现的悲剧意义，在《红楼梦》中表现得淋漓尽致。

一方面汉民族封建社会的形象代表人间奇境——贾府和大观园是辉煌的。还是看在曹雪芹的笔下《红楼梦》是如何呈现的：

先看林黛玉住的潇湘馆，其名称已够潇洒，该院院外一带粉垣，院内千百竿翠竹掩。入门曲折游廊，廊上挂着一架鹦鹉。正房三间，一明两暗。后院有大株梨花和蕉，又有两间小小的退步，院墙根有隙流入清水，绕至前院，盘旋竹下而出。此是奉元春命住进大观园时黛玉自己选定，因“爱那几竿竹子，隐着一道曲栏，比别处更觉得幽静”。潇湘馆中以竹子最盛，“凤尾森森，龙吟细细，一片翠竹环绕”。翠竹，象征的是一种不屈不挠的可贵品质，高洁中带着儒雅，含蓄里透着活力。黛玉的诗号“潇湘妃子”，正是这样一种高贵而自然脱俗，婀娜而风姿绰约的魅力。显得极为雅致而有气质。

再看贾宝玉住的怡红院，院中是暗喻红香绿玉的芭蕉海塘，特别点名这海棠是外国品种的西府海棠，也是一种不同寻常的进口货。院里是令人摸不着门路的多层隔架，连同院外、后院的曲折行径与花障，隐喻了宝玉见弃于世道的心性才情，其实自有其“头头是道也”。原来此处与别处不

① 参阅郑师渠总主编，赵云田分册主编《中国文化通史·清前期卷》，北京师范大学出版社2009年版，第324—327页。

同，四面皆是名手雕镂五彩销金嵌玉的玲珑木板。上面刻着各式各样的花样：流云百蝠，岁寒三友，万福万寿，山水人物，翎毛花卉，集锦博古无所不有。或糊上轻纱成为小窗，或帘上彩绫分作幽室。转过一架大玻璃镜后，越发见门多了。迂回曲折，扑朔迷离。式样有园有方，有葵花有蕉叶，有连环有半璧的一格一隔玲珑木板上，储书设鼎，安笔置砚，供瓶花放盆景。繁复的多宝隔将居室弄成了一个艺术品陈列室，用来展示怡红公子既富贵又闲暇的生活情趣。四面墙壁玲珑剔透，琴剑瓶炉皆贴在墙上，锦笼纱罩，金彩珠光，连地下踩的砖，皆是碧绿凿花。到处是花团锦簇，堆砌着小巧精致。连刘姥姥都看出这应当是哪位小姐的闺房，居室男主人的脂粉气自然也就跃然纸上了。也是显得极为典雅而有气质。

三看薛宝钗住的蘅芜院，入院便见一所清凉瓦舍，一色水磨砖墙，清瓦花堵。那大主山所分之脉，皆穿墙而过。步入门时，忽迎面突出插天的大玲珑山石来，四面群绕各式石块，竟把里面所有房屋悉皆遮住，而且一株花木也无。只见许多异草：或有牵藤的，或有引蔓的，或垂山巅，或穿石隙，甚至垂檐绕柱，萦砌盘阶，或如翠带飘摇，或如金绳盘曲，或实若丹砂，或花如金桂，味香气馥，非花香之可比。也是显得极有风情而有气质。

《红楼梦》所呈现的贾府和大观园确实是从典雅、精致中透出的辉煌。加上两个大石狮子，三间兽头大门，门前列坐着十来个华冠丽服之人。正门却不开，只有东西两角门有人出入。正门之上有一匾，匾上大书“敕造宁国府”五个大字，以及照样也是三间大门的荣国府所显摆出的威严中所透出的辉煌，活脱脱地把一个正在散发出汉民族文传统文化最后辉煌的文学形象呈现于世。

但金玉其外，败絮其中。汉民族文学和清代社会一样虽然在传统的轨道上仍然在缓慢地向前发展着，但却处于一个旧时代行将终结的历史尽头，贾府不可挽回的衰败，林黛玉的死，贾宝玉的出家，凡此种种意象，都预示着旧时代行将寿终正寝，而《红楼梦》中所展演和呈现的辉煌都不过是旧时代的回光返照。《红楼梦》之所以伟大，之所以能登上世界文化的高峰，正是它的这种悲剧性体现一个旧时代行将结束，汉民族及汉民族文化将向何处在呢？还是《中国审美文化史》说得好：

《红楼梦》写了两个世界，也反思了两个世界，作者的态度是悲观的，他是在为那两个世界唱挽歌。当乾隆盛世如日中天时，当许多文人都在埋头考据、醉心复古时，曹雪芹已经在为我们古老的民族敲响警钟了。中国人的未来在哪里，新世界的曙光在哪里，作为古典文化的总结者，曹雪芹看不到。但是他却启发我们做这样的思考。悲观掩饰不了他对美的渴求和热爱。正因为此，《红楼梦》对中华民族来说，价值是永恒的。①

二 革命文学的兴起：晚清汉民族文学新景观

要打碎一个旧时代，建设一个新时代，从晚清开始汉民族的革命文学兴起。

鸦片战争的炮声，导致晚清文化的急剧变革，对晚清汉民族文学产生了极其深远的影响。随着文化的转型和社会的变迁，晚清汉民族文学经历了一个蜕变过程，从文学观念到文学创作都发生了鲜明的变化，新型文艺思想的出现，翻译文学的兴盛，文学期刊和文学社团的崛起，以文体革命为先导的"诗界革命""小说界革命"此起彼伏，悄然之中，开创了汉民族近代文学的新纪元。

武昌城头的枪声，划出了中国新旧时代的"辛亥"边界，汉民族的革命文学发展成为左翼文学运动，成为汉民族文学的新景观。

（一）晚清汉民族革命文学的兴起

晚清文学新旧交织，五光十色，且面向现实，面向社会，面向政治，文学与政治的联系空前地密切，具有强烈的现实精神，从而前所未有地掀起了一股文学革命的思潮。章太炎的《革命军序》就是其中的一个代表。他在文中首先揭示了革命宣传工作的重要性，认为："凡事之败，在有其唱者，而莫与为和，其攻击者且千百辈，故仇敌之空言，适以堕吾事实。"革命事业要想成功，就必须拥有自己的宣传工具。他还认为，革命文学要想达到鼓动群众、感染群众的目的，就不能采用委婉含蓄的表现手法，而要创造出一种"跳踉博跃""叫啕恣言"的艺术风格，从而使文学

---

① 王小舒：《中国审美文化史·元明清卷》，上海古籍出版社2013年版，第229页。《红楼梦》写了两个世界，第一个是昌明隆盛之邦，诗礼簪缨之族，它就是贾家的荣、宁二府。第二个梦幻世界是情的世界。此情指男女爱欲之情，又不光指爱欲之情，它的生存之地就是贾府中的大观园。

作品具有昂扬、激越、雄伟、悲壮的审美特征，成为蕴含雷霆万钧之势、横扫千军之力的战斗武器。[①] 在文学革命思潮的鼓动下，晚清“诗界革命”和“小说界革命”兴起。

1. “诗界革命”

“诗界革命”的先行者是龚自珍。龚自珍（1792—1841 年），浙江仁和（今杭州）人。出身于世代官僚学者家庭。20 岁以前，在家学习经学、文学，师从其外祖父、著名小学家段玉裁。嘉庆二十三年（1818 年）中举，二十五年（1820 年）入仕，为内阁中书，并从刘逢禄学习《公羊传》。至道光九年（1829 年）客司主事等。48 岁辞官南归，50 岁暴卒于丹阳云阳书院。龚自珍作为一位敏锐而有卓识的思想家和文学家，他的诗歌创作，打破了清中叶以来诗坛模山范水、谈风说月的沉寂和停滞局面，绝少单纯地描写自然景物，而总是着眼于现实政治、社会形势，抒发感慨，纵横议论，如他的大型组诗《乙亥杂诗》就是对当时社会现实以及作者个人理想的集中反映。作者对当时死气沉沉的社会形势感到窒息，他幻想着“风雷”即一种新的社会力量的出现，以扫荡一切的迅猛气势，打破这种僵死的局面：

九州生气恃风雷，万马齐喑究可哀；
我劝天公重抖擞，不拘一格降人才。

可见他的诗善于运用奇特丰富的想象和多彩新颖的比喻，富有浓郁的浪漫主义色彩。他能够摆脱传统格律的束缚，自觉运用古典诗歌的多种形式，使自己的诗歌形式富于变化，灵活多样。他的诗语言清奇多彩，不拘一格，或瑰丽，或朴实，或古奥，或通俗，一切都从表达内容的需要出发，首开风气，为“诗界革命”的启蒙打开了一条新的途径。

“诗界革命”的口号是 1899 年由梁启超正式提出的。在这面旗帜下，聚集着像康有为、谭嗣同、黄遵宪、夏曾佑、蒋智由、丘逢甲等一大批进步诗人，形成了轰轰烈烈的诗歌革命运动。

“诗界革命”的旗帜是黄遵宪。黄遵宪，广东嘉应州人。他一生曾几

① 参阅郑师渠总主编，史革新分册主编《中国文化通史·清后期卷》，北京师范大学出版社 2009 年版，第 342 页。

度出任外交使节17年，足迹遍及五大洲。丰富的生活经历和对东西文化较为深入的理解，使他的诗歌理论和实践都具有视野开阔、勇于创新的特点和反传统的精神。《人境庐诗草序》中主张表现“古人未有之物，未辟之境”，明确标称自己的诗是“新派诗”。他坚决反对传统诗坛的拟古主义，提出“我手写我口，古岂能拘牵”[①] 的现实主义观点，明确倡导以白话人诗。在表现方法上，他主张既要继承古人优良的艺术传统，又要力求创新，要在吸取古人精华的基础上，创作出具有自己独特风格的作品来。黄遵宪的诗作内容极为丰富，堪称一代诗史。如《悲平壤》《东沟行》《哀旅顺》《台湾行》等一组诗，相当深刻地反映了甲午战争的全过程。这些诗歌组合起来，可称得上一部长篇诗史。黄遵宪的诗中还有大量描写西方新事物、新思想的内容，读来令人耳目一新。有名的《今离别》四首，写传统的游子思妇题材，而以火车、轮船、电报、照相片、东西半球昼夜相反的现象构成离别相思的情景，别开生面，独具韵味，确实给诗界带来了新气息。与此同时，黄遵宪晚年的诗歌理论和创作又有了新的发展，他提出了一种“新体诗”，名曰“杂歌谣”。这种诗歌注重吸取民间歌谣的特点，篇幅长短不一，字数多少不等，句式富于变化，风格丰富多样，内容上要求弃史籍而就近事。这种“新体诗”的出现和盛行，使“诗界革命”又进入了一个新境界。

“诗界革命”成了汉民族文学的一种新景观，在汉民族诗歌发展史上占有极其重要的地位。而且其影响深远，不仅为其后的资产阶级革命派诗的出现开辟了道路，也为民国新诗的诞生创造了条件。[②]

2. “小说界革命”

晚清初期，汉民族文学的小说界仍是一潭死水。这时有些作者丧失了生活的理想和目标，一味沉迷于醉梦死的淫乐生活，将一些低级趣味引入小说之中，反映了封建文人的堕落和衰败，使思想性较低，艺术上没有多大价值的狭邪小说和侠义公案小说，在小说创作中占据主导地位。

从甲午战争到辛亥革命时期，改良和革命之风遍及社会。当时人们把

① 黄遵宪：《杂感》，《人境庐诗草笺注》卷一，上海古籍出版社1981年版，第42页。

② 参阅郑师渠总主编，史革新分册主编《中国文化通史·清后期卷》，北京师范大学出版社2009年版，第343—350页；参阅胡绳武总纂《中华文明史》第十卷（清代后期），河北教育出版社1999年版，第690—697页。

小说看作暴露旧社会、宣传新思想的有力武器，把小说提到空前未有的重要地位，促进了小说创作和小说理论的空前繁荣。同时，都市中广大市民阶层对小说的浓厚兴趣，小说报刊的出现和流行，外国小说的大量传译，以及职业小说家的出现，也都是小说创作和小说理论得以兴盛的重要原因。梁启超在19世纪末率先注意到小说的社会作用，他在1897年写的《变法通议·论幼学》中，就认为小说可以"激发国耻""移风易俗"，"其为补益，岂有量耶"，提出要以"新编小说"取代"诲淫诲盗"的旧小说，从而强化小说的社会作用。戊戌变法失败后，梁启超逃亡日本，为了启迪民智和宣传维新思想，他首先提出要大量翻译、出版西欧和日本的"政治小说"。1902年，他发表了《论小说与群治之关系》，正式提出了"小说界革命"的口号，并对小说的地位、社会作用、艺术特征等问题做了系统的阐述，可视为"小说界革命"的理论纲领。梁启超还在《新小说》上开辟《小说丛话》专栏，专门为小说理论研究提供园地，为小说理论的繁荣做出了巨大贡献。①

"小说界革命"小说创作，盛行改良派的谴责小说和革命派的反帝反清小说，尤以谴责小说成就最高。谴责小说的基本内容是揭露和抨击清末政治、军事、经济、文化等方面的腐朽、黑暗，有较为丰富的政治内容，涉及社会生活的各个领域，包括官场、商界、华工、女界、战争等各个方面，以写官场最为普遍。在"小说界革命"的推动下，从甲午战争到辛亥革命前夕的短短十几年内，小说创作如雨后春笋，出现了前所未有的繁荣局面，第一次在整个文学领域取得了主导地位。据《中国通俗小说总目提要》统计，此间的小说多达520余种。一批专业小说家如吴沃尧、李宝嘉等也应运而生，并不断增多，形成了我国小说史上第一批专业小说作家队伍。印刷业的发展为小说的发表提供了广阔的园地，出现了专门刊载小说的文艺刊物，如《新小说》《绣像小说》《月月小说》《新新小说》等，它们都对小说的繁荣起到了较大的推动作用。在这林林总总的小说中，以李宝嘉《官场现形记》、吴沃尧《二十年目睹之怪现状》、刘鹗《老残游记》、曾朴《孽海花》为代表，号称"四大谴责小说"。

---

① 参阅郑师渠总主编，史革新分册主编《中国文化通史·清后期卷》，北京师范大学出版社2009年版，第354—355页。

李宝嘉（1867—1906 年），江苏武进（今江苏常州）人。他的《官场现形记》共 60 回，由许多相对独立的短篇连接而成。这部小说继承了《儒林外史》等讽刺小说的批判现实主义传统，形象地再现了晚清官场光怪陆离的画面，较深刻地揭露了当时官僚制度的腐败与堕落，加深了人们对当时社会黑暗现实的认识，对于加速封建政权的瓦解，增强人们的反封建意识，促进人民的觉醒具有十分积极的意义。

吴沃尧（1866—1910 年），广东南海人，出生破落的官僚家庭，长篇小说《二十年目睹之怪现状》共 108 回，是一部带有自传性质的作品。小说通过"九死一生"在 20 年中耳闻目睹的无数怪现状，反映了 1884 年（光绪十年）中法战争前后到 20 世纪初期的社会现实，暴露了封建社会总崩溃时期统治阶级的腐败与堕落。与《官场现形记》相比，它所反映的内容更为广泛。它不仅描写当时的官场，还涉笔商场和洋场，并旁及医卜星相、三教九流等各个阶层，是晚清社会的综合反映，对于认识封建制度的腐败很有价值。但作者看不到人民的力量，反对当时正在兴起的资产阶级民主革命，鼓吹改良主义，这是其思想的严重缺陷。艺术上虽然比《官场现形记》略显紧凑，但描写过于浮泛，有自然主义倾向；过分追求奇闻趣事，过分夸张削弱了小说的艺术感染力。

刘鹗（1857—1909 年），江苏丹徒（今江苏镇江）人。他的长篇小说《老残游记》正是通过"老残"在游历途中的所见所闻，来反映自己的这种思想。其中主人公老残又名补残，其寓意就在于此。但他的建议并没有得到采纳，这又使他对时局的悲哀变为绝望，他把《老残游记》称为"哭泣"之作，正体现了他救世不成、幻想破灭，对前途无可奈何以至悲观消沉的哀痛心情。《老残游记》在思想上具有浓厚的消极色彩，在人物形象的塑造方面缺乏动人力量，但对事物的描写却比较细腻，语言清新流畅，具有一定的艺术价值。

曾朴（1872—1935 年），字孟朴，江苏常熟人。曾参加过戊戌变法。其著《孽海花》共 35 回，由曾朴和其好友金天翮共同完成。小说以曾出使俄、德等国的大臣金雯青和妓女傅彩云的故事为线索，描写了同治初年到戊戌变法前夕这 30 年清王朝在政治、外交及社会各方面的动荡情况，揭露了晚清腐败的政治和帝国主义列强侵略中国的野心，唤醒人们认识当时存在的严重的社会危机。与其他谴责小说不同的是，《孽海花》在政治倾向上是赞同革命的，它对清政府的批判更为强烈和深刻，并敢于把矛头直接指向慈禧等最高统治者，敢于宣传资产阶级民主革命的新思想。但遗憾的是，小说的政治倾向性有时十分模糊，对于人物的褒贬令人难以把握，再加上小说中过多的逸闻艳情，大大削弱了作品的思想成就。

在"小说界革命"中，谴责小说家大多出身于社会的中下层，关心国家的前途和命运，喜欢议论、抨击时政，但其政治上不出君主立宪范围，所以他们小说中所进行的谴责并不曾触及封建制度本身，也不触犯统治者的最高利益，不过是探寻救世的药方。同时，小说对现实的态度是一味地暴露、谴责，缺乏理想的光彩。谴责小说继承了我国传统文学的讽刺手法，特别是受到《儒林外史》的影响，在表现手法上笔无藏锋，进行极度的夸张和漫画，但缺乏含蓄，流于失实，时或成为"话柄"。小说多在报刊连载，缺乏较充裕、完整的构思和写作时间，所以小说结构往往比较松散，多属联缀短篇成长篇的形式。但是，"小说界革命"使晚清小说发生了巨大的变化，成了汉民族文学的又一种新景观。尽管其间也产生了一些消极因素，但其总体格调是积极向上的。这些小说对近代社会政治的发展起到了一定的推动作用，艺术上也有重大的创新和发展，为民国新小说的出现打下了坚实的基础。①

三　从文学革命到左翼文学运动：民国汉民族文学新景观

民国之初，文学革命思潮的发展流变，可分两个时期，从1919年到1927年为五四文学革命时期，从1928年到1937年7月为左翼文学运动时期。

（一）五四文学革命时期的文学新景观

1915年《新青年》创刊伊始，汉民族文学的现代化问题便引起了人们的关注和思索。陈独秀等看到了文学对思想革命的有力作用，要求国民意识的现代化必须与语言文学的现代化同步进行。胡适主张"废除死的古典语文，改取活的语体语文"。1917年1月，他在《新青年》上发表《文学改良刍议》，鼓吹以"白话文学之为中国文学之正宗，又为将来文

---

① 参阅郑师渠总主编，史革新分册主编《中国文化通史·清后期卷》，北京师范大学出版社2009年版，第356—359页；参阅胡绳武总纂《中华文明史》第十卷（清代后期），河北教育出版社1999年版，第702—707页。

学必用之利器”[1]。紧接着，陈独秀在《新青年》发表《文学革命论》，正式提出“文学革命”的口号，“高张‘文学革命军’大旗”，并声明在“旗上大书特书吾革命军三大主义：曰推倒雕琢的阿谀的贵族文学，建设平易的抒情的国民文学。曰推倒陈腐的铺张的古典文学，建设新鲜的立诚的写实文学。曰推倒迂晦的艰涩的山林文学，建设明了的通俗的社会文学”[2]。这是当时对“文学革命”概念最全面的阐释。之后，钱玄同、刘半农等撰文响应。1917 年 7 月，胡适回国受聘为北京大学教授，陈独秀、李大钊、钱玄同等也同在北大任教。北大校长蔡元培开明治校，循思想自由原则，取兼容并蓄主义，为新文学运动的展开提供了良好的学术环境，北大遂成为文学革命的发源地。

1. 五四文学革命时期的新景观之一：《新青年》大力扶持新文学的创作

1917 年 2 月和 6 月，该刊先后发表了由胡适创作的中国最早的白话诗词，次年又连续刊登了胡适、沈尹默、刘半农等人的白话诗。从 1918 年 5 月起，《新青年》陆续发表了鲁迅的白话小说《狂人日记》《孔乙己》《药》等。从此，文学革命突破了初期理论主张的局限，开始了内容上真正的大革新。刘半农、叶绍钧等人的作品也都从现实人生取材，体现了新时期崭新的思想特色。五四运动爆发之后，当时流行的社会改造、妇女解放、劳工神圣等思想，更成为新文学作品所表现的重要内容。许多新的作品都充满了彻底的民主主义思想和朦胧的社会主义倾向，如郭沫若在《学灯》上发表的《凤凰涅槃》《匪徒颂》等。

2. 五四文学革命时期的新景观之二：风起云涌的新文学社团

1921 年以后，新的文学社团如雨后春笋，文艺刊物在各地纷纷出现。在五四运动之前，活跃于文坛的主要是新青年社和新潮社两个文化团体。当时，文学革命是新文化运动的一个组成部分，没有职业的作家，也没有独立的文学社团出现。“五四”以后，建设一种“活的文学”和“人的文学”的观念得到较为广泛的认同，文学创作也显示出日益明显的实绩。此时，新文学运动才和一般的运动分离开，文学社团也应运而生。1921 年 1 月，文学研究会在北京成立。同年 6 月，创造社成立于日本东京。这

---

① 《新青年》第 2 卷第 5 号。

② 《新青年》第 2 卷第 6 号。

两个社团的建立，标志着一个遍及全国的文学活动的开始。据茅盾先生统计，仅《小说月报》记载的从1922年到1925年间成立的文学团体便不下百个，实际数字要多上一倍。

在蜂起的纯文学社团中，文学研究会和创造社是两个中心，分别代表了两种不同的思想和艺术倾向。此外，文学社团之中比较活跃并产生一定影响的，在上海有沈雁冰、郑振铎、欧阳予倩等成立的民众戏剧社（1923年成立），冯至、杨晦等人的浅草社（1922年成立，1925年迁至北京，易名为沉钟社），田汉的南国社（1924年成立），蒋光慈、沈泽民的春雷社（1924年成立）；在北京有徐志摩等人的新月社（1923年成立），鲁迅、周作人领导的语丝社（1924年11月成立），胡适、陈源等人的现代评论社（1924年12月成立），鲁迅、高长虹等人的莽原社（1925年4月成立），鲁迅、韦素园、台静农等人的未名社（1925年8月成立）；在天津有赵景深、焦菊隐等人的绿波社（1923年5月成立）；在杭州有汪静之、潘漠华、冯雪峰等人的晨光社（1921年9月成立），以及之后的湖畔诗社（1922年4月成立）等。

这些文学社团的主体大多是青年学生和知识分子，以后成为汉民族现代文学的中坚。这些社团或二三人、三五人乃至十数人集结在一起，标新立异，独树一帜，表现自我，发展个性，勇于创新。他们有若干的共同点，一是以共同的文学志趣作为社团的宗旨，如文学研究会是“为人生”，创造社是本着“内心要求”，沉钟社是“忠实于艺术”，狂飚社推崇“强者的艺术”等；二是各社团之间既相互对立，又相互交叉和渗透，其对立主要体现在不同作家形形色色的文学艺术主张上；三是适应当时时代和社会的需要，大多数社团都由纯文学转向了社会的、阶级的文学。到1930年3月“左联”宣告成立，创造社、太阳社、语丝社、南国社的许多成员加入了“左联”，文学社团的发展也进入了一个新的历史阶段。

3. 五四文学革命时期的新景观之三：外国文学作品的大量译介

1918年，《新青年》出版了易卜生专号，译载了《娜拉》等作品。从此，外国文学的介绍步入了一个新的时期，其规模和影响都远远超过了近代的任何时期。鲁迅、刘半农、沈雁冰、郑振铎、瞿秋白、周作人、郭沫若、田汉等都是活跃的翻译者和介绍者。当时几乎所有的进步报刊都登载翻译作品，大量的世界名著被有系统地陆续介绍给中国读者，这使中国文学和世界文学开始有了某种“共同的语言”，它帮助中国新文学进一步摆脱了旧文学的种种束缚，促进了它的改变和发展。①

从上可见，五四文学革命时期汉民族文学面貌已焕然一新了。

（二）左翼文学运动时期的文学新景观

20世纪30年代是民国汉民族文学开新的繁荣期。左翼文学运动的兴起是其突出的文学新景观。

1. 左翼文学运动时期文学新景观之一：左翼文学运动兴起

1927年以后，随着大革命的失败和国内、国际社会和民族矛盾的加剧，以无产阶级革命文学为特征左翼文学运动兴起。大革命失败后，大批革命知识分子在上海汇合，革命文学阵容初具雏形。郭沫若、成仿吾、蒋光慈等人开始发表文章，倡导无产阶级革命文学，提出无产阶级文学"要以农工大众为我们的对象"，要"接近大众的用语"。但在运动初期，文学与政治、文学与革命、文学与时代的关系被空前强化。处在由小资产阶级向无产阶级转化过程中的无产阶级文学倡导者们夸大了文艺的作用，忽视文艺的特征，忽视生活对创作的重要性，认为文学只是"反映阶级的实践的意欲"，因而出现了不少失误。

其中最大的失误就是对当时中国社会性质、革命任务等问题认识不清，创造社、太阳社在倡导无产阶级文学运动时，把批判的矛头指向了鲁迅。他们模糊了民主主义和社会主义两种革命的界限，将资产阶级甚至小资产阶级一概当作革命对象，声称"一般的文学家大多数是反革命派"，并将五四新文学当成资产阶级文学而予以否定。他们不但把鲁迅当作"时代的落伍者"，资产阶级"最良的代言人"，而且说鲁迅是"封建余孽"，"对于社会主义是二重的反革命"。太阳社、创造社对鲁迅、叶圣陶、郁达夫等人的批判，引起了新文学阵营内部历时一年有余的论争。鲁迅对于革命文学或无产阶级文学持完全肯定的态度，并对倡导者们轻视生活、轻视技巧、"只挂招牌，不讲货色"等问题提出了恳切的批评。②

1929年秋，文艺与革命的论争逐渐停止。在中国共产党的指导下，原创造社、太阳社成员和鲁迅及在鲁迅影响下的作家联合起来，准备成立革命作家的统一组织。经过充分酝酿，1930年3月2日，中国左翼作家

① 本节参阅郑师渠总主编，黄兴涛分册主编《中国文化通史·民国卷》，北京师范大学出版社2009年版，第311—313页。

② 同上书，第322页。

联盟（简称“左联”）在上海成立，其发起人和主要成员有鲁迅、夏衍、阳翰笙、郁达夫、冯乃超、冯雪峰、郑伯奇、郭沫若和茅盾等人。“左联”的成立，标志着革命文学跨入了一个新的发展阶段，也标志着中国共产党对文艺事业领导的加强。“左联”理论纲领宣布，其艺术“是反封建阶级的，反资产阶级的”，“不能不援助而且从事无产阶级艺术的产生”。

中国左翼作家联盟的成立，在汉民族现代文学史上具有划时期的历史意义。“左联”虽然继承了“五四”以后先后成立的进步文学社团如文学研究会、创造社等的反帝反封建的战斗传统，但又与那些文学社团有着本质的区别。这种区别主要表现在指导思想的统一性和组织纪律的严谨性上。“左联”是“五四”以来在中国共产党领导下建立的第一个以马克思主义为指导的革命作家进行文学创作、理论研究、对敌斗争的领导核心和战斗堡垒，和“五四”以后出现的成员比较庞杂、组织比较松散的文学社团是不同的。毛泽东曾经指出：“在‘五四’以来的文化战线上，文学和艺术是一个重要的有成绩的部门。革命的文学艺术运动，在十年内战时期有了大的发展。”① 这不仅是对“五四”以来现代文学成绩的一次充分的肯定，也是对“十年内战时期”“左联”领导的革命文学的一次科学的估计。一般所谓三十年代文艺，就是“十年内战时期”以“左联”为领导的富有战斗精神的左翼文艺。如果说，“五四”时期的文学为中国现代文学奠定了坚实的基础，那么，“左联”时期的文学就显示了中国现代文学的伟大发展。这个伟大的发展正可以说明“左联”的成立具有划时代的历史意义。

具体从“左联”成立的时间来看，是在白色恐怖威胁下。当时，在政治上，革命处于低潮，而在文学上，却反而旺盛。这在文学与政治的关系问题上应该如何解释呢？“左联”的盟主鲁迅说得好：“革命文学之所以旺盛起来，自然是因为由于社会的背景，一般群众、青年有了这样的要求。当从广东开始北伐的时候，一般积极的青年都跑到实际工作去了，那时还没有什么显著的革命文学非常显明，国民党以‘清党’之名，大戮共产党及革命群众，而死剩的青年们再入于被压迫的境遇，于是革命文学在上海这才有了强烈的活动。所以这革命文学的旺盛起来，在表面上和别

---

① 《毛泽东选集》（一卷本），人民出版社1964年版，第804—805页。

国不同，并非由于革命的高扬，而是因为革命的挫折……”①

鲁迅当时的分析和毛泽东后来的评价，与“左联”的革命实践是相符合的。当时党外一些进步的甚至中间类型的报刊，也发表革命文学作品。如《申报·自由谈》、《文学》月刊、《新诗》、《文学季刊》、《现代》月刊等，都发表了不少革命作家的作品。只要查阅一下当时期刊发行情况，就会了然于那时的文坛，的确是生气蓬勃，景象繁荣的。在现代文学史上，其所以出现各种文学样式，如中长篇小说、悲剧、正剧、自由诗、格律诗、散文诗，特别是“五四”以来的随感录能发展为一种战斗性极强的文学样式——“杂文”，并且在杂文创作方面有鲁迅、瞿秋白……在小说创作方面有茅盾、叶圣陶、柔石、巴金……在戏剧创作方面有洪深、田汉、夏衍、曹禺……在诗歌创作方面有殷夫、蒲风、艾青……都是同“左联”的成立及其领导分不开的。当时的革命文学尽管惨遭迫害，却是国统区唯一的文学运动。②

2. 左翼文学运动时期文学新景观之二：杂文的繁荣

在左翼文学运动的创作上，杂文的繁荣是左翼文坛以至当时整个文学界的突出现象。20 世纪 30 年代政治上的风云多变，使杂文以其轻捷灵活的特点吸引了众多的左翼作家。除了鲁迅、瞿秋白和茅盾等文坛宿将外，一批青年作家也加入了这个行列。与主张“陶情冶性”为志向的周作人、林语堂等“闲适派”和标榜“平和稳健”的“自由派”小品文作家不同，左翼杂文家强调杂文作为阶级“感应的神经”“攻守的手足”的战斗功用，表现出如匕首、投枪般的泼辣、犀利的总体风格。鲁迅的后期杂文政治倾向鲜明，激情饱满，论辩艺术炉火纯青，冷峻犀利而又汪洋恣肆，代表着成熟的左翼文学的最高成就，也标志着汉民族杂文艺术的最高境界。

鲁迅的杂文是他最后 10 年生命中文学创作最辉煌的主体部分。在他写杂文的 18 年间，后 9 年的杂文数量是前 9 年的 3 倍多，这些杂文包括《三闲集》《二心集》《南腔北调集》《伪自由书》《准风月谈》《花边文学》《且介亭杂文》《集外集》等。他自觉地站在无产阶级的立场上，以

---

① 鲁迅：《二心集·上海文艺之一瞥》，1931 年。

② 以上参阅吴奔星《“左联”的历史意义和战斗传统——纪念中国左翼作家联盟成立五十周年》，《徐州师范学院学报》1980 年第 2 期。

大无畏的精神同形形色色的敌人进行短兵相接的战斗，具有强烈的现实性和战斗性。鲁迅前期的散文敢于直面惨淡的人生，敢于正视淋漓的鲜血，但字里行间蕴含着过度的悲哀，对未来的前途也显露出渺茫之感。后期的杂文其思辨不仅宏阔敏锐，而且全面深邃；感情不仅深沉执着，而且明朗乐观，坚定从容，信心百倍。在当时，左翼文学作为一种崭新的艺术，多数作家极为关注文学的政治倾向性和现实功利性，而对艺术审美品格的追求则相对薄弱。公式化、概念化是左翼文学一个较为普遍的毛病。鲁迅后期的杂文达到了思想内容与艺术形式的完美统一，从特定的领域弥补了左翼文学的缺陷，具有榜样性的意义。正如瞿秋白在他著名的《“鲁迅杂感选集”序言》里，对于鲁迅杂文的发生、特点，及其意义，有着一段精辟的论述：

> 谁要是想一想这将近二十年的情形，他就可以懂得这种文体发生的原因。急遽的剧烈的社会斗争，使作家不能够从容的把他的思想和情感熔铸到创作里去，表现在具体的形象和典型里；同时，残酷的强暴的压力，又不容许作家的言论采取通常的形式。作家的幽默才能，就帮助他用艺术的形式来表现他的政治立场，他的深刻的对于社会的观察，他的热烈的对于民众斗争的同情。不但这样，这里反映着五四以来中国的思想斗争的历史。杂感这种文体，将要因为鲁迅而变成文艺性的论文（阜利通——feuilleton）的代名词。[①]

瞿秋白的杂文，主要写于 1931 年秋至 1933 年底在上海这一时期。这些杂文，在 1949 年后，一并收入《瞿秋白文集》第二卷内。这时期正是“左联”创建后的最初几年，阶级斗争的形势十分尖锐，在这生死搏斗的时刻，瞿秋白在上海与鲁迅等一起领导“左联”工作，并同鲁迅结成了亲密的战斗友谊。正如鲁迅书赠他的一副对联所写：“人生得一知己足矣，斯世当以同怀视之。”可以看出，他们之间是相互信任、互为倚重的。为了粉碎敌人的文化“围剿”，推动无产阶级革命文学的不断发展，他和鲁迅一样，以短小犀利的杂文作为战斗的武器，如匕首，如投枪，勇

① 瞿秋白：《“鲁迅杂感选集”序言》，转引自孔庆尊《试谈瞿秋白的杂文》，《青海师专学报》1981 年第 1 期。

猛地刺向敌人，冲杀出一条生存的血路。他说："这个年头，总有一天什么都要'乱'。咱们'非绅士'的'乱'不但应当发展，而且要'乱'出个道理来。于是乎，咱们不肖的下等人重新再乱弹起来，这虽然不是机关枪的乱弹，却至少是反抗束缚的乱谈。"[①] 所以，瞿秋白的杂文既有由记者和职业革命家生涯形成的政治敏感，又有理论家的浓厚理性色彩，高屋建瓴，词锋犀利，明白晓畅，其名篇《流氓尼德》《财神的神通》《拉块司令》《苦闷的答复》《王道诗话》《出卖灵魂的秘诀》《狗样的英雄》等都极具特色。[②]

3. 左翼文学运动时期文学新景观之三：小说的收获

在左翼文学运动的创作上，小说的收获最为丰富而坚实。

"左联"成立后，左翼小说日趋成熟，其中茅盾最具代表性。茅盾善于截取生活的横断面，能够从广阔的时代背景上，特别是复杂的经济矛盾关系中展示人物悲剧性格的形成、发展和衍变的必然性。从《蚀》出发经过《路》《三人行》到《子夜》《春蚕》《林家铺子》，茅盾完成了自己小说创作的"三级跳"而臻于成熟。而以《林家铺子》和《春蚕》为代表的"农村三部曲"大规模地描写当时中国的社会现象和复杂的社会矛盾，并且达到了相当的高度。在《子夜》等小说中，茅盾兼具小说家和社会科学家的双重气质，对20世纪30年代的中国城乡社会时感、鲜明的即时性，全景构图气魄宏大，细部勾勒精细严谨，充分显示了左翼文学的思想艺术优势，从而把左翼小说创作推向高峰。[③]

此外，丁玲的作品显示出了开拓者的顽强和坚韧。写于1931年秋的《水》以几乎遍及全国的大水灾为背景，描写了中国农民的深重灾难和他们终于走上觉醒、反抗的道路。成就虽然不算很高，但其顽强的探索精神显示出强大的生命力。胡也频在1930年写成了他的代表作《光明在我们的前面》。小说以五卅运动时代北京市民反帝怒潮为背景，刻画了青年共产党人刘希坚的形象。作者把人物安置在剧烈的矛盾冲突中，使人物性格的发展具有一定的真实性和可信性，而且基本上从"革命+恋爱"的模

① 瞿秋白：《乱弹（代序）》。转引自孔庆尊《试谈瞿秋白的杂文》，《青海师专学报》1981年第1期。

② 参阅孔庆尊《试谈瞿秋白的杂文》，《青海师专学报》1981年第1期。

③ 参阅郑师渠总主编，黄兴涛分册主编《中国文化通史·民国卷》，北京师范大学出版社2009年版，第324页。

式中蜕变出来。

4. 左翼文学运动时期文学新景观之四：新诗歌运动

“左联”成立后，发起了新诗歌运动，致力于诗的革命化与大众化。1932 年 9 月成立的中国诗歌会，是新文学史上第一个有组织、有纲领的革命诗歌团体，办有机关刊物《新诗歌》。该会的前身为“左联”领导下的诗歌组。后来诗歌组扩大为中国诗歌会。

中国诗歌会与当时诗坛上的“新月派”“现代派”“象征派”等脱离现实、追求唯美、沉醉在风花雪月里的倾向展开斗争。参加中国诗歌会的，除原来“左联”诗歌组的蒲风、任钧、杨骚、白曙、杜淡（窦隐夫）外，还有柳倩、关露、辛劳、洪道、苏夫等。不久，中国诗歌会先后成立了河北、广州、青岛、湖州、厦门等分会，由蒲风专门负责联络工作。该会提出的纲领是：反对帝国主义，特别是反对日本帝国主义；反对封建统治；批判那些以“不谈政治”为幌子的脱离现实的诗歌、不关心人民命运的诗歌，主张诗歌应当成为革命斗争的武器；在形式上主张提倡大众化，即诗歌要让读者得懂、听得懂、容易上口；工作方法上则主张在群众中吸取力量。蒲风是该社代表性诗人，著有诗集《茫茫夜》等。

30 年代艾青步入诗坛，标志着新诗中现实主义流派的成熟。艾青（1910—1996 年），金华人。1928 年中学毕业后考入国立杭州西湖艺术院。1929 年到巴黎勤工俭学，在学习绘画的同时，接触欧洲现代派诗歌，受到法国象征主义诗人波特莱尔、兰波、魏尔伦、阿波里内尔，比利时的凡尔哈仑，俄国象征主义诗人勃洛克的影响，其中凡尔哈仑给他的影响最大。1932 年初回国，在上海加入中国左翼美术家联盟，从事革命文艺活动，不久被捕，在狱中写了不少诗，其中《大堰河——我的保姆》发表后引起轰动，一举成名。艾青的诗，一方面继承和发展了左翼诗人“忠实于现实的、战斗的传统”；另一方面又克服了其“幼稚的叫喊”的弱点，以现实主义为底色，较多借鉴了象征主义和浪漫主义，达到了现实性、理想性和现代性的有机统一。他的诗，善于捕捉瞬间的感觉、印象，将绘画的光彩和音乐的律动融为一体，伴之以新奇的联想、想象、象征和意象，以及奔放中见约束、参差中求和谐、运动中具均衡的散文化语言，通过感觉、情绪、想象和思想的统一感染读者，是继郭沫若《女神》之后自由体诗的又一奇峰。①

总之，左翼文学是世界性的文学现象，也是民国汉民族文学重要的文学新景观。左翼文学在当时执文坛之牛耳，在所有声音中显示出最强音，容不得异音，具有一定的话语霸权，其影响一直贯穿到20世纪下半叶。②而对左翼文学运动的“拷问”③，直到21世纪的今天仍然是一个重要的课题。

第七节　新史学与马克思主义史学：汉民族史学文化的开新

梁启超是从晚清到民国汉民族文化开新的全能“选手”，从文体革命到诗界革命，到小说界革命，再到史界革命，无不见他奋起呐喊的英姿。1902年，梁启超发表《新史学》一文，率先打出“史界革命”的旗号，对汉民族旧史学进行了猛烈的批判，使“新史学”成为汉民族学人不断追求的至高境界。

一　梁启超：汉民族新史学的开路先锋

梁启超在《新史学》里提出“史界革命”的口号，赋予史学以崇高的地位：“史学者，学问之最博大而最切要者也，国民之明镜也，爱国心之源泉也。”④ 他认为汉民族旧史学貌似极其发达而实则弊病层累，衰朽不甚，不能起到史学应有的功能而有四弊：“一曰知有朝廷而不知有国家。”⑤ 认为二十四史只不过是古代帝王的家谱罢了，都是为朝廷君臣而作，没有一部是为国民而作。“二曰知有个人而不知有群体。”⑥ 认为汉民族旧史书不知群治为何物，这使汉民族的群力群智群德永不发生。“三曰

① 参阅龚书铎主编，郑大华分册主编《中国文化发展史·民国卷》，山东教育出版社2013年版，第374—375页；范兰德：《艾青诗歌创世象征历程——论象征主义对艾青诗歌的影响》，《华中师范大学学报》2007年第1期。

② 秦弓：《左翼文学的历史地位》，《光明日报》2000年7月20日。

③ 贺立华：《拷问历史：左翼文学问题》，《中华读书报》2013年5月29日14版。

④ 梁启超：《新史学》，载《饮冰室文集之九》，中华书局1989年版，第1页。

⑤ 同上书，第3页。

⑥ 同上书，第4页。

知有陈迹而不知有今务。”[①] 认为历史不是为死人作纪念碑，不是为旧事作歌舞剧，汉民族旧史学缺少作当代史的勇气和意识，从而导致史学领域的断层，让人知古而莫知今。“四曰知有事实而不知有理想。”[②] 认为史的精神是“理想”——历史人事的因果关系和客观规律，作史的目的便在于探索这种关系和规律，以鉴往知来。而旧史家、旧史书却无此意识和功能。汉民族旧史书虽汗牛充栋，却如蜡人院之偶像，毫无生气，谈之徒费脑力。

梁启超的“新史学”还指出汉民族史书有二病：“其一能铺叙而不能别裁。”[③] 认为汉民族旧史书太多毫无价值的记录，而太少真正的历史别裁，读来冗烦可厌，这是汉民族史学知识不能普及的原因。“其二能因袭而不能创作。”[④] 认为汉民族历史上可称得上稍有创作的史家只有六人：司马迁、杜佑、郑樵、马司光、袁枢、黄宗羲。此六人之外“则皆所谓公等碌碌，因人成事”[⑤]。汉民族旧史家普遍的是胶柱鼓瑟，拾人牙慧，不能启人心智，进入思想。由于以上四弊二病，又使得中国旧史书有三端：“一曰难读”，“二曰难别择”，“三曰无感触”。[⑥] 梁启超认为在当时民族危机深重、国家贫弱的时代，要想在优胜劣汰的竞争中求得生存和发展，必须唤起国民的爱国心，唤醒国民的忧患意识，而汉民族旧史书已经完全不适应时代的要求，因此必须进行“史界革命”：“呜呼！史界革命不起，则吾国遂不可救。悠悠万事，惟此为大！”[⑦]

在此前后，他还撰写了《中国史叙论》（1901 年）、《历史上中国民族之观察》（1901 年）、《论中国学术思想变迁之大势》（1902 年）、《中国专制体进化史》（1902 年）等文，都显现了他当时以进化史观审视中国历史与汉民族史学文化的思想。充分反映了新史学批判旧史学的真正矛头，指向的是当时的旧制度、旧政体，批判旧史学的实际意图，是为了唤起民众的爱国心，保种保国，救亡图强。因此，《新史学》强烈的批判意

① 梁启超：《新史学》，载《饮冰室文集之九》，中华书局 1989 年版，第 5 页。
② 同上书，第 6 页。
③ 同上书，第 3 页。
④ 同上书，第 10 页。
⑤ 同上书，第 7 页。
⑥ 同上书，第 9 页。
⑦ 同上书，第 10 页。

识，其政治意义大于学术意义，现实意义大于历史意义。梁启超作为史学革命的开路先锋，在破旧之势已经不可遏制地蔓延到了整个思想文化领域之时，对具有经世传统的汉民族史学文化，理所当然地进行深刻而激烈的批判，从整体上全盘否定旧史学，不仅是梁启超《新史学》的主线，也是20世纪初期的中国及汉民族社会思想革命的主要基调。①

二　学派林立：新史学的体系建构

尽管梁启超在20世纪初提出并初步论证了“新史学”的口号，但直至五四运动前，近代历史哲学、历史研究法仍未建立独立的学科体系。这种情况在五四运动后才有所改观。这时，汉民族史学家们一方面从西方输入欧美资产阶级的史学理论和方法；另一方面稍加批判地继承传统的史学文化遗产，在中西融会中，建构汉民族新的史学理论体系。

在这之中，胡适继承了宋儒的怀疑精神和乾嘉学者的考据手段，吸收了赫胥黎的进化论，存疑主义思想和杜威的实用主义，形成了他的历史哲学和史学方法论，在《实验主义》《清代学者的治学方法》《治学的方法与材料》等文中，论述了“大胆的假设，小心的求证”的实证主义方法论。20世纪30年代以后，许多学者继续在史学理论方面进行探索。1933年，朱谦之出版了《历史哲学纲要》。1945年，吕思勉出版了《历史研究法》，谈到要重视“马克思以经济为社会的基础之说”，表明了他对唯物史观有了一定的信仰。一些史学家还开始反思史学本身的发展过程，探索和总结史学发展的规律，撰写了十多种关于中国史学发展史的论著。如金毓黻、魏应祺各撰有一部《中国史学史》，两书均在1944年出版；周谷城撰《中国史学之进化》；朱希祖撰《中国史学通论》；顾颉刚撰《当代中国史学》，这些著作都是汉民族学者运用新史学的观点和方法论述汉民族史学发展的第一批专著，标志着汉民族史学家主体意识的增强②。

与此同时，随着新史学的兴起，学术与思想呈现出百家争鸣的局面，流派纷呈，名家辈出，“古史辨”派、新考证学派、“科学史学派”纷纷

---

① 参阅阮兴《〈新史学〉：中国资产阶级历史哲学的树立》，《甘肃社会科学》1999年论文辑刊；张越《〈新史学〉思潮的产生及其学术建树》，《史学月刊》2007年第9期。

② 郑师渠总主编，黄兴涛分册主编：《中国文化通史·民国卷》，北京师范大学出版社2009年版，第282—283页。

崛起，使新史学呈现出学派林立的繁荣景象。

（一）顾颉刚与“古史辨”学派

学问贵在存疑，疑才有所得。汉民族自古学者就有良好的辨伪存疑传统，他们不为圣贤所惑，不为世俗所蔽，独立思考，对经典文献和古史大胆批驳，激扬文字，为后学所效尤。其主要代表人物有先秦时期的孟子、荀子、韩非，东汉的王充，唐宋的刘知几、欧阳修、郑樵，明代的胡应麟，清代的姚际恒、阎若璩、崔述等。同时，这些“存疑”学者都立有文字，他们针砭时弊，臧否人物，成为历代学人佳话。如，孟子在《孟子·尽心下》里曾言：“尽信《书》，则不如无《书》，吾于《武成》，取二三策而已类。”再如，王充在《论衡·书虚》中论道：“夫世间传书诸子之语，多欲立奇造异，作惊目之论，一骇世俗之人为诵诡之书，以著异之名。”主张专研学问，不为书本所惑。但存疑思想以清代为烈，如崔述治学以“疑古”闻名，他所疑之“古”，上及东周及以前之史，下至先秦和两汉的古籍。他著有辨伪学专著《考信录》36 卷，认为旧的古史体系是从战国开始被后世学者“以今度古”附会而成，经过不断加工，离儒家经典越来越远，不足为信。当然维新派康有为的疑古思想也是后学楷模，其《新学伪经考》《孔子改制考》更是震撼着晚清学术界。在这个背景下，古史辨学派在 20 世纪 20 年代崛起。古史辨学派以顾颉刚为代表，以疑古辨伪为特征，在中国古史春秋以前的历史研究方面，以大胆的疑辨精神，运用新的“历史演进的方法”，提出了“层累地造成的中国古史”的假说，推翻了有着整齐序列的诸如“盘古开天”“三皇五帝”等概念构成的汉民族旧的古史系统。[①]

顾颉刚（1893—1980 年），江苏苏州人，近代著名史学家。其自幼学习四书五经，深受传统学术的熏陶，对国学有浓厚兴趣。1913 年考入北京大学预科班，1916 年入北大哲学门，1918 年冬参加“新潮社”，成为首批社员之一。1920 年、毕业后任北京大学国学门助教，在图书馆从事编目工作，并参加了胡适提倡的“整理国故”工作。在此过程中，顾颉刚承袭了疑古辨伪思想的优良传统，特别是受到清人的影响，正如他所言：“我的学术工作，开始就是从郑樵和姚、崔两人来的，崔

---

① 参阅周游、杨鹏《“疑古”与辨伪：顾颉刚与“古史辨”运动》，《绥化学院学报》2010 年第 4 期。

东壁的书启发我‘传、记’不可信。姚际恒的书启发我不但‘传、记’不可信，连‘经’也不可信。郑樵的书启发我做学问要融会贯通，并引起对诗经的怀疑。所以我的胆子越来越大了，敢于打倒‘经’和‘传、记’中的一切偶像。”① 其中据顾颉刚所言，其受崔述更为巨大，他也曾经明确表示：“我们今日讲疑古、辨伪，大部分只是承受和改进他的研究。”②

顾颉刚的疑古辨伪思想不仅是对传统辨伪思想的承袭，还受章太炎“六经皆史”的思想、康有为“上古事茫昧无稽”的思想及胡适讲哲学史“丢开唐虞夏商”的影响，形成了怀疑古史、怀疑古书的观念。在整理和考辨古书过程中，顾颉刚和胡适、钱玄同来往频繁，互相切磋。钱玄同是五四新文化运动中的一员猛将，他最服膺以怀疑的态度看待古史，以“疑古玄同”自谓。他认为“研究国学的第一步便是辨伪”③。他在给胡适的信里还表示，“我们是决心要对于圣人和圣经干‘裂冠毁冕’‘撕袍子’‘剥裤子’的勾当的”④。可见他的疑古精神是何等深彻猛烈。在交往中，钱玄同多次鼓励顾领刚不仅要辨伪书，也要辨伪事；不光伪书、伪事值得辨，许多经书也值得辨。

更重要的是辛亥革命和新文化运动都对经学的主导地位产生了强烈的冲击。经学开始逐步的衰退，史学地位相应地高涨了起来。在清代，经学发展的过盛，而史学就不太振作。陈寅恪曾谈及清代经、史二学时说：“往昔经学盛时，为其学者，可不读唐以后书，以求速效……虽有研治史学之人，大抵于宦成以后，休退之时，始以余力肆及，殆始视为文儒老病销愁送日之具，当时史学地位字卑下若此，由今思之，诚可哀矣。”⑤ 可见，经学在清代是人们进入仕途的一块敲门砖，而史学却只是消磨时光的工具而已。民国之后，经史二学的地位开始发生逆转。沈兼士在《近三

① 顾颉刚：《我是怎样编写〈古史辨〉的?》，载《古史辨》（第一册），上海古籍出版社1982年版，第12页。

② 顾颉刚：《古史辨》（第一册），上海古籍出版社1982年版，第78—79页。

③ 钱玄同：《研究国学应该首先知道的事》，载《古史辨》（第一册），上海古籍出版社1982年版，第103页。

④ 转引自耿云志《胡适研究论稿》，社会科学文献出版社2007年版，第70页。

⑤ 陈寅恪：《陈垣〈元西域人华化考〉序》，载《金明馆丛稿二编》，上海古籍出版社1982年版，第238—239页。

百年来中国史学之趋势》中陈述这一逆转，他说："到了民国时代，就大不相同了。欧西文化随着政治的力量而加速东渐，科举既废，经学也式微了。于是新旧两种潮流激战的结果，是旧的败北了。"① 顾颉刚也看到了这个发展的趋势，他说："窃意董仲舒时代之治经，为开创经学。我辈生于今日，其任务则为结束经学。故至我辈之后，经学自变而为史学。惟如何必使经学消灭，如何必使经学之材料转变为史学之材料，则其中必有一段工作，在此工作中我辈之责任实重。"② 顾颉刚站在历史的高度，将经学的材料为史学所用，把从六经及其他古书中分析古史传说流变的真面目视为己任。③

这样，经消史长的氛围，为顾颉刚潜心研究史学提供了良好的学术环境，加上胡适、钱玄同的思想方法和疑辨精神的影响，对顾颉刚的古史观及古史辨派的形成起了重要作用。1923 年 5 月，顾颉刚把他写给钱玄同讨论古史的一封信题以《与钱玄同先生论古史书》，发表在《努力》周刊的副刊《读书杂志》第 9 期上，文中提出了"层累地造成的中国古史"观。"层累说"从方法论上来讲，主要由三个系统的方面："历史演进法""故事的眼光""伪史移置法"所构成。"古史层累说"蕴含了进化的观念、怀疑的精神与重视史料的史学思想。认为"时代愈后，传说的古史期愈长"，如周代人心目中最早的人是禹，到孔子时才有尧舜，到战国时有黄帝、神农，秦有三皇，汉以后才有盘古。"时代愈后，传说中的中心人物愈放愈大"，如舜在孔子时只是一个无为而治的圣君，到《尧典》就成了一个家齐而后国治的圣人，到孟子时更成了孝子的模范。"我们在这上，即不能知道某一事件的真确状况，但可以知道那件事在传说中的最早的状况"，如我们不知道东周时的东周史，但可以知道战国时的东周史；我们不能知道夏商时的夏商史，但可以知道东周时的夏商史。他通过这些古史观点说明诸如"盘古开天""三皇五帝"等概念构成的古史不可信，有些是后人依据某些需要编造的。顾颉刚在剖析古史之伪的同时，实际上也对《六经》的某些内容提出了质疑，因为他所否定的内容都是《六经》

---

① 沈兼士：《近三十年来中国史学之趋势》（1941 年 6 月），载《沈兼士学术论文集》，中华书局 1986 年版，第 372 页。

② 顾颉刚著，顾洪编：《顾颉刚学术文化随笔》，中国青年出版社 1998 年版，第 295—296 页。

③ 参阅葛兴苗《顾颉刚"古史层累说"探析》，硕士学位论文，河北大学，2014 年，第 24—25 页。

中记载的。[1]

顾颉刚的文章发表后，得到了钱玄同、胡适、傅斯年、周予同、罗根泽等人的支持，这批史学家被称作“古史辨”派或疑古派。钱玄同称顾颉刚的意见为“精当绝伦”，希望继续运用疑古辨伪的方法，对古史“常常考查，多多发明，廓清云雾，斩尽葛藤，使后来学子不致再被一切伪史所蒙”[2]。胡适认为顾颉刚的古史观点“是今日史学界的一大贡献”，他针对当时有人认为否认古史会影响人心的看法，指出：“不信盘古，不信三皇五帝，并不会因此使人心变坏。”[3] 他们共同发扬疑古精神，以“辨伪”“考信”为职志，对古书、古事进行考辨，指出历代相传的“三皇五帝”的古史系统值得怀疑，这对促进人们的思想解放、批判封建复古主义、使史学摆脱经学的束缚而形成独立的学科，有重要意义。

“古史辨”学派的疑古主张，遭到了守旧的信古派学者的激烈反对。刘掞藜首先在《读书》杂志第11期发表《读顾颉刚君〈与钱玄同先生论古史书〉的疑问》，继而又发表了《讨论古史再质顾先生》等文章。胡堇人、柳诒徵也发表了《读顾颉刚先生论古史书以后》《论以说文证史必先知说文之谊例》等质难文章，指责顾颉刚、钱玄同等人“牵强附会”“妄下断语”，讥刺他们“失于肤浅”“疏于读书”。顾颉刚等进行了答辩，并进一步论述了自己对古史研究的观点。于是，在史学界展开了一场古史论战。1926年，顾颉刚把这次辨论古史的论文和信函汇集成《古史辨》第1册，后来，至1941年连同第1册共编成7册。第1册经书辨伪；第2册上编讨论古史，中编讨论孔子和儒家，下编是别人对《古史辨》第1册的评论；第3册主要研究《易》与《诗经》，打破《周易》中伏羲、神农的古圣地位，认为它是卜巫书，又将《诗经》还原其乐歌面貌；第4册主要讨论诸子；第5册讨论汉代今古经文问题；第6册讨论先秦诸子与老子；第7册是对十余年来《古史辨》活动的总结。《古史辨》在以经证史，探究古经籍的历史价值，整理、考证史料方面做出了成绩。

---

① 参阅郑师渠总主编，黄兴涛分册主编《中国文化通史·民国卷》，北京师范大学出版社2009年版，第283页；刘俐娜《顾颉刚与古史辨派》，《近代史研究》1988年第4期。

② 钱玄同：《答顾颉刚先生书》，载《古史辨》（第一册），上海古籍出版社1982年版，第67页。

③ 胡适：《古史讨论的读后感》，载《古史辨》（第一册），上海古籍出版社1982年版，第193页。

“古史辨”学派在开新中给汉民族史学文化留下了宝贵的史学遗产：

一是疑古精神。所谓疑古精神，就是历史研究中的批判精神。这是“五四”以来思想解放潮流在汉民族史学文化领域的具体表现。这个功绩，是怎么评价都不过分的。正因为这个缘故，《古史辨》被誉为“是中国史学界一部革命的书，又是一部讨论史学方法的书。此书可以解放人的思想，可以指示做学问的途径，可以提倡那‘深澈猛烈的真实’的精神”①。毋庸置疑，在 20 世纪的上半叶，除马克思主义史学外，“古史辩”派的疑古之风无疑是最具影响的一种史学思潮。若把“古史辨”运动放在中国及汉民族史学史的长河中作一考察，他们的功绩不在于考出多少真书、事实，而主要在于史学研究和学术精神的进步，在于那种不为权威所惑的疑古批判精神。

二是对进步史观积极追求与接纳的态度。在那时，古史辨派的史观是远胜于过去形形色色的封建史观、复古倒退史观和循环史观的进化史观，由这种进化史观出发，顾颉刚提出必须打破民族出于一元的观念；打破地域向来一统的观念；打破古史人化的观念；打破古代黄金世界的观念，稳、准、狠地抓住了汉民族旧古史观的要害。

三是其治史方法上的科学态度。这主要指古史辨学者在史料运用上注意古书真伪、年代和史料价值的考订，对古史资料考信而后用之的原则。此为古史研究最基本的规则，也是以顾颉刚为首的古史辨学者辨析古史的最主要的法门。②

现在回首，1923 年顾颉刚提出“层累地造成的中国古史”观的时候，他才 30 岁，在学术界这个年纪算是新秀，骨子里还带有年轻人血气方刚的气魄。而且当时学术界传统思想还比较浓厚，三皇五帝的上古系统在人们心中根深蒂固。顾颉刚就在这个时候，把批判的目标首先指向了人们心目中的偶像——三皇五帝。虽有“玉石俱焚”③ 之弊，当时在学术界引起了很大的轰动，肯定和赞同是少数，更多的学者是他的观点进行批判和否定。如钱穆就曾对疑古派在夏商周三代史上的主要观点提出了许多驳难，

① 胡适：《介绍几部新出的史学书》，载《古史辨》（第二册），上海古籍出版社 1982 年版，第 334 页。

② 参阅沈长云《古史辨派的史学遗产与中国上古史体系的建设》，《史学集刊》第 4 期；周游、杨鹏《“疑古”与辨伪：顾颉刚与“古史辨”运动》，《绥化学院学报》2010 年第 4 期。

③ 杨向奎：《论“古史辨派”》，载《中华学术论文集》，中华书局 1981 年版，第 82 页。

针对“层累地造成说”，他更是提出了“层累地遗失而淘汰”的观点，他在《国史大纲》中明确指出：“中华民族本为一历史民族，中国古史早已历经古人不断努力，有一番卓越谨严而合理的编订”，而“今求创建新的古史观，则对近人极端之怀疑，亦应稍加修正”。“层累造成之伪古史固应破坏，层累遗失的真古史，尤待探索。”[①] 但顾颉刚既不因为有胡适这样的大家的赞赏而骄傲，也不因刘掞黎、胡堇人等人的强烈反对而恼怒。他平心静气地与意见不同的学者探讨相关的问题，虚心接受别人合理的建议，同时也坚定自己的观点。由此，我们可以从顾颉刚身上看到敢于挑战传统和经典的勇气和虚心接受别人批评的宽广胸襟。20 世纪二三十年代，中国学术界大家云集，胡适、章太炎、梁启超、刘掞黎等都是有威望的学者。但是当顾颉刚这个年轻学者，开篇就要挑战流传于中国及汉民族几千年的传统和经典时候，当时的政治势力和学术界并没有对他进行打压，使顾颉刚在一个较为自由开放的学术环境下进行自己的辨伪工作。正是有了这样的学术风气，才有了顾颉刚引领的“疑古思潮”，才成就了顾颉刚 325 万字的七册《古史辨》，才掀起了有学术价值和学术意义的古史辨运动，这在汉民族史学文化史上是很浓重的一笔。[②]

（二）王国维、陈寅恪、陈垣与新考据学派

一个时代有一个时代的思想，一个时代也有一个时代的学术。近代中国是一个转型开新时代，学术也进入转型期。1919 年，王国维说：清朝学术三变，“国初之学大，乾嘉之学精，道咸以降之学新”。因此，“今者时势又剧变矣，学术之必变盖不待言”[③]。王国维预测到新时期学术之变不可避免。民初是中国学术的转型期，也就是新学术的建立期。情况确实如此，20 世纪 30 年代，随着甲骨文、金文、汉晋简牍、敦煌文书，以及内阁大库、军机处档案等新史料的发现，以王国维、陈寅恪、陈垣为代表的史学家，利用新的历史考据方法对这些史料进行整理和研究，取得了令世人瞩目的丰硕成果。

新考据学派的学术思想渊源于“中学”与“西学”，主要体现在：清

① 钱穆：《国史大纲》（上），商务印书馆 1939 年版，第 7—8 页。

② 参阅葛兴苗《顾颉刚“古史层累说”探析》，硕士学位论文，河北大学，2014 年，第 55 页。

③ 王国维：《观堂集林》下，河北教育出版社 2001 年版，第 720—721 页。

末民初思想界，尤其是五四新文化运动的影响；清代乾嘉学者的治学态度与治学方法；西方实证史学，特别是兰克史学[①]的思想与方法；国际汉学界的示范与影响。正是由于新考据学派的学术源远流长，学殖深厚，博通古今，兼采中西，在新史学的开新中迅速崛起。

新考据学派在继承乾嘉考据学的基础上，吸收了西方实证主义方法论，将两者有机结合起来，并运用于历史研究，其论学大旨为：取地下之实物与纸上之遗书互相辨证；取异族之故书与吾国之旧籍互相补证；取外来之观念与固有之材料互相参证。[②] 从而形成了新考据学派的两大特点：

一是非常重视材料。新考据学派认为材料是学术研究的基础，因此，他们注重搜集材料，整理材料，研究材料，并对材料的范围、材料的运用等阐明看法。他们的材料观体现了新派学者的学术眼光与学术认知。他们还认为，大凡新学问，大都由于新材料的发现。因而，他们重视利用新工具、扩充新材料，以研究新问题，从而产生了诸如敦煌学、甲骨学、考古学及民俗学等新学科，开拓了学术研究的新领域，推动了现代学术的发展。

二是非常重视方法。新考据学派认为任何研究都离不开方法，必须注重运用科学方法考订材料、研究问题。他们所运用的方法有同有异。诸如考证、比较等方法为史学研究中常见的方法，而历史演进的方法、假设与求证法为部分学者所用。他们在治学中还各自形成了自己的方法特色，为学术研究树立了典范。王国维的“二重证据法”，陈寅恪的“诗文证史”，陈垣高于乾嘉的考据方法，均颇具特色。他们的治学方法同中有异，各有千秋，在新派学术园地里，异彩纷呈。[③]

1. 王国维对新史学的贡献

新考据学派影响最大者为王国维（1877—1927 年），浙江海宁人。他

① 兰克史学是德国 19 世纪影响最大的历史学家兰克创立的。兰克史学基本思想是重视原始资料的利用和考辨；重视政治史；认为历史可以认识，但不能完全认识；对史料来源的重视及深刻的分析；历史著述的作用在于恢复历史的本来面貌；负有盛名的史著未必是可靠的；史著之可信与否关键在于是否有可信的原始材料作根据；一般的史著内容不能作为资料来源，必须深入档案库；写作的目的在于复原历史，要达此目的，最重要的是找到原始资料，找到同时代或接近此时代的史料。

② 郑师渠总主编，黄兴涛分册主编：《中国文化通史·民国卷》，北京师范大学出版社 2009 年版，第 284—285 页。

③ 参阅董恩强《新考据学派与中国学术的现代转型》，《湖北大学学报》（哲学社会科学版）2016 年第 1 期。

创造性地运用了将地下出土的甲骨文、金文资料与文献记载相互印证的历史考证方法，并称之为“二重证据法”。他在《古史新证》总论中说：“吾辈生于今日，幸得纸上之材料外，更得地下之新材料，由此种材料，吾辈因得据以补正纸上材料，亦得证明古书之某部分全为实录，即百家不雅驯之言，亦不无表示一面之事实。此二重证据法，唯在今日始得为之。”二重证据法强调地下材料的证史价值，把地下材料提高到与文献并重的地位，对传统的以文献考证文献的研究方法是一大突破。

王国维论方法的文字不多，但字字珠玑，是建立在对历史求真求实的立场上的，他既不“墨守自封”也不轻易疑古，真正做到靠充分的地上、地下证据说话，以过去的经籍为基础，充分运用当时新发现的历史资料，使这种“求证”达到完善的程度。陈寅恪在《王静安先生遗书序》中曾将王国维的治学方法概括为三条：（1）取地下之实物与纸上之遗文互相释证；（2）取异族之故书与吾国之旧籍互相补证；（3）取外来之观念与固有之材料互相参证。从王国维的治史方法看，他的确做到了中西方法的会通，既以发展辩证的观点强调有充足资料的互证，又承继传统的考据方法进行考证，比较全面地反映了当时新史学的学术水平，为后来者树立了学术新范式。其“二重证据法”更是为学界所重，至今不衰，正如陈寅恪所说：“此三类著作，其学术性质固有异同，所用方法亦不尽符会，要皆足以转移一时之风气，而示来者以轨则。”① 所以，王国维以其广博的知识、深邃的思想会通中西学术方法，运用二重证据法，进行古史新证，取得了古史研究的重大成就。他根据考古出土器物、甲骨卜辞与文献材料互证，写成《殷卜辞中所见先公先王考》和《续考》，得出卜辞中所见殷王室的世系与《史记·殷本殷》所载商代帝王世系基本相同，进一步证实了《史记》的史料价值，把中国及汉民族的信史至少推到了商代。他进而根据甲骨金文，参照经传等古籍作《殷周制度论》等文，论证了殷周之际的制度变革，如殷代无嫡庶之制一变而为周代的立子嫡之制，对周代的宗法、丧服等制度作了缜密的研究，肯定周制优于殷制。他结合汉晋木简和史籍，考证了秦汉郡县，写成《秦郡考》《汉郡考》等文，并在与罗振玉合编的《流沙坠简》中考证了古长城、玉门关、古楼兰等古址。

① 陈寅恪：《王静安先生遗书序》，载《金明馆丛稿二编》，生活·读书·新知三联书店2001年版，第247—245页。

他利用敦煌文书等资料，考证了唐代职官制度，唐代户籍及均田制等。他还利用中国境内之古外族遗文，考订旧有史料，撰写了《鞑靼考》等蒙元史论文。总之，王国维把实物与史书结合起来，把出土的材料与纸上的文献结合起来，以实证史，以史考实，在中国古代史料的训诂考据和古代史的研究上，做出了卓越的贡献，是汉民族新史学的主要代表之一。[①]

2. 陈寅恪对新史学的贡献

陈寅恪（1890—1969 年），江西修水人，近代著名的学贯中西的史学家。生于长沙，祖籍福建上杭。中国现代最负盛名的集历史学家、古典文学研究家、语言学家、诗人于一身的百年难见的人物，与叶企孙、潘光旦、梅贻琦一起被列为清华百年历史上四大哲人，与吕思勉、陈垣、钱穆并称为“前辈史学四大家”。先后任职任教于清华大学、西南联大、广西大学、燕京大学、中山大学等。陈寅恪之父陈三立是“清末四公子”之一、著名诗人。祖父陈宝箴，曾任湖南巡抚。夫人唐筼，是台湾巡抚唐景崧的孙女。因其身出名门，而又学识过人，在清华任教时被称作“公子的公子，教授之教授”[②]。

陈寅恪的研究方法深受王国维影响，主张治学顺应时代潮流，曾说：“一时代之学术，必有其新材料与新问题。取用此新材料，以研究问题，则为时代学术之新潮流。”[③] 陈寅恪的研究领域集中于“中古以降民族文化之史”[④]。他的治学既采撷了近代西方学者所重视的语源学、比较研究、民族文化关系、因果关系等“外来观念”和方法，又与本国文献和乾嘉学者的考据方法结合起来；既善于钩稽史料、抉幽阐微，又有超出先辈的学术目光，从而在比较和联系中探求到一个历史时期带全局性的大事。故而治学严谨，不仅长于校勘版本、鉴别材料、考订事实，更重视在考证出史实的真伪与是非后，对史实做出综合分析，即着眼于在许多事物的联系

---

① 参阅董恩强《新考据学派：学术与思想（1919—1949）》，博士学位论文，华中师范大学，2006 年版，第 1、91—92 页；龚书铎主编，郑大华分册主编《中国文化发展史·民国卷》，山东教育出版社 2013 年版，第 261 页；郑师渠总主编，黄兴涛分册主编《中国文化通史·民国卷》，北京师范大学出版社 2009 年版，第 285 页。

② 《陈寅恪：公子的公子，教授之教授》（http：//blog. sina. com. cn/s/blog_ 7eb659450101bjsv. html）。

③ 陈寅恪：《金明馆丛稿二编》，上海古籍出版社 1980 年版，第 236 页。

④ 陈寅恪：《元西域人华化考·序》，载陈垣《元西域人华化考》，上海古籍出版社 2000 年版。

中看某一事物是否存在、发生及发展变化的情况。他力求在完备、真实的材料基础上得出比较合理的结论。他利用诗、小说、小品等文学作品证史，另辟了新的治史途径，后来出版的《元白诗笺证稿》《柳如是别传》就是以诗文证史的代表作。他还利用域外文字证史，如通过比勘互校《蒙古源流》的蒙文本及满文译本等，发现这本书的基本思想和体裁来自元帝师八思巴为忽必烈长子真金所作的《彰所知论》，论证关于蒙古族起源由西藏而上续印度的说法是不可信的。1940 年，他写成《隋唐制度渊源略论稿》（1944 年出版），论述了从汉魏到隋唐某些制度的演变，指出隋唐制度主要源于北魏、北齐外，还来自南朝梁、陈，来自西魏、北周。1941 年，他又完成了《唐代政治史述论稿》（1943 年），以大量史料分篇论述了唐代统治集团的形成与贵族集团的升降过程，并论述了唐代衰亡的原因。他对魏晋南北朝史也有精深研究，曾编《魏晋南北朝史参考资料》和讲授有关专题，他在 1947 年至 1948 年的讲授内容被编成《陈寅恪魏晋南北朝史讲演录》。

陈寅恪一生学贯东西，可一生中没有一张文凭，著名历史学家傅斯年说："陈先生的学问近三百年来一人而已。"胡适在 1937 年 2 月 22 日的日记中称："寅恪治史学，当然是今日最渊博、最有识见、最能用材料的人。"被学界尊为"中国最后一位鸿儒通才"①。

3. 陈垣对新史学的贡献

陈垣（1880—1971 年），广东新会人，近代中国卓有成就的史学家。少年时，曾参加科举考试，未中。后以经世致用为宗旨治学。1905 年，在孙中山先生领导的民主革命影响下，他和几位青年志士在广州创办了《时事画报》，以文学、图画作武器进行反帝反清斗争。继之辛亥革命，他和康仲荦创办《震旦日报》，积极宣传反清。1912 年被选为众议院议员。后因政局混乱，潜心于治学和任教。他先后创建广州光华医学专门学校、北京孤儿工读园、北京平民中学。曾任国立北京大学、北平师范大学、辅仁大学的教授。1926—1952 年，任辅仁大学校长。1952—1971 年，任北京师范大学校长。1949 年以前，他还担任过京师图书馆馆长、故宫博物院图书馆馆长。1949 年后，任中国科学院历史研究所第二所所长。

---

① 《陈寅恪：中国近三百年来最博学的人！》（http：//www.360doc.com/content/15/0204/06/19446_446111641.shtml）。

陈垣的史学工作发端于对宗教史的研究，最主要成就也集中于这一领域。他对基督教、佛教、伊斯兰教、道教、火祆教、一赐乐业教、摩尼教的历史都做过细致的研究，贡献了开创性的研究成果。他主要研究宗教传播及兴衰的历史、宗教与社会政治文化诸方面的关系，以及宗教人物的活动，一般不涉及宗教教义。信仰宗教与热爱历史的有机结合，构成他研究宗教史的机缘；出自宗教而入于历史，则成为决定他宗教史研究成就的关键。宗教史方面的著作有《元也里可温教考》（1917 年），被称为“古教四考”的《记大同武州山石窟寺》《开封一赐乐业教考》《火祆教入中国考》和《摩尼教入中国考》，被称“宗教三书”的《明季滇黔佛教考》《南宋初河北新道教考》《清初僧诤记》（撰写于抗战时期）及《中国佛教史籍概论》《释氏疑年录》等著述。而陈垣的《元也里可温教考》这部著作将沉埋了几百年的元代“也里可温”的历史真相作了充分的阐明，因而饮誉士林，从而成为近代宗教史的开山之作。①

此外，元史研究方面，陈垣撰写了《元西域人华化考》，校勘了《元典章》，并写成《沈刻元典章校补》和《元典章校补释例》两书，胡适在为后一书所写的序言中称陈垣校《元典章》“是中国校勘学的第一伟大工作”。历史文献学方面，陈垣在目录学、史源学、校勘学、避讳学、年代学上都有造诣，著有《二十史朔闰表》《校勘学释例》等。他写于 1943—1945 年的《通鉴胡注表微》共 20 篇，前 10 篇言史法，后 10 篇言史事，前 10 篇反映了他在校勘、辑佚、目录、避讳等历史文献学领域内的成就。陈垣治史讲究类例，即在一个专题下搜集许多资料，区分类别，找出一定范围内的通例，然后组织成文。这一方法给他带来了成功，但也有其局限性，仅平列一些事例难以考察历史发展的动态过程。

陈垣于新旧学术交替之际，在扎实的旧学基础上，以新的科学理论和方法为指导，进行历史研究工作，在宗教史、历史文献学和多种历史辅助学科领域，取得了开拓性的成就。不但以精湛的成果丰富了中国历史学的宝库，而且为这些学科走向科学化、近代化做了部分奠基工作，起到了示人以规矩的作用。②

---

① 参阅陈其泰《陈垣：宗教史的开山之祖》，《江海学刊》2005 年第 5 期。

② 参阅许殿才《陈垣在近代史学领域的开拓》，《史学集刊》2004 年第 2 期；郑师渠总主编，黄兴涛分册主编《中国文化通史 · 民国卷》，北京师范大学出版社 2009 年版，第 286 页。

（三）傅斯年与“科学史学派”

“科学史学派”是20世纪20年代末30年代初兴起的一个史学流派，因其提倡“以自然科学看待历史语言之学”，故名之。又因其主张“史学本是史料学”，故有人又称之为“史料学派”；还因为他们主张历史学就是搜求史事，又有人称之为“史事搜求派”。这个学派的主要代表是傅斯年（1896—1950年），其中心是他领导下的中央研究院历史语言研究所。

傅斯年受过五四运动的洗礼，创办《新潮》杂志，宣传新文化。他受当时流行的科学主义思潮的影响，立下“科学救国”的志向，自称“科学迷”。1927年，他从欧洲留学归国，即与顾颉刚等人在中山大学创办了“语言历史研究所”。他的研究目标是“以自然科学看待历史语言之学”，途径有两条：一是“扩充材料”，二是“扩充工具”（研究手段和方法）。他于1928年所写的《历史语言研究所工作之旨趣》集中反映了他的史学主张。“保持亭林、百诗的遗训”是他的第一条治史宗旨。傅斯年认为，他们以毕生精力搜集、考订、辨正史料，以史料纠正旧载，“不著史而成就了可以永远为法式的辨史料法”，他们这样对待历史学和语言学，“是最近代的”。第二条宗旨是“扩张研究的材料”。“西方人做学问不是去读书，是动手动脚到处寻找新材料，随时扩大旧范围，所以这学问才有四方的发达，向上的增高。”这是中国人应当效法的。第三条宗旨是“扩张研究的工具”。也就是说要运用自然科学的方法来研究历史，“现代的历史学研究，已经成了各种科学的方法之汇集。地质、地理、考古、生物、气象、天文等学，无一不供给研究历史问题者之工具”。他断言，若干历史学的问题非有自然科学方法之帮助，则无从解决。简言之，他治史的核心主张：“近代的历史学只是史料学，利用自然科学供给我们的一切工具，整理一切逢得着的史料。”①

特别不同的是史语所采取不同于个人孤立研究的“有规模的系统研究”。1929年史语所迁往北平，调整为历史、语言、考古三组。考古组董作宾、李济等在1928—1937年先后15次发掘安阳小屯殷墟遗址，共发掘遗址11处，出土甲骨文约2.5万片，为考古学、殷商史的研创造了条件。语言组对全国各地的方言、文字、制度和风俗作调查，并收购了险些化为

---

① 以上均见傅斯年《历史语言研究所工作之旨趣》，见《中央研究院历史语言研究所集刊》第1本第1分册，1928年版，第3—10页。

纸浆的 8000 麻袋内阁大库档案，加以整理，至 1937 年出版了《明清史料》38 本。此外，史语所还搜集《明实录》各种版本进行校勘，派人发掘城子崖等。历史组对于史事、文献做了大量考证性工作，其成绩反映在《史语所集刊》发表的数百篇论文和许多专刊、专著中，傅斯年本人的代表作就有《明成祖生母记疑》《明成祖生母问题汇考》《性命古训辨证》《夷夏东西说》等。当时史语所集中了一大批著名学者，如顾颉刚、陈垣、徐仲舒、岑仲勉、董作宾、李济、罗常培、刘半农等人，又培养一批史坛新秀，如陈乐素、严耕望、陈述、丁声树等。这样“科学史学派”开创了中国及汉民族历史上集体研究的新形式。

“科学史学派”的形成，是新文化运动以来形成的泛科学主义思潮在史学界的反映。这一学派在搜集和整理史料方面的丰硕成果，促进了史学的发展。但一直有人对“史学便是史料学”的观点提出批评，他们强调除史料外，史观、史论和史学方法也是历史研究的重要方面。但必须肯定的是在傅斯年领导史语所的 23 年间，史语所同人大规模地发掘安阳殷墟、整理明清档案、开展方言调查，产生了像陈寅恪、赵元任、董作宾、李济、李方桂等一批国际知名学者，取得了举世瞩目的研究成就。“历史语言研究所的《集刊》和《专刊》，得到国际学术界很高的重视，这研究所的本身也取得了国际学术界很高的地位。这自然是经由许多学者协力造成的，可是孟真领导的力量是不可磨灭的。”① 傅斯年本人虽没有留下煌煌巨制，但史语所本身就是他精心雕塑的一部学术精品。② 1951 年，董作宾在总结史语所此前的学术成就说：“现在结算一下史语所二十三年的总成绩，可以说有盈余也有外欠。这笔账看去似乎是许多人的，事实上，是应该全记在孟真先生的名下。”③

三　异军突起：马克思主义史学的崛起

十月革命的一声炮响，给中国送来了马克思主义。

---

① 参见罗家伦《元气淋漓的傅孟真》，原载 1950 年 12 月 31 日台北《“中央”日报》。该文收录于王为松编《傅斯年印象》，学林出版社 1997 年版，第 11 页。

② 参阅欧阳哲生《傅斯年学术思想与史语所初期研究工作》，《文史哲》2005 年第 3 期。

③ 参见董作宾《历史语言研究所在学术上的贡献》，原载 1951 年 1 月台北《大陆杂志》第 2 卷第 1 期。该文又收录于《傅故校长哀挽录》，台湾大学 1951 年版，第 64—69 页。另外，参见李济《傅孟真先生领导的历史语言研究所》，收录于《感旧录》，传记文学出版社 1985 年第 2 版，第 72—88 页，该文对傅斯年领导史语所的工作亦有详细评述。

1918 年 11 月，李大钊在《新青年》上发表《庶民的胜利》和《布尔什维主义的胜利》，歌颂十月革命的胜利是社会主义与劳工斗争的胜利。随后，他即发表了《我的马克思主义观》，详细阐述了“马克思独特的唯物史观”。这是汉民族系统介绍唯物史观的开始。从此，马克思主义与汉民族的学术研究相结合，以唯物史观指导中国的历史学研究，从而形成了中国及汉民族的马克思主义史学或唯物史观派。民国时期，马克思主义史学队伍从无到有、从小到大，涌现出李大钊、郭沫若、范文澜、翦伯赞、吕振羽、侯外庐等一批杰出的马克思主义史学家，他们异军突起，逐渐形成为 20 世纪中国及汉民族史学文化开新的主流。

（一）李大钊：马克思主义史学第一块基石的奠定者

李大钊（1889—1927 年），河北省乐亭人。他是中国共产主义运动的先驱和最早的马克思主义者，中国共产党的主要创始人之一。1907 年夏至 1913 年夏，入天津北洋法政专门学校求学。1913 年 8 月天津北洋法政专门学校毕业，在校期间与同学郭须静一起加入中国社会党，毕业后到北京参加中国社会党活动。同月中国社会党领袖陈翼龙被杀，社会党被查封，李大钊逃离北京，避难于家乡乐亭县的祥云岛，后得到天津绅士孙洪伊的资助，赴日本留学。入早稻田大学政治科后，开始接触社会主义思想。1914 年组织神州学会，进行反袁活动。次年为反对日本灭亡中国的“二十一条”，以留日学生总会名义发出《警告全国父老》通电，号召国人以“破釜沉舟之决心”誓死反抗。1916 年 5 月回中国，在北京创办《晨钟报》，任总编辑。旋辞职，任《甲寅日刊》编辑，推动新文化运动的发展。1918 年任北京大学图书馆主任，后任经济、历史等系教授，参与编辑《新青年》，并和陈独秀创办《每周评论》，推动共产主义。

从 1920 年起，李大钊开始运用马克思主义唯物史观来指导历史研究。他不仅在北京大学等高等院校开设“唯物史观研究”“史学思想史”“史学要论”等课程，而且先后发表了《由经济上解释中国近代思想变动的原因》《史观》《唯物史观在现代史学上的价值》《今与古》《研究历史的任务》《原人社会于文字书契上之唯物的反映》《大英帝国主义侵略中国史》《马克思的中国民族革命观》等，并出版了史学专著《史学要论》。在这些论著中，李大钊认真阐释了唯物史观的基本原理，并将其要点归结为二：“一是说人类社会生产关系的总和，构成社会经济的构造。这是社会的基础构造……凡是精神上的构造，都是随着经济上的构造变化而变化。”“二是说生产力与社会组织有密切的关系。生产力一有变动，社会组织必须随着它变动。”[①] 李大钊还提出了唯物史观派的治史方法：一是基本方法，即将唯物史观的基本原理运用于历史研究之中；二是具体方法，包括怎样搜集、编制、整理材料，怎样编写史书、绘制图表，等等。此外，这些论著还指出了唯物史观对于史学和人生的重义。如《史学要论》中专有一章“现代史学的研究及于人生态度的影响”，强调“现代的史学告诉我们以有生命的历史不是这些过去的记录。有生命的历史，实是一个亘过去现在未来的全人类的生活”。在此进步中，“只应该欢天喜地的在这只容一趟过的大路上向前行走，前途有我们的光明，将来有我们的黄金世界。这是现代史学给我们的乐天努进的人生观”[②]。李大钊的这些论述，为中国及汉民族马克思主义史学的建立奠定了第一块基石。[③]

（二）硕果累累：马克思主义史学形成时期的学术成就

五四运动以后，马克思主义史学在与非马克思主义史学思潮的斗争中发展进步，逐步在史学界占据主导地位。据《中国文化通史》研究“五四”前后至 1927 年国民革命失败是中国及汉民族马克思主义史学的草创时期，李大钊等早期马克思主义者介绍、传播唯物史观，并初步把唯物史观应用于史学研究。1927—1937 年是马克思主义史学的形成时期，中国马克思主义新史学在论战中产生，郭沫若等第一批马克思主义史学工作者在古史、近代史、思想史等领域取得了开拓性的成就。1937 年至 1949 年是马克思主义史学的成长时期，毛泽东对研究历史作了重要论述，马克思主义史学队伍在中国通史、社会史、思想史、中共党史以及专史、专题史方面取得了丰硕成果。[④]

郭沫若（1892—1978 年），四川乐山市人，早年留学日本。他是民国时期著名的文学家和史学家，马克思主义史学最为杰出的奠基人。在古史研究方面，郭沫若于 1928 年根据《易》《诗》《书》等先秦典籍写了《〈周易〉的时代背景与精神生产》《〈诗〉〈书〉时代的社会变革与其思

---

① 《李大钊选集》，人民出版社 1959 年版，第 185、186 页。

② 同上书，第 506 页。

③ 参阅龚书铎主编，郑大华分册主编《中国文化发展史·民国卷》，山东教育出版社 2013 年版，第 263—264 页。

④ 郑师渠总主编，黄兴涛分册主编：《中国文化通史·民国卷》，北京师范大学出版社 2009 年版，第 289—290 页。

想上的反映》《中国社会之历史的发展阶段》，1929 年又根据甲骨文、金文写成《卜辞中之古代社会》《周代彝铭中的社会史观》，以上 5 篇论文汇集成《中国古代社会研究》一书，于 1930 年出版。这一划时代的史学著作，以恩格斯的《家庭、私有制和国家的起源》作为研究方法的向导，系统地研究了先秦历史，著者自称是《家庭、私有制和国家的起源》的续编。著者坚信马克思主义关于人类社会发展有一条共同规律的原理，在“自序”中称：“只要是一个人体，他的发展，无论是红黄黑白，大抵相同。由人们所组成的社会也是一样。”“中国人不是神，也不是猴子，中国人所组成的社会，不应该有什么不同。”该书成功地证明了中国西周存在过奴隶社会，奴隶制是由原始公社制转化而来，到后来又转化为封建制，从而第一次把鸦片战争前的中国历史依次叙述为原始社会、奴隶社会、封建社会等几种社会形态，证明了马克思主义关于人类社会发展一般规律的理论完全适用于中国及汉民族，驳斥了“马克思主义不适用于中国”的看法。《中国古代社会研究》的成就与郭沫若对甲骨文、金文的研究是分不开的。随后，他在这方面又陆续撰写了《甲骨文字研究》（1931 年）、《殷周青铜器铭文研究》（1931 年）、《两周金文辞大系》（1932 年）、《金文丛编》（1932 年）、《卜辞通纂》（1933 年）、《古代铭刻汇考》（1933 年）、《古代铭刻汇考续编》（1934 年）、《两周金文辞大系图录》（1934 年）、《两周金文辞大系考释》（1935 年）、《殷契粹编》（1937 年）等数百万字的著作。郭沫若是利用甲骨文、金文对中国古代史作出历史唯物主义解释的开拓者。他不愧为中国及汉民族马克思主义史学奠基者。

吕振羽（1900—1980 年），湖南武冈（今属邵阳）人，是继郭沫若之后研究中国古代史卓有成就的马克思主义史学家。1934 年春，他发表《中国经济之史的发展阶段》一文，认为中国社会在殷代以前为原始社会，殷为奴隶社会，西周与春秋战国为初期封建社会，秦至鸦片战争为变种的封建社会，鸦片战争后则是半殖民地半封建社会。同年 7 月，出版《史前期中国社会研究》一书，根据摩尔根《古代社会》、恩格斯《家庭、私有制和国家的起源》等著作的精神，以仰韶各地出土器物为主要史料，并结合神话传说、民间习俗探求中国史前社会的特征，认为传说中的尧舜禹时代为“母系氏族社会”、夏代为“父系本位的氏族社会”，填补了学术界关于中国原始社会史研究的空白。他在上书中已初步论证了殷代为奴隶制社会，继而在 1936 年出版的《殷周时代的中国》中另一重要结论是主张西周为中国封建社会的开始，从而提出了著名的“西周封建说”。吕振羽的西周封建论在史学界有着重要影响，翦伯赞、邓拓、范文澜等史学家都支持他的观点并进一步发挥。翦伯赞在论战中写了《中国农村社会之本质及其历史的发展阶段之划分》《前封建时期之中国农村社会》《殷代奴隶社会研究之批判》《关于“亚细亚生产方法”问题》《关于历史发展中之“奴隶所有者社会”问题》《“商业资本主义社会”问题之清算》《关于“封建主义破灭论”之批判》等文，支持吕振羽的殷代奴隶社会说和西周封建论，并从“农村社会”的历史发展过程、农民的土地问题、“商业资本”的作用等方面，批判了“封建主义破灭论”和“商业资本主义社会”的荒谬。

中国近代史方面，华岗于1930年写成《中国大革命史》，记述了国民革命的历程，并分析了鸦片战争以来中国近代社会的经济基础、社会主要矛盾、历次革命运动的经验教训，是研究中国近代史、革命史的早期之作。李平心（署名李鼎声）于1933年出版了《中国近代史》，这是我国第一部运用马克思主义观点系统研究中国近代史的著作。该书把鸦片战争作为中国近代史的开端，著者认为明末清初不过是两个朝代的交替，而鸦片战争是中国开始为国际资本主义的波涛所袭击而引起社会内部变化的一个重大关键。该书说明鸦片战争后中国社会形态的变化，并不是如有些人所想象的“渐次成了资本主义的国家”，而是沦为半殖民地半封建社会；突出反映了从鸦片战争至1933年日本侵占热河、察哈尔近百年来中国人民革命斗争的历史。1937年，何干之出版了《近代中国启蒙运动史》，此书较为系统地论述了中国资本主义产生以来的思想运动的历史，拓宽了中国近代史研究的领域。邓拓的《近代资本主义发展的曲折过程》一文，以确凿的史实，阐述了帝国主义侵略使“中国变成为一个半殖民地半封建社会”的过程，驳斥了中国近代为“资本主义社会”说和中国进化的“外铄论”[①] 等错误观点。这些成果表明马克思主义史学已开始占领中国近代史的研究阵地。

---

① 邓拓批判“外铄论”，据邓应增在《忆拓叔在开封》（《福州晚报》1994年2月23日，第3版）中说：当时有人在《中国经济研究绪论》中错误地指出：“鸦片战争以后，由于外力的作用，中国已从封建主义进入了资本主义”，认为“中国资本主义的发展不是内在的，而是外铄的”，并且断言“现在乃至将来，对于中国资本主义，帝国主义的资本仍有伟大的作用与影响”。

中国思想史研究方面，郭沫若在其著作中初步理清了先秦天道思想演进的脉络，使人们对于春秋战国诸子百家思想流派的产生和变异有了大致正确的认识。吕振羽在1937年出版了《中国政治思想史》，这部书上起自殷代，下终于鸦片战争前，对近代以前各种思想流派的演绎更替，按不同的社会发展阶段，从“各阶级及阶层的构成上去加以论究”，是我国第一部运用马克思主义论述中国政治思想和哲学思想的通史著作。侯外庐在1934年写成《中国的古代社会与老子》，此书将老子的思想放在社会现实的基础上去评价，着重研究社会存在对社会意识的影响，为他以后研究中国思想史奠定了基础。

总之，中国马克思主义史学在这一时期得以形成，并为中国的革命事业和中国史学的发展做出了重要贡献。当然，马克思主义史学在当时的种种建树还不很成熟，明显存在着草创时期的痕迹。[①]

（三）重视历史：毛泽东的历史观

在1937年至1949年马克思主义史学的成长时期，毛泽东极为重视历史学，把学习历史尤其是研究本民族的历史看成马克思主义理论与中国实际情况相结合的重要步骤，并就中国历史的某些问题做了阐述，形成了毛泽东的历史观。

关于学习历史的重要性问题，毛泽东在六届六中全会上就要求全党“都要研究我们民族的历史”，强调指导一个伟大的革命运动的政党不能没有历史知识。他指出：“今天的中国是历史的中国的一个发展；我们是马克思主义的历史主义者，我们不应当割断历史。从孔夫子到孙中山，我们应当给以总结，承继这一份珍贵的遗产。这对于指导当前的伟大的运动是有重要的帮助的。”[②] 整风运动期间，毛泽东在《改造我们的学习》中把“不注重研究历史”与不注重着研究现状、不注重马列主义的应用并列为三种“极坏的作风”，要求加强历史特别近百年史的研究。中共中央还做出决定，号召共产党员学会应用马克思主义的立场、观点和方法，认真地研究中国的历史，研究中国的政治、经济、军事和文化，对每一个问

---

① 参阅郑师渠总主编，黄兴涛分册主编《中国文化通史·民国卷》，北京师范大学出版社2009年版，第294—296页。

② 毛泽东：《中国共产党在民族战争中的地位》，载《毛泽东选集》（合订本），人民出版社1966年版，第499页。

题要根据详细的材料加以具体的分析，然后引出理论的结论来。

关于研究历史的方法问题，毛泽东强调要以马克思主义为指导重新研究历史，把被剥削阶级颠倒了的历史再颠倒过来，他在《实践论》中指出："在很长的历史时期内，大家对社会的历史只能限于片面的了解，这一方面是由于剥削阶级的偏见经常歪曲社会的历史，另一方面，则由于生产规模的狭小，限制了人们的眼界。人们能够对于社会历史的发展作全面的历史的了解，把对于社会历史的了解，把对于社会的认识变成了科学，这只是到了伴随巨大生产力——大工业而出现近代无产阶级的时候，这就是马克思主义的科学。"① 毛泽东对唯物史观的基本原理屡有阐述，包括经济基础决定上层建筑、社会存在决定社会意识、上层建筑对经济基础、社会意识对社会存在又有反作用的观点等。毛泽东又强调研究历史必须从实际出发，尽量搜集和占有详细的材料，以实事求是的态度，在马克思主义原理指导下，从这些材料中引出正确的结论。

关于中国古代史领域问题，毛泽东在《中国革命和中国共产党》等文中指出：中国是一个多民族结合而成的大家庭，中国是世界文明发达最早的国家之一，在中华民族的开化史上，有素称发达的农业和手工业，有许多伟大的历史人物和丰富的文化典籍；中华民族不但以刻苦耐劳著称于世，同时又酷爱自由、富于革命传统；中国经过了若干万年的原始社会以后，也经过了奴隶社会和封建社会；封建社会的后期，由于商品经济的发展，已经孕育着资本主义的萌芽。封建社会自周秦以来一直延续了三千年左右，封建社会的主要矛盾是农民阶级和地主阶级的矛盾，农民起义和农民战争是历史发展的真正动力，而这种起义和战争终归失败，其根本原因是由于当时还没有新的生产力和生产关系，没有新的阶级力量，没有先进的政党。这些观点，对此后的马克思主义学者研究中国古代史，产生了很大影响。

关于在近代史问题，毛泽东指出，鸦片战争以后，中国社会经历着两个过程，即"帝国主义和中国封建主义相结合，把中国变为半殖民地和殖民地的过程，也就中国人民反抗帝国主义及其走狗的过程"②；帝国主义和中华民族间的矛盾，封建主义和人民大众间的矛盾是近代中国的主要

① 毛泽东：《实践论》，载《毛泽东选集》（合订本），人民出版社1966年版，第260页。

② 毛泽东：《中国革命和中国共产党》，载《毛泽东选集》（合订本），人民出版社1966年版，第595页。

矛盾；帝国主义侵入中国后，一方面促使中国封建社会解体，促使中国发生资本主义因素，把一个封建社会变成了一个半封建的社会，另一方面把一个独立的中国变成一个半殖民地的中国。毛泽东上述关于中国近代史的有关论述，为日后的中国近代史框架的建设打下了基础。

毛泽东历史观的开新，在此后相当一个时期成为汉民族史学研究的基础理论。

第八节　从经史子集到人文社会科学：汉民族学术文化的开新

汉民族学术文化自古在世界上自成体系，从“六艺”到“七略”，再“经、史、子、集”四部。四部之中，尤以经学和史学为主流，其他种种学问，都包含在这些学术里面。晚清文化开新时，西方学术开始传入中国汉民族学术界，传统的“四部之学”发生了剧烈的变动，出现了现代性质的学术分科，并初步建立起了现代意义上的学术门类。进入民国后，这些学科逐渐在中国落户、扎根，并逐渐中国化而发展起来。学术文化的开新和转型，不仅大大扩大了汉民族人的学术视野，也极大地丰富了传统学术的内容，从而构成汉民族文化的崭新部分。①

一　从“六艺”到“四部”：汉民族学术文化的追根溯源

汉民族的学术文化分类源于图书分类，其最早可以追溯到春秋战国时代。据传，孔子搜集、整理了古代和当代的一些文献、纪录、诗歌等，先后选编为《诗》《书》《易》《礼》《乐》《春秋》六部书。除了其中的《乐》已经失传之外，这些是我们迄今所知的最古的经过整编的书。而这种整编也包括分类。这六部书也被后世称为“六艺”。可见，“六艺”就是六个学术门类，是我们迄今所知的和图书相联系的最早的分类。因此，我们可以把“六艺”看作反映了当时学术水平和图书数量的、依附于图书的编纂制作而出现的我国最早的图书分类。②

---

①　参阅左玉河《从“四部之学”到“七科之学”》，《光明日报》2000 年 8 月 11 日。

②　“六艺”，古代又指“礼”“乐”“射”“御”“书”“数”，也是学术和技术的分类，但它并未（或尚未被发现）与图书直接联系。

及至西汉，随着社会经济政治的发展，学术门类日益增加；随着文字的统一和书写条件（如由简策到绢帛等）的演变，图书的数量也日益增多；这样，就出现了独立于图书编纂制作过程之外的正式的图书分类。西汉成帝时刘向主持整理图书，刘向死后，他的儿子刘歆继承他“条其编目”的工作，并且撰成《七略》，作为分编图书的依据或总结。刘歆的“七略”是：1. 辑略，2. 六艺略，3. 诸子略，4. 诗赋略，5. 兵书略，6. 数术略，7. 方技略。其中居首的“辑略”是“诸书之总要”，是内容提要和考辨；以下六略是分类大纲。“七略”是中国及汉民族乃至世界最早的正式的图书分类法。东汉班固在《汉书·艺文志》中根据“七略”分类法对当时所知所见的图书进行了分类，《汉书·艺文志》是我们至今所能见到的最早的图书目录。

从魏晋开始，又有从“七略”出发而另辟蹊径的“四部”分类出现。“四部”分类法也是“七略”法的发展，在分类的原则上两者并无不同，但在形式上却突破了“七”的限制。“四部”分类起于魏晋。《隋书·经籍志一》：

> 魏秘书郎郑默，始制《中经》，秘书监荀勗，又因《中经》，更著《新簿》，分为四部，总括群书。一曰甲部，纪六艺及小学等书；二曰乙部，有古诸子家、近世子家、兵书、兵家、术数；三曰丙部，有史记、旧事、皇览簿、杂事；四曰丁部，有诗赋、图赞、汲冢书。

这种《新簿》的四部分类和“七略”比较，是把“六艺略”改为甲部，把“六艺略”中除《春秋》以外的史书抽出立为丙部，“诸子略”改为乙部，“诗赋略”改丁部，其他“兵书略”“数术略”“方技略”都并入乙部，当时新出土的《汲冢书》则附在丁部。证以《新簿》提出四部后历朝还提出了《七志》《七录》等“七略”体系的分类方案，说明《新簿》的“四部”还是比较粗略的未定型的分类。随着唐代统一安定政治局面的出现，学术文化事业也有所发展，四部分类也以“经、史、子、集”为类名而定型。唐代编写的《隋书·经籍志》的分类是：

> 1. 经部：易、书、诗、礼、乐、春秋、孝经、论语、纬书、小学。

2. 史部：正史、古史、杂史、霸史、起居注、旧事、职官、仪刑法、杂传、地理、谱系、簿录。

3. 子部：儒、道、法、名、墨、纵横、杂、农、兵、小说、天文、历数、五行、医方。

4. 集部：楚辞、别集、总集。

道经、佛经附于四部之末。

这种四部分类，基本上被宋、元、明、清历代沿用。清代乾隆朝编集《四库全书》，对四部进行了调整，用以部署分编四库收录的三千五百零三种书籍，并对每种书籍（包括存目）都写了有关作者、内容、版本等的介绍，汇编成为二百卷的《四库全书总目提要》。《四库全书》的四部分类法及其《提要》，是汉民族传统社会图书分类由“七略”到“四部”发展的总成和高峰，并以钦定的模式统治了其后一百多年汉民族传统社会的学术和图书分类。[①] 从“四部之学”到“七科之学”的转变，实际上就是从中国文史哲不分、讲求博通的“通人之学”向近代分科治学的“专门之学”的转变。这样，注重博、通的汉民族传统“四部之学”，在形式上最后完成了向近代分科性质的“七科之学”的转型。

这个转型是从西书的翻译、西学的输入开始的。在这个过程中，它不仅中国及汉民族学界对西方主要学术门类，如天文学、算学、重学、天学、地学（地质学）、地理、矿学、化学、电学、光学、热学、水学、气学、医学、画学、植物学、动物学等学科有了一定程度的了解，也使中国及汉民族学对学术分科观念及分科原则逐渐有所知晓而接受。在此基础上，在批判科举、改革书院的呼声中，中国及汉民族学人依据刚刚接受的“分科立学”“分科治学”观念，纷纷提出了最早的带有传统色彩的学术分科方案，如：

1861 年，冯桂芬在所作的《采西学议》中，综合西学和中学，提出了中国及汉民族近代最早的学术分科方案。冯氏所要“采”的西学，主要指“历算之学”与“格致之理”。“历算之学”包括天文、历算等学；

① 楚庄：《经·史·子·集——我国的古籍及其分类》，《天津师大学报》1982 年第 5 期；洪树华、方丽萍：《从〈汉志〉〈隋志〉〈四库全书〉看经史子集学术源流》，《求索》2006 年第 1 期。

“格致之理”包括算学、重学、视学、光学、化学、舆地学等。冯氏所理解的中国学术，主要包括经学（包括小学、算学）、史学（策论）和古学（词章之学、散文、骈体、文赋、各体诗）等。三类“中学”加上两类“西学”，便构成了新的学术分科门类。在中西学术的配置上，他提出的原则是“以中国之伦常名教为原本，辅以诸国富强之术”。

1884 年，郑观应在所作的《考试》中，按照西方“分科立学”原则，将中西学术分为六科：文学科、政事科、言语科、格致科、艺学科、杂学科。所谓“文学科”，就是传统的“词章之学”，也就是后来的中国文学科；“政事科”，就是传统的兵刑政务科，也就是后来的政法科；“言语科”，主要学习西方的语言文字，实际就是后来的外语外文科；“格致科”，相当于后来的理科；“艺学科”，相当于后来的工科；“杂学科”，包括后来的农、医等学科。所以，郑氏“文学六科”，基本上是后来张百熙提出的“七科分学”方案的雏形，只是显得比较含糊，带有从传统学术分科向现代学术分科的转变过程早期不可避免的杂乱和含糊。

重要的转型发生在甲午以后，人们所理解的“西学”已经不仅仅是以工艺制造为主的“洋务之学”，也不仅仅是以西方自然科学为主的“格致之学”，而是西方社会科学为主的“西政”。1895 年，康有为在《公车上书》中提出了改武科为艺科、分门立学的建议；随后，他不仅看到了西方学术“注重专门”与“分科治学”的特点，而且特别强调创设“专门之学”、研读专门之学的重要性，只有“条理至详”，才能“科学至繁”，学术发展的最高处在于“专门”，即所谓“夫学至于专门止矣”。这充分说明以康有为为代表的许多学人，对西方“分科立学”“分科治学”“学务专门”认识的深化。

西方学术分科观念在中国及汉民族学术界流行后，不仅新建的西式学堂按照西方“分科立学”原则和“分科治学”观念设置课程，而且传统的书院也按照“分斋设学”和“分斋治学”的原则，开始变革课程、组织教学。梁启超在《时务学堂学约》中，将时务学堂所讲授的课程分为两种：一为“溥通学”，包括经学、诸子学、公理学、中外史志；二为“专门学”，包括公法学、掌故学、格算学。梁氏从中国传统学术中选取了四种门类：经学、诸子学、掌故学、历史学；从西方学术中选择了四种门类：公理学、公法学、历史学、格算诸学。“中学”中的“诸子学”及“西学”中的“公理学”“公法学”逐渐引起学界的广泛重视。

于是，1895 年，在《味经创设时务斋章程》中，刘古愚给时务斋学生开列了一个读书目录，将所要研读的中西书籍作了初步分类。他的这个“读书分类”，与近代意义上的“学术分类”比较相合。时务斋的学科设置，基本上以中学为主、西学为辅。他将学生应当研习的中西学术分为五类：道学类、史学类、经济类（经世类）、训诂类和“诸艺”类。他所谓的“诸艺”，基本上是当时传入中国的西学各门类：舆地、制造、兵学、电气、化学、医学、矿学、算学、重学等。1896 年，翰林院侍讲秦绶章进一步提出，整顿旧式书院首先是“定课程”，在学科设置及研习上，应该将传统的“四部之学”加以扩充，分斋讲习经学、史学、掌故之学、舆地之学、算学、译学六大门类。经学、史学仍为旧学，掌故、舆地、算学、译学四者中容纳了西学。秦氏提出的“六斋之学”方案，很快便由礼部议覆之后颁行各省实行。“六斋之学”成为清末各级书院所研习的主要科目。1897 年，张元济创办通艺学堂，在“专讲泰西诸种实学”的宗旨指导下，开设了“文学门”和“艺术门”。“文学门”开设舆地志、泰西近史、名学、计学、公法学、理学、政学等九门课程；“艺术门”开设算学、几何、化学、格物学等十门课程。在“文学门”开设的课程中，“名学”，就是近代西方的逻辑学；“计学”就是近代的经济学；“公法学”，就是西方近代法学中的国际公法；“理学”，就是近代的西方哲学；“政学”，就是近代西方的政治学；“教化学”，就是近代西方的伦理学。这些西方近代新式学科，在过去还鲜为国人所知。

而当清廷决定仿效西方教育制度设立分科大学时，其学科设置和课程配置，更直接、更具体地反映着晚清学术分科情况。早在 1896 年，孙家鼐提出设立京师大学堂的建议，并制定了章程，拟分“十科立学”（天学科、地学科、道学科、政学科、文学科、武学科、农学科、工学科、商学科、医学科）。1901 年，张之洞、刘坤一在联名上奏的《筹议变通政治人才为先折》中，以日本“六科分立”制为蓝本，提出了大学分设经学、史学、格致学、政治学、兵学、农学、工学的“七科分学”方案。这个方案，既体现了张氏在《劝学篇》中提出的“中体西用”原则，又贯彻了“新旧兼学”“政艺兼学”的精神。“七科”中未设“医学”“商学”两科，而设置了“兵学”科；“经学”列为诸学科之首，充分体现了“中学为体、西学为用”的分科指导思想。1902 年，张百熙负责制定的《钦定京师大学堂章程》，将大学分为政治、文学、格致、农业、工艺、商务、医术七大学科 30 科目。这个“七科分学”方案，与张之洞的“七科分学”方案的不同之处在于：一是没有专门设置“经学科”，仅仅在“文学科”中设立“经学”目；二是专门设立了“医术科”；三是所设立的“文学科”，既包括张之洞的“经学”“史学”两科，还包括了理学、诸子学、掌故学、词章学等。

学术如何分科？本身就是破与立、新与旧的矛盾斗争。张百熙没有将“经学”单独列为一科，受到了守旧者的反对。1903 年，张之洞提出了“八科分学”方案。他不仅将大学分为经学、政法、文学、医、格致、农、工等八科 43 门，而且具体规定了各分科大学所包括的学科门类；不仅规定了各学科包括的学术门类，而且具体规定了各门课程讲授的内容及讲授方法。张之洞“八科分学”的最大特点是将“经学”列为群学之首，单独开设了“经学科”，并在“经学科”设置了 11 门，强化了经学的研究门类。尽管张之洞在经学、文学科的设置上存在不少值得批评的谬误，但“八科分学”方案，初步奠立了中国近代学术分科的基础，大致划定了近代中国学术的研究范围。中国传统学术中的经学、史学、文学在“经学科”和“文学科”中得到保存，晚清时期引入的各种“西学”门类，在“政法科”“格致科”“农科”“工科”“医科”和“商科”中确定下来。

1906 年，王国维在《奏定经学科大学文学科大学章程书后》中，对张氏“八科分学”方案提出了反对意见。他认为张氏分科方案中的根本之误“在缺哲学一科而已”。他提出的分科意见为：一是废弃“八科”中的“经学科”，将它合并到“文学科”中，成为其中的“经学门”，与“文学科”中的史学、中国文学、外国文学等处于平等的地位；二是将“哲学科”所要包括的各门科目，如哲学概论、中国哲学史、西洋哲学史等科目都纳入“文学科”中，虽无“哲学科”之名，却有“哲学科”之实。王国维的这个方案，到民国成立后新的学术分科中得到了采纳。

1913 年初，教育部公布《大学令》《大学规程》，对大学所设置的学科及其门类作了原则性规定。它规定：“大学以教授高深学术，养成硕学闳材，应国家需要为宗旨。”大学取消了“经学科”，分为文科、理科、法科、商科、医科、农科、工科 7 科，文科分为哲学、文学、历史学和地理学 4 门，法科分为法律学、政治学和经济学 3 门，商科分为银行学、保险学、外国贸易学、领事学、关税仓库学、交通学 6 门；医科分为医药和药学 2 门；农科分为农学、农艺化学、林学、兽医学 4 门；工科分为土木工学、机械工学、船用机关学、造船学、造兵学、电气工学、建筑工学、应用化学、火药学、采矿学、冶金学 11 门。

这样，以注重通、博的传统“四部之学”，在形式上最后完成了向近代分科性质的“七科之学”的转变。

由此可见，中国及汉民族现代学术分科的日益专门化并最后定型为“七科之学”，经历了一个长期演化的过程。正是在从“四部之学”向“七科之学”的演化过程中，中国及汉民族现代意义上的自然科学各学术门类（数学、物理学、化学、地理学、地质学、动物学、植物学等）及人文社会科学各学术门类（文艺学、历史学、哲学、政治学、经济学、社会学、法学、伦理学、逻辑学等）相继创立。传统学术的现代化与西方学术的中国化，是中国及汉民族传统学术向现代转型的关键；这两方面工作完成之时，才是中国及汉民族现代学术建立之日。这个学术转型及学科整合的过程，从 19 世纪 60 年代开始，到 20 世纪初期大致成形，到“五四”时期基本确立，而直到 30 年代初才最终完成。正如有学者所指出：从晚清开始的从“四部之学”向“七科之学”的转变，是为中国及汉民族传统学术门类向现代意义上的学术门类转变的重要标志之一。[①]

二　学科蜂起：汉民族学术文化的转型

学科是学术系统中的基本组织。根据学科进行划分和组合是划分和组合学术活动的基本方式之一，是主宰学者工作生活的力量。逻辑而言，研究学科无法回避学科文化，学科文化是学科的核心和深层理念，是学者在一定时期内创造的以知识为本原、以学科为载体的各种语言符号、理论方法、价值标准、伦理规范以及思维和行为方式的总和。

讲汉民族学科的兴起，不能不提欧洲的文艺复兴。

欧洲经过以基督教文化为主体的漫长中世纪，资本主义生产方式开始在欧洲萌发。新兴的资产阶级在政治、经济、思想文化等领域向落后的封建贵族势力发起了全面进攻。他们首先在古希腊、古罗马文化中找到了反

---

① 左玉河：《从“四部之学”到“七科之学”》，《光明日报》2000 年 8 月 11 日；肖朗：《中国近代大学学科体系的形成——从“四部之学”到“七科之学”的转型》，《高等教育研究》2001 年第 6 期。

对宗教神学和封建统治的武器，在思想文化领域掀起了以复兴古典文化为标志的“文艺复兴”运动。

文艺复兴运动高扬“人文主义”的旗帜，提倡人性，反对神性；崇尚理性，反对神启；鼓吹个性解放和自由平等，反对中世纪的禁欲主义、蒙昧主义。从而极大地促进了以人自身为核心的人文学科的分化发展。与此同时，自然科学各学科相继从自然哲学中分化独立出来，进入了全面快速发展时期，并且为认识人文社会现象提供了新的模式、方法和工具。所以，无论是意大利文学、艺术的复兴，还是欧洲北方的宗教改革，都从客观上强化和丰富了人文主义文化的思想和精神，是人类文化史上重要的一页。文艺复兴开创了人类历史的新纪元。19 世纪德国著名历史学家雅各布·布克哈特把文艺复兴的成就归纳为两个重大的重新发现——重新发现了人和重新发现了世界。[①] 恩格斯也曾高度评价这个伟大的时代，认为“这是一次人类从来没有经历过的最伟大的、进步的变革，是一个需要巨人而且产生了巨人——在思维能力、热情和性格方面，在多才多艺和学识渊博方面的巨人的时代”[②]。这样，从“宗教神道文化”到“人文主义文化”的文化基因的转换，使 19 世纪中叶以来，研究具体社会运动的经济学、政治学、社会学等社会科学门类相继发育成熟，又从哲学及其他人文学科中分离出来，取得了独立的学科地位。除国家研究院和大学提供的少数职位外，人文学者与社会科学家的职业角色的社会分化逐步加快，人文社会科学研究的社会建制开始形成。至此，人文学科、自然科学、社会科学相互促进、彼此交织的大科学体系在欧洲开始形成，并迅速发展。[③]

16—19 世纪经济的全球化[④]，带来了文化的全球化。晚清文化开新

---

① 参阅蒋洪池《文艺复兴时期大学学科文化探究》，《高教探索》2008 年第 1 期。

② 《马克思恩格斯选集》第三卷，人民出版社 1973 年版，第 445 页。

③ 参阅蒋洪池《文艺复兴时期大学学科文化探究》，《高教探索》2008 年第 1 期。

④ “全球化”一词，早已成为现在的时髦用语。也许是缺乏历史眼光，当代人有一种错觉，以为“全球化”是当今世界的新现象。其实不然。德裔美国学者弗兰克（Andre Gunder Frank）尖锐地批评道：“近来流行的一种说法是，世界经济只是到现在才开始‘全球化’。”（弗兰克：《白银资本——重视经济全球化中的东方》，中央编译出版社 2000 年版，第 91 页）他写的引起巨大反响的《白银资本》一书，副标题就是“重视经济全球化中的东方”，而他所讨论的时间段是 1500—1800 年，在他看来，在这几个世纪中已经存在“经济全球化”。他比沃勒斯坦（Immanuel N Vallerstein）、布罗代尔（Fernand Braudel）更明确地认定，从地理大发现到工业革命之前的时代，已经是经济全球化的时代。参见樊树志《晚明大变局》，中华书局 2015 年版，第 82 页。

时，西方学科文化开始传入中国汉民族学术界，进入民国后，西方人文社会科学学科逐渐在中国落户、扎根，并逐渐中国化而发展起来。从“五四”时期到20世纪二三十年代，“社会科学”一词已广为流行，有关社会科学的系统理论和方法论一类的著作也层出不穷，以“社会科学”为名的专门学术刊物已有不少，还出现了“中国社会科学家联盟”这样的文化学术组织。这表明，汉民族此时已认识到社会科学具有不同于自然科学的学科性质和独立品格。这样，除了自然科学之外，民国人文社会科学新学科蜂起，如雨后春笋，蔚为壮观。

民国新兴的人文社会科学门类很多，包括有政治学、经济学、社会学、人类学、民族学、民俗学、教育学、心理学、美学，以及法学、伦理学、逻辑学、新闻学等。这些学科的发展速度和发育程度各不相同，但大多都萌芽于清朝末年；五四新文化运动对其形成和发展均产生了较大影响；大多是20世纪20年代，最迟至30年代，各学科已初步形成了自己的学科体系。上述学科主要是通过两个渠道创立起来的：一是“移植之学”，即直接将西学移植到中国来的学科，这主要是指那些中国传统学术中缺乏或落后的学科，如自然科学中的数、理、化、天、地、生等学科，及社会科学中的政治学、经济学、法学等；二是“转化之学”，即从中国传统学术中转化而来的学科，这主要是指那些中国传统学术中固有的科目经过“创造性转化”的学科，如人文科学中的文艺学、历史学、考古学、文字学等。由此可见，传统学术的现代化和西方学术的中国化，是中国传统学术向现代转型的关键之所在，也是中国近代大学学科体系形成的关键之所在。[①] 在此，本书以政治学、经济学、社会学、人类学、教育学为例简述汉民族现代学科的传入与兴起。

（一）政治学的传入与兴起

政治学是一门以研究政治行为、政治体制以及政治相关领域为主的社会科学学科。狭义的政治学研究国家的活动、形式和关系及其发展规律；广义的政治学研究在一定经济基础之上的社会公共权力的活动、形式和关系及其发展规律。[②]

---

① 参阅左玉河《从“四部之学”到“七科之学”》，《光明日报》2000年8月11日。

② 杨光斌：《政治学导论》，中国人民大学出版社2011年版，第1页；毛友坚：《政治学》，《现代外国哲学社会科学文摘》1982年第1期。

近代意义上的政治学，清末民初时开始从西方传入中国。“五四”以后得以大量传播开来，至20世纪20年代后期和30年代之初，在中国汉民族中已基本形成一门独立的学科。民国时期的政治学以资产阶级政治学为主流，它一方面受到西方资产阶级政治学的巨大影响，另一方面又受到国民党政权明显的政治制约。与此同时，马克思主义政治学也成为一支不容忽视的充满活力的学术力量。

1. 西方政治学的传入

对西方政治学的翻译和介绍，是民国政治学得以形成和发展的前提。20世纪二三十年代，几乎所有西方重要的古典和近代的政治学说，都在中国得到了程度不同的介绍。以政治学名著的引进为例，这一时期就先后翻译和重译了柏拉图的《理想国》、亚里士多德的《政治论》、拉斯基的《政治典范》和《政治》、丹林的《政治学说史》、罗素的《政治理想》、基特尔的《现代政府原理》、加纳的《政治科学与政府》，以及巴路捷斯的《政治学及比较宪法论》、波拉克的《政治学史概论》、杰斯的《现代民制政体》和浮列尔的《政治哲学导言》等。特别是美国著名政治学家加纳的著作及其思想，对中国及汉民族的政治学发展影响甚大。他的名著《政治科学与政府》一书，就先后出现了林昌恒和孙寒冰等人的多种译本，直到20世纪40年代末，该书仍然是当时各大学流行的各种政治学讲义最主要的蓝本之一。

2. 政治学科体系的建构

在介绍西方政治学的同时，汉民族学者也开始建构自己的政治学科体系，主最初这主要体现在他们所编著的一系列政治学教材和普通读物之中。张慰慈的《政治学大纲》，高一涵和杨幼炯的两本同名著作《政治学纲要》，邓初民的《政治科学大纲》是当时较有影响的开拓之作。张慰慈堪称我国近代资产阶级政治学的奠基人之一。他的《政治学大纲》于1930年由商务印书馆出版，对政治学的基本问题作了较详细清楚的说明，产生了广泛的影响。邓初民开始讲政治学时，用的就是张氏的书作为课本。张慰慈的其他著作还有《政治制度浅说》《政治概论》等。高一涵的《政治学纲要》问世于1930年，最初由神州国光社出版，曾再版几次。它的特点是对中国的政治制度论述得特别详细。这是政治学中国化的早期努力。

此外，萨孟武、杨公达、李圣五、周绍张、黄开山、桂崇基、倪竞存、陈筑山等人，也都对中国政治学的创建做出过各自的贡献。萨孟武曾著《政治之基础知识》和《政治学概论》（1932 年），日后还著有《政治学与比较宪法》等书；杨公达的代表作为《政治科学概论》（1930 年）；李圣武著有《政治学浅说》（1932 年）和《政治学新论》（1933 年）；黄开山以《政治学的诸重要问题》（1932 年）一书著名；桂崇基的著作有《政治学原理》（1933 年）；倪竞存和陈筑山分别于 1928 年出版了各自的《政治学纲要》。而且 20 世纪 20 年代末 30 年代初，政治学的各分支学科也有人开始了研究。韩道之著《政治地理学》（1932 年）、沈敬铭著《政治形态论》（1933 年）、邹谦著《政治心理学》，在各自的领域均做出了可贵的尝试。

3. 中国政治学会成立

1932 年 9 月 1 日，中国政治学会在南京成立，有会员 80 多名。张慰慈、周鲠生、杭立武、张奚若、高一涵、王世杰、钱端升等 22 人当选为干事。这是一个全国性的政治学组织，它的成立，对中国及汉民族政治学的发展起了重要的推动作用。1935 年 6 月，该会在南京召开了第一届年会，其中心议题有三：外交策略；改进吏治；大学政治学课程的标准。次年 7 月又召开了第二届年会，议题有四：宪法草案、地方行政、外交策略、非常时期之国民政治教育。这届年会有 11 人当选为理事，王世杰任理事长。1942 年 11 月，第三届年会在重庆召开，当时有会员 136 人，大多是大学里的政治学教授，其中 64 人出席了会议。这届年会主要讨论了两个问题：战后重建世界和平问题和政治建设机构问题。

4. 大学政治学系的设置

大学政治学系的设置和政治学课程的开设，是民国政治学学科建设的重要内容。据统计，民国时期全国有 200 多所大学，其中设立有政治学系的就有近 50 所，约占 25%。北京大学、清华大学和中央大学的政治学系最为有名。各大学政治学系所安排的主要课程有政治学原理、政治思想史、政法制度史、中国行政和中国宪政等。

5. 马克思主义政治学的崛起

民国时期，在资产阶级政治学成为主流之时，马克思主义政治学也开始崛起。

早在“五四”时期，共产党人张太雷就在上海大学主讲《政治学》。1926 年，恽代英又推出《政治学概论》一书。李剑农则在武汉大学担任政治学教授，长期讲授政治学课程，所著《政治学概论》，1934 年由商务印书馆出版，销售很广。他的观点虽还有非马克思主义的成分，但却受到马克思主义的深刻影响。他的其他名著还有《中国近百年政治史》和《戊戌以后三十年中国政治史》。

对马克思主义政治学学科体系建设贡献最大的政治学家，当推邓初民。邓初民（1889—1981 年），湖北石守县人。20 世纪 30 年代初，曾任中国社会科学家联盟主席。1929 年，他在昆仑书店出版《政治科学大纲》一书，以后又于 1932 年和 1939 年出版《政治学》和《新政治学大纲》。特别是其《政治科学大纲》，在民国时期产生了重要影响，堪称中国马克思主义政治学的奠基之作。在这些著作中，他全面系统地阐述了政治学的性质、概念、研究方法及其在社会科学中的地位。以马克思主义的世界观和方法论论述了阶级、国家、政府、政党、革命等政治范畴的基本原理。他的基本观点“不仅在当时，而且对于我们今天从事政治学研究仍然有着意义”①。

到 20 世纪 30 年代，我国运用马克思主义观点来讲授和研究政治学已蔚然成风。特别是毛泽东在研究中国社会的实际政治问题中所写下的一系列光辉著作，不仅丰富和发展了马克思主义的政治学说，而且为中国共产党领导中国民主革命夺取最后胜利，奠定了坚实的政治理论基础。②

（二）经济学的传入与兴起

经济学是一门科学，是有机整体，是研究人类社会在各个发展阶段上的各种经济活动和各种相应的经济关系及其运行、发展的规律的学科。经济学核心思想是资源的优化配置与优化再生。

1. 西方经济学的传入

经济学最初传入中国，是在晚清时期。早期的译名有富国策（学）、富国养民策（学）、理财学、计学、生计学、平准资生学、经济学等，最后统一于“经济学”。据考，中国传统的“经济”意指“经世济国”，直至晚清设“经济特科”时，此意仍然没有改变。今天所说的“经济”一

---

① 张友渔：《纪念著名的社会科学家邓初民同志》，载《政治科学大纲》代序一，中国社会科学出版社 1984 年版。

② 以上参阅郑师渠总主编，黄兴涛分册主编《中国文化通史·民国卷》，北京师范大学出版社 2009 年版，第 433—435 页。

词系从日文引进，而赋予它现代意义则是20世纪之初的事。1903年，京师大学堂的经济学教习日本人杉荣三郎编写了《经济学讲义》，这大概是最早取名"经济学"的中文本。[①] 1912年，孙中山在上海讲演时主张采用"经济学"的名称，这对"经济学"的统一使用起了推动作用。五四运动后，"经济学"名词的使用才逐渐趋向一致。[②]

民国以前，西方和日本经济学的中文译著出版过不少，中国人自己编著的经济学著作也已出现。据统计，戊戌政变到辛亥革命期间，出版有关西方经济学的著作约有42种，中国人自己编写的介绍西方经济学说的书，较重要的也有15种之多。[③] 20世纪20年代后，在中国几乎可以找到西方任何一家经济学派的著作。德国历史学派流行于20年代及以前。受此派观点影响，不少中国经济学家赞成采取保护关税政策，以发展中国的工商业。直到30年代初，商务印书馆还出版了此派的代表性著作《经济学历史方法论》（罗雪尔著）和《重商制度及其历史意义》（施穆勒著）。

20世纪三四十年代，中国最流行的经济学说是以奥地利学派柏姆—巴维克为代表、以边际效用学说为核心的经济学。柏姆-巴维克的代表作《马克思体系的终结》《资本实证论》《资本与资本利息》，都有过中译本出版。其他边际效用学派的名著如克拉克的《财富的分配》，杰文斯的《政治经济学理论》，也都被译成中文，广为流传。剑桥学派代表人物A.马歇尔和庇古的学说，也曾在30年代流行于中国，不少学校还以马歇尔《经济学原理》的英文原本书作为教材。还有郭大力、王亚南和林光澄等对早期西方经济学说的介绍译有穆勒的《经济学原理》、李嘉图的《经济学及赋税之原理》和杜尔哥的《财富之成立及其分配》等著作。

与此同时，有关西方经济学发展史译著也大量出版，仅1921—1938年间，关于这方面的译著出版近50部，比较流行的有基德·里斯特和英格拉姆的几本《经济学史》，韩纳和司科特的两本《经济思想史》，以及史盘的《经济学说史》。这些译著的出版，对中国学者拓展眼界、原原本本地了解西方经济学起了积极作用。

---

① 郑师渠总主编，黄兴涛分册主编：《中国文化通史·民国卷》，北京师范大学出版社2009年版，第436页。

② 叶世昌：《经济学译名源流考》，《复旦学报》1990年第5期。

③ 《中国大百科全书·经济卷》，中国大百科全书出版社1988年版，第1046页。

2. 大学开设经济学课程

大学是经济学学科兴起的重要阵地。1902 年，京师大学堂设立了通商与理财科，讲授经济学的课程。进入民国后，开设经济学课程和设置有关学科的大学也逐渐增多。1919 年，南京高师即成立商业专修科，南开大学也于同年设立商科，1923 年更诞生了上海暨南商科大学。

经济学最初都是附属于商科的，后来又与政治学合并，出现了一些“政治经济学”系，如 1928 年武汉大学在其社会科学院中设立政治经济学系，1929 年，暨南大学也成立了政治经济学系。至于大学中成立独立的经济学系，除了北京大学等极少学校成立较早外，都是 1928 年和 1929 年以后的事。

3. 经济学会的建立

经济学会的建立是经济学学科形成的重要标志。从 20 世纪 20 年代开始，在北京大学、中央大学、上海交通大学等高校里，出现了不少经济学会。留美中国学生也组织过类似的学会。这些学会有的还办有专门刊物，如北大经济学会就创办了《北大经济学会半月刊》。

当时，成立较早、影响较大、持续时间较长的学会组织，为中国经济学社。它是经济学家自行组织的学术团体，每年举行常会，宣读专业论文。1924 年和 1927 年，留美学生经济学会、中央大学和上海交通大学经济学会先后并入该社。1930 年，中国经济学社修正社章，设总社于南京，表明其宗旨为：提倡经济学术研究，讨论现代经济问题，编译各种经济书籍，赞助中国经济学之发展。该社成员甚多，遍及全国各地，其规模之宏大，在当时各学术团体中恐怕仅次于中国科学社。[①] 此外，民国时期较重要的经济学团体，还有陈翰笙于 1931 年与进步青年创建的“中国农村经济研究会”等。

4. 经济学研究机构的出现

经济学研究机构的出现是经济学学科形成的另一个重要标志。20 世纪 20 年代末 30 年代初，国民政府及各高校先后成立了一些经济学研究机构，这对经济学的发展是一个有力的促进。其中影响较大的有陈翰笙主持的中央研究院社会科学研究所、陶孟和主持的北平社会调查所（前身为

---

① 秦孝仪：《中华民国文化发展史》第二分册，近代中国出版社 1981 年版，第 935、958—959 页。

中华文化教育基金会调查部）、南开大学的经济研究所，以及北京大学研究院的社会科学部。30 年代中期以后设立的还有武汉大学法科研究所经济学部、中央大学政治经济学研究所等。

中研院社会科学研究所的经济学研究，主要包括经济史、工业经济、农业经济、劳动问题、对外贸易、财政金融与统计等科目，特别是对中国经济史的研究颇有成绩。该所自 1932 年起开始出版《中国近代经济史研究集刊》（后改为《中国社会经济史集刊》），受到中外经济史家的重视。此外，它们所组织进行的社会经济调查也有影响。

5. 经济学科体系的建构

在吸收和传播西方近代资产阶级经济学说的过程中，学者们借此来观察、分析和研究中国的经济问题，开始建立自己的经济学学科知识体系。

一方面是在了解西方经济学的基础上，自己撰写的大量的经济学理论书籍和教材也纷纷出版。据统计，1921—1948 年间，仅商务印书馆出版的这类著作就达 30 本之多。其中，最有影响的是刘秉麟的《经济学》和赵兰坪的《经济学》。前者 1919 年已出修订本，1925 年后曾再版十余次；后者在体系上属于边际效用学派，1933—1947 年间就印行了 26 版，可能是民国时期再版次数最多的经济学理论书籍。[①] 此外，马寅初的《中国经济的改造》（1935 年）、《经济学概论》（1943 年）也是 20 世纪三四年代有影响的经济论著。其特点是比同类著作更注意反映当时西方的新流派学说。此书在抗战后的中国一度广为流行。虽然，上述著作主要根据西方理论来构建体系，但都程度不同地涉及中国的经济资料和经济问题，并以此来进行理论的说明，这是民国经济学建设的基本方面。

另一方面是马克思主义经济学说在民国时期也得到传播。1919 年，李大钊在《我的马克思主义观》一文中称其为“社会主义经济学”，认为其本质特点是“以劳动为单位，以劳动者为本位”，并宣称：“马克思是社会主义经济学的鼻祖，现在正是社会主义经济学改造世界的新纪元。”李达、瞿秋白、蔡和森、陈独秀、陈望道等人，也都曾宣传过这方面的思想。1931 年，郭沫若还翻译出版马克思的《政治经济学批判》一书。不

① 参阅李竞能《西方资产阶级经济学在旧中国的传播》，载《中国大百科全书·经济卷》，中国大百科全书出版社 1988 年版，第 1045—1047 页。

过，最早系统地阐发马克思主义经济学说的，要数沈志远的《经济学大纲》。1934年，该书由北平经济出版社出版，对日后的马克思主义经济学产生了一定影响。

在马克思经济学思想的传播过程中，《资本论》的翻译出版具有重要意义。这一经济学巨著从1919年起就陆续有片段的译述，到了20世纪30年代后，陈启修、潘冬舟、侯外庐、千家驹等进而翻译出版了该书部分内容的译本。1938年秋，郭大力和王亚南首次从德文原版将《资本论》全部译毕，交付读书生活书店出版，这不仅是对传播马克思主义经济思想的积极贡献，还为中国经济学家以马克思主义观点分析经济问题提供了范例。其影响是既深且远的。1946年，王亚南出版《中国经济原论》一书，首次大胆地运用《资本论》的结构体系、方法范畴分析旧中国的经济形态和社会性质，为实现马克思主义经济学“中国化”，做出了有益的尝试。

民国时期，接受马克思经济思想指导，研讨中国社会经济问题较有成就和影响的经济学家，首推陈翰笙。陈氏为江苏无锡人，早年留美，获博士学位。他曾多次赴苏联，后加入中国共产党，回国后受到蔡元培的赏识，领导中央研究院社会科学研究所的工作，并组织成立了中国农村经济研究会，任理事长。1929—1934年间，他先后率领王寅生、钱俊瑞、孙冶方、薛慕桥等大批科研人员对江苏、华北和广东等地农村作过三次大规模的调查，写成《亩的差异》《帝国主义工业资本与中国农民》《广东农民生产关系与生产力》等论文和著作，以马克思的研究方法和确凿的经济事实说明了中国半殖民地半封建的社会性质，为当时及以后的中国培养了不少有作为的经济学家。[①]

（三）社会学的传入与兴起

社会学源于人类对由自身活动所构成的社会生活及其思考，无论在东方还是在西方都是源远流长的。所以社会学是一门既古老又年轻的学科。汉民族先秦时期的思想家荀子就论述过“人生不能无群”的思想，他认为人之所以异于禽兽，在于“人能群，彼不能群也”[②]。“群”即“社

---

① 以上参阅郑师渠总主编，黄兴涛分册主编《中国文化通史·民国卷》，北京师范大学出版社2009年版，第435—439页。

② 《荀子·王制》。

会”。中世纪基督教神学家托马斯·阿奎纳[①]和 A. 奥古斯丁[②]从宗教神学立场也曾对此做出过论证。当然，这些都属于社会学史前阶段的表达。现代社会学是一门研究社会事实[③]的拥有多重范式的学科，起源于 19 世纪三四十年代，是从社会哲学演化出来的现代学科。社会学又是一门具有多重研究方式的学科，主要有科学主义的实证论的定量方法和人文主义的理解方法，它们相互对立，相互联系，发展及完善为一套有关人类社会结构及活动的知识体系，并以运用这些知识去寻求或改善社会福利为主要目标。社会学的研究范围广泛，包括了由微观层级的社会行动（agency）或人际互动，至宏观层级的社会系统或结构，因此社会学通常跟经济学、政治学、人类学、心理学、历史学等学科并列于社会科学领域之下。

西方社会学在清末时开始传入中国，严复、章太炎等人为其先驱。民国建立后，其传播范围日益广泛，研究水平不断提高，逐渐形成较为独立完整的学科体系。在民国新兴的人文社会科学各学科之中，社会学的发展是较为突出的。

1. 从萌芽到高潮：社会学的传播

五四运动之前，社会学在中国尚处于萌芽状态。1913 年诞生了汉民族最早传播社会学的团体——北京社会实进会；出现了第一个大学社会学系——美国人葛学博教授创办的上海私立沪江大学社会学系。此后，北京大学和清华大学也分别于 1916 年和 1917 年开设了社会学的课程。陶孟和与梁宇皋合著的《中国乡村与都市生活》，于 1915 年出版，这大约是我

---

① 托马斯·阿奎纳（Thomas Aquinas，1225—1274 年）是中世纪经院哲学的哲学家和神学家，他把理性引进神学，用“自然法则”来论证“君权神圣”说。死后也被封为天使博士（天使圣师）或全能博士。他是自然神学最早的提倡者之一，也是托马斯哲学学派的创立者，成为天主教长期以来研究哲学的重要根据。他所撰写的最知名著作是《神学大全》（*Summa Theologiae*）。天主教教会认为他是历史上最伟大的神学家，将其评为 33 位教会圣师之一。他是西欧封建社会基督教神学和神权政治理论的最高权威，经院哲学的集大成者。他所建立的系统的、完整的神学体系对基督教神学的发展具有重要的影响，他本人被基督教会奉为圣人，有“神学界之王”之称。

② 圣·奥古斯丁（Aurelius Augustinus，354—430 年），天主教圣师，古罗马帝国时期思想家，欧洲中世纪天主教神学、教父哲学的重要代表人物。在罗马天主教会，他被封为圣人和圣师，并且是圣奥古斯会的发起人。他是圣妇莫妮加的幼子，出生于北非，在罗马受教育，在米兰接受洗礼。他的著作《忏悔录》被称为西方历史上“第一部”自传，至今仍被传诵。

③ 社会事实分为客观事实：社会行为、社会结构、社会问题等；主观事实：人性、社会学心理等。

国学者出版最早的社会学专著。此期问世值得一提的社会学著作，还有陈长蘅的《中国人口论》（1918年），它是汉民族学者最早论及中国人口的专著，也是使用统计图表讨论社会问题的嚆矢。

五四运动后，一批在国外攻读社会学的留学生陆续回国，他们在国内各个大学纷纷成立社会学系，普遍开设社会学课程。与此同时，传播西方社会学的译著和汉民族自己编著的社会学著作，得以大批问世。1921年，厦门大学创办社会学系，成为汉民族自办大学设立社会学系的开端。此后，燕京、复旦、清华、武汉大学都开办了社会学系。当时，除大学文科普设社会学课程外，一些法政学院和工商科学校也开设此课。据许仕廉统计，1926—1927年，国内60所大学开社会学课程共308科，其中以开社会理论、社会问题为最普遍，关于社会调查、社会立法、社会服务与行政的只有38科。[①]

为适应教学和研究的需要，这一时期翻译出版了大量的社会学书籍。同时，也出版了不少中国人自编的社会学著作，除李达的《现代社会学》之外，较重要的还有德普、延年合著的《社会学入门》，常乃德的《社会学要旨》，这是一般社会学理论书籍的代表；许仕廉著《社会与教育》，顾复的《农村社会学》，两书分别开辟了中国部门社会学新领域——教育社会学和农村社会学；许仕廉的《社会问题》和马超俊的《中国劳工问题》，成为研讨社会问题的滥觞；孙本文的《社会学上的文化论》，属于最早传播美国社会学名家乌格朋文化社会学说的名著，它对幼苗期的中国社会学的研究，产生了一定影响。

这一时期的社会调查以工农的生活状况为主要内容。多是在外籍教授的主持下，由中外学者联合完成的。其调查的成果也多用英文发表，著名的有《北京：一种社会调查》（1921年）、《中国农村经济》（1924年）、《华南农村生活》（1925年）等。中文出版的则有《沈家行实况》（1924年）。此外，毛泽东所写的《中国社会各阶级的分析》等文，也是此期社会调查的杰作。

这一切，都表明社会学的学科建设在走向高潮。

2. 中国社会学社的成立

为了适应社会学发展的需要，1930年2月，经过南北社会学界两年

① 杨雅彬：《中国社会学史》，山东人民出版社1987年版，第54页。

的反复磋商，一个真正名副其实的全国性社会学会——中国社会学社在上海宣告成立。

第一届理事会由许仕廉、吴景超、陈达、陶孟和潘光旦等 9 人组成，选举孙本文为正理事，并由孙本文主编机关刊物《社会学刊》。学社以联络全国社会学者共同研究社会学理论、社会问题及社会行动为宗旨，把探讨社会学理论，研究社会实际问题，举行实地调查和编纂社会学书籍等作为主要任务。从学社成立至 1948 年止，共举行过九届年会，分别以人口问题、家庭社会学、社会规划、战后社会建设、中国社会学今后发展应取之途径等作为年会的专题。中国社会学社在协调全国社会学界的教学与科研活动，诸如培养专门人才、倡导对中国社会各文化区域开展系统的实地调查、译介国外社会学著作和理论、厘订社会学术语等方面做了大量工作，真正起到了组织和推动中国社会学发展的作用。

3. 社会学科研机构的出现

在社会学的发展时期，还出现了两个全国性的社会学科研机构，一是 1926 年成立的北平社会调查所，最初为中华教育文化基金董事会的社会调查部，1929 年正式改名为北平社会调查所，所长为陶孟和。该所发行《社会研究》半月刊和《北平生活费指数月报》，编辑《中国劳动年鉴》。二是筹设于 1927 年的南京中央研究院社会科学研究所，社会学组由陈翰笙、王际昌主持。这两个机构对于社会学的贡献，主要在于组织进行了大量有价值的社会经济的调研工作。较有影响的调查成果有李景汉的《北平郊外之乡村家庭》（1929 年）和《定县社会概况调查》（1933 年）、陶孟和的《北平生活费之分析》（1930 年）、陈翰笙的《现今中国之土地问题》（1933 年）等。正是他们的努力，使社会学在中国及汉民族中扎下了根。

4. 孙本文对社会学学科建设的贡献

社会学最为重要的开拓者孙本文，对社会学体系和基本理论的探研做出了重大的贡献。孙本文（1891—1979 年），江苏吴江县人，1918 年毕业于北京大学哲学系，在北大学习期间，他与冯友兰同班。1921—1926 年留学美国，1922 年获美国伊利诺大学硕士学位，1925 年获纽约大学社会学博士学位。回国后，曾任复旦公学教授，中央大学教授、系主任、教务长、师范学院院长，国民政府教育部高等教育司司长。1926—1928 年在复旦大学讲授社会学；1929—1949 年任中央大学教授，并长期兼任社会学系主任。1928 年与吴泽霖、吴景超等发起成立“东南社会学会”。1930 年，发起成立中国社会学社。其长期致力于社会学的教学、科研和组织工作，是民国学院系统社会学界最有影响的人物。

孙本文学识渊博，著述等身。在社会学的理论建设方面，孙本文厥功甚伟，有关社会学的著作几乎涉及这一学科的所有重要方面。如他的《现代中国社会问题》（1942 年）、《社会心理学》（1946 年）和《当代中国社会学》（1948 年），是致力于社会学理论建设的代表作。《现代中国社会问题》概括论述了当时中国及汉民族社会的主要问题 40 余个，集此项研究之大成；《社会心理学》综合世界各学派的理论之长，结合中国及汉民族的实际，构成较为完整的社会心理学体系；《当代中国社会学》则总结了社会学传入中国半个世纪的历史，明确提出了“今后社会学者应致力于中国化的社会学之建立”的任务。《社会学原理》出版于 1935 年，是他的代表作，也可以说是 20 世纪 30—40 年代中国学院系统社会学在理论上的代表作。该书兼采欧美各家教本之长，将其融会贯通，使社会学知识成为一个有机的体系，且多用本国材料，附有 416 个社会学专用名词，颇有创新意识。此外，这一时期，以他为主任委员的社会学名词审查委员会，最终审定并于 1941 年公布社会学译名 1579 个，这对社会学在中国的生根，意义也非同寻常。

总之，以孙本文为代表的社会学理论建设，表明中国及汉民族的社会学已进入一个自觉发展的阶段。①

（四）人类学的传入与兴起

“人类学”是“研究人的学问”，后来通称“人的科学”（Tne Science of Man）。具体讲是研究人和人的一切行为方式的学科。自 19 世纪末到 20 世纪初传入中国，并逐渐发展在汉民族中扎下根来。在建立中国人类学的学科体系的过程中，形成了人类学的中国乡村学派。

1. 人类学的传入

早在光绪末年，就有人把摩尔根的《古代社会》译成汉文，介绍给汉民族读者。1904 年，梁启超所办《新民丛报》上刊登《中国人种学考》，人种学也一直是作为人类学之一分科。1903 年，严复翻译了一些社

① 以上参阅郑师渠总主编，黄兴涛分册主编《中国文化通史·民国卷》，北京师范大学出版社 2009 年版，第 443—448 页。

会人类学的文章，同时，林纾、魏易把德国哈伯兰原著、1900年英国人罗威译成英文的《民种学》译出，由北京大学堂书局出版。同年，清政府学部颁布《大学学制及其学科》中，在文学科的大学主课中，有《人种及人类学》。1912年（民国元年），教育部颁布大学制及其学科中又有《人类及人种学》课程。当时全国高等学校仅有北京大学设人类学一科。五四运动时期，在北平《晨报》上连续译载卫斯特·马克的《人类婚姻史》（王亚南有译文，1930年神州国光社出版）。应该指出，上列一些著作，有些民族学者把它们当作民族学著作①，这在当时人类学包括民族学，也应该是人类学在我国的传播。

中国及汉民族正式使用“人类学”一名是在1916年。这一年，孙学悟在中国科学社的《科学》杂志上发表《人类学之概略》② 一文，对欧美的人类学作了简要的介绍。两年后，陈映璜的《人类学》③ 一书出版，列为北京大学丛书之一。1926年，蔡元培写《说民族学》一文，才正式介绍民族学。蔡元培在1907年留学德国，学哲学及人类学，回国后任北京大学校长期间（1917—1927年），曾设人类学讲座，是中国人类学和民族学的奠基者。在20年代前后，翻译出版近代英、德、法、日等国人类学者的论著不少，例如，1912年，吴敬恒译麦开柏（S. Macabe）《荒古原人史》，由文明书局出版。1927年，任冬译房龙（Van Loon）《上古的人》，由上海东亚图书馆出版。1929年，陶孟和等译米勒利尔（Mullor L-yer）《社会进化论》，由商务印书馆出版。1929年，杨东莼、张栗原合译摩尔根《古代社会》，由上海昆仑书店出版。

可见，1920年前后，人类学传入中国并进一步传播，使汉民族学术界增添了人类学学科。

2. 人类学的传播和扎根

人类学在中国及汉民族的传播得力于蔡元培。他在1928年任中央研究院院长时，曾致力发展人类学和民族学的研究。他先在社会科学研究所中设民族学研究组，自兼主任，后又设人类学组，添设人类学科目，大力

---

① 陈永龄、王晓义:《二十世纪前期的中国民族学》，载《民族学研究》，民族出版社1981年版，第1辑。

② 孙学悟:《人类学之概略》，《科学》1916年4月第2卷第4期。

③ 陈映璜:《人类学》，商务印书馆1918年版。

培养青年人类学家，提倡他们到少数民族地区进行实地调查。如 1928 年颜复礼、商承祖调查广东凌云一带瑶族，1929 年林惠祥调查台湾高山族，1930 年凌纯声、商承祖调查东北松花江下游赫哲族，1932 年凌纯声、芮逸夫调查浙江畲族，又补助同济大学史图博和山东大学刘咸调查海南岛黎族，1934 年凌纯声、陶云逵调查云南彝族。

由于蔡元培在北京大学和中央研究院播下了人类学的种子，带动了不少人到外国攻读人类学，到 30—40 年代，已有不少人学成。由于有关人类学的研究、教学机构增加，人类学、边疆研究、少数民族研究的定期刊物已有近三十种，专著百余种。当时高等学校中，北方的清华、燕京、辅仁、中法；南方的中央、金陵、复旦、暨南（在上海）、厦门、中山、岭南、云南、华西等大学都开过人类学或民族学课程。

在人类学专著方面，1926 年蔡和森《社会进化史》；1927 年黄新民《世界人种问题》；1929 年陈翰笙《人类的历史》、蒋由智《中国人种考》；1930 年俞德凌等《人类生物学》、杨宙康《文化起源论》、裴文中《中国猿人化石的发展》、张作人《人类天演史》、朱洗《我们的祖先》；1931 年吴金鼎《山东人体质的研究》、张栗原《现代人类学》；1932 年吴泽霖《现代人种》、刘敏《人类学体系》、林惠祥《世界人种志》；1933 年张资平《人类进化论》；1934 年林惠祥《文化人类学》；1935 年曾松友《中国原始社会的探究》、林惠祥《民俗学》《神话论》、叶为耽《震旦人与周口店文化》、陈兼善《史前人类》、杨成志《人类科学论集》；1946 年陈应新《人类是怎样成长的》；1947 年李学曾《五洲种族地理》、陈序经《文化学概论》；1949 年蔡元培等《世界人种志》。尤其是岑家梧的《图腾艺术史》（1936 年）、《史前艺术史》（1938 年）、《史前史概论》（1939 年）三本著作影响甚大。

有意义的是 1934 年 7 月，在伦敦召开第一届国际人类学和民族学大会时，杨成志、吴定良、欧阳翥三位教授出席参加，表明中国人类学与国际人类学的紧密联系。

人类学在中国传播的过程中，在大学有很大的发展，为人类学在中国及汉民族中扎根提供了园地。

1938—1939 年间，教育部陆续颁布大学各学院共同必修科目表及学院各系选修科目表，明确规定：文学院历史系、法学院社会系、理学院地理系与生物系等必（选）修人类学、民族学、人种学或民族志课程。早在1927年，广州国立中山大学语言历史研究所设人类学组，并聘请俄国人史禄国讲授人类学。后来北平清华大学一度设有人类社会学系。此外，在燕京、辅仁，南京中央、金陵，上海大夏、暨南、沪江，厦门，成都华西大学等社会学系相继设有人类学课程。主要教授有吴文藻、杨坤、黄文山、何联奎、林惠祥、卫惠林、徐益棠、吴泽霖、刘咸、吴定良、杨成志等人。

1937年抗日战争发生，各高校内迁，如国立西南联合大学等都重视边疆研究，加强人类学的教学。而中央大学和西安西北大学先后创建边政学系，以人类学民族学为主要必修课目。1945年抗日战争胜利，上海暨南大学于1947年成立人类学系。1948年，清华、中山、浙江大学等相继设立人类学系，1949年夏，台湾大学增设考古人类学系。

在人类学的宣传普及方面，林惠祥教授于1934年在厦门创建人类学博物馆筹备处，是中国第一所人类学专科博物馆。[①]

从上可见，人类学在中国及汉民族中已扎下了根。

3. 人类学中国乡村学派

在中国汉民族的文化土壤上，人类学中国研究的学术成果，从人类学传入中国开始，就集中在乡村社会研究上。

一方面西方人类学者对中国及汉民族的研究是从乡村社会开始的。1899年美国传教士明恩溥（A. H. Smith）出版的《中国乡村生活》（*Village Life in China*）一书，以自己在中国农村的亲身经历和对中国农村参与观察，对中国农村进行了精彩、生动的描述，他认为中国既已成为“乡村”，那么把握了乡村自然就把握了中华文明。所以，明恩溥在该书中说：“中国乡村是这个帝国的缩影。”[②] 他在另一部以中国乡村生活为素材写成的著作《中国人德行》（*Chinese Characteristics*）中，更明确地指出：

> 就象在农村比在城市更易于了解一个区域的地形图一样，在家庭中更易于了解人的德行。一个外国人在中国城市住上十年，所获得的关于人民内部生活的知识，或许还不如在中国村庄住上十二个月得到

① 以上参阅陈国强《中国人类学发展史略》，《广西民族学院学报》1995年第1期；王建民《中国民族学史》上卷，云南教育出版社1997年版，第76—78页。

② ［美］明恩浦：《中国乡村生活》，午晴、唐军译，时事出版社1998年版，第1页。

的多。仅次于家庭，我们必须把村庄看作是中国社会生活的一个基本单位。[①]

在“中国乡村是这个帝国的缩影”这种西方中国观的影响之下，年轻的西方人类学家们也把乡村作为理解中国及汉民族的着眼点。荷兰籍汉学家、进化论人类学家高延（J. J. M. de Groot）[②] 1877 年来到中国，目的原本是进行政务、商务考察，为殖民政府提供决策参考，但一到中国福建马上被当地的文化所吸引，放弃了原定的任务，深入厦门南蒲（Nanputt）寺一带作田野调查。他先后在厦门居住了 12 年。1882 年，他根据所收集到的厦门城乡民间仪式材料和文献材料，写成《厦门岁时记：中国人的民间信仰研究》。1892 年，又写成《中国宗教系统》（*The Religious System of China*）一书。由于古典进化论的影响，他把在近代中国所观察到的习俗、仪式和信仰解释为古代社会的“遗存”，但他所谓“古代社会”指的不是原始时代，而是指《礼记》的先秦时期。

运用人类学对中国及汉民族乡村进行人类学的研究大多起始于 20 世纪初的一些教会学校或一些学校中的外籍教授，他们为指导学生实习，从事一些小规模的调查研究，如 1917 年清华学堂美籍教授狄德莫（C. G. Ditmer）指导学生在北京西郊调查 195 家居民的生活费用。严格意义上说，上海沪江大学社会学教授、美国人葛学溥（Daniel Harrison Kulp）是中国人类学以田野工作方法对乡村社区进行研究的最早的一位。他于 1918—1923 年指导学生在广东潮州调查有 650 人的凤凰村，1925 年在美国出版了《华南农村生活——家族主义社会学》（*Country Life in South China*：*The Sociology of Familysm*，1925）一书，该书从人类学、社会学的角度研究中国汉民族社会，详细地记录了凤凰村的经济、家庭、宗教、教育、人口及社区组织的情况。此后在沪江大学美籍教授白克令（H. S. Bucklin）指导下，对当时上海的一个仅有 360 户人口的小乡村沈家行进行了调查，1924 年 8 月，商务印书馆出版中文版的《沈家行实况》

① ［美］明恩浦：《中国人德行》，张梦阳、王丽娟译，新世界出版社 2005 年，第 4—5 页。

② ［荷］高延（J. J. M. de Groot，1854—1921），国内一些学者译为“德格鲁特”“德格如特”或“高龙”，但据 2005 年 11 月 3 日法国学者施舟人（Kristofer Shipper）在中国人民大学所作的演讲“欧洲人类学对汉人社会的研究”（The European Anthropology of China）称，J. J. M. de Groot 自己取中文名为高延。

一书。1922 年，华洋义赈会救灾总会请马伦（C. B. Malone）和戴乐尔（J. B. Tagler）教授指导 9 所大学的 61 个学生，分工调查直隶（今河北）、山东、江苏、安徽、浙江等省 240 村，用县、村及家庭三种问题表调查，内容注重农民生活，于 1924 年出版了《中国农村经济研究》。1922 年，金陵大学美籍教授约翰·卜凯（J. L. Buck）指导学生在安徽芜湖附近调查 102 个农场情况，特别注重田主及佃农的全年收入和支出。1923 年又指导学生用详细问题表在直隶盐山县调查 105 个农场的经济和社会状况。调查结果用英文出版了《中国农场经济》（*Chinese Farm Economy* 1930）。这样，西方人类学家们对中国乡村的这些考察和研究，奠定了人类学中国学派研究的基础。

另一方面中国人类学家运用人类学理论和方法对中国的研究也是从乡村社会开始的。20 世纪 30 年代中国社会学人类学学术团队形成，其代表是燕京大学社会学系主任吴文藻教授，他于 1923 年赴美留学，后毕业于美国哥伦比亚大学，获哲学博士学位。1929 年初回国，任教于燕京大学。吴先生提出了社会学“中国化”的主张：第一，寻找一种有效的理论构架；第二，用这种理论来指导对中国国情的独立的科学人才。他在对西方许多社会学人类学派反复比较并深思熟虑之后，最终锁定了美国芝加哥学派的人文区理论和英国功能主义人类学派的理论。1932 年燕京大学聘请美国著名社会学家，芝加哥大学教授派克（Robert Ezra Park）担任客座教授。派克燕大讲学期间，把社区研究研究的方法和参与观察的手段带到了中国。1935 年吴文藻听从了派克的建议，邀请英国功能学派人类学创始人之一的拉德克利夫·布朗（Radcliff Brown）到燕京大学社会学系进行为期三个月的讲学活动。布朗在燕大开设了“比较社会学”课程，并主持了“中国乡村社会学调查”讨论班。从此，开启了真正的人类学的中国乡村调查和研究。

20 世纪 30 年代，费孝通与新婚夫人王同惠深入广西大瑶山，历经生死，完成了调查报告《花篮瑶社会组织》；林耀华回福建，进村入寨撰写了硕士论文《义序的宗族研究》。他们的人类学研究生涯都是从乡村社会开始。所不同的是费先生的乡村研究是从中国少数民族的乡村社会始，林先生的乡村研究是从中国汉族的乡村社会始。

此后，费先生到英国留学，师从马林诺夫斯基，撰写了以《江村经济》为名的博士论文，林先生到美国留学，在哈佛大学人类学系攻读博士学位，撰写了《金翼》一书。可见，费、林两位先生，虽分别留学英美，但君子所见略同，他们的论文也都是以中国乡村社会为研究对象。

几乎与费、林同时，中国其他一些人类学家如杨庆堃考察了山东的集市，写出了《山东的集市系统》；徐雍舜和黄石对河北农村、农民进行了调查，分别写出了《河北农村社区的诉讼》和《河北农民的风俗》；廖泰初写出了《变动中的中国农村教育》；李有义写出了《山西的土地制度》等。可见，中国人类学兴起之时，乡村研究就成了中国人类学研究的主旋律。

20 世纪 30—40 年代是人类学在中国发展的一个高峰。抗日战争爆发后，中国大部分人类学社会学研究机构和高校都内迁到西部和西南地区。而在大后方从事人类学社会学研究的活动主要有云南大学社会学研究室进行的农村和工厂调查，华西大学进行的边疆地区少数民族的研究等，其成果主要有费孝通的《禄村农田》、张之毅的《易村手工业》《玉村的农业与商业》、田汝康的《摆夷的摆》（又名《芒市边民的摆》）、史国衡的《昆厂劳工》、许烺光的《祖荫下：中国乡村的亲属、人格与社会流动》等著作。此外，费先生在 1948 年出版的《乡土中国》和《生育制度》等著作中，提出了著名的以“己”为中心的“差序格局”理论，对中国人类学的发展产生了巨大的影响。20 世纪 40 年代以英文版首次面世的林先生的《金翼》（*The Golden Wing*），成为当时学术界研究中国家族制度的典范之作。

可见，人类学在中国及汉民族中扎根后，是沿着人类学中国乡村学派方向前进的。美国学者杜赞奇在《地方世界：现代中国的乡土诗学与政治》一文中说：

> 对于“家乡”或“乡土”的现代迷恋是有关地方（the local）或区域（the regional，汉语中称为乡土、地方）的现代表征的重要组成部分。①

这句话对人类学中国乡村学派的“乡土中国”情结，应该是一个形

① ［美］杜赞奇：《地方世界：现代中国的乡土诗学与政治》，载《中国人类学评论》第 2 辑，世界图书出版公司 2007 年版。

象的写照。

（五）教育学的传入与兴起

教育活动与人类相伴而生，教育学是在总结人类教育实践经验中逐步形成，经过长期积累而发展起来的。所以，教育成为一种专门的学问却产生于近代。汉民族的教育发展有着源远流长的历史。“教”与“育”二字往往分开使用，《说文》曰：“教，上所施下所效也；育，养子使作善也。”但也有连用的，如《孟子·尽心上》就有所谓“得天下英才而教育之，三乐也”。但“教育”作为一个具有现代意义的常用词组，是清末开始的。“教育学”一词亦然。所以，中国及汉民族真正的教育学却很年轻。

1. 教育学的传入

民初教育学承继于清末，其特点主要是仿效日本。那时所开设的教育哲学、教授法、教育史和学校管理等科，大多都是从日本翻译过来的。翻译日本的教育学可以说是当年的一大时尚，包括翻译日本的教育学教师的讲义。发表在刊物上的，如立花铣三郎讲述、王国维译的《教育学》，牧濑五一郎著、王国维译的《教育学教科书》，就分别在1901和1902年的《教育世界》连载；加纳友市、上田仲之助的《实用新教育学》，吉田熊次的《新教育学释义》，《兰因氏之教育学》（按：兰因即莱因），熊谷五郎的《大教育学》的译文，分别发表在1902年、1904年、1906—1907年、1907年的《教育世界》上。大濑甚太郎著，江夏、杨彦洁译的《实用教育学》，刊登于1906—1907年的《学部官报》。1906—1907年，连载邓边朕、诗女史译的《家庭、学校通用教育学》和直隶留日速成师范生笔述、韩梯云节修的《教育学讲义》；1907—1908年连载佐口美都子著、蔼辰译的《女子师范教育学》；1911年发表柳政太郎著、蔼辰译的《实际的教育学》，等等。出版著作的，如1902年，上海文明印书局出版天眼铃木力著、张肇熊编译的《教育新论》；1903年，移山堂出版中岛半次郎著、田吴炤译的《普通教育学要义》（两册），三江师范学堂出版松本孝次郎的《新编教育学》讲义；1904年，北京华新书局出版小泉又一著、周焕文等译的《教育学教科书》；1905年，东京泰东同文局出版伊泽修二著、三屋大四郎译的《教育学》；1909年，商务印书馆出版吉田熊次著、蒋维乔译的《新教育学》；1911年东京富山房出版中岛半次郎编著、韩定生译的《新编教育学讲义》；1914年出版顾倬译的《师范学校教育学》，等等。

这些著作虽然是从日文翻译过来的，但就其内容来说，则以欧洲教育学的创始人赫尔巴特的学说为主。

与此大体同时，中国及汉民族学者自己编著的教育学书籍民初时也开始出现。例如王国维的《教育学》，教育世界社 1905 年印行；缪文功的《最新教育学教科书》，文明书局 1906 年版；张继煦的《教育学》和金祝华的《教育学教科书》，1907 年湖北官书处；季新益的《教育学教科书》，广智书局 1907 年版；侯鸿鉴的《教育学》，无锡速成师范学校 1908 年再版；秦敏均的《教育学》，中国图书公司 1908 年版；蒋维乔的《教育学》（初级师范课本），商务印书馆 1909 年版；吴馨的《简明实用教育学》，中华书局 1910 年版；北京女子师范学校于 1913 年出版周维城、林壬的《实用教育学》；商务印书馆于 1914 年出版了张毓聪的《教育学》、张子和的《大教育学》；中华书局于 1914 年出版了刘以钟的《新制教育学》、彭清鹏的《实际教育学》，以及宋嘉钊、张沂的《教育学教科书》，1915 年又出版了周维成、林壬编的《实用教育学讲义》① 等 20 余种版本。这些书籍的出版，为教育学在中国及汉民族中扎根开辟了道路②。

2. 教育学的“杜威热”

在教育学的传播中，美国著名哲学家和教育学家约翰·杜威（John Dewey，1859—1952 年）来华讲学起了重大的推动作用。

1919 年 5 月，五四运动前夕，杜威作为我国新知识界的嘉宾被隆重邀请来华讲学。在以后两年多的时间里，杜威足迹遍布遍及上海、北京、天津、辽宁、河北、山西、山东、江苏、湖南、湖北、浙江、江西、福建、广东等 14 个省市的讲学③，作了 200 多次讲演，努力传播他的实验主义教育学。正如当时江苏省教育会的贾丰臻所说：“按博士之言，真是

---

① 雷尧珠：《试论我国教育学的发展》，《华东师大学报》（教育科学版）1984 年第 2 期；周谷平：《近代西方教育学在中国的传播及其影响》，《华东师范大学报》（教育科学版）1991 年第 3 期；陈元晖：《中国教育学七十年》，《北京师大学报》（社会科学版）1991 年第 5 期；［日］阿部洋：《中国的近代教育与明治日本》（李季湄摘译），福村出版株式会社 1990 年版；陈学恂主编：《中国近代教育大事记》，人民教育出版社 1981 年版；陈学恂主编：《中国近代教育史教学参考资料》（上册），人民教育出版社 1986 年版，第 682—685 页。

② 以上参阅瞿葆奎《中国教育学百年（上）》，《教育研究》1998 年第 12 期。

③ 黎洁华：《杜威在华活动年表》（上）（中）（下），《华东师大学报》（教育科学版）1985 年第 1、2、3 期。

至情入理。”[①] 1919 年，江苏省立第二师范学校（上海）新学社编印了《杜威在华讲演集》；杜威在北京的系统讲演，汇成《杜威五大讲演》，由北京晨报社 1920 年出版；在南京的讲演汇成《杜威三大讲演》，由上海泰东图书公司出版；在福建的讲演，也于 1920 年由福建省教育厅编为《杜威在福建的演讲》。此外，郭智方、张念祖、金海观、倪文宙据杜威在南京高师讲授教育哲学时的笔记，编成《杜威教育哲学》；常道直据杜威在北京高师讲授教育哲学记的英文笔记，译成《平民主义与教育》，分别于 1921 年和 1922 年由商务印书馆出版。对中国的思想文化，特别是教育产生了巨大的影响。杜威教育学的核心是：提倡教育的普及化，注意培养人的个性和独立人格，以养成学生自动自发自治的能力，重视实验的精神，并强调儿童在教育中的重要性。这些学说对中国传统的封建教育精神形成冲击，显示了教育学的进步。各级各类学校大力试验杜威的教育学说。可以说，杜威的大名在古老的汉民族中到处传扬，杜威教育学在教育实践界也产生了很大反响。当年，“教育即生活”“学校即社会”“从做中学”，写在许多中小学的墙上，挂在许多教育界人士的嘴上，成为时髦，在中国教育界掀起了一股“杜威热”。杜威因此成为对中国教育界影响最大的外国学者。[②]

3. 教育学体系的初建

在教育学体系的建构上，汉民族学者做出了不少探索。王炽昌著《教育学》（1922 年）、范寿康著《教育哲学大纲》（1923 年）、余家菊著《教育原理》（1925 年）、肖恩承著《教育哲学》（1926 年），这些著作在思想体系上，虽大多不出杜威教育学的范围，但也有例外和初步突破之处。如范寿康的《教育哲学大纲》以德国教育学家那笃尔的体系为基本，敢于对世界权威提出批评，在教育逻辑、伦理和教育美学方面，阐述自己独立的见解，显示了一定程度的创新精神。

除教育学基本理论外，这时的教育研究还包括东南大学根据六类语体文书统计等方法进行的字汇研究；为推行道尔顿制等实验学校而进行的有关研究；以汉字心理、识字阅读（包排横直排问题）等为内容的读法研

① 贾丰臻：《聆杜威博士讲演教育者之天职赘言》，《教育杂志》1920 年第 12 卷第 6 号。

② 参阅瞿葆奎《中国教育学百年（下）》，《教育研究》1999 年第 1 期；金林祥：《蔡元培论杜威》，《湖南师范大学教育科学学报》2009 年第 1 期。

究；以测量学生的智力、学力，服务于招生分级等为内容的测验研究等。艾伟、刘廷芳、沈有乾等人在读法研究方面成绩显著；陈鹤琴、廖世承、周调阳等人对测验的探讨较为深入。值得注意的是，这种将教育研究和心理研究结合起来，力图将教育学建立在心理和生理学研究基础上，使教育科学化的努力，确是此后民国教育学与国际教育学发展保持一致的一个趋向。

这一时期，对教育学的发展起到推动作用的重要刊物，有蒋梦麟主办的《新教育杂志》；重要组织有1922年由东南大学等机构发起成立的“中华教育改进社”，调查和刊布“中国教育统计概览”为该社较为突出的一个重要贡献。此外，还有黄炎培1917年创办的“中华职业教育社”，其目的是“推广及改良职业教育，改良普通教育，辅助职业之改造”，推进方法有调查研究、出版宣传、创办职业教育机构、举办职业教育出品展览会等等。得到了官、绅、学、商各界名士的响应，第一批会员就有786人。使“为官教育”所持守的那种与职业相隔离的局面得到了极大改观。①

4. 教育学研究成果丰硕

1927年后，民国教育有所发展，教育学的研究成果丰硕。

这时，致力于教育研究的专门学术机构，主要有中山大学教育系成立的“教育学研究所”，它发行《教育研究》杂志，出版了教育学译述和著作几十种；1929年成立的“中华儿童教育社”，以专门研究小学、幼稚和家庭教育为其特色，发行《儿童月刊》；1931年成立的“中国测验学会”，发行《测验杂志》；1932年成立的“中国社会教育社”，以探讨普及社会教育为旨趣；1933年成立的“中国教育学会”，侧重于研究生产教育、师资训练和非常时期的教育发展问题等。当时，大学中设有教育学院的有暨南大学和山东大学等8所；设有教育学系的有北京大学和复旦大学等17所；教育与哲学合系的有武汉大学和南开大学等4所；教育单独成院的有江苏教育学院和湖北教育学院等。这些机构都致力于研讨教育问题，培养教育和教育学研究专门人才。

从教育学研究内容来看，各个方面也都很活跃，出现了不少成果。

教育学理论体系的建设方面，吴俊生的《教育哲学大纲》（1934

---

① 《1917黄炎培创立中华职业教育社》，《南方教育时报》2013年4月5日。

年）、姜琦的《教育哲学》（1933 年）和杨贤江（署名李浩吾）的《新教育大纲》（1930 年）是最有代表性的著作。吴氏之作被认为是“体系较为完整，内容较为充实，而且有自己独立见解的一本书”，其主要理论取向为实用主义；姜琦的著作则是以三民主义系统建构教育学理论体系的名作；杨贤江的《新教育大纲》，最早用马克思主义的观点系统阐明教育的基本原理，并批判了对教育功能的各种资产阶级错误观点，在当时及以后的很长时间内都产生了积极影响。此外，还有张怀等人用宗教哲学观点阐释教育学说，他著有《教育哲学》一书，是建构自己教育学体系的尝试。

在教育行政的研究方面，庄泽宣、陈友松、黄玉湖、张文昌等人颇有成绩。庄泽宣重点研究了浙江教育辅导制度，陈友松以分析全国教育经费见长，黄玉湖和张文昌主要关注中学教育行政，黄氏对中学校长的职务分析，张氏对于中学教务的研究，均受到学界重视。

在教材教法的探究方面，较重要的有中山大学教科所关于小学生字汇、读法、作文和错字问题的研究；杨锡龄关于儿童阅读兴趣的调研；陆志韦、黎锦熙等人对国语教育的研讨等。

学制课程的研讨方面，最富于探索精神和改革意向的是提倡生活教育的晓庄师范，实行村治的山东建设研究院，倡导平民教育的定县实验区和试验民众教育的江苏教育学院的有关尝试。至于测验研究，则主要体现在对古氏智力测验的订正、对皮纳西门智力测验的修改等方面。1935 年，陈选善著《教育测验》、王书林著《心理与教育测量》，为这方面集大成的成果。其他方面，如朱君毅的教育统计学研究，庄泽宣、陈学恂对民族性与教育关系的探讨等，也值得一提。

师范教育研究方面，以中央大学、西北师范学院和中山大学的师范研究所较有成绩。中央大学师范研究所注重教育心理的研讨，出版有《教育心理学报》，在艾伟的主持下，对大中小学以及社会教育心理的研究，无论是广度还是深度，都达到了相当高的水平。西北师院师范研究所则侧重于中等教育的各种研究，在李蒸的主持下，对师资和国文教读的改进、英语课本和写作错误的分析、注音符号等问题的探讨，贡献良多。中山大学师范研究所设有教育和心理两个学部。教育学部分成教育理论、教育行政、教材教法和教师问题四个部门；教育心理学部分成理论心理、测验统计、学习心理和职业心理四个部门。两个学部分工合作，颇能反映当时中国的教育学研究风气。

总之，20 世纪是中国及汉民族教育学艰难创生、曲折发展的世纪。伴随着中与西的文化激荡，传统与现代的思想交融，教育学科逐渐地从译介走向编著，从移植走向创生，从草创走向发展，最终实现了“凤凰涅槃”[①]。

第九节 小结：在从清到民国的革命中完成文化开新

汉民族的历史在人类发展的道路上走得太久太久了，汉民族文化的积淀也太深太厚了。

人们称历史的短暂，常形容为“弹指一挥间”。但汉民族从历史的深处走来，唱响过形成三部曲，又唱响过发展三部曲[②]，到清至民国时，已悠悠五六千年了。历史到了此时此刻，汉民族这个伟岸而又古老的民族，又处在人生“化茧成蝶”的时机，汉民族文化也处在“凤凰涅槃”时代，一切都在蜕变中开新。

世界是那样的多样而不平衡。17—19 世纪，世界文化呈现出极不平衡的反转态势，原来先进而强盛的东方中国，从发展的高峰上开始跌落，汉民族文化也由盛转衰。而西方欧洲却从封建经济内部不可遏止地生长出了资本主义生产关系，发展出最初的资产阶级。“美洲的发现、绕过非洲的航行，给新兴的资产阶级开辟了新的活动场所。”“美洲的殖民化，对殖民地的贸易、交换手段和一般的商品的增加，使商业、航海业和工业空前高涨。”[③] 从而导致全球化的席卷世界，打破了人类有史以来民族与民族间、大陆与大陆间的相互隔绝状态。人类历史走出中世纪迈入近代。

正是在世界发生巨变的这个近代新时代，缓缓而行的汉民族文化进入清代后，不可避免地与正在席卷世界的西方文化发生接触，发生互动、发生冲突，发生交融。于是，在血与火中，汉民族被裹挟进资本主义的世界

① 以上参阅郑师渠总主编，黄兴涛分册主编《中国文化通史 · 民国卷》，北京师范大学出版社 2009 年版，第 455—459 页；瞿葆奎、郑金洲、程亮《中国教育学科的百年求索》，《教育学报》2006 年第 3 期；侯怀银、王喜旺、李艳莉《中国教育史学科建设的百年求索》，《陕西师范大学学报》2015 年第 4 期。

② 详见徐杰舜《汉民族发展史》，四川民族出版社 1992 年版。

③ 《共产党宣言》，载《马克思恩格斯选集》第一卷，人民出版社 1972 年版，第 252 页。

秩序之中时，汉民族文化也全方位地置身于一个崭新的文化参照系中。汉民族文化遭遇到亘古未有的挑战。正是在与异质文化——西方文化的灵与肉、笔与剑的全面碰撞的炼狱之中，汉民族文化扬弃、蜕变中开新。[①] 对此，马克思说得很形象，他说：

> 与外界完全隔绝曾是保存旧中国的首要条件，而当这种隔绝状态在英国的努力之下被暴力所打破的时候，接踵而来的必然是解体的过程，正如小心保存在密闭棺木里的木乃伊——接触新鲜空气便必然要解体一样。[②]

这是一种痛苦而又充满生机和希望的“凤凰涅槃”，还是梁启超的体会准确，他说：

> 我觉得这五十年来的中国，正像蚕变蛾、蛇蜕壳的时代。变蛾蜕壳，自然是一件极艰难、极痛苦的事，那里能够轻轻松松的做到。只要他生理上有必变必蜕的机能，心理上还有心变必蜕的觉悟，那么，把那不可逃避的艰难苦痛经过了，前途便别是一个世界。[③]

正是在这种大席卷、大冲击、大动荡中，汉民族文化形成了开新性、过渡性、转型性、融合性和革命性的特点。

1. 开新性

开新性是本章的题中之义。而开新之义就是创新而给人“耳目一新”之感。与汉民族沉积五六千年的传统文化相比，从经世思潮到维新变法、从朴学勃兴到“打倒孔家店”、从洋务运动到新文化运动、从书院到学堂、从文言文到白话文再到汉语拼音、从红楼梦的“回光”到左翼文学、从传统史学到新史学、从“四部之学”向“七科之学”，无一不是文化的创新，无一不给人以“耳目一新”之感。清与民国犹如两个世界，形象

---

① 参阅冯天瑜、何晓明、周积明《中华文化史》，上海人民出版社 1990 年版，第 914—916 页。

② ［德］马克思：《中国革命和欧州革命》，载《马克思恩格斯选集》第 2 卷，人民出版社 1972 年版，第 3 页。

③ 梁启超：《五十年中国进化概论》，载《饮冰室合集》第五册，中华书局 1989 年版。

地说从有“辫子”的汉民族变为没有“辫子”的汉民族，前后判若两人，给世人以“耳目一新”之感，开新之特点跃然纸上。

还可以举一实例，汉民族的教育文化自古以来都是以“四书五经”为教材，无论官学还是私学，也无论国子监还是书院，无一例外。但从科举向学堂的突变，到民国学制的定型，汉民族的教育文化面貌完全改观，昔日的经学最后在王国维《奏定经学科大学文学科大学章程书后》中，被合并到“文学科”中，成为其中的“经学门”，与“文学科”中的史学、中国文学、外国文学等处于平等的地位。1913 年初，教育部公布《大学令》《大学规程》，对大学所设置的学科及其门类作了原则性规定。它规定：“大学以教授高深学术，养成硕学闳材，应国家需要为宗旨。”从而取消了“经学科”，分为文科、理科、法科、商科、医科、农科、工科等七科，文科分为哲学、文学、历史学和地理学 4 门，法科分为法律学、政治学和经济学 3 门，商科分为银行学、保险学、外国贸易学、领事学、关税仓库学、交通学等 6 门；医科分为医药和药学等 2 门；农科分为农学、农艺化学、林学、兽医学等 4 门；工科分为土木工学、机械工学、船用机关学、造船学、造兵学、电气工学、建筑工学、应用化学、火药学、采矿学、冶金学等 11 门[①]，从而实现了汉民族教育文化的开新，也就从教育这个层面凸显了汉民族文化的开新性。

所以，放眼民国汉民族文化，无不充满着盎盎新意，从而彰显出从清到民国汉民族文化开新性的特点。

2. 过渡性

从清到民国汉民族文化的开新经历了一个过渡时代。19 世纪 20—60 年代，即道光、咸丰年间，在鸦片战争的炮声中，中国社会由中世纪跨入近代门槛，汉民族处于一个由相对静止向激烈动荡、由相对封闭向逐渐开放的划时代巨变之中。1901 年，梁启超在《清议报》第 82 期发表《过渡时代论》，开篇即指出：“今日之中国，过渡时代之中国也。”“故中国之现状，实如驾一扁舟，初离海岸线，而放于中流，即俗语所谓两头不到岸之时也。”这是梁启超对于他“在场”的时代，通过自己的思考而对自己所处时代所作出理性的判断，非一般书生枯坐书房冥想妄思之论，清晰地

① 左玉河：《从“四部之学”到“七科之学”》，《光明日报》2000 年 8 月 11 日。

反映出梁启超通过“认识世界”来达到“认识自己（中国）”的思维方式。[1] 在此，梁启超明确指出了清代即道光、咸丰年间，正是中西文化冲突、互动、磨合和交融的过渡性。

具体从汉民族学术文化上看，早在清代前期汉民族的思想家和儒生文人从反思中清醒地认识到：晚明理学的空疏本质，是导致明王朝覆亡的重要根源。痛定思痛，他们提出“救弊之道在实学，不在空言”[2]，“道不虚谈，学贵实效”，立足于现实学以致用，认为：“古之学一，今之学棼。古之学实，今之学虚。古之学有用，今之学无用。”[3] 主张以古代的实学代替当时的虚学。几经努力，清初社会讲求务实求真逐渐蔚然成风。这种务实之风广泛地渗透到政治、经济、学术、科学和文学艺术等学术领域，在暮气沉沉的学术界掀起了一股有开新意义的经世思潮。如黄宗羲毕生致力于经世致用之学，他主张在法权面前人人平等，在经济上提出了“工商皆本”的主张，在政治上提出了“君为天下之大害者”的口号，闪烁着早期启蒙思想的光彩，这正是“过渡时代”的先声。

到了道光、咸丰年间，康乾时代的“太平盛世”已成明日黄花。面对西方的军舰和大炮，面对西方文化席卷全球的浪潮，汉民族思想文化界的风气发生了重要转变，即由乾嘉时代的“训诂考据”，转向道咸年间的“通经致用”，汉民族文化进入“过渡时代”。龚自珍、魏源就成了这个时代经世致用之学的主要代表。龚自珍本人曾赋诗明志：“一事平生无齮龁，但开风气不为师。”[4] 时人也明确肯定他的前驱先路之功：“近数十年，士大夫诵史鉴，考掌故，慷慨论天下事，其风气实定公（龚自珍）开之。”[5] 而魏源思想的近代特色较之龚自珍更为鲜明，当龚自诩“药方只贩古时丹”时，魏源却更留意研究那些素为中国士人所鄙薄、贬斥的“外夷”，振聋发聩地提出“师夷长技”的口号，第一个公开提出向西方

① 梁启超此前发表的政论文很可以看出他的世界意识：如《论近世国民竞争之大势及中国前途》（1899 年 10 月 25 日）载《清议报》第 30 册；《中国积弱溯源论》（1901 年 4 月 29 日至 7 月 6 日）载《清议报》第 77—84 册；自由书（三）《十九世纪之欧洲与二十世纪之中国》，《二十世纪之新鬼》，《富国强兵》，（1901 年 11 月 1 日至 12 月 21 日）载《清议报》第 96—100 册。（参阅李国俊编《梁启超著述系年》，上海复旦大学出版社 1986 年版。）

② （明）颜元：《存学编》卷二，《性理评》。

③ （清）冯辰等：《李恕谷先生年谱》卷三，三十一岁条。

④ 《己亥杂诗》。

⑤ 程秉钊语，引自国学扶轮社本《龚定庵全集》，《定庵文集》卷下，第 11 页。

学习，以使“方见东海之民，犹西海之民”[①]。还如梁启超所言的那种状态，即汉民族“祖宗遗传、深顽厚锢之根据地，遂渐渐摧落失陷，而全国民族，亦遂不得不经营惨澹，跋涉苦辛，相率而就于过渡之道”[②]。他比喻汉民族的现状是如旅人驾一叶扁舟放逐于中流，处于两头不到岸的境地。这种“过渡之道”具体而言，如杨念群所归纳[③]的那样：政治上的过渡性表现在“人民既愤独夫民贼愚民专制之政，而未能组织新政体以代之”；学问上的过渡期表现在“士子既鄙考据词章庸恶陋劣之学，而未能开辟新学界以代之”；理想风俗上的过渡期表现在“社会既厌三纲压抑虚文缛节之俗，而未能研究新道德以代之”。此外，还包括制度方面的旧制已废，新政未兴的残破状态，“则案例全烧矣，而无新法典。科举议变矣，而无新教育；元凶处刑矣，而无新人才；北京残破矣，而无新都城”[④]。对于从清到民国汉民族文化的这种过渡性，冯天瑜的评价更是精当，他说：

> 道、咸间的经世实学又确乎是近代新学赖以产生的最直接的民族文化土壤。“光绪间所谓新学家者，大率人人皆经过崇拜龚氏之一时期”[⑤]。龚自珍、魏源等人的“更法改图”之议，抨击专制之论，对于冯桂芬、王韬、郑观应以降的新学家都有直接启迪。经世派一扫“儒者不言利”的迂说，高张“兴利”“致富强”的旗帜，给洋务派“求强”“求富”事业开辟了道路。经世派重新铸造的今文经学，成为十九世纪末叶康有为、梁启超维新变法的重要思想武器。尤其可贵的是，经世派“违寐而之觉，革虚而之实”的学风，引导新学家抛弃蒙昧主义与空疏之学，将视线投向如火如荼的现实社会；他们开眼看世界、觅新知于异域的开放精神，更启发了新学家们向西方寻求

---

① 《海国图志》卷二。

② 梁启超：《过渡时代论》，《清议报》1901年第82期。转引自李华兴等编《梁启超选集》，上海人民出版社1984年版。

③ 杨念群：《“断裂”还是“延续”？——关于中华民国史研究如何汲取传统资源的思考》，《南京大学学报》（哲学·人文科学·社会科学版）2013年第1期。

④ 梁启超：《过渡时代论》，《清议报》1901年第82期。转引自李华兴等编《梁启超选集》，上海人民出版社1984年版。

⑤ 梁启超：《清代学术概论》，上海古籍出版社1998年版。

真理[①]。

一言以蔽之：经世思潮是“通往近代新学的桥梁”[②]。

正是过渡性的规范，有清一代所出现的洋务运动、维新学派、乾嘉学派、古音学文字学训诂学的繁盛，小说《红楼梦》的出现，凡此等等文化表达，无一不是从清到民国汉民族文化过渡性特点的呈现。

3. 转型性

转型，是指事物的结构形态、运转模型和人们观念的根本性转变过程。一般来说，转型是主动求新求变的过程，是一个创新的过程。文化是社会的核心和灵魂，社会的发展最突出地体现为文化的转型。从一定意义上讲，文化转型又催生了整个社会的转型，并昭示着人类进步的发展方向。从清到民国，汉民族文化一个显著的特点就是转型，从文化转型发展到社会转型。对于中西文化，严复曾作过比较，他说：

> 中国最重三纲，而西人首明平等；中国亲亲，而西人尚贤，中国以孝治天下，而西人以公治天下；中国尊主，而西人隆民；中国贵一道而同风，而西人喜党居而州处；中国多忌讳，而西人众讥评。其于财用也，中国重节流，而西人重开源；中国追淳朴，而西人求欢虞。其接物也，中国美谦屈，而西人务发舒；中国尚节文，而西人乐简易。其于为学也，中国夸多识，而西人尊新知。其于祸灾也，中国委天数，而西人恃人力。[③]

从这个比较中，可以看出汉民族文化要走出中世纪，要与西方文化互动、磨合、交融，确是一个结构形态、运转模型和人们观念的根本性转变。如学科门类的转型，晚清时期，一个引人注目的学术现象，就是汉民族传统学科门类发生了根本性的变化，出现了现代性质的学术分科，并初步建立起了现代意义上的学科门类。从“四部之学”向“七科之学”转变，是汉民族传统学术向现代学术形态转型的重要标志之一。在这个转型

① 冯天瑜、何晓明、周积明：《中华文化史》，上海人民出版社 1990 年版，第 937 页。

② 同上书，第 936 页。

③ 严复：《论世变之亟》，胡伟希选注，辽宁人民出版社 1994 年版。

中不仅结构形态完全改变，几千年来稳居学术榜首的经学，被1913年教育部公布《大学令》《大学规程》取消，而且因科举制的废除，汉民族整个人才培养运转模式也完全改变。

正是由于文化转型对社会转型的影响和作用，从清到民国汉民族文化的转型导致中国社会的转型，先后出现了洋务运动、戊戌变法、辛亥革命等社会的转型。而中国社会的转型，反过来又对文化转型产生影响和作用，从清到民国中国社会的转型又导致汉民族文化的转型，先后出现了维新文化、五四新文化运动等文化的转型。于是，在汉民族文化转型性的观照下，汉民族的思想观念也发生了根本性的变化，不仅上述严复所言中西文化之不同逐渐消弭，连知识分子本身都发生了根本性的改变。正是“时代大变了，世界已不再是传统意义的‘天下’，中国也不再是国人自诩的居天下之‘中’的‘天朝上国’。夷夏之关系在变，世道与人心在变，知识分子阶层自身也在变”。他们一变为有自觉的、强烈的时代意识；二变为有不同于旧式封建文人的中西合璧的知识结构；三变开始了新的、政治与学术的双向角色认同。可见，从清到民国天下移风，飙转豹变，从而彰显出汉民族文化转型性的特点。

4. 融合性

融合性是汉民族文化的一个基本特点，这是由从多元走向一体汉民族的形成和发展过程决定的。从清到民国，一是由满汉民族文化的互动、碰撞、磨合、整合所决定；二是由中西文化的互动、碰撞、磨合、整合所决定。

且不说满族的旗装融入汉民族的服饰，成为旗袍，至今仍被视为汉民族女性的代表服饰，而成为这个时期汉民族文化融合性的经典解读，就洋务运动的“师夷”文化而言，则是中西文化互动、碰撞、磨合、整合而达到融合，所凝聚而成的“中体西用”口号，也是中西文化融合的文化表达。正是有了这个“师夷”文化，虽然洋务运动后来以失败告终，但从此以后洋房、洋枪、洋炮、洋车、洋火、洋油、洋服、洋袜、洋画……在汉民族的日常生活用语中铺天盖地地蔓延开来。洋务运动虽然失败，但中西文化融合的硕果却存于汉民族社会生活之中。

更深层次的中西文化融合呈现在汉民族学术文化的开新上。这个时期，在从“四部之学”向“七科之学”的转变过程中，就人文社会科学而言，不仅形成了中国的哲学、历史学、政治学、经济学、社会学、人类学、民族学、教育学、心理学、法学、美学等学科，更重要的是汉民族学者在学习、吸收西方各学科理论和方法的基础上，结合汉民族社会的实际，努力实现人文社会科学的中国化。

一如政治学在抗日战争和解放战争时期，中国化的努力更加自觉了。表现在教材上，不仅注重参照各国政治的新近趋势，并且针对中国的现时需要，另立一种研究系统。刘静文、陈之迈等所编著的《政治学》课本，都突出地注意到这一点。与此相应，在阐述政治学理论时，也更注重使用中国及汉民族的材料。陶希圣和萧公权分别著有《中国政治思想史》、曾资生的名著为《中国政治制度史》、王赣愚著有《中国的政治改进》、杨幼炯的代表作是《政治建设论》和《近代中国立法史》、钱端升则著有《民国政治史》等。

二如经济学在民国时期还出现了一批以资产阶级经济学和社会学的方法所做的有价值的经济调查和统计成果。如北平社会调查所及其前身社会调查部，1927—1931 年间对河北、山东棉花贩运的调查；对河南、山西等 9 省粮食的调查；对北平和上海工人工资、生活费等的调查；对百年来银价变动、中国内外公债和赔款的研究和统计等，都是有成绩的。

三如社会学在对中国社会问题的研究方面也有较大进步。以人口问题的研究为例，许仕廉著有《中国人口问题》和《人口论纲要》；孙本文著有《人口论 ABC》，并组织中国社会学社在第二届年会上共同讨论人口问题，主编《中国人口问题》一书；此外，其他重要的人口论著还有言心哲的《中国乡村人口问题之分析》、杨振先的《人口学原理》等，这都表明中国人口问题的研究已经比较深入。有的人口学家们还大多提出了限制中国人口数量。提高人口素质的正确主张，对当时的中国具有积极意义。

四如人类学在对汉民族乡村社会进行研究中，出现了费孝通的《江村经济》《乡土中国》《生育制度》《乡土重建》《云南三村》、林耀华的《义序的宗族研究》《金翼》、许烺光的《祖荫下：中国的亲属关系、个性和社会流动性》、杨懋春《中国的集镇制度与乡村生活》等著作，为构建人类学的中国乡村学派奠定了基础。

五如教育学的中国化是从“经验层次”上提了出来。于是，编写适合中国及汉民族情况的教育学成为一些研究者的动机。张子和在谈编写《大教育学》的意图时即说，《大教育学》“其原本，实草创自日本教习松本、松浦二氏之手。余为中国思，欲讨论修饰，以适合于中国教育界之理想实际，遂不惮搜集近今东、西人之名著，参合而折衷之，思想之崭新，资料之弘富，盖皆余事也”[①]。较早提出“教育中国化”概念，并从理论上始予以论证的有庄泽宣。他于1929年提出教育中国化的标准：合于中国的国民经济力、合于中国的社会状况、能发扬中国民族的优点、能改造中国人的劣根性。[②] 可见，教育学中国化也就是教育学本土化的问题、教育学民族化的问题。[③]

凡此等等，放眼民国汉民族文化，无不充满着文化融合的动态，从而彰显出从清到民国汉民族文化融合性的特点。

5. 革命性

“革命是历史的火车头。”马克思如是说。[④] 人类学的文化变迁理论也告诉我们，革命是文化受迁的动力。

从清到民国，两个多世纪以来，汉民族文化始终处。如果说清代是汉民族文化的“过渡时代”，那晚清到民国则是“革命时代”。概括起来这个时期汉民族文化发生了五大革命：

一曰“史界革命”。梁启超在《新史学》指出汉民族旧史学貌似极其发达而实则弊病层累，衰朽不堪，不能起到史学应有的功能而有四弊：“一曰知有朝廷而不知有国家”[⑤]；“二曰知有个人而不知有群体”[⑥]；“三曰知有陈迹而不知有今务”[⑦]；“四曰知有事实而不知有理想”[⑧]。从整体上全盘否定旧史学，从而提出“史界革命”的口号，赋予史学以崇高的地位：“史学者，学问之最博大而最切要者也，国民之明镜也，爱国心之源泉也。”[⑨] 于是，在革命的“旋涡”之中，汉民族的新史学兴起，学术

---

① 张九如：《大教育学·自序》，商务印书馆1914年版。文内松本、松浦系指当年两江师范学堂日本教习松本孝次郎、松浦作。

② 庄泽宣：《如何使新教育中国化》，民智书局1929年版，第23—24页。

③ 参阅瞿葆奎、郑金洲、程亮《中国教育学科的百年求索》，《教育学报》2006年第3期；侯怀银、王喜旺、李艳莉《中国教育史学科建设的百年求索》，《陕西师范大学学报》2015年第4期。

④ ［德］马克思：《1848年至1850年的法兰西阶级斗争》，载《马克思恩格斯选集》第1卷，人民出版社1972年版，第474页。

⑤ 梁启超：《新史学》，载《饮冰室文集之九》，中华书局1989年版，第3页。

⑥ 同上书，第4页。

⑦ 同上书，第5页。

⑧ 同上书，第6页。

⑨ 梁启超：《新史学》，载《饮冰室文集之九》，中华书局1989年版，第1页。

与思想呈现出百家争鸣的局面，流派纷呈，名家辈出，“古史辨”派、新考证学派、“科学史学派”纷纷崛起，使新史学呈现出学派林立的繁荣景象。

二曰“文体革命”。自古以古文行文的文体在清末民初发生了革命性的变革。这个变革于19世纪90年代从白话文运动开始，亦即资产阶级改良派维新变法运动时期。白话文运动经过维新派的鼓吹和试验，又经辛亥革命党人的大力推动，到五四运动前的几年里形成高潮。从当时的文化背景和政治背景看，白话文运动所要解决的，不仅是书面语的革新问题，还要解决以白话文为政治革新服务的问题。这是汉民族近代以文字改革为标示的文化革命运动的一个突出特征。统治汉民族文坛三千年的文言文体从根本上发生了动摇。[①] 民国初期，《新青年》有意识地利用自己的舆论宣传力量，以鲜明的旗帜和极大的热情催生了白话文运动，白话文的地位最终确立。

三曰“诗界革命”。“诗界革命”的先行者是龚自珍。他的诗能够摆脱传统格律的束缚，自觉运用古典诗歌的多种形式，使自己的诗歌形式富于变化，灵活多样，一切都从表达内容的需要出发，首开风气，为“诗界革命”的启蒙打开了一条新的途径。1899年梁启超正式提出“诗界革命”的口号。在这面旗帜下，聚集着像康有为、谭嗣同、黄遵宪、夏曾佑、蒋智由、丘逢甲等一大批进步诗人，形成了轰轰烈烈的诗歌革命运动，不仅为其后的资产阶级革命派诗的出现开辟了道路，也为民国新诗的诞生创造了条件。

四曰“小说界革命”。1902年，梁启超发表了《论小说与群治之关系》，正式提出了“小说界革命”的口号，并对小说的地位、社会作用、艺术特征等问题做了系统的阐述，被视为“小说界革命”的理论纲领。梁启超还在《新小说》上开辟《小说丛话》专栏，专门为小说理论研究提供园地，为小说理论的繁荣做出了巨大贡献。[②] “小说界革命”，小说创作盛行改良派的谴责小说和革命派的反帝反清小说，尤以谴责小说成就最高。谴责小说的基本内容是揭露和抨击清末政治、军事、经济、文化等方

① 参阅于兴汉《中国近代白话文运动的历史透视》，《忻州师范学院学报》2002年第2期。

② 参阅郑师渠总主编，史革新分册主编《中国文化通史》清后期卷，北京师范大学出版社2009年版，第354—355页。

面的腐朽、黑暗，有较为丰富的政治内容，涉及社会生活的各个领域，包括官场、商界、华工、女界、战争等各个方面，以写官场最为普遍。在“小说界革命”的推动下，从甲午战争到辛亥革命前夕的短短十几年内，小说创作如雨后春笋，出现了前所未有的繁荣局面，第一次在整个文学领域取得了主导地位。

五曰学科革命，从晚清开始的从“四部之学”向“七科之学”的转变，是为中国及汉民族传统学术门类向现代意义上的学术门类转变的重要标志之一。民国新兴的人文社会科学门类很多，包括有政治学、经济学、社会学、人类学、民族学、民俗学、教育学、心理学、美学，以及法学、伦理学、逻辑学、新闻学等。这些学科的发展速度和发育程度各不相同，但大多都萌芽于清朝末年；五四新文化运动对其形成和发展均产生了较大影响；大多是20世纪20年代，最迟至30年代，各学科已初步形成了自己的学科体系。

总之，在革命性的观照下，放眼晚清到民国的汉民族文化，无不充满着革命的激情和张力。这在汉民族的文化史上是亘古未有的历史景观。千百年来一向是处于“高势能”的汉族的农耕文明与处于“低势能”的周边诸族的游牧或半农半牧文明之间的互动、冲突和融合。正如冯天瑜所分析的那样：

> “在这一过程中，华夏—汉人可能在军事上受到‘夷狄’的威胁，然而文化上的优胜地位却从未动摇过，即使在军事上被‘夷狄’所征服，结果却迟早会发生文化上的‘征服者被征服’。在这一意义上，古中国的‘华夷之辨’并没有给华夏—汉人造成真正的文化危机，因而其‘内夏外夷’‘以尊临卑’的心态一以贯之。”“在近世，整个中华民族面对的却是一种截然不同的形势”，即“如果说，古代中华文化是在东亚大陆内部发生、发展的，即或有来自西亚、南亚文化的影响，其强度也较为有限；那么，进入近代，中华文化则日渐纳入世界文化体系，直接承受着‘高势能’的外来工业文明的挑战，历来的优胜地位发生动摇。这在文化保守主义看似乎是灭顶之灾，而对于一个有着雄健的包容精神和消化能力的民族来说，则是文化跃进的契机，诚如王国维所指出的，‘外界之势力之影响于学术’，是刺激、促进学术革新的有力因素，历史上‘佛教之东适’对我国文化

曾产生启迪作用，现在的‘西学东渐’也是打破我国学术沉滞局面的一大转机，因而他把西学称之为‘第二佛教’[①]”。

这就是从清到民国汉民族文化革命时代的样态和态势。在革命中开新的汉民族文化兼采中外、贯通古今，更加根深叶茂，苍劲挺拔。历史已经证明，汉民族在从清到民国的文化开新中已“化茧成蝶”。现在与中国55个少数民族一起走在中华民族复兴大路上的汉民族，已进入了一个新的“凤凰涅槃”时代，文化开新还在继续之中，还在继续之中……

① 王国维：《论近年之学术界》，载《静安文集》。冯天瑜、何晓明、周积明：《中华文化史》，上海人民出版社1990年版，第1162—1164页。

漢民族史記

国家出版基金项目
NATIONAL PUBLICATION FOUNDATION

汉民族史记

徐杰舜 主编

4

族群卷（下）

徐杰舜 著

中国社会科学出版社

目　　录

华东汉民族族群编

西北汉民族族群编

西南汉民族族群编

华东汉民族族群编

一方水土养一方人，华东的水土养育了华东人。

长江流域是汉民族的又一个发祥地，与黄河流域形成双子星座的格局。华东的汉民族族群大多是从三国魏晋南北朝到宋辽金时代的北方中原汉民族移民与百越族群互动、磨合、整合和融合的结晶，成为当今汉民族中最具创造力和活力的汉民族族群。

华东的汉民族族群主要有上海人、徽州人、安庆人、南京人、徐州人、苏州人、镇江人、杭州人、宁波人和温州人等。

第一章　上海人

上海是一个移民的城市，“上海人”从根本上来说是由非上海人移民组成的。不要把“上海人”看作“上海”的人，“上海人”是上海这个地方在一定的开放时空形成的一种身份和认同。[①] 也就是说，若追根寻源，上海人则几乎都是外地人，而真正的上海人，则是上海人都看不起的“乡下人”。所以，如果说上海是一个“出身暧昧的混血儿”，那么，上海人便是一个“来历不明的尴尬人”[②]。所以，余秋雨说：“近代以来，上海人一直是中国一个非常特殊的群落。上海的古迹没有多少好看的，到上海旅行，领受最深的便是熙熙攘攘的上海人。”“于是，上海人陷入了一种无法自拔的尴尬。这种尴尬远不是自今日起。依我看，上海人始终是中国近代史开始以来最尴尬的一群。”[③]

第一节　上海人的语言

上海话属于吴语苏沪嘉片，是近两百年来所形成的次方言，由基础方言松江话、苏南吴语和浙北吴语混合而成，其最明显的特征是五个单字调。[④] 1843 年以前，上海话是松江方言大区域的分支。[⑤] 经过一百多年的发展，上海话的腔调介于苏州话和宁波话之间，与宁波话相比，上海话还

---

① 顾晓鸣：《“上海人”的族类内涵和“新上海人”》，载上海证大研究所编《上海人》，学林出版社 2002 年版，第 173 页。

② 郭俊：《中国城市人性格地图》，万卷公司 2006 年版，第 292 页。

③ 余秋雨：《上海人》，载《文化苦旅》，知识出版社 1992 年版，第 143 页。

④ 游汝杰：《上海话在吴语分区上的地位——兼论上海话的混合方言性质》，《方言》2006 年第 1 期。

⑤ 钱乃荣：《沪语盘点》，上海文化出版社 2002 年版，第 9 页。

比较“糯”；与苏州话相比，上海话腔调偏硬。初听上海话，每一句话句尾转降调，婉转和缓，少有抑扬顿挫，语调基本平和，发音节奏均衡。上海话的语音和宁波话相比，差异率为30%，基本词汇都是宁波话的底子，但语气腔调更软糯一些。①

一 上海话的形成

上海的历史虽然不长，但上海话的历史却可追溯到战国时期。据学者研究，旧志记载上海在战国时属楚相传为春申君黄歇的封地，上海嘉定地区发现有战国后期的楚文化墓，出土有泥质郢爰三块。泥质郢爰为仿楚郢爰金块的明器，上印阳文“郢爰”二字，随葬的有楚式鼎、豆、盒、壶、杯、勺等陶器。这说明楚灭越以后，其势力和影响确实到达了上海地区。楚语确实有机会影响上海居民。楚文化是汉文化的一种，所以在马桥文化时期以后，上海土著再次接触汉文化的开始。汉代以后，上海地区开始有了更充足的演变条件。本地发现的汉代墓葬七座，随葬品有铜镜、石砚、套印、铁剑、料珠以及半两钱、五铢钱等，葬制已与中原地区近似。其中一座西汉早期墓，墓主人使用鼎、盒、壶、瓿等礼器随葬，是有一定地位的官员。可见当时上海地区已经是汉文化范围，有汉帝国的官吏存在。所以可以断定，至迟在西汉早期，上海地区肯定有人在使用汉语和汉字了，也就是说至迟在汉代，作为汉语吴方言一支的上海方言已经形成。②

及至唐代以后，上海属华亭县县郊，宋代华亭县属嘉兴，至元代改松江府，仍属嘉兴，但改设上海镇，所以也可以说上海话源于华亭土话。嘉靖《上海县志》就称“方言以华亭为重”，而华亭土话则与嘉兴话接近，正德《松江府志》和正德《华亭县志》在述及方言时都说：“府城视上海为轻，视嘉兴为重。”

至清代，松江府隶属江苏省，嘉兴话的权威才让位给苏州话，康熙《松江府志》就说：“府城视上海为轻，视姑苏为重。”嘉庆《松江府志》也说：“府城视上海为轻，视苏州为重。”可见清代之时，上海县一直属松江府管辖。而松江府原是从秀州（治今浙江嘉兴）分出，所

① 赵则玲：《宁波话与上海话比较及其历史成因》，《浙江社会科学》2012年第12期。

② 刘民钢：《试论上海方言的形成》，《上海师范大学学报》（哲学社会科学版）2001年第1期。

以，清时上海话与松江话乃至嘉兴话较为接近。松江话是上海话的原型。正如清人徐珂在《清稗类钞·方言类》中所云："松江土音与苏州、嘉兴同，间有小异。枫泾以南类嘉善，洙泾以南类平湖，泖湖以西类吴江，吴淞以北类嘉定，赵屯以西类昆山，即境内亦自不同，大率均属吴音而微别耳。"①

在开埠之前，上海话并没有形成具有鲜明特色的地方语言，特别是还没有形成新的交际语言，还是延续传统的语言系统，处在"各自为政的割据局面"②。胡祖德《沪谚·方言一》里说："上海方言，唐行以南，与华亭相似。赵屯以西，类昆山。吴淞以北，类嘉定。凡属八庚者，或开口呼如七阳韵。（如费为古郎切，争为侧羊切之类。）以灰入麻，以泰入个。（如槐音如华，大音如惰之类。）又有呼字之切母者。（如孔为窟笼，圆为突栾之类。）声相近而讹者，鬼如举，归如居，跪如巨，亏如墟，椅如预，逵如衢。"③

在这个背景下，上海话大约形成于20世纪30年代。

1843年11月上海按照《中英南京条约》的条款，正式对外开放。据徐华龙的研究，上海开埠以后，上海语言可以分为五大类，即广东话、宁波话、苏州话、北方话以及上海本地话。根据《上海闲话》记载："上海五方杂处，语言庞杂，不可究诘。大别言之，约可分为数类：（一）广东话，洋人由广东北来上海，故广东人最占势力。（二）宁波话，宁波滨海，开通较早，来沪亦先。（三）苏帮话，地主也。（四）北方话，京、津、山、陕富商大贾及优伶一派所流衍者。第五乃始及上海本地土话。盖上海为海滨小邑，自明季历遭倭寇，元气屡伤，故生齿不甚繁殖，今之十里洋场，昔日之固荒烟蔓草耳。故上海土语，除城南、城西一带，尚有完全土著外，其余一变再变，所谓上海白者，大抵均宁波、苏州混合之语言，已非通商前之旧矣。纯粹上海话，呼儿子曰后子，而寻人曰梭人。公鹤留沪日浅，暇当访之上海土著，另有记录焉。"④ 可见，在开埠初期的上海，多种语言共存。

---

① （清）徐珂编撰：《清稗类钞·方言类》第五册，中华书局1984年版，第2242页。

② 徐华龙：《非物质文化遗产与民俗》，杭州出版社2012年版，第562页。

③ 胡祖德：《沪谚·方言一》，上海古籍出版社1989年版，第91页。

④ 姚公鹤：《上海闲话》，上海古籍出版社1989年版，第19页。这段文字在《清稗类钞》一书里也有几乎同样的记载。

虽然如此，苏州话在当时的上海还是主要的流行语言，这在晚清的许多小说里就可以找到证据。例如在漱六山房《九尾龟》中就有这样一段对话，颇有代表性：

> 且说张书玉对李子霄说道："耐刚刚啥格吃仔两杯酒，就吃醉哉。倪摸摸耐头浪，象煞有点发热，难下转勿要去瞎吃瞎吃，倘忙吃出仔点毛病，总是耐自家格身体吃亏。耐故歇一干仔来浪上海，夷无拨啥自家格亲人，有仔毛病，阿有啥人好来替耐。倪是白白里替耐发极，也无拨啥格用场。耐下转阿好当心点，勿要拿仔自家格身体弄白相，耐想倪格闲话阿对？"李子霄听了，满心快活，一时说不出来，暗想："我做的倌人，也不知多少了，恰都是虚情假意的，一些儿没有真心，我却也从来没有上过他们的当。如今看这张书玉的样儿，实是和我真心要好，不是那虚情假意的人。但是我几次转他的念头，他终是糊里糊涂的含糊答应，不肯爽爽快快的应承，不晓得他是什么意见……"①

苏州在历史上就是长江三角洲地区重要的经济文化中心，早在明代中叶上海就被俗称为"小苏州"。明中叶上海人陆楫在《蒹葭堂杂著摘抄》里曾说："自吾海邑言之，吾邑僻处海滨，四方之舟车不一经其地，谚号为小苏州。游贾之仰给于邑中者，无虑数十万人。特以俗尚甚奢，其民颇易为生尔。"可见明代上海县城所聚外地商贾的数量是较为可观的。到了晚清时期，上海的"小苏州"之称依然存在，从当时整个江南地区来看，上海的经济地位还不是十分显赫，当时有"江南名郡、苏杭并称"之说。② 苏州话对上海话的影响之大可想而知。

与此同时，广东话对上海话的影响也很大。据徐华龙的研究，清嘉庆至道光年间（1796—1850年）的上海港从南门外的南码头、周家渡到大小东门外的黄浦沿岸，已经形成颇具规模的港区码头。其中北航沙船主要

---

① （清）漱六山房：《九尾龟》第七十五回《撩云拨雨夜渡银河，辣手狠心朝施毒计》，荆楚书社1989年版，第521页。

② 参阅上海研究中心、上海地方志办公室编《上海研究论丛》第九辑，上海社会科学院出版社1993年版，第246—247页。

集中于南门外南码头、董家渡一带。道光初，每年收泊各帮沙船不下3000艘，大大超过当年浏河镇的规模。沿浦之地设有大小铁木作坊，修配船具用件。一些大船主开设船厂，往往也多选在南门外。道光五年（1825年），清政府借助沙船运送漕粮，同样“设局于小南门外”。县城大小东门外的沿江码头仍是南洋航线海船主要的泊靠区。史载“闽粤大商多在东关外”。因南洋航线海船吨位大、吃水深，常多泊于江中心。《淞南乐府》称：“海船全身白垩，俗呼白肚皮。船俱泊浦心。”① 据估计，至近代前夕，上海港的沿海航运船只总数已可达4000艘以上，航运总吨位可达42万吨左右。这在近代轮船运输兴起之前，不能不说是一个相当惊人的数字。优越的地理位置，良好的港口设施，便利的通航水道，以及纵深广阔的腹地，使上海已成为当时中国南北之间、沿海和腹地之间交换各种商货的最大商港，她不仅只是长江的门户，而且已是江南以至东亚最重要的商业贸易中心之一。此正如道光年间一位上海地方官员所称：“上海号称小广东，洋货聚集……稍西为乍浦，亦洋船码头，不如上海繁富。浏河亦相距不远，向通海口，今则淤塞过半。”② “而上海适介南北之中，最当冲要，故贸易兴旺，非他处所能埒。”③

正如徐华龙所分析的那样，上海明代时有“小苏州”之称，由此反映的是以内河航运贸易为主的城市社会经济的成长；至近代前夕，上海又获“小广东”之誉，由此反映的已是更能体现上海优势和潜力的沿海贸易型的特点，以及由此而促成的整个城市社会经济的成长。④ 所以，在吴趼人《二十年目睹之怪现状》第三十四回里，还留下了学习上海话，并将上海话与广东话进行比较的文字：

> 我道：“并不奇怪。各省的方音，虽然不同，然而读到有韵之文，却总不能脱韵的。比如此地上海的口音，把歌舞的歌字读成‘孤’音，凡五歌韵里的字，都可以类推起来：‘搓’字便一定读成‘粗’音，‘磨’字一定读成‘模’音的了。所以我学说话，只要得了一个字音，

---

① （清）杨光辅：《淞南乐府》，上海古籍出版社1989年版，第171页。

② 《李星沅日记（抄本）》，载《清代日记汇抄》，上海人民出版社1989年版，第207—208页。

③ 《瀛壖杂志》卷六，第109页。

④ 参阅徐华龙《非物质文化遗产与民俗》，杭州出版社2012年版，第567页。

便这一韵的音都可以贯通起来，学着似乎比别人快点。”端甫道：“这个可谓神乎其用了！不知广东话又是怎样?”我道：“上海音是五歌韵混了六鱼、七虞，广东音却是六鱼、七虞混了四豪，那‘都’‘刀’两个字是同音的，这就可以类推了。”端甫道：“那么‘到’‘妒’也同音了?”我道：“自然。”端甫道：“‘道’‘度’如何?”我道：“也同音。”端甫喜道：“我可得了这个学话求音的捷径了。”

1843 年上海开埠之后，上海城迅速扩展，人口急剧增长，上海遂成五方杂处之地，上海话也有了五方杂处之音。由于上海在政治、经济、文化等方面地位的迅速提高，来上海的外地籍人都要学上海话，要用上海话来进行交际和交易。因而，旧的以松江话为底子的上海话，又必然受到各种外地语言甚至外国语言的影响，有所变异和变化。由于涌入上海的移民分别是江浙籍人和广东籍人为多，这些移民在上海又形成较集中的生活社区，而上海话的原底子又与江浙地区方言同属吴方言区，甚为接近，所以发展变化中的上海话受到江浙方言诸如苏州话、无锡话、宁波话的影响较多，同时也受到北方官话和广东话的某些影响，使本来属于吴语区域、临海偏僻地区的上海话，一跃而领先为吴语诸次方言中发展最快速、最时髦的新上海话。上海话影响的不断扩大，不仅逐渐改变了上海郊县的语言，而且还向交通线所至的其他吴语区域扩展，使吴语区域内不少地方的人们在交际中往往通用上海话，取代了原先通用的苏州话、广东话、宁波话等。[①] 上海话就在五音杂处之中形成了。

二　上海话的特点

上海话通常称为“上海闲话”，是现代吴语地区最有影响力的方言之一。这不仅是因上海的城市地位，更是由上海闲话的历史形成和特点决定的。狭义的上海闲话仅指“上海市区话”。广义的上海方言共计有八种主要方言，即上海市区方言就是狭义的上海方言（上海市区话）、浦东方言（浦东话）、青浦方言（青浦话）、松江方言（松江话）、嘉定方言（嘉定话）、崇明方言（崇明话）、金山方言（金山话）、吴江方言（吴江话）。

---

① 参阅徐华龙《非物质文化遗产与民俗》，杭州出版社 2012 年版，第 562 页。

（一）上海话的语言学特点

上海话有28个声母[①]，作为吴方言的次方言，上海话也具有吴方言的典型语音特征。吴方言保留中古全浊声母，塞音分浊音、轻声送气和轻声不送气三类，声调体系完整，保留入声尾韵，部分阳声韵转为阴声韵，见组声母介音脱落，分尖团。古老的缩气音为通用的不送气清塞音取代，“dz”母在一些发达地方最早向“z”母合并。

上海方言里，韵母有42个[②]，老派音系分尖团，韵母的元音高化，复元音韵母单元音化，中古咸、山摄字的鼻音失去以后与原阴声韵中接近的韵母合并，复杂的入声韵中相近的韵也开始合并。新派韵母高度合并，含字少的声韵母渐渐都归并了，如到20世纪70年代以后，只有一个字的韵母“iu（靴）”并入“y（需）”。

上海话的调类有5个，即阴平（调值52）、阴去（调值334）、阳去（调值113）、阴入（调值55）、阳入（调值12）。古阴上声并入阴去，古阳平、阳上声并入阳去。[③]

1. 上海话的语音特点

（1）上海方言“下、夏、厦、鸦、丫、桠、哑、亚、挜”九个古假摄开口二等麻韵字和假摄合口二等麻韵的“瓦、掠”二字今读［ɔ］，与效摄今读洪音的字相混。

（2）上海方言蟹开一咍韵读［e］，咸开一谈韵和山开一寒韵读［ɛ］，两者不同。

（3）上海方言最显著的一个语音特点是，单字调中三个舒声阳调没有区别。郊区除近郊的洋泾等极少几个点外，其他点至少能区分两个舒声阳调，即阳平与阳去有别。邻近地区的其他吴语都能区分两个以上的舒声阳调，多数点阳平、阳去不同调。

2. 上海话的词汇特点

上海从19世纪中叶开始，市区面积不断扩大，大量外地人口涌入上海，加上外来词以及最近四十多年来普通话的影响，使上海话词汇得以不断地丰富和发展，也形成了上海话词汇和语法的几个比较显著的特点。

---

① 钱乃荣：《上海话语法》，上海人民出版社1997年版，第1—2页。

② 同上。

③ 同上。

（1）同义词多。如表示假设的连词，有“假使、假使讲、假定、假定讲、假设、倘使、倘然、如果”八个，其中“如果”是 20 世纪 80 年代以后才在口语中大量使用的。表示“总共”的词有“一总、总共、共总、拢共、拢总、一共、一共拢总、一个拢总、一塌刮子、亨勃冷、亨勃冷打、搁落三姆”十二个，如果加上其他有此用法的词语，如“一淘辣海、一齐拉起”等，可多达近二十个。其中“搁落三姆”来自洋泾浜英语，“亨勃冷、亨勃冷打”据说来自广东话（粤语）。郊区松江一带只有四种说法：一起、一共、总共、一塌刮子，附近苏州常听到的也仅“共总、搁落三姆、一塌刮子、亨勃冷打”几个说法。

（2）词语来源复杂。除了原有的词语外，“乖乖、什么东西”来自江淮官话；“阿拉、老头”等来自宁波话，“老头”的连读变调形式已超出了上海方言的范围；“鱼生粥、艇子粥”来自粤语；“大饼、羌饼”来自山东话；“木老老很多”是绍兴话：“搿这、蒸箕算子”是原郊区方言；表示疑问的“阿”是苏州话。此外，上海方言中还有许多外来词，多数来自英语。其中不少词先进入上海方言，而后才传入别的方言；有一些则只在上海话里使用。例如：白脱、土司、加仑、太妃糖、派克大衣、派立司、罗宋帽、史带脱、水汀、回丝、赖斯卡、派、派司、销、打开司。

（3）新老差别大。老派上海方言比较接近松江片，而新派则吸收了不少北京话词语。表示同一个意思，老派用固有的说法，新派多采用与普通话相同的说法。如下述例子中，老派用前者，新派用后者：昨日—昨天/好一眼—好一点/假使—如果/日逐—每天、天天/常桩—经常/急下乌、险介乎—差一点/葛嗜—所以/定规——定，等等。据估计，目前青少年使用的词汇中，有一多半是与北京话相同。

（4）上海话的时间名词“年、日”后，均可带后缀“子”。“子”的这种用法不见于北京话，附近的吴方言虽有类似用法，但除苏州方言之外，都不成系统。

（5）老派上海话的人称代词具体如下表所示。

老派上海话人称代词

	第一人称	第二人称	第三人称
单数	我 ŋu˩˧	侬 noŋ˩˧	伊 ɦi˩˧
复数	伲 ȵi˩˧ 我伲 ŋu˨˨ ȵi˦˦	㑚 na˩˧	伊拉 ɦi˨˨ la˦˦

第一人称复数口语中一般用“伲”，“我伲”多用于广播、报告语言。第三人称的“伊”，赵元任先生作“夷”，本字当为“渠”，习惯上写作“伊”。[①]

（6）上海话里，宾语前置，尤其是在表达经历、完成、起始、继续等行为的句子中，通常使用 sov 形式，例如“侬回信收到了哦？（你收到回信了吗？）”。上海话中的双宾语有两种形式，一是 v + 人 + 物；二是 v + 物 + 人。后一种形式是老上海话的形式。[②]

（7）上海话里用介词“拨”表示被动，例如：伊勿学好样，拨伊拉爷杀杀搏搏打了一顿。把字句在上海话里用“拿”构成，例如：伊拿难做个生活掼拨我（他把难做的活儿丢给我）。[③]

（二）上海话的人类学特点

在五音杂处之中形成的上海话人类学的特点很突出。

1. 古汉语遗存：上海话中的历史记忆

上海话中保留不少古汉语的遗存。据徐华龙研究，一些汉语的古音、古语在普通话及北方方言中早已不存在，而在上海话中依然有所保存。

如上海人称闪电为“霍闪”，这与唐代诗人顾云诗中的用法是一样的，顾云《天威行》有“金蛇飞状霍闪过”之句。冬天屋檐下的冰柱，上海人叫“泽”，这与《楚辞》中的读音是一致的。又如上海话中把一月的上旬叫“月头”，而把明年叫“开年”，则与五代前蜀花蕊夫人所作的《宫词》及北周诗人庾信所作铭文中的用词是相同的。

至于对人的称谓，古汉语的遗存就更多了。如上海话称祖父为“公公”（同《左氏春秋》），称父亲为“爷爷”（同《野老纪闻》），称母亲为“阿女尔”（同《博雅》），称舅姑为“公婆”（同《孝慈录》），称夫兄为“阿伯”（同《五代史补》），妻子称丈夫为“官人”（同《韩昌黎集》），丈夫称妻子为“娘子”（同《南村辍耕录》），称岳父为“丈人”（同《鸡肋篇》），称老妇人为“太太”（同《甲乙剩言》），称妇人为“娘娘”（同《龙川杂志》），呼小儿为宝宝（同《留青日札》）或小郎（同《通录》），等等。还有，上海人讲“登时”就是立即的意思，讲“长远”

---

① 参阅许宝华、陶寰《〈上海方言词典〉引论》，《方言》1995 年第 4 期。

② 钱乃荣：《上海话语法》，上海人民出版社 1997 年版，第 261 页。

③ 同上。

就是很久的意思，这是在《魏志》和《晋书》等古籍中就有记载的地道的古汉语。[①]

除了词汇直接来源于古代之外，在组词形式方面，上海话中还保留有不少古代汉语中的组词形式。例如“打”字，在现代汉语中，一般含有“敲击、拍打”“攻击”“自从”三项用法，但在上海话中，“打”字与其他字结合，便有许多不同含义，如“打回票”（指办事无果，徒劳而返）、“打野鸡”（指玩妓女）、“打相打”（指斗殴）、“打棒”（指开玩笑）、“打开司”（指接吻）、“打白客”（指讨便宜）、“打样”（指策划、侦察）、“打烊”（指歇业关门），等等。[②] 上海话中这些“打”字的用法，与古汉语中的用法是一致的。如宋代欧阳修在《归田录》卷二中便写道：“今世俗言语之讹，而举世君子小人皆同其缪者，惟‘打’字尔。其义本谓‘考击’，故人相殴、以物相击，皆谓之打，而工造金银器亦谓之打可矣，盖有槌击之义也。至于造舟车者曰‘打船’‘打车’，网鱼曰‘打鱼’，汲水曰‘打水’，役夫饷饭曰‘打饭’，兵士给衣粮曰‘打衣粮’，从者执伞曰‘打伞’，以糊黏纸曰‘打黏’，以丈尺量地曰‘打量’，举手试眼之昏明曰‘打试’……”[③]

2. 传统韵味：上海话中的文化底蕴

在很多的上海话里可以看到中国语言文化发展的沉淀。如“来三”一词，就出现在清《吴下谚联》里，指的是某人十分能干、精明、可行。来三，又经常写作“来山”。旧时许多庙宇建在山上，据说来山上敬香的人越多则菩萨越灵，同时也意味着庙中僧人越有本事。其中又讲，明末有考官在江南主持考试，派人四处放风说，考生只要交付白金三百两，就保证能录取秀才，并说不另开具收据，进考场就知真。交付三百两的考生进考场后被安排到“来字三号”的考棚里，凡在“来字三号”考棚的考生全部中了秀才。此事传出后，吴语即以“来三”喻可行。[④] 但封建社会的考试制度是十分严格的，像这样的公开舞弊似乎不可能。故“来三”可能是“襕衫”之讹。襕衫是一种上衣下裙相连的服装，古代规定为士大

① 参阅徐华龙《非物质文化遗产与民俗》，杭州出版社2012年版，第571—572页。

② 胡祖德：《沪谚·方言一》，上海古籍出版社1989年版，第91—94页。

③ （北宋）欧阳修：《归田录》卷二，中华书局1981年版，第36页。

④ 参阅（清）王有光《吴下谚联》卷三《来三》，中华书局1982年版，第101页。

夫以上者的常服。到了明清时期，又规定襕衫为秀才、举人的公服，同时又规定需用蓝布制作，于是也被叫作“蓝衫”。

3. 洋泾浜话：上海话中的开放态势

洋泾浜话是上海话开放态势的一种文化表达。

洋泾浜原是旧上海的一处地名。上海人将那种能通舟楫的小河称为“浜”。洋泾浜是一条通黄浦、与苏州河平行的小河，位置在今天的延安东路。1843 年上海开埠后，在洋泾浜设立了英租界和法租界。于是洋泾浜成为沪上租界、洋场的代名词。租界建立后，为了沟通中外居民在生意上的来往，洋泾浜一带出现了一批“露天通事”，即没有正式学过外语的土翻译，兼生意掮客和中介人。他们大多是在洋行当过伙计或在船上当过茶房买办的，学得些许英文单词，然后按照汉语语法，将这些英语单词串成句子，即依此与租界上的外国人交往，做生意，并从中渔利。清末黄式权写了本《淞南梦影录》，对此有所描写：

> 游手好闲之辈，略习西国语言，结伴伺浦滩上，遇有兵船水手及西商之初至沪地者，即导之游览，并代购食用等物。欺其价值未谙，大可从中渔利。甚有数百文之物，竟报价至一二元者。西人性情亢直，不之疑也。若辈惟三十六人，偶多一人，必群相殴扭。沪人鄙而贱之，呼为“露天通事”。①

这种“英语”只有在洋泾浜两边的租界内能够听懂和通用，于是便被称为“洋泾浜英语”，或叫作“洋泾浜话”，成为上海话中的特殊一支。为了学得这种洋泾浜话，上海人还将一些常用的英语单词，编成如下顺口溜，以便熟记：来叫“克姆”（come），去叫“狗”（go），一元洋钿叫“温达罗”（one dollar），是叫“也司”（yes），不叫“糯”（no），如此如此叫“沙咸鱼沙”（so and so），“翘梯翘梯”是喝茶（drink tea），“雪堂雪堂”是坐下（sit down），自家兄弟“勃拉茶”（brother），自家姐妹“雪司塌拉”（sister）。这种将英语改变成为洋泾浜话的做法有许多顺口溜，也称为歌诀。②

---

① （清）黄式权：《淞南梦影录》卷三，上海古籍出版社 1989 年版，第 126 页。

② 见汪仲贤《上海俗语图说》，上海书店出版社 1999 年版，第 2 页。

洋泾浜英语在上海的流行，逐渐演变为洋泾浜话，进而衍生出“洋泾浜”一词。所谓“洋泾浜”，一是指那些词义被衍化，语法、语音不规范的语言；二是指那种带中国腔调、使用汉语组词规则的蹩脚英语；三是指带有浓重地方口音的外地上海话。最后，上海人对那些不伦不类的性格和行为以及蹩脚模仿的事物，都以“洋泾浜”一词以蔽之。[①]“洋泾浜”话成了上海话开放态势的一个案例。

第二节 上海人的形成

上海的开埠，为上海人的崛起提供了机遇。近代学者王韬《瀛壖杂志》卷一中说：“上海居南吴尽境，古为《禹贡》扬州之域。春秋属吴，后属越。”[②] 从此，上海在历史的时空中穿越了两千多年后，在东海之滨倏然崛起。

一 上海的历史记忆

上海人的形成先要从上海的崛起谈起。

上海是怎样的一个族群空间呢？明万历《上海县志》云：“南瞰黄浦，北枕吴淞。大海东环，九峰西拱，广原沃壤，尽境皆然。”上海分为淞北（古称疁）、淞南（古称云间）和浦东三大片。这些地方是扬子地台[③]的一部分，后来因为地质变动，成了三角洲。在青浦崧泽村出土的台形遗址下层中，有大量夹砂红陶和泥质红陶碎片，还有动物骨骼、植物种子和果核。该遗址属于嘉兴马家浜文化类型，与中原仰韶文化同期，距今6000—4000 年，是太湖流域新石器时代文化遗存。上层出土了大量石制生产工具，例如石镰、石刀、石铲、石矛等。此外还有其他陶器，器形种类很多，纹饰繁杂。该文化属于杭州良渚文化类型，明显保持了浙闽古越

① 参阅徐华龙《非物质文化遗产与民俗》，杭州出版社 2012 年版，第 581 页。

② 转引自马学强《上海通史》第二卷《古代》，上海人民出版社 1999 年版，第 59 页。

③ 扬子地台（Yantze Platform）包括川、黔、滇、鄂、湘等省的大部分地区，陕南和桂北地区，以及长江下游的皖、苏两省部分地区。地台的边缘有一些山脉环绕，如北侧的米仓山和大巴山、东侧的武陵山、西北缘的龙门山等。出露地表的地台基底岩系多为元古宙的变质岩，变质年龄 17 亿—23 亿年。

族土著文化的特点。①

在一片古老的地区，经历了数千年前的新石器时代，这儿就生息了先吴或先越的原始族群，他们创造了崧泽文化、良渚文化等具有东南地区典型文化特征的原始文化类型，成为中华民族文明源起的摇篮之一。

上海古为《禹贡》扬州之域，春秋时期为越国之地。《史记·越王勾践世家》载："越王勾践，其先禹之苗裔，而夏后帝少康之庶子也。封于会稽，以奉守禹之祀。文身断发，披草莱而邑焉。后二十余世，至于允常。云：'于，语发声也。'允常之时，与吴王阖闾战而相怨伐。允常卒，子勾践立，是为越王。"越王拓疆至今天上海南部。西周建国之前，周太王儿子太伯、仲雍让贤而躲到江南地区，"吴太伯，太伯弟仲雍，皆周太王之子，而王季历之兄也。季历贤，而有圣子昌，太王欲立季历以及昌，于是太伯、仲雍二人乃奔荆蛮，文身断发，示不可用，以避季历。季历果立，是为王季，而昌为文王。太伯之奔荆蛮，自号句吴。荆蛮义之，从而归之千余家，立为吴太伯"②。周武王封周章为吴王，所辖疆域包括今天上海的北部地区。吴王二十世孙诸樊的父亲寿梦在国都之东、松江以南修建华亭以停留所用，后命名为华亭。③ 国君阖闾在淞南由拳县修建的阖闾城，在今天上海市青浦县境内。④ 上海的归属随着吴越两国之间的战争而呈现拉锯状。周元王三年（前 473 年）越灭吴，吴国疆域被纳入越国版图。战国时，上海属楚国所辖，"楚威王兴兵而伐之，大败越，杀王无疆，尽取故吴地至浙江，北破齐于徐州。而越以此散，诸族子争立，或为王，或为君，滨于江南海上，服朝于楚"⑤。

上海的简称"沪"，本是一种捕鱼的渔具，今天作"簄"，沪即由具有特点的捕鱼渔具而命名，因此，"沪"其实就是原始人的一种捕鱼方式。至于"申"，则源于战国时的春申君黄歇曾封于此地，黄浦江即由黄歇浦简称而来，"申"则为春申的别称。当然，这种历史更多的不是出于信史的记载，而是传说或附会。⑥

---

① 唐振常：《上海史》，上海人民出版社 1989 年版，第 2 页。

② 《史记·吴太伯世家》。

③ 《松江府志》"沿革"。

④ 《云间志》"古迹"。

⑤ 《史记·越王勾践世家》。

⑥ 参阅吴恩培《从上海的别称、简称看吴文化对上海的影响》，《安徽史学》2006 年第 6 期。

及至秦代，秦始皇二十六年（前221年）[①] 灭楚，统一全国，划天下为三十六郡，吴越属会稽郡，上海地区包括了疁县、由拳县和海盐县，治在吴城。

汉代会稽郡各县先后属楚、荆、吴诸侯国。《汉书·地理志》载："吴东有海盐、章山之铜，三江五湖之利，亦江东之一都会也。"王莽新政时改海盐为展武，改疁县为娄治。东汉恢复旧郡县名，娄治改成娄县。顺帝分会稽郡为二，会稽郡治在山阴；吴郡治在吴城，辖十三县，包括由拳、海盐、娄县。南朝梁陈时期，上海地区还建立过前京、胥浦二县，后被撤。唐天宝十年（751年）设华亭县，辖今天的上海市区。[②]

宋末置上海镇。宋初，华亭县改属两浙路秀州（州治在今嘉兴）。这时华亭海滩，已经成为重要盐场，"人烟浩穰，海舶辐辏"，商业日益发达。宋宣和元年（1119年），随着松江航道重新疏浚，华亭县北部的青龙镇更见发展。据宋诗人梅尧臣在《青龙杂志》中记载，青龙镇有二十二桥、三十六坊，还有"三亭、七塔、十三寺，烟火万家"，时人誉称"小杭州"。宋熙宁年间（1068—1077年），贸易中心由青龙镇转移到华亭县东北地区的上海浦，形成较大的居民集镇，此时渔村变成初具规模的小镇。

上海之得名，正是始于名叫这条"上海浦"的小河。古时，上海之地皆浦。黄浦江的"浦"，在吴方言区原意是小河，多指人工河。宋代为解决吴淞江泄水能力，在吴淞江两岸，大约每隔五里开通一条进入吴淞江的水道，这种支流水道称为浦。当时，吴淞江现在虹口区海门路一段，南岸有一个浦，称作上海浦。与上海浦相对着，北岸有个浦，叫下海浦。江南河流命名有个习惯，接近源头的支流称为里或上，靠近下游的称为外或下。上海浦和下海浦，因为位置得名。[③] 据北宋官吏、水利学家郏亶的《水利书》云："松江之南，大浦十八，有上海、下海二浦。"明代弘治本《上海县志》亦载："上海，旧名华亭。当宋时，番商辐辏，乃以镇名，市舶提举司及榷货场地焉。元至元二十九年（1292年）经民物繁庶，始割华亭东北五乡，立县于镇，隶松江府。泰定三年，罢府，隶嘉兴路。天

① 据翦伯赞主编《中外历史年表》，中华书局1985年2月版，公元前221年为"秦始皇二十六年"。

② 《元和郡县志》。

③ 雪里寻梅：《上海与"下海"》（http：//blog. sina. com. cn/s/blog_ 462b19f70102dvoq. html）。

历元年，复府，仍以隶之。其名上海者，地居海之洋上故也。”①

上海之名起源于上海浦，但是最后成名是因为酒。上海本是河流名，后来在这一带设置了专门管理酒税的机关——酒务。1077 年（北宋熙宁十年），在秀州十七处酒务中，始见“上海”之名。此酒务在上海浦边，故名“上海务”，是一个管理贸易和税收的机构。上海务滨江临海，人流众多，交易繁忙，税收大增。因为酒，上海务的名气也像酒一样逐渐声名鹊起。南宋咸淳年间（1265—1274 年），上海市舶提举司设立，上海镇逐渐繁荣。

1292 年，元朝设上海县，县治在今天上海市中心黄浦江沿岸，一般被视为上海市历史的起点。元朝至元十四年（1277 年），在上海镇设立市舶司，与广州、泉州、温州、杭州、庆元、澉浦合称全国七大市舶司。本埠市舶司的衙门设在后来的上海县署内，即今小东门方浜南路的光启路上。元朝至元十四年（1277 年），华亭县升格为府，翌年更名松江府。元朝至元二十九年（1292 年），以上海镇为中心，析华亭县的高昌、长人、北亭、海隅、新江五乡，建“上海县”②，上海县县治在今黄浦区，这是上海市区建城的开始。华亭、上海两县语言相通、习俗相同，成为元代上海地区的双子城。

明朝时，上海逐渐兴盛，1553 年，为抵倭寇筑上海城（在原南市区，现与黄浦区合并），归属南直隶松江府管辖。松江府辖境为全国最大的棉纺中心，除华亭县外，另有青浦县（今青浦区）、金山卫（今金山区）等。清朝沿袭明制，归属江南省松江府，设江海关。丘浚在《大学衍义补》中写道，“韩愈谓赋出天下，而江南居十九。以今观之，浙东西又居江南十九，而苏、松、常、嘉、湖五府又居两浙十九也”。

清代设立苏松太道松江府，苏松太道中后期依其驻地又俗称为上海道，为清朝江苏省下属的道级行政区划之一，辖管苏州府、松江府和太仓直隶州，顺治年间驻地为太仓，康熙时期驻地为苏州，雍正之后驻地为松江府下辖的上海县。清初顺治年间，设立分巡苏松兵备道，辖苏州府、松

① （明）弘治本《上海县志》。转引自胡根喜《老上海不仅仅是风花雪月的故事》，四川人民出版社 1998 年版，第 9 页。

② 关于上海立县的确切时间有三说，一为至元二十七年，一为至元二十八年，一为至元二十九年，姑以现在通行说法，即上海建县 700 年纪念所选之年份为建县年份。

江府，隶属江南省，道署驻太仓州。1663 年（康熙二年），苏松道改为苏松常道，增辖常州府，道署随之移驻苏州。1682 年（康熙二十一年），常州府改属江镇道，于是苏松常道改名苏松道。1724 年（雍正二年），原属苏州府的太仓州升为直隶州，于是苏松道改名苏松太道。1730 年（雍正八年），太仓、通州两个直隶州成立太通道，于是苏松太道再改为苏松道，应江苏巡抚尹继善奏请，道台衙门也在这时从苏州迁往松江府下辖的上海县。当时的道台为徐永佑。1741 年（乾隆六年），太仓州还属苏松道，于是苏松道又改为苏松太道。1808 年（嘉庆十三年），苏松粮储道和松太道再度合并成立苏松太道，道台衙门仍设在上海县城。

鸦片战争后，上海成为对外通商口岸，一下子繁荣起来，1927 年设立上海特别市，1930 年改称上海市，市、县分治，上海又成为市名。[①] 这样，上海从一条小河，变成收税的办公场所，再变成世界最大的城市之一，这就是上海人崛起前的上海。

二 上海人形成

上海人的形成，是中国近代史上汉民族族群互动、磨合和整合的一个重要成果。

与其他汉民族族群基本上都是具有地域概念意义的族群不同，有学者认为上海人不具有地域概念意义，复旦大学陈思和认为："我们今天议论的上海人，其实并不是一个地域性的概念，真正地域性的上海人，比如松江人、南汇人，除非加上一些类似'的的刮刮''真正''正宗'等定语修饰词，通常倒不用'上海人'的称谓，而一般人所理解的上海人，也就是指在过去一百多年间陆续迁来的外地人。"[②] 这个观点主要强调了上海人的移民性质。其实，准确地讲上海人应该是近代以来"五方"移民"杂处"上海互动、磨合、整合和融合的结果。严格地说，这种在上海互动、磨合、整合和融合的上海人，还是一个具有地域概念意义的族群。

（一）"五方"移民"杂处"上海

早在 1917 年姚公鹤在《上海闲话》中就说："上海五方杂处。"[③] 上

① 熊月之主编：《上海通史》导论，上海人民出版社 1999 年版，第 2 页。

② 陈思和：《上海人、上海文化和上海的知识分子》，载上海证大研究所编《上海人》，学林出版社 2002 年版，第 81 页。

③ （清）姚公鹤：《上海闲话》，上海古籍出版社 1989 年版，第 19 页。

海开埠后一直到20世纪初期，上海的移民主要有三大系统，即广东、浙江和苏北，其次才是江南各地，彼此间不但保持了独立的语言和生活习惯，而且拥有专门的职业和社交圈子。譬如初期广东人来上海投资经营大都带有海外华侨的背景，虽然在上海的经济结构里占据比较重要的地位，但他们有自己的活动范围，文化上保持了封闭的区域文化传统，与上海市民阶层很少交流。而浙江人在上海则不同，尤其在国民党北伐以后，浙江人在上海的经济地位上升，他们不仅有虞洽卿等商界风云人物，也有大量手工业的市民阶层，所谓龙门可跳、狗洞可钻，最体现上海市民中积极及上进的文化，所以在上海文化中浙江文化的成分占有主要因素。而苏北人又是一个阶层，大都占据服务性行业与苦力劳动的行业，反映了下层市民的文化。[①] 所以，上海人不同原居民，上海人称原居民为“本地人”而不是上海人，可见在上海人心目中，原居民与上海人是不可等同而语的，其中存在一条分界线。[②] 正如上海作家所说：“要给上海人下定义实在不容易。说到底，上海人根本不是上海人，或者讲，与原居民的上海人，根本是两码事。”[③]

上海的“五方杂处”，《新周刊》有一篇有关中国姓氏的资料中，讲到上海地区现共有不同姓氏1723个，常见姓氏511个，上海人口最多的十个大姓分别为张、陈、王、李、朱、徐、周、黄、吴、陆。[④] 据专家考察，上海十大姓氏基本上代表了中国传统南方姓氏的特点。程乃珊在《上海，贵姓?》中说：

> 从上海十大姓氏中我们可以发现，其中李姓，以宁波籍居多，正应着“无宁不成天下”之说，宁波近海，海是通往现代文明的蓝色之路，故宁波人善经商有口皆碑，海外有“李氏宗亲”命名的宁波同乡会。要说经商，上海无疑是最占天时地利人和的一块宝地，难怪大量宁波籍人移民上海；张姓刘姓，其代表为江南首富聚集和发源的

① 陈思和：《上海人、上海文化和上海的知识分子》，载上海证大研究所编《上海人》，学林出版社2002年版，第82页。

② 程乃珊：《上海，贵姓?》，载上海证大研究所编《上海人》，学林出版社2002年版，第56页。

③ 同上。

④ 同上书，第55页。

南浔的两大家族，吴姓多为姑苏吴县……十大姓氏中真正属上海本地域原居民的，只有徐姓（徐家汇或是徐姓聚居之地，科学家徐光启，是上海原居民）、朱姓（朱家角地。上海最早提议开启上海北上渤海湾航线的朱清，是上海原居民）和陆姓（早在三国时代，陆姓就属上海地区的显赫家族）。回到上海姓氏，我们可以看到，上海十大姓氏中，原居民的本地人姓氏所占比例较低，这充分说明上海本身，就是一个由移民构成的城市。①

到19世纪90年代，早期来沪移民，即开埠初期便来沪的，与太平天国时期大批来沪的，在沪居住时间已有四五十年了。据估计，在1853年小刀会起义以前，上海已有广东人8万，福建人5万，照此比例，当时江苏、浙江在沪人数当各在8万以上。因太平天国和小刀会的关系，从江、浙又涌来六七万（扣除来而复回的）。这三十来万人构成了近代上海最早的一批外来移民，如果这些移民在沪结婚成家的话，到19世纪末，则不但有了儿子，很可能已经抱了孙子，他们的生活重心已不在宁波、扬州、潮州、香山，而在上海。②

来自“五方”之地的汉民族移民在上海开始了互动、磨合和融合为上海人的过程。

（二）租界与上海人的形成

上海人的形成，既是移居上海“五方”汉民族移民互动、磨合和融合的结晶，又是租界影响、推动和整合的结果。

1840年，中国被外国的炮舰打开门户被迫对外开放之后，1843年根据不平等的《南京条约》，上海成为中国五个对外通商口岸之一。1845年，英国殖民者率先在上海县城的北面设置了英国的“居留地”，其后，美、法等殖民者先后占据了大片的特殊区域，即后来人们所习称的“租界”。1854年成立了自治机构工部局，事实上演变成独立于清朝地方政府行政与司法管辖权之外的租界。

租界的设立既造成了殖民者的特殊地位和权力，同时也带来了西方的

---

① 程乃珊：《上海，贵姓?》，载上海证大研究所编《上海人》，学林出版社2002年版，第59页。

② 熊月之主编：《上海通史》导论，上海人民出版社1999年版，第80页。

文化、管理模式、法律制度。重要的是由于它不受中国政府的直接管辖，租界的“工部局”（municipal committee）[①] 成了租界的变相“政府”，巡捕房是它的警察机构、会审公廨是它的司法机关，整个租界俨然成了“国中之国”。然而，正是这种“国中之国”的特殊地位，在近代中国时局风云变幻的时代，特别是在激烈动荡的历次战争，如小刀会起义、太平天国起义、武昌起义等时期，在不违反租界有关“法律制度”的条件下，华洋杂居局面的出现，使租界的“特殊”地位既保证了进入租界的官员和有钱人的“避难”，也保护了为躲避战祸而逃入租界的平民，后来，租界也保护那些对现政府不满而策划革命或宣传鼓动革命的志士。

租界的存在，对近代上海城市的发展，产生了极其复杂而广泛的影响。其中的缝隙效应，租界既是中国领土又不受中国政府直接管辖的特点，使得中国大一统的政治局面出现一道缝隙。这道缝隙虽然很小，但影响很大。这道缝隙在清朝政府、北洋政府、南京政府的统治系统中，成为一条力量薄弱地带，形成反政府力量可以利用的政治空间。

《上海通史》第一卷研究，这时进入上海的汉民族移民，从方式上看，多属零散、自发、非组织性移民，而不是有组织的集团性移民。太平天国期间，长江中下游地区尤其是江浙一带，战事频仍，大批难民涌入上海，从 1855 年到 1865 年，公共租界从 2 万人猛增至 9 万人，净增 7 万人，法租界也净增 4 万人，两租界共增 11 万人。这么多的外地移民涌入上海，迅速地改变了上海的人口结构，使得客籍即非上海籍人口远远多于上海本地人口。据上海自 1885 年以来历年的人口统计，公共租界非上海籍的人口通常占 80% 以上，华界非上海籍的人口通常占 75% 以上。

上海的汉民族移民来自江苏、浙江、安徽、福建、广东、山西等 18 个省区。据公共租界和华界对人口的分省籍统计，上海外来移民的人数，第一是江苏，第二是浙江，至于第三名，在公共租界是广东人，在华界是安徽人。[②] 邹依仁在《旧上海人口变迁的研究》中有统计。

---

① 工部局（municipal committee）的中文翻译意思为市政委员会，是设置于租界的相当于一种行使行政权的机构。因与中国之“工部”类似而名为“工部局”。后来法租界成立了“公董局”。

② 熊月之主编：《上海通史》第一卷，上海人民出版社 1988 年版，第 50、73 页。

上海公共租界客籍人口与本地人口比较

年份	上海籍	比例（%）	非上海籍	比例（%）
1885	15814	15	93492	85
1890	24315	17	118839	83
1895	40470	19	178836	81
1905	67600	17	322797	83
1915	91161	17	448054	83
1925	121238	17	660848	83
1935	236477	21	884383	79

资料来源：邹依仁：《旧上海人口变迁的研究》，上海人民出版社 1980 年版，第 112 页。

1885—1935 年上海公共租界华人籍贯构成统计

省份＼年份	1885	1900	1905	1910	1915	1920	1925	1930	1935
江苏	39604	141855	169001	180331	230402	292599	308096	500576	591192
浙江	41304	109419	134033	168761	201206	235779	229059	304544	388865
广东	21013	33561	54559	39366	44811	54016	51365	44502	53338
安徽	2683	4320	7422	5263	15471	29077	26500	20537	30956
山东	374	1379	2863	2197	5158	10228	12169	8759	14765
湖北	646	2021	4744	3353	7997	11253	14894	8267	9674
河北	1911	2469	4674	4623	7211	16259	15803	7032	11403
湖南	15	378	1266	680	2798	2944	7049	4978	4315
江西	462	905	2659	1488	5353	7221	10506	4406	5540
福建	708	2184	3358	2134	5165	9970	12464	3057	3787
河南	30	224	773	832	2481	3662	7049	2027	3454
四川	62	301	1235	973	3244	3551	6694	1135	1516
广西	1	172	619	587	1464	1213	3746	224	171
山西	483	373	785	704	2135	1929	5002	177	365
云南	3	25	602	407	1025	584	3538	172	174

续表

省份＼年份	1885	1900	1905	1910	1915	1920	1925	1930	1935
陕西	3	51	688	630	1424	932	3547	167	179
贵州	4	51	723	469	944	469	2422	144	141
甘肃	—	20	393	516	926	686	2073	19	17
东三省及其他						104	110	151	1008
总计	109306	299708	390397	413314	539215	682476	722086	910874	1120860

资料来源：邹依仁：《旧上海人口变迁的研究》，上海人民出版社 1980 年版，第 114—115 页。

所有这些来自“五方”的汉民族移民在租界这个“熔炉”中，都逐渐被互动、磨合、整合和融合进上海人之中了。

（三）上海人的认同

上海人的形成就是上海人的认同。那么，汉民族移民是什么时候开始了对上海的认同的呢？熊月之《上海通史》第一卷的研究认为，上海人的认同是 20 世纪初年的事，主要表现在以下四个方面：

> 第一，上海地方自治运动。1905 年，上海地方士绅郭怀珠、李平书等，鉴于华界市政建设远远落后于租界的实际状况，创议设立总工程局，以进行铺路、筑桥之类市政建设，获得上海道台批准后，便即刻投入行动。1909 年，清朝政府颁布《城镇乡地方自治章程》，总工程局相应改名为城自治公所。上海地方自治持续进行了九年，修路一百多条，筑桥六十多座，建造码头六个，新辟、改建城门九座，制订了各种各样市政管理条例。这对于改善华界的市政设施，缩小华界与租界的差距，做出了卓越的成绩。这是上海居民上海意识增强的表现。领导这一运动的李平书有一段话，最能反映当时的上海人意识：
>
> 吾一言通商以后之上海，而为之愧、为之悲。愧则愧乎同一土地，他人踵事增华，而吾则因陋就简也。悲则悲夫同一人民，他人俯视一切，而吾则局促辕下也。要之，通商以来，“上海！上海！”其名震入耳目者，租界也，非内地也；商埠也，非县治也。岂非所谓喧

宾夺主耶！抑非所谓相形见绌耶？而吾上海之人，数十年来，处之夷然，安之若素，面不赧而心不惭，形若睡而神若醉。[①]

通过上海地方自治，最能反映上海移民认同意识的，还不在于修了多少条路，筑了多少座桥，而是参加地方自治运动的人。领导上海地方自治的士绅，很多不是上海本地人，而是外来移民。上海地方自治领导机构有二，一为议会，二为参事会。议会由三十三人组成，由领袖总董与办事总董五人领导，领袖总董李平书是上海本地人，办事总董四人，莫锡纶、郁怀智是上海人，而朱葆三是浙江人，曾铸是广东人。后两人都是经商来沪的移民。至于参事会中外来移民更多。董事都是经上海绅商选举产生的。参加上海地方自治运动，与 1905 年参加抵制美货、1903 年参加拒俄运动或其他政治运动，在地方认同问题上，具有明显不同的意义。后者不带有地方身份认同的色彩，而前者本身便是地方身份认同的一种行动。那么多的外来移民，投入上海地方自治运动，说明这些移民已经认同了自己的上海人身份，同时也说明上海当地人也认同了他们。

第二，上海地方官员表彰外来移民。1903 年，前任上海道台、后任商约大臣的吕海寰，奏请朝廷表彰上海私人办学有功人员。他所开列的名单中，既有上海本地人王维泰、苏本炎、秦荣光，也有从江苏吴县来沪的俞复、杜嗣程、许士熊、丁宝书。这表明，此时，这些外来移民已被地方官府视同本地居民。

第三，上海沪军都督府成员结构。1911 年 11 月，上海革命党人举行反清起义，成功后成立沪军都督府，是为上海军政领导机关。这一机构的成员，绝大多数不是上海本地人，都督陈其美是浙江人，参谋长黄郛是浙江人，外交总长伍廷芳是广东人，财政部长沈缦云是江苏人，交通部长王一亭是浙江人，闸北民政长虞洽卿是浙江人，他们都不是上海本地人。他们主持着上海的事务。只有民政部长李平书、军备部长钮永建是上海本地人。武昌起义以后，全国各地反清起义风起云涌，但有一规律，即各地革命党人反对各地方清政府，然后组成各地军政府。陈其美等在上海举事，领导沪军都督府，本身是他对上海身份认同的一种标志。这与湖北、湖南、广东、安徽、陕西、贵州

① 李平书：《上海三论》，载《上海导游》，国光印书局 1934 年版，第 268 页。——原引注

等地反清起义后的军政府纯由当地人主持很不相同，与正常情况下朝廷任命外地人来沪做官也有本质不同。他们是从上海社会之中产生出来的，代表着上海的利益，以上海人的身份在行事。当时，并没有人说他们不是上海人。

第四，《上海指南》的出版。从1909年开始，上海商务印书馆等机构，出版了《上海指南》《上海游览指南》等多种介绍上海的书籍，其中单《上海指南》从1909年到1912年就出了七版。这些书，除了一般地介绍上海的名胜古迹、著名商店、旅馆、饭店、妓院，还介绍了在上海旅游、居住的常识，包括上海人的日常生活特点，常见的一些上海话的含义和使用方法。这一方面说明，到这时，上海、上海人已有一个比较确定的形象，另一方面也起了进一步规范在沪移民行为方式的作用。

到民国初年，移民对上海的认同已成普遍现象。民国初年，上海出版了一批《上海名人像传》《上海工商名人录》，所收多不是上海本地人。例如，1919年上海泰东书局出版的陈伯熙编的《老上海》，将许多外地在上海的人物都列为上海名人，如浙江上虞的经元善、余杭的章太炎、吴兴的陈其美、广东佛山的吴趼人、江苏吴县的王韬，等等。最典型的是1930年上海文明书局出版的、海上名人传编辑部编写的《海上名人传》，共收上海名人100人，其中只有杜月笙、林康侯、黄涵之、叶惠钧等10人是上海本地人，正好占10%。其余都是在上海的外地人，占90%，如浙江吴兴的王一亭、浙江镇海的方椒伯、江苏元和的贝润生、江苏吴县的朱寿丞、安徽合肥的李伟侯、广东台山的李煜堂。此书出版时，这些人都在上海，且配有他们的照片，无疑是征得他们同意的。也可以说，这些人早就认同了他们的上海人角色。①

俗话说“名正才能言顺”。上海人的形成有一个标志，就是“上海人”之名的出现。据学者研究，在文献中，最早的一条是李鸿章在1900年与李平书的谈话：“君是上海人，当与洋人习，何不度德、不量力乃尔！”那时，李平书在广东一个县做官，领导乡民与洋人斗争，李鸿章教

① 熊月之主编：《上海通史》第一卷，上海人民出版社1988年版，第77—79页。

训他措置失当。在李鸿章潜台词中，上海人当是通晓事理的明白人。稍后，在1904年的《警钟日报》上，编者常以“吾上海人”的口气说话。再过几年，到辛亥前后，在报刊书籍中，“上海人”不单是一个频繁出现的词汇，且与北京人、汉口人、南京人并提。由此可见，“上海人”名称的出现，当是19世纪末20世纪初的事。①

20世纪初正是上海人形成的时期。从此之后，一个具有现代意识的汉民族族群——上海人在东海之滨崛起。

第三节　上海人的人文特征

上海人是汉民族族群中既具传统文化，又具现代意识的族群。张爱玲曾说过：“上海人是传统的中国人加上近代高压生活的磨炼，新旧文化种种畸形产物的交流，结果也许是不甚健康的，但是这里有一种奇异的智慧。”② 确实，人们对于上海人的印象，一方面是精致、浮华、婉约、凄美、颓废、炎凉，仿佛能看到身着精美旗袍的女子，拖着吴侬软语，优雅地从阁楼中信步走出；另一方面又仿佛是一座老式的庭院，深渊悠长，光鲜亮丽的背后，道不出的苍凉，有太阳的地方使人瞌睡，阴暗的地方有古墓的清凉。③

一　精明：上海人的特质

汉民族中最精明的族群就是上海人。

有人曾对上海人的精明下过一个定义，即俗称“门槛精”，包含了精干、精练、精致、聪明，是指一种基于利益算计的过分聪明，是在承认现实制度、规定、秩序前提下的以机智的方式实现个人目的的处世原则。④

上海人是聪明的。聪明在哪儿？聪明就聪明在他们见多识广，所有现代文明的新事物几乎都首先出现在上海，上海人即使自己未亲见，他们的祖辈也曾经见识过，拥有了其他地方人所没有的经验或教训。这是养育了

---

① 熊月之主编：《上海通史》第一卷，上海人民出版社1988年版，第70页。

② 张爱玲：《到底是上海人》，载《流言》，皇冠出版社1984年版，第56页。

③ 颖州天空：《上海印象》（http：//blog. sina. com. cn/s/blog_ 8c5ba67 90101b03s. html）。

④ 熊月之主编：《上海通史》第一卷，上海人民出版社1988年版，第83页。

上海人精明的前提。另外，这些上海人的先辈或者自己本人就是从外地移居到上海的，他们或者在当地就是享有名望的地主或资本家或显宦或名门望族之后，即使是那些能有机会或魄力逃难或移居上海的人，也是具有特殊勇气或某种专长的人，因此，他们自己或后代就表现得特别聪明，具有才气和很强的适应能力以及创造开拓精神。这些聪明人聚集于上海，要生活、要发财、要事业成功和前途辉煌，必然要处处表现出精明。

由于精明，上海人一般对与己无关的事不大关心。与人相处，桥归桥，路归路，分清各自的利益，甚至锱铢必较，因而与热情好客的北方人比起来，显得比较冷漠。由于精明，上海人在竞技活动中，显得智力超常，斗智不斗力，踢足球、打篮球，多以技术取胜，而不靠猛打猛冲。由于精明，讲究规范，上海人在购买物品时比较讲究名牌，讲究价廉物美，“不限于服装、家用电器、化妆品之类，小至糖果、巧克力、龙虾片、红肠甚至酱油，一个‘正宗’的上海人都是要认牌子、认厂家的”①。由于精明，上海人很少花费无谓的时间去“侃大山”，既不愿无端地接受他人的邀请和恩惠，也不愿请别人吃饭。② 笔者对此感受颇多，对于上海的一些朋友，你只有请他的份而绝无请你的事；有的甚至只想你给他办事，而不愿承担相应的义务。所以，上海人的精明，反映在日常生活中，既包括谋取个人利益的行为，更包括对个人权益、利益的维护，该得到的，他们一分也不让。这使得上海人常常为一点点小利益而斤斤计较。

上海人精明特质的代表是上海女人。她们精明能干，对时政、人情、职场、家庭都具有种种独到的精准拿捏。这种所谓的精明，其实就是一种领悟，在众多的细节上，上海女人的智慧经常是很厉害的。上海女人无论做事还是做人常常能够删繁就简，干脆利落，在别人还没反应过来，她们一肚子的账已经算得很清楚了，孰轻孰重，早已了然于胸。一个手势，或者一个眼神，别人还没会意过来，上海女人已经把一切都拎清爽了。上海女人可以说是天生“精灵”。

有一个故事颇能说明上海女人的精明：某位主妇到粮店买面粉，每次只买 2 两，哪怕需要用 1 斤，也不厌其烦地走 5 趟。其原因是 1 斤面粉卖 1 角 7 分——当时的价格，如果买 2 两，那么应该付款 3 分 4 厘，根据四

---

① 杨东平：《城市季风：北京和上海的文化精神》，东方出版社 1994 年版，第 469 页。

② 熊月之主编：《上海通史》第一卷，上海人民出版社 1988 年版，第 85 页。

舍五人，只需付 3 分钱，就便宜了 4 厘。跑 5 趟，三五一十五，付 1 角 5 分，即可以便宜 2 分钱了。①

上海人的精明源自商业传统的熏陶。早在 20 世纪二三十年代，上海市场虽尚不成熟，此时的商业竞争却十分残酷。洋商与洋商之间、上海商人与洋商之间、上海商人之间，竞争都十分激烈。其竞争手段、激烈程度都给人以震撼。上海，商家必争之地，谁能立足上海，谁就意味着拥有财富。上海是铸造商界精英的大熔炉，在这熔炉里培养出了一大批商界精英。作为中国现代商业的精英，上海商人给人们留下了深刻的印象，其商业手段之繁杂、经营思想之宽阔，令各地商人惊叹。中国近代商业精英云集上海，使他们在大上海各展雄才大略，各占“地盘”，从而使得大上海的商战十分残酷。其实，中国南方商人（如广东商人、江浙商人等）的精明也是有口皆碑的，但是，作为区域整体人群的文化心理素质，上海人整体上被人们认为精明之至，精明已经成为上海商人人格的组成部分。可以说，上海商人的精明是骨子里的。上海商人个个都精于商战。

因为太精明，上海商人做生意很有眼光。但是，由于太精明，上海商人大都十分谨慎小心，他们会注意到太多的细节。在做生意谈判之前，他们多半已事先调查了解好了市场行情、谈判对手情况等。他们的谈判多半是在有了充分的准备之后才进行的。因此，与上海人做生意，常常会因个别小问题争论不休，时间拖得很长，使人们常会感到跟上海人做生意很累。因此，与其做生意时必须要有充分的耐心。受长期的商业传统影响，上海商人形成了以个人本位为核心的价值观念，在日常生活中表现出讲求实惠，关心个人和家庭生活，在商界则体现出只讲经济利益、重利润的商人风格。

然而，商业上的精明固然可喜，因为它可以带来更实在的利润和减少不必要的浪费，所以，上海人在商场上总能做到得心应手正是得益于这种精明。但是，当这种精明也表达在上海人的生活之中时，就表现出斤斤计较、过于考虑自己的利益，即所谓的“小气”的特性。求实惠的上海人总是会在各种复杂的情况下，迅速找到自己的最大利益所在。上海人自己概括的这种事例，应该是非常具有代表性的，余秋雨说：

---

① 刘业雄：《阿拉上海人》，上海人民出版社 2002 年版，第 17 页。

“在这座城市，你可以处处发现聪明过度的浪费现象。不少人若要到市内一个较远的地方去，会花费不少时间思考和打听哪一条线路、几次换车的车费最为省俭，哪怕差三五分钱也要认真对待。这种事有时发生在公共汽车上，车上的旁人会脱口而出提供一条更省俭的路线，取道之精，恰似一位军事家在选择袭击险径。车上的这种讨论，常常变成一种群体性投入，让人更觉悲哀。”[①] 其实这也是一种精明，而且是一种群体性的精明，何言悲哀？

精明而不死板，这就是上海人的灵活。灵活需要聪明，而聪明正是上海人的表征。

二 海派：上海人的文化表达

今天，我们常常见到一个对上海人性格特征进行概括的专有名词——“海派”，但凡上海人所特有的和接近于上海人风格的我们都可以称之为“海派”。然而，海派在早期其实并不是上海人性格特征的专有名词，它仅仅是上海画派或上海京剧改良派的一种特殊的艺术称谓。清末的上海画派也称“海上画派”，简称“海派”，以赵之谦、任伯年、吴昌硕等为代表。画风潇洒放纵，兼有雄厚古朴气味；在画技上则善于借鉴民间艺术和西洋绘画艺术，熔中西土洋于一炉。海派戏曲也同样产生于上海开埠之后。由于经济的发展，官僚商贾云集上海，城市文化获得前所未有的繁荣，作为娱乐业主流的戏剧各种流派也都进军上海。昆曲、徽班、京剧你方唱罢我登场，彼此兴替有时、交融不断，以汪笑侬、潘月樵、夏月珊等为代表的一批激进艺人不仅率先进行戏曲改革，还在 1908 年推出“新舞台”，并最终在著名的“麒派”创始人周信芳为代表的艺人们的共同努力下，形成了“海派京剧”。其特点是精于做工，表演上强调真情实感，讲究舞台的整体和谐和艺术的综合效果。因此，不管是海派绘画也好，海派戏曲也好，主要的特点就是吸收不同的艺术特长加以融会贯通以适应于上海这一特殊城市文化的需要，尤其是经济文化和生存的需要。[②]

这种出于上海这一特殊城市文化需要而创造的“海派”艺术和戏曲，

---

① 余秋雨：《上海人》，载《文化苦旅》，知识出版社 1992 年版，第 153—154 页。

② 见上海人民出版社编《上海 700 年》之“文化篇”有关内容，上海人民出版社 1991 年版。

在20世纪30年代时，由于苏汶、沈从文有关谈论“海派”文学文章的出现，而引起了一场延续到90年代的对整个海派文化的讨论。

苏汶在《文人在上海》一文中首先谈到“海派”，认为它首先流行于评剧界，海派是非正统的代名词。因此，海派文学也蕴含有“爱钱，商业化，以至于作品低劣，人格的卑下这种意味”[①]，是被贬低了的一种“上海气”。其讽刺贬损之意，溢于当时上海文人都不愿意接受的“海派”二字之中。沈从文的《论“海派”》一文则更把海派概括成“名士才情”与“商业竞卖”两个特点，他认为：“邀集若干新斯文人，冒充风雅，名士相聚一堂，吟诗论文，或远谈希腊罗马，或近谈文士女人，行为与扶乩猜谜者相差一间，从官方拿到了点钱，则吃吃喝喝，办什么文艺会，招待子弟，哄骗读者，思想浅薄可笑，伎俩下流难言，也就是所谓海派。感情主义的‘左’倾，勇如狮子，一看情形不对时，即刻自首投降，且指认栽害友人，邀功牟利，也就是所谓海派。因渴慕出名，在作品之外去利用种种方法招摇；或与小刊物互通声气，自作有利于自己的消息；或每书一出，各处请人批评；或偷掠他人作品，作为自己文章；或借用小报，去制造旁人谣言，传述撮取不实不信的消息，凡此种种，也就是所谓海派。”[②]于是，沈从文的“名士才情与商业竞卖结合”论导致海派文学圈里滋生了“投机取巧、风见转舵、附庸风雅、媚言屈膝……”的陋习，从而引发了京派与海派的文坛之争。

对这场争论，曹聚仁生动地描述云：“‘京派’和‘海派’本来是中国戏剧上的名词，京派不妨说是古典的，海派也不妨说是浪漫的；京派如大家闺秀，海派则如摩登女郎……京派笃旧，海派鹜新，各有所长。”姚雪垠云：“海派有江湖气、流氓气、娼妓气；京派则有遗老气、绅士气、古物商人气。”而经常出入京海之间的鲁迅，在对比京派与海派文人中，较为客观地抓住了某些“海派”本质特征，他认为“海派”不完全是户籍或地域概念，“海派”重视商业利益（金钱物质），“海派”是对传统文化（官本位）的背弃。另一位当时著名的作家高植归纳“海派文化生活”：其一，上海是洋化“最极度的地方”，是中国的前沿先锋——“一切新兴的物质的和精神的都由上海推到全国去”；其二，上海是商业化

① 苏汶：《文人在上海》，《现代》1933年12月。

② 沈从文：《论“海派”》，《大公报》1934年1月10日。

的，包括物质的和精神的。“一切都用钱说话。”①

究其背后实质，乃是传统的市井文化与现代的市民文化之间的博弈。正如有学者所说，海派文化的“源”是一种中国的形态，“流”是近代城市俗文化，“质”是一种市民文化。②

其实上海人的“海派”文化正是上海人“崇洋”特征的文化表达。近代上海本是中国西化程度最高的城市，上海人对西洋文化的热情经久不衰。1934 年，仰孟在《中央日报》上写了一篇《大学生与海派》的文章，描述的就是海派大学生的习气：“人必须是十二分的能活动，穿着很时髦（如西装外套必须过膝），呢帽常掐成下一轮的平顶式。善辞令，谈起来都是最新发生的政治上或社会上的问题，最喜欢报告一些别人都不知道的消息。交际更是拿手好戏，尤其是交女人。走起路来十之八九是摇摆着肩膀，打着口哨，拿着文明杖和像匣子。”③ 1949 年以后，上海人对西方还是有一种“剪不断、理还乱”的情愫，他们还好看电影、好上咖啡馆、好抽香烟、好外出旅行和挟着洋书在人多的地方假读书等。人们可以在这种嘲讽的口吻中读出海派所具有的开风气之先或难以与整个中国传统文化相协调的不和谐音符。所以，上海是中国洋气十足的城市，上海人的日常生活中，西方风俗的影响也很多，读外语，信基督教，过圣诞节、情人节，爱上西餐馆、咖啡厅，喜食面包、奶油蛋糕，等等。但上海人虽然“崇洋”，但并不“媚外”。④

上海人海派的文化表达集中表现在两个方面：一是开放之风气；二是“吃螃蟹”精神。

开放首先是指上海的租界地位确立之后进行的全方位的面向世界的经济活动和它有别于传统中国的政治文化模式，并因此带来了前所未有的世界经济文化和政治的交融、碰撞和机会。但上海的开放，随之而来的也就是上海人的开放。我们不仅可以看到在 20 世纪中叶之后，世界各种文化随着经济交往而源源不断地涌入上海，使上海成为东方和世界闻名的大都市，而且上海人随之也走向世界。因此，上海人的开放模式是与经济文化

---

① 以上参阅李洁《海派文化的根源发展及其文献研究》，《兰州学刊》2010 年第 4 期。

② 李天纲：《文化上海》，上海教育出版社 1998 年版，第 29 页。

③ 仰孟：《大学生与海派》，《中央日报》1934 年 6 月 27 日。

④ 杨东平：《城市季风：北京和上海的文化精神》，东方出版社 1994 年版，第 477 页；沈渭滨、姜鸣：《阿拉上海人——一种文化社会学的观察》，复旦大学出版社 1993 年版，第 53 页。

活动紧密地结合在一起的。

上海人走向世界有三个特点。一是出于对商贸的追求，即因为做生意的需要，他们从上海扩张自己的业务进而走向全国和世界。早期随英商从广东到上海的买办唐廷枢、郑观应等的后裔便在先辈的基业之上，走向世界，在海外形成力量。有“世界船王”之称的董建华之父董浩云便从上海办航运起家而走向香港、走向世界的；在北美经销中国罐头而获得“中国罐头传教士”之称的张鼎九就是上海崇明人；而东南亚娱乐业巨擘邵逸夫，年轻时与兄弟在上海创办上海天一影业公司，并以此为契机走向海外娱乐业大展宏图。二是出于对知识的追求和在未来世界把握自己的需要。出于这种目的而走向世界的方式主要是外出留学，曾国藩选派幼童出洋留学，主要便是在上海完成的，当时被派出的人员也以南方人为主，120 人中，除了一人为山东籍属于北方之外，其余皆为南方人，其出发地也是上海。上海在被作为经济交往的窗口的同时，上海人也大量地走出国门，出外留学深造，寻求知识真理，以便利于自己的创业和救国。自今上海人分布于世界上五大洲 119 个国家（地区），便是上海人走出国门、走向世界的最好的见证。三是为了追求更好的生活或事业上的成功。这一点在 20 世纪八九十年代中国重新开放国门之后，上海人纷纷寻求外出留学打工是其明证，据 1990 年的调查，大陆在国外工作、学习的人员共 22.77 万人，其中上海人 6.65 万，占 27.9%，居全国之首。有一个数据统计，1978 年至 2000 年底，中国大陆各类公派留学人员和访问学者有 40 余万[①]，自费出国留学生至少有 65 万。[②] 另外还有 10 余万原来是以其他身份出国，然后在国外自行转为留学身份的人员。[③] 按此推算，改革开放二十二年间，中国大陆出国留学人员的总数至少有 115 万人，其中各种公费留学人员和访问学者为 40 余万，其余 75 万为自费留学生。按四分之一的比例计算，上海出国留学和工作的人应在 30 万人左右。

“吃螃蟹”精神就是“开新”。开新是指上海人敢于走在世人的前面，成为领风气之先的族群。海派绘画和海派戏曲艺术以及后来的海派文学或

---

① 金振蓉、刘敬智：《留学人员回国创业形成热潮》，《光明日报》2001 年 2 月 11 日。

② 钱宁：《留学美国——一个时代的故事》，江苏文艺出版社 1997 年版；曾利明：《出入境法实施后自费出国留学 567000 人次》，《广州侨商报》1999 年 7 月 19 日；王勇：《漂洋过海去》，《中国劳动保障报》2001 年 2 月 21 日。

③ 蒋国华：《迎接 21 世纪出国留学的新高潮》，《世界科技研究与发展》2001 年第 2 期。

海派文化，便是这种开新的写照。不过开新仅仅是对于上海人更早接受西方文化的一种事实的写照，因此相对于中国人来说，上海人是开风气之先的。而对于上海人来说，却仍然有一个从怀疑到接受的过程。举个例子来说，当西方出现了电灯之后，上海租界在1882年也建起了发电厂，几乎与世界同步。然而，用惯了油灯之后又无可奈何地接受了煤气灯的上海人，这时又开始对电灯产生怀疑，并要求租界当局予以禁止。当时有这样一段记载："其初，国人闻者，以为奇事，一时谣诼纷传，谓为将遭雷殛，人心汹汹，不可抑制。当道患其滋事，函请西官禁止，后以试办无害，谣诼乃息。"[①] 并接受了这种新生事物，还美其名曰"赛月亮"。自来水的使用过程，也有着同样的经历，即先是说自来水中有毒质，"饮之有害，相戒不用"[②]。后来发现自来水确实比饮用河水要干净卫生，才"遍装水管，居民饮濯称便，且有益卫生也"[③]，接受了自来水这一方便卫生的生活设施。因此，上海人的开新更多的是比传统中国的其他区域更早地接受西方或其他文化样式，走在了其他区域中国人的前列。然而，正是这种开新在传统的中国人看来，上海人已具有了"吃螃蟹"的精神，是一种有别于传统的个性特征。

余秋雨先生在他的《文化苦旅》中写道："开通、好学、随和、机灵，传统文化也学得会，社会现实也周旋得开，却把心灵的门户向着世界文明洞开，敢将不久前还十分陌生的新知识吸纳进来，并自然而然地汇入人生。"

三　面子：上海人的传统底蕴

爱面子，本是汉民族一种独特的民族性格。在汉民族的传统观念中，这种爱面子的性格在汉民族中曾造成了"光宗耀祖"的观念。人们总希望自己功成名就，衣锦还乡，可以给祖宗脸上增光添辉；或望子成龙，也可光耀门第，增辉乡里。[④] 上海人的面子观除传承了汉民族"光宗耀祖"的观念外，更是在"衣貌取人"讲面子上做到了极致。

---

① 胡祥翰、李维清、曹晟：《上海小志·上海乡土志·夷患备尝记》，上海古籍出版社1989年版。

② 同上。

③ （清）李维清：《上海乡土志》，著易堂，光绪三十三年（1907年）。

④ 参阅徐杰舜、徐桂兰《中国汉族》，宁夏人民出版社2012年版，第397—398页。

上海在开埠以后，逐渐成为一个高度商业化而又十分世俗化的社会，形成了以衣貌取人的习俗。在 1873 年，《申报》便刊载过文章，批评上海社会过分重视人的衣着的倾向，称“耻人衣服不华贵”是上海第一陋习。鲁迅先生就曾吃过衣衫的亏，因为他不太讲究穿着，终年总是一袭朴素的长衫。一次他应邀去和平饭店拜访一位德国作家，当他跨进电梯，那位开电梯的“印度阿三”却迟迟无动于衷，起初鲁迅以为他还要等人，但过了多时仍不见动静，于是示意他，不料那位侍者也懒得开口，只是朝外面的另一方向努努嘴。鲁迅过去一看，是个楼梯，顿时明白了他的意思，可能是他觉得鲁迅这寒酸样似不配坐电梯。鲁迅也不计较，便爬上了六楼。等鲁迅谈完下楼时，德国作家谦恭地送上电梯并一路陪着下楼，那位看管电梯的“印度阿三”方觉此翁来头不小，面露尴尬歉愧之意。① 于是鲁迅曾生动地描绘过上海人以衣貌取人的习气：

> 在上海生活，穿时髦衣服的比土气的便宜。如果一色旧衣服，公共电车的车掌会不照你的话停车，公园看守会格外认真地检查入门券，大宅子或大客寓的门丁会不许你走正门。所以，有些人宁可居斗室，喂臭虫，一条洋服裤子却每晚必须压在枕头下，使两面裤腿上的折痕天天有棱角。②

俗话说：“佛要金装，人要衣装。”这种过分关注“衣装”的面子观，来源于现代社会的“刻板印象”。因为城市的巨大规模使人们难以了解彼此的实际情况，个人对他人的判断一般是由他人的表面形象所决定的。为了提高自己在他人心目中的地位，每个人也就相应地更注重面子与虚荣。这就难怪一些世俗之眼，可能不识你这人，但却识得你身上的服装品牌，或者从你的服饰上，能大致揣度你的类别来。于是，面子使上海人“只认衣衫不认人”，常常要借服饰来翻翻行头。1949 年以后，虽说不像从前那样明显地以衣貌取人，但讲究穿着的习惯一直保留下来。衣着得体，外表整洁；质地不一定最好，但款式的设计、颜色的搭配，都比较得体。民谚云“北京人什么都敢说，广州人什么都敢吃，上海人什么都敢穿”，便

① 管继平：《上海人的“假领头”》，《新一代》2011 年第 12 期。

② 鲁迅：《上海的少女》，《申报月刊》第 2 卷第 9 号，1933 年 9 月 15 日。

是对上海人注意衣着的一种看法。一位北京学者说，“他在北京街头，能很自信地判别路人的职业、身份，在上海却不行：你很难根据一个姑娘的服饰、仪态，区别她究竟是大学生、是青工，还是炸油条的”①。

20 世纪 70 年代时，上海人“行头”翻得最“结棍”的就要数一只衬衫领头了。为此有些外地朋友时常纳闷，老是见上海人的衬衫不断翻新，方圆变幻，花花绿绿，不禁心生羡慕：“上海人真是又小开又小资啊!”殊不知上海人的衬衫，一天一个样，其实都只是一只“假领头”在变戏法也。所谓“假领头”，又称“节约领”，即利用一些的确良的零头布料，制成一种只有衬衫领子而无大片衣袖的衣饰，既节约了大块面料费用，又节省了制作以及清洗之成本，而且穿在绒线衫或卫生衫（过去一种针织的薄绒衫）之内，露出一只漂亮挺括的领子，衬衫的功能与神采丝毫不减，可谓一举数得。②

正因为面子使然，走在商店里、饭店里、酒吧里、公园里，上海人挺刮光鲜，有模有样，但很长时间里却住在弄堂里。走进上海人的弄堂，才可以看到上海人的真实生活：平平静静的音乐开着；后门的公共厨房里传出来炖鸡的香气；有阳光的地方，底楼人家拉出了麻绳，把一家人的被子褥子统统拿出来晒着……具有浓郁的生活气息。③

---

① 杨东平：《城市季风：北京和上海的文化精神》，东方出版社 1994 年版，第 349 页。

② 管继平：《上海人的“假领头”》，《新一代》2011 年第 12 期。

③ 桂勇：《上海人的性格与现代性》，《社会》1995 年第 6 期。

第二章　南京人

南京，襟江带河，依山傍水，钟山龙蟠，石头虎踞，山川秀美。“江南佳丽地，金陵帝王州”，南朝山水诗人谢朓的《入朝曲》，早在一千多年前就已将“逶迤带绿水，迢递起朱楼；飞甍夹驰道，垂杨荫御沟。凝笳翼高盖，叠鼓送华辀”的金陵美景描写得仿若就在眼前一般惊艳。作为“六朝古都、十朝都会”的南京，经历了多次战乱的洗礼，容纳了南来北往的移民，形成了刚柔兼并的南京人。

第一节　南京人的语言

南京人的语言变化较大。在南京语言史上，通语和方言的消长，随着帝王都邑的转移和经济文化的发展，曾有两次大变动，六朝时期的吴语和明代的南京话都曾上升为全国性的通用语。现在的南京话①属于江淮官话，通行于南京主城区、溧水区北部、句容市以及安徽的滁州、马鞍山、芜湖等地。

一　从吴语到北方方言

历史上来说，东晋以前的南京，吴语是通用语言。东晋南迁后，使用洛阳话的北方士族为了笼络南方，也开始学说吴语。《世说新语·排调》记载：

刘真长始见王丞相，时盛暑之月，丞相以腹熨弹棋局，曰：“何乃渹？”刘既出，人问王公云何，刘曰：“未见他异，唯闻作吴

---

① 参阅刘丹青编纂《南京方言词典》，江苏教育出版社 1995 年版。

语耳。”①

丞相王导所说的“何乃渹”，就是吴语，所以刘真长评价说“没有见到其他特别的地方，只是听到他说吴语罢了”。可见当时南北方言在南京出现了融合。《世说新语·排调》载：“晋武帝问孙皓：‘闻南人好作《尔汝歌》，颇能为不？’皓正饮酒，因举觞劝帝而言曰：‘昔与汝为邻，今与汝为臣。上汝一杯酒，令汝寿万春。’帝悔之。”这《尔汝歌》也就是吴声歌曲。《世说新语》里还记录了一些南方少数民族词汇，例如“娵隅”（意：鱼）等。《南齐书·王敬则传》载：“敬则名位虽达，不以富贵自遇，危拱彷徨，略不衿裾，接士庶皆吴语，而殷勤周悉。”公元 311 年“永嘉之乱”晋室南渡为建康带来大量北方士族和平民，北人数量甚至超过土著。从此南京方言开始逐步由吴语变为北方方言。而南朝时的战乱，又使得建康居民锐减到十分之一，隋文帝甚至下令将建康都城改作耕地。隋唐之后，金兵南下火烧全城，当地居民也只剩下十分之一了。明初，为了恢复生产生活，明太祖从江南九省以及附近的府州迁来大量工匠富户，但清末时太平天国建都南京改称天京，十一年的战乱使得居民数量锐减。1937 年日军攻占南京，屠杀了三十万居民，还有不计其数的居民逃离他乡。居民结构的变化使得南京方言从吴语变成北方方言，也形成了如今复杂多变的南京方言格局。

二　南京话的语言学特点

南京话是江淮方言区的核心方言之一，其语音、词汇、语法的特点在一定程度上体现了江淮方言的主要特征。由于特殊的地理位置，南京话同时受到了华北方言和吴方言的影响，加上外来人口的增加，目前它仍处于不断的变化之中。20 世纪 20 年代，著名语言学家赵元任发表了《南京音系》，深入细致地讨论了南京话的音系系统。50 年代，全国各地进行了一次大规模的方言普查，南京话音系的调查成果发表在《江苏省和上海市方言概况》② 一书中。80 年代以来，由于地方志编撰的需要，南京话的语

① 《世说新语·排调》。

② 江苏省和上海市方言调查指导组编：《江苏省和上海市方言概况》，江苏人民出版社 1960 年版。

音、词汇和语法特点都得到了系统描写，主要成果有南京地方志编撰委员会的《南京方言志》[①]、刘丹青编纂的《南京方言词典》[②] 和《南京话音档》[③]、江苏省地方志编纂委员会的《江苏省志·方言志》[④]。

上述著作都从语言学上对南京话的语音、词汇和语法特点做了系统的描述，如南京话有 21 个声母，包括零声母。l 在 i、y 前有鼻化色彩或发成 n。韵母 49 个[⑤]，包括自成音节的m̩、n̩ 等三个音节，不包括儿化韵。鼻韵尾 n、ŋ 指标是趋向，不到阻塞位置，鼻韵尾前的非高元音有鼻化色彩。

南京话有声调 5 个，阴平、阳平、上声、去声、入声，调值分别为 31、24、11、44、5。入声的特色是"高"和"紧"。[⑥] 阴平、上声后的轻声是低调，阳平、去声、入声后半高调，阴平连读时，第一个字变调为半高平调，但如果第二个字读轻声，第一个不变调，仍读作阳平。含有轻声的三音节和四音节词的变调有两种：一种是原来带有轻声的双音节词，或不带轻声的双音节词再加上一个或两个音节构成；另外一种是把这些三音节、四音节词当作一个语素，第二个音节念轻声，特别是首字为阳平，轻声听上去像是入声，起首字的调值也变了。

南京话连读变调时，后字不变调，前字可能受到后字影响而变调；变调与轻声有关，轻声字前的音节可能变调。阳平字在入声前和轻声前变同上声。轻声主要出现在某些后附性位置，包括后缀、后附性虚词、一些常用的双音词的后字、动词量词重叠式的后字、某些嵌入性成分等。形容词重叠时，从变调位置看，都是首字变、尾字不变。非重叠式的变调受后邻声调的影响，变调结果不一定整齐。此外，变调位置还取决于抑扬格的重音格式，有可能是首字变调或尾字变调。[⑦]

南京话没有浊塞音与浊塞擦音，n、l 不分，有一个收喉塞音的入声

---

① 费嘉、孙力主编：《南京方言志》，南京出版社 1993 年版。

② 刘丹青编纂：《南京方言词典》，江苏教育出版社 1995 年版。

③ 刘丹青主编：《南京话音档》，上海教育出版社 1997 年版。

④ 江苏省地方志编纂委员会：《江苏省志·方言志》，南京大学出版社 1998 年版。

⑤ 《南京方言词典》认为南京方言的韵母为 49 个；《南京方言志》认为南京方言的韵母为 42 个。

⑥ 孙华先：《南京方言的轻声和入声》，《江苏教育学院学报》（社会科学版）2001 年第 1 期。

⑦ 蒋平、郎大地：《南京话形容词重叠的声调与重音》，《汉语学报》2004 年第 2 期。

调，这是江淮官话的共同特点，但南京话还有许多不同的特点，例如有舌尖元音的入声韵，有高元音入声韵，严格分尖团。南京地处江淮官话区南段，但南京音系却是江淮官话中最接近北京音系。

动词重叠加“看”表示尝试，但在“看看”后面不用看，用瞧，例如，你听听看，你吃吃看，你看看瞧等。连 + v + 是 + v，表示动作行为的匆忙、连续，例如：

他根儿个上午连赶是赶的把那件衣裳赶出来了。

她连追是追也没得追上他。

动补式中的动词可以自由地重叠，单音节动词可以四次重叠，表示动作在持续过程中，后面用表示出现新情况的短语或小句。动词重叠加的，表示动作转化为表示状态，含有悠闲、随意、轻松的含义。

双宾语语序，表示给予含义，两个宾语都比较简短的话在动词后的位置可以互换，你给他一支笔，你给一支笔他；送他两本书，送两本书他。南京话中反复问句的一种形式是阿 + vp，例如：“阿晓得?”“阿去过?”等。

值得提出的是，南京话分为最老派、老派、新派和最新派，大致以80岁、55岁、25岁为界。最老派被公认为老南京话的代表，新派与老派之间差别很大。南京方言老派有21个声母，包括零声母，古崇、生二母的字，老派大多读作 c、s，庄、初二母的字，老派大多读作 zh、ch。新派 zh、ch、sh 的声母的字少。老派方言中韵母42个，包括10个儿化韵。入声没有喉塞，比较短促，与舒声相配。最老派分尖团，老派只在 ie、ien、ieŋ 三韵前分尖团，在其他细音韵母前不分。最老派有 e 韵，其中有些字有两读；老派也有 e 韵，但少数入声保留，个别 e 韵有其他读法。新派没有 e 韵。新派南京方言中，儿化已经很少了，老派中开、齐、合、撮四呼俱全。相同的韵，儿化后得到的儿化韵不同；除了开口呼以外，大多数原韵在儿化后往往保留韵头，丢失韵腹和韵尾。开口呼是全部丢失，直接以儿化韵为韵母。儿化的时候，一般是在原韵之后加上卷舌的动作，另外一种是原韵全部或部分丢失之后再加卷舌音 er。

城内各区中，城南秦淮、白下、建邺三区方言变化比较缓慢，代表了老南京话；城北鼓楼、玄武受到普通话和本省外地方言的影响，被认为是新南京话的体现，下关区的方言多为苏北、安徽移民所使用。城南的南京话分尖团，儿化音比较丰富。①

三　南京话的人类学特点

从人类学的视野去看，南京话口语生动、鲜活，从而增加了口气，强化了语境，提升了语言含义的多样性。南京人说南京话既可“盛气凌人”，又可“嗲里嗲气”；既可“才高八斗”，又可“满嘴秽语”；既可“秦淮佳丽”，又可“市井泼妇”，概言之既可给人以“粗俗”之感，又可给人以“文绉绉”之意。在 20 世纪的六七十年代，城南人和城北人在一起，城北人说话显得比较斯文。南京人自己总结了几个特点。

1. 缺少礼貌的称谓作为问话的发语词。经常一开口说话就“不讨喜”，例如：“欸，跩唻，看不起我们了。”（说别人有钱了）“这程子抖了啵?!”（说别人春风得意）“乖乖，长漂亮唻。”（这里的“乖乖”是感叹词，而不是称谓）

2. 喜欢用命令式，例如：“吃过饭去跳舞去啊!”即使同一句话用问话，也就是“吃过饭阿跳舞啊?”提问喜欢用反问句，“吃过饭怎么不跳舞啊?”三句话的结尾都有语气词，由于口气不一样，意思也不同。南京话中经常不喜欢用主语，在对话时搭腔很容易得罪人，如几个人在一起说事，如有人说“真韶包”（南京话“真”“蒸”发音常不分），听得不高兴的人，就会回一句（如对方是女的）“蒸 ri 她妈骚 bi”。这里没有指谁，有劝架的马上就会赶紧自嘲“捡骂”。南京话的语言特点就会培养人劝架，所以方言中有“好事唠”一词，是指喜欢路见不平拔刀相助的见义勇为。这里不用“佬”，用“唠”又是表示贬义，它和社会训教的那句“各人自扫门前雪，莫管他人瓦上霜”相悖。

3. 动词和副词用单音太多，动词如不用“……一下”，“……下去”。来“生动一下”，有时还真的不知道什么意思。例如：“手怎么啦?”“火钳支的。”（是象声词“吱”的衍生，意为“烫”）“这车儿贵得不得了啵?”“你估?”特别是很多名词在南京话中成了动词，更是让人不懂，例如：“用尽浪！把浪扁了。”（压紧的意思）“假领子猴出来了。”（里面的

① 以上参阅刘丹青编纂《南京方言词典》，江苏教育出版社 1995 年版。

衣服露出外面的领子）这些词在南京话中是褒义，但是在普通话的转意中就是贬义，如“浪”指“放荡，放肆”讲；“猴”的意思是“偷奸耍滑”。这样一来，出现误解就不奇怪了。

4. 南京话中出现太多的其他方言中忌讳的词，如“死”“屎”“尸”“痴”“傻”“鬼”“diao”“bi”“ri”“屁”“痞”“抠”“啬”“妈”“老子”“死人”“烂”“破”……在语言交流中，只要是用这些词去“生动”很容易被误解。

5. 南京话中词的主动态还是被动态，尽管有专门的词去表示，由于常被省略而被误解。例如：“木古”（没用“骨”字，是因为南京话中“骨”用在贬义的地方多，我就取个中性一点的词）既可以指主语的主动行为，又可以被“木古”了。还有“糊弄”“热烘”都有表示主动或被动的双重含义。

6. 南京话要表示文明程度，是靠不同的“生动语式”和“句尾语气词”的变化而决定的。要么是引经据典，说出话来“像开瓷器店的——一套一套的”，给人感觉“文绉绉”的；要么用“有丰富含义，甚至是完全对立的语气词”，所以听起来有一种“嗲”的感觉，如果没听准，就可能被误解。如“啵”，南京话用不同的声调能表示不同的意思：“他是老板啵？”（一般提问，相当于“是不是”）“他是老板啵？”（让人肯定自己的判断是正确的，对方一般回答“是的”，对方一般不可否认）“我说他是老板啵！”（提醒对方自己刚才的判断是对的。说话的人有点扬扬得意）。比如“喽”放在词尾，就有反问、祈使、提醒、敦促、对发生的事无可奈何等含义。

7. 南京话中的辅音音素比正规的普通话少，很多音素是混用、杂用；如 shi 和 si 混用，n 和 l 不分；而有些辅音在普通话里是没有的，甚至有的元音也发生变化，这样让人听起来就容易不知所云。加之南京话中的很多常用语与北方忌讳用语的发音相同或接近，这样也容易造成误解。①

正因为南京话有上述一些在与人交流时的语言特点，所以南京话一直在演变，一直在跟着时代变，总是按照“老南京话→新南京话→新潮南京话”的这种模式发展。很多不符合社会发展中的词和表达方式自然会被淘汰，而那些精华部分是一定会传承下去的。有一个案例很说明南

① 《南京方言中的几点特点》（http：//www.xici.net/d109105269.htm）。

京话的特点：

> 有一位小时候在南京生活过的美国经济学家，在他的一本关于营销学理论的论著中，讲了他小时候在南京深巷菜市场里，看到的老太太的砍价艺术，大意如下：这位老太太是位砍价的高手，她几乎运用了全部的现代科学的营销理论。这位老太太对卖菜的商贩，挺着腰板，大声说："咳！这点儿蔫青菜几分钱包罗。"专家细解了这句话："咳"从气势上压倒对方，给人一种救世主的感觉；"这点儿"告诉对方我是大卖户，对你眼前这些菜还看不上眼，就事论事谈这堆菜的买卖。"青菜"点明具体要交易的物品。"蔫"指出对方商品质量的致命缺陷，即使不是那样，作一些贬低是必要的，表明自己是内行。"几分钱"（估计那时候货币单位不是分角元，因为法语用的是生丁）指出了讨价还价的价格范围：在一角以内，避免漫天要价。"包罗"是指眼前谈到的全部商品，也就是商品的量单位。这句话包含了商业谈判的心理和技巧：一定要自信，让对方知道自己是内行；能一眼指出对方商品的不足之处，使对方减少信心，再就是价格的范围，当然必须低于市场价，也要在对方可以接受的价格范围内。最后确定商品的量单位。合理地运用好这几点就能进行好任何商业活动。①

其实，南京城里的南京话，也有东、西、南、北之分。城南、门西一带极地道。这里有浓郁的乡土色彩、市井文化。十多年前，在东牌楼、信府河一带的巷子里，我听到过回卤干、糖芋苗（芋艿）的叫卖声，声声入耳，回味无穷。而城北——不妨以鼓楼为界，大多是外来移民或官人的居住之地，所以不伦不类的南京话充斥其间。而越往北，南京乡音越淡化。下关的南京话自成一格。到了浦口，则以北方话为主流。六合素与南京有渊源关系，所以语言相近。东郊栖霞区，南郊雨花台区，与城南话略有差别，但尧化门、仙鹤门、麒麟门一线，说话时喜欢把嘴唇卷起来，舌尖向上翘，保持着南京话的纯正与土气。②

---

① 《南京方言中的几点特点》（http：//www. xici. net/d109105269. htm）。

② 姜滇：《南京人说南京话》，《华人时刊》1997 年第 Z1 期。

第二节　南京人的形成

“江雨霏霏江草齐，六朝如梦鸟空啼。无情最是台城柳，依旧烟笼十里堤。”诗人韦庄笔下的《台城》，道尽了南京古都的千秋历史。从冶城到越城、到金陵、到建业、到建康、到南京，十朝都会见证了秦淮夜影，也见证了南京人形成的历程。

一　从金陵到南京

南京人之名源于“南京”，但南京之名历史上先后被称为冶城、越城、金陵、秣陵、石头城、建康、升州、江宁、集庆、应天、天京等。这个变迁的路线图大致如下所述。

据《禹贡》《尔雅》等记载，南京在唐虞夏商时代属古扬州地域。据《史记·吴太伯世家》载，约公元前12世纪，周太王长子太伯、次子仲雍立国于江南，称句（勾）吴；周武王十三年（约前1064年），封仲雍曾孙周章于勾吴，国号吴，南京地区属吴国。春秋时吴楚两国大战于衡山（今江宁县横山），所以南京地区有“吴头楚尾”之称。吴王夫差时曾在冶山（今朝天宫所在地）设冶铸之所，称冶城。

公元前472年，吴越争霸时，越王勾践灭吴后，令越相范蠡在秦淮河畔修筑“越城”，此为南京最早的古城，为南京建城之始。

公元前306年，楚威王灭越，尽取吴故地，筑城于石头山，设“金陵邑”，遗址在今石头城，即南京城西草场门至清凉门之间。楚威王打败越国，杀越王无疆，尽取原属于吴国的地域，而后在石头山上筑城，称为金陵邑。年代较早的志书用“因山立号”来解释作为城名的“金陵”来源。金陵原是山名，陵作山陵解，金陵就是现在的钟山，又称蒋山、紫金山。《舆地志》说：“蒋山古曰金陵山，县之名因此山立。”在金陵之后加一个山，已是后来的习惯了。楚威王为邑立号，选用山名，其源应出于此。南京的众山属宁镇丘陵，这一带山岭都不算高，四百米以上的就更少，钟山以四百四十八米雄居第一，相对而言，可谓巍巍钟山了。而汉民族的古人有把一个地区有联系的众山之长称为“祖山”，作为地区的标志的习惯，钟山就具有“祖山”的地位。可见，钟山的古称“金陵”在这一地区是神圣的。楚威王选用祖山为邑立名，符合古人命名城邑的习惯。

因此，“金陵”是钟山最早的名称，后来成为南京的地名，它的意思是“金色之山”。[①] 南朝才子周应合还记录下了当时关于金陵的传说：

> 金陵何为名也，考之前史，楚威王时，以其地有王气，埋金以镇之，故曰金陵。又曰地接金坛，其山产金，故名。于是因山立号，置金陵邑。至秦始皇时，圣气者谓其地有天子气，又埋金宝于山，以厌之。昔有一碣，在靖安道间，题为“埋金碑”，其文曰：“不在山前，不在山后，不在山南，不在山北，有人获得，富了一国。”耆老指为秦时古碑，近年遂为好事者取去，是金陵之名始于楚秦，千数百年于此矣。前辈固尝疑之，盖谓宝剑在地，气射斗牛光怪烛天，其下有宝，熊商嬴政方恶其地气之异，而欲消去之，乃复埋金宝于其地，是益其气也，安得为知乎？及见靖安道间埋金碑之语，然后知熊商嬴政，知术相袭以愚黔首，而千数百年，无能发其诈者。地有王气，楚秦所忌，故将凿山以泄其气也，役其人以凿山之。人曰：“山有金也，曰吾尝埋金于山也。”人则凿不已，不待驱而徙也。又设为山前山后山南山北之语以惑之。神其有金之地，将以眩其求金之人，盖人知其地之有金而莫知其金之所在，则遍山而求之，遍山而凿之，金未有获而山之气泄矣。求金之人，皆无所得，而楚秦之君，求泄山气而谋矣，则是埋金之说所以为驱人凿山之术。岂真埋金也哉！吁熊商嬴政将以愚黔首，适自愚耳。山融川结天地之气为之，岂区区智术所能变之哉！惟修德足以永天命，惟施仁足以固人心，惟行帝王之道足以消奸雄之变，圣贤以理御气，大抵然也。不是之务而求以人力胜地气，复以智术致人力，熊商终无救于楚之灭，嬴政终无救于秦之亡，岂非甚愚也哉！当时言天子气以五百年为期，自是四百九十年而晋元帝渡江建都，金陵适符其数，商与政，如之何哉？[②]

公元前223年秦灭楚后，秦始皇于前210年东巡，认为金陵有天子之气，为贬斥金陵遂改为“秣陵”。汉初秣陵相继为楚王韩信、吴王刘濞之封地。前128年，汉武帝封其子刘敢为丹阳侯，刘胥行为胡孰侯，刘缠为

---

① 参阅刘宗意《“金陵”之名的由来》，《南京史志》1996年第1期。

② （南宋）周应合：《景定建康志》卷五。

秣陵侯。

东汉献帝兴平二年（195年），孙策渡江占据丹阳、江乘、胡孰、秣陵等县。建安十三年（208年）前后，诸葛亮出使江东，观察南京山川形胜，《太平御览》卷一五六引晋吴勃所著《吴录》云："刘备曾使诸葛亮至京，因睹秣陵山阜，叹曰：'钟山龙蟠，石头虎踞，此帝王之宅也。'"①建安十六年（211年），孙权听从谋士张纮之言，自京口迁秣陵，改名"建业"。黄龙元年（229年），孙权称帝，是为吴大帝，自武昌迁都建业，是为南京为国都之始。

西晋咸宁六年（280年），西晋灭吴，改建业为"建邺"。后因避晋愍帝司马邺之讳，改名"建康"。琅琊王司马睿南渡，以建康为根基。东晋建武元年（317年），司马睿称晋元帝，东晋正式建立，定都建康。此后，南朝之时，东晋元熙二年（420年），刘裕代晋称帝，是为宋武帝；齐建元元年（479年），萧道成代宋称帝，是为齐高帝；齐中兴二年，梁天监元年（502年），萧衍代齐称帝，是为梁武帝；梁太平二年，陈永定元年（557年），陈霸先代梁称帝，是为陈武帝，他们均定都建康。吴、东晋、宋、齐、梁、陈合称六朝，故南京被称为六朝古都。今南京图书馆保留有六朝建康城遗址。六朝建康城为当时世界上最大的城市，人口达百万，是世界上第一个人口超过百万的城市，其经济发达，文化繁盛，在江南保存了华夏文化之正朔。以建康为代表的南朝文化，六朝时期的南京城和古罗马城并称为"世界古典文明两大中心"，在人类历史上产生了极其深远的影响。六朝，上承秦汉，下启隋唐。

隋开皇九年，南朝陈祯明三年（589年），隋灭陈时，隋文帝下令荡平建康城，以石头城为蒋州治所，隋炀帝时改为丹阳郡。此后隋、唐两朝统治者相继采取抑制南京的策略，将扬州治所自金陵迁至广陵，曾一度取消南京州一级的建制。唐初，杜伏威、辅公祏义军占据丹阳郡，归顺唐廷，唐改丹阳为"归化"。杜伏威入朝被扣不返，辅公祏起兵反抗，建立宋政权。唐平江南，置"升州"。五代杨吴立国，修缮金陵，以为西都。937年，徐知诰（李昪）代吴，南唐立国，定都金陵，改金陵府为"江宁府"。

北宋开宝八年（975年），北宋灭南唐，以江宁府为"升州"。北宋

① 转引自周游《王余佑〈皇舆志略〉辑注》，《湖南科技学院学报》2012年第2期。

天禧二年（1018），宋真宗以赵受益（后改名赵祯）为升王，不久立为皇太子，改升州为江宁府。赵祯即位，是为宋仁宗。以江宁为其龙兴之地，常以亲信之臣（如包拯）为江宁府尹。宋神宗时，王安石两度以江宁府尹出任宰相，主持变法。靖康二年（1127 年），宋高宗即位，接受主战派人士李纲的建议，改江宁府为建康府，作为东都。不久金兵南下，高宗南逃，以杭州为行在。[①] 南宋绍兴七年（1137 年），在主战派岳飞等人的坚持下，宋高宗再次返回行都建康。1138 年，宋高宗以建都当“修德行而不在于择险要之地”为名，再次南逃杭州，正式建都，改杭州为临安府。建康府为陪都。

南宋德祐元年，元至元十二年（1275 年），元兵南下，改建康府为建康路。元天历二年（1329 年），又改建康路为“集庆路”。

至正十六年（1356 年），朱元璋攻克集庆，改集庆路为“应天府”，作为根据地，朱元璋自称吴国公。1368 年，朱元璋在应天称帝，国号明，是为明太祖。以应天府为“南京”，以为首都。

顺治二年（1645 年），清兵攻克南京，改应天府为“江宁府”。1649 年，清设两江总督于江宁。咸丰三年（1853 年），太平军攻克江宁，改江宁为“天京”，以为都城。同治三年（1864 年），清兵攻克天京，太平天国灭亡。

1912 年，孙中山在南京就任中华民国临时大总统，以南京为首都。[②]

南京，这座有着 6000 多年文明史、近 2600 年建城史和近 500 年的建都史的历史文化名城，是中国四大古都之一，有“六朝古都”“十朝都会”之称，是汉民族文化的重要发祥地。

二　南京人的原始记忆

南京人的原始记忆可以追溯到 35 万年前。

1993 年 3 月，在江宁县汤山的葫芦洞中发现了距今约 35 万年的猿人头骨化石两具、牙齿化石一枚和一些动物化石，被吴汝康、李星学、吴新

---

① 靖康之变，北宋被金朝灭亡后，宋高宗逃往南方建立南宋。为显示收复故土的决心，南宋在杭州设立临安府，称为“行在”，而仍将北宋历代先帝陵寝所在的东京汴梁城称为京师。终南宋一朝，都未将杭州称为京师，京师永远是汴京开封，甚至在数十年后金亡于宋蒙联军之后，南宋尚有端平入洛之举以期恢复故都。

② 参阅《南京的名称演变》（http：//wenda. so. com/q/1364054430066013）。

智、穆西南等考古学家命名为“南京直立人”①，又称“南京猿人”，简称“南京人”。南京人生活的地质时代为中更新世中期，距今35万年左右，在体质发展阶段上应属于人类演化的直立人阶段。南京人在中国古人类演化序列中的位置，在北京人时期偏晚的阶段，而早于安徽和县人。这个序列位置，决定了南京人的出土是中国古人类及旧石器时代考古领域的重要发现，其重大意义不下于北京猿人的发现。为此，记者卢红专访最早将发现猿人头骨这一消息通报给古人类研究专家——汤山“葫芦洞”开发组织和参与者之一的陶胪鸿先生，特将“南京猿人”发现细节披露如下：

采石工“考古”

南京汤山葫芦洞是1990年3月被采石工人发现的，因其洞体如平卧的巨型葫芦，故称“葫芦洞”，洞体面积1600平方米。1992年下半年汤山镇决定将“葫芦洞”作为旅游景点进行开发，陶胪鸿任顾问。昨日，陶老故地重游，往事历历在目。他说，当时“葫芦洞”内有较多哺乳动物化石和大量泥石沉积物，在该洞开发之际，南京古生所专家们经常来洞搜取化石标本和制图、录像等。其中许汉奎、穆西南研究员和中科院周口店国际古人类研究中心主任徐钦琦等数次来洞考察，并且多次向他提出“葫芦洞”出土的动物化石与北京周口店的近似，大有出土猿人化石的希望，要他们在开发中有这个目标追求，还对他讲了很多考古知识和发掘注意事项，并带来有关书籍给他看。再经专家们指教，从而使他对掘寻猿人化石有了信心。

科学预言应验了

1992年冬，一次难得的寻找史前人类足迹的机会终于来到了。徐钦琦教授在葫芦洞的南壁下，发现了一块马的趾骨化石，接着又细看了其洞壁旁边的那个大缝隙口，见内有动物化石显露，心中暗喜的他便对陶老说：“应在此向下挖掘，综合葫芦洞迹象，发现猿人化石应为必然，千万不能放弃此处的挖掘。”不久，大缝隙口开工挖掘

① 吴汝康、李星学主编，吴新智、穆西南副主编：《南京直立人》，江苏科学技术出版社2002年版。

了。2个多月过去了，除了出土大量动物化石外，没有让人惊喜的发现，大家心里难免有些失落。1994年元月，激动人心的时刻来到，在此先后出土了2具猿人颅骨和一枚臼齿化石。科学的预言应验了2具颅骨化石，按专家鉴定时间为序，后分别命名为“南京人1号颅骨”和“南京人2号颅骨”。从此，“南京猿人”拉开了轰动全世界的序幕，各种推测、研究经久不衰。

载入史册的发现

1993年3月13日，这是一个必将被载入人类历史的日子。当地民工刘连生等在清理“葫芦洞”南侧小洞中的堆积物时，发现一具保存相当完好的头骨化石。当陶老看着这个由民工交上来的、泥糊糊的、仅有一面露出化石呈凹状的东西时，很难看出是什么化石，后来陶老用手扒去一些泥巴，便看出有眼眶轮廓和眉骨形状，他惊喜地说：“这是国宝，是猿人头骨化石。”并说，“赶快向古生所汇报。”第2天，陶老又找到当时在现场的刘连生详细了解和记录发现经过。同时，在发现该化石的现场用手又在泥内细找，想找到牙齿，结果牙未找到，却又找到了3块头骨碎片。后来证明，这3块碎骨片化石，经专家将其与头骨残缺处吻合一致，属于原头骨早先散落下来的枕骨部分，从而进一步构成了猿人头骨的完整性。3月18日，穆西南与穆道成前往汤山镇观察这些头骨化石，他们认为这正是与北京直立人十分相像的猿人头骨，并拍摄了第一批照片。他们于3月22日带着照片专程飞赴北京，向中科院报告，请古脊椎动物与古人类所著名人类专家吴新智、张银运两位教授作权威鉴定，他们一致认为它是古人类头骨化石。新华通讯社报道了这个重大发现，立刻轰动了全世界。

险失2号颅骨

2号头骨的发现时间是1993年2月20日前后，阴错阳差，直到4月12日才认定，也就是它发现在“1号颅骨”之前，确认在“1号颅骨”之后，故谓之“2号颅骨”。“事故”发生是这样的：1993年2月20日前后，那时的缝隙处才掘进约2米多深，泥石用箩筐往上吊。那天陶老到挖掘现场，见到箩筐内有一个似球状的化石，疑是股拐骨或猿人头骨，便将它拿出单独放在南壁的钟乳石后，待以后论证。到3月13日出土了猿人颅骨化石以后，既喜又忙，竟将那个化石淡忘了。直到“葫芦洞”内存放的化石全部清出后，工地上没再有更大的让人惊喜的发现。此时4月12日陶老猛然想到那个化石，便进洞去，见仍然安在。后经专家鉴定是猿人颅骨，称之为“南京人2号颅骨”。

觅得一枚猿牙

猿人牙齿化石发现过程更是充满艰辛。1993年4月南京市博物馆华国荣和贾维勇及数位民工，将“葫芦洞”清出的大量泥土过筛，又对碎骨、碎石进行水洗、分辨，但一无所获。后来，受国家文物局委托，北大考古系与南京市文物局组成合作考古队，自1993年12月至1994年1月底对发现猿人头骨的小洞（面积约25平方米）又进行了一次考古发掘。考古就是这样，希望与失望总是相伴而生。1994年1月8日，终于发现了大家寻觅已久的猿人牙齿化石。

尚有四大待解之谜

经10年的研究和论证，“葫芦洞”尚有4个待解之谜困扰学术界。一是洞内沉积的大量泥土层未清除到底，也不知还有多深，其中是否还隐埋着其他化石。二是该洞是否猿人生活遗址或猿人遗骨之地，因为人吃动物，动物也吃人。若为猿人生活遗址，未见有生活过的痕迹和使用过的石器。三是洞中有大量葛氏斑鹿和肿角鹿的化石。它们是典型的北方动物群，显然是从北方迁徙而来，是怎样越过天堑——长江的。四是对两位南京直立人的年龄、特征、确切年代有几种不同看法，中国大地上50万年前竟有这么相似的北方和南方的人群，其奥秘在哪里？①

南京人的先祖——南京猿人就这样横空出世。

光阴似箭，时间指向距今6000多年前，在南京市中心鼓楼岗西北侧的北阴阳营和玄武湖畔，长江两岸，已经有新石器时代村落，在南京居住的先民们已经开始用双手创造最初的城市生活了。在北阴阳营遗址，出土了1580件随葬品，其中陶制品537件，石制品554件，还有其他各种陶制工具、骨角工具、玉石制品、牙制饰品等。当时人们居住在近水、地势较高的山冈上，地面建筑的墙壁大概是先用植物秆茎编成，再涂抹泥浆并

① 卢红：《“南京猿人”发现细节披露》（http：//www.peopledaily.edu.cn/BIG5/wenyu/68/20030313/943224.html）。

铺盖草顶。人们使用石斧、石锛作为生产工具，圈养猪、牛、狗等家畜，同时还捕捉斑鹿、野猪、水獭等动物，渔猎是提供生活资料的来源之一。人们制作彩陶作为生活用品，加工玉石作为装饰用品。[①]

距今 3000 年以前，南京沿江河的地带，相当密集地分布着青铜时代的人们聚居村落，现已发现 200 多处。以秦淮河中游湖熟镇一带最为集中，考古学界命名为“湖熟文化”。“湖熟文化”的年代大体相当于中原地区商代中晚期到西周前期。湖熟史前遗址出土的文物中有网坠、鱼骨、蛤蜊以及大量的螺蛳壳，可以表明当时的居民生活中，渔业占有重要地位，其他的一些诸如石斧等工具可能也被广泛用于渔猎中。出土的纺轮可以证明当时已经有了纺织，湖熟的先民们还饲养家畜。湖熟史前遗址还出土了大量红砂陶和少数黑泥陶，但这些黑陶和山东的黑陶文化有所不同，略带晦涩，质地较粗，陶壁较厚。[②]

南京人的先祖就这样永远刻在历史的硬盘上了。

三 从东晋到民国：南京人形成的路线图

从东吴始，先后有东晋、宋、齐、梁、陈、南唐、明、太平天国和民国十个王朝或政权在此建都。南京人就是在这样不断的朝代更替和历史发展的过程中，接受洗礼，并最终形成。其中，北方南下的政权和随着政权而南下的大量北方汉民族以及他们的文化，对于南京人的形成起了直接和至关重要的作用。

（一）东吴：南京人的雏形出现

在南京建立吴国的孙氏家族，本是浙江富春（今浙江富阳）豪族。黄巾起义时，孙坚跟随朱儁到中原镇压黄巾军，积军功封侯，任长沙太守。董卓之乱[③]时，孙坚又参加了讨伐董卓的联军，隶属于袁术。董卓

① 南京博物院编：《北阴阳营——新石器时代及商周时期遗址发掘报告》，文物出版社 1993 年版，第 29 页、第 98—99 页。

② 南京博物院编：《江宁湖熟史前遗址调查记》，载《南京附近考古报告》，上海出版公司印行 1952 年版，第 30 页。

③ 董卓之乱，东汉中平六年（189 年），董卓率兵进入洛阳，废少帝，立陈留王刘协为帝，自为相国独揽朝政。次年关东诸侯推袁绍为盟主，讨伐董卓，卓败，挟持献帝西走长安，并驱使洛阳数百万口西迁长安。行前，董卓的士卒大肆烧掠，洛阳周围二百里内尽成瓦砾。到 192 年被王允、吕布所杀，历时三年。三年时间虽短，社会却经历了深刻的变革，基本决定了以后历史的走向，三国群雄在此期间先后登场，作为三国乱世的开端。

徙都长安后，孙坚引军还屯鲁阳（今河南鲁山）。他死后，儿子孙策奉袁术之命，率领部曲一千余人、马数十匹进取江东，所向披靡，逐步削平各郡的割据者，兼并了他们的军队，取得吴、会稽等五郡，已拥兵两万余人，马千余匹。袁术死后，孙策又夺得袁术的部曲三万多人。他依靠周瑜、张昭为首的南北士族，统一了江东，建立了孙吴政权，那时，在吴国境内居住着许多越人，他们散处在今江苏、浙江、安徽、江西、福建等省的山岭地区。秦汉以来，这些居住在山地的南方土著，被统称为“山越”。山越种植谷物，用铜、铁铸造兵器和农具，好武习战。他们中间的一些上层人物，曾经随同孙坚父子南征北战，立过功勋。孙吴政权不仅强迫山越人民纳租服役，还经常把他们编入军队，甚至把他们赏赐给官僚地主作客户和奴婢，因此激起了山越人民的强烈反抗。他们凭借深山幽谷的险阻形势，一有机会，就出山攻没城郭，杀掠长吏，给孙吴政权造成了严重的威胁。孙吴政权多次派兵进攻山越，嘉禾三年（234 年），吴将诸葛恪率领大军围攻丹阳郡（苏南、皖南、赣东地区）的山越。他让相邻四郡各保疆界，严阵以待；同时派遣兵将分别驻扎丹阳郡险要地带，不同山越交锋，等到山越谷熟，就纵兵抢刈，颗粒不留。山越没有粮食，只好陆续出山求活。诸葛恪把出山的山越人迁徙到外县，挑选四万强丁编入军队，其余的命居平原，成为郡县编户。[①] 山越人民被迫出山定居，促使山越人逐步融入汉民族。因此，我们可以说在南京人的雏形中包含了山越人的成分。

孙吴之时，一方面是山越人在互动、磨合、整合中融入汉民族，另一方面，由于中原地区军阀混战，北方的许多农民不断逃亡到江南，与山越人共同开发了江南。由于史料的局限，我们难以从正面加以论证，孙吴时期，南方大族地主的势力有很大的发展可以佐证。如《抱朴子》云：他们“僮仆成军，闭门为市，牛羊掩原隰，田池布千里”。[②] 他们有成千艘船贩运货物，粮食万仓，陈陈相因，甚至发霉腐烂。许多豪族地主拥有私兵，用来扩大自己的势力。他们把私兵当作自己重要的产业，世代相传，官位可以调动，私兵却不放弃，连出自寒族的官僚，从国家得到军队后也世代相传，逐渐变成了贵胄。武将立战功，除可以获得增兵的奖赏，还可

① 参阅郭沫若主编《中国史稿》第二册，人民出版社 1963 年版，第 201 页。

② 《抱朴子·外篇·吴失》。

以得到国家赐给的屯田兵或民户作为私属（依附农民）。如吕蒙攻破魏的皖城，孙权把俘获的人马分给他，并且赐给他寻阳屯田民六百户，官属三十人。他死了以后，孙权还赐给他的儿子守冢户三百家，允许他家五十顷土地不纳田租。这些被赏赐的屯田民或民户，不纳税不服役，成为官僚地主的“客户”，身份低于一般农民，有的甚至被当作童仆使用。政府在赏赐屯田民或民户时，往往同赐田宅。如潘璋死，赐其妻田宅，复客五十家；蒋钦死，赐其妻芜湖民二百户，田二百顷。孙吴政权还奖励豪族地主私募客户和家兵，以壮大他们的势力。[①]

孙吴政权时期社会发展所反映的人口结构及态势，表明南京人的雏形已从历史中脱颖而出。

（二）东晋南朝：南京人的发育

两晋以来，南京人一直处在发育之中。东晋在建康建都后，那些追随王室的贵族或文武大臣，便在此时纷纷南下，迁入当时的政治中心建康及其附近地区，史称“洛京倾覆，中州士女避难江左者十六七”[②]。据葛剑雄统计，在西晋末到南朝期间南迁的可考人物及其后裔，明确迁入建康的就有 82 人，如陈郡陈（今河南淮阳）的王隐，陈郡阳夏（今河南太康）的谢铁、谢冲，陈郡阳夏的袁耽，山东高平（今山东巨野）的郗鉴、郗超等，琅玡临沂（今山东费县）的王氏家族等[③]，这些士家大族带来了大量北方的人口，于是东晋侨置同名州、郡、县，以安置北地南迁百姓，建康地区从建武元年（317 年）到咸康四年（338 年），先后侨置南琅玡、魏、广川、高阳、堂邑诸郡，怀德（后改费县），临沂、阳都、即邱、肥乡、元城、北新城、博陆、堂邑诸县。

中原迁来的汉民族人必然与当时建康的土著汉民族人发生碰撞和融合。王导在家时便时常说吴语，弄得下属官员都感到莫名其妙，当时的官吏是接见士人用北语，接见庶人则用吴语，说明文化的交会融合在语言上已表现得极其直观。这些北方迁入的移民后来大部分都融入了南京人的雏形之中。

---

① 参阅郭沫若主编《中国史稿》第二册，人民出版社 1963 年版，第 203 页。

② 《晋书·王导传》。

③ 参阅葛剑雄主编《中国移民史》第二卷，“表 10—1 西晋末至南朝期间见于记载的南迁人物及其后裔”的有关内容。

（三）五代十国到明代：南京人在重构中形成

五代十国以来，到宋代的北方汉民族移民迁入南京，使南京人在重构中进一步发育。

五代十国时，北方政权更替频繁，战乱不止，南方政权则各自划地自守，相对安宁。正是这种南北治乱的不同态势，导致大量北方汉民族迁入南方。南方政权采取的招抚流亡政策也对北方人民产生了巨大的吸引力。包括今苏南、皖南和浙江地区，唐天宝年间属江南东道，当时泛称江南或江东、江外。这一地区开发程度居南方之冠，又有大量早期迁入的北方移民分布，所以成为北方移民南迁的首选之地。据史料记载，时“中夏不宁，士子之流，多投江外”①。以南京为中心的沿江地区成了移民的分布中心，如南京附近的润州（今江苏镇江）位于大运河和长江汇合处，北方移民南下多沿运河而进，聚集此地，故该州接受移民最多。安史之乱中的至德年间（756—758 年）即升润州江宁县为江宁郡，可见此县人口增加之快。②

在南宋与金的对峙中，金兵未至时，建康的人口有 17 万，而且流动人口还未计算在内。建炎（1127—1130 年）末金兵在建康府大屠杀，所掩埋的尸体完整者有 4687 具，残缺不全者有七八万件。③ 另外则有占人口十分之四的人被驱而北去，因此，幸免于难的只占当地人口的十分之一。④ 宋高宗也说：“建康兵火之后，遗民无几。”⑤ 由于土著人口流失过多，北方移民遂成为当地居民的主体，当时建康府所属的江宁、上元二县，“人户多是流寓”⑥。这种不断迁入的移民，在后来很长的一段时间内一直延续着。嘉定五年（1212 年）黄度奏文曾说：“留都繁会之地，四方失所流徙之民往往多聚于此。”⑦ 建炎三年（1129 年）二月，驻跸扬州的宋高宗下诏，命“有司具舟常（今江苏常州）、润（今江苏镇江），迎济衣冠、军民家属”。命有关部门备船，在常、润两州迎接

---

① 《全唐文》卷四三，肃宗《加恩处分流贬官员诏》。

② 范玉春：《移民与中国文化》，广西师范大学出版社 2005 年版，第 39—40 页。

③ 葛剑雄主编：《中国移民史》第四卷，福建人民出版社 1997 年版，第 283 页。

④ 《建康集》卷四《建康掩骼记》。

⑤ 《景定建康志》卷一四。

⑥ 《景定建康志》卷四一。

⑦ 《景定建康志》卷二三。

官员、军人家属，足见人数众多。几天之后，高宗又下令出米 10 万斛，在杭（今浙江杭州）、秀（今浙江嘉兴）、常、湖（今浙江湖州）诸州及平江府（今江苏苏州）等地减价售出，以“济东北流寓之人”。又下令平江、镇江两府，常、湖、杭、越（今浙江绍兴）诸州，“具寓居京朝官已上姓名以备简拔”①，可见随驾南来的官员也不在少数。六月间，因战事紧急，高宗让隆祐太后率领宗室迎奉神主如江表，百司庶府与军旅无关之人，可以从行，“官吏家属南去者，有司毋禁”②。建炎四年（1130）五月，被金人驱赶得漂泊无定的高宗仍下诏“中原、淮南流寓士人，听所在州郡附试”③。

从以上这些措施看，高宗对逃往江南的中原士庶百姓还是比较宽厚的，因此，那些不愿意为金人奴役的中原汉民族百姓，便携妇将雏，纷纷南下了。建康府（今江苏南京）一度是高宗驻跸之地，兵燹之，遗民无几，北方流徙之民，往往聚居于此。④ 这种“遗民无几”的态势，造成了南京人的大换血。“在宋建炎中，绝城境为墟，来居者多汴、洛力能远迁巨族仕家”⑤。而与扬州隔江相望的镇江，“中原士大夫又多侨寓于此”⑥，移民主要来自河南。⑦ 这些从河南迁入的汉民族移民使南京人开始得以重构。如北方汉民族移民极大地改变了当地的习俗文化。《至大金陵新志》卷八引戚氏语曰：“在宋建炎中，绝城境为墟，来居者多汴、洛力能远迁巨族仕家。视东晋，至此又一变。岁时礼节、饮食、市井负衒讴歌，尚传京城故事……气习大率有近中原。”其《民俗志》也说，这一带风俗淳厚，“士民交际、衣服、饮食多中原遗俗”。以上表明南京人在南宋的重构中连风俗习惯也被彻底改造。

元代的南京，有 14548 户，1072690 人，其中按照不同时代迁入的人口分类统计：

---

① 《宋史·高宗本纪二》。

② 同上。

③ 同上。

④ 参阅《景定建康志》卷一四。

⑤ 《至大金陵新志》卷八，四库全书本。转引自任崇岳《中原移民简史》，河南人民出版社 2006 年版，第 125 页。

⑥ 《至顺镇江志》卷一九，道光丹徒包氏刻本。转引自任崇岳《中原移民简史》，河南人民出版社 2006 年版，第 125 页。

⑦ 参阅任崇岳《中原移民简史》，河南人民出版社 2006 年版，第 124—125 页。

> 前代丹阳郡志户口有数而管隶地界与今不同，西汉户拾万柒仟伍佰肆拾壹，口肆拾万伍仟壹佰柒拾；东汉户拾叁万陆仟伍佰壹拾捌，口陆拾叁万伍佰肆拾伍；晋户伍万壹仟伍佰。宋书纪晋太康元康定户肆万壹仟壹拾，口贰拾叁万柒仟叁佰肆拾壹；隋户贰万肆仟壹佰贰拾伍。宋景定志所载户口实数，主户壹拾万叁仟伍佰肆拾伍，口贰拾贰万壹仟柒佰伍拾伍；客户壹万肆仟贰佰肆拾贰，口贰万陆仟肆佰肆拾壹。大元至元二十七年本路抄籍户口，户口在城录事司户壹万捌仟贰佰伍，口玖万肆仟玖佰玖拾贰。①

可见元代已清楚地画出了南京汉民族移民的结构图，表明南京人是由西汉户、东汉户、晋户、隋户等汉民族移民构成。

元至正十六年（1356 年）三月，朱元璋攻取集庆，改集庆路为应天府，隶属江南行省，辖有上元、江宁、句容三县和溧水、溧阳二州。明洪武元年（1368 年）元月，朱元璋在应天府称帝，国号明；八月，以应天为南京，开封为北京；废江南行省，应天府直隶中书省。洪武十一年（1378 年），定南京为京师。应天府辖上元、江宁、溧水、江浦、句容、溧阳六县。洪武十三年（1380 年），废中书省，应天府直隶六部。明洪武时上元和江宁县有 6.09 万户，47.32 万人。据《明史·地理志》记载：

> 京师　南京　洪武元年四月分属河南、山东两行中书省。二年三月置北平等处行中书省，治北平府。先属山东、河南者皆复其旧。领府八，州三十七，县一百三十六。八月置燕山都卫。与行中书省同治。八年十月改都卫为北平都指挥使司。九年六月改行中书省为承宣布政使司。永乐元年正月建北京于顺天府，称为“行在”。二月罢北平布政使司，以所领直隶北京行部；罢北平都指挥使司，以所领直隶北京留守行后军都督府。十九年正月改北京为京师。罢北京留守行后军都督府，直隶后军都督府。卫所有实土者附见，无实土者不载。罢北京行部，直隶六部。洪熙初，仍称行在。正统六年十一月罢称行在，定为京师。府八，直隶州二，属州十

① 《至大金陵新志》卷八《民俗志户口》。

七，县一百一十六。为里三千二百三十有奇。府州县建置沿革，俱自元始。其沿革年月已见《元史志》者，不载。其未见《元史志》及明改元旧，并新增、新废者，悉书。北至宣府，外为边地。东至辽海，与山东界。南至东明，与山东、河南界。西至阜平，与山西界。洪武二十六年编户三十三万四千七百九十二，口一百九十二万六千五百九十五。①

（四）清代到民国：南京人在换血重构中定型

清顺治二年（1645 年），清兵入南京，改南京为江南省，设承宣布政使司。改应天府为江宁府，辖上元。江宁、溧水、江浦、六合、高淳、句容、溧阳七县，隶属江南省。顺治十八年（1661 年），江南省承宣布政使司分置左、右布政使司，江宁府隶属右布政使司（治所苏州），左布政使司寄治江宁。康熙六年（1667 年），江南省左、右布政使司改称江南省安徽、江苏布政使司，江宁府隶属江苏布政使司。乾隆二十五年（1760 年），增设江宁市政使司，辖江宁、淮安、徐州、扬州四府。清中叶南京人口增多，咸丰时城内有近 90 万人。

清咸丰三年（1853 年）二月，太平天国定都江宁府，改江宁府为天京。太平天国起义在以南京为中心的与清王朝的整个拉锯式的战争中，人口损失极为惨重，据有关专家的研究，江宁府（大致在今天的南京市）在战前的人口约有 452.9 万人，战争当中损失的人口高达 344.2 万人②，损失率为 76%。为此，战后在南京设立了招垦局，其中所迁入的移民主要来自安徽、湖北和苏北。虽然南京的居民又进行了实际意义上的重组，但在南宋时确立的北方语言由于迁入的汉族移民也大都为北方方言区者，而没有从根本上得到改变。清同治三年（1864 年）六月，清军攻陷天京，复改天京为江宁府，隶属江南省江宁布政使司。

1912 年 1 月 1 日，中华民国定都江宁府，孙中山就任临时大总统。改江宁府为南京府，废上元、江宁县。4 月，临时政府迁往北京。6 月，江苏都督府自苏州移至南京。12 月，成立江苏省行政公署，实行军政分治。1913 年，废南京府，设江宁县，隶属江苏省。1927 年，国民政府定

① 《明史·地理志》。

② 葛剑雄主编：《中国移民史》第六卷，福建人民出版社 1997 年版，第 427 页。

都南京，成立南京市政府。1912 年，南京人口有 26.9 万人，以后十五年增长缓慢，最多时 40.15 万人。1927 年国民政府定都南京后，人口增长较快，1928 年达 49.65 万人，1936 年达 100.7 万人。1937 年，日军侵占南京。日伪时期，南京人口锐减，1938 年为 43.8 万人，1944 年为 67.41 万人。1946 年，国民政府还都南京，人口回升到 100 万人以上，1946 年底为 100.76 万人，1948 年约 135.71 万人。

由此可见，南京人是在历史的血与火的洗礼中，通过汉族不断地迁入重构而最后定型。有人说过这样的话："南京的人口，经历了一次次大换血，这种大规模的换血，这种动辄脱胎换骨，在某种意义上，也成了南京这座城市的一大特色。"① 确实，南京是一个移民城市，只不过这个移民城市与上海这样的现代移民城市有所不同，南京的移民常常是对南京的大换血。这种情况在"历史上不断重复，客观上使得南京的人口，隔一段时期以后，便杂交一次"②。因此，"南京人的历史，从某种意义上来看，甚至可以说是一部南京外地人的历史。地道的南京人考察一下前三代，很快就会发现自己原来并不是南京人"③。

千百年来，南京，这个虎踞龙盘之地是一个个改朝换代的战场。还是南京人自己说得明白：

> 你看楚国灭越，置金陵邑，南京本地人中便混杂了楚国的外地新贵；秦国又灭楚，南京平添了许多陕北人与北方人。南京的人口大会合还发生在西晋东晋交替之际，北方的皇宫贵族，主宰南京政治、经济命运（所谓王谢子弟即北方人）。说近点，元灭之后，入主南京城的大大小小的达官贵人又以安徽人为主导。明太祖朱元璋以及他的功臣们几乎都是安徽老乡。朱元璋对当时的南京本地人是不放心的，怕他们会眷恋元朝的旧物，曾下令一部分南京人迁移到遥远的云南边境去。那个时代在南京城里施号发令、颐使气指的人物恐怕都是安徽人了！百年之后他们也便成了南京人。④

---

① 叶兆言：《南京人》，浙江人民出版社 1997 年版，第 50 页。

② 同上书，第 131 页。

③ 同上书，第 128 页。

④ 陆拂明：《来自天南海北的南京人》，《江海侨声》1997 年第 19 期。

第三节　南京人的人文特征

十朝都会、帝王之乡的南京开发甚早，从而塑造了南京人通情达理、文明热情，显示出难得的高素质。南京人确有一种海纳百川般的王者之风，但更多是平民的胸襟、平民的情怀。

一　古道热肠：南京人的特质

“南京人是世间少有的古道热肠！这一点，南京人很像山东人，却又多了些山东人所不具的温情细腻善解人意”①。“古道热肠”一语道出了南京人人文特征的特质。

“古道热肠”的南京人，对外地人即新进入南京或在南京流动的人口，从来都是特别友好的，没有排外的情绪或行为。南京人对外来者并不歧视，也不看轻其他行业的人员。这当中一个很大的原因是，南京人长期以来并不被作为江南人，至少在苏南人的眼中他被划入江北人的行列。但是南京人又是一个特殊的族群，他的人员来自四面八方，在文化上则承北方文化又启南方（长江下游）文化。

南京人不排外，对外乡人包容性强，豁达，没有高高在上、优人一等的神气。也许这是历史的传延。历史上的南京，每逢一次大的变革，就会出现一次大的融合，吃的、穿的、喝的、说的、唱的，从民俗风情，到乡土文化，不论是阳春白雪，还是下里巴人，都会在大融合中占得一席之地。今天，传统依然原汁原味没有走样。南京有 100 多万外来人口，只要勤劳，肯动脑筋，不做歪事，就能在南京找到饭吃。举个例子说吧，南京师范大学（宁海路校区）前门口、后门口，每天夜幕降临，都有很多小商小贩，或是开着机动三轮车卖水果，果皮、包装膜铺了一地；或是架着个炉子，炊烟袅袅，烤肉串，做蒸糕，烘山芋，不亦乐乎；或是卖盗版光碟的，三三两两，占据了稍微暗一点的树下；还有卖炒货的，卖旧书的，卖本子、夹子、头饰的，简直就是一个小集市，生意挺红火。他们占道经营，常常使马路上的交通空间仅容下一辆大巴士通过。南京人经常抱怨他们占道经营，此外也没有太多的话，言语之间却让人感到更多的同情和宽

① 张宗刚：《南京城·南京人》，《青春》2012 年第 7 期。

容，“混穷不容易啊”。市容来了，还会提醒他们快跑。南京人不会说他们“乡巴佬”，也不会挂着一副鄙夷的神色。

南京人憨直、朴素、热情，待人不掺假。帮你就帮你，绝不会对你恶作剧。问个路什么的，南京人会告诉你往哪走，到第几个路口拐弯，路口有什么标记；在出租车上丢个钱包，或是什么贵重物品，焦急之时，你会得到一份暖心的安慰：“司机正在找你呢，请放心。”不多久一份惊喜就会送到你面前；到南京投资，尽可以把心思放在业务上，不用担心业务之外烦心恼人的事……南京人实在，不会拐弯抹角算计人。“南京大萝卜”，这是外地人对南京人的戏称。这话最初并无贬损之意，而是表扬南京人实在，令人放心。因为南京的萝卜水分足，口感脆甜，不空心，买回去不会上当。

南京人单纯得可以，却又热情得可爱。有人说南京人的热情是著名的，但凡有文化圈人士来南京签名售书，不管是大名人、小名人，还是难上档次的“准名人”，都会有热情的南京人里三层外三层地围上去。这在北京和上海是不可思议的。北京人、上海人的热情都是有前提、有限度、有标准的，南京人的热情却是无条件的。

南京人富有同情心、好奇心，对一切美好新鲜的事物都充满憧憬和向往，上当受骗亦难改初衷，别具一番可爱。当然南京人偶尔也有些小家子气，有些目光短浅，但决不趾高气扬，凌驾于他人之上；亦决不趋炎附势，看人下菜碟。他们最讲求的是人人平等。他们兢兢业业干活，实实在在待人，与人交往不论贫富贵贱、天南地北，具很强的包容性。与南京人在一起，你会感到轻松愉悦，甚至很快便成为好朋友。通常情况下，南京人不愿互相打扰，所以表面看起来不甚来往。但实际上，他们是很关心周围人的生存状况的，倘有人陷入困境，他们定会毫不犹豫出手相助。一方有难，八方支援。[①] 真正是古道热肠！

二　怀旧情结：南京人的人文情结

只要生活在南京，你就不得不怀旧，因为这是一个曾有过十个政权中心的特殊城市。南京人非常实在，他们似乎整日里为衣食而奔忙，然而他们所面对的却是一个处处充满了历史和古迹的城市。历史上留下了那么多

---

① 以上参阅张宗刚《南京城·南京人》，《青春》2012 年第 7 期。

的文物和古迹，那么多可供人们凭吊的遗迹，即使不是南京人，一到南京也会生出些怀古的情感来。刘禹锡的一首《乌衣巷》让多少人感到了历史迁延的变化：

朱雀桥边野草花，
乌衣巷口夕阳斜。
旧时王谢堂前燕，
飞入寻常百姓家。

而刘禹锡既不是怀旧的始作俑者，也不是怀旧的终结者。事实上，只要你生活在南京，怀旧便会成为你生活的一部分。夫子庙位于秦淮河北岸，始建于宋代，几番兴废而形成了一组规模宏大、祭祀孔子的建筑群。作为四大文庙的夫子庙，庙前秦淮河为泮池，南岸有长 110 米、高 20 米的照壁，北岸有聚星亭、思乐亭；中轴线上建有棂星门、大成门、大成殿、明德堂、尊经阁等建筑；庙东还有魁星阁。

玄武湖、莫愁湖、紫金山都是南京的魅力景观，但最让南京富有韵致的是“十里秦淮”，那里的烟花、金粉、小吃、文玩、酒肆、画舫等所撑起的历史文化，在桨声灯影下的流连忘返。朱自清在《南京》一文中把南京人的怀旧情结叙发得尽致：

逛南京像逛古董铺子，到处都有些时代侵蚀的遗痕。你可以摩挲，可以凭吊，可以悠然遐想；想到六朝的兴废，王谢的风流，秦淮的艳迹。这些也许只是老调子，不过经过自家一番体贴，便不同了。所以我劝你上鸡鸣寺去，最好选一个微雨天或月夜。在朦胧里，才酝酿着那一缕幽幽的古味。①

三　平民意识：南京人的自我

南京人遇事不急不慢，淡定从容。或许是看惯了历史兴衰，朝代更迭，数不尽的风流人物，终究是“名士青山，美人黄土”，让南京人大彻大悟了；或许是从古至今，多次的南北东西大交融，使南京人的性子中性

① 朱自清：《南京》，载《中学生》第 48 号，1934 年 10 月 1 日。

化了；或许改革开放至今，南京人的视野世界化了……“烦不了”，这是南京人的口头禅，透过其中，你会看到南京人淡然处世的心态，捕捉到南京人性格中最真实的一面。不争不抢，不慌不乱，荣辱不惊，悠游于中心之外，常常使南京人满足于生活的平静，满足于四平八稳的节奏。思想里流淌的是些市井哲学，“不羡官家不羡仙，不羡钱财不羡权”，留得自我，逍遥自在。

这种淡定从容，源于市井文化的熏陶。历史上南京还拥有走卒贩夫、市尘列肆的市井文化。从六朝时起，南京有四大商贾云集、店堂林立的商业集市，城外秦淮河北还有更兴盛的盐市、牛马市等，“万艘云趋，千廪积粮；贡琛浮舫……舳舻载之，蔽江而赴，舸舫输之，溯流而聚”。在这种互融的氛围中，雅俗互补，权贵人士乐于做小商小贩，而市井百姓又饱受文化熏陶而画得一手好画或弹得一手好琴，吟诗作对，乐得其所。[①] 南京人自己最清楚，他们没有温州人的生意经，没有上海人的精明灵活，但是南京人踏踏实实，口头禅“多大事啊”中透露出平民的懒散与大气。

南京人不愿出头露面，他们平淡地生活，因此，“南京不生产当官的人才，稍稍大一些的官就没有什么南京人”。他们对于外来的流行文化总是乐于接受，“没有什么一成不变的固执见解，流行什么时髦什么，都没一定”[②]。如北洋军阀时期，因为统治南京的都是北方的军人，于是一时间吃大葱嚼生大蒜，说话卷着舌头，成为当时南京最著名的风景。国民政府定都南京以后，因为总理孙中山是广东人，而国民革命的根据地也是从广东过来的，因此，广式风味的馆子风行一时；而抗战胜利以后，国民政府从重庆迁回，四川馆子又变得重要起来，好像在广东馆子或四川馆子大吃一顿[③]，这不仅是南京人的憨厚处，也是南京人的宽容处，同时也是作为移民者或其后裔常有的平民习惯。

> 南京人是性情中人，总是带着一种随意性，在做什么事以前，并没有太多地去想，这事应该还是不应该做。南京人就是南京人，对好

① 陈书录：《坚持与发展金陵特色文化——南京城市现代化与先进文化建设的探究》，《南京社会科学》2002 年第 4 期。

② 叶兆言：《南京人》，浙江人民出版社 1997 年版，第 129 页。

③ 同上。

对坏都不在乎。南京人似乎从来都不在乎别人会怎么想他们。南京人散漫惯了，结不了帮也成不了派，思想一向不统一。南京人是很难概括的，因为南京人的秉性向来让人捉摸不透。

南京是一座没有太大压力的城市。正是因为没有压力，也就造成了南京人的特色。南京人没有太强的竞争意识，就是有，也往往比别人要慢半拍。南京人不仅宽容，而且淳朴，天生的不着急。南京大萝卜实在是一个非常形象的说法，南京人天生的从容，不知道什么叫着急，也不知道什么叫要紧。即使明天天要塌下来，南京人也仍然可以不紧不慢，仍然可以在大街上聊天、在床上睡觉、在电视机前看电视、在麻将桌上打麻将。

南京的男人，既不是大丈夫，也不是小男人。南京的男人，总有些吊儿郎当，不太在乎自己的形象。南方人，尤其是苏南的女性，印象中的南京男人，不仅土里土气，而且有些野蛮，我想这印象的原因，可能是她们习惯了苏南男人的温柔，其实真正北方的汉子，仍然会觉得南京的男人不够血气方刚。①

可见，南京人血脉里汩汩流淌的，是一种实实在在而又弥足珍贵的平民血液。

我就是一个平头百姓！这就是南京人的自我！

① 叶兆言：《南京人》，浙江人民出版社 1997 年版，第 120、124、151 页。

第三章　徐州人

“千年龙飞地，一代帝王乡。”拥有五千多年历史的徐州，走出了数十位帝王将相。南来北往的枢纽通道上，徐州这座古城散发出无穷的魅力。徐州的地理位置显要，是“四省交界，五省通衢，东襟黄海，西接中原，南屏江淮，北扼齐鲁”，无论是古代的运输干道——京杭大运河和黄河故道，还是商贾贸易通道，处于南北方过渡地带、江淮区域的徐州都占据了优势，也因而成就了敢作敢为、有情有义的徐州人。

第一节　徐州人的语言

徐州的交通枢纽地位，决定了徐州人使用的方言不会太“南”，也不会太“北”。虽然徐州方言属北方方言华北东北次方言①，但话里话外总充满了火药味，简单明了地直奔主题，显示出北方方言的直爽、干脆。

一　北方方言华北东北次方言：徐州人的语言

徐州是苏北话向山东方言转变的地区，徐州方言从睢宁到宿迁完成了这个变化。

徐州话属于北方方言的华北东北次方言，初听下来总觉得和普通话非常相近。徐州话声母23个，不包括零声母。唇齿音 f 有齐齿韵字。n 没有齐齿和撮口韵字。l 除了 y 本韵字以外没有其他撮口韵字。徐州话中，知组开口二等字、庄组开口字、章组开口字今读 ʦ、$ʦ^h$、s，与精组洪音合流；知组三等字、庄组合口字、章组止摄合口字以及章组其他各摄字声母今读 tʂ、$tʂ^h$、ʂ，也就是说开口呼字一般读舌尖前塞擦音，混入精组洪音

---

① 如无特别注明，本小节资料引自李申《徐州方言志》，语文出版社1985年版。

字，合口呼读舌尖后塞擦音。[1]

韵母 37 个，不包括儿化韵。单字调 4 个，阴平 213，阳平 55，上声 35，去声 42。古入声字在徐州话中大部分念阴平，约占 65%；其次是阳平和去声。清入和次浊入主要归入阴平，全浊入主要归入阳平，比例几乎都占到 80% 以上。[2]

双音节词变调，阴平和阴平相连，前字变 13 调，后字不变，阳平和上声无论在哪一个声调之前，前字、后字均不变调。去声无论在哪一个声调之前，调值均由 42 变为 43，后字均不变调。三音节词的末字一律保持本调。三个阴平相连，前两个阴平变成 13 调。三字中只有前二字是阴平的，第一个阴平变成 13，第二个阴平变成 22，前二字只有一个是阴平的，若阴平在第一字，其调值变为 22，第二、三字不变调；若阴平在第二字，则要看末字是否也是阴平。

老派音文读和白读之间，入声字韵母不存在对立，大都是［e］，而声调上对立整齐，文读的阴平调值倾向于 44。新派音则体现了普通话的影响，所以入声字的读音上存在着新老两派文白异读系统。[3]

二　徐州话的人类学特点

一方水土养一方人，同样地，一方水土也培育一方语言。徐州话与徐州的地缘关系密不可分。徐州处在不南不北、不东不西的位置。徐州人是南方人眼中的北方人，又是北方人眼中的南方人；徐州话，南方人听起来是北方话，而北方人听起来则是南方话。所以，徐州方言既是族群互动、磨合、整合和融合的结果，也显示了苏、鲁、豫、皖四省交会之处的方言面貌，所以徐州话在其发展中必然受到外来方言的影响，如隋朝从山西老鹳窝有大批的移民到徐州以北的沛县一带，因此这里的方言也受到山西方言的影响。最常见的一个例子就是“喝汤”，在山西方言中就是吃晚饭，徐州以北的人多数也使用这个词汇，把吃晚饭说成“喝汤”。沛县在徐州以北 80 公里，沛县的方言与徐州方言在词汇上、语音上有许多差别，原

---

① 贡贵训：《安徽淮河流域方言语音比较研究》，博士学位论文，河北大学，2011 年。

② 燕宪俊：《从〈国语入声字与徐海入声字变读比较〉探求徐州方言入声调归派规律》，《现代语文》（语言研究版）2009 年第 6 期。

③ 王仁法：《析徐州方言入声字的文白异读格局——以曾摄开一、梗摄开二入声字为例》，《徐州师范大学学报》（哲学社会科学版）2006 年第 6 期。

因就和大批的山西移民有关。又如在徐州方言里，副词的使用挺有意思，与北方方言、吴方言都有异曲同工之妙。下面以“很”为例：

> “很”在现代汉语中是一个副词，徐州的方言中对“很”的用法就很有意思。
>
> 1. 用“才”代替“很”：
>
> 普通话的句子：这苹果很甜，你尝一个吧。
>
> 徐州方言这么说：这苹果才甜，你尝一个吧。
>
> 2. 说话过头，用“很”代替“太”，这里的“很”读去声。为了区别，用“很〇”表示。
>
> 普通话的句子：文章不能太长，太长就没有人看了。
>
> 徐州方言这么说：文章不能很〇长，很〇长就没有人看了。
>
> 3. “很〇”也可以用于否定句，条件是认为程度不高。
>
> 普通话的句子：老刘的书不太多。
>
> 徐州方言这么说：老刘的书不很〇多。

还有一点，那就是徐州人说普通话往往被称为“徐普”。听过徐州话的人都知道，徐州话与普通话并不是非常接近的。徐州话只有第四声与普通话完全一样，二声变一声，三声变二声，一声变三声，四声不变。正因为这样，在向普通话的过渡中，显得很顽固。除此之外，因为方言往往能更传神、更生动地表达自己要说明的意思，比如，我们说某人办事利索，反应快，一点就透，就夸这人“透思”“上路”的意思，否则，就说这人“真肉”“不上路”的意思。至于说到张三“小唧唧鬼”，李四“疵毛撅腚”，不用多说，徐州人立刻就明白了“张三”和“李四”是个什么样的人。“小唧唧鬼”和“疵毛撅腚”的意思到了只能意会不能具体解释的地步。当你无论怎么说对方都不明白，无论怎么教对方都学不会时，徐州人就会诙谐地说：“你真愁死我了！”[①]

此外，徐州话中保留了许多古汉语词汇。例如卯，表示打杀、宰杀的意思，“这只兔子叫我一枪卯倒了”“卯黄牛”等。畈畈，《释名》“板，

---

① 以上参阅小薇《徐州方言简介——让您了解了解徐州人是怎么说话的》(http://blog.sina.com.cn/s/blog_48792d21010095ke.html)。

昄也。昄昄，平广也”。今徐州人谓物平整为“昄昄正正”。殇，小孩子夭折了谓“殇”，《释名》：“未成二十而死曰殇。殇，伤也，可哀伤也。”《礼记·丧服》郑注：“殇者，男女未冠笄而死，可哀伤也。”骗，《集韵》“騗，跃而乘马也，或书作骗”，徐州人说“一骗腿上了马”，抬腿跃上。《西厢记》“你本是个折桂客，做了偷花汉，不想去跳龙门，学骗马”。

第二节　徐州人的形成

徐州古为大彭国，一度成为天下争夺的要塞之一。秦代设泗水郡，辖彭城县。汉文帝封弟文信君为楚王，楚国都城设在彭城。隋唐时期，徐州不断经历废而复之的命运，宋代仍为徐州，元代降为下州，属归德府，后又设武安州。明代复设徐州，属凤阳府，清代升为徐州府。

对于徐州人来说，北方人说徐州人是南方人，南方人说徐州人是北方人。确实，徐州南北文化交融、人文荟萃，就连餐饮口味上也是四方尽有，这是在很长的历史阶段里，不同地域、不同民族之间互动、磨合、整合和融合的结果。

一　徐州人的原始记忆

徐州历史渊源流长，据同属于大汶口文化的徐州花厅文化遗址、刘林文化遗址、大墩子文化遗址考古成果测定，约距今 6300 年前，徐州人的先民就劳动、生息、繁衍在这块土地上。

花厅遗址位于新沂西南大约 18 公里的花厅村。1952 年 12 月，考古专家初步发掘调查后判断，新沂花厅遗址是新石器时代人类活动的遗迹，属于大汶口文化中、晚期，距今 5000 多年。遗址分布于沂、沭河之间，主要坐落在马陵山南部的高地之上，花厅村东北方向主要为新石器时代的人类居住遗址，花厅村西北方向为新石器时代的墓地，整个遗址范围广阔、布局分散，大约有 50 万平方米。南京博物院分别在 1952 年、1953 年、1987 年、1989 年四次组织调查发掘，揭示了一个惊人发现，即花厅遗址是中国史前文化遗址中，唯一同时存在南北两种不同文化类型的遗址。这种现象，专家们称之为“文化两合现象”，为认识中国史前时期不同文化区之间的文化交流模式提供了例证，从而奠定了徐州人的基本特征。[①]

刘林遗址位于徐州邳州市戴庄镇刘庄村西南，1957 年中运河复堤取土时，初步暴露了文化层。1959—1960 年，江苏省文物考古队两次调查、发掘，获得了大批珍贵资料。经研究确定为新石器时期的古文化遗址。遗址约 370 平方米，共发现墓葬 145 座，出土文物 804 件，其中玉、石器 69 件，骨、角、牙器 215 件，陶器 530 件。它说明当时人类已进入了父系氏族社会，生产力有了一定程度的发展，出现了社会分工，逐步产生了产品交换和财产私有，徐州人的先民在社会发展上又前进了一步。

大墩子遗址位于徐州邳州市北部 60 公里处的四户镇北竹园村东一里许。全墩呈椭圆形，遗址平均高出附近地面 4. 5 米左右，文化堆积层厚达 4. 5 米，包括三个文化层：上、中层为刘林、花厅文化堆积物；下层为青莲岗文化堆积物，面积约 1. 05 万平方米。1963—1976 年，曾先后三次对大墩子遗址进行了大规模的发掘，挖掘墓葬 554 座，出土 6000 余件器物，出土陶房模型、骨匕首、鹿角镰、石斧、骨针等生产和生活用品，向人们展示了 6000 年前邳州大地的原始先民在这片土地上的生活场景。从 1966 年出土的陪葬品陶屋模型形制可以看出，大墩子人已经脱离了穴居巢宿阶段。陶屋的立面呈长方形，前面设门，短檐，屋顶呈四角攒尖式，左右及后墙三面开窗，显然是当时较为成熟的地面建筑。在室外门口及周围墙上刻有狗的图案，说明狗是最早被驯化的动物之一。

大墩子遗址属典型的大汶口文化类型，大墩子人则属于接近蒙古人种的东亚类型，同黄河流域的仰韶文化居民同属一系。这里的人们身材高大，以农业生产为主，渔猎和畜牧业也相当发达，平时喜欢使用各种骨饰、牙饰来装饰自己，有枕骨人工变形和成年后拔除上侧门齿的习俗。在男子的腿骨上发现了箭头，表明当时发生过战争和财富掠夺。在出土的饰品中，有猪獠牙做成的束发器，有骨梳，有骨制雕花串珠，显现出相当高的工艺制作水平，表明了当时的制骨工艺有了飞跃发展。尤其是在遗址内出土的农业生产工具，最为引人注目，除了有一般遗址中常见的石斧、石铲以及大型石锛之外，还有鹿角镰、石镐等罕见的农具。特别是在遗址中出土的石镐，长 16. 6 厘米，由火成岩制成，一端平若锄刀，一端尖如鸟喙，中部钻孔可插木柄，形状如同现代的洋镐，这也是在中国新石器时代遗址中，

---

① 《新沂花厅遗址：见证了 5000 年前的民族融合》，《彭城周末》2012 年 6 月 16 日。

首次发现的一种制作技术进步的生产工具。另外，还有颇具地方特色的獐牙钩形器，采用以鹿角作柄，在柄的上部两侧都刻有凹槽，双侧的凹槽内各嵌有一枚经过加工的雄獐牙齿，作钩割工具使用时如同镰刀，代表着当时的生产力发展水平，证明大墩子先民开始从游猎为主向农耕为主的生活迈步。① 这时，徐州人的先民大墩子人已进入文明的大门了。

二　从彭城到徐州

徐州的起源，可以追溯到五帝时代的帝尧时期，称大彭氏国。夏禹治水时，把全国疆域分为九州，徐州即为九州之一。当时"徐州"只是作为一个自然经济区域的名称。相传彭祖是颛顼的后裔。彭城邑成为这一区域的中心城市。彭城，又名彭城邑、彭城县，曾为古都涿鹿和今江苏徐州的旧称。彭城邑历史悠久，早在四五千年以前就是帝王之都，据先秦典籍《世本》记载，"涿鹿在彭城，黄帝都之"。徐州附近的云龙山东麓、高皇庙、丘湾、台上等处，分布着与传说中尧封大彭氏国年代相近的新石器晚期龙山文化遗存，这些龙山文化遗存距今也已有4000余年的历史。②

徐州古为大彭氏之国，得名彭城，大彭亦称彭祖，为彭姓开宗之祖。"大"亦言其为族之大宗，彭姓属祝融八姓之一。祝融为颛顼时代的"火正"，领导广大黎民群众开展火耕，较大规模地垦辟中原大地，所谓"昭显天地之光明，以生柔嘉材者也"③。其后嗣繁衍，支派众多。到夏代建国之后，演化为不少势力较为强大的邦国。正如《国语·郑语》所云："佐制物于前代者，昆吾为夏伯矣，大彭、豕韦为商伯矣。"韦昭注："大彭，陆终第三子曰籛，为彭姓，封于大彭，谓之彭祖，彭城是也。豕韦，彭姓之别封于豕韦者也。殷衰，二国相继为商伯。"正是由于大彭之国在商代做出"佐制物"作用，才扩展为称雄一方有助于商王朝加强统治力量的方伯之国。④ 重要的是河南安阳殷墟出土的甲骨文中，有11片关于

---

① 《邳州市境内大墩子古文化遗址的发现将江苏省文明史提前两千年推向六千年》，邳州论坛（http：//www. pzzc. net/read – htm – tid – 300978. html）。

② 《徐州市建置历史（简介）》，邳州论坛（http：//www. pzzc. net/read – htm – tid – 5268306. html）。

③ 《国语·郑语》。

④ 陈怀荃：《彭城的历史地位及其演化概说》，载《中国古都研究（第十七辑）——中国古都学会2000年学术年会暨中华古都徐州历史文化资源开发研讨会论文集》，2000年，第61页。

“彭”的记载，其中一片卜辞为“辛丑卜亘贞乎取彭”，这与《竹书纪年》记载的商武丁四十三年“王师灭大彭”相吻合。据此，徐州有文字可考的历史，至少可以上溯到3100年前。①

而今徐州市中心所在地，在远古时代，地当获水与泗水之交，南有云龙山，东有子房山（原名鸡鸣山），西北有九里山（又名九嶷山），也是具备远古氏族部落定居和谋取生活资料的条件的。可以设想，从大彭山到徐州市中心的三十里范围内，大致是古大彭氏国的活动场所。随着时间的推移，人口逐渐增多，经济逐渐发展，为了防御洪水泛滥、野兽侵袭和敌人掠夺，大彭氏国就在环境位置优越的徐州市中心所在地修建原始村寨。彭城就是徐州市的起源。

对于彭城到徐州的演变及其后的变迁，清人顾祖禹做过概括，他在《读史方舆纪要·徐州》中云：

> 《禹贡》徐州之域，古大彭氏国也。春秋、战国属宋，后属楚。秦属泗水郡。项羽自立为西楚霸王，都此“孟康曰：陈为西楚，江陵为南楚。此为东楚，项羽改为西楚，而以吴为东楚”。汉为楚国。地节元年，改为彭城郡，寻复故。后汉亦为楚国，章帝改为彭城国。晋因之，仍立徐州，以为重镇“东晋初，徐州陷没，元帝侨置徐州于淮南，又置南徐州于江南，其后移改不恒。太元九年，复置徐州于此。义熙七年，又改为北徐州。今详见州域形势”。宋亦为徐州及彭城、沛二郡。泰始中，没于后魏，亦置徐州及彭城郡“后魏置东南道大行台于此。东魏及高齐因之。后周改置总管府”。隋初废郡。炀帝废州，仍曰彭城郡。唐复为徐州。天宝初，亦曰彭城郡。乾元初，复为徐州。贞元十六年，建武宁军。咸通十一年，改为感化军。石晋时，复曰武宁军。宋仍为徐州“亦曰彭城郡武宁军节度”。金因之。元亦曰徐州，属归德府。至正八年，升徐州路。十二年，改曰武安州。明初，复曰徐州，隶凤阳府，寻直隶京师“编户一百五里”，领县四。今仍曰徐州。②

---

① 《徐州市建置历史（简介）》，邳州论坛（http：//www. pzzc. net/read - htm - tid - 5268306. html）。

② （清）顾祖禹：《读史方舆纪要·徐州》卷二九，中华书局2005年版。

徐州名称的含义，《晋书·地理志》说："盖取舒缓之义，或云因徐丘以立名。"而从顾祖禹的概括中，并补充有关材料，我们可以确定徐州作为政治行政区域名称，始于西汉。[①] 武帝元封五年（前 106 年）"初置刺史部十三州"[②]。徐州为十三州刺史部之一。西汉时，刺史无固定治所。东汉时，徐州刺史治所在郯（今山东郯城）。[③] 三国曹魏时，地方行政区划为州、郡、县三级，州正式成为一级政区。州置刺史或置牧。徐州刺史治彭城县（今江苏徐州市区）。[④] 从三国时曹操迁徐州刺史部于彭城，彭城自始称徐州。魏晋南北朝各代曾设彭城国或徐州。隋时设徐州，后改彭城增添郡，治彭城。唐初，徐州与彭城郡名称多次互易，中后期为节度使驻地。五代时各朝置有徐州。宋、元两朝都置徐州，属归德府。隶属和辖领变化较频。明初徐州曾属凤阳府，直隶京师，后属南直隶。清初，徐州先后为江南省和江苏省所属直隶州，雍正十一年（1733 年）升为徐州府。

徐州政治行政地位和地理范围的确定，正是铸成汉民族徐州人的空间基础。

三 徐州人形成的轨迹

在汉民族形成和发展的大背景下，徐州人形成的起始阶段与东夷的徐夷有密切关系，而其发育则与北方汉民族的南迁又有密切关系。

（一）徐人：徐州人的先民

徐州地区先秦时代为东夷族群集团的活动范围。"东夷"一词有广义与狭义之分，林惠祥在《中国民族史》中说："狭义专指秦以前居住今山东、江苏、安徽等省自淮以北沿海一带之异民族。广义则为秦汉以后……指满洲、朝鲜、日本、琉球等为东夷。"[⑤] 了解和研究汉民族的起源，当然以狭义的东夷为范围。

东夷集团的族群结构比较复杂，从华夏—汉民族起源的角度来看，东夷集团主要分为蚩尤、帝俊、莱夷、徐夷和淮夷五大部分。其中少昊、帝颛顼居住过的穷桑、曲阜一带，在唐虞夏商时期属徐州地区。据《禹贡》

---

① 参阅王云度《徐州名称略考》，《徐州师范学院学报》1986 年第 2 期。

② 《汉书·武帝纪》。

③ 参阅《后汉书·郡国志》。

④ 参阅《三国会要·方域》。

⑤ 林惠祥：《中国民族史》上册，上海书店出版社 1985 年版，第 73 页。

关于“海、岱及淮惟徐州”的说法，这一徐州地区的范围大约东至黄海、北至泰山、南至淮水，包括今山东南部、江苏和安徽淮河以北这一片地区，今徐州即在这个范围内。这一地区就是以穷桑、曲阜等“少皞之墟”为中心，北至泰山，东至黄海，南及淮河，因此《帝王世纪》把少昊都曲阜也说成“都徐州，蒙羽之野，奎、娄之次”。少昊氏、帝颛顼的后裔偃姓皋陶和嬴姓伯益的起源地都在这里。

商代“淮泗之间徐地”，即泗水以南至淮水之间的地方，这就是《吕氏春秋·有始览》中所说的“泗上为徐州”。泗上即泗水之南或泗水之阳。所谓“州”《说文·川部》说：“州，水中可居曰州，周绕其旁，从重川。昔尧遭洪水，民居水中高地。或曰九州。”淮泗之间徐地，也即古徐州之地。古代中原的“东方曰夷”①。徐州之地在东方，徐氏封在这个地区内也就被称为“徐夷”或“徐戎”。他们的都邑就称为“徐”。

周灭商后，徐人也就沦为鲁国的殷商遗民。《左传》定公四年记载周成王时封伯禽于“少皞之墟”，并将“殷民六族”之一的“徐氏”封给他。这个“徐氏”，即居住在邹县凫、峄之山及费县境的徐人。当时，嬴姓淮夷也臣服于鲁国。鲁国也就成为北望秦山、南及淮夷的大国，整个徐州地区也成为鲁地。《汉书·地理志下》说：“鲁地，奎、娄之分野也，东至东海，南有泗水至淮，得临淮之下相、睢陵、僮、取虑，皆鲁分也。”鲁灭嬴姓徐、奄以后，徐、奄之人一分为二。在鲁国占领之下的徐人、奄人，也就成为鲁的臣民。他们有的还聚居在一地。徐人聚居之地还称为“徐州”。《史记·周公世家》记载鲁顷公十九年“楚伐我，取徐州”。《集解》引徐广曰：“徐州，在鲁东，今薛县。”所谓“在鲁东”，是指在鲁国东南，故地在今山东滕县。另外一部分徐人、奄人则迁移到淮水附近的嬴姓淮夷地区。

春秋时在淮夷地区的徐夷、徐戎盛极一时。《韩非子·五蠹》说：“徐偃王处汉东，地方五百里，行仁义，割地而朝者三十有六国。”《淮南子·人间训》则说：“昔徐偃王好行仁义，陆地之朝者三十二国。”这时徐的都城称徐，《汉书·地理志上·临淮郡》记载：“徐，故国，盈（嬴）姓。”故地在今安徽泗县、江苏泗洪县境。此“故国”的“徐”，就是西周至春秋时的徐国都城，史称“故徐城，号大徐城，周十里，中有偃王

① 《礼记·王制》。

庙、徐君墓"[①]。而"徐城"即与今徐州的睢宁县接壤。从而可见徐人应是徐州人的先民。

（二）从三国到明代：徐州人在移民"换血"中形成

随着华夏—汉民族的形成，在春秋战国民族大融合的大潮流中，包括徐人在内的东夷族群集团作为汉民族的主源，无一例外地融入了汉民族。进入三国魏晋南北朝后，又随着北方汉民族的南迁，及至明代，徐州人在移民"换血"中形成。

由于徐州地理位置处于南北交会之处，所以从三国魏晋南北朝到明代（220—1644 年）近 1500 年汉民族大迁徙的大趋势中，徐州处在移民的通道上，加上徐州为战略要地，历来是兵家必争之地，历史上南北拉锯，徐州反复易手，归属繁复，战事频仍，从古到今，在徐州这片大地上发生的战争，仅有记载的就多达 400 余次，而其中大的战役战斗就有 200 余次。而从汉代到明代近 1500 年的历史变迁中，几乎每次变迁都会留下深刻的战争印痕。[②] 例如：

前 205 年，汉王刘邦袭彭城，与楚霸王大战，惨败，死者众，睢水为之不流。

前 202 年，楚汉决战于九里山，张良夜吹箫散楚兵，韩信占彭城。

191 年，黄巾军攻徐州。

193 年，魏武帝曹操率兵击陶谦于彭城，大战破之。

198 年，曹操沿下邳城挖长壕，引泗水灌城，杀吕布。

323 年，后赵王石勒攻彭城，下邳。

405 年，魏宋战徐州，魏败走。

466 年，宋，北魏战于徐州，北魏都督安都大败张永。积尸六十余里。

506 年，梁魏争夺徐州。

614 年，张大彪率军攻徐州，遇伏，万余皆战死。

---

① 《路史·国名纪》卷二，引《括地象》。《括地象》又称《河图括地象图》，是汉代谶纬之书《河图》中的一种，内容专讲地理，是一种地理书，但里面有很多神话传说的内容。但此书失传了，明清以来不少学者做了辑佚工作，目前比较完备的是日本学者安居香山、中村璋八辑《重修纬书集成》中的辑本，该书于 1994 年由河北人民出版社出版时定名《纬书集成》。

② 岳刚礼：《徐州战争文化的历史价值及其影响》，《徐州工程学院学报》（社会科学版）2005 年第 2 期。

623 年，李世民讨徐元朗，占徐州。
862 年，唐浙东观察使平定徐州兵乱，杀骄兵数千。
884 年，黄巢克徐兖等数十州。
899 年，淮南节度使杨行密攻徐州。
1129 年，宋金战于徐州，下邳。
1140 年，韩世忠三围淮阳。
1232 年，蒙古军南下攻徐，蒙金争夺徐州。
1360 年，张士诚占徐邳。
1407 年，燕兵袭邳县，朱棣伏兵九里山。
1511 年，刘六刘七起义军攻徐州。
1523 年，山东矿民王堂起义军攻徐州。
1554 年，倭寇犯徐，徐邳军民奋起灭倭。
1636 年，李自成攻徐，陷睢宁。
1644 年，史可法调兵徐邳，次年清兵围邳陷徐。①

在这种不断发生战争的形势下，徐州人不是被横尸城下，就是四处逃亡。史书可记载在徐州发生过400余次战争，但对徐州的移民情况却记载不多。汉献帝初平三年（192年），王允杀董卓后，董卓的部将李健、郭汜等攻入长安杀了王允，不久又自相攻击，关中大乱。关中的难民有数十万东迁至今江苏徐州一带投奔徐州刺史陶谦。② 这是有记载的一次规模较大的移民换血。

西晋时，徐州人又大多成了流民而南迁。永嘉初，今河北、山东、山西、河南以及江苏、安徽二省淮北部分的流民相继渡淮河、长江南迁。东晋元帝大兴三年（320年）在建康（今南京）设置了第一个侨县——怀德县，以安置流民。以后，又陆续设置了徐、兖、幽、冀、青、并、司诸侨州郡县于长江南北。《宋书·沈约志》载："南徐州刺史，晋永嘉大乱，幽、冀、青、并、兖州及徐州之淮北流民，相率过淮，亦有过江在晋陵郡界者。晋成帝咸和四年（329年），司空郗鉴又徙流民之在淮南者于晋陵诸县，其徙过江南及留在江北者，并立侨郡县以司牧之。"③

---

① 360问答（http：//wenda.so.com/q/1378548953077231）。
② 《后汉书·陶谦传》。
③ （南朝）沈约：《宋书·沈约志》"州郡一"。

南朝时，宋文帝元嘉年间（424—453 年）和明帝泰始年间（465—471 年），一度由宋武帝收复的中原地区重新失陷，淮北各州也由北魏占领，包括徐州人在内的北方汉民族移民又大量人口渡淮南迁，因而在淮南新设了司、兖、徐、青等侨州及其他一些侨郡县。据葛剑雄研究，如果以侨州、郡、县的户口数当作南迁人口的约数，那么到南朝刘宋时为止共约九十万，占当时刘宋政权全境户口数的六分之一。西晋时移民迁出地（北方诸州及徐州淮河以北部分）约有一百四十万户，以每户五口计，共七百余万，则南迁人口占总数的八分之一强。设在江苏镇江、常州一带的南徐州有侨口二十二万余，几乎占全省侨口的十分之九，并占南徐州全部户口的一半以上。[①] 可见西晋南朝之时，徐州人南迁移民之多，徐州人的形成陷入了人口大换血的态势。

唐代，位于长江以北、淮河以南的淮南，今属江苏和安徽二省，唐天宝年间属淮南道，为南北两大地域的连接地带。安史之乱时，由于许远、张巡死守睢阳（今河南商丘南），淮南得以保全。大批北方人民经此南下，一部分便在此居留下来。文献载“衣冠士庶……家口亦多避地于江淮”[②]，“中国新去乱，人士多避处江淮间”[③]，此“江淮”就包括今徐州地区。那么，这次汉民族移民有多少人“居留”徐州呢？由于《元和郡县志》淮南部分全佚，无从得知整个地区户口增加情况，但从上引史料来看，徐州吸收移民为数不少。于是，徐州人又补充了不少新鲜血液。但是，唐末，杨行密和孙儒争夺淮南，“淮南被兵六年，士民转徙几尽”，于是，徐州人又有不少人迁徙南下，史载吴王杨行密[④]夺得淮南后，以勤

---

① 参阅葛剑雄等《简明中国移民史》，福建人民出版社 1993 年版，第 147—149 页。

② （唐）姚汝能：《安禄山事迹》卷下。转引自葛剑雄等《简明中国移民史》，福建人民出版社 1993 年版，第 245 页。

③ （唐）韩愈：《考功员外卢公墓铭》，载《韩昌黎集》卷二四，商务印书馆 1958 年重印本。

④ 杨行密（852—905 年），唐朝末年著名政治家、军事家。字化源，庐州合肥（今安徽长丰）人。唐乾宁二年（895 年）进同中书门下平章事、弘农郡王。天复二年（902 年）进中书令、封吴王，天祐二年（905 年）病死，唐朝谥武忠王，吴国武义年间改谥孝武王，其子杨溥即帝位时追尊其为武皇帝，庙号太祖。于江淮举起割据大旗，遏制中原藩镇朱温南进步伐，成功避免全国更大范围动乱。经略淮南过程中，其政治方略、经济措施和军事思想，对五代十国及其后来社会产生深远影响。其奠基之吴国，初步实现由藩镇向王国的转型，继而，南方割据势力与北方中原政权并存的局面得以实现，在政治上为禅代的南唐国奠定基础，开启了唐宋之交政治整合和经济文化中心南渐的先河，有“十国第一人”之誉。

俭立国，“招抚流散，轻徭薄赋”[①]，扬州一带出现了繁华景象。可见，五代期间，仍有包括徐州人在内的北方汉民族移民移居于此。[②]

宋代之时，淮河流域成为宋金反复争夺的战场。南宋开禧二年（1206 年），南宋发动北伐，在淮北作战失败。金军乘胜攻入淮南和信阳军（今河南信阳）一带，包括徐州人在内的淮河流域汉民族人再次南迁，“奔逃渡江求活者，几二十万家”[③]。徐州人再次流徙。嘉定元年（1208 年）宋金再订合约，部分流民自江南复归淮南及徐州。[④] 嘉定七年（金贞祐二年，1214 年），因受蒙古军队威胁，金朝自中都（今北京）迁都南京（今河南开封），并于十年大举攻宋。南宋则发檄招谕金朝军民，当年，山东境内反金地方武装陆续渡淮入宋；次年，红袄军也在李全率领下进入淮南。[⑤] 在此前后，今河南、河北、陕西境内连续几年发生严重的蝗灾和旱灾[⑥]，灾民大批进入淮南及徐州，“来归者日以数千、万计”。[⑦]

南宋末年，蒙古军灭金后，南下攻打南宋的四川、襄阳和淮南地区。淮南及徐州难民多进入江南。嘉熙元年（1237 年），江阴、镇江、建康、太平、池、兴国、岳等长江南岸府州境内都集结了大批来自两淮及荆襄的难民。[⑧] 而蒙古军队占领北方之后，凶暴、残忍地滥杀无辜，迫使北方汉民族人大量南逃。此后直至宋亡，包括徐州人在内的北方汉民族人的南迁一直没有停止。长江以北、淮河以南的京西南、淮南东、淮南西、荆湖北四路为移民主要迁入区。据葛剑雄研究元至元十二年或十三年（1275 年或 1276 年）四路的户数比南宋嘉定十六年增加甚多，如淮南东崇宁元年（1102 年），有人口 356044 人，到至元十二/十三年（1275/1276 年）已有 542624 人。又如淮南西绍兴三十二年（1162 年），有人口 52174 人，到至元十二/十三年（1275/1276 年）已有 513827 人，人口的大量增加，都是北方人口大量迁入的结果[⑨]，其中就有徐州人的外逃移民。这种徐州

---

① 《资治通鉴》卷二五九，景福元年八月。

② 参阅葛剑雄等《简明中国移民史》，福建人民出版社 1993 年版，第 245—246 页。

③ （南宋）叶适：《叶适集·水心文集》卷二《安集两淮申省状》，中华书局 1981 年版。

④ 参阅葛剑雄等《简明中国移民史》，福建人民出版社 1993 年版，第 285 页。

⑤ 《宋史·李全传》。

⑥ 《金史·五行志》。

⑦ 《宋史·杨简传》。

⑧ 《宋史·理宗纪》。

⑨ 参阅葛剑雄等《简明中国移民史》，福建人民出版社 1993 年版，第 285—287 页。

人大量南迁的态势直到明代才得以改变，徐州人才从不断换血中稳定下来。

明洪武初，复为徐州，属凤阳府。洪武四年二月，属中都临濠府。洪武八年，改直隶州。洪武十四年十一月，直隶京师。明代徐州移民的情况史籍记载不详，材料稀少。但据曹树基的比对研究推测：由于徐州与山东西南部、河南西部及安徽北部接壤，该区的情况与四周情况有一定的相似性，应以接受山西洪洞来的移民为主。有一条从今天山东省微山县获得的资料可资佐证：微山县的傅村乡，明代属于徐州沛县地，亦即洪武时期的沛县地，该乡现有58个自然村，其中18个村庄属于建于永乐及永乐以前的老村庄，这18个村庄中，有7村源于山西，它们中有1村迁自“明初”，5村迁自“洪武”，1村迁自“永乐”，其根据是6种族谱和1块墓碑。[①] 由此可见上述推论之不谬。根据微山县的情况，我们假设徐州府的移民人口占总人口的20%，洪武二十六年该府人口为18.1万，其中移民人口约为3.6万，主要来自山西。至洪武二十六年，扬州、淮安和徐州三府的移民人口大致达到了71.3万。移民的主要来源为江南的苏州地区，苏南各县及江西、浙江、徽州和山西。还有，洪武年间淮、扬二府境内有扬州、高邮、仪真、淮安、邳州和大河6卫，计将士33600人，合家属共有10万人左右。上述推测是以兴化县的民籍人口中的土著与移民的比例为基础的，并不包括军籍人口在内，加上这批军籍人口，洪武年间苏北地区接受的各类外来移民达81.4万人，占当时苏北扬州、淮安、徐州三地总人口（含军籍人口）的近50%。[②]

徐州人大换血的重构，曹树基认为是“重建式移民”，他说：“洪武年间京师和淮、扬二府大部分地区的移民活动，可以看出，洪武时期对这一地区的移民，实际上是在重新构造其基本的人口。所谓‘重新构造’是指在移民运动发生之前，原有的土著大都死亡或外徙，移民在一次性的迁入后遂在当地人口中占有较大的比例，所谓较大比例，一般是指移民人口达到或超过了土著人口。这种以突发性的移民过程来重新构造迁入地人口，从而使移民的人口数量达到或超过当地土著的移民运动，称为人口重

① 微山县地名委员会办公室编《山东省微山县地名志》内部资料，1986年。

② 曹树基：《中国移民史》第五卷，福建人民出版社1997年版，第42—43页。

建式移民。"[①] 就是这种"重建式移民"，才使徐州人在移民"换血"中形成。

第三节　徐州人的人文特征

徐州人是汉民族族群中响当当的硬汉子，大度、豪放、直率、坦白，讲义气、重交情，敢为朋友两肋插刀。同时，又认死理不转变，盲目、轻率、崇尚武力、好冲动，逞一时之勇而不计后果等。这就是徐州人人文性格的基本特征。[②]

一　敢作敢为：徐州人的特质

一场又一场的战争，铸成了徐州人尚武的秉性；一代又一代的英豪和枭雄，铸造了徐州人敢作敢为的特质。

对于徐州人敢作敢为的特质，历史文献上多有表达。《史记·货殖列传》云，"夫自淮北沛、陈、汝南、南郡，此西楚也。其俗剽轻，易发怒"。《隋书·地理志》亦云："考其旧俗，人颇劲悍轻剽，其士子则挟任节气，好尚宾游，此盖楚之风焉。大抵徐、兖同俗。"而楚人生来桀骜不驯，"其人率多劲悍决烈，天性使然也"，以"轻果而敢"[③] 闻名天下。阮籍《乐论》曰："楚越之风好勇，故其俗轻死。"《管子·水地》又曰："楚之水淖弱而清，故其民轻果而贼。"《风俗通义·过誉》亦曰："楚之界，其俗急疾有气决。"可见楚人性格最大的特点就是"蛮""倔""刚""烈"。[④] 所以，徐州人"风俗劲悍，有霸王之遗风"[⑤]；"沛楚之民，急疾颛己"[⑥]。正因为此，《徐州史话·序》引宋人苏轼《上神宗皇帝书》说："其民皆长大，胆力绝人。喜为剽掠，小不适意，则有飞扬跋扈之心，非止为盗而已。汉高祖，沛人也；项羽，宿迁人也；刘裕，彭城人也；朱全忠，砀山人也；皆在今徐州数百里间耳。其人以其自负、凶桀之气，积以

---

① 曹树基：《中国移民史》第五卷，福建人民出版社 1997 年版，第 43 页。
② 参阅《易中天评说徐州人》（http：//www. xici. net/d145013160. htm）。
③ 《隋书·地理志》。
④ 贺科伟：《两汉荆楚风俗浅述》，《湖南科技学院学报》2006 年第 9 期。
⑤ 《图经》，转引自《徐州民俗风情》（http：//www. xici. net/d161958288. htm）。
⑥ 《汉书·地理志》。

成俗。魏太武以三十万人攻彭城，不能下。而王智兴以卒伍庸才，恣睢于徐，朝廷亦不能讨。岂非以其地形便利，人卒勇悍故耶?”这段话的大意是：徐州人身材高大，胆力过人，敏捷强悍，喜欢掠夺，小不如意便飞扬跋扈。由于徐州这一带出过刘邦、项羽、刘裕、朱全忠等帝王，这里的人就很自负，有一种凶猛的桀骜不驯之气，并成为一种风俗。①

敢作敢为的特质融入了徐州人的血液中，常常表现为轻急而果敢。如南方人薄嘴唇叽叽喳喳大半天动口不动手，徐州人最多只是说三个字：“我揍你!”说罢便开打。这大约是战争养育而成的习惯：敌军逼近城门，抄起家伙赶紧上，哪有闲工夫啰唆？所以，徐州人对于温文尔雅缺乏刺激的体育项目诸如围棋、桥牌什么的不屑一顾。拳击这一类的运动则是徐州人的最爱！中国拳王雷玉平便是徐州人。徐州有几位年轻人练拳击才练几个月，脖子一拧，几拳便把南方选手打倒在地，成绩全省第一。徐州人曾拿过几十项武术世界冠军。铁人三项赛更刺激，徐州连七八岁的孩子也参加比赛。摩托车运动也过瘾，徐州一帮子爱好者整天在荒郊野外折腾，拉起的队伍已成为全国甲级摩托车队，并在全国性比赛中屡创佳绩。女子足球、高山滑雪，徐州籍选手声震八方。斗鸡斗狗斗蟋蟀也爱，因为有个“斗”字。

现代社会敢作敢为的徐州人也敢玩。他们鸡毛蒜皮不玩，玩便玩大手笔。如徐州并非二胡之乡，但徐州办了个国际胡琴节，千人奏二胡，破了吉尼斯纪录。徐州人三伏天爱光膀子吃羊肉，索性办个“伏羊节”，一天宰羊两万只，一时间徐州羊贵。再说酒。酒与豪气有关。徐州人爱酒，爱用大碗喝白酒，“头三杯”，“打一圈”，你敬我，我敬你，三五瓶白酒下去最后再喝“杯中酒”。徐州人以往喝酒不大动筷子，动筷子不讲酒道那叫“菜酒”，“菜酒”最被人瞧不起的。徐州人爱吃辣，四川人、湖南人来徐州惊叹徐州菜真辣。徐州的汤也是辣的，叫辣汤。徐州人冬天喝辣汤，屋里有桌椅不愿进，偏爱捧着大碗站在外面喝，雪花里喝得大汗淋漓，那叫“恣”。

战争是血是火是刀是枪，刀枪血火造就了徐州人敢作敢为的特质。正如易中天解读徐州的城市文化时说，徐州受到来自邻近的齐鲁文化圈强有力的影响，成就了较为明显的带有豪爽大气、精干、讲究情义的性格特

① 转引自邓毓昆、李银德主编《徐州史话》，江苏古籍出版社 1990 年版。

点。楚人重情，齐鲁重义，这两种文化在徐州融合，从而逐渐形成了今天我们所谈到的徐州文化特征，以及徐州独特的城市性格，即有情有义，敢作敢为。[①]

二　有情有义：徐州人的性格

易中天说徐州独特的城市性格是“敢作敢为”，也说了徐州独特的城市性格还“有情有义”。

徐州人重情重义，这与战争也有关系。俗话说“酒肉朋友不长久，生死之交最可交”。战事一开不是你死就是我活，实实在在。死就是死，活就是活，无虚无假。战场上结下的情谊与酒场上结交的朋友毕竟不同。徐州有7位老红军，他们回忆起曾并肩作战过的老战友时无不泪流满面。当代的徐州人传承了先辈们有情有义的性格，如徐州有位农村大嫂，赡养4位毫无血缘关系的孤独老太太，据此录制的电视纪录片令联合国官员大为感动。长此以往，生生死死养成了徐州人的另一个优点：实在。“管不?”“管!”没有客套，三言两语便把事情搞定。徐州人好客，旧时家里来了客人，好酒好菜相待。缺哪样菜，钻窟窿打洞也要弄来。客人走了，家人吃剩下的。[②]

徐州人重情义，性情豪放，徐州作家王建曾写过一篇《雄性的徐州》：

> 如果你到过徐州，你一定会记起，徐州人扯开嗓门放肆傻笑的憨态，徐州男人有滋有味就着臭豆腐乳夹大葱卷烙饼一口咬半截的豪迈，你会哑然失笑徐州女子的大大咧咧、风风火火，徐州女子会夏天敞开怀喝冰凉的井水，徐州女子野得让南方的男人目瞪口呆。而徐州的男人却觉得她们比嫦娥还可爱。
>
> 徐州男人喝白酒，划拳如吵架，吃红红的辣椒，喝咸咸的或酸酸的汤，看电视、听广播总把声音调到最响。徐州人讨厌西餐的烦琐，徐州人不习惯温文尔雅。徐州人也不喜欢米酒的温软。徐州人不欢迎

---

① 《易中天评说徐州人》（http：//www. xici. net/d145013160. htm）。

② 梦罗浮：《徐州人性格的养成》（http：//blog. sina. com. cn/s/blo g_ 4a6df1450100bm33. html）。

咖啡（无论雀巢还是麦氏），徐州人崇尚茶或白开水。徐州人甚至不养娇花嫩草，徐州人家里都种仙人掌科。①

2006 年 4 月 4 日，厦门大学教授易中天以“楚汉文化与魅力徐州”为题，作了演讲。他说：

徐州这个城市的文化个性是什么？大家比较看重的是四个字：有情有义！这样一个表述当中，就隐含着徐州文化个性形成的原因：情，就是楚文化的特点，楚人是非常重情的，我们去读《楚辞》《离骚》，可以很强烈地感受到楚人重情，这样一种文化特征。燕赵齐鲁重义。有情有义，恰好表现了徐州文化的特点，就是南北文化的交融，南方的情北方的义，把它在这个交汇点组合起来，就是有情有义。

除了这个精神以外，想再补充四个字：敢作敢为。谁的性格？刘邦。其实刘邦也是一个有情义的人，他写的那首有名的诗《大风歌》，非常有情义，大风起兮云飞扬。据史书记载，刘邦当时唱这个歌时是一边唱一边流眼泪。②

三　南北交融：徐州人性格的养成

楚风汉韵是徐州人南北交融的一个经典表达。徐州曾是西楚之地，秦汉之际又是楚汉争霸的要塞，既有楚风习习的文化底蕴，又有大汉文化在这里留下了风韵。如汉墓、汉画像石、汉兵马俑被称为中国汉帝国文化的“三绝”③，汉画像砖是其中最具有典型意义的代表。汉画像砖是彩绘或雕刻的建筑用砖，上面的图案往往精美多样又主题丰富，深刻地反映了汉代社会文化和风俗民情。④

---

① 转引自范培松《以最佳姿态释放自己——评王建的散文》（http://www.chinawriter.com.cn/bk/2006-04-13/24099.html）。

② 《厦门大学教授易中天来徐精彩演讲》（http://news.huaihai.tv/xuzhounews/showcontent.php?2007/0111/2007-01-1110676.html）。

③ 王正喜：《楚风汉韵奏响徐州文化建设“大风歌”》，《徐州日报》2007 年 4 月 5 日。

④ 吴迪：《洛阳与徐州两地汉画像砖（石）艺术美学思想与美学风格》，载《中国古都研究（第十七辑）——中国古都学会 2000 年学术年会暨中华古都徐州历史文化资源开发研讨会论文集》，2000 年。

徐州的汉画像石包括东汉早中期和晚期的画像，其内容包括三类：第一类是关于社会生产生活，诸如牛耕、纺织、出行、饮宴等；第二类是当时人们想象的异世界，诸如西王母、神仙世界、上古神话等；第三类是历史故事，像“孔子见老子”等教育意义为主的内容。早期画像比较简单，多阴线和凹面刻，线条粗犷；后期画像的内容比较多，构图复杂，有浅浮雕、减地平面线刻等多种技法，场面生动而有趣。汉画像石晚期的图像中有大量神话故事内容，包括西王母、金乌玉兔、炎帝黄帝、伏羲女娲等，足以反映出当时人们所想象的异世界。徐州汉画像石的牛耕图、纺织图、九仕图等都是不可多得的艺术珍品，是汉代文化中艺术创作的代表作之一，充分展示了徐州人的楚风汉韵特色。

徐州的地理位置决定了它的文化属于南北融合的产物。就像民居建筑一样，两汉时期，徐州地区的建筑技术已经非常成熟了。从画像砖石或明器中可以看出，当时三院落、四院落的住房格局已经基本形成，亭台、楼阁可以高达数层。户部山八大家是具有代表性、保存比较完整的明清传统民居。天启四年（1624 年），黄河决口后徐州城被淹，户部分司搬迁到地势较高的南山，所以有了户部山的得名。为了避黄河水患，商贾大家在户部山修建住宅，融合了南北建筑的特点，形成了独特的风格。

余家大院位于户部山顶峰东南角，占了最吉利的方位，是旧时户部山八大户之一，其院落基础建在户部山首院户部衙署分司旧址之上。余家先人自清雍正时来徐州经商，曾在城北定居，乾隆中叶余家经营有方，家道中兴，在户部山购买了尚半山的宅产再改建。余家大院有左、中、右（自西向东）三路院落近十个小四合院，百余间房屋。整个于家大院以中路院为轴心，左右平铺展开，每一路院落都以三进为进深，在平面布局上可谓九宫格。院落坐北朝南，高门深槛，入门进入中路院大过底，过底间高 5 米多，雕栏画栋。中路院前院西为偏房，东为私塾，北再拾级而上过二过底。中院西为花房，东为入东院之门，北为中堂，即整个院落规格最高的会客厅，客厅后有门可通往后院。后院以一垂花门隔断，后院北为正房，东、西各为偏房，通过东偏房门前幽静小路可通主人的小书楼。东路院前院以地势高差分为两部分，较低的南坡为一戏园，较高的北段为大花园，余家人俗称东花园。西路院由南而北有另门出入。结构布局基本上与中路院相似，但是由于地势和地位不同，西路院较小，位差也较中院低。西路院和东路院以一狭长的小道及过底相连，布置有茶坊、仓库、磨房、杂房等。①

北方元素：北方气候寒冷，建筑墙体厚，门窗小，严密保温。户部山民居砖墙的厚度有50—60厘米，设石质腰卡，加固门框。门内两侧设腰杠石，加上横木加固门扇。木棂窗也非常严密，这都颇具北方住宅特点。抱鼓石、柱础、牌坊、桥栏杆上有各种石雕，此外梁架、梁枋、斗拱、雀替、门窗上还有木雕装饰，照壁、屋脊、墙窗上还有砖雕。翟家和崔家大院的鸳鸯楼门窗上有斗拱，还有雕饰，明显受到山西民居的影响。

南方元素：江南一带冬冷夏热，梅雨绵绵，房屋多为两三层，中间留小天井。户部山民居在四合院布局基础上，在院落与院落之间设置了天井的院落组合，还通过人工凿池的方式修建了山水园林。墙体有里生外熟的区别，里面是土层，外面是砖墙，保温又便宜。山下叠压，楼内天梯的鸳鸯楼不仅适应了山势地形，还减少了工程量。②

徐州传统民居建筑屋顶构造主要是硬山顶，小青瓦瓦阵，两边高中间低，地面多为罗底砖地面、条砖地面、灰土地面等形式，表现出“淮风吴韵”和“和中内敛”的特点。③

徐州人人文性格的养成正是汉民族南北文化融合的结果。徐州地区人受到孔孟儒家文化、楚汉文化、中原民风等方面影响，其人格特征突出表现为：“人性朴实、正直忠厚；勤劳节俭，重积蓄，不追求享受；正统保守，因循守旧，满足现状，知足常乐，不求于外，不善创新；守乡眷土，易于自我封闭，不能放眼未来，不愿外出经商打工创业；伦理道德与宗法观念浓厚，有较强的孝道观念、家庭观念与帮派意识，暴力打斗现象经常发生，民风较为刚烈强悍；商业意识、市场意识较为淡薄、落后；崇尚权力，众人以官为尊、以官为荣，惟官、惟上是从、官本位、浮夸风现象较为严重。”④ 徐州以平原为主，而且土地大多比较肥沃，气候也四季分明，

---

① 季翔：《徐州户部山传统民居探究》，《南京艺术学院学报》2008年第1期。

② 孟杰：《融合南北特色的徐州传统民居》，《江苏地方志》2009年第3期。

③ 刘海波：《论徐州传统民居建筑的装饰构造形式》，《中华民居》2011年第1期。

④ 《徐州人的性格特征》（http：//www. xici. net/d14837253. htm）。

风调雨顺的年份较多，所以古有民谣：“丰沛收，养九州，丰沛不收养徐州。”这话固然过于夸张，但也反映了这一带农业生产的发达和徐州人的宽广胸怀。

徐州人有南方人的聪明细腻和北方人的质朴直率，同样是说徐州人有南方人的精明刁钻和北方人的固执冲动。瑕不掩瑜，徐州人豪爽、仗义、善良、朴实、踏实、自信、勇敢、聪明。

第四章　苏州人

“上有天堂，下有苏杭”，苏州不仅仅是一座城市，更是江南文化的精髓所在。杭州之美在西湖，苏州之美在园林，还在吴侬软语的细腻，还在昆曲评弹的铿锵，无不吸引南来北往的客商们在此驻足停留。跨越数千年历史所形成的苏州文化，依然绽放出独特的魅力，使人流连忘返。而居住在苏州城里的苏州人可以说是住在天堂里的幸运儿。

第一节　苏州人的语言

在汉语各大方言中，使用吴方言的人口仅次于北方方言，是很古老的方言，苏州方言是吴方言的代表。汉代扬雄《方言》和许慎《说文解字》都指出吴方言与中原方言有不同之处。南朝刘义庆《世说新语》有“未见他异，惟闻作吴语耳”的记载。其他如《切韵》《广韵》《集韵》等隋唐以来的韵书，都收录吴语的材料。到明代，现代苏州话的基本面貌业已形成。冯梦龙辑录的山歌和小说、沈宠绥的《度曲须知》中所反映的方言现象，已很接近今日的苏州话。语言奇才赵元任对苏州话颇有研究，1928 年他编写的《现代吴语的研究》首次科学地、系统地研究、记录了苏州等地吴语的语音、词汇和语法现象。

苏州话历来被称为“吴侬软语”，是吴方言的代表，其最大的特点就是“软”“柔”“甜”“温”“糯”。这种方言孕育了三朵艺术之花——昆曲、评弹、苏剧，这种方言造就了苏州人儒雅内敛的气质，这种方言又蕴含了苏州城 2500 多年的历史文化，其语言魅力非其他方言可比。[①]

---

① 以上参阅沈慧瑛《吴侬软语话苏州》，《中国档案》2008 年第 7 期。

一　苏州话的形成

苏州话既然是吴方言的代表，那么要了解苏州话的形成就必须先弄清吴语的形成。

（一）历史文献中的吴语

吴语的原始面貌已经不为人所知了，周秦时代吴越方言没有留下什么文学遗产，只在赵晔《吴越春秋》和刘向《说苑》等书里有些零星的记载，让今人能想象吴越方言的存在。《吴越春秋》里的《渔父歌》是最早的吴歌，长句参差，近似楚辞，而不像诗经整齐简短。全文如下：

> 伍员奔吴，追者在后。至江，江中有渔父。子胥呼之。渔父欲渡，因歌曰："日月照耀乎寖已驰，与子期乎芦之漪。"子胥止芦之漪。渔父又歌曰："日已夕兮，余心忧悲，月已迟兮，何以渡为？事寖急兮，将奈何？"既渡，渔父视之，有饥色。曰："为子取饷。"渔父去，子胥疑之，乃潜深苇之中。父来，持麦饭，鲍鱼羹、盎浆，求之不见，因歌而呼之曰："芦中人，岂非穷士乎？"子胥出。饮食毕，解百金之剑以赠，渔父不受。问其姓名，不答。子胥戒渔父曰："掩子之盎浆，无令其露。"渔父诺。子胥行数步，渔者覆舟自沉于江。

还有，有学者认为西汉刘向在《说苑·善说》里用汉字记音的《越人歌》"滥兮抃草滥予昌㨖泽予昌州州𩜾州焉乎秦胥胥缦予乎昭澶秦逾渗堤随河湖"也是吴语。用楚语来说是："今夕何夕兮，搴舟中流，今日何日兮，得与王子同舟。蒙羞被好兮，不訾诟耻，心几烦而不绝兮，得知王子。山有木兮木有枝，心悦君兮君不知。"但据袁家骅《汉语方言概要》说，今天把原文和译文对照着看，我们怀疑这首歌所代表的"越语"不属于汉语系统，不同于"吴语"的前身。①

晋以后的《子夜歌》和《吴声歌曲》，已显示了吴语的词汇特点，如第一人称用"侬"，而很少用"我"，但是"侬"多系女子自称。荆楚间流行的《西曲歌》里也同样出现"侬"字，而今吴方言"侬"多半用作第二人称。

---

① 袁家骅等：《汉语方言概要》（第二版），文字改革出版社 1989 年版，第 56—57 页。

南朝宋刘义庆撰《世说新语》有两段记载，又透露了一些有关吴音的特点。《雅量》云："桓公伏甲设馔，广延朝士，因此欲诛谢安、王坦之。……谢之宽容愈表于貌。望阶趋席，方作'洛生咏'，讽浩浩洪流。桓惮其旷远，乃趣解兵。"刘孝标注引宋明帝《文章志》曰："安能作'洛生咏'，而少有鼻疾，语音浊。后名流多斅其咏，弗能及，手掩鼻而吟焉。"[①] 谢安的鼻疾疑是南人对北音的印象。又《世说新语·政事》云："王丞相拜扬州，宾客数百人并加霑接，人人有说色，唯临海一客姓任及数胡人为未洽。公因便还到过任边云：'君出，临海便无复人。'任大喜说。因过胡人前弹指云：'兰阇！兰阇！'群胡同笑，四座并欢。""兰阇"二字大概是胡语的转写，褒誉赞叹之词。还有两个故事说明东晋南朝江左的知识分子吟诗都拿北音作标准，但未能完全摆脱乡音。《颜氏家训·音辞》："易服而与之谈，南方士庶数言可辨；隔垣而与之语，北方朝野终日难分。"可见江左士族操北语而庶人操吴语，河北阶级虽殊，而语言无别。[②] 南朝的乐府诗中也记载了当时的吴歌，如《华山畿》[③]："华山畿！君既为侬死，独生为谁施？欢若见怜时，棺木为侬开。女遂入棺，家人叩打，无如之何，乃合葬，呼曰神女冢。"其意是：你葬于华山之脚（畿是附近的意思），你既然为我而死，（我）一个人活着又为了什么呢？你倘若可怜我的处境，把棺木为我敞开（意即我即将跟随你而去死）。这应该是一个有情女子所写为亡君而殉情合葬的故事。

魏晋南北朝时汉语方言的划分，在郭璞《尔雅》《方言》注里已有些暗示。如荆楚（或楚）、关西、河北、齐（或东齐）、江南、江东，都是较大的方言区。其中经常提到"江东"，是指长江下游南岸或东吴（即江左），东晋南渡后的主要根据地，是郭璞和大批士族以及一部分平民南渡后侨居的地区，相当于今日的吴语区。这时北方士族和江东士族接触，养成了"共重吴声"的风气。[④] 金陵方言似属于吴语范围。南音轻浮，北音（以"洛生咏"为代表）重浊，是当时的一般印象，《颜氏家训·音辞》和陆德明《经典释文·叙录》中都有类似的描写。关于中古时期的吴语，

① 《晋书·谢安传》。

② 陈寅恪：《东晋南朝之吴语》，载《史语集刊》1936 年第七本第一分册。

③ 《华山畿》是南朝著名爱情民歌集，现有乐府《吴声歌曲》25 首，亦见于元《至顺镇江志》卷二〇。

④ 周因梦：《博闻强记的郭璞》，《中国语文》1956 年第 49 期。

从梁人顾野王《玉篇》和唐人陆德明《经典释文》中可以发现一些方言字反切。

明清以来，昆曲、弹词、小曲和小说里有许多说白和描写是运用苏州话的。但是纯粹苏州话的文学作品要推晚清的小说《海上花列传》，后来《九尾龟》《歇浦潮》《吴门絮语》等都是在《海上花列传》的影响之下产生的。《海上花列传》的描写部分还是采用了北京话或北方话，只有对白才是苏州话，所以袁家骅认为，典型的吴语从多方面考虑，以苏州话为代表是比较适宜的。[①]

（二）苏州话形成速写

苏州话是吴语的代表，也是中国历史最悠久的方言之一。早在商代太伯奔吴的时候，苏州话的前身——上古吴语就已经形成了。但遗憾的是学术界对苏州话的形成缺乏系统的研究，知网上几乎查不到有关苏州话形成的论文，这使人生怪。但网络中却有简述：苏州话发展有两个变动比较大的时期，即晋代和明代。晋代时中原话和当时的古吴语结合形成中古吴语。明清两代是苏州话最辉煌的时期。

1. 商代——滥觞期

一般认为，“吴”的概念自周朝太伯奔吴、建立“句吴（勾吴）”起始。上古吴语就是这个时候形成的。当时，江南地区仍然是蛮夷之地。而太伯奔吴，建立了吴国，把中原发达的文化带到了江南地区。中原的语言和当时江南越人的语言结合，形成了上古吴语。

2. 周代——孕育初期

随着周王朝的建立，汉语在周代开始分化。据《孟子》《吕氏春秋》等相关资料进行判断，先秦时代的汉语分为夏、齐、楚、越四大方言。越方言，就是指的上古吴语，分布在江淮和江南一带。据资料显示，当时吴越地区语言相通。上古吴语所使用的地区大致包括今天的江浙沪皖地区。当时江浙沪皖地区最大的城市是吴国首都姑苏。

3. 汉代——孕育中期

秦汉以来的中原移民不断在会稽、宛陵及秣陵等城镇聚集，影响了吴语的发展和语言的交汇。及至汉代，吴县（今苏州）是当时东南地区最

---

① 以上参阅袁家骅等《汉语方言概要》（第二版），文字改革出版社1989年版，第57—58页。

大的城市，也是吴郡的郡治。因此，当时苏州的方言也具有一定的代表性。

4. 晋南朝——孕育变革期

西晋末年永嘉南渡，《晋书·王导传》：“洛京倾覆，中州士女避乱江左者十六七。”由于当时的社会上层主要由中原，尤其是洛阳一带迁来的，操的是中原正音；而居民则多为说吴语的土著吴人，因此对吴地社会上下层的语言产生了不同的影响。对此，北齐颜之推《颜氏家训·音辞》指出：“冠冕君子，南方为优，闾里小人，北方为愈；易服而与之谈，南方士庶数言可辨，隔垣而听其语，北方朝野终日难分。而南染吴越，北杂夷虏，皆有深弊。”这样，使得上古吴语受到中原话影响，形成了中古吴语。同时吴语也包围了当时的政治中心建康（今南京），也有很多士人学习吴语。起初，在建康的中原人是看不起吴语的，认为吴语鄙俗。但是随着时代的变化，当地人渐渐掌握了实权，因此，在南朝后期，反而当地人看不起北方逃难来的中原人。吴语的影响力也逐渐增大。吴县是南方的一座大城市，其语言的影响力仅次于建康和广陵（今扬州）。《晋书·乐志》称：“自永嘉渡江之后，下及梁、陈，咸都建业，吴声歌曲起于此也。”

5. 隋唐宋元——孕育晚期

隋朝建立之后的700年间，由于建康等大城市相继被摧毁或衰落，苏州又再次成为江南最大的城市。苏州话在这700年间，一直在慢慢发展变化。永嘉之乱后，北方的百万移民影响了吴语而形成今天南北各片的分布。元代高德基撰写的《平江记事》载：“吴人自相呼为獃子，又谓之苏州獃，每岁除夕，群儿绕街呼叫云：卖痴獃，千贯卖汝痴，万贯卖汝獃，见卖尽多送，要赊随我来。盖以吴人多獃，儿辈戏谑之耳。吴推官尝谓人曰：某居官久，深知吴风。吴人尚奢争胜，所事不切，广置田宅，计较微利，殊不知异时反贻子孙不肖之害。故人以獃目之，谓之苏州獃。不亦宜乎。”

在南宋的时候，也受到当时杭州话的影响。所以唐末五代十国时，吴越王钱镠唱吴歌：“你辈见侬底欢喜？别是一般滋味子，永在我侬心子里。”这首山歌原载于宋吴释文莹《湘山野录》，“五四”以后研究吴歌的先辈容肇祖先生，曾于1936年北大《歌谣》周刊第二卷第七期上，发表了《一千年前的一首吴音山歌》一文，介绍了这首最早的吴音山歌，容先生引证《学海类编》本的《湘山野录》，记下了这一条的全文，如下：

> 开平元年（907年），梁太祖即位，封钱武肃（镠）为吴越王。时有讽钱拒其命者。钱笑曰："吾岂失为一孙仲谋耶？"拜受之。改其乡临安县为临安衣锦军。是年省茔垄，延故老，旌钺鼓吹，振耀山谷。自昔游钓之所，尽蒙以锦绣。或树石，至有封官爵者。旧贸盐肩担，亦裁锦韬之。一邻媪，九十余，携壶浆角黍迎于道。镠下车亟拜。媪抚其背，犹以小字呼之，曰："钱婆留，喜汝长成。"盖初生时光怪满室，父惧，将沉于涯矣。此媪酷留之，遂字焉。为牛酒大陈乡饮，别张蜀锦为广幄，以饮乡人。凡男女八十已上金樽，百岁已上玉樽。时黄发饮玉者尚不减十余人。镠起，执爵于席，自唱还乡歌以娱宾。曰："三节还乡兮挂锦衣，吴越一王驷马归。临安道上列旌旗，碧天明明兮爱日辉。父老远近来相随，家人乡眷兮会时稀。斗牛光起兮天无欺！"时父老虽闻歌进酒，都不之晓。武肃亦觉其欢意不甚浃洽。再酌酒，高揭吴音，唱山歌以见意。词曰：你辈见侬底欢喜，别是一般滋味子。永在我侬心子里！歌阕，合声赓赞，叫笑振席，欢感闾里。今山民尚有能歌者。

这段笔记非常生动地描绘了一千多年前，吴越王钱镠衣锦还乡到临安（今杭州）的情景，他仿照汉高祖刘邦的《大风歌》，高兴地唱起来，但乡亲们都听不懂，不能尽兴，于是他"高揭吴音，唱山歌以见意"，山歌虽然只有三句歌词，但却是乡音土语，立即引起共鸣，"叫笑振席，欢感闾里"。从这三句歌词来看，确实是全部用吴语记录下来的山歌，加上注释更加确切地反映出吴音的特点，使人感到非常亲切。它比六朝吴声歌曲记录的吴歌，更加朴实、通俗，乡土气息特别浓厚。原记述者的最后一句话"今山民尚有能歌者"，说明北宋时还有人能唱这首歌，关德栋引证南宋人袁褧《枫窗小牍》也叙及此事，其后并说："至今狂童游女，借为奔期问答之歌。"可见此歌流传久远，反映了苏州话孕育的平稳发展。

6. 明清——形成期

明代开始由于江南地区的发达，较多苏州人能够从劳动中解放出来，从事其他行业。其中读书是苏州人从事较多的行业。从唐代到清代，苏州地区的状元占有全国状元的很大比例，明清一度达到五分之一。上层社会的精英中较多的也是苏州籍。苏白在明代从江南的流行语言成为士大夫的流行语言。越剧、昆曲、评弹都以苏白为标准音，甚至一开始的京剧都曾使用过苏白。古人云："善操海内上下进退之权，苏人以为雅者，则四方随之而雅，俗者，则随而俗之。"[①] 上层社会，尤其是江南地区的上层人物大多以苏州话为荣，甚至不同地区的人交流也有使用苏州话的。另外，当时戏剧业开始发展，苏州话成了四大白话之一：京白、韵白、苏白和粤白。姑苏城被大明士绅名流列为游学天下必得一游的五大都会之一，上至后妃宫眷、官宦妻女，下至民间匹妇乃至江湖艺女，更以穿着苏式服装，学说苏白，操唱吴歌，引为骄傲。尤其对各式妓女来说，衣必吴妆，话必苏白，擅长吴歌，成为必备之技能，非如此不足以自抬身价。

清代开始出现了苏州话小说。《海上花列传》是最著名的吴语小说，作者是江苏松江府人韩邦庆。全书由文言和苏白写成，对话皆用苏州方言是该书的鲜明特点，使用苏白也是 19 世纪兴起的吴语小说的共同特点。

凡此等等，都表明苏州话已形成。

二　苏州话的特点

苏州话属于吴语太湖片苏沪嘉小片[②]，江苏吴语的苏州片。太湖片和官话区接壤，受到了官话的一些影响，有大量官话的词汇，但仍然有吴语的基本特征。乾隆《吴江县志》载："吴音轻清而柔缓，故音韵之学独盛于南方，虽土音各限方隅，不若中州之正，而流利明晰，纤悉必分，舒徐宛转，则其所长，故吴音自古独重。"苏州话包括苏州城区、郊区和吴县的方言。吴县的东山和西山长期处在太湖中间，平时都说东山、西山话，口音较硬。[③]

（一）苏州话的语言学特点

苏州话 27 个声母，包括零声母。[④] 苏州话以《广韵》为代表的中古（隋唐时期）语音系统的全浊声母，因而苏州的塞音、塞擦音声母有清不送气、清送气、浊三套的对立。在 i 和以它开头的韵母前，苏州话分尖团。但苏州话现在已经没有舌尖后音，将其并入舌尖前音。古知组、章组三等字声母多数读舌尖音，韵母是洪音。古见组合口三等字的一些读音，

---

① （明）王士性：《广志绎》。

② 颜逸明：《吴语概说》，华东师范大学出版社 1994 年版，第 73 页。

③ 李荣主编，叶祥苓编纂：《苏州方言词典》，江苏教育出版社 1993 年版。

④ 同上书，第 5 页。

文读为舌面音，韵母为细音，白读声母为舌根音，韵母为洪音。[①] 苏州话中有舌面鼻音，如泥、年、娘、捏的声母。苏州话还有舌根鼻音声母，如饿、牙、癌、岳的声母，许多北方方言都没有。[②] 苏州话没有浊塞擦音 dz 声母，古“从、澄、床”三母的字跟“邪、禅”两母的字都读浊擦音 z。苏州旧派有 ʦ 组声母，还有浊擦音ʐ声母。[③]

苏州话有 49 个韵母，包括自成音节的m̩、n̩、ŋ̍[④]，通摄钟韵的“钟、共、胸、龙”，带鼻尾韵。[⑤] n、l 界限明确，基本保留古疑母，洪音前读 ŋ，细音前读舌面的 ȵ，少数边缘地点读舌尖的 n。如果是细音韵母，则和泥母合流，如苏州话的疑 = 泥（ȵi）。

文白异读，例如微母文读为 v，白读为 m，日母文读为 z，白读为 ȵ，古见系开口二等字文读是细音，白读是洪音。古咸山两摄韵母失去鼻音韵尾，变得和蟹摄开口一二等以及部分止摄字同音，如来雷蓝读 le。中古咸摄和山摄一二等字分为两类韵母，和《中原音韵》中的“寒山”“恒欢”两类韵基本对应。[⑥]

苏州话单元音韵母发达，有 13 个，其中只有 a、o、u 是后元音，其余 10 个都是前元音，元音偏前是苏州话的一大特征。前响复合元音韵母只有一个 əu 韵，来自歌、戈两韵。北京方言里的一些双元音韵母，在苏州话中都读作单元音韵母。部分阳声韵丢失鼻音韵尾，改读阴声韵或鼻化元音。古咸摄、山摄改读阴声韵；宕摄、江摄和梗摄（二等）韵改读鼻化元音；深摄、臻摄、曾摄、梗摄（三四等）、通摄仍保留鼻音韵尾，但不能区分 n 和 ŋ。[⑦] 目前苏州话分为旧派、新派和最新派，旧派和新派的区别，以是否能区分 ʦ、ʦ‘、s、z 和 ʦ、ʦ、ʂ、ʐ两套声母；新派分尖团音，最新派不分尖团音，也不区分 a 和 ɑ，不区分 i 韵和∅韵。

苏州话中，单字调 7 个，阴平、阴上、阴去、阴入、阳平、阳去、阳入。吴县的二十多个乡镇的单字调有 8 个，平上去入各分阴阳，并且在阴

---

① 颜逸明：《吴语概说》，华东师范大学出版社 1994 年版，第 77—78 页。
② 张家茂、石汝杰：《苏州市 · 方言志》，苏州地方志编纂委员会办公室 1987 年版，第 1 页。
③ 叶祥苓：《苏州方言志》，江苏教育出版社 1988 年版。
④ 李荣主编，叶祥苓编纂：《苏州方言词典》，江苏教育出版社 1993 年版，第 5 页。
⑤ 颜逸明：《吴语概说》，华东师范大学出版社 1994 年版，第 79 页。
⑥ 江苏省地方志编纂委员会：《江苏省志 · 方言志》，南京大学出版社 1998 年版，第 103 页。
⑦ 叶祥苓：《苏州方言志》，江苏教育出版社 1988 年版。

上、阴去、阴入三个调类中，逢塞音、塞擦音声母，送气与不送气的调值不同。[①] 苏州话的连读变调比较复杂，除了七个单字调以外，还多出来四个新的调值：33、21、212、2。其变调规则如下：

> A. 入声 + 入声，前后字都不变调。
>
> B. 入声 + 舒声，前字入声不变，后字阴平、阴上、阴去不变，后字阳平变成 55 调；阳去分化为 21 调与 212 调。
>
> C. 舒声 + 入声，后字入声部都读作 2 调，前字阴平、阳平、阴上不变，前字阴去分化为 55 调和 51 调。前字阳去多数变 13 调，少数不变。
>
> D. 舒声 + 舒声，阴平、阳平、阴上作为前字不变调，阴去作为前字分化为 55 调和 51 调，阳去作为前字变成 13 调，舒声作为后字在阴平之后都读作 21 调，舒声在阴上、阴去、阳平、阳去之后分化为 21 调和 33 调。

轻声有两种，无喉塞音尾的是 21 调，有喉塞音尾的是 2 短调。[②] 部分字有文白异读，将近三百个，为常用字的 7%。[③]

（二）苏州话的人类学特点

苏州人使用的苏州话从人类学的视野来看，其最大的特点就是女性化，这在汉民族族群中是非常独特的。

对此，作家陆文夫曾撰文说：

> 苏州人之所以被女性化，我认为其诱因是语言，是那要命的吴侬软语。吴侬软语出自文静、高雅的女士之口，确实是优美柔和，婉转动听。我曾陪一位美国作家参观苏州刺绣厂，由刺绣名家朱凤女士讲解。朱凤女士生得优美高雅，讲一口地道的吴侬软语，那位美国作家不要翻译了，专门听她讲话。我有点奇怪，问道，你听得懂？他笑了，说他不是在听介绍，而是在听音乐，说朱凤女士的讲话 like mu-

① 李荣主编，叶祥苓编纂：《苏州方言词典》，江苏教育出版社 1993 年版，第 5 页。

② 同上书，第 5—7 页。

③ 叶祥苓：《苏州方言志》，江苏教育出版社 1988 年版。

sic，像美妙的乐章。

可是，吴侬软语由男人来讲就有点“娘娘腔”了。那一年我碰到老作家张天翼，他年轻时在苏州闹过革命，也在苏州坐过监牢，他和我开玩笑，说苏州人游行示威的时候，喊几句口号都不得力，软绵绵的，说着，他还模仿苏州人喊了两声。这两声虽然不地道，可我也得承认，如果用吴侬软语喊“打倒……”确实不如用北方话喊“打倒……”有威力。①

陆文夫所言极是，笔者祖籍浙江余姚，属宁波府，说起宁波人讲话，那简直是让人以为他们在吵架，语音尖高而急促；而如果宁波人吵架，尤其是女人吵架，即简直是80分贝以上的噪声，叫人无法忍受。但是到了苏州，苏州人讲话却是另一番风味，他们的语音轻柔而斯文，抑扬顿挫的声调和悠长的拖腔，虽是讲话却似唱歌，使人感到有一种动听的音乐感，而油然想起极富水乡特色的苏州评弹。苏州妇人的讲话则更是软绵而甜脆，富于节律和韵味，难怪民谚说：“宁肯听苏州人吵架，不愿听宁波人说话。”

比较而言，在同属吴方言语系的其他几种方言中，无锡话、嘉兴话、绍兴话、上海话、宁波话、常州话等都不如苏州话来得温软甜糯。苏州话至今保留了相当多的古音，有着浓浓的古意和书卷气，至今使用很多古文中的用法，如苏州人说“不”为“弗”；句子结尾的语气词不用“了”，而用“哉”。苏州话的特点是语调平和而不失抑扬，语速适中而不失顿挫，故让人回味无穷。清代尤震《红草堂集》即云：“索得姑苏钱，便买姑苏女。多少北京人，乱学姑苏语。”表达了苏州话的魅力。

女人味十足的苏州话有一番别样的形象生动，比如说对动物的称呼：鸭哩哩（鸭）、鸡咕咕（鸡）、猪噜噜（猪）、羊咩咩（羊），这种称谓下的动物显得特别可爱。比如对颜色的称呼：蜡蜡黄——非常黄、旭旭红——非常红、碧碧绿——非常绿、雪雪白——非常白、霜霜青——非常青、墨墨黑——非常黑，通过叠字的叫法，强调了色彩的浓烈。最经典的评论苏州话的故事莫过于两个苏州人在吵架时说“阿要拔倷两记耳光搭

① 陆文夫：《被女性化的苏州人》，《书摘》2004年第6期。

搭?”意思是“要不要给你两记耳光尝尝?”，说话声音柔和，而且用的是商量的口吻，在外地人听来有如小夜曲般舒缓动听，这吵骂的声音也让人感到曼妙无比的恐怕只有苏州话这种方言了，所以难怪世人说情愿听苏州人吵架了。如果两个北方人发生争执，恐怕骂人的话语还未完，拳头已落到对方身上了。正是不同的语言文化背景形成了儒雅秀气、精致细腻的南方人和热烈如火、大气豪迈的北方人迥然不同的性格。① 女性化正是苏州话共时性的一大特点。

苏州话历时性的另一个特点就是化石化。所谓“化石化”就是非常古老，其语言材料保存了许多古汉语词汇和用法。如就方言中比较稳定、传承性最强的人称代词而论，苏州话就独具化石化。今天通用的“我（们）”“你（们）”“他（们）”，在古汉语中多作“余/置/予”“尔/汝/子”“彼/渠/伊/佗”等。苏州话中就保留了古汉语的这些词汇，叶祥苓编纂的《苏州方言词典》中记载②：作为第一人称代词的“吾/吴/鱼/”，古读作全鼻音，这一古音至今保存于苏州话中。吴江、太仓、吴县等地第一人称仍然读作全鼻音，苏州城区则作“吾”，有学者认为实际上就是“吴”和“侬”的快速连读，至今保存了上古吴地复辅音的语言特色。这可以与两三千年前的古文字形成有趣的对照。到了六朝时期，人称中的“侬”就越发通用。《玉篇·人部》曰“侬，吴人称我是也”。《洛阳伽蓝记》记载“吴人自呼阿侬”，仍然是“吾”和“侬”连读的变调；至今苏州部分地区的老派吴语仍然如此。《晋书·武十三王传》“道子颔曰：侬知侬知”，就是“我知”的意思。

苏州话中人称代词

	单数	复数
第一人称	吾［ŋəu↓］	伲［ȵi↓］、吾伲［ŋəu↓　ȵi↓］
第二人称	倷［nE↓］	唔笃［n↓　·toʔ］
第三人称	俚［li ˥］	俚笃［li ˥·toʔ］

在中古时期，吴语的第二人称原来应该是“汝”。如《世说新语·排

① 参阅沈慧瑛《吴侬软语话苏州》，《中国档案》2008 年第 7 期。

② 参阅叶祥苓编纂《苏州方言词典》，江苏教育出版社 1998 年版。

调》记载："晋武帝问孙皓：'闻南人好作尔汝歌，颇能为不?'皓正饮酒，因举觞劝帝而言曰：'昔与汝为邻，今与汝为臣，上汝一杯酒，令汝万寿春。'帝悔之。"

现在，在苏州话中，第一人称单数，城区说"吾"，老年妇女说"奴"，东郊和西郊说"奴"。第一人称复数"伲"，例如：伲爷勒厂里，刚刚来葛啥人？伲同学。高德基《平江记事》记道："嘉定州，去平江一百六十里，乡音与吴城尤异，其并海去处，号三侬之地，盖以乡人自称曰吾侬、我侬，称他人曰渠侬、你侬，问人曰谁侬。夜晚之间，闭门之后，有人叩门，主人问曰：'谁侬?'外面答曰：'我侬。'主人不知何人，开门视之，认其人矣，乃曰：'却是你侬。'人遂名为三侬之地。"刘禹锡《福先寺雪中酬别白乐天》就有"才子从今一分散，便将诗咏向吴侬"。第二人称单数"倷"，复数"唔笃"。第三人称单数"俚"，复数"俚笃"。①

苏州话的古老，还可以从其用词看出。至今苏州话里还保留着很多古汉语用词，为其他方言所少见。比如：

> 皵：读若雀，指皮干粗而起的肉刺。《尔雅》曰"大而皵楸小而皵榎"，注曰"老乃皮粗皵者为楸"。苏州人今日仍然管手指上的肉刺称为"皵"或"肉皵"。
>
> 勤谨：即勤快。这个词至少出现、流行于汉代。《汉书·食货志》有"治田勤谨"的说法。
>
> 齆：读若"齆"，《论衡》云"鼻不知香臭曰齆"；《埤雅》卷一〇有"蛇聋虎齆"。至今苏州话将鼻子嗅觉失能叫"齆鼻头"。
>
> 恶：即大便。《吴越春秋》卷七曰"越王从尝粪恶之后，遂病口臭"；《汉书·昌邑王传》曰"青蝇恶"，颜师古注"恶即矢也"。
>
> 适意：称心。《抱朴子》"接之适意"。《会稽志》等记载，张翰在洛，"见秋风起，因思吴中菰菜莼羹鲈鱼脍，曰：人生贵适意耳。遂命驾归"。这就是著名的"莼鲈之思"的故事。
>
> 顶真：较真。《论衡》"就世俗之书，订其真伪"。

---

① 叶祥苓：《苏州方言志》，江苏教育出版社1988年版，第87—88页。

湃：读若“咪”，意为稍微呷一点。《说文解字》“饮也”。[①]

另外，从发音上也可以看出苏州话渊源的古老。例如，须，读若苏。纳兰成德《渌水亭杂识》云：“姑苏台因山名，合作胥，今作苏者，盖吴音声重，凡须、胥字皆转而为苏。故后人直曰姑苏。”《资治通鉴》卷八五云“割流苏武帐为马幭”，胡三省注：“毛晃曰：流苏盘线绘绣之球，五采错为之同心而下垂者是也，苏犹今人谓绦头蘂为苏。”叫“胡须”为“胡苏”，今俗犹然。[②]

苏州人读“肥皂”之“肥”作“比”［bi］；“孵”，苏州话读作“步”［bu］；“防”读作“旁”［ba］。这个现象就是古音韵学里著名的“古无轻唇”现象。

苏州话“没有”读作“呒不”（不是“无不”），其实就是“没”的古读“莫”，今天在某些南方方言里读作“冇”［məu］。这一语源也很早，《后汉书·冯衍传》有“饥者毛食”，李贤注曰：“衍集毛字作无，今俗语犹然者，或古亦通乎。”可能早于汉代即有此用法。《陔余丛考》“毛作无字”条云：“天津、河间等处，凡无字皆作毛字。《佩觿集》所谓河朔人谓无曰毛，盖声之转也。”[③]

凡此等等，不胜枚举。

第二节　苏州人的形成

苏州，是镶嵌在江南大地上的一颗璀璨明珠；苏州人，是汉民族中古韵十足的一个族群。

苏州坐落于富庶的长江三角洲地区的地理中心，太湖之滨，长江南岸的入海口处。东邻上海，濒临东海；西抱太湖，背靠无锡，隔湖遥望常州；南临浙江，与嘉兴接壤，所辖太湖水面紧邻湖州；东北枕长江，与南通、泰州隔江相望。市中心西距南京市 219 公里，东距上海市区 80 公里。

---

① 周言：《试论苏州方言的文化价值》，《苏州大学学报》（哲学社会科学版）2004 年第 3 期。

② 今天我们知道须、苏之别在于吴语声母尖团有别，并非因为“吴音声重”。

③ 以上均参阅周言《试论苏州方言的文化价值》，《苏州大学学报》（哲学社会科学版）2004 年第 3 期。

是江苏省的东南门户，上海的咽喉，苏中和苏北通往浙江的必经之地。

作为先秦吴越文化的一部分，历史上的吴越有自己独特的文化源头，那便是区别于中原地区麦黍文化的稻作文化和源于马家浜和良渚的考古文化。然而，这种文化在很早的时候便与中原的华夏文化有了交往。如果从吴太伯算起，那么，它至少已有3000多年的历史。这种交往在后来的历史进程中，由于中原地区不断的动荡而愈演愈烈。"苏州"一名，起于隋开皇九年，随着中原文化与吴越文化的交汇，苏州文化逐渐发展起来，苏州人便是在这种人口的迁徙和南北文化不断的碰撞中，一方面顽强地保留了传统的吴越文化，另一方面又不断吸收了北方汉民族移民的中原文化而逐渐形成的。

一　太湖之滨养育了苏州人

古韵十足苏州人的原始记忆可以从一万年前，从属于旧石器时代的三山岛遗址说起。

三山岛，古称"小蓬莱"，位于苏州太湖之中，属于苏州东山景区。因岛上三山相连而得名。追溯三山岛的历史，可以上溯到史前的旧石器时代。三山岛为旧石器时代遗址，被称为"三山文化"。1985年，吴县（今苏州吴中区）三山岛哺乳动物化石和旧石器的发现，第一次揭示了太湖地区一万年以前旧石器时代文化的面貌，也揭开了苏州历史文化的帷幕。三山岛位于苏州市西南50公里处，是太湖中的一个小岛，由北山、行山、小姑山相连而成，隶属吴县东山镇三山村。石器的出土地点在岛西北端清风岭下一个溶洞前的湖滩上，发掘面积36平方米，出土石制品计5263件。石制品的原材料主要为燧石、石髓、玛瑙等，种类包括加工成型的石器工具、生产坯件的石核和石片以及丢弃的废片，其中石器工具又可分为刮削器、尖状器、锥、钻、雕刻器、砍砸器等。从石器工具反映了苏州人的先祖在一万年前以渔猎为主、采集为辅的经济生活面貌。①

从三山岛文化起源，苏州人的先祖很快进入了新石器时代。太湖地区的新石器时代文化发展序列依次为：马家浜文化（约距今7000—6000年）、崧泽文化（约距今6000—5000年）、良渚文化（约距今5000—4000年）。苏州地区发现的草鞋山遗址就是典型的新石器时代文化遗存。

---

① 王卫平、王建华：《苏州史纪（古代）》，苏州大学出版社1999年版，第3—4页；陈淳：《太湖地区远古文化探源》，《上海大学学报》（社会科学版）1987年第3期。

草鞋山遗址是苏州人先祖一个难得的成系统的文化样本。其位于阳澄湖南岸、吴县唯亭镇东北约 2 公里处，因遗址中心土墩草鞋山而得名。遗址总面积为 44000 平方米，文化层堆积厚约 11 米，可以分为 10 层，分属于不同的文化时期。其中，第 8—10 层为马家浜文化层，第 5—7 层为崧泽文化层，第 2—4 层为良渚文化层，直至进入春秋时代的吴国文化层。这个遗址的文化序列，从新石器时代较早阶段的马家浜文化开始到太湖地区早期国家的繁荣阶段，几乎跨越了太湖地区、长江下游先秦历史的全部编年，可以毫不夸张地认为，草鞋山遗址是一幅埋藏于地下的完整的历史画卷，为太湖地区古文化的研究提供了一把标尺。

草鞋山的居民在马家浜文化时期已经过着定居的生活。草鞋山遗址第 10 层发现了一处由 10 个柱洞围成的圆形居住遗迹，房内面积约 6 平方米。居住遗迹有柱洞、木桩和木板。在木桩周围发现有印有芦苇痕迹的烧土块、草绳，用草绳捆扎的草束、芦席、篾席等实物。房屋盛行木架结构，以芦苇为筋涂泥成墙，再用芦苇、草束盖顶。其平面布局类似现在江南农村的看瓜竹棚。草鞋山的早期居民已经进行原始农业生产了。第 10 层遗址中发现了含炭化稻谷粒的土块，是我国迄今发现的最早的人工栽培水稻之一。原始的手工业也已经出现。遗址中发现的 3 块已经炭化的纺织物残片，是迄今我国出土的最早的纺织品实物。纺织品的纤维原料可能是野生葛麻，织物为纬线起花的罗纹编织品，花纹为山形和菱形的斜纹。它不同于普通的平纹粗麻布，显示了较高的织造工艺水平。采集和渔猎仍是当地居民获取生活资料的重要手段。根据狗、水牛骨的出土，可以知道，当时已经开始饲养家畜。在草鞋山下层遗址中，还发现了属于马家浜文化时期的墓葬 106 座，当时盛行单人俯身葬，头部向北。随葬品一般都很少，主要是日常生活用的陶器。在这 106 座墓葬中发现了 5 座同性合葬墓，3 座为女性，2 座为男性。所有这些都说明当时还不存在贫富差别和财产的私有观念，整个社会还处于母系氏族公社时期。

大约 6000 年以前，苏州地区的氏族部落相继进入了父系氏族公社时期。反映这一时期文化面貌的，除草鞋山遗址第 5—7 层文化外，还有吴县张陵山遗址、吴江梅埝遗址等。① 其发展的路线图如下所述。

首先，崧泽文化时期的农业生产有了明显的发展。这一时期生产工具

① 王卫平、王建华：《苏州史纪（古代）》，苏州大学出版社 1999 年版，第 5—7 页。

虽仍以石器为主，但种类增加且大多磨制精致，大型厚重的磨光穿孔石斧增强了人们垦辟土地的能力。吴江梅埝遗址中出土的石耘田器，表明人们已注意加强水稻田的田间管理和中耕除草活动。张陵山遗址的一座墓葬中随葬有储藏粮食用的五口大陶缸和一口大陶瓮，反映了农业产量的提高。手工业的发展以制陶业表现得较为明显。当时陶器的制作普遍采用慢轮修整，有些已采用轮制技术。陶器器形丰富，种类繁多，器物的纹饰趋于复杂。

其次，草鞋山遗址崧泽文化层共发现95座墓葬，分为南北两区。墓葬一般头向东南，盛行仰身直肢葬。其发展在于：一是墓葬中大多附有随葬品，且随葬品多少不一的现象相当普遍，多者达25件，少者仅有一两件；二是部分墓葬中除葬有陶器等外，还随葬有猪下颚骨，这可视作个人财富的象征；三是发现了2座男女合葬墓，按男左女右排列，其中一具女性侧身埋在仰身男性的旁边。可见崧泽文化时期，草鞋山遗址的居民已出现了贫富分化，并已有了私有财产和私有观念，婚姻形式已是一夫一妻制，父权制已经确立。

最后，到了良渚文化时期，农业生产得到了飞速的发展，不但石器制作精致、穿孔技术发达，而且出土了大量的三角形石犁形器，说明当时犁耕农业已经较为普遍。对苏州社会发展特别有价值的是在吴县张陵山、草鞋山遗址中都曾发现了人殉现象。张陵山遗址一座墓葬中，除随葬了琮、璧等玉器外，在墓主脚下还发现了3个头骨，这当是杀殉的奴隶。草鞋山遗址良渚文化晚期的198号大墓，是一个男性附葬两个女性的合葬墓。男性居墓坑中央，两个附葬的女性则分别埋于他的头部和足端，她们应是男性的妻妾，说明一夫多妻制已经存在。草鞋山遗址等良渚文化墓葬材料表明，当时苏州地区的氏族制度已经濒临崩溃，社会发展即将跨入文明时代的门槛了。①

太湖之滨养育了苏州人的先祖，苏州地区终于迎来文明时代的曙光。

二　苏州人的孕育

苏州是一座被称为中国第一的历史文化古城，苏州人就是在这个古韵十足的空间中孕育形成的。

---

① 王卫平、王建华：《苏州史纪（古代）》，苏州大学出版社1999年版，第7—8页。

（一）苏州“尚是春秋物”

中国现存最古的城是苏州城，至今仍保持着2500多年前吴王阖闾兴建时的规模，水陆八门的名称也沿用至今。苏州能够保留2500多年城址未变，而且从来没有衰落过，这在世界城市史上，不得不说是一个奇迹。

周敬王六年（前514年），吴王阖闾命大臣伍子胥“相土尝水，象天法地”，在太湖以东的广阔平畴间构筑起一座气势雄伟的吴国都城——阖闾大城，即今天的苏州古城。苏州城历2500余年的沧桑而今依然屹立在当年的古城址之上，从现存的公元1229年宋代石刻《平江图》来看，当时苏州城的位置、规模以及山丘、湖泊、河道、桥梁、街巷和重要建筑物都同现在的状况基本相符合，这在全国是独一无二的。这一现象在世界城市史上也是极为罕见的奇迹。历史学家顾颉刚据此作出了“苏州城之古为全国第一，尚是春秋物”的论断。①

（二）先秦：越民族与夏民族的互动和融合

这同越民族与夏民族的互动、磨合、整合和融合有关。《史记·吴太伯世家》有一段对苏州有重大意义的史料，其云：

> 吴太伯、太伯弟仲雍，皆周太王之子而王季历之兄也。季历贤，有圣子昌，太王欲立季历以及昌，于是，太伯、仲雍二人乃奔荆蛮，文身断发，示不可用，以避季历。季历果立，是为王季，而昌为文王。太伯之奔荆蛮，自号句吴。荆蛮义之，从而归之者千余家，立为吴太伯。太伯卒，无子，弟仲雍立，是为吴仲雍。仲雍卒，子季简立。季简卒，子叔达立。叔达卒，子周章立。是时，周武王克殷，求太伯、仲雍之后，得周章。周章已君吴，因而封之。乃封周章弟虞仲于周之北故夏墟，是为虞仲，列为诸侯。

此后，太伯到吴地居梅里（今江苏无锡县东南60里），至20世孙诸樊徙居吴（今苏州）。吴国统治者的始祖太伯、仲雍是周太王之子，本为夏民族，而吴地的原居民则是被称为“荆蛮”或“荆越”的越民族。太伯、仲雍迁入吴地后与“荆蛮”② 互动，从断发文身的荆蛮之俗，即变为

---

① 张翠、肖自强：《顾颉刚保护苏州古城》，《中华读书报》2003年12月31日。

② 《史记·吴太伯世家》。

荆蛮了。而在太伯、仲雍及其后人统治下的荆蛮，因受太伯、仲雍的统治和影响，较早地接受了夏民族的文化。《古今乐录》曰："太伯与虞仲（即仲雍）。……到江海之涯，吟咏优游，仰览俯观，求膏腴之处，适于吴。率以仁义，化以道德。荆越之人移风易俗，成集韶夏，取象中国，乃太伯之化也。"[①]《论衡·谴告》亦云："吴之知礼义也，太伯改其俗也。"[②] 这时融入夏民族的越民族，实际上已成为春秋时已横空出世的华夏民族的一部分，也就是现代苏州人最直接的先民，从族群的意义上来说原生的苏州人已形成。

（三）三国魏晋南北朝：苏州人的孕育

进入汉代之后，原生的苏州人随华夏民族向汉民族的转化和发展，也就成了汉民族的一个族群。

三国魏晋南北朝是汉民族发展第一个大动荡的拐点。在这个拐点上，三国之一的孙坚死后，长子孙策继承了父业。他向袁术要回父亲的部曲1000多人，并募得部众数百人，开始了在江东的发展。兴平二年（195年），孙策继占据丹阳、会稽后，回师进攻吴郡，完全控制了苏州一带。建安五年（200年），孙策弟孙权继位，继续在江东巩固和发展势力。曹操封孙权为讨虏将军，领会稽太守事。但孙权将会稽政务交由顾雍管理，自己则常驻苏州。此后十多年间，孙权以苏州为根据地，苦心经营鼎足江东的事业。这时东吴的族群互动进入了包括原生苏州人和北方汉民族移民在内的汉民族与山越磨合和融合的时期。

汉民族与山越互动磨合的主要形式是孙吴对山越的征讨。孙权初立时，虽然占有江东六郡之地，但深险之处，多为山越所据，未尽从命。孙权第一步便是驱山越民众出山，"分部诸将，镇抚山越，讨不从命"[③]，"立郡县以镇山越"。孙吴从开国至亡国的58年，始终如此。史载孙吴参与对山越镇抚将领有大都督周瑜和丹阳太守孙瑜，建安十一年（206年），讨麻、保二屯山越，"枭其渠帅，囚俘万馀口"[④]。昭武将军、石城侯韩当"从征刘

① 《太平御览》卷五七。转引自田继周《先秦民族史》，四川民族出版社1996年版，第319页。

② 刘盼遂：《论衡集解》卷一四，古籍出版社1957年版。转引自田继周《先秦民族史》，四川民族出版社1996年版，第319页。

③ 《三国志·吴书·吴主传第二》。

④ 《三国志·吴书·周瑜传》。

勋，破黄祖，还讨鄱阳，领乐安长，山越畏服”[①]。丹杨（丹阳）都尉黄盖“诸山越不宾，有寇难之县，辄用盖为守长……凡守九县，所在平定。迁丹杨都尉，抑强扶弱，山越怀附”[②]。奋威校尉全琮“授兵数千人，使讨山越。因开募召，得精兵万余人，出屯牛渚，稍迁偏将军”[③]。第二步是增设的郡县安置山越人，仅在丹阳郡境内，分南部置新安郡；分宛陵县南部增设宁国、怀安二县；析陵阳县和石城县地境增设临城县；分歙县增设始新、新定、犁阳、黟阳四县。据统计，孙吴共掠得山越精兵十多万人，约占吴国兵额的半数，并增置了不少郡县，以安顿其中的老弱、女子，使他们参加生产。

孙吴时期，山越人虽无法确切统计，但从孙吴与山越历次作战记载来看，山越人参战的人数，少则数千，多则数万；另外孙吴军讨山越获胜，将其归顺的编入孙吴军队的人数，少则数百，多则数万，由此推断，山越之总人口应有二十万之众。孙吴政权的 58 年虽然没有完全将其征服，两者之间镇抚与袭扰的互动和磨合一直胶着地进行着，从而构成了苏州人形成的一支交响曲。正如本书“安徽人”一章中所言，汉民族统治者实行的教化政策，促进了山越人逐渐被“中原衣冠”所汉化[④]，及至南朝末年，尽管隋初史籍中仍有关于山越的零星记载，但绝大部分山越已与汉人完全融合了。山越人虽然已融合入汉民族之中，但他们的语言和许多生活习俗依然保存了下来。有学者认为姑苏、芜湖、无锡、宛陵（今安徽宣城）、曲阿（今江苏丹阳）、阳羡（今江苏宜兴）等地名，是古越语的音译。[⑤] 此为汉民族与山越人互动融合的一条轨迹。

另一条轨迹是原生苏州人与北方汉民族移民之间的互动、磨合、整合和融合。

以苏州为中心的江南地区拥有得天独厚的自然条件，资源丰富，所谓

---

① 《三国志·吴书·韩当传》。

② 《三国志·吴书·黄盖传》。

③ 《三国志·吴书·全琮传》。

④ 参阅赵华富《与客家始迁祖不同的徽州中原移民》，《安徽大学学报》（哲学社会科学版）2001 年第 6 期。

⑤ 陆再奇：《皖南山越人是孙吴啃不了的骨头?》，《合肥晚报》2011 年 10 月 31 日；郑兴华：《古宣城境内山越人迷踪考略》，《皖南晨刊》2012 年 4 月 19 日。

“畛畷无数，膏腴兼倍，原隰殊品，窳隆异等”[①]。孙权称帝前吴中流传的“黄金车，班兰耳，闿阊门，出天子”[②] 的童谣，表明了苏州在孙吴建国过程中的特殊地位。其后，吴都虽屡经迁徙，但苏州在支持孙吴政权，发挥后方基地的作用却是不可低估的。

但是，孙吴建国以前，由于缺乏必要的劳动力，江南经济资源长期得不到开发。孙吴占据江东后，大力招徕劳动力。一是掠夺敌国人口，如孙策当政时，周瑜攻破皖城，把原属袁术的“百工及鼓吹、部曲三万余人”[③]，掠回江东。二是吸引外来人口。由于北方战乱，锋镝之下少有苟生之人，故而中原士大夫把江南视为“乐土”，纷纷举族南迁，孙吴政权中的著名大臣张昭、鲁肃等就是由北方迁入吴地的。于是，孙吴政权主要由两个地域性的集团构成：一是南迁的淮泗集团，其代表人物有张昭、周瑜、鲁肃、吕蒙等；二是江东大族，特别是吴郡四姓。《世说新语·赏誉》注引《吴录·士林》曰：“吴郡有顾、陆、朱、张，三国之间，四姓盛焉。”所以，此时，原生苏州人与南迁北方汉民族移民之间的互动、磨合、整合和融合，可以以江东大族与淮泗集团的互动为例。

东吴之时，这两个集团不仅在政治上保持一致，要求推行儒家德政，轻徭薄赋，减轻刑罚，而且已开始通婚，如陆逊子陆抗便娶张昭孙女为妻。众所周知，东汉以降，世家大族为了保持贵族血统，十分注重婚姻关系，不仅讲究门当户对，还是士族之间加强联系的政治纽带。陆氏是江东最有影响的第一流大族，吴四姓以顾、陆为著。陆逊更成为孙吴后期上游的军事统帅，是孙权最为倚仗的重臣。张昭乃“彭城人也……博览群书，与琅玡赵昱、东海王朗俱发名友善，弱冠举孝廉，不就，与朗共论旧君讳事，州里才士陈琳称善之”，“孙策创业，命昭为长史”。[④] 孙策死后，张昭受顾命辅孙权，人望所在，南北知名。孙吴后期，北来的宾旅寄寓之士日渐江东化，淮泗子孙有不少人已改江东籍，如彭城张昭曾孙张闿生于吴世，《晋书·张闿传》谓为丹阳人，而且累官为丹阳郡中正。沛郡薛综及其子薛莹两代仕吴，薛莹子薛兼生于吴世《晋书·薛兼传》说他是丹阳

① （西晋）左思：《吴都赋》，载《昭明文选译注》（第一册），吉林文史出版社 1987 年版，第 264 页。

② 《三国志·吴书·孙权传》。

③ 《三国志·吴书·孙策传》注引《江表传》。

④ 《三国志·吴书·张昭传》。

人，且与顾荣、贺循、纪瞻等南士齐名，号为南金东箭。凡此等等，都说明南北士人间的地域隔阂日渐淡化，以至于到难以区分的程度。[①] 这折射出原生苏州人与北方汉民族移民之间磨合和整合的互动关系已达到融合的深度了。

这样，从整体上看，三国时期苏州作为孙权领地，南下避难的中原士民和北方流民，使得江南水乡的农业生产快速发展，“国税再熟之稻，乡贡八蚕之绵……窥东山之府，则瑰宝溢目；䚋海陵之仓，则红粟流衍”[②]。南朝定都建康，北方汉民族士族大量南迁，侨居在长江流域的北方移民有七十多万。江南的经济得到飞速发展，“地广野丰，民勤本业，一岁或稔，则数郡忘饥。会土带海傍湖，良畴亦数十万顷，膏腴上地，亩值千金，鄠杜之间，不能比也。荆城跨南楚之富，扬部有全吴之沃，鱼盐杞梓之利，充仞八方，丝棉布帛之饶，覆衣天下”[③]。《晋书·地理志》载：

> 后汉顺帝分会稽立吴郡，扬州统会稽、丹杨、吴、豫章、九江、庐江六郡，省六安并庐江郡。献帝兴平中，孙策分豫章立庐陵郡。孙权又分豫章立鄱阳郡，分丹杨立新都郡。孙亮又分豫章立临川郡，分会稽立临海郡。孙休又分会稽立建安郡。孙皓分会稽立东阳郡，分吴立吴兴郡，分豫章、庐陵、长沙立安成郡，分庐陵立庐陵南部都尉，扬州统丹杨、吴、会稽、吴兴、新都、东阳、临海、建安、豫章、鄱阳、临川、安成、庐陵南部十四郡。吴郡汉置。统县十一，户二万五千。

两晋之交，由于中原在北方少数民族的征战和控制之下，因而形成了大量北方汉民族移民迁入南方。苏州是这次迁移的一个重要地区，虽然在苏州没有建立侨州郡县，但由于它与南京、镇江等的特殊地缘关系，相信迁入的汉族不会是少数。如庐江灊县（今安徽霍山县东北）何氏东晋时过江，自晋司空何充起就葬于吴县西山，至梁时有何求隐居于虎丘山。[④]

---

① 以上参阅朱子彦《孙吴的地域集团与立嗣之争》，《社会科学战线》2013年第7期。

② （西晋）左思：《吴都赋》。

③ 《宋书·孔季恭等传》。

④ 《梁书·处士何点传》。

王廞祖籍山东琅玡临沂，是王导之后，居于吴县，其子王华“遇赦还吴”，则明确以吴为家。[①] 这些北方汉族的迁入，对苏州人的重构也产生了影响。

（四）隋唐到两宋：苏州人形成

隋文帝废吴州，改称“苏州”（因姑苏山得名），这是苏州之名的开始，《隋书》载：“吴郡陈置吴州。平陈，改曰苏州，大业初复曰吴州。统县五，户一万八千三百七十七。吴旧置吴郡。平陈，郡废，大业初复置。有胥山、横山、华山、黄山、姑苏山、太湖。”[②] 并称吴郡“川泽沃衍，有海陆之饶，珍异所聚，故商贾并凑。其人君子尚礼，庸庶敦庞，故风俗澄清，而道教隆洽，亦其风气所尚也”[③]。

唐承隋制，《旧唐书·地理志》载：“苏州上：隋吴郡，隋末陷贼。武德四年，平李子通，置苏州。六年，又陷辅公祏。七年，平公祏，复置苏州都督，督苏、湖、杭、暨四州，治于故吴城，分置嘉兴县。八年，废嘉兴入吴县。九年，罢都督。贞观八年，复置嘉兴县。领吴城、昆山、嘉兴、常熟四县。天宝元年，改为吴郡。乾元元年，复为苏州。旧领县四，户一万一千八百五十九，口五万四千四百七十一。天宝领县六，户七万六千四百二十一，口六十三万二千六百五十五。在京师东南三千一百九十九里，至东都二千五百里。吴春秋时吴都阖闾邑。汉为吴县，属会稽郡。隋平陈，置苏州，取州西姑苏山为名。”由于地理位置和农业生产的繁荣，苏州的地位不断提高，税额至多，“苏之繁雄，固为浙右第一矣”[④]!

苏州的繁华，吸引了不少文人墨客在此流连忘返，唐代大诗人白居易写下《忆旧游》一诗：“江南旧游凡几处，就中最忆吴江隈。长洲苑绿柳万树，齐云楼春酒一杯。阊门晓严旗鼓出，皋桥夕闹船舫回。六七年前狂烂漫，三千里外思徘徊。”文人杜荀鹤在《送人游吴》中大加感叹苏州的美景：“君到姑苏见，人家尽枕河。古宫闲地少，水港小桥多。夜市卖菱藕，春船载绮罗。遥知未眠月，乡思在渔歌。”

这种情况发展到唐末时，由于北方移民迁入的增加，而更为明显。“安

---

① 《宋书·王华传》。

② 《隋书·地理志》。

③ 同上。

④ 《吴郡志》卷五〇。

史之乱”后，苏州是北方汉族迁入的最主要的地区。如唐末北方武装势力自淮南进入苏州。僖宗光启二年（886 年），感化军牙将张雄自徐州率众进入苏州，次年六合镇将、原黄巢部下徐约率部驱逐张雄，占据苏州。[①] 史载："当上元之际，中夏多难，衣冠南避，寓于兹土，参编户之一，由是人俗舛杂。"[②] 可见苏州长期以来是太湖流域的区域中心，影响并达到长江下游地区，唐代的江南东道治所即设于此。由于经济文化发达，向来被誉为"甲郡标天下"[③]。唐代北方移民也以其为重要聚居地，迁入苏州移民居江南各州的第一位。[④] 唐后期五代南迁苏州的北方移民实例见表 5。

唐后期五代南迁苏州的北方移民实例

姓名	迁移时间	迁出地	今省	迁入地	今地	资料来源	备注
殷怿	天宝末	北方	?	苏州	苏州	全唐文 624/2792	后北迁长安
陈夫人祖先	唐后期	颍川郡	河南	苏州	苏州	墓志汇编 2346	
郑当	贞元	荥阳	河南	苏州	苏州	墓志汇编 2197	后归葬洛阳
毕师颜	唐末	郓州	山东	苏州	苏州	吴郡图经续记中	避黄巢之乱
毕宗逸	唐末	郓州	山东	苏州	苏州	吴郡图经续记中	父师颜避黄巢之乱
杨遗直	安史之乱后	同州	陕西	苏州	苏州	旧唐书 177/4595	留居
杨发	安史之乱后	同州	陕西	苏州	苏州	全唐诗 517/5904	父遗直
杨收	安史之乱后	同州	陕西	苏州	苏州	全唐诗 517/5906	父遗直
元载	肃宗	凤翔	陕西	苏州	苏州	旧唐书 118/3409	
郑戬祖先	唐末	北方	?	苏州吴县	苏州	文恭集 36	定居
汤基祖先	唐后期?	范阳	北京	苏州吴县	苏州	墓志汇编 2418	
丁谓祖先	五代	冀	河北	苏州吴县	苏州	中吴纪闻 1（1）	
柳镇	安史之乱初	河东	山西	苏州吴县	苏州	新唐书 168/5132	留居

① 《资治通鉴》卷二五七，僖宗光启三年，第 8348 页。

② 《全唐文》卷五一九《吴县令厅壁记》。

③ （唐）白居易：《自到郡斋仅经旬日……》，《全唐诗》卷四四七。

④ 葛剑雄主编：《中国移民史》第三卷，福建人民出版社 1997 年版，第 279 页。

续表

姓名	迁移时间	迁出地	今省	迁入地	今地	资料来源	备注
屠某	德宗时	河东	山西	苏州海盐	浙江海盐	全唐文 898/4158	
释齐安祖先	安史之乱后	长安	陕西	苏州海盐	海盐	宋高僧传 11/261	
谢涛	唐末	缑氏	河南	苏州嘉兴	嘉兴	琬琰集中 40(2)	
唐希雅祖先	五代	河北	河北	苏州嘉兴	嘉兴	宋朝名画评 3/(3)	

资料来源：葛剑雄主编：《中国移民史》第三卷，福建人民出版社 1997 年版，第 279 页。

从表 5 可见，单独迁入的北方移民人数甚多。例如，毕师颜及其子宗逸避黄巢之乱，自山东郓州迁入苏州盘门外①；郑戬祖先于唐末自北方定居吴下，以后世代为吴县人。② 正如中唐著名古文家梁肃在安史之乱时自北方迁入苏州一带后所说，苏州治所吴县“当上元之际，中夏多难，衣冠南避，寓于兹土，参编户之一，由是人俗舛杂，号为难治”③。北方移民竟占到当地人口的三分之一，可见移民数量之多。天宝时苏州有人口六十三万余④，按此比例估算，移民至少有二十余万。

这样，在苏州之名已确定，人口结构重构的态势下，苏州人在唐代已基本形成。

但唐代形成的苏州人在两宋经历了一次血与火的重构。北宋初苏州形势大好，并被改为平江府，《宋史·地理志》载：“平江府，望，吴郡。太平兴国三年，改平江军节度。本苏州，政和三年，升为府。绍兴初，节制许浦军。崇宁户一十五万二千八百二十一，口四十四万八千三百一十二。”⑤ 此时，宋又在江南地区推广生产工具的改进和管理技术的提高，以及兴修水利工程，使得太湖流域成为重要产粮区域。南宋年间出现了“苏湖熟，天下足”的谚语，农业生产还促进了苏州城镇的繁华，获得了

① （宋）朱长文：《吴郡图经续记》卷中，四库全书本。

② （宋）胡宿：《文恭集》卷三六《郑公墓志铭》，四库全书本。

③ 《吴县令厅壁记》，载《全唐文》卷五一九，第 2336 页。

④ 《新唐书·地理志》。

⑤ 《宋史·地理志》。

“天上天堂，地下苏杭”的美誉。宋室南迁后，中原士人也随之南下，有一百多万之众，“天下贤俊多避地吴越”①。

但天有不测风云，北宋的灭亡和金兵的南下，给苏州带来了一次巨大的灾难。当时的平江府（今苏州），在建炎年间遭金兵屠杀，居民死亡非常惨重。史载“士民前后迁避得脱者，十之二三；迁避不及或杀者，十之六七”；同时又遭疾疫和饥荒，使“横尸枕藉，道路泾港为实”②。因此，有人估计，连疾疫饥荒死亡在内，“城中死者五十余万”③。南宋人李心传也说：“死者近五十万人，得脱者十之一二而已。”④

后来的苏州人有一半以上是北方重新迁入的新移民。正如南宋诗人韩淲的诗所说：“太湖渺渺浸苏台，云白天青万里开。莫道吴中非乐土，南人多是北人来。”⑤ 这次移民使苏州人得以重构。如苏州话中就带有许多所谓中原的雅音，而在老苏州当中，还可以明显地感受到翘舌音的存在。从此之后，虽然还有一些各地移民迁入苏州，但已不是主流，无法改变苏州人的特征。这就宣告苏州人的形成在两宋时期已基本定型。

第三节　苏州人的人文特征

俗话说：“上有天堂，下有苏杭。”笔者在祖籍浙江工作了二十年，每到杭州，在美丽的西子湖畔游荡时，确有一种“天堂”的感觉。那么苏州如何呢？直到笔者离开浙江调到广西工作后，1986 年才有机会到苏州考察，领略了苏州的“天堂”味，也领略了苏州人的人文性格，与汉族的其他族群相比，苏州人确实别有一番品位。

苏州文化“文脉悠久，源远流长”。明末清初形成的苏州评弹，铿锵动听，昆曲更成为一代瑰宝。集中国传统文化之大成的苏州园林，完美地呈现了中国古典文化“天人合一”的意境美。更多的民间智慧也体现在了手工艺术和绵延流长的饮食文化之中。水乡文化中的苏州人具有“小”“柔”“雅”“灵”的文化性格，小巧精致，就像苏州园林、苏州盆景一

① 《宋史·郑瑴传》。
② 《挥尘录》后录卷一〇。
③ 《宋史·烈女传》。
④ 《建炎以来系年要录》卷三二，建炎四年三月丁未。
⑤ 《涧泉集》卷一七《次韵》。

样有内在的神韵，却不拘泥于外形，柔和中透露出雅致和秀气。[①]

一　柔情似水：苏州人的特质

一方水土养一方人，苏州人柔情似水的特质是水铸造的。

苏州是水城，苏州人称得上为“水乡之子”。水是苏州的命脉，是苏州人之根本所系。所以，苏州文化可直称为“水的文化”。“水”，维系了物质经济的繁荣，也从水上飘起了一座美丽迷人的城市。“君到姑苏见，人家尽枕河。古宫闲地少，小桥水港多。”这个“东方威尼斯”，就在太湖之滨屹立了两千多年。从苏州人文化性格的潜流中，亦可以依稀见出悠悠水韵的律动。“动观流水静观山”，如果说苏州人一般地不表现为像山一样的厚重，那么，他们总是体现出像流水一样的柔情。[②]

从五代十国之后，苏州进入了很长一段太平世界，苏州人安心读书修行，兴修水利，建造园林，在才子层出之际，“自古姑苏出美女”的说法也流行开了。元朝的时候，马可·波罗来到苏州，除了留下了“东方威尼斯”的赞誉外，还有这样一段评论：“民性善良怯弱，他们只从事工商业，在这方面，的确显得能干。如果他们的勇敢和他们的机智一样优越，就凭他们众多的人口，不仅可以征服全省，而且可以放眼图谋更远的地方。”作家陆文夫也曾在文章中称：“苏州人往往被女性化，什么优美、柔和、文静、高雅；姑娘们则被誉为小家碧玉、大家闺秀。”[③]

似水一般的柔还有苏州评弹，其抑扬顿挫，回环多姿，亦仿佛令人领略到潺潺流水的颤动。而那独树一帜的昆曲，民间亦有把它称为“水磨腔”，其细腻和谐、委婉曲折的风姿，也会让人把它与水联系在一起。更有吴语、吴音总是温存款款，难怪人们赞许说“乍听吴侬觉有情”“情柔婉折最销魂”。柔情似水，结穴在人。苏州人与水结合得如此之好，可以说是人水合一、水人一体，水的特征最为充分地显示出了苏州人之性格。曹雪芹在《红楼梦》中塑造了个国色天香的林黛玉，这林妹妹的籍贯就被安排在“山温水软似名姝”的江南水乡苏州，正好为苏州人塑造了一

---

① 陈长荣：《苏州人：人文风貌与文化底蕴》，《苏州大学学报》（哲学社会科学版）1999年第1期。

② 同上。

③ 陆文夫：《被女性化的苏州人》，《书摘》2004年第6期。

个柔情似水的形象代表。[①]

苏州园林也是水乡的盛景之一，苏州水乡的“小桥、流水、人家”一直是文人墨客所赞扬的，有“吴王城里柳成畦，齐女门前水拍堤”[②] 等诗句描写水乡风光。苏州的街道上有大大小小、经纬纵横的桥，摇船穿过桥洞，有说不出的惬意。苏州濒临太湖，其境内有石湖、阳澄湖、金鸡湖、吴淞江等流水，还有虎丘、天池、灵岩等名山，所以有“君到姑苏见，人家尽枕河。古宫闲地少，水港小桥多”[③] 诗句所描绘的风光。所以苏州园林作为一种文化现象来看，也是一种以“退隐”为特点的水性文化。园林的主人们之所以要造园林，那是因为厌倦政治，官场失意，或是躲避战乱，或是受魏晋之风的影响，要学陶渊明归去来兮，想做隐士。在中国的传统文化中，隐士也很受推崇，那是清高的表现。做隐士也不必都躲到深山老林里去，大隐隐于市。但隐于市却又要无车马之喧，而有山川林木之野趣。怎么办？于是就造园林。在深巷之中，高墙之内，营造出一片优美闲适而与世相隔的境地。从苏州园林的题名中，一眼便能看出园主人造园的用意。居苏州园林之首的“拙政园”，是明代御史王献臣，仕途失意后归隐苏州所建，他取西晋潘岳《闲居赋》中的意思，把筑室种树，浇园种菜说成是“拙者之为政也”。“拙者”就是自己。自己从此再也不问政治了，而是把浇园种菜当作自己的“政事”，所以把园子命名为“拙政园”。这种潮起潮落的水文化表达，也是一种苏州式的柔情似水。

二　气质高雅：苏州人的品位

柔情似水的苏州人与气质高雅的品位相匹配。历史上，苏州是高人雅士隐居的胜地，太湖岛屿、古城、古镇上都被建起了别致的园林，疏朗有致、花木丛生、移步换景、昆曲声声，很多人在这里学会了关起门来过自己的日子。苏州人就是这样笃悠悠地过着自己的日子，似乎外界的尘世与己无关。就算是外地人来到苏州后，吃面、喝茶、游园、穿巷子、走弄堂，闲观流水潺潺，谁家别院看个半天，时间也不禁慢了下来，时光也开

---

① 陈长荣：《苏州人：人文风貌与文化底蕴》，《苏州大学学报》（哲学社会科学版）1999年第1期。

② （明）唐寅：《六如居士集》诗抄七。

③ （唐）杜荀鹤：《送人游吴》，《全唐诗》卷六九一。

始柔软起来。苏州评弹是用吴语讲故事的说唱艺术，是评话和弹词的总称，俗称“说书”。传统的说书，是说书人只说不唱，手拿一块惊堂木助势，而苏州评弹又说又弹，其形式是手抱琵琶，男女合作演出，自弹自唱，又说又唱，令人耳目一新，尤其是女的评弹艺人穿着汉族妇女传统的旗袍，手抱琵琶弹唱，造型清丽，高雅脱俗。

其中尤以昆曲为代表。晚清以降，昆曲又被誉为中国戏曲的“百戏之母”。昆曲在其漫长的历史发展进程中，形成了自己鲜明的艺术特点，即慢、小、细、软和雅。“慢”，是说昆曲的节奏缓慢，轻柔而婉折。昆曲拥有独特的声腔系统，它的发音吐字比较讲究四声，严守格律、板眼，唱腔圆润柔美、悠扬徐缓；它的曲调是传统曲牌体，每出戏都由成套曲牌连缀而成。这既是当时缓慢的生活节奏以及人们的缓慢心理节奏在戏曲艺术上的反映，也是“水磨腔”格律特点和演唱要求所造成的必然现象。“小”，是指昆曲可以在各类剧场的舞台上演唱，但它最宜于家宅的厅堂或花园亭榭上演唱，是典型的“红氍毹艺术”。“细”，是指昆曲表演十分细腻。昆曲是一门融歌唱、舞蹈、道白、动作为一体的综合性很高的艺术形式，它通过象征虚拟性和程式化的歌舞动作表演故事，并在刻画人物性格、表达人物心理状态、渲染戏剧性和增强感染力方面，形成了完整而独特的表演体系。“软”，是指昆戏说的是吴侬软语，唱的是柔婉的“水磨调”，再加上擅演缠绵悱恻的文戏，自然给人一种软而香的感觉。“雅”，是指昆曲高雅、文雅、典雅和清雅的风格。昆曲，单单看剧本，就是一种美的享受，而许多唱词其实就是婉约凄美的诗词。为此，昆曲艺术被知音者比喻为兰花。而昆曲艺术之“雅”，又是由它的慢、小、细、软诸特色所决定的。[①] 今天，在昆曲成为世界级的文化宝藏之时，也成了苏州人气质高雅的象征。

柔情似水的苏州人生活讲究。曾有人做过一个有趣的调查，发现苏州人考大学似乎都不会跑得太远，最多是省内或长三角一带，北方基本上不会考虑。苏州人就如同那些雅致园林里的金鱼，可以安心在自己的小天地里遨游，有荷香、有清静，偶尔还有昆曲、评弹悠扬。周作人曾于抗战时来过苏州一趟，首先从吃了一顿点心就感受到苏州的生活精致，“或华丽，或清淡，却无不是精炼的，这并不想要夸耀什么，却是自然应有的表现”。

---

① 慧心：《昆曲的艺术特点》（http：//blog. sina. com. cn/s/blog_ 5cf9c9ee0100bbvg. html）。

苏州人吃得讲究可以说集中表现在口齿沾花香上。苏州人很早就将香花引入饮食谱，而且形成了五花八门的名目，在大类上就可分为花茶、花露、花酒、花酱、花馔等。花茶众所周知有茉莉花茶、白兰花茶、珠兰花茶，还有较少应市的桂花茶、蜡梅花茶、栀子花茶等。此外还有其他地方的人少见的花露、花酒和花酱。花露是将花卉放在锡制或陶制的桶状容器中煎制而成。据清代顾禄所撰《桐桥倚棹录》记载，苏州在当时曾有多家专门经营花露的坊店，其中以虎丘的“仰苏楼”“静月轩”最为著名。苏州花露，品种繁多，有玫瑰花露、芙蓉花露、茉莉花露、野蔷薇露、玉兰花露、栀子花露……花露既可当作饮料品饮，也可作为调料给食品调香，还有食疗作用之说。花酒，是以香花浸酒，使美酒更加香醇可口。桂花酒、玫瑰酒、菊花酒等花酒，至今仍是苏州人喜爱的佳酿。花酱，是用糖或盐酿制的花酱，是极佳的蘸食佐料，又是艳丽而香美的小吃馅心。不少苏州人家，每年都自制桂花酱、玫瑰酱。花馔，更是丰富多彩，用香花制作的小吃，有玉兰饼、海棠糕、梅花糕、玫瑰粽子糖、桂花糖芋艿……每逢农历二月十二日“百花生日”，苏州家家户户还要用香花和糯米熬制吃口糯韧鲜香的花粥，并有甜、咸、荤、素之分，十分讲究。甜花粥有桂花粥、玫瑰赤豆粥等。咸花粥有茉莉肉粥、玉兰鱼片粥等。用香花制作菜肴，在苏州普及于寻常人家，有氽玉兰、莲花豆腐、菊花鱼圆、茉莉肉丝……还有花卉凉菜，做法是将鲜花洗净后沸水中一焯即起，凉开水中漂清后捞起晾干，用调料翻拌即成，这是极其风味的佐酒菜。① 这种口福，在他人眼中实在是讲究得可以了。

生活讲究，正是苏州人的气质高雅的一种文化表达。

三　心灵手巧：苏州人的灵性

苏州人的心灵手巧，只要看一下苏州的刺绣、丝绸，游览过苏州的园林，便可明白就里。如果没有那些心灵手巧、耐心细致的苏州人，就不可能有如此精美的绣品和精致的园林。②

苏州人的心灵手巧集中表现在苏州水乡妇女的服饰美上。为了考察苏

① 贾杏年：《苏州人好花，口齿示沾香》，《烹调知识》1995 年第 2 期。

② 陆文夫：《被女性化的苏州人》，《书摘》2004 年第 6 期。

州水乡妇女的服饰，笔者在苏州时到汽车站赶早班车去角直[1]作田野考察。

角直镇位于苏州市东面30公里，这是一个青瓦乌瓴，一条小河穿镇而过的美丽而古老的小镇。一到角直，只见在卵石铺成的小巷里有两位村妇，手挽竹篮款款而来，她们头上包着一块蓝色布帕，这是在绣花绲边的蓝布两边，各接一块三角黑布，末端再缀上两条白色丝带的头帕。从后面看过去，头巾盘绾着脑后的发髻，蓝、黑、白三色相间，淡雅素洁中，又端庄大方。腰间的蓝布围裙，二尺长，三尺宽，皱褶细密美观。那条束于腰际的绣花裙带，勾勒出水乡女性苗条的身姿，两绺白色流苏，随着不紧不慢的步伐，有节奏地垂荡摇曳着，果然风姿秀逸。

苏州水乡妇女的服饰随季节、年龄和礼仪需要而变化。

春秋季大致贴身穿短衫，多用月白布或白布缝制，内着肚兜。穿在外面的称“加衫”，即罩衫，均为大襟。青年妇女的加衫多用花布，中年妇女多用深浅士林布，一般是接衫，用两种花色布拼接缝制。色彩对比鲜明，十分美观。裤子多用蓝地白印花布或白地蓝印花布，裤裆用蓝色或黑色士林布拼接，直到裤脚，脚管较小，里面用花布或浅色布贴边。

腰部的装束最具特色，有褶裙、褶腰头和穿腰三个组成部分。褶裙束在加衫外面，一般用两幅布前后叠压做裾，两侧多折裥，用丝线绣裥。裙的周边用浅色或花布在正面绲边，背后贴边，可以两面穿着。系褶裙的腰带很长，在腰间绕一周后，至腰部挽结，褶腰头用两种颜色的布分三块拼成，两边用纽扣与穿腰相连接。它是束在裙外面的围裙。穿腰是与褶腰头间相连的腰带，上绣各种图案花纹，是苏州水乡妇女服饰中的重要装饰物。

下身小腿裹“卷膀”，上下用带扎紧，似绑腿，脚穿“扳趾头”或“猪拱头”鞋，前者形如木船，故又称船形绣花鞋。后者因两边缝合处向前拱出而得名，鞋面都绣花。

夏季服饰，主要质料不同，以棉布和夏布为主，都穿肚兜，中青年用花布做，以红绒线和银链条将肚兜系在颈上，垂于胸前，气候炎热时在家劳动、休息或纳凉，上身只穿肚兜。

苏南妇女服饰最精致之处，在于包头帕与腰兜。包头帕通常用细洁的

---

① 角，音陆，是角的变体和异读字。

黑布，两端用蓝布或白布贴角，镶色绲边，有的角上绣五彩花纹，有海棠、梅花、八结等纹样，十分讲究。腰兜一般也是蓝黑两色，两侧缝有细密的褶皱，腰带上绣有春桃、夏荷、秋菊、冬梅等花样，腰带梢头垂着红绿丝线编织的流苏，艳而不媚，煞是好看。

清代戴九灵曾写过一首《插秧妇》竹枝词，既形象地表现了苏州水乡汉族妇女在稻田插秧时轻盈、洒脱的劳动风姿，又生动地描绘出她们一身穿戴着有浓郁传统的水乡服饰，其云：

青袱蒙头作野妆，
轻移莲步水云乡；
裙翻蛱蝶随风舞，
手学蜻蜓点水忙。
紧束暖烟青满地，
细分春雨绿成行；
村歌欲和声难调，
羞杀扬鞭马上郎。[①]

---

① 转引自徐杰舜主编，莫高、吴华编著《汉族民间衣食住行风俗》，广西教育出版社 1994 年版，第 16 页。

第五章　镇江人

镇江人是江南汉族中带有北方风格的一个族群。

镇江不仅具有江南平原水网稻田的自然地貌，还有大面积的丘陵地势。全市 3843 平方公里面积中，丘陵山地占 51.1%，平原占 15.5%，水面占 13.7%，圩区占 19.7%。镇江属于长江三角洲平原中的丘陵地区。镇江的地貌南高北低，宁镇山脉在其南面由西向东呈扇形展开，山脉尾势延伸至市区，环抱镇江城区，自古有“城市山林”美誉。最高峰大华山海拔 437.2 米。故南宋词人陈亮用“一水横陈，三岗连面，做出争雄势”勾勒镇江地势。承东启西、连南接北的地理特点使镇江成为南北商贾杂居之地和南北文化杂糅之地。

第一节　镇江人的语言

镇江地处北方方言和吴方言的接合部，其方言基本属性为北方方言的江淮次方言，但呈现出许多饶有趣味的南北方言过渡的特征。

一　镇江话的形成

地处长江以南的镇江人为何讲的却是“北方话”？镇江话又为何与毗邻的丹阳话十分迥异？而与苏、锡、常等太湖流域的侬侬吴语更形成截然的反差呢？这得从历史上去考究。镇江方言的历史可以追溯到殷周时代，其形成大致可分为以下几个阶段。

（一）从古荆蛮语到古吴语阶段

周代以前，镇江为荆蛮土族生息的地方，说的是荆蛮语。殷末周初太伯、仲雍奔吴①，导致中原文化的南下，也随之带来了河渭一带的方言。

① 参阅《史记·吴太伯世家》。

于是，江南荆蛮语逐步被一种新的方言所替代。这种新的方言有学者认为有两种假设，或是河渭语同化荆蛮语后所形成，或是河渭语融入荆蛮语后所形成。但无论哪一种，为有别于现代吴语，可称之古吴语。[①]

正如笪远毅的研究所说，古吴语覆盖的区域远远大于现代吴语。据陈寅恪、鲍明炜先生考证，其西至少到今南京一带[②]，甚至尚可推向皖南，及至今安徽铜陵一带。1954 年，在镇江市以东三十公里的大港烟敦山，出土了宜侯矢殷。宜侯矢就是仲雍的第四世孙周章，武王封之为虞侯，康王时改封为宜侯。宜侯墓在今丹徒大港，可知宜的地望就在今镇江丹徒一带。这一重要史实既证明了太伯、仲雍奔吴是可信的，也证明了周贵族奔吴并非局促于今苏州一带，而是循宁镇山脉，逐步向东发展，直至太湖流域。从宁镇地区湖熟遗址同时出土大量西周青铜器，也可佐成上说。由此可知，周代镇江的社会上层应操古吴语，下层或曾保留有部分荆蛮语。随着奴隶主势力的不断扩大，不愿降为奴隶的荆蛮土著逐步向南部山区退守，演至汉代，或者就是所谓山越人。

事实上，在行政区划上，镇江在汉代以前随吴、越、楚势力的消长而屡有归属性变化，但是基本上属于狭义吴地。当时会稽郡含县二十六约当今江浙一带，至今基本上仍为吴语区，丹徒（今镇江）亦在其中。从广义说，南京在六朝之前也属吴语区。晋室南渡，琅玡人王导为了笼络江南吴人，特地在建康（今南京）学操吴话，以致被北籍的刘琰（字真长）所嗤笑。[③] 可见当时南京方言属吴。魏晋以降，“音韵锋出，各有土风，递相非笑，指马之谕，未知孰是。共以帝王都邑，参校方俗，考核古今，为之折中。推而量之，独金陵与洛下耳”[④]。这段文字反映的是萧梁时期正统标准语之争，结果是归之于两大音系：一是以洛下音为代表的北音；二是以金陵（今南京）音为代表的南音。颜氏又云：“南方水土和柔，其音清举而切诣，失在浮浅，其辞多鄙俗。北方山川深厚，其音沉浊而铌

① 笪远毅：《论镇江方言北化》，《镇江师专学报》（社会科学版）1985 年第 2 期。

② 陈寅恪：《东晋南朝之吴语》《从史实论切韵》，载《金明馆丛稿》；鲍明炜：《六朝金陵吴语辨》。

③ 《世说新语·排调》：“刘真长始见王丞相，时盛暑之月，丞相以腹熨弹琪局曰：‘何乃渹!’（刘注云：吴人以冷为渹。）刘既出，人问见王公云何。刘曰：‘未见他异，唯闻作吴语耳。’”

④ 《颜氏家训·音辞》。

钝，得其质直，其辞多古语。然冠冕君子，南方为优，闾里小人，北方为愈。易服与之谈，南方士庶，数言可辨。隔垣而听其语，北方朝野，终日难分。而南染吴越，北杂费虏，皆有深弊，不可具论。”[①] 颜之推承上文描述了南音、北音的差别，然后品评得通语之正的是南方的士族和北方的庶民。这说明在晋室南渡后，北音亦随人群南迁，而占统治地位的北方士族集团所操的方言成了南方士族投靠北方士族而赖以笼络感情的工具，因此，渐渐地在金陵的“冠冕君子”中通行了一种本之于北音的官用普通话——所制“洛生咏”所依据的洛下音便是。[②] 但是，南方的庶民仍用本地方音，因而“易服与之谈，南方士庶，数言可辨”。而南音中又“染吴越”之音，可见当时南京话属吴语。这样，既然南京古语属吴，那么，地处南京迤东的镇江不仅在六朝前政治地理区域上属吴，其方言大系自亦在吴语区。[③]

（二）北方话从渗入到楔入阶段

语言的接触与互动，由于政治的、经济的、地理的诸因素影响，而可能出现语言楔入现象。春秋战国之时，一是说客和游学之士穿行各诸侯国，二是自然灾变迫使人民大批流亡，三是征戍、徭役和移民的流动使得各种方言流布四方。而镇江正处在南北交会之处，北方话早就渗入镇江人的语言之中，如《左传·襄公二十八年》云：“（齐庆封）奔吴。吴句余予之朱方（今镇江），聚其族焉而居之，富于其旧。”《吕氏春秋·慎行论第二》亦云：“（庆封）去鲁而如吴，王予之朱方。荆灵王闻之，率诸侯以攻吴，围朱方，拔之。得庆封……乃杀之。”又如秦始皇三十七年（前210年），有望气者谓谷阳（即今镇江）有王气，始皇命刑徒三千人凿京岘山为长坑。刑徒服赭衣，因改谷阳为丹徒。[④]

北方话从渗入转入楔入的拐点，在魏晋南北朝晋室南渡之时。顾炎武的《音论》在引陈第《读诗拙言》时曾说：“说者谓自五胡乱华，驱中原

---

① 《颜氏家训·音辞》。

② 北人作洛生咏例《世说新语·雅量》：“桓公伏甲设馔，广延朝士，因此欲诛谢安、王坦之。谢之宽容，愈表于貌。望阶趋席，方作洛生咏。讽浩浩洪流。桓惮其旷远，乃趣解兵。”南人作洛生咏例《南齐书·张融传》：“张融，吴郡吴人也。出为封溪令。广越嶂崄，獠贼执融，将杀食之，融神色不动，方作洛生咏，贼异之而不害也。”

③ 以上参阅笪远毅《论镇江方言北化》，《镇江师专学报》（社会科学版）1985 年第 2 期。

④ 《太平寰宇记》卷八九；《丹徒县志·舆地志》。

之人入于江左，而河淮南北，间杂夷言，声音之变，或自此始。”那时镇江人烟稀少，被北人植入，成了某些侨郡的“实土”[①]，北方士族集团占据统治地位，那里自然成了北语区，官方通语是北方活，连南方士人也需学说“洛生”，压倒了镇江的古吴语，从而致使镇江发生了方言根本性质的剧变。

《魏书》对“岛夷”列传时，往往称之为“楚”。例如《魏书·萧道成传》云：“岛夷萧道成，晋陵武进楚也。”萧氏本南朝疆域武进境内之北人，因其方音属北，故史家别称之曰“楚”[②]。可知武进方音属吴音。镇江则不然。《魏书·刘裕传》云：“岛夷刘裕，晋陵丹徒人也。”文中未用“楚”字，可见晋室南渡，北方话与吴语接触互动的结果，正如笪远毅的研究所说，北方话揳入江南，而以经济地理分界线——茅山划界，造成了一个语言断层，茅山以西的镇江、南京、芜湖沿江一线发生了方言北化。[③] 但由于古吴语仍掺杂在民间口语之中，所以当时镇江话只是基本北化。

（三）镇江话北化完成的阶段

镇江话北化完成的过程跨越唐宋，到南宋渡江后始告结束。

隋唐以来，黄河流域兵燹连年不绝，内有农民反抗地主阶级的起义，有地主阶级集团之间的割据势力之间的争斗，外有北方异族之侵扰，加之五代与北宋时期，黄河下游雨量较多[④]，而水利事业废弛，屡有黄河下游溃决之事，民不聊生，被迫向南方流亡。在这个过程中，北方话一次又一次地冲击吴语，其中最强的一次冲击是宋室南渡。

宋室南渡前，镇江以故“汴宋时士大夫有‘生居洛阳，死葬朱方（即镇江）’之语”[⑤]。宋室南渡北人强势对镇江方言造成新的冲击，促使镇江方言北化的最后完成，使镇江方言与吴语相去甚远，没有了江南吴侬

---

① 《宋书·州郡志》。

② 陈寅恪：《魏书司马叡传江东民族条释证及推论》：“魏伯超之所谓楚，即指今江北淮徐地域之人。又北朝之人诋娸南朝，凡中原之人流徙南来者，俱以楚目之，故楚之一名乃成轻蔑之词，而为北朝呼南朝疆域内北人之通称矣。”

③ 以上参阅笪远毅《论镇江方言北化》，《镇江师专学报》（社会科学版）1985 年第 2 期。

④ 竺可桢：《中国历史上气候之变迁》，《东方杂志》第二十二卷第三号。

⑤ 《至顺镇江志》。转引自笪远毅《论镇江方言北化》，《镇江师专学报》（社会科学版）1985 年第 2 期。

软语的轻柔。尽管现在的镇江方言仍有吴语的痕迹，如镇江丹徒区东乡的华山村，有六朝时期著名的吴声民歌“华山畿”，其中有“君既为侬死”句，“侬”是六朝时吴语中的第一人称。[①] 又如在镇江话中仍然保留着一些吴语词汇，例如结棍、揩油、触霉头、轧苗头、爹爹（父亲，念diadia）等。此外，镇江方言还受到清朝满洲驻防旗人的200多年旗腔影响。但是，从整体上看，镇江方言已成为北方方言中的江淮次方言。[②]

二　镇江话的特点

镇江话作为北方方言中的江淮次方言具有“方言岛”的特点。

（一）镇江话的语音特点

镇江位于北方方言与吴语的交界地带，以镇江城区为中心包括近郊方言，江淮官话特征明显。如古全浊塞音、塞擦音声母今平声为送气清音，仄声为不送气清音；保留中古入声韵类；咸山摄舒声字三分等。远郊地区方言则表现出与特征不同的语音特点。再往外围，方言则表现出更多的吴语性成分。镇江话内部有新派、老派之分，新派、老派与发音人年龄、文化程度密切相关，一般受教育程度高的人，新派读音较明显。整体来看，新派读音与普通话更为接近，镇江话语音总体上亦是逐渐向普通话靠拢。镇江话的文白异读相较泰州、丹阳不太发达，成系统的文白异读集中在假、蟹、效、咸、山、江六摄的开口二等见系字。[③]

镇江话发音无翘舌音，入声保留比较完整，口语词汇以阳平居多，而且镇江话保留古代汉语较多，很多词可以按照汉语变化规则来对应，比如j开头可以改作g开头，如“解”读“改”；i开头一般不发音，如“眼”读“俺”；h开头有读k，如“环”读“宽2声”；x开头读h，如“下”读“哈入声”。

镇江话声母17个，韵母48个，没有全浊声母和舌尖后音声母；中古全浊塞音、塞擦音声母（平声）已经变为相应部位的送气清声母，声调变成阳平了；中古全浊塞音、塞擦音声母（仄声）则变成相应部位的不送气清声母，声调变成去声。镇江话作为江淮次方言的重要特征之一是鼻

---

① 高曾伟：《镇江地域文化研究》，《镇江高专学报》2007年第1期。

② 以上参阅笪远毅《论镇江方言北化》，《镇江师专学报》（社会科学版）1985年第2期。

③ 向然：《镇江方言语音研究》，硕士学位论文，南京大学，2008年，第59页。

化韵母丰富，鼻化韵来自中古咸山摄韵母，鼻化元音介于前鼻音韵与元音韵母之间，in、ing，en、eng，n、l 不分；有入声调。重度音节后半程的上声比较明显。镇江方言有 13 个入声韵母，以喉塞音收尾。[①] 镇江话有 6 个声调，没有儿化韵。

（二）镇江话举例

镇江话有鲜明的人文特征，有许多特殊的词汇，例如：

1. 蓝衫（发音 laisi 即“来斯”音）

词义：厉害，含表扬、赞叹之意，一般作褒义词。可与“夯”“结棍”换用。

2. 嚼蛆（发音 jiaqu 即“甲蛆”音）

词义 a：胡说，表示对对方说的话不赞同。同义词有“瞎（ha）嚼（jia）”。

词义 b：聊天。

3. 挺尸

词义：睡觉，含贬义，熟人间开玩笑可用“挺尸”代替“睡觉”。

4. 一踏（用字上“踏”与“塌”有争议）刮子（茅盾《多角关系》）

词义：一共，总共。与“夯不锒铛”同义。

5. 歪七轴八（歪七竖八）

词义：形容歪歪扭扭，不正的样子。

6. 鼻塌嘴（发音 zei）歪

词义：形容人失意时的表情。

7. 小把戏

词义：小孩子。

8. 小赤（发音 ce 或 ca）佬

词义 a：粗话，一般用来骂年纪小于自己的人。

词义 b：小孩，属贬词褒用。

9. 一铺狼烟

词义：乱七八糟。

10. 小老爷（发音 ya）

---

① 笪远毅：《镇江方音比较研究》，《镇江师专学报》（社会科学版）1997 年第 4 期。

词义：小孩子，与北方话的“小祖宗”表达的意思与情感有互通之处。

11. 囥（读音 kang）

词义：藏。

12. 洇（读音 yin）

词义：水缓缓地渗透。

13. 搛（发音 jian）

词义：用筷子夹。

14. 神智无知

词义：没有礼貌，狂妄。①

第二节　镇江人的形成

镇江，有文献记载始见于《左传·襄公二十八年》，史称“朱方”。其地处江苏西南部，长江下游南岸。东西最大直线距离 95.5 公里，南北最大直线距离 76.9 公里，城市呈东西带状走势。东接常州，西邻南京，北与扬州、泰州隔江相望。说到镇江就不能不说著名的京杭大运河。运河最早起于春秋末期由吴国开挖邗沟，以后经过隋、元两朝大规模的扩建和连接，最终形成了纵贯南北长达 1700 公里的大运河。运河南入口由镇江东郊切入经丹阳、常州、太湖流域直达浙江北部的杭（州）嘉（兴）湖（州）地区，沟通钱塘江。运河北口由扬州切入经里下河（邗江、宝应、高邮、淮阴等地区），穿越五大淡水湖之一的洪泽湖，再经徐州、鲁西平原济宁、济南直达京城。在古代船舸的续航和抗风能力不足，难御长江风浪，所以运河的利用率高，其运输量和作用远远大于长江，千百年来为历史上有名的“漕运”。

长江由西向东流经镇江，运河则由南向北穿越镇江，故镇江处于长江、运河“十”字水系交汇点上。承东接西、贯穿南北的交通优势成就了镇江的有利形势，使镇江自古成为南北货物的集散地和长江下游著名的商埠和行商坐贾云集之地，自古就有“货到镇江自成金”之说。镇江也

① 李力：《镇江方言词汇整理（部分）》（http：//blog. renren. com/share/266448705/7106974503）。

是江防要塞，是天京（南京）的门户，兵家必争之地，故名“镇江”。同时也是江南文化发源地之一，很早就成为帝王将相、英杰名贤、倜傥之仕必到之地。近代以来，镇江的商埠优势逐渐丧失，军事优势突出，舟楫灌溉之利的长江、运河流域成为群雄逐鹿的战场。就是这样的历史背景和地理生态，孕育了汉民族中具有文化特色的镇江人。

一　先秦到三国：镇江人的滥觞时期

镇江文化是河姆渡、马家浜、良渚文化的分支。从镇江文化所处的地理区位来看，它东濒黄海（古代镇江紧靠出海口），北临长江，南有宁镇山脉作为屏障，西有皖南山脉。大海、长江和崇山峻岭围护着盆地式的荆蛮文化平原，使之与外部世界相对隔离，形成一个“族群岛”。

西周以前，镇江是荆蛮族群居住的地方。“荆蛮”亦称“蛮荆”。《诗·小雅·采芑》：“蠢尔蛮荆，大邦为雠。”荆者，竹也。江南之地历来是野竹丛生的蛮荒之地。原始初民“断发文身”，夏禹时代称其为“裸国”，意思是赤身裸体的民族。此时的镇江人处于“良渚文化”关照之下。商朝末年，西方周朝兴起，周太王古公亶父的长子太伯、次子仲雍从西北陕甘一带来到江南，与荆蛮人生活在一起，成为后来吴文化的开创始祖。《史记·吴太伯世家》记载：“季历贤，而有圣子昌，太王欲立季历以及昌，于是太伯、仲雍乃奔荆蛮。”《史记·周本纪》亦云：“亡如荆蛮，文身断发，以让季历。”从此，秉中原文化的周人与持土著文化的荆蛮人开始了互动、磨合、整合和融合，从而建构了春秋战国中国民族或族群从多元走向华夏一体过程中的一个乐章。

镇江最早称谓“宜”，是周康王时的宜侯王封地。1954 年镇江东郊大港烟墩山出土了西周铜器“宜侯矢簋”，上有一百二十余铭文，经考古学家考证，是周康王封仲雍的第四子虞侯周章为宜侯，他原被封为吴侯，康王时改封为宜侯，镇江丹徒一带就是他的封地。“宜”是镇江有据可考最早的地名，距今已有 3000 年的历史了，属吴地，是吴文化的发祥地之一。春秋战国时期，吴国逐渐强大，宜改称朱方，仍是吴国属地。《左传·襄公二十八年》记载了朱方之名。越国兴盛，前 473 年越国灭吴，镇江属越，仍称朱方。前 355 年楚国灭越，朱方属楚，改称谷阳。秦始皇统一六国后，废分封制为郡县制，谷阳属会稽郡。前 210 年始皇帝令数千身穿赭衣的囚徒为其东巡修筑金陵至会稽的驰道，谷阳更名丹徒，当时县治就在镇江东郊8公里的丹徒镇。

镇江的历史继续向前演进。西汉初年，丹徒先后为荆王刘贾和吴王刘濞的封地。汉景帝时刘濞叛乱，被汉王朝所灭，葬于镇江。东汉顺帝永建四年（129年）废会稽郡，置吴郡，丹徒复属吴郡。东汉末年孙权称霸江东，见丹徒形势险要，仿中原城郭之例，于209年在丹徒西郊京口里，即今市区的北固山前修筑城堡，称作“京城”。京者，人工筑起高丘也。《尔雅·释丘》：“丘绝高曰京。”《三国志·魏书·公孙瓒传》：“为围堑十重，于堑里筑京，皆高五六丈。”口者，指山下之江口、渡口。中原地处平原，多围城以屯民拒敌。江南人临水而居，自古隔水拒敌，本来无筑城之习俗，孙权夯土筑京城，既临水又建城双重防卫作用，自然是固若金汤，坚固安全，不难看出镇江这座要塞古城是中原黄土文化与江南水文化杂糅的结晶。此城现保存完好，城周长630步，小而坚固，形似瓮，故曰铁瓮城。因建京城故丹徒随之亦改称京口。古时北固山、铁瓮城均立于江中，城与山之间由连绵起伏的山脉（俗称龙埂）相连。城为前峰，用作屯兵；山为后峰，用作瞭望警戒。唐刘禹锡诗诵铁瓮城“土山京口峻，铁瓮郡城牢。山是千重嶂，江为四面壕”。此时镇江的阴柔水文化中糅入了中原夯土的气息，就是在这个“周封侯，史韵悠；气自华，底蕴厚”[①]的时空中，开始了镇江人形成的滥觞。

二　两晋到两宋：镇江人的孕育时期

有了开始，就会有过程。

西晋太康年间（280—289年），“镇江所辖丹徒、曲阿、武进、延陵、暨阳、无锡、毗陵7县，仅有户一万二千”[②]，平均每平方公里不足10人。《元和郡县图志·润州丹阳》云：“旧晋陵（今镇江）一带地广人稀，且少陂渠，田多恶秽。闾创湖，成灌溉之利。”西晋末年，北方战乱，北方汉民族人士避难南下，徐兖难民多居于京口、毗陵（常州）一带。东晋王朝为安抚侨居此地的移民，故将京口改称南徐州，与北徐州相对，简称“南徐”，设州治。南徐之谓，一方面镇江似北徐州多山形胜，宋朝陆游在孝宗隆兴元年出任镇江通判时，就有感于镇江山水“江左占形胜，

① 李金坤：《镇江赋》，《光明日报》2009年3月30日。

② 《晋书·地理志》。

最数古徐州”[①]。北方移民的南下加速了镇江的开发，镇江的地理位置又吸引了大批北人源源注入。

与镇江人的孕育有关系的另一方面是“南徐州”，即“南蛮北侉”[②]聚集之地，可见当时镇江移民之众。西晋永嘉之乱、中唐安史之乱、两宋靖康之乱引发了北方人口大量南迁，北人士族集团避难江南多聚集在晋陵一带。这一地区宁镇丘陵蜿蜒，旱涝难治，因此，以茅山山脉为分界线，山以西，江东世家大族（即吴土著地主阶级）向来任其荒落，以至刘宋文帝时尚下诏奖励垦荒：“京口肇祥自古……可募诸州乐移者数千家，给以田宅，并蠲复……”直至宋孝武帝孝建元年（454 年）“始课南徐州侨民租”。《宋书・州郡志》载：“穆帝永和中，郡移出京口，郯等三县亦寄治於京。”《晋书・儒林传》亦载东莞姑幕（今山东诸城县西北）人徐澄之（经学家徐邈之祖）“属永嘉之乱，遂与乡人臧琨等，率子弟并闾里士庶千余家，南渡江，家於京口”。“宋文帝元嘉八年（431 年）立南徐。以东海为治下郡，以丹徒属焉。郯、利城并为实土”。

当时南渡的北方汉民族移民，以侨寓江苏者最多，约二十六万人。由于镇江地处南北交通要冲，又是京都建康的门户故称京口，为当时政治、经济、军事的中心地带。在东晋初年的流民中，从徐州、兖州及青州南下的侨民最多，所以东晋政府首先在京口侨立南徐州和南兖州（南兖州后来迁往江北广陵）。所以有二十二万人集中于镇江地区。那时镇江的侨、旧人口合计为四十二万余，也就是说侨寓人口比旧有人口还要多出二万余。[③] 上述数字只不过是纳税户口统计数字，世家大族庄园中依附荫庇所挟藏的户口尚不在内。《续晋阳秋》载：“自中原丧乱，民离本域。江左造创，豪族并兼，或客寓流离，名籍不立。”《南齐书・州郡志上・南兖州志》云：“时百姓遭难，流移此境，流民多庇大姓以为客。”时称“京

---

① （宋）陆游：《水调歌头・多景楼》，转引自丁伟民《江左占形胜，最数古徐州——小记陆游〈入蜀记〉里的镇江》，《镇江日报》2013 年 2 月 22 日。

② 中国历来有“南蛮北侉”的说法，“南蛮北侉”的分界线大约在河南、安徽、江苏沿淮河一线，基本是中原话和江淮话的分界线，这也正是约定俗成的南北方的分界线。进一步说，中原话是“侉”，同样，荆楚地区比中原话更“蛮”。从语言上说，“南蛮北侉”之分，信阳民间有所谓“南蛮北侉”之说，说北方话的人被称为“侉子”，而楚国地区的人则被称为“蛮子”。有趣的是，信阳的人都以自己的话为最中正，“南蛮北侉”的说法对于他们来说已经根深蒂固了。

③ 谭其骧：《晋永嘉丧乱后之民族迁徙》，《燕京学报》第十五期。转引自镇江博物馆《江苏镇江谏壁砖瓦厂东晋墓》，《考古》1988 年第 7 期。

口之蠹”[①] 的大地主刁协一族，便有奴客数千人。另外，社会上还有一种既不在籍，也未遭荫庇的流民，史称“流浪人”[②]。因此，上述北方移民当为最保守数字，实际人数应大大超过。[③] 与此同时，其他郡邑的侨民亦源源不断地蜂拥而来，这样南徐州“备有徐、兖、幽、冀、青、并、扬七州郡邑”的侨民。[④] 于是，镇江成了江南最大的侨郡，来自北方的徐、兖、幽、冀、青、并、扬七州侨民数超过了土著户口。

文献的记载又得到了考古文物的佐证。1984 年在镇江市谏壁砖瓦厂掘土九座东晋墓（编号 M21—M29），其中 M21 和 M26 中出土的二方刘庚之和刘硕之妻徐氏墓志，为考证镇江地区东晋侨州郡县的具体地望提供了新的珍贵实物资料。据镇江博物馆《江苏镇江谏壁砖瓦厂东晋墓》[⑤] 的报告，M21 墓主刘庚之原籍彭城郡吕县人，做过司吾县令。彭城郡据《地名大辞典》为汉置，治彭城县，即今江苏铜山县治。吕县，故城在今江苏铜山县北。司吾县据《晋太康地志》属临淮郡，故址在今江苏宿迁县北六十里。M26 墓主徐氏，当是刘庚之家族的人。他们死后葬镇江，是东晋时期由北方流徙江南的侨民。特别是刘庚之曾身居司吾令，属北来的“亡官失守之士”[⑥]。

谏壁砖瓦厂东晋墓发掘的意义在于：对考察有关侨郡县及其地望，提供了可靠的证据材料。根据《晋书·地理志》和《宋书·州郡志》而知，东晋初年虽然分武进县立南彭城及临淮、淮陵等郡，但皆无实土。直至刘宋时的南彭城郡所领吕县等，也都地望不明。今通过彭城郡吕县侨民刘庚之家族墓地在镇江丹徒镇以东 3 公里的谏壁砖瓦厂发现，说明这一地带很可能就是南彭城郡吕县的侨置地或寄居之所。因为当时流寓侨民，“莫不各树邦邑，思复旧井”[⑦]，尤其像刘庚之这样的“亡官失守”之世家大地主，而那时所谓侨郡县也不过为一乡一村之地。由

---

① 《晋书·刁协传》：“刁氏素殷富，奴客纵横，固各山泽，为京口之蠹。”

② 《隋书·食货志》：“百姓之自拔南奔者，并谓之侨人；其无贯之人，不乐州县编户者，谓之流浪人。”

③ 参阅笪远毅《论镇江方言北化》，《镇江师专学报》（社会科学版）1985 年第 2 期。

④ 《宋书·州郡志》。

⑤ 镇江博物馆：《江苏镇江谏壁砖瓦厂东晋墓》，《考古》1988 年第 7 期。

⑥ 《晋书·周颛传》。

⑦ 《宋书》诸志总序。

此，可补充文献记载之缺。另外，据《宋书·武帝纪》，宋武帝刘裕原籍也是徐州彭城人，永嘉之乱其高祖父刘混南渡“居晋陵郡丹徒县之京口里”[①]，即今镇江市东门外寿丘山下。再就是过去在镇江东郊丹徒京岘山西侧出土的东晋刘克墓志[②]，刘克原籍徐州东海郡郯县人，证实了文献记载的穆帝永和中，南东海郡并郯等三侨县皆移治京口，以及侨郯县的具体地理位置在“丹徒之岘西为境”的可靠性。[③] 这些材料都说明，当时从徐州南下的侨民，有许多落居于今镇江市以东丹徒镇周围一带，特别是徐州大姓刘氏。刘裕是依靠设在镇江的徐州军府即北府兵夺得天下的，他在临死时还特别遗诏：“京口要地，去都邑密迩，自非宗室近戚不得居之。”[④]

还值得一提的是北方汉民族移民迁入镇江后出了不少名人名士。

丹阳句容（今属镇江）人葛洪，东晋名医，自号抱朴子。他青年弃官从医，拯救百姓于疾苦，终身笔耕不辍，写成《抱朴子》《金匮药方》《肘后备急方》《西京杂记》等数百卷医学著作，成为中国实验化学开山之祖和一代名医。

世居京口的刘义庆，原籍南朝宋彭城，是南朝宋武帝刘裕之侄，长沙景王刘道怜之次子，一生讲求义理，诲人不倦，罄毕生之力，写成在中国文学史上具有重要地位的《世说新语》。

镇江人祖冲之，原籍范阳遒县（今河北涞水），南北朝时齐人。西晋末年祖冲之的祖父祖昌全家迁至镇江，曾任刘宋的“大匠卿”，掌管土木工程。祖冲之在世界数学史上第一次将圆周率（π）值计算到小数点后七位，即3.1415926—3.1415927，因而成为中国杰出的数学家、天文学家、地理学家。

丹阳秣陵人陶弘景，茅山道士，著名医学家，十九岁为官，四十岁辞官隐居著书立说，专门研究药学，撰成《本草经集注》，开药物功用分类之先河，规定了膏、丸、散、丹、汤、酒剂型的制作规程，为祖国医药学重要文献。在方剂学和养生学方面，撰写了《效验方》《药总

---

① 《宋书·武帝纪》。

② 《镇江市东晋刘克墓的清理》，《考古》1964年第5期。

③ 《宋书·州郡志》。

④ 《宋书·武帝纪》。

诀》《养生延命录》《养生经》等著作，成为中国无机化学和冶炼术的奠基人。

镇江人刘勰，中国文学史上最伟大的文学批评家。其祖籍为东莞莒（今山东莒县）人，东晋时因战乱全族迁至镇江，刘勰出生于镇江，自幼家境贫寒，少长“笃志归学”，他写成了中国第一部文学理论专著——《文心雕龙》。

定居于镇江的沈括，精通天文、数学、物理、生物、地理、农学和医学，被后人称为中国古代科学史上的奇才，他倾毕生精力完成了举世公认的经典之作《梦溪笔谈》，其科学成就被英国学者李约瑟誉为“十一世纪的科学坐标”。

死后葬于镇江的米芾，原籍湖北襄阳，擅长山水，其画常烟树掩映中有风雨迷离的感觉，自古被称为“米点山水”；其书法尤以行书见长，为宋“四大家”之一，被镇江山水所吸引，于元祐二年（1087 年）定居润州，开中国山水画之先河，被称为“米芾山水派”。

镇江知府辛弃疾，举家常居住镇江，曾两度在镇江为官。他有感于镇江的山水，创作了许许多多风格豪放、抒怀壮志的千古绝唱。如《永遇乐·京口北固亭怀古》：“千古江山，英雄无觅，孙仲谋处……凭谁问：廉颇老矣，尚能饭否？”《南乡子·登京口北固亭有怀》：“何处望神州？满眼风光北固楼。千古兴亡多少事？悠悠，不尽长江滚滚流……”辛弃疾感怀京口历史上英雄豪杰，鞭挞南宋朝廷无能，渴望挥师北上，收复失地，但壮志未酬的悲愤心情。

上述名人名士都是孕育中的镇江人的代表。但对镇江人的形成具有标志意义的是“镇江”之名的出现。从称谓及建置上看，如从西周前期分封宜侯算起，镇江地域的文明史可追溯到 3000 年前；从有文献记载可证的称谓如“朱方”算起可追溯到 2500 年前；秦汉时曾先后在今镇江地区的丹徒、丹阳、句容设县，则镇江地域有县级行政机构设置的历史在 2000 年以上；东晋时于京口设置晋陵郡，则镇江有郡（府）级行政单位的设置距今约有 1700 年；南朝宋于京口正式设置南徐州，镇江曾作为地方一级（州级）行政单位的治所距今约有 1600 年。此外，镇江城市建设起步也很早，史载汉初丹徒为荆国淮东五十二城之一，东汉末有京城、刘繇城（曲阿城）和铁瓮城，三国赤乌年间先后建有云阳城和句容县城，其城建历史都在 1800 年以上。[1] 而“镇江”之名则是政和三年（1113 年）宋徽宗改润州为镇江府而出世。其名字来历有两种说法。一是因镇江北部沿江岸一带地势比较低洼，在古代常受水害，所以在水名之前加一吉祥词，以示祈望而得名。二是在公元 1113 年宋代时才有的。据说，当时统治者认为镇江的地理位置优越，背山面江，形势雄险，为镇守江防之地，故取名镇江。[2]

三　元代：镇江人的形成时期

过程是有头有尾的。镇江人的形成有了开头，也一定有一个结果。镇江人的最后形成在元代。

镇江是元帝国统治者最后征服的地区，元朝也是镇江人口流动迁移最为频繁的时期。在元朝征服南宋的过程中，大批少数民族随军南下，如蒙古人、畏兀儿、回回人、契丹人、女真人、西域胡人、西夏人和为数众多的掳掠战俘、工匠、杂役等先后涌入镇江，其中有仕官赴任的，有随营屯垦的，有经商谋生的，与镇江原住民混居，通婚繁衍后代。镇江形成多民族杂居共存的局面，具体数据参成书于 1333 年的元代名志——《至顺镇江志》记载。

元代镇江民族人口结构

	蒙古	畏兀儿	回回	也里可温	河西	契丹	女真	汉人	合计/户（侨寓）
京口录事司	23	12	49	19	1	19	25	3251	3399
丹徒县	1		5	3	2	2		286	299
丹阳县	3	2	3					102	110
金坛县	2		2	1				32	37
合计	29	14	59	23	3	21	25	3671	3845
	蒙古	畏兀儿	回回	也里可温	河西	契丹	女真	汉人	合计/口（侨寓）
京口录事司	125	81	296	92	19	104	261	7999	8978

---

① 参阅程建、严其林《京口文化》，南京大学出版社 2001 年版，第 6—7 页。

② 小嘟的博客：《我的家乡叫镇江》（http：//blog. 163. com/jp317jay @ 126/blog/static/885982852010322718 18/）。

续表

	蒙古	畏兀儿	回回	也里可温	河西	契丹	女真	汉人	合计/口（侨寓）
丹徒县	9		31	7	16	12		706	781
丹阳县	14	12	40					539	604
金坛县	15		7	7				163	192
合计	163	93	374	106	35	116	261	9407	10555

资料来源:《至顺镇江志》卷三户口摘记。转引自程建、严其林《京口文化》，南京大学出版社2001年版，第259页。

从表6可见，在蒙古兴起到元朝建立，经历了长达数十年征服战争的背景下，在欧亚大陆形成一个规模很大、持续时间较长的人口流动和迁移浪潮。中国江南地区是元统治者最后征服的地区，在元灭南宋过程中，一批批少数民族随元军大举南下，如蒙古人、色目人（畏兀儿人、回回人、西域各族人、西夏人及外国人）、契丹人、女真人等先后涌入江南地区，其中有仕官赴任的，有随营驻防及屯垦的，有经商谋生的，等等。此外大批驱口（战争中被掳掠的人口）、工匠、杂役等也随之南下，散落在南方各处与原“土著”居民混居生活。以镇江为例，元代镇江路隶属江浙行省（省治杭州），下辖一司（京口录事司）三县（丹徒县、丹阳县、金坛县）。至顺年间（1330—1333年）全路11.4万多户、65万余口，超过了南宋嘉定时的户口数，这除本地居民有所增衍外，相当一部分是各少数民族在元灭南宋过程中先后迁移到这里的侨居户。

这些少数民族的迁人，使镇江的民族结构耳目一新。一方面在这些少数民族中以回回人为最多。依《至顺镇江志》所记，镇江当时在籍的少数民族总计174户，1148人，而回回人就有59户，374人，约占1/3，此外在籍的畏兀儿人14户，93人，另外，以上几种人还占有一定数量的驱口（即奴婢），其总数为974口，除蒙古人占429口之多数外，以回回人之310口在色目人中占多数。在《至顺镇江志》卷二“坊巷”中，有一巷名“乌马儿巷”是录事司所领82个巷名之一，这表明已形成以回回人乌马儿为首较长时间居住的回回人聚居区。在卷一九“侨寓”中还列举了几个因在镇江做官而定居本地的回回人：卓麻儿、海答儿父子、马可剌丁、罗里，其他在镇江做官而未留居的回回人更多。至顺年间镇江路总管府达鲁花赤前后24人，内有蒙古人2人，畏兀儿人9人，也里可温人3

人，女真人 1 人，康里人 1 人，北方汉人 3 人，回回人 5 人。而执掌司县一级行政大权中回回人的优势特别明显，63 位达鲁花赤中，回回人有 24 人，占近 40%，且又以京口录事司最多 8 人，可见当时镇江是元代回回人聚居较多的地区，难怪元初学者周密在《癸辛杂识》续集中曾说："今回回皆以中原为家，江南尤多。"①

另一方面还有一些畏兀儿人的迁入也是值得一记的。在《至顺镇江志》卷一九"人才、仕进、侨寓"中就著述了一些定居在镇江的畏兀儿人：

> 木八剌，畏吾儿人，居镇江。历江东、浙东肃政廉访副使，后以太中大夫，平江路总管府达鲁花赤致仕。
>
> 斡鲁欢牙里，畏吾儿人，元贞初，为本路总管府达鲁花赤，因家焉。再受中大夫，瑞州路总管府达鲁花赤卒。
>
> 秃干牙里，畏吾儿人，斡鲁欢牙里子。以父荫累官朝请大夫、湖州长尖州达鲁花赤，卒。
>
> 哈八儿都，畏吾儿人，居镇江。宣武将军，汉阳府达鲁花赤致仕。
>
> 岳烈，畏吾儿人，居镇江。官至资政大夫，历陕西，江西行省左丞，浙东海右道肃政廉访使。
>
> 阿马剌，畏吾儿人，岳烈子。由宝儿赤累官中顺大夫、同知湖州路总管府事。
>
> 阿失帖木儿，畏吾儿人，居镇江。历江陵路、饶州路总管府达鲁花赤，迁正议大夫，怀孟等路达鲁花赤。
>
> 阿思兰也奴，畏吾儿人，以父荫补官，皇庆中，为金坛县达鲁花赤，因居焉。县有抛荒田粮四千余石，民无从纳，尝建言免之。累迁朝散大夫，福建道宣慰副使，答都元帅府事，自号澹斋。
>
> 八剌，畏吾儿人，累官肃政廉访司佥事，朝列大夫，同知湖南、湖北道广教总管府事。②

---

① 以上均参阅薛龙和《元代诗人萨都剌及其镇江情结钩沉》，载《"第十四次全国回族学学术研讨会"论文汇编》，2003 年 9 月 1 日，第 276 页。

② 转引自尚衍斌《从〈至顺镇江志〉看元代镇江路的畏吾儿人》，《喀什师院学报》1994 年第 2 期。

元帝国时，镇江虽然增添了许多少数民族的新鲜血液，但汉文化始终占据主导地位，致使少数民族移民被镇江精致的江南农耕文化所吸引，遂逐渐“舍弓马而事诗书”①。本来有如此多的穆斯林生活的商业城市没有清真寺是根本不可能的，但《至顺镇江志》中却很难找到有关伊斯兰教与清真寺及宗教活动的记载，而作者对佛教、基督教（也里可温）的宗教人员、活动情况及相关寺产、寺的数量均作了较详细的记述，提及萨都剌时称他为“回回人”，而对他的宗教活动及政绩只字未提，相反在明、清时代的诸多镇江地方史志中对伊斯兰教在镇江地区的情况和萨都剌在镇江任上的善政予以了充分的肯定，并大书特书。有人认为这很令人费解，其实从民族或族群互动、磨合、整合和融合的视野去看，这也可能正是镇江人形成过程中的一种现象。

这种民族或族群互动的现象，在定居于镇江的元代畏吾儿人身上也表现得很突出，他们几乎渗透到镇江路所辖的各个部门和政权机构，或子袭父职，或以镇江为家，久居于此。他们直接在地方行政机构中任职，逐渐汉化，《至顺镇江志》中所载录的畏吾儿人中，就有汉化程度甚高者，如答澜曾任金坛县儒学学正，并是至治三年（1323 年）的乡贡进士，除却本名以外，还按汉族文人的习惯取字曰“天章”②。

总之，《至顺镇江志》的记载表明，元代镇江路的人户不仅在数量上、流动性上超过了前代，而且在民族构成上也发生了很大变化，这为正在形成中的镇江人增添了许多新鲜血液。经过这样的洗礼，镇江人从此稳稳地屹立在东海之滨的汉民族族群之林。

第三节　镇江人的人文特征

镇江人认定自己是江南人，而无论是北方人还是南方人都将镇江人看成是“江北人”，因而镇江地域历史文化还多少带有北方文化与吴文化之间的过渡型的人文特征。③

---

① 戴良：《丁鹤年诗集序》，载（元）萨都剌《雁门集》附录三，上海古籍出版社 1979 年版，第 434 页。

② 参阅尚衍斌《从〈至顺镇江志〉看元代镇江路的畏吾儿人》，《喀什师院学报》1994 年第 2 期。

③ 程建、严其林：《京口文化》，南京大学出版社 2001 年版，第 8 页。

一　南北过渡：镇江人的特质

作为移民城市的镇江，在互动、磨合、整合和融合中，既保留了不少江南吴文化的色彩，又融入了北方文化的韵味。《京口文化》在绪论中对此有具体的描述：

> 在旧时的节令及婚丧习俗上，本地尤其是东乡、南乡一带表现出南方地区的繁细，而不似北方那样简粗，这从清末民初丹徒籍学者陈庆年所撰《西石城村风俗志》中就可看出。在饮食习俗上，北方文化是粟麦文化，南方为稻作文化，而镇江地区自六朝以来随北方人口的大量迁入，其主要农作物既有稻又有麦，种麦不仅增加了粮食总产，也满足了南下北方人的饮食习好。现今镇江本籍人日常三餐之主餐仍为米饭、米粥，以面条、饺子等面食品作为主餐只是调节。镇江人却又不像苏州人、无锡人那样嗜好米制品（圆子、凉团、油糕、粽子、酒酿等），而作为主餐米饭补充的却又是面制品（包子、馒头、烧饼、油条、馄饨等），形成中、晚餐以米饭、米粥为主，早餐和"晚茶"以面制品为多的习惯。至于菜肴品味上既重盐也加糖。在民风民气上，旧志称"崇道义、尚廉耻、奉孝行、服勤为本"，性格上既有南方人精明的一面，又有北方人爽直的一面；既有谦柔的一面，又有刚勇的一面。在精神面貌上爱国爱家，追求文明进步，但有时又因留恋历史成就而故步自封。在文化层次上，既有俗文化的一面，也有雅文化的一面。①

正是南北过渡的这种特质，造就了镇江人性格稳重中不失浮躁欠静，细腻中不乏麻利泼辣，缜密中又缺少坚韧刚毅。所以镇江人不南不北地更多地将中庸和谐演化为日常行为中的折中调和，以不得罪别人，时常扮演和事佬的角色。中和和谐，是在历史长河中逐步形成的镇江人的处世价值观，这种价值观念是镇江人长期与他人和社会的交往中既能够体现自身的价值，又能够满足他人需要的道德规范和行为准则。对于是非曲直时常表现为吞吞吐吐、欲言又止，明知不对少说为佳，奉行祸从口出"话到口

① 程建、严其林：《京口文化》，南京大学出版社 2001 年版，第 8 页。

边留半句，未可全抛一片心”的自保处世哲学。行为上则是明哲保身，不求公理明断，以不伤及自身和他人面子为要。给他人留面子也就等于给自己留了活路。与他人明明有过节，时常成见很大，但是从不“放在脸上”（不表现出来），甚至表面还很“热闹”（形交神不交），求得表面上的和睦。这种和睦还体现在镇江人生活的方方面面。

镇江人遇到不平的事，多喜欢找年长的人出来评理，讲讲道理，然后私下里把矛盾解决。只要双方是讲理之人，都会有较长时间的辩解论理过程，虽说双方的言语听上去不如苏州人那样的声调平缓，而是语速稍快，激动时也会吼上几句，但很少出现一上来不讲理就拳脚相向、以武力压制对方的事。这种遇事讲理之风源于镇江人古朴通情达理的个性。早在旧《图经》中就说镇江人“本泰伯之化，有谦让之风”。到了宋代，《咸淳镇江志》中也记载说镇江人的性格淳朴，“土风质而厚，士风淳而直”。

二　算计节俭：镇江人的性格

南北过渡的人文特质，塑成了镇江人既具有北方人艰苦节俭的性格，又兼有南方人精于算计的特点。

由于镇江人多地少，受精农主义[①]的影响，自古以来镇江人将算计节俭作为治家最为基本的原则，主要表现在计划消费、杜绝浪费和限制需求三方面。

“吃不穷，穿不穷，算计不到一世穷”，是镇江人的口头禅。“居家过日子是要把算盘顶在头上才好”是镇江人的共识。寻常百姓生活以能够维持最基本的生命要求为标准，日常饮食极其俭朴，以稻米、豆制品、菜蔬为主。主食稻米长期以籼稻为主，籼稻“胀锅”出饭率高，较少食用粳稻，因为粳稻不仅不“胀锅”且软滑爽口易多食。日常以二稀一干为基本标准，冬季则以自家腌制的青菜、萝卜、蕻（咸菜）为主要菜肴。当地的许多家庭主妇能把寻常不能食用的菜边腌制成鲜嫩可口的下饭小菜，直到现在城市中许多家庭仍是习惯于“二稀一干”。冬季腌制咸菜仍然是家庭主妇必做的季节工作。河鱼虾米都属于荤菜，待客过节增加一点肉儿，往往是菜多肉少的“小荤”多见，只要见着点丁荤腥也就作为待客的荤菜了。“虾子放屁沾点荤气”（镇江人自嘲的说法）的待客菜家家

① 精农主义，指勤恳专心，精耕细作，全身心投入于农业生产的一种精神或态度。

如此，见多不怪。肉多菜少或是全肉的菜肴谓之“秃烧”，也叫“大荤”，如果不是过大年或是来贵客临门是不常见面的。寻常百姓待客聚友以几荤几素为标准，加之当地人也极好面子，通常是不说菜名的，因为菜肴常名实不符，如炒肉丝常常名“找肉丝”。对于主人来说并不太在乎客人是否吃饱吃好，有了几荤几素的形式也算是情到了，情到了义也就自然到了。一桌菜哪怕只要有一条河豚鱼也谓之“河豚宴”，有一盅鱼翅也谓之“鱼翅席”，不求其实但求其名。对于客人来说，常被人请是受到尊重的表示，是一件非常有面子的事情，自然矜持虚礼些，也就不苛求实惠与否，自会认同赴了河豚宴或鱼翅席。这般克勤克俭已经成为百姓日常生活的共同约定，彼此之间心知肚明习以为常，自然也就谈不上“小气”了。

超越这种世俗约定者谓之“不会过”（缺少算计不会过日子的意思），时常会招致左邻右舍的非议。家庭主妇长期在节俭传统熏陶下大多成为有经验的烹调师，她们珍惜每一丁点劳动成果，可以用极简单的配料做出品种繁多而且色香味形俱佳的菜肴。淮扬菜系中的招牌菜“鸡汁干丝”是由豆腐干为主要原料制作而成的，由此可见一斑。家厨使用材料越是俭约越显厨艺高超，冬瓜皮、冬瓜瓤、苋菜梗皆可入菜。常被他人丢弃家禽的五脏六腑在镇江人看来都是上好的材料，可以做成美味佳肴。就连蒌蒿、菊花蒿、枸杞头、马兰头等野菜经她们手调制都成为风味独特的地方名菜肴。这些野菜现在都成了“身份”不菲的时鲜货，是家庭主妇节俭意识点石成金，形成了独特的淮扬厨艺。

节俭，是镇江人治家的原则。在日常生活中又特指家庭的收支要量入为出。节俭的内涵，镇江人理解最为重要的是：抑制消费欲望，对外（交际）要尽量地会“做人”（讲求情到礼周）。在开源与节流两种方式中，镇江人认为同样是敛聚财富的方法，在当地文化中则更多强调和践行的是“节流”。省吃俭用，低标准低要求，抑制消费。居家过日子的信条“不要奢足”（不知足）也是长辈教育晚辈勤俭持家用得最多的语言。节俭成为抑制人们欲望，忍受贫困和苦难最有说服的借口。只能看到碗里的不要指望锅里的。因此，镇江人的特性是从不敢有得陇望蜀、得一望十的非分之想。在对待传统上镇江人始终处于承上启下、中规中矩、原样传承之中。人们十分注重省吃俭用，擅于过俭朴的日子，甘于清贫，不注重开源创业，图安业，怕露富、斗富、比富，甚至要求“肉要埋在碗下吃”。当家的常开导持家的“多不如少用”。十分小心和珍惜已经到手的财富，吝啬地过日子，绝少大手大脚，缺乏一掷千金、“千金散尽还复来”的爽朗气势。宁可节衣缩食终日受穷也不情愿开拓致富。人们被长期禁锢在有限土地上，只知从土地中求生存，无论自身的生存空间有多么小，也不乐意背井离乡迁徙别处。当地文化中有十分强烈的居有定所、安居才能乐业的观念，建房造屋是当地人解决温饱以后首选的工程。长期以来，本地城乡居民建造房屋墙体采用“斗子墙”工艺，也就是砌墙时将砖头横立起来，四周都立起来就成为“口”子，像只“斗”故称斗子墙。这样做的目的是不言而喻的，现在农村时有用此法者，据说可以节省三分之一的砖头和砂浆。

节俭，在镇江人中异化成为是对人的欲望的克制和对富裕的嫉妒，对贫穷的一种无奈。不要“这山看着那山高”，反对左顾右盼邻里类比，对富有常怀有一种莫名其妙的仇恨心态。对自家财富的多寡通常采取纵向类比，不采用横向类比。节俭又成为持家女人重要的“俭德”。当地家庭主妇心灵手巧，人人都做得一手好的针线活，农村妇女自己手工纺纱织布（家机布），极少买机织布。无论城乡一家老少多少口人，一年四季的棉、夹、单衣服都出自女人之手。家庭主妇很是辛苦的，她们的最大“愉乐”项目就是永无止境地做针线活，“丢下（放下）扫帚拿起针线”成为对出嫁女人勤劳和节俭的最好赞誉。如果哪个女人不会做针线那是不可思议的事，仿佛就像和尚不会诵经、女人不会生孩子一样无比耻辱，被人瞧不起。针线活计又是主妇（媳妇）们孝敬公婆、伺候丈夫的手段和形式，也是女人德行的一种体现，是绝对马虎不得的。

节俭在镇江人中不只是单纯的经济概念，也是自我修养、自我完善的德行之一，包含有十分浓厚的儒家礼教思想，对内讲求清静平淡、家庭和睦，对外讲求“做人”（争面子）。一位家庭主妇不仅自己外表要给人“刷刷刮刮”（整洁、干净、利索）的感觉，而且凭自己的一双手要使全家上上下下都“格格正正”（整洁干净）。这种格格正正的完整表现是冬季有棉、春秋有夹、夏季有单。哪怕是破旧的衣服，也必须缝补好——“自古笑破不笑补”是女人必须遵循的世训，如果自己和家人衣着“丁丁挂挂，大洞渲天”，那么该女人则会被世俗的眼光和口水淹没了。只有自己和家人都“刷刷刮刮”“格格正正”了，方能体现该女人是孝顺贤淑的、称职的、会过日子的人，是镇江女人安身立命的本钱。①

① 以上参阅刘晓鸣《镇江人及其文化价值观》（未刊稿）。

三 小码头意识：镇江人的表达

镇江人人文特征的文化表达是“小码头”意识。

如果说武汉人具有“大码头”意识，那么相比之下，镇江人具有的是“小码头”意识。他们满足于小打小敲，缺少突破意识，弄不出大名堂。有的人搞山头主义，小家子气，相互拆台的现象比较普遍。

一些镇江商人喜欢搞小动作，行贿受贿，有了钱就如同暴发户，摆阔的陋习相当普遍。俗话说：“扬州的盐商，镇江的木客。”木客指过去经营木业的商人。过去镇江城内的鲇鱼套一带是存放木材的天然仓库，木材堆积如山。镇江的木客不仅多，而且同扬州的盐商一样富有，民间常把木客同盐商相提并论。有关木客行贿和摆阔的传说不少。据说清道光年间，镇江有个木客老板想要知府大人放宽一点自己经营木号的税收，趁知府大人的太夫人八十大寿的机会，让自己的太太送去厚礼。不说厚礼之重，单是太太从大门下轿到后厅，一路上都铺了绿色的绸缎，其摆阔的气焰令人惊讶。

镇江受多元文化渗透的影响，镇江人要面子的性格比较明显。一些人喜欢“坐而论道”，作风漂浮，说到镇江的光辉历史和曾经的中心位置就喜形于色，对“过去时”津津乐道。《江苏省乡土志》中批评这种人是“长于持论，短于有为，勇于发端，怯于临事”，是一批动口不动手的“评论家”。当地人把这些人称为“醒得早，起得迟”的人。而另一些人则又正好反过来，他们对现实中城市地位的起落很不适应，喜欢怨天尤人，形成了矮人一头的自卑感。他们习惯于用消极的眼光看条件、讲困难，不是埋怨自己基础薄，就是夸别人底子好；不是去抓住发展机遇，而是遇事喜欢绕着走；不能冷静地看到事物发展，缺乏进取精神和工作动力。①

镇江人的小码头意识在经商上表现得特别突出。以买皮带冲孔为例，男同胞在商场选中一款皮腰带，上面孔的数量一般都不是照着自己的腰身做的，只能请商家重新再冲几个孔。有一镇江人在镇江买过三四条皮带，不管是哪家商场，只要提出再冲几个孔，他们总是先把难处提出来，大意就是“新冲的孔与原孔不一样”，当确定了顾客对此“没关系”的态度后，营业员立即拿出冲孔机，不管三七二十一冲了几个孔。看看新冲的几

---

① 以上参阅徐苏《谈谈镇江人的个性》，《京江晚报》2012 年 4 月 26 日。

个孔真是惨不忍睹，大小不一，七上八下，真的是“新冲的孔与原孔不一样”。可是，其他城市买皮带冲孔的遭遇竟是大不一样。这个顾客在厦门、南京、广州都买过皮带，营业员在得到顾客的允许后，会拿到铅笔和直尺，很仔细地画上记号，然后再用冲孔器冲。两下相比，镇江的商家显得特别小气。[①]

① 《从两件微事看镇江人的性格缺失》（http：//bbs. my0511. com/viewthread. php？tid = 3706228）。

第六章　徽州人

徽州在安徽皖南，与浙、赣两省交界，大致即今天的黄山市。但徽州是传统的地域名称，它与现在的黄山市并不重叠，徽州的概念要大于黄山市。徽州人和徽商文化都是在明清时响遍大江南北。所以，传统的徽州也就是在唐代到明清时所建立起来的行政区划——徽州府的概念，它包括歙县、休宁、婺源、祁门、黟县、绩溪，府地在歙县，其中婺源现在属于江西省。

从明清时期起，徽州府歙县、休宁县、黟县、祁门县、婺源县、绩溪县以及宁国府旌德县（时属徽州地区）的人们在这片土地上建起了一个个古村落，以独特的徽派建筑吸引了无数才子。即使与安庆府合并后为安徽省所辖，徽州人依然为自己独特的文化所骄傲。在天柱山以南的山区，徽州人以自己的勤劳和智慧，不仅走出了一条徽商路，还营造出“一生痴绝处、无梦到徽州”的吸引力。

第一节　徽州人的语言

徽语指的是流行于古代徽州一府六县的地方土语群。[①] 历史上，歙县长期为州治、郡治，统辖休宁、绩溪等地，所谓徽语当以歙县话为代表，所以歙县“城里”话在徽州所有的方言中，对外地人来说也是比较容易听得懂的。但在抗日战争时期，沿海及外地人纷纷迁入屯溪，于是屯溪人口激增，曾有“小上海”之称。1949 年后屯溪又长期为地区及（黄山市

① 但婺源县 1949 年前已划归江西省，现在的徽州方言一般不包括婺源话。至于 1949 年后曾划归徽州地区的旌德县、太平县（现黄山市黄山区）、石台县，甚至宁国县（现宁国市）等，其语多属下江官话，一般也不列入徽州方言。

府）所在地，是徽州政治、经济、文化的中心。所以屯溪话就成了现代意义上的徽语的代表。

由于徽州居民包括了早期越族、南迁的汉人、外出经营的徽商，居民来源复杂，使得徽语可能囊括了古越语、三国六朝的古汉语、唐宋移民的方言、明清时期安庆话、徽商在外地学会的外地方言词汇等。关于徽州早期方言的状况，目前缺少文献记载。但根据历史来看，徽州曾经是古越人居住的地域，他们可能使用古越语作为交流工具。现在的徽语[①]主要分布在皖南山区旧徽州府绩溪、歙县、休宁、黟县、祁门、婺源等地的一个庞大的土语群，使用人口近一百二十万。

一 徽语的形成

徽语的形成主要是北方汉民族移民与山越语言互动、磨合、整合和融合的结晶。

徽州原居民本为山越，隋唐以后虽然不再见于正史记录，但他们在语言方面的影响肯定长期存在。而战乱时中原大量移民南迁，徽州作为移民的接受地与中转站，迁移来徽州的移民又多聚族而居，为他们各自语言的保存与流传创造了可能。就是因为这些来自北方不同地域的汉民族移民，以及徽州的原居少数民族——山越在交流、互动中，需要一种人们彼此都能适应的新的语言，于是徽语应运而生。而且这些聚族而居的汉民族移民，看重宗族观念，亲疏关系分明，这为徽语的形成、传播、保存提供了空间，此为徽语形成起源之一。

起源之二，是徽商兴起，贾而为儒，走四方的影响。隋唐以后，徽商的兴起，曾以其商业资本之巨、从商人数之众、活动区域之广、经营行业之多、经营能力之强，在中国商界称雄数百年。而徽商有一个明显的特点是“贾而好儒”“贾儒结合”。生于被誉为“文献之邦”的徽州人，大多在童年即承师受业，读书习字，然后多是在“十三四岁”的少年时期外出当学徒，使得他们比较容易学习接受所在地的语言，为了各自商业经营与发展，他们又有可能学习掌握所在地的语言。而徽州商帮除了地域的关系外，还加了一层血缘关系，也有助于徽语在徽商中传播的稳定性而不被其他的语言所冲淡。这对徽语的影响也是不可低估的。

① 本小节主要引自［日］平田昌司主编《徽州方言研究》，日本好文出版株式会社1998年版。

此外，还有历史和地理的原因。如一些历史事件的影响。黟县柯村宝溪村的方言与周边土话区别较大，老百姓把它叫作“军话”，而称周围的土话为“民话”。宝溪村的老人说，这是因为他们祖上参加战事，后又集体屯耕的缘故。又如徽州地区许多地方有整个村子或连片的村庄都是安庆的移民，据说是太平天国时候躲避战乱整个族群或村庄迁移来的，他们说的都是很正宗和地道的安庆话，这样肯定对他们所居的周边小地区的方言的演化有一定的影响。而“地理”方面的原因，就内部讲，徽州地形以丘陵山地为主，这是造成“隔山”“隔水”土话不同的一个极其重要的因素；就周围所处的环境而言，徽州处于皖、浙、赣三省边境，北方方言的下江官话、吴方言、闽方言、赣方言的各种土语易于对徽语形成渗透和影响。[①]

上述种种因素的交叉和渗透，终于促使了徽语的形成。

二　徽语的特点

徽语是在 20 世纪 80 年代后期才确定下来的一种汉语方言。此前，它是一直被作为“未明方言区”处理的。对一个范围不大的地域方言，为什么会在很长时间内对它的地位那么难以定夺呢？主要是因为徽语有吴语的特点，有客、赣方言的特点，也有江淮官话的特点，甚至还有一些闽、粤方言的特点，所以很难将它硬性归为某一个大区方言。于是，差异巨大是徽州各次方言之间的最大特征，徽语区属于汉语方言，分五片：绩歙片、休黟片、祁德片、严州片、旌占片。[②] 徽语在安徽南部方言中以复杂著称，其内部方言在音系、词汇上的分歧很大，互相不能通话，使得一般城镇居民对外交际时说普通话，对内使用方言；乡镇干部则使用本地土话、县城话和普通话交流。文献中早有对这种通话程度低的现象的记载，“六邑之语不能相通。非若吴地，其方言大抵相类也”[③]，“郡中无论各县语音殊甚，即一县四乡，一乡各里，亦微有殊。此无他，隔水尚通声，隔山则隔气耳”[④]。

这样，不同时期的北方移民带来不同时期北方的方言，不同地域的北

① 以上参阅朱贵成《从社会语言学视角看徽州方言的演变轨迹》，《海外英语》2010 年第 5 期。

② 李荣等：《中国语言地图集》，朗文出版（远东）有限公司 1987 年版，第 A2 页。

③ 嘉靖《徽州府志》。

④ 万历《歙志》五“风土”。

方移民带来不同的北方方言。外来方言这种时空的变异与徽语区土著的方言相互渗透、掺和的结果，形成“徽语”区内十几种各自独立、相互不能通用的方言，并大致以古代各县的域界来划分，从而徽州各县还遗存相当数量方言韵书，大部分以手抄本的形式流传，大致可分为白读音的“乡音词汇”与文读音单字的《乡音》韵书和《土音千字文》。

所谓《乡音》韵书，是按照徽语地域各县方言字音分韵编排的一种同音字典，它们与中国古代的韵书如唐、五代韵书、宋代的《集韵》一脉相承，也有定字、辨音、明义、考词四个方面的作用。其中还记载了古代汉语和山越人的许多口语的表音、表义，以及很多古体字、异体字和简体字，这些乡音字汇不但对研究徽语地域方言及其起源有重要作用，而且是中国古代汉语的活化石，是我们研究古代汉语文字词汇以及词义的重要资料。[①] 所以，徽州各县《乡音》韵书的存在，正好凸显了徽语内部差异性大的特点。

（一）声母方面的差异

1. 绩溪话

声母 28 个，包括零声母。声母的特点是古全浊声母字今读清音声母，逢塞音塞擦音不论平仄都读送气清音。泥母和来母相混，逢洪音和 i 韵母今读作 n 声母，逢细音（i 韵母除外）今读作 ȵ 声母。知、章组的开口合口三等字，除蟹摄、通摄及止摄开口外，今读作 tɕ tɕʻ ɕ 声母。日母字今多数读作 ȵ 声母，少数除外。见晓组二等字逢今洪音读作声母，逢今细音读作 tɕ tɕʻ ȵ ɕ 声母，晓匣母字今合口呼多数读作 f 声母，蟹摄开口三四等、止摄开口三等见晓组字今读作 ts tsʻ n s 声母。

2. 歙县话

声母 20 个，包括零声母；n 在与齐齿呼和撮口呼相拼时韵母可以读 n，也可以不读 n，零声母音节的开头有较强的摩擦。零声母后面的 i 接近 j。声母的特点是古全浊声母字今读作清音声母，逢塞音擦音不论平仄绝大多数读送气清音，少数读不送气清音。泥、来母字大多不混，并且分别能与四呼相拼。精组和见晓组在今细音前有区别，即“分尖团”。日母部分字今读作 n 声母，见晓组开口二等字今多数读作 k 组声母。

---

① 参阅江巧珍、孙海峰《徽州方言与〈乡音〉韵书》，《黄山学院学报》2007 年第 4 期。

3. 屯溪话

声母 20 个，包括零声母，v 摩擦很轻微，有时很接近半元音 w。l 和 n 不对立。声母的特点是古全浊声母字今读作清音声母，逢塞音、塞擦音声母时读送气与不送气两类。古泥母字今读作 l 声母，与来母字相混。连读中如果前面的音节带鼻音韵尾，泥、来母字均读作 n 声母。分尖团、古精、见两组声母在今细音前有区别。

4. 休宁话

声母 20 个，包括零声母，v 的摩擦比较轻微，l 和 n 不对立，二者经常可以变读。声母的特点是古全浊塞声母今读作不送气清音和送气清音。一部分古轻唇声母字今读作双唇音，古泥母字逢洪音读 l，逢细音读 n。

5. 黟县话

声母 23 个，包括零声母。声母的特点是古全浊声母字今读作清音声母，其中塞音、塞擦音声母字多数送气，少数不送气，分化条件不明。非组部分字保留了重唇读法或重唇和轻唇两读，通摄三等入声知系的塞音、塞擦音声母字今读作 t 声母。泥、来母今大多不混，见晓组开口二等字今多数读作 k 组声母，少数字白读为 k 组声母。流摄一等的匣母字今读 s 声母。

6. 祁门话

声母 24 个，包括零声母，n 和 l 不对立，古泥母、来母字的今音声母合一，n 和 l 可视为同一音位，随韵母的类别而定，在鼻尾韵和鼻化韵（阳声韵）前念 n，在其他韵母前念 l，呈互补分布。韵母因儿化而带上 n 尾的不作为鼻尾韵看。声母的特点是古全浊塞音、塞擦音声母字今天一律读作送气清音声母。中古精组声母字和知照组声母字对立。中古泥、来母字不分，读 n 或 l 声母。

（二）韵母方面的差异

1. 绩溪话

韵母 40 个，包括自成音节的m̩、n̩。蟹摄开口三四等和止摄开口字今读作 ɿ 韵。止摄开口日母字今白读作 n 韵，文读作 ẽ 韵。效摄一二等和三四等主要元音不同，逢 tɕ 组声母读 ie 韵，逢其他声母多读作 ɤ 韵。咸山摄一二等、咸摄合口三等无鼻韵尾读为开尾韵。

2. 歙县话

韵母 38 个，包括自成音节的m̩、n̩，不包括儿化韵。u 韵在 f 声母后的实际音值是自成音节的 v̩，vu 的音节实际音值也是 v̩。e、ie、ue、ye 四韵的 e 舌位偏后略高。o 韵在与非唇音声母相拼时实际音值介于 o 和 u 之间，io 韵中的 o 舌位较高。韵母的特点是蟹摄一二等字无 i 韵尾，流摄一等字多数读作细音韵母。咸、山、江、宕四摄无鼻韵尾，读作开尾韵。深臻曾梗通五摄主要元音相同。合口一二等（遇摄除外）除部分见系字外大多读开口呼韵母，通摄合口三等字也读作开口呼韵母。

3. 屯溪话

韵母 32 个，包括自成音节的m̩ 和n̩，不包括儿化韵。u 韵拼 v 声母时，实际是自成音节的 v̩。齐齿呼韵母 iɑ、io、iɑu 的介音 i 读得轻而短。e、ie、ue、ye 四韵的 e 开口度很小。ie、ue、ye、iu 四韵的前后两个元音的轻重关系不很明显。韵母的特点是止摄开口字，大部分古知、章组声母读 i 韵母，古鱼、虞韵字逢精组声母读 i 韵母，逢知、章组以及喉音声母读 y 韵母。古阳声韵，只有通摄全部、深臻曾梗摄的一部分字还保留了鼻韵尾，咸山宕江摄全部、深臻曾梗摄的大部分字今读作无鼻韵尾。

4. 休宁话

韵母 29 个，包括自成音节的m̩ 和n̩，不包括儿化韵。韵母的特点是蟹摄一二等、止摄合口三等、效摄一二等字多读单元音韵母，效摄一二等韵母不同，流摄一等端泥组、见系韵母读作 iu，与三等合并。曾梗摄三四等字白读 ɑ 韵，文读 in 韵。中古咸山两摄、臻摄一等和三等非组、宕江两摄全部、曾梗摄（多数）的舒声字今读无鼻音尾。

5. 黟县话

韵母 31 个，包括自成音节的m̩ 和n̩，不包括儿化韵。ɑu 韵里的 ɑ 舌位较高。韵母的特点是有以高元音为主要元音的韵母。蟹摄开口一等多数字、咸摄覃谈韵和合盍韵舌根音声母部分字今读作合口呼韵母。止摄支脂之微韵和蟹摄三四等祭废齐韵部分字不同音。效摄一等豪韵和二等肴韵不同音，流摄一三等韵母相同。

6. 祁门话

韵母 38 个，包括自成音节的韵母，但不包括儿化韵。鼻化韵的鼻化程度不尽相同。e、ie 二韵的分布不对立。韵母的特点是鼻韵母丰富，多达 15 个，全面保留中古阳声韵字的鼻韵母读法，鼻韵母之间的区别细微。由于儿化韵也是加鼻音尾 n，鼻韵母之间的差别就更细微了。声母有舌尖前声母和舌尖后声母，但韵母只有舌尖前韵母，没有舌尖后韵母。

（三）单字调方面的差异

1. 绩溪话

单字调 6 个，阴平 31、阳平 44、上声 213、阴去 35、阳去 22、入声 32。平声、去声按古声母清浊各分阴阳。上声不分阴阳，今上声来自古清上、次浊上及古全浊上的一部分常用字。古全浊声母上声字很不稳定，大多数字今读作阳去，还有一部分读上声，或阳去、上声两读，少数字读作阴去，分化条件不明。入声只有一类，古清声母和浊声母入声字今都读作入声，入声字均收喉塞音韵尾。

绩溪话的儿化现象只出现在由概数词构成的数量词组中。儿化的方式是在词语的后面加上自成音节的儿［n̩˦］，儿字前面的音节（即量词）声韵母不发生变化，但调值要发生变化，变化规律如下：阴平 31、上声 213 变成同阳平调 44，阳平 44 变同阳去调 22，阴去 35、阳去 22 字变成高平调 55，入声字变成高降调 54。

2. 歙县话

单字调 6 个，阴平 31、阳平 44、上声 35、阴去 313、阳去 33、阴入 21，平声、去声按古声母清浊各分阴阳。古清上、次浊上以及大部分全浊上字今读上声 35。古浊去、浊入和部分全浊上字今读作阳去 33。连调一般是前字变，后字只有阴平在阴去和入声之后发生变调。同一调类的前字在不同调类的后字之前可能读作一种共同的调值，也可能有不同的表现。只有个别的词有鼻化韵的儿化形式，其中有的词的声调要变成跟阴去相同的 313 调。也有个别词不变韵母，只变声调（多变成 313 调）。

3. 屯溪话

单字调 5 个，阴平 11、阴上 32、阳上 24、阴去 55、阴入 5，阴上 32 是短促调，由于阴上字的韵尾带有很明显的紧喉成分，韵尾的收束引起声调下降的听感，实际下降的幅度不到一度。阴去 55 的末尾有时稍降，读 553。阴入 5 也是短促调，起点比阴去的 55 还要高，阴入字的塞音韵尾很不明显，但没有完全消失。屯溪话的单字调有几种不同的调查结果，主要差别在于浊平、浊去字的归并以及调值，可能是人口流动比较大造成的。声调的特点是平上去入基本上按古声母的清浊分为两类，大部分古清平字与古浊去、浊入和部分全浊上字合，读 11，古浊平与古清去合，都读 55，古次浊上声字今部分读阴上，部分读阳上，没有明显的分化规律。连调的规律一般是前字变，后字不变，阴上作后字时的连读调 11，55 仍然保留短促的特点。

儿化的方式是韵母后面加上 n 尾，同时声调也发生变化，一般变为 24 调，个别变为 55 调，有些儿化词的前字不论单字调是什么，都变为 11 调，例如炭煤儿等词。

4. 休宁话

单字调 6 个，阴平 33、阴上 31、阳上 13、阳平 55、阴入 212、阳入 35，但阳上的 13 实际调值接近 24，阴去 55 有时候稍微降调，读作 54，平上去入按古声母清浊各分阴阳，古清平和古浊去合并成阴平，古浊平和古清去合并成阳平。古次浊上分阴上、阳上两类，一部分古去声字今读作阳上。连调是前字变，后字不变，同一调类组合，优势根据轻重格式读作不同调值。休宁方言中儿化现象和小称变调现象都很丰富，两种音变都有表示微小、亲昵、具体化等意义功能，例如手腕指能力，手腕儿指身体部位。

5. 黟县话

单字调 5 个，阴平 31、阳平 44、上声 53、阴去 324、阳去 3，阳去 3 比较短促，部分字有明显的喉塞尾，但大多数字的喉塞尾不明显。声调的特点是浊入与清平合，读作 31 调；清入与浊去合，读作 3 调。连读一般是前字变，后字不变，同一调类的前字在不同调类的后字之前都读为一种共同的调值。单字调已经合并的调类在连读调中有不同的反映，在单字调清入并入浊去，都读阳去 3，但来自清入的阳去字作前字时均不变调，而来自浊去的阳去字作前字时都变为 33。儿化时，一般是在原音节的末尾加上鼻音韵尾 n，部分调类的字声调也发生变化。

6. 祁门话

祁门军话是徽州的官话方言岛。① 祁门军话和民话主要分布在祁门的安陵镇，民话是与军话相对，说民话的占该镇总人口的 60%，其余的都使用军话。民话属于徽语，军话属于江淮官话。使用军话的 4000 人自称是明永乐二年（1404 年）为了剿灭红头军而派入徽州的军队后人。军话有 21 个声母，包括零声母，泥、来母在今洪音前混，在今细音前不混。韵母有 41 个，声调 5 个，不包括轻声，阴平 11、阳平 55、上声 35、去声 213、入声 42，阴平实际比 11 略高，去声 213 有时只降不升，近于 21。

① 参阅邓楠《祁门军话和民话语音概况》，《黄山学院学报》2010 年第 1 期。

民话有 20 个声母，包括零声母，泥、来母洪音相混，细音读作 ȵ。韵母 41 个，不包括自成音节的m̩ 和n̩。声调 6 个，阴平 21、阳平 55、上声 35、阴去 42、阳去 33、入声 324。

单字调 6 个，阴平 11、阳平 55、上声 42、阴去 213、阳去 33、阴入 435，阳平 55 在长元音带韵尾的音节中经常变读53，阴入 435 在连读中快读时会读成短促的 5 调。声调的特点是中古平、去、入三声各分阴阳，阳入并入阳去，阴入独立成调，但没有喉塞，也不短促。入声虽然没有喉塞，但阴入 435 在两字组的前字位置时可快读为短调 5，在三字组的中字位置更是常读短调 5，读短调时伴随一定的紧喉现象。还有一部分古全浊上声字读阳去。连读变调现象不丰富，主要是前字的两种降升调变成非降升调，变调后没有出现调类合并的现象，不会造成单字调不同的字在连读中同音的现象。儿化音比较丰富，儿化的方法是在原音节的末尾加上鼻韵尾 n，原音节的声韵母不发生其他变化，但有少数字的声调同时变成阴去 213。另外有少数词语不加 n 尾，只发生儿化变调，单由声调起儿化作用。祁门方言的儿化除了成词和作名词标记的作用外，没有明显的小称、喜爱、亲切之类的意义，反而有某种跟小称相反即指大的作用。①

徽语虽然差异很大，但徽州各次方言之间还是有一些共同的特点。例如古全浊声母全部清化；今读塞音、塞擦音声母的字大多送气；泥、来母在洪音韵母前面相混；蟹摄一二等有区别；蟹摄、效摄、流摄字多读单元音韵母；除通摄字以外，阳声韵又不同程度地转化成阴声韵，其中咸、山两摄的阳声韵转化得最快；文白异读不太丰富以及连调时前字变调为主。

三　徽语中古汉语遗留

东晋南渡之后，历代战乱时，北方中原汉民族大批南迁，徽州是南迁汉民族移民的安身之处。由于南迁人口众多的社会环境和山区的封闭，少受外界影响，所以，古汉语的字义与音韵，得以在徽语中较为完整地保留至今。许慎就曾经说过“丹阳有黟县盖当秦汉已有此县，应有语音通于古”。例如在黟县话中，并不存在“洗脸”一说，而是惯用“洗面”，这

① 以上除注明外均参阅［日］平田昌司主编《徽州方言研究》，日本好文出版株式会社 1998 年版；李荣等《中国语言地图集》，朗文出版（远东）有限公司 1987 年版，第 A2 页；殷隽《论徽州方言民俗语汇的特点、来源及发展趋势》，《合肥学院学报》（社会科学版）2013 年第 4 期。

符合《说文解字》的词义解释。在《战国策·触龙说赵太后》就有“有复言长安君为质，老夫必唾其面”的语句。这说明在古代广泛使用的是“面”字，“脸”字是近代才开始使用。黟县人至今仍保留“面”的用法。“爬痒”表示“瘙痒、抓痒”的用法在古代也颇为盛行，黄庭坚之诗“诗句唾成珠，笑嘲惬爬痒”即为明证。在屯溪话中也有许多古语，比如将“砚台”说成“墨瓦”，将“压岁钱”说成“百岁儿”等。[①] 还可举出一些实例，例如：

河卵片（hu lou bian），溪流中的鹅卵石。

门后掩（mai he ya），门背后。

临进櫓（lin jin xian），楼上临天井的栏杆，徽州老屋的结构名称，多可以从《营造法式》得以验证。

轱辘（榾柮）（gu lou），圆形滚子，例：擀面杖。

辘轳（lou lou），绕轴心转动的轮子。

铁镬（tie hou），炒菜的铸铁锅，江、浙方言同。

腌齑（yan zei），咸菜，江、浙方言同。

蜒蚰螺（yan you luo），潮湿地滋生的白色软物虫。

老鼠，鼠古音（lou ba），例：夹壁，天花板中有鼠类活动，称之为老鼠（ba）做窝了。

鸟（ling）鸡（jie）鸡（jin），男性器官。

新人（xin ning），新娘，江、浙、沪方言同。

爷（ya），父亲。

祖祖（zuo zuo），祖父，后一字弱音。

大郎（tuo lao），兄长、大哥。

弟郎（tei lao），弟弟。

令妹（lai men），妹。

半颇鸡（bo peng jie），童子鸡，半大不小的鸡。

先（xian）老先（le xian），男性老年尊称。

玷古（die gu），丢脸，谐声讹为“跌鼓”。

---

① 参阅殷隽《论徽州方言民俗语汇的特点、来源及发展趋势》，《合肥学院学报》（社会科学版）2013年第4期。

下作（hao zuo），下流，不文明，江、浙方言同。

促狭（cu kang），使坏，作弄人，江、浙方言同。

阴骘（yin ji），暗中做坏事，神明有眼，记录在案。

伤阴骘（xiao yin ji），做的尽管没有遭到律法处置，但逃脱不了天报应。

名堂（mai dao），能力与主意。

花色经（hua san jie），本领与手腕。

伶俐（lai li），聪明乖巧。

烂污（lao wu），脏乱、不清洁，又指办事不按定规，不讲信用。

邋遢（lao tao），脏乱、不清洁。

没实料（mai xi liu），夸夸其谈。

打孤拐（da gu gua），孤拐（狗腿），打孤拐即流氓、地痞。

瘵（za），小孩营养不良、瘦瘠。瘵尿（za ci）小儿尿床。

敦伦（duo lin），夫妻房事。

厘（lei），细小纤长，纤厘（qie lei）。例：一根纤厘的毛线针。

杪（min），尖端，如树杪、笋杪。

肇事（cao shi），争吵，不同于吵死（大声喧哗）。

杨卜蜩（yao bo zi），蝉，蜩字始见《尔雅》。

尊尊有礼（jun jun you lei），彬彬有礼。

虫豸（chan ji），虫子。

总体来看，徽语东部绩溪等县的重叠现象比西部丰富。形容词的词缀主要有前缀“阿、老、第、初”，后缀“子、头、儿、佬、家、鬼、汉、仂、唉、呐”，以及形容词生动形式中的一些类似中缀或后缀的成分。形容词词根前加修饰成分，构成双音节形式。表示动物性别的语素既有在中心语前面的，也有在之后的，与生产生活关系密切的动物，其性别语素通常在中心语之后，例如鸡公、鸡母、猪母、猪婆、鸭公等。

第二节　徽州人的形成

徽州历史悠久，早期属于吴越，后来属于秦始皇所建立的会稽郡，徽州最早的居住民是百越族群。秦汉时，歙县与黟县已立县；清初立省时，安徽就是取安庆和徽州两府的首字组合而成，说明徽州在安徽省占有重要的地位。

历史上的徽州人是由内迁的移民与本地居民融合的后裔。徽州历史上经历了从蛮夷之地到商贾之乡的漫长历程。徽州靠近中原，但又由几大山脉和江河组成了天然屏障与通道，成为战乱时期南下移民的避难场所，尤其是晋代永嘉之乱、唐末黄巢起义和宋末靖康之乱，中原望族南下到徽州避乱。永嘉之乱迁到徽州的有 9 族；黄巢起义后来徽州避乱的有 20 族；靖康之乱后迁徽州的有 11 族。随着以世家大族为核心的汉人迁入徽州，外来的名族人数多于本地大姓，最终以客为主。

一　山越汉化：徽州人的来源之一

先秦之时，徽州地区的原居民是山越人。

山越本是百越的一个族群，东汉末年始见于文献记载。《后汉书·灵帝纪》云：建宁二年“丹阳山越贼围太守陈夤，夤击破之”。此山越正是秦汉时越和闽越的后裔。百越史专家陈国强、蒋炳钊在《百越民族史》中说：“山越是秦汉间越和闽越的后裔，因为山越与秦汉时越和闽越的习俗基本上是一致的，如语言是‘鸟语’[①]，即‘语声似鸟也’[②]；居住的地区，基本上是深山，文献说‘悉依深山’[③] 或‘山谷万重’[④] 的地方；风俗是‘好武习战，高尚气力’[⑤] 等。当然，经过将近 300 年的演变，由于生活环境的改变，生活习俗有些方面发生了变化，如由‘文身断发’改为‘椎髻’等，但基本上保持了秦汉时代越和闽越的特点。同时，从其居住地区看，山越的分布地域，基本上是秦汉时越和闽越的故地和新迁居之地，因此，我们认为，山越是由秦汉间越和闽越演变而来的。”[⑥] 王鸣盛也说：“自周秦以来，南蛮总称百越，伏处深山，故名山越。”[⑦]《资治通鉴·汉纪》胡三省注解称：“山越本亦越人，依阻山险，不纳王租，故

---

① 《后汉书·度尚传》。

② 同上。

③ （三国）沈莹：《临海水土志》，《太平御览》卷七八〇“引”。

④ 《三国志·诸葛恪传》。

⑤ 同上。

⑥ 陈国强、蒋炳钊等：《百越民族史》，中国社会科学出版社 1988 年版，第 281—282 页。

⑦ （清）王鸣盛：《十七史商榷》卷四二《三国志四·山越》，商务印书馆 1959 年重印本。

曰山越。”[①]《十七史商榷》卷四二亦载：“案山越者，自周秦以来，南蛮总称百越，伏处深山，故名山越。”[②] 山越人群居于“深林远薮”“椎髻鸟语”[③]“好为叛乱，难安易动”[④]。

那么，山越人是怎样成为徽州人来源的呢？

东汉以来，“山民作乱”“讨平山越”等记载，史不绝书。如建安五年（200年），“分部诸将，镇抚山越，讨不从命”[⑤]。建安八年（203年），“西伐黄祖，破其舟军，惟城未克，而山寇复动”。《三国志·孙贲传》载：“贲领豫州刺史，转丹阳都尉，行征虏将军，讨平山越。”《三国志·吕蒙传》也载：“（邓）当为孙策将，数讨山越……”《三国志·陆逊传》亦记载：“（到）权以兄策女配逊，数访世务，逊建议曰：‘方今英雄棋峙，豺狼窥望，克敌宁乱，非众不济。而山寇旧恶，依阻深地。夫腹心未平，难以图远。可大部伍，取其精锐。’权纳其策，以为帐下右部督。会丹阳贼师费栈受曹公（指曹操）印绶，扇动山越，为作内应，权遣逊讨栈，栈支党多而往兵少，逊乃益施牙幢，分布鼓角，夜潜山谷间，鼓噪而前，应时破散。”

在此，陆逊认为，山越是孙吴政权的心腹大患，“腹心未平，难以图远”。《三国志·贺全吕周钟离传》评曰：“山越好为叛乱，难安易动，是以孙权不遑外御，卑词魏氏。凡此诸臣，皆克宁内难，绥静邦域者也。”建安十三年（208年），孙吴派威武中郎将贺齐对黟、歙的山越发动了军事镇压。吴军首战告捷，降服武强、叶乡、东阳、丰浦四乡。贺齐“表言以叶乡为始新县”[⑥]。但是，歙县的山越统率金奇万户屯安勒山，毛甘万户屯乌聊山；黟县山越统率陈仆、祖山等二万户盘踞林历山，顽强抵抗，拒不归降。贺齐用计大破山越，贺齐上表，分歙为新定（原浙江遂安）、黎阳（今屯溪）、休阳（今休宁）、歙县。孙吴政权遂以歙县、黟县、始新（今淳安）、新定、黎阳、休阳六县设新都郡，贺齐任太守，设

---

① 《资治通鉴》卷五六《汉纪》。

② （清）王鸣盛：《十七史商榷》卷四二“山越”条。

③ 《后汉书·张法滕冯度杨列传》。

④ 《三国志·贺全吕周钟离传》

⑤ 《三国志·吴主传》。

⑥ 《三国志·贺齐传》。

府始新县。[①]

但是，山越并没有屈服于孙吴的武力征服，他们仍顽强地进行反抗斗争。《三国志·诸葛恪传》载，尚书仆射萨综曰："山越恃阻，不宾历世，缓则首鼠，急则狼顾。"孙权称帝伊始，山越即起兵叛乱。吾粲"募合人众，拜昭义中郎将，与吕岱讨平山越"。因功"入为屯骑校尉、少府，迁太子太傅"[②]。赤乌年间（238—250 年），"建安、鄱阳、新都三郡山民作乱，出（钟离）牧为监军使者，讨平之。贼帅黄乱、常俱等出其部伍，以充兵役"[③]。太平二年（257 年），"鄱阳、新都民为乱，廷尉丁密、步兵校尉郑胄、将军钟离牧率兵讨之"[④]。谢览迁明威将军、新安太守。南朝齐天监九年（510 年）夏，"山贼吴承伯破宣城郡，余党散入新安，叛吏鲍叙等与合，攻没黟、歙诸县，进兵击览。览遣郡丞周兴嗣于锦沙立坞，拒战不敌，遂弃郡奔会稽。台军平山寇，览复还郡"[⑤]。《陈书世祖纪》：载："山越深险，皆不宾附，世祖分命讨击，悉平之，威惠大振。"唐贞元年间（785—804 年），李肃为浙东观察使，"剧贼栗蝗诱山越为乱，陷州县，肃引州兵破禽之，自记平贼一篇上之，德宗嘉美"[⑥]。从东汉开始至隋唐时期，经过了 7 个多世纪，山越才被彻底征服。9 世纪以后，不但不见山越"叛乱"，而且连山越名称也从历史文献中消失了。[⑦]

那么，山越人到哪里去了？

山越人被汉化了。如《后汉书·李忠传》载："建武六年，（李忠）迁丹阳太守，是时海内新定，南方海滨江淮多拥兵据土。忠到郡，招怀降附，其不服者，悉诛之，旬月皆平。忠以丹阳越俗不好学，嫁娶礼仪衰于中国，乃为起学校，习礼容，春秋乡饮选用明经，郡中向慕之。垦田增多，三岁间流民占著者五万余口。十四年，三公奏课为天下第一。"可见东汉丹阳太守李忠对山越人实行的教化政策，收到了很好效果。山越

---

① 《三国志·贺全吕周钟离传》。

② 《三国志·吾粲传》。

③ 《三国志·钟离牧传》。

④ 《三国志·三嗣主传》。

⑤ 《新安志》卷九《谢览传》。

⑥ 《新唐书·裴休传》。

⑦ 参阅赵华富《与客家始迁祖不同的徽州中原移民》，《安徽大学学报》（哲学社会科学版）2001 年第 6 期。

“俗不好学”和“嫁娶礼仪衰于中国”的记载说明，东汉建武六年（30年）以前，徽州的土著居民还是一个十分落后的民族。李忠出任丹阳太守，在“招怀降附”、诛杀“不服者”之后，“起学校，习礼容，春秋乡饮选用明经”，促使山越人开始汉化。

与李忠一样，徽州历任牧守对山越人都采用两手政策，既使用武力征服，又重视封建教化。例如，南朝梁中大通三年（531 年），“出入两宫”“宠遇日隆”的徐摛被任命为新安太守，“至郡，为政清静，教民礼义，劝课农桑，期月之中，风俗便改”①。唐初，苏瓌出任歙州刺使，“下车而简其约束，期月而明其信誓，既去害郡之奸，遂宁挺险之俗”②。可见，汉民族统治者实行的教化政策，促进了山越人逐渐被“中原衣冠”所汉化③，成了徽州人的来源之一。

二　汉人移民：徽州人的来源之二

从汉代起，中原名族开始迁入徽州，现在可考的最早迁入徽州定居的是吴、舒、方、汪四姓。吴姓家族中，第一代迁入徽州的是西汉长沙王吴芮第三子吴浅。吴芮“世居于鄱，生四子……三子曰浅，封便顷侯，析居新安，是为新安始祖也”④。舒姓始迁祖为舒许，舒许在西汉元朔年间（前128—前 123 年）出任新安太守，“见山川秀丽，迁家于此”⑤。可见，这时不仅有地方官到徽州属地进行治理，而且北方的汉民族也开始迁入徽州地区。汉武帝元封二年（前 109 年），将鄣郡改为丹阳郡，歙县分置都尉。《汉书·地理志上》云：“丹扬郡……黟，浙江水出南蛮夷中，东入海。”⑥虽然没有说明“南蛮夷”属于哪一个民族，然而，当时在这一带除了居住着越人之外，并无其他民族，因此可以肯定，所谓“南蛮夷”即越人，也就是后来徽州人先民。《说文解字》第十一篇上“浙”字下云“浙水，出丹阳黟南蛮中，东入海”，“浙江”即新安江，可见当时的徽州还是“南蛮之地”。

---

① 《梁书·徐摛传》。

② 《新唐书·苏瓌传》。

③ 参阅赵华富《与客家始迁祖不同的徽州中原移民》，《安徽大学学报》（哲学社会科学版）2001 年第 6 期。

④ 《休宁名族志》卷三。

⑤ （明）戴廷明、程尚宽等撰，朱万曙等点校：《新安名族志》，黄山书社 2007 年版。

⑥ 《汉书·地理志》。

还有，在征服山越人的过程中，汉民族统治者完全控制了徽州地方政权。南宋人罗愿《新安志·叙牧守》[①] 记载说："自建安中置郡，不轻选授。故梁高祖尝谓徐摛曰：'新安大好山水，任昉诸人并经为之。卿为我卧治此郡。'而唐韩愈序送陆傪，亦以歙州为大州尊官，宰相荐闻，而天子选用，此不轻之验也。是以六朝置守，多一时名胜。而唐世宰相尝为此郡者盖七人，可不谓盛哉！"据《新安志·叙牧守》统计，从孙吴建郡至隋唐，共列牧守 79 人，其中有籍贯记载者 63 人。在这 63 个牧守之中，"中原衣冠"多达 44 人，占 69.84%。长江中下游地区的士大夫 19 人，占 30.16%。追本溯源，这些牧守的远祖也大都是北方汉民族人。

汉人南迁，在中国历史上从魏晋南北朝到元代的 1100 多年中，成了一股不可阻挡的大趋势[②]，徽州因"东有大鄣山之固，西有浙岭之塞，南有江滩之险，北有黄山之扼，即山为城、因溪为隍"[③]，历来兵燹很少，而且山清水秀，是选择迁入地理想的地方。于是，从西晋"永嘉之乱"开始，大批的中原士族被迫辗转南迁，这便是民国《歙县志》所说的徽州移民的第一次高潮。这次来徽州避难定居的就有程、鲍、俞、余、黄、谢、詹、胡、郑九族，他们以歙县的篁墩为主要居住地，分散开来，聚族而居。例如鲍氏，"其先青州人，晋太康中曰伸，官拜护军中尉，镇守新安。永嘉末，青州大乱，子孙避兵江南。咸和间曰弘，任新安郡守，因占籍郡城西门，继于郡西十五里牌营建别墅"；鲍姓到了东晋，"安国、安民、安福与堂兄弟安常、安时、安叙、安物、安邦、安禄、安世十人亲属三百口共爨，时人义之，号其居曰十安堂"[④]。而俞姓，"其先居河间，晋永嘉之乱徙新安"[⑤]。战争和动乱，对中原世家大族的打击是很大的。

---

① 《新安志》是现存三十三种宋志之一，也是中国方志发展史上有重大影响的志书之一，作者罗愿，南宋徽州府歙县十四都呈坎人，累官知鄂州。新安，在今安徽黄山市。清代为徽州府。东汉置新都郡，晋太康元年易名新安郡。隋开皇十一年置歙州，大业三年又复为新安郡。唐武德四年又改新安郡为歙州。宋宣和三年（1121 年）改歙州为徽州，以绩溪有徽岭、徽溪为名，领歙县、黟县、祁门、休宁、婺源、绩溪六县。时有"大州""富州"之称。

② 参阅徐杰舜《从江河走向海洋：汉民族移民千年走势分析》，《思想战线》2014 年第 1 期。

③ 道光《徽州府志》卷一《地理·形势》。

④ （明）戴廷明、程尚宽等撰，朱万曙等点校：《新安名族志》前集《鲍姓》，黄山书社 2007 年版。

⑤ 同上。

徽州移民第二次高潮发生在唐代。“安史之乱”和“黄巢起义”的连年战争，迫使中原一带的士族纷纷南逃。据统计，在这个阶段中，迁居徽州的就有陆、陈、叶、孙、洪、罗、舒、姚、赵、戴、康、施、冯、夏、李、朱、潘、刘、曹、毕、王、江、许、廖24族，其中有十八姓是迁自黄巢起义以后。以陈姓为例，休宁陈村之陈禧，“本桐庐人，避广明之乱，溯流而上，至休宁之西，爱藤溪山水清秀，因家焉。没葬鬲山，其后子孙繁衍，号陈村”①。

徽州移民第三次高潮发生在宋代。“靖康之乱”加上紧随而来的宋室南迁，中原士族以及徽州邻近一些地方的大族，也随着逃难的队伍来到了徽州。这一次入居徽州的新的姓氏，大约是十五族。如韩姓，“出唐昌黎愈公之后，本居上党”，“宋淳熙间，天下苦于金胡之乱，朝迁暮徙，当时民在北地者咸以江南为乐土，实（韩实）由父宦邸道经休邑，见徽于万山，休邑人烟辏集，无异京华，乃留于城北居之。历宋乾道、开禧间，曰惟远、曰惟道，业盛家肥，人以韩家巷为名”②。来徽的有柯、宋、张、周、阮、杨、蒋、刘、饶、马、滕、孔、徐、吕、韩15族。

于是在汉民族移民中徽州宗族占了重要的地位。从徽州族史看，徽州除本土氏族外，多为北方迁徙而来。从朝代上看，明代以前可考的大族有57个，主要大族有程、汪、吴、黄、胡、王、李、方八姓，洪、余、鲍、戴、曹、江、孙、毕、朱、巴等姓次之。外地大姓迁徙徽州主要在汉、晋、南北朝、唐、五代、宋、元等朝代，迁徙最多是在唐代，共有24个姓氏家族；其次为宋代，有15个氏族。这与中原氏族三次入徽大迁徙是相一致的。迁徽大族原籍主要分布在山东、河南、河北、江苏、浙江、湖北、湖南、江西、山西、陕西、甘肃、安徽、福建等省。可见，中原地区是徽州氏族的迁出地。③ 徽州各族迁徽时间见下表。

---

① 弘治《徽州府志》卷一〇《寓贤》。

② （明）戴廷明、程尚宽等撰，朱万曙等点校：《新安名族志》前集《韩姓》，黄山书社2007年版。

③ 参阅张小平《徽州古祠堂》，辽宁人民出版社2002年版，第14—16页；徽州宗族——徽州八大姓：程、汪、吴、黄、胡、王、李、方。

徽州各族迁徽时间

姓氏	迁徽时间	姓氏	迁徽时间	姓氏	迁徽时间
舒	西汉元朔	方	新莽	汪	东汉建安
鲍	西晋	余	西晋	俞	西晋
黄	东晋初年	程	东晋初年	叶	东晋
戴	东晋	任	梁朝天监	闵	梁朝大通
徐	梁朝大通	谢	隋	詹	隋
姚	唐初	蒋	唐贞观	范	唐
仰	唐	吕	唐	郑	唐
凌	唐	洪	唐	祝	唐
吴	唐	查	唐	冯	唐
周	唐末	夏	唐末	陈	唐末
朱	唐末	江	唐末	梅	唐末
毕	唐末	罗	唐末	王	唐末
康	唐末	潘	唐末	顾	唐末
金	唐末	赵	唐末	施	唐末
齐	唐末	卢	唐末	张	唐末
邵	五代	项	五代	许	五代
胡	五代	何	五代	李	五代
韩	宋	滕	宋	苏	宋
马	宋	饶	宋	臧	宋
佘	南宋	庄	南宋	杜	南宋
葛	南宋	章	南宋	游	南宋
田	元	仇	元		

资料来源：叶显恩：《明清徽州农村社会与佃仆制》，安徽人民出版社 1983 年版，第 12—19 页。

迁入徽州的中原士族中多名门望族，素有“新安十五姓”和“徽州八大姓”之说。据徽州史志和《新安名族志》，“新安十五姓”是指古徽州程、汪、吴、黄、胡、王、李、方、洪、余、鲍、戴、曹、江、孙十五大姓。“徽州八大姓”是指“新安十五姓”中的前八姓，即程、汪、吴、黄、胡、王、李、方八大姓，即：

【程氏】东晋初，程元潭出任新安太守，遂居屯溪区篁墩（原海宁县黄墩）。元潭是徽州程氏始祖，传十三世为程灵诜，南朝陈赠镇西将军，卒谥“忠壮公”。古徽州六县程氏均为程元潭之后，形成以篁墩为中心向邻近各县散居的状况。古徽州程氏名人主要有宋学者程大昌，明文学家程敏政、制墨名家程君房、数学家程大位、武术家程冲斗，清学者程瑶田，辛亥革命志士程家柽等。

【汪氏】197 年汉龙骧将军汪文和避乱渡江南迁，孙策授其为会稽令，遂居于歙县，为徽州汪氏一世祖。其十四世孙汪华生有九子，后裔在境内分布最广，故人称“黟歙之人，十姓九汪，皆华之后”。歙、黟为汪华长子建和第八子俊之后；婺源、休宁、祁门为汪华第七子爽之后；绩溪为汪华第九子献之后，构成徽州汪氏放射形分布。屯溪靖阳节等古徽节令盛会中所抬神像中的汪公、二相公、九相公等，便是汪华及其第二子、第九子。古徽州历史上的汪氏名人主要有宋宰相汪伯彦，元末明初理学家汪克宽，明医学家汪机、戏曲作家汪道昆，清画家汪士慎、数学家汪莱，民国国务总理汪大燮、画家汪采白等。

【吴氏】汉初长沙王吴芮第三子浅，封便顷侯，析居黟县，是徽州吴氏一世祖。传六十一世为吴少微。徽州吴氏一般以吴浅为远祖，少微为近祖，均为少微之后。古徽州历史上的吴氏名人主要有明代医学家吴昆，清代医学家吴谦、艺匠吴鲁衡，近代女画家吴淑娟、著名学者吴承仕等。

【黄氏】东晋初考功员外郎黄积任新安太守，卒葬郡西姚家墩。其子黄寻庐墓于此，在此安家，改姚家墩为黄墩（今屯溪区篁墩），成为古徽州黄氏一世祖。古徽州历史上的黄氏名人主要有明清时期歙县虬村的黄氏刻工、清末篆刻家黄士陵、近代著名画家黄宾虹等。

【胡氏】东晋时迁入歙县，至六世祖胡明星居黟，仕梁为太常卿。他见黟县城外荒田未开，自勘地形，捐资募工，兴建柏山碣，开挖引水渠道，自北向南长 5 公里，穿城而过，溉田千余顷。民感其德，立祠于冈上。唐代黟县出现“十里无余姓，田庐共一村，四时瞻庙貌，尽是太常孙”的盛况，此为徽州的真正胡氏。唐末有李氏宗室唐皇子明经公李昌翼之后李宗荣，唐亡，为避祸冒姓胡，迁居婺源县考川，称明经胡，以区别于真胡。古徽州历史上的胡氏名人主要有宋文学家胡仔，明艺术家胡正言，清制墨名家胡天柱、著名商人胡光墉，当代著名学家胡适等。

【王氏】唐末黄巢起义爆发后，王氏避乱迁入徽州，一支居歙县王村，一支居黄墩。古徽州历史上的王氏名人主要有五代文学家王希羽、清代政治经济学家王茂荫、辛亥革命志士王文藻等。

【李氏】五代时，唐宗室后裔李德鸾仕南唐，官散骑常侍，携家迁歙，为徽州李氏始祖。徽州历史上的主要李氏名人有明代艺术家李流芳、清代医学家李文来、近代艺人李文俊等。

【方氏】西汉末，丹阳县令方竑因王莽篡权，为避乱，从河南迁居歙县东乡，成为徽州方氏始祖。古徽州历史上的方氏名人主要有东汉名宦方储，唐代农民起义领袖方清，宋代农民起义领袖方腊、文学家方回，明代医学家方有执、制墨名家方于鲁，清代文学家方士庶、戏剧家方成培等。[①]

这些徽州名门望族，在古徽州所属歙县、黟县、休宁、祁门、绩溪、婺源六县均有分布，点多面广，如汪氏在歙县有 20 处、休宁 38 处、婺源 14 处、祁门 17 处、黟县 11 处，有百余处分布点。[②]

在汉民族不断迁入的大趋势下，徽州地区出现了空前规模的民族融合态势，其结果是到唐代之后，山越之称已不见。汉族反客为主，成了这一地区的主体，山越则融入了当地的汉族之中，可见唐代时徽州人已形成。

第三节　徽州人的人文特征

徽州多山地丘陵，使得徽州的山文化形塑了徽州人的人文气质，平和谦逊，恭敬礼毕，脚踏实地做事，精于计算，勤俭耐劳。[③] 由于徽州所拥有的特殊地理环境和位置，长期以来所经历的战乱比之其他地区要少得

① 《古徽州八大姓》（http：//wenda. so. com/q/1373490213061064）。

② 徽州宗族——徽州八大姓：程、汪、吴、黄、胡、王、李、方。

③ 赵焰：《徽州人与徽州商人》，《度假旅游》2007 年第 Z1 期。

多，因此，徽州人不仅保存了更多的家族制度文化，也保存了更为传统和具有特色的地方文化，使徽州人的人文特征，具有更多的自我个性，致使各县都别具一格，所以徽州六县的人文特征都不同，人们以动物的形象生动地比喻为：休宁蛇、歙县狗、黟县蛤蟆、绩溪牛、祁门猴子。正是古代徽州人信风水，属号多以县治地形、山形或县域形状而得名。休宁县治形如长蛇，故以蛇称之；歙县县治附近有山如犬，黟县县治附近有山如蛤蟆，故以狗、蛤蟆称之；绩溪县域形状如牛，祁门县域形状如猴，故以牛、猴称之。后人又以休宁外出经商人多，谚称“蛇出洞”，喻休宁人经营四方，精明能干；犬尽忠尽义，喻歙人重乡谊，讲团结；牛能吃苦耐劳，喻绩溪人有实干精神；猴子灵活，喻祁门人善于随机应变，适应性强；蛤蟆性静，喻黟人长于勤俭守业。[①] 然而还有一说古徽属号原为山越图腾，后演化成各县属号，也折射出徽州人是山越与南迁的北方汉民族融合而形成的。

一　聚族而居，崇尚平静

聚族而居是徽州人最大的特点。清初歙县人赵吉士曾说：“新安（徽州旧称新安郡）各姓，聚族而居，绝无杂姓搀入者。其风俗最近古。出入齿让，姓各有宗祠统之。岁时伏腊，一姓村中千丁皆集。祭用朱文公家礼，彬彬合度。父老尝谓，新安有数种风俗胜于他邑：千年之冢，不动一抔；千丁之族，未尝散处；千载之谱系，丝毫不紊。”[②] 这段话至少透露出这么几方面的信息：徽州人单姓村居，尊祖敬宗，谱牒发达。事实情形确实如此。“当地（指徽州）各大宗族都按一家一族来建村立寨，形成了一村一族的制度。村内严限他姓人居住，哪怕是女儿和女婿也不得在母家同房居住。随着宗族的繁衍，有的分房外迁另建村寨，也仍然保持派系不散。”[③]

徽州人的家族历史都非常悠久，有的可以上溯到汉代。他们或有组织地迁入，或为了生存而聚族而居。在山峦起伏的徽州万山丛中，“每逾一岭，进一溪，其中烟火万家，鸡犬相闻者，皆巨族大家之所居也。一族所

---

① http：//www. 838383. cn/huizhou/culture/20100713/1568. html.

② （清）赵吉士：《寄园寄所寄》卷一一。

③ 叶显恩：《明清徽州农村社会与佃仆制》，安徽人民出版社 1983 年版，第 157 页。

聚，动辄数百里或数十里，即在城中者，亦各占一区，无异姓杂处。以故千百年犹一日之亲，千百世犹一父之子”①。徽州的世家大族注重重修族谱，将始迁祖依赖的家庭成员都包括入内，形成丰富而完整的族谱系统，将族谱视为经典，“族之有谱犹国之有史，国无史不立，族无谱不传”②。北京图书馆所藏的427部族谱中，徽州世家的族谱就占一半以上。

关于徽州人聚族而居的原因，有人概括为五个方面：“第一，汉代以来，许多北方大族逃避于此以避战乱，正如方志所说，‘家故旧，自唐以来数百年世系，比比皆是’③。这些人本来即有族居的基础，迁到一个陌生的环境更加强了族居的趋势，再加上徽州受到战乱冲击较少，这些大族得以维持下来，甚至为其他族姓提供了可以借鉴的宗族组织模式。第二，族居可以增强抵御天灾人祸的能力，有利于劳动协作，兴建需要较多人手参加的水利工程。第三，传统文化的价值准则对大家庭和族居持高度赞同态度，为族居和宗族组织的发展提供了精神力量，作为程朱理学故乡的徽州地区受这种观念影响更深。第四，徽州人大量外出经商也强固了宗族力量，这一方面是由于他们可以提供维护宗族组织的财力，另一方面宗族组织也可以在他们外出经商时对他们的家庭实行一定程度的保护。第五，徽州的大族之间雄长相争和械斗既是宗族力量发展的结果，又反过来强固了宗族组织。还应指出，这一切实际上又可以归结为县级以下正式行政机构的缺乏和无效。”④

风格独具的徽州民居也是应聚族而居需求而出现的。明清以后，徽州人的“青砖白瓦马头墙”建筑风格在富裕的江南成为缙绅地主家庭的代表性民居。“山多地少”的徽州人，根据不同的自然地理形态，在风水观念的支配下，建筑起自己紧凑、错落有致又具有特色的民居。程且硕在《春帆纪程》中所谓“遥望粉墙矗矗，鸳瓦鳞鳞，棹楔峥嵘，鸱吻耸拔，宛如城郭，殊足观也”，便是典型徽州民居的写照。这种一户一宅，以三间两厢一天井为主要模式，并扩大为四合院式、两个天井的层进式和“日”字形的两个四合院式等不同结构，大门建有门罩或门楼，室内则雕

① 光绪《石埭桂氏宗谱》卷一《潘永铭叙》。

② 《盘川王氏宗谱》凡例。

③ 光绪《安徽通志》卷三四引《徽州府志》。

④ 高寿仙：《徽州文化》，辽宁教育出版社1993年版，第38页。

梁画栋，精致异常，寓有深刻的民间文化蕴含的建筑，便是徽式建筑。

徽州人生活在宗族组织之中。对于他们来说，生老病死都与宗族息息相关，在温情脉脉的血缘宗族掩护下，过着从祖宗处来并最终回到祖宗处的生活。逢年过节，在祠堂举行庄严肃穆或隆重的祭祀、族食、团拜、读乡约等活动，宗族既给人以生存的空间，也给人的生存以约束。宗族的管理机构不仅对宗族的财产、与外界的交往等经济文化问题进行管理，也对宗族内出现的各种善恶之行予以褒扬或惩戒。因此，大部分的宗族都有自己的“族规”或“家法”。对宗族内出现的不公行为、有悖伦常纲纪的行为、族内成员的争执等，进行依“法”处置。宗族成员就是在这种血缘或“族规”亲情和“鞭子”下，维系着人与人之间的平衡，保持着宗族社会的和平、稳定。

聚族而居的生存方式，使得徽州人崇尚平静，这在厅堂的摆设中有突出的表达。进入徽州人的厅堂，在条桌上映入人们眼帘的是右瓶左镜，即右边放花瓶，左边放镜子，中间放着奔跑不息的时钟。钟声瓶镜寓意终身平静，平静贯穿一生。徽州人将平静安置在家中最显眼的位置，从而表达了祈求平静的农耕，风调雨顺，年年如约的金黄油菜花和稻浪；祈求平静的生活，炊烟温暖，儿孙绕膝，日子没有伤口和磕碰；祈求宦海风平、商海浪静，打拼在外的游子，平静远行，平静归航，平静带回家族的荣耀。钟声清唱，瓶镜安稳，徽州人平静谈笑，平静忙碌，平静休憩，平静地进进出出，在那些平静的村落和天井中享受祖祖辈辈信仰的平静。[①]

正是徽州人，男人为瓶，女人为镜，一生平静。他们讲究伦常、秩序，重礼仪和尊卑有别，在生活上则安分守己，大都能逆来顺受，安于现状。这也是徽州整个社会一直能保持稳定并使宗族绵延上千年而不绝，其影响至今仍然存在的一个根本原因。

二　兴师重教，左商右儒

在徽州有一副楹联：“欲高门第须为善，要好子孙必读书。”[②] 可见徽州人对兴师重教的重视。

---

① 《静谧而幽远的水墨乡村》（http：//saa. auto. sohu. com/club－10016/thread－tprqte0u5fjdgkbaaaa－2. shtml）。

② 《感悟徽州文化》（http：//blog. sina. com. cn/gjxz）。

徽州人兴师重教由来已久。徽州作为理学的发祥地，程朱理学的“两程”，其祖籍为新安之黄墩，被视为歙县人；而朱熹则是婺源人的后裔，其父曾在歙县紫阳书院读过书，因此自号紫阳。朱熹曾数次回乡扫墓，并进行讲学活动，对于徽州科举人才辈出，有着深远的影响。所以，徽州人自认为“道学渊源在新安久矣”[①]。徽属各地在孔庙之偏东皆置有朱子祠，也可见出理学在此地占有崇高地位。而其所学也皆朱子之学。道光《休宁县志》载：“自井邑田野，以至远山深谷，居民之处，莫不有学有师、有书史之藏。其学所本，则一以郡先师朱子为归。凡六经传注，诸子百氏之书，非经朱子论定者，父兄不以为教，子弟不以为学也。是以朱子之学虽行天下，而讲之熟、说之详、守之固，则惟新安之士为然。”

兴师重教的徽州人特别好学，子弟大都能发奋读书，所谓“虽十家村落，亦有讽诵之声”[②]。那些赚了钱的徽商在发家致富之后，或者捐学田，或者修书院，或者资助族人读书，使读书科举蔚然成风，人才辈出，号称“东南邹鲁”。[③] 宋代时歙县学田就有 200 亩，府学田在元代时曾达 1888 亩（包括山场）。康熙年间各府县学田计，府学田 160 亩，歙县学田 263.95 亩，休宁县学田 283.62 亩，婺源县学田 235.9 亩，祁门县学田 94.5 亩、又一块店房 9 间，黟县学田 110.6 亩，绩溪县学田 59 亩 12 角 135 步、店屋 3 间、松树一林。[④] 这些学田收入“令皆入官，而治其师生廪禄”[⑤]，即作为师生的开支费用。除府县学外，各隅都分设社学，每学设教读一人，免其差役，教乡里子弟。康熙年间，歙县设有社学 112 所；休宁 140 所，县塾 1 所；婺源 140 所；祁门 27 所，县塾 2 所；黟县 13 所，县塾 1 所；绩溪 30 所，县塾 1 所。这些社学，其经费除官办之外，大都由乡族捐助。[⑥] 另外，从宋代以来，徽州所属各县兴办了许多书院，其中歙县 14 所、休宁 11 所、婺源 12 所、祁门 4 所、黟县 5 所、绩溪 8 所。[⑦] 徽州最大的紫阳书院，明代时知县何东序曾拨款重修，到清乾隆十

① 康熙《徽州府志》卷七《学校》。
② 道光《休宁县志》卷一《风俗》。
③ 万历《休宁县志·重修休宁县志序》。
④ 康熙《徽州府志》卷七《学校》。
⑤ 同上。
⑥ 同上。
⑦ 道光《徽州府志》卷七《学校》附“书院”条目。

三年（1749 年）徐士修又捐资修缮，所“费以巨万”，同时，又“捐白金一万二千两生息，为生徒膏火之资”。① 棠樾大盐商鲍志道与同人亦在盐业利润中，岁支银 3700 多两，又出银 8000 两，附于两淮官府，岁取什一之息，作为书院经常性开支。② 正是这些举措极大地推动了徽州人读书仕进的热潮，宋、明、清三代徽州府中进士者人数极为可观（见表 8），出现了“连科三殿撰，十里四翰林”的盛况。③

宋、明、清徽属六县中进士人数统计

	宋	明	清	小计	占全府（%）
歙县	99	164	109	372	29.9
休宁	153	56	54	263	21.2
婺源	185	98	39	322	25.9
祁门	54	46	7	107	8.6
黟县	75	11	6	92	7.4
绩溪	31	17	11	59	4.8
不详	27			27	2.2
总计	624	392	226	1242	100.0

资料来源：叶显恩：《明清徽州农村社会与佃仆制》，安徽人民出版社 1983 年版，第 192 页。

所以，培养子弟读书是修身齐家的第一要事，“几百年人家无非积善，第一等好事只是读书”“绵世泽莫如积德，振家声还是读书”这些写于徽州古民居的楹联充分表达了当地人对读书的重视，绩溪《金紫胡氏家谱》言其家“诲其子必千里求师”。在这种重教好学的氛围下，徽州人才辈出，历史上有“连科三殿撰，十里四翰林”“兄弟九进士，四尚书者，一榜十九进士者”“一科同郡两元者”等之说。④ 明清时期，徽州中进士 1136 人，仅次于苏州府；歙县中进士 623 人，居全国诸县之首。休宁县自科举制度以来中状元的有 19 人，是全国名副其实的状元县。这种

① （清）鲍志道：《与曹宫保书》，见《棠樾鲍氏宣忠堂支谱》卷二二《文翰》。

② （清）赵吉士：《寄园寄所寄》卷一一。

③ 许承尧：《歙事闲谭》卷一〇《科举故事》。

④ 刘伯山：《徽州文化的基本概念及历史地位》，《安徽大学学报》2002 年第 6 期。

兴师重教的文化使得徽州孕育出新安理学、徽州朴学、新安医学、新安画派、徽派篆刻等影响深远的学派与艺术流派。所有这一切都充分体现了徽州人兴师重教、左商右儒的人文特征。徽州人贾而好儒，重礼尚文，因而文风昌盛，教育发达，名家荟萃。“父子宰相”“兄弟丞相”“父子尚书”“同胞翰林”“四世一品”等，一时传为佳话。如此良性循环，为了让更多的子弟能读书，徽商积极捐资，广建书院。明清时期，“天下书院昌盛者，无过东林、江右、关中、徽州”。在清初时，徽州书院多达 54 所。徽商对子弟业儒无不寄予厚望，期待甚殷。有的家族明确规定，对族中聪颖好学的子弟，无力从师者，必须给予资助，并将此列入家典，世世遵行。①

三 “贾儒”和“儒贾”

明代，就曾经有人把徽商分为“贾名而儒行”的“儒贾”和“以儒饰贾”的“贾儒”两类，都是具有相应文化程度的商人，正是现在人们所指的“儒商”。

人们之所以把徽商分为“贾儒”和“儒贾”，是因为兴师重教的徽州人形成了左商右儒的模式。所谓“左商右儒”，是说徽州人第一是经商，第二是考学。发家致富之后，他们普遍的做法是“左商右儒”，读书入仕变成他们又一个主攻目标。另外，徽商的可贵之处就是发迹之后，他们不是守财奴，不做金钱的奴隶，嗜钱如命。他们很有发展眼光，兴师重教，将大笔钱财投向教育，建学院、盖会馆、请名师，不惜重金培养下一代。

如鲍氏家族原是山东青州人，自宋代开始迁移到徽州棠樾村居住。棠樾牌坊群记录着徽商鲍氏家族明、清两代 400 年间的神话：鲍氏明朝为官，清朝经商，常言道“富不过三代”，鲍氏家族却昌盛 18 代长达 400 年。尤其在清朝，鲍氏以富商巨贾众多而闻名于世，更出现了“上交天子，藏镪百万”，富可敌国、地位显赫的大徽商鲍志道。鲍氏家族世代重视教育，“亦儒亦贾”是鲍氏家族最主要的成功之路。据载，棠樾鲍氏从第十六世时开始有人科举入仕，侧身封建官僚之列。例如，棠

① 《重教——打破“富不过三代”魔咒之秘钥》（http：//www. docin. com/p - 29159568. html）。

樾鲍氏第十六世祖鲍象贤，字复之，明嘉靖八年（1529 年）己丑进士，历官监察御史、南京兵部右侍郎、太仆寺卿、右副都御史、兵部左侍郎，隆庆戊辰（1568 年）卒于棠樾老家，入祀乡贤祠。鲍氏第十八世祖鲍孟英（象贤之孙），进士出身，历官开封府通判、山东都转运盐使司同知，“起家华胄，饶具干才。……以推择佐治胶、莱”，晋阶为朝议大夫。而鲍氏家族第二十四世祖鲍志道幼年勤于读书，但十一岁时因家道中落而被迫离家习贾，几年后他至浙江金华经营浙盐，不久又移居江苏并茶盐场从事收购淮盐而积累了一笔资金。“后自操其赢，所进常过于所期，久之大饶。遂自占商数于淮南，不复佐人故事”。后来，鲍志道任两淮总商二十年，成为全国闻名的商贾巨富。

正是在这样的文化氛围下，徽州人往往以《货殖列传》所载的商界先贤为榜样，进行远途冒险经营。明嘉靖年间，徽商许秩就是读了《货殖列传》，不顾路途遥远，前往四川成都从事商业活动的。[①] 还有，明代徽商黄崇德，是一位通经史的商人，起初他有志于举业，后挟带资金于齐东经商，一年之中盈利数倍，成为大贾。再如黄莹、鲍鸣歧、闵世章等皆是儒商。他们在经商之前皆系统地学习了经商理论，从古人经商成功的范例中汲取营养而显得底气十足。歙人闵世章少孤贫，九岁辍学。长大后发愤自学，精通文史。一日读《史记·蔡泽传》，对蔡泽赤手而取富贵的事迹赞叹不绝，遂立志法其所为，只身奔赴扬州，为一家盐商管理账目。数年之间，他摸清了盐业的行情，于是自筹资金，独立经营，后来终于成为“家资百万”的大盐商。

所以，提起徽州人，往往使人想到的就是在明初到清朝中期称雄于商界的“徽商”。明、清两代是徽商的鼎盛时期，从成化、弘治之际到万历中叶，这百余年间是徽州商帮的发展阶段；康熙到道光时期是徽商兴盛阶段，形成了独具特色的徽商文化。[②] 徽州的茶叶、宣纸、制墨等，都被打上了徽州文化的印痕。因此，明清时盛传“无徽不成镇”[③] 的俗语，指的就是徽商遍布全国各地的情形。

在长达千百年的历史中，徽商的足迹遍布大江南北、穷乡僻壤。万历

---

① 汪绍铨：《徽商在中国商业史上的地位和作用》，《商业经济与管理》1985 年第 2 期。

② 张海鹏、王廷元：《徽商研究》，人民出版社 2010 年版，第 8—14 页。

③ 胡适（口述）：《胡适口述自传》，唐德刚译，华文出版社 1992 年版，第 2 页。

《歙志·货殖》载："今之所谓都会者，则大之而为两京，江、浙、闽、广诸省；次之而为苏、松、淮、扬诸府；临清、济宁诸州；仪真、芜湖诸县；瓜州、景德诸镇……故（歙）邑之贾，岂惟如上所称大都会皆有之，即山陬海壖，孤村僻壤，亦不无吾邑之人，但云大贾则必据都会耳。"康熙《徽州府志》也载："徽（州）之富民尽家于仪扬、苏松、淮安、芜湖、杭湖诸郡，以及江西之南昌，湖广之汉口，远如北京，亦复挈其家属而去。"[①] 其实边陲海岛也都有徽商。康熙《休宁县志》载，徽州人"大都以货殖为恒产，因地有无以通贸易，视时丰歉以计屈伸。居贾则息微，于是走吴、越、楚、蜀、闽、燕、齐之郊，甚则逖而边陲，险而海岛，足迹几遍宇内"[②]。徽州人从商天下，发财致富，大部分人都在外经商。王世贞说："大抵徽俗，人十三在邑，十七在天下，其著聚则十一在内，十九在外。"[③] 从商之业蔚然成风，他们视不同资产做不同生意，所谓"春月持余赀出，贸什一之利，为一岁计，冬月怀归，有数岁一归者。上贾之所入，当上家之产，中贾之所入，当中家之产，小贾之所入，当下家之产。善识低昂时取予，以故贾之所入视旁郡倍厚。然多雍容雅都，善仪容有口才，而贾之名擅海内"[④]。明末清初休宁人赵吉士曾说："吾闻之先大父曰嘉隆之世，人有终身未入城郭者，士补博士弟子员，非考试不见官长，有稍与外事者，父兄羞之、乡党不齿焉。今则武断者比比矣，而闭户不出者，即群而笑之。"[⑤] 可见当时盛行外出谋生的风气，"闭户不出"会遭到当地人的耻笑。

徽商的勤劳品格，使得徽商素有"徽骆驼"之称，以吃苦耐劳、善于经营理财的头脑而名气远播四方。"徽骆驼"精神即像骆驼一样耐得住饥渴和荒凉，无畏风沙，一步一个脚印地负重前行，实现目标，"富室之称雄者，江南则推新安（徽州），江北则推山右（山西），新安大贾，鱼盐为业，藏镪有至百万者，其他二三十万则中贾耳"。部分学者的观点认为，从中原陆续迁入徽州的豪强大族，因囿于徽州山多地少，便同时兼营

---

① 康熙《徽州府志》卷二《风俗》。

② 康熙《休宁县志》卷一《风俗》。

③ 《弇州山人四部稿》卷六一《赠程君五十序》。

④ 康熙《徽州府志》卷二《风俗》。

⑤ （清）赵吉士：《寄园寄所寄》卷一一，转引自李磊《明清徽州山林资源与徽人性格特征》，《安徽农业大学学报》（社会科学版）2012 年第 2 期。

商业以维持生计。其最早可资猜意的便是《晋书·五行志》中所载的一段话：“海西公时，庾晞（即司马晞）四五年中……宴会辄令娼妓作新安人歌舞离别之辞，其声悲切。”人们相信，“其声悲切”的新安“歌舞离别之辞”乃是出外经商数年乃至数十年不归者悲情别意的写照，因此，认为“新安人”在两晋时便已有大量外出经商的贾人。这段史料也为晚清翰林许承尧所注意，他在《歙事闲谭》中说：“《知新录》云：徽俗好离家，动经数年、十数年不归。读司马晞传有云，晞未败时，宴会（辄令）娼妓作新人歌舞离别之辞，其声甚怨。后晞果徙新安。则知此风自昔已然。盖新安居万山之中，土少人稠，非经营四方，绝无治生之策矣。”①

徽商的成功，还有赖于诚实守信的儒学特性。在经营活动中，徽商看重“财自道生，利缘义取”“以儒术饰贾事”，遵循“宁奉法而折阅，不饰智以求赢”的原则和理念，绝不以次充好、以假充真。明朝徽商胡仁之在做粮食生意时遇到天灾饥荒之年，也绝不在粮谷中掺假来坑害百姓。为了保证质量，徽商们宁愿不惜血本毁掉重来，以诚待客。徽商许宪总结道：“惟诚待人，人自怀服；任术御物，物终不亲。”②

正因为徽商奉行以儒经商的信条，他们东进苏杭锡常，抢滩芜湖商道，掌控长淮水运口，南达湘、蜀、云、贵、川，往来京、晋、冀、鲁、豫间，远涉西北、东三省。最后，西进赣、湘，沿东南达闽、粤两省，直至扬帆入海与日本进行贸易，“无徽不成商”叫遍天下，终得以在明代中叶以后至清乾隆末年的300余年中，独领中国三大商帮（晋商、徽商、潮商）之风骚。

---

① 《歙事闲谭》卷二六《知新录记徽俗二则》，黄山书社2001年版。

② http：//www. 99huizhou. com/forum. php？ mod = viewthread&tid = 51826.

第七章　安庆人

“非东非西，不南不北”，是安庆的地域特征，在南北方之间、长江下游北岸的安庆，处于皖、鄂、赣三省交界地，历史上就是一个人口流动的重要通道。春秋时安庆属于吴国，战国属于楚，秦朝属九江郡，汉初属淮南国，后属扬州庐江郡，隋为熙州，唐改为舒州。东晋诗人郭璞说“此地宜城”，故别称“宜城”。南宋绍兴年间置安庆军，始得名“安庆”，嘉庆十年（1805 年）至民国二十六年（1937 年），为安徽省会所在地。安庆人既有南方的细腻，又有北方的粗犷、爽快、果断。古往今来，安庆人在这片土地上创造出独具一格的安庆文化。

第一节　安庆人的语言

安庆地区位于徽、鄂、赣三省交界处，所辖各县处于几个大方言区的边缘。西边的宿松、岳西、太湖三县跟湖北的黄梅、英山两县接壤，与湖北省最具特色的“楚语”有千丝万缕的联系。南边的望江与宿松一部分，跟江西的彭泽县隔江相望，而江南东至县的大部分更处在江西省地域的环境中，这一带“赣语”的特征显而易见。北边、东边和东南边的岳西、潜山、桐城、枞阳、贵池和安庆市，或毗连霍山、舒城、庐江，或坐落沿江两岸，大部分区域处在江淮次方言的强大影响之下。因此，安庆人的语言既含有“楚语”“赣语”“江淮方言”的某些特征，同时又掺杂各种方言，融合了南方语音的甜润和北方语音的刚健而汇成地区独有的地方色彩。因此，受到江淮官话、湖北话、赣语的影响，因此，安庆话虽然属于皖中江淮官话黄孝片，但所辖各县在语音、词汇、句法上均有大小不一的差异。

一 安庆话分中有合

多元化是安庆话的基本特征，赣语、楚语、江淮官话都在安庆境内被使用。①

在安庆话中，东至、宿松、岳西、怀宁、太湖、望江、潜山等县受到赣语的影响，古全浊声母念成送气音，这是赣语的语音特征。但是安庆境内的赣语又同时被“本地化”了，在“赣语”里应该是送气音的“罢、棒、毒、掉、跪、巨、杰、倦、篆、皂、赵、助、笨、鲍、肚”等字，很多县已念成不送气音声母，或者在贵池、桐城等地就完全没有这个发音现象。在东至、太湖、望江等县，部分古来母字的声母由［ɩ］转化为［t］，例如“良、梁、量、亮”等字，这也是赣语的发音特点。

一些地方还受到江淮方言的影响，有舌尖前音、舌尖后音和舌面音相混的现象，并且还影响了韵母的发音。安庆地区的古深摄、臻摄与古曾摄、梗摄字相混，这是受到江淮方言语音的影响。桐城、贵池、枞阳等地，古山摄、宕摄的读音相混。此外还有前、后鼻韵母相混的现象，这也是江淮次方言的典型特征。贵池、桐城、安庆等地，基本是 n、l 不分，怀宁、宿松、岳西、望江等地细音不分洪音分，这也是江淮官话的特征。

安庆地区的宿松、岳西等地因与湖北的黄梅、英山等地接壤，楚语也逐渐从湖北东部传播到安庆地区。在宿松、太湖、岳西等地，以［y］开头的撮口呼韵母和以［u］开头的合口呼韵母都念成不同的发音。“追、吹、水”的韵母是［ɥei］，这也是楚语的语音特征。

江淮官话在安徽全省都通用，安庆地区的江淮次方言体现在前后鼻音韵尾的分混情况，古深摄、臻摄与古曾摄、梗摄字读音混同，这是江淮方言的突出特征。像“针、深、根、陈、森”等字，都带上了后鼻韵母的发音。此外，安庆、桐城、贵池、枞阳等地，古山摄、宕摄的读音也不分，“邦、庞、当、桑”等字的后鼻韵母被发成了前鼻韵母。桐城、枞阳两县连后鼻韵母都没有，全部丢失，只发前鼻韵母。此外，贵池和安庆两地有儿化韵，例如一竹榻儿、山歌儿、饺子皮儿等，和北京音里的儿化韵相似。

---

① 主要参考《安庆方言》（http：//www.sikongshan.cn/Article/WHZY/WCWH/200511/20051129210849.html）。

单字调上，各地的发音也完全不一样，宿松、岳西两县有6个调类，去声分阴阳，还有入声。怀宁、望江、太湖、潜山四县去声分阴阳，共有5个调类，安庆市、东至、贵池的声调是5个，有入声，去声不分阴阳。桐城的声调又不同，它的去声不分阴阳，但入声分高低，所以也是6个调类。因此，安庆地区的调类带有赣语和楚语的特征，而赣语有入声，这也在安庆地区的方言差异中体现出来了。

差异虽大，但是安庆地区的方言仍然表现出一些相同的特征来。在安庆地区的方言中，古见系匣母的蟹摄开口二等字都发舌根音，零声母字一律读作鼻音声母，有的还加了舌根浊鼻辅音或舌面前浊鼻辅音。而且，区内各县的合口韵的变化基本一致，有丢失u介音的现象，还有增加u作为韵头的字，例如“内、类、雷”等字。

二　安庆话中古代汉语的遗存

在安庆话中，保留了一部分古代汉语的内容。声调上，一些县有6个调类，分阴阳，像宿松、岳西两县，阴平、阳平、上声、阴去、阳去、入声6个调类。此外，桐城的入声字中还有一个特殊的边音韵尾存在。

安庆话的词汇，也有诸多古代汉语的词汇。例如“嬉”字，在古代汉语中是“戏、玩”的含义，例句如“上街嬉嬉”，等于“上街玩玩”。“妪”在古代是老妇的通称，但现代汉语中已经不使用这个词了，安庆东至县尧渡镇称祖母为“妪”。此外还有大量的古词语在日常生活用语中被保留下来，例如器物名称“鼎罐”等。

称谓上，大多称“祖父”为“爹爹”，称“祖母”为“奶奶”（阴平），但变调以后的“奶奶”（上声调）指的是老太婆或“妻子”。外祖母、外祖父被称为“家公、家婆”，姑母被称为“姥姥”。[①]

安庆话中，人称代词的单复数与北方方言有差异。东至、宿松等县在人称代词单数后加上“侬”字，构成“我侬、你侬、他侬”来表示。在表示人称代词的复数时，用“几、几个”来表示，例如“我几、你几”等。

暴pau^{53}：乍，副词；初次。如：暴看还像，越看越不像。/他暴

① 安徽省地方志编纂委员会编：《安徽省志·方言志》，方志出版社1990年版，第4页。

做，做着不好莫怪他。《广韵》去声号韵薄报切：/—，侵暴，猝也，急也。《玉篇》本部：/—，猝也。今安庆音义俱存。

謈 pau[53]：打—，产生恶心呕吐的感觉。如：不晓得吃着么东西，老打—。《广韵》去声效韵北教切；/—，謈恶也。

疕 p'i[213]：疮愈时结的痂，也指头皮屑。如：腿上疕子结—子了/头毛—子太多，洗头吧。《广韵》上声纸韵匹婢切：/疮上甲，亦头疡。《玉篇》补履切：/头疡也。音义俱合。

嘐 p'au[31]：轻浮，不沉稳。如：这人说话办事嘐得很，不可靠。《集韵》平声肴韵披交切：/言不实而夸。

敨 t'au[213]：展开；于清水中除去衣物等的污垢。如：把衣裳搁水里敨敨。《集韵》上声厚韵他口切：/展也。

眼 nan[53]：晒，晾。《集韵》去声宕韵郎宕切：“—，暴也”。宋代陆游《春日》：“迟日园林尝煮酒，和风庭院—新丝”。清代范寅《越谚》：“一日打鱼，三日—网”。安庆话既有“晒”的义项，也有由“晒”引申出的另一义项/把东西放在阴凉通风的地方，使其干燥。如：—衣。| 把伞搁外头—着。

箬 nio[55]：竹笋外壳。《集韵》入声薛韵女瞎切：/—，竹病，一曰竹皮。《广韵》入声药韵而灼切。《说文》竹部：/—，楚谓竹皮曰箬。今安庆称竹笋长成竹子之后掉下来的干笋壳为箬壳，安庆自古就有“吴头楚尾”之称，音义俱合。

嗄 sa[55]：声音嘶哑。如：毛伢一天到晚哭，喉咙管都哭嗄着。《玉篇》所讶切：/声破。《广韵》上声禡韵所嫁切。《集韵》上声夬韵古迈切：/气逆也，《老子》：终日号而不嗄。一曰楚人谓啼极无声为嗄。又《集韵》上声禡韵所嫁切：/声变也。①

在安庆话中，状语后置的情况常有发生，例如“打点水添”，放在谓语后而且是句末。有时状语的修饰成分会被省略，两个动词之间用“再”联系表示动作先后，例如“吃饭再玩”。补语可能出现在宾语之后，表示不可能，例如“我讲你不过”。双宾语中宾语位置不一，指人的宾语在

① 鲍红：《安徽安庆方言与普通话词汇差异之比较》，《安庆师范学院学报》2011 年第 3 期。

后，指物的宾语在前，例如“你把本书我”“我把文笔你”。还有指物的宾语放在句首，指人的宾语放在句末的情况。动词“来”“去”后可直接跟处所宾语，例如“我去家”（我回家去）、“快来家吧”（快回家吧）等。

虽然官话和普通话相似的地方很多，尤其是江淮官话属于北方方言区，但是安庆话中许多词汇与普通话的差异仍不小。安庆话中，双音节或多音节词比较多，其对应的普通话词汇则多为单音节或双音节词汇。构词方法上也有差异，排列顺序往往与普通话相反，例如欢喜、齐整、头前、该应等。①

第二节　安庆人的形成

安庆人的历史很悠久，从石器时代开始，安庆就有人类在这片土地上活动。秦代将安庆纳入疆域之中，历经唐宋兴衰的统治，“安庆”得名于南宋时代的军号，由“同安郡”和“德庆军”各取一字而命名，表达平安激情的含义。庆元元年（1195年）升舒州为安庆府，把“安庆”作为府名，一直沿用至今，安庆人的形成也以安庆府为标志。清初安徽建省时，将安庆府和徽州府各取一字命名，安徽省由此得名。

一　安庆人的原始记忆

具山水之灵气的安庆的原始记忆从新石器时代的黄龙遗址算起。

黄龙遗址位于安庆怀宁黄龙镇黄龙村，遗址面积8800平方米。黄龙遗址不但有石斧、石锛等工具，还出现了石耘草器，说明安庆新石器时代农业生产水平已经提高，种植水稻已有了田间管理的中耕活动，水稻种植方法已是相当进步了；石器多通体磨制，造型规正，厚薄比较均匀，光滑锋利，反映制作时所需要的一定技术，可能已开始走上农业与手工业分工的时代；遗址出土多鼎足，很少鬲足。这是一个新石器时代晚期遗址。可见安庆人的先祖在新石器时代就生息在这块地方了。

薛家岗遗址，位于安庆潜山县河镇公社永岗大队永明生产队，东临潜

---

① 鲍红：《安徽安庆方言与普通话词汇差异之比较》，《安庆师范学院学报》2011年第3期。

河，为椭圆形台地，总面积约 6 万平方米。薛家岗早期文化遗存，包括陶、玉、石三大类。陶器这一类普遍使用轮制，以泥质和夹砂黑陶为主。黑陶又有黑衣和黑皮陶两种，其中带黑衣的最多；出土较多的陶器还有灰陶，红陶极少。陶器的外皮，多为素面磨光，少数带有纹饰，主要有弦纹、刻划纹、压印纹和镂孔纹等。陶球制作精良，摇起来有响声。虽然大多数陶器不见纹饰，但其形制优美，胎壁均匀，形体一致浑圆，在制陶技术上，也是很有造诣的。石器这一类多通体磨光，有刀、铲、斧、石锛、凿、镞、石球、砺石等。三孔至十三孔眼大件石刀、单孔石铲，是墓葬中出土最多的一种。九孔、十一孔、十三孔石刀，在我国尚属首次出土。玉器这一类仅次于石器，大多数在墓内散放着。器形主要有玉环、玉璜、玉管、玉琮、玉饰等。玉铲出土七件，可能为礼物。雕刻精美，图案对称，工艺水平很高。在薛家岗早期文化遗存中，墓葬发掘出土的成组器物 65 组，其中最多一组 46 件，最少一组 2 件。可以认定这 65 组器物，即为 65 座墓葬的随葬品。这一发掘区，可能为某氏族的公共墓葬区。这表明了当时已开始出现了贫富分化，已有显贵的家族形成。

当薛家岗遗址震动考古界的同时，安庆各县新石器时代文化遗址，如雨后春笋般纷纷发现。在望江发现了连城、砚池墩、汪洋、枫林庵等遗址；宿松有黄鳝嘴、戴嘴等遗址；桐城有石河、朱家墩等遗址；岳西有祠堂岗、鼓形凸等遗址；枞阳有锅底峰、双塘等遗址；在太湖黄镇山头上发现了柳河遗址、在太安公路旁的吴河遗址；在潜山县，还发现了旧石器时代彭岭遗址及新石器时代天宁寨等遗址；怀宁县有张四墩遗址（后划归安庆市郊区），还在当时小市乡发现 11 处遗址。据 1981 年 4 月统计，安庆新发现遗址就有 60 多处。到 20 世纪 90 年代，全区已发现遗址 500 多处，共发掘遗址 20 多处。①

新石器时代文化遗址的遍地开花，表明安庆此时已人烟稠密了。

二　安庆人形成的环境

安庆市，旧称怀宁，其地襟带吴楚，北界清淮，南临江表，处于淮服之屏蔽，江介之要衢，“分疆则锁钥南北，坐镇则呼吸东西”。向为四塞

① 鲁尧贤：《安庆新石器时代考古发掘成果及其重要地位》，《安庆师院社会科学学报》1998 年第 2 期。

之国而兼五达之衢，上控洞庭、彭蠡，下扼石城、京口，古称重镇，为防御金陵（今南京）军事安全之西方门户。历来是长江中下游极其重要的军事战略要地。有“万里长江此封喉，吴楚分疆第一州”之美誉及“八省通津”的美称。

在这种地理形势下，夏商周时代，安庆隶属扬州之域。春秋末期，安庆境内潜山被封为皖国，桐城被封为桐国。《太平寰宇记》卷一二五：“舒州……春秋时皖国也。”战国时期，安庆一带被楚国攻占，与吴国比邻，所以又有“楚头吴尾”的说法。1987 年，安庆迎江寺旁的一座战国时期楚墓出土了越王丌北古剑。[①] 根据《怀宁县志》载，安庆在西周时为皖、桐两国之地，春秋时两国均被楚国所灭，春秋至战国时期，安庆为楚国疆域。战国中期，越王无疆与楚威王争战大败而归，吴越之地也尽归楚国所有。《左传·定公二年》：“桐叛楚。吴子使舒鸠氏诱楚人，曰：‘以师临我，我伐桐，为我使之无忌。’秋，楚囊瓦伐吴，师于豫章。吴人见舟于豫章，而潜师于巢。冬十月，吴军楚师于豫章，败之。遂围巢，克之，获楚公子繁。”杜预注：“桐，小国，世属于楚。庐江舒县西南有桐乡。”

秦始皇统一天下后，安庆属于九江郡，秦末时安庆隶属衡山国。《汉书·地理志》：“吴地，斗分野也。今之会稽、九江、丹阳、豫章、庐江、广陵、六安，临淮郡，尽吴分也。”[②] 元封五年（前 106 年）汉武帝南巡到舒州，取名盛唐郡，“作盛唐之歌”之意。《汉书·武帝纪》曰：“行南巡狩，至于盛唐，望祀虞舜于九嶷。”两汉期间的郡国并置，安庆境内先后设立了皖国、枞阳县和松滋侯国（今宿松县）。东汉时，庐江郡十四城，户十万一千三百九十二，四十二万四千六百八十三口人。[③]

三　山越：安庆人的先民

在此必须提出的是安庆之地，秦汉时不仅有汉民族人，还有山越人。自秦汉时代起，皖南地区陆续有山越人居住，“山越”一词最早见于《后汉书·灵帝纪》：“建宁二年（169 年）七月，丹阳山越贼围太守陈夤，

---

① 黄光新：《安庆王家山战国墓出土越王丌北古剑等器物》，《文物》2000 年第 8 期。

② 《汉书·地理志》。

③ 《后汉书·郡国》。

夤击破之。”胡三省注：“山越本亦越人，依阻山险，不纳王租，故曰山越。”秦始皇曾徙越人至余杭、黟、歙等县。[①] 西汉年间，大量越人被迁至江淮之间，包括东瓯王亦率众迁居庐江郡。及至汉末三国时期，山越活跃于皖南地区，史籍中也出现大量山越民变的记载，从东汉末年一直到孙皓时期。《三国志·魏书·刘晔传》：“庐江太守刘勋……兵强于江淮之间。孙策恶之，遣使卑辞厚币，以书说勋曰：‘上缭宗民，数欺下国，忿之有年矣。击之，路不便，原因大国伐之。上缭甚实，得之可以富国，请出兵为外援。’”虽然关于庐江郡的山越，只有这一条史料有明确记载，但庐江郡所辖区域大多为山林茂密的地带，亦适合山越居住。

据《安徽省志·建置沿革志》记载：西汉高祖十年（前197）七月，九江郡属汉，境内设舒县（治今庐江县城池埂），地名大城坂，今遗址城墙依稀可见，30米护城河尚存。元狩二年（前121年）七月，撤销江南庐江郡，在江北以原衡山郡东部与九江郡南部地区并，组建新庐江郡（今舒县）。此时庐江郡领12个县，除境外黄山、黄梅县外，在今安徽境内设10个县，它们分别是：舒县（今庐江县陈埠乡城池村城池埂）、龙舒县（今舒城县龙河口）、皖县（今潜山县梅城镇）、湖陵邑（今太湖县东）、松滋县（今宿松柳溪乡，古名仙田）、潜县（今霍山县南岳乡上元街村）、襄安县（今无为襄安镇[②]后）、临湖县（今无为百胜乡临湖圩临壁村）、枞阳县（今枞阳县城南下枞阳镇）、居巢县（今巢湖市区东北）。其中皖县、湖陵邑、松滋县、枞阳县都属今安庆地区。可见，秦汉至三国活跃在浙江、江苏、福建、安徽、江西这五省接邻地带广大山区的山越，也包括了安庆的山区。这些山越人后来都融合于汉民族，成为安庆人的一部分。所以，山越应是安庆人的先民之一。

四　东吴到明：安庆人形成的轨迹

三国时期，是安庆人形成的起点。

首先看山越与安庆人的互动、磨合、整合和融合。

东吴之时的山越，宗族组织较强，互相联系起来与东吴做斗争，给东吴带来极大威胁，孙权不得不调集名将前去围剿。嘉禾三年（234年），

---

① 《越绝书·外传记·吴地传》。

② 王莽时改为庐江亭。

诸葛恪出兵攻打丹阳山越，山越降，老幼相携而出。东吴政权又采取兵屯和民屯的方法，成立典农校尉和典农都尉作为管理机构，采用军事编制把江南农民迁到山越之地[①]，“恪自领万人……率众佃庐江、皖口”[②]。从而削弱了山越的势力，亦促进了山越与汉人民族的融合。

而安庆是三国吴、魏长期反复争夺之地，孙权与曹操大军多次在皖口（今怀宁县山口镇）、皖城厮杀，后来安庆终于被吴国占领。东晋时期，安庆隶属晋熙郡，改皖县为怀宁县，又将原皖县南部划分出来设大雷戍。《晋书》称：“庐江郡汉置。统县十，户四千二百。”[③] “宁康元年（373年），移镇姑孰。孝武改蕲春县为蕲阳县，因新蔡县人于汉九江王黥布旧城置南新蔡郡，属南豫州。又于汉庐江郡之南部置晋熙郡”[④]。据说东晋风水家郭璞曾登盛唐山观望长江，有“此地宜城”语，所以安庆又被称为“宜城”，这是安庆建城之始。

在汉民族发展的轨迹中，随着北方汉民族的南迁，不断有流民和移民进入安庆境内。唐朝同安郡先后改名为盛唐郡、舒州。唐设东安州，如《旧唐书·地理志》所载：

> 舒州下　隋同安郡。武德四年，改为舒州，领怀宁、宿松、太湖、望江、同安五县。其年，割宿松置严州。五年，又割望江置高州，又改高州为智州。六年，舒州置总管府，管舒、严、智三州。七年，废智州，望江属严州，八年，又废严州，以望江、宿松二县来属。贞观元年，罢都督府。天宝元年，改为同安郡。至德二年二月，改盛唐郡。乾元元年，复为舒州。旧领县五，户九千三百六十一，口三万七千五百三十八。天宝，户三万五千三百五十三，口十八万六千三百九十八。在京师东南二千六百二十六里，至东京一千八百九十三里。

宋代是安庆人发育的时期。据县志载，当时不少流民从其他地方迁到

---

① 王进科、吕永：《镇压还是安抚——也谈孙权对山越的政策》，《芜湖职业技术学院学报》2007年第1期。

② 《三国志·诸葛恪传》。

③ 《晋书·地理下》。

④ 《晋书·地理上》。

安庆，例如毛氏一族就是唐代从湖北迁来的。[①] 宋庆元元年（1195 年），宋宁宗极为因曾在舒州当过“安庆军节度使”，遂将舒州升格为安庆府，管辖五县。

> 安庆府，本舒州，同安郡，德庆军节度。本团练州。建隆元年，升为防御。政和五年，赐军额。建炎间，置舒、蕲镇抚使。绍兴三年，舒、黄、蕲三州仍听江南西路安抚司节制。十七年，改安庆军。庆元元年，以宁宗潜邸，升为府。端平三年，移治罗刹洲，又移杨槎洲。景定元年，改筑宜城。旧属沿江制置使司。崇宁户一十二万八千三百五十，口三十四万一千八百六十六。[②]

很多旺户大族也是宋代从外地迁到安庆府。尹氏宋淳熙年间从江西吉安府迁来，尤氏宋代从江西迁来[③]，石姓宋代从江西迁来。[④] 安庆城也始于南宋时期，嘉定十年（1217 年）知府在舒州旧址建城以备战守。

宋端平三年（1236 年），元军南下，安庆府治、怀宁县治南迁至山口（今怀宁县山口镇）。元至治三年（1323 年），安庆府改名为安庆路，隶属于河南江北行省，辖六县。元代安庆路有 35160 户，人口 219490 人。《元史·地理志》称“安庆路，下。唐初为东安州，又改舒州，又改同安郡，又复为舒州。宋为安庆府。元至元十三年，立安抚司。十四年，改安庆路总管府，属蕲黄宣慰司。二十三年，罢宣慰司，直隶行省。户三万五千一百六，口二十一万九千四百九十。领司一、县六”。丁氏一族元末从江西随军迁来宿松[⑤]，史、司元代迁到宿松县。[⑥] 安庆人在汉民族的不断迁入中发育成长。

明代是安庆人形成的时期。明初，安庆路曾改名为江宁府，后又恢复为安庆府，直隶南京，仍辖六县。《明史·地理志》载：

---

① 民国《宿松县志》。

② 《宋史·地理志》。

③ 民国《宿松县志》。

④ 同上。

⑤ 同上。

⑥ 同上。

安庆府元安庆路，属河南江北行省。太祖辛丑年八月曰宁江府，壬寅年四月曰安庆府。领县六。北距南京六百五十里。洪武二十六年编户五万五千五百七十三，口四十二万二千八百四。弘治四年，户四万六千五十，口六十一万六千八十九。万历六年，户四万六千六百九，口五十四万三千四百七十六。①

明洪武十年，宿松县有 8322 户，41480 人；成化十八年有 7663 户，98520 人；崇祯末年战乱四起，人民逃散。洪武时，潜山县有 9977 户，42614 人；正德年间有 9135 户，148269 人；崇祯时有 3425 户，10141 人。崇祯四年，桐城县有 10417 户，58560 人；崇祯八年至十七年因瘟疫避乱，户口乏绝过半，方氏明洪武二年从江西迁来宿松，甘姓明初江西迁来宿松。安庆乡贤朱书指出，元末明初之际，真正的“古皖人（安庆原住民）只有十分之一二，迁自江西的占了十分之五，迁自其他地区（主要是徽州）则占了剩下的十分之三四”；在元末明初的近百年间，迁往安庆府的移民总数约为 32.6 万人，同期安庆府的当地人口仅为二成。所以，从方言上看：安庆地区百分之六十以上的人口祖籍都是元末明初时从江西鄱阳湖及徽州地区迁移过来的，安庆市区及 8 个县中，有 6 个县（怀宁县、潜山县、太湖县、望江县、宿松县、岳西县）的语言是赣语（即江西话），只有市区和其他两个县（桐城市、枞阳县）说的是江淮官话。从文化上看，安庆和江西同根同源，语言较委婉细腻（用安庆方言演唱的黄梅戏就是标准），性格和风俗习惯上也属于标准的南方地区。

明代安庆人的形成，表明自三国及隋唐以降，安庆地区逐渐摆脱了战乱的干扰，在接收大量移民，外来文化和本土文化交融的同时，区域内原本芜杂的文化形态趋于统一。语言、习俗、文化特征等都逐渐呈现出同一特征，文化凝聚力越来越强，辐射范围也更广。尤其是明清时期，桐城派和徽班的崛起，将安庆文化呈现在人们面前。元至清末的 122 位安徽籍重要历史人物中，就有 36 人是安庆人。隋唐以后的安徽籍文学家 32 人中，有 11 人是安庆人。来自其他地区的移民在这片土地上创造出灿烂的安庆文化。②

---

① 《明史·地理志》。

② 沈志富：《安庆沿革考略——兼论与安庆地域文化发展之关系》，《池州学院学报》2009 年第 5 期。

第三节 安庆人的人文特征

安庆属于南北交接的中间地带，在这样的地理环境中，安庆人形成了南北融合的性格特征。南方人的细腻加上北方人的粗犷，塑造了含蓄又直率的安庆人。网上有一个《安庆人不咋样》的帖子，以调侃又幽默的口气把安庆人的事迹列举了一遍：

安庆人没历史，建城也就才千把年。

安庆人不当官，只是顺手让张英、张廷玉当了中国的“父子宰相”，一首打油诗让出了六尺巷。

安庆人没信仰，只是出了个赵朴初，就领导中国佛教界半个多世纪。

安庆人没科学，只是出了个邓稼先，只玩了玩原子弹、弄了弄氢弹。

安庆人不懂美，只是出了朱光潜、宗百华、邓以蛰摆弄摆弄“美学”这玩意儿。

安庆人不懂商，只是开了个叫雨润的小厂，叫苏宁的小店。

安庆人不懂工业，只是在清代就让内燃机船“黄鹄号”下了水，建了中国第一座军工厂和纸币厂。

安庆人不懂造楼，只是在明代时搭起来一座迄今国内第二高的砖石建筑——振风塔，上楼梯都玩着八卦阵法。

安庆人不漂亮，只是出了大小乔，让孙策、周瑜都成了安庆的女婿。

安庆人不会吃，只是晒了点蚕豆酱，蒸条鲥鱼，挑出江蟹黄包上薄皮灌汤小笼包，拼出点清真小点心，再沏了杯毛峰。

安庆人不会玩，只是无聊时游游长江，和白鳍豚说说话，到天柱山溜达一小圈，顺手抓上两把茶。

安庆人不会唱，只是出了个程长庚，领着徽班进了京，吼了几嗓子，就被称为“国粹艺术”；又出了小女子，唱了几句黄梅戏，就被称为“中国五大戏曲剧种”之一。

安庆人不会文，只是出了个阮丽贞的小毛丫头写了《燕子笺》当练笔，又来了个“桐城派”，霸了中国文坛200多年；最后与时俱进了，就让张恨水写了两笔小说。

安庆人不会武，只是出了个王来聘，拿了中国第一个武状元，又蹦出个黄镇，当了大将军。

安庆人不打仗，只是一个保卫战和清兵干了三年；吴越炸了五大臣还不过瘾，黄花岗七十二人里还派了仨。

安庆人不会诗，只是出了个海子，闹了“诗歌神话”。

安庆人不浪漫，只是整了个“董永与七仙女”的传说，被老百姓传了千百年。

安庆人没情调，只是出了个“孔雀东南飞”，就被称为“乐府双璧”。

……

的确，安庆啥都没有!!!!

用速写的手法鲜活地勾勒出了安庆人的历史和人文特征。

一 “非南非北”的安庆人

安庆的地理位置处于南北之间，所以就有了“非南非北，不是东西”的调侃。但这特殊的地理位置又塑造了安庆人兼容并包的性格特征，“南方人生了北方人的性格”成了安庆人的自我评价。正如作家赵焰所说：“从气韵上说，这一片土地仍是南方。虽然她不是烟雨江南，但就氤氲的地气而言，她一直是混沌的、是曲折的、是细致的、是紊乱的、是飘忽不定的。她拥有某种不可觉察的南方精神，这种南方精神表现在人身上，使得他们往往带有入世和出世的双重机因：一方面是内向的、精明的、理性的、务实的；另外一方面也有着理想的倔强、超越现实的执拗，以及飘忽不定的浪漫。”①

安庆人性格的双重性，使之将南方人的含蓄和北方人的直率集于一身。就性格的豪放而言，除了说话办事爽快果断以外，最能体现安庆人豪放性格的，莫过于酒席桌上。你若到安庆做客，那景象绝对可与东北人、山东人有一比。别的不说，单是喝酒的杯子，就足以让你感到气度不凡。那杯子绝不是小酒盅，而是喝茶用的玻璃茶杯，大的可盛半斤，小的也能装个三四两。宾主坐定后，茶杯一字斜摆开，斟满了再说。别看一开始喝得挺斯文，半杯酒下肚，便开始热闹起来。为了陪客人喝好，频频不断地

① 赵焰：《水火交融安庆人》（http://roll.sohu.com/20121108/n357023068.shtml）。

和客人“放擂子”，半杯酒一口干了。[①] 真是豪气冲天！还有，若与合肥人相比，合肥人普遍闷得多，安庆人普遍喜欢讲得多，所以，安庆人不喜欢闷头驴子，合肥人则不喜欢嘴皮嘴眼的人。

酒席桌上的粗犷，只是安庆人性格中的一个侧面。从另一个侧面看，日常生活中，也还有非常细腻的一面。说到细腻，我不禁想起笔者的一位学生。那是一位典型的充满朝气的女孩，却又十分内秀的安庆人。表面上看，她端庄大方，说话直率，然而，又是个非常细心的人。在瑶乡进行田野考察时，不仅按老师的要求完成了任务，而且观察仔细，在考察中发现了NGO组织对当地小学的支持和援助有价值，便主动到小学做志愿者，给学生上课，并参与NGO的慈善活动。她感情细腻，办事细致，不仅白天上课，组织学生活动，晚上还巡视学生宿舍，发现了个别学生的“早恋”现象，及时做了学生的思想工作。

安庆人的双重性格，不仅仅表现在喝酒以及情感的细腻这些生活细节上。和谐是皖江文化的灵魂。这个观点得到了如下材料的支撑。如从方言语音的使用上，也可略见一斑。安庆的语音，既有北方语音的刚健、硬朗，又有南方语音的柔和、甜润。刚中带柔，柔中带刚，这既可以说是安庆语音的特色，也可以看成是安庆人的总体性格特征。说“天上九头鸟，地下湖北佬”，安庆人似乎不以为然。我就听到不少安庆人说过，“三个湖北佬，抵不到一个安庆佬”[②]。

二　休闲斯文的安庆人

安庆人还得皖江水文化的灵气，具有休闲斯文的特征。

安庆人的休闲斯文，不仅表现在社会风俗上，“人民举止斯文、饮食恬淡适中，喜喝淡茶，饮低度酒，好吃甜点、大米、水产等。其歌词委婉，如黄梅戏，场面小，唱腔委婉，以小词调见长，多俚语，而少武戏”[③]。而且“安庆”之名也概括了当地人斯文淡定的心态。安庆地区环境优美，吃饭无忧，不仅成为历史上历次避乱之地，也成为禅宗的发源

① 长江北岸南方人：《中间地带的边缘——安庆市》（http://blog.sina.com.cn/s/blog_3e3dd2d90100ch31.html）。

② 同上。

③ 朱洪：《皖江文化的特点（3）——与淮河文化、徽州文化比较》，《学术界》2008年第5期。

地。作家赵焰曾这样描写安庆人：

> 这里的人，更喜欢江边流行的纯朴欢快的乡野小调，更喜欢识字和画画，更喜欢喃喃念佛满脸忧伤，甚至，更喜欢男欢女爱……比较起北方的粗粝和混沌，这里的人对欢乐、对失落、对年老体衰、对死亡将至、对情爱和痛苦更为敏感，对无限的追怀和亲情更为重视。尽管身处艰难，那种坚韧和不拔却始终如一，生活踏实，做事严谨而认真，很少能看到这一带有做事浮夸、如花花公子一样挥霍钱财和生活的人。很多人的一生无比艰难，但他们却一直坚韧地负重爬坡如平地——他们始终拥有的，是一种平静的态度，可以说是认命，也可以说是坚韧。这一点就像水，虽然也有激情满怀的时候，但在大多数时间里，却是那样波澜不惊，那是因为他们能容纳很多东西。……皖江一带生活的人，似乎不像下江人那样柔弱温顺、理性清明，而是暗藏着某种火的特质：剽悍、倔强、执拗，内敛中暗藏着极度的刚强。用一个通俗的比喻就是，皖江一带的男人，不完全是老实憨厚的董永，他们也是倔强执拗的陈独秀；或者说，表面上是董永，骨子里是陈独秀。这一块水气漫漶的地方，就这样潜伏着某种"火气"，明为水，暗为火，有不屈的灵魂和思想，像火一样星星点点。它们甚至会在某一时刻铺天盖地地燃烧起来。火中有水，水中有火，是皖江一带独特的底质。①

由此可看出，氤氲、安稳与眷恋的休闲斯文，是安庆人骨子里的性格。安庆是典型的以农村经济为主的城市，千百年来相对发达的小农经济使这里具有鱼米之乡的称谓。江淮之间的丰沛雨量和温暖湿润的气候带来农作物的年年丰收。正如有学者所言："安庆地区富裕，吃饭无忧；环境美，山清水秀；群山俊秀，远离战争，故能够成为禅宗发祥地。佛教忍让、求安等，为皖江风俗所吸纳。故皖人不多事、少吵架、少酗酒、少闹事。另一方面，斯民少勇、缺乏开拓精神，小富即安，易满足。'安''庆'二字，颇能概括当地人心态。"②

---

① 赵焰：《水火交融安庆人》（http：//roll. sohu. com/20121108/n357023068. shtml）。

② 朱洪：《皖江文化的特点（3）——与淮河文化、徽州文化比较》，《学术界》2008 年第 5 期。

也正是传统小农经济催生了安庆人的小农意识，人们只求温饱，不求发展，只求守旧，不知变革。稳定和温饱是绝大多数安庆人毕生的追求，从而铸成了安庆人“小富即安”的人文特征。

三 重教崇文的安庆人

安庆人重视教育，追求读书做官的人生境界，与江西人有共性，所以现在教育已成为安庆的一块品牌、一张城市名片。

安庆现辖三区一市七县，总人口 613 万人，其中学生 113 万人，教职工 5.7 万人。安庆人历来有“尊师重教”“重读尚文”、勤奋好学的进取精神，正是依靠这种追求，写就了安庆重教育的一个又一个辉煌篇章。以可查的 2007 年高考为例，安庆市教育安庆高考第三十次在安徽省夺魁。根据安徽省高考（不含对口招、艺体类）成绩统计，安庆市 73645 名考生（文科 31026 人、理科 42619 人）中，本科达线 24928 人，达线率为 33.85%，其中文科 7932 人，达本科线率为 26%；理科 16996 人，达本科线率为 40%。专科达线 67014 人，达线率为 91%，其中文科 27362 人，达专科控制线率为 88%；理科 39652 人，达专科控制线率为 93%。达线考生中，共有 3927 人达重点本科（一本）分数线，其中文科 887 人、理科 3040 人。太湖中学考生黄一舟以 637 分名列全省文科第二，安庆一中考生王禾以 705 分名列全省理科第二。五年来有 2 名全省高考状元花落安庆。用安庆人的话说：“夺魁，已成为安庆的一种习惯。”①

再以安庆岳西县为例，该县位于大别山东南麓的青山秀水间，经济滞留而贫瘠，社会资源匮乏，社会发展缓慢，国家级贫困县帽子尚未摘除，2006 年，全县财政收入仅为 1.46 亿元。但为了“两基”达标的“千秋基业”，近十多年来，“不修祠堂不修庙，勒紧裤带做学校”，“少吃几斤肉，集资办教育”，县内干部群众和企事业单位累计捐款集资超过 1000 万元！十年来，累计获得救助的学生超过一万人！如今，在岳西的崇山峻岭中穿行，你会惊喜地发现，有五星红旗的地方就有学校，有学校的地方就有美丽的校园，有校园的地方就有漂亮的校舍，有校舍的地方就有适当的

---

① 王浩淼：《教育已成为安庆的一张城市名片》，《安徽青年报》2008 年 1 月 11 日。

配备!①

安庆有句俗语叫作“养儿不读书，不如养壮猪”，这是所有的安庆人都耳熟能详的。重视教育是安庆人的一大优点。历年来，每年毕业的安庆籍大学生均占安徽省籍大学毕业生总数的百分之三十以上。许多大学里洋溢的都是安庆的乡音，安庆一些优秀普通高中的高考升学率甚至达到或超过皖北的一些省级重点中学。安庆不愧是教育之乡！

“文气”是安庆文化中的风骨，而桐城文化则是安庆崇文风貌精气神的表达。桐城派是清代最大的散文流派，影响文坛两百多年。桐城派的代表人物戴名世、方苞、刘大櫆、姚鼐以师法自然、清正雅洁的文风著称。方苞是桐城派的开山祖师，提出了文章的“义法”说。姚鼐在继承了方苞、刘大櫆的理论的基础上，提倡文章要“义理”“考证”“辞章”三者相互为用，为桐城派的奠基者。② 通过书院讲学、私人授徒、编纂文选等方式，桐城派的弟子迅速壮大③，桐城派成为超地域的文学派别，从而桐城古文的影响遍及天下，明人戴名世说为文要“率其自然而行其所无事”，又说：“窃以谓天下之景物，可喜可愕者不可胜穷也……至于用之于文则自余始。”历城周书昌为之曰：“天下之文章，其在桐城乎？”

于是，中国文学史上赫赫有名的桐城派在安庆崛起，影响了数代文人墨客。时至今日，桐城派的影响依然存在，现当代文化大家胡适、朱光潜等，无一不曾受到过桐城派散文的润泽。桐城派所凝聚的文气匠心，构成了安庆文化的主体内容之一。因此，用“文化之城”来形容安庆，再恰当不过了。

事实上，历来重视教育的安庆人，在这座文气弥漫的城市里，文人气息一直相当浓厚，就近现代而言，陈独秀、邓稼先、赵朴初、朱光潜、宗白华、张恨水、朱湘、海子等文人名流辈出，也展示了桐城文气的唯美主义和理想主义，从而使书香门第的文气在安庆人中沉淀。

① 王浩淼：《教育已成为安庆的一张城市名片》，《安徽青年报》2008 年 1 月 11 日。

② 陈春华：《清代书院与桐城文派的传衍》，博士学位论文，苏州大学，2013 年。

③ 曾光光：《桐城派的传承与传统教育》，《清史研究》2005 年第 3 期。

第八章　杭州人

俗话说："上有天堂，下有苏杭。"杭州人是幸运的，他们生活在"人间天堂"，是中国汉民族中幸福感最强的族群之一。

杭州作为浙江省省会，东濒杭州湾、钱塘江，与绍兴相接，西南与衢州相邻，北与湖州、嘉兴毗邻，西南与安徽的黄山交界，西北与安徽的宣城交接。总面积 16596 平方公里，人口在 2013 年时为 786.2 万。下辖 8 个区，即上城区、下城区、江干区、拱墅区、西湖区、滨江区、萧山区和余杭区；5 个县（市），即富阳市、建德市、临安县、桐庐县、淳安县。杭州之美，首推湖山之秀，又有文物之盛。

第一节　杭州人的语言

杭州人的语言为杭州话。杭州话属吴语太湖片杭州小片，通行范围为杭州城区，即传统的上城、下城、西湖、拱墅、江干五个老城区内，大致东至余杭下沙，南到钱塘江边，西自五云山、转塘至留下附近，北经拱宸桥至余杭三墩，东北经笕桥至余杭乔司之间。在这个范围之内，约有 100 万人说杭州话。今天杭州城区的范围在不断扩大，居民的大量搬迁使杭州话突破了五城区的范围，但其核心仍然保留在这个范围内，面积约 300 平方公里，使用人口约 100 万。这就形成东、北、西三面呈环形，为原余杭县（现杭州余杭区）所包围，那里通行的是属于吴语太湖片苕溪小片的余杭话；南面是钱塘江，江对岸是原萧山县（现杭州萧山区），通行的是属于吴语太湖片临绍小片的萧山话的方言岛。

杭州话岛成了吴语中分布范围最小、使用人口最少的方言之一。

一 杭州话的形成

杭州话的历史可以追溯到春秋时期，那时吴越两国争霸，杭州先属越，后属吴，越灭吴后，复属越。因此，当时的杭州话属于古吴语。汉语方言史告诉我们，吴语，是周朝吴王泰伯迁吴的时候，吴国贵族讲的话和当地尚未属于汉族的越族居民的语言，逐渐相互融合产生的。杭州话在秦、汉、三国、西晋时期未发生大规模的变化。那么，从什么时候开始杭州话发生了变化呢？据鲍士杰《杭州方言词典》[①] 的研究，杭州话的形成经历了两个时期。

东晋永嘉南渡为第一个时期。吴语在永嘉之乱以前，已经确立了其作为一种独立方言的地位。而经过永嘉之乱和晋室南迁，杭州迎来了一大批说中原话的北方人。北来移民在人口、政治、经济等方面处于优势地位，大大改造了当时的杭州话。此后从南朝直到北宋，杭州话的发展比较平稳，目前查阅到没有任何文献提及这段时期杭州话的变化。

南宋建炎南渡为第二个时期。杭州话的形成与南宋建都于杭州有直接的关系。宋室南迁，宋高宗以杭州为行在，筑行宫于凤凰山。南迁官吏士民虽然都分散住在各州府县，但随着朝廷定居在杭州的比定居在别处州县的要多得多。这种压倒多数的移民，在语言上直到明代时也仍然保存着北方方言的特征，郎瑛曾说，杭州“城中语音，好于他郡。盖初皆汴人，扈宋南渡，遂家焉，故至今与汴音颇相似”。[②] 而从河南开封迁都到杭州的皇室官吏操的是汴梁官话，南迁的中州臣民讲的也是以汴梁为主的北方方言。于是，在南北两种方言的接触中，土著方言在语音、词汇、语法各方面均不同程度地受到北方官话的冲击、渗透和交融，正如《重修浙江通志稿》记载“浙江自宋高宗南渡，中州臣民……散处各州府县，文言土话，掺杂糅混，因双声迭韵之转变，渐趋分异”，遂形成吴语中自成一片的杭州话。

据杭州方言学者徐越的研究，这种冲击、渗透和交融主要表现在以下方面。

（一）语音方面

1. 杭州话的语音系统是地道的吴语，但文白异读系统不发达，仅个

---

① 鲍士杰编纂：《杭州方言词典》，江苏教育出版社 1998 年版，第 16 页。

② （明）郎瑛：《七修类稿》卷二六《杭音》，上海书店出版社 2009 年版。

别字残有文白异读的现象，一些周边吴语普遍存在文白两读的奉母、微母、日母和见母等字，杭州话都只有相当于周边吴语文读音的一读。例如微母的“忘、网、蚊、问、味”等字只有声母 v 一读；日母的“人、日”等字只有声母 z 一读；见开二的“家、江、交”等字只有舌面音声母一读。正如赵元任在《现代吴语的研究》中所说的：“别处有文白两读的字（家、间、交、江、樱、角、甲、耳等），在杭州大都取文派的读音，白话中取白派音的字甚少。”①

2. 杭州话儿缀念自成音节的舌尖前浊边音 l，例如“姑娘儿、老头儿、小伢儿”，与浙江吴语其他地方念鼻音很不一样。杭州话儿缀的读音是对北方官话的直接继承，南方人不会发儿化韵而以音色较为接近的边音代替之并自成音节，这是很自然的，直至今天，江浙一带人说普通话仍然以 l 代 ɚ。

（二）词汇、语法方面

1. 一些日常生活用语最先受到北方官话的影响和冲击，变得与北方官话一致而与周边吴语不同。表 9 罗列杭州话中的官话词语，并与周边的余杭话、萧山话、嘉兴话、湖州话相对照方言材料均为徐越调查所得。

2. 另一些词语显然是由南北两种方言糅合而成，它的语素一部分跟周边吴语相同，另一部分跟北方官话相同，表现出亦吴亦官、你中有我、我中有你的特点。

杭州话与周边吴语词语比较（一）②

北方官话	杭州话	余杭姚村话	萧山大路张村话	嘉兴话	湖州话
日子	日子	日脚	日脚	日脚	日脚
桌子	桌子	桌床	=条	台子	台子
女儿	女儿	囡儿	囡	囡儿	囡儿
奶奶	奶奶	娘娘	娘娘	亲妈	娘姆
洗	洗	汏	=敷	汏	汏
站	站	隑	隑	立	立
下棋	下棋	走棋	走棋	着棋	着棋

资料来源：徐越：《宋室南迁和杭州话的形成》，《江西社会科学》2005 年第 2 期。

① 赵元任：《现代吴语的研究》，科学出版社 1956 年版，第 83 页。

② 表格中左边的“=”表示同音替代。

杭州话与周边吴语词语比较（二）

北方官话	杭州话	余杭姚村话	萧山大路张村话	嘉兴话	湖州话
锅	锅子	锅儿	镬	镬子	镬子
锅铲子	抢锅刀	锅抢	抢刀	抢刀	镬抢
傍晚	晚快边儿	夜快边	夜快边	夜快边	夜快边
晚上	晚上头	夜头	夜头	夜头	夜头
去年	去年子	旧年子	旧年子	旧年子	旧年子
昨天	昨天子	昨日子	昨日子	昨日子	昨日子
新郎	新郎官儿	新大爷	新郎官	新官人	新官人

资料来源：徐越：《宋室南迁和杭州话的形成》，《江西社会科学》2005 年第 2 期。

3. 否定词用“没有”“不”，结构助词用“的”，与北方官话一致而与周边吴语不同。

杭州话与周边吴语否定词比较

北方官话	杭州话	余杭姚村话	萧山大路张村话	嘉兴话	湖州话
我不去	不	弗	弗	勿	弗
我没有去	没有	呒不	呒有	呒没	呒不
我的书	的	＝盒	＝犻	＝成	＝犻

资料来源：徐越：《宋室南迁和杭州话的形成》，《江西社会科学》2005 年第 2 期。

4. 人称代词用“你、我、他”，复数加“们”，与北方官话一致而与周边吴语完全不同。

就一般情况而言，人称代词是语言系统中最保守部分，但是在两种方言的接触中，它作为一种语言的特征词，由于使用频率最高，往往又是最容易被同化的。李荣先生说家乡人表扬他不忘本，离家多少年还会家乡话。不像有些人，回家背回三扇“门”，一个是“我们”，一个是“你们”，一个是“他们”。这就很风趣地说明了这一点。

由于北方官话对杭州话的影响和冲击与南宋王朝共始终。随着南宋王朝的灭亡，这种影响和冲击不再深入。由于土著的经济、文化、科学技术水平均明显高于北方移民，从而构成了一种自我语言保护力，在北方官话

100 多年的冲击下，并没有因此而官话化。北方官话尽管给杭州话留下了抹不去的印记，并且一直遗存到现在，但是杭州话在最重要的方面仍然保持着吴语原有的特征。①

这样，宋室南迁定都杭州 147 年，北来人口的大批南移使当初临安（今杭州）城内，外籍居民与土著的人口比例对比非常悬殊，土著人口只占其中很小一部分，人口迁移带来的语言接触使中原汉语几乎覆盖原来的杭州话。明人郎瑛《七修类稿》卷二六《辩证类·杭音》云："城中语音好于他郡，盖初皆汴人，扈宋南渡，遂家焉，故至今与汴音颇相似。如呼玉为玉音御，呼一撒为一音倚撒，呼百零香为百音摆零香，兹皆汴音也。唯江干人言语躁动，为杭人之旧音。教谕张杰尝戏曰：'高宗南渡，止带得一百音摆字过来。'""玉"音"御去声"，次浊入归去，"一"音"倚"、"百"音"摆"，清入归上，正是《中原音韵》的并调套路。南渡汴音口语对杭州话的影响深远，入声随之丢失，所以，杭州话的语音在明朝还是北方话一类。

宋帝国亡后，中国的政治、文化中心移回北方，杭州和周边地区的关系发生微妙变化，杭州对周边的辐射型影响减弱，周边对杭州的离散型影响加强。周边吴语对杭州话渐成包围之势，一点点地渗透、还原着杭州话的吴语面貌。正如上述"呼玉为玉音御，呼一撒为一音倚撒，呼百零香为百音摆零香"所云，南渡汴音口语已有入派三声现象，杭音至明与汴音颇相似，从而塑成了今天的杭州话。② 今天，杭州话也仍然是吴语方言中属于"半官话"性质的一支，具有显明的个性。

二 杭州话的特点

杭州话的基因是吴方言，但又融入了北方话的因素。

（一）杭州话的语言学特点

杭州话拥有 30 个声母。杭州话完整地保留了中古浊音，即"巴""怕""爬"三字声母相互对立。次浊依据声调阴阳两分。与典型吴语不同的是，杭州话里古日母、微母多读擦音；古见、系二等字多读塞擦音。

① 以上参阅徐越《宋室南迁和杭州话的形成》，《江西社会科学》2005 年第 2 期。

② 以上参阅赵庸《杭州话白读系统的形成》，《语言研究》2012 年第 2 期；徐越：《从宋室南迁看杭州方言的文白异读》，《杭州师范学院学报》（社会科学版）2005 年第 5 期。

杭州话有38个韵母。和普通话相比，杭州话韵母多单元音化，如效摄读若英语 dog 中的 o，而普通话则是读若 house 中的 ou。杭州话中保留了入声，但入声韵尾已经合并一律收于喉塞。古咸山两摄在杭州话中两分，例如：关/guɑi/≠官/guə/。

杭州话有7个单字调，分别为阴平、阳平、上声、阴去、阳去、阴入、阳入。古上声全浊归入阳去，古上声次浊和清音今仍读上声。就调值来看，杭州话中阳声调调值都低于对应的阴声调调值。杭州话有着复杂且丰富的连续变调。入声都是促调，并且带喉塞尾，它的单元音特别丰富，复元音少，在杭州方言中鼻韵尾只有一套"因、音、英"三字同音。这些都是北方方言没有的特点，而与邻近吴语则是完全一致的。①

可见，杭州话接受了北方语言的用词，保留了吴语发音特点，从而在以柔见长的吴语系统中，形成了相对硬朗的独特方言。

（二）杭州话的人类学特点

第一，杭州话的发音部位在舌尖上。与北方话相比，是杭州话的发音部位不好。比如，北方语系发音大都在舌中和舌根，注重气息和口腔共鸣，字正腔圆，语音洪亮，轻轻一语，就可以传送得很远。而到了苏州、上海一带，说话的发音区前移了，大都在舌上，语音带有鼻腔共鸣，柔软、甜美，极富水乡特色。而杭州话的发音全在舌尖上，全不顾其他什么器官的共鸣，语音短、语频快，在声乐上称之为"白声"。这种语声特别不适宜登台，台上声嘶力竭，台下还是听不分明。有人认为这大概是杭剧绝种的主要原因之一。奇怪的是，过了杭州人们说话的发音部位又都缩了回去。赣语、客家话、湘语、闽语都这样，特别是粤语，更是腹腔、鼻腔齐用，声音要让它在口腔中转几个弯才出来，真是委婉动听。有人形象地比喻说，如果汉语的发音走位是一个"舌"形，那么杭州话是"东海前哨"，在舌尖上。

第二，杭州话的用语区域狭窄。说杭州话的区域大致只有杭州老城区的范围。现在市区扩大了，如笕桥、下沙、三墩、半山地区的言语，都不能算作杭州话了。其主要区别是杭州话与这些地区言语的用词不同。最简单的就拿"我们"一词来说，笕桥叫"呜勒"，下沙叫"伢"，三墩叫

---

① 以上参阅鲍士杰《杭州方言词典》，江苏教育出版社1998年版，第6页。

“喏我”，半山叫“阿拉”。相隔不过数里之地，用语完全变了词。①

第三，杭州话里“儿”蛮多。据说是因为老底子杭州土著学说河南汴京官话的缘故，杭州人说话在用词上多加“儿”这一后缀。筷子叫筷儿，调羹叫瓢羹儿，绳子叫绳索儿，傍晚叫晚快边儿，玩叫搞搞儿，逛街叫耍子儿（趟趟儿），吃零食叫吃消闲果儿，麻雀叫麻巧儿，乌鸦叫乌老哇儿，一点点叫一滴滴儿，一会儿叫一歇歇儿，谈恋爱约会叫靠位儿，找人碴子叫寻事儿。这几个“儿”一加就加出了水乡语言的韵味：男孩叫男伢儿，女孩叫女伢儿，小孩子又通称小伢儿，小伢儿吃的米糕叫荷花糕儿……有儿歌这么唱：小伢儿，搞搞儿，搞得不好闹架儿。这里的搞搞儿与耍子儿，都有玩的意思，但搞搞儿大都指玩游戏，而耍子儿的含义要大一点，既有游戏的意思，还包含旅游的意思。花儿都不起——说这话的杭州人，往往两眼往上一翻，摆出一副不屑一顾的样子，因为这句话的意思就是，这样东西在我眼里可是一点都看不上眼！

宋代时，皇室南迁以及流民、难民的进入，将北方官话带到了江南杭州。当地人所使用的土著方言受到了强烈的冲击，但同时又形成了一种自我保护功能，所以现在的杭州话里，北方官话有大量的痕迹，但总体而言，杭州话在最重要的方面保留了吴语的特征，所以杭州话是带有官话色彩的吴语。②

第二节　杭州人的形成

杭州人，是汉民族滚“雪球”中在华东地区形成的一个代表族群。在它的形成过程中既有古吴越族群的底色，又有华夏族群的融入，还有汉民族北方族群的迁入。

一　历史记忆：杭州人的文化底色

杭州人的底色有三层：一是良渚文化；二是大禹文化；三是吴越文化。

（一）良渚文化：杭州人最初的底色

良渚文化早在5000年前后，就发育成熟于此。文化时期，制陶、治玉、

① 杨坚康：《杭州人的“说”：音短语俗，濒临绝境》，《观察与思考》2000 年第 3 期。

② 徐越：《宋室南迁和杭州话的形成》，《江西社会科学》2005 年第 2 期。

纺织等手工业部门已从农业中分离出来，达到较高的水平；漆器、木器、竹器、象牙器等，都表现出当时生产力在一定程度上的先进性及其所孕育的文化内涵。良渚文化最令人称奇的是发达的玉器，几乎达到无墓不出玉的程度。品种之丰富、雕琢之精湛，令人叹为观止，正好与记载中国早期吴越历史、地理的重要典籍《越绝书》中所说的“玉器时代”相吻合。

更令人称奇的是，2006 年 6 月在杭州市余杭区凤山村农民发掘出土了良渚古城。在方圆 290 万平方米的区域内，良渚古城的面积相当于四个紫禁城，三面环山，面朝大海，像一个半封闭的簸箕。城墙外，有人工护城河环绕，利用天然地形，良渚人隔离出一个世外桃源。据鉴定，防护堤和古城年代，与埃及金字塔的年代相当。良渚古城的内部结构与“宫”“国”二字重合得天衣无缝：既可解释为下面是大台子，上面是小台子，小台子上再建房子，就是良渚的王“宫”；又可解释为中间是美玉，外面加四堵墙守卫，就是良渚古“国”。天底有这样的无巧不成书吗？良渚文化和良渚古城所透露出来的，正是中华文明起源的曙光①，也正是杭州人最初的底色。

（二）大禹文化：杭州人的底色之二

在公元前 21 世纪以前，据传杭州地区就已与中原文化有了关系。当时，大禹为了大会诸侯曾到绍兴的会稽山，他在杭州地区“舍杭登陆”。“古代的‘杭’就是两船相并的‘方舟’的别称，舍杭即离开船的意思。因此后人就把此地叫禹杭。禹与余音同，口语相传，误禹杭为余杭了”②。大禹后来据说死在绍兴。因此，到夏代时，为了奉祀先祖，就分封夏少康的庶子无余到会稽。③ 如果这个传说属实，那么，至少汉族先民的上层文化与杭州地区的土著文化已有了一定程度的交流。这又为杭州人抹了一层底色。

（三）吴越文化：杭州人的底色之三

进入夏、商、周三代以后，周民族首领古公亶父的长子泰伯和次子仲雍打破了东南一带一直悄然无声的局面。史书记述，他们兄弟俩从陕西出

① 参阅徐杰舜主编《中华民族史记》，载徐杰舜、余淑玲《根的记忆》，福建教育出版社 2014 年版，第 156—157 页。

② 林正秋：《古代的杭州》，载《古代杭州研究》，杭州师范学院学报编辑室、浙江地方史研究室编印 1981 年版，第 3 页。

③ 《史记·越王勾践世家》。

发，来到荆蛮吴越地区（今江浙一带）。吴越地区居住的民族和中原民族风俗迥异，泰伯、仲雍遵从当地人的风俗，断发文身，即剪掉长发，身刺花纹，而成了吴越人。也正是由于泰伯、仲雍把中原先进的农业生产技术带到了吴越地区，促进了当地经济的发展，当地土著自愿拥立泰伯为君长。因泰伯所居之处属吴地，他在这里建立的姬姓国家称为“句吴”。这又为杭州人抹了一层厚厚的底色。

二　族群先驱：杭州人的雏形

春秋、战国之交，杭州地区先后为吴、越、楚领有。至秦始皇平定海内，统一中国后，开始了华夏文化对吴越地区本土文化的不断互动、磨合、整合和融合，最终使杭州文化成为汉民族文化的一部分，融合的结果就是在汉民族“雪球”的滚动中杭州人的雏形形成。

（一）秦汉：杭州人雏形人口基础的奠定

秦初设为钱唐县，相传始皇东游曾到过此地，现在西湖北岸的宝石山下，有秦皇缆舟石。秦始皇本人最后一次南巡曾“过丹阳，至钱塘”。①钱塘即今杭州。他对越族人采取的措施是，一方面将他们从会稽迁往余杭等地，另一方面又“徙天下有罪吏民置南海故大越处”。② 即将中原移民迁入越地，开始了杭州人雏形形成之旅。

两汉仍沿称钱唐县。西汉，高祖六年（前 201 年）今杭州为刘贾荆王国地。高祖十二年（前 195 年）为刘濞吴王国地。景帝四年（前 153 年）刘濞以反叛诛，国除，钱唐、余杭两县仍属会稽郡。汉武帝元狩中，钱唐县并为会稽郡西部都尉治，成为会稽郡的军事要地。新莽时改钱唐县为泉亭县，改余杭县为进睦县。东汉光武初，复名钱唐、余杭。建武六年（30 年）西部都尉治撤销，并钱唐入余杭。大约在安帝时，又恢复钱唐县。东汉顺帝永建四年（129 年）分会稽郡为吴郡和吴兴郡，钱唐县属吴郡，余杭县属吴兴郡。③ 《后汉书》载：“吴郡（顺帝分会稽置。雒阳东三千二百里。）十三城，户 164164，口 700782。”④ 《晋书·郡国》载：“钱唐，武林

---

① 《史记·秦始皇本纪》。

② 《越绝书·记地传》。

③ 周峰主编：《南北朝前古杭州》，浙江人民出版社 1997 年版，第 5 页。

④ 《后汉书·郡国》。

山、武林水所出。”随着江南的开发，尤其是北方战乱不已，江南相对稳定时期，大量北方移民迁入杭州，为杭州人的形成打下了人口的基础。

（二）隋代：杭州人雏形的出现

隋朝始设杭州，《隋书·地理志》载：“钱唐旧置钱唐郡。平陈，废郡，并所领新城县人。大业三年置余杭郡。有粟山、石甑山、临平湖。余杭郡平陈，置杭州。仁寿中置总管府，大业初府废。统县六，户一万五千三百八十。”唐人李华《杭州刺史厅壁记》文中有“隋置杭州，咽喉吴越，势雄江海”一说。杭州的设置，对杭州经济文化的发展意义重大。开皇十年（590 年）州治迁移到钱唐县。开皇十一年（591 年），杨素发动居民依凤凰山筑起了州城，周围 36 里 90 步，这是历史上对于杭州筑城的第一次记载。仁寿二年（602 年）置总管府于杭州，炀帝大业三年（607 年）废总管府，改杭州为余杭郡。隋炀帝大业六年（610 年）开凿江南运河，北起京口（今江苏镇江），南迄余杭（今杭州），长 800 余里，沟通了海河、黄河、淮河、长江和钱塘江五大水系，极大地促进了我国南北经济、文化的交流。杭州成为东南交通的枢纽，一个商贾并辏的商业都市。因此，从一定的意义上来说，杭州的设置是杭州人雏形出现的标志。

（三）唐及五代：杭州人雏形的巩固

唐初高祖武德元年（618 年）为避国号讳，改钱唐为钱塘，武德四年（621 年）又改余杭郡为杭州。太宗贞观元年（627 年）全国分为 10 道，杭州属江南道。玄宗开元二十一年（733 年）全国分为 15 道，杭州属江南东道。天宝元年（742 年）杭州又改为余杭郡，后又改余杭郡为杭州，属浙江西道，直至唐末。杭州在贞观年间仅 35071 户，153729 口，到了开元时增加到 86258 户。

唐朝时杭州日趋繁荣，与广州、扬州并列为国内三大通商口岸，是“东南名郡”，李华在《杭州刺史厅壁记》中说杭州是“咽喉吴越，势雄江海”，“郊海门，池浙江，三山动摇于掌端，灵涛喷激于城下，水牵卉服，陆控山夷，骈樯二十里，开肆三万室”。白居易也说：“江南列郡，余杭为大。”到唐宪宗时，杭州户口已增至 10 万。淳安唐代铜矿遗址出土的木轮、撑架、冶炼炉等文物，以及大量堆积的古代矿渣，都展示了当时的人们采铜、冶炼所达到的规模和技术。《旧唐书》载：“杭州上隋余杭郡。武德四年，平李子通，置杭州，领钱塘、富阳、余杭三县。六年，复没于辅公祏。七年平贼，复置杭州。八年，废潜州，以於潜县来属。贞观四年，分钱塘置盐官县。天宝元年，改为余杭郡。乾元元年，复为杭州。旧领县五，户三万五百七十一，口十五万三千七百二十。天宝领县九，户八万六千二百五十八，口五十八万五千九百六十三。”①

五代时期，吴越国王钱镠以唐代州治为基础，进行扩建，筑了子城，作为国治。到北宋南迁之前，杭州同湖州、秀州（嘉兴）一样，是鼎立的三个州治。钱镠在杭州建立吴越国时，北方迁入的汉族移民就更多。《中国移民史》第三卷所载杭州就有 13 人，仅次于苏州和升州，“表明杭州是移民的重要迁入区”②。五代时期是杭州成为都城的开始，吴越三代五帝，72 年经营，终于以经济富足、文化荟萃傲踞东南。

北宋太宗太平兴国三年（978 年），杭州降为北宋地方政权的治所。至道三年（997 年）全国分十五路，仁宗天圣八年（1030 年）为十八路，神宗元丰六年（1083 年）增至二十三路，杭州均属两浙路治，徽宗大观元年（1107 年）杭州升为帅府，领两浙路兵马钤辖。杭州在北宋时期是东南第一等大城市。仁宗皇帝说杭州是：“地有湖山美，东南第一州。”北宋柳永《望海潮》词描绘了当时的盛景：

东南形胜，三吴都会，钱塘自古繁华。
烟柳画桥，风帘翠幕，参差十万人家。
云树绕堤沙，怒涛卷霜雪，天堑无涯。
市列珠玑，户盈罗绮，竞豪奢。
重湖叠巘清嘉，有三秋桂子，十里荷花。
羌管弄晴，菱歌泛夜，嬉嬉钓叟莲娃。千骑拥高牙。
乘醉听箫鼓，吟赏烟霞。异日图将好景，归去凤池夸。

唐及五代杭州人雏形的巩固为杭州人的最后形成铺平了道路。

三 族群定型：杭州人的形成

历史的巨手把杭州人的雏形推进了南宋。南宋成了杭州人形成的“诞辰年”。

---

① 《旧唐书·地理志》。

② 葛剑雄主编：《中国移民史》第三卷，福建人民出版社 1997 年版，第 274 页。

（一）南宋建都杭州启动杭州人的形成

《宋史·地理志》载：南宋高宗建炎三年（1129年）闰八月，高宗自建康如临安，以州治为行宫，升杭州为临安府，亦称行在所。绍兴八年（1138年）三月，移跸临安。临安府治所钱塘、仁和两县升赤县（京都），辖余杭、富阳、临安、於潜、新城、盐官、昌化7县为京畿县。一时间，“辇毂驻跸，衣冠纷集，民物阜藩，尤非昔比”[①]。自吴越国以来的“东南第一州”一跃而成为全国的政治、经济、文化中心。到德祐二年（1276年）正月，元兵逼近临安，以至“豪华荡尽，只有青山如洛。钱唐依旧，潮生潮落”[②]。三月，元挟宋帝、太后等北行。至此南宋实以亡国。如果从建炎三年（1129年）到德祐二年（1276年）来计算，南宋定都杭州前后整整经历了147年。历史就是这样翻开了这一页。

（二）汉民族移民涌入杭州促进了杭州人的形成

宋室南迁，带来的直接后果就是中原汉民族移民蜂拥而至。而临安正经历了方腊起义的兵燹和金兵南下的战争破坏，人口大量死亡和流失，因而使外来人口数倍于当地土著。北方大量汉族迁入此地，“切见临安府自累经兵火之后，户口所存，裁十二三，而西北人以驻跸之地，辐较骈集，数倍土著”[③]；“大驾初驻跸临安，故都及四方士民商贾辐辏”[④]；而“中朝人物悉会于行在（杭州）”[⑤]，造成“临安是移民最多的府”[⑥] 这一特殊现象。据南宋史学家李心传《建炎以来系年要录》记载，从建炎元年（1127年）到绍兴二十六年（1156年），三十年间，中原汉民族移民已经超过土著。以地区言之，流入临安的汉民族移民以汴京（现洛阳）为最多。

那么，那时临安城究竟有多少人口？其中又有多少外来人口？据徐越的研究，要确切地知道南宋临安城的人口数，唯有根据《咸淳临安志》的记载来推算。[⑦] 据《咸淳临安志·户口》，乾道年间、淳祐年间、咸淳

① （宋）吴自牧：《梦粱录》卷一二《西湖》。

② （宋）汪元量：《传言玉女·钱塘元夕》。

③ 《建炎以来系年要录》卷一七三，绍兴二十六年七月丁巳。

④ （宋）陆游：《老学庵笔记》卷八。

⑤ （宋）陆游：《陆放翁全集·渭南文集》卷一五《傅给事外制集序》。

⑥ 葛剑雄：《中国移民史》第四卷，福建人民出版社1997年版，第278页。

⑦ 南宋知府潜说友曾多次主持编纂地方志，保留至今的有乾道年间、淳祐年间、咸淳年间的三部方志，人称《临安三志》。前两志仅存残本，《咸淳临安志》比较完整地保留下来，成为研究杭州南宋历史的宝贵资料。

年间临安府治所钱塘、仁和两县的人口情况见下表。

乾道、淳祐、咸淳年间钱塘、仁和两县的人口

	乾道年间（1165—1173）		淳祐年间（1241—1252）		咸淳年间（1265—1274）	
	户数	人数	户数	人数	户数	人数
钱塘	46521	68951	47631	98368	87715	203551
仁和	57548	76857	64105	222121	98615	228495
总数	104069	145808	111736	320489	186330	432086
平均每户人数	1.4		2.88		2.32	

资料来源：徐越：《宋室南迁和杭州话的形成》，《江西社会科学》2005 年第 2 期。

南宋朝廷把户数的升降作为考察州县政绩之一，所以其户数是比较正确的。但史学家认为南宋注重于男丁的登记，妇女往往不计在内，因此每户平均人口数量偏低：少则不到 2 人，多也不过 3 人。实际上南宋临安每户一般有四五口，多则十余口，有些大家庭几世同堂多达百余口。但这对我们判断人口数量增减的总体比例并无大碍。从乾道到咸淳的一百余年间，钱塘、仁和两县户数增加了近一倍，人口数量增加了三倍多。

上述钱塘、仁和两县的户数和人数包括了城郭和乡村两大部分，大于临安府城的户数和人数。临安府城的人口，因史书缺乏记载，无法得知确切数目，但可以根据相关材料进行推测。

（1）临安城郭的人口首先要减去不属于城郭的钱塘、仁和两县的乡村人口。据《咸淳临安志》载，钱塘县不属于城郭的有 13 个乡，仁和县不属于城郭的有 11 个乡，两县合计 24 个乡。又据宋人马端临《文献通考》记载，南宋每乡编制一般为 500 户。24 个乡约有 12000 户，如果以上述咸淳年间户数和人数的比例 2.32 计算，约 27840 余人。上述两县户数和人口数减去乡村户数和人口数就成为临安城郭（包括南、北两郊厢）的户数和人口数。据此，咸淳年间南宋临安城共有 174330 余户，404246 余人。

（2）临安城郭的人口还要减去南、北两郊厢的人口。据《咸淳临安志》卷五三记载：嘉定十一年（1218 年）前后统计，城南郊厢约有

40000户，城北郊厢约有20000户，合计约60000户。如果以上述咸淳年间户数和人数的比例2.32计算，约139200人。据此，咸淳年间，南宋临安城城区有114330余户，265046余人。[①]

正是这一次决定性的移民，促进了族群的互动、磨合、整合和融合，使杭州人从语言到文化形成了自己独特的族群特征，所谓“士庶服饰乱常，声音乱雅”[②]；“饮食混淆，无南北之分”[③]；各种娱乐活动诸如叫声、杂扮、弄戏影、说唱、瓦舍等方式和场所，也都源于东京（今开封）或北方。[④]意大利旅行家马可·波罗在其游记中这样描述杭州的繁华：“城内，除了各街道上有不计其数的店铺外，还有十个大广场或市场。这些广场每一边长八百多米，大街在广场的前面，宽四十步，从这座城市的一端，笔直地伸展到另一端。有许多低矮而便利的桥，穿过这座城市。”“十个方形的市场，每一个都被高楼大厦环绕着，大厦的下层是商店，经营各种制品，出售品种齐全的货物，如香料、药材、小装饰品和珍珠等。”[⑤]

元至元十四年（1277年）改临安府为杭州，杭州人从此正名，杭州的经济仍然是东南之首，马可·波罗大约就是在这时见到了杭州，他感慨地说：“世界最美丽华贵之城……人处其中，自信为置身天堂。”[⑥]明初仍设杭州府，清代又沿袭了明代的建制，顾祖禹在《读史方舆纪要》卷九〇《浙江二》记载：

> 杭州府东南至绍兴府一百三十八里，西南至严州府二百七十里，北至湖州府一百八十里，东北至嘉兴府一百九十五里。自府治至南京九百里，至京师三千三百里。《禹贡》扬州之域。春秋为越国之西境，后属楚。秦汉并属会稽郡。后汉顺帝以后，属吴郡。三国吴分置东安郡治富春，寻罢。晋属吴兴及吴郡。宋、齐、梁因之侯景尝以钱唐为临江郡，富阳为富春郡。陈置钱唐郡。隋平陈，废郡置杭州初治

---

① 以上参阅徐越《宋室南迁和杭州话的形成》，《江西社会科学》2005年第2期。

② 《宋会要辑稿》卷一五之一二。

③ 《梦粱录》卷一六《面食店》。

④ 参阅《东京梦华录》《梦粱录》《都城纪胜》等有关内容。

⑤ ［意］马可·波罗：《马可·波罗游记》，陈开俊等译，福建科学技术出版社1981年版，第176、177页。

⑥ 同上书，第177页。

余杭。开皇十年，移治钱塘。炀帝大业三年，改曰余杭郡。唐复为杭州。天宝初，曰余杭郡。乾元初，复曰杭州《新唐书》：乾元二年，杭州置余杭军。景福元年，赐号武胜军。二年，镇海军自润州徙屯此。又有乌山戍，或曰即吴山也。五代时，吴越都于此谓之西府，谓越州为东府。宋仍为杭州亦曰余杭郡。淳化五年，改军号曰宁海军节度。建炎三年，升为临安府时定行都于此。元曰杭州路。明初改杭州府，领县九。今仍曰杭州府。

杭州人从此屹立于西湖之畔、东海之滨。

第三节　杭州人的人文特征

六十多年前，著名作家浙江富阳人郁达夫在《杭州》一文中曾概括过杭州人的特性：意志薄弱，议论纷纭，外强中干，喜撑场面，小事机警，大事糊涂；以文雅自夸，以清高自命；只喜欢娱，不知振作等。[①] 但六十多年后，杭州市胜利小学四（1）班张夏临同学却写了一首《美丽的杭州，美丽的杭州人》的诗云：

杭州，
是一座流淌着道德血液的城市。
“最美妈妈”吴菊萍，
伸出充满母爱的双臂，
接住了失足坠楼的小生命。
“最美司机”吴斌，
拥有多大的勇气，
忍住剧痛，
挽救了一整车的生命。
“最美爸爸”黄小荣，
不顾自己的生死，

① 郁达夫著，曾智中、尤德彦编：《杭州》，载《郁达夫说杭州》，四川文艺出版社 2007 年版。

救起了溺水的生命。
我们身边的雷锋，
像是一根根蜡烛，
静静地燃烧自己，
为他人带来光明。
没有抱怨，
没有难过，
只是静静地，
静静地，
奉献自己。

时代不同，对杭州人特性的不同表达，使人们可以从纵深上认识和理解杭州人的人文特征。

一　天堂情结：杭州人的人文底蕴

杭州人太爱杭州了，他们不愿外出，凡在外地谋生的杭州人，被“正宗”的杭州人所蔑视。因为在杭州人眼里，没有比杭州更好的地方了。与上海人的“恋沪癖”相似，杭州人有很深的“恋杭癖”。上海人自视甚高，但是杭州人的自豪感甚至超过上海人，杭州人从来不会提出这样的问题：“哪个地方最好?”因为答案对他们是不言自明的：第一，西湖风景，举世闻名，“上有天堂、下有苏杭”；第二，杭州曾作为南宋首都，广阔的江南没有一个城市有此殊荣。[①]

确实，杭州是美丽的，有人曾用散文诗的韵味写道：

一湖、二峰、三泉、四寺、五山、六园、七洞、八墓、九溪、十景为胜。杭州，名副其实地成为我国东南部风景名胜优异、人文古迹荟萃的名城。赏不完的烟雨阁楼，观不尽的亭台楼榭，过不完的小桥，走不完的石板路，品不够的西湖龙井，闻不够的杭白菊，源远流长的丝绸罗缎，清悠婉丽秀气优美的越剧……尘烟渺茫间，以为误入天堂，如此美景竞争妍。……

① http://blog.sina.com.cn/s/blog_4b88fd3a01009dev.html.

说杭州，就一定要说西湖。西湖旧称武林水、钱塘湖、西子湖，宋代始称西湖。诗人白居易任杭州刺史，大规模浚治西湖，并筑堤建闸，以利农田灌溉。又继李泌之后重修六井。从这时起，西湖之名益彰于世。杭州历任地方官，十分重视对西湖的整治。元祐四年（1089 年），著名诗人苏东坡任杭州知州，再度疏浚西湖，用所挖取的葑泥，堆成横跨南北的长堤（苏堤），上有六桥，堤边植桃、柳、芙蓉，使西湖更加美化。明正德三年（1508 年），郡守杨孟瑛继唐白居易、宋苏东坡后再次疏浚西湖，拓展田荡 3480 余亩，将苏堤增高、加宽，修建振鹭亭（即今湖心亭），砌筑小瀛洲，使西湖重放光彩。

苏堤春晓、曲苑风荷、平湖秋月、断桥残雪……这些动听美丽的名字，都取自西湖景色。西湖漫游过多少历史的风云，终成为经久不衰经典的湖。如江南经年后不会老去的诗情，氤氲着人们追求美的情怀。西湖是大自然的造化，也是杭州人智慧的结晶。

说杭州，就一定要说桥。一汪汪碧波下，总有一段段让我们向往彼岸的古桥。在西湖三大情人桥中，当数断桥最出名。断桥因许仙和白娘子缠绵悲怆的爱情故事连在一起，如果没有这个美丽的古老传说，这桥也就少了甚多神秘气息。本来充溢着脂粉味的断桥，却让一个绝妙的断字，使得这座桥占尽孤山，且寒冬残雪时最显得似断不断，晶莹得令人心骨皆清，多出了厚重的文化底蕴。这是何等巧妙的只可意会的境界啊！

你可慢慢踱过那错落有致的青石板，随意地穿梭在那幽深曲折的迷离古巷，伸手触摸那高高低低的石木墙窗，你也可涉江而过，听听那采莲曲，任由淡淡的愁恰似一江春水，绵绵不绝，情深款款。你还可听一出《陆游与唐婉》，听那清悠婉丽的唱腔，看那水袖流云是如何飘洒浮动，“红酥手，黄藤酒，满园春色宫墙柳”的叹咏，让你忘了今夕是何年，忘了归去的路。

你会倚在桥上发呆，那等闲的愁，也就这么萦绕着一弯皓月，你会坐在落日黄昏里，品一壶西湖龙井，喉底甘醇的回味，让你也学着江南才子，雅兴油然，泼墨舞文，浅吟低唱。

在这儿，使人不舍得移步离去。

“东南形胜，三吴都会，钱塘自古繁华。烟柳画桥，风帘翠幕，参差十万人家”，诗句是对美丽杭州最生动的描绘。

来到杭州，你自会迷恋那一片娇荷的生命力，就像是淡抹婉丽的佳人，在水一方，充满无限魅力。你恣意地呼吸那淡淡的烟雨，你自由地徜徉在如画的风景。孜孜不倦地行走在这座古都，感受她的休闲，她的无限美丽，她精华的沉淀。

杭州，不仅仅是一个地域的名字，更是一个美得无法言说的化身，她属于某些人毕生的情结，也作为一种具有代表性的生活方式，融入人们的思维和向往，使人感到幸福。①

林小冰写得真好！把“人间天堂”的杭州写得活灵活现，去过杭州的人会“流连忘返”，没去过杭州的人会“心神向往”，而住在杭州的人当然会形成“天堂情结”了。难怪杭州人对自己的故乡有一种特别的眷爱情感，也使他们安土重迁，不愿离开生养自己的城市。直到今天，这种安土重迁的特征，在杭州平民百姓中依然表现得极其鲜明。整个“杭州人盘踞在祖先的荣耀和遗产之上，被所谓悠久的历史和文化封闭并围困，年复一年地坐井观天，陶醉于一潭死水之中，性格里逐渐渗进了保守、封闭、夜郎自大的成分。与宁波人、温州人相比，杭州人保守有余，开放不足。宁愿在杭州当清洁工，也不愿去他乡的心理在杭州人的头脑中可说是根深蒂固”②。所以，杭州人没有那种大干一场的冒险精神，而是在日常生活的点滴中寻找细节和休闲的温情。苏轼的一首《饮湖上初晴后雨》：“水光潋滟晴方好，山色空蒙雨亦奇。欲把西湖比西子，浓妆淡抹总相宜。”写尽了西湖的美艳。杭州人的温情脉脉、细腻婉约，都是在湖光山色的熏陶中形成的，那种平和包容、注重实际的心态，让人感觉身处桃花源，不知今夕是何年。

“天堂情结”作为杭州人的人文底蕴，是因为“天堂情结”不是“阳春白雪”，是实实在在的草根意识。杭州人都清楚：杭州对于工薪阶层来说是一个比较理想的居住地，如果你付不起“的士”钱，那么一辆半新的自行车就让你轻松自如地在杭州奔走。杭州特定的历史文化和自然环境使得杭州人有一种温和的性格和小富即安的心态，他们平时

① 林小冰：《不辞长作杭州人》，《海内与海外》2013年第8期。

② 倪健中、辛向阳编：《人文中国》上册，中国社会科学出版社1996年版，第101页。

爱游西湖，逢节日则在西湖或近山中嬉戏游玩：清明要去湖滨山野踏青，端午要在西湖中竞龙舟，重阳节则要去北高峰登山，一年四季都将自己融入山水之中。明朝的高濂做了一部《四时幽赏录》可以作为杭州人与自然为伍的个性写照。春时幽赏：孤山月下看梅花，八卦田看菜花，虎跑泉试新茶，面溪楼啖煨笋，保俶塔看晓山，苏堤看桃花等；夏时幽赏：苏堤看新绿，三生石谈月，飞来洞避暑，湖心亭采莼等；秋日幽赏：满觉陇赏桂花，胜果寺望月，水乐洞雨后听泉，六和塔夜玩风潮等；冬日幽赏：三茅山顶望江天雪霁，西溪道中玩雪，雪后旗海楼观晚炊，除夕登吴山看松盆等。[①] 这种与自然山水为伍的精神，最终使杭州的自然景观和人文景观有机地结合在一起。正因为如此，杭州对进入恋爱时节的年轻人来说尤为适宜，四季分明、风景秀丽，有苏堤春晓、曲院风荷、平湖秋月、断桥残雪、柳浪闻莺、花港观鱼、雷峰夕照、双峰插云、南屏晚钟、三潭印月这西湖十大风景，加上无数优雅的去处，让热恋中的情人尽情漫步，对生活生出许多美妙的憧憬。杭州对老年人来说也是比较适意的，虽然菜价有点贵，但却四季新鲜、品种齐全，早晚在西湖边锻炼散步，特别符合晚年平和静谧的心绪。当然，杭州对于甘于寂寞、喜爱钻研的文人学者来说，也不失为一片绿洲。虽然你远离京城的信息发源地，未及上海国际化的穿梭交流，你却有一份“坐怀不乱”“侧看成岭”的旁观者的冷静和从容。比上不足、比下有余的人文地理环境，总是让杭州人在一种自得其乐的情调中享受人生。这对普通百姓来说，是比较安然的。[②] 的确，居住杭州确实容易令人心满意足。当年宋高宗建都杭州，岳飞坚决反对，理由是王室不可偏安，首都应建在虎踞龙盘的南京，有“帝王之气”，然而这位迷恋西湖的皇帝被这片锦绣河山诱惑得连骨头也是酥酥的了，早把抗御外侮收复失地的雄心壮志抛到九霄云外了。南宋诗人林升脍炙人口的七绝：“山外青山楼外楼，西湖歌舞几时休？暖风熏得游人醉，直把杭州作汴州。”讽刺的是南宋朝廷不思奋进，苟安杭州，过着醉生梦死的生活。从古至今，生活在西子湖畔的杭州人，同样享受到暖风醉人的惬意，杭州不是“天堂”却胜似“天堂”。所以，某些杭州人总觉得天下就杭州最好，哪儿都比不

① 倪健中、辛向阳编：《人文中国》上册，中国社会科学出版社1996年版，第98—100页。

② 参阅潘一禾《杭州：最易生活的城市》，《学习与思考》1995年第9期。

上杭州。他们满足于杭州这个安宁的西湖，眼界也就在这个小小天地之间，他们很不情愿“走遍千山万水”到外地创业，而是认为“外地一幢房，不如杭州一张床”①。

所以，杭州是最易生活的城市，这就是“天堂情结”能成为杭州人的人文底蕴之所在。

二　悠闲安逸：杭州人的人文表达

与杭州人的“天堂情结”相匹配的就是悠闲安逸的人文表达。

在杭州，常常可以看到这样的场景，在一个公园的树下、草地上，在一些非常简陋或者中低档茶馆里，经常看到杭州人围着一个牌局吵吵嚷嚷，可以从早上到晚上，或从下午持续到凌晨。每当一些外地朋友见到这种情形，总会发出这样的感慨：“杭州人真悠闲！”“杭州人好安逸！”有人曾戏解杭州这个“杭”字，是“大树旁边，一张茶几加一把茶壶”，这就是杭州人生活常态的形象写照，可见杭州人是有闲工夫的。许多杭州年轻人宁可成为“啃老族”，整天不是上网吧、泡茶楼，就是打牌和闲逛，也不肯出去做工。美好的时光就这样一天一天流逝。

杭州人讲究悠闲安逸而不讲究住房。他们所住的，要么是原来单位的分房，要么就是靠按揭买的一般的商品房，就算他们住的是低矮的民居，也一样安耽，照样悠闲。很多人都说“杭州是适宜养老的地方”。由于悠闲所致，杭州人的养老年龄，已经大大“超前”，四十来岁便进入“养老状态”的为数不少。②

杭州人的悠闲安逸是有历史渊源的。由于环境优美、生活富足，杭州就自然而然地成为一个最适宜吃喝玩乐的休闲之地。杭州的米市、菜市、柴市、肉市、鱼市、丝绸市、茶市、书市、花市之盛，手工业之发达，给杭州人的生活提供了保证。杭州的酒楼歌馆、古玩杂耍之多，山水园林之美，给杭州人提供了一个娱乐休闲的场所。所以，杭州一度有“销金窟”之称。尤其是环境的舒适，加上很少战乱，生活的安逸，就慢慢铸成了杭州人特有的悠闲安逸的人文表达，使杭州多了几分脂粉气、靡奢气，少了几分阳刚气。因此之故，1933 年郁达夫把家搬到杭州，鲁迅曾劝他说千

① 刘晓林：《杭州人，你还缺点什么？》，《观察与思考》2006 年第 13 期。

② 同上。

万不要去："至于西湖风景，虽然宜人，有吃的地方，也有玩的地方，如果流连忘返，湖光山色，也会消磨人的志气。"鲁迅怕杭州悠闲秀美的人文特色消磨了郁达夫作为革命文人的斗志。[①] 但在杭州人眼中，他们是惬意的、有福气的。生活在这样柔软的城市里，也许一切都是那么自然而然。[②]

所以，外地人来到杭州，看到餐馆、茶楼生意兴隆，看到湖光山色中或隐或现的杭州人那副自我陶醉的样子都会觉得有些诧异。外地朋友常常就此打听，杭州人不上班吗？他们靠什么活得这么悠闲自在？其实，正如青年时报报社副总编辑许向前所说，杭州人的钱袋不大，并不是每个人都鼓鼓的，但是似乎很多的杭州人都习惯于这种悠闲的生活。杭州人大钱挣不了，小钱不愿赚。他们宁可日子过得紧巴巴一点，到西湖边铺张塑料布，席地而坐，也会无比的惬意。他们是寻找细节快乐的人；他们对国家大事不太感兴趣；他们缺少冒险冲动和大干一场的气魄，经营闲适的生活对他们来说才是生活的全部。[③] 就是在平平常常的生活中，不少杭州人从孩提时就接受了游山玩水的熏陶：星期天或节假日，带上茶叶蛋、豆腐干、花生米和矿泉水，随父母骑上自行车，来到西子湖畔公园的草坪上，抖开塑料布，摆上带来的可口零食，全家席地而坐，细细品尝，享受亲情。不论是在一株柳树、一株桃树的融融春风里，还是在月朗星稀桂花醉人的中秋夜，杭州人就这样生活在湖光山色里，悠闲地过着遍地诗情画意的日子。

由于杭州人悠闲安逸，所以杭州茶店特多，远在南宋建都杭州时就有不少"茶坊"出现，著名的有八仙、清乐、潘家、连二、连三等。明清以来，又有杭州评话问世，这些艺人的献艺场所，主要就在茶店，因此，杭州人上茶店听大书就成了生活习惯。现在杭州的茶店据说最多时有上千家，大致分为三种类型。第一种是小型的茶店，一般都在小街小巷，门前摆上桌子，每天总是几位老顾客凑在一起，边饮边谈，自找乐趣。第二种是中型的茶店，除卖茶外，兼设书场，在主要的位置有一张说书艺人的桌子，面向听众，说的都是历史长篇故事，有百听不厌之效。第三种是在西

① 刘晓林：《杭州人，你还缺点什么?》，《观察与思考》2006 年第 13 期。

② 孙艳兰：《杭州人说杭州人》，《观察与思考》2006 年第 13 期。

③ 同上。

湖风景区为旅客服务的茶店或茶摊，座位都是竹制躺椅，最大的茶摊不超过十把椅子。游客一到，就殷勤招待入座，泡上一杯龙井茶，当人们走得吃力的时候，正需要喝杯茶，歇歇腿，所以很受人们的欢迎。[①] 悠闲安逸的杭州人还边喝茶边打扑克牌。近几年来，无论走进哪一家茶楼、棋牌室，都能见到打扑克牌的热闹场面。杭州满觉陇的一位茶楼经营者说："我们这里路边茶座生意特别旺，天气好的时候，一眼望去可以见到几十桌打牌的。"梅家坞的茶楼有上百家，若每家每天平均用掉3副牌，一年就要消耗约10万副。杭城大小不等的茶楼1000多家，全年消耗扑克牌约100万副。如果再加上各公园、景点、咖啡馆、酒吧等休闲娱乐场所，杭城每年扑克牌的消费量大约超过700万副。[②] 这正是杭州到处可见的悠闲自得。

对于杭州人的这种人文表达，浙江大学亚太休闲教育研究中心学术部主任凌平，2006年10月站在第九届世界休闲大会的讲台上说：

> "天下最闲适、愉快的当属杭州人也！"
>
> 杭州人的生活，有三个基本面向：面向西湖、面向自己、面向家庭。
>
> 第一个面向是杭州人天生的自豪感，是发自内心的一种真挚情感。在杭州人眼里，西湖、杭州、杭州人是三位一体，缺一不可，西湖就是杭州人穿的衣服。
>
> 第二个是面向自己，天下最闲适、愉快的当属杭州人也。双休日，杭州人去玩的地方有九溪、曲院风荷什么的，几家人乘着风凉打牌，搓麻将，乐在其中。
>
> 第三个就是面向家庭，杭州人秉承"父母在，不远游"的传统。在杭州人眼里，杭州是世界上最好的城市，一家老小，亲朋好友，每天守着西湖这颗大明珠，被前来旅游落户的人羡慕着，岂不快哉。[③]

---

① 程守臣：《闲话杭州茶店》，《茶叶》1984年第3期。

② 李公阳：《杭州人一年消费700万副扑克》，《杭州日报》2006年12月14日第008版。

③ 李稹、丁雄英：《天下最闲适愉快的当属杭州人——专家论休闲生活方式六城市比较》，《杭州日报》2006年10月19日第007版。

三　文质彬彬：杭州人的人文性格

杭州人的人文性格可以用“文质彬彬”来概括。从历史上看，杭州多属浙西吴地，因此吴文化的影响要超过越文化。在明人编的《浙江通志》中说：

浙东多山，故刚劲而邻于亢；浙西近泽，故文秀而失之靡。

明末杭州的这种浮靡风气既与当时大的社会文化环境有关，也与吴文化的片面发展有关。近代，杭州已从苏南吴文化中心地区分离出来，并入越文化区，进一步与越文化融合。正如历史地理学家谭其骧所说，地处两浙之间的杭州，两浙文化已非并行之势，必经“混合而融化”，以至“自成一型”①。浙西尚文，浙东重质，而杭州则应是有文有质——“文质彬彬”。这也是“二元和合”的杭州性格的应有之义。孔子曾认为一文一质的转换是历史发展的规律。对人而言，“文胜质则史，质胜文则野，文质彬彬，然后君子”②。所以，“文质彬彬”是杭州人文化性格的最大优势。③

“文质彬彬”是一种诗性文化，是其价值观念来自程朱理学，将学问融化为内在美，柔性唯美。④杭州以秀丽而著称于世，宋代的柳永曾作有《望海潮》一词：“东南形胜，三吴都会，钱塘自古繁华。烟柳画桥，风帘翠幕，参差十万人家。云树绕堤沙，怒涛卷霜雪，天堑无涯。市列珠玑，户盈罗绮，竞豪奢。重湖叠巘清嘉，有三秋桂子，十里荷花。羌管弄晴，菱歌泛夜，嬉嬉钓叟莲娃。千骑拥高牙。乘醉听箫鼓，吟赏烟霞。异日图将好景，归去凤池夸。”据说正是这首写绝杭州无限风光的丽词，

---

① 参阅史及伟、尹晓宁《杭州人文化性格的现代提升》，《中共杭州市委党校学报》2008年第1期。

② 《论语·雍也》。

③ 参阅史及伟、尹晓宁《杭州人文化性格的现代提升》，《中共杭州市委党校学报》2008年第1期。

④ 钱明：《人文绍兴——一个地域性与时代性的课题》，《绍兴文理学院学报》（哲学社会科学版）2010年第4期。

“致启金海陵立马吴山之志”①，使北宋灭亡，杭州从此成为南宋的政治、经济、文化中心。事实上，杭州人的文质彬彬，也确实与杭州的西湖以及杭州的美丽景观相伴生。前述杭州人的“天堂情结”已有详论，在此不赘。

文质彬彬的杭州人内心细腻，比较体贴，感情丰富，同情弱者，处世喜欢考虑再三，不太会做莽撞的事。从深处讲，这与中晚明及清初时期，杭州一带出现了以高濂、李渔等人为代表的倡导遵生养性、怡情悦性，得幽雅之趣，尚清赏之风的知识分子的榜样也不无关系。所以杭州人性格温和，对外地人的排他性比较少，处事不易冲动走极端，有比较平和包容的心态，注重实际，不太喜欢夸夸其谈。②

杭州人的吃也文质彬彬，杭州菜的清淡为特色，分为“湖上帮”和“城里帮”两派，前者用料以鱼虾和禽类为主，擅长生炒、清炖、嫩熘等技法，讲究清、鲜、脆、嫩的口味，注重保留原味；后者用料以肉类居多，烹调方法以蒸、烩、汆、烧为主，讲究轻油、轻浆、清淡鲜嫩的口味，注重鲜咸合一。宋嫂鱼羹、西湖醋鱼、叫花童鸡、东坡肉、莼菜羹等名闻遐迩。待客时，不分贵贱远近，最先总是奉上一杯香茗，极富礼仪。主人请客除了由主人安排座次外，还有六忌：“一忌半途筷，将食物夹住又放下；二忌乱筷，挑精拣肥；三忌窥筷，手握筷子，目光盯住菜肴；四忌咬筷，用嘴咬住筷子；五忌签筷，以筷当牙签；六忌泪筷，夹菜时滴汤不止。”③ 最有特色的是，杭州的吃常常与历史或名人联系在一起，显示出深厚的文化内涵。如普通的油条，杭州人叫“油炸桧”。相传是做小面食生意的李四与王二在恨极秦桧卖国又害死岳飞的事之后，用面疙瘩捏了两个面人，一个像秦桧，一个像王氏，并把他俩背对背地丢到油锅里炸以解恨，还大叫着“油炸桧”。引得路人围观，大家为了消恨，便都吃起了“油炸桧”，从此成了杭州人的大众食物。④ 又如普通的大块肉，杭州人叫“东坡肉”。相传是苏东坡在杭州做通判时，疏浚了西湖，百姓感谢他为

---

① （清）叶申芗：《本事词》卷一。

② 参阅史及伟、尹晓宁《杭州人文化性格的现代提升》，《中共杭州市委党校学报》2008年第1期；孙艳兰《杭州人说杭州人》，《观察与思考》2006年第13期。

③ 浙江民俗学会编纂：《浙江风俗简志》，浙江人民出版社1986年版，第60页。

④ 参阅路平整理的《油炸桧》，载《杭州市故事集》（上），中国民间文艺出版社1989年版，第622页。

民做了件好事，便抬猪担酒给他拜年。苏东坡推辞不了，便把猪肉做成方块的红烧肉，分送给疏浚西湖的民工，大家也亲热地把这种红烧肉叫作“东坡肉”。从此之后，“东坡肉”成了杭州的一道名菜。[①] 就连一些著名的菜馆，也文质彬彬得够味，山外山、楼外楼菜馆就源自诗人林升的“山外青山楼外楼，西湖歌舞几时休”的名句。近人甚至无不忌妒地说：

> 忆江南，最忆是杭州。杭州人的幸福生活只要围绕着西湖，春天踏青，夏日赏花，秋寻桂子，冬日赏雪，一年四季，赏心乐事，诗情‘花’意从不间断，这里有最富足的精神享受，是生活在别处的人所不能及的。[②]

沉浸在诗情“花”意中的杭州人能不文质彬彬吗？

---

① 参阅徐飞搜集整理的《东坡肉》，载《杭州市故事集》（上），中国民间文艺出版社 1989 年版，第 620 页。

② 李冬：《诗情“花”意——杭州人的幸福生活》，《杭州通讯》（生活品质版）2007 年第 11 期（上）。

第九章　宁波人

名扬天下的“宁波帮”就源出宁波人。

汉民族的宁波人聚居在浙江省的宁波市。宁波简称“甬”。东临东海，有舟山群岛作天然屏障；北濒杭州湾，分别与舟山和嘉兴相望；南连天台山，紧靠三门湾，与台州市的三门、天台县交界；西接绍兴市的上虞、嵊和新昌三县。海岸线长达 830 公里，面积 9365 平方公里，平原占 46.6%，山地占 53.4%。①

宁波市除市辖的 5 个区之外，还包括余姚、慈溪、奉化、象山、宁海和鄞 6 县（市），全市 1994 年底总人口 523 万，其中市区人口为 113 万。② 截至 2013 年末全市户籍人口 580.1 万人，其中市六区人口 227.6 万人。③ 宁波人文积淀丰厚，历史文化悠久，属于典型的江南水乡兼海港城市，是中国大运河南端出海口、“海上丝绸之路”东方始发港之一。

第一节　宁波人的语言

宁波话属吴语浙北区明州片（也称甬江片），通行地域包括宁波市所属各区、奉化市、象山县和余姚市丈亭、陆埠以东，慈溪市观城以东及宁海县盐路以北地区，余姚、慈溪两市西部地区属浙北区临绍片，宁海县岔路以南属浙南区台州片。④

---

① 《中国城市综合实力五十强丛书·宁波市》编委会编：《宁波市》，中国城市出版社 1995 年版，第 1 页。

② 同上书，第 7 页。

③ 《2013 年宁波市国民经济和社会发展统计公报》（http：//news.163.com/14/0130/10/9JR2TIE000014AEE.html）。

④ 宁波市地方志编纂委员会：《宁波市志·方言志》，中华书局 1995 年版，第 2852 页。

一　宁波话的形成及语言学的特点

宁波话作为吴语的一个次方言与越语有一定的渊源关系。公元前 333 年，楚国灭越，东楚方言与古吴越语相融合，形成了一种新的汉语江东方言，它是吴语的直接祖先。前 221 年秦统一中国，越人被迫内迁江淮，外迁海外，民族进一步融合，纯粹的越人越来越少，语言迅速汉化。有学者指出古越语的遗存，可能只剩下一些语义已经模糊的如“余姚”“鄞”“鄮”“句章”等几个地名了。清代学者李慈铭《越缦堂日记》认为，“余姚”的得名和盐有关，《越绝书》有“越人谓盐曰余”的记载；而“姚”多认为与舜的传说有关，姚为大舜的名字。句章是勾践时代的地名，唐代颜师古认为“句”是越语的发语词，无具体实义，《汉书注》解释“句音钩，夷语之发声也，亦犹越为于越也”。但也有学者结合宁波史籍及具体地理地形，认为句章有实义，可能是“城山”的意思。[①]

往事越千年，及至唐宋时期，尤其是南宋迁都后，北方汉民族移民大量进入宁波，文化色彩强势的中原方言使宁波话留下了文白异读的特点。宁波方言在宋代已和现在的语言很接近，可见，南宋时宁波话基本形成。所以，现在的宁波话仍然保持了很多汉语的古老特征，用宁波话读唐诗宋词比几经变更的普通话更加押韵。如杜牧《山行》一诗中的：“远上寒山石径斜，白云深处有人家。”[②]

现在的宁波话通用地域较为狭窄，其核心地区 5000 平方公里左右。外地人对宁波话的印象是“石骨铁硬”，常常将之与声调曲折糯软的苏州话相比。而宁波话因完好地保留了古音中的入声字，同时许多复韵母也念成单韵母，吐字力度较大，发音又以降调为主，甚至随着讲话，声音会有明显递增，听起来有四明山石的坚硬，山瀑的激昂，东海大浪、甬江湖涌的气场。但人们却调侃：“宁可听苏州人吵相骂，勿可与宁波人讲闲话。”[③]

从语言学上来看宁波市区方言有 29 个声母，包括零声母。零声母开

---

① 参阅黄文杰《宁波方言：石骨铁硬与柔和畅丽的圆融》，《宁波通讯》2013 年第 17 期。

② “斜”字古音念作“xiɑ”。

③ 参阅黄文杰《宁波方言：石骨铁硬与柔和畅丽的圆融》，《宁波通讯》2013 年第 17 期。

头有轻微的喉塞音[①]，城区若干开口三等韵知章组字全部或一部分今韵母为细音，声母为舌面前音。模、鱼两韵精组、庄组声母为舌尖前音。[②] 宁波市区方言有50个韵母（包括自成音节在内）[③]，宁波市区单字声调有7个。

阴平53编　阴上35比　阴去44变　阴入55跌

阳平24皮　阳去213避　阳入12敌

声调分阴阳，与声母分清浊对应，清声母只配阴调类；全浊声母只配阳调类，次浊声母则与阴调、阳调均可配合。[④] 连读变调比较复杂，单字调阳上、阳去不分，但在连读时前字有独立的变调规律。[⑤]

与普通话相比，宁波方言中的一些词汇是相同的，但是宁波话里有一些词语至今都有音无字，这些词语本字不明，甚至没有本字，也没有合适的同音字。[⑥]

二　宁波话的人类学特点

在人类学的视野里，一种语言就是一种文化模式和思维模式。就一个族群来讲，日常语言相对于书面用语来说，更具有语言的“本来面目”。因为日常用语沉积着历代的价值观、思维方式、道德准则的认同。宁波话石骨铁硬，必然影响到宁波人的气质与为人处世风格，同时也是汉民族语言多样性的一种表达。宁波人不能离开宁波话，如果离开了，那么宁波人也就离开了内在传承的灵魂，宁波人将失去光彩。[⑦] 有一个记者的同事亲历的故事生动地呈现了宁波话的风采和风韵：

---

① 阮桂君：《宁波方言语法研究》，华中师范大学出版社2009年版，第3页。

② 吴新贤编纂：《宁波方言词典》，江苏教育出版社1997年版，第4页。

③ 宁波市地方志编纂委员会：《宁波市志·方言志》，中华书局1995年版，第2854页（认为宁波方言有48个韵母，包括3个自成音节的辅音韵母）。

④ 同上书，第2854页。

⑤ 吴新贤编纂：《宁波方言词典》，江苏教育出版社1997年版，第7页。

⑥ 周志锋：《宁波方言的词汇特点》，《宁波大学学报》（人文科学版）2010年第1期。

⑦ 黄文杰：《宁波方言：石骨铁硬与柔和畅丽的圆融》，《宁波通讯》2013年第17期。

> 我看到一堆白胖胖的颗粒像珍珠似的新鲜玉米，煞是诱人，便挑了2个，付了一元二角钱。卖玉米的是夫妇，男的接过钱来说不对："应该一元八角。"我说："刚刚不是说陆角（一根）吗？"我有点生气。
>
> "陆角！是陆角！"女人连珠炮似的又重复了一遍。我说："是陆角（一根）吧。"她说："这是陆角。"说得脸都涨红了。我一下子明白了，歉意地笑了起来，卖主夫妇也一起会心笑了起来。原来，宁波话"玉米"就叫"陆角"。

还有一个关于蒋介石讲宁波话的故事。据说有一个奉化溪口的农民，是正宗贫农，当年曾跟着亲友去南京总统府打杂，他讲到蒋介石说话，仍跟奉化人那样，骂人便说"我斩你个头""斩头东西"。还说他亲眼看到过蒋介石斥责一位高级军官，那军官辩解几句，便遭一声狠骂："强辩！"拂袖而去，吓得那军官差点没倒地——以为是"枪毙！"[①]

确实，许多来到宁波的外地人，听宁波话如同坠入云雾之中。但对宁波人来说，宁波话虽然有点硬，但诙谐风趣、形象鲜明，它质朴、纯真，富有哲理，蕴含着许多乡土风味和人间真情。[②]

（一）语速特快

宁波话之所以"硬"，除因为宁波话完好地保留了古音中的入声字，许多复韵母也念成单韵母，吐字力度较大，发音又以降调为主，甚至随着讲话，声音会有明显递增以外，从讲话的习惯来说，语速特快也是一个重要的原因。

在宁波，有一个形容马奔跑速度非常之快的比喻："水上丢金针，骑马到京城，骑来又骑去么，金针还没沉；火上焜鸡毛，骑马到余姚，骑来又其去么，鸡毛搭还没焦；丈母娘放个屁，骑马到诸暨，骑来又骑去么，丈母娘屁眼还没闭！"[③] 这样的段子用宁波话念起来犹如机关枪一样，嗒嗒嗒嗒……使人无不有一泻千里之感。

（二）温软可亲

宁波话虽硬，但也有"吴侬软语"温软可爱的一面。笔者祖籍余姚，

---

① 金学种：《闲话"宁波闲话"》，《雨花》2011 年第 8 期。

② 彦顾玮：《宁波闲话，咋话的嘞？》，《宁波日报》2005 年 1 月 4 日。

③ 阮桂君：《宁波方言语法研究》，博士学位论文，华中师范大学，2006 年，第 189 页。

从小听父母讲余姚的宁波话，并无“吵架”之感，而由于宁波话的单音节形容词作词根时，往往有重叠后缀，如“红旭旭”“黄膨膨”“甜嫩嫩”“俏俏走”“腾腾奔”“别别跳”“刮刮抖”“红稀稀”“黄古古”“甜咪咪”等。反使它比一般的语言更追求表达形象可感，而温软可亲。尤其是母亲一口纯正的余姚宁波话，其温软可亲的声音，虽离开我们已半个多世纪了，仍言犹在耳，无比亲切。

在宁波话中，还有一种修辞方法，如青要说“梗青”，白要说“雪白”，直要说“笔直”。“这两日你面孔咋会蜡黄啦?”“蜡黄”两字关切之情溢于言表；“雨刚刚落过，地娘（地上）滴滑嗬，走起来得时（应当）要当心眼（点）呢!”“滴滑”两字把地面的湿滑形容到了极致。有时为了强调形容意义，还把这些词用“……使……”的词型来扩展，读起来更是诙谐活泼，“滚得使圆”“的角使方”“笔笔使挺”等。公平地说，宁波话的表现力很强。好多像声的词，“刮刮抖”“石骨硬”“烘烘响”“喷喷香”，可感可触可闻。所以，宁波人教小孩学说话，从人身上说起：脑壳头，眼泡皮，鼻头管，耳朵皮，嘴唇皮，头颈骨，胸骨头，手肘子，手板面，肚脐眼，大脚胖，脚阔头，脚娘肚，直到脚后跟，脚指甲，全身上下各部分，都是三个字，既形似，又音似，非常形象，使得宁波话变得像音乐一样生动活泼而温软可亲。①

所以，宁波学者黄文杰说：“宁波话是一种刚柔并济、强于表现的语言。这种生动与妥帖在普通话中根本无法传递，不入其中便尝不到个中三昧。”②

（三）海腥味浓

宁波靠海，宁波人喜食海鲜，故而宁波话的词汇咸味重，海腥味浓。如单单一种黄鱼，就有多种形象的用法。管脑袋大的人叫“大头黄鱼”；三日两头生病的人叫“生病黄鱼”；做工偷懒称“晒鲞”；各地都有的脚踏三轮货车，宁波人叫“黄鱼车”。此外，北方人说“这小子吃里爬外”，宁波人讲“鳓鱼骨头里戳出”，吃过鳓鱼就知道比喻得“介贴肉”；北方人说“天塌下来有高个子顶着”，宁波人讲“桥倒压勿煞差鱼”，意思差不多，各有趣味。

---

① 金学种：《闲话“宁波闲话”》，《雨花》2011 年第 8 期。

② 黄文杰：《宁波方言：石骨铁硬与柔和畅丽的圆融》，《宁波通讯》2013 年第 17 期。

再如用“拼死吃河豚”形容做事不顾后果；用“挖人家鱼鳃”谴责做人手段毒辣；忙得分不开身来为“掰（音如拍）鲞”；无所事事、不讲究效益为“有佬儿子钓差鱼”；许多人挤在很小地方做事情、搞活动为“蛳螺壳里做道场”等，诸如此类形象生动、幽默活泼的谚语、俗话不胜枚举。①

讲到海鲜，顺势讲一下“吃”。“吃”在宁波话中用得也很宽泛，不但吃饭、吃茶，还“吃香烟”“吃老酒”。宁波人不说“白酒”“黄酒”，却说“烧酒”“老酒”。“烧酒”，火烧似的；“老酒”，又老又陈又醇，正是“吃”到肚里，醉入心中了吗?②

（四）“子”尾和“头”尾的妙用

在宁波话的“儿”尾已基本消失，而“子”尾却很丰富，很多普通话用“儿”尾的，宁波方言用“子”尾，宁波方言里有一首顺口溜：“正月拼瓜子，二月小顽放鹞子，三月上坟坐轿子，四月种田下秧子，五月端午吃粽子，六月稀客出门带扇子，七月西瓜劈芯子，八月月饼夹馅子，九月吊红夹柿子，十月金柑夹橘子，十一月落雪子，十二月冻杀凉亭叫花子”，是说“子”尾之多。又如架子、帽子、销子、簿子、房子、票子、炉子、哑子（哑巴）、帐子（蚊帐）、学生子、珠子、今么子（今天）、明朝子（明天）、后日子（后天）、前日子（前天）、明年子、后年子、老底子（过去）、旧年子（去年）、闲遭子（以前）等。

在宁波话中“头”尾也用得很广泛，普通话里用“头”尾的、不用词缀的，甚至有些用“子”尾、“儿”尾的，宁波话里也可以用“头”尾。宁波方言有首顺口溜：“老太婆，梳勒个绕绕头，走到街头，买梗鱼头，拎到河埠头，汏好鱼头，驮到灶头，老猫拖鱼头，老太婆拔出起拳头，打杀老猫头，拎起猫头，走到山头，铺落猫头，眼泪鼻头，一眼呒告话头”就是讲“头”尾之多的。

宁波话的“头”尾，构词能力很强，许多名词性、动词性、形容词性、数量词性、方位词性的语素加“头”都可以构成名词。

1. 名词性语素 + 头

例如：纸头、钟头、斧头、鼻头、牌头、日头（太阳）、砖头、灶

---

① 参阅黄文杰《宁波方言：石骨铁硬与柔和畅丽的圆融》，《宁波通讯》2013 年第 17 期。

② 金学种：《闲话“宁波闲话”》，《雨花》2011 年第 8 期。

头、梨头、被头、石头。

2. 动词性语素 + 头

例如：听头、忖头、看头、讲头、派头、姘头、寻头、来头、扳头（扳手）。

3. 形容词性语素 + 头

例如：苦头、甜头、弯头、多头、小头、大头、虚头、亮头、滑头、独头（不合群的人）、老实头、甜嫩头、嬉头。

4. 数量词性语素 + 头

例如：大块头、一角头（角票）、一分头（分票）、一元头、十元头、独只头。

5. 方位词性语素 + 头

例如：东头、西头、里头、外头、后头、下头。①

综上所述可见，石骨铁硬的宁波话既有丰富的文化内涵，又有鲜明的个性特色，是宁波人族群性的核心表达。

第二节　宁波人的形成

往事越千年。如果从宁波人的原始先祖——河姆渡人算起，那宁波人的历史可以追溯到7000年前。河姆渡人在宁波的余姚这片古老的土地上，创造了举世闻名的以稻作文化区别于黄河流域粟作文化的河姆渡文化，从而开启了长江流域文明的历程，也为汉民族的“雪球”在宁波大地上的滚动开辟了最初的道路。从此，宁波人形成的历史，在往事越千年中，经历了从河姆渡人到于越人，再到宁波人的“三级跳”，成为汉民族中个性鲜明的族群。

一　河姆渡人：宁波人形成的第一跳

河姆渡人作为宁波人的原始先祖，成为宁波人形成的第一跳。

1973年6月，素以“鱼米之乡”称誉世界的江南水乡，春旱连着夏旱，土地龟裂，早稻歉收，晚禾又无法下种。为了把水位已降得很低的姚江水引入稻田，余姚县河姆渡村的农民挖深河道以安装水泵。这一挖，神

① 阮桂君：《宁波方言语法研究》，博士学位论文，华中师范大学，2006年，第5—6页。

话般地打开了河姆渡人文化的大门，使得7000年前以稻作为文化特征的绿色文明曙光腾升于中华大地。

河姆渡人文化遗址中最使人惊叹的是出土了大量的栽培稻谷，稻谷、稻叶、稻秆和谷壳等层层叠压，一般有二三十厘米厚，最厚的地方达七八十厘米。稻谷刚出土时呈金黄色，外形完好，连谷壳上的稻毛和谷茎都清晰可见。不少炊煮用的釜底内残留的锅巴上还有炭化了的米粒和稻谷。专家鉴定这些稻谷都是人工栽培稻。有人曾经把这些水稻遗物换算成稻谷，竟有120吨以上。出土稻谷数量之大、保存之完好，在人类所创造的绿色文明中真可以称得上绝无仅有。

还有出土了176件骨耜。这些形状像现在的锹的骨耜，是用牛、鹿的肩胛骨制成的。这么多骨耜显然是除草、翻土、平地、挖沟、排水等农活的主要工具。此外，河姆渡还出土了一件木铲，其形状类似后世除草培土用的小铲；出土了一种中耕农具鹤嘴锄；用动物肋骨制成的收割工具骨镰；加工谷物的木杵和石磨。这一切都标志着河姆渡稻作农业已脱离刀耕火种的原始阶段，进入了耜耕农业阶段。

展示河姆渡文化绿色曙光的重要出土文物还有干栏式木结构建筑和鸟的崇拜。干栏式长屋有的长达23米以上，进深7米，带1.3米宽的前廊，每幢长屋至少有7—8间房，多的有50间房。特别重要的是还出土了大量带有榫卯的木件，这表明河姆渡人已从捆绑建房向榫卯建房进化，开中华古典建筑木结构技术之先河。

在河姆渡的出土文物中，有许多刻画、雕刻或堆塑等工艺品。有一个被考古学家称为太阳神的“双鸟异日”，浙江余姚河姆渡出土的一块蝶形象牙雕给人们做了展示：

> 两只巨鸟，拱护着中间一个光焰熊熊的火球搏击升空。巨鸟利喙长尾，昂首奋翼，显示出无比雄健与伟力；火球从中心圆点出发，向外连续辐射出五个同心圆，加之在外圆的上方添上几笔腾腾的烈焰，感觉热力逼人，使人很自然地联想起那个万物赖以生存的太阳。①

① 陈忠来：《河姆渡文化探原》，团结出版社1993年版，第160页。

此外，还有形如匕首的鸟形象牙圆雕；连体双鸟纹骨匕柄，上刻两组双头连体鸟，中间有一个形似太阳的圆圈；陶塑飞鸟和形如鸟首的陶器盖钮等。这些鸟纹与太阳形象共存的文化现象，表达了河姆渡人对决定农业命运的太阳的崇拜，也表达了人们对作为人与太阳之间使者的鸟的崇拜。

河姆渡遗址还出土了盖有井亭的水井；许多猪、狗、水牛的骨骼以及陶制的猪、狗、水牛的捏塑；卷布棍、绞纱棒、梳经棒、纬刀、梭形器等纺织工具；陶釜、陶罐；瓜棱形木胎漆碗、舟楫等。这些都表明了河姆渡人不仅是宁波人的原始先祖，也是汉民族的先祖之一。①

二 于越人：宁波人形成的第二跳

于越人作为宁波人的先民之一，成为宁波人形成的第二跳。

于越人与河姆渡人有渊源关系。据《百越民族史》的研究，在浙江鄞县的辰蛟，宁波的八字桥②和舟山的白泉③、大巨等地，都已发现属于河姆渡晚期的堆积。在余姚历山的茅湖也曾发现过相当于河姆渡早期的遗址，目前已知的分布范围还在宁绍平原的东部，可能跨过海峡到达舟山群岛。④ 牟永抗说："河姆渡二层相当于马家浜文化，在浙江北部，马家浜文化经由崧泽阶段发展成良渚文化崧泽阶段，实际上是马家浜文化的晚期。而河姆渡一层的出土物，不论在石锛的形状、陶器的质地、颜色，豆把上的镂孔图案，花瓣形圆足，凿形鼎足等，均与崧泽阶段相同。"⑤ 可

---

① 叶树望：《河姆渡文化精粹》，文物出版社 2002 年版；刘军：《20 世纪中国文物考古发现与研究丛书·河姆渡文化》，文物出版社 2006 年版。

② 宁波市郊妙山乡八字桥遗址，发现于 1976 年，面积约为一万平方米以上。出土陶器有釜、鼎、罐、钵、豆和盆，石器有斧、锛、刀等。还有稻谷与建筑构件。属于河姆渡文化的第三、四期。

③ 舟山群岛新石器时代文化略晚于浙东大陆，代表性遗址有十字路、北畚斗、唐家墩、孙家山等，1976 年试掘的十字路遗址，在定海县白泉镇十字路口附近，北距海岸 4 公里。出土的石器皆磨光，器类有段石锛、锛形石斧、半月形石刀、石纺轮等。陶器有釜、罐、鼎、豆、支座、鸟形盉、纺轮、猪头形陶塑。还有木桩、红烧土、鹿角、猪骨、螺丝壳、蛤蜊壳等。从出土的陶器看，陶质比较粗松，火候较低，说明当时的制陶技术还比较原始，其器形特征与河姆渡第二层较相似，距今约 5500 年。这是迄今舟山群岛发现的、年代最早的新石器时代遗址。

④ 董楚平：《吴越文化新探》，浙江人民出版社 1988 年版，第 267—269 页。

⑤ 牟永抗：《试论河姆渡文化》，载《中国考古学会第一次年会论文集》，文物出版社 1979 年版。

见，河姆渡的一层可能发展为良渚文化，因为在河姆渡附近的王其垄，曾找到一些类似良渚文化的遗物。这就向人们预示着，在宁绍平原上，也可能存在着一支独立发展着的原始文化，其序列就是：河姆渡早期文化（四层、三层）——河姆渡晚期（二层、一层）——王其垄类型遗存——印纹陶遗存。而且，从目前浙江所发现的考古资料来看，只发现鼎而不见鬲，而鬲是中原商周文化常见的器物，这说明在宁绍平原可能存在着一支土生土长的古文化，它就是由当地土著文化发展而来的于越文化。

这样，到印纹陶遗存的稍晚时期，于越人的区域已扩展到史籍上所记载的越国的四至。于越的居住地，《史记・越王勾践世家》云："越王勾践，其先……封于会稽……文身断发，披草莱而邑焉。"《吴越春秋・越王无余外传》亦云："禹周行天下，还归大越……至少康，恐禹迹宗庙祭祀之绝，乃封其庶子于越，号曰无余。"可见于越人居住在会稽。会稽，《汉书・地理志》云："会稽，东接于海，南近诸越，北枕大江。"南近诸越，就是南面与闽越等为邻，北面以钱塘江为界，在今太湖南岸与句吴错居。《国语・越语》更明确地指出："南至于句吴（今浙江诸暨县），北至御儿（今嘉兴县）。东至于鄞（今鄞县），西至于姑蔑（今太湖）。"其地望大体在今宁绍平原、杭嘉明平原和金衢丘陵地。近几年的考古资料也进一步证明了这一点。商周至战国时期，正是浙江省几何印纹陶流行的时期，全省已发现的此类遗址数百处，范围遍及大部分县。据浙江省博物馆研究者的研究分析，从浙江已发现的印纹陶遗址看，可分为杭嘉湖平原、宁绍平原、金衢丘陵地和瓯江水系四个系统。除瓯江水系的文化面貌与福建很相似外，另外三个区域的总特征还是接近的。① 这说明于越人是分布于以浙江绍兴为中心，包括有今宁绍平原、杭嘉湖平原和金衢丘陵地一带。②

往事越千年。在先秦三代及春秋战国时期，于越人作为中国东方的一支原居民族群，永远铭刻在汉民族的历史记忆之中。

---

① 文物编辑委员会：《三十年来浙江文物考古工作》，载《文物考古工作三十年》，文物出版社 1979 年版。

② 以上参阅陈国强、蒋炳钊等《百越民族史》，中国社会科学出版社 1988 年版，第 131—133 页。

三　宁波人：宁波人形成的第三跳

进入秦汉后，于越人在汉民族的滚“雪球”中逐渐融入汉民族。

公元前222年，秦平定楚国江南之地，置鄞、鄮、句章三县，属会稽郡。秦始皇对当时尚未臣服的外越，采取强硬的军事对抗政策。将中原的“天下有罪谪吏民”[①] 迁往会稽，主要是防外越，但在客观上则促进了与当地于越人在文化上的融合，从而开始了宁波人形成的第三跳。

两汉、三国至魏晋南北朝时期，三县除隶属的州、国和郡名时有变动外，其区域范围基本未变。《晋书·地理志》记载：

> 扬州。案《禹贡》淮海之地，舜置十二牧，则其一也。《周礼》：“东南曰扬州。”《春秋元命包》云：“牵牛流为扬州，分为越国。”以为江南之气躁劲，厥性轻扬。亦曰，州界多水，水波扬也。于古则荒服之国，战国时其地为楚分。秦始皇并天下，以置鄣、会稽、九江三郡。项羽封英布为九江王，尽有其地。汉改九江曰淮南，即封布为淮南王。六年，分淮南置豫章郡。十一年，布诛，立皇子长为淮南王，封刘濞为吴王，二国尽得扬州之地。文帝十六年，分淮南立庐江、衡山二郡。景帝四年，封皇子非为江都王，并得鄣、会稽郡，而不得豫章。武帝改江都曰广陵，封皇子胥为王而以属徐州。元封二年，改鄣曰丹杨，改淮南复为九江。后汉顺帝分会稽立吴郡，扬州统会稽、丹杨、吴、豫章、九江、庐江六郡，省六安并庐江郡。献帝兴平中，孙策分豫章立庐陵郡。孙权又分豫章立鄱阳郡，分丹杨立新都郡。孙亮又分豫章立临川郡，分会稽立临海郡。孙休又分会稽立建安郡。孙皓分会稽立东阳郡，分吴立吴兴郡，分豫章、庐陵、长沙立安成郡，分庐陵立庐陵南部都尉，扬州统丹杨、吴、会稽、吴兴、新都、东阳、临海、建安、豫章、鄱阳、临川、安成、庐陵南部十四郡。江西庐江、九江之地，自合肥之北至寿春悉属魏。及晋平吴，以安成属荆州，分丹杨之宣城、宛陵、陵阳、安吴、泾、广德、宁国、怀安、石城、临城、春谷十一县立宣城郡，理宛陵，改新都曰新安郡，改庐陵南部为南康郡，分建安立晋安郡，又分丹杨立毗陵郡。扬

① 《越绝书·记地传》。

州合统郡十八，县一百七十三，户三十一万一千四百。

《晋书·地理志》的这一段记述，表明于越人已完全融入汉民族，而不分你我了。此后，在往事越千年之中，从隋到明，宁波的行政设置不断变更，隋开皇九年（589年），三县同余姚合并，称句章县，县治置小溪（今鄞县鄞江镇），仍属会稽郡。《隋书·地理志》载："会稽郡梁置东扬州。陈初省，寻复。平陈，改曰吴州，置总管府。大业初府废，置越州。统县四，户二万二百七十一。会稽旧置会稽郡。平陈，郡废，及废山阴、永兴、上虞、始宁四县入，大业初置郡。"

唐武德四年（621年），改置鄞州，设州治于三江口（现宁波老城区）；武德八年（625年）改称鄮县，属越州，县治复置小溪。《旧唐书·地理志》载："越州中都督府隋会稽郡。武德四年，平李子通，置越州总管，管越、嵊、姚、鄞、浙、纲、衢、谷、丽、严、婺十一州。越州领会稽、诸暨、山阴三县。七年，改总管为都督，督越、婺、鄞、嵊、丽五州。越州领会稽、诸暨、山阴、余姚四县。八年，废鄞州为鄮县，嵊州为剡县，来属。丽州为永康，属婺州。省山阴县。督越、婺二州。贞观元年，更督越、婺、泉、建、台、括六州。天宝元年，改越州为会稽郡。乾元元年，复为越州。"

唐开元二十六年（738年）设明州，辖鄮、慈溪、奉化、翁山四县，州治仍建于小溪。唐长庆元年（821年）州治由小溪迁至三江口，并建子城，为其后一千多年来宁波城市的发展奠定了基础。《旧唐书·地理志》记载："明州上开元二十六年，于越州鄮县置明州。天宝元年，改为余姚郡。乾元元年，复为明州，取四明山为名。"

唐后期五代时南迁并进入宁波的北方移民开始增加，宁波的王氏和林氏，便是在此时由山东琅玡和青州迁入的。[①] 贞元年间（785—805年）李汲任越州余姚县令，"子人济俗"，"户口增倍，歌谣至今"[②]。贞元中自会稽析置上虞县[③]，表明全州的人口都有了一定的增长。贞元十二年

---

① 葛剑雄主编：《中国移民史》第三卷，"表9-1唐后期五代南迁的北方移民实例（江南部分）"的有关内容，福建人民出版社1997年版，第282页。

② 阙名：《李府君墓志铭并序》，载周绍良《唐代墓志汇编》，上海古籍出版社1992年版，第1889页。

③ 《新唐书·地理志》。

(796 年)，越州刺史皇甫政在一份关于向中央进献绫瞉的报告中，提到“请新来客户续补前数”，德宗以为“彼客户者，咸以遭罹苛暴，变成疮痍之人，岂可重伤哉”[①]！在当时的情况下，客户多是未著籍的流民，据此贞元时迁入越州的移民人数甚多，故导致当地人口的较快增长。唐末五代仍有人迁入越州。唐宗室李淯孙唐末避居上虞、嵊、会稽三县交界山区。[②]

汉民族北方移民真正大规模迁入宁波是在两宋之交，特别是南宋初年。

北宋时宁波称明州奉国军，南宋称庆元府。《宋史·地理志》记载：“庆元府，本明州，奉化郡，建隆元年，升奉国军节度。本上州，大观元年，升为望。绍兴初，置沿海制置使。八年，以浙东安抚使兼制司；十一年，罢；隆兴元年，复置。淳熙元年，魏惠宪王自宣州移镇，置长史、司马。绍熙五年，以宁宗潜邸，升为府。”[③] 而且当时的明州（今宁波）与南京、杭州、湖州、常州、绍兴等 7 个州一起“号为士大夫渊薮，天下贤俊多避地于此”（建炎间郑瑴言）。[④] 史载，建炎三年（1129 年）高宗带着大批官吏军士东逃明州，迫于金兵的追赶，高宗不得不在明州下海逃到温州，金军曾一直追到舟山的沈家门。而跟随高宗的百官家属和大批流民，则因无法渡海，有一部分就居留在明州，成为宁波的移民。所谓“诏止亲兵三千自随，百官有司随便寓浙东诸郡”[⑤] 者便是这一历史事实的写照。据传宁波人做年糕、守岁的习俗就与此有关，建炎三年十二月初五，赵构从临安狼狈逃到明州。为摆脱尾追不舍的金兵，决定登船入海。但船少人多，所需粮草无法运载。于是有人动出脑筋，把米磨粉，沥燥，蒸熟，槌舂，揉压，做成条糕，即使无法下锅，也可以生咬充饥。这样就有了年糕。那年十二月廿九除夕，鄞西农民纷纷捐献草席，在高桥布阵，协助宋军大败金兵，赢来一个空前未有的大胜仗。但人们为了提防金兵卷土重来，乘夜偷袭，所以点灯燃烛，坐以待旦，这就是“坐夜”的原始

---

① 《唐会要》卷八五《逃户》。

② 黄缙《文献集》卷八上《李先生铭》。转引自葛剑雄主编《中国移民史》第三卷，福建人民出版社 1997 年版，第 274 页。

③ 《宋史·地理志》。

④ 《建炎以来系年要录》卷二〇，建炎三年二月庚午。

⑤ 《建炎以来系年要录》卷三〇，建炎三年十二月乙丑。

雏形。[1]《中国移民史》所云，迁入明州府而有史料可考的有74人，始迁者为37人，若扣除后来属于舟山的5人，则实际上是69人，始迁者为36人，始迁者占了52%。[2] 另据《宝庆四明志》卷一〇所载，自建炎二年（1128年）到开庆元年（1259年）明州历年进士为713人，其中155人是自北方迁入或祖籍北方的，占总数的21.7%。

关于南宋时北方汉民族移民大量迁入对宁波人形成的影响，《宁波府志》曾有记载，其云“建炎南渡，衣冠氏族，多卜居焉。……慈湖杨简，得象山之学，又有文洁黄震宋朱子之传，以训迪后人，人益敦伦尚行，知廉耻而畏清议。名师先达，悃悃相将，忘其贵势，与里党相齿让，绝无侵渔暴横之风。儒生率俭约自守，小民以耕织为事，虽风气固然，亦物力有所制也”[3]。这说明北方士族的迁入，对宁波人的认同确实产生了深远的影响。

元代称宁波为庆元路、浙东道都元帅府，《元史·地理志》载：“庆元路，上。唐为鄞州，又为明州，又为余姚郡。宋升庆元府。元至元十三年，改置宣慰司。十四年，改为庆元路总管府。户二十四万一千四百五十七，口五十一万一千一百一十三。”汉民族的大族迁入在元时仍然依稀可见，《延祐四明志》载：“浙东七州，明为阨塞。户版物产，清风旧德，与昔之高闳巨阀，属于宅里者，犹可考也。”[4]

及至明代，宁波人的形成进入定型时期，关键因素是族称的确定。明洪武十四年（1381年），为避国号讳，朱元璋采纳鄞县读书人单仲友的建议，取“海定则波宁”之义，将明州府改称宁波府。对此，《明史·地理志》载：“宁波府元庆元路，属浙东道宣慰司。太祖吴元年十二月为明州府。洪武十四年二月改宁波。领县五。西北距布政司三百六十里。鄞倚。东有鄮山。西南有四明山，周八百余里。东有灌顶山，旧产铁。东南有阿育王山，有太白、天童诸山。东北滨海。有鄞江，一名甬江。东南有奉化江，西北有慈溪，皆流合焉。西南有小江湖，又西有广德湖，东有东钱湖，皆引流入鄞江。北有龙山守御千户所，洪武十九年十一月置。东有甬

① 周冠明：《宁波人怎样过年》，《宁波通讯》2001年第1期。

② 葛剑雄主编：《中国移民史》第四卷，福建人民出版社1997年版，第304—306页。

③ 转引自胡朴安《中华全国风俗志》上篇卷三《浙江》，上海科学技术文献出版社2008年版，第81页。

④ 同上。

东巡检司，治甬东隅，后迁定海县东南竹山海口，仍故名。又有岱山、又有螺峰二巡检司，后废。”[①] 宁波之名的确定，标志着宁波人形成的最后一跳完成。

第三节　宁波人的人文特征

一百三十多年前，德国地质学家利希霍芬曾对中国进行了 7 次考察。1861 年，他沿着杭州湾曲折优美的海岸线，走遍了浙东沿海，发现这个省份虽然拥有美丽的西湖、拥有全世界只有巴西亚马孙河的潮涌可与之媲美的钱塘江大潮，却没有任何矿产资源，而地处浙东的宁波更甚。在这个号称宁绍平原的地方，连土地都少而贫瘠。然而，勤奋的宁波帮却以奋斗的企业家精神深深打动了他。1877 年，他在《中国——亲身旅行和据此所作研究的成果》一书中赞道“浙江省人，由杂种多样的人组成……沿海有特殊种族，如宁波人。宁波人在勤奋、奋斗努力、对大事业的热心和大企业家精神方面较为优秀”，并认为宁波商人完全可以与犹太人相媲美。[②]

笔者祖籍余姚，为宁波人之后裔，常自称“河姆渡人”的子孙。20 世纪 20 年代，吾父徐福尧年少时读了几年私塾后，按宁波人的传统，被亲戚带到汉口学生意，进了日本正金银行当学徒，经过十余年的磨炼，于 30 年代进入中央银行。1949 年 5 月，武汉解放时，保卫了中央银行的财产而转入中国人民银行，成为金库的骨干职员。其一生刻苦好学、善良忠诚、精通业务、低调和气，是一个宁波人气质满满的人。宁波人的这种气质传承到笔者身上，奉行“锲而不舍”的信条，活到老，学到老，干到老。那么，宁波人的人文特征究竟如何表述呢？

有人曾说：“宁波人的文化性格像宁波特产的汤圆热情、实在、包容、圆通、开放并且……有仁心。”[③] 比喻得形象而又不失地方特色。其族群性格，一是理性而重利，生活中的宁波人喜欢说合算与不合算；二是务实而敏活[④]，强调实干，但不蛮干；三是直爽重乡谊[⑤]。但是，依我的

---

① 《明史・地理志》。

② 参阅苏勇军《海洋对宁波城市发展的影响研究》，《海洋信息》2010 年第 2 期。

③ 干戈：《宁波悖论》，《宁波通讯》2006 年第 6 期。

④ 敏捷而灵活之意。

⑤ 干戈：《宁波悖论》，《宁波通讯》2006 年第 6 期。

感觉和眼光来看，宁波人的人文特征，一是“宁波帮”的形象，二是海腥味的气质，三是精明过人的性格。

一　宁波帮：宁波人的形象

宁波人以“宁波帮”之称而名扬天下。

何谓宁波帮？“宁波帮”泛指旧宁波府属的鄞、镇海、慈溪、奉化、象山、定海六县在外地的商人、企业家及旅居外地的宁波人。以血缘、地缘为纽带所组成的商业团体。与其他传统商帮一样，宁波帮的形成是在明朝后期到清朝初期。在明朝万历到天启这一时期，宁波鄞县在京的药业商人在北京创设鄞县会馆。[①] 稍晚于鄞县会馆的是清初创立的浙慈会馆，即“浙江省慈溪县成衣行业商人会馆”，成为宁波帮形成的主要标志。

清乾嘉时期，宁波帮迎来了第一个发展时期。这一时期，宁波帮的活动区域不仅在长江和南北方，而且延伸到海外，经营着合法而颇有规模的对日贸易。由于这一时期宁波帮的大发展，使一个普通的中国沿海地域商帮，一跃成为国内著名商帮。到 1840 年鸦片战争爆发前后，中国已由十大商帮演变为晋帮、粤帮、闽帮和宁波帮四强争雄的新格局。

鸦片战争后的数十年宁波帮进入了第二个发展时期。鸦片战争后，宁波帮凭借自身特殊的有利条件，迅速介入新兴的对外贸易领域，并形成了以买办商人[②]和进出口商人为代表的宁波帮新式商人群体。本来宁波帮在封建社会的影响远远不及晋商、徽商，但近代以来，当其他商帮逐渐退出历史舞台，宁波帮得到了巨大的发展。可以说，宁波帮是中国商帮里唯一长盛不衰的一个商帮。近代宁波帮买办商人，首先在上海获得发展。宁波籍在上海第一个买办是定海人穆炳元。19 世纪 80 年代以后，上海的宁波帮买办已超过广东帮而居于买办集团的首位，直到买办制度被废除。通过这一时期的发展，宁波帮确立了近代最重要的经济中心上海的霸主地位，尤其是在港、澳、台地区“宁波帮”的企业家，

---

① 商人会馆是一种同乡商人组织，其功能主要是通过同乡聚会、祭神以及各种公益活动，联络感情，促进互助，排忧解难，增强对外帮商人的竞争能力。

② 买办就是外资洋行中的中方经理，是中西方贸易的中介人。买办和进出口商人之所以是新式商人，是因为他们从事的交换，已经不是以小农为交换两端的传统交换，而是以中国农产品和西方工业品相交换的国际贸易。

更是举世闻名。[①] 说到宁波人必然想到宁波帮，宁波帮就成了宁波人的形象符号。

为什么宁波帮会成为宁波人的形象符号？

一是因为宁波人历时久远的经商传统在宁波帮身上得以延续。

宁波具有优越的自然地理条件，航道辐辏，物阜民丰，促进了商品经济的繁荣发展。《越绝书·计倪内经》记载：越国“外于吴、楚、越之间，以鱼三邦之利”。《四明图经》亦载：鄮山“以海人持货贸易于此故名，而后，汉以县居贸山之阴加邑为鄮”。连县城命名都与贸易有关，可见贸易在此地的重要性。唐代后期，宁波已成为当时中国对外贸易的主要港口之一，其中与日本的交往最多。南宋时期，杨适等宁波籍学者继承和发扬了陆九渊的“陆派心学”，创建了“四明学派”，提出了经商须先“立本”，即须端正个人道德品质修养的观点，这对宁波人经商有较大影响。宋元时，宁波设置市舶司，不仅对外交通更趋频繁，而且贸易范围也从原先的日本、高丽扩展至东南亚、西亚一带，麻逸（菲律宾）、勃泥（北加里曼丹）、三佛齐（苏门答腊东南部）、波斯（伊朗）等一百多个国家和地区都成为其贸易伙伴。宁波的对外贸易在此时达到全盛。明代以后由于实行海禁，宁波的外贸一度中衰。清初以黄宗羲为代表的宁波籍学者创立了“浙东学派”，倡导“经世致用”的经商理念。[②] 加上康熙后，随着海禁的松弛而又有恢复，特别是对南洋贸易大有起色。据载，其时宁波每年赴南洋的船只在500艘次以上。民国《鄞县通志》说：“至五口通商后，邑人足迹遍履全国、南洋、欧美各国，财富日增。”《慈溪县志》也说，邑人“四出营生，商旅遍天下”，“甚至东西南洋诸国也措资结队而往开设廛肆”[③]。

宁波人很聪明，在经营对外贸易的同时也大力发展对内贸易。早在晋代，“商贾已北至青、齐，南至交广”[④]。元明时期，南来北往的甬商经商

① 参阅顾海兵、余翔、嵇俊杰《宁波帮的发展及宁波人文特点研究》，《宁波职业技术学院学报》2008年第1期。

② 黄定福：《“宁波帮”儒商文化对宁波近代城市和建筑的影响》，《宁波通讯》2011年第5期。

③ 以上转引自孙继亮《谈论“宁波商帮”的崛起及其发展》，《中国财税文化专刊》2012年第1期。

④ 民国《鄞县通志》序。

范围进一步扩大："西南自岭粤，东北达辽左，延袤一万四千余里。"在这种态势下，为了增进同乡之乡谊，联络同业之感情，维护地方之共同利益，以及赡老扶贫，宁波商人还在各地成立了大批会馆或公所，形成著名的商帮群体。清朝时期，宁波帮不仅在北京的势力日益增强，还在常熟、汉口、上海等商业重镇创建会馆。乾隆三十六年（1771 年）在常熟建立宁绍会馆。乾隆四十五年（1780 年），在汉口建立浙宁公所。嘉庆二年（1797 年），上海四明公所建立，为"四明同乡之从宦服贾者捐资置地"所建。[①] 嘉庆二十四年（1819 年），宁波在关外、山东等地经商的富商大贾出资在上海或立浙宁会馆。[②]《上海县续志》载："浙宁会馆，初名天后行宫，在荷花池头。嘉庆二十四年甬商董萃记等创建。"[③] 此后，宁波商人又以"集合同乡力量，推进社会建设，发挥自治精神，并谋同乡之福利"为宗旨，于宣统二年（1910 年）建立"宁波旅沪同乡会"，设立事务所，并订定"议事规则""会章"等，宣统三年（1911 年）在四明公所举行成立大会。据 1946 年度的统计，同乡会共有会员 36490 人，其中基本会员 1578 人，赞助会员 5177 人，特别会员 12547 人，普通会员 17188 人。[④] 会员的职业遍布商业、工业、金融、学界、政界、航海业等，其中以商业界占会员最多。[⑤]

正如《宁波府志》所称，宁波"内则联络众省，外则控制东倭"，"有鱼盐市舶之利，实东南之要会也"[⑥]。这样，长期在市场中磨炼，与货币打交道，对于改变宁波人的思维观念，培养其机警、敏活的性格不无益处。贩四方的经历使宁波人"性机警，有胆识，具敏活之手腕，特别之眼光。其经营商业也不墨守成规，而能临机应变"[⑦]。宁波人因而被誉为"中国的犹太人"。1890 年美国人亚瑟·亨·史密斯所著的《中国人的性

---

① 上海博物馆：《上海碑刻资料选辑》，上海人民出版社 1980 年版。

② 同上。

③ 1918 年《上海县续志》卷三《会馆会所》。转引自李瑊《宁波人文化品性探源》，《历史教学问题》2003 年第 3 期。

④ 董启俊：《宁波旅沪同乡会》，载《宁波文史资料》第五辑。

⑤ 参阅孙继亮《谈论"宁波商帮"的崛起及其发展》，《中国财税文化专刊》2012 年第 1 期。

⑥ 同上。

⑦ 王孝通：《中国商业史》，民国丛书第四编第 30 辑，上海书店据商务印书馆 1936 年版影印，第 221 页。

格》第十七章“能忍且忍”中写道，格兰特将军[①]环球回来时有人问，他所见到的事情中，最出乎意料的是什么？他立即回答，他所见到的最奇怪的一件事是，“一个中国的商贩，凭着自己强劲的竞争力，战败了一个犹太人”[②]。言下之意就是认为：“如果一个宁波人与犹太人竞争，照样可以把犹太人打败。”[③]

二是因为四处奔波的谋生方式，使宁波人较之其他地区的族群更多地接触了异文化。

宁波人漂洋过海，四出营生，足迹遍天下。据《海关关册》记载：“中国各口进出口旅客之多，除上海一埠外，无有能出其右者。”[④] 据调查统计，1891 年宁波外出人数 181000 人，1902 年 193247 人，1912 年 777759 人，1923 年达 1050901 人，[⑤] 宁波历年人口流动之频繁由此可见一斑。及至 21 世纪，有 30 余万的宁波帮人士分布在东南亚、欧洲、北美等 64 个国家和地区。[⑥] 正是移步换形出智慧，经常接触异文化的环境和事物，有助于人们保持敏锐思维和增长识见，使宁波人习于广采博纳，惯于变化流动，渐至步入一个较少保守、外向开放的精神境界，他们宁肯到广阔的外部世界拼搏闯荡，也耻于安守家业，碌碌无为。[⑦]

民国《鄞县通志》说：“至五口通商后，邑人足迹遍履全国、南洋、欧美各国，财富日增。”《慈溪县志》也说，邑人“四出营生，商旅遍天下”，“甚至东西南洋诸国也措资结队而往开设廛肆”。他们以上海为大本营，遍及京、津及全国各地，活跃在工商业各个领域，尤其在航运业、金融业更有影响。据资料统计，19 世纪后半期至 20 世纪初，执上海金融之牛耳的九大钱庄资本集团中，其中宁波商人占了五家，分别为镇海方家（方介堂）、李家（李也亭）、叶家（叶澄衷），慈溪董家（董棣林），宁波秦家（秦君安）。孙中山先生对宁波商人倍加赞赏，曾说“宁波人素以

---

① 格兰特将军是美国南北战争中著名的统帅，其后连任两任美国总统。

② ［美］亚瑟·亨·史密斯：《中国人的性格》，学苑出版社 2001 年版，第 135 页。

③ 王耀成：《宁波帮与犹太商》（http：//www. rxyj. org/i tem_ 20140628170010BfNgYk）。

④ 《海关关册》（中文本）宁波，1920 年，第 12 页。转引自李瑊《宁波人文化品性探源》，《历史教学问题》2003 年第 3 期。

⑤ 竺菊英：《论近代宁波人口流动及其社会意义》，《江海学刊》1994 年第 5 期。

⑥ 《全球宁波帮代表聚会宁波怀念邓小平》（http：//news. xinhuanet. com/newscenter/2004 - 08/01/content_ 1690731. htm）。

⑦ 以上参阅李瑊《宁波人文化品性探源》，《历史教学问题》2003 年第 3 期。

善于经商闻，且具有坚强之魄力”，“宁波人对工商业之经营，经验丰富”，“凡吾国各埠，莫不有甬人事业，即欧洲各国，亦多甬商足迹，其能力与影响之大，固可首屈一指也”①。所以宁波人和气、智慧、坚韧、诚信并帮衬，宁波商人“四海为家，冒险犯难”，同时又低调、重教育，故而“能够富过三代经久不衰”②。

在宁波帮的榜样作用下，宁波人所具有的敏锐头脑和善于学习的能力，不仅反映在经商管理中，也在日常生活中有所体现。宁波人向西方学习先进的管理思想，引进先进的生产技术和工艺，在创业中坚持创新思路，开阔思维，加上勤俭节约的艰苦奋斗精神，怎能不成功。正如船王包玉刚所说：“宁波人出门闯天下，别无所长，靠的就是勤俭二字！”③

宁波人非常看重伦理道德，尤其是在经商中秉承以德立业、以德兴业的商业伦理观，提倡“义内求财，以义取利”，不谋不义之财，不赚昧心钱。在创业经营时，宁波人讲究信誉至上，诚实不欺，货真价实。讲信誉是做人做事的基本原则，无论是小商小贩的日常买卖，还是大到几千万甚至上亿的订单，靠的都是信誉来招徕生意。

宁波人的家族观非常重，在经商中，宁波人互相帮忙、相互依靠，有强烈的群体意识和凝聚力，秉着“大家好才是真的好”的原则，亲邻互帮，互相扶持，重乡情，团结自治。在外地甚至海外，有宁波人活动的地方都有同乡会一类的组织负责关照外出打工的游子们。宁波帮也正是如此团结，才能在近代乃至现代社会中脱颖而出。商海风云诡谲，陷阱遍布，宁波人知道，要在这样的环境中求生存求发展，靠个人单枪匹马是行不通的。“跑过三山六码头，吃过奉化芋艿头”，宁波人很注重乡里乡亲之间的互相帮衬。

宁波人最怕不讲信誉。宁波人“上半夜忖忖自家，下半夜忖忖人家”，凡事设身处地为别人想想，很少做不守信用的买卖。宁波人办事认真，大人从小要求小孩“分嘴分榫”，即做事要像木匠打家具那样，卯眼和榫头分毫不差。清代著名政治家、学者郭伯荫在为宁波帮福州会馆撰碑

① 《孙中山先生在宁波各界欢迎会上之演说词》，《民国日报》1916 年 8 月 25 日。转引自孙继亮《谈论“宁波商帮”的崛起及其发展》，《中国财税文化专刊》2012 年第 1 期。

② 干戈：《宁波悖论》，《宁波通讯》2006 年第 6 期。

③ 以上参阅张跃、孙善根《论宁波帮精神——宁波帮精神的一种历史诠释》，《宁波职业技术学院学报》2008 年第 4 期。

时写道："四明为并海要津，帆辐辏……吾尝闻诸父老，吾乡估舶以苏、宁、乍为三大帮，而宁帮最为朴实，重信义，屏浮华，尤讲乡谊。逆旅中望衡对宇，操土音相慰问，或好若昆弟，行李之出于其涂者，遇乏困给必丰，无丝毫吝啬。盖虽居阛阓之中，而有士君子之行焉。"① 所以宁波自古有"义乡"之称。

正因为此，1916 年 8 月 24 日，孙中山到宁波考察，在宁波各界举行的欢迎会上热情洋溢地评价道："宁波人既素以善于经商著，且具有伟大之魄力。"② 邓小平也多次强调指出："宁波的优势有两个，一个是宁波港，一个是宁波帮。"

二　海腥味：宁波人的气质

讲到宁波人的气质，不禁想到我曾看到过的一个宁波中学生写的作文《宁波人晓晓》：

> 晓晓是个宁波人。
>
> 她千真万确是个土生土长的宁波人。
>
> 但她很怪异，所有宁波人爱吃的东西她都不吃，连碰也不碰。
>
> 例如，咸蟹。
>
> 咸蟹几乎是每个宁波人爱吃的东西。每隔几天，晓晓外婆总会买来肥肥的大螃蟹，洗干净后，用一大把盐腌上，在冰箱里放上几个小时后，拿出来，就可以美美地享用了。
>
> 但是，唯一不沉醉于这美味里的，就是晓晓了。
>
> 晓晓就是不爱吃这咸蟹。
>
> 但宁波人就爱咸蟹，石浦饭店的咸蟹可是一绝，去那里请客吃饭，谁也不能忘了点上咸蟹。对他们来讲，山珍海味也不过如此罢了。
>
> 晓晓愤怒了。
>
> 终于，某一天晓晓在餐桌上十分郑重地对外公说："能不能不要弄这东西了，看起来这么恶心，你还吃得下去？"晓晓外公夹起一个

---

① 转引自陈蔡志、张世清《古今名人谈宁波》，《宁波经济》2006 年第 6 期。

② 孙善根：《孙中山与宁波》，《宁波帮研究》2006 年第 2 期。

蟹钳塞到嘴里，含混不清地说："哎呀，你到底是不是宁波人啊？你看你哥，吃得多欢啊！"晓晓望了一眼正陶醉于蟹肉的老哥，无奈摇了摇头，默默地吃着她的荷包蛋。

抗议无效。

几天后，饭桌上，晓晓妈在盘子里挑着咸蟹，夹了一块满是蟹肉和蟹黄的蟹盖，往嘴里送去。看着妈妈一脸陶醉的样子，晓晓凑到她身旁，不怀好意地问："妈妈，好吃吗？"晓晓妈连连点头，含混不清地说："好吃，好吃。你也来一块？"晓晓赶紧闭上嘴巴，把头摇得像拨浪鼓。晓晓妈不死心，夹起一块蟹，送到晓晓嘴边，柔声说："乖！啊，张嘴！"继续摇头。晓晓妈见软的不行，把脸一横，说："晓晓，你是不是我女儿？"点头。"那就把这块蟹吃了。"晓晓妈笑着说。晓晓宁愿自己不是妈妈生的，也不愿吃咸蟹。

宁死不从。晓晓逃掉了。

他们说晓晓不是宁波人，晓晓不是她妈妈生的。

又是一个月，晓晓再也受不了家人的眼光，她决定，晚上她一定要吃咸蟹，来证明她是宁波人，来证明她是妈妈生的。

晚饭时，晓晓颤颤悠悠地从碗里夹出一块蟹，放到嘴边。一股咸腥味直冲晓晓的鼻子，晓晓只觉得胃里翻江倒海，难受极了。手一松，蟹掉在了碗里。

大家都看到了，晓晓竟然主动夹了咸蟹了。晓晓想干什么？

空气凝固了。大家都不动嘴不动筷了。大家就这么盯着晓晓看。

这时，晓晓知道，她把自己逼上绝路了，不吃不行了。无奈，她再次夹起碗里的蟹，一脸悲壮，心想：砍头不过碗大的疤，人家砍头都能那么淡定，我不就吃块蟹嘛，又不会死！于是，她一皱鼻子，把蟹肉送进了嘴里。

虽然第一感觉有点怪，但多嚼嚼，"Q 弹"的蟹肉里包含着喷香的汁液，甜甜咸咸嫩嫩的，味道好极了。

晓晓又夹了块。

那天，晚餐桌上的蟹都被晓晓干掉了。晚餐桌旁的人都傻了眼了。

事实证明，晓晓是个宁波人。晓晓是她妈妈生的。

晓晓圆满了。[①]

咸蟹真是宁波人的最爱，对此，笔者有真切的感受。因笔者的父母均是宁波余姚人，从小见父母极爱海鲜，真是海腥味越腥越好吃，什么咸蟹、梅蛤[②]、墨鱼、蒸虾，均是地地道道的宁波海腥味吃法，且吃得津津有味，回味无穷。在父母的影响下，笔者的姐妹弟弟也都喜欢宁波海腥味的海鲜。宁波人之所以喜欢海腥味，这与宁波人靠海有直接的关系。

宁波人的海腥味是一种天生的爱冒险精神。当人们面对无垠的大海，必然产生征服的欲望，要征服大海，必然需要冒险。梁启超说："海上者，能发人进取之雄心，陆居者以怀土之故，而种种主系累生焉。试一观海，忽觉趋然万累文表，而行思想，皆得无限自由。彼航海者，其所求固利也，然求到之始，都不可不克置利害以度外，以性命财产为孤注，冒万险而一掷之，故久于海上者，能使其精神日以勇气，日以高尚，此古来濒海之民所以比于陆居者活气较胜，进取较锐。"[③] 众所周知，宁波东靠大海，每年均有台风扫过不是东就是西，过后留下的水涝旱灾，满目疮痍。使富人穷人都深有感触，都养成了很强的防风险意识。宁波富人穷人有以捕鱼航运为业的，他们迎着晨曦出海捕鱼运货，披着晚霞满载货物丰收而归。很不幸，有时他们会遇到海盗台风葬身大海。他们既充盈战胜大海的乐观勇气，又怀着对不可捉摸的汹涌大海的敬崇。城东三江边的天妃宫就是宁波富人和渔民专为祈求海神娘娘保佑平安而建造，多少带点希冀用美好想象抗击风险的心理。[④] 所以，宁波人有着坚韧、富冒险的本能，这就是一种气质。

确实，宁波人在很早的时候，便已航行于国内沿海的许多港口和海外

---

① 姚涵：《宁波人晓晓》。

② 梅蛤，即海瓜子，是一种白色的小蛤蜊，大小形状如南瓜子，是一种在滨海滩涂生长的小水产品。

③ 转引自倪健中、辛向阳编《人文中国》上册，中国社会科学出版社 2008 年版，第 63—64 页。

④ 雪色象心：《宁波人——富而不露》（http：//blog. sina. com. cn/s/blog_ 489dfb04010004vz. html）。

的许多国家，“南则闽广，东则倭人，北则高丽，商舶往来，物资丰衍”①。明代之后实行海禁，“敢有私下诸番互市者，必置之重法”②。正常的商业航行受到极大的影响。不过，敢于冒险的宁波人则通过各种手法，出海通商牟利。当时“沿海灶丁假以采办，私造大船违禁下海，始则取鱼，继而接济，甚则通番。十数年来，富商大贾牟利，交通番船满海间”③。

宁波人的海腥味又是不怕艰苦、顽强开拓的性格。除了出洋远航，宁波人“一般耻于安居乐业，而以不出外谋生为没出息，养成了不怕艰苦、顽强开拓的性格，‘航海梯山，视若户庭’。只身闯天下者屡见不鲜”④。众所周知，宁波的农业文明先天不足，也促使了宁波人形成向外开拓、勇于闯荡的特征。宁波当地的谚语，“要想富，走险路”“要窜头，海三湾”等，就是宁波人不怕艰苦、勇于开拓的真实写照。⑤ 宁波人有过两次移居海外的浪潮，第一次是在光绪宣统年间，第二次是在 20 世纪 40 年代末。这两次向海外的开拓，使宁波人遍布世界，你可以在远至天涯海角、待开发的不毛之地，看到他们的足迹；你可以在世界大都会繁华街区、摩天大楼高级写字间看到他们的身影；你可以在纽约、伦敦、东京、巴黎各大城市的国际航班上，听到熟悉的、硬邦邦的宁波口音。有成批的、单个的，男的女的、全家带口的，创业闯世界，善于抓机遇。如果有一家男人未外出在家，会被认为是恋家抱窝，蒙羞汗颜没出息。创业下海，各路英才多如牛毛，其艰辛清苦的经历也是难以启齿，没法向人诉说。真正如愿以偿、光宗耀祖、荣归故里的，也是凤毛麟角。一身潦倒，怏怏而归者有之；囊中空空如洗者有之；徘徊他乡回不了家者有之；沦落异地沿度乞讨者有之。八千里路云和月，一把涕泪走江湖。吃苦耐劳，大胆沉着，就是身临绝境也永不言败。只要还有一口气，就要战斗到底。开弓没有回头箭，决不给宁波人丢脸。宁波人决不吃回汤豆腐干。他们有办法有信心取得最后的胜利。⑥ 海腥

---

① 《乾道四明志》卷一。

② 《太祖洪武实录》卷二三一“洪武二十七年正月条”。

③ 《筹海图编》卷五。

④ 倪健中、辛向阳编：《人文中国》上册，中国社会科学出版社 2008 年版，第 91—92 页。

⑤ 张跃、孙善根：《论宁波帮精神——宁波帮精神的一种历史诠释》，《宁波职业技术学院学报》2008 年第 4 期。

⑥ 参阅清清慈湖水《阿拉宁波人》（http：//bbs. ifeng. com/viewthread. php？ tid = 11805074）。

味的宁波人秉承着大海的特性，宏大豪情，又包纳百川，靠海吃海①，具有开放自由的心态，这也是一种气质。

三 精明过人：宁波人的性格

人们都说上海人精明，说句公道话，这叫枪打出头鸟。比起宁波人来，上海人的精明小菜一碟。改革开放以后，宁波人的精明更是淋漓尽致。宁波人常说的一句话是，没什么菜，饭要吃饱。这可以看出宁波人的精明中还透着务实。宁波有一句老话“严嵩势力也要过，杨苗‘家记’（音，书面语为家当）也要败”。杨苗是个很有钱的财主，用现代话表示就是属亿万级富翁的那种人。这句话意义很深，宁波人认为，现在你这人是有钱有势了，但总有一天会落败，即使你这一代没落败，但你的子孙后代也会有落败的一天，所以做人还是低调些好，没什么可以向人显示炫耀的东西。同时这也注定了宁波人节约和守信的性格。

宁波人的低调，其实也是精明的一个侧面。上亿身价的饭店老板，点菜卡仍用香烟纸，从低调中还透着勤俭来。宁波人讲究“闷头发大财”，宁波人不露富。《福布斯》中国财富人物 100 强，宁波人入选的没几个，但事实上，仅仅慈溪一个镇上，比《福布斯》100 强最末几位富翁有钱的就好几个。现在宁波人挣钱方法很多，除了主业收入以外，其他方面的收入也很多。《华夏时报》的驻地记者文俊说，宁波的房价丝毫不逊于大上海，倒让北京人感到心酸。有人说过一句话，宁波除了财政收入是真实的，什么国内生产总值都是不确切的，真实情况比现在的数字要高。反张扬之道而行之，这也是宁波人精明的过人之处。

宁波人的勤俭，其实也是精明的又一个侧面。上海开埠后大批宁波人来到上海后，重实干，不玄想，脚踏实地，白手起家，即使后来声名显赫的朱葆三、叶澄衷、虞洽卿等人皆然。朱葆三 14 岁时来到上海，在协记商铺当学徒，白天勤勉工作，夜晚还练习珠算、学习英文、攻读商业尺牍；虞洽卿 15 岁时赴上海瑞康颜料行当学徒，他白天做店务，晚上进夜校学英文，很快就掌握了简单的英语会话。因而“吾甬人以冒险之天性，斩荆披棘，经营所业，其间筚路蓝缕，艰苦卓绝”，就是宁波人在上海创业的真实写照。也正因为如此，“少年曾在苦中过”的经历磨炼了他们的

① 黄义务：《关于宁波特色文化的若干思考》，《浙江工商职业技术学院学报》2008 年第3 期。

意志，增长了他们的才干，成为其日后成功的人文资源和知识底蕴。正如宋代大儒王应麟在《四明七观》中描绘甬上民性时说：“其民复存大禹卓苦勤劳之风，同勾践坚确慷慨之志，力作治生，绰然足以自理。”[①] 此言实为明析之评。[②]

从普通老百姓的角度来说，名牌的价格和价值，更是需要再三掂量的。有这么一位抱着孩子的年轻女子说，她给孩子买衣服，都是去些外贸店里，十来块钱买上一打。她说“小孩子的衣服本来更新就快，才不会去买丽婴房里的衣服呢，洗不了两次就穿不下了，划不来”。从这里可以看出，就宁波与温州相比，为什么温州高档名贵的汽车比宁波多，而中档次汽车，宁波比温州多，就两城市的汽车绝对数量相比，宁波绝对比温州多。反奢华之道而行之，这也是宁波人精明的过人之处。

宁波人的诚信，其实也是精明的又一个侧面。近代以来，宁波人在沪上经营民信业和钱庄业的盛况有目共睹。钱业与银行业最大的不同之处是信用放款，“资本多寡，无关宏旨，全恃合伙人之身家信誉如何为断”[③]。宁波人“重然诺，尚信义，施之于钱业，而其效乃益彰”，因而其开设的钱庄以信誉卓著闻名，所出庄票通行沪上及各埠，“虽一纸万金，西人皆乐受之，视为无限信托”[④]。擅长“信用经商”的宁波人“以其恪守信用、未敢轻于然诺，一经言出齿外，决不后悔，免致自误误人。古人季布一诺千金，宁波人视为秘诀。故能以少数资本，做多数营业也”[⑤]。由此得以执掌沪上钱业之牛耳百多年而不衰。

宁波人在上海“独占”民信局的情况亦然。民信局又称信局或民局，是不同于官府邮驿的民间邮递机构。上海开埠前，宁波一直是民信局的中枢所在，上海兴起后，其活动重心转移沪上。据调查，1882 年宁波的永利、正和、广大、福润、全盛、协兴、萕顺、正大八家信局，在上海都设有联号，而上海南市，“各信局概系甬人开设”。国民信业之所以成为宁

---

① 鲁迅：《〈越铎〉出世辞》，《鲁迅杂文全集》，河南人民出版社 1994 年版，第 1003 页。

② 以上参阅李瑊《宁波人文化品性探源》，《历史教学问题》2003 年第 3 期。

③ 秦润卿：《五十年来上海钱庄业之回顾》，载中国通商银行编《五十年来之中国经济（1896、1947）》，文海出版社 1947 年版，第 70 页。

④ 张美翔：《宁波人开风气之先》，载宁波市政协文史资料委员会编《宁波文史资料》第 15 辑。

⑤ 快活老叟：《宁波闲话》，载宁波市政协文史资料委员会编《宁波文史资料》第 15 辑。

波人的“专业”，有赖于宁波人的重视信用，因为这正是民信业必须具备的职业道德。潘子豪称：“民局为宁波人之专业，资本甚大，信用亦佳，凡一经民局保险之信札，内中银钱汇票，倘有遗失等情，一概由该局赔偿。”① 可以说，是宁波人的信誉支持了民信局的发展。② 反欺骗之道而行之，这也是宁波人精明的过人之处。

宁波人的精明是一般人想不到的。有这样一个段子：一个东北人、一个中原人和一个宁波人先后走过一条路，路中间放着一块石头。东北人经过时破口就骂：“谁那么缺德，把石头放到路中央。”说完跨过石头走了；中原人则在石头边停了下来，说：“大路中央居然放着石头，一定有阴谋。”然后，绕过石头也走了；而宁波人呢？他绕着这块石头仔细打量，自言自语：“这块石头这么大，也许能做点东西吧？”他抱着石头回家了。反他人之道而行之，这恐怕也是宁波人精明的过人之处吧！③

---

① 《申报》1898 年 7 月 28 日，转引自李瑊《宁波人文化品性探源》，《历史教学问题》2003 年第 3 期。

② 以上参阅李瑊《宁波人文化品性探源》，《历史教学问题》2003 年第 3 期。

③ 参阅一凡《宁波人的性格》（http：//lshc666. blog. 163. com/blog/static/10350011120091910056664/）。

第十章　绍兴人

绍兴人与宁波人是汉民族在浙江的一对“双胞胎”族群。他们都是河姆渡人的子孙，又都是于越人的后裔。

绍兴市是浙江省辖市，位于浙江省中北部、杭州湾南岸。东连宁波市，南临台州市和金华市，西接杭州市，北隔钱塘江与嘉兴市相望。气候温暖湿润，四季分明。下辖绍兴县、诸暨市、上虞市、嵊州市、新昌县和越城区，面积8256平方公里，人口437.06万（2008年），其中市区面积339平方公里，人口64万。绍兴建城已有2500多年的历史，素称“文物之邦、鱼米之乡”，是著名的水乡、桥乡、酒乡、书法之乡。在这块土地上形成的绍兴人理性而内敛、缜密而稳重，盛产名士，故毛泽东称绍兴为“鉴湖越台名士乡”①。

第一节　绍兴人的语言

绍兴话与苏州话、湖州话、上海话同属于吴语，与宁波话一样，听上去更硬一些。绍兴话属吴语太湖片临绍小片。春秋战国时期，越国使用于越人自己的语言。秦汉以后随着北方移民进入，受到中原语言的影响，逐渐出现语言融合②，才形成今天的绍兴话，在吴语各方言中具有一定代表性。广义的绍兴话包括绍兴市所辖五县一区及其临近地区的方言；狭义的绍兴方言则仅指绍兴县“东头埭”土语。东头埭与西头埭相对，前者为

---

① 毛泽东：《七绝二首·纪念鲁迅八十寿辰》（1961年）。转引自文乐《鉴湖越台名士乡（小城故事）》，《人民日报》海外版2005年1月12日第六版。

② 绍兴县地方志编纂委员会：《绍兴县志》第四十编《方言》，中华书局1999年版，第1867页。

旧会稽县属地，后者为旧山阴县属地。越地方言是指春秋时期以越国为中心的地区使用的区域语言。它经历了两个截然不同的历史时期，即中原文化入主越地之前的古越语和越地汉化后以绍兴方言为代表的越地方言。绍兴方言属吴语的一支，以绍兴为中心，包括余姚、萧山、诸暨、上虞、嵊州、新昌等县（市）。

绍兴话通过越剧《狸猫换太子》、绍剧《孙悟空三打白骨精》、莲花落《翠姐姐回娘家》等戏曲形式，以及鲁迅的《故乡》《社戏》，周作人的《吃茶》《谈酒》《乌篷船》等名家作品以及客居外地的绍籍乡人，传播于国内外，让全世界的人都知道了绍兴话。

一　绍兴话的语言学特点

绍兴话有 29 个声母①，全浊声母保存，无舌尖后音，不分尖团，无儿化；韵尾有 n 但无辨字作用；鼻音、边音出现在阴调前读紧喉。

绍兴话有 55 个韵母，无前响复合元音；两字重叠式，非鼻音韵母改为鼻音尾韵母或鼻化韵母。

绍兴话的调类有 8 个，古四声全部保留，各分阴阳；连读无轻音，文白异读。绍兴话的入声发音带了喉塞尾，保留了促化这一种发音特征。②凡此形成绍兴话发音响亮、清晰；吐字质朴、沉实；连读和谐、协律；声、韵、调排列严整等诸多特色。

绍兴话的语音中，文读和白话音差别大，而白话音中保留着不少中原古音。初到绍兴听人讲话好似“听歌”，满耳的“越剧曲调”煞是好听。然越剧语音是经过加工后的语音，其文读较多，一批字音，音从普通话，入声不明显，与绍兴话日常口语差别较大。

绍兴话中，人称代词复数形式改变主要元音区别；动词以清浊声母表力度；带、咚、夯等附于动词、介词后面可用来区别位置的远近；形容词后缀“拉拉”“罗罗”等表示情态；双音节摹声词镶嵌声母为 l 音，扩成四音节以成为双声叠韵；宾语前置③，例如“我酒三碗”。状语后置，例

---

① 吴子慧：《吴越文化视野中的绍兴方言研究》，浙江大学出版社 2007 年版。

② 吴子慧：《舒声促化在绍兴方言中的一些表现》，《浙江教育学院学报》2007 年第 5 期。

③ 绍兴县地方志编纂委员会：《绍兴县志》第四十编《方言》，中华书局 1999 年版，第 1915 页。

如“天亮快哉”。

绍兴话中，肯定否定连用选择句表示是非问，例如“伊走勿走咚嘞？”（他走了吗？）[①]

二　绍兴话的人类学特点

语言蕴含着丰富的文化内涵，从人类学角度看，语言系统本身就是一种文化，它蕴含着人类创造语言的某种意识或潜意识。根植于古越地的越方言有着深厚的文化积淀和浓郁的文化特征。绍兴话与宁波话虽是“双胞胎”方言，但由于历史底蕴不同，宁波话的人类学特点集中表现在语音上的“石骨铁硬”，而绍兴话的特点则集中表现在词语上深厚的文化气质。

（一）词语中古越文化的底蕴

绍兴话中古越文化的底蕴浓郁。在词语中，还可以窥视到越地农耕、小手工作坊、饮食、婚俗、宗教、戏剧、曲艺文化等，例如：捻河泥、筑泥凼、种大菱、荸荠、茭白、泥水作、木作、船作、篷作、竹作、箍桶、港纱（捕鱼）、弹钓……这些都是属于绍兴的农耕、小手工作坊文化。

麦糊烧、南瓜饼、松子糕、糕干、腊鸡/鸭、肉、霉干菜、霉千张（霉干豆腐）、金枣、老南瓜粥、乌豇豆粥。绍兴的习俗是，过年要搡年糕，裹粽子，搓糯米团子；清明要搡黄花麦稞，做艾饺；七月七㸆（炸）巧果；八月半做月饼。平时待客做裹馅团团。年三十夜吃团圆饭，要有年糕、粽子，取其谐音“高中”，反映了读书人的希望，也寓意种田人家的种子好，产量年年高；鲞冻肉（一种咸鱼干和猪肉炖制的菜）上安放一个鲞头，是“有想头”的意思；藕、荸荠、红枣一起煮的“藕脯”是“有富”的寓意；一碗鱼不能吃光，寓“年年有余”；一碗糯米团团是取其“团团圆圆”之意；一碗河虾是取其“和（虾的方音谐音）”，寓其一家和睦，家和万事兴。这些都属于绍兴的饮食文化。

孩子命名也能反映人们的期望或避讳，如取名“阿狗、阿牛、阿兔”——“贱名”，以动物名命名，意为好养活；“阿土、阿水、锦、樟、海、炎、坤”，这是算过命，命中缺“五行”（金、木、水、火、土），取此名以补生辰八字所缺；女孩则多取“花、香、雅、巧、仙”等，都寄

---

① 绍兴县地方志编纂委员会：《绍兴县志》第四十编《方言》，中华书局 1999 年版，第 1921 页。

予祈福求吉的美好期望……这些都属于绍兴的婚俗文化。

吃素、吃长素、花素、香市（农历二月十九和六月十九上香炉峰拜观音）……这些都属于绍兴的宗教文化。

文乱弹、的笃班、目连戏、跳无常、女吊、莲花落、绍剧、越剧……这些都属于绍兴的戏剧曲艺文化。

此外，越方言中有一些比较独特极富表现力的词语，如地脚（地址）、晏昼（中午）、囡（女儿）、小官人（小男孩）、晚爹叔（继父）、偎灶猫（精神萎靡不振的人）、白脚猫（喜欢到处闲逛的人）、空心大佬（貌似本领大、办法多而其实并非如此的人）、干姜瘪枣（比喻面容干瘪多皱之人）。

这些词语反映越地人民对事物的认识，特别是后面五个词语具有比喻性质，形象生动。[①]

（二）词语中水乡文化的气质

古越地为水乡、鱼米之乡，尤其是绍兴，南山北水，濒临钱塘江、杭州湾，这样的地理环境使得越地地名独具特色。例如绍兴人把“地方”叫作“埭坞”。“埭”即“堤埂”，水乡居民靠堤埂边聚居，以至许多地名以“埭”命名；还把水乡统称为“水村埭”；“坞”是山间平地，于是就把“埭坞”合在一起指称地方了。山间还有“岙”“溪”，一些地名就以“岙”“溪”为名，如孙岙、方岙、双江溪等。与水有关的“河、渎、港、湖、泾、池、汇、塘、堰、埠、桥”等都可成为地名命名的依据，如石渎、鲁家泾、南汇、陡（斗门）、柯桥、皋埠澄潭、剡溪、吼山、龙山、型塘、百官、状元桥、锦鳞桥等。[②]

在绍兴话中，与水有关的词语非常多，如普通话中骂人狡猾为“老狐狸”，绍兴人则为“踏道泥鳅”，用泥鳅的“滑”比喻人的“滑”；普通话说人倔为“牛脾气”，绍兴话说“撑硬头船”；普通话说人做事不踏实为“马虎”，绍兴人称为“浮尸”，用浮在水面的尸体随波逐流喻之；普通话骂胖子为“猪”，绍兴话骂为“后海死尸”；普通话说“跑单帮”，绍兴人说“放单钓”；普通话说“活络”，绍兴话说“船通水活”；普通

---

① 侯友兰：《绍兴方言的特点及其文化蕴涵》，绍兴文理学院报网（http：//www. hf. usx. edu. cn/xb/news. asp？ id = 17191）。

② 同上。

话说“一去不回”，绍兴话说“放湖灯灯”；普通话说“知其不可为而为之”，绍兴人说“打清水网”。这类比喻贴近生活，生动形象，富有表现力和感染力，体现了浓郁的水乡文化特色。再如螺蛳是水乡常见的水产，绍兴话中有不少关于螺蛳的谚语，“剁螺蛳过酒，强盗来了勿肯走”“螺蛳壳里做道场”“硬嚼螺蛳壳”“清明螺，抵只鹅”“海马屁打仗，螺蛳肉搅酱”“嘬臭螺蛳——呸”“吃隔夜螺蛳（过时）”“腌菜缸里养螺蛳”①。水乡气质亦跃然纸上。

（三）词语中越地风俗的表达

绍兴人是于越人与华夏民族长期交流融合的结晶之一，华夏民俗文化与越地民俗文化几经融合变迁，形成不同于华夏民俗文化的越地民俗文化，这些都能够在绍兴话中表达出来。

1. 岁时节气风俗

“年三十夜咯吃，正月初一咯穿。”——反映了越地过年的传统风俗习惯。

“五月五，买光黄鱼过端午。”——在绍兴民间端午须吃五黄：黄瓜、黄鱼、黄梅、黄鳝、雄黄酒，据说能避邪驱毒，此风俗至今袭用。

“清明吃艾饺，立夏吃樱桃。”“立夏吃樱桃，一年勿发痧。”“冬至馄饨夏至面。”——反映自然节令与饮食风俗。

2. 乡土信仰民俗

“五月勿娶妻，六月勿孵鸡。”——绍兴民间认为“五黄六月”是一年中最不吉利的日子，旧俗不宜嫁娶，影响至今。

“柯桥豆腐干，皋埠咸烧饼；夏履桥杨梅，陶家堰艾饺；樊江松子糕，道墟洋官枣。”——这条谚语道出绍兴乡下柯桥、皋埠、夏履桥、陶家堰、樊江、道墟等地的特产。

“乌干菜，白米饭，神仙看见要下凡。”——古越百姓勤劳，生活简朴，吃着“乌干菜，白米饭”自得其乐，连神仙见了也羡慕思凡。直至现在在江南一带“乌干菜”还很有市场，深受欢迎。

“铜锣响，脚底痒；胡琴响，喉咙痒。”——绍兴市井百姓多喜欢看戏，有些戏迷更是喜欢唱戏，这反映越地居民的民间曲艺发达。绍兴有中国的第二大戏剧越剧、有知名的绍剧、莲花落、平湖调等，已被列入非物

① 熊文：《绍兴方言的水乡特色》，《柯桥日报》2009年4月26日。

质文化遗产。[①]

第二节　绍兴人的形成

绍兴人形成的路线图与宁波人相似，但由于绍兴曾为越国的都城，故与靠海的宁波人的形成仍有不同，其差异则是“双胞胎”式的差异。

说到绍兴在浙江的历史地理地位，须知“浙”的来历。“浙”即钱塘江，又名“渐河”“浙江”“曲江”“之江”，意即曲折的河流。古时浙江以钱塘江为界，分为浙东和浙西，江之东为“浙东”，江之西为“浙西”，史称“两浙”。绍兴则是浙东的核心地区，也有“吴根越角”[②]的说法。作为于越人后裔的绍兴人，新石器时代就已经在这片土地上居住，逐渐开始农耕生活。春秋时浙江分属吴、越两国。秦朝在浙江设会稽郡。自秦汉时起，为会稽郡辖地的绍兴，经历了多次北方汉民族移民的迁入，最终形成汉民族在浙东的又一个族群——绍兴人。

一　于越人：绍兴人的基础元素

绍兴之地夏称於越，亦称大越，简称越。春秋时期，於越民族以今绍兴一带为中心建国，称越国。故先秦的于越人居地缘之优势成为构成绍兴人的基础元素。

尧舜时期，绍兴一带曾洪水泛滥，“汤汤洪水滔天，浩浩怀山襄陵”[③]，“夫越性脆而愚，水行而山处，以船为车，以楫为马，往若飘风”[④]，大禹治水至大越，娶涂山女，“禹伤先人父、鲧功之不成受诛，乃劳身焦思，居外十三年过家门不敢入”[⑤]，终于解决洪水问题。舜禅让天子位，大禹定国号夏，后来在巡狩时，“至于会稽而崩”[⑥]。“禹以下六世

---

① 侯友兰：《绍兴方言的特点及其文化蕴涵》，绍兴文理学院报网（http：//www.hf.usx.edu.cn/xb/news.asp？id＝17191）。

② 原指吴越故地之边陲，后多泛指江浙一带。（唐）杜牧《昔事文皇帝三十二韵》：“溪山侵越角，封壤尽吴根。”（元）陈樵《北山别业三十八咏·越观》：“吴根越角两茫茫，石伞峰头俯大荒。”

③《史记·五帝本纪》。

④《越绝书·记地传》。

⑤《史记·夏本纪》。

⑥《越绝书·记地传》。

而得帝少康，少康恐禹祭之绝祀，乃封其庶子于越，号曰无余。余始受封，人民山居，虽有鸟田之利，租贡才给宗庙祭祀之费。乃复随陵陆而耕种，或逐禽鹿而给食。无余质朴，不设宫室之饰，从民所居，春秋祠禹墓于会稽”①，于越的名称开始于此。

于越，是百越集团中世居于江浙一带的土著。《越绝书·记地传》云“昔者，越之先君无余，乃禹之世，别封于越”，建都会稽；《太平御览》亦云：“山南有焦岘，中有大城，越王无余之旧都也。”即越国建都会稽。从此，越国从无余开始，经“千有余岁，而至勾践”。《史记正义》引《舆地志》也载：“越侯传国三十余叶，历殷至周敬王时，有越侯夫谭，子曰允常，拓土始大。”芷如《吴越春秋·越王无余外传》徐天祜音注所云：“吴之伐越，见春秋昭公三十二年，敬王十年也，至是一千五百七十年矣。”这就是说，少康即位后便封无余为于越先君。越国从这时建立到公元前 490 年开始的图强振兴，再到公元前 334 年（周显王三十五年）被楚所败，历时 1745 年。

在这个漫长的历史时期中，于越人给汉民族的记忆留下了勾践卧薪尝胆、发愤图强的故事。于越人这长达一千七百余年的历史，扎扎实实地建构了绍兴人的基础元素。

二　从秦到宋：绍兴人形成的轨迹

绍兴人的形成是汉民族北方移民与于越人互动、磨合、整合和融合的结果。

（一）从秦到汉：汉民族“雪球”开始滚动到绍兴

秦始皇一统天下后，一方面实现了华夏民族的统一并向汉民族转化，另一方面又是汉民族“雪球”滚动的开始。

秦始皇统一六国前夕，没有国家的于越人，大多数仍居住在越国故地——钱塘江以南的广大地区，也有不少越族人散居在今长江中下游地区、东南沿海地区和西南山地的崇山峻岭之中。早在秦国灭楚以后，部分楚人陆续流入会稽。《史记·项羽本纪》云：“项梁杀人，与籍避仇于吴中。吴中贤士大夫皆出项梁下。每吴中有大徭役及丧，项梁常为主办，阴以兵法部勒宾客及子弟，以是知其能。秦始皇游会稽，渡浙江，梁与籍俱

①《吴越春秋·越王无余外传》。

观。籍曰：‘彼可取而代也。’梁掩其口曰：‘毋妄言！族矣！’梁以此奇籍。籍长八尺余，力能扛鼎，才气过人，虽吴中子弟皆已惮籍矣。”此说中的“吴中”，泛指春秋吴国国境，而项梁、项籍迁居的吴中即在今湖州一带，当时为乌程县。所以，乌程很早就有项羽庙。但还有一说此事出在会稽山阴。宋《嘉泰会稽志》卷六《祠庙》载：“项羽庙，在县南十五里项里溪上，以亚父范增配食，不知其始岁月，旁有聚落数十户，岁时奉祀。”今存项里村，遗址尚存。

而越人是一个好战的民族，特别是越人的发源地绍兴，秦始皇很不放心，于其在位的三十七年（前210年）十月出游，远离咸阳，到大越，上会稽，祭大禹，目的是消除于越人的政治影响。他采取了两个措施。第一，更名大越为山阴。第二，迁徙人口。一方面把越人迁出或逼走。“徙大越民，置余杭、伊攻、□故鄣”[①]。“乌程、余杭、黝、歙、无湖石城县以南，皆故大越徙民也。秦始皇帝刻石徙之”[②]。这是史载有据的向北迁徙。另一方面又徙天下有罪适吏民，置海南故大越处，以备东海外越。随县的设立，担任县长等职务的华夏人迁入，主要分布在山阴、上虞、余姚、句章、鄮、鄞、诸暨、乌伤、太末等县。《东阳山水志》说秦末“八士”南下栖于今金华市金东区北八素山、八素溪一带，当时属乌伤县。汉孝文帝刘恒的外公，据《史记》卷四九《外戚世家》：“薄太后，父吴人，姓薄氏，秦时与故魏王宗家女魏媪通，生薄姬，而薄父死山阴，因葬焉。”刘恒立为孝文皇帝，“于是乃追尊薄父为灵文侯，会稽郡置园邑三百家，长丞已下吏奉守冢，寝庙上食祠如法”。这些守冢者很可能是当时南迁的汉人。这是汉民族“雪球”滚进绍兴的开始。所以，移民史学家葛剑雄说：“秦始皇灭六国以后，他就有计划地实施了移民。据记载，他把中原的一批人迁到了长江以南，包括钱塘江南岸的宁绍平原。”[③]

及至汉代，北徙越人与南迁汉人继续进行。汉景帝时，吴王刘濞叛乱，东瓯曾组织万余人出兵相助，引起朝廷对这一地区的关注。平定“七国之乱”后，朝廷对东瓯、闽越人采取移民政策，先后把他们迁往江

---

① 《越绝书》卷八《记地传》。

② 《越绝书》卷二《记吴地传》。

③ 葛剑雄：《移民与文化传播——以绍兴为例》，《绍兴文理学院学报》2010年第4期。

淮地区，以加强对会稽郡的控制。汉武帝继续北徙越人，建元三年（前138年），“东粤请举国徙中国，乃悉与众处江淮之间”[①]，元封元年（前110年），朝廷平定东越和闽越，汉武帝“诏军吏皆将其民徙处江淮之间。东粤地遂虚”[②]。

汉武帝时是汉民族移民南下绍兴的一个重要时期。据《绍兴通史》第二卷的研究，见于史籍记载的就有两次移民。一是为使北方的强宗大姓不得族居，部分迁到会稽。如西汉首任西域都护的郑吉，“其曾祖父本齐国临淄人……武帝时徙强宗大族，不得族居，将三子移居山阴，因遂家焉”[③]。

二是黄河流域灾民的迁入。西汉户籍制度严格，汉人不能自由迁徙。只有遇水旱荒灾的特殊情景，朝廷才会组织迁徙灾民。越国故地生存环境，如司马迁所说，“无冻饿之人，亦无千金之家”，只要具备简单的劳动能力，就不会成为冻饿之人，适宜于饥民的安置。汉武帝开始有组织地将黄河流域灾民南迁。汉武帝元狩四年（前119年）冬，会稽郡第一次由政府安排吸纳了来自中原的部分灾民。据《汉书·武帝纪》载：“四年冬，有司言关东贫民徙陇西、北地、西河、上郡、会稽凡七十二万五千口，县官衣食振业，用度不足，请收银锡造白金及皮币以足用。[④] 初算缗钱。[⑤]”

据王鸣盛估计，这次移民到会稽郡的约14.5万人。[⑥] 对于这次移民的组织形式及其对当时经济的影响，据《史记·平准书》的记载，当时汉民族移民的衣食是由县官供给的。数年之间，借给他们产业，派使者分部保护他们。派出的使者，冠盖向望，道路不绝。费用以亿计，多不可计算，以致县官财力告竭。同时，汉武帝允许饥民在迁入的地方留下来。这

---

① 《汉书·西南夷两粤朝鲜传》。

② 同上。

③ 《后汉书·郑弘传》李贤注引《谢承书》。

④ 颜师古注——应劭曰：“时国用不足，以白鹿皮为币，朝觐以荐璧。又造银锡为白金。见《食货志》。”

⑤ 颜师古注——李斐曰：“缗，丝也，以贯钱也。一贯千钱，出算二十也。”臣瓒曰：“《茂陵书》诸贾人末作贳贷，置居邑储积诸物，及商以取利者，虽无市籍，各以其物自占，率缗钱二千而一算。此缗钱是储钱也。胡随其用所施，施于利重者，其算亦多也。”师古曰：“谓有储积钱者，计其缗贯而税之。李说为是。缗，音武巾反。”

⑥ （清）王鸣盛：《十七史商榷》卷九。

种移民往往举家南迁，找到合适的地方便安顿了下来。这为绍兴人的建构输送了新鲜血液。

此外，西汉时期还有因封侯、任职等原因迁入定居会稽的。如王充的祖先原籍魏郡元城（今河北北魏县），又姓孙。祖上几代从军有功，封会稽阳亭侯，从元城迁到会稽。一年间，因故失去爵位和封地，于是就在会稽落户，以农桑为业。[①] 这些史籍零星记载的迁徙活动，足以说明属于会稽郡的县，今绍兴市的上虞、山阴、诸暨等地已开始成为中原人的迁居地之一。

此后，从王莽政权到东汉初期，黄河流域陷于大规模的战乱，而江南地区相对安全，为避战乱，北方的汉民族人口纷纷南迁，其中又有不少迁入绍兴。为使这些人能够尽可能留下来，维护当地的社会稳定，更始元年(23 年)，任延出任会稽都尉。他采取了一系列举措，使下层民众大多安顿下来，长期留居于此。《后汉书·循吏列传》云：

> 及到，静泊无为，唯先遣馔礼祠延陵季子。时天下新定，道路未通，避乱江南者皆未还中土，会稽颇称多士。延到，皆聘请高行如董子仪、严子陵等，敬待以师友之礼。掾吏贫者，辄分俸禄以赈给之。省诸卒，令耕公田，以周穷急。每时行县，辄使慰勉孝子，就餐饭之。
>
> 吴有龙丘苌者，隐居太末，志不降辱。王莽时，四辅三公连辟，不到。掾史白请召之。延曰：“龙丘先生躬德履义，有原宪、伯夷之节。都尉埽洒其门，犹惧辱焉，召之不可。”遣功曹奉谒，修书记，致医药，吏使相望于道。积一岁，苌乃乘辇诣府门，愿得先死备录。延辞让再三，遂署议曹祭酒。苌寻病卒，延自临殡，不朝三日。是以郡中贤士大夫争往宦焉。

东汉初年，迁入会稽郡见于史籍记载的还有河东人杨茂。杨茂从光武帝征伐，为威寇将军，封乌伤新阳乡侯。建武中就国，传封三世，有罪国除，子孙定居于此。[②]

---

① （东汉）王充：《论衡·自纪篇》，上海人民出版社 1974 年版，第 447 页。

② 《后汉书·杨琁传》。

东汉末年，北方大乱而南方相对安定，北方人口在战乱和少数民族内迁的压力下大量南迁，揭开了中国历史上第一次大规模人口南迁序幕，越国故地才成为江南接纳北方移民的主要舞台之一。流寓会稽者，见于《后汉书》《三国志》（包括裴松之注）等记载的著名人物有沛郡龙亢人桓晔、汝南汝阳人袁忠以及广陵江都华融祖父、皇象等。[①]

总之，秦汉时期，一方面北方汉民族由于郡县制的推行，郡县官员一般均由北方人士担任，成为绍兴的统治阶层；或由于朝廷有组织地移民，与越人北徙同时发生；或由于因功分封迁居绍兴；或由于各种原因避难绍兴。于是，秦汉时期的越人北徙和汉人南迁，从此汉民族移民不断迁入绍兴，及至东汉，绍兴人口大增，《后汉书》载："会稽郡（秦置）。本治吴，立郡吴，乃移山阴。雒阳东三千八百里。十四城，户十二万三千九十，口四十八万一千一百九十六。"[②] 这就从根本上改变了绍兴地区族群的结构，汉民族"雪球"的滚动在绍兴落地生根了。

（二）从魏晋到唐：汉民族"雪球"继续向绍兴滚动

汉民族"雪球"的滚动自开始后，在历史上从来就没有停止过。

西晋"永嘉之乱"后，出现了汉民族"雪球"滚动进入绍兴的第一次高潮。众所周知，东晋和南朝的首都基本上在建康（江苏南京）。据葛剑雄的研究，当时南京周边的地区还没有得到很好的开发，水利设施缺乏，平原地区地势低洼，特别是长江以北和沿海。西汉时候在今天的扬州是可以看到潮水的，扬州以东的平原成陆时间不长，还来不及开发，今上海市区也是如此。倒是杭州湾的南岸，特别是处于宁绍平原的绍兴一带开发时间早，自然环境相当稳定，所以大批移民就在这一带定居。东晋、南朝人将会稽（以绍兴为中心）与首都建康的关系比喻为以往的首都长安与关中的关系[③]，当作最重要的政治基地。这既说明了绍兴的重要性，也揭示了绍兴聚集了大批文化素质高的北方汉民族移民的事实。

西晋"永嘉之乱"后，中州士人避乱江左者十六七，迁入会稽地区的主要有北地泥阳（今甘肃省宁县附近）傅氏[④]、颍州鄢陵庾氏[⑤]、高阳

---

① 以上参阅李永鑫主编《绍兴通史》第二卷，浙江人民出版社2012年版，第205—209页。

② 《后汉书·郡国》。

③ 《晋书·诸葛恢传》："今之会稽，昔之关中。"

④ 参阅《晋书·傅玄传》；《宋书·傅隆传》。

⑤ 参阅《晋书·外戚传》；《晋书·庾亮传》。

许氏[①]、陈郡阳夏谢氏[②]等。这个时期北方汉民族士人流寓会稽是趁任地方官之机，举家迁徙，以避北方战乱；任会稽太守的许氏、庾氏才能住在郡治山阴，傅氏、谢氏由于官卑权小，又打算长期定居，则只能在土著士族势力较弱的上虞江流域（今曹娥江）居住。

东晋成帝咸和初年爆发了苏峻之乱，迫使又一批北方士人自都城建康一带流寓会稽。先是官至司空的高平金乡士族郗鉴为防苏峻“挟天子东入会稽”和“断贼粮运”，“大业、曲阿、陵亭三垒，拒贼东入之兵”。后来，吴国内史庾冰则“弃郡奔会稽”。朝士也遣家人纷纷入东避难。当时，由于会稽土著豪门士族与北方流徙士族共同抵御苏峻起兵，使会稽免于战火。苏峻之乱平定以后，“三吴之豪”和“朝士”都认为可以迁都会稽。在这一阶段中，已流寓会稽的北方士族，著名的有陈留阮氏、太原晋阳王氏，以及削发为僧的琅玡王氏等。这个时期迁徙会稽的北方汉民族人士选择的地点大多是曹娥江上游的剡溪流域。

东晋穆帝时期，流寓会稽的北方士族主要有太原中都的孙氏、江夏李氏、琅玡王氏、高平金乡郗氏、谯国戴氏和乐安高氏，以及高益支遁和尚等。以琅玡王氏为例，王羲之于永和六年（350 年）出任会稽内史，入境“便有终焉之志”，并在郡城东北隅的蕺山兴建别业，家居于此。[③] 这一时期，寓居会稽的北方汉民族士人，其最大的特征是文化名流接踵而至，高僧名士云集剡溪——上虞江流域。孙绰、李充、支遁皆以“文义冠世”；戴逵“好谈论、善属文、能鼓琴、工书画，其余巧艺靡不毕综”，为多才多艺之人；王羲之一门以书法绝妙著称于世。他们都先后入此筑室置别业。初因父亲任会稽内史而家居山阴，继而移居永兴的名士许询，亦随之入剡。[④]

东晋举足轻重的两个大家族是王氏和谢氏。王氏门第最高贵是两家，一家是太原王氏，不过太原王氏人少；另一家就是琅玡王氏。琅玡王氏人丁兴旺，政治地位很高。王导与族兄王敦等帮助司马睿建立东晋，王家的

---

① 《建康实录》卷八。

② 根据《绍兴通史》第二卷研究，谢氏迁入会稽的时间最迟也在东晋立国之初。因谢奕任剡县令是在成帝咸和初年，谢安才七八岁，万、据、石均生长于会稽无疑。李永鑫主编：《绍兴通史》第二卷，浙江人民出版社 2012 年版，第 514 页。

③ 《晋书・王羲之传》。

④ 以上参阅李永鑫主编《绍兴通史》第二卷，浙江人民出版社 2012 年版，第 513—519 页。

人几乎垄断了朝廷的要职，当时有句话叫“王与马，共天下”[①]。据《中国移民史》第二卷的统计，基本可定为曾在会稽定居的有：陈郡阳夏籍的谢安、谢铁、谢冲、谢方明、谢惠连、谢灵运（会稽始宁），陈留尉氏籍的阮宁、阮思旷、阮万龄（会稽剡），济阳考城籍的江总七世祖江部（山阴），琅玡临沂籍的王荟、王羲之、王凝之、王徽之、王献之、王随之、王镇之、王耆之、王标之、王弘之、王昙生（上虞），庐江籍的何子平，鲁郡鲁籍的孔惔、孔淳之（剡县），谯国籍的戴逵（剡县），太原籍的王知玄（剡县），太原中都籍的孙统、孙绰。[②] 可见，王、谢两家人口众多，其中相当一部分散居在各地，绍兴就是他们的一个重要据点，而且好多人就在会稽做官，比如会稽内史王羲之等。永和九年（353 年）王羲之在兰亭雅集，参加者十之八九是北方移民的后代。所以，葛剑雄认定：“绍兴作为一个重要的移民定居地区是可以肯定的。”[③] 正如《绍兴通史》所言：“六朝时期，会稽郡是由地方望族及其宗族、乡党组成的土著士族和流寓南方的豪门士族构成的主体社会。”[④]

汉民族“雪球”滚到南方后，东晋设立了一些侨州、侨郡、侨县，一方面是为了使北方移民得到安置，另一方面也是表明南迁是临时性的，他们的身份是“侨”，随时等着迁回老家去。但到了刘宋时大家都明白了，南北方分裂的时间近三百年，移民想回去也回不去，他们的后裔基本就在南方定居了，其中一批相当重要的移民就定居在绍兴这一带。

总之，晋室南迁，中原人士避居会稽、山阴。南朝宋武帝永初二年（421 年），会稽复为郡，治山阴县。《晋书》载：“会稽郡秦置。统县十，户三万。山阴会稽山在南，上有禹冢。”[⑤] 大明八年（464 年），会稽户 52228，人口 348014 人。[⑥]

由于北方汉民族不断迁入越州（今绍兴），唐代前期，越州人口增长

---

① 《晋书 · 王敦传》。

② 详见葛剑雄《中国移民史》第二卷，表 10 – 1，福建人民出版社 1997 年版，第 343—345 页。

③ 葛剑雄：《移民与文化传播——以绍兴为例》，《绍兴文理学院学报》（哲学社会科学版）2010 年第 4 期。

④ 李永鑫主编：《绍兴通史》第二卷，浙江人民出版社 2012 年版，第 509 页。

⑤ 《晋书 · 地理志》。

⑥ 《宋书 · 州郡志》。

很快。《旧唐书·地理志》载有贞观十三年（639 年）越州的人口，为 25890 户，124010 口。从隋大业五年（609 年）至唐贞观十三年，短短的三十年里，户数和人口数分别增长了 27.7% 和 18.4%，这样的增长速度显然是很快的。在接下来的百余年里，越州人口更是急剧膨胀。到唐玄宗开元年间（713—741 年），据《元和郡县图志》记载，越州已有户 107645，口 631456，总人口要比贞观年间扩大 5 倍多，已达到 60 万人以上。另据《旧唐书·地理志》记载，至天宝元年（742 年），越州有户 90279，口 529589，总人口也在 50 万人以上，远比当时杭州仅 20 多万人口要多得多。[①] 天宝元年统计的人口要比开元时期略少，这主要是开元二十六年（738 年）越、鄮分置的缘故。如果加上同时期明州（越、鄮分置后，鄞、鄮等县置明州）人口为 42207 户、207032 口，那么，总人口将超过 70 万了。这样的人口增长速度是惊人的。

唐代中期以前越州人口的快速增长，其根本原因是北方汉民族人口的移入。安史之乱时，北人南迁是非常多的，出现了“三川北虏乱如麻，四海南奔似永嘉”[②] 的局面。诗人李白也曾说：“天下士庶避地东吴，永嘉南渡，未盛于此。”[③] 北方战乱，北方汉民族避乱南奔，而越州富庶、安定，北方汉民族好投，所以唐人穆员在《鲍方碑》中云：“登会稽者如鳞介之集渊薮。”[④] 从这句话中，我们仿佛听到了北方汉民族“雪球”滚入绍兴的隆隆响声。[⑤]

（三）两宋：绍兴人在汉民族“雪球”滚动中形成

两宋时期，是绍兴人形成的关键时期。

一方面是北方汉民族移民继续迁入绍兴，绍兴人口又大有增加，汉民族“雪球”滚动之声不绝于耳。据《绍兴通史》第三卷的研究，从政府统计的在籍户口数来看，北宋初吴越归顺后，越州仅 56491 户，到北宋后期崇宁元年（1102 年）已增至 279306 户，百余年间增加了近 4 倍。可见北宋时期绍兴地区的人口增长是比较快的。两宋之际，由于农民起义和金

---

① 参阅韩国磐《隋唐五代史论集》，表二“南方诸州隋唐时户数及其升降”，生活·读书·新知三联书店 1979 年版，第 128 页。

② （唐）李白：《永王东巡歌十一首》。

③ （清）董诰等：《全唐文》卷三四八《为宋中丞请命都金陵表》。

④ 转引自李永鑫主编《绍兴通史》第三卷，浙江人民出版社 2012 年版，第 63 页。

⑤ 同上。

兵南下，绍兴地区遭战乱破坏，不少民人死于兵火或逃亡。经过南宋前期几十年的恢复，到嘉泰元年（1201 年），在籍户口已恢复到北宋后期的水平。

不过，宋政府的户口统计并不能全面反映出绍兴地区人口增长的具体情况。相对而言，宋政府在灾荒年份开展的局部性赈济户口统计可靠性要高一些。宋孝宗淳熙八年（1181 年），朱熹奉旨赴绍兴府赈灾，他在给朝廷的奏状中，依据当时会稽、山阴两县的户口统计，对除上虞、余姚之外的六县人口作了一番估计，其中云：

> 今再抄札山阴、会稽两县口数，以约六县之数，则山阴、会稽丁口半于诸暨、嵊县，而比新昌、萧山相去不远。截长补短，两县当六县四分之一。今抄札山阴、会稽四等、五等贫乏之户计三十四万口，四等之稍自给及上三等者不预焉，则统计六县贫民约须一百三十万口，并上户当不下百四十万。[①]

所以，北宋后期崇宁元年（1102 年），越州在籍人口共有 27.9 万余户，按当时南方地区平均 5 人/户的家庭规模计算，全州约有 140 万人。此后因战乱和社会动荡，人口有所减少。但宋室南渡引发了空前规模的北人南迁浪潮，而地处王畿腹地的绍兴等地自然成为大批北方移民寓居的首选之地，所谓“四方之民，云集二浙，百倍常时”[②]。早在宋高宗驻跸时，来自赵、魏、秦、晋、齐、鲁之地的士大夫就已大量涌入绍兴，以至于祠堂庙宇都成为临时官舍和寓所。此后，南下的北方移民仍在不断增加。史称“中原士民扶携南渡，不知几千万人”；“平江、常、润、湖、杭、明、越，号为士大夫渊薮，天下贤俊，多避地于此”[③]。这在一定程度上补充了因战乱带来的人口损耗，有利于经济的恢复和发展；同时，南迁人口中有为数不少的士大夫，使绍兴地区的人口素质有明显的提高，有利于文化的发达和教育的昌盛。加上社会经济的进一步发展，全地区人口不仅很快

① （宋）朱熹：《晦庵集》卷一六《奏救荒事宜状》，文渊阁四库全书本。

② （宋）李心传：《建炎以来系年要录》卷一五八，绍兴十八年十二月乙巳，中华书局 1956 年版。

③ （宋）李心传：《建炎以来系年要录》卷八六，绍兴五年闰二月壬戌；卷一五八，绍兴十八年十二月己巳。中华书局 1956 年版。

恢复到北宋后期的规模，而且又有新的增长。尽管就整体增长速度而言，由于人地矛盾等因素的限制，呈现出逐渐放缓的趋势。因此，将南宋中期绍兴全府人口估算应为 150 万至 170 万人。[①] 这就夯实了绍兴人的族群结构。

另一方面是绍兴名称的出现，为绍兴人的形成“定了格”。南宋绍兴元年（1131 年），以“绍奕世之宏休，兴百年之丕绪”，改建炎为绍兴，并赐名越州，升州为府，越州自此改为绍兴府，“绍兴”之名由此始。[②] 在宋金对峙中，宋室南渡给绍兴地区带来多方面的影响。随着赵宋政治中心的南移，绍兴地区的政治地位显著上升。宋高宗在南逃过程中，先后两次在绍兴停留，其中第二次驻跸有一年零八个月之久。虽然南宋最后没有定都越州，但这两次驻跸使绍兴地区的政治地位大大提高。不仅由州升为府，而且一跃成为宋廷的陪都和浙东地区的政治中心。正如《绍兴通史》所说：“在中国古代的特定环境下，这种政治地位的提高对于推动绍兴地区社会经济和文化的进一步发展显然有着不可忽视的作用。”[③] 特别是建炎四年（1130 年）四月，宋高宗北返越州，暂时稳定下来。次年正月，改元“绍兴”，取“绍万世之宏休，兴百年之丕绪”之意。[④] 十月，应越州官民之请，宋高宗仿效“唐德宗以兴元元年巡幸梁州改梁州为兴元府”故事，升越州为绍兴府，并赐额“大都督绍兴府”，绍兴之名由此而始。

绍兴人族称的确定，标志着汉民族在浙东的族群——绍兴人的形成。

第三节　绍兴人的人文特征

绍兴是一块宝地，也是一方圣地。这里有闻名遐迩的水乡桥都，还有夏禹治水、勾践复国、书圣以字换鹅、文豪少年嬉戏的桩桩圣迹。深厚的文化底蕴塑形了绍兴人敬事鬼神、骁勇坚韧、吃苦耐劳、敢闯敢拼的族群

---

① 以上参阅李永鑫主编《绍兴通史》第三卷，浙江人民出版社 2012 年版，第 318—320 页。

② 《宋史·高宗本纪》。

③ 李永鑫主编：《绍兴通史》第三卷，浙江人民出版社 2012 年版，第 317 页。

④ （宋）徐梦莘：《三朝北盟会编》卷一四四，绍兴元年正月一日，上海古籍出版社 1987 年影印本。

性，以及表现在文化性格和价值观念上的刚健务实、重利超远。在人文特征上呈现出求心求实的心性，师爷风范的形象，水乡风韵的气质，曲水流觞的酒道。

一　求心求实的心性

有比较才有洞见。浙江学者钱明从比较文化论的视角将绍兴人与杭州人做了一个比较：

> 绍兴人的文化性格和价值取向的深层基因主要来源于阳明心学与浙东经史学，而杭州人的文化性格和价值观念的深层基因则主要来源于浙西词派（还有浙西画派）和程朱理学。因此，绍兴可以说是志士豪杰实行实用的豪迈之乡，其所代表的可以说是一种心性文化；而杭州则可以说是文化的同时，江对岸的浙西“才子”们却大都沉醉在一种“才子文化”中。绍兴文化的“求心”“求实”精神，似可以用“酒剑精神”来作比喻，而杭州文化的“求真”“求美”精神，则似可比喻为一种“蚕丝精神”，后者的“柔”和“软”，正好可衬托出前者的“刚”和“烈”。从古代的王充、王阳明、黄宗羲到现代的鲁迅、蔡元培等，越中士子可以为求心求实、经世济民而秉笔直书、奔走呼号；而杭州的李叔同、嘉兴的王国维等则可以为求真求美的完美境界而在自己事业的巅峰期或者出家修行，或者跳湖自尽。从一定意义上说，绍兴文化是把学问融化为实在的心，而杭州文化是把学问融化为内在的美。一个是唯实、唯心，一个是唯美、唯理。因此，可以说，绍兴文化主要表现为一种“刚性的美”，而杭州文化则主要表现为一种“柔性的美”。①

这种刚性的美，正是植根于绍兴的大地上铸成的。众所周知，浙西地区多平原，水利条件优越，交通便利，农业发达，是鱼米之乡和天下粮仓。当地人的生活富裕，也很有安定感，安土恋家，知足常乐，闲适安逸。阳明心学和浙东经史学都影响了绍兴人的文化性格，求心、求实的精神，代表了一种心性文化的气质，具有刚性的美。

---

① 钱明：《人文绍兴：一个地域性与时代性的课题》，《绍兴文理学院学报》（哲学社会科学版）2010 年第 4 期。

再从人文地理的眼光来看，明清时期吴的核心区域就是狭义的江浙，浙江的吴地自古就有“吴根越角”之说，并且表现出与江苏的吴地天然亲近，而越地则因钱塘江和杭州湾的阻隔而相对疏远的特征。由于吴地属于浙江的太少，更由于江苏的吴地太过显耀，于是浙江向来以越自称。这不仅促成了江苏以吴自居而把吴、越等同于广义的江、浙，而且也影响了浙江人的地域观念：因为苏南的吴地太正宗，因而不管从文化血脉上还是从情感血缘上，“越”才是浙江的灵魂，而包括杭州在内的“浙西”倒成了文化的边缘区域。所以清代浙江学者全祖望说：“浙江十一府，以秦置会稽郡之封计之，西虽缩而东则赢。”① 也就是说，浙西不仅“缩”于地域，而且“缩”于文化与观念。

这样，在吴文化强势的渗透下，“浙学”表现出了“东”强“西”弱的特点，在一定意义上甚至可以以“越学”来代指“浙学”。比如徐象梅所撰的《两浙名贤录》，在《硕儒》《理学》之章节中，宋、元、明三代共录有330人，其中出身浙东的有279人，而出身浙西的仅为51人，接近六比一。如果考虑到编撰者徐象梅是钱塘出身，而参阅者绝大多数系海盐、嘉兴人的乡土文化背景②，那么以上这组数字便更能说明浙江省在文化上“东”强“西”弱之特征了。而且从《两浙名贤录》的大量记载中，确实使人们看到了章学诚所总结的浙西人士以“雅好文学”“经学世家”“究心理学”者为多，而浙东人士以“博综子史百家”“不徒事章句”，求“心”求“实”者居多的人文景观。

求“心”求“实”，即所谓心性。心性就是性情、性格。在中国古典哲学范畴中，就是指“心”和“性”。战国时孟子即云：“尽其心者，知其性也，知其性，则知天矣。存其心，养其性，所以事天也。夭寿不贰，修身以俟之，所以立命也。”③ 前述钱明所说“绍兴文化的‘求心’‘求实’精神，似可以用‘酒剑精神’来作比喻”，“主要表现为一种‘刚性的美’”。这种“刚性的美”就是一种硬骨头精神。绍兴人的这种心性，

① 全祖望：《全祖望集汇校集注》中册，上海古籍出版社2000年版，第1822页。

② 所以在该书所收录的51个浙西人中，大部分为海盐、嘉兴人，以至使得为该书作序的朱国祚亦发出了“徐君自表两浙士重于今天下，余更表嘉（兴）所产且以重两浙”的惊叹，而四库馆臣则干脆指斥该书是“以乡间粉饰之语依据成书”。载《四库全书总目》，中华书局1965年版，第562页。

③ 《孟子·尽心上》。

女人可以秋瑾为楷模，男人可以鲁迅为代表。

秋瑾（1875—1907 年），又字竞雄，号鉴湖女侠，从中其心性中的刚性彰显无遗。她生性豪侠，习文练武，喜男装，蔑视封建礼法，常以花木兰、秦良玉自喻。在日本留学期间，积极参加留日学生的革命活动，参加洪门天地会，受封为“白纸扇”（军师）。光绪三十三年正月（1907 年 2 月），秋瑾接任大通学堂督办。不久与徐锡麟分头准备在浙江、安徽两省同时举事起义。因事泄被捕。7 月 15 日从容就义于浙江绍兴轩亭口。孙中山和宋庆龄对秋瑾都有很高的评价。1912 年 12 月 9 日孙中山致祭秋瑾墓，撰挽联：“江户矢丹忱，重君首赞同盟会；轩亭洒碧血，愧我今招侠女魂。”1979 年 8 月宋庆龄为绍兴秋瑾纪念馆题词：“秋瑾工诗文，有‘秋风秋雨愁煞人’名句，能跨马携枪，曾东渡日本，志在革命，千秋万代传侠名。”

鲁迅（1881—1936 年），原名周树人，1902 年赴日本留学，接受了革命思想，故取笔名鲁迅。他在医校学习一年以后，便从学校退学。因为受到一部日俄战争纪录片的刺激，认为“救国救民需先救思想”，于是弃医从文，希望用文学改造中国人的“国民劣根性”。从 1927 年到 1936 年，鲁迅“横眉冷对千夫指，俯首甘为孺子牛”，以笔代戈，战斗一生，1918 年 5 月，首次用“鲁迅”的笔名，发表中国现代文学史上第一篇白话小说《狂人日记》，也展示了自己“刚性美”之心性。从此以后，陆续创作出版了小说集《呐喊》《彷徨》、论文集《坟》、散文诗集《野草》、散文集《朝花夕拾》、杂文集《热风》《华盖集》《华盖集续编》《而已集》《三闲集》《二心集》《南腔北调集》等。其中，1921 年 12 月发表的《阿 Q 正传》，凸显鲁迅求“心”求“实”的心性，成为“五四”新文化运动的主将。鲁迅不仅用笔“呐喊”，还支持北京学生爱国运动，为北洋军阀政府所通缉。1930 年起，先后参加中国自由运动大同盟、中国左翼作家联盟和中国民权保障同盟，反抗国民党政府的独裁统治和政治迫害。毛泽东推崇鲁迅，一是“他的政治远见”，“他用显微镜和望远镜观察社会，所以看得微、看得远”；二是“他的斗争精神”，“他看清了政治方向，就向着一个目标奋勇地斗争下去，决不中途投降妥协”；三是“他的牺牲精神”，“他一点也不畏惧敌人对于他的威胁、利诱与残害，他一点不避锋芒地把钢刀一样的笔刺向他所憎恨的一切”。他还说：“鲁迅的骨头很硬，半殖民地的国家有像鲁迅这样硬的骨头是很可贵的。”[①] 鲁迅的这种心性被誉为“民族魂”，正是绍兴人心性的一种升华。

二　师爷风范的形象

自从1999年陈道明主演的电视连续集《绍兴师爷》在全国播出之后，在一般观众的心目中，绍兴师爷那种头戴黑色瓜皮小帽，鼻架一副老花眼镜，蓄山羊胡，踱四方步，手持折扇，摇头晃脑的刀笔吏成了绍兴人的形象代表。虽然曾有人将绍兴的“绍”字概括成：“搞来搞去，终是小人；一张苦嘴，一把笔刀。”但这个被绍兴文化涵盖的群体明清以来却遍布全国，竟然形成了“无绍不成衙”的格局。

“无绍不成衙”不仅表现为绍兴师爷遍布各地衙门，也表现为很多地方的衙门中书吏多绍兴人的态势。绍兴籍大名士李慈铭在日记中写到这种情况：“吏皆四方游民无籍者充之，而吾越人更多。”此“越人”即绍兴府人。在京师许多衙门中，书吏之职几乎被绍兴人垄断。夏仁虎引《旧京琐记》云：都中书吏，“原贯以浙绍为多”。金安清《水窗春呓》说：“六部胥人皆绍兴籍。”有一首竹枝词也反映了六部书吏多绍兴人的情况：“部办班分未入流，绍兴善为一身谋。得钱卖缺居奇货，门下还将贴写收。”意谓中央各部的书吏分几种班，都是未入流，绍兴籍的书吏最善谋划，并善于弄钱。

幕友和书吏所以多绍兴人，与绍兴人文化素养高、苛细精干、善治案牍等特点有关，这些特点皆适宜作幕为胥。绍兴人所以不远千里入都为胥，又与绍兴人不恋乡土的乡风和当地人多地少的经济状况有关。明人王士性《广志绎》说到明代的情况云：“绍兴、金华二郡，人多壮游在外。如山阴、会稽、余姚，生齿繁多，本处室庐田土，半不足供。其儇（xuān）巧敏捷者，入都为胥办，自九卿至闲曹细局，无非越人。”正因为师爷有这些一般人不具备的品性，所以明清时，因绍兴师爷名幕辈出，声名扬及国内外，绍兴师爷成了绍兴人的形象代表。

为什么可以以绍兴师爷为绍兴人的形象代表？绍兴学者何信恩曾做过分析：

---

① 参阅甄梁《毛泽东对鲁迅的推崇》，《党的文献》2007年第2期。

> 绍兴数千年的历史积淀造成了崇尚读书、追求功名的大氛围，一方面是人才辈出，另一方面又是人才难出，文人学士（尤其是落榜者）为谋求出路，或迫于生计，纷纷学律入幕。此其一。
>
> 清代文字狱的直接效应，尤其是汪景祺、查嗣庭一案对绍兴的影响最为直接。雍正以后诏停浙江乡试，堵塞了知识分子登科入仕的通道，使得绍兴的大量饱学之士，不得不暂时放弃科举，转向从幕。此其二。
>
> 家族认同心理的驱使，在师爷群体的形成上表现得尤为突出。许多家庭成员或子承父业世代为幕，或通过同一家族中充当幕僚或官吏者的引荐，步入师爷生涯，从而构成了一张光怪陆离的社会网络。此其三。
>
> 官场中头脑比较清醒者认为“至亲不可用事”“用亲不如用友”，做官为幕者大量任用自己的学生、同道，将那些功名未就者广泛拉入从幕的行列。如《秋水轩尺牍》作者、著名绍兴师爷许思湄曾书写了大量推荐信，将那些科第落魄者举荐于其他幕僚或官吏，不断壮大了幕僚队伍。此其四。
>
> 其五，绍兴人风俗好讼，处世精明，思维敏捷，治事审慎，工于心计，尤适于做师爷。“吾乡之业于斯者不啻万家”，或因学缘，或因地缘，或因亲缘，非他郡人可比。由绍兴文化涵盖的师爷群体，与绍兴话、绍兴酒，“三通行”于全国。京中胥办“自九卿至闲曹细局，无非越人”，或总管文章，执掌奏折，或总揽钱粮，处理实事，纵横上下，盘根错节，以至于形成了“无绍不成衙”的格局。[①]

绍兴师爷作为绍兴人的形象代表，正好凸显了绍兴耕读之风盛行，读书取仕成为读书人的风气，据《绍兴市志》记载，明、清二代，绍兴中文进士者有1300余人，武进士250余人。但毕竟科举考试难度之大，使得读书人往往数十年都未能金榜题名。科场败北后，一些文人才子转而“作幕”，当上师爷，以济生活之困。许梿说“临民者曰官，佐治者曰幕”[②]，

① 何信恩：《近现代政要们身边的绍兴师爷》，《文史精华》2006年第3期。

② （清）费山寿撰：《官幕同舟录》许梿序，笠泽三省书屋，清同治六年（1867年）。参阅高浣月《清代刑名幕友研究》，中国政法大学出版社1999年版，第201页。

“幕”就是“佐治”。章学诚在《庚辛之间亡友列传》回忆会稽籍朋友钱诏亦云：“会稽人，以家贫习幕事于保定，周君延之，襄理簿书，闻余言古文辞，君心醉焉。”据考，清代几乎所有封疆大吏身边都有绍兴师爷作为高级助手，如章士杰（曾国荃师爷）、俞廉三（张之洞师爷）、程荫棠（左宗棠师爷）、娄春藩（先后为李鸿章、王文韶、荣禄、袁世凯师爷）、马心田（丁宝桢师爷）等。

在师爷文化基础之上的名士文化，是大禹、勾践、范蠡、马臻、王羲之、陆游、王阳明、徐文长等历代名人名士所做出的贡献而铸成的。所以毛泽东说“鉴湖越台名士乡”[①]，也说明师爷文化作为绍兴人形象的代表是绍兴人正能量的一种文化表达。直到现在，绍兴人都受“绍兴师爷”遗风的影响。“师爷”的幕僚身份要求其思维缜密、手腕灵活、稳重内敛，遇事要有独到的见解，可以为上司提供合理的建议。师爷们缺乏身份保障，所以处事谨慎，善于合作，有良好的人际关系，但也凡事谨慎为先，趋于保守。长期在复杂的官场中浸淫，又使其深谙其道，绍兴师爷们的人情观念浓重，具有地域群体意识。现代绍兴人也继承了这些群体特点。

三　水乡风韵的气质

绍兴多水，北魏郦道元在《水经注》中曾有一段描述，“万流所凑、涛湖泛决、触地成川、枝津交渠”[②]。这样，水乡绍兴宛如一幅幅优美的江南水墨画，南面毗邻峰峦起伏的会稽山，北面是烟波浩渺的杭州湾，它东接曹娥江，西达浦阳江。这里白墙青瓦，乌篷船摇曳，峰峦叠翠，溪流淙淙，市内外小桥流水，湖塘密布，一派江南山清水秀的水乡风光，从而形成了绍兴独有的水乡风韵，使之自古便有“山阴道上行，如在镜中游”[③]的美誉。绍兴因水而生，因水而兴。从大禹治洪水开始，到东汉的马臻开筑鉴湖，从晋时的贺循凿运河，到明朝的汤绍恩建三江闸，戴琥整治钱清江，直到几十年前的围海，现代的环城河整治、清水工程，曹娥江

① 毛泽东：《七绝二首·纪念鲁迅八十寿辰》（1961 年）。转引自文乐《鉴湖越台名士乡（小城故事）》，《人民日报》海外版 2005 年 1 月 12 日第六版。

② 《水经注》卷二九，浙江古籍出版社 2001 年版，第 461 页。

③ （宋）刘义庆：《世说新语·言语》。

大闸的建造、曹娥江引水工程等，绍兴人一代又一代，用自己的辛勤与汗水，用自己的智慧与执着，谱写了一部部与水和谐相处的历史篇章。古纤道、三江闸、古石桥……这些与水相关的文物，见证着绍兴人与水的和谐关系，“轻舟八尺，低篷三扇”的乌篷，是绍兴人与水为邻、与水相亲的化身，仿佛从远古驶来，驶向江河天外。在这块水网密布的大地上，水承载着绍兴人无限的追求和希冀。“不出城郭而获山水之怡，身居闹市而有林泉之致”①。这种水乡风韵的沉淀，就铸成了绍兴人水一般的气质。

所谓水一般的气质，就是清澈、真诚。清澈，反映人内心的高贵，正直与胸无杂念，包容且豁达万里；真诚，眼睛里透着真挚的光芒，透过双眸可洞察善良的心底，有这种气质的人即使站在你的对面很远，你都能感受到他感知你的苦痛与快乐。所以，俗话说，一方水土养一方人。几千年前，绍兴境内南有山洪之患，北有潮汐之害。绍兴人民为了生存，进行了数千年连续不断的治水斗争。大禹治水、东汉会稽太守马臻领导民众围堤修筑鉴湖……在改造自然的斗争中，绍兴人民形成了清澈真诚、干练务实的气质。绍兴话中有大量的俗语体现了这种气质。绍兴人求“实”忌“空”，绍兴话中有“实打实”“硬派硬”“丁是丁，卯是卯”，而“吃得空”“空手党”“空口说白话”“空口许愿心”“空思想拜堂”“空手打白拳”“吃空心汤团”“无本钱生意”“上坟船里造祠堂”“悬空八只脚”则是对“空”的贬斥。绍兴人提倡“勤”，绍兴话中有“做做做不煞，坐坐要坐煞”“懒惰无收割”“一懒百病生”等之言；绍兴人提倡“坚韧”，绍兴话中有“硬骨头”“硬气筋”“经熬炼”“硬嚼螺蛳壳”“盯牢黄包车”之言；绍兴人提倡做事要“活络”，绍兴话中有“兜得转”“船通水活”，讥讽“坐煞水”（无源之水，引申为无源之财）、“吃死饭”、“死版版六十四”等之言；绍兴人提倡做人要“乐观”，绍兴话中有“大不了”“怕伊啥”“跌跤坐坐”等之言。这些俗语丰富生动、个性鲜明，可以说绍兴人传统的优秀品质无不体现在其中。同时绍兴民间节俭成俗，讲究藏富低调，“闷声发大财”，绍兴人提倡“俭”，绍兴话中有“做人家”“肉痛”“勿割舍”，而“吃白饭”“吃倒算”“无结煞（不节约，不检点）”“烂料”“出屁股”“欠债满大路”是对“懒惰”和“浪费”的贬斥。绍兴方言中有“省吃餐餐有，省穿件件新”“有了一千一万，也要薄粥搭

① 参阅周能兵《绍兴治水，生生不息》，《绍兴晚报》2013 年 4 月 20 日。

餐”“会打算吃肉，勿打算吃粥”等语，都体现出了绍兴人清澈真诚的气质。①

说到水的气质，不能不提到绍兴黄酒。众所周知，黄酒起源于中国，中国黄酒又以绍兴酒为代表，具有数千年历史的绍兴酒，除靠宁绍平原的优良稻米外，也赖鉴湖河系的清纯水质。独一无二的鉴湖水，使绍兴酒风味独特，也让历代文人墨客情有独钟。相传东汉建初八年（83 年），在鉴湖水系的上游有一个“沉酿村”，汉太尉郑弘应举赴洛，亲友饯于此，以钱投水，依价量水饮之，各醉而去，故名“沉酿”。南宋诗人陆游、清代诗人李慈铭均曾在此长住，邀友雅集。沉酿村家家户户以酿酒、修缸、补坛为主业，世代相传。②

所以，以前绍兴家家户户几乎都有家酿，有客时必沽酒以待。据说大禹治水时就已经有米酒了；春秋战国时期，绍兴酒已在宴席等正式场合被饮用，皇帝大臣“行酒二觞”，以酒送行。酒还成为馈赠封赏的礼品，《国语·越语》载：“生丈夫，二壶酒，一犬；生女子，二壶酒，一豚。”唐代，绍兴就以“醉乡”闻名；南北朝以后，绍兴酒已经形成了“味甘、色清、气香”的特点。③ 万历《绍兴府志》：“府城酿者甚多，而豆酒特佳。京师盛行，近省地每多用之。”清代饮食名著《调鼎集》认为：“像天下酒，有灰者甚多，饮之令人发渴，而绍酒独无；天下酒甜者居多，饮之令人体中满闷，而绍酒之性芳香醇烈，走而不守，故嗜之者为上品，非私评也。”清代绍兴黄酒出名程度达到康熙《会稽县志》所称的“越酒行天下”。

绍兴黄酒入口柔，后劲足，芳香醇厚，陈酒更香，外柔内刚，又兼具中庸之气。在黄酒文化熏陶下的绍兴人，也具有这种韧性强、厚积薄发的性格。绍兴酒的喝法是“抿”“啜”“呷”，因为绍兴老酒适合于闲适、淡定、从容的情调，唯有不紧不慢，才能体现饮酒者悠闲、自足的情态。黄酒轻易不醉人，绍兴人也轻易不与人争吵，平日打招呼总是很客气，说话也头头是道，官方色彩很浓，也很好客。聚会离别时，绍兴人往往会大

---

① 参阅熊文《绍兴方言的水乡特色》，《柯桥日报》2009 年 4 月 26 日。

② 肖可：《唐宋酒业：百年沉酿村传奇》，《天天商报》2010 年 6 月 25 日。

③ 县委宣传部（县文明办）：《绍兴县地域文化提炼》，中国绍兴县网站（http://www.sxlhl.com/portal.php?mod=view&aid=757）。

加挽留，恨不得就这样一直团聚下去。

虽然偏居一隅，绍兴人在民族存亡的关头都挺身而出，有着“三千越甲可吞吴”[①] 的英雄气概。从蔡元培到秋瑾，“至今思项羽，不肯过江东”[②] 的气魄光芒万丈，“慷慨以复仇，隐忍以成事”[③]，在中国的历史上写下了浓墨重彩的一笔。平日温和细腻的绍兴人痛饮黄酒后就情绪高昂，慷慨激烈，一如黄酒般醉人，也像那绍剧般高亢激越。这恐怕正是绍兴人与水的气质有关的“酒剑精神”。

正因为绍兴人有这种“酒剑精神”，所以绍兴人清澈真诚的气质使之善于合作，注重人际关系，处事精明，而且手腕灵活，容易与人相处共事。绍兴人同时也懂得变通，不易走向极端，根据情况变化适时调整其策略，适应能力强，谦虚内敛，稳重温和，才使绍兴人与“越酒”一样“行天下”。

① （清）蒲松龄撰自勉联。

② （宋）李清照：《夏日绝句》。

③ （宋）王十朋：《会稽风俗赋》。

第十一章　温州人

温州人是汉民族在世界上知名度很高的一个族群。

温州人因温州之名而得名。温州，简称“瓯”，位于浙江省的东南部，是东海边一个重要的港口城市。除市区外，温州下辖瑞安市、乐清市、永嘉县、苍南县、平阳县、泰顺县、文成县和洞头县等六县二市，总面积 11783 平方公里，地势西南高、东北低，境内有“三山四水”之说。温州海岸线长达 355 公里，150 多个岛屿分布于温州沿海，除了与浙江省的丽水、台州两地市相毗邻外，还与福建省交界。[①] 温州市是浙江省人口最多的城市，截至 2013 年末温州市常住人口 919.70 万人，户籍总人口 807.24 万人，其中市区人口 151.00 万人。[②]

第一节　温州人的语言

温州人使用的温州话，为中国东南沿海城市温州市一带住民所使用的一种南部吴语，属于汉藏语系汉语族吴方言瓯江片。温州话被评为中国最难懂方言之一，所谓“天不怕，地不怕，就怕温州人说普通话”。在网上甚至出炉了一份中国十大难懂方言排行榜，温州话当选冠军。[③]

一　温州话形成小史

温州话历史很悠久，也很独特。温州在秦汉以前属百越族群集团的

---

① 陈时望等：《温州山水甲东南》，海洋出版社 1985 年版，第 1—2 页。

② 《区划人口》，温州政府网（http://www.wenzhou.gov.cn/art/2009/9/24/art_4278_52925.html）。

③ 《温州话被评为最难懂方言　抗战时难倒“鬼子”》（http://cul.sohu.com/20140110/n393271007.shtml）。

一支，主体居民为百越人。所以温州话至今还有很多古越语的底层遗留。比如，词头“阿”据说其实就是古越语中的词头“于”的遗留。但古越语与温州方言两者之间并没有直接继承关系。这是因为古越语是一种侗台语，而温州方言则是吴语的一支，是汉民族对吴越地区开发后才逐渐形成的。两者之间的关系应该是“同一境域内胜利语言对失败语言的接替关系”[①]。事实上温州话深受古越语的影响，最为明显的是定语后置于名词，比如闹热、菜咸、笋干、饭焦、豆腐软、鱼生、菜头生、楼阁、酒汗、板砧、膀蹄、头衔、鞋套、墙围等，据说温州人初次到外地饭馆吃饭点菜时就会让服务员好一阵蒙，比如叫“蛋炒饭”时一不小心就会说成“炒蛋饭”；还有副词后置于动词，如吃添（再吃）、走好等以及副词后置于形容词，如红兮、苦倒（“兮”“倒”字表示“非常”）等[②]。

还有秦汉之前的温州人属瓯越族群，吴被越吞并后，越又被楚所并，故今天的温州话里还有楚语的特色。于是，温州方言很早就显出了它的独特性。西汉时的扬雄就在《方言》中说：“东齐谓之剑，或谓之弩。弩犹怒也。陈郑之间曰敦，荆吴扬瓯之郊曰濯。”这就可以看出当时的瓯语已经与其他很多地方的方言很不一样了。[③]

语言学家潘悟云的研究表明，现代的温州话都带有闽语的一些基本特征。他认为吴、闽两语的形成时间已很难考定，但可以肯定决不会晚于唐代，因为唐诗人顾况在《囝》诗中已指出闽人呼父为“郎罢”，呼儿为“囝”，这是两个重要的闽语特征词。宋孙奕《履斋示儿编》卷二三引《古今诗话》：“章圣朝试天德清明赋，有闽士破题云：天道如何，仰之弥高（读作歌）。会考试者亦闽人，遂中选。”当时的一些歌豪字同韵，也跟今闽语相同。这说明闽语的基本特征在唐代就已经形成。而浙江受汉语影响的时间当然会更早，也就是说，吴语的形成时间更可能在闽语之前。在南朝吴歌中的第三人称“渠”至今还是吴语的主要特

① 郑张尚芳：《温州话流摄一三等交替的特点》，《温州师范学院学报》（哲学社会科学版）1989年第4期。又可参阅张洁《浅析温州话》，《金田》2012年第7期。

② 参阅陈彤彤《从温州俚语看温州人》，《传承》2008年第9期。

③ 参阅叶晓锋《温州方言语音研究》，硕士学位论文，上海师范大学，2008年，第1页。

征。《洛阳伽蓝记》："吴人自呼阿侬。"在现代的方言中，"箩"福州读 lai[2]，"搅"温州读 ku[3]，"猪"开化读 tɑ[1]，这些字的语音形式说明它们的传入年代当在汉或汉以前。吴、闽两语的底层都是古百越语，且汉族的移民往往经过浙江进入福建，所以吴、闽两语在古代一定是非常接近的。

当时在江南一带也许存在着一个有着内部差异的大方言，可能就是郭璞所说的江东方言或江南方言，后来才从中分化出了吴、闽、赣诸方言。中古以后，北方的移民大量南下，再加上中原地区语言的权威性，使吴、闽两地的语言不断地受其影响。越靠近中原地区，所受到的影响越大，这就是为什么北部吴语接近官话，包括温州话在内的南部吴语接近闽语的原因。所以，南部吴语中的许多闽语成分，实际上只是江东方言留下来的古老特征，越是偏僻的山区，越是受北方影响较少的地方，保留下来的古老成分就越多。所以，潘悟云认为把吴语中的闽语成分看作一种历史的沉积。此后，在六朝的"吴声歌曲"中，有一个突出的特点，第一人称用"侬"而很少用"我"。"侬"字现在仍然保存在温州话里，潘悟云对温州话里的"侬"字也曾做过详细的论证。① 所以，现代温州话属于吴语瓯江片，被视为南方吴语的代表，但在词汇和语法上又受到闽语的影响。汉代扬雄在《方言》里记录过几条东瓯词汇，与今天温州话相去甚远。温州话至迟是在南北朝从当时的汉民族共同语中分化出来的。南宋时期，中原和闽东北的移民迁到温州，带来了闽语，与温州话互相交汇。

北宋时期，大批官僚因政治避难，逃到当时交通闭塞的温州，就把正统的汉文化带了过来。可见，温州话的格局是北宋时定下来的，那时吴语区为两浙路所辖，常、苏、湖、杭、秀、越、明诸州相连，就是现在吴方言太湖次方言片；金华、义乌一带宋代为婺州，就是现在吴方言婺州次方言片；处、衢两州为处衢次方言片；宁海、临海是宋时的台州，就是现在吴方言台州次方言片；当时的温州辖有现在的永嘉、乐清、温州、文成和平阳，恰好就是吴方言瓯江次方言片。元、明、清三代温州的行政区域基

---

① 以上均参阅潘悟云《温、处方言和闽语》，载《吴语和闽语的比较研究》，上海教育出版社 1995 年版。

本没变。这奠定了现在温州话的总体格局。[①] 到南宋时稳固了下来。所以，温州话的语法大致和唐朝时一致，它与我们平时所说的汉语语法大相径庭。刚到外地生活的温州人总是会无意中说出让旁人懵懂的话，比如“一条衣服”“暗推”“暗爽”，还有一些诸如“的哪”“很……木”“努”等生僻的后缀词。[②] 用温州话念唐诗宋词比普通话更顺畅。正如《温州话》的作者沈克成和沈迦认为温州话有着最完善的语言系统，常用口语中保存了许多古音，是正统的古汉语“化石”[③]。

但是，汉语方言的形成是一个极为复杂的族群语言接触、碰撞、互动、磨合和融合的过程。其实，温州话的来源十分复杂，大致可分为四个主要的层次：一是古越语的遗存；二是中原汉语成分的融入；三是闽语影响留下的痕迹；四是带有客家话特点的畲语。[④] 当然，这种划分是相对的。正如盛爱萍所说“语言是非常复杂的，尤其是作为南方方言的闽语和畲语都有古越语成分，同时又受到古汉语的影响；客家话保存了许多古汉语成分，同时又与畲语接触、融合，使客家话中有畲语，畲语中有客家话，它们之间的关系错综复杂”，正好“反映了语言的碰撞和融合”[⑤]。温州话就是在这种复杂的背景下逐渐形成为汉语中最难懂的一种方言。

二　温州话的语言学特点

温州话之所以是“中国最难懂方言”，与其形成的南北交融而语音独特有关系。

（一）温州话的语音特点

温州话语音的基本特点是保持了古塞类声母三级分法。

温州话有36个声母，包括零声母。古清浊系统保留，全浊声母读浊音，明显带浊流；浊擦音仍读真浊音。次浊声母分为带紧喉和带浊流两

① 吴安其：《温州话的韵母及其文白异读》，载《南开语言学刊》，商务印书馆2005年版，第1期。

② 参阅陈彤彤《从温州俚语看温州人》，《传承》2008年第9期。

③ 参阅郑维富《为什么温州话念唐诗宋词更顺畅　父子著书解密温州方言》，《浙江日报》2004年12月5日。

④ 盛爱萍：《温州方言地名词的语源及历史层次》，《语文研究》2004年第3期。

⑤ 同上。

套，前者只拼阴调，后者只拼阳调。①

温州话有24个韵母。山咸摄字鼻尾韵消失，日母文读同船禅，微母文读同奉母，“不”读f母等。韵母方面古二等不读细音，古三等韵除“非庄”两组外不读洪音，共王等字仍读细音。古效摄一二等今音不同韵；古东钟两韵有区别；古低元音的效宕江咸山摄、蟹梗摄字洪音舒声字读开尾韵，韵尾丢失。古流摄侯韵（端系、见系）、尤韵（庄组、见系）读au；幽韵（见系）读iau。古遇摄、蟹摄、止摄（合口三等）喻母字今声母读v，韵母读u。②

温州话的单字调有8个，平上去入各分阴阳。清浊严格与阴阳调相配，清母配阴调，浊母配阳调。浊上仍读阳上不归去。入声不带喉塞，并读曲折调。次浊鼻音流音半元音声母分紧松两类，前者先带紧喉而后面不带浊流。

连字变调多数是前字变，后字不变。轻声变化是重音节后面的字，随着前字声调高低而变化。另外一种是动词、名词、形容词、副词、量词的重叠式的前一个字以及词语的前缀等发生轻声变化。

（二）温州话的构词特点

量词可以作结构助词相当于“的”，例如：我本书，你张桌。量词变读入声可以用作近指代词。修饰成分后置的偏正式复合词较多；用副词“头”后置于形容词表示程度加深，例如好头、热头。这种结构可以ABAB重叠，也可以ABA重叠式。③ 动词重叠，连调格式为s－w，后字读弱调；连调格式为w－s，前字读弱调。④

用副词“先”后置于动词表示动作先发生。用副词“添”后置于动词表示动作重复出现，例如：栗子买个添（再买一个栗子）。用“有”前置于动词，表示确认。⑤

温州话的否定词有三个：“不”“未”和“没有”，反复问句的常见格式是“动＋也＋不”，例如你走来也不（你来不来）。

---

① 李荣主编：《温州方言词典》，江苏教育出版社1998年版，第7页。

② 同上书，第19页。

③ 同上。

④ 潘悟云：《温州方言的体和貌》，载《著名中年语言学家自选集·潘悟云卷》，安徽教育出版社2002年版。

⑤ 李荣主编：《温州方言词典》，江苏教育出版社1998年版，第19页。

语气词“罢”表示发生了新的情况和变化，例如：他走罢（他将走了）。副词“道”加在动词后，表示动作在参照时间以后即刻发生。动词与“爻”结合，宾语要前置。单音节动词与“过”组合成“v 过 v”的结构，表示动作的反复发生。单音节动词加“下”重叠，“v 下 v 下”的结构，表示动作缓慢、随意。[①]

第二节　温州人的形成

历史的表象有时会扑朔迷离，从温州话形成的四个历史层次中可以感受到这种斑驳陆离的历史态势。而温州人的形成透过温州话形成历史云雾，大体上走的是东瓯人奠基、汉人迁入的互动、磨合、整合和融合的路线图。

一　东瓯人奠基温州

百越族群集团中的东瓯本来就是一个命运多舛的族群。

“东瓯”一名，以东海王都名之。《史记·东越列传》云：“闽越王无诸及越东海王摇者，其先皆勾践之后也，姓驺氏。秦已并天下，皆废为君长，以其地为闽中郡。……孝惠三年，举高帝时越功，曰闽君摇功多，其民便附，乃立摇为东海王，都东瓯，世俗号为东瓯王。”东瓯，《集解》徐广曰：“今之永宁也。”《索隐》韦昭曰：“泠水宁。”姚氏云：“瓯，水名。”《永嘉记》：“水出永宁山，行三十余里，去郡城五里入江。昔有东瓯王都城，有亭，积石为道，今犹在也。”诸家注释均指出东瓯政治中心及其分布范围在今浙江南部瓯江流域一带。这一说法与考古资料所提供的证据是符合的。浙江的印纹陶遗存的四个区域，其中瓯江水系与宁绍、杭嘉和金衢三个地区不同，这说明很早以前，这里已形成一个与于越不同的人们共同体，即后来史称“东瓯。”

东瓯国虽出现于汉代，但它还有一段相当长的历史。《山海经·海内南经》云：“瓯居海中。”这个“瓯”即与后“东瓯”关系密切，郭璞注“瓯”即指出：“今临海永宁县，即东瓯，在岐海中。”岐海中，即浙南瓯江流域一带。《逸周书·王会解》提到的“东越”“瓯人”“越沤”也与

① 潘悟云：《温州方言的体和貌》，载《著名中年语言学家自选集·潘悟云卷》，安徽教育出版社 2002 年版。

"东瓯"有关。[①] 可见，至迟在周代，作为百越族群集团的一支，东瓯人已活动在今浙江南部的瓯江流域一带。

关于东瓯的历史来源，主要有越国后裔说和土著说两种。司马迁在《史记·越世家》中认为东瓯、闽越都是越国的后裔。对于这种观点，历来史家颇有疑义，早在清代梁玉绳《史记志疑》已提出质疑，他说："勾践非禹苗裔，而瓯、闽非勾践种族。"而且据蒋炳钊等的研究，考古和文献资料显示，"东瓯"在越国灭国之前已经存在，如果越国被灭后有一部分于越人南迁进入东瓯，这完全可能，但它已是后来的，不是主要来源。因此，东瓯来源主要应是由早已居住在瓯江流域并创造印纹陶遗存的土著原住民发展形成的。[②]

东瓯人虽然命运多舛，但在温州的奠基是实在的。

在行政区划上，根据《史记·东越列传》的记载，先秦时的东瓯与闽越两地曾一度合并为秦闽中郡，汉初期又分为汉东瓯与闽越两国，后来东瓯、闽越相继国除，两国故地才逐步正式纳入中原王朝的郡县设置当中。据《嘉泰会稽志·历代州属》载："大抵南至晋安东至章安，详而言之则闽越为冶，而东瓯为回浦。""皆冶县地"说明冶县的设置要早于回浦，该县的设置延续了东瓯国除后闽越控制东瓯故地的事实。[③] 而汉回浦县的设置基本代表了汉东瓯国的地域，有其他一些文献也佐证了这一史实。《太平御览》载："东瓯乃举国徙中国……以东瓯地为回浦县。"[④] 清

---

① 《逸周书·王会解》中还有"东越海蛤，瓯人蝉蛇，蝉蛇顺食之美，于越纳姑妹，且瓯文蜃"的记载，孔晁注"瓯人蝉蛇"曰："东越瓯人也。"但喜食蝉蛇并不是浙南瓯人的习俗，所以这里的瓯人指的可能不是浙南土著。但是也有学者认为，这里的"蝉蛇"所指的是鱼：《逸周书·王会解》集注俞樾云："《一切经音义》卷一六引《训纂》曰'鮮蛇，鱼也'。《山海经》郭注曰：'鮮鱼如蛇。'盖以其似蛇而得名，实非蛇也。"认为此"瓯人"即浙南瓯越先民。王应麟注"且瓯文蜃"曰："瓯有两种，《伊尹朝献·商书》正东沤，又正南瓯。汉有东瓯，又有西瓯，骆闽越即西瓯。""潘振注云：瓯称且瓯，如越称于越"，认为"且瓯"即"瓯"。因此，从各"瓯"族群所居的地理位置与特产、贡品、习性等来看，居东的沤深、越沤、且瓯及"剪纹身"之民很可能与后来的东瓯有一定的渊源。春秋战国时期，《山海经·海内南经》载："瓯居海中，闽在海中。"晋郭璞注"瓯居海中"曰："今临海永宁县，即东瓯，在岐海中，音呕。"这条注释则成为联系先秦文献中的"瓯"与汉东瓯国、判断东瓯地域、都城的重要依据。

② 蒋炳钊等：《百越民族文化》，学林出版社 1988 年版，第 48—49 页。

③ 吴春明、林果：《闽越国都城考古研究》，厦门大学出版社 1998 年版，第 55 页。

④ （宋）李昉等撰：《太平御览》卷一七一州郴部十七，台州条，中华书局 1960 年版，第 833 页。

人全祖望的《鲒埼亭集·汉会稽三都分部录》载："班志于冶县云，本闽越地，以见回浦县为瓯越也。……盖前汉时设二县，原以统两越遗民，回浦在鄞南，以统瓯越，冶又在回浦之南，以统闽越。"①

在经济文化上，虽然由于文献记载十分缺乏，考古资料也不多，但是从属于青铜时代的印纹陶遗址大量发现，估计东瓯当时还处于原始社会文化状态，生产力已有一定水平，阶级开始分化。从一些考古遗物来看，农业生产是东瓯主要的生计方式，但手工业已分离出来，畜牧业、渔猎业还占一定的地位。从制度层面上看，秦汉分封的"东瓯王"，在先秦时期已经存在，表明东瓯在秦代前后已进入文明社会。

但东瓯人主要是由早期居住在浙南的土著居民发展而来的，与先秦文献中的瓯人、越沤等有一定的联系，而并非于越后裔。② 考古学者林华东在对古代及当代学者关于"瓯"的认识进行笺注的基础上提出，"瓯"应为当地古越语地名，与横穿于浙南地区的瓯江流域关系最为密切，虽然"瓯"作为族群的名称在史籍中先于"瓯江"之名出现，"但在'瓯'尚未被汉人所知，并以文字记载下来之前，尤其是'瓯'的族团中心尚未形成之前，应该早有口耳相传的瓯江之称了"，而汉字中的"沤""欧"也可能是因为汉字记音而成为"瓯"的异体。③ 百越史专家蒋炳钊根据古代地理书籍及史籍，尤其是《史记·东越列传》的记载，认为历史上确有东瓯族，并进而说明东瓯是百越的一支，是与闽越不同的两个族体，并以考古资料和语言的发展辅证，东瓯族主要是由当地土著居民发展形成的，东瓯王并非勾践后第七世。④

在这个大起大落大转型扑朔迷离的时代背景下，东瓯秦时臣服，秦末之乱时，他们参加了反秦的斗争和与楚的斗争，因有功，其首领摇被汉朝

---

① 转引自胡雪冈《瓯越与百越及其他》，《温州师范学院学报》（哲学社会科学版）2005年第12期。

② 参阅蒋炳钊《东越历史初探》，载《百越民族史论集》，中国社会科学出版社1982年版；王志邦、黄佩芳《瓯越源流新探》，《丽水师专学报》1986年第1期；蒋炳钊《百越族属中几个问题的探讨》，载《百越史研究》，贵州人民出版社1987年版；蒋炳钊等《百越民族史》，中国社会科学出版社1988年版；蒋炳钊等《百越民族文化》，学林出版社1988年版；胡牧《东瓯古史探索二题》，《温州探索》1992年第2期；胡雪冈《瓯、瓯人和瓯越考》，《温州师范学院学报》（哲学社会科学版）1998年第10期。

③ 林华东：《"瓯"之笺注》，载林华东《瓯文化论集》，浙江人民出版社2009年版。

④ 蒋炳钊：《东瓯族三大学术悬案的历史考察》，载《东南民族研究》第二集，厦门大学出版社2013年版。

封为东海王（又称东瓯王）。属于汉朝的外诸侯国，对汉朝有一定的臣服关系，按规定朝贡，但是不属于汉辖区，与汉设有边关，不用汉法，国王下的官吏臣僚皆由国王依本民族的制度任命封授，这应该是东瓯人最重要的一个历史亮点。

但风云突变，汉景帝三年（前154年），吴王濞反汉，东瓯跟从吴王一起反汉。后来吴王被打败，东瓯为了保存自己族人不受株连，接受汉朝的贿赂，杀了吴王丹徒，重归汉朝。吴王的儿子驹逃到闽越，恨东瓯杀其父亲，因此常劝说闽越王攻打东瓯。结果在武帝建元三年（前138年），闽越发兵围困东瓯，东瓯被困，粮食已尽，于是派人急报汉朝。武帝派大夫庄助发兵，从海路营救。结果，闽越望风而散。命运多舛的东瓯王害怕以后还会遭到闽越攻打，于是向汉请求举国迁徙到汉境以内，武帝将他们安置在江淮之间，东瓯王改封为“彭泽王”。

但东瓯人并未全部迁徙江淮。虽然命运多舛的东瓯人由于慑于闽越的攻打，请求举国迁入江淮一带，但必定还有大量百姓未必都能随迁而依然居住于这一带，不少越人则遁逃山林。据《史记·汉兴以来将相名臣年表》记载：“东瓯王广武侯望率其众四万来降，处庐江郡。”区区四万众，不可能是东瓯的全部人众，在吴王濞叛乱时，东瓯曾出兵相助，其兵力“可万余人”。[①] 而一种相助叛乱的行动，不可能倾全国的兵力而出，最多只会出一半，那么，东瓯的兵力即青壮年约有2万人，则其人口，决不会在10万以下，有人甚至认为有百万之众。[②] 因此，大部分属于平民的东瓯人，实际上仍然生活于这片土地上，只是贵族和都城的居民，可能大部分随东瓯王迁入江淮之间。

除文献的记载外，近几十年来的考古材料也提供了证据。如在浙南的瑞安、永嘉等地发现了汉晋时期窑址及三国、东晋、南朝时期的墓葬多处[③]，其

---

① 《史记·吴王濞传》。

② 陈可畏：《东越、山越的来源和发展》，《历史论丛》1964年第1辑。

③ 浙江省文物管理委员会：《浙江瑞安桐溪与芦蒲古墓清理》，《考古》1960年第10期；蔡钢铁：《浙江永嘉县瓯北东晋南朝唐墓》，载《文物考古论集》，天马图书有限公司1998年版；浙江省文物管理委员会：《黄岩秀岭水库古墓发掘报告》，《考古学报》1958年第1期；温州市文物处：《浙江溢州市郊发现南朝墓》，《考古》1989年第3期；温州市文物处：《浙江苍南县藻溪南朝墓》，《考古》1986年第7期；蔡钢铁：《温州陶瓷考古与温州博物馆藏陶瓷器》，载《温州古陶瓷》，文物出版社2001年版。

中的部分内涵，尤其是陶瓷器反映了两周秦汉时期东瓯考古学文化因素的延续及汉文化的进入。汉晋时期，东瓯故地的陶瓷工匠在长期烧制几何印纹硬陶和原始瓷器的基础上生产出具有浙南地方特色的瓷器。温州市永嘉县发现了多处东汉时期的窑址，如罗东乡箬隆村后背山窑址、芦湾村小坟山窑址、芦田村殿岭山窑址。[①] 这些窑址的制品一般可分为青瓷和黑瓷两种，器类基本继承两周秦汉时期本土文化中的罐、钵、瓿、罍、碗等，器形也基本一致，装饰弦纹或拍印几何形图案花纹。其中罗东乡卢湾村小坟山窑址三类制品的共存说明了浙南地区汉晋时期陶瓷生产工艺的演进过程。该窑址中的印纹陶和黑皮陶是继承两周时期几何印纹硬陶和内外壁着黑的硬陶发展而来的。该窑址中以弦纹装饰为特征的青褐釉制品与两周汉东瓯国考古学文化中原始瓷制品的形制、工艺等都无太大的差别。以上这两类器物在浙南地区的东汉墓葬和窑址中被广泛发现，是东瓯故地本土文化自新石器时代、青铜时代以来持续发展的反映。又如浙南地区东汉时期的墓葬多为长方形砖室券顶墓，随葬品有印纹陶罍、硬陶罐、盆、原始瓷盂、罐、铜镜、带钩、铁质工具、兵器、钱币等。[②] 两晋时期的墓葬形制仍以长方形或长方形带甬道的砖室券顶墓为主，随葬品以青瓷盘口壶、罐、碗、钵、盂、盘、铜镜、钱币等为主，其他还有瓷洗、砚、三足盘、铜饰品、铁质工具等。其中敛口鼓腹、平底略内凹的瓷罐，直口、上腹直下腹斜收的瓷碗等器物都与汉东瓯国的同类物基本无异，继承了秦汉以来的本地文化。可见，当时实际上迁走的并非东瓯国故地的全部居民，东瓯的考古学文化在东瓯国被除后在其故地仍持续发展着。[③] 所以，温州人和温州话一样，在一定程度上传承有东瓯人的血缘，应该是可信的。这为温州人的形成奠定了一块坚固的基石。这就是命运多舛的东瓯人，首开温州人历史记忆的路线图。[④]

二 北方汉民族迁入温州

在汉民族形成和发展的过程中，“雪球”的滚动也来到了温州。

---

① 蔡钢铁：《温州陶瓷考古与温州博物馆藏陶瓷器》，载《温州古陶瓷》，文物出版社 2001 年版。

② 浙江省文物管理委员会：《黄岩秀永岭水库古墓发掘报告》，《考古学报》1958 年第 1 期。

③ 参阅佟珊《关于“东瓯”的历史与考古问题》，硕士学位论文，厦门大学，2008 年，第 36—37 页。

④ 徐桂兰：《东瓯与西瓯比较断论》，《百色学院学报》2008 年第 4 期。

（一）考古材料的呈现

东汉以来，浙南地区被正式纳入中原王朝的郡县设置中。汉晋时期有大量外来移民迁入此地，现已发现的属该时期的墓葬则是郡县制时代浙南地区融入汉民族文化发展过程的物质反映。如小坟山窑址中的第三类器物为青灰绿釉瓷器，该类器物是具有成熟形态特征的瓷器制品，采用盂形齿口垫具和三足支钉支烧，已经与江南其他地区东汉至六朝时期的瓷器工业一致。更具有说服力的是浙南地区东汉时期的墓葬多为长方形砖室券顶墓，随葬品中除有与汉东瓯国的同类物基本无异，继承了秦汉以来的本地文化外，墓中随葬品中的盘口壶等物的出现则是汉民族文化进入的结果。

从浙南地区考古发现的汉晋至六朝时期的窑址和墓葬来看，东汉以来，东瓯故地逐步纳入汉文化的体系中。从墓葬中的随葬品看，陶瓷器中继承了两周秦汉东瓯风格的罐、碗等物逐渐减少，取而代之的是江南地区同时期墓葬中常见的盘口壶、鸡首壶、砚、洗等物，而青瓷器的胎质、釉色、纹饰等方面也与江南其他地区趋同。这说明两晋六朝以来，浙南地区的考古学文化构成发生了变化，不再是以本地文化与于越文化的复合为主体，而是形成了以汉文化为主体的格局。[①] 因而我们仿佛听到了汉民族“雪球”的滚动隆隆响声。

（二）汉民族的迁入

考古材料的呈现确凿，历史文献的呈现也过硬。

最早迁入温州的北方移民是先秦的徐人。徐人属于《逸周书》记载的“九夷”中的一支，又称东夷。《后汉书·东夷传》等历史文献记载，在商周时期临淮及淮水以北地区为东夷的活动领域。其中势力强大的有淮夷和徐夷。约在西周宣王时徐夷由山东曲阜附近南迁到淮水沿岸，成为东夷集团中兴时期对抗西周王室的盟主。在春秋末期，吴、越未兴之前，东南以徐国为最著。前512年，吴王阖闾灭掉徐国。《汉书·地理志》载：“徐，故国，盈姓，至春秋时徐子章禹为吴所灭。”徐国灭亡后，一部分徐人向南迁入越与瓯。《舆地纪胜》卷一二载：台州有“古城，在黄岩县南三十五里……故老云，即徐偃王城，城东偏有偃王庙”。徐国的南疆未逾长江，台州古城不可能为徐国强盛时的偃王所筑，而应为春秋中晚期灭

① 参阅佟珊《关于“东瓯”的历史与考古问题》，硕士学位论文，厦门大学，2008年，第36—37页。

国后迁往江南的部分贵族残余势力所为，假托偃王之名，或以偃王为祀。这是温州历史上有文字记载以来曾经辉煌的外族贵族集团移民。但徐人进入瓯地的数量已经不多，没有根本改变瓯人文化的实力，随着时间的推移，逐渐融入东瓯人。①

东汉永和三年（138 年）置永宁郡，属会稽郡。《后汉书》载“永宁，永和三年以章安县东瓯乡为县”②。三国东吴太平二年（257 年）后属临海郡。东晋太宁元年（323 年）分临海郡温峤岭以南置永嘉郡，此为温州建郡之始。《晋书》载：“临海郡吴置。统县八，户一万八千。”③ 可见汉代时，从章安（今椒江市）划出东瓯乡建立永宁县，其中就包括现在的温州地区。东晋时，永嘉县的建立，使温州完全纳入了汉民族的地域。谢灵运曾任永嘉太守，期间温州的农业得到了很大的发展，他在《白岩下径行田》一诗中对于乐城的滨海平原这样描述：“千顷带远堤，万里泻长汀。州流涓浍合，连统塍埒并。虽非楚宫化，荒阙亦黎萌。虽非郑白渠，每岁望东京。”“由于北方劳动人民大量南迁，带来了先进的生产技术，从而使温州的经济有了突飞猛进的发展。”④ 虽然典籍中没有记载究竟有多少北方汉族迁入温州地区，但相信对温州的影响和加快东瓯人与北方汉民族移民的互动、磨合、整合和融合，一定是至关重要的。

历经魏晋南北朝至隋代，开皇九年（589 年）并临海、永嘉二郡置处州，移州治于括仓（今丽水市），改名为永嘉，属处州。开皇十二年（592 年）处州改括州，大业三年（607 年）复改永嘉郡。《隋书》载：“永嘉郡开皇九年置处州，十二年改曰括州。统县四，户一万五百四十二。永嘉旧曰永宁，置永嘉郡。平陈，郡废，县改名焉。有芙蓉山。”⑤

唐武德五年（622 年）于郡地分置东嘉州、永宁县，贞观元年（627 年）废东嘉州及永宁县，永嘉县属括州。唐上元二年（675 年）以永嘉、安固两县设置温州，因“地处温峤岭南”，取名温州。此后历为州、郡、府、路治所。天宝元年（742 年）改温州为永嘉郡。乾元元年（758 年）复为温州。《旧唐书·地理志》“温州上”条载：

---

① 参阅林亦修《东瓯的族群迁徙与融合过程述论》，《贵州民族研究》2005 年第 2 期。

② 《后汉书·郡国志四》。

③ 《晋书·地理志》。

④ 黄来仪主编：《温州乡土史话》，复旦大学出版社 1993 年版，第 11 页。

⑤ 《隋书·地理志》。

隋永嘉郡之永嘉县。武德五年，置东嘉州，领永嘉、永宁、安固、乐成、横阳五县。贞观元年，废东嘉州，以县属括州。上元二年，分括州之永嘉、安固二县置温州。天宝元年，改为永嘉郡。乾元元年，复为温州。天宝领县四，户四万二千八百一十四，口二十四万一千六百九十四。在京师东南四千七百三十七里，至东都三千九百四十里。

唐代后期，北方汉民族迁入温州已见记载。如郭太初从河东（今山西）迁入温州平阳、孔桧从山东曲阜迁入平阳、叶葵祖先从河南迁入温州瑞安等。[①] 然而，由于温州新处的地理位置的特殊性，迁入民中福建的汉族移民占有重要地位。

唐代后期和五代时期，有大量的福建移民迁入温州，如平阳的一些姓氏像蔡氏、徐氏、吴氏、林氏，乐清的贾氏、刘氏，瑞安的曹氏等，都在此期迁入温州。南宋永嘉学派的著名学者陈傅良及其家族也是五代时自福建迁入，他说："吾州陈氏族最大，而谱残阙，闲相与问系，皆曰闽徒也。"[②]

（三）宋代温州人形成

对于温州人形成影响最大的一次移民是北宋灭亡，南宋建都于杭州时期。南宋咸淳元年（1265 年）升瑞安府。《宋史》载："瑞安府，本温州，永嘉郡，太平兴国三年，降为军事。政和七年，升应道军节度。建炎三年，罢军额。咸淳元年，以度宗潜邸，升府。崇宁户一十一万九千六百四十，口二十六万二千七百一十。"[③] 宋高宗曾率将相和部分卫士避难温州，太庙景灵宫的神像也曾一度迁往温州，这些都在一定程度上吸引北方汉族移民温州。[④] 赵氏皇族就于此时迁入，这些人恣横不法，诚如方志所载，"当时皇族居温者多恣横"[⑤]。但由于温州所处的港口的特殊地位和近

---

① 葛剑雄主编：《中国移民史》第三卷，"表 9—1 唐后期五代南迁的北方移民实例（江南部分）"，福建人民出版社 1997 年版，第 282 页。

② 《止斋集》卷四九《陈季阳墓志铭》。

③ 《宋史·地理志》。

④ 葛剑雄主编：《中国移民史》第四卷，"表 9—2 靖康之乱后南迁的北方移民实例（江南部分）"的"温州和处州"内容，有 26 例迁入温州，其中此期迁入的占 11 例。

⑤ 嘉靖《温州府志》卷三。

临都城，南宋之后，温州的经济得到了空前的发展和繁荣，尤其是对外交往，更是非常昌盛。加上教育的发达，使浙东学派的永嘉之学，在全国产生极大的影响。

南宋的移民，基本上确定了温州人的格局，明清之后，虽然还有各种不同的移民进入温州，尤其是福建移民迁入温州，使温州的部分县市形成独特的闽方言区，但已无法改变温州人的基本特征。

宋代的温州原本习俗较为朴质淳厚，但受到中原文化的影响，已经渐渐转为奢侈。宋林季仲在《竹轩杂著》中写道："其俗习于燕，安以浮侈相高，靡衣鲜食，崇饰庐；嫁娶丧葬大抵无度，坐是至贫窭不悔。"瓯越人以海鲜味食，善渔猎。《史记·货殖列传》正义篇写道"楚越水乡，足螺鱼鳖，民多采捕积聚，棰叠包裹，煮而食之"[①]。《临海水土志》说临海东南的人们"取生鱼肉，杂贮大器中卤之，历日月乃啖食之，以为上肴"。菜肴上，温州风味为代表的温州菜，也被称为瓯邦菜，采用海鲜水产为食材，干鲜炒、清蒸、凉拌、卤味。传统的温州十四名菜有三丝敲鱼、三层鱼片、三片敲虾、带扎鱼筒等，此外，瑞安四珍也是久负盛名的海产。

元至元十三年（1276年）改温州路。《元史·地理志》载："温州路，上。唐初为东嘉州，又改永嘉郡，又为温州。宋升瑞安府。元至元十三年，置温州路。户一十八万七千四百三，口四十九万七千八百四十八。"明洪武初（1368年）改温州府。《明史·地理志》载："温州府元温州路，属浙东道宣慰司。洪武初，为府。"清代顾祖禹在《读史方舆纪要·温州府》中做了一个小结：

> 温州府东至海岸九十里，南至福建福宁州五百九十里，西北至处州府三百六十里，北至台州府三百五十里。自府治至布政司八百九十里，至江南江宁府千七百三十里，至京师四千三百十里。
>
> 《禹贡》扬州地。春秋、战国并属越。秦属闽中郡。汉初为东瓯国惠帝三年，封越东海王摇于东瓯，是也，后属会稽郡。后汉因之。三国吴属临海郡。东晋太宁元年，析置永嘉郡治永宁县。宋、齐以后因之。隋初郡废改县曰永嘉，属处州。炀帝初，复置永嘉郡治括苍，

① 蔡克骄：《瓯越文化史》，作家出版社1998年版，第5—6页。

今处州治。唐武德五年，置嘉州《新唐书》作东嘉州，贞观初，州废以县属括州。上元元年，始置温州以州地恒燠而名。天宝初，曰永嘉郡。乾元初，复曰温州祝穆云：唐末尝置靖安军于此。五代初，属于吴越晋天福八年，吴越升为靖海军节度。宋仍曰温州亦曰永嘉郡，仍为靖海军。政和七年，改曰应道军。建炎三年罢军额。咸淳初，升瑞安府以度宗潜邸也。元曰温州路。明初改为温州府，领县五。今仍曰温州府。①

总之，在一浪又一浪的移民潮中，温州人最终在汉民族“雪球”的滚动中形成。

第三节　温州人的人文特征

说起温州人的人文特征，有人说温州人是中国的犹太人，个个精明过人，全民皆商；有人说温州人是蝗虫，所到之处，房价飞涨，炒房团令百姓遭殃；也有人说温州人是勤奋一族，敢为天下先，创新自强；还有人说温州人是夜郎之辈，知识缺乏，文化落后，十足的暴发户形象。人们对温州人的评价褒贬不一、众说纷纭。其实，横看竖看，温州人应有三个人文特征：一为东方犹太人的形象；二为崇尚财富的气派；三为无孔不入的本质。

一　东方犹太人：温州人的形象

地球上有鸟儿飞不到的地方，但没有温州人到不了的地方。

有人的地方就有温州人。

有创业人群的地方，就有温州人。

温州，因为市场经济的活跃，成为当今中国的一个热门话题，成为当今世界的一个奇特现象。

温州人，因为“敢为天下先，特别能创业”，讲义气、重感情、重民族大义、能吃苦、务实、好客、独立自主意识强、群体意识强，使得世界的每一个角落，都有温州人创业的足迹，闯荡的身影。

温州人，作为最会做生意的“中国犹太人”，已经把他们的生意做到

① （清）顾祖禹：《读史方舆纪要》卷之九四《浙江温州府》。

了东南西北。

温州人，因为他的特殊秉性，已经把他们创业的独特的“温州精神”带到了五大洲四大洋。①

这是温州人被世人称为“东方犹太人”诗一般的语言表达。确实，温州人与犹太人一样，哪里能挣更多的钱，哪里能做更大的事业，温州人就往那里奔，并在那里扎根、生长、竞争、发展。只要有百分之一的可能，温州人就会以百分之百的努力去做。笔者有一些温州朋友，他们或不怕利小，从很小的生意做起；或不怕路远，漂泊海外闯天下；或刻苦读书，终成“大方之家”。笔者有一位女学生，不怕僻远，不怕艰苦，不怕卫生条件极差，毅然坚持到云南拉祜山区进行人类学田野考察，写出了一篇很好的硕士论文。电视剧《温州人》的播出，使人更全面、更深入、更细腻地体会了温州人的性格。人们不禁会问，温州人为什么会这样努力、这样拼命，这样刻苦、这样疯狂？

不少文人学者对温州人的“犹太人”形象做了各种层面的分析和解读。

温州人的海洋性格决定了温州人“敢为天下先”。“三面环山，一面向海”的温州，进出只有一条路。因此在温州素来有这样的说法：到了温州，就只有“死路一条”了。② 恰恰是在这样的“死路一条”面前，温州人却活了。“死路一条”逼出了温州人的险中求生存，逼出了温州人的敢于冒险、不惧挑战。因为不冒险就没活路，不敢闯就只能等死，沿着一条水路，温州人从恶劣的地理环境中走了出去。这样，温州人在很早的时候就已经在与海洋的交往中建立起了冒险的精神，在与海洋的交易中获得利益。

温州人闯海的精神，长年累月地积累，并传承给温州的后人，从而使温州人天生就有一种“敢为天下先”的冒险劲。20 世纪 70 年代末，温州人开始了他们的原始资金的积累；80 年代初他们就率先分田包产到户，使农业出现生机；紧接着他们走向市场，开辟全国战场。在温州人看来，只要能挣钱的，只要人可以做的，他们都会去做，都愿意去冒险一搏，出

---

① 刘晓林：《温州人要开“世界温州人大会”》，《招商周刊》2003 年第 32 期。

② 须知温州话中，“水路”与“死路”的发音是一样的，就是说，到了温州，三面都被山挡住，只有面向的大海还可以成为一条路，而一条水路也就被戏谑地说成了死路一条。

现了“哪里有市场，哪里就有温州人；哪里有温州人，哪里就有市场”的温州人效应和现象。[①] 虽然当时闯天下的温州人基本上都是一些文化程度不高的农民，有的甚至连普通话都不会讲，但为了生活，他们义无反顾地闯市场、闯天下。因此，现在全国各地遍布着形形色色的温州人，他们有做老板的，也有开店做小本生意的，同时也有给别人打工的，但是他们的执着和敢于冒险的精神，却是世人所共识的。当许多人想，做生意可能要亏本时，而温州人想到的是，如果不去做，将什么也得不到，那么，还不如一搏去冒险挣上一笔。事实上，在今天仍然还不完善的市场经济面前，不仅存在商品经济中市场体系的风险，也存在市场经济与政治体制和政策之间不协调或矛盾的风险。但温州人还是勇敢地去做了，他们不唯上不唯书而唯实。因此，有人说，“温州经济是‘闯’出来的，这个‘闯’就有一种敢于承担风险的精神在起作用”，应该是恰当的。[②] 现在许多地方建起来的温州村或浙江村或温州市场，大都是温州人冒险的结果，也是他们成功的见证。温州人敢于冒险的精神，使更多的温州人走向市场，走向全国，甚至走向世界。

使温州成为“敢为天下先”的热土，人们常用“每一块青石板都有铜板在跳动，每一根头发丝都有商业思维在跃动”来形容温州人惊人的创造力。改革开放以来，这里涌现了无数为人津津乐道创造财富的故事。众多的“全国第一”在温州诞生：第一份个体户工商执照，第一家股份合作企业，第一个实行金融浮动利率改革，第一座农民城，第一个私人包机公司，第一个跨国农业公司，第一个民间异地商会，第一个境外中华商城，第一个金融改革综合试验区……有个记者曾说：

> 温州是一个很特别的地方，这座城市的名字一而再再而三地站在时代的风口浪尖之上——假鞋被烧、温州炒房团、遍布天下的温州货……每一笔都浓墨重彩地写在历史与人们的记忆中。温州人自己戏言，我们靠海而生吃鱼长大，天生头脑聪明，就是既敢想又能干。[③]

---

① 应云进：《温州人“闯天下”意识文化原由探析》，《江西社会科学》2002 年第 1 期。

② 倪健中、辛向阳编：《人文中国》上册，中国社会科学出版社 2008 年版，第 92 页。

③ 易芳：《温州——敢为天下先（上）》（http：//www. ccb. com/cn/ccbtoday/jhbkhb/1225185158100. html）。

敢为天下先的温州人“胆大包天”，有一个故事说：

> 2000年5月，美国总统克林顿还在台上发号施令，温州法派服饰企业有限公司就发函白宫，希望以200万美元聘请克林顿担任该公司的形象大使。而克林顿夫人回函法派公司，表示感谢，并期待与法派负责人面议。这个消息犹如一声霹雳，震动全球商界。一个中国老区的企业，竟有如此气魄，不能不令人瞠目！有人说，这是温州人营销策略的噱头，意在炒作；有人说，开价200万美元请克林顿当形象大使，是不是太昂贵了点？不管人们如何议论，也不管此事最后能否成为现实，法派公司已经是一个大赢家。法派此举，至少可以给人一些启示：一是邀请美国卸任总统任形象大使，恐怕在世界商业史上也是最“前卫”的举措；二是温州人真是经商的天才，如果没有极富想象力的创意，难以出此高招；三是不论这笔交易成不成，名不见经传的法派公司已经“誉满全球”。①

温州人的乡土观念不像有的地方那样根深蒂固，少有故土难离的情结，从不把背井离乡视为厄运。正好相反，走出狭小的温州，到外面闯天下成为温州人的豪迈情怀和人生追求与奋斗的价值取向。因此，在温州有一种“不出来闯荡没见过世面，别人去骂你是碗底虫”的强烈氛围。有哪个温州人甘于做“碗底虫”呢？所以，在改革开放初期，全国的计划经济坚冰尚未解冻时，温州人早已奋然先行，在世界上闯荡了。

温州人争闯天下已成为一种群体行为模式。他们认为外出经商，闯市场，是闯天下；在家办厂，提高产品档次，扩大知名度，提高市场占有率，也是闯天下。在自己的工作岗位上，开辟前人未曾做过的新领域，创造新天地，也是闯天下。总之，在今天的温州人看来，争闯天下的方式有各种各样，但“闯”出一番事业，争创大业，创造一片属于自己的天地，是温州人所共同的选择行为。因为温州人很清楚，温州的市场两头在外，一头是国内，一头是海外。只有联合，才能共闯市场，赢得大市场，最终争得天下。因此，形成了共闯市场、共争天下、共创事业的温州人现象。

① 周亦：《温州人好大胆》，《中国老区建设》2001年第4期。

这就是温州人的群体行为模式和特征。①

温州人的理财观也与众不同，常不按常理出牌，因此也取得了些出人意料的收获。温州人对股市不太感冒，国内上市的温企只有浙江东日一根独苗。但炒房和炒汇却比较火爆，这是温州重商务实的精神。在市场经济高速发展的今天，物化在温州人身上就表现为人人都当老板、个个都善于经商，形成了“敢为天下先，特别能创业”的“温州精神”。据不完全统计，目前在国内有160多万温州人遍布于大江南北，他们创办的企业有3万多家，他们中有37万多个个体工商户，年销售总额达3000多亿元，相当于再造一个温州；在海外，有40多万温籍华侨分布在世界100多个国家和地区，国内归侨侨眷就有43万人。犹太人号称是世界上最会赚钱的民族，但温州人的赚钱本领丝毫不逊于他们，甚至有时候还会超越他们。以巴黎为例，近二十年来，在巴黎的温州人已多达15万，他们在巴黎第二、三、十一区和犹太人展开商业竞争，温州人独有的做人、做事方法越来越吸引消费者，犹太人多年经营的市场已经被逐渐蚕食，成为温州人的领地。②

就是这一群普普通通的温州人创造了“温州现象”。从最初的资本原始积累到“质量温州”“品牌温州”“信用温州”的跨越式发展，中国鞋都、中国电器之都、中国金属外壳打火机生产基地、中国剃须刀生产基地、中国印刷城、中国制笔之都、中国塑编之都、中国合成革之都、中国塑料薄膜生产基地等一批“国”字号落户温州，正托起一个国际性轻工城。联合国工业发展组织评选全球二十座最具活力的城市，中国唯一入选的城市便是温州。温州人已成为“东方犹太人”享誉世界。

作为“东方犹太人”的温州人不只是商人，与犹太人一样，在各行各业中都有精英翘楚，曾当选为马来西亚共产党（马列）中央委员会委员的李基中、曾获荷兰女王授予的“奥兰治总督皇家勋章”的林德华、被国务院侨办评为1990年“海外华裔十杰”的梅旭华，都是温州人；著名国学大师南怀瑾，是温州人；著名作家叶永烈，是温州人；被《科学美国人》杂志评为2002年度全球50大科学家的基因专家杨焕明，新一代旅美大律师陈小敏，美国国家卫生署投资基金董事、杜克大学终身教授、

---

① 以上参阅刘晓林《温州人要开“世界温州人大会”》，《招商周刊》2003年第32期。

② 周亦：《温州人好大胆》，《中国老区建设》2001年第4期。

杰出生物学家林海帆，国际文坛享有盛誉的散文大师琦君，连续数年荣获国际“毕埃蒂”国际信誉金奖的王绍基，欧洲中式快餐第一人曾耀宁，年轻才俊的医学博士夫妇王家骅与夏初临，打造“浙江第一高楼”的陈永坤……他们都是温州人。[①] 更令人称奇的是仅在温州土生土长或祖籍在温州的数学教授就有200多人，其中担任大学数学系主任或研究所所长的就有40多人。在同一个城市走出如此众多的数学家和数学研究者，这在中国乃至世界数学史上都是极为罕见的。难怪温州被称为“数学家之乡”。被誉为中国现代数学祖师的姜立夫，创立并发展了中国微分几何学派的苏步青及弟子谷超豪，曾任北京大学数学学院院长的姜伯驹，曾任北京师范大学校长、著名数学家陆善镇，甚至连美国几所大学的数学系主任和数学教授也都是温州人。正是既有苏步青、谷超豪、姜立夫、姜伯驹、陆善镇、杨忠道等近百位数学大师；也有郑振铎、叶永烈等知名作家。在年轻人关注的体坛、娱乐圈也有许多耀眼的名星：朱启南、叶荣光、诸宸、戴丽丽、周晓菁、姜嘉镪、白雪、黄豆豆、毛戈平、李慧珍、陶慧敏……可以说是有文有武，百花齐放。[②] 正是：

> 温州人以年轻而不无鲁莽、激越而不无尖锐、感性却不乏理智的创业基因，充当着开拓者的角色。其实，温州民营经济史，多是小人物的奋斗史，起家于“小商小贩”，作坊不大，多是单打独斗，没有背景，缺少资本，如履薄冰，在大浪淘沙中随经济脉搏的跳动而各自演绎。曲调不够高雅，曲风不够豪迈，但前呼后应，千曲万曲奏起来，把整个温州城烘托得轰轰烈烈。[③]

二　崇尚财富：温州人的气派

上苍给了温州一个贫穷的起点，三十多年前，“平阳讨饭，文成人贩，永嘉逃难，洞头靠贷款吃饭”，温州的空气里充满了贫穷与饥荒的信息。三十多年后，“十万元是贫困户，百万元才起步，千万元才算富”。

---

① 刘晓林：《温州人要开“世界温州人大会”》，《招商周刊》2003年第32期。

② 《温州人有什么特点》（http：//zhidao. baidu. com/link？ url = VMFEFhflQAe4OaG2vz7a zb-gkU44A32XF_ UCYDdAWwMbNf - kuX4P01Rm4maXqTI d - J9FylkBNVSQfu38ET5r2aa）。

③ 周德文、吴比：《温州样本》，鹭江出版社2009年版。

温州人“穷得只剩下钱了”。“温州商人在浙江乃至全中国都以他们强大的资本动员能力而闻名。他们具有敏锐的经商嗅觉，在商机把握上总能先行一步，只要跟随温州商人选择投资方向，赚钱的大门就向你敞开。”这段出自《韩国经济》杂志，被《环球时报》转载的话印证了温商的赚钱能力。①

温州人何以有如此大的赚钱能力？在温州流传着《一个温州人的财富故事》：

美国西部乡下的一个农庄里住着一位老农，他有三个儿子，大儿子和二儿子都在城里工作，只有小儿子与他相依为命。一天，一位温州人来到了他的农庄。

“我想带你的小儿子到城里去发展，你同意吗?”温州人对老农说。

“那怎么成？现在我只有这么一个儿子在我身边。”老人直摇头。

“如果我在城里给他找一位媳妇，你答应吗?”这位温州人接着问道。

“那也不成，我要在农村给他找个媳妇。”

“如果我在城里给他找的媳妇是洛克菲勒的女儿，你答应吗?”

老人沉思了一会儿，点头答应了。于是温州人带着他的小儿子来到了城里。过了几天，这位温州人来到了洛克菲勒的办公室。

“尊敬的洛克菲勒先生，如果您不反对的话，我介绍一位农村小伙子做您的女婿怎么样?”

“当然反对，我凭什么要听从你的安排?”洛克菲勒觉得有些莫名其妙。

“我给您介绍的这位小伙子很年轻，只有22岁。”温州人不愠不火，语气从容地回答道。

“22岁的小伙子满大街都是，简直是无稽之谈。”洛克菲勒大为发火。

“如果我给您介绍的这位小伙子是世界银行的副总裁，您觉得可以考虑吗?”

① http：//tieba. baidu. com/p/643773864？pn =4.

洛克菲勒答应了这门婚事。

又过了几天，人们在世界银行总裁的办公室里又见到了那位温州人。

“尊敬的总裁先生，如果您觉得我的建议是可行的话，我想向您推荐一位年轻的小伙子担任您的助手。”这位温州人开门见山地对世界银行总裁说道。

“那你告诉我他都有些什么能力。”“他出身寒微，又很年轻，只有 22 岁。”

“这就是你推荐他担任世界银行副总裁的理由。”总裁忍不住哈哈大笑。

“当然不仅仅是这样，虽然他出身寒微，又只有 22 岁，但他却当上了洛克菲勒的女婿。”

世界银行总裁沉默了。

没过几天，那位乡下小伙子被任命为世界银行的副总裁。

以上故事隐喻了温州企业飞速发展的一个简单的道理，温州人善于将各种社会资源进行巧妙组合，如果用一句时下最流行的话语，那就是资源的有机整合。我们不妨假设，在以上的案例中，谁是最大的受益者？答案无疑是那位温州操盘手和策划者。无论是乡下老农的小儿子这样的小字辈，还是洛克菲勒、世界银行总裁这样的重量级人物，在他的眼里只不过是一枚为实现自己最高利益服务的棋子。

这个故事告诉我们，温州人赚钱的本事源于其商业智慧的精髓，即被世人普遍赞誉的“三面镜子”理论，一是望远镜：高屋建瓴，未雨绸缪，及时把握社会的发展趋势；二是显微镜：以洞若观火的敏锐观察力，对市场的需求体察入微；三是放大镜：见微知著，一叶知秋，运筹帷幄之中，决胜千里之外。温州人通过对这三面镜子的悉心打磨，练就了一身纵横商海的过硬本领，使自己逐浪潮头而立于不败之地。[①] 也就是说，温州人崇尚财富，这几乎成了一种特殊的“信仰”。

在这种“信仰”的支持下，每个温州人都怀着赚钱的激情，都有着创业的冲动。为此，无论男女老少，大家都不怕走遍千山万水，不怕说尽

① 以上参阅《一个温州人的财富故事》，《东南早报》2004 年 11 月 15 日。

千言万语，不怕历尽千辛万苦，只是想千方百计找到生财之路。试举两个经典案例：

案例 1：美国浙江温州工商总会名誉会长朱海风曾经讲了这样一个故事。我曾认识两名年龄相当的女孩子，她们一个是温州人，一个是上海人，都在美国读书。她们的生活方式有很大不同。那个上海留学生，读书的时候就老老实实待在学校，毕业后在外面租了房子，找了一份不错的工作，工作之余就是逛街、去酒吧玩耍。那个温州留学生，读书的时候就从学校里搬出来租房子住了，课余时间她打了两份工，后来她有了积蓄，就开始做点小生意，再后来，她就更有钱了，贷了一点款买了几百平方米的房子，还有了自己的店铺。

案例 2：这些年，美国经常对阿富汗进行军事打击。为了确保边境地区的安全与稳定，中国政府曾经临时关闭过中国和阿富汗之间的边界贸易。而一向以大胆著称的温州人似乎无视在阿富汗做生意的危险，在那里的生意也从来没有停止过。

在阿富汗战火稍停的时候，一直在巴基斯坦做生意的温州人金向东与方圣平，从巴基斯坦转战到阿富汗寻找商机。当时，阿富汗依旧很混乱，经常有人趁乱打劫，外地人到那里做生意很困难。善于标新立异的金向东与方圣平，以每天每人相当于 150 元人民币的薪水，聘请了 4 个荷枪实弹的阿富汗民兵，专门护送自己做生意。

一般乱世求财是比较容易的，温州人的精明让金向东与方圣平很快就发现了投资项目——为塔利班提供低压电器，很容易就收到塔利班价值数百万美元的订单。

当然，他们担的风险也很大，金向东与方圣平由于不经允许对阿富汗路人进行拍照被抓了起来，多亏与客户的关系好，塔利班的水电部长出面，他们才逃过一劫。即使如此，他们在阿富汗做生意的激情仍然没有消退。看来，阿富汗的温州人，不到最后关头恐怕不会撤离。

崇尚财富的温州人都有一个共同的梦想，当老板，哪怕只是一个卖扣子、卖打火机的老板，他们也不嫌弃。如果谁不小心成了一名打工者，那么即使他属于管理阶层、属于高级打工者，也会觉得没面子，浑身不舒服，业余也要找点小生意做，证明自己是一名老板。笔者 2000 年 10 月在意大利的杜莫主教堂碰到一个卖小旅游纪念品的温州中年妇女，初中都没有读完，刚从国内偷渡出来，就摆起了小摊当起了“老板”。问她在国内过得好好的，为什么要偷渡出来当这个“老板”？她回答我说，村子里的人都出来了，我不出来没“面子”。可见，“面子”是温州人崇尚财富的一个动力，“老板”情结则是投资的更大动力。如果说有钱是一件有面子的事，那么当老板是一件更有面子的事。都说温州人从小四处闯荡挣钱，文化水平不高，可对于“老板”一词的理解，温州人已尽得其精髓。在“有钱就有面子”的信仰支持下，他们果断地选择了“老板”这一有“钱途”的职业。①

“求财”是温州人永恒不变的主题，他们不是见钱眼开，但赚钱在他们眼里就是个人价值的体现。在这种“信仰”的驱使下，当了“老板”，有了钱，崇尚财富的温州人就积极投资。据说投资是温州人的财富密码，投资几乎成了温州人崇尚财富“信仰”的又一种表达。财富并不是固定的，在温州人看来财富是灵活的，让金钱流动起来就能带来财富。故而有人给温州资本加了一个定语，叫作“闲不住”的温州资本。“闲不住”，多形象！温州人从来不会让钱躺在一个地方不变化，而是不停地让它生出更多的钱。在温州人看来，那种可以盘活生意的人才是有能力的，只知道存钱或者兑现成金钱的人是没有能力的，也很笨。

正因为温州人崇尚财富，在漫长的经商传统下，温州人对财富不是像其他儒家文化地区那样采取一种拒绝态度，而是坦然讨论金钱、挣钱等话题，把创造财富看作一种能力和美德。在温州人看来，经商、挣钱、做生意是人生自然而然的事情，认为没钱是万万不能的。金钱是一种手段而已，有了钱以后才可以做更多的事情。② 所以，在温州人看来，财富是衡量标准，无论是对一个人的能力判断，还是以做事情的方式的评价，有钱就意味着有能力，没有钱就是无能的表现了。只要有信心和勇气，再穷都可以致富的。这就是崇尚财富的温州人的气派。

---

① 参阅李峰《温州人的财富密码》，外文出版社 2010 年版。

② 房建、刘本化：《温州人的财富观——赴温州民企挂职学习感悟》，《中国合作经济》2006 年第 5 期。

三　无孔不入：温州人的本质

温州人为什么可以取得成功？这是很多人感兴趣的问题。

有人说吃苦耐劳是温州人的成功之母。因为温州人做事从来是不辞劳苦的，“只要有钱赚，他们不在乎体力与脑力的付出”①。温州人在总结自己的生财经验时也说：“办工厂的往往要日夜操劳，每天只睡六七个小时；跑买卖的常常是日夜兼程、长途跋涉，几天几夜没有舒服的觉好睡。不付出艰辛的劳动，就不可能赚钱致富。”② 因此，温州人的收获与温州人的劳动付出是相一致的。20世纪80年代初期，当笔者还是一个大学生时，曾在西安遇到一位在宁夏做服装生意的温州人，他除了与笔者亲热地拉上老乡的关系外，让笔者感受最深的就是他在生活上非常简朴。住与穷学生一样是两元钱的通铺，吃则是馒头、一角二分钱一碗的面条。作为一个标准的南方人，这样的饮食除了具有吃苦耐劳和节俭的精神之外，别无其他解释。其实，汉民族人民都具有吃苦耐劳的特征，只是各地表现得有所不同而已。

有人说温州人做生意，注意从小处着手。温州人务实肯干，只要有一分钱赚，就会不遗余力去干，从不好高骛远，从不好大喜功，他们赚钱，从零做起，一步一个脚印，踏踏实实，一丝不苟，不像有些地方的人，大钱赚不来，小钱不愿赚，只好两手空空，而一味抱怨天不助我。

笔者曾在浙江金华的武义县工作和生活了二十年，因近温州，又认识了不少温州朋友，三十多年前，改革开放还只放出了一点风声，温州人就利用与台湾相近，用海鲜鱼货与台湾人换录音机、尼龙布等货品，于是把走私货的生意做得风生水起，连我夫人都专程乘汽车到温州去买了一台双喇叭的录音机。当时只见温州内外，凡可摆摊的地方都是各式各样的时兴录音机、尼龙布匹、电子手表……那全民经商的阵势和气势，真可谓天南地北无所不往、无孔不入。所以笔者认为温州人之所以能成功，除了天时、地利、人和之外，温州人无孔不入的性格才是撒手锏。

试看“别人不愿干的温州人愿意干，别人不想干和干不了的温州人

---

① 倪健中、辛向阳编：《人文中国》上册，中国社会科学出版社2008年版，第110页。

② 林白等主编：《温州人的精神面貌》，广西人民出版社1987年版，第64页。

能干、敢干、善干”。正是这种顽强的生存实践，培育了温州人为生存而抗争、为生存而创业、为生存而创富的生存方式，这种生存方式有别于他人的生存方式。为求富裕，温州人“恋土不守乡”，四海为家，建立无孔不入的温州关系网，不断开拓生存与发展空间。温州人在不断扩大的创业实践中创造财富，温州人用自己的时间创造自己的空间。时间是温州人生存与发展的空间，温州人存在于自己的时间和空间之中，孕育了自己有别于他人的生存和发展方式。温州人在商业实践中形成了有别于其他人的独特的商业生存与发展方式。温州人以商为荣、以商为业、以商带工，无商不快、无商不活、无商不强。温州人的商业实践遵循以小成大、以弱变强、面向市场、参与世界的经商法则，把经商“血统”渗透进自己的骨子和血液里，使温州人勇于经商、敢于经商、善于经商。温州人把经商看作财富来源的“天经地义”的实践活动，温州人的商业文化和商业氛围异常浓厚。温州人强烈的经商冲动和永无止境的商业实践，使温州人完成了生存与发展方式上的超越。正是温州人的商业实践培育了温州人为利和义而“全民”经商、“全民”创业、“全民”富裕的生存与发展方式。温州人的“无孔不入”的商业实践是温州人主要的生存与发展方式。[①]

正因为温州人具有无孔不入的本质，所以，温州人常说：“淘金者要有梦想，发财者要有胆量，不是哪里最容易赚钱就去哪里，而是哪里没有人去我先去。”他们敢冒天下人不敢冒的险，敢吃天下人不敢吃的苦，敢赚天下人不敢赚的钱，也就是“包江、包海、包地、包天”。20 世纪 90 年代初，温州商界传奇王均瑶，因同乡一句“嫌乘车慢，你去坐飞机”的玩笑，就“无孔不入”地敲开了湖南民航局的大门，承包了长沙至温州的航线，首开中国民航史私人包机先河，让资本“飞”上天，成为“民营资本进入航空业第一人”。

温州人“无孔不入”是在无市场状态下自谋出路、顽强打拼出来的。他们不等不靠、不怨天尤人，而是积极探索，挖掘商机。温州人认为，“脑袋决定口袋”“资源有限，而创意无限”“思想有多远就能走多远，心有多大舞台就有多大”。温州商人用“无孔不入”重新诠释了“没有枪，没有炮，敌人给我们造”的内涵：没有资源，就向市场要。

---

① 以上参阅黄朝忠《温州人的本质：温州实践、传统文化抑或社会关系》，《湖州职业技术学院学报》2011 年第 4 期。

温州人为什么能无孔不入？因为他们有一个满布世界的社会关系网，或者如民间所说的“人脉”。“对许多在北京‘浙江村’和巴黎的温州人来说，个人自身的资源相当有限，不足以支撑他们的生存和发展。他们更多的还是依赖族人和同辈策略，于是就构建起他们的社会网络。或者说，这样的网络为他们的进入和生存提供了支撑，反过来，他们的生存和发展又进一步扩大了他们的社会网络”①。所以，“温州人的人脉是一种潜在的财富。温州人善用他人的社会关系，用活现在的社会资本，巧用未来的社会资源，借助人脉成功攀上了巅峰。人脉是金，却贵甚黄金，因为黄金有价，人脉无价。温州人的人脉是一种潜在的无形资产”②。

确实，温州人是无孔不入的，在中国如此，在世界也如此。一个温州人无论到世界的哪里，都会碰到温州人，而只要有温州人所有的一切事情都好办，不要说吃住行不愁，就是开店当老板的资金也不会有问题了。可见温州人无孔不入的本质就是温州人的社会关系网或温州人的社会关系的总和，每一个有生命的温州人的存在构成了全部温州人历史的前提。在这个背景下，有了无孔不入的温州人，才出现了“世界温州人”概念。③

① 王春光：《流动中的社会网络：温州人在巴黎和北京的行动方式》，《社会学研究》2000年第3期。

② 李凤伟：《向温商学习——犹太式中国人的经商与做人法则》，武汉大学出版社2006年版，第57页。

③ 参阅黄朝忠《温州人的本质：温州实践、传统文化抑或社会关系》，《湖州职业技术学院学报》2011年第4期；刘晓林《温州人要开“世界温州人大会”》，《招商周刊》2003年第32期。

西北汉民族族群编

一方水土养一方人，西北的水土养育了西北人。

西北位于中国内陆腹地，地域辽阔，自然条件复杂，中国最大的沙漠、最大的盆地、最长的内陆河、最大的咸水湖、最低的陆地都集中分布于这一地区。

在母亲河——黄河的滋润下，在古丝绸之路上的西北汉族族群，历史悠久而古老，在与历史上的羌、戎、大小月氏、乌孙、丁零、敕勒、党项、回纥、黠戛斯等少数民族的互动融合中，加之历代汉族移民的陆续迁入，形成了现代西北汉族族群的格局，主要有关中人、陕北人、宁夏人、天水人、河西人、河湟人等。

第一章　关中人

关中人是汉民族中一个古老的族群，其形成几乎与汉民族的形成同步。

“关中”之名，始于战国时期，一般认为西有散关（大散关），东有函谷关，南有武关，北有萧关，取意四关之中（后增东方的潼关和北方的金锁两座），大致包括西安、渭南、咸阳、铜川、宝鸡，黄土高原以南，秦岭以北一带。四方的关隘，再加上陕北高原和秦岭两道天然屏障，使关中成为自古以来的兵家必争之地。关中土地肥沃，河流纵横，气候温和，《史记》中称其为“金城千里”“天府之国”① 和“四塞之国”②。

“金城千里”指渭河平原四周为山原、河川所环抱，犹如一座规模庞大的天然城堡。关中南有秦岭，西有陇山，北面是黄土高原，再向北方和西北方，还有黄河天堑为屏障，东面也有黄河阻隔，四面都有天然地形屏障，易守难攻，从战国时起就有“四塞之国”的说法，所以汉代张良用“金城千里”来概括关中的优势劝说刘邦定都关中。战国时期，苏秦向秦惠王陈说“连横”之计，就称颂关中“田肥美，民殷富，战车万乘，奋击百贸，沃野千里，蓄积多饶”，并说，“此所谓天府，天下之雄国也”，这比成都平原获得“天府之国”的称谓早了半个多世纪。

自战国郑国渠修好以后，关中就成了物产丰富的风水宝地，帝王建都大都在此。自西周起，先后有 12 个王朝在此建都，历时 1100 多年。可以说，中华文明的摇篮在黄河流域，而黄河文明的摇篮则是在渭河流域的关中。

---

① 《史记·留侯世家》。

② 《史记·苏秦列传》。

第一节 关中人的语言

关中方言一般指陕西关中地区的方言，关中方言现属中原官话关中片或秦陇片，以西安地区发音为代表，陕西人一般称为陕西话。关中即陕西省关中地区，就行政区划说，包括省会西安及渭南、铜川、咸阳、宝鸡四个地级市。关中方言区不但包括西安等五市，而且包括商洛地区的商州、丹凤、洛南，延安地区的黄陵、洛川、黄龙、宜川、富县，以及榆林地区的定边共53个县（市）。关中方言区面积共76760平方公里。[①] 关中方言片的人口，据《陕西统计报告》（1997年）载，西安地区6620578人，铜川地区817121人，宝鸡地区3516293人，咸阳地区4730540人，渭南地区5168004人，安康地区两县（市）916624人，商洛地区四县1684076人，延安地区五县601379人，总计24054615人，占全省人口的69%。[②]

一 关中方言的形成

从西周开始，关中方言被称为“雅言”[③]。《周礼·秋官·大人行》记载，“王制曰：五方之民言语不通，嗜欲不同，达其意，通其欲”。此为西周王朝定期召集各诸侯国进行推广雅言的培训。《诗谱》载：“商王不风不雅，而雅者放自周。”《论语骈枝·释雅言》曰：“夫子诵诗、读书、执礼必正言其音。”连远在山东的孔子读书待客都讲关中话，可见当时作为雅言的关中方言影响之大之远。[④] 虽然如今的关中方言已失去了它高高在上的地位，成为一种地方方言，很多人认为关中方言听起来很“土”，但探究关中方言的演变历史，却可以发现关中方言看似土，实则

① 参阅孙立新《关中方言略说》，《方言》1997年第2期。一说为56个县（市），见张维佳《关中方言的形成及新时期关中方言研究现状》，《榆林高等专科学校学报》2002年第1期。

② 张维佳：《关中方言的形成及新时期关中方言研究现状》，《榆林高等专科学校学报》2002年第1期。

③ 刘百顺：《关中方言词语考》，《西北大学学报》（哲学社会科学版）1994年第4期。

④ 王孙博：《源远流长的渭南方言》，《渭南日报》2009年8月28日第B01版。

雅，且拥有深厚的历史文化积淀。[①]

关中方言的形成又与秦帝国的崛起有密切的关系。秦统一以前的黄河中上游地区，诸侯林立，种姓繁多，语言或方言十分复杂。战国中期，秦孝公起用商鞅变法，实行奖励耕战、重农抑商等经济政策，使秦的势力范围逐渐推及整个关中地区。当时，关中已设置了41个县，有不少在万户以上的城邑，咸阳、栎阳、雍城已成为很有影响的大城市。秦国在与其他诸侯国征战中，不断席地掠民，兼并融合。一方面，逐渐占据渭水流域广袤的土地，并北上与三晋争雄，这就不仅使秦方言逐渐成为整个关中地区的通用语言，也使秦晋两大方言之间的差距逐渐缩小；另一方面，将关东六国旧民不断内迁关中，使秦方言跟其他诸侯国的方言发生了广泛的接触。秦始皇统一天下后，实行"天下车同轨，书同文，行同伦"[②]。其中"书同文"尽管是文字定形的统一，但"文字异形"的消灭，也必然会提高秦方言的地位。

汉代被称为"秦话"的秦方言有了很大的发展，随着政治经济势力的北上，秦晋这两个有一定差异的方言到此时已融合成一个方言区，作为当时"通语"的基础方言，西汉扬雄在《方言》一书中就把秦晋归为一个方言区，并以秦晋方言作为参照系来解释其他方言的词义系统。不仅如此，随着社会生活的变化，秦晋方言也不断吸收其他方言的成分。特别是刘邦建都长安（今陕西西安市），与咸阳近在咫尺。可以说，在刘秀建东汉（都洛阳）之前的240多年间，以长安话为代表的关中方言起着沟通五方之人的巨大作用。所以，到西汉末年，由于关东移民的大量迁入，秦晋方言又不断地拉近了与中原方言的距离。

东汉以后，社会大动乱给秦晋方言带来较大冲击，一方面，随着政治、经济、文化中心的东移（或南迁），秦晋方言作为"通语"基础方言的地位也渐渐为汴洛中州方言所代替。另一方面，由于关中成为"五胡"逐鹿的主战场，关中的人口结构发生了很大变化。羌、氐、匈奴人占关中人口一半以上，又有许多汉民族背井南迁，这种情况给关中方言发展带来了两个结果：一是随两京衣冠南下，关中方言也逐渐流布南方；二是与北

① 李敏：《关中方言特征词汇与普通话词汇的主要区别》，《文学教育》2014年第1期。

② 《礼记·中庸》。

方少数民族语言接触，使得“北杂夷虏”[①]。颜之推还在上面所引的文字中举列北方汉人因受鲜卑语影响而出现“用韵过宽”现象。周祖谟认为，他说的是北人鱼虞不分、支脂不分、洽狎不分。[②] 如“鱼”韵，在中古读为［io］，“虞”读为［iu］，“鱼虞”不分，实即［o］［u］不分；而“支”韵在中古读为［ie］，“脂”读为［i］，“支脂”不分，实即［e］音脱落。[③] 这些实例都证明北人所操汉语出现了韵母简化倾向。对此，清人姚振宗感叹“北齐后周时，士人学鲜卑语者不少矣”[④]，刘盼遂更言“当时朝野之干时者，多仿其言语习尚，以投天隙”[⑤]，而颜之推用一个“杂”字（北杂夷虏），生动而形象地说明了鲜卑语对汉语的深刻影响。这时的关中方言被称为“关西话”。

及至唐代，由于唐帝国政治经济以长安为中心向东面、西南、西北等地辐射，关中方言也必然随之速变。它不仅向西北地区发展蔓延，也吸收其他方言的一些特点。但是，“安史之乱”后，关中地区又几近成为战争的中心，再一次出现了移民南下的浪潮。这样，五代以后，关中地区逐渐成为西北边陲，成为不同民族文化接触、碰撞的前沿。根据唐五代和宋代历史文献，当时由吐蕃和党项人占据的陇西、陇中和陕北地区方言，与今关中东部河西方言和晋西南方言有许多特征相同而成为“关中语”。元、明、清以后，随着北方地区政治上的统一，关中方言一方面继续保持自己的特点，另一方面又渐渐被纳入北方官话的演变系统之中，成为北方官话中原方言的一个分支——“关中话”[⑥]。由此可见，关中方言在整个汉语的历史进程中起到过非常重要的作用。

总的说来，“关中话大体经历了周代‘雅言’，汉代‘秦话’，魏晋‘关西语’，唐宋‘关中语’，明清‘关中话’，而后形成了现代的关中方

---

① 《颜氏家训·音辞》。转引自王启涛《论“南染吴越，北杂夷虏”》，《语文研究》1997年第2期。

② 《颜氏家训·音辞篇述补》，载周祖谟《问学集》（上、下册），中华书局1966年版。转引自王启涛《论“南染吴越，北杂夷虏”》，《语文研究》1997年第2期。

③ 郭锡良：《汉字古音手册》，北京大学出版社1986年版。

④ 见《二十五史补编》，中华书局1989年版，第5222—5223页。

⑤ 王利器：《颜氏家训集解》，上海古籍出版社1980年版，第21页。

⑥ 以上参阅张维佳《关中方言的形成及新时期关中方言研究现状》，《榆林高等专科学校学报》2002年第1期；朱正羲《关中方言古词论稿》，上海古籍出版社2004年版。

言”[1]。这就是关中方言形成的大致轨迹。

二　关中方言的语言学特点

关中方言的声调与普通话比较，据学者研究，普通话有四种声调：阴平、阳平、上声、去声，即一声、二声、三声和四声。但是，在出现多音节词语时，又多了轻声，轻声虽然不能被看成是一种声调，但在这里暂且把它和这四种声调一起计算做一种音调。要作方言研究，方言的音调要比上面的五种复杂得多。但仅关中方言，有这五种音调就足够了。在普通话中关中方言举例：

一声——轻声山西经编音
二声——二声提滑云文明
三声——四声反勇懂显碗
四声——一声动变向话要
轻声——轻声石头姑娘爸爸

普通话有一声、二声、三声、四声和轻声，但在关中方言中却只剩下四种，缺少了三声音调，然而轻声音调多了些。这正是陕西方言缺少婉转音，听起来相对平坦、质朴的原因。变调的读音决定于以前后音节为语境条件的本调。比如，在陕西方言里，我们经常把“声音（shēng yīn）”读成“shéng yin”，把“欢心（huān xīn）”读成“huán xin”。因为按照上述规律，在遇到这两个一声字时，关中方言中需读为两个轻声，由此便有发音难以换气，不连贯或是听起来有气无力。实际中发音如此，这只是出于对发音的通顺的考虑而稍微发生的一些变化，把以前的一声音调变成了二声。这样便不至于出现发音过于单一，气息持续时间过长的情况。这都是些美化、调整的变调。

（一）关中方言的声母特点

1. 今 zh、ch、sh 的读法

关中大部分地区把今 zh、ch、sh 拼音开头的字分别读为 zh、ch、sh 和 z、c、s 两组声母。其基本规律如下：zh、ch、sh 和 ɑ、ɑi、ɑn 这几种

---

① 朱正義：《关中方言古词论稿》，上海古籍出版社 2004 年版。

韵母拼时，多读为 z、c、s。其余仍读 zh、ch、sh（但 zhu－、chu－、shu－这几类声韵母拼合时例外，有其特殊读法，见下文）。此外，还有些发音不符合此规律，如“傻”仍读作“sha”，“师”读作“si”，“愁”读作“cou”，“争”读作“zeng”，“生”读作“seng”等。

2. n、l 的分混

西安处 n、l 两声母所统摄的字与普通话基本上一致，不一致的有“农、浓”等字，普通话读 n 声母，这些地方一般读 l 声母。其余地区 n、l 分混呈纷繁复杂状态。一种情况是全部无 n 声母，不管 n、l 一律是读作 n，比如宝鸡一带大多数地区就是这个特点。此外，兴平、礼泉等地方的特点是：逢今 an、en、ang、eng、ong 五个韵母 n、l 字全读 n 外，其余读 l 声母。咸阳市区就更复杂：一种是接近于兴平、礼泉地区的读法；一种是 n 拼开口呼读 n，其余读 l；另一种是“南、男、蓝、能、龙、农”等字读 n，其余读 l；还有一种是全部读 l。①

下面就这几个点的特征予以比较：

	那	恼	老	男	农
西安	na	nao	lao	nan	long
兴平	la	lao	lao	nan	nong
宝鸡	la	lao	lao	lan	long

3. 普通话所不具备的三个声母

关中方言有三个声母是普通话所不具备的，一个是 ng［ŋ］，一个是 v［v］，一个是舌面前鼻浊辅音 ni［ȵ］。

ng 声母的范围是今开口呼零声母字，如“爱 ngai”“安 ngan”“熬 ngao”“欧 ngou”“昂 ngang”等字读 ng 声母。在关中地方人们有时把 w 声母读为 v 声母。如“武 vu”“袜 va”“万 van”“闻 ven”。还有，关中大部分地区 y 声母会读为 ni－，如“严颜＝年，眼＝撵”，以及“宜谊疑、业、鸭压牙芽、咬、淹、硬、仰”等字读 ni－，依次为 ni、nie、nia、niao、nian、ning、niang。

---

① 孙立新：《陕西方言漫谈》，中国社会科学出版社 2004 年版。

4. di－、ti－等音节读作ji－、qi－

长安、蓝田、丹凤等处把普通话di－、ti－等音节读作ji－、qi－。例如："低ji""梯qi""掉jiao""挑qiao""天qian""铁qie""听qing"。

（二）关中方言的韵母特点

1. 关中方言的ou韵母

关中方言区和户县、长安、蓝田、临潼以东、安康、商洛等，占全省人口一半多的地区把普通话中的u韵母拼d、t、n、l、z、c、s这些声母的字，以及zh、ch、sh声母部分字读作ou韵母。这种现象极其普遍，已成为关中人，甚至陕西人的口音特色。

2. 普通话an、ian、uan、üan四韵母的关中方言读法

普通话an、ian、uan、üan四韵母，关中方言区某些地方读a或ai（æ）的鼻化音。比如"三sain""电die""端duain""捐jüai"，鼻音明显重了很多。

3. 韵母分化

在关中方言中古汉语入声字韵母分化的情形很复杂。以普通话读e、ai、o三韵母的古入声字为例，关中方言读ei韵母。有以下的例子："选择zei""脸色sei""石墨mei""节拍pei"。①

三 关中方言的人类学特点

关中方言是一个古老而又充满活力的汉语方言。关中方言古朴典雅，具有质朴凝重的乡土韵味和丰富的表现力，方言的词语组合和表述方式蕴藏了关中人的智慧和创造力，号称生、冷、硬、倔、噌，讲起来简单明了，基本没有多余的修饰，说起来掷地有声，体现了关中人直率的性格特征。②

（一）关中方言中古汉语的沉淀

关中方言中保留了一部分古词，它们的发音和结构都来自古汉语。这些古词活跃于民间俗语中，绝大多数都有深厚的文化渊源，成为古文化以

---

① 参阅鲁团花《关中方言语音特点与普通话语音的比较》，《考试周刊》2010年第9期。

② 杨雅丽：《论民间文学中的关中方言》，《渭南师范学院学报》2005年第3期；张燕：《趣说陕西关中方言土语》，《大众文艺》2012年第14期。

及民俗研究的活化石。如常用的“咥”字，意思是大口地吃、如狼似虎地吃，表现了关中人豪爽的性格。再如关中有些地方把裤子至今称“服”（读四声），这是个典型的古代用法。在古汉语中，衣指的是上衣，服指的是下衣，即现在的裤子。而关中方言中，表示“好”的古汉语词汇比较多，以“嫽”为例：

> “嫽”是最常用的关中方言词之一，意思是“好”“美好”。这是一个历史渊源很深的词语。《诗经·陈风·月出》：“月出皎兮，佼人僚兮。舒窈纠兮，劳心悄兮。”毛传：“僚，好貌。”陆德明《释文》：“僚，本亦作嫽。”《广韵》：“嫽，好貌。”《方言》卷二：“釥、嫽，好也。青、徐、海、岱之间曰釥，或谓之嫽。”按：“釥”即“俏”字；在“好（貌美）”这个意义上，“僚”“嫽”实同一词。《说文·女部》：“嫽，女字也。”《汉书·西域传下·乌孙国》：“初，楚主侍者冯嫽能史书。”颜师古注：“音了。嫽者，慧也，故以为名。”“僚”“嫽”《诗经》《释文》同音“了”，上声。《广韵·萧韵》中，二字均为洛萧切，关中音“辽”，正与此相对。
>
> 关中人谓好为“嫽”，日常生活中这个词的使用频率非常高。如“嫽人”“嫽事”“嫽办法”，还有一个与农业生产相关的民间谚语：“美美美，嫽嫽嫽，苞谷地里套红苕。”可见，“嫽”和“美”是近义词。关中人在说嫽的时候，常常伴随着响亮的音调、满意的心态，表明一种肯定性的评价。虽然关中人也说“好”，但是“嫽”的含义要丰富得多。从语用的角度说，“嫽”除了表示肯定性的评价，还带有喜爱、羡慕、赞美、向往等意味。如“沃是个好人”与“沃是个嫽人”两个句子，就有一些情感上的差别。前一句是说“那是个好人”，是对某人质量的客观评价，此人可能人品不错，善良正派；而后一句则表达了说话人对某人赞赏、信赖、满意等态度，无论语气还是情感都要随和得多、轻快得多，而且从中能推测出说话者和被评价人的关系较近，语感上较为亲切。除了称赞，直率的陕西人有时在讽刺和揶揄别人的时候也用“嫽”，如“叫你好好学你娃奏斯不听，这哈嫽，莫考上大学”，意思是“叫你好好学习你就是不听，这下好了吧，没考上大学”。
>
> 此外，关中方言中还有一个极为常用的口头用语：“嫽咂咧”。这是由“嫽”加上表示程度的“咂咧”组成的一个形容词性词组，

意思是“好极了”“棒极了”。其中，“咧”字是“了”字的方言变体。陕西电视台《都市碎戏》栏目前面的片头，就是一个小男孩蹲在地上“咥”了一大碗羊肉泡馍之后（那个碗比他的头还要大），舔着嘴唇大声说了句：“嫽咂咧!”这个场景极能体现关中的民俗风情和文化心理。羊肉泡馍是关中最为著名的饮食，到关中不吃羊肉泡馍就等于没来。而“有凳子不坐蹲起来”是关中民俗“八大怪”之一，小男孩大声喊的那句“嫽咂咧”则是最典型的关中方言。所有这些都体现了关中人豪爽、开朗的性格和较容易满足的文化心理。与“嫽咂咧”意义相同的词有“嫽得很”“嫽得太”“嫽得太太”等，都是“好极了”之意。①

一个“嫽”字，把关中人的民俗风情和文化心理表现得淋漓尽致。还有在《史记》中使用的“禳”，《齐太公世家》云：“公（齐景公）曰：‘可禳否?’晏子曰：‘使神可祝而来，亦可禳而去也。百姓苦怨以数万，而君令一人禳之，安能胜众口乎?”《说文解字》云：“禳，磔禳祀，除疠殃也。”段玉裁注：“疠殃谓厉鬼，凶害。”“禳”意为除邪消灾的祭祀。此词在今天关中的渭南蒲城、临渭区等县农村方言里依然使用，凡是迷信活动的祛除消灾都叫作“禳”（rang）。“禳”，《广韵》“汝阳切”，属日母阳韵。关中蒲城、临渭区诸县的读音与之相合。比如，小孩子一段日子老是哭，迷信的农村人认为这可能是鬼神作怪，每碰见这种事情总说，“娃这两天不美，叫他婆他奶奶给禳一下子”。此外，如“项”指脖子，“绌”指粗粗地缝，“刳”义为剖，傭义为雇佣等都是古汉语在关中方言中的沉淀。②

（二）关中方言举例

关中方言古朴生动，民俗意蕴浓郁，举例如下：

物达（wo da）：那里

① 贺菊玲：《陕西方言中“嫽”“葳”“完也”的文化内涵》，《西安文理学院学报》（社会科学版）2011 年第 5 期。

② 曹强、田晓荣：《〈史记〉中所见的关中方言词语》，《渭南师范学院学报》2006 年第 6 期。

啊达（à da）：哪里？一般回答用：物儿（wè ir）

啊是（à si）：哪？哪个是？一般回答用：物是（wò si）

夜个—昨天

前个—前天

后个—后天

明个—明天

年司—去年

蹭—厉害

咥—吃饭、打人

试和（si huo）—试一试

难常—困难，不容易办的

谝—聊天，说话

扎势—摆架子，打肿脸充胖子

花搅—开玩笑、恶作剧、取笑

禅活—好，舒服

骚情—热情过分，讨好献媚之嫌

木乱—不舒服、不适，思绪烦乱

马卡—差劲

晴忙（qíng mang）—赶快

细香、细法—细致、仔细

扑西来海—邋遢、不整洁、不干净

打圆—周围、附近

麻达—麻烦、问题

麻米儿—不讲理、不明事理

瓷马二楞—不机灵，迟钝

克里马擦、克马—快点

毕咧—完蛋了，指事态无可挽回

噶达马西一和滩—乱七八糟一大堆

列远（lie yuàn）——一边去，站远

都成楤咧—都成什么样了啊？

成马咧（chéng mà lie）—程度形容词，例如快成马咧，漂亮成马咧

我贼（è zei）—不文明的用语，表示很惊讶

角（juè）—脚

达（dá）—爸爸或叔父

糊砌（hú qi）—土坯

就（jiu）—蹲①

在此仅以“咥”为例作一解读。咥，是陕西关中的方言土音，是吃的一种方式，从字面意思看，吃至极致谓之咥。其基本特征为老碗盛食，“狼吞虎咽”，吃出快乐，吃出气氛。除此之外咥时不必坐着，准确的姿势应该是蹲，其次是站着，假若在进食时能发出让人垂涎的声音且汗流面脸，如此才是关中人最为标准的咥。咥作为关中人的生活习惯普遍存在于广大农村，尤其是在农忙时节，这种情景比比皆是：土墙根，槐树下，石碾旁，大门口……三五一堆，或蹲或站，有的跟前放置一盘青辣子，有的手里拿几头大蒜，老碗中面如腰带，长达半米，对付面条咬嚼成了多余，只靠吸和咽便可完成，常常出现面条一半下咽一半还在碗中的情景。特别在深秋之际，碗中辣子放得更多，加之大蒜的刺激，用不了多久，热气腾腾，一个个犹如刚刚出锅的“蒸馍”。这不是作秀，也不是表演，是关中人生活习性使然。②

第二节　关中人的形成

关中人根深叶茂，源远流长。汉民族的起源包含了关中人；汉民族的形成包含了关中人的树干；汉民族的发展包含了关中人的树叶。

一　蓝田人和大荔人：关中人的原始记忆

关中人的根可以追溯到距今 115 万—110 万年前的蓝田人和约 20 万年前的大荔人。

（一）蓝田人

蓝田人遗址是 1963 年和 1964 年分别在陕西蓝田县的陈家窝和公王岭

---

① http：//zh. wikipedia. org/wiki/关中话。

② 参阅《咥》（http：//baike. baidu. com/view/288003. htm？fr = aladdin）。

发现的。公王岭在蓝田县城东南 17 公里，是一个小土岗，前临灞河，后依秦岭。登上公王岭，即发现厚约 30 米的砾石层，上面覆盖着厚约 30 米的“红色土”。红色土的下部夹有两层埋藏土，在这两层埋藏土之间发现了 1 个比较完整的人头盖骨、3 枚牙齿和 1 件上颌骨化石，还有 1000 余件旧石器制品，并伴有大批哺乳动物化石。在陈家窝则发现了一个比较完整的下颌骨化石。蓝田地区，先后发现旧石器地点 37 处，出土石器材料 600 余件，其中属中更新世石器地点有 28 处，200 余件石制品。

蓝田人遗址中发现有尖状器，尖状器可行使挖掘或切割功能，用它可挖掘野生植物的块茎和穴居的啮齿类等动物。用砍砸器可砍伐树木，配合刮削加工成木棒。蓝田人的工具组合还反映了野生植物的根茎等可食物是他们的主要物质生活资料。在蓝田猿人遗址附近还发现了用火的痕迹。在比公王岭稍早、距离很近的蓝田辋川锡水洞遗址发现有灰烬层和烧骨，蓝田猿人也可能使用了火。目前有关直立人早期阶段确切的用火一般都是在洞穴遗址中发现的，定居才利于火种的保存，而蓝田人却是在露天宿营地燃起篝火的。

蓝田猿人的发现是汉民族原始记忆的一个部分，也是迄今为止整个亚洲北部所见最早的直立人。旧石器早期人类由于活动年代距今已久，许多资料早已湮没无闻，山洞中一般破坏较小，容易得以保留，而蓝田猿人的资料却均出自第四纪中更新统土状及河湖相堆积层中，它为在中国分布广泛的华北黄土堆积地层中，寻找早期人类文化遗存开辟了广阔的前景。①

（二）大荔人

大荔人于 1978 年 3 月，在大荔县段家乡解放村（原名王家村）甜水沟东崖洛河三级阶地的砾石层（第三层）中出土。出土的大荔人是一个较完整的古人头骨化石。经专家考证，确定其为早期智人中的较早类型，时代为中更新世末期，具体时间约在 20 万年前。

大荔人作为中国旧石器时代从猿人到古人过渡的一个代表，所处的大荔县陕、晋、豫三省交叉处，交通便捷，东滨黄河，南临渭河，西接晧壤，北靠镰山，素有“三秦通衢、三辅重镇”之称。在这个地方出土的大荔人头骨化石是一个 30 岁左右的男性，头骨的特征是颅穹低矮，有矢

① 参阅石兴邦主编《陕西通史·原始社会卷》，陕西师范大学出版社 1997 年版，第 20—37 页。

状脊，颅骨壁厚，眉脊粗壮，颧弓位置低，有枕骨圆枕等与直立人相似。颧弓较细，眶上结节，有鸡冠等特征则与现代人相似。由此可见，大荔人属于早期智人，较其他早期智人具有更多的原始性而接近于北京直立人，因此，它还可能是早期智人中较早古老类型。

值得注意的是，从大荔人的体质特征，可以看出其向蒙古人种的特征发展的趋势，即面骨低矮，不很向前突出，鼻梁不高而较扁塌，鼻骨较垂直，眼眶呈长方形，鼻额缝、额颌缝相连续几乎处于同一水平上等，都足以说明大荔人可能代表了一个亚种，即智人大荔亚种。大荔人与现代蒙古人种之间的差异很小，二者之间有极为密切的亲缘关系，所以大荔人应该是在形成或发展中的蒙古人种。正如考古学家石兴邦所说："大荔人头骨化石发现后，由于它保存完整，体质特征明显，在更多的特征上把我国早一阶段的古人类和晚期阶段的古人类紧密地联系起来，使人信服地认为它为现代黄色人种的发展历史弥补了缺环。"①

大荔人文化的遗物以石器为代表，共计 1221 件，包括石核、石片和工具三大类。石核中有单台面石核 40 件，双台面石核 2 件，多台面石核 18 件，砸击石核 21 件；锤击石片 540 件，砸击石片 176 件；工具类有 400 多件，其中刮削器 320 件，包括单直刃、单凸刃、单凹刃、端刃（刃缘有直、凸、凹之别）、双刃圆头等九类。尖状器 87 件，包括正锐尖、正扁尖、角尖、喙状、小三棱五类。还有少量雕刻器、石锤、砍砸器、石球等。由石器特点看，大荔人文化与甜水沟文化的关系十分密切，可能是一脉相承的，它们是以石片石器为主的工业，属于小石器文化传统。

在大荔人头骨化石出土地点发现了大量动物化石，包括古菱齿象、犀、马、肿骨鹿、斑鹿、野猪、野牛、河狸、普氏羚羊、鼢鼠等哺乳动物化石，鸵鸟化石，鲤、鲶等鱼类化石，蚌、螺等软体动物化石。其中最有意义的是肿骨鹿，它是北京猿人洞中的代表性动物之一。它表明大荔人的时代与北京猿人接近，填补了我国历史上人类由蓝田人（今陕西省蓝田县）向丁村人（今山西省襄汾县汾河附近）过渡的空白。②

---

① 石兴邦主编：《陕西通史·原始社会卷》，陕西师范大学出版社 1997 年版，第 61 页。

② 参阅石兴邦主编《陕西通史·原始社会卷》，陕西师范大学出版社 1997 年版，第 55—63 页。

二　炎帝族群：关中人的先祖

炎黄时代崛起的炎帝族群，是汉民族起源的主源，又是关中人的先祖。

关于炎帝族群的史迹，本书历史卷（上）“五帝时代”一章有详述，在此不赘。本处要说明的是炎帝族群与关中人的关系。

从历史文献的记载来看，炎帝族群起源于陕西渭水流域的依据主要有：（1）《帝王世纪》综合各类史料说，炎帝姜姓，母有蟜氏女，游华阳，感神龙首而生炎帝于姜水。姜水在陕西关中，是渭水的支流。秦岭，古代统称华山，秦岭之南为华阳，离姜水不远，也在陕西境内。（2）传说中许多姜姓的古老氏族，也被证明在陕西的姜水一带。《史记·周本纪》说，周弃的母亲姜，是有邰氏女。有邰氏的故地，在今陕西姜水和渭水的汇合处。《吕氏春秋》说：“太公（姜尚）钓兹泉。”据《水经注·渭水》说，兹泉也在这一带。①

更重要的是考古材料的证明。早在新石器时代，宝鸡就是汉民族先民们活动生息的地区之一。《中国大百科全书·考古学》记载，宝鸡早期遗存为公元前5150—前5020年的母系氏族公社时期，距今7150多年，是早于仰韶文化半坡遗址的一种文化遗存。据考古发掘提供的材料证明，宝鸡地区的地下文物遗存非常丰富，在市区东西20公里、南北10公里的范围内发现有80余处新石器时代遗址，现代村落之下几乎都有遗址。有学者统计：宝鸡境内仰韶时代遗址有500余处，龙山时代遗址有200余处，遗址面积超过10万平方米的约占总遗址的15%，超过5万平方米的约占40%，最大的仰韶时代文化遗址双庵龙山文化遗址达100万平方米，贺家湾面积达80万平方米，宁王仰韶时代遗址达75万平方米，西高泉龙山文化遗址20万平方米，石嘴头龙山文化遗址11万平方米。所有的遗址堆积厚，文化内涵丰富，表明当时人口的繁荣。

从大约距今4800年前阪泉之战炎帝部族被黄帝部族战败之前，宝鸡一带分布着丰富的西王村文化、案板三期文化和双庵文化。西王村文化类型在这里约有300处之多，边家庄、马王嘴、王家嘴等遗址的文化面貌呈现出如下的状况：室内面积逐步增大，出现了分间相连的房子；对居住面

---

① 张玉勤、张辉杰：《论黄帝、炎帝及华夏文明的起源》，《山西师大学报》（社会科学版）2007年第5期。

进行了刻意的处理，白灰面地面使得房子整洁防潮；灶坑面积加大，窖穴数量增加，容积扩大；生产工具中新增加了石镰，器形也日益复杂化；陶器制造新出现了口沿轮制技术，器形呈多样化发展。这些与仰韶时代文化遗址相比，表明社会性质、经济状况、人口数量、饮食制度、习俗诸方面有了较大的变化。①

但是，由于年代的久远，考古学家和历史学家们还不能确定哪一范围的遗址属于炎帝族群。但可以确定的是案板三期文化②是分布在关中西部的龙山时代早期遗存，炎帝族群在此阶段不仅种植有粟、蔬菜，而且在扶风县案板遗址中还发现了此时已经开始种植水稻的事实。关中人的先祖之一炎帝，可能就是在这样的时代背景下成为汉民族起源之一的。

炎帝作为中国历史上黄河中游第一个部族联盟的奠基人，在渭水中游宝鸡地区姜水一带成长起来。也正是炎帝时期，炎帝族群从偏居宝鸡的地方农耕族群一跃而成为关中地区炎帝族群的核心，并创立了一些对后世社会进化有巨大作用的文物制度。炎帝族群之后的族群分化，导致了龙山时代移民浪潮、文化交流、战争，融合伴随着整个炎帝时代。③ 这次移民深深地影响了夏、商、周三代的民族关系发展的大趋势，对后来华夏民族的形成起了重要的导向作用，其中当然也包括了炎帝族群为关中人先祖的历史地位。

三　周人：关中人的先民

历史的进程经常是悠悠的、缓缓的，五帝时代崛起的炎帝族群在发展的过程中，有的向西南迁徙，有的向西迁徙，有的向东迁徙④，而留居关中的炎帝族群遗民经过1000多年的沧海桑田，终于在商末周初重新崛起。

周人形成周民族的过程，本书历史卷（上）“周民族的形成”一节有

---

① 以上参阅石兴邦主编《陕西通史·原始社会卷》，陕西师范大学出版社1997年版，第322—323页。

② 案板遗址位于陕西省关中西部地区渭河的支流伟河与美阳河交汇处西北方向的河旁台地上，西距扶风县城约4公里。整个遗址的地形西北略高、东南渐低，近水、背风、向阳，是古代人类生息的理想环境。因此，文化堆积十分丰富，在近70万平方米的范围内，都有历代的文化遗迹分布。

③ 石兴邦主编：《陕西通史·原始社会卷》，陕西师范大学出版社1997年版，第332—333页。

④ 同上书，第327—333页。

详述，在此要论述的是周民族的形成为什么就成为关中人的先民了呢？

周人起源于泾、渭一带，即关中西部和陇东地区。《史记·周本纪》直溯到最早的祖先弃（后稷）居住在今陕西咸阳市西北的邠县、北部的旬邑一带。尤其是旬邑，古称豳，秦封邑，汉置县。周人先祖后稷四世孙公刘曾在此开疆立国，开创了古代农耕文明。后稷是周民族最早的男祖。后稷好善农耕，能因地制宜种植各种作物。尧帝得知后稷事迹，遂推举为农官；舜嘉其农功，赐姓姬氏封地有邰（今武功杨陵区）。后稷教民稼穑的故事在民间流传不衰。近年在杨陵邰城遗址，考古发掘出丰富的有邰时期的遗存。足证周人以农立族、发祥于泾渭之会的关中西府。

据彭清深研究，后稷之子不窋末年，“夏后氏政衰，去稷不务，不窋以失其官而奔戎狄之间”。[①] 这是周人为逃避与夏王朝间矛盾冲突，而向关中西北部邠地的一次大迁徙。当时邻土未开，为戎狄游牧之地，农业条件远不及有邰。但迁邠不过三世，至后稷四世孙公刘时，又重振祖业，大兴农耕。公刘遍察邠地山水原野，按阴阳寒暖和泉流分布规划农田；凭借日影测定土地方位，勘定田地之疆界。在公刘率领下，周人“务耕种，行地宜，自漆、沮度渭，取材用，行者有资，居者有畜积，民赖其庆百姓怀之，多徙而保归焉”。[②] 周人居邠 500 余年，锐意垦拓，苦心经营，开辟出一个地广而财富、德行而民众的局面。周人开发邠的成就，引起北境薰育、戎狄不断地侵扰，无奈在古公亶父时，举族（三千余人）南越梁山，再迁于岐山脚下。

岐山之下，“周原膴膴，堇荼如饴”[③]，确是宜农之佳地，从此便成为周人发迹的基地。古公亶父善抚同族，优待归附部落，四方民众争相奔入周境。古公全面治理周原，从农兴周；周之民众筚路蓝缕，披荆斩棘，荒芜周原尽辟良田沃壤。《诗经·大雅·皇矣》有句，追述周原大举开发云：“作之屏之，其菑其翳；修之平之，其灌其栵；启之辟之，其柽其椐；攘之剔之，其檿其柘。”[④] 周人辟壤兴田之后大兴土木，营建宫室、宗庙、大社。可以佐证的是，1976 年陕西周原考古队在岐山县京当乡凤雏村发现一处西

---

① 《史记·周本纪》。

② 同上。

③ 《诗经·大雅·绵》。

④ 《诗经·大雅·皇矣》。

周大型建筑遗址[①]，接着又在扶风县法门镇召陈村发现一处西周大型建筑基址群遗迹。[②] 这种大型西周建筑遗址在中国还是第一次发现，且基址位于周人迁丰以前的岐邑所在，这就更增加了它的重要性。[③] 它的发现，从考古物质文化方面证明了周人的早期都城岐邑就在以凤雏村为中心的一片地区，这对确认周人为关中人先民的历史脉络上有重要的意义。

此后，文王姬昌系古公之孙，继承先祖传统，尚农勤俭，亲自下田劳动，以更大的魄力拓疆开发。先是由北向南，扩展到“岐山之阳”，再推广到“渭水之将”，整个关中西部台原和渭河谷地皆在垦辟之中。渭河谷地在周人开发前，因长期冲淤，沼泽遍布，灌草丛生，称沮洳之地，《诗》谓之“隰”。隰区开发关键在于排水，周人由“原”下“隰”，沿渭水两岸，自西徂东，节节推进，开发了关中大部分地区。

文王以坚实的农业为后盾，威德并施，力挫戎狄，翦灭附近敌国，势力发展到江汉流域，史称“三分天下有其二”。周的农业经营已达关中东部之地。在伐崇（今关中户县）成功后，周人大本营再迁至渭河以南的沣水西岸丰邑，后武王再迁于沣水东岸镐京、丰镐（今西安西）共为周的政治中心，把关中人的根深深地扎在了关中大地上了。[④]

周人的崛起，自周武王克商（约前1028年）率兵车300辆，虎贲（勇士）3000人，士卒45000人。[⑤] 联合庸、蜀等八小国东征，经牧野之战，殷商摧倾。那么，当时，关中周人有多少人口呢？《逸周书·世俘》曾云：“武王遂征四方，凡憝国九十有九国，馘磨亿有七万七千七百七十有九，俘人三亿万有二百三十，凡服国六百五十有三。”根据这里提供的一些数据，再参考其他资料，可以确定当时周人，即关中人约为3679900人。[⑥] 为关中人的形成打下了很好的基础。

四　秦人：关中人的雏形

周都东迁后，秦人入主关中到秦始皇统一六国，历时550年之久，此

---

① 陕西周原考古队：《陕西岐山凤雏村西周建筑基址发掘简报》，《文物》1979年第10期。

② 尹盛平：《扶风召陈西周建筑群基址发掘简报》，《文物》1981年第3期。

③ 陕西周原考古队：《陕西岐山凤雏村西周建筑基址发掘简报》，《文物》1979年第10期。

④ 以上参阅徐杰舜《雪球——汉民族的人类学分析》，上海人民出版社1999年版，第945页。

⑤ 《史记·周本纪》。

⑥ 沈长云：《西周人口蠡测》，《中国社会经济史研究》1987年第1期。

时的秦人实为关中人的雏形。

秦人原是黄河下游一个古老游牧部落，帝舜赐封为“嬴”姓。是西周后期扶植起的贵族，建都雍城（今凤翔县城南），当时是关中第一大城。秦时全国人口为 2000 万左右[①]，其中服劳役人口比重很大，被征发造宫室陵墓共 150 万人，守五岭 50 万人，防御匈奴兵士 30 万人，筑长城 50 万人，再加其他杂役，总数不下 300 万人，占全国总人口的 15%。秦时人口大迁移，秦始皇统一六国后。迁移天下豪富 12 万户到咸阳，一部分散到巴蜀等地。豪富到达新地区，失去旧邑的权势，留在本地的田宅分散，农民获得暂时的喘息。将军蒙恬率大军 30 万北击匈奴，在河套、云中等地筑县城 44 个，徙内地罪人开发，扩大北方边境，估计秦时关中人口为 300 万—350 万[②]，占当时全国人口的 15%。在秦始皇二十六年（前 221 年）“徙天下豪富于咸阳十二万户”，咸阳当时人口达 80 万左右。

秦都咸阳的人口，从秦孝公十二年建都到秦亡，历时 140 余年，是全国的政治、经济、文化中心。因此，势必有众多的人口集中在这一地区。秦时多次征调外地人以实关中，秦始皇二十六年（前 221 年）“徙天下豪富于咸阳十二万户”[③]，是一个相当不小的数字。如果按每户 5 人计算，“十二万户”也当有 60 万人之众。帝都咸阳一下子就增加了 60 多万“豪富”。此外，秦在平灭六国过程中，也曾把被灭国的个别名族迁到国都咸阳，以便于控制。例如灭赵之后，曾迁徙马服君赵奢之孙赵兴于咸阳，后遂为著名的扶风马氏。[④] 据葛剑雄在《中国移民史》中的研究，根据战国后期的标准，齐都临淄以 7 万户著称，估计咸阳的人口不会更多，加上在吞并六国后必定会从咸阳派出一些人员驻在全国各地，常住人口还会有所减少。这就是说，这次移民完成以后，关东移民已经大大超过了咸阳的土著人口，而咸阳的总人口已接近 100 万了。这还没有计入各地到首都地区服役，参加修建秦始皇的陵墓和阿房宫的数十上百万的流动人口。这样大量的移民使咸阳成为中国史上第一个百万人口级的大城市。[⑤]

---

① 范文澜：《中国通史简编》，人民出版社 1964 年版，第 239 页。

② 陈国英：《秦都咸阳考古工作三十年》，《考古与文物》1988 年第 5、6 期。

③ 《史记・始皇本纪》。

④ 马非百：《秦集史》迁民表，中华书局 1982 年版。

⑤ 葛剑雄：《中国移民史》第二卷，福建人民出版社 1997 年版，第 64 页。

就是在秦帝国扩张的过程中，咸阳成了拥有100万人口的城市，但也就是在这个过程中，关中的秦人又聚又散。为了修阿房宫，为了修始皇陵，为了修驰道，秦始皇三十五年（前212年）又“徙三万家于丽邑，五万家于云阳”[①]。“丽邑”在今陕西临潼东的新丰镇，古为骊戎国，当时正在这里营建始皇的陵墓。“云阳”在今陕西淳化西北，为秦直道的起点，当时直道工程刚刚开工。秦政府对这次所徙的8万家给予优惠政策，“皆复不事十岁”[②]，即免除10年的徭役。[③] 正如葛剑雄所说：“这些移民来自当时经济文化最发达的地区，又大多是拥有经济、政治、文化实力的上层人士，他们高度集中在咸阳或云阳、丽邑，按照一般规律，应该对这些迁入地产生巨大的影响，但事实却并非如此。这除了是由于秦始皇的专制暴虐，对这些来自六国旧地的移民控制甚严以外，最主要的原因还是在于这些移民在关中居留的时间太短，绝大多数人没有能真正定居。”[④] 到公元前202年楚汉之战结束时，咸阳已成一片废墟，关中人口稀少，至多只有二三十万人。[⑤] 而这二三十万秦人在其后华夏民族向汉民族转化中，就成了关中人的雏形。

五　汉代：关中人形成

汉帝国初建，刘邦初定都洛阳，后又迁都关中，为华夏民族向汉民族转化中关中人的形成铺平了道路。

（一）刘邦迁都移民“实关中”

汉代关中人的形成始于刘邦迁都关中移民“实关中”。汉高祖五年（前202年）六月，戍卒娄敬上言：“陛下取天下与周异，而都雒（洛）阳，不便，不如入关，据秦之固。”建议建都关中。而跟随刘邦的左右大臣都是关东人，多数劝皇上建都洛阳：“雒阳东有成皋，西有殽、渑，背河向雒，其固亦足恃。”刘邦犹豫不决。张良说：“雒阳虽有此固，其中小，不过数百里，田地薄，四面受敌，此非用武之国。夫关中左殽、函，右陇、蜀，沃野千里，南有巴、蜀之饶，北有胡苑之利，阻三面而固守，

① 《史记·始皇本纪》。

② 同上。

③ 参阅黄留珠、周天游《陕西通史·秦汉卷》，陕西师范大学出版社1997年版，第123页。

④ 葛剑雄：《中国移民史》第二卷，福建人民出版社1997年版，第66页。

⑤ 葛剑雄：《西汉人口地理》，人民出版社1986年版，第23—24页。

独以一面东制诸侯。诸侯安定，河、渭漕挽天下，西给京师；诸侯有变，顺流而下，足以委输。此所谓金城千里，天府之国。刘敬说是也。"[①] 于是，刘邦立即决定迁都。虽然宫殿和长安城还未建成，至后九月刘邦就下令将诸侯子全部迁入关中。[②] 不久又迁"吏二千石"于长安。[③] 这次迁都是一次规模不小的移民，据葛剑雄的估计，从皇帝、贵族、大臣、官吏及其家属，到士兵、徒隶、奴婢，以及自发随迁的人员，可能不会少于10万。这些人口多数没有再迁出关中，按照西汉期间的年平均增长率7‰计算，到西汉末年应繁衍到约40万了。[④]

为了"实关中"，加强中央政权的统治基础和经济实力，防范和削弱关东地方势力和诸侯王国，娄敬又向刘邦建议说："徙齐诸田，楚昭、屈、景，燕、赵、韩、魏后及豪杰名家，且实关中，无事可以备胡，诸侯有变，亦足率以东伐，此强本弱末之实也。"[⑤] 于是，高祖九年（前198年）十一月，"徙齐楚大族昭氏、屈氏、景氏、怀氏、田氏五姓关中"[⑥]。据《史记》《汉书》的《娄敬传》，同时迁入的还有燕、赵、韩、魏之后和豪杰名家，总数有十余万口。这是西汉第一次大规模的移民，也是人数最多的移民之一，对关中人的形成影响也最大。按年平均增长率7‰计，到西汉末年这批移民的后裔至少已有40万人，占当时关中三辅[⑦]地区总人口的六分之一。如果考虑到实际移民在10万以上，他们的人口年平均增长率又比平均水平要高的话，他们的后裔就应更多。[⑧]

（二）"徙陵县"促关中人形成

在关中人的形成中，有一个特殊的现象，即"徙陵县"。所谓"徙陵

---

① 以上所引均见《汉书·张良传》。

② 《汉书·高帝纪》。

③ 据《汉书·高帝纪》十二年三月诏："吏二千石，徙之长安，受小第室。"此系对往事的追叙，推其事当在迁都关中之初。所谓"吏二千石"就是每年享受二千石粮食俸禄的官吏，相当于当时的一级政区的行政长官郡太守的级别。

④ 葛剑雄：《中国移民史》第二卷，福建人民出版社1997年版，第90页。

⑤ 《汉书·娄敬传》。娄敬又名刘敬。

⑥ 《汉书·高帝纪》。

⑦ 汉景帝二年（前155年）分内史为左、右内史，与主爵中尉（不久改都尉）同治长安城中。因所辖皆京畿之地，故合称"三辅"。武帝太初元年（前104年）此三区改名京兆尹、左冯翊、右扶风。辖境约相当今陕西中部。

⑧ 葛剑雄：《中国移民史》第二卷，福建人民出版社1997年版，第91页。

县”就是在皇帝陵墓所在地设县移民，以免皇帝的墓地太冷清。上述秦始皇曾徙民3万家到建始皇陵墓丽邑，开了徙陵县的先河。汉承秦制，大设陵县而徙民定居。高祖十年（前197年）太上皇死后葬栎阳北原，并在栎阳城内置万年县，开因陵设县之先河。正式设置陵县始于汉高祖的长陵，此后成为定例。西汉元帝前的诸帝，即位第二年就开始修筑陵墓，并划出一定地域，迁徙民户实陵邑，皇帝死后葬入陵墓，陵邑就成为陵县。例如：

1. 高帝长陵，故址在今陕西咸阳市东北。高祖十二年（前195年）建陵置邑，高后六年（前182年）建城，并确定长陵令秩二千石①，相当于郡太守的级别。史籍中未见建陵后移民的记载，但在此前三年高祖已从关东迁入10万余人②，当是长陵居民的主要来源。据《汉书·地理志》，元始二年（2年）长陵县有户50057，口179469。

2. 惠帝安陵，故址在今咸阳市东北。据《关中记》，“徙关东倡优乐人五千户以为陵邑。善为啁戏，故俗称女啁邑也”③。根据西汉一般人口增长率估算，此县至元始二年至少有2万户，人口近10万。

3. 文帝霸陵，故址在今西安市东北。文帝九年（前171年）筑陵改名。④《汉书·文帝纪》赞称霸陵“皆瓦器……因其山，不起坟”。在诸陵中是最节俭的。

4. 景帝阳陵，故址在今西安市高陵县西南。景帝五年（前152年）筑陵改名。是年夏，“募民徙阳陵，赐钱二十万”⑤。

5. 武帝茂陵，故址在今兴平县东北。建元二年（前139年）筑陵置邑。三年，“赐徙茂陵者户钱二十万，田二顷”。元朔二年（前127年）夏，“又徙郡国豪杰及訾三百万以上茂陵”。太始元年（前96年），“徙郡国吏民豪杰于茂陵”⑥。武帝在位日久，茂陵规模也最大。而且主父偃曾

---

① 《汉书·高后纪》。

② 《汉书·地理志》：“汉兴，立都长安，徙齐诸田、楚昭、屈、景及诸功臣家于长陵。”当时所迁有10余万人，不可能全部安置在长陵。据宋敏求《长安志》卷一四引《关中记》，长陵亦置万户。

③ 据葛剑雄研究，参照其他陵县的户数，5000户的数字是可信的，但都是倡优户却不可理解，当时似不应有这样的措施。最大的可能是移民中这类成分较多，所以以后吸引了关中其他地方的这类人聚集到安陵来。见《中国移民史》第二卷，福建人民出版社1997年版，第97页。

④ 《汉书·地理志》。

⑤ 《汉书·景帝纪》。

⑥ 《汉书·武帝纪》。

上言武帝："茂陵初立，天下豪杰兼并之家、乱众之民，皆可徙茂陵。内实京师，外销奸猾，此所谓不诛而害除。"① 此策为武帝所采纳，因此徙入茂陵的人口特别多。据《汉书·地理志》载，茂陵有 6.1 万户，27.7 万人。西汉末年茂陵人口为诸陵之冠。

6. 昭帝平陵，故址在今咸阳市西北。昭帝时置，宣帝本始元年（前 73 年），"募郡国吏民訾百万以上徙平陵"。二年春，"以水衡钱为平陵徙民起第宅"②。

7. 宣帝杜陵，故址在今西安市东南。宣帝元康元年（前 65 年），"以杜东原上为初陵，更名杜县为杜陵。徙丞相、将军、列侯、吏二千石、訾百万者杜陵"③。

以上七陵，都在长安附近。其中的长陵、安陵、阳陵、茂陵、平陵在渭河之北，合称"五陵"，所徙官僚、豪富尤多，最为繁盛。

此外，还有文帝母薄太后的南陵（故址在今西安市东），昭帝母赵婕妤（追尊为皇太后）的云陵（故址在今陕西淳化县东南），以及宣帝父史皇孙奉明园（因未为帝不得称陵）和万年县并不是正式的陵县，但是它们设置的目的、居民的来源与陵县基本相同。

从上可见，西汉长安诸陵县的布局，不仅与当时的历史条件和关中的地理形势有关，而且汉帝国在建设京师时，眼光并不局限于长安城一隅，而是将关中地区作为一个整体来考虑的。西汉设置的诸陵县，长陵、安陵、阳陵、茂陵、平陵等位于渭水北岸的咸阳原上，加上渭水以南的霸陵、杜陵等，构成环抱长安的阵势，起着拱卫京师的作用。有的学者称之为"我国最早的卫星城市"④。长安周围的渭水两岸和泾、渭交会处这一狭长地带已经有了相当密集的陵县，其中长安、茂陵到西汉末人口都在 20 万以上，长陵有十几万，其他陵县也都有几万至十余万，这一带人口密度已超过 1000 人/平方公里，为全国之冠。⑤ 可见，"徙陵县"的实施无论从人口还是从地域上都对关中人的形成起了促进作用。班固在他著名

---

① 《汉书·主父偃传》。

② 《汉书·宣帝纪》。

③ 同上。

④ 李传永：《我国最早的卫星城市——论西汉长安诸陵县》，《四川师范学院学报》（哲学社会科学版）2003 年第 1 期。

⑤ 葛剑雄：《西汉人口地理》，人民出版社 1986 年版，第 102—103 页。

的《西京赋》中曾这样写道：

> 英俊之域，绂冕所兴，冠盖如云，七相五公，与乎州郡之豪杰，五都之货殖，三选七迁，充奉陵邑。①

所谓“三选七迁”，就是指徙陵县的三个主要对象：吏二千石、高赀富人及豪杰兼并之家和对七个陵县的迁入。而且迁入陵县的移民来源很广，据葛剑雄根据《史记》《汉书》《后汉书》及其他史籍的统计，来自32个郡国。功臣侯的后裔入籍于陵县或关中其他地方的也出于39个郡国。由此可见，移民迁出的范围主要是在淮河以北、山陕间黄河以东、燕山以南的关东地区。

此外还有两类移民，一类是特殊身份的移民，如名儒、受封为关内侯或列侯贬爵为关内侯、受经求学者、求官者、行医者、逃亡者，以及汉化了的匈奴等少数民族归降、被俘、被征发及移居人员。② 另一类是流动人口中大量的是关东流民。如元帝初，“关东连年被灾害，民流入关”③；地皇三年（22年），“流民入关者数十万人”④。这两类移民有一部分最终也成为关中居民。

因此，西汉一代从关东迁入关中人口累计近30万人，而至西汉末年，在关中的关东移民后裔已有约122万，几乎占三辅人口的一半。由于居住集中，长安和陵县中移民后裔所占的比例更高。⑤ 加上汉惠帝鼓励生育，增加人口，到西汉末，关中人口已增至三四百万⑥，据《汉书·地理志》载，关中地区元始二年（2年）共有户647180，口2346360，迎来了西汉时期关中人发展的第一次高潮，也成了汉民族关中人族群形成的标志。

这样，经过了西汉200多年的发展，在华夏民族完成了向汉民族转化之中，汉民族在关中的一个古老族群——关中人形成。

---

① 《后汉书·班固传》。

② 详见葛剑雄《中国移民史》第二卷，福建人民出版社1997年版，第111—114页。

③ 《汉书·于定国传》。

④ 《汉书·王莽传》。

⑤ 葛剑雄：《中国移民史》第二卷，福建人民出版社1997年版，第121页。

⑥ 陕西省地方志编纂委员会：《陕西省志·人口志》，三秦出版社1986年版，第38页。

六　从魏晋到隋唐：关中人的“凤凰涅槃”

历史有时开明，敞开大门让你自由发展；有时则残酷，关上大门让你粉身碎骨。关中人在魏晋时遭遇了血与火的洗礼，到隋唐时获得“凤凰涅槃”重生，在汉民族的滚“雪球”中，凝聚成为新关中人。

西汉刚形成的关中人在王莽篡汉（9 年）后，遭受毁灭性的摧残，“民饥饿相食，死者数十万，长安为虚，城中无人行”①。东汉定都洛阳，长安丧失了首都的地位。所以虽经 170 多年的恢复，即使在东汉的全盛时代，关中也没有能恢复到西汉的水平。而中平元年（184 年），黄巾起义爆发后，“三郡之民皆以奔亡，南出武关，北徙壶关，冰解风散，唯恐在后。今其存者尚十三四”②。东汉末年，即初平元年（190 年），董卓虽强行迁都长安，派军队将洛阳周围数百万人驱赶一空，宫殿、官府、民居统统付之一炬。“于是尽徙洛阳人数百万口于长安，步骑驱蹙，更相蹈藉，饥饿寇掠，积尸盈路……二百里内无复孑遗。”③ 但不少百姓逃脱了董卓军队的驱逼，东迁避难，加上董军沿途的残杀，到达长安的人数也大大减少。初平三年（192 年），董卓死后部将互斗，烧毁长安城，关中居民数十万户死亡殆尽，长安城空，罕无人迹。加之建安纪元以来，五次大疫流行，在《曹集诠评》中曹植讲道：“家家有僵死之痛，室室有号泣之哀，或阖门而殪，或举族而丧。”④ 著名的建安七子五人死于瘟疫之中。东汉时迁都洛阳，长安人口骤减，到东汉末年（220 年）“长安城中户不盈百”⑤。所以，即使在曹操统一北方以后，关中有一定程度的恢复，但建安十六年（211 年）又发生了马超、韩遂反曹操的战争。尽管战事很快以曹操的胜利而结束，却又使关中有“数万家”由子午谷（今西安东南越秦岭至安康县境的道路）逃入汉中，由张鲁收容。⑥ 建安二十年曹操进兵汉中，张鲁降，汉中民“数万户”又被迁到长安、三辅。⑦ 正如葛剑雄所

---

① 《汉书·王莽传》。

② 《后汉书·刘陶传》。

③ 《后汉书·董卓传》。

④ 曹植撰，叶菊生校订：《曹集诠评》，文学古籍刊行社 1957 年。

⑤ 《晋书·愍帝纪》。

⑥ 《三国志·魏书·张鲁传》。

⑦ 《三国志·魏书·张既传》。

指出的那样："这数万户中的大多数应该就是四年前由关中出逃的，但必定也包括原来长期在汉中居住的人口，而且关中难民中也有一部分已经南迁蜀中了。"①

可见东汉一代，无论如何折腾，关中人在战乱及边缘化中一蹶不振了。

西晋太康元年（280 年），《晋书・地理志》记载，雍州有户 94786，口 473970。② 但对关中人的发展有特别意义的是北方少数民族中的匈奴、鲜卑、羯、氐、羌大量涌入关中，氐人之前秦、羌人之后秦、匈奴人之前赵和大夏、鲜卑人的西燕、西魏和北周，都相继在今陕西境内立国，羯人的后赵和拓跋鲜卑的北魏王朝也曾把陕西纳入其统治范围。每次政权易手、疆界进退，多伴以激烈的军事活动。正如历史学家吕思勉所说："晋初乱势，西北最烈。"③ 就是在这血与火的魏晋及"五胡十六国"（304—439 年）时期，在北方少数民族不断充实关中的过程中，走向"凤凰涅槃"，在与关中人互动、磨合、整合和融合中汉化，为关中人补充了新鲜血液而使其实现重构。

西晋初期，西北和北方的少数民族已经大量迁入黄河流域，在关中非汉族人口已经占有相当大的比例。江统在其著名的《徙戎论》中云："关中之人百余万口，率其少多，戎狄居半。"④

（一）匈奴人迁入关中

西晋初，匈奴人主要分布在今山西中部，刘渊公开反晋后，于晋建武元年（304 年）称汉王，并在永嘉二年（308 年）进位皇帝，迁都平阳（今临汾市西南）。晋建兴四年（316 年），汉将刘曜攻占长安，俘晋愍帝，西晋灭亡。随着军事上的胜利和占领区的扩大，汉政权的匈奴人也扩散到各地，但大部分还是集中在以平阳为中心的山西中南部和以长安为中心的关中平原大部。318 年（东晋太兴元年），汉主曜即位，次年迁都长安，改国号为赵（史称前赵）。至此，大多数匈奴人迁至长安一带，并散居于前赵控制的今陕西中部、甘肃东部和山西西南部。在十六国时期，关中的匈奴人随匈奴政权的进退和战争的胜败而迁进移出，如东晋义熙十二

① 葛剑雄：《中国移民史》第二卷，福建人民出版社 1997 年版，第 125 页。

② 晋时雍州辖七郡，即京兆、冯翊、扶风、安定、北地、始平、新平七郡，共计 33 县。

③ 吕思勉：《两晋南北朝史》，上海古籍出版社 1983 年版，第 20 页。

④ 《晋书・江统传》。

年（416 年），后秦境内西南、陕西延安东南一带胡数万落反叛，进入平阳，推匈奴人曹弘为大单于。但不久即被镇压，曹弘被执送长安，“豪右”一万五千余落被迁往雍州（治今甘肃泾川县北，辖境约有陕西渭河以北及相邻甘肃东部地）。[①] 这些迁移对象基本都是匈奴人。但第二年后秦就为东晋刘裕所灭，秦、雍人纷纷外迁，大多又迁回并州。另外，同是匈奴人的夏主赫连勃勃不久又占领了关中。

还有铁弗匈奴，本来居于今山西北部，西晋永嘉四年（310 年）被晋并州刺史刘琨联合鲜卑拓跋猗卢部击败，余众迁至朔方肆卢川（今山西原平县、忻州市一带），依附刘聪。前秦苻坚时，铁弗的首领刘卫辰被封为西单于，屯居于代来城（即悦跋城，今内蒙古伊金霍洛旗西北）。北魏登国年间（386—395 年）部众已有一二十万。到东晋义熙三年（407 年），刘卫辰的第三子勃勃集合起部众三万，袭杀后秦的高平公没奕干，并吞了他的部众。勃勃在大城（今内蒙古杭锦旗东南）建大夏国，改姓赫连。义熙九年（413 年），在今陕西靖边县东北筑统万城为都城。义熙十四年（418 年），夏军攻下长安，建“南台”，由太子镇守。这是铁弗匈奴的极盛时期，人口有一二十万，主要集中在统万城和长安。[②]

上述两支匈奴人在关中虽几经迁进移出，但总有一部分留居关中融入汉民族而成为关中人。

（二）羯人迁入关中

羯人是中亚索格狄亚那（Sogdiana）、塔什干（Tashkend）一带的伊朗族人。[③] 这一地区在汉代是康居国，曾受匈奴控制，所以这一支来自中亚的移民显然是随着匈奴迁至蒙古高原，魏晋之际又进而迁入今山西中部的。《晋书·石勒载记》称他们为“上党武乡（今山西榆社县西北）羯人”。东晋太和六年（371 年）前秦苻坚平邺后，曾“徙关东豪杰及诸杂夷十万户于关中”，十余年后就有“鲜卑、羌、羯，布诸畿甸”“鲜卑、羌、羯，攒聚如林”[④] 的说法；可见羯人移民也已有相当的数量。但经过前秦亡后的战乱，有关羯人的记载不再出现，羯作为一个民族在中原已不

① 《晋书·姚弘载记》。

② 葛剑雄：《中国移民史》第二卷，福建人民出版社 1997 年版，第 459—460 页。

③ 详见谭其骧《羯考》，原载《益世报》1947 年 1 月 9 日，收入《长水集》上册。

④ 以上所引均见《晋书·苻坚载记》。

复存在，关中是羯族移民最后一个聚居区，足见羯人也融入关中人了。

（三）氐、羌人迁入关中

西晋初年，氐、羌和其他少数民族在关中的分布已经很广。咸宁三年（277 年），司马骏在关中镇压树机能的反叛获胜，树机能等所领二十部投降，“安定、北地、金城诸胡吉轲罗、侯金多及北虏热冏等二十余万口又来降”①。从而大量的少数民族人口移居关中。因为当年司马骏被徙封为扶风王，“即以氐户在国界者增封”。扶风国界约相当今陕西淳化、三原以西，渭河以北的十多个县，说明氐人已经深入关中了。

从西晋到东晋，秦、雍二州的氐、羌等族也大批迁入关中，人数仍有数十万之多，江统《徙戎论》亦云，东晋太兴三年（320 年），前赵刘曜杀“巴酋”徐彭库后，“巴氐尽叛……四山羌、氐、巴、羯应之者三十余万”②。此后，据《晋书・刘曜载记》记载，“上郡氐羌十余万落保险不降，酋大虚除权渠自号秦王”。游子远率军进攻，权渠及其子伊余等率众拒战，每战均败，于是投降。子远“分徙伊余兄弟及其部落二十余万口于长安”。赵光初五年（322 年），刘曜亲自西征氐、羌。仇池杨难敌③据险抵抗，被刘曜前锋击败，杨难敌退守仇池。而“仇池诸氐羌多降于曜”，接下来，刘曜又征讨杨韬于南安，杨韬降，刘曜“迁韬等及陇右万余户于长安”。次年，刘曜又亲征据陇城反叛的陈安。在此之前，“西州氐羌悉从安”，其中有氐羌酋长杨伯支、姜冲儿等。刘曜败陈安后，“徙秦州大姓杨、姜诸族二千余户于长安。氐羌悉下，并送质任”。光初十一年（328 年），刘曜又派兵攻打仇池，“弗克，掠三千余户而归”，其中大部分是氐、羌。

东晋永和三年（347 年），后赵进攻前凉。结果前凉的宋泰等率二万户来降，后赵攻取武街县（治今甘肃临洮县东），“徙七千余户于雍州”。当时，“河湟间氐、羌十万余落”，这批迁入关中平原的移民中也应有相当多的氐、羌人。石虎死后，后赵政权分裂，中原大乱。于是东晋永和七年（351 年），“青、雍、幽、荆州徙户及诸氐、羌、胡、蛮数百余万，各还本土道路交错，互相杀掠，且饥疫死亡，其能达者十有二三”④。

---

① 《晋书・扶风王骏传》。

② 《晋书・刘曜载记》。

③ 杨难敌（？—334 年），氐人，为 4 世纪仇池首领之一。杨难敌是仇池首领杨茂搜之长子。317 年杨茂搜死，难敌与弟坚头分领部曲，难敌号左贤王，屯下辨，坚头号右贤王，屯河池。

④ 《晋书・冉闵传》。

氐、羌大多返回关中和西北。苻洪有众十万，自称三秦王。其子苻健率部入潼关，在长安建立秦国（前秦）。到东晋升平元年（357 年）苻坚即位后，前秦逐步消灭其他割据政权，基本统一了北方。羌族首领姚弋仲之子姚襄拥众数万户西入关中，与苻氏战败后，其弟姚苌投降，这部分羌人也回到了关中。

此后不久，东晋太元八年（383 年），苻坚大举攻晋，却以淝水之战的大败而告终，前秦政权也随之瓦解。久而久之，氐人随汉民族“雪球”的滚动而“汉化”了，留居关中的氐人也就成了关中人的一部分。

氐人完全融入了汉民族，关中的羌人也融入了汉民族。东晋太元九年（384 年），羌族首领、姚弋仲之子姚苌在渭北起兵，自称万年秦王。二年后进占长安，建国号秦，史称后秦。经过苻坚的迁移和前秦末年的战乱，关中的氐人已降至次要地位，因此在有关记载中往往只称羌胡，而很少再提氐羌了。如“北地、新平、安定羌胡降者十余万户”；“天水屠各、略阳羌胡应苌者二万余户”[①] 等。

对于关中氐羌的最后归属，葛剑雄在《中国移民史》中有一个结论：

> 在北魏统一北方以后，外流的氐、羌可能有一部分得以返回秦陇故乡，加上本来留在那里的人口，关中仍然是氐、羌最集中的地方，所以魏主拓跋焘在历数他统率的非本族军队时还用“三秦氐羌”之说。直到唐朝，关中的羌人和羌村还很普遍，见于诗人题咏的也不少。羌村的名称更保存至近代，马长寿根据关中渭北 13 县 18 种县志的资料证实，古代近代渭北的羌村很多[②]……但唐代以后关中的羌人已不再作为非汉族人口存在了，羌人后裔或者已不知自己的民族成分，甚至讳言自己的羌族祖先了。[③]

（四）鲜卑人迁入关中

魏晋时，鲜卑人比较集中在后赵的都城襄国（今河北邢台市）、邺

---

① 《晋书·姚苌载记》。

② 马长寿：《关于关中羌村羌姓的札记》，载《碑铭所见前秦至隋初的关中部族》附录二，中华书局 1985 年版。

③ 葛剑雄：《中国移民史》第二卷，福建人民出版社 1997 年版，第 470 页。

（今临漳县西南）一带，以及山东中部、辽宁等地。晋永和六年（350年），前燕攻下后赵的蓟，迁都于蓟。二年后又迁都于邺。随着前燕疆域的扩大，鲜卑人也随之扩散到各地，而以都城邺周围地区最为集中。晋太和五年（370年），前秦苻坚攻破邺城，前燕亡。苻坚徙燕主慕容暐及其王公以下并鲜卑四万余户于长安。这批鲜卑人近二十万，是慕容部及以前的段部、宇文部的主体，自此鲜卑成为关中的主要民族之一。[①]

关中的鲜卑人随着汉民族从多元走向一体的“雪球”的滚动，最后也成为关中人的一部分。

历史的道路是坎坷的。关中人在形成的道路上于秦汉时形成一个高潮，在魏晋时跌入低谷而换血重构，隋唐时又形成一个高潮而构建成了新关中人。隋唐是关中人发展的第二次高潮。隋大业五年（609年）京兆、冯翊、扶风三郡计户492294，口2461470。[②] 到唐初武德元年（618年）京兆府、华州、同州、坊州、丹州、凤翔府、邠州、陇州等府州计户329876，口1464603。[③] 盛唐时期，经高宗、玄宗的富国图强，生产力向前发展，全国人口增殖。加之均田制的实行，在一定程度上解决了土地问题，农村人口迅速增长，社会安定、经济繁荣。唐天宝元年（742年），关中人口计户594535，口3459280。[④] 唐时长安人口大约在80万之多[⑤]，加皇族、兵士、奴仆、闲杂、佛道僧尼，已逾百万。唐诗中吟咏长安的篇章中，也有涉及人口数字的。如韩愈《出门》：“长安百万家，出门无所之。”元稹《遣兴十首》“城中百万家，冤哀杂丝管”等诗句，也说明长安城内有百万余人。

---

① 葛剑雄：《中国移民史》第二卷，福建人民出版社1997年版，第478页。

② 参阅《册府元龟》所载大业三年户口数，户与口的比率为5.2，此处以5口计算。

③ 参阅《旧唐书·地理志》卷三八之数，此处所录唐初户口数偏低。

④ 参阅《册府元龟》所载玄宗二十年全国户口，其户口之比率为5.9；此处实录《旧唐书·地理志》人口数。

⑤ 关于唐长安人口数量，学术界有多种不同看法：最少者仅为50万人，最多者为一百七八十万人，其余有70万人、80万人、100万人等多种说法。详见李之勤《西安古代户口数目评议》，《西北大学学报》1984年第2期；郑显文《唐代长安城人口百万说质疑》，《人文杂志》1991年第2期；严耕望《唐代长安人口数量之估测》，载（台湾）中国唐代学会编《第二届唐代文化研讨会论文集》1995年9月；妹尾达彦、李全福《唐都长安城的人口数与城内人口分布》，载《中国古都研究（第十二辑）》，山西人民出版社1998年版；王社教《论唐都长安的人口数量》，《汉唐长安与关中平原》，载《中国历史地理论丛》增刊，1999年12月；张泽咸《唐代工商业》，中国社会科学出版社1995年版，第220页。

关中人是值得骄傲的，因为在其随汉民族从多元走向一体的滚“雪球”中，关中人秦始皇第一次统一中国。在关中两次建立帝国：周王朝和秦王朝。“凤凰涅槃”后的关中人隋文帝再次统一中国；又两次建立帝国：隋王朝和唐王朝。这四个帝国的建立者：周文王（宝鸡岐山县），秦始皇（咸阳市），汉武帝（西安市），隋文帝（渭南华阴县），唐太宗（咸阳武功县），都是关中人。

七　从宋元到明清：关中人的历史轮回

关中人的命运与汉民族的命运是同步的。当汉民族的发展进入第二次大动乱、大迁徙和大融合时代之时，关中人又一次处于血与火之中。

（一）宋元：关中人走进历史的低谷

北宋初期，关中地区一片萧条。“民亡储蓄，十室九空。”[①] 唐时，长安城人口至少有 80 万人，而进入宋朝后究竟还有多少人呢？若每户按 5 口计，则宋初长安当有 10 余万人，这显然不能和盛唐时相比。总之，在宋初三十年左右的时间里，关中人的数量又一次走进了历史的低谷。

宋真宗以后，随着关中社会经济的复兴，关中的户口也逐渐增加。以京兆府所领 13 县为例，据载，宋初京兆府有 60726 户，宋神宗元丰初年猛增至 223312 户，宋徽宗崇宁元年（1102 年）更增加到 234699 户。[②] 元丰初年比宋初人口增加了 2.68 倍。但关中及长安始终处于各方争夺的核心地带，从建炎元年（1127 年）开始的宋金对峙中，金军曾多次攻克长安，宋军也曾北攻关中、凤翔等地。金、宋连年交战，使关中农田被毁，人口离散。史称金人“初入中夏，兵威所加，民多流亡，土多旷闲，遗黎惴惴”[③]。长安和关中又迅速萧条下去。旋后在金朝统治长安的百余年间，金与夏对峙，宋与金对峙，关中处于宋、金、夏三方争夺的核心地区，各方在长安的争夺也更加频繁剧烈，长安所受的破坏也就更为深重。

正是“屋漏偏逢连夜雨”，崛起于漠北的蒙古铁骑又不断闯入金朝统治下的关中。1211—1234 年二十三年间，蒙古军多次攻入关中，使长安

---

① 《宋史·余靖传》。

② 户口数据分别见《太平寰宇记》《元丰九域志》《宋史·地理志》。转引自薛平拴《五代宋元时期古都长安商业的兴衰演变》，《中国历史地理论丛》2004 年第 1 期。

③ 《金史·食货志》。

和关中社会经济遭到严重破坏。直到元初，关中仍是一派残破景象，人口急剧下降。1252 年，奉元路人口仅有 33935 户，271399 口。奉元路直辖咸宁、长安、咸阳、兴平、临潼、泾阳、蓝田、高陵、户县、周至、眉县共 11 县，却仅有 3 万余户，平均每县仅有 3085 户。有的文献甚至说，当时关中“兵火之余，八州十二县，户不满万，皆惊忧无聊”[①]。可见，及至元代关中人还没有走出历史的低谷。

（二）明清：关中人走出历史的低谷

明帝国时，从洪武至万历六年，整个地区无大的战乱，农民生活比较安定，而且由于明初的七十年，实行“与民休息”的政策，为人口的增长创造了条件。据学者研究，这段时期关中人口从 23 万多增加到了 45 万多，增长了几乎 1 倍。其中占人口多数的县都主要在东部，排在前十的县中，富平、蒲城、澄城、渭南、郃阳、韩城、朝邑这七县都是属于今天渭南地区的县，人口大约 50 万，这些移民大多从山西迁来。

及至清帝国时，休养生息的各项政策，尤其是康熙五十一年（1712 年）颁布了“滋生人丁，永不加赋”[②]；雍正十二年（1734 年）颁布“摊丁入亩”后，人丁税不抽了，劳役负担也免除了，加上从外地调来关中从事屯田的军队，才使该关中地区的人口达到了明清时代的最高峰。20 万以上人口的县就有十多个，10 万以上人口的县也有十多个，总人口达到 800 万左右[③]，使关中人口基本上完成了历史的轮回。例如：

光绪六年（1880 年）以后，又有不少外省人口迁入陕西。关中成为主要的人口迁入区。例如：

至光绪十二年（1886 年），富平县土著居民 18845 户，89969 口，商民 2105 名，“招垦客民”1298 户，男女大小 5799 口。移民每户平均 4.47 口，说明他们基本上都是全家同迁。主要来自四川、湖北两省失业破产的无业游民。[④]

蒲城县于光绪十年（1884 年）大力“招客开垦，湖北、河南之民占

---

① 《元史·商挺传》。

② 嘉庆《大清会典事例》卷一三三《户部·户口编审》。

③ 田培栋：《明清时代陕西社会经济史》，首都师范大学出版社 2000 年版。

④ 光绪《富平县志稿》。

籍者甚夥。光绪十五年（1889 年），始编立八图①，一体开科，与土著等”。迁入蒲城的外省移民皆来自湖北、河南二省失去土地的无业农民。②

泾阳县于光绪初年，即有不少外地人口迁入。光绪三年（1877 年），泾阳县土著居民 12032 户，客户 322 户，共计 71235 口。至光绪二十八年（1902 年），土著人口为 14825 户，而客户增至 1944 户，比光绪初年增加 6 倍，人口共计 85580 口。宣统二年（1910 年），正户（即土著）15458 户，附户（即客户）3019 户，总人口增至 95860 口。据此，光绪三年前就有 322 户迁入泾阳，外来移民占土著人口的 2.68%。到光绪二十八年，外来移民达 1944 户，占土著人口的 13.11%，到清末附户（即外来移民）占正户（即土著）人口的 19.53%。又据宣统《重修泾阳县志》称，同治迄于清末，泾阳县“土著之民三分仅一。……客日集而主日弱，其势岌岌不能自存”。泾阳县的外来移民在清末已达总人口的 2/3。③

兴平县有湖北客民来寓渭河南开种，佃种滩地，谓之“客户”。至光绪三十三年（1907 年），兴平县共有客户（即外来移民）1708 户，8018 口；商户 550 户，3535 口；土著户 22732 户，106391 口。据此估算，迁入兴平的外地人口近 1 万人，其迁出地为湖北，以开垦渭河滩地为生。④

三原县光绪初年，三原县知县焦雨田“招集湖北、山东流民拓垦，生齿渐繁，至宣统末，约增五六万口”⑤。可见光绪初年以后迁入三原的移民数量不少，主要是来自湖北、山东的无业流民。据此估计，迁入三原的湖北、山东籍移民约有 30000 人以上。

蓝田的外来移民也相当多。光绪《蓝田县志》载，同治十三年（1874 年），蓝田土著居民 26187 户，男女大小 142674 口，客户 8950 户，41754 口，雇工 2908 名。据此估算，外来移民占土著居民的 29.3%。⑥

---

① 八图是（1）东乡：永远图（湖北）、中州图、常乐图、华阴图（以上图皆为河南）；（2）西乡：悠久图（湖北）、河南图（河南）；（3）南乡：三善图（湖北）；（4）北乡：骏良图（湖北）。

② 光绪《蒲城县新志》。

③ 宣统《重修泾阳县志》。

④ 乾隆《兴平县志》；光绪《兴平县乡土志》。

⑤ 民国《续修陕西通志稿》。

⑥ 以上均参阅《明清时期陕西人口》（http：//blog. sina. com. cn/s/blog_ 68233d900101ijwv. html）。

凡此等等，都反映了关中人口的增长，据《中国人口史》的统计，大约嘉庆二十五年（1820 年）到道光三年（1823 年），关中（包括西安府、同州、鄜州、凤翔府、邠州、乾州）人口已达 6620268 人[①]，突破 600 万大关，终于完成了历史的轮回，创造了关中人口的历史高峰。

第三节　关中西安人的人文特征

在赭色的胡基垒成的房屋
住着青砖一样瓷实的关中人
是秦川土里孕育
在北山和秦岭
绞结的摇篮里长大
渭河里的浊水
流走了多少昏黄的日子
秦川里的寒风
刮走了多少风尘组成的哀乐
秦川人是火
火有火的热忱
秦川人是水
水有水的个性
当关中驴在窄狭的磨道噢噢狂叫
当秦川牛在湿漉的黄土地上耕耘
当老黑猫在房脊上为骚情不停息的呼唤
当秦川道溜达着哼不完的黄土谣
关中人那宽厚敦实的肩膀
（哦，那是多么宽，多么实，多么令人神往的肩膀呀
他曾驮过流动的历史，驮过流动的部落）
扛起一座绿色的秦岭
关中人那顶门杠一样刚毅的胳膊
（哦，那是从秦岭里弄来的柞木呀

① 参阅曹树基《中国人口史》第五卷，复旦大学出版社 2001 年版，第 394—420 页。

那是血水、碱水、盐水铸成的胳膊）
摇起了一架又一架岁月的辘轳
噢：磁性的秦川
温柔的秦川
刚毅的秦川
叫人说也说不完，诉也诉不尽的秦川
秦川挤出血乳掏出挚情千抚万爱地养育着
秦川养育出多少秦川的男人
秦川养育出多少秦川的女人
当关中婆娘在热乎乎的炕头，依偎着关中汉子的胸膛
数她的儿女：一个、二个、三个……
当关中婆娘用温顺的媚眼，野花染香的嘴唇，含情脉脉的纤手
给关中汉子一老碗搅团
当关中婆娘用红艳艳的细布，在一盏橘黄的灯下
缝一条扯也扯不断的绣花裤带
当关中婆娘用祖传八代粗陋的织布机，喊里哐当织成白布
做一件穿也穿不烂的白汗褂
她们从她们穿得很早的绣花鞋上
知道一个女人就是半片秦川
她们用无数眼神织成的潜网
捕获了关中汉子的野性和剽悍
于是：关中女人成了世界上最美的女人
关中男人却成了窝囊废？他们从不出门
关中人是燧石哟
燧石在冰山里沉默
关中人是钢刃哟
钢刃在剑鞘里静穆
关中人啊
我的关中人①

---

① 《关中人——北方鹰》（http：//www. docin. com/p－373203003. html）。

这是一个无名诗人发表在豆丁网上赞颂并解读关中人诗的一部分。对于关中人的人文性格有许多解读，有人认为关中人豪爽，关中男人还多了一份勤劳、坚强。他们生气就“拍案而起”，却绝非粗鲁；高兴了就咧开大嘴，露出满脸憨厚。[①] 有人认为关中人的代表西安人是“慢节奏和一根筋”[②]。关中还流传着这样的顺口溜：“八百里秦川尘土飞扬，三千万儿女高唱秦腔；一碗粘面喜气洋洋，没有辣子嘟嘟囔囔。”[③] 所以，关中人一生只忙三件大事：娶媳妇，养孩子，盖房子。生活只图安逸，讲究个“老婆孩子热炕头”[④]。凡此等等，举不胜举。但冷娃性格、刀客文化和“八大怪”风俗应是关中人的基本人文特征。

一　冷娃性格：关中人的特质

冷娃？这是个什么概念？猛一听从字面上来看似乎不难理解，其实内涵深得很。那么在关中人心中，“冷娃”就是具备“生、冷、倔、蹭（ceng）”四大性格特征的人。这是近代陕西才子、比较文学家吴宓给“冷娃”下的定义。[⑤] 具体来说，所谓“冷”，说话办事不善察言观色直来直去出人意料的冷不丁，是这种“冷”；外表冷峻，庄敬实诚，寡言少语，刚板硬正，宁折不弯，是这种“冷”；认死理，一根筋，拼命硬干，八头牛也拉不回，倔强劲上来敢把天戳个窟窿的，也是这种“冷”。一般来讲，称一个人为“冷娃”，其感情色彩特别强烈，绝大多数情况下是褒义，有惊叹、欣赏、赞许的含义，很少有些许贬责的意思，且男女老幼皆以男人“生冷倔蹭”为荣。

说实话，笔者与关中人接触的最初印象是不好接近。所谓“白发如新，倾盖如故”，志趣相左、话不投机，陕西人永远让你觉得陌生，冷然如冰。外人或觉得陕西人冷傲，或觉得陕西人木讷。在西安，流行这样一句话：“陕西人的心，像西安的大马路；陕西人的脸，像临潼的兵马俑。”

---

① 王迎春：《关中人关中情》，《语文天地》1999 年第 17 期。

② 秦巴子等：《西安人慢节奏和一根筋》，《环球人文地理》2012 年第 7 期。

③ 槐里散人：《关中人的面条情结》（http://blog.sina.com.cn/s/blog_4b73bbbf0100dzgf.html）。

④ 刘新：《关中人》（http://blog.sina.com.cn/s/blog_a72962f501011ued.html）。

⑤ 李满星：《冷娃两行“咥”实活》（http://gb.cri.cn/3601/2005/06/27/882@599160.htm）。

这是外地人对陕西人的评价。其实这里所指的陕西人就是关中人。

冷娃的第一性格就是“生”“冷”。

关中人注重修身养性，陶冶人格，冷静处世，善御感情，可以说不以物喜、不以己悲，荣辱不惊，也就是心理学上说的“健康人格”。在关中，经常可以看到，有不少男人，特别是中老年长辈，不苟言笑，表情严肃，在下属和晚辈面前，脸拽得平平的，面冷得像挂上霜一样，甚至在老婆面前也改不了这一德行。在不少家庭，有个有趣的现象，关中男人对妻子儿女纵然有满腔的感情，但却不会形诸脸上、挂在嘴上。就是当儿子的，自小就十分敬畏父亲，甚至长大成人也是如此，以至父子之间在一起基本无话，可以说相对无言。关中人最常说的一句话是“宁给个好心，不给个好脸”，对子女更是如此，简直是一个典型的“热水瓶”性格。

其实生冷是一种内敛的生活态度。有阴就有阳，关中人有“生”“冷”之阴柔的性格，就有“蹭”和“倔”的阳刚性格。

所谓“蹭”，是土音，有火暴、凌厉的含意。陕西人多内敛，说他内秀也好、阴沉也罢，一般遇事不计较，然而一旦觉得欺人太甚、于理不公，则难免猛然间地爆发，不留余地，倔！九头牛也拉不回头的。“蹭”与“倔”就形成了关中人的第二性格。

关中人为人老成正统，处世刚板硬正、宁折不弯。与朋友交，义气为先，脾气相投，性格合得来，他也可以和你谝个半宿，把心掏出来；一旦你的人他看不上，那可就对不起了，正眼也不会瞧一下，有时一句话噎得别人半天回不过神来，正是话不投机半句多。对一件事看不惯，往往会当面说出来，管你爱听不爱听。如果认为你的人品不好，不管你是领导还是长辈，那就对不起了，正眼也不会瞧你一下，处处和你不合作，但很少干那种脚底下使绊子、桌面上握手的事。也许，他会当面和你争执，甚至拍桌子争吵。

所以“冷娃”形象上：外表冷峻、刚板硬正，浓眉大眼，嗓门大、饭量大；性格上：庄敬实诚、不耍滑头，有胆有识，执着、一根筋；做事上：看上去牛气哄哄，不善变通，寡言少语，不好接近，实则面冷心热，仗义、乐于助人；感情上：粗枝大叶，不够细腻，不善表达，可女娃们就是喜欢这种男子气概。

关中人的“生、冷、倔、蹭”并不是彼此割裂孤立的，在一定的条件下是可以转化的。如“蹭”就是冷向热的转化。关中人生冷，故而内敛，能过且过，免招是非。一旦给逼急了，蹭劲上来，被压抑的情绪猛然迸发，其情景大概与火山爆发相距不远。抗战时，被逼急了的三万陕西子弟，破刀烂枪，血战中条山，即使走上绝路，也不投降。正是“蹭”字的集中体现。① 尤其是在抗日战争中，关中人杨虎城（陕西蒲城人），谁也不怕，蒋介石也敢拿下——“西安事变”发生后国民党元老于右任说：“这个陕西冷娃”！关中人张灵甫骁勇善战，在“淞沪保卫战”中，跳出战壕，提起机枪向日军猛烈扫射，带领一百多名敢死队员冲锋陷阵，消灭日军八百多人，使曾经不可一世的“大日本皇军”闻风丧胆，是抗日战场上的常胜将军。

这是个人的案例，还有集体的案例。1938 年 7 月，一支由三万多名“陕西冷娃”组成的队伍夜渡黄河，开进了黄河北岸的中条山。这支军队在中条山坚持抗战近三年，先后粉碎了日军的十一次大扫荡，使日军始终未能越过黄河，进入西北。1939 年 6 月，日军向中国军队发动了规模空前的大扫荡。但是，177 师杀出黄河滩后，有两支队伍没能跟上，他们是新兵团和工兵营。这两支队伍分别被困在了黄河岸边的许八坡和马家崖。新兵团有一千多人，都是些十七岁左右的新兵。小战士们在黄河滩上与日军舍命拼杀，在牺牲了二百多名弟兄后，八百多人被逼上了河岸边一百八十多米高的悬崖。八百多名年轻的中国士兵站在高高的悬崖上，身后是奔腾咆哮、一泻千里的黄河；面前是密密麻麻、张牙舞爪的鬼子；放眼望去，东、西、南、北重峦叠嶂，云雾缥缈处则是他们的故乡……八百壮士集体投河的这一幕，曾被山里的村民看见了。后来，据一位村民讲，他至今还记得最后一名士兵跳河的情景。那是一位旗手，他的双手紧紧攥着他的部队的军旗。军旗已经被枪弹撕裂，他仍然双手高擎着。他在跳河前吼唱了几句秦腔，是《金沙滩》中杨继业的两句——

两狼山——战胡儿啊——天摇地动——
好男儿——为国家——何惧——死——生啊——②

---

① 《北塬浪子的梦话》（http：//blog. sina. com. cn/s/blog_ 500713380100dkzf. html）。

② 金戈：《陕西冷娃打灭日本军魂》（http：//xiaoping. 315. blog. 163. com/blog/static/3598317820088181236603/）。

事实正是，在抗日战争中从大刀队到中条山到台儿庄，陕西冷娃的身影无处不在。所以武的方面陕西冷娃的内涵是为国捐躯不惜命，文的方面陕西冷娃的内涵是坚持原则不惜命。这种特质是关中几千年历史沉淀的结果。远在先秦时，当时的人们说："秦人头枕兵器，身穿盔甲，好与人拼命。"最早在战国时代，关中人打仗比较勇猛，上阵不穿盔甲完全是搏命。而且从商鞅开始秦国以战俘的头颅数量来确认战功，确实比较生猛，你可以想象一下，铺天盖地的一群人，光着膀子，为了回去确认战功，腰上挂着自己砍下的三四颗人头。这种景象感觉是比较恐怖，所以秦国的军队被称为虎狼之师。但秦人并非"一言不合则拔刀相向"的莽鲁勇者，商鞅看出了秦人"勇于公战而怯于私斗"① 的民风。秦人对内是虫，对外是龙；对内是羊，对外是虎；胸有大志，不较锱铢。② 所以，在秦兵马俑的林林兵阵之中，那些兵没有一个戴头盔！这一定是舍生忘死的士兵，是勇敢的士兵，甚至连战国的策士也说"秦者，虎狼之国也"。在《诗经》的"秦风"中，就有一首名为《无衣》的诗，写的是秦人："岂曰无衣，与子同袍。王于兴师，修我戈矛。与子同仇！"对此，朱熹说"秦人之俗，大抵尚气概，先勇力，忘生轻死，故其见于诗如此"③。余冠英先生翻译说："谁说没有衣裳？斗篷伙着披，我的就是你的。国家出兵打仗，且把武器修理。一个敌人，你的就是我的。"这诗确实有秦人英雄精神的内质。④

大凡关中人，有一个共同的称谓，这就是"陕西冷娃"。"南方才子北方将，陕西冷娃排两行"——这是人们对关中人的总体评价。

二　刀客文化：关中人的形象

近几年关中刀客的影视剧在屏幕上频现，如《关中刀客》《关中匪事》《双旗镇刀客》等作品使得"关中刀客"形象跃然屏上而广为人知。本以为关中刀客是关中男人的形象代表，而电视剧《刀客家族的女

---

① 《史记·商君列传》。

② 李西成：《追寻秦人的足迹》，《渭南日报》2010 年 6 月 22 日第 8 版。

③ （宋）朱熹：《诗集传》，中华书局 1958 年版，第 79 页。

④ 郝桂敏：《从〈诗经·秦风〉看秦人的尚武精神及其成因》，《沈阳师范学院学报》（社会科学版）1999 年第 4 期；长安星儿：《冷娃两行"咥"实活》（http：//bbs. tianya. cn/post - no05 - 28366 - 1. shtml）。

人》，讲述了在抗战时期，生长在石泉寨的葛大妮向封建家规应战，与卖国汉奸抗争，为石泉女性、刀客家族和中国报仇的传奇故事。又告诉人们刀客不仅是关中男人的形象代表，也是关中女人的代表。

关中侠客，是带刀的侠客。侠客分为剑客和刀客两种，带剑的侠客称为剑客，带刀的侠客称为刀客。侠客或刀客在中国历史上有着悠久的历史，司马迁在《史记》中就有对侠客的记载，如《游侠列传》《刺客列传》等。在先秦时期的民间社会就出现了一批武艺高强、击技出众的武士、剑客。关中刀客源远流长，自古以来关中就有尚武之风，并有深厚的社会基础。从春秋战国始，军队过往频繁，历代都有重大战事，除了种地之外，习武和从军打仗也是关中民众生活的重要内容。史称："秦地被山带河，四塞以为固，卒然有急，百万之众可立具也。"[①] 到西汉时期，豪侠之风盛行，就以关中为代表。西汉时期司马迁把侠客区分为"卿相之侠""暴豪之侠""闾巷之侠""乡曲之侠"等，"卿相之侠""暴豪之侠"即所谓"豪侠"。秦汉以后，"豪侠"日渐衰微，而出身社会底层的"闾巷之侠""乡曲之侠"，即"布衣之侠"则日渐增多。尤其是社会大动荡时期，反映社会下层民众反抗的"布衣之侠"或刀客纷纷涌现。

关中刀客的传统一直传承下来，到了清朝中后期"天灾连连，人祸不断，人民走投无路，一部分破产失业的农民和城市小手工业者，以及被地主恶霸压迫陷害、含冤莫伸、走投无路、手刃仇人、逃避追捕的人们奋起反抗，铤而走险"[②]。于是在陕西关中一带就出现了"刀客"这种浪迹民间、行侠仗义的武装力量。"关中刀客"最初产生于清代中期，清末民初已经成为当地风行的一种侠义组织，以其成员带一种产自临潼关山镇的"关山刀子"而闻名，这种刀具"长约 3 尺，宽不及 2 寸，形制特别，极为锋利"[③]，故群众称他们为"刀客"。

到清光绪、宣统年间，刀客人数很多，遍布关中一带，每县均有刀客。他们大多独来独往，吃一碗油泼面，吼几声秦腔，贩私盐，劫官银，锄强扶弱，他们怀揣两尺铁刀，匿于乡间村落，重信讲义，十足游侠遗风。著名的有蒲城县的王改名、金祥，朝邑的严飞龙（孝全）、二华一带

① 《资治通鉴》第十一卷，汉纪三。

② 史向军：《关中刀客与陕西辛亥革命》，《陕西档案》2004 年第 5 期。

③ 陕西省地方志编纂委员会：《陕西省志・民俗志》，三秦出版社 2000 年版，第 587 页。

的郭秀娃，渭南的严继鹏等人。关中社会有正义感的知识分子对“关中刀客”颇为推崇，甚至神往。后来，同盟会会员井勿幕、李仲三、胡景翼等更是有意识地和他们结识。[①] “关中刀客”本身所具有的追求公平正义的特质，使其成为陕西辛亥革命时期革命党人争取的重要力量。西安事变的发起者、“二虎守长安”的蒲城人杨虎城将军和临潼人李虎臣将军，陕西陆军第二混成旅营长蒲城人郭坚，国民革命军第六旅旅长、白水人石谦等都是刀客出身。

刀客之所以可以成为关中人的形象代表，主要是他们秉承了秦汉以来关中侠客崇尚自由、疾恶如仇、行侠仗义的传统，言必信，行必果，坚守自己的承诺，不为金钱所动，甚至不惜自己的性命，为遭受乡村土豪鱼肉欺凌的柔弱百姓抱打不平、拔刀相助的品行。在这种正能量的规范下，关中刀客文化所表现的行侠仗义、抱打不平、追求公平与正义的价值追求，使他们成为关中社会正义力量的化身，有一定的社会基础，其价值追求具有一定的社会积极意义，此为一方面。另一方面，刀客受到关中社会民众质朴淳厚、崇尚节烈、尚武性格和传统的浸润，又是关中民众反抗阶级压迫，追求公平、正义社会心理的集中体现。所以，虽然关中刀客在辛亥革命以后已然消失，但是刀客形象却成为关中人社会性格的棱角，刀客文化依然长流不息，流淌在关中人的心田里。[②]

三　关中八大怪：关中人的文化表达

云南有十八怪，大多是他者视角的观察，而关中八大怪，却是关中人的自我表达。

一方水土养一方人。风俗像一面镜子，它可照出一个族群的风姿、风韵和风貌。有着丰厚历史文化积淀的关中地区，由于经济、文化、气候等多方面独特原因的影响，关中人在衣、食、住、行等方面，形成了生动有趣的“关中八大怪”文化。

---

① 陕西临潼县志编纂委员会：《临潼县志》，上海人民出版社 1991 年版，第 639 页。在其他资料中，有与此相似的记载。参阅中国人民政治协商会议全国委员会文史资料委员会编《辛亥革命回忆录》第六集，中华书局 1963 年版，第 519 页；中国人民政治协商会议陕西省委员会文史资料研究委员会编《陕西辛亥革命回忆录》，陕西人民出版社 1982 年版，第 267 页；陕西省地方志编纂委员会编《陕西省志·民俗志》，三秦出版社 2000 年版，第 319—320 页。

② 白赵峰：《“关中刀客”与关中社会文化》，《渭南师范学院学报》2014 年第 10 期。

第一怪：面条像腰带

一般面条细如铁丝，粗如铅笔宽。可关中的面条像裤带，确实是怪，所谓“扯面宽得像裤带”。

扯面也叫𰻞𰻞（biang biang）面，现代汉语字典上没有这个字，有一段顺口溜这样描述这个字：一点飞上天，黄河两头弯，八字大张口，言字往进走；左一扭，右一扭；东长长，西长长，中间夹个马大王，心字底，月字旁，挂个钩担挂麻糖，坐个车车逛咸阳。

关中独特的地理构造和自然环境使得关中地区成为一个以面食为主的地区，在以米菜为主的地方的人们总是想不通，那关中人天天吃面条没个花样换，怎么就吃不烦呢？其实，在关中，聪明灵巧的关中婆娘们已经把面食发展到一个很高的境界了。单是一个简单的面条，关中人做出的花样达五十多种，除了这里说的八怪之一的𰻞𰻞（biang biang）面，还有麻食面（麻食面还分为懒麻食和搓麻食）、旗花面、洋芋面、雀舌面、削筋面、龙须面、韭叶面、饸饹面、摆汤面、烙面、大刀面、翡翠面、宫廷罐罐面，等等，可谓“面面俱到”，不胜枚举。就做法来说，还有油泼面、臊子面、西红柿鸡蛋面、牛肉面等。虽说都是面，但是陕西面食把每一种面都做得与众不同，都赋予了深厚的文化底蕴，就像陕西的历史一样厚重。陕西有句俗语：“一天不吃面，心里不爽；三天不吃面，浑身没劲。”

做面条的手艺民俗味十足。面条像腰带，说的是那面做的宽度和长度，在关中地区的面馆，一碗面只有一根面条，但若要让个弱女子能把这根面条吃完，那也是难事。其中属棍棍面最长，臊子面最少，一碗面只够吃一口，因此得名一口香。关中的男人娶媳妇，大多都是要看这女人的擀面手艺了。所以，从面条的长短也是能看出这个媳妇的手艺和心计的，也是关中地区面条长的一个原因。每到中午吃饭时间，一个村子里家家的男人都端了个大碗出来，聚在一起，用筷子挑了，香香地吸，然后大家一起评说谁家的媳妇手艺好，被夸的男人总是谦虚地说：“这算个啥嘛！”其实心里像蜜样甜，而落了下风的男人回家少不了骂自家懒婆娘几句。

关中味道，就是这样把文化糅到一碗面里，一根裤带面把关中人的面条风俗全都表达了出来。

第二怪：锅盔像锅盖

“锅盔像锅盖”，说的是大饼像锅盖一样。关中地区每家每户过去有大家庭吃饭的传统，所以，家家都用很大的锅做饭，所烙出的大饼和锅底相当，并且做陕西锅盔时，由于和面硬，面体发酵比较好，厚度适中，做好后放在大铁锅里用软火慢慢烤制五六个小时，烙成后外脆里酥，放上十天半个月也不会变味，关中人俗称“锅盔”。

锅盔之名颇有来历，一说这种大饼源于关中乾州（今乾县），相传在唐代修乾陵时，因服役的军人工匠人数过多，往往为吃饭而耽误施工进度，受到惩罚。于是，有一士兵在焦急之中便把面团放进头盔里，把头盔放到火中去烤而烙成饼。[①] 这种饼人们俗称“锅盔”，现在算起来已有上千年的历史了。

关中味道，就是这样把文化烤到一个饼里，一个锅盔把关中人的大饼风俗全都表达了出来。

第三怪：辣子是道菜

辣子当菜本来不怪。湖南人、四川人、贵州人，以及能吃辣椒的人很多。但他们都只是把辣子当成一种调料而已，故而民间有“湖南人不怕辣，贵州人辣不怕，四川人怕不辣”。而关中人对于辣子情有独钟，爱吃，而且和别的地方吃法不同，不吃干辣子面，而是用油泼，俗称“油泼辣子”。秦椒是很有名的，不但辣味十足，且具有独特的香味。油泼辣子做法很简单，也很有意思，同样是一样的辣子面，可家家的味道不同。常见的做法是辣子罐里的辣子面不能放满，六成即可，放点盐、胡椒或者其他调料，用原汁的菜籽油烫出来的味道最好，油温很有讲究，高了，辣子面会焦，烫出来的味道就会发苦；低了，就没有辣子的香味，而是生油味，油温控制在八九成热，边倒边搅，直至油把辣子面埋没了就行了，这时候独特的香味会四处飘浮，满街都能闻见。正是“油泼辣子”看着红、闻着香、吃着辣，既能用来调面，又能夹馍吃。

关中味道，就是这样把文化融于一碗“油泼辣子”里，一个辣子把关中人的菜肴风俗全都表达了出来。

第四怪：凳子不坐蹲起来

板凳本来是坐的，关中人的凳子不是用来坐而是用来蹲的。

---

① 锅盔的来历还有一说，即当年有场战争，战争的一方是西北某民族人，打到陕西的时候，干粮已经没了，只剩下些面粉，没有办法，就把那面粉和水和了，弄成饼状，放在那头盔里用火烙，做好后皮黄里香，而且持久耐放，随即传了开来，那打了胜仗回去后，兵士就让妇人照着做，但没有头盔，就在自家的锅里烙了，就有了锅盔这个名字，也就有了锅盔这个面食的花样了。

关中人把蹲叫圪蹴。据说历史可以追溯到遥远的春秋时期。关中人喜欢蹲是从古文的“坐”演变而来的。古人“坐”的本意就是跪，将膝盖并直端坐于席上，屁股的重量全压在双脚后跟上。

此俗颇有来历，一说与荆轲刺秦王有关，始皇帝就是席地而坐才无法拔剑，逃避中又忘记拔剑，只好绕柱周旋。又说汉民族席地而坐的风俗在晋以后开始转变为坐凳子，但关中人在这个转变中基本保持了“坐”的本意，只是姿势稍有改变，膝盖不着地了，大腿压在小腿肚子上，就变成为蹲姿，于是在关中人那里坐板凳变成蹲板凳了，此风尚也就在关中人中沿袭了下来。

凳子不坐蹲起来，在关中农村随处可见，很多人一日三餐都蹲在门口，一蹲就是一个多小时，一边吃饭一边聊天，加之陕西冬天比较寒冷，很多人喜欢蹲在背风向阳的地方“晒暖暖”。久而久之，关中人就养成了蹲的习惯，有的人蹲半天腿不酸腰不痛，实属一种硬功夫。

“蹲景”成为关中农村的一道独有的风景线，凳子不坐蹲起来，这一怪独步天下。

关中味道，就是这样把文化糅到一个“蹲”字里，一条凳把关中人的行为风俗全都表达了出来。

第五怪：帕帕头上戴

帕帕头上戴讲的是关中人传统的服饰。

这一怪反映了陕西的服饰文化。在关中人们经常会看到关中人爱用手帕盖在头上，后两角掖在耳后。过去关中的生存环境差，黄土高原上风刮尘扬，烈日毒辣，妇女们出门干活串户没个遮蔽可不行，下毛毛雨还能顶一阵子。

关中妇女的手帕都很大，如果需要还能包裹东西当手袋用，最重要的是不能弄脏头发。关中地区虽然号称“八水绕长安”，但地处西北总体缺水，过去没有洗澡设施，除了夏天别的季节都有问题。于是，男人们都剃光瓢（光头），留长发的妇女就麻烦了，怕头弄脏了不好拾掇，只好用手帕把头包起来了。

关中味道，就是这样把文化糅到一块头帕里，一块头帕把关中人的服饰风俗全都表达了出来。

第六怪：房子半边盖

中国民居一般房顶为人字形，就是关中人说的“安间房”。但关中有的房子却是人字的一撇，俗称“厦子房”。

厦子房，利用黄土垒起三面土墙，朝院子一面留门窗，房顶只需少量的大木头做檩、梁，对做椽子的小木头要求也低，三面土墙中还有一面利用了围墙，这种房子光线充足，就是通风不畅。这样就节省了院落的空间，解决了用房不足的问题。于是“房子半边盖”也成了关中一大景观，也是民生低下的产物。

关中味道，就是这样把文化糅到一个“厦子房”里，一个“厦子房”把关中人的居住风俗全都表达了出来。

第七怪：碗盆分不开

关中人吃饭喜欢用一种耀州产的直径近一尺的青花白瓷大碗，俗称“老碗”。这种老碗甚至比小盆还大，所以往往碗盆难分。

在关中农村，差不多每个村庄都有一个人们聚在一起吃饭的地方，或大槐树下，或村头宅边。每到吃饭时，男人们就端着大老碗，蹲在一起，一边津津有味地吃着饭，一边津津乐道地拉着话，什么变换花样的饭菜，大家甚至还要互相品尝一下，这就是关中有名的“老碗会”。淋漓尽致地体现了关中人喜欢聚食的饮食风俗。

关中味道，就是这样把文化糅到一个“老碗”里，一个“老碗”把关中人的饮食风俗全都表达了出来。

第八怪：秦腔不唱吼起来

唱戏，顾名思义就是“唱”，而秦腔却是“吼”。看过秦腔的人都知道，秦腔戏里花脸的演唱，是扯开嗓子大声吼，当地人称之为“挣破头”，外地人则开玩笑：“唱秦腔，舞台要结实，以免震垮；演员身体要好，以免累病；观众胆子要大，以免吓坏。”夏天的时候，西安城墙周围会有很多自发的群众团体在那里唱秦腔，根本不需要扩音器之类的东西，老远就能听到。

关中民风古朴，关中人干活出大力，吃饭用大碗，唱起戏来自然也用大嗓门，素有“八百里秦川尘土飞扬，三千万饿汉高唱秦腔”之美誉。

秦腔作为关中主要的地方戏，其特点就是高昂激越、强烈急促，反映了关中人语言特征的憨厚、耿直和调高。所以，吼上两句秦腔，对于关中人来说，无论是唱的人或听的人都是很乐意的。在地里干活累了，吼上两句秦腔，吼的人有劲了，听的人也不乏了；赶马车途中，寂寞了，吼上两句秦腔，吼的人有精神了，听的人也高兴了；每当农闲之季，或者逢年过节，爱唱戏的人们总喜欢聚在一起，吼上几段。吼的人，脸红脖子粗，吼得“走火入魔”；听的人，息声静气，听得如痴如醉。关中人认为，这才是真正的秦腔听起来“过瘾”“解馋”“嘹得很”。

关中味道，就是这样把文化糅到一个秦腔里，一个地方戏把关中人的娱乐风俗全都表达了出来。

关中八大怪，随着时代的变迁，有的也发生了变异，但根还在那里，味还是那个味，它们永远是关中人的文化表达。[①]

---

① 以上参阅郑娜、樊军《“关中八大怪”视角下的陕西关中民俗文化》，《参花》（下）2013 年第 4 期；康辉：《大话陕西十大怪》，《中国西部科技》2006 年第 24 期；《见识“陕西八大怪”》，《丝绸之路》2007 年第 5 期；常凌：《陕西十大怪和关中八景》，《旅游》1998 年第 7 期。

第二章　陕北人

说到陕北人，反穿羊皮衣、头缠羊肚毛巾、腰缠布腰带、手提放羊铲、站在山圪梁上引吭高歌的放羊后生的形象，立刻会浮现在人们的脑海中。

陕北，泛指陕西省北部地区。“陕北”作为一个地理概念，“广义指陕北黄土高原，是构成陕西三大地形的自然地理单元之一，狭义指今延安、榆林两市所辖地”①。从地理学上来说，陕北是一个由于特殊原因被割裂而异常突出的地壳板块。它既不属于关中—中原文化型的地理地貌，也不属于塞外草原瀚海文化型的地形地貌。它和关中虽然同属陕西省，但人文地理和自然却迥然相异；它与塞外草原沙漠虽然毗连为邻，但在历史上却一直存在着经济和文化的鸿沟；它与晋西、宁东和甘东虽然同属黄土高原，却被黄河以及上游支流切割开来，形成了经济和文化的离异状态，并成为一个独立性极强的特殊地域。②

在古代地理学或行政区域学中，没有“陕北”这个概念。此地最早是战国时期魏、秦之上郡，但并未囊括今陕北全境。秦统一六国之后，在此境复设上郡，陕北才作为一个地域概念为人所知。“自民国二年（1913年）北京政府在陕西置陕北道之后，正式有了‘陕北’这一称呼”③。

今天我们习惯上所称的陕北“概指北括河套，南至渭北北山，西临子午岭，东滨黄河的黄土高原中北部地区，约当今天延安、榆林两市所辖区域”④。其行政区划，包括今榆林市的府谷、神木、榆阳、米脂、佳县、

---

① 戴均良：《中国古今地名大词典》，上海辞书出版社2005年版，第1996页。

② 方李莉：《陕北人的窑洞生活：历史、传承与变迁》，《广西民族学院学报》2003年第2期。

③ 郑宝恒：《民国时期政区沿革》，湖北教育出版社2004年版，第102—110页。

④ 刘蓉：《陕北文化的分期及其基本特质》，《延安大学学报》（社会科学版）2008年第8期。

吴堡、绥德、清涧、子洲、横山、靖边、定边，延安市的吴起、志丹、安塞、子长、延川、延长、宝塔、甘泉、富县、宜川、洛川、黄龙、黄陵，共计25个县（区）。人口约558万（2004年统计）。①

第一节　陕北人的语言

陕北方言虽说属汉语方言的晋语，至今保留着入声，那些后鼻音齉齉作响、被认为土得掉渣的陕北方言，有自己的独特之处，形成了自己的地方特点。

一　陕北方言古代词汇的孑遗

陕北方言确实是汉语方言中的一朵奇葩。陕北人不经意间挂在口上的方言，却正是生命状态下的，这种原汁原味的草根语言文化，为中华文明保留了一抹亮丽色彩。例如：

> 徽钦，这个国史上最耻辱的靖康之难的二位亡国之君帝号，在陕北口语中表置于死地义，可谓入木三分；
>
> 供给，这个古今通用的经济术语，引申为供养义；
>
> 鏖战，这个硝烟扑鼻的词，早已军转民用，表的只是打拼义；
>
> 凌迟，这个血腥恐怖的刑罚词，已远离法律，表的不过是欺凌义；
>
> 婆姨，佛教女居士之称梵文音译“尤婆姨”，则以“婆姨”表示妇女、妻子义；
>
> 争雌，这个专业的学术用语，表的则是一种强弱态势而非具体行为；
>
> 谋略，也走出运筹之帷幄，成了平民的布置、实施行为……

还有些词汇古意更深，如嘲笑一个人不适当地拉开架势时，会说：“你‘岑彭马武’地要干什么？”一般人听不出来，不知“岑彭马武”是什么意

---

①　高九江、王莲英：《陕北人口：历史嬗变和未来走向》，《延安大学学报》（社会科学版）2006年第3期。

思，其实“岑彭马武”是两个人的名字，一个叫岑彭，一个叫马武，都是东汉时有名的战将，不但作战勇敢，相貌也威风，后来和秦琼、敬德一起列为门神，“岑彭马武”就是拉开架势动武的意思。又如陕北人在作总结性发言时，会说“不管‘匝长径短’，先做事吧”。这“匝长径短”，一般人也不知道是什么意思。其实这四个字不但是古字，而且饱含着科学知识，所谓“匝”，就是周长，所谓“径”，就是直径，是非常明白的道理。

有意思的是这些政治、经济、军事、法律、宗教乃至有学术背景的词汇，反而文化程度越低的人群，用得越多；越是文盲，表达的音义越是准确。如“供给”，凡读了几天书的，反倒易将其读作“供给”（gōng gěi），为什么？秀才识得半掐字！倒是被认为瞎字不识的村夫农妇，“子乎哉也许兮矣”等文言虚词整天不离口，使文言文语法、古汉语词汇几千年不变，在陕北被比较完整地使用，这本身就是一大奇迹。为什么？

陕北方言虽属晋语系，但长期的封闭运行，形成了自己独特的风格，口气大、底蕴足、直白而风趣，为大众所乐见。称天为“大”“老子”，活脱脱就是天子一个！将爱溺言为“幸”，骂女人为“贱妃”，用的都是皇帝专利，一派帝王做派。人的实力以封邑来衡量，称为“采”，好像尚处春秋战国，人人都是王侯公爵。而成语“碰头打纥结”，尽管其义已走向反面成不必斤斤计较、取个大约，但从词面直译就是结绳以志义，是否可以此断定其源于结绳记事年代，可以说遐想无限。还有“毬”是生殖崇拜体现在陕北话中活着的语言图腾，与人类自然崇拜到宗教崇拜进化的轨迹一脉相承。不管外人怎么看待，反正陕北人高兴感慨一个“毬”字，扫兴发泄也一个“毬”字。一个民间故事很能说明问题。旧时一位外商来陕北贸易，认为买方出口“毬”字是对自己的污辱，与其发生争执并诉讼至衙门。被告当堂辩称，这是说话习惯，并无恶意。县令做官多时当然知道，但为了说服外商，即出题给被告，让简述案由，如自然而然出现十个以上“毬”字，就算是口语，不问过。被告随口而答：“走毬米脂，到毬绥德，买毬把胡麻，搅毬把圪渣，装毬起，倒毬下，为毬个官司叫告毬下，老爷叫我跪毬下，我一卜敛站起走毬吧！”众人一听会意大笑，外商也不由一乐了之。真是草根到家了。

陕北方言保存古代汉语词汇孑遗的意义，正如有学者所指出的那样，即她所释放出的大中华主旋律。作为文化传播最重要的工具，文明传承最直接的纽带，各地方言间的这种千丝万缕的联系是必然的，因为她们来自同一根系——古汉语，而汉语是由方言构成的。所以，陕北封闭的地理、开放的历史、传统的民风，使各地的文化元素能在这里落地、升华，并传统地保留下来，且发挥其反作用，进而影响全国。了解了陕北文化这种地方性、多元性，就不难理解美国著名记者斯诺“走向陕北，才知道什么是真正的中华民族文化”之论断。[①]

二　陕北方言的人类学特点

陕北人使用的陕北方言不仅是古代词汇的孑遗，而且还具有人类学的一些特点。

1. 陕北人说话讲究文学色彩

陕北人把饺子叫“扁食”，把耍社火叫“闹家什”，把过年凑热闹叫“聚红火”，时间太晚叫“有时光了”，如果花了不该花的钱后悔得直呼“撂钱没撂响”；丈夫形容妻子要小脾气是“使性掼打”，妻子埋怨丈夫做事没条理是“瞎天墨地”；形容管不了孩子又得顺孩子会无奈地说，我“顶待不下”；办了错事时直叹气，唉！“做过了”（做得过头也正意味着糟糕了）；他们称老人去世为“失迹”“老溘”，走完了一生在世上失去了踪迹，这样表述太准确了。把喜欢的东西叫我的“心锤锤”，把婴儿叫“毛芯芯”，形容饭吃得太饱是“夯台”。小孩吵嘴时大人会夸张地嚷道，别“斗争”了。身体有一点不舒服就会夸大其词地告诉别人，我“难活”了，探病者问：“好些了吗？”答曰：“好厘哩！”实实在在，病情微微好转用一毫一厘来表达再恰当不过了。

2. 陕北人说话比喻奇特形象

陕北人把丢人叫“背兴”，把劳动叫“受苦”，把害病叫“难活”，把可怜叫“恓惶”，把困难叫“难帐”，把不干练叫“邋遢”，把不正经叫“骚情”，把便宜叫“贱葬”，这些词比喻形象，加强了表达的效果。比如普通话中的寻短见，陕北人把它叫“寻无常”。“无常”一词是宗教意识的产物。依凭道教阴阳学说，以黑为阴，以白为阳，形成黑无常、白无常两个鬼。无常鬼的职责是专门勾人魂魄的，决定着人的死期。说谁

---

① 参阅王克明编著《听见古代：陕北话里的文化遗产》，中华书局 2007 年版；王六：《听陕北人说话就是听文言文》，《中华读书报》2011 年 4 月 27 日第 015 版；《陕北方言》（http://blog.sina.com.cn/s/blog_500ebab70100n109.html）。

“寻无常”了，比说谁寻了短见比喻更恰当。再比如普通话中说谁服了毒药，陕北方言叫吃了“闹药”。“毒药”一词有些平静，没有强烈的感觉。而一听“闹药”一种痛苦的情形马上就显现出来了，折腾、叫喊、挣扎，昏死了又醒来，都被一个“闹”字所概括。说孩子越来越不像话是“倒流”，说撒谎是“虚直淌”，试想，虚假的东西多得直往外淌，骗人者还有什么实话可言。他们诙谐地把咬字不清或口吃的人说话叫“秃舌拨拉”；孩子干了什么愚蠢的事情后家长会斥责道“半脑子”“脑子不满”，不管怎么说半个脑子是不够精明的。

3. 陕北人说话常常双字叠用

陕北人说话为加强描述的效果，常常双字叠用。说炕热“暖个堂堂”，说肚子饱“实个噔噔”，说姑娘漂亮“俊个丹丹”，说东西装得多“满个盈盈”，请人让一让说“挪个垛垛”。最可笑的是形容小孩没穿衣服“浑不溜溜”，听起来让人立刻就像看见一个浑身上下溜溜圆的光屁股娃娃在嬉笑。此外，还有俊格丹丹、干格巴巴、苗格条条、稳格堰堰、直格挺挺、端格铮铮、湿格淋淋、笑格迷迷、齐格崭崭、嫩格蛋蛋、薄忽闪闪、白格生生、蓝格茵茵等，可以说随处可见，数不胜数。

4. 陕北人说话比较贴近生活

陕北人说话草根味浓郁，把债务叫“饥荒”，把沙尘暴叫“黄风”，把现在叫“尔格”，把去年叫“年时”，把乞丐叫“行吃的”，把洪水叫“山水”，把自生的叫“柳生”，把热闹叫“红火”，把懒惰叫“针扎不动”，把冰雹叫“冷子”……这些词来源于他们的生活，是他们根据生活中一些事物情景总结出来的。常住陕北或者了解陕北的人，一听这些词就觉得一种泥土芳香浸入五脏六腑。比如普通话中的糊涂，陕北人叫“麻糜不分”。麻和糜与人们的生活是密不可分的，说你连麻和糜都分不清，说明你糊涂到了极致。再比如说干活，陕北方言叫“做生活”。做生活最大限度地保证了生活的继续，说明了人与生活即生活与生活的关系，比干活更能贴近生活。

5. 陕北人说话爱在前面总加叹词

陕北山大沟深，居住分散，你住在这个梁上他住在那道沟，彼此之间要交流，必须提高嗓门，隔沟高呼，靠肺式发音远远传达不了信息。而高喉咙大嗓子说话，来自腹部中强烈的气流冲出鼻腔，就形成了陕北人鼻音重的特点。陕北人说话时爱在前面总加一个“噢”“啊”之类的叹词，也是说话的环境所致。人们常年劳动在山上，距离远，山风大，拉话前不“噢”一声，“啊”一声，引不起对方的注意，久而久之，说话前加叹词便成了习惯。[①]

第二节　陕北人的形成

陕北人是一个古老而有内涵的汉民族族群，也是汉民族主源于炎黄族群集团，以及华夏民族形成并转化成汉民族的一个组成部分。

一　黄龙人：陕北人的原始记忆

陕北人的原始记忆大约可以追溯到5万年以前的“黄龙人”。

黄龙人的头盖骨是1975年在陕西黄龙县徐家坟山的南坡挖到的。它出土于黄土层与红色土的交界处，从地层上看，可能属于更新世晚期。这个头盖骨保留了额骨和顶骨部分。从颅穹隆起程度、眶上区和颞区发育程度以及额鳞倾斜程度来判断，它属于晚期智人阶段。与晚期智人一般特征相比，它的矢状脊较突出，头骨骨壁较厚，额结节较不发育，前囟点位置较靠后。黄龙人头盖骨上现代特征和较原始特征的混合表明它代表了解剖学上现代智人较古老的类型。[②] 生活在黄土高原上黄龙人留下的人类童年时期的足迹，把陕北人的原始记忆落实到了5万年前。

在陕北人的原始记忆中，还有遍布陕北各地石器时代的遗址，而发现最多的遗址是代表父系氏族公社的龙山文化遗址，极具地方特色，这时人们已经懂得用含碳酸钙丰富的礓石做原料，将其粉碎调水，用以涂抹地坪和粉刷墙体，不少遗址达数十万平方米，内涵十分丰富。神木、绥德等地出土不少独具特色的陶器和精美的玉器，以及“吕”字形半地穴式房屋，墙体光滑而平整，房屋正中有圆形深红色粉绘以及地角一周有红色彩绘壁画，并已开始用当地的石板铺地，有了壁炉式火灶。这就使我们在陕北看

---

① 以上参阅李姝《陕北方言》，《语文世界》2001年第12期；孟万春：《陕北方言与民俗文化研究》，《延安大学学报》（社会科学版）2013年第3期；《陕北方言》（http：//blog. sina. com. cn/s/blog_ 500ebab70100n109. html）。

② 王令红、李毅：《陕西黄龙出土的人类头盖骨化石》，《人类学学报》1983年第4期；王令红、冈特·布罗尔：《陕西黄龙人头盖骨的多元分析比较研究》，《人类学学报》1987年第4期。

到了华夏文明到来之前的缕缕晨曦，寻觅到了华夏文化在陕北的踪迹。[①]

二 黄帝：陕北人的先祖

陕西真是一块风水宝地，炎帝出在关中，黄帝出在陕北；炎帝成了关中人的先祖，黄帝成了陕北人的先祖。

炎黄族群集团作为汉民族的主源之一，黄帝族群源于何处？历史文献无记载，考古发掘也无明证。[②] 但《国语·晋语四》云："昔少典娶于有蟜氏，生皇（黄）帝、炎帝。黄帝以姬水成，炎帝以姜水成；成而异德，故黄帝为姬，炎帝为姜。"《史记·五帝本纪》（索隐）说："少典者，诸侯国号，非人名也。"黄帝、炎帝两大族群，同出少典——有蟜部落，后世成为异姓互相通婚的不同氏族与部落，在迁徙与发展中更成为有亲缘关系又具有共同文化特点的两大族群。晋人郭璞解说神话中："诸言生者，多谓其苗裔，未必是亲产。"[③] 可见黄帝与炎帝两个族群起源之区接近。值得玩味的是黄帝之名的来由，据《陕西通史》第一卷云：

> 黄帝取名为轩辕，是因为他这一氏族曾在叫轩辕的地方活动过，这个地方位于陕甘交界一带的黄土高原上。古人有因地为名的习惯。战国时邹衍创立了五德终始之说后，以土、木、金、水、火为次，黄帝作为五帝之首，应有土德，而土色黄，故称黄帝。[④]

但黄帝得姓的姬水不详所在，姜水据徐旭生对文献、传说与考古资料综合考察，"足以证明炎帝氏族的发祥地在今陕西境内渭水上游一带"[⑤]。而今陕北地区是黄帝族群发展的重要区域。相传黄帝死葬桥山，《史记·五帝本纪》即云："黄帝崩，葬桥山。"黄帝的陵墓就在陕北黄陵县桥山

---

① 袁占钊：《陕北文化——中国文化宝库中的瑰宝》，《延安大学学报》（社会科学版）1997 年第 4 期。

② 相传"黄帝生于寿丘"，《帝王世纪》认为在"鲁城东北"（徐宗元：《帝王世纪辑存》，中华书局 1964 年版，第 18—19 页），即今山东曲阜，这里是少昊集团的中心；《路史》认为在上邽（《路史·后纪》卷二黄帝条罗苹注），即今甘肃天水市境，渭水发源之区。以黄炎亲缘及姜水地理推断，则黄帝起源于陇山西侧，天水地区为近是。

③ 《山海经·大荒东经》"帝俊生黑齿"注。

④ 石兴邦主编：《陕西通史》第一卷，陕西师范大学出版社 1997 年版，第 334 页。

⑤ 徐旭生：《中国古史的传说时代》，文物出版社 1985 年版，第 42 页。

之巅。《汉书·地理志》载，桥山在上郡阳周县。阳周的确切位置目前尚未搞清，过去人多认为在今子长县西北。这一传说的真实性固然可疑，但它产生的时代却在秦汉以前，似乎可以说明黄帝族群，有一部分应在今陕北。否则，古人是不会把桥山与黄帝联系起来的。[①] 而且秦汉以来这里就成为中华民族的人文圣地，最隆重的一次祭陵活动要算公元前 110 年汉武帝刘彻率 18 万大军北巡归来的祭奠，他还在陵前筑数丈高台，并竖碑为记，后世称“汉武仙台”，当时司马迁作为随从也参加了这次祭祀活动。[②]

有价值的是黄帝族群自陕北南下发展到燕山地区的路线，得到了考古学的印证。以仰韶文化为代表的中原文化，自渭水下游越过黄河沿汾河及桑干河北上，与燕山以北红山文化在桑干河及汾河发源的河北张家口地区交汇在一起，两种文化的撞击与融合，促进了文明曙光的出现。正如陈连开所言：“新石器文化这种扩散与汇聚与神话传说中黄帝集团的活动是相互吻合的。”[③] 可见，黄帝族群是从陕北开始发展起来的。为此，有学者认为：“从一些史书记载上看，黄帝族的起源和基本构成很难排斥陕北地区的因素，炎帝族（共工氏）的一部分也与陕北地区有关。黄炎的后代分支在陕北的主要是戎狄。戎狄又有氐羌，混夷、獯鬻（熏育）、玁狁、胡、匈奴等异名，这些异名同族的人们先后活跃于晋、陕、甘北部和内蒙古南部。”[④]

从陕北崛起的黄帝族群在作为汉民族主源发展的势头越来越盛，《史记·五帝本纪》云：“天下有不顺者，黄帝从而征之。平者去之，披山通道，未尝宁居。”“东至于海，登丸山及岱宗。西至于空桐，登鸡头。南至于江，登熊、湘。北逐荤粥，合符釜山，而邑于涿鹿之阿。”丸山，《汉书·地理志》作凡山，在今山东临朐县境。岱宗，即泰山。空桐，即崆峒山，在陇右。鸡头，山名，在陇西，一说指笄头山，系崆峒山之别名。熊，即熊山，在今河南郾城县境。湘，即湘山，在今湖南益阳县境。

---

① 卓默：《一块待剖的璞——试论陕北在中国古代史中的地位》，《延安大学学报》（社会科学版）1982 年第 4 期。

② 袁占钊：《陕北文化——中国文化宝库中的瑰宝》，《延安大学学报》（社会科学版）1997 年第 4 期。

③ 陈连开主编：《中国民族史纲要》，中国财政经济出版社 1999 年版，第 51 页。

④ 卓默：《一块待剖的璞——试论陕北在中国古代史中的地位》，《延安大学学报》（社会科学版）1982 年第 4 期。

釜山，在今河北怀来县境。这里所记黄帝族群经略之地，有的已不可具考，也有经过具考而实非黄帝所能至。但却表明黄帝曾先后征服了黄河流域及其周围的许多族群集团，融合了来自不同祖先的其他族群，为后来华夏民族乃至汉民族的形成奠定了基础。[①] 由此之故，作为汉民族一部分的陕北人，当然可以黄帝族群为先祖。

三　从“化外”到“交融”：陕北人的雏形

先秦之时，汉民族的前身华夏民族的形成不是一蹴而就的。居住在陕北的民族或族群从“化外”之民到“交融”汉民族的前身华夏民族的一部分，经历了2000多年的历程。

先秦的中国是一个由多民族或族群构成的多元世界。据《禹贡》记载，夏王朝时夏民族周边各族的情况是：冀州东北部有“岛（鸟）夷”；青州滨海之地有“嵎（堣）夷”“莱夷”；徐州淮水边有“淮夷”；扬州海岛上有“岛夷”；梁州有“和夷”；雍州西南部有“三苗”以及西部有“昆仑、析枝、渠搜”等。商王朝有“九夷”“十蛮”，甲骨文还记载了居于商民族周边的许多“方”、夷及其他族群。著名的如西北方的土方、鬼方、羌方、犬戎、熏育（荤粥），北边的玁狁、燕，东北的肃慎、孤竹，东南方的蓝夷、夷方、虎方、班方和盂方，西南地区的庸、蜀、羌、髳、微、卢、彭、濮八族，西边的周、氐、昆夷等。周王朝境内的民族构成情况更加复杂。当时居于周民族四周的族群种类繁多，文献多有记载，如《周礼·职方氏》中有“四夷、八蛮、七闽、九貉、五戎、六狄”之说，《尔雅·释地》中亦称周有“九夷、八狄、七戎、六蛮”。

在这个民族分布的历史地理背景下，夏、商、西周的1200多年间，玁狁、鬼方、土方、戎狄等西北游牧部落构成陕北民族的主体。当时的陕北几乎是一片“化外之地”，夏、商、周三代王朝在这里始终没有建立有效的统治。所以我们称之为陕北的“化外”时代。

“化外”，本指政令教化所达不到的，不受外界影响，脱离现实社会的地方，出自《东周列国志》第四回：“蛮荆久在化外，宣王始讨而服之。每年止贡菁茅一车，以供祭祀缩酒之用，不责他物，所以示羁縻之意。”《唐律疏义·名例·化外人相犯》：“诸化外人，同类自相犯者，各

① 参阅江应樑主编《中国民族史》（上），民族出版社1990年版，第49页。

依本俗法。”本处所谓“化外”主要指中原地区以外的少数民族地区；“化外”时代意为少数民族一统天下的时期。

在“化外”时代，陕北可说是戎狄的天下。

玁狁在黄帝时已出现。商周之际，主要分布在陕北及甘肃北部、内蒙古西部。鬼方，亦称隗氏，春秋时成为隗性之狄，当时活动于陕北和山西北部。甲骨文中也有鬼方活动的记载。近些年来，清涧县李家崖商周文化遗址曾出土鬼字陶文，榆林、延安一些县也发现被认为是鬼方文化的遗物。这些都为鬼方在陕北的存在提供了实物佐证。圁方居于圁水流域。《史记·匈奴传》："晋文公攘戎狄于圁洛之间。"圁水出自汉代上郡白土县（今横山县）西，东流入黄河。今总称无定河。洛水即北洛河。河西指黄河在陕西境内自北向南一段的西岸，包括陕北大部分地区。戎狄，在春秋时代活动于陕北和晋国境内，玁狁、鬼方、圁方与它都有族源关系。戎狄诸部落以其帐幕、旗帜、服饰及马饰颜色的不同，又分为赤狄、白狄等。其中以白狄的势力最大，主要分布在陕北及山西西部。郑樵《通志》说："今鄜坊、绥、延皆古白狄地。"所以，历代史书也称陕北为戎狄之地。夏、商、周三代的统治民族虽然都有戎狄的血统，但是在他们的实力和地位提高，并取得统治地位之后，都把戎狄视为异己力量。陕北正是双方拉锯式交战的一个战场，是夏、商、周开拓西北部疆域和戎狄族群进击退保的必争之地。

尽管陕北为戎狄之地，但在华夏民族从多元走向一体的滚“雪球”过程中，陕北的戎狄也顺应历史的大趋势，有相当一部分加入了华夏民族形成的过程之中。如商周时期，鬼方为中原华夏王朝的劲敌。前13世纪，殷武丁（世称高宗）曾和他有过三年的长期战争。《周易·既济》："高宗伐鬼方，三年克之。"西周康王时，又派兵两次征伐鬼方。小盂鼎铭文说，两次征伐共斩俘鬼方2万余众。西周中期以后，玁狁又强大起来，不断南下侵扰，甚至深入到三原、泾阳一带。周宣王一面在朔方筑城防御，一面迭次出兵征伐。《诗经·小雅·六月》云："玁狁孔炽，我是用急。王于出征，以匡王国。"虢季子白盘铭文也说，虢季子白与玁狁在洛水北岸今志丹、甘泉一带作战，首战获胜，斩敌五百。但是，经过不断的征伐冲突，鬼方和玁狁一部分融合于华夏民族，一部分迁徙他处以新的面目出现在历史舞台上，遂销声匿迹。

但是，曾几何时一时强大的西周之所以灭亡，除了本身的原因外，戎狄的攻击也是不可忽视的因素。本来戎狄内部“各分散谿谷，自有君长，往往而聚者百有余戎，而且莫相能一”①。但平王东迁，王室衰微，诸侯无力，戎狄乘此良机赢得了大发展阶段。他们不仅把势力扩张到关中，而向关东的腹地渗透，而且相近的族群实行联合，结为一体。见于经传的“狄”就是这样的联合体。不久，“狄”又分裂成赤、白、长三大部。白狄居陕北，陕北还是一个“化外之地”。

历史进入春秋战国，中国的民族关系发生了重大的转折，各民族或族群之间的多元互动转向了从多元走向华夏民族一体。陕北，这个华夏诸族与戎狄的必争之地变成了各民族或族群的交融之地。

春秋战国时期，戎狄、楼烦诸族群在融合于华夏民族滚“雪球”的过程中，既有流血的战争，也有婚媾混血。白狄与晋国的关系十分密切，是重耳的母家。晋文公重耳的母亲狐姬，便为白狄狐氏女。重耳流亡期间，曾避难于母舅之邦，居住在延安一带，长达十二年之久，并娶赤狄女子季隗为妻。这就是说公子落难，白狄把他保护了起来。据陕北地方的传说，重耳逃到狄地，住在今黄陵和宜君一带。这个传说正好为史书记载的重耳上台后曾“攘戎翟，居于河西圁、洛之间”② 的事件做了说明。圁水即秃尾河，秃尾河与洛水之间，正是今黄陵以北的陕北大部地区。至今，子长县南沟岔乡尚有重耳川，传说是重耳流亡时住过的地方。晋国奉行启土拓疆的政策，不断争夺白狄居地。前 654 年，晋里克败白狄于采桑（今宜川、韩城一带）；前 580 年，晋又败白狄于交刚（今绥德一带，一说山西隰县）；至前 546 年，白狄始附属于晋。后来，逐渐向太行山以东迁徙，结束了在陕北高原的生活历史。白狄迁走后，原分布于山西宁武、岢岚一带的戎狄、楼烦部落又活动于陕北及内蒙古南部。

所以，战国时，陕北虽然仍是魏、秦、赵、匈奴争夺的一块“肥肉”，但戎狄的威胁已不足为道。魏惠王修了一条纵贯陕北的长城，其主要用途是加强对秦国的防御，而秦惠王时，为在魏国视为屏障的长城上撕开一条突破口，以便进而吞食三晋，就集中兵力在雕阴（今富县）大破魏军。魏失去军事要塞，无所凭依，不得已“入上郡于秦”。前 320 年，

① 《史记·匈奴列传》。

② 同上。

秦惠王曾“北游戎地，至河上”[①]。由此可见秦对上郡（治所肤施，在今榆林东南，辖陕北大部分地区）的统治相当巩固，居住在这里的戎狄已基本上融入以秦为代表的华夏民族，所以惠王才敢放心大胆地去“游”。

还有战国时期，白狄以鲜虞氏的面目，建立了中山国。而赵武灵王在与胡人的互动中，“胡服骑射”，改革了军事装备，国势强盛，曾占领了今陕北靠近内蒙古的一些地区。前296年，“灭中山，迁其王于肤施”[②]，又将中山国君尚及族人遣返故地陕北，从此白狄融入了华夏民族。[③]

陕北的戎狄诸族群，就是在这样的转型中，从“化外”到“交融”，融入华夏民族，形成陕北人的雏形。

四　从“王化”到“交融”：陕北人的形成

秦汉时期，陕北高原才成为华夏王朝的“王化之地”。所谓“王化”一般讲是天子的教化。《诗大序》：“《周南》《召南》，正始之道，王化之基。”《后汉书·张酺传》：“吾为三公，既不能宣扬王化，令吏人从制，岂可不务节约乎？”唐人韩愈《顺宗实录五》云：“人伦之本，王化之先。”而本处所言“王化之地”指纳入中央王朝的版图。

据史料记载，夏商时，榆林的部分地方（神木、府谷、佳县等地）是雍州白翟的一部分，战国时为秦国上郡地。前221年秦统一六国，始皇分天下为三十六郡，上郡是其中一个。汉高祖元年（前206年），项羽三分关中，封秦朝的降将董翳于上郡为翟王，二年翟王降汉高祖，汉又置上郡，七年（前200年）置西河郡（郡址在内蒙古境内），领圁阴、圁阳（神木县秃尾河两岸）和榆谷（府谷县北河套中）三县。其时定边县属北地郡马岭县地。也就是说陕北以秦汉始已成为“王化之地”。

在“王化之地”，由于秦汉两代与匈奴的连年征战，迫使陕北的游牧民族向草原和漠北迁徙。为了防御陕北及陇右周边游牧民族的侵扰，秦昭王曾筑起西起甘肃临洮，横贯陕北吴起、志丹、靖边，远至内蒙古西部的

---

① 《史记·六国年表》。

② 《史记·赵世家》。

③ 以上参阅卓默《一块待剖的璞——试论陕北在中国古代史中的地位》，《延安大学学报》（社会科学版）1982年第4期；袁占钊：《陕北文化——中国文化宝库中的瑰宝》，《延安大学学报》（社会科学版）1997年第4期。

北长城，即后来的秦汉长城陕北这一段。尽管如此，仍未阻止陕北民族融合的潮流。而中原移民和兵卒大量迁入，屯垦戍边，陕北也得以大规模地开发为农耕区。中央王朝一度在陕北建立起有效统治，各民族在中央王朝的直接管治之下，汉民族与西北少数民族的交往、交流和交融有了很大的发展。从绥德、米脂、榆林等地出土的汉代画像石内容来看，既有反映农业民族生产活动的牛耕、农作物、收庄稼等题材，也有反映游牧民族牧狩、田猎的场景。中原汉民族中流传的东王公、西王母及仙禽神兽等神话题材也有所反映。特别是大片家族墓地的出现及葬俗的统一性与普遍化，说明作为汉民族的祖先崇拜与孝道，在陕北各民族中已深入人心，汉民族的少数民族之间的心理鸿沟被填平。

虽然如此，但陕北从三国之后开始，在魏、晋、南北朝近 360 余年中，陕北汉族居住地区，先后由匈奴、氐、羌、羯、鲜卑等“五胡”占领。盛唐 289 年，朝廷多次在陕北设置羁縻府州，安置归附的突厥、鲜卑、吐谷浑、西羌、党项等民族。五代至宋夏 300 年，陕北又是党项拓跋（李）氏和麟府折氏统辖的地方。与中原其他地区相比，陕北地区少数民族与汉族居民相间而居的时间最长，互动磨合的时间也最久，整合交融的程度也最深。

魏晋南北朝时期，是中国历史上各民族大动荡、大迁徙、大融合的时期。在这 360 余年的历史岁月里，陕北的民族融合迎来了第一个高潮。

魏晋南北朝之时，羌、氐、匈奴、鲜卑等北方游牧民族，先后以占领者的姿态，踏上陕北高原及中原大地，并相继建立前秦（氐族）、后秦（羌族）、大夏（匈奴）、魏及北周（鲜卑）等少数民族政权。具体的情况是，三国时期，上郡、西河郡为匈奴占据，未设置郡县。东晋时期，匈奴王赫连勃勃在统万城（今靖边白城子）建立大夏国。北魏始光四年（427 年），北魏灭大夏，设立统万镇。太和十二年（488 年）改设夏州，并在境内设置化政、阐熙、朔方三郡。西魏大统十二年（546 年），增设长州及大安郡，同时把化政郡改称弘化郡。废帝元年（552 年），撤销朔方郡，另设绥州及安宁、安政、抚宁三郡。北周保定二年（562 年），增设银州及中乡郡。另外，榆林一带还有从龟兹（今新疆库车县一带）迁来的龟兹人①；绥德、榆林有黑羌、白羌；葫芦河、洛河流域有从中亚迁

① 《汉书·地理志》。

来的月氏人、粟特人[①]；黄陵、富县有从东北迁来的高丽人[②]等。

这些进入陕北与汉民族错居杂处的游牧民族，在互动中吸收汉文化，特别是北魏孝文帝的汉化改革，采取娶汉妻、说汉话、穿汉服、用汉姓等措施传及陕北地区，大大促进了陕北汉民族和鲜卑等北方少数民族的融合。与此同时，在共同生产生活、共同参加反对上层统治者的斗争中，如北魏时期，出现了各族人民联合起义的新局面。北魏太平真君六年（445年），卢水胡人盖吴在杏城（今黄陵县西南）发动武装起义，参加的群众不仅有氐族、羌族、匈奴族，还有汉族。北魏末年，关陇起义也波及陕北。万俟丑奴牺牲后，宿勤明达率起义军的一部，退至夏州（即统万城一带），又从夏州退至东夏州（今内蒙古乌审旗境），宁死不屈，给予北魏以沉重打击。凡此等等，各族人民的起义，更是加强了彼此间的交流、交往和交融。又如北周时期陕北还发生过一系列的民间反抗事件。武成年间（559年前后），陕北延州（今延安市）发生了稽胡郝阿保、刘桑德等人领导的起义，北周为此派出柱国豆卢宁会同延州刺史高琳率军镇压。天和二年（567年），陕北又发生郝三郎领导的各族人民起义，起义者包括“丹州（今宜川县东）、绥州（今绥德县）、银州（今榆林县鱼河堡）等部内诸胡”，会合延州蒲川的绿林豪杰“频年逆命”，给统治者造成很大威胁。[③]

在这一历史时期内，陕北各民族错居杂处，民族融合不断加深。《太平寰宇记》卷三“丹州风俗”条下引《隋图经集记》云：“俗谓丹州白室胡头汉舌。既言其状似胡而语习中原。白室即白狄语讹尔。近代谓之部落稽胡，自言白狄后也。”卷三五、卷三六在丹州宜川条下云：“库碢川在县北二十里，从云岩县（今宜川县云岩镇）界入合丹阳川。按《图经》云，‘川南是汉，川北是胡。胡汉之于川内共结香火，故唤香火为库碢’。因此为名。又有小库碢川。”又在云岩县条下云：“渭牙川在县北二十五里，从西延州延长县来，五十里却入延州门山县，经县西三十里，又七十五里入黄河。川内有水木，稽胡唤水木为渭牙，因以为名。”在延州临真县（今延安市临镇）条下云：“库利川在县北一十五里，耆老云：土田沃

① 见前秦建元三年《邓太尉祠碑》。

② 见西魏大统十二年《似先难及造像碑》。

③ 《周书·稽胡传》。

壤，五谷丰饶，胡称贮旧谷为库利。”各民族和睦相处，甚至共结香火。

隋唐之际，陕北的民族成分愈加复杂，陕北的民族融合迎来了第二个高潮。如盛唐期间，在今陕北与内蒙古交界处，安置了不少归顺唐王朝的党项人、突厥人和从江淮放回的“胡户”。这些人成了唐朝的依靠力量。又如当时除了长期羁留杂居的稽胡诸族外，西北的一些游牧民族在吐蕃的胁迫下纷纷内附，唐王朝特设羁縻州予安置。《新唐书·地理志·羁縻州》载：“突厥、回纥、党项、吐谷浑隶关内道者，为府二十九，州九十。”唐代的关内道南起终南山，北至阴山，东以黄河与山西为邻，北迄甘肃祖历河西。以党项族设立的十五府五十一州分布于灵、庆、银、夏诸州。灵州在今宁夏灵武县南；庆州即今甘肃庆阳；银州治所在今陕北横山县东党岔镇；夏州治所在靖边白城子。其中银州、夏州即包括今陕北米脂、绥德、横山、靖边一带。另外，夏州和延州（今延安市）也有以吐谷浑设立的羁縻州。如延河的最大支流杏子河川古称浑州川，即因安置吐谷浑故名。以后，吐蕃曾几次侵扰并占据了陕北一些地方。由于有唐王朝的保护，最终驱逐了吐蕃，使这里的少数民族能获得安定，所以唐德宗时，“党项诸部相率内附”。住在夏州的是贞观初归顺的，先被置于静边州（今米脂县西），后析居夏州。这一支党项人“号‘平夏部落’。部有大姓而无君长，不相统一”①。他们居住分散，在陕北鄜州、延州以至麟州（今神木县杨家城）、府州（今府谷县）之间都有分支。

在此特别值得一提的是稽胡，北魏以来三四百年，稽胡一直是为反对统治阶级起兵的。到了 8 世纪后叶，吐蕃侵扰边境之时，陕北上郡的稽胡不是跟吐蕃联合起来随之入侵，而是同当时的汉族、义渠、鲜卑以及河湟义从、西域各族一道去抵抗吐蕃的入侵。稽胡参加抵抗吐蕃内侵事，见于《旧唐书·吐蕃传》及《册府元龟》卷九九二所载大历九年（774 年）之诏文，云：

> 去冬，（吐蕃）逾我关、陇，入我郇、邠，驱人之马牛，掠人之士女。朕许其通好，本在安人，乘此不虞，反贻我诈。……当罢四方之师，永全二国之好。傥更侵冒，必示威刑。宜命子仪以上郡、北地、四塞、五原义渠、稽胡、鲜卑杂种马步五万众，严会栒邑（栒

① 《新五代史·四夷》附录第三。

> 阳），克壮旧军。抱玉以晋之高都、韩之上党、河湟义从、汧陇少年，凡三万众横绝高壁，斜界连营。马璘以西域前庭、车师后部，兼广武之戎、下蔡之徭，凡三万众，据于朝那（平凉），遏当路之塞。忠诚以卢龙、柳城，洎右北平、汉东诸镇江、黄、申、息之师，凡三万众，屯子回中（陇县），张大军之援。……

可见唐时，包括汉人、义渠、稽胡、鲜卑、河湟义（小月氏）以及西域前庭、后部诸族，都来参加反吐蕃的战争①，显然陕北包括稽胡在内的西北少数民族也开始融入汉民族。

所以，唐帝国更是汉民族与各少数民族融合的结晶时期。杂居陕北的各民族基本上友好交往、和睦相处、互动融合。即使在唐后期和五代时混乱割据的情况下，各民族间的交流与往来并未停止。一些著名诗人也在他们的诗篇中描述了当时民族融合的盛况。如张籍《陇头行》："驱我边人胡中去，散放牛羊食禾黍。去年中国养子孙，今著毡裘学胡语。"又如王建《凉州行》："凉州四边沙皓皓，汉家无人开旧道。边头州县尽胡兵，将军别筑防秋城。万里人家皆已没，年年旌节发西京。多来中国收妇女，一半生男为汉语。蕃人旧日不犁耕，相学如今种禾黍。驱羊亦着锦为衣，为惜毡裘防斗时。养蚕缫茧为匹帛，那堪绕帐作旌旗。城头山鸡鸣角角，洛阳家家学胡乐。"元稹《法曲》诗也说："胡音胡骑与胡装，五十年来竞纷泊。"所以历史学家马长寿认为，元稹为鲜卑人后裔，白居易是西域龟兹胡的后裔，刘禹锡显然有匈奴之裔的嫌疑。②

宋元以来，陕北民族融合又迎来了第三个高潮。隋初，长期羁留陕北的党项族平夏部，曾参与镇压唐末黄巢起义有功，其首领拓跋思恭被唐王朝封为定难军节度使，晋爵夏国公，并赐姓李。从此，党项族便占有陕北米脂、横山、绥德、靖边一带大片土地。至宋初，李元昊联合党项诸部，建立大夏国，长期以横山山脉与宋王朝对峙，时战时和。但是，各民族间的经济、文化交流仍不间断。北宋政府曾于保安军置榷场（在今吴起县铁边城），各族人民互相贸易，一度出现"自与通好，略无猜情，门市不

---

① 马长寿：《北狄与匈奴》，生活·读书·新知三联书店 1962 年版，第 146—147 页。

② 同上书，第 163—165 页。

饥，商贩如织”[①] 的盛况。

党项族占据陕北前后达600余年。虽久居内地，却还保持其游牧旧习，“衣皮毛，事畜牧，蕃性所使”，而把战争中俘虏的汉人“凡无他技者多徙河外耕作”。农业经济进一步发展。金国灭辽后，女真族纷纷内迁，占领陕北及中原大地，并建立统治政权。后来蒙古族灭金、灭夏，结束了各民族长期对峙的局面，建立了大一统的元王朝，加快了民族融合的步伐。党项族除一部分向西北迁移外，还有不少的党项百姓留居原处，逐渐与当地的汉民族人融为一体。《大元一统志》鄜州条下记载说，李师中“举进仕，知洛川……尝出乡亭，见戎人代华人耕作，诘之，皆用兵时潜入中国，人藉其力，往往与婚媾。师中以华戎不可杂处，遍索境内得数百。言之于帅，帅用其言，大索旁郡，皆徙之极边”。“华戎不可杂处”显然是一部分人的偏见。但据《洛川县志》载，屈琳为元宣德王郡马行军大元帅，世袭洛川令。即言其娶蒙古贵族女子为妻。其子孙繁衍，已逾千户万余口，为洛川望族。郡马墓至今尚存，其形制葬俗有明显的草原民族风格。[②]

所以，元代分中国人为蒙古人、色目人、汉人、南人四等，可见陕北的各民族与汉民族的融合已分不清彼此而被元帝国的统治者统统视为“汉人”了。

陕北自古就是民族融合的“绳结区域”。从商周时代起，鬼方、玁狁、白狄、匈奴、林胡、稽胡、卢水胡、鲜卑、氐、突厥、党项、羌、女真、蒙古等少数民族先后进入陕北，在这块历史舞台上演出了一幕幕历史壮剧。使陕北成为汉民族和其他少数民族互动、磨合、融合的“绳结区域”。在陕北形成了以秦汉文化为主体，融合了北方草原文化等少数民族文化的独特文化个性。秦汉以前，陕北一直是畜牧区。西汉以后，农耕业才大量发展，成为半农半牧区。一直到隋唐时期，陕北南界的黄龙山仍然是农耕区和半农半牧区的天然分界线，这种状况在宋代以后才逐渐有所改变。[③] 这样，从魏晋南北朝到宋元的1100多年中，陕北迎来了三次民族融合的高潮，在陕北这块土地上，魏晋南北朝的匈奴、鲜卑、羯、氐、羌

---

① 《续资治通鉴》卷四二。

② 以上参阅段双印《陕北民俗的多元化特征》，《延安文学》2009年第1期。

③ 参阅《陕北地区地理介绍》（http：//www. docin. com/p－730008498. html）。

等民族；唐代的突厥、回纥、吐谷浑、西羌、党项，以及义渠、稽胡、鲜卑、河湟义（小月氏）以及西域前庭、后部诸族等民族，几乎无一例外地卷入了汉民族从多元走向一体的“汉化”大潮流之中。所以，元代将包括陕北人在内的中国北方汉民族统称为“汉人”，这就标志着陕北人的形成。

第三节 陕北人的人文特征

黄土高原的沟沟壑壑
在你的面部浮动
浮动强烈的太阳
照你
心中那一块陆地
厚重的方言如黄土飞扬
落在我的笔尖上
我的诗便流出了道情的意思
而你的高粱依旧红着
红成延安窑洞的灯火
在赭黄的土地上
在你的眼里
照出浓浓的乡情
让我们一饮而尽①

这是一位诗人在《诗刊》发表的《印象——致一位陕北人》诗的全文。其实古代陕北人的形象，从神木石峁龙山文化遗址采集的玉制侧面人像观察，与关中、三晋、中州人明显不同。这个玉雕人像团脸，鹰钩鼻，半张口，下唇稍长，线刻大眼，耳轮偏后，腮部鼓出，细颈，雕刻手法古拙，各部比例虽有失当，但形象传神，酷似今日陕北壮年男子相貌，尤表现出他的健美与憨厚。② 这种鲜明的形象一直保留在现代陕北人的基因中。

① 陶顺义：《印象——致一位陕北人》，《诗刊》1990 年第 3 期。

② 参阅戴应新《神木石峁龙山文化玉器》，《考古与文物》1988 年第 5、6 期。

一 天人巧合：大自然造就了陕北人的人文性格

所谓“天人巧合”，在此指的是大自然造就了陕北人的人文性格。

黄土高原是如何形成的？据学者研究，在燕山运动以前，陕北是与关中盆地相连一体的低洼区，燕山运动使陕北大面积抬升隆起，从而与关中盆地分离。如果说燕山运动已经出现了陕北高原的构造格架和地貌轮廓的话，那么喜马拉雅运动则在这个基础上进一步加大了地势的差异，使北风送来的黄土在这时经过剥蚀堆积，从而完成了陕北黄土地貌形成的最后过程。这样就出现了陕北特有的沟河地貌和谷间地貌，构成了陕北黄土高原沟壑纵横、山大沟深、土硗地瘠的地理特征。

又由于秦岭的屏障作用，夏季的西南季风不能北上，造成了陕北高原雨量少、日照长、湿度小、气候干燥；而冬季内陆地区冷空气在青藏高原的动力作用下很容易在这里集中，冷高压力加强，使陕北又风寒酷冷。

正是这样一块支离破碎、荒芜贫瘠的黄土地上，几千年来，在从多元走向一体的民族过程中，为了适应黄土高原的自然环境，塑造着一代代的陕北人。

陕北高原山大沟深，黄土深厚，赋予了陕北人一种凝重感。陕北自然条件的严酷，也就强化了陕北人的生存意识而表现出了人的生命力的坚韧，而这种坚韧的极端就是重本安土，就是随遇而安。但同时又由于大自然的多变多灾，使得陕北人情感的起伏波动大，因而易于动情生感。正是特有的地理环境在制约着特定的经济类型，而特有的生产方式又决定着特有的文化形态，特有的文化形态又在塑造着陕北人的心理性格和精神气度，这就是守的耐性与走的冲力的不协调统一，忍让的本分与反叛的倔强的不协调统一。

正是这种守的耐性与忍让的本分，才使几千年来中国农民独有的忍耐中求生存、委屈中求大全的性格精神，在这贫瘠的陕北黄土地上被推到了顶点。再大的苦痛也能从中看到些微希望，再深的苦难也能挣扎着熬向明天。他们有着极强的生命力，好活也活，不好活也同样活，就像一棵柳树一样，随意插到哪里都能发芽、生长，有利于它生长的条件它可以旺盛地活，长在贫瘠的土地上它可以艰难地活，把它的腰压弯也要活，剥了它的皮同样还要活。

所以，当强大的外力压迫这种忍的沉默和守的耐性到了极限时，陕北人精神性格中的另一面就会滋长起来，就会爆发出不同寻常的反冲力和反叛力，他就会不顾一切地倔强到底，甚至不惜生命而进行抗争。正因此，才有陕北的“闹红”和“吃大锅”的壮举，才有张献忠、李自成的所向披靡。

但是，环境的经常性变化，使陕北人经常处在一种有意或无意地调整自我以适应环境的要求当中，在这里突出而强烈地表现出了一种人生的艰难，其背后，又无时无地不在弥漫着一种悲苦的意味，所以，无论是陕北人在精神气度和心理性格上呈现出忍耐沉默还是倔强抗争，深层中却强烈地表现着一种深深的悲苦感。[①] 陕北女诗人梅绍静在《日子是什么》中深沉地说：

> 日子是散落着泥土的小蒜和野葱儿
> 是一根蘸着水搓好的麻绳
>
> 日子是四千个沉寂的黑夜
> 是驴驮上木桶中撞击的水声
>
> 日子是雨天吱吱响着的杨木门轴
> 忽明忽暗地转动我疲惫的梦境
>
> 日子是一个含在嘴里止渴的青杏儿
> 是山原上烈日下背麦人的剪影
>
> 日子是那密密的像把伞似的树荫
> 正从我酸痛的胳膊上爬进地垅
>
> 日子是储存着清甜思绪的水罐儿
> 正倒出汗水和泪水来哽塞我的喉咙[②]

---

① 参阅马至融、向怡《陕北文化的沉积与陕北文学的审美风范》，《延安大学学报》（社会科学版）1996 年第 3 期。

② 梅绍静：《日子是什么》，《阅读与鉴赏》（中旬）2002 年第 4 期。

在这里，诗人毫不掩饰地泄露了陕北人在陈旧而又疲惫的生活重轭下的悲怆感。在日子是什么这样朴素的问题中包含了极为丰富和深沉的内蕴。陕北人心灵发展历程中的梗塞、沉滞和浑茫未觉，被几千年的历史缩写成这么一个“日子”。它猥琐、平庸，但又像砍头这一残酷行为俨然合于人情与天理，让你挣脱不得，更不用说公然的反抗了。[①] 陕北人这种忍耐中求生存、委屈中求大全的性格精神，正是与黄土高原生态相适应的结果。

对于陕北人的这种性格精神，陕北作家高宝军将之比喻为“荞麦”和“柠条”。

“荞麦能吃苦，不讲究生存条件。它耐瘠薄，给一点土壤就能生根；它适应性强，有一点阳光就会灿烂；它勇敢，迎着秋风落地，面对寒霜结果，整个生命周期只有三个月；它善良，总是在艰苦的地方落地生根，在人们最困难的时候挺身而出；它美丽，没有一种庄稼能和它媲美，更不要说胜过它了”[②]。

“柠条是砍不死的，今年齐茬茬地砍了头，明年又齐刷刷地长起嫩条，且越砍越旺盛。它不像常青树那么受宠，也没有经济树那么娇气，它不择地点，不避风寒……山梁峁盖上，沟壑渠洼里，就连河道边、石缝间，它也能长得绿格盈盈，嫩格崭崭”[③]。

正是，知陕北人的性格精神，莫如陕北作家也。

二　钢铁意志：陕北人的性格特质

与黄土高原大自然相适应的陕北人，在艰苦卓绝的环境中百炼成钢，铸成了自身的钢铁意志。主要表现如下所述。

1. 陕北人做事“残火”[④]

陕北人做事很厉害，“做什么要像什么，打什么就得唱什么”，不做就罢了，一做就全力以赴，“宁叫牛挣死，不让马车翻”。做事前定得目标高，硬要“一百一”，不能“九十九”，“此处我若踩，三年不长草”！

---

① 程光炜：《梅绍静构筑的“陕北世界”》，《湖北师范学院学报》（哲学社会科学版）1987年第4期。

② 高宝军：《吴起的荞麦》，《十月》2008年第5期。

③ 高宝军：《故乡的柠条》，《十月》2008年第5期。

④ 陕北方言“残火”即厉害、能行之意。

计划时“紧前不紧后”，计划一天走百里，晌午之前必走七十，担心有不测之变，意外之故。做事时“缠头大”，目标一定，时时在心，处处留意，看着看着就干开了，走着走着就跑开了。遇到困难时坚韧，九十九次退下来，一百〇一次又冲上去，困难越大越顽强，身上在斗力，心里在斗气，“老子偏要争这口气”！

2. 陕北人耿直

陕北人和人初交往，你说一，我信一；你说二，我信二。你若要哄他，一回小看你，二回不理你，三回之后便“日死没活”追着打，昧了他的个猪娃子，骡驹子你也还不下！一旦认定你是朋友，不但一辈子不说分手话，儿女还把你叫“干大”。陕北人的处人格言是：“抬举别人一只牛犊，自己才能保住一个羊羔。”你有本事他四处夸，把你夸成一朵花；你有困难他全力帮，扶上马后还要送一程。你得意了，他不会主动到你面前来，一怕给你添麻烦，二怕你小看他。你若真的看不起他，他更看不起你，一有机会就让你下不了台，“狼吃山神爷”——一个个敢把皇帝拉下马。

3. 陕北人洒落

陕北人后生忧愁挖山崖，老汉忧愁唱道情，其他人的心里更是不担事，“穷快乐富忧愁，受苦的不唱怕干球”，“哪达出事哪达了”。看上去都穷得“干格嘣嘣”的，一出门都唱得“格哇哇”的，天塌自有地顶，绝不自己苦自己。他们爱幽默，喝了碗开水就了一根葱，还给别人夸口说吃了一道大菜名为“青龙过江”；就是寻吃讨饭起身了，也乐呵呵地说：“儿抱上、女背上，老婆拴在裤带上。”哪里有陕北人，那里就会有清格朗朗的笑声，亮格哇哇的歌喉。

4. 陕北人“抱团”

陕北人村里抱团，县里抱团，一出门更抱团。无论走到天南海北，只要一听出你有陕北口音，那脸色立马变了样，笑格嘻嘻和你亲；无论你当多大的官，一听你是陕北人，马上就拉近了距离，像亲兄弟一样真诚。这团抱得很过分，有时竟不认钱财只认人，甚至会只认老乡不顾理。自己人打了瓮，上下都有用，上面可接烟囱，下面能当尿盆。

5. 陕北人讲义气

陕北人重感情，好面子，宁折银钱不掉份。不管是哪里的人，到陕北农村吃饭不花钱，还把你当客人敬；如果你硬要按“市场规律”办，挣钱想在农家吃顿饭，不但保你没饭吃，吃亏的可能性也十分大：年轻人会斜了眼睛看你，以为你是“生葫芦”；年长的一定会质问你：“你把我当成了什么人？”

6. 陕北人“拿得稳”、不张扬

陕北人有十分能耐，最多说五分，甚至一分也不说。你夸他的孩子好，他会回答你“这瞎东西一点也不争气”；你夸她长得俊，她会回答说“丑得能疼起”；你夸他们脑子利索，他们总是说“你别笑话了，我憨着哩”。这不是自卑，是机智，是内敛，是对自己要求高，是对问者有礼貌。真正的富汉看不出，“穿得烂、走得慢，腰里的票票常不断”，“门上挂的是毡片子，锅里蒸的是油卷子”；真正的能汉也看不出，猫着腰，缩着袖，迎面有人靠边走。小是非，你唾在他脸上也不逞恼；大是非，一言不合就会让你“吃不了兜着走”。

这具有钢铁意志的陕北人就是陕北男人。黄风厚土熏染了他们强壮的体魄，五谷杂粮哺育了他们粗壮的腰肢。他们的脊背能背动小山似的柴火，浑圆的肩膀能扛动几百斤重的土筐，硬实的双手能撬起千斤的大石。他们在山梁峁洼上行走如履平地，在崖畔圪塄上砍柴敏捷如猿猴。他们是黄土高原的精灵。正因为他们有钢铁意志，所以他们的性格敦厚得犹如那一座座山峁，袒露得犹如一道道山梁。他们待人接物，从不虚情假意。请你吃饭，满满地舀上一碗；请你喝酒，大杯大碗。你若推辞，汉子们恼了；你若领情，几杯烧酒下肚，直喝得脸红脖子粗。陕北人直肠直肚，不存心眼，即使是男女相爱，也表现得非常直白：“想你想得上不了炕，炕楞上画下个人模样。”“一碗凉水一张纸，谁卖良心谁先死。”听着一曲曲粗犷的信天游，你不能不对陕北的男人、女人刮目相看。有人说“陕北男人，是一首首粗犷的信天游，是一座座丰厚的黄土山，是一缕缕清爽的高原风”①。但还是陕北作家高宝军说得好，陕北人是“吃钢咬铁”的人。②

三　窑洞与信天游：陕北人的文化表达

窑洞和信天游是陕北人的文化“双胞胎”，他们寄托了陕北人对生活

① 杨士杰：《陕北男人》，《西部人》2003 年第 2 期。

② 参阅高宝军《陕北人与事》，《延安文学》2009 年第 6 期；杨士杰《陕北男人》，《西部人》2003 年第 2 期。

所有的爱和信心。

（一）建筑如人：窑洞的文化表达

陕北的窑洞，是黄土高原上的一大人文景观，它以空间为舞台，往返穿梭于心理的、文化的、社会的、历史的各个“角色”之间，把陕北人的文化表达得淋漓尽致。

由于族群的历史传统、生活习俗、人文条件、审美观念的不同，也由于各地的自然条件和地理环境不同，因而民居的平面布局、结构方法、造型和细部特征也就不同，呈现出淳朴自然而又有着各自的特色。所以《礼记·王制》云：“凡居民，量地以制邑，度地以居民。地邑民居，必参相得也。”《管子·小匡》亦云：“民居定矣，事已成矣。”而民居作为一种文化表达，人们常常把自己的心愿、信仰和审美观念，把自己所最希望、最喜爱的东西，用现实的或象征的手法，反映到民居的装饰、花纹、色彩和样式等结构中去，从而形成各种不同类型的民居。于是窑洞就成了陕北人独一无二的一种文化表达。

陕北人世世代代以窑洞为家，这种窑洞是人类建筑文化的母型——我们的先祖轩辕黄帝部落都曾挖洞而居。陕北的窑洞大致有土窑、接口窑、石窑、砖窑四种类型，土窑要算原始的窑洞了。人们选择向阳背风土脉平行的原生胶土崖，用老镢头挖一个内拱圆外留方口的土洞，然后把内壁刮光，用石板盘炕，垒锅灶，安方窗小门，这就是过去陕北人安身立命之所。

看到窑洞，住过窑洞的人，不能不叹服陕北人与自然的和谐。开掘窑洞是以黄土为主要劳动对象的。黄土对于“生于斯，长于斯”的陕北人来说，无异于是衣食命脉之源。结构疏松的黄土适应了当地的原始工具。这一天然的巧合，有效地维系了陕北人世代的生存、繁衍。所以陕北人崇拜黄土中所蕴含的普遍的生命力。在陕北人眼里，黄土不再是简单的团粒结构土壤，而是支配着世代命运、负载着世代价值的圣物。所以，陕北人在开掘窑体时他们所面对的不是陌生的、冷漠的水泥、钢材和砖头，而是他们所崇拜的、具有生命力的原生黄土。为此，当他们挥动工具去叩动黄土山体时，其心情必是虔诚的，其氛围必是交融的。此时此刻，黄土成了与陕北人比肩而立的朋友。

这种人与建筑合一的民居模式，不是使人与自然相隔绝，使自然之母向隅而泣，而是两者的互相唱和。既满足了陕北人的居住要求，又不扰动大自然本身的文脉。环境之“虚无”与窑洞之“有”，在窑洞的空间关系体内互相包容。而点缀自然、相得益彰的陕北窑洞群落，又使整个黄土高原的大自然空间充满生机，获得新的充实。于是，人、自然、窑洞、村落融为一体。塬野坑布，别有洞天，依山傍水，视野开阔，一山一水，一草一石，一沟一壑，无不各安其位、各司其职，营造了一种奇绝的，只有在陕北高原才得以领略到的“空间气氛”。可见，窑洞把陕北人的生态文化表达得淋漓尽致。

看到窑洞，住过窑洞的人，不能不叹服陕北人与人的和谐。在陕北，人与人的互动、交流中心在窑洞中的炕。在挖窑时，就留好了炕的位置。在开出的土台子上挖好烟道，盖上石板，用泥抹平，周围用砖头稍加整砌而成。一孔窑内大多有两盘炕，前炕在窑的前部，靠着窗户和门口。后炕安放在窑的后半部，紧贴后窑壁。窑洞没有专门的客厅，大都是厨房兼客厅，由家中辈分最高人居住，这里是家庭活动的中枢，一日三餐，待客议事都在这里举行。

在陕北人的生活里，炕不仅用来睡觉，而且还是劳动设备。炕上可以发豆芽，酿米酒，炕粮食，发起面。因为土炕和锅台相连接，一生火做饭，炕就热了，又由于窑、炕连为一体，热量平衡，在夏天生火也不热。炕还是陕北人的“红火”中心，亲朋好友谈天说地的地方。在热炕头上放上米酒、红枣、软糕，大家围坐在一起听说书、唱酒曲、做活计，以此度过漫长的冬天。特别有意思的是，由于前炕紧靠窗户和门口，因此也就成了年轻人谈情说爱的空间。如《信天游》唱的：“听见哥哥的鞋子响，一舌头舔烂两块窗”，“慢慢地开门慢慢地闭，慢慢地上炕缓一缓气”。

在陕北人的心目中，窑洞是生活的一部分。生活是人与人之间一种相互的纠缠、沟通和磨合。可见，窑洞把陕北人的交际文化表达得淋漓尽致。

人们常说建筑如人。看到窑洞，住过窑洞的人，不能不叹服窑洞是陕北人的一种象征。它犹如一首信天游，朴实、率真、内向、平缓，同时又不失粗犷与厚重之气。对此，我们可以从窑洞结构的细部体味出来。

先看挑檐。窑洞的挑檐一般有四种：条石托木和石板托木、叠砖砌石的封檐、雨篷式及和女儿墙（又称压檐墙，多用花砖砌成几何图案）一起设计的挑檐。挑檐的主要功用是保护窑脸不受雨水的冲刷，远远看去，一排排长长的挑檐在多变的窑洞曲线中修长伸展，逶迤贯穿，在长长的阴影中有一种统一的意味。与此相呼应，窑的拱基植根于大地，在山的背负下而徐静方正，又给观赏者一种从容不迫的力量感、永恒感。恰如陕北的信天游，在缓慢悠长的基调中，在很慢很慢的节拍里，你能体味出很多的东西。时而又有一种高亢的，挣着身子嘶叫的刚劲，但瞬时间又回归于基调的平缓的统一与方正之中。

其次是窗棂与窗洞的装饰，相对于窑洞内部格调的平和及结构上的洗练，居室的主人自然就要在窗洞、窗棂及门上施以浓墨重彩，借以宣泄生活的感受。窑洞的窗户多为木过梁，花格窗。上面贴着具有浓郁民间色彩的剪纸。与此相呼应，窑洞内的炕围子也是重点装饰部分。多以浅绿色为底色，上面贴有大红大绿的吉祥图案，如鹤鹿同春、福寿延年等。这样一来，既保护了窑壁，又显示了居室主人的心灵手巧，起到一种与四邻沟通的作用。炕上还通常摆有一两个饰器，如石猴、石狮，更给窑洞之内平添了谐趣。原来这些造型生动、古朴可爱的动物是用来拴娃娃用的。一般有几厘米，大的有几十厘米。小娃娃过一岁，就给石雕上拴上一根红绳，一直拴到十二岁，据说到那时小孩的“魂魄才全了”。

在土墙厚重的外壁上，还常挂有各种饰物，可称其为“小品”。常见的有劳动工具，如镢头。这个符号般的镢头可谓意味深长。整个窑洞在庄稼人的眼里看来，不啻是一部自己“雕刻”出的作品。老镢头不过是全部作品的一部分。它虽然有光滑的木柄、光亮的镢头，安静如常无生命般地悬挂在那里，但是在亲自挖掘的人看来，这把老镢实在是记录了“作品”诞生的全过程。不是当下的，而是全部的、历史的存在。除此之外，在厚厚的黄土墙上，老百姓还常常挂上一串串红红的辣椒。陕北人爱吃辣椒，同时也是善于将红辣椒美化其住宅的能手。在他们眼里，凡是与生活贴近，凡是能有助于走进生活的器物，都可以标示到外在的建筑上面去。因为建筑就是生活。生活离不开辣椒，建筑也离不开辣椒，正是建筑如人。看到窑洞，必然想到陕北人；看到陕北人，也必然想到窑洞。① 因为窑洞是陕北文化的一个代表。

（二）歌如心：信天游的文化表达

陕北文化的另一个代表是信天游。

---

① 参阅张叔明《窑洞空间：对陕北生土建筑文化的诠释》，《中国文化研究》1994 年春之卷（总第 3 期）；杨雨佳：《陕北窑洞窗户的艺术价值及其保护》，《郑州轻工业学院学报》2009 年第 4 期；方李莉：《陕北人的窑洞生活：历史、传承与变迁》，《广西民族学院学报》2003 年第 2 期。

说到信天游可叫汉民族长精神！这是为什么呢？不怕人们笑话，因为在各民族的交往中，中国许多少数民族都能歌善舞，唯汉民族人常常会因此而尴尬。但陕北人可以拉起嗓子来唱信天游，而获得欢叫声。

陕北的信天游虽然可以追溯到先秦的《诗经》时代，而且据史料记载，远在汉代以前，陕北地方就有《上郡歌》流传，东汉及魏晋南北朝之际，中国文学史上几首著名的民歌《葫茄十八拍》《木兰辞》《敕勒歌》或产生于陕北，或从陕北周边地区传唱出来，它们都与陕北有着直接或间接的联系。但信天游的广泛兴起，最晚也可上溯到元末明初。从元末明初算起，陕北人唱信天游的历史也有600多年了。日出而作，日落而息。600年信天游歌史，600年太阳的轮回升沉。陕北人祖祖辈辈生活在苦难中，时而激越、时而忧伤的信天游也祖祖辈辈陪伴着陕北人，唱着、唱着，永无休止地唱着……信天游成了陕北人生活的一部分。

为什么信天游会成为陕北人生活的一部分？因为信天游从体式和生活内容上与北方少数民族的文化南移有着诸多天然联系，但陕北地区自身也并非为正宗汉文化统领之地。这里偏处边隅，皇朝政治鞭长莫及，自古就是战乱频繁爆发的地区。一场战争过后，往往千百里以内荒无人烟。生活在这块土地上的人们，在很难与人类同伴交流对话的环境中，背靠黄土，面对皇天，会情不自禁地唱起能够充分抒发生命自由性情的信天游。明清以降，陕北人除了要应付战争的频繁光顾之外，还要承受更为频繁的自然天灾的重压，因此，一部陕北近世史，就是一部天灾人祸史。天灾人祸的重压，迫使人们卖儿卖女，买卖婚姻，也迫使人们背井离乡走西口。那些充盈着青春激情的人，常常要直面自由生命不得正常伸展的悲苦境遇。于是，信天游作为人类宣扬生命自由性情的最好方式，便成了陕北人生活的必要组成。如一首与陕北小调《走西口》内容相近的信天游所唱：

一道道山来一道道沟，
什么人留下个走西口。
那下不完的雨呀刮不完的风，
我送我那哥哥哟到口外去揽工。
麻格阴阴天气朦格生生雨，
小妹妹留不住你呀天留你。
那过不完的河哟上不完的山，

舍不得我那小妹妹实可怜。
那走不完的路哟望不尽的天，
快刀刀割不断呀我和你。
隔沟沟照见上河湾湾的水，
照不见我那心上的小妹妹。
放开嗓门哟我吼几吼，
老天爷不给我们苦命人留活路。

歌中尽管坦露着少男少女们千种缠绵、万般柔情，但它的最终主旨，却不仅仅在此，这种从内心深处唱出来的信天游是一种控诉，是对社会贫穷的控诉，是对人生苦难的控诉。可见信天游那高亢宽广的音域，起伏跌宕的节奏，悠扬婉转的旋律，粗犷奔放的风韵，可以最直接地催发人类自由神经的觉醒，可以最亲切地召唤人们向大自然贴近与回归。[①]

正因为信天游是陕北人生活的一部分，生活中有多少色彩，民歌就有多少种类。静悄悄的山村中，纳鞋垫的女人在叹息："蓝格英英天上云追云，什么人留下个人想人"；水格淋淋的菜园里，割韭菜的少妇在沉思："弯弯镰刀割韭菜，慢慢品你心好坏"；半山坡的硷畔上，有搂柴火女人失落："这一回瞭你没瞭见，我抱一把干柴心发乱"；沟底下的井台边，有担水女子的无奈："再不要唱曲打哨哨，你的那个心思我知道"；山旮旯里的台地边，有令人断肠的忧伤："东山里的糜子西山里的谷，哪达儿想起你哪达儿哭"……

陕北民歌像陕北人的性格一样明快、直爽，柔如春江水，劲似梁上风，乐时冲天笑，悲来动地哀。"打碗碗花儿就地开，有什么心思咱慢慢讲来"，多么细腻的感情；"揽工人儿难，揽工人儿难，正月里上工十一月里满，受的是牛马苦啊吃的是猪狗饭"，多么有力的质问；"当官的胆小有钱的愁，穷光蛋不唱怕干球"，多么豁达的胸襟；"青天黄天老蓝天，杀人不过是老天。杀了旁人我不管，杀了我男人实可怜"，多么痛心的哭诉！

所以，走进陕北的黄土高原，也就走进了民歌的世界，信天游的海洋，侧耳细听，沟洼洼、山梁梁、垴畔上、硷畔外、场院里、锅台边……

---

① 以上参阅高杰《陕北信天游源流疏》，《延安大学学报》（社会科学版）1998 年第 4 期。

凡是有人的地方，都有悠扬清越的信天游在回荡。歌者不分老少，“上到九十九，下到刚会走”；歌唱不论时日，“年初唱到腊月二十九，吃了饺子又开口”。而其中被叫作“酸曲”的一种，才是味道绵长、惹人喜爱的。著名的《拉手手，亲口口》就是一个典型，男女二人情投意合，偶然地走到一起，毛眼眼看眼眼毛，这就没羞没臊地唱开了，“你要拉我的手，我要亲你的口，拉手手，亲口口，咱们二人圪崂里走”，把陕北人的豁达、直率、质朴、粗犷和热情全都表露了出来。[①] 歌如心，这就是陕北人的生活，这就是陕北人的文化表达。

---

① 以上参阅高宝军《山沟沟回荡着信天游》，载《2008 年中国散文精品年选》，湖北长江出版集团长江文艺出版社 2009 年版。

第三章　宁夏人

宁夏人是西北汉民族中一个较年轻的族群。宁夏回族自治区历史上就是交通要冲和军事重地，史称“八郡之肩背，三镇之要膂”，与此同时，又曾是西北少数民族驰骋和聚居的地方。千百年来，在汉民族移民与宁夏地区的少数民族的互动、磨合、整合和融合中，最终也按中国民族关系发展的规律，汉民族在当地从少数转化为多数。据统计，现在宁夏有汉民族3590563人，占宁夏总人口的65.44%，从而铸成了以银川人为代表的宁夏汉民族族群，简称“宁夏人”。

第一节　宁夏人的语言

在1960年出版的《汉语方言概要》中，将分布在山西、陕西、甘肃、宁夏等省（自治区）和河北、青海、内蒙古各一部分的汉语方言泛称为西北方言或西北官话。[①] 因为“这里的西北既不同于地理上的西北概念，也找不出共同的语言特征”[②]，表明当时人们对这一带方言的认识还很模糊。20世纪80年代为配合语言地图的绘制，在全国范围内进行了较大规模的语言调查，在此基础上，1985年李荣对传统的西北方言作了“精细”的分类：一是根据是否保留入声把晋语从中分离出来；二是根据入声的演变将入声消失的方言分为兰银官话和中原官话。[③]

一　宁夏方言的形成

任何事物都有一个过程，宁夏方言的演变也经历了一个漫长的过程。

---

① 袁家骅等：《汉语方言概要》，文字改革出版社1960年版，第24页。

② 刘勋宁：《再论汉语北方话的分区》，《中国语文》1995年第6期。

③ 张燕来：《兰银官话语音研究》，博士学位论文，北京语言大学，2003年，第1页。

宁夏地区的语言是有历史底蕴的。先秦之时，这一带的民族语言很复杂，《左传·襄公十四年》云："我诸戎饮食衣服，不与华同，贽币不通，言语不达。"西汉有名的语言学家扬雄在《方言》中曾说过"秦、西秦、秦晋、秦陇、秦豳、秦之西鄙、秦之北鄙"等西北方言地名。此后，丁启阵在《秦汉方言》（1991 年）中认为当时的秦晋方言分布在今山西省西部和陕西省、宁夏回族自治区和甘肃省，说明秦汉时代汉语已进入西北地区，不过，当时的汉语方言可能带有混合语的性质。① 而林语堂早在 1927 年就在《西汉方音区域考》中认为秦晋和西秦杂入羌语、秦晋之北鄙杂入狄语。②

魏晋南北朝的"永嘉之乱"使不少中原人迁往河西避免战乱。秦汉以来扩展到西北边疆的汉语方言，在这段历史时期内又发生了进一步的融合、混化。东晋文学家和训诂学家郭璞所注《方言》和《尔雅》的"关中"就包括了汉时的关东和晋时的关西，可见，当时的关东和关西方言已经混化。③

唐朝加强移民实边，在河西走廊组织多次屯田，汉民族人口增长显著，尤其是甘、凉二州，元稹《西凉伎》说"吾闻昔日西凉州，人烟朴地桑柘稠"。于是，逐渐在西北地区形成一种秦陇方言。隋人陆法言即在《切韵·序》中云"吴楚则时伤轻浅，燕赵则多涉重浊；秦陇则去声为入，梁益则平声似去"，说明该方言语音上的特点是"去声为入"，区别于梁益方言的"平声似去"。此后，罗常培发现唐五代的西北方音已经开始了浊擦音声母的清化、宕梗摄鼻尾消变、一二等元音失去分别等重要变化④；王洪君也认为宋代西北地区方言的音系面貌比《切韵》音系简单得多⑤。可见中古的秦陇方言或西北方言是一种发展变化比较快的方言。不过"去声为入"与今兰银官话银吴片古入声的归向一致，"全浊声母清化仄声送气"的宋西北方音特点，也在兰银官话的白读音中有所体现。

---

① 丁启阵：《秦汉方言》，东方出版社 1991 年版。

② 林语堂：《西汉方音区域考》，载厦门大学《国学研究院季刊》1927 年创刊号。转引自张燕来《兰银官话语音研究》，博士学位论文，北京语言大学，2003 年，第 7 页。

③ 参阅周振鹤、游汝杰《方言与中国文化》，上海人民出版社 1986 年版，第 90 页。

④ 罗常培：《唐五代西北方音》，国立中央研究院历史语言研究所，中华民国二十二年（1933 年）。转引自张燕来《兰银官话语音研究》，博士学位论文，北京语言大学，2003 年，第 7 页。

⑤ 王洪君：《山西闻喜方言的文白异读与宋西北方音》，《中国语文》1987 年第 1 期。

元、明、清三代的人口流动和更新对兰银官话的形成起了关键性作用。

元帝国鼓励少数民族人口就地落籍，分垦良田，促进了当时各民族人口的融合。比如回鹘、党项等，都消融到汉族或其他民族当中。这些民族都有过自己的语言甚至文字，处于这种多语言、多方言的环境中，北方汉语发展很快，出现了“入派三声”这种划时代的变化，即《中原雅音》（约 14 世纪末到 15 世纪上半叶）时代入声明显已经消失了。[①] 黎新第则通过对官话方言促变舒声的层次和相互关系的分析，认为兰银官话就是从元代中原官话发展出来的，地域上要比中古的秦陇方言缩小很多。[②] 可见，兰银官话已渐具雏形。

明帝国移民屯垦政策使兰银官话有了新的发展，并且趋于定型。明初，撤宁夏府，尽徙土著居民于陕西，使当时宁夏方言与后代方言的联系受到限制。洪武九年（1376 年）以后，立宁夏诸卫，移民屯垦，才恢复了宁夏人口。卫所军屯虽然是明代宁夏人口构成的重要成分，但史料对移民的来源几乎没有记载，只有一些笼统的说法“杂五方”“实以齐晋燕赵周楚，而吴越居多”“吴越居多，故彬彬然有江左之风”“宁夏多江南人”等，可以肯定的是宁夏人口成分很复杂。“在高度集中的军屯经济和相对封闭的地理环境中，以某一种优势方言为基础，经过几代人的传承，自然会生成一种新的方言”，这种方言大概在“弘治前后（15 世纪 90 年代）形成并渐趋稳定”[③]，标志着兰银官话的形成。

清帝国是兰银官话向周边地区扩散的时期。清代实行了裁卫设府，政府兴修水利、贸易、运输等各项事业，宁夏境内人口发展出现了历史高峰。“居民由点到面扩散到农村，出现了星罗棋布的村庄，不像明代那样集中于镇城堡寨”“银川以北的平罗县人口剧增”[④]。如乾隆五十年（1785 年），平罗人被招垦到黄河东岸的陶乐（明代称套虏）。可见，随着人口由城镇到农村、由银南向银北的迁徙，明代形成的兰银官话扩散到了农村和银川以北地区。

---

① 张树铮：《180 年前山东桓台方言的声调》，载《首届官话方言国际学术讨论会论文集》，青岛出版社 2000 年版。

② 黎新第：《官话方言促变舒声的层次和相互关系试析》，《语言研究》1987 年第 1 期。

③ 李树俨、李倩：《宁夏方言研究论集》，当代中国出版社 2001 年版。

④ 同上书，第 18 页。

就是在兰银官话形成和发展的过程中，宁夏汉民族中还有中原官话的使用地区。宁夏出现两种方言分布格局的态势，与历史政区沿革的背景有关。自西夏始，宁夏南北分治格局及行政区划大体形成。元，北设宁夏府路，隶甘肃行省；南设开城府，隶陕西行省。明，北设宁夏卫（后升为镇），为九边重镇之一；南设固原州，属平凉府。清，北改宁夏府，隶甘肃省，南部大体如明制。民国，北建宁夏省，南属甘肃省。1954 年撤宁夏省，1958 年建宁夏回族自治区，南北政区始得合一。从西夏立国至自治区成立，宁夏南北分治近千年，这是宁夏两大官话的地理分布与历史上南北政区的地理分界大体重合的重要影响因素。①

二　兰银官话和中原官话

宁夏的汉语方言可以划分为兰银官话、中原官话两个方言区。

（一）宁夏汉语方言的分布

兰银官话分布在北部川区 11 市（县），《中国语言地图集》② 独立为银吴片，本地习称“川区话”，使用人口约 366 万，内部可分为银川、中卫、同心三小片。

1. 银川小片，包括银川市、灵武市、永宁、贺兰、石嘴山市、平罗、吴忠市、青铜峡市、盐池西部、中卫市黄河以南、中宁。

2. 中卫小片，包括中卫市黄河以北、中宁黄河以北，以中卫市区话为代表。

3. 同心小片，包括同心西北部，以同心县城回民话为代表。

宁夏境内的中原官话主要分布在南部山区固原、彭阳、海原、西吉、隆德、泾源 6 市（县）以及东部的盐池县，使用人口约 214 万。南部山区 6 市（县）方言，可分为固海、西隆、泾源三小片，分别隶属秦陇片、陇中片和关中片。盐池县位于兰银官话银吴片和中原官话秦陇片之间的过渡地带，其西部的高沙窝、鸦儿沟、冯记沟、马儿庄、惠安堡、萌城 6 乡（镇）属于兰银官话银吴片，东部的苏步井、王乐井、柳杨堡、城关镇、城郊、青山、大水坑、红井子、后洼、麻黄山 10 乡（镇）以及同心县下马关镇方言语音兼有相邻两官话的特点，属于混合型方言，独立为盐池小

---

① 张安生：《宁夏境内的兰银官话和中原官话》，《方言》2008 年第 3 期。

② 中国社会科学院语言研究所编：《中国语言地图集》，商务印书馆 1987 年版。

片。盐池小片与中原官话秦陇片最接近，可以归入中原官话秦陇片。下面是宁夏中原官话四小片的分布。

1. 泾源小片（关中片）：泾源。

2. 西隆小片（陇中片）：西吉、隆德。

3. 固海小片（秦陇片）：固原市、彭阳、海原、同心东南部。

4. 盐池小片（秦陇片）：盐池东部，同心下马关镇。以盐池县城关话为代表。

宁夏中部的同心县也处于兰银官话与中原官话的过渡地带，大致以老同心城旧址（史称“半个城”）为界，西北部的同心、城关、河西、下流水、喊叫水、纪家、新庄集、韦州、窑山9乡（镇）属于兰银官话银吴片同心小片，东南部的王团、羊路、张家塬、预旺、马高庄、田老庄6乡（镇）属于中原官话秦陇片固海小片。这条分界线与北宋、西夏对峙始到清中叶宁夏南北分治的政区边界、与明长城的走向大体重合。[①]

（二）兰银官话的特点

兰银官话包括兰州话、银川话、乌鲁木齐回族话，以及周围小范围地区的方言。《中国语言地图集》根据声调特点把兰银官话分为四片：银吴片、金城片、河西片、北疆片。银吴片分布在宁夏境内同心县以北的银川平原地区，一共13个县（市）：石嘴山、平罗、陶乐、贺兰、银川、永宁、灵武、青铜峡、吴忠、盐池、中宁、中卫和同心。[②] 其语言学的特点是：

1. 前后鼻音不分，如fen会念成feng，yun会念成yong。

2. 尖音重，就是发j、q、x的时候，舌头很靠前，会带有z、c、s的音在里头，这是官话的最大特征。

3. 在发带有d、t、h、k的字时会明显带有喉音，犹如法语里的大舌音，如他、喝、可会发成tha、hhe、khe，这有可能是受少数民族语言的影响。

4. 银川话把去发成ke或ki是一很有意思的现象，但是它却揭示了宁夏话的古老，因为古代汉语是没有j、q、x的，它们以前都是g、k、h。再如银川话把街说成gai，都是一个道理。

5. 银川话保留了汉语的入声。

---

① 参阅张安生《宁夏境内的兰银官话和中原官话》，《方言》2008年第3期。

② 张燕来：《兰银官话语音研究》，博士学位论文，北京语言大学，2003年，第5页。

兰银官话古入声清音声母和次浊声母字今读去声，全浊声母今读阳平。其中永登、皋兰、古浪、天祝四个地点平声不分阴阳，只有平声、上声、去声三个调；其余地点阳平与上声同调，只有阴平、上声、去声三个调。

在实际语言应用中，兰银官话富有个性，如在宁夏：

有种吹牛叫淌沫子，
有种讨厌的人叫弯细怂，
有种坏蛋叫栽爹，
有种惊叹叫我的咣三，
有种笨叫肘求日脑，
有种管闲事叫加事赶烂，
有种奇怪叫日顾弯三，
有种笨蛋叫囊怂，
有种胆小叫尿胆子，
有种小孩叫碎怂，
有种新鲜叫悬求的，
有种丢人叫羞仙人，
有一种肮脏叫日脏，
有一种烦躁叫心疯，
有一种调皮叫弯细呦，
有一种自称叫爹木，
有一种可爱叫心疼，
有一种老婆叫婆姨。①

第二节　宁夏人的形成

历史的发展虽然有过程，但也是分阶段的。宁夏人的历史大致可分为两个阶段，即从先秦的西戎到宋代的西夏为多民族互动的时代，从元到清为汉民族移民的时代。

① 《有一种话叫宁夏话!》（http：//blog. renren. com/share/263729400/7618015555）。

一　从西戎到西夏：宁夏民族互动的“汉化”时代

从先秦到西夏，宁夏地区一直是西北少数民族或族群驰骋的天下，在这个长达两千多年的历史阶段，宁夏的少数民族或族群有一部分在互动中先融入华夏民族，两汉以来又有相当一部分在不同的历史时期融入了汉民族。

（一）西戎义渠族的“汉化”

先秦之时，周原以西陇山地区的民族或族群泛称为“西戎”。而居于今宁夏南部、甘肃庆阳一带的西戎在商朝末年名为“义渠”。[①] 商武乙三十年（前1100年）前后，周民族出兵攻伐义渠，义渠被周人所败，其王也被周人所俘获[②]，义渠只得臣服于周，以致在周成王于前1024年盟会周边方国时，义渠以当地所产的方物贡献。当周人继续东进，积极积蓄力量准备灭商时，周民族西边的游牧民族发展壮大，形成了许多小的方国。其中岐、梁山、泾、漆之北地区，除义渠戎和犬戎最为强大外，还有乌氏（今固原南）戎、朐衍（今盐池）戎和大荔戎。[③] 这些游牧民族形成的方国不少掺入了与先秦华夏民族形成的互动，他们精于骑射，也善于制造战车，所以在周武王伐商的战争中能提供“戎车三百乘”，为周人灭商做出了贡献。由于义渠人同周人相处关系比较和谐，而鬼方（玁狁）同商周对立，所以每次战争后，鬼方失败逃走，远奔河套，而义渠人趁机内迁。这样，义渠就逐渐占据了陇东大原地区（庆城、宁县、镇原等地）。这里土地肥沃、水草丰茂，畜牧业得到空前发展，义渠人口也大量增加，由游牧状态定居下来。他们在同当地周民族的杂居中，学会了农耕技术，学习了周族文化，并效仿周人建立城堡和村落。

而到了西周末年，犬戎叛周，兵临咸阳城下，并杀幽王于骊山，周平王惧戎狄，慌忙迁都洛邑，诸戎进而“居于泾、渭之间，侵暴中国”[④]。义渠则趁乱，宣布脱离周王朝的统治，正式建立义渠国，在今宁县焦村乡的西沟村建立了都城。义渠国建立不久，随即出兵并吞了彭卢、郁郅等其

① 方诗明、王修龄：《古本竹书纪年辑证》卷二，上海古籍出版社1981年版；（清）徐文靖：《竹书纪年统笺》；（清）雷学淇：《竹书纪年义证》，北京修绠堂书店1937年版。

② 《竹书纪年上》。

③ 参阅陈育宁主编《宁夏通史》，宁夏人民出版社2008年版，第18页。

④ 《史记·匈奴列传》。

他西戎部落，扩大了疆域，并先后筑城数十座，派兵驻守。它的国界西至西海固草原，东达桥山，北控河套，南到泾水，面积约 10 万平方公里。经过西周末年一百多年的互动和磨合，春秋初年整合形成了以陇山为中心的许多西戎小国，其中有名且见之于史籍记载的有緜诸、绲、翟、䝠、义渠、大荔、乌氏、朐衍八国。緜诸戎以今甘肃天水为中心；绲戎以今陕西凤翔为中心；翟戎在今甘肃临洮；䝠戎在今甘肃陇西；义渠戎都于甘肃宁县，今宁夏固原东南亦在其内；乌氏戎在今甘肃平凉、宁夏固原一带；朐衍戎在今盐池、灵武地区。[①] 这些西戎小国，“各分散居溪谷，自有君长，往往而聚者百有余戎，然莫能相一”[②]。自然经济生活仍以畜牧为主，但已相对地定居，能修筑城郭。正如《后汉书·西羌传》所云：义渠、大荔就“筑城数十，皆自称王”[③]。在大动荡、大融合的春秋战国时代，义渠等西戎诸国直接参与了中原合纵与连横的政治、军事角逐，特别是先后同强秦经历了 400 余年的拉锯式的军事较量，成为当时秦国称霸西戎的主要对手。义渠人刚强勇猛，“以战死为吉利，病终为不祥”[④]。他们实行全民皆兵，遇到战争，青壮男子都要上战场，造成女多男少。故义渠风俗，同族十二世之后可以互相通婚，兄长死后，弟弟可以娶嫂为妻。在与秦的互动中，义渠定居陇东高原后，吸收了秦文化，开始从事农耕，逐渐发展成半农半牧民族。

秦穆公十年（前 650 年）前，义渠在吞并了北地诸戎后，进一步向东向南发展，首先把斗争的矛头指向了秦国。《史记·秦本纪》载：前 651 年，义渠收留晋国人由余为使臣，派他出使秦国，以缓和两国紧张关系。由余到秦国后，秦缪公以上卿款待，并向他请教治国之道。由余说：“上含淳德以遇其下，下怀忠信以事其上，一国之政犹一身之治，不知所以治，此真圣人之治也。”缪公听了大为赞赏，便用离间计招降了由余。此后，秦用由余计攻北地义渠，“益国十二，开地千里，遂霸西戎”[⑤]。义渠在战争失败后，吸取教训，养精蓄锐，筑城郭以自守。周考王十一年（前 430 年），义渠发大兵攻秦，从泾北直攻到渭南，迫使秦兵退出渭河

---

① 顾颉刚：《史林杂识》初编，中华书局 1963 年版，第 59 页。

② 《史记·匈奴列传》。

③ 以上参阅陈育宁主编《宁夏通史》，宁夏人民出版社 2008 年版，第 19—20 页。

④ 《后汉书·西羌传》。

⑤ 以上所引见《史记·秦本纪》。

下游，此后三十年内，是义渠国最强大的时期。它的地域东达陕北，北到河套，西到陇西，南达渭水，面积约20万平方公里，全面卷入了华夏民族形成的互动之中。

周显王十七年（前352年），秦和义渠冲突又起。秦国乘义渠国内乱，派兵攻打义渠，并平定义渠内乱，义渠便臣服于秦。此后双方时战时和。周显王四十二年（前327年），义渠以国为秦县，以君为秦臣，正式成为秦国属地。周慎靓王二年（前319年），义渠乘中原诸国混战，脱离秦国控制，联合东方五国伐秦。秦国为了消除后顾之忧，用计谋拉拢义渠，以锦绣千匹、美女百名，送义渠王。但义渠仍起兵伐秦，大败秦兵，收复了部分失地。周赧王元年（前314年），秦国调集重兵从东、南、西三面攻打义渠，先后夺得义渠25城，义渠国土大大缩小。周赧王九年（前306年），秦昭王立为国君，由母亲宣太后摄政。她改变正面征讨义渠戎国的策略，采用怀柔、拉拢、腐蚀的政策，使义渠王完全丧失了对秦国的警惕。34年后，即周赧王四十三年（前272年），宣太后杀义渠王于甘泉宫，接着发兵攻打义渠，义渠国亡，领土并入秦国。义渠族从商代武乙年间建部落方国算起，至秦昭王时存在800余年，其中在庆阳建立方国（前772—前272年）达500年之久。义渠国灭亡后，义渠族大部分融入华夏民族，成为西戎融入华夏民族的一部分。

义渠人融入华夏民族，其后又转化为汉民族的过程也是波浪式的路线图。

汉帝国时改义渠县为道，王莽时改义渠道为“义沟道”，有“义沟道宰印”为证[①]，仍属北地郡。汉以义渠为道，说明两汉时义渠人虽已走过了数百年漫长的“汉化”之路，但仍融而未合，依然或多或少地保留着义渠人的民族特征，因而被视为北部边郡的“葆塞蛮夷”[②]。义渠人出身的军事将领，如义渠安国、公孙贺、公孙浑邪、公孙敖以及傅介子等，作为两汉王朝的封疆大吏，领兵出征，受封拜爵虽早已与汉人将领别无二致，但在司马迁、班固的著作里，仍不忘强调其义渠人的身份。[③] 这种态势应在情理之中。

---

① 陈直：《汉书新证》，天津人民出版社1979年版，第216页。

② 《史记·匈奴列传》。

③ 《史记·卫将军骠骑列传》。

除此以外，在秦“霸西戎”之时，还有相当数量的义渠人并未臣服于秦，而是在战国末年不断向北迁徙，并一改早已半定居的生活习俗，重新成为草原游牧民族。《后汉书·西羌传》在记述这些北迁义渠人的历史时云：“战国世，大荔、义渠称王，及其衰亡，余种皆反旧为酋豪云。”而匈奴兴起之后，北迁的义渠人或被匈奴征服，成为匈奴的异姓部落，浑邪部就是其中之一；或不愿臣服匈奴，重新南下投降到秦、汉王朝。《汉书·晁错传》载晁错上言兵事疏中就曾对这些归附汉朝的义渠人有过详细的描述：“今降胡义渠蛮夷之属来归谊者，其众数千，饮食长技与匈奴同，可赐之坚甲絮衣、劲弓利矢，益以边郡之良骑，令名将能知其习俗和辑其心者，以陛下之明约将之，即有险阻，以此当之。”贾谊《新书》卷四《匈奴》篇亦云：“窃闻匈奴当今遂羸，此其示武昧利之时也。而建隆义渠东胡诸国又颇来降。”这说明汉代的义渠人与匈奴浑邪人之间存在着族源上的联系。浑邪部在归属匈奴前，曾游牧于匈奴右贤王之西北一带，即今宁夏平原及黄河以西地区。大约在秦末汉初之际，浑邪被匈奴征服，成为匈奴统属下的浑邪部。《史记·匈奴列传》云：“后北服浑庾、屈射、丁零、鬲昆、薪犁之国。于是匈奴贵人大臣皆服，以冒顿单于为贤。”浑邪部归附匈奴后，其首领有可能替换成匈奴贵族，但浑邪部的基本族源依然以义渠浑邪人为主。浑邪部臣服匈奴后，便成为匈奴攻打月氏的主要力量。随着匈奴的节节胜利和月氏的西迁，浑邪部也渐渐入牧于河西走廊，成为当地的新主人，被汉武帝称为匈奴的“西域王”①。正如武沐所说，昆夷、浑庾、浑窳、浑邪为一脉相承。昆夷衰败后，其主体进入义渠中，成为义渠之浑邪部。但昆夷只是义渠的一部落。义渠被秦国打败后，一部分义渠人又北迁，最终被匈奴征服，成为匈奴统辖的浑邪部。②

历史的运行虽然有时会走岔路，但在大趋势的规范下，最终还是殊途同归。义渠族在春秋战国之时一部分先行融入华夏民族，一部分则北迁融入匈奴民族。但曾几何时，融入匈奴的义渠人在魏晋南北朝时除西迁的一部分以外，其大部也“汉化”了。故隋唐之后，许多曾在秦汉及魏晋南

---

① 《史记·卫将军骠骑列传》。

② 武沐：《浑邪休屠族源探赜》，《兰州大学学报》（社会科学版）2004年第1期。

北朝“金戈铁马”于西北的少数民族已“与诸华不别”[①]，西北已无匈奴之名，更无义渠之称了。

（二）西夏党项族的“汉化”

唐宋之时，党项是宁夏地区的主体民族。党项，又称党项羌，原为西羌中的一支。一般认为该名系汉人对其称谓，吐蕃人则称之为“弥药”[②]，突厥人称之为“唐古特”[③]。据党项建国后创制的西夏文字文献记载，“弥药”也是党项人的自称。“弥药”，有时又简称为“弥”（mi）。“弥”，汉译为“番”。例如《文海》在释“番族”一称中就说：“弥药也，番人之谓。”西夏人骨勒茂才《番汉合时掌中珠》也把此字译为“番”[④]。“党项”语义，史籍无考。有的学者认为“党项”即“宕昌”，与藏语高寒旷野之意音近；有的则疑“党”即上古音“羌”字之讹，加“ut”为复数，故称之为“党项”[⑤]。日本学者寺本婉雅、青木文教认为“党项”有藏语“广阔草原”或野蛮人的原野之意。西田龙雄因党项自称“弥药”，认为有“黑色的党项”的意思。[⑥]

党项族也是历史上从多元走向一体的一个民族。据《西夏通史》研究，党项羌应是汉魏后居于今青海、甘南和四川西北的西羌诸部发展而来，是居于这些地区的西羌在北周（557—581 年）以后的泛称。[⑦] 在党项族中，除羌人外，实际上还有沙陀、六州胡、回纥、吐蕃等民族成分融合其中。例如昔里钤部（又名益立山），先世即为沙陀族人，以世居河西沙州（今甘肃敦煌县西），遂为河西人。西夏国建立后，祖宗历任夏国中省官兼枢密院

---

① 《隋书・地理志下》。

② 《隋书・党项传》《北史・党项传》《旧唐书・党项羌传》。

③ 《突厥毗伽可汗碑》。林幹《突厥史》附录耿世民译文作“党项”，但原文应是“唐古特”。参阅岑仲勉《突厥集史》下册，第 908 页。

④ 史金波：《西夏境内民族考》，载《庆祝王钟翰先生八十寿辰学术论文集》，辽宁大学出版社 1993 年版；白滨：《从西夏文字典〈文海〉看西夏社会》，载《西夏史论文集》，宁夏人民出版社 1984 年版。

⑤ 陈佳华等：《宋辽金时期民族史》，四川民族出版社 1996 年版，第 231 页。

⑥ 吴景敖：《西陲史地研究》；王静如：《西夏研究》第一辑《西夏国名考》，1932 年；［日］冈崎精郎：《唐代党项的发展》，载《东方史论丛》第一卷，其中引［日］寺本婉雅：《西藏古代民族之研究》和［日］青木文教《西藏文化之新研究》的论证；［日］冈崎精郎：《党项古代史研究》，东洋史研究会 1972 年版。转引自王钟翰主编《中国民族史》，中国社会科学出版社 1994 年版，第 512 页。

⑦ 李范文主编：《西夏通史》，宁夏人民出版社 2005 年版，第 61 页。

事、肃州钤部等职。[①] 又如乞台普济，史载本姓史氏。[②] 河西史氏，大都来源于六州胡人。另据《旧五代史》等记载，党项族姓中还有韦氏、褒氏、强氏、埋氏、连氏、悉氏、乞氏、乞伏氏等族姓，西夏文文献中还有西壁氏、回纥氏、嵬悉氏诸姓。这些姓氏，实际上都与一定的族群有关。苏乾英《〈旧五代史·党项传〉族姓考》认为，韦氏即羌族姓；褒氏，高车族姓；强氏，氐族姓；连氏，鲜卑族；李氏，拓跋赐姓；悉氏，羌族姓；乞氏，羌族姓；乞伏氏，后魏乞伏氏之后；嵬氏，拓跋氏孑姓。[③]

党项族作为一个游牧民族，后来定居宁夏经历了一个迁徙和文化变迁的过程。

汉代西羌的主要居地，"滨于赐支，至乎河首，绵地千里。赐支者，《禹贡》所谓析支者也"[④]。析支，即指今青海黄河河曲一带，这里是西羌发源地。魏晋南北朝时，"西羌微弱，或臣中国，或窜山野。自周氏灭宕昌、邓至之后，党项始强"[⑤]。隋末唐初，党项族始逐渐向周围地区发展。唐贞观六年（632 年），党项羌前后有三十万人内附，唐政府在河曲（黄河转弯处）等地设置十六州。[⑥]

1. 党项族的第一次大迁徙

唐贞观以后，吐蕃势力北上，于高宗龙朔三年（663 年）灭吐谷浑，党项诸部有的为吐蕃所征服，有的则因吐蕃所逼，相继内徙，开始了其历史上的第一次大迁徙。

党项的内徙与吐蕃的侵逼有关，唐高宗继立后，吐蕃势力开始向北扩张，唐朝的一些党项羁縻府州开始废置，或处于"或臣或否"的状态之中，党项族也开始内徙。到唐仪凤年间（676—679 年），吐蕃更是不断寇扰唐，至永隆元年（680 年）前后，"吐蕃尽据羊同（今西西藏西部）、党项及诸羌之地，东接凉、松、茂（今四川茂汶）、嶲（今四川西昌）等州……"[⑦] 就是说，党项的内徙在这一时期达到了高潮。吐蕃占领了唐所

① （元）王恽：《秋涧先生大全集》卷五一《大元故大名路宣差李公神道碑铭》。
② 《元史·乞台普济传》。
③ 白滨编：《西夏史论文集》，宁夏人民出版社 1984 年版，第 281—293 页。
④ 《后汉书·西羌传》。
⑤ 《旧唐书·党项羌传》。
⑥ 《北史·西域传》。
⑦ 《资治通鉴》卷二〇二唐永隆元年；《新唐书·党项传》等。

置大部分党项羁縻府州后，仍然有一些党项部众继续向内地迁徙。[①] 长寿元年（692 年）党项 20 余万人投降唐朝[②]，唐在灵、夏二州境内分置朝、吴、浮、归等十个州予以安置。

值得注意的是，党项的内徙既不是唐帝国的安排，也未按原设置的羁縻府州内迁，而是党项族人以姓氏、部落为单位，自发地陆续向北迁徙。最后散居于陇右北部诸州及关内道的庆、灵、银、夏等州。在这种情况下，唐朝才复置或重置一些党项羁縻府州，寄治于庆、灵、银、夏等州。党项的内徙活动是陆续进行的，从贞观末一直到天宝末（755 年）安史之乱前，党项族的第一次迁徙基本完成。[③]

2. 党项族的第二次大迁徙

唐天宝十四载（755 年），安史之乱爆发，党项族更是大举内迁，开始了第二次大迁徙。

至德年间（756—758 年），唐朝全力对付安、史叛军，造成河陇空虚，吐蕃乘机出兵攻占陇右、河西诸州，并向关内道进逼。受到威胁的陇右内迁党项诸部再一次向东迁徙，不过，这次迁徙是与吐蕃、吐谷浑、突厥奴剌部韦等向东的寇掠混杂纠结在一起。乾元元年（758 年），唐肃宗从灵武返长安后，庆、灵、夏、银诸州内迁党项也乘乱向南寇扰邠、宁等州。九月，唐招讨党项使王仲昇斩党项酋长拓跋戎德[④]，但是，这并没有阻止党项的南侵，到上元元年（760 年）正月，党项逼近京畿，唐廷震动。两年后，宝应元年（762 年）初，党项又与吐谷浑、奴剌等部先后寇扰梁州，刺史李勉弃郡而走；接着，又有党项寇奉天、同官、华原等。[⑤] 与此同时，上元元年，泾、陇的党项部落及吐谷浑十余万众，在普润等地为唐凤翔节度使崔光远击破，党项、吐谷浑降。[⑥]

广德年间（763—764 年），在吐蕃的诱使下，陇右及一部分渭北内迁党项与吐谷浑、回纥等合势，开始向唐京畿一带进攻。广德元年（763

---

① 周伟洲：《唐代党项》，三秦出版社 1988 年版，第 36 页。

② 《唐会要》卷九八，党项条。另外，《资治通鉴》卷二〇五《唐纪》作“党项部落万余人内附”，《新唐书·党项传》则作二十万户。

③ 周伟洲：《唐代党项》，三秦出版社 1988 年版，第 39 页。

④ 《新唐书·肃宗纪》。

⑤ 《资治通鉴》卷二二二。

⑥ 《新唐书·肃宗纪》。

年）十月，吐蕃攻泾州，刺史高晖降，遂为之向导，寇奉天、武功。时吐蕃率党项、吐谷浑之众二十余万从周至司竹园渡渭水，入长安后退走。永泰元年（765 年）二月，党项寇富平，焚唐中宗定陵寝殿。九月，怀恩又纠集吐蕃、党项、吐谷浑、奴剌等数十万众，分道进逼京师长安。其中党项部众自东道趋同州，西掠白水，东寇蒲津。后党项为周智光破于澄城，郭子仪又遣军击之，并遣开府仪同三司慕容休贞以书谕党项，党项及“土贼”郑庭、郝德等诣凤翔降。①

总之，内迁党项的第二次大迁徙起于安史之乱后的至德年间（756—758 年），一直延续到永泰元年（765 年），前后约十年。党项族的第二次大迁徙总的趋势是原在陇右北部诸州的内徙党项，向东进入关内道的庆、夏、盐、灵等州，而原在庆、灵、夏的党项更向东迁至银、绥等州，甚至有渡过黄河向河东（今山西省）地区迁徙。经过第二次大的迁徙，内徙党项逐渐集中到灵（今宁夏灵武西南）、庆（今甘肃庆阳市和宁夏南部一带）、夏（今陕西靖边县红墩界镇白城子村）②、银（今陕西榆林东南）、绥（今陕西绥德县）、延（今陕西延安）、胜（今内蒙古准格尔旗东北十二连城）等州。③《资治通鉴》卷二四七《唐纪》卷二四七胡三省注云：银、灵、盐、庆等州皆有党项。宁夏地区成了党项聚集区。④

需要说明的是，隋唐时期，宁夏境内除了党项族以外，还有其他一些西北少数民族，如突厥、吐谷浑、康国人（又名萨末建，亦曰飒秣建）、安国人（又名捕喝，亦作布豁）、何国人（又名屈霜你迦）、史国人（又名乞史或佉沙）、石国人（又名赭时）、吐蕃等。⑤

3. 西夏建国及党项族的汉化

北宋之时，明道元年（1032 年）李德明之子李元昊继夏国公位，开始积极准备脱离宋帝国。他首先弃李姓，自称嵬名氏。第二年以避父讳为

---

① 《资治通鉴》卷二二三；《新唐书·党项传》。

② 夏州是西夏政权的发祥地之一。唐僖宗时，党项部首领拓跋思恭被朝廷封为夏州节度使，因平黄巢起义有功，一度收复长安，再次被赐姓李，封夏国公。从此拓跋思恭及其李姓后代以夏国公成为当地的藩镇势力。这部分党项羌武装也被称为定难军，其势力范围以夏州为中心，包括夏、绥、宥、银四州（即今鄂尔多斯南部地区）广大地区皆称为拓跋氏的私人领地。

③ 李范文主编：《西夏通史》，宁夏人民出版社 2005 年版，第 80、84 页。

④ 陈育宁主编：《宁夏通史》，宁夏人民出版社 2008 年版，第 86 页。

⑤ 同上书，第 83—88 页。

名改宋明道年号为显道，开始了西夏自己的年号。在其后几年内他建宫殿，立文武班，规定官民服侍，定兵制，立军名，创造西夏文，并派大军攻取吐蕃的瓜州、沙州（今甘肃敦煌）、肃州（今甘肃酒泉、嘉峪关一带）三个战略要地。这样，元昊已拥有夏、银、绥、宥、静、灵、会、胜、甘（今甘肃张掖）、凉（今甘肃武威）、瓜、沙、肃数州之地，即今日的宁夏全部，甘肃大部，陕西北部、青海东部以及内蒙古部分地区。在此基础上，李德明“大辇方舆，卤簿仪卫”[①]，作称帝的准备。为了称帝建国，他将灵州西北的怀远镇（今银川市）作为新都城的选址，认为此地“西北有贺兰之固，黄河绕其东南，西平为其障蔽，形势利便”[②]，筑城徙居，改称兴州，这正是今银川市作为宁夏政治中心之始。[③]

宝元元年（1038 年）李元昊称帝，建国号大夏，形成了宋、辽、夏三分天下的格局。西夏的建立，其实正是党项族吸收汉文化，行进在“汉化”道路上的一个拐点。早在唐末宋初，党项族中即有接受了汉民族经济和文化的“熟户”出现。西夏建国后，“素鲜耕稼，专以畜牧为生”，“畜牧甲天下”[④] 的党项族也逐渐发展了农业和手工业，由畜牧业逐渐转向农业。如陕西横山地区，是党项族迁至陕北后的主要聚居区，已是“延袤千里，多马宜稼”[⑤]。又如在葭、芦、米脂地区，有人们颂称的“歇头仓”，“良田不啻一二万顷。夏人名为珍珠山、七宝山，言其多出禾黍也”[⑥]。再如《番汉合时掌中珠》中载有犁、铧、子耧、镰、锄、镢、杴、锹，以及碌碡、刻叉、车、碾、碓、硙等，与原西北地区的农具大致相类。所以在西夏境内，包括以走廊著称的今敦煌、酒泉，张掖、武威等地在内的河西陇右地区，不仅是有名的牧区，盛产良马，同时也有相当发达的农业，“民物富庶，与中州不殊”[⑦]。在经济起决定作用的同时，汉民族先进的文化对党项族的“汉化”也有影响，这除了表现于西夏统治者大力

---

① （宋）王延德撰，王国维校：《古行记四种校录》，载《王国维遗书》，上海古籍书店 1983 年版。

② （清）吴广成：《西夏书事》卷一〇。

③ 陈育宁主编：《宁夏通史》，宁夏人民出版社 2008 年版，第 128 页。

④ 《金史·西夏传》。

⑤ 《宋史·种世衡传》。

⑥ 《宋史·食货志》上三。

⑦ 《文献通考》卷三二二，古雍州附案语。

提倡和宣传在唐代已完全汉化了的佛教外，还集中表现于西夏统治者对汉民族传统的儒家文化的积极采用上，元昊以来使用新制西夏文字翻译汉文古籍，流传至今的就有《论语》《孟子》《孝经》《贞观政要》《六韬》《十二国》《德行集》等，不胜枚举。依据汉文古籍编译成书的则更多，现存的有《天盛年改新定律令》《亥年新法》《官阶封号表》《贞观玉镜缓銎》《三世明言集》《掌中珠》《文海》《文海杂类》《钦定文海》《五音切韵》等。[①] 为了吸取汉民族的文化，西夏统治者经常向宋王朝请求各种经、史书籍，如《九经》《唐书》《册府元龟》等巨著。[②] 于是在党项族中出现了像儒学渊深的斡道冲[③]，诗才超妙的汉王仁忠[④]，编修西夏实录的焦景颜、王金[⑤]，编纂《番汉合时掌中珠》的骨勒茂才[⑥]，撰写《夏国谱》的罗世昌[⑦]等善于吸收汉民族文化的代表人物。[⑧] 可见，元昊建国后，政治上虽然与宋分庭抗礼，军事上桴鼓相攻，但在文化上，仿汉字而创西夏文字，官制、法律、礼乐等方面“多与宋同”。西夏“得中国土地，役中国人力，称中国帝号，仿中国官属，任中国贤才，读中国书籍，用中国车属，行中国法令”[⑨]。这种文化的潜移默化，世世代代影响着党项族。[⑩]

在宁夏地区建立的西夏，立国 189 年（1038—1227 年），元灭西夏后，党项族或投元、或投金、或西迁、或南徙[⑪]，但有相当一部分党项人仍留居西夏故地。元大德六年（1302 年），即西夏灭亡后七十五年，成宗于杭州大万寿寺雕刊河西字（西夏字）大藏经三千六百余卷，“施宁夏、永昌等路”[⑫]。宁夏路即西夏时的兴州（今银川市），永昌路即西夏故地凉州（今甘肃武威市），可见这里信奉佛教且熟悉西夏文的西夏遗民仍

① 陈振华：《评苏联近 30 年的西夏学研究》，《社会科学战线》1978 年第 2 期。

② 《宋会要辑稿·礼》六二之四〇。

③ 虞集：《道园学古录·西夏相斡公画像赞》。

④ 《西夏书事》卷三三。

⑤ 《宋史·夏国传下》。

⑥ 《番汉合时掌中珠》原序。

⑦ 《金史·西夏传赞》。

⑧ 以上参阅徐杰舜《汉民族发展史》，四川民族出版社 1993 年版，第 281—282 页。

⑨ 《西夏书事》卷九。

⑩ 李范文主编：《西夏通史》，宁夏人民出版社 2005 年版，第 367 页。

⑪ 详见李范文主编《西夏通史》，宁夏人民出版社 2005 年版，第 354—366 页；陈育宁主编《宁夏通史》，宁夏人民出版社 2008 年版，第 201—202 页。

⑫ 王国维：《观堂集林》卷二一。

然不少。[①] 以上这些留在西夏故地或迁徙散居各地的西夏遗民直到元朝灭亡后，才逐渐融合到汉族、蒙古族、藏族之中。作为一个民族实体，党项族从此在历史上消失了。在新的民族过程中或藏化、或蒙化、或回化，但其中有相当一部分人通过姓氏汉化、语言汉化、通婚汉化、风俗汉化和崇儒汉化[②]而融合于汉民族之中。正如王钟翰主编的《中国民族史》所言："有元一代，当被灭国的西夏党项人在为元朝统治者殚心竭智地奉献才能的同时，也为党项族自身在历史上的消失创造条件。无论是留居西夏故地的党项人，或被元朝政府派遣到各地做官的党项人，为了政治上的需要，在他们中间发生了改姓易名，甚至改变族属的情形。"[③]

二　从元到清：汉民族移民入宁夏与宁夏人的形成

宁夏俗语云："宁夏有天下人，天下无宁夏人。"道出了宁夏自古是个移民地区，又点出了宁夏人因地理环境优越而恋乡的文化特点。

（一）从秦到唐：汉民族移民入宁夏追忆

移民入宁夏，特别是汉民族移民的迁入早已有记载。

秦帝国始皇三十二年（前 215 年），大将蒙恬率三十万大军北伐匈奴。第二年"因河为塞，筑四十四县城"。其中有宁夏的富平县（今吴忠）和神泉障、浑怀障两个亭障及南部的朐衍（在今盐池县），乌氏县（在今固原市）等县，并"徙适戍以实之"。所谓"适戍"，除了一部分军士外，主要是以"谪徙"及"拜爵"等办法从内地迁来的数十万贫民和罪犯。[④] 这是宁夏历史上较早的以汉民族为前身的华夏民族的民屯移民。

汉帝国时又曾多次向宁夏等边疆地区移民：元朔三年（前 126 年），"募民徙朔方 10 万口……屯垦备胡"[⑤]；元狩三年（前 120 年）"徙贫民于关以西及充朔方以南新秦中，七十余万口"[⑥] ——这是向西北边疆最多的一次移民；元狩五年（前 118 年）又徙"天下奸猾吏民与边"[⑦]。这几次

---

① 陈育宁主编：《宁夏通史》，宁夏人民出版社 2008 年版，第 201—202 页。

② 李范文主编：《西夏通史》，宁夏人民出版社 2005 年版，第 367—369 页。

③ 王钟翰主编：《中国民族史》，中国社会科学出版社 1994 年版，第 525 页。

④ 《史记·秦始皇本纪》。

⑤ 《汉书·食货志》。

⑥ 《汉书·武帝纪》。

⑦ 同上。

移民不下 80 万人，主要迁徙至朔方、“新秦中”。有学者据推测北地郡移民至少三十万人。

东汉初年，东汉政府除将部分战争俘虏发配宁夏等边疆地区屯田戍守外，还于建武二十六年（50 年）令躲避战乱的流民返乡耕种，并给予耕畜农具籽种。明帝永平八年（65 年），下令赦免全国罪犯囚徒携家至朔方等地屯垦开发。第二年又赦免死囚徙朔方等地屯垦立业。

曹魏末年，曹操在宁夏平原设立了相当于郡一级的“典农城”管理移民屯田，一方面不断地向宁夏地区“给百姓”即移民，另一方面大量吸收汉文化，在改姓氏、改服装、改语言的同时，也改地名。这个时期，在宁夏黄河两岸除有“胡城”（即胡地城，汉灵武县，今青铜峡邵岗境内）、“历城”（郡建安县，今宁夏陶乐镇南）外，还出现了“汉城”（北魏上河城、刁公城、薄骨律仓城，今永宁县望洪境内）。所谓汉城，就是北魏统一黄河流域之后，将关东一带的汉人大批迁移到宁夏黄河西岸，建城居住并屯田。此即《太平寰宇记》引隋《图经集》云“后魏立弘静镇（即汉代上河城，今永宁县）徙关东汉人以充屯田”①，因为所居皆系内地汉族移民，故俗谓之“汉城”。此外，《水经注》北周武帝建德三年（574 年）移民 2 万余户于夏国丽子园怀远郡等地。宣政二年（579 年）北周破陈，将陈将吴明彻以下 3 万余被俘将士及江淮居民迁徙至宁夏平原屯田，使“本杂羌戎之俗”的宁夏地区，因“其江左之人尚礼好学，习俗相化”，而变成了“塞北江南”。

隋帝国时，在长城以北和河西走廊的广大地区大兴屯垦并取得显著成效。隋开皇三年（583 年）“突厥犯边，土谷浑寇边，军旅数起，转输劳敝。帝乃令朔州总管赵仲卿，于长城以北，大兴屯田，以实塞下。又于河西，勒百姓立堡，营田积谷”②。

唐帝国时，宁夏不仅是西北最重要的边镇之一，而且北部引黄灌区也引来了大规模的移民。7 世纪末叶，灵州总管娄师德在灵州“检校屯田，收粟既多……不烦和籴之费，无复转输之艰。两军及北镇兵，数年咸得支给”③。数年间积谷百万石，可由黄河外运粮食。其人口也由贞观十三年

① 《太平寰宇记》引隋《图经集》。

② 《隋书·食货志》。

③ 《旧唐书·娄师德传》。

（639年）的23000余口，增加到天宝元年（742年）的61000口之多（各羁縻州少数民族人口不计在内）。到天宝年间灵州成为唐朝最大的军镇，其管辖范围相当于今宁夏全境和陕、甘、内蒙古的一部分，史称灵州兵食完富，士马全盛，甲于诸镇，有“天下劲兵在于朔方”[①]之称。此外，唐代宁夏南部是全国的养马业中心，其都监牧使由原州刺史兼任。其下设65牧马监（军马场），其中34监在原州境内。高宗麟德年间（664—665年），在平凉（今固原）等四郡增设牧马监（军马场）48所，置八使以管其事。为解决人畜的粮草供应，置田1230顷，募民耕种，以供刍秣。开元间，原州军屯4屯，耕地2000顷。唐代中后期，又向这里募迁垦民，遣送流犯，开营田，修道路，置堡棚，使农牧业又有所恢复。[②]

凡此等等，都记载了汉民族移民入宁夏不止，既为开发宁夏做出了贡献，也为汉民族在宁夏的“滚雪球”奠定了根基。

（二）元代宁夏的汉民族移民

元帝国之初，因在与西夏的战争中“其民至穿凿土石避之，免者百无一二，白骨蔽野，数千里几成赤地”[③]，有30万军民被杀。“郡县废于兵”“土地野旷，十未垦一”，宁夏北部几成废墟。[④]故元帝国十分重视对宁夏的移民开发。

首先是军屯。元代是宁夏地区军屯兴盛的时期，也是军事移民的高峰。忽必烈建元之后，大力推行军民屯田。“内而各卫，外而行省，皆立屯田，以资军饷。”“天下无不可屯之兵，无不可耕之地矣。”[⑤]向宁夏地区的移民屯田主要是在忽必烈在位期间（1261—1294年）的后三十三年。《元史》中多处留下了在此期间宁夏军屯的记载：

> 至元十三年（1276年），李进“领兵二千，屯田河西中兴府。……十五年，移屯六盘山”[⑥]。世祖至元十六年（1279年），调

---

① 《新唐书·魏知古传》。

② 郑彦卿、郑晨阳：《话说宁夏移民200余年的交汇与延续》，载《新消息报》2009年10月9日；杨森翔：《中国地域文化通览·宁夏卷》下册《第二章　移民文化》。

③ 《西夏书事》卷四二。

④ 同上。

⑤ 《元史·兵志·屯田》。

⑥ 《元史·李进传》。

> 归附军人于甘州。至元十八年（1281 年）正月，命肃州、沙州、瓜州置立屯田。先是，遣都元帅刘恩往肃州诸郡，视地之所宜，恩还言宜立屯田，遂从之。发军于甘州黑山子、满峪、泉水渠、鸭子翅等处立屯，为户二千二百九十，为田一千一百六十六顷六十四亩。十月，世祖又“命安西王府协济户及南山隘口军，于安西、延安、凤翔、六盘山等处屯田”[①]。世祖至元十九年（1282 年）三月，发迤南新附军一千三百八十二户，往宁夏等处屯田。至元二十一年（1284 年），遣塔塔里千户所管军人九百五十八户屯田，为田一千四百九十八顷三十三亩。至元二十二年（1285 年），迁甘州新附军二百人，往屯亦集乃合即渠开种，为田九十一顷五十亩。[②] 至元二十四年（1287 年）十月，世祖“从总帅汪惟和言，分所部戍四川军五千人屯田六盘”[③]。至元二十五年（1288 年）五月，“陕西省督巩昌兵五千人屯田六盘山”[④]。至元二十九年（1292 年）三月，“枢密院臣奏：‘延安、凤翔、京兆三路籍军三千人，桑哥皆罢为民，今复其军籍，屯田六盘。’从之”[⑤]。世祖之后，成宗元贞二年（1296 年）二月，“自六盘山至黄河立屯田，置军万人”[⑥]。

其次是民屯。中统元年（1260 年）调迁“京兆诸处无籍户之戍灵州屯田者”[⑦] 数起，元人董文用在宁夏中兴等路行省任郎中期间，也开疏唐来、汉延、秦家渠等，以屯垦境内的水田，召集流亡耕种者达四五万户。至元三年（1266 年），又对唐来、汉延等渠进行过一次疏浚。[⑧] 南宋归降于元朝的“新民”，忽必烈也将他们迁徙实边。据《元史·兵志·屯田》载：至元八年（1271 年），随州、鄂州新民 1107 户被迁往中兴（宁夏）。这些迁入的移民，“计丁给地，立三屯，使耕以自养，官民便之”[⑨]。至元

① 《元史·世祖纪八》。
② 《元史·兵志三》。
③ 《元史·世祖十一》。
④ 《元史·世祖十二》。
⑤ 《元史·世祖十四》。
⑥ 《元史·成宗二》。
⑦ 《元史》卷一二六，列传第十三。
⑧ 《元史·世祖纪三》。
⑨ 《元史·袁裕传》。

十九年（1282 年），再发新附军 1382 户于宁夏。为了有更多的人进入屯垦，西夏中兴等路新民安抚副使袁裕建议："西夏羌、浑杂居，驱良莫辨，宜验已有从良书者，则为良民。"[①] 这一建议得到批准后，遂招收放良民 904 户，编聚屯田。[②] 至元二十六年（1289 年），中兴路新民总管、党项人朵儿赤录南军屯户子弟之精壮者垦田，"塞黄河九口，开其三流。凡三载，赋额增培"[③]。这样一来，不但原西夏故地上逃亡的流民大批返回乡里，而且还从各地迁来了大批的"新民"，宁夏北部的劳动力不断增加。需要说明的是，这时移住并参加宁夏屯田的人中，除汉民族外，还有蒙、回、羌、浑等各民族。[④]

在元帝国前期的三十多年里，多次向宁夏地区移民屯田，仅至元年间移民宁夏的屯田人口多达 7 万人。北部以民屯为主，南部以军屯为主。[⑤] 元代对宁夏的汉民族移民为明、清两代的汉民族移民开辟了道路。

（三）明代宁夏的汉民族移民

明帝国是一个大屯田、大移民的时代，史称"屯田遍天下"[⑥]。

1. 军屯移民

早在明军统一西北的过程中，宁夏是设立卫所较早的边境地区，当时宁夏隶属于陕西布政使司（南部固原地区），卫所管理隶属于陕西都司统领。据《明史·兵志二》记载，陕西都司所辖今宁夏的卫所有：宁夏卫、宁夏中屯卫、宁夏左屯卫、宁夏右屯卫、固原卫、宁夏后卫及平虏千户所、兴武营千户所、镇戎千户所等。卫所军士戍守边地，还有屯田任务，一般是戍 3 屯 7，或戍 4 屯 6，也有戍、屯各半的。据庆王朱栴的《宁夏志·屯田》，宁夏曾一度是 6 分屯田、4 分守城，说明在明代宁夏边镇军事防御的重要，且守军人员比例较大。明朝政府先后在北部防线设立"九大"军镇，每镇所辖士兵约在 10 万人，宁夏境内有宁夏、固原二镇，约 20 万人。故顾炎武曾说，明代"屯田遍天下，九边为多"[⑦]。

---

① 《元史·兵志三》。

② 《元史·朵儿赤传》。

③ 《元史·地理志》。

④ 薛正昌：《历代移民与宁夏开发（上）》，《宁夏社会科学》2005 年第 4 期。

⑤ 杨森翔：《中国地域文化通览·宁夏卷》下册《第二章　移民文化》。

⑥ （清）顾炎武：《天下郡国利病书·砥斋集·延安屯田之义》。

⑦ 同上。

以固原为例，明宪宗成化四年（1468 年）在固原设置卫一级军事建制。弘治十四年（1501 年）再设固原镇，成为当时“九边”重镇之一。固原卫所属有西安州（宁夏海原县西安乡）、镇戎（固原县北）、平虏（宁夏同心南）3 个守御千户所，有白马城（今甘肃环县西南）、海剌都营（今宁夏海原）、下马防关（今同心东北）、红古城（今同心南）等屯堡以及黑石头、马刚堡等 40 余小屯堡。嘉靖中，固原卫马步官军 2487 名，按戍 3 屯 7 的比例计算，屯田军士为 1600 名。其中西安州守御千户所有官兵 1349 名，镇戎守御千户所有官兵 1106 名，平虏千户所有官兵 1245 名，其余分布在海剌都营、红古城、白马城屯堡附近。明代后期，固原屯田仍在进行。据《万历固原州志·田赋志》载，当时原额屯丁一千三百一十三人。

再以宁夏诸卫军屯为例，洪武九年（1376 年）置宁夏卫，隶属于陕西都司。宁夏卫设置后，不久增设宁夏前卫、宁夏左屯卫、宁夏右屯卫和宁夏中屯卫。其后，又并中屯卫于左、右屯卫。庆王朱㮵由韦州迁徙宁夏后，置中护卫为其扈从。正德五年（1510 年）又改中护卫为中屯卫，再加大军屯队伍。此外，还有宁夏中卫（今中卫市）、宁夏后卫（今盐池县）、灵州守御千户所（今灵武市）、兴武营守御千户所（今盐池县）、宁夏群牧千户所等。宁夏诸卫各设 5 个千户所，加上以上所列直辖的 3 个所，共 7 卫 38 个千户所。而宁夏屯田，大致始于洪武八年（1375 年）河南侯陆聚和卫国公邓愈屯田陕西时①，这是宁夏军屯的前奏。第二年，宁夏立卫后，明朝政府“徙五方之人以实之”②。洪武年间的宁夏屯田，为后来更大规模的屯田奠定了基础。

到了永乐元年（1403 年），宁夏镇总兵何福奏报：“宁夏四卫马步旗军二万四百一十三人，见拨马步三千一百七十一人操持，其余守城正军并记录幼小之属不计外，实用一万四千一百八十四人。”③ 可见，永乐初年宁夏军屯人数占驻军总数的一小半。据嘉靖《宁夏新志》记载，嘉靖时除右屯卫军伍数不详外，宁夏卫有军伍 3890 名，左屯卫有军伍 4300 名，前卫有军伍 3261 名，中屯卫有军伍 2139 名。此外，灵州守御千户所有军

---

① 《明史·陆聚传》。

② 嘉靖《宁夏新志》卷一《五卫》。

③ 《明太宗实录》卷一六。

士 702 名，中卫有军士 2203 名，鸣沙州城有军士 279 名。[①]

对于军屯的作用，许立坤认为，明代卫所军制除屯守结合外，另有三个特点：一是军皆世籍，父死子继，军籍与民籍完全分开；二是驻地固定，非朝廷命令不得变动；三是凡为军者结婚后需带妻室前往驻地。[②] 卫所的实行以及军事屯垦，其目的就是要使："驻边疆少数民族地区的汉族军队，成了当地的永久居民。"[③] 就是将这些汉民族人变为边地的移民。明帝国的军屯成了汉民族移民入宁夏的一支重要力量。

2. 民屯移民

明帝国的民屯分为移民屯田、募民屯田、徙罪屯田三类。由于宁夏特殊的地理环境，这三种类型的民屯形式基本都有，所谓"移民就宽乡，或招募，或罪徙为民屯"[④]。也就是"凡荒闲可耕之地，招募军民商贾有捐资者，给为永业"[⑤]。可见，民屯是由政府通过招募、迁徙等方式，将一部分民户从狭乡移往宽乡或边远荒闲之地屯垦的一种耕种形式。

宁夏移民屯田始于洪武六年（1373 年），史载"宁夏境内……土膏沃，宜召集流亡屯田"[⑥]。但真正开始民屯是在洪武九年（1376 年），这一年，"徙他方之民以实宁夏，其中吴楚人最多"[⑦]。正统以后，移民人数不断增多，民屯随之在宁夏兴盛起来。募民屯田的形式在明洪武九年以后较多，如洪武九年（1376 年），政府已开始招集大量的流民到宁夏屯田。正统年间（1436—1449 年），西北边地兵锋加剧，宁夏军士流亡严重，军屯呈衰落之势。于是明帝国便积极招募和迁徙民户屯田，以补军屯之不足。所以，正统以后，政府开始以十分优惠的政策，积极鼓励民屯。"请令各屯原额地土有抛荒及空闲者，无论土豪官民军余尽力开耕垦，永不起科"[⑧]。民屯耕种的土地，却不纳地租，这是嘉靖时期的屯田政策。万历十九年（1591 年），户部尚书樊玉衡关于屯政的奏议中称"广招佃"，即

---

① 嘉靖《宁夏新志》卷一《五卫》、卷三所属各地。

② 许立坤：《明代移民政策及其对边疆民族地区的影响》，《广西民族学院学报》1998 年 9 月，高教研究专辑。

③ 同上。

④ 《明史・食货志》。

⑤ 《明世宗实录》卷一五。

⑥ 《明史・食货志》。

⑦ 同上。

⑧ 《明世宗实录》卷九五。

以“抛荒地土，听小民开垦”①。从而使宁夏的民屯再度兴盛。同时，由于对陕西沿边军民田地及早已抛荒的闲田均免征税，到了万历后期至崇祯年间，大批的军屯已转化为民屯。

明代屯田，无论军屯、民屯、商屯，作为被迁徙者都要离开故土，携妻子儿女到边地垦荒屯种；同时，明朝政府对他们也给予种种优惠条件，如给予的种子、农具、车，还蠲免租税，延长起科（纳税）的年限，甚至永不起科。这样做，目的是想招徕更多的流民屯垦。军屯、民屯、商屯的存在并长期留驻宁夏，对宁夏的开发起过重要作用，产生过积极影响。其中影响最大的是迁徙人口的增加。明代初年，宁夏人口内迁西安府，一时期成为“空地”。但为了固防边境，不久再大量迁入各色屯田人。这里不仅有大量驻军，以卫所形式大兴屯田，而且有大量移民、招抚的流民来宁夏垦种，人口大增。永乐时期的陕西三边，已经是“塞下充实，地渐开辟”的移民之地②，宁夏最能体现“塞下充实”的繁荣景象。明朝政府特别重视宁夏地区的移民屯垦，措施得力，加之各级官吏的努力，使宁夏人口增长较快些”③。这由宁夏五卫屯堡的不断增多即可看出。

这里说的宁夏五卫屯堡，主要指宁夏平原的屯堡开发。由《嘉靖宁夏新志》所列宁夏五卫的堡寨约近 90 处，另外还有约近 200 处烽墩。这些屯堡和烽墩，在当时都是屯田军士居住的地方，后来逐渐演变成一处一处的自然村落，有的甚至是发展成为城镇。如右屯卫的杨信堡，最初是弘治年间巡抚督御史张贞叔所筑，“为屯种军余十余家所居，春往冬返”。仅是一处屯种的吊庄，不是常居之地。但到了正德初年，都御史冯清檄部下率兵“拓其而筑”，在前人张贞叔筑城的基础上拓展，原堡住“十余家”，拓展后能住“百余家”，已经是一个小镇子了。从此，屯种者便定居下来，而不是“春往冬返”，自然是“人无往返之劳，获安耕牧之业”④。再如马圈儿墩、罗家洼墩等，原本是正德年间巡抚督御史冯清修筑的瞭望台，是不住人的。但后来由镇城拨军瞭望台而渐居之⑤，可见，屯堡与烽墩一样，随着军屯年代的延续，都慢慢地变成了一个一个的居民

① 《明神宗实录》卷二三三。

② 《明经世文编》卷三〇〇，张元洲先生合省疏、边患稍宁及时大修边政疏。

③ 赵俪生主编：《古代西北屯田史》，甘肃文化出版社 1997 年版，第 343 页。

④ 嘉靖《宁夏新志》卷一。

⑤ 同上。

点或村落而定居下来了。

3. 商屯移民

在宁夏还有商屯，与明帝国在云南、贵州的商屯一样，实行“中盐法”[①]。不少两浙、两淮、福建、长芦、河东等地的盐商输送粮食到宁夏换盐，久而久之，这些商人也有不少落籍宁夏定居下来。[②] 正如明人杨一清所说：“近年总制尚书秦纮要增盐利，及以便宜处置，出给小票，许令将往西、凤、延安、汉中等府发卖，盐商云滃，盐厂山积，固原荒凉之地，变为繁华。”[③] 当时的固原还设有专门的管理盐引的机构“周原盐引批验所”以及总制秦纮奏设的东、西、南、北、中五个盐场，这五个盐场均为当时固原的商人纳粮换取盐引之地。[④] 这些盐商不仅在此屯田，还用“中盐制”所规定颁发的灵州“盐引”换取当时固原附近的延安、平凉、庆阳等府州县民间养马。[⑤] 各地盐商广集于固原，有众多商铺，其中不乏商户定居固原，以此地为长期经商之地，并且这些盐商只有在此兴屯方可以立足、纳粮以换得“盐引”。至杨一清任三边总制时，其整顿边务，招商兴边：“世宗时，杨一清复请召商开中，又请仿古募民实塞下之意，招徕陇右、关西民以屯边。”[⑥] 杨一清招商开中，以兴边贸，又招募关陇之人屯边，招徕许多汉族移民与当地“土达”混居，这些人也就构成明代汉族移民的一部分。[⑦]

4. 马政移民

马政移民是宁夏汉民族移民特有的一种形式。所谓“马政，是中国

---

① “中盐法”由“开中”发展来的，是为解决军粮问题而实行的一种特殊屯田形式。通常意义上是指政府垄断食盐专卖权之后，因边防地区在战争状态下急需粮食，所实行的一种“募盐商于各边开中”的制度，即政府规定商人把粮食运到边境指定地点，交纳上仓，就可以换取国家专营盐场的盐引。所谓“开中”，是一种鼓励商人输送粮食到指定的边地仓库换取政府盐引，以取得贩盐专利的一种制度。它始于北宋仁宗年间，经历元代至明代，已发展成为一种相对稳定的、适宜边地商屯开中的制度。

② 以上参阅薛正昌《历代移民与宁夏开发（下）》，《宁夏社会科学》2005 年第 5 期。

③ （明）杨一清著，唐景绅、谢玉杰点校：《杨一清集》（上册），《关中奏议》卷二《马政类·为修举马政事》，中华书局 2001 年版，第 64 页。

④ 嘉靖《固原州志》卷一《文武衙门》。

⑤ 薛正昌：《历代马政在固原》，《固原师专学报》1996 年第 2 期。

⑥ 《明史·食货志》。

⑦ 张俊明：《明清以来宁夏南部的汉族移民及其文化适应研究》，硕士学位论文，兰州大学，2007 年，第 10—11 页。

封建时代的一种特有制度，即封建国家对官用马匹的采办、牧养、使用等方面所实施的行政管理制度。自秦汉以降，迄于明清，它一直是历代兵制和财赋制度的重要组成部分”①。由于六盘山及其周围地区丰富的水草与独特的气候条件，宁夏南部成为历代王朝养殖宫廷御用马和战马的重要场所之一。

有明一代利用固原得天独厚的资源，设置牧马机构，“苑马寺所属坐落固原州地方监苑：长乐监：在州城东北隅。监正一员。……所属在固原者三苑：开城苑、广宁苑、黑水苑”②。除苑马寺所属专门机构外，还有军事机构甘州群牧千户所。另外还有藩王牧马地，在固原有肃王、楚王、韩王牧马地，“明洪武二十年，以地赐韩、肃、楚、庆诸藩为牧场”③。固原现在有名的“八营”也是当时建立的牧场，隶属于开城苑。据考：弘治之时，固原与马政有关的牧丁数为 728 名。至明嘉靖《平凉府志》撰修时，固原苑马寺所属机构的驻军数分别为：开城苑额军 700 人，广宁苑额军 500 人，黑水苑额军 276 人，牧丁数为 1476 名。④ 这些驻军与牧丁大部分是来自内地的汉族人。

明代对马政实行军事化管理，牧丁的组成有六种，即“凡牧人，曰恩军，曰队军，曰改编之军，曰充发之军，曰招募之军，曰抽选之军，皆籍而食之”⑤。恩军的意思就是：“籍没免死充军者谓之恩军。”⑥ 各类牧丁多定居当地成为当时的汉族移民的组成部分之一。

总之，明帝国的汉民族移民，通过军屯、民屯、商屯和马政，以及其他方式入宁夏⑦，都逐渐凝聚成了宁夏的主体民族，为宁夏人的形成奠定了坚实的基础。

（四）清代宁夏的汉民族移民及宁夏人的形成

清帝国是一个民族大互动的时代。在这个时代，宁夏从边地转化成腹

---

① 姚继荣：《试论明代西北马政的衰败原因》，《青海社会科学》1994 年第 3 期。

② 嘉靖《固原州志》卷一《文武衙门》。

③ 民国《固原县志》卷五《建置志》。

④ 嘉靖《平凉府志·官师》。

⑤ 《明史·食货志》。

⑥ （明）杨一清著，唐景绅、谢玉杰点校：《杨一清集》（上册），《关中奏议》卷二《马政类·为修举马政事》，中华书局 2001 年版，第 3 页。

⑦ 张俊明：《明清以来宁夏南部的汉族移民及其文化适应研究》，硕士学位论文，兰州大学，2007 年，第 14—15 页。

地，特别是在清朝廷对准噶尔部用兵的过程中，历康熙、雍正、乾隆三朝近七十年。康熙在亲征噶尔丹时，甚至坐镇宁夏统一调度指挥，宁夏已成为大后方。这场旷日持久的战争，伴随的是屯田的历程。

清代，是又一个少数民族入主掌握国家命脉的时代。当满族统治者与蒙古贵族上层政治联姻后，北部边境的冲突与战争基本解除了，宁夏作为历代边境兵锋的历史已经结束，转而成为腹地。清代康熙、雍正、乾隆三朝的战争，都发生在更边远的地带。清代对准噶尔部的用兵过程中的屯田，主要在甘肃河西和新疆。在这种大冲突、大互动的背景下，清帝国加强了在宁夏地区的屯田。

清代的屯田形式有三种：一是兵屯；二是户屯；三是遣屯。兵屯，每百人设一屯，屯田兵每名种地 20 亩，由官府发给耕牛、农具、种子等。户屯，即由内地迁往新疆地区的汉族农民。遣屯，即遣犯罪者屯田。已作为清帝国大后方的宁夏，在军事上的地理位置仍显得重要。顾祖禹在他的历史地理、军事地理名著《读史方舆纪要》中，曾分析以北京为都城的周边军事地理时说，近畿有三辅，即蓟州、宣府、保定，互为声援；外层有九边，即辽东、宣府、大同、延绥、宁夏、甘肃、蓟州、太原、固原。清代初年，固原仍是陕西总督的驻节之地，不但驻守着大量的军队，而且仍在实施着相对和平时期的屯田。

正如薛正昌的研究所说，在经历了明末数十年的战争之后，清代初年大致是“一望极目，田地荒凉；四顾郊原，社灶烟冷”① 的景象。因此在顺治时期，明确要求官吏督垦荒地，发展生产，直到康熙年间还在推行垦荒政策，“有田功者升，无田功者黜”②。到了康熙后期，荒地基本上开垦无遗。在这个过程中，宁夏境内不但屯田在进行，而且还有移民进入。《中华文明史》在分析清代经济时，把当时的中国分为“已开发区域”“开发中区域”和“未开发区域”三种类型。当时隶属于甘肃省的宁夏府，属于“开发中区域”③。清代前期的移民运动，主要是指大量人口从已开发区域向开发中区域的迁移。这一时期，隶属于甘肃的固原州也有移民进入。而清代的宁夏平原，是农田水利建设的重要地区。康熙、雍正年

① （清）琴川居士辑：《皇清奏议》卷一。

② 《清文献通考》卷二。

③ 李自修等主编：《中华文明史》第九卷，河北教育出版社 1994 年版，第 156 页。

间，先后新建灌溉农田 11 万亩的大清渠和灌田 20 余万亩的惠安渠，与唐徕、汉延合称四大渠。此外还有昌润渠等，灌田也各有数万亩至十余万亩。[①] 清代，军事意义上的屯田不存在了，但落户在宁夏平原上的屯田人，依旧在为宁夏的农业发展倾心竭力。因为，历史把他们都变成了宁夏人。[②]

宁夏人的形成从汉民族人口的大增长可得到确定。据《宁夏通史》研究，乾隆、嘉庆年间出现了我国封建社会最后一次的人口增长高峰，宁夏地区由于明末清初的军政经济状况的巨大变化，人口增长更为突出。宁夏地区北部，明末万历年间宁夏镇军民合计：仅 29073 户，129570 人（1617 年资料）。而到清代嘉庆年间，宁夏府户口数高达 214992 户，1392815 人，较之 200 年前超过 10 倍（1820 年资料）。其中平罗县尤为突出，万历年间本地为平虏千户所，军民合计仅 2287 人，而经过清初的移民屯垦，至道光年间本县居民多达 169056 人，200 多年中竟增长了 73 倍（1844 年资料）。

清代宁夏地区南部，人口同样增长很快。如固原州，万历年间（1617 年资料）仅 1167 户，23606 人；而至清末宣统元年（1909 年），即经过同治战事人口锐减之后，仍有 14912 户，98737 人，人口数约为明末的 4 倍。又如海城厅（今海原县城），明末曾是“人民相食，户口寥落”，清初辟为牧地，至乾隆时则已“帮课已革，军务不兴，十余年流移渐返”。乾隆十三年（1748 年）迁平凉府盐茶厅于此，至清末本地（海城县）户口也增长至 6930 户，42334 人。

更重要的是从地域分布上看，宁夏人从明代的点状分布转为清代的面状扩散。明代宁夏镇军民集中于镇城五卫和若干堡寨里（镇城卫人数占全镇人口总数的 60% 以上），而清代宁夏人口则分散于各州县，各州县人口又散布于广大村庄田野。这反映了宁夏人口的布局，由古代的边防据点型，至清代已转变为农村分散型。可见除回族聚居区以外，汉民族移民已遍布宁夏城乡了。[③]

清代宁夏的这些人口数，虽没有具体的民族结构分析，但明清以来，

---

① 《朔方道志》。

② 以上参阅薛正昌《历代移民与宁夏开发（下）》，《宁夏社会科学》2005 年第 5 期。

③ 以上参阅陈育宁主编《宁夏通史》，宁夏人民出版社 2008 年版，第 273—274 页。

宁夏除汉族外，主要还有回族，以及少量的蒙古族和满族。如果以现在汉民族人口在宁夏的比例去解读，那我们可确认清代以来，汉民族已成为宁夏的主体民族。正如葛剑雄在《移民与中国》中所说："没有移民，就没有中华民族，就没有中国疆域，就没有中国文化，就没有中国历史。"就是在汉民族从多元走向一体的过程中，迁入宁夏的汉民族，在与其他西北少数民族互动、磨合、整合和融合中，终于成为宁夏的主体民族，而形成宁夏人。

第三节　宁夏人的人文特征

宁夏人哎
志向高远的憨厚朴实的
志向高远的憨厚朴实的
宁夏人
能吃天下千般苦
能担时间万重山
敢摘星星追日月
敢踩黄河浪尖尖
呦嗬呦嗬呦嗬呦嗬
挑起贺兰挽六盘
气豪感动地和天地和天
盖碗热茶迎宾客
大盘羊肉赛西餐
油香吃的肚儿圆
真情似火杯中燃
呦嗬呦嗬呦嗬呦嗬
五宝让你心儿暖
花儿送你千里远
回汉一家血脉连
胸襟开阔视野宽
抢抓机遇勇争先
同心建设好家园

呦嗬呦嗬呦嗬呦嗬
奋发努力闯雄关
跨越发展开新篇开新篇
宁夏人哎
志向高远的憨厚朴实的
志向高远的憨厚朴实的
宁夏人

这首《宁夏人》的歌曲向人们传达了宁夏人的正能量。而另一个关于宁夏首府银川人在北京的段子，又让人们感受到了宁夏人的特点，其云：

有个银川人吧，第一次去北京，刚下火车，挺饿，找了个包子铺，一进门就喊了一嗓子："老板！溜事一个包子！"老板一听吓一跳，六十一个包子！就赶忙叫伙计做，又赔着笑脸问："还有点儿什么？"这个银川爷们又说："呢在沏事一壶茶！"老板一听，擦，七十一壶茶，感觉这个人在故意捉弄他，就问了句："这么多！您几位？"爷们又说："就事一个人。"……老板内心世界（九十一个人……九十一……）[①]。

一　"整个宁夏人，就是一个农民的群体"

讲到宁夏人的人文特征，不能不提到在宁夏媒体上开展过的关于"宁夏人缺乏商业冒险精神吗？"的讨论。

2005 年 6 月 15 日，李荣华在《宁夏日报》上发表《宁夏人，你缺乏商业冒险精神吗？》提出了让宁夏人不得不反思的问题，其云：

搞运输的是山东人，卖塑料制品的是湖南人，卖衣服的是浙江人，卖建材的是福建人，搞工程的是四川人……走遍银川，高档海鲜楼是广东人开的，生意最火的商城是温州人开的，最好的房子是外地人盖的……而宁夏本地人已经沦为集体打工者。我们实在是应该问一个问题：宁夏人到底有没有商业头脑和创业精神？"如果你说宁夏人

① 《银川人在北京》（http：//www. douban. com/group/topic/15612294/）。

没有商业头脑和创业精神，你就把宁夏人得罪了！”一位不愿透露姓名的宁夏人如是说，至于为什么宁夏的钱被外地人赚去了，他的答复是，“外地人土地少，只能经商，宁夏人有肥沃的土地，历来不愁吃穿”。《新经济》周刊记者李荣华就此话题展开了调查。慵懒、闲适是宁夏这个地域的标志和卖点？

古丝绸之路从宁夏北部穿过时，在一定时期内唤醒了当时宁夏人经商的意识。特别是宁夏的穆斯林，经商意识日渐增强，几百年间，宁夏的穆斯林与西部的多个国家建立了非常密切的政治、贸易关系。可以说，当时的宁夏商贾遍布全国各地。

一位宁夏人说：“从商业发展速度来说，今日的宁夏人商业头脑已跟不上市场经济的需要。宁商曾经的辉煌与宁人曾有的冒险精神已不复存在。受地理、政策、人文环境等因素影响，今天的宁夏人保守封闭，眼光短浅，心胸狭隘，不爱冒险，缺乏开拓精神。”他强调，“慵懒、闲适成为宁夏这个地域的标志和卖点，宁夏人就这样失去了走出去的冒险精神和竞争意识。”

这位宁夏人的证据是，与人均资源全国倒数第三的浙江相比，宁夏资源丰富，经济发展却严重滞后。浙江省现有个体工商户168.39万户；而截至2003年底，宁夏私营企业总户数仅为24万余户，这其中还包括外地在宁人士创办的私企。

在宁夏投资兴业的浙商有10万多人，银川市小商品交易市场集中地——温州商城和东方商城以及各建材城，70%的经营者是浙江人。在吴忠和石嘴山等市，大部分商家的老板是说着南腔北调的外省人。创业精神的缺失是否可归根于“懒惰”？

祖孙三代在宁夏生活的任先生说，“宁夏人的根本问题就是太懒惰，挑三拣四，小事不愿做，大事又做不了”。

在宁夏做生意的河北人张先生说，宁夏人缺少商业冒险精神是各种原因造成的，但是把宁夏人的毛病归于惰性是一针见血。他说，在给客户组装货架时，店主自己配玻璃要便宜很多，但是一些店主宁愿打电话让他上门服务，也不愿自己动手去安装。省下的就是挣下的，虽然这是一个小细节，便至少说明店主缺乏创业时的吃苦精神。

姚军也是一名外地人，他说，他搞不懂，一些馒头店的门口始终络绎不绝地排着长队，还有新开的麻花店，也是排着长长的队。一次北京华联搞促销，一斤鸡蛋也就便宜个几毛钱，有人竟排几个小时的队去买。他认为，一个小时的时间，不同地方的人可能会用不同的态度来对待，比如在沿海一带经济发达的地区，人们可能会用来赚钱。

在银川打麻将、打扑克的人很多。部分宁夏人也开始扪心自问，一天同样都是 24 个小时，为什么福建、浙江等地的人就能做成大老板，而大多数宁夏人却只有给别人打工的份儿呢？“安于现状”是宁夏人最大的特点吗？

“天下黄河富宁夏”，农牧生活让宁夏人安于现状，也让其斗志激情变得温和。

按照宁夏社会科学院副院长雷兴魁的说法，宁夏位于内陆，从古到今，以农业、农牧业经济为主，封闭了几千年，对外经济交流活动很少，形成了商业上的劣势。在人们的潜意识里，商业经济是不正当的营生，传统上重农轻商。他们循规蹈矩的生活态度，导致了商品意识、市场意识的缺乏，加之地理环境封闭、交通不发达，宁夏人思维方式上的相对保守也就更加突显。

可以说，黄河造就了“塞上江南”的美誉，也让宁夏人满足于肥沃的土地和温饱不忧的日子。这种田园牧歌式的农耕生活造就了中原文化，在这样的文化土壤中所生长起来的宁夏人，也大多是本分地生存、本分地劳作、本分地获益。

雷兴魁认为，宁夏人这种“农耕文化”的特点和生活态度是当地经济落后的重要原因，“宁夏人本分实在的性格也是一把‘双刃剑’”。

一方面，本分为商业诚信奠定了基础；另一方面，在计划经济被打破、市场经济体系尚未完善的转型时期，各路诸侯使出各种手段来争夺市场份额时，宁夏商人由于骨子里的本分，错失了资本原始积累的极好机会。

“整个宁夏人，就是一个农民的群体，缺少商业冒险精神。人一旦定位于平淡和安稳，就缺少了承担风险的能力。特别是大规模的商业运作，宁夏人缺乏实力，但也缺乏团队合作精神。导致目前很多人没事干，很多事没人干，形成一个失业大军。”雷兴魁说，计划经济体制下形成的资源型产业结构特征，也是造成当地经济落后的重要原因。①

---

① 李荣华：《宁夏人，你缺乏商业冒险精神吗?》，《宁夏日报》2005 年 6 月 15 日。

“整个宁夏人，就是一个农民的群体！”一针见血地把宁夏人的人文底蕴点明了。确实，宁夏地处内陆，为温带大陆性气候，年降水量少，气候干燥，境内平地少，山地多，沙漠也有很大一部分。自古以来，宁夏地处黄河流域，气候湿润，黄土高原更适合发展农耕。早在夏商周时代，宁夏就已经有人类居住了。因此从古到今，生活在宁夏境内的族群，以农业、农牧业经济为主，黄河的灌溉足以让宁夏人过着衣食无忧的生活了。

大自然的赐予使今天的银川人衣食无忧，养成了安然悠闲的生活习性，使慢生活成了银川的一个表征。秋庄稼收割后，农田漫灌一次黄河水，农事便告一段落了。银川的农民除宰杀牲畜、谈婚论嫁等大事外，有近四个月的时光，就是谝闲传、走亲戚、晒太阳……优哉游哉，全无自然条件恶劣或人口稠密之地方百姓们的生活压力和思想负担。这种悠闲懒散的作风具有传染性，就连吃“皇粮”的公务人员不论干什么也是慢吞吞的。早上八九点钟应该是公务最繁忙的时候，可银川的泡馍馆、拉面铺、杂碎摊里的食客大都是三五成群结伴而来的“公家人”。碰上周末或大型节假日，全民皆吃的盛大狂欢集中在酒店饭馆里，一顿本来半个多小时能解决的饭，常常会弄出几个小时来。慢节奏并非都是坏事，它可以营造一种恬静惬意的生活环境和文化氛围，让人们品评生活的美酒，感受生活的美好。银川大街小巷有很多百姓自办的融喝茶、打牌、听戏为一体的娱乐场所，只要花上一两块钱，你就可以泡上大半天，使味觉、视觉、听觉都得到满足，天气舒服的夏秋季节①，使人不能不想到东北人的“猫冬”。慵懒闲适的宁夏人，黄河造就了“塞上江南”的美誉，也让宁夏人满足于肥沃的土地和温饱不忧的日子。这种田园牧歌式的农耕生活造就了宁夏人的人文底蕴。

二　“关键时刻还得看咱宁夏爷们，老哥陪着你一起跳！”

宁夏人虽然特别“农民”，但“农民”有忠厚老实的本性。网络上有一个段子说：

> 什么是宁夏人，话说有一天，东北人、广东人、河南人、上海人、北京人、浙江人和宁夏人共乘一架飞机，飞机升空后发现超

① 参阅唐荣尧《银川人》，《环球人文地理》2012年第8期。

重，需要一个人跳下去才能确保安全。谁该跳下去？广东人掏出一张支票："哪位跳下去，这张支票就是他的了。"北京人慷慨陈词："生命是能用钱买的吗？人固有一死，或重于泰山，或轻于鸿毛。不就一条命吗？我——"当众人敬佩地看着他的时候，北京人却话头一转，"我今天要和联合国秘书长特使谈论国际维和问题，事关全人类的大事，我不能死，只好把青史留名的机会留给诸位了。"上海人说："我认为谁该跳下去，要由一个人在社会经济生活中的价值来决定。我的宝贵生命是为大上海的经济地位服务的，没有理由不珍惜！"河南人忽然泪流满面："俺是农民，俺该跳下去，可俺家还有80岁老娘。"东北人不耐烦了，亮出拳头说："整那么多废话干吗？谁的拳头硬谁就留下！"于是大家都看着瘦小的浙江人，浙江人拿出一个小秤说："我才80斤4两，即使我跳下去也解决不了问题啊！"

这时宁夏人站出来了，啥也没说就拉开了舱门。从驾驶舱又过来一个中卫人，拍着他的肩膀说："关键时刻还得看咱宁夏爷们，老哥陪着你一起跳！"机舱里一片赞叹声！突然，飞机剧烈下坠了——陪老乡一同跳下去的宁夏人是驾驶员。①

确实，宁夏人天生不爱表达，忠厚老实，外粗内秀，心里的话从来就羞于表达，有时急得脑门冒汗；宁夏人说话不好听，一口浓浓的宁夏口音，伴着憨厚朴实的语言，仍不被人理解甚至让人误解；宁夏人只会踏踏实实地去做，跟宁夏人交朋友，你要有耐心，其善良纯朴的心要慢慢去领会。宁夏人很难说出动感情的话，一旦说了，那可是一般人没有的勇气啊。宁夏人，只可放心地去交往，绝对可交！

忠诚，是宁夏人历来的优良品德，一则调查报告显示，宁夏人的离婚率全国最低。宁夏人眷恋着自己的故乡，无论走到哪里，都要证明自己是好样的，是实实在在的宁夏人。宁夏人热爱自己的故乡，宁夏人特别重视老乡关系，共同的生活地域，共同的生活背景和氛围，共同的乡音，使出门在外的宁夏人在相互交流中既找到了亲切感，又驱逐了心中的寂寞。忠诚构筑了宁夏人生生不息的本质，而这忠诚的信念厚厚地渗透沉淀在宁夏

---

① 《什么是宁夏人》（http：//blog. sina. com. cn/s/blog_ 4b2a0c9e01017dl2. html）。

人的心灵深处，一旦他们认准了值得为之忠心耿耿的事或人，就会忠诚有加，不会有丝毫懈怠，为朋友同生死、共患难，两肋插刀，忠于爱人，忠于家庭，忠于朋友。

宁夏人老实，擅长政治，不擅长经商，宁夏人做生意不愿到南方来，南方人太精明，宁夏人没心计，不习惯钩心斗角，宁夏人宁愿吃亏，也不能忘记自己的本分，以诚待人，不管别人对自己怎样，自己要真诚对待每一个人，这种为人处世之道，眼前亏可能会吃些，但最终笑到最后的还是宁夏人。精诚所至，金石为开。宁夏人是优秀的，细心观察就会发现，宁夏人各方面都不差，经济、文化、体育甚至读书的孩子，都是那么的刻苦、勤奋，天南地北的宁夏人在任何地方都可以撑起一片天，没有宁夏当年的大规模移民，就没有现在的大西北，西北人往上数几辈，就会发现祖辈可能是宁夏人。

宁夏人很少谈及爱情和自己爱的人。因为宁夏人骨子里面认为这是他们最宝贵的东西。宁夏人一旦选定自己爱的人，就会和他死心塌地好一辈子，并好好地去爱、去付出。宁夏人极不愿意提及分手，因为他根本不会去伤害一个人。宁夏人不擅长花前月下，不擅长花言巧语，甚至不懂浪漫，但能对自己心爱的人笨拙地尝试去做，你不要打消他的积极性，这份认真和诚意迟早你会感受到的。[①]

正因为宁夏人的低调，才有人评价宁夏人的代表银川人是一个“邻家村姑”：如果将中国城市人比喻为一个班集体，那么，很多人会公认北京人是班长，几个直辖市人和上海人、广州人无疑便是班委会成员，银川总是站在不起眼的角落，给人一种成绩不好不坏、表现不雅不俗的感觉，即便他和身边的几个城市人相比，也总是那么蔫不楚楚的，默默坐在被别人忽视的旮旯里。就这样，银川人就像一个素面朝天的小村姑，静静在黄河边、贺兰山围拢出的宁夏平原腹地，不张扬、不怒怨，扮演着周围不少知名度很高的城市人的“邻家小妹”的角色。[②]

三　“宣呢么”，宁夏人的炫耀心理

“宣呢么”是一句典型的银川话。在银川民间流传着这样一个故事：

---

① 《什么是宁夏人》（http：//blog. sina. com. cn/s/blog_ 4b2a0c9e01017dl2. html）。

② 唐荣尧：《银川人》，《环球人文地理》2012 年第 8 期。

一个银川人，一个中宁人，一个中卫人，三个人在客栈里碰上了。银川人自恃来自省城，瞧不起另外两个人；中宁人素来生意做得好，腰包里有钱，自然气也很粗；中卫人呢，自小饱读诗书，出口成章，见谁也不怯乎。一天三人在银川相聚，吹起自己所在地的建筑之高。中宁人自豪地说：“阿们（方言，我们的意思）中宁有个牛头山，扎（举，方言）起胳膊够（音 geng，方言）着天。”中卫人不甘示弱，大声说：“阿们中卫有个新鼓楼，半截子入（音 ru，方言，伸进的意思）在天里头。”银川人一看，这首府的面子不能折在下面城市里，便说：“阿们银川有个北（银川话发音为 bia）塔，超过最高的天丈八。”银川城现在还有一个南门楼，如今是银川人带着外地人游玩的标志性建筑，但他们给外地来的亲戚朋友介绍时总是自豪地说：“看吧，天安门和它像不像?”那口气，仿佛天安门真是仿照它做的。

这就是宁夏人老爱在别人面前炫耀的心理，拿银川话来说就是“宣呢么”。可见银川人个个都是城市形象大使。宁夏人爱显摆的“宣呢么”心理还有很多“有趣”的表达。《环球人文地理》记载了这样一些事：

有一个笑话说：2009 年秋天，银川市举行了盛大的庆祝建城 2121 年活动，一位银川学者对前来参加庆祝活动的郑州专家骄傲地说：“你看，今天是我们银川建城 2121 周年，你们建城 2121 周年时干什么去了?”郑州专家想了一下，貌似谦虚地说：“哦，我们郑州建城 2121 年时，是公元 730 年，那时的民众正在寻找商王朝在我们那里建的都邑文物呢！好像银川那时还仅仅是唐朝设立的怀远县吧!”

无论是对外地来银川者，还是银川人走到外地，遇见别人问起他是哪的，银川人总是不失时机地要显摆银川多美、多大，对外地人讲述银川的羊肉做得多么好吃，面的种类有很多。一次，有一位宁夏人请藏族朋友去银川有名的“德隆楼”涮羊肉，指着门头上 1988 年由中国标准草书代表人物胡公石题写的门匾自豪地说，这是银川最好的涮羊肉地方。藏族朋友问银川的羊究竟怎样，这位宁夏人有板有眼地骄傲地介绍：“银川人吃的羊多是来自盐池大草原上来的滩羊，喝的

> 是矿泉水，吃的是甘草，拉出来的都是六味地黄丸，藏区的羊无法比吧！”那位藏区朋友一脸的谦虚，回答道：“哦，我们的羊就很一般了，喝的是雪山之水，吃的是虫草，拉的比脑白金要好些吧。”
>
> 银川人，到了北京会说空气没有银川的好，到了海南会说物价没银川的便宜，到了成都会说比银川拥挤，到了上海会说银川的男人更像爷们，到了武汉会说银川人的脾气更好，即便到了西安，也会说这座古都比银川土气，接待兰州人时，会说银川更加洋气，遇到乌鲁木齐人，会说这里更具伊斯兰风情，好像银川就是天下最舒服的城市，是完美城市的代表。①

笔者对此也有切身的体验。有一年宁夏某单位不顾自身的条件，突然决定要办一件影响全国出版界和民族学界的事，表现得极为热情，某些领导甚至亲自到机场给学者送花迎接。大有“我们那点 miaqi 得很（miaqi 是很美的意思）”之势，“宣呢么”心理表达得淋漓尽致。然而结果却是虎头蛇尾，至今还没了结，在出版界留下了一座“烂尾楼”。其实，这种炫耀心理正是宁夏人显摆性格的一种文化表达。

① 唐荣尧：《银川人》，《环球人文地理》2012 年第 8 期。

第四章　天水人

天水人是汉民族在甘肃的族群之一，分布在甘肃陇坻之右、渭水河谷（今天水市）一带。

天水人之名为“天水”真是太有诗意了，它神奇、超脱，给你纯净、圣洁、丰沛等美妙的感觉，以及“飞流直下三千尺”的动感气势。“天水”之名的来由说法很多①，《水经注》曾云：“上邽……旧天水郡治，五城相接，北城中有湖水，有白龙出，风雨随之，故汉武帝元鼎三年改为天水郡。”② 民间则传说，在秦末秦州西南八十里外的小镇上。百姓于干涸湖边祈神求雨的次日，就看到了满湖清水，人们在高兴中边舞边喊：“天降水了！”从此，便称此地为“小天水”，称此湖为“海池”。后来，在武帝元鼎年间，“海池”突然干涸，秦州城外却出现了一湖碧水。武帝闻奏，以为祥兆，就改秦州城为“天水”。③

天水位于甘肃东南部，自古是丝绸之路必经之地和兵家必争之地。因天水所处之地的秦岭是长江与黄河两大水系的分水岭，天水大小河流 90 多条，也分属这两大水系。流入黄河的渭河，较大的支流有漳河、榜沙河、葫芦河、牛头河等；流入长江的嘉陵江则收编了西汉水、永宁河、红崖河等。所以天水全市横跨长江、黄河两大流域。至 2013 年天水辖武山、甘谷、秦安、清水、张家川回族自治县五县和秦州、麦积两区。人口有 3262548 人。④

---

① 据刘建臻研究，天水之名有六说。详见刘建臻《天水地名溯源》，《天水师范学院学报》2003 年第 3 期。

② （北魏）郦道元：《水经注》卷一七“渭水”。

③ 王钰：《“天水”与“小天水”》，《天水日报》1992 年 3 月 14 日。

④ 《天水市 2010 年第六次全国人口普查主要数据公报》，《天水日报》2011 年 6 月5 日。

第一节　天水人的语言

天水人以中原官话的陇右方言为基本特征。从整个汉语言看，天水话是北方方言西北次方言中最主要的关陇方言的一个分支，它同关中方言有更密切的关系。从地域范围看，天水方言不仅包括天水市属各县区，并包括其北的通渭、静宁、庄浪一带县份，即实际包容了陇山以西，西秦岭以北，整个牛头河流域、葫芦河流域、散渡河流域的渭河中游地区。

一　天水话的语言学特点

天水是一个统一的方言区，并不是说其语音绝对相同，而主要指其语言有一个统一的声调。天水方言的声调是比天水话的声母、韵母更具普遍性和稳定性的语音要素，所以，统一的声调是天水话的基础。但根据天水方言内部差异，可以从地域上分为四大块：天水话（包括秦城区、麦积区以及陇南的部分地区）、冀县话（包括甘谷县、武山县以及定西通渭的部分地区）、清水话（包括清水县、张家川回族自治县）和秦安话（包括秦安县、平凉的静宁，庄浪部分地区）。①

二　天水话声韵调的概况

1. 声母

天水话有 25 个声母，包括零声母在内。语音特点是：

（1）p、p‘、m 与 u 相拼时，带有明显的唇齿塞擦特点，音值接近 pf、pf‘、ɱ。

（2）x 发音部位靠后，喉部摩擦色彩明显。

2. 韵母

天水方言有 31 个韵母，不包括儿化韵。语音特点是：

（1）u 的唇形较平展，单独作韵母和作韵尾时尤为明显。

（2）u 和 ts、tʂ 组声母相拼时，实际音值分别为 ɥ 和 ʮ。

（3）uɤ 中的 ɤ 带圆唇色彩。

（4）ɔ、iɔ 中的 ɔ 开口度较小，略有动程。ɛ、uɛ 中的 ɛ 略有动程。

---

① 马建东：《天水方言音系》，甘肃人民出版社 2003 年版，第 1 页。

（5）鼻音韵母中的元音有鼻化色彩。

3. 音调

天水方言有3个单字调，不包括轻声：平声13，上声53，去声44。

三　天水话音韵特点

1. 声母特点

从总体数量上来说，天水话比普通话多3个浊音声母：v、z、ŋ。从具体属字方面来说：

（1）古全浊塞音塞擦音仄声字读送气清音。

（2）古疑母字声母有四读。

（3）古影母字声母有三读。

（4）除了上述来自古疑母和古影母的合口呼字以外，普通话中其他合口呼字在天水话中也读v声母。

（5）古泥来母字在开合口呼韵母前不分，n、l自由变读，以读l为常。

（6）古知庄章三组字声母今读ts、ts‘、s和tʂ、tʂ‘两组。

（7）古见系开口二等少数生活常用字，读k、k‘、x声母，与开口呼韵母相拼。

（8）古云母字“荣”、以母字“容、蓉、镕、融”等为零声母，读$yŋ^{13}$。

2. 韵母特点

从总体上说，天水话比普通话少5个韵母，无ə韵母。由于ə系鼻音韵母前后不分，又少了4个韵母。从具体属字来说：

（1）古日母止摄开口三等字读ɛ韵母。

（2）古深臻两摄和曾梗通三摄韵尾混为一类，也就是ə系鼻韵母鼻音无前后之分，一般作后鼻音ŋ。

（3）古蟹摄合口一等和止撮合口三等泥来母字，读为合口。

（4）古果摄开合口一等见溪晓匣四母字的韵母，普通话有的读开口呼ɤ，有的读合口呼uɤ，天水方言均读为合口呼uɤ。

（5）古曾摄开口一等、梗摄开口二等入声字韵母为ei。

（6）古咸摄开口一等见晓母入声字读为合口韵母。

（7）古山摄合口三等入声字“说”读开口呼韵母$ʂɤ^{13}$；通摄合口三

等入声字“六、绿”读齐齿呼韵母 liəu[13]。

（8）天水话没有儿化韵。“儿”单念时读 ɛ[13]，作后缀自成音节，不读轻声。①

四　天水话音调特点

天水话声调的一般规律：一是天水话的声调不少于四个；二是天水话四个声调的调值恰巧与普通话四个声调的调位交错对应完全吻合。这里要特别注意的是“四个声调的调位交错对应”的关系。天水话和普通话平（阴平、阳平）、上、去三个声调的对应规律，实际上是与中古音平、上、去三调的对应关系。

与普通话不同的是入声字的归调问题。中古语音向现代语音发展的一大变化是古入声的消失（某些方言除外）。入声字在北方话里已派入三声，但在北方各方言里入声字的去向是不尽相同的。因此，入声字在方言中的归调问题是每个方言的一个特殊问题。普通话里古入声字是归入了阴、阳、上、去四声之中。天水话里入声字的归类与普通话不同，它比普通话更规矩，即凡浊声（包括全浊、次浊）全归阳平，凡清声归阴平。

此外，入声字在天水话中的归调还有以下几个特点。

1. 普通话中全浊归阳平，但有少数例外字划归去声，如划（huà）、剧（jù）、述（shù）、术（shù）、续（xù）等。在天水话中，我们注意试读，这些字仍非常清楚地属阳平中升调 35。普通话中属于去声的次浊声也全属阳平中升调。

2. 清声字不论在普通话中属何调，在天水话中都归阴平，是降升调 214。

3. 在入声归调上天水话虽然比普通话显示了更清晰的规律性，但同其他任何方言的规律一样，天水方言声调规律也有少数例外字。如清声滂纽的“匹”“癖”二字，普通话属上声读“pǐ”，在天水话中按规律当为阴平降升调 214。但它们不是阴平降升调 214，而是上声全降调 51“pì”。

4. 还有一些入声字，在天水秦城、北道的某些地方有两读音。如尺（chǐ、chì）、百（běi、bèi）、沫（mé、mè）、木（mú、mù）、月（yué、

① 以上参阅张文轩、邓文婧《三声调方言天水方言的音系特征》，《甘肃社会科学》2009 年第 3 期。

yuè)、辣（lá、là）等。这些字的两读声调并不区别意义，而只是属于在不同的词汇组合中产生的习惯读法。如“尺”一般读 chǐ，可泛用，但如说“三尺”“七尺”“八尺”等处，读音常变为 chì，而在“尺子”“二尺”等词中则一定读 chǐ，不读 chì。这些字发生变读时常常是前边的字在方言中为降升调，或者是受到邻近县区方言的影响所致。[①]

五　天水话的人类学特点

天水话古意盎然，有的是特定历史的产物。如三国时期，天水属于魏蜀拉锯式的交战地带，今天这块地方归刘（蜀军），明天这块地方又归曹（魏军），因而人们口头谈论时就说，这是“刘的”，那是“曹的”。久而久之，将“刘的”和“曹的”用作口头人称代词。又因为“刘”字与“牛”字发音相近，时间一长，慢慢把“刘”说成了“牛”“刘的”就成了“牛的”。一直到现在，“牛的”“曹的”仍然保留在天水人的口语之中。又如天水人口中的“马杓”一词，又作“马勺”，指盛饭、舀酒或舀水用的长柄大勺。元杂剧《秋胡戏妻》中就有句：“媳妇儿，你只待敦葫芦摔马杓哩。”再如天水人把继母口语叫“尧婆”，元杂剧《灰阑记》第四折中有句：“孩儿也，这臂膊似麻秆细，他是个无情分尧婆管甚的，你可怎生来参不透其中意?”天水人至今还通常把父亲叫“达达”，这实际上是元朝蒙古人对长者的尊称。

还有一些天水话也是古汉语的孑遗。如“先后”，天水话把妯娌说成“先后”。章炳麟《新方言·释亲属》云：“山西太原以南。兄弟妇称先后。”《史记·考试纪》亦云：“故见神于先后宛若。”韩愈《南山诗》也云：“或齐若朋友。或随若先后。”又如“霈雨”，天水话把雷暴雨说成“霈雨”或“沛雨”。《孟子·梁惠王一》载：“天然作云。沛然下雨。则苗脖（勃）然兴之矣。”李白《明常赋》：“开斯之时，云油雨霈。”再如“倒灶”，天水话把垮台、败落、倒霉说成倒灶。语出《太玄·灶》：“灶灭其火。唯家之祸。”[②] 此例不胜凡举。

天水话不仅古意盎然，而且草根味也浓。如“刮饭盆”，就是盛饭的盆。在天水话里是形容人能吃，一顿能吃一盆，就被称为“刮饭盆”，这

① 参阅赵健《天水方言的声调问题》，《天水师专学报》1992 年第 1 期。

② 尹旭恩：《天水方言考（上）》，《天水日报》2006 年 2 月 18 日第 003 版。

是一种嘲讽的、取笑的口吻。但“刮饭盆”又有表现出亲近的一层意思。若是关系亲近的好友，或者是亲属之间，长辈对晚辈笑着说这娃是“刮饭盆”，这是对晚辈的一种关爱，能吃才能长出好身体嘛。从这个角度出发，长辈是希望晚辈能吃的。若按字面意思去理解，“刮饭盆”，即指吃得干干净净。也可用天水的一句俗语这样解释：“有了一顿，没了扛棍。”形容人满于现状，对将来没有打算。所以，“刮饭盆”表意丰富，是褒是贬，完全在于说话之人，而不取决于这个词。说话的人想嘲笑某个人，那就是贬义；说话的人想表现出与某人的亲近，那就是褒义。

又如“死家的”，乍一听，好像是在骂人一样。因为按照字面意思理解，“死家的”就是“活得不耐烦了，不想混了，想去死”。而在天水方言里，“死家的”却含有一种亲切的表述，与时髦语“亲爱的”意思相近。在天水方言里，“死家的”这个词几乎随处可以听到。两个人谈笑风生，那“死家的”就是两人之间气氛最佳的调节剂。

再如“瓜刀子”，这是一种刮洋芋皮的工具。但是在天水话里，瓜刀子就是瓜的、傻的、还嫩着哩的意思。一般用作长辈对晚辈的昵称。长辈形容晚辈瓜刀子，是出于一种对晚辈的爱护，说这娃憨厚老实、天真烂漫，并没有刻意要伤害晚辈的意思。①

还有一个更有意思的“原背缸”的故事。“原背缸”的本意，按照现代汉语的解释，缸就是指常用来盛水和存放食物的瓷质上釉的老大缸，或手工作坊里用来酿酒的酒缸或醋缸。“背”就是用脊背驮。“原”就是原样，一成不变或老样子的代名词。传说老赵家手工酿醋的作坊里就备有好几口结实高大的大瓷缸，由于他家居住的地方山大沟深，过去交通所限，到村子外面的世界要见见世面或赶集，出来进去行走就很不方便。要往山外送东西，最原始的方式不是肩挑就是背驮。有一次去离村子十里之遥的集市赶集，回家时为家里添置着买回了一个准备炮制和装盛酸菜用的老式大缸，随便用一根捆绑东西的长麻绳扎绑结实了，就被扛在肩背上驮回家啦。天水话把这种情况就叫：“你看老赵今天哧哼哧哼地，又背着一个大缸回家来了！”这种情况恰好让平时爱喋二话开玩笑的老王碰见了，就说他：“我看你早上出去时背着一个缸出门了，回来的时候又背着一个缸回来了，弄过来弄过去，原来你又就弄了一个‘原背缸’回来了！”这就成

① 以上参阅白尚礼《天水方言解读》，《天水日报》2011 年 9 月 4 日第 003 版。

了一个典故。“原背缸”一词若用在生意场合，引申的妙用，就是指生意经营场上不赚不赔的保本状态。天水话讲就是到头来连本带利弄了一个“原背缸”！[①]

第二节 天水人的形成

天水人的形成与陕西关中人和陕北人的形成有异曲同工之妙。从地理位置上看，天水人比关中人和陕北人所处的位置更靠西边。从先秦开始，天水的民族或族群经历了从羌到戎、从戎到华夏、从华夏到汉的历史嬗变，最后形成汉民族在甘肃的一个族群：天水人。

一 从羌到戎的嬗变

羌人是中国西部最古老的一个族群。

羌人起源于青海河曲、煌水及甘肃大夏河、洮河、渭水上游一带的高原草原，是一个以牧羊为生的游牧族群。从商代甲骨文的记载开始，就出现羌人的名和某些记事。从甲骨文的造型和文献记载看，商代羌人是牧羊人；有的善于养马，叫作“马羌”。[②] 羌人族群结构复杂，部落繁多，故《后汉书·西南夷传》云：“其山有六夷、七羌、九氐，各有部落。”《吕氏春秋·恃君》亦云：“氐、羌、呼唐、离水之西，僰人、野人、篇笮之川，舟人、送龙、突人之乡，多无君。”故又通称“西羌”。总之，羌人是以畜牧生产为主的民族，分布地域大致在今甘肃和陕西西部，向东到山西南部、河南西北部。有很多部族，不相统一，有的比较强大，成为方国，被称为“羌方”“羌卫”，首领被封为羌伯。

与天水关系密切的是在甘肃地区史前文化遗存中，四坝文化、辛店文化、寺洼文化都与古羌人生活有关。其中辛店文化和寺洼文化与古代羌人关系最为密切。[③] 如考古学家夏鼐《临洮寺洼山发掘记》一

---

① 《方言天水——“原背缸”》（http://blog.cntv.cn/21606669－4222015.html）。

② 陈炳应、卢冬：《古代民族》，敦煌文艺出版社 2003 年版，第 2 页。

③ 俞伟超：《关于卡约文化和辛店文化的新认识》，载马雍主编《中亚学刊》（第 1 期），中华书局 1983 年版；甘肃省博物馆、甘肃省文物考古研究所：《甘肃文物考古工作三十年》，载《文物考古工作三十年》，文物出版社 1979 年版。

文中认为，因其养羊和火葬，可能是氐羌族。[1] 所以，《括地志》一书中说“陇右、岷、洮以西，羌也”。《后汉书·西羌传》也说：“河关之西南羌地是也。”河关之西南应包括兰州西南部及青海东部地区，即黄河上游的洮河、大夏河、湟水流域。这些地区恰好是辛店文化、寺洼文化分布最密集的地区。辛店文化彩陶经碳 14 测定其年代为公元前 1400—前 700 年。这一时期正是古代羌人在黄河上游活动最重要的时期。

正是在商代，羌人是最重要的少数民族之一，“羌方”是商朝的“四邦方”之一（其他三邦方是戲方、羞方、缌方），关系时好时坏。有的时候，羌人与商王朝的关系相当友好，羌人经常“来宾”“来享”，商王则出门迎接；有的时期则经常发生战争，大量的羌人成为商朝奴隶主贵族的俘虏、奴隶，以及杀殉、祭祀的牺牲品。所以，商代甲骨卜辞中对羌的记载最多，据何光岳统计达 937 条以上。其中羌人分为数类，经常与商对抗，不断侵扰商朝的西、北边境，商朝也频繁征伐羌人、羌方，常常俘虏大批羌人做奴隶，并用作人牲以祭祀先公、先王及神明。一次把 400 个羌人解剖作为牺牲祭祀商的先王大甲、祖乙。还用羌伯作牺牲，总共用羌人作牺牲达 7750 人。商代羌方称王，势力是相当强大的，如羌可、羌立还作武丁祭司。而羌人常与同族龙方、马方、土方、岳人杂居，并入驻于京。可见羌人在商代中期已由甘青边界东迁进入山西中部和南部，并进入河南西部和北部，与商朝经常发生摩擦。[2] 最后羌人助周灭商，《尚书·牧誓》云“庸、蜀、羌、髳、微、卢、彭、濮”的军队帮助武王灭纣王。羌嬗变为戎。

那么，为什么在西周之时会以戎代羌统称西部民族呢？

原来，商代中晚期，商王朝多次征伐、杀戮氐羌人，抓捕氐羌人做奴隶和祭祀、随葬的人牲，使氐羌人口大减，力量削弱；后来又有许多氐羌人参加周人灭商的战争，并迁往山东、河南、安徽、湖北等地，成为西周王朝的藩臣，使留在西部的氐羌力量进一步削弱。而这时，东夷族群的畎夷西迁，在陕甘地区扎根，逐渐与当地的羌氐戎人和北狄迁来的人融合，发展成为当时西部最强大的族群——犬戎。那时，犬戎非常厉害，不仅征

① 夏鼐：《考古学论文集》，科学出版社 1961 年版。

② 何光岳：《氐羌源流史》，江西教育出版社 2000 年版，第 194—195 页。

服了周围的氐羌戎狄人；攻占同族群西迁来的嬴秦人的据点西垂（在甘肃礼县），多次打败嬴秦的军队，杀死嬴秦的首领；屡屡侵犯建国前周人的土地；甚至成为前771年攻杀周幽王、灭亡西周王朝的主力军，战功赫赫。在这种情况下，用“犬戎”的“戎”字来统称西部各部族、民族，就是很自然的了。当时，甘肃有绵诸戎、邽戎（在天水）、冀戎（在甘谷）、豲戎（在陇西）、狄戎、绲戎（在临洮）、义渠戎（在宁县、庆阳等地）、乌氏戎（在泾川）、骊靬戎（在永昌）、十卢戎（在张掖）、允姓之戎（在敦煌）[①] 等。

这就是从羌到戎的嬗变。

二 从戎到华夏的嬗变

春秋战国时代，戎人参与到华夏的滚雪球之中而发生更大的嬗变。据《史记·秦本纪》《后汉书·西羌传》所载：今天水武山县境有豲戎，甘谷县境有冀戎，秦城区境有邦戎，北道区及清水县境有绵诸戎。张家川、秦安县境也有戎族分布，只是史籍没有记载具体名称。天水的戎人是如何从戎嬗变为华夏的呢？

戎人的嬗变经历了三次大迁徙。第一次大约在周穆王时期。《后汉书·西羌传》引《竹书纪年》记载：“王（即穆王）乃西征犬戎，获其五王以东，遂迁戎于太原。”[②] 西周时所谓太原，即指黄土高原的东部，也就是王国维所说的“太原之地古代盖兼汉太原、西河、河东三郡地”[③]。迁徙到这里的戎，与獯狁等错居，并且逐渐由此向东、向南迁徙扩散。宣王时在这一带出现的徐戎、姜戎、太原之戎、条戎、奔戎、北戎等，都与穆王对戎的这次迁徙有关，也许就是迁徙到太原的戎的各部。周厉王末年（前842年），西戎攻灭犬丘（在今秦城区杨家寺乡、秦岭乡和礼县红河乡交界处）嬴秦族群的大骆族。周宣王六年（前822年），秦人首领秦仲

① 陈炳应、卢冬：《古代民族》，敦煌文艺出版社2003年版，第10—11页。

② 太原地望，历来意见不一。有谓在今山西太原，有谓在今平凉、固原一带，有谓在今包头西、汉五原郡地，亦有谓是指河东之汉代太原、西河、河东三郡地（今晋、豫西部）。杨建新认为此太原，在西周时绝非指一个城镇和聚落，或一个具体的地点，它的本义应是《尚书大传·夏传》所说“大而高平者”之意。以后宣王曾料民于太原，此太原必在周的势力所能控制的范围之内。见杨建新、马曼丽主编《西北民族关系史》，民族出版社1990年版，第37页。

③ 王国维：《观堂集林》卷一三《鬼方昆夷獯狁考》。

被西戎杀死，接着周宣王诏令秦仲长子庄公带兵7000攻伐西戎，大获全胜。宣王三十九年（前789年）在千亩为姜戎击败，损失了南国之师，“乃料民于太原”[①]。戎人的这一次大迁徙，虽然是被迫的，但是，它使戎族的活动范围扩大了，在嬗变中与华夏民族更近了。

戎人的第二次大迁徙，是在两周交替之际，即随着平王的东迁而发生的。周幽王废太子——申后子宜臼，立褒姒之子为太子，宜臼逃至申（戎族），周幽王伐申，前781年，宣王子幽王即位。幽王十分宠幸褒姒，甚至不惜用烽火戏弄诸侯而博其一笑，各诸侯十分不满。为讨好褒姒，幽王不顾王室的反对，废太子宜臼而立褒姒之子伯服，又废申后而立褒姒为后。申后是申侯的女儿，申侯是姜姓，由此就引发了姒姓和姜姓间的激烈斗争。前771年，申侯与犬戎联络，进攻幽王，诸侯都不来救驾。犬戎与申侯迅速攻入镐京，幽王急忙逃到骊山，被骊山之戎所杀。这时，关中已布满了戎人，宫室被洗劫一空，戎占领周之焦穫。[②] 这部分戎人中，很可能有迁至太原的那部分戎人，也有从西北新迁来的其他戎人。这样，戎人不仅进入宗周附近，“居于泾渭之间”[③]，而且大量向东迁徙，到平王末年，出现了“周遂陵迟，戎逼诸夏”[④] 的局面，戎人与华夏民族的互动更深了。

戎人的第三次大迁徙是在晋惠公时期。鳌公二十二年（前630年）活动于瓜州一带的允姓之戎，被秦人排挤、兼并，被迫离开住地向东迁徙，晋惠公诱其进入晋国境内。惠公将其一部分安置于晋之“南鄙”[⑤]，这部分戎也称姜戎；另一部分迁到伊川，仍称陆浑之戎[⑥]；迁于阴地（秦岭东段伏牛山以北至黄河一带）的称阴戎，于是，戎人与华夏民族互动磨合进入了整合状态。

这三次大的迁徙，使戎族在春秋时期形成了四个大的分布区：在太原地区，即陕西东北、晋西北形成了一个戎族活动中心；在泾、渭之间和整个泾水流域，形成了一个戎族活动中心；在伊、洛（东洛水）之间，又

① 《史记·周本纪》。

② 《括地志》：在今陕西泾阳北数十里。

③ 《史记·匈奴传》。

④ 《后汉书·西羌传》。

⑤ 《左传》襄公十四年。

⑥ 《左传》鳌公二十二年。

形成了一个戎族活动中心；陇西是戎的第四个分布区。

就在戎人向东迁徙的过程中，秦国兴起于陇西。在西周和春秋时代，就为当时人看作西戎之国[①]，《史记·秦本纪》称申侯言“昔我先骊山之女，为戎胥轩妻，生仲潏，保西垂”。西垂在今天水以南，古代就为西戎地。且秦族统治者与申长期结为婚姻，秦申曾共同为西戎之共主。[②] 周宣王时，西戎杀秦仲，秦始与戎人不和。随着秦国逐渐东迁，并在与诸夏的互动中，不断深化了与华夏民族的磨合和整合。而且秦在称霸中原的过程中已融合进了华夏民族，并逐渐成为华夏民族中一个重要的族群——秦人。

说到秦人，有必要简要地追溯一下秦的源起。周孝王十三年（前872年），秦首领非子在汧水、渭水之间给周王室牧马[③]，马群繁殖很快，孝王封非子为“附庸”[④]，并准许在秦地建邑，号嬴秦。从此，以“秦”为族群的称谓。秦本义是毛谷子，地在今张家川回族自治县后川河河谷。周宣王六年（前822年），秦庄公大败西戎，被封为西垂大夫，在西垂（即西犬丘）建立都邑。周平王元年（前770年），秦襄公护送周平王迁都洛邑，因功被封为诸侯，并划岐山（在今陕西岐山县境）以西土地作为领地，秦从此崛起。

秦文公四年（前762年），举族东迁，在汧水、渭水的会合处（今陕西陇县南）建立新都邑（即汧邑）。至此，秦人主体迁出今天水市辖区，而依旧保有西垂土地，所以秦文公去世后依然“葬故地西山”[⑤]。从非子被封为附庸到秦文公迁都，历时117年，秦之陵庙全都在西垂故地。

秦崛起后，在襄公时开始大规模攻击西戎，经文公、宁公，连克戎之岐、亳，武公时西取戎之邽（今甘肃天水市）、冀（今甘肃甘谷县东）等地[⑥]，又经秦武公十年（前688年）攻灭邽戎、冀戎，设置邽县（治今秦城区）、冀县（治今甘谷东南）。至穆公时，国势益盛。与晋、楚争霸于

---

① 蒙文通：《周秦少数民族研究》，龙门联合书局1958年版，第22页。

② 《史记·秦昭襄王》。

③ 非子牧马时间，学术界有争议，本文从林剑鸣《秦史稿》，上海人民出版社1981年版。

④ 《孟子·万章》曰：“不能五十里不达于天子，附于诸侯曰附庸。”

⑤ 据乾隆《直隶秦州新志·建置》、嘉庆《大清一统志·秦州》载，秦文公墓在麦积山下。冯国瑞《麦积山石窟志》从此说。

⑥ 《史记·秦昭襄王》。

中原，对戎更是软硬兼施，不断兼并。其中影响最大的一件事，就是先与西戎结好，最后又用由余之计，伐戎王，秦穆公三十七年（前 623 年），“益国十二，开地千里，遂霸西戎”[①]，此后，秦惠公六年（前 495 年），攻灭绵诸戎，设绵诸道。秦孝公元年（前 361 年），又攻灭貆戎，设貆道（治今陇西县城东三十里的乔家门）[②]。至此，天水地区的戎人全部被秦吞并。秦昭襄王二十七年（前 280 年）[③]，置陇西郡，这一带大部分戎族接受秦法，逐渐成为华夏民族的一部分。

及至战国初，秦又灭义渠戎国，占据今陕、宁、甘大片领土，正如顾颉刚先生说的：“秦自襄公伐戎，直至昭公灭义渠，始将今陕、甘境内之戎人并合净尽。”[④] 由此可见，秦国自穆公霸西戎，已与戎人建立了密切关系，到秦昭王时，秦有陇西、北地、上郡，更使这一带的戎人接受秦法，逐渐嬗变成了华夏族的一部分。但是，还有一部分戎人或向北、或向西南，成为以后的匈奴、楼烦、白羊、羌、氐的一部分。到战国以后，除义渠等还存在一段时间外，中国历史上曾显赫一时的一个强大民族——戎，就不存在了。[⑤] 这就是从戎到华夏的嬗变。

三　从华夏到汉的嬗变

春秋战国华夏民族的横空出世，这个从多元走向一体的“雪球”，经秦始皇之手的滚动而统一。但天水地区除汉民族外，先后还有匈奴、羌、氐、屠各、休官、敕勒等民族或族群，仍然呈现出一幅多元的民族结构图，成为从两汉到魏晋南北朝时期民族大融合的舞台之一。就是在这样的大背景下，历经华夏到汉的嬗变，进入隋唐时，天水人作为汉民族在甘肃的一个族群逐渐形成。

（一）匈奴在天水向汉民族的嬗变

秦末汉初，北方的匈奴兴起。西汉初期，匈奴屡屡侵袭汉帝国的疆

---

① 《史记·秦昭襄王》。

② 塬道治所说法不一。武山县志帮在纂修新志的过程中通过深入调查，认为其治所在陇西县东三十里三台乡的乔家门村附近。城址在泄山时被埋。本文从此说。

③ 陇西郡始置时间，学术界尚无定论，有前 280 年、前 279 年、前 272 年三说。本文据《史记·秦本纪》从前 280 年说。

④ 顾颉刚：《史林杂识初编》，中华书局 2005 年版，第 60 页。

⑤ 以上参阅杨建新、马曼丽主编《西北民族关系史》，民族出版社 1990 年版，第 34—45 页；刘雁翔《天水古今民族源流考》，《天水师专学报》1998 年第 2 期。

域，天水一带便是其侵扰的场所之一。

汉帝国时，天水地区从总体上讲是汉民族人口数量占有相对优势，但是，匈奴在秦汉之际乘楚汉相争之机，东破东胡，西攻月氏，北征丁零、鬲昆等部，南灭楼烦、白羊二王，并越过阴山，重占河南之地（河套地区），控制了中国北部、东北和西北的广大地区，使汉帝国的北界退缩到陕北、陇东一线。史载“匈奴河南白羊、楼烦王，去长安近者七百里，轻骑一日一夜可以至秦中”①。高后六年（前182年），匈奴寇狄道，攻阿阳。次年再寇狄道，掳掠了两千余人。② 匈奴对汉帝国的威胁越来越严重。为了充实边地，晁错向文帝提出了“徙民实边”的建议③，至汉武帝时这一提议得到有效的实施，元狩四年（前119年），关东连年遭受水灾，流民无处安置，“乃徙贫民于关以西，及充朔方以南新秦中”④，总数有七十二万五千⑤人。这次移民的迁入地，据《汉书·武帝纪》，是陇西、北地、西河、上郡等地。武帝元鼎三年（前114年），从陇西、北地二郡析置天水郡。从此有“天水”的名称。而至西汉元始二年（2年）陇西有户53964，口236824，人口密度为9.31；天水有户60370，口261348，人口密度为11.25。与周边地区相比，其人口数量还是相当可观的。⑥ 在此，需要指出的是，这个统计数字虽然汉民族人占了绝大多数，但西汉时期天水郡辖有略阳道、绵诸道等，《汉书·百官公卿表上》言：“有蛮夷曰道。”⑦ 可见，西汉时期的户数、口数事实上已包含了少数民族。

东汉时天水地区的人口结构和数量变化很大。西汉时期，由于移民实边的实施，羌人势力出现了西退的现象，元鼎六年（前111年），羌人被逐出湟水流域，退到今青海湖（鲜水海）及其西地区，汉人开始向湟水流域迁徙。⑧ 随着移民的增加，昭帝始元六年（前81年），从天水、陇西、张掖三郡析置了金城郡。由于该郡的辖境都是新辟疆土，羌人又都被

① 《汉书·娄敬传》。
② 《汉书·高后纪》。
③ 《汉书·晁错传》。
④ 《汉书·武帝纪》。
⑤ 《史记·平准书》。
⑥ 参阅葛剑雄《中国移民史》第二卷，福建人民出版社1997年版，第154页。
⑦ 《汉书·百官公卿表上》。
⑧ 《后汉书·西羌传》。

驱逐，居民几乎全部是内地移民。这说明汉族势力在西汉时期天水一带具有绝对优势，但这并不能说明这个地区没有其他民族。到东汉时期，由于羌人的大量内徙，天水一带的编户齐民中所包含的少数民族的人口比例大大上升。东汉末年陇右地区（包括天水一带）发生了五次大规模的羌族起义，在第二次羌族大起义期间，陇西郡治由狄道向东迁往襄武，行政机构内迁，自然会有一批汉民随之内徙。同时出于羌族大起义的影响，天水一带动荡不安，有不少汉民向西或向南流动。到东汉永和五年（140 年），汉阳（东汉改天水为汉阳）户数变为 27423，口数为 130138；而陇西减少得更多，户数变为 5628，口数为 29637。这种态势反映了天水地区从华夏向汉民族嬗变的结纠性、反复性和长期性。

到西晋时，晋武帝泰始五年（269 年）设秦州，《魏书·地形志下》言秦州有三郡十二县，分别为天水郡，领上封、显亲、平泉、当亭四县；略阳郡，领安戎、绵诸、陇城、清水、阿阳五县；汉阳郡，领黄瓜、阳廉、阶陵三县。事实上，西晋秦州的面积比两汉时期天水（汉阳）、陇西两地的面积加起来大得多，然其户数仅“32100 户”[①]，比东汉时期汉阳及陇西的户数总和还要少一些。经过三国和西晋近百年的发展，天水的人口应有所增长，西晋时国家控制的户数减少这一情况恐怕和地方豪强势力的强大、荫户大量增加的情况有关。不过，不管是国家控制的人口也好，还是不受国家控制的人口也罢，天水一带少数民族的比例和东汉时期相比又有所上升。江统《徙戎论》记关中地区“戎狄居半”[②]，那么在关中以西的天水一带更是如此。

西晋末年，由于社会动荡不安，出现了北方人口大规模迁移的现象，迁移人口大部分为汉族，其迁移方向主要为南方。“在西北地区，汉人主要的迁入地是河西走廊”[③]。秦州地处西北，其人口便主要向西迁移。同时也有向南迁移者，如西晋元康六年（296 年）就有大量的汉族人口随李特兄弟南下汉中。当然迁徙的人口不仅仅是汉民族人，还有羌人和氐人，他们的外迁为其他少数民族的进入提供了条件。可以说至十六国时期，天水一带少数民族的比例达到最高值。到北朝时期，经过统一王朝的统治管

① 《晋书·地理志上》。
② 《晋书·江统传》。
③ 葛剑雄：《中国移民史》第二卷，福建人民出版社 1997 年版，第 422 页。

理及汉化政策的实施，少数民族与汉族逐步相互融合，汉族势力又渐趋恢复。

（二）羌、氐在天水向汉民族的嬗变

羌族从西汉时期便开始陆续迁入天水地区，成为国家所控制的人口，他们中的一部分还被编收为国家的军队。神爵元年（前 61 年）西羌反，朝廷发关陇地区的士兵到金城平叛，其中就有“金城、陇西、天水、安定、北地、上郡骑士、羌骑”[①]。西汉时的陇西、天水两郡地即秦州一带（西汉时陇西、天水两郡地域范围大于北朝时期的秦州），可见西汉时羌族在天水地区就有不小的规模。东汉时期，经过羌族的大规模内迁，最终奠定了其在天水地区的稳固地位。

氐族，他们自古以来便活动于“西汉水、白龙江、涪水上游等地”[②]，位于天水地区南部。不过，两汉时期除了羌人迁入，还有氐人的进入。也正因为如此，至东汉末年秦州一带盘踞着一支拥有万余落部众的氐族势力：兴国氐王阿贵（居于兴国城，在今甘肃秦安县东北）。汉末三国时期，曹氏和刘氏对于武都地区的氐民进行了激烈的争夺，曹氏政权夺得不少氐民；同时又有不少氐酋豪帅率其部落内附于曹氏政权。他们主要被安置在陇右及关中地区。汉献帝建安二十四年（219 年），曹操为了防备刘备进攻，令雍州刺史张既将武都氐族五万余落迁徙到扶风、天水两郡，氐族势力更炽。这样秦州一带的氐族势力得到进一步加强。三国时期，陇右的天水、南安、广魏（略阳）三郡成为氐人分布的中心之一。[③] 到十六国时期成为一支相当活跃的民族势力。如天水郡有略阳氐、安夷氐（在今秦安境内）、清水氐（在今清水县境内）、临渭氐（在今天水市区北）。西晋末年，清水氐杨氏、临渭氐苻氏、略阳氐吕氏崛起，先后建立了仇池、武兴、前秦、后凉等政权，另外略阳氐还建有成汉政权。[④]

以清水氐杨氏为例，据《天水史话》载，其世居陇坻。汉献帝时，氐帅杨腾率部迁徙到仇池（今甘肃西和县境内西汉水北岸之仇池山），因仇池山巅有地百顷，因此取号“百顷”。晋惠帝元康六年（296 年），建

① 《汉书·宣帝纪》。

② 马长寿：《氐与羌》，广西师范大学出版社 2006 年版，第 32 页。

③ 同上书，第 36 页。

④ 以上参阅牛旭《北朝秦州地区研究》，硕士学位论文，陕西师范大学，2009 年；刘玛莉主编《天水史话》，甘肃文化出版社 2007 年版，第 49 页。

仇池国。东晋简文帝咸安元年（371 年），至杨纂时被前秦攻灭。东晋孝武帝太元八年（383 年），杨纂族人杨定乘前秦淝水战败机会，收集旧部在历城（今西和县西北）再建仇池国。宋文帝元嘉十八年（441 年），被刘宋攻灭。其势力最盛时实际据有天水、武都、阴平、汉中四郡全部和其他部分地区，东连秦岭，西接宕昌，北至天水，南至阴平以南。前后两个仇池政权历七代十二世，延续 134 年。之后又有氐族杨氏建立的武都国、武兴国。[①]

史籍中关于北魏统一北方后天水地区氐、羌情况的记载主要有以下几条：

太延五年（439 年）十二月“陇右氐杨难当率众数万寇上邽，秦民多应之”[②]。

太平真君七年（446 年）三月，边冏、梁会反于秦州，“氐羌一万屯于南岭，休官、屠各及诸杂户二万余屯于北岭，为冏等形援”[③]。

世宗时，张彝为秦州刺史（501—503 年）“羌夏畏服，惮其威整，一方肃静，号为良牧”[④]。

正始三年（506 年）正月“秦州羌吕苟儿、泾州屠各陈瞻等聚众反”[⑤]。

永平三年（510 年）二月“秦州陇西羌杀镇将赵儁，阻兵反叛”[⑥]。

神龟元年（518 年）正月“秦州羌反”[⑦]。

肃宗胡灵太后时“以宋纪为秦州大羌令”[⑧]。

西魏大统四年（538 年）“秦州浊水羌反，州军讨平之”[⑨]。

---

① 参阅刘玛莉主编《天水史话》，甘肃文化出版社 2007 年版，第 49 页。

②《魏书·吕罗汉传》。

③《魏书·封敕文传》。

④《魏书·张彝传》。

⑤《魏书·杨播传》。

⑥《魏书·世宗纪》。

⑦《魏书·肃宗纪》。

⑧《北史·宋隐传》。

⑨《周书·宕昌羌传》。

大统九年（543 年）“清水氐李鼠仁自军逃还，凭险作乱”[①]。

据牛旭的分析，上述所举北魏时期氐、羌情况可发现，氐族和羌族在北魏时期的活跃度高于西魏、北周时期。这说明经过长期的历史发展，天水地区的氐族和羌族最终完成了以华夏到汉的民族嬗变。

（三）屠各在天水向汉民族的嬗变

“屠各”又称“休屠”“休著屠各”等，本为匈奴的一支。其名源于秦汉时期的匈奴休屠王，西汉元狩二年（前 121 年）霍去病击败匈奴，浑邪王杀休屠王降汉，其众被置于五郡塞外，设属国处之。以后其后裔及其部众则被称为“屠各”等。发展到魏晋时，“屠各”的内涵发生变化，成为匈奴，特别是与汉民族融合的匈奴的泛称。[②]

前述公元前 121 年匈奴降汉，汉朝置五属国处之，其中之一便为陇西郡治勇士（元鼎后析属天水郡，今甘肃榆中县北）。虽然处置匈奴之地并非北朝时期秦州的辖地，但并不能说明这些匈奴降部只固定于同一地点，况且勇士距北朝时期的秦州并不远。应当说北朝天水地区屠各族的活动始于西汉时期。至西晋初年，又有大批匈奴入塞，《晋书·北狄匈奴传》记“其入塞者有屠各种、鲜支种……凡十九种，皆有部落，不相杂错。屠各最为豪贵，故得为单于，统领诸种”。周伟洲在其所著《甘肃张家川出土北魏〈王真保墓志〉试析》一文中指出王氏一族便是在此时入居秦州的。[③] 可见从西汉至魏晋期间，当有不少屠各族陆续进入天水地区。到晋末十六国时期关于天水地区屠各族活动的史料记载才多了起来，说明屠各是在十六国时期才成为陇上的一支比较强有力的政治势力的，并其势力在此时期得以稳固，从而保证了他们此后在秦州一带的继续活跃。进入北朝后，关于

① 《周书·赵昶传》。

② 黄烈：《中国古代民族史研究》，人民出版社 1987 年版，第 187、212 页；周伟洲：《试论魏晋时与匈奴有关诸胡》，载《中国民族史研究》，中国社会科学出版社 1987 年版，第 351 页；唐长孺：《魏晋杂胡考》，载《魏晋南北制史论丛》，河北教育出版社 2000 年版，第 370 页。虽然唐长孺不认为魏晋时“休屠”是匈奴的泛称，不过在“屠各”即“休屠”的看法上与黄烈先生、周伟洲先生相同。也有少数学者对此持不同的观点。见武沐《休屠与屠各为不同族群考》，载王希隆《西北少数民族史研究》，民族出版社 2003 年版，第 26 页；陈琳国《休屠、屠各和刘渊族姓》，《北京师范大学学报》（社会科学版）2006 年第 4 期。

③ 周伟洲：《甘肃张家川出土北魏〈王真保墓志〉试析》，《四川大学学报》（哲学社会科学版）1978 年第 3 期。

屠各的明确记载主要有以下几条：

> 太平真君七年（446 年）“略阳王元达因梁会之乱，聚众攻城，招引休官、屠各之众，推天水休官王官兴为秦地王”①。
>
> 世祖时（450 年）“上邽休官吕丰、屠各王飞廉等八千余家，据险为逆，诏罗汉率骑一千讨擒之”②。
>
> 兴安元年（452 年）十一月“会陇西屠各王景文等恃险逆命……高宗诏洛拔与南阳王惠寿督四州之众讨平之，徙其恶党三千余家于赵、魏”③。
>
> 正始三年（506 年）“秦州屠各王法智推州主簿吕苟儿为主”④。

由此可见，似乎在进入北朝后，天水地区的屠各只活跃于北魏时期，西魏、北周时期不见陇上有他们的活动足迹，可能屠各在北朝后期发生嬗变，逐渐融合于其他民族，特别是汉民族。

在北朝的史籍中往往将屠各与“休官”并举，可见他们之间关系十分密切。休官是一个什么族群呢？《资治通鉴》卷一〇八晋孝武帝太元十七年（392 年）十二月条“休官权千成据显亲，自称秦州牧”。胡三省注，“休官，杂夷部落之名”。休官也同屠各一样，活跃于十六国北魏时期，至北朝后期也发生嬗变，不再见于历史记载。一般来说也应该与屠各一起，逐渐融合于汉民族。

（四）敕勒及其他民族在天水向汉民族的嬗变

敕勒，以及赤狄、狄历、高车、丁零等是魏晋南北朝时期人们对于同一民族的不同称呼，反映了汉文史籍在不同的时代各个民族对敕勒的称谓。周伟洲曾指出：“在南北朝时期，北朝人只把十六国之前迁入内地居住的敕勒族，称为丁零；其余称为高车或敕勒。”⑤

北朝时期关于天水地区敕勒的明确记载仅有一条：高祖初，源贺讨破

① 《魏书·封敕文传》。

② 《魏书·吕罗汉传》。

③ 《魏书·于粟磾附于洛拔传》。

④ 《魏书·济阴王小新成附元丽传》。

⑤ 周伟洲：《敕勒与柔然》，上海人民出版社 1983 年版，第 7—8 页。

河西敕勒后“复追统万、高平、上邽三镇叛敕勒于金城，斩首三千余级”①。根据周伟洲先生的研究可知，东汉时期丁零便迁于甘肃兰州、武威、酒泉以北，可能三国时期有一部分到达天水地区。② 另外，由于秦州北部的高平及六镇地区为敕勒的重要集中地，很可能长期以来有不少敕勒从以上地区南下至秦州。

此外活动于天水一带的民族还有陇西鲜卑、吐谷浑等。

陇西鲜卑大约是在三国时期进入陇右地区，不过其名称是在晋末十六国初期开始出现，并在此时开始活跃起来。生活在天水一带的陇西鲜卑主要有匹兰部、越质部、鹿结部、大兜国等各部。③ 不过进入北朝后，却未见天水一带陇西鲜卑活动的明确记载，他们也逐步汇入民族融合的洪流之中，嬗变为汉民族了。

吐谷浑属辽东鲜卑的一支，于晋末永嘉之乱迁入陇右之地，主要居于青海、甘肃南部地区。《魏书·封敕文传》载，封敕文进讨吐谷浑“引军入枹罕，虏拾归妻子及民户，分徙千家于上邽，留乌头守枹罕”。这条记载说明当有吐谷浑活动于天水地区，不过他们的数量很少，应当很快就被包括汉民族在内的其他民族融合了。

总的来讲，从两汉到魏晋南北朝时期，汉民族统一王朝占据优势时，其民族也会处于绝对的优势，特别是在西北临近少数民族的地区。一旦汉族统一王朝势衰，以上地区的少数民族势力就会抬头，成为历史舞台上活跃的力量。天水地区便是如此。纵观两汉至北朝天水地区民族发展轨迹，可知此地的民族构成经历了由少到多、再由多到少这样一个历史发展过程。天水地区的主体民族为汉族、羌族和氐族，其次为屠各和休官，以及敕勒、陇西鲜卑、吐谷浑等。可以说西晋十六国时期匈奴和羌得到了很大的发展，屠各与休官的势力也得到发展和稳固，鲜卑也乘此时期活跃起来。但是，曾几何时，进入北朝后，各民族之间则逐步进入稳定的状态，人口的迁徙情况明显减少，从而在稳定的互动中，沿着从华夏到汉嬗变的方向，进入隋唐时几乎大都融合于汉民族，天水人的雏形形成。天水麦积山北魏石窟文化融佛教、雕塑、绘画、建筑为一体，就成了北魏以来天水

① 《魏书·源贺传》。

② 周伟洲：《敕勒与柔然》，上海人民出版社 1983 年版，第 16 页。

③ 周伟洲：《南凉与西秦》，广西师范大学出版社 2006 年版，第 101—103 页。

各民族互动、磨合、整合和融合的结晶和象征。

四　天水人从雏形到定型

“小荷才露尖尖角”的天水人，进入隋唐以后，又历经多次血与火的“凤凰涅槃”，最终在元明时定型。

（一）唐代天水人的“凤凰涅槃”

传说凤凰是人世间幸福的使者，每五百年，它就要背负着积累于人世间的所有不快和仇恨恩怨，投身于熊熊烈火中自焚，以生命和美丽的终结换取人世的祥和和幸福。同样在肉体经受了巨大的痛苦和轮回后它们才能以更美好的躯体得以重生。这段故事以及它的比喻意义，在佛经中被称为“涅槃”。凤凰在大限到来之时集梧桐枝于自焚，在烈火中新生，其羽更丰，其音更清，其神更髓。

唐帝国为解除后顾之忧，并依持河陇统一全国，兵锋所向，首先进行平定河陇之战。虽然战争次数并不很多，但仍然使甘肃人口受到损耗。武德元年（618 年）九月，薛仁杲以十余万众在折摭与唐军相持，被李世民击败，“斩首数千级，投涧谷而死者不可胜记……俘其精兵万余人，男女五万口”。正如李世民所说，薛军“兵众皆陇西人”[①]。因而初唐的甘肃是“州县萧条，户口鲜少”[②]。据《旧唐书·地理志》记载，贞观十四年（640 年）甘肃的人口是 78670 户，328992 人，恰好是初唐末甘肃人口低谷期的统计数，其中秦州仅 5724 户，25073 人。[③] 从贞观十五年（641 年）到天宝十四年（755 年）的 115 年中，甘肃社会经济逐渐恢复和发展，到开元天宝年间，出现了经济、政治、文化全面发展繁荣的局面，把十六国以来甘肃经济文化发展的势头推到了顶峰，富甲天下，辉煌夺目。到天宝年间，甘肃人口也达到甚为兴旺的程度，是唐代甘肃人口的峰值期。《旧唐书·地理志》记载了天宝十一年（752 年）甘肃有人口 204526 户，1076468 口，其中秦州有 25007 户，144540 人。[④]

但中唐以后，由于“安史之乱”极大地削弱了唐帝国力量，以掠夺

① 《旧唐书·太宗纪上》。

② 《旧唐书·李大亮传》。

③ 方荣、张蕊兰：《甘肃人口史》，甘肃人民出版社 2003 年版，第 138、140 页。

④ 同上书，第 145—146 页。

为增加财富重要手段，吐蕃贵族便乘虚而入，发动对唐的掠夺战争，很快占据大半个中国。在长期残酷的唐蕃战争中，包括天水在内的甘肃首当其冲，很快沦陷为吐蕃的军事占领区，人口大量死亡逃亡。肃宗至德元年（756 年），吐蕃陷威戎、神威、定戎、宣威、制胜、金天、天成等军，翌年（757 年），再取廊、霸、岷等州及河源、莫门等军。宝应元年（762 年），“陷临洮，取秦、成、渭等州”。代宗广德元年（763 年），入大震关，取兰、河、鄯、洮等州，于是“陇右地尽亡”。据陈守忠先生研究，陇东的吐蕃人族名及其居地尚有不少可考者，部分部族分布地的今地是：天水县新阳镇以西至甘谷县城以东，秦安县安伏镇，甘谷县大石镇和潘安镇，武山县鸳鸯镇和洛门镇，陇西县内，渭源县和漳县境，临洮县抹邦山，榆中县马衔山和龛谷寨，兰州，其中渭源和漳县境的俞龙阿部族宋代有众 20 万口。[①] 据上所述，在河陇地区，汉人只占人口小部分，居民主要来自吐蕃、回鹘、党项等周边民族，吐蕃人随处可见，在河、渭、秦、凉等州和玉门关以西地区已成为当地居民的主体部分。[②]

据各种史料记载，吐蕃在征服河陇的过程中，大量驱掠和屠杀甘肃人口；在占据河陇以后，又对甘肃人民实行野蛮的奴隶制统治和奴役，并驱策甘肃人民去进行扩张掠夺战争，成批地死在战场上，使甘肃人口进一步受到摧残。《旧唐书·德宗纪》载：贞元三年（787 年）“吐蕃陷华亭，又陷泾州之连云堡，俘掠邠、泾、陇等州，民户殆尽”。吐蕃俗“贵壮贱老”，因而每掠一地，往往是“百姓丁壮者驱之以归，羸老者尽杀之，或断首凿目，弃之而去”[③]。到吐蕃占领后期，更为残酷。大中四年（850 年），吐蕃大臣论恐热叛乱，“杀其丁壮，劓刖其羸老及妇人，以槊贯婴儿为戏，焚其室庐，五千里间，赤地殆尽”[④]。

吐蕃占据河陇后，将其奴隶制推行于河陇地区，将汉民族人及其他民族变为吐蕃奴隶主贵族的奴隶和婢仆，进行野蛮的奴役。《沈下贤文集》载：吐蕃占据河陇后，“凡五十郡，六镇十五军，皆唐子孙，生为戎（吐

① 陈守忠：《公元八世纪后期至十一世纪前期河西历史述论》，《西北师大学报》（社会科学版）1983 年第 4 期。

② 吴松弟：《中国移民史》第三卷，福建人民出版社 1997 年版，第 69 页。

③ 《旧唐书·吐蕃传下》。

④ 《青海海南地区历史大事纪考编年》，转引自方荣、张蕊兰《甘肃人口史》，甘肃人民出版社 2003 年版，第 156 页。

蕃）奴婢，田牧作种，或丛居城落间，或散处野泽之中”。河陇人民沦为吐蕃奴隶后，有的就地为奴，“散处耕牧”，被强行同化；有的迁入吐蕃本土，成为奴隶主的家奴。如长庆二年（822 年），刘元鼎出使吐蕃会盟，至麋谷赞普东牙，见“百伎皆中国人”[①]。还有的成为吐蕃贵族、大臣的“军奴”，随其主人征战。如吐蕃在南至宝鸡、北至阴山一线经常的寇边活动，动辄几万甚至十几万人，其实多数是“军奴”。其中，多为甘肃境内的汉族、党项、羌人和吐谷浑等民族的人众。这样，凡唐军取得胜利，也就意味着甘肃人口的减少；而唐军胜败的战死者，不少是来自庆、泾、陇、秦等州的甘肃人口。又如唐后期甘肃境内的“嗢末（亦称浑末）”人，其实就是吐蕃贵族、大臣的军奴在其主人衰败或战死后，“无所归，其相啸合数千人，以嗢末自号”，滚雪球似的发展起来的。其中，大部分是唐人。当然还有很多被掳到吐蕃本土为奴者是回不来的。这种种情况必造成甘肃人口的大量死亡和迁出甘肃，天水的人口当然只能是直线下降了。[②] 这种态势一直维持到唐帝国灭亡都没有改变。

人口虽然大大减少，冲突虽然不已，但互动磨合却一刻也没有停止过。河陇地区在中唐时农业相当兴盛，至德以后留在当地的汉人仍以农业为主。由于吐蕃频频向唐进攻，吐蕃人较多接触到中原先进的经济文化。此外，吐蕃攻入唐以后，往往掠夺汉族妇女西归，强迫其嫁与吐蕃人为妻，并学习耕种，唐代诗人王建的诗《凉州行》：“多来中国收妇女，一半生男为汉语；蕃人旧日不耕犁，相学如今种禾黍。”就是对此事的描述。[③] 因此，吐蕃人与汉族的接触过程，也是互动整合和民族融合的过程。吐蕃占领河陇地区期间，使大量的游牧民族同化成当地的土著，一些汉族被掳掠到游牧民族中也被同化。吐蕃向唐朝的上书略见一斑，“甥深知尊卑，安敢失礼”[④]。783 年，双方在甘肃的清水举行隆重的会盟仪式，重申“代为婚姻，团结邻好，安危同体，甥舅之国”的关系[⑤]，会盟碑成为汉藏族体浑然一体的见证。及至明代后期，庆阳、平凉、天水三府大部分地区的吐蕃人已与汉人没有什么区别了，而甘肃全省的西番人口不低于

① 《旧唐书·吐蕃传下》。

② 方荣、张蕊兰：《甘肃人口史》，甘肃人民出版社 2003 年版，第 156—157 页。

③ 王建：《凉州行》，载《全唐诗》卷二九八。

④ 《资治通鉴》卷二一三。

⑤ 杨建新：《西北少数民族史》，民族出版社 2003 年版，第 258 页。

30 万人。[①]

（二）宋代天水人的“凤凰涅槃”

进入宋代之后，天水仍是不幸的。由于无论是北宋还是南宋和金国，均未能完全控制和统辖甘肃全省。宋朝立国之初，西北地区仍沿五代岐国[②]疆界，西部只及秦、渭、成、武（阶）四州，此时陇右大部分地方仍由互不相统一的吐蕃各部占据。从显德七年（960 年）北宋建立到南宋端平元年（1234 年）元帝国灭金的 275 年间，甘肃始终处于分裂状态。

就在这种态势下，天水各民族之间的互动、磨合、整合也没停止过。据《宋史·兵志》统计，秦凤、鄜延、泾原、环庆四路番兵“强人”约达 10 万人，如加上老弱妇女，不下 20 余万人。[③] 11 世纪中叶，北方人口有所下降，但天水地区“戎落内属益众”，人口反而增加。如 1048 年前后，秦州“物货交会，闾井日繁，民颇附城而居，城外的居民及驻军已达几万家”[④]。归附陇右的吐蕃人总计 65.5 万人。[⑤]

秦州虽在宋帝国的控制之下，但人口的发展却被边缘化，据《太平寰宇记》的记载，当时在北宋控制下的各州人口共 129890 户[⑥]，按赵文林、谢淑君《中国人口史》所定北宋户均 4.1 人计算，共有 532549 人，其中秦州有 43321 户，177616 人。[⑦]

经过宋夏战争及王韶对熙河的开拓[⑧]，北宋为了对抗西夏的入侵，不得不在甘肃大量驻军。尤其到宋仁宗时，对抗击西夏采取了积极态度和政

① 方荣、张蕊兰：《甘肃人口史》，甘肃人民出版社 2003 年版，第 267 页。

② 岐国（887—989 年）为中国唐末（五代十国）割据凤翔（今属陕西）的藩镇，也是五代十国中的一国。岐王李茂贞（856—924 年），本名宋文通，深州博野（今河北蠡县）人。唐乾符年间，因败黄巢将领尚让，以功擢神策军指挥使。

③ 吴松弟：《中国移民史》第四卷，福建人民出版社 1997 年版，第 51 页。

④ （宋）尹洙：《河南集》卷四，《秦州新筑东西城记》。

⑤ 方荣、张蕊兰：《甘肃人口史》，甘肃人民出版社 2003 年版，第 192 页。

⑥ 参阅（清）乐史《太平寰宇记》卷三二、三三、三四、三七、一五〇、一五一、一五四、一五五。原载仅有户而无口。

⑦ 方荣、张蕊兰：《甘肃人口史》，甘肃人民出版社 2003 年版，第 183 页。

⑧ 1068 年，宋神宗继北宋帝位，“励精图治，将大有为”（《宋史·神宗纪三》）。熙宁四年（1071 年），在王安石的积极谋划和支持下，宋神宗任用王韶为秦凤路沿边安抚司安抚使，开拓熙河地区，使吐蕃控制下的巩州（通远军）、岷州、河州、熙州、洮州（后又失去）等大片领土归于北宋治下。

策，任用范仲淹、韩琦等积极经营甘肃，力图扭转宋夏对抗中的被动局面。一方面增加甘肃驻军兵力，使甘肃驻军达到20万。[①] 另一方面，在甘肃大量屯田。熙宁三年（1070年），王韶言："渭源城而下至秦州成纪，旁河五六百里，良田不耕者无虑万顷，治千顷，岁可得三万斛。"这样，甘肃的人口有所增加，据《元丰九域图志》记载，元丰二年（1079年），北宋控制区的甘肃户口达364194户，1493195口，其中秦州有67044户，274880人。

北宋灭亡后，在南宋、西夏与金的鼎立中，秦州属金统治。自始至终金国与南宋都处于高度戒备的军事对峙之中，与秦州关系密切的是绍兴三十二年（1162年），金西蜀道兵马都统徒单合喜在甘陕对宋军发动进攻；宋军在吴璘统率下，展开了收复甘肃金占各州县的战争，几乎收复了金统区的各州。最后，宋、金兵力共几十万人在天水北边的德顺州（今静宁县）展开决战，伤亡都很惨重。更由于南宋投降派在双方正相持战争白热化时，命令吴璘班师，宋军仓促退兵，受金兵追击，所收复各州又重新沦于金国统治之下。

在金的统治下，"兵威所加，民多逃亡，土多旷闲"[②]。加上金朝统治按女真、契丹、汉族和其他民族的顺序分类进行统治，除作为统治民族的女真族人享有自由和特权外，把被统的契丹、汉族和其他民族当作敌对的人群进行统治，实行保伍连坐法，经常进行户口"通检推排"，人民"民不堪命，率弃庐田，相继逃去"。情况虽然如此，但由于金国以保伍连坐、苛法严刑等政治高压手段作保障，很少存在荫附、隐漏户口的弊病，加上北宋及历代统治者置之"化外"之民的"生羌"也纳入编户进行统计，所以，金国的人口不降反升，金泰和五年（1205年）有347213户，1808980人，与北宋崇宁元年（1102年）相比，户数多24.40%，口数多39.82%；与北宋末年相比，户数多24.40%，口数多50.73%。这种状况既反映了金国统治的严苛，又表达出金国民族结构的复杂，更折射出金国民族互动、磨合和整合的态势，这正是天水人处于"凤凰涅槃"之中的情境。

---

① 参阅方荣、张蕊兰《甘肃人口史》，甘肃人民出版社2003年版，第189页。

② 《金史·海陵纪》。

（三）元代天水人的“凤凰涅槃”

进入元帝国时代，甘肃又是一个特殊的行政单位。甘肃陇东、陇西地区，在元代虽属陕西行省辖治，却又是相对独立的“巩昌都总帅府”①。说到“巩昌都总帅府”，它名义上是元代仅次于行省和宣抚司的一级军事单位和地方政府，实际上是金末陇西守将汪世显及其子孙的世袭领地。真正特殊的是汪氏家族是汉族人，是元代唯一允许汉族人持有武器的地方。“巩昌都总帅府”为什么会有这种特殊地位？其原因是元军攻占陇西时汪世显主动投降元军，后又与其子孙一道帮助忽必烈平定河西阿里布哥的心腹大将阿蓝答儿和浑都海的叛乱、支持忽必烈称帝有功，因而受到忽必烈的高度信任，从而确立了其家族的特殊地位，终元一代未有变化。这就使陇东、陇西的大量汉、羌各族人把汪氏家族看成是“自己人”，成为心理和精神上的某种支柱。从南宋端平三年（1236 年）蒙军攻克会州并屠城以后，直至元朝灭亡的至正二十八年（1368 年）的 130 余年中，甘肃境内基本上没有什么战争，故人称元代甘肃是“百年和平”②。

在这个背景下，饱受战乱之苦的民众时有不断迁入甘肃。但元代甘肃人口史料是一笔糊涂账③，史料中有关外省流民进入甘肃，西域商人、僧人等到甘肃来经商、传教，以至定居，虽是常有的事情，但难觅移民秦州的记载，故而仍只能视天水人仍处在“凤凰涅槃”之中。

（四）明代天水人的“凤凰涅槃”

进入明帝国时代，纵跨 276 年，甘肃自始至终没有单独置省，仅是明朝西北最边沿的地区，一直隶属于陕西布政使司辖治。因此，《明史》及相关史料除大量记载甘肃与“寇”（遗元势力、鞑靼、瓦剌）和“西番”（吐鲁番、吐蕃）的矛盾和战争及茶马贸易外，对于甘肃的政治、经济、文化等各方面的记载既稀少又简略，这就致使明代甘肃的历史模糊不清，天水人的态势也就模糊不清了。而仅据《嘉靖陕西通志》的记载：嘉靖二十一年（1542 年），甘肃有 144934 户，1508739 人，与金代相比人口尚

① 秦始皇统一六国后，就设置了陇西郡，为全国三十六郡之一。汉朝著名探险家张骞出使西域时，陇西建制为“巩昌府”，此后陇西便有“巩昌”之称。金正大中改巩州置，治所在陇西（今甘肃省陇西县）。辖境相当今甘肃陇西、通渭、漳县、武山、定西等县地。元至元十八年（1281 年），置巩昌总帅府，属陕西行中书省。

② 方荣、张蕊兰：《甘肃人口史》，甘肃人民出版社 2003 年版，第 219 页。

③ 同上书，第 216—217 页。

少30余万人，其中与天水人有关的通渭县、漳县、西和县、秦州、清水县、礼县、徽县、两当县的统计，有18452户，约19万人。[①] 可见天水人仍处在“凤凰涅槃”之中。

（五）清代天水人的“凤凰涅槃”

进入清帝国时代，清初，因明制，今甘肃境分两大块隶于陕西布政使司辖下。一块是河西，与宁夏一道为陕西行都指挥使司的属地；另一块是陇东和陇右，直属于陕西布政使司。康熙三年（1664年），分陕西为左、右布政使司，以右布政使司驻巩昌（今陇西），领庆阳、平凉、巩昌、临洮四府。康熙六年（1667年），改陕西右布政使司为巩昌布政使司，领今甘、宁、青之地。康熙七年（1668年），又改巩昌布政使司为甘肃布政使司，并移治于兰州。康熙八年（1669年），正式设置甘肃省，辖有今甘、宁、青三省之地。所以，清代之甘肃省统辖了西北大部分地区，与今之甘肃省是不可同日而语的。当时的天水人聚居的秦州为直隶州。

清代的甘肃民族结构复杂，主要有汉、满、蒙、回、藏（番）五个民族，以及撒拉、东乡、土族。由于历史的原因，汉族仍是清代甘肃人口中的主要民族，分布于全省各地，城镇和农业地区较为密集，游牧地区则很稀疏，甚至根本没有；腹部地区多而边缘地区少。从清代甘肃历史看，甘肃汉族人口由于各种原因而发展迅速，但其占全省人口的比例虽因资料缺乏而难做定量分析，却可肯定具有相对变化的特点：清初所占比例较高，后来因回族和蒙古族人口的迅速发展而比例相对下降，且持续了很长时间；自光绪朝开始，比例又迅速攀升，到清末就已成为人口占绝对多数的民族了。就天水而言，除清穆宗同治年间（1862—1874年）西北回族反清斗争失败后，清政府把被迫投降的官兵安置到甘肃清水、秦安两县境内，形成了张家川回族聚居区以外，其他基本上已是汉民族的聚居区了。据《嘉庆一统志》记载了嘉庆二十五年（1820年）甘肃按府、直隶州的人口分布状况，并具有很强的代表性，其中秦州有160563户，666790人。[②] 若按2009年5月底的统计，天水少数民族占全市总人口数的7.1%[③]的比例计

① 杨思、张维：《民国甘肃通志稿·民族》。转引自彭清深《秦州天水人的形成及其人文特征》，《广西民族学院学报》2000年第6期。

② 参阅方荣、张蕊兰《甘肃人口史》，甘肃人民出版社2003年版，第295—296、356页。

③ 《天水市少数民族概况》（http://www.360doc.com/content/13/0819/15/9090133_308289615.shtml）。

算，那么，到清代中期天水人有61万余人。

此时，天水人从唐代开始的“凤凰涅槃”，到清代中期，历时1200余年，在血与火之中，合合分分，分分合合，朦朦胧胧，胧胧朦朦，终于从雏形发展成定型，成为汉民族在甘肃的族群之一。

第三节　天水人的人文特征

> 都说是上有天堂下有苏杭，却不知陇上也有好风光，
> 渭河秋水秦岭春花，既有秀丽又见雄壮，
> 大地湾里孕育文明，麦积石窟千年辉煌。
> 都说是龙腾华夏九州翱翔，却不知天水就是龙故乡，
> 伏羲创世播散火种，女娲补天造福四方，
> 飞将李广，威震边关，历代豪杰，万古流芳。①

这首《天河热土》的歌词赞颂了风光美丽而又有历史内涵的天水。俗话说：“一方水土养一方人。”天水以她独特的地理位置与环境经过几千年的文化积淀，造就了天水人独有的性格，显示了绵亘的生命力。

一　尚武出将：天水人的特质

天水人的特质是什么？从古谚“关东出相，关西出将”可看出端倪。天水与军旅有久远的、密切的关系，如诗圣杜甫在《秦州杂诗二十首》所云“无风云出塞，不夜月临关”②，历史上就是古代沙场、军事重镇。彭清深曾分析说：

> 秦州历代名将迭出，乃是显要地理环境使然。绚烂的军事文化是这一地区的特色，秦之始祖嬴非子能忝列周家诸侯，分封西垂千里，是因“马大藩息”而起家。周时的萧萧战马，无疑相类现代的坦克装甲，秦人以军事装备之优，纵横六合一匡天下。秦地尚武风习延迭不绝。入汉后，以马革裹尸还军功报国的陇上健儿，力拒匈奴奋战于

---

① 白兵：《天水之歌——天水人的文化性格》。

② 杜甫：《秦州杂诗二十首》。

大漠，血洒疆场为国显光。但终究是“一将功成万骨枯”，名将的功成是无数无名兵士以青春生命铸冶出的光华。历史上几次有名的战例，都在秦州角逐胜负。东汉光武从关中带兵入陇，亲征割据势力，在此发生著名的“略阳城之战”；三国曹魏将领张郃率军西进，蜀汉东征，诸葛亮六出祁山，拟议从此地进入中原，两军在此布阵，发生了著名的“街亭之战”；北宋时，宋金两国为争疆夺地，交战于陇右，在此展开了激烈的“腊家城之战”。蒙元时，忽必烈结集重兵于关山（今固原境内）之下，经秦州南下巴蜀与南宋交战于四川钓鱼城。在秦州所属的祁山、街亭、木门等地都因三国众多的军事行动而出名，遗留后人凭吊。罗家伦祭奠诸葛军垒（天水八景之一）有诗赞曰：“一树横挡天水关，相传故驿仰攻难。渭河浪卷英雄去，剩有寒云自往还。”

秦州名将，先秦不赘，自汉有身替汉祖被项羽怒烧焚杀的忠烈侯纪信，飞将军李广及从弟李蔡、李陵，新畤侯赵弟（破奴），壮侯赵充国及其子，西域都护骑都尉段会宗；东汉大将军霍光、三国蜀汉镇西大将军姜维、元魏辅国将军超宗、北齐骠骑大将军李玙、北周大将军李远及次子大都督李基、隋太师李穆（李远之弟）、陇西郡公大将军李询、隋豫州刺史李崇、朔州总管李充、大将军汲郡太守王仁恭、大将军检校潭州总管权武、大将军光禄大夫李景、唐左鹰扬卫将军姜确、南宋提举宿卫刘锜、南宋循王张俊、大中大夫曹友闻、武节大夫杨大全，等等。延之近代又有爱国将领、老同盟会员、曾任甘肃省长的邓宝珊；红军将领、辗转长征、后任甘肃省军区司令的徐国珍，均为一代名将。

秦州民间习武活动历数千年不绝。到明代，秦州秦安一县就先后有杨腾、胡绎宗等 9 人考取武进士功名。清代又有党守正等 3 人取得武进士功名，取有武举人功名的竟达 117 人。境内流传的高氏壳子棍法，盛誉西北，被视为甘肃名棍，现经武术传媒介绍，闻名全国。

作为古战场，历史上的天水城到处是耐人寻味的街巷：飞将巷、尚义巷、关爷巷、仁和巷、旗杆巷、忠武巷、亲睦巷、澄源巷、玩月楼巷、窦滔故里……单是那个旗杆巷，就让人们回味不已，“铁马夜嘶千里月，雕旗风卷万重云”[①]，这巷子分明是专造旗杆的所在，天水的战斗气氛该是多么浓郁、多么火烈，又何等迷人。正是，中国天大地大，而“天水与军旅的关系，在中国土地上是独树一帜的”[②]。

二 南北相融：天水人的性格

在天水往往可以看到这样的自然景象：南边细雨霏霏，北边红日高照，所谓半山晴半山雨。天水人的性格也是如此，既有北方人的粗犷，又有南方人的婉约，在天水人的性情中，外有北方人的豪爽与粗放，内有南方人的灵秀与智巧，既有聪慧绵软之柔美，又有剑胆雄浑之气魄，表现出西北人与南方人相融的性格。著名的记者范长江曾在他的《中国的西北角》一书中这样描述天水：甘肃人说起天水，就像江浙人说起苏杭。

天水人性格粗犷表现在喜赶庙会唱秦腔。据彭清深研究，天水名胜古迹极多，伏羲庙、画卦台、女娲庙、甘泉寺、雷祖庙、西番寺、麦积山、仙人崖、水帘洞、大像山、木梯寺、仇池山、泰山庙、南郭寺、玉泉观、石门山，等等，名山胜水间庙宇林立。从祭祀人宗初祖到祈福求嗣的各种尊神崇灵活动，都在各类庙宇中虔求。众多庙宇各有不同时日的祭礼典仪，故而境内庙会此起彼伏，民人赶之匆匆，俗称“赶庙会”。庙会期间，百货杂陈，民间小吃香鲜味美，更为引人的是秦腔戏班响遏行云的演唱，使得驻足观者如醉如痴。

天水人没有关中西安人那样“吼”出秦腔的淋漓神情，但对秦腔的品评有高一层次的认准。自秦腔风行西北以来，凡关中道上的秦腔名伶都需在天水兰州得到认准后，方能走红关中。这是和秦腔形成中，秦凉之地为其“输液供血”大有关系。秦腔成就于陕西，但陇右乃是母体，故而天水人对秦腔的钟爱也是一往情深。天水人不单请关中戏班演唱，自己也组班大唱：唱皇天后土、唱秦山陇水、唱正气凛然、唱悲欢离合；唱上下五千年、唱纵横八万里，就是借着彼此不断的庙会，唱出他们心头的压抑，宣泄出他们心中的块垒和积垢。借此调整自己的心态，

① （清）顾嗣协：《题岳州北征图》。转引自杨闻宇《天水的军旅情结》，载《解放军报》2005年1月27日第7版。

② 杨闻宇：《天水的军旅情结》，《解放军报》2005年1月27日第7版。

使其身心清爽，平静无争。天水的宗教文化独有特色，伏羲、女娲二皇自不待言，相传道祖太上老君祖籍为天水，耤河右岸山崖下的老君庙，今为天水八景中的“赤峪丹灶”就是纪念老君炼丹修行的所在。天水麦积山、石门、仙人崖，秦安凤山之上的泰山庙，陇城麦积崖上西番寺，是甘陕两省供奉的庙宇。天水的庙宇释道合一，大小庙宇佛祖、道祖、药王、玉皇、地藏、弥勒、寿星，共聚一庙，秦州人一一供奉，香火不绝。就是在这种释、道、儒三教合一的庙宇殿堂，无论是静中对神坛的顶礼膜拜和动中在庙会的尽情啸唱，秦州天水人认为是调整心境、涤荡愁烦的最好场所和最佳方式。①

天水人性格粗犷还表现在天水男人们喝酒上。一桌人扎一堆儿喝酒，请客掏钱的一定是天水男人，尽管他们倾囊相宴的结果很可能是回家跪一夜搓板儿或者啃半个月方便面，只要一端起酒杯，天水男人一定不会藏着掖着假模假式。最爱呼朋唤友回家尝尝自个媳妇儿手艺的也是天水男人，情调、品位、绅士这等拿捏作态的词儿统统和喝酒的天水男人无关，他们宁愿因陋就简，一醉方休，所以喝到最后，搂着脖儿称兄道弟的一定是天水男人。天水男人喝酒的前提只有一条：“都是朋友！”而喝酒的最高境界则是：“都在酒里！”可正因为天水男人从不晓得在酒杯前长个心眼儿留一手，一腔赤诚做东的结果很可能是醉到分不清局长科长一概喊“亲哥”，末了还得把100元当10块零钞给了出租车司机，不过也只有天水男人才会在醉后狂歌痛哭酣然大睡。连喝酒都不忍心耍赖使奸的人，你能怀疑他不光明磊落吗？喝酒时的天水男人可嘉，因为他们不小气，喝酒时的天水男人也可悲，因为他们永远在最前线抛头露面两肋插刀，从来不懂得给自己留一条可以随时开溜的后路。②

天水人的婉约表现在像上海人一样讲究外表，注重穿着打扮。优越的自然环境，激发了天水人的优越感，他们也许真把自己当成了江浙人，他们吃则追求高档，穿则要求名牌，男青年西装笔挺，女青年则穿着新潮，花在衣服上的钱往往超过了自己的实际收入，但乐此不疲。而这些又实实在在为天水的亮丽风景增色不少，成了另外一道风景。外地人出到天水常常惊叹：这里的人不像大西北的人，穿着比北京、上海人都入时。而天水

① 参阅彭清深《秦州天水人的形成及其人文特征》，《广西民族学院学报》2000年第6期。

② 《天水男人》（http：//gaodong0938. blog. 163. com/blog/static/4484466620071162800/）。

人则对外地人很是轻视，就像上海人瞧不起北京人一样，认为北京人是“老土”。其实，天水人拥有如此的优越感没什么不好，因为大西北的很多地方穷山恶水，要么山清水秀人不秀，要么荒漠化严重。而天水山清水秀人也秀，在大西北的黄土高原上显得格外娆艳。

其实，天水人的南北相融集中于天水女孩子身上。传说汉武帝时，曾因天水的女子长得绝色，便派人选妃，谁知把选来的妃子刚一送进宫，天空突然裂开一个大口子，倾盆的大雨，将选妃的朝臣淹死了。这当然仅仅是传说而已，但香港《文汇报》曾发表过一篇《天水女子女娲脸》的文章，使得香港的读者很向往天水。天水女子的靓丽与历史文化也有着渊源。天水有一座久负盛名的被称作“东方雕塑馆”的麦积山石窟，龛内的佛像多是世俗的佛教故事，用雕塑家的眼光看，多是以天水女子为原型的。[①] 外地人来天水时，总感觉天水女子的美肯定与麦积山石窟中那端庄秀美、富态高雅的佛的形象之间有着某种神秘的联系，不知是天水的女子因佛而生，还是那佛因天水的女子而塑，凡人自然是不得而知的。确实，天水女人有一种惊人的美，她们的美是在于态而不在于色的，有色无态之美如同无风之旗，似无花之木，而天水的女子个个却是很有态的。总在妩媚之态中生出三分富态，却又在三分富态中多出两分贵态。有人说，在上海的大街上美女是一个一个出现的，上海是一座产生大美女的城市；在北京，美女偶尔会冒出几个，这大多是外地进京寻求发展的美人；而在广州美女只是背影，背影使人产生幻想，正面一看立刻有了不堪回首的感觉。但是，在天水，美女或许是一批一批涌现出来的。天水女人确实美，身段苗条，风摆杨柳，婀娜多姿，尤其是五官的美，用天水话说叫“心疼”，就是美得让你揪心。天水姑娘还有一绝，那就是皮肤分外白嫩。这一点别说在甘肃了，在整个中国也具有优势。正如天水民谣所云：“秦安的褐子，清水的麻，天水出的白娃娃。”

更重要的是天水女人却个性鲜明，爱憎分明，爱起来或者柔情似水或者果断刚强，而决不拖泥带水。那些外出打工的天水女子，操一口天水话从天津上海直说到深圳北京，行不改名，说不改腔，由此可见天水女人自信洒脱的个性。每在谈婚论嫁时，若是姑娘找了个外地小伙子，当娘的必定不太十分满意。然而天水女子却喜欢军人，嫁给军人的姑娘不少，看来

---

① 《先祖遗风》（http：//www.97ls.com/2010/0602/2009.shtml）。

天水女子骨子里却都是有几分侠气的。这既是天水人尚武出将特质的折射，也是天水人性格南北相融的表达。

仔细比较，天水美女比北京美女身材好，比上海美女丰满，比江南美女壮实，比重庆美女温柔。她们没有北京美女那样的豪气，没有广州美女的洋气，没有江南美女的秀气，更没有重庆美女的霸气，但她们有天水美女特有的自信之气。天水女人的高是高挑不是粗壮，是水蛇腰配上桃花脸，而非铁脚铁臂铁肩膀般金属味极重的那种形状，所以天水女人显得更有成色。这也有别于江南女人，她们显得太纤细，豆芽菜一般柔弱，有林黛玉似的病态美。天水女人高挑的同时却有刚性，是钢丝美人，富有弹性和可塑性，不是病美人。[①] 这可能正是天水人南北相融，“凤凰涅槃”的结晶。

天水人的南北相融还表现在善经商上。一般而言，西北人重本轻末，南方人喜于做生意。天水人恰恰不同于一般的西北人，在西北有“万名货郎”走天涯之名。天水是东西贯通、南来北往的交通中枢，是古丝路大道的必经之地，历史上就是商品集散地。所以天水人历来习惯经商，善于经商，经常经商。在秦安县陇城乡上袁村发现的出土文物“秦权”（秤砣），作为衡器已有2000多年，是秦代经商的证据之一，说明当时经商交易就有一定规模。唐宋时期“日中为市”和城市“市井”的出现，使城乡贸易进一步集中起来进行。明清时期，境内形成了许多集镇，就是因为经商而出现和形成的。当时的逢集日（农历）一四七、二五八、三六九轮番在各大集镇逢集交易，上市商品繁多，市场活跃。民国时期，秦安生产的土布和呢褐子是远销省内外的两大宗商品。1949年后，国营、集体商业大发展。改革开放以来，个体商户大增，交易市场和行商网点密布，极大方便了群众日常生活之需。而且从商者坐行结合，三级批发，出现了一大批走乡串户、亦农亦商的货郎。在昔日，来往肩挑贸易叫“贩”[②]，设店拥摊行商叫“市”，店摊林立则

---

① 《天水美女》（http：//blog. 163. com/wangjin2241@126/blog/static/48920660200795382 0737/）；《天水初记》（http：//chenduopei. blog. 163． com/blog/static/555690382011717836 4038/）。

② 因秦州尚武精神的发扬，民间习武风盛，挑肩行贩不畏路途艰险。倘若遇到剪径强人，扁担就是护身武器。陇中民谚谓“甘谷人挑担辣椒（甘谷辣椒系特产）上京师”，虽是调侃之语，但也可剖析出，一是秦州人不怕困难，认准目标勇往直前，二是因有武术根底，故胆壮气盛，不惧邪恶，去完成个体勾勒的蓝图。

形成市场。货郎贸易的恢复和发展，也是时至必然，这种最为灵便、最为活跃的经商形式，旧日下四川，今朝闯西藏，踏遍甘、青、宁、蒙、新、云、贵等地偏僻山村，甚至远及中尼、中印、中缅、中俄边境接壤地带。

改革开放后，秦安县经摸底有万名以上的货郎，号称“万名货郎”。彭清深于 1985 年赴西藏考察，路经东部藏区的巴塘、八宿、札木、林芝等地，均遇上秦州甘谷的女货郎，她们经售毛线、童装、首饰、毛衣等物，操着极为蹩脚的藏语，热情地给藏胞介绍她们由家乡带去的商品。更为惊异的是，在阿里札达古格遗址邻近的村庄里，发现了一名天水货郎，高原的烈日和劲风已使他的面目黧黑而干裂，只露出一口雪白的牙齿，与边民们讨价还价，他的小百货卖得很好。他们极富有搞活商业的“生意经”。见他挑着货担踟蹰漫行在高原空寂的山道上，不禁使人浮想联翩。吃苦精神与勤俭作风，这是秦州货郎经商的美德，也是成功的基础。勤于行动，俭于经营，苦于实干。①

三 重教重男：天水人的传统特征

天水人的人文特征是传统的，这与其悠久的历史是相应的。

重教是天水人的一大人文传统。天水人的教育源远流长。人宗伏羲“始画八卦以通神明之德”，“造书契以代结绳之政”；大地湾遗址中 F901 大厅应视为传授生产知识和生产经验的教育场所。都是天水的原始教育，为后来的发展立下了丰碑。春秋时期，孔子门下七十二贤人中就有三位秦人：秦祖（字子南）、壤驷赤（字子徒）、石作蜀（字子明），他们千里迢迢负笈求读于孔门，归里后出现了私塾，这种教育方式一直沿袭。

打开《秦州新志》十卷的“人物”观之，自汉以降凡天水文士皆为耕读传家，从政为宦者比比皆是，有的一家数代兄弟子侄皆为阙里英秀。这均系教育为本的传统所致。至唐宋时期，教育持续发展，培育出许多名流硕彦。如东汉辞赋家赵壹、十六国时的小说家王嘉、西魏宰相权景宣、大诗人李白、唐代宰相权德舆、国子博士李翱、小说家李朝威、文学家王仁裕、明代探花都堂胡缵宗、清代翰林御史安维峻，等等。

元明清时期私塾教育大兴，城乡均有。秦州秦安县元大德元年（1297 年）创办县学，明嘉靖年间出现了 10 所社学，清康熙三十年

① 参阅彭清深《秦州天水人的形成及其人文特征》，《广西民族学院学报》2000 年第 6 期。

(1691 年) 在社学基础上建立了义学，使家境贫寒、无力缴纳学费的学童有了入学的机会。清乾隆八年 (1743 年) 开创了陇川书院，出现了胡缵宗、安维峻这等人物。自隋唐至明清秦州中翰林进士、入举列秀的贡生俊才 1327 名之多。[①] 真可谓名流林立。时至今日，秦州人依然视教育为先，无论家境多么贫寒，只要有一丝余光，都要克勤克俭，供养后辈读书求学，所以天水能成为人文荟萃之地，乃与天水人重教是分不开的。

重男是天水人的一大人文传统。天水人对传宗接代甚至光宗耀祖极为重视，所以对子嗣的企求也是在庙会文化中突出的一项活动。尤其对男孩的企盼，是已婚男女共同的希冀。这也是古老习俗的遗留，男孩的成人不单纯是为家庭的主要劳力，也是一名保家卫国的战士，更重要的是繁衍祖业的传人。自远古始，生活在天水地区的人们就有强烈的生殖崇拜，这与自然环境的关系极大，越是林深树茂、山清水秀的地方，往往人口繁殖缓慢，而且人的寿命也很短暂，究其因是饮水所导致。水分中的某些矿物含量过高，人饮用后往往造成肌体功能的下降和丧失，这在秦州两当和徽县部分地方较为明显，地方病的形成也是水因所致。在科学技术发展的今天，才能得以根治。但古时的人，只有求冀于上苍的恩赐，使之多子如鱼，大地湾彩陶制品花纹的鱼纹和变体蛙纹造型，就是生殖崇拜的一种类型，一是鱼多子，二是双鱼并列形如女阴，这都是古人原始思维的表象反映。武山发掘的新石器遗址中，也有陶祖的出现。秦州人迫切的求嗣观念，也是来自古秦人生殖崇拜的遗承。

① (清) 费廷珍纂：《乾隆直隶秦州新志》卷八《选举》。

第五章 河西人

河西人是汉民族在甘肃的族群之一，分布在甘肃河西走廊，故称“河西人”。而“河西”之名则因地处黄河以西而得名。

河西走廊，地处甘肃西部黄河以西。南与青藏高原北缘的祁连山脉接壤，东临黄土高原，西与塔里木盆地交界，北与内蒙古高原南缘隆起的北山山地相连，是一条东西长达1200公里，南北宽度自五六公里至二百公里不等的狭长地带，因形似走廊而得名。

河西走廊在地理上自成一体，其虽然处于峰峦叠嶂的祁连山和主要为戈壁、沙漠的内蒙古高原的夹峙之下，但走廊之上却是绿洲相连，地下水源充沛，资源丰富，物产富饶，它没有封闭的腐朽与落后，相反，有一种极为开阔的胸怀，一种放达的气度，自古以来即为中原通西域的首选之路。自3000多年前起，河西走廊就成为中国内地通往西域地区的必经通道，神秘的“玉石之路”和周穆王西巡，沟通了中原与西域地区的联系。自公元前121年开始，成为闻名于世的丝绸之路的主干路段。由于历史的原因，这里成为华夏文明与两河文明、印度文明、地中海文明的交汇区。众多的民族把这里作为一个历史的大舞台，演出过许多威武雄壮的民族互动、磨合、整合和融合的雄伟大剧，深深地触动了中国乃至世界的历史。正是在东西方文明的交往、交流、交融的过程中，汉民族这个“雪球”在河西走廊的滚动才得以形成风格独特的河西人。

河西人分布在甘肃酒泉、张掖、武威三个地区，金昌、嘉峪关两个省辖市，以及永昌、金川、肃州、玉门、金塔、瓜州、敦煌、肃北、阿克塞、山丹、民乐、临泽、高台、肃南①、天祝②、民勤、古浪等 17 个县（区），总人口 337 万。

第一节　河西人的语言

河西人的语言都以县（市）人民政府所在地汉族老住户的方言为准。敦煌古入声清音声母和次浊声母字今大部分读阴平，全浊声母字今读阳平，属于中原官话，敦煌以外的县（市）③ 古入声清音声母和次浊声母字今大部分读去声，全浊声母字今读阳平，都属于兰银官话。

一　河西话的语言学特点

（一）河西话声母的异同

河西走廊十八处汉语方言的声母大同小异。嘉峪关、酒泉、金塔、民乐、临泽、古浪、天祝、金昌、永昌九处声母相同，都有 26 个声母，山丹新派也是 26 个声母。

河西走廊十八处汉语方言声母的主要差别是舌尖鼻音［n］和边音［l］的分混，齿唇塞擦音［pf pf‘］、舌根鼻音［ŋ］、浊音声母［ɣ］以及零声母［Ø］的有无。

古知庄章三组声母今北京话开口呼字，十八处声母的读法各有异同，有的都读［tʂ　tʂ‘　ʂ］，有的分别读［ts tʂ‘ s］和［tʂ tʂ‘ ʂ］，还有古知庄章日四组声母今北京话合口呼字，十八处声母的读法有的也有明显差别。

河西走廊十八处汉语方言声母的显著特点。

1. 浊音声母［ʐ ʀ ɣ］，以及相关的零声母［Ø］。

［ʐ］是舌面前浊擦音，［ɣ］是舌根浊擦音，［ʀ］是小舌浊滚音。有［ʐʀ ɣ］等浊音声母是河西走廊除敦煌外十七处汉语方言的一大特点。敦

---

① 肃南裕固族自治县人口约 3.4 万人，其中汉族约 1.7 万人，裕固族约 0.8 万人，藏族约 0.7 万人，蒙、回及其他少数民族约 0.1 万人。

② 天祝藏族自治县人口将近 19 万，其中汉族约 13.1 万人，藏族约 4.4 万人，土族约 0.97 万人，蒙、回及其他少数民族约 0.2 万人。

③ 指敦煌和武威、民勤、古浪、天祝、金昌、永昌、张掖、民乐、临泽、山丹、高台、肃南、嘉峪关、酒泉、玉门、金塔、瓜州 18 个县（市）。

煌话没有［ɤ］，但有［ŋ］声母和零声母［∅］，据此也可以把敦煌方言（属于中原官话）跟其余十七处汉语方言（属于兰银官话）分开。

2. 古知庄章三组声母今北京话开口呼字，河西走廊十八处声母的读法有以下两种类型。

（1）庄组、知组二等、章组止摄今读［ts　tsʻ　s］，知组三等、章组除止摄外今读［tʂ　tʂʻ　ʂ］。嘉峪关、酒泉、玉门、金塔、安西、武威、民勤和敦煌八处都属于甲类读法。

（2）古知庄章三组声母今开口呼都读［tʂ　tʂʻ　ʂ］。金昌、永昌、张掖、民乐、临泽、山丹、高台、肃南、古浪、天祝十处都属于乙类读法。不过，古浪、天祝庄组、知组二等个别字也有读［ts　tsʻ　s］的。

3. 古知庄章日四组声母今北京话合口呼字，河西走廊十八处声母的读法有以下四种类型。

（1）［pf(u)pfʻ(u)　f(u)　v(u)］，只有山丹一处的老派这么读。

（2）［tʂu　tʂʻu　ʂu　ʐu］，分布范围较广，武威、民勤、古浪、天祝、金昌、永昌、嘉峪关、酒泉、玉门、金塔、安西十一处都是这类读法。

（3）［tʂʮ　tʂʻʮ　ʂʮ　ʐʮ］的读法只有敦煌一处。［ʮ］是舌尖后圆唇元音。敦煌［tʂʮ　tʂʻʮ　ʂʮ　ʐʮ］相当于北京的［tʂu tʂʻu ʂu ʐu］。

（4）［ku　kʻu　f(u)　v(u)］的读法很特殊。这是河西走廊张掖地区一带方言的显著特点。读此类的有张掖、临泽、民乐、高台、肃南五处。

（二）河西话韵母的异同

河西走廊十八处汉语方言的韵母，最多的有34个，最少的只有28个。嘉峪关、酒泉、玉门、金塔老派、安西五处韵母相同，都有33个。

金塔韵母分两派，老派［an ian uan yan］开齐合撮四呼都有，共有33个韵母。新派［n］尾韵只有开合口呼［an uan］，齐齿呼［ian］韵已并入［iɛ］韵，撮口呼［yan］韵已变为［yɛ］韵。金塔新派少了［ian yan］两韵，但多了一个［yɛ］韵，其他韵母与老派相同，共有32个韵母。

河西走廊十八处汉语方言韵母系统大致有以下六种类型。

（1）无［n］尾韵，北京话［an：aŋ　ian：iaŋ　uan：uaŋ］三对韵

母，子类分别合并为［aŋ　iaŋ　uaŋ］，并有［yaŋ］韵。

（2）有［n］尾韵，没有［yaŋ］韵。属于丑类的有嘉峪关、酒泉、玉门、金塔、安西和高台、肃南、民乐老派八处。

（3）无［n］尾韵，有［ai uai］和［ie iɛ yɛ］等韵母，但无［ɛ uɛ］两韵。寅类［ai uai］分别相当于北京的［ai uai］和［an uan］；［iɛ］分别相当于北京的［ie ian］；［yɛ］相当于北京的［yan］。属于此类的有金昌、永昌两处。金昌、永昌韵母都是30个，但金昌的［ie］韵在永昌是［iɤ］韵。

（4）无［n］尾韵，［ŋ］尾韵只有［əŋ iŋ uəŋ yŋ］一组。北京话的［aŋ iaŋ uaŋ］卯类分别读为［a ia ua］，并有［yɛ］韵和［ai uai］韵，无［ɯ］韵。卯类［ai uai］只相当于北京的［an uan］。属于此类的有古浪、天祝两处，都有31个韵母。宕江两摄舒声字的韵母今读［a ia ua］，是古浪、天祝两处的主要特点。

（5）无［n］尾韵，有［yɛ］韵和［æ uæ］两韵。辰类［æ uæ］分别相当于北京的［ai uai］和［an uan］。　属于此类的有民勤、山丹两处，民勤［æ uæ］在山丹是［ɛ uɛ］，韵母都有29个。民勤、山丹“兰，来”同音，“官，乖”也同音，但韵尾已失落，都读为开尾韵。这与寅类“兰、来，官、乖”一类字金昌、永昌都读为［i］，尾韵有明显不同。如果对这类字不论韵尾的有无，只论今音韵类相同与否，也可把辰类并入（4）类。

（6）有［n］尾韵和［ɥ ɥ ər］韵母，无［iɛ ɯ］两韵，北京［aŋ iaŋ uaŋ］巳类分别读为［ɔŋ iɔŋ uəŋ］。属此类的只有敦煌一处，有34个韵母。［ɥ］是舌尖前圆唇元音，只拼［ts　ts‘　s］。敦煌［tsɥ ts‘ɥ sɥ］相当于北京的［tsu ts‘u su］。

河西走廊十八处汉语方言韵母的共同特点是，北京［ən：əŋ：in：iŋ uən：uəŋ yn：yŋ］四对韵母不分，分别读［əŋ iŋ uəŋ yŋ］。不过，北京合口呼［uən：uəŋ］拼零声母［Ø］，十八处都是开口呼［əŋ］韵拼［v］声母。

（三）河西话声调的异同

河西走廊十八处汉语方言声调（单字调为准）有以下特点。

1. 敦煌的特点是，古入声清声母字和次浊声母字，今音大部分归阴平。

2. 敦煌以外十七处的共同特点是，古入声清声母字和次浊声母字今大部分归去声。有少数古入声清声母字和次浊声母字，今读阴平或上声（民勤有上声；古浪、天祝，上声 = 阴平；其余十四处，上声 = 阳平）。个别古入声清声母字今读阳平。

3. 民勤有阴平、阳平、上声、去声四个单字调。

4. 古浪、天祝两处的特点是，单字调阴平与上声不分，合并为阴平上。

5. 武威、张掖、临泽、民乐、山丹、高台、肃南、嘉峪关、酒泉、玉门、金塔、安西、金昌、永昌十四处的特点是，单字调阳平与上声不分，合并为阳平上。①

二　河西话的人类学特点

河西话的民间性和历史性特点十分突出，河西学者何茂活在《河西方言纵横谈》一书中有详细而精彩的论述，本处试举几点。

1. 语素颠倒

“宝卷”是河西地区广泛流传的一种说唱文学底本，是通俗文学的一种。它韵白相间，有突出的群众性、通俗性特点，既有鲜明的口语色彩，也保留了许多书面语词。汉语中的有些词（主要是联合式合成词），其构词语素有时可以颠倒位置，如省俭（俭省）、察觉（觉察）、互相（相互）、嫉妒（妒忌）等，如《二度梅宝卷》中云：

> 离分（分离）：说一声哭一声声声不断，谁料想今和你两下离分。
>
> 酸辛（辛酸）：有汉皇也哭得泪如泉涌，哭啼啼叫美人好不酸辛。
>
> 意旨（旨意）：见两个穿青衣女童进帐，说的是奉他的娘娘意旨。
>
> 解劝（劝解）：直骂得延寿贼低头不语，有番王在一旁解劝昭君。
>
> 担承（承担）：我去京奉的是皇上钦命，若不去降下罪谁去

① 参阅张盛裕《河西走廊的汉语方言》，《方言》1993 年第 4 期。

担承。

这种语素颠倒的特点有许多至今仍保留在河西话口语中。例如：

> 说了几年了，也没见你给我买上个戒指，你还不是许愿心的呢！
> 你们两个人关系好些，你再去解劝喀！
> 你把事情问实确了没？不了不要人去了又说没这个事。
> 你到木匠跟前找寻上些碎木头，钉上个板凳子。

此外，如地土、式样、面情、笼蒸、籽种、食粮、气力、味气、菜蔬、路道、共总、地工、头先、扎挣、弹挣、实诚、利便、利吉、利麻、惜爱、辱羞、搅打、贴补、尘灰等词，还实实在在地活跃在河西人的口头上。[①]

2. 亲属称谓

河西方言中，对亲属称谓也有自己的特点，表示叔父之意的“爸爸”，读 bá ba；普通话中，表示父亲之意的“爸爸”，读 bà ba。前者“爸”音“拔”，后者“爸”音“罢”。

在河西各地对亲属称谓又有差异，如高台话称伯父伯母为大爹大妈，酒泉话则称为大老大妈；民勤话称叔父为阿叔；凉州话称伯父为大爹，叔父为“老老”，父母为大老子、大妈子。与武威地区相邻的景泰县，原属武威，现属白银。据《景泰县志》记载：景泰称父亲为爹，也称爸爸，卢阳、喜泉等地也叫大大（dà da）；叔父按排行称“×爹”或“×大”；岳父、岳母称丈人、丈母娘或姨父、姨娘；舅父、舅母称舅舅、舅母或阿舅、妗子；妯娌称先后。这些称谓语与武威、张掖等地有较大的差别。尤其是妗子、先后的叫法，对大多数河西人来讲是非常陌生的。

山丹把未婚的女性长辈叫“娘娘”（niāng niang），比如未婚的姑姑、姨姨，以及父辈的未婚妻等，甚至包括比自己长两三辈的未婚女性。婚后则分别称姑妈、姨妈、婶婶等。邻近有的县区，姑姑无论婚否一律称娘娘。河东有些地方，父亲的妹妹无论婚否均称尕娘，父亲的姐姐无论婚否均称大娘。[②]

---

① 何茂活：《河西方言纵横谈》，甘肃人民出版社 2011 年版，第 111—117 页。

② 同上书，第 129—132 页。

3. 历史词的遗存

历史词是表示历史上的事物或现象的古语词。河西话中存在一些历史词。

如“死人头上学待诏”是河西话中的一句惯用语，字面意思是说在死人头上练习理发，实际含有讽刺和戏谑意味，往往用来表示对手艺不精湛的人的拒斥和不满。比如一个人初学烹饪，主动请缨为朋友做几道好菜，朋友可能会半开玩笑地说：“快去快去，再不了不要在死人头上学待诏了！”或者嘲讽某人在一些非正规的机构任教、行医等，便说“那还不是死人头上学待诏呢”！“待诏”本指待命供奉内廷的人。唐代不仅文辞经学之士，即医卜技术之流，亦供直于内廷别院，以待诏命。因有医待诏、画待诏等名称。宋元时对手艺工匠尊称为待诏。在宋元话本小说中，就有把铁匠、裱褙匠、泥瓦匠、剃头师傅称为待诏的。

又如“秀才关到门背后”也是河西话中的一句惯用语，指的是有才学、有本事的人一时没被发现和重用。比如某个机器坏了，众人修了半天没修好，一个原本不显山露水的人几下子就修好了，于是人们就会感叹：“差一点把秀才关到门背后！”对“秀才”一词别称“茂才”。本系通称才之秀者，始见于《管子·小匡》。汉以来成为荐举人员科目之一。南北朝时最重此科。唐初置秀才科。后渐废去，仅作为对一般读书人的泛称。明太祖曾采取荐举之法，举秀才数十人，任以知府等官。后即专用以称府、州、县学的生员。①

4. 同位短语

在普通话和一般的书面语言中，“你娃娃”当然等于“你的娃娃”。同样的道理，“我妈妈”当然等于“我的妈妈”。可是在凉州话口语中，这样的短语却是同位短语（也叫复指短语）而不是偏正短语。也就是说，它们的意思分别相当于“娃娃你”和“妈妈我”。

如凉州贤孝是一种民间说唱艺术形式，一般由盲人演唱，因此俗称“瞎弦”。因为“贤孝”所演唱的内容全靠艺人们口耳相传，没有经过书面记录和文人加工，所以在语言上极为真实地保留了凉州话的特点，凉州贤孝中就有大量表人称的同位短语，例如凉州贤孝《丁兰刻母》：

老婆子啊，有朝一日我但命归了阴，我死了万可你不能重嫁人

① 何茂活：《河西方言纵横谈》，甘肃人民出版社 2011 年版，第 133—135 页。

啊。有朝一日我老汉归了阴，我的这么阔的家府你可得照应啊。

娃子说的：“妈，也不是鹞子跟上鹰飞了，哪个些你也没有把我儿子的心亏了；也不是苍蝇跟上肉跑了，哪个些你也没有把我儿子得罪了。就是我犁地着哩，饭你给我儿子送得迟慢了。我儿子掮的犁铧赶的牛，陆月里的天气热得很。我在地里犁地的人，你怎么不给我儿子三顿饭连地里送，送饭的是我的媳妇子王素珍？把你这老祸害晒死着地里不要紧，把我的花朵朵儿、各扭扭儿、脆生生儿、嫩丝丝儿的女人给我晒死，我可怜得很啊！”①

5. “文”“白”之别

“暖”在河西山丹话中有 nǎi 和 nuǎn 两种读音，前者为白读音，后者为文读音。故而何茂活小时候听大人们把晒太阳尤其是靠在南墙根里晒太阳叫“晒奶奶”，一直不明白，明明是自己在晒太阳，为啥说成“晒奶奶”。后来弄清楚了方言与普通话的对应关系之后才明白，所谓“晒奶奶”其实是“晒暖暖”——山丹话中，“奶”“暖”同音，只是白读音与文读音之不同而已。②

第二节　河西人的形成

河西走廊是中国历史上著名的民族走廊。古往今来，东来西往于中原和西域，南上北下于蒙古高原和青藏高原的各民族都要经过这条民族走廊。所以，千百年来，这条民族走廊就成了中国西北各民族互动、磨合、整合和融合的大磨坊。就是在这个民族大磨坊里，汉民族的“雪球”在长达千余公里的走廊里滚动，正如彭清深所说：“河西人以兰银官话的河西方言为基本特征，它的形成是西汉王朝开发经营河西，置郡设县，设防、屯垦诸多措施并联共进的结果。河西地区的开发史和河西支系的形成史趋于同步，在两千多年历史演进中，随着王朝国运的盛衰而起伏。自唐中叶的吐蕃占领河西起，直至元代，河西户口逐步下降，明时嘉峪关西的大片耕地辟为牧场，设关西七卫以羁縻，河西人发展处于自然增殖状态。

① 何茂活：《河西方言纵横谈》，甘肃人民出版社 2011 年版，第 225—226 页。

② 同上书，第 91—92 页。

入清后康、雍、乾时期，河西地区又一次移民高潮，加之康熙鼓励生育的人口政策，到清中叶嘉庆时，河西人猛增到 280 万人，出现了继西汉、盛唐的第三个高峰。”①

一　汉开河西：河西人形成之初始

河西之地，史前时期河西走廊地区诸内陆河自然流淌，多在终端汇成湖泊，如石羊河下游地区的潴野泽、休屠泽，黑河下游地区的居延海，疏勒河下游地区的冥泽和哈拉湖，河流两岸和湖泊周围水草丰美、树木丛生，并有人类活动，孕育了从新石器至铜器时代各个时期的文化。② 原始记忆的史前考古遗址有 40 余处。其中，绝大多数属于新石器时代晚期、青铜时代，也有部分铁器时代的遗址。涉及考古学文化包括马家窑文化、半山马厂文化、“过渡类型”遗存、董家台文化、齐家文化、四坝文化、骟马文化、沙井文化和辛店文化。③ 特别值得一提的是，河西走廊“四坝文化”东灰山遗址中，曾先后出土了 16 件铜器，包括铜削、铜锥、铜镯、铜耳饰、铜小圈饰等。据专家研究，四坝文化发现的铜器是砷青铜，这一特征与西亚、南欧及北非的早期铜制品相同，反映出 4000 多年前，四坝文化有可能与外界存在某种形式的联系。西方的冶炼、制造和铸造成型等生产技术，就是通过河西地区的四坝文化、齐家文化等，传入陕西、河南等中原地区，以至于后来发展成为震惊世界的商周时期的发达的青铜文化。考古学者认为，这些铜器要比中原地区出土的商周时代青铜器早，甘肃河西地区是我国最早使用青铜器的地方。④

距今 5000—4000 年前后，是我国一万年以来气候最好的时期，黄河流域和长江流域新石器文化灿若群星。⑤ 而此时，河西走廊最早见诸中国史籍的居民出现了，即五帝时代的“三苗”。在与尧、舜、禹的战争中三苗战败，《尚书尧典》记载：“舜窜三苗于三危。”《后汉书 · 西羌传》

---

① 徐杰舜主编：《雪球——汉民族的人类学分析》，上海人民出版社 1999 年版，第 971 页。

② 吴传钧：《中国经济地理》，科学出版社 1998 年版，第 344 页。

③ 参阅甘肃省文物考古研究所、北京大学考古文博学院《河西走廊史前考古调查报告》，文物出版社 2011 年版。

④ 参阅《考古表明甘肃河西地区为我国最早使用青铜器区域》（http：//www. capitalmuseum. org. cn/zjsb/content/2013 – 07/15/content_ 58519. htm）。

⑤ 王会昌：《中国文化地理》，华中师范大学出版社 1992 年版，第 26 页。

云："西羌之本，出自三苗，姜姓之别也。其国近南岳。及舜流四凶，徙之三危。"《水经注》云："三危山在敦煌南。"[①] 此后在此活动的民族或族群多被称为戎、羌。[②]

先秦之时河西走廊正是中国西北民族角逐的主要战场之一，也是汉民族的前身华夏民族从多元走向一体滚动形成的主要地区之一。

战国至秦之际，河西走廊是乌孙、月氏和匈奴生息繁衍的地方。战国时乌孙据瓜州，《汉书·张骞李广利传》云："乌孙王号昆莫。昆莫父难兜靡本与大月氏俱在祁连、敦煌间，小国也。"后月氏攻破乌孙。《史记·大宛列传》载，月氏人分布在"凉、甘、肃、瓜、沙等州"，即今敦煌以东、乌鞘岭以西的河西走廊广大地区。他们以牧羊为主业，故长期被包括在泛称的"西戎""西羌""羌戎"人之中，直到战国末期才以独立的人口族群出现在甘肃河西之地，被称为月氏国。乌孙人是与月氏人同处河西地区的小王国，分布在河西酒泉至敦煌一带。以畜牧为主业，多马，乌孙人因较弱小，常被月氏国侵夺。据《甘肃人口史》，当时河西共有 22 万人。[③]

在秦汉交接之际，匈奴崛起。匈奴冒顿单于杀父自立后，在他的领导下匈奴势力迅速崛起，曾两次西败月氏[④]，迫使月氏西迁，匈奴完全占有河西之地。月氏主体西迁后，部分残众留居在河西走廊南山以及河湟地区，依附于该地区的诸羌部落，称为"小月氏"。后来霍去病攻打河西匈奴时还"踰居延，遂过小月氏，攻祁连山，得酋涂王"[⑤]。当时活动于河西走廊的匈奴主要有两个族群：休屠王部与浑邪王部。休屠王部处河西走廊地区东部以今武威地区为中心的地区。《汉书·地理志》武威郡条下有"故匈奴休屠王地"，而且武威郡下设有休屠县，甚至连谷水（今石羊河）终端湖泊（古潴野泽）也因此而改名休屠湖。浑邪王部处河西走廊中部张掖及其以西地区，《汉书·地理志》张掖郡条下有"故浑邪王地"。匈奴冒顿单于在位时，"夷灭月氏，尽斩杀降下之。定楼兰、乌孙、呼揭及

---

① 《水经注·江水》卷三三。

② 王文棣：《河西走廊民族社区协调发展研究》，博士学位论文，兰州大学，2010 年，第 21—23 页。

③ 方荣、张蕊兰：《甘肃人口史》，甘肃人民出版社 2003 年版，第 33 页。据载，时有月氏人有 15 万人，乌孙人按 5 万计，羌人按 2 万计，则河西共有 22 万人。

④ 《汉书·匈奴传》。

⑤ 《汉书·霍去病传》。

其旁二十六国，皆以为匈奴”①。

汉代之时，开始了汉开河西的历史。

汉帝国特别是武帝在位之时，在河西走廊对匈奴取得了决定性胜利。据《汉书·地理志》记载：“自武威以西，本匈奴昆邪王、休屠王地，武帝时攘之，初置四郡，以通西域，鬲绝南羌、匈奴。”《史记·大宛列传》云：“浑邪王率其民降汉，而金城、河西西并南山至盐泽空无匈奴。”汉帝国置四郡而开河西。汉王朝对河西采取了军屯、移民的措施，屯垦戍边，无事则以之为农，有事则调之为兵，因田致谷，因地为粮，因民为兵，因屯为守。这种大规模屯垦和移民，正是汉民族“雪球”在河西走廊滚动的开始。

早在汉文帝时，晁错就提出了“募民徙塞下”的建议。晁错认为，派遣戍卒轮流守边的做法对付不了匈奴的入侵，应改为屯戍结合的定居移民。《汉书·晁错传》载：“募罪人及免徒复作令居之；不足，募民丁奴婢赎罪及输奴婢欲以拜爵者；不足乃募民之欲往者。”凡是应募的自由民，“皆赐高爵，复其家”，即给予较高的爵位，并免除他们全家的劳役赋税。对于移民安置，晁错认为除了仔细选择水甘土肥、草木丰饶之地为移民点外，还应为移民“先为室家，具田器”，即要修筑好住宅房屋，备好农具。“塞下之民，禄利不厚，不可使久居危难之地。”由于移民到边塞进行生产，绝非短期内就能达到自给自足的程度。因此，晁错建议内地居民以粟拜爵，“使天下人入粟于边，以受爵免罪，不过三岁，塞下之粟必多矣”，“边食足以支五岁，可令入粟郡县矣”。他认为只有这样才能使移民“男女有婚，生死相恤，坟墓相从，种树畜长，室屋完安，此所以使民乐其处而有长居之心也”。同时徙民实边，“使屯戍之事益省，输将之费益寡”，使朝廷减轻征调戍卒之繁，节约大量的开支，“甚大惠也”。而经济上的优惠和军事上的重视修筑防御设施，使移民生活有了保障，移民便会“先至者安乐而不思故乡，则贫民相慕而劝往矣”，移民便会源源不断地蜂拥而至。由于移民是阖家居住，亦耕亦战，在边塞拥有自己的一定家产，因此，遇到匈奴侵袭时，就会“邑里相救助赴胡不避死”，拼死抵抗匈奴，这样就会“使远方无屯戍之事，塞下之民父子相保，无系虏之患”②。汉文帝采纳了晁错的建议并予

---

① 《史记·匈奴列传》。

② 以上所引均见《汉书·晁错传》。

实行，但由于西汉经济基础的薄弱和汉匈力量对比的悬殊，实际效果并不理想。到武帝时形势发生了变化，汉朝对匈奴的军事行动不断取得胜利，不仅收复了秦末失地，而且将匈奴赶出了河西走廊；同时，经过数十年的休养生息，经济实力增强，可以向边区调运大量粮食，保证移民定居初期的基本生活需要。[①] 因此，武帝时对西北包括河西地区实行了大规模的移民。

首先是移民实边。元朔二年（前 127 年）“收河南地，置朔方、五原郡……夏，募民徙朔方十万口”[②]。这是西汉第一次向西北边疆大规模移民。元狩二年（前 121 年）汉帝国取得“河西之战”的胜利；元狩四年（前 119 年）又取得“漠北之战”的胜利，即开始移民实边。元狩四年冬，“有司言关东贫民徙陇西、北地、西河、上郡、会稽，凡七十二万五千口”[③]。元狩五年（前 118 年），“徙天下奸猾吏民于边”[④]。元鼎二年（前 115 年），“初置酒泉郡，后稍发徙民充实之”[⑤]。元鼎六年（前 111 年），分置武威、张掖郡，“徙民以实之”[⑥]。此外，“或以报怨过当，或以悖逆亡道，家属徙焉”[⑦]。另外，根据《十七史商榷》卷九记载，元狩四年（前 119 年），关东贫民徙往陇西、北地等五郡的 72.5 万人中，会稽郡为 14.5 万人，剩下的 58 万人分徙四郡，以四郡平均，每郡 14.5 万人。四郡中，陇西、北地二郡属甘肃，共 29 万人。再加上其他实边的人口，尤其是移徙河西各地的人口，至少也在十万以上。

其次是开田官屯戍。元狩二年（前 121 年），“汉渡河，自朔方以西至令居，往往通渠，置田官吏卒五六万人”[⑧]。元鼎五年（前 112 年），“初置张掖、酒泉郡，而上郡、朔方、西河、河西开田官，斥塞卒六十万人戍田之”[⑨]。从此，屯田成为汉代的一项边防制度。仅以元鼎五年“斥塞卒六十万从戍田之”来说，安排在上郡、朔方、西河、河西四地，其中河西有四郡，且是汉武帝隔绝匈奴与西羌联系，斩断匈奴左臂和开辟西

---

① 参阅葛剑雄《西汉人口地理》，人民出版社 1986 年版，第 164—165 页。

② 《汉书·武帝纪》。

③ 同上。

④ 同上。

⑤ 《汉书·西域传》。

⑥ 《汉书·武帝纪》。

⑦ 《西汉会要》。

⑧ 《史记·匈奴列传》。

⑨ 《汉书·食货志》。

域的战略要地和基地，即使以四地平均，河西至少也有 15 万人；如果二分之一安排在河西，则为 30 万。①

再次是难民迁入。河西归入西汉帝国的版图后，使河西与内地连成一片，河西便成为东可入中原、西可达西域的交通要冲，加上河西地域广阔，绿洲棋布，宜农宜牧，河西也就成为中原逃难人民可农、可牧、可商的新谋生之地。在汉景帝时就有“议民欲徙宽大地者，听之”的诏令，武帝时中原灾害多而严重，逃入关内的难民也很多。如元鼎二年（前 115 年），“夏大水，关东郡国四十余，饥死者以千数”②；武帝“末年……饥旱……流民入关者数十万人”③。

最后还有流动人口。汉武帝开辟西域大大小小的战争，都是以河西为根据地，出征前在河西集结军队，筹集粮草；出战后又返回河西进行休整，准备新的征发。于是，河西走廊有大批兵将马骑穿梭似的来往行进，粮秣军备转输的人队车驼络绎不绝，其中，无论是军队还是粮草转输夫役，大多数是从内地各郡征发来的。《汉书·李广利传》载：“太初元年，以广利为贰师将军，发属国六千骑及郡国恶少年数万人以往，期至贰师城取善马。”《史记·大宛列传》云：太初三年（前 102 年），“益发戍卒十八万人，酒泉、张掖北，置居延、休屠以卫酒泉，而发天下七科谪及载备给贰师。转车人徒，相连属至敦煌”。这些大批的军兵士卒和转输夫役，构成河西空前未有的大量流动人口景观。④

这样，河西人口大增，特别是汉民族人口的增加，大大超过了原居河西地区的匈奴等民族或族群的人数。有学者研究，西汉前期河西的匈奴人当在十万左右⑤，加上保居南山的小月氏，河西人口最多不超过十二万。⑥ 到汉平帝元始二年（2 年），河西四郡共有 71270 户，280211

---

① 方荣、张蕊兰：《甘肃人口史》，甘肃人民出版社 2003 年版，第 47 页。

② 《汉书·武帝纪》。

③ 《汉书·食货志》。

④ 以上均参阅方荣、张蕊兰《甘肃人口史》，甘肃人民出版社 2003 年版，第 43—48 页。

⑤ 时人对匈奴总人口，或云“匈奴之众不过汉一大县”（《汉书·贾谊传》），或曰“匈奴人众不能当汉之一郡”（《史记·匈奴列传》），葛剑雄先生认为“估计（西汉）匈奴的人口总数不过五六十万”（参阅葛剑雄《中国人口发展史》，福建人民出版社 1991 年版，第 117 页）。浑邪王以四万余人降汉而号称十万，可能即因其与原休屠王所统合为十万之众的缘故。

⑥ 据《后汉书·西羌传》载，东汉对小月氏“大种有七，胜兵合九千余人，分在湟中及令居，又数百户在张掖，号曰义从胡”，故西汉前期河西的小月氏人数不会很多。

口，其中武威郡10县，17581户，76419口；张掖郡10县，24352户，88731口；酒泉郡9县，18137户，76736口；敦煌郡6县，11200户，38335口。[①] 但是，河西人口的实际数量远不止此。除了以什伍组织编制由郡县乡里系统管辖的国家编户外，还有大量的驻军和戍田卒。所以，西汉中后期在河西长期保持的戍田卒数量当不少于汉武帝时两次调发的人数，即三四十万。据此则西汉末年河西总人口有五六十万甚至更多，而这尚未包括郡守、都尉统辖的郡兵。[②]

河西人口民族结构的这种转型，正是汉民族“雪球”滚动的结果。汉设四郡开河西，移民实边，奠定了中原文明的格局，打破了“自三代（夏、商、周）之盛，胡越不与受正朔”（正朔原指历法，此处意即不肯接受中原中央王朝的领导）[③] 的旧传统，不仅开了中国北方政权接受中原中央政权领导的先河，促成了中国的统一，而且还结束了汉匈两族150年来的冲突和战争状态，转向汉民族与匈奴及其他西北少数民族互动、整合和融合的大趋势。[④] 许多少数民族部落相继接受了汉文化而成为汉王朝的编户齐民，如活动于武威地区的西夜族群[⑤]，以及原来依附于诸羌的“小月氏”此时也走出祁连山地，在张掖一带与汉人杂居，号“义从胡”[⑥]。《后汉书·西羌传·湟中月氏胡》云：“湟中月氏胡……又数百户在张掖，号曰义从胡。”民族名称的变化显示着汉民族与西北少数民族互动、磨合和整合状态。行政归属上的一致与文化地域的凝结，从制度上消除了文化之间的隔膜，使不同质的文化由地域对抗走向交融，到三国时代，在走廊西端的敦煌就出现了“胡女嫁汉，汉女嫁胡”[⑦] 这样的民族文化融合现象。[⑧] 这个转型标

① 《汉书·地理志》。

② 高荣：《汉代河西人口蠡测》，《甘肃高师学报》2000年第1期。

③ 《汉书·严助传》。

④ 魏静：《汉置河西四郡的意义论略》，《开发研究》2000年第5期。

⑤ 《汉书·西夜国传》载：“西夜国，王号子合王，治呼犍谷。去长安万二百五十里，户三百五十，口四千，胜兵千人。东北至都护治所五千四十六里，东与皮、山西南与乌秅、北与莎车、西与蒲犁接。蒲犁、依耐、无雷国皆西夜类也。西夜与胡异，其类羌氐行国，随畜逐水草往来。”

⑥ 汉魏时称胡羌等少数民族归附朝廷为“义从”，取归义从命之意。

⑦ 敦煌文书，《西魏大统十三年瓜州效谷郡（乡）计帐》。转引自汪泛舟《论敦煌文明的多民族贡献——兼及民族关系》，《敦煌研究》1995年第2期。

⑧ 张力仁：《历史时期河西走廊多民族文化的交流与整合》，《中国历史地理论丛》2006年第3辑。

志着河西人形成之初始。

二　唐羁河西：河西人在形成之中

汉开河西，开启了河西人形成之始。随之，汉民族这个“雪球”从魏晋南北朝滚到隋唐，推动了河西人形成的进程。

（一）五凉时期河西是汉民族“雪球”滚动的辽阔空间

此后河西人历经了中国大动乱、大分化、大融合的魏晋南北朝时期。西晋末年，发生了八王之乱，匈奴、鲜卑、羯、氐、羌少数民族趁机流入中原，史称“五胡乱华”，中原地区陷入了混乱之中，张轨于301年出任凉州刺史，肇基前凉，永嘉之乱时很多中州人士为避乱而入凉。前凉灭亡之后，河西一带又先后或同时建立了后凉、西凉、南凉及北凉，史称五凉政权，其中前凉、西凉为汉族所建，后凉、南凉、北凉分别为氐、鲜卑、卢水胡等少数民族所建。十六国五凉时期，河西走廊汉民族与西北少数民族的互动、磨合、整合和融合在较深较广的范围里展开了。

一方面是汉民族迁入河西走廊，最典型的是永嘉之乱中原汉民族人士迁徙河西的问题。对此陈寅恪在《隋唐制度渊源略论稿》一书中早有论及，云：

又西晋永嘉之乱，中原魏晋以降之文化转移保存于凉州一隅。至北魏凉州，而河西文化遂输入于魏，其后北魏孝文、宣武两代所制定之典章制度遂深受其影响，故此（北）魏、（北）齐之源其中亦有河西之一支派。兹所论者，惟此偏隅之地，保存汉代中原文化学术，经历东汉末、西晋大乱及北朝扰攘之长期，能不失坠，卒得辗转灌输，加入隋唐统一混合之文化，蔚然为独立之一源，继前启后，实吾国文化之一大业。昔人未曾涉及，故不揣愚陋，试为考释之于下：河陇一隅所以经历东汉末、西晋、北朝长久之乱世而能保存汉代中原之学术者，不外前文所言家世与地域之二点，易言之，即公立学校之沦废，学术之中心移于家族，太学博士之传授变为家人父子之世业，所谓南北朝之家学者是也。又学术之传授既移于家族，则京邑与学术之关系不似前此之重要。当中原扰乱京洛丘墟之时，苟边隅之地尚能维持和平秩序，则家族之学术亦得藉以遗传不坠。刘石纷乱之时，中原之地悉为战区，独河西一隅自前凉张氏以后称治安，故其本土世家之学术既可以保存，外来避乱之儒英亦得就之传授，历时既久，其文化学术遂渐具地域性质，此河陇边隅之地所以与北朝及隋唐文化学术之全体有如是之密切关系也。[①]

陈寅恪在《隋唐制度渊源略论稿》中还介绍了正史中流寓到河西走廊的汉族士人张轨、江琼、程良、常珍、杜耽、裴诜等人，强调了河陇一带之所以能保存中原文化，一是由于“学术中心移于家族”，二是由于“京邑与学术之关系不似前此重要”，三是由于“边隅之地尚能维持和平秩序”。尽管此时迁徙去江南避乱是主流，但仍有部分士人迁入河西，使得汉民族的一部分文化内容在河西得以保存，而这些中原而来避乱的士人，就是汉文化的载体。如西晋永嘉之乱，张轨避乱先至河西，为前凉政权的建立奠定了基础。张轨在河西积极发展经济、文化，使得河西走廊成为此一时期较为安定的地区，而当时中原地区战乱不断，不少中原地区的流民不断地流寓到河西，《晋书·张轨传》载：“及京都陷……中州避难来者日月相继，分武威置武兴郡以居之。”接着是张实时，驻屯关中的晋室南阳王司马保卒，“其众散奔凉州者万余人”[②]。张骏时，又迁徙了两千余家入河西，史载：“咸和初，惧为刘曜所逼，使将军宋辑，魏纂将兵徙陇西南安人两千余家于姑臧。”[③] 张氏前凉为苻氏前秦灭亡之后，有一次大规模的人口徙入，“苻坚建元之末，徙江汉之人万余户于敦煌，中州之民有田畴不辟者，亦徙七千余户”[④]。秃发氏南凉时，至少徙入三万五千余户，秃发傉檀“袭徙西平，湟河诸羌三万余户予武兴、番禾、武威、昌松四郡”[⑤]；又“镇南文支以湟河降蒙逊，徙五千余户于姑臧”[⑥]。以上徙于河西地区的人口，其中张轨设武兴郡所居流民，据李玄盛以五千户为郡之例，且计五千户，司马保旧部来奔者计三千户，则总数约六万二千户，平均每户4.5口，总口数约二十七万九千。以此徙入户口，加上晋代户数，达八万四千余户。[⑦]

① 陈寅恪：《隋唐制度渊源略论稿》，中华书局1963年版，第2、19—20页。

② 《晋书·张轨传》。

③ 同上。

④ 《晋书·李玄盛传》。

⑤ 《晋书·秃发乌孤载记》。

⑥ 同上。

⑦ 以上参阅白雪《魏晋北朝河西走廊的民族结构与社会变动》，博士学位论文，兰州大学，2012年，第30—31页。

另一方面是鲜卑人已进入河西地区。《晋书·秃发乌孤载记》称："秃发乌孤，河西鲜卑人也。其先与后魏同出。八世祖匹孤率其部自塞北迁于河西。"此时又有称作"资虏"的鲜卑，"亡匿在金城、武威、酒泉北黑水、西河东西，畜牧逐水草，钞盗凉州，部落稍多，有数万，不与东部鲜卑同也"[①]。他们原是匈奴俘获的各族人口，作为奴婢故称为"资虏"，此时自为鲜卑称号，所以说其"不与东部鲜卑同"。迁徙到青海地区的吐谷浑鲜卑也是路经河西。迁徙到陇西的鲜卑乞伏部及周围地区的鲜卑，也都直接或间接与河西有关系。自晋而至五凉末年，在河西、陇西一带活动的鲜卑部落极其繁多，据不完全统计，除去建立政权的部落，有名有部者如乙弗都、鹿结部等共三十八部，有名而部落不显者如叱罗氏、慕容氏等共十部，有部而名不显者如姑臧城外的四部鲜卑等共十五部，还有狄洛盘部和薄地延部二部也疑为鲜卑部落，总计达六十五部。

鲜卑人口数量也有一些零散记载。大约3世纪60年代，"邓艾纳鲜卑降者数万，置于雍凉之间，与民杂居"[②]。泰始六年（270年）河西鲜卑秃发树机能叛晋，至咸宁五年（279年）十二月马隆平之，"虏大人猝跋韩、且万能等率万余落归降，前后诛杀及降附者以万计"[③]。咸宁二年（276年）七月，"鲜卑阿罗多等寇边，西域戊己校尉马循讨之，斩首四千余级，获生九千余人，于是来降"[④]。张轨在凉也收降了很多鲜卑："永宁初，出为护羌校尉、凉州刺史。于时鲜卑反叛，寇盗纵横，轨到官，即讨破之，斩首万余级。"[⑤] 不久，"永兴中，鲜卑若罗拔能皆为寇，轨遣司马宋配击之，斩拔能，俘十余万口"[⑥]。同时，又"讨叛虏斯骨真万余落，破之"[⑦]。当时，凡以"虏"称之者，即鲜卑。前凉升平二十年（376年），前秦灭前凉，用慕容德为张掖太守，遂徙一部分慕容鲜卑至河西。到南凉、北凉时，见于记载的鲜卑各部落人口更加殷广，如"索虏秃发

---

① 《三国志·乌丸鲜卑东夷传》裴注引《魏略·西戎传》。

② 《资治通鉴》卷七九，晋武帝泰始五年条。

③ 《晋书·马隆传》。

④ 《晋书·武帝纪》。

⑤ 《晋书·张轨传》。

⑥ 同上。

⑦ 同上。

如苟率户二万降”乞伏部落[①]，沮渠蒙逊“袭卑和、乌啼二虏，大破之，俘二千余落而还”[②]。又“次于丹岭，北虏大人思盘率部落三千降之”[③]。北魏灭北凉时，“姑臧城外有四部鲜卑……历诸部招慰，下三万余家”[④]，又“诸郡杂人降者亦数十万”[⑤]。综合以上数字，不计秃发氏鲜卑的人口，也不计沮渠氏卢水胡以及其他各族人口，单是已知的数字，以每落或每家（户）五口计，已有八九十万了。除去被杀的、迁走的，加上不同时期和一些重复计算的因素，此数估计是十万户、五十万口左右。

在五凉时期，河西地区的汉民族与鲜卑人，再加上秃发部、羌、卢水胡、小月氏、屠各、西域诸种胡、氐、丁零等少数族人，五凉时河西约有20万户，100万口。[⑥] 由此可见，五凉时期河西的人口有三个突出的特点：一是由于中原战乱，河西相对稳定，以及其他有关因素，徙入之民猛增；二是原来在蒙古草原游牧的一些鲜卑部落和其他民族部落，相继徙入河西，人口众多，又建立了好几个政权，几乎成为河西的主要居民；三是为了争夺劳力，增加可供剥削的个体，各个小政权之间竞相迁徙和劫掠人口。[⑦] 这么多各民族的人口聚居在河西，就为汉民族从多元走向一体的“雪球”在河西的滚动提供了一个辽阔的空间。

（二）隋唐时期河西人的形成在行进中

汉民族的“雪球”经过魏晋南北朝血与火的洗礼滚进了隋唐，唐帝国的稳定和繁荣为河西人的进一步形成提供了生态环境和条件。

入隋后，全国各地州郡调整合并，河西仅有武威、张掖、敦煌三郡。其户数：“武威郡，统县四，户11500；张掖郡，统县三，户6126；敦煌郡，统县三，户7779。三郡共计有户25405。”[⑧] 户以四人计，河西约有10万人。同时，自隋以后中西交通日渐兴盛，河西地处丝路孔道，不仅中原商人移入这里，大量的胡商也云集于此，史载：“西域诸番多至张掖，与中国交

---

① 《晋书·乞伏国仁载记》。

② 《晋书·沮渠蒙逊载记》。

③ 同上。

④ 《魏书·源贺传》。

⑤ 《魏书·世祖纪上》。

⑥ 以上参阅刘汉东《五凉时期河西人口研究》，《甘肃社会科学》1989年第4期。

⑦ 刘汉东：《五凉时期河西人口研究》，《甘肃社会科学》1989年第4期。

⑧ 《隋书·地理志》。

市。”[①] 隋炀帝时，著名的二十七国交易会就是在张掖附近召开的，隋大业五年（609 年），隋炀帝西巡，在甘州（今张掖）召见了西域二十七国的使者，进行政治、经济、文化交流，盛况空前。《隋书·食货志》记载：“五年，西巡河右。西域诸胡，佩金玉，被锦罽，焚香奏乐，迎候道左。帝乃令武威、张掖士女，盛饰纵观。衣服车马不鲜者，州县督课，以夸示之。”

隋转入唐，由于在唐初的一个世纪左右，施行了一系列缓和阶级矛盾措施，推行均田制，并在凉州和甘州继续屯田，开辟水源，发展生产，灌溉农业向西推进，黑河流域的土地得到大规模开发，稻粟数年丰收，粮食富足，以至当时内地受灾，由河西调粮接济。唐天宝初年，凉州人口比西汉末年增加近一倍，遂有凉州“七里十万家”之说。[②] 更有意义的是，在唐前期，突厥、吐谷浑、吐蕃、回鹘、党项等民族先后进入河西走廊，《新唐书·突厥传》云：“尝与中国亢衡者有四：突厥、吐蕃、回鹘、云南是也。”为汉民族的“雪球”又增添了新鲜的成分。在河西走廊，唐代参与汉民族的“雪球”滚动的先后为突厥、吐蕃和回鹘。

突厥兴起于隋，其在唐初多次与唐王朝发生直接冲突，多与地方割据势力相勾连，对唐统一产生影响，至太宗时缚其颉利可汗，广置羁縻州，任用其酋长治之，东突厥渐安。其后，高宗用兵于西，安西域而平西突厥。待默啜立，突厥再次强大，多次袭扰唐之边塞，直至默啜亡，不复振盛。《新唐书·突厥传》载玄宗时“奉回纥骨力裴罗定其国，至是灭。后或朝贡，皆旧部九姓云，其地尽入回纥”。遂西迁。

吐蕃乘安史之乱占据了整个河西走廊。《新唐书·地理志四》云：“自禄山之乱，河右暨西平、武都、合川、怀道等郡皆没于吐蕃，宝应元年又陷秦、渭、洮、临，广德元年复陷河、兰、岷、廓，贞元三年陷安西、北廷，陇右州县尽矣。大中后，吐蕃微弱，秦、武二州渐复故地，置官守。五年，张义潮以瓜、沙、伊、肃、鄯、甘、河、西、兰、岷、廓十一州来归，而宣、懿德微，不暇疆理，惟名存有司而已。”

隋时回鹘主要活动于铁勒薛延陀以北，至唐玄宗时期，骨力裴罗灭突厥白眉可汗，取其地而代之，回鹘遂强。《旧五代史·外国传》载：“唐天宝中，安禄山犯阙，有助国讨贼之功，累朝尚主，自号‘天骄’，大为

---

① 《隋书·裴矩传》。

② 吴传钧：《中国经济地理》，科学出版社 1998 年版，第 344 页。

唐朝之患。会昌初，其国为黠戛斯所侵，部族扰乱，乃移帐至天德、振武间。时为石雄、刘沔所袭，破之，复为幽州节度使张仲武所攻，余众西奔，归于吐蕃，吐蕃处之甘州。……至五代时，吐蕃已微弱，回鹘、党项诸羌夷分侵其地，而不有其人民。值中国衰乱，不能抚有，惟甘、凉、瓜、沙四州常自通于中国。甘州为回鹘牙帐，而凉、瓜、沙三州将吏犹称唐官，数来请命。”唐开成五年（840 年）鄂尔浑回纥汗国崩溃后，其部四散，一支投葛逻禄，一支投安西，一支投吐蕃。投吐蕃的一支，后建牙于甘州，史称“甘州回鹘”。

在这个汉民族滚“雪球”的大背景下，唐羁河西，即唐帝国在河西走廊广设羁縻州，仅用以安置内附的各少数民族的州府，按《新唐书·地理志》载计有“河西内属诸胡，州十二，府二：乌垒州和墨州、温府州、蔚头州、遍城州、耀建州、寅度州、猪拔州、达满州、蒲顺州、郢及满州、乞乍州、妫塞都督府、渠黎都督府”。另有“突厥州三，府二十七；回纥州三，府一；党项州七十三，府一，县一；吐谷浑州一；四镇都督府，州三十四”。此外，在炖煌（敦煌县城西）、肃州（甘肃酒泉）和凉州（甘肃武威）等地都有昭武九姓胡的聚落。有趣的是，此时不但原有民族或族群纷纷进入唐帝国的政治版图，甚至外来民族或族群的文化都在河西走廊占有一席之地。十六国时代开始就有许多粟特商人来到姑臧（今武威）居住。《魏书·粟特国》记有：“其国商人先多至凉土贩卖。及克姑臧，悉虏之。高宗初，粟特王遣使请赎之，诏听之。”而安史之乱的始作俑者安禄山就有粟特人的血统。所以，当时的凉州就是“大城之中有小城，小城有七，胡居其五”①。

汉民族“雪球”的滚动使河西走廊民族之间的互动、磨合、整合和融合持续而大规模地发生，河西文化多彩纷呈。唐前期，在河西地区的互动中，逐渐形成了凉、甘、沙、肃州等贸易中心。凉州是当时的河西首府，也是最大的商业都会。唐天宝以前，凉州地处东西交通要冲，其繁盛仅次于荆、扬，而在幽、广之上。贞观初，玄奘在路过凉州时说：“凉州为河西都会，襟带西蕃、葱右诸国，商旅往来，无有停绝。”② 元稹在《西凉伎》一诗中写道：“吾闻昔日西凉州，人烟扑地桑柘稠。葡萄酒熟

① 《资治通鉴》卷二一九，至德二载正月条。

② 《大慈恩寺三藏法师传》卷一，中华书局 1983 年版。

恣行乐，红艳青旗朱粉楼。……狮子摇光毛彩竖，胡姬醉舞筋骨柔。大宛来献赤汗马，赞普亦奉翠茸裘。”① 不仅反映了当时凉州的繁荣景象，同时也反映了胡汉、蕃汉人民和睦相处、互市交通的一面。这种以汉文化为主体而兼容其他民族文化的多元文化形态，正是盛唐时代河西走廊多民族文化互动、交流与整合的重要突显。

特别要指出的是，汉民族这个“雪球”的滚动是独特的。河西走廊安史之乱后，吐蕃人入居河西走廊，“吐蕃化”成为此时期河西地域文化互动的主要形式。从《西凉府》中记载的一些吐蕃部落的情况来看，其中一部分可能是“吐蕃化”的汉人，如刑家族、兰家族、章家族、马家族、周家族、赵家族、王家族，这些吐蕃人很可能是由原来的刑、兰、章、马、周、赵、王等姓的汉人家族转化而来。然而，历史的选择有时是双向的。吐蕃时期，在河西走廊一方面是一部分汉民族及其他民族在互动中走上了“吐蕃化”道路，另一方面是吐蕃又不得不吸收文明程度较高的汉文化。因此，在吐蕃统治时期，河西走廊区域文化的运动形式极为繁杂，汉化与吐蕃化同时进行。但曾几何时，河西的汉民族在滚“雪球”中经过反复折腾，人口有了长足的增长。具体见下表。

汉至唐河西人口

	西汉	东汉	晋	隋	唐
武威（凉州）	17581 户 76419 口	10042 户 34226 口	5900 户	11705 户	22462 户 120281 口
酒泉（肃州）	18137 户 76726 口	12706 户 （缺口数）	4400 户		2330 户 8776 口
张掖（甘州）	24352 户 88731 口	6552 户 26040 口	3700 户	6126 户	6284 户 22092 口
敦煌（沙州）	11200 户 38335 口	748 户 29170 口	6300 户	7779 户	4265 户 16250 口
张掖属国		4656 户 16952 口			
张掖居延属国		1560 户 4733 口			

① （唐）元稹：《元氏长庆集》卷二四，上海古籍出版社 1994 年版。

续表

	西汉	东汉	晋	隋	唐
西海			—	—	
西郡			1900 户		
瓜州					477 户 4987 口
合计	71270 户 280211 口	36264 户 111121 口	22200 户	25610 户	35818 户 172386 口
比前代增加或减少（户数，口数）/%		减少 41% 减少 40%	减少 48.2%	增加 15.4%	增加 39.9%

资料来源：刘汉东：《五凉时期河西人口研究》，《甘肃社会科学》1989 年第 4 期。几点说明：

第一，各郡（州）区划，各代有所变化，西汉时武威、酒泉、张掖、敦煌四郡，东汉时又加两属国，晋时则四郡加西海和西郡共六郡，隋时为武威、张掖、敦煌、西海四郡，唐时是凉、甘、肃、沙、瓜五州。

第二，人口数字根据《汉书·地理志上》平帝元始二年（2 年）户口数，《续汉书·郡国志》桓帝永寿二年（156 年）户口数，《晋书·地理志上》武帝太康元年（280 年）户口数，《隋书·地理志上》炀帝大业五年（609 年）户口数，《旧唐书·地理志三》玄宗天宝年间户口数。唐代户口，《新唐书》与《旧唐书》同，《元和郡县图志》略有出入。

第三，东汉敦煌户数 748 户明显错误，若以每户平均 4.5 口计算，以口数除之，应得 6482 户。酒泉有户数无口数，也以平均每户 4.5 口计，应有 57177 口。

第四，由于东汉户数、口数各有一郡不明，所以总数是不准确的。若据第三条说明，则东汉总户数为 41998 户，总口数为 168298 口。

从表 13 中可以看到，自汉至唐近八百年间，有人口数记载的，首推西汉最高，其次唐代，再次东汉；故旧籍有“敦煌户口，汉唐极盛”的说法①，推而广之，河西人口也以汉唐为最盛。② 于是，在汉民族“雪球”的滚动中，河西人的形成又进了一步。

三 明徙河西：河西人走向形成

唐羁河西，推进了河西人的形成。随之汉民族这个“雪球”从宋代

① 《敦煌县志》卷六《艺文志》，石之瑛《开设沙州记》。

② 刘汉东：《五凉时期河西人口研究》，《甘肃社会科学》1989 年第 4 期。

滚到明代，完成了河西人形成的过程。

（一）西夏河西：河西人形成中的一个低谷

在河西人形成的过程中，宋代是历史的低谷。这是因为 11 世纪初，从河陇地区东迁至于今河套平原的党项族崛起于灵、武之间。宋景德元年（1004 年），李继迁首次攻下凉州府，不久李继迁为六谷部潘罗支所败，自己也因中箭身亡。其子李德明即位后，再次攻下西凉府，并派大将苏守信率大军镇守。宋大中祥符九年（1016 年），苏守信死，甘州回鹘趁机占领西凉府。宋天圣六年（1028 年）李元昊率军西破甘州回鹘，夺取甘州。1030 年，瓜州王贤顺主动“以千骑降于夏”①。天圣十年（1032 年），李元昊再次攻取西凉府。宋景祐二年（1035 年）李元昊“取瓜、沙、肃三州”②。自此，西夏完全占有河西走廊。于 1036 年正式建立了政权机构西凉府，随后河西走廊被西夏全面占领，西夏在此统治近 200 年。

西夏时河西约有 80 万人，除汉人外，人口较多的就是吐蕃人、回鹘人和党项族人，这正是《西夏碑》中所说的“番汉四众”③。

1. 汉族人口

河西归义军政权治下的汉族民众，没有移徙的记载，大多留在河西瓜州和沙州。于莫高窟、榆林窟三十余座保留西夏文题记的洞窟中所见的姓名多为汉姓，其中索、翟、曹等归义军时期的河西大姓屡屡可见。

西夏在河西大量安置汉族人口。西夏有专门用以捕掠人口的军队，曾“擒生 10 万”，多安置于作为其后方基地的河西走廊。宋人王偁《东都事略》卷一二七云：“曩霄……得中国无艺者，使耕于河。”宋人曾巩《隆平集》卷二〇亦曰：“得中国人无艺者，使耕于河外，或守肃州城。”河外者乃黄河以西以北之地也，当然包括河西的广大地域。于武威西郊林场发现的两座西夏墓题记中见，两位刘姓的墓主人祖籍彭城（今徐州），为迁居河西的汉人，并担任“西路径略司都案”等职。1999 年 6 月 7 日在修建原武威市乡镇企业局办公楼时，发现西夏天庆八年（1201 年）小型砖室火葬墓一座，墓内木牌上所书亡者姓名为唐吉祥、唐奴见，亦为汉

---

① 《宋史·夏国传上》。关于瓜州王贤顺的身份，目前学术界还有争论。有人认为是回鹘人，有人认为是沙州归义军曹议金的后裔，还有人认为是沙陀人，笔者以为在《宋史·外国传》记载的归义军曹议金后裔世次相当明确，瓜州王贤顺当是曹议金后裔。

② 《宋史·夏国传上》。

③ 姜清基：《西夏河西人口》，《新学术》2008 年第 2 期。

人。西夏军制中的“撞令郎”就是由汉人充任的，当时“得汉人勇者为前军，号‘撞令郎’，若脆弱（怯）无他使者，迁河外耕作或以守肃州”。除这些外来汉族人口，凉州入宋以来还有“汉民三百户”，西夏统治时期，凉州“三百户汉民”的人口肯定会不断增加。

其实，所谓“汉民三百户”是西夏对北宋打的一个障眼法。西夏在与北宋的对抗中，心存害怕宋王朝吞并凉州的疑虑和恐惧，故而耍了一点小心眼，强调凉州汉族人很少，暗示如果北宋王朝去吞并，难以得到有力支持。据此可以断定，咸平元年（998 年），河西军左厢副使、归德将军折逋游龙钵所说凉州“旧领”25693 户，128192 人，就是咸平元年（998 年）时凉州户口统计数。那么 18 年前太平兴国五年（980 年）的户口当然没有这样多，但估计不会低于 2 万户，就按 2 万户且户均 4.99 口计，约有 10 万人。至于该凉州汉民仅 300 户，纯系打马虎眼，以凉州城内的汉族户口来掩盖凉州汉族人口较多的事实。因为，当时在凉州城的郊外，到处是山上吐蕃人放牧，山下汉族人种地，汉族人口不说占多数，也至少占一半。且瓜、沙归义军在太平兴国五年（980 年）时，正是曹氏归义军政权从极盛走向衰落的时期，应是其人口最多的时期，据史家估计有“三万多人”①。比五代时要多，不会少于 3.5 万人。②

2. 吐蕃人口

吐蕃自唐末进入河西，到归义军时大部分被迫迁出河西。西夏时，河西东部的西凉六谷族大首领厮铎督率部 10 万逃奔唃厮啰，但留下的人仍然为数不少。武威两座西夏墓中出土了 29 幅彩绘木版画，由画面上的人物形象、服饰和发式观之，除主要表现了汉族的特色外，还有西夏回鹘、吐蕃等民族特色的体现。武威小西沟岘发现有藏文印本和写本。于张掖出土的《西夏黑水桥碑》，碑阳为汉文，碑阴为藏文。这种种发现说明西夏时在河西定有吐蕃等操藏语的人口。至于留在河西的吐蕃人有多少，这里有一条记载可知大概，现存在俄罗斯的西夏文献中有一份记载，西夏仁宗天盛年间（1149—1169 年）吐蕃人联合起来反抗西夏的统治，据称有 145 户，2790 人，他们逃匿于森林之中，与官军周旋。可见河西至少有近

① 郭厚安、陈守忠主编：《甘肃古代史》，兰州大学出版社 1989 年版，第 338 页。

② 参阅方荣、张蕊兰《甘肃人口史》，甘肃人民出版社 2003 年版，第 185—186 页。

3000 吐蕃人。《宋史·外国传》第八记载当时使者回答明宗的话说："超及城中汉户百余皆戍兵之子孙也。"同书又载："凉州郭外数十里尚有汉民陷没者耕作，余皆吐蕃。"但据《甘肃人口史》所云，太平兴国五年（980 年）时凉州吐蕃六谷族政权吐蕃人口约有 10 万人。① 有学者曾指出："凉州地区的吐蕃部落历西夏、元、明、清千余年，除了一部分同其他各族尤其是汉族融合外，其余部分成为现在河西走廊藏族的先祖。"②

3. 回鹘人口

西夏河西有大量的回鹘人口。《西夏书事》卷一五云："自元昊取河西地，回鹘种落窜居山谷间，悉为役属。"《松漠纪闻》卷上亦云："甘凉瓜沙，旧皆有（回鹘）族帐，后悉羁縻于西夏。"《西夏纪》卷六云，河西的回鹘族帐"有合黎山、浚稽山、居延塞诸路，以牛头、朝那山为界堠，内包张掖、敦煌等地"。役属于西夏的河西回鹘保留了"各立君长，分领族帐"和单独向宋、辽入贡和贸易的权力。沙州地区的曹氏后代及回鹘族帐，自景祐至皇祐中就曾向宋廷七贡方物。北宋庆历元年（1041年）回鹘沙州镇国王子还直接上书宋廷，"愿率首领为朝廷击贼（党项）"。可见西夏时河西地区有一定数量的回鹘人口，且势力还比较强大。这样甘州回鹘凭借自己的兵强马壮驱逐了甘州地区的吐蕃、龙家、吐谷浑等民族与部落，据有甘州。到光化年间回鹘已经完全控制了甘州并建立了稳固的政权，而且得到了唐王朝的册封，《回鹘上表》中就声称："去光化年初，先帝远颁册礼，及恩赐无限信弊（币）兼许继降公主，不替懿亲。"③《新唐书·吐蕃传下》："（咸通以后）中原多故，王命不及，甘州为回鹘所并，归义诸城多没。"甘州回鹘政权自唐末建立以来一直持续到宋代天圣年间，被西夏李元昊攻灭，持续一百多年。④

北宋时河西回鹘的人口数量，据《宋史·回鹘传》记载："（熙宁）六年（1073 年），甘州回鹘复来，补其首领五人为军主……神宗问其国种落生齿几何？曰三十余万。壮可用者几何？曰二十万。"事实上，据《甘

① 方荣、张蕊兰：《甘肃人口史》，甘肃人民出版社 2003 年版，第 186 页。

② 刘兴成：《河西走廊地区民族变迁与生态演变》，硕士学位论文，陕西师范大学，2008 年，第 25 页。

③ 转引自荣新江《归义军及其周边民族关系初探》，《敦煌学辑刊》1986 年第 2 期。

④ 刘兴成：《河西走廊地区民族变迁与生态演变》，硕士学位论文，陕西师范大学，2008 年，第 27—28 页。

肃人口史》所云，太平兴国年间，甘州回鹘主要在甘、肃二州自然条件较好的地区发展，并集中力量与西边的瓜、沙归义军和东边的凉州吐蕃六谷族抗衡，正向青海境内扩张。因此，在青海境内的回鹘人口最多占四分之一，甘、肃二州应有 15 万人口。[①]

4. 党项人口

西夏占有河西走廊之后，党项人大规模迁入河西。如大中祥符年中西夏占据凉州后就派苏守信率军重点把守。西夏建国之后将全国分为十二监军司，位于河西走廊的至少有甘州甘肃军司、瓜州西平军司、黑水镇燕军司三个。监军司所在乃是军事重镇，必派驻重兵驻守，《宋史·夏国传上》载“委豪右分统其众”，又称：“右厢甘州路三万人。”[②] 这里的“三万人”当指士兵数量，若加上随行帐落成员，当远不止此数。由此可见，西夏派军镇守河西走廊的监军司，其实就是族群集体迁移于此的行动。除此之外，由于河西走廊自古以来就水草丰美，是游牧民族最为理想的天然牧场，所以西夏占领河西之后，还有更大规模的或由于自发或由于政府组织的移民。只是限于史料的缺乏，现在仅能从广泛存在于河西走廊佛窟中党项人的题铭中，窥见当时河西走廊党项人亦不在少数。[③]

河西人就是在这样的民族结构中行进在低谷中。

虽在低谷中，但汉民族的“雪球”仍在滚动中。如党项人与汉民族的通婚，西夏官员和高僧在莫高窟、榆林、东千佛洞、文殊山万佛洞都有过比较隆重的佛事活动，这些供养人榜题也显示，河西地方官员为了得到当地汉族大族的支持，与当地大族如曹氏、翟氏等通婚，榜题中有“故岳母曹氏福者”“行愿者翟万成一心随愿出家和尚庵梵亦一心皈依”[④]。就连一些皇后、皇妃也是汉人，如谅祚后梁氏、秉常后梁氏、乾顺妃曹氏、任氏（后封为皇后）、仁孝后罗氏。西夏皇族、官员和汉族大族的联姻，就是汉族与党项族互动、磨合、整合和融合的生动一例。所以，元末西夏遗民善居为先世主的《大元肃州路也可达鲁花赤世袭之碑》，记载了河西西夏遗民投诚元朝并受重用，子孙六代在河西的生活及汉化情况。碑文

① 方荣、张蕊兰：《甘肃人口史》，甘肃人民出版社 2003 年版，第 185 页。

② 《宋史·夏国传上》。

③ 刘兴成：《河西走廊地区民族变迁与生态演变》，硕士学位论文，陕西师范大学，2008 年，第 28 页。

④ 崔红芬：《西夏时期的河西佛教》，博士学位论文，兰州大学，2006 年，第 151、165 页。

说："时有唐兀氏举立沙者，肃州阀阅之家，一方土民咸□□化，举立沙瞻圣神文武之德，起倾葵向日之志，率豪杰之士，以城出献，又督义兵，助讨不服，忘身殉国，竟殁锋镝。太祖皇帝矜其向慕之心，悼其战死之不幸，论功行赏，以其子阿沙为肃州路世袭也可达鲁花赤，以旌其父。宪宗皇帝赐以虎符。世祖皇帝加宠赉，升昭武大将军，迁甘肃等处宣尉使。"河西党项人汉化的情况，这块碑铭为人们提供了珍贵资料。[①]

（三）明徙河西：河西人走出低谷走向形成

走出宋夏的低谷，汉民族这个"雪球"又滚过了元代，进入了明代。

1368 年元亡明兴，元顺帝逃往北方草原，统帅扩廓帖木儿（王保保）从山西逃往甘肃。朱元璋并甘肃于陕西行都司，于河西走廊西部设蒙古七卫以为拱卫。洪武三年（1370 年），明王朝遣使持诏谕镇守撒里畏兀儿人游牧地区的元宗室宁王卜烟帖木儿，后又封卜烟帖木儿为"安定王"，并陆续在撒里畏兀儿人地区设立了安定卫、阿端卫和曲先卫；在撒里畏兀儿人与蒙古族杂居的地区设立了罕东卫、赤斤蒙古卫、沙州卫和罕东左卫，史称"关西七卫"。洪武五年（1372 年），朱元璋任命冯胜为征西将军，领兵进剿甘肃境内的元朝残余。西征军势如破竹，迅速向河西地区推进，甘肃境内的元朝残余被消灭殆尽。冯胜西征军行至瓜（今甘肃安西）、沙（今甘肃敦煌）而归。从此以后，便形成了明帝国在河西走廊疆域的格局。

《明史·西域传》载：朱元璋"甫定关中，即法汉武创河西四郡隔绝羌、胡之间，建重镇于甘肃，以北拒蒙古，南捍诸番，俾不得相合"。河西甘肃镇便成为明代九镇之一。[②] 九镇之中，甘肃镇位于最西端，其"夹以一线之路，孤悬两千里，西控西域，南隔羌戎，北遮胡虏"[③]。特别是甘肃镇内外复杂的民族关系，河西地区是明中央王朝通往西域的必经之路，因而，争夺河西地区的控制权也就成了明王朝对外政策的一个重点。"外通哈密，内接关辅，边陲锁钥。"[④] 正如顾祖禹认为的"欲保秦陇，必固河西；欲固河西，必斥西域"[⑤]，使其成为明朝西北边疆的战

① 姜清基：《西夏河西人口》，《新学术》2008 年第 2 期。

② 详见《明史·兵志》。

③ 《九边图考》甘肃。

④ 《甘肃通志》，《甘州府志》卷四·形胜，第 389 页。

⑤ （清）顾祖禹：《读史方舆纪要》甘肃镇·序言卷六三，中华书局 2005 年版，第 12 页。

略要地。[①]

终明之世，北方蒙古不断侵袭明朝边境，甘肃在所难免。河西走廊南面的藏族，从总体上说相对稳定，虽然也难免有点骚乱，但很快就被平息。不过对可能出现的南北“羌戎”联合，形成南北夹击，以致动摇关陕威胁北京，明王朝始终不敢掉以轻心。史载“各边止知防秋，而甘肃四时皆防；各边止知防虏，而甘肃则又防番防回，兵马奔驰，殆无虚日”[②]。同时，受战争影响，元末明初的河西走廊社会生产力遭到严重破坏，到处是人烟稀少、土地荒芜的凄凉景象。面对河西走廊严峻的军事形势和荒芜凋敝的经济状况，明帝国采取了移民、戍守、屯田等一系列政策来经营河西。明初统治者将北方的蒙古和西北少数民族当作心目中的头号大敌，因此在河西走廊设卫建所[③]，布置重兵，戍守屯田，严密戒备。这一措施的直接后果就是河西走廊大量汉族移民人口的涌入[④]，此为“明徙河西”。

1. “明徙河西”：军屯

从洪武初年开始，明代由东向西逐步在河西走廊设立了凉州卫、庄浪卫、永昌卫、山丹卫、甘州五卫、肃州卫、镇番卫、镇夷千户所、古浪千户所、高台千户所共十一卫三守御千户所。伴随着河西卫所的建立，大规模、大数量的军事移民进入河西走廊。于是以军士及其家属成为移民的主体，戍守和屯垦成为移民的主要形式。军队的人口由来，除当地征募的土著以及故元降附的士卒外，随军征战的明军士兵占很大比重。[⑤] 据《明实录》载：“洪武十年（1377 年）陕西都指挥使司言：庄浪卫旧军四千，后增新军四千。”按明代卫所正编制，五千六百人为一卫，我们估计庄浪卫之旧军四千当置于洪武五年（1372 年），其中当地土著占很大比例。《明史》中明确记载的“凉州土卫”士卒由当地土著人民征集而来自不必言，明王朝为了加强对庄浪卫的控制，遂于洪武十年（1377 年）从兰州等地调遣官军充实庄浪卫，改变了土著人口在该卫的比例。

---

① 田澍：《明代甘肃镇边境保障体系述论》，《中国边疆史地研究》1998 年第 3 期。

② 乾隆《永昌县志》卷一《艺文志》。

③ 明代“度要害地，系一郡者设所，连郡者设卫”。参阅《明史》卷九〇《兵志二》。

④ 柳忠明：《明代河西走廊的民族构成及其发展变化》，硕士学位论文，青海师范大学，2011 年，第 9 页。

⑤ 顾诚：《明帝国的疆土管理体制》，《历史研究》1989 年第 3 期。

但随军征战河西的汉族官军无疑是卫所人口的主要组成部分。洪武中，徐达、冯胜、宋晟、濮英等将领勘定关陇，进据河西一带。他们所部军卒留戍河西走廊的不少，在当地官军中占有很大比例。同时，明代兵制规定：军民分治，军有军籍，民有民籍。军丁世袭，一人从军，一家便永为军户。明代军户所出之丁称为“正军”，正军被分配到指定卫所戍守，一般情况没有变化。正军在戍守之地娶妻生子，父死子继，世袭为军。进据河西的军卒及其家属最后就逐步演变成河西走廊的土著汉民。

明代河西汉族军事移民的另一重要来源是谪发，即罪徙充军。史载甘肃各卫“来兵者多谪戍之人”。洪武二十九年（1396年）“诏发安东、沈阳各卫恩军三千六百余人往戍甘肃，人赐钞锭五”[①]。正统元年（1436年），“令山西、河南、山东、湖广、陕西、南北直隶、保定等府州县造逃户周知文册，备开乡里姓名男妇口数军民匠灶等籍，及遗下田地税粮若干……如若不首，虽首而所报人口不尽，或辗转逃移及窝家不举首者，俱发甘肃卫充军”[②]。据《明史》人物传记载：岳正，字季方，漷县（今北京通县）人，谪戍肃州[③]；刘大夏，字时雍，华容（今属湖南）人，正德三年（1508年），被判处充军肃州[④]；艾穆，字和父，岳州平江（今属湖南）人，遣戍凉州[⑤]；包节，字元达，先世嘉兴（今浙江嘉兴）人，嘉靖二十五年（1546年）永戍庄浪卫[⑥]，等等。因此时任陕西行都司指挥佥事张豫言“甘肃等卫隶兵多谪戍之人”[⑦]。

明代河西走廊卫所的官军还有一部分是来源于其他卫所官军的调拨。他们被调拨到河西走廊戍守或屯种，最后落籍于此成为当地土著汉民。如洪武二十四年（1391年），“遣陕西西安右卫及华阳诸卫官军八千余人往甘肃屯田”[⑧]。

明代河西走廊共有十一卫三所，按卫所正编制当有军人七万左右。因

---

① 《明太祖实录》卷二四四，洪武二十九年二月乙巳条。
② 万历《明会典》卷一九《户部六·户口·逃户》。
③ 《明史·岳正》。
④ 《明史·刘大夏》。
⑤ 《明史·艾穆》。
⑥ 《明史·包节》。
⑦ 《明太祖实录》卷二三六，洪武二十八年春庚子条。
⑧ 《明太祖实录》卷二〇七，洪武二十四年二月己未条。

明代河西军户多为罪谪，他们携家带小，从内地来到边地，举目无亲，洪武末即因其子孙繁衍，人口大增。洪武二十九年（1396 年）二月，发各卫充军人户户下老幼于陕西地旷州县，屯种供给正军。[①] 洪武二十四年（1391 年）二月，“遣使西安右卫及华阴诸卫官军八千余人往甘肃屯田，官给农器谷种”[②]。成化时，甘州五卫所属军户，有的余丁达到六七人，有的达一二十人。[③] 因此，有学者估计明代河西走廊军事移民及家属人口当在二十万左右。[④] 但此说可能有所放大，“按照一卫 7500 人，一千户所 1200 人计算，甘肃镇‘守边备虏’的士兵大约为 94000 人”[⑤]。曹树基对明代陕西行都司洪武年间十二卫二所移民戍卒及家属人口的估计约为 10 万人。[⑥]《甘肃人口史》也云：明军“打败遗元军队后又分兵驻守甘肃各地，成为甘肃军屯最初的基本的也是主要的劳动力。其总数在 10 万人以上，等于一次向甘肃移民 10 余万人”[⑦]。可见 10 万军屯移民之数应比较靠谱。

此外，明初蒙元遗军向甘肃逃亡的主要有三支大军。一是扩廓帖木儿（王保保）的军队，估计在 15 万人以上不足 20 万人。其主要成分是山西、山东、河北、河南籍蒙古人和汉族人。二是李思齐的军队，估计在 5 万人以上不足 10 万人。其主要成分是陕西籍汉族人和部分蒙古族人。三是张思道的军队，估计在 3 万人以上不足 5 万人。其主要成分与李思齐军基本相同。这三支军队，加上元朝灭亡后随扩廓帖木儿军西逃的元中央一些大臣、家属和其他小股军队，合计在 25 万人左右。这些逃亡人口，是明确逃进甘肃的被迫移民。这些人一部分在明元战争中死亡，少部分逃往塞外，多数向明军投降或被明军所俘，其总数在 15 万人左右。其中有部

---

① 《明太祖实录》卷二四四，洪武二十九年二月甲午条。

② 《明太祖实录》卷二〇七，洪武二十四年二月己未条。

③ 参阅赵俪生主编《古代西北屯田开发史》，甘肃文化出版社 1997 年版，第 305 页。

④ 安旭强：《明朝前期人迁河西地区移民研究》，硕士学位论文，西北师范大学，2010 年，第 16 页。另吴廷桢、郭厚安统计约为 7 万人（吴廷桢、郭厚安主编：《河西开发史研究》，甘肃教育出版社 1996 年版，第 337 页）；赵俪生认为最多 4 万人（赵俪生主编：《古代西北屯田开发史》，甘肃文化出版社 1997 年版，第 306 页）。

⑤ 田澍：《明代甘肃镇的地位与作用》，载《西北史研究》第一辑下，兰州大学出版社 1997 年版，第 348 页。

⑥ 葛剑雄主编：《中国移民史》第五卷，福建人民出版社 1997 年版，第 302 页。

⑦ 方荣、张蕊兰：《甘肃人口史》，甘肃人民出版社 2003 年版，第 273 页。

分留在了河西走廊，如洪武四年（1371 年）六月，“冯胜等至甘州，元将上都鲁帅所部民八千三百余户诣军门降”[①]。这些投降和被俘的元军留在河西屯戍，也应算看成是一种军屯。[②]

2. “明徙河西”：民屯

明正统年间（1436—1449 年），河西边防形势日益严峻，但军屯已衰败。明帝国为了巩固河西边防，实行了永不起科、世为己业等优惠政策，积极招募和迁徙内地“流民”、罪犯前往河西屯田，大量涌入河西地区，使民屯遂成为河西走廊移民的主流。

史载正统九年（1444 年）袁恪奏：“以操军遗下屯田给与有力之家耕种，岁征其税三分，别贮委官典守。”[③] 景泰初，令边地“先尽军种，遗下余田，听令近边官豪、势要一应人等有力之家尽力开垦。无种子者，官为借给，秋成抵斗还官，明行榜示”。景泰二年（1451 年），“子粒并地亩税粮具免征纳，所得花利，令自粜卖”，对“有用心勤得谷多者，指实具奏，量加褒赏，以劝其余”[④]。正德九年（1514 年），督理陕西粮饷右侍郎冯清建言：“甘肃流民岁久奠居，虽有出粮之徭，殊非良法。宜行守臣清查造册，量给官地人二十五亩，照例纳粮，免其银差。”得到“允行”。[⑤] 于是，关陕等地区的流民不断进入河西走廊屯田。清人查继佐云：陕西都司并行都司“原额屯田（洪永时期）四万二千四百五十六顷七十二亩三分五厘，见额屯田（万历时期）一十六万八千四百四顷四亩一分零”[⑥]。万历时期的西北屯田数量比洪永时期增加了四倍。史料中对此多有记载：嘉靖初，刘天和“以右佥都御史督甘肃屯政。请以肃州丁壮及山、陕流民于近边耕牧”[⑦]。嘉靖七年（1528 年），令陕西等沿边“提督巡抚都御史，查革军伴，退回原卫所，并招缉游民、游僧，编堡定户，以耕边地”[⑧]。嘉靖十三年（1534 年），题准“陕西河西地方多有可耕之田，

---

① 《明通鉴》卷四。

② 方荣、张蕊兰：《甘肃人口史》，甘肃人民出版社 2003 年版，第 275—276 页。

③ 《明英宗实录》卷一二〇，正统九年八月戊申条。

④ （明）陈子龙等选辑：《明经世文编》卷三三《于忠肃公文集》。

⑤ 《明武宗实录》卷一一七，正德九年十月壬辰条。

⑥ （清）查继佐：《罪惟录》卷一一《土田志》。

⑦ 《明史·刘天和传》。

⑧ 万历《明会典》卷二〇二《屯田清吏司·开垦》。

限于境外，无人敢种，通行巡抚等官查照，国初壕墙边界筑浚高深，可耕之田，尽令开垦，给以牛种，拨人佃种，岁熟但收牛种原值。应纳税粮缓以年岁，然后量地起科”。嘉靖二十五年（1546年）杨博见河西木龙坝“田亩渐荒，而水利亦废”[①]，于是“募民开垦，永不征租”。万历十九年（1591年）户部题奏樊玉衡《屯政四议疏》中云：“抛荒地土，听小民开垦。”[②] 天启、崇祯年间，大批军屯转化为民屯，屯田者“非军也，民也”。

此外，明代前期还存在以政治原因而有目的地向僻远的河西逃亡，并隐居下来。《明史·列传三十一》载有“河西佣”者，即为建文朝中高官，隐姓埋名逃到甘肃河西“为佣于庄浪鲁氏”。

3. “明徙河西”：商屯

明代商屯移民随开中法的兴衰而起伏。明代开中法始于洪武三年（1370年），不过整个洪武年间纳粟中盐尚属因事而设，事毕即已，这种情况下愿意“自垦边地”换取盐引的商人人数极少。永乐、宣德年间，开中法逐渐成为定制，沿边地区出现了很多由盐商兴建的屯庄。

明代名臣杨一清曾言：“兵粮有备，则河西安。河西安，则关陕安，而中原安矣。”[③] 而永乐、宣德年间统治者“新开垦荒田，不问多寡，永不起科”[④] 的政策更加激励了盐商“自垦边地”“纳粟中盐”的积极性。为此，明帝国在河西实行军屯，民屯的同时又力推商屯。史载当时陕西三边（指甘肃、榆林、宁夏三镇）“富商大贾悉于三边自出财力，自招游民，自垦边地，自艺款粟，自筑墩台，自立堡伍。岁时屡丰，款粟屡盈”[⑤]。明人张溥在《七录斋文集》中说：“永乐中下实粟于边之令，富商大贾竞于三边出财力，招游民，筑墩台，立堡伍，荒土膏沃，稼穑衍殖，及乎成化，甘肃、宁夏粟石二钱，边用大饶。”[⑥] 此可窥见当时商屯移民的繁荣景象。

明代商屯盛行于九边，其中“陕西三边”为最。三边商屯都是中纳

---

① （清）钟赓起：《甘州府志》卷二，甘肃文化出版社1995年版。

② 樊玉衡：《奏陈屯政事宜》。

③ （明）杨一清：《关中奏议》卷一二，《捉获奸细构引大势回贼犯边等事疏》，四库全书本。

④ （明）张萱：《西园闻见录》卷三四，全国图书馆文献缩微复制中心中国文献珍本丛书本。

⑤ （明）陈子龙等选辑：《明经世文篇》卷一八六《哈密疏》。

⑥ （明）张溥：《七录斋文集》卷一《盐法论》。

淮盐的。因此，三边开中的盐商以西北商、淮商为主，也有部分晋商，据此估计，明代河西走廊的商屯移民来自关陕地区和淮河一带。但由于河西交通的艰险，路途的遥远，明帝国在河西商屯的规模还是有限的，充其量只是军屯的一种补充而已。

总之，正如《甘肃人口史》所总结的那样："明代前期各种形式的向甘肃移民，是一个怎么估计都不为过的史无前例的甘肃人口现象，西汉武帝向甘肃的'移民实边'也望尘莫及，其总数应在 50 万人以上，是形成明清直至今日甘肃人口基本格局的重要历史因素之一。"① 在向甘肃大移民的背景下，洪武年间大量的屯军及家属到河西安家落户，加之凉州十一卫旗军（正规军队）与下屯旗军近 11 万人②，再加上军卒家属及河西军户所繁衍的子孙，河西人应有 30 万③。

汉民族这个"雪球"在河西的滚动除了"明徙河西"的移民外，河西走廊还有一部分由卫所带管的"土著汉民"。洪武二十五年（1392 年）凉国公蓝玉奏："凉州卫民千七百余户，附籍岁久，所种田亩宜征其赋，令输甘肃。"④ 保守地以每户 3 口计，合计 5100 余口。这些"土著汉民"就是河西人的核心。此外，河西原有的蒙古人、色目人、吐蕃人中的一部分，由于明帝国实行了区分华夷的严厉政策。如对蒙古人、色目人采取了多种防范手段和汉化措施，《大明律》中规定蒙古人、色目人等"不许本类自相嫁娶"，采取了统治者古已有之的"以夏变夷"的政策，并令他们改取汉姓，改变服装。如洪武十一年（1378 年）三月，甘肃地区的故元官吏 25 人及其属民 1960 人降，朱元璋以"人性皆可以为善，用夏变夷，古之道也。今所获故元官并降人宜内徙，使之服我中国圣人之教，渐摩理义，以革其古俗"⑤。这样，由于长期的杂居、互动、磨合、整合，河西走廊的蒙古、吐蕃等民族中的一部分融合到汉民族之中。所有这些都表明，"明徙河西"一方面使汉民族人口大增，另一方面又促进了汉民族"雪球"的滚动，河西人走向形成。

---

① 方荣、张蕊兰：《甘肃人口史》，甘肃人民出版社 2003 年版，第 275—276 页。

② 唐景绅：《明代河西的军屯》，《敦煌学辑刊》1980 年第 00 期。

③ 参阅《明史·地理志》、《重修肃州新志》、乾隆《甘州府志》、乾隆《五凉考治六德集全志》所载河西人口的数据。

④ 《明太祖实录》卷二一六，洪武二十五年二月辛巳条。

⑤ 《明太祖实录》卷一一四，洪武十一年三月丙申条。

四　清定河西：河西人形成

清定天下，汉民族这个“雪球”并没有停止向前滚动。特别是平定准噶尔战争[①]的胜利和新疆的统一，使得内地山、陕、江、浙诸省商贾纷纷出关贸易，天山南北诸城“商贾辐辏，贸贩鳞集”[②]。内地大批贸易物资如茶叶、丝绸、棉布、瓷器、药材等主要经由河西运往新疆，而新疆、中亚各地的牛马、毛皮、土产品等也主要经由河西运往内地，河西成为连接内地与新疆、中亚各地的通道，交通地位倍显重要。在这个背景下，清帝国建立伊始，便开始了对河西走廊的战略经营。

历史总是在反复折腾中前进的。

经过明末清初的多次战乱和自然灾害的破坏，河西走廊社会经济出现了一派残破的景象，广大农村田园荒芜。尤其是明崇祯十六年（1643年），“甘、肃尤遭焚掠”[③]，河西走廊“极目荒凉”，时任陕西三边总督孟乔芳上书：“流寇之杀掠，死徙已多，况自察勘之后，逆回叛变，士民之逃散者，逆回之杀戮者，又不知凡几，孰非耕田输赋之人哉！田之荒芜，应不第原勘之数也。”[④] 清帝国为了经营河西走廊，在河西走廊设立凉州、甘州二府，肃州、安西二直隶州以及若干厅、县，便开始鼓励农民垦荒，并大规模招徕流亡人口进入河西走廊进行屯田。顺治六年（1649年）清廷诏谕全国：“凡地方官招徕各处逃民，不论原籍别籍，编入保甲，开垦荒田。”并对“各州县以招民劝耕之多寡为优劣，道府以责成催督之勤快为殿最”[⑤]，岁末年终，抚按分别具奏，将此载入考成；对垦民则“给以印信，永准为业”[⑥]。这些措施的制定确立了无地农民对开垦河西走廊荒地的所有权，产生了极大的吸引力，从而掀起了河西走廊新的移

---

① 清代康熙、雍正、乾隆三朝为统一西北地区与准噶尔贵族进行的多次战争，在清代文献中通称为平定准噶尔。这次战争起于1690年（清康熙二十九年），讫于1757年（清乾隆二十二年），迭经三朝，历时近70年，最终弭叛息乱，取得了完全胜利。

② 《钦定平定回疆剿擒逆裔方略》（五）卷九，第5页，道光六年一月庚寅，常德奏，总第686页。

③ （清）黄文炜编撰：《重修肃州新志·河西总叙·本朝建置》，甘肃省酒泉县博物馆1984年版，第27页。

④ （清）钟赓起：《甘州府志》卷三，甘肃文化出版社1995年版。

⑤ 《清世祖实录》卷四三，顺治六年三月壬子条。

⑥ 同上。

民潮。

（一）清定河西：政府移民

在康雍乾时期，政府有组织地向河西走廊进行了两次有一定规模的移民。

1. 第一次政府移民

政府有组织地第一次向河西走廊移民开始于康熙五十五年（1716年），西路军办理粮饷事务的吏部尚书富宁安奏请在关西的西吉木、达里图、锡拉谷尔一带招民垦种，“于边疆大有裨益”[①]，获准实行。于是，于次年在甘肃招徕，官费送往河西。而且，移民到达之后由官府“俱经盖造房屋，分拨居住，耕种地亩收粮”[②]。康熙五十六年（1717年），由甘肃巡抚绰奇奉命招募无业贫民，并通过官费将招募的无业贫民送赴河西地区安插，西吉木地方270户，达里图地方530户，锡拉谷尔地方106户。此后，在达里图又陆续招民31户，还有其他为数不等的小规模招民垦荒，到康熙末年关西招民已超过1000户。

对于此次移民的九百余户，由于史料有限，具体情况现今知之甚少。但据《重修肃州新志》记载：“赤金（即西吉木）原招设人民共二百七十户，雍正九年（1731年）编审，计滋生人口八百八十八口。”[③] 经过十余年的发展，至雍正九年（1731年），赤金户均人口仅3.3口，这种家庭结构表明移民对象基本以成年劳动力人口为主，以此推算，康熙五十六年（1717年）的这次移民人口总数不会超过3000人。

由于康熙时期的关西地区移民与清准战争密切相关，因而其垦荒政策带有明显军屯管理的痕迹，即卫所制度，这是关西地区特定的历史时期的客观环境决定的。实际上，卫所官员并不属于军方管理，而是隶属于肃州道，这就把关西地区政府移民性质纳入了地方管理系统。到康熙末年，关西地区招民达1155户。

2. 第二次政府移民

政府有组织地第二次向河西走廊移民是雍正四年（1726年）开始的

---

① 《清圣祖实录》卷二六九，康熙五十五年七月丁丑条。

② 《清圣祖实录》卷二七七，康熙五十七年二月戊子条。

③ （清）黄文炜编撰：《重修肃州新志·赤金所·户口·田赋》，甘肃省酒泉县博物馆1984年版，第608页。

沙州移民。史载雍正四年（1726 年），正值准噶尔部受到重创，前方形势稳定之际，“川陕总督岳钟琪疏言，沙州招民垦种，民檄甘肃布政使钟保，转饬平、庆、临、巩、甘、凉、西七府及肃州厅，各于所属酌量补招，务足二千四百户之数，但所招之民户、远近不一，臣恐有误春作，已令安西镇派拨兵丁，代种籽粒二千石。今所招之户、至彼者一千四百一十九户。其未至彼者，七百二十九户，已过播种之期，请补足二百五十二户，俟明春一并发往，每户各分地土百亩、给以籽种六石。应如所请，从之”①。简言之，川陕总督岳钟琪巡边沙州，建议加强对河西地区的建设，重新提出在沙州移民屯田，勘得可垦地三十余万亩，除留兵屯地及预留部分土地外，尚有二十四万亩，以每户垦种一百亩计算，岳钟琪便奏请“招甘省无业穷民二千四百户，开垦屯种”。雍正帝批准实施。

雍正四年（1726 年）的沙州移民屯户主要来源于甘肃之平凉、庆阳、临洮、巩昌、甘州、凉州、西宁、肃州八处，且于雍正五年（1727 年）、雍正六年（1728 年）分两起迁徙至沙州。而在垦种之初，“每户各分土地百亩，给以籽种六石”。雍正七年（1729 年）十一月，陕西总督查郎阿奏称，“招往安西沙州等处屯垦户民今年到齐，统计共有两千四百零五户”②，以户均约 4.5 口计算，此次移民总人数在 12000 口左右。至雍正末年，河西地区五卫、所劝谕屯户并招民开垦地及续报开垦地共“一千四百五十四顷”③，按照每顷折地百亩，则 1454 顷即为 145400 亩，以康熙末年的户均垦田 23 亩计算，总共可以招民户 6300 余户，以户均 4.5 口计算，雍正末年关西地区政府共招民 28000 余口。另外，关西地区驻军共 5000 户，兵眷合计，其人口总数可能超过 20000 人。这两者计之，雍、乾之际关西地区广义上的移民总数可能近 5 万人。④

（二）清定河西：民间移民

在河西地区，民间亦有一定数量的自发移民，他们虽然规模不大，但

① 《清世宗实录》卷六〇，雍正五年八月壬子条。

② 雍正八年四月二十八日署陕西总督查郎阿奏覆沙州民户余谷无庸籴买并查贮岳钟琪原买余剩麦石折，中国第一历史档案馆编：《雍正朝汉文朱批奏折汇编》，第 18 册，第 576 页。

③ 雍正三年十月二十三日川陕总督岳钟琪奏请分驻安西镇兵以便屯垦折，转引自中国第一历史档案馆编：《雍正朝汉文朱批奏折汇编》，第 6 册，第 342 页。

④ 参阅范富《清代康雍乾时期人迁河西走廊移民研究》，硕士学位论文，西北师范大学，2011 年，第 15—18 页。

日积月累，人数并不少。雍正十年（1732 年），因平准用兵，前方吃紧，从内地调运军粮，挽运烦费，陕西经略鄂尔泰巡边，得知这种私垦情况，奏请政府将河西客民及兵丁自垦田地清查登记，收归国有，举办官屯。于是，清廷决定对河西的私垦地亩进行一次清查。具体的自发移民数量未见记载，但《重修肃州新志》靖逆卫屯田记载有此次清查的经过和结果，据此可以推知大概：

> 时惟孔都院（毓璞）总理屯政，先委知州丁祐吉等五员，分路清查安西、柳沟、靖逆、赤金等处，员弁、客民私种地亩，共查出二千一百六十二石零之地，除员弁所种三百四十五石零，竟行归公，不给价值外，其客民私垦一千八百一十七石零，每石上地，给价一两五钱，中地给价一两二钱，下地给价一两，归作屯田。[①]

按当年清查数字计算，客民户数当在 450 户左右，人口至少在千人以上。雍正末年河西地区的官办屯田最多时总计有 25000 余亩，屯田雇募的夫役除原被清查后仍愿留居当地的客民外，其他则是从关内州县招募的贫民，估计大部分来自沿边州县，凡应募夫役俱由地方官“出具保结，以免逃逸”[②]。以户均垦田 20 亩计算，招应夫役估计在 1250 余户，家眷合计人口可能有 5000 人左右。[③]

通过对河西地方志、甘肃通志稿等西北地方文献及《清实录》《清史稿》等史籍文献中检索结果看出，在康雍乾时期，河西走廊关内地区的移民亦是主要来自陕甘地区和山西等省，而贫苦农民与商贾是主要的移民成员。

今武威市民勤县文化馆收藏的柳林湖移民屯区部分宗族家谱中，对向河西自发移民亦有明确记载，例如：

> 《李氏宗谱》载：“原籍山西。始祖天福，清初贸易至镇，寓居

① （清）黄文炜编撰：《重修肃州新志·靖逆卫·屯田》，甘肃省酒泉县博物馆 1984 年版，第 595 页。

② 《清世宗实录》卷一二三，雍正十年九月戊申条。

③ 参阅范富《清代康雍乾时期人迁河西走廊移民研究》，硕士学位论文，西北师范大学，2011 年，第 23—24 页。

城南小坝口，遂居家不去。初以经商，继则务农。清乾隆时开垦柳林湖，始下湖拓荒，故今多居于收成乡永丰村及东湖镇冬固村，另有数户居于收成乡天成村。”

《王氏宗谱》载：“原籍山西。始祖良佐，清乾隆间疲于生计，卖艺至镇，留居本县。初居城西雷台、渠尾。乾隆后开辟柳林湖，大部迁湖屯田，定居于中渠（今属西渠镇）珠明、收成泗湖等地。支脉错纵，丁口繁盛。”

《陈氏宗谱》载：“原籍山西，始祖居头坝青松堡地，易兵为民。后（耕地）被风沙淤压，复迁于高家大门。”又“乾隆元年，因柳林湖开垦大举，又复迁于柳林湖。自此川居一半，湖居一半”。

从这些家谱来看，主要在雍、乾时期，到河西地区的自发移民山西籍占有相当比例，这可从王大枢《西征录》中的记载看出来，伊犁等处“商旅多甘、凉、秦晋，而谪戍之人，各省俱有”[①]。在乾隆平定天山南北叛乱后，从乾隆二十七年（1762年）开始，便组织河西走廊的无业游民和佃农赴新疆屯田，而这些无业游民和佃农很大一部分就是清初从甘肃省外或本省其他州县移民河西走廊各地的。这就说明在清初山西籍移民是除陕甘外移民河西走廊的主力，通过官方组织向河西走廊移民的情况表明，山西籍移民或为贸易、或为生计来到河西走廊，开发边地。[②]

这些汉民族民间自发迁徙到河西走廊的移民，也毫无例外地卷入了河西人形成的“雪球”滚动之中。清帝国经康、雍、乾三朝在河西的经营，河西社会安定，经济日渐恢复并发展，户口也随之迅猛增长。嘉庆年间（1796—1820年）据《重修大清一统志》载：河西地区的甘、凉、肃、安西四州府共有人口2848049，[③] 达到自汉代以来历史的最高峰。

从此，随着清定天下，汉民族“雪球”的滚动，终于把河西人推向了“定格”，而最终形成汉民族在甘肃的又一个族群。

---

① （清）王大枢：《西征录》卷三，《新疆》，全国图书馆文献缩微复制中心，1991年。

② 参阅范富《清代康雍乾时期人迁河西走廊移民研究》，硕士学位论文，西北师范大学，2011年，第33—34页。

③ 徐杰舜主编：《雪球——汉民族的人类学分析》，上海人民出版社1999年版，第975页。

第三节 河西人的人文特征

河西人在汉民族的族群中是有独特地位的，他们所处的河西走廊尽头进入大戈壁滩，深入其中，大有荒芜和荒凉之感。河西走廊又是西北寒流、强风沙及尘暴的大通道，但凡西北冷空气入侵时，首当受其害的是河西走廊，因此有个地名叫“三不拉”的地方，其寓意则是连牛、羊、兔类畜生都不在那儿拉屎撒尿，可谓干旱凄凉异常、严酷异常！过去有人形容说，女孩儿一生只洗一次脸，那就是出嫁时才有的奢侈待遇；穷乡偏僻之交通闭塞处，更是显得异常寒酸。尚有“早饭‘羊’、午饭‘鱼’、晚饭‘蛋’——洋芋蛋”，就是对甘肃的揶揄打诨、戏谑侃涮语。所以有人说，甘肃人保守、憨厚、善良，性格多为呆板，少创新，可争胜意识，为生存能够吃苦之意念、奋斗精神、生存技能却非常强烈。甘肃人因气候过于干旱、多风沙的缘故，多为红脸蛋，但体魄健壮，能抵御风沙严寒，也少有感冒之疾患侵扰。①

河西人在两千多年的历史长河里，顶着烈日，迎着漫漫风沙，开拓耕耘，灌溉沃土，将千里走廊垦殖出无数绿洲。在此繁衍着一代代的生命，他们在历史上守边卫疆，守护着东西交通动脉的丝绸大道，同时用辛勤的岁收，供养着王朝的兵士和救援内地的灾异，“地饶五谷”的走廊蜂腰甘州（今张掖市），曾是隋唐盛世时全国最大的国际交易市场。西首的敦煌，更为接纳西土来华使节商贾的经济文化特区，是仅次于长安的西北一大都会。中原的艺术精英荟萃于兹，方创造出了精美绝伦、名扬世界的石窟艺术。肃州境内“飞阁遥连秦树直，缭垣斜压陇云低”的嘉峪雄关，更是封建帝国的雄关与往来旅人的息歇之地。河西首府凉州，中西文化交融厚实，积淀深湛，文物华美，建筑宏伟，居住凉州的侨民“七城十万家”，足见凉州的重镇雄姿。河西的土地和河西人，为中华民族的昌盛做出了很大的贡献。而河西的高山、大河、草原、沙漠、长城、古堡、烽火台、驿道、石窟、殿宇、古塔、雕塑，无不蕴含美妙的神话、故事和精彩的逸闻、趣谈，无不闪耀着河西人开拓建殖这

① 《浅谈全国各地人的性格特征——甘肃人》（http：//blog. sina. com. cn/s/blog_ 77b942c901012du3. html）。这是在百度中查到的与河西人的人文特征有关的一条信息。

条千里长廊的光辉。[1] 从而塑造了河西人的边塞情结、丝路文化和圆融通达的人文特征。

一　边塞情结：河西人的人文底蕴

李白诗《关山月》曰："明月出天山，苍茫云海间。长风几万里，吹度玉门关。"[2] 王维诗《使至塞上》云："征蓬出汉塞，归雁入胡天。大漠孤烟直，长河落日圆。"[3] 表现的都是对河西走廊的边塞情结。

河西走廊在历史上就是历代王朝的西北边陲，若从汉代开始考量，在河西大地上，不知发生过多少"金戈铁马"的战争。所以，在河西人形成两千多年的历史沧桑中，无论是戍边的将士，还是任职的官吏；也无论是文人墨客，还是屯田的边民，他们到了河西走廊都有到了边塞的感觉。如《史记·三王世家》云："宜专边塞之思虑，暴骸中野无以报。"唐人孟浩然《同张明府清镜叹》诗云："寄语边塞人，如何久离别。"明人冯梦龙《邯郸梦·闺中闻捷》曰："卢郎去后愁无奈，音书断，困守著绿窗青琐，边塞在天涯。"正是这种感觉的不断沉淀而熔铸了河西人的边塞情结。

河西人的边塞情结集中表现在唐代的边塞诗中。有学者统计：《全唐诗》中边塞诗约有2000首，其中咏颂西北边塞的约占1500首，而涉及河西走廊者分量最大。[4] 这正是历代咏河西诗创作的高峰，诸多最优秀篇章就产生在此时。这是河西文化的精华，也是河西文化的骄傲。

唐帝国在西北边陲上，唐王朝和吐蕃、回纥的关系日趋紧张，战事争端时时发生，边塞战争为边塞诗人的创作提供了施展才华的广阔空间，边塞诗人的杰出创作，既具有边塞特色又具有撼动人心的真情实感。

他们描绘边塞奇丽景色，充满了不畏艰苦的战斗气魄。如岑参的边塞诗，笔触粗犷，以浓重的色彩描绘出边塞奇异的景色。在岑参的笔下，边塞的景色，或为大雪严寒，"北风卷地白草折，胡天八月即飞雪。忽如一夜春风来，千树万树梨花开。散入珠帘湿罗幕，狐裘不暖锦衾薄。将军角

---

① 以上参阅徐杰舜主编《雪球——汉民族的人类学分析》，上海人民出版社1999年版，第975页。

② （唐）李白：《关山月》。

③ （唐）王维：《使至塞上》。

④ 胡大浚：《〈历代咏河西诗歌选注〉序言》，《河西学院学报》2009年第1期。

弓不得控，都护铁衣冷难着”[①]。或为热海火山，“侧闻阴山胡儿语，西头热海水如煮。海水众鸟不敢飞，中有鲤鱼长且肥。岸旁青草常不歇，空中白雪遥旋灭”[②]；“火山突兀赤亭口，火山五月火云厚。火云满山凝未开，飞鸟千里不敢来”[③]。热海火山，与严寒大雪相映衬，勾勒出边塞的奇异风光。边塞的景色，在酷热雪寒间，还常为飞沙走石。“君不见走马川行雪海边，平沙莽莽黄入天。轮台九月风夜吼，一川碎石大如斗，随风满地石乱走”[④]。奇丽的边塞风光，展现了环境的艰险，将士却是“车师西门伫献捷”[⑤]“功名只向马上取，真是英雄一丈夫”[⑥]，充满着不畏艰苦的战斗气魄，将士们的英雄气概融入边塞的奇异风光中，形成了情与景交融的美学效应。

他们直抒襟怀，表达丰富的情感。唐代的边塞诗，又有对丰富情感的直抒。王之涣的《凉州词》云：“黄河远上白云间，一片孤城万仞山。羌笛何须怨杨柳，春风不度玉门关。”在雄奇的边塞风光和古老笛曲的交织中，流露出边防将士久戍思归的愁绪，表达思念故土的情感。李颀的《古意》诗：“男儿事长征，少小幽燕客。赌胜马蹄下，由来轻七尺。杀人莫敢前，须如猬毛磔。黄云陇底白云飞，未得报恩不得归。辽东小妇年十五，惯弹琵琶解歌舞。今为羌笛出塞声，使我三军泪如雨。”戍边的将士无比勇猛，在战场上出生入死，并不把个人的生命看得那么重要，但一听到辽东小妇的笛声，就禁不住悲伤起来，这表现了征人思乡的复杂心情。在残酷的战场上不畏死亡而听到悠扬的笛声心绪就有了变化，这触到了人性最脆弱的一面，征人是忍受着强烈的思乡情感而戍守边陲的。王翰的《凉州词》：“葡萄美酒夜光杯，欲饮琵琶马上催。醉卧沙场君莫笑，古来征战几人回。”把边关将士醉在沙场，将生死置之度外的豪情表现得淋漓尽致。王昌龄的《出塞》诗：“秦时明月汉时关，万里长征人未还。但使龙城飞将在，不叫胡马度阴山。”也把边关将士杀敌立功、保卫边疆的壮志抒写得淋漓酣畅。使得边塞诗更添豪情壮志，形成了心与志交融的

---

① （唐）岑参：《白雪歌送武判官归京》。

② （唐）岑参：《热海行送崔侍御还京》。

③ （唐）岑参：《火山云歌送别》。

④ （唐）岑参：《走马川行奉送封大夫出师西征》。

⑤ 同上。

⑥ （唐）岑参：《送李副使赴碛石西行军》。

美学情结。①

唐以后及明清时代，随着边疆的治理，出入西边文人墨客数量大增，纪行写实之作也越来越多，许多作品多侧面、多角度描写了河西地区的山川胜景、故道古迹、风俗民情，以至政治的良窳、民生的苦难等，大大开拓了诗歌的题材内容领域，给人们展现了河西“全景式”的画面。

总之，千百年来边塞诗浩瀚雄浑的境界，高亢激越的声情，一代又一代地把人们带到千里河西走廊：“河西”，那戈壁雪峰、绿洲牧群，烽火边墙、羌笛胡笳，丝绸古道、胡商艺人……曾是中国古典诗歌里最壮美的图画，似乎也是古代诗人亘古常新的诗料，激发创作灵感的不竭源泉。从古人的歌唱里，可以吟哦出中华民族的沧桑，可以体悟出“河西”这方热土曾经的辉煌；在那伟岸苍莽的山川景色里，蓄积着河西人何等深厚的历史宝藏，这是河西人永恒的底蕴。

边塞诗之所以能化为河西人的边塞情结，这是有历史渊源的。

汉开河西以前，这里是月氏、乌孙、匈奴等古老民族的游牧地；汉代建政设郡以后，大量移民实边屯垦，这里便成了多民族杂居农牧共存之地。作为屏蔽中原大地的西边要塞，在汉唐明清统一强盛的时代，它既是边防重地，又是王朝联系西北少数民族的桥梁，诸多降附的少数民族居民曾被安置于此：在国家分裂动荡之时，则成为少数民族政权与中原王朝分庭抗礼之区，如东晋十六国、中唐、五代十国与西夏时期，匈奴、氐、羌、鲜卑、吐蕃、回鹘、党项等族先后入主河西，遂使河西成为古代民族战争与融合的大舞台。尤其在汉唐丝绸之路繁荣的近千年间，河西不但是承载中西文化交流的主要孔道，也是古代中国率先接受西方物质、精神文明的洗礼，融胡汉、东西文明为一体，日益开放、日益发展、日益繁荣的一个“特区”。古代西方的宗教、艺术、哲学以至物种等，首先在河西大地上传播、生根，大量胡商贩客、僧侣艺人、使者役夫在此往返、定居：中华文明也源源不断经由这个走廊通道西传，影响于西方。河西的发展达到历史上的高峰，对我国古代文明史产生了极为深远的影响。迄清一代，河西走廊都是王朝系縻新、青、宁、内蒙古等民族地区的纽带。可知，河西以其严酷的自然地理条件和独特的人文地理位置，决定了它在历朝历代政治、军事、文化“版图”上的重

① 以上参阅张琨《试论唐代边塞诗》，《吉林广播电视大学学报》2001 年第 2 期。

要地位，决定了它经济社会发展的艰辛步履，也就必然地磨砺哺育出河西人特有的人文特征。

胡大浚认为“多元性”“开放性”“过渡性”和“内聚性”便是河西文化的鲜明品格，并指出：

> 它文化的根源与构成乃是多民族多元的聚合；作为中原王朝的边陲之地它曾以开放的胸襟吸纳多方融熔异端；它是华夏文明与西域、西方文明双向交流的预热区和过渡地带，东西文化在这条走廊通道西渐、东传中，走向亲和与融合；自汉以来中华统一的格局更决定它归宗炎黄文化、以中原礼乐文明为主干的强韧向心力。在此基础上焕发出的粗犷朴实、强韧武毅、勤劳尚义的人文精神，则闪烁着河西文化最动人的光辉。①

其实“粗犷朴实、强韧武毅、勤劳尚义的人文精神”，正是河西人的人文特征之所在。所以，边塞情结就成了深藏于河西人心中的人文底蕴。

二 丝路文化：河西人的文化表达

河西人的文化表达集中在丝绸之路文化上。

公元前 2 世纪时，张骞正式开辟了丝绸之路，中国丝绸、茶叶等从长安（今西安），经陕西、河西走廊、新疆的塔里木盆地，跨越葱岭（今帕米尔高原）经中亚、东亚几国，到达地中海。全长 7000 多公里，在中国境内有 4000 多公里，其中河西走廊就有近 1200 公里。这是一条古老的路、悲壮的路，队队骆驼慢慢而进，穿越这条路。② 这条连接中西政治、经济、文化的交通交流之路，在 19 世纪时，被德国的历史地理学家希特霍芬命名为丝绸之路。③ 在包括河西走廊的古老丝路上，建筑了无数的艺术宝库，构成了珍贵的丝路文化。

1. 河西音乐：丝路文化表达之一

河西走廊处于丝绸之路的咽喉要地，外来音乐对河西音乐影响突出，

---

① 以上参阅胡大浚《〈历代咏河西诗歌选注〉序言》，《河西学院学报》2009 年第 1 期。

② 高伟、崔峻：《西出阳关古今看——丝绸之路游感》，《大经贸》2000 年第 5 期。

③ 李春芳：《丝绸之路对河西开发的影响》，《甘肃理论学刊》2004 年第 5 期。

唐代就出现了凉州乐。凉州乐是一种特殊的曲调，可以配合诗歌进行歌唱，据专家考证，凉州词其实就是有特定的曲调、唱腔和内容的“歌曲”。《旧唐书·音乐志》说：“天宝乐器皆以边地名，若凉州、甘州、伊州之类。凉州曲本西凉所制也。”凉州乐的曲调来源，同西域的音乐有密切的关系。它是西域音乐传入河西后，逐渐融入了秦汉旧腔和关陇俗乐，形成的一种新的、富有凉州风格的新乐。“凉州乐”既可清唱，也可伴舞，还可以演奏，表现形式非常灵活通俗，深受河西人民的喜欢，因此，才有了晚唐诗人杜牧的“唯有凉州歌舞曲，流传天下乐闲人”[①] 的诗句。这样，西域东进的几部大乐，在河西也异化成甘凉大乐，引发了中国戏曲缘起的强音。凉州乐成了汉民族音乐宝贵的文化遗产。

2. 河西石窟：丝路文化表达之二

河西走廊与丝绸之路的关系非常密切，文化遗存还有石窟艺术。以中国石窟艺术的瑰宝敦煌莫高窟为例，其于前秦建元二年（366 年）开始开凿，这时距离丝绸之路的开通已经有 500 余年的历史了。在这 500 余年间，中原地区由于政权更替、战乱不断，河西则一直处在相对较为和平的环境中，而敦煌又是丝绸之路贸易的枢纽，在中西贸易和地区民族贸易中起着相当重要的作用，因此丝绸之路贸易的景象就成为艺术家在石窟艺术中反映的重要的内容。如莫高窟 323 窟的壁画中就有“张骞出使西域图”。莫高窟 45 窟中《观音经变》刻画的胡商遇盗。此外，在莫高窟反映的题材中，还有大量的关于少数民族的形象的壁画。如 98 窟、159 窟、220 窟、335 窟的《维摩诘经变》中的“各国王子听法图”；158 窟、332 窟的《涅槃变》中的“各国王子举哀图”和供养人像中，艺术家用细腻的笔触描绘了与中原汉族不同的少数民族的形象、服饰及习俗，因此，可以说丝绸之路为河西的石窟艺术的发展提供了丰富的素材，也是丝绸之路繁荣和衰落的直接见证。莫高窟也成了汉民族石窟艺术宝贵的文化遗产。

3. 佛教东传：丝路文化表达之三

丝绸之路的开通把中国同中亚、西亚紧密联系起来。佛教在传入中国的过程中，其重要的通道之一也是丝绸之路，中外的许多著名的僧人都是通过丝绸之路进行交流的。如唐代的玄奘法师，就是通过丝绸之路到印度学习佛法，并根据在丝绸之路上的所见所闻写出了著名的《大唐西域

---

① （唐）杜牧：《河湟》。

记》，成为世人了解西域的重要的窗口。而印度高僧鸠摩罗什等人到中国来也是走的丝绸之路，并在河西等地留下了历史的遗迹。他在河西的故臧（武威）居住 16 年，401 年鸠摩罗什又前往长安，被姚兴尊为国师，特辟逍遥园，供其翻译佛经。鸠摩罗什共翻译佛经 98 部，这些佛经文辞优美，深受佛教徒的喜爱。于是，东渐的佛教文化在河西发扬光大。名僧如云，译经迭出，都是在河西人的宽容中进入河西人的生活。

佛教沿丝绸之路传入中国，不仅具有宗教意义，更具有文化意义，尤其是对河西造像艺术影响非常大。就以河西的石窟艺术为例，首先表现为在整个河西地区石窟遍布，从西向东著名的有敦煌的莫高窟、安西的西千佛洞、酒泉的文殊山石窟、张掖的马蹄寺、武威的天梯山石窟等。其次是从石窟的造像艺术上表现出来，如敦煌莫高窟的彩塑，在北魏以前，其造型基本是以高鼻深目、头顶螺髻为主，颇有异域人的特点。隋唐时期，其造型同中原汉人大体相同。这些变化反映了佛教东渐过程中，经过长期的本土化，已经成为中国博大精深文化的重要组成部分。而在本土化的过程中，河西起了重要的作用：一是河西民众首先接受了这一外来宗教，并根据自己的理解对它进行了重新诠释，主要表现为在河西大量开凿石窟和建设佛寺；二是为往来的僧侣们提供食宿等便利的条件，使河西成为东西僧侣往来的最主要的通道。可见，佛教的中国化河西走廊的作用是不可替代的。这应该也是河西丝路文化的一个重要的文化表达。

丝绸之路从开辟到衰落的 1700 年中，河西的文化始终都是同丝绸之路联系在一起的，是丝绸之路繁荣、辉煌和衰落的重要的见证。[①]

三　包容与保守：河西人的性格

河西人的先祖来自中原的各地，都是因诸多原因被徙之河西。千百年来他们一代又一代辛勤开拓，彼此照应、相帮。各地的人们在新的环境中向大自然索取汗水的报偿；在汉民族“雪球”的滚动中组成的族群，练就出宽容的心态。他们能接受无论是自然或是人为的各种不利因素，以坚韧的毅力去做每天该做的事情，并且能接受来自无论何方的各类事物，把接受的新东西融化为自身的一部分。这种包容博大的胸怀是河西人的共性。上述佛教的西来东传很快地从千里走廊上流向中原，河西人接受了佛

① 参阅李春芳《丝绸之路对河西开发的影响》，《甘肃理论学刊》2004 年第 5 期。

教文化，又用自己的观念创建出举国之最的石窟文化。把中原带来的传统文化视为神明，崇敬先祖的礼义教化，置孔孟圣人于高高的神龛上顶礼膜拜。苦读着圣人遗教，同时又在佛国来世的花雨中寄托个体的憧憬。这在中原战乱、河西相对稳定的五凉时期表现得最为充分：一面是传统文化在河西得以保存和发展，一面是东渐的佛教文化走进了河西人的生活。

包容就是宽容。河西人的宽容在近代有三例：20 世纪 30 年代，蒙古人民共和国内部族群发生矛盾，先后有几批喀尔喀蒙古人自马鬃山及额济纳进入河西地区，河西人向兄弟民族伸出援助的手，将他们安居于酒泉和张掖牧草地，并宽怀待之。30 年代，世居新疆巴里坤的哈萨克牧民，不堪军阀盛世才的暴虐，举族东迁到河西酒泉，河西人十分同情，后由国民政府安置到阿克塞游牧。30 年代，工农红军四方面军，在河西被马步芳军队打散，流落红军被河西张掖人接待安置，婚配家室，同河西人一起生活，全无一丝功利色彩。可见河西人的胸怀博大。

在河西人中，相对言之其中的武威人较为保守，武威人自明代以来有墨守成规的倾向。他们不排外，但也不轻易接受外来文化对自身的冲击，始终以万物静观皆自得的心境观察着世界的变化。武威长时期地做过河西的首府，同时是丝绸之路北路和中路的会合处。武威的传统文化积淀深厚，如果说建筑是时代的语言，那么武威完全保留了唐代的钟楼、明代的文庙以及罗什寺塔和海藏寺，这些古建筑即使在“文化大革命”期间，也没有红卫兵跳出来拆毁和烧毁。这些古建筑群用“唐音明语”与后代人们对话，诉说凉州城沧桑的历史。武威人在保守中为国家保存和发掘了国宝级文物东汉的“马超龙雀”，保存了珍贵的西夏感应塔碑，保存了武威出土的众多文物。正是因为武威人的“保守”才能在五凉时期的一百多年间使河西涌出了三十余名著名学者，保存了中原因战火而无存的传统文化，为隋唐的文化繁荣注入了西凉的鲜血。武威的“保守”培育了乾嘉学派西北的大学者张介侯，培育了晚清学者李云章、李叔坚父子。正是武威的“保守”，继承和发扬着传统文化，才使得河西古朴耐读，回归出昔日河西繁盛的风采。

而河西人中张掖人的保守则表现为相信神灵，一个地方往往有各色庙宇，常年香火不断，据求拜者讲，凡祝愿祈求的大小事总能兑现，所以求占、求福、求子者如云，当然这都是近二十年的再兴，往往庙会的举行，同时促进了方圆地方的物资交流，老百姓很喜欢这样的方式。张掖临近的临泽县，是处在走廊最窄处的县份，县内有名的庙宇不下数十个，除佛庙道观外，还有三个极为使人纳闷不解的庙宇，即太阳庙、妈祖庙、猪福菩萨庙，据推测临泽旧日乃抚彝厅，境内少数民族较多，曾是月氏的古都城（牙帐驻地），以后来华的中亚昭武九姓曾驻扎过，现在皆系汉族的居住地；境内的太阳庙，可以牵强成袄教的遗俗庙宇；猪福菩萨庙，可以推测是鲜卑秃发氏以后留存河西的供养；但妈祖庙令人费解，妈祖系东南沿海一带地区供奉的天母。南方神庙为何能在河西的小地方出现，且香火旺盛祭供不断，这极可能是戍守抚彝厅的沿海军士为思乡而建的庙宇。河西这类诸路神仙的庙宇分布甚富，可见河西人的包容与保守。[①]

① 参阅徐杰舜主编《雪球——汉民族的人类学分析》，上海人民出版社 1999 年版，第 975—977 页。

第六章　河湟人

河湟人是汉民族在青海和甘肃交界地区的一个族群。在西北地区的历史发展中甘、青、宁始终是一个整体。由于20世纪20年代中国政治、经济及军事诸多因素的影响，甘、青、宁分省而治，1928年9月析置青海为省。在文化传承关系上，甘肃临夏（河州）一直起着主导作用。河湟地区包括现今青海省以西宁市为中心的海东、黄南、海南三地州及海北州的门源县等20个县（市）；甘肃临夏市辖8县（市）及甘南州夏河县，共计29县（市），总人口为550.82万，其中汉族人口为313.62万，占河湟地区总人口的57.16%。这个多民族聚居地区，包括汉、藏、回、土、东乡、撒拉、保安7个世居民族及含世居民族在内的43个民族。[①]

河湟人以秦陇语支的河（河州）湟（湟中）方言为基本特征。河湟地区是一个多元文化荟萃之地，是中原地区与边远少数民族地区的过渡地带，是黄土高原和青藏高原的接壤之地，农业文化与草原文化的结合部。在历史的演进中，汉民族的“雪球”也滚到了河湟地区，在历史风云际会之时，汉民族与其他西北民族也在这里演出了一幕又一幕民族互动、磨合、整合和融合的话剧。本章所述河湟人以青海的河湟人为主，旁及甘肃河州的河湟人。

第一节　河湟人的语言

河湟人以秦陇语支的河（河州）湟（湟中）方言为基本特征。也有学者认为，秦陇方言和青海方言都是古入声的浊入归阳平，清入归阴平。

---

① 徐杰舜主编：《雪球——汉民族的人类学分析》，上海人民出版社1999年版，第978页注①。

但秦陇片最大的特点是鼻化音明显，而青海方言没有鼻化音；在声调上青海的民和、乐都等只有三个声调，与兰州的永登一致。语音上的这种差别，远比“古入声的浊入归阳平，清入归阴平”重要得多。如从语音、词汇、语法的整体进行比较，青海方言与秦陇片区别就更大。可见河湟的历史和地理环境决定了青海方言的特色，若将青海方言视为西北方言青海片或许更符合青海方言实际。[①] 此为一说，录此供参考。

一　河湟人语言的形成

从公元前100年开始置县、屯田，到东汉末建安年间，在300年的时段内，河湟地区的汉语不可能不产生自己的地区特色。所以，至迟在东汉末，河湟地区的汉语方言就早已形成了。

及至唐代“安史之乱”后，河湟虽被吐蕃占领，但基本居民仍为汉族，甚至吐蕃人也学习农耕，过起了与汉族一样的定居生活。10世纪初，吐蕃内乱，贵族尚恐热杀吐蕃国相尚思罗，自称国相，进兵河湟，想击灭不服他的鄯州（今乐都）节度尚婢婢。尚婢婢多次打败尚恐热，在军事上连续取得胜利的情况下，尚婢婢同时传檄河湟各地，列举尚恐热的种种残暴罪行，并劝谕说：“汝辈本唐人，吐蕃无主，则相与归唐，毋为恐热所猎如狐兔也。”[②] 这从侧面有力地说明，当时河湟的主要居民是汉族无疑。尚恐热攻占河湟后，由于大肆杀戮、残虐无道，被投降唐朝的尚婢婢部将拓跋怀光（拓跋氏其先应为鲜卑族，通过北魏孝文帝的变法，基本上汉化，已成为当时汉族的重要组成部分）擒杀，并传首长安。

李焘在《续资治通鉴长编》引张齐贤奏折中的文字说“西凉蕃部多是华人子孙，例会汉言，颇识文字”[③]。这些记述都说明，当吐蕃统治河西、陇右、河湟地区时，除了统治者是吐蕃外，当地的基本居民为汉族，或者是藏化了的汉族子孙。他们所用的语言如果不全是汉语，起码主流语言是汉语，或是受藏语影响的汉语。

及至宋代，河湟为宋与唃厮啰、西夏反复争夺之地，吐蕃王室后裔唃

---

① 陈良煜：《河湟汉族来源与青海方言的形成》，《青海师范大学学报》（哲学社会科学版）2008年第6期。

② 《唐书·吐蕃传》。

③ 《续资治通鉴长编》卷五一，成平五年三月癸亥记事。

厮啰政权虽统治河湟近百年，但生活在河湟流域的汉族并未迁徙他方，而是蕃汉杂处，汉文化一直有深厚的基础。所以，迄今为止记载唃厮啰统治西宁时最权威的资料的《青唐录》载："青唐之南有泸戎，汉呼为芦甘子。"可见当时的青唐城流通的交际用语仍是汉语。受汉文化的影响，宋熙宁年间，河湟的农业区土地买卖盛行。时人李复在其《潏水集》卷一六中云："蕃兵入市争卖田，汉人要田蕃无钱，有田卖尽走蕃去，却引生羌来寇边。"说明当时河湟地区的土地集中在汉族地主手中，河湟农业区主要以汉人的农作为主。这从另一面也说明当地的主要交际用语为汉语，起码汉语是农业区的主流语言。还有唃厮啰之孙木征，晚年任秦州钤辖时，以教其子学汉语教汉字为日常工作。[①] 像木征这样的吐蕃大首领都掌握汉语、认识汉字，可知汉语在当时是处于主流地位的。

但是，河湟话形成影响最大的人口迁徙应该是在元末明初，从而造成河湟话形成于明代的传统看法。综上所述，足见河湟的汉语古已有之。河湟地区两千多年来，从两汉到明清，汉族始终是这里的主体居民，并和中原休戚相关，河湟的主流语言非汉语莫属。

重要的是河湟地处西北，地理上与甘肃、关中地区唇齿相依，其语言演变的基本走势自然会受到甘、陕方言的深刻影响。为什么青海汉语方言跟陕甘话比较接近，因为青海在历史上曾归陕西、甘肃管辖过。为什么循化、同仁人自称讲河州话（甘肃临夏话），因为在历史上这些地区曾为河州管辖。这就决定了河湟话的基本归属只能是北方方言西北片，只能属于北方官话的一个分支。[②]

二　河湟人语言的特点

河湟话的成分，从时间上说，有历代历朝的；从空间上看，有全国各地的；从构成成分上说，有各民族融合同化的。所以，河湟方言的特点奇崛，主要有以下几点。

（一）古汉语的遗存

从语言角度看，河湟话在语音、词汇、语法上与上古、中古汉语有很

---

① 《续资治通鉴长编》卷二五八，熙宁七年十二月丁卯记事。

② 陈良煜：《河湟汉族来源与青海方言的形成》，《青海师范大学学报》（哲学社会科学版）2008 年第 6 期；张成材：《试论青海汉语方言的形成》，《青海社会科学》1992 年第 1 期。

强的继承对应关系。如语音上与《广韵》有很强的对应规律[①]，在词汇上，遗留有大量上古、中古汉语的语词；语法上，保留了上古汉语的不少语法现象。例如：

> 滗——闭取出汁液。《广雅·释诂》中滗，王念孙疏证："滗之言逼，谓逼取其汁也。"/"尕娃，你把黄豆碗里的水滗掉了，把清水换给。"
>
> 嘈——喧闹。汉王文考《鲁灵光殿赋》："耳嘈嘈以失聪。"/"黑来个娃娃嘈给了一夜，你没睡好煞。"
>
> 绌——缝。《史记·赵世家》："黑齿雕题，却冠秫绌，大吴之国也。"集解："徐广曰《战国策》作'秫缝'，绌亦缝紩之别名也。"相形见绌（不足）的绌是假借义。/青海方言有"绌荷包""家脸脑绌成包子了"。"绌绌"为缝在衣服上的口袋，为引申义。[②]

河湟话历史悠久，所以河湟人读古典小说，特别是元杂剧和明清小说时觉得轻松亲切，会发现其中有很多河湟方言词。例如：

"点扎（读'抓'）"，在古汉语里为指挥、率领之意。如《西游记》第九回："至次日，点扎风伯、雷公、云童、电母，直至长安城九霄云上。"西宁方言说"你把我点扎着"，这里"点扎"即有"指挥"之意，还稍含"捉弄"之感。

"迭办"，在古汉语里为操办之意。如元杂剧《雁门关》二："只为俺一时难迭办，不得已在他人眉睫间。"这种用法与西宁方言完全一致，如"你迭办啥着，赶紧坐下了喧个"，意思是"你不要忙了，快坐下聊聊"。类似的说法在元杂剧中还有很多，《西厢记》五十三："因家下无人，事冗不能迭办，以此来得迟了。"

还有西宁话把棉袄叫"主腰儿"，这种说法在《水浒》《警世通言》《三侠五义》等小说里都可见到，也是承袭了古代的叫法。古人称凌晨为"侵早"，杜甫诗"天子朝侵早"，贾岛诗"门尝侵早开"，而河湟话把

---

① 张成材：《中古音与青海方言字汇》，青海人民出版社 2006 年版。

② 陈良煜：《河湟汉族来源与青海方言的形成》，《青海师范大学学报》（哲学社会科学版）2008 年第 6 期。

“清早”读同“侵早”；西宁人说某人有意思，善斗乐，令人发笑，常说：“那个人古着，笑死了。”“古”即“滑稽”，“滑”读为“古”恰是古代读音。在河湟话中，这些很古老的汉语词汇为数不少，大多是古汉语的遗留。[①]

（二）少数民族语的借用

河湟人长期与少数民族杂居，在语言的互动中吸收了一些少数民族的词汇，如土族语“胡都”意为“非常”“很”，用来修饰形容词：如“胡都漂亮”即“非常漂亮”；“胡都心疼”即“很可爱”。河湟话中把事物达到极致的都称为“胡都”，常说“胡都大”“胡都美”“胡都坏”[②] 等。

又如对藏语的借用。在西宁地区来说，汉族人对“加统古力扫”（喝茶吃馍馍）、“曼巴”（医生）、“古录毛”（银圆）、“糌粑”（炒面）、“曲拉”（奶渣）、“乔得毛”（你好）、“阿拉巴拉”（马马虎虎、凑凑合合）、“阿咪”（应答之词，相当于“噢”“欸”）、“呀呀呀”（应答之词）、“乌拉子”（支差）等，都融入了西宁汉民族的日常生活之中。

再如回族虽然使用汉语汉文，但在其宗教生活中仍使用一些阿拉伯语和波斯语。如“赛俩目”（[阿] sālam 互道吉祥如意的用语）、“乃玛孜”（[波] namaz 礼拜）、“班达”（[波] bāmdad 晨礼）、“穆斯林”（[阿] muslim 伊斯兰教信徒）、“阿訇”（[波] Akhond 对伊斯兰教教师的尊称，也称伊斯兰教宗教职业者）[③] 等，也都融入了西宁汉民族的日常生活之中。

还如蒙古语的用语，如“戈壁”，沙漠；“哈巴”，哈巴狗；“哈达”，敬礼的薄纱；“鄂博”，界石；“乌苏”，水等也被河湟话借用。“嘣”（吮吸）、“阿蒙”（怎么样）、“麻愣”（神志不清的样子）是蒙古语的读音。

除了借词，在青海汉语方言中还出现许多类似民族语言宾语在动词之前的句式结构的语法结构，例如：“你茶喝，馍馍吃。”（你喝茶，吃馍馍）类似藏语的“加统，古力扫”，即“加（茶）统（喝），古力（馍馍）扫（吃）”。

说到青海省的地名用语，里边有许许多多的民族语成分，颇具地方特色。使用藏语用语者，如“玉树”，亦作“玉舒、玉素、玉书”意为“古

① 以上参阅廖贞《青海汉语方言探微》，《现代语文》（语言研究）2007 年第 9 期。

② 同上。

③ 张成材：《西宁话音档》，上海教育出版社 1997 年版，第 71—72 页。

乡遗族”，“古城的遗迹”；“结古”意为“众生”或“一切生存者”[①]，也有“众商云集”的说法；“同德”藏语称“热家”，意为“二十五户汉族”。据《青海省情》说，1935 年又从贵德县析置为县，定名“同德”，当时是取“边民同服中央德化”[②] 之义。在青海汉语方言中还有一些双语合璧的地名，如“巴颜喀拉山”，其中“巴颜喀拉”是蒙古语，意为“富饶的青黄色的山”，再加汉语“山”构成；“孟达天池”，“孟达”为撒拉语，“天池”为汉语，合称“孟达天池”。

第二节 河湟人的形成

河湟人的形成可称是汉民族“雪球”在中国西北滚动发展的一个重要过程。

秦以前，河湟地区被视为化外之地，曾是西戎、羌、氐、匈奴、鲜卑、吐谷浑、吐蕃、回鹘、党项、蒙古、回回等古代族群的重要活动地，他们在这里曾先后建有平汉、前赵、南凉、吐谷浑、唃厮啰等地方民族政权。这些古代族群许多现已不复存在，其中有的迁出了河湟地区，如鲜卑、回鹘等；有的同化、融合于其他族群，如羌、党项等；有的则发展为新的族群，如吐蕃、吐谷浑、回回等。今天的河湟地区，是藏族、回族重要的集聚地，也是东乡、保安、撒拉、土族的主要集聚地。

一 移民的痕迹

据青海语言学者张成材的研究，河湟方言乐都、湟源的语音现象跟安徽合肥市、肥东县、肥西县、舒城县、六安县及霍山县的方言非常吻合。因此，青海汉语的主要来源可以说是江淮官话。

从词汇来看，安徽一些地方将“太阳”叫“热头”，青海汉语也叫“热头”；将“赶集”叫“上街”，青海汉语也叫“上街”；将“厨子”叫“大师父”，青海汉语方言也叫“大师父”；将“父亲”叫“大大”，青海汉语方言也将父亲叫“大大”；将“母亲”叫“姆妈”，青海汉语方言也

---

① 张庆有：《青海地名考释》，《青海社会科学》1982 年第 2 期。

② 青海省情编委会编：《青海省情》，青海人民出版社 1986 年版，第 523 页。

叫“姆妈”；将“外祖母”叫“外奶奶”，青海汉语方言也叫“外奶奶”；将“姑”叫“娘娘”，青海汉语方言也叫“娘娘”等。

从语法来看，“一边走一边说”，安徽肥东县、肥西县、枞阳县、芜湖市叫“带走带讲”，青海汉语方言叫“带走带说”比较相近。①

以上所举，都凸显了河湟方言的移民痕迹。

二　河湟考：河湟的空间认同

对于青海汉民族的族群为什么不称之为“青海人”而要称之为“河湟人”？一是因为青海是一个多民族的地方，除汉族外，还有藏族、回族、东乡族、保安族、撒拉族、土族聚居；二是“河湟”这一名词源远流长，又与汉民族“雪球”的滚动有密切的关系。

“河湟”一词是如何成为河湟地区的专指的呢？

“河湟”最早出现在《汉书·赵充国辛庆忌传》中，当时赵充国就如何经略河湟诸羌而奏曰：“至春，省甲士卒，循河湟漕谷到临羌，以视羌虏，扬威武，传世折冲之举，五也。”《后汉书·西羌传》中也有“乃渡河湟，筑令居塞”的记载。此两处所指的河湟仅是黄河和湟水的简称而已。进入唐代后，以河湟为内容的边塞诗屡见不鲜，如杜牧就写过几首与河湟相关的诗，还曾在一首诗的题头写道：“今皇帝陛下一诏征兵，不日功集，河湟诸郡次第归降，臣获睹圣功，辄献歌咏。”② 他另一首诗的名字就直接以《河湟》命名：

> 元载相公曾借箸，宪宗皇帝亦留神。
> 旋见衣冠就东市，忽遗弓剑不西巡。
> 牧羊驱马虽戎服，白发丹心尽汉臣。
> 唯有凉州歌舞曲，流传天下乐闲人。

杜甫也有诗云“每惜河湟弃”③。此处所云的河湟当是郡名合称之意。《新唐书·吐蕃传下》载：“世举谓西戎地曰河湟。”此处河湟的内涵中又

① 详见张成材《试论青海汉语方言的形成》，《青海社会科学》1992年第1期。

② （清）杨应琚：《西宁府新志》卷三四《艺文志》，青海人民出版社1988年版，第1016页。

③ （唐）杜甫：《投赠哥舒开府翰二十韵》。

有了少数民族地区的代称之意。唐代的司空图曾有一首诗写道："一自萧关起战尘，河湟隔断异乡春。"诗中的河湟也有此意。

宋代也有关于河湟的记载。宋代苏轼在《上神宗皇帝书》中写道："宣宗收燕赵，复河湟，力强于宪武矣。"[①] 此处所论的河湟已经有一定的专指意义。此后河湟所指渐由地理概念演变为了区域特指。

明代以河湟为主体的诗赋很多，并且已经开始将河湟作为一个区域特指，并为后人所沿用。明黄谏曾作《河湟赋》云："维雍州之两陲，壮矣哉河湟。"河州通判王珣写道："河湟属三陕极西边陲，乃重地也。"[②] 明人诗赋中多有吟诵河湟之句。河州有一处镇边楼，平地高起，登楼四望则荡气回肠，不少文人墨客在此激扬文字，吟诗作赋。许樾在《镇边楼（二）》中吟道："河湟春色澹疑秋，三月寒风满郡楼。羌管一闻折柳曲，始知征辔在边头。"

可见，"河湟"是由黄河与湟水的并称演进而来，最初是指河、湟两水之间的地区，后来就有了专指的意义。

对于河湟的地理范畴一般都认为，主要是指青海和甘肃两省交界地带的黄河及其支流湟水、大夏河的河谷地。具体来讲，即东临洮河与定西地区相连，西倚戈尕山、日月山与海南藏族自治州接壤，南面与甘南藏族自治州交接，在地形上是一个完整的地理单元。在习惯上有"大河湟"和"小河湟"之分。"大河湟"指的是甘肃中部西南面和青海东南部，即将大夏河谷地也包括进去。"小河湟"指甘肃之外的青海部分的河湟地区，特别指的是河湟地区的农业区。从行政区划上来看，大河湟包括甘肃的临夏州（河州），青海黄河流域的贵德、尖扎、循化、化隆，湟水流域有湟源、大通、湟中、西宁、互助、平安、乐都、民和各县，其中心是河州和西宁。[③] 本书以小河湟为研究空间，河湟人指甘肃之外的青海部分河湟地区的汉民族族群。

三 汉代移民：河湟人形成的第一跳

汉民族"雪球"在河湟地区的滚动经历了三级跳，汉代移民是河湟

① （宋）苏轼：《上神宗皇帝书》（1 册），清乾隆十一年刻本。

② （明）吴祯纂修，马志勇校：《河州志校刊》，甘肃文化出版社 2004 年版，第 147 页。

③ 参阅贾伟《明清时期河湟地区民族人口研究》，民族出版社 2013 年版，第 5—7 页。

人形成的第一跳。

河湟地区古来本是一个“化外之地”，商代到周秦时，这里被称为“西戎氐羌地”，一直是羌人及其羌文化的生存区域。羌人过着以畜牧为业、穹庐为居的游牧生活。战国初，分布在黄河上游和湟水流域的一部分羌人，还处于原始社会末期。当时“河湟间，少五谷，多禽兽，以射猎为事”[①]。

进入汉代之后，河湟地区的历史发生了突变，民族结构发生了剧烈的变化，汉民族“雪球”向河湟地区滚动的第一跳，从此改变了青海的历史，也开始了河湟人历史的书写。

汉民族“雪球”在河湟的滚动是与中央王朝开疆拓土同步的。

秦国兴起，置陇西郡，驱逐活动在临夏一带的罕羌侯部落，置枹罕县。两汉时，仍设枹罕，属于陇西郡。尤其是汉武帝开河西，进一步扩大了疆土，全面掌控了河湟地区。元鼎六年（前 111 年），将军李息、郎中令徐自为奉命征讨河湟地区的羌人，筑令居塞（今甘肃永登县境）、西平亭，临夏属于陇西郡枹罕县。又创置护羌校尉，持节统领今甘肃、青海东部地区羌人政务，至此河湟地区被纳入版图，羌人被迫西迁，“羌乃去湟中，依西海盐池左右。汉遂因山为塞，河西地空，稍徙人以实之”[②]。元狩二年（前 121 年）春，汉武帝任命 19 岁的霍去病为骠骑将军。于春、夏两次率兵出击占据河西（今河西走廊及湟水流域）地区的匈奴部，歼 4 万余人。俘虏匈奴王 5 人及王母、单于阏氏、王子、相国、将军等 120 多人，降服匈奴浑邪王及部众 4 万人，全部占领河西走廊。《后汉书·西羌传》云“骠骑将军霍去病，破河西地，开湟中，于是月氏来降，与汉人错居”。这是文献中所见河湟有“汉人”迁入的最早记载，从而开始了汉民族“雪球”向河湟地区滚动的第一跳。

接着昭帝始元六年（前 81 年），从天水、陇西、张掖郡各析二县置金城郡（今甘肃兰州市西），枹罕县改属金城郡；宣帝神爵元年（前 61 年），赵充国再次进军河湟，平定羌乱，先后设置临羌（治今湟源或湟中县境）、允吾（治今民和回族土族自治县境湟水南岸一带）、破羌（治今乐都县境）、安夷（治今平安县平安镇）、河关（治今积石山保安族东乡

① 《后汉书·西羌传》。

② 同上。

族撒拉族自治县大河家）5 县。同年，金城郡治自甘肃金城西移至允吾，辖县包括青海境新建 5 县，金城郡所辖县扩至 13 县，属凉州（辖 8 郡，金城郡为其中之一）；并设金城属国，安置被降服的羌人，在强化了对河湟地区管理的同时，开始在河湟移民屯田。

河湟屯田始于汉宣帝神爵元年（前 61 年）秋末。羌人曾请求“渡湟水北”畜牧，未得汉帝国允许。然大批羌人强渡湟水，郡县不能禁止。汉宣帝派官视察。而汉官到达羌地后又采用屠杀政策，斩其酋豪，遂激起羌人反抗。[①] 汉朝派赵充国率大军镇压。赵充国到前线后从实际出发，提出了分化胁从，孤立恶首的策略，收到了初步成效。接着，赵充国又提出“欲罢骑兵，屯田以待其敝”的“屯田奏”。宣帝批示曰：如果罢骑兵，留万人屯田，“虏当何时伏诛，兵当何时得决?”命充国详细报告。他遂又上奏，言羌人前后降者“万七百余人，若万人留田，顺天时，因地利，以待可胜之虏，虽未即伏辜，兵决可期月而望”[②]。最后宣帝决定一面武力出击，一面屯田，即所谓“两从其计”。于是宣帝下“诏罢兵，独留充国屯田”。赵充国河湟屯田的地区，在临羌（今青海湟源县境）至浩亹（今青海民和享堂）间的湟水沿岸，其规模为 10000 余步兵，即《汉书·赵充国传》所云：“不出兵留田便宜十二事。步兵九校，吏士万人，留屯以为武备。”于是，赵充国以 76 岁高龄受命在河湟屯田，他率众拓荒垦田，除耕种了西起临羌、东至浩亹的 2000 余顷原羌人和汉族农民所垦的土地外，还在“地势平易”的河湟两岸“肥饶之地”开垦了大量的荒地。

东汉仍前制，置金城郡，复设护羌校尉，护治西羌，在河湟屯田有三个中心：一是金城郡西南部黄河沿岸地区；二是金城郡都尉府所在的龙耆附近地区；三是湟中地区。

东汉河湟地区最早的屯田发生在汉和帝永元初。自建武以来“常雄诸种”[③] 的烧当羌，在东汉护羌校尉邓训的分化打击下，从大小榆谷向西远徙千余里。原“诸附落小种皆背叛”烧当羌而“款塞纳质”于汉。于是朝廷命邓训：“遂罢屯兵，各令归部，唯置弛刑徙二千余人，分以屯

---

① 《后汉书·西羌传》。

② 《汉书·赵充国传》。

③ 《后汉书·西羌传》。

田，为贫人耕种，修理城郭坞壁而已。”① 邓训的屯田属于汉羌战斗的地区，当在金城郡安夷（今青海乐都县西）、临羌以南之黄河北岸地区，史称逢留大河北岸。永元十三年（101 年），护羌校尉周鲔、金城太守侯霸率兵 3 万击迷唐。烧当羌的远徙，使“西海及大小榆谷左右无复羌寇”。这时曾任过张掖属国都尉丞的右扶风隃麋侯国相曹凤上言：“规固二榆，广设屯田。”不久，金城长史上官鸿又提出建议：“开置归义、建威屯田二十七部。”金城太守侯霸亦上书建议：“置东西邯屯田五部，增逢留二部。帝皆从之。列屯夹河，合三十四部，其功垂立。”② 这样，东汉在黄河沿岸的屯田，从邓训屯田开始至安帝“永初中，诸羌叛乃罢”③，前后延续了十八年，达到了“广设屯田”的目标。此其一。

其二为龙耆屯田。龙耆屯田始于永元十四年（102 年），其缘由即上引曹凤所述。曹凤的建议被接受后，“缮修故西海郡，徙金城西部都尉以戍之”，“于是拜凤为金城西部都尉，将徙士屯龙耆”④。据《后汉书·和殇帝纪》载，永元十四年（102 年）春二月，“缮修故西海郡，徙金城西部都尉以戍之”。龙耆即今海晏三角城，原王莽西海郡郡治。1933 年在此地发现带铭汉代瓦当，上有“西海安定元兴元年作当”字样。“元兴”为汉和帝的年号，说明曹凤确曾移戍龙耆。⑤

其三为湟中屯田。东汉湟中屯田始见于《后汉书·西羌传》永建四年（129 年）冬：“右扶风韩皓代马贤为校尉。……因转湟屯田，置两河间，以逼群羌。皓复坐征，张掖太守马续代为校尉，两河间羌以屯田近之，恐必见图，乃解仇诅盟，各自儆备。续欲先示恩信，乃上移屯田还湟中，羌意乃安。”湟中屯田之规模，由“阳嘉元年，以湟中地广，更增至屯田五部，并为十部”⑥ 来看，最大时当在四五千人左右。⑦

汉代朝廷在河湟的屯田，对于汉民族“雪球”向河湟地区滚动的第一跳意义重大：一是使汉民族在河湟地区扎下了根；二是除使羌人“与

① 《后汉书·邓训传》。

② 以上所引均见《后汉书·西羌传》。

③ 同上。

④ 同上。

⑤ 崔永红、张得祖、杜常顺主编：《青海通史》，青海人民出版社 1999 年版，第 55 页。

⑥ 《后汉书·西羌传》。

⑦ 赵俪生主编：《古代西北屯田开发史》，甘肃文化出版社 1997 年版，第 44 页。

华人杂处”[①] 外，还有湟中月氏胡“与汉人错居”[②]。这就为他们在今后的互动、磨合和整合中融入汉民族打通了道路。[③]

四 隋唐移民：河湟人形成的第二跳

进入隋唐之后，河湟地区的历史发生了新的突变，民族结构发生了新的变化，汉民族“雪球”向河湟地区滚动的第二跳，把河湟人形成的历史推向了前进。

简要介绍一下河湟人形成第二跳的背景。

魏晋南北朝及唐朝时期时河湟地区民族结构发生了什么新的变化呢？魏晋时，鲜卑族南下西进，许多鲜卑人迁至河湟地区，据载，有慕容氏、秃发氏（即拓跋氏）、乙弗氏、折掘氏、契汗氏、乞伏氏等。鲜卑各部落依凭实力，建立政权，割据称雄。如乙弗部在青海湖畔建立乙弗勿敌国，秃发部和乞伏鲜卑在河湟谷地建立南凉政权、西秦政权。影响最为深远的是西晋后期迁入青海的慕容鲜卑吐谷浑，他们迁到青海草原后，“兼并氐羌，地方数千里”[④]。以伏俟城（今青海湖西岸布哈河口）为都，建立了吐谷浑政权（329—663 年），控制着甘肃甘南和青海广大的草原地区。吐谷浑对羌族地区的占领，使相当一批羌人融入吐谷浑。吐谷浑在广泛吸收羌文化和汉文化的基础之上，形成了具有鲜明文化特点的吐谷浑民族。鲜卑各部在西北活动 700 余年，延至元代，其踪迹史无明载。氐族也是活跃在河湟地区的一个重要民族，南北朝时期建立了前秦国，辖地达河湟东部、北部地区。进入隋唐以后，氐人由于与汉族杂居通婚，受汉文化的熏陶，很快地融入汉族。[⑤]

与此同时，从 3 世纪到 6 世纪，除去西晋时短暂统一之外，华夏大地陷入纷扰不已的封建割据斗争之中。较之中原，河湟成为安定乐土。这

---

① 《晋书·江统传》。

② 《后汉书·西羌传》：“湟中月氏胡，其先大月氏之别也，旧在张掖、酒泉地。月氏王为匈奴冒顿所杀，余种分散，西逾葱岭。其羸弱者南入山阻，依诸羌居止，遂与共婚姻。及骠骑将军霍去病破匈奴，取西河地，开湟中，于是月氏来降，与汉人错居。”

③ 参阅崔永红、张得祖、杜常顺主编《青海通史》，青海人民出版社 1999 年版，第 41—55 页；赵俪生主编：《古代西北屯田开发史》，甘肃文化出版社 1997 年版，第 41—44 页。

④ 《魏书·吐谷浑传》。

⑤ 参阅贾伟《明清时期河湟地区民族人口研究》，民族出版社 2013 年版，第 14 页。

时，中原流民躲避战乱涌入河湟。大批迁入的中原人务农勤桑、兴办学校，促使河湟经济文化的发展。也在此时，因战火阻绝了“丝路”的通道，促使了青海“羌中道”勃兴，使河湟地区在东西贸易上处于重要地位。就是在这样的背景下，河湟人的形成开始了关键性的第二跳。

隋帝国时经过移民和经营，河湟汉族人口有所增加。据《隋书·地理志》大业三年（607 年）户口统计，河湟约有 8648 户，计口 43240。隋大业五年（609 年），隋炀帝亲率 40 万大军征伐吐谷浑。大战于拔延山，收降 10 余万口。吐谷浑王伏允南逃，吐谷浑国一度破灭。当年诏令在吐谷浑故地设置郡县，“发天下轻罪徙居之”①。又在贵德置积石镇，命卫尉卿刘权率兵屯驻，“大开屯田，留镇西境。在边五载……贡赋岁入……道路无壅”②。隋炀帝所设西海、河源二郡与西汉后期王莽所设西海郡命运相仿，为时不久，只存在六七年便废罢，所有屯丁戍卒均已散亡而归。

入唐后，其前期社会稳定，河湟地区汉民族人口也有所增加。唐初改湟水流域西平郡为鄯州，贞观时设鄯州都督府，领湟水、龙支、鄯城三县。在黄河南岸设廓州宁塞郡，领广威、达化、米川三县。从唐初经济恢复发展中，到贞观十三年（639 年）时，河湟汉民族户口仍未恢复到隋大业二年（606 年）的数目。据《元和郡县志》载，贞观十三年（639 年）时鄯州有户 1875，口 9582；廓州有户 2020，口 9732。随着贞观之治、开元之治和地方官吏的抚循安置，开拓经营，到天宝元年（742 年）时，鄯州三县有户 5289，口 27019；廓州三县有户 4261，口 24400。③ 盛唐时河湟汉族的农耕人口在 5 万以上。④

龙朔三年（663 年）吐蕃并灭吐谷浑。唐蕃双方对峙，在八九十年间屡战屡和。大量唐军涌驻青海，军粮供应遂成问题。除设置军镇外，还推行屯田积谷。“率士屯田，积谷数百万，兵以饶给”。⑤“开军府以捍要冲，

---

① 《隋书·吐谷浑传》。

② 《隋书·刘权传》。

③ 《新唐书·地理志》。

④ 参阅徐杰舜主编《雪球——汉民族的人类学分析》，上海人民出版社 1999 年版，第 981 页。

⑤ 《新唐书·娄师德传》。

因隙地置营田”“州镇诸军每屯五十顷”，“镇戍地可耕者，人给十亩以供粮”。[①] 唐高宗咸亨以后至玄宗开元以前的四十年间，河湟部分地区驻军及田卒以数万计，其中绝大多数是汉民族。玄宗以后改置军镇，此间军城林立。《元和郡县图志·陇右道》鄯州条载：“武德二年讨平薛举，关、陇平定，改置鄯州。仪凤二年，置都督府，后复为州。开元二十一年置陇右节度使，备西戎。统临洮军、河源军、白水军、安人军、振威军、威戎军、绥和守捉、合川郡守捉、莫门军、积石军、宁塞军、镇西军、平夷守捉等。”由于唐王朝在河湟地区驻军达7.5万人，又引起了军粮的供应问题。为了解决军粮供应的运输压力，唐王朝即在河湟地区展开了屯田活动。

《大唐六典》卷七《屯田郎中》条记载陇右道屯田除军器、富平在今陕西，平戎军在今四川以外，在河湟地区的有“莫门军六屯”“临洮军三十屯”“河源二十八屯”“安人一十一屯”“白水十屯”“积石一十二屯”“平夷八屯”“绥和三屯”“河州六屯”“鄯州六屯”“廓州四屯”“兰州四屯”。

鄯州屯田开始于唐高宗时。鄯州辖今青海省东部黄河与大通河间的广大地域，汉代称湟中，治今乐都县，亦为陇右节度使驻地。仪凤三年（678年）“娄师德迁殿中侍御史，充河源军司马，兼知营田事”[②]。永隆元年（680年），黑齿常之由河源军副使升为大使，“乃严燧逻，开屯田，虏谋稍折”[③]，扩大了屯田面积，“度开营田五千余顷，岁收百余万石”[④]。《大唐六典》记玄宗时有“鄯州六屯”，除州县屯田外，镇戍屯田有临洮军30屯。临洮军“开元中移就节度衙置，管兵五万五千人”[⑤]；河源军28屯，驻“州西一百二十里”，即今西宁市境，“管兵一万四千人”；安人军11屯，即今湟源县西北，“管兵万人”；白水军10屯，即今大通县东，“管兵四千人”；绥和守捉3屯，即今贵德县北境，“管兵千人”。《新唐书·哥舒翰传》载，天宝八年（749年）哥舒翰攻取石堡城，“遂以赤岭为西塞，开屯田，备军实”。总上鄯州州县镇戍屯田计88屯，约4.4万人

① 《新唐书·食货志》。

② 《资治通鉴·唐纪》仪凤三年九月条。

③ 《新唐书·吐蕃传》。

④ 《旧唐书·黑齿常之传》。

⑤ 《元和郡县图志·陇右道》鄯州条注。以下引文未注明出处者，同此。

（未计算石堡城的屯军数），耕垦 4400 顷土地，是河湟屯田区中的最大者。①

廓州屯田开始于武后时。其时娄师德曾任“河、兰、鄯、廓等州检校营田大使”②。《大唐六典》有“廓州四屯”。廓州在今青海省海南、黄南两藏族自治州之间的黄河西岸，治今化隆县西。这里原是汉代屯田区。州县屯田外，镇戍屯田有“积石一十二屯”。积石即积石军，在今贵德县西，“管兵七千人”③。《旧唐书·哥舒翰传》载，天宝六年（747 年）哥舒翰为陇右节度使副使、河湟军使。“先是，吐蕃每至麦熟时，即率部众至积石军获取之，其呼为‘吐蕃麦庄’，前后无敢拒者。至是，翰使王难得、杨景晖等潜引兵至积石军，设伏以待之。吐蕃以五千骑至，翰于城中率骁勇驰击，杀之略尽”。文中所言积石军“吐蕃麦庄”，当为积石军的屯田。总计廓州屯田 16 屯，有 7000 人，屯耕 800 顷土地。④

河州屯田开始于武后时。其时宰相娄师德为“河、兰、鄯、廓等州检校营田大使”。玄宗开元间张说《唐河州冉府君神道碑》载“河州军镇要冲，屯田最多”⑤，但见于文献的边州屯田仅上引《大唐六典》之“河州六屯”。河州在今甘肃临夏回族自治州境，治临夏市。此外镇戍屯田还有“平夷八屯”。平夷乃平夷守捉，在“河州城西南四十里，开元二年郭知运置”，即今临夏县；“管兵三千人”⑥。总计河州屯田 14 屯，屯耕 700 顷土地。⑦

河湟地区屯田（包括州县镇戍屯田）有具体数字的，为 132 屯，屯耕计 6500 顷土地，比河西走廊屯田规模还大。《大唐六典》所记陇右道屯田还有“西使一十屯”。“西使”为都监牧使所辖四使之一的“西使”。“西使在临洮军西二百二十里”⑧，则西使屯田当在今青海湟中县西境之西监牧使辖区内⑨。

---

① 参阅赵俪生主编《古代西北屯田开发史》，甘肃文化出版社 1997 年版，第 184 页。

② 《旧唐书·娄师德传》。

③ 《元和郡县图志·陇右道》廓州条注。

④ 参阅赵俪生主编《古代西北屯田开发史》，甘肃文化出版社 1997 年版，第 184—185 页。

⑤ 《全唐文》卷二二八。

⑥ 《元和郡县图志·陇右道》鄯州条注。

⑦ 参阅赵俪生主编《古代西北屯田开发史》，甘肃文化出版社 1997 年版，第 185 页。

⑧ 《元和郡县图志·关内道》廓州条注。

⑨ 参阅赵俪生主编《古代西北屯田开发史》，甘肃文化出版社 1997 年版，第 185—186 页。

这样，唐代的屯田基本上解决了驻军的供应问题，并大大增加了河湟地区汉民族人口的比例。

此外，唐帝国与青海西部的吐谷浑战而又和好，使吐谷浑成为唐之附属国。唐王朝利用吐谷浑作屏障，以阻日益兴起的吐蕃人东进侵犯。于是将宗室女弘化公主下嫁给吐谷浑王诺曷钵，以后又将金城县主、金明县主分别嫁给诺曷钵的长子苏度模末和次子哒卢模末。唐与吐谷浑和亲中，前后共嫁出 17 位宗室女。其间有很多随从汉人来到青海，与吐谷浑人和睦相处，定居青海，也增加了河湟地区的汉族人口比例。

唐朝中期，吐蕃陆续进入青海。唐帝国曾派大批汉人军队到青海地区进行过许多次战争和驻军屯田。高宗咸亨元年（670 年），唐朝廷决定对吐蕃的进犯进行大规模反击。派右威卫大将军薛仁贵率兵 10 万，讨伐吐蕃。唐军行至大非川（今海南州兴海县大河坝地区），在吐蕃号称 40 万大军的围攻下，唐军败覆。高宗永隆元年（680 年），吐蕃将领赞婆率兵 3 万，攻河源军（今西宁），唐大将黑齿常之以精兵 3000 人夜击，吐蕃败退。天宝七年（748 年），哥舒翰在青海湖北增设神威军，“又筑城于青海湖龙驹岛（海心山），谓之应龙城，以谪卒二千人，戍龙驹岛”。这些屯田戍兵流落青海各地者甚多。故于唐穆宗长庆元年（821 年），唐大理卿刘元鼎赴藏会盟，经过青海时，专门会见了“早年从军流散在青海的内地父老”，凭吊了（距当时）六七十年前，唐西平郡王哥舒翰率军苦战争夺的石堡城（今湟源西）及其所建的其他堡塞，以及八十多年前立过界碑的赤岭（今日月山）。这些定居青海的“内地父老”绝大部分是汉人。①

唐代在河湟的移民和屯田，对于汉民族“雪球”向河湟地区滚动第二跳的意义却是双向的，一方面是由于 6 世纪中叶，吐蕃日益强盛，拓土四方，征战不已，唐高宗龙朔三年（663 年）击败了吐谷浑，占领了包括今青海东部地区在内的广大河陇地区，吐蕃称这一地区为“朵思麻”（或译“多麦”“安多”）②，完成了对青藏高原的征服。吐谷浑人最后大部融入吐蕃之中。安史之乱后，甘青驻军悉数东调，边防空虚，吐蕃乘势东

① 西部地图：《青海高原的民族变迁（一）》（http://www.qhxxcn.com/Html/lis/1694_4.html）。

② 崔永红、张得祖、杜常顺主编：《青海通史》，青海人民出版社 1999 年版，第 195 页。

进，陇右、河西各地尽入吐蕃统治，史称“河湟之地遂悉为戎”，大批汉族沦为吐蕃属民。《通鉴考异》卷一七引《建中实录》云：“河陇之士约五十万人……悉以为婢仆，故其人苦之。”唐人刘元鼎在《使吐蕃经见纪略》中言：“至龙支城，耋老千人拜且泣。问天子安否？言：顷从军没于此，今子孙未忍忘唐服，朝廷留尚之乎？兵何日来？言已，皆呜咽。密问之，丰州人也。”沈亚之在《贤良方正能直言极谏策》中也谈到此事：“自轮（海）已东神鸟、敦煌、张掖、酒泉，东至于金城、会宁，东南至于上圭、清水，凡五十郡六十镇十五军，皆唐人子孙，生为戎（吐蕃）奴婢，田牧种作，或丛居城落之间，或散处野泽之中。”沦为吐蕃婢仆的唐人“衣胡服，习胡语”，渐为吐蕃所融合。对此唐代诗人司空图在《河湟有感》中云：“汉儿学得胡儿语，却向城头骂汉人。”[①] 杜牧的《河湟》诗中也有“牧羊驱马虽戎服，白发丹心尽汉臣”之句，汉族的生产方式发生变化，已经开始弃耕从事牧业。这个后果影响很深远，延至北宋末年，西北吐蕃部落名称往往冠有汉姓，如赵家族、马家族、兰家族等，他们可能是唐以来吐蕃化的汉族族群。可见汉民族在河湟活动的历史足迹已是隐而不显了。[②]

另一方面，汉民族在河湟活动的历史足迹虽已隐而不显，但汉民族的根却深深地扎在河湟的土地上，正如唐陈黯《代河湟父老奏》所云：

> 唐有天下，迈於周汉之道，一家其六合，一心其兆人。唯兹犬戎，未能无患。当开元中，有将臣善於攻战，振张皇威，歼殄丑虏，自秦地而西，有地数千里，此则展拓周疆，翦截汉域，所谓广袤得其中矣。其后国家以内寇时起，不遑西顾。其蕃戎伺隙，侵掠边州，臣等由此家为虏有。然虽力不支而心不离，故居河湟间，世相为训，今尚传留汉之冠裳。每岁时祭享，则必服之，亦不忘汉仪，亦犹越翼胡蹄，有巢嘶之异。噫！[③]

① （唐）司徒空：《河湟有感》，《全唐诗》卷二〇。

② 以上参阅崔永红、张得祖、杜常顺主编《青海通史》，青海人民出版社 1999 年版，第 199 页；贾伟《明清时期河湟地区民族人口研究》，民族出版社 2013 年版，第 14 页。

③ 《全唐文》卷七六七。

而且民族的互动是双向的，吐蕃在与汉民族互动交往中也吸收了汉文化，唐人王建的诗《凉州行》云“蕃人旧日不耕犁，相学如今种禾黍”[①]可为一证。这种互动和影响，为汉民族“雪球”向河湟地区滚动的第三跳做好了准备。

五　明清移民：河湟人形成的第三跳

进入明代之后，河湟地区的历史又发生了新的突变，民族结构重新洗牌后形成新的格局，汉民族“雪球”向河湟地区滚动的第三跳，把河湟人形成的历史推向了“定格”。

明清河湟地区民族结构重新洗牌始于元代。1234 年灭金后，河湟地区纳入蒙古汗国的版图。蒙古人在河湟地区派蒙古王镇戍，并在河湟扎根，与吐蕃一样，成为河湟地区的重要民族之一，从而揭开了河湟地区民族结构重新洗牌的序幕。

蒙古人通过三次西征，把大量中亚穆斯林迁居河湟，当时，这些中亚人作为色目人被称为“回回”[②]。甘肃行省（含今青海东部地区）的回回因军屯、经商等原因，定居于今甘青等地。这些回回人与当地土著居民互动交流，很快本土化，最迟在明代中期融合成了撒拉族、保安族、回族、东乡族等新的民族。正如青海历史学家芈一之所说：“我国境内尤其西北地区成批‘色目人’东来，是与 13 世纪蒙古军西征，使东西大动脉丝绸之路大开，造成了民族大迁徙和重新分化组合的新格局的形式分不开的。中亚各地大批穆斯林被迫或自愿、或聚族、或结伴，沿着这条民族走廊一批又一批地进入中国，数以百万计，形成了‘元时回回遍天下’的局面。他们中相当多的部分被安置在甘、宁、青一带地方，所以史称‘回回’甘肃（此处指大甘肃）最多。当时大分散、小聚居的格局，为后来回族、东乡族、保安族、撒拉族形成提供了条件。”[③] 与此同时，元末明初，留居青海的部分蒙古人与原称作“霍尔”的人，通过长期密切的交往，与汉、藏等民族交流融合，逐步发展成为“西宁州土人”，即今天青海的土

① 王建：《凉州行》，载高文编《全唐诗简编》，上海古籍出版社 1993 年版，第 1574 页。

② 当时“回回”的概念，与目前的回族是不同的，是泛指信仰伊斯兰教的各个民族的穆斯林，而尚不是单一民族称谓。

③ 芈一之主编：《撒拉族史》，四川民族出版社 2004 年版，第 34 页。

族。此为一方面。

另一方面，入明后，明帝国军攻取河湟，对蒙古余众置“西宁塞外四卫”统之。明崇祯九年（1636 年），游牧于新疆天山脚下的西蒙古和硕特部移牧青海，攻占了环青海湖草原，后又进居卫藏，成为整个青藏高原的主宰者。有明一代，河湟藏族部落臣服于蒙古各部。这些蒙古族和藏族从此在河湟地区定居，而成为青海的主要世居民族之一。

第三方面，这一时期汉民族重新大规模进入河湟地区，并最终立足，生息繁衍。明帝国建立后，在河湟地区和甘肃南部设军事卫所，实行移民实边，汉族又一次大批迁入。

贾伟对在《明清时期河湟地区民族人口研究》中对明清的河湟移民深有研究，他认为，明代河湟屯田遍布。

史志中有记载的河湟地区最早的移民活动就与屯田有关。洪武十年（1377 年），“陕西都指挥使司言，庄浪卫旧军四千，后增新军四千，地狭人众难以屯驻，乞将新军一千人往碾北守御，一千人西宁守城，暇则俱令屯种，止以旧军守御庄浪，诏从之”①。永乐初年，镇守河州都指挥刘昭奏请，“全调一所于归德，二百守城，八百屯种”②。与此同时，还有民户移居河湟的记载。据《西宁府新志》记载，洪武十二年（1379 年）贵德城筑成后，因贵德番多民少，拨河州民户四十八户于贵德，给与田亩，不纳粮，以守城责。这是民户迁移河湟的最早记录。明初到河湟的移民是非常可观的。明制一千户所军士 1200 名，西宁卫下辖六千户所，当有 7200 名士兵，《西宁府新》和《西镇志》都有同样记录：户 7200 贵德一所有 1200 户，则反映军户移民河湟的就有 8400 户。若加之民户 48 户，则达 8448 户。

明中后期不仅军人的数量大增，还有大量的农民流入河湟，这一部分人口迁移的时间长、批量小，但规模大。如西宁卫在明初是个纯军事卫所，到宣德年间升为军民卫，管军又管民。即是一证。另据弘治年间鲁鉴云：“西宁一卫田土肥饶人力颇盛，刍粟无转输之难，加以各处流民久住成业，多为势家影射，在官不得其用。”③ 又《明史 · 李英传》还记有李

① 《明太祖实录》洪武十年九月丁丑。

② 《明太宗实录》永乐九年冬十月辛卯。

③ 《明孝宗弘治实录》弘治十二年六月癸卯。

英招抚流民七百多家被言官所弹劾一事。西宁兵备副使董汝汉在万年历七年“开荒数百顷，招抚流移百千余家”。可见明中后期，有大量的流民迁入河湟，官府对这些流民并未采取强制性的编户纳粮，于是流民多被势家大族所“影射”，其迁入数量是个谜。

明代最主要的移民方式是军屯，因而从明代屯田分布的范围大约可认定为移民的范围。对此崔永红通过对《西宁志》中《地理志·水利》所载明末清初西宁卫渠道的记录，考证出明代屯田的分布范围：

> “伯颜川渠，城西之六十里，分渠有九”。伯颜川即西川河，在西宁以西，今湟中县境内的一段湟水。
>
> “车卜鲁川渠，城西北九十里，分渠有十”。车卜鲁川又称北川河。大致范围在今大通县桥头镇以南。
>
> “那孩川渠，城南五十里，分渠有五”。那孩川即今之南川河。其范围在今湟中县南部。
>
> “广牧川渠，城北八十里，分渠有四，共灌田一百五十顷”。分布在今互助县境内。

此外据《西宁志》载，还有乞答真渠，位于今平安县高寨一带；哈喇只沟渠，位于今平安县城北；大河渠，在今乐都县西；季颜才渠，位于今平安县南沙沟一带；观音堂沟渠，在今乐都高店以南，湟水南；红崖子沟渠，在今乐都与平安交界一带，湟水北；把藏沟渠，在今乐都西；壤圪塔沟渠，在今乐都县城西南；西番沟渠，在今乐都县城东北；撒都儿沟渠，在今乐都县城北；樑儿沟渠，在今乐都县城西北；东弩木沟渠，在今乐都县城西北；虎狼沟渠，在今乐都县东南；巴州渠在今民和县城南，巴州乡境内；暖州上渠、下渠，在今民和县东南一带。① 以上就是西宁卫屯田的大致范围，也是明代移民的主要迁入区。

明亡清兴，前明卫所军户，改朝换代之后，变为民户，其原耕屯田变为科田，按亩交粮。人口的自然增殖，使众多汉民族人为维持生存，便向易于垦田谋生的山谷地带迁移，汉民族生活的地域更为广阔。

清顺治十三年（1656 年）设西宁镇总兵，统辖各标营马步战守兵

---

① 崔永红：《明代河湟地区屯田的分布和军户的来源》，《青海社会科学》1988 年第 6 期。

12425 名。雍正三年（1725 年）新设大通镇，辖三营、兵额 3000 名。雍正八年（1730 年）设循化营，兵额 300 名。贵德、保安共驻兵 600 名。共计 16325 名，基本上都是汉民族。据《清实录·雍正朝实录》载，罗卜藏丹津事件平定后，依年羹尧奏，"西宁边墙内，俱属可耕之田……请将直隶、山西、河南、山东、陕西五省军罪人犯，尽行发往大通等处，令其开垦"，从内地又迁入不少汉民族农民。

明清汉民族移民形式多样：有随军政定居河湟者，明帝国时很多将领领兵经略西陲，有相当多的官兵因驻军而最终留居河湟。史载保安四屯，"屯兵之初，皆自内地拨住，非番人也。故今有曰吴屯者，其先盖江南人，余亦有河州人"①。曾任西宁卫指挥佥事的魏寰，"西宁人，始祖魏善，本泗州人，从明太祖起兵……功授世袭千户，管西宁卫中左所副千户事，因家焉"②。又贵德人王猷，本江南宜兴籍，从明太祖起兵，因功于洪武十二年（1379 年）除河州卫右所试百户，二十三年（1390 年）授昭信校尉，后又调中左所，"永乐四年，拔贵德千户守御。今城西王屯即其苗裔也"③。如此等等，不胜枚举。④

清帝国更重视河湟地区的经营，添官设衙，有大量的兵丁戍守。据《西宁府新志》及《循化厅志》记载，清初顺治时，两地兵丁共有 18222 名，后随形势需要设官添兵，数量不断增多。如雍正年间，刘于义在扎巴驻兵。杨应琚任职河湟地区后，先后在巴燕戎格地区建起了 3 座土城，设官兵驻守。乾隆九年（1744 年），清廷又在巴地设抚番厅，将巴燕戎格升为西宁府所辖的一个行政区，调配了一批文武官吏随员。在此后 170 多年中，相当一部分退伍退职的人员留居在了化隆。据贾伟的调查，甘都镇甘都街村居住在城内的大多数汉族，就是清代退职退伍人员的后裔。在今化隆县城一带，乾隆至道光年间的退职人员留居的也较多。⑤

有罪谪戍河湟者，西宁卫就有大量的明代谪戍留居者存在的音信。如民和《赵氏世系源流》碑文云，赵氏其祖"不意其肇南京，流迁甘肃……"。又据《民和县志》记载："川口地区的张、王、李、刘、曹、狄等

---

① （清）杨应琚：《西宁府新志》卷二七，青海人民出版社 1988 年版，第 689 页。

② 同上书，第 727 页。

③ （清）杨应琚：《西宁府新志》卷二八《献征》，青海人民出版社 1988 年版，第 719 页。

④ 详见贾伟《明清时期河湟地区民族人口研究》，民族出版社 2013 年版，第 130—131 页。

⑤ 同上书，第 131 页。

姓家族，相传是祖上原是南京人，洪武九年因罪举族充军。”《互助县志》亦载双树乡的周家、朱家、哈拉直沟乡的尚家、蒋家、冯家等姓氏的家谱记载：他们的祖先从明洪武年间，从南京迁来，内有军户、罪犯和被株连的百姓，均为举族迁移。有意思的是至今河湟地区的汉族中广泛流传着其祖因洪武年间获罪于元宵节，后被充军发配到此的传说。清马生龙《凤凰台纪事》记有此事，“元宵都城张灯，太祖微行至聚宝门外，见民间张一灯，灯上绘一大足妇人怀一西瓜而坐。上意其为淮西妇人大足之讪，乃剿一家九族三百余口，邻里俱发充军”。这折射出明代大批人口获罪戍边到河湟的历史事实。

清代也有不少因罪或过错被罢黜职位的官吏迁徙到河湟地区。据记载，清廷官员在争论是否开垦捏工川时，曾有官员建议，“将此地渠道、顷亩，地方官一一勘丈，量其难易多寡，令废员分段认垦。卓有成效或免罪，或叙以官”①。

有调派迁居河湟者，如湟中县大才乡《侯氏家谱》云：“洪武时，拨户来宁。”除民户外，还有一部分军户也被调拨到河湟地区执行特殊使命。最为明显的例子就是《乐都县志》所记载瞿昙寺护军的情况。明永乐年间，明政府派太监孟继等四人率正军 36 名、副军 72 名来瞿昙寺参加修建和护卫瞿昙寺，后来就定居乐都，今居住在南山地区的唐、徐、杨、盛等姓氏就是其后裔。②

有开发性移民河湟者，以清代的巴燕戎格移民最为明显。巴燕戎格厅在河湟地区属于较晚开发的地区，汉族迁居巴燕戎格由来已久。在巴燕镇东西各有古堡一处，相传为汉族入境最初建筑的定居点，据考证，此古堡早于建城设厅的时间。从巴燕镇南街村王氏家谱反映的情况来看，汉族特有的龙王庙，早在化隆建城之前就存在（地址在今烈士陵园东南向的前台上）。乾隆元年至四年（1736—1739 年），西宁、碾伯等处连续几年发生自然灾害，《化隆县志》记载，大批灾民从甘肃、临夏、民和、西宁等地涌向化隆。面对大批饥民，时任西宁道佥事的杨应琚提出以工代赈，朝廷准奏。于是，西宁府筑 9 城，化隆有 3 座：扎巴、巴燕、甘都，皆土城。此事在《西宁府新志》中有记载：“四年，西宁、碾伯饥。佥事杨应

① （清）龚景翰：《循化志》卷二《山川》，青海省人民出版社 1981 年版。

② 详见贾伟《明清时期河湟地区民族人口研究》，民族出版社 2013 年版，第 133 页。

琚请拨河州、狄道仓粮运宁赈粜，请筑巴燕戎等九城堡，每夫日给银五分，口粮一升六合六勺，以工协赈。”于是许多饥民应招前来。在整个以工代赈的过程中，有不少饥民定居化隆。如巴燕北街回族刘氏，据传其先祖原籍南京，就是在修筑巴城时承修东西两座城楼而定居下来的。[①]

有避难逃荒河湟者，明代典型的事例就是乐都高店巨氏，其祖籍陕西凤翔府岐山县，后迁居南京，明永乐初年，其祖因方孝孺一案被杀，家族恐遭株连，从南京迁居乐都，后裔定居于高店、城台、雨润及大通县和湟中县的镇海堡等地。可见，明清以来，自发的迁徙一直没有间断，河湟成为政治流亡及自发移民的渊薮。[②]

这样，有明清河湟地区社会经济文化的发展，出现了自两汉以来的第三次汉民族迁入的高潮，据清乾隆十二年（1747 年）杨应琚《西宁府新志》载：明洪武时（1368—1398 年），西宁卫有守军 7200 户，15613 人；嘉靖时（1522—1566 年），西宁卫有 7478 户，45613 人。又据嘉靖《陕西通志》载：清顺治二年（1645 年），西宁卫有编户人口 109000 多人。乾隆中后期，青海地区的汉族人口中有近 20 万人，主要分布在西宁、碾伯、大通、循化、贵德等地。[③] 时隔 107 年后，据《西宁府续志》：到咸丰三年（1853 年），青海东部及东北部的农业区人口有 874418 人，其分布在西宁府（辖地包括今西宁市、平安、湟中、互助等地）328250 人，碾伯县（含今乐都、民和县）228370 人、大通县（含今海北之一部分）73667 人、贵德厅（含今海南州）19769 人、巴燕厅（含化隆县之外，还包括今黄南州之一部分）27565 人、循化厅（含今黄南州之一部分）177729 人、丹噶尔厅（今湟源县）19068 人。[④]

自两汉伊始，河湟人的发展坎坷而多舛，时如春潮泛起，时如涓涓细流。在河湟人形成的演进中，虽有高潮涌溢，形成了两汉、隋唐和明清的“三级跳”，但总的态势始终显得平缓渐进。而历史总是有阶段性的，河湟人经过明清的第三跳以后，终于以近 90 万人的规模而“定格”，形成于青海湖畔。

---

① 详见贾伟《明清时期河湟地区民族人口研究》，民族出版社 2013 年版，第 133—134 页。

② 梁份：《秦边纪略》，青海人民出版社 1987 年版，第 69 页“……汉人亡命者，咸萃渊薮”。

③ 王昱、聪喆主编：《青海简史》，青海人民出版社 1992 年版，第 184 页。

④ 民国《西宁府续志》卷四《田赋志·户口》。

第三节　河湟人的人文特征

河湟人的人文特征是炫丽而多彩的，这源于河湟文化形成的多元碰撞。西北历史学者武沐和王希隆曾有过一段精辟的论述：

> 河湟的文化之起源，应追溯到汉武帝拓西陲。当时的河湟地区主要是汉、羌文化交汇的地区。魏晋南北朝的西秦时，河湟地区是羌、汉、吐谷浑、氐、陇西鲜卑、拓跋鲜卑等众多民族驻足、争夺之地，可谓启河湟多民族文化的端倪。隋、唐、宋三朝，河湟文化主要在汉与吐蕃间对话，且大部分时间为吐蕃、西夏金朝占据。历史上大凡两个或几个语言不同、风俗各异的民族相处，其间必然有一中间地带，河湟地区正是当时藏、汉等民族文化相交的中间地带，但蒙元时，这一情况发生了显著的变异，蒙古人不仅把自己的同胞带到了河湟地区，而且也迫使大批西亚信仰伊斯兰教的民族客居他乡，寻梦河湟，并最终催生了回、藏、汉、蒙、东乡、撒拉、保安、土族等众多民族共居，伊斯兰教、藏传佛教、道教、汉传佛教以及儒家礼教等众多宗教和政治学说汇聚的多元鼎立、兼容并包的文化格局，使河湟文化鼎盛一时。有明一代河湟文化曾一度沉寂息影。清初以至民国时，河湟文化因伊斯兰门宦制和回族军事将领的出现而骤然东山再起。此时的河湟地区汇聚了世界三大宗教中的两大宗教、中国五大民族中的四个民族，加之河湟地区土生土长的特有民族东乡、撒拉、保安、土族，从而形成了今日河湟文化的基本格局。这种八个民族、七种语言、四大宗教或学说同时汇聚一地，在中国历史上是绝无仅有的。明清时期的河湟是众神狂欢之地。①

正是在这个多彩而厚重的文化背景下，铸成了河湟人古风遗韵、花儿文化和“风搅雪”的人文特征。

---

① 武沐、王希隆：《试论明清时期河湟文化的特质与功能》，《兰州大学学报》（社会科学版）2001 年第 6 期。

一　古风遗韵：河湟人的人文特质

河湟人奉行“食无求饱，居无求安”的生活信条，古风遗韵十足。“食无求饱，居无求安”源于孔子在《论语·学而篇第一》中所云：“君子食无求饱，居无求安，敏于事而慎于言，就有道而正焉，可谓好学也已。”意思是说君子饮食不求满足，居处不求舒适，勤勉做事而说话谨慎，到有贤德的人那里去匡正自己，可以说是好学的了。河湟人何以能保持古风遗韵？西北学者彭清源认为：

> 河湟人受到地理和气候的限制，养成了简约朴素的生活习惯。在昔日，生活所必需的食衣住行以能维持为原则，豪华穷奢的消费和享受，他们没有条件也不感兴趣。他们以俭朴为自律，也以此来教育后辈子弟。他们厌恶一切浮华浪荡，极少有争奢斗靡的俗相，以自己勤奋不懈的劳作，脚踏实地地过着清静淡泊的生活。他们的生活实在平和清淡，故而少有“媚俗”之举。在“炙手可热”的权势、“富超王恺”豪右的面前，河湟人绝不会无道理的歌功颂德，无原则的匍匐膺拜。他们对人对事的衷心钦敬，取决于人事本质的光明磊落。这是秦陇诸族群人民承袭了五千年来光明灿烂的民族文化和民族道德，孕育了忠厚纯朴的思想，受了礼义廉耻固有道德的陶冶，所以在心理上是坦荡和清朗的。河湟人待人是一片真诚，绝不虚伪欺骗，对事切实负责，不空谈不狡赖，总之，他们抱着堂堂正正的态度去切切实实的负责，一是一，二是二，实干实说，不干不说。他们以这种态度入世处世，也要求和欢迎有这种态度的人。倘若巧言令色来欺骗和愚弄他们，那是为河湟人最为不齿和深恶痛绝的。[①]

河湟人的古风遗韵集中表现在古代冠礼在河湟汉族婚礼中的遗存上。据蒲生华研究，冠礼起源于原始社会末期的“成丁礼”，它在先秦、秦汉时备受世人的重视，并且制定了一整套繁文缛节，从“冠者，礼之始

---

① 彭清深：《河湟人的形成及人文特征》，《广西民族学院学报》（哲学社会科学版）1999年第4期。

也”[①] 的阐释中，尤见其崇，《仪礼》将其列为开篇第一礼，可见其在汉民族礼仪中地位的重要。秦汉以降，冠礼随岁月的变迁而几经沉浮。魏晋时的冠礼较为隆重，加冠时还有音乐伴奏。从南北朝到隋唐，冠礼渐趋衰微，甚至一度废而不行。宋代时，虽有司马光、朱熹、程颐等人的大力倡导，甚至封建统治者们强令推行，但效果不甚理想。元明时冠礼虽未废止，但较之于前，仪式越发简约，崇隆更是减杀，而且冠礼多施行于皇室成员中，民间已鲜闻此礼。有清一代，终废冠礼。至此，存留几千年的冠礼基本上退出了人生礼仪的历史舞台。

但无独有偶，退出人生礼仪舞台的冠礼，在民间仍以动态潜流的形式顽强保留着。河湟汉族婚礼中的“冠戴”仪式，无论是其礼仪形式，还是其象征寓意，到处飘散着汉民族古代成丁礼和冠礼的一些只鳞片羽，随处可捕捉到成丁礼和冠礼的蛛丝马迹。河湟汉族的“冠戴”就是古冠礼内化于婚礼中隐形保存的一种礼仪形态，它是古冠礼的沉淀和遗存。

冠礼在河湟汉族中依附于婚礼正是河湟人古风遗韵的表现。河湟汉族婚礼中的“冠戴”，是本地区男女婚姻礼仪中常见的一种仪式。在亲迎日那天，东家（男方家）大摆宴席，款待道喜恭贺的宾客，宴饮间各种婚礼仪式穿插间行。在众多仪式中，对新郎的“冠戴”礼是被当地民众颇为看重的，故此仪式在河湟大地上风靡盛行，历久弥坚。在河湟汉族婚礼中的“冠戴”，一般是在宴饮中间举行。届时，在“大东”（婚礼的组织者、主持者）的主持下，由女方家的“压箱”者（送亲队伍中的一员，新娘下马时由他坐在陪嫁物上面，须经男方家拿红包赎其下来。一般由新娘亲属中的父母双全的小孩担任）在方盘内盛一套衣服及鞋帽，奉至新郎面前，这时男女家的亲朋一拥而上，拿出盘中衣物给新郎穿戴，其间参加婚礼的亲友在“冠戴”中免不了嬉闹新郎，嬉戏者常以“鞋窄穿不上，帽小戴不下”为由故意撬鞋拍帽，还不时拿木棒之类敲打新郎，意为帮助新郎穿衣试鞋……最后，“冠戴”一新的新郎向父母宾朋行礼敬酒致谢，还要拿出红包送给端送衣帽的“压箱”者，以表谢意。

河湟婚俗中的“冠戴”古风不仅在西宁和海东一带仍以活态的形式盛行，方志文献记载的河湟汉族“冠戴”礼无处不在，这与现实中河湟汉族婚俗中活态的“冠戴”礼无地不存正好相互印证，而且在河湟民族

① 《礼记·冠义》。

杂居区的汉族婚俗中同样流行，在此不赘。①

河湟人古风遗韵不仅表现在婚俗中，还反映在民间信仰上。

河湟人的民间信仰古风浓郁，汉民族传统的民间神庙不仅在城镇中占有一席之地，在乡村中也长盛不衰。各城镇中都建有文庙、关帝庙、城隍庙、雷祖庙、马神庙、妈祖庙、马王庙、火神庙、三师殿、北斗宫、药王宫、真武庙、龙王庙、海神庙、河神庙以及名宦祠、乡贤祠、忠孝祠、八蜡祠等，其中文庙和关帝庙是各城镇中修建较早、规模较大的庙宇。

文庙供奉着儒学创始人孔子、孟子和子思等，因其所具有的特殊地位，而为历代统治者所重视。汉高祖时，“诏祀孔子以太牢，诸侯王卿相至郡，先谒庙而后从政”已给孔子立庙。汉平帝封孔子为褒成宣尼公。到北魏献文帝时，诏郡县立学，祀孔子与周公并享。唐高祖时为孔子立专庙，唐太宗又进一步下诏“天下州县皆立专庙塑像，出内庭衣衮冕，正南面之位”，为孔子塑像始于此时，此后文庙已成汉民族崇儒古风的象征。而此风在河湟得以延续，据统计，青海地区共有5座文庙，分布于西宁、大通、碾伯（今海东市乐都区）、循化、贵德城中。

关帝庙供奉着关羽。关羽为三国时期刘备手下的一员战将，以忠、勇闻名。关羽身上所体现的忠、勇之气，被人敬仰而被汉民族奉为神明。明万历十八年（1590年）封关羽为“三界伏魔大帝”，清统治者也对关羽累加封号，此后关帝庙已成汉民族崇儒古风的又一个象征。而此风在河湟得以延续，河湟地区共建有关帝庙25座，其中西宁城3座，大通城1座，碾伯城1座，巴燕戎格城2座，循化城1座，丹噶尔城3座。

此外，城隍庙在河湟地区流布甚广，由于汉民族笃信城隍爷可护城保民，无论是官吏还是百姓对其都极为崇敬。“在古唯社稷，而后世则有城隍。且其仪其秩颇与社稷类，而威灵赫濯，奔走巫祝，为民物之保障，官吏之所倚庇者，则更甚于社稷。”城之百姓祭祀城隍之神比祭祀社稷之礼还要隆重，究其原因在于春秋之后“兵戈盗贼攻战防守之事起，遂专以城池为固，守土之臣，斋肃战栗，而严事之。平时则水旱疾疫于以祈禳，

① 详见蒲生华《古代冠礼在河湟汉族婚礼中的遗存》，《青海师范大学学报》（哲学社会科学版）2011年第5期；蒲生华《河湟汉族古风厚重的婚俗语境》，《青海民族研究》2010年第3期。

有事则卫民御敌之焉请祷，亦理势之不得不然者”①。自两汉以后为城隍神修庙祭祀开始见于史志之中，城隍以其无所不管之法力，深得官吏百姓之崇敬，有事便祈求城隍相助，香火繁盛，信徒之众，为他神所不能比拟，遂成为汉民族中流传甚广的古风之一。城隍庙在河湟地区遍布每座城镇，西宁城的城隍庙位于城西的庙街北，洪武十九年（1386 年）由指挥李实创建，到清朝的康熙、雍正、乾隆等朝，又多次修葺重建。现西宁的城徨庙已迁至北山之上，虽有跋涉之苦，而前往上香者依然络绎不绝。

而其他诸如妈祖庙用于祭祀海神，这在闽浙等沿海地区尤为兴盛，妈祖庙修于青海城镇之中，大概是闽浙移民的一种古风再现。贵德县的南海殿、吕祖殿、三清殿、文峰阁等，俱在城南五里。建于山麓，盛夏时为游览、饮宴之所。登高望远，四山在目，黄河俯瞰，山色水声，颇有景致，为县治第一胜境焉。丹噶尔城的小龙王庙，在城南宋家磨林。湟水夹流中间，背有花园一处，有石垒小山并石镌仙人各像，流水茂树园其外。夏季五六月时，携酒往游者甚众。② 凡此等等，无一不是河湟人古风遗韵的一种文化表达。

二 “花儿”“少年”：河湟人的心声

花儿本是心头的话，
不唱由不得个家。
尕刀刀哈来是头割下，
不死还是这个唱法。

人们说“诗言志”，河湟人的“花儿”唱的是河湟人“心头的话”。“花儿”这种民歌形式是河湟极富特色的代表，如同陕北人的“信天游”和关中人的“秦腔”，河湟人借“花儿”抖出内心中的苦闷、压抑、向往、酸楚、痛苦以及欢愉、欣快、诙谐、兴奋等各种情绪，确确实实是河湟人心里的话。可见“花儿”扎在河湟人内心的根是何等之深。“花儿”

---

① 秦蕙田：《城隍考》，载《皇朝经世文编》卷五五礼政二大典上。

② 《明清青海城镇宗教与习俗文化述略》（http：//www. fjdh. cn/wumin/2010/02/09161198815. html）。

唱的是真情，讲的是真话，不伪饰，不造作，不为之造情，不违心而出，而是河湟人心理活动和潜意识的自我表露。[①] 所以早在 1948 年，萌竹在《花儿一綑》中说："我以为花儿是青海人底精神底火光，是用来温暖人们底心灵和情感的。"[②]

那么，表达河湟人心声的为什么称为"花儿""少年"呢？"花儿""少年"难道不是指"姑娘""小伙子"吗？其实一般人误读了。

据朱刚研究，河湟地区的山歌历来就叫"少年"。远至民国以前，近至 1949 年初期，河湟地区的歌手和群众对自己所吟唱的山歌一直称为"少年"，从无"花儿"之称；其时，他们把"唱个'少年'"，从不说是"唱个'花儿'"，把"漫'少年'"也从不说成"漫'花儿'"。时至今日，如果到青海边远山乡采风或参加庙会，请老唱家"唱个'花儿'"，偶尔会听到婉转纠正之词："我唱个'少年'。"这说明，时至 20 世纪 80 年代，"花儿"之称在很大一部分老年人中尚未产生影响。而且在无任何文字资料可资证上述论点的情况下，许多"少年"本身倒可以告诉她自家的姓氏名称。有两首对唱的"少年"中提到：

甲：大红桌子四四方，
你知道谁油下的？
唱家伙里你为王，
少年是谁留下的？
乙：西天取经的是唐僧，
白龙马驮经者哩；
留下少年的孙悟空，
给世人宽心者哩。

唱家们在对唱中互相探问所唱山歌的先祖，虽未得到准确的答案，却如实地、异口同声地说到了其真名实称："少年"。此为一名的真正内涵。

那么，"花儿"的内涵又是什么呢？甘肃洮岷山歌历来就叫"花儿"。

---

① 参阅彭清深《河湟人的形成及人文特征》，《广西民族学院学报》（哲学社会科学版）1999 年第 4 期。

② 《西北通讯》1948 年第 3 卷第 2 期。

洮岷民众称自己的歌为“花儿”，并有优美的传说。据卉海明的《洮岷“花儿”和莲花山》一文谈，洮岷“花儿”由来的传说有二，“一说是：莲花山秀美如莲，只憾缺少莲叶儿来衬托。所以在唱‘花儿’时，每首歌结束，欢人齐呼：‘花呀，莲叶儿呀’，以示添叶。一说是：莲花山[①]庙宇修成之时，对面的姊妹山上有两位仙女手捧莲花莲叶，扬起彩扇，放歌曼舞，清风吹落了他们手中的莲叶，失落在茫茫云雾中，再也找不见了，于是二位仙女‘花呀、莲叶儿呀’的慨叹声被人们学到，流传下来，即现在的洮岷‘花儿’……”两种古老的传说证明，洮岷山歌自古以来就称为“花儿”，没有其他别称。所以，“花儿”一名的真正内涵就是山歌。

“花儿”“少年”又是怎么连在一起的呢？据考清代甘肃临洮诗人吴镇（1721—1797 年），在他的《忆临洮十首》第九首中写下了“花儿饶比兴”的诗句，使临洮花儿（而绝不是河湟“少年”）的名称及其艺术特色的探讨，第一次出现在文人作品之中。到了 20 世纪 30 年代，甘肃张亚雄致力于“花儿”研究，独辟新径，1940 年他在重庆出版的《花儿集》中，搜集了大量的洮岷“花儿”，也加上了许多河湟“少年”，并在《杂话“花儿”》中下了个注脚，“总之，这个‘花’字，便是采花之花。花事为少年倜傥之行径；故‘花儿’又名‘少年’”。第一次从学理上把“花儿”与“少年”连在了一起，安上了学名。并给花儿作了简单的界定，即“花儿是流行于甘青宁的一种山歌，亦多又称之为‘少年’者。花儿指钟爱的女人，少年则是男人自觉的一种称号”[②]。张亚雄不但从流行的区域对这种民歌进行了界定，还解释了花儿名称的来源及其别称“少年”[③]。

张亚雄的这种界定产生了很大的学术影响和社会效应。其所论既出，“花儿亦称少年”之说便越来越多地见诸报刊书籍了。如钟世隆的《青海

---

① 莲花山国家级自然保护区位于甘肃南部的康乐、临潭、卓尼三县境内，总面积 1 万多公顷，森林覆盖率达到 60% 以上，是黄河一级支流——洮河上游一片重要的水源涵养林和生物多样性基地，是甘肃省有名的风景旅游区。

② 张亚雄：《杂话“花儿”》，载张亚雄《花儿集》，中国文联出版公司 1986 年版，第 144 页。

③ 参阅朱刚《“花儿”与“少年”辨析》，《青海民族学院学报》1982 年第 1 期；张君仁、邢燕燕《1980—1999 年的花儿研究——〈花儿学术史〉研究之三（1）》，《中国音乐》（季刊）2012 年第 3 期。

民歌的一斑》“山歌（俗名少年或花儿）”[1]。寿昌的《西北的民歌：“少年一名花儿”》[2]。王树民《乾隆四十六年河州事变歌》：“西北的民间歌谣，十分发达，所以种类也很繁多。流行于汉族区域中的，大体说来，可分作五种：第一种是山歌，就是‘少年’或‘花儿’，可算是最流行的一种，一般人不论男女大概都会唱几支。”[3] 及至 1950 年，上海音乐出版社出版王云阶的《山丹花》一书。所收民歌都是王先生 1943 年在西宁教书时记录的。“前言”中写道：“青海的民歌类型颇多，有山歌（花儿、少年），秧歌，筵席曲及小调等。”而 1957 年轰动一时的歌舞《花儿与少年》的演出，加之“花儿”“少年”这两个词汇本身的美学观照和心理巧合，使得“花儿”与“少年”一下子流传全国[4]，从而使河湟人的心声得到了最好的定位。

三　“风搅雪”：河湟人的文化奇葩

河湟人人文特征的奇葩是“风搅雪”。

什么是“风搅雪”？“风搅雪”是指河湟地区有意使汉语与这里的民族语言混合的语言现象及文艺演唱形式。[5] 这实际上是河湟方言中独特的双语合璧现象，即同一句话里汉语词与非汉语词连用。这种现象很多，如在湟源一带就流传有“铜布、勺子、西纳哈，一口气说了三种话”的顺口溜。“铜布”是藏语“勺子”的意思，“西纳哈”是蒙古语“勺子”的意思，“勺子”是汉语。青海学者朱世奎在《另类花儿“风搅雪”——独具语言艺术魅力的一种河湟花儿》中对“风搅雪”现象做了详细的分类，如三明治式，即一句汉语，一句藏或土语，好像夹层饼一样。有一首汉土语花儿唱道：

---

① 《新西北月刊》1942 年三卷五、六期。转引自卜锡文《“河湟花儿”命名之缘由》，《音乐研究》1989 年第 4 期。

② 同上。

③ 《西北通讯》1948 年第 2 期。

④ 朱刚：《“花儿”与“少年”辨析》，《青海民族学院学报》1982 年第 1 期；卜锡文：《“河湟花儿”命名之缘由》，《音乐研究》1989 年第 4 期。

⑤ 朱世奎：《另类花儿“风搅雪”——独具语言艺术魅力的一种河湟花儿》，《中国土族》2007 年春季号。

蚂蚁虫儿两头儿大
希登你那仁达怀哇（土语发音，意译：当中间细得很哪）
你十七来我十八
达活罗赛你达怀哇（土语发音，意译：我俩儿配对嘀美哪）

撒拉族的花儿如“孟达令”“撒拉大令”粗犷有力，节奏自由而不松散，更有特色的是用撒拉语作衬句：

大石头根里的清净水
买尼格言开尼（好我的尕妹）
不如个大河的浑水
葡萄碗里的冰糖水
乙热亥尼牙格（心上的油呀）
不如个尕妹的涎水

这些模式不仅在唱词中表现出来，而且在生活中的应用十分普遍。此外，还有语句中的主要名词藏语或土语词在前，汉语词在后，前者似乎变成了后者的定语，实际是同义重叠，藏、汉两个民族的人在一起对话，形成自己说话、自己注解的有趣现象。如：

汉民——你阿里去俩？（你去哪儿？）
藏民——让豆磨上去俩。（去磨坊。）
汉民——磨啥去俩？（磨啥去？）
藏民——傻马大豆磨去俩。（去磨大豆。）

“让豆”即藏语“磨房”；“傻马”即藏语“大豆”。这种现象在青海民歌“花儿”中就更多了。例如：

傻马尕登的白豆儿
你看嘀圆哩么不圆
万玛锅锅里烙馍馍
你吃嘀甜里么不甜？

“傻马”藏语，即“大豆”，“尕登”是汉语“尕豆”在藏语的音变，“万玛”即藏语“煮牛奶的锅”“锅锅”，青海汉语方言“锅”，意思是：大豆白豆你看它们是多么的圆？在煮牛奶的锅里烙饼子，你不觉得它是甜上加甜吗？来比喻男女爱情的圆满甜蜜。[①] 这是汉藏语的“风搅雪”。

抓下的麻雀儿飞掉了，
老鸦峡里下了。（下：进，方言）
朵罗（哈）摇成个法拉了，
尕刀子心系上撣了。（撣：方言。把刀刃在皮、布或瓦器沿上快速磨动，使锐利）
（雪梨、柯扬《西北花儿精选》）

朵罗：头。法拉：专事降神等迷信活动的巫师，法拉在降神时全身剧烈颤抖、摇晃，口中念念有词，以示神灵附身。以上均为蒙古语。这首花儿后两句是说，看到对方拼命摇头对自己的情感表示拒绝，心上像用小刀来回刮拉一样感到揪心的难受。这是汉蒙语的“风搅雪”。

青铜的锣锅白帐房，
荒草滩儿里下上。（下上：支起。）
阿姑是芍药者打蓇葖，（姑娘像含苞待放的芍药花）
小阿哥摘下者戴上。

阿姑：姑娘是土族语。这是汉土语的“风搅雪”。

凡此等等，用两种语言混合起来演唱花儿，正如当大雪纷纷扬扬飘落，大地千树万树如梨花开之际，忽然一阵疾风吹来，又如千万条玉龙狂舞，雪借风威，风助雪势。满天景观陡转。“风搅雪”形象地显示了用两种语言混合演唱而形成的奇特效果。运用“风搅雪”这种形式可以更充分地表达演唱者内心的情感，使演唱者将其情感淋漓尽致地倾泻而出，迎

① 以上参阅张成材《青海汉语方言中的民族语言成分》，《青海师范大学学报》（哲学社会科学版）2003 年第 2 期；朱世奎《另类花儿“风搅雪”——独具语言艺术魅力的一种河湟花儿》，《中国土族》2007 年春季号。

合了河湟人的心态，使他们感到别致、生动、亲切。[①]

用两种语言搅和在一起唱民歌，或用两种文字搅在一起写民歌、写诗，这在中外民歌史、诗歌史中都是极少见的。因为，这是非常困难的事，既有语音、音节乐、语法、结构、民族文化传统方面的问题，又有合辙押韵合乎民歌或诗歌格律的问题。在藏、汉、蒙、土、回杂居的某些地区，所以能产生“风搅雪”这种独特的“花儿”形式，是因为住在这里的各族人民，既通藏、汉两种语言，又熟悉“花儿”格律的缘故。这种“风搅雪”的“花儿”之所以受到各族人民的喜爱，不仅因为它听起来有一种特别的风味，更重要的是稍通少数民族语言的汉族群众，与各懂一点汉话的少数民族语言群众，开口都能唱，不用翻译也都能领会每首“花儿”的内容，它是汉民族与少数民族文化互动交流的产物，不能不是河湟人人文特征的奇葩。[②]

① 陈良昱：《青海河湟地区的“风搅雪”》，《修辞学习》1999 年第 3 期。

② 刘凯：《“花儿”流传中的一种特异现象——“风搅雪”》，《西北民族大学学报》（哲学社会科学版）1981 年第 4 期。

西南汉民族族群编

一方水土养一方人，西南的水土养育了西南人。

西南位于中国西南部内陆地区，幅员辽阔，国境线长，西高东低，地理条件复杂，其中四川盆地为中国四大盆地之一，西藏高原有“世界屋脊”之称。

西南古为巴蜀、西南夷、羌戎之地，自古即为多民族杂居的地区。秦汉之际，叟族、摩沙族、僚族、濮族、闽濮族相继在西南历史舞台上亮相。到了魏晋南北朝时，从氐、昆明、叟等族中分化演变出来的白蛮、乌蛮、和蛮、锅锉蛮等成了西南历史舞台的主角。及至隋唐，朴子蛮、望蛮、卢蛮、寻传蛮、裸形蛮以及傣族亦活跃于横断山脉和云贵高原的万水千山之中。元明清时代，西南各民族或族群的发展，虽然悠缓舒慢，却连绵不绝。而汉民族大多是在不同的时间，因不同的原因，从不同地方迁来的移民。

在漫长的历史岁月里，汉民族曾吸收、融合了部分少数民族发展了自己。他们的发展历程，在具有整体共同性的基础上，各族群之间又存在较明显的差异，呈现出区域性的特征与不尽一致的发展轨迹，形成了现代西南汉族族群的格局，主要有四川人、云南人、贵州人、屯堡人等。

第一章　四川人

巴蜀之地，号称“天府之国”[①]，孕育了豪爽、麻辣、悠闲、幽默的四川人，分布在四川盆地及川西高原一带，人口有 78229697 人[②]，仅次于河南和广东，在中国各地汉民族中位居第三。因三国时刘备曾在此建立蜀国，故四川人又被称“蜀人”；元代设四川行省后，四川人的称呼才见之于史籍，有时也简称为“川人”。所以，虽然四川是一个多民族省，但人们的习惯上将“四川人”专指四川的汉民族。

第一节　四川人的语言

提起四川人，一口地道的四川话是明显的识别标志。四川话指的是四川境内所有汉语方言的总称，包括四川官话、客家话和湘方言。四川官话通常被直接称为四川话，而客家方言则被称为广东话或者土广东话，湘方言主要是永州话，一般被称为老湖广话。[③] 除了四川省境内通用的四川官话以外，客家方言和湘方言都只在某些地域中被使用，形成了方言岛的现象。

---

① 天府之国原专指包括长安在内的关中地区，《战国策·秦策一》苏秦始将连横，说秦惠王曰：“大王之国……田肥美，民殷富，战车万乘，奋击百万，沃野千里，蓄积饶多，地势形便，此所谓天府，天下之雄国也。”《史记·留侯世家》：“夫关中左肴函，右陇蜀，沃野千里，南有巴蜀之饶，北有胡苑之利，阻三面而守，独以一面东制诸侯。诸侯安定，河渭漕挽天下，西给京师；诸侯有变，顺流而下，足以委输。此所谓金城千里，天府之国也。”明清后多称四川。《三国志·蜀志·诸葛亮传》：“益州险塞，沃野千里，天府之土，高祖因之以成帝业。”

② 国务院人口普查办公室、国家统计局人口和社会科技统计司编：《中国 2000 年人口普查资料》，中国统计出版社 2002 年版，第 18 页。

③ 孙晓芬：《清代前期的移民填四川——四川人的祖先来自何方》，四川大学出版社 1997 年版，第 219 页。

一　四川话形成的语言学分析

四川曾是古蜀国的辖地，但当时所使用的语言基本上已经消失。古代关于各地方言的文献中，不少学者记录下了当时巴蜀地区流传的方言词汇，像扬雄的《方言》、许慎的《说文解字》等语言学论著都引用了巴蜀民俗词汇。不少词汇至今都还在使用，例如“𦢊”字，方言里记载“𦢊，盛也……梁益之间凡人言盛及其所爱，伟（讳）肥䐈谓之𦢊”。郭璞注：“肥𦢊多肉。”《说文・肉部》：“益州鄙言人盛讳其肥，谓之𦢊。”[①] 直到现在，四川话中仍用“𦢊”来表示肥腻或甜腻的状态。与“𦢊”相对的一个词是“纤”，在四川话里有“细瘦”的意思，而《方言》里的记载是：“（梁益之间）小或曰纤，缯帛之细者谓之纤。”据向学春的整理，目前的四川方言中古巴蜀方言的存留情况如下表所示。

四川方言中古巴蜀方言存留情况

	词语总量	保留在四川方言中的词语数量	所占比例
上古文献的巴蜀方言词语	34	3	8.8%
中古及近代前期文献的巴蜀方言词语	68	18	28.6%
合计	102	24	23.5%

资料来源：向学春：《四川方言中的古巴蜀土著语研究》，《重庆三峡学院学报》2008 年第 5 期。

四川话的形成与四川历史上的几次大移民潮是密不可分的，尤其是元末明初和清代初期的两次移民，使得大批湖广籍、安徽籍、陕西籍移民来到四川，带来了他们家乡的方言。随着世代人口的繁衍，外来音与本地音融合，形成了以湖北话为基础的四川官话。1949 年后，有关部门对全国汉语方言进行普查。1956 年，四川省方言调查组对四川汉族地区进行了摸底调查，150 个县（市）政府所在地，使用的都是属于官话方言的四川话。[②]

四川官话以成都话为代表，一般被称为四川话，它是明末清初湖广移

① 向学春：《四川方言中的古巴蜀土著语研究》，《重庆三峡学院学报》2008 年第 5 期。

② 黄友良：《巴蜀史志丛谈》，四川科技出版社 1999 年版，第 32 页。

民进入四川后所形成的以湖北话为基础，融合其他方言的官话。[①] 民国十六年《简阳县志》共记载方言词语 902 条，明确指出湖广话 679 条，广东话 181 条，江西话 20 条，福建话 15 条，湖南话 7 条。[②] 湖广话的发音是四川话的基调，根据民国二十二年《安县志·礼俗·社会风俗》"声音清浊"条下："前清时，县属民皆由各省客民占籍，声音多从其本俗，同一意义之俗语，各处发音不同。有所谓陕西腔，有所谓湖广宝庆腔者，永州腔者，音皆多浊。"

湖广移民带来的不仅是发音，还有众多词汇。例如亲属称谓，根据同治十三年《德阳县志·风俗》记载"称谓"条下："人少土著之家，地多杂处之民，声音不同，故称呼各异，楚人谓父曰爹，秦人曰达，粤人谓之阿爸，闽人则谓之爸爸，豫章人又谓之奓奓。"此外还有不少原本是楚地、吴地的词语也被四川人广泛使用。例如鬼（kuei）：《方言》卷一："虔，慧也……自关而东赵、魏之间谓之黠，或谓之鬼。"明李实《蜀语》："谓欺给曰鬼，谓人黠曰鬼。"今天的四川人仍称"机灵、狡黠"为"鬼"。还有"马起脸"，《南方言·释言二》："《说文》：'马，怒也，武也。'今荆州谓面含怒色为马起脸；长沙谓食曰啗饭，字从声变作噉饭。"民国二十六年《南溪县志·方言》："俗谓含怒色为马起脸。"又"谚语"条下："马脸老婆红壳蒜，青水脸老婆骂团转。"今天的四川话中，仍说"马脸、马起脸"形容一个人的怒色于云。

在今天的成都话中，有 51% 的方言词汇与湖北麻城的方言词相同，而成都话中的复音词也有 26% 与武汉方言中的复音词是相同的。长沙方言、南昌方言中也有三分之一的方言词汇与成都话的方言词汇相同。[③]

由此可见，四川话是在湖广移民所带来的湖北话、长沙话的基础上融合了其他方言所形成的。民国十八年《乐至县志又续》卷三"俗尚"称：

> （乐至）县遭明末乱后，仅遗数姓。黎、杜、李、谢、叶、黄、王、吴，其最著也。外自他省来者，闽、粤、黔、陕，以楚为多，江

① 崔荣昌：《四川方言的类别》，《文史杂志》1987 年第 1 期。

② 黄尚军：《湖广移民对四川方言形成的影响》，《川东学刊》1997 年第 1 期。

③ 同上。

西次之。今日礼教大同，而方言故习，亦所常存。即如家庭名称，谓祖爹爹，父直言父，楚之黄州也；谓父爹爹，母为孃，山称盖上，沟名冲里，楚之靖州也；三为娑，二为义，百为波，楚之新化也；粤则父为爸爸，母为懔懔，诸如此类。

民国二十二年重修《安县志》卷五六称：

前清时，县属民皆由各省客民占籍，声音多从其本俗。同一意义之俗语，各处发音不同。有所谓广东腔者，有所谓陕西腔者，有所谓湖广宝庆腔者、永州腔者，音皆多浊。近数十年交通便利，声音皆入于清，而各省之人腔调渐归一致，音皆多清而浊者少矣。

此外，其他地方志也记载了入川移民带来的四川方言的变化：

邑人遭明季寇狝，两湖两粤之民插入县籍者，子孙继述犹习宝庆乡谈，祭祖祝词不改广东土语，其多数普通方言则与明李实所撰《蜀语》十符八九。(民国二十年《三台县志》)

县中经献贼乱后，土著绝少。其填入籍者，以湖广为最多。咸同以前语言尚异，后渐混而为土音矣（明月乡人永州腔今尚未改）。(民国二十年《继修达县志》卷九“风俗”)

城南纯带巴音，城北杂以杂语。(乾隆二十二年（1757 年）《广元县志》“风俗”)

人少土著之家，地多杂处之民。声音不同，故称呼各异。楚人谓父曰爹，秦人曰达，粤人则谓之阿爸，闽人则谓之爸爸，豫章人又谓之斧斧（即爷爷）。(同治十三年《德阳县志》“风俗”)

“竹民向分五馆，五馆者盖自楚、湘、粤、赣、闽五省迁竹者”，“五省人之原籍不同，五省人之乡谈亦各自不同。其后习与俱化，原籍乡谈之存在者，百不得一”。(民国十七年《续修大竹县志》卷一〇“风俗志·方言”)

蜀之语多南语，以自古占籍者多南人（楚粤人最多，所在皆有），而蜀之音纯北音，以蜀为北土也。此不独彭山然，而彭山既为此音，为此语，则彭山不可不志。(民国三十三年《重修彭山县志》“民俗”)[1]

四川官话的声母有19—24类，灌县、新都、彭县等7个地点，辅音声母23个，加上零声母共24类。但其他地点有23类（z除外），绝大多数地点没有zh、ch、sh、n，因此多数地方的声母为20类左右。[2] 四川话的韵母最多有42类，但不同地点有所缺失，大多数地方的韵母为36类。[3] 四川方言中，前鼻韵母en、in与后鼻韵母eng、ing不分；i、ü不分；e、o、uo不分；丢失、改换或者增添韵头等。虽然四川话中前鼻韵母en、in与后鼻韵母eng、ing的区分相当重视，但韵母e、o、uo的区分却不明显。例如，普通话单韵母e与舌根音声母g、k、h相拼时，在四川话里只有一小部分是读e音，其他的都发生了改换，例如疙、圪、格、刻、客、核、褐等字的四川话发音。普通话单韵母e音，在四川话中也有被读成o音的情况。[4]

俗话说“天不怕，地不怕，就怕四川人说普通话”，四川人的普通话说不好，称之为“椒盐普通话”，或曰“川普”。四川人说不好普通话的原因颇多，平舌、卷舌音不分算是重要原因之一。四川大部分地区方言没有平舌和翘舌之分，基本上把普通话中翘舌音念为平舌音，比如：“智商”普通话为zhì shāng，四川话为zǐ sāng（音同“子桑”）；“超市”普通话为chāo shì，四川话为cáo sǐ（音同“操四”）等。于是，四川话官话就成了西南官话中特点鲜明、有“麻辣味”的一支。

二 四川话的人类学特点分析

由于四川是一个移民社会，四川话虽然统属四川官话，但四川没有标准音，四川人的来源不同各地土语又呈现出多样性的态势。

（一）“软耙耙”的成都话

无论在外省人还是四川人听来，成都话以温柔软糯而出名，有“西南地区的吴侬软语”之称。特别是成都女孩说话非常嗲，听上去软绵绵

---

① 以上均转引自崔荣昌《四川方言与巴蜀文化》，四川大学出版社1996年版，第74—75页。

② 梁德曼：《四川方言与普通话》，四川人民出版社1982年版，第48页。

③ 同上书，第70—71页。

④ 王蜀苏：《从普通话诊断看四川方言区的韵母难点——论普通话韵母e［ɤ］、uo［uo］在四川话中的对应》，《西华大学学报》（哲学社会科学版）2005年第4期。

的，因为成都话古全浊声母清化，平分阴阳，有阴平和阳平，没有翘舌音声母，an 韵收音很紧，平舌音很多，又抑扬顿挫，显得细声细气的。但是男人们一开口说成都话就给人很“娘娘腔”的感觉。清末民初的《清稗类钞》方言类中把成都方言描述为：“成都言语之发音多用尖音，故平仄每混为一。如绿读为卢，米读为迷，福读为扶，吃读为池，实读为时，秃读为沱是也。然与普通官音亦颇相类。”

外来移民同样给四川话带来了“儿化音”。清代旗人给四川话带来了独特的色彩，尤其是成都方言中儿化音的保留，更是四川话的一个特色。像“米粉儿”“豌豆儿”“酒杯儿”等词汇都有儿化音。①

绵阳、广元、德阳、遂宁及南充部分地区与成都话接近，尾音拖长，比较嗲，都江堰的人说话时卷舌音稍多一些。成都及周边地区的方言还有许多幽默的本地词汇，例如：

> 安逸：此词有“安闲舒适”之义。如《庄子·至乐》：“所苦者，身不得安逸，口不得厚味，形不得美服，目不得好色，耳不得音声。”今四川方言中仍保留此义。“安逸”一词在四川方言中还有“令人满意、精彩、糟糕”等意思，用得十分广泛。
>
> 打摔手：“摔手”本指“定额以外备替换的轿夫”。如李劼人《死水微澜》中：“明天一早，给我喊一乘轿子，多喊两个摔手。”后繁衍出“打摔（甩）手”一词，意为“空着手”。
>
> 撇脱：即洒脱，干净利落。已见于宋代。“撇脱”一词在四川方言中还有“简单、容易、轻松”等义。
>
> 鲊起：即撑腰、作后台、给人帮忙的意思。过去属于袍哥话。袍哥是发源于四川的一种帮会组织，它既是反清的秘密结社，又是破产农民和手工业者的政治、经济互助团体。由于它是非法的民间组织，因此一出现就受到清政府的严禁追查，故袍哥一直处于地下状态，有一套专用的隐语——袍哥话，作为秘密联络的暗号。
>
> 吃赏午：今四川人仍将“吃午饭”称为“吃赏午”，这和一个传说有关。相传在很久以前的一个夏天，川西坝子的农民们边插秧子边

① 潘前春：《少城与丰富多彩的成都方言》，载成都市群众艺术馆主编《成都掌故》2001年第3辑，第76页。

唱山歌，知府不让大家唱，农民戏曰："吼山歌会把田头的杂草吼掉。"知府说，如果真能吼掉杂草，则赏大家一顿午饭。后来果然田里的杂草就没有了。知府又提出农民说过唱山歌秧子要长高，想借此赖掉这顿午饭。当晚，农民把田里的水排了一些出去，外行看起来，秧子果然长高一截。于是，知府只好认输，给插秧的农民每人赏了一顿饭，从此人们便把吃中午饭叫作"吃赏午"。[1]

（二）清脆动听的资阳话

有人说成都的女孩说话很好听，但男孩说话有点娘娘腔；重庆男人说话好听，但女人说话显得有点冲，不大受听。处于中间的资阳话，不管男人、女人都好听。与普通话和其他方言比起来，资阳方言很清脆，语速适中，不快不慢，清晰，易听懂，有亲切感。听他们摆龙门阵，像在听唱歌一样。

资阳话既不同于鼻音浓重的成都话，也不同于翘舌卷舌成堆的内江话，感觉很平和。资阳最具特色的标志性语言是"蛮斯"，表示"很、非常"的含义，例如"蛮斯多""蛮斯大"等。资阳靠近仁寿的地区也将吃饭说成"干饭""欺饭"；北边地区也有像川北一样 f、h 不分，花、黄、房颠倒发音。整个资阳地区的方言都很相似，难于分别。

有人问资阳话为何更像成都话，为啥比成都话更好听？这主要是"川剧资阳河"的影响：

清朝康熙年间，京城盛传四川资阳城隍庙里的城隍菩萨显灵，有求必应。帝得知后龙颜大悦，遂御题"显忠大王"金匾一块，赐予资阳城隍庙。一时间达官贵人纷至沓来，每年的清明节更成了为城隍爷祝寿的盛大节日。各地的戏班无不以唱过资阳城隍庙会为荣。而资阳的戏迷见多识广，水平高得让戏班紧张。随着火神庙会、东岳庙会、莲台市庙会等五花八门的宗教文化活动的跟风举办，资阳成了展示艺人技艺的平台，成了川剧的"好莱坞"。当时的盛况，令成都、重庆也自叹弗如。在资阳，只有高水平的戏班和艺人才有立足之地。这些留下来的戏班和艺人博采众长，逐渐形成了自己独特的艺术风

---

① 《四川方言之生活用语》（http：//wenda. so. com/q/1359604568060558）。

格。上河坝（成都）的弹戏水平最高，下河坝（重庆）的胡琴戏唱得最好。而资阳河（称中河坝）则是以高腔戏见长。资阳河产生过不少表演艺术家。如清末名丑岳春，名生贾培芝、张德成、张崇林、彭海清（面娃娃）等。

戏剧与方言总是联系在一起的，如京剧语言为北京话。川剧语言是成都话，但川剧有上河坝、下河坝、中河坝之分。处于成渝地区中间的资阳河（中河坝），其道白别具一格。昔日的川剧霸主地位，给资阳方言奠定了基础。据说资阳人爱川剧，在各乡场都有业余川剧班。因为川剧资阳河的影响，资阳人说话就有了趋同性，发音更音乐化了。①

（三）好难懂的乐山话

外地人和成都人都觉得川南的乐山、泸州、宜宾等地的方言很难懂，也不容易分辨。宜宾话比较“直”，很多句话的尾音以“se”结尾，泸州话也差不多。乐山话的发音总让人忍俊不禁，“吃饭”是“ci－er”饭，分开发音。乐山人说话的时候，一句话后面几个字都要把发音拆分再一并发出来，例如“热”读作“ri－ɑ”。事实上，乐山话中保留了古代的入声字，所以听上去与其他四川方言完全不同。

川南各地的方言虽不易分辨，但这些地区发音颇相似，尤其是“热”字，几乎都发音为“日阿”拼读（rɑ），如学校里同学们常笑他们将“热核反应”说成“日阿哈（rɑ hɑ）反应”。早年有个乐山话的顺口溜：川南沙巴线（十八县），线线有土话。灸斯（就是）我闷（们）卢山（乐山）木呆（没有），有兜诗（都是）碟巴碟（点把点）。有一段典型的乐山话：我接粘（去逮）“麻郎儿”（蜻蜓），才一哈哈儿（一会儿），就遭老汉儿（父亲）“两辣儿”（两巴掌），把鼻血都铲（掴）出来了。

（四）内江、自贡话好听又搞笑

四川大部分地区的方言没有平舌、翘舌音的区分，都念作平舌音，例如“十”“四”不分，都是“四”的发音。但是内江和自贡的方言有很多卷舌音，自贡话的卷舌音很重，而且很搞笑，主要因陈戈演出的电影《抓壮丁》

---

① 《一专家在新浪挂贴分析说四川话里资阳话最好听》（http：//tieba. baidu. com/p/742859738）。

中的王保长，其奇特、幽默的自贡话在人们心中印象太深了。但自贡人并非具备说普通话的优势，陈戈在黑白片《南征北战》中的椒盐普通话就是最好的例证。由于王保长太经典，自贡话又很搞笑，所以自贡、内江话是既好听又搞笑，而且一说普通话就更是把大部分平舌音也当作卷舌音来念。

除了内江、自贡，还有东北部的巴中、仪陇，南部的荣县、筠连，西南部的西昌、盐源等地有平舌和翘舌之分，卷舌音没有那么多，不像内江、自贡那么突出。但是凉山地区一些县城的四川话，在卷舌音后面带上了儿化音，例如“十”的发音是“shir”，“吃饭”的发音是“chir”饭等，古代入声字不仅是翘舌音，而且舌尖后卷。

第二节　四川人的形成

四川人的形成经历了一个哑铃式的路线图，一头是古蜀国时期，另一头为明代“湖广填四川”时期。中间经历了从殷周直到明代近三千年的民族交往、交流和交融的历史时期，四川人终于在从多元走向一体的大趋势中崭露头角。

一　从蜀到蜀汉：初孕四川人

万事总有个开头。汉民族在西南的重要族群——四川人的初孕经历了从古蜀国到蜀汉1800余年。这个过程也是华夏民族形成和统一，并转化成汉民族的过程。

（一）古蜀国和蜀人钩沉

古蜀国的历史长期处在云里雾里，而不明脉络。好在考古材料的不断出现，为我们初步揭开了古蜀国及蜀人的面纱。

蜀的得名有三种说法。一是象蚕说，《说文》：“蜀，葵中蚕也，从虫，上目象蜀头形，中象其身蜎蜎。”《诗》曰：“蜎蜎者蜀。”二是象鸡说，《尔雅》“鸡大者蜀”。三是对音说，古氐羌又称为叟，蜀亦称叟，两字古音相通。[①] 而早在殷墟甲骨卜辞中，就有了“蜀”字。殷墟甲骨文字中的“蜀”，原据董作宾统计有11字条[②]，主要有10种不同的记载，如

① 崔荣昌：《四川方言与巴蜀文化》，四川大学出版社1996年版，第20页。

② 董作宾：《殷代的羌与蜀》，《说文月刊》1942年第3卷第7期。

“蜀受年”“征蜀”“至蜀”“蜀御”“蜀射”“在蜀”“示蜀”等。[①] 据四川考古学家林向的研究，从这些卜辞记载，我们可以知道：第一，由卜辞中蜀的出现的频率可知在武丁时期商蜀交道很多。第二，武丁征服蜀之后，有交好的一面，时到蜀地举行祀典“至蜀有事”；还有“蜀御”，可能是在蜀地行攘除灾祸的“御祭”。第三，蜀是商王朝重要的农业区之一。蜀的年成好坏影响甚大，所以要卜问“受年”，“受”乃收获，“年”乃年成，《穀梁传·桓公三年》：“五谷皆熟为有年也。”第四，综观殷墟卜辞，蜀始终不曾是商王朝的主要交战国，既不像土方、邛方、鬼方、羌方等那样频繁地遭受商王朝的征伐与掳掠，也不参加商王朝对其他方国的征战，如沚曾参加商对土、邛、羌、龙、印等诸方国的征讨，而如雀参加的征讨活动很多，有亘、羌等十四方国。[②] 可见，蜀既不能构成对商王朝的重大威胁，也和商王畿周围的世仇之国没有什么大的利害关系（与缶例外），可见一方面蜀的势力中心在距离殷王畿比较遥远的地方，另一方面商王室又经常能“至蜀”“于蜀”“在蜀”，那么蜀的疆土必定有部分与殷商的疆界接壤。[③]

1979 年、1997 年两次从陕西岐山凤雏村西周遗址的西厢房 2 号房的两个窖穴（H11、H31）中，清理出 17000 余块占卜用的甲骨，有字甲骨 292 块。[④] 周原卜辞中，其中目前已知有“蜀”字的两片：第一片（H11：68）有伐蜀兹 3 字；第二片（H11：97）有蜀克 2 字。这两片卜甲出在周原岐邑的周室宗庙基址内[⑤]，证明了蜀确为周的重要与国，其亲疏和战与周本身的利害休戚相关，需要在宗庙里不止一次地卜告。

由此可见，蜀国的存在是无可置疑的，但蜀人的族属却众说纷纭，有羌族说、氐族说、人皇族说、黄帝说等。出现这种状况既有方法论的问题，更是正统历史观作祟。刘森垚就指出：“这种说法实际上杂糅了‘同

---

① 转引自林向《巴蜀考古论集》，四川人民出版社 2004 年版，第 27—28 页。

② 陈梦家：《殷墟卜辞综述》，科学出版社 1956 年版，第 8 章《方国地理》。

③ 以上均参阅林向《巴蜀考古论集》，四川人民出版社 2004 年版，第 28—30 页。

④ 陈全方：《陕西岐山凤雏村西周甲骨文概魏论》，载《四川大学学报丛刊》第 10 辑；《岐山凤雏村两次发现周初甲骨文》，《考古与文物》1982 年第 3 期。

⑤ 这里从《陕西岐山凤雏村西周建筑基址发掘简报》和陈全方、王恩田、尹盛平等之说（分别见《文物》1979 年第 10 期、1981 年第 9 期）。另外《商周考古》认为是一般西周贵族的活人宫室（文物出版社 1979 年版，第 184—185 页）；丁乙进一步否认这是岐邑主宗庙，是诸姓贵族聚居区的宫室（《考古》1982 年第 4 期）。但林向以为尚不足推翻前述论点。

宗黄帝’的大汉族主义心理和‘人皇南迁’‘兴于西羌’等故事传说，是一套人为加工过的、较为圆善的传说体系。”① 依笔者之见，蜀人就是生息、繁衍在中国西南的一个独立族群。这个族群历史悠久、文化独异，并创造过营盘山文化、宝墩文化、三星堆文化和金沙文化。②

正因为蜀人是一个独立的族群，所以，商末周初，在武王伐纣的联军中，有庸、蜀、羌、髳、微、卢、彭、濮等。孔安国注《尚书》云：“八国皆蛮夷戎狄属文王者国名。羌在西，蜀叟、髳、微在巴蜀，卢、彭在西北，庸、濮在江汉之南。”③ 由此可见，蜀既是国名，又是族称。④ 而蜀国作为西土诸侯参加周的灭殷联盟，取得了成功，是周初西南方国中的强者，被周人视为西土方国的表率。1972 年再发现的《班簋》有长铭一百九十余字，内有“作四方望，秉、緐、蜀、巢”句。据郭沫若研究应订为成王时器（一般以为穆王器），释道：“‘作四方望’言为天下之表率。”“秉殆假为彭城的彭，在今江苏北部；澶渊一名渊，因緐水得名，在今河北境内；蜀即西蜀，在今四川；巢即南巢，在今安徽南部。这样的四国就代表东北西南四方。在这个范围内，大抵上就是周初天下。”⑤

（二）秦代：秦移民与蜀人互动融入华夏民族

战国之时，秦楚相争，秦攻占巴蜀，在巴蜀地区置郡设县统治长达一百一十年。成了古蜀史上最重要的事件之一，也是战国时期汉民族的前身华夏民族从多元走向一体的一个重要方面，是蜀人融入华夏民族及汉民族的开始。

秦治蜀在推动各民族之间的互动、磨合和融合上取得了显著的成效。蜀人的族群结构复杂，绝大多数都过着定居的半农半牧或农猎牧并重的生活，都各占有险山恶岭为寨，易守难攻。所以，对他们不可能尽驱他乡，也不可能全掳以为奴。正是在这种特定历史环境下，秦一方面对蜀人实行

---

① 刘森垚：《“古蜀国起源”研究综述》，《西华大学学报》2014 年第 1 期。

② 参阅刘森垚《“古蜀国起源”研究综述》，《西华大学学报》2014 年第 1 期；Rowan Flad 哈佛大学人类学系教授郭潇雅编译《三星堆到金沙：从祭祀看古蜀国的变化》，载《中国社会科学报》2013 年 12 月 16 日第 A06 版。

③ 《尚书正义》卷一一《牧誓》和注。

④ 参阅田继周《先秦民族史》，四川民族出版社 1996 年版，第 374 页。

⑤ 郭沫若：《班簋的再发现》，《文物》1972 年第 9 期；唐兰：《西周青铜器铭文分代史征》，中华书局 1986 年版，仍照旧说，今依郭说。以上参阅林向《巴蜀考古论集》，四川人民出版社 2004 年版，第 37—38 页。

县道并行[①]、赋税从轻、刑罚从轻等“优宠之”[②]的怀柔政策[③]，另一方面又大量移民入蜀。秦向蜀地的移民起于秦入巴蜀（前 316 年），讫于西汉晚期，长达三百年。从一定意义上来说，是中国历史上最早在政府指导下进行的大规模移民。

《史记·项羽本纪》载项羽对范增说：“巴蜀道险，秦之迁入皆居蜀。”为什么会出现这种“皆居蜀”的移民潮呢？四川历史学家罗开玉做过详细的分析：第一，在交通上，此乃一封闭性盆地，被迁入者难以外逃；第二，战国后，山东各国与秦争雄，而与巴蜀无争，是最令秦政府放心的迁徙地；第三，土著势力强大，需移民削之；第四，开发巴蜀，需有一大批技术骨干，管理人才；第五，以移民之法拆散秦本土大家族势力，较易见效；第六，处理一般犯罪分子之途径；第七，解决原六国割据势力的一种途径；第八，政府获得财产，解决土地兼并等问题的一种手段。[④]所以葛剑雄在《中国移民史》中说：“秦国一直把巴蜀作为流放罪犯和安置移民的地方。这一方面是由于巴蜀地居后方，地形险阻，交通闭塞，迁移对象逃亡的可能性不大，另一方面是因为这里自然条件优越，资源丰富，移民容易生存，也就乐意定居了。”[⑤]

秦向蜀的移民主要有三种形式。

1. 秦本土向蜀移民

秦本土向蜀的移民是政府强制组织的行为，主要来自本土和统治时间较长的占领地的一般百姓和豪户。周赧王元年（前 314 年），秦惠王封子通国为蜀……戎伯尚强，乃移秦民万家实之。[⑥]这是秦向巴蜀的第一次大移民。若以一家五口计，仅这一次就五万人。这批移民大部分移居在成都、郫、临邛的三角地带内。另外还有一部分移至川西南。《太平寰宇记》卷七四《嘉州罗目县》说，秦水，在县西一百二十里，昔秦惠王伐蜀，移秦人万家以实蜀中；秦人思秦之泾水，乃

---

① 秦在蜀地推行分封与郡县制并行的同时，还在该地少数民族聚居地区创立了与县同级，但又与县制有若干区别的“道”制。秦汉时期，在少数民族聚居地区设立的县级政府称“道”。

② 《后汉书·南蛮西南夷列传》。

③ 罗开玉：《四川通史》（第二册），四川大学出版社 1993 年版，第 23—27 页。

④ 同上书，第 27—28 页。

⑤ 葛剑雄：《中国移民史》第二卷，福建人民出版社 1997 年版，第 77 页。

⑥ 《华阳国志》卷三《蜀志》。

呼此水为泾水，唐天宝六年改为秦水。这支秦人移此最初与开明族群的一支在亡蜀后向西南逃窜有关。唐代改这里的泾水为秦水，盖因其后裔仍然居此。《华阳国志·蜀志》又说，临邛县，郡西南二百里，本有邛民，秦始皇徙上郡民实之。上郡，辖今陕北和内蒙古鄂托古旗等地，春秋时属白翟所居，战国初属魏，前328年纳于秦[①]，当年设郡。始皇于前246年接位，故知这次移民时，秦在上郡至少已统治了八十余年。[②]

2. 罪人流放移民

秦政府流放罪人也是一种移民入蜀的形式。

秦时流放罪人入蜀主要有三类：一是本人犯罪；二是受连坐；三是因父母等要求而被流放。《史记·秦始皇本纪》说："及其（嫪毐）舍人，轻者为鬼薪，及夺爵迁蜀四千余家，家房陵。"《正义》引《括地志》云："房陵，今房州房陵县，古楚汉中郡地也，是巴蜀之境。"以一家五口计，仅此一举就有二万人迁入房陵县。《史记·吕不韦列传》说秦王政（始皇）赐文信侯书曰："其（吕不韦）与家属徙处蜀!"吕不韦自杀后，其家属仍不免此刑。迁徙边县，是当时最轻的刑罚。出于开发边地的需要，据《睡虎地秦墓竹简》[③] 所载，《秦律》规定：本应指挥军队作战的大夫，丢下军队不管，自去冲锋斩敌首者；在职官吏利用政府马匹和勤杂人员经商牟利者；百姓不到免老年龄（60岁）而诈老者；里典、伍老、伍人知情不报者；作案团伙在五人以下，窃物价值在二百二十钱至一钱者；有时说了不合时宜的话，犯"毒言"罪者，皆判迁徙。[④]《秦律》还规定：被判迁刑者，其妻虽曾事先自首，但仍应随同到流放地点，不曾自首的当然就更应前往；被判迁刑者，在未执行前死亡或逃跑，按规定应受连

---

① 《史记·秦本纪》。

② 罗开玉：《四川通史》（第二册），四川大学出版社1993年版，第28—29页；葛剑雄：《中国移民史》第二卷，福建人民出版社1997年版，第77—79页。

③ 睡虎地秦墓竹简，也称云梦秦简，是1975年12月在中国湖北省云梦县城关睡虎地十一号墓出土的秦代竹简，记载了当时的法律和公文，经过整理竹简的内容被收集进《睡虎地秦墓竹简》一书。这批竹简是研究战国晚期到秦始皇时期政治、经济、文化、法律、军事的珍贵史料，也是校核古籍的依据。据考证，该墓的主人名叫"喜"，生前曾担任过县的令吏，参与过"治狱"，这些竹简可能是墓主人生前根据工作需要对秦朝的法律和法律文书所作的抄录。

④ 睡虎地秦墓竹简整理小组编：《睡虎地秦墓竹简》，文物出版社1978年版，第131、133、143、150、177、276页。

坐的家属，仍应前往流放地点。[①]

3. 俘虏移民

秦在统一六国的过程中行牵蛟龙出水、驱猛虎下山之策，不断地将俘虏、六国的统治者、宗室及其富商大贾、豪强地主、手工业等迁离故土，大部迁往巴蜀。《华阳国志·蜀志》曰：秦惠文、始皇克定六国，辄徙其豪侠于蜀，资我丰土。秦王政十七年（前230年），秦军攻赵，次年生俘赵王迁。《淮南子·泰族》云：赵王迁被放于房陵，思故乡，作《山木之讴》，闻者莫不陨涕。秦王政二十五年（前222年），秦灭楚，楚王宗室亦被迁蜀。《太平御览》卷一六六引《蜀记》曰：秦灭楚，徙严（庄）王之族于严道。《古今图书集成》六三八《雅州古迹考》引《州志》云：严道废县在雅州治城外大江之岸，址存，按《明一统志》在州治东；秦始皇灭楚，徙严王之族以实其地，故名。近年，在荥经（古严道地）曾家沟发掘了一批带有浓厚楚文化风格的墓葬。[②]《史记·货殖列传》记载："蜀卓氏之先，赵人也。用铁冶富。秦破赵，迁卓氏。卓氏见虏略，独夫妻推辇行诣迁处。诸迁虏少有余财，争与吏，求近处，处葭萌。"可见秦破赵后，迁虏入蜀，规模浩大。它表现出了楚移民的怀祖思乡之情。《史记·货殖列传》又说："程郑，山东迁虏也，亦冶铸，贾椎髻之民，富埒卓氏，俱居临邛。"此"山东"即指六国。这些被强徙的桀黠大豪，脱离了原来的基础土壤，失去了过去的社会关系，在迁地人地生疏、势单力薄，即便在乡里小吏面前，也只有唯唯诺诺而已。

秦汉政府移民、徙徒、迁虏的目的十分明确：用移民开发边疆。此便决定了被迁徙者终身不得离蜀，即"令终身毋得去迁所"[③]。全家迁去者，自然在迁地安家，单身往前者，亦娶妻落户，不仅本人不得擅离此地，子孙后代也扎根于此。一般的徙徒迁虏者，到迁徙地后，只要不外逃，就基本是自由的，享受与当地百姓一样的权利，也承担与其同样的赋税徭役义务。《史记·秦始皇本纪》载始皇十一年："秋，复嫪毐舍人迁蜀者。"即免除赋税徭役。[④]

---

① 睡虎地秦墓竹简整理小组编：《睡虎地秦墓竹简》，文物出版社1978年版，第178、177页。

② 《四川荥经曾家沟战国墓群第一、二次发掘》，《考古》1984年第12期。

③ 《秦简·迁子》。

④ 以上均参阅罗开玉《四川通史》（第二册），四川大学出版社1993年版，第29—34页。

这样，秦移民与蜀人互动磨合，从多元走向一体，在交往、交流中融入了华夏民族之中。融入华夏民族的蜀人就成了四川人的先祖。

（三）汉代：蜀人随华夏民族转化为汉民族

汉承秦制，在秦实现了“大一统”的华夏民族转化成为汉民族，已融入华夏民族的蜀人也随之成了汉民族的一个组成部分。

但汉民族从多元走向一体的过程并未结束，而是从多元融合与华夏的统一，转向了民族互化与以汉化为主流的新阶段，在蜀地也是如此。

一方面是汉武帝开西南夷，将汉帝国设置郡县的地区扩大到今四川南部、贵州和云南大部。这些地区的土著居民基本上是土著的“西南夷”，为了设置和维持行政机构和交通线，朝廷和地方政府必定要迁入大批汉人，而蜀地就近滇、黔，其中必有人南迁入滇、入黔。此事史载虽甚少，如地处今云南保山境内的不韦县，据说是汉武帝将南越丞相吕嘉的子孙宗族迁去，并用吕不韦的名字命名的。[①] 这反映了蜀人入滇的事应是确定无疑的。

另一方面，汉帝国时仍有不少人入蜀。汉初，在四川设益州，由于战乱和自然灾害，也有不少中原汉人迁到蜀地。如《汉书·食货志》说：“汉兴，接秦之敝，诸侯并起，民失作业，而大饥馑。凡米石五千，人相食，死者过半。高祖乃令民得卖子，就食蜀汉。”但西汉初的迁移对象主要是各类“罪犯”、平民、灾民，司马相如[②]、王褒[③]等都应是这些人的后裔。还有四川博物馆收藏有一块东汉的墓门石枋石刻，有文字如下：

> 唯吕氏之先，本丰沛吕□子孙。吕禄，周吕侯。禄兄征过，徙蜀汶山□□□□□□□□□建成侯怠征过，徙蜀汶山□□东杜（社）造墓藏丘冢。[④]

值得注意的是，蜀地有些县和城是两汉初年设置的。一般来说，新

---

① 《华阳国志·南中志》。另孙盛《蜀谱》说是将吕不韦的后人迁入的，见《华阳国志校补图注》，第 285 页及 288 页注文。

② 司马相如（前 179—前 118 年），西汉辞赋家，字长卿，蜀郡成都（今四川成都）人。

③ 王褒，中国汉朝著名文人，善于写诗，工于作赋，是中国历史上著名的辞赋家。

④ 张勋燎、袁曙光：《四川省博物馆藏汉代吕后族人墓葬石刻文字及其相关问题》，载四川大学历史系《中国西南的古代交通与文化》，四川大学出版社 1994 年版，第 107 页。

县治或城的设立是一个地方人口增加和经济发展的结果。就蜀地而言，增加的人口既有可能来自移民，也有可能是出于当地人口的自然增长。由于蜀地正处于开发过程，由中心区向周边的迁移、由北向南的迁移肯定是在不断进行的。如青衣县（今四川名山县西北）是“故青衣羌国”，高后六年（前 182 年）所开。僰道县（今宜宾市西南）也是高后六年筑城的，“本有僰人”，“汉民多，渐斥徙之”[①]。此两地原来都是当地少数民族聚居地，随着汉人的不断迁入才设置县城，这一过程在蜀地是有代表性的。

此外，还有一些特殊的移民，即中央政府派往蜀地的官员，有的就定居于任地。这些人数量有限，但因为他们一般既有文化又有推行先进文化的权力，所以起了很大的作用。最典型的例子是庐江舒县（今安徽庐江县西南）人文翁，其是“少好学，通《春秋》，以郡县吏察举”；景帝末年出任蜀郡太守，以后终老于蜀。[②] 凡此等等，都或多或少地反映了汉帝国蜀地移民的状态，也都或多或少地反映了蜀人继续走在汉民族从多元走向一体的历史大路上。

（四）蜀汉：四川人处于孕育之中

三国蜀汉四川人已处于孕育之中。

在三国鼎立的时代，蜀主刘备入主蜀地成都，随之有大批汉民移民迁入。一方面是随刘备入蜀的上层人物，据葛剑雄研究，《三国志·蜀书》各传中迁蜀的人员主要来自三个地方：一是北方今河北、河南，包括刘备的原籍和曾经活动过的地方。这部分人一般都是随刘备至荆州后再迁入川的。二是来自南阳和荆州，数量最多。这是由于刘备曾在新野驻扎，吸收了不少当地人士，又接收了荆州刘表的部分部众和投奔他的人员。这部分人是随刘备进入四川的基本力量。三是由关中投奔蜀国的人。[③] 此外，其他史书还有记载，如据《资治通鉴》卷一四〇载北魏直阁将军薛宗起称：“臣之先人，汉末仕蜀，二世复归河东。”《北史·薛聪传》亦载聪自称：

---

① 《华阳国志·蜀志》，见《华阳国志校补图注》，第 198 页、174 页。

② 以上参阅葛剑雄《中国移民史》第二卷，福建人民出版社 1997 年版，第 259—260 页。

③ 详见葛剑雄《中国移民史》第二卷，表 8－3 迁蜀人物实例，福建人民出版社 1997 年版，第 274—275 页。

"臣九世祖永，随刘备入蜀，时人呼为蜀。"[①]

另一方面是下层平民，如初平三年后从关中和南阳迁入的数万人，被刘焉编为"东州兵"[②]。这些人加上家属，数量有一二十万，以后也未再迁出。

重要的是蜀汉刘备集团的主要成员是外来移民，除了必须稳定与土著汉人的关系以外，还要协调与蜀地少数民族的关系。尤其是刘备死后，蜀国南部大姓公开对抗，并与吴国联络。建兴三年（225 年），蜀之相诸葛亮出师南征，平定南中。但由于土著汉人与少数民族的力量过于强大，诸葛亮不得不争取其上层人士的支持，所以南中各郡太守中，除马忠、永昌太守王伉是巴蜀人外，李恢是本郡俞元（今云南澄江县境）人，吕凯是永昌不韦（今云南保山市东北）人，其他几位未见记载的太守估计也是本地人，当地的基层官员更是全部任用本地族群首领。这样做的原因，诸葛亮自己做过解释："若留外人，则当留兵，兵留则无所食，一不易也。加夷新伤破，父兄死丧，留外人而不留兵者，必成祸患，二不易也。又夷累有废杀之罪，自嫌衅重，若留外人，终不相信，三不易也。今吾欲使不留兵，不运粮，而纲纪粗定，夷、汉粗安故耳。"[③] 为此，所以诸葛亮平南中后非但没有向南方移民，还从当地迁走了大量人口，他"移南中劲卒、青羌万余家于蜀，为五部，所当无前，号为飞军"[④]。所谓青羌，即原来居住在青衣江流域的羌人，以后南迁至今云南境内。这次所迁有羌人，也有当地其他族群的人口，合计有数万，都被编入军队，驻守蜀汉各地或随蜀军征战[⑤]，最后都在互动、磨合中融入汉民族之中，但由于四川之名尚未问世，故此汉民族的族群只能算是初孕之中的四川人。

二　从魏晋到唐宋：孕育四川人

一个族群的形成，从初孕到呱呱坠地是一个"十月怀胎"的过程。

---

① 《新唐书·宰相世系表》三下称薛兰"子永，字茂长，从蜀先主入蜀，为蜀郡太守。永生齐，字夷甫，巴、蜀二郡太守"，较此处更详，但未必可信。

② 《后汉书·刘焉传》。

③ 《三国志·诸葛亮传》注引《汉晋春秋》。

④ 《华阳国志·南中志》，第 241 页。

⑤ 葛剑雄：《中国移民史》第二卷，福建人民出版社 1997 年版，第 275—277 页。

如果说从蜀到蜀汉是四川人的初孕，那么，从魏晋到唐宋是四川人形成的“十月怀胎”。在这个700多年的“十月怀胎”过程中，四川人随着汉民族“雪球”的滚动而呱呱坠地。

（一）魏晋南北朝“雪球”的滚动

魏晋南北朝时，汉民族发展的雪球在蜀地的滚动中，蜀地已成为西晋的益州、梁州。

在魏晋时期，由于巴蜀地区相对安定，中原百姓纷纷迁入四川，如西晋元康六年（296年），关西一带氐羌七万人起兵反晋，推氐帅齐万年为帝，驻梁山（陕西乾县）。晋发兵袭击齐万年。关西连年大饥，再加兵祸，略阳（甘肃安县东南）、天水（甘肃天水县西南）等六郡流民数万家，计十万余人经汉中入蜀求食，其中有多一部分是氐人和羌人，他们先后被汉化。

接着，益州流民在氐族李特领导下起义。公元3世纪末，连年的战乱、民族冲突、传染病流行、旱灾、霜害、饥荒，迫使百姓循着关中传统的避难路线，越过秦岭进入汉中。“百姓乃流移就谷，相与人汉川者数万家”，其中就有以李特为首领的大批氐人。流人在汉中上书朝廷，要求“寄食巴蜀”，朝廷不同意，派侍御史李苾去汉中慰劳劝阻。但李苾在汉中接受了流民的贿赂，反而向朝廷建议：“流人十万余口，非汉中一郡所能振赡，东下荆州，水湍迅险，又无舟船。蜀有仓储，人复丰稔，宜令就食。”于是流人合法地迁入巴蜀地区。[①] 在这种情况下，雍、梁二州的流人也会继续迁入汉中和巴蜀。汉、氐各民族流民十万余人入蜀后，散处各地佣工。西晋政府强令他们还乡，梓潼太守张演在沿途关卡搜查截留流人的财物。流民“人人愁怨，不知所为”，纷纷聚集到绵竹李特所设大营。辛冉、罗尚发兵袭击，被李特击败。于是六郡（天水、略阳、扶风、始平、武都、阴平[②]）流人推李特为首，起兵自立。太安二年（303年）李特称益州牧，改元建初。经过激烈战争，李雄（李特之子）于次年攻占成都，称帝，史称“成汉”。这样，秦雍各族流人基本都在成汉境内定居，人数估计在十万以上。

---

① 《晋书·李特载记》。

② 参阅唐长孺《晋代北境各族“变乱”的性质及五胡政权在中国的统治》，载《魏晋南北朝史论丛》，生活·读书·新知三联书店1962年版，第146页。

历史的纠结有时很难打开。北魏与夏在关陇的战争，宋、魏与氐人间的反复争夺，都导致关陇和汉中流民的多次迁移，最终往往流入巴蜀。如元嘉二年（425 年），“以关中流民出汉川，置京兆、扶风、冯翊等郡”[①]因“关中民三千二百三十六户归化”，于元嘉六年置陇西郡[②]，领六县；元嘉十二年（435 年），梁州晋寿郡（治今四川广元市南）民南流，于剑南置南晋寿郡（治今四川彭州市西北）；同年还为新巴郡（治今四川青川县西南）的流民在剑南置南新巴郡；孝建二年（455 年）所置北扶风郡，也是用以安置“秦、雍流民”[③]。《南齐书·州郡志》称：梁州“关陇流民，多避难归化，于是民户稍多”。从陇西一郡就有三千多户的规模来推算，前后流民总数可能在数万至数十万之间。又如在《宋书·州郡志》梁州领郡下有南阴平，是由“阴平旧民流寓立”；白水郡，由“仇池氐流寓立”[④]。

有人迁入也有人迁出。如成汉之时，一部分蜀人或由江阳（今四川泸州市）沿长江向东逃亡，或向南逃往益州南部和宁州各郡（约相当今云南、贵州的大部和四川长江以南部分）。[⑤] 又如永嘉四年（310 年），蜀人李骧在乐乡（今湖北松滋县东北）起兵。荆州刺史王澄出兵镇压，竟假意接受投降而实行偷袭，将俘虏八千余人淹死，妇女儿童赏给军人。于是四五万户流人群起暴动，推举成都流人杜弢为首再起兵。后在荆州刺史陶侃的征讨下，“前后数十战”，最后于建兴三年（315 年）被陶侃镇压。[⑥] 这批流民随李骧起兵的至少应有二万，拥杜弢起兵时还有四五万户，则总数当有近二十万，迁出巴蜀时至少有三十余万。但经过四五年战争残杀，被俘或降于晋军的又将随军而迁，所以最终能在荆湘定居的不过二三万人。[⑦] 历史就是这样，有时很难走出“冲突”的怪圈。太元九年，晋军分道北上西进，先后攻克襄阳、彭城、洛阳、黎阳（今河南浚县

① 《宋书·文帝纪》。

② 据《宋书·刘道产传》：“元嘉三年，督梁、南秦二州诸军事、宁远将军、西戎校尉、梁、南秦二州刺史。在州有惠化，关中流民，前后出汉川归之者甚多。六年，道产表置陇西、宋康二郡以领之。”则此年因流民所设之侨郡尚有宋康，《宋书·州郡志》不载，或不久并废。

③ 《宋书·州郡志》。

④ 参阅葛剑雄《中国移民史》第二卷，福建人民出版社 1997 年版，第 331 页。

⑤ 同上书，第 309 页。

⑥ 《晋书·杜弢传》《晋书·王澄传》；《资治通鉴》卷八九《晋纪》建兴三年（315 年）。

⑦ 葛剑雄：《中国移民史》第二卷，福建人民出版社 1997 年版，第 319 页。

东），至次年又攻克成都，收复益、梁二州。[①] 此后数年间，北方前秦、后秦、后燕、西燕、北魏等政权间的争夺异常激烈。这样，迁入迁出，互动磨合，蜀人在魏晋汉民族“雪球”的滚动中既融入了新的血液，又迁出了一部分蜀人而换了血。

（二）隋唐“雪球”的滚动

隋唐时，汉民族发展的雪球在蜀地滚动，蜀地已成为唐代的剑南道、山南西道和黔中道。[②]

历史还在原来的轨道上行进着，隋唐时期，蜀地社会安定，经济进入全盛时期，有“扬（今江南地区）一益二”之说。于是，每逢战乱总有一些关中人民南迁巴蜀避乱。

最重要的是安史之乱（755—763 年）爆发后，唐玄宗奔蜀，平民百姓亦随之入蜀者甚多。高适说：“比日关中米贵，而衣冠士庶，颇亦出（长安）城，山南剑南，道路相望，村坊市肆，与蜀人杂居。”[③] 后玄宗及其随从返回长安，在蜀避难的关中人亦有返回，但定居于此的不在少数，画家杜觑龟之先人，诗人杜甫之子宗文、宗武便都留于此。安史之乱后，关中仍未太平，北人移居蜀中的浪潮，遂一直持续到德宗时期（780—805 年）。据卢求《成都记序》[④]，大中元年（847 年）剑南西川有户百万，兵士五万，较天宝户约增加 70%。这使孕育之中的四川人增添了新鲜血液。

唐末黄巢起义（875 年），义军夺取了长安，唐僖宗率文武百官、文人士子又避难成都。他们中相当一部分人，因中原大乱不愿还乡，或自己还乡，而留子孙在蜀中。宋代成都平原的一些望族，如成都王氏、宋氏、刘氏，广都郭氏，新繁彭氏，其祖先皆随僖宗入蜀后留居此。这又使孕育之中的四川人增添了新鲜血液。

---

① 《资治通鉴》卷一〇六《晋纪》太元九年、十年。

② 龚煦春撰：《四川郡县志》卷七说：“唐定天下，分天下为十道，蜀据有剑南、山南及黔中三道之地。”剑南道区域，为古益州之地，大概在今四川盆地西部，其界，“东联牂柯，西界吐蕃，南接群蛮，北近剑阁”，相当于今嘉陵江以西的四川中部。山南道区域，大概在今四川盆地东部和陕南汉中盆地。黔中道为玄宗开元二十一年（733 年）分江南道为东、西两道后而增设的，其地有一部分在今四川南部和东南部地区。

③ 《全唐文》卷三五七《请罢东川节度使疏》。

④ 卢求：《成都记序》，载《全唐文》卷七四四。

唐朝覆灭（907年）后，中原混战，而王建、孟知祥先后在四川地区建立起前蜀、后蜀政权，分别历时十八年、三十一年。他们都采取了休养生息政策，没卷入中原争斗，使蜀地一度成为全国最为繁荣的地区，又有大批北方汉民族迁徙入蜀。宦官严遵美、名诗人韦庄、左仆射张濬次子张格等皆于此时入蜀定居[①]，故《新五代史·前蜀世家》说："蜀恃险而富，当唐之末，士人多欲依（王）建以避乱……（王建）所用皆唐名臣世族。"后唐时大将孟知祥率军入蜀，后割据蜀中，随其入蜀的部众数万人皆定居蜀中，使孕育之中的四川人增添了新鲜血液。

元人费著撰《成都氏族谱》载唐宋蜀中四十五家著名士族，其中先祖由外地入蜀的有二十八家，占蜀地士族总数的三分之二。在入蜀士族中，隋末唐初入蜀三家，安史之乱后中唐时期入蜀的五家，唐末五代入蜀十八家，北宋初入蜀一家。显然，中唐、唐末五代是向蜀中移民的高峰时期，唐末五代规模尤大。[②] 成都平原各州吸收北方移民最多。由于移民进入，成都人口明显增加，故杜甫有"城中十万户"[③] 的诗句。而天宝年间成都连其周围十县不过十八万户。由于旧城区人多拥挤，乾符二年（875年）筑罗城，城区规模比以前扩大一倍以上。五代后蜀时，又增筑羊马城。张次宗《荐前汉州刺史薛元赏状》载，薛元赏为汉州刺史，"流庸自占者过九千家"[④]。建中年间（780—783年），韩洄为蜀州刺史，复人之庸亡二千余户。[⑤] 这样，北方汉民族人的不断迁入，蜀人在隋唐汉民族"雪球"的滚动中融入了大量的新的血液。

（三）两宋"雪球"的滚动

北宋时，汉民族发展的雪球在蜀地的滚动中，蜀地的行政区划有了重大的改变，为四川人的育成创造了条件，打开了"产门"，这就是"四川"之称的出现。

宋真宗咸平四年（1001年）宋王朝对地方行政区划进行了一次新的

---

① 《新唐书·严遵美传》，《十国春秋》卷四〇《韦庄传》、卷四一《张格传》，中华书局1986年版。

② 以上蜀中移民内容均据谢元鲁《唐五代移民入蜀考》，《中国社会经济史研究》1987年第4期。

③ 《水槛遣心二首》，见王士菁《杜诗便览》上册卷五，四川文艺出版社1986年版。

④ 《全唐文》卷七六〇。

⑤ 《全唐文》卷五〇七。

调整，将巴蜀之地划分为益州路、梓州路、利州路、夔州路，治所分别为今成都、三台、汉中和奉节，总称“川陕四路”，简称“四川路”，这是“四川”得名之始。在宋徽宗大观三年（1109 年）的诏书中就正式使用了“四川”一词，这是目前所见到的将“四川”作为行政区划略称的开始。这以后，宋代设有“四川宣抚使”“四川制置使”等官职，就是中央派驻川陕四路的官员，都将川陕四路简称“四川”。“四川”之称正式问世，为四川人的“呱呱坠地”准备了最后的条件。

宋代，蜀地还有许多地方是少数民族地区。据吴松弟研究：“夔州、梓州两路的南部及成都府路西部的沿边山区，北宋初主要是非汉族生活地区。有的非汉族单独居住在某一区域，有的则与汉族杂居。《太平寰宇记》载：北宋初期，戎州（治今宜宾市）‘夷夏杂居，风俗各异’（卷七九）；荣州（治今荣县）‘夏人少，蛮僚多’（卷九五）；泸州（治今市）除汉主户 2047 户以外，还有‘僚户二千四百一十五’（卷八八）；霸州（治今汶川县西北）‘汉一百七十余，外并蕃户’（卷八〇）。”[①] 而汉民族移民入蜀后，也逐渐进入这些少数民族地区，自太平兴国至元丰三年（976—1080 年）的一百余年间，四川沿边诸州军的户数有了较大的增长。户年平均增长率，成都府路的黎州（治今汉源县北）为 16.7‰，维州（后改名威州，治今理县北）为 34.9‰；梓州路的昌州为 9.13‰，戎州为 11.8‰，泸州为 28.8‰，富顺监为 7.3‰；夔州路的渝州和南平军为 8.1‰；皆远远超过所在路的年平均增长率。[②]

宋代蜀地边州人口的迅速增长，除了非汉民族入籍这一因素以外，和汉民族人口的迁入也有关。北宋后期许襄说泸州：“华戎错居，土多旷而弗耕，俗率旷而未扰。比召边吏，募民为兵，授田以籍，教之耕战，使财用内足于边陲，而声威外震于蛮貊。”[③] 其中，泸州南部原为非汉族地区，熙宁用兵后设置二寨招民屯垦，至熙宁七年（1074 年）“凡得夷所献地二百四十里，均已募人垦耕”[④]。熙宁四年（1071 年），位于渝州的南川

① 葛剑雄主编：《中国移民史》第四卷，福建人民出版社 1997 年版，第 231 页。

② 各州、监的年平均增长率成都府路为 3.7‰，梓州路为 4.7‰，夔州路为 8.4‰。葛剑雄主编：《中国移民史》第四卷，福建人民出版社 1997 年版，第 232 页。

③ 《襄陵文集》卷一《张域转官制》，四库全书本。转引自葛剑雄主编《中国移民史》第四卷，福建人民出版社 1997 年版，第 232 页。

④ 《续资治通鉴长编》卷二四九，熙宁七年正月甲子。

（治今綦江县南）和巴县（治今重庆市）境的夷人李光吉、王兖、梁承秀三族“各有地客数千家”，并且“间以威势诱胁汉户，不从者屠之，没人土田，往往投充客户”[①]。这些汉户应该都是新迁入的移民，而人数众多的“地客”中相当部分也是汉民族移民。黎州的邛部蛮“招集蕃汉亡命”[②]，也应有一定的汉民族迁入。此外，还有一些川、陕商人携家属前往威州、茂州经商，甚至可能有人“移家住居”[③]。

这种互动态势发展到南宋时期，四川更是具有特殊战略地位的重要地区。清代史家钱大昕称：“宋南渡后，以四川为上游重镇。蜀土富实，无兵革之扰，居官者以为乐土。”[④] 汉民族人民向边地的迁移达到更大的规模。早在北宋治平至元丰年间（1064—1085 年），为了确保汉区的安宁，成都府路在今青城山以西汉族与非汉族分布区交界处设立禁山，禁止汉民进入非汉族地区伐木和垦种。此外，梓州路和夔州路也先后设立禁山。但汉族农民不顾禁令，“侵开日广”，青城山以西地区“弥望田苗，几撤蕃界”。到南宋淳熙年间（1174—1189 年），龙（治今四川江油市北）、威、茂（治今茂汶县）、嘉（治今乐山市）、叙（即戎州）等边州的禁山，由于居民垦辟、采伐，已“耗蠹无几”[⑤]，标志着一定数量的汉族人民已迁入非汉族地区。

北宋蜀地汉民族与土著少数民族的互动、磨合，一直在冲突和整合中进行着。

对梓州路泸州和叙州少数民族地区的开拓是一个案例。在梓州路，泸州的民族冲突频繁，宋帝国就对泸夷进行讨伐。泸夷是指宋代泸州及其羁縻州范围内的少数民族的统称，在宋代被统称为“泸夷”“泸州部”“泸州蛮”。在梓州路的众多少数民族中，泸夷与宋王朝的冲突最多、最激烈。熙宁七年（1074 年），宋神宗任命时任戎州通判熊本为梓夔察访使，负责讨伐泸夷。这一地区的少数民族首领与当地州县的豪酋互相勾结，鱼肉乡里，宋前期的每次进剿都因此而失败。熊本到达泸州后，了解到豪酋

① 《续资治通鉴长编》卷二一九，熙宁四年正月乙未。

② 《宋史·蛮夷志》。

③ 《续资治通鉴长编》卷二七七，熙宁九年九月甲寅朔。

④ 钱大昕：《十驾斋养新录》卷八《四川制置》，《国学基本丛书》本，商务印书馆 1936 年版。

⑤ 《宋会要辑稿》食货二九之四一。

是冲突的祸首，便设计招诱村中豪酋 100 多人到军营中，列举他们的罪状，并在泸水边斩首示众，其余的豪酋纷纷表示愿意效忠宋王朝赎罪。这样，熊本很快讨平了泸州夷的叛乱。[①] 讨平“泸夷”后，宋王朝在此地共得到土地“二百四十里”，并且募人垦耕，把所管辖的少数民族联为保甲进行管理。[②]

元丰年间（1078—1085 年），乌蛮乞弟部反叛，这是宋帝国在成都府路、梓州路与少数民族所发生的最为激烈的冲突。乞弟反叛最终被宋所败，宋置“泸南缘边安抚司”。于政和五年（1115 年）正月，宋又平定了泸南晏州夷的反叛。此后，宋帝国在此得地“环二千里”，也募人耕种，再次确认了在泸州设置“泸南缘边安抚司”，领泸、叙、长宁军三郡边事。三郡所隶堡寨官，皆沿边安抚使管辖，宋朝对这些地区的控制进一步加强。这正是在“滚雪球”中，汉民族与少数民族互动、磨合的一个过程。在这个过程中，由于大量土地募人耕种，羁縻府州赖以存在的经济基础逐渐丧失。因此，泸州所辖羁縻州基本上不复存在或名存实亡。[③] 宋帝国乘势废除了长宁、晏、奉、高、薛、巩、淯、思峨等羁縻十州，建立长宁军。根据《宋史・地理志》的记载，熙宁八年（1075 年）废除长宁等十个羁縻州，“夷人得个祥献长宁、晏、奉、高、薛、巩、淯、思峨等十州，因置淯井监隶泸州”[④]，政和四年（1114 年），建立了长宁军。汉民族与蜀地少数民族之间的互动、磨合有了一定的深度。

但是，这种整合仍有反复，如宋帝国对叙州的开拓较早，其原名戎州，政和四年（1114 年）改名为叙州，同时改僰道县为宜宾。宋初的乾德年间（963—968 年），已废前代的开边、归顺二县，辖僰道、南溪、宣化、庆符四县。四县中，宜宾、南溪、宣化三县近于内地，唯庆符县“本叙州徼外地”。政和三年（1113 年），将庆符县建为祥州，其下置庆符、来附二县。但到了宣和三年（1121 年），祥州被废除“来附县入庆符县，隶叙州”[⑤]。就这样，宋王朝对叙州的开拓出现了反复。但趋势就是趋势，是不可逆转的。所以正州虽然被废

---

① 王革：《北宋对西南地区的经制》，《社科纵横》1999 年第 3 期。

② （宋）李涛：《续资治通鉴长编》，中华书局 2004 年版，第 6073 页。

③ 刘复生：《僰国与泸夷——民族迁徙、冲突与融合》，巴蜀书社 2000 年版，第 97—98 页。

④ 《宋史・地理五》。

⑤ 同上。

除，但其下所设的县或城往往成为砦堡而驻有兵丁。这就使得宋王朝在成都府路和梓州路建立的砦堡明显增多，有利于雪球向“汉化”方向继续滚下去。

正是由于汉民族从多元走向一体“滚雪球”的作用，移民的不断入蜀，到南宋时蜀地的社会面貌有了很大改变。宋人真德秀[①]说：“南平（治今綦江县南），故汉巴渝地，至唐犹以僚名。我朝元丰中，声教远浃，始即其地置军焉。百三四十年间，浸以道德，熏以诗书，彬彬焉，与东西州等矣。”[②] 据《四川古代史稿》研究，原广泛分布在四川南部各地的僚人，南宋时已大致完成与汉族或其他非汉族的融合过程。[③] 僚族的主要部分与汉族相融合无疑是汉族大批迁入边地的结果。

整个宋代，在汉民族从多元走向一体的滚雪球的运动中，来自北方秦陇鲁豫地区的居民不断地移居四川，构成四川外来移民的主体[④]，蜀地的少数民族也有不少逐渐“汉化”，这样，在“四川”之名已成蜀地之称时，宋代就成了四川人形成的一个“地标”。从魏晋到唐宋，四川人经过700多年的“十月怀胎”，终于“呱呱坠地”。但是宋代形成的四川人还只是“少年时代”的四川人。俗话说“女大十八变”。在其后的“滚雪球”的发展中，四川人还会“十八变”。

三　明清：湖广填四川的大换血

元代在四川建置行中书省，简称为四川行省。元代末年，长江中游地区发生战乱，大量湖广人“避乱入蜀”，从而揭开了明清“湖广填四川”的序幕。

所谓“湖广填四川”，源于清代魏源《湖广水利论》中谈到的“江西填湖广，湖广填四川”[⑤]。在四川人的形成史上发生过两次湖广填四川，一次是在元末明初，一次是在明末清初。在汉民族“湖广填四川”的雪

---

① 真德秀，福建浦城人（今浦城县晋阳镇），本姓慎，因避孝宗讳改姓真。生于宋孝宗淳熙五年（1178年），卒于宋理宗端平二年（1235年）。真德秀是南宋后期与魏了翁齐名的一位著名理学家，也是继朱熹之后的理学正宗传人。

② 《西山文集》卷二八《送南平江守序》，四部丛刊本。

③ 参阅蒙默、刘琳等《四川古代史稿》，四川人民出版社1989年版，第303页。

④ 蓝勇：《西南历史文化地理》，西南师范大学出版社1997年版，第30页。

⑤ 转引自南晨《“湖广”为何要填四川》，《文史博览》2010年第8期。

球滚动中，完成了四川人“十八变”的脱胎换骨。

（一）明帝国的湖广填四川

四川人第一次“十八变”的脱胎换骨发生在元末明初。

元末明初，何以会发生湖广填四川的雪球滚动？绍兴三十二年（1162 年）四川有户数 266 万[①]，按每户 3 人计算，四川人有 790 余万口。但在长达半个多世纪的宋元战争中，使四川人口数量陡降。[②] 至元二十七年（1290 年），四川行省辖 9 路、3 府，但在《元史·地理志》中只有成都、广元、顺庆、重庆、绍庆、夔州 6 路府有户 98538、口 615772。这一数据只相当于南宋嘉定十六年同一地域范围 259 万户的 15%—19%[③]，人口锐减到只有几十万。元人在《三卯录》中说：“蜀民就死，率五十人为一聚，以刀悉刺之，乃积其尸，至暮，疑不死，复刺之。”就是在这个背景下，天府之国的四川却因为战争而生灵涂炭，人口锐减，从而引爆了第一次湖广填四川的移民潮。元末明初迁入四川的湖广人，主要有以下三种情况。

1. 避乱入川

湖广人在元末的战乱中纷纷“避乱入蜀”。元至正十一年（1351 年），元帝国爆发了反元农民大起义。红巾军刘福通起于颍州（今安徽阜阳），张士诚起于高邮，而在湖广蕲、黄一带的徐寿辉和随州的明玉珍亦相继发动了起义。元军则对起义进行血腥的镇压。

这样，起义爆发后，居于湖广地区，特别是湖广东北部随、麻、蕲、黄一带的地主官僚，以及一些躲避元军屠杀的农民群众就相继逃入四川，即元末所谓“避乱入蜀”。如明末监察御史王慕吉“先世楚麻城孝感乡人。明初，始祖与秀公避红巾乱入蜀，占籍成都”[④]。又如资阳的冯修吉，夹江的吏部文选郎中张庭，明光禄寺少卿宿进，营山的罗朝英，新都的杨廷和等人的祖先都是在这个时期迁入四川的。

---

① 吴松弟：《中国人口史》第三卷，复旦大学出版社 2000 年版，第 544 页。

② 李世平：《四川人口史》，四川大学出版社 1987 年版。又在《元史·世祖本纪》中“十月，以四川民仅十二万户……”的记载，李世平认为元代对四川统治严密有力，且重视户口登记和核实工作，四川当时的总户口数和向朝廷交纳的粮税数，在全国所占的比例一致，所以以 10 万户可信，以每户 4.5 人计算，约为 54 万人。

③ 吴松弟：《中国人口史》第三卷，复旦大学出版社 2000 年版，第 549 页。

④ 咸丰《内江县志》卷一三。

2. 随军入川

随军入川，即跟随元末起义军入川的湖广人。元至正十七年（1357年），起义军徐寿辉派部将明玉珍攻取四川。至正二十年（1360年），徐寿辉为其部将陈友谅所杀，陈友谅自立为帝，国号大汉。明玉珍不服陈友谅的领导，不久也在四川称帝，国号大夏。

明玉珍率领入川的农民军大都是湖广人，而且多是湖广东北部随州、麻城一带的人。这些以农民军身份入川的湖广人，道光《邻水县志》卷二云："元末湖广红巾贼徐寿辉称帝于蕲水，乡勇明玉珍引众降，以元帅守沔阳。率斗船五十艘掠粮川陕间，乘虚袭重庆。"民国《江津县志》卷三亦云："随州人起兵结屯，推其里人明玉珍为屯长。"所以，明玉珍称帝后，必然受到在四川的湖广人拥戴。如《内江县志》说，"明玉珍以至正乙未（1355年）入蜀，据有诸郡，东人避乱者归之。玉珍又楚北随州人，召集乡人以自固，其势然也"。民国《资州志》也说："玉珍为楚北随州人，其乡里多归之。逮今五百余年，生齿甚繁。考其原籍，通曰湖广，麻城孝感人为尤多。"

还有，在明朝官军占领湖广之后，不少同红巾军有牵连的人，为了躲避明军的捕杀，也从湖广来到明升控制的四川。地方志中的记载是："玉珍率兵袭重庆，称夏主，孝感人多随之入蜀。"① 又有记载说："（黄陂）至明初而土著者多迁四川。"② 如光绪年间的《仁寿李氏宗谱·世系考》说："元末，吾祖世居麻城孝感青山。陈逆之乱，乡人明玉珍据成都，招抚乡里。吾祖兄弟七人迁蜀，因与祖一公籍寿焉。"③

与此同时，明政府入川镇压明玉珍起义的军队后来也留驻在四川。洪武四年（1371年），明廷派中山侯汤和、江夏侯周德兴、德庆侯廖永忠、荥阳侯杨憬、都督佥事叶升等"率京卫、荆、湘舟师，由瞿塘趋重庆"；派颍川侯傅友德、济宁侯顾时、都督佥事何文辉等"率河南、陕西步骑，由秦、陇趋成都"，攻打四川的明玉珍政权。四川平定后，这些"京卫、荆、湘舟师"和"河南、陕西步骑"④ 基本上留居四川了。

---

① 康熙《孝感县志》卷六《灾战考·兵事》。

② 同治《黄陂县志》上卷《天文志·风俗》。

③ 参阅崔荣昌《四川方言的形成》，《方言》1985年第1期。

④ 以上所引均见（清）谷应泰《明史纪事本末》卷一一。

所以，与明玉珍起义入川有关的一大批湖广人，最后基本上在四川居住下来了。

3. “实蜀”入川

“实蜀”入川，即入川开垦的湖广人。朱元璋在打败明玉珍，攻占四川后，为了补充四川人口的不足，以恢复和发展生产，曾下令迁移一部分湖广人到四川开垦。道光《大竹县志》卷二二云：“元至正中，玉珍据蜀。明洪武四年（1371 年）命廖公永忠进讨，岩渠人或助为乱，廖公破之，遂大屠杀。复遣楚黄、麻人来实兹土。”《内江县志》亦云“明洪武二年奉诏迁麻城之孝感乡实蜀”的记载。[①] 所以《邻水县志》说：“今合邑祖籍多系明初入蜀，谓之老民。”嘉庆修《宜宾县志》亦说“大抵来自元明者多吴楚”人。从这个记载还看出了这次“实蜀”来的湖广人，又多系湖广东北部随、麻一带人。[②]

4. 湖广人入川为多

明初迁入四川的移民中以湖广人为最，其中尤以麻城籍为多，四川地方志对此多有记载。如宣统《广安县志》据旧撰《大竹志》说：“洪武四年，廖永忠平蜀，大肆杀戮，复徙楚之麻黄人来实兹土。”民国《简阳县志》据实际采访称：“洪武二年，湖广麻城居民迁至简州者众多。”民国《荣县志》说：“明太祖洪武二年，蜀人楚籍者，动称是年由麻黄孝感乡入川，人人言然。”民国《资中县志》卷八的记载说该县“无六百年以上土著，明洪武时由楚来居者十之六七……考其原籍，通曰湖广麻城孝感人为尤多”。民国《南溪县志》：“今蜀南来自湖广之家族，溯其始，多言麻城县孝感乡。”如邻水县甘氏“在明洪武四年（1371 年）湖北麻城孝感乡甘承先率领同族移住复盛甘家沟，历数百年，子孙繁衍，发展成为邻水人数较多的姓氏。现集中分布于复盛、丰禾、八耳、石永等地，并散居在县内各地”。

就四川全省的情况论，康熙七年（1668 年）四川巡抚张德地在奏疏中说：“查川省孑遗，祖籍多系湖广人氏，访问乡老，俱言川中自昔每遭劫难，亦必至有土无人，无奈迁外省人民填实地方，所以见存之民，祖籍

① 《内江县志》所说这在时间上或许早了点，但明初曾命令迁移湖广人入川的史实是可靠的。

② 以上均参阅王纲《“湖广填四川”问题探讨》，《社会科学研究》1979 年第 3 期。

湖广麻城者更多。”[①] 说的是清初移民运动全面开展之前所存土人多为湖广人，印证了上列各县志的记载。

所以，有明一代，湖广籍移民及其后裔，成了四川人的重要组成部分。现在的四川话中用“解手”一词表达“上厕所”的意思，据说这个词的来源也与明代初年入川的移民有关。据说在明朝初期对江西、山东等地的强制移民过程中，官方都将两个人的手反绑在一起，途中要小解，只有松绑解手才能方便，于是把小解——小便称为“解手”。[②] 也有人认为这个词并非与入川移民有关，但这个故事背后反映的是湖广移民的历史。

正如王纲所说，由上可见，元末明初就已有大量湖广人入蜀定居下来。所以《蜀輶日记》说“自玉珍僭夏，楚兵随之，川东北已多麻城帮”人了。据有关族谱、方志的记载，如邻水的甘氏、长寿的李氏、云阳的蒲氏、巴县的刘氏、璧山的张氏、宜宾的樊氏、资中的冷氏、荣县的詹氏、丹棱的陈氏、乐山的邹氏、遂宁的张氏等，都是元末明初入川的湖广人，并一直在四川传继下来。这一类记载，在四川各府州县地方志和族谱中举不胜举。[③]

在第一次湖广填四川的移民潮中，四川的人口有了一定的增长，虽然据曹树基的研究：至今未获得任何有关明代四川人口增长的资料。在移民史的研究中，只知明代中期四川的部分地区有流民的活动，但规模不大，人口不多。洪武二十六年（1393 年），四川（不包括四川行都司等周边少数民族地区）人口总数为 147 万，按照人口年平均增长率为 6‰的速度增长，崇祯三年（1630 年），四川的人口总数可达到 600 万。加上四川行都司等少数民族地区的人口 55 万，四川地区合计也有人口约为 735 万。[④] 可见第一次湖广填四川的移民潮，使四川人进行了一次脱胎换骨，此时的四川人已非“少年时代”的四川人，四川人已“十八变”，进入“青年时代”了。

（二）清帝国的湖广填四川

历史有时会有惊人的相似。明末清初，整个四川又一次长期处于大规

① 康熙《四川总志》卷一〇。

② 孙晓芬：《清代前期的移民填四川——四川人的祖先来自何方》，四川大学出版社 1997 年版，第 30 页。

③ 王纲：《“湖广填四川”问题探讨》，《社会科学研究》1979 年第 3 期。

④ 曹树基：《中国人口史》第四卷，复旦大学出版社 2000 年版，第 280—281 页。

模的战争状态。先是张献忠起义，明崇祯十七年（1644 年）八月攻占成都，建立了大西政权。顺治三年（1646 年），清军由陕南入川，清军屠川，至康熙二十四年（1685 年），清军完全占领四川全境，四川人口仅余九万。而且还加上南明同清军之间的战争，再加上吴三桂的反清，战乱前后长达 34 年，使四川人口又一次遭受巨大损失。康熙元年（1662 年），四川巡抚佟彩凤在奏折上说："川省初定，土满人稀。"[①] 到康熙十年（1671 年），仍然是"蜀省有可耕之田，而无耕田之民"[②]。四川人口在明朝万历六年（1578 年）为 3102073 人[③]；到康熙二十四年（1685 年），四川全省承粮花户只有一万八千余丁，约折合九万余人。[④]

明末清初社会的这种大动乱，引发了第二次湖广填四川的移民潮。于是，在四川又演出了一场湖广填四川的移民大戏，且场面更大、规模更大、时间更长。

明末清初湖广人的大批入川与元末明初大有异曲同工之妙。

1. 随军入川

明末清初随军入川的湖广人就是历史上著名的张献忠农民起义军。张献忠虽是陕西人，但史载从崇祯六年（1633 年）起，到崇祯十七年（1644 年）离开湖广进入四川止，一直转战于湖广各地，所以他的义军队伍大多是湖广人。如崇祯十一年（1638 年），张献忠曾在湖广西北部的谷城假降于明总理熊文灿。在驻军谷城期间，张献忠农民起义军由起初的两万人发展到十万人。崇祯十六年（1643 年）四月、五月、八月和十二月，张献忠曾在湖广之麻城、武昌、长沙和荆州等地区数次扩大部队。所以，在农民军中除了少数高级将领系起义初期的陕西等省人外，大部分中下级骨干，特别是广大的农民军战士多系湖广人。就是在农民军总兵一级的将领中也有不少是湖广人。如振武营总兵洪正龙、英勇营总兵张其在、龙韬营总兵商元等。

在这样的态势下，崇祯十七年（1644 年），张献忠由湖广进军四川时，起义军已有四五十万人。这四五十万人大部分是湖广人，除一部分在作战中牺牲外，还有相当大一部分在起义失败后，就落籍四川了。

---

① 《清圣祖实录》卷六。

② 《清圣祖实录》卷三六。

③ 《明史·宪宗纪》《明史·地理四》。

④ 《清朝文献通考》卷一九。

2. 开垦入川

开垦入川就是为了“实蜀”。清帝国初年，为增加赋税收入，实行了一系列招民垦荒、鼓励湖广人入川开垦的措施。

为了鼓励和督促地方官吏重视招民垦荒的工作，清政府不仅在康熙元年（1662 年）“申明地方官开垦劝惩之例”，而且在康熙十年（1671 年）“又定四川垦荒升用例……如该省现任文武各官招徕流民三百名以上，安插得所，垦荒成熟者，不论俸满即升”①。康熙十年（1671 年），清政府明令规定“各省贫民携带妻子入蜀开垦者，准其入籍”②。康熙二十九年（1690 年），清政府又作了关于“以四川民少而荒地多，凡流寓愿垦荒居住者，将地亩给为永业”③ 的规定。同年，还作了凡他省民众“在川省垦荒居住者，即准其子弟入籍考试”④ 的规定。凡此等等，一方面很快激发了湖广人又一次大量入川开垦。另一方面为了“招徕流民”升官，两湖、两粤、陕西、福建等十余个省的地方官，率领兵马倾巢而出，围住一个个农庄院落，不管百姓愿不愿意，一声令下，成群集中，五花大绑，押送上路。“于是浮民客女随地占籍者，遂相属不绝于道”⑤。

据《四川通志》所载《楚民寓蜀疏》说，这次移民主要集中在康熙的中期和后期，“楚省……携家入蜀者不下数十万”。《云阳涂氏族谱》亦说：“康熙中地方初平，大吏乃招两湖农商实之，荆、楚间人前往懋迁及占垦者，所在多有。”又据《汉州志》所载的《王氏祠序》说，康熙年间单是由湖南武攸迁往四川的王姓即达数百家之多，而在汉州（今广汉县）入籍者即有数十户。湖广人民这样大量入川开垦，使四川人口迅速增加，如“向之落落晨星者”的隆昌县，也在短短的十年中“忽为攘攘肩摩地”⑥ 了。又如仪陇县的土著在 1651 年只有 10 多户，人丁不足 100 口，到同治十年（1871 年）已达 10.3 万多人了。

3. 避赋入川

避赋入川是清代湖广人入川的又一个类型。清初，各地民众，尤其是

① 《清朝文献通考》卷二。

② 《长寿县志》卷三。

③ 《万县志》卷九。

④ 《清朝文献通考》卷一九。

⑤ 《仪陇县志・食货志・户口》。

⑥ 同治《隆昌县志》卷三六。

湖广人为了逃避“征收无度”，到处索轿、索马、索夫、索钱，地方官吏“借役私派”[①] 的苛捐杂赋，纷纷逃入四川。根据不少野史、方志和族谱的记载，大部分是逃到四川。这是因为一则四川人少地多，比较容易获得土地。就连湖广地区的一些中小地主也有把原籍土地卖了，带着钱到四川以贱价大量购买土地。据《徐氏族谱》说，原籍湖南湘乡的徐安凤弟兄，见四川“地稠而腴”，于是将原籍土地卖了，于康熙年间入川，在江北之沙坪场一次就买得田土六冲之多。

这样，“天府古国，海内羡为乐土”[②] 的四川，又迁入了大批湖广人。

4. 逃荒入川

天有不测风云。清初湖广一带不断发生扩及全区或数十州县的水灾、旱灾、蝗灾和瘟疫，从而迫使灾民大量向外地逃荒求生。如康熙二年（1663 年），湖北武昌等十八个州县发生大水灾。康熙十年（1671 年），石首、武昌、均州、枣阳等二十个州县先后发生了水灾、旱灾和瘟疫，而湖南邵阳一带则发生了旱灾和螟灾。时人有诗曰：“去年火云飞（乃在月五六。螟贼复乘之），百里同焚戮。斗米数十钱，向售何由速。即令价不高，民穷日以蹙，何以疗饥疮，割麦不待熟。相饱未无几，须臾还枵腹。赖有长官贤，捐俸设饩鬻。食者贸贸来，郊关十里渥。远人筋力疲，况又值播谷。多以一朝餐，易此终年蓄。听说公门开，发我大仓粟。市儿争骛趋，点鬼相更续。不信奇端人，庸以资脯曲。山中乍间之，十日劳奔逐，胥吏尽羸余，野老吞声哭。我独非苍生，不为皇天育。”[③] 康熙十八年（1679 年），湖北之潜江、蒲圻、大冶、巴东等二十余州县发生了大水灾、大旱灾，而这一年的湖南长沙、卫州、宝庆、岳州、常德等府州县亦发生了大旱；康熙二十四年（1685 年），湖北的通城、蒲圻、黄冈等十七个府州县发生了水灾或雹灾；康熙二十九年（1690 年），湖北的武昌、嘉鱼、蕲州、荆州等三十六个府州县发生了旱灾。此后从康熙四十一年到五十七年（1702—1718 年），湖北、湖南都发生了面积较大的水灾、旱灾、雹灾、蝗灾和瘟疫，引发了大饥荒，死者遍野。活着的人被迫向四川和邻

---

① 同治《衡阳县志》卷七。

② 嘉庆《汉州志》卷三七。

③ 湖南省档案馆：全宗号 127，目录号 1，案卷号 172，《湖南通志》四卷二四四祥异二朝朝，第 5122 页。转引自谭荫初《湖南稻螟危害的今昔》，《中国农史》1983 年第 4 期。

近各省逃荒。

方志记载，清初逃荒到四川的湖广人络绎不绝。如原籍湖南邵阳的周宗陛妻肖氏，因“灾荒家贫……不能自食……率三子西行，跋涉数千里，佃居金堂县属之长鱼沟”[①]。原籍溆浦之舒氏，亦“因溆浦岁饥，尔遂携女入川，侨居罗江”[②]。这种湖广人因灾荒逃向四川的情况，直到雍正、乾隆年间都还在继续着。如雍正五年“因本省（按：指湖南）歉收米贵，相率而迁移四”者不下数万人。[③] 这些逃荒入川的湖广人，一般都较顺利地获得了土地，或者以小贩营生等，从此在四川定居下来。

5. 经商入川

清帝国鼓励湖广商人入川贸易，加上四川与湖广地区又有一条长江相连，交通比较方便，所以不少湖广人也就相继入川从事商业贸易。

据《遵义府志》说，清初在四川的泸州、合江、叙永一带就已有“闽、广、楚、蜀之人烧窑种靛，贸易其间”了。在四川的璧山、荣县、汉州（今广汉县）、德阳、什邡、丹棱等许多州县，甚至不少乡村集镇上都建有湖广会馆和禹王宫、三楚宫等庙宇建筑。这些会馆都是湖广商人一人或数人合资修建的。他们修建这些会馆的目的，虽名为“以联乡谊”，但实际上则是为了更好地保护他们的商业经济利益，而具有“行会”的性质。

清人杨学述的《竹枝词》曰“楚语吴音半错讹，各乡场市客人多。日中一集匆匆散，烧酒刀头马上驮”。这些都是体现各地入川的移民使各乡场市“客人多”，丰富了四川的商贸市场。而川江的畅通也为入川经商的移民提供了方便，故清人杨毓秀《东湖竹枝词》云“蜀船千桨下南津（在湖北宜昌），日暮江干震鼓錞”，清同治洪良品《三峡棹歌》亦云：“赤甲山头云气开，蜀盐川锦截江来。”可见往返蜀楚及长江中下游的商人自不少。[④]

与此同时，随着四川商业经济的发展，许多地主一方面收租经营土

① 民国《简阳县续志》卷二。

② 同治《罗江县志》卷二五。

③ 同治《新化县志》卷一上。

④ 参阅黄权生《从〈竹枝词〉看清代“湖广填四川”——兼论清代四川移民“半楚”的表现与影响》，《重庆工商大学学报》（社会科学版）2009年第1期。

地，一方面利用地租剥削的钱财经营商业。这一特点在入川的湖广人中尤为显著。不少入川贸易的湖广人，从做小买卖起家，逐渐办起矿场作坊而变成了地主兼商人或商人兼地主。这种情况在有关四川方志和族谱中所见颇多。如康熙末年由湖广入川，在江北沙坪场入籍的徐氏弟兄三人，“是时，家仅小康耳”。但是到了乾隆年间，由于他们的孙辈徐万僖等“幼领家资，往来滇黔”，并在黔南开办铁矿，赚了很多钱，“货殖三十余年，捆载归里，置田业五千余石”①。又如原籍湖广的胡仁宇的父亲也是在清初“服贾入蜀……赀累钜万”②，并到新津县之牧马山置业长居。而长寿县原籍湖广的钟正品的祖辈，自湖广黄安入蜀，做盐运生意，来往于川、湖之间，并在长寿购置田土达数百亩。③

这样，久而久之，代代相传，便在四川定居下来了。④

6. 湖广人入川为多

明末清初入川的移民中仍然是以湖广人为多，四川地方志对此多有记载。清朝前期的移民活动，从地域来看，遍及今天的湖北、湖南、山西、陕西、河南、山东、江西、安徽、浙江、福建、广东、广西、贵州等十余省、自治区。拿四川大邑县来说，“土著历来惟有汉人，并无苗蛮番回异种。献贼乱后，几无孑遗，全资两湖、江西、两广、山陕之人来邑垦荒生聚。麻城人较多，江西山陕次之，两广又次之。俗传湖广填四川，其明征也”。⑤ 广安州也是“惟湘鄂特多，而黄麻永零尤盛”。⑥ 据有关资料研究表明，清代植入四川的移民，按其原籍计算，依次为湖南、湖北、广东、江西、福建、贵州，湖南、湖北两省占二分之一以上，所以民间有“湖广填四川”的说法。民国十七年《续修大竹县志》卷三《祠祀志·宗祠》记载：大竹有宗祠116座，其中属于鄂籍人72座，湘籍人22座，粤籍人9座，闽、豫、赣籍各1座，籍贯不详10座。从中可看出，来自湖广籍的宗祠占了81%，入川移民以湖广为主。⑦

---

① 《徐氏族谱》卷八。

② 道光《新津县志》卷四〇《艺文下》。

③ 民国《长寿县志》卷一四。

④ 参阅王纲《“湖广填四川”问题探讨》，《社会科学研究》1979年第3期。

⑤ 光绪乙巳年新修《四川邛州大邑县乡土志》。

⑥ 民国十六年《广安州新志·氏族志》。

⑦ 崔荣昌：《四川方言与巴蜀文化》，四川大学出版社1996年版，第12—13页。

各地方志对此也有相似的记载，如民国二十二年《灌县志》“氏族”云：“献贼祸川，文物殚尽，遗民西入山中，侨寓松、威、理、茂，清初宁谧始返故居，有贾、苟、董、焦数姓。余则来自远方，楚籍最多，粤、赣、黔、闽、秦、晋诸省次之。”乾隆《广元县志》卷七《风俗》亦云：“献逆蹂躏后，土著者少。其四方侨寓，率皆秦、楚之人。”《成都通览》的记载更详细，其云：

> 成都之地，古曰梁州，历代皆蛮夷杂处，故处省人呼四川人为川蛮子，也不知现在之成都人，皆非原有之成都人，明末张献忠入川，已屠戮殆尽。国初乱平，各省客民相率入川，差占地土，故现今之成都人，原籍皆外省也。外省人以湖广占其多数，陕西人次之，余皆从军入川，及游幕、游宦入川，置田宅而为土著者。
>
> 湖广籍占二十分之五分
> 河南山东籍占二十分之一分
> 陕西籍占二十分之二分
> 云贵籍占二十分之三分
> 江西籍占二十分之三分
> 安徽籍占二十分之一分
> 江浙籍占二十分之二分
> 广东广西籍占二十分之二分
> 福建山西甘肃籍占二十分之一分①

从上所列入川移民的比例，可见移民迁出地的多元性，故有清代嘉庆年间流行于成都地区的一段《锦城竹枝词》云：

> 大姨嫁陕二姨苏，大嫂江西二嫂湖。
> 戚友初逢问原籍，现无十世老成都。

描述了一家人与不同省籍人士的联姻，反映了四川移民迁出地多元的现实。但史传“湖广填四川”，说明湖广人居多，这在清代竹枝词中也有表

---

① 清宣统二年《成都通览》“成都之成都人”。

现，如清人胡用宾《旌阳竹枝词》云：“分别乡音不一般，五方杂处应声难。楚歌那得多如许，半是湖南宝老官。”康熙时陆箕永《锦州竹枝词》亦云：“村墟零落旧遗民，课雨占晴半楚人。几处青林茅作屋，相离一坝即比邻。”[①]《华阳国志·巴志》也载有：“江州以东，滨江山险。其人半楚，姿态敦重。”

四川人的大换血在饮食习俗上有一个典型的案例不得不说。据考四川人在唐宋时期嗜食大蒜，此俗宋人范成大可证。淳熙元年（1174 年）范成大由广西安抚使改任四川制置使，由广西桂林经两湖到荆州，再登舟入四川，到达成都。在一路经历和见闻的逸闻趣事中，最令他印象深刻的，是“巴蜀人好食生蒜，臭不可近”，他每每“为食蒜者所熏”。他将四川人的食生蒜与岭南人的食槟榔相提并论，以为都是恶俗，说自己：“幸脱蒌藤醉，还遭胡蒜薰。”[②] 曾几何时，由于南宋后期因战乱四川人口锐减，导致嗜食大蒜的人口多不存在。直到清康雍乾朝的“湖广填四川”之时，宝庆府的移民将辣椒带入四川，据康熙晚期（18 世纪初）的估计，宝庆府、武冈州（后并入宝庆府）以及沔阳州（州城在今湖北仙桃市南）等府州人民，“托名开荒，携家入蜀者，不下数十万”[③]。遂把食辣之俗带入了四川。然而到了嘉庆年间，四川辣椒仿佛一夜之间到处冒了出来，金堂、华阳、温江、崇宁、射洪、洪雅、成都、江安、南溪、郫县、夹江、犍为等县志及汉州、资州直隶州志均有辣椒记载。光绪以后，除民间广泛食用外，经典川菜菜谱中已经有了大量食用辣椒的记载。四川人开始嗜辣成风。但历史仍有沉淀，按蓝勇的研究，四川人以花椒作为辛味调料有着悠久的历史[④]，而今天的川菜除了辣之外还以麻即加入花椒为特色。今天川菜以麻辣为特点，“辣”是外来移民饮食习俗影响的结果，“麻”则是本地自汉唐即已有之的饮食习俗。只是蒜这一唐宋四川的头号辛味调料，由于发生了南宋时期的人口大换血，已不再居重要的地位。[⑤]

---

① 黄权生：《从〈竹枝词〉看清代“湖广填四川”——兼论清代四川移民“半楚”的表现与影响》，《重庆工商大学学报》（社会科学版）2009 年第 1 期。

② （宋）范成大：《范石湖集》，上海古籍出版社 1981 年版，第 226 页。

③ 雍正《四川通志》卷四七，四库全书本。

④ 蓝勇：《中国辛辣文化与辣椒革命》，载《南方周末》2002 年 1 月 24 日。

⑤ 参阅吴松弟《宋代以来四川的人群变迁与辛味调料的改变》，《河南大学学报》（社会科学版）2010 年第 1 期。

总之，明、清两代入川的移民所掀起的两次移民潮，使四川人完成了两次大换血而脱胎换骨，《成都通览》第二卷即云：“现今之成都人，原籍皆外省也。”[①] 从宋代“少年时代”四川人到明代“青年时代”四川人，到清代四川人定型成年，这就是现代汉民族中四川人族群形成和发展的轨迹。

第二节　四川人的人文特征

俗话说：“江山易改，禀性难移。”四川在历史上经历了多次移民换血，南来北往，东进西出，照说秉性多变，但事实却与一般人们想象的相反，汉代四川人的文化心态是“未能笃信道德”“好文刺讥”和“贵慕权势”，故而形成“轻易、淫佚、弱柔、褊厄”的性格。[②] 东晋蜀人常璩在《华阳国志》中描述了当时蜀人的性格及其形象是性格文弱，“文多于质，故其民柔弱”；爱好文学，“多斑采文章”；喜欢吃味重有刺激性的饮食，“尚滋味”“好辛香”；头脑灵活，聪明狡猾，“君子精敏，小人鬼黠”。《隋书·地理志》记载四川人的人文特征是敏慧轻急；身形矮小，其貌不扬，样子“多蕞陋”；喜慕文学，不时成绩斐然；沉湎于安乐享受，注重于聚会、饮宴和游戏；很少出外当官，甚至老年白发，不肯离开家乡；贫家不务储蓄，富室重于逐利；老百姓对人情礼仪看得淡泊；儿子成年多分家，父子多异地居住。

《宋史·地理志》则说四川人的习性是“民勤耕作，无寸土之旷，岁三四收”，“性轻扬，喜虚称”，“好音乐，少愁苦，尚奢靡”，喜好游乐，“其所获多为遨游之费”，各类游乐活动很盛，“动至连月”；各类学校兴盛，读书的人很多，怀土恋乡，不愿外出当官，“文学之士，彬彬辈出”，有的地方，“尤尚鬼俗”，双亲还在世，子女就分家，“别籍异财”。

从这一路梳理下来，可以发现吃苦耐劳，勤于耕作；头脑灵活，反应敏捷；体格矮小，性格文弱；俗尚奢靡，偏爱饮食、游乐这四个特征在四

---

① 转引自孙晓芬《清代前期的移民填四川——四川人的祖先来自何方》，四川大学出版社1997年版，第31页。

② 《汉书·地理志》。褊厄：指心胸不够宽广，看问题容易偏激，失之狭隘。

川人中是一脉相承的。[①] 所以陈世松在《天下四川人》中说得好：

> 通过上下千余年古今中外人士的观察描述，可以发现，四川人的群体性格，在基本精神方面是一脉相承的，即使经历了重大的历史鼎革，有如“湖广填四川”运动那样“换血”“杂交”，也依然面目依旧，秉性犹存。[②]

一　盆地意识与天府心态

四川人聚居在一个相对独立的四川盆地。

四川盆地位于长江上游，四川省东部及重庆市西部，四周为海拔2000—3000米的山脉和高原所环绕，北面是大巴山、米仓山、龙门山，西面是青藏高原边缘的邛崃山、大凉山，南面是大娄山，东面是巫山。四川盆地作为中国最大的外流盆地，内部丘陵、平原交错，地势北高南低，故而有人称之为“大澡盆”[③]。这种闭塞的“澡盆”地形，早在唐代，诗仙李白就发出了“噫吁戏，危乎高哉”！“蜀道难，难于上青天，侧身西望长咨嗟”的惊叹！从而也熔铸了四川人的盆地意识。

所谓盆地意识就是坐井观天、视野狭窄，以封闭保守为主题，是四川人文的底蕴，有时常常成了左右四川人性格的基因。

在盆地意识封闭保守基因的作用下，四川人的丑陋有人认为是“短”，这并非是指四川人的平均身高傲人地全国倒数第一，四川人之“短”，主要表现在其盆地里讨生活，难免会坐井观天，有一脍炙人口的成语叫“蜀犬吠日”，说的就是四川人的少见多怪、见识短浅。所以“盆地意识”的束缚，无疑是四川人生性促狭、保守、封闭从而导致落后的深刻根源。[④]

早在公元前135年，四川人司马相如被汉武帝任命为中郎将，作为朝廷的全权代表，前往成都处理有关开发西南夷的事务。在汉武帝做出遣将开通夜郎的重大决策时，司马相如先已代皇上起草了一篇题为《喻巴蜀

---

① 陈世松：《天下四川人》，四川人民出版社1999年版，第50—52页。

② 同上书，第56页。

③ 倪健中主编：《人文中国》上册，中国社会科学出版社1996年版，第273页。

④ 《丑陋的四川人》（http：//blog. sina. com. cn/s/blog_ 4aee52060100ax70. html）。

檄》的文书，宣传开发西南夷的意义。在司马相如完成诏谕西夷（今凉山、雅安一带地方）的任务后，即将回朝报功时，朝野上下出现了一股否定开发西南夷的暗流。而且以蜀中耆老大夫缙绅为代表的27名父老乡亲前来造访，认为“天子对于边境少数民族，按理说联络来往不断绝就行了。现在弄得蜀地的人疲惫不堪，去开通到夜郎国的道路，至今已经三年，却没能成功，不仅士兵劳苦疲倦，而且万民不安；现在又接着开辟西部边境，百姓人力、物力用尽，恐怕也不能完成这件事。这也是使者的忧患，我们私下为您担忧。况且邛、筰、西僰这些边境属国与中原内地并列，经历的年数已经多得记不清了。仁慈的帝王不能凭恩德感召来，强悍的帝王不能靠武力吞并掉，推想起来那大概是不能降服的吧！现在却损害平民去使边境少数民族归附，使朝廷依靠的国民疲困，去干没有效用的事。我们见识短浅，不知说的对不对”。

为此，司马相如以蜀父老思想不通为借口，采取诘难的口气，写了一篇批评四川人盆地意识的《难蜀父老》书，认为：

> 而且贤能的皇帝登位，难道只抓琐事小节，缩手缩脚，拘泥陈规，被俗议牵制，顺从舆论，仿效流俗，迎合讨好世人算了吗？不！他一定会支持采纳远见卓识的议论，开创大业传给子孙，成为万代的典范。
>
> 现在国境之内，穿汉人衣服的人，都获得了幸福，没有一个人不满足。但是不同风俗的少数民族，遥远而和别的民族相接的地方，车船不通，人迹罕到，先进政治、良好教化还没施行到那里，美好的风俗还很少。……开创远播道德的通路，让仁义的统治继续传下去。这将会大恩广施，长久安抚和驾驭远方，使边远地方不闭塞，阻隔严重昏暗蒙昧的地方也能照耀着阳光，从而消除我们这里的用兵之患，平息他们那里的争位攻杀，使远近同一体制，中外安宁幸福，不是更安乐吗？

司马相如最后说：

> 可是旁观的人没看到趋向，旁听的人没听出意旨。这就犹如鷦明鸟已翱翔在辽阔的天空，而张网的人还盯着湖泊。可悲呀！

两千多年来，司马相如的《难蜀父老》如一面明镜，照出四川人“孤芳自赏井底蛙”的形象，警示着四川人，激励着四川人。

斗转星移，在改革开放以来的1988年，四川展开了一场轰轰烈烈的有关“盆地意识”的大讨论。在讨论中，有人认为“盆地意识”作为一个思想观念，形象地反映了四川人自给自足、自我封闭、自我满足的传统观念。也有人认为“盆地”是一个地理名词、自然现象，不一定必然产生一种意识形态，不能代表四川的一种意识。[①] 其实，“盆地意识”仅仅只是一种比喻，犹如美国人类学家鲁思·本尼迪克特，用“菊”与“刀”来比喻日本人的矛盾性格，即日本人爱美而黩武、尚礼而好斗的双重性格一样，只具有象征性而不一定非要有严格的“科学性”。所以笔者认为，时任四川省委书记杨汝岱在四川省第五次党代会上说得好：

> 由于我省位于内陆腹地，商品经济不发达，自然经济观念比较深，又号天府之国，有较好的自然条件和生活环境，容易形成自给自足的心理、自我封闭的意识、自我满足的优越感，人们把四川特定条件下形成的这些观念，形象地比喻为“盆地意识”。同沿海相比，我们缺乏积极参与国内国际经济交换的观念，缺乏强烈的竞争意识和敢于承担风险的勇气，大胆探索、开拓创新、锲而不舍的精神不够。[②]

这个讲话尖锐地指出了“盆地意识”保守、狭隘和自给自足的特点。大凡到过四川、到过成都的外地人都会为当地居民生活节奏的缓慢感到吃惊，四川人生活悠闲而节奏缓慢，在全国早就有了名气。四川人经常挂在嘴边的口头禅是：“心急吃不了热稀饭，好事不在忙上！”“大火又没烧到眉毛，着啥子急嘛！”平时走路优哉游哉，不紧不慢，不惊不诧，即使天垮下来，还觉得有北方的高个子顶着；办事慢条斯理，颇有点泰山崩于前而不变色的样子，好像从来不曾慌张过。成都人最会享受生活，很少显得紧张忙碌，工作节奏舒缓，干啥事都是从容悠闲。成都人有句口头禅：“钱都挣得完？何必挣钱卖命！”所以，班是要上的，钱是要挣的，但玩

---

① 陈世松：《天下四川人》，四川人民出版社1999年版，第309—310页。

② 见《四川日报》1988年4月27日，转引自陈世松《天下四川人》，四川人民出版社1999年版，第300页。

更是不可缺的。成都人无论是干什么行业的，都不愿为了几个小钱而放弃自己的闲适与潇洒，更不会为挣钱而拼掉老命。[1] 正因为如此，所以，民间认为四川人本性保守、封闭，且好窝里斗；四川人好战，也好骂，嗓门高大；四川人讲究吃喝玩乐，好赌，自古有“少不入川”的说法；成都是一个散漫悠闲的城市，很多人或提笼架鸟，或沿街道、胡同打麻将“摆长城”；四川的很多城市都缺乏朝气，很多人都无所事事，凡此等等，不一而足。[2] 这些都是“盆地意识”的种种表现。

“盆地意识”与天府心态是一对“双胞胎”。为什么四川人会有“盆地意识”？这与天府心态有密切的因果关系。

四川产生“盆地意识”的原因，除了盆地四周是大山区，出川的交通很不方便，历史上和外界接触少以外，经济上的原因也很重要。何谓“天府之国”？《战国策·秦策一》云：“田肥美，民殷富，战车万乘，奋击百万，沃野千里，蓄积饶多，地势形便，此所谓天府，天下之雄国也。”而早在两千多年前四川就享有“天府之国”的美誉。《史记·留侯世家》云：“夫关中左崤函，右陇蜀，沃野千里，南有巴蜀之饶，北有胡苑之利，阻三面而守，独以一面东制诸侯，诸侯安定，河渭漕挽天下，西给京师；诸侯有变，顺流而下，足以委输。此所谓金城千里，天府之国也，刘敬说是也。”《三国志·诸葛亮传》亦云：“益州险塞，沃野千里，天府之土。”有意思的是七十多年前，卜斯水[3]在《论语》杂志上发表了《湖北人的脾气》一文，文中曾经开列了一个各地人夸赞自己家乡的单子：“如果是江西人，一开口就可以抬出景德镇的瓷器；湖南人呢，在恭喜发财闹了一大阵之后，也可以说说大米、木材等；四川人呢，更不消说，好像是什么都有，关起门来也可以过几十世纪。”[4] 依此说来，真让四川人庆幸自己是生活在“安乐窝”中的四川人！

所以，千百年来作为“天府之国”，四川自给自足的封闭式的自然经

---

① 参阅陈世松《天下四川人》，四川人民出版社 1999 年版，第 127—128 页；《四川人的性格》（http：//www. 360doc. com/content/13/1125/15/137012_ 332047836. shtml）。

② 《四川人有什么特点?》（http：//wenda. so. com/q/1366334256066722）。

③ 林路（1913—2001 年），曾用笔名卜斯水、安挽之等，湖北省武汉市人，我国专业艺术教育培养出来的声乐家、音乐教育家。

④ 转引自陈世松《天下四川人》，四川人民出版社 1999 年版，第 109 页。

济，“居给人足，以富相尚”①。使四川人过惯了自给自足的日子，极易产生小富即安的思想。《后汉书·廉范传》记载，陕西人廉叔度做蜀郡太守时，改变前任的规章制度，夜不禁火，准许成都城里老百姓晚上点灯纺纱织布。于是，有民谣云：“廉叔度，来何暮。不禁火，民安作。平生无襦，今五袴！”成都俗语“有朝一日时运转，两条裤儿重起穿”，就是从这句汉代民谣“平生无襦，今五挎”脱胎而来的。今天四川人，一旦日子好了，就止步不前了。即使有积蓄，宁肯五条裤子重起穿，用于吃穿享受，也不考虑扩大再生产。② 吃饱了，喝足了，还想什么呢？很形象地反映了四川人的天府心态。

说实话，本来在中国历史上，老百姓能吃饱、喝足，甚至有肉吃、有酒喝，那是很幸福的事了。何况“沃野千里”的四川“田肥美，民殷富”，产生天府心态也是很自然的事了。老百姓有天府心态也不是什么不好的幸福观，从一定的意义上来说，正是民众热爱家乡的一种朴素表达。要不然两千多年来何以有几万、几十万、几百万外省区的汉民族要千里迢迢，扶老携幼，翻过“难以上青天”的蜀道迁入四川呢？

二　张口“格老子”与摆龙门阵

四川人可以说是汉民族族群中最幽默的一个族群了。四川人的幽默与东北“二人转”的幽默不同，后者是演员在舞台上用诙谐幽默的语言激发观众的情绪，活跃舞台气氛的一种手段，而前者的幽默却深深地融合在百姓的日常生活中。

幽默，就是通过影射、讽喻、双关等修辞手法，在善意的微笑中，揭露生活中的讹谬和不通情理之处，也就是说幽默都是用语言来表达和展现的。四川人颇具语言表演天才，说话风趣、诙谐、幽默，许多复杂的事物、深刻的道理，往往不直截了当把它戳破，而是绕着弯子，打几个比方，展几个“言子”，说点歇后语，来点谐音表意功，准可以话音一落，立马获得个满堂彩。③ 易中天曾以成都人为例说：

---

① 转引自陈世松《天下四川人》，四川人民出版社 1999 年版，第 111 页。

② 同上书，第 303—304 页。

③ 同上书，第 95—96 页。

成都人好像天生就会说话，天生就会“涮坛子”（开玩笑）、“冲壳子”（吹牛皮）、“展言子”。其中，“展言子”最具特色。所谓“展言子”，就是说话时讲几句谚语歇后语，而且藏头藏尾，让你去猜去想，在心领神会中获得乐趣。比如事情有点玄，就说是“癞蛤蟆吃豇豆”，意谓“悬吊吊的”；而你如果说话离谱，他则会评论说：“你咋个吃苞谷面打呵欠”，意谓“尽开黄腔”。诸如此类的说法，可真是“和尚敲木鱼”——多多多。

于是，简简单单一件事，到了成都人的嘴里，就会变得有声有色，有滋有味。即便骂人的话，也是一套套的。比如某人智商较低，或做事欠考虑，成都人不说他傻，而说他“瓜”。其实，这“瓜”不是冬瓜西瓜南瓜葫芦瓜，而是“傻瓜”。因为要“展言子”，便略去“傻”而称“瓜”。由此及彼，则又有“瓜娃子”“瓜兮兮”乃至“瓜眉瓜眼”等。说一个人“瓜眉瓜眼”，显然就比说他“呆头呆脑”或“笨手笨脚”要有意思多了，也有味道多了。[①]

四川人的幽默最突出的表现就是张口“格老子”，什么“老子怎么样怎么样”，什么“你敢惹老子”，张口是“老子”，闭口也是“老子”，一骂人，或者一提虚劲（声势显威逞能之意），乃至寻常说话，口口声声都离不了“老子”二字，不分男女老少、尊卑长幼，彼此“老子”过去，“老子”过来，简直成了口头语。故而流行于西南地区的一句俗语说：“四川老子云南妈，贵州儿子背盐巴。”

对此，人们一定会奇怪地问，张口“老子”，闭口“老子”，这样不尊重人的“骂人”话，有什么幽默？其实是外人不明“老子”之说的源流。

据考，“老子”一词在古代是一个严肃礼貌的人称代词。汉、晋时代的古人，常以“老子”作自称，含有自谦之意，约与“老夫”的意思相当。“老子”也有用作他称的，这时的“老子”则含有尊重的意思。显然，古人口中的“老子”，约与现代人称自己为鄙人、在下、不才之类的自谦词相当。[②] 至迟在宋代，仍能看见四川社会中普遍流行的“老子”一

① 易中天：《读城记》，上海文艺出版社 2006 年第 3 版，第 247—248 页。

② 袁庭栋：《古人称谓》，山东画报出版社 2007 年版。

语，仍含有中古时的自谦词义。宋代大诗人陆游《老学庵笔记》载，他入蜀路过南郑（今陕西汉中，当时属四川），见“西陲俚俗”，称父亲为“老子”，儿子虽然已经十七八岁是成年人了，可是仍把自己的父亲呼为“老子”。由此，他终于明白，北宋时西羌人之所以把镇守西部边关的大臣范雍称为“大范老子”，把范仲淹称为“小范老子”，乃是出于尊敬之意。这样，陆游《思蜀》诗云：“老子馋堪笑，珍盘忆少城。流匙抄薏饭，加糁啜巢羹。”宦游四川的宋代大诗人黄庭坚，也在戎州（今宜宾）作乐府一首，有云：“老子平生，江南江北，爱听临风笛。”南宋末年，湖北人余玠，任四川制置使，在重庆设帅府，辟招贤馆，广招天下仁人志士。他在客舍门前书写有一副对联云：“老子亦常来伺候，诸公聊复忍斯须。”

今天四川人不把“老子”当回事，甚至以“老子”作为第一人称代词，“格老子”成了四川人中使用频率较高的口头语，一是作感叹语用，看不出说话人在谁人面前充“老子”，摆资格。如当一个四川人在说：“格老子！这几天股市咋个净往下跌哟!”显然这里的“格老子”，有如北方人在发抒感叹时，都要加上一句口头话“乖乖”一样。还有根据四川方言里，一向有以“天王老子”来比喻极有权威的人的习惯，似乎可以把“格老子”理解为“我的天王老子”的省略句式。当一个四川人在议论某个事物之前，加上一句“我的天王老子”的感叹，正好像北方人说“我的妈”也好像外国人说“My god!”（我的上帝或我的天）一样。所以听四川人讲话张口“老子”，闭口“老子”，常常会感到忍俊不禁。

四川人说话风趣、诙谐、幽默，除了老子，四川人话中夹带最多的还有一个字眼：“龟儿子”。说起某人如何，就说那个龟儿子如何如何。如与人对骂则是“你龟儿子敢把老子咋个”？年轻的被叫作你（或者那个）龟儿子娃娃，上岁数的则叫你（或者那个）龟儿子老不死的。如此等等，不论老少，通被骂作龟儿子。说人是乌龟王八，这本是“国骂”，各地通行，只不过成都人好像特别偏爱这一嘴，用得最多说得最活，龟犹不足再加之以儿子，似乎是最能表达对他人挖苦嘲笑鄙视的辞令，最解气快意的一招。

也许正是这种心理的影响驱使，男女皆能言善辩且语若连珠，那超常的语速和骂人的技巧虽多粗俗，但经过历练却已“升华”为幽默了。所以，常常并非刻意骂人，也没有吵架争执，只是平常搭白说话，也少不了夹带“龟儿子”。最常见的便是，某老兄说话说起劲了，便免不了是你龟儿子听到，我狗日的那天咋样咋样。你龟儿我狗日，我狗日你龟儿，满嘴都是这些辞令，说得昏天黑地，搅缠不分。你以为他是在骂人？错了，这无非是成都人说话的习惯而已。这样说起来闹热。而且往往还得是很熟悉很友好的人，他才这么一边亲亲热热拍着你肩膀，一边一口一个你龟儿我狗日地说个不歇哩。在与外地人交谈时，往往便一面止不住地出口成“脏”，一面表示歉疚地向人家解释：“不怕你老兄见笑，龟儿我们成都人说话就是这个球样，爱带‘把子’，你莫见怪哇。”[①] 也使人常常会感到忍俊不禁。

喜欢用语言来展演幽默性格的四川人，要练“说功”表现自己的嘴上功夫，就创造了一个龙门阵。

这龙门阵的讲法，不叫“说”也不叫“讲”，而叫“摆”。摆，就是“铺开来说”，极尽铺陈、排比、夸张、联想之能事。这便活脱脱显示出了其气派声势之非同凡响。为什么叫“摆”？譬如，平常吃饭放三两个菜碟那不算数，须得请客吃饭赴宴上席，七碗八碟排满一桌，那才能叫摆，此为“摆席”。所以四川人的“摆龙门阵”，哪怕是一个再简单不过的事情，他也可以七弯八绕、天上地下，给你铺排开成一串一串开花开朵的故事来。再平淡无奇的事，经这么一渲染，也顿然绘声绘色有滋有味起来。其实，抖开来揭穿了都极其简单，然而摆开来了却煞是险奇曲折、波澜丛生。

正因为“摆龙门阵”其乐融融，尽管现今电影早已滥市，电视早已普及，但龙门阵仍以其无可取代的特色滋味，津津乐道于四川人之中，了无衰意。所以四川人可以笑说一句“豪言壮语”：只要这世上还有成都人在，龙门阵就永远不会成为化石。[②]

而四川人摆龙门阵，非得上茶馆不可，因为话多的人多半爱上茶馆。有句老话说：“北京衙门多，上海洋行多，广州店铺多，成都茶馆多。”[③] 四川茶馆的魅力，不在于高雅，而在于简陋，几张桌子，几十张竹椅，就可开张了。这简陋的茶馆正是摆龙门阵的地方。龙门阵之所以必须到茶馆

---

① 林文询：《成都人》，浙江人民出版社 1995 年版，第 53—55 页。

② 同上书，第 24—29 页。

③ 余守斌：《中国人性格地图》，新世界出版社 2013 年版，第 156 页。

里去摆，是因为只有在茶馆里，顶尖高手们才有用武之地，听讲的人也才能真正一饱耳福。茶馆日夜开放，茶客多半有闲，时间不成问题，此为“得天时”；茶馆环境宽松，氛围随意，设备舒适，可站可坐可躺，时时茶水伺候，摆者不累，听者不乏，此为“得地利”；茶客多为龙门阵之“发烧友”，目标一致，兴趣相同，摆者有心，听者有意，一呼百应，气氛热烈，此为“得人和”。天时、地利、人和三者兼得，龙门阵自然越摆越火，越摆越兴旺。①

三　“粉子”与“粑耳朵”

易中天在《读城记》中说：“读城，也就是读人。城市并不仅仅是房屋和街道、店铺和城墙。如果没有人，再好的城市，也不过一座‘死城’，又有什么好读的。”② 那么，说汉民族族群的人文特征不能不说这个族群的女人和男人。

陕西作家贾平凹曾以竹子来称赞四川的女人和男人，他在《入川小记》中说：

> 我常常捉摸：什么是成都的特点，什么是四川人的特点。……出了城郭，去杜甫草堂游了，去望江公园游了，去郊外农家游了，看见那竹子，便心酥骨软，挪不动步来……是啊！竹该是成都的精灵了……是啊，竹，是这个城的象征，是这个城中人的象征：女子有着竹子的外形，腰身修长；有竹的美姿，皮肤细腻而呈灵光，如竹的肌质。那声调更有竹音的清律，秀中有骨，雄中有韵。男子则有竹的气质，有节有气，性情倔强，如竹笋顶石破土，如竹林拥挤刺天。
>
> ……
>
> 我太爱这欲雨非雨、乍湿还干的四川天了，薰薰的从早逛到晚，夜深了，还坐在锦江岸边，看两岸灯光倒落在江面，一闪一闪地不肯安静，走近去，那黑影里的水面如黑绸在抖，抖得满江的情味！街面上走来了一群少女，灯影里，腰身婀娜，秀发飘动，走上一座座木楼去了，只有一串笑声飘来。这黑绸似的水面抖得更精致了，夜在融融

---

① 易中天：《读城记》，上海文艺出版社 2006 年第 3 版，第 245 页。

② 同上书，第 30 页。

地化去，我也不知身在何处，融融地似也要化去了。[①]

在中国美女地图上，人们印象中是米脂的婆姨，苏州的姑苏，湖南的湘女……但四川女人的天生丽质，肤如白玉，吹弹可破，眼如秋水，乌发蚕眉，身轻体秀，浑身上下各个部位都长得恰到好处，且性格既温婉又火辣，天生急性子，办事干脆利索，给人一种飒爽英姿的巾帼矫健美。更难得的是四川女人还有才、有担当。近几十年来，四川的美女明星不断涌现，如永葆青春的刘晓庆、泼辣娇美的邓婕、大气美质的岳红、中性美的李宇春、小家碧玉的张靓颖、漂亮女生张含韵、诙谐美女谢娜、新浪佳人张嘉倪、民歌超女谭维维、知识女性叶蓉等。难怪有人说："不到成都，不晓得结婚太早。"所以学术明星易中天评价四川女人说：

天生丽质的女娇娃，原本就是成都这个城市的"盖面菜"（成都人把席间最端得上桌的菜和家庭群体中最能光耀门庭的人称作"盖面菜"）：白净水灵，婀娜秀丽。做了少妇之后，有男人的爱滋润呵护，便更是出落得风情万种，妩媚百般。不过，成都娇娃是"娇而不嗲"，反倒有些"麻辣"。尤其一张嘴，伶牙俐齿，巧舌如簧，得理不让人，不得理也不让人，常常是不费吹灰之力，嘻嘻哈哈轻松洒脱地就能把人"涮了火锅"，真是好生了得。[②]

在要把作家贾平凹都要"融融地似也要化去了"的四川，人们称美丽的女人为"粉子"。这个说法在四川民间由来已久，并且把对美女的赞美分为小粉、中粉、巨粉，而且男人也可以把自己的女朋友叫作粉子。[③]从而造成了四川特有的"粉子文化"，即美女文化。对于"粉子"，《中国国家地理》特约作家朱千华与四川美女朋友芸芸有一段精妙的对话解读：

芸芸满面桃花，我忽然想起"红粉"一词。我问她："粉子与红粉是不是相似呢？"

---

① 贾平凹：《入川小记》，载《贾平凹散文精选》，陕西人民出版社 1992 年版。

② 易中天：《读城记》，上海文艺出版社 2006 年第 3 版，第 266 页。

③ 余守斌：《中国人性格地图》，新世界出版社 2013 年版，第 164—165 页。

芸芸说："还是有很大区别的。红粉略带一点暧昧、私密性。粉子则不同，具有阳光明媚的健康元素，同时具有生动鲜活丰盈水灵的特征。一个粉字，让人想到粉白、粉嫩，这都是粉子的元素。"

芸芸接着说："打个比方，粉子就像成都园林里那些葳蕤的草木，她白天美丽，夜晚湿润，让男人怦然心动。"

我说："就像你。"[①]

阴阳相反相成，四川女人是娇美火辣的"粉子"，那么，四川的男人是什么特性呢？民间戏称为"粑耳朵"。

"粑"这个字，是成都方言，音 pā，原本用于烹调，指食物煮至烂熟软和但外形完整之状。比如汤圆煮熟了就叫"煮粑了"，红薯烤熟了就叫"粑红苕"。引而申之，则软和就叫"粑和"，软饭就叫"粑饭"，柔软就叫"粑漉漉"。用到人身上，则有"粑子""粑疲""粑蛋""粑粑儿"等说法。"粑子"系指得了软骨病的人，"粑蛋"则指软壳蛋，而以强凌弱，也就叫"半夜吃桃子，按倒粑的捏"。不过，"粑耳朵"却是一个专用名词，特指怕老婆的人。有道是："成都女人一枝花，成都男人耳朵粑。"[②]正如易中天所分析的那样，成都女人既然已经选择了"麻辣"，成都男人就不好再"麻辣"了。如果老公老婆都"麻辣"，岂不真成了"夫妻肺片"？于是成都男人便只好去做"赖汤圆"：又甜又圆又粑。[③]

四川的"粑耳朵"男人不仅是口头上的"粑"，别的地方虽然也爱讲这类故事，但多半是讲别人如何怕老婆，而四川人摆起龙门阵来，则多半讲自己如何怕老婆，称自己的老婆为"当家的、管家、总经理"。不但讲的人争先恐后，而且往往还会为争当"粑协主席"而吵得面红耳赤。更重要的是四川而是落实在行动上的"粑"。都说北方男人即便再窝囊的，在外面世界装孙子扮兔子的，一回到家大都端大老爷们架子，坐下来双腿一伸，就等着媳妇端水奉茶，摆桌吃饭。成都男人则不是这个德行，回到家里准比在单位上还勤快，洗衣做饭，抹屋拖地，见啥做啥，几乎所有家务活全包揽了，甚至还要忙不迭地给太太捶背捏腿。堪可与上海男人有一

---

① 朱千华：《中国美女地理》，漓江出版社 2012 年版，第 89 页。

② 易中天：《读城记》，上海文艺出版社 2006 年版，第 264 页。

③ 同上书，第 266 页。

比。按四川人的说法，女人嘛，在外面永远是一副精神光鲜模样，回到家就是一部永远需要维修的“机器”，理当精心护理。

如果有人说四川人怕老婆，他们会笑嘻嘻地给你补充一句：“岂止是一般的烂耳朵，我这耳朵还是全频道的呢!”啥叫全频道？就是说耳朵像电视机旋钮一样，可以一百八十度、三百六十度随意旋转的。当然，拧着开关的只能是自己的太太，这是太太们的专利![1] 更有甚者，在婚礼仪式上，有的新郎们或用普通话朗诵，或用歌声大唱，表决心尊崇新三从四德：

> 老婆出门要跟“从”，老婆命令要服“从”，老婆讲错要盲“从”，老婆化装要等“得”，老婆花钱要舍“得”，老婆生气要忍“得”，老婆生日要记“得”。

这就是四川好丈夫，好男人的“标准”。有了这样的男人家庭稳固和睦。所以以前成都街上还经常有另类的用自行车改装的三轮车，有点像老年三轮车，美其名曰“烂耳朵”车。当然，现在大多开小汽车了。

四川男人何以会如此？四川气候宜人，历史上无大灾大难，造就了四川男人天性温和的性格。更主要的是四川人喜欢把小家庭、小日子过得热热络络，轻松快活。男人们心甘情愿当烂耳朵，以此来换取女人的春光长驻，生活长乐。真可以说是成都女人娇嗲嗲，成都男人耳朵烂；成都女人一枝花，成都男人最疼她。[2]

---

① 林文询：《成都人》，浙江人民出版社 1995 年版，第 34 页。

② 同上书，第 34—35 页。

第二章　云南人

彩云之南，我心的方向，
孔雀飞去，回忆悠长，
玉龙雪山，闪耀着银光，
秀色丽江，人在路上。

彩云之南，归去的地方，
往事芬芳，随风飘扬，
蝴蝶泉边，歌声在流淌，
泸沽湖畔，心仍荡漾。[①]

云南是许多人向往的地方。云南汉族人口约2600万，主要分布在云南高原一带以及边境地区，说云南官话。云南行省是元代所设，明代时大批汉族移民进入云南，“云南人”的名字就已正式出现。汉人在迁入云南后，不断与少数民族互动，中原汉文化与当地少数民族文化结合起来了。所以，虽然云南是一个多民族省，但人们习惯上将“云南人”专指云南的汉民族。

第一节　云南人的语言

云南人讲的云南话[②]，是自元代汉族移民进入云南后在江淮官话的基

① 河沐阳：歌曲《彩云之南》。

② 张茀：《云南汉语方言词汇概述》，《玉溪师专学报》1987年第1期。

础上逐渐发展的；大约在明代中期形成[①]的云南官话，清代以后湖广移民带来的湖广官话也对云南官话有很大影响。此外，在河口等地还有一部分汉民族使用粤语，形成了一个方言岛。

一　云南官话的语言学特点

明代时，官话在云南新平、石屏等地广泛通行了。及至清代，湖广、四川的汉民族农民迁入云南，带来了其他官话，最终形成了在官话基础之上的云南官话。[②] 罗常培总结云南官话时指出，云南的汉族方言具有音系简单、语法差异不大、外人易学的特点。[③]

据《云南省志》第五十八卷《汉语方言志》：云南官话虽然同属于北方方言，但其与普通话还是有比较大的区别。韵母方面，云南官话一般有30个左右的韵母，韵母数目最多的是华坪方言，共37个；最少的是红河方言，共24个。云南约有三分之二的县（市）没有撮口呼韵母，而改读齐齿呼。普通话里读复合鼻尾音韵的字，在云南话中读作鼻化元音韵母。约有四分之三的县（市）没有卷舌元音韵母，没有入声韵。昆明方言中无撮口呼韵母，合口呼韵母独立成音节，音节开头一般都带半元音 w。此外，即使是与普通话相同的音节，云南话中的发音也有变化，例如云南话的 o、u 二韵大多发音较松，唇呈自然状态，ɑ 韵的唇形较圆等。

声母方面，昆明方言有22个声母（包括零声母，其他方言点也相同），大部分是清辅音声母，老派昆明话中有唇齿浊擦音声母 v。在云南官话中，清声母占优势，声母大多不分尖团，大多数县、市的地方方言中有 v 声母。除此之外，云南官话中有七个读音和拼合关系特殊的声母。

声调方面，云南官话与普通话相同，有四个调类，各县、市方言相应声调的调值也基本上差不多。以昆明话为例，有阴平、阳平、上声、去声四个调类，除陆良、绥江、水富、云龙、洱源、剑川、施甸等县的方言以外，各县、市的方言与普通话的四声大致契合，但云南官话的调值以低调、降调居多，不像普通话那样调值分明。而且，云南官话里没有入声，古代入声字在云南官话中归入阳平，如“纳、夹、业、杀、月”等，轻

① 张玉来：《本悟本：〈韵略易通〉与明代云南方音》，《语言研究》1997年第1期。

② 李兆同：《云南方言的形成》，《思想战线》1999年第1期。

③ 罗常培：《云南之语言》，《玉溪师专学报》1986年第4期。

声和变调的现象也比较少。①

随着官话在云南各地的传播，官话的语音语调不可避免地发生一些变化。以昆明话为例，昆明话音系基元模式②，调值为阴平 33、阳平 42、上声 53、去声 31③。所以，各地的小方言无论是声母、韵母还是音调都有变化。④ 正因为云南汉语方言有地方性的变化，所以《云南省志》第五十八卷《汉语方言志》中按照语音、词汇、语法特点，把云南官话分为四个片：滇中、滇南、滇西、滇东北。调型和调值方面，有一半以上的县、市方言中阴平读作半高平调，调值 44，部分读高平调，调值 55。大多数县、市的阳平是中降调，调值 31。约一半的县、市把上声读作高降调，调值 53，少数读半高降调，调值 42。与普通话相比，云南官话的四声比较平缓，抑扬起伏较小，声调平和。个别县有五个调类，即古入声字自成体系，例如绥江、水富、陆良、云龙、剑川、洱源六县都有入声调。其他一些县、市的地方方言中，四声调值也有不同的变化，像剑川等地的去声调值是 45，读作半高升调，与其他县、市的低降升调有明显不同。上声在一些县（市）被读作平调或低降调，例如个旧、元阳、红河等地。保山方言中的阴平被读作半高降调，调值 42。

云南官话中还存在一种普遍的音变现象，即连读变调，远多于儿化音和轻声。一些双音节合成词、重叠式介词、叠音词、单音动词重叠式，后一音节由非阴平变成阴平。“子、头、首、上、下”等字作为词尾时变成阴平。⑤ 云南官话中也有儿化音，和普通话中的儿化情况大体相同，但同时也有名词重叠的用法⑥，例如架架/架儿、缝缝/缝儿、缸缸/缸儿等。

云南官话语气生硬但富于变化，听上去极其生动。云南话中，形容词、动词的联合式短语更常见，例如“鬼叫辣喊”（大喊大叫）、“冷火秋

① 云南省语言学会：《云南省志》第五十八卷《汉语方言志》，云南人民出版社 1989 年版，第 59、13、20、15、34 页。

② 陈洁：《昆明话音系系统初探》，《云南师范大学学报》（哲学社会科学版）2003 年第 1 期。

③ 王渝光：《五度调值标记法的改进与昆明话四声的调值》，《云南师范大学学报》1988 年第 4 期。

④ 参阅张茀《云南汉语方言词汇概述》，《玉溪师专学报》1987 年第 1 期。

⑤ 云南省语言学会：《云南省志》第五十八卷《汉语方言志》，云南人民出版社 1989 年版，第 6、112、133—135 页。

⑥ 张映庚：《昆明话语法述略》，《红河学院学报》1986 年第 1 期。

烟”（冷清）、“背时倒灶”（运气不好）。云南官话中的一些量词，也有不同的用法，例如“一仗雨”（一阵雨）、“一台事”（一件事）、“一路字”（一行字）等。[①]

在词汇上，云南官话中的一些词语具有与其在普通话中的不同作用。如语气词“气”，在普通话里它是一个实语素，例如“气氛”“生气”等。但是在云南话里它有不同的用法[②]，例如“气搓”（恶心讨厌的意思）、“二气”（矫情的意思）等词汇的用法是不同的。[③] 像动词、形容词以及其他非形容词在昆明方言里还可以以重叠的构词方式出现，其中，形容词性的重叠式多达15种，与北京方言完全不同。[④] 句尾的语气助词“嘎”，用于祈使句末，表示商量询问的语气。例如“你挨我打件毛衣嘎?”（你替我打件毛衣好不好?）句末有时会出现“得该呢”，例如：给他去得该呢（让他去得了），表示一种听之任之的消极语气，暗含一种终止讨论的语气。[⑤] 咯是+vp，表示询问是不是，例如：你这咯是商场？（你这里是不是商场?）[⑥]

云南官话的语法也有很多独特的地方，例如谓词重迭式，“娃娃胖了胖”“脸上黑了黑”“肚子饿了饿”等，这类用法中，“胖”“黑”“饿”都是谓词，表示渐变的行为。[⑦] 这种动词重叠式，可以说是云南官话的突出特点之一了[⑧]，动词重叠之后可以带各种成分的补语，例如数量词、结果补语、趋向补语以及一些助词，前面还可以加上起修饰作用的形容词和副词。[⑨]

在长期与少数民族共同生活和交往中，云南的汉语方言也受到了兄弟民族语言的影响，一些句式也发生了变化，出现了连谓共用一宾语的现

---

① 云南省语言学会：《云南省志》第五十八卷《汉语方言志》，云南人民出版社1989年版，第499、504页。

② 周志远：《谈云南方言中的语气词“气”》，《玉溪师专学报》1986年第4期。

③ 同上。

④ 丁崇明：《昆明方言语法研究》，博士学位论文，山东大学，2005年。

⑤ 张华文：《昆明方言常见的语气词二》，《方言》1997年第4期。

⑥ 张华文：《昆明方言常见的语气词》，《方言》1996年第3期。

⑦ 李兆同：《昆明话的谓词重迭式P了P》，《思想战线》1984年第1期。

⑧ 荣晶：《昆明话和普通话“vv”“v（一）下”的功能、形式对比》，《云南民族大学学报》（哲学社会科学版）2005年第1期。

⑨ 荣晶、丁崇明：《昆明话动词重叠的句法组配》，《方言》2000年第1期。

象，例如“买吃米线”（买米线、吃米线），“杀吃鸡”（杀鸡、吃鸡）。还有定中倒置和宾语补语换位的现象，例如“笔这支很好用”（这支笔很好用）、“我说他不过”（我说不过他）。①

二　云南官话的人类学特点

由于汉族移民的迁人，云南官话里保存了大量的中原方言词汇，尤其是秦汉以前的古汉语词汇。例如，云南大部分地方都把猪、羊等家畜的血叫作“衁子”。据《左传·僖公十五年》载：“……士刲羊，亦无衁也，女承筐，亦无贶也。”《说文》解释说：“衁，血也，从血，亡声。”注音为“呼光切”。云南人念这个字为 huǎng，读音正与古音相合。又如，用火烤干锅中的物品，云南话叫作“焙”，扬雄的《方言》作“焦”，“凡以火烘干五谷之类，自山东齐鲁以往谓之熬……秦晋之间谓之焦，省作煏，又或作焙，而异其音”。这一条恰好可以作为云南汉族移民的佐证。②

明代正统年间，声韵学家兰茂总结了云南官话的声韵系统，同时也记录了大量的方言词汇。③

> 㓦：“擦破。”书中读“仓”的上声。云南官话还引申为人与人之间的摩擦、竞争。如说：“莫逞强，你㓦不过人家”。
>
> 摊：“按捺也。”书中读“难”的上声。书中和今天云南官话都按《集韵》的读法，如说：“他叫不醒，你摊摊他。”
>
> 趁：“追也。”书中是“年”的上声，书中和云南官话保存《广韵》的读法。如说：“他走了好一阵子了，趁不上了。”
>
> 膗：“虚肥肉，腝肉也。”书中读“揣”的去声。云南官话中多用为双音节词叫“泡膗”。例如说：“割点净肉来，不要那些泡膗。”

一些明代话本里的词汇仍然可以在云南话中听到。例如揭条（意：挑剔）、韶刀（意：唠叨）、啰唣（意：吵闹）、磅（意：丑恶难看）等

① 云南省语言学会：《云南省志》第五十八卷《汉语方言志》，云南人民出版社 1989 年版，第 515 页。

② 同上书，第 1 页。

③ 群一：《明代兰茂〈韵略易通〉中的云南方言词汇》，《玉溪师专学报》1991 年第 2 期。

词语在云南人的生活中仍然被使用。[①]

“揭条”或揭调、揭挑：多方挑剔，揭人短处。(《金瓶梅》第二十九回：“各人冤有头，债有主，你揭条我，我揭条你，吊死了，你还瞒着汉子不说。”)(《西游记》第三十一回：“八戒道：哥啊，救他一救吧，不要只管揭挑他了。”)

“韶刀”：云南话里是无中生有、乱说的含义。(《金瓶梅》第五十一回：“依着我说，别要去招惹他，那些儿不是，俺这妈越发老的韶刀了。”)

“不徐顾”：云南官话里面有“不注意看”的含义。(《金瓶梅》第七十九回：“那玉楼也不徐顾，只守着月娘拿杩子伺候。”)

“不雅相”：云南官话里有“看上去不雅、不好看”的含义。(《金瓶梅》第二十六回：“你要了他这老婆，往后徜忽你两个坐在一起，那个奴才或走来跟前，老婆见了他，站起来是？不站起来是？先不先，这个就不雅相。”)

“样范”：云南官话犹言模样、样子。(《金瓶梅》第十八回：“此是过世老公公官里御前作带出来的，外边哪有这样范。”)

“三不知”：云南官话里有不注意、不知道、出其不意、想不到、不提防之意。(《青溪暇笔》：“俗谓忙遽曰三不知，即始、中、终三者皆不能知也，其言盖本《左传》。”)

“没张倒置”或作“没张倒致”：云南官话亦作“没张倒”或“没张致”，意为不成体统、不成样子。(《金瓶梅》第七十二回：“这丫头惯的没张倒致的。”)

“相因”或“相应”：云南官话意为便宜。(《金瓶梅》第一回：“不如凑几两银子，看相应的典上两间住，却也气概些，免受人欺侮。”)

“由头儿”：云南官话有缘由、借口之意。(《金瓶梅》第八回：“他不知那里因着什么由头儿，只拿我煞气。”)

“啰唣”：云南官话有吵闹、动脚动手、打扰之意。(《金瓶梅》第一回：“浅房浅屋，可知有小人啰唣。”)

---

① 芮增瑞：《云南方言里的元明方言词语》，《楚雄师范学院学报》2003年第1期。

“打背弓”：也叫打背公、落背弓。做交易时，中间人为了捞好处，对两头说两面话，从中取利。（《醒世因缘》第一回：“着人往来说合，媒人打夹帐，家人落背弓，陪堂讲谢礼。”）

“作死”：云南官话意为找死，“作”有惹事的意思。（《水浒传》第二十七回：“这贼配军却不是作死，倒来戏弄老娘。”）

“攘骂”：应作嚷骂，意为吵架，云南官话亦作肆嚷或厮嚷。（《金瓶梅》第六十二回：“夜里便要梦见他，恰似好时的，拿刀弄杖，和我厮嚷。”）

“碜”同磣：云南官话读作（cèn），意为丑恶、难看，亦有肉麻、难堪，令人羞于视听之意，如碜脸。（《金瓶梅》第二十一回：“说他爹怎的跪着上房的叫妈妈，上房的又怎么叫唤，摆话的碜死了。”）

“落钱”：云南官话意为办事时从中捞取别人的钱，多报少给，克扣钱。（《金瓶梅》第二十一回：“娘使小的，小的敢落钱。”）

“打平火”：大家拼钱聚餐或买东西。（《二刻拍案惊奇》卷五：“而今幸得无事，弟兄们且打平夥吃酒压惊。”）

“恶识”：云南话里“伤害、得罪”的意思。（《金瓶梅》第七十九回：“家中大小没曾恶识一个人。”）①

“臬开”：用“集”“应”这个音，指把原来封闭的丝、棉织品掀开。（《官场现形记》第五回：“何藩台恐怕老妈靠不住，点了个火，臬开帐子，让张聋子亲自来看。”）

“隔顿”：“顿”云南官话中却读成deng，去声。（《官场现形记》第四十二回：“至于声调更是要紧的，一封信念到完，一直顺流水泻，从不作兴有一个隔顿。”）

“酸挤挤”：形容“酸”用叠音“挤挤”，读阴平，江淮方言和云南官话也是共同的。（《官场现形记》第六十回：“弄得他老人家心上醉挤挤的不高兴，所以今天仍旧不出门。”）②

① 芮增瑞：《云南方言里的元明方言词语》，《楚雄师范学院学报》2003年第1期。

② 群一：《〈官场现形记〉与云南方言》，《昆明师专学报》（哲学社会科学版）1997年第4期。

大量的古吴语都在昆明方言里可以找到，例如“包弹”作为动词有“批评”的含义，这个词早在宋代(《野客丛书》)都已出现，元曲里也频繁使用，像《董西厢》里有一段是“德行文章没包弹，绰有赋名诗价”。《金钱记》里也出现过该词语：“这娇娃是谁家！寻包弹，觅破绽，敢则无纤掐。”但是当时的用法更广一些，还有“缺点”“破绽”的含义。①还有昆明南郊叫“哥哥”作“高高”（音），此为上古音读法；“街”“鞋”读作“该”“孩”，是为中古音。再如词汇——“刻薄”作“鹊薄”，出自明清小说中的土语俚语，如《西游记》例句：“这个美猴王，性情能鹊薄”；“一向”“从前”作“一了”，出自元明清戏曲，如《冻苏秦》例句：“一了说‘若要富，土里做’”；“吃”的骂人话为“噇”，《集韵》解：“噇，食无廉也”；膀胱叫“脬”，《仓颉篇》解：“脬，盛尿者也”。如此等等，看似土，实则古。所以至今云南保山人把云南官话称为“馒头腔”，此种现象全省皆然。②

现在云南人民间还有许多独具特点的方言，例如：

吃饭不叫吃饭，叫吃芒芒
睡觉不叫睡觉，叫睡啫啫
去哪里不叫去哪里，叫克哪点
是吗不叫是吗，叫给是改？
天哪不叫天哪，叫买买三三
骗人不叫骗人，叫水人
笨的很不叫笨得很，叫憨不噜出
搞笑不叫搞笑，叫雀（qiǎo）得很
逛街不叫逛街，叫“逛该”
鞋子不叫鞋子，叫“孩子”
光线黑不叫光线黑，叫黑漆妈古洞
害怕不叫害怕，叫害里实怕
便宜不叫便宜，叫香因
干什么不叫干什么，叫整哪样

① 郭鑫铨：《昆明方言词语零考》，《红河学院学报》1986 年第 1 期。

② 张宇丹主编：《云南十八怪寻踪》，云南人民出版社 1999 年第 2 版，第 302 页。

太棒了不叫太棒了，叫太板扎了
胆小不叫胆小，叫悚
远房亲戚不叫远房亲戚，叫老表
爷爷不叫爷爷，叫老爹
爸爸妈妈不叫爸爸妈妈，叫我爹我妈
有出息不叫有出息，叫整的成啦
没有不叫没有，叫不有的
不是不叫不是，叫某嘛
奇怪不叫奇怪，叫怪里古懂
打寒战不叫打寒战，叫抖鳞壳颤
悄无声息不叫悄无声息，叫悄悄咪咪
看看不叫看看，叫叽叽
可惜了不叫可惜了，叫欧喉
太疯了不叫太疯了，叫太勺了
发神经不叫发神经，叫吃着菌了
是不是不叫是不是，叫怕是不
不爱说话不叫不爱说话，叫闷出出
打瞌睡不叫打瞌睡，叫发梦冲
莫名其妙不叫莫名其妙，叫雀神怪鸟
小气不叫小气，叫扎经
恶心不叫恶心，叫曹耐
困难不叫困难，叫坚钢
完蛋不叫完蛋，叫哦呵
太厉害了不叫太厉害了，叫吃得成伙食
吃不叫吃，叫种脖子
严重不叫严重，叫老火
完蛋不叫完蛋，叫克火的啦
讨厌不叫讨厌，叫讨嫌
傻帽不叫傻帽，叫土贼[①]

① 《云南方言大全》（http：//www. douban. com/group/topic/37981157/）。

三　方言岛——河口粤语

河口是云南的方言岛，当地以粤语作为通用语言，周围的瑶族等少数民族也使用粤语交流。早在两千多年前，河口被纳入中央政权管辖之下，西汉年间，河口纳入进桑县，晋代改为进乘县，南朝北分为新丰县和西中县，分别属梁水郡和兴古郡所辖。唐代属剑南道戒州都督府品州八秤县，南诏属通海郡，元朝隶属于临安宣慰司，明代归属于临安府王弄山长官司，清代改属开化府安平厅，民国时期由云南省政府直辖。①

根据一些墓碑、家谱和口头传说，河口居民的祖先大多是清代乾嘉年间迁入，乾隆年间，瑶族、壮族从广西迁来；嘉庆之后，苗族、布依族从贵州迁来；彝族从建水和石屏迁来；傣族从开远和西双版纳迁来；汉族大部分是黑旗军将士的后代和修滇越铁路的路工。②

黑旗军是由农民领袖刘永福领导的一支地方武装力量。刘永福于1837年出生于广东钦州（今属广西），他带领农民兄弟反抗清政府的统治。太平天国运动失败后，刘永福带领部众逃至越南。同治十二年，法国殖民者攻打越南河内等地，刘永福率领黑旗军打败法国殖民者，收复河内。③ 虽然甲午战争爆发后，刘永福率领将士赴台湾防守，但驻留河内的将士多为当时所带出的士兵，所以至今这些将士的后裔仍使用粤语为交流语言。

第二节　云南人的来源及形成

云南汉民族是云南的主体民族，据2000年的统计有28201274人④，约占全省人口的66.57%，遍及全省128个县（市）。云南人主要由迁入云南的汉民族移民组成，一个由移民及其后裔构成的移民社会。自先秦的庄蹻入滇开始，到元明清时云南人的形成，云南人走过了一条漫长而曲折的

---

① 河口瑶族自治县地方志编纂委员会编：《河口瑶族自治县志》，生活·读书·新知三联书店1994年版，第33—34页。

② 同上书，第70页。

③ 夏良才、谢维：《刘永福》，新蕾出版社1993年版。

④ 国务院人口普查办公室、国家统计局人口和社会科技统计司编：《中国2000年人口普查资料》，中国统计出版社2002年版，第18页。

道路。

一　云南人的原始记忆

云南人的原始记忆可以追溯到 170 万年前的旧石器时代[①]，在云南境内发现的多处旧石器时代和新石器时代遗址，证明云南在远古时代就已有人类居住。

（一）元谋人：云南人的祖根

元谋人是我国现在已知的最早人类。他们的活动在揭开了中国历史的序幕之时，由于地处云南元谋，也当然地成了云南人的祖根。

1965 年 5 月 1 日，在云南元谋上那蚌村西北发现了元谋人，他的遗骸留存仅有两颗牙齿化石，他们是迄今为止中国境内年代最早的直立人的代表，距今 170 万年。元谋人所处旧石器时代的云南，天气炎热，森林茂密，还有温暖的草原和丘陵。他们生活的自然环境相当舒适，有诸如剑齿象、豪猪、真枝角鹿等野生动物，还有各种茂盛的植被资源。证明元谋猿人的地质年代为早更新世晚期，经古地磁方法测定，比北京人和蓝田人均早 100 多万年。近年来在元谋人化石出土地还出现了一些旧石器加工比较粗糙。[②] 其后，又在该地区发现使用的旧石器和火的灰烬，表明先民们已学会用火，能熟食。[③] 可见元谋人不仅会制造器具，还会制作工具狩猎，用火烧熟食物。元谋人就用这种最原始的简陋工具，为自己的生存和大自然进行艰苦的斗争。[④] 在改造自然中也不断改变了人类自身的体质，从而开创了云南，乃至中国的新天地。

（二）丽江人和西畴人：云南人的先祖

丽江人和西畴人是在云南地区发现的晚期古人类化石，他们是云南人的先祖。

1. 丽江人

云南人的先祖之一丽江人是 1960 年在丽江漾弓江木家桥发现的，当时仅发现了三根人类股骨，其中有一根属于男性的左股骨石化较深，是古

---

① 马醒华、钱方：《古地磁与旧石器时代考古》，《考古》1978 年第 5 期。

② 文本亨：《云南元谋盆地发现的旧石器》，载《古人类论文集》，科学出版社 1978 年版，第 126—135 页。

③ 余嘉华主编：《云南风物志》，云南教育出版社 1997 年第 4 版，第 5 页。

④ 元谋县志编纂委员会：《元谋县志》，云南人民出版社 1993 年版，第 377—379 页。

人类的遗骸。1975 年在同一地点又发现人头骨一个，属少年女性。头骨具有一定的原始性，总的方面又和现代人接近，丽江人应属于人类发展史上的“智人”阶段。[①] 在丽江人出土地发现的动物化石有鹿、牛和云南早已灭绝的犀牛，说明其地质年代为更新世晚期。

据汪宁生研究，从额面上部扁平程度及最小额宽等方面来看，丽江人明显属于蒙古人种特征。而在我国广大地区包括与云南邻近一些省份发现属“晚期智人”的古人类，如四川资阳人、广西柳江人和麒麟山人等，亦均具有蒙古人种的特征。这就证明，早在一两万年前南方和西南地区居民和内地居民之间在种族上已有密切的联系。他们或就是今天南方和西南各少数民族的先民。[②]

2. 西畴人

云南人的另一个先祖西畴人，是 1965 年在西畴县东南约半公里的石灰岩溶洞（称“仙人洞”）中发现的，1970—1972 年又进行挖掘和清理。

西畴人保存下来的共有五枚牙齿，计有右侧下第二乳臼齿一枚，下犬齿二枚，下第一前臼齿一枚，下第一（或第二）臼齿一枚。这五枚牙齿似不属于同一个体，从形态特征来看，已接近现代人，属于“晚期智人”。

同出的动物化石共 32 种，有黑鼠、竹鼠、华南豪猪、蝠类、猕猴、长臂猿、猩猩、灵猫、水獭、云豹、虎、猫熊、剑齿象、马、中国犀、巨貘、鬣狗、野猪、水鹿、鬣羚、水牛、爪哇古豺、中国黑熊等，其中现已绝灭的有 6 种，证明西畴人地质年代和丽江人一样，同属更新世晚期。[③]

二　西南夷时代：云南人“才露尖尖角”

云南是中国西南边陲之地，夏、商、周三代属“梁州之域”或“梁州徼外（界外之意）”[④]。其实，这是传说，并非三代实有的行政区划。《尚书·禹贡》把当时的“天下”划分为九州，“华阳黑水惟梁州”，“华阳”即华山之南，“黑水”则诸家所说分歧甚大，无可定指。一般认为秦

① 李有恒：《云南丽江盆地一个第四纪哺乳类化石地点》，《古脊椎动物与古人类》1961 年第 2 期；云南省博物馆：《云南丽江人类头骨的初步研究》，《古脊椎动物与古人类》1977 年第 2 期。

② 参阅汪宁生《云南考古》，云南人民出版社 1992 年第 2 版，第 4 页。

③ 同上书，第 5 页。

④ 《明史·地理七》。

岭以南，今四川、甘陕南部、鄂西北一带为所谓“梁州”之域。另外，《尔雅·释地》《周礼·职方》等古籍也有九州的记载，所载州名及地域范围与《禹贡》略有出入。[①] 但也有人认为今昆明黑龙潭亦名道教的龙泉观，汉建黑水祠，就是为祭祀“华阳、黑水惟梁州”之黑水而建。[②] 尽管人们对这些史料的解读有分歧，但起码可以说明远在四千多年前的唐尧时代，云南就与内地有了交往和交流。

战国至秦汉，史称今云南、贵州及川南地区为“西南夷”。司马迁在《史记·西南夷列传》中云：

> 西南夷君长以什数，夜郎最大；其西靡莫之属以什数，滇最大；自滇以北，君长以什数，邛都最大；此皆魋结，耕田，有邑聚。其外西自同师以东，北至楪榆，名为巂、昆明，皆编发，随畜迁徙，毋常处，毋君长，地方可数千里。自巂以东北，君长以什数，徙、筰都最大；自筰以东北，君长以什数，冉駹最大。其俗或土著，或移徙，在蜀之西。自冉駹以东北，君长以什数，白马最大，皆氐类也。此皆巴蜀西南外蛮夷也。

这里可以看出，司马迁所称的“巴、蜀西南外蛮夷”地区，族群复杂，社会经济的发展很不平衡，但已经形成以十、百数的“君长”，存在若干氏族、部落，在较为发达的地区，如“滇”，已建立了国家政权，表明云南在战国及秦汉之时构成了西南夷时代。

（一）庄蹻入滇：汉民族迁入之始

在西南夷时代，第一个重大的历史事件是庄蹻入滇。[③]

庄蹻入滇是战国时期楚国向西南扩展的一次重大行动。早在庄蹻入滇前，楚国人就已进入云贵高原。自春秋时起，楚国国力强盛，在楚庄王时代，即已拓地三千里；至楚威王时，沿乌江流域，占有巴和黔中，鳖邑

---

① 参阅李寿、苏培明《云南历史人文地理》，云南大学出版社 1996 年版，第 45 页。

② 郝正治：《汉族移民入滇史话》，云南大学出版社 1998 年版，第 6 页。

③ 战国后期，楚国有两个庄蹻，一是农民起义的领袖，又一是著名的将军，二人活动的年代不同。据方国瑜考，庄蹻，《韩非子·喻老》“为盗”的庄蹻在楚威王时，《荀子·议兵》“为将开滇”的庄蹻在楚顷襄王时，其活动时间相隔五十多年，断非一人。见方国瑜《滇史论丛》第一辑，上海人民出版社 1982 年版，第 20 页。

（今贵州遵义）即为楚国人所建。楚国在沅水流域占有整个武陵山区，包括今贵州东部沅水支流麻阳江边的铜仁、江口、印江，舞水流域的岑巩、镇远，以及与黔东相邻的溆浦、黔阳、保靖等地。前279年，楚顷襄王派将领庄蹻率军通过黔中郡向西南进攻，经过沅水，向西南攻克且兰，征服夜郎国，一直攻打到滇池一带。《史记·西南夷列传》云："始楚威王时，使将军庄蹻将兵循江上，略巴、蜀、黔中以西。庄蹻者，故楚庄王苗裔也。蹻至滇池，地方三百里，旁平地，肥饶数千里，以兵威定属楚。欲归报，会秦击夺楚巴、黔中郡，道塞不通，因还，以其众王滇。变服从其俗以长之。"[①] 黔中郡原曾为楚地，后被秦一度攻占，前277年秦派蜀郡守张若再度攻取黔中郡和巫郡。翌年，楚不甘心失败，又调集东部兵力收复黔中郡部分地区，重新立郡以对付秦国。这样，在秦楚相争中，无奈秦国派兵南下控制了楚巴、黔中，堵塞了他回楚国的道路。庄蹻归路不畅，便"以其众王滇，变服从其俗以长之"[②]。当地还有关于庄蹻的传说[③]：

> 由于不堪忍受统治者的欺压，庄蹻带领兄弟到没有国王的地方去。他到处向赶马经商的人询问打听，其中一位老爷爷告诉他：那个没有国王的地方不在人间，而在天上。老爷爷说他年轻的时候赶马到南方去，走过一条凶险的小道，翻过一百零一座大山，蹚过一百零一条河，最后突然看到前面是一朵彩云，彩云的中间有青山绿水，还有一座大城，没有国王、没有财主，那里的人安居乐业。庄蹻相信了他的话，带着兄弟们往南方而去，在经历了激流险阻、强盗疾病之后，他们翻过高山之巅，见到了彩云一样的大城，还有穿着彩云一样衣裳的男女来欢迎他们。他们从此就在这里住下来，再也不离开这个自由美丽的地方。

从此，庄蹻不仅打破了中国西南地区的封闭状态，也揭开了汉民族迁

---

① 楚威王，楚国国君，公元前339年至前329年在位。按庄蹻入滇在楚顷襄王（前298年至前263年在位）时，此楚威王当是楚顷襄王之误。《后汉书》及《华阳国志》皆作顷襄王。

② 《史记·西南夷列传》。另关于庄蹻入滇的时间，史载有异说，《史记》和《汉书》的《西南夷列传》列为楚威王时事，《后汉书·西南夷列传》则说是楚顷襄王时事。本书从《后汉书·西南夷列传》说。

③ 杨杨：《昆明往事》，花城出版社2010年版，第7—8页。

入云南的历史序幕。

（二）“旧汉人”：吕不韦后代充军云南

在西南夷时代，汉民族入滇的第二个重大历史事件就是吕不韦后代充军云南。

吕不韦（约前292—前235年），战国末年卫国濮阳人。原籍阳翟（今河南禹州）。吕不韦是阳翟的大商人，他往来各地，以低价买进，高价卖出，从而积累起千金的家产。他以“奇货可居”闻名于世，曾辅佐秦庄襄王登上王位，其有门客三千人。任吕不韦为丞相，封为文信侯，食河南洛阳10万户。庄襄王卒，年幼的太子政立为王，尊吕不韦为相国，号称“仲父”。命食客编著《吕氏春秋》，共20余万言，汇合了先秦各派学说，“兼儒墨，合名法”，故史称“杂家”。执政时曾攻取周、赵、卫的土地，立三川、太原、东郡，对秦王政兼并六国的事业有重大贡献。后因叛乱事受牵连，被免除相国职务，出居河南封地。不久，秦王政复命其举家迁蜀，吕不韦恐诛，乃饮鸩而死。

汉武帝时，吕不韦的后代被迁到了云南保山。《三国志·蜀书第十三》注引孙盛《蜀世谱》说：“秦徙吕不韦子弟宗族于蜀，汉武帝时，开西南夷，置郡县，徙吕氏以充之，因曰不韦县。”这是保山汉时设不韦县的来历。到了公元前109年（武帝元封二年）刘彻征服滇国，置益州郡（治滇池县），设不韦县（今保山），这是汉代在云南置郡设县之始，吕不韦后代也是第一批有明确史载的从内地充军到云南的汉民族。

吕氏被迫迁徙到云南后便世代定居保山。据郝正治研究，不韦县城就在今保山市金鸡镇（前称金鸡村）。金鸡村依山面水朝坝，是个古西南丝绸之路上的战略要地。越过澜沧江天堑的兰津渡（霁虹桥），翻过江北大山就到了金鸡村。由于兰津渡的艰险，汉武帝通博南山道，渡者艰辛，当时流传着一首“汉德广，开不宾。渡博南，越兰津。渡澜沧，为他人”的歌谣。

由此可见，汉民族以充军方式进入云南最早者应为吕不韦的后代，至今入滇已两千多年了。吕氏世代定居云南，几百年后又出了像吕凯这样的名人。及至明初大批汉民涌入云南，生活在保山一带的吕氏后代及西汉到保山垦田的汉民被称为“旧汉人”①。

① 尤中：《云南民族史》，云南大学出版社1994年版，第22页。

（三）秦开“五尺道”：打通汉民族入滇的通道

在西南夷时代，秦开“五尺道”为汉民族批量入滇打通了道路。

秦始皇统一中国之后，向四方拓展，于西南“开道”“置吏”。史载：“秦时，常頞略通五尺道，诸此国（西南夷诸国）颇置吏焉。”[①] 五尺道位于今天的盐津县豆沙关，以路宽五尺而得名，司马贞《史记·索隐》云：“谓栈道广五尺。”唐张守节作《史记·正义》言：“《括地志》云：‘五尺道在郎州，颜师古云其处险厄，故道才广五尺。如淳云道广五尺。’”[②] 五尺道打通了云南与内地的联系，使得云南与中原之间的交流更为密切，中原的汉民族也通过五尺道进入云南东北部并定居生活。

秦帝国废除分封制，全面推行郡县制，曾在全国设置四十二郡，下辖八九百个县。但是它在西南夷，尤其是在“五尺道”所经地区，设过什么样地方行政机构？置了些什么“吏”？史无明载，但汉民族大批迁入云南自秦代始史有明载。《史记·秦本纪》载：“（前316年）司马错伐蜀，灭之。十一年，公子通封于蜀……十四年，丹、犁臣蜀，相壮杀蜀侯来降。”丹、犁是云南北部的部落，秦国开发边地时，将士卒、官兵和移民迁至边疆地区。[③]《新纂云南通志·大事记》考：“按《史记》不言通道之年，以下文‘十余岁，秦灭’推之，当在始皇二十一年至二十九年之间。”

及至汉帝国，为了进一步扩大内地与云南的联系，汉武帝在秦朝“五尺道”的基础上，采取了“以其故俗治，毋赋税”[④] 等政策措施，对西南夷的道路进行了大规模的开发和修建。所修西南夷道包括唐蒙道、西夷道、博南山道三段，终于成功拓展了“五尺道”，并改名为“西南夷道”[⑤]，从而进一步加强了云南与内地的联系，有利于汉民族迁入云南。汉元封二年（前109年），汉武帝派将率巴蜀的军队进入云南，以其地设置益州郡，下属24县，郡府设在滇池县（今天的晋宁），并迁移一部分汉民族人口（主要是秦、晋豪民、囚犯）入益州郡屯田垦殖。《史记·大宛列传》说：“于是发三辅罪人，因巴蜀士数万人，遣两将军郭昌、卫广

① 见《史记·西南夷列传》，《汉书·西南夷列传》作“常頞略通五尺道”。

② （清）王先谦补注：《汉书补注》，书目文献出版社1995年版，第1599页。

③ 张增祺：《滇文化》，文物出版社2001年版，第181页。

④ 《资治通鉴》卷二一。

⑤ 《汉书·食货志》。

等往击昆明之遮汉使者。”入滇的汉民族，在郡县制行政机构的保障下，正式定居云南，分布在滇东北、滇中和滇西一带，成为云南地区的早期汉人。

西汉时，汉民族迁入云南的途径主要有两个：第一个途径是吏卒。《汉书·食货志》载：“汉连出兵三岁，诛羌，灭两粤、番禺以西至蜀南者，置初郡十七，且以其故俗治，毋赋税，南阳、汉中以往各以地比，给新郡吏卒奉食、币物，传车马被具。”此外，修西南夷道，也派遣了不少官吏士卒到云南。《史记·司马相如列传》亦载：“唐蒙已略通夜郎，因通西南夷道，发巴、蜀、广汉卒，作者数万人。治道二岁，道不成，士卒多物故，费以巨万计。”还有每次因为西南蛮夷叛乱，中央政府也派士卒前往云南平乱。《史记·平准书》：“而初郡时小反，杀吏，汉发南方吏卒往诛之，间岁数万人，费皆仰给大农，大农以均输调盐助赋，故能赡之。然兵所过县为以訾给，毋乏而已，不敢言擅赋法矣。”《汉书·食货志》：“且以其故俗治赋税，南阳、汉中以往，各以地比，给初郡吏卒奉食币物传车马被具。”《汉书·西南夷列传》：“遣宁始将军廉丹与庸部牧史熊大发天水、陇西骑士，广汉、巴、蜀、犍为吏民十万人，转输者合二十万人，击之。始至，颇斩首数千，其后军粮前后不相及，士卒饥疫，三岁余死者数万。……莽遣宁始将军廉丹，发巴蜀吏人及转兵谷卒徒十余万击之，吏士饥疫，连年不能克而还。”……“（建武）十九年，遣武威将军刘尚等发广汉、犍为、蜀郡人及朱提夷，合万三千人击之。尚军遂度泸水，入益州界。群夷闻大兵至，皆弃垒奔走，尚获其羸弱、谷、畜。”“武威将军刘尚击益州夷，路由越巂。”历次平乱中，由蜀地派往西南夷地区的士卒此后就落籍云南，在云南定居。

第二个途径是因屯户政策而落籍云南。早在汉武帝时期，就推行了“募民徙塞下屯田”的办法，鼓励内地汉族到边疆开垦荒地。《史记·平准书第八》记载：“当是时，汉通西南夷道，作者数万人，千里负担馈粮，率十余钟致一石，散币于邛僰以集之。数岁道不通，蛮夷因以数攻，吏发兵诛之。悉巴蜀租赋不足以更之，乃募豪民田南夷，入粟县官，而内受钱于都内。”商人们招募流民在云南开垦田地，上交赋税，然后又在内地领取相应的银钱，这一办法同样鼓励了内地汉族到云南居住和生活。

这样，在西南夷时代，五尺道的开通为汉民族迁入云南打下了基础，而这个时期入滇的汉民族移民大多“变服从其俗以长之”[①]，融入云南少数民族的汪洋大海之中，即使被称为“旧汉人”的入滇汉民族，同时又称为“僰人”。所以，万历《云南通志》卷二永昌府《古迹》说：“诸葛营，在府城（令保山城）南十里，诸葛孔明南征屯兵之所。孔明既凯旋，汉人有遗于此者，聚庐世居，至今犹称为旧汉人。曹遇诗，‘孟获生擒雍闿平，永昌南下一屯营。僰人也解前朝事，立向斜阳说孔明’。”其实，正如云南民族史学家尤中所说：“诸葛亮南征之时，蜀汉内地的汉族军队并未曾到达永昌。而汉初自内地迁入的吕氏家族的代表人物吕凯，在滇西组成汉、僰混合的地方武装，却是以蜀汉军队的名义在滇西活动。他们拥护蜀汉，抵制雍闿和孟获，及至诸葛亮凯旋回成都之后，这部分汉、僰人仍‘聚庐世居’于原地，直到明朝时期，既称为‘旧汉人’，也称‘僰人’。”[②] 这说明汉民族迁入云南是一个很缓慢的历史过程，在西南夷时代迁入云南的汉民族，在少数民族的汪洋大海中能保留一个“旧汉人”的称呼，实在是难能可贵了。所以，从云南人形成的角度去看，从战国到秦汉的西南夷时代，汉民族中云南人的形成仅仅只是“小荷才露尖尖角”而已。

三　南诏大理时代：入滇汉人“化夷”

两汉以后，三国时期魏晋南北朝虽然是汉民族迁入云南最少的时期，但诸葛亮亲征云南，七擒七纵孟获的史实也留下了汉民族入滇的痕迹。

《三国志·诸葛亮传》记载：“三年春（225 年），亮率众南征，其秋悉平。”在平定南中的过程中，诸葛亮实行“攻心为上，攻城为下；心战为上，兵战为下”[③] 的计策，七擒七纵孟获，故而才有“南人不复反矣”的结局。那么，平定南中以后，诸葛亮有没有留人屯守或驻守云南呢？从各种史籍的记载来看，诸葛亮平定南中后，并未留下一兵一卒一官。但在云南民间却传说，诸葛亮曾经留下了一些汉族官吏和移民到南中屯垦。但这仅是传说而已。有意思的是在云南民间至今都谈亮则喜，无论是亮到过的地方，还是没有到过的地方，人们都争说，当年诸葛亮到过我们这里，

---

① 《史记·西南夷列传》。

② 尤中：《云南民族史》，云南大学出版社 1994 年版，第 22 页。

③ 《资治通鉴》卷七〇。

并引以为自豪。各地在修方志甚或续家谱、刻墓志总要书一笔武侯。各地文人政要，总要寻找一点蛛丝马迹来证明武侯到过当地。旧时各地都建有武侯祠，云南各族人民把武侯作为智者的化身、作为神来崇敬。[①] 这些都折射出了三国时期汉人入滇的蛛丝马迹。

唐宋之时，先后出现南诏、大理两个地方割据政权，云南进入了南诏大理时代。

在这个时代，因南诏与唐帝国之间在近 200 年间多次发生战争，故汉民族大多因战争而迁入云南。史载天宝七年（748 年）皮逻阁死，子阁逻凤继位。由于唐帝国政策的错误，特别是剑南节度使鲜于仲通、云南郡太守张虔陀昏庸狂妄，一味抑制南诏，张虔陀甚至还派人辱骂前来谒见的阁逻凤，甚至侮辱随同前来的阁逻凤妻女，从而激化了矛盾。天宝九年（750 年），引发了唐与南诏的第一次天宝之战。《旧唐书·杨国忠传》载："鲜于仲通率精兵八万讨南蛮，与阁罗凤战于泸南，全军陷没。"天宝十年（751 年），杨国忠派李宓攻打南诏，又全军覆没。《旧唐书·杨国忠传》载："国忠又使李宓率师七万，再讨南蛮。宓渡泸水，为蛮所诱，至太和城，不战而败，李宓死于阵。"天宝年间，唐朝派 20 万大军讨伐南诏，兵败后大批士卒流落云南，以及被掳掠来的汉族士兵和老百姓也有不少落籍云南，成为南诏的奴隶而落籍云南。

后来，南诏进攻四川，又从成都等地掳掠了不少能工巧匠入滇，为南诏营建宫室、制造器皿。唐至德二年（757 年），南诏与吐蕃合并攻打下了西昌等地，掳掠了不少汉族士兵。《旧唐书·南诏传》称："会安禄山反，阁罗凤乘衅攻陷巂州及会同军，有郑回者，本相州人。天宝中举经授巂州西泸县令，巂州陷为所掳。"《南诏德化碑》载："越巂固拒被夷，会同请降无害；子女玉帛，百里塞途；牛羊积储……都督见擒，士兵见尽虏。"唐大和三年（829 年），南诏再次攻打唐朝城池，抢夺子女百工数万人。《资治通鉴》卷二四四记载："蛮留成都西郭十日……将行，乃掠子女、百工数万人及珍货而去。"《孙樵集》卷三《书田将军边事》载："文皇帝三年，南蛮果能大入成都……四日而旋，其所剽掠自成都以南，越巂以北，八百里之间民畜为空。"[②]

---

① 郝正治：《汉族移民入滇史话》，云南大学出版社 1998 年版，第 20 页。

② 转引自王忠《新唐书南诏传笺证》，中华书局 1963 年版，第 79—80 页。

纵观有唐一代，强盛的唐朝对南诏几番用兵，皆丧师败北，数十万唐军将士非死即俘，他们作为南诏的奴隶再也无法返回中原而落籍云南。民国罗养儒《云南掌故·昆明之民族概略》说到昆明汉民之来历即有“唐代迭次用兵击南诏，兵败，有被俘而迁转流移，入于昆明之一些中原人”①。此外，南诏则数次攻击西川甚至占领了成都。《新唐书·南蛮传》说：“异牟寻立，悉众二十万人寇，与吐蕃并力一趋茂州，逾文川，扰灌口，一趋扶文，掠方维白坝，一侵黎、雅、邛、邛崃。”这就是说，南诏数次越过金沙江攻陷今四川西昌并越过大渡河进攻邛崃、雅安、成都一线并占领成都十天。南诏军回还时沿途劫掠子女、工匠及财物而归。这些被劫掠来的中原人、川人被带到南诏，作为奴隶贩卖而落籍云南。因此，无论被俘获的士卒，还是被劫掠为奴的入滇汉民族，最后都定居于云南。

南诏之后是大理国。在宋与大理在三个多世纪的关系中，由于宋与北方少数民族关系紧张，战争频仍，无暇顾及南方，也没有力量与处在云贵高原上的大理交手，所以大理与宋之间长期“平安无事”，汉民族移民甚少。据郝正治的研究：“宋大理国时期似是云南历史上汉民入滇最少的时代。但《说岳全传》中却有岳飞被秦桧以莫须有的罪名害死后，将岳飞的夫人及三子岳雷充军云南。20 世纪 80 年代初，曾有报载昆明之呈贡、嵩明有岳飞的后裔，并将岳氏族谱献给国家，若然，则可排除宋代没有汉民族徙滇的说法。”②

那么，唐宋南诏大理时代入滇的汉民族到哪里去了呢？

由于南诏大理时代，迁入云南的汉民族人口与当地的原居民族相比只是极少数；再加上唐宋时期，南诏大理相继进行长期的分裂割据，与内地汉民族主体社会联系较少，所以宋代以前迁入云南的汉民族在长期与原居民族相杂居的情况之下都化为“夷”了，主要融合到白族中去了。宋代的《爨龙颜碑》载：

> 君讳龙颜，字仕德，建宁同乐县人。其先世则少昊颛项之玄胄，才子祝融之渺胤也。清源流而不滞，深根固而不倾。夏后之盛，敷陈五教，勋隆九土，纯化洽于千古，仁功播于万祀，故乃耀辉西岳。霸

---

① 郝正治：《汉族移民入滇史话》，云南大学出版社 1998 年版，第 24 页。

② 同上书，第 27 页。

王郢楚，子文元铭德于春秋，班朗绍趴于季叶。阳九运否，蝉蜕河东，逍遥中原。班彪删定《汉记》，班固述修《道训》，爰暨汉末，菜邑于爨，因氏族焉。姻娅媾于公族，振缨蕃乎王室。乃祖肃，魏尚书仆射、河南尹，位均九例，舒翮中朝，迁运庸蜀，流薄南入，树安九世，千柯繁茂，万叶云兴；乡望标于四姓，邈冠显于上京。瑛豪继体，于兹而美。祖晋宁、建宁二郡太守、龙骧将军、宁州刺史。考龙骧辅国将军、八郡监军，晋宁、建宁二郡太守，追谥宁州刺史、邛都县侯。

该碑文记录了爨氏祖先从中原迁入四川，再由蜀入滇定居，与当地土著居民融合的历史，也可以从侧面看出当时中原汉人迁入云南的过程。

两汉以后，历代有内地汉族移民进入云南，然而，元代以前的汉族移民也都像战国时期的楚人那样，“变服，从其俗”，先后与土著各族相融合。云南地方史专家方国瑜先生对云南汉族移民的历史作了精辟的论述，他说：

在元之前，汉族人口迁徙至云南者，历代有之。惟数量比原住各族人户只是少数，汉族移民与原住各族人民错杂而居，共同劳动生产，久之汉人融合于各族；虽汉人之生产技术、生活方式以及文化广泛传播于各族社会，然无长期保持汉族特征之人们共同体。①

汉语是汉族的重要特征之一，汉族移民与土著各族相融合，汉语就在云南逐渐失去了口头交际的作用。在历史文献中可以偶尔看到一点有关夷汉语言互相影响的记载，如晋人常璩说：“夷中有桀黠能言议屈服种人者，谓之耆老，便为主。论议好譬喻物，谓之夷经。今南人言论，虽学者亦半引夷经。”② 移民中的学者在言谈中尚且“半引夷经”，一般的汉族移民就更是可想而知了。又据《通典》记载，滇西洱海地区的汉族移民，“自云其先本汉人。有城郭村邑，弓矢矛铤，言语虽稍恶舛，大略与中夏

① 方国瑜：《中国西南历史地理考释》下册，中华书局 1997 年版，第 1132 页。
② （东晋）常璩：《华阳国志·南中志》。

同；有文字，颇解阴阳历数，而以十二月为岁首”[①]。显然，汉民族移民的后代已经与原居民族融合了，所以他们说的话：“虽稍恶舛，大略与中夏同。”[②] 入滇汉民族在互动、交往、交流、交融中悄然“化夷”了，“才露尖尖角”云南人的发育几乎停滞了近七个世纪。

四 元明清时代：云南人“化茧成蝶”

历史的发展不会永远停滞。“不是不报，时间未到。”一旦时机成熟，茧化成蝶，历史的发展就会进入快车道。

（一）元帝国揭开了云南人形成的序幕

讲到云南人的形成，不能不说元帝国的促进作用。1253 年，忽必烈率军攻打云南，并于 1276 年建立云南行中书省，使它成为全国十一个行省之一，政治中心迁到昆明。结束了云南近五个世纪的割据状态后，元帝国建立了驿站制度，吸引了中原汉民族以及蒙古民族到云南经商交易，促进了云南与中原的互动交往和交流。在元军的构成中，除蒙古兵和色目军（即回军）外，还有汉族构成的汉军。忽必烈所率占领云南之军队中就有汉军，故元代汉军亦为汉民族入滇的一种方式，此其一。

其二，元帝国对云南的统治早于元灭南宋，自 1253 年至 1381 年傅友德灭元梁王止，历时 128 年。在这一个多世纪的统治中，元军曾在云南屯田，除多为爨僰军[③]屯田外，也有汉军屯田。这些屯田的汉军亦有定居云南者，《元史·兵志三》即云：“梁千户翼军屯……以汉军一千人置立屯田。”

其三，除军屯外，还有民屯。至元十一年（1274 年），赛典赤命爱鲁“阅中庆版籍，得隐户万余，以四千户即其地屯田”[④]。至元十二年至十八年（1275—1281 年），又大置民屯于威楚、大理、金齿、永昌、鹤庆、中庆、曲靖、澂江、仁德、临安、建昌、会川、德昌、乌撒、罗罗斯等地，开垦出大量荒闲土地。

其四，赛典赤大力倡办儒学，他曾任命郝天挺为“风教官”，在西到

① 《通典》卷一八七。

② 李兆同：《云南方言的形成》，《思想战线》1999 年第 1 期。

③ 爨僰军即白族、彝族构成的军队，相当于乡兵类。

④ 《元史·爱鲁传》。

大理、永昌，东至乌蒙的各路、府、州、县中普建孔子庙，设置学舍，通过崇儒明道而“正三纲，明五伦，教跪拜”，以移风易俗。赛典赤的继任者仍是大力倡学。据史料记载，除中庆路（今昆明）外，设学处尚有建水路庙学、澄江府儒学、曲靖路儒学、仁德路儒学、武定路儒学、大理路儒学及威楚路儒学等。[①] 上行下效，元时一些地方土官对倡办儒学也颇为热心，如姚安路土官高明就曾“近聘荆、益、关、陕之士，以为民师；远购洙、泗、濂、洛之书，以为民学。异时烨然，声容文物之盛，非蜀之文翁，闽之常衮与？岂复有边鄙虞也”[②]。在这种情况下，当时的云南出现了“北人鳞集，爨僰人循理”[③] 局面。

其五，元末农民起义军红巾军也曾进入云南并占领昆明，之后又撤出云南[④]，难免有人会落籍云南。

其六，元代再次打通了云南通往内地的交通，标志着云南与内地交往的重新加强，于是内地商人便蜂拥而至，迅速进入云南从事商品贩运，纷纷落籍云南。

九九归一，元帝国在云南所做的一切都为云南人的形成揭开了序幕。

（二）明帝国汉民族入滇从少数变成多数

明帝国开发云南时，朱元璋建立政权已 14 年了。在总结汉、唐、宋、元历代经验教训的基础上，朱元璋经过深思熟虑，认识到历史上云南问题复杂性，汉闭昆明，强盛的唐朝屡败于南诏，甚至连宋太祖也在大渡河北岸挥动着玉斧说：“此外非吾有也。”[⑤] 朱元璋要统一云南，面临三大问题：一是元残余势力梁王把匝剌瓦尔密有十万元军还盘踞着云南；二是蛮夷剽悍，遍布云南各地的蛮夷土酋部落武装，占山为王，既互相侵吞又联合抵抗外部势力，此起彼伏，这里平息，那边又乱，成为云南问题的顽疾；三是云南崇山峻岭，山川险峻，交通十分落后。所以，朱元璋一反元

① 罗贤佑：《元代民族史》，四川民族出版社 1996 年版，第 398 页。

② 《景泰云南图经志书》卷四欧阳玄《升姚安路记》。转引自罗贤佑《元代民族史》，四川民族出版社 1996 年版，第 398 页。

③ 《景泰云南图经志书》卷八王彦《中庆路重修泮宫记》。转引自罗贤佑《元代民族史》，四川民族出版社 1996 年版，第 399 页。

④ 马曜：《云南简史》，云南人民出版社 2009 年版。转引自郝正治《汉族移民入滇史话》，云南大学出版社 1998 年版，第 29 页。又见张佐《云南边屯文化的传播与形成探讨》，《云南社会科学》2014 年第 1 期。

⑤ （清）毕沅：《续资治通鉴·宋纪一》。

帝国从西入滇的策略，采取了从东入滇的战略，经过精心策划，洪武十四年（1381 年）朱元璋派 30 万大军征讨云南。洪武十五年（1382 年），云南都指挥使司建立，并开始设置大量卫所，对云南地区进行大规模的移民，通过各种形式，把大量的汉族人口从内地迁入云南进行屯田垦殖。汉民族的人口在云南逐渐从少数变成多数，少数民族族群不可能再把大量的汉族人口融合入他们之中，汉民族“化夷”已成为历史。

明帝国时，汉民族迁入对云南主要有军屯、民屯和商屯三种形式。

1. 汉民族军屯移民

军屯，是明代汉民族入滇的主要形式。明帝国建立之初，便对元朝时期的兵制进行了改革，划出一部分人为世籍军户，分配驻屯于全国各地，负责镇守地方和保卫边疆，并规定遣戍之军都要有家室一同往驻指定卫所。《明史·兵志四》云：“军士应起解者皆佥妻。”《明会典》卷一五五“兵部三八·起解”条明确规定：“应起解者，皆拘妻佥解，津贴军装盘缠。”又说“如原籍未有妻室，听就彼完娶。有妻在籍者，就于结领内开妻室姓氏、年岁，着令原籍亲属送去完娶”，甚至“卫军无妻者辄罢革”①。而官军调卫所，佥妻同行。而军士自服役后，几乎是终生在营；调迁外地卫所，也终生难返家乡。②

也就是说，明代的卫所兵制有如下几个特点：（1）军皆世籍，父死子继，不得辄改；（2）驻地固定，除非朝廷命令，否则驻地不能变动；(3) 军队在驻地屯田戍守，安家落户，不能任意流动，更不允许逃亡，如若军户死绝，必得从其原籍另调其家族中人前来充抵；（4）凡为军者必须结婚，携同妻室前往驻地。这些特点使进驻云南的汉民族军队，成为以军屯形式迁入云南的汉族移民。③

明代军屯移居的人口数量巨大，每批都有几万甚至几十万人。洪武十四年（1381 年）随傅友德、蓝玉、沐英平定云南的以汉族为主的 30 万军队，有相当一部分留下来屯戍在云南，其人数按云南卫所的足额计算，当在 15 万左右。洪武十五年（1382 年）三月，朱元璋谕傅友德：“云南既平，

① 《筹海图编》卷一一。

② 陆韧：《变迁与交融——明代云南汉族移民研究》，博士学位论文，云南大学，1999 年，第 45 页。

③ 徐杰舜主编：《雪球——汉民族的人类学分析》，上海人民出版社 1999 年版，第 1169 页。

留江西、浙江、湖南、河南四部司兵守之，控制要害。”从云南境内洪武年间设立的 15 卫、2 千户所来推算，当留兵 86000 人。洪武十六年（1383）五月丁卯“给凉州诸卫所征南士卒十四万四百余人钞十五万五千余锭”，“命六安侯王志、安庆侯仇成、凤翔侯张龙督兵往云南品甸，缮城池、立屯堡，置邮传，安辑其民人”①。洪武十七年（1384 年），征南右副将军沐英率领 9 万官军镇戍云南。而且，不久朱元璋便命令把这些留戍的军属从内地送到云南。《云南机务钞黄》载洪武十七年（1384 年）三月初三日，朱元璋发到云南的命令中即说：“各卫所上紧屯种，尽问军人每（们），若是有粮，便差内官送将家小来。”洪武二十年（1387 年）八月癸酉“诏景川侯曹震及四川都指挥使司，选精兵二万五千人，给军器、农具，即云南品甸之地屯种，以俟征讨”②。同年“调陕西、山西将士五万六千余人赴云南听征，赐钞有差”“诏长兴侯耿炳文率陕西土军三万三千人往云南屯种听征”③。可见，进入云南的军队的家属，随即被全部送到云南来。进入云南的军队即此成了落籍的军屯户，他们以卫所的组织形式分布在云南境内，其人口总数当在 30 万左右，主要分布腾冲、保山以东，景东、红河以北一带，东北自乌撒卫（驻今贵州威宁），往西南延伸至腾冲卫，往南抵临安卫，沿交通线上，星罗棋布，占据要隘，就地开展屯田戍守，即使发生任何事变，也不敢随便离开原来戍守的地方，子子孙孙不再返回内地。自明朝初年以后，朝廷派驻在云南的军屯户人口便有增无减。④ 在洪武十九年至二十一年间（1386—1388 年），通过 10 余次增兵，明朝在云南的官兵至少有 27 万，按照每户 3 口人来计算的话，也至少有 80 万人左右的汉民族移民迁入云南。⑤ 而据葛剑雄的研究，洪武中后期，仅见于《明实录》记载的调兵入云南就有 10 次，人数累计达 25 万，加上原已留驻的 8 万余人，合计有 35 万。洪武二十四年（1391 年），云南有 75690 户，354797 人。这是登记

---

① 《太祖洪武实录》卷一五四。

② 《明太祖洪武实录》卷八四。

③ 《大明太祖高皇帝实录》。

④ 徐杰舜主编：《雪球——汉民族的人类学分析》，上海人民出版社 1999 年版，第 1169—1170 页。

⑤ 陆韧：《变迁与交融——明代云南汉族移民研究》，博士学位论文，云南大学，1999 年，第 49 页。

在册的民籍人口，与云南的军人数相当。[①] 若按此计算，汉民族以军屯方式迁入云南的人数已超过 100 万人了。

2. 汉民族民屯移民

民屯是明帝国汉民族迁入云南的另一种方式。正德《云南志》卷二“屯田”条即云：“云南屯田最为重要，盖云南之民多汉少夷，云南之地多山少田，云南之兵食无仰。不耕而待哺，输之者必怨；弃地以资人，而得之者益强，此前代之所以不能义安此土也。今诸卫错布于州县，千屯抡列于原野。收入富饶既定，以纾齐民之供億；营垒连络，又足以防盗贼之出没，此云南屯田之所以甚利最善，而视内地相倍蓰也。又内地各卫俱二分操守，八分屯种，云南三分操守，七分屯种。”

谢肇淛《滇略》卷四云：“高皇帝即定滇中，尽徙江左良家闾右以实之。”明初平定云南，除了实行沐英留镇，大军屯集，建立卫所等项措施外，还实行了官府组织移民屯田，充实云南的政策。

移民就宽乡。倪蜕《滇云历年传》卷六记载，洪武十七年（1384年）“移中土大姓以实云南”。据陆韧的研究：有关地区清代以后方志的追述，在滇东宣威，明初“盖太祖设法徙民，苏松嘉杭一带土著，除移田临濠外，来滇者实属不少”[②]。在滇中武定府，“武属多僰爨诸蛮所居，明初役江南北富户实武定、永昌，汉人稍来”[③]。在滇南临安府，“明初徙江左族姓于其间，风会日开，人才辈出”[④]。在滇西楚雄府，“自前明洪武十六年，傅、沐二公平定后，留兵镇守，太祖又徙江南闾右以居之”[⑤]；大理府，“逮明初削平段氏总管，迁中土大姓以实云南，而吴越间汉族来者纷纭踵至”[⑥]；永昌府，“至明而徙江宁之人实之”[⑦]。从上所引，移民人口大都来自“江左”“江南”“苏松嘉杭”和“江宁”等地，实为长江中下游广大地区，特别是苏松嘉杭及江宁（南京）等地人口稠密的“狭乡”，是明代主要的移民输出地。从人口种类来说，迁移到云南的一是农

① 葛剑雄等：《简明中国移民史》，福建人民出版社 1993 年版，第 387 页。

② 民国《宣威县志稿》卷八《民族》。

③ 《武定直隶州志》卷三《户口》。

④ 嘉庆《临安府志》卷二《图说》。

⑤ 宣统《楚雄县志》卷二《地理》。

⑥ 民国《大理县志稿》卷六《社交部·社会》。

⑦ 道光《永昌府志》卷九《风俗》。

民，即“苏松嘉杭一带土著”和“江左良家”；二是贫苦百姓，即“闾左”；三是“富户”“大姓”被强制性的迁移，如今滇南的万姓者，相传其祖即当时南京富户万宝山，被全族移徙于此。[①] 从记载看，这些移民入滇以后分布于滇东、滇中、滇南和滇西的广大地区，移民人数虽没有具体记载，但从分布面之广，留下记录之多，当可推知其数量必定不少。[②] 洪武二十二年（1389 年），朝廷又组织江南、江西平民移入云南，《滇粹·云南世守黔宁王沐英传附后嗣略》曰：“（沐）英还镇，携江南、江西人民二百五十余万入滇，给予籽种、资金，区别地亩，分布于临安、曲靖……各郡县。”自洪武二十五年至三十一年（1392—1398 年）的七年间，镇守云南的沐春“再移南京人民三十余万（入云南）”。[③] 可见，有相当数量的江南、江西移民分布于滇中和滇南一带。

需要说明的是，明代官府组织的民屯移民在史籍中没有确实资料说明，但是这类汉民族移民的确是明代入滇移民的重要组成部分，民族史学家尤中即认为：“从各方面看来，明朝时期，通过民屯方式移民入云南的汉族人口，较之军屯方式移入的少不了多少。以民屯形式移入的汉族人口的分布区域与军屯卫所的分布区域相同，主要是在靠内地区的各府、州、县。民屯户与军屯户的区别是民屯户不负担军事任务，他们的地位与在内地时并没有发生变化。而他们对开发云南所起的作用则与军屯户相同。”[④]

3. 汉民族商屯移民

明代商屯是伴随着中盐制度的实施而兴起的[⑤]，朱元璋最初平定云南时，即因军粮不足，募盐商于云南屯田，实行“开中”之法。高岱《鸿猷录》说：“云南平……傅友德奏云：‘岁用不足，已督布政司核诸卫所，查有见粮一百八万二千有奇，以给军食，恐不足，宜以今年所征粮并故官院寺入官田与土官供输、盐商中纳、戍兵屯田所入并给之。’上悉可其奏。未几，置云南盐课司以益军费。”《明史·食货志·田志》亦载：“明

① 江应樑：《明代外地移民进入云南考》，载《云南大学学术论文集》（校庆四十周年专刊）1963 年第 2 辑。

② 陆韧：《变迁与交融——明代云南汉族移民研究》，博士学位论文，云南大学，1999 年，第 74—76 页。

③ 见《滇粹·云南世守黔宁王沐英传附后嗣略》。

④ 尤中：《云南民族史》，云南大学出版社 1994 年版，第 357—358 页。

⑤ 左云鹏：《明代商屯述略》，《陕西师范大学学报》1982 年第 1 期。

初，募盐商于各边开中，谓之商屯。”故“开中之法”是商屯的核心，是明政府借助盐商解决边地军储粮食问题的重要措施。而盐商们为了降低成本，招募人力在边疆直接开荒种地，收获的农作物直接上交给当地政府，然后领取专卖食盐的许可。云南以其地处西南边疆和反击麓川侵扰前线的重要军事战略地位，始终是明帝国纳粮中盐的重点地区。

从明军入云南开始，纳粮中盐就是解决云南驻军粮食的重要方式。洪武十五年（1382 年）二月，“上以大军征南，兵食不继，命户部令商人往云南中纳盐粮以给之”[①]。同年十二月，“户部奏定安宁盐井中盐法，凡募商人于云南、临安二府输米三石，乌撒、乌蒙二府输米二石八斗，沾益州、东川府输米三石五斗，曲靖府输米二石八斗，普安府输米一石八斗者，皆给安宁盐二百斤”[②]。中纳地点起初是在云南腹里军事重镇和通往内地的交通要冲，随着形势的变化，中纳地点也逐渐向滇西抗击麓川侵扰的大理、永昌、腾冲等军事前线转移。是后云南中纳日益加强，成为长期性的活动和云南粮储供应不可或缺的来源。

明代因商迁居云南的汉族移民普遍存在，盐商因在云南开中而定居的当不乏其人。洪武十六年（1383 年），在云南安宁州、姚安的白盐井、楚雄的黑盐井等处设立盐井提举司或盐课提举司[③]，云南成为明代西南比较重要的开中地区。在长期的开中过程中，有盐商逐渐住境贸易，长养子孙，甚至支系繁衍，成为当地的大族。如《姚安县志》卷三六《人物志·氏族》记载，姚安的卢姓，先祖为江西人，明代因趋盐井之利，“初到姚之白盐井，再分支于前场关”定居，支系繁衍，分为几姓；楚雄的鲁姓“原卢姓，后改鲁姓，初迁黑盐井，再迁于姚，并分住新村衣打拉”。明代云龙州有洛马盐井，“于是四方汉人慕盐井之利争趋之，因家焉，久之亦为土著。其俊秀子弟渐渍而为衣冠文武之士”[④]。

除了盐商外，各类行商贾客贩多有寓滇定居的。万历《云南通志·官师志》记载鹤庆人车文琮，原籍江西临川人，因其“父业商而寓籍剑川”。姚安城内的罗氏，原籍襄阳府谷城太平村人，明万历年间“行商入

---

① 《明太祖洪武实录》卷一四二。
② 《明太祖洪武实录》卷一五〇。
③ （明）诸葛元声撰，刘亚朝点校：《滇史》卷一〇，德宏民族出版社 1994 年版，第284 页。
④ 康熙《大理府志》卷一二《风俗》。

姚，初居弥兴，继迁城内”[①]。宣威叶氏家族，原籍南京凤阳府人，于“明崇祯二年，经商到宣”，到民国年间“今其族有上堡及上海子、柳树村、务德、龙场等处各十余家，是为南京叶”[②]。明代云南移民众多，商业之风大开，吸引各地商贩贾客及手工业者迁徙而来，成为汉民族移民入滇的一个主要方式。

4. 汉民族罪徙充军移民

明代汉民族入滇还有一种特殊的方式，即罪徙充军移民，亦可简称充军移民。

所谓罪徙充军移民，就是民人因罪或官吏不称职，贬谪后被“充军”“安置”到云南。天启《滇志·官师志·流寓》记载，从明初洪武年到明末，都有因事贬谪、“充军”“安置”者流寓于云南。这类情况多为官吏和士人。内地官员谪迁云南最早发生在洪武十五年（1382 年）八月，明军平定云南仅半年就有监察御史章良以罪左迁云南府儒学教授。[③] 九月，黜国子监助教单仲佑为云南大理府儒学教授。[④] 其后贬谪人士逐渐增多，如傅天锡，原为北平大名府知府，洪武年间谪居昆明安置。曾日章，翰林学士，洪武年间贬昆明安置。刘有年，曾任监察御史，因靖难初不迎王师，安置昆明。金润甫，初为朝廷画史，国初贬谪大理。常继祖，为开平王之孙，永乐年间安置临安。[⑤] 洪武二十八年（1395 年），“诏发故征南将军傅友德家属云南安置”[⑥]。永乐二十二年（1424 年），“诏削保定侯孟瑛爵，安置云南为民”[⑦] 等。在天启《滇志·官师志·流寓》条中，共记载知名的流寓人士 45 人，其中因贬谪“迁徙”而“安置”云南者 14 人，约为天启《滇志》记载全部流寓人士的 31%，占近三分之一的比例。[⑧]

特别值得提出的是，明代全国各地不同种类充军人口大批进入云南，而且谪戍云南的充军罪犯并非单人或几个人的遣发，往往是同一类犯人成

① 民国《姚安县志》卷三六《人物志·氏族》。

② 民国《宣威县志》卷八之四《祠堂谱系》。

③ 《明太祖洪武实录》卷一四七。

④ 《明太祖洪武实录》卷一四八。

⑤ 天启《滇志》卷一三《官师志·流寓》。

⑥ （清）倪蜕：《滇云历年传》卷六，第 265 页。

⑦ 同上。

⑧ 陆韧：《变迁与交融——明代云南汉族移民研究》，博士学位论文，云南大学，1999 年，第 50—51 页。

批量地遣发。洪武十五年（1382 年）三月，平定云南；九月，朱元璋就下令："命天下卫所逃军既获者，谪戍云南。"[①] 这是《明实录》中最早记载充军或谪戍云南的史料，说明对云南谪戍一开始就实行成类批量充军政策。如山西等布政司清理出来的逃军，一律充入云南军伍。[②] 按明初之制，天下卫所戍军都要轮调到京师比试骑射，凡比试不合格者要全数充军。洪武二十二年（1389 年）九月"诏五军都督罗楫等：'凡至京比试军士……射不中者，军移戍云南，官谪从征，总小旗降充军伍。'"[③] 这一诏令无异于将各地比试不合格的卫所及其所属军官、军士整部整队地谪戍调迁云南，可见明帝国对云南充军的突出特点是大批量遣戍。这是一方面。

另一方面，充军云南者除军士外，军官也批量地谪遣云南。洪武十九年（1386 年）诏："武官谪戍云南、辽东者，皆令县次资给之。"[④] 其中谪戍云南者居多。洪武二十年（1387 年）闰六月，朱元璋曾下诏云南镇守总兵官沐英：凡因罪削职谪戍云南属卫的将校，愿往金齿分守城邑营垒而能立功者，可复旧职。沐英按册统计，"自都督而下指挥七十八，卫镇抚九，千户一百二十二，所镇抚六十三，百户四百十一，听征小校七，共六百九十人，皆处分具实以闻"[⑤]。由此看出仅洪武二十年（1387 年）前谪戍云南的军官就以成百论数。洪武二十四年（1391 年），又命五军都督府及兵部臣曰："往者军官有犯法当死者，朝廷尝贷之，谪徙云南，今已久，必知改过，可岁以半俸给之。"[⑥] 反映多年来都有大量的军官因犯科谪戍云南。洪武二十六年（1393 年），命兵部恢复卫指挥申敬等 479 人的官职，这些人都是"坐罪谪云南"[⑦] 的军官。上述所引，洪武二十年（1387 年）复职军官 690 人，洪武二十六年（1393 年）复职军官 479 人。那么，洪武十五年至洪武二十六年（1382—1393 年）的 11 年时间内，复职充军云南的军官就达 1169 人之多，若加上尚未复职的充军军官，其数

---

① 《明太祖洪武实录》卷一四八。
② 《明宣宗宣德实录》卷四一。
③ 《明太祖洪武实录》卷一九七。
④ 《明太祖洪武实录》卷一七九。
⑤ 《明太祖洪武实录》卷一八二。
⑥ 《明太祖洪武实录》卷二〇七。
⑦ 《明太祖洪武实录》卷二二七。

量必定更多。明制，充军者编入卫所军伍，依照卫所军制进行管理。明代卫所军士世守一地，世代定居，这些军官虽复官职，但仍有可能留在云南卫所，难返故里。

第三方面，宗室显贵也有被谪戍云南者，且可能株连大量人口迁徙。洪武年间驸马牛诚因罪谪戍云南金齿。[①] 一般官吏更是稍犯过失就谪戍云南，发配到极边卫所。诸葛元声在《滇史》卷一〇中记载“太祖一日谓李善长曰：‘湖广、江西、直隶府州县六房，有主文老先生书写，积年把持官府，蠹政害民。尔行文书。尽数起取来京，俱发云南充军。’”[②] 此诏一行，朝野上下、京师内外、江南各地的官员吏史，只要稍忤旨意、略有犯法，或渎职贪赃、蠹政害民，即发遣云南充军，人数必定不少。略而举之：洪武二十年（1387 年），倭寇窜扰浙江台州，州卫指挥陈亮失职，“削其官，编戍金齿”[③]。正德五年（1510 年），宁夏东路左参将霍忠以失机当斩，“发云南澜沧卫永远充军”[④]。同年徐州知州常官崇以事谪戍云南澜沧卫。[⑤] 永乐三年（1405 年）福建指挥使张鉴领兵捕倭寇，“私受贼赂，又纵所部掠民财，谪戍永平”[⑥]。嘉靖年间，翰林修撰杨慎也因触犯龙颜，被谪遣云南，终身充军永昌卫。[⑦] 此类史实不胜枚举。[⑧]

第四方面，明帝国又将大量闾左贫民及有罪窜戍者移入云南屯垦。《明太祖实录》卷一八六载：“诏湖广常德、辰州二府，民三丁以上者出一丁，往屯云南。”洪武二十年（1387 年），朝廷命令湖南常德、辰州二府民家三丁以上者，出一丁往屯云南。

从明朝分布在云南的卫所数量和变化情况也可以看出迁入云南的移民规模之巨大。明代中后期，云南都司领有 20 卫、3 御、17 个直隶千户所，共有 131 个千户所建制，形成了四个较大的移民区：滇中区、滇西区、滇南区和滇东区。滇中区是移民人口最多的区域，在云南府、澄江府、寻甸府和武定府

---

① 天启《滇志》卷三二《搜遗志·补志》。

② （明）诸葛元声：《滇史》卷一〇。

③ 《明太宗洪武实录》卷一八三。

④ 《明武宗正德实录》卷六六。

⑤ 《明武宗正德实录》卷六二。

⑥ 《明太宗永乐实录》卷三六。

⑦ 《明史·杨慎传》，《明世宗嘉靖实录》卷四一。

⑧ 以上均参阅陆韧《变迁与交融——明代云南汉族移民研究》，博士学位论文，云南大学，1999 年，第 55—56 页。

的范围内有39个千户所。滇西区的移民分布最广，从楚雄府到永昌府的6府1州的区间，67个千户所所在的区域占了云南三分之一的面积。[①]

从洪武年间到万历年间，约180年，云南汉民族的在籍人口竟增长了五倍，达到1606361人[②]，还不包括不在籍的汉族人口。而同一时期内地人口增长情况是：四川、陕西约增长了一倍；山西约增加了20%；河南最多，也只增加了不到两倍。由此可见，这只能是汉民族移民大量迁入所造成的。这种态势就为云南人的形成奠定了坚实的基础。

历史的走向是有趋势的，事情的发展一旦顺了这个趋势，那就不可阻挡。明代汉民族入滇成了云南历史发展的大趋势，正如历史学家林超民的研究所言：到明代后期，迁入云南的各类汉族移民总数已达300万人左右。[③] 在云南的民族结构中，汉民族从少数转化成了多数。为了加强管理和统治，明帝国在云南设立儒学学校，开乡试，建立有效的多元行政治理体系，云南人初步形成。

（三）清帝国汉民族已成云南主体族群

历史的趋势不可逆转。有清一代的267年间，从省外流入云南的汉民族人口仍源源不断，云南人口增长也很迅速。清政府继续在云南实行屯边制度，来自四川、湖南的汉人源源不断地进入云南垦荒。民国《马关县志》卷二载："清康熙改土归流时，内省商贩源源而至，客久成家，乐不思蜀，汉族渐盛。"民国《新编麻栗坡特别区地志资料》载："麻栗坡汉人占全区十分之四上，江浙两湖籍者，喜住平原地带，其职业不一，士农工商均有之。"[④] 道光《广南府志》卷二亦载："广南向止夷户不过僚沙依耳，今国家承平日久，直省生尤繁，楚、蜀、黔、粤之民携挈妻孥，风餐露宿而来，视瘴乡如乐土。"民国《广南县志稿本》第五册说："殆至嘉道以降，黔省农民大量流入，于时垦殖之山地，数已渐增。黔省农民无安身之所，分向干瘠之山，辟草莱以立村落，斩荆棘以恳新地，自成系统，不向错居。至于今日，贵州人之占山头常为一般人常道。"道光《元江府志》卷九说："国初改土归流，由临元分拨新习营兵驻守，并在江左、

---

① 陆韧：《明代云南汉族移民定居区的分布与拓展》，《中国历史地理论丛》2006年第21卷第3辑。

② 参阅《中国人口·云南分册》引《滇志》，中国财政经济出版社1989年版。

③ 林超民：《林超民文集》，云南人民出版社2008年版，第189页。

④ 苍铭：《云南边地移民史》，民族出版社2004年版，第45页。

黔、楚、川、陕各省有贸易客民于斯。……他郎厅（今墨江）汉民皆非土著，系收黔、安、建水、石屏、新兴及川、广播流寓入籍，耕读贸易，习以为常。”《南甸司谱》载：“清乾隆征缅，道光禁烟以及洪杨度发难，入居者愈众，山区全部为汉族所据有，坝区亦不少杂居。”滇南地区改土归流后，“内地民人贸易往来如梭织，而楚、粤、蜀、黔之携眷世居其地相垦营生者，几十之三四”[①]。

云南历史学家鲁刚对云南人的形成有过分析，他说：“清乾隆四十五年（1780 年），云南人口为 3201206 人，到道光十九年（1839 年）则已达 6971000 人，在 60 年间增长了 377 万人，为原来的两倍多，汉族在人口数量上已远远超过土著少数民族，成了云南社会的主体民族。”[②] 云南人终于“化茧成蝶”而形成。

五 从“彩云之南”到“云之南”：云南人称呼的确定

云南人为什么称为“云南人”？相传有一个“彩云之南”的传说：西汉武帝做了一梦，梦到南方的万山丛中升起一朵奇异的彩云。梦醒后，武帝以为祥瑞，于是，派出差员，向南方一路寻找。这些差员在走过千山万水之后，终于在西南边陲的一个角落里，找到了这朵彩云。这个角落就是今天的红岩镇。这个故事在文献中也确有记载，《祥云县志》云：“汉元狩元年，彩云现于白崖，遂置云南县。”万历《云南通志》亦载：“汉武元狩间，彩云见于南中，遣使迹之，云南之名始此。”[③] 有人称此说法为“天说”[④]，这就是“云南之名”的起点。

还有一个“地说”，即“云岭之南”说。云岭即雪邦山。雪邦山位于剑川、兰坪两县交界处，主峰海拔 4295 米，准确地来说应该属于大理州的剑川县，并为大理州最高峰，海拔 4295.3 米；老君山峰顶海拔 4247.2 米，为第二高峰。同时，该山也是茶马古道的一条必经之路：从剑川翻雪邦山、碧罗雪山、高黎贡山，渡澜沧江、怒江可到缅甸、印度，如顺怒江和独龙江上去则可到西藏的察瓦弄和察隅。从福贡可达泸水（鲁掌镇），

---

① 苍铭：《云南边地移民史》，民族出版社 2004 年版，第 45 页。

② 徐杰舜主编：《雪球——汉民族的人类学分析》，上海人民出版社 1999 年版，第 1171 页。

③ 《弥渡旅行记之彩云桥》（http：//blog. sina. com. cn/s/blog_ 629757ef0 100gwbr. html）。

④ 张宇丹主编：《云南十八怪寻踪》，云南人民出版社 1999 年第 2 版，第 3 页。

经泸水就可从片马出境到缅甸。雪邦山境内峰、崖、石、沟、谷、涧、瀑、潭、川、巅、洞、岭，星罗棋布，风景如画，景观重重，美不胜收。山中有众多的高山湖泊，这些冰蚀湖泊，形状各异，湖水幽深神秘，在阳光和花木的映照下呈现出蓝、橙、黄、绿的绚丽色彩。满山遍野的杜鹃花，迎风傲雪的报春花，清香挺拔的龙胆花，优雅穠郁的兰花和铺地似锦的绿绒草等。[①]

再有一个“人说”，即“云之南”说。此说源于英国人阿格兰德（Phil Agland）拍摄的一部有关云南丽江当地文化、名为《云之南》的电视纪录片。[②]“云之南”之说虽无典无据，但一个“之”字的嵌入，拉开了“云”与“南”，顿时生出些意韵和神采，平添出种种感觉与想象。有人说此说天文地理全有，比“天说”和“地说”凝练。[③]

但从古到今，从传说到纪录片，无论“云南”二字是如何来的，其作为地名所指代的范围则是由小而大，逐级升格。始为县，再为郡，终为省。

云南县——“汉元狩元年，彩云现于白崖，遂置云南县”[④]，即汉帝国在前 122 年设置云南县，治所在如今的祥云县东南的云南驿，距今已有 2000 多年。

云南郡——三国时，诸葛亮率军南征，于蜀汉建兴三年（225 年）“分建宁、永昌郡为云南郡”[⑤]，辖境相当于如今的大理和姚安、牟定、大姚、丽江、宁蒗、永胜等地。

云南省——元世祖灭大理国后，于至元十三年（1276 年）设云南行中书省，辖境为如今的云南及四川南部一带。明太祖洪武十五年（1382 年），设云南布政使司，相当于今之省政府。[⑥]

从元代起，“云南”为省，一直至今。因此之故，我们确定元明清时代为云南人形成的时代。

---

① 《有朋友说云南是“云岭之南”的意思，云岭在哪里?》（http://baike.so.com/doc/2382659.html）。

② 《云之南——丽江（一、二）》（http://blog.sina.com.cn/s/blog_48a464120102e24e.html）。

③ 张宇丹主编:《云南十八怪寻踪》，云南人民出版社 1999 年第 2 版，第 3 页。

④ 云南省祥云县志编纂委员会:《祥云县志》，中华书局 1996 年版。

⑤ 《蜀志·后主传》。

⑥ 参阅张宇丹主编《云南十八怪寻踪》，云南人民出版社 1999 年第 2 版，第 3—4 页。

第三节 云南人的人文特征

云南人对自己是有认知的，有一位云南人著文说：

只是人傻得很。淳朴得很就是傻。在云南做大生意的，都是外省的人！外地人都是笑呵呵的：在云南好赚钱！外地人到了云南往往“赖”着不走！“云南人的钱都被外地人赚走了”，这是云南人的口头禅。卖东西不会漫天要价，不会缺斤少两。如果你怀疑他不老实，他就会感到受到了侮辱，就会宁肯不卖给你，无论你出多高的价钱。

只是人瞎清高，“下不得烂贱”。对于能赚钱的“贱业”，云南人宁肯饿死也不去做。脏活、累活那可不是云南人愿意干的。反正外地人多，他们会去干。

只是节奏慢。如果你拼命挤公共汽车，一定会有云南人骂你或者对你侧目以示鄙视。这种性格也许确实是好吧。

在云南好混日子，好养老！年轻人也会变得老气横秋，或者不思进取，安于现状，得过且过！

……

云南人这样骂自己中的败类：歼（斤斤计较）、懒（好吃懒做）、怂（读“song”，意思是没有本事）、毒（为人歹毒）。这从一个侧面反映出了云南人的好恶和存在的毛病。这也是云南人对自己的否定的、极端的评价。

云南人有兼收并蓄的胸怀。因为云南人的祖辈基本上都来自中原和南京——充军而来（方言中骂人的话有“挨充军的”之说），上辈来自南下干部的也不少。

……

云南人穷，却认命，不怨天尤人。不仅如此，他们还乐观得很，他们爱跳舞、爱唱歌，穷快活！但这绝不是歌舞升平、时逢盛事！他们世世代代都是这样生活的。

这就是云南人！①

① 周云：《认识云南人》，《滇池》2006年第10期。

云南人对自己的这种认知可谓是入木三分。笔者从客位眼光来看，感受到边民情怀、怪事文化和悠然自得是云南人主要的人文特征。

一 边民情怀深：云南人的性格特质

云南长期作为远离中央的“化外之地”，经过少数民族占主体地位的西南夷时代，少数民族建立地方割据政权的南诏大理时代，及至元明清时代汉民族才以军屯、民屯、商屯，以及罪徒充军等方式，一批又一批地迁入云南。从整个中国的开拓来看，云南就是中国西南边疆的一个重要部分，汉民族人无论以何种方式入滇，都是开边和守边，于是都成了中国的边民。作为边民，他们在历史的积淀中自然而然地铸成了边民的人文情怀。有人说云南人的边民情怀是满足于自己的小圈子，安居乐业，目光短浅，性格软弱，很少到外面来闯世界。[①] 又有人说云南人慵懒、诚实、讲义气、“大普气”（大概差不多就可以了）、脏字不离嘴（尽管多数情况没什么恶意）。[②] 但也有人对云南人的边民情怀作了有深度的分析：

看山，识云南人性格之——敦厚、求索。

云南的山是连绵的、雄伟的。正是这连绵的大山阻挡了中国古代中原的纷繁战乱，庇护了流离到这里的古代部族。无论在云南何地，山，都是人强大的庇护神。而人，对他产生了无限敬畏之心。因此，在人的性格之中随之产生了对人对事的敦厚。

山阻挡了险恶，也阻挡了文明。古代部族自从居于云南后，世世代代、时时刻刻向往着东土文化。即使现在，谈到云南之外时，云南人常常充满了向往。一个有意思的现象就是：云南人对待讲普通话口音的外省人特别热情。但如果换成距离不远的重庆，情况可就完全不同了。与其说是对外省人热情，不如说是对普通话热情；与其说是对普通话热情，不如说是对中原文化的热情。从这一层面讲，云南人的求索精神就源于这里吧。

看水，识云南人性格之——平静、坚毅。

云南遍布着大大小小的高原湖泊。高山上的湖水没有大风大浪。

① 《云南人的性格特点》（http：//blog. sina. com. cn/s/blog_ 50323e3b0100b nca. html）。

② 《云南人性格的显著特点》（http：//wenda. so. com/q/1378331477073792）。

平静湖水影响了人。如果你到过大理和丽江偏僻的村尾巷头，你会发现那里的妇女与陌生人交往时，保持着几分矜持、含蓄与平静。

云南的河流众多，怒江、澜沧江、金沙江河谷陡峻，水流湍急，江水冲刷谷底。如同江水一样，云南人在物产丰富而险峻的环境生存过程中，性格里多了几分面对困难的坚毅。

看天，识云南人性格之——单纯、朴实。

云南的天，常常碧蓝万里。在这里你能体会到，什么叫作天空的纯净。在飘逸的白云之下，你会感到云南人性格中的朴实。无论你到云南何处与老乡乘坐拖拉机赶集，你都不会看到相互拥挤、爬高上低的景象。即使再怎么拥挤，他们都会不好意思地相互避让，安分冷静地坐在一旁。这并不是受到什么教育，而是一种与生俱有的品质。

看地，识云南人性格之——热情、奔放。

云南的土壤，各种各样的红色。在耕作之余，田间地头，歌声四起欢乐无比。如果你是远方的客人，你将得到主人的盛情款待：一起跳舞，一起喝酒，唯恐你喝不够、跳不够。在你离开时，唱歌跳舞为你送行。①

看山、看水、看天和看地的分析，从根上剖析了云南人边民情怀形成的自然生态背景，其实还有文化生态背景的作用。云南省面积占全国陆地总面积的 4.1%，却居住着全国 46% 的少数民族。包括汉民族在内的众多民族自幼受多元民族文化的熏陶，从多元文化的言传文化生态中，即从节日、婚俗、育俗、丧俗、礼俗、歌曲、舞蹈、民间信仰中，领会到了对于万事万物文化多样性的价值观念，从而形成了云南人独有的思维模式和价值取向。这种价值观念较多体现为平和、忍让的人文性格。所以，云南的汉民族学会了与各民族如何共处、如何共存，如何平衡相互之间生存利益。由于山高林密，有足够的生存空间，他们几乎不会侵占和掠夺异族的资源与土地。因此形成万事以和为贵、以平衡为贵的生存理念，形成了民族交往、交流、交融的互动图像。这种交往、交流、交融铸成了云南人以

① 《山、水、天、地识云南人之性格》（http：//www.712100.com/thread - 6715758 - 1 - 1.html）。

诚相待、忍让、内敛、朴实、不够精明、不够工于心计，而且痛恨诡计多端、尔虞我诈的性格特点。这样的性格特点使云南人之间平和得融为一体，难以区分。但这种性格不大利于云南人对于外部世界的闯荡。[①]

这种文化生态的作用在汉民族其他族群中是少有的一种文化现象。

于是，边民情怀使云南人随遇而安，他们入滇后世世代代安贫知足、乐天知命。在开边地、守边疆中，他们讲究实际，不尚奢华，勤俭度日，不求锦衣美食和华屋，但求安安稳稳过太平日子。《张允随奏稿》即云："滇省风俗淳朴，不特力田之民，性甘俭约，即在缙绅七大夫之家，亦樽节爱惜，无奢靡相尚之风。至于夷民，尤以银钱为命，锱铢之细，神若切肤，更无将完赋之资，无端花费之事。"[②] 所以，云南人自元代以来，尤其是明代以后，落籍云南养成了与物平和、不争强胜、恬淡寡欲、小得而安的性格，甚至有外地人夸张地形容云南人"钱丢在家门口都不会去捡"[③]。

边民情怀使云南人过着封闭式的生活，他们更满足于自己的小圈子，安居乐业，目光短浅，性格软弱。这种气质在云南文人和士大夫身上则体现为不争功名，他们甘于清贫，不求闻达。这种古朴而敦厚的民风使他们能够安分守己，恪守礼教。哪怕是做官，也是行为端正、忠于职守、清正廉洁的好官。

边民情怀使云南人讨厌诡计多端、老谋深算的人，讨厌好吃懒做、不学无术的人，把那些人当成是市井无赖。在云南，人们不管是到田里做农活，还是外出走亲戚，一般情况下都不锁门，只是象征性地在门上挂一把锁，但却很少有被盗的事，在云南，"路不拾遗，夜不闭户"是一种再正常不过的现象。而且，人们到乡村集市上去进行买卖交易也都是实实在在做生意，绝没有欺诈行为。

边民情怀使云南人养成了热情好客的待人风格，他们待人诚恳，对朋友忠诚，乐于帮助他人。有这样一首云南当地的山歌："大河河水水连波，大哥大嫂请坐坐；走路累了喝口水，吃点东西歇歇脚。"从歌词中就

---

① 《多元民族性格特征是使云南人成为家乡宝的重要原因》（http：//blog. sina. com. cn/s/blog_ 48cce278010004xe. html）。

② 转引自陶兴文《云南人》，云南人民出版社 1998 年版，第 36 页。

③ 同上书，第 101—102 页。

能知道云南人热情好客的风格了。而且如果家里来了客人，他们会把家里最好的食品拿出来给客人吃，最好的房间给客人睡，还会准备精美的礼物送给客人。①

二 云南十八怪：云南人的文化表达

大千世界，芸芸众生，人类生存的方式多样多彩。任何一个地方，在他者眼中，都或多或少因为距离感的存在，而产生出某种好奇心，于是就滋生出了怪事文化。有意思的是怪事处处有，独有云南的怪事凝聚成了“云南十八怪”，成了汉民族文化中的一朵奇葩。

说怪也不怪，云南多山水、多气候、多民族、多资源，元明清以来先后入滇的汉民族，以他者的眼光看云南的风物、风土和风情，难免少见多怪，久而久之，便在民间形成了各种版本的“云南十八怪”，成了云南人的一种文化表达。

“云南十八怪”并不止十八怪，而是云南人对云南各地某些奇特现象和独有风物民间文化的一种概括之说，主要以口头传承的形式在街头巷尾、村野乡僻之地广泛流传。别说是“正史”之列，就是“野史”“演义”等另册类也是乏善可陈，因而典籍可查。② 其实“云南十八怪”据张宇丹主编的《云南十八怪寻踪》调查收集有 81 怪。若加上昆武的《云南十八怪——李小午边疆风情录》③ 中的几条，则超过 81 怪了。

那为什么要叫“云南十八怪”？云南的学者对此做了探讨。

在世界文化中，中国人的文字游戏堪称一流，对数字的神秘化可谓有过之而无不及，从一到十全被视为神秘数字，古往今来各种各样说法、讲究、阐释层出不穷，笼罩着不同的神秘色彩，与天文地理、人文历史水乳交融、难解难分。十八这个数字至少关系到两个重要数字：一是“十”，这是个全数，具有终结的性质；二是“八”，这从古至今都是大吉利的数。于是“十八”就是一个模式数字，口彩好，比其他一些数字使用频率高，是虚指而非实数，并不就是实实在在的正好十八，而是不确定的可

---

① 以上参阅余守斌《中国人性格地图》，新世界出版社 2013 年版，第 230—231 页。

② 参阅张宇丹主编《云南十八怪寻踪》，云南人民出版社 1999 年版，第 11 页。

③ 同上；昆武《云南十八怪——李小午边疆风情录》，晨光出版社 1995 年版。

多可少或泛指很多。[1] “云南十八怪”就流行开来了。经张宇丹整理的“云南十八怪”为：

> 斗笠反着戴/姑娘四季把花戴/鞋子后面多一块/四季同穿戴/粑粑叫饵块/豆腐烧着卖/鲜花当蔬菜/蚂蚱当作下酒菜/竹筒当烟袋/房子空中盖/火车没有汽车快/溜索比船快/鸡蛋拴着卖/草帽当锅盖/水火当作神来拜/有话不说歌来代/石头长到云天外/山有多高水常在[2]

昆武整理的“云南十八怪”为：

> 鸡蛋用草串着卖/米饭饼子烧饵块/三只蚊子炒盘菜/石头长到云天外/摘下草帽当锅盖/四季服装同穿戴/种田能手多老太/竹筒能做水烟袋/袖珍小马有能耐/蚂蚱能做下酒菜/常年都出好瓜菜/好烟见抽不见卖/茅草畅销海内外/火车没有汽车快/娃娃出门男人带/山洞能跟仙境赛/过桥米线人人爱/鲜花四季开不败[3]

正是云南才有十八怪，人人听了人人爱。云南人耳熟能详，妇孺皆知，人人都能道上一番耳闻目睹。“云南十八怪”把云南人独具一格的文化表达得淋漓尽致。

三 悠然而自得：云南人的人文品性

“着什么急，天又不会塌下来。”悠然自得的云南人总是这样泰然。

对于云南人而言，由于长期的封闭，农民日出而作、日落而息，年复一年，得过且过，多数人家过了今天不想明天，许多人以能够吃饱穿暖为满足。城镇里的人工作生活也是慢节奏，办事慢条斯理，走路慢慢悠悠，说话也是不紧不慢、平板直调。就是在改革开放的今天也会时时透出云南人特有的闲适自得、慢慢悠悠的神态和习惯。

据说云南人的人生有三件大事：烤太阳、吃茶、“冲壳子”。

---

① 张宇丹主编：《云南十八怪寻踪》，云南人民出版社 1999 年版，第 7—9 页。

② 同上。

③ 昆武：《云南十八怪——李小午边疆风情录》，晨光出版社 1995 年版。

1. 烤太阳

喜欢烤太阳，这是云南的人文品性之一。

这是因为云南的气候真是太好了，一年四季气候宜人，鲜花盛开，只要播种后不遇到大的灾害就会有很好的收成。尤其是当祖国的北方已是冰天雪地，人们只能待在火炕上或有暖气的家里时，云南的大部分地区则红日高照，温暖如春。

在冬季的温暖阳光下，云南人烤太阳就成了一大景观。农民们忙完了一年的活计，田地里长满了麦子、蚕豆、油菜，没有多少农活，在墙沿下、打谷场上，男女老少享受着日光浴，一坐就是几个小时。城镇里的人则在街头巷尾聚在一起，一边晒太阳，一边打扑克、下棋。

晒太阳，是云南人的一种享受和乐趣，也是云南人冬季生活中不可缺少的内容。

2. 吃茶

吃茶是云南人的又一个人文品性。云南是茶叶的故乡，云南人栽培茶叶的历史有几千年，出产世界著名的普洱茶、云南绿茶、云南沱茶等几十种茶叶。云南人种茶，当然就会喝茶。中国人把吃喝当成人生的大事，“吃喝”二字，吃在前，喝在后。云南人把“喝茶”叫作“吃茶”，把上茶馆喝茶叫作“蹲茶馆”。

在云南城乡，集镇上或稍大一点的村庄里都有小茶馆。这些茶馆普遍设施简陋，一个烧柴火的炉灶，一把铜做的大茶壶，几张或几十张高脚八仙桌，一张桌子四个条凳，茶具是大碗或不带盖的茶杯，就是那么简单。不像广东人的茶楼装修豪华，说是喝茶，其实是吃各式各样的点心；也不像四川人的茶馆用的是矮桌躺椅，人们讲究舒适安逸，还有那么多的瓜子、点心、小吃。云南人进茶馆，只要交很少一点钱，就可以喝上半天一天。记得在50年代，进一次茶馆的茶钱就是旧币200元（现在的2分钱），今天云南人进一次茶馆，也不过5角或1元钱。便宜，花钱不多，因而就成为云南农村乡镇最低消费的公共场所。

云南人的茶馆是大男人的天下，女人和小孩是不上茶馆的。云南人在茶馆里就是吃茶。茶馆里很少有什么吃食，也很少有内地茶馆那种说书、唱戏的表演。滇中坝区一般在集镇才有茶馆，农民们只在赶集天才上茶馆。现在生活好了，劳动生产率提高了，空余时间多了，所以茶馆天天开门，而且生意很好。

3. “冲壳子”

“冲壳子”是云南人对聊天独有的说法，就是北京人的“侃大山”，四川人的“摆龙门阵”。人们在这里三个一群五个一伙地聊天，交流乡间信息，讨论农活，交流经验，也讲些家长里短，交流农村的新闻逸事。

云南人烤太阳、上茶馆、“冲壳子”，一是休息，消遣日子，更重要的是去听点新消息。过去有人民公社、生产队，干部们三天两头召开会议，传达上级指示，布置农活，农民们上工就行了，不用操什么心。现在，一家一户地经营，什么都要由自己来决定，不上茶馆就会失去与人们交流的机会，尤其是听不到那些见识广、经验丰富的老把式们的信息，所以乡间的农民把上茶馆当作一件大事，隔三岔五地总要上一次茶馆。①

这样，烤太阳、吃茶、“冲壳子”就构成了云南人的人文品位，使他们的人生且行并幸福着。

---

① 陶兴文：《云南人》，云南人民出版社 1998 年版，第 92—95 页。

第三章　贵州人

多彩而神奇的贵州，总人口有34746468人，常住人口中，汉族人口为22198485人，占63.89%①，居住在贵州高原，主要集中在城镇及一些交通便利的平坝地区，少数散布于山区，和侗、苗、布依等少数民族错落而居。入黔汉族虽然深入穷乡僻壤，遍布贵州全省各地，就连少数民族聚居的民族自治地方，包括三个自治州和十一个自治县，汉族平均占49.5%，其中，黔西南州占60.9%，黔南州占49.6%，黔东南州占33.2%，甚至少数民族高度集中的台江县也占7%。所以，虽然贵州是一个多民族省，但人们习惯上将“贵州人”专指贵州的汉民族。

第一节　贵州人的语言

贵州通用贵州方言②，属于汉语北方方言，是中原移民落籍贵州后带来的语言，与大部分西南官话和普通话的区别不大。

一　贵州话的形成

贵州话是以贵阳为中心的北方方言，可以分为三个次方言：川黔方言、黔东南方言和黔南方言。川黔方言包括松桃到兴义的一大片区域，其分布面积占全省一半以上；黔东南方言区包括东部镇远、玉屏、岑巩、三穗、台江、剑河、天柱、锦屏、黎平、从江、榕江十一县；黔南方言区分

---

① 《贵州第六次人口普查数据出炉　人口控制压力未减》（http：//www.chinanews.com/gn/2011/05－10/3029469.shtml）。

② 本小节除特别注明以外，均引自贵州省地方志编纂委员会《贵州省志·汉语方言志》，方志出版社1998年版。

布在都匀、凯里、独山、平塘、荔波、三都、丹寨、麻江、雷山两市七县。施秉、黄平、福泉、贵定、龙里、惠水、长顺、罗甸八县属于过渡区。刘光亚把贵州汉语方言细划成六个分类：黔东南、黔南、黔西南、黔中、黔北、黔东北。[①]

贵州境内汉语方言的分布，与贵州建制沿革有关。元代把贵州分别划归为湖南、四川和云南管辖，同时设立路、府、州、县等行政制度。明代在贵州建省，推行军屯、民屯和商屯制度，使得大批汉族移民进入贵州并逐渐定居。清代推行“改土归流”政策，并把原属于广西、四川、湖南的辖区划入贵州。集体移入贵州的汉民族移民人口越来越多，而今天贵州的汉语方言分区与迁入的移民来源相对一致。川黔方言区与巴蜀关系密切，黔东南方言与湘鄂有密切联系，黔南方言与湘赣方言有相似之处。

> 川黔方言区在历史文化上与四川省有密不可分的联系；黔东南方言与湘方言、湘鄂西南官话有明显的相似之处；黔南方言在贵州汉语方言中自成一系，黔南方言所分布的地域与明清时代的都匀府辖地基本一致。在明清以前，该地虽曾时而归入四川辖制，时而由湖广统领，但都是作为一个整体保持相对政区稳定。[②]

距离明清移民已经数百年，来自四面八方的移民所讲的汉语方言经历了稳定的发展后，形成了贵州方言。

但贵州方言并没有形成较统一的“标志性方言”。据李蓝的研究，在西南官话的八种声调类型中，黔东南方言不属第一种声调类型，而是被以武汉、汉寿为代表的第五种声调类型覆盖，“这种类型东起武汉，经湖南向西一直延伸到贵州的黔东南地区”，可称“湖广型西南官话”；黔南方言，被归入西南官话的“桂柳片”，这种声调类型“在地域分布上以广西桂林为中心，东起湘南，西至黔南，横跨湘、黔、桂三省。历史上，桂林一直是广西的政治、经济文化中心，对周边方言的影响非常大，湘南和黔南在历史上一直受桂林影响”[③]。

---

① 刘光亚：《贵州省汉语方言的分区》，《方言》1986 年第 3 期。

② 周颂华：《贵州方言的形成、发展及对地域文化的推动》，《新闻窗》2013 年第 3 期。

③ 李蓝：《西南官话的分区（稿）》，《方言》2009 年第 1 期。

贵州方言之所以出现没有“标志性方言”的态势，是因为贵州在建省之后很长时期，基本没有形成一个强有力的政治、经济、文化和交通的中心。府、州、县的设置，主要是出于军事目的，因经略西南，尤其是经略云南的需要，机构时建时废，兵至则设立某州某府，兵撤则将原先的建置撤销，疆界极不稳定，名称随时改变，隶属关系也屡有变迁，往往出现几处共管一地或一地在不同时期有几种建置的情况。[①] 而且，在流官之外，还有少数民族政权，即土司，如宣慰司、宣抚司、安抚司等。明清时期，行政区划相对稳定了，但府治及其疆界变迁极大。即令是贵阳、遵义、安顺、都匀、铜仁、兴义六地，从明清起便已成为政区中心，但就其作用而言，也仅限于军事和政治，即主要是为经略西南而人为设置，其战略意义是为方便屯兵、用兵，对西南少数民族形成“羁縻”之势，其指挥中心或军事要塞的意义显然大于经济与文化开发的目的。与此同时，据《元史》及元《析津志》等书记载，在现今贵州境内，当时仅五条驿道，其中，只有由湘西经镇远、黄平入黔，经贵定、贵阳、安顺、盘县到云南的这一条，东西向横贯贵州全境，另外四条驿道只是在川黔、滇黔、黔桂一带往来。清雍正间，随着遵义、桐梓等地划归贵州，川、黔、桂南北纵向驿道才贯通。贵州虽然也有乌江及南北盘江等水系，但因峡谷深、落差大、险滩暗礁多等诸多条件限制，开发通航的时间较晚，未能成为重要的交通孔道，为军事、经济提供舟楫便利，即使是今天，通航的里程、吨位等也相当有限。种种缘由，使得贵州长期以来并不能够以府治所在地为基础，形成强大的经济中心。而且，撇开自然地理条件不论，即令是政区中心，也是随建随撤，事权归属多变；好不容易有了几个较稳定的政区中心，可规模又偏小，功能又单一。于是，黔中腹地以及黔北、黔南、黔东南、黔西南长期是彼此相对独立的社会，仍保持那种相对分散和自给自足的经济生活节奏，相互不依赖。偶有商业需求，西出云南，北上四川，东倚湖南，南下两广，也远比黔中腹地更来得便利。

所以，由于在历史上未能形成较为稳定的政治、经济、文化和交通中心，川黔方言、黔东南方言长期受四川话和湘方言、湘鄂西南官话的影响，整化为一的过程既没有新的方音目标，也未能受新的方言扩散力的影响，离散和向心难以摆脱原先的惯性。黔南方言自成一系，倒是一种新的

---

① 史继忠：《贵州省志·地理志》（上册），贵州人民出版社1985年版，第18页。

方音系统，但由于它自身的行政区划过小，从不处在贵州政区的重要位置，不是全省政治、经济和文化中心，因此它本身就是低势（或弱势）方言，离散和向心自然也就无从谈起。直到民国，贵州三大方言存在和演化的客观基础从未有根本的改变，外省移民进入贵州，其语言演化倾向，仍然是逐渐被分散和融合到了各地的方言土语当中。[①]

二　贵州话的语言学特点

贵州方言虽未形成“标志性方言”，但三种方言都属于西南官话，都是北方方言。所以外地人到贵阳，听到贵阳话仍觉得很容易听懂。从语言学上来说，贵州省境内的汉语方言都有阴平、阳平、上声、去声四个调类。川黔方言的调值为55、21、42、12，与黔东南和黔南方言有明显差异。语音上，川黔方言中晓匣两母逢合口韵除遇摄字读f外，其他字读x，而黔东南方言全部读f。川黔方言中不区分n、l，古泥来两母字合流，多数地方读n。川黔方言中没有声母v，咸山两摄舒声字有韵尾n，少数地方读成鼻化韵，蟹止两摄合口端泥两组字“对堆内雷”等读uei韵，“儿、而、耳、二”读ər，不同于黔东南方言的e和黔南方言都匀、丹寨、三都、荔波的ə。

川黔方言以贵阳话为代表，贵阳话以前属于西南官话的“昆贵片”，现划为川黔片黔中小片。[②] 贵阳话有19个声母（含零声母），32个韵母，平翘舌不分，皆读平舌；部分前后鼻音不分，“eng”并入“en”或“ong”，“ing”并入“in”，除古泥母细音字有“n”的感觉外，边音鼻音大部不分，都读边音“l”；晓匣两母的合口呼遇摄字声母为“f”，即“虎符”不分。贵阳话没有撮口呼，并入齐齿呼中，部分泥来两母的字，读为合口呼的“u”“ui”两韵。老派舌根音“k”组声母在与韵母“ou”相拼时发音部位靠前，具有舌面音“c”组的色彩，也可以说是产生了介音“i”的作用。贵阳话有阴平、阳平、上声、去声四个调类，调值分别为55、21、42和13，音高偏低，多降调，没有曲折调。贵阳话中没有古入声韵，已经并为阳平韵。贵阳话的词在句子中一般不变调，一些上声语

① 以上参阅杜国景《论贵州汉语“标志性方言”的阙如》，《贵州民族学院学报》2011年第1期。

② 刘光亚：《贵州省汉语方言的分区》，《方言》1986年第3期。

气词变成阳平。此外，一些双音节名词的词素有变调的情况，例如叠音名词后阳平变成阴平，爸爸、格格、苗苗等。表示方位的词尾“头”，无论前面的声调如何，都把“头”字变成阴平。此外，除了“ər”外，贵阳话没有儿化音。

黔东南方言主要分布在贵州省东南部地区，包括镇远、岑巩、玉屏、三穗、台江、剑河、天柱、锦屏、黎平、榕江、从江十一个县。黔东南方言中，普通话中 x 声母逢合口呼的字，在黔东南方言中多读成 f 声母。古晓匣两母逢合口韵读为唇齿清擦音 f，韵母读为开口呼（果通两摄合口字例外）。山摄合口一等字“欢、换、唤、焕、缓”以及合口二等字“患、宦”，南部黎平、榕江等片区的韵母是 oan，声母读 x，不读 f。古通摄合口三等非组字读为 x 声母字。例如“风、丰”读 $xoŋ^{33}$，“逢、缝一衣”读 $xoŋ^{21}$，“讽”读 $xoŋ^{42}$，“凤、缝一门”读 $xoŋ^{35}$。镇远、玉屏、三穗、台江、天柱的 v 可以拼开口呼韵母；剑河、榕江的 v 可以拼开口呼韵母，也可以拼齐齿呼韵母，从江的 v 只拼齐齿呼韵母。古蟹、止两摄合口字，逢端组声母读 ei。古止摄开口三等日母字读为 e 韵（黎平“儿子”的“儿”除外）。普通话中零声母的合口呼字，在黔东南方言中多读作 v 声母。普通话中的 an 川韵字，一部分地方读作开尾韵，韵母不再分化。除黎平外，各县都是阴平、阳平、上声、去声四个调类，调值分别为 33、21、42、35。镇远话是黔东南方言的代表，有 19 个声母，34 个韵母，有四个调类，阴平、阳平、上声、去声，调值分别为 33、21、42、35。

黔南方言主要在贵州东南部地域，都匀、丹寨、平塘、独山、三都、荔波、凯里、麻江、雷山九市（县）。在黔南方言中，古咸山两摄舒声字，读为开尾韵。黔南方言的声调有五类：阴平、阳平、上声、去声、入声，调值分别为 33、53、45、12、42。都匀话是黔南方言的代表，有 21 个声母，33 个韵母，有阴平、阳平、上声、去声、入声五个调类。

黔东南和黔南方言还有一些独特的语法现象，例如表示否定时一般不用否定副词“不”，表示程度的时候用程度副词“很”＋动词的直接结合，例如很读、很拿、很学，表示长时间、高强度进行某一动作行为。此外，还有“动词＋很”的用法，表示程度的增大。除了三大方言区以外，还有一些地区位于方言区的交汇处，其语言也有自己的特点。这些过渡区包括施秉、黄平、福泉、贵定、龙里、惠水、长顺、罗甸八县（市），它们位于川黔方言和黔东南、黔南方言之间。过渡区的方言中，古咸山两摄舒声字都读为开尾韵，韵尾脱落。古晓匣两母字逢合口韵，除遇摄合口一等字读 f 外，都读为 x。通摄合口三等非敷奉三母字读 foŋ，不读 xoŋ。有些县有撮口韵，有些地方的主要元音鼻化或有轻微的鼻化。过渡区各县都不区分 n、l，一般是有 n 无 l。除了贵定县有声母 v 以外，其他各县都没有。过渡区只有四个调类：阴平、阳平、上声、去声，与川黔方言区相同。

贵州方言中有很多习惯用词都相当具有地方特色，例如：

张（念 zang，阴平）：理睬
鼓到：坚持、强迫
吼：训斥
泼：吵闹。
幺二活三：张扬、神气活现
鬼扯：胡说八道
一发是：瞬间
之个（zi ge）——这个
打偏偏：东倒西歪①

这些日常用语词汇反映了贵州话的地方文化特色，风趣、幽默，简练。

除此之外，贵州方言还具有北方风格，主要体现在名词的儿话音特别多，例如帽儿、裤儿、瓢儿、刀儿……普通话的儿化音应该是轻音节，而贵州方言的儿化音都读去声中的中音节。

第二节　贵州人的形成

在西南汉民族的族群中，以贵州人形成最迟，若以明代永乐年间始设贵州布政使司，居于贵州境内的历代汉族移民及其后裔才有“贵州人”这一称呼算起，至今才 600 余年。所以，贵州人这一称呼最早出现于明代，明代以前，贵州地区分属四川、云南、湖南和广西管辖，明代

① 赵晨阳：《贵州方言与普通话的差异》，《新闻窗》2007 年第 4 期。

初年，随着迁入贵州的汉族移民的不断增多，永乐时始设贵州布政使司，落籍于贵州境内的汉族移民便被称为“贵州人”。因贵州又简称黔，故又有“黔人”之称，现旅居台湾的贵州人所创办的同乡杂志，即以“黔人”命名。

贵州人的形成与云南人的形成大体上经历了相似的路线图，也是与汉民族移民入黔的态势密切相关。贵州地方史学家史继忠将汉民族移入贵州的历史过程分为五个阶段，即两汉首开其端，唐宋稍有发展，明代大规模移入，清代已占多数，辛亥以来又有一些变化。[①] 从这个路线图上看，贵州人形成于明清时代。

一　夜郎国时代：汉民族入黔开新篇

若说汉民族入黔的开端，不少人都将楚将庄蹻西征滇国和秦命常頞开通“五尺道”，中原人已初步进入今贵州境域列为重要的历史记忆。清水江下游的托口、白市和卦治曾出土过战国时代的青铜器，以兵器为主，有剑、戈、矛、钺、镞等，这些兵器明显带有楚越、巴蜀文化风格。“黔中”名称最早见于《史记·秦本纪》孝公元年载：“河山以东强国六……楚、魏与秦接界，魏筑长城，自郑滨洛以北有上郡，楚自汉中南有巴、黔中。”秦始皇统一全国后，设三十六郡分天下，其中就有黔中郡，包括今天贵州的思南、沿河、印江等地。但仔细考量，庄蹻入滇和常頞开“五尺道”基本上属云南人的历史记忆范围，只是附带上了贵州而已。

与贵州人的历史记忆有直接关系的是西南夷的夜郎国。

史载汉武帝开“西南夷”，于公元前135年派唐蒙通夜郎，还留下了与夜郎国有关的故事，《史记·西南夷列传》载：“西南夷君长以什数，夜郎最大。……当是时，巴蜀四郡通西南夷道，戍转相饷。数岁，道不通，士罢饿离湿死者甚众；西南夷又数反，发兵兴击，耗费无功。上患之，使公孙弘往视问焉。还对，言其不便。及弘为御史大夫，是时方筑朔方以据河逐胡，弘因数言西南夷害，可且罢，专力事匈奴。上罢西夷，独置南夷夜郎两县一都尉，稍令犍为自葆就。……滇王与汉使者言曰：‘汉孰与我大？’及夜郎侯亦然。以道不通，故各以为一州主，不知汉广大。”

① 史继忠：《贵州汉族移民考》，《贵州文史丛刊》1990年第1期。

从而留下了传颂千古的“夜郎自大”的故事。夜郎国的地域，主要在今贵州的西部，可能还包括云南东北、四川南部及广西西北部的一些地区。[①]《后汉书·南蛮西南夷列传》称夜郎国“其人皆椎结左衽，邑聚而居，能耕田”。汉帝国“约为置吏”，设犍为郡管辖，将今贵州大部地区初步纳入统一的郡县制。夜郎国的历史，大致起于战国，至西汉成帝和平年间，前后约300年。之后古夜郎国神秘消失。这个古老的文明在史籍记载中留下了一团迷雾。这就是贵州的夜郎国时代。

在夜郎国时代，汉武帝开西南夷，汉民族人口已成批进入贵州。建元六年（前135年），汉武帝拜唐蒙为郎中将，出使夜郎，“将千人，食重万余人，从巴笮关入”，其后又于元光五年（前130年）通西南夷道，“发巴蜀吏卒千人治道”，“转漕万余人”，揭开了汉民族进入黔的新篇章。此后，元鼎六年（前111年），汉武帝平西南夷置牂柯郡，并“移民实边”，汉民族随军而入黔。当时汉武帝拓其疆土，新辟之区均立郡县，谓之“边郡”“新郡”或“初郡”，实行“土流并治”，边官皆统军旅，推行“寓兵于农”“屯田守之”的政策，其办法是“遣将吏发卒以治塞”，“募徙死罪及奸豪实之”。官吏兵丁皆与部、曲、屯的组织相结合，“大将军营五部，校尉一人，比二千石；军司马一人，比一千石。部下有曲，曲有军侯一人，比六百石。曲下有屯，屯长一人，比二百石”[②]。部曲分驻要害地点，为了使“民乐其处”“有长居之心”“安乐而不思故乡”[③]，遂令就地立城邑、制田产、筑居室、具田器、置医巫，使之“男女有婚，生死相恤，坟墓相从，种树蓄长，室屋完安”[④]。

汉武帝时，曾组织大批移民迁入云贵高原垦殖，即所谓“悉巴蜀租赋不足以更之，乃募豪民田南夷，入粟县官而内受钱于都内”[⑤]。据《华阳国志》《后汉书》记载，当时迁入今贵州地方的汉族移民主要有龙、傅、尹、董等家族。龙氏主要活动于且兰，即今安顺、平坝、清镇一带；傅氏主要活动于鳖县、汉阳县，即今威宁、赫章、毕节到黔西一带；尹氏

① 夜郎国的地理范围学术界有争议，在考古发掘未提供出可靠证据前，这种争论还将继续下去。

② 《后汉书·百官一》。

③ 《汉书·袁盎晁错传》。

④ 同上。

⑤ 《史记·平准书》。

主要活动于毋敛县，即今都匀、独山一带；董氏主要活动于宛温县，即今兴仁、兴义、安龙一带。这是较早进入贵州的汉族，是今“贵州人”的较早来源之一。

所以，据史继忠研究，凡汉人移居之所，皆有汉墓群，由此可知当时移民的分布状况。贵州的汉墓，主要分布在四个区域：一是威宁、赫章等地；二是安顺、平坝、清镇、黔西等地；三是兴义、兴仁等地；四是务川、松桃等地。

安顺宁谷 1971 年发现的汉墓群是一个代表。经普查确定为汉墓的有 120 余座，正式发掘的汉墓达 32 座，预测当地汉墓总数逾千座；建筑遗址 9 万平方米。虽然发现文物大多被历代的盗墓者盗走，但仍有 120 件器物出土。出土的文物主要包括：土陶房屋模型、仓廪模型、日常用的铁器、三角脚架、铜斧、铜铣、摇钱树片、乳钉几何方砖、秦半两、汉五铢、大泉五十等圆形方孔小钱；金器、铜器、铁器、陶器、木器等生产生活军事用器数百件，“长乐未央”瓦当、铁镜、龟灯，以及货币 600 多枚为西汉末到东汉初期官方专用物品。据此，考古专家称，宁谷墓葬基本为汉墓，属东汉至西汉时期，距今 2000—1400 年的历史。特别是“长乐未央”瓦当有重要的历史价值。①

此外，还有赫章可乐汉墓出土了五铢钱数枚，虽已因年代久远而互相粘连，但也可窥见当时经济交往的情景。② 赫章可乐墓还出土了有生动舞姿的画像砖以及数件百戏陶俑，传神地再现了汉代艺术表演的风采。兴义八号墓出土的铜车马模型，是分段锻造而成，这种方法和四川出土的文物采用了相同的锻造方法。赫章可乐墓地出土了 276 座土著墓葬，42 座汉移民墓葬，而土著墓葬均属于无封土无墓道的竖井土坑墓，其规模远小于汉代民墓。③

从贵州汉墓的分布可见汉民族的足迹主要在贵州西部及北部边缘，呈点状分布。这时汉民族移民入黔的人数，由于汉代“夷”与“民”有别，土官属下的少数民族人口不入户籍，故文献中所记的人口基本上都是汉民

---

① 史继忠：《贵州汉族移民考》，《贵州文史丛刊》1990 年第 1 期；李映梅：《赫章可乐遗址与安顺宁谷遗址之比较——兼论夜郎古王国都邑问题且与潘炯辉先生商榷》，《湖南医科大学学报》（社科版）2009 年第 5 期。

② 贵州省文物考古研究所：《赫章可乐 2000 年发掘报告》，文物出版社 2008 年版。

③ 张莎莎：《从贵州出土汉墓看贵州的礼乐文化》，《安顺学院学报》2010 年第 4 期。

族人。《汉书·地理志》记载，牂柯一郡辖十七县，共24219户，153360人。当时在今贵州境内有且兰、夜郎、鳖、平夷、谈指、毋敛六县，有四五万人。东汉年间，移民又有增加，《后汉书·郡国志》载，牂柯郡有31523户，267253人，比西汉增加大约五分之二。[①]

二　从魏晋到唐宋："夷汉大姓"的家天下

历史之手在夜郎国时代翻开了汉民族入黔的新篇章，在魏晋唐宋时代却把入黔的汉民族与贵州的少数民族捏成一体，形成一个历时一千余年"夷汉大姓"的家天下。

魏晋之时，诸葛亮南征后推行宽缓的民族政策，将战争中的俘虏分配给汉族大姓和少数民族上层作依附农民。于是，这些汉族大姓和少数民族上层，大多变成拥有众多"部曲"并在政治上独霸一方的"夷汉大姓"。

"夷汉大姓"源起汉代的"移豪民，填南中"的政策，汉武帝将"三蜀大姓"移入贵州，并以他们为首，将其依附的百姓、招徕的游民、戍边的士卒以及发配的罪徒编制成"部曲"，开始有了贵州的大姓。到了魏晋南北朝时期，中原丧乱，中央王朝对边疆失去控制，"三蜀大姓"便与当地少数民族的"方土大姓"结合起来，独霸一方，遂成"夷汉大姓"。最先见于史籍的大姓，有龙、傅、董、尹及谢氏，如"保境为汉"[②] 的谢暹，"开南中之学"[③] 的尹珍，"保境为晋"[④] 的谢恕等。

这些"夷汉大姓"及至隋唐之时，傅、董等姓已销声匿迹，而谢氏则独强，赵、宋开始兴起。

据《旧唐书·南蛮西南蛮传》载，其首领谢龙羽"大业末据其地"，武德三年（620年）授牂州刺史，封夜郎郡公；"东谢"首领谢元深，贞观三年（629年）入朝，授应州刺史；"南谢"首领谢强，授庄州刺史；龙朔三年（663年），谢法成为矩州刺史，招抚比楼等部；高宗时，谢法兴为充州刺史；又蛮州有"左右大首领"谢汕及"界首子弟大首领"谢文经。可见，应、庄、牂、矩四州全为谢氏所据，而充、蛮二州亦有谢氏势力。

---

① 史继忠：《贵州汉族移民考》，《贵州文史丛刊》1990年第1期。

② 《后汉书·西南夷列传》。

③ 《华阳国志·南中志》。

④ 《晋书·谢恕载记》。

赵、宋二氏，汉晋史籍中未见著录，而唐初却显赫一时，很可能是魏晋时期南徙的地方性移民集团，他们原住中原，后来北方战乱，移徙他乡，辗转来到贵州，遂成大姓。有意思的是，这些大姓虽是汉民族移民，但已成土著酋长，如赵国珍已自号苗族酋长，因“天宝中战有功”“累败南诏，护五溪十余年”，授黔中都督，终工部尚书。[①] 又有“西赵”首领赵磨授明州刺史。宋氏为后起之秀，唐代即据有黔中，“户口殷盛，人力强大”，其首领宋鼎称“西南蕃大酋长”[②]，授蛮州刺史，封资阳郡开国公，其族有宋万传为巴江县令。迨至五代，有清州八郡刺史宋朝化等入朝贡方物，及宋乃迁入景阳一支，后为“水东”宋氏之祖，史称“宋家”。尹氏虽长期未露头角，而势力依然存在，后晋天福五年（940 年），都云酋长尹怀昌率其十二部归附于楚。至于龙氏，宋代中兴，其首领龙彦瑫、龙汉塘、龙汉瑭、龙汉浚、龙琼琚、龙光显、龙光进等皆授刺史、蕃落使、大将军等职，其后裔疑即“龙家”[③]。

唐宋时期，又迁入一批汉人，遍布乌江以北。唐代置黔州都督府，宋改夔州路绍庆府，皆设置于四川彭水，故黔北及黔东北受其控制，设立若干经制州进行直接统治，汉民族从此纷纷入黔。《旧唐书·地理志》载，锦州有 2872 户、14374 口，夷州有 2241 户、8657 口，播州有 490 户、2168 口，思州有 2630 户、7599 口，费州有 429 户、2609 口，溱州有 879 户、5045 口。户口尽管不甚精确，或许夹杂部分少数民族，但绝大多数当是汉民族。南诏兴起，累犯黔中，唐朝乃招募北方大姓戍守，山西太原人杨端应募入播，子孙繁衍，遂为播州杨氏，随往者尚有罗氏等八大姓，得势以后，其民谓之“杨保”。

五代之世，贵州与中原的联系时断时续，而与邻近的前后蜀、楚、南汉、大理等国却往来紧密。在湖南的楚国，降服了湘西彭氏之后，乃开始经略黔南，遣龙德寿率龙、方、石、程、韦、洪、卢、张八姓兵屯戍涟江流域，其裔后来演变为“西南五姓蕃”“西南七姓蕃”，至元初始称“八番”。今据家谱及社会调查，“八番”的居民主要是布依族，而土司则为

① 《新唐书·南蛮传》。

② 《贵阳府志·土司传上》：“水东宋氏，其先镇州人。有宋鼎者，唐德宗建中为蛮州刺史，入朝。后唐明宗天成二年，又有宋朝化者为清州刺史，亦入朝……”宋鼎在唐贞元十三年（797 年）要求入朝时自称“西南蕃大酋长”，表明宋氏唐代已融合进“西南蕃”之中。

③ 史继忠：《贵州汉族移民考》，《贵州文史丛刊》1990 年第 1 期。

汉族。

北宋初年，广西侬智高举事，皇祐四年（1052年），狄青率兵镇压，平定后将所部分驻广西全境，其中泗城（今凌云县）一带由部将岑仲淑把守。[①] 岑原为浙江大姓，留守泗城后派部将王初、王旦、黄慧向红水河以北发展，领罗斛、桑朗、长坝、上江等地，形成“上江黄，下江王”的局面。《宋史·蛮夷四》载：“大小播州，以威势胁诱汉户，有不从者，屠之，没入田土。往往投充客户，谓之‘纳身’。今征剿之后，苗皆散处，多有纳身于汉户者；是昔时苗人役汉人，今则汉人役苗人矣。然今之姓，本主之姓，诚乱宗之大者。汉高祖赐娄敬姓刘，先辈犹非之，况苗人乎？”可见宋代亦有汉民族批量入黔。

此外，宋代之时，贵州也涌现了一批受中原文化影响的当地人士。曾任播州安抚使的杨选本是播州人（贵州遵义），他喜欢读书，择名师授子经书，他有志为南宋恢复北方领土而出力，推动农业生产，同时积极推行军事训练，深得宋高宗赞扬。但是总的来说，贵州在中原人士看来，仍然是山高路险的蛮荒之地。词人赵希迈在《到贵州》中感叹：“涉历长亭复短亭，兼旬方抵贵州城。江从白鹭飞边转，云在青山缺处生。家务每因官事废，诗篇多向客途成。耕桑尽自无荣辱，却悔当年事短檠。”进士曾丰在《题贵州南山岩》中赞美过贵州的奇山秀水：“岑嵂穷头与汉齐，谽谺深处著招提。居焉若寝琼为室，登者如仙玉作梯。云窍旁通吞日月，烟萝倒拔挂虹霓。我来已落葛翁后，姑拾其余细品题。”正因为贵州山高路远，经常是受罚被贬的流放之地，进士袁宏德感叹：“翻笑行藏不自由，邮亭杯酒又淹留。罢官却喜身还健，报最空惭政未优。截镫只今难系马，卖刀自昔已牵牛。蛮烟岭树斜阳路，两地离怀一样秋。”连大诗人、诗论家刘克庄也忍不住写下《林贵州哀诗二首》：

> 四壁空留宅，双旌漫典州。无钱堆别屋，有石压归舟。纵未封孙叔，犹当庙柳侯。吾铭皆实录，亦足继前修。
>
> 岁晚淹留潦雾间，朱幡虽宠变苍颜。颍川凤下来何晚，浪泊鸢飞去不还。道远返丧新燧改，州贫无赙旅囊悭。新邱莫叹封茔俭，绝胜痴人锦裹山。

---

① 《续通鉴纪事本末》卷三〇。

还有与汉墓具有同样意义的宋墓的出现。如贵州平坝县马场的宋墓中出土了釉陶罐、带把带流陶罐等实用器和铜发钗等饰物，以及数枚钱币。尤其是两只铜发钗，用铜丝缠绕着连接两长脚，制作工艺精美；还有大小不同的天蓝色料珠，也表现出当时的制作技术精湛。从“景德元宝”“政和通宝”的钱币也可以看出贵州与外界的经济往来。[①] 桐梓宋墓出土了青鱼莲纹瓷盘残片、隐青双鱼莲纹瓷盘、铜壶、白釉敞口瓷碗、豆绿荷瓣瓷碟、墨釉爪瓣双耳罐等器物，从侧面反映了当时贵州的经济发展水平，以及与中原社会的文化交流。[②] 宋墓的规模虽然没有汉墓大，但或多或少地折射了汉民族入黔的部分图像。

还有，元代以前，据史继忠的研究，进入贵州的汉人还有“蔡家”，其先“盖中国之裔”“与宋家同俗，故世为婚姻”，他们散布在黔中及黔西北地区，元代已见端倪，明代较为活跃，（弘治）《贵州图经》《贵州省志》及《行边纪闻》皆有关于蔡家的记录，很可能是来自河南上蔡一带的移民。[③]

总之，自魏晋到唐宋的历代汉民族移民，由于数量较少，零星散布，在土著民族的汪洋大海中不但未能对今贵州的民族结构产生影响，反而被历史之手捏入了土著民族之中，从而形成了一千余年“夷汉大姓”家天下的态势，所以明代以前的贵州，习惯上仍具“西南夷”之称，被视为“蛮夷”“蛮僚”“苗夷”“苗疆”之地。

从魏晋到唐宋的一千余年间，汉民族入黔从未停止过，贵州人的形成虽然一直处于低谷之中，但历史的积累却为贵州人的形成打下了厚实的基础。

三　从明到清：贵州人“脱颖而出”形成

进入明代之后，历史之手扭转乾坤，把“夷多汉少”的贵州转型成了“汉多夷少”的贵州。就是在这个转型过程中，贵州人形成。

（一）“调北征南”与“调北填南”：明代汉民族入黔进入高潮

明代是中国的一个大移民时代，汉民族移民贵州成了明帝国移民潮的

① 贵州省博物馆：《贵州平坝县马场唐宋墓》，《考古》1981 年第 2 期。
② 贵州省博物馆发掘组：《贵州桐梓宋墓的清理》，《考古通讯》1958 年第 2 期。
③ 以上均参阅史继忠《贵州汉族移民考》，《贵州文史丛刊》1990 年第 1 期。

一个重要组成部分。

1. “调北征南”的军屯

明帝国为了最后消灭元帝国在云南的残余势力，朱元璋采取了从东挺进的战略，即本书在“云南人”一章中所说的从贵州进入云南。而明初之所以特别重视由黔入滇的通道，是因为被击败的元帝国残部不仅在北面威胁着明帝国的安全，其他的蒙古部落从河西走廊西段和青藏高原东部偷袭云南的潜在威胁更是朱元璋最为担心的事。为此，明帝国全力攻取云南势在必行。而贵州防务的重心在湖南进入贵州直插云南的驿道上，所以明帝国“调北征南”的目的，仅在于护卫从湖南经过贵州直达云南的驿道，即明人所称的“一线路”，对于驿道以外的大片土地几乎全由土司统辖。可见，明帝国经略贵州的目的仅在于通路。为了保证从湖南经贵州到云南道路的畅通，朱元璋采取了沿路密集屯军的战术，于是横贯贵州驿道被推上了战略需要的前台。①

在这种战略大背景下，朱元璋采取步步为营的战术，在贵州的“一线路”驿道上设置了许多卫所，除贵州、贵前二卫羽翼都司以外，贵阳以西有威清、平坝、普定、安庄、安南、普安六卫，史称“上六卫”；贵阳以东有龙里、新添、平越、清平、兴隆、都匀六卫，史称“下六卫”；西北一隅有乌撒、毕节、赤水、永宁四卫，史称“西四卫”；湘黔边境有偏桥、平溪、镇远、清浪、铜鼓、五开六卫，史称“边六卫”，凡二十四卫。每卫额定五千六百人，领前、后、左、右、中五个千户所，每个千户所辖十个百户所，以百户所为基本单位分屯设堡，安置屯军。

按明制，一人在军，合家同往，无妻室者予以婚配，其在军充役者为“正军”，辅佐正军料理生活者为“军余”，正军和军余皆有家小，注籍军户，世代不改。每军授地一份，官给牛具种子，在千户、百户、总旗、小旗等官督耕下，按规定缴纳“屯田子粒”，实为穿军装的农户。据（嘉靖）《贵州通志》记载，仅贵州都司所辖上六卫、下六卫、西四卫及黄平、普市二千户所，计有军户62273，共261879丁口，如果加上湖广都司所辖的边六卫及天柱千户所，其数超过三十万，以四口家计算，少则有百余万人。葛剑雄在《简明中国移民史》中也说，洪武十四年（1381年），蓝玉、沐英等率军进入贵州，设13卫、1所，有军士10万多人，

① 罗康隆：《明清两代贵州汉族移民特点的对比研究》，《贵州社会科学》1993年第3期。

合家属则有 30 万人。据《明史·地理志》记载，弘治四年（1491 年）全省有 43467 户，258963 人；民户 56584 户，250420 口；军、民籍数量基本接近。[①] 卫所皆分布在耳道沿线，湘黔、滇黔、川黔、黔桂及川滇几条驿道附近，屯堡星罗棋布，形成了许多汉族移民的聚居点，插入少数民族地区，形成交错而居的格局。贵州卫所之间有驿传递铺，驻有铺站兵丁。各卫驻军、屯田及站铺多寡不一，故军户数额有差，其大者如安庄、赤水、新添、平越、都匀、普定各卫，多达二三万人，其小者则二三千至八九千人不等。当时，贵阳设有贵州、贵前二卫，有屯堡百余所，常以百户姓名、姓氏或驻地命名，如陈亮堡、秦旗堡、刘士连堡、郝官堡、窦官堡、朱官堡、龙洞堡、八里屯、尖山屯等。

明末天启（1621—1627 年）以后，卫所渐弛，屯军大部分逃散，故（万历）《贵州通志》载，万历二十五年查存仅 26840 名。当时的法令规定，逃亡及倒流回乡的军户必须拘捕回卫，逃军走投无路，只好潜入少数民族地区，一部分以同乡关系结合而为所谓“南京人”，另一部分则与少数民族婚配，形成“汉父夷母”或“夷父汉母”，故贵州各民族中都有“其先来自江西”之说。未逃离者仍世代屯种，定居而成土著，如安顺、平坝一带的“屯堡人”便属此类。明末又来一批屯军，安置在遵义的威远卫及水东的敷勇、镇西二卫。

这些卫、所、屯、堡星罗棋布于贵州全境，平时耕种，农闲操练，战时出征，是为军屯。为稳定军心，“一人在军，合家同往，无妻室者予以婚配”，军士皆携带眷属，无论军官与士兵均行世袭制，成为“军户”。据史料分析，派驻贵州行卫所屯田的“军额旧十六万余”[②]。若以每名军人加上眷属，每户以四口计，则贵州屯军军户总人口有 64 万。这批卫所军官、士兵皆来自内地，有的来自江南，有的来自湖广。如威宁县的孔氏来自山东，松桃县的高氏则来自江西。他们从南方各省随军征讨后留守贵州世代屯戍，落籍于此，即民间称为“调北镇南”而来的汉民族人。

2. “调北填南”的民屯

除军屯外，明朝又采取调派方式，有组织地将大批普通民户移入贵州，开展“民屯”，即民间所说的“调北填南”。王红银在《明代贵州民

---

① 葛剑雄等：《简明中国移民史》，福建人民出版社 1993 年版，第 387 页。

② 《明实录·成化实录》。

屯刍议》一文中，将贵州的民屯分为三种类型。

（1）移民就宽乡型

移民就宽乡型的民屯由政府组织，鼓励百姓由经济发达地区到经济落后的偏远地区发展；由人口密集、土地资源稀缺的地区向地广人稀的贵州迁移。另外，在鼓励的同时，也强迫大批内地破产的流民和平民迁来贵州发展，如《明史·食货志》所云："移民就宽乡，或招募，或罪徙者为民屯，皆领之有司。"即所谓"调北填南""调湖广填贵州"。

明帝国时，贵州地区地广人稀，可耕地面积广，属"宽乡"。明政府除了开展大规模军屯之外，还积极推行"就宽乡"的移民政策，从中原、湖广、江南等省征调大批平民、流民、工匠、役夫等迁往贵州，按照规定给予耕牛、种子、农具和一定数量的可耕种的土地等，分区域管理并给予免租三年的优待，保证移民从事农业开垦，以便为府州县增加赋税。据《明世宗实录》记载："贵州军民鲜少，多系江西、川、湘流民侨居。"[①]嘉靖《思南府志》同样记载："至今居民，皆流寓者，而陕西、江西为多。"[②]

原本人口稀少的贵州，经过"移民就宽乡"的民屯，使贵州人口骤升。嘉靖《贵州通志·户口》记载："贵州布政司，司府州卫所人户一十四万八千九百五十七户，五十一万二千二百八十九丁口"，其中"民户五万六千六百八十四户，二十五万四百二十丁口"[③]。正由于有大量民屯的出现，贵州特增设屯田副使专管民屯事宜。

（2）抛荒募民佃种型

明中后期时，贵州屯田经过一百八十余年的发展，许多地方均出现耕种者大量逃亡的现象，十去七八，致使田地荒芜。嘉靖三十年（1551年），副都御史刘大直巡抚贵州时，目睹贵州凋敝，遂下令"各卫所清查前荒田地，招集军民流商诸人耕种"[④]。这种由政府出面招集流民耕种田土，也是民屯的一种类型。

---

① "中央研究院"历史语言研究所：《明实录》校印本，1965年，第7419页。

② （明）洪价、钟添：嘉靖《思南府志》，载《中国地方志集成贵州府县志辑四十三》，巴蜀书社2006年版，第429页。

③ （明）谢东山、张道：嘉靖《贵州通志》，载《中国地方志集成贵州府县志辑一》，巴蜀书社2006年版，第281页。

④ 同上书，第279页。

抛荒募民佃种型实施的具体情况是：程番府，“抛荒田亩不等，招集哨堡土流客民诸人不一佃种”；永宁州，“抛荒田地不等，招集军余民人八十六名佃种”；贵州卫，“半抛荒屯田七千六百七十八亩，招集民人三百三十四名佃种”；贵州前卫，“抛荒屯田八千四百一十七亩九分九厘八毫，招集民人三百九十九名”；新添卫，“抛荒屯田四百五十亩，招集民人八十”，新添等司“民田二百五十四亩四分四厘，招集民人三十五名”；龙里卫，“抛荒屯田七百九十八亩，招集仲苗七十二户”；平坝卫，“抛荒屯田六十二分，招集军民人等六十二名”；安南卫，“抛荒屯田一千八十二亩，招集军舍客民五十六户”；毕节卫，“抛荒屯田二百九十亩，招集民人二十九名”①。其余，都匀府、黎平府、镇远府、铜仁府、石阡府、思州府和思南府等也有不同程度的抛荒屯田状况。

（3）徙罪徒屯田型

明帝国刑法严峻，不少百姓因犯罪被遣送屯田。正统二年（1437年），贵州按察使应履平向朝廷提出将各地一批罪人流徙贵州：“又以军伍不足，请令卫所官旗犯杂死及徙流者俱送镇将立功，期满还伍，边军犯盗及土官民与官旗罪轻者，入粟缺储所赎罪。”② 还有从内地逃亡而来的“罪犯”，即嘉靖《思南府志》所谓的“四方流冗亡赖匿命此焉”之类。而被流放充军之人，即《嘉靖贵州通志》卷一所载的“江右川湖贩商流徙罢役逋逃”者中的“流徙”和“罢役”也属这一类型。

这些罪人迁入贵州后，为了维持生计，获得赎罪的机会，大多从事农业生产，从而成为民屯的一部分。③

其实，贵州的民屯还有如下两种情况：一是灾荒年从邻省逃难入黔谋生者。如嘉靖《思南府志》载：“每遇荒年，川民流入境内就食。正德六年，流民入境数多。”二是元末农民起义军中流入贵州渐渐定居。陈友谅弟陈友德兵败鄱阳湖，携亲眷逃居水东，其三子陈明、陈意、陈志落籍水西；明玉珍其子明升降明后，子孙部分散落于黔北。

总之，经过多年的经营，贵州民屯发展很快，对开发的贵州影响深

① （明）谢东山、张道：嘉靖《贵州通志》，载《中国地方志集成贵州府县志辑一》，巴蜀书社2006年版，第279—280页。

② 《明史·应履平传》。

③ 以上参阅王红银《明代贵州民屯刍议》，《安顺学院学报》2012年第1期。

远。万历六年（1578年），张居正下令丈量全国土地田亩。万历九年（1581年），贵州共计民田1344510亩。贵阳军民府111856亩，安顺军民府80392亩，镇宁州51450亩，永宁州36416亩，普安州3485亩，平越军民府159762亩，都匀府58657亩，镇远府27582亩，思州府48385亩，思南府137371亩，石阡府87802亩，铜仁府89796亩，黎平军民府27220亩，龙里、新添、平越三卫军民指挥司，尚有民田43335亩。从这些数据可见，黔东地区开发较早，民田数占全省总数的大部分；黔中地区民田数约占全省三分之一；黔西地区民田数约占全省总数四分之一[①]。从而为贵州人的形成奠定了坚实的经济基础。

3. 募盐商就地“开中”的商屯

历史之手在贵州舞动军屯、民屯时，还舞动了商屯。而商屯与明代在贵州的军事行动息息相关。《明史·食货志》云：“明初，募盐商于各边开中，谓之商屯。”可见开中法即商人需要以粮草易盐，而不是以货币购盐。这就与军屯有密切的关系，为什么呢？

因为贵州一向不产盐，又是边远缺粮地区，因此贵州也是明帝国最早施行“开中法”的地区之一，从明初施行至弘治五年（1492年）废除为止施行了120多年。在这期间，川盐、粤盐、滇盐及江淮盐都是由盐商运入贵州。从洪武六年（1373年）开始，明帝国就在播州等处“募商人于本州纳米中盐”[②]；洪武十五年（1382年），户部奏定安宁盐井中盐法。凡募商人于“乌撒、乌蒙二府输米二石八斗”，“普安府输米一石八斗者，皆给安宁盐二百斤”[③]。洪武二十年（1387年），“命户部募商人于云南毕节卫纳中盐，每米二斗给浙盐一引，三石给川盐一引”[④]。凡此等等，明帝国先后在普安、普定、毕节、赤水、层台、乌撒、平越、兴隆、都匀、偏桥、镇远、清浪、铜鼓、五开等卫附近开中，商人牟利，纷纷招种，汉民族入黔者甚多。

思南地近四川，每遇荒年，川民入境就食，正德、嘉靖间“流民入境者络绎道途，布满村落，已不下数万”，他们往往“亲戚相招，缠属而

① 以上参阅王红银《明代贵州民屯刍议》，《安顺学院学报》2012年第1期。

② 《太祖洪武实录》卷七九。

③ 《太祖洪武实录》卷一五〇。

④ 《太祖洪武实录》卷一八七。

至，日积月累，有来无去”，致使“蜀中、江左之民侨寓于此者甚众”。三司及府州卫所既设，匠户随之而来，或事军器、农具修造，或事城垣、房屋建筑，或专制各种用具及诸种杂役，人数不下数万。此外，尚有因宦籍、经商而定居贵州者，子孙不绝。据（万历）《贵州通志》记载，各府、州、县官民杂役原额 66684 户，250420 丁口，万历二十五年查存，有民户 46566 户，315374 丁口。当时，遵义府尚不属贵州，户口不在此数之内，据《遵义府志》载，“自平播设府后，所属一州四县，复业旧民，入籍新户，遵义县有 9956 丁口，正安州有 12697 丁口，桐梓县有 9553 丁口，绥阳县有 7392 丁口，仁怀县有 3877 丁口”，汉族人口超过其他地区。贵阳城郊，汉族移民不少，故隆庆二年贵州抚按官杜拯等奏：“其贵竹长官司所辖，皆流寓子孙，与夷民不同。”①

总之，明帝国通过“调北征南”和“调北填南”，在贵州掀起汉民族入黔的移民潮。原来的“苗夷杂居”之地变为“苗汉杂居”之区。在有明一代，贵州人口的民族构成当中虽然少数民族人口总数比重仍大于汉族，处于“夷多汉少”的状况。但有些地区，由于特定的历史条件、地理位置与社会环境，少数民族人口迅速减少，汉族人口急剧增多，出现“汉多夷少”的局面。如思南宣慰司出产朱砂水银，江西商贾宦游入籍者众；又因地邻四川，每遇荒年，川民流入境内就食者络绎不绝，所以汉族人口多于少数民族，而且散布面宽，汉文化的传播亦相应深广，出现“夷僚渐被德化，俗效中华”② 的局面。甚至部分土著少数民族也被融进汉族，思南府新贵县及大方、湄潭等地的仡佬族、苗族、土家族等多已“汉化”，“文教覃敷，民俗渐化……可方中州之盛”。③ 经过明代汉民族移民的迁入，贵州的汉民族已逐渐上升为占人口大多数的主体民族，嘉靖《贵州通志》云：“蜀中江左之民侨寓于此者甚众。”④ 这批移居的汉民族，大部分居住在城镇交通沿线，借助卫所及官府的庇护，其余则散布在各地农村。明末万历年间，贵州布政司所辖各府、州、县、司、卫、所汉民丁口共有二十五万余，贵州全省（其时，遵义府尚属四川，红水河北

---

① 《明穆宗庄皇帝实录》卷二一。

② 《大明一统志·贵州》。

③ 嘉靖《思南府志》卷一。

④ 嘉靖《贵州通志》卷三。

岸及荔波县尚属广西，天柱千户所尚属湖南）共有军户72273户，261869丁；民户66654户，250420丁；军民户合计148957户，512289丁。此外，还有46440丁口充当官绅杂役。[①] 这65万余人均为汉族人口。原军户中十之七八逃离屯堡，隐匿于少数民族村寨的则早已不属于军户丁口的统计范围，所以实际数字还要更大。汉民族人口的组成，主要来自江南、江西、湖广、四川等省，此外也有自徙中原者，嘉靖《贵州通志》卷三曰：贵州“各军卫徙自中原”，“郡人多中州谪迁”，“蜀中江右之民经寓于此者甚众，买田宅、长子孙者盖多有之”；《黔南识略·序》谓：贵州“其民多南楚西江之流移，一再传之，后遂成土著”。

这样，明代迁入的汉民族移民带去了先进的农业技术，促使贵州矿业和手工业的兴起，思南、铜仁等府设朱砂水银场局，普安、乌撒等地开采黑铅[②]，中原的冶炼技术为贵州人民提供了更多便利。由于明代移民贵州的目的在于保证主要交通要道的通畅，移民在驿道上形成的聚居点，使得沿途站铺、商旅往来不断，贵州的封闭状态已被汉民族的移民潮打破，贵州的民族结构从“夷多汉少”开始转型为“汉多夷少”了。

（二）从“苗汉杂居”到“汉苗杂居”：清代贵州人“脱颖而出”

清帝国时期，中央对贵州的地理称谓发生了一个大的变化。正如提出“古苗疆走廊”概念的贵州学者杨志强所说：

> “苗”和“夷”一样，曾经是中国南方，尤其是以贵州为中心的西南非汉族群的泛称之一。从清代后期直到民国早期，对这一区域的非汉族群多冠以“苗”之称谓，因其族群种类多种多样而有“百苗”之称，故历史上所称的“苗”，不仅包括今天的苗族，也涵盖了所有汉族以外的少数民族。而“苗疆”作为一个重要的地缘政治概念，是在明清时代，尤其是清代以后才逐步形成的。自明季开始“苗”逐渐取代过去的“蛮”成为汉民族对南方非汉族群的泛称。……（正如）王士性《广志绎》所载“其在黔中者，自沅陵至普安两千里，总称曰‘苗’”，可知“苗”最初作为泛称出现

① 万历《贵州通志》卷一。

② 史继忠：《贵州汉族移民考》，《贵州文史丛刊》1990年第1期。

> 的地域，可能就始于辰沅至普安段“一线路”之周边地区。[①] 其后“苗”之指称范围逐渐扩大至整个中国南方的非汉族群，而“苗”之分布地域，也称之为“苗界”或“苗疆”。清代以后，“苗疆”已成为一个重要的地缘概念，其范围涵盖了贵州全省及周边省份的邻接地带。[②]

这样，清帝国为了控制贵州“苗疆”，是恢复和扩大土司制度，还是实行保甲制度？朝廷曾展开过激烈的讨论。贵州布政使冯光裕则向乾隆帝提出了“招汉人错处以变苗司”[③] 的建议，反对恢复和扩大土司制度，主张乘此苗疆人口锐减，土地荒芜之机，召汉人入境耕种。中国第一历史档案馆所藏档案中有冯光裕乾隆元年六月奏苗疆善后六条，其中重要一条就是“招汉人错处以交苗司”[④]。他认为：“将此种寨内苗田尽行查出，明示招来无业有家室穷民情愿领田居住者。剿绝之寨，固可尽行安插汉人；其苗人去半之寨，亦招汉民与苗相半错处，官给执照，永远为业……。良民日与苗人周旋，岁时伏腊相馈遗，婚丧吉凶相联络。彼得汉人之享用，自弃苗习之凶顽。庶安良即以察奸，化苗渐可为汉。”[⑤]

对于冯光裕的建议，当时身任苗疆经略大臣、贵州总督兼巡抚的张广泗在贵州具体执行了屯田政策。在议复冯光裕条奏一折中，张广泗奏曰：“统计其户口人丁，实去其十分之五六，所遗田土颇多，未便漫无归著。若听其抛荒，固属不可，若赏还苗人耕种，伊等必自启争端。况田多苗少，仍属荒芜。且即有如许绝产，小民趋利如鹜，窃恐汉奸无赖之徒，私行潜往占种，日久反滋事端。不若乘此兵威大振之时，预为料理妥协。是

---

① （明）王士性：《广志绎》，中华书局 2006 年版，第 334 页。

② 杨志强、赵旭东、曹端波：《重返“古苗疆走廊”——西南地区、民族研究与文化产业发展新视阈》，《中国边疆史地研究》2012 年第 2 期。

③ 宫中硃批奏折，民族类，贵州布政使冯光裕折，乾隆元年六月初一奏。转引自潘洪钢《清代乾隆朝贵州苗区的屯政》，《贵州文史丛刊》1986 年第 4 期。对此建议，屯政专家潘洪钢在 20 世纪 80 年代初，亲到北京中国第一历史档案馆查阅乾隆档案摘出，首次公开发表于 1986 年的《贵州文史丛刊》，可惜由于当时编校所误，文中竟无注释。此后，不少学者均引用此条史料，都没有出处。此次引用专门请教了潘洪钢先生，才得以注明出处。

④ 同上。

⑤ 同上。

以臣就今时势可行者，妥议熟筹，斟酌利弊，已于条议内分晰，另折具奏。”[①] 据潘洪钢说，张广泗专奏田土问题一折，档案中不曾查得。张在此后奏折中，多次提到这一折中所提出的主张，对苗疆实行“郡县其地”，田土交汉人承种。“臣博采众论，详酌时宜，不敢以惩创已定，苟图便安，故于敬陈善后事宜折内，奏请将逆苗绝产，酌量安插汉民领种。”

奏折虽没查到，但屯田却取得了成效。

清帝国开展贵州苗疆的屯田垦殖，在黔东南设古州、清江（今剑河）、八寨（今丹寨）、丹江（今雷山县北部）、都江（今三都、榕江二县之间）五厅，驻军8656户；在六厅附近的凯里驻军1036户，合计军户9692户，约3万人口。[②] 随后，对“苗疆”的屯田垦殖全面铺开。雍正四年，清政府推行“改土归流”，把遵义府、湖广边六卫、广西属荔波县及红水以北地区划入贵州，形成了贵州省辖区一直到今天。“考遵义初隶古梁，继附鳖国，后属巴蜀。我朝雍正五年，割入黔疆，北藩始壮。幅员广袤二千里，田赋关税半全黔”[③]。同时，清政府开辟苗疆，实行“编户齐民，计亩升科”，镇压数次苗民起义后，在少数民族地区安屯设卫，台拱厅设2卫22堡，共安屯军1786户；清江厅设2卫22堡，共安屯军1918户；丹江厅设1卫12堡，共安屯军830户；八寨厅设1卫11堡，共安屯军810户；古州厅设2卫40堡，共安屯军2519户。清政府还招募流民进入苗疆开垦荒地，据《黔南识略》记载：

> 各属买当苗人田土客民共三万一千四百三十七户，佃种苗人田土客民一万三千一百九十户，贸易手艺佣工客民二万四百四十四户，住居城市乡场及隔属买当苗人田土客民一千九百七十三户，并住居城市乡场买当苗民全庄田土客民及佃户共四千四百五十户。

大量外省汉民族纷纷入黔。此时，明代迁入的汉民已成为“土著”，

---

① 宫中硃批奏折，民族类，苗疆经略大臣、贵州总督兼巡抚折，乾隆元年十月二十八日奏。转引自潘洪钢《清代乾隆朝贵州苗区的屯政》，《贵州文史丛刊》1986年第4期。

② 葛剑雄主编：《中国移民史》第六卷，福建人民出版社1997年版，第154页。

③ 《遵义府志》。

如清代的贵阳府治地，“明初即设为省治，迄今五百余年矣。盖自元设元帅府以来，征调各省戍兵，留实斯土。明因之，改设卫所，分授田土，作为屯军，并设都指挥使以统率之，于是江、广、楚、蜀贸易客民，毂击肩摩，籴贱贩贵，相因坌集，置产成家者今日皆成土著”。[①]

清代移入的汉人则被称为“客民”。广顺州（今广川县），“嘉庆间始有遵义及各省客民住种其地”；安顺府之郎岱厅（今六枝县西南）虽然地形崎岖，但“商贾往来，行人辐辏……肩承背负，攀藤附葛者终日络绎于途，以故客户亦多”；大定府（治今大方县）之威宁州，“州属所产黑白铅子厂林立，砂丁炉户悉系客民，虽其地尽属夷疆，而客民之落业其间因而置产者不少”；都匀府，“虽其地群峰叠嶂，跬步皆山，然而溪流萦绕，水泉汩汩，每多膏腴之田，客民之贸易流寓其间，易于托足焉”；黎平府“虽有崇山峻岭，而两山之中每多平坝，溪流回绕，田悉膏腴，村墟鳞比，人户稠密……杉木茶林到处皆有，于是客民之贸易者、手艺者，邻省邻府接踵而来，此客民所以多也”。[②] 贵州省城及各府县城基本是汉人和行商在此居住，这些被称为“客民”的汉人移民来自中原各地，迁到贵州后设立了同乡会馆互相关照，贵阳城内就有四川会馆、湖广会馆、江西会馆等移民聚集的场所。此时的贵阳城人口增长数倍，商贾云集，已成为一个经济中心。即使是从前比较闭塞的黔北、黔东北地区，地理位置上靠近四川、重庆及湖南、湖北，汉移民最多。《遵义府志》所载《赵牟氏墓志铭》称[③]：

> 孺人姓牟氏，隐君讳里仁之女，进士赵之才之配。其先，蜀之资阳人，累叶以富显。隐君熙宁初，挈资游南平，顾膏腴可取，遂家荣懿，自是资产盛甲一乡。孺人及笄，隐君谓家人曰，四子一女，吾何忧？女聪慧，当选所宜归。先是允大父讳言亦至自武信，与隐君产业相颉颃，人目为“赵牟”。

---

① （清）罗绕典：《黔南职方纪略》卷一《贵阳府》。

② 分别见（清）罗绕典《黔南职方纪略》卷一《贵阳府》《安顺府》《大定府》，卷五《都匀府》，卷六《黎平府》。

③ 《遵义府志》。

赵牟氏祖上原是四川资阳人，婚嫁后随夫而居。从四川、湖南等地迁入遵义府的汉民人数众多，据统计，遵义府“通属计汉民一万三千六百二户”，桐梓县“苗有仡佬、鸦鹊、红头三种，旧有六百六十户，近迁兴义及安南等处”，绥阳县“通属汉庄二百五十，苗寨十一”，仁怀县“通属汉户十之六七，苗户十之三四”，正安州“前有仡佬、花苗三百余户，今俱迁移邻封州县”；仁怀直隶厅“通属汉庄，苗民零星散处”，余庆县“苗止仡佬一种，散居各村与汉民同”；思南府“汉庄一百九十一处”，安化县“县境均系汉庄”，务川县“惟川民流寓者多，通属汉庄七十有九，无苗寨”，印江县“并无苗寨”，龙泉县“通属均系汉庄”，松桃厅“乾隆中厅属苗寨三百五十，共五千九百九户，计今减去户口四分之一”[①]。贵州其他地区情况也差不多，有些地方是汉人居多，有些地方是“汉苗杂处”，也有像望谟等地依然是“夷多汉少”。

历史之手的舞动是一个过程，康熙至道光中期，处于强盛时期的清政府平定贵州少数民族叛乱后，将无主荒地分给流民及官兵屯种。乾隆推行了“改田升科”政策，允许屯田买卖改成“科田”（私田），缴纳税银，还允许休致、解退（即退休）的参将以下官吏在当地落籍。[②] 据统计，清代道光初年，贵州各府由外省迁入的汉民族“客民”有 74875 户，若以每户 4 口计，则有近 30 万人。[③] 这使贵州社会的民族结构，由明时的“苗汉杂居”，在总体上变成“汉苗杂居”，而出现“汉多夷少”的局面，如《大定志稿》曰：“大定自康熙三年平定以来，士民皆外省流寓，土著旧民不数户焉，犹是汉多夷少。”[④]《税赋全书》中贵州在籍人数的增长说明汉族人口超过少数民族人数，贵州省境内几乎到处都有汉人。而且与明代以军屯为主的特点相比，清代则以民屯为主，个人自由迁移，而不再是国家组织的移民行为。卫所屯兵的方式已经被废弃，民间移民成为主流。

入黔的汉民族移民不仅人数增加了，也促使了原有城市的扩大，贵阳地区的面积从清初的六里半扩大到中叶的二十余里。据《黔南识略》记

---

① 史继忠：《贵州汉族移民考》，《贵州文史丛刊》1990 年第 1 期。

② 张志侠：《毕节地区志 · 政权志》，贵州人民出版社 1999 年版，第 1—4 页。

③ 葛剑雄主编：《中国移民史》第六卷，福建人民出版社 1997 年版，第 162 页。

④ 见《中国地方志民俗资料汇编 · 西南卷》引《大定志稿》，书目文献出版社 1991 年版，第 427 页。

载，这些进入贵州的汉人购买了少数民族的田产，结帮互相扶持，在贵州站稳了脚跟。清代中后期的贵州各府志所记录的地名，许多都已经变成汉语命名的地名了。就连少数民族支系、部落的名字也从音译变成了汉名，像“乌撒”被改名为“宣威”。落籍贵州的客民带来了苞谷、洋芋等新品种的种植技术，也推广了一些农业技术，大片荒地迅速被开发，客民购置田产，租种土地，栽桑养蚕，修仓廒储粮备荒，开矿冶炼铅锌，促进了贵州经济的发展。

有清一代，贵州境内的汉族人口已大大超过了少数民族，贵州汉族使用的西南官话也成了贵州各民族普遍使用的社交语言，汉族文化成了贵州的主体文化，这一切都标志着贵州人已经“脱颖而出”。

第三节　贵州人的人文特征

贵州人是一个常常被人遗忘的族群，在一些关于族群性格研究的著作中，如倪健中的《人文中国》、余守斌的《中国人性格地图》、董维涛的《一方水土一方人》等，论及汉民族的许多族群，唯西南笼而统之地或论及西南人，或论及川渝人，或论及云南人，就是没有论及贵州人。其实，贵州人是极富特点的，籍贯贵州的人类学家徐新建在《西南研究论》中曾说：

> 西南文化的突出特点在于它的立体多样及多边交融。这里有几乎包罗万象的自然景观及与之相应的文化类型，是不可多得的人类历史综合馆。①

如果从徐新建对西南特点的论述去看贵州人的人文特征，贵州人以明清江南、江西、四川汉族移民为主形成并发展起来的，但在长期的形成和发展过程中，也吸纳和融合了历代进入贵州高原且已被“夷化”的汉族后裔和贵州的土著民族族群，从而塑成了自己既有耕读传家、勤俭持家、尊教重儒，又具土著民族族群热情好客、知足常乐、民风淳厚的人文特征。

---

① 徐新建：《西南研究论》，云南教育出版社 1992 年版，第 247 页。

一 夜郎志大，勤奋好学

“夜郎自大”是与贵州人有密切关系的一个成语，千百年来让人们误读为贵州人不知天高地厚，盲目自大。其实，“夜郎自大”这个成语出自《史记·西南夷列传》：“滇王与汉使者言曰：‘汉孰与我大?’及夜郎侯亦然。以道不通，故各以为一州主，不知汉广大。”由此可见，第一，“汉孰与我大”这句话，最早是滇王即云南王说的，夜郎侯只是“亦然”而已；第二，在那个交通闭塞、通信不发达的时代，夜郎王问“汉孰与我大”，正说明夜郎王谦虚谨慎、求知欲强，根本没有“夜郎自大”的架势！所以，贵州共青团原省委书记陈昌旭建议将“夜郎自大”改为“夜郎志大”。①

贵州人确实是有志气的，这突出地表现在他们向来有重视文教、勤奋好学的优秀传统。

早在汉代，贵州人的先贤，毋敛县（今都匀，独山一带）人尹珍，为了求学，就不远千里到了东都洛阳，拜当时的经学大师许慎为师，学成“回归南城，设塾授徒”，为发展贵州的文化教育做出不朽的贡献。唐时由陕入黔的杨氏，到宋元时期，出现了杨粲、杨文、杨汉英等重视文教的土官，他们从蜀中招聘文士来黔传教任职，设儒学、建孔庙、开书院，传播汉文化。延及明代，由于朝廷以各种方式要求土官子弟及族人入学读书，还规定土官承袭必须进学校读书，因此，贵州全省“府、司、州、卫皆有学校”。

值得一提的是明代著名心学家王阳明，在贵州龙场驿丞任上，亲自耕田灌园，采薪作炊，经受艰难困苦的磨砺，悟出了“格物致知”的“圣人之道”，为他开创的“致良知”心学体系打下基础。并创办龙冈书院，招收夷汉子弟入学，逐步制定教学制度，写了《龙场诸生问答》《教条示龙场诸生》等文章，阐明学习的目的与方法，以及为人用世之道，提出“立志”“勤学”“改过”“责善”四条律例，作为施教总纲。还写有《教约》一文，规定了“每日工夫”，即先考德、次背诵经文、次习礼或作课仿，次复诵书讲书，次歌诗，对每个节目都有具体要求，以培养学生勤奋

① 邵炎才、闵术：《让贵州人比窦娥还冤的两个成语》，《中学语文教学参考·初中版》2011年第3期。

好学、严肃认真的学风。龙冈书院在王阳明直接讲授下开办了两年多，不少学生负笈前往就读。其中有省城去的陈文学（字宗鲁）、汤哻（字伯元）等，后来成了黔中著名文士。当时，贵州省的提学副使席书，非常敬重王先生的学问才识，致书恭请王阳明来省城讲学；又从全省各府、州、县挑选优秀生员来龙冈书院，亲聆阳明先生教诲。《中国书院辞典》席书条谓：席书“性嗜静养，学问以周程二子为宗。正德初，提学贵州，悉心文教，与毛科同修书院，课士‘先德行，后文艺’。时王守仁谪龙场，亲致书聘请主贵阳文明书院，‘身率贵阳诸生，以所事师之礼事之’。‘亲问朱陆同异之辨’，守仁‘举知行本体，证之五经诸子’，使豁然大悟，从此常‘公余则往见，论学或至夜分，诸生环而听者以数百，自是贵人士始知有心性之学’”。在贵州文化现象与教育设施方面，席书在历史上功不可没，影响至为深远。[①] 席书本人“身率诸生，以所事师礼事之”，亲自到书院向先生请教，相互讨论性理之学，有时直到半夜，环听的诸生达数十百人。

名人的提倡、官员的实践，对贵州人重视文教、勤奋好学优良传统的养成起了极大的推进作用。此后，贵州各府县“城中无贫富子弟，自六七岁以上皆教之读，通衢曲巷夜恒闻书声”，“士人以文字相攻错，无饮食征逐之习”，“尤务根柢之学，研究经术者多”[②]。由于重视文教，勤奋好学，贵州人中饱学之士代不乏人，明清时，著名文人学者就有孙应鳌、李渭、马廷锡、田秋、陈尚象、吴中蕃、郑珍、莫友芝、黎庶昌、黄彭年、李端等几十人。到了现代，贵州则培养出政治名人王若飞、周逸群、何应钦等，书画大家萧娴、谢孝思、宋吟可、袁晓岑等。清末民初的贵阳人姚华，不仅书画创作名震京师艺坛，与陈师曾、王梦白等大师齐名，而且在北京创办京华美专，其弟子刘开渠、王渔父等，都是当代书画大家[③]。

夜郎志大、勤奋好学成了贵州人的看家宝。

---

① 季啸风主编：《中国书院辞典》，浙江教育出版社 1996 年版。

② 《中国地方志民俗资料汇编·西南卷》辑《贵州通志》，书目文献出版社 1991 年版，第 423 页。

③ 徐杰舜主编：《雪球——汉民族的人类学分析》，上海人民出版社 1999 年版，第 1183—1184 页。

二　坝子情怀，知足常乐

贵州谚语道：“天无三日晴，地无三尺平，人无三分银。”贵州“八山一水一分田”，是中国唯一没有平原做支撑的省份。贵州位于西南腹地，是一个不沿海、不沿边、不沿江的“三不沿”的省份。走进贵州，就走进了山地之国，几乎找不到大一点的平整土地，山民生活虽然相对贫困，却也悠闲自得。

“地无三里平”的贵州，只是在云贵高原上的崇山峻岭之中、河谷沿岸和山麓地带，形成有一块块面积不大的山间平原，即坝子。由于坝上地势平坦，气候温和，土壤肥沃，灌溉便利，一般都是贵州农业兴盛、人口稠密的经济中心，省会贵阳就建在群山环抱的“坝子”里。贵州的坝子约占耕地的四分之一，贵州人大都集中生活在这些坝子里。

坝子是一个极度封闭的自然环境。中国人本来就是一个不喜迁徙的农业民族，而坝子里的贵州人更是绝少迁徙流动，而是牢牢地固定在几亩土地上，形成一个个孤立、分散、内向、封闭的区域性小社会。

这种坝子造成了贵州人有着极其强烈的坝子情怀，只要有口饭吃，没有重大的变故是不肯轻易离开家乡的。所以，至今许多贵州人一生都未走出过长年生活的村子一步。江浙、广东的小商贩，可以不辞劳苦地到贵州的崇山峻岭经商贩货，却极少有贵州人到内地的通衢大市去做生意赚钱。有记者曾在贵州某县调查，当问到“如果有一个远离家乡且陌生的地方，而待在那里的生活比现在好，还可以挣很多钱，那么，您或您的全家是否愿意搬到那里去居住”时，多数人回答“不愿意”。在所调查的一些村子中，回答不愿搬迁的高达84%，低的也有55%，平均为69.3%。[①] 大部分山民生活贫困、落后，但山里也是风光无限，进入贵州就像进了大公园，到处悬崖峭壁，峡谷川流，气魄雄伟，有惊心动魄之感，原生态的坝子生活似乎已融入贵州人的生命之中。

由于地缘上的封闭和性格上的坝子情怀，使贵州人具有一种怡然自得、知足常乐的隐逸心态，“不知秦汉，无论魏晋”，不愿见到外面的世界，而固守一方坝子，作封闭式的生存。封闭造成愚昧、隐逸带来怠惰，而愚昧和怠惰则是滋生贫困的土壤，所以社会学家把贵州人这种封闭型的

① 倪健中主编：《人文中国》上册，中国社会科学出版社1996年版，第348页。

地缘文化称为贫困文化。如遵义，要不是红军长征曾经过此地而出名，恐怕谁也不会知道还有这么一个“贵州第二大城市”，遵义人小富即满，安于现状，不思进取，靠吃八十年代被国家评估为“全国小康城市”的老本，对外地人自称遵义为“小上海”，不知上海人知道后会怎样想？[①]

当然，贵州人毕竟地处内陆大山的坝子之中，难免有山民的刁悍，贵阳人精明能干、敏于新潮，但好吃懒做，“麻将在手，小吃在口，三天两头，狐朋狗友”，就连农民虽穷得叮当响，也喜欢穷吃滥喝，不务正业。一首盘县的民歌唱出了贵州山民的豪放：“生要恋来死要恋，不怕亲夫在眼前；见官如同见父母，坐牢如同坐花园。”[②]

对于贵州人坝子情怀形成的原因，曾有人在《平坝县志》上作这样的分析：第一是贵州的崇山峻岭阻隔了贵州人的远行，“邑中各民族皆自外来，其祖先皆为一种好动的民族，是邑人原具有好动的种性，无如山性使人塞，此地无三里平之崇冈复岭，望而胆寒，行而跛足，逐渐由畏难的艰于远行而转移其种性”；第二是贵州地广人稀、衣食丰足的经济环境，使贵州人“知足常乐”，不愿远行，“贵州开辟最后，地广人稀，利源充裕，衣食上欲望易足，在生活方面比较他省优越。凡外来之人，其来之动机大半为经济问题驱使，浸润此中，多有乐不思蜀之慨，逐渐由留恋的不乐远行而转移其种性”；第三是当初移民于贵州的人中有一部分原系罪囚之流不敢远行，“更别有一因，即厥初或被放逐，或被掳掠，或系逋逃，率皆不敢返故乡，即返而家园已荡然，无返之必要。其不敢返、不必返之范围，初尚及于中原，裹足既久，传代益多，范围自缩视线所及百里而外悉非乐国，故只得保此片壤，惟日孜孜也”[③]。这样的分析是有一定道理的。

正是“地无半里平”的地理风貌，使得贵州人更倾向于知足常乐的追求，巴掌大的土地上收获一季庄稼就足以养活一家人，守家、守业的坝子情怀倒让贵州人更加平和。在外地人看来，贵州人的生活非常懒散，下

---

① 《中国各省人性格分析》(http://wenku.baidu.com/view/d514dfd6240c844769eaee72.html)。

② 《中国人性格地图之贵州人》(http://blog.sina.com.cn/s/blog_71b374eb0100prl n.html)。

③ 以上均参阅《平坝县志》，1932年贵阳文通书局铅印本，参阅《中国地方志民俗资料汇编·西南卷》，书目文献出版社1991年版，第582页。

班了到街头吃点肠旺面、牛肉粉、豌豆粉等小吃就可以打发一顿。懒散的生活中透露着安逸的气息。[①]

坝子情怀、知足常乐成了贵州人的性格特质。

三　融而未合，分而未化

贵州人有一个人文特征是汉民族中唯一具有的，那就是“融而未合，分而未化”。

“融而未合，分而未化”，就是贵州汉民族从全国不同的地方、不同的时间，到贵州不同的地方，与不同的土著族群，在交往、交流中，汉民族与土著族群发生了互动、磨合。在这种互动、磨合的交往、交流过程中，由于种种原因，汉民族移民不是融而未合，就是分而未化，于是形成了贵州汉民族的“族群马赛克”现象。“马赛克”现象本是比喻在多民族社会中，加拿大联邦政府实行多元文化政策，主张各民族平等、共存的一种文化现象。在加拿大称之为“民族马赛克”[②]。本书借用“民族马赛克”一词，改为“族群马赛克”，说明贵州汉民族族群结构多元、多样、多彩的人文特征。

“族群马赛克”具体是指贵州汉民族除已确定为汉族的人口以外（包括屯堡人），还有许多未识别的族群。

1981 年贵州待识别的族群有 23 个，即六甲人、七姓民、卢人、羿人、龙家、南京、穿青、蔡家、喇叭、里民、木佬、僰家、东家、西家、绕家、三撬、下路司、刁族、长袍瑶、油迈人、莫家、辰州人、佯僙人，共 90 多万人。

1985 年底，贵州省民委完成了对 15 个待定族群的认定，即六甲人、辰州人、南京人、喇叭人、西家人、七姓民、长袍瑶、油迈人、尤家人、卢人、弈人、下路司人、刁人、三撬人、里民人，共约 20 万人。此后，贵州待识别的族群仍有 8 个，即龙家、佯僙、绕家、木佬、革家、东家、蔡家、穿青等，共 70 万人；1996 年，贵州尚有待识别的族群革家、穿

① 周颂华：《贵州方言的形成、发展及对地域文化的推动》，《新闻窗》2013 年第 3 期。

② 加拿大一向以“民族马赛克”著称于世。面对迁入加拿大境内的不愿失去本民族文化特征的非盎格鲁民族和他们被盎格鲁化的事实，加拿大政府在 1971 年宣布实行多元文化政策，这一国策使得民族成分复杂的加拿大更加“民族马赛克”化了。参阅胡长志《加拿大的民族马赛克》，《海南大学学报》（社会科学版）1992 年第 3 期。

青、蔡家等族群因争议大而未能定论。[①]

凡此等等，足见贵州“族群马赛克”的多元、多样和多彩。这个特征与云南相映成趣。贵州与云南基本上都是因汉民族移民，而致使民族结构由“夷多汉少”转型为“汉多夷少”。在这个转型中，入滇的汉民族要么认同为汉民族，要么认同为少数民族，所以全国 56 个民族中，云南就有 25 个少数民族，成了中国民族成分最多的省份；在云南的 25 个少数民族中有 15 个民族为云南所特有。而入黔的汉民族移民却不然，除认同为汉民族外，竟有 23 个成了待识别的族群。近三十年来，几经识别，六甲人、辰州人、南京人归属为汉民族，成了汉民族“族群马赛克”的一部分，而喇叭人、西家人归属为苗族，莫家人归属为布依族，七姓民归属为白族，长袍瑶、油迈人归属为瑶族，卢人归属为满族，弈人归属为仡佬族，下路司人、刁人归属为侗族，三撬人归属为苗族或侗族，里民人归属为彝族。[②]

这大大小小识别与未识别的族群，有的是汉民族入黔移民吸收了土著族群的文化“融而未合”，从历史来看是入黔移民，从文化来看又像少数民族，从而成了待识别的族群；有的是土著族群吸收了汉民族的文化“分而未化”，如穿青人这块“马赛克”十分典型，据杨然的博士论文《穿青人问题研究》：从历史上分析，穿青人的前身是明代在贵州被称为“土人”的族群集团。明代贵州“土人”这一称谓在《明实录》、弘治《贵州图经新志》和嘉靖《贵州通志》、各本康熙《贵州通志》、乾隆《贵州通志》等史志中均有记载。明代嘉靖《贵州通志·风俗志》云：铜仁府铜仁司，“土人：亦杨黄之属，服饰近汉人，语言莫晓，务农为本”。明万历时郭子章《黔记·诸夷志》云：“土人，在新添司者土官与卫人间

① 贵州省民族事务委员会：《贵州民族工作五十年》，贵州民族出版社 1999 年版，第 231—236 页；贵州省第五次人口普查办公室：《贵州省 2000 年人口普查资料》上册，中国统计出版社 2002 年版，第 14—15 页；贵州省第五次人口普查办公室：《毕节地区 2000 年人口普查资料汇编》，2003 年，第 24—25 页；贵州省第五次人口普查办公室：《安顺市 2000 年人口普查资料汇编》，2002 年，第 18—19 页；贵州省第五次人口普查办公室：《黔东南苗族侗族自治州 2000 年人口普查资料汇编》上册，2002 年，第 38—39 页；贵州省第五次人口普查办公室：《贵阳市 2000 年人口普查资料汇编》，2003 年，第 18—19 页；贵州省第五次人口普查办公室：《六盘水市 2000 年人口普查资料汇编》，2002 年，第 24 页；贵州省第五次人口普查办公室：《黔西南布依族苗族自治州 2000 年人口普查资料汇编》，2002 年，第 18—19 页。

② 参阅贵州省民族事务委员会《贵州民族工作五十年》，贵州民族出版社 1999 年版，第 231—236 页。

通婚姻，岁时礼节渐染华风。”乾隆《贵州通志·苗蛮志》云：“土人，所在多有，在广顺、贵筑、贵定者与军民通婚姻，岁时礼节俱有华风。”清光绪《水城厅采访册·食货·土俗·土俗》：“土人：思、播流裔。与军民通婚姻，岁时礼节皆同。”

此后是明代江西汉民族移民的融入。明代中后期，卫所屯田制日趋松弛，《明实录·英宗实录》云，正统六年（1441 年）兵部尚书王骥奏：“军士妻子衣食不足，皆剂葳根度日。而亲管官员又不怜恤，剥削万端……贫穷军士无寸土可耕。妻子冻馁，人不聊生，诚为可虑。”屯军不堪军官的压榨欺凌，纷纷逃离。《明实录·代宗实录》载，景泰四年（1453 年），贵州按察使王宪奏，“贵州卫、所、站、堡、旗、甲，军人往差逃亡，十去八九”，出现“屯军逃尽田何在，鸡犬无声宿莽滋”[①] 的荒凉残破景象。明嘉靖《贵州通志》卷七也有“堡军逃亡过半，村寨迁徙不常”的记载。屯军由于不堪忍受各级官吏的盘剥和欺凌，逃回原籍又要遭到重处，最好的选择就是逃到土司领地内，接受各族土司的荫庇，而在文献记载中消失。而他们进入土司领地后，就可能和当地统治者——土司的生活习性接近而夷化为“土人”或者选择汉化程度较高的当地原有的“土人”与之同居共劳，并且逐步形成了认同意识。因此有不少逃散的屯军加入了“土人—里民子—穿青人”族群集团。

那么，为什么是江西移民的加入呢？1955 年《调查报告》[②] 指出：“穿青的祖先是‘随军入黔’服务于军队的劳役和商人，虽然不确知他们在江西是些什么地位的人，但是据传说当时是强迫服役的，‘三丁抽一，五丁抽二’，甚至很普遍地说是捆着来的。”值得一提的是，“土人”“里民子”和穿青人分布的区域，正好是当年从湖广到云南的屯军路线，这说明穿青人和江西移民有着密不可分的联系。在穿青人当中也广泛流传着他们的祖先来自江西的说法。清镇杨正学家所藏的贵州杨骈先生编纂的《杨氏族谱》就记载了今天穿青诸大姓“调北征南”从江西迁来的情况。[③] 而且明代之时，“土人”还是一个倾向于汉化，但仍带有比较突出

① （清）唐树义等编：《黔诗纪略》卷八。

② 1955 年，由全国人大民族委员会派人来到贵州，由省、地、县三级抽人参加共 50 多人组成工作队对穿青人的民族成分问题进行调查。其结论是穿青是汉人而不是少数民族，形成《贵州省穿青人民族成分调查报告》，即 1955 年《调查报告》。

③ 参阅杨然：《穿青人问题研究》，博士学位论文，中央民族大学，2006 年，第 19 页。

的少数民族特点的族群集团的泛称。进入清代后，贵州的清代史志虽同样有专条记载，但“土人”一词的含义悄悄地发生了变化。如清初的田雯《黔书》上卷认为：“土人所在多有之，盖历代遗民也。”[①] 嘉庆间李宗昉《黔记》卷三解释“土人”的来历时这样说：“凡他省人客黔娶妻生子，名转窝子。转窝子所生名门斗子，再传则土人矣，‘转’读去声。江西人尤多。”可见“土人”为汉人遗裔这一说法已为当时人所广泛接受。

本来“土人”是汉化或倾向汉化的苗夷，原汉地移民迁入苗区而苗化的汉人则有另一称呼，叫作“旧人”。明嘉靖《贵州通志·风俗志》记载贵竹司的“旧人”道：“旧人，多出腹里中州，前代仕宦经商流移至此，岁久遂家焉。风俗淳厚，率多尚礼，以耕为乐，不喜华靡，尤重于婚丧，有中州遗风。”由于“土人”的汉化日深，到道光时的《安平县志·风土志》里，这几种人在官府眼中变成为一种了：“土人，所在多有，县属西堡尤甚，相传为明洪武时屯军眷属亲戚，与屯军先后至者，因居土日久，故曰土人，一曰旧人。一说土人，楚人也，元末从陈友谅反，及明太祖灭友谅，分兵剿其余党，反者皆逃入蛮夷中以避诛戮。一名里民子，衣尚青，妇人以银索盘头，与屯堡人无甚差异。妇女不缠足，男子闲贸易，耕作多妇人为之。称为县民，以别于屯军也。”故道光《贵阳府志·民生志》云：“土人，贵筑、广顺、贵定昔有之，今已变汉矣。”可见到清朝的时候，封建官府和文人已经或者把“土人”作为汉族移民的遗裔来看待，或者接受了他们融入汉人集团的事实。

对此，约在二十年前，姜永兴就撰文认为，迁来贵州的汉族移民，当时分割成了几个移民集团，被分别安置在不同的民族地区，如以原籍为族称的湖广人、南京人、龙家人；以明代地方基层组织为族称的里民（现多自报黎族）、屯堡人；以服饰特征为族称的穿青人等。这些移民集团在六百来年的变迁史中，由于环境的变化，周围民族的影响，而逐渐摆脱了过去汉族内部的地方性特征，在族属上发生了不同程度的分化。这些人们共同体的人口占贵州现有待识别民族单位的70%以上，是贵州彻底解决民族识别问题的主要对象。[②]

---

① 见（乾隆）潘文芮《贵州志稿·全黔苗倮种类风俗考》亦说：“土人则历代遗民也。”

② 姜永兴：《从贵州民族识别工作谈起》，载广西民族学院民族研究所《民族研究集刊》1985 年第 2 辑。

在这种背景下，穿青人形成的路线图是第一阶段落业在贵阳、清镇等黔中地区生活；第二阶段由黔中向水西地区迁移；第三阶段明末清初，由于吴三桂平水西，穿青人大量迁入水西腹地之黔西、大方、织金、纳雍、水城、六枝等地。据查"穿青"一词，最早见于乾隆《威宁州志》。穿青人的祖先曾在赣、鄂、湘一带居住，明初随军迁入贵州服役，形成有地方特点的移民集团。这与地方志、"穿青"人的家谱、墓地碑记、文物记录、民间传说相吻合。[①]

有意思的是穿青人的这种迁徙是自发的、随意的，以同姓宗族为单位全部迁走的情况并不多，也并不都是全部迁往同一个地方。如迁到紫云县火烘乡的杨家融入当地苗族，留在平坝县天龙镇的陈家加入当地的"屯堡人"集团，而留在清镇的杨家、周家则多数融入汉族。这正好说明了穿青人是复杂的分合态势。虽然这些同姓的宗族内部的成员被分别识别为不同的民族，但是由于他们家谱的传承所起的维系和认同作用，也往往并不否认自己也是穿青人。此为一方面。

另一方面，从文化上考察，穿青人确实保留了不少土著少数民族的风俗习惯，如婚俗，坐花轿是汉民族的传统习俗，但穿青人姑娘民国以前出嫁不用轿抬，是走路到夫家。送亲中有姑父姑母、姨父姨母、姐姐姐夫、哥嫂、兄弟等多至二十余人。送亲的男男女女身穿长衫花衣，系腰带，带上拴汗巾，远道而来者，腰带上还要挂双草鞋，簇拥着新娘步行，叫作"赶亲"。经济有所发展以后，新娘才兴骑马。民国时期，因被汉人耻笑，大部分接近城镇的穿青新娘出嫁才用轿抬。他们抬轿也有特色，轿是自己编制的竹轿，抬轿的人是寨内亲友，不专门请轿夫，名曰"抬兄弟轿"。一些边远山区经济落后的地方，还把木桌翻倒，内铺红毡，上盖彩布算作轿子，或仍旧走路到夫家。以后演变的骑马和抬轿仪式规矩大致同于汉民族，而古老的"砍亲路""照亲路"仍使得穿青婚俗别具特色。迎娶时，男家接亲队伍中要安排一个青壮年带去一把砍柴弯刀，两个少年带去两捆"亮稿"（呈长三角形，尖的一端涂有硫黄的薄木片）作砍亲路、照亲路之用。砍亲路和照亲路仪式在发亲时举行，发亲一般在黎明天色未明之时。新娘的姐姐或嫂嫂扶着哭泣不停的

---

① 严奇岩：《贵州未识别民族人口的分布特点和历史成因》，《民办教育研究》2009 年第 2 期。

新娘到堂屋神位前拜别祖宗神灵，然后绕房三圈，一起到院中便停下。这时，接亲队伍中的带刀青年急忙闪出，挥舞弯刀，像劈山开路的样子，在新娘跟前引路；两名执“亮槁”的少年立即点燃火把，分左右两边随后照明。新娘起步前行，送亲的和接亲的在后面簇拥着新娘上路。这样前面砍刀引路，后面火把照明，直至天色大亮才停止。据穿青老人讲，这样做是为了驱魔除邪，让新娘平安到达夫家，今后子孙发达，福气好。“砍亲路”和“照亲路”的婚俗很生动地反映了少数民族的土著文化在穿青人中的沉淀。

如饮咂酒本在羌族、彝族中流行，但在穿青人中同样盛行。咂酒就是自酿酒启封后，将开水倒入坛内，然后团团围坐，用空心竹管或其他空心藤秆插入坛内，依次轮流吸吮，以示尊敬和友谊。

凡此等等，例子很多。

穿青人的这种“融而未合，分而未化”的状态，把贵州“族群马赛克”的现象表现得淋漓尽致。

事实上，贵州“族群马赛克”现象主要集中在毕节地区的大方、织金和纳雍县、安顺地区的关岭和普定县、黔东南地区的凯里市和黄平县、贵阳市的清镇和六盘水的钟山区等地。其地理分布特点是沿滇黔、湘黔被称为“一线路”的古驿道分布。蔡家主要分布在毕节地区的黔西、毕节、纳雍、赫章、织金和六盘水市的水城、六枝特区等；革家主要分布于黄平、凯里、关岭、施秉等地；穿青人主要分布在毕节地区、安顺、六盘水市等地，其中半数以上聚居在织金、纳雍两县。[①] 可见贵州“族群马赛克”现象的出现与历史上的移民关系密切。

如宋家和蔡家本中原汉族，因战争流入贵州，与当地民族交往融合。就其语言和生活习俗看，二者分别保留着传统的民族文化。

革家，旧称仡兜，先民是古代僚族支系。[②] 但革家历史溯源也有江西说，即革家祖公原居江西省，是一名勇猛大将。六百多年前，他被征调入黔，而且革家也极有可能是在明代迁入贵州的。如中华人民共和国成立初期黄平革家家族下传其谱一般 20—25 代，即 500 年左右，这说明革家也

---

① 严奇岩：《贵州未识别民族人口的分布特点和历史成因》，《民办教育研究》2009 年第 2 期。

② 黄平县地方志编纂委员会：《黄平县志》，贵州人民出版社 1993 年版，第 133 页。

是在明代迁入黄平县。[①]

东家人均言其祖先在明代调北征南时从江西到贵州，如福泉县甘巴哨乡毛栗树村《蓝氏族谱》载，“蓝氏原籍江西景德镇，明洪武年间迁入黔”；凤山镇吴嘉苏墓碑记载：“吾始祖由江西临江府入黔，皆洪武开辟，调北征南，扫清黔境，始封将军。”[②]“里民子”一名出现较晚，是明代卫所制度下的逃军和逃户。里民子在明代归附于水西安氏成为彝族土司的荫庇户，其地位高于水西统治下的其他少数民族，享有穿黑衣的权利。[③]据晴隆县县内居住的8个姓氏的里民人家谱记载，先民是江西迁来，与楚人的称谓相符。[④]

虽然在民族识别中不少曾为未识别的族群归属为了少数民族，但他们的历史和文化所表现出来的“融而未合，分而未化”却是明显的。

如喇叭人，分布在黔西南晴隆县的中云、鲁打、长流、新民、花贡、纳屯、河塘七个乡，普安县的龙吟、丫口、石古、毛坪四个乡以及六盘水市六枝特区的郎岱等面积约三百平方公里的乡村，据称其先祖从湖南保靖、武溪、涪城、城步一带迁到贵州，已经数百年历史，自称为湖广族。史称和他称为“老巴子”“那巴”“攘巴”“喇叭苗”等。而“喇叭”这一族称的来源与喇叭人入黔后，在现居住地进行的一场战役——普纳山战役有关。

普纳山是普安县龙吟乡境内的一座大山，山势陡峭。《普安县志》（卷一）记载如下：“普纳大山，在城北七十五里，山高十余里，绳横互五六十里，成霄凤形，为北区群山之望，四面峭壁悬崖，仅一小径可通步，不能容骑，山顶宽平，可容万余人。明时苗民叛，筑营于山腰，据险负固，调湖广兵攻之，三年乃存。”元末明初时，当地自称为“红苗仡佬”的土著发动叛乱，窃据了普纳山等地。明洪武十四年（1381年），朱元璋派颍川侯傅友德为征南将军，永昌侯兰玉、西平侯沐英为副将，统领所属兵马三十万从湖广宝庆府入黔平叛。叛军在普纳山利用险要的地形构筑工事，堆积了大量的滚石檑木，积蓄了多年的粮草物资，采取只是防守而不出击的战术，当平叛官兵往山上进攻时，叛军就用檑木、滚石击退，

① 李玉科：《建国前黄平革家社会结构浅析》，载政协黄平县文史资料委员会《黄平文史资料选辑》1990年第5辑，第150页。

② 贵州省福泉县地方志编纂委员会：《福泉县志》，贵州人民出版社1992年版，第205页。

③ 刘锋：《百苗图疏证》，民族出版社2004年版，第305页。

④ 贵州省晴隆县县志编纂委员会：《晴隆县志》，贵州人民出版社1993年版，第78—79页。

使官兵难以攻克，对峙了一年多后官兵使用了一种叫作“攮笆”的兵器，攻下了普纳山。

“攮笆”这种武器亦有两种说法：一说认为是扎竹为笆，以抵御滚石檑木；一说认为是湖南城步苗族中常用的一种武器，前方装有梭镖刀头，左右有弓形档把，上有粑齿，战斗时能起到矛和盾的作用，可攻可守，对滚石檑木能起撑杈的作用而将其抛开。尽管“攮笆”为何种武器，现尚无定论，但这些使用该武器的人就被当地的土著称为“攮笆贼”。而后的“老巴子”“攮巴”“那巴”“喇叭”可能就由此音变而来。

普纳山战役胜利后，留兵戍守的湖广兵就在当地择其未杀害的红苗仡佬妇女配为妻室，建立家庭，居住在那里。后形成以普安龙吟为居住中心，随着人丁的发展逐步扩展到其他地方的一个族群。[①]

现在喇叭人被认定为苗族，但他们所使用的喇叭话却属于汉语方言。喇叭话从语音系统看，与湖南城步一带（明时属宝庆府）通用的汉语湘方言里的湘西次方言很接近。他们的民间信仰看不到苗族文化的烙印，在堂屋之中设有“天地君亲师位”的神龛，并供奉家庭、家族列代祖宗名号，类似“屯堡人”的神龛布置。喇叭人的岁时节日、丧葬习俗和婚俗大体上与汉族相同。[②] 喇叭人被归属苗族，也正是“融而未合，分而未化”的另一种典型。

总之，严奇岩所说：“历史上多次移民造就了该区域各路文化的汇集地，各种族系或移民从四面八方进入贵州，互相穿插，一方面使民族发生分化，出现不同的支系，另一方面又使民族出现融合的趋势。但由于地形的制约，自古以来少与外界交通，始终处于孤立隔绝的状态，各民族长期恪守自己的文化传统，使本土文化与外来移民文化难以真正融合，出现‘融而未合，分而未化’的局面。”这正是贵州“族群马赛克”的文化表达。

---

① 刘晓竹：《北盘江畔独特的“喇叭”文化》，《贵阳市委党校学报》2000 年第 1 期。

② 吕燕平：《军事迁徙与族群认同——对“屯堡人”与“喇叭人”的初步比较》，《贵州民族研究》2013 年第 4 期。

第四章　屯堡人

屯堡人是西南汉民族的一个族群岛，其分布范围包括以贵州安顺市为中心，东起平坝县城以西及长顺县西北部、南迄紫云县交界、西抵镇宁县城、北达普定县城，方圆约1340平方公里的区域。人口大约有20万。

他们自称为明代洪武年间“征南”和“填南”的军屯、民屯、商屯汉人移民遗裔，自成体系地生活在封闭式的屯堡群落里，住堡子、说堡语、穿明式服装、勤耕读、善工商、崇祖宗、拜汪公、敬五显坛、男人跳神、女不缠足，心理上互相认同，具有独特的文化传统。周边少数民族称之为“老汉人”，学术界称之为“屯堡人”。

第一节　屯堡人的语言

屯堡人所讲的语言是汉语方言的一种①，但有别于周围人群所通用的汉语西南官话和少数民族语言。由于这种语言只在屯堡人内部通用，构成了方言岛的现象。

屯堡话源于江淮官话。当年大量的江南移民移居于特定的屯堡区域内，其保留原来的语言特征是完全可能的。

一　堡子声：屯堡话的语言学特点

屯堡人的语言与贵州其他地区汉族语言在发音腔调上有着明显的区别，形成了独特的“堡子声”。其特点是在语音上多颤音和浓厚的卷舌音，如辣子—（拉）子、为哪样—良个、吃饭—（此）饭、买样式（东

① 本小节的资料来自贵州省地方志编纂委员会《贵州省志·汉语方言志》，方志出版社1998年版，第117—123页。

西）—买（秧斯）等；有大量的儿化音，如今日儿、明日儿、先公后私儿、得儿；“一”至“十”皆读阴平。

与贵州其他方言片相比，屯堡话有自己的声调特点。川黔方言的调类调值为：阴平 55、阳平 21、上声 42、去声 12 或 13。屯堡话与黔东南方言的声调值类似，调值为 33、21、42、35。与过渡区方言调值相比，阴平和阳平是一致的。[①]

屯堡话有 23 个声母，n、l 不分，都读作 l。x 与 u 相拼的时候，x 发音部位靠前。韵母 29 个，比安顺话多了舌尖后高元音，少了 iou、ɛ、uɛ、iɛ 四个韵母，无撮口呼韵母，i 的音值为 I。ei、au 等前响韵母的元音韵尾发音不完全，前鼻韵母的韵尾 n 发音较含混。屯堡话声调见下表。

屯堡话的声调

p	巴	包	班	白	边	pʻ	怕	抛	盘	拍	片
m	妈	毛	满	墨	棉	f	发	飞	翻	方	风
t	大	刀	丹	德	店	tʻ	塔	桃	滩	特	甜
l	拉	芬	难	勒	年						
k	古	高	街	革	钢	kʻ	苦	烤	开	客	康
ŋ	岸	硬	袄	恶	安	x	胡	好	海	黑	很
tɕ	鸡	季	坚	节	将	tɕʻ	期	奇	浅	切	强
ɕ	稀	习	先	血	香						
tʂ	抓	锥	住	租	纸	tʂʻ	初	穿	粗	族	退
ʂ	苏	书	双	酸	是	ʐ	软	入	挼		
ts	张	脏	杂	我	子	tsʻ	柴	才	炒	草	瓷
s	山	三	说	索	四	z	弱	燃	茸		
ø	言	闻	儿	日（老）							

资料来源：贵州省地方志编纂委员会：《贵州省志·汉语方言志》，方志出版社 1998 年版，第 117 页。

屯堡话中有舌尖前音和舌尖后音，与开口呼韵母配合时都读作舌尖前音，与合口呼韵母配合时都读作舌尖后音。除少数例外，舌尖元音韵母前的舌尖前音来源于中古精组，舌尖后音来自中古知组、照组和日母。与安顺城区语音相比，屯堡话少了 ɛ、uɛ、iɛ、iou 四个韵母。舌尖中音不与 uei 韵相拼而与 ei 韵相拼，即中古的端组和泥来声母的蟹摄、止摄合口呼

① 吴伟军：《屯堡方言声调系统共时历时比较》，《贵州师范大学学报》（社会科学版）2007 年第 5 期。

字，屯堡话读为开口呼，u 介音脱落。舌尖前音可与 ei 韵相拼，中古蟹摄、止摄合口呼精组字，屯堡话读为开口呼，u 介音脱落。通摄精组、知照组、日母字，阳声韵今为 oŋ，开口呼；入声韵为 u，合口呼。果摄合口韵今音为 o，为开口呼，精字组今声母是舌尖前音。屯堡话有卷舌韵母和儿化韵。

声调上，安顺城区语音的阴平是 55、去声是 13，而屯堡话阴平是 33，中平，去声是 35，高升。中古入声字在屯堡话中分别归入阴平和阳平，清入声归入阳平，次浊入声归入阴平，全浊入声归入阴平。屯堡话中，全浊平声字很少，全浊的古入声字舒声化后进入阳平舒声，全浊入声字归阳平。古平声次浊声母字在屯堡方言中多读阳平，例如“刘、流、牛、拿、来”等字；古次浊入声字念阴平，如“蜜、没、抹、力、立、绿、纳、日、热、沃”等字。①

二　言旨话：屯堡话的人类学特点

屯堡人的语言表达能力较强，在其日常生活中经常听到他们“展言旨”，所谓的“展言旨”是指在日常生活中大量使用四字词汇、“言旨话”和歇后语，特别是具有本土特征的歇后语，九溪村在这一方面堪称典型，以致有“三铺的秤杆子、九溪的言旨”之说，而其中最有代表的是“言旨话”。

言旨话是屯堡人用日常生活中熟悉的四字成语或俗语，隐去最后一字，以其义或谐音义来表示指称事物的一种语言表达形式。如将“喝水”说成是喝“青山绿（水）”，“放点盐”说成放点“哑口无（言谐盐）”，使用菜刀叫拿“两面三（刀）”用一用，买布称去买“三战吕（布）”，吃糖称吃点儿“四马投（唐谐糖）”等。而且这类话语还可连着使用，如有客人来家，主人要买东西招待客人，往往会给熟悉的人说：“要上街去，打点‘天长地’（久谐音酒），买点‘细皮嫩’（肉），割点‘栏中半’（腰，即腰花），来‘两卡一’（尺，谐音吃）”；或者某人的爱人来找，会说“某人的‘团结友（爱）’的‘路上行（人）’来找”。此类用法在屯堡人的日常生活中极为普遍，即使是不识字的妇孺，由于长期生活

① 吴伟军：《屯堡方言声调系统共时历时比较》，《贵州师范大学学报》（社会科学版）2007 年第 5 期。

在这样的语境中，耳濡目染，自然是“不会写诗也会吟”了，对其所指自然心领神会，久而久之也能熟练运用，显得很有文化感。这是很有人类学味道的特点。

言旨话的特征在于：一是结构固定，均是说四字成语或俗语的前三字，而将后一字省掉，被省掉的字的本义或谐音就是所指的意思，这种方式便于族群内部的成员掌握和交流。这有点类似于相声表演的“系包袱”，先设置好“包袱”，一旦将所指讲出来，即成了“抖包袱”，让人幽默好笑。这也充分地体现了屯堡人幽默风趣的特点，也是他们笑对人生的一种处世方式。二是取材成语、典故、俗语或当地本土知识，内容丰富多彩。

言旨话承载了屯堡人的历史记忆，可以从两个方面进行分析。一是在形式上保留了对中华传统文化发展过程中出现的藏词式歇后语的历史记忆，在当下这类歇后语近乎绝迹的情况下，言旨话的存在实属语言上的“活化石”，非常难得。二是在内容上包含了诸多历史事件、历史典故的记忆。如以“友于”表示“兄弟”，取材于《书经·君陈》中的“惟孝友于兄弟”；以“燕尔”表示“新婚”，出自《诗经·谷风》中的“燕尔新婚，如兄如弟”等。另一类是以口头语为材料进行创作，如下马威一风、牛头马一面、猪头三一牲（生）、胡里胡一涂（赌）等。这类歇后语一般在群众中流行，常见于戏曲、小说的人物对话。至唐代才出现说明式歇后语，即我们今天常见的如“十五只水桶打水——七上八下”“哑巴吃黄连——有苦难说”等这样盛行的歇后语。此后，两种歇后语并行发展。而藏词式歇后语在元杂剧、明清传奇小说中大量出现，至近现代以后则近乎绝迹。[①] 通过元杂剧、明清传奇小说一些作品，可见言旨话与历史上出现的“藏词式歇后语”在结构和用法上有着惊人的相似。

“言旨话”的使用一般可活跃谈话气氛、增添交谈的趣味、加深谈话的印象，也反映了谈话人的机智灵巧、委婉含蓄、幽默开朗，就一些特殊的场合和谈论话题，往往会有特殊的效果。正如屯堡研究学者张定贵所总结的那样：

> 可以说“言旨话”是屯堡人的标志性文化。在安顺周边的少数

① 王晓娜：《歇后语和汉文化》，商务印书馆 2001 年版，第 1—25 页。

民族和后汉族移民很少见到使用这种表达方式的，即使有也可能是在与屯堡人的交往当中学会的。通过“言旨话”，屯堡人检索到了他们所认为的历史信息。在屯堡近十年的调查和与村民的交往中，有时村民说出的“言旨话”，你问他是什么意思，他不仅给你说出来，而且将其背后的“历史”信息告诉你。比如，两个人之间强调他们的关系很亲近，他会说是“刘备招”，意思是他们的关系很亲近，你明知故问，他会说“东吴的周瑜赔了夫人又折兵”的故事。正是屯堡人长年累月的话语训练，他们在掌握“言旨话”的同时，也学习了成语典故，知道了不少“历史”信息，所以很多人即使没有进过一天学校或受教育不多，但他们的说话让人觉得那么有文化，概括力很强。①

第二节　屯堡人的形成

“屯堡人”这一称谓出现较晚，当在民国年间。民国《平坝县志》曰：“屯堡人一名词，初本专以之名住居屯堡者。而凡住居屯堡者，工作农业，妇女皆不缠足，从事耕耘者。厥后即不住居屯堡，如其妇女不缠足，从事耕耘者，率皆以屯堡人呼之。则屯堡人之意味又不专就住居论矣。”“屯堡者，屯军住居之地名也。……造屯制既废，不复能再以军字呼此种人，惟其住居地名未改，于是遂以其住居地名而名之为屯堡人，实则真正之屯堡人即明代屯军之裔嗣也，决非苗夷之类也”。

1381 年，朱元璋为了平定西南边陲，调集 30 万大军征讨云南的梁王（元）。到达安顺地区后，后续的粮草供应成为一大难题，朱元璋任命颍川侯傅友德为征南将军，一举夺取云贵。之后“诸蛮”持续叛乱，为了达到长治久安的目的，朱元璋采取安抚和征剿并用的措施，只留五分之一的军队驻扎在哨卡和城里，其余的军队便分散到各地开垦土地，自已解决粮食供应问题。明军每占领一个地方，就设置卫、哨、所、岗，大量屯军和屯田，使军队和当地百姓共同生活相互融合，形成了以“屯、堡”为中心的村落，然而，明帝国军队和当

① 张定贵：《“言旨话”与屯堡人的历史记忆》，《西南民族大学学报》2011 年第 8 期。

> 地的苗族及布依族不断发生冲突，不得不边劳动边训练，并在屯堡之间建立碉堡。明军的征南大将军傅友德还专门修了通往各屯堡的驿道，在傅家寨至今还能找到一些当年的物品，傅友德的衣冠冢也在不远的雷打坡。①

此外，屯堡人还有着各种不同的称呼，汉族民间也有称之为“堡子”“大脚”者。② 讲起“大脚”这个名称，目前安顺屯堡人的后裔还流传着另外一个颇具传奇色彩的故事：

> 说是那年元宵节，朱元璋的老婆马氏娘娘也出宫观灯，她的一只脚伸出了轿子外面，被观灯的老百姓看到了，笑话她是大脚，于是惹怒了马氏娘娘，她让朱元璋把这些人充军到云贵边疆，并且还不许他们的女人裹小脚。为此，直到解放前夕，屯堡人的妇女还一直被讥为“大脚妹”。这倒好，她们因此除却了许多痛苦，劳动起来也利落多了。③

《安平县志》卷五称之为“屯堡”，“屯堡，即明洪武时之屯军”；《安顺府志·风俗》呼之为“屯军堡子”，“郡民皆客籍。惟寄籍有先后，其可考据者，屯军堡子皆奉洪武，调北征南。当时之官，如汪可、黄寿、陈彬、郑琪作四正，领十二操屯军，安操之类，散处屯堡各乡，家口随之至黔”；《镇宁县志·风俗》称之作“凤头籍”，“屯堡人，一名凤头籍，多居州属之补纳、三九等枝地。相传明沐国公征南，凤阳屯军安置于此”；《黔南职方纪略》卷一名之为“屯田子”“凤头鸡”，安顺府“民之种类，于苗民之外，有屯田子、里民子，又有凤头鸡，凡此诸种，实皆汉民”；《平坝县志》呼之为“凤阳头笄”，“明祖以安徽凤阳起兵，凤阳人从军者特多，此项屯军遂为凤阳籍。又此种妇女头上束发作凤阳妆，绾一笄，故又呼之为凤阳头笄，决非苗夷之类也”；《贵州通志·土民志》则有“凤头苗”之名，“凤头苗，惟安顺府有之。此族原系明初征苗来黔，其始祖

① 闫振强：《安顺地戏面具及三位代表性传承人》，《中国美术馆》2012 年第 4 期。

② 翁家烈：《屯堡人调研报告》，载《贵州民族调查》第 13 辑，第 1 页。

③ 沈福馨：《安顺地戏》，贵州人民出版社 1989 年版，第 28 页。

皆凤阳人也，女子挽髻于顶，与各族迥殊，俗以凤头苗目之。其习俗多与汉人同”。

一　“屯兵屯田”：屯堡人的来源

屯堡人作为贵州汉民族的一个族群岛，主要生活在贵州安顺。

先秦至西汉时期，安顺属于夜郎国属地。元代置普定县，同时置镇宁、永宁、习安三州，隶普安路。直至明初，安顺仍属于“夷多汉少”的土司地区。

屯堡人的历史渊源最早可以上溯至明初。洪武初年，元梁王把匝剌瓦尔密盘踞云南，不愿归附，洪武十四年（1381 年），朱元璋以颍川侯傅友德、永昌侯蓝玉、西平侯沐英等为大将，统率 30 万明军往征云南，《明实录》载：“征南将军颍川侯傅友德、左副将军永昌侯蓝玉、右副将军西平侯沐英率大军由辰、沅趋贵州，进攻普定，克之。罗鬼、苗蛮、仡佬闻风而降。至普安，复攻下之。乃留兵戍守，进兵曲靖。”十二月，征南战事毕。“自将军南征，大军所至，势同破竹，蛮僚之地，次第底平。朕观自古云南诸夷叛服无常，盖以其地险而远，其民富而狠也，驯服之道，必宽猛适宜，事之委屈”①。《安顺府志》载：“明太祖洪武四年，置顶营长官司。五年，普定录女总管适尔及其弟阿翁来朝，诏置普定府，以适尔为知府。世袭。九年，命傅友德巡四川。友德至金筑、普定，降其未下山寨。十年，安陆侯吴复潜将杨文击普定贼，破阿买等寨。十四年，普定土知府安锁叛附于梁王。九月，命征南将军傅友德征云南。十一月，征南将军傅友德至贵州，令指挥佥事为先锋攻普定，克之，擒安锁，斩春侯康铎，攻华楚山诸寨，卒于军。复置普定府，以安顺、镇宁、永宁三州、普定一县隶之。”

出于巩固中央政府对西南地区统治的需要，明王朝乃在今安顺地区大量设置卫、所，实行屯田驻军。洪武十五年（1382 年）正月，太祖朱元璋设立贵州都指挥使司。后又下令远征云南的沐英等人，“比得报，知云南已克，然区画布置尚烦计虑，前已置贵州都指挥使司，然其地去云南尚远。今云南既克，必置都司于云南以统率诸军，既有土有民，又必置布政司及府、州、县以治之。其乌撒、乌蒙、东川、芒部、建昌之地，更宜约

① 《太祖洪武实录》卷一四二。

束其酋长，留兵守御，禁其民毋挟兵刃。至如霭翠辈不尽服之，虽有云南，亦难守也。其从征军士有疾病疲弱者，每卫每限十人百人，可先遣还”。

自洪武四年至洪武二十六年（1371—1393 年），明政府陆续在贵州设立了二十四卫，迁入贵州的中原汉族数万人。这批屯军及其家属（按明制，军队须携带眷属，是所谓“佥军”）从此落籍贵州安顺一带，构成了屯堡人的最早来源。《黔南识略》载：“（安顺府）山川扼塞，民夷辐辏，襟带楚粤，控制滇蜀，明洪武中命傅友德等征云南，自辰沅入普定，分据要害，乃进兵曲靖，平滇之功实始于安顺也。”《镇宁州志》称：“昼则妇女巡墙，男准出堡战斗；夜则妇女燎号火，男准巡御垛垣。”据《安顺府志》《镇宁县志》载，明平坝卫有 44 屯堡，普定卫有 87 屯堡，安庄卫有 98 屯堡，合计 229 屯堡。宣德七年（1432 年）贵州按察使应履平奏报：贵州“屯堡 700 有余”。安顺屯堡占了全省屯堡的 35. 5%。《明实录》中与屯堡人有关的部分节录：

（洪武十一年九月）上御奉天门，命颍川侯傅友德为征南将军，永昌侯蓝玉为左副将军，西平侯沐英为右副将军，统率将士往征云南。友德等既受命，上谕之曰：“南僻在遐荒，行师之际，当知其山川形势，朕尝览舆图，咨询于众，得其阨塞。取之之计，当自永宁先遣骁将别率一军以向乌撒，大军继自辰、沅以入普定，分据要害，乃进兵曲靖。曲靖，云南之喉襟，彼必并力于此以拒我师，审察形势，出奇取胜正在于此。既下曲靖，三将军以一人提劲兵趋乌撒，应永宁之师。大军直捣云南，彼此牵制，彼疲于奔命，破之必矣！云南既克，宜分兵径趋大理，先声已振，势将瓦解。其余部落，可遣人招谕，不必苦烦兵也。”行，上出饯于龙江。①

（洪武十四年十二月）征南将军颍川侯傅友德等师至曲靖，击败梁王将达里麻兵于白右江。先是，梁王把匝剌瓦尔密闻王师下普定，遣司徒平章达里麻将精兵十余万屯曲靖以备我师。右副将军西平侯沐英谓友德曰：“彼不意我师深入，若倍道疾趋，出其不意，破之必

① 《太祖洪武实录》卷一三九。

矣，上所谓出奇制胜者此也。”友德是之，遂进师。[①]

（洪武十五年三月）征南将军颍川侯傅友德等遣人（入）京奏事。先是，上谕友德等以云南既平，留江西、浙江、湖广、河南四都司兵守之，控扼要害，考元时所留兵数，并计岁用及税粮徭役之法，与凡事之便宜以闻。至是，友德等奏：“自元世祖至今百有余年，屡经兵燹，图籍不存，兵数无从稽考，但当以今之要害，量宜设卫以守。其税粮则元司徒平章达里麻等尝言，元末土田多为僧道及豪右隐占。今但准元旧则于岁用有所不足。督布政司严实云南、临安、楚雄、曲靖、普安、普定、乌撒等卫及沾益、盘江等千户所，见储粮数一十八万二千有奇，以给军食，恐有不足，宜以今年府、州、县所征并故官寺院入官田，及土官供输、盐商中纳、戍兵屯田之入以给之。”上可其奏。[②]

据蒋立松在屯堡村寨的调查，屯堡人言及其祖先来源，多有“征南而来”“骑着高头大马打仗而来”（表现其祖先较高的社会地位）等说法。部分屯堡人的家谱、墓碑也证实了这一来源。如安顺市大西桥镇九溪村的顾氏宗谱载：“始祖成公，由前明洪武二年，奉敕征讨填黔，授征南都指挥之职。躬膺王命，统率王师，自吴来黔，其后平服黔地有功，封镇远侯进征南将军，遂久镇南疆……子孙聚族于此邦者十三府。”可知，屯堡人的历史形成与明初中央政府在贵州的军事行动特别是洪武十四年的“调北征南”有着直接的关系。[③]《续修安顺府志》称：“迨至明洪武时，为长治久安之计，徙江南巨族号称二十万入云、贵两省，是为今日云、贵两省诸氏族之始祖。安顺诸氏族之始祖，如夏官屯张氏之张义，石板房王氏之王大禄、王大绶，交椅王氏之王嘉臣，幺铺陈氏之陈再兴等皆是。其有在明洪武以后入黔者自另成宗派，成为某姓某派之始祖，而不与洪武时因调北填南或征南而来之氏族同宗共派。盖以迁入时期先后既不同，原籍又各异。如平原黄氏之始祖黄占魁系明正德间由湖南浏阳迁来，当不与旧州

① 《太祖洪武实录》卷一四〇。

② 《太祖洪武实录》卷一四三。

③ 蒋立松：《贵州汉族的特殊群体——安顺地区屯堡人及其社会历史文化调查》，载《贵州民族调查》第13辑，第76页。

黄氏同宗；欢喜岭陈氏之始祖陈滚系于明弘治时由湖北石首迁来，当不与幺铺陈氏或绍寨陈氏同宗是也。其余可以类推。”明人王士性《黔志》称：“卫所治军，郡邑治民。军即尺籍来役戍者也，故卫所所治皆中国人。”久而久之，安顺地区已经是“汉多夷少”的聚居局面了。

清代迁入安顺地区的中原汉族和军屯、民屯人数仍然不少。顺治十六年（1659年），在涉及贵州所辖区域变动时，贵州巡抚赵廷臣疏言：“黔省曩为寇据，改卫为府，改所为县，变乱旧章，民苦重役。今底定之后，应复旧制，所有原属广西地方改归该省管辖为便。”① 清政府批准了这一奏请，将原属于广西的荔波区域划入贵州，雍正五年（1727年），云贵总督鄂尔言：“贵州安顺州四面环夷，五方杂处，请立安顺一营，设守备一员、千总一员、把总二员，将坝阳、石头寨、黎儿哨、山京四汛归并管辖。即移四汛兵三百二十名分防汛守，并移安顺府经历一员兼巡检职衔，驻安顺州城内，专司查缉。”② 道光年间安顺知府胡林翼《安顺府浚河察》称安顺城中“烟民户口16300余户”，以每户4人计算，已有6万余丁口，迁入的移民人数增加不少。

但是，绝不能据此而认定屯堡人就是明帝国屯军的后裔。事实上，明帝国屯军及其后裔只能构成屯堡人的一部分，而不是屯堡人的全部。这是因为，部分屯堡人关于其祖先是“征南”而来的口碑传说，恐有附会讹传之虞，而并无据可查；相反，参阅史料，倒多有屯军在有明一代大量逃亡的记载。如宣德八年（1433年）八月，兵部右侍郎王骥奏称“贵州、广西二都司所辖卫所多逃亡，所差勾军官旗千五百余人淹延在外，有至二十年不还者，都司亦不循例以户丁补役，致使部伍久空，调用不足”；正统八年（1443年）正月，广西总兵官安远侯柳溥奏折称：“原调贵州操备官军因无指挥统领，以致沿途逃往数多，阙军调用。”成化六年（1470年）八月，巡抚贵州右副都御史秦敬奏：“贵州旧设二十卫所军十四万五千四百有奇，今除屯田之外，守城支粮者仅万五千人，后因减其月粮，逃亡愈多。”弘治九年（1496年）八月，巡按贵州监察御史丁养浩奏称：“贵州有军无民，修造供馈，其费皆出于国。初，原额地田正之外不下数万顷，军有流亡，田则具在。但为豪强兼并，宜令守臣清出，不必加赋，

① 《世祖实录》。
② 同上。

岁收余租发于各卫所，别建仓储之。”①

可见明帝国军士及其家属是屯堡人的最早来源，但绝不是唯一来源。屯堡人的形成过程中既有军人的成分，亦有大量以其他方式进入屯堡区域的移民成分。就屯堡村寨形成的历史而言，许多屯堡村寨虽形成于有明，而发展壮大却在有清；有些屯堡村寨则是在清以后才形成的。如安顺市七眼桥镇之本寨（213 户），以金、杨、王三姓为主，形成于清中期。此三姓迁入本寨的方式，是以土地买卖关系而迁入的。值得注意的是，本寨周围的屯堡人（如雷屯）称呼本寨的居民为“客民”，而不认同为屯堡人。这反映了屯堡村寨的形成有着其较为漫长的历史过程，而屯堡人的形成亦有先后、内部成分也较为复杂。在一个屯堡村寨中，屯堡人的构成亦有成分的多样性和移入时间的先后顺序。现以七眼桥镇之九溪村为例。九溪村是目前安顺市最大的屯堡村寨，约近千户人口。九溪作为屯堡村寨的历史，最早大约在明初“征南”战事结束之后，是以今九溪有“十大姓”开辟九溪之说。在其后的发展过程中，九溪屯堡人的构成不仅保留了军士的成分（如九溪的张姓、宋姓、汪姓等），而且也有因其他原因迁入者。如该村的王姓、黎姓、袁姓、翟姓、何姓等，其始祖皆是明初所谓“调北填南”时迁来的，而刘姓、徐姓则又是在清嘉庆年间以经商的方式而迁入的。

二　金陵遗民：屯堡人形成

屯堡人的形成与金陵人有直接的渊源关系。

民国续修《安顺府志·安顺志》收载的安顺 40 姓 50 支的来源中，除了 6 支姓氏的来源不详以外，来自江西、湖南、湖北、江苏、安徽、浙江等地的有 37 支系，其中苏皖地区的江南省有 22 支、江西 6 支。② 民国续修《安顺府志·氏族志》亦载：“鲍姓，原籍江南徽州府歙县新安卫唐越村太和舍。明洪武二年（1369 年）始祖鲍福宝因‘调北征南’入黔，封振威将军，卜居安顺永安屯，即今鲍家屯。”“鲍姓，聚居鲍家屯、带子街、小果园、小寨、猴场等处，共八百余户”。《夏氏族谱》称：“夏氏祖先于洪武二十二年（1389 年）由江苏南京随军从征来到贵州都匀卫，

① 《明实录·贵州资料辑录》。

② 转引自严奇岩《屯堡女性的丝头系腰》，《寻根》2008 年第 4 期。

随即定居麻哈长官司（今贵州省麻江县），在此绵延生息600余年。”[①] 而麻江屯军《太祖洪武实录》卷一八八载：洪武二十一年（1388年）进军云南的军队途中受阻，加之粮饷接济困难，遂就地屯田，“近得报，知已于麻哈之地屯军，彼处粮饷艰难尤甚，然种已入土，不可轻动，若有警急，即前人驰报云南西平侯沐英，候秋收毕，乃徙”。

安顺屯堡人各家保存的家谱、族谱记载了各房支从中原迁往贵州的原因和经过，大部分都是随沐英等征伐云南后进入贵州的军屯后人[②]：

《王氏族谱》（部分节选）

吾祖崇德（即第一世始祖考讳）原居江西太原洙泗巷。即于此际奉调入黔。远道而来，住居习安（即今安顺城中）。此后家道绵绵，子孙昌盛。及至清初，始分为三大支。一支迁于镇宁丁旗堡，一支移往九溪。另一支早已分居盘县境内。迄今数百余年。除住九溪丁旗之两支每岁至安邑祭扫外，而住盘县者，因遥远不易来安。故多岁无可考据。……

《齐氏宗谱》（部分节选）

……我齐氏自始祖濬智公于有明洪武朝奉命抚戎黔山，来自东鲁临淄，由贵阳而迁移习安，承五姓以军糈请托之重，遂就此卜居于南山小屯、小寨等处，于兹五百余岁矣。子孙繁盛，裕后光前，一切典礼文质昭穆世系谱有详考，族有规模，莫不称之曰大家。迨至前清咸同时代，因兵燹避难流离，以致谱牒缺有间矣。肃清后，族众旋梓，迭次继修，未逮先人之志。於戏良可叹矣。

《雷氏族谱》（部分节选）

念吾籍始祖自陕西凤翔宦游江西建昌，其在唐宋元明以前，代远年湮，无从考证。及至我祖来黔以后，父老相传，确有明征，然洄溯吾族承承继继，绵绵延延五百有余岁矣……

---

① 赵青、钟庆：《戊戌状元夏同龢》，贵州人民出版社2011年版，第4页。

② 转引自安顺学院屯堡文化研究中心整理的族谱网（http：//gztpyj. asu. edu. cn/ZLWX/ShowClass. asp？ClassID = 19）。

始祖公讳龙，原籍陕西古秦国凤翔府人（至今女眷犹梳凤头），后调江西（属赣省）建昌府，于明初平赣州五岭硐蛮。后蒙徐国公（官篆达）题奏十八指挥入黔，我始祖随卫国公（官篆遇春）奉旨南征，尽忠竭力，辟楚通黔，屡立奇功，蒙常国公保奏贵州实缺指挥事。洪武十四年又随颍川侯傅统领带兵平贵州夷蛮，奉旨查明出力武职奏折详报，钦命加我始祖龙公都总佥事，赐彩缎一幅，织连名指挥字样，我始祖名列第三，留守镇宁卫，免役各种夷蛮叛乱。

《郑氏族谱》（部分节选）

始祖郑纲，字洪佐，福建长乐县人。洪武时应君镇守南京应天府，后调江西泸宁县带兵镇守关隘。于十四年随大军傅友德带兵入黔，史称“调北征南”。公任指挥。九月，公领部队随大军征云南，十五年正月，（元）梁王把匝剌瓦尔密走普定自杀，云南平。明廷下令，征南大军，大部留屯，以控制西南边陲地区。公留屯驻防贵州。十七年，傅友德报准设卫制治后，公为百户之职。留屯明军；系军事编制，平时为民，战时出征，自给自足，均冠以“军民”或“军户”。历史变迁，以后留屯军民照完粮纳赋，其后裔与民无二。（清）康熙二十六年，云贵总督范承勋，报准撤卫改设县制，方取消“军民、军户”一词。

肖氏丹书

家史

始祖考肖安民原是江西吉安府吉水县东门外杨柳街石灰巷豆芽井人氏。

始祖下科中武举。随营效力为江西千总。蒙恩隆任湖广德安府云梦县“协台”。至明太祖洪武十二年（己未），奉旨调北征南，挂印“有德先锋”。我祖肖安民督师往黔，扫寇有功，实系“汗马功劳”，官封“武略将军”，掌管十二营将官之职。至洪武十九年（丙寅）黄草坝复反，奉旨征缴，在阵身亡，后追认为“英略将军”。奉旨点穴，葬于安顺城东门外战马冲龙家湾寨脚。

《周家寨周氏家谱》

我们周家寨这房人是在洪武祖调北填南时逼迁到贵州安顺平坝县白瓦寨的。祖籍原居江西省吉安府卢陵县小桥头猪市坝，祖人先迁四川平源县，后迁贵州安顺平坝白瓦寨。在白瓦寨立有祠堂。约年余，由登禄祖人领迁关岭县关索区新场乡木厂野猪坪、田冲两地。在此居住不到两年又由野猪、田冲迁到龙井湾（周家寨），在此居住至今（重建谱时是十四代）。

《汪氏族谱》（老传抄本）

祖籍原于江南徽州府休宁县，阳宅住址梅林街，阴地葬在登源洞，应我太祖华公为王为神，本诸此矣。……大唐敕封衍泽王伟俊相公……后因洪武调北征南，留守普定卫，世袭前所第一百户指挥。始祖考公讳燦，系八相公枝脉，于安顺府城内青龙山建祠奉祀。

《鲍氏家谱》

鲍氏籍贯

官音尚党郡，原籍南京直隶省徽州府歙县新安卫塘越村滚袖乡太和舍人氏。于大明洪武二年调戍贵州都司普定卫军。……

从上可见，屯堡人来自多个省份，且以江西为多，但奇怪的是在屯堡人对家乡的指认上，却大都指向“石灰巷”。在安顺西秀区文物管理所里，收藏着一张清代木刻印刷的祖宗牌位，这张长1150厘米、宽580厘米的牌位，如家谱一样记载了始祖来黔的原因、各世祖的功德和家族发生的重大变故，内容凡600余字，时间从明初到清末。其开篇首载：“余祖籍南京应天府，即今江南省首府江南府地。原街名石灰巷，族繁户稠，人皆以半城名之。因洪武时调北征南，始祖雄来黔，落业普邑……”这块牌位的印刷时间为清庚午年。查《续修安顺府志》第四卷《氏族志》之二“各氏族之由来”，略检祖籍为“石灰巷”的记载如下：

仁冈屯张氏原籍江南应天府石灰巷，明洪武时其始祖因奉调征南入黔。……

交椅王原籍江南江宁府石灰巷。明洪武时其始祖王嘉臣以调北征南授指挥之职，统军入黔。后封为镇国将军。……

么铺陈氏原籍江南应天府石灰巷。其始迁祖陈再兴于明洪武十年（1377 年）以通政大夫奉调入黔……

欢喜岭陈氏原籍湖广荆州府石首县石灰巷。其始迁祖陈滚于明弘治时统兵入黔……

杨家塘吴氏原籍南京应天府上元县石灰巷柳树湾。明洪武时始迁祖吴德润以太子少保职统兵入黔……

城中胡氏有原籍湖南衡阳石灰巷者，亦未详迁安时间。

霍姓原籍安徽徽州府歙县高坎子石灰营。明洪武十三年（1380 年），始迁祖霍琳以武显将军奉调入黔……

柳姓原籍湖南湘乡县石灰巷。明洪武时，始迁祖柳思贤以征南功授职副卫将军，寄籍平坝……

在《九溪村志》里，还可以找到以下记载："何姓原籍江南江宁府上元县石灰巷。始祖何其林，于洪武二十二年（1389 年），征南入黔。陈姓原籍江西石灰巷。始祖陈良元，于洪武十四年（1381 年），奉调征南入黔。另一支陈姓，原籍江西石灰巷。始祖陈和云，于洪武二十二年（1389 年），填南入黔。冯姓原籍南京应天府石灰巷，始祖冯先友官至指挥使。洪武十四年（1381 年）奉调入黔。"此外，还有不少屯堡人的家谱中提到石灰巷：

《萧氏家谱》："我入黔始祖名萧授、字萧安民。原籍江西省吉安府吉水县杨柳石灰巷（石灰井）人。"

《彭氏族谱》："彭公万锦（入黔始祖）……原籍江西省吉安府吉安县石灰巷高坎子。"

《姜氏家谱》："黔始祖姜洪，原籍苏州闾门人氏。元朝末年，参与朱元璋起义，推翻元朝凑功，卜居南京应天府，石灰巷小吊桥。"

《谢氏族谱》："三世祖于洪武十七年（1384 年）在南京应天府瓦桥街石灰巷由兵部编遣进入滇、黔。"

《郭氏族谱》："夫我郭氏祖人原系异州太原发派至南京运（应）天府落居石灰巷抄纸桥，金殿后三街玉双狮石碑楼居住。"

《胡氏族谱》："祖籍南京顺天府即今上江安徽省芜湖县杨柳弯石

灰巷，始祖胡定。”

上述“氏族志”“家谱”有一个很有意思的现象：当提到始祖是因“避难”“宦游”“经商”等原因入黔时，往往时间、地点较为明确，并多为清代，如“天津张氏原籍直隶天津，其始祖于咸丰四年（1854 年）来安”；“高姓原籍四川重庆府高家庄。道光八年（1828 年），始迁祖经商入黔”等。但只要言及明代来的，几乎都统称“洪武年间”，都是“奉调征南”，无不高官显爵，均是大将名臣，原籍却都语焉不详。除了“石灰巷”，最常出现的地名是“南京应天府”“江南江宁府”“江南应天府”“江南上元县”“江南徽州府”“南京乌衣巷朱雀桥”“安徽凤阳县”等。这里南京、应天府、江南、江宁、上元等几个地名最常被提到并以不同方式组合，而“石灰巷”则是“南京”“江南”“湖南”“安徽”“四川”“江西”“湖广”各地到处都出现的地名。

对此，贵州学者朱伟华的“南京应天府石灰巷”的原址和沿革作了考察研究：查明代盛和泰等撰的《洪武京城图志》无相关记载，查清代典籍，在莫祥芝、甘绍监等修，刘寿曾、汪士铎等纂的《同治上江两县志》卷五“城肩”条下，只发现了“实辉巷”“牵牛巷”的记载，属“西南第三十甲”。在民国时期编撰的《首都志》卷三“街道”下，也列有“实辉巷”“牵牛巷”的地名，属“右四局三所”。对照查当代编的《南京建置志》在附录“明应天府城图”中，没有查到相应地名；在附录“清江宁省城图”中，查到“实辉巷”和“牵牛巷”；而在“民国南京市街道详图”也有此二巷，不过“实辉巷”误标作“宝辉巷”。今天的实辉巷位于南京秦淮区东起中华路，西至牵牛巷，所在的地理位置与历史文献上的记载符合。因此朱伟华推断，这个清代才有记载的“实辉巷”，是最接近屯堡人故乡“石灰巷”的地址。

正是出于这样一种“集体记忆”，2005 年 7 月安顺西秀区组织了一次屯堡人到南京寻根访祖之行，到的就是这个实辉巷。2005 年 7 月 16 日《金陵晚报》的“重点新闻”版报道：“昨天上午，城南实辉巷、牵牛巷一带分外热闹，附近几条巷子的居民都跑到这里来看热闹，他们一起来迎接据说是 600 年前的‘南京亲戚’——贵州屯堡寻根团。”但是实辉巷长不超过两百米，明代时大量屯军出自这样的一条小巷，的确不太可能。然而在屯堡社区，这个清代以后才出现的地名，却与“明洪武年间”及

“调北征南”紧密结合，成为屯堡人家族历史“神圣叙事”的起点。联系《续修安顺府志》及大多数族谱撰写或重修于晚清以后的事实，“石灰巷”更像是一个由话语构建起来的“精神故乡”。[1]

朱伟华的分析是严谨而学术的。事实上，屯堡人始终以汉族文化道统的优越姿态屹立于黔中大地，女人们仍旧穿着明朝江淮一带汉族妇女的正统装束——“凤阳汉装”，男人们仍旧嘶哑着喉咙骄傲地吼着“弋阳高腔”，跳“大明军滩”地戏，他们仍旧居住在石头垒成的“户自为堡”的石头房子里。在语言上就保持了老南京话的特点，如“乖乖隆滴咚，实在太摆了！”“啊吃过啦？”“在那块儿啊？”“啊有事啊？”……走在屯堡村屯上，类似于这样具有南京话乡音的寒暄问候总能听得到。在屯堡甚至年夜饭也和南京有些相似，过年时家家都有十样菜，如腌菜炖排骨、八宝饭等。这些出自屯堡“小娘娘”（姑娘）们之手的美味，是祖传的菜式。天龙村的一位老人说得很深切：“我们对南京有着一种特殊的情怀，每年都有遥祭的仪式，通常是把亲手制作的南瓜灯放在河面上，希望把逝去先人们对家乡的思念送到遥远的南京。”[2] 对金陵都会往昔繁华的自豪维系着他们对家乡的认同，所以从屯堡人对南京“精神故乡”的集体记忆，到南京语言和风俗的代代传承，都是屯堡人对“金陵遗民”认同的文化表达，是屯堡人形成的标志。

总之，屯堡人的形成是在明初“征南”屯军的基础之上，汇集了此后因“填南”和以其他方式移入的汉民族移民成分，而在明清时期数百年时间内逐渐形成的。过去，苗人把屯堡人当“老汉人”，汉人把屯堡人当苗人，甚至称之为“凤头苗”。但这些汉民族移民在与周边少数民族共同生活和互动中，越来越强调自己的“金陵遗民”身份，即来自南京的屯兵屯田之民，于是就建构了屯堡人的自我认同。

第三节　屯堡人的人文特征

屯堡人是汉民族族群中的一个奇葩。

---

① 以上参阅朱伟华《黔中屯堡人祖籍“南京应天府石灰巷”考辨》，《贵州文史丛刊》2008 年第 3 期。

② 参阅郑青、张慧《在天龙屯堡新老南京人再续亲缘》，《金陵晚报》2013 年 6 月 20 日；丁蓉：《陈云：屯堡后人的商业探索》，《新西部》2008 年第 C1 期。

当你在安顺屯堡看到一屯连一屯的石头村寨，看到一群又一群身穿“凤阳装”右衽大襟长衫的妇女，看到一队又一队头戴“脸子”的地戏表演，看到一座接一座的五花八门的寺庙……尤其是当你站在安顺广场上看到三根如同天安门华表般大小的屯堡傩柱，站在云峰屯堡文化博物馆门口看到“吞口”[①]，站在天龙演武场上看到雕刻精细、结构奇妙、巧夺天工的“十二龙鼻”时，你一定会被这丰富而奇绝的汉民族文化所震撼！在时尚的现代中保存着深厚的传统，谁说汉民族文化没有特点？去看一看屯堡文化吧！

这一代又一代传承了六百多年奇葩式的屯堡文化，塑造了屯堡人什么样的人文特征呢？

一 仪式社会：屯堡人的人文特质

屯堡社会为什么经历了六百多年的历史沧桑，在中国社会经历了多次改朝换代的社会转型之后，仍然能够这样原汁原味地保存了具有明代遗风的汉民族传统文化？是因为屯堡社会是一个具有稳定结构的仪式社会。

在屯堡地区，人们以具有民间宗教性质的各种仪式把屯堡人紧密地联系在一起，正如张原在研究屯堡人礼仪与民俗中认识到：“屯堡人礼俗生活的一个特质，就是由于礼仪实践的泛化，使得仪式活动和日常生活的二分在很大程度上已经被消解了。作为一种‘仪式主义’的社会，屯堡村寨非常典型地表现了玛丽·道格拉斯（Mary Douglas）所言的‘象征自然化’的特点，人们的身体经验同社会道德和宇宙秩序之间存在着明确的象征对应关系。”[②] 也就是说屯堡人社会的日常生活已经神圣化了。

---

① 吞口，是民间艺坛面具的变异，起源于图腾崇拜和原始巫教，是古代图腾文化与巫文化相结合，经历漫长的岁月后嬗变而成的一种民间文化的产物。它是绘有狰狞怪兽的器物。吞口的总体摹状是人首，凸眼，犬耳，宽鼻，獠牙，咧嘴，伸舌，口含利剑，然后用多种颜色涂绘。按其形貌特征和功能又分五种：猩猩心煞、凶神恶煞、双剑雾煞、凶神八煞和送子吞口。怪兽绘太极八卦图，豹眼怒视，龇牙咧嘴，犬齿突出，血口洞开，好似能吞掉一切灾祸和妖魔鬼怪，保佑风调雨顺，避邪救灾免疫。怪兽形象或烧制成瓦当用作屋檐口，或雕刻于石柱立在道旁，或彩绘于木瓢背面悬挂于门楣之上。市内某些地方，也有请巫师（或称道士）手绘于纸的吞口（口中横含短剑），挂在门楣上边的。现在人们又称其为门神。

② Marry Douglas, *Nalural Symbols*: *Exploration in Cosmology*, London and New York: Routledge, 2003. 转引自张原《礼仪与民俗：从屯堡人的礼俗活动看日常生活的神圣化》，《云南民族大学学报》（哲学社会科学版）2012 年第 4 期。

神圣化了的日常生活必然构成仪式。所谓仪式，维基百科的解释是："对具有宗教或传统象征意义的活动的总称。仪式具有一定的时段、特定的场合，与个人或团体判断有关；可以由个体、群体或团体组织主持和组织进行；既可以在任意场合或特定的场合，也可以面向公众、私人场合或特定人群。仪式既可以仅限于特定团体，也可以限定于宗教或社会事务。"

日常生活神圣化了的屯堡人就会在宗教和社会事务中组织主持各式各样的仪式。这首先表现在屯堡人的岁时节日，都是以敬奉神灵和祭供祖宗为主要内容。从春节到除夕，一年十二个月，月月有节日，有的甚至还有两三个节日，形成了屯堡人经常聚在一起，欢在一起，如汉民族的四大节日节味十足，传统彰显：

春节从年初三开始，屯堡村寨就要开始跳地戏、玩花灯等类型活动。于是，白天村里锣鼓喧天，杀声阵阵，村民们从争战故事拼斗中获得心灵的振奋，从剧里人物的神灵护佑中得到心愿的满足；晚上，玩花灯的歌声阵阵，笑声不断，那些由男人穿上妇女服装扮的女角故作妖娆，扭捏作态，引起人阵阵哄笑一得娱乐。迎接一年新春的到来，把没害的希望寄托于新年的开始，使农历正月成了屯堡人最热闹最隆重的一个月。在这个月中，各种活动最多，除跳地戏、玩花灯、迎春等搞得热热闹闹，太婆和妇女们更是忙里忙外，初五要敬五谷大神，初九是玉皇大帝的诞辰，要到庙里烧"千张"，十五要过"元宵节"等。

清明节，屯堡人家都要按姓氏结伙上坟。上大坟是崇尚血脉崇拜祖先的屯堡人一项隆重的祭祖活动，是日，甚至数十里以外的同姓都要赶到入黔始祖的坟前，按辈分排列跪拜祭祀缅怀祖先，交流感情，激励后辈。数百人甚至上千人聚集在坟前饱餐一顿之后，各家还要上小坟，到自家祖坟前挂坟飘，摆上酒饭果品祭供一番。

端午节，屯堡人要用糯米做成粽粑来祭供祖先，然后全家吃粽子。门顶要插上艾草、菖蒲，屋内洒雄黄。同时人们外出采草药，到处游玩称为"游百病"，以祛病健身。端午节这天，屯堡人家燃香化纸，祭供祖先后，要把灰烬倒到河里去。

中秋节，屯堡人家用月饼、糯米粑、水果等供奉"月亮婆婆"。没有儿子的人家也把这天当作求子佳期，好心人会去偷别人家的一个南瓜送到他家里，意为送来儿子，这自然会令盼子心切的人家欣喜若狂。而瓜主发觉会假装大骂，骂即"发"，骂者无心，听者勿念。

与此同时，屯堡人还有许多传统岁时节日。

五月廿八是“敬菩萨”的日子，旧州、大西桥的岳王庙、关帝庙等地会聚数以上万的屯堡人，供奉关公和岳飞等神灵，年轻男女借此求取好姻缘。香火旺盛，热闹非凡。

六月六是土地婆婆的生日，屯堡村寨均要在土地庙前供奉一番，祈求土地菩萨保佑平安。同时，村寨里还要订立“护公条约”，宣布保护庄稼的规定，并指定专人看护，对违犯者给予罚款或示众的处罚。

“七月半”是屯堡人的鬼节，是一家人的祭祀活动。七月初一开始，屯堡人家要把祖宗牌位挂起来。这种长约五尺、宽二尺的祖宗牌位上，写有从始祖到新近去世的亲人的名字。每天要在牌位前供奉早、中、晚三餐，每餐都必须点香燃纸，奉请远在故土的祖先和入黔始祖及已故亲人回家过节，直到七月十四日止。是日，把用白纸做成的信封包上钱纸，写上亡人的姓名及送钱者的姓名，送到村外或者河边烧完，意为给祖先送“钱”。孩子们用南瓜做成“大船”，插上彩旗，点上蜡烛，“放河灯”送祖先返回华东老家。

九月初九重阳节，屯堡人家要打糯米粑供奉祖宗，再焚香化纸，然后全家吃粑粑以示过节。

十月初一敬牛王菩萨。这天是牛的生日，屯堡人是很敬牛的，屯堡人家家养牛，靠牛来生产，这一天会对牛特别呵护，让牛吃精苞谷，还要打糯米粑敬菩萨。

“腊八”供灶神。腊月廿三这天，专门敬灶神菩萨，除了打糯米粑之外，还要买上枣子糖之类来供奉。请灶王爷上天汇报所看到的人间事情时，多向玉帝说好话，以求得上天的宽宥。

屯堡人还有一些专门的祭祀活动，如“龙王会”（六月十一）、“雷神会”（六月十九）、“五王会”（六月廿七）、“牛王会”（十月初一），等等，分别祭供龙王、雷公、马王、牛王等神，同样是用猪头、雄鸡、酒、饭祭供一番后，众人“打平伙”，聚餐一顿，是日，马和牛不劳动，喂精饲料，吃糯米粑。还有“会口”，即不同的庙会及各路菩萨的祭供日期。多神信仰的屯堡人对各个“会口”虔诚有加。到了“会口”这天，都要兴办祭祀活动，如迎汪公、迎城隍、蟠桃会、过河、窜佛、发船等，这些活动的目的不言而喻，都是敬神为己，求神祈福，驱灾辟邪，祈求来世。

除此之外，屯堡人还有“逢九上香”的习俗，例如正月初九、正月十九，要到庙上焚香化纸、三叩九拜。双堡海子山每年二月十九及云鹫山的正月十九，各地的太婆、妇女们到山上朝拜，朝山拜佛者多达数万余人。尤其是龙年，“上九”的人多。年轻的妇女们一旦“上九”后，每逢会口都会结伴而行，朝山拜佛，意为“修福”。[①]

除了岁时节日外，屯堡人的建房、红白喜事、求子、求财、祈福、崇奉五显、汪公等民俗事项，无一不是把仪式活动和日常生活紧紧地凝聚在一起。犹如一朵葵花，葵花子一颗一颗地紧密地结构在一起，形成葵花结构，加上屯堡人又处在土著少数民族的汪洋大海之中，要与土著少数民族保持边界，使屯堡人的葵花结构更加趋紧，屯堡社区就这样一年复一年，600多年坚持了下来，从而塑成了屯堡的仪式社会。这正是屯堡人具有稳定结构的秘密之所在。

二　军人气质：屯堡人的人文性格

屯堡人与其他汉民族族群的性格之最大不同，在于他们有浓郁的军人气质。

明代王鸣鹤在中国古代军事巨著《登坛必究》中就说过军人气质“夫将以五才为体，五谨为用。五才者，智信仁义勇也；五谨者，理备果诫约也”。“无端转祸为福，因危立胜，谓之智将；进之有重赏，退之有严罚，赏不瑜时，罚不择贵，谓之信将；道之以德齐，以礼知其饥寒，悉见其劳苦，谓之仁将；事不为苟兑，不为利挠，有荣而无生辱，谓之义将；贵而不骄胜，刚而能忍，谓之礼将”[②]。今人认为军人气质要有八种意识，即服从意识、组织意识、政治意识、纪律意识、团结意识、吃苦意识、英雄意识、形象意识。[③] 简言之，军人的气质应该是：勇敢、刚毅、坚强。

这种军人气质在屯堡人中表现突出，在历史上，屯堡人作为征服者、胜利者，有强烈的英雄意识；他们将自己的命运与朝廷的命运紧紧联系在一起，有强烈的政治意识；他们以服从命令为天职，叫留守就留守，代代人坚守不移，有强烈的服从意识；他们即便与士族群的接触也是有条件的

---

① 参阅翁家烈《夜郎故地上的古汉族群落——屯堡文化》，贵州教育出版社2002年版，第132—139页；《屯堡民俗》（http：//blog. sina. com. cn/s/blog_ 97595e0a01016zhx. html）。

② （明）王鸣鹤辑：《登坛必究》卷一二。

③ 《军人的气质》（http：//wenku. baidu. com/view/6aa5ccfe700abb68a982fbaf. html）。

接触，有强烈的纪律意识；他们驻守山地驿道，环境艰苦，即生存有道，有强烈的吃苦意识；他们维护形象，随军屯而移民的屯堡妇女的“凤阳装”，今已成为屯堡人的形象代表，有强烈的形象意识。如此等等，凡到过屯堡、了解屯堡历史的人都是有目共睹的。

屯堡人的军人气质集中表现在地戏上。

由于长期的屯军生活，屯堡人对军事文化的兴趣比其他汉族群体明显地要强烈得多。屯堡人无论男女老幼，极为喜爱。逢年过节，表演地戏是必不可少的节目。地戏演出的程序有着严格的规定，包括“开财门”“扫开场”“跳神”“扫收场”四部分。演出前，则要举行庄严的开箱仪式，将存放面具的木箱从存放人家里或神庙中抬出来。从屯堡地戏的剧目看，内容广泛，屯堡地戏具有强烈的军事色彩。如雷屯的传统剧目为《四马投唐》、吴屯为《三下河东》、左蒋屯为《三国》、夏官屯为《征西》等。另据沈福馨先生之统计，地戏剧目按时间顺序排列，大致有商周时期的《封神》《大破铁阳》《东周列国志》；秦汉时期的《楚汉相争》《三国》；隋唐五代的《大反山东》《四马投唐》《罗通扫北》《薛仁贵征东》《薛丁山征西》《薛刚反唐》《粉妆楼》《残唐》；宋代的《二下南唐》《八虎闯幽州》《三下河东》《九转河东》《五虎平西》《五虎平南》《精忠传》《岳云扫北》；明代的《英烈传》《沈应龙征西》《黑黎打五关》等剧目。这些剧目均与历史上的军事史实（或传说）有密切的关系。《续修安顺府志》云：“人民习于安逸，积之既久，武事渐废，太平岂能长保？识者忧之，于是乃有跳神戏之举。借以演习武事，不使生疏，含有寓兵于农之深意。”也就是说，屯堡地戏的传承，除谀神以外，还藏有先民军屯的尚武情结。有记者描述过屯堡人的这种尚武情结：

> “有屯堡人的地方，就一定能看到地戏表演！”85 岁的吉昌屯老人许井才说。老人在比赛当天，为了观看地戏比赛，清晨 7 点就起床梳洗，坐车赶来，一大早就稳稳坐在比赛场地的石梯上，半尺长的胡须在微风里飘动。离看台百米以外，许井才说自己的视力，已经无法看清台上的人物是谁，但听到锣鼓的声音，就觉得舒服。“这个队表演的是《说唐》呢”，虽然他看不清楚，但台词却一听就明。
>
> 打小就与地戏接触，对于这个已经融进骨血之中的东西，许井才有着自己的独特观点，他说，这是寨子与寨子之间交流感情的最好方

式。春节期间，寨子里地戏开场，就会引来成千上万的屯堡人参观，这样过节才有气氛。老人说，在吉昌屯与天龙屯不一样的是，正月十八那天还会“抬汪公”。

此时，看台下头堡屯地戏队的帅旗尤为扎眼。最中间写着“精忠报国”四字，不用猜，这场地戏一定与岳飞有关。

头堡屯地戏队的领队周治富54岁，他说地戏的唱腔没有曲牌，简单而朴素。剧目大多是战争传奇，像《封神》《说岳》《三国演义》《楚汉相争》《薛仁贵征东》《岳雷扫北》这样经典剧目中演绎的都是征战中的刀光剑影。①

传统的地戏一年跳两次，正月里跳前半个月，是为迎春纳吉；七月里跳前半个月，称作“跳米花神”，是为庆贺五谷丰登。地戏剧目多，可以正常演出几千场不重复。但是，叛逆不忠的戏不演，哭哭啼啼的感情戏不演，只演岳飞传、隋唐演义等精忠报国的戏，而且不演现代戏。不仅不演才子佳人戏，过去，戏团也绝不接纳女演员。因为“跳神”的领头叫“神头”，演员叫“神将”，地戏演员被赋予神的形象，而在过去，女人地位低下，不能充当神。所以人们称地戏为“屯堡之魂”②。

三　以孝为先：屯堡人的人文伦理

屯堡人的孝道在汉民族的族群中是可圈可点的。

安顺中所村《李氏家谱》中记载的李三妹做媳妇待老公公的故事流传很久很广：

一进九溪，提到朱云松的媳妇，连六七十岁的老妈妈都说，提到李三妹，孝字盖九溪，几十年问寒问饥，久待公公如待久不上门的好亲戚，从不简慢。在病床能服侍公公拉屎拉尿，不怕臭、不怕脏和不怕羞。百事不厌，更不用问一般的缝补洗衣了。她的丈夫表示待老人

① 《屯堡地戏：明代军人后裔的神秘之舞》，《贵阳晚报》2009年11月5日。

② 唐红丽：《安顺地戏屯堡文化的载体》，《中国社会科学报》2011年10月18日第006版；黄恺新：《试论屯堡人的心理》，载《开发中的崛起——纪念贵州建省590周年学术讨论会文集》，2004年，第417—418页。

> 拿我和她对比，我自己惭愧，这是谦虚，其实儿子也可算不是一般的“孝”了。

还记载了一个六十多岁的李廷祯孝敬母亲的故事：

> 虽然子孙满堂，尤恐老娘跟着一家人淡汤清水，遭度饥寒。两母子另外一屋，专心奉养，热天给老娘开几透凉，冷天给老娘温瓶暖铺；至于饮食起居，不讲而知。如此，九十岁的老娘自己也觉得够意思了。①

这两个故事把屯堡人“以孝为先”的人文伦理道德表现得活灵活现，今人读之也无不为之动容。

屯堡人“以孝为先”是有制度规范的。屯堡人家谱、族谱对孝的内容都有明确的规定，如 1987 年修订的《湛氏族谱》第 41 页上所记的祖训遗教：“我族子孙，祖训继承，各守礼法，笃信忠诚。尊老爱幼，平易近人，和睦乡里，谦恭让人。教育子女，为国为民，好事多做，好言多云。文明礼貌，振兴农村，俚言几句，勉励子孙。”② 而且屯堡家谱、族谱其祖训对不孝子弟违规的惩罚是相当严厉的，如《梅氏宗谱》云：“孝为百行之源，万善之宗。圣人以孝治天下、家庭，为子当孝，以孝为根本。人之行莫大于孝，孝者人之本也。五刑之属，三千百罪，莫大于不孝。族中有不孝者，摒之远方终身弗齿。”对族中违孝者“摒之远方终身弗齿”，这种惩罚主要是对不孝者“族种”不予认同。而《雷氏家谱》的规定更严，其云：“为父当慈，毋得擅自生子。如有子弟有忤，逆不孝，证据确实，投明四房族长公，同盖章送父母官究治，毋得避嫌隐忍，酿成杀逆之祸，诛连亲族老幼，玷辱祖先，后悔无及。遇有父母凶横，不顺情理，为子者当宜几谏。见志不从，又当起敬，勿因细故微嫌，动辄抵触，或不奉养等。天亲于行路，大伤厥考心，族中有此种子弟，众共诛之。”对违孝者给予“众共诛之”的惩罚，如果族中子弟不孝违规，有可能将

---

① 转引自李昌礼《论屯堡人的孝道思想》，《安顺学院学报》2010 年第 2 期。

② 《湛氏族谱》，1987 年修订，第 41 页。转引自李昌礼《论屯堡人的孝道思想》，《安顺学院学报》2010 年第 2 期。

以付出生命为代价。

屯堡人“以孝为先”是有教化为指导的。如《汪氏族谱》云：“立身当以孝为先，定省应须孝圣贤。一念不差方合意，寸心无愧可通天。”九溪《顾氏家谱》亦云：“然则观斯谱者，尊族敬宗而以会合宗族，序别长幼亲疏恩义之隆。礼法盛，父言慈，子言孝，祥风霭霭。兄则友，弟则恭，瑞气腾腾。尊卑兮脉派，绳绳老少兮，光郁郁三代之遗风，复于顾氏之门云。”屯堡《雷氏族谱》也云：“品谊贵纯全，子道维坚。曾见衣蘆，闵子骞人言，内外均无间。美誉频宣，为甚孝为先，万善归源。一点敬心可格天，子孙如果尊斯道，裕后光前。”此外，在安顺《娄氏宗谱》传家宗旨中还有《忠孝篇》《劝孝歌》《孝顺篇》。与此同时，屯堡人还通过佛歌、孝歌进行教化。佛歌、孝歌是屯堡民间流传的文艺样式。佛歌主要是诵佛、唱佛之用；孝歌又叫丧歌，主要是孝家伴灵度夜、超度亡灵之用。黔中屯堡地区流传的佛歌、孝歌，其内容上或援引佛经，宣扬因果报应，教人为善，知恩图报；或援道入儒，带有救世的仙道色彩；或是通过改编一些历史故事，倾诉人生的苦乐酸甜，宣扬儒家的伦理孝道。如屯堡典型的孝歌唱本《报恩路引》，开头用十三个“愁”字，描述了母亲生前为儿女操劳的辛苦历程，表达了儿女们“欲报亲恩而亲不在”的内疚和痛苦。而且《朱氏割肝》《赵五娘》《金铃记》《林英湘子孝歌》等佛歌、孝歌在屯堡乡民中代代相传，不断地影响着屯堡人，教育着屯堡人。可见，屯堡人通过家谱、族谱的咏孝诗赋，以及佛歌、孝歌对子弟实施教化，不断进行“以孝为先”的指导，在屯堡民间也成了一种教育传统。

屯堡人“以孝为先”还表现在对祖先的追孝。在今天安顺一带屯堡村寨，宗族上大坟的祭祀活动一直兴盛不衰。《九溪村志》中说：“九溪村民以姓氏为基础，清明祭祖，各氏族自行集聚祭祀，同姓不同宗者，则以其亲支氏族祭扫。”① 屯堡学者孙兆霞对此分析说：“从表面上看，清明是一项联络有血缘和姻缘关系的男女老幼的聚会，但是这种聚会仅仅表明了人们对于自己所属家族的认同和重视，经由这种聚会，家族成员进一步强化了认同、增进居住于同一村落的情感。实际上，清明上大坟是一种屯

① 宋修文：《九溪村志》第七稿，2005 年。转引自李昌礼《论屯堡人的孝道思想》，《安顺学院学报》2010 年第 2 期。

堡人的族群活动，因为参与者远不仅是村落内家族成员，还有诸多居住于其他屯堡村寨的同姓亲戚，通过上大坟强化的不仅是宗族内交往，更多的是屯堡村寨间的族群内的联系。”[①] 可见，追孝祭祖已经成为屯堡人身份认同的一种重要方式，即聚集了族众的人心。[②]

四 明朝遗风：屯堡人的文化表达

自明入黔，屯堡人六百年的坚守，风雨沧桑，风俗不变，被人们称之为明朝的“活化石”。

进入屯堡，映入人们眼帘的就是穿着鲜艳“凤阳装”的妇女。笔者二十多年前就是从《市场报》上发表的一张屯堡妇女照片上认识屯堡人的。当时，笔者正在研究汉民族的历史和文化，突然发现这样一张似苗族而非苗族，实为汉民族的妇女照片，第一感觉就是惊讶不已。从此与屯堡人研究结下不解之缘。屯堡人明朝遗风的文化表达集中在妇女服饰、地戏和抬汪公上。

（一）屯堡妇女的服饰是屯堡人突出的文化表达

屯堡妇女十分艳丽，她们身穿蓝、绿或紫色的宽大长衫，长至小腿。衫为圆领右衽大襟，袖仅至肘。冬季，另用金丝绒制作，长近尺的袖套一对笼至手腕以保暖。俗称手笼。腰束宽 3 寸、长 1.4 丈，两端有缨穗的丝腰带。丝带环腰而系，交结垂吊于后，长齐膝弯。外罩一条长方形青布围腰，围腰长至膝下。下装为青布长裤，俗称长裤为中衣。姑娘的头发额前梳为流海，其余梳于脑后编为独辫垂至背或腰际。已婚妇女两鬓之发梳遮双耳呈椭圆形，发端拈为绺向上并入，连同其他头发一起梳至脑后挽为圆髻，套以马尾编成的圆形发罩，围以 3—6 尺长白布褶为 4 指宽的白布头巾（露顶、露髻、露鬓）。老年妇女的衣衫多为蓝色，头巾为青色。做客（走亲戚）或节日婚宴，常戴银耳环、玉手镯、金戒指。春冬季节，足穿钩尖平底绣花布软靴。所有这些搭配在一起，给人以强烈的视觉冲击。

据考，屯堡妇女的着装承袭了明代江南汉族服饰的风俗。《安顺府志·风俗》云：屯堡“妇人以银索绾发髻分三绺，长簪大环，皆凤阳汉装也，故多江南大族”。《贵州通志·土民志》亦称：“其妇女所绾前发高

---

① 孙兆霞：《屯堡乡民社会》，社会科学文献出版社 2005 年版，第 144 页。

② 以上均参阅李昌礼《论屯堡人的孝道思想》，《安顺学院学报》2010 年第 2 期。

起之凤凰头状，发髻乃明初江南妇女结发之风。”屯堡人也自己声称她们的穿着打扮式样是老祖宗从明朝时候传下来的。这种服饰与南京博物馆收藏的明朝妇女服饰实物相同[①]，可见明朝遗风在屯堡的坚守。

（二）地戏是屯堡人经典的文化表达

屯堡地戏十分古朴。屯堡人把原本属于明代“军傩”的地戏也带到了贵州，并且一跳就是几百年。

屯堡地戏源于古代傩剧，而它的分布特点，是以安顺陇大寨为中心，向四方呈放射性扩散。这一分布特点与明初安顺屯军的分布有着惊人的一致性，因而据此可知，屯堡地戏是在明洪武年间以军人作为载体传入今安顺一带的。由于是军队带过来，被称为“军傩”，民间则称为“跳神”。据粗略统计，贵州有 370 多堂。[②] 主要分布在以安顺西秀区为中心，包括临近的平坝、普定、镇宁、关岭、紫云、清镇、长顺、广顺、贵阳等地的村寨中。安顺市所属的各区、县有 300 堂，仅西秀区就有 192 堂。因为它活动在农村，又是以平地为戏台围场演出，属于农民称谓的“吹地灰”之属，故称之为“地戏”。

地戏见诸史料记载，最早应是明嘉靖年间的《徽州府志》记歙州一带迎汪公时“设俳优、狄、胡舞、假面之戏”。这里的“假面之戏”与安顺一带农村抬汪公时地戏队参与活动应是一脉相承。

地戏的产生与延续离不开屯堡人。屯堡人保存了地戏，而地戏又增强了屯堡人的依托感和内聚力。正因如此，来自江南的屯堡人将源于江南农村的“傩舞”和“嗔拳”[③] 假面戏，借黔中相对封闭的态势，借屯堡人怀乡恋土的心理情愫，以及演武增威、神灵护佑的需要，在安顺这一块古夜郎的领地扎下了根，年复一年传承至今。

地戏的古朴反映的是明朝遗风。地戏的主要表演形式是唱和舞。唱，是无乐器伴奏的说唱，不分行当，只有男女角色之分，没有男女声腔之分，由剧中角色边说边唱边交代剧情。其舞，实则为“打”，是表现战斗场面的对打格斗。地戏演员从古代战争的骑马步战的厮打格杀中，借鉴衍

---

① 翁家烈：《夜郎故地上的古汉族群落——屯堡文化》，贵州教育出版社 2002 年版，第 51—54 页。

② 一个地戏队跳一部书称为一堂。

③ 古时江淮一带有“嗔拳笑面”之戏，双方戴面具做胡人勇士状，一扮“嗔拳”，一扮“笑面”。参阅（宋）高承《事物纪原·博弈嬉戏》。

化而形成略具程序的套路。又加之是农民的艺术，与农村生活紧密相连，在套路的叫法上极富有农家生活情趣。有的村寨还使用铁质的真刀真枪搏杀，勇猛逼真，铿锵之声不绝于耳，看得令人心惊胆战。对打中，还吸收当地苗族舞蹈中的舞步和花灯中的“四方步”，在“转”和“旋”中战裙飘舞，使惨烈的场面透着刚劲的美。伴唱者手执彩帕纸扇，边伴唱边手舞足蹈，动作虽简单，却使格杀挂上了一条美的彩带。所以，“地戏演出时，跳神者首蒙青巾，腰围战裙，戴假面具于额前，手执戈矛刀戟之属，随口歌唱，应声而舞”。这与江南农村的“傩舞”和“嗔拳”假面戏非常相似，如南京高淳县就有类似的表演。[①] 可见，明朝遗风凸显无遗。

还有地戏的唱腔皆属弋阳腔系统。弋阳腔本是元末明初产生于江西弋阳一带的戏曲声腔。其特点是一人唱、众人和，其声高亢，只用锣、鼓等打击乐器伴奏。明代曾流行于江南。清代以来属于弋阳腔系统的剧种已渐消亡，唯其发源地江西的赣剧保有弋阳腔的一些腔调和剧目。而明初来自江南的屯军却将刚刚兴起的弋阳腔带进贵州，并实际运用于自创的地戏之中[②]，从一个侧面再显明朝遗风。

（三）抬汪公是屯堡人民间信仰的文化表达

屯堡人抬汪公的活动十分兴盛。《安顺府志》载：“汪公庙在城内青龙山上，祀唐越国公汪华，又各屯皆有。按汪公保障护安，故有凤阳来者，享祀不衰。”又载“正月十七日伍官屯迎汪公至浪风桥，十八日夜放烟火架。狗场屯、鸡场屯（今吉昌屯）共迎汪公”。

关于汪公的来历，屯堡人是这样解释的：

> 汪公原名汪华，是明帝国的地方官。当年调北征南，朱元璋为了收复云南、贵州一带，就派遣范成义带领30万大军，由江南、南京、安徽一带到这边来把边疆收复，以后，为了巩固收复的边疆，把这30万大军留守下来，他们就在这里组成家庭，就是现在屯堡人的祖先。因为当时我们的祖先汪华以少量的军队战胜众多的敌人，所以保

① 《“石头城的对话”：贵州屯堡人来南京寻亲》（http://news.sohu.com/20080730/n258472925.shtml）。

② 翁家烈：《夜郎故地上的古汉族群落——屯堡文化》，贵州教育出版社2002年版，第70页。

> 护地方有功。当时朱元璋在西安召见他，就封他为一国公。后来他在56岁时死了，江浙一带的人为了纪念他，就把他的尸体运回江浙一带去安葬，并且在江浙一带建庙纪念他。因为皇帝封过他为一国公，所以就叫他汪公。我们屯堡人过来以后，继承祖先的遗志，就把汪公这个英雄人物当神来敬供。凡是屯堡人都祭汪公，每一处都有汪公庙。像我们这周围，凡是带屯带堡的地方都敬汪公。如狗昌屯、豹屯，这边的东屯、吉昌屯，包括安顺城里面都有汪公庙，这样汪公就被神圣化了。①

汪公被神化后还有一种说法：

> 根据屯堡民间传说，汪公原名叫汪华，原籍安徽休宁人，是隋末唐初一位著名的地方官。唐高祖武德四年（621年），率部降庸，受封越国公，死后被唐皇封为徽州府越国公忠烈汪王，久而久之，汪华被渐渐神化，成为地方神，称为“汪公大帝”“花朝老爷”“太阳菩萨”。

由于这样的历史背景，所以每年迎汪公的仪式在屯堡人当中是十分热闹的，要经过一整套念祭文、请汪公、抬华盖、游行狂欢的复杂仪式。围绕祭祀汪公的活动一般持续多天，最重要的是正月十七祭汪公和正月十八迎汪公仪式。

无独有偶，在安徽的徽州也有“抬汪公”的“汪王祭”民俗。由于汪华在徽州历史上的特殊地位和影响，“汪王祭”从起始就已经不仅仅是汪氏宗族的祭祖活动，而是成为歙、宣、杭、婺、睦、饶六州百姓一致认同的泛宗族敬神活动，汪华作为“汪公大帝”“太阳菩萨”，徽州各姓宗族无不顶礼膜拜，在长期的历史演进中，徽州“抬汪公”“汪王祭”民俗，已经成为属于徽州各姓宗族共有的社会祭祀活动。正是由于“汪华崇拜”已从汪氏宗族显祖崇拜演进到徽州地方神崇拜，所以千百年来，徽州“抬汪公”“汪王祭”的民俗，流传在古徽州乃至当年汪华所统一的“六州”之域广大乡村，而在徽州“一府六邑”，“抬汪公”“汪王祭”的

① 吴晓萍、刘超祥主编：《和家乡的对话：大山之子田野访谈录》，贵州民族出版社2006年版，第201页。

民俗最为流行。汪华逝后，在历代朝廷和民间力量的共同推动下，“汪王庙”“忠烈祠”“太子庙”等遍建于徽州大小村庄，就是杭州、淳安等地的“吴王庙”“汪公庙”“太子庙”，也很有名气。

有意思的是，这种“抬汪公”民俗甚至随着明初徽州汪氏族裔被派入黔戍边，这些屯军在异土他乡四顾迷茫、瘴疠肆虐、反抗不绝的恶劣环境下，把能“保据州郡，镇静一隅”“水旱疫疠，有祷则应”的汪公信仰带到贵州是非常自然的事情。甚至不顾路途艰险，或背着神像千里迢迢落居黔土，年年奉祀；或从家乡运来珍木，虔诚雕塑成像，造庙供奉。使汪公信仰从安徽传到了贵州安顺，从一姓人的崇拜发展到多姓人的崇拜。六百多年来，无论社会沧海桑田，有几多翻腾变化，都仍然顽强地保留着“抬汪公”“汪王祭”的古老民俗。当地史志记载：“安顺普定正月十七日五官屯迎汪公至浪风桥（城东南小五官屯），十八夜放烟火架。狗场屯、鸡场屯（今之吉昌屯，引者注）共迎汪公，亦于十七日备执事旗帜，鼓吹喧阗，迎至杉木林，观者如堵。汪公庙二场屯中皆有，如本年自狗场屯庙中供奉，次年自鸡场屯迎至狗场屯庙中。”① 这个记载不仅生动地反映了贵州屯堡“抬汪公”民俗的盛况，也凸显了屯堡文化深厚明朝遗风的底蕴。②

---

① 《贵州安顺府志·祭礼》

② 参阅方利山《徽州“抬汪公”民俗及价值》（http：//blog. sina. com. cn/s/blog_ 866ae3650100tvms. html）。

漢民族史記

国家出版基金项目
NATIONAL PUBLICATION FOUNDATION

汉民族史记 5

徐杰舜 主编

文化卷（上）

徐杰舜 罗彩娟 著

中国社会科学出版社

目　　录

绪论编

汉民族文化史编（上）

绪论编

一个民族的历史是由地域、语言、经济、政治、文化等因素构成的，而文化是一个民族的灵魂。历史学家剪伯赞曾说过："经济是历史的骨骼，政治是历史的血肉，文化艺术是历史的灵魂。要写出一部有骨骼有血肉有灵魂的历史，不要写出一部没有骨骼的历史，也不要把历史写成一个无灵魂、无生命的东西。"

文化有一个重要的特征，就是文化变迁。

在文化变迁的视阈中，汉民族文化史的分期，一要注意中国历史对汉民族文化史的观照，二要注意汉民族文化史与中国文化史的区别，三要注意汉民族文化史在中国文化史中的位置，四要注意汉民族本身起源、形成和发展的规律与汉民族文化史的关系，五要注意把握汉民族文化本身发展变化的生命规律。这样，我们才可以感受到汉民族文化的历史生命力，感受到汉民族文化的历史胸怀，感受到汉民族文化的历史定力，感受到汉民族文化的多元张力，感受到汉民族文化的多彩魅力，感受到汉民族文化的灵魂呼唤。

第一章 文化与文化史

一个民族的历史是由地域、语言、经济、政治、文化等因素构成的，而文化是一个民族的灵魂。20 世纪 60 年代初，翦伯赞在担任《中国史纲要》主编时曾说：“经济是历史的骨骼，政治是历史的血肉，文化艺术是历史的灵魂。要写出一部有骨骼有血肉有灵魂的历史，不要写出一部没有骨骼的历史，也不要把历史写成一个无灵魂、无生命的东西。”① 《汉民族史记》第 5、6 卷文化卷上、下是《汉民族史记》的灵魂。

文化，永远充满了争议，永远充满了话题。文化概念的莫衷一是致使人们观察、思考和认识文化的出发点和视角有所不同。而文化的多样性和文化自觉，决定了文化是要表达、要发现、要适应、要变迁、要濡化的。文化这样丰富的内涵，造就了人类多彩、多姿、多貌的文化史。人类的生存延续从根本上来说包括两方面：一是自身的繁衍，二是文化的传承。自身的繁衍保证人类能够传宗接代，而文化的传承则是人类灵魂的精神表达。陈寅恪曾说：“历史的根本问题是文化问题，是文化发生的问题。”② 钱穆则云：“研究文化史要具有哲学头脑，因文化乃是历史之真理之表现，亦是历史之真实成果，舍却历史即无文化。”③ 可见，文化与历史是相互依存、水乳交融的，是人类社会的一对龙凤胎，而文化史则是历史和文化交融的“混血儿”。

一 文化概念的源流

人类学之父泰勒曾给文化下了经典定义：

---

① 翦伯赞：《对处理若干历史问题的初步意见》，载《翦伯赞历史论文选集》，人民出版社 1980 年版。

② 转引自张岂之《中国近代史学学术史》，中国社会科学出版社 1996 年版，第 323 页。

③ 钱穆：《中国历史研究方法》，生活·读书·新知三联书店 2001 年版，第 133 页。

> 文化……是人们作为社会成员习得的复杂整体，它包括知识、信仰、艺术、道德、法律、习俗和其他的能力与习性。①

这一关于文化的定义被西方人类学界认为是奠定了现代人类学研究的基础。但泰勒关于文化的定义并不是从天上掉下来的，美国学者菲利普·巴格比在《文化：历史的投影》中追溯过泰勒定义的源流，他说：

> 像所有的抽象观念一样，人类学的文化概念也是逐渐建构起来的。毫无疑问，人们都晓得他们自己与相邻民族之间在习惯、风俗，即生活方式上有差异。他们决定用各种形式来表达这种观察。希腊语区别出“φύδιs”和“νομos”两个词，我们或许可以今译为“自然”和“习俗”。这无疑是表达了某些与我们区别行为的生物根源和文化根源相类似的意思。我们已看到伏尔泰使用了“moeureet esprit”（风俗和精神），这似乎已涵盖了当代人类学中“文化”一词所具的相同现象。“文化”一词最初在欧洲语言中出现时，它还未获得今天我们所赋予的意蕴。在拉丁语和中古英语中，它通常具有“耕耘”或“掘种土地”的实在意思。这种用法今天仍在“农业”（agriculture）和“园艺”（horticulture）两词中保存着。西塞罗使用“文化”一词时已有了一个转移或比喻的意义。他言及“耕耘智慧”（Cultura mentis），意思正与哲学同一②。然而，在拉丁语中，这种用法是罕见的。《牛津词典》把1510年作为该用法在英语中首次出现的日期。这个意义上的“文化”一词意味着为增进某种东西的质量所做的审慎的努力，我们必定是这样说：“麦子的改良”（the culture of wheat）或“工艺的改进” （the culture of the arts）。我们不能单独地说“culture”。晚至1852年，清教徒纽曼使用了“精神耕耘” （mental cul-

---

① E. B. Tylor, *The Origins of Culture*, Harper and Brothers Publishers, New York, 1958, p. 1. 转引自［美］科塔克《文化人类学：欣赏文化差异》（第14版），周云水译，中国人民大学出版社2012年版，第28页。

② ［古罗马］西塞罗：《塔斯库伦论辩集》，第二章第五节。西塞罗（Cicero, Marcus Tullius），前106年—前43年。古罗马雄辩家、政治家。他的演说词和政论文被视为拉丁文的典范。转引自［美］菲利普·巴格比《文化：历史的投影》，上海人民出版社1987年版，第87页。

ture）或“智力耕耘”（intellectual culture），而仍不单独使用“文化”（culture）①。现在，我们更乐意用“教养、培养”（cultivation）一词来包容以上这字面上的和隐喻过的双重含义。

在十八世纪的法国，像沃弗纳格（Vauvenargues）和伏尔泰这样的学者，开始使用“文化”一词。对他们说来，“文化”意指训练和修炼心智（或思想，抑或趣味）的结果和状态，应当注意，不是指植物——而是意指这种训练和修炼的过程。很快这词就被运用于形容某一位受过教育的人的实际成就。良好的风度、文学、艺术和科学——所有这些都被称为“文化”，被认为是通过教育能够获得的东西。根据《牛津词典》，直到 1805 年以前，英语中还未出现这个意思。是玛窦·阿诺尔德在他的著作《文化和无政府》中把这个意思推广开去，并且作为文化一词最通常的书面用法存留至今。我们常说“获得文化”“文化人”等等。

所有这些含义与该词在现代人类学中技术化了的用法相距相当遥远。仅仅是在十八世纪末的德国，在赫尔德和他的同代人里，我们才初次见到这种现代用法。对赫尔德来说，文化仍是一个社会向善论的概念。它意味个人的完善，或者发展他自己的过程中取得的工艺、技术和学识。但是，在这些造诣中现已既包括了生活中的智识方面，又包括了其技艺方面。他已认识到不同的民族在总体上可以对“文化”做出不同的贡献；或者，他们甚至可能是“并没有相同的文化”②。然而，直到十九世纪中叶，“改进”和“发展”这样的内涵才开始脱落出来。在克莱姆这位人类学奠基人的著作中，文化一词仍存有着“发展”这种含义的痕迹，但是它的原始用法现在看来已囊括了一个民族社会生活中的所有方面：“习俗、工艺和技巧；和平和战争时期

---

① ［英］约翰·亨利·纽曼：《大学的理想》，剑桥，1931 年版，第 88—90 页。纽曼（Newman，John Henry，1801－1890）。英国教会内“牛津运动”的领导人之一。主张严持圣公会纪律，严肃教义。后期倾向罗马天主教，就任红衣主教。转引自［美］菲利普·巴格比《文化：历史的投影》，夏克、李天纲、陈江岚译，上海人民出版社 1987 年版，第 88 页。

② ［德］赫尔德：《人类历史哲学的观念》，转引自［美］菲利普·巴格比《文化：历史的投影》，夏克、李天纲、陈江岚译，上海人民出版社 1987 年版，第 89 页。

的家庭生活和公共生活，宗教、科学和艺术。”[①] 泰勒正是从克莱姆处借用该词的，并且首先给它以今天英语国家人类学家所用的含义。[②]

但从知识体系来讲，文化概念的来源有两个传统，据英国学者克里斯·简克斯（Chris Jenks）的研究，一个是从亚里士多德到洛克（John Locke）、维柯（Giovanni Battista Vico）、屠格（Turgot）和边沁（Jeremy Benthan）的哲学传统，另一个是从柯立芝（Coleridge）到卡莱尔（Thomas Carlyle）和阿诺德（Matthew Arnold）的文学传统。前者充满思辨的色彩，后者充满了浪漫的情调。概括起来，文化概念的起源有四个方面：

第一，文化为一种知识，或认知的范畴。文化被理解为一种普遍的心态，其中包含着完美的理念，即对于人类个人成就或解放的目标或渴望。我们在柯立芝、卡莱尔，以及后来的马修·阿诺德等浪漫主义文学及文化批评作品中，最能清楚发现其根源。

第二，文化为一种更包容与集体的范畴。文化代表着社会中知识与/或道德发展的状态。这个立场把文化与文明的概念相连，是由达尔文的进化理论所启发的，后来则由一群现被称为“早期进化论者”，并为人类学研究先驱的社会学家所接收。这种观念将文化概念纳入集体生活的领域，而非个人意识层面中。

第三，文化为一种叙述与具体的范畴。文化被视为任一社会中艺术与知识作品的集合体，这几乎就是日常用语中的“文化”一词，并且蕴含独特性、排他性、精英主义、专门知识与训练或社会化过程等意义。包括一种对文化牢不可破的既成观念，视文化为人造的、经过沉淀的象征物。

第四，文化为一种社会范畴。文化被视为是一个民族的整体生活方式，这就是文化的多元论，并隐然有民主意涵的观点，现在已经成为人类

---

① ［德］古斯塔夫·克莱姆：《普通人类文化史》，莱比锡，1843—1952 年版，第 1 卷，第 21 页。转引自［美］菲利普·巴格比《文化：历史的投影》，夏克、李天纲、陈江岚译，上海人民出版社 1987 年版，第 89 页。

② ［美］菲利普·巴格比：《文化：历史的投影》，夏克、李天纲、陈江岚译，上海人民出版社 1987 年版，第 87—89 页。

学关切的领域，而在较地区性的层面上，也是文化研究的关注重点。[①]

上述关于文化概念的来源属于西方文化传统体系，那么，中国文化传统体系中的文化概念来源如何呢？

早在先秦，“文”“文化”等字样已屡见于各种典籍。《尚书·序》曰“由是文籍生焉”，这里的“文”指文字；《尚书·大禹谟》曰“文命敷于四海”，称颂大禹以文德布陈于四海，这里的“文”，指文德教化。《论语·学而》说：“行有余力，则以学文。”此处“文”与“德行”对应，指道艺，即诗书礼乐之类，或谓“六艺之文”。《论语·雍也》又说：“质胜文则野，文胜质则史，文质彬彬，然后君子。”意为自然形态胜于人为形态的谓之“野”，人为形态胜于自然形态的谓之“史”，人为形态与自然形态彼此切合，就符合君子的风貌了。在这里，“文”与“质”对称，具有“修饰”“人为加工”等含义。可见中国古代对文化的理解，一开始是分而解之的，故春秋战国时期，《荀子·礼论》云：“文理繁，情用省，是礼之隆也；文理省，情用繁，是礼之杀也”，指个人的一种修养德行。对“化”的解释，《礼记·中庸》云“可以赞天地之化育”，泛指事物形态或本质的变化，又指教行、感化之意。

“文”与“化”并用最早见于战国末年，中国现存的最早的哲学著作《易》的贲卦《彖传》开始把“文”与“化”联系起来使用：“文明以止，人文也。……观乎人文，以化成天下。”孔颖达在《易·正义》中对这段话作了如下解释：“观乎人文以化成天下者，言圣人观察人文，则诗书礼乐之谓，当法此教而化成天下也。”即宋代理学家程颐在《易传》中则说：“人文，人伦之伦序，观人文以教化天下，天下成其礼俗。”此处所谓“人文化成天下”可简写作“文化”，含有以“文”来“教化”天下的意思。本义为以文教化，表示对人性情品德的培养，偏重于伦理道德的精神领域。

此后，明清之际思想家顾炎武提出了较宽泛的文化观。他说：“自身而至于家国天下，制之为度数，发之为音容，莫非文也。”[②] 清儒彭申甫对文化也有类似的解释：“大而言之，则国家之礼乐制度；小而言之，则

---

① 参阅［英］Chris Jenks《文化》，俞智敏、陈光达、王淑燕译，台湾巨流图书公司1998年版，第23—25页。

② 《日知录》卷七，《博学于文》。

一身之车服，一家之宫室。”①

总之，中国古籍（主要是儒家典籍）里的“文化”，指诗书礼乐、政治制度、道德伦序，以及成为礼俗的一整套观念和习俗。古人还往往把以文化即指作封建王朝所施的文治教他的总和，如《说苑·指武》曰：“凡武之为兴，为不服也，文化不改，然后加诛。”又如南齐王融的《曲水诗序》说：“设神理以景俗，敷文化以柔远。”这些用法与我们今天常说的“文化”在含义上有近似之处，但又颇相差异。②

东西方对文化概念的来源基本上可说是殊途同归，都认同文化是需“习得”或“教化”的。

二 文化的定义

文化是什么？古往今来，引无数学者竞求索。

自美国文化人类学于20世纪第二次世界大战以后执国际人类学之牛耳以来，经过从简单到复杂，又从复杂到简单；再从简单到复杂，又从复杂到简单的探讨、认识，再探讨、再认识，在美国完成了从古典进化论到历史文化论，到新进化论，再到象征论和解释论的发展，人们已逐渐认识到：人和人的一切行为方式的表达就是文化。于是文化表达成了人们认识文化、理解文化的“显示屏”。

文化如此重要，所以关注度极高，致使文化概念一直是20世纪思潮中，最重要且具有相当影响力的一个观念。所以泰勒的文化定义虽然经典，但人们仍争议不休。由于文化的多样性，许多学者从各自不同的层面和视角，对文化有着自己的理解。早在20世纪50年代，美国人类学家A. L. 克鲁伯（A. L. Kroeber）与C. 克拉克洪（C. Cluckhohn）就已经在各种人类学的文献中收集到数以百计的文化定义。据有关学者统计，“到20世纪70年代，世界文献中的文化定义已达到250多种”③。在当代人类学中，文化的概念大致可以分为从行为角度所下的定义和从认知角度所下的定义。

① 《易经传义·解注辨正》。

② 冯天瑜：《明清文化史散论》，华中工学院出版社1984年版，第5—6页。

③ 林耀华：《民族学通论（修订本）》，中央民族大学出版社2003年版，第379—380页。

（一）从行为角度下的文化定义

从行为角度下的文化定义包含着行为、感性与物质几个主要方面。行为的要素指人们如何行动，尤其是那些与人们之间的相互作用有关的行动；感性包括人们的世界观，以及一切人类通过学习而获得的行为方式与准则；物质则是指人类所生产的物质产品。有代表性的是罗斯曼（Abraham Rosman），他认为，文化是指人类的生活方式，而这种生活方式的研究又要以整体、整合的总的生活方式为研究重点，它包括对人类行为，人类制造的物件以及人类观念的研究。在总体上，文化是会随着时间的推移发生演变的，同时，文化在发展过程中又存在着前后阶段上的连续性。霍华德（Michael C. Howard）认为，文化本身是一种习俗性的态度，按照这种态度，人类群体学习如何协调其行为，思想及其与生存环境之间的关系。

（二）从认知角度下的文化定义

从认知角度来界定文化，认为文化是由抽象的价值观、信仰，以及在人类行为背后的对世界的感知所组成，而所有这些又都为某一社会的全体成员所共同享有。文化是以语言为中介通过学习而得的，学习的作用大于生物遗传。文化各个部分在功能构成上将组成有机的整体。人们用文化来解决关系到他们切身利益的问题。文化为一个社会的成员提供有序的生存方式；同时它具有应变的能力以适应新的环境。如：美国人类学家哈维兰（William A. Haviland）认为，文化不是可见的行为，而是人们用来解释经验和导致行为，并为行为所反映的价值观念和信仰。上述种种关于文化的定义都十分抽象，最近一位法国学者给文化下的定义十分形象，他说："文化就是坚如磐石、持久不变的整体，将个体裹入其中，个体间维系着特有的联系。"①

中国有不少学者也给文化下过定义，如梁启超说："文化者，人类心能所开积出来之有价值的共业也"；蔡元培说："文化是人生发展的状况"；梁漱溟则认为文化是"生活的样法"；陈独秀则主张把文化界定为"文学、美术、音乐、哲学、科学"等这一类的事；贺麟则从"心物合一"的角度出发，将文化界定为"经过人类精神陶铸过的自然"；胡适认

---

① ［法］P. M. 得法尔热：《国际社会与文化多样性》，《国外社会科学》2004 年第 1 期。

为“文化是一种文明所形成的生活方式”，等等。①

文化的定义虽有几百个，但依笔者的体会，简言之，文化就是人的一切行为方式的表达。

三　文化的性质

文化是人类创造或衍生的，那么，文化具有什么性质呢？美国的文化人类学家G. P. 马德克曾将文化的性质归纳为七点：一，文化能够被学习；二，文化能够被传达；三，文化有其社会性；四，文化是理念的；五，文化能满足欲求；六，文化具有适应性；七，文化是统一的。而从学者们所界定的文化定义来解读，文化的性质主要有如下几个。

（一）文化是共享的

文化是为一个群体内人们所共享的一系列观念、价值和行为准则。通过这些观念、价值、准则，一个集体内的每一个成员就可以知晓自己应该在群体内有怎样的行为，由个人组成的集体也就有了大家可以同时理解和接受的共同行为标准，并预知在特定环境下人们相应的反应。虽然文化是为一个社会的所有成员所共享，但在认识特定社会的文化时，我们却不能将所有的文化因素等量齐观。按照当代人类学家的看法，在构成社会文化的各种因素中，性别、年龄、社会的亚文化等都是占有核心地位的要素。

（二）文化是学而知之的

文化是人类学习的结果，而学习则是由生物在一定环境背景下的经历所积累、演变而来的行为。所有的生物有机体都有学习的实践，然而没有任何生物具有人类这样巨大的学习能力，也不像人类要如此多的依赖学习以求得生存。林顿（Ralph Linton）把文化视为人类的“社会性遗传”。文化由一代人向下一代人传递的过程叫作“濡化”（Enculturation）。通过濡化，人们学到了满足其生物性需要的恰当方式。

（三）文化基于象征符号

人类群体的文化是以语言和符号为基础的，内中包含或反映了该群体的世界观、价值观、思想意识和感情，因而具有很强的象征性。对于同一

① 冯天瑜：《中国文化史断想》，华中理工大学出版社1998年版，第16—17页；郭齐勇：《文化学概论》，湖北人民出版社1990年版，第9—11页。

个符号，不同的人类群体具有不同的理解，并用它来表达不同的感情是非常普遍的现象。所以，人类学家怀特认为，所有人类的行为起源于对象征符号的使用。艺术、宗教以及货币都与象征符号的应用有关。文化中最重要的象征符号是语言——用字词来代替实际的客观事物。萨皮尔（Edward Sapir）认为，语言是纯粹属于人类的非本能的交流观念、情感、期望的方式。这种方式通过受意志控制而产生的符号体系表现出来，因而人类能够把文化一代代传递下去。

（四）文化是整合的

为了比较和分析，人类学家习惯于将文化分为许多具体的成分，但这种区分带有随意性。当人类学家观察文化的一个方面时，不可避免地也要涉及文化的其他方面。文化的所有方面在功能上相互关联的趋向称为整合（Integration）。我们假定文化的各个方面必须时刻处于完全的和谐状态，恰如一台机器，所有的零件都要各在其位，机器才能转动。一种文化中任何一部分的变化经常引起其他部分不同程度的变化。[①]

一言以蔽之，文化实质上是保证和表达人类群体持续存在的一种符号体系。正因为文化具有这些性质，可见人没有文化难以想象，所以说文化是人类的灵魂，当然也是一个人、一个民族、一个国家的灵魂。

四 文化变迁与文化史

文化有一个重要的特征，就是文化变迁（culture change）。确实，文化在不断地变化，人类的社会活动与动物活动之别就在于前者的变动性和后者的不变性。以变化为特征的文化也因社会而异，变动的速度、大小等差异极大。未开化民族的社会，在表面上可能几乎看不出生活样式有什么变化，但实际上是有变化的。表面不易觉察的小小变异只要慢慢积蓄起来，就会产生缓慢的文化变动，而且还有一定的方向性。[②]

那么，什么是文化变迁？文化变迁与文化史有什么关系？

---

① 参阅［美］科塔克《文化人类学：欣赏文化差异》（第14版），周云水译，中国人民大学出版社2012年版，第28—30页；［美］哈维兰《当代人类学》，王铭铭等译，上海人民出版社1987年版，第242—250页；徐杰舜主编《人类学教程》，上海文艺出版社2005年版，第131—133页。

② 许红编译：《文化的源与流——文化人类学简介》，湖北人民出版社1989年版，第65页。

一般来说，文化变迁指的是任何足以影响文化内容或文化结构的变化。文化既然是人类适应客观环境的一种手段，那么当客观环境改变时，文化也会随之改变。文化的变迁是一切文化的永存现象；人类文化的后天习得性，乃是文化变迁的基础。文化变迁的原因，宏观地说，可以分为两大类，一是内部因素，社会内部的变化引起的；二是外部因素，由自然环境及社会文化，环境的变化如迁徙、与其他民族的接触、政治的改变等而引起的。这两个因素通常是相互影响、相互制约的。具体来说，引起文化变迁的有发现和发明、传播、涵化、革命等诸多因素。只有当个体对环境的新文化所作出的新反应方式为群体普遍接受时，才能认为文化已发生了变迁。①

人类学家多认为文化变迁是一个“文化过程”，马林诺夫斯基就说过：“现存的社会秩序，包括它的组织、信仰和知识，以及工具和消费者的目的，或多或少地发生迅速改变的过程。”② 因此，有变迁就有了历史。文化史就是记录文化变迁的专门史。

就文化史来说，从总体上考察人类文化的进步，是文化史的任务。冯天瑜认为文化史有两类，一类是广义文化史，指人类物质文明和精神文明发展的历史，实际上与社会发展史相近似；另一类是狭义文化史，指社会意识形态以及与之适应的制度的发展史，也即精神文化及精神文化的物化现象的发展史。在中国古代，哲学思想、政治思想、道德伦理思想、文艺思想、科技思想以及社会风尚等精神文化的诸多侧面，往往杂糅于学术著作之中，因此，我们可以把思想学术史作为狭义文化史的主干看待，当然还要由此主干旁及思想学术的物化现象的考察。③

冯天瑜从中国传统文化中概括出来对文化史的分类富有启发意义。而从人类学的文化变迁理论认为文化之所以会发生变迁，建构文化史的原因有多种：

（一）进化建构文化史

文化进化（cultural evolution）是指一个时间上持续的过程，这个过

---

① 徐杰舜主编：《人类学教程》，上海文艺出版社 2005 年版，第 135 页。

② Malinowski, *The Dynamics of Culture Change*, New Haven, 1945. 转引自芮逸夫主编《云五社会科学大辞典·人类学》，台湾商务印书馆 1971 年版，第 64 页。

③ 冯天瑜：《明清文化史散论》，华中工学院出版社 1984 年版，第 6—7 页。

程具有累积性和进步性，经由此过程，进化现象便系统地组织起来发生变迁。进化是社会内部的发展引起的，如生产技术由低级发展到高级，社会组织由简单发展到复杂，文化的进化自然会引起文化变迁。文化进化关注的是文化现象，如工具、风俗、制度、观念等，这些正是文化史研究的重要内容。从简单到高级的进化方向也并非一成不变，有时候甚至会出现倒退现象，但是无论如何，正是这种文化变迁的动态过程建构了一种进化文化史。

（二）创新建构文化史

文化创新（innovation），指的是在文化的质的方面出现了不同于以往任何形式的新思想、新行为和新事物的总称，主要包括发现和发明两种形式。

发现（discovery），在文化人类学上指的是由观察原已存在但先前未被注意到的事实，使这些事实为文化之用，从而使文化有所增益；发明（invention），指的是人们运用新获得的知识，创造出一种可为社会共享的新做法、新观念、新制度或新事物。

文化发现，一般可以分为两类：无意识的发现和有意识的发现。无意识的发现是事先缺乏预见的，即偶然得到了发现的结果。在人类历史上，特别是在史前时期，很多发现实际上是无意识的多次重复积累的结果。如石器的装柄、陶器的烧制等，都经历过这种过程。这些简单的发现，具有重大的文化意义，正是经由多少世纪人类发现的不断积累，才建构了人类文化，才会有如今飞跃发展的文明。有意识的发现是指人类社会为自己确定一个目标或假设，然后设法达到这个目标或验证这个假设。这些有意识的发现，也具有重大的文化意义，当代科学技术日新月异的变化，正是人类有意识发现不断积累的结果。

发现和发明都是导致文化变迁产生的最重要因素，也是文化变迁的主要表现形式之一。当然，发现和发明并不一定就会导致文化变迁，如果某项发明被社会所忽视、所埋没，它就不会引起任何文化上的后果。但是，创新一旦对社会发生了作用，产生了影响，那就能建构一种创新文化史。

（三）传播建构文化史

传播（diffusion）指一个社会里新文化因素的出现也可能来源于另外一个社会，这种从其他社会借用文化因素并且将之融合到自己固有的文化之中的过程。每一个民族的文化中，都有很大的成分是由传播而来，美国人类学家林顿认为这一比例可高达90%。这一点在当今全球化背景下尤为突出。

传播的模式有三种，即文化散布、直接借用和刺激传播。这三种模式可以单独产生，也可以同时发生于一个社会之中。

文化散布，指经由具有该文化之人的迁移而引起的文化传播过程。经由人这一媒介，某种文化因素得以交流。中外历史上大量的民族迁移现象便是最好的说明。

直接借用，指直接采用另一群体的某些文化因素，通常是物质因素，例如某种技术发明，这是最容易被借用的。历史上，中国造纸术经由中亚远播欧洲，使得各国产生了造纸业，便是一个典型的例子。

刺激传播，指某一社会掌握了某项知识以后，刺激了另外一个社会，给对方以灵感和启发，使之也相应发明或发展了类似的文化因素。如我国藏族文字，相传是公元 7 世纪初，藏王松赞干布以梵文和西域各国文字为参考而创造的。不过，刺激传播产生的结果，并非原型的翻版，而只是一种相似物。

三种模式，无论一种，或两种，或三种起作用，都可能影响一个民族、一个国家的文化变迁，从而建构成一种传播文化史。

（四）涵化建构文化史

涵化（acculturation），指的是两个完全不同的文化相互接触，经过久长的时间，两者相互采借、适应，彼此都发生了变化的过程和结果。[①] 经典的“涵化”定义来源于赫斯科维茨（M. J. Herskovits）、雷德菲尔德（R. Redfield）、林顿（R. Linton）联名报告书——《涵化研究备忘录》（1936 年）中：“涵化意指来自不同文化之个人所组成的群体，因持续地直接接触，遂产生一方或双方原有文化模式所导致的变迁现象。”[②]

依据促成两种文化发生变化的条件来划分，涵化可分为两种主要类型：第一种类型是文化因素的自由“借入”和改变，这是文化不同的民族在不以军事征服或政治统治对方的情况下，持续相互交流所产生的现象，这些新的文化因素可能在所谓混合的过程中与现存文化结合起来；第

① 英国人类学家将涵化称为“文化接触”（culture contact）。参阅孙秋云主编《文化人类学教程》，民族出版社 2004 年版，第 46 页。

② M. J. Herskovits, R. Redfield & R. Linton, Memorandum for the Study of Acculturation, *American Anthropologist*, Vol. 38, 1936, pp. 149 – 152；转引自芮逸夫主编《云五社会科学大辞典 · 人类学》，商务印书馆 2000 年版，第 215 页。

二种类型是强制变化，这是一民族以军事征服或政治控制等手段对另一民族建立统治时所产生的现象。强制的文化变化，也像混合一样，包括选变过程，不过这种过程更加多样，其结果也会更加复杂。所以，由涵化建构的文化史特别丰富多彩。

（五）革命与改良建构文化史

社会文化变迁最剧烈的表现形式是革命，它指的是国家本质上的改变，包括政府功能、经济生产和分配原则、社会阶级关系，特别是政府的控制权，等等，皆与过去不同。正如哈维兰所说："如果两个运动的目的主要是为了从内部改造一个文化的意识体系，以及伴随的社会结构，那么，这个运动就称为革命。"①

历史上所发生的一切革命，如封建地主阶级对奴隶主阶级的革命、资产阶级对封建地主阶级的革命等，都是用一种所有制去代替另一种所有制。所有制的变化，是人类社会经济领域内最深刻的变化，它改变了分配关系，改变了人与人之间的社会关系，也改变了整个国家政权的性质。这样，它也十分自然地改变了人的意识形态、生活习惯和价值观念。此外，新的所有制往往带有新的劳动组织和新的技术，从而增加了财富，创造了新的发明，使得文化内容也相应地得到改变。

与革命的激烈程度不同的另一种变迁是改良，它是一种只想推翻现存政府官员的统治而不想改变政府本质的运动。与革命不同的是，它不想改变文化的观念形态和社会结构形式。

无论革命还是改良，都会激烈地或不太激烈地改变社会，这就是革命与改良建构文化史。②

文化变迁的形式虽然还可以列出强迫改变、文化恢复等，但上述五种形式，是文化变迁建构文化史的主要形式。所以，从总体上考察人类文化进步的任务，如果从文化变迁的理论出发，可能完成得更好、更全面、更接地气。菲利普·巴格比在《文化：历史的投影》中说得很清楚："利用文化人类学家所做工作的最好理由是，文化的观念已经在历史学家和历史

---

① ［美］哈维兰：《当代人类学》，王铭铭等译，上海人民出版社1987年版，第275页。

② 以上参阅［美］哈维兰《当代人类学》，王铭铭等译，上海人民出版社1987年版，第558—575页；孙秋云主编《文化人类学教程》，民族出版社2004年版，第41—50页；徐杰舜主编《人类学教程》，上海文艺出版社2005年版，第135—139页。

哲学家中广为流传。通常，这个观念建构得并不严密，往往伪装成其他名称出现。诸如‘思潮’‘习惯’‘习俗’‘价值观’‘民族性格’‘地方色彩’‘精神’，有时甚至是‘人民’，不过，这些词语的中心意思似乎都与‘文化’，或者与文化的某一方面的意义相同。一个半世纪以来，出现了许许多多文化史。它们的价值当然各不相同，然而都合于文化人类学家所创立的那种分析法。”①

① ［美］菲利普·巴格比：《文化：历史的投影》，夏克、李天纲、陈江岚译，上海人民出版社1987年版，第10页。

第二章　汉民族文化史研究文献回顾

汉民族的历史如此悠久，文化如此丰富，想必汉民族文化史的研究应硕果累累，但事实则不然，近百年以来在中国只见中国文化史的研究枝繁叶茂，而汉民族文化史的研究却凤毛麟角。

一　凤毛麟角的汉民族文化史研究

文化都是以其特有的民族形式发展起来的，因此带有鲜明的民族性。在《汉民族史记》中讨论汉民族文化史本是题中之义。但仅在笔者所著或主编的汉民族研究系列中比较系统地涉及了汉民族文化，如《汉民族发展史》中有文化专编，勾勒了汉民族的文化图像；《雪球——汉民族的人类学分析》中分大区描绘了华北、华中、华南、华东、东北、西北、西南汉民族的文化图像；《汉族风俗史》系统论述了汉民族的风俗文化。其他关于汉民族专题文化的著作，如服饰、饮食、民居、节日的著作不少，但整体研究汉民族文化史的著作则是凤毛麟角了。

著作虽凤毛麟角，但论文还是有一些的，这些论文数量不多，主要关注了汉语、汉字与汉民族文化的问题，主要有袁蕾的《言语交际中的汉民族文化心理透视》（《河南社会科学》2001 年第 4 期）、郑晓的《汉语成语与汉民族文化》（《浙江师范大学学报》2002 年第 3 期）、张其昀的《汉字的民族文化精神》（《南通师范学院学报》2004 年第 1 期）、陈淑梅的《从汉民族文化看汉语方言的特殊称谓》（《江汉论坛》2010 年第 3 期）、李素娟的《文化的镜像——汉语色彩词的汉民族文化折射》（《西安社会科学》2010 年第 4 期）、许华的《试论古代汉语词汇与汉民族文化的密切关系》（《长春理工大学学报》2011 年第 1 期）、孙永兰的《从外来词看汉民族文化心理》（《赤峰学院学报》2011 年第 11 期）、石田田的

《从汉字看汉民族文化》（《西安社会科学》2012 年第 2 期）、李婷婷的《孝文化词语与汉民族文化特征》（内蒙古大学硕士学位论文，2008 年）等。

此外，也有一些论文涉及了其他一些汉民族文化问题，如常敬宇的《汉民族文化心态对汉语语法特点的影响》（《世界汉语教学》1992 年第 4 期）、黄正泉的《论儒道墨法四家在汉民族文化心理构建中的作用》（《湖南农业大学学报》（社会科学版）2000 年第 1 期）、段益民的《从中菜的命名看汉民族文化的中和之美》（《齐齐哈尔大学学报》2006 年第 6 期）、王岩的《谈汉民族文化心理对古代诗歌修辞的影响》（《艺术教育》2006 年第 7 期）、高加琴的《浅析龙文化与汉民族的文化心理》（《作家》2010 年第 12 期）、张玲的《传统宗教思想对俄汉民族文化的影响》（广东外语外贸大学硕士学位论文，2005 年）。

为什么对汉民族文化史的研究如此凤毛麟角？原因可能很多，但最重要的原因应该是国家政体与民族实体的混淆。所以古有二十五史，近有各种中国通史，据中国社会科学院历史研究所编的《1900—1980 八十年来史学书目》（中国社会科学出版社 1984 年版）不完全统计，不下 26 部。主要有夏曾佑的《中国古代史》（1904—1906 年）、王桐龄的《中国史》（1912 年初版，1926 年重版）、吕思勉的《白话本国史》（1923 年）、缪凤林的《中国通史纲要》（1932—1935 年）、周谷城的《中国通史》（1939 年）、钱穆的《国史大纲》（1940 年）、张荫麟的《中国史纲》（1940 年）、吕振羽的《简明中国通史》（1941 年）、范文澜主编的《中国通史简编》上册（1941 年）、翦伯赞的《中国史纲》（1943 年）等，却偏偏很少有汉民族文化史问世。这种不正常的学术走向，使汉民族文化史的研究在这个时期几乎成为一个学术空白。

二　从中国文化史可窥汉民族文化史

虽然汉民族文化史的研究凤毛麟角，但我们仍可以从中国文化史的研究中窥视汉民族文化史的“风景”。为什么呢？

众所周知，如果问中国文化是谁创造的？答曰：是中国人创造的。这是最简单的答案。但是文化和民族是文化人类学中两个有密切联系的核心概念，民族本身就代表着一种文化，而文化则是构成民族的要素之一，每个民族的面貌都是由它自己的文化勾画出来的。正因为如此，每一个民族都对自己的民族文化有强烈的归属感、认同感和光荣感，这就是文化人类学所说的文化的民族性。从这个概念出发，我们就不能简单地回答中国文化是由中国人创造的，而应回答中国文化是由中国的汉族和其他少数民族共同创造的。

如果简单地回答中国文化是由中国人创造的，在学术研究上会造成什么后果呢？一般来说，后果主要有二：

其一是容易模糊文化的民族性。中国文化形形色色，包罗万象，如果不明确一些具体文化现象的民族属性，那就会造成一些不必要的误解，讲中国文化的儒、道、佛，如果不明确是指汉民族的儒、道、佛，那么西北一些信仰伊斯兰教的少数民族就会生分；讲中国文化的炎黄渊源，如果不明确是指汉民族的文化渊源，那么中南、西南、西北、东北等许多与炎黄无渊源关系的少数民族也会有意见。

其二是容易忽视少数民族文化在中国文化中的地位和作用。多年来尽管人们都承认少数民族文化是中国文化的一部分。但是有不少研究者在研究中国文化时，仍然是将汉族文化等同于中国文化，如有人研究中国茶文化，常常是以汉族的茶文化来代替包括少数民族在内的中国茶文化的研究，而忽略了少数民族的砖茶、糌粑茶、油茶、奶茶、烤茶、苦茶等丰富多彩的茶文化研究。对酒文化的研究也无不如此。这样做的结果只能是使中国文化的丰富多彩大打折扣。

基于这两种情况，我们不能简单地说中国文化是中国人创造的，在多民族的中国，应该说中国文化是由汉族和少数民族共同创造的。

研究中国文化，我们既要肯定中国文化是由汉族和少数民族共同创造的，也要明确谁是创造中国文化的主体。这是因为中国这样一个统一多民族的国家，由于历史的原因，汉族人口比例占全国人口的绝大多数；汉族几乎遍布所有民族地区；汉族的经济、文化相对发展较快，程度较高；汉族长期占统治地位，始终占主导地位。因此，毫无疑问，创造中国文化的主体应该是汉民族。

正是因为汉民族是创造中国文化的主体，所以中国文化从内容到形式往往以汉族文化为代表。如汉族文化中的儒、道、佛不仅是中国传统文化的代表，也是中国传统文化的核心。其他诸如饮食、节日、居住、生育、婚姻、家庭等文化层面的研究，人们也往往以汉族文化为代表。如今，谁不知四代同堂是中国居住文化的一大特色？谁不知穿红衣、戴凤冠、坐花轿是中国婚俗文化的一大特色？谁不知多子多福是中国生育文化的一大特色？谁不知以吃为主是中国节日文化的一大特色？凡此等等，都反映和表现了汉族文化在中国文化中所占的主体地位和决定作用。因此笔者认为汉民族是创造中国文化的主体。

明确汉民族是创造中国文化的主体，会不会认为是一种大汉族主义呢？答曰：不会的。因为大汉族主义作为一种反动的社会思想，其特征是否认中国是一个多民族的国家，视少数民族为汉族的宗支；限制和剥夺少数民族在政治、经济、文化等方面的权利，干涉少数民族的宗教信仰，践踏少数民族的风俗习惯，禁止少数民族使用自己的语言文字，强迫少数民族改革服饰，实行强迫同化；挑拨民族关系，压迫和剥削少数民族。而明确汉民族是创造中国文化的主体。从文化人类学的理论上来看，这只不过说明在一个统一多民族的国家里，这个国家的文化受到一个占主体地位民族的价值体系或思想体系的支配而已。作为一种文化趋势，其与大汉族主义是风马牛不相及的。[①] 所以，从中国文化史研究中可以窥视到汉民族文化史的“风景”。

三　中国文化史研究的文献回顾

中国文化史“他山之石”怎么“攻”汉民族文化史之“玉”？了解了中国百年研究的动态，就可昭然了。

对于中国文化史研究动态，覃建的《七十年来中国文化史著作简介》（《管子学刊》1990 年第 2 期）、周积明的《二十世纪的中国文化史研究》（《历史研究》1997 年第 6 期）、李平的《20 世纪中国文化史研究述评》（《文艺理论与批评》2000 年第 3 期）、杨齐福的《20 世纪中国文化史研究之回顾与展望》（《淮阴师范学院学报》2000 年第 2 期）、彭树欣的《二十世纪中国文化史书目》（《文教资料》2000 年第 2 期）、谢志浩的《百年中国文化史回眸（上）（下）》（《河北科技大学学报》2001 年第 1 期、第 3 期）、李平的《建国五十年来中国文化史研究的回顾与反思》（《学术界》2002 年第 6 期）、何晓明的《改革开放以来的中国文化史研究》（《史学月刊》2009

① 参阅徐杰舜《汉民族研究与中国文化》，《青海社会科学》1994 年第 3 期。

年第5期)、张毅的《六十年来中国文化史通史编纂研究（1949—2009)》（扬州大学硕士学位论文，2011年）等文都有详细的回顾和评论，在此不赘。对汉民族文化史研究有意义和价值的是以下几点：

第一，可以了解现代中国文化史的研究是怎样开始的。

20世纪初的学者中，梁启超是较早运用西方学术理论和方法，对中国文化进行研究的人。因而，他被视为中国文化史研究的开山者。1921年，梁启超在南开大学讲授“中国文化史”，编有《中国文化史稿》讲义，这是国内高等学校关于这门学科的首出课程。当时，梁启超规划写作多卷本的，其内容涉及“汉民族和少数民族的文化冲突和影响”；“世界他部分之文化民族”与“中国文化的交汇和双向影响”；“中国传统社会的阶层和团体”；“自初民时代以至今日”的“衣食住等之状况”；“中国语言文字的特质和对文化的影响”；“民族之根本思想”和“各时代思潮蜕变之迹”；“宗教信仰之情状及其变迁”；“文化之继承及传播”的方式及其变迁、哲学、文学、美术、音乐、工艺、科学等；“各时代进展之迹”及其价值；中国文化曾做出的世界贡献以及未来的价值[①]十大主题。可惜梁启超晚年病魔缠身，因此只留下一篇《原拟中国文化史目录》和已撰成的《社会组织篇》，便撒手而去，中国文化史的研究仅打了一个大响雷，却没有下大雨。

其实中国文化史研究的开拓者应是夏曾佑（1863—1924年）。夏曾佑比梁启超年长十岁，也是近代诗人、历史学家、学者。他用进化论观点研究中国古代史，将中国历史分作三大阶段：上古世，草昧传疑时代至于周末（春秋战国）；中古世，秦汉的极盛时代至于唐代；近古世，宋至于当今（21世纪初）。他1902年所著的《最新中学中国历史教科书》（1933年商务印书馆重版时改名为《中国古代史》）颇有影响。胡适读过该书之后，“深佩夏先生之功力见地”[②]。鲁迅评价说：“我们不必看他另外的论文，只要看他所编的两本《中国历史教科书》，就知道他看中国人有怎样地清楚。”[③] 今人评价为“20世纪新式中国通史的第一部成名作”[④]。出版

---

① 梁启超：《中国历史研究法》，见《梁启超史学论著四种》，岳麓书社1998年版，第111—112页。

② 《胡适日记全编5》1930年8月14日，安徽教育出版社2001年版。

③ 鲁迅：《谈所谓“大内档案”》，载《而已集》，人民文学出版社2006年版。

④ 王家范：《中国通史编纂百年回顾》，《史林》2003年第6期。

的《最新中学中国历史教科书》（1933年商务印书馆重版时改名为《中国古代史》）中，冯天瑜也云："夏氏所做的中国史分期，实为现代中国人中国文化史分期之嚆矢。"①

从这以后，不少学者开始致力于中国文化史的研究。20年代中期至30年代中期，中国文化史的研究进入第一个高潮期。中国文化史的研究就这样拉开了世纪大幕，其中也必然包括汉民族文化史，只是出场时间要等"导演"的"安排"。

第二，可以明白有理论才能构建文化史的学科体系。

有人曾说没有理论就如一个人没有骨架，就是一堆肉。中国文化史的建构就经历了一个由"传统"到"现代"再到"中西结合"的演变，并又从其他的学科中吸取优秀的研究方法，充实到本学科的研究中，使得中国文化史通史研究更加的深入和科学，从而出现了一些优秀的著作。如谭家健主编《中国文化史概论》主体上仍是传统史著的编纂方法，以叙为主，少发议论，西方的研究成果和现代的研究发现也少涉及。至随后刘蕙孙《中国文化史稿》开始章节体编纂，吸取世界上文化史研究成果，及至冯天瑜等《中华文化史》已经是以论突出了，并且把中西史著编纂方法加以糅合，尝试编、章、节的体例。这样，编纂方法便不断丰富。从谭家健《中国文化史概要》的中规中矩，到冯天瑜《中华文化史》引入生态学、社会学、文化学等学科的相关概念和研究方法，到张维清《中国文化史》吸取西方新文化史学而形成"全景式文化史观"。有价值的是中国文化史研究虽然从20世纪初开始高潮迭起，但理论框架的真正建立却以1990年冯天瑜等《中华文化史》的出版为开端，他们在著作中对中国文化史研究的理论框架建设做出了探索，引入了"文化生态"论，开始有意识地分析中国文化的生成机制，中外文化差异的原因研究，中国文化史分期的讨论等一系列的理论问题，使中国文化史从文化志的范式真正转向文化史的范式，这对汉民族文化史的构建不能没有启发。

还有社会史和文化史的结合对汉民族文化史的构建也富有启迪意义。在中国文化史的研究内容从精英文化向大众文化转化，学者的研究开始关注普通人的文化生活状态，使得古往今来人们的生活风貌、衣食住行、地区风俗、社会交往以及人际关系都成为研究的对象。这样，中国文化史的

① 冯天瑜、杨华：《中国文化史分期刍议》，《学术月刊》1998年第3期。

研究开始在社会史范围内寻找文化史内容，社会史的研究方法和理论也开始在文化史研究中运用，文化史学者开始离开史籍资料，走进人群、田野寻找人民大众的文化资料。这样从文化史和社会史交叉的交融中萌生了社会文化史，从而充实了文化史的学科建设，也使得中国文化史通史的资料更加丰富和翔实，真正地改变了历史为“二十四姓家谱”的传统史学编纂模式。① 看来跨学科互动交融对汉民族文化史的构建是大有裨益的。

第三，可以了然汉民族文化史在中国乃至在世界民族文化史中的位置。

学问是相通的，学科的不同往往是角度不同而已。中国文化史通史是对整个中国文化的生成、整合、定型、发展、演变的整体特性和规律的研究，其中当然也包括对汉民族文化史的认识。而中国民族史的研究能突破中国中心主义，尝试在世界文化的视野中把握中国文化的流变。梁启超在《中国历史研究法》中批评旧史学“知有局部之史而不知有人类以来全体之史”，他研究中国文化史的目标之一，就是“说明中国民族所产文化，以何为基本，其于世界他部分文化之影响如何”，“说明中国民族在人类全体上之位置及其特性，与其将对于全人类所应负之责任”。视野开阔的蔡元培1934年6月13日在《吾国文化运动之过去和将来》一文中，从欧洲文化史中寻求中国文化演化变迁的对应点：

> 战国时代，诸子百家并起，相当于欧洲的希腊时代；汉武帝罢黜百家，独尊儒学，相当于欧洲中古时代的基督教时期；印度佛教传入，民间多元信仰，又仿佛教而变为道教，宋明时代，儒家又把佛道两家融合到儒学之中，称为理学，相当于欧洲中古时代的繁琐哲学时期；清代学者摒弃空谈义理，用归纳法治诂训考订，名曰汉学，即含有复古的意味，戊戌政变时期，有倡言改制、利用西学的运动，但仍依托孔教，正如西方文化复兴时期；五四运动勃发，文化发展进入新的时期。②

---

① 张毅：《六十年来中国文化史通史编纂研究（1949—2009）》，硕士学位论文，扬州大学，2011年，第12页。

② 《中国近代思想家文库：蔡元培卷》，中国人民大学出版社2014年版。

这种比附在今天看来虽然有点简单和幼稚，但在70多年前，却是学术的前沿。而柳诒徵论中国文化史，也始终把中国文化作为“世界史中之一部域，一阶程”①。他的中国文化史因而充分把民族性和世界性结合起来加以考虑：

> 第一编，自邃古以迄两汉，是为吾国民族本其造之力，由部落而建设国家，构成独立之文化之时；第二编，自东汉以迄明季，是为印度文化输入吾国，与吾国固有文化由抵牾而融合之时；第三编，自明季迄今日，是为中印两种文化均已就衰，而远西之学术、思想、宗教、政法以次输入，相激相荡而卒相合之时期。②

在这种世界视域中，柳诒徵还特别强调说：“人类之动作，有共同之轨辙，亦有特殊之蜕变。欲知其共同之轨辙，当合世界各国家、各种族之历史，以观其通；欲知其特殊之蜕变，当专求一国家、一民族或多数民族组成一国之历史，以觇其异。今之所述，限于中国。凡所标举，函有二义：一以求人类演进之通则，一以明吾民独造之真际。”③ 可见中国文化史是世界文化史的组成部分。研究中国文化史而不知世界文化史，至少是位“独眼龙”。知中国而不知外国，则中国文化的特点无从谈起，中国文化的世界地位无法明确，只能人云亦云，难有真知灼见。④ 这种以了然汉民族文化史在中国乃至在世界民族文化史中位置的学术视野，在汉民族文化史的研究中是断不能少的。

第四，可以明晰文化史研究的范围和内容。

中国文化史究竟应该研究什么？不少学者在撰写中国文化史的过程中都从自己的感悟出发，对中国文化史做了大量爬梳和整理，但从文化史研究的范围和内容来说，不外乎两个类型，一是文化志式的中国文化史，二是文化史式的中国文化史。

文化志式的中国文化史早期以吕思勉的《中国文化史》为代表，该

---

① 柳诒徵：《中国文化史·弁言》上册，东方出版中心2007年版，第3页。

② 同上书，第1页。

③ 同上。

④ 参阅陶懋炳《中国文化史研究刍议》，《湖南师范大学社会科学学报》1989年第1期。

书是民国时期中国文化史研究的压卷之作。吕思勉继承了中国史学的优良传统，又吸收了西方社会科学的新思想，以“典章制度”和“理乱兴亡”两个板块，以婚姻、族制、政体、财产、官制、选举、赋税、兵制、刑法、实业、货币、衣食、住行、教育、语文、学术、宗教等章构筑了文化史的结构。由于此书是学术性与通俗性生动结合的典范，所以，当时学术界对其评价甚高。又吕思勉著《中国通史》二册，其体裁很是别致，上册分类专述文化现象，顾颉刚在《当代中国史学》中曾称：此书“从社会科学的立场，批评中国的文化和制度，极多石破天惊之新理论”[①]。

近期以谭家健的《中国文化史概要》和萧克主持编纂的《中华文化通志》为代表。

谭本的《中国文化史概要》是1988年由教育部高等教育司组编的一本教材，其以历代典章制度、古代各体文学、中国哲学宗教、古代文化艺术4编49章的结构展示了中国文化的魅力。正如汤一介所说，此书“应该说是一本给人们一些关于中国文化基本知识的著作”而已[②]。

萧本的《中华文化通志》，2010年由上海人民出版社出版，分为序卷和十典百志，历代文化沿革典、地域文化典、民族文化典、制度文化典、教化与礼仪典、学术典、科学技术典、艺文典、宗教与民俗典、中外文化交流典。每“典”十“志”，共101卷、4000余万字，涵盖十大文化领域，包括56个民族文化，涉及文史哲经等十个主要学科，从而将这种文化志式模式推向了高峰。

文化史式的中国文化史以柳诒徵和陈登原的《中国文化史》为早期的代表。柳本以上古、中古和近世三编的结构论述了中国文化发展的轨迹，陈本则以上古、中古、近古和近世四卷的结构阐述了中国文化发展的图像。

近期以冯天瑜、郑师渠、张维青的中国文化史为代表。冯天瑜《中国文化史》[③]系与杨华、任放合著，以中国文化的发祥；青铜时代；元典时代文化的多元走向；帝国时代的文化大一统；胡汉、中印文化的融合；近古文化的定型；游牧文化与农耕文化的碰撞；晚期帝国文化；中国文化的近代转型几章内容，建构了中国文化史。但1990年冯天瑜与何晓明、

---

① 顾颉刚：《当代中国史学》，上海古籍出版社2002年版，第82页。

② 谭家健主编：《中国文化史概要·初版序》（增订二版），高等教育出版社2010年版。

③ 冯天瑜、杨华、任放：《中国文化史》，高等教育出版社2005年版。

周积明合著的《中华文化史》[1]，以近百万字的规模，在上编论述了中华文化的地理背景、中华文化植根的经济土壤、中华文化依托的社会结构之后，在下编勾画了自远古至中华人民共和国成立这一时期内中华文化自发生到一统、多元、隆盛、内省、融合、陈暮开新、烂熟式微、蜕变新生的发展历程。此书虽称“中华文化史”，实则指的是仍为中国文化史[2]，此书影响甚大，对构建汉民族文化史有重要的参考价值。

郑师渠的《中国文化通史》是多位学者历 15 年完成的一套多卷本的中国文化通史。这套书按照中国文化发展的历史脉络，注重时代精神对文化现象的整合与影响，注重诸文化部门的内在联系及其特色，注重将中国文化与世界文化的交流、冲突与融合，将中国文化划分为先秦、秦汉、魏晋南北朝、隋唐、两宋、辽夏金元、明代、清前期、清后期、中华民国十卷，以 500 万字的规模，全面地展示了中国文化源远流长的路线图。郑师渠在《总序》中对中国文化史的内容分六期做了阐述，他说：

> 第一个时期，先秦。这是中国文化的孕育、化成时期，也是中国文化的奠基期和第一个高潮期。先秦文化的集成奠定了中国文化博大精深的基础，给中国文化的发展开拓了广阔的道路。所谓的中国文化传统，就是从这个时期发轫、源起。
>
> 第二个时期，秦汉。这是中国文化的成长时期。此期以封建经济政治制度为基础，以汉民族形成和各民族交往的加强为背景，确立了以儒家思想为核心的多民族统一的文化格局。这样的格局一直延续到了有清一代。
>
> 第三个时期，魏晋南北朝至隋唐五代。这是中国文化发展的第二个高峰期。从魏晋南北朝开始，中国文化结构经历了一次更新和充实的过程，到隋唐五代时期终于发展到了光辉灿烂的阶段。
>
> 第四个时期，辽宋西夏金元。这是中国文化发展的第三个高峰期。此期汉族政权与周边少数民族政权多元并存，及其由纷争归趋统一的历史走向，深刻地影响了中国文化的发展。

---

① 冯天瑜等：《中华文化史》，上海人民出版社 1990 年版。

② 冯天瑜在《中华文化史》题记中引《唐律名例疏议释义》说：“中华者，中国也。亲被王教，自属中国，衣冠威仪，习俗孝悌，居身礼义，故谓之中华。”

第五个时期，明清。这是中国文化盛极而衰的迟暮期。中国封建社会由明代步入了晚期，专制制度发展到了极致，加剧了政治的衰朽与社会的矛盾；社会经济的发展虽然达到了封建社会所能容纳的高度，并酝酿着新旧的冲突和支撑了社会文化繁荣，但终属夕阳残照，中国封建社会的文化无法避免明日黄花的命运。

第六个时期，近代。这是中国文化转型和谋求复兴的时期。1840年的鸦片战争不仅是中国社会历史发展的转折点，而且也是中国文化发展的转折点。鸦片战争后，由于西方列强的入侵和中国社会内部资本主义因素的增长，中国传统社会开始瓦解，走上了半殖民地半封建的道路，中国文化也发生了从古代向近代的转变。[①]

这个概括性的表述以及各卷对中国文化的系统论述，为汉民族文化史的构建提供了很好的借鉴。

张维青的《中国文化史》[②] 系与高毅清合著，此书一套4册，近200万字。这套书在布局谋篇上有较大的创新，第一册分史前：中华民族的多元凝聚，夏商西周：敬畏神鬼的青铜时代，春秋战国：动乱世道的人本追求，秦汉：中原帝国的宏业伟功4编；第二册分魏晋南北朝：玄风秀骨的佛道崇尚，隋唐五代：恢宏壮美的阔大胸襟2编；第三册分宋：精致秀雅的审美趋尚，辽夏金元：农耕野牧的冲突融会2编；第四册分明：传统复归的盛衰气象，清：风起云涌的苦痛追寻2编。从结构上看纵横交织，别开生面，值得参照。

总之，从对中国文化史的文献回顾上，可窥到中国文化史从整个中国历史的发展进程中寻找文化发展的基本原因，探索中国历史发展的不同阶段文化对前代的继承、变革和发展；以整个中国历史发展的脉络为中国文化史的主要脉络，既要依中国通史发展脉络来处理中国文化史的分期，又要考虑其特殊性，在某种情况下，两者又有些区别的学术理念，对于汉民族文化史的构建来说都是值得学习、借鉴和参照的。[③]

---

① 郑师渠总主编，王冠英分册主编：《中国文化通史·先秦卷·总序》，北京师范大学出版社2009年版，第14—21页。

② 张维青、高毅清：《中国文化史》，人民出版社2010年版。

③ 陶懋炳：《中国文化史研究刍议》，《湖南师范大学社会科学学报》1989年第1期。

第三章　汉民族文化史的分期

历史有时有序有时无序，但无论是有序还是无序，都需要梳理，而分期则是梳理的关键。那么，构建汉民族的文化史应如何分期呢？

一　中国文化史分期讨论的经验

历史研究必须讨论历史分期问题，否则会“眉毛胡子一把抓”，不得历史的要领。学者们对中国文化史的分期有过激烈的讨论。有的按历史朝代分期，有的按文化时期分期，有的按学术思想分期，有的中外文化比照分期，有的按文化交流分期。① 在20世纪前半期，主要有两种分期法：

一是八分法。1928年，常乃德的《中国文化小史》就将中国文化史分为八个时期：一是自太古至西周的宗法社会时期；二是自春秋战国时代的宗法社会破裂后文化自由发展的时期；三是秦汉两代统一安定向外发展的时期；四是魏晋六朝民族移徙、印度新文化输入的时期；五是隋唐两代民族同化成功新文化出现的时期；六是晚唐五代宋朝民族能力萎缩、保守思想成熟的时期；七是元明清与西方文化接触逐渐脱新的时期；八是晚清以至今民国大革新的时期。这种分期法完全沿袭了传统的王朝框架的窠臼，没有体现出文化发展的规律。

二是三分法。1932年，柳诒徵在《中国文化史》中，将中国文化史分为三个阶段：第一期邃古至两汉，是“吾国民族本其创造之力由部落建设国家构成独立文化之时期”；第二期，东汉迄于明季，是“印度文化输入吾国，与吾国固有文化抵牾而融合之时期”；第三期自明季迄于今日民国，“是为中印两种文化均已就衰，而远西之学术、思想、宗教、政法

① 详见邹振环《1900至1949年中国文化史分期问题简述》，《安徽史学》1986年第5期。

以次输入，相激相荡而卒相合之时期”。此种三段论的分期法影响很大，陈登原、陈安仁、夏光南等人的文化史著作就基本沿用了这个模式。

在20世纪后半期，主要有五种分期法：

一是三分法。张凯在《中国文化史》（北京燕山出版社1992年版）中将中国文化史分作三阶段：一是上古文化，殷商至秦朝；二是中古文化，西汉至清；三是近代文化，鸦片战争至五四运动。[①] 显然，此三分法与柳诒徵的三分法大同小异。

二是四分法。1992年，徐仪明等在《中国文化论纲》中将中国文化分为四个时期：一是萌芽期，上古至西周；二是奠基期，春秋战国；三是成熟期，秦至明末；四是转化期，明末至“五四”[②]。

三是五分法。1988年李宗桂的《中国文化概论》把中国文化史分作五期：一是孕育期，殷周时期；二是雏形期，春秋战国；三是定型期，秦汉；四是强化期，魏晋至明；五是转型期和衰落期，清代到“五四”。很明显，这种分期法仍然是按王朝的框架进行划分的。2000年胡凡、马毅在《中国文化史分期问题管窥》一文中也提出了一个“五期说”：1. 酝酿成型期：从远古到周公制礼作乐；2. 梳理完备期：从周公制礼作乐到汉武帝“罢黜百家，独尊儒术”；3. 发展高潮期：从汉武帝到南宋理学形成；4. 高度成熟的发展与裂变期：元、明到鸦片战争前；5. 冲击转型期：从鸦片战争一直到当代。[③]

四是六分法。1999年，冯天瑜、杨华在《中国文化史分期刍议》一文中提出了六个阶段说，即前文明期——智人到大禹传子；文明奠基及元典创制期——夏、商、西周至春秋、战国；一统帝国文化探索、定格期——秦汉；胡汉、中印文化融合期——魏晋南北朝至唐中叶；近古文化定型期——唐中叶至清中叶；中西文化交会及现代转型期——清中叶迄今。[④] 从学科范式来讲，六分法比较符合中国文化史的规律。但1985年冯天瑜在《中国文化史的发展脉络》中曾认为中国文化史分为七个时期，即史前——华夏文明的孕育期；殷商到西周——神权居统治地位的官学文

---

① 张凯：《中国文化史》，北京燕山出版社1992年版。

② 徐仪明等：《中国文化论纲》，河南大学出版社1992年版。

③ 胡凡、马毅：《中国文化史分期问题管窥》，《学习与探索》2000年第3期。

④ 冯天瑜、杨华：《中国文化史分期刍议》，《学术月刊》1998年第3期。

化阶段，是华夏文明的发育期；春秋战国——以民本思潮为旗帜的百家争鸣的私学文化兴起，是华夏文明的昌盛期；西汉到明中叶——以儒学为正宗的封建帝国文化阶段（其内又分儒学独尊的两汉、道家复兴的魏晋、佛学极盛的隋唐、儒佛相混的宋明等四个段落）；明末到清中叶——早期启蒙文化（吸收了欧洲古典科技知识）与回光返照的封建帝国文化相交织的文化阶段；鸦片战争到五四运动——爱国主义与西方殖民主义、资产阶级新学与封建旧学相抗争的旧民主主义文化阶段；五四运动以后——以马克思主义为指导，以反帝、反封建为目标的新民主主义文化阶段。①

五是十分法。1989 年，徐立亭在《关于中国文化史分期问题》一文中，提出了“十个时代、五个阶梯”的分期观点。十个时代是：“神学”时代、“小学”时代、“子学”时代、“经学”时代、“玄学”时代、“佛学”时代、“理学”时代、“朴学”时代、“新学”时代、“科学”时代。与此同时，其还划分出原始制文化、奴隶制文化、封建制文化、半殖民地制文化、社会主义制文化等五个阶段。这个分期法，无疑是徐立亭按自己对中国文化发展的理解而进行的分期。②

究竟应如何对中国文化史进行分期，冯天瑜的观点值得重视，他说：

> 中国文化史应当如何分期，目前尚未展开深入的讨论。我们以为，在作这种分期时，首先要注意中国文化特有的延续性。世界一些文明古国，如埃及、巴比伦、希腊、罗马等，其文化曾昌盛一时，但出于内部或外部原因，后来都中断过，使人产生“人去楼空”的感慨；而中国文化自殷商以来，代代相承，虽然多有曲折，却从未中断。仅以文学为例，诗经、楚辞、汉赋、魏晋诗文、唐诗、宋词、元杂剧、明清小说，此伏彼起，高峰叠见，确乎蔚为大观！具有无比强大的延续力，是中国文化的显著特色和优点。黑格尔在比较各个文明古国之后说：“只有黄河、长江流过的那个中华帝国是世界上唯一持久的国家。”③ 正因为中国文化是延绵不断的，我们在考查中国任何

---

① 冯天瑜：《中国文化史的发展脉络》，《中州学刊》1985 年第 2 期。

② 以上参阅徐立亭《关于中国文化史分期问题》，《烟台大学学报》1989 年第 3 期。

③ ［德］黑格尔：《历史哲学·东方世界·中国》，转引自冯天瑜《中国文化史的发展脉络》，《中州学刊》1985 年第 2 期。

一个断代的文化时，都应探幽溯远，考镜源流。其次，还要注意到各民族的文化不是孤悬于世界文化总体之外的，它是不断摄取并消化周边各族文化，并将自己的影响施加于周边诸民族。如中原地区的华夏文化就囊括了戎、蛮、夷、狄等少数民族的文化，这个文化系统在两汉时期又吸收了西域文化；两汉、魏晋以降，还输入了印度的佛教文化；明末之后，更有欧洲文化注入。因此，今天的中华民族文化，是一个包含了多种外来文化的复合体，而决非一个封闭式的系统。正如陈寅恪所指出的文化史上的一条“虽似相反而实足以相成”的通则——对外来文化“无不尽量吸收，然仍不忘其本来民族之地位”[①]。

概而言之，“中国文化史分期应该从四个方面加以考虑，即首先要考虑中国文化有延续性和自我完结性；其次，应关注中国文化与外来文化之间的整合、互补；再次，要充分观照到文化内涵的各个层面；最后，应注意中国文化内部自身的运动规律”[②]。这正是建构汉民族文化史时应注意的问题。

二　汉民族文化史分期的原则

梁启超在讨论文化史时曾说过：“因为历史现象只是‘一躺过’，自古及今，从没有同铸一型的史迹。这又为什么呢？因为史迹是人类自由意志的反影，而各人自由意志之内容，绝对不会从同。所以史家的工作，和自然科学家正相反，专务求‘不共相’。”[③] 汉民族文化史的分期当然与中国文化史的分期不同。

历史时期的划分最早成为西方传统的一部分是在古希腊神话和《圣经》中记载的。维吉尔谈到了一个遥远的黄金时代和历史周期；《圣经》以叙事的方式概述了世界从创建直到结束。在历史编纂学中，自然的或者技术性的分期是依据历史事实的某种客观的或者显而易见的组织

① 《金明馆丛稿二编》，《冯友兰中国哲学史下册审查报告》。

② 冯天瑜、杨华：《中国文化史分期刍议》，《学术月刊》1998 年第 3 期。

③ 梁启超：《梁启超论中国文化史》，商务印书馆 2012 年版，第 10 页。

方式，如朝代或者事件的始末等把历史叙述的对象分为时间的段落，这是由来已久的历史编纂学的结构方式。而历史事件或短时间内的剧变对于文化的影响是非常大的，它们使历史产生了自然的断裂[①]，从而形成了历史的分期。

对于历史分期，有必要介绍德国历史学家斯宾格勒的历史分期法，其框架大致如下：（1）前文化时期。原始民族没有国家和政治；农业、乡村是前文化时期的特点。敌对的自然成了朋友，土地变成了家乡。（2）文化的春天。市镇出现了，这是世界历史的真正标准，从此就同人的生物学历史区分开来了。民族、国家、政治、宗教、科学、各种艺术都是以市镇为基础的。市镇一出现，在精神上，乡村就被体验为“四郊”，成为一种不同的和从属的东西。（3）文化的夏天。尚未衰朽的理智取得了伟大的成就，个性艺术代替了无个性的艺术。市镇发展为城市，但尚未同乡村疏远。（4）文化的秋天。表示文化的精神资源完全成熟，同时也第一次暗示其可能出现衰竭。城市发展为中心城市、大都市。（5）文化的冬天。即文明时代的来临。城市日益同乡村疏远、对立并战胜了乡村，发展为特大城市即世界城市；它从土地的掌握中解放出来，但走向了最后毁灭。文化失落了心灵，它的最高作品是管理的技艺和科学在工业中的应用。[②] 相比之下，汉民族文化史分期的原则应该是什么呢？

第一，要注意中国历史对汉民族文化史的观照。汉民族既然是中国的主体民族，所以其在与其他少数民族共同缔造伟大祖国时，在塑造汉民族文化的过程中，必然要受到中国国家建构的制约和影响。因此，民族是国家的依托，国家政权存在的合法性要依靠民族感情的认同，而国家又是民族的政治外壳。在中国国家形成和发展的历史过程中，中国国家的构建和拓展与汉民族的形成和发展可以说基本上是平行的，从某种意义上来说，中国与汉民族相辅相成，是中华大地上的一对“龙凤胎”。所以，在建构汉民族文化史时必须注意中国历史的观照。正如钱穆所言，所谓“中国文化问题……实为极当深究之历史问题。中国文化，表现在中国已往全部

---

① 《历史分期》，维基百科（http：//zh. wikipedia. org/w/index. php？ title = % E5% 8E% 86% E5% 8F% B2% E5% 88% 86% E6% 9C% 9F&redirect = no）。

② 参阅［德］斯宾格勒《西方的没落》，商务印书馆 1963 年版。转引自庄国雄《历史分期法：历史哲学与马克思》，《吉首大学学报》2004 年第 3 期。

历史过程中，除却历史，无从谈文化。我们应从全部历史之客观方面来指陈中国文化之真相”[①]。

第二，要注意汉民族文化史与中国文化史的区别。汉民族文化史与中国文化史最大的区别就在于前者的民族性。钱穆在《国史大纲》中云："文化与历史之特征，曰‘连’，曰‘持续’。惟其连绵与持续，故以形成个性而见为不可移易。惟其有个性而不可移易，故亦谓之有生命、有精神。"[②] 可称之为："历史文化生命。"[③] 显然，钱穆所称的文化生命本体论，即文化生命史观，强调的就是文化史的性质，若具有民族性则为民族文化史，而具有国家性则为国家文化史。在一个多民族的国家，这种区分的意义是不可忽视的。

第三，要注意汉民族文化史在中国文化史中的位置。对此问题要强调的是汉民族从起源到形成再到发展，都是一个从多元走向一体的过程，在这个过程中许许多多民族或族群，乃至外国民族或族群的文化不断融入汉民族文化，所以，要注意汉民族文化一方面是中国文化重要的组成部分，另一方面也是各民族文化互动交流、磨合融合的结果。

第四，要注意汉民族本身起源、形成和发展的规律与汉民族文化史的关系。任何文化都是一定民族的文化，与一个民族兴衰演进的整个历史相始终。文化是民族的灵魂，也是民族的特征，但不是先有民族文化后有民族，而是先有民族后有民族文化。也就是先要有民族这个主体的存在，然后这个主体的成员才能在其发展过程中创造和发展出属于自己的民族文化；所以说民族的存在性是第一位的。研究汉民族文化史的分期，必须把汉民族文化的发展与汉民族形成发展的历史有机地统一起来考察，从汉民族形成发展的历史变化中把握汉民族文化发展的阶段性特征，才能科学确定汉民族文化的历史分期。所以，在构建汉民族文化史时必须注意汉民族本身起源、形成和发展的规律和态势，才能真正把握汉民族文化史的分期。

第五，要注意把握汉民族文化本身发展变化的生命规律。文化是有生命的，按照生命定律，一个有生命的民族文化必然有生命的周期，即有源起、有崛起、有高峰、有低谷、有变迁、有交融、有衰退、有复兴等文化

① 钱穆：《中国文化史导论》，商务印书馆 1994 年版，第 6 页。

② 钱穆：《国史大纲》，商务印书馆 1994 年版，第 911 页。

③ 同上。

表达。从文化生命定律出发，汉民族文化史在历史的生命中也必有上述种种文化表达。仔细并准确地把握汉民族文化史的生命规律，有助于正确地把握汉民族文化史的分期。

三　汉民族文化史的分期

具有民族学、人类学意义汉民族文化史的撰述，至今尚未展开，那么，我们对汉民族文化史的分期如何构建呢？根据文化自身演进的历程，任何一个民族的文化史都有它独特的脉络和轨迹。所以，基于文化发展时间和空间两方面的特点，我们可以把汉民族文化史划分为三个时代、七个时期。三个时代，即史前汉民族文化起源时代、先秦华夏民族文化凝聚时代、秦汉到民国汉民族文化发展时代；七个时期，即史前汉民族文化的起源时期、先秦华夏民族文化的凝聚时期、从秦到汉汉民族文化的定型时期、从魏晋南北朝到隋唐汉民族文化的融会时期、从北宋到南宋汉民族文化的变古时期、从元到明汉民族文化的转型时期、从清到民国汉民族文化的开新时期。

（一）史前汉民族文化的起源时期

水有源，树有根。汉民族文化不是从天上掉下来的，也不是一蹴而就的。黄河、长江，作为汉民族的摇篮，汉民族文化起源在中华大地上。由于汉民族主源于炎黄和东夷族群集团，支源于苗蛮、百越、戎狄族群集团[①]，所以，在史前时期汉民族文化来源于炎黄文化、东夷文化、苗蛮文化、百越文化、戎狄文化。从高处蓦然回首，我们可以看到今日汉民族文化的基本方面，如男耕女织、衣食住行、纺织工艺、百草医药诸文化事项，无不是上述史前文化基因的沉淀。

（二）先秦华夏民族文化的凝聚时期

夏商周三代及春秋战国两千多年的历史，是中华大地上，形形色色的民族或族群在互动中从多元走向华夏一体。[②] 在这个历史进程中，夏民族“以铜为兵”、耜耕农业、祖先崇拜、《夏小正》，以及尚黑等文化向华夏民族文化凝聚；商民族的灌溉农业、农牧结合、青铜彝器、甲骨

---

① 徐杰舜：《汉民族发展史》，四川民族出版社 1992 年版。

② 徐杰舜：《中国民族关系发展大趋势论》，《学术探索》2011 年第 5 期。

文、万年历、重玉等文化向华夏民族文化凝聚；周民族的井田制、保“民”思想、对“天”的崇拜、敬德伦理、宗法制度、礼乐制度、青铜礼器、阴阳五行、铜鼎文字等文化向华夏民族文化凝聚。当华夏民族横空出世，凝聚而来的各民族或族群文化，在春秋战国时期，经过百家争鸣，进一步互动、磨合、整合和融合，凝聚成了牛耕农业、诸子百家、私学教育、侠义风尚、诗经楚辞等文化，为汉民族文化奠定了坚实的传统基础。

（三）从秦到汉汉民族文化的定型时期

秦汉是汉民族形成的拐点时代，也是汉民族文化形成的定型时代。在华夏民族向汉民族发展和转化的过程中，汉民族不仅完全继承了其前身华夏民族的全部文化遗产，也由于秦始皇和汉武帝的“海内为一”①，也使汉民族文化“定于一”② 而定型。如独尊儒术经学文化、三纲五常伦理文化、方块汉字语言文化、男耕女织经济文化、郡县制度文化、蒙学察举教育文化、造纸司南科技文化、华佗本草医药文化、乐府汉赋文化、传记体史学文化、佛陀老子宗教文化，凡此等等。举凡汉民族文化的基本方面均于秦汉时定型，从而形成秦汉汉民族文化吸纳性、独尊性、成熟性、定型性的特征。

（四）从魏晋南北朝到隋唐汉民族文化的融会时期

汉民族文化从定型走向高峰是在魏晋南北朝到隋唐这个时期。魏晋南北朝时发生了汉民族历史上第一次在此之中，各民族或族群四处流徙，北方匈奴、鲜卑、乌丸、氐、羌纷纷入主中原，江汉地区的部分蛮族也涌进中原，在中原地区形成汉族与匈奴、鲜卑、乌丸、氐、羌及蛮族交错杂居的局面，而北方汉族人民又大批南移，在长江及珠江流域形成汉族与蛮、俚、僚，傒等南方少数民族或族群交错杂居的局面。在这种互相嵌入的态势下，各民族或族群的文化也发生了大互动、大磨合、大整合，从而造成了各民族或族群文化的大融合，如南北学统、教育选举、历法改定、唐诗古文、胡风乐舞、人物绘画、敦煌石窟、佛教汉化，凡此等等。举凡汉民族文化的方方面面均于隋唐时由胡汉融会、南北融会而成，从而形成隋唐汉民族文化博大性、融会性、创新性、开放性的特征。

---

① 《史记·货殖列传》。

② 《孟子·梁惠王上》。

（五）从北宋到南宋汉民族文化的变古时期

高峰之后是低谷，然后不是从低谷走向衰败就是重新崛起。两宋与辽夏金元并行，汉民族文化在汉民族第二次大分裂、大动荡、大冲突和大迁徙中，不是走向衰败，而是走向变古而崛起。宋代政治生态与文化生态极不匹配，宋代政治上的变古以王安石变法为标志，却以失败而告终。而文化上的变古却创新连连，如理学创立、宗族重塑、书院兴盛、古文运动、宋词新风、贡举与制举、活字印刷、火药研制、经世史学、儒道佛合一，凡此等等。举凡汉民族文化方方面面的创新均于两宋时由变古而成，从而形成两宋汉民族文化疑古性、市井性、绚丽性的特征。

（六）从元到明汉民族文化的转型时期

屋漏偏逢连夜雨，船迟又遇打头风。汉民族文化史“命运多舛”[①]，两宋之时，在经历300多年辽夏金大冲突、大动乱的过程中，变古图新，好不容易把汉民族文化推到了一个市井化、精致化的境界，却偏偏又受到元代近九十年海啸式的文化冲击波，真是多灾多难。汉民族文化就是这样经过了400多年反反复复的折腾后进入了明代。明代开国之初，文化元气大伤，反映汉民族文化已进入衰落时期。此时此刻，汉民族文化一方面处于衰落态势，正如冯天瑜等所言：明初“整个意识形态领域呈现出一派灰暗沉闷的现象。士民生活亦受礼制严格约束，拘谨、守成、俭约”[②]。而另一方面，明代中后期是中国经济社会发展的一个重要拐点，即封建生产方式内在矛盾的深化，商品经济出现了前所未有的发展态势，特别是商人的崛起，他们的巨额财富，以及追逐奢侈豪华的生活，在中国传统的自然经济板块上撬开了一条缝，为资本主义的萌芽提供了社会“温床”；更何况随着传教士来华和西学的传入，为汉民族开通了与西方文化互动交流的道路，这不仅为中国资本主义萌芽的生长开辟了一条重要途径，也使一股别开生面的新鲜文化潮流涌动于传统文化结构之中。[③] 明代社会的这种转型导致明代汉民族文化的转型，如理学向心学、重农向崇商、宗族制度向基层组织、传统城市向风情城市、官家修史向私家撰史、诗词风尚向言情小说、北曲杂剧衰微向南曲戏文兴盛、尚朴向竞奢、道教由盛而衰、书

---

① （唐）王勃：《滕王阁饯别序》。

② 冯天瑜、何晓明、周积明：《中华文化史》，上海人民出版社1990年版，第769页。

③ 同上书，第770—771页。

院向正规化，凡此等等。举凡汉民族文化方方面面的变迁均于明代由转型而成，从而形成明代汉民族文化暮沉性、逾制性、崇商性、竞奢性的特征。

（七）从清到民国汉民族文化的开新时期

从14世纪到17世纪，欧洲的文艺复兴使西方已完成了从中世纪向近代社会的转型，但命运多舛的汉民族文化在明代的转型还没有完成，就又遭受到清初对其的文化围剿。此后，满汉互动，西学冲击，汉民族文化在清代的“闭关”之下，虽仍有所发展，但由于“年老体衰”，在世界大踏步地走向近代化之时，清入关267年，汉民族文化始终在“传统”中裹足不前，从而与世界历史的进程拉开了距离。辛亥革命，民国建立，“五四”风暴，德、赛先生文化启蒙，中国与世界终于接轨，从而导致汉民族文化与世界文化的接轨，如从经世思潮到“中体西用”、从重农到重商的功利主义、从洋务运动到近代工业、从“变易”观到“进化”论、从尊孔反孔到“打倒孔家店”、从文化启蒙到科学民主、从书院到学堂、从古典小说到左翼文学运动、从文体革命到汉语拼音、从六经皆史到史界革命、从佛教革新到基督教中国化、从三民主义到马克思主义、从太平天国到“十月的风”，凡此等等，举凡汉民族文化方方面面的接轨均于民国由接轨而成，从而形成民国汉民族文化革命性、民族性、世俗性、国际性特征。

历史就是一个过程。从整体上看，汉民族文化的生命过程经历了起源、凝聚、定型、融会、变古、转型、接轨等具体过程，已走过了风风雨雨、坎坎坷坷、五六千年高峰低谷的历程，现在正走在与世界接轨而新生、而复兴的大路上。

汉民族文化史分期所展示的汉民族文化历史变迁轨迹，一下子把人们推上了汉民族文化的制高点，去感受汉民族文化史分期的学术价值，即：

第一，可以感受到汉民族文化的历史生命力。

第二，可以感受到汉民族文化的历史胸怀。

第三，可以感受到汉民族文化的历史定力。

第四，可以感受到汉民族文化的多元张力。

第五，可以感受到汉民族文化的多彩魅力。

第六，可以感受到汉民族文化的灵魂呼唤。

如果用一句话来概括汉民族文化史分期的学术价值，那就是，俱往矣，汉民族文化史是指向汉民族未来的巡礼。

汉民族文化史编(上)

一个民族的文化史是一条多彩的江河。

历史悠久而连绵的汉民族的文化史是一条多彩的大江大河。

根据文化自身演进的历程，任何一个民族的文化史都有它独特的脉络和轨迹。所以，基于文化发展时间和空间两方面的特点，我们可以把汉民族文化史划分为三个时代，即史前汉民族文化起源时代、先秦华夏民族文化凝聚时代、秦汉到民国汉民族文化发展时代。在这个大体的分期中，本编呈现史前汉民族文化的起源、先秦华夏民族文化的凝聚、从秦到汉汉民族文化的定型、从魏晋南北朝到隋唐汉民族文化的融会四个时期，汉民族多彩而丰富的文化图像。

第一章　文化底蕴：汉民族文化的来源

水有源，树有根。汉民族文化的来源是一个体系。这个体系包含了由表及里、共性和个性、线性和非线性[①]等特征，是对汉民族文化整体审视源头的探索。汉民族文化的来源正是文化底蕴沉淀的表征，即呈现方式。

汉民族文化来源要探索的就是其文化底蕴从何而来？文化底蕴是指对汉民族传统文化的深厚了解。其是促使一个民族长久、健康发展的精神动力、精神支撑的综合体。因为是“底蕴”，所以它不张扬，往往隐含在各种事物的深处，像“春雨润物细无声”；其无影无踪，却又无处不在，且无时无刻地影响着一个民族的行为方式。

汉民族文化发生在中华大地，有四个摇篮，即黄河、长江、辽河、珠江；五个来源，即炎黄文化、东夷文化、苗蛮文化、百越文化、戎狄文化。万千年来，正是这些文化的沉淀，从而建构了汉民族文化的底蕴。

第一节　汉民族文化发祥的空间

汉民族文化起源于何地？发生于何处？这是有关汉民族文化的空间问题，或者说汉民族文化的根落何处？

汉民族文化的根落在中华大地上。中华大地是东亚的主体部分。东亚是一个半封闭的大陆，其地势西高东低，西部有巍峨的青藏高原、帕米尔

---

① 线性（linear），指量与量之间按比例、成直线的关系，在空间和时间上代表规则和光滑的运动；非线性（non - linear）则指不按比例、不成直线的关系，代表不规则的运动和突变。

高原、云贵高原、黄土高原和内蒙古高原，以及喜马拉雅山、喀喇昆仑山、昆仑山、祁连山、横断山、哀牢山、苗岭、乌蒙山、大娄山、武陵山、秦岭、太行山脉、贺兰山、阴山山脉、大兴安岭等山脉，以及塔克拉玛干沙漠、古尔班通古特沙漠、巴丹吉林沙漠、腾格里沙漠、库姆塔格沙漠、乌兰布和沙漠和柴达木盆地中的沙漠，把中华大地与西亚阻隔开来；东部濒临浩瀚的太平洋中华大地与其他隔绝开来。[①] 就是这块由高原、高山、沙漠和大海围护所形成的地理结构，中间又有黄河、长江、辽河、珠江从西而东奔腾万里而注入太平洋，加上典型的季风气候，气候湿润温和，适宜农耕和游牧，于是，在黄河、长江、辽河、珠江的摇篮中发生和孕育了汉民族的文化。

为什么黄河、长江、辽河、珠江会成为汉民族文化的摇篮？

因为水是生命的要素，江河在人类文明史上是不可或缺的角色，不仅是文明起源和发展的重要时空语境，也是历史以来各民族或族群文化交流、互动、认同、冲突的孔道、边界和前沿。此外，江河还作为重要的文化符号在各民族或族群文化体系中具有深远的社会历史意义。正如李菲所说："借用神话—原型理论来讲，无论是在族群社会的文化表达体系中，还是在人类学研究的学术脉络体系中，'江河'均已成为一个标志性的'原型'与'母题'。"[②]

众所周知，传统的说法黄河是中国文化，亦可以说是汉民族文化的摇篮。Chaolong Xu 指出，在中国历史上，"黄河文明"一直被视为中华文化的摇篮，以及中国超出四千年文明进程的唯一中心。然而，长江流域的考古学成果表明，上述观念很可能是一种虚幻的想象。包括河姆渡遗址等大批考古学证据表明，中华文明在长江流域的发源可以追溯到五千年前。在政治中心迁移到黄河流域之前的一千多年前，长江流域的人们就在中华大地上创造了杰出的文明。[③] Y. Y. Li 与 K. J. Willis 等根据来自中国内蒙古辽河西部流域的古生态证据认为，人类大约在 8000 年前就在本区域发展了

① 参阅《中国地理概览》，东方出版中心 1996 年版，第 10—11、99—100 页。

② 李菲：《西方人类学与江河文明研究的新发现》，第 12 届人类高级论坛参会论文，重庆文理学院，2013 年 10 月 18—23 日。

③ Chaolong Xu, Viewing the Reconstruction of the Framework of Chinese Civilization, *Japan Review*, 1997, No. 9, pp. 205 - 222. 转引自李菲《西方人类学与江河文明研究的新发现》，第 12 届人类高级论坛参会论文，重庆文理学院，2013 年 10 月 18—23 日。

农耕和牧业等早期活动。因而中国东北地区的辽河流域西部也应该被视为是早期中华文明发源的摇篮之一。[①] Andrew Lawler 由此提出了“在黄河之外：中国何以成为中国”的问题。从更广阔的视域出发，他概述了过去二十年间中国大地上诸多激动人心的考古发现：从北部的满洲里到西部的成都平原，再到南方的沿海地区，考古发掘揭示了许多与黄河文明截然不同的复杂的早期文明，每一种文明都有自身代表性的史前古器物系统和发展传统。这些分布广泛的早期文化同样孕育了中华传统的种子。这些发现极大地挑战了“一元论”的华夏起源观，形成了新的“多元论”观。[②] 华夏早期文明史，即汉民族文化起源史的重大改写，将极大地还原汉民族文化起源的真相。[③]

对此，历史学家吕思勉早就认识到江河对汉民族文化发祥地的意义和价值，他在《中国文化史》中说：

> 亚洲的东部，在世界上，是自成其为一个文化区域的。这一个区域，以黄河、长江两流域为其文化的中心。其北为蒙古高原，便于游牧民族的住居。其南的粤江、闽江两流域，则地势崎岖，气候炎热，开化虽甚早，进步却较迟。黄河、长江两流域，也不是没有山地的，但其下流，则包括淮水流域，以古地理言之，则江、河之间，包括淮、济二水。今黄河下流，为古济水入海之道，黄河则在今天津入海，扩展为一大平原，地味腴沃，气候适宜，这便是中国民族的文化最初函毓之处。汉族，很早的就是个农耕民族，惯居于平地。[④]

---

① Y. Y. Li, K. J. Willis, L. P. Zhou, and H. T. Cui, The Impact of Ancient Civilization on the Northeastern Chinese Landscape: Palaeoecological Evidence from the Western Liaohe River Basin, Inner Mongolia, *The Holocene*, December 2006, pp. 1109 - 1121. 转引自李菲《西方人类学与江河文明研究的新发展》，第12届人类高级论坛参会论文，重庆文理学院，2013年10月18—23日。

② Andrew Lawler, Beyond the Yellow River: How China Became China, *Science*, Aug. 2009. 转引自李菲《西方人类学与江河文明研究的新发展》，第12届人类高级论坛参会论文，重庆文理学院，2013年10月18—23日。

③ 李菲：《西方人类学与江河文明研究的新发展》，第12届人类高级论坛参会论文，重庆文理学院，2013年10月18—23日。

④ 吕思勉：《中国文化史》，新世界出版社2008年版，第301页。

一　黄河：汉民族文化的发祥地之一

滚滚黄河，从远古时代开始，就哺育着汉民族先民的生息和繁衍，在太荒年代，就响起了人类远祖蹒跚学行的足音，终而成为汉民族文化的摇篮。

黄河，是中国的第二长河，发源于青藏高原巴颜喀喇山北麓，曲折东流，经青海、四川、甘肃、宁夏、内蒙古、山西、陕西、河南、山东九个省、自治区，成一巨大的“几”字形，注入渤海，全长5464公里，流域面积约75万平方公里。黄河古称“河”，《尔雅·释水·河曲》即称：“河出昆仑虚。”因“河水重浊，号为一石水而六斗泥”[①]，所以《水经注·河水》云：“河色黄者，众川之流，盖浊之也”，“是黄河兼浊河之名矣”。[②] 宋代才被人们普遍称为“黄河”，简称“河”。

黄河中下游的华北平原本来是一个大海湾，是由黄河冲积而成。北宋沈括在《梦溪笔谈·杂志一》云：“予奉使河北，遵太行而北，山崖之间，往往衔螺蚌壳及石子如鸟卵者，横亘石壁如带。此乃昔之海滨，今东距海已近千里。所谓大陆者，皆浊泥所湮耳。尧殛鲧于羽山，旧说在东海中，今乃在平陆。凡大河、漳水、滹沱、涿水、桑干之类、悉是浊流。今关陕以西，水行地中，不减百余尺，其泥岁东流，皆为大陆之土，此理必然。”正是滚滚黄河千百万年以来造地运动的结果，给汉民族造就了一个童年的摇篮。

黄河流域的自然条件十分适宜古人类的居住，然而就黄河流域的各个地区来说，情况却是千差万别。远古人类的生产工具极其简陋，生产力水平极为低下，他们只能选择同他们的生产力水平相适应的地方居住、活动。黄河干流有的地段从高山峡谷中穿过，那里峭壁林立，崖陡谷深，水流湍急，既不便于人们提取用水和交通往来，也不便于开展生产活动；有的地段从开阔的平原上流过，那里又常常发生洪水泛滥，河流改道，使人类的生命遭到严重的威胁，人们避之唯恐不及。而黄河许多支流的两侧，往往有较大面积的冲积平原和较为宽广的台地。这些平原和台地多沿山麓分布，依山傍水，既便于人们进行生产活动，洪水到来时也可以跑上台地

---

① 《汉书·沟洫志》。

② （北魏）郦道元原注，陈桥驿注释：《水经注》，浙江古籍出版社2000年版，第2页。

或登上附近的山岭去躲避，往往就成为远古人类首选的居住地。因此，从青海的湟水河两岸到山东的大汶河流域，黄河的众多支流两侧，便分布着数以万计的古人类活动遗址。钱穆曾说：中国文化发生，所依凭的是黄河的各条支流。每一支流之两岸和其流进黄河时两水相交的那一个角里，却是古代中国文化之摇篮。那一种两水相交而形成的三角地带，这是一个水桠杈，中国古书里称之曰“汭”，汭是在两水环抱之内的意思。①

迄今为止，黄河流域发现的旧石器时代早期文化遗址，年代最早的是山西芮城县境内的西侯度文化，距今已有180万年。创造西侯度文化的西侯度人，是我们目前已知的在黄河摇篮中哺育的第一代汉民族先民的儿女。西侯度人是由曙猿一步步进化而来的，属于猿人。猿人虽然还保留着许多猿类的体质特征，但他们和猿类已有本质的区别，即他们能够劳动，并能制造工具。在西侯度遗址中，出土了三十余件石器。这些石器是使用直接打击法，从石材上获取石片，再将石片加工制作成用来刮削木棒、割剥兽皮的刮削器、砍伐树木的砍斫器、挖掘植物块根的三棱大尖状器。西侯度人就是使用这些粗糙的石器和木棒，集体采集植物的根、茎、果实和可供食用的嫩叶，有时也猎取一些野兽。西侯度人已经懂得用火，在遗址中留下了一批用火烧过的颜色特殊的兽骨化石和鹿角、马牙化石。这是世界上用火的最早记录。

继西侯度人之后，黄河又用她的乳汁养育了一批又一批儿女。他们主要分布在黄河的中游地区，留下了许多旧石器早期的文化遗存。其中主要有距今一百万年左右的陕西蓝田县灞河东岸王公岭遗址，距今七十万至二十万年的北京周口店龙骨山北京人遗址，距今约六十万年的山西芮城县西侯度南的匼河遗址，距今约五十万年的陕西蓝田县灞河西岸陈家窝遗址等。

关于汉民族文化在黄河流域的发迹，有许多神奇的传说。女娲抟土造人、炼石补天，就是流传极广的故事。许多地方为此还兴建了纪念女娲的建筑物，如河北涉县凤凰山有娲皇宫，河南西华县有女娲城、女娲坟，山西洪洞县赵城镇有女娲陵、女娲庙，陕西临潼骊山有女娲祠，甘肃天水秦安传说是女娲的出生地，建有女娲庙。对女娲的传说源远流长，如骊山的女娲祠每年农历六月，当地百姓都要在这里举行庙会，祭祀女娲。每年的

① 钱穆：《中国文化史导论》，九州出版社2011年版，第2页。

正月二十日还要过女皇节，又称女娲生日、女娲补天节。过节时，家家要做“补天饼”，抛到屋顶，象征补天，抛到地下、井里，象征补地。直到今天，临潼还有“补天饼”“女娲包子”等小吃，呈现出对远古先祖的历史记忆。

进入旧石器时代中期，在黄河流域的许多地方发现了旧石器时代中期的文化遗存，其中以距今 23 万—18 万年的陕西大荔县甜水沟遗址、距今 15 万—10 万年的山西襄汾县丁村遗址、距今约十万年的山西阳高县许家窑遗址最为著名。及至旧石器时代晚期，汉民族远古先民在黄河的活动范围大大扩展。东起山东，西到甘肃、青海，北到宁夏、内蒙古，南至河南，整个黄河流域都遍布着他们的足迹，留下了许多文化遗存。其中，比较重要的有河南许昌市灵井遗址、宁夏灵武市的水洞沟遗址、内蒙古乌审旗的萨拉乌苏河大沟湾遗址即河套人遗址、山西朔州市峙峪遗址、河南安阳市小南海洞穴遗址、陕西韩城市禹门遗址、甘肃环县刘家岔遗址、北京周口店龙骨山山顶洞人遗址、内蒙古呼和浩特市东郊大窑遗址、山西沁水县下川遗址等。

大约一万七千多年前，黄河流域跨入了以农业生产为主要标志的新石器时代。早期的文化遗存，有北京门头沟东胡林村遗址、河北徐水县南庄头遗址、青海贵南县拉乙亥遗址；中期的文化遗存，有主要分布于中原地区的裴李岗文化，冀南和豫北的磁山文化，渭河流域和陕西汉中地区的老官台文化，鲁西地区的后李文化；晚期的文化遗存，有主要分布于北京地区的上宅文化，渭河流域、河南大部、晋南、冀南、陕西汉中地区的仰韶文化，陇东山地、陇西平原、宁夏清水河流域、青海贵德盆地和甘肃武威以东的马家窑文化，甘、青境内黄河沿岸及其支流渭河、洮河、大夏河和湟水流域、宁夏南部与内蒙古西部的齐家文化，鲁西地区的北辛文化，山东大部和苏皖的淮北地区的大汶口文化。

汉民族的远古先民开始在黄河支流岸边的高台地定居下来，从事原始的农业生产。考古发现证实，远在七八千年前，黄河流域已经普遍种粟，有了比较成熟、初具规模的粟作农业。粟俗称谷子，在古代曾被统称为稷。距今七千三百年左右的河北磁山遗址曾发现 364 个长方形窖穴，其中 88 个窖穴的底部都堆积着粮食，这是中国年代最早的粟的实物，也是世界上最早的粟的实物遗存，证明黄河流域是粟的起源中心。此外，磁山文化的河北武安牛洼堡和西万年遗址、裴李岗文化的河南新郑裴李岗和沙窝李、许昌丁庄遗址、老官台文化的渭南北刘遗址、仰韶文化的陕西半坡遗址等，都有粟出土，说明粟在这个时期已成为黄河流域一带居民的主要粮食。除了粟，粟的另一个品种黍，也在某些地方开始种植，老官台文化的甘肃秦安大地湾遗址、仰韶文化的陕西姜寨遗址、河南新郑大河村遗址等，都发现过黍的实物遗存。①

特别值得提出的是新石器时代仰韶文化和龙山文化。仰韶文化距今六千至五千年，主要分布于黄河中下游，以陕西渭河流域、山西西南和河南西部的狭长地带为中心，东至河北中部，南达汉水中上游，西及甘肃洮（táo）河流域，北抵内蒙古河套地区。仰韶文化辐射区域广大，从现在已发掘的近百处遗址看，出土文物均反映出统一的文化特征。生产工具以较发达的磨制石器为主，常见的有刀、斧、锛、凿、箭头、纺织用的石纺轮等。骨器也相当精致，有骨制的鱼钩、鱼叉、箭头等。有较发达的农业，作物为粟和黍。饲养的家畜主要是猪，并有狗，也从事狩猎、捕鱼和采集。特别引人注目的是陶器上精美的装饰图案，纹饰有宽带纹、网纹、花瓣纹、鱼纹、弦纹和几何图形纹等，形成仰韶文化独有的彩陶文化。② 而龙山文化处于中国新石器时代晚期。这个时期汉民族先民的农业和畜牧业较仰韶文化有了很大的发展，生产工具的数量和种类大为增多，快轮制陶技术比较普遍，大大提高了生产效率。同时，占卜等巫术活动也较为盛行。当时已进入父权制社会，私有财产已经出现，开始跨入阶级社会的门槛。

综上所述，可见黄河中下游，包括汾河、渭河、泾河、洛河、沁河等大支流在内的黄土河谷地带，由于河谷的河坎高出洪水线，既可避免水害，又利于穴居。加之黄土疏松易碎，土壤肥沃，既适宜原始农耕，又为制造陶器提供了好原料。所以在黄河流域孕育出了蓝田人、南召人、大荔人、丁村人、许家窑人、峙峪人、河套人、新泰人等一个又一个原始族群。与此同时，据历史记载的传说时代，汉民族的两大主题：炎黄和东夷就活动在黄河中下游，及至文明时代的到来，支源之一的戎狄就活动在黄河上中游。中国最早的夏民族就发祥于河、洛流域，沿黄河边从西向东发

---

① 以上参阅陈梧桐、陈名杰《黄河传》，河北大学出版社 2008 年版，第 52—65 页。

② 参阅徐杰舜、余淑玲《中华民族史记 · 根的记忆》，福建教育出版社 2014 年版，第 137—139 页。

展；商民族则发祥于黄河下游，自东向西发展；周民族也自西向东发展，纵横于黄河中下游广大地区。进入春秋战国时代，黄河流域又成了民族融合的大熔炉，铸成了华夏民族的主体部分。《黄河颂》唱得好：

啊！黄河！
你是中华民族的摇篮，
五千年的古国文化，
从你这儿发源，
多少英雄的故事，
在你身边扮演。
啊！黄河！
你是伟大坚强！
像一个巨人出现在亚洲平原上，
用你那英雄的体魄筑成我们民族的屏障。
啊！黄河！
你一泻万丈，
浩浩荡荡，
向南北两岸伸出千万条铁的臂膀。
我们民族的伟大精神，
将要在你的哺育下发扬滋长！①

所以，我们有足够的理由证明黄河流域是汉民族发源地之一。梁漱溟认为中华民族是唯一生长于温带也是第一个生在地上的民族。他说：

中国民族是世界一切古文化民族中，唯一生长于温带而非生长于热带的民族。中国文化不起于肥饶的扬子江流域或珠江流域，而起于比较贫瘠的黄河平原。原始的中国人，无论是西方侵入，或由土著开化而来，总之有史之初他们所处的自然环境，是比较清苦的。这里没有像尼罗河流域那样定期泛滥，亦没有像恒河平原那样丰富的物产。黄河大约在古代已经不断地给予两岸居民以洪水的灾害。西北方山脉

① 见光未然词、冼星海曲《黄河大合唱》。

高度，挡不住沙漠吹来的冷风。人类在洪水期间，就只好躲到山西西南部的高原里去，和毒蛇猛兽争山林之利。黄河既然不好行船，因此交通比较困难，只是变换的机会较少。人们需要终日胼手胝足，才能维持他们的生活，因此没有余暇以骋身外之思。……中国民族是第一个生在地上的民族；古代中国人的思想眼光，从未超过现实的地上生活，而梦想什么未来的天国。①

陈正祥在《中国文化地理》中云："中国文化以汉族文化为主体，亦称华夏文化或中华文化。汉文化最先发祥于黄河中游的黄土谷地，包括汾河、渭河、泾河、洛河、沁河等大支流的河谷；也就是仰韶文化或彩陶遗物分布的核心地区。此一地区，自然条件便利于原始农业的发展。"② 正因为汉民族的主源炎黄和东夷族群集团都起源于黄河流域，所以黄河是汉民族文化的重要发祥地，这是黄河最值得骄傲，也是汉民族最应该敬重的一条母亲河。

二　长江：汉民族文化的发祥地之二

浩浩长江，从远古时代开始，也哺育着汉民族先民的生息和繁衍，而成为汉民族文化的又一个摇篮。

长江，是中国第一大河，发源于青藏高原唐古拉山主峰的西南侧的沱沱河，蜿蜒东南流，经青海、西藏、四川、云南、湖北、湖南、江西、安徽、江苏、上海十个省、自治区、直辖市，注入东海，全长 6300 公里，它有 18 条大的支流，串联了 4 大湖泊，流域地区还包容了甘肃、贵州、陕西和浙江的部分地区，流域面积达 1808500 平方公里，占全国耕地面积的 1/4，居住着全国 1/3 的人口。长江古称"江"，《尚书·禹贡》即称："江、汉朝宗于海。"后人们又因其长而称之为"长江""大江"③。另外，长江之各段又有别名，沱沱河以下称通天河；四川宜宾以上为金沙江，宜宾以下姑称长江，但宜宾至湖北宜昌之间又惯称川江；扬州以下称扬子江。长江支流流域面积超过 1 万平方公里的有 48 条；5 万平方公里以上

① 梁漱溟：《中国文化要义》，上海人民出版社 2011 年第 2 版，第 92—93 页。
② 陈正祥：《中国文化地理》，生活·读书·新知三联书店 1983 年版，第 1 页。
③ 参阅《水经注·江水》。

的有雅砻江、岷江及其支流大渡河、嘉陵江、乌江、沅江、湘江、汉江和赣江等 9 条。其中雅砻江、岷江、嘉陵江和汉江超过 10 万平方公里，以嘉陵江流域面积最大，约 16 万平方公里。而且中国大部分的淡水湖分布在长江中下游地区，面积较大的有鄱阳湖、洞庭湖、太湖和巢湖。从镇江至江口，长约 312 公里，长江在江口附近接纳支流黄浦江。流经长江三角洲时，在江阴附近江面束窄，仅宽 1200 余米，向东至长江口宽达 91 公里，呈喇叭状。长江每年挟带入海的泥沙约 4.86 亿吨，在长江口至杭州湾一带落淤，形成许多暗沙和沙洲。三角洲自全新世以来年均向海推进约 40 米。这浩浩长江流域，大部分地区为亚热带季风气候，也是适宜人类绵绵瓜瓞、生息繁衍的地方。①

在长江的滋润和哺育之下，大江上下，与黄河流域一样遍布了古人类活动的遗迹。旧石器时代早期有巫山猿人和“鄂西臼齿”、郧县猿人、郧西猿人、和县猿人、巢县人、贵州观音洞文化和湖北大冶县章山乡石龙头发现的文化遗存。旧石器时代晚期长江流域现已发现晚期智人的人骨化石的主要地点有：四川资阳黄鳝溪发现 1 个头盖骨和 1 块完整的骨性硬腭，还发现骨锥 1 件。贵州普定县的穿洞发现 1 个头骨和石制工具等。云南丽江收集到 3 段股骨，其后在木家桥又发现 1 个少女的头骨化石。江苏泗洪下草湾发现 1 段股骨。此外，在广西柳江发现 1 个完整的头骨和胸椎、腰椎、骶骨、肋骨等。考古学家认为这些人骨化石从体质特征上看，与现代人基本相类同，并且还认为“已具有黄色人种的大多数基本特征，例如：颧骨较大而向前凸出，鼻骨低而宽，鼻梁稍凹，鼻根点并不低陷。梨状孔宽，其下缘不成锐缘而低凹。鼻前棘小，犬齿窝不明显，齿槽凸颌程度中等。有下颌圆枕，上门齿呈铲形等”②。正如吴汝康所说：这些是现代蒙古人种中常见的体质形态。“在中国发现的直立人直到晚期智人中都经常出现。显示它们与黄种人和现代中国人之间存在着连续性，有着亲缘上的继承关系。”③

长江下游的新石器时代文化主要有浙江宁绍平原的河姆渡文化，太湖流域的马家浜文化、崧泽文化、良渚文化，江苏宁镇地区的北阴阳营文

---

① 参阅《中国地理概览》，东方出版中心 1996 年版，第 164—167 页。

② 吴汝康、吴新智、张森水主编：《中国远古人类》，科学出版社 1989 年版，第 57—58 页。

③ 吴汝康：《古人类学》，文物出版社 1989 年版，第 206 页。

化，安徽江淮地区的薛家岗文化。河姆渡文化是长江流域汉民族先民的代表，其社会经济以稻作农业为主，兼营畜牧、采集和渔猎，且木作工艺、骨器制作、编织业、纺织业都比较发达，并出土了中国迄今最早的漆器、最早的水井遗址及干栏式建筑等，给以农为本的汉民族带来绿色文明的曙光。[①] 良渚文化分布在太湖流域一带，内涵非常丰富，尤其是玉器的大量出土，几乎达到无墓不出玉的程度，正好与《越绝书》中所说的“以玉为兵”[②] 的玉器时代相吻合。

长江中游的新石器时代文化，在江汉地区主要有彭头山文化、大溪文化、屈家岭文化、石家河文化；在地处长江中下游之交的鄱阳湖及赣江流域一带，则分布着一些具有一定地域特征的新石器时代文化遗存，具有代表性的有万年仙人洞遗址和修水山背文化遗址。以大溪文化为例，其是新石器时代晚期母系社会的重要遗迹，距今6500—5000年，其分布范围西越三峡到渝东，南到湘北洞庭湖一带，北到汉水中游的钟祥、京山，东到洪湖和武汉三镇。大溪文化发掘出土的文物相当丰富，石器、陶器都颇有特点，骨器很多，且保存完整，还有玉器，陶器以红陶为主。大溪人以农业为生，已开始种植水稻，在遗址残存的房屋建筑墙体和夹砂陶器中都发现有稻叶和稻壳等痕迹；遗址中还出土有猪、牛、羊等动物的骨骼，文化层中发现有很厚的鱼骨堆积，说明捕鱼在当时的三峡地区已成为主要的生产活动。继之而来的是屈家岭文化，大体和黄河中游的仰韶文化晚期和龙山文化早期相当。其分布范围较广，西越宜昌但未进入重庆境内，北达河南西南部的南阳地区，东未超出湖北境内，南达洞庭湖一带，在长江中游经历了相当长的时期，为开发长江中游的汉民族文化做出了重要贡献。

在长江上游的云南、贵州、四川等地，也曾发现有不少新石器时代文化遗址，如云南已知新石器时代遗址和石器出土地点达300多处，其中较重要的有宾川白羊村遗址，元谋大墩子遗址，晋宁石寨山遗址，昆明官渡遗址，耿马南碧桥洞穴遗址，宣威尖角洞遗址，永仁菜园子遗址及抚仙湖、杞麓湖沿岸遗址和怒江流域遗址等处。贵州地区迄今已知有中河、可

---

① 徐杰舜、余淑玲：《中华民族史记 · 根的记忆》，福建教育出版社2014年版，第150—153页。

② 《越绝书外传 · 记宝剑》。

乐、白云、青场等处。四川长江上游地区则以川西南的礼州遗址最具典型，被定名为“大墩子—礼州文化”[①]。此外，广西桂林甑皮岩遗址和福建闽侯昙石山等，也是长江以南地区重要的新石器时代文化遗址。这些文化遗址无不都是长江上游汉民族先民创造文化的呈现。[②]

从上可见，长江流域新石器时代文化显示出了比黄河流域更为丰富多彩的画面，在其下游有河姆渡文化—马家滨文化—良渚文化序列，在中游有大溪文化—屈家岭文化—青龙泉第三期文化序列等。进入文明时代以后，土生土长纵横于江汉的楚民族，与崛起于江南的越民族登上了长江流域的历史舞台。

在这里，有一个问题值得探讨，那就是史前文化比黄河流域显得更悠久、更丰富多彩的长江流域，为什么开发得比较晚？众所周知，原始氏族公社时代是一个生产力水平极其低下的社会，当原始人的生活来源还必须完全依靠大自然的赐予之时，长江流域湿热的气候、丰富的植被、稠密的水网就特别有利于原始人进行采集和狩猎。马克思在《资本论》第一卷中说过：

> 撇开社会生产的不同发展程度不说，劳动生产力是同自然条件相联系的。这些自然条件都可以归结为人本身的自然（如人种等等）和人的周围的自然。外界自然条件在经济上可以分为两大类：生活资料的自然富源，例如土壤的肥力，渔产丰富的水等等；劳动资料的自然富源，如奔腾的瀑布，可以航行的河流、森林、金属、煤炭等等。在文化初期，第一类自然富源具有决定性的意义；在较高的发展阶段，第二类自然富源具有决定性的意义。[③]

相比之下，长江流域的“第一类富源”比黄河流域丰富，为原始人

---

① 参阅《文物》月刊编辑委员会编《文物考古工作三十年》，文物出版社1981年版；中国社会科学院考古研究所编著《新中国的考古发现和研究》，文物出版社1984年版；《中国大百科全书》（考古学），中国大百科全书出版社1986年版；《文物》月刊编辑委员会编《文物考古工作十年》，文物出版社1991年版。

② 以上参阅李学勤、徐吉军主编《长江文化史》（上），江西教育出版社2011年版，第3—14页。

③ 《资本论》第1卷，人民出版社1975年6月版，第560页。

的采集和狩猎提供了丰厚的自然富源，所以相对来说，长江流域的开化就比黄河流域早，而且表现得要丰富多彩一些。

但是随着原始社会生产力水平的提高，特别是工具的改进，粗笨的石器过渡到了弓箭，狩猎生活过渡到驯养动物和原始畜牧，石器过渡到金属工具，采集生活过渡到种植植物和原始农业。因此，随着社会劳动大分工一次又一次地出现，人们对自然赐予的依赖也逐步减小，“第二类自然富源”的决定作用也就越来越大。而这时，相比之下，黄河流域所提供的自然条件都更适合于原始人类的居住。当时的华北平原，由于黄河的冲积，草原土质松软，养分丰富，特别易于耕作，又比较便于穴居。这一点，对于当时要使用石、骨、木制工具，少量使用金属工具的原始人类来说，有着特别重要的意义，于是黄河流域后来居上，旧石器时代黄河流域的开化虽然较晚于长江流域，但经新石器时代仰韶文化、龙山文化的充分发展，夏王朝的建立，揭开了汉民族文明史的第一页。

相比之中，在人们对大自然的赐予逐步缩小的条件下，长江流域的自然条件虽然优于黄河流域，但在生产工具相对来说又还是比较落后的原始社会，甚至是奴隶社会，它并不适宜人类的生存。因为当时的长江流域森林茂密，沼泽遍地，湖泊星罗，气候湿热，不仅土质黏性强，难于开垦，而且毒蛇猛兽多，不利居住，直到战国之时，《禹贡》把全国的土地分为九等，其中陕西黄土地带的地最好，为上上等，河北、河南、山东一带黄河中下游为中上、中中和上中、上下等，而长江中游和下游的“荆州”和“扬州”地区，则为下中和下下等。所以长江流域在人们的心目中一直是一个未开发的穷荒、险恶之地。司马迁在《史记·货殖列传》中即说“江南卑湿，丈夫早夭”。西汉时的大文学家贾谊被任命为长沙王太傅，他也认为“长沙卑湿，……以为寿不得长”[①]。这里所指的越、楚之地，就是今天自然条件最好的西湖和江浙地区，而当时长期被人们视如畏途。其实，想一想今天的海南岛虽然一年三熟，自然条件比西湖、江浙更好，但海南岛却是未开发的地区，这就不难理解长江流域为什么比黄河流域开发得晚的原因了。

这样，长江流域旧石器时代的文化甚至显示出了比黄河流域更为久远的历史，列表如下：

① 《汉书·贾谊传》。

长江流域与黄河流域旧石器时代的文化比较

	长江流域		黄河流域	
	含有人化石的	仅有文化遗物的	含有人化石的	仅有文化遗物的
旧石器时代早期文化	鄂西南猿（?）			
	郧县人		蓝田人（公王岭）	
	郧西人		南召人	
	南召云阳人	黔西观音洞	蓝田人（陈家窝子）	芮城匼河
	和县龙潭人	大冶石龙头		三门峡兴会
		房县莲花湾兔子洼		陕县张家湾
		南召小空山		垣曲南海峪河南村
				潼关张家湾
				呼和浩特大窑南山
旧石器时代中期文化	桐梓人		大荔人	交城范家庄曲沃里村西沟镇原张家湾
	长阳人		丁村人	
	水城人		许家窑人	
旧石器时代晚期文化	丽江人	元谋四家村	峙峪人	沁水下川、清水河喇嘛湾、灵武水洞沟、环县楼房子、安阳小南海、呼和浩特大窑村、镇原黑土梁、庄阳巨家塬
	铜梁人	汉源富林	河套人	
	溧水人	小院区鲫鱼桥	新泰人	
	下草湾人	青海霍霍西里		
	资阳人（?）	房县兔子洼		

资料来源：周国兴：《长江流域——中华民族远古文明的又一摇篮》，《史前研究》1983年第2期。

尽管长江流域比黄河流域开发得晚，但随着社会的发展，生产工具和技术的不断改进和提高，本来给发展社会生产力带来困难的上述种种不利的自然条件也逐步向有利方面转变，充沛的雨水、热湿的气候、星罗棋布的湖泊、纵横交错的水网，都成了发展水田的有利条件，于是汉民族经济、文化的重心便逐步南移，在魏晋南北朝、隋唐和两宋时期，长江流域也成了汉民族大发展的历史舞台。《长江，中国的龙》写得好：

长江，你是飞腾的
中国的龙
你，金鳞闪闪
湍急咆哮，排山倒海
破壳于冰塔玉柱的格拉丹冬
你，吞云吐雾
背负青天，气贯九霄
归宿在瑰丽的海洋迷宫

一万二千里彩色的土地
一千几百重绚丽的山河
和你情意绵绵，伴随始终
一沟一壑，一山一脉
展现着你一副嶙峋傲骨
和一个水火凝铸的传统

几亿亩被开拓的土地
几亿顷被哺育着的森林
每一丝筋脉和你息息相通
蜿蜒千万载的艰辛流程
刻写下卷帙浩繁的江史

记录着无数水系的皈依顺从
你带着巴颜喀喇的深深祝福
带着通天河的赞颂
冲破那横断山脉的陡峭峡谷
告别那昆仑山的莽莽冰川
哪一步不势吞霄汉气贯长虹

……

多少回急剧的河岳升迁
多少回天地的频频重造
多少回山崩地裂的板块挫动
万物都纷纷改变着自己
只有你恪守着一个信念
始终不渝地奔腾向东
源头那晶莹饱满的一滴
是你灵魂交响的第一个音符
基因里早把自豪和骄傲包容
入海口那腾起的二百里细浪
是你不屈历程的浩茫扉页
每一页都记录着你战胜命运的光荣

长江，你是飞腾的
中国的龙①

三　辽河：汉民族文化的发祥地之三

滔滔辽河，从远古时代开始，也哺育着汉民族先民的生息和繁衍，而成为汉民族文化的又一个摇篮。

长期以来，人们一般认为只有黄河与长江是汉民族文化的摇篮，但红山文化的发现，红山女神的惊艳出土，一下子打开了视野，辽河也当之无愧地成了汉民族文化的发祥地。

辽河，中国北方地区大河之一，主流上游老哈河源于河北省七老图山脉光头山（海拔 1729 米），汇合西拉木伦河称西辽河，于台河口歧分为南北二支，南支为主流西辽河，北支为新开河。至双辽汇合后南下，到福德店汇合东辽河后始称辽河。经铁岭后转向西南流，至六间房再歧分为二：一股南流为外辽河，到三岔河汇合浑河、太子河称大辽河，经营口市

① 莫文征：《长江，中国的龙》，载段之光、朱先树编《朗诵诗》，人民文学出版社 1985 年版，第 68—70 页。

注入渤海；另一股西南流称双台子河，经盘山南汇绕阳河注入渤海。1958年以后，在六间房堵截外辽河流路，使浑河、太子河成为独立水系，辽河主流由盘山南入海。辽河流经河北、内蒙古、吉林和辽宁4省区，全长1394公里。流域面积20.16万平方公里。辽河流域属树枝状水系，东西宽南北窄；为温带大陆性季风气候，并由辽河的冲击形成了中国东北著名的辽河平原，也是适宜人类绵绵瓜瓞、生息繁衍的地方。[①]

辽河被推上汉民族文化发祥地的位置是因为红山文化的出现。红山文化主要分布在辽宁，北达西拉木伦河，南逾燕山以南。出土文物有陶器、石器、玉器，尤其是玉器早于南方的良渚文化。红山文化有两大亮点：

一是红山女神的发现。1979年和1982年在辽宁东山嘴遗址大型祭坛中发现了两件约为真人二分之一的孕妇裸体立像，头及右臂残缺，腹腔部凸起，臀部肥大，手贴于上腹，有表现阴部的三角形记号，被学者视为生育女神，一举打破了中国古代没有裸体女神像的传统观点。接着1983年至1985年，在牛河梁女神庙遗址中发现了与真人尺寸相等的女神彩塑头像，是典型的蒙古人种的女性特征，与现代华北人的脸形相近。女神像外形轮廓健美柔和，嘴角带有笑意，眼珠用碧绿的圆玉球镶嵌，神采奕奕，富有生命力。该遗址还发现了大批大小不等的泥塑女性裸体残块和一些小型陶质女性裸体塑像。震惊世界的牛河梁女神庙遗址横空出世！在地下沉睡了五千多年的红山女神，嘴角带着一丝若有若无的浅笑，露出了她那端庄而又高贵的容颜，重新把目光投向了中华大地。这样，在汉民族文化的发祥史上，红山女神成了一个大亮点。

二是龙的发现。先是“摆塑龙”的发现。辽河流域考古发现最早的龙为“摆塑龙”，它位于辽河支流绕阳河源头的查海遗址。这个遗址距今已有8000多年，是目前所知辽河流域出现最早的一处聚落遗址，堪称“辽河第一村”。查海遗址位于辽宁省阜新市东北20公里的一片丘陵地上，考古工作者在对遗址进行发掘中，发现这处遗址中部的石脉上，有一条东北至西南走向的龙形堆石，用与石脉质料相同、大小均匀的红褐色花岗岩块摆塑而成，长约20米，这条龙头朝西南，龙尾朝东北，龙头、龙身处石块的堆摆尤为厚密，而尾部石块则较松散。龙昂首张口，弯身弓背，尾部若隐若现，给人巨龙腾飞之感。用摆塑方法成龙，也见于河南省

① 参阅《中国地理概览》，东方出版中心1996年版，第188—189页。

濮阳龙和湖北省黄梅龙，时代都在6000年前。可见，“摆塑龙”是早期龙的一种普遍形式。①

为了一睹8000年前龙的真容，笔者专程前往阜新做了实地考察。2012年8月底笔者从阜新至沈阳的公路向东北行20余公里，到达阜新东郊的阜新蒙古族自治县沙拉乡查海村，此村号称中华第一村。在接近查海村的地方，有一条折向西北的岔路，可径直通往查海遗址。

龙是汉民族文化的象征，在查海出土了两块极珍贵的龙纹陶片。其中一块稍大，有较完整的一段龙身和尾部纹饰，尾部较完整但无尾鳍。另一块略小，有龙身的一段纹饰。两块陶片的龙身，均布满鳞片纹。似为《广雅·释鱼》“有鳞曰蛟龙”的蛟龙。是否可以认为，查海村中地位至高的村落耆宿或首领人物，才配享有塑有龙纹的器物呢？抑或是供奉神祇的礼器呢？出土龙纹陶片的这所房址，其在诸房址中的地位，也就值得另眼相看了。龙是古查海人的图腾，而这所房址，以至这处村落，便是龙兴之地了。可见这两块龙纹陶片，是龙起源的标志。

更引人注目的是在聚落的中心小广场靠近大房址的西侧，用石块堆塑了一条巨大的石龙。这条巨龙头向西，尾朝东，身呈波浪状，龙口大张，四肢伸展，如腾云驾雾一般。龙的前体宽大，尾部细而上卷，若隐若现，所用石块大小均等，排列有序。龙头、龙身石块堆摆厚密，尾部石块摆放得比较松散。从远处的山坡上望去，红褐色石块就变成了龙体的鳞片，鳞光闪闪，造型生动，威武雄健。这条石堆塑龙全长19.7米，身宽1.8—2米，是目前国内新石器时代有关龙的遗物中最早、最大的龙。

河南濮阳西水坡古墓中发现用蚌壳砌塑的龙、虎，现陈列在中国历史博物馆。当年报纸曾誉之为中华第一龙。这处仰韶文化遗址墓地的年代可谓早矣，距今6500年。但比之查海龙还晚了1000多年。看来，中华第一龙这项桂冠，恐怕要让给中华第一村的“龙纹陶片”和石龙了。在全国范围内，新石器时代遗址中出土有龙的形象的文物，至今尚为数不多。有距今6000年的内蒙古敖汉旗赵宝沟出土的龙纹陶片。6000—5000年前湖北黄梅白湖张城焦墩出土的卵石摆塑龙；有距今5500年的辽宁凌源牛河梁和内蒙古翁牛特旗三星他拉出土的玉龙；有5000年前甘肃武山西平出

① 《辽河流域也是中华文明发祥地　考古发现证明龙最早起源于该地区》，《深圳时代商报》，2005年12月19日。

土的庙底沟类型的龙纹陶瓶；有4000年前山西临汾陶峙古墓出土的龙纹陶盘，以及内蒙古敖汉旗大甸子的龙纹陶片；有3500年前河南偃师二里头龙纹陶片等。可见，查海的龙该是初龙，而初龙也即是妣龙了。

后来又有玉龙的发现。2003年年底，考古学家在辽宁省牛河梁红山文化遗址发现了1件玉龙，在此之前还发现过3件，其中以内蒙古赤峰市翁牛特旗三星他拉村出土的玉雕龙为最早。其是20世纪70年代初期由雨水冲出，在一个山坡上被当地农民发现送交文化馆的。这条玉龙因为不是考古工作者亲手发掘出来的，当时谁也没有想到把大玉龙同红山文化联系起来，只约定为西周时期。1979年，辽宁省博物馆的考古工作者从阜新县胡头沟村一座红山文化的墓葬中出土一批动物形玉雕，其风格、造型、纹饰、抛光及制作、穿孔手法，与三星他拉村出土的大玉龙极其相似，由此断定大玉龙多半是红山文化遗物了。后来，考古工作者又在凌源三官甸子发掘出一座与胡头沟相同的玉器墓，出土了一批非常精美的玉器，经考证，这座墓也是红山文化时期的墓葬。这个红山文化玉器墓出土的玉器与大玉龙的艺术造型完全一致，这再一次证明，三星他拉玉雕龙是我国发现最早、最大而又最美的龙的形象。经中国著名考古学家、北京大学苏秉琦教授等人鉴定，这是我国发现最早的红山文化龙形玉雕。这种龙形玉雕呈钩曲形，高26厘米，口闭吻长，鼻端前凸，上翘起棱，端面截平，有并排两个鼻孔，颈上有长鬣，尾部尖收而上卷，形体酷似甲骨文中象形的“龙”字。①

如果说查海遗址发现的龙形象尚不够完整和明确的话，那么出土于辽河支流西拉木伦河上游内蒙古自治区赤峰市翁牛特旗三星他拉村的红山文化大玉龙，恐怕就是最早出土的形象完整的龙了。

这样，红山文化的惊人发现为汉民族文化增添了异彩。这时，汉民族的历史约在文献记忆中的三皇五帝时代。有专家认为，黄帝时代活动的中心，只有红山文化的时空框架与之相应。有的专家进一步举证说，红山文化积石唯玉为葬，唯玉是礼，传说中的黄帝以玉为兵，黄帝妻嫘（léi）祖养蚕，红山文化出土文物中的蚕玉器和玉兵器，即为“玉证”；传说黄帝染五色衣裳，红山文化出土的陶塑所穿短靴前有异常精美的花纹，即为

---

① 《最新考古发现研究确认“龙”最早起源于辽河流域》，《北京娱乐信报》2004年2月21日；《中华文明起源多中心　辽河流域得到考古确认》，《青岛日报》2004年2月25日。

"衣证"；红山文化是龙文化起源地之一，玉龙形象即为"石证"；《山海经》中多次提到颛（zhuān）顼（xū）活动在"棘城"一带，即与今辽宁朝阳市比邻的锦州市义县北，即为"旁证"。凡此种种大胆的猜想，要表达的意思就是红山文化的牛河梁可能是黄帝时代的大本营，中华民族的始祖之一黄帝可能是从辽河流域、从牛河梁走向世界的。正如考古学家郭大顺所说，中国传统史学一向认为黄河流域是中华民族的摇篮，但象征中华5000年文明的考古证据在辽河流域一再被发现，证明中华文明起源不是一个中心而是多中心，包括辽河流域在内燕山南北长城地带也是汉民族文化的发祥地之一。①

四 珠江：汉民族文化的发祥地之四

涌涌珠江，从远古时代开始，也哺育着汉民族先民的生息和繁衍，而成为汉民族文化的又一个摇篮。

珠江是中国第三大河。珠江流域跨越滇、黔、粤、桂、赣和湘等省区。由山东、北、西三大江汇流而成。流域呈扇状辐射，但各水系则呈树枝状分布。主要干支流总长约 1.1 万公里，流域总面积 45.26 万平方公里（其中包括越南境内的 1 万多平方公里）。珠江流域山地丘陵占总面积 94.5%，平原盆地分散，占 5.5%。地势西北高，东南低，五岭高倚在北部和西北部；西北部为云贵高原，多喀斯特地貌，高原边缘峰峭崖陡，多瀑布急流。云贵高原以东，山势骤降至两广低山丘陵，其中矗立大瑶山、大明山、九连山、石硿洞等千余米高山，喀斯特遍布。丘陵中有南雄、英德、曲江等较大盆地。丘陵以东为三角洲冲积平原，地势低平，河网纵横，仅有少量丘陵、台地散布其间。石灰岩约占全流域面积的 50%。西江中、下游喀斯特地区地下水可分为裸露性和覆盖性两大类，广西境内枯水流量在 0.1 立方米/秒以上、流程在 10 公里以上的地下河系共 248 条，其中有些呈断头河，已被利用的约半数。区内地下水丰富。

主干西江源于云南沾益县马雄山，全长约 2210 公里。总落差约 2130

① 参阅辽宁省文物考古研究所编著《牛河梁红山文化遗址发掘报告（1983—2003 年度）》，文物出版社 2012 年版；《中华民族 5000 年文明起源在辽河流域得到考古确认》（http://news.xinhuanet.com/st/2004-02/23/content_1327306.htm）。

米，在三水以上流域面积约35.5平方公里。西江干流上游南盘江与北盘江会合后称红水河，会柳江过大藤峡后称黔江，黔江与郁江相会后称浔江，会桂江后在梧州市以下始称西江。西江经羚羊峡后在思贤滘处与北江沟通，以下便流经珠江三角洲入南海。

北江主源称浈水，源于江西省信丰县西溪湾，干流全长468公里，流域面积约4.6万平方公里，绝大部分在广东省境内，总落差约310米，主要支流有武水、滃江、连江和绥江。北江中游切过盲仔峡和飞来峡，经三水后流入三角洲河网区，与西江河道交错，注入南海。

东江源于江西省寻乌县大竹岭，称浔乌水，与定南水相会后称东江，流经广东东部，干流全长523公里，流域面积2.8万平方公里，总落差约440米，到石龙后分流，形成东江三角洲，后分为北干流和南支流两大河，同注入狮子洋经虎门出海。主要支流有安远水、浰江、新丰江、秋香港、西枝江和增江。

西、北江在思贤滘沟通后，形成总面积8600多平方公里，河网交错的珠江三角洲，纵横交错，方向莫辨，分经8个口门出海，自东而西为：虎门、蕉门、洪奇沥、横门、磨刀门、鸡啼门、虎跳门和崖门，所谓“八江归海”。

由西江、北江、东江和三角洲网河组成的珠江水系，河流众多，集水面积在1万平方公里以上的河有8条，1000平方公里以上的河流有49条，干支流总长3.6万公里；长年可通航里程1.4万公里，约占全国通航里程的1/8；流域面积约45.37万平方公里，在我国境内为44.21万平方公里，约占全国总面积的4.6%，另有少量面积在越南境内。珠江流域北面以五岭及苗岭与长江流域分界；西南部以乌蒙山脉与红河流域的沅江和长江流域的牛栏江为界；南部以云雾山、云开大山、六万大山、十万大山等与两广沿海诸河分界；东部以莲花山脉和武夷山脉与韩江流域为界；东南部为各水系汇集、注入滔滔南海的珠江三角洲。全流域在中国跨越云南、贵州、广西、广东、湖南、江西以及香港、澳门八省区（含特别行政区）。由于这些省区自然、人文、历史复杂多样，社会经济发展水平又不相同，所以流域内文化内涵之丰富、风格之多姿多彩，不亚于其他河流流域。另外，西江在广东云浮市境内，还有一条发源于云开大山的罗定江，旧称南江。虽然其长只有201公里，但北入西江，与西江、北江、东江一起构成珠江水系四个方位完整的地理格局和多龙争珠，或者像珍珠光芒四射的总体形象。[①] 值得一提的是，在广西壮族自治区兴安县境内，又有兴安运河沟通湘、漓二江，即为联系长江与珠江两大水系的古运河。[②]

珠江流域这样的生态环境，也是适宜人类绵绵瓜瓞、生息繁衍的地方。

珠江流域是中国出土古人类化石最多的地区，也是中国远古文明最早的发祥地之一。1956 年在南盘江流域的云南开远县小龙潭发现人类直系祖先腊玛古猿牙齿化石，年代距今约 1400 万年。1956 年在流域外围云南元谋县上那蚌村发现两枚人齿化石，年代距今约 170 万年，此即著名的元谋人。在元谋猿人遗址，同时出土了 4 件刮削器，并在地层中还发现有大量炭屑，贾兰坡认为是人工用火的遗迹。[③] 这样元谋猿人就把人类用火的历史，从北京人向前推进了 100 多万年。元谋猿人作为迄今所知的中国境内最古老的直立猿人，表明早在 100 万年以前长江流域就有人类居住了。

此后珠江流域的古人类化石不断发现。1973 年在北盘江流域贵州水域县出土“水城人”牙齿化石，属典型古人（早期智人），体质特征比“北京人”进步。1975 年南盘江流域贵州义兴县出土“义兴人”人骨化石，属晚期智人。云贵高原还有“桐梓人”“穿洞人”等化石，皆属旧石器人类遗址。而据初步统计，我国华南已经发现古人类旧石器遗址和地点约 80 多处，其中三分之一是在西江水系流域，所以西江是人类早期最主要的发源地之一。

西江流域的广西溶洞遍布，古人类遗址也很多。目前广西已明确的古人类遗址有 13 处，属晚期智人阶段。包括在柳江边发现的“柳江人”，在黔江来宾县发现的“麒麟山人”，在郁江外缘发现的“灵山人”，在漓江发现的“荔浦人”，在柳州市郊发现的“都乐人”，以及其后在附近发现的“九头山人”“白莲洞人”“甘前人”等。这些原始人类都显示出蒙古人种特征，特别是柳江人，是我国南方古人类的重大发现，为迄今我国

---

① 据司徒尚纪说：最近不少地理、文化学者主张恢复南江称谓，这是很有道理的。其实，清初学者屈大均就在《广东新语·水语》设“南江”专条并作诗曰：西江一道吞南北，南北双江总作西。这样，珠江水系文化因加入“南江文化”成分，而显现得更加多彩多姿。见司徒尚纪《珠江传》，河北大学出版社 2009 年版，第 5 页。

② 参阅《中国地理概览》，东方出版中心 1996 年版，第 176—178 页；司徒尚纪《珠江传》，河北大学出版社 2009 年版，第 3—5 页。

③ 贾兰坡：《从工具和用火看早期人类对物质的认识和利用》，《自然杂志》1978 年第 1 期。

乃至整个东亚发现的最早的新人代表。

珠江在广东境内的支流，同样是远古人类的摇篮。1958 年在北江马坝狮子岩发现的人类头骨化石，年代距今 12.9 万年。马坝人的发现把岭南人类历史推进到更早一个阶段，也填补了中国华南人类进化系统的一个空白。在马坝人化石出土地点附近，后又找到一些人类化石和石器工具，时代晚于马坝人。说明在马坝人之后，不断有古人类在这一带活动，形成人类群体。继马坝人之后，西江古人类化石和文化遗址也接二连三地被发现，1964 年在广东封开县贺江支流渔捞河发现了“洞中岩人”及共生大熊猫、剑齿象等二十多个种属的动物化石，年代距今 14.8 万年，比马坝人略早。近年在封开县境内又先后发现罗沙岩、黄岩洞、螺髻岩、乞儿岩、水石岩等旧石器时代洞穴遗址，其中黄岩洞有人类头骨化石，属晚期智人。联系以上“洞中岩人”时代，形成西江人类从古人到新人（智人）绵延不绝地繁衍，以及相应的文化传承和传播体系。封开县这些古人类遗址都集中在贺江两岸一个面积不大的流域内，使人相信远古人类群体分布并不稀疏。贺江在今封开县城江口镇注入西江，形成南北和东西向交会水网格局，极有利于人们交往，故著名古人类学家贾兰坡指出：“两广地带就是远古人类东移的必经之地”，它把整个珠江流域连成一个相对独立完整的文化体系。至于东江流域的旧石器，主要分布在龙川、河源沿江各级古阶地上，距今从 1.2 万年到 55 万年不等。流溪河沿岸和广州附近在距今 15 万—22 万年时已有人类活动，即旧石器分布扩展到珠江三角洲及沿海部分地区。

珠江流域进入了新石器时代后，文化遗址宛若天上繁星，遍及珠江大地各个角落。在云南有 300 多处，广西有 900 多处，广东有五六百处，在贵州也不在少数，全流域不下 2000 处。这些遗址出土的磨制新石器，包括有段石锛、有段石斧、有肩有段石锛、有肩有段石斧等，通称为有段石器，为珠江流域新石器共同特色，基本形成一大系统，构成了珠江流域独特风格的史前文化。

广东新石器遗址，乃多以河流为依托分布。西江封开黄岩洞遗址，出土大批削刮器、炭屑、灰烬以及食后抛弃的螺、蚌，另有三十个种属的动物遗骨，被称为“黄岩洞文化”，堪称西江新石器文化的缩影。但最令岭南人引以为荣的是北江马坝石峡遗址，距今约 4500 年，是以磨光穿孔石器、三足陶器、琮璧礼器为特征和以稻作为主的新石器文化。其精致的石铲、石锛等工具，从选料、锯切、磨制、钻孔、雕刻到抛光等都有一整套工艺程序，堪称时代一流，至今仍令人有观止之叹。这些器物分别用于生产、生活、军事、丧葬等，令人眼花缭乱，惊叹数千年前竟有如此精湛绝伦之艺术，实为我国石器文化的瑰宝，也是珠江史前文化的一项殊荣。[①]石峡文化不是孤立的，它同周围的原始文化有相当密切的关系。如其同江西的樊城堆文化有非常密切的关系，盘形鼎和多种特殊式样的鼎足、鬶和有段石锛等，便和樊城堆文化的清江筑卫城下层和修水山背的同类器十分相似；特别有趣的是石峡M54出土的一组器物，竟和山背跑马岭1号房子的一组器物表现出明显的相似性。这种情况表明，当时通过北江到赣江的河谷是一条重要的交通孔道。又如其同江苏南部和浙江北部的良渚文化也有比较密切的关系，特别是其中的玉琮和双鼻壶，与良渚文化同类器几乎没有区别，显然是良渚文化影响下的产物。[②]

西江、北江、东江汇流到珠江三角洲，在依山傍水的南海西樵山，荟萃了一处被誉为“珠江文明灯塔”的西樵山文化，或称金兰寺文化。西樵山遗址是一处以双肩石器专业化制作为主的大工场，还包括石核、石片、陶器、纺轮、角器、牙器、骨器、饰物等生产加工，与云南、广西双肩石器接近，从距今7000—6000年延续至3000年前。西樵山遗址出土以上系列产品数量甚多，平均每立方米文化层中有4106件，贾兰坡教授形容说，“那里经过人工打击的材料就是用火车拉，一时也拉不完”[③]。考古学家经过几十年的调查研究，终于下了三个结论：一、西樵山石器制造场的各种生产品，可以反映出由细石器到双肩石器的转化过程；可以反映出双肩石器的发生、发展、变化和它的工艺过程。二、中国历史时期南方百越民族文化中的青铜斧、钺、锛的祖型都可以在西樵山双肩石器中找到，西樵山文化是珠江流域文明的前奏。三、分布远及南洋、东南亚一带的双肩石器，其孕育和产生的故乡是以西樵山为标志的珠江三角洲。“西樵山文化”又是中国原始文化中面向海洋，并产生深远影响的一支重要文化。

① 广东省博物馆等：《广东曲江石峡墓葬发掘简报》，《文物》1978年第7期；苏秉琦：《石峡文化初论》，《文物》1978年第7期。

② 苏秉琦主编，张忠培、严文明撰：《中国远古时代》，上海人民出版社2010年版，第327页。

③ 贾兰坡：《中国大陆上的远古居民》，天津人民出版社1978年版。转引自司徒尚纪《珠江传》，河北大学出版社2009年版，第40页。

综上所述，在广东珠江三角洲地区以至港澳沿海岛屿，存在着一种新石器时代（主要是中期和晚期）的原始文化，这种文化分布范围广、经历时间长、内涵丰富多彩。在遗址的地理位置、主要经济类型、文化遗物特征、墓葬及其习俗（包括人工拔牙习俗）等方面，具有自身的特点。它既区别于粤西封开黄岩洞类型为代表的早期洞穴遗址、粤北以英德青塘类型为代表的早期洞穴遗址，又区别于韩江三角洲以潮安陈桥村、池湖凤地贝丘遗址类型为代表的中期遗址，也区别于粤北以石峡遗址下层为代表的晚期文化（石峡文化）。但它又与韩江三角洲、粤两地区（珠江三角洲以外的）高雷地区和海南岛地区具有密切的关系。再次，又与广西邕江至左右江以南地区尤以南宁地区的贝丘遗址、福建昙石山文化、台湾的大岔坑文化（包括金门的蚝壳墩）、凤鼻头文化和圆山文化等，也有较为密切的关系。如果再从中国有肩石器的发源地（西樵山石器制造场就是一个主要发源地）、主要分布区（两广地区）以及传播关系，即有肩石器在我国台湾地区、云南、贵州、四川以及越南、泰国、印尼等地的发现看，也可以说明西樵山文化与它们有着一定的关系。总之，西樵山文化、石峡文化以及广东其他地区的新石器时代文化，它们同属中国江南地区百越族群分布区的“先越文化”[①]。众所周知，文明起源必须以农业革命为基础，亦即发明农业、畜牧业和制陶业，才是文明起源的标志。据此，可见珠江流域在新石器时期，从石峡文化时代开始，距今约4500年，相当于中原龙山文化到夏朝时代，文明曙光逐渐照亮珠江大地。[②] 百越族群集团中不少族群后来逐渐融入汉民族，从中再一次证明中华文明起源不是一个中心而是多中心，珠江流域也是汉民族文化的发祥地之一。[③] 正如《珠江颂》所唱：

千万年的云烟　千万年的迴旋
南方不老的天空　给了你不息的源泉

---

① 杨式挺：《试论西樵山文化》，《考古学报》1985年第1期；《试从考古发现探索百越文化源流的若干问题》，《学术研究》1982年第1期。

② 司徒尚纪：《珠江传》，河北大学出版社2009年版，第36—40页。

③ 参阅《牛河梁红山文化遗址发掘报告（1983—2003年度）》，文物出版社2012年版；《中华民族5000年文明起源在辽河流域得到考古确认》（http：//news. xinhuanet. com/st/2004－02/23/content_ 1327306. htm）。

北回归线的阳光　生长希望的家园
一条最温暖的河流
把几十个民族紧紧相连
……
千万次的变迁　千万次的期盼
南方多梦的岁月　给了你多情的容颜
人类创造的奇迹　自然馈赠的奇观
一条最美丽的河流
把绿色的春天唱到永远
啊　珠江　你把波涛带给大海
地球因为你而更加蔚蓝
啊　珠江　你把中国带给世界
未来在这里起锚扬帆

第二节　炎黄文化:汉民族文化来源之一

寻找一个民族文化的来源，就是要穿越时空，听到汉民族祖先童年的声音。为什么要寻找祖先童年的声音？因为汉民族的精神基础在五帝时代开始奠定，而且直到今天，汉民族仍然附着在这种基础之上。炎、黄二帝是汉民族的人文始祖，炎黄文化也就是汉民族文化的根基，是汉民族文化的重要来源之一。

一　炎黄文化的概念

什么是炎黄文化？这是在论述汉民族文化来源时必须先弄明白的问题。

在对炎黄文化概念的讨论中，虽众说纷纭，但分歧主要在狭义与广义之分。如徐敏认为："狭义的炎黄文化指原始社会晚期，活动于黄河中下游的部族文化。……广义的炎黄文化，从尧舜到整个封建社会都可以算。"①刘纲纪则认为，炎黄文化可以有狭义和广义两种理解。狭义的理解，指的是炎帝与黄帝时代的中国文化。但又不仅指炎、黄二帝活动时期的文化，

① 华上民：《"炎黄文化与中华民族"学术讨论会述略》，《中国史研究动态》1992年第8期。

而应把炎黄二帝所承传的文化及其后裔所创造的文化也包含进去。这样，他所理解的炎黄文化，包含了从炎帝之前到夏禹这一历史时期的文化。从广义理解来看，由于炎黄文化是中华文化的源头、始基，因此我们也可用炎黄文化一词泛指、代称中华文化。炎黄文化“指的是炎帝与黄帝时代的中国文化”，“从广义理解来看，由于炎黄文化是中华文化的源头、始基，因此我们也可用炎黄文化一词泛指、代称中华文化”。[①] 应永深、胡振宇也认为，“狭义上的‘炎黄文化’当即指炎黄二帝时代的文化；而广义上的‘炎黄文化’，则应是指炎黄二帝开始，前后承接不断、相沿至今的中国传统文化”。[②] 这个狭义的观点一言以蔽之，就是指炎黄文化为炎黄时代的中国文化。此其一。

其二，一种观点认为，狭义的炎黄文化仅指黄帝的文化。钱逊指出：“对黄帝文化可以有狭义的和广义的两种理解。狭义的专指黄帝的文化，广义的则可包含自黄帝以下五千年中黄帝文化的影响极其丰富发展的全部成果。一定意义上，也可说中华文化就是黄帝文化的发展；广义的黄帝文化也就是指中华传统文化。”[③]

其三，有一些从事考古研究的学者，主张炎黄文化即炎帝和黄帝所创造的文化。[④]

其四，有的认为炎黄文化不仅仅指字面意义上的炎帝和黄帝所创造的文化，而应该包括炎黄时代其他族群创造的文化。崔勇认为，炎黄文化是由黄帝、炎帝和蚩尤三大部族共同铸造的早期华夏文化的代称。[⑤] 杨东晨也认为，狭义讲，炎黄文化代表的是华夏族（包括炎帝、黄帝、少昊族）文化；广义讲，炎黄文化则是古代“五大”族团文化的代表和象征、诸族之统一，从传说的“三皇”“五帝”起，就一直占据主导地位。这也正是上下五千年来，华夏、汉族、中华民族一直经久不衰，立于世界民族之

---

① 刘纲纪：《略论炎黄文化与现代文明》，载湖北省炎黄文化研究会编《炎黄文化与现代文明》，武汉出版社 1993 年版。

② 应永深、胡振宇：《炎黄二帝与炎黄文化》，载《炎黄文化研究》第 3 辑，大象出版社 2006 年版。

③ 钱逊：《黄帝文化是中华文化的源头》，《西安晚报》2008 年 4 月 7 日第 15 版。

④ 刘永国：《全国首次“炎黄文化与现代文明”学术研讨会综述》，《理论月刊》1992 年第 8 期。

⑤ 崔勇：《炎黄文化的发祥地——“涿鹿”与“阪泉”》，《河北大学学报》2012 年第 5 期。

林的根本原因，也是我们不遗余力探讨各个民族发展史的基本目的。考古资料佐证或补充文献记载，雄辩地证明，炎黄为主体的华夏族，是由当时的“五大”部族共同组成的。[①] 他所说的“五大”族团即指华夏与东夷、北狄、西戎、南蛮等诸族。

其五，与上述观点不同的是，高强把炎黄文化分为狭义、中义和广义三种。在他看来，“狭义的炎黄文化”指的是炎黄时代的文化；“广义的炎黄文化”指的是中国传统文化；“中义的炎黄文化”指的是炎黄二族在炎黄时代创造的文化以及后世对其传承、阐释和重构的文化。“狭义的炎黄文化”是炎黄文化的基础和根源，“中义的炎黄文化”是炎黄文化的传承和主体，“广义的炎黄文化”是炎黄文化的拓展和升华。[②]

其六，另有学者只从广义界定炎黄文化。李侃在《炎黄文化与创造精神》一文中认为，“我们说的炎黄文化，也不限于以炎黄二帝为表征的初始文化及其在汉民族中的发展延续，而是泛指中华民族的文化”。[③] 吕英凡同样认为，炎黄文化即中华民族文化。它博大精深，源远流长，影响深远，是祖先留给我们的一份极其丰富、极其珍贵的遗产。[④] 依此观点，今天不少学者已经把炎黄文化等同于中华民族文化，等同于中国的文化代表。这与用炎黄子孙概称所有中国人的观点是一脉相承的。

上述种种观点各有各的出发点，各有各的理由。依笔者之见，讨论汉民族文化的来源，炎黄文化的概念应为五帝时代[⑤]炎黄族群集团所创造的文化。如此方能正本清源。

二 炎黄文化：汉民族文化主源之一

汉民族文化的起源有一个“双核驱动”，即以炎黄文化和东夷文化为主要来源，这与汉民族主源于炎黄和东夷族群集团是一致的。

炎黄文化作为汉民族文化的一个主要来源，在起源、发育、传承、发展中发挥了十分重要的文化基因功能，有人认为其主要有农业经济功能、

---

① 杨东晨：《炎黄文化与华夏民族的凝聚力》，《衡阳师专学报》1994年第1期。

② 高强：《炎黄文化的界定与价值》，《宝鸡文理学院学报》2012年第5期。

③ 王俊义、黄爱平编：《炎黄文化与民族精神》，中国人民大学出版社1993年版。

④ 吕英凡：《〈黄帝内经〉与炎黄文化》，载王俊义、黄爱平《炎黄文化与民族精神》，中国人民大学出版社1993年版，第164页。

⑤ 关于炎黄族群集团的历史详见《汉民族史记》第1卷“汉民族的五帝时代”，在此不赘。

社会结构功能、民族融合功能、精神文化功能[①]；有人认为其主要有始祖认同、功德认同、祭祀认同、胜迹认同、后裔认同、原始族团认同、国族认同、元典认同、节庆风俗认同和宗亲认同十个方面的认同功能。[②] 但千功能万认同，炎黄文化最大的价值就是其是汉民族文化的主源。

（一）以农为本：汉民族生存文化之源

人类的生存策略是有选择的。当汉民族的先民人猿相揖作别后，炎黄族群集团适应黄河流域的生态环境，选择了农耕生存策略，确定了"以农为本"的大方向。对此，历史文献中有大量的记载，《白虎通》卷一云："古之人民皆食禽兽肉，至于神农，人民众多，禽兽不足，于是神农因天之时，分地之利，制耒耜，教民农作。"《易·系辞》亦云："神农氏作，斫木为耜，揉木为耒，耒耨之利，以教天下，盖取诸益。"《汉旧仪》更是赞炎帝为"神农"云："官祀先农，先农即神农炎帝也"，甚至奉炎帝为"农皇"。以后各代政权祭祀炎帝以昭示国人勿忘农本。考古方面也有充分的证据。考古学界认为，黄河、长江流域大量的仰韶文化遗址，如河北的磁山、河南的裴李岗、甘肃的大地湾、陕西的北首岭和半坡、山东的大汶口、湖南的彭头山和城头山、浙江的河姆渡，及其出土的大量生产工具、炭化或朽的粮食遗存等为炎黄时代的农业文明提供了实物证据。[③]

炎黄二帝所处的仰韶文化时期，原始农业已有了一定的发展，农业工具如耒耜、石锛、石斧、石镰、石杵臼等已得到广泛使用，已培育出粟、黍、水稻、高粱等农作物，水井也在农业生产中得到利用，说明有关炎黄二帝发明农业的传说是有一定历史根据的。[④] 在早于炎黄时代的裴李岗文化时期，河洛地区的农业已经有了一定程度的发展。[⑤] 粟是从狗尾草培育而成的，也是先秦文献中的稷。最早用于表示这种作物专名的用语是象形字"禾"，如今在黄河下游巨大冲积扇的顶端，距今 8000 年的磁山文化、裴李岗文化遗址中多次发现了古粟。磁山、裴李岗文化的先民还不是原始

---

① 吴小强：《炎黄文化是中华文明的基因》，载霍彦儒主编《炎帝·姜炎文化与民生》，三秦出版社 2010 年版。

② 葛祥邻：《炎黄文化的十大文化认同表现》，载霍彦儒主编《炎帝·姜炎文化与民生》，三秦出版社 2010 年版。

③ 霍彦儒：《试析炎黄文化中的和谐思想》，《宝鸡文理学院学报》2007 年第 6 期。

④ 王星光：《炎黄二帝与科技发明》，《中原文物》1999 年第 4 期。

⑤ 韩香花：《论炎黄时代河洛地区的社会发展状况》，《洛阳师范学院学报》2004 年第 3 期。

农业的发明者，但此后，粟的种植很快遍及黄河流域，东从山东滕县，西到陕西渭南，都发现过距今七八千年的古粟；在黄河上游，甘肃东乡马家窑文化遗址的窖穴中出土过五千年前带穗的粟和炭化的粟粒；4000 年前，甘青地区同一文化的古墓葬中，更常见用粟随葬的习俗。[①]

另外，炎帝神农氏对农业的发展的贡献还体现在炎帝发明制作农耕工具——耒耜，从根本意义上说改变了原始社会生产手段——生产力。在陕西关中地区一仰韶文化遗址中，曾发现了耒耜的木朽痕迹，因系木制，腐朽成灰。但反映出炎帝时始作耒耜这一生产工具的事实。据《路史》上说炎帝"耕而作陶"，"埏埴以为器"，炎帝创始陶器制造业。人们把原始农业的创始人炎帝尊为"农业之神"。同时教民种植五谷，《淮南子·修务训》："神农乃始教民播种五谷。"《论衡·感虚》："神农之桡木为耒，教民耕耨，民始食谷，谷始播种，耕土以为田，凿地以为井。"天下人民才开始了农耕，"乃知谷食"。而笔者考察过的从甘肃秦安大地湾、西安半坡，以及考古报告记载的宝鸡百首岭和福临堡、临潼姜寨等仰韶文化遗址出土的大量炭化粟粒，石铲、石斧、石刀、石磨棒等生产、生活工具的材料来看，与古文献的记载基本一致。[②]

在此还要特别提出的是炎帝遍尝百草，发明医药的事迹。汉民族的传统医药的发明也与农业有密切的关系，《帝王世纪》云：炎帝"尝味草木，宜药疗疾，救夭伤人命"。《史记·补三皇本纪》炎帝"作蜡祭，以赭鞭鞭草木，尝百草，始有医药"。《淮南子·修务训》载：神农"尝百草之滋味，水泉之甘苦，令民知所辟就。当此之时，一日而遇七十毒"。《通鉴外纪》又说："民有疾病，未知药石，炎帝始尝草木之滋味，尝一日而遇七十毒。"《述异记》道："太原神釜冈中，有神农尝药之鼎存焉。成阳山中，有神农鞭药处。"这是说神农采药处已被后人作为名胜而瞻仰。为保障人们的身体健康，神农氏还倡导熟食。《古史考》载："神农时，民食谷，释米加烧石上而食之。"后世之人，承传作书为之《神农本草》，又作方书，以救时疾。

据传，黄帝也"典主医药"，黄帝对炎帝部族的医药养生之术也予以

① 黄其煦：《黄河流域新石器时代农耕文化中的作物》，《农业考古》1982 年第 2 期；吴诗池：《山东新石器时代农业考古概述》，《农业考古》1983 年第 2 期。

② 霍彦儒：《炎黄时代姬姜二族的"三缘"关系》，《华夏文化》1996 年第 4 期。

高度关注。《帝王世纪》云：黄帝“使岐伯尝味草木，典主医病，经方《本草》《素问》之书咸出焉”。[①] 重要的是从黄帝开始对药理有了初步的理论总结。自战国时期开始，就有越来越丰富的关于黄帝学习养生、医学的记载，如《庄子・在宥》记载，黄帝曾到崆峒山（今甘肃平凉）问“养民人”“官阴阳”之道：

> 黄帝立为天子十九年，令行天下，闻广成子在于空同之山，故往见之，曰：“我闻吾子达于至道，敢问至道之精。吾欲取天地之精，以佐五谷，以养民人。吾又欲官阴阳，以遂群生，为之奈何?”广成子曰：“而所欲问者，物之质也；而所欲官者，物之残也。自而治天下，云气不待族而雨，草木不待黄而落，日月之光益以荒矣，而佞人之心翦翦者，又奚足以语至道!”黄帝退，捐天下，筑特室，席白茅，间居三月，复往邀之。[②]

于是黄帝时期的医药经验被包含于后来成书的《黄帝内经》之中。[③]《黄帝内经》中的许多内容确实反映出黄帝时期的医学成就。黄帝时期，有了早期的文字，它为医学理论的传播提供了必要的条件。这些医学理论在后来的传播中被补充、发展，就成了《黄帝内经》，黄帝后来也被养生家当作他们学说的始祖。

总之，炎帝神农氏培育粟谷，制作耒耜，耕而作陶，遍尝百草，发明医药，日中为市，始作弦琴，于汉民族“以农为本”生存策略的选择和确定做出了极大贡献。《管子・形势解》：“神农教耕生谷，以致民利。”《周易・系辞》：“包牺氏没，神农氏作，斫木为耜，揉木为耒，耒耨之利

① 王星光：《炎黄二帝与科技发明》，《中原文物》1999年第4期。

② 《史记・五帝本纪》亦云黄帝“西至于崆峒”。

③ 《黄帝内经》问题从古至今，一直存在着激烈的争论，大致有三种看法：第一种看法认为《黄帝内经》是黄帝和他的臣下所作；第二种看法认为《黄帝内经》与黄帝无关，其书为战国至秦汉间的医者所作；第三种看法认为《黄帝内经》虽然成书较晚，但其中确实包含有黄帝或黄帝时期的医学内容（徐仪明：《黄帝与〈黄帝内经〉》，载《炎黄文化研究》增刊第2期）。据现代一些学者考证，古本《黄帝内经》十八卷，“其文字数量是非常有限的，约与18篇相等。也就是说，只能是今本《黄帝内经》的1/9左右”（廖育群：《岐黄医道》，辽宁教育出版社1991年版，第54页）。在《黄帝内经》传抄流布过程中，也掺入了一些后人补撰的内容，并出现了多种不同传本。

以教天下。”《逸周书》佚文载神农“作陶冶斤斧”。《世本·作篇》：“神农和药济人。”《周易·系辞》：“日中为市，致天下之民，聚天下之货，交易而退，各得其所。”《世本·作篇》：“神农作琴”；“神农作瑟”。石兴邦、王震中总结了炎帝神农氏在农业上所做的贡献：（1）人工培育农作物种子；（2）生产农具和耕作技术；（3）早期陶器和制陶技术；（4）瓜果蔬菜种植；（5）基于早期农业经济的集市贸易“日中市”[①]。从而开创了汉民族的生存之源。

以农为本的炎黄文化成了汉民族传统生存策略，在汉民族文化的深层结构中打上了深深的烙印，使汉民族的思维方式、价值观念和性格特征都具有典型的农耕社会的特点。所以，尽管炎黄二帝的历史乃处于神话传说的迷雾之中，但是汉民族作为农耕民族，几千年来“以农为本”却是历史事实，所以炎帝至今仍被奉为农业神，尊为“神农”，受到人们的顶礼膜拜。

（二）人文初祖：汉民族事物文化之源

在源远流长的汉民族文化史中，万物滋生，万事涌现，每一件事物的产生、形成，都有其缘由或过程。而黄帝开汉民族万事万物之源：

从衣的方面看，《庄子·盗跖》亦云：“古者民不知衣服……神农之世……，耕而食，织而衣。”《商君书·画策》：“神农之世，男耕而食，妇织而衣。”表明炎帝时，发明了纺织术。《吕氏春秋》也说：“神农教曰……夫亲耕，妻亲绩。”《淮南子·齐俗训》载神农氏“身亲耕，妻亲织”。这里把衣服的来源归功于炎帝。

此外，还有关于黄帝及其“臣”制衣的传说。如《周易·系辞》云：“黄帝、尧、舜垂衣裳而天下治。”《世本》亦云“黄帝造冕”，“伯余作衣裳”。《淮南子·氾论训》注：“伯余之初作衣也，緂麻索缕，手经指挂，其成犹网罗。”又说“胡曹作衣”，“胡曹作冕”，“于则作扉履”。《稽古录》说黄帝“始制轩冕，垂衣裳”。[②] 上面所谈到的伯余、胡曹、于则，都是传说中黄帝时的大臣。炎黄二帝在力倡农业的同时，发明了纺

① 吴小强：《炎黄文化是中华文明的基因》，载霍彦儒主编《炎帝·姜炎文化与民生》，三秦出版社 2010 年版。

② （宋）司马光原著，王亦令点校：《稽古录》，中国友谊出版公司 1987 年版。

织制衣技术，把人们从衣兽皮、披树叶的窘境中解放出来。[①]

还有，《绎史》卷五引《黄帝内传》云："黄帝斩蚩尤，蚕神献丝，乃称织维之功。"《隋书·礼仪志》则说黄帝正妃嫘祖始"教民养蚕"。《通鉴外纪》卷一："西陵氏之女嫘祖为帝之妃，始教民育蚕，治丝茧以供衣服，后世祀为先蚕。"也就是说，黄帝原妃嫘祖也很能干，发明了养蚕缫丝，用来做成衣服，改变了人们冬披兽皮、夏围树叶的落后状况。

从食的方面看，《管子·轻重戊》云："黄帝作，钻燧生火，以熟荤臊，民食之无兹胃之病，而天下化之。"《古史考》亦云："黄帝始蒸谷为饭，烹谷为粥。黄帝作釜甑。"

从住的方面看，黄帝号曰轩辕氏，"轩辕"二字即与建筑房屋有关。表明黄帝在建造房屋上的卓越功绩。《路史·前纪七》："轩辕氏，作于空桑之北，绍物开智，见转风之蓬不已者，于是作制乘车，柜轮璞较，横木为轩，直木为辕，以尊太上，故号曰轩辕氏。"这些后来沉淀为汉民族文化建筑文化中的重要来源。《新语·道基》云："天下人民，野居穴处，未有室屋，则与禽兽同域。于是，黄帝乃伐木构材，筑作宫室，上栋下宇，以避风雨。"《云笈七签》卷一百《轩辕本纪》亦云："（黄）帝又令筑城邑以居之。"传从黄帝时代开始建造宫室、銮殿、庭堂、阁楼、城堡及尺、斗、规矩、墨砚、几案等。《尸子》记载：黄帝时，公玉带造合宫明堂。《史记·封禅书》云："上欲治明堂奉高旁，未晓其制度。济南人公玉带上黄帝时明堂图。"[②] 这些史料记载告诉我们，黄帝轩辕领导人们修造房屋，驯养家畜，种植五谷，摆脱了穴居野外的原始蒙昧生活。

从行的方面看，《周易·系辞》云：黄帝"刳木为舟，剡木为楫，舟楫之利以济不通……服牛乘马，引重致远，以利天下"。

此外还有许多发明创造与黄帝有关。《世本·作篇》："黄帝使羲和占日，常仪占月，臾区占星气，伶伦造律吕，大挠作甲子，隶首作算数。容成综此六术，而著调历。""沮诵、仓颉作书，并黄帝史官。史皇作图，史皇、仓颉同阶。""黄帝作宝鼎三"；"黄帝见百物始穿井"；"黄帝乐名《咸池》"。《七略别录·诸子略》："蹴鞠者，传言黄帝所作。"《路史·后纪五》："黄帝……制金刀，立五币，设九棘之利，而为轻重之法。"《路

---

① 王星光：《炎黄二帝与科技发明》，《中原文物》1999 年第 4 期。

② 令平：《中国史前文明》，中国文史出版社 2012 年版，第 188 页。

史·后纪五》罗注：“棺椁之作，自黄帝始。”《后汉书·天文志》：“星官之书，自黄帝始。”《绎史》卷五引《黄帝内传》：“镜始于轩辕矣。”《事物纪原》卷九引《吴子序》：“兵法始于黄帝。”《事物纪原》卷七：“《黄帝内传》曰：‘帝既升为天子，命句芒等司五行，于是针经、脉诀、天文、地理、卜法、算术、吉凶丧葬，无不备也。凡伎术皆自轩辕始。’”《国语·鲁语》：“黄帝能成命百物，以明民共财。”《史记·五帝本纪》：黄帝“官名皆以云命，为云师。置左右大监，监于万国”。《白虎通·崩薨》：“礼始于黄帝，至尧、舜而备。”《路史·后纪一》注：“黄帝始分土建国。”依据于右任先生的《黄帝功德纪》一书介绍，黄帝一生的发明创造包括衣、食、住、行、农、工、矿、商、货币、文字、图画、弓箭、音乐、医药、婚姻、丧葬、历数、阴阳五行、伞、镜等，共20个方面。[①]可见炎黄二帝的发明创造遍及衣食住行和社会制度方方面面。其实，如此众多的发明创造绝非黄帝等少数人能够完成，必定是由无数的先民们在相当漫长的时间里历尽艰辛、反复摸索出来的。而黄帝作为形象代表或者说作为一个文化符号，就是汉民族踏进文明门槛的一个历史象征。

黄帝时代的许多创制和发明，不但奠定了汉民族文化的基础，也培植了汉民族崇尚文明的价值观念。从而开启汉民族文化崇尚文明，摒弃野蛮，注重文野之分的滥觞，如《尚书·舜典》中有“睿哲文明，温恭永塞”，把文明作为一种美德。《疏》云：“经天纬地曰文，照临四方曰明”，把文明视为天地间的最高品德。后来《易传·文言》中又有这样的话：“见龙在田，天下文明”，《易传·彖传》说：“其德刚健而文明，应乎天而时行，是以元亨”，这是以“龙”比喻人，说明有文明美德的人能够适时行事，其事业伟大美好，天下文秀而光明。如果缺乏文明的美德，就会处于野蛮蒙昧的状态。[②] 故《国语·鲁语上》赞誉云：黄帝“能成命百物”。

正因为黄帝开汉民族事物之源，所以中国古代第一部通史著作——司马迁的《史记》，其中第一篇《五帝本纪》的第一句，即以“黄帝”冠其首：“黄帝者，少典之子，姓公孙，名曰轩辕。生而神灵，弱而能言，

① 于右任编纂：《黄帝功德纪》，南京仿古印书局民国24年（1935年）版。转引自韩星《黄帝——“中华始祖”和“人文初祖”》，《西部大开发》2005年第4期。

② 张勇、何炳武、刘宝才：《黄帝与中国文化》，《西部大开发》2005年第4期。

幼而徇齐，长而敦敏，成而聪明。”于右任先生于1918年在谒黄帝陵诗中赞云：“独创文明开草昧，高悬日月识天颜。”[①] 故而黄帝被尊为“人文初祖”。中华文化的许多精髓，是从炎黄时代起一脉相承的。[②]

（三）仓颉造字：汉民族文字文化之源

在文明的进程中，文字的出现是一个划时代的里程碑。对汉民族的形成和发展有巨大凝聚作用和符号意义的汉字，传说是由黄帝的史官仓颉创造的。《拾遗记》卷一：“轩辕……始造书契。”汉代文字学家许慎在《说文解字·序》亦云：“黄帝之史仓颉，……仓颉之初作书也，盖依类象形，故谓之文，其后形声相益，即谓之字。”并对此进行了高度的评述：“黄帝之史仓颉见鸟兽蹄迒之迹，知分理之可相别异也，初造书契，百工以乂，万品以察。”[③] 炎黄时代，刻划文字和象形文字的出现，成为汉字的重要来源之一。所以，《吕氏春秋·君守》载：“仓颉作书。”《世本·作篇》云：“沮诵、仓颉作书。”《韩非子·五蠹》谓：“仓颉之作书也，自环者谓之私，背私者谓之公。”《荀子·解蔽》说：“好书者众矣，而仓颉独传者，一也。”《淮南子·本经训》也说：“昔者仓颉作书。”秦朝李斯编的字书《仓颉》，也是由于首句为“仓颉作书”而得名。古人称文字为“书”，“作书”就是造字。司马迁、班固、韦诞、宋衷、傅玄等皆云：“仓颉，黄帝之史官也。”在原始文字产生的初始阶段，由巫、史一类人物创造文字是可能的。[④] 故而章炳麟《造字缘起说》云：

> 《荀子·解蔽》曰：“好书者众矣，而仓颉独传者，壹也。”依此，是仓颉以前已有造书者。亦犹后稷以前，神农已务稼穑；后夔以前，伶伦已作律吕也。人具四肢，官骸常动，持莛画地，便已纵横成象，用为符号，百姓与能，自不待仓颉也。今之俚人，亦有符号，家为典型，部为徽识，仓颉以前，亦如是矣。一、二、三诸文，横之纵之，本无定也。马、牛、鱼、鸟，诸形势则卧起飞伏，皆可则象也。体则鳞、羽、毛、鬣，皆可增减也。字各异形，则不足以合契。仓颉

① 赵馥洁：《为什么把黄帝称为“人文初祖”?》，《中华读书报》2008年4月19日第12版。

② 费孝通：《弘扬炎黄文化振奋民族精神》，《光明日报》2002年4月9日第4版。

③ 李学勤：《中国古代文明起源》，上海科学技术文献出版社2012年版，第246页。

④ 参阅姚政《先秦文化研究》，巴蜀书社2004年版，第33—34页。

者，盖始整齐画一，下笔不容增损。由是率尔箸形之符号，始为约定俗成之书契。彼七十二王皆有刻石，十二家中，无怀已在伏戏前矣。所刻者则犹俚人之符号也。[①]

依许慎之说，其时文字，止有指事、象形二种[②]，甲骨文距离现代3000多年，从甲骨文的体系已相当完备的情况来推断，汉字源远流长，它作为一种以方块字形、意音性质为特征的文字体系，说汉民族的祖先在5000年前就创造了文字，应该是谨慎的估计。[③] 其实，考古材料有更重要的证据提供，如陕西大地湾一期出土的8000年前的陶器上共发现了十几种彩绘符号，这些符号比过去发现的西安半坡陶器刻划符号的时间早了1000多年，且有一些符号与半坡符号基本一样，它们可能就是中国文字最早的雏形。随后又在半坡遗址出土的7000年前的陶器上又出现了刻画符号。[④] 尽管这类符号还不能视作有读音、能记言的文字，但无疑可以看作原始文字的先驱。[⑤]

但更重要的是，稍晚于大地湾一点的河南舞阳县贾湖遗址，出现了和商代甲骨文相似的甲骨契刻符号。据报道，在贾湖遗址中出土的龟甲、骨器、石器、陶器上发现了10多例契刻符号，除了在骨笛上所见的设计音孔时的刻记和契刻骨板上的单道刻记外，可以确认的契刻符号共发现有17例。其中龟甲有9例，骨器上3例，石器上2例，陶器上3例。其中属第一类龟甲4例，骨器3例，石器、陶器各1例，契刻符号从其形状上分析都具有多笔画组成的组合结构，应蕴含着契刻者的某种意图，记录了一件特定事情，因之，专家认为这些8000年前的甲骨契刻符号具有原始文字的性质，是中国文字起源的依据。[⑥]

可见，近几年来陆续出土的考古资料已充分表明，黄河流域的先民已进入了文明时代。对此，李学勤指出，综观现已发现的资料，不难看出：

① 章炳麟：《造字缘起说》，载刘梦溪主编《中国现代学术经典：章太炎卷》，河北教育出版社1996年版。

② 柳诒徵：《中国文化史》（上），东方出版中心2008年版，第27页。

③ 裘锡圭：《文字学概要》，商务印书馆1988年版，第10—21页。

④ 张维青、高毅清：《中国文化史》（一），人民出版社2010年版，第163页。

⑤ 刘德增：《关于中国原始符号与中国文字起源的论争》，《齐鲁艺苑》2001年第1期。

⑥ 张居中：《贾湖刻划符号的发现与汉字的起源》，《中国文物报》2003年12月5日第7版。

仰韶时代各地众多的几何符号的出现，意义虽不一定统一，却有可能即为汉字中的诸如数字之类的记号性文字奠定了基础。[①] 对于这个学术界研究了近一个世纪的汉字起源之谜，最近却有一个名不见经传的马贺山宣告解谜，他在《文字起源之马氏新说》中介绍了一个关于仓颉造字的传说：

> 仓颉苦思冥想，冥想苦思，就是想不出好法子来，结绳无法记录黄帝的话，不能用，陶工用的刻划符号，也不能记录黄帝的话，仍不能用，他得另起炉灶，想别的法子。
>
> 仓颉想了三天三夜，也没想出什么好办法，清晨，他推门一看，眼前白茫茫一片，远山、村落、森林，都披上了一层银装，大自然美丽极了。仓颉心情很好，往远处漫步走去。他一边走一边想，能有什么办法，把黄帝的话，记下来，画下来，留下来，让大家都看得懂，看得明白，心领神会，身体力行，从而加强战斗力。他左思右想，左摇右晃，就是想不出一个好法子来，他沮丧极了，眉头紧锁。走到村外的雪地上，几只五彩斑斓的山鸡，从树上扑楞楞地飞落下来，在雪地上觅食，接着又有几只麻雀也落在了不远处，啄食，雪地上留下了一片片山鸡和麻雀的足迹，突然有三只梅花鹿跑过来，立即惊飞了山鸡和麻雀，三只梅花鹿也飞快地消失在树林中，原来后面有两个村里的猎户，手持弓箭，匆匆赶来。他们径直朝树林方向奔去。仓颉赶忙上前拦住他们，问道："你们是不是在打鹰？"猎人回答："是。"仓颉问："你们怎么知道小鹿往林子里跑去了？"猎人回答："这雪地上不是留下了小鹿的足迹了吗？"仓颉急忙低头看去，一串非常清晰的小鹿足迹，从脚下的雪地上，延伸到远处的树林方向。仓颉似乎悟到了什么，他继续问道："这是什么足迹？"猎人答："鸟迹。"仓颉问："什么鸟迹？"猎人答："山鸡的。"仓颉又问："这个？"猎人答："麻雀的。"仓颉问："这个？"猎人答："兽迹。"仓颉问："什么兽？"猎人答："那不是野牛的兽迹嘛。"仓颉拍了拍脑门，"说得太好了！说得太好了！"他弯下腰，仔细地辨别着雪地上的鸟兽足迹，他高兴极了，似乎有了一个不小的发现，就是这个看似很平常的发现，却让日后的一个东方大国的子民蒙昧开启，智商大增，国家一跃为世界之

① 李学勤：《中国古代文明起源》，上海科学技术文献出版社 2012 年版，第 247—256 页。

> 林；就是这个很小的发现，为日后的文字的发明创造，提供了千载难逢的一个契机。
>
> 仓颉回到家里，拿出一个瓦罐，倒上水，将一把红土放入里面，做染料，用木棍沾着自己炮制的墨水，在桦木皮上写着画着各种各样的鸟兽足迹，然后拿给人看，请猎人指正。这些足迹都给了仓颉哪些启示呢？它们都有固定的形，固定的义，一般人是分辨不出它们的形和义的，更不会发出什么音，然而猎人却能，他不仅能看出是什么鸟兽足迹，指出它们足迹形状的不同，都代表了什么鸟兽，还能叫出名字，发出音来，它正是通过其固定的形，表示其固定的义，表示其固定的音，这正是将形、义、音结合在一起的范例。这个认知过程正是仓颉苦苦寻找的一个方法，找到了这个方法，就是找到了一座桥梁，这座桥梁就是将语言和鸟兽之迹（花纹）紧紧连接起来，仓颉就是通过鸟迹这座桥梁，有了质的飞跃，为进一步发明创造了象形文字，打下了坚实基础。①

马氏说的这个传说故事，否定了甲骨文是中国最早的文字的观点；否定了汉字发展到武丁时期才成熟才成系统的说法；否定了文字产生在夏末商初的被认为是主流的保守观点。他提出了汉字产生、成熟在黄帝时代，这有传世的文字和出土的文字（都是成文历史）证明。于是，马氏学说将汉字起源从目前的3200年的历史，更正为5000年上下的历史。② 当然，对汉字的起源虽然还有很多争议，这个争议还会继续下去，然而黄帝时代仓颉造字的传说却一直保存在汉民族的记忆之中。

（四）龙神信仰：汉民族龙文化之源

龙是汉民族的象征，汉民族人常常自称“龙的传人”。其实，龙在自然界中是根本不存在的“动物”，它是汉民族的先民们出于某种文化心理和文化意识而创造出来的一个文化符号。许慎《说文解字》说：“龙，鳞虫之长”，“能幽能明，能细能巨，能短能长，春分而登天，秋分而潜

---

① 马贺山：《文字起源之马氏新说》（http：//wenku. baidu. com/link？url = JCB0t9bsvcz4b0KpLddY6FhbnDRCHImR3ipxum32057AliYa_ kU3rEBiGObrrjYNWmg6V_ paKgd4Ce RkqJg2RMz3QAfVjRzpBjqImAY6VCW）。

② 老马识途：《汉字起源有了新的学说——马氏学说》（http：//blog. sina. com. cn/s/blog_6cc00e6b01013lqk. html）。

渊”。《尔雅翼·释龙》的作者认为龙是“为马蛇尾”，其具体形状是：“角似鹿，头似驼，眼似鬼，项似蛇，腹似蜃，鳞似鱼，爪似鹰，掌似虎，耳似牛”，等等。由此可见，在先民们的心目中，龙没有固定的形态，它是多种动物的集合体，或说是多种动物的“聚合效应”，它能行云施雨，升天入地，代表着神圣与祥瑞。

龙的这种形象，就与黄帝有关。《山海经·大荒北经》记载：“蚩尤作兵伐黄帝，黄帝乃令应龙攻之冀州之野”；《管子·五行》记载：“黄帝得苍龙，而辨乎东方”；《大戴礼记·五帝德》记载：黄帝“乘龙”；《淮南子·览冥训》记载：“黄帝治天下……青龙进驾”；《史记·孝武本纪》记载：“黄帝采首山铜，铸鼎于荆山下。鼎既成，有龙垂胡髯下迎黄帝”；《史记·封禅书》记载：“黄帝得土德，黄龙地螾见”；《论衡·纪妖》记载：“昔者黄帝合鬼神于西大山之上，驾象舆，六玄龙”；《孙绰子》记载：黄帝“驾八翼之龙”；《轩辕黄帝传》记载：黄帝“作龙衮之服”；今本《竹书纪年》记载：“《龙图》出河，《龟书》出洛，赤文篆字，以授轩辕”等。如果说这些记载龙仅是以为黄帝服务的身份出现的话，更进一步的说法便是黄帝变成了龙。如《史记·五帝本纪》谓黄帝“生日角龙颜，有景云之瑞”；《论衡·骨相》说：“黄帝龙颜”；《列仙传》说：黄帝“自以为云师，有龙形”；《路史》说：黄帝“日角龙颜”；《河图稽命徵》说黄帝“龙颜有圣德”；《春秋合诚图》说：“黄帝将亡，则黄龙坠”等。

黄帝在汉民族先民的心目中被神化成了龙神。于是，由于黄帝族群以龙为图腾，而黄帝又成了一个统一与综合的象征，所以龙也就与黄帝一样成了统一与综合的象征。①

在五帝时代，龙不仅神化了，而且著名的领袖人物都龙神化了。例如：伏羲的祖族便是雷（龙）神，龙身人头。《北堂书钞·异表》说：“太昊蛇身（龙）人首。”《路史·后纪》说伏羲“龙身牛首”。考古发现的画像石、壁画、帛画以及铜镜，多有伏羲、女娲图像，均为人首蛇（龙）身。《左传·昭公十七年》云：伏羲太昊“以龙纪官，故为龙师而

---

① 参阅张勇、何炳武、刘宝才《黄帝与中国文化》，《西部大开发》2005 年第 4 期；苏峰《中国龙文化与黄帝陵》（http：//www. huangdi. gov. cn/content/2012 - 10/29/content_ 7544398. htm）。

龙名”。神农氏末代的炎帝，《诗含神雾》说他是“龙首，颜似龙也”。对汉民族古代历史影响最大的五帝：黄帝、颛顼、帝喾、尧、舜，以及夏商周三代的鼻祖，都与龙神交织在一起，《史记·天官书》说：“轩辕，黄龙体。”《竹书纪年》说颛顼母曰女枢，与龙交而生颛顼。《路史·疏仡纪》注说：“（颛顼）有龙颜戴干之表。”甲骨文中有“高祖夒”的记载，丁山认为“高祖夒即帝喾”。《说文》说夒如龙。《竹书纪年》说：“母日庆都，……赤龙感之，孕十四月而生尧于丹陵。”《路史》注引《帝尧碑》说：尧“龙颜日角，八彩三眸”。《竹书纪年》说：帝舜“龙颜、大口、黑色”。于是，以黄帝为首的五帝都是龙神的化身。如夏族的近世祖先是鲧和禹，据《归藏·启筮》说鲧“化为黄龙”。大禹之母是“修巳”，修巳的意思就是一条长蛇。《列子·黄帝》说：夏后氏“蛇（龙）身人面”。商的祖先是“高祖夒”，夒就龙。在商代出土的器物中的图案有饕餮龙、蟠龙、螭龙、夔龙、鱼龙等。周文王是“龙颜虎肩”，周天子用的玉玺是“螭（龙）虎钮”。

此后，龙文化具有崇高的地位，汉民族登基的帝王大多为“真龙天子”的化身，秦始皇人称始皇为“祖龙”。汉王朝开国君主刘邦，史书记载他是“赤龙”[①]。《史记·高祖本纪》载：其母“刘媪尝息大泽之陂，梦与神遇。是时雷电晦冥，太公往视，则见蛟龙於其上。已而有身，遂产高祖”[②]。东汉刘秀梦见骑龙上天，遂做了皇帝。三国时期的刘备、孙权和曹丕都搞过“黄龙见”的符瑞，表示上应天命。南朝宋的刘裕，齐的萧道成、萧衍，隋文帝杨坚，唐代李渊、李世民、李隆基，后梁的朱温，后周的郭威等，都曾编造龙的故事，为登上帝王宝座制造舆论。历代帝王的年号，如汉宣帝的“黄龙”、东汉公孙述的“龙兴”、三国吴的“黄龙”、魏明帝的“青龙”、后赵的“青龙”、后凉的“飞龙”、后燕的“青龙”、夏赫连勃勃的“龙升”、唐高宗的“龙朔”、唐中宗的“神龙”和“景龙”、唐段子璋的“黄龙”、唐南诏的“见龙”和“龙兴”，梁末帝朱友贞的“龙德”，南汉刘岩的“白龙”、闽惠宗王璘的“龙启”等帝王年号。自西汉至明清，两千多年中国帝王，都把龙作为皇帝和皇权的象征，把自己打扮成真龙天子。

---

① 《史记·高祖本纪》。

② 索隐按：《诗含神雾》云“赤龙感女媪，刘季兴”。又《广雅》云：“有鳞曰蛟龙。”

龙文化虽然被历代统治者所垄断，但在汉民族民间仍有丰厚基础，形成了丰富多彩的民俗文化，流传至今。如正月十五元宵节，到处有舞龙灯的习俗。农历二月二是“龙抬头节”。端午节是农历五月初五，也是“龙的节日”，在许多地方多举办龙舟比赛。全国各地都有龙王庙或河神庙，庙内的主神是龙神。十二生肖中有龙和蛇，蛇被人称为小龙。每个人都有一个属相，中国人口已有13亿，属大龙的有1亿多，属小龙的也有1亿多，合起来属龙的有两亿多人口，汉民族真是龙的传人。

其实，汉民族的远古先民早已有对龙的崇拜，如辽宁阜新查海出土的距今达8000年的石块堆塑龙、内蒙古赤峰赵宝沟出土的距今7000年的陶纹龙、陕西宝鸡北首岭出土的距今达7000年的彩陶龙、河南濮阳西水坡出土的距今6000多年的蚌塑龙、甘肃甘谷西坪出土的距今5500年的彩陶龙、山西襄汾陶寺出土的距今5000年的彩陶盘龙、安徽含山凌家滩出土的距今5000年的白玉龙，等等，这些表明在黄帝时代之前已经有了龙的崇拜[①]。可见，龙文化源远流长，从帝王到民间，从天象到地理，从正史到野史，从雕刻绘画到诗词歌赋，从各类建筑到器皿衣着，从语言词汇到传说故事，从祭祀到节庆，无不打着龙文化的烙印。[②] 这正好充分体现了以黄帝为标志的龙文化始源的巨大张力。

（五）慎终追远：汉民族信仰文化之源

“慎终追远”就是祖先崇拜，是指相信已故的成员给某个集团的现有成员的生活带来影响这一信仰为基础的民俗信仰体系。通常进行崇拜的现有成员和被崇拜的已故成员之间的关系，被认为是“子孙”和“祖先”的关系。某个群体活着的成员认为自己以及所属集团的延续和繁荣有赖于祖先。人们认为，承认这种事实并不懈地感谢和祈祷，是为确保继续获得祖先保佑，过更幸福的生活或为免遭不幸所不可缺少的。而子孙为了和祖先沟通交流，为得到祖先的佑护经常需要向祖先供献祭品、举行相应仪式并诵唱祷词，这种带有仪式性的行为，就叫作祭祖仪式，是“献祭是用物质性的供品来换取神灵的帮助和恩赐的行为”[③]。祖灵始终是善待子孙、

① 参阅张勇、何斌武、刘宝才《黄帝与中国文化》，《西部大开发》2005年第4期；苏峰《中国龙文化与黄帝陵》（http：//www. huangdi. gov. cn/content/2012 – 10/29/content_ 7544398. htm）。

② 《黄帝文化与龙文化》（http：//blog. sina. com. cn/s/blog_ 934d312e0100uc5m. html）。

③ 吕大吉：《宗教学纲要》，高等教育出版社2003年版，第114页。

并赐予恩惠的神圣存在。[①] 因为祖先是最亲近的，在所有的超自然力量中，只有它们和人们有着直接的、无法割断的关联。它们只对特定的族群负责，没有接受请求太多而无暇顾及的问题，也就较可能会提供帮助。其他的神虽然神通可能更广大，但毕竟没有直接的联系，而且是向所有人的请求开放的，所以具体的个人和神的关系反而变得不够确定。正如林耀华在《义序的宗族研究》中所指出：祖先崇拜简单来说就是拜祖，而拜祖的意义可分为两个方面：从死者方面来说，"灵魂和生人一样需要衣食住行，所以生人务必尽力供给"；从生者方面来说，"死灵仍旧继续保护照荫子孙，治理教导后代，于是拜奉祖宗乃求获福利"[②]。祖先崇拜虽然是具有普遍性的人类信仰文化现象，但无统一神信仰的汉民族却敬奉祖宗，信仰祖先神。所以，祖先崇拜也是西方学术界对中国民间宗教信仰实践基本特点的概括之一。[③]

汉民族的祖先崇拜也源于炎黄文化。"慎终追远"出自《论语·学而》，其云："慎终追远，民德归厚矣。"对此孔安国注曰："慎终者，丧尽其哀；追远者，祭尽其敬。君能行此二者，民化其德，旨归于厚也。"朱熹的《论语集注》曰："慎终者，丧尽其礼；追远者，祭尽其诚。民德归厚，谓下民化之，其德亦归于厚。"可见，在"慎终"的问题上，孔安国似乎更重"情"，强调"尽哀"；朱熹似乎更重"理"，强调"尽礼"。但在"追远"的问题上，孔安国强调"敬"，偏重于"理"；朱熹强调"诚"，偏重于"情"[④]。今人杨伯峻则将这两句翻译为："谨慎地对待父母的死亡，追念远代祖先，自然会导致老百姓归于忠厚老实了。"[⑤]

"慎终追远"如果仅仅是往上连通祖先，那还是很不完善的；还必须往下连通子孙，旁系连通兄弟及其他家族成员。这样不仅可以连通人与天的"血缘链"，还可以将天道运用于人道。《孝经·三才章》云："夫孝，

---

① 色音：《祖先崇拜的宗教人类学探析》，《内蒙古师范大学学报》2012 年第 3 期。

② 林耀华：《义序的宗族研究》，生活·读书·新知三联书店 2000 年版，第 50 页。

③ Kopytoff，Igor.，"Ancestors as Elders in Africa"，p. 140，in *Africa：Journal of the International African Institute* 41，No. 2（1971）：129 – 142. 并参见 Fortes，Meyer 对他的批评，见"An Introductory Commentary"，In *Ancestors*，ed. by William Newell，pp. 1 – 16. Hague，Paris：Mouton Publishers，1976. 转引自彭牧《祖先有灵：香火、陪席与灵验》，《世界宗教文化》2012 年第 2 期。

④ 陈仲庚：《慎终追远与国人之灵魂归宿》，《武汉大学学报》2014 年第 5 期。

⑤ 杨伯峻：《论语译注》，中华书局 1980 年版，第 6 页。

天之经也，地之义也，民之行也。天地之经，而民是则之。则天之明，因地之利，以顺天下。”民如何“则天”“因地”呢？《大传》云：“上治祖祢，尊尊也；下治子孙，亲亲也；旁治昆弟，合族以食，序以昭缪，别之以礼义，人道竭矣。”人道的根本就是亲亲与尊尊，“仁者人也，亲亲为大”[①]，“贵贵、尊尊，义之大者也”[②]。没有祖祢与子孙的上下连通，无以定尊卑；没有兄弟等其他亲属的旁系连通，则无以别亲疏。有了上下尊卑、左右亲疏（直系旁系）之别，尊尊与亲亲才会有明确的目标，自我才能在家庭亲属中找到明确的定位。所以，在祖先—自我—子孙的血缘链条中，自我生命的消亡，不是链条的中断，而是链条的接续，或者说，是回归到祖先的怀抱：生是从祖先那里来，死是回祖先那里去。中国人强调叶落归根、魂归故土、入土为安，那一抔黄土下所掩埋的不是冰冷的墓室，而是祖宗的怀抱。回到祖宗的怀抱，并能享受子孙的祭拜，这自然是十分温馨而惬意的事情。因此，与西方的灵魂超越肉体、试图到天堂寻找永生不同，中国人则是灵魂与肉体一同回归，通过血缘链的接续来寻找灵魂的归宿；并通过子孙“慎终追远”的香火祭祀，使灵魂获得永生。[③]

千百年来，汉民族“慎终追远”，对先祖的崇敬，世所罕见。林惠祥认为，中国人“对于祖先的崇敬，可谓达于极点”[④]。牟钟鉴也认为：“‘敬天法祖’一向是多数中国人第一位的信仰，不是其他宗教所能简单取代的。”[⑤] 德国学者卡西尔指出：“在几大宗教中，以祖先崇拜为根源并似乎原封不动保持其原始特征的，首推中国的宗教。”[⑥] 俄罗斯学者托卡列夫认为，“祖先崇拜虽未列为中国的正式宗教，实则已成为中国宗教信仰和礼仪的主体”。[⑦]

这种将已故祖先或虚拟血缘祖先视为神灵并加以崇拜，并不是所有逝

---

① 《礼记·中庸》。

② 《礼记·丧服四制》。

③ 参阅陈仲庚《慎终追远与国人之灵魂归宿》，《武汉大学学报》2014 年第 5 期。

④ 林惠祥：《文化人类学》，商务印书馆 1991 年版，第 246 页。

⑤ 牟钟鉴：《中国宗教通史》，社会科学文献出版社 2000 年版，第 962 页。

⑥ ［德］恩斯特·卡西尔：《神话思维》，中国社会科学出版社 1992 年版，第 196 页。

⑦ ［俄］谢·亚·托卡列夫：《世界各民族历史上的宗教》，中国社会科学出版社 1985 年版，第 275 页。

去的先人都有此殊荣，只有那些对氏族、部族及部落联盟等作出过重大贡献的逝者才有资格被奉为保护神并为后人所祭拜。如《礼记·祭法》曰："有虞氏禘黄帝而郊喾，祖颛顼而宗尧。"孔颖达疏曰："此一经论有虞氏以下四代……祖，始也，言为道德之初始，故云'祖'也。宗，尊也，以有德可尊，故云'宗'。"又如《国语·鲁语上》载展禽云："黄帝能成命百物，以明民共财，颛顼能修之……故有虞氏禘黄帝而祖颛顼，郊尧而宗舜。"这两则材料说明能被后人奉为祖或宗的先人大都是有功德之人，要么其本人是道德之初建者，要么其品行或作为是践行道德的典范。黄帝、帝喾、尧、舜、禹等先人的突出功绩是被夏商周三代列为国家祀典而世代享有祭祀的主要原因。[①] 而黄帝和炎帝是汉民族祖先崇拜的集大成者，是汉民族"法祖敬宗"最重要的对象。

如《汉民族史记》第1卷所述，炎黄族群集团是汉民族主源之一，《孟子·离娄下》云："舜生于诸冯，迁于负夏，卒于鸣条，东夷之人也。"其时的山东属于东夷族群集团，舜出生在山东诸冯，自然是"东夷之人"，他被尧选为继承人，本是两大族群融合的标志。但这种"融合"，不是两大族群的平等"联合"，而是以虞舜"入赘"尧家，并认尧的先祖为自己的先祖。而虞舜的帝位不是从父亲瞽瞍那里继承来的，而是继承了岳父的基业，所以他要以尧的先祖颛顼为远祖，以尧为近宗。正因为有虞氏是宗异姓为先君、先祖，而继任的子、孙也为异姓，所以他不能独立地构成一代，后人也只能称"三代"而不能称"四代"。然而，也正是通过这种宗异姓的"慎终追远"祭祀形式，虞舜本人也成了炎黄族群集团的祖先，后人还千方百计地给他梳理了一条自黄帝、颛顼而下的华夏血脉系统。这似乎意味着，东夷族群完全与炎黄族群集团融合了。据徐中舒研究，虞舜的这种"祭法"，在当时不是特例，而是通例。《孝经·孝治章》云："昔者明王之以孝治天下也，不敢遗小国之臣，而况于公、侯、伯、子、男乎？故得万国之欢心，以事其先王。"作为"明王"之孝治，就是要得"万国之欢心"，然后万国就会"事其先王"。这里的"事"也就是祭祀，亦即奉"明王"之先祖为自己的先祖；这样的祭祀时间一长，就会形成一种定制，后来的"万国"之君为抬高自己的身价，想方设法也要找到一个"明王"为先祖；于是，历朝历代的"万国"也就有了共同

① 李秋香：《秦汉祖先神信仰构建与族群文化认同》，《中原文化研究》2014年第4期。

的先祖。这正如梁启超所说的："据旧史则唐虞夏商周秦汉，皆同祖黄帝；而后世所传姓谱，大抵非太岳胤孙，即高阳苗裔；似吾族纯以血缘相属而成立。"[①] 这样延续下来的结果就是：汉民族都认炎黄为祖先。

历史赋予了炎黄族群集团重任，在汉民族文化史的历程中，其不负众望，以农为本、人文初祖、仓颉造字、龙神信仰、慎终追远的文化沉淀，成了汉民族文化的基因。

第三节　东夷文化:汉民族文化来源之二

东夷文化是汉民族文化"双核驱动"起源的又一个主要来源。

说起东夷文化，不如炎黄文化那样为人们所熟悉和了解。而说到"山东大汉"、齐鲁文化和孔子，人们就明白了。其实，无论"山东大汉"，还是齐鲁文化和孔子都与东夷和东夷文化有直接的渊源关系。

一　东夷文化的概念及内涵

东夷文化是汉民族古老而辉煌的先民文化之一，因其面临黄海，地理位置的特殊性，又被不少学者称为"海岱文化"[②]。所谓海岱地区，主要是指山东地区和苏北徐海一带，是以泰沂山系为中心，包括周围小块平原和胶东丘陵在内的一个独立的地理单元。所以，"东夷文化是聚居于海岱地区的古东夷族所创造的文化体系"[③]。因此，可以说，东夷文化即是东夷族群创造的具有海洋文化特色的海岱文化。

东夷文化是当时中国最先进、最发达的文化，它影响和促进了汉民族文化的起源、形成和发展。山东学者逄振镐将史前东夷文化分为 5 个时期，第一个时期为距今四五十万年处在旧石器时代早期的沂源猿人；第二个时期为北辛文化时期，公元前 5400 年至公元前 4300 年；第三个时期为大汶口文化时期，公元前 4300 年至公元前 2400 年；第四个时期为龙山文化时期，公元前 2400 年至公元前 1900 年；第五个时期为岳石文化时期，

① 梁启超：《中华民族之由来（节选）》，载《虞舜大典・近现代文献卷（一）》，岳麓书社 2011 年版，第 9 页。

② 任重：《东夷文化的历史沿革》，《山东大学学报》2001 年第 1 期；程红：《试论先秦时期东夷文化与华夏文化的关系》，《烟台师范学院学报》2005 年第 4 期。

③ 程红：《试论先秦时期东夷文化与华夏文化的关系》，《烟台师范学院学报》2005 年第4 期。

公元前 1900 年至公元前 1600 年。这是山东及其周围地区独立产生、发展的土生土长的土著文化。这 5 个时期的文化，除后李文化与北辛文化之间在先后承继上尚未得到地层叠压证据外，其他的都有一个从前者直接发展到后者、后者又直接继承前者的直接迭压承继的、连续发展的地层关系的证据。现已证明，这是同一个文化 5 个不同的连续发展的阶段。[①] 丘菊贤、杨东晨则认为，东夷诸族的历史发展，考古资料比古籍的片段记载更为明显地将其分成段落，大体上可分作三个阶段：从传说中的太昊、少昊到夏禹之际（公元前 5000 年至公元前 4200 年）；从夏启起到西周止（公元前 4100 年至公元前 770 年）；从春秋到秦统一（公元前 770 年至公元前 221 年）。包括东夷族从兴起、发展以及与华夏等中原各族融为一体的三个阶段[②]。总之，从考古学角度看，东夷的新石器文化，已确定的考古谱系是北辛文化、大汶口文化、山东龙山文化（又称典型龙山文化）三个前后相续的阶段。三个阶段的历时区间，如果宽泛一点说，大体在距今 8500 年到 3900 年，其中前两个阶段各持续两千年左右，后一个阶段五六百年。[③] 学术界公认，其中的龙山文化是东夷海岱文化的鼎盛时期，它比同时代的其他地域文化遥遥领先。

史前时期东夷文化的主要成就有的学者归纳为 13 个方面：（1）生产工具制造水平较高；（2）精美的玉制品；（3）发达的制陶业；（4）铜器冶炼技术的发展；（5）发达的纺织业；（6）发达的酿酒业；（7）精湛的雕刻镶嵌工艺；（8）陶文的发明；（9）龟卜（甲卜）的发明；（10）原始八卦的创造；（11）原始历法的发明；（12）发达的原始医学；（13）发达的原始军事势力。[④] 而有的则概括为 5 个方面：一是弓箭的发明，二是先进的制造业，三是先进的“礼”“乐”文化，四是最早的文字雏形，五是文明社会的先导。[⑤] 东夷文化的这些成就，为汉民族文化的起源、形成和发展奠定了又一个坚实的基础。

---

① 逄振镐：《东夷史前原始农业的发展》，《中国农史》1991 年第 4 期。

② 丘菊贤、杨东晨：《东夷简论》，《中南民族学院学报》1988 年第 1 期。

③ 张富祥：《海岱文化与中原文化》，《史学月刊》2000 年第 4 期。

④ 逄振镐：《东夷人的灿烂文化》，《烟台师范学院学报》1992 年第 4 期。

⑤ 程红：《试论先秦时期东夷文化与华夏文化的关系》，《烟台师范学院学报》2005 年第 4 期。

二　东夷文化：汉民族文化主源之二

黄河是汉民族文化的一个大摇篮，作为汉民族文化主源的“双胞胎”，当炎黄族群集团在黄河中游孕育成长之时，东夷族群集团则在黄河下游孕育成长。东夷文化作为在汉民族文化的又一个主要来源，由于双核驱动，在起源、发育、传承、发展中同样发挥了十分重要的文化基因功能。

（一）社稷五祀：汉民族农耕文化之源

当炎黄族群集团在黄土高原上创造农耕文化之时，东夷族群集团在海岱地区也开拓了“社稷五祀”为代表的农耕文化。

稷，据史书记载，有多种解释。与东夷有关的一是指我国古老的食用作物，即黍子的变种[①]；或粟的别称；或指高粱。程瑶田《九谷考》：“稷，今人谓之高粱，或谓之红粱。”《广雅·释草》：“稷穰谓之𥟖。”《尚书·酒诰》：“妹土，嗣尔股肱，纯其艺黍稷。”二是主管农事的官。《左传·昭公二十九年》：“稷，田正也。”三是五谷之神。在我国古代，五谷是指稻、稷、麦、豆、麻；或者麻、黍、稷、麦、豆。后“五谷”泛指谷物。《礼记·祭法》：“是故厉山氏之有天下也，其子曰农，能殖百谷；夏之衰也，周弃继之，故祀以为稷。”《左传·昭公二十九年》：“周弃亦为稷，自商以来祀之。”对于稷，在东夷族群先民的大汶口文化晚期阶段有不少发现，如胶州三里河遗址发现一座平面椭圆形的房址，面积近8平方米，其西北角有一个深1.4米的大窑穴，几乎占了房间面积的一半。穴壁光滑平整，底部用黄褐色土和小块红烧土混合筑成，内藏已经炭化和灰化的粟1.2立方米多。此例大概原就是一座粮食库房，说明黄河流域的农作物种植自古就以粟为主。在莱阳于家店遗址的红烧土堆积中，也发现了许多粟壳的痕迹，表明粟的种植到大汶口文化晚期，在胶东滨海地区也已推广[②]。而社稷，是古代帝王、诸侯所祭祀的土神和谷神，是上古时代国家的象征与代称。“五祀”即祭祀五行之神。《周礼·春官·大宗伯》：“以血祭祭社稷、五祀、五岳。”郑玄注：“此五祀者，五官之神。”

---

① 一说是没黏性的黍子。

② 参阅安作璋、王志民主编《齐鲁文化通史·远古至西周卷》，中华书局2004年版，第140页。

《左传·昭公二十九年》："故有五行之官，是谓五官。实列受氏姓，封为上公，祀为贵神。社稷五祀，是尊是奉。"《太平御览》卷五二九引《汉书仪》："祠五祀，谓五行金木水火土也。木正曰句芒，火正曰祝融，金正曰蓐收，水正曰玄冥，土正曰后土。皆古贤能治成五行有功者，主其神祀之。"

而"社稷五祀"的说法与东夷有密切的关系，《左传·昭公二十九年》晋史官蔡墨云："故有五行之官。是谓五官。实列受姓氏，封为上公，祀为贵神，社稷五祀，是尊是奉。木正曰句芒，火正曰祝融，金正曰蓐收，水正曰玄冥，土正曰后土。……少皞氏有四叔，曰重，曰该，曰修，曰熙，实能金、木及水。使重为句芒，该为蓐收，修及熙为冥。世不失职，遂济穷桑，此其三祀也。颛顼氏有子曰犁，为祝融；共工氏有子曰句龙，为后土，此其二祀也。"其意思是说，首先，最初立社稷五祀的是少皞；其次，五祀已纳入五行体系之中。

从五行的产生来看，在古文献中最早记载五行的是《尚书·洪范》《甘誓》《国语·郑语》。《甘誓》仅提五行之名。《洪范》五行的排列顺序与战国末期流行的五行说不一样。可以肯定它属于另外一种体系。从《洪范》原文"我（箕子）闻在昔，鲧陻洪水，汩陈其五行。帝乃震怒"看，《洪范》五行说属于夏集团的五行体系。《国语·郑语》所记五行出自周幽王史官之口，可知此五行说当属周人的五行体系。而"社稷五祀"中的五行既不同于战国时期流行的五行说，也不同于夏及周的五行体系。蔡墨明言社稷五祀是少皞之官，而且他是在谈及五祀的渊源时涉及五行的。由此可知，社稷五祀作为一种崇神的宗教仪式，当属于东夷文化体系。

据李立的研究，社稷五祀作为东夷族崇神仪式，它的形成当以东夷的农业经济生活为基础，源自东夷族先民对农业生产的重视及祈盼丰收的愿望。以新石器时代考古发掘所提供的材料证实，北自辽河流域，南至江浙地区，旱地农业生产和稻作农业经济均达到了相当的发展程度。《山海经·南山经》记有两则农役神神话，其一，"有兽焉，其状如豚，有距，其音如狗吠，其名曰狸力"。其二，"有兽焉。其状如人而彘鬣，穴居而冬蛰，其名曰猾裹"。狸力、猾裹皆为兽形神。狸力有距，《说文》："距，鸡距也。"可知其性善刨土，猾裹习性是穴属而冬眠。二神的神性都是"土功"，貍力"见则其县多土功"，猾裹"见则县有大繇"。这二则神话曲折地反映了东夷族先民冬季兴“土功”的事实。《史记·天官书》有“奎曰封豕，为沟渎”的记载。沟渎即沟洫，泛指农田水利设施。《考工记·匠人》云：“匠人为沟洫。”郑玄注：“主通利田间之水道。”即《汉书·召信臣传》亦有“行视郡中水泉，开通沟渎”的记载。奎宿十六星，九星在仙女座，七星在双鱼座。由于地球自转的原因，夏季看不到奎宿十六星，春季也只能看到位于西北星空的属于仙女座的九星。唯秋冬二季能看到完整的十六星，而秋冬二季正是中国东部和东北部（辽河流域）东夷族先民整治沟渎的理想季节，可知，“奎曰封豕，为沟渎”当是东夷族先民于秋冬二季对星象的观察。从二十八宿与地面相配合的关系来看，奎宿与地面相配，当在鲁地。《史记》正义云：“奎，十六星。娄三星为降娄，于辰有戌，鲁之分野。”《广雅》：“奎，娄：鲁。”据此，“奎曰封豕，为沟渎”正是东夷族先民长期农业生活形成的习俗。将此习俗同《山海经·南山经》狸力、猾褢神话联系起来看，神话中所说的“土功”实即整治沟渎的农事活动。猾褢“穴居而冬眠”，“见则县有大繇”，只有于秋冬二季整治沟渎，才能于土中发现“猾褢”。社稷五祀土正是后土，其神状也为兽形，“土伯九约，其角觺觺些……参目虎首，其身若牛些”。[①] 后土的神力和神性同样是“土功”，《国语·鲁语》云：“共工氏之霸九有也，其子曰后土，能平九土。”可知，“平九土”仍然是与治水相关的沟渎之事。崇拜后土之俗，祭祀后土之事，当源自东夷族群先民对农役神的崇奉。[②]

众所周知，当农业成为族群的主要生存策略之后，人们才能密切地关注自然界的变化，这是农业经济生活的直接功利目的的表现。这样的观念和情感也自然地反映在东夷族群先民宗教信仰、神话传说和生活习俗之中。《山海经·东山经》记有两则猪形水神神话。其一，“其兽焉，其状如夸父而彘毛，其音如呼，见则天下大水”。其二，“有兽焉，其状如彘而人面，黄身而赤尾，其名曰合窳……见则天下大水”。《山海经·北山经》记有两则蛇形旱神神话。其一，“有蛇一首两身，名曰肥遗，见则其国大旱”。其二，“有大蛇，赤首白身，其音如牛，见则其邑大旱”。在《淮南子·本经训》中猪形水种为“封豨”，蛇形旱神为“修蛇”，与凿

① 《楚辞·招魂》。

② 李立：《社稷五祀与东夷农耕文化》，《克山师专学报》1996年第1期。

齿、楔揄同为羿所杀。羿杀封豨和修蛇的神话情节，实即止雨抗涝和求雨抗旱的巫术仪式，表达了人们希望雨水正常、阳光充足、作物丰产的愿望。社稷五祀中水正是玄冥，《礼记·月令》将玄冥与颛顼相配，于五行为水，于四方为北。玄冥居于北方，是北方水神。《山海经·海外北经》："北方禺彊，人面鸟身，珥两青蛇，践两青蛇。"郭璞注：禺彊，字玄冥，水神也。《楚辞·大招》："冥凌浃行"，王逸注：冥，玄冥，北方之神也。《国语·鲁语》云："冥勤而水死。"玄冥的名字本身也带有北方色彩。《山海经·海内经》："北海之内有山，名曰幽都之山，……其上有玄鸟、玄蛇，玄豹、玄虎、玄狐蓬尾。有大玄之山。有玄丘之民。"《山海经·北山经》亦有"幽都之山"，蛇形旱神即居于此山中。二幽都之山皆在北方，当为一山。可见，玄冥原为东夷族水神，与东夷猪形水神及蛇形旱神存在着某种联系，或许二者之间存在着某种渊源关系。①

对猪的崇信考古材料中有不少例证，如大汶口文化中晚期墓就盛行以猪身或猪头等随葬。大汶口墓地的133座墓葬中，有43座共随葬了96个猪头，随葬最多的一墓用了14个。陵阳河墓地的45座墓葬中，有29座共随葬猪下颌骨174副，随葬最多的一墓有83副。花厅墓葬中所见的猪头或猪下颌骨，也是少则两个，多则十几个。三里河遗址有一墓随葬37副猪下颌骨，又有一袋形坑埋有5头幼猪。西夏侯遗址出土3副猪头骨连下颌骨，据鉴定都是肥大的成年猪。野店遗址、花厅遗址都见到整猪埋葬的骨架。至于食后扔弃的猪骨，在各遗址的地层和灰坑内就更多见。如苏北刘林遗址第二层就发现猪下颌骨170多块，还有集中堆放于一条灰沟中的猪牙床20个。前埠下遗址采集到的猪骨尤多，总共近3000件，包括较为完整的顶骨、额骨、下颌骨、单个牙齿和破碎的肢骨，鉴定报告认为可以代表261头不同年龄、性别的个体。② 这些都说明当时已大量饲养家猪，家猪不但成为居民肉食的主要来源，而且成为私有的财产、财富的象征、祭祀的牺牲。这时还出现了仿猪形的艺术品，如分别出土于花厅、三里河、刘林遗址的陶制猪形罐、猪形鬶和牙雕猪头，都形象毕肖，有学者

① 李立：《社稷五祀与东夷农耕文化》，《克山师专学报》1996年第1期。

② 前埠下遗址经鉴定的动物遗骸，一部分属于该遗址的后李文化后期遗存，其余属于大汶口文化中期遗存。这里所引猪骨的数量也包括两部分，因鉴定报告未细分，未详各占多大比例。见《山东潍坊前埠下遗址发掘报告》附录一，《山东省高速公路考古报告集》，科学出版社2000年版，第104页。

认为应是和祭祀相关的器物。早期王因遗址还出土了两件猪形泥塑。[①] 又《山海经·东山经》记有收获（丰收）神“当康”的神话，“有兽焉，其状如豚而有牙，其名曰当康，其鸣自叫。见则天下大穰”。郝懿行云：“当康大穰，声转意近。盖岁将丰稔，兹兽先出以鸣瑞。”郝氏的解释，前半部分很有道理，后半部分则未免附会。猪本是东夷族群先民崇拜的对象之一，当农业生产成为主要生存策略，对猪的崇信意识所形成的习俗，以及为祈盼丰产而施行的巫术行为早已流行于东夷族群先民的生活之中。

从这些材料中，我们可以清楚地看到，在东夷族基于农业经济生活而形成的宗教信仰和生活习俗中已经包含了社稷五祀所崇拜的内容和形式，只不过前者表现出更广泛、更原始的特点。社稷五祀一方面是在东夷族群先民广泛的、原始的宗教信仰和生活习俗基础上体系化、模式化的结果，也是东夷文化对汉民族农耕文化起源的贡献。此后，在汉民族农耕文化形成发展的过程中，东夷族群的社稷五祀之俗在春秋末期之前已经形成，并且已经与五行相配而纳入五行体系之中。五祀与五行相配为木、火、金、水、土，与四时为春、夏、秋、冬，与四方为东、南、西、北，与神性为风神、火神、收获神、水神、农役神。显然，社稷五祀与五行相配已构成一套完整的体系，是东夷族群先民对自然界动植物生长规律的掌握，对农业生产规律的认识，对农业生产经验的沉淀。[②]

（二）东狩于海：汉民族海洋文化之源

海洋文化是汉民族文化中最重要的一种基因，却又是最边缘的一种基因。说其重要是因为这种基因是一个民族发展绝不可缺少的，说其边缘是因为这种基因在汉民族文化发展史上长期命运不佳。但不管其重要还是边缘，汉民族海洋文化的源却离不开东夷族群集团。

地处黄河下游又靠大海的东夷族群集团与海洋的关系非常密切，不少重要的古籍在谈到东夷时往往提到海。如《越绝书·吴内传》云：“越人谓船为须虑……习之于夷。夷，海也。”《史记·太公世家》亦云：“太公望吕尚者，东海上人”，而集解注明即“东夷之人”。《山海经·大荒东经》也云：“东海之外大壑。少昊之国。”而少昊族是东夷族群的重要族

① 参阅安作璋、王志民主编《齐鲁文化通史·远古至西周卷》，中华书局 2004 年版，第 141 页。

② 以上均参阅李立《社稷五祀与东夷农耕文化》，《克山师专学报》1996 年第 1 期。

群。可见东夷人就是习于海上活动的东海人①。

自古以来，海洋给东夷人提供了巨大的物质生活来源。在农业还没发展起来时，渔猎是东夷人生活的最重要的手段，丰富的海产品是他们的食物来源。当年他们吃剩的贝壳大量堆积起来，形成贝丘。迄今为止，在黄、渤海沿岸发现了多处贝丘遗址。例如小长山岛大庆山北麓贝丘，南北长500米，东西宽约300米，贝壳堆积厚度0.3—1.5米，贝壳种类是鲍鱼、海螺、海蛤等。大长山岛上马石贝丘，长约300米，宽约150米，贝壳堆积厚度0.6—3米。贝丘中还出土有网坠、石斧等。北辛文化、大汶口文化和龙山文化遗址中的出土物说明了当时渔猎的状况。在距今7400—6400年的北辛文化（典型遗址在今山东省滕县北帝、夏家店、兖州五因、江苏省的邳县大墩子、连云港二涧村）时，农业水平较低，东夷族群还主要依靠渔猎。渔猎工具有镞和鱼镖，已出土50多件；渔猎对象是鱼、青鱼、中国圆田螺等。大汶口文化②距今6600—4600年，农业有一定的发展，但渔猎经济仍占重要比重，出土有骨制箭镞和鱼镖，中晚期还出土了牙制鱼钩。山东胶县三里河的大汶口文化遗址中，出土了5000年前的海产鱼骨和成堆的鱼鳞，主要是鳓鱼、黑鲷、梭鱼和蓝点马鲛四种。龙山文化③距今4500—4000年，这时渔猎经济的比重有所下降，但仍是东夷人生活中重要的一部分，捕鱼工具随着文化进步趋向多样化，箭镞不仅有石制的、骨制的，还有蚌制和陶制的，骨鱼镖和陶网坠也有发现。1959年，泰安大汶口墓地第10号墓中发现有鳄鱼鳞片84张，专家推断原来应该是大片鳄鱼皮。④ 这说明当时东夷人已能捕获大型的鱼。到了夏商时，东夷人的渔猎技术和捕鱼能力都有了进一步发展。《竹书纪年》里说，夏代时，禹的八世孙帝芒“十三年，东狩于海，获大鱼”。从殷墟出土有鲸鱼胛骨这一点来看，东夷人能捕获特大型的鱼当为事实。

在日常生活中，东夷人广泛地使用贝壳。贝壳被大量地当作装饰品，在发掘的许多墓葬里都发现有贝壳随葬品。后来贝壳由于体轻易携易计量，还逐渐发展成了最原始的货币，即贝币。山东益都苏埠屯一号大墓出

① 古代的东海所指不一，这里的东海相当于今黄渤海。

② 典型遗址分布在山东泰安市大汶口和山东中南及江苏淮北一带。

③ 典型遗址在山东济南章丘县龙山镇城子崖及周围广大地区。

④ 山东省文物管理处、济南市博物馆：《大汶口——新石器时代墓葬发掘报告》，文物出版社1974年版。

土贝3700枚。东夷人还利用贝壳制作铲、锄开垦土地。更重要的是东夷族群已具有一定的航海能力，《诗经·商颂》说："相土烈烈，海外有截。"《毛诗正义》卷二十七对此的解释是："其（相土）威武之盛烈烈然，四海之外率服，截尔整齐。"郭沫若则认为，可能相土的活动已经到达渤海，并同海外发生了联系。[①] 两种解释都说明东夷族群的影响达于海外。所以人们能根据考古发现，从大汶口文化、龙山文化在沿海和岛屿传播的态势了解东夷的航海能力。20世纪80年代，在山东长岛大黑山岛发现了原始社会遗址，其文化特征与大汶口文化相同，表明早在六七千年前，东夷人就使海岛与大陆有了海上的联系，这为东夷人的航海能力提供了有力的证据。所有这一切都说明了东夷人的海洋文化是汉民族文化的一个重要源头。朱建君说得对，正是海洋文化的渊源所至，东夷人经常进食富含钙质的海产品，所以普遍长得高大威猛，《太白阴经》中就有"海岱人壮"的记载[②]，故而至今汉民族民间仍有"山东大汉"之说。

靠海用海和屡涉海洋风涛之险，使东夷人产生了原始宗教意义上的海神崇拜和海神海事故事。炎帝时代精卫填海的故事就是其中一个。《山海经·北山经》对此有以下记载："炎帝之少女名曰女娃，女娃游于东海，溺而不返，故为精卫，常衔西山之木石。以湮于东海。"此外，《山海经》中所说的北海、东海和南海实际上就是东夷人活动的今渤海和黄海海域，所以《山海经》中的海神也应该是东夷海洋文化中的海神。北海海神名叫禺强，"人面鸟身，珥两青蛇，践两赤蛇"；东海海神名叫禺虢，"人面鸟身，珥两黄蛇，践两黄蛇"；南海海神则为不延胡余，"人面，珥两青蛇，践两赤蛇"。东海之滨海鸟成群，海神多为鸟身，反映了东夷人崇奉鸟的习俗。从《山海经》的记述来看，东夷人的海上生活往往与鸟相伴。《大荒南经》云："有人名曰张宏，在海上捕鱼。海中有张宏之国，食鱼，使四鸟。""有人焉，鸟喙，有翼，方捕鱼于海。""头人面鸟喙，有翼，食海中鱼，杖翼而行。"少昊是东夷族群的首领和英雄，其名字与鸟也有关系。少昊名挚，而挚与鸷同音通用，指的是一种类似鹰的大鸟，且为鸟类中唯一能和人一样双回单视的鸟，视物最清晰，是鸟中之王。少昊氏起源的山岛称羽山，盛产大而美丽的羽毛。另外，《诗经·商颂·玄鸟》记

① 郭沫若：《中国史稿》第1册，人民出版社1976年版，第157页。

② 朱建君：《东夷海洋文化及其走向》，《中国海洋大学学报》2004年第4期。

述属于东夷部族的商人曰："天命玄鸟，降而生商。"鸟图腾可见一斑。此其一。

其二，与海洋生活关系密切的太阳也受到东夷人的格外崇拜。少昊和太昊都被看成太阳神。"昊"字，就是一个头顶太阳的人。少昊部落的墓葬头向都朝着太阳升起的东方。大海被看成是日出的地方，称为"汤谷"。大海虚无缥缈，太阳从海水中冉冉升起，可每天出来的太阳的颜色、光芒经常变幻不定，有时烈日当空有时又阴霾密布，所以东夷人幻想出天上可能有不同的太阳，这样就产生了中国古代十日代出的神话。"汤谷上有扶桑，十日所浴，在黑齿北，居水中。有大木，九日居下枝，一日居上枝。"[①]《楚辞·招魂》曰："魂兮归来，东方不可以讬些……十日代出，流金铄石些。"

东夷人的海洋文化虽从未成为汉民族的主流文化，但一直在汉民族文化的洪流中潺潺地流动着。20世纪80年代初，在山东半岛东部的荣成县毛子沟，发掘到商周时代的独木舟。据分析此种独木舟是"古代居民从事近海交通、渔捞和滩涂采集的工具"，"为国内发现的年代最早的水上交通工具"[②]。虽然当时的独木舟相当简陋。但却是山东海洋文化发展的里程碑，因为它为航海活动提供了重要的前提，使人类的活动范围可以从陆地走向海洋。随着时代的发展和技术的进步，东夷人的航海区域也逐渐扩大，开辟了许多航线，并与朝鲜半岛、日本列岛等建立了海上交通联系。[③]

周朝分封之后，在山东半岛上齐国周围还有许多东夷小国。这些小国后来都归了齐国。《史记·齐太公世家》记载，齐国姜太公"修政，因其俗，简其礼通商工之业，便渔盐之利"，而人民多归齐，东夷小国逐渐被齐所灭。齐为大国，其俗便是靠海用海、重视渔盐商工智谋天道的东夷海洋文化，正像《管子·禁藏》中所述："渔人之入海，海深万仞，就波逆流乘危万里，宿夜不出者，利在水也。"这说明当时的海洋捕捞技术已发展到一个相当进步的阶段，海洋渔业已初具规模并出现了用于海洋捕捞的渔船。所以齐文化是在吸收殷周文化和东夷文化包括海洋文化的基础上形

① 《山海经·海外东经》。

② 王永波：《胶东半岛上发观的古代独木舟》，《考古与文物》1987年第5期。

③ 王颖：《山东海洋文化的发展历程及特点》，《山东教育学院学报》2006年第6期。

成的，而在性质上更接近东夷文化。齐国的造船和航海技术都很高，所造船舶可容纳一二百人，在前486年海战中击败了另一海上强国吴国的水军。齐人的航海知识也有了较大进步，齐人甘德的《天文星占》及《考工记》等书已推算出北斗星及其他星座的位置，磁石司南也已出现，这些技术对海上导航的准确性无疑有很大帮助。齐景公竟然能“游于海上而乐之。六月不归”。航海能力的提高推动了海外贸易的发展，当时齐国商人和朝鲜商人在斥山（今荣成斥山镇）港湾进行贸易活动，自朝鲜而来的虎豹皮在中国很受欢迎。《管子·揆度》中提到，齐桓公问管仲：“吾闻海内玉币有七策，可得而闻乎?”管子对曰：“朝鲜之文皮，一策也。”有学者认为，这是我国有记载的最早的海外贸易[①]。齐国正是由于充分发挥海洋文化的优势，才成为春秋战国时期最强大的诸侯国，雄居于东方。所以，齐文化是东夷海洋文化遗存最大的保留者。朱建君分析得很好，他在《东夷海洋文化及其走向》中说：“中国沿黄渤海海洋文化在当时非常活跃。战国七雄征战中，表面上看是秦与六国的对垒，而事实上从文化角度看，实际上是海洋性的齐文化与包括秦在内的其他六国的大陆性文化的不同。比如，政治上秦文化强调集权，而齐文化则相对分权；经济上秦文化重农抑商，而齐文化则通商工之业，便渔盐之利；生活上秦文化强调节用，而齐文化则在消费思想指导下物用追求华丽精美。可以想象，如果最后统一中国的是齐国，中国的历史包括文化史必然会大不相同。随着秦始皇灭六国而一统天下，中国的海洋文化包括东夷海洋文化也就统一到了大陆型文化之中，开始居于从属地位。”[②]

（三）崇礼尚仁：汉民族儒家文化之源

千百年来，儒家文化不仅已成为汉民族文化的形象代表，更是浸入汉民族的潜意识[③]之中，影响并决定着汉民族的民族性格。而儒家文化正是源于东夷文化。

儒家文化的核心是“仁”，仁者爱人之意。那么，汉民族文化的这个

---

① 朱亚非：《古代山东与海外关系史》，齐鲁书社1995年版，第9页。

② 朱建君：《东夷海洋文化及其走向》，《中国海洋大学学报》2004年第2期。

③ 潜意识就是潜藏在我们一般意识底下的一股神秘力量，又称右脑意识或宇宙意识。潜意识内聚集了人类数百万年的遗传基因层次的资讯。它囊括了人类生存最重要的本能与自主神经系统的功能与宇宙法则，即人类过去所得到的所有最好的生存情报，都蕴藏在潜意识里，因此只要懂得开发这股与生俱来的能力，几乎没有实现不了的愿望。

基因是怎么形成的呢？也就是说“仁”的始源究竟是什么？这与儒家文化的崇仁尚礼有至为紧密的“血缘”关系。清代学者阮元曾经说：“‘仁’字不见于虞夏商周《书》及《诗》、三《颂》、《易》卦爻辞之内，似周初有此言而尚无此字……盖周初但写‘人’字，《周官》礼后始造‘仁’字也。”① 郭沫若也说：“‘仁’字是春秋时代的新名词，我们在春秋以前的真正古书里面找不出这个字，在金文和甲骨文里也找不出这个字。”② 可见“仁”字的出现是有讲究的。

追根溯源，儒家文化的“仁”道源于东夷文化中“仁”的观念。

何为“仁”？许慎《说文》中有“古文仁或从尸”。这里“从尸”是什么意思呢？首先弄明白什么是“尸”。《礼记·曾子问》载孔子曰：“祭成丧者必有尸。”意思是祭祀成年的丧者一定要有尸。《礼记·郊特牲》说：“尸，神象也。”古人讲究“事死者如事生”③，人死了以后，还要念悼、祭祀，就要设尸。尸，就是用已死老人的后代，比如长孙或同姓晚辈，来装扮鬼神。象征性地代丧祖先接受生人对他的哀悼和祭祀。设尸是为了使人们对丧亡的亲人表达哀伤之情时有个心理凭依对象。他们由“尸”这种替身想成亲人依然活着，反映了早期人们的鬼神观念。这种由尸承担的活人对死去的亲人的感情就是“仁”④。这种尸祭之礼，从夏代就开始有了，所谓“夏造殷因，周坐尸，诏侑武方，其礼亦然，其道一也。夏立尸而卒祭，殷坐尸”⑤。仁本源于丧祭仪礼中的“尸”。郭店楚墓竹简有“丧，忎（仁）之耑（端）也”⑥ “丧，忎（仁）也”⑦，正是一个佐证。

从古文字角度考证，“尸”与“夷”在兮甲盘中关系密切。在甲骨文、金文中，有许多“夷”字和“尸”字写作一字。将“夷方”书作

---

① 阮元：《论语论仁论》，收录于《揅经室集》，中华书局1993年版，上册第179页。阮氏说“仁”形字不见于《尚书》，指的是今文《尚书》。其中《金縢》篇或有“予仁若考”，但核诸《史记》引文，此四字作“旦巧”，故江声说“仁若”是衍字（说见（清）皮锡瑞《今文尚书考证》）。因此，《金縢》中之“仁”固不足以作为《尚书》有“仁”字的信据。

② 郭沫若：《孔墨的批判》，见《十批判书》，人民出版社1954年版，第75页。

③ 《礼记·祭义》。

④ 谢阳举：《“仁”的起源探本》，《管子学刊》2001年第1期。

⑤ 《礼记·礼器》。

⑥ 《郭店楚墓竹简》，文物出版社1998年版，第198页。

⑦ 同上书，第211页。

“尸方”。“王正（征）尸方”，“王来正（征）尸方”[①] 等。这种例子很多，有的一片甲骨上出现五次之多。这是殷王朝征夷方（夷人方国或部落）的记录。郑玄注《周礼》谓：“夷之言尸也。”容庚在《金文编》中认为：“（尸）金文作，象屈膝之形。意东方之人其状如此。后假夷为尸，而尸之意晦。”[②] 为什么夷言尸？而又假夷为尸呢？段玉裁《说文解字注》曰：“夷俗仁。仁者寿，有君子不死之国。”《说文·羊部》有“夷俗仁”。可见，这里当是指东夷族是尸祭之礼的发源者。或者他们的尸祭之礼传播最广、影响最大，而且他们较早提倡“仁”的观念[③]。对此，《汉书·地理志下》记载：“东夷天性柔顺，异于三方之外，故孔子悼道不行，设浮于海，欲居九夷，有以也夫。”《庄子·骈拇》亦载：“自虞氏招仁义以挠天下也……”这里虞氏，指的是舜。据《孟子·离娄下》，舜是“东夷之人”。《韩非子·难一》曰：“舜其信仁乎！”姜太公封齐后，对东夷文化“因其俗，简其礼”。

有学者研究，齐文化中较多地保存了“仁”的思想。如《诗经·齐风·卢令》：“卢令令，其人美且仁。”[④] 所以，根据阮元考证，“仁”字直到春秋初期才出现[⑤]。《诗经》三百零五篇，仅有两篇说到“仁”。另一例是《郑风·叔于田》“不如叔也。洵美且仁”[⑥]。这两首诗，都是颂扬青年猎人的英武与善良的民歌，都把美与仁联系起来，形容人的内心美和外形美的结合。据考，《叔于田》一诗是赞美共叔段以讽刺郑庄公之作。《卢令》一诗是讽刺齐襄公好田猎而荒废政事，都是春秋初期的事，两首诗正是当时或稍后不久的作品。刘蔚华在《儒家仁学的演变》中即认为“仁字最早出现于春秋早期，其初义是同孝亲、敬祖、友善之德相联系的”[⑦]。

正是由于东夷文化的这种影响，到了春秋末期，由孔子对“仁”的

---

① 郭沫若：《卜辞通纂》，科学出版社 1983 年版，第 462—463 页。

② 容庚：《金文编》，中华书局 1985 年版，第 602 页。

③ 谢阳举：《“仁”的起源探本》，《管子学刊》2001 年第 1 期。

④ 意即“猎狗的项铃丁零零地响，年轻的猎人漂亮而仁慈”。

⑤ 阮元：《揅经室一集》卷八，中华书局 1993 年版。

⑥ 意即“谁也赶不上阿叔，实在漂亮又仁慈”。

⑦ 刘蔚华：《儒家仁学的演变》，《儒学国际学术讨论会论文集》，齐鲁书社 1989 年版，第 359 页。

含义进行了系统阐述。孔子的“仁”系统而全面，如孔子把孝悌之爱推广到血缘关系以外的社会成员中，即是“泛爱众而亲仁”[1]。因此，他后来同樊迟讨论时，直接把仁的含义说成“爱人”[2]。把仁用于处理人际关系，就是“夫仁者，己欲立而立人，己欲达而达人。能近取譬，可谓仁之方也已”[3]。用于治理政事，就是“为政以德”[4]，是以“爱人”为内容的仁在政治上的运用。反映在教学上，即是“有教无类”。从孝悌到“爱人”再到“己欲立而立人，己欲达而达人”和“为政以德”或是“有教无类”，孔子对“仁”的含义的论述层层深入，但尸祭之礼中的孝亲、敬祖依然是孔子“仁”之含义的根本。《论语·学而》说：“孝悌也者，其为仁之本与!”这不是孔子的话，是他的学生有若的话。但颇能体现孔子的思想。孝即父子亲情，悌即兄弟之爱。正是由于这种血缘亲情，才有尸祭之礼中对死去的祖先或亲人的不忍、哀伤等种种感情，所以孝悌是为仁之本，并说：“君子务本，本立而道生。”“道”，即仁道。只有在孝悌的基础上才能产生仁，走向仁。从这里可以看出，孔子的“仁”和“夷俗仁”之“仁”是一脉相承的，是由东夷文化继承发展而来的。

人们不禁要问，孔子为什么会钟情于东夷文化中的“仁”呢？因为源于尸祭之礼中的“仁”注重的是活人对死人的宗法亲情，这与孔子“礼”论中的“亲亲”之义一拍即合。众所周知，孔子一贯讲“礼”，主张维护“尊尊亲亲”的宗法等级秩序。可以说孔子因礼得仁，吸收了东夷文化中“仁”的观念，仁和礼相互影响，相互制约，从而建构了儒家文化“崇礼尚仁”的核心价值观[5]，成为儒家文化之源。

（四）凤鸣朝阳：汉民族凤凰文化之源

汉民族文化的奇崛有一个重要的原因，那就是有世界上独一无二的龙凤崇拜。崇龙文化源于炎黄文化，崇凤文化则源于东夷文化。这样，双核驱动，形成了汉民族独具一格的龙凤崇拜。

---

① 《论语·学而》。

② 《论语·颜渊》。

③ 《论语·雍也》。

④ 《论语·为政》。

⑤ 参阅刘爱敏《东夷文化中“仁”的观念对孔子的影响》，载《齐鲁文化研究》第二辑，齐鲁书社2003年版。

凤与龙一样，是汉民族心中的神物。因自然界中本无凤凰这种鸟，人们只能从古代的有关文献中领略凤凰的美姿，如：

> 《尔雅》郭璞注："鸡头、蛇颈、燕颔、龟背、鱼尾、五彩色，高六尺许。"
>
> 《山海经·图赞》上说凤凰有五种象字纹路："首文曰德，翼文曰顺，背文曰礼，膺文曰仁，腹文曰信。"
>
> 《说文解字》说：凤凰"出于东方君子之国，翱翔四海之外，过昆仑，饮砥柱，濯羽弱水，莫（暮）宿风（丹）穴，见则天下大安宁"。书中引黄帝的臣子天老的话说："凤之象也，鸿前麟后，蛇颈鱼尾，鹳颡鸳思（腮），龙文虎背，燕颔鸡喙，五色备举。"

对于集众动物大成之美的凤凰，历来认为是东夷先民的一种鸟图腾崇拜。从对凤凰的形象来看，是融合了古时各个不同氏族所崇拜自然物的特征，结果出现了"凤凰"这一美丽的神物。对于凤凰的神性，《楚辞》宋玉《对问》云："凤凰上击九千里，绝云霓，负苍天，翱翔乎杳冥之上。"《庄子·逍遥游》亦云："有鸟焉，其名为鹏，背若泰山，翼若垂天之云，抟扶摇羊角而上者九万里，绝云气，负青天。"据考，最早记录凤的文献可能是《尚书·益稷》，其叙述大禹治水后，举行庆祝盛典。由夔龙主持音乐，群鸟群兽在仪式上载歌载舞。最后，凤凰也来了——"箫韶九成，凤皇来仪"。孔传："灵鸟也，雄曰为凤，雌曰皇。"郑玄注："仪，言其相乘匹。"在这里，凤凰被古代注家视作一种象征吉庆的神鸟。实际上，凤凰在较早的先秦文献中，正是作为一种祥瑞和一位舞神出现的。《山海经·南山经》云："有鸟焉，其形如鹤……名曰凤凰。……是鸟也，自饮自食，自歌自舞，见则天下安宁。""鸾鸟自歌，凤鸟自舞。"《山海经·大荒西经》又云："五彩鸟三名，一曰皇鸟，一曰鸾鸟，一曰凤鸟。"《诗经·卷阿》亦云："凤凰于飞，翙翙其羽，亦傅于天。……凤凰鸣矣，于彼高冈。梧桐生矣，于彼朝阳。"毛传："翙翙，羽声也。亦，与众鸟也。众鸟慕凤皇而来。传凤皇至众多，是凤与群飞。"《白虎通》还云："黄帝之时，凤凰蔽日而至，是来必众多也。"

说到这里，凤凰与东夷文化有什么关系呢？"凤"是远古的人们以现实生活中的鸟类为雏形，以自己的审美观和想象力所熔铸成的神物[①]。传统观点认为："凤"在现实中的鸟原型是玄鸟，即燕子。《尔雅·释鸟》云："鸥，凤，其雌皇。"疏："凤，一名鶠，鶠当即燕，音转而为鶠。"《礼记·月令》载："仲春之月，玄鸟至。"郑玄注："玄鸟，燕也。"燕为黑色，古称玄色，故燕又称玄鸟。汉民族民间向来把燕到自己家中看作是吉祥的预兆。《诗·商颂·玄鸟》中商民族就把自己看作是玄鸟的后裔。直到东周时期，商民族的后裔宋人还以玄鸟为自己的始祖。《楚辞·天问》云："简狄在台，喾何宜？玄鸟致贻，女何嘉？"即记此事。《离骚》又云："望瑶台之堰蹇兮，见有娀之佚女。……凤皇既受诒兮，恐高辛之先我。"同一作者记同一事，既说是玄鸟，又说是凤皇，从而可知玄鸟就是凤凰。同时，顾颉刚在《尚书研究讲义》说："益即燕，亦即玄鸟。玄鸟本东方民族崇拜之神鸟，在神话中为鸟兽之长。"[②] 所以，张富祥在《东夷古史传说》中确认：凤的祖型即古人称之为玄鸟的燕子，燕子的神化形象即是凤[③]。

那这凤与东夷文化有什么关系呢？有渊源关系。《汉民族史记》第 1 卷有关东夷族群集团的论述中已详述少皞氏"以鸟名官"[④]，是因少皞氏即位时"凤鸟适至"[⑤]。众所周知，研究史前史的专家学人可以举出许多崇拜鸟的族群，但"以鸟名官"与"凤鸟适至"两者相联的，大概只有少皞氏。根据王震中的研究，少皞氏与虞舜所处时代是大致相当的，也就是已处于原始社会后期。饲养猪、鸡已成为家庭副业。而家鸡是由野鸡驯化的。少皞氏或许就是首先将野鸡驯化成家鸡的代表人物，故而少皞氏"以鸟名官"。所谓"凤鸟适至"。我们可以解读成少皞氏已将野鸡驯化成功。凤鸟，或曰凤凰。据一些学者研究，凤凰的原型是野鸡。因为鸡是驯良、勤劳的，所以凤鸟的形象被塑造得特别美丽温顺，这与东夷的族群崇礼尚仁的性格亦相适应。《后汉书·东夷列传》即云："《王制》曰：东方曰夷。夷者，柢也，言仁而好生，至有君子、不死之国焉。……故孔子欲居九夷也。"此外，在大汶口文化和典型龙山文化层中出土了大量鸟形器

---

① 张正明：《楚文化志》，湖北人民出版社 1988 年版，第 398 页。

② 顾颉刚：《尚书研究讲义》，开明书店 1937 年版。转引自田冲、陈丽《东夷"尊鸟"与荆楚"崇凤"比较研究》，《三峡论坛》2011 年第 4 期。

③ 张富祥：《东夷古史传说》，山东文艺出版社 2004 年版。

④ 《左传·昭公十七年》。

⑤ 同上。

皿，为郯子少皞氏“以鸟名官”提供了证据。而凤鸟成为一种吉祥物，也逐渐被其他族群所接受[①]。

凤与东夷文化的关系还表现在孔子被尊称为“凤”。古代思想家老子就以凤凰来比喻孔子，据《庄子》中的一段佚文记载：“老子见孔子从弟子五人，问曰：‘前为谁?’对曰：‘子路为勇。其次子贡为智，曾子为孝，颜回为仁，子张为武。’老子叹曰：‘吾闻南方有鸟，其名为凤凰，所居积石千里，天为生食。其树名琼枝，高百仞，以璆琳琅玕为实。天又为生离珠，一人三头，递卧递起，以伺琅玕。凤凰之文，戴圣婴仁，左智右贤。’”[②]《庄子·内篇·人间世》又云：“孔子适楚，楚狂接舆游其门曰：‘凤兮凤兮，何如德之衰也。来世不可待，往世不可追也。’”孔子创崇礼尚仁的儒学，所以享有“凤”的盛誉，这也正说明了东夷文化是相通相成的。后来孔子把“凤鸟不至”[③]作为社会混乱的标志，这说明至迟在春秋时期，凤鸟的吉祥地位已经固定下来，并具有了“向阳”“喜火”“自新”“达天”“秉德”“兆瑞”“崇高”“好洁”“示美”“喻情”“成王”的神性；凤的身上体现了汉民族“求明”“献身”“负任”“敬德”“尚和”“爱美”“重情”“惜才”的精神品格。

在凤所具备的诸多神性中，向阳是第一位的。凤鸟与太阳（火）有着密切联系，俗谓“丹凤朝阳”。有学者研究，作为“鸡属”的凤鸟，原本就是长尾原鸡或驯化后的家鸡，它日出而鸣，先民认为太阳引来了鸡，或鸡唤来了太阳。《山海经·南山经》：“凤凰，火之精，生丹穴。”《春秋元命苞》：“火离即凤皇。”《易》：“离为火。”《春秋考异邮》：“火者，阳之精也。”《鹖冠子》：“凤鹑火禽。阳之精也。”又“凤，火鸟”。从中我们可看出，因为太阳带来了光明、温暖和生机，所以古人对火（即太阳）充满着感恩之情。“雄鸡一唱天下白”，人们以为鸡的鸣叫引来了太阳，是太阳神的使者，将对太阳的热爱移入了凤的原型——鸡的身上，如《说文·隹部》：“雞（鸡），知时畜也。”《尚书·中候》：“凤皇司晨鸣。”《毛诗》：“凤皇鸣矣，于彼高岗。梧桐生矣，于彼朝阳。”先民日出而作，日落而息，

---

① 王瑞功、许峰：《从龙凤形象的塑造论东夷文化的历史进程》，《临沂师专学报》1996年第4期。

② 《艺文类聚》九〇，《太平御览》九一五。转引自闻一多《龙凤》（http：//www.360doc.com/content/10/1012/15/26141_60384635.shtml）。

③ 《论语·子罕》。

太阳成为先民生存与繁衍的必不可少的祥物，而朝夕相伴的鸡也自然成为人们关注的对象，首先就体现在它的声音和谐多样。《荀子·解蔽篇》引逸诗："凤凰啾啾，其翼若干，其声若箫。"《韩诗外传》："凤鸣，雄曰即即，雌曰足足。昏鸣曰固常，晨鸣曰发鸣，昼鸣曰报章，举鸣曰上翔，集鸣曰归昌。"《初学记》引《论语摘衰圣》："凤，八音激扬，行鸣曰归嬉，止鸣曰提扶，夜鸣曰善哉，晨鸣曰贺世，飞鸣曰朗都。"鸡（凤鸟）的鸣叫对于辛勤劳作的先民来说简直就是悦耳动听的乐章。由于这些缘故，先民产生了对太阳和鸡类鸟的崇拜，产生了二者复合的神物[①]，从而为汉民族创出了一个"凤鸣朝阳"的凤凰文化，正如《诗经·大雅·卷阿》所云：

凤皇鸣矣，于彼高冈；
梧桐生矣，于彼朝阳。

（五）针砭之术：汉民族针灸文化之源

中医是汉民族文化的组成部分，且起源多元。《素问·异法方宜论》

① 参阅黄交军、唐亮《从〈山海经〉到〈说文解字〉——论"凤"在中国先民文化中的形象流变》，《忻州师范学院学报》2008年第1期。一般认为，凤与龙一样，世上本无凤与龙，他们是汉民族想象的神物。但近来网上流行一种凤凰源于大鸵鸟之说。此说认为：凤的来源是有真身的。在商代甲骨文中曾发现过"甲寅卜，呼鸣网，获凤。丙辰，获五"（董作宾：《殷虚文字甲编》3112，商务印书馆1948年版）的记载。据于省吾说，这条甲骨文的意思是：商王指令臣鸣用网捕鸟，于丙辰这天捕了五只凤。"由于系用网捕之，故所获自是生凤。"（于省吾：《甲骨文字释林》，中华书局2009年版，第324页）由此看来，在商代，中国确曾有过凤鸟。在早期金文《中鼎》铭辞中，还有"……归生凤于王"的记载。这里提到的"生凤"，郭沫若曾断定正是指活凤凰（郭沫若：《两周金文辞大系图录考释·中鼎》，上海书店出版社1999年版）。据此，则无论甲骨文、金文，都有材料确切无误地表明，直到商周之际，凤凰还是一种虽然稀见、但却并非不存在的鸟类。战国秦汉以后，凤凰完全被神化成一种灵异之鸟。但值得注意的是，秦汉文献中，关于凤凰出现的记载却仍然时有所见。例如《左传·昭公十七年》载："我商祖少昊挚之立地，凤鸟适至，故纪于鸟师而鸟名。"又据《后汉书·光武纪》载：建武十七年，有五凤皇见于颍川之陕县。注引《东观汉记》曰："凤高八尺。"而据《京房易传》："凤皇高丈二。"可见凤凰体型的奇大——由身高五、六尺直到一丈以上。这个传说中显然有不少荒诞成分。但可注意的是天老所描绘的凤凰形态，与《说文》所引述的"天老说"显然同出一源。清代著名学者王念孙曾指出："一鸟之鸣，既以节足为异，又复数更其响，乃至应候而殊声，成文以协韵。语由增饰，事涉虚诬，识者所不取也。"但是，如果剔除掉传说中那些神奇妄诞不可置信的成分，我们从古人对于凤凰的形态描述中，可知这种鸟类，就是大鸵鸟。录此以备读者参考。详见《凤凰崇拜的起源与演变》（http://niao-lei.org.cn/posts/663）。

中说，当时中国的东、西、南、北、中各地，由于风土民情的不同而发展了各自不同的医疗方法，砭石疗法源于东方；药物疗法源于西方；灸法源于北方；针刺疗法源于南方；导引疗法源于中原，从中可以窥见当时有集成各种不同的医疗方法的倾向。[①] 东夷的原始医学发源颇早，山东学者逄振镐说过："东夷人的原始医学非常发达。它萌芽于旧石器时代，而形成于新石器时代。"[②] 东夷的巫医文化对汉民族针灸文化有渊源之道。

说东夷与针灸文化的渊源，可从山东出土的汉画像石中的十余幅扁鹊针刺图说起。东夷的历史告诉我们，扁鹊鸟身的形象及扁鹊字号，与东夷地区早期的鸟图腾有着深刻的直接的渊源关系，《汉民族史记》第 1 卷中多有论述，在此不赘。在此要论及的是东夷人以鸟为图腾，同时亦是最早发明弓矢及善射的族群。《山海经·海内经》云："少昊生般，般是始为弓矢。"从"夷"的字形或窥知其与弓矢的关系。甲骨文"夷"字形如带绳之箭，故有"缴射"之意，其金文的形象又表示所射群鸟或在森林中射鸟之意；左旁为表升降之意符[③]。由此可见，"夷"有射箭之意。《说文》篆字"夷"字形与弓矢有关。《说文·大部》云："夷，东方之人也。从大。从弓。"[④] 朱骏声的《说文通训定声》亦云："夷，东方之人也。东方之人好战、好猎，故字从大持弓会意。"许多学者称《说文》从"大"实即从"矢"之讹，从"矢"之说更接近"夷"的本义。李孝定亦认为金文夷为"尸"后起字，提示或与弓矢相关，古文夷字像人高坐之形，与席地而坐者异。盖东夷之人俗尚武勇，行必以弓自随，故制字象之[⑤]。可见"夷"字的字形，表现了东夷人善射的习俗。而东夷族的射手英雄后羿又称"夷羿"。善射与善于针刺当有内在关联，针砭用具及《黄帝内经》中的"九针"形制与早期的箭镞之类也有一定的联系。[⑥] 可见以鸟为图腾及善射是东夷人的特点，扁鹊则成为东夷鸟图腾文化背景下善针

---

① 详见李华安《中医起源多元论》，《山东中医学院学报》1991 年第 5 期。

② 逄振镐：《山东古国与姓氏》，山东人民出版社 2006 年版，第 22 页。

③ 康殷：《文字源流浅说》，档案出版社 1992 年版，第 132 页。

④ （汉）许慎：《说文解字》，段玉裁注：《说文解字注》，上海古籍出版社 1981 年版，第 493 页。

⑤ 李孝定编述：《甲骨文字集释》，"中央研究院历史语言研究所专刊之五十"，第 3207 页。

⑥ 叶又新：《试释东汉画象石上刻划的医针——兼探九针形成过程》，《山东中医学院学报》1981 年第 3 期。

砭之鸟医的形象代表，所以，扁鹊针刺图就揭示了针砭之术的起源。

而扁鹊原指鸟，宋代《类篇》及清代《汉书人表考》言“扁”指“鶣”，音“篇”，扁鹊即“鶣鹊”，形容鸟翩翩而飞的样子，可见，扁鹊实指鹊之类的鸟类，或为半人半鸟之鹊人。山东两城山汉画像石人首鹊身的鸟形人，其旁阴刻有“山鹊”字样，当指扁鹊。刘敦愿认为，扁鹊有二种含义，一为上古时之扁鹊氏族，代表了早期的鸟图腾，而其氏族以善针砭而命名，如同善射之后羿，或称夷羿，亦是一种氏族的代称①；另一种含义，即后世的扁鹊，则为战国时的秦越人。《史记·扁鹊仓公列传·正义》引《黄帝八十一难经序》曰：“秦越人与轩辕时扁鹊相类，仍号之为扁鹊。又家于卢国，因命之曰卢医也。”这就涉及扁鹊鸟的形象隐喻的巫医身份，鸟嘴与作为针砭用的石针形状相类似，可能为半人半鸟医者善针砭之取象比类，这实际上是交感巫术内涵的呈现。《说文·石部》曰：“砭，以石刺病也。”《广雅·释器》：“石针谓之策。”王念孙曰：“策者，锐末之名。鸟喙谓之策，义相近也。”② 刘敦愿言：“石针是古代针灸术初期使用的原始工具，其使用带有习俗的宗教的性质。”③ 所以，嘉祥汉画像石中扁鹊以砭针针刺小儿的头部，除表示针刺之义外，被刺的小儿亦可能是病魔的象征，故此图有攻治病魔之义④，扁鹊则带有巫医的身份。《史记·扁鹊仓公列传》中扁鹊师从长桑君的师授过程，更渲染着神秘的巫的色彩。长桑君“呼扁鹊私坐，间与语曰：我有禁方，年老，欲传与公，公毋泄”，出其怀中药与扁鹊，嘱“饮是以上池之水三十日当知物矣”。扁鹊饮三十日后，果有洞垣视物之特异功能。长桑君的神秘身份及私密的授徒方式，隐喻着巫与方士的身份，台湾学者杨儒宾认为，“长桑”与东方“扶桑”“穷桑”“空桑”传说似有着某种联系，“也可说是‘东王父’的一个分身”⑤，说明长桑君东夷巫者的身份。刘敦愿曾又指

① 刘敦愿：《扁鹊名号问题浅议》，载《东夷古国史研究》第 2 辑，三秦出版社 1990 年版，第 150—161 页。

② （清）王念孙：《广雅疏证》卷八，中华书局 1983 年影印本，第 262 页下栏。

③ 刘敦愿：《汉画象石上的针灸图》，《文物》1972 年第 6 期。

④ 叶又新认为此画像“都是表现神灵的手法，因此被刺者当是病魔——‘二竖’之一”。参见叶又新《试释东汉画象石上刻划的医针——兼探九针形成过程》，《山东中医学院学报》1981 年第 3 期。

⑤ 杨儒宾：《庄子与东方海滨的巫文化》，《中国文化》2007 年第 1 期。

出："扁鹊应是扁鹊氏之省，应是某个以巫医技术为其专长的氏族，在特定的时间与地区曾经享有盛名，影响深远。"[①]《史记》载扁鹊诊赵简子"五日不知人"，言其"血脉治"而无病，实为神游天帝之所而预知晋国将乱，其预言与巫术何异。扁鹊洞垣视物的特异功能，以及《列子·汤问》中扁鹊为鲁公扈、赵齐婴二人行施的换心术，皆近于巫术行为。可见，扁鹊应是善于针砭之术的鸟医即巫医。[②]

与此同时，大量的考古发现还向人们揭示了巫医与针刺的密切关系。现已发掘东夷地区许多墓葬中随葬有龟甲卜骨与针锥，这种现象尤以山东地区为多见。山东兖州王因遗址（代表大汶口文化较早期阶段）墓葬群中较多发掘有骨锥、骨针，M2301 号墓随葬的龟甲器中装有骨锥 12 枚，在 M2151、M2514 龟甲器分别有 7、25 枚。江苏邳县四户镇大墩子遗址第一次发掘，M44 墓（按考古属于早期大汶口文化的地方类型）出土两件龟甲器，分别置放于墓主人腹部左右两处，右边一副内盛 6 枚粗骨针，左边的一副内盛 6 根骨锥。推测墓主人在当时应是一位社会地位较高的人。[③] M21 龟甲器中有小石子。大墩子遗址第二次发掘，刘林、花厅类型墓葬都有一副龟甲，有的龟甲内装四颗或六颗小石子，有的内装六枚骨针。[④] 显然，大汶口文化这种龟甲与针锥同葬的墓葬习俗，应当是与巫术行医者有关，墓主人当是巫医。

而龟甲经过钻孔加工称为"龟甲器"，在大汶口文化早期比较流行。[⑤]"大汶口文化的龟甲器，是一种巫医行医的工具，即巫医施展法术驱除病魔的作法之器。同时，平常也利用其盛放医用器具。龟甲之内的骨锥、骨针，均制作得比较规整，应是简单的医疗器具。"[⑥] 东夷墓葬中作为占卜用的龟甲卜骨与医疗之用的针锥、砭石同葬，揭示了东夷巫医文化与针刺之术的关系，所以，逄振镐说："大汶口文化时期东夷人埋葬龟甲的习俗，

① 刘敦愿：《扁鹊名号问题浅议》，《山东中医学院学报》1989 年第 3 期。

② 以上参阅杨金萍、卢星《东夷巫医文化对针砭术的发源及早期医学的影响》，载《中华医学会医学史分会第十四届一次学术年会论文集》，2014 年。

③ 南京博物馆：《江苏邳县四户镇大墩子遗址探掘报告》，《考古学报》1964 年第 2 期。

④ 南京博物院：《江苏邳县大墩子遗址第二次发掘》，《考古学集刊》1981 年第 42 期。

⑤ 栾丰实：《大汶口文化——从原始到文明》，山东文艺出版社 2004 年版，第 91 页。

⑥ 栾丰实：《海岱地区考古研究》，山东大学出版社 1997 年版，第 192 页。

很可能是东夷人从事医巫占卜者身份的标志。”[①]

历史就这样将汉民族针灸文化之源定格在东夷的针砭之术上了[②]。

历史同样赋予了东夷族群集团重任，在汉民族文化史的历程中，其不负众望，以社稷五祀、东狩于海、崇礼尚仁、凤鸣朝阳、针砭之术的文化沉淀，成了汉民族文化的基因。

第四节 苗蛮文化与百越文化：汉民族文化来源之三

历史的发展是不平衡的，有的地方由于机缘所至，表现得步伐较快，而有的地方由于表达方式的不同，呈现出较慢的进程，但历史的内蕴则已经形成。汉民族文化史底蕴的沉淀正是这样，由于后来民族演进的不同走向和路线，正如《汉民族史记》第 1 卷所述，黄河流域的炎黄和东夷族群集团成了汉民族的主源，而炎黄文化和东夷文化也就成为汉民族文化的主源，纷纷沉淀入底蕴。长江流域的苗蛮和百越族群集团，则成了汉民族的支源，苗蛮文化和百越文化作为汉民族文化的支源，也有部分沉淀入底蕴之中。所以，长江也是汉民族文化的又一个大摇篮。当炎黄和东夷族群集团在黄河孕育成长之时，苗蛮和百越族群集团则在长江中、下游孕育成长。苗蛮文化和百越文化作为汉民族文化的一个支源，在起源、发育、传承、发展中也发挥了一定文化基因功能的作用。

一 苗蛮文化与百越文化的概念

长江流域的苗蛮文化与百越文化虽是由不同的族群集团，在不同的地区创造的文化，但却有大致相同的文化特点。

（一）苗蛮文化的概念

苗蛮这个与尧、舜共时代的族群集团，虽然与炎黄族群集团有不可分

① 逄振镐：《东夷文化研究》，齐鲁书社 2007 年版，第 335 页。

② 以上参阅杨金萍、卢星《东夷巫医文化对针砭术的发源及早期医学的影响》，载《中华医学会医学史分会第十四届一次学术年会论文集》，2014 年；杨金萍、卢星《从“医”的字形演变谈巫医与针砭术的发源》，《世界中西医结合杂志》2014 年第 8 期。

割的交集，但历史文献中多是有关战争的记述，对其所创造的文化，所记不详，且多湮没于后来的楚文化之中，或在苗族和瑶族的文化中有所呈现，是迄今为止最缺乏专门研究的一个学术方向[①]。

要明确苗蛮文化的概念，恐怕要从长江中游的史前文化说起。

考古学所指的长江中游地区，主要是指《尚书·禹贡》“九州”中的“荆州”地区一带，其地望包括今湖北、湖南两省的大部分地区和四川、江西两省的局部地区。这正是苗蛮族群集团早期活动的地区。在史前文化发掘研究中，建立了彭头山→皂市下层→大溪→屈家岭→青龙泉三期（龙山文化）等考古学文化的发展序列。[②]

从考古发掘看，长江中游地区至少在距今八九千年前，便已出现了以彭头山、城背溪为代表的苗蛮先民文化。彭头山文化，主要分布在湖南洞庭湖区澧阳平原，其碳14测定年代为距今9100±120年—7920±200年之间，据文化特征和年代情况，学者或将湖北城背溪文化纳入该文化系统内。彭头山文化是迄今所知长江中游地区年代最早的原始农业文化。而皂市下层文化是在彭头山文化基础上发展起来但较其进步的原始文化，其在湖南、湖北均有一定的分布范围。皂市下层文化的年代，碳14测定为距今7590±200年—6920±200年之间。在皂市下层文化之后，湖南洞庭湖区发现和发掘了汤家岗下层和丁家岗一期遗存文化，其年代估定在距今6800—6500年之间，其文化面貌既与皂市下层文化有一定的联系，同时又初显出与大溪文化的联系。[③] 这个大溪文化，在长江中游江汉、洞庭湖地区均有较广泛的分布，距今已发现的新石器时代遗址数以千计，开展过

---

① 据知网统计迄今为止仅有5篇有关论文，即戴锡琦、龙琳《楚文化：苗蛮文化论》，《吉安师专学报》1997年第5期；郑若葵《长江中游地区史前农业文化与古苗蛮文化关系初探》，《华夏考古》2000年第2期；宋会群《韶乐探源：苗蛮文化对中原早期文明的影响》，《史学月刊》2004年第3期；谢南斗《湖湘苗蛮文化母题与原型》，《中国文学研究》2006年第1期；王雅峰《华夏、东夷、苗蛮——舜帝古史传说的部族文化意蕴考察》，硕士学位论文，山西大学，2008年；刘雪红《论夏商时期河洛集团与苗蛮集团的文化交流与融合》，硕士学位论文，郑州大学，2011年。

② 不少学者也认为大溪文化、屈家岭文化、青龙泉三期文化属于三苗或苗蛮集团先民的遗存。参阅俞伟超《先楚与三苗文化的考古学推测——为中国考古学会第二次年会而作》，《文物》1980年第10期；樊力《略论三苗族及其文化在中华文明进程中的地位和作用》，《中原文物》1998年第1期。

③ 何介钧：《洞庭湖区新石器时代早期文化探索》，《湖南考古辑刊》1989年第5辑。

科学试掘或发掘过的遗址也有几百处之多。①

不少学者认为大溪文化、屈家岭文化、青龙泉三期文化属于苗蛮族群集团先民的遗存。

大溪文化遗存，据不完全统计，到目前为止，已经发现了 200 余处。它的分布范围北界到达汉水中游，南到洞庭湖北岸、西北岸，西至三峡，东到洪湖西岸，基本遍布长江中游地区。② 大溪文化的出土遗物以石器和陶器为主。石器多磨制，以斧为主，出现了独具特色的有段石锛和圭形石凿。大溪文化的陶器器形较规整，主要采用泥条盘筑法制作，还在口沿用慢轮修整。综合而言，以夹炭或夹稻壳的红衣陶为主，主要器类有釜、罐、豆、盘、筒形瓶等，纹饰以戳印纹、弦纹、刻花纹、附加堆纹和镂空为主，还有少量彩绘。

屈家岭文化发现于湖北京山，分布范围以江汉平原为中心，东至大别山南麓，西抵长江三峡，北到豫西南，南抵洞庭湖区。屈家岭文化晚期的年代据碳 14 测定为公元前 3000—2500 年，估计其文化年代在距今 5000—4500 年的范围内。将屈家岭文化与大溪文化相较，两者在陶质、陶系和房子构筑形式上有较大的区别，但在个别器物和彩陶风格、房子建筑方法上，两者又存在一定的联系。经过发掘的主要遗址有京山屈家岭、天门石家河、石首走马岭、荆州阴湘城、宜昌中堡岛等。

青龙泉三期文化发现于湖北郧县青龙泉，在湖北、湖南北部，河南西南部均有分布，其年代据碳 14 测定大致在距今 4400 年。青龙泉三期文化在个别器形如圈足器、圆底器、彩陶纺轮等与屈家岭文化持有发展上的同一性，但在流行夹砂、泥质灰陶以及三足鼎、斝、鬶等器形特点上，与黄河流域龙山文化具有很多的类同性，学者或据此称其为“长江中游龙山文化”③。

正如有的学者所言，与黄河流域古文化并行发展着的长江中游的大溪

---

① 参阅刘雪红《论夏商时期河洛集团与苗蛮集团的文化交流与融合》，硕士学位论文，郑州大学，2011 年，第 20 页。

② 吴贤龙：《试论大溪文化类型及其交互作用》，载湖南省文物考古研究所主编《湖南考古》，岳麓书社 2002 年版，第 491—499 页。

③ 参阅刘雪红《论夏商时期河洛集团与苗蛮集团的文化交流与融合》，硕士学位论文，郑州大学，2011 年，第 20 页；郑若葵《长江中游地区史前农业文化与古苗蛮文化关系初探》，《华夏考古》2000 年第 2 期。

文化早期、汤家岗下层和丁家岗一期遗存文化，皂市下层文化、城背溪和彭头山文化等，亦大致与庖牺、神农文化在时间上相对应；而大溪文化晚期、屈家岭文化、青龙泉三期文化等则与黄帝、尧、舜、禹文化相对应。所以，据传说与考古学文化的比对，长江中游苗蛮文化约始兴于大溪文化晚期，其与黄河流域仰韶文化晚期的华夏文化兴起基本同时，大溪文化晚期的苗蛮即是蚩尤、九黎。是时的蚩尤、九黎，十分强盛，经常向黄河流域的炎黄族群发起进攻性的战争，直到蚩尤被杀后，九黎族群与炎黄族群的抗衡，开始转入防御性，但由于当时缺乏有效的防御手段，故九黎族群最终在炎黄族群的进攻中以失败乃至灭族而告终。继大溪文化之后兴盛起来的屈家岭文化，即是在九黎族之后逐渐强盛起来的三苗文化。是时的三苗，亦秉承了九黎的强悍性格，与炎黄族群之间依然是战火不断、干戈不息，故其受到尧、舜经常性的进攻围剿。在三苗与炎黄族群的战争中，三苗是处在被动挨打在本土中进行防御性抵抗的境地，有鉴于九黎灭族的教训，三苗族开始修筑土城，以抵御炎黄族群的进攻。屈家岭文化古“城”在长江流域的率先出现，恐怕应是与这种历史背景密切相关的。与三苗族群大约同时出现在长江中游地区的是驩兜族。湖南澧县城头山古城的出现，很可能与舜放驩兜于崇山（今湖南慈利境内）的历史传说直接相关，即今湖南洞庭湖区所见的屈家岭文化遗存，很可能是已经被苗蛮土著同化的驩兜族文化遗存。[①] 这个比对，基本上勾勒出了苗蛮文化在史前逐渐浮出水面的大致路线图。

在此，我们可以概括地说，所谓苗蛮文化就是由苗蛮族群集团在长江中游的荆楚—湖湘地区创造的，以火耕水耨、蚕织之术、金作兵器，以及巫风为特点的一种区域性的族群文化。

（二）百越文化的概念

大约由于有春秋吴越的争霸、勾践的卧薪尝胆，所以，以吴越文化为代表的百越文化是汉民族文化的一个重要来源。

吴越文化源起于河姆渡文化、马家浜文化和良渚文化。

河姆渡文化因20世纪70年代发掘浙江余姚河姆渡遗址而得名，主要分布在杭州湾以南的宁绍平原，向东越海可达舟山岛。河姆渡遗址发掘面

---

① 参阅郑若葵《长江中游地区史前农业文化与古苗蛮文化关系初探》，《华夏考古》2000年第2期。

积有 2630 平方米，共有四个文化层，我们所说的河姆渡文化是指第三、四层遗存，即早期遗存，其年代在公元前 5000—前 4000 年，反映了约 7000 年前长江下游族群的情况。河姆渡文化的陶器以夹炭黑陶为主，纹饰多为绳纹，刻画的几何图案花纹和动植物图案突出。主要器型有敛口或敞口肩脊釜、直口筒式釜、双耳大口罐、宽沿浅盘、斜腹盆、环形单把钵、大圈足斗、盆形甑、支座等。河姆渡的稻作遗存十分丰富。最使人惊叹的是出土了大量的栽培稻谷，稻谷、稻叶、稻秆和谷壳等层层叠压，一般有二三十厘米厚，最厚的地方达七八十厘米。稻谷刚出土时呈金黄色，外形完好，连谷壳上的稻毛和谷茎都清晰可见。不少炊煮用的釜底内残留的锅巴上还有炭化了的米粒和稻谷。专家鉴定这些稻谷都是人工栽培稻。有人曾经把这些水稻遗物换算成稻谷，竟有 120 吨以上。出土稻谷数量之大、保存之完好，在人类所创造的绿色文明中真可以称得上绝无仅有。河姆渡居民饲养猪、狗和水牛，尤以养猪最为突出。采集和渔猎经济也比较发达。河姆渡遗址有成堆的橡子、菱角、酸枣、桃子、薏仁米、菌类、藻类、葫芦等采集来的植物。出土的野生动物遗骨数量很多，有哺乳类、爬行类、鸟类、鱼类等共 40 多种。鸟、鱼、龟、鳖的遗骨也较多，淡水鱼骨在遗址中随处散落，滨海河口的鲻鱼骨也常见。河姆渡文化的生产工具种类和数量也十分丰富，有农业工具、渔猎工具、纺织工具、木工工具等几千件。农业生产工具最突出的是骨耜。骨耜成批出土，仅在第四层就出土了 176 件。渔猎工具有骨镞、骨哨、木矛、石丸、陶丸等。纺织工具有轻重不一的木纺轮、陶纺轮、石纺轮。发现了一些原始腰机的部件，如卷布木轴、梳经木齿、打纬木机刀等。河姆渡文化的房屋是栽桩架板高于地面的干栏式建筑。这种建筑形式是先打桩木作为基础，然后其上架龙骨承托楼板，构成架空的建筑基座，上边再立柱、架梁、盖顶。干栏式长屋有的长达 23 米以上，进深 7 米，带 1.3 米宽的前廊，每幢长屋至少有七至八间房，多的有 50 间房。特别重要的是还出土了大量带有榫卯的木件，这表明河姆渡人已从捆绑建房向榫卯建房进化。河姆渡还出土了盖有井亭的水井；许多猪、狗、水牛的骨骼以及陶制的猪、狗、水牛的捏塑；卷布棍、绞纱棒、梳经棒、纬刀、梭形器等纺织工具；陶釜、陶罐；瓜棱形木胎漆碗、舟楫等。河姆渡文化的艺术品较为发达，尤以雕刻和雕塑艺术品最让人瞩目。除“双鸟舁日”外，还有形如匕首的鸟形象牙圆雕；连体双鸟纹骨匕柄，上刻两组双头连体鸟，中间有一个形似太阳的圆圈；陶塑飞鸟和形如鸟首的陶器盖纽等。这些鸟纹与太阳形象共存的文化现象，表达了河姆渡人对决定农业命运的太阳的崇拜，也表达了人们对作为人与太阳之间使者的鸟的崇拜。①

马家浜文化主要分布在太湖平原，南至钱塘江北岸，西北抵常州一带。马家浜文化的年代在公元前5000—前4000年之间，之后发展为崧泽文化。马家浜文化的主要遗址有浙江嘉兴马家浜、桐乡罗家角、吴兴邱城、江苏吴县草鞋山、常州圩墩、吴江梅埝袁家埭、上海青浦崧泽等。马家浜文化上承余姚河姆渡文化，其遗址分上下两层。上文化层以灰黑色黏土为主，并有红烧土层和淤泥层，发掘出兽骨、石锛、砺石、骨镞和各种陶片等。下文化层为黑色黏土，发掘出的兽骨更多，有骨镞、骨锥、骨针、骨凿及石斧、砺石，以及碳化的无角菱等。在两层之间的淤泥中还出土了30具人骨架，并有部分随葬品，包括生产工具、饰品等。还发现了长方形房屋遗址。马家浜文化的先民们以稻作农业为主，饲养的家畜有猪、狗、水牛。渔猎和采集经济也占重要地位。居住的村落都选择在靠近山丘或高地上。遗址中发现的一些房屋建筑都是平地式的，即在平地上立柱筑墙和盖顶。房屋的形状有圆形和长方形两种。石器以磨制为主，形制有扁平穿孔石铲、长方形穿孔石斧。陶器有砂质红陶、泥质红陶、泥质灰陶和泥质黑皮陶等。墓葬有公共墓地，成人与儿童埋在同一墓地里。在草鞋山遗址下层发现了距今6000多年的3块残布片，经鉴定原料为野生葛。3块布片均为纬线提花的罗纹织物，并有山形和菱形花纹，织造工艺较为先进②。

良渚文化承接了马家浜文化，主要在太湖流域，包括浙江余杭良渚和嘉兴南、上海东、苏州、常州、南京一带；往外有扩张区，西到安徽、江西，往北一直到江苏北部，接近山东，良渚人曾经为了占领这里，还打了一仗；再往外一直影响到山西南部一带。其范围约有半个中国之大，而源头则是马家浜文化。良渚文化的先民们以种植水稻为主，兼有家畜饲养与渔猎，比马家浜文化有较明显的进步，发现了成堆的稻谷和稻壳。在浙江

---

①　参阅郑师渠总主编，王冠英分册主编《中国文化通史·先秦卷》，北京师范大学出版社2009年版，第49—50页；徐杰舜、余淑玲《中华民族史记·根的记忆》，福建教育出版社2014年版，第150—152页。

②　同上书，第153—154页。

吴兴钱山漾遗址中，还发现有花生、芝麻、蚕豆、两角菱、甜瓜子、毛桃核、酸枣核、葫芦等植物种子。良渚文化的房屋仍以木构为主。此外，还发现了许多祭坛遗址，祭坛上一般都有大墓，可能是人们祭祀先祖、天神的地方。良渚文化所处的太湖地区是我国稻作农业的最早起源地之一。在众多的良渚文化遗址中，普遍发现较多的石制农具，如三角形石犁和V字形破土器等，表明良渚文化时期的农业已由耜耕农业发展到犁耕农业阶段，这是古代农业发展的一大进步。良渚文化时期，制陶、治玉、纺织等手工业部门已从农业中分离出来，漆器、丝麻织品、象牙器等，都表现出当时生产力一定程度的先进性及其所孕育的文化内涵。在良渚文化中最令人称奇的是发达的玉器，几乎达到无墓不出玉的程度。出土的玉器中，礼器、兵器、配饰、工具、弄玉、葬玉等应有尽有。良渚玉文化的发达正好与记载我国早期吴越历史、地理的重要典籍《越绝书》中所说的“以玉为兵”① 相吻合。良渚古城三面环山，面朝大海，像一个半封闭的簸箕，有方圆290万平方米的区域。据鉴定，防护堤和古城墙的年代，与埃及金字塔的年代相当。

这样，从河姆渡文化→马家浜文化→良渚文化，基本上勾勒出了以吴越文化为代表的百越文化的路线图。在此，我们可以概括地说，所谓吴越文化就是在长江下游的吴越地区创造的，以火耕水耨、使用蚕织、流行干栏建筑、以玉为兵，以及崇巫畏鬼为特点的一种区域性的族群文化。

（三）为何将苗蛮文化与吴越文化整合在一起？

讨论汉民族文化底蕴的沉淀，为什么要把苗蛮文化与吴越文化整合在一起？这是因为两者有异有同。对此，张正明在《楚与吴越文化异同辨》中有深刻的论述，说楚与吴越文化的同有8条：

1. 楚文化和吴越文化都是江南文化，都是在江南这个文明摇篮中生长起来的。

2. 楚文化和吴越文化都生长在盛产鱼米丝麻之乡，在衣和食方面有类似的习俗。

3. 楚和吴越多江河湖泊，地卑气温，在住和行方面也不乏类似

---

① 《越绝书·外传·记宝剑》。

的习俗。如干栏式建筑，于山村水郭最为相宜，在楚和吴越都流行。

4. 楚和吴越都有丰富的金锡资源。

5. 楚和吴越都有高超的铜器铸造技术。

6. 楚和吴越都采用了中原的文字，即殷人和周人的文字。

7. 楚和吴越都有崇巫、畏鬼、信机之俗。

8. 后期的楚人和吴人、越人都力求与诸夏认同。

说楚与吴越文化的异，主要有14条：

1. 楚人的先民源于黄河中游，吴越的先民则源于长江下游。

2. 楚的始都恰巧在南北文化交流的枢轴上，吴越立国之初却在远离中原的角落里。

3. 楚国其中心在四战之地，不进则退，不兴则亡；吴国和越国除自相攻伐外，无后顾之忧。

4. 楚以客户为主体征服并融合土著，吴越则以土著为主体吸收并融合客户。

5. 楚的青铜文化内涵博大，无美不备。相形之下，吴越的青铜文化就显得精粗杂陈了。

6. 楚的铁器制造业发生得很早而且发展得很快，吴越的铁器制造业尽管也有发生得较早的迹象，但是发展得较慢。

7. 楚器的风格与吴器、越器的风格颇异其趣。楚器多横短纵长，吴器和越器多横长纵短，前者清秀而后者稳实；楚式的通常细长而内敛，越式和吴式的无不细长而外撇。

8. 楚俗与吴俗、越俗各有所好。试以服饰为例：楚人束发，而吴人、越人椎髻；多楚人男子多危冠，而吴人和越人的男子有角形发饰；楚人有深衣，而吴人、越人无深衣；楚人着履，而吴人、越人多跣足；楚人无文身、凿齿之俗，而吴人和越人有此俗。

9. 楚与吴越各自的原始信仰有明显的区别。楚人祀祝融，越人祀禹，吴人应与越人相同。楚人崇凤，吴人和越人又崇龙、又崇鸟。日神在楚人的神谱中高居首席，其别称为炎帝，但在吴人和越人的心目中没有如此尊荣的地位。源于中原的龟卜在楚人中也流行，但在吴人和越人中都不流行。

10. 楚人擅长车战和步战，吴人和越人则擅长步战和水战。

11. 楚人逐渐放弃楚言而改操夏言，战国时代的楚言已成为夏言的一种方言，吴人和越人直到国亡之时仍操越言，越言与夏言不能相通。因此，楚人的文字和语言是统一的，吴人、越人的文字和语言是分裂的。

12. 楚国的礼制与中原相仿，虽自有其特点，仍属于周礼系统。吴越两国则我行我素，无周礼可言。

13. 楚国的典章文物成熟而完善，吴国，越国则不然。如法制，楚国有多种成文法，吴越两国似乎都沿用习惯法。

14. 楚国输出人才，吴越则引进人才。[①]

张正明的楚与吴越文化的异同比较，虽讲的是楚与吴越，其实正是苗蛮与百越文化的代表。从张正明的比较中可以窥见，楚与吴越在文化上异多于同，但同的部分正是文化的核心底蕴部分，而异的部分却多是文化的表象部分。这种同，正呈现出了长江流域文化与黄河流域文化的差异，而苗蛮族群集团和百越族群集团作为汉民族的支源，并非所有的文化沉淀于汉民族文化的底蕴，故苗蛮文化和百越文化作为汉民族文化的支源而整合为一了。

二　苗蛮文化与百越文化：汉民族文化的支源之一

长江是汉民族文化的又一个大摇篮，孕育了作为汉民族文化支源的一对“双胞胎”——苗蛮族群集团和百越族群集团。历史的演进有时会出现惊人的相似现象：当汉民族文化的来源在黄河流域衍生出了一个主源“双核驱动”现象之时，在长江流域衍生出了一个支源“双核驱动”现象，即苗蛮文化和百越文化的部分沉淀。

（一）火耕水耨：汉民族稻作文化之源

由于生态环境的不同，长江流域的开发呈现出了与黄河流域完全不同的农业文化。农业耕作在中国一开始就形成了南北两个不同的类型，不论谷物品种或栽培方式都存在明显差别，北方以粟类旱地农业，南方稻类水田农业，这个格局自古就影响到南北饮食传统的形成。在黄河流域气候干

① 张正明：《楚与吴越文化异同辨》，《浙江学刊》1990 年第 6 期。

燥，适宜旱作，占首要地位的粮食作物是粟。而长江流域气候湿润，适宜水田。据考古学家研究，进入新石器时代，长江流域的原始农耕文化得到长足发展，大约在10000年前，水稻已经栽培成功，饭稻羹鱼的古老饮食传统开始形成。长江中游及邻近地区，发现了一些属于新石器时代早期的文化遗存，如湖南澧县、道县和江西万年县都发现早期稻作文化的证迹，许多学者因此认为水稻栽培技术是长江中游地区居民最早发明的。稻作农业造就了长江流域繁荣的新石器时代。在中下游与江南地区有距今7000年以上的跨湖桥文化、河姆渡文化和城头山文化。继之而起的有马家浜文化、崧泽文化、凌家滩文化、薛家岗文化和大溪文化。到新石器时代晚期，更有发达的良渚文化、屈家岭文化和石家河文化，这时已经出现了城市，早期文明正在形成之中。长江流域发现的这些新石器文化，都是稻作文化。7000多年前水稻已区分为粳、籼两个品种，表明水稻很早就进入精细化栽培了①。这样久而久之，就形成了长江流域“饭稻羹鱼”的生活习俗和“火耕水耨”的农耕文化。所以，司马迁在《史记·货殖列传》中非常感慨地说:“楚越之地，地广人稀，饭稻羹鱼，或火耕而水耨，果隋蠃蛤，不待贾而足。地埶饶食，无饥馑之患……。”

对于汉民族稻作文化之源的“火耕水耨”之说，影响极为深远。关于“火耕水耨”的记载，除《史记·货殖列传》之外，《史记·平准书》亦云“江南火耕水耨，令饥民得流就食江淮间”。此后，文献流布不绝:

> 《盐铁论·通有》云:“(荆扬)伐木而树谷，燔莱而播粟，火耕而水耨。”
>
> 《汉书·地理志下》曰:“楚有江汉川泽之饶;江南地广，或火耕水耨。民食鱼稻，以渔猎山伐为业。”
>
> 《晋书·食货志》记:“晋元帝大兴元年(318年)诏曰:……江西良田，旷废未久，火耕水耨，为功差易。”《晋书·食货志》又载:“预又言:诸欲修水田者，皆以火耕水耨为便。”
>
> 南朝人徐陵《欧阳頠德政碑》:“公乃务是民天，敦其分地，火耕水耨，弥亘原野。”

① 参阅王仁湘《长江中下游地区饮食文化的史前传统》，载《第三届亚洲食学论坛(2013绍兴)论文集》。

《通典·食货二》："江西良田旷废未久，火耕水耨，为功差易。"

东汉人应劭是第一个解释"火耕水耨"的人。他说："烧草下水种稻，草与稻并生，高七、八寸，因悉芟去，复下水灌之，草死稻独长，所谓火耕水耨。"[①] 应劭的这个解释，曾经引起过不少争论，但正如日本学者西嶋定生认为在众多解释中"最接近真实情况的大概是应劭的解释"[②]。因此，所谓"火耕水耨"，意即以火耕地，以水耨草。但由于当时诸家文献对火耕水耨的具体解释或含糊不清，或各有侧重。致使后世学者对此众说纷纭。其中，关于"火耕"主要有三种解释：一是认为火耕类似于刀耕火种中的"火种"，亦即烧荒后直接播种；二是认为在烧荒与播种之间还存在翻耕环节；三是认为前二种情况都有可能存在。关于"水耨"的解释主要有两种：一是灌水淹草，以达到除草目的；二是在水中利用相应工具除草，再辅之以水淹。[③]

"火耕水耨"的水稻耕种法历史很悠久。传说上古苍梧有象耕之田，会稽有鸟耕之田，汉代广陵海陵有麋耕之田。《论衡·书虚篇》解释此类现象曰："苍梧多象之地，会稽众鸟所居……象自蹈土，鸟自食草，土蹶草尽，若耕田状，壤靡泥易，人随种之……海陵麋田，若象耕状。"[④] 而海陵麋田又见于《后（续）汉书志·郡国三》广陵郡东阳县条刘昭注。该县有"长洲泽"，"多麋"，刘注引《博物记》云："（麋）千千为群，掘食草根，其处成泥，名曰麋畯。民人随此畯种稻，不耕而获，其收百倍。"[⑤] 会稽鸟田又见于《初学记·雁》所引《十三州记》："（会稽郡）上虞县有雁，为民田，春衔拔草根，秋啄除其秽。是以县官禁民不得妄害

---

① 《汉书·武帝纪》注。

② ［日］西嶋定生：《中国经济史研究》，冯佐哲等译，中国农业出版社 1984 年版，第 152 页。

③ 参见《史记·货殖列传》张守节正义；《汉书·武帝纪》应劭注；沈钦韩《两汉书疏证》卷二；吴绵吉《百越文化三题》，载《百越史研究》，贵州人民出版社 1987 年版；宜禾《"火耕水耨"与南方耕作方式》，《历史教学问题》1991 年第 6 期；［日］天野元之助《中国农业史研究》，御茶の水书房 1962 年版，第 469 页。

④ 北京大学历史系《论衡》注释小组：《论衡注释》卷四，中华书局 1979 年版，第 244 页。

⑤ 《后（续）汉书志》卷二一《郡国志三》，中华书局 1965 年点校本，第 3461 页。按西汉海陵县，东汉时已并入东阳县。王先谦：《汉书补注》卷二八上《地理志》"临淮郡海陵县"条王氏"补注"，中华书局 1983 年版，第 749 页。

此鸟，犯则有刑无赦。”[①] 可见，成群的野生动物在水泽地食草践地，实际上起到了耕田除草的效果，形成肥沃松软（“壤靡易泥”）、杂草根绝有若“耕田状”的土地，于是人们随之在上面“种稻”，竟获得远高于投入的收成。这种主要利用自然力的原始稻作方式，或可称之为“麋耕鸟耨”“象耕牛耨”。当时人们改造自然的能力相对低下，为了以较少的劳动投入获得较多回报，就必须充分利用各地所特有的自然禀赋。

“火耕水耨”本质上与上述稻作方式大致一样。在“地广人稀”“无积聚而多贫”的古代江南，人们选择“火耕水耨”，正是为了适应当时劳动力、生产资料都极度缺乏的社会经济条件，以充分利用当地丰富的水资源及其水产品。东汉初年杜笃撰《论都赋》，称雍州“《禹贡》所载，厥田惟上，沃野千里，原隰弥望”。既有劳动力投入高的稻田，“畎渎润淤，水泉灌溉，渐泽成川，粳稻陶遂”，“厥土之膏，亩价一金”；又有“火耕流种，功浅得深”的农作经营。李贤注“火耕流种”：“以火烧所伐林株，引水溉之而布种也。”[②] 看来是旱作，但因采取火耕、水种，同样能达到劳动投入少（“功浅”）所得利益相对多（“得深”）的效果。如西晋陆云曾在书信中赞扬会稽“鄮县上地”，说那里“遏长川以为陂，燔茂草以为田，火耕水种，不烦人力。决泄任意，高下在心，举钑成云，下钑成雨，既浸既润，随时代序也”。[③] 又如鄮县东临大海，背靠四明山，山间盆地易于筑陂溉田，当地早在汉代即有修建陂塘的活动，其遗迹后世犹存。东晋会稽内史孔愉曾对一处“汉时旧陂”加以修复，“溉田二百余顷，皆成良业”[④]。所以“燔茂草以为田”，可能是指火耕山田，“遏长川以为陂”，则是水稻种植，而且因有较完善的水利设施，排灌“任意”，“不烦人力”，所以被称为“上地”。西晋咸宁年间，因东南特大水灾，杜预曾上疏建议将江淮屯田区（“兖豫州东界”）的水田改为旱田，但他也不否认，在“草创人稀”之际新开稻田或者复垦熟荒（“新田草莱”），仍以“火耕水耨为便”，因为可以以较小投入获得相对较高的回报（“得火田之利”）。东晋初年“三吴大饥”，应詹上表称“江西良田，旷废未久，火耕

① 《初学记》卷三〇《鸟部·雁》。

② 《后汉书·杜笃传》。

③ （西晋）陆云：《答车茂安书》，严可均辑《全晋文》卷一〇三，严氏《全上古三代秦汉三国六朝文》，中华书局1958年版，第2049页。

④ 《晋书·孔愉传》。

水耨，为功差易"[1]，也是看重"火耕水耨"法在熟荒上复垦稻田之易于为功。[2] 一直到清代，沈钦韩仍释"火耕"是割稻子后"烧其槁（稻茎）以肥土"。"水耨"则如《周礼·稻人篇》"夏以水殄草而芟荑之"。又引《齐民要术·水稻篇》详解其具体做法。火耕："二月，冰解地干，烧而耕之，仍即下水，十日，块既散液，持木斫平之，纳种。"水耨："稻苗长七八寸，陈草复起，以镰侵水芟之，草悉脓死，稻苗渐长，复须薅。"[3] 所以，陈国灿亦认为"水耨"就是"在以水灌田的基础上，采用各种方法除去稻田杂草"[4]，他所概括的"水耨"，第一种，即"以水灌田，满足水稻生长的基本需要"。第二种是水淹除草，在以水灌田的长期实践过程中，人们开始是无意识地，进而由于经验的积累而有意识地采用水淹来除草。从而赋予水耨以新的内涵，并成为其后来进一步发展的主要方向。如《周礼·地官司徒·草人羽人》所说的"凡稼泽，夏以水殄草而芟荑之"。三是手耨和脚耨即采用"手耨"或"脚耨"除草[5]。并与水淹法和丢荒法结合起来。如《淮南子·泰族训》中记载：在南方稻作农业区，"离先稻熟，而农夫耨（薅）之，不以小利伤大获也"。《说文解字》云："薅，拔去田草也。"可见，所谓"农夫耨之"，亦即人们运用手耨除草。[6] 日本学者西嶋定生也认为"火耕水耨"的说法必有所据[7]。

简而言之，所谓"火耕"是在下种前的备耕阶段，先把田间的杂草连同稻田中的其他杂物一起烧掉。草灰可以肥田；经火烧之后的田土，温度增高，土壤结构也会发生变化，这对种子的正常抽芽和发育都甚有好处；同时火烧也把田间的草籽、虫卵、幼虫一并烧尽。这对于避免杂草与稻争肥、争地和防治病虫害，都是极其有效的方法。而"水耨"，是"秧苗"长到一定程度后，以水流淹死杂草的一种中耕除草方法，它既可以

① 《晋书·食货志》。又参见《资治通鉴》卷八〇，晋武帝咸宁四年条。

② 《魏书·崔辩附崔楷传》。

③ （清）沈钦韩：《汉书疏证》卷二，续修《四库全书》本，上海古籍出版社2006年版，第266册，第33页。

④ 陈国灿：《"火耕水耨"新探——兼谈六朝以前江南地区的水稻耕作技术》，《中国农史》1999年第1期。

⑤ 笔者1965年在广西三江侗族地区进行田野调查时还亲身参加过稻田用手和脚耨田除草。

⑥ 参阅陈国灿《"火耕水耨"新探——兼谈六朝以前江南地区的水稻耕作技术》，《中国农史》1999年第1期。

⑦ ［日］西嶋定生：《中国经济史研究》，冯佐哲等译，中国农业出版社1984年版，第152页。

除去田间杂草这种禾苗的天敌，而淹死的杂草又直接在田间为稻禾施肥①。可见，从长江流域原生态的“火耕水耨”一脉相承下来的农耕文化，终成了汉民族稻作文化之源。

（二）饭稻羹鱼：汉民族饮食文化之源

“火耕水耨”是汉民族生存策略的稻作文化之源，而生存策略决定生活方式，所以《史记·货殖列传》云：“楚越之地，地广人稀，饭稻羹鱼，或火耕而水耨，果隋蠃蛤，不待贾而足。地埶饶食，无饥馑之患。”与此同时，还以蛇蛤蜃贝为美食。《逸周书·王会解》亦云：“东越海蛤，欧人蝉蛇，蝉蛇顺食之美。遇越纳，姑妹珍，且瓯文蜃，其人玄贝。”这种情况与黄河流域炎黄和东夷族群的生活方式是大相径庭的，所以《淮南子·精神训》说：“越人得髯蛇，以为上肴，中国得之而弃之无用。”

在此，司马迁所说的“饭稻羹鱼”，即以稻米饭为主食，以鱼虾为副食的特色，是对长江流域生活方式最好的概括。这个生活方式也是来自史前时代。稻米之乡的主食最常见的烹食方式是粒食。烹饭或煮粥，烹法简易，进食也方便。烹羹的方法也不复杂。不仅仅是鱼类，无论是肉食还是蔬食，多加一点水就可以烹成羹。粒食与羹食，是南方史前传统生活方式的主体。屈原的《招魂》中就有关于饮食燕乐之美的描写，译成现代汉语是这样的：

> 宗族家人摆上精美馔品祭飨亡灵，稻米小米新麦做的饭食掺有黄粱。
>
> 还有苦咸酸辛甘五味调和的佳肴，炖得烂熟的肥牛蹄筋散发着芳香。
>
> 陈上那酸中微苦的吴国风味肉羹，清炖甲鱼全烤羔羊配上甘蔗甜浆。
>
> 醋溜天鹅红烧野鸭煎炸大雁嫩肉，卤子鸡烧大龟香味扑鼻无比清爽。
>
> 再有蜜煎米糕粉饼和甜美的饴糖，如玉的美酒加兑蜂蜜斟满了羽觞。

① 参阅韩荣培《百越民族“饭稻羹鱼”在贵州都柳江流域的传承与发展》，《贵州民族研究》2012 年第 1 期。

滤糟的冰凉酒恢起来既醇又清凉，华美的酒斗已摆好等待酌饮琼浆。

快回到故居吧亲人们在恭敬等待！……[①]

一篇《招魂》在和盘托出战国楚人的美味佳肴之时，呈现出了汉民族饮食文化的南北差异。这里有五谷饭食和点心，有牛、羊、兔、鳖、鸡、鸭、鹄、雁等馔品。这就是长江中下游地区"饭稻羹鱼"的美食，这些美食的滋味在中原周王的餐桌上是不容易见到的。周代天子的饮食分饭、饮、膳、馐、珍、酱六大类。据《周礼·天官·膳夫》所载，王之食用稻、黍、稷、粱、麦、苽六谷。膳用马、牛、羊、豕、犬、鸡、六牲，珍用八物。《礼记·内则》所列天子的八珍，不过是汤泡饭、烤羊腿、生肉片、风干肉之类。再看湖南长沙马王堆汉墓的发现，在一位南方地方官员的餐桌上，肉食类馔品有各种羹、脯、脍、炙，其中羹就有廿四鼎，有大羹、白羹、巾羹、逢羹、苦羹五种。大羹为不调味的淡羹。原料分别为牛、羊、豕、狗、鹿、凫、雉、鸡等。白羹即用米粉调和的肉羹，或称为"糂"，有牛白羹、鹿肉鲍鱼笋白羹、鹿肉芋白羹，小菽鹿肋白羹、鸡瓠菜白羹、鲼白羹、鲜鱯藕鲍白羹，主料为肉鱼，配有笋、芋、豆、瓠、藕等素菜。又有腒腊五笥，脯、腊均为干肉，有牛脯、鹿脯、胃脯、羊腊、兔腊。有炙八品，炙为烤肉，原料为牛、犬、豕、鹿、牛肋、牛乘、犬肝、鸡。脍四品，原料为牛、羊、鹿、鱼。更有调味品脂、鱿、酱、饧、豉、醢、盐、菹和齑共九类十九种，五味俱全[②]。

其实，饭稻羹鱼的实例除人们熟悉的河姆渡文化外，早在一万年前吴地已出现了饭稻羹鱼的饮食生活方式。据考古发掘，太湖三山岛文化是吴地乃至太湖流域发现最早的文化。当时人类生活在自然的山洞里，过着以渔猎为主的生活，出土猕猴、兔、黑鼠、豪猪、貉、棕熊、西藏黑熊、鼬、狗獾、猪獾、最后鬣狗、猞猁、虎、野猪、似水鹿、斑鹿、鹿、牛18种之多的哺乳动物化石。[③] 在张家港东山村遗址，发现了距今8000年

① 王仁湘：《长江中下游地区饮食文化的史前传统》，载《第三届亚洲食学论坛（2013绍兴）论文集》，浙江古籍出版社2014年版，第176页。

② 同上。

③ 车广锦等：《三山文化》，载《吴地文化一万年》，中华书局1994年版，第24页。

左右的马家浜类型文化，有房子、墓葬，出土了一大批遗物，主要器形有釜、罐、豆等，还有用于烧烤时架垫食物的炉条，其中釜是主要的炊煮器。在遗址的土壤中化验发现大量的水稻植物蛋白石，其在1克干土中含量达到了8万—22万个之多。说明东山村遗址8000年前就有稻作生产，且所栽培的水稻均属于粳稻类型。[①] 吴地先民开始了“饭稻”的饮食生活。到了6000年前，在草鞋山遗址，发现马家浜文化时期的水田遗迹44块，水田的土壤经化验不仅发现大量的水稻植物蛋白石，还淘洗出碳化谷粒，且经鉴定都属粳型稻。[②] 这样，吴地先民开始从依赖于自然界的植物来源为生，到主动利用自然界的资源来创造粮食生产的转变。由于水稻的大面积播种，粮食产量增加，饭稻已成了日常生活的主食。

与此同时，苏州地处长江三角洲的太湖平原，境内湖荡棋布，河流纵横，有着丰富的水产资源，《汉书·五行志》记载：“吴地以船为家，以鱼为食”，即“饭稻羹鱼”。据文献记载佐证：吴国多次历史事件与食鱼有关。一次是吴王阖闾雇用杀手专诸，用鱼肠剑藏在炙鱼中，刺杀吴王僚获得成功，夺得了王位，这是有名的专诸刺王僚事件。再次是吴王阖闾在伐楚之前，把自己吃过一半的蒸鱼给女儿滕玉吃，结果他女儿认为“王食鱼辱我，不妄久生”，于是就自杀了。还有一次是伍子胥率三军打到楚国郢都，鞭尸平王三百，返回吴国，吴王（阖闾）“治鱼为烩”[③]，慰劳三军。“烩”就是熏鱼。据说吴国做薄鱼的方法是吴王阖闾发明的，不仅从食鱼反映出的历史事件，还看到了食鱼的不同烹调方法，例如油炸（烩）、火烤（炙）和蒸鱼，活脱脱地呈现出一幅幅饭稻羹鱼的饮食文化生活图像[④]。而“饭稻羹鱼”的饮食生活方式一直延续到现在，沉淀在南方汉民族的饮食文化之中。

（三）玉亦神物：汉民族玉文化之源

从古至今，汉民族尚玉之风盛行不衰。为什么？叶舒宪曾有专门的论述，其云：

---

① 以上参阅王才林《张家港东山村遗址的古稻作研究》，《农业考古》1999年第3期。

② 谷建祥等：《对草鞋山遗址马家浜文化时期稻作农业的初步认识》，《东南文化》1998年第3期；王才林：《植物蛋白石分析法及其在考古学上的应用》，《东南文化》1997年第3期。

③ 《吴越春秋·阖闾内传》。

④ 参阅何凤英《吴地特色的饮食文化——“饭稻羹鱼”》，《东南文化》2000年第5期。

> 玉器在中国文化中具有极其重要的含义。早在青铜器出现之前，华夏先民就已经开始雕琢各种玉器，并将玉视为财富的象征与神圣的器物。在内蒙古东部一带的兴隆洼文化中就出土有距今约8000年的玉器。可以说，玉的使用和分布远远超出了小传统向我们描述的时代与范围。在距今约5000年到4000年的时代，北至辽河流域的红山文化，南至太湖地区的良渚文化，西北到甘肃、青海的齐家文化，都广泛地分布着各种远古玉器，人们将玉雕琢成各种形状，供部落的通神者——巫师和首领使用。这些丰富的考古成果说明，约公元前6000年到公元前2000年，可以被称为华夏史前的“玉器时代”。[①]

正因为汉民族史前史中有这样一个“玉器时代”，此即《越绝书·宝剑篇》中风胡子曾对楚昭王说的“以玉为兵”所云：“轩辕、神农、赫胥之时，以石为兵，断树木为宫室，死而龙藏。夫神圣主使然。至黄帝之时，以玉为兵，以伐树木为宫室，凿地。”重要的是玉不仅具备工具的功能，更以“神物”之功用令世人尊崇。因此，在某种意义上，玉作为通神之物，巫觋以此上飨神灵，下达神意，其本身也逐渐被神化，进而成为具有“物化形态”的神。故而《越绝书·宝剑篇》又云：“夫玉，亦神物也，又遇圣主使然，死而龙藏。”可见，玉的神圣化，意义非凡。本来，玉与石就科学含义而言有着类近之处，随着人们在生产与生活中逐渐萌生出对美的模糊概念和意识，玉以其“坚栗精密，以和柔刚”等独特的自然属性日益博得人们的喜爱，促使其与石彻底分为两种截然不同的特质。同时，由于史前先民对美的认识是萌生于对自然神的崇拜、敬畏之中，即当时人们的审美意识观念与原始宗教紧密相联，如梁漱溟先生所说，“人类文化都是以宗教开端；且每依宗教为中心……（人类文化的种种）初时都蕴孕于宗教之中而不分”[②]。故此，史前先民对玉的喜爱也因为美与“神”最初地融合而衍化为尊崇。[③]

就是在玉被神圣化的过程中，吴越之地的良渚玉文化对汉民族文化多元的来源发生了极有价值的、密切的渊源关系。有研究表明，良渚文化是

---

① 叶舒宪：《图说中华文明发生史》，南方日报出版社2015年版，第12—13页。

② 梁漱溟：《以道德代宗教》，载《梁漱溟全集》第三卷，山东人民出版社2005年版。

③ 王弥笑：《发达的良渚玉文化》，《陕西教育》（高教版）2008年第5期。

中国新石器时代晚期第一个玉器制作和使用高峰期中最杰出的代表，玉器是良渚文化最重要的文化因子。据不完全统计，全世界已知的良渚玉器数目不下 20000 件，反山和瑶山是目前所知出土玉器最为丰富的两处显贵者墓地，24 座墓葬所出玉器达到 6000 件，其中反山 12 号墓一座墓葬就出土玉器 647 件，其他如草鞋山、寺墩等已发掘的近百处良渚文化遗址中，也各有数量不等的玉器出土，可以说，在成一定规模的良渚文化遗址中，迄今尚没有不出土玉器的。①

良渚文化玉器的种类，已知的有琮、璧、璜、环等四十余种，是按类型划分的，即玉琮、玉璧、玉璜、玉钺、玉镯、玉带钩、柱状器、杖端饰、锥状饰、三叉形器、半圆形冠饰、圆牌形饰，及由玉鸟、玉鱼、玉蝉和各种瓣状饰组成的穿缀饰，还有用玉管、玉珠、玉坠组成的串饰等。其中琮、璧、锥形器、三叉器、梳背等半数以上的器类，都为良渚文化原创，如：

> 玉琮，为方柱体，由上至下，琢一孔穿通。也有孔圆外亦圆的圆柱体。皆以节分层，有一节、数节，最多的达 19 节。其高度超过 40 多厘米。器体有大有小。小的如拇指，大的似笔筒。最大的一件重达 6.5 公斤，为二节矮方柱体，被誉为琮王。琮面皆琢有纹饰，称神人兽面纹。琮王图案繁缛规范，一般玉琮则为简化的兽面纹。
>
> 玉璧，为圆形片状体，内钻圆孔。术语称“肉倍好”为璧，即璧的肉（实体）大于好（孔）的圆形器。有大有小，一般不琢纹饰。近年发现一件玉器，上琢两个疑似文字的符号；另一件璧琢的是一只站立的鸟纹。
>
> 玉钺，形似斧，上琢简化的兽面状。有的在外壁表面琢有 4 组兽面纹。一般嵌在木柄上。有一件称为钺王的，还附有配饰。
>
> 玉环，亦称臂环，为扁平的圆环状。有的在外壁表面琢有 4 组兽面纹。
>
> 三叉形器像汉字的“山”，左右两叉高于中竖。

① 陆文华、潘宁、费云江：《良渚古玉，精美的石头至今唱着动人的歌》，《杭州日报》2008 年 6 月 11 日第 16 版。

冠状器，器体扁平，形状如冠，有的镂雕神人纹或神人兽面纹。[①]

可见良渚文化玉器在数量和器类上的绝对优势，标志着良渚文化制作和使用达到了中国新石器时代晚期独一无二的高度；在功能方面所显示的复杂性和全面性，也为中国同时期各大区系类型考古学文化所绝无仅有。良渚文化玉器是当时辐射面最宽、影响力最强的器物，其政治、经济、文化和宗教的影响、控制力几乎达到大半个中国。一般认为，内圆外方造型的玉琮为良渚文化首创，其他地区出土的玉琮都受到了良渚文化直接或间接的影响。在新石器时代晚期，已知玉琮的出土范围北抵陕北，南达粤北，西北至甘青，涉及江、浙、沪以外的 10 多个省份。由此可见，良渚文化在强盛时期，曾对周边各区系类型考古学文化产生过深刻而持久的影响，并将自己的文化因子，特别是以琮等为代表的玉器，融入这些考古学文化的肌体之中，随之秉承、变异、传递和发扬光大，最终融会到夏、商、周三代文明以“六器”与“六端”为代表的玉礼器系统之中，占据着举足轻重的来源地位。所以，有关专家表示，良渚文化是中国强势文化，它的生产力发展水平超过中国并同时代表其他文化的生产力水平。“其影响范围达半个中国，并被后世中国的主体文化明显继承。”[②] 良渚文化玉器在汉民族玉文化史上具有独一无二、无与伦比的地位。[③]

正如《周礼·春官·大宗伯》的规定：“以苍璧礼天，以黄琮礼地。”而对玉的理解莫过于孔子，《礼记·聘义》中记载有弟子曰：“敢问君子，贵玉而贱碈者，何也？为玉之寡而碈之多与？”孔子曰：“言念君子，温其如玉，故君子贵之也。夫昔者君子比德于玉焉。温润而泽，仁也。缜密以栗，知也。廉而不刿，义也。垂之如坠，礼也。叩之，其声清越以长，其终诎然，乐也。瑕不掩瑜，瑜不掩瑕，忠也。孚尹旁达，信也。气如白虹，天也。精神见于山川，地也。圭璋特达，德也。天下莫不贵者，道也。”他提出了玉有十一德，即：

---

① 秋阳：《神秘的良渚玉文化（上）》，《贵州文史》2013 年第 1 期。

② 陆文华、潘宁、费云江：《良渚古玉，精美的石头至今唱着动人的歌》，《杭州日报》2008 年 6 月 11 日第 16 版。

③ 沈维、李力行：《长江流域两大史前玉文化在良渚合璧　2011 良渚论坛·中华玉文化中心召开第三届年会》，《杭州日报》2011 年 12 月 21 日第 A12 版。

仁者，精光内蕴，观其光者，垢灭善生，敬仰之心也；

义者，廉而不锐，圆融无碍也；

礼者，佩之坠下，自卑而尊人也；

知者，缜密如栗，自知者明，己严外宽也；

信者，乎伊旁达，触照其身，莫不安乐，不生疑惑也；

天者，气如白虹，度量如海也；

地者，精神见于山川，自然中自然相，返璞归真也；

道者，其质纯洁，犹如雪山，虽入淤泥，清净无染，人所共修也；

德者，圭璋特达，规矩方圆，不浮不沉，静而无躁也；

忠者，瑕不掩瑜，瑜不掩瑕，表里如一也；

乐者，扣之声清悦耳，身心安定也。

这十一德按现在的话来说就是玉料本身有十一个美感，这些美德在古人看来是最美好的，用其衡量自身的修养道德，才会有不可估量的前程，才是一个完美之人。这也许正是汉民族先民对收藏玉的重要价值取向了。孔子“君子比德于玉”①，谦谦君子②，温润如玉③，将玉提升到最高的精神境界，而成为人们的道德规范，商周吸收良渚玉文化，遂纳入华夏并与红山文化融会成汉民族文化的巨流，并形成制度，使玉文化长盛不衰，故西汉刘向在《五经通义》中诠释玉的品德有五德：“温润而泽，有似于智；锐而不害，有似于仁；抑而不挠，有似于义；有瑕于内必见于外，有似于信；垂之如坠，有似于礼。”东汉许慎在《说文解字》中也提出玉有五德，即“玉，石之美，有五德。润泽以温，仁之方也；䚡理自外，可以知中，义之方也；其声舒扬，尃以远闻，智之方也；不桡而折，勇之方也；锐廉而不技，洁之方也”。正是“玉亦神物”，沉入汉民族文化的底蕴，世代传承下来了。

（四）崇尚神巫：汉民族信仰文化之源

汉民族文化的多元在信仰上也呈现出多源性，在炎黄族群集团“慎

① 《礼记·聘义》。

② 《易·谦》。

③ 《诗经·卫风·淇奥》。

终追远”之时，苗蛮族群集团却巫风盛行。巫风文化是汉民族文化的一块基石，它对汉民族文学艺术、天文地理、医药农业的发展以及岁时节日、民俗禁忌的形成起到了发端作用。

原始社会史告诉我们，巫者作为一种职业的出现与巫术行为的开始并不是同步的，在“家为巫史”的原始时代，宗教权利尚未收归整合，人人都可以施行巫术，人人都能通鬼降神。《国语·楚语下》有一大段文字记载观射父同楚昭王关于初民巫术信仰的谈话，按照观射父的说法，中国初民的巫术有一个正反合的发展过程。开初，“民神不杂”敬神的事情由专人负责，一般人则从事其他的社会职业。尔后，“民神杂糅”，“家为巫史”，人人都可通神做巫，家家都可做祭祀之事，致以“民渎齐盟，无有严威；神狎民则，不蠲其为；嘉生不降，无物以享；祸灾荐臻，莫尽其气”。最后，五帝之一的颛顼实行变革，“乃命南正重司天以属神，命火正黎司地以属民，使复旧常，无相侵渎，是谓绝地天通”。即是说，到了传说的颛顼时代，初民又恢复到“民神不杂”的状况，巫术之事仍由专职的神职人员负责。根据观射父的说法，早在五帝时代，就有了职业化的巫师。“重司天以属神”和“黎司地以属民”，指的就是巫师的职业化的分工①。正如《定庵续集》卷二《壬癸之际胎观》所云：“人之初，天下通，人上通；旦上天，夕上天。天与人，旦有语，夕有语。”但此时的巫术只是初级阶段的个体巫术，随着巫术活动的日益增加，逐渐出现了一些巫术技艺高超的巫师。他们得到社会的承认，逐渐成为专职的巫者。同时，巫术也由个体巫术而上升为公众巫术。

苗蛮尚巫风气的盛行与地理环境有很大关系。人类生存欲望首先就是从自然中攫取所生存的物质，既然人无法离开自然环境，人地关系就不能不引人注目，成功的人地关系必然受到重视，这种重视长期延续下去，成为传统习惯时就是一种地方风俗。南方地区气候酷燠至湿，茅荒草塞，原始森林尚未破坏，疾病易于流行，因此生活在“江南卑湿，丈夫多夭”②的地理环境里的人们只好借助于超凡的想象来弥补他们克服自然的有限能力，把生的希望寄托于超脱的神灵，于是天地山川、禽兽鬼神都被人们给以某种奇特的联系，祈祷众神列鬼给他们有战胜困难的信心和勇气，从而

---

① 参阅启良《中国文明史》（上册），国际文化出版公司 2010 年版，第 133—134 页。

② 《史记·货殖列传》。

逐渐形成“信巫鬼，重淫祀”① 的传统习惯，从而开启了苗蛮族群集团的尚巫之风。②

在这个地理环境和文化基础都迥异于北方中原的地方，各种怪异的神话传说颇为盛行。《列子·汤问》中记载了这样一件奇事，说当时有一位鼎鼎大名的人，名字叫偃师，有一次，偃师去拜会西周穆王，身边跟着一位长得十分英俊的男人。偃师对周穆王介绍说：“这就是我造出来的一个能歌善舞的人，他的舞姿十分优美，他的歌喉十分动听。”周穆王大喜，就让他歌舞助兴。果然，此人舞技高超，舞姿优美，博得满堂喝彩。但舞着舞着就出了毛病，这位俊俏的舞男开始向周穆王的姬妾们大丢媚眼，暗送秋波。穆王大怒，喝令卫士们将偃师推出斩首。偃师急忙辩解说：“请大王息怒，这个人不是个真人，他只是我造出来的一个人，是假的。”周穆王左看看，右瞧瞧，怎么也看不出这是个假人。偃师为了保命，上前一把撕掉舞男的头，果然，里面尽是些乱七八糟的东西，的确是个假人，里面五脏俱全，再次结合起来，依然能歌能舞，取下心则不动不语。至此，周穆王才相信是真的。③ 这个故事正好反映了巫术的盛行。所以《山海经·大荒北经》云：“西北海之外，赤水之北，有章尾山。有神，人面蛇身而赤，直目正乘，其瞑乃晦，其视乃明，不食不寝不息，风雨是谒，是烛九阴，是烛龙。”此地还有应龙之传说，《山海经·大荒东经》又云：“应龙处南极，杀蚩尤与夸父，不得复上。故下数旱，旱而为应龙之状，乃得大雨。”《淮南子·地形训》亦云：“烛龙在雁门北，蔽于委羽之山，不见日，其神人面龙身而无足。”据此可知，苗蛮和百越地区“信巫鬼，重淫祀”④，尚巫滥祀，淫祠妖社遍布，与炎黄和东夷地区官方正祠的祀典礼仪格格不入。南朝梁人宗懔、唐人元稹分别在文献中记载：

宗懔《荆楚岁时记》：“十二月八日为腊日。谚语：‘腊鼓鸣，春草生。’村人并击细腰鼓，戴胡头，及作金刚力士以逐疫。”⑤

---

① 《汉书·地理志下》。

② 陈国生：《试论地理环境在西汉崇奢尚巫风俗形成中的作用》，《中国历史地理论丛》1993 年第 2 期。

③ 牛富萍：《巴地巫文化研究》，硕士学位论文，重庆大学，2011 年，第 9—10 页。

④ 《汉书·地理志下》。

⑤ （南朝）宗懔：《荆楚岁时记》，山西人民出版社 1987 年版，第 64 页。

> 元稹《赛神》："楚俗不事事，巫风事妖神。事妖结妖社，不问疏与亲。年年十月暮，珠稻欲垂新。家家不敛获，赛妖无富贫。杀牛贳官酒，椎鼓集顽民。喧阗里闾隘，凶酗日夜频。岁暮雪霜至，稻珠随陇湮。吏来官税迫，求质倍称缗。贫者日消铄，富亦无仓囷。不谓事神苦，自言诚不真。"①

苗蛮族群集团的巫风文化源远流长。《国语·楚语下》载："及少皞之衰也，九黎乱德。……颛顼受之，乃命南正重司天以属神，命火正黎司地以属民。""其后，三苗复九黎之德，尧复育重黎之后。"韦昭注："高辛氏衰，三苗为乱，行其凶德，如九黎之为也。"上述记载表明，三苗继承的是九黎文化传统，也就是文中所说的九黎之德。《国语·楚语下》对九黎之德有如此叙述："民神杂糅，不可方物。夫人作享，家为巫史，无有要质。民匮于祀，而不知其福。蒸享无度，民神同位。民渎齐盟，无有严威。神狎民则，不蠲其为。"这段话展示了九黎文化一幅崇尚巫术、流行淫祀的风俗画。三苗族群继承了九黎的传统，三苗文化也主要表现在巫风文化上。中国上古时期反映天人相通观念的神话传说有限，绝大多数产生和流传在三苗故地，有的是三苗文化直接派生，有的则是三苗文化历史传统所起的作用，天地相通，人神杂糅，构成了三苗文化基本内涵之一。

三苗文化中好巫鬼的风俗一度盛行，并流传后世，对荆楚大地有很大的影响。《隋书·地理志》云："荆州率敬鬼，尤重祠祀之事。"荆州是三苗的根据地，难怪那里的巫风久盛不衰，延续千年之久。三苗之后崛起的各族群中，楚族地域很大一部分与三苗文化区重合，因此，三苗文化人神杂糅的传统，以及天地相通的观念，都对楚文化产生了深远的影响，并在楚辞中有明显的体现。②《尚书·吕刑》云："昔三苗昏乱，相当听于神。"苗裔楚人"信鬼神，重淫祀"，甚至楚怀王也"隆鬼神，好祭祀"。因此，楚国上下都好神信巫，巫风文化成了楚人精神文化的核心组成部分。③ 据文献记载，楚人在行巫的时候，歌、舞、乐是同时并举，融为一体的。④

---

① 杨军笺注：《元稹集编年笺注》，三秦出版社2002年版，第461页。

② 李炳海：《论三苗文化》，《中州学刊》1992年第5期。

③ 戴锡琦、龙琳：《楚文化：苗蛮文化论》，《吉安师专学报》1997年第5期。

④ 王少良：《巫术与中国文学的起源》，《学术论坛》2007年第10期。

正如李泽厚所说：

> 原始歌舞（乐）和巫术礼仪（礼）在远古是二而一的东西，它们与其民族、部落的兴衰命运直接相关而不可分割。上述那些材料把歌、舞和所谓乐器制作追溯和归诸远古神异的“圣王”祖先，也证明这些东西确乎来源久远，是同一个原始图腾活动：身体的跳动（舞）、口中念念有词或狂呼高喊（歌、诗、咒语），各种敲打齐鸣共奏（乐），本来就是在一起的。“诗，言其志也；歌，咏其声也；舞，动其容也，三者本乎心，然后乐器从之。”①

对苗蛮族群集团巫风文化的影响，鲁迅在《汉文学史纲》中评价说，楚辞中人与神相恋相爱的夸张想象是“为北方人民所不敢道”②。这样，苗蛮族群集团的巫风文化随着其后楚国向东、向南的扩张而流行于南中国。

苗蛮地区巫风盛行，吴越地区巫觋之风也是很炽盛的。如与百越族群集团有直接族源关系越国大夫文种策划的“伐吴九术”，第一术就是“尊天事鬼，以求其福”③。《越绝书·外传记地传》所云：“勾践之出入也，齐于稷山，往从田里；去从北郭门，照龟龟山；更驾台，驰于离丘；游于美人宫，兴乐中宿；过历马丘，射于乐野之衢；走犬若耶，休谋石室；食于冰厨。领功铨土，已作昌土台。藏其形，隐其情。一曰：冰室者，所以备膳羞也。”这段文字很可能是一份包括程序和路线在内的越王勾践亲自主持祭祀和巫术活动的记录。在《越绝书·外传记地传》中，还记载有专门为巫而设的“巫里”，专门葬巫的“巫山”，设有神巫之官，称作越魑。勾践还把神巫无杜的子孙死葬于江东中，使它覆翻吴人的来船，可见他相信巫死以后，巫的魂魄还能继续行使法术。同书《吴地传》中也记录了不少同巫有关的地名，如巫门、巫欐城等，其中记吴王“秋冬治城中，春夏治姑胥之台，旦食于纽山，昼游于胥母。射于躯陂，驰于游台，兴乐越（宿），走犬长洲”一段文字，与上引越王勾践的一段文字极其类

① 《乐记·乐象篇》。

② 鲁迅：《汉文学史纲》，凤凰出版社2009年版，第29页。

③ 《吴越春秋·勾践阴谋外传》。

似。越巫到汉代还很有名气，《史记·孝武本纪》记载："是时，南越既灭，越人勇之乃言：'越人俗信鬼，而其祠皆见鬼，数有效。昔东瓯王敬鬼，寿至百六十岁。后世谩怠，故衰耗。'乃令越巫立越祝祠，安台无坛，亦祠天神上帝百鬼，而以鸡卜。上信之，越祠鸡卜始用焉。"汉人应劭在《风俗通义》中也说："会稽俗多淫祀，好卜筮，民一以牛祭，巫祝赋敛受谢，民畏其口，惧被祟，不敢拒逆，是以财尽于鬼神，产匮于祭。"可见吴越本地巫风文化情形尤甚。[①]

后来，巫风文化融入汉民族文化，至秦汉尚巫之风，盛行于两汉全境、朝野上下[②]，沉浸于汉民族文化的底蕴之中。

历史同样赋予了苗蛮族群集团和百越族群集团重任，在汉民族文化史的历程中，其不负众望，以火耕水耨、饭稻羹鱼、玉亦神物、崇尚神巫的文化沉淀，成了汉民族文化的基因。

第五节　戎狄文化:汉民族文化来源之四

在汉民族文化底蕴的结构图中戎狄文化是不可或缺的部分。当炎黄文化和东夷文化在黄河中下游孕育发展，苗蛮文化和百越文化在长江中下游孕育发展之时，戎狄族群集团则在黄河中上游及广袤的北方地区孕育了戎狄文化。戎狄文化作为汉民族文化的又一个支源，在起源、发育、传承、发展中也发挥了一定文化基因功能的作用。

一　戎狄文化的概念

对于戎狄的族群集团的源流，笔者在《汉民族史记》第 1 卷中曾详述了玁狁、鬼方和羌方是如何演变为戎、狄的[③]，在此免赘。可见，"戎"与"狄"之说只是流而不是源了。"戎狄"之说兴起之时，在历史文献上常常是分而载之的，有的在前面分别冠以方位，称为"西戎"与"北狄"。后来在《礼记·檀弓下》中开始有戎狄合称的记载，其云"有子与子游立，见孺子慕者，有子谓子游曰：'予壹不知夫丧之踊也，

---

① 参阅方杰主编《越国文化》，上海社会科学院出版社 1998 年版，第 302—303 页。

② 孙家洲：《汉代齐地尚巫之风考实》，《文史哲》2003 年第 3 期。

③ 又可参阅徐杰舜《汉民族发展史》，四川民族出版社 1992 年版，第 67—68 页。

予欲去之久矣。情在于斯，其是也夫？’子游曰：‘礼：有微情者，有以故兴物者；有直情而径行者，戎狄之道也。’”那么，戎与狄的族称分别有何内涵呢？

学者们一般从文字本身来讨论“戎”“狄”的不同含义。《说文解字》上说“戎”，从甲从戈。“狄，北狄也，本犬种。狄之为言淫辟也。从犬，亦省声。”甲骨文“狄”从犬、大。大，古文中象正面人形。从字形上看，“戎”字像甲兵，盖其最初与中国交道之时，即是伴随甲兵之事的，盖恩怨由此而生。“狄”字像人伴犬，盖狄人所居，常须游猎，故常以犬为伴。抑或又只是诸夏畏其彪悍，譬作豺狼一类也未可知。狄始见于记载是在《春秋·庄公三十二年》，狄伐邢。《左传·闵公元年》，狄人伐邢，管仲建议救邢，议论道：“戎狄豺狼……”一开始就比较明确指出狄是北方一专有民族之称。[①] 这种解释与我们后文对戎狄文化特征的讨论颇为有参考价值。而戎与狄的关系，其实并没有明显的区分。学界也基本认可，“狄”是古代对北方各族的泛称之一。由于一部分戎、貊与狄人相邻，久而融入狄族。所以北狄中先后融入有鬼方、戎、追、貊、土方等部落。[②] 据《左传》记载戎与狄的关系比较紧密，表现在以下几个方面：

第一，戎狄活动区域有交集，鲁昭公十五年，“晋居深山，戎狄之与邻”。

第二，戎狄均为步战，鲁隐公九年，“北戎侵郑，郑伯御之，患戎师，曰：‘彼徒我车，惧其侵轶我也。’”鲁昭公元年，“晋中行穆子败无终及群狄于大原，崇卒也。将战，魏舒曰：‘彼徒我车，所遇又厄，以什共车必克。困诸厄，又克。请皆卒，自我始。’”

第三，戎狄均嗜酒，不重祭祀。鲁文公十七年，“周甘歜败戎于邥垂，乘其饮酒也”。鲁僖公二十二年，“平王之东迁也，辛有适伊川，见被发而祭于野者，曰：‘不及百年，此其戎乎！其礼先亡矣。’”鲁宣公十五年，“狄有五罪，俊才虽多，何补焉？不祀，一也。耆酒，二也。”

第四，居处不定，流动性强。鲁襄公四年，“戎狄荐居，贵货易

① 杨浥新：《春秋时期诸夏与戎狄关系》，硕士学位论文，四川大学，2006 年，第 5—6 页。
② 何光岳：《北狄源流史》，江西教育出版社 2002 年版，第 3 页。

土，土可贾焉”。

第五，戎狄在华夏族中的形象均不好。鲁闵公元年，管敬仲言于齐侯曰：“戎狄豺狼，不可厌也。诸夏亲昵，不可弃也。”鲁襄公四年，“戎狄无亲而贪，不如伐之。……戎，禽兽也，获戎失华，无乃不可乎？”

第六，家庭关系相近，《史记·商君列传》载：“戎翟之教，父子无别，同室而居。今我更制其教，而为其男女之别，大筑冀阙，营如鲁卫矣。”[①]

因为戎与狄有这六个方面的密切关系，这两个相邻的族群，有着相似的文化特征，使得人们越来越难以区分戎与狄之间的差异了。基于戎狄文化的这个特征，那么，什么是戎狄文化呢？

学术界对戎狄的含义、分布等争论较多，对戎狄文化的研究却甚少[②]，比较有代表性的是王克林对戎狄文化所下的定义，他认为戎狄文化“具有地域性和民族性，为中原华夏农业文明的夏商周文化所不备，地处我国东部黄土高原，以蛋形三足瓮为代表的系列，具有明显的北方系青铜器文化，葬俗以石棺葬、屈肢葬为特征的遗存”[③]。该定义主要是从考古学角度来下的定义，关注的是考古意义上戎狄文化的遗存特征。依笔者之见，讨论戎狄文化的概念，需要了解戎狄族群集团的生计方式，及他们所处的地理位置。

有关戎狄族群集团的生计方式，学术界多有异议。有的认为戎狄的生计方式，“可能是一种复合经济，即粗耕农业，其特点为兼营畜牧、游牧、狩猎和采集，不可能为单一的经济”[④]。有的学者则认为戎狄“是属北方草原地区的游牧式游牧部落文化团”，这种畜牧部落，古代史籍或称

---

① 姚磊：《先秦戎、狄关系考辨》，《贵州文史丛刊》2013 年第 3 期。

② 在知网中搜索，虽有四篇相关论文，即王克林《戎狄文化的探索》（上、下），《文物世界》2002 年第 3 期、第 4 期；史党社《秦关北望——秦与“戎狄”文化的关系研究》，博士学位论文，复旦大学，2008 年；朱朝阳《上马墓地的北方戎狄文化因素研究》，硕士学位论文，郑州大学，2012 年。

③ 王克林：《戎狄文化的探索》（下），《文物世界》2002 年第 4 期。

④ 唐嘉弘：《春秋时代的戎狄夷蛮》，载四川省民族研究所、四川省民族研究学会《民族论丛》1982 年第二辑。

为“西戎”。[①] 但从地理环境和自然条件看，戎狄所处地域为黄土高原地区，这一地区大约在公元前3000年的后半期，气候有过由温暖向寒冷而凉湿的转变[②]，从而促使高原北侧群体的社会和生产方式发生变化，即其地所居群体向南部农业区推进，与中原炎黄族群集团不断发生冲突，这种冲突从新石器时代所谓黄帝“北逐荤粥”就开始了。其生计方式的变化，即由农业转向畜牧或游牧经济，其族属的主人，便应当是祖源相同的戎、狄或羌。这一畜牧和游牧经济是有区别的，即都有农业的成分，只不过它是占主要还是次要的程度不同而已。此后夏商周三代文献和考古资料表明，戎狄的生计方式主要为畜牧和游牧兼备，并有一定程度的粗耕农业。[③]

基于上述认识，所谓戎狄文化就是史前时代以畜牧和游牧兼备，并有一定程度粗耕农业为生计方式的戎狄族群，所创造的全部文化成果的呈现。

二　戎狄文化：汉民族文化的支源之二

在黄河中下游炎黄和东夷的“双核驱动”之时，在黄河上中游及北方广大地区生息和繁衍的戎狄族群集团也孕育了戎狄文化，并逐渐沉入汉民族的文化底蕴之中。

（一）畜牧文化：汉民族畜牧文化之源

戎狄文化对汉民族文化的底蕴结构具有特别的意义，其原因在于戎狄畜牧文化的沉入。前已述及，就生计方式来说，无论炎黄和东夷，还是苗蛮和百越，沉入汉民族文化底蕴的都是农耕文化，而戎狄沉入的则是畜牧文化，从而极大地丰富了汉民族文化底蕴的内涵。

人类史前社会发展史的常识告诉我们：第一次社会大分工是“游牧部落从其余野蛮人群中分离出来”[④]，它发生于原始社会野蛮时期的中级阶段。原始社会的早期阶段，人类使用木棒、石块等简陋的生产工具，在

① 俞伟超：《古代“西戎”和“羌”“胡”考古学文化归属问题的探讨》，载《先秦两汉考古学论集》，文物出版社1985年版。

② 王克林：《论我国黄土高原地区锄耕农业向畜牧业的转变》，《文博》1996年第2期。

③ 王克林：《戎狄文化的探索》（下），《文物世界》2002年第4期。

④ 恩格斯：《家庭私有制和国家的起源》，载《马克思恩格斯选集》第4卷，人民出版社1972年版，第156页。

自然分工的基础上，从事采集、狩猎和捕鱼，维持最低的生活。在长期的采集活动中，逐渐熟悉了某些植物的生长规律，并在房屋的旁边加以培植，于是出现了原始农业。畜牧业由狩猎而来，由于发明了箭，再加上狩猎经验和技术不断提高，人类捕捉到的动物不断增多，有些便被饲养起来，于是出现了原始畜牧业。①

就在这个原始社会的大转型期，炎黄、东夷、苗蛮和百越诸族群集团向农耕生计方式转型成为典型的农耕族群，分别形成粟稷文化和稻作文化之时，戎狄却转型成为畜牧族群。虽然在古文献中对中国北方草原畜牧业的产生没有记载，但把其记载的自匈奴以后有关北方草原地区农牧业及北方民族的生产、生活情况与已发现的同区域内的考古遗存联系起来作纵向考察，仍然可以看出中国北方草原畜牧——游牧业的产生也经历了“游牧部落从其余野蛮人群中分离出来”的过程。

从地理环境和自然条件看，戎狄所处地域为黄土高原地区，这一地区大约在公元前3000年的后半期，气候有过由温暖向寒冷而凉湿的转型②，从而促使高原北侧群体的社会和生产方式发生变化，即其地所居群体向南部农业区推进，与中原华夏族不断发生冲突，这种冲突从新石器时代所谓黄帝“北逐荤粥”起，经夏商周三代连绵不断。大的事件，有名的为夏时“后羿代夏”，商有北方诸方国对殷王朝侵扰，周有幽王二年犬戎入侵等。其生产方式的变化，即由农业转向畜牧或游牧经济，其族属的主人，便应当是祖源相同的戎、狄或羌。这一畜牧和游牧经济是有区别的，即都有农业的成分，只不过它是占主要还是次要的程度不同而已，因为绝对单一的社会经济可以说是不存在的。夏商周三代文献和考古资料表明，戎狄族的社会生活主要为畜牧和游牧兼备，并有一定程度的粗耕农业。入春秋及其以后，与中原诸夏或杂处者，复合农业在其生活中占有很大的比重。这一史实，戎人驹支与晋大夫范宣子的一席对话就是例证。

---

① 长期以来，我国史学界没有间断过对第一次社会大分工问题的讨论。有的人试图弄清楚恩格斯“第一次社会大分工”理论的真正含义。有的人则直接质疑这一理论本身，更多的人把这一理论应用于古代历史的研究。但是，至今人们在许多相关问题上仍存在着较大的分歧。详见宋敏桥《50年来我国史学界对第一次社会大分工问题研究综述》，《郑州大学学报》2003年第3期。

② 王克林：《论我国黄土高原地区锄耕农业向畜牧业的转变》，《文博》1996年第2期。

《左传》襄公十四年："范宣子……曰：'来！姜戎氏！昔秦人迫逐乃祖吾离于瓜州，乃祖吾离被苫盖，蒙荆棘，以来归我先君，我先君惠公有不腆之田，与女剖分而食之……。'对曰：'昔秦人负恃其众，贪于土地，逐我诸戎，惠公蠲其大德，……赐我南鄙之田，……我诸戎饮食衣服不与华同，贽币不通，言语不达。'"

以上记载，就是戎狄族进入农业区后与华夏族杂居，社会经济由原来的"被苫盖，蒙荆棘"的畜牧狩猎转变为定居"食田"的农业生活的实例。考古发现也表明，在旧石器时代至新石器时代这段时间里，处在北方草原文化区东、中部地区的"大窑文化""萨拉乌苏文化""白泥窑文化""庙子沟文化""阿善文化""老虎山文化""大汶口二期文化""朱开沟文化"（部分内涵）、"红山文化""兴隆洼文化""沈阳新乐下层文化""赵宝沟文化""夏家店上层文化"等遗址中的聚落、石器、陶器、原始工具、墓葬及其随葬品、各类动物化石等遗存，都表明当时当地人们的经济生活还停留在原始农业时代；处在文化区西北地区的新疆，新石器时代的遗址和遗物一般分为三种类型，其中分布在阿克苏县至疏附县一带的遗址中的石器有磨盘、锄、镰、纺轮、瓮、釜等生产、生活用器物，以农业为主的面貌也比较明显。可见，在北方草原文化区所括及的正北、东北、西北各小区域，原始农业都在新石器时代便得到了发展。值得注意的是，这些遗址中有的遗址，也存在一些原始畜牧业因素的遗存，尽管这些遗存反映的畜牧业的存在方式主要还是舍饲或于聚落附近放牧牲畜，大规模的、真正意义上的游牧畜牧业尚未出现，却恰恰说明了农业与畜牧业的分工已在那时初步呈现，这些地方从事畜牧业生产的人群已经进入了与"其余的野蛮人群"分离的过渡期。

值得特别注意的是，朱开沟文化[①]和夏家店下层文化，它们的遗存表明北方草原游牧畜牧业与农业的分工大约就出现在这两个时代。

据朱开沟文化第五阶段中出现的房址、墓葬数量明显减少且多分散，

---

① 朱开沟文化遗址位于内蒙古束会川上游支流朱开沟沟掌处，总面积约 50 万平方米。自 1974 年首次被发现以来，内蒙古文物考古研究所进行了四次发掘。发掘总面积约 4000 平方米，共发现居住房址 83 座、灰坑（或窖穴）207 个、墓葬 329 座、瓮棺葬 19 座，出土可复原陶器 510 余件、石器 270 余件、骨器 420 余件、铜器 50 余件。

说明那时在那里从事畜牧业的人类群体正在摆脱定居，游牧经济规模已经扩大，一部分人已经脱离了农业以一种新的生产方式面对自然。有学者经过研究认为，距今4200年前后这一地区的野生动物种类多，生态环境适应畜牧业发展，游牧业虽然当时还没有占据主导地位，但已有明显的由农转牧的过渡时期的特征。这种看法同古气象学对北方草原古代气候研究的结论也是一致的。这项研究证实，在距今3500年前后，中国北方地区曾经出现了气候由暖湿向干冷的转变，使得湿性森林减少，草原扩大，农作物生长受到制约，但畜牧业中的牛、羊等牲畜却对这种气候有较强的适应能力。朱开沟文化分布面较为广阔，大致为北括阴山南北，南至窟野河水系，西至鄂尔多斯腹地，东至洋河流域，波及面远达贝加尔湖、鄂嫩河，南及渭河流域，东达辽河流域，对河西走廊也有相当影响。朱开沟文化，标志着鄂尔多斯地区首先完成了人类历史的第一次社会大分工，即畜牧文化从原始的农业文化中分离出来，从而缔造了中国北方原始畜牧文化的雏形，这对汉民族文化发展史具有划时代的意义。

据内蒙古学者杨泽蒙通过对朱开沟遗址各文化层所含植物孢粉分析，以及对鄂尔多斯地区全新世（距今1万年以来）植被变化而复原降水曲线的研究，得出朱开沟遗址早、中、晚期生态环境向冷干方向不断恶化的结论。朱开沟遗址早期植被以灌木、草本植物为多数，另有乔木等，年均降水量在600毫米以上，表明这一地区当时气温适宜，降雨丰富，是一种森林草原景观。中期植被乔木减少，以灌木和草本植物为主，年均降水量在450毫米至600毫米之间，表明气候已较前一阶段略偏干偏冷，属于灌木草原景观。到了晚期阶段，这里的植被木本以耐寒的松、杉为主，草本以耐旱的蒿、藜植物为多数，说明气候在继续向冷干发展，已接近典型草原景观。

从原始社会发展史的研究成果来看，家猪饲养是原始农业生产的标志，而牛羊饲养则是畜牧业生产的象征。因此，从朱开沟遗址发现的动物骨骼种类及其所占比重可以看出，朱开沟遗址早期猪的数量远远多于牛羊的总和，表明这一阶段的社会经济是以原始农业生产占绝对主导地位，以饲养牛羊为象征的畜牧业虽已产生，但远远无法与农业和养猪业相比。而其中期羊的养殖量有了飞速发展，整体数量已超出猪的数量，牛羊的总数更明显多于猪，表明此时以饲养牛羊为代表的畜牧业较前一段有了较大幅度增长。另外，从为死者随葬物品中，由传统单一的猪发展到已出现大量羊的事实来看，畜牧业在社会经济中的地位也发生了相应变化。到了其晚期时，通过猪和牛羊数量所占比重反映的农业经济衰退、畜牧业经济不断上升的发展趋势更为明显，表明半农半牧的经济格局已初步形成。也就是在此基础上，出现了代表北方畜牧业文化的标志物——鄂尔多斯青铜短剑和青铜刀。所以，朱开沟遗址畜牧经济这一代表当时先进生产力发展水平的新兴经济形态的出现，对汉民族畜牧及游牧业经济的产生和发展具有决定性意义，拉开了戎狄族群集团畜牧文化在汉民族文化底蕴中的沉淀过程①。

夏家店下层文化②的年代大约在距今4300—3600年之间，与朱开沟文化的时间大体相当。其上层文化时间上限大体与下层文化的下限衔接，由此再下溯一千年左右，则为上层文化的时间下限。其下层文化大体上在内蒙古赤峰市的西拉木伦河以北、以南地区和辽宁省辽河以西直至河北省的拒马河以及张家口、宣化等地，上层文化区域在此基础上又有所扩展。这两层文化中出土有大量青铜器、兵器、也有礼器。在这些器具中如爵、匕首、宝刀、短剑、斧以及车饰等形制、装饰上既有中原地区器物之影响，也有古代北方草原民族的艺术特征，考古学界均认定这些遗存为“北方民族文化遗物”。特别是分布在燕、秦长城南北的夏家店上层文化遗存，更被具体认定为东胡及其先人的遗存，与戎、狄有关。这里所说的戎、狄，就如《礼记·王制》所云，为中国古代“五方之民”中居于西方“被发衣皮”的“戎”和居于北方“衣羽毛穴居”的“狄”，二者皆是“不粒食”的游牧之“民”。这里的实际所指正是生息于北方草原西部

---

① 参阅《我国北方畜牧经济从鄂尔多斯青铜器时代开始》（http://www.nmg.xinhuanet.com/zt/2007-04/05/content_9709368.htm）。

② 内蒙古赤峰市夏家店下层文化为中国重要文化遗址之一。此于1959年发现的遗迹，之所以命名为“下层文化”，乃是为了同样在夏家店垂直出现，年代稍晚的夏家店上层文化相区隔。夏家店下层文化，是为公元前22世纪—公元前11世纪之青铜文化，分布地点为内蒙古辽河一带。在特征上，夏家店下层文化的陶器以青灰色为主，手制泥条组成，其烧制火候较高。另外，也有玉器。2005年11月，该地点还发现下层文化已有专门制造陶器的窑。曾经被中国社会科学院评为“2006年中国考古六大新发现之一”的赤峰三座店夏家店下层文化石城遗址，因为宏大的规模、保存完整的原始状态，尤其是与商王朝大体相当的时代，让中国乃至世界考古界为之震惊。夏家店下层文化属早期青铜时期。此类文化基本分布于内蒙古赤峰地区，辽宁、河北等省也有发现。文化遗存以分布在丘陵山地的较大城寨或小城堡为代表，大多数都修筑有城墙，甚至多达三重。代表性的遗址有赤峰市松山区迟家营子村城堡、水地乡八家子北梁石城、大五十家子乡杨树湾石城、孤山子乡西的北城子山城堡、敖汉旗百塔子乡赵宝沟村的城堡群等。

和北部的众多游牧集团，其中就有《史记》所记的匈奴之先祖。“其先祖夏后氏之苗裔也，曰淳维。唐、虞以上有山戎、猃狁、荤粥，居于北蛮，随畜牧而转移。”这些戎、狄中多数是从事游牧生产的，有些集团后来便发展成为匈奴或其他族群。

这些族群集团的存在清晰地表明，游牧人群在还是以农业生产为主的朱开沟文化和夏家店上、下层文化时期便已经开始与从事农业和狩猎生产的人群分离。及至《史记》所记载的东胡、匈奴、月氏并立时期，游牧业生产得到了快速发展，产生了建立在游牧经济基础之上的游牧政权，由此再参考在朱开沟文化和夏家店上、下层文化地区发掘出的一定数量的农业生产用具及墓葬中的大量适于野牧的马、牛、羊遗骨，我们便基本上可以暂定这两个文化时期是中国古代北方草原游牧畜牧业的起源时期，生活在北方草原上的游牧民族这时已经开始进入了创造游牧文化的新时期。在这两个考古文化区域中发现的青铜器，与恩格斯谈到的在第一次社会大分工后取得的冶炼“可以制造有用的工具和武器”的青铜的“工业的成就”在时间上也很相近，更佐证了北方草原游牧业生产的进步与其他地区的发展过程基本上是一致的。

戎狄畜牧文化沉入汉民族文化底蕴的路线图在相当一个时期并不清晰，学者们把注意力大多放在了戎狄的源流上，而朱开沟文化和夏家店下层文化的出现一下子把这个路线图较清晰地呈现在人们的面前，在夏家店上、下层文化和朱开沟文化期间，北方草原上的族群很多，其中居于草原正北方和西北方的族群，如山戎、猃狁、荤粥、林胡、楼烦、义渠、西戎等，都是从事畜牧业和狩猎生产的。这些族群当时在政治上还处于“散居籍谷，自有君长”的“百有余戎”① 状态，在经济上还处于“颇随畜牧”阶段，尚未形成对草场的有序管理和利用。这种状况呼唤着对“百有余戎”的整合。② 而这个整合，正是了解和认识戎狄畜牧文化沉入汉民族文化底蕴的关键。

以历史发展的走向去看，现有的文献史料已揭示：担当这一历史使命的是后来的匈奴族。据《史记·秦本纪》等文献记载，前 318 年（周慎

---

① 《史记·匈奴列传》。

② 以上参阅何天明《北方草原游牧业经济的发展轨迹与基本经验——人类第一次社会大分工的伟大成就》，《阴山学刊》2010 年第 2 期。

靓王三年，秦惠文王更始七年）匈奴便曾与韩、赵、魏、燕、齐“共攻秦”，其后又于前312年“驱驰楼烦”。这两则信息表明匈奴在那时便已有了强大的军队，并通过征战手段对草原上的“百有余戎”开始整合。同时，按《史记》等史籍的记述，进行这一整合的主力还有月氏、东胡二族，与匈奴并立于草原上。公元前209年匈奴族年轻的首领冒顿从其父头曼手中夺取了单于的权力，并对政权机构及军队体制进行改革，扭转了原来弱于月氏和东胡的形势，后又连续破东胡、逐月氏、并楼烦、平楼兰，结束了北方草原地区诸戎并立的混乱局面，建立起一个领域北至贝加尔湖、叶尼塞河流域，西至天山南北，东至辽东平原，南至晋、冀、陕西北部的强大的匈奴帝国。这个政权深谙发展生产、繁荣经济是强国强族的基础，早在战争时期便将被征服的“引弓之民并为一家”，“皆引以为匈奴”①。这不仅为匈奴族增加了兵员，同时也为游牧生产增添了生力军，与疆域的扩大为匈奴发展畜牧业提供了更好的条件。于是，他们把大片大片的草场分给左、右贤王和左、右谷蠡王，再由诸王将分地划成若干小块，交由下属的“二十四长”等贵族官员管理。单于庭于每年秋季召开“蹛林”大会“课校人畜”，全面掌握生产情况。“各有分地”是明确草场所有权，调整生产关系的关键性措施和使畜牧业得以有序发展的根本保证。明确了草场所有权，各王及他们的属下就均不得越界到其他王的属地去放牧，而只能在本王分地范围内“逐水草迁徙”，“随畜牧而转移”。畜牧业的大发展，匈奴逐渐强盛起来，文献中许多关于匈奴人动辄以数万以至十数万骑兵列阵参加征战的记载，也呈现了那时匈奴族群畜牧业的进步和发展，从而造就了他们在北方草原上的霸主地位和能够长期与中原汉王朝对峙的“北有强胡”的地位，并为意识形态、生活习俗、宗教信仰、哲学思想各方面奠定了畜牧文化的物质基础，从而使他们当之无愧地成为北方草原畜牧文化的传承者。② 尽管匈奴曾如此强大，但曾几何时，在后来秦汉及魏晋南北朝民族融合的大潮流中，却大都融入汉民族之中，在这个过程中畜牧文化也就逐渐沉入汉民族的文化底蕴，主营农耕之时又包含了畜牧为副业。正因为戎狄只是汉民族的支源，所以戎狄文化也只是汉民

---

① 《汉书·匈奴传》。

② 以上参阅何天明《北方草原游牧业经济的发展轨迹与基本经验——人类第一次社会大分工的伟大成就》，《阴山学刊》2010年第2期。

族文化的一个支源。

（二）北方青铜器文化：汉民族青铜文化之源

自 20 世纪 50 年代以来，在三北地区沿长城一线商周时期北方系青铜器文化的考古发现接连不断，与历史文献和商代甲骨卜辞、西周金文相对应，表明卜辞金文中的鬼方等方国或戎狄等部族，当是北方系青铜文化的创造者。[①] 戎，从《甲骨文编》收录的字形看，为人执戈站立状。金文有所发展，《盂鼎》作戈盾合作状，其字义，许慎《说文解字》说："戎，兵也，从甲"，可见这执戈的人，是长于征战或械斗的族群。[②]

考"金"字的声音，亦被他证明是来自北狄。"金从今声者，今甲骨文，象铃有舌之形。铃原非中国之物，其初盖由北狄输入，故中国即以称其人之名名之。……古犬马项下多系以铃，今殷墟遗物中有犬马铃甚多，其出土地即在犬马骸骨之旁。……家畜之马本非中国原产，战国时中国之良犬，仍自北土输入。"[③] 考古材料也提供了证明，如殷墟文化时期与殷都安阳殷墟相邻的陕、晋两省殷代方国的文化遗存自 20 世纪 50 年代以来发现不少，由于与中原商文化有别，故而学术界都称之为北方系青铜器文化。仅以陕、晋为例，在黄土高原东端太行山西麓的有山西太谷白燕、忻县连寺沟[④]、灵石旌介、洪洞上村、石楼后兰家沟坡等[⑤]、永和下辛角[⑥]、柳林高红、保德林遮峪等[⑦]，陕西的有吴堡县绥德墕头村[⑧]、薛家渠、后任家沟，清涧县张家坬、解家沟、寺焉村、李家崖[⑨]，延川县刘家原、延长县前张罗村和淳化黑豆嘴等。遗址地点众多，但具有规模的遗址和墓葬不多，且多见小型遗址或零星墓葬，是以上北方方国文化聚落的特点。这些文化遗存均以北方系青铜文化见长，即既有自身方国文化的特点，如有金器、短剑、管銎兵器等，同时又有中原殷墟文化鼎、爵、觚等礼器的因

① 王克林：《戎狄文化的探索》（上），《文物世界》2002 年第 3 期。

② 同上。

③ 徐中舒：《北狄在前殷文化上之贡献——论殷墟青铜器与两轮大车之由来》，《中华文化论坛》2000 年第 1 期。

④ 沈振中：《忻县连寺沟出土的青铜器》，《文物》1972 年第 4 期。

⑤ 郭勇：《石楼后兰家沟发现商代铜器简报》，《文物》1962 年第 4、5 期。

⑥ 杨绍舜：《山西永和发现殷代铜器》，《考古》1977 年第 5 期。

⑦ 吴振录：《保德县发现殷代青铜器》，《文物》1972 年第 4 期。

⑧ 黑光等：《陕西绥德县墕头村发现一批窖藏商代铜器》，《文物》1975 年第 2 期。

⑨ 张映文、吕智荣：《陕西清涧县李家崖古城址发掘简报》，《考古与文物》1988 年第 1 期。

素。这正是黄土高原上北方系戎狄青铜文化与殷墟文化性质不同的表现。

若进一步考察，仰韶文化当与中国历史时期司马迁《史记》中的五帝时代相当。《五帝本纪》中记载黄帝“北逐荤粥”，如果把“荤粥”视为历史时期戎狄族的祖源或似与其有一定的联系，那么其文化当与这个地区某一类型的仰韶文化相联系，戎狄在这个地区应是很早就存在的一个族群，此其一。其二，龙山文化是中国考古学上的铜石并用时代，其早中期与中原各文化类型没什么差异。但至晚期，在黄土高原的北侧，由于约在公元前3000年后半期，这里由温暖型逐渐向寒冷干湿型转变。这一变迁反映在物质文化上的表现为龙山文化的人群生产方式逐渐从原始锄耕农业转入畜牧业，上述内蒙古朱开沟遗址的一至四段的文化演变序列即为其例。其三，二里头文化的资料表明，该地区这个阶段的文化，自晚期龙山文化以来，发生了急速的变化。表现在社会生活上，便是当时这里人们的生计已迈入畜牧或游牧复合经济。生产工具的变化，铜器的使用在各遗址中均相当习见。河南偃师二里头遗址曾出土一件柄部有镂孔纹饰的环首刀，这种形式的环首刀，据有的学者研究，它属“早期北方系青铜刀子”[①]。其四，二里岗文化在黄土高原的北侧，人们可以看到，无论在哪个方面都已畜牧（游牧）化了。反映在生产工具上，在朱开沟遗址第五段二里岗期上层早商文化中，曾出有青铜短剑、环首刀和兵器的铜戈、铜胄（盔）[②]。这些铜器除戈外，均为中原商文化所不备的独具特征的北方系青铜文化戎狄族的遗存。其五，殷墟文化在黄河中游太行山西麓沿太岳山、吕梁山以西，远至陕西泾水流域的淳化，地跨晋、陕两省这一东西狭长地段，涵盖北方畜牧或游牧民族的北方系青铜器文化，其文化遗存的中心在石楼、清涧一带，遗存不但丰富，而且种类也多，为北方系青铜器文化发达期。器形可见有兵器的短剑、管銎斧、管銎戈、管銎矛和军事防御装备的胄、靴形模型等。生活用具有环首刀、羊首刀、鹿首刀和其他动物图案的兽首刀等，和蛙首、蛇头等。这些具北方青铜器文化特征的器物群，均为中原殷墟文化所不备。对于北方青铜器，文化考古学家作了归纳：

---

① 林沄：《早期北方系青铜器的几个年代问题》，载《林沄学术文集》，中国大百科全书出版社1998年版，第289页。

② 田广金：《内蒙古朱开沟遗址》，《考古学报》1988年第3期。

> 青铜器就器形看，除鼎、爵、觚、斝、鬲等具有商式外，其余的带角铜觥、带铃斗、镂孔觚、带铃盘、铜鍑及兽首或蛙首铜勺等杂器，为中原商文化所不备。
>
> 兵器有铃首、兽首等式铜短剑、管銎斧、管銎戈、管銎矛等，这些兵器同样为中原商文化所没有。
>
> 金器主要有金耳环和弓形头饰，这些金器为北方青铜器中最具地域和民族文化特征的遗存。金耳环发现的地点较多，东从太行山西麓的山西太谷白燕、吕梁山南端的洪洞上村、石楼桃花庄、后兰名沟、永和下辛角，西至陕西寺堝和泾河上游的淳化黑豆嘴等多处商末遗址或墓葬中均有出土。其器形均作独具特色的螺式回旋状。弓形金头饰，在山西晋西北保德林遮峪发现，器形作弓状，扁平，两端有穿系孔，用途显然是头饰。从现有的考古资料来看，这两种金器不见于中原的商文化，是典型的北方系青铜器文化所独有的器物。①

还有一个特别的证据，即从文献上得知，短剑的起源，是源于戎狄之先的昆夷。对此，王国维在殷代鬼方名称的考证中说："鬼方、昆夷、薰育、玁狁，自系一语之变，亦即一族之称……玁狁以前之称荤薰之音同于混、昆。"② 故鬼方或玁狁即古之混夷也即昆夷。《诗·大雅·绵》"混夷兑矣"，而"混夷"据考证周先世"文王事昆夷"③ 即此。这昆夷便是历史上著名的以铸剑见长的昆吾族，《列子·汤问》："周穆王大征西戎，西戎献锟铻之剑，……剑长尺有咫"，即是其书证。而有意义的是，这一条历史记载说明了两个十分重要的问题，第一，据《博物志》按"《周书》云，西域献火浣布，昆吾献切玉刀"，岑仲勉引《御览》345，"按锟铻即昆吾之缛文，因昆吾所献，因而称曰锟铻剑"。因此"昆吾之昆，音同乎昆夷之昆……换言之昆吾即西戎（犬戎）"④，也即《孟子·梁惠王》所云"文王事昆夷"。昆夷是中国西部的西戎或大戎，是铸造铜剑而闻名的

① 王克林：《戎狄族源的考古学研究》，《文物世界》2004年第2期。

② 王国维：《鬼方昆夷玁狁考》，载《观堂集林》卷十三，河北教育出版社2003年版，第595页。

③ 《孟子·梁惠王》。

④ 岑仲勉：《汉族一部分西来之初步考证》，载《西周文史论丛》，商务印书馆1958年版，第37页。

族群。第二，锟铻剑“长尺有咫”，即是不长的短剑。因“咫”，据朱骏声《说文通训定声》说咫，“中妇人手长八寸谓之咫，周尺也，……（并引）《楚语》：‘知天咫’，注言少也，（又引）《周书》：‘太子晋视道如咫’，注喻近也”[①]。都说明“咫”是短、小的意思。于是“尺有咫”，是指剑的长度较短。考古发现表明，青铜短剑在中原的商周文化所没有，却是北方系青铜器文化的（戎狄）所特有的兵器，其长度一般在25厘米左右，与《列子·汤问》所记西戎昆夷族所铸之短剑的长度为尺余大体一致。[②]

说到这里，还可以举几个旁证来证明戎狄在这些地区的存在。一是生活用品的陶器，仍然是承继这里具有传统北方民族所习用的蛇纹鬲、肥足鬲和蛋形三足瓮等具有戎狄特征的器皿。陕西清涧李家崖殷代晚期遗址出土一件带有“鬼”字的陶片[③]，由于地望与甲骨文记载“鬼方”活动地域相合，故推测清涧一带当是殷代鬼方活动的地方，那么李家崖遗址及其文化，就应该是戎狄别种鬼方的遗存。二是在李家崖遗址中曾发现有一件石雕人像骷髅石刻，这一遗物是黄土高原西侧地区，新石器时代马家窑文化以来对骷髅人像艺术的沿袭，其性质是贯穿中亚草原畜牧或游牧民族一种典型的原始萨满宗教艺术。[④] 因此，李家崖这一骷髅人像石刻是文化遗存的族属为畜牧游牧族一个重要物证。三是表现为戎狄遗物的是别具特色的金耳环，它先后在黄土高原的中部从东到西的山西太谷白燕、洪洞上村、永和下辛角村、陕西的绥德墕头村、淳化县黑豆嘴村的北方系青铜器文化中出土，器物的形制都属于一个类型。这些北方系青铜文化器物群，显示了其独特的文化性质。在北方系青铜器文化分布所在地东边的灵石旌介、忻县连寺沟、石楼、永和、保德，陕西清涧、绥德和淳化等地，各遗址和墓葬，均出土有殷式铜鼎、爵、尊、觚、斗等礼器，这些青铜器有的是文化交流所得，有的是从战争掠夺。有的当是地方铸造，如北方系青铜器中习见的带铜铃的铜斗、铜觚等，反映出北方青铜文化与殷墟文化的交流与融合。所以，这一层面黄土高原地带殷墟时期的北方系青铜器文化，

① （清）朱骏声：《说文通训定声》，武汉市古籍书店影印1983年版。

② 参阅王克林《戎狄族源的考古学研究》，《文物世界》2004年第2期。

③ 吕智荣：《陕西清涧李家崖古城址陶文考释》，《文博》1987年第3期。

④ 王克林：《卐图像符号源流考》，《文博》1995年第3期。

由所处地域的集中，遗存丰富且有很强烈的个性或地域特征或民族性，故可谓北方系青铜器文化繁盛期。[①] 可见戎狄的青铜器文化是汉民族青铜文化的来源之一。

历史同样赋予了戎狄族群集团重任，在汉民族文化史的历程中，其不负众望，以畜牧文化和青铜文化的文化沉淀，成了汉民族文化的基因。

第六节　涓涓细流汇聚化合成汉民族的文化底蕴

炎黄文化、东夷文化、苗蛮文化、百越文化和戎狄文化犹如涓涓细流，从黄河、长江、珠江、辽河向汉民族文化的大海洋聚汇化合成了汉民族的文化底蕴。

所谓文化底蕴，或即人或族群所秉持的可上溯较久的道德观念、人生理念等文化特征，也是人或族群学识的修养和精神的修养；或即指对人类文化精神的深刻认知与领悟，是人类精神成就的广度、深度和厚度。对于一个民族来说，文化底蕴既是一个民族深层结构的东西，又是一个民族软实力的表达，更是一个民族的灵魂所在。也可以说民族的文化底蕴主要是对民族精神和民族文化的表达，也是这些要素在更高层次上的提炼和升华，因此，涓涓细流汇聚而成的汉民族文化，又犹如一个巨大无比的地下水系，它是地表水系经过层层过滤和净化再历经积淀下来的精华，唯其底蕴，从而使汉民族能经世而独立，历久而弥新。

悠悠而恢宏汉民族的文化底蕴是在其万千年文明演进的过程中，在民族文化的发展史上形成的一些最基本的思想观念、思维方式和价值准则。这些观念、方式和价值对汉民族素质的形成有着筑基的作用。它作为精义和思想蕴藏于炎黄文化、东夷文化、苗蛮文化、百越文化、戎狄文化千姿百态的文化载体之中、文化现象的深处。作为一种宏大的精神形态，对汉民族社会发展起着连绵不断的长效作用，使汉民族在世界民族之林生生不息，繁衍不止。

① 参阅王克林《戎狄文化的探索》（下），《文物世界》2002 年第 4 期。

第二章　文化凝聚：先秦华夏民族文化的构建

《老子》云："合抱之木，生于毫末；九层之台，起于累土；千里之行，始于足下。"[①] 华夏民族文化史一旦在源头上起了步，进入夏王朝之后，从夏、商、周三代至春秋战国的整个先秦时期，开始了华夏民族文化凝聚构建过程的"千里之行"，历时 1849 年（前 2070 年—前 221 年）。[②]

华夏民族文化史"千里之行"的第一步是华夏民族文化的构建。

华夏民族形成的历史经历了两大时期，一是华夏民族形成的时期，二是华夏民族发展、转化为华夏民族的时期。[③] 在华夏民族形成的过程中，先后形成的夏文化、商文化、周文化和春秋战国文化凝聚化合，构建成了汉民族文化的前身——华夏民族文化。

第一节　夏文化：华夏民族文化构建之一

禹定九州，夏民族的从初型到定型的形成过程中，铸成了"先禄而后威，先赏而后罚，亲而不尊。其民之敝，蠢而愚，乔而野，朴而不文"[④]，纯朴、厚淳的民族性格，夏文化也随之构建。

一　夏文化辨析

华夏民族文化的构建从夏文化始，那么什么是夏文化？这是学术界关

---

① 《老子》第六十四章。

② 据夏商周断代工程，夏王朝始于公元前 2070 年。

③ 详见徐杰舜《汉民族发展史》，四川民族出版社 1992 年版，第 77—227 页。

④ 《礼记·表记》。

系中国文明史滥觞的问题，也是关系华夏民族文化史开端的问题。早在1959年，徐旭生曾说："夏文化一词很可能指夏氏族或部落的文化。"[①] 到1978年，夏鼐提出："夏文化应该是指夏王朝时期夏民族的文化。"[②] 也有学者说，考古学上的"夏文化是指夏王朝时期、夏王朝统辖区域内的夏族（或以夏人为主体的族群）所遗留下来的考古学文化遗存"[③]。此后，中国学术界在相当一段时期内一般都是以夏鼐的定义为基础谈论夏文化。然而，现在从华夏民族文化史的层面，要明确谁是夏民族及夏文化时，上述夏文化的定义就会使人感到困惑不解。

那么，夏文化的概念应该如何表述呢？阎忠认为：

> 夏文化是原始社会时期姒姓氏族、夏王朝时期姒姓部族和其他同盟的异姓部族，以及商代初期被征服的夏代各族所创造的文化的总和。具体说来，可分为先夏文化、夏代文化、商初夏代遗民文化三部分，三者缺少任何一者，都不是完整的夏文化概念。[④]

对此，我们可以做进一步的分析。在华夏民族文化史开端，华夏民族文化开始凝聚之时，夏是一个原始社会时期的族群，其包括夏后氏、有扈氏、有男氏、斟鄩氏等十二个姒姓族群。这些姒姓族群的文化，显然都是夏文化的有机组成部分，此为先夏文化。属于先夏文化的物质文化遗存是晋南和豫中一带的河南龙山文化中、早期和仰韶文化[⑤]，此其一。

其二，是夏文化。夏王朝横空出世后，其国分布在西起太华山以东，东迄豫东平原，北至黄河北岸，南达南阳盆地的广大中原地区。这个地区周围则是异姓族群方国，比较强大的有长江流域的苗蛮族群，东方古淮、济下游直至东海之滨的东夷族群，北方古黄河以北的先商族群，西方关中平原的先周族群。这些族群方国无论是同姓的还是异姓的，对夏王朝都有不同程度的政治上的分封关系和经济上的贡纳关系。所以，夏王朝时期的

① 徐旭生：《1959年夏豫西调查"夏墟"的初步报告》，《考古》1959年第11期。

② 夏鼐：《谈谈探讨夏文化的几个问题——在〈登封告成遗址发掘现场会〉闭幕式上的讲话》，《中原文物》1978年第1期。

③ 高炜、杨锡璋、王巍、杜金鹏：《偃师商城与夏商文化分界》，《考古》1998年第10期。

④ 阎忠：《夏文化概念新解》，《松辽学刊》1989年第4期。

⑤ 王玉哲：《夏文化研究中的几个问题》，载《夏史论丛》，齐鲁书社1985年版。

夏文化，便不是由夏人一族所创造的，而是由姒姓族群与其他同盟的异姓族群在发展过程中共同创造的。可见，夏王朝时期的夏文化，不仅包括此时期的夏民族文化，而且还包括此时期的东夷文化、苗蛮文化、先商文化、先周文化，为华夏民族文化的凝聚开了个好局。这个时期的夏文化即包括河南龙山文化晚期和偃师二里头文化一、二期[①]，山东滕县一带的大汶口晚期文化。[②]

其三，是后夏文化。商灭夏后，夏遗民的文化被商王朝“扬弃”，即商文化否定了夏代文化中过时的东西，吸取、继承和发展了夏代文化中的积极因素，又添加了一些为夏代文化所不能容纳的新内容。

总之，考古学上的夏文化包括它的发生、发展和变化的全过程。夏王朝建立前，夏文化就已经存在；夏王朝时，夏文化得到发展；夏王朝灭亡之日，夏文化并非立即中断或一起毁灭，相反，夏代的遗民还在使用和创造他们的文化，使之延续了一定的时间。[③] 夏文化的开局为华夏文化的凝聚奠定了基础。

二 雅言：华夏民族通用语言的发端

语言和文字是一个民族文化的载体和支柱，夏文化向华夏民族文化凝聚最大的亮点就是“夏言”。从夏言发展而成的华夏语和华夏字，是支撑华夏民族文化大厦的两根支柱，她孕育了日后华夏民族几千年辉煌的文明史。

那么，夏言是怎么形成的？又是如何向华夏民族文化凝聚的呢？让我们从孔子的《论语》谈起。《论语·述而》说：“子所雅言，《诗》《书》、执礼，皆雅言也。”所谓“雅”，荀子曾说过：“譬之越人安越，楚人安楚，君子安雅。”[④] 他又说过：“居楚而楚，居越而越，居夏而夏，是非天性也，积靡使然也。”[⑤] 由此看来，“雅”就是“夏”，而“雅言”就是“夏言”[⑥]。

---

① 王玉哲：《夏文化研究中的几个问题》，载《夏史论丛》，齐鲁书社 1985 年版，第 8—9 页。

② 郑伯昂：《先商文化及其渊源与发展新探》，《商丘师专学报》1985 年第 2 期。

③ 以上参阅阎忠《夏文化概念新解》，《松辽学刊》1989 年第 4 期。

④ 《荀子·荣辱》。

⑤ 《荀子·儒效》。

⑥ 参阅（清）朱骏声《说文通训定声》“雅”字条，中华书局 1984 年版。

“夏言”，它的前身，实际上就是华夏民族祖先的氏族语言。约在五千多年以前，自黄帝族群入主中原以后，先后兼并了许多部落，因此，黄帝族群的语言，也先后融合了其他氏族的语言，《墨子·兼爱》篇记载了大禹伐苗时的誓词：“济济有众，咸听朕言，非惟小子，敢行称乱，蠢兹有苗，用天之罚，若予既率尔群对诸群，以征有苗。”禹是当时族群的大酋长，他所发的誓词，至少是对族群内各部落酋长们发布的，如果没有共同的语言，命令无法协调，战争中也无法进行协调与配合，更不用说取得胜利了。这说明，黄帝族群的语言发展到了夏禹时，已逐渐发展成为族群集团的共同语，并且成为春秋时期称为“雅言”（夏言）、华夏以后称为华夏语的基础和源头。[①]

夏王朝建立，“禹合诸侯于涂山，执玉帛者万国”[②]。夷夏诸族群的邦国首领完全臣服于夏王朝的统治，形成“禹贡九州”的政治格局。世袭的夏王朝统治中原五六百年，一共传了十四代、十七王，就在这个历史的演进中形成了夏言。那么，夏言又是怎样成为“万国”的“共同语”呢？吴进的研究认为，由以后中国历代以京畿语言为规范的传统反向推之（也许中国后来以都城语言为规范语正源于夏王朝），夏朝当以河南洛阳一带的语言为夏民族的“共同语”。谭其骧主编的《简明中国历史地图集》云：“夏族主要活动在今河南中、西部和山西南部地区。禹都阳城（河南登封县告成镇），启子太康居斟（河南旧巩县西南），中康子相处帝丘（河南濮阳），少康子杼居原（河南济源西北），杼五世孙胤甲居河（河南安阳东南），桀又居斟鄩。”[③] 古本《竹书纪年》称：“太康居斟鄩，羿又居之，桀亦居之。”今本《竹书纪年》记“仲康居斟鄩”。其地就在今洛阳市偃师境内伊、洛二水汇流处上游的二里头村一带（一说，斟即斟鄩）。故《逸周书·度邑解》曰：“自洛汭延于伊汭，居易毋固，其有夏之居。”《史记·夏本纪·正义》云：“《商书》云：‘太康失邦，兄弟五人须于洛汭’，此即太康居之，羿亦居之，桀又居之。”这就是吴起所说的“左河济，右泰华，伊厥在其南，羊肠在其北”的“夏桀之居”[④]，

① 参阅濮之珍《中国语言学史》，上海古籍出版社1987年版，第26页；王兆春《“雅言”的形成、特点及历史意义试析》，《贵州教育学院学报》2002年第3期。

② 《左传·哀公七年》。

③ 谭其骧：《简明中国历史地图集》，中国地图出版社1996年版，第2页。

④ 《史记·吴起列传》。

约在今河南洛阳、巩县一带。夏王朝以此为中心，东通南海，西连西河，北过易水，南逾长淮，在广大的中原地区内，所有夷夏诸部的众多邦国都臣服在王朝的统治下。故《史记·封禅书》亦云："昔三代之居，皆在河洛之间。"由于对此的确认，谭其骧的《简明中国历史地图集》记载：1960 年在河南偃师西南、洛阳老城东约十八公里的二里头处发现大型宫殿建筑遗址，且二里头遗址为代表的二里头文化一二期，学术界已公认为夏文化遗存。[①] 所以夏王朝在河南方言的基础上，把洛阳一带的话作为官方标准语言是完全有可能的。这种官方标准语正可以看作是夏王朝以此来区别、约束和控制其他语言或方言的一种民族"共同语"的口语形式。[②] 吴进还进一步分析说，雅言是官方标准口语与书面语的结合，也就是说，雅言作为华夏民族的共同语，不仅是口语与方言相对，书面语词的运用也同样与方言相对。而且，雅言的传承并非主要靠口耳相授，更重要的途径是书面材料。《论语新解》解释其中雅言为"古西周人语"。孔子乃春秋时人，只有通过古文献的学习才能掌握雅言，就与我们通过文字与书面语学习普通话一样。袁家骅在《汉语方言概要》中所说的"民族共同语是书面和口头统一的形式"[③] 是精当的。通过以上分析，可见夏王朝时已经产生"官方标准语"，即口头"共同语"。

那么夏王朝是否存在与口头"共同语"相对应的书面形式呢？应该有。从仰韶时期半坡彩陶上的刻画符号开始，中经大汶口、龙山时期文化一脉相承地延续下来，再到二里头文化遗址出土的陶器上，发现了大概有 24 种刻画符号。这些符号一般只见于大口尊和卷沿盆的口沿上。有学者推测，这些"符号"分别表述数字（1、2、3 等）、植物（木、禾、竹等）、器物（矢）以及自然景象，还有类似"目"的字形。学者们据此推断："根据目前的资料，我们认为二里头文化已经有了一批表意的语言符号，可称为文字。"[④] 其实，早在 20 世纪 30 年代，唐兰即提出中国在夏代初年就有文字。他认为"我们的上古史，目前虽尚模糊不明，但有许多理由，可以说从孔子诞生前 1500 年前后——夏初起，已有了历史的记

① 谭其骧：《简明中国历史地图集》，中国地图出版社 1996 年版，第 2 页。

② 参阅吴进《论雅言的形成》，《东南大学学报》2005 年第 6 期。

③ 袁家骅等：《汉语方言概要》（第二版），文字改革出版社 1983 年版，第 6 页。

④ 中国社会科学院考古研究所：《中国考古学·夏商卷》，中国社会科学出版社 2003 年版，第 124 页。

载。这种记载当然是文字十分完备后才产生的"[①]。所以，从一脉相承的陶文刻划符号来看，二里头遗址的一些刻划符号与甲骨文字形相似，其表意特征愈益明显，说夏代可能有文字，应是事在情理之中。因此在此之前，华夏字一定有一个很长的从起源到形成的漫长发展过程，夏代文字正处于这个形成期环节。正如陈梦家提出："卜辞中的殷代文字，是流传下来最古的文字。在它以前的文字是有的，但还没有发现像卜辞那样完善的。武丁卜辞中的文字代表了定型了的华夏字的初期，并不是中国（严格的应该说华夏族）最古的文字，在它以前，应该至少还有 500 年发展的历史，也就是说大约在纪元前 20 世纪已经开始或已经有了文字。"[②] 也就是说夏代有了文字。

而且，在传世文献中也屡有夏代文献的记载。其名称有《夏书》《夏礼》《夏时》《夏令》《禹之总德》《仲虺之告》等。据李学勤主编的《夏史与夏代文明》的统计，仅以先秦文献引用《夏书》为例，《左传》引用 15 次、《国语》3 次、《吕氏春秋》1 次。[③] 如《左传·僖公二十七年》云：赵衰曰："……《夏书》曰：'赋纳以言，明试以功，车服以庸。'"又如《左传·昭公十七年》云：鲁大史曰："……故《夏书》曰：'辰不集于房，瞽奏鼓，啬夫驰，庶人走。'"再如《国语·周语上》云："《夏书》有之曰：'众非元后，何戴？后非众，无与守邦。'"所以，《夏书》之名称及引文在先秦文献中屡次出现，这表明夏代不仅有了文字，而且可能有典册，这一推测应是符合逻辑发展的。[④]

在这个背景下，詹鄞鑫在《汉字说略》中说："《夏本纪》和《殷本纪》所述的帝王世系却明确清晰，井然有序。过去虽曾有人对夏殷本纪的历史表示怀疑，但自王国维以来历史学家对甲骨文的研究，已证明《殷本纪》的世系除个别地方由于讹误以外，与甲骨文反映的世系几乎是完全一致的，由此可以相信《夏本纪》系谱的可靠性。很难设想，如果没有比较原始的夏王朝谱牒，仅仅凭着口耳相传的材料，就能编造出如此确定的夏代帝王世系。由此可见，夏之先人也必然是有册有典的。这说明

① 唐兰：《古文字学导论》（增订本），齐鲁书社 1981 年版，第 80—81 页。

② 陈梦家：《殷虚卜辞综述》，中华书局 1956 年版，第 644 页。

③ 李学勤主编，孟世凯副主编，詹子庆著：《夏史与夏代文明》，上海科学技术文献出版社 2007 年版，第 206—208 页。

④ 同上书，第 208 页。

至迟在夏王朝开国的夏启时代已经有了文字和谱牒一类历史文献了。”①这个分析和推论应该是有道理的。何九盈《汉字文化学》中说：“汉字和汉语的结合经历了三个发展阶段：第一阶段是原始汉字和早期汉语的结合。历史背景当在新石器时代晚期（原始社会末期即黄帝时代）。第二阶段是古汉字与古代书面语的结合。……夏商周秦四代两千年间，华夏民族经历了由松散联合到全国政令统一团结对外的塑形时代，汉语形成了由方言众多到以雅言为中心的‘通语’制度，华夏字经历了由图画象形发展为以谐声为主的阶段。更重要的是书面汉语的建立使汉字和汉语融合为一体，书面汉语以经典的形式转化为全民族共同的思想财富……”② 这应该证明夏代已有了书面语及谱牒等文献。除此以外，还可以通过《论语》得到佐证。

《论语·卫灵公篇第十》颜渊问为邦。子曰：“行夏之时，乘殷之辂，服周之冕。”

《论语·泰伯篇第八》子曰：“禹，吾无间然矣。菲饮食而致孝乎鬼神，恶衣服而致美乎黻冕，卑宫室而尽力乎沟洫。禹，吾无间然矣。”

其中可见孔子对“夏时”和“夏禹”是深信不疑的。如果夏代没有文献，孔子哪里会崇尚“夏禹”和“夏时”？那么夏时的文字和书面语言用什么语音作为标准读音呢？在当时，文字和书面语言的创制和运用主要是为统治者服务的，所以当然是以官方标准口语的语音为标准读音，如上所述，夏王朝是以洛阳一带的语言为官方标准口语，谱牒与其他文献的书面语当以洛阳一带的话音为准。行文到这里，我们应该认识到，官方标准口语和书面语的结合意味着华夏民族“共同语”初步成形了。虽然夏王朝初步形成的民族“共同语”还只是一种雏形，但却是在继承华夏原始语言的基础上为华夏民族语言的发展标明了方向，雅言也由此诞生。清代学者刘宝楠在《论语正义》中谈到，雅原是夏的借字，“雅之谓言夏

---

① 詹鄞鑫：《汉字说略》，辽宁教育出版社1991年版，第50页。

② 何九盈：《汉字文化学》，辽宁人民出版社2001年版，第268—270页。

也”[①]。语言学家王力在《汉语史稿》中说：“其实‘雅言’就是‘夏言’。夏族最初在陕甘一带，但后来所谓‘诸夏’是指黄河南北各国。‘夏言’应该就是北方话。”[②]《说文解字》：“夏，中国之人”，所以雅言为夏商周历代相传的中原“正音”，这也从另一个角度印证了中原“正音”（雅言）源于夏。

由于语言和文字对构建华夏民族文化重要的支柱作用，所以，讲到这里，可乘势厘清夏言向华夏民族文化凝聚的脉络。

由夏到商，雅言得到了应有的发展。众所周知，商代甲骨文中不重复的字有4500多个，一片甲骨上很多的有180多个字，已有名词、代词、数量词、动词、形容词、副词、连词、介词、叹词，已分单句、复句，还有连动和递动式，其词汇和文法已相当完备。商代的书面语多半是记录当时占卜的卜辞。令人惊讶的是，这些卜辞虽然距今已有几千年，但读起来并不难懂，同现代汉语的差距也并不判若两人，犹如隔世。从这一点完全可以推断，它们是比较忠实地记录了当时的口语。这就是说，商代的书面语同官方口语大致是一致的。[③]

由商到周，作为雅言的“共同语”的推广和普及又有了新的发展。对此，李建国在《汉语规范史略》中做过论证，他认为：西周是宗法社会，以礼乐为核心的周代文化是等级森严的宗法文化。这种文化对语言文字的要求是定名分，别贵贱，由国家统一名号，绝对禁止乱名改作。周王朝还设官分职，专司是正文字，统一语言的工作。那时，方俗语殊，五方之音不同，一律以雅言为权衡，来正名辨物，区别品类，沟通人情，统一道术，“名定而实辨，道行而志通”[④]，此为一方面。另一个方面，周王朝不仅有自下而上的方言调查、收集和整理的工作，还有自上而下的推广“共同语”的工作。据东汉应劭《风俗通义·序》记载，“周秦常以岁八月遣𬨎轩之使，求异代方言，还奏籍之，藏于秘室”。𬨎轩之使就是《周礼·秋官司寇第五》中的大行人、小行人之属，他们乘着𬨎轩车——一种轻便马车，每年定期巡游方国，深入民间采集民歌谣谚，方俗词语，靡不

---

① （清）刘宝楠：《论语正义》，中华书局1990年版。

② 王力：《汉语史稿》，中华书局1980年版，第45页。

③ 吴进：《论雅言的形成》，《东南大学学报》2005年第6期。

④ 《荀子·正名》。

毕载，然后回到京城奏上，供主管有司审定、整理、研究，吸收广为流传的新语词，剔除流行不广、不合雅言的偏僻词语，并通达布告于四方诸侯国，使之了解和掌握字词的正确读音、形体和意义，以正违误，辨疑解惑。再一方面，周王朝还利用国家行政力量进行“共同语”的培训工作。《周礼·秋官·大行人》云：“七岁属象胥，谕言语，协辞命。九岁属瞽史，谕书名，听声音。”就是说，在周天子巡守天下后的第七年，派行人聘问诸侯国，并召集侯国的象胥[①]来京师，集中在王宫内，由太师、太史教习言语，协调辞命，统一名号；第九年，派行人聘问侯国，并召集侯国的瞽人（乐师）和使官来京师，集中在王宫内由太师、太史教习文字，审听语音，统一形体，然后由侯国有司自上而下逐级推行。除了在社会上推行规范的“共同语”之外，学校也是普及和推广民族“共同语”的重要场所。周制儿童六岁开始学习方名，十岁识写文字，至大学研习六书，雅语教学贯穿始终。通过雅语教学，将标准的雅言和规范的文字传授给学生。[②] 这样，周王朝对雅言有了明确的界定以及有意识的普及和推广。

春秋战国时，正在形成华夏民族的方言比较复杂，可谓“五方之民，言语不通”[③]，“居楚而楚，居越而越，居夏而夏”[④]。虽然“越人安越，楚人安楚”，然而由于“君子安雅”[⑤] 才使华夏民族有了雅言这个“共同语”。雅言在夏、商、周各族群中有了更广泛的应用，孔子在私人讲学中坚持使用雅言教学，《论语·述而》即云：“子所雅言，《诗》《书》、执礼皆雅言也。”东汉郑玄注：“读先王典法，必正言其音。然后义全。”所谓的“正言其音”，也就是发标准音、说共同语。孔子是鲁国人，平时说话用的是鲁国方言，但在读书和行礼的场合，就全都使用共同语了。与此同时，在外事活动中，雅言也是最重要的交际工具。仅据鲁史《春秋》记载统计，春秋242年间的朝聘盟会等外交活动就有450次之多，如无雅言相通，这些活动的顺利进行是很难想象的。[⑥] 所以孔子自述：“吾自卫

① 象胥即古代接待四方使者的官员或指翻译人员。

② 吴进：《论雅言的形成》，《东南大学学报》2005年第6期。

③ 《礼记·王制》。

④ 《荀子·儒效》。

⑤ 《荀子·荣辱》。

⑥ 吴进：《论雅言的形成》，《东南大学学报》2005年第6期。

反鲁。然后乐正。《雅》《颂》各得其所。”[①] 孔子“乐正”，使“《雅》《颂》各得其所”，而“子所雅言”，必然要用“雅正”合乎规范的音调诵读和吟唱《诗三百》，使“夷不乱华”[②]。从而使一部分方言音调改成合乎规范的雅言音调。《大戴礼记·小辨》中还记载了孔子与鲁哀公的一次谈话，其中说道：“尔雅以观于古，足以辨言矣。”[③] 这是因为古华夏字百分之七十是假借字，假借实质上是标音符号，即“同音代替”。从而“因声以见义”。如《诗经》中的通假字、假借字、古今字极多，但因为“子所雅言”，“《尔雅》不尽用字之谊，专取假借”[④]，使后人可以“援《尔雅》以释《诗》《书》，据《诗》《书》以证《尔雅》”[⑤]。这对夏言向华夏民族文化凝聚的意义真是太大了，使其中的假借之声皆为雅言之声，绝非方言之音。否则，“居越而越，居楚而楚，居夏而夏”[⑥]，语言的融合统一就很难说了。在这个文化凝聚之中，“子所雅言”是“君子安雅”的中流砥柱。

到了战国末期，各民族通用的词语汇释方言代语的工具书——《尔雅》应运而生。“尔雅”一词是古代的习惯用语，“尔”是近的意思，“雅”是雅言之雅。《尔雅》命名的意思就是解释词义要近于雅正，合乎规范[⑦]。近代语言学家黄侃在《尔雅略说》中对《尔雅》的命名之义，曾有精辟的论述：“然而五方水土，未可强同；先古遗言，不能悉废。总而集之，释以正义；比物连类，使相附近，此谓尔雅。”同时指出：“明乎此者，一可知《尔雅》为诸夏之公言，二可知《尔雅》皆经典之常语，三可知《尔雅》为训诂之正义。”[⑧] 由此我们可以得知《尔雅》把周代经典、常用的“共同语”进行了整理和总结，并以此为标尺来解释方言代语，不仅成了华夏民族文化中语言文化凝聚的标志，也成了后来华夏民族学习古代文献、继承民族“共同语”、研究华夏语发展的重要工具。所以

---

① 《论语·子罕》。

② 《左传·定公十年》。

③ （清）王念孙：《经义述闻·通说》，转引自肖甫春《〈诗经〉与雅言》，《诗经研究丛刊》2004年第1期。

④ （清）魏源：《说文儗雅叙》。

⑤ （清）戴震：《尔雅文字考序》，载《戴东原集》第三卷，商务印书馆1929年版，第1页。

⑥ 《荀子·儒效篇》。

⑦ 李建国：《汉语规范史略》，语文出版社2000年版。

⑧ 吴进：《论雅言的形成》，《东南大学报》2005年第6期。

《汉书·艺文志》上说:“古文读应《尔雅》,故解古今语而可知也。”“尔雅以观于古,足以辨言矣。”[1] 其实,这就是个正音的问题,依照雅言的话音去阅读古书,就能理解其中的语义。也就是说“皆用雅言,然后辞义明达”[2]。否则,依照方言的话音阅读古书,就无法读懂“因声以知义”的假借字,难免声音失而假借之无从得。正因为《诗经》是雅言教材,所以致雅言和普通话是一脉相承的。[3]

经过周代如此多角度、多方位地普及、推广和总结,华夏民族的“共同语”走向了成熟、稳定和统一,用雅言写成的文学作品大批量出现,文学语言在此阶段放射出夺目的光彩,成为古代汉语文学语言的源泉,一直为后人所吸取。刘志成在《汉语音韵学研究导论》说:

> 如果上古华夏民族没有雅言,整个汉语语音史都要推翻。《诗经》各国风押韵情况为什么基本相同?都不好解释。西周《周易》《尚书》,春秋《诗经》《论语》《左传》《周礼》,战国《老子》,分析这些材料,明显看出全国存在着统一的雅言,因为各个地区的差异只是个别的韵部,其差异远远小于现代汉语方音的差异。[4]

总之,雅言形成于夏王朝,发展于商王朝,成熟于周王朝。从语言发展史的角度看,雅言是华夏民族及华夏民族共同语的发端,包括官方标准口语与共同的书面语。这就是雅言向华夏民族文化凝聚的路线图。

三　以铜为兵:华夏民族青铜文化凝聚的拐点

工具的变革往往影响并决定一个民族文化的生态和风貌。夏王朝时“以铜为兵”[5],正是华夏民族青铜文化凝聚拐点的呈现。

在夏代,夏民族的生计方式,即共同经济生活主要表现在“以铜为

---

① (清)王念孙:《经义述闻·通说》,转引自肖甫春《〈诗经〉与雅言》,《诗经研究丛刊》2004年第1期。

② (清)刘台拱:《论语骈枝》,转引自肖甫春《〈诗经〉与雅言》,《诗经研究丛刊》2004年第1期。

③ 参阅肖甫春《〈诗经〉与雅言》,《诗经研究丛刊》2004年第1期。

④ 刘志成:《汉语音韵学研究导论》,巴蜀书社2004年版,第298—315页。

⑤ 《越绝书》卷十一。

兵”的灌溉耜耕农业上。青铜工具的出现和使用，是夏王朝建立前生产力发展的重要标志，故而西汉袁康的《越绝书》云，夏代以前用玉、石制造兵器，“禹之时，以铜为兵”。相传，夏王朝初年，夏王大禹划分天下为九州，令九州州牧贡献青铜，铸造九鼎，象征九州，将全国九州的名山大川、奇异之物镌刻于九鼎之身，以一鼎象征一州，并将九鼎集中于夏王朝都城，故而《史记·封禅书》载：“禹收九牧之金，铸九鼎。皆尝亨鬺上帝鬼神。遭圣则兴，鼎迁于夏商。周德衰，宋之社亡，鼎乃沦没，伏而不见。”战国时期的墨翟在《墨子·耕柱篇》早就记载：“昔者夏后开使蜚廉折金于山川。而陶铸文于昆吾。”《管子·山权数》亦云：“禹以历山之金铸币。”夏代的这种文化生态，考古发掘提供了不少宝贵的材料，使我们可以梳理出夏王朝“以铜为兵”向华夏民族文化凝聚的路线图。

迄今为止，中国发现仰韶时代的铜器只有4件，一是1973年在陕西临潼县姜寨遗址发现的属于仰韶文化早期半坡类型的残铜片和残铜管两件，其中铜片呈半圆形，铜管为卷制，系含杂质较多的黄铜，年代在公元前4600年前后[①]；二是1986—1988年间在辽宁凌源县与建平县间的牛河梁遗址Ⅱ地点4号冢1号墓出土的属于红山文化的红铜环，其年代约在公元前3200年[②]；三是1977年出土于甘肃东乡林家马家窑文化遗址的铜刀，经鉴定为铜锡合金的青铜铸成，其年代在公元前3100—前2900年。[③]

仰韶时代以后的龙山时代，铜器数量明显增多，分布地域也更加广阔，发现铜器的遗址已经在十处以上。这些铜器最西边的是位于黄河上游的甘肃永登县蒋家坪马厂文化青铜刀[④]，最东边的是位于茫茫渤海之中的山东长岛县北长山岛店子龙山文化铜片[⑤]。在这个区域内出土的龙山时代

① 西安半坡博物馆、陕西省考古研究所、临潼县博物馆：《姜寨——新石器时代遗址发掘报告》，文物出版社1988年版，第148页；柯俊、韩汝玢：《姜寨第一期文化出土黄铜制品的鉴定报告》，载西安半坡博物馆等《姜寨——新石器时代遗址发掘报告》，文物出版社1988年版，第544—548页。

② 辽宁省文物考古研究所：《辽宁近十年来文物考古新发现》，载《文物考古工作十年（1979—1989）》，文物出版社1991年版，第60页。

③ 甘肃省博物馆：《甘肃文物考古工作三十年》，载《文物》月刊编辑委员会编《文物考古工作三十年（1949—1979）》，文物出版社1979年版，第141页。

④ 同上。

⑤ 严文明：《论中国的铜石并用时代》，《史前研究》1984年第1期。

铜器有内蒙古准格尔旗二里半遗址铜环[①]、山西襄汾县陶寺遗址红铜铃形器[②]、河南郑州市董砦方铜片[③]、登封县王城岗青铜容器残片[④]、山东胶县三里河黄铜锥[⑤]、栖霞县杨家圈残铜锥、诸城县呈子铜片[⑥]和安徽含山大城墩青铜刀[⑦]。这些龙山时代铜器的发现地点基本上散布在黄河流域和山东沿海地区。分属于不同的考古学文化和类型。龙山时代铜器的这种发现和分布状况说明，这一时期的黄河流域一带，铜器的使用已经比较普遍，不少地区和文化的人们已经开始使用铜器。在出土这些铜器的区域内，考古工作者还发现了多处与铜器冶铸相关的遗物和遗迹，如冶铜或铸铜的炉壁、坩埚、炼渣等[⑧]，这说明这些铜器应当是这些地区人们自己制造，当时的人们已经掌握了冶铜技术，铜器在龙山时代的黄河流域及山东沿海地区已经不再是带有偶然性质的发现，而是一项具有时代特征的重要技术成就。

进入夏代，铜器制作比龙山时代有了巨大的进步，无论是在中原还是在西北，都发现了数量和质量远比龙山时代更多更精的青铜器。

在中原地区，被不少学者认为是夏文化的二里头文化，其铜器工艺水平最高，也最具有代表性。以该文化的典型遗址（也是铜器出土最集中

① 内蒙古文物考古研究所：《准格尔旗二里半遗址第一次发掘简报》，载《内蒙古文物考古文集》，中国大百科全书出版社 1994 年版，第 246—260 页。

② 中国社会科学院考古研究所山西工作队：《山西襄汾陶寺遗址首次发现铜器》，《考古》1984 年第 12 期。

③ 李京华：《关于中原地区早期冶铜技术及相关问题的几点看法》，《文物》1985 年第 12 期。

④ 河南省文物研究所、中国历史博物馆考古部：《登封王城岗与阳城》，文物出版社 1992 年版，第 327、328 页。

⑤ 中国社会科学院考古研究所编著：《胶县三里河》，文物出版社 1988 年版，第 196—199 页。

⑥ 张敬国：《含山大城墩遗址第四次发掘的主要收获》，载安徽省文物考古研究所、安徽省考古学会编《文物研究》第 4 辑，科学出版社 1988 年版，第 108 页。

⑦ 严文明：《论中国的铜石并用时代》，《史前研究》1984 年第 1 期。

⑧ 龙山时代的炉壁出土于河南郑州市牛砦村遗址（张忠培：《中国早期铜器的发现与研究》，载《中国北方考古文集》，文物出版社 1990 年版，第 232 页）。坩埚见于河南临汝县煤山遗址的 H28、H40（中国社会科学院考古研究所河南二队：《河南临汝煤山遗址发掘报告》，《考古学报》1982 年第 4 期），炼渣见于河南淮阳县平粮台遗址和山东日照县安尧遗址（河南省文物研究所、周口地区文化局文物科：《河南淮阳平粮台龙山文化城址试掘简报》，《文物》1983 年第 3 期；严文明：《论中国的铜石并用时代》，《史前研究》1984 年第 1 期）。

的遗址）偃师二里头为例，这里不仅发现了斧、戈、刀、锥、镞、铃、鱼钩等青铜兵器和工具，还发现了铜鼎、爵、斝、盉等青铜容器。镶嵌绿松石镜形器和镶嵌绿松石铜饰牌。[①] 这些铜器经过鉴定的大多是青铜制品。铜器均用陶范铸造，小件铜器使用单面和双面范，铜容器已经使用双合范或多合范。除了整体浑铸的外，有的铜器还用了分铸铸接的技术。如二里头遗址有一件铜爵，平底下出圈足，其下再铸接三条另铸的锥状足。这在当时无疑是一种相当先进的技术。二里头文化铜器均属青铜。均采用陶范法铸造成型，已经能够制造复杂的空腔铜容器和复合工艺的铜器，这说明“以铜为兵”的夏王朝已经脱离了使用红铜的铜石并用时代而入了青铜时代。

在甘青地区，分布在甘肃和青海东部的齐家文化在这时正在经历从红铜向青铜的转变过程，涌现出了像中国最早的铜镜诸类富有特色的青铜制品；分布在甘肃西部河西走廊的四坝文化（或称火烧沟文化）铜器冶铸业也颇为发达。铜器使用相当普遍，在该文化的遗址和墓葬中多数有铜器发现，普及程度不仅超过了中原地区，而且也超过了以后甘青地区多数青铜文化。该地区的铜器青铜和红铜并存，锻打和铸造均有，出现了像甘肃广河县齐家坪红铜斧那样必须安置内范才能铸制的空腔铜器，以及像甘肃玉门市火烧沟四羊铜杖首那样的采用了分铸铸接工艺的青铜器。可见，中原地区和甘青地区应当在夏代（前 2000—前 1600 年）已经出现了青铜文化，夏民族从此脱离了铜石并用时代而进入了青铜时代。[②]

在向华夏民族文化凝聚的过程中，在中原的二里头文化中，二里头前期的铜器还发现不多，铜器都是小件工具，红铜器的比例还较大，具有中原系铜器特点的铜礼器和铜兵器在二里头文化前期还没有发现。[③] 西北甘青地区的齐家文化却有不少发现，1976 年，甘肃玉门火烧沟遗址发掘清理出一批，被命名为四坝文化墓葬，火烧沟墓地 312 座墓中随葬铜器的有 106 座，所出铜器超过 200 件；1986 年北京大学考古学系等在安西县鹰窝

---

① 关于二里头遗址出土青铜器的情况，详见朱凤翰《古代中国青铜器》（南开大学出版社 1995 年版，第 596 页）做过统计，可以参看。

② 孙华：《中国青铜文化体系的几个问题》，载北京大学考古文博学院编《考古学研究》（五），科学出版社 2003 年版，第 921 页。

③ 中国社会科学院考古研究所编著：《偃师二里头》附录二“二里头遗址出土铜器 X 荧光分析”，中国大百科全书出版社 1999 年版，第 399 页。

树遗址清理4座四坝文化墓葬，获铜器7件，另在地表采集若干铜器；1987年，吉林大学考古系等在民乐东灰山清理四坝文化墓葬249座，出土铜器16件；同年，北京大学考古系等发掘了酒泉的干骨崖遗址，清理墓葬105座，出土铜器48件。据最近统计，四坝文化出土铜器近300件[①]，青铜器类型主要有环首刀、锥、削、泡饰、连珠饰、扣饰、四羊首权杖头、耳环、手镯、镞、穿銎斧等。据碳14测定的年代，四坝文化在公元前2000年前半段范围内，其上限不超过公元前2000年。[②] 而据张忠培的研究，齐家文化的前期属于以红铜器占绝大多数的时期，后期青铜器才成为铜器材质的主流。齐家文化也是在夏代前后期之际才完成了从红铜时代向青铜时代的转变。[③] 该地区的四坝文化，它经历了早、中、晚三期。各期的典型墓地分别是火烧沟、东灰山和干骨崖[④]，其铜器材质也经历了由红铜为主到砷青铜[⑤]为主，再到锡青铜为主的演变过程。[⑥] 由此可见，无论是中原地区还是甘青地区，"以铜为兵"的文化生态真正完成了红铜时代向青铜时代转变的年代已经到了相当于夏代前后期之际（大概在前1800年），华夏民族最早的青铜文化实际上跨越了这个时代的转折点。[⑦]

---

① 李水城：《中国西北地区的早期冶铜业及区域文化的互动》，《吐鲁番学研究》2002年第2期。

② 李水城、水涛：《四坝文化铜器研究》，《文物》2000年第3期；李水城：《中国西北地区的早期冶铜业及区域文化的互动》，《吐鲁番学研究》2002年第2期。

③ 张忠培：《齐家文化研究》，《考古学报》1987年第1、2期。

④ 李水城：《四坝文化研究》（载苏秉琦主编《考古学文化论集》第3辑，文物出版社1993年版，第80—121页），根据玉门市火烧沟墓地和酒泉市干骨崖墓地的材料，将四坝文化划分为六期。火烧沟墓地跨越第一至三期，干骨崖墓地跨越第三至六期。从火烧沟文化最晚单位与干骨崖墓地最早单位的比较来看，二者间还存在着一定缺环，并不能完全重合。甘肃省文物考古研究所、吉林大学北方考古研究室《民乐东灰山考古——四坝文化墓地的揭示与研究》（科学出版社1998年版）公布了1987年民乐县东灰山墓地的发掘材料，报告将该墓地分为三期，其早、中期与火烧沟墓地相当，晚期与干骨崖墓地相似，可以将其填充在火烧沟墓地与干骨崖墓地之间的缺环中。这样，我们实际上可以将四坝文化分为三期，它们分别以火烧沟、东灰山、干骨崖为代表。

⑤ 人类从公元前第9千纪开始使用自然铜，到公元前第4千纪初开始由矿石冶铜，铜中含有少量砷锑等杂质。砷铜从公元前第4千纪早期出现后，很快在古老世界广泛使用，前后延续2000余年，在早中期青铜时代仍与青铜并用。

⑥ 李水城、水涛：《四坝文化铜器的研究》，《文物》2000年第3期。

⑦ 孙华：《中国青铜文化体系的几个问题》，载北京大学考古文博学院编《考古学研究》（五），科学出版社2003年版；刘学堂：《中国早期青铜器的起源与传播》，《中原文物》2012年第4期。

更有意义的是，夏代的中原地区和甘青地区的青铜文化，除了都出现了相对发达的青铜冶铸工艺外，在艺术上也呈现出了中原青铜艺术和北方青铜艺术不同的艺术传统的征兆。中原地区二里头文化的青铜器以被用于祭祖祀神的铜容器为特征，按照先秦文献中夏禹铸造九鼎的传说，以及二里头遗址发现的青铜鼎和仿铜陶方鼎，夏代的二里头文化应当与以后的商、周文化一样，都以青铜鼎作为核心青铜礼器，作为权力和地位的象征。二里头文化的青铜爵和斝，其造型都相当复杂，这些容器造型显然不仅是为了盛酒的需要，而是具有象征性意义的抽象了的艺术创造。而甘青地区四坝文化的甘肃玉门市火烧沟墓地出土的青铜四羊头权杖首，其形状大小似梨状，下端有銎可装柄，四周对称设置四个羊头作装饰。这四个羊头系先分铸，然后嵌铸在杖首上。这是中国目前发现的最早的嵌铸铸件，它的发现说明夏代的西北地区，也出现了值得称道的青铜艺术，并且其铸造工艺和表现形式与中原地区已经有所区别。夏代的中原地区与后来一样，其青铜器以具有礼仪意义的青铜容器为主体，青铜艺术的表现形式主要为抽象的或象征的，就是动物造型的器物或动物纹样，它们往往也都经过概念化和程式化的变形，使得这些动物带上了某种神秘的理念，使得人们难以确认。这些恰是中国三代青铜艺术风格所独有和最具代表性的特征。与之同时的西北地区的铜器，已经具有后来整个大北方地区青铜器共有的特色，如器物种类以小件工具和饰件居多，缺乏大型礼器，器物造型（尤其是动物造型）趋于写实而不抽象；这与中原青铜艺术迥然异趣，却与以后北至南西伯利亚、南至长城沿线的北方系青铜艺术品的风格基本一致。因此，华夏民族青铜艺术应当出现于夏代的中原地区和甘青地区，二者具有各自独立的青铜技术基础和青铜艺术传统，已经形成了各具特色的青铜艺术风格，这些传统和风格分别构成了华夏民族青铜时代始终占最主要地位的中原系青铜艺术和北方系青铜艺术源头①，展示了华夏民族青铜文化在凝聚中的多样性。

四　《夏小正》：华夏民族农耕文化凝聚的标志

最早提及《夏小正》的当是《礼记·礼运》，其云："孔子曰：我欲

① 以上参阅孙华《中国青铜文化体系的几个问题》，载北京大学考古文博学院编《考古学研究》（五），科学出版社 2003 年版。

观夏道，是故之杞，而不足征也，吾得夏时焉。”对孔子所说的“夏时”，郑玄曰：“得夏四时之书也，其存者有《夏小正》。”《史记·夏本纪》也有类似的记载：“孔子正夏时，学者多传《夏小正》云。”对于《夏小正》，蔡邕在其《月令明堂论》中说：“《夏小正》者，夏之《月令》也。”根据这些记载，我们虽不能确切论证《夏小正》的成书年代，但其反映的是夏王朝的内容当无疑。

《夏小正》① 作为一本观象授时的历书，其从土地制度、社会生产结构到生产技术，为我们描绘了一幅完整的夏民族从事农业、畜牧、蚕丝、渔猎、采集的社会生产面貌，围绕着上述生计、生产活动，记述了物候、气象、星象、动植物等方面的生态。因此，我们可以认为《夏小正》是关于夏民族的一部“百科全书”，也是农耕生计方式向华夏民族文化凝聚的标志。

对于夏民族农耕生计方式，《史记·夏本纪》云：“禹决九川致四海，浚畎浍而致之川。”郑玄注：“畎浍，田间沟也。”《论语·泰伯》亦云：禹“卑宫室而尽力乎沟洫”。矬李遗址中还发现有宽2至3米、深约1米的水渠。对于耒耕，《韩非子·五蠹》说禹“身执耒锸，以为民先”，说明当时不仅有木耒，而且还有木臿作为翻土工具。《夏小正》中有“农纬厥耒”一句，也说明当时的主要农具是耒。在河南龙山文化煤山遗址就有木耒工具痕迹出土，更有力地证明木制耒耜是夏民族的主要农作工具。所谓“耒”，《说文解字》说：“耒”是“手耕曲木”。即一根前端尖头弯曲的木棒，在耒的一端绑上一个石或骨制的耜头，就成为耒耜。耕翻土地时，以手持耒柄，以脚踏耜头，刺地而耕。所以夏民族的生计方式是“以铜为兵”的灌溉耜耕农业经济类型。这种农业生计类型由于生产力水平低下，所以还必须辅以渔猎和采集。《尚书·益稷》所记禹治水时就说过：“暨益奏庶鲜食”，“暨稷播、奏庶艰食鲜食”。伴随着农耕而来的是蚕桑丝织技术也得到了较明显的进步。史料的依据之一，即出自《夏小正》这本古老的农业历书。《夏小正》行事历三月项下载有“摄桑委扬，

① 《夏小正》经文产生的时代学术界有争论，笔者赞成《夏小正》为春秋前期杞国人所记之说。由于《夏小正》反映的社会历史情况比《诗经》为早，所以，笔者视其为研究夏王朝和夏民族社会历史的宝贵文献资料。此问题可参阅夏纬瑛、范楚玉《〈夏小正〉及其在农业史上的意义》（《中国史研究》1989年第3期）。

妾子始蚕，执养宫事”，且又在五月项下又云“启灌蓼蓝”，把夏代整个农事以及其中蚕事作了贴切的诠释，故后来春秋的《礼记·月令》记载：“后妃斋戒，亲东乡躬桑，禁妇女毋观，省妇使以劝蚕事”；“三月妾子始蚕，执养宫事”，“宫事”就是女工之事，即进行养蚕、治丝、织造、制衣等事了。

现在，让我们从整体上审视一下《夏小正》。

《夏小正》全篇的基本架构是以月组织时序，即以时系事，其主要有两大时序系统，即以天象为代表的“天时”，以物候为表征的自然时序。对于星辰之时，《夏小正》在12月中有9月记有天象，共16条。分别为：

正月：鞠则见，初昏参中，斗柄县（悬）在下。
三月：参则伏。
四月：昴则见，初昏，南门正。
五月：参则见，初昏，大火中。
六月：初昏，斗柄正在上。
七月：汉案户。初昏织女正东乡，斗柄悬在下，则旦。
八月：辰则伏，参中，则旦。
九月：辰系于日。
十月：初昏，南门见，织女正北乡，则旦。

此外，还有两条对天象的间接记载，即五月“时有养日”；十月“时有养夜”。即一年中五月白昼最长，十月夜晚最长。从《夏小正》的这些记载我们可以看出，夏代时，人们对天象的观测以参星、北斗星为主，以昴、辰、大火、织女等星宿为辅的天象系统初步形成，对天时有了粗略的认识。值得注意的是，对这些星象在“昏，旦”的位置判断，即以日出日落为参照，来确定星象的位置，并确定农时，不仅反映了人们对星象的变化与时间更替之间关系的关注，也是农耕文化向华夏民族文化凝聚的一种表现，此其一。

其二，对于动植物候，《夏小正》的记载丰富而详尽。主要表现为以候鸟、昆虫、家畜等为代表的动物指时系统，以桃、杏等为代表的植物指时系统，共同记录着自然时序的流动与更替的变化。

动物指时

一月：雁北乡，雉震响，鱼陟负冰，田鼠出，鹰则为鸠，鸡桴粥。

二月：有鸣仓庚，抵蚳，玄鸟来降，昆蚩。

三月：榖则鸣，田鼠化为鴽，鸣鸠。

四月：鸣札，鸣蜮。

五月：浮游有殷，鴂则鸣，良蜩鸣，鸠为鹰，唐蜩鸣。

六月：鹰始挚。

七月：寒蝉鸣，狸子肇肆。

八月：群鸟翔，鹿从，鴽为鼠。

九月：雀入于海为蛤，滞鸿雁，陟玄鸟，熊、罴、貊、貉、鷈、鼬则穴。

十月：黑鸟浴，玄雉入于淮为蜃。

十二月：鸣弋，玄驹贲，陨麋角。

植物指时

一月：囿有见韭，采芸，鞠则见，柳稊，梅、杏、杝桃则华，缇缟。

二月：荣堇，采蘩，荣芸，时有见稊。

三月：拂桐芭。

四月：取荼，王萯秀，秀幽，囿有见杏。

七月：秀雚苇，湟潦生苹，爽死，荓秀。

八月：栗零。

九月：荣鞠，树麦。

从《夏小正》的这些记载，我们可以看出夏代的“物候”——在地之时序，已经较为成熟，逐月均有相应物候记载，且大都直观、详尽，不仅反映了夏代人们对动植物候的观察，也是农耕文化向华夏民族文化凝聚的又一种表现。

其三，气候指时，在《夏小正》的物候时间系统里，记录了对风向、气温、旱涝等不可触视的自然变化的感受和认识。

一月：启蛰，时有俊风，寒日涤冻涂。

三月：越有小旱。

四月：越有大旱。

七月：时有霖雨。

从《夏小正》的这些记载，我们可以看出夏代基于农耕生计这一现实生活的时间观测。不仅反映了夏代人们对气候的观察，也是农耕文化向华夏民族文化凝聚的又一种表现。

其四，农事之政，《夏小正》对农事活动，依据时序而开展，做了有颇详细的记录：

一月：农率均田，农纬厥耒。

二月：往耰黍禅，绥多女士。

三月：摄桑，委扬，采识，妾子始蚕，执养宫事。

四月：取荼，执陟攻驹。

五月：乃衣，启灌蓝蓼，初昏大火中种黍，煮梅，蓄兰，叔麻，颁马。

六月：煮桃。

七月：灌荼。

八月：剥瓜，玄校，剥枣。

九月：树麦。

从《夏小正》的这些记载，我们可以清晰地看到夏代农耕生活生动的图像，即一、二月天气回暖，万物生长，在此时进行播种活动，如均田、黍埠等活动；三、四月是动物繁殖，植物生长的时节，农事也以蓄养为主，“妾子始蚕，执养宫事”，“执陟攻驹，颁马”，农人进行养蚕，养马活动。五、六、七月注重瓜果的成熟，“煮桃，煮梅”享受时序带来的硕果。八、九月是收获的季节，“剥瓜，玄校，剥枣”进行忙碌的收获农事。农事随着时序的变化而有条不紊地进行着。

考古材料也提供了证据，如从已发掘的二里头遗址中曾出土了炭化的大米粒和炭化谷子（粟），另外，采集到一口陶尊，在其腹部刻划着一穗有6个带芒稻粒和两层稻叶的水稻图像，证明当时人们对水稻已不生疏。

又如山西东下冯遗址几个灰坑发现大量炭化粟粒，其中一个灰坑，炭化粟粒堆积层厚40—73 厘米。研究者推测这个灰坑可能是一座贮存粮食的窖穴。窖穴周围有“火壁以利防潮，两端竖槽用以透气通风。柱状生土小平台，应该是支撑铺垫的设施”[①]。生产粮食和贮存粮食成为当时人们生产和生活的重要手段。还有，在二里头遗址所发现的农业工具仍以石器为主，有开荒用的石斧、起土用的石铲、除草收割用的穿孔石刀和石镰。另有骨铲、蚌铲、蚌镰，还有陶刀。在房基、灰坑和墓葬的壁土上发现木耒的印痕。在东下冯遗址中，也是以石农具为主，有石斧、石锛、石铲、石镰，蚌、骨器也很多，如蚌铲等。先民们使用石、蚌、骨器还是得心应手的，正好与“禹、稷躬稼而有天下”[②]“咎繇（皋陶）作耒耜”[③]的传说相吻合。

总之，在夏代的农耕文化向华夏民族文化凝聚的过程中，《夏小正》对物候的记录强调的是动、是变。时“变”而生“动”，而知“变”，所谓“万物至是，动而后著”[④]。只有处于时间之流中，物才体现出生命。《夏小正》正是抓住了生物生命流转循环中具有标志性的瞬间，把握了自然物“春生、夏长、秋敛、冬藏”的基本阶段，以及与此相关的自然现象，就等于在整体上把握了农耕生计方式本身，从而开创了华夏民族重时的传统。从此天时成了华夏民族一切秩序的缘起，天时观念深入民众，从而建立了华夏民族千古不变的生活节律。正是这种文化凝聚，才使四时二十四节气的范式最后凝聚成了华夏民族农耕文化息息相关的历法，即人们俗称的“农历”[⑤]。

五　夏道尊命：华夏民族信仰文化的凝聚

精神文化是夏文化的一个重要方面，夏代的精神文化是如何表达的

---

① 中国社会科学院考古研究所、中国历史博物馆、山西省考古研究所：《夏县东下冯》，文物出版社 1988 年版，第 106—107 页。

② 《论语·宪问》。

③ 《太平御览》引《世本》。

④ 《夏小正》二月。

⑤ 王志芳：《民俗视野中的“时政”思想变迁研究——〈夏小正〉到〈四民月令〉》，硕士学位论文，南京师范大学，2012 年，第 12—19 页；梁韦弦、聂翔雁：《〈礼记·月令〉所记时候与汉易卦气之气候》，《松辽学刊》2002 年第 3 期。

呢？孔子在《礼记·礼运》中云：“我欲观夏道，是故之杞，而不足征也，吾得夏时焉；我欲观殷道，是故之宋，而不足征也，吾得坤干焉。坤干之义，夏时之等，吾以是观之。”孔子在这里所说的“道”，用今天的话说就是“规律”。那么，什么是“夏道”呢？《礼记·表记》云：“夏道尊命，事鬼敬神而远之。”这就明白地告诉人们“夏道尊命”是探讨夏代精神文化的路标，“命”自然就成为夏代精神文化的核心。那么，什么是“命”？这要从夏代“尊天”讲起。

前述夏代农耕文化时讲到了夏历的凝聚，正是“钦若昊天，历象日月星辰”[①] 的太阳历作为农耕生计方式的指南，从而升华出“尊天”的文化观。金景芳对比曾做过精辟的分析，他说：“尧舜禹都是部落联盟的首长，当时正处在进入文明社会的前夜。作为团结血缘亲属关系的精神中心，已有宗庙，作为团结由有地区性的部落转化为民族的精神中心，则已有社稷。现在的部落联盟就要求在各地区之上更建立一个唯一的、最高的精神中心。这样，就舍这个赖以‘敬授人时’的天莫属了。”[②] 唯此才有“效天”等宗教大典的出现，才有“唯天为大，唯尧则之”[③] 的颂词，才有“咨！尔舜，天之历数在尔躬，允执其中，四海困穷，天禄永终”[④] 的禅文。才有“复禹之绩，祀夏配天，不失旧物”[⑤] 的记载。可见，所谓“天”，实际是夏代对自然界的某种抽象，表明夏代在认识上已经摆脱了万物有灵论了。

这样，由“尊天”到“尊命”，那么“命”又是什么呢？最初提到“命”这一概念的是舜禹时期，《尚书·皋陶谟》即云：“天命有德”，“天其申命用休”[⑥]，“敕天之命，惟时惟几”[⑦]。可见，此时人们已将“天”与“命”看作是两个不可分割的、有内在联系的概念，这种联系透露出了“命”的来源。在甲骨文中，“命”与“令”两字无别。从甲骨文的字形看，很容易使我们联想到古人“受命于天”那句成语。还是西

① 《尚书·尧典》。
② 金景芳：《中国古代思想的渊源》，《社会科学战线》1981年第4期。
③ 《论语·泰伯》。
④ 《论语·尧曰》。
⑤ 《左传·哀公元年》。
⑥ 又见《尚书·益稷》。
⑦ 同上。

汉的董仲舒说得好："天令之谓命。"[①] 清人段玉裁详细地解释说："令者，发号也。君事也，非君而口使之，是亦令也。故曰，命者，天之令也。"[②] 所以，"命"最初的含义确实是由"天"这个原始的文化概念引申出来的。实际上，"天命"与"天常""天则""天道""天之历数"之类的概念是一致的。在这里"天"如果指的是"自然"的话。那么"命"则指的是"自然规律"，然而却又不完全等同于我们今天理解的自然规律。所以这么说，那是因为当时的人在认识水平上还刚跨入认识的必然王国的初级阶段，相对低下的生产力使人们尚无力"制天命而用之"[③]，所以自然规律颇大程度上支配人们的生活方式。基于此，自然规律在当时人们眼中仍旧俨然如向人类发号施令的主人，在人的面前表现出至高无上的权威性以至于觉得它的命令是不容违抗的，不得不遵从，从而从精神上敬而"尊天"了。[④]

夏道尊命，一是信仰祖先。众所周知的夏铸"九鼎"，一个重要的目的就是表示对祖先的崇拜，《左传·宣公三年》说："铸鼎象物"；哀公元年又说："祀夏配天，不失旧物。"在鼎这样的国家重器上刻绘象征图腾的"物"就是表示不忘祖宗。所以，从某种意义上来说，"九鼎"不仅是夏王朝的国家象征，也是夏民族信仰的一种表达。不仅如此，《论语·泰伯》还说：禹"菲饮食而致孝乎鬼神，恶衣服而致美乎黻冕"。这就是说禹自己吃得很差，却把祭祖宗的祭品办得很丰盛；穿得很坏，却把祭服做得极华美。由于祖先崇拜是鬼神崇拜的产物，是鬼神崇拜的一种形式，所以这里所称的"孝乎鬼神"，大约就是对祖宗先世的崇拜。这种祖先崇拜的凝聚，超越了原始图腾崇拜和生殖崇拜的认识局限，不仅具有本族认同性和异族排斥性，更有意义的是相信其祖先神灵具有神奇超凡的威力，不再用动植物等图腾象征或生殖象征来作为族群的标志，而以其族群祖先的名字取代，由此使精神信仰从自然崇拜上升为人文崇拜，这就是《礼记·祭法》中所说："夏后氏亦禘黄帝而郊鲧，祖颛顼而宗禹。"这种祖先崇拜的信仰模式，建立在家族伦理中对于大家长、对于家族的忠孝。最

① 《汉书·董仲舒传》。

② 《说文解字注》。

③ 《荀子·天论》。

④ 以上参阅李元《夏代的尊命文化》，《求是学刊》1991 年第 4 期。

终，这种家族忠孝观点凝聚成华夏民族的社会伦理规范，形成华夏民族的一种文化结构。

二是信仰天地。由于对时序的依赖，夏民族的生活节律受制于天，为了顺天而行，遂逐渐开创了天地的祭祀。《夏小正》记载：一月獭祭鱼；二月祭鲔；三月颁冰，祈麦实；十月豺祭兽。即一月万物复苏，鱼儿浮上水面，以鱼祭祀；二月祭鲔；三月祈祷麦子这一年的丰收；十月是收获的季节，祭祀豺这种大型的兽类。此即《管子·侈靡》所云："古之祭，有时而星，有时而星熺，有时而炬，有时而朐。"古人把其生产所得的食物与时序分享，同馈于天。这种现实的行动是人处于本能的对天时赋予生命的一种感激，表达的是人对时序的敬仰和尊崇，体现了人对天的依赖，是"人法地，地法天，天法道，道法自然"① 的社会秩序。不仅如此，《夏小正》中的天时、物候朴素的表现还反映了古人对自然变化的掌握，由此来安排各种农事以及相应的社会生活。天地成了社会运行的准则，社会的运行必须根据自然时序的变化而变化，其中也蕴含着天人相合的观念。更重要的是在夏代"天"成了政治的核心，拥有至高无上的政治权威。王者通过自身的表率和统治集团的管理，来维护社会秩序的有序运行；"天"既是王者权威的来源，又需要通过王者的权威来维护。王者既借助天的神秘和生存的决定权，取得对人间的管理，同时也必须身正垂范的维护天的神秘和威严，以确保自身统治的至高无上，奠定了华夏民族政治中天人关系的基本理念，这就是"天人相一"观念的凝聚。②

"夏道尊命"信仰祖先、信仰天地的观念，凝聚在华夏民族文化中，后来在华夏民族中不断地被强化、被扩大，祭祀对象拓展到了生产生活所能触及的各个领域。

历史就这样揭开了华夏民族文化凝聚的序幕，此时此刻，夏民族在中国历史开局的制高点上，有雅言、"以铜为兵"、《夏小正》、"夏道尊命"四个方面向华夏民族文化凝聚。

---

① 《道德经》第二十五章。

② 李元：《夏代的尊命文化》，《求是学刊》1991 年第 4 期；王志芳：《民俗视野中的"时攻"思想变迁研究——〈夏小正〉到〈四民月令〉》，硕士学位论文，南京师范大学，2012 年，第 12—19 页。

第二节 商文化:华夏民族文化构建之二

殷民八迁[①]，灭夏建商，商民族从初型到定型的形成过程中，铸成了“尊而不亲，其民之敝，荡而不静，胜而无耻”[②]，即放荡、神秘、好胜的民族性格，商文化也随之构建。

一 “殷商”辨名与商文化构成

商王朝为何又称为“殷商”?“殷商”一词最早出现在《诗·大雅·大明》《诗·大雅·荡》以及《逸周书·史记》等周代文献中。而在出土的甲骨文与早期的金文中并没有出现。而甲骨金文中常出现的确是单独的“殷”“商”“大邑商”等。这是为什么呢?在我们讨论商文化之前不能不先弄明白这个颇具文化意义的问题。

据考，对“殷”字，甲骨文中未见，主要见于金文与先秦时期的文献。“殷”字出现的文本的时代主要集中于西周以后的先秦文献，如《尚书》盘庚、西伯戡黎、微子、大诰、康诰、酒诰、召诰、洛诰诸篇;《诗经·大雅》文王、大明、荡,《诗经·周颂》武,《国语》周语下、晋语一、郑语;《左传》隐公三年、僖公六年、僖公十九年、襄公四年、昭公四年、昭公二十六年及《周礼·考工记》等。出现于西周初年的文献较多地与之相连形成的词有“殷民、诸殷、殷命、殷邦、殷王、殷余民、殷哲王、殷彝、殷国、庶殷、有殷、殷礼、殷献民、殷顽民、殷多士、殷先人、殷侯、殷庶士、殷士、殷武、殷人、殷道、殷纣、殷德、殷戎、殷郊、殷臣、殷东、殷末、殷罪、殷之监、殷公、殷祝”，比较常见于《尚书·盘庚》、《尚书》周初八诰等，以及《逸周书》一些篇章里。[③] 从金

---

① 《尚书·序》称殷人“自契至于成汤八迁。汤始居亳，从先王居”。殷人是一个“不常厥邑”的屡迁民族，这是殷商史上的一大特色。所谓前八“是指商汤建国以前的八次迁徙”，即《史记·殷本纪》所载的“自契至汤八迁”，商人称之为“先公”时期。“后五”即《尚书·盘庚》篇中的“先王有服，恪谨天命，兹犹不常宁，不常厥邑，于今五邦”。所谓“殷人屡迁，前八后五”。

② 《礼记·表记》。

③ 张铮:《“殷商”辨名》,《东方论坛》2007 年第 6 期。

文的字形上看，像手持乐槌敲打钟鼓一类乐器之状。[①] 字义上主要有如下几种解释：是“乐”的代称；也指“乐”之盛称；指大，引申为盛的意思；众的意思；犹多也；中也；正也；与“隐”通；指“亳”的别称（“亳”是大名、“殷”是别名）；有天下之大号；土地之名；“商”之别号；忧也；朱，血色也等。

而“商”字在甲骨文中则常见，亦见于金文与先秦时期的文献。甲骨文的“商”字，主要有以下几种含义：以罗振玉、王国维等为代表的学者认为是指地名，后来变成了国名；以丁山、杨树达等为代表的学者认为是水名，后来成为族名；以朱芳圃、陈梦家等为代表的学者以为是星名，后来因殷族迁居于此，而以此地为商，族名亦为商；以姚孝遂、肖丁为代表的学者以为商既是地名，也是人名；以郭沫若、饶宗颐、张秉权为代表的学者认为商与“赏”是通假；以王玉哲、徐中舒为代表的学者认为甲骨文的商字与殷族信奉的鸟图腾有关系。而比较多的学者，对于“商”与“大邑商”的密切关系是予以承认的。比如李学勤先生通过研究殷代王的田猎的卜辞，认为“大邑”与“商”是商人心中四方之中的一个中心区域。正是众说纷纭，莫衷一是。

但在先秦文献中，“商”的意思又有多解。《说文》说“商”是：以外知内的意思；《国语·晋语四》韦昭注为“殷也”；《逸周书·邺保》认为是“度”的意思；《国语·晋语四》认为是“官贾”之意；《左传》中两次指“行贾”；《周礼·地官·司市》郑玄注、王聘珍《大戴礼记解诂·主言》认为“通货为商”；《左传·昭公二十五年》孔颖达疏、《国语·吴语》韦昭注、《吕览·孟秋》高诱注，认为与“金”通，为音律一种；《诗经·商颂·殷武》中的“商邑”应指“王都、京师”等。也是多义迭出，莫衷一是。

这两个意义相差如此之大的词，又是怎么合在一起为“殷商”，其出现时代与含义又是什么呢？试举几例：

例一：

《诗经·大雅·大明》云：“……挚仲氏任，自彼殷商；来嫁于周，曰嫔于京。……有命自天，命此文王。于周于京，缵女维莘。长

---

① 许进雄：《中国古代社会》，台湾商务印书馆1995年版，第458页。

子维行，笃生武王。保右命尔，燮伐大商。殷商之旅。……时维鹰扬。凉彼武王。肆伐大商。会朝清明。”

《诗序》说是“文王有明德，故天命复武王也”。屈万里认为这是周初的作品，是为了赞美文王及武王之诗，即是为了证明周文王及武王征服商国是天命所归而做[①]。

例二：

《诗经·大雅·荡》“……文王曰：咨！咨女殷商。……，文王曰：咨！咨女殷商。女炰烋于中国，敛怨以为德。不明尔德，时无背无侧。尔德不明，以无陪无卿。文王曰：咨！咨女殷商。……文王曰：咨！咨女殷商……内奰于中国，覃及鬼方。文王曰：咨！咨女殷商。匪上帝不时，殷不用旧。……文王曰：咨！咨女殷商。……殷鉴不远。在夏后之世。”

《诗序》说是“召穆公伤周室大坏也。厉王无道，天下荡荡无纲纪文章。故作是诗也”。屈万里先生怀疑是“周初之诗，假文王语气，以章殷人之恶，而明周人得国之正”[②]。

例三：

《逸周书·史记》云：“维正月王在成周，昧爽，召三公、左史戎夫，曰：‘今夕朕寤，遂事惊予’，乃取遂事之要戒，俾戎夫主之，朔望以闻，信不行，义不立，则哲士凌君政、禁而生乱，皮氏以亡。……严兵而不仁者，其臣慑，其臣慑则不敢忠，不敢忠则民不亲其吏，刑始于亲，远者寒心，殷商以亡。……”

《序》说“穆王思保位惟艰，恐贻世羞，欲自惊悟，作《史记》”。此篇按照文本所述应为周穆王时左史戎夫所记，黄怀信认为该篇是汇记历史上诸亡国灭亡的原因与教训，凡数十条，以为鉴戒，应该是可信的。[③]

在这个背景下，“殷商”一词的含义应如何解读呢？学术界也有多种

① 屈万里：《诗经诠释》，台湾联经出版公司1983年版。

② 同上。

③ 黄怀信：《逸周书源流考辨》，西北大学出版社1992年版，第121页。

说法，傅斯年指出“商人居此地数百年，为人称曰殷商，既等于称在殷之商”[①]；李济认为殷商当为“迁殷后的商朝”[②]；陈垣以为“商朝又称殷朝，殷商二字本可连用”[③]。对此，朱彦民分析后认为，傅说与李说应该都是说得通，但在今天应该不仅仅指盘庚迁殷至殷纣灭亡一段时期的商朝，而应该是整个商朝，他总结式地说：

> “殷”“商”分别由地名而升为殷商时代的国号名、朝代名。在文献中，二者纠葛搅绕，似不可强分。但若细究二者得名之由及其名称性质之演变，仍可得其分别之处有三：其一，二者所称出处不一。甲骨文、金文中皆称“商”，无称“殷”者，盖“商”为当时人称法，“殷”为周人及后世文献的称法。其二，二者得名有大小之分。“商”得名于漳水，其初意当指漳水流域一个大范围。而“殷”得名于漳水附近的一个地名“衣”地。其三，二者得名时间有别。“商”名早而“殷”名晚。“商”之得名，盖在商先人的相土或昭明之世。而“殷”之得名时，可能已到了王亥或上甲之世。商族建国后，以“商”为国名。而“殷”仍为一地名，直到“殷”地为都，文献上才称其为国名。[④]

这就是说，“殷”“商”的含义是不同的，在周代的文献中“殷”指的是盘庚迁殷后的统治并融合的民族，而“商”指的是商民族固有的成分。这与商代民族融合的态势是息息相关的。可见“殷商”一词的出处及其所在文本的原始意义来看，“殷商”合称是西周早中期，周人针对殷人灭亡，对大量殷人后裔和原来服从殷统治民族的统称。[⑤] 这就是“殷商”一词的文化意义。

---

① 傅斯年：《夷夏东西说》，载傅斯年《民族与古代中国史》，河北教育出版社 2002 年版，第 59 页。

② 李济：《殷商时代的历史研究》，载李济《李济考古学论文选集》，文物出版社 1990 年版。

③ 陈垣：《商朝与殷朝》，载《陈垣学术论文集》第二集，中华书局 1982 年版，第 463—464 页。

④ 朱彦民：《“殷”“商”名辨》，《南开大学学报》1998 年第 1 期。

⑤ 张铮：《“殷商”辨名》，《东方论坛》2007 年第 6 期。

在这个文化意义上，对于商文化的构成，学术界一直有很大的争论。在20世纪70年代末80年代初，邹衡提出了“郑州商城为汤都亳说”，把商代文化分为两期，即商代前期为南关外期—二里岗下层—二里岗上层—河北藁城的遗存—殷墟一期的遗存；商代后期为殷墟二至四期的遗存①。此说虽在学术界曾产生过广泛的影响，但许多学者则依然把殷墟一至四期都看作是商代后期文化；也有一些学者或者把二里头三、四期②，或者把二里头晚期③依然作为早商文化来对待。就在这种纠结中，学者们渐渐感觉到二里岗商文化遗存与殷墟一期文化之间尚有缺环，还不是十分衔接，具体地说藁城台西一类遗存还不能包括在二里岗期商文化之中，或者还可以说在商代文化的编年中用两个阶段的分期法来表述、来囊括藁城台西一类遗存，尚有不明晰之处。于是中商文化的概念逐渐孕育，王震中在《“中商文化”概念的意义及其相关问题》中分析说：

> 中国社会科学院考古研究所安阳工作队的考古学家们对殷墟文化一、二两期的深入研究，可以视为新的中商概念提出的前奏。首先，他们根据70年代以来小屯南地两次甲骨的发掘以及妇好墓、三家庄墓葬等发掘资料，把殷墟文化第一、二期分别细分为偏早、偏晚两个阶段④，实为殷墟文化分期研究中一个明显的推进。其次，1993年，唐际根先生通过对殷墟一期早、晚两段的对比，提出殷墟一期晚段与殷墟二、三、四期之间有强烈的共性和自然递嬗关系，殷墟小屯的主体堆积亦即殷墟小屯辟为王都，应始自殷墟文化一期晚段（即所谓“大司空村一期”），也即始于武丁时期，而殷墟一期早段（即洹水北岸的三家庄墓葬等遗存）则与邢台曹演庄、藁城台西、辉县琉璃阁等商代遗存联系更紧密，这类遗存实可构成“偃师商城或郑州商城

① 邹衡：《郑州商城即汤都亳说》，《文物》1978年第2期；邹衡：《试论夏文化》，载邹衡《夏商周考古学论文集》，文物出版社1980年版，第95—182页。

② 殷玮璋：《早商文化的推定与相关问题》，载中国社会科学院考古所《中国商文化国际学术讨论会论文集》，中国大百科全书出版社1998年版，第155页。

③ 如《郑州商城》发掘报告的编写者即主张“洛达庙文化晚期”为“商代前期的早段”。这里所谓“洛达庙文化晚期”即“二里头文化四期”。见河南省文物考古研究所《郑州商城1953—1985年考古发掘报告》（中），文物出版社2001年版，第1011—1012页、第86页。

④ 郑振香：《论殷墟文化分期及其相关问题》，载中国考古学研究编委会《中国考古学研究》，文物出版社1986年版。

作为王都被废弃之后，殷墟辟为都城之前”一个“相当长一段时间的商文化”，这一时间段可与相、邢、奄等几次王都的迁徙相对应。[①]在这里，按照唐际根后来的商文化分期，一个新的中商文化的概念眼看就要呼之欲出了。1997年，孙华和孙庆伟明确提出，二里岗晚期与殷墟早期之间有一个文化风格自有特色的时期，因此商史编年可能采用三个阶段的分期法更为合适。[②] 1998年，董琦撰文，以郑州小双桥遗址为线索，对中商文化的概念、上下年限（始于仲丁迁隞，终于武丁之前的小乙）、分期（分为三期：中商早期以白家庄上层和小双桥为代表；中商中期以藁城台西 M14 为代表；中商晚期以“殷墟文化第一期”为代表）、中商时期的重大事件和中商文化的时代特征等方面给予了简要论述。[③] 1998年，在河北邢台中国商周文明国际学术研讨会上，杨锡璋、唐际根撰文对豫北冀南地区早于殷墟、晚于二里岗期商文化的几个典型遗址进行梳理后明确指出，以“中商”指代早、晚商文化间的缺环，可以完善商文化序列。[④] 接着唐际根又发表论文，从十几个典型遗址分析入手，对中商文化的分期序列、分布与类型以及中商文化与早、晚商文化的关系及其分布格局的演变等，进行了全方位的论述。[⑤] 至此可以说，大体上，“具有历史学、考古学双重意义的中商时期、中商文化已经可以站立起来了”[⑥]。此即《史记·殷本纪》所云：“自仲丁以来，废嫡而更立诸弟子，弟子或争相代立，比九世乱，于是诸侯莫朝。”这样，若从历史学着眼，商代的历史显然应该划分为三个大的阶段，即仲丁之前时期，仲丁至盘

---

① 唐际根：《殷墟一期文化及其相关问题》，《考古》1993年第10期。

② 孙华、孙庆伟：《夏商周考古》，载中国考古学会编《中国考古学年鉴1997》，文物出版社1999年版，第31—32页。

③ 董琦：《关于中商文化研究的几个问题》，《中国文物报》1998年7月29日、8月5日、13日。陈旭在《中原文物》1995年第1期发表的《郑州小双桥商代遗址的年代和形制》一文中已提出：“小双桥遗址的宫殿建筑年代，既不是二里岗期，亦不是商代晚期，而是介于两者年代之间的白家庄期，相当于商代中期。”

④ 杨锡璋、唐际根：《豫北冀南地区的中商遗存与盘庚以先的商都迁徙》，载《三代文明研究（一）——1998年河北邢台中国商周文明国际学术研讨会论文集》，科学出版社1999年版。

⑤ 唐际根：《中商文化研究》，《考古学报》1999年第4期。

⑥ 徐基：《由山东地区商遗存考察中商文化分期》，载中国殷商文化学会编《夏商周文明研究·六——2004年安阳殷商文明国际学术研讨会论文集》，社会科学文献出版社2004年版，第510页。

庚时期和盘庚至商纣时期。三个时期有三个时期的历史特点，有三个时期的王都所在地，考古学上的中商文化恰巧大体上可以与历史上的中商历史阶段对应起来，即在总的时间框架上与商代的中期历史是可以对应起来的，这对于将考古资料与历史文献相结合来研究商文化具有重大的意义。①

总之，中国考古学文化将其划分为早、中、晚三个时期：早商文化，指的是洛达庙期（二里头期）文化，中商文化指的是二里岗期文化，晚商文化指的是殷墟期文化。② 从一定的意义上来说，也是商文化构成的呈现。

二　甲骨文：华夏民族方块字的鼻祖

民族语言文字，是一个民族本质的标志和表现，是一个民族最有活力的纽带。华夏文化凝聚在文字上出现了一个极大的亮点，那就是商代甲骨文的出现。

在世界文字史上独树一帜的方块汉字，是华夏民族文明的象征之一，是维系华夏民族的灵魂，我们甚至可以说：没有汉字就没有华夏民族。这是因为汉字具有“前人所以垂后，后人所以识古”③ 的特点，从而把华夏民族的过去、现在和未来联结在一起，把华夏民族精神生活的全部历程，都完整地、系统地保存在汉字文献的宝库之中，取之不尽，用之不竭，使华夏民族的历史业绩作为遗产一代传给一代，千古不朽。所以，汉字是记录华夏民族语言的符号系统，也是世界上使用历史最悠久的文字之一。汉字作为一种文化，不仅积淀着华夏民族的智慧，更凝聚着华夏民族的灵魂。④ 而这一切都源起于甲骨文。

商代是神权政治时代，商王及贵族等遇事都要占卜，大到国家政事，小到私人生活，内容涉及当时天文、历法、气象、地理、方国、世系、家族、人物、职官、征伐、刑狱、农业、畜牧、田猎、交通、宗教、祭祀、

① 王震中：《“中商文化”概念的意义及其相关问题》，《考古与文物》2006 年第 1 期。

② 同上。

③ 《说文解字》序。

④ 徐杰舜：《试论汉字对汉民族的内聚作用》，《浙江社会科学》1996 年第 3 期；徐杰舜：《汉民族研究的“雪球”理论》，《云南大学学报》2010 年第 2 期。

疾病、生育、灾祸等，都测其吉凶祸福。占卜时首先用火烧灼龟甲或兽骨上的钻穴。烧灼后正面出现裂纹，称为卜兆。商王或史官就根据卜兆来判断吉凶，然后在卜兆旁刻上要祈求的事情，这就是“卜辞”。因为卜辞都是刻在龟甲兽骨上的，所以被称作“甲骨文”。其实商代文字除甲骨文外，还有金文、简牍文字、陶文、玉石文等。这些文字之间当然是相互平行的关系，只是书写工具、文字载体不同，风格迥异。[①] 那么，为什么偏偏是甲骨文成了商代文字的主要代表，成了方块汉字的鼻祖？

这是因汉字的萌芽，大约出现于新石器时代晚期陶片上的刻画符号。[②] 这些刻划文字虽已具备了文字的雏形，但都是一些简单的符号和单字，无完整的体系和规律。而甲骨文才真正具有一定的体系并有比较严密的规律的文字。大家知道，由于历史的变迁，商民族共同语言的读音已不可考，但是，因为文字是记录语言的符号，字既是书写单位，又是读音的单位，所以商民族所创造的甲骨文是其共同语言的具体表现。在十余万件占卜甲骨上，总共有近 5000 个单字。从文字结构上看，除占三分之一的象形字以外，已有以复杂意象表示的象意字，以抽象符号表示的指事字，有比类合谊的会意字，有利用谐声偏旁组成的形声字，有“本无其字，依声托事”[③] 的假借字，甚至还有少数转注字，这就是说所谓“六书”的构造方法均已齐备。可见，甲骨文基本能够完整地记录当时的语言，已是相当成熟的汉字。正如胡厚宣所说：“我们讲中国文字的起源，讲到我国仰韶文化、龙山文化、半坡村、大汶口等，有的是一个字，有的是一些记号。有人说这是中国文字的起源；但这些都不成文，成文材料最早是甲骨文，在此以前还不曾有过。”[④] 所以，过去有人说甲骨文是象形文字的观点显然是错误的，因为甲骨文已经摆脱了纯形意文字的束缚，进入了把文字作为符号记录语言的成熟阶段。至于甲骨文的文法结构，据研究也已初步具备了汉语语法的基本形式，句子的组成，主要是主语—谓语—宾语。更重要的是作为记录语言的甲骨文，已出现初步的文学形式：

---

① 参见王双庆、杨鑫《甲骨文与商代文字》，《大众考古》2014 年第 4 期。

② 参见王贵民《先秦文化史》，上海书店出版社 2013 年版，第 163—169 页。

③ 《说文解字》序。

④ 胡厚宣：《从甲骨文字看殷代农业的发展》，《中国农史》1986 年第 1 期。

在卜辞中常见一些很简明而生动的单句："今岁，秋不至兹商。""令省（巡视）在南廪。""今日，其从师西，亡哉?"在这里，以方位词"西"作动词用，极赋艺术性。

在卜辞中又有不少简洁而明了的复句："日若兹晦，其惟年祸!""方来人邑，今夕不昼（振）王师!""大方出伐我师，唯马小臣兮。"

在卜辞中还有表达复杂情况的复句，交代了两种以上事物之间关系的，如："王曰：侯虎往（?）（逃逸），余不棘（急），其合以乃事归。""君呼祝（?）曰：盂方供人，其出伐我屯师。高其令东迨（会）……"

并列句采用对偶形式的如："土方征于我东部哉二邑；舌方亦侵我西部田!""我其祀宾（祭名），作（则）帝降若；我勿祀宾，作帝降弗若。"

排偶句如："禘于东方曰析，风曰协；禘于南方曰夹（?）风曰役；禘于西方曰韦（?），风曰彝；禘于北方曰伏，风曰役（烈）。"

在卜辞中也有韵味明白而优美的韵语，如"其曰倬人矣！其曰毋窭矣！……毋执矣！"[①]

在卜辞中甚至出现了长篇成章的记叙文，《殷墟书契菁华》卷首八版龟甲卜辞，成篇记录武丁时西北边陲告急之事。晚期王室命令多田与多伯出征盂方的卜辞已有60多个字[②]，最长的一条记事刻辞则有150多个字。所有这些卜辞中的排偶句、韵语、复句、长篇的记叙文字、说理文字，以及丰富的格言，乃至成语，都可以总称为"卜辞文学"。

甲骨文字与卜辞文学不是一个简单的组合，而是商代文字成熟的文化表达。根据《周礼》的记载和甲骨占卜的实际，殷商卜辞的记录至少包括了征、象、与、谋、果、致、雨、瘳、祭、丧十项内容[③]，卜辞文学主要是以这十项内容为基础展开叙述的。当然，卜辞叙述的内容往往是简略的，章学诚曾云："上古简质，结绳未远，文字肇兴，书取足以达微隐、通形名

① 徐杰舜：《汉民族发展史》，四川民族出版社1992年版，第97—98页。

② 见《甲骨文合集》36511。

③ 详见李振峰《甲骨卜辞与殷商时代的文学和艺术研究》，博士学位论文，哈尔滨师范大学，2012年，第19—27页。

而已矣。”[①] 但是，处于创始阶段的甲骨文字，总然总体表意能力的不足，形成了卜辞叙述无形的限制。因此，卜辞书写的众多限制一方面固然造成了其叙述的简略性，但同时也为卜辞的文学叙述提供了若干难得的机遇：第一，卜辞的叙述限制形成了卜辞“惜字如金”“一字传神”的叙事风格。在有限的文字范围内，卜辞往往传达出丰富的意义内容，其文字数量和其意义密度形成了鲜明的对比，这种言简而意丰的文字表述，形成了卜辞“言有尽而意无穷”的语言风格，卜辞中的这种语言可以视为最初的“文言”风格，即对语言进行锤炼凝缩，增强文章的内在意蕴，从而形成“一字卓绝，群句震惊”之功。第二，叙辞、命辞、占辞、验辞四层次叙述形式对卜辞虽然是一种结构上的约束，但它却为情节的开端、发展、结局提供了最基本的叙事框架，使得卜辞有可能讲述一个完整的故事。所以，田猎、征伐中帝王将领矫健的身姿在卜辞中不绝如缕，虽然鬼神气息萦绕其中，但让人感觉到一种文学的意趣，使卜辞的叙述显示出相应的波澜。[②]

卜辞文学的这种艺术风格，集中表现在卜辞对“田猎征伐”事项的描写上。据陈炜湛统计，田猎刻辞在甲骨刻辞总数中约占 1/20[③]，又据李振峰的统计，以《甲骨文合集》为统计对象，战争类刻辞也约占《合集》刻辞总数量的 1/20。[④] 这反映出在卜辞众多的占卜事项中，田猎、征伐类占据卜辞数量上的绝对优势，其文字内容无疑可以代表甲骨卜辞文学水准的一个重要侧面。田猎、征伐类卜辞在《周礼·占人》八命之中属于“征”的范畴，与天象观测以写景为主不同，卜辞中的田猎、征伐描写主要以记事为主，田猎征伐因为有人与野兽以及敌对方的对抗，更容易衍生出富有动作性和情节性的故事，卜辞中关于它们的记载往往都比较精彩。据卜辞的记载，殷墟地域河流汪洋恣肆，水道罗织，鱶鱶多鱼，殷人竟有一次捕鱼至三万者[⑤]，其林间草原既有奔跑的大象，也有蛰伏的猛虎，麋

① （清）章学诚著，叶瑛校注：《文史通义校注》，中华书局 1985 年版，第 30 页。

② 参阅李振峰《甲骨卜辞与殷商时代的文学和艺术研究》，博士学位论文，哈尔滨师范大学，2012 年，第 149—151 页。

③ 陈炜湛：《甲骨文田猎刻辞研究》，广西教育出版社 1995 年版，第 1 页。

④ 参阅《甲骨文合集分类总目》战争类卜辞的收录情况，《合集》共收录刻辞 41956 条，战争类刻辞 2177 条，约占总比例的 1/20。

⑤ 胡厚宣：《甲骨学商史论丛初集（外一种）》，河北教育出版社 2002 年版，第 811—906 页。

鹿成群，兕牛横行，雉鸡飞舞，狼奔豕突，一派上古时代的自然原始风貌，理所当然地，这里成了殷人田猎的天堂，他们一方面将田猎当作闲暇时的娱乐，另一方面也将其视为培养尚武精神的演武场，在众多的田猎卜辞中，不乏精彩的文学描写，如：

例一：王其㷉（决）率西麓？王于东立，豕大出，擒。大吉（《合集》28799）

例二：……获？兕五㷉（决）于东。十二月。（《合集》10409）

例一卜辞意为：时王要在率地的西麓火田吗？时王立于东位，有野猪大规模奔突出来，擒获。大吉。例二卜辞意为：……会有所擒获吗？五头兕牛冲决了东面的围堵逃走了。时间在十二月。

例一卜辞中"㷉"（决）字象以手持火焚林之形，卜辞中为以火田猎之法。姚孝遂说："㷉是一种大规模的围猎形式。其情况当如《诗经·大叔于田》所描写的：'叔在薮，火烈具举。'"[①] 上古有以火田猎之法，《管子·轻重甲》："齐之北泽烧火"，注："猎而行火曰烧。"本版卜辞卜问在山的西麓焚猎，同时在东布阵，是否可以擒获大兽。卜辞语言极富节奏感，"豕出，擒"一句颇有《弹歌》："断竹，续竹，飞土，逐宍"的韵味，同时以一"立"字写出了狩猎人的静候之态，以一"出"字将野兽仓皇逃命、左奔右突的情状描摹出来，最后以一"擒"交代最终结果，一动一静，使卜辞的场面描写并不呆板，情节描写不流于平淡。例二卜辞残缺，但卜辞中的"决"字的使用非常传神，间接写出了兕牛狂奔过程中的怒目奋蹄和围堵人群的惊慌错愕，其辞若完整，描写亦当精彩。[②]

这就表明甲骨文不仅是商民族共同语言的文字呈现，而且表明商民族共同语言已是十分稳定的语言。[③] 所以，甲骨文在华夏字漫长的发展历史上具有极其重要的地位，是方块汉字及华夏民族文字当之无愧的

---

① 姚孝遂、肖丁：《小屯南地甲骨考释》，中华书局1985年版，第162、155页。

② 李振峰：《甲骨卜辞与殷商时代的文学和艺术研究》，博士学位论文，哈尔滨师范大学，2012年，第158—159页。

③ 以上参阅徐杰舜《汉民族发展史》，四川民族出版社1992年版，第97—98页。

鼻祖。[①]

三　青铜礼器：华夏民族青铜文化的高峰

华夏民族文化的凝聚在商代出现了一个高峰，那就是青铜文化凝聚而成的青铜礼器，铸成了华夏民族青铜文化的高峰。

什么是青铜礼器？所谓青铜礼器就是人们常说的“彝器”，“彝”的意思是常，以钟鼎为代表的宗庙常器，也就是青铜礼器。[②] 那么，青铜文化何以会凝聚成青铜礼器呢？说来可能话长。在人类发展的长河中，那些本来是日常生活中使用的食器、酒器、水器等，随着国家和民族的形成，在进入文明社会后，性质就会发生根本的变化，即会成为祭祀、礼仪活动中的礼器、神器。尤其在青铜时代，耐用的青铜器体现了贵族的身份和权力，成了贵族身份、权力和地位的象征。而青铜器本身所具有的珍贵稀有、华美庄重又可以长存流传后世的特点，使统治阶级争相拥有，既是炫耀地位身份的标志，同时又是财富的象征。于是，中国社会从夏到商，青铜器凝聚作为权力的象征，不仅仅在宗庙的祭祀和鬼神自然的祭拜中充当重要的角色，而且在日常的生活中，更是王室贵族身份、等级和地位的象征，青铜器与当时的政治、军事、宗教等活动密切相关，即所谓“国之大事，在祀与戎”[③]。也就是说，青铜器与当时的政治、军事、宗教等活动关系密切，可以说是国家政权、等级制度的物化形式。而从礼制上来说，青铜器是贵族世家的标志，是庙堂中不可缺乏的宝器，更是体现贵族等级制度上下尊卑的器物，所以成为各种礼仪场合、祭祀程序中不可缺少的道具。这就是说，商代青铜礼器的社会功能是通过在祭祀和各种礼仪中的使用来体现的，因此礼器也是一种祭祀鬼神和祖先的祭器。而永久陈设于王侯宗庙中的祭器，又被当成体现王权和等级最高象征意义的重器。在商代的礼器仍具有浓厚的宗教祭祀色彩，殷商统治者经常举行各种大型祭祀活动，包括天地祭祀、宗庙祭祀、鬼神祭祀、军礼祭祀等，统治者企图通过这种宗教形式，为自己筑起一道神秘的保护壁垒，并冀图对被统治者造成一种精神威慑力量。所以，在已经发掘的商代的遗址中，发现的青铜器多为礼器和兵器，

---

① 崔波：《论甲骨文的文献学价值》，《图书与情报》2007 年第 4 期。

② 马承源：《中国青铜器》，上海古籍出版社 1988 年版，第 15 页。

③ 《左传·成公十三年》。

商代成了青铜礼器大发展的一个时期。[①]

青铜礼器文化在商代的凝聚，与商文化的构成一样，基本上也分为三个阶段，分别是商代早期，商代中期和商代晚期。王金梅在《简述商代青铜礼器的造型与纹饰》[②] 一文中有一个比较明确的论述。

商代长江流域的青铜文化，也有一番景象。在长江中游江西新干（淦）发掘一座商代大墓，最引人注目。出土近千件的文物，青铜器达480多件，其中礼、乐器60多件，且首出铜铸，兵器、农、工具多件，蔚为大观！青铜农具几乎包括商时期所有出土的种类，尤其是犁、铧的首次出土，既表明这时使用青铜农器的普遍性，又确凿地显示我国金属犁耕的历史到来。这是一宗很了不起的发现。一件通高1.1米被誉为“甗王”的铜甗和一个通高97厘米的方鼎，都是巨型重器。还有沿着长江南岸西进，在洞庭之南的湘江中下游，人们能看到更多的青铜器精品。在湖南以宁乡黄材做中心的、广布于长沙、岳阳、华容、醴陵、湘潭、衡阳，西及石门等地，在河道山崖、窖藏，不断发现殷墟期的青铜器物，据20世纪90年代的统计，为300多件，不少是重器，都造型奇特、铸工精细。[③] 这里鲜明的特色是动物形象的雕塑和圆雕，如所出土的商代11件大铜铙，其中宁乡老粮仓的2件四虎兽面纹大铙，其一残高84厘米，重达154公斤，可称为“铙王”。巧的是在其口沿铸四只卧虎，据说有节制音频的作用。还有湘潭出土的豕尊，全长72厘米、通高40厘米，造型逼真，双目圆睁而平视，两耳似在扇风，长嘴上翘而微张，犬齿尖长，背部鬃毛竖起，四肢刚健，臀部滚圆。活灵活现地塑造出一只膘肥体壮的公猪形象。[④]

更令人惊异的是长江上游、四川盆地的北缘广汉三星堆出现青铜文化古遗址，其年一号坑相当于殷墟一期，二号坑为殷墟晚期。前者出土一根长达1.42米的金杖，数十个金面罩，13个青铜头像和数十件青铜面具、人坐像和龙头、铜虎等，还有一大批青铜礼器，一件爬龙柱形器，以及玉器、十多根亚洲象牙等，共300多件。二号坑出土一尊高至2.62米的青

---

① 王金梅：《简述商代青铜礼器的造型与纹饰》，《文物世界》2008年第4期；王洪香：《议商代青铜艺术的文化语意》，《飞天》2012年第2期。

② 王金梅：《简述商代青铜礼器的造型与纹饰》，《文物世界》2008年第4期。

③ 王贵民：《先秦文化史》，上海书店出版社2013年版，第137—138页。

④ 何介钧：《湘潭县出土商代豕尊》，《湖南考古辑刊》1982年第1期。

铜人像，8尊小型铜人像，41个青铜人头像、人面具和一棵青铜树，以及青铜礼器、青铜制的鸡、蛇、鸟、铃，还有六七十根1米长的象牙，金面罩等等，共439件。三星堆这种“匠心独运”的青铜艺术，绽放着青铜文化的奇葩。[①]

总之，商代早期的青铜器在郑州出土很多，这是因为郑州商城是商代早期都邑的原因。这些青铜器大体分布在商城的南面和东南角，重要的墓葬或窖藏有二里岗、白家庄、张寨南街、杨庄，以及南关外、铭功路、二七路等地，此外商代早期青铜器在河南北部、湖北黄陂盘龙城、安徽嘉山泊岗、江西清江吴城等地也有重大的发现。从出土的青铜器来看，无论在造型设计、花纹装饰，还是在铸造技术上较前代都有明显的进步。此时期的礼器种类增多，器物纹饰主体已是兽面纹，并开始出现了铭文。商代晚期是指盘庚迁都于殷之后的时期，即殷墟文化期。就青铜器的发展而言，在郑州二里岗文化与安阳殷墟文化之间，具有一定的广泛性，这就完全有必要在商代早期后和成熟的殷墟文化期前，划出一个称为商代中期的阶段，时间大约相当于中丁至小乙时期。商代中晚期的青铜器在冶炼、铸造技艺和艺术表现上都已经达到了高度成熟的地步，能够充分地发挥青铜材料的特点，作品被赋予某种社会意识形态的功能。到了商代晚期青铜制造业得到迅猛发展，并使华夏民族的青铜文化达到高峰。商晚期青铜器纹饰最为发达，比之中期内容和种类丰富得多，以动物和神怪为主题的兽面纹得到了空前发展，成了古代装饰艺术的典范。商代的青铜器矗立于华夏文化的巅峰，更重要的是它创造的经验直接影响了华夏文化各个不同的艺术门类。甚至在某些方面决定了文化艺术的发展方向。宗白华即认为，中国书画的渊源基础就在于商周青铜艺术，“中国艺术有三个方向和境界：第一个是礼教的、伦理的方向，三代钟鼎和玉器都联系于礼教，而它的图案画发展为具有教育及道德意义的汉代壁画；第二是山水花鸟画；第三是石窟壁画类宗教艺术”。[②] 因此，从这个意义上来说，商代青铜文化的凝聚，建构了华夏民族文化艺术高水平的平台，从而成为华夏民族艺术之源[③]，

① 王贵民：《先秦文化史》，上海书店出版社2013年版，第139—140页。

② 宗白华：《美学散步》，上海人民出版社1981年版，第153页。

③ 黄骁：《青铜文化考——商代青铜艺术的符号解读》，硕士学位论文，武汉理工大学，2005年，第43、55—56页；王金梅：《简述商代青铜礼器的造型与纹饰》，《文物世界》2008年第4期。

这在华夏民族文化史上也是举足轻重的大事项。

综上所述，可以窥见商代是华夏民族青铜文化的核心时期，是青铜时代波澜壮阔、光彩夺目的一页。而青铜礼器是商文化最典型的物质载体，其中礼器用以烹煮和盛装祭祀物品奉献给诸神，乐器则用以演奏祭神之乐以娱神。礼乐器凝聚了商民族尊神事鬼的民族特性，也体现了他们对“神人以和”[①] 审美境界的追求。这种青铜礼器既有商代整体风格，又有地方特色，呈现出百花齐放的多元景象。足见青铜礼器文化的凝聚，把华夏民族的青铜文化推上了高峰。[②]

四　殷人尊神：华夏民族多神崇拜的发端

精神文化的凝聚是深层次的积淀，商代给华夏民族的信仰文化注入了什么新鲜血液呢?《礼记·表记》云：“殷人尊神，率民以事神，先鬼而后礼，先罚而后赏，尊而不亲。”这就是说殷人尊崇鬼神，领导人民侍奉鬼神，重鬼神而轻视礼教，重刑罚而轻视奖赏，虽有尊严而不可以亲近[③]。这给人民造成的弊端就是放荡不安分，好胜而没有廉耻之心。简言之，“殷人尊神”，这与“夏道尊命”来说是完全不同的概念了。

那么，“殷人尊神”之“神”是什么概念呢?

《说文》云：“神，天神，引出万物者也。从示、申。”[④] 《周礼·大司乐》又云：“以祀天神。”注云：“谓五帝及日月星辰也。”《礼记·祭法》亦云:“山陵川谷丘陵能出云为风雨，皆曰神。”南唐的徐锴所著《说文系传》谓：“天主降气以感万物，故言引出万物也。”徐灏笺：“天地生万物，物有主之者曰神。”可见当时在人们的心中神是天地万物之主，可以主宰所生的万物，即万物各有其神。在华夏民族传统的信仰文化中所谓的“神文化”，就是远古时代人们意识中主宰社会生活中的一切的“神”凝聚而形成的。作为一个“引申”字，“神”字从示从申，其发展过程显而易见。所以甲骨文和金文中的“神”字为“申”，原形象雷电

---

① 《尚书·尧典》载：“诗言志，歌永言，声依永，律和声。八音克谐，无相夺伦，神人以和。”体现了中华民族的传统审美思想。

② 以上参阅王贵民《先秦文化史》，上海书店出版社 2013 年版，第 133—141 页。

③ 李学勤主编，孟世凯著:《商史与商代文明》，上海科学技术文献出版社 2007 年版，第 147 页。

④ （汉）许慎:《说文解字》，中华书局 1963 年版，第 8 页。

形。叶玉森考释甲骨文“申”字认为：“象电耀屈折。《说文》虹下出古文绅，异。余谓象电形为溯谊。神乃引申谊。”① 许慎为东汉人（约58—147年），解释字多据他当时能见到的古文字资料，甲骨文他当然未见过，但他意识到“申，电也”。电为后起字，甲骨文中“申”用作天干，是一个典型的象形字，即闪电后的雷声以●●或○○表示。反映出远古时代的人们见天空的雷声和闪电无法解释，只能认为是有神所为，故造出雷的象形字，其后世人们则引申为“神”。②

正是在“神”观念的笼罩下，华夏民族古文献中所记载和新石器时代考古出土资料也证明，在五帝时代，自开天辟地的盘古至三皇五帝等都是具有神性的人。在无文字作系统记录的时代，对神的信仰全由氏族酋长来主宰，对自然界一切不可知的现象解释权就掌握在他们的手中。这种神文化凝聚到商文化中，这种人就被称为“巫”。在古文献中注疏家解释巫是能够“降神”及“接事鬼神之人”③，即是神与人之间的“中介人”。女巫称“巫”，男巫称“觋”。他们既能请神，也能装神，故后来华夏民族民间称他们为“装神弄鬼”的人。因此，最早产生的图腾崇拜、祖先崇拜、自然崇拜、祭祀仪式、乐舞祈求、占卜吉凶、习俗禁忌、疾病治疗等皆由巫设计和主持，这就是巫术。进入商代后，从神到巫术的文化凝聚，使最早的巫也起了变化，他们脱离了氏族酋长或部落首领兼巫的职能，成为一种专门的职业，氏族酋长们，也只能自然成为宗教领袖。所以，自商代有了文字记录后，这种专职的巫就成了最早掌握和使用文字的人，他们也就成了最早的史官，即巫史，也就是甲骨卜辞中所称的“贞人”。《尚书·君奭》中周公在赞扬了商王朝的贤臣伊尹、保衡、伊陟、臣扈、巫咸、巫贤、甘盘之后说了一段话：

> 率惟兹有陈，保乂有殷，故殷礼陟配天，多历年所。天惟纯佑命，则商实百姓王人，罔不秉德明恤。小臣屏侯甸，矧咸奔走。惟兹惟德称，用乂厥辟，故一人有事于四方，若卜筮罔，不是孚。

---

① 《殷墟书契前编集释》一卷十七页下。

② 李学勤主编，孟世凯著：《商史与商代文明》，上海科学技术文献出版社2007年版，第144—145页。

③ 见《周易·巽》孔颖达疏。

这段话对于认识商代的神文化非常重要，其意是说：正是有了这些有道德的贤臣辅佐治理殷国，所以殷礼是能配天，殷王死后都能升至天国称后、称王。经过许多的年代，都得上天专一佑助，因此商朝的异姓和同姓的人们，没有不保持美德而贤明的，朝臣和诸侯们，全都奔走效力。也正是这些官吏们崇尚道德，以此来辅佐他们的国君，所以国君对天下四方颁布政令，就如同占卜、占筮一样，没有人不相信的。[①] 这就是说，在周公看来商自成汤建国以后之所以能够发展，主要是“殷礼陟配天”。得到上天佑助，又有一批辅助国君的贤臣，所以一切政事都由卜筮决定。

占卜的材料主要是龟甲和兽骨。在商民族看来乌龟能活到千年，这种长寿有灵性的生物能够通神。[②] 《尔雅·释鱼》中分龟为十种，即神龟，灵龟，摄龟，宝龟，文龟，筮龟，山龟，泽龟，水龟，火龟。这十种中只有神龟、宝龟、灵龟、筮龟四种不入动物学上的分类，可知是《尔雅》以占卜术来定名。可见到商代已发展出很完整的一套占卜术，目前已知从商王武丁时期几乎天天有祭祀，事事必占卜而后决断。《说文》：“占，视兆问也。从卜，从口。”此在甲骨卜辞中得到证明，卜辞中不少的“王占曰，吉”，即是商王举行祭祀，通过占卜亲自检视坼裂兆象后说是“吉兆”，可以做所要祈求之事。商王也参与占卜，卜辞中的“王卜”“王贞”，即是商王亲自占卜。可见商民族的贵族特别迷信鬼神，他们认为鬼神世界有一个至高无上的神，被称为“帝”或“上帝”，商王宣称自己是“帝”的代表，这就是《尚书·盘庚上》所说的：“先王有服，恪谨天命……今不承于古，罔知天之断命。”也就是甲骨卜辞所说的“我其祀宾，作帝降若，我勿祀宾，作帝降不若”[③]。同时，他们又自称是神的后裔，以帝俊为高祖，依靠先公先王的庇佑而发达兴旺，因此对祖先的祭祀极为重视，事无大小，均用占卜，求告于祖先。把占卜当作沟通人神的工具，视占卜为体现神和祖先的意旨。这就是《礼记·表记》所说的：“殷人尊神，率民从事神，先鬼而后礼。”由此可见，在商民族的思想上认为，“上帝”统治着两重世界，一是“王”统治的人的世界，一是“先

① 参阅李学勤主编，孟世凯著《商史与商代文明》，上海科学技术文献出版社2007年版，第145—147页。

② 《庄子·秋水》中有庄子曰：“吾闻楚有神龟，死已三千岁矣。”《史记·龟策列传》：“余至江南，观其行事，问其长老，云：龟千岁乃游莲叶之上。”

③ 《殷墟书契前编》7、38、1。

王”统治的鬼的世界。而人间世界的“王”，又是代表“天”或“上帝”来行使统治的，他不仅是“神意”的传达者，而且是“神意”与“人意”的联络者。一直以十天干的日为名，并具有祖先崇祀意义的商王名字，到商末两王直接称为“帝乙”和“帝辛”（纣），就把这种传达和联络的作用点明了。

前述“殷民八迁”，说明商民族原来是个流动性很大的游牧族群，没有个统一信仰的主神，这对商民族的发展很不利，于是就创造出上帝（帝）和祖先神来作为全民共同信而不疑的大神，并将商王室的先公远祖和先王安排为能替上帝管理人间一切事，这也能使商王室统治者们深信不疑。“成汤革命”的实践证明“率民以事神”是行之有效的。所以，“殷人尊神”信仰文化中所称的“帝”和“上帝”，因不会造万物，只管具体的事，如呼风唤雨，降吉凶和灾祸，或会保佑商王所祈求的事，所以，既不是万物之造物主的上帝，也不是居于众神之上之总神，仅是当时商代众神之中一位管事较多的神。卜辞中的“帝”字有三义：一是神灵；二是祭名，与谛同意；三是用在商王庙号中，如帝甲（即祖甲）、文武帝乙。[①] 对此，卜辞中记载甚多，据晁福林对商代甲骨卜辞的粗略统计，关于上甲的卜辞有一千一百多条，成汤的有八百多条，祖乙的有九百多条，武丁的六百多条。在整个卜辞中有明确记载的祭祀祖先的卜辞多达一万五千余条。[②] 如：

……卜，争贞：上帝其降大旱。　　《合集》10166

贞帝不降大旱，九月。　　《合集》10167

庚戌卜，贞：帝其降旱。　　《合集》10168

丙寅卜，争贞：今十一月帝命雨，二告。贞：今十一月帝不其命雨。　　《合集》5658 正

卯，丁帝其降祸，其韧。贞：卯帝弗其降祸。　　《合集》14176

贞：大甲不宾于帝。贞：大甲宾于帝。贞：下乙宾于帝。贞：咸

① 参阅李学勤主编，孟世凯著《商史与商代文明》，上海科学技术文献出版社 2007 年版，第 150 页。

② 晁福林：《天玄地黄——中国上古文化溯源》，巴蜀书社 1990 年版；晁福林：《先秦社会形态研究》，北京师范大学出版社 2003 年版，第 165 页。如果将 20 世纪 90 年代陆续出土和新著录出版的资料，作一次重新统计，必然会比晁福林的这个统计总数字还要多。

宾于帝。　　　　《合集》1402 正[①]

由卜辞来看可知殷人的至上神是有意志的一种人格神，上帝能够命令，上帝有好恶，一切天时上的风雨晦暝，人事上的吉凶祸福，如年岁的丰啬，战争的胜败，城邑的建筑，官吏的黜陟，都是由天所主宰。但这商民族的神同时又是殷民族的祖宗神，便是至上神，是殷民族自己的祖先。[②] 可见，在商民族的心目中祖先神和帝（上帝）同在天国，帝（上帝）作为自然神之一，也和祖先神一样能够主宰人间生活中的一切，但祖先神能更多地了解人间社会，主宰人间之大小事情似更比帝方便。所以，商民族不是一切事都直接去向帝（上帝）祈求，更多的事情是向祖先祈求，这就是“殷人尊神”之“神”的实质。正如《国语·鲁语下》载孔子的话云：

> 丘闻之，昔禹致群神于会稽之山。……客曰：“敢问谁守为神？”仲尼曰：“山川之灵，足以纪纲天下者，其守为神；社稷之守者，为公侯。皆属于王者。”韦昭注：“群神，谓山川之君，为群神之主，谓之神也。山川之守主，为山川设者也。足以纪纲天下，谓名山大川能兴云致雨以利天下也。”

可见，商王朝时，迷信的空气笼罩着整个社会，商民族不仅已经把神秘力量神格化，而且已经把它们大体组成了一个有秩序的神的系谱，在这个系谱中，居于首位的是殷商时代神灵世界的最高神“帝”。除“帝”以外，来自直观经验的天象日、月、风、云等也被殷人想象为神。在殷人的观念中，至上神“帝”与自己的祖先神是融为一体的。殷人迷信人死后精灵不灭成为鬼。所谓天神、地祇、人鬼，都是大千世界中游荡不息的神灵，统统在殷人的顶礼膜拜中。[③]

---

① 上举卜辞都是武丁时期，有“上帝”的卜辞还见于祖庚、祖甲时期（《合集》24979），武乙、文丁时期（《合集》30388）。本处均转引自李学勤主编，孟世凯著《商史与商代文明》，上海科学技术文献出版社 2007 年版，第 150—151 页。

② 郭沫若：《先秦天道观之进展》，载郭沫若《青铜时代》，中国人民大学出版社 2005 年版。

③ 余冬林：《从神本走向人本——兼论夏商周文化的基本趋势》，《文教资料》2013 年第34 期。

"殷人尊神"之"神"实质的文化呈现则是多神崇拜，其崇拜的对象既有众多的祖先神（鬼），亦有各种天神、地祇，还有与社会政治结构保持一致的至上神"帝"或"上帝"。

商代的各种天神、地祇都可算作自然神一类，其中被奉为天神的自然物，包括日、月、星、云、雨、风、雪、四方等。卜辞有对以上诸神举行祭祀的记载，这些祭礼多使用牛、羊、犬牲之类，祭祀方法则多使用燎祭，即燔柴而祭。被奉为地祇的自然物，主要是山、川和土地。卜辞有大量祭祀"河""岳""土"的记载，即分别指祭祀河神、山神与土地神。此外，卜辞言对山进行祷祭时，又往往在"山"前冠以数字，称"二山""五山""九山""十山"；言祭祀于川水时，往往称具体的水名，如称"燎于洹""燎于洧水""侑于滴"等；于祭祀土地时，抑或在"土"前冠以具体的地名，如"亳土"，即文献习见的亳社。其中对于土地即社神的祭礼亦可与考古发掘相印证。在江苏铜山丘湾发现的商代社祀遗址，其中心竖立着 4 块天然大石，周围有使用人牲及犬牲的遗迹。专家认为，这些大石便是其时人们树立的用以象征社神的社主。凡以上对于诸自然神祇的祭礼，大致是为了祈求风调雨顺，或祈求丰年。

与商民族的多神崇拜相一致，是他们的日常生活，包括政治生活和各种社会经济活动都无不陷入一种浓厚的鬼神气氛之中。商王凡事必向鬼神问卜，各种祭祀活动无日不有，考古发现的整个殷墟故都，实不啻一个大的祭祀场，连商代青铜器的造型与纹饰，都充斥着一种神秘恐怖的气氛。①

这种多神崇拜凝聚到华夏民族信仰文化之中，使华夏民族及至汉民族在历史上从来没有形成过一个全民族信仰的统一宗教，原始时代积淀下来的万物有灵观，对大自然的崇信，始终影响着华夏民族及至汉民族的信仰民俗。这就形成华夏民族到汉民族一系的多种崇拜：对于天，有总管"天道"的神，叫"玉皇大帝"。认为青帝主东，赤帝主南，黄帝主中，白帝主西，黑帝主北。天神中，又分别有主管男仙的东主公，主管女仙的西王母。对于山水，认为山有山神，不仅五岳奉为神山，各名山也都有自己所供之神；又认为水里有"四海龙王"，龙王除统领水族外，还掌管兴云降雨。对于地，认为每一地段都有"土地神"掌管，古称"社神"，俗

① 沈长云：《先秦史》，人民出版社 2006 年版，第 216—218 页。

称“土地公公”。同时一树一石也都被赋予神灵。对于一些自然现象，认为雷公是司雷之神，电母又称“雷婆”，是司闪电之神，雨师是司雨之神，箕伯是司风之神，回禄是火神。对于地理方位，认为青龙是东方之神，并兼吉祥之神；白虎是西方之神，并兼凶神；朱雀是南方之神，玄武[①]是北方之神。四神合称“四方之神”。对于动物精灵的崇拜，有牛王、马王、蚕神、蛇神，甚至认为狐狸可以修炼成精，化成人形，被尊为“大仙”“狐仙”。

除了对大自然的崇拜而产生对各种神的信仰以外，从华夏民族到汉民族，人们还把人生的姻缘、寿禄都看作有神灵在主宰。对于爱情，有象征夫妻相爱的“和合”之神。奉之为女神的有四个：一为玄女，又叫“九天娘娘”；二是碧霞元君，其为泰山神——东岳大帝之女；三是斗姆，其为北斗众星之母；四为素女，极善弹琴歌唱。寿星，即老人星是专司长寿之神，又叫“南极老人”，俗称“老寿星”。麻姑作长寿女仙，故祝女寿者多以麻姑像赠送，名曰“麻姑献寿”。还认为魁星是主宰文章兴衰之神，文昌是主宰功名、禄位之神。掌握人间运气的还有福神、喜神、凶神，甚至床有床神，门有门神，厕所有厕神紫姑等。随着佛教的传入，华夏族民间又认为观音菩萨是送子娘娘，专管生育男孩。又认为阎王是主管人的生死之神。

由于神灵观念的影响，民间又崇信各种鬼怪，如吊颈鬼、短命鬼、强尸鬼、硬头鬼、水鬼、黑无常、白无常，等等。据《中国民间诸神》所记，华夏民族及至汉民族民间有200多个神名。[②] 真是名目繁多，不胜枚举[③]，使多神性成了华夏民族信仰文化的特质之一。总之，有商一代是华夏民族历史上的绝对神权时代，作为神的代表的巫觋，既是当时国家政治生活的统治者，又是经济生活的指导者、支配者，还是文化的创造者与传承者。“殷人尊神”的文化凝聚铸成了华夏民族从此永无统一的宗教

---

① 其形象为龟或龟蛇合体。

② 宗力、刘群：《中国民间诸神》，河北人民出版社1986年版。另马书田在《华夏诸神》（北京燕山出版社1990年版）中记汉族崇信的道教诸神有52位，民间俗神有27位，佛教诸神有28位，合计107位。

③ 徐杰舜：《汉族民间信仰特质的人类学分析》，载《汉学研究中心丛刊》，王秋桂等主编《社会、民族与文化展演国际研讨会论文集》，南天书局2001年版。又见徐杰舜《徐杰舜集——汉民族研究集萃》，线装书局2012年版。

信仰。

五 殷人尚声：华夏民族艺术文化的萌芽

商代的文化由于“殷人尊神”在文化内核上凝聚的不断强化，在文化表象[①]上也不断地呈现出来，其主要集中在歌舞及戏剧等艺术形式上。

甲骨文中的“舞”字是个象形字，其典型例证可参考中国社会科学院历史研究所编辑的《甲骨文合集》第 14209 号、15996 号等，字象人形，双手持羽以舞。《公羊传·隐公五年》云：“初献六羽。初者何？始也。六羽者何？舞也。”何休注：“羽者，鸿羽也，所以象文德之风化疾也。”《穀梁传·隐公五年》云：“初献六羽。羽，翟羽，舞者所持。”持鸟羽而舞可能与商民族的鸟崇拜有关，四灵中有南方朱雀，是阳精的代表。《诗经·简兮》中形容舞的场面，云：“有力如虎，执辔如组，左手执籥，右手秉翟，赫如渥赭，公言锡爵。”孙海波解释“舞”的字形，云：“像人两手曳牛尾而舞之形。”[②] 由此可见，“舞”是与“巫”紧密联系的。从字形的演变中也可以看出，“巫”字就是由“舞”字产生，在较早的时候，它们原来可能是同一个字[③]。由甲骨卜辞中的“舞”变为后来小篆中的“巫”字，又变为楷书中的“巫”字[④]。

就是在“巫”字与“舞”字凝聚的过程中，《尚书》言：“敢有恒舞于宫，酣歌于室，时谓巫风。”郑玄在《诗经笺注》中云：“是古代之巫，实以歌舞为职，以乐神人者也。”王国维亦言：“歌舞之兴，其始于古之巫乎？”[⑤] 所以，《说文解字》巫部云：“巫，祝也。女能事无形，以舞降神者也。象人两袖舞形。”可见，巫本来就是以舞降神之人。陈梦家即认为巫字本是舞字，“既同出一形，故古音亦相同，金文舞无一字，说文舞无巫三字分隶三部，其于卜辞则一也”。[⑥] 正所谓“言之不足，故嗟叹之；

---

① 文化表象指的是主观的文化意识反映于客观的物体、行为上，成为可被人感知的部分，如：艺术、风俗、仪式、代表人物等。

② 孙海波：《甲骨文编》，中华书局 1965 年版，第 255 页。

③ 李红青、涂园园：《商代的“巫”与“乐”》，《美与时代》（下半月）2009 年第 8 期。

④ 杨荫浏：《中国古代音乐史稿》上册，人民音乐出版社 1981 年版。

⑤ 王国维：《宋元戏曲史》，百花文艺出版社 2002 年版，第 1 页。

⑥ 陈梦家：《商代的神话与巫术》，《燕京学报》1936 年第 20 期。转引自林贤东《商代巫觋研究》，硕士学位论文，郑州大学，2006 年，第 29 页。

嗟叹之不足，故咏歌之；咏歌之不足，不知手之舞之，足之蹈之也”①。故《礼记·郊特牲》有“殷人尚声”之说，《诗经》中有《商颂》。而《诗经》中的《颂》诗，肯定用于宗庙。《毛诗序》云：“颂者，美盛德之形容，以其成功告于神明者也。”这里的“美盛德之形容”一语说明，颂应该是乐舞，它是用乐舞的形式来表现圣王的“成功”，从而告于神明的。此即《商颂·那》所云：

猗与那与，置我鞉鼓。
奏鼓简简，衎我烈祖。
汤孙奏假，绥我思成。
鞉鼓渊渊，嘒嘒管声。
既和且平，依我磬声。
於赫汤孙，穆穆厥声。
庸鼓有斁，万舞有奕。
我有嘉客，亦不夷怿。
自古在昔，先民有作。
温恭朝夕，执事有恪。
顾予烝尝，汤孙之将。

此意为：多么美好多堂皇，拨浪鼓儿安堂上。鼓儿敲起咚咚响，娱乐先祖心欢畅。汤孙奏乐来祭告，赐我太平大福祥。拨浪鼓儿响咚咚，箫管声声多清亮。音节调谐又和畅，玉磬配合更悠扬。啊，汤孙英名真显赫，歌声美妙绕屋梁。敲钟击鼓响铿锵，文舞武舞好排场。我有嘉宾来助祭，无不欢乐喜洋洋。自从古代我先王，已把祭礼制妥当。早晚温和又恭敬，小心谨慎作事忙。冬祭秋祭神赏光，汤孙至诚奉酒浆。②

这种重乐舞而轻祭飨的描写顺序，正好与令人感到惊奇的是《礼记·郊特牲》所云：“殷人尚声，臭味未成，涤荡其声，乐三阕，然后出迎牲，声音之号，所以诏告于天地之间也。”表明殷人的祭祀不仅充满了艺术韵味，且祭祀过程中声乐为先，牺牲等飨祭用品等则要“乐三阕”

① 《毛诗序》。

② 许嘉璐主编：《十三经：文白对照》，广东教育出版社 1995 年版，第 196 页。

后才能登场的记载相一致。所以，《周礼·大司乐》有成汤《大濩》之舞，《尚书·伊训》有“恒舞于宫，酣歌于室”之训，《左传》宋享晋侯而奏殷商《桑林》之舞，《吕氏春秋·古乐篇》成汤胜桀而修《九招》《六列》，《仲夏纪》并言殷商乐舞“以钜为美，以众为观”之实，《史记·殷本纪》则谓纣兴“北里之舞，靡靡之乐”，凡此种种，皆殷商乐舞兴盛之证也。征之卜辞，知商代乐器品类齐全，金、石、土、革、丝、木、匏、竹八音齐备；各式舞蹈蔚为大观，九律曼舞，缵继前代，信而有征；乐官体系和乐舞教育已经初具规模，乐歌众多，舞臣专事，万舞美奏，音声绝伦。正如《礼记·乐记》云：“故钟鼓管磬，羽籥干戚，乐之器也。屈伸俯仰，缀兆舒疾，乐之文也”，又云：“乐者，德之华也。金石丝竹，乐之器也。诗言其志也，歌咏其声也，舞动其容也，三者本于心，然后乐器从之。”与殷商乐器的齐备相匹配，殷商乐曲和舞容也呈现出繁盛之态。[①] 直接反映商代“巫九舞”歌舞艺术演奏盛况的，是殷商青铜器《戍铃方彝》，其铭文曰：

> 己酉，戍铃丬《尊》宜于俭《召》，置庸，婡（带、黼、舞）九律婡（带、黼、舞），商《赏》贝鲼《十朋》，万豖用债（铸）丁（祊）宗彝。才《在》九月。隹《唯》王十祀俩日五，隹来东。

此段铭文意为：乙酉日这一天，戍铃在召宫的殿堂举行了丬宜的献祭仪式，（祭祀仪式过程中）使用了乐器庸，表演了“九律”舞，赏赐了典乐者万人豖十朋贝，豖因此制造了这件用来祭祀宗庙的彝器。时间为九月，其时在时王十五年九月征伐东夷归来举行“俩日”祀典这一天。[②] 正如李振峰所说：这段关于商代乐舞极其珍贵的出土文献记录，铭文的珍贵之处在于，它还原了一个极为真实的商代礼乐文化场景：商王帝辛征伐东夷归来，在召宫庙堂献捷举行“俩日”祀典，“丬宜”之人奔走在庙。仪式过程中乐官置庸钟，万者九律曼舞，以乐侑食，济济多士，论功行赏，

---

① 李振峰：《甲骨卜辞与殷商时代的文学和艺术研究》，博士学位论文，哈尔滨师范大学，2012 年，第 63 页。

② 裘锡圭：《甲骨文中几种乐器的名称——释庸豐鞀》，载《古文字论集》，中华书局 1992 年版，第 196 页。

君臣相得，文治武功，一时齐备，其场景与《商颂·那》相仿佛。青铜铭文为了突出舞者服饰的华美，弃“舞”字不用，将“舞九律舞”改写为“婡九律婡”，以“婡”（黼、带）字所固有的花纹来描绘“史巫纷若”的华丽服饰。①

商文化中不仅歌舞繁盛，而且戏剧也已肇始。

商代乐舞过程经常伴随着角色扮演，殷商的舞者或者直接替神代言、表演神的作为，或者在祭祀的过程中向扮演神灵的“皇尸”献上乐舞，可见，殷商乐舞文明中不乏“戏”的成分，故有学者认为巫的表演只能是一种“前戏剧”状态。② 正是在这个背景下，商民族在进行大傩的过程中，巫者“玄衣朱裳”，头戴纹饰饕餮的青铜面具，四目狰狞，手持法器扮演神灵，伴随乐声起舞以驱鬼逐疫，卜辞在这方面有大量记载，如：

□□［卜］，□贞：旬亡尤？……允有来艰自西，甾告曰……［𢦏］。口夹方相四邑。十三月（《合集》6063 正）

□□［卜］，贞：□亥其寇寝宰。　十二月。（《合集》13573）

庚辰卜，大贞：来丁亥，寇寝㞢𢦏，岁羌三十，卯十牛。十二月。（《合集》22548）

□□［卜］，遂［贞］：……巫寇……淮㞢工。（《合集》23558）

□□［卜］，出贞：……寇……𢦏三十……十二月。（《合集》23624）

庚子卜，贞：母辛□（□）钔亡囚？（《合集》22077）③

在此，值得注意的是，此引卜辞例中，“寇”字，从“宀”从“九”从“支”，“宀”像屋宇之下，“九”有“鬼”声，“支”像手持武器，因而“寇”字像屋下手持武器驱鬼之形。神秘的龟甲兽骨上呈现出的是一派“前戏剧”状态，更典型的是河伯娶妇，商代一个人神恋爱的祭祀演绎。卜辞记载：

① 李振峰：《甲骨卜辞与殷商时代的文学和艺术研究》，博士学位论文，哈尔滨师范大学，2012 年，第 108 页。

② 同上书，第 92 页。

③ 同上书，第 88、90 页。

丁巳卜，其燎于河牢，沈嬖。（《合集》32161）

丙子卜，宾贞：嬖、珏口河（《合集》14588）

钟方，于河□（妻）。（《合集》686）

侑于河女。（《合集》1403）

丁酉卜，贞：于河女。（《合集》683）

㞢于河我女。（《合补 B100》35）

彭河三十牛以我女。（《合集》672 正）

在这些卜辞中，可见“河”神是重要的自然神灵之一，商民族经常献祭于他，以求风调雨顺、大有丰年。值得注意的是，卜辞中所见到的殷人将女子奉献给“河”的记载，这些女子被冠以不同的名号：或径直称为“女”，或称“妻”，或称“嬖”，正如陈梦家所说：“卜辞所记用嬖皆与先妣相关，则嬖可能指一种可为牺牲的女奴，如此则沈嬖与褚补《滑稽列传》所述邺令西门豹治河伯娶妇之俗有关。”① 其实卜辞中有关“河伯娶妇”的记载本质上就是一种“戏礼”。

所谓“戏礼”，苏轼有过论述，其云：“八蜡，三代之戏礼也。岁终聚戏，此人情之所不免也，因附以礼义。亦曰：‘不徒戏而已矣，祭必有尸，无尸曰奠，始死之奠与释奠是也。’今蜡谓之祭，盖有尸也。猫虎之尸，谁当为之？置鹿与女，谁当为之？非倡优而谁！葛带榛杖，以丧老物，黄冠草笠，以尊野服，皆戏之道也。”② 商代正是这样的一个案例，在商代的河神祭祀中乐舞是不可或缺的因素，这可以与“河伯娶妇”类卜辞相互补充。所以，应该认为，在河神的祭祀仪式中，在其面前翩翩起舞的不是别人，就是扮演男神及其配偶的巫觋，男巫和女巫演出的舞蹈无疑就是古老的“圣婚仪式”，通过“合好效欢虞太一”③ 的戏剧形式来达到“绵绵瓜瓞”④ 的目的。这出戏剧的情节类似于《楚辞·河伯》的恋

① 陈梦家：《殷虚卜辞综述》，中华书局 1988 年版，第 598 页。

② （宋）苏轼：《东坡志林》卷二，中华书局 1981 年版，第 26 页。

③ 汉代《郊祀歌》。《郊祀歌》是汉武帝时期创作的一组重要的朝廷乐歌，共十九章，非一时之作，产生的时间跨度比较长。由于是用于祭祀的乐歌，所以在音律上自然就是雅正为美，是正大、庄严、高妙的“黄钟大吕”之音。这些祭祀乐歌也反映了汉代“以孝治天下”，尤重孝道的时代风气。

④ 《诗经·绵》。

爱戏剧，由于卜辞记载的简质，男巫与女巫在河神祀典中表演的细节已经无从知晓，但我们有理由认为它与《楚辞·河伯》有极大的近似之处，《楚辞·河伯》载：

> 与女游兮九河，冲风起兮横波。乘水车兮荷盖，驾两龙兮骖螭。登昆仑兮四望，心飞扬兮浩荡。日将暮兮怅忘归，惟极浦兮寤怀。鱼鳞屋兮龙堂，紫贝阙兮珠宫。灵何为兮水中？乘白鼋兮逐文鱼，与女游兮河之渚，流澌纷兮将来下。子交手兮东行，送美人兮南浦。波滔滔兮来迎，鱼鳞鳞兮媵予。

由于在求神祭祀活动中，文学、音乐、舞蹈合而为一，以人扮神，表演一定的情节，所以，苏雪林等学者认为这是一首人神恋歌①，其原型即取材于“河伯娶妇”的祭祀仪式，换言之，这是一篇由宗教而催生的文学作品，文中女巫与河神之间相对言语，情话款款，细致描绘了行踪以及美丽的见闻，表达了委婉而热烈的深情。《河伯》有人物，有对话，有场景，有情节，有动作，完全可以还原为一出唯美的神人相恋的戏剧。闻一多等学者甚至认为《九歌》是我国“最古老、最完整的歌舞剧本”②。这使我们有理由认为，在殷商的河神祀典上，男巫与女巫的角色扮演也应该有类似的情节和形式。③

这样，我们可以认为华夏民族的歌舞及传统戏剧，在“殷人尊神”而形成的以“殷人尚声”为特征的巫文化中已经露出“尖尖角”。巫文化，作为华夏民族文化的源头文化，其历史文化内涵是异常丰富的。它对华夏民族文化乃至整个人类文化的贡献是功不可没的，以至我们今天在探寻许多文化现象时，都不得不回返到巫文化中去溯源。还是余秋雨说得好：“产生了甲骨文的巫文化，这种看来浅陋的文化，也许正是我们需要

---

① 苏雪林：《九歌与河神祭典关系》，《现代评论》1928 年第 8 期。转引自李振峰《甲骨卜辞与殷商时代的文学和艺术研究》，博士学位论文，哈尔滨师范大学，2012 年，第 97 页。

② 闻一多：《〈九歌〉古歌舞剧悬解》，载《闻一多神话与诗》，吉林人民出版社 2012 年版。

③ 李振峰：《甲骨卜辞与殷商时代的文学和艺术研究》，博士学位论文，哈尔滨师范大学，2012 年，第 96—97 页。

仰视的文化。”①

六　巫彭作医：华夏民族医药文化兴起

五帝时代炎帝遍尝百草，发明医药的事迹虽传颂久远，拉开了华夏民族医药文化构建的序幕，经夏代进入商代后，医药文化的凝聚就集中表现在巫医盛行上。

“医”字，甲骨文卜辞作“毉”，周代以后写作“醫”。“毉”字虽不见于《说文》，但其在《国语》《管子》《说苑》《广雅》等均有出现。如《国语·越语上》云：“女子十七不嫁，其父母有罪；丈夫二十不娶，其父母有罪。将免者以告，公令毉之。生丈夫，二壶酒，一犬；生女子，二壶酒，一豚。”韦昭注：“毉，乳毉也。”《管子·权修篇》云：“上恃龟筮，好用巫毉，则鬼神骤祟。故功之不立，名之不章，为之患者三：有独王者，有贫贱者，有日不足者。”《说苑·辨物》云：“上古之为毉者曰苗父。苗父之为毉也，以菅为席，以刍为狗，北面而祝，发十言耳。”《广雅·释诂》云：“医字或从巫作毉。”“毉”字，从殹从巫。可见商代之时巫与医还是一家。但与夏代及五帝时代巫医完全不分相比，情况已经发生了变化，即巫觋占卜吉凶的同时，也利用巫术进行治病，如甲骨文中有“有疾不死”②“疾不死”③之贞，是担忧疾病可能会置人于死地；又有“贞有疾年其死”④，是卜问一时大疫流行蔓延要死人之事。武丁时甲骨文有云：“贞余于商㱙”⑤“余勿在孙㱙”⑥，末一字㱙或是“疾死”合书，记殷王担心自己会在商邑或孙地染疾死去。⑦

就是在这个医药文化凝聚的背景下，“巫彭作医”⑧。就是说巫彭发明医术。《说文解字》“医”下的记载：“古者巫彭初作医。”《山海经·大荒西经》云：“大荒之中，有山名曰丰沮玉门，日月所入。有灵山，巫

---

① 转引自唐建设《甲骨卜辞与殷商巫文化》，《档案管理》2000年第4期。

② 《合集》7713794。

③ 《安明》702。

④ 《前》6.1.5。

⑤ 《合集》21375。

⑥ 《怀特》434。

⑦ 以上参阅并转引自宋镇豪《商代的巫医交合和医疗俗信》，《华夏考古》1995年第1期。

⑧ 《世本·作篇》。

咸、巫即、巫肦、巫彭、巫姑、巫真、巫礼、巫抵、巫谢、巫罗十巫，从此升降，百药爰在。”郭璞注：“群巫上下此山采之也。”巫彭等神巫于灵山升降采药也。《海内西经》亦云：“开明东有巫彭、巫抵、巫阳、巫履、巫凡、巫相，夹窫窳之尸，皆操不死之药以距之。”郭璞注：“皆神医也。”相传巫彭是医术的发明者，中国古代以医药养生著称者有彭祖，疑即是巫彭。《庄子·逍遥游》：“上古有大椿者，以八千岁为春，八千岁为秋。而彭祖乃今以久特闻，众人匹之，不亦悲乎！”成玄英疏：“彭祖者，姓篯，名铿，帝颛顼之玄孙也。善养性，能调鼎，进雉羹于尧，尧封之彭城。其道可祖，故谓之彭祖。”《楚辞·天问》：“彭铿斟雉，帝何飨？受寿永多，夫何久长？”发明了医术的巫彭擅长养生之术，他长寿的经验是运气体操，并结合饮食疗法，《神仙传》说他“常食桂枝，善导引行气”。《庄子·刻意》：“吹呴呼吸，吐故纳新，熊经鸟申，为寿而已矣。此道引之士，养形之人，彭祖寿考者之所为也。”春秋战国时的文献称之为“老彭”。《论语·述而》：“述而不作，信而好古，窃比于我老彭。”彭祖不仅见于传世文献，也见于出土简帛。《抱朴子·遐览》有《彭祖经》，《新唐书艺文志》有《彭祖养性经》，皆为古代有名的房中书。事实上，彭祖就是古史上多次提到，与巫咸齐名的巫彭。巫咸、巫彭是古代两位著名的巫师，在甲骨卜辞中也屡有著录。据董彦堂的研究巫彭为廪辛、康丁时人，[①] 这与彭祖在商代为守藏史也是一致的，可见彭祖即巫彭。[②] 还有商代专职的巫医甲骨文中有“四巫”（《续》1.2.4）、“九巫”（《戬》25.11）、“东巫”“北巫”（分别见《合集》5662、34157）；又有“巫由在虒”（《乙》152）、“巫臾”（《乙》8878）、“巫妹”（《拾遗》11.11）等；此外还有“周氏巫”“妥氏巫”“再氏巫”等[③]。另据甲骨卜辞记载，商王朝武丁以后的几王，好为巫医的尤数武丁，有关疾病的甲骨卜辞，96%—97%见于他在位期间。甲骨文有记武丁自为鬼巫驱除病祟者，如“贞弗祟，王由巫”。[④] “贞王邪。”[⑤] 这个卜辞末一字像一人头戴面具卧倚放榻状，或即《仓颉》篇“阴病疑瘣”的瘣字初形，盖指装扮鬼形驱疫

① 参阅郭沫若《郭沫若全集·考古编》第二卷，科学出版社2002年版，第20、21、315页。

② 杨炳昆：《彭祖即巫彭》，《社会科学研究》1991年第6期。

③ 宋镇豪：《商代的巫医交合和医疗俗信》，《华夏考古》1995年第1期。

④ 《英》1957；《金》530。

⑤ 《天》85。

鬼的巫术，《论衡·订鬼篇》“巫者为鬼巫”。《周礼·夏官》云：“方相氏掌蒙熊皮、黄金四目、玄衣朱裳、执戈扬盾，帅百隶而时难，以索室驱疫。”郑注：“蒙，冒也；冒熊皮者以惊驱疫疠之鬼，如今魌头也。”这片甲骨文就是记商王武丁头戴面具，自为鬼巫以驱除疫疠之鬼。[①]

既然商代已有“巫彭作医”的记载，那么，我们看看商代的“巫彭”是如何治病的。从甲骨卜辞可知，甲骨文的疾字有两种写法，比较早期的疾字，作一人躺于床上，身上淌着汗或流着血之形；后期的疾字，增一形作一人身上中矢之状。[②] 据台湾学者许进雄《中国古代社会》的研究：

> 从甲骨卜辞可看出，商人把得病归咎四种成因：一起鬼神作祟，如“唯帝肇王疾?”“不唯上下肇王疾?”（《命》14222）。“有疾止。唯黄尹它?”（《合》13682）。其能降下病疾的神灵包括上帝、自然界众神及祖先。可以说所有的鬼神都能降下灾祟致病。二是突变的气候。如“雀祸风有疾?”（《合》13869）。表明商人认为身体衰弱也能因不适应气候的变化而致病。三是饮食的不慎。如“有疾齿，唯蛊?”（《合》13658）。甲骨文的蛊字，作皿中有很多小虫的样子。菜蔬之中有虫，或腐肉生蛆是古人常见的事。古人很容易想象诸如蛔虫、肚泻牙痛等，是饮食不慎，吞下小虫所致。四是梦魇所致。如“亚多鬼梦，唯疾见?”（《合》17448），“王梦子，亡疾?”（《合》17384）。商人相信梦是精灵引起的。精灵能降下灾祸，所以也相信梦能招致病疾[③]。

甲骨文即有占卜问病因的文例，如：

> 贞：惟多妣肇王疾?（《合》02521）
> 贞：不惟下上肇王疾?（《合》14222）
> 戊辰卜，韦：疾，来甲戌其雨?（《合》00641）

---

① 参阅宋镇豪《商代的巫医交合和医疗俗信》，《华夏考古》1995 年第 1 期；［韩］赵容俊《甲骨卜辞所见之巫者的医疗活动》，《史学集刊》2004 年第 3 期。

② 许进雄：《中国古代社会》，台湾商务印书馆 1995 年版，第 499 页。

③ 同上书，第 500 页。

甲辰卜，出贞：王疾首，亡延？（《合》24956）
庚寅卜，争贞：子不骨凡有疾？（《合》00223）
癸巳卜，㱿贞：子渔疾目，福告于父乙？（《合》13619）
贞：疾耳，惟有巷？（《合》13630）[①]

可见，商代的巫医常采取祈求神灵、祭祀祖先的治疗方法，从卜辞可知主要有两种，一为告，二为御。甲骨文中的告字是一个象形字，作一个坑陷上插有标示物，表达警告行人勿误陷入其中之意。告为一种比较消极的治疗方法，仅向祖先报告病况，希冀祖先给予援助，大概为对较轻病症的做法[②]。甲骨文中亦有此方面的记载，如：

贞：告疾于祖乙？（《合》13849）
贞：作告疾于祖辛，正？（《合》13852）
贞：告疾于祖丁？（《合》13853）
贞：有疾齿，不惟巷？（以上旨见于《合》13646 正）
勿告于仲丁？（《合》13646 正）
辛未卜，㱿贞：有疾，告□？（《合》13778）

由此可知，商民族的人得病较轻之时，常向祖先报告病况，从而希望获得祖先援助而治疾。与“告”相比，“御”则是较为积极的治疗方式。甲骨文中的御字也是一个象形字，作一人跪于某物之前有所请愿之状，其字形与驾御之字相似，合而为一字。御为一种去除疾病的积极方法，乞求鬼神去除灾祸的根源。[③] 这在甲骨文中的记载也不少，如：

贞：于羌甲御克疋疾？（《合》00641 正）
贞：妇好骨凡有疾？
贞：于羌甲御？
勿于羌甲御？（以上皆见于《合》00709 正）

---

① 转引自［韩］赵容俊《甲骨卜辞所见之巫者的医疗活动》，《史学集刊》2004 年第 3 期。
② 许进雄：《中国古代社会》，商务印书馆 1995 年版，第 501 页。
③ 同上书，第 501 页。

妇好弗疾齿？

贞：寻御妣庚，酉五𡧊？（以上皆见于《合》00773甲）

丁巳卜，争：疾疋，御于妣庚？（《合》00775反）

贞：疾口，御于妣甲？（《合》11460甲正）

贞：有疾身，御于祖丁？（《合》13713正）

庚戌卜，朕耳鸣，有御于祖庚，羊百有五十八，侑母□斫？今日？（《合》22099）

癸未卜，王贞：畏梦，余勿御？（《合》17442）。

由此可知，殷人的御法，则为乞求鬼神或祖先去除灾祸的方法。除了"告""御"这两种主要的方法之外，商民族祭祀祖先神灵以乞求驱除疾病的方法还有"比""卫""福""侑"和"祟"等。[①] 但是，更重要的是，在商代对于因气候、食物等不关鬼神精灵而引起的病痛，已经利用了某些药物与若干外科医学知识，在商代的考古发掘中，发现了药用实物。河北藁城台西商代遗址的F2、F6、F14三座房址中，均出土了许多用盛器分装的植物药，发现了三十余枚去壳的植物种子，除有桃仁、枣、大麻籽外，还有专治浮肿、通便、泻腹水的郁李仁，可除痼热的李实，治面皯黑子的李核仁，能清热解毒的草木樨等。[②] 其中的桃仁和郁李仁"都具有缓泻作用，不能随便食用，解释为药用方宜。这说明在古代饮食质量差的情况下，人们多患便秘，因而需要常备缓泻的药品。这几味药也是古籍中记载的常用药"[③]。甲骨文中也有药物治病的线索。《续》6.23.10云："……卜，宾贞：……疾，王秉枣？"温少峰、袁庭栋认为这是殷人以枣为药的病例。因为"枣"有"禾盈把"之义。[④] 这条卜辞是说武丁患病后，卜问是否以一把大枣为药来治疗。他们还举了以枣治病的辞例。[⑤]《本草纲目》引《岣嵝神书》也有"咒枣治疟之术"，加之藁城商代遗址

① 李民主编：《殷商社会生活史》，河南人民出版社1993年版，第243—244页。

② 耿鉴庭、刘亮：《藁城台西商代遗址中出土的植物》，载河北省文物研究所《藁城台西商代遗址》，文物出版社1985年版，第193—196页。

③ 耿鉴庭、刘亮：《藁城商代遗址中出土的桃仁和郁李仁》，《文物》1974年第8期。

④ 《集韵》。

⑤ 《明》105。

中枣仁的出土，说明他们的意见是有道理的[①]。有意思的是商王武丁亦懂药性，知“药不瞑眩，厥疾不瘳”。[②] 反映了商民族对于巫术行为中合理的药物和医物和医术事象，已由信仰上的神秘感，渐渐扩展为一般的俗信[③]。与此同时，中国文献中也有商民族用药治病的宝贵资料，见于上古文献的药物已达120余种，名称保留至今的有杜衡、薰草等。[④]《素问·汤液醪醴论》说：“上古圣人，作汤液醪醴。”根据晋代皇甫谧《甲乙经》的序称：“伊尹……为汤液。”伊尹是商汤时从政的大巫，又是制造药物之人，据《吕氏春秋·孝行览》载，用汤液治病为殷商名臣伊尹所发明。这一切正好反映了商代的巫觋对医药文化凝聚的重要作用，这不能不说是商代医药文化凝聚的一大成果。此其一。

其二，在商代，砭石、灸若、熨、引导等外疗方法与药物治疗一样，也有了比较广泛的社会基础。河北藁城台西商代中期遗址曾发现一批墓葬，其中M14的墓主为一约45岁的中年男性，墓内殉有约20岁的青年女子，在二层台上还随葬了不少铜、石、骨、陶器，在墓主的头一侧有卜骨三块，其脚边放着一个黑色朱彩的带盖扁长方形漆匣，匣内装着医疗器具“石砭镰”1件，拱背凹刃，尖端圆钝，长度为20厘米，可见是珍而贵之的医疗器具。它可用于切破痈脓，排除瘀血[⑤]，可知墓主生前是一位巫医。[⑥] 还有湖南石门皂市商代遗址出土过一种长约13厘米，外表光滑的石棒，据说是用于叩击体表的砭石。[⑦] 殷墟大司空村SM308墓内人架的背下，发现两枚骨锥，呈八字形放置，锥尖对人体，其中一枚的锥尖深及胸椎骨。[⑧] 骨锥刺破肌肤，似乎属于针刺治疗的失败病例。《盐铁论·轻重》云：“拙医不知脉理之腠，血气之分，妄刺而无益于疾，伤肌肤而已矣。”这不能不说是商代医疗文化凝聚的又一大成果。

---

① 李民主编:《殷商社会生活史》，河南人民出版社1993年版，第242页。

② 《国语·楚语上》。

③ 宋镇豪:《商代的巫医交合和医疗俗信》,《华夏考古》1995年第1期。

④ ［韩］赵容俊:《甲骨卜辞所见之巫者的医疗活动》,《史学集刊》2004年第3期。

⑤ 马继兴:《藁城台西十四号墓砭镰考》，载河北省文物研究所《藁城台西商代遗址》附录四，文物出版社1985年版，第197—203页。

⑥ 河北省文物研究所:《藁城台西商代遗址》，文物出版社1985年版，第147—149页。

⑦ 周世荣:《湖南石门县皂市发现商殷遗址》,《考古》1962年第3期。

⑧ 中国社会科学院考古研究所:《殷墟发掘报告（1958—1961)》，文物出版社1987年版，第258页。

“巫彭作医”，作为华夏民族医药文化凝聚的一个标志，从此开启了中医的构建。

历史就这样揭开了华夏民族文化凝聚的第二幕，此时此刻，在中国历史发展中一个具有神秘色彩的历史舞台上，有甲骨文、青铜礼器、“殷人尊神”“殷人尚声”“巫彭作医”五个方面向华夏民族文化凝聚。

第三节　西周文化:华夏民族文化构建之三

周人克商，以“蕞尔小邦”消灭“泱泱大国”，在中国历史上演出了一部“蛇吞象”的“春秋”大戏，周民族从初型到定型的形成过程中，铸成了“亲而不尊。其民之敝，利而巧、文而不惭，贼而蔽”[①]，即温文尔雅，忍辱负重，深沉婉曲，以巧取利的民族性格。西周文化在承袭夏商文化中随之构建，正如孔子所言：“周监于二代，郁郁乎文哉，吾从周。”[②]

一　从先周文化到西周文化

周民族何以能以一个“蕞尔小邦”演出了一部“蛇吞象”克商的“春秋”大戏？这与周克商前所形成先周文化的特质本密切的关联。那么，什么是先周文化？先周文化又是如何演进成西周文化？这是认识西周文化建构的前提和基础。

先周文化，是指武王克商以前周人所创造的考古学文化。但学界对先周文化的源头、范围和内涵众说纷纭，争论不已。如关于先周文化的源头，历史学界有徐锡台及尹盛平的“关中土著”说；卢连成的“西来”说；钱穆、吕思勉、陈梦家、徐中舒等的“东来”说；胡谦盈、江林昌、田昌五等的“北来”说。[③] 但近三十年考古学界的研究有扎实的进展，他们认为应将注意力集中在“周人”上。先周文化在发展过程中，不可避免地吸收了一些相邻的考古学文化，因而含有高领袋足鬲、联裆鬲，以及

① 《礼记·表记》。

② 《论语·八佾》。

③ 详见李学勤主编，张广志著《西周史与西周文明》，上海科学技术文献出版社 2007 年版，第 30—34 页。

其他的一些文化因素。但只有联裆鬲、折肩罐、敞口盆等文化因素是周人所固有的，是居于主导地位的，代表着先周文化的主要因素。此外，在分析周人的固有文化因素时，还应注意铜器方面的资料。日名和族徽可以说是区别周人与其他文化铜器的重要标准。[①] 通过分析西周铜鬲，我们可以发现，周人所使用的铜鬲，基本以联裆鬲为主。而 1981 年宝鸡纸坊头 M1 西周墓出土的西周早期夨伯鬲，从器形上看，为一高领分裆鬲。夨是姜姓方国，该鬲反映了代表姜戎文化重要因素的高领袋足鬲向分裆鬲的过渡形态。周人主要使用联裆铜鬲和姜姓主要使用分裆铜鬲的特点，也可以佐证周人以联裆鬲为主要文化因素的事实。还有对于郑家坡文化以前的先周文化，一些学者也做了有益的探索。有学者指出，千阳望鲁台遗址可能是研究郑家坡类型来源的重要线索。[②] 也有学者认为先周文化可能源于客省庄类型。凡此等等，虽然还有不少争论，但无论如何，从考古证据来推断，先周文化当是源于本地的一种考古学文化。[③]

基于此，有学者总结说，先周文化也是指武王克商以前周人的文化。这一文化有特定的年代和分布地域，有其显著的文化特征，可以作为一种考古学文化单独存在。[④] 武王克商以前的周人文化包括有多种文化因素，如“先周青铜文化主要来源是商文化”[⑤]，“周人的青铜铸造技术主要是从商人那里学来的”[⑥]。从陶器分析，先周文化也是由多种文化因素相互融合而形成的。周人的文化在不同的历史阶段，融合了诸多不同文化的因素，这一点是与周族的历史密切相关的。周人的势力经历了一个由小到大，由弱到强的发展过程，其文化亦经历了同样的过程，不同的文化环境使它与不同的文化发生关系。随着自身势力的不断强大、扩张，不断吸收各种文化因素，最后形成一个有明显特征和文化认同的周文化。周人的文

---

① 张懋镕：《周人不用日名说》，《历史研究》1993 年第 5 期；《周人不用旗徽说》，《考古》1995 年第 3 期；《西周青铜器断代“两系说”刍议》，《考古学报》2005 年第 1 期。

② 尹盛平：《西周史征》第一章第一节，陕西师范大学出版社 2004 年版；《周原文化与西周文明》第一章，江苏教育出版社 2005 年版。张天恩：《关中商代文化研究》第三章，文物出版社 2004 年版。

③ 参阅曹斌《先周文化研究述论》，《江汉考古》2007 年第 3 期。

④ 《再论先周文化》，《周秦汉唐考古与文化国际学术会议论文集》，1988 年。

⑤ 邹衡：《论先周文化》，载《夏商周考古学论文集》，文物出版社 1980 年版。

⑥ 张长寿、梁星彭：《关中先周青铜文化的类型与周文化渊源》，《考古学》1989 年第1 期。

化从先周到西周文化面貌的变化正是周文化成长演变过程的一种反映。①

因此，必须对从先周文化到西周文化发展过程中的演变因素有充分的了解。

周民族形成的过程表明：在姬姜联盟形成以前，周民族应基本上指姬姓族群。姬姜联盟形成以后至武王克商以前，姬姜二族群逐渐融合为新的周民族。其文化也由姬周文化与姜炎文化融合为泾渭地区的先周文化。武王克商以后，在更广阔的地域内，经过更大规模的民族互动和融合，形成一个崭新的周民族，其中姬姓族群居于核心的地位。② 因此，仔细分析灭商以前周人的文化遗存，可以看出其文化构成的多元性。除传统认为的姬周、羌戎及商文化因素外，还有其他一些周边文化的因素，如北方文化的花边鬲、蛋形瓮，西部文化的带耳罐，南方巴蜀文化的尖底器等。具体来说，大约在商代二里岗下层时，商民族势力进至铜川、西安一线，至二里岗上层时，其势力更同西部的羌人族群在周原一带对峙，彼此有战有和，文化上彼此互有影响。商民族在关中西部与羌民族对峙的同时，在关中北部则与北方青铜文化（可能是文献中的鬼方、玁狁等戎狄族群）对峙，阻止了其南下。其间商民族与具有羌戎文化色彩的周民族发生关系，并控制了周民族，在文化上给予后者以很深的影响，在政治上可能给予一种保护与支持。武丁时期卜辞中较多记载的与周侯的战和关系大约反映的即是这一情况。③ 商民族势力的存在大致维持了各种族群势力布局的平衡稳定。至殷墟二期时，商民族势力因某些原因退出了关中西部。武丁以后，殷墟卜辞中关于周的记载极少，可能与商民族失去与周民族的联系有关。商民族势力的退出，使关中西部各支文化的稳定局势失去了有力的维持力量，各种势力在这一历史舞台角逐，争夺控制权，北方青铜文化乘机南下至淳化一带，西部羌戎势力东进至周原。而原在周原、武功一带商文化先民的后裔退守于漆水下游一带，周人因失去商民族的支持保护，被南下、东进的戎狄族群所逼迫。周民族与郑家坡类遗存先民均与商文化有关系。《史记·周本纪》载周先祖公刘时，“自漆、沮度渭，取材用”，说明两地

① 徐良高：《夏商周关系的考古学探索的几点思考》，《先秦史研究动态》1995 年第 2 期。

② 参阅徐杰舜《汉民族发展史》，四川民族出版社 1992 年版，第 106—110 页；邹衡《再论先周文化》，载《周秦汉唐考古与文化国际学术会议论文集》，1988 年。

③ 陈梦家：《殷墟卜辞综述》，科学出版社 1958 年版。

之间早有来往。因此，周民族南下寻求避难立足之地成为可以理解的一种选择。此时，周原一带是各族群势力的交接之处，没有一种势力在此形成稳定的控制，所以周民族方能乘虚而入，立足周原。在周原，周民族首先得到了东南边“他旁国”[①] 的支持。又因为周民族与羌戎文化系统的天然联系，便很快与西部的羌戎族群结成联盟。经过数十年的励精图治，摒弃自己落后的、不适应新环境的部分文化，采用了“贬戎狄之俗”[②] 的政策，广泛接纳吸收各族群的文化，从而形成先周文化的多元性，迅速崛起。至季历时，因周民族势力已遍及关中西部、陇东一带，向北击退了南下的北方青铜文化，耀县、长武、彬县一带重又回归周民族的控制。《后汉书·西羌传》注引《竹书纪年》：“太丁二年，周人伐燕京之戎。周师大败”，“太丁四年，周人伐余无之戎。太丁七年，周人伐始呼之戎，克之”。这些记载可能即是周人向北扩张的反映，它与考古发现可互相印证。周民族扩展、巩固了其在西部、北方的势力范围后，开始东向翦商，至武王灭纣，建立西周王朝。[③] 就在周民族形成和克商的历来演进中，多元的先周文化也转型成了博大的西周文化。

二 从甲骨文到金文：华夏民族文字文化的嬗变

汉字是世界上自源文字体系中历史悠久且沿用至今的古老的文字体系，在先秦的文化凝聚中，从甲骨文到金文是一个宏大的文字史问题，同时由于文字文化凝聚的嬗变，也是一个重要的书法艺术发端问题。

甲骨文是方块汉字的鼻祖，从文字史的角度去看，其大小不一分行布白自然，或疏落错综，或紧密严整。刀法有方圆肥瘦之别，随字布行，象形意味颇重，整体文字显现出符号化抽象特征，已区别于绘画。看过甲骨文的人都知道，刻于甲骨上的卜辞，由于书写载体本身不完全规整，文字书写需要随着载体本身进行调整布置，形成自右往左、自上而下的书写程式，而受甲骨材料的影响，呈纵向竖列（非垂直）。纵向竖列较前文字期的图画期的任意摆布已前进一大步，形成了书写的连续性、方向性，排版的程式性，在图像、符号向文字的进化历程中具有标志性意义。甲骨文文

① 《史记·周本纪》。

② 同上。

③ 以上参阅王巍、徐良高《先周文化的考古学探索》，《考古学报》2000 年第 3 期。

字的书写，确定了“纵向成列原则”，从右到左、从上到下，字字独立、大小基本相当，四周大体齐平，从而奠定了华夏民族方块汉字发展的基本架构。但甲骨文仅是汉字的初型。

周克商后，汉字的发展就进入了从甲骨文到金文的阶段。

从甲骨文到金文是汉字文化的一次嬗变。所谓嬗变就是质变（qualitative change），是事物从一种质态向另一种质态的转变。这个嬗变表现在三个方面：

第一方面是从刻辞龟甲到铸铭青铜器的嬗变。甲骨文是契刻在龟甲、兽骨上，而金文则是铸铭在青铜器上，简言之，是书写的材质不同。

甲骨文的产生与占卜有密切的关系，甲骨兆纹和甲骨卜辞之间具有一种“互文性”，兆纹的纹理确定卜辞的内容，卜辞又反过来验证兆纹的意义，这种互相指涉性正是甲骨卜辞的内在本质。所以，甲骨文仍然从属于甲骨占卜仪式场，是仪式符号的忠实记录，从本质上讲，其仍然没有完全发展成记录“人”的语言和思想的工具。这种文兆互补的常态，正是商王朝时甲骨文的本质。与此同时，甲骨文多是锲刻文字，图画性强，笔画繁多；线条细瘦，笔画多转折，笔画比较苍劲有力，古拙自然，具有浓烈的刀笔味；且字形结构不固定，变化较多，许多字可以正写、反写，简繁不一，偏旁不固定，异体字较多。甲骨文所有的这些特点，可以说基本上是龟甲这类的材质所决定的。

从甲骨文到金文不是一蹴而就的，有一过渡阶段。

据考，西周初期甲骨占卜仍然还比较普遍，周原甲骨的大量发现即是明证。周代甲骨占卜也有很多历史文献记录，如《诗·大雅·绵》云：“周原朊朊，堇荼如饴。爰始爰谋，爰契我龟，曰止曰时，筑室于兹”，《诗·大雅·文王有声》亦云：“考卜维王，宅是镐京。维龟正之，武王成之。”《尚书》中也有多处记载，如《尚书·大诰》载：“予不敢闭于天降威，用宁王遗我大宝龟，绍天明……天休于宁王，兴我小邦周，宁王惟卜用”，《尚书·洛诰》亦载：“我卜河朔黎水，我乃卜涧水东，瀍水西，惟洛食；我又卜瀍水东，亦惟洛食。伻来以图及献卜。”凡此等等，不一而足。

但西周以后，虽然甲骨占卜仍有零星出现，但已逐渐走向衰落。值得注意的是自《诗·大雅·绵》中记载“爰始爰谋，爰契我龟”后，再无见有关在龟占上契刻的记载和考古发现了。因此，可见西周以后，甲骨占卜上契刻文字的现象基本绝迹，新的方块汉字开始书写在青铜器上，书写材质的嬗变，致使取代甲骨文的是金文崛起，华夏民族的文字系统最终从巫神的仪式场中脱离出来开始独立发展。[①]

金文的崛起与材质的嬗变直接关联，与周代青铜器工艺发达有密切关系。许多青铜器上都铸刻有铭文，这些文字被称为金文，也叫钟鼎文。金文使用的年代，上自商代的早期，下至秦灭六国，1200 多年。金文的字数，据容庚《金文编》记载，共计 3722 个，其中可以识别的字有 2420 个。[②] 铜器上的铭文，字数多少不等。所记内容也很不相同。其主要内容大多是颂扬祖先及王侯们的功绩，同时也记录重大历史事件。西周后期比较典型的有散氏盘，上有铭文 357 字，是盘中铭文最长的一件。这些文字用笔豪放质朴、醇厚圆润，结字奇正相生、壮美多姿，是大篆范本之一。

散氏盘铭文铸刻于青铜器物之上，在预留的空间上成字，安排妥当，规整平齐。相同字在字法上基本统一，但在大小、重心、形状上还没有进行统一。各纵列排布的文字数有了明确的规定性，皆为 19 字，表明横行的排列有了一字对一字的准则。虽已建立一字对一字的准则，但由于横向的界格线仍未有明确的标示，左右字之间“一对一”的对应仍然有实施上的困难，出现明显的水平偏移。纵向竖行的排列明确了“纵向垂直原则”，较之甲骨文时期的“纵向成列原则”的排布，在秩序上有了进一步提高。字形与字大小仍然具有“画成其物，随体诘屈”的特点，字仍保有一定程度的象形意味，字的大小变动仍然比较明显。左右字距以小于字宽为主，上下字距以小于字长为主，整体章法布置形成紧凑茂密的风格。[③]

西周继散氏盘之后的虢季子白盘，金文有了新的发展，文字形态方折舒展，笔画密处匀整有序，疏处宽适自然，疏密相映，甚有情致，在散氏盘的基础上，进一步将文字规范定型，确立了竖向长方形字形的规范，有效地拉大了字的横向留白空间，行距的增大使字字独立的面目更加清晰，

---

① 以上参阅莫鞠聪《从甲骨文到西周金文看中国文字发展体现的秩序进程》，《美术教育研究》2011 年第 4 期；石志勇《甲骨文金文文象关系比较研究》，硕士学位论文，中国海洋大学，2010 年，第 21 页。

② 容庚编著，张振林、马国权摹补：《金文编》，中华书局 1985 年版。

③ 参阅莫鞠聪《从甲骨文到西周金文看中国文字发展体现的秩序进程》，《美术教育研究》2011 年第 4 期。

秩序感得到增强。其纵向字距较散氏盘有了明显的空间预留，字的上下距离有了更大的余地，显示出横向界格的存在与界格的进一步扩大，字的独立品格得以进一步确立。较之散氏盘，白盘在单字上确立了字长大于字宽的原则，在横向上确立了左右行距大于等于字宽的原则，纵向上确立了上下行距与字章法显得疏朗隽秀，作品显现出清新的风貌。[①]

从西周的散氏盘、虢季子白盘，我们窥见在从甲骨文到金文的文化凝聚中，由于材质的嬗变，华夏民族的方块汉字向着秩序化、理性化、标准化的方向演进，具体来讲，在这个文化凝聚的嬗变中，笔道细、直笔多、转折处多为方形的甲骨文，嬗变为笔道肥粗，弯笔多、团块多的金文。[②]

第二方面是从甲骨文卜辞与兆纹到青铜器纹饰与铭文的嬗变。甲骨文卜辞与兆纹是一种相互指涉的互文关系，是具有神性的巫觋在起主导作用。青铜器纹饰与铭文的关系也是一种相互指涉的互文关系，但起主导作用的已不是具有神性的巫觋，而是已初步脱离了神性而具有人性的史官和工匠。

先讲史官。史官的出现与巫的分化有关。从某种意义上来说，商代甲骨卜辞，其实也是中国最初的一种史事记载。有时一事一记，有时一事多记。从其刻画痕迹之齐整到书写内容之广泛来看，商代对史官的要求已比较高，职责分工已较明确。《尚书·多士》云："唯殷先人，有册有典。""典"是放在书架上的竹简。文字载体的多样化应该说当时的史官们早已是专职负责了。到了周代，史事记载对维护统治的作用日益明显，史官的职务随之逐渐加重，并有了更多更明确的分工，他们专以记事记言关注王和君的举动为己任。《礼记·玉藻》云："动则左史书之，言则右史书之。"[③] 他们还司聘礼，如《仪礼·聘礼》云："史读书展"；书写盟誓，如《周礼·春官·叙官》大史职云："大会同朝觐，以书协礼事，及将币之日，执书以诏王。"譬如掌管文书之职，老聃曾为周室守藏史。史司祭祀之礼，如《礼记·郊特牲》谓："失其义，陈其数，祝、史之事也。"此外天子诸侯之法令、刑罚颁布，也由史官宣读以告知天下，参战、监

---

① 参阅莫鞠聪《从甲骨文到西周金文看中国文字发展体现的秩序进程》，《美术教育研究》2011年第4期。

② 同上。

③ 《礼记·玉藻》。

察、射礼、管理氏族等，无不与史有关。故刘师培指出："周代之学术即史官之学也，亦即官守师儒合一之学也。"[①] 金毓黻也说："史学寓乎史籍，史籍次之，史学居末。而吾国最古之史家，即为史官。盖史籍掌于史官，亦惟史官乃能通乎史学，故考古代之史学，应自史官始。"[②] 正是在巫觋向史官的裂变中[③]，同时，随着刻辞龟甲到铸铭青铜器的嬗变，甲骨文卜辞与兆纹的互文关系也嬗变成了青铜器纹饰与铭文的互文关系。

在这种嬗变中，本来甲骨卜辞是用来记录甲骨兆纹的，卜辞的意义主要来源于兆纹，是兆纹的记录工具。一旦仪式场消失，兆纹的意义就被转移到文字上，兆纹就失去了其表意功能，卜辞则成为记录占卜意义的唯一工具，成为神意的一种复制，这样文字的表意功能必然会转移。金文则不同，互文关系被转移到纹饰与铭文关系上来后，纹饰作为铜器上体现神意的符号，铭文则作为文字符号来体现人意，二者分属不同的符号记忆范畴，纹饰属于象征符号，属于巫神的范畴，体现神的力量；铭文属于文字符号，属于人的范畴，记录人事。这样，象征符号和文字符号在青铜器上营造出一个和谐的氛围，青铜器既有神的威严又有人的质朴，一方面通过纹饰的神性来给人以震慑，另一方面通过文字铭刻来表达一个历史事实。文字记录的是人意，纹饰代表神意，铭文和纹饰成为一种互文关系，而不是记录关系，在这种互文关系的背后隐藏的是人、神之间的互动和交流。

重要的是金文不同于甲骨文的另一个重要特点是钟鼎文是事后铸刻。青铜器的制作需要一个非常复杂的过程，青铜器的制作需要制模、浇铸、铆焊、锻打等诸多步骤，同时由于金属的冷却定型特征，使得巫神逐渐成为固定的纹饰象征符号。这些象征符号主要有饕餮纹、夔龙纹、凤鸟纹、虎纹、云雷纹等，铜器通过这些具体的象征符号来达到通神的目的。

铜器纹饰的象征符号与甲骨兆纹的象征符号不同，兆纹的象征符号具有直接表达神意的可言说性；纹饰的象征符号由于其形式的固定化则只能固定的表达一种通神功能，自身具有不可言说性。但是，随着西周王朝的发达，青铜冶炼技术的日益发达，铜器开始大量出现，各个铜器自身的意

① 刘师培：《刘师培辛亥前文选——古学出于史官论》，生活·读书·新知三联书店 1998 年版，第 249 页。

② 金毓黻：《中国史学史》，河北教育出版社 2000 年版，第 7 页。

③ 高锦花：《先秦史官述略》，《枣庄学院学报》2006 年第 3 期。

义需要体现出其不同于其他铜器的特征，这就需要其他性质的符号加以表达。在文字符号已经出现并开始逐渐铭刻记忆的时候，文字符号开始担负起这种表达功能。这样，本来在甲骨文文字仪式场中处于支配地位的为“兆纹”，嬗变为金文文字中处于支配地位的主要是“铭文”，这正体现了“史”的价值。因为“史”的一个重要特点是有意流传，甲骨卜辞只能说在后人眼中具有史的价值，而金文则不然，青铜礼器是有意流传后世的一种历史铭刻物，金文是青铜礼器上面的文字铭刻记录，如果缺乏文字表述后人则难以了解其内容，因此青铜礼器的金文则带有了强烈的“史”的色彩。金文“史”的性质也可以从金文上的常用词语看出来，如一些钟鼎彝器上往往有“子子孙孙永其宝”的字样。如《班簋》载：“隹八月初吉…子子孙孙多世其永宝。”又如西周成王时期的眉县大鼎载：“唯八月初吉姜易（锡）田三千待□师□四兄用对王休子子孙孙永其宝。”[①] 所以，郭沫若曾指出：“传世两周彝器，其有铭者已在三四千具以上，铭辞之长有几及五百字者，说者每谓足抵《尚书》一篇，然其史料价值殆有过之而无不及。”[②] 陈梦家在《西周铜器断代》中把西周金文内容分为四部分：一是作器以祭祀或纪念其祖先；二是记录战役和重大事件；三是记录王的任命、训诫和赏赐；四是记录田地的纠纷与疆界。[③] 从郭沫若把金文与《尚书》相比，陈梦家对金文的分类，可以看出金文所具有的“史”的性质。甲骨文到金文的这一转型，标志着在华夏民族文字发展史上“图像符号”向“文字符号”的转型嬗变完成。[④]

第三方面是从甲骨文口语向金文书面语的嬗变。甲骨文是从属于仪式场的即时性契刻文字，如《通》375 云：“癸卯卜，今日雨？其自西来雨？其自东来雨？其自北来雨？其自南来雨？”《粹》907 亦云：“东土受禾，南土受禾（吉）？西土受禾（吉）？北土受禾（吉）？”[⑤] 这些卜辞都是王

① 转引自石志勇《甲骨文金文文象关系比较研究》，硕士学位论文，中国海洋大学，2010 年，第 33 页。

② 郭沫若：《郭沫若全集·考古篇》第八卷，科学出版社 2002 年版，第 9 页。

③ 陈梦家：《西周铜器断代》（上），中华书局 2004 年版，第 400 页。

④ 石志勇：《甲骨文金文文象关系比较研究》，硕士学位论文，中国海洋大学，2010 年，第 29 页。

⑤ 同上书，第 34 页。

问神的口语词，验辞即是神的回复。因此甲骨文是一种对话体文字系统，使得甲骨文的语句较为凝练，篇幅也较短。其意义大多由占卜仪式场所承载，带有强烈的口语色彩。故而是一种人与神的交流沟通的语言记录，其从属于占卜仪式场，是一种“记言”的文字系统，因而具有突出的口语特点。

而金文中虽然也有一些记录王的言辞的篇章，但是这些记录言辞与甲骨文的“记言”是不同的。如《虢季子白盘》载：

> 隹十又二年正月，初吉丁亥，虢季子白乍宝盘。不（丕）显子白，壮于戎工，经维四方。搏伐玁狁，于洛之阳。折首五百，执讯五十，是以先行。超超子白，献馘于王。王孔加子白义，王各周庙，宣爰乡。王曰：“白父，孔□又光。”王赐乘马，是用左王。赐用弓，彤矢其央；赐用戉，用政蛮方。子子孙孙，万年无疆。

虢季子白盘记录言辞“白父，孔□又光”，是周王对虢季子白的嘉奖之辞。何尊是成王祭祀文王、武王后，对何的训诰。从中可以看出金文中记载的言辞都一定程度上经过了润色、修改、加工，与甲骨文的直接记录“王问”不同，金文记录的则是“王曰”。这就使得金文带有王的个人“独白”色彩。我们还可以看出很多金文都是记事不记言的，如《明公簋》载：“唯圣令明公，遣三族伐东国，才□，鲁侯又□工，用乍旅彝。”《商鞅方升》亦载：“十八年，齐口卿大夫众来聘。冬十二月乙酉，大良造鞅，爰积十六尊五分尊壹为升。”[①] 可见青铜铭文主要是铭刻事实，那些带有记言内容的金文只能看作青铜器铭刻事件的一个必要组成部分，“记言”的目的仍在“记事”，因此金文可以看作“记事”的文字系统。当文字由“记言”发展到“记事”时，文字的修辞、润色、语法也就逐渐严密起来，一是金文中叠字的运用，使金文读起来有一种连绵不断的音律美感。如：

> 以飨上帝，以祀先王，穆穆济济，严敬不敢怠荒。——中山王

① 转引自石志勇《甲骨文金文文象关系比较研究》，硕士学位论文，中国海洋大学，2010年，第35页。

错壶

虩虩成唐，又严在帝所。——叔尸钟

迟父乍姬齐姜龢林钟，用卲乃穆穆不显龙光。——迟父钟

二是金文中的押韵现象，用韵协调，音律和谐读起来朗朗上口，增强了表达效果，同时也开创了华夏民族辞赋的先河，是华夏民族韵文最早的表现形式。如：

丕显天子，天子其万年无疆，保薛周邦，畯尹四方。——大克鼎

做叔和（钟），厥名曰□邦，其音鉠鉠，雍雍孔煌，以卲格孝享。——秦公钟

逾江，庚彭蠡，庚松阳。内庐江，庚爱陵。上江，内湘。——鄂君启舟节

乙亥，王又大丰，王凡三方，王祀于天室，降，天亡又王。衣祀于王不显考文王，事喜上帝，文王德才上。不显王乍省，不肆王乍唐，不克，气衣王祀！丁丑，王乡，大宜，王降亡勋爵复觵。隹朕又庆，每扬王休于尊白。——天亡簋

三是有些金文中大量采用四字句，在语音、词组、意境上都给人耳目一新的感受。这些四字句在语言上高低起落、抑扬顿挫，韵律和谐；在单音节词之间的组合上也体现出了简洁和富有表现力的特征；在意境上给人以回味无穷的意境美。如：

□□武王，□征四方，□殷俊民，永不巩狄，且□伐夷童。宪圣成王，左右□□刚御，用肇徽周邦。睿哲康王，兮尹亿疆。弘鲁昭王，广能楚荆，唯□南行。□□穆王，型帅宇诲，申宁天子。天子恪饡文，武长刺，天子眉无匄，□□上下，极熙桓谟，昊照亡□。

——史墙盘

可见，金文开始关注自身的书写、音韵和意境的表达，开始逐渐切合鲁迅先生所说的华夏字三美：“意美以感心，一也；音美以感耳，二也；

形美以感目，三也。”[①] 金文的这种书写、音韵、意境的规范化正是华夏民族的方块汉字从甲骨文口语向金文书面语嬗变的结果。[②]

正是在方块汉字从甲骨文到金文的嬗变中，书法艺术发端。

书法之所以能成为一门艺术取决于线条的流畅。商代在坚硬的甲骨上刻字，本身就是一种十分费时费力的事情。原始文字的那种块状、圆转、十分象形的特点在甲骨上表现起来十分困难，更主要的是此特征严重地阻碍了实用的目的，契刻者难以应付如此繁重的工作量。古人为了提高效率，不得不“改圆形为方形，改填实为勾廓，改粗笔为细笔……有时他们还比较剧烈地简化字形……”[③]，使得线条比较单一，大多呈直笔和折线，弧形线条的幅度也比较大，并带有刀锋痕迹。这样就使得甲骨文给人呈现出来的视觉感受具有劲直、尖刻、瘦硬、匀称的特征。这样就使得书法的特点很难完全呈现出来。但是甲骨文通过率直、天真、自然及其独特的“象形表意”的“童趣”，而形成了其多姿多彩的特色，体现出一种原始的、无法用概念言语所能表达的情感、理念、观念，配上那精巧、神秘、充满灵气的甲骨，使之荡漾出一种线性艺术的“童稚之美”。所以，李泽厚在《美的历程》中仍对甲骨文作了高度的评价，他说“汉字书法的美也确乎建立在从象形基础上演化出来的线条章法和形体结构之上，即在它们的曲直适宜，纵横合度，结体自如，布局完满。甲骨文开始了这个美的历程”[④]。

从甲骨到金文的嬗变，甲骨文书法的影子已基本上被婉转圆曲线条为主调的西周书风所取代，章法、布白上的自然随意也被规范与整齐取代了，间用肥笔装饰的现象也在慢慢消失，装饰性的肥捺笔触渐消而走向纯粹线条化。在字形上改变了早期结构符号的散漫不定而臻于固定统一，结构取纵势，修长婉丽，圆融内敛，更为重要的是，西周金文“线”的自足性得到强烈张扬，笔墨韵味开始摆脱铸范工艺的过程而获得独立，线条圆匀浑厚，凝重自然，呈现出一派雍容稳妥、秀逸柔和的气象，新的艺术风格脱颖而出。如大盂鼎是西周早期金文的书法代表作，书法体势严谨，

---

① 鲁迅：《汉文学史纲要》，上海古籍出版社2005年版，第3页。

② 参阅石志勇《甲骨文金文文象关系比较研究》，硕士学位论文，中国海洋大学，2010年，第35—37页。

③ 裘锡圭；《文字学概要》，商务印书馆1988年版，第42页。

④ 李泽厚：《美的历程》，广西师范大学出版社2000年版，第52—53页。

结字、章法都十分质朴平实，用笔方圆兼备、端严凝重，雄壮而不失秀美，布局整饬中又见灵动，点画饱满朴茂，充满内力，深沉、含蓄、凝练、朴茂，既沉着稳实，又自然苍劲，起收笔略尖。通篇铭文气韵生动，疏密相同，雄壮凝练，圆润遒劲，达到了十分精美的程度。

又如西周中晚期的《虢季子白盘》铭文通篇气韵统一，疏落大方，秀美典雅。笔画纤细而有力度，字体严谨而自然。从书法的角度看，它的最大特色是起笔藏锋，行笔流动，表现在章法布局上，有行有列，字距行距整齐统一，改变了通常的雄深茂密的格局，由于间距拉大，形成了参差错落的活泼氛围。布白落落大方的，工稳而有变化，整齐而不呆板，如同一个个的珍珠被串在一条银链之上，有一种柔和疏秀的和谐美，显得尤为疏朗雅致、从容平和，有了从大篆向小篆变化的特点，结构谨严，取势长方，体态遒美，在大量的具有阳刚之气的威猛凝重的书法作品中，显得尤为典型。①

千言万语集中到一点，西周金文的书法艺术作品的主要特点就是线条匀一。裘锡圭在《文字学概要》中说："西周金文形体演变的主要趋势是线条化、平直化。……线条化指粗笔变细，方形圆形的团块为线条所代替等现象……平直化指曲折象形的线条被拉平，不相连的线条被连成一笔等现象。"② 丛文俊在《中国书法史》中也说：金文"线条净化匀一，起止无迹……按照曲线美的原理，'篆引'线条随着笔势的不断变化移动，而产生充溢涌动的勃勃生机，引导着人的视线，去体味力与气运行不息的节律，笔顺再使之有序地衔接起来，形成一个字形的大节律，圆融变化，浑然无间。……使之简化，不过是直曲方圆、阴阳刚柔，由简易归于至道，也就拥有了整个宇宙"。③ 可见金文线条的苍劲，整幅作品的连密雄奇，以及其制作手段和其所依托的青铜器材质本身，构成了华夏民族方块汉字书法美的基础。④ 还是李泽厚说得好："甲骨、金文之所以能开创中国书法艺术独立发展的道路，其秘密正在于它们把象形的图画模拟，逐渐变为

---

① 参阅苏维碧《两周金文书法浅探》，硕士学位论文，浙江工商大学，2010年，第22—36页。

② 裘锡圭：《文字学概要》，商务印书馆1988年版，第46—47页。

③ 丛文俊：《中国书法史·先秦秦代卷》，江苏教育出版社2009年版，第191页。

④ 贺贵富：《从神本走向人本——从甲骨文到金文的美学嬗变》，硕士学位论文，华东师范大学，2010年。

纯粹化了（即净化）的抽象的线条和结构。这种净化了的线条——书法美，就不是一般的图案花纹的形式美、装饰美，而是真正意义上的‘有意味的形式’。”“书法由接近于绘画雕刻变而为可等同于音乐和舞蹈。并且，不是书法从绘画而是绘画要从书法中吸取经验、技巧和力量。运笔的轻重、疾涩、虚实、强弱、转折顿挫、节奏韵律，净化了的线条如同音乐旋律一般，它们竟成了中国各类造型艺术和表现艺术的魂灵。”①

三 井田制与籍礼：华夏民族农耕文化的完备

农耕文化是华夏民族的生存之道，西周农耕文化的凝聚集中在井田制上。何谓井田制？其是如何在西周凝聚而趋于完备的呢？

说来话长。华夏民族先民从夏禹的儿子启废弃“禅让”制建立夏王朝起，中国原始社会村社土地所有制的演变情况也开始蜕变。《左传・哀公元年》记述夏少康在落难“逃奔有虞”的时候，尚“有田一成，有众一旅”。杜预注：“方十里为成，五百人为旅”，即拥有方十里的土地和五百个农业劳动者。然则在其登王位时，全国土地和人口（包括所有的村社及其成员）当是他一人的私产。而且，从农业发展的一般规律来看，古代农业发达的民族，利用河流灌溉时，为了治理水患和管理水利设施，往往由国家来统一管理。夏民族在正月要“农率均田”②，每年必须定期在洪水过后，春耕以前把份地重新分配一次，以确定“经界”③，从而形成外有封疆，内有阡陌的井田。《国语・齐语》有“陆阜陵墐井田畴均，则民不憾”的“井田”与“陆阜陵墐”区别之说；《左传・襄公二十五年》有“井衍沃”的统计方法；《周礼・小司徒》有“乃经土地而井牧其田野”的“井”“牧”之分。所以孟子所说的“夏后氏五十而贡”，大概是夏代规定，每个“普遍奴隶”耕种五十亩土地，很可能就是夏王朝实行的井田制。

进入商代，华夏民族的农耕文化的凝聚在井田制方向上有新的发展。商代卜辞中的“田”字，在《后》1・14・2、《邺三》44・6、《粹》1544、《粹》1223、《拾》6・7、《拾》6・1等的象形，基本上是“田”

① 李泽厚：《美的历程》，广西师范大学出版社2000年版，第55页。

② 《夏小正》。

③ 《孟子・滕文公上》。

字的异体，可知当时的土地也划成许多等量的小块。这些小块，显然已经不是原始社会村社分给每个社员的份地，而很可能变成了贵族课验庶人勤惰的单位。孟子所说的“经界”，甲骨文、金文的“疆”字表现得十分清楚，都从弓、从田。从弓，以弓纪步，用弓丈量土地，分划田界；从田，二相北田界分明。商王把井田分封给贵族的封地，在甲骨文中称之为“邑”，其象形从口，下象人跪形。[①] 可见商朝的“邑”就是贵族包括一定数量的井田，以及一定数量耕种井田庶人的封地。虽然不是绝对方方正正，但实质应是井田。“田”和“邑”的甲骨文象形，不仅说明商民族的耕地已有规则整齐的沟洫作为灌溉系统，还说明一定数量的井田既是课取的耕作单位，又是各级贵族榨取庶人劳动的形式。商代卜辞中大量记载的是王驱使大众耕田的命令，如《京都》2363 云：“王令多尹圣田于西”；《粹》1222 亦云：“王令多羌圣田”[②] 等。这里的“众”或“众人”，当是被奴役的庶人；“多羌”和“多尹”当是被掠夺来的庶人和庶人头目；“晵田”“垦田”“圣田”则是治田的不同方式。在这些卜辞中，不见王把土地赐给下属，也不见“众”“众人”分有和耕种“私田”。很明显，夏、商时代的统治者已把农村公社分给社员的“井田”全部掠夺，占为己有。《竹书纪年》有云，殷武乙“三十四年，周王季历来朝，武乙赐地三十里”。这是在商代晚年商王赐给其他族群以小块土地的仅见的记载。所以金鹗在《求古录礼说·邑考》中很有见识地说：“孟子云：乡里同井，出入相友，守望相助，疾病相扶持，则百姓亲睦。此可见一井亦可为邑矣。”此所谓“一井亦可为邑”当是一种最普遍的村落式的小封地。这与《周礼·地官小司徒》的“四井为邑”之说，《国语·齐语》的“三十家为邑”之说，在把土地按井田划分的基本原则大体上是一致的。因此，孟子所说的“殷人七十而助”，就可能是商王朝实行的井田制。

在周代，就把大部分土地分封给下属，其中包括自己的亲戚、开国的功臣及前朝帝王的后裔等。所谓“授民授疆土”[③] “赐之山川，土田附庸”[④]，就是当时分封的记录。与此同时，西周统治者并对全国土地进行

---

① 参阅徐杰舜《汉民族发展史》，四川民族出版社 1992 年版，第 112—113 页。

② 转引自杨善群《井田制的原生、次生和再次生形态》，《青海师范大学学报》1983 年第 2 期。

③ 《大盂鼎铭》。

④ 《诗经·鲁颂·閟宫》。

过全面的、统一的规划。《诗经·小雅·信南山》曰："我疆我理，南东其亩"；"中田有庐，疆埸有瓜"。即是描写周初统治者对田亩的统一规划和治理的。《诗经·崧高》记述申伯受封时，"王命召伯，彻申伯土田"。毛传云："彻，治也。"郑云笺曰："治者，正其井牧。定其赋税。"《诗经·江汉》也记述说："王命召虎，式辟四方，彻我疆土。"朱熹注谓："彻，定其经界"，"井其田也"。在这些统一规划的"井田"里，有"私田"，有"公田"，亦称"藉田"。《诗经·韩奕》记韩侯受封时，曾对土地"实亩实藉"。这里的"实亩"，当即划分每家"百亩"的私田；"实藉"应为划出贵族直接经营的"公田"。周初这种公、私田的划分，显然是利用了原有农村公社的遗存而进行的[①]，从而建立了"溥天之下，莫非王土；率土之滨，莫非王臣"[②] 的土地国有制，并发展了商王朝的井田制，使之有了完备的形态。这就是（1）有了准确的亩制。周制百步为亩，一夫百亩（约合今31.2亩），称为一出，是井田的基本单位[③]。根据不同地区的不同情况，有的"九夫为井"，以四进位上推，构成邑、丘、甸、县、都的体系[④]；有的"一里为井"，以十进位上推，组成通、成、终、同、封、畿的体系。[⑤]（2）有比较完整的灌溉和道路系统。西周时，无论哪一种体系的井田，在井田中间的灌溉系统都称遂、沟、洫、浍、川，与其相应的道路系统则称为径、畛、涂、道、路。所谓"土田附庸"[⑥] 在某种意义上来说，就是井田周围和中间启土开沟渠，筑墉修道路，形成灌溉和道路系统。

西周的农业劳动者称作庶人，或庶民。他们处于整个社会结构中的最底层，也是各个宗族组织的普通族众，文献中或称他们为某位贵族的"私属"。如：

《左传·宣公十七年》："郤子至，请伐齐，晋侯弗许，请以其私

① 杨善群：《井田制的原生、次生和再次生形态》，《青海师范大学学报》（哲学社会科学版）1983年第2期。

② 《诗·小雅·北山》。

③ 参阅《汉书·食货志》。

④ 参阅《周礼·地官·小司徒》。

⑤ 参阅《汉书·刑法志》。

⑥ 《诗·鲁颂·閟宫》。

属，又弗许。”杜预注：“私属，家众也。”

《吕氏春秋·无义》：“公孙鞅以其私属与母归魏。”

《史记·周本纪》：“〔古公〕乃与私属遂去豳，度漆沮，逾梁山，止于岐下。”

贵族即利用其所拥有的对于宗族土地支配的权力，并以宗族长的身份对他们进行剥削，即所谓“助”法。《孟子·滕文公上》云：“殷人七十而助”，故“助”法可能是商代井田制向周代井田制的凝聚。一般每个贵族将其所掌握的土地分作两部分，一部分称作“公田”，亦称“籍田”[①]，另一部分称作“私田”。“公田”的“公”指贵族，或指宗族共同的祖先。这部分田地名义上是为祭祀祖先而设立的，目的是要以所出奉献给祖先，但在实际上却自然也由贵族占有。贵族借助全族人力量耕种“公田”，谓之“助”。“籍”也是借的意思，赵岐《孟子注》说：“籍，借也，借民力而耕公田之谓也。”“私田”之“私”指私属，也就是庶人。私田应分作若干份，由若干个庶人家庭占有和分别经营，收获物留归庶人自己。按照惯例，众庶民要“公事毕，然后敢治私事”[②]，即必须先在贵族所领有的公田上无偿地服完劳役，然后才得在自己的私田上经营。[③]

而且“助”的方式在西周是普遍的，上自天子，下至各个邦君、贵族，都以自己是各个族邦或宗族宗子的身份领有或大或小的籍田。周天子作为整个周民族最高的族长领有最大片的籍田。文献记载周王常在春耕时分在籍田上举行“籍礼”：“王耕一垡，班三之，庶人终于千亩。”[④] 金文《令鼎》记“王大耤农于諆田”，亦是王在諆田上举行籍礼。《截（言十戈）簋》铭文称“王曰：‘截（言十戈），令汝作司徒，官司耤田。’”说的是王室设有专管籍田事宜的司徒一职。由此可见王室收入很大一部分来自籍田。至于邦君、贵族利用籍田，在《诗经》的《小雅·大田》《甫田》中皆有所反映，诗称这些籍田为“大田”或“甫田”，称领有这些籍田的贵族为“曾孙”。旧注说“曾孙”为“主祭者之称”[⑤]。这样，周王

① 籍田又作“结田”“藉田”。

② 《孟子·滕文公上》。

③ 沈长云：《先秦史》，人民出版社2006年版，第130页。

④ 《国语·周语上》。

⑤ 参阅沈长云《先秦史》，人民出版社2006年版，第131页。

把井田分封给诸侯和百官，对贵族来说，是其计算俸禄的单位，又是计算劳动价值的单位。对庶人来说，井田则是他们的劳动对象，既要用劳动养活贵族，又用以获得维持自己生存的最低条件。所以，《孟子·滕文公上》云:“周人百亩而彻。”这就是周王朝实行的井田制。

总之,《孟子·滕文公上》所记载:“夏后氏五十而贡，殷人七十而助，周人百亩而彻，其实皆什一也。”尽管学术界对此有种种不同的解释[①]，但井田制作为华夏民族农耕文化在制度上文化凝聚的路线图，应该是出现于夏王朝的井田制，发展于商王朝，完备于西周。

井田制在文化凝聚中也形成了以文化为核心的“籍礼”。所谓“籍”，即蹈踏之意，指的是亲自蹈履于田而耕之[②]。“籍礼”是指天子亲率诸侯耕种农田之礼。籍田面积为千亩，收获供祭祀之用。《周礼·天官·甸师》云:“掌帅其属而耕耨王藉，以时入之，以供齍盛。”“藉”同“籍”。帝王亲耕之礼——籍田之礼，是演耕，具有象征性，包含一定的礼仪，其农事仪式的举行是在田间。朱天顺在《中国古代宗教初探》中认为:“世界各地的原始宗教，只要有了农业，一般都有‘始耕仪式’，或播种节。这种祭典，都是要酋长、头人等亲自主持或参加。”[③] 西周地官之最高长官为司徒，掌管土地，也包括籍田在内。金文铭辞中，“藉”也见于令鼎。据刘雨先生考释:“《令鼎》云:‘王大耤农于諆田。’《令鼎》作于西周早期，说明王亲耕藉田的制度确实始于周初。当然这种所谓亲耕是仪式性的，对内表示敬祖重宗，对外则表示重农务本，号召臣民不误农时，及时耕种。”[④] 可见“籍礼”不仅是一种统治者亲耕的仪式，更重要的其就是维护井田制的一种制度文化。《国语·周语上》载:

> 先时九日，太史告稷曰:“自今至于初吉，阳气俱蒸，土膏其动。弗震弗渝，脉其满眚，谷乃不殖。”稷以告王曰:“史帅阳官以命我司事曰:‘距今九日，土其俱动，王其祇祓，监农不易。’”王乃使司

① 参阅李学勤主编，张广志著《西周史与西周文明》，上海科学技术文献出版社2007年版，第101—106页。

② (清)吴乘权著、施意周点校:《纲鉴易知录》，中华书局1960年版，第72页。

③ 转引自华锋《试论〈诗经〉中的宗教意识》,《河南大学学报》1990年第5期。

④ 刘雨:《西周金文中的“周礼”》，载《燕京学报(新三期)》，北京大学出版社1997年版，第10页。

徒咸戒公卿、百吏、庶民，司空除坛于籍，命农大夫咸戒农用。……先时五日，瞽告有协风至，王即齐宫，百官御事，各即其齐三日。王乃淳濯飨醴，及期，郁人荐鬯，牺人荐醴，王祼鬯，飨醴乃行，百吏、庶民毕从。及籍，后稷监之，膳夫、农正陈籍礼，太史赞王，王敬从之。王耕一墢，班三之，庶民终于千亩。其后稷省功，太史监之；司徒省民，太师监之，毕，宰夫陈飨，膳宰监之。膳夫赞王，王歆大牢，班尝之，庶人终食。

具体而言西周"籍礼"仪式，据杨宽的研究，有下列五个程序：

（1）行礼前的准备。在立春前九天，由太史观察天时和土壤的变化，把情况报告给掌管农业的稷，由稷再报告国王说："距今九日，土其俱动，王其祗袚，监农不易。"随后，由国王派司徒通告公卿、百吏、庶民，做好行礼的准备。由司空在"籍田"上设坛，命令农大夫准备好农具。在立春前五天，由乐师瞽报告有"协风"来到，国王和百官分别到所斋之处，斋戒三天。

（2）举行"飨礼"[①]：到举行"籍礼"的日期，由郁人[②]官把香酒陈列出来，掌供酒醴的牺人官把甜酒陈列出来，于是"王祼鬯（灌香酒），飨醴乃行，百吏庶民毕从"。此为举行"籍礼"的序幕。

（3）正式举行"籍礼"：举行时，由后稷官负责监督，膳夫、农正负责布置，太史作为王的引导。主要礼节是："王耕一坺，班三之，庶人终于千亩。""王耕一坺"，就是王执耒耜耕田，掘起一坺土块；"班三之"，就是公卿百吏依次增加三倍，如公耕三坺，卿耕九坺等；"庶人终于千亩"，就是由庶人把这块"籍田"一直耕作到终了。当"庶人终于千亩"时，公卿百官要严加监督和检查，所谓"后稷省功，太史监之；司徒省民，太师监之"。

（4）礼毕后的宴会：由宰夫负责布置，膳宰加以监督，膳夫作为王的引导。主要礼节是："王歆太牢，班尝之，庶人终食。"就是先由王闻一下三牲的香味，再由公卿百官依次尝一下滋味，最后由庶人全部吃完。

---

① "飨礼"是一种高级的乡饮酒礼，目的在于分别贵贱、长幼的等次，整顿好行礼的秩序。

② 古官名。《周礼·春官·郁人》："郁人掌祼器，凡祭祀宾客之祼事，和郁鬯以实彝而陈之。"《国语·周语上》："及期，郁人荐鬯，牺人荐醴，王祼鬯飨醴乃行。"

（5）广泛的巡查和监督庶人耕作：在“籍田”举行“籍礼”完毕后，“稷则遍诫百姓，纪农协功，曰：‘阴阳分布，震雷出滞，土不备垦，辟在司寇。’乃命其旅（众）曰：徇（巡行）”。这是说：要在广大地区普遍通告贵族，去监督庶人耕作，如果土地有未开垦好的，就应由司寇严加判罪处罚。不仅如此，各级官员还要分批不断出动巡查，所谓“农师一之，农正再之，后稷三之，司空四之，司徒五之，太保六之，太师七之，太史八之，宗伯九之。王则大徇”。所谓“大徇”，韦注：“帅公卿大夫亲行农也。”①

这种“籍礼”，不但在开始春耕时要举行，在耨耘、收获时也要举行，所不同的只是仪式的细节略有差别，故《国语·周语上》载虢文公云：“耨获时如之。”仲山父亦云：“王治农于籍”，“耨获亦于籍”。

而“籍礼”之所以成为井田制的文化核心，是因为西周的井田制，本来就是从夏经商一直演化下来的一种蜕变的村社制度。孟子曾解释井田制说：“八家皆私百亩，同养公田，公事毕然后敢治私事。”又说：“惟助为有公田”，“助者籍也”②。《夏小正》亦载：正月“农及雪泽，初服于公田”。而《管子·乘马》也说：“正月令农始作，服于公田，农耕及雪泽，耕始焉，芸卒焉。”所谓“初服于公田”，“令农始作，服于公田”，当即孟子所说“公事毕然后敢治私事”。孟子既说“惟助为有公田”，又说“助者籍也”，所以“公田”也叫“籍田”。《吕氏春秋·上农》引古农书《后稷》的话，把“天子亲率诸侯耕帝籍田”和“后妃率九嫔蚕于郊，桑于公田”相提并论，可知“籍田”及“籍礼”在井田制中的文化核心地位。而“籍礼”凝聚为华夏民族的制度文化后，影响甚为久远，孔子曾曰：“安上治民，莫善于礼。”③周王亲耕农田的行为，更多为象征意义，体现统治者以民为本和重视农业的思想，表达天子对上帝和祖先的虔敬之心和贡奉之意；教育帝王子孙懂得农业劳动之艰辛，创业之艰难④。

周代凝聚而成的“籍礼”仪式，从此以后，成了中国历代封建王朝

---

① 参阅杨宽《西周史》，上海人民出版社2003年版，第268—270页。

② 《孟子·滕文公上》。

③ 《礼记·经解》引（清）皮锡瑞《经学通论》卷三。

④ 参阅战学成《籍礼与〈诗经〉农事诗的礼乐内涵》，《北方论丛》2011年第3期。

皇帝都举行的一个尚农的象征仪式。

四　以德配天：华夏民族宗法文化的内核

周民族是一个善于总结的族群，在中国历史上演出了一场“蛇吞象”的大剧之后，在文化凝聚之时并没有简单地继承，而是在建构宗法制度之时，总结了夏商两代兴衰的教训，创造了“以德配天”的思想。这是为什么呢？

西周建立之后，以小克商的西周统治者不得不思考一个问题，即拥有“天命”的殷商王朝为什么会王冠落地？这是因为周人开始觉醒到“天难忱（信）”①“天不可信”②“天命靡常”③，尤其是周公一方面认识到仅仅靠神权是不足以维护其统治的，另一方面也亲身感受到了民众的力量，也意识到了民众的重要性。还必须兼顾人事，重视民心。于是最终提出了“以德配天”的君权神授说。

在此，所谓“以德配天”的“天”虽然仍是夏商以来一直尊奉的“上天”，但周初统治者已经认识到，“天命”并非固定归属于殷商。《尚书·召诰》有：“皇天上帝，改厥元子兹大国殷之命。惟王受命，无疆惟休，亦无疆惟恤。呜呼！曷其奈何弗敬？”这是说，上帝更换了他的长子大国殷统治四方的天命。我们周王接受了天命，无限美好，也无限忧虑，怎能不严肃谨慎呢？周人深信殷商已经丧失了“天命”，必定灭亡。所以，当武庚联合三监叛周，周公组织东征的文告《大诰》中说：“予永念曰：天惟丧殷。”《尚书·康诰》中也说“惟命不于常”。也就是说，在周统治者看来，“天”或“上帝”不是哪一个族群独有的神，而是天下各族群所共有的神，因而“天命”不是固定不变的。那么，什么样的人才能够得到“天命”呢？周公等西周的统治者将“德”的思想引入汉民族古代的神权法思想。

值得注意的是，在甲骨文中并没有“德”字，而类似“德”之字应该为“徝”，是“德”字的初形，读直音，本义是直着向上登，向前走。许慎《说文》谓：“德，升也。从彳，德声。”周初才出现了“德”字，

① 《尚书·大诰》。
② 《尚书·君奭》。
③ 《诗经·大雅·文王》。

在“徝”字下加上了“心”字旁，并从“德”字的本义引申出正直、道德的品质的意思，又引申出恩惠的意义。郭沫若在对西周金文中的“德”字进行分析时指出：“德字照字面上看来是从心，意思是把心思放端正，便是《大学》上所说的‘欲修其身者先正其身’。”这种“德”观念反映了周人“要把人的力量来济天道之穷”的思想倾向。郭沫若还认为，周人重德的关键是“在一个‘敬’字上”，并说“这种‘敬德’的思想在周初的几篇文章中就像同一个母题的和奏曲一样，翻来覆去地重复着。这的确是周人所独有的思想”[①]。所以，周公非常重视“德”，不断大力宣扬“德”的思想。从《尚书·周书》中可以看出，有关“敬德”“明德”之类的言论确实俯拾即是。举例如下：

《召诰》:“王其疾敬德。……王敬作所，不可不敬德。”
《无逸》:“皇自敬德。”
《梓材》:“先王既勤用明德。”
《洛诰》:“公称巫显德。”
《多方》:“罔不明德慎罚。”

周人已经认识到“皇天无亲，惟德是辅”[②]。他们认为殷商代夏也是受有天命的，但到殷纣已完全“失德”，“失德”的重要表现就是不敬上帝，不敬天命。所谓“弗惟德馨香祀登闻于天，诞惟民怨庶群自酒腥闻在上。故天降丧于殷”[③]。《尚书·多士》中也说：“惟天不畀，不明厥德。”上天不会将“天命”赐予那些无德的人。“上天”只把统治人间的“天命”交给那些有“德”者，一旦统治者“失德”，也就会失去上天的庇护，新的有德者即可以应运而生，取而代之。因此，作为君临天下的统治者应该“以德配天”。周人灭商，不是周人的任意行为，而是奉天行事，因此不存在逆天的问题。《尚书·多士》中的一段话将这一思想说得十分清楚：

---

① 郭沫若:《郭沫若全集·历史编》第一卷，人民出版社1982年版，第336、335页。
② 《左传·僖公五年》所引《周书》。
③ 《尚书·酒诰》。

非我小国敢弋殷命。惟天不畀允罔固乱，弼我，我其敢求位？惟帝不畀，惟我下民秉为，惟天明畏。

这是周公在向殷商遗民解释西周灭商的理由，从理论上解释了天命转移的问题。[①] 在这个大的理论背景下，周代建构了宗法制度。

所谓宗法，据《说文解字》释："宗，尊、祖庙也；从宀，从示。"[②]"宀"是屋宇，"示"是神王，其本义是宗庙。而宗法，就是宗族共同遵守的法规。汉民族的童年在由原始社会跨入文明社会，社会的组织关系从以血缘关系为主转向以地域为主之后，血缘关系并没有完全退出历史舞台。夏商两代的祭祀对象除了天地之外，还有一个重要部分就是对祖先拜祭，显现了对血缘的重视。可见，宗法文化在夏商两代得到了发展与完善。这一发展到了商代则更为明显，因为这时不仅宗统与君统进一步结合[③]，而且还提出了选择"父死子继"还是"兄终弟及"的问题。正是在此选择问题上，商代在"父死子继"与"兄终弟及"的选择中，最后选择了"父死子继"。自庚丁之后，"父死子继"之制，连续传袭了四世四王，直至商亡未再改变却是事实，而且，"父死子继"之制还为其后的周王朝所承袭，发展成了宗法制度。可见，宗法制度是与周民族对祖先的崇拜，有共同的始祖和宗庙，有特定的祭祀是联系在一起的。所以周民族分封的指导思想就是"异姓则异德、异德则异族……同姓则同德，同德则同心"[④]。

周民族宗法制度的具体内容是：天子世世相传，每代的天子都是以嫡

---

① 王云红：《论周公的"以德配天"思想》，《洛阳师范学院学报》2009年第4期；霍丹：《论西周以德配天思想》，《江西青年职业学院学报》2011年第3期。

② （汉）许慎：《说文解字》，中华书局1963年版，第151页。

③ 君统与宗统是从周代宗法制中产生的一个重要问题。所谓宗统，即是宗族系统，意指以宗主为代表的宗族谱系的传承。所谓君统，即是指天子与国君之位的世系传承。二者的关系有分有合。首先，君是宗法关系中的宗主，承宗庙之重而为宗庙主，并没有超脱于宗族之外。国君身为宗族主，当有"收宗睦族"之义务。其次，君不只是一家一姓之主，还是公共政治秩序中的君主。在这个意义上，君与士大夫家族的宗主就有所区别。《礼记·祭统》中规定："王为群姓立社，曰大社。王自为立社，曰王社。诸侯为百姓立社，曰国社。诸侯自为立社，曰侯社。"群姓之社与百姓之社，体现了君是公共政治的象征；自为立社，是天子、诸侯自家宗族。参阅秦际明《君统、宗统与家国关系》，《光明日报》2013年11月11日15版。

④ 《国语·晋语四》。

长子继承父位，奉始祖为大宗，嫡长子的诸弟封为诸侯，为小宗。每代的诸侯也是以嫡长子继承父位，奉始祖为大宗，任命诸弟为卿大夫，为小宗。卿大夫与士的关系也是如此。简单地说，就是嫡长子继承制，凡大宗必是始祖的嫡系子孙。小宗对大宗来讲是小宗，但对本族来讲又是大宗[①]。在这里大宗小宗从血缘上说是兄弟关系，从政治上说则是君臣关系。于是大宗小宗从上到下地联结起来，即所谓“立子以贵不以长，立嫡以长不以贤”[②]。这样，大宗率小宗，小宗率群弟，自天子至诸侯、卿大夫、士，形成了一个严密的金字塔式的家族统治网。正如《礼记·大传》所云：“别子为祖，继别为宗，继称者为小宗。有百世不迁之宗，有五世则迁之宗。”[③] 就形成了周民族心理上以“大邦维屏，大宗维翰；怀德维宁，宗子维城”[④] 的宗法特点。

嫡长子继承制作为西周宗法制度的核心，其出现不仅使统治集团内部的继承问题得以解决，避免了因继承制度的不确定而造成统治集团内部的混乱。而且，宗法制度还解决了统治阶级的统治秩序问题，从前面的论述可以看出，在宗法制度下，大宗为“百世不迁之宗”，小宗为“五世则迁之宗”，大宗统率小宗，小宗无条件服从大宗。在这种情况下，整个社会中唯一的绝对大宗就是周王室，而平民百姓则成了最小单位的小宗。这样一来，周天子的统治便从制度上站稳了脚跟。除此之外，既然每个小宗都是从大宗中分离出来的，那么平民百姓这最小单位的小宗也应当是由周王室这个绝对大宗中层层分离出来的，二者应当有共同的祖先，这样百姓便失去了推翻王室的理由——因为从理论上讲二者是同根同祖的，反对周天子的统治等于反对自己的先人了。由此可见，宗法制度正是西周利用“以德配天”的思想在制度上的建构，无论从形式上还是从实际上都多少对统治者有了约束，这正是“以德配天”的力量。

“以德配天”不仅有力量，还有亲和力，这就是周代的宗法制除了“尊尊”的内容外，还有“亲亲”的成分，即所谓“善兄弟之道”，也就是通过维护各级同姓贵族的利益，来团结整个周民族，以期达到对天下万

---

① 参阅《礼记·丧服小记》《礼记·大传》。

② 《春秋公羊传·隐公元年》。

③ 《礼记·大传》。

④ 《诗经·大雅·板》。

邦加强统治的目的。这也含有汲取商朝败亡教训的意味。商纣王一味强化自己的独裁统治，却置自己的“遗王父母弟”[①]于不顾。《左传·僖公二十四年》云：“昔周公吊二叔之不咸，故封建亲戚以屏藩周”，说的就是周公欲通过封建亲戚来和谐周室兄弟的情谊，实际上，这也同样体现了“以德配天”的思想。

对于“以德配天”与宗法制度的这种关系，《尚书》中也有过分析，《大禹谟》云：“惟德动天，无远弗届。”德与天对举。说明德主要就人讲。《仲虺之诰》云：“有夏昏德，民坠涂炭”；《汤诰》：“夏王灭德作威，以敷虐尔万方百姓。”说明正常的德至少是有利于民众的行为或举措。《泰誓》中云：“惟天惠民，惟辟奉天”；《蔡仲之命》云：“皇天无亲，惟德是辅，民心无常，惟惠之怀。”说明德实际上就是惠。因此，周民族的“德”主要是就统治者与民众的关系而言。统治者施民众以恩惠。民众有所得，统治者则越称为有德。这种以德处理人与神、人与人之关系的方式，乃周民族的创造。可见，“以德配天”作为周民族的思想之魂，实为华夏民族宗法文化的内核。

五　周人尊礼：华夏民族礼乐文化的奠基

好花要绿叶来衬。华夏民族在西周的文化凝聚建构了宗法制度的内核后，周公又“制礼作乐”，不仅形成了西周“周人尊礼”[②]完整的文化体系，也为华夏民族及至汉民族传统文化的基本特色奠定了基础。

那么，这个基础是如何起步的呢？古之有礼乐起源于“神赐”和“圣人”两说。《山海经·海外西经》云：禹的儿子启，是一位神通广大的人物。他耳挂青蛇，骑乘双龙，“左手操翳，右手操环”，三次飞往天宫，得《九辩》与《九歌》，回到人间改成美妙动听的音乐《九韶》。诸如此类，是为礼乐文化起源于“神赐”说[③]。而“圣人”说，见于荀子所言：“礼之起于何也？人生而有欲，欲而不得，则不能无求，求而无度量分界，则不能无争。争则乱，乱则穷。先王恶其乱也，故制礼义以分

---

① 《尚书·牧誓》。

② 《礼记·表记》。

③ 参阅罗世琴《由谣到诗——中国诗歌起源及其初步发展刍论》，《北京理工大学学报》2005 年第 3 期。

之，以养人之欲，给人之求；使欲必不穷乎物，物必不屈于欲，两者相持而长。是礼之所起也。”[①] 此后，《史记·礼书》《吕氏春秋·勿躬》《淮南子·修务训》中都有类似的说法，是为礼乐文化起源于“圣人”说[②]。

其实，礼乐文化的产生和发展，经历了漫长的过程。杜佑《通典·礼·沿革》曾叙述了五礼的起源：“伏羲以俪皮为礼，作瑟以为乐，可为嘉礼；神农播种，始诸饮食，致敬鬼神，蜡为田祭，可为吉礼；黄帝与蚩尤战于涿鹿，可为军礼；九牧倡教，可为宾礼；易称古者葬于中野，可为凶礼。又，‘修贽类帝’则吉礼也，‘釐降嫔虞’则嘉礼也，‘群后四朝’则宾礼也，‘征于有苗’则军礼也，‘遏密八音’则凶礼也。故自伏羲以来，五礼始彰，尧舜之时，五礼咸备。而直云‘典朕三礼’者，据事天事地与人为三耳。其实天地唯吉礼也。其余四礼并人事兼之。”虽然杜佑之说很难确证，但其对五礼产生背景的揭示则是可以自圆其说的。而乐的起源，前引《通典》中提到伏羲已经开始“作瑟以为乐”，《吕氏春秋·古乐》则记载了上古葛天氏时代的音乐形态：“昔葛天氏之乐，三人操牛尾，投足以歌八阕：一曰载民，二曰玄鸟，三曰逐草木，四曰奋五谷，五曰敬天常，六曰达帝功，七曰依地德，八曰总万物之极。”表明乐舞是先民表达情感、沟通人神的重要载体。故夏、商时“礼”已存在于人们的生活之中，故孔子曰：“夏礼吾能言之”，“殷礼吾能言之”，只是“文献不足征”[③]。

在华夏民族的文化凝聚中，西周经历了从“神本”走向“人本”的文化大转型。周克商后，表面看来，周民族像接受商民族的其他文化遗产一样，也接受了商民族的宗教迷信，包括对祖宗及其他天神地祇的崇拜，以至对上帝的信仰。但是周民族并非全盘继承，而是注进了新的内涵，《论语·为政》中记载，孔子曰：“殷因于夏礼，所损益，可知也；周因于殷礼，所损益，可知也。”这种“损益”，使周民族的宗教文化发生了质的变化，这就是《礼记·表记》中所言“周人尊礼尚施，敬鬼事神而远之”。然而周民族与商民族宗教思想更大的差异却表现在对于天即上帝

① 《荀子·礼论》。

② 参阅杨金花《论孔颖达对〈诗大序〉文学价值的开掘》，《社会科学论坛（学术研究卷）》2008 年第 7 期。

③ 《论语·八佾》。

的态度上，即逐渐用人格化的“天”来称呼“帝”或代替“上帝”的概念，尤其是在周民族早期的一些记载中，关于“天”的属性以及周民族对“天”的崇拜，与“上帝”的属性以及商民族对“上帝”的崇拜上是一致的。如康王时的大盂鼎的铭文中说：“丕显文王受天有大命，在武王嗣文作邦，辟厥匿，匍有四方，畯正厥民。……粤我其遍省首王，受民受疆土。”[①] 其意就是说，周文王禀受天命，武王建立周朝，取得天下，今王则继承先王，拥有人民和土地。《诗·周颂·昊天有命》也说：“昊天有命，二后（即文王、武王）受之。”这样人格化了的“天”，不仅能给人以福禄，赐人以婚姻，给族邦带来振兴，为国家生就栋梁之材，也能予乱世以惩治，为之降下灾荒、饥馑、丧乱、罪罟，等等。但是，周民族的天与商民族的上帝有一个根本不同之处，就是周民族心目中的这个最高主宰具有明辨是非，甄别善否之特性，它不像商代的上帝那样只充作殷人的保护神。[②] 更重要的是，周人还将天意与民情联系在一起，认为天意是以民众的意志为转移的，是民意的集中体现。他们声称：“天视自我民视，天听自我民听”[③]；“民之所欲，天必从之”[④]。天在下界的选择，就是要“求民主”——求得保民的君主[⑤]；统治者之接受天的大命，亦等于“受民”——接受天交给他们的民众。就是在从“殷人尊神”向“周人尊礼”的转型中，周公“制礼作乐”，使礼乐文化一跃而成了周民族安身立命的精神家园，铸成了礼仪之邦的形象。礼乐文化包括礼和乐两个方面，其中，礼是规范当时社会生活的首要原则，乐则是礼的实践的必要条件和重要补充。

礼，甲骨文作“豐”字的象形，即用器皿盛双玉以奉神祇。《说文》：“豊，行礼之器也。从豆，象形。”徐中舒云：“从玨在∪中从豆，象盛玉以奉神祇之器，引申之奉神祇之酒醴谓之醴，奉神祇之事谓乏礼。初皆用豐，后世渐分化[⑥]。”故礼之原意为祀神之器，引申之为祀神之事。古代，

---

① 转引自郭沫若《奴隶制时代》，科学出版社 1956 年版。

② 参阅徐杰舜《汉民族发展史》，四川民族出版社 1992 年版，第 114—115 页；沈长云《先秦史》，人民出版社 2006 年版，第 218 页。

③ 《孟子·万章上》引《泰誓》。

④ 《左传·襄公三十一年》引《泰誓》。

⑤ 《尚书·多方》。

⑥ 徐中舒主编：《甲骨文字典》，四川辞书出版社 1989 年版，第 523 页。

祀为族群之大事，自然有着隆重、庄严的仪式。在从“神本”走向“人本”转型的过程中，“礼”字也随之由“神性”向着昭示人的地位、品格的“人性”方向蜕变，至西周时，礼的内涵急剧膨胀，除上引《荀子·礼论》所论“礼之所起”的原因外，《礼记》和《左传》中还有记述：

> 夫礼者，所以定亲疏、决嫌疑、别同异、明是非也。（《礼记·曲礼上》）
>
> 礼者，因人之情而为之节文，以为民坊者也。……夫礼，坊民所淫，章民之别，使民无嫌，以为民纪者也。（《礼记·坊记》）
>
> 礼也者，理之不可易者也。（《礼记·乐记》）
>
> 礼也者，理也。（《礼记·仲尼燕居》）
>
> 礼，王之大经也。（《左传·昭公十五年》）
>
> 礼，经国家、定社稷、序民人、利后嗣者也。（《左传·隐公十一年》）

礼的这种文化转型，使“礼”上升为治国驭民“明是非”的基本原则；纲纪人心“为民纪”的道德规范。故西周文化凝聚而成的“礼”，内涵极大，与远古及夏商相比，在内容与形式上都有突破性的拓展，可谓仪态万千，举凡典章制度、礼节仪式、道德规范等几无所不包。在青铜铭文、考古发掘中都得到了大量的实物信证，即所谓：“衣服有制，宫室有度；人徒有数，丧祭器用，皆有等宜。”[①] 我们从古代文献入手，以“三礼”结合《尚书》《诗经》《左传》《国语》《论语》《孟子》《荀子》《史记》等材料，可以整理出西周礼制的大概，包括冠礼、婚礼、丧礼、聘礼、乡饮酒礼、士相见礼、燕礼、觐礼、朝礼、飨礼、祭礼、军礼等[②]。可见，西周的“礼”基本涵括了典章制度、礼节仪式、道德规范等三个方面[③]。

乐，原本也是一种辅助性的原始宗教仪式，是古人将“颂神娱神”

---

① 《礼记·王制》。

② 详见杨宽《西周史》，上海人民出版社2003年版，第693—836页。

③ 参阅李学勤主编，张广志著《西周史与西周文明》，上海科学技术文献出版社2007年版，第211—212页；汪荣《浅析西周礼乐文化的起源及其历史价值》，《黑龙江史志》2013年第11期。

的愿望以舞和乐的形式“送达天听”的手段。乐在西周的文化凝聚，在“礼”的严格规定下，其形态很复杂，有祭礼用乐、飨礼用乐、射乐用乐、乡饮用乐、军礼用乐、燕居用乐、祷雨用乐等形态。可见周公在“制礼作乐”时，对于“乐”的社会功用，认识得十分清楚，正如《礼记·乐记》所云：“凡音者，生人心者也。情动于中，故形于声，声成文，谓之音。”经过周公等人的改造，乐便成了人们在宗庙之中、在族长乡里之间、在父子长幼闺门之内等社交场合沟通情感的基本方式。

正如孔子所言：“礼也者，理也；乐也者，节也。君子无理不动，无节不作。不能《诗》，于礼缪；不能乐，于礼素”[①]，而“达于礼而不达于乐，谓之素；达于乐而不达于礼，谓之偏”，所以说“乐者，节也”[②]。所以，在“礼”的严格规定下，“乐”的形态很复杂，有祭礼用乐、飨礼用乐、射乐用乐、乡饮用乐（乡饮酒礼是周代乡学中举行酒会的一种礼仪，飨礼用乐中已述及）、军礼用乐、燕居用乐、祷雨用乐等各种形态。这样，礼乐文化作为一个文化整体，礼和乐统一于祭祀之中“相须为用”，王、诸侯、公、卿、大夫、士这些贵族的生活都在此两者的影响之下，大至国祭、征战，小至饮食、行步，都必须以乐律为节，故礼乐祭礼的过程，一般也就是乐舞演奏的过程。正如清人邵懿辰《礼经通论》所说：“乐之原在《诗》三百篇之中，乐之用在《礼》十七篇之中。”[③]

正是在礼乐文化的维系下，“周人尊礼”，不仅使西周宗法封建的各项政治制度才能够相互包容而真正有效运行，也使中国历史上不管王朝如何更替，礼乐的延续却始终一脉相承。更重要的是从思想史的角度说，华夏民族及至汉民族思想的突破，往往是起于礼乐文化秩序的“崩坏”。西周之后，先秦诸子都是通过对崩溃了的礼乐秩序进行反省和理解，从而催生了华夏民族的第一个“百家争鸣”时代。而经过诸子百家的争鸣，礼乐文化的内涵和精髓深入华夏民族及至汉民族的潜意识之中，从此奠定了汉民族传统文化的基础。[④]

历史就这样揭开了华夏民族文化凝聚的第三幕，此时此刻，在中国历

① 《礼记·仲尼燕居》。

② 《孔子家语·论礼》。

③ 参阅汪荣《浅析西周礼乐文化的起源及其历史价值》，《黑龙江史志》2013年第11期。

④ 参阅李宜蓬《礼乐的文化渊源与功能整合》，《井冈山大学学报》2014年第3期；汪荣《浅析西周礼乐文化的起源及其历史价值》，《黑龙江史志》2013年第11期。

史发展上一个具有人本理性的历史舞台上，有金文、井田、“以德配天”“周人尊礼”四个方面向华夏民族文化凝聚。

第四节　春秋战国：华夏民族文化的汇聚

春秋战国，是汉民族发展史上彪炳千古文化大汇聚的历史重要转型时期。汉民族文化史发展的路线图展延到此，与世界其他重要的文化一样走到了一个历史大拐点的转弯处，从而发生了汉民族文化史上空前绝后的惊天文化大汇聚。

一　“轴心时代”与华夏民族的文化汇聚

汉民族文化史上空前绝后的惊天文化大汇聚是如何运行的，或者说本来高居于神坛之上的商周文化是在什么样的背景下走下神坛的？王国维在《殷周制度论》中开篇就说：“中国政治与文化之变革，莫剧于殷周之际。”这种变革，首先表现在宗教文化方面。殷人笃信鬼神，尊崇上帝，凡事都要求神问卜，即所谓“殷人尊神，率民以事鬼”[①]。在殷人眼里，神是至上的，操纵着人间的一切。但殷代后期，尤其在商纣王的统治时期，政治腐败，民心鼎沸。周文王、周武王父子利用这一机会，以“小邦周”灭掉了“大邦殷”。这件事，对当时人的心理震动是很大的。他们开始对神产生疑问。因为殷亡周兴的事实告诉他们：政权的存亡，富贵的有无，并不在天命，而在民心的向背。所以从周王朝开始，统治阶级一方面依商代旧法，仍然尊神敬鬼，另一方面重视人的力量，即《左传・庄公三十二年》所说的“国将兴，听于民；将亡，听于神”；或如僖公十六年所云“凶吉由人”；或如《左传・昭公十八年》所云“天道远，人道近”[②]。正是在这种文化大转型的历史背景下，发生了春秋战国华夏民族文化的大汇聚，当代文化史家冯天瑜说：

> 在中国文化史上，春秋战国时期，正是这样的“革新的时代”“轴心的时代”。中华文化鲜明的人文主题在这一时期确定；以注重

① 《礼记・表记》。

② 参阅启良《中国文明史》（上册），国际文化出版公司2010年版，第232—233页。

> 对认识对象的直觉体悟和整体把握为特征的思维方式在这一时期建构多重伦理道德、重个人修养、重实用理性的价值判断标准在这一时期树立；士人集团在这一时期集结，“有容乃大”“和而不同”的文化包容机制在这一时期形成。①

在此，要了解中国的“轴心的时代”，就有必要充分认识世界历史意义上的“轴心时代”究竟是什么意思？

“轴心时代”是20世纪德国哲学家雅斯贝斯提出的一个概念。② 他在《历史的起源与目标》（1949年）一书中第一次把公元前500年前后同时出现在中国、西方和印度等地区的人类文化突破现象称之为“轴心时代”。与传统的单线进化论完全不同，据雅斯贝斯所说，历史按纵向发展，大体上可分为四个部分：第一部分是传说和神话中的“普罗米修斯的时代”。这时候，人类学会了语言的应用，工具的制作和使用以及火的发现和应用。第二部分为公元前5000年到前3000年之间，古代的文明得以在埃及、美索不达米亚、印度河和黄河流域产生。第三部分便是“轴心时代”。所谓“轴心时代”就是说虽然中国、印度、中东和希腊之间有千山万水的地理横亘，这些地域的不同文化，原来都是独立发展出来的，并没有互相影响，但却在同一个历史时期突然发生了一种飞跃，形成了现代各主要文明各自的文化轴心，使得各个不同民族都“获得了全人类所具有的共同的东西”，人类从此被“一个共同的起源和目标”联结在一起。这些文化传统经过两千多年的发展已成为人类文化的主要精神财富。“人类一直靠轴心时代所产生的思考和创造的一切而生存，每一次新的飞跃都回顾这一问题，并被它重新燃起火焰”③。第四部分是“科学和技术的时代”，即产生于中世纪末期，盛行于17、18世纪的欧洲文明。

重要的是，在雅斯贝斯看来，人类四个部分的历史以“轴心时代”最为重要，“直到今天人类仍然附着在这种基础上”。其意义在于：

一是创造了人们今天仍然信仰的以色列犹太教、希腊哲学、中国的儒

---

① 冯天瑜、何晓明、周积明：《中华文化史》，上海人民出版社1990年版，第339—340页。

② 雅斯贝斯“轴心”概念出自黑格尔：“所有历史都走向基督，而且来自基督。上帝之子的出现是历史的轴心。”（田汝康、金重远：《现代西方史学流派文选》，上海人民出版社1982年版，第38页）

③ ［德］雅斯贝斯：《历史的起源与目标》，华夏出版社1989年版，第14页。

道两家和印度的兴都教（印度教）与佛学等世界性宗教，神话时代的宁静心情和自明真理从此结束。

二是第一次有了哲学家，人敢于依靠自己作为一个人站起来，以自己内在的世界来抗拒外在世界，即古代的以色列、希腊、印度和中国几乎是同时进入了空前伟大的哲人时代，产生了苏格拉底、老子、孔子、释迦牟尼、犹太教的先知和印度教的僧侣这样一些轴心文化的开拓者。

三是人对历史有了认识。"轴心时代"有生命力的精神传统，对人类文明的产生和发展带来了深远的影响。犹太教及其后来发展出的基督教和伊斯兰教，苏格拉底时代以理性为导向的科学精神和希腊城邦政治所孕育的民主制度，融入西方文明之中，成为文艺复兴和启蒙运动之后充分发挥的精神资源，从而造就了近几百年来大盛于西欧北美的文化系统。佛教从南亚传到东南亚、中国、韩国、日本，以及20世纪弘法到欧美，也正在产生不可低估的影响。汉民族文化具有悠久的历史和丰厚的遗产，14、15世纪以前，一直处于世界领先地位，以自己圆熟的哲理、精致的典籍、实用的科技，为人类的进步做出了巨大的贡献。①

其实，"轴心时代"的概念虽然是德国哲学家提出，但中国学者对春秋战国时期文化的"特性""通性"，传承两千年颠扑不破的状况与古希腊近似的认识早已有之。早在19世纪末，谭嗣同在《论今日西学与中国古学》中就说："周秦诸子之蓬蓬勃勃……当时学派，原称极盛……盖举近来所谓新学新理者，无一不萌芽于是。"② 这段引文中没有作中西比较，但谭文的标题则是"论今日西学与中国古学"。也有学者离开了世界文化的参照，专就自身的变迁而言。1903年，张继熙云："吾国当成周之末，为学界大放光彩时代。若儒家，若法家，若农家，若名家类，皆持之有故言之成物，蔚然成为专门之学。"③ 1927年，吴康论晚周诸子学术的勃兴时云："神州古代期之学术，当推周末三百年间为全盛时代。凡古代大思想家，其学术风流，足以肸蠁来世。而为震旦文明之代表者，盖靡不诞育

① 洪晓楠：《新"轴心时代"的文明对话——论杜维明的"文明对话"观》，《大连理工大学学报》（社会科学版）2003年第2期。

② 谭嗣同：《论今日西学与中国古学》，载《谭嗣同全集》（下册），中华书局1981年版，第400页。

③ 张继熙：《叙论》，《湖北学生界》1903年1月29日第1期。转引自左玉河《从四部之学到七科之学——学术分科与近代中国知识系统之创建》，上海书店出版社2004年版，第169页。

于是。所谓千岩竞秀，万壑争流，怪异诡观，于焉毕具。”[①] 1929年，刘汝霖云：“中国的文化进到春秋战国时代，大放光明。自从孔子之生到韩非的死，这三百多年里面，真有一日千里的进步。这重要学派，都在这个时代成立起来。”[②] 1955年，夏曾佑云：“周秦之际，至要之事，莫如诸家之学派。大约中国自古及今至美之文章、至精之政论、至深之哲理，并在其中，百世之后，研穷终不能尽，亦犹欧洲之于希腊学派也。”[③] 凡此等等，不胜枚举，故而1902年，梁启超在其名著《论中国学术思想变迁之大势》以“全盛时代”称道战国学术，在“论周末学术思想勃兴之原因”中描述道：

> 孔北老南，对垒互峙；九流十家，继轨并作。如春雷一声，万绿齐茁于广野；如火山乍裂，热石竞飞于天外。壮哉盛哉！非特中华学界之大观，抑亦世界学史之伟迹也。[④]

可见，这些论述中虽然没有提出“轴心时代”的词语，但是类如“全盛”“蔚然”“勃兴”“蓬蓬勃勃”“大放光彩”“千岩”“万壑”“春雷”“火山”样的形容，都是汉语对“轴心”概念的中国表达。梁启超进而在《论中国学术思想变迁之大势》第三章“全盛时代”的第四节是专作“全球”比较的，云：

> 呜呼世运之说，岂不信哉！当春秋战国之交，岂特中国民智为全盛时代而已，盖徵诸全球，莫不尔焉。自孔子、老子以迄韩非、李斯，凡三百余年，九流百家皆起于是，前空往劫，后绝来尘尚矣。

在“徵诸印度”与“徵诸希腊”之后，继续说道：

> 由是观之，此前后一千年间，实为全地球有生以来空前绝后之盛

① 吴敬轩（吴康）：《周代学术勃兴之原因》，见《中国学术讨论集》第1集，群众图书公司1927年版，第10页。

② 刘汝霖：《周秦诸子考》，北平文化学社1929年版，第1页。

③ 夏曾佑：《中国古代史》，生活·读书·新知三联书店1955年版，第175页。

④ 梁启超：《论中国学术思想变迁之大势》，上海古籍出版社2001年版，第18页。

运。兹三土者，地理之相去如此其辽远，人种之差别如此其淆异，而其菁英之磅礴发泄，如铜山崩而洛钟应，伶伦吹而凤凰鸣。於戏！其偶然耶，其有主之者耶，姑勿具论。要之此诸贤者同时以其精神相接构、相补助、相战驳于——世界遥遥万里之间，既壮既剧既热既切。[①]

中国、古印度、古希腊的哲人，一千年之间，遥遥万里之隔，空前又绝后，除了“轴心时代”一词外，该说到的都说到了[②]，且更富汉民族文化特色。可见无论如何称呼这个时代，春秋战国时期都是汉民族思想最辉煌的顶峰，此后历两千年永难超越[③]。所以，虽然轴心时代的学说不是中国人的发明，但是在雅斯贝斯轴心文明的概念里，汉民族文化显然占有很大的份额，是被囊括在内的，其中老子、孔子、墨子是轴心文明的中国代表[④]。当苏格拉底及其弟子在雅典街头探讨哲学，释迦牟尼及其弟子在印度荒野传播宗教，与之同时代的老子、孔子、墨子，在街、在庙堂之上进行“百家争鸣”。于是，春秋战国之世，诸子蜂起，先后兴起儒、墨、道、名、法、阴阳、农、纵横、杂、小说等学派。他们以巨大的热情、雄伟的气魄和无畏的勇气，开创学派，编集、修订《易》、《书》、三《礼》、《春秋》等中国文化的“元典性”著作，形成了以汉民族文化为中华文明的精神“轴心”，使中国文化达到了一个前所未有的高峰，从而奠定了此后汉民族文化演生发展的思想根基与观念之源。

正是在汉民族精神觉醒的这一“轴心时代”，使汉民族文化走下了神坛，形成并拥有了明确而强烈的独一无二的文明特性与文化认同意识。诸子百家原创性的理论构想不仅为后来汉民族的精神生活和文化形式奠定下了具有永恒典范意义的思想根基。质言之，汉民族文明乃是一种既综贯天人古今而又极富内在张力的现世文明，又是一种既尊尚天命天道而又重视人性人文的道德文明；是一种既重亲疏等差而又崇尚天下一家、“极高明

---

① 梁启超:《论中国学术思想变迁之大势》，上海古籍出版社2001年版，第40页。自“由是观之”以上，皆据严复译《天演论》而有所修正。

② 以上参阅张京华《中国何来“轴心时代”?(上)》，《学术月刊》2007年第7期。

③ 张远山:《中国的轴心时代——〈寓言的密码〉序言》，《中国文化报》2005年8月15日第6版。

④ 蔡德贵:《轴心文明时期的齐鲁大师们》，载《齐鲁文化研究》(辑刊)，2013年。

而道中庸”[①] 的伦理文明，又是一种以家国为根基而又以天下大同为目标、极具特殊的文化认同意识而又深怀人类主义情怀的华夏文明。[②]

历史就这样把汉民族文化史的发展推到了具有世界意义的“轴心时代”，开始了从神本到人本，即从尊神到“仁者爱人”[③] 的大转型；开始了从“夷夏之辨”到“文野之辨”，即看重文化远过于看重血统[④]的大转型，从而“学在四夷”[⑤] 不拘一格育人才，“百家争鸣”大放光彩换新天，华夏民族文化开始了汉民族历史上最伟大的一次文化大汇聚。

二　百家争鸣：学术思想的经典化

百家争鸣，是春秋战国时期华夏民族文化汇聚的主流。《汉书·艺文志》云：“凡诸子百家……蜂出并作，各引一端，崇其所善，以此驰说，联合诸侯。”说的是春秋战国时期的诸侯国竞争，不仅促进了社会经济的迅速发展，而且造成了学术文化的空前繁荣。所以竞相礼贤下士，延揽人才，而社会有识之士也纷纷乘时而起。

文化的汇聚首先是人才的汇聚，而人才的汇聚又是政治开明、思想解放的结果。从春秋开始，王室衰微，礼崩乐坏，“溥天之下，莫非王土；率土之滨，莫非王臣”[⑥] 的政治格局被打破，诸侯“蜂起并作”，争霸战争纷繁频仍。徭役横作，公田不治，宗法制解体，井田制崩溃，社会结构发生剧变，从“封建亲戚，以藩屏周”[⑦] 变为“布衣卿相，礼贤下士”；从“礼乐征伐自天子出”变为“礼乐征伐自诸侯出”[⑧]。于是，对华夏民族的文化汇聚有重大意义的“士”迅速崛起。

“士”原是贵族的最低阶层，有一定数量的“食田”，受过“六艺”

---

① 《中庸》。

② 参阅林存光《诸子百家：中华文明的精神轴心与自我诠释》，载《齐鲁文化研究》（辑刊），2013 年。

③ 《孟子·离娄下》：“君子所以异于人者，以其存心也。君子以仁存心，以礼存心。仁者爱人，有礼者敬人。爱人者，人恒爱之；敬人者，人恒敬之。”在此，所云的“仁者爱人”即仁者是充满慈爱之心，满怀爱意的人。

④ 参阅钱穆《中国文化史导论》，商务印书馆 1994 年版，第 39—40 页。

⑤ 《左传·昭公九年》。

⑥ 《诗经·小雅·谷风之什·北山》。

⑦ 《左传·僖公二十四年》。

⑧ 《论语·季氏》。

（礼、乐、射、御、书、数）教育，能文能武。平时可佐王室以驭平民，战时能执干戈以卫社稷。到了春秋战国之际，新崛起的士阶层，除了原有部分“士”之外，一部分诸侯、大夫的支脉也沦落为士，同时一部分平民中的佼佼者也迁升为士。当时面对动荡的兼并局势，各诸侯国君主都想称霸争雄，而开“布衣卿相”之局和“礼贤下士”之风，使能文能武的士子有机会以游说、游学的方式参与到社会政治、文化生活之中。他们自由游动、自由讲学、自由批判于诸侯各国，提出各种匡时济世之策，从而造成言论的空前自由，思想的空前解放，学术的空前繁荣，即《庄子·天下》中所说的“道术将为天下裂”的文化态势。

这种开放的态势，使士的参与不但对社会政治产生重大影响，而且还直接导致“诸子蜂起”，据《汉书·艺文志》记载，“百家”中数得上名字的共有189家，出名的有几十家，最终成气候的有“九流十家”。“九流”指的是：一儒家；二道家；三墨家；四法家；五名家；六阴阳家；七纵横家；八杂家；九农家。“九流”加上小说家，是为“十家”。另尚有兵家等。在诸子百家中，诞生了一批汉民族思想文化的开拓者和奠基者，老子、孔子、墨子、庄子、孟子、公孙龙、孙膑、韩非等都是其中的代表人物。

在华夏民族的文化汇聚中，面对着社会的动荡和民生的疾苦，诸子百家以“救世”为己任，观察社会，体验人生，沉思古今之变，探究天人之际，纷纷“著书，言治乱之事，以干世主”[①]，不可胜道。于是，“好恶殊方”[②] 的诸子学终于取代由西周延续下来的、一个腔调的贵族学，成为引领社会进步的思想库。由于可以不受局限而独立创作，从而使战国的学术园地充满了勃勃生机。“老耽贵柔，孔子贵仁，墨翟贵廉，关尹贵清，子列子贵虚，陈骈贵齐，阳生贵己，孙膑贵势，王廖贵先，儿良贵后”[③]；有的以用言道，有的以欲言道，有的以法言道，有的以势言道，有的以辞言道，有的则以天言道，真可谓百花竞放。从著作的风格看，或严谨，或放论，或明达，或微渺，或深远，或卑近，又见其异彩纷呈。据《汉书·艺文志》在秦焚书后所做的统计：“凡诸子百八十九家”，共著文

① 《史记·孟子荀卿列传》。
② 《汉书·艺文志》。
③ 《吕氏春秋·不二》。

4324 篇，除部分作品属汉代外，绝大多数出自战国。若将六艺、诗赋、兵书、数术、方技类的书也包括进来，则更要多至 596 家，13269 卷。这在春秋战国之前是无法想象的，可见华夏文化汇聚之浩大。

有意义的是，诸子所著述之书已接近战国口语，文章气势磅礴，转折多变，喜欢穿插故事或寓言，化深奥为浅显，并增加其感染力，活泼生动的程度更远非旧籍中的典、谟、誓、诰所能比。可以说诸子学已脱尽了贵族气，不仅朝着民间化的方向发展，而且历经两千余年之后，今人仍可诵读。更重要的是儒家、道家、墨家、名家、兵家等流派。它们所提出的一些基本问题，所开创的一些基本范畴，诸如天与人、古与今、阴与阳、德与刑、礼与乐、道与器、仁与力、义与利、礼与法、王与霸、华与夷、君子与小人、内圣与外区、家国与天下、治与乱等，这些概念和范畴迄今仍然是我们借以反思和诠释汉民族的文明特性，以及文化传统所不可或缺的重要观念资源。奠定了汉民族思想文化的基础，并进而凝练成为汉民族民族心理的重要基质。①

正是由于诸子百家的思想已成为汉民族心理的重要基质，所以，在春秋战国之时华夏民族文化大汇聚中出现的诸子百家著作，大多成为汉民族文化的经典，如儒家学派创始人孔子整理的《诗》《书》《礼》《易》《乐》《春秋》，后人称之为“六经”。而关于“经”之得名，汉以后的儒者大都从“常久不易”的角度来解释。《释名·释典艺》说：“经，径也，常典也，如径路无所不通，可常用也。”《文心雕龙·宗经篇》说：“经也者，恒久之至道，不刊之鸿教也。”《玉海》四十一引郑玄《孝经注》：“经者，不易之称。”故而“六经”以及《孟子》《荀子》遂成儒家经典。但是，自《史记》开始，传统的说法多把孔子视作元典的著述和编订者，称孔子“述《易》道而删《诗》《书》，修《春秋》而正《雅》《颂》”②。其实，详考元典成书经过可以发现，“仲尼未生，已有六经；仲尼之生，不作一经”③，孔子并非元典创制者，而是传述者，在孔子之先，《诗》《书》《春秋》及《易》的经文已有文本，而《诗》《书》《礼》《易》

① 参阅郑庆权《庄子自由观探论》，硕士学位论文，华侨大学，2005 年，第 4 页。

② 《隋书·经籍志一》。

③ （清）龚自珍：《六经正名答问一》，载《龚自珍文集》，上海人民出版社 1975 年版，第 39 页。

《春秋》的传世本，迟至战国以至汉初方确定下来。其间荀子一派儒者的“传经”之功尤著，“秦汉儒生所学习的‘五经’及其解说，大多来自荀子……荀子对后代儒学的发展起了重要作用”。[①]“六经”自孔子到荀子成为经典的过程，正是诸子百家的著述在文化汇聚中经典化过程的一个典型案例。

不仅儒家经典如此，其他诸子百家的经典也这样，如墨家有《墨经》，道家有《道德经》，法家有《法经》，黄老有《十大经》。早在诸子之间进行辩难驳诘时，就开始了经典化文化汇聚过程，从《孟子·滕文公》《庄子·天下》《荀子·非十二子》《韩非子·显学》，到《吕氏春秋·不二》《淮南子·要略》《史记·太史公自序》《汉书·艺文志》，都将诸子元典进行归类分析，指陈其思想脉络和学术传承。近人陈钟凡具体罗列了诸子与元典的关系：

> 儒家助人君顺阴阳，明教化，游文于六艺之中，留意于仁义之际，其学本六经，无待论矣；道家历记成败存亡祸福古今之道，然后知秉要执本，清虚自守，卑弱自持，合于尧之克攘、易之嗛嗛，则其学本于《周易》；阴阳家敬顺昊天，历象日月星辰，敬授民时，则其学本于《尚书》；法家信赏必罚，名家正名辨物，其学本于《礼》《春秋》；墨家贵节俭，右鬼神，《礼经》恭俭庄敬之学也；小说家街谈巷语，道听途说者之所造，大师陈《诗》观民风之旨也。[②]

这里所论诸子与五经的对应关系当然不一定准确，但认为诸子著作与儒家典籍一样，同属汉民族的文化经典，则是可信之论。此后，这些经典随着历史的沉浮不断演变，西汉时因《乐》在战国时期已经失传“六经”变为“五经”。东汉时《论语》《孝经》定为读书人必读之书，“五经”便扩大为“七经”。到了唐朝又有“九经”之说，这就是《诗》《书》《易》《周礼》《仪礼》《礼记》《春秋公羊传》《春秋穀梁传》《春秋左氏

---

① 周予同：《从孔子到孟荀——战国时的儒家派别和儒经传授》，《学术月刊》1979年第4期。

② 王蘧常：《〈汉书·艺文志·诸子略〉序》注引，载《诸子学派要诠》，中华书局、上海书店1987年复印本。

传》等九部经书，而《论语》和《孝经》改成了“兼经”；唐文宗年间（827—840 年），又把九经以及《论语》《孝经》《尔雅》都刻在石碑上，称为“十二经”。在宋朝，又把《孟子》也提高到经书的地位，从此儒家的经典便成了“十三经”；与此同时，宋朝还要求人们把“十三经”中的《论语》《孟子》与《礼记》中的《中庸》《大学》两篇相配合研读，又始有“四书”之称，总称“四书十三经”[①]。

两千多年来，这“四书十三经”成为汉民族文化的经典，冯天瑜高度评价说：

> 深蕴在中华元典中的种种精神内核，如天人之辨、变易自强观念、和合融通思想、民本尊君理念、忧患意识等，穿越数以千年计的日月韶光，对后来的中华文化起过重大作用。中华文化史上的多次“复古”“复兴”，无不是到元典中追寻文化资源和精神动力，如近代的民族主义、民主主义、维新变法等，与元典精神中的夷夏之辨、民本思想和变易自强观念之间，都有着或隐或显的文化转换关系，这一方面是因为从解释学看来中华元典具有极大的包容性、超越性和内在张力，所谓“《诗》无达诂，《易》无达占，《春秋》无达辞”[②]；另一方面则说明中华元典一直作为文化前进的思想推助力，对于创构和维系中华传统功莫大焉。[③]

从此，在春秋战国“百家争鸣”的历史大潮中，华夏民族的文化汇聚如“大江东去”“惊涛拍岸，卷起千堆雪”[④]。

三　仁者爱人：伦理道德的人本化

“仁者爱人”是华夏民族文化汇聚的一朵“千堆雪”。

春秋战国“百家争鸣”的焦点是天人之辨，即“重神轻民”还是“重民轻神”？

---

① 参阅阴法鲁、许树安主编《中国古代文化史（一）》，北京大学出版社 1989 年版，第 228—239 页。

② 《春秋繁露·精华》。

③ 冯天瑜、杨华、任放编著：《中国文化史》，高等教育出版社 2005 年版，第 73 页。

④ （宋）苏轼：《念奴娇·赤壁怀古》。

春秋时代的一些有识之士，在继承周初“敬德保民”思想的基础上，加以改造提出了“成民而后致力于神”的重民轻神的观点。随国季梁说：“夫民，神之主也。是以先成民而后致力于神。”[①] 在这里，虽未彻底否定神的存在，但却认为“民”是“主”，“神”是从。他指出：若使国力强盛不受别国侵犯，并不在于祀神的丰盛和对神的虔诚信从，关键还在于致力于人事，使民众得以温饱，如果民心背离，鬼神也无能为力。因此，统治者唯有“先成民而后致力于神”，才能“免于难”。

还有虢公贪得无厌，压榨人民，听说有神降到莘这个地方，就向神献祭，企求神能多赐土地。魏国史嚚对此进行了强烈抨击：“虢其亡乎！吾闻之：国将兴，听于民，将亡，听于神。神，聪明正直而壹者也，依人而行。虢多凉德，其何土之能得?”[②] 史嚚在这里仍承认神是“聪明正直”的，但所强调的还是“依人而行”，神的意志必须服从人的意志。他认为，国之兴亡，其根本在于能否体现民意，若一味听信于神，肆虐百姓，不仅得不到土地，甚至导致国家灭亡。史嚚这种强调神意要以民意为转移的观点，比季梁更进一步地看重了人的作用。

后来，从神民关系的认识进一步深入对天人关系的论辩。据《左传·僖公十六年》记载，当时自然界出现了一次奇特现象：曾有5块陨石自天而降落于宋国，又有6只鹢鸟倒退着飞过宋国都城。宋襄公把此看作是吉凶的预兆，问周内史叔兴是吉是凶。叔兴却认为：“是阴阳之事，非吉凶所生也。吉凶由人。”他把自然界出现的奇特现象，看作是自然界本身所固有的阴阳两种物质势力交互作用的结果，和“天”的兆示吉凶无关，而吉凶是由人们自己的行事所决定的。这就否定了当时流行的、把自然灾异和社会人事吉凶相比附的神秘主义观点。之后，《左传·僖公二十一年》又记载：是年夏天，鲁国大旱，鲁僖公以为是巫尪作怪，准备焚烧巫尪以求雨。鲁大夫臧文仲坚决反对，并严肃指出：“非旱备也。修城郭、贬食省用、务穑劝分，此其务也。巫尪何为？天欲杀之，则如勿生；若能为旱，焚之滋甚。”在这里，臧文仲一方面从信赖人力、不信“天命”出发，对历来作为沟通“天”与“人”之桥梁的神巫的神秘作用，提出了否定的看法。他认为，只要人们努力劝耕省用，即可减轻干旱所造

① 《左传·桓公六年》。

② 《左传·庄公三十二年》。

成的灾害，而神巫则是无能为力的。另一方面，他又从逻辑上去反驳“天命”，指出其不可信：“天”既要杀人，就应当不生人，如果具有一定神灵威权的神巫确能使天大旱，如用火烧之，岂不是会逼得他们更加作怪？在此，史嚣干脆把“神”弃置一旁，宣布“天人”无干。

这种把人间的吉凶祸福看作与“天”无关的观点在春秋时代已较普遍。如申缛说：“妖由人兴也。人无衅焉，妖不自作。人弃常，则妖兴，故有妖。”[①] 又如闵子马说：“祸福无门，唯人所召。”[②] 这种看法，到了春秋后期有了进一步的发展，郑国子产明确提出了“天人之分”的观点。据《左传·昭公十八年》记载：当年五月的一天傍晚，火星出现，丙子日刮起风来。鲁国大夫梓慎和郑国占星家裨灶均认为此系上天垂象，显示将发生火灾。后来，宋、卫、陈、郑四国碰巧发生了火灾。于是，裨灶建议郑国拿出宝物来祭神，并警告说：“不用吾言，郑又将火。”然而，子产针锋相对地给予批驳。“子产曰：‘天道远，人道迩，非所及也，何以知之？灶焉知天道？’……遂不与。亦不复火。”在子产看来，天道神意渺茫难以稽证，而现实社会的人事却迫在眼前，与天道毫无关系。至于占星家的所谓应验，不过是多言偶中而已，不足凭信，因而子产坚持不搞祭神的宗教迷信活动。虽然子产尚未直接否定神秘的“天”或天道，但却割断了“天”与“人”、“天道”与“人道”的神秘联系。[③]

正是在这种“天人之辨”中，人们对人的认识越来越加深了。那么，不事神，如何事人呢？如何事人就是如何对待人？就是人们平常所说的人的伦理道德问题。在春秋战国的文化汇聚中如何对待人凝练出了一句话，即“仁者爱人”。

“仁”并不是孔子的创造。孔子说：“古也有志，克己复礼，仁也。”[④]“仁”在甲骨文中已出现，但此时尚不具备“爱人”的含义与内涵。在商代后期都城遗址殷墟的考古发现中，十四座大墓的杀殉人数就达 3900 人左右，这既表现出商代统治阶层的残忍和贪婪，也说明“仁”字的内涵尚不确定。西周时期“仁”是指个人的道德品质。《今文尚书》中有“予

① 《左传·庄公十四年》。

② 《左传·襄公二十三年》。

③ 参阅彭林、齐吉祥、范楚玉总纂《中华文明史》第二卷，河北教育出版社 1992 年版，第 403—404 页。

④ 《左传·昭公十二年》。

仁若考”，《诗经》中有“洵美且仁”和“其人美且仁”，将仁与美并举，显系指人的优秀品德，但具体内涵不详。春秋时期仁字的使用逐渐多起来，其含义有爱亲、利民、利国。《逸周书·本典》：“与民利者，仁也。”《周语》说：“爱人能仁。”《国语》：“爱亲之谓仁”“利国之谓仁”，这说明春秋时期“仁”就有了从伦理道德向政治领域转变的倾向。①

“仁者爱人”伦理道德观的提出也是有背景、有渊源、有过程的。《史记·五帝本纪》中有：尧考察舜的治民之术，“乃使舜慎和五典，五典能从”的记载；后有舜“使契为司徒，敬敷五教”说法。《孟子·滕文公上》亦言：“人之有道也，饱食、暖衣、逸居而无教，则近于禽兽。圣人有忧之，使契为司徒，教以人伦：父子有亲，君臣有义，夫妇有别，长幼有序，朋友有信。”由此推知当时人伦形神已经具备，道德秩序昭明，尧舜因此被人们尊为圣人。孟子在《离娄上》中又说：“人之所以异于禽兽者几希。”他认为人与禽兽的区别并没有多少；如果人不强化人之为人的特征，那么人就有沦为禽兽的可能。《荀子·非相》中说：“人之所以为人者，何已也？曰：以其有辨也。……故人之所以为人者，非特以其二足而无毛也，以其有辨也。有牝牡而无男女之别。故人道莫不有辨，辨莫大于分，分莫大于礼，礼莫大于圣王。”由此可见：当时人们把明于人伦道德作为人与动物的根本区别。《论语·泰伯》载，子曰：“巍巍乎，舜禹之有天下也而不与焉！”这里称赞的是舜禹的品德，是身为天子却甘为公仆的修养，是为天下百姓服务而不是占有天下。《中庸》中子思有云：“仲尼祖述尧舜，宪章文武，上律天时，下袭水土。”《孟子·滕文公上》又言：“孟子道性善，言必称尧舜。”由此可见孔孟把“尧舜”当作心目中之理想“圣王”形象，他们之所以推崇尧舜，乃是因为他们认为尧舜丰富了社会和民众所需要的伦理道德，完善了人之为人的基本特征。

《诗经·大雅·绵》云：“虞芮质厥成，文王蹶厥生。”据郑玄《毛诗注疏》载：文王时期，周王朝是“耕者让其畔，行者让路”，“男女异路，斑白不提挈”，“士让为大夫，大夫让为卿”，一派伦理道德的风貌。武王克商后即逝世，周公鉴于商亡之教训，提出“敬天、明德、保民”的思想。周公“制礼作乐”，实现了伦理道德制度的建构。《尚书·康诰》中要求对民众“保若赤子”，就是像保护婴儿一般对待百姓。我们再看看

① 参阅王国民《“仁者爱人”新论》，《湖州师范学院学报》2010年第4期。

《周礼》《天官·小宰》中的小宰之职掌管“敛施之事”就相当于现在的社会保障部门的官员，专门用来抚恤鳏寡孤独以及残疾和受灾的百姓。《秋官·大司寇》中有“大司寇以嘉石平罢民，凡万民之有罪过而未触于法而害于州里者。桎梏而坐诸嘉石，役诸司空”。郑玄把“嘉石”解释为上面刻有“嘉言”的石头，即教育人改恶从善的语录。可见当时人们对仁义道德的尊崇程度极高。“以肺石达穷民，凡远近茕独，老幼之欲有复于上，而其长弗达者，立于肺石三日，士听其辞，以告于上，而罪其长。”又说明当时老百姓可以越级投诉不称职的官员，而一旦投诉情况属实，则被投诉者必将受到惩处。《地官·大司徒》中“以保息六养万民：一曰慈幼，二曰养老，三曰振穷，四曰恤贫，五曰宽疾，六曰安富”。更可看出社会伦理昭明，道德彰显。孔子对西周礼乐文化的积极称颂，由“周监于二代，郁郁乎文哉！吾从周”①。

凡此种种有关伦理道德文化的构建和积累，到了春秋战国之时，被孔子凝练成了“仁者爱人”的伦理经典。在《论语》中关于“爱”的论述有八处：

> 予也有三年之爱于其父母乎②；
> 爱之欲其生，恶之欲其死③；
> 赐也，尔爱其羊，我爱其礼。④
> 樊迟问仁，子曰：“爱人”⑤；
> 道千乘之国，敬事而信，节用而爱人，使民以时。⑥
> 弟子入则孝，出则悌，谨而信，泛爱众，而亲仁。⑦
> 爱之，能勿劳乎?⑧
> 君子学道则爱人，小人学道则易使。⑨

---

① 《论语·八佾》。
② 《论语·阳货》。
③ 《论语·颜渊》。
④ 《论语·八佾》。
⑤ 《论语·颜渊》。
⑥ 《论语·学而》。
⑦ 同上。
⑧ 《论语·宪问》。
⑨ 《论语·阳货》。

这些关于"爱"论述说的是亲情之爱、伦理之爱，以及由爱人到爱万物。可见，在文化汇聚中，孔子继承了历史上伦理道德的文化遗产，发展了周公的"礼乐"思想，提出了"仁者爱人"之说。在这里，孔子的"仁"是包含整个人类社会，惠及于天下万物的。所以"樊迟问仁"，子曰"爱人"，这里的"人"正是儒家关注的中心。《孝经·圣治章》载子曰："天地之性，人为贵。"子曰："天之所生，地之所养，无人为大。"说明儒家把人看成是天地之间万物中最伟大、最尊贵的。《论语·乡党》中的一段话："厩焚。子退朝，曰：伤人乎？不问马。"马棚着火被烧了，孔子听说后回家只问烧伤人了没有，不问马，充分显示了儒家"以人为本"的"仁爱"思想。

孔子所说"爱人"不仅是爱自己的亲人，也不仅仅是爱有德的人，而是爱社会各阶层的民众，直至当时根本不被当作人看的奴隶。《孟子·梁惠王上》云："仲尼曰：'始作俑者，其无后乎。'为其象人而用之也。"孔子不仅坚决反对贵族用奴隶"人殉"的陪葬制度。而且也坚决反对以人俑陪葬的方法，他认为模拟人形的陶俑陪葬也是不符合"仁"的表现。[①] 儒家的"以人为本"不是以某一家族或者某一诸侯国的人为本。而是以天下的人为本。《公孙龙子·迹府》中讲楚王丢失良弓，但并不想找回，因为楚王认为"楚人遗弓，楚人得之，又何求乎"[②]。孔子听说此事后作了进一步的评价："楚王仁义而未遂也，亦曰人亡弓，人得之而已，何必楚？"可见，孔子的"仁义"是上升到整个人类社会的高度而言的。在《论语·公冶长》中孔子说："道不行，乘桴浮于海。"在《论语·子罕》中有："子欲居九夷。或曰：'陋，如之何？'子曰：'君子居之。何陋之有？'"可知孔子的"仁"是可以及于四海九夷的"大同"道德的。[③]《孟子·尽心上》亦云："君子之于物也，爱之而弗仁；于民也，仁之而弗亲。亲亲而仁民。仁民而爱物。"孟子在这里具体阐述了"仁"的层次性，即对于"亲""民""物"三种不同层次的对象，对亲人亲，对民众仁，对万物爱。儒家的"仁"考虑到人类自然本性的亲疏远近，以及

---

① 戴永明：《先秦儒学要略》，上海交通大学出版社 2002 年版，第 57、63 页。

② 方尔加：《儒家思想讲演录》，东方出版中心 2007 年版，第 56 页。

③ 李聚刚：《浅谈先秦儒家伦理道德的普世意义》，《西安航空技术高等专科学校学报》2009 年第 4 期。

“老吾老以及人之老，幼吾幼以及人之幼”[①] 的推己及人的“泛爱众”[②] 都凸显了伦理道德的人本性。其具体涵括了三层含义：第一，“仁者爱人”是人生追求的最高道德境界，是君子安身立命的理想人格。第二，生命个体对“仁者爱人”具有主观能动性和自主选择性。第三，“仁者爱人”不只是停留在个人修养上，还要推己及人，使社会“老有所终，壮有所用，鳏寡孤疾皆有所养”[③]，达到“天下归仁”的崇高境界。可见，孔子“仁者爱人”的伦理道德是以个体修养为出发点，推而广之，由己及人，由近及远，由“独善其身”到“兼济天下”，以期达到实现家庭和谐、社会和谐、天人和谐的终极目标。[④] 所以，战国时期孟子继承孔子“仁者爱人”的思想，提出了系统的仁政学说，主张“制民之产”“不违农时……五亩之宅，树之以桑，五十者可以衣帛矣；鸡豚狗彘之畜，无失其时，七十者可以食肉矣；百亩之田，勿夺其时，数口之家可以无饥矣；谨庠序之教，申之以孝悌之义，颁白者不负戴于道路矣”[⑤]。他还主张轻徭薄赋“取于民有制”，征发徭役要“不违农时”。还注意到政府对工商业同样应实行减费免税的一些鼓励性措施，认为：“市，廛而不征，法而不廛，则天下之商皆悦，而愿藏于其市矣；关，讥而不征，则天下之旅皆悦，而愿出于其路矣。”[⑥] 并特别提出要关怀弱者，“老而无妻曰鳏，老而无夫曰寡，老而无子曰独，幼而无父曰孤。此四者，天下之穷民而无告者。文王发政施仁，必先斯四者”[⑦]。

“己所不欲，勿施于人”，也是“仁者爱人”的一种“近取譬”[⑧]，即能推己及人，替别人着想的伦理道德境界。有一次，子贡问有没有一句话可以终身奉行时，孔子回答说：“其恕乎！己所不欲，勿施于人。”[⑨] 这句话很经典，西方的一些哲人，如希勒尔和耶稣，也提出过同样的主张，并奉为金科玉律。但与孔子相比，则分别晚了四百年和五百年。所以当西方传教士读到孔子的这一名言时，感到十分惊讶，并成为尊重和推介东方文

① 《孟子·梁惠王上》。
② 《论语·学而》。
③ 《礼记·礼运》。
④ 周秀红：《孔子“为仁由己”的道德理路》，《理论探索》2013年第5期。
⑤ 《孟子·梁惠王上》。
⑥ 《孟子·公孙丑上》。
⑦ 《孟子·梁惠王下》。
⑧ 《论语·雍也》。
⑨ 《论语·卫灵公》。

明的强大动因。“己所不欲，勿施于人”的被重视和被尊崇，除一般的道德意义外，更为重要的，是因其蕴含了尊重他人权利的要求。这种要求，是只有在意识到别人和自己是平等的人、应当互相承认和互相尊重时才能产生的，是仁的最为可贵的精神底蕴。子张曾转述孔子的话说：“君子尊贤而容众，嘉善而矜不能。”[①] 君子尊敬贤人，也接纳普通人；鼓励好人，也怜惜无能或有道德缺失的人。这就比较充分地体现了伦理道德上平等博爱的胸怀。因此，孔子尊重个性和个人意志，接收弟子“有教无类”[②]，鼓励弟子“各言尔志”[③] 而不强求一律，并最终酝酿出“三军可夺帅也，匹夫不可夺志也”[④] 的重大命题。一国军队能被夺去主帅，一个男子汉却不能强迫他放弃自己的主张。这种对独立人格的肯定，在当时必如空谷足音，迄今为止亦无更精湛的语言来代替。[⑤]

凡此等等，从人的发现到人的自觉，我们可以清楚地看到在文化汇聚中，华夏民族的道德伦理从神重民轻到神轻民重，又到天人分立，再到“仁者爱人”的人本化路线图。

四　玉不去身：玉器文化的人格化

“玉不去身”[⑥] 是华夏民族文化汇聚的“千堆雪”。

《越绝书·宝剑篇》记载：“黄帝之时，以玉为兵，以伐树木为宫室，凿地。夫玉亦神物也，又遇圣主使然，死而龙臧。”所谓“以玉为兵”，就是以石头作工具，即新石器时代。在这个遥远而神秘的时代，王权常常爱与玉联系在一起。《拾遗记·轩辕黄帝》中记载他曾“诏使百辟群臣受德教者，先列圭玉于兰蒲，席上燃沉榆之香，舂杂宝为屑，以沉榆之胶和之为泥以涂地，分别尊卑华戎之位也”。这说明黄帝时代已建立了圭玉制度。而与黄帝同时的炎帝曾“斫木为耜、揉木为耒”[⑦]。炎帝时也曾“有石璘之玉，号曰夜明，以阇投水，浮而不灭”[⑧]。其实，具有强磷光的矿

① 《论语·子张》。
② 《论语·卫灵公》。
③ 《论语·公冶长》。
④ 《论语·子罕》。
⑤ 参阅王恩来《仁者爱人——孔子的核心价值观》，《理论界》2009 年第 3 期。
⑥ 《礼记·玉藻》。
⑦ 《易经·系辞》。
⑧ 《拾遗记·炎帝神农》。

物，如萤石、冰晶等，在失去原来光源以后仍然会在一段时间内继续发出光亮。这一点在今日，人们已不以为奇，但古人却把这自然现象和炎帝神农的圣德联系在一起，似乎天地为贤人圣德所感，以至玉石也显了灵。神秘感十足，使玉文化一开始就带上了神本色彩。

夏商的玉文化虽然也是神性十足，尤其是商代的玉文化，统治者凡事必卜，每事必祭，祭祀用品非宝玉莫属。所以，商代早期的甲骨文以及中后期的铭文中都留有许多用玉的记载。如妇好墓中大量玉制动物的出现，是图腾信仰风俗的呈现，玉雕中之动物形象和商代青铜器上的动物纹样一样，都是巫觋通天的重要工具。值得注意的是佩饰玉器用品在妇好墓中的大量出土，说明玉器在商代贵族生活中占有十分重要的地位，是“玉不离身”的例证。而玉人则更形象地呈现了商代人的风俗和风貌。妇好墓出土的玉人有傲首站立的、有踞蹲的，有男有女，有正有侧，服饰、发型各异，有的纹饰华丽，有的简朴稚拙，艺术特征为追求写实、讲究变形。反映了商代社会开始出现了从崇拜神转向崇拜人，这一新的理念在玉雕人像中体现得较为明显。商代虽然是一个“尊神”的社会，但也是一个尊玉的社会，正是在这尊神与尊玉的双核驱动中，使玉器走下神坛，开始了人本化的历程。

从商代爱玉、佩玉开始的玉文化的人格化，在西周时极大地扩展了用玉的范畴。自西周典章制度起，几乎所有的官员都必须用玉标志等级和身份，玉之官场礼俗等级观念深入人心。所以，在当时西周的版图上，自上而下，自中央而地方，根据行政典章定的用玉制度，各地诸侯各按其礼施行其玉，形成了爱玉、崇玉、敬玉、尊玉之俗的“三礼玉论”。“三礼”是指《周礼》《仪礼》《礼记》三部专门记录和阐述古“礼”重要著作的总称。“三礼玉论”的内容，包括了周代关于玉石的理论、分类及使用规定。它涉及政治、经济、军事、法律、外交、财贸诸多领域，遍及祭祀、庙制、朝聘、盟会、婚丧、车服、宫室、器物、音乐等各个方面。它可以代表天帝与神灵。它既是王权的象征、又是人格的化身。在严格的玉俗制度中，上从君臣次序、尊卑等级，下到长幼辈分、富贵穷通，竟然没有一件事不和玉器密切关联。

到了春秋战国之时，在文化汇聚中，诸侯及士大夫更是把玉当作自己（君子）的化身。他们佩挂玉饰成风，每一位士大夫，从头到脚都有一系列的玉佩饰，尤其腰下的玉佩系列更加复杂化，以标榜自己是有“德”

的仁人君子。

（一）人格化礼仪用玉的场景

礼仪用玉西周时已制度化，《礼记·礼器》："经礼三百，曲礼三千。"在周代社会各个领域都充斥着礼的影子。在"礼"中，玉又是不可或缺的，而到春秋战国时玉逐渐人格化了。

有身份等级用玉的场景。如《左传·桓公二年》吴人将以公见晋侯，子服景伯对使者曰："王合诸侯，则伯帅侯牧以见于王。伯合诸侯，则侯帅子男以见于伯。自王以下，朝聘玉帛不同……"《左传·庄公十八年》："十八年春，虢公、晋侯朝王，王飨醴，命之宥，皆赐玉五珏，马三匹。非礼也。王命诸侯，名位不同，礼亦异数，不以礼假人。"依礼制庄公兼为周王卿士，贵于晋公，受赐应重于晋公。《左传·庄公二十四年》：秋，哀姜至。公使宗妇觌，用币，非礼也。御孙曰："男贽大者玉帛，小者禽鸟，以章物也。女贽不过榛、栗、枣、脩，以告虔也。今男女同贽，是无别也。男女之别，国之大节也。而由夫人乱之，无乃不可乎！"这说的是用玉在男女性别上的差异。《周礼·夏官·射人》云："射人掌国之三公、孤、卿、大夫之位，三公北面，孤东面，卿大夫西面。其挚，三公执璧，孤执皮帛，卿执羔，大夫执厄。"不同的玉器和同一玉器的不同尺寸代表不同的身份和等级。如这种礼俗规定表现在享礼用玉上就有一定的礼仪规范，《左传·襄公十九年》载，诸侯打败郑国，襄公在蒲圃设享礼招待晋国的六卿，赐给他们美丽的三命车服；军尉、司马、司空、舆尉、候奄都接受一命车服；送给荀偃"束锦，加璧，乘马，先吴寿梦之鼎"。《左传·襄公二十六年》，君夫人使人馈左师锦与马，"先之以玉"。《左传·庄公十八年》："虢公、晋侯朝王，王飨醴，命之宥，皆赐玉五珏，马三匹。非礼也。王命诸侯，名位不同，礼亦异数，不以礼假人。"因为虢公与晋侯的名位不同，所以赏赐也应不同，故非礼也。可见，当时玉器的人格化到了何等程度。

（二）人格化财富用玉的场景

财富的人格化用玉场景在春秋战国时已很流行了。周谚云："匹夫无罪，怀璧其罪。"[①]《白虎通·瑞贽》："璧之为言，积也。""积"为财富积蓄。春秋初年，管子相齐，将玉器作为财富的象征，非常看重其经济价

① 《左传·桓公十年》《左传·襄公十五年》，宋人又有"小人怀璧，不可以越乡"之语。

值。他认为“珠玉为上币，黄金为中币，刀布为下币”[①]，并阐述说：“怀而不见于抱，挟而不见于掖，而辟千金者，白璧也”，玉作为贵重品自然也就成了贿赂和赏赐的对象。

《左传·僖公三十年》记载，晋侯派医衍毒死卫侯，宁俞贿赂医生，让他减轻毒药的成分，所以卫侯没有死。僖公为他请求，“纳玉于王与晋侯，皆十珏”。周天子允许了，秋天释放了卫侯。《国语·鲁语上》详细地记载了这件事情的来龙去脉。《左传·昭公三十二年》，昭公生病把东西赏赐给大夫们，赐给子家子一对玉虎，一只玉环，一块玉璧。《左传·僖公二十三年》记载，晋国公子重耳到达楚国，楚王设宴招待他，楚王询问道：“公子若反晋国，则何以报不谷？”重耳回答：“子女玉帛则君有之，羽毛齿革则君地生焉。其波及晋国者，君之余也，其何以报君？”由此可见玉帛作为财富象征的普遍性。

《左传·襄公五年》在描述季文子清廉忠君的时候说：“宰庀家器为葬备，无衣帛之妾，无食粟之马，无藏金玉，无重器各。”《左传·襄公十五年》云：“宋人或得玉，献诸子罕。子罕弗受。献玉者曰：‘以示玉人，玉人以为宝也，故敢献之。’子罕曰：‘我以不贪为宝，尔以玉为宝，若以与我，皆丧宝也。不若人有其宝。’”《国语·晋语四》僖父羁在劝谏曹共公时说：“玉帛酒食，犹粪土也。”这里所说的玉帛就是财富的象征。正是因为玉作为财富的象征，春秋时期以玉为宝的观念盛行，《左传》中有不少贪得宝玉的例子：

> 桓公十年，虞叔有玉，虞公强求之，又求他物。虞叔遂伐虞公，虞公出奔共池。僖公元年，虞公因贪晋厚赂的良马和美玉，许其假道于虞以伐虢，在虢亡后即被晋国取灭。
>
> 襄公十七年，宋华臣杀大夫皋比的家宰华吴，并幽禁华吴的妻子，公然要求“畀余而大璧”，后迫于国人公愤不得不奔亡至陈国。
>
> 定公三年，蔡昭侯制作了两套佩玉和两件裘衣到楚国，将一套佩和一件裘衣献给了楚王，另外一套佩玉和一件裘衣自己使用。楚国权臣子常极想得到蔡昭侯的佩玉和裘衣，向蔡昭侯暗示多次。但蔡昭侯就是不肯送给他，子常怀恨在心，借故将蔡昭侯扣留在楚国达三年之

---

① 《管子·地数篇》。

久。这件事导致了楚蔡两国交恶，蔡与吴国结盟差点灭了楚国。

哀公十四年，宋国大夫向魋由宋国逃至卫国，卫国大夫公文氏攻之，向他强索夏后氏之璜。向魋与之他玉，大概是以假的夏后氏之璜欺骗了公文氏，才得以虎口脱险，又逃到了齐国。

哀公十七年，卫庄公出逃，窜入戎州己氏的住地，“示之璧，曰：‘活我，吾与女璧。’己氏曰：‘杀女，璧其焉往！’遂杀之。”

可见玉作为财富的象征，才有人视玉如命。

（三）人格化丧葬用玉的场景

丧葬是一个人生的终点，应充满人文关怀。春秋战国时期人格化了的丧葬用玉风俗也是十分流行的。

周人遵循“事死如生，事亡如存”[①] 的丧葬习俗，所以死者的生前用玉通常被用作随葬之物。《左传·文公五年》载成风死，“王使荣叔来归含且赗，召昭公来会葬，礼也”。这里的“含”指的是琀。殉葬用的器物有“明器”，死人口中含着珠玉叫作“琀”[②]。《说文·玉部》释“琀”为“送死者口中玉也。”《周礼·春官·典瑞》曰：“大丧失饭玉、含玉、赠玉”。郑玄注：“饭玉、碎玉以杂米也。含玉，柱左右及在口中者。”《左传·襄公十九年》在说荀偃死之时，有“乃瞑，受含”的记载。《左传·哀公十一年》记载，齐鲁之战中，预料到将要战死，陈子行命令他的部下准备好琀。《说苑·修文》云：“天子含实以珠，诸侯以玉，大夫以玑，工以贝，庶人以谷实。”琀在周代墓葬中多见，如，陕西户县宋村编号为M3的遗址为春秋早期秦墓，其墓内所殉4人皆有琀，1号殉人口含石块，2号、4号殉人口含蚌块，3号殉人口含玉玦。[③]

除琀外，还用玉殉葬。春秋战国时与吉礼之“六器”、宾礼之“六瑞”相对，凶礼中的殓尸用玉称为“六玉”。《左传·昭公九年》陈国灭亡，舆嬖杀马毁玉为陈侯殉葬。《周礼·春官·典瑞》：“驵圭璋璧琮琥璜之渠眉，疏璧、琮，以敛尸。”郑玄注曰：“圭在左，璋在首，琥在右，

① 《礼记·中庸》。

② 童书业：《春秋史》，山东大学出版社1987年版，第62页。

③ 陕西省文物管理委员会秦墓发掘组：《陕西户县宋村春秋秦墓发掘简报》，《文物》1975年第10期。

璜在足，璧在背，琮在腹，盖取象方明，神之也。疏璧琮者，通于天地。”说的是天子大殓，以圭、璋、璧、琮、琥、璜六种玉器，用带子穿连，置于尸之首、足、左、右、腹背。《左传·定公五年》载：季孙意如死，“阳虎将以玙璠殓，仲梁怀弗与，曰：‘改步改玉。’”这些都说明玉在春秋时期也是殓葬品之一。

以玉殉葬在春秋时期的墓葬发掘中极为常见。1983 年发现春秋早期的黄君孟夫妇墓，编号 G1 墓椁中有瑗、玦、琥等随葬玉器共 54 件，编号 G2 椁室中有随葬玉器 131 件，并且其摆放位置都有一定的规则。[①] 在河南叶县旧县四号春秋墓中发现：棺内主要放置玉器，其中在相当于墓主人的头部，放置一组玉佩连珠组合发饰及玉柄型器、玉笄各 1 件，面部放置 1 件缀玉腹面，耳部置两对玉块，口内置多件片状玉琀，颈部置两组玉佩玛瑙组合项饰；胸部放置一组由多件云纹玉璜组成的四璜连珠组合玉佩；下部放置有 2 件玉璧和 1 件玉璜；双手部位各置一组料珠、玛瑙组合腕饰与 1 件作为握玉的玉璜或玉珩，脚端放置有一组玉璜连珠组合型踏玉。除此之外，头部及其下方还放置有兽面纹佩、鋈、戈形饰、镞形饰、鱼形饰、刀形饰等小型或微型玉饰，推测可能是发饰或肩、胸部缀在衣服上的小件佩饰。[②] 陕西韩城梁带村遗址 M19 墓葬年代为春秋早期，共出土 66 件（颗），除玉戈置于棺顶外，其余均随葬于墓主的面部、躯体和四肢关节处，按其功能分为礼玉和玉佩两类。[③] 陕西韩城梁带村遗址 M26 墓葬中发现玉器数量较多，分为礼器和佩饰两大类，另有残碎玉器和制玉残料。残碎玉器和制玉残料，大量散置于骨架右股骨外侧至腹部外侧，其中有改制后的残玉料、玉器半成品及残损的小玉器。另外，在这些散碎玉器分布范围内还有漆皮和朽木的痕迹，推测这些残碎玉器和制玉残料是盛装于木匣内随葬的。[④] 陕西韩城梁带村遗址 M27 墓葬中发现玉器 249 件，绝大多数出自棺内墓主躯干处。[⑤]

从周代开始，殓葬玉器的制作和使用在历代相沿，不断发展，《白虎

---

① 欧潭生：《春秋早期黄君孟夫妇墓发掘报告》，《考古》1984 年第 4 期。

② 鲁红卫等：《河南叶县旧县四号春秋墓发掘简报》，《文物》2007 年第 9 期。

③ 孙秉君、赵县民等：《陕西韩城梁带村遗址 M19 发掘简报》，《考古与文物》2007 年第 2 期。

④ 孙秉君、赵县民等：《陕西韩城梁带村遗址 M26 发掘简报》，《文物》2008 年第 1 期。

⑤ 孙秉君、赵县民等：《陕西韩城梁带村遗址 M21 发掘简报》，《考古与文物》2007 年第6 期。

通德论·崩薨》曰："所以有饭唅何，缘生食。今死不欲虚其口，故唅。用珠玉宝物何也，有益死者形体。故天子饭以玉，诸侯以珠，大夫以米，士以贝也。"又曰："丧葬之礼，缘生以事死。生时无，死亦不敢造。"①玉作为春秋战国重要物质是墓主拥有财富或尊贵地位的象征，生前使用，身后殉葬。

（四）人格化装饰用玉的场景

玉作为随身装饰品的风俗也早已有之，春秋战国时期以玉为佩风尚更是流行，已经成为君王和贵族日常生活所需，不同的等级使用不同质地、规格和尺寸的玉礼器。《左传·闵公二年》有"公命重耳佩之金玦"。杨伯峻注："玦为佩身之物。"《左传·昭公四年》记载，昭公赐给仲壬玉环，竖牛假传穆子的命令让仲壬佩带。《左传·定公三年》云："蔡昭侯为两佩与两裘，以如楚，献一佩一裘于昭王。昭王服之，以享蔡侯。蔡侯亦服其一。"《礼记·玉藻》中记载："天子佩白玉而玄组绶，公侯佩山玄而朱组绶，大夫佩水苍玉而纯组绶。"在春秋时期玉佩广为盛行，它不仅有装饰的作用，还是君子品德的象征，对玉佩的规制也体现了等级观念。玉不仅用于装饰人，也可用来装饰物。《左传·昭公十二年》云："工尹路请曰：'君王命剥圭以为戚柲，敢请命。'"杜预注："戚，斧也。柲，柄也。破圭玉以饰斧柄。"

（五）人格化祭祀用玉的场景

汉族先民祭祀用玉早已有之，但到春秋战国之时已经人格化了。《国语·楚语下》云："玉、帛为二精。"《越绝书·外传·记宝剑》亦云："夫玉亦神物也。"可见玉和神灵是相通的，它在祭祀中起着重要的作用。《左传·昭公十七年》说郑国发生火灾，郑裨灶言于子产曰："宋、卫、陈、郑将同日火，若我用瓘斝玉瓒，郑必不火。"意思是说用瓘斝玉瓒祭神来消除火灾。《周礼·春官·小宗伯》曰："若国大贞，则奉玉帛以诏号。"学者解释为：如果国有大事而占卜，就供奉玉帛并告诉名号，用以礼神。②《周礼·春官·肆师》载："立大祀，用玉、帛、牺牲。"玉成为沟通天地四方的信物，这个作用在《左传》中多次提及。并且人们用玉祭祀的方式也有多种：

① （汉）班固：《白虎通德论》卷十，上海古籍出版社1990年版，第82—83页。

② 杨天宇：《周礼译注》，上海古籍出版社2004年版，第287页。

有沉玉以祭。人们常常以沉玉即将玉置于河中之法来祭祀神灵。如《左传·文公十二年》记载：秦晋河曲之战："秦伯以璧祈战于河。"即秦伯将玉沉于河，来祈求神保佑作战胜利，"这是交战双方对垒，战争当中行卜筮之事，向先祖、河神致祭，祈求保佑，祈求战胜"。[①]《左传·襄公十八年》有晋伐齐，中行献子沉玉祷于河。"献子以朱丝系玉二珏而祷曰：'齐环怙恃其险，负其众庶，弃好背盟，陵虐神主……官臣偃无敢复济，唯尔有神裁之！'沉玉而济。"又如《左传·昭公二十四年》记："冬十月祭雨，王子朝用成周之宝珪沉于河。"杜注："祷河求福。"这些都是以沉玉来祭祀神灵，求得保佑的例子。

有埋玉以祭。如《左传·哀公二年》记载晋郑铁之战时，卫太子蒯聩临阵畏惧而祷曰："曾孙蒯聩敢诏告皇祖文王、烈祖康叔、文祖襄公……敢告无绝筋，无折骨，无面伤，以集大事，无作三祖羞。大命不敢请，佩玉不敢爱。"孔颖达疏："《尚书·金縢》称：'周公执璧秉圭以告大王、王季、文王，是祷请用玉也。'在军无圭璧，故以佩玉。"

有焚玉以祭。古代往往还通过积柴燔燎而使烟气上达于神这一方法来祭祀，只有牺牲和玉帛是燔燎的对象。《春秋公羊传·僖公三十一年》何休注："燎者，取俎上七体与其圭宝在辨中，置于柴上烧之。"《礼记·郊特牲》说："周人尚臭，灌用鬯臭，郁合鬯，臭阴达于渊泉。灌以圭璋，用玉气也。"《礼记·祭法》载："燔柴于泰坛，祭天也。"孔颖达疏："谓积薪于坛上，而取玉及牲置柴上燔之，使气达于天也。"意思是说，玉经过焚烧，借玉之气以通天，从而达到祭天的目的。[②]"玉气"通天，可以使神显灵。

《周礼》中详细地明确了玉的祭祀功用，《周礼·春官·大宗伯》云："以玉作六器，以礼天地四方。以苍璧礼天，以黄琮礼地，以青圭礼东方，以赤璋礼南方，以白琥礼西方，以玄璜礼北方。"所以，不管用何种方式祭祀，其最终的目的是通鬼神、明心志、求吉祥、保平安。

总之，春秋战国时期人格化的用玉场景充满了社会的各个方面，而这一切又集中表现在"比德于玉"的人格化上。《左传·昭公十二年》左史倚相回答昭公之语："式如玉，式如金。"杜预注："金玉取其坚重。"顾

---

① 陈成国：《中国礼制史》，湖南教育出版社 1991 年版，第 332 页。

② 卢兆荫：《古玉史话》，中国大百科全书出版社 1998 年版，第 39 页。

炎武补正："犹言如金如锡，如圭如璧，谓令德也。"《诗经·大雅·抑》言："白圭之玷，尚可磨也。"意思是说，文雅的君子，就像经过仔细地切、磋、琢、磨的玉石一样修身磨炼。说明君子之美要经过一定的礼的规范和度的把握才可以获得，就像获取美玉一样，需要有一番磨砺的功夫。这样玉器又成为君子修养、磨炼品性的象征。自周王朝始便有"君子无故，玉不去身"之规定。佩玉行为与礼仪、音乐相结合，用以规范个人的行为举止，使人们都成为彬彬有礼的谦谦君子。可见，赋玉以德不是始自春秋时代，但是这一风俗在春秋战国时代更加流行。

君子佩玉，除了把它作为华丽的装饰外，更重要的是以此来显示自己的美德和似玉一样的高贵品质。孔子将其"德治"和"仁政"的社会理想和仁、义、礼乐等人格追求的内容施加到玉器之上，提出"君子比德于玉"的主张。《礼记·聘义》中言玉有十一德：

> 子贡问于孔子曰："敢问君子贵玉而贱珉者何也？为玉之寡而珉之多欤？"孔子曰："非为珉之多故贱之也，玉之寡故贵之也。夫昔者君子比德于玉焉。温润而泽，仁也；缜密以栗，知也；廉而不刿，义也；垂之如队（坠），礼也；叩其声清越以长，其终诎然，乐也；瑕不揜瑜，瑜不揜瑕，忠也；孚尹傍达，信也；气如白虹，天也；精神见于山川，地也；圭璋特达，德也；天下莫贵者，道也。诗云：言念君子，温其如玉，故君子贵之也。"

在这里，认为玉本身具备了仁、知、义、礼、乐、忠、信、天、地、德、道等特性，孔子借助玉的自然属性和物理性能来突出和强调某种思想观念和审美标准，从人格修养的层面来象征和说明君子人格各有侧重的品质特征，玉由此也就成了象征着真善美的道德评价的负载物，同时也标志着玉人格化的确立。这样，佩玉成为德的"载体"，君子的化身。"君子无故，玉不去身。"[①] 可见"佩玉"能时时提醒君子抵御"非辟之心"，永远做一个正人君子。更有意思的是《左传·襄公十五年》中记载了这样一个故事：

---

① 《礼记·玉藻》。

宋人或得玉，献诸子罕。子罕弗受。献玉者曰："以示玉人，玉人以为宝也，故敢献之。"子罕曰："我以不贪为宝，尔以玉为宝，若以与我，皆丧宝也。不若人有其宝。"稽首而告曰："小人怀璧，不可以越乡，纳此以请死也。"子罕置诸其里，使玉人为之琢之，富而后使复其所。

这个"子罕说宝"的故事，说的是宋国有一个人得到了一块美玉，特意用来献给子罕，他得意地对子罕说："这块玉我已经请玉工鉴定过了，玉工说肯定是一块宝物，所以才拿来献给您。"子罕却告诉这个人说："我是把不贪心的品质当成宝，而你是以玉为宝。如果我接受了你送给我的玉，我就变成了一个贪心的人，你也失去了玉。这就等于你我都失去了自己的宝物，不如我们各珍重自己的宝罢。"这个故事说明：在子罕的思想里，玉已不再是神明之物，更不是宝物，而真正宝贵的东西是优秀的品德。可见，春秋战国时期风俗的特点是先人后神，凸显人的作用，这在爱玉之俗中表现为玉从高高的祭坛上下移，玉使用种类的多样化和日益世俗化[①]，把玉文化趋向人格化的态势表现得淋漓尽致。

五　出礼入刑：法律文化的法制化

出礼入刑，是华夏民族文化汇聚的又一"千堆雪"。

夏商之时，人们普遍认为社会的一般规范并不是"法"，而是"礼"。"礼"源自先民对神灵的祭祀活动。在古代那个神灵与祖先合一崇拜的时代，这种祭祀活动中形成的礼仪规范，逐渐便成了人们遵行的准则。但是任何社会都会有不遵守和破坏社会规范的言行，因此，相应的制裁方法便应运而生。华夏民族的先祖从远古族群之间的征战经验中得到了启发，将战场上的杀戮手段，有选择地演变为刑罚手段，用来惩罚违规逾礼者，这就是"出礼入刑"，即你的言行如果超出了礼仪规范的要求，那么就落入了刑罚惩罚的范围。正如《汉书·陈宠传》所说："礼之所去，刑之所取，失礼则入刑，相为表里。"简言之为"出礼入刑"。

在西周礼、刑二者的关系上，礼居于主导地位，刑要服从礼的指

① 张戌梅：《春秋时期的玉文化——以〈左传〉〈国语〉为中心的考察》，硕士学位论文，东北师范大学，2009 年。

导。因为礼是积极的主动性规范,是禁恶于未然的预防;其功能在于全面地预防社会犯罪。刑居于辅导地位,在礼的指导下对已然发生的犯罪进行制裁,处于消极与被动的状态。这种关系主要体现在以下两个方面:一是“出礼入刑”,西周时期“刑”多指刑法和刑罚。“礼”正面积极规范人们的言行,而“刑”则对一切违背礼的行为进行处罚。这种观点在汉民族思想上影响深远,长久以来,一谈到法律,普通百姓首先联想到的就是刑。在人们的观念中,法律是与威严、残酷、权力相生相伴的,法虽不可以没有,但最好是敬而远之。二是“礼不下庶人,刑不上大夫”,强调了平民百姓和贵族官僚之间的不平等,强调官僚贵族的法律特权。这种将礼、刑两种手段结合起来,实行社会控制,治理国家的方式,开创了世界上独有的社会运行治国模式,从此影响了汉民族法律文化两千余年。西汉的“德主刑辅”,唐初的“德本刑用”,明朝的“明礼以导民”“定律以绳顽”的治国模式,都渊源于西周的礼刑结合的方式。

其实,“出礼入刑”由来已久,《易·系辞》说:“上古结绳而治。”东汉班固在《白虎通义》中追述古人对法律产生的时代亦说:“三皇无文,五帝画像,三王明刑,应世以五。”《淮南子·览冥训》也说:“黄帝治天下,法令明而不暗。”

到了尧、舜时代,对法律的出现已有了较为明确的记载。《竹书纪年》记载,“帝舜三年,命咎陶作刑”;《尚书·舜典》也载,“帝曰:皋陶,蛮夷猾夏,寇贼奸宄,汝作士,五刑有服”。相传,皋陶是虞舜时期东夷族群的一位首领,又名咎陶、咎繇,舜曾任命他为“士”。在皋陶的主持下,对黄帝以来的原始法律作了一次较为系统的修订。故古人将皋陶作为中国法律文化的创始人。《左传·昭公十四年》载:“《夏书》曰,‘昏、墨、贼、杀’,皋陶之刑也。”《尚书·舜典》记皋陶之刑为:“象以典刑,流宥五刑,鞭作官刑,扑作教刑,金作赎刑。”舜以“毁信废忠,崇饰恶言”的罪名,“流共工于幽陵”;以“掩义隐贼,好行凶德”的罪名,“放驩兜于崇山”;以“冒于货贿,侵欲崇侈”的罪名,“窜三苗于三危”;以“傲狠明德,以乱天下”的罪名,“殛鲧于羽山”①。并以此四罪之施,使天下咸服。

① 《尚书·舜典》。

与此同时，又据《尚书·吕刑》记载："伯夷降典，折民惟刑。"伯夷是与皋陶同时期的礼官，他主持制定了礼法，教民习知，对违者施之以刑。又说："士制百姓于刑之中，以教祗德。"士为主刑狱之官，皋陶曾任，他将百姓禁制于法中，教化他们敬重德行。由此可见，早在虞舜后期，夏禹执政之时，中国法律刚刚显露出萌芽状态，礼刑并立，礼与刑就像是一对孪生兄弟同时降生。

夏、商的所谓"礼制"基本上是不成文的习惯法，多采"临事议制"的形式。西周的习惯法，有继承夏、商的，所谓"因于殷礼"，也有周民族固有的习惯法。西周初，在周公的主持下，编订了一整套目的在于维护宗法等级关系的规章制度和行为规范，以及与之相应的礼制度，这就是《周礼》。其内容包括政治、经济、军事、宗教、司法、教育、道德伦理、风俗习惯以及家庭关系中包括婚丧嫁娶等诸方面。实际上，《周礼》就是西周的根本法，是其他一切法律的出发点和归宿。

夏商西周三代的法律文化体系分为刑、誓、诰、令、故事五部分：

刑为刑事法规通称。夏有"禹刑"，商有"汤刑"，周有"九刑""吕刑"等。这里所说的"刑"，指的是刑律，与后世的"法""律"同义。在此，要特别指出的是三代的刑是不公开发布的，原因是"惧民之有争心也"，以达到"刑不可知，威不可测，则民畏上也"的目的。①

誓为作战前王发布的誓词和军事命令。《周礼·秋官·士师》注云："誓，用之于军旅。"如夏启征伐有扈氏发布的军令称《甘誓》，商汤伐夏发布有《汤誓》，周武王代殷纣在孟津发布《泰誓》，战于牧野作《牧誓》，周公征东夷时作《费誓》等。"誓"中所宣布的被征伐者的罪状常常被列为刑法的罪名，所宣布的惩罪方式，也相应成为刑罚的种类和手段。

诰为王发布的命令、文告，是关于施政的训令。《周礼·秋官·士师》注云："诰，用之于会同。"《尚书》中有《汤诰》《大诰》《康诰》《酒诰》《召诰》等。这些有的是出征前的动员令，有的是告诫之言，具有规范性的作用。诰文中所禁止的、谴责的内容，就是法禁的范围。

令为王和权臣就某一专项行政性事务发布的命令、指令，如商有《车服之令》，周公旦也曾发布过《舍三事令》《舍四方令》等，都具有

① 《左传·昭公六年》"疏"。

法律效力。

故事为前代的审判故事，即判例，往往成为后世判案的法律依据。周公曾对统治殷遗民的康叔说："司师兹殷罚有伦"[①]，让康叔用殷代刑法中的先例来治理殷民。也就是说，西周刑书中与殷刑相同者即用刑书，刑书中无正文者，而殷有"故事"可兼用故事来判案，引故事为律条。[②]

春秋战国时期，"出礼入刑"的华夏法律文化在文化汇聚中发生了新的变化，即走上了法制化的道路。所谓法制化，就是把应用法律规制的制度化、程序化，将这些行为纳入法律规制的范畴，由相应的制度对其进行规定、制约。正如韩非所说："法者，编著于图籍，设之于官府，而布之于百姓也。"[③] 春秋时期法制化的主要标志是各诸侯国一改刑不公开发布的常规，将法律以成文法的形式出现并加以公布。

春秋战国时期公布成文法的文化汇聚，不是一帆风顺的，它曾遭到旧贵族及其他保守势力的顽强反对。公元前 536 年，郑国著名的政治家子产执政，鉴于社会关系的变化和旧的礼法制度作用的丧失，遂作刑书，把当时所行用的法令铸在鼎上，"以为国之常法"[④]。郑国子产铸刑书时，晋国叔向曾写信批评他，"先王议事以制，不为刑辟"；认为公布刑书将使"民知争端矣"，"国将亡，必多制"，是乱世之政。子产复信表示自己所为是"救世也"，遂以"不承命"加以拒绝。[⑤] 其后三十年，郑国大夫邓析又对郑国法律加以整理，私自编写刑书，并刻写在竹简上加以公布，史称《竹刑》，开创私家法学著述的先例。被指为"私造刑书"，"郑驷歂杀邓析，而用其竹刑。"[⑥]

公元前 513 年，晋国继郑国之后也铸刑鼎。晋大夫赵鞅将范宣子所制订的刑书铸在鼎上予以公布。又引起鲁国孔子的惊呼："晋其亡乎，失其度矣！"认为法令公开，将造成"民在鼎矣，何以尊贵"的局面，是"晋国之乱制也"。同时，晋国大夫蔡史墨也指责此举为"擅作刑器，以为国

---

① 《尚书·康诰》。

② 以上参阅彭林、齐吉祥、范楚玉总纂《中华文明史》第二卷，河北教育出版社 1992 年版，第 51—52 页。

③ 《韩非子·难三》。

④ 《左传·昭公六年》"杜预注"。

⑤ 同上书。

⑥ 《左传·定公九年》。

法，是法奸也”[①]。

接着，宋、楚等各诸侯国也纷纷公布了成文法，到战国时已在各诸侯国普及。晋国发布了《被庐之法》；楚国有《仆区法》及《茆门法》。当时楚国制法还有一个故事：《史记·屈原列传》记载，楚怀王还曾委派屈原编制《宪令》，草稿未定，上官大夫欲以此邀功，屈原未给，上官即在楚王面前进谗言，诋毁屈原。韩国有申不害（约前385—前337）所作之《刑符》；魏国有《魏宪》；赵国有《国律》；齐国有《七法》。

成文法的公布，结束了“临事议制，不预设法”的时代，打破了“刑不可测，则威不可知”[②]的法律神秘主义局面，一改西周以来“明德慎罚”“敬德保民”“刑罚世轻世重”的立法原则，提出“重刑轻罪”的重刑主义原则。商鞅说“重刑连其罪，则民不敢试；民不敢试，则无刑也”[③]。韩非也说“重一奸之罪，而止境内之邪”[④]。秦国曾立法“刑弃灰于道者”[⑤]，对向街道上倾倒灰土者处刑罚。他们认为“重刑则无刑”，“刑以止刑”，即以严刑峻法来禁暴止奸。

尤其是战国初期魏文侯时，司寇李悝为相，编纂《法经》，集春秋以来各国立法之大成。

《法经》是李悝参考其他各国法律成果编纂而成，所谓“悝撰次诸国法，著《法经》”[⑥]。《唐律疏议·名例律序》也说：“魏文侯师于李悝，集诸国刑典，造《法经》六篇。”可见，《法经》是在研究总结各国新兴地主阶级“变法”、立法的经验，汇集纂辑各国刑典的基础上制定出来的，是华夏法律文化汇聚集大成者。

《法经》六篇，又称“六法”，分别为《盗法》《贼法》《囚法》《捕法》《杂法》《具法》。前四篇为正律。以惩治“盗贼”为中心，所谓“王者之政莫急于盗贼，故其律始于《盗》《贼》，盗贼须劾捕，故著《囚》《捕》二篇”（《晋书·刑法志》）。就是说，统治阶级专政最

① 《左传·昭公二十九年》。
② 《左传·昭公六年》“疏”。
③ 《商君书·赏刑》。
④ 《韩非子·六反》。
⑤ 《史记·李斯传》。
⑥ 《晋书·刑法志》。

急迫的任务莫过于惩治盗贼，即对侵犯统治阶级的私有财产、私有制度、人身安全及封建统治秩序的行为，都将作为重点打击对象，予以重刑严惩。

《法经》原书已佚，据西汉桓谭的《新论》记载，《法经》包括正律、杂律、减律三个组成部分。其以正律规定，“杀人者诛，籍其家，及其妻氏；杀二人，及其母氏。大盗戍为守卒，重则诛”。甚至对窥看宫廷、拣拾遗物者，都要分别处以膑刑（剔去膝盖骨）和刖刑（断足）。这是由于疑其有“盗心”。《杂律》是对《盗》《贼》以外的所谓淫乱、狡诈、越城、赌博、聚众、贪污等行为的“禁令”。如“淫禁”规定：夫有一妻二妾者，则须处聝刑（割耳）；有二妻者，则处死刑，妻有姘夫则处宫刑。议论国家法令者，就触犯了“狡禁”，要处死刑，家属及妻族也要被籍没为奴。群众集聚相居，一日则受传讯，“三日四日五日则诛”。翻越城墙则犯“城禁”，本人要处死；若一乡之中，有十人犯城禁，则要“夷其乡及族”。《法经》的第六篇《具法》是“具其加减”的意思，即根据犯罪情节的不同，予以适当的加刑或减刑。因以减刑为主，桓谭《新论》中干脆称其为《减律》。它规定对15岁以下及60岁以上的罪犯，可酌情减轻刑罚。

《法经》作为华夏民族法律文化汇聚的一部较为完整、系统的成文法典，所确立的汉民族法制的基本原则和体系，对后世法制的发展影响尤为巨大。后来，商鞅以此治理秦国，并以此作为《秦律》的蓝本；汉相萧何也以《法经》为基础制定汉律，为华夏民族发展、转化成为汉民族律法做出了法律贡献。[①]

六　教之春秋：史学文化的多样化

“教之春秋”[②]，是华夏民族文化汇聚的又一“千堆雪”。

汉民族史学遗产的丰富，在世界民族之林中是罕有其匹的，以至德国的大哲学家黑格尔赞叹说，“中国‘历史作家’的层出不穷、继续不断，

---

① 以上参阅彭林、齐吉祥、范楚玉总纂《中华文明史》第二卷，河北教育出版社1992年版，第53—54页。

② 《国语·楚语上》。

实在是任何民族所比不上的"。[①] 而这种史学传统源于春秋战国时期"教之春秋"史学传统的文化汇聚，出现了史学文化多样化的态势。

《国语·楚语上》中申叔时曰："教之春秋，而为之耸善而抑恶焉，以戒劝其心。"在汉语中"春秋"一词泛指历史。申叔时讲的这段话说的是教导春秋，是为了扬善抑恶，用来劝诫教导人的本心。就是现在所说的"以史育人"。

汉民族"教之春秋"的史学传统源远流长。从目前确知的情况来看，当以殷商时期的甲骨文记载和西周时期的金文记载为滥觞。

在商代，巫旦史在卜辞中已经出现，其地位仅次于巫职人员，或主祭祀，或为君王之大使。卜辞中有"卿史""御史""东史""西史""北史"，还有"帝史"，这些是作为史官身份出现的。也许在当时已出现专门书写的史官。《尚书·多士》篇云："惟尔知，惟殷先人，有册有典，殷革夏命。"但是这些史职人员附属在巫职机构之下，为王室神权服务，带有浓郁的神本气息和色彩，还不是严格意义的史学。

西周之时，周代的史职人员有太史、外史、左史、右史等官。周人在总结殷人的经验教训中，产生了深刻的历史意识。殷人认为自己是上帝的儿子，受上帝之命而为下界之王；周人认为帝改其命，改厥子而授周文王之命。《诗经·大雅·文王》曰：

> 殷之未丧师，克配上帝，宜鉴于殷，骏命不易；穆穆文王，于缉熙敬止。假哉天命，有商孙子。商之孙子，其丽不亿，上帝既命，侯于周服。侯命于周，天命靡常。

从这里可知周人从殷人丧天命、自己得天命中得出"天命靡常""惟德是辅"这样的历史经验来。这正是周人的历史意识，在《诗》《书》中用这种史学思想来教育后嗣王，历史经验的警钟长鸣："善则得之，不善则失之。"[②] 在殷商、西周时代，所有的文字记录还不属于史学论著，甲骨文是卜辞贞卜记录，金文是赏赐颂功记功铭辞，《尚书》是官府档案文

① ［德］黑格尔：《历史哲学》，生活·读书·新知三联书店 1956 年版，第 161 页。
② 《礼记·大学》。

书，《诗经》是文学作品，等等，而且这些多属官方所有。如《尚书》[①]是最重要的一部官府档案文献经典，它记录了距现今2000年到3000年间王室的诰命、训令、誓言和其他大事。现流传的《尚书》共有58篇，分别按朝代编辑，称为《虞书》《夏书》《商书》和《周书》。其中《虞书》5篇，《夏书》4篇，《商书》17篇，《周书》32篇。《尚书》的内容十丰富，《尚书序》分为“典、谟、训、诰、誓、命”六种，而唐孔颖达《尧典正义》分为典、谟、贡、歌、誓、诰、训、命、征、范十种。又如《诗经》中的《周颂》《鲁颂》《商颂》。除《鲁颂》《商颂》为春秋时人创作外，其余都是西周人的作品。《大雅》是反映西周各个历史阶段的史诗。《生民》《公刘》《绵》《皇矣》和《大明》5篇歌咏后稷、公刘、古公亶父建立基业、王季继续经营、文王伐密伐崇的胜利和武王伐纣的军容。虽然如《雅》《颂》作为史诗，有艺术夸张的地方，也有传说的成分。但在史学萌芽时期，当各种历史记载还很不完备的时候，其作为一种独立的创作形式，不仅在一定的程度上反映了历史的面貌，而且也可以同其他形式的历史记载相互印证、相互补充，成为当时历史记载不可缺少的一部分。[②]

在这种史学文化的背景下，春秋战国是汉民族史学文化汇聚的一个里程碑阶段。在这个阶段，史学文化的汇聚呈双轨态势下的多样化走向。双轨，即一条轨道是官府编史，另一条轨道是私家撰史；多样化的走向，即史学体例的百花齐放。

官府编史之轨，从春秋以来，各诸侯国均有了正式的国史，即按年记事的编年史。从《国语·周语》还保存的一些史事来看，西周恭王、厉王时已有编年记事的端倪。如记恭王事乏有“（密）康公不献（三女）。一年，王灭密”之语。记厉王虐而拒谏，“于是国莫敢出言，三年，乃流王于彘”。而记宣王事，已明显地看出按年记事的年代顺序了，如“三十

① 《尚书》早为简册，难以保存，容易散失、错乱，兼之春秋战国时人往往又据旧说拟作，故孔子所整理编定的《尚书》，至战国时已难以窥其原貌。西汉时期又有今文《尚书》和古文《尚书》的流传，东晋更有人作伪，杜撰所谓“古文《尚书》”二十五篇，经历代学者考订，断定是伪书。今传今文《尚书》二十八篇是西汉编定的本子，为先秦时代文献无疑。其少数为春秋战国时人所作，多数则是殷商、西周时期作品，具有重要的文献价值。

② 参阅彭林、齐吉祥、范楚玉总纂《中华文明史》第二卷，河北教育出版社1992年版，第458页。

二年，宣王伐鲁”，“三十九年，战于千亩，王师败绩于姜氏之戎”。这些迹象说明按年纪事的国史的出现至迟当不晚于西周恭王、厉王、宣王时期。从后人所撰《春秋》《左传》记春秋时期历史来看，春秋时期各国国史在记时上已形成了以事系日、以日系月、以月系时（春、夏、秋、冬）、以时系年的规范。

非常可惜的是，这个时期的国史没有一部被保存下来，但从当时的人、战国时的人以及司马迁《史记》的记载中、谈论中，还大致可以窥见当时国史发展的一般情况。如《左传》记：

> 庄公二十三年，曹刿谏曰：“……君举必书，书而不法，后嗣何观？”①
>
> 僖公七年，管仲曰：“夫诸侯之会，其德、刑、礼、义，无国不记。”
>
> 襄公二十年，卫宁惠子疾，召悼子曰：“吾得罪于君，悔而无及也。名藏在诸侯之策……”
>
> 昭公二年，晋侯使韩宣子来聘……观书于大史氏，见《易》《象》与鲁《春秋》，曰：“周礼尽在鲁矣，吾乃今知周公之德与周之所以王也。”

这里，不仅可以看出鲁、齐、卫各国重视国史，而且从“无国不记”“名藏在诸侯之策”的说法中，可知春秋时期国史发展盛况及其所记内容，而鲁国国史还更多地记载了西周初年的历史和西周的政治制度。又如《国语·晋语七》记载：“羊舌肸习于春秋”；《国语·楚语上》“教之春秋，而为之耸善而抑恶焉，以戒劝其心”，“史不失书，矇不失诵，以训御之”。这是分别引用晋国司马侯，楚国申叔时和左史倚相的话，也都是说明国史在各诸侯国政治生活中的重要性。还有《礼记·坊记》云：“未没丧不称君，示民不争也。故《鲁春秋》记晋丧曰：‘（晋大夫里克）杀其君之子奚齐。’”这里所说的“鲁春秋”，以及“习于春秋”“教之春秋”，是指不同的诸侯国说的，说明“春秋”是当时各

① 又见《国语·鲁语上》。

国国史的统称。《墨子·明鬼下》有所谓“著在周之春秋”“著在燕之春秋”“著在宋之春秋”“著在齐之春秋”的说法，据说墨子还讲过“吾见百国春秋”的话[①]，表明这种统称在战国时期还在继续沿用。但各国史书，有的也有专名，《孟子·离娄下》记孟子的话说：“王者之迹熄而《诗》亡，《诗》亡然后《春秋》作。晋之《乘》，楚之《梼杌》，鲁之《春秋》，一也。其事则齐桓、晋文，其文则史。孔子曰：‘其义则丘窃取之矣。’”孟子的话说明《乘》《梼杌》《春秋》都是各国之史，还揭示了国史的产生是同王室衰微、诸侯争霸的历史相联系的。这是很深刻的历史意识。

从甲骨文、金文的历史记载看，《尚书》中王朝文书的形成和积累，以及西周时期出现的以《诗经》为代表的王朝史诗，直到西周末年至春秋时期产生和发展起来的编年体国史，呈现了华夏民族史学史化汇聚在官府编史之轨上运行的轨迹。经过这个漫长的过程，开始形成了基本的历史记载形式，即按时间顺序记事，不仅使中国史学文化业已初具雏形，而且历史记载也出现了朝着多样化形式发展的趋势，这就是私家撰史之轨的出现。

在私家撰史之轨上，《春秋》是第一部编年史。孔子以鲁国的历史为基础，参考了他所能看到的周王室和诸侯国的各种史料。并积累历代史官的一些写作经验。按照“据鲁、亲周、故殷”的原则，修成了流传至今的《春秋》。孔子继承了“以事系日，以日系月，以月系时，以时系年”的编纂方法，以明确的时间顺序，把事情有系统地按年代先后加以编排整理，缀辑文辞、排列史事都有一定的规范，全书井然有序，大致写出了春秋时期（前770—前476年）的重大历史事件，这对于人们从一个长时段里了解不同地区历史发展大势，提供了清晰的轮廓，以便看出这个时期历史的发展过程，与夏商周三代的零碎孤立的记事的《尚书》已完全不同。《春秋》作为反映春秋战国这一历史转折时期的第一部历史著作，是编年史的发端。[②]

《左传》也是一部编年体史书，所记上限与《春秋》同，下限至鲁哀

---

① （隋）李德林：《答魏收书》，载《隋书·李德林传》。

② 参阅黄彩燕《春秋战国时期史学发展概况探析》，《文教资料》2011年3月号上旬刊；《中华文明史》第二卷，河北教育出版社1992年版，第462页。

公二十七年，共255年史事，比《春秋》下推13年。《左传》是战国时期（前475—前221年）早期问世的历史著作。在编撰上对编年体有很大的发展，即在编年记事的总的格局中，也有集中记一件史事本末原委的，或集中写一个人物活动经历的。如隐公元年记“郑伯克段于鄢”一事，就从“初，郑武公娶于申”追叙起，写出了事情发展的全过程；僖公二十三年记晋公子重耳出亡的经历，是从僖公五年“晋人伐诸蒲城”事追叙起，写出了重耳近20年的流亡生活。凡此等等，不仅丰富了编年体史书在记事、记人方面的内容，也有助于弥补事实经过、人物活动被年代割裂的不足，同时也增强了历史表述上的可读性。如《左传》在描写战争特别是大国争霸战争中，不仅描写了战争的背景、场面，而且善于通过战争来显示人物的性格特征，通过战争刻画英雄人物的胆识、谋略和勇气。如成公二年的齐晋案之战，庄公十年的曹刿论战等，都具有这种特点。又如《左传》也善于描写人物的辞令尤其是政治外交场合的语言辞令，其所写辞令优美而不浮华，谦恭毕至而不失原则、立场，形象生动却又符合人物的身份和性格特征，人事纷杂而结构又十分谨严。所以，《左传》也不失为一部编年史的经典。① 与此同时，《左传》还是一部民族史。因《左传》还反映了这一时期民族交往的活跃和民族融合的进程。它大致记载了华夏民族，以及东夷、南蛮、西戎、北狄的分布及其分支情况：记载了这些民族同华夏民族各国在军事上的冲突，政治上的交往和联系，经济、文化上的交流和影响，以及广泛的互通婚姻等，展现出春秋时期民族关系的生动活跃的局面。如《左传》记晋悼公时晋国与山戎的关系史就是一个经典案例。所以《左传》对这个时期民族关系的记载，无疑在中国史学的民族史及民族关系史撰述上有开创的意义。②

《国语》是最早的一部国别史。其书分别记载了周、鲁、齐、晋、郑、楚、吴、越八国的历史。起迄西周时期周穆王讨伐西戎，下至三晋灭智伯，所记历史达500多年。《国语》与《左传》相比，是以记言为主。虽然《国语》也记事，但其记事极其简略，而把笔墨主要集中在记述人

---

① 王冠英主编：《中国文化通史》先秦卷，北京师范大学出版社2009年版，第298页；《中华文明史》第二卷，河北教育出版社1992年版，第463—465页。

② 彭林、齐吉祥、范楚玉总纂：《中华文明史》第二卷，河北教育出版社1992年版，第464—465页。

物语言上面，通过语言反映人的思想认识。所以《国语》前面记述人物的文字都是长篇大论，而后面记述历史发展的结果只是寥寥数语。例如《周语》中记载周定王派单襄公出使到宋国，路过陈国，看到陈国农事不治、客馆无人管理，陈侯与卿大夫荒淫无礼，归成周后与定王谈了很长一段话，预见陈侯国必亡。而文后所附历史验证只有十分简单的三句话："六年，单子如楚。八年，陈侯杀于夏氏。九年，楚子入陈。"从这里可见《国语》以记"语"为主的特点，记"事"反而只是附庸、陪衬。这就完全突现了《国语》重视记语的特点。而其他的人、其他的事都被省略以便有利于突出主要人物的语言及其思想，正因为《国语》有长篇的言辞，因此作为国别史的同时也是一部思想史。

《春秋公羊传》《春秋穀梁传》是最早的口述史。《汉书·艺文志》于六艺类《春秋》家后序云："《春秋》所贬损大人当世君臣，有威权势力，其事实皆形于传，是以隐其书而不宣，所以免时难也。及末世[①]口说流行，故有《公羊》《穀梁》《邹》《夹》之《传》。四家之中，《公羊》《穀梁》立于学官，邹氏无师，夹氏未有书。""口说流行"说的正是口述史，可见《春秋公羊传》《春秋穀梁传》《春秋邹氏传》《春秋夹氏传》，都是解释《春秋》的口述史。其中前两种经后人在汉代写定，流传至今，后两种失传。《春秋公羊传》和《春秋穀梁传》不仅开口述史的先河，由于在对于历史事实的阐述上，尤其在历史思想上，还是有一定价值的。因为《春秋》讲究"微言大义"，讲究"为尊者讳，为亲者讳，为贤者讳"。而《春秋公羊传》和《春秋穀梁传》则把所讳之事加以明确的交代，并明确指出所谓的"微言大义"是什么。《春秋》的记述往往是一件事的标题式记载，《春秋公羊传》与《春秋穀梁传》则对这一"标题"进行了阐述、补充以及说明前因、后果、有关的人物和事件，使人们更能明白其来龙去脉。此外，《春秋公羊传》和《春秋穀梁传》在语言表述的风格上是独特的。用词准确凝练，用语简朴亲切，明白易懂，故而这两部书在史学史上也占有重要地位。[②]

---

① 指周之末世，为战国中后期。

② 参阅王冠英主编《中国文化通史》先秦卷，北京师范大学出版社 2009 年版，第 298—299 页；彭林、齐吉祥、范楚玉总纂《中华文明史》第二卷，河北教育出版社 1992 年版，第 466—467 页。

《竹书纪年》是一部通史。这部通史是战国后期魏国人所撰写。有意思的是这样一部重要著作，自战国后期作为魏襄王的随葬品埋入地下，至西晋初年出土，历时570余年，却不为世人所知。它是司马迁所不曾见到的重要史书之一。《竹书纪年》原称《纪年》，亦称《古书纪年》[①]《汲冢纪年》[②]。北魏郦道元注《水经》征引此书时使《纪年》与“竹书”连用，于是乃有《竹书纪年》之称。所记内容，起自夏、商、周，讫于战国后期。于西周、春秋、战国，并比《史记》更早地记载了夏、商、西周的王世总数和总年数。在史学编撰体例上，不分记各诸侯国事，独记晋国（起自殇叔：前784—前781年），韩、赵、魏三家分晋后又独记魏国，至魏襄王（哀王）二十年（前299年）而止，称襄王为“今王”。具有通史意义。而此书记事，自庄伯十一年后用夏正，编年相次，文意近似《春秋》，故前人多认为它是魏国史书。但此书既可用于随葬，说明它不一定是正式的国史，而是魏国史官的私人撰述。尽管如此，《竹书纪年》开编年记事之通史体例的先河，乃是华夏民族史学文化汇聚中具有开创性意义的成果之一。[③]

《世本》也是通史性质的著作。《汉书·艺文志》著录：“《世本》十五篇。古史官记黄帝以来讫春秋时诸侯、大夫。”此书虽久佚，但从今存《世本》佚文来看，这书下限已写到战国之末的秦王政、魏景湣（愍）王午、赵王迁，并称赵王迁为“今王”[④]，说明它是一部从传说中的黄帝一直写到战国末年的通史。《隋书·经籍志二》谱系类云：“汉初，得《世本》，叙黄帝已（以）来祖世所出。”这是完全把《世本》当作世系之书看待。但从《世本》的内容及表现形式来看，它并非只是记“祖世所出”的世系之书。现在我们对于《世本》原先的结构，已难以尽知，从后世诸家征引来看，其书有《帝系》《王侯世》《卿大夫世》《氏族》《作篇》《居篇》以及《谥法》等篇，可知除了帝王诸侯卿大夫世系氏族宗谱外，其在史学编纂体例上有诸多“小荷尖尖”的创新：一是历史教科书，《国

---

① （西晋）杜预：《春秋左传集解后序》。

② 《晋书·司马彪传》。

③ 彭林、齐吉祥、范楚玉总纂：《中华文明史》第二卷，河北教育出版社1992年版，第467页。

④ 分别见《史记·秦始皇本纪》《史记·魏世家》《史记·赵世家》。赵王迁元年为公元前235年，距秦之统一仅十四年。

语·楚语上》申叔时谓“教之‘世’，而为之昭明德而废幽昏焉，以休惧其动”，韦注：“世，谓先王之世系也。……为之陈有明德者世显，而暗乱者世废也。”可知春秋战国有像《世本》之类的书和教科书存在，作为教育贵族子弟的读本。这样的书和教材是为了使明德之人的世系显明，并废去昏乱之人的世系。二是有“居”，记都邑宫室，是记王侯历代都邑变迁的，属于历史地理学范畴。三是有“作”，记器物制作发明、典章制度创制[①]，是文明史研究的宝贵资料。可见《世本》是包含了多方面内容和多方面体裁的通史著作。尽管这还处在创制的起始阶段，不可能是很丰富的和很完备的，但其撰述思想和编撰格局，却显示出华夏民族史学文化汇聚至此开始出现的一种走向综合的发展趋势。[②]

《战国策》是一部记言体的国别史，它的主要内容是记战国时期各国说客辩士的策谋权变及政治、军事大事和各国关系，也有一些历史史实和人物的记录，亦展示了东周战国时代的历史特点和社会风貌。此书为战国时人所撰，亦非出于一时一人之手，而于战国末年初步裒辑成编，后经西汉刘向重新整理编次，原为33篇，定名为《战国策》。其所述事件在春秋之后、楚汉相争之前，有245年的历史。全书按国编排，分为东周、西周、秦、楚、齐、赵、魏、韩、燕、宋、卫、中山十二国，除后三国外，前七国正好构成战国时七个大国。如果说《左传》是反映春秋时期历史面貌的重要史书，那么《战国策》就是反映战国时期历史特点的重要文献。《战国策》比起《国语》来，它更善于把记言跟生动的叙事结合起来，《战国策》在写辞令方面的成就，也有超出《左传》的地方。如《战国策·秦策一》记苏秦以连横说秦惠王事，既写了苏秦关于“并诸侯，吞天下，称帝而治”的说辞，也写了他“说秦王，书十上而说不行”的遭遇，以及后来以合纵说赵王被采纳所产生的影响与其自身所受的殊荣，从历史大事到世态人情都写到了。又如《战国策·赵策二》记赵武灵王“胡服骑射以教百姓”事，主要是写赵武灵王同肥义的对话，写公子成、赵文、赵造反对胡服骑射的言论和赵武灵王对这些言论的驳斥，但也写出了胡服骑射这一措施制定的过程及其推行之初的艰难。总之，《战国策》

---

① 参见（清）茆泮林辑《世本》序。

② 彭林、齐吉祥、范楚玉总纂：《中华文明史》第二卷，河北教育出版社1992年版，第468页。

写辞令，善于铺陈形势，阐述利害，意在打动和说服对方，这跟《左传》写辞令多意在申辩，在气势上有很大的不同。把辩士的说辞写得有声有色，有一种滔滔不可挽回的气势。《战国策》在叙事上富于变化。有的写得委婉屈曲，于末了处方见事情的结果。可见《战国策》是一部独具一格的第一部国别史。①

此外，这时期还有以春秋史事为内容的通俗读物，是历史教育的一种初级讲义。近年出土的汉代帛书《春秋事语》，就是这类作品的写定本或传抄本。②

春秋战国时期华夏民族史学文化的汇聚获得丰硕的成果，记言体、记事体、通史体、国别体、编年体等记载史事的方式纷纷问世。此外，还出现了初具规模的纪传体、语体、典志体及史论方面的著述，甚至出现了通史性质的史书，“教之春秋”的华夏民族史学文化的汇聚，以多样化的形态走向汉民族文化的历史舞台。

七　大象无形：文学文化的明道化

大象无形，是华夏民族文化汇聚的又一“千堆雪”。

大象无形出自老子《道德经》第四十一章。老子在说到“道”的至高至极境界时，引用了“大白若辱，大方无隅，大器晚成，大音希声，大象无形”的说法。在此，“大象无形”可以理解为：世界上最伟大恢宏、崇高壮丽的气派和境界，往往并不拘泥于一定的事物和格局，而是表现出气象万千的面貌和场景。春秋战国时期的文学，在汉民族文化史上正是“大象无形”气象万千的面貌和场景，并向着明道化的方向行进着。

明道化，在文学理论方面就是“文以明道”。所谓“文以明道”，其内涵是：文居于立德、立功、立言的最末，文是道的反映，其存在意义乃是为了证明道、显示道。荀子在《荀子·儒效》中说：

> 圣人也者，道之管也。天下之道管是矣，百王之道一是矣。故《诗》《书》《礼》《乐》之归是矣。《诗》言是其志也，《书》言是

① 彭林、齐吉祥、范楚玉总纂：《中华文明史》第二卷，河北教育出版社1992年版，第469页。

② 参阅《马王堆汉墓出土帛书〈春秋事语〉释文》，《文物》1977年第1期。

其事也，《礼》言是其行也，《乐》言是其和也，《春秋》言是其微也。故风之所以为不逐者，取是以节之也；小雅之所以为小雅者，取是而文之也；大雅之所以为大雅者，取是而光之也；颂之所以为至者，取是而通之也。天下之道毕是矣。

在此，荀子论述了“文以明道”的问题，强调文是用来阐明道的，即“文以明道”。道是实实在在的人间之道，可以探索，可以学习，可以追随，其具体体现就是儒家经典《诗》《书》《礼》《乐》《春秋》。因此，荀子对道的阐述具备原型意义。① 正因为春秋战国时期的文学是汉民族文化发端时期的文学，文化积淀极为丰厚，一方面，这个时期文学与哲学、史学一样，都还没有完全从整体的文化形态中独立出来形成单独的学科分支，因而这一个时期的文学还具有文、史、哲互相涵融的特点，气象雄浑、包罗万象。所以其涉及的问题，必须放在广阔的历史文化背景下通过综合的动态研究才能审视清楚。另一方面，春秋战国的文学又是汉民族文学的第一个高峰期，又以无比丰厚的历史传承和民族文化精神开拓了汉民族文学之源，奠定了汉民族文学的基石。②

在“大象无形”的文化背景下，我们可以从散文和诗歌两个方面，去观察春秋战国时期文学的明道化。

散文的明道化早在商代卜辞中就初露端倪，已经相当注意语法规则的使用。西周金文中就更加明显，目前所见最长的金文文献是《毛公鼎》，共 497 个字。从文化汇聚的过程中，早期散文可以分成两个主要的类别，一类是以《尚书》《春秋》及《左传》《国语》《战国策》等为代表，它们基本上表现历史的题材，一般被称为历史散文；另一类是诸子散文，如《老子》《论语》《墨子》《庄子》《孟子》《荀子》《韩非子》等，根据内容也被称为哲理散文。从发生的时间上来看，历史散文早一些。如《尚书》基本上是春秋以前的作品，共包括关于虞、夏、商和周四代的记录。在文体上可以分成典、谟、诰、誓、命、歌、贡、征、范等，分类非常精

① 吕玉华：《散文理论“文以载道”模式及其在小说理论中的化用》，《唐都学刊》2013 年第 5 期。

② 王冠英主编：《中国文化通史·先秦卷》，北京师范大学出版社 2009 年版，第 305—306 页。

细。由于《尚书》以记言为主，和古代语言之间的关系比较密切，所以显得相当古朴。但修辞的因素一直在加强，如《盘庚》三篇在《商书》中非常典型，文中写盘庚对臣民的讲话，语言生动且层层推进，显示出高超的组织技巧。《周书》的部分在此基础上又有发展，“郁郁乎文哉”，但不失忠厚恳挚，有“文质彬彬”的气象。

《春秋》是东周时期史书的通称，后来一般所谓《春秋》专指春秋时期鲁国的史书，其文辞简洁，但意义丰富，所谓“微言大义”的“文以明道”即指此。《左传》是解释《春秋》的作品，在历史散文中，它的成就主要体现在叙事艺术上。其特点是以史实的叙述为主，故事性强，情节颇具戏剧性，经常采用倒叙的手法，很善于刻画人物形象和心理活动。《战国策》主要记录战国时期谋臣策士如苏秦、张仪等的言辞，夸张渲染，纵横捭阖，气势奔放，在语言文字艺术上取得了极高的成就。

有学者认为诸子散文的发展大概经历了三个阶段。春秋末战国初为第一个阶段，以《老子》《论语》等为代表，文约义丰，多语录、格言及对话。战国中期为第二个阶段，代表作品是《孟子》和《庄子》，文辞繁富，说理清晰，铺陈细致。《孟子》辩才无碍，善为譬喻；《庄子》汪洋恣肆，寓意无穷。战国末期为第三个阶段，以《荀子》《韩非子》为代表，在很大程度上摆脱了对话的色彩，而代之以论述体。荀子所作《礼论》《乐论》《天论》等主题明确，逻辑谨严，结构清楚，分析深入，可以视为论著体的范文。从第一阶段到第三阶段，诸子代表的哲理散文明显呈现出从语录体向论著体的转变，说理性转强，文字的想象力则转淡。

诗歌的明道化与乐有着密切的关系。在华夏民族先民的原生文化中，诗歌、音乐和舞蹈处在三位一体的结构之中。春秋战国时期最重要的诗歌作品是《诗经》和《楚辞》，史有《诗》《骚》并称，共同构成汉民族文学的源头。

《诗经》原称《诗》，共 305 篇，又称“诗三百”，包括《风》《雅》《颂》三个部分。这些诗歌出现在从周初到春秋几百年的时间之内，大约在春秋中后期被编辑在一起。《风》包括郑、齐、卫、魏等 15 国的诗乐，共有 160 篇，范围涉及黄河流域从陕西到山东的广大区域，以及长江流域的部分地区。这些诗歌和乐调带有浓厚的地方色彩，是了解各地民风的重要材料。《雅》分《小雅》和《大雅》两部分，雅是正的意思，是西周王畿的乐调。《颂》包括《周颂》《商颂》和《鲁颂》，主要是宗庙祭祀的乐歌。它们的来源不同，在最初由太师编辑到一起的时候，就经历过一次整理。根据司马迁在《史记·孔子世家》的记载，孔子在春秋末期又进行过整理。在春秋时期，《诗经》就已经有了很大的影响，被普遍运用到王室和各诸侯国的祭祀、朝聘、宴饮等场合，是礼乐文明的一部分，在政治、社会和外交等领域发挥了重要的作用。

《论语·季氏》云："不学《诗》，无以言。"《左传·襄公二十五年》记孔子的亦云："言之不文，行之不远。"他的意思是说，学诗是为了讲话有文采；话说得漂亮才能更有利于道理的传播。可见，在"文以明道"中诗歌最大的特点是言志，以表达情感为主。因为诗言志是以诗人创作的角度阐述诗歌，表现诗人的情志。何休《春秋公羊传》宣公十五年解诂中说："男女有所怨恨，相从而歌。饥者歌其食，劳者歌其事。"孔颖达《诗大序正义》亦说，诗言志乃"言作诗者，所以舒心愤懑，而卒成歌咏"，蕴含着"诗"与"诗人"的情感之间的关系，言志是"心"本体的功能。这种情感可以分成人与人和人与鬼神的两类，前一种情感包括正常的喜、怒、哀、乐、爱、恶、欲等，后一种情感则体现为对逝去祖先的思念、景仰与歌颂。《国风》和《小雅》多属于前一种，《大雅》和《颂》多属于后一种。《诗》表达情感经常是很奔放自然的，如庄子所说的"天籁"①。诗人的开心快乐、缠绵忧伤、孤苦无助、愤怒郁闷等喜怒哀乐，一览无余地体现在文字之中。如《诗经》之首的《周南·关雎》云：

关关雎鸠，在河之洲；
窈窕淑女，君子好逑。
参差荇菜，左右流之；
窈窕淑女，寤寐求之。
求之不得，寤寐思服；
悠哉悠哉，辗转反侧。

① 《庄子·齐物论》。

参差荇菜，左右采之；
窈窕淑女，琴瑟友之。

参差荇菜，左右芼之；
窈窕淑女，钟鼓乐之。

人们至今还可以从中感受到诗歌中所充满的既甜蜜又忧伤的气息，以及在文学上，赋、比、兴三种表现手法。对此，朱熹曾经予以说明：“赋者，敷陈其事而直言之也；比者，以彼物比此物也；兴者，先言他物以引起所咏之词也。”①

更值得注意的是作为礼乐文化的一部分，春秋末年孔子提出“诗三百，一言以蔽之，思无邪”②。“思无邪”就是“正统”。孔子对诗的论述，强调利用诗来提高自身素养，让学生从而成为品德高尚的仁人君子。因此，孔子关注的重点在于让学生接受《诗经》的“无邪”。他在《论语·八佾》中说：“人而不仁，如礼何？人而不仁，如乐何？”所以，一个人“思无邪”了，才具备了仁的优良品质，才能够遵守礼。而要真正实践仁的道德标准，从修身方面来说就要不断学《诗》。在孔子看来，《诗》的内容是符合仁的道德标准和“礼”的要求的，既然如此，要修身，就必须读《诗》，理解《诗》，掌握《诗》的思想内涵。③所以，《诗经》从一开始就承担着教化的功能。这种功能随着孔子和儒家的解释得到了进一步的加强，并发展出专门的诗教。孔子以《诗》《书》等教授弟子，不拘泥，不墨守，而是进行创造性的解释，使《诗经》等成为儒家最重要的经典之一。《论语·阳货》记载孔子说：“诗可以兴，可以观，可以群，可以怨。迩之事父，远之事君。”以为其中蕴含着道德教训以及政治法则。这正是诗歌明德化的最好呈现。正如有学者所言：“在历史上，《诗经》一直具有经学和文学两副面孔，它们纠缠在一起，很难分开。”④

北有《诗经》，南有《楚辞》。《楚辞》作为汉民族南方诗歌的象征，

---

① （南宋）朱熹：《诗集传》。

② 《论语·为政》。

③ 豆桂花：《从“诗言志”到“文以载道”看文学观的发展》，《时代文学》2009年第3期。

④ 王博：《奠基与经典：先秦的精神文明》，北京大学出版社2009年版，第61页。

其中大部分作品形成于战国中后期。《楚辞》的作者主要有屈原、宋玉等。春秋战国时期的楚国文化和中原文化之间既有非常多的融合和一致之处，又有其鲜明的地方特色。楚地巫风盛行，民间祭祀之时，必使巫觋“作歌乐鼓舞以乐诸神”[①]。因此民间流传有很多古老的巫歌、民歌等，这些都是《楚辞》产生的直接土壤。《诗经》中《周南》和《召南》的一些篇章如《汉广》《江有汜》等就产生在江汉地区，与《楚辞》在形式上就比较接近。又如《九歌》的素材就是沅水湘水一带的民间祭神歌曲，后来经过屈原的加工，收录到《楚辞》之中。其中所提到的“东皇太一”“东君”“湘君”“湘夫人”“山鬼”等都具有浓厚的宗教色彩和神话成分。《天问》所依据的则是楚先王之庙以及公卿祠堂里的壁画。这些素材使得《楚辞》更具神秘与浪漫的色彩，人与鬼神交织在一起，共同构成一幅文学的画面。以屈原的名著《离骚》为例，我们来看如下的一段话：

吾令羲和弭节兮，望崦嵫而勿迫。
路漫漫其修远兮，吾将上下而求索。
饮余马于咸池兮，总余辔乎扶桑。
折若木以拂日兮，聊逍遥以相羊。
前望舒使先驱兮，后飞廉使奔属。
鸾皇为余先戒兮，雷师告余以未具。
吾令凤鸟飞腾兮，继之以日夜。
飘风屯其相离兮，帅云霓而来御。
纷总总其离合兮，斑陆离其上下。
吾令帝阍开关兮，倚阊阖而望予。
时暧暧其将罢兮，结幽兰而延伫。
世溷浊而不分兮，好蔽美而嫉妒。

作者在自由心灵的想象中与诸神之间毫无间隔，共同徜徉在广阔无垠的世界之中，充分体现了楚地浪漫的文化精神。但这种浪漫并不意味着漠视人间的苦难，恰恰相反，《楚辞》尤其是屈原的作品中，渗透着浓厚的

① （东汉）王逸：《〈九歌〉序》。

忠君忧民情怀。他在《离骚》中大大发展了《诗》中的比兴手法，他用具体鲜明的形象来比喻人的品质和志行，使比兴带有明显的象征意义，“善鸟香草以配忠贞，恶禽臭物以比谗佞，灵修美人以媲于君，宓妃佚女以譬贤臣，虬龙鸾凤以托君子，飘风云霓以为小人”。诗中还大量地“引类譬喻”，使比兴的意象互相联系，各成系统。例如他用香草比喻忠贞之士，用“滋兰”“树蕙”比喻培育人才，又用“兰芷变而不芳”“荃蕙化而为茅”比喻人才变节，他用驾车来比喻治国，用“来吾导夫先路”比喻自己愿作政治革新的前驱，用“路幽昧以险隘”比喻国家形势危殆，用“恐皇舆之败绩”比喻为国家前途担忧。这些生动的比兴，使作品产生了蕴藉深厚，言近旨远的艺术效果和政治抱负。司马迁在《史记·屈原贾生列传》中称赞《离骚》：“其文约，其辞微，其志洁，其行廉，其称文小而其指极大，举类迩而见义远。”正是在“大象乃容”中“文以明道”彰显无遗。①

八　天人合一：信仰文化的世俗化

天人合一，是华夏民族文化汇聚的又一朵“千堆雪”。

在春秋战国文化汇聚中“卷起”的“千堆雪”中，“天人合一”这一朵“千堆雪”是在华夏民族精神世界的深处“卷起”的。

从春秋战国的历史中，人们已清楚地看到，支撑周王朝这个大厦的制度支柱——宗法制、分封制渐趋解体，矗立之上以此为基础的宗教体系也逐渐崩溃，从而打开信仰文化世俗化的道路。

民本思潮和无神论的传布，对传统的宗教信仰发起了质疑、批判和挑战。产生于春秋初年的《诗经》就记录了当时社会上流行的各种疑天、怨天、骂天的诗文。例如《诗经·小雅·节南山》云：“昊天不慵，降此鞠凶；昊天不惠，降此大戾。”说的是为什么老天不听良言，专行暴虐呢？似你这样行动迟缓又能有什么作为呢？《诗经·小雅·正月》亦云：“民今方殆，视天梦梦。”说的是人民正在受难，可天看去却乱昏昏；《诗经·大雅·荡》亦云：“疾威上帝，其命多辟；天生烝民，其命匪谌。”说的是严刑重敛的上帝，他的政令多不正，老天生了众百姓，他的命令不

① 参阅彭林、齐吉祥、范楚玉总纂《中华文明史》第二卷，河北教育出版社1992年版，第488页；王博《奠基与经典：先秦的精神文明》，北京大学出版社2009年版，第61页。

真诚！《诗经·小雅·雨无正》亦云："浩浩昊天，不俊其德。降丧饥馑，斩伐四国。旻天疾威，弗虑弗图。"说的是浩浩广大天老爷，不能长赐恩与德。降下灾祸饥和馑，灵动刀兵伐四国。老天总是逞威风，从不考虑啥后果。凡此等等，在《诗经》不胜枚举，表达出了一种对天命神权的否定。

但是，值得注意的是，在怨骂否定的背后，也还有一种无奈的情结，即骂者固然情绪激烈，但还是以承认天神存在为前提。所以，在天人关系上，孔子承认主宰之神"天"的存在，把商周以来那个活生生的上帝变成了一条看不见、摸不着的规则——天命。其云："君子有三畏，畏天命，畏大人，畏圣人之言。"[①] 同时孔子又对"天"的作用加以限制，其主宰作用仅限于生死寿夭、富贫贵贱和事业成败的范围内，所谓"获罪于天，无所祷也"[②]。在形神关系上孔子怀疑鬼神的存在。"季路问事鬼神，子曰：'未能事人，焉能事鬼。'曰，'敢问死？'曰，'未知生，焉知死'。"[③] 孔子对人死后的世界给予了不可知的回答，其曰："不语怪、力、乱、神。"[④] 这表明在春秋时期，世俗思想与宗教思想的关系，主要表现为世俗思想对宗教思想的冲击：冲击上天的主宰地位、天命的权威，以及神灵对人间的控制，甚至冲击神灵的存在。在对宗教思想的冲击中，世俗思想执行着除旧布新的使命，宗教"神道设教"的政治功能性逐渐凸显。"神道设教"，出自《易·观》所云："观天之神道，而四时不忒，圣人以神道设教，而天下服矣。""神道"指关于鬼神祸福之说；"设教"即设立教化。意为利用鬼神迷信作为教育手段。"神道设教"的结果就是使宗教信仰逐渐世俗化。

春秋时期宗教信仰的世俗化一是表现在对神灵的祭祀活动上。这时的人们处在既疑天又敬天的矛盾心理之中，故而不信神又要事神，不信鬼又畏鬼。孔子就是一个代表，他一方面怀疑鬼神的存在，另一方面又主张搞宗教祭祀活动。于是，孔子提出了"敬鬼神而远之"[⑤] 的信仰策略，教人

---

① 《论语·季氏》。
② 《论语·八佾》。
③ 《论语·先进》。
④ 《论语·述而》。
⑤ 《论语·雍也》。

们以虔诚的心情去从事宗教信仰活动，但不必刨根问底地思考鬼神是否存在的问题，把鬼神的主宰地位让位给了人，从而从根本上改变了汉民族信仰文化的发展方向。

从此以后，人们祭祀神灵，最直接的愿望就是祈福消灾，如祭祀祖先是要求得到祖先神的佑护，而祭祀怪力乱神则多是出于对这些神灵的恐惧心理，也是为了防止或禳除灾祸。就是在这种“执无鬼而学祭礼”[①] 的背景下，人们仍然重视祭祀的社会功能，无论祭祀上天还是祭祀祖先，都在行使着“教化”的功能，《礼记·祭统》说得很直白，其云：

> 夫祭之为物大矣，其兴物备矣，顺以备者也，其教之本与？……故曰：“祭者，教之本也已。”
>
> 夫祭有十伦焉：见事鬼神之道焉，见君臣之义焉，见父子之伦焉，见贵贱之等焉，见亲疏之杀焉，见爵赏之施焉，见夫妇之别焉，见政事之均焉，见长幼之序焉，见上下之际焉。此之谓十伦。铺筵设同几，为依神也。

祭祀之十伦中除“见事鬼神之道”外，其余全是世俗的人伦秩序。可见，祭祀是教化之本。正是《国语·楚语下》所云：“祀所以昭孝息民，抚国家，定百姓也，不可以已。”孔子的一句话也说得很妙：“祭如在，祭神如神在。子曰：‘吾不与祭，如不祭。’”[②] 两个“如”字，使春秋时期信仰文化的世俗化跃然纸上。[③]

不仅孔子如此，春秋时期不少士人也大都如此，如曾说过“天道远，人道迩，非所及也，何以知之”[④]，认为的“天道”与“人道”不相及的言论子产虽然走上了从“神”向“人”回归的心路，但他自始至终从未否定过鬼神之存在，甚至还为“鬼”下了明确之定义，其云：

---

① 《墨子·公孟》。

② 《论语·八佾》。

③ 参阅彭林、齐吉祥、范楚玉总纂《中华文明史》第二卷，河北教育出版社1992年版，第615—617页。

④ 《左传·昭公十八年》。

> 子产适晋，赵景子问焉，曰："伯有犹能为鬼乎？"子产曰："能。人生始化曰魄，既生魄，阳曰魂。用物精多，则魂魄强。是以有精爽，至于神明。匹夫匹妇强死，其魂魄犹能冯依于人，以为淫厉，况良霄，我先君穆公之胄，子良之孙，子耳之子，敝邑之卿，从政三世矣。郑虽无腆，抑谚曰'蕞尔国'，而三世执其政柄，其用物也弘矣，其取精也多矣。其族又大，所冯厚矣。而强死，能为鬼，不亦宜乎？"①

这段话说的是子产去晋国，赵成问他说："良霄还能做鬼吗？"子产说："能。人刚刚死去叫作魄，已经变成了魄，阴气叫作魂。生时衣食精美丰富，魂魄就强有力，因此有现形的能力一直达到神化。普通的男人和女人不能善终，尚且能附在别人身上，以大肆惑乱暴虐，何况良霄是我们先君穆公的后代，子良的孙子，子耳的儿子，敝邑的卿，执政已经三代了。郑国虽然不强大，或者就像俗话所说是'小小的国家'，可是三代执掌政权，他使用的东西很丰富，他在其中汲取精粹也是很丰富，他的家族比较大，所凭借的力雄厚，可又不得善终，能够做鬼，不也是应该的吗？"显然子产似乎给"鬼"下了一个定义。子产的思想虽然陷入了"人"与"神"两可的境地之中，但其思想的主要特征还是以"人"为本的。

从孔子和子产的例子中，可以看出春秋时期信仰文化的世俗化已成为一种趋势。而进入战国时代之后，政治上的乱世争雄和思想界的诸子争鸣，一方面是世俗思想中的无神论和道德思想继续冲击着宗教思想，而民本思想的深入人心更强化了对"人的力量"的普遍重视。另一方面，世俗思想与宗教思想逐渐交融，构成了新的神秘主义思想体系②，从而使华夏民族信仰文化世俗化的过程得以彻底完成。

完成这个世俗化任务的是战国时兴起的儒家、法家、道家、阴阳家。

儒家从"尽人事听天命"③ 方面推动信仰文化的世俗化。代表人物一

---

① 《左传·昭公七年》。

② 参阅杜仲《论春秋战国时期世俗思想与宗教思想的冲突》，硕士学位论文，山东师范大学，2009年。

③ 《礼记·中庸》。

个是孟子。孟子与孔子一样，也是首先肯定天神的存在，其云："诚者，天之道也；思诚者，人之道也"[①]；"莫之为而为者，天也；莫之致而致者，命也"[②]。把天解释成了"命运之天"。故"天"虽可以决定人的生死寿夭，富贵贫贱，但这只是就行为的最终结果而言。与此同时，孟子又说："仁义忠信，乐善不疲，此天爵也"[③]，天与人在心中实现了沟通。"尽其心者，知其性也，知其性，则知天矣。存其心，养其性，所以事天也。夭寿不贰，修身以俟之，所以立命也。"[④] 这样便实现了"天人合一"，通过"尽心""知性""养性""修身"等人的道德伦理实践，便可以达到"知天""勘天"，邀获天命的目的，几乎完全取消了天神的神秘性，从而把宗教神学彻底"内化"了。这种"尽人事听天命"的生活态度，即注重人事的努力，又可以用某种超自然、超人力的因素自我解脱，正是信仰文化世俗化的思想基础。

另一个是荀子。荀子承袭了儒家清谈鬼神，注重人道的传统，完全剔除了儒家天道观中的神秘主义成分，将天还原为自然界，他说："列星随旋，日月递炤，四时代御，阴阳大化，风雨博施，万物各得其和以生，各得其养以成，不见其事而见其功，夫是之谓神；皆知其所以成，莫知其无形，夫是之谓天功。"[⑤] 把"神"解释成自然界运行的神妙之道，把"天"解释成化生万物，而又莫知上，物质世界运动有其自身的内在规律，从而提出了"天人相分"的观点，并说："天行有常，不为尧存，不为桀亡"[⑥]，认为"天"不会干预人世的治乱。自然界不以人的意志为转移。荀子不仅认为"天道"与"人道"不相关，而且还认为人不能畏惧天命，依赖天命，等待天命，甚至提出了"从天而颂之，孰与制天命而用之"[⑦] 的无神论命题。第一次从理论上把人与神、自然与社会区分开来。在他看来，信鬼神者，都是"以疑决疑"的"世之愚者"[⑧]。但是，

---

① 《孟子·离娄上》。
② 《孟子·万章上》。
③ 《孟子·告子上》。
④ 《孟子·尽心上》。
⑤ 《荀子·天论》。
⑥ 《荀子·天论》。
⑦ 同上。
⑧ 《荀子·解蔽》。

荀子虽然是一个无神论者，反对鬼神迷信而不反对传统的宗教信仰，对传统宗教活动的意义给予了新的解释。如在谈到祭祖意义时他说："故先王按为之立文，尊尊亲亲之义至矣。故曰：祭者，志意思慕之情也，忠信爱敬之至矣，礼节文貌之盛矣，苟非圣人，莫之能知也。圣人明知之，士君子安行之，官人以为守，百姓以成俗。其在君子，以为人道也；其在百姓，以为鬼事。"① 在荀子看来，祭祀是人道而非鬼事，子孙后代隆重地搞祭祖仪式，不过是慎终追远、崇德扬孝的世俗行为而已。

法家从反天神、反鬼神和反巫术方面推进信仰文化的世俗化。法家采取彻底的无神论立场否定宗教信仰，反对宗教活动。法家从管仲开始，中经商鞅、慎到、申不害的发展，最后由韩非集其大成。如反天神，管仲说："天不变其常，地不易其则，春秋冬夏，不更其节，古今一也。"② 韩非则说："天有大命，人有大命"③，认为自然界有其本身的规律，人类社会有人的规律，两者不可混淆，天不具有超自然的力量。又如反鬼神迷信，管仲云："有地不务本事，君国不能一民，而求宗庙社稷之无危，不可得也。上恃龟筮，好用巫医，则鬼神骤至。"④ 他尖锐地指出：一国之君不"务民"，"修本"，而热衷于"恃龟筮""用巫医"，其国内必然乌烟瘴气，邪蔽丛生，未有不亡之理。管子讲了一个寓言故事，幽默地讽刺有鬼论者，他说：

> 客有为齐王画者，齐王问曰："画孰最难者？"曰："犬马最难。""孰者易？"曰："鬼魅最易。夫犬马，人所知也，旦暮罄于前，不可类也，故难。鬼魅无形，不罄于前，故易之也。"⑤

他所以认为画鬼容易画马难，因为在他的心目中，鬼神根本就不存在，画成什么样子都无可对证。所以《韩非子·亡征》云："用时日，事鬼神，信卜筮而好祭祀者，可亡也。"再如反巫术活动。法家们不仅口诛

① 《荀子·礼论》。
② 《管子·形势》。
③ 《韩非子·扬权》。
④ 《管子·权修》。
⑤ 《韩非子·外储说左上》。

笔伐方士以献长生仙方或教长生不死之术的骗术，如有人要教燕王“不死之术”，燕王十分高兴，马上派人去学。可是使者还未到达，术士却先死了。韩非因此而写道：“不能自使其无死，安能使王长生？”①

更重要的是战国时期，一批具有法家思想的政治家，以实际行动沉重打击了巫术活动。魏国的西门豹就是其中突出的代表。据《史记·滑稽列传》记载：

> 魏文侯时，西门豹为邺令。豹往到邺，会长老，问之民所疾苦。长老曰：“苦为河伯娶妇，以故贫。”豹问其故，对曰：“邺三老、廷掾常岁赋敛百姓，收取其钱得数百万，用其二三十万为河伯娶妇，与祝巫共分其馀钱持归。当其时，巫行视小家女好者，云是当为河伯妇，即娉取。洗沐之，为治新缯绮縠衣，间居斋戒；为治斋宫河上，张缇绛帷，女居其中。为具牛酒饭食，十余日。共粉饰之，如嫁女床席，令女居其上，浮之河中。始浮，行数十里乃没。其人家有好女者，恐大巫祝为河伯取之，以故多持女远逃亡。以故城中益空无人，又困贫，所从来久远矣。民人俗语曰‘即不为河伯娶妇，水来漂没，溺其人民’云。”西门豹曰：“至为河伯娶妇时，原三老、巫祝、父老送女河上，幸来告语之，吾亦往送女。”皆曰：“诺。”
>
> 至其时，西门豹往会之河上。三老、官属、豪长者、里父老皆会，以人民往观之者三二千人。其巫，老女子也，已年七十。从弟子女十人所，皆衣缯单衣，立大巫后。西门豹曰：“呼河伯妇来，视其好丑。”即将女出帷中，来至前。豹视之，顾谓三老、巫祝、父老曰：“是女子不好，烦大巫妪为入报河伯，得更求好女，后日送之。”即使吏卒共抱大巫妪投之河中。有顷，曰：“巫妪何久也？弟子趣之！”复以弟子一人投河中。有顷，曰：“弟子何久也？复使一人趣之！”复投一弟子河中。凡投三弟子。西门豹曰：“巫妪弟子是女子也，不能白事，烦三老为入白之。”复投三老河中。西门豹簪笔磬折，乡河立待良久。长老、吏傍观者皆惊恐。西门豹顾曰：“巫妪、三老不来还，奈之何？”欲复使廷掾与豪长者一人入趣之。皆叩头，

① 《韩非子·外储说左上》。

叩头且破，额血流地，色如死灰。西门豹曰：“诺，且留待之须臾。”须臾，豹曰：“廷掾起矣。状河伯留客之久，若皆罢去归矣。”邺吏民大惊恐，从是以后，不敢复言为河伯娶妇。

这就是闻名遐迩、泽流后世的“河伯娶妇”故事。这种用行动说话的反巫术活动对华夏民族信仰文化的世俗化推动极大。

道家从探讨世界万物的起源、构成、人与自然的关系方面推进信仰文化的世俗化。道家的代表人物一个是老子和庄子。老子把“道”看成是天地万物的本源和支配世界的普遍法则，他认为“道生一，一生二，二生三，三生万物”。[①] 所以“道”是天地之“根”，“万物之母”，“道”是世界的本体。从而在思想上偏重于探讨世界万物的起源、构成、人与自然的关系。他们对自然的事物歌颂备至，而对现实的人伦日用、政治生活采取轻蔑态度，鼓吹人类返归自然。所以他们把自然的规则“道”称为宇宙的主宰。

那么，“道”从何来？“道”从道路之道引申而来，是一种“视而不见”“听而不闻”的自然规则，一个超绝时空的本原。老子说：“有物混成，先天地生，寂兮寥兮，独立而不改，周行而不殆。可以为天地母，吾不知其名，字之曰道。”[②] 道至高无上，自本自根，不仅宇宙万物，就是“天”“帝”也是它的派生物。这种抬高自然的、形而上学的哲学本体“道”，压低社会的、人格化的神“天”的观点绝对是一种理论创新，无疑会对信仰文化的世俗化产生推动作用。庄子也说：“夫道有情有信，无为无形……神鬼神帝，生天生地。”[③] 由于道是天地神鬼的派生者，是“道”赋予他们神性，所以掌握了最高规则道也就是认识了鬼神的本质，“能无卜筮而知吉凶”[④]。进而道家反对社会上流行的各种宗教迷信活动[⑤]。老子说：“以道莅天下其鬼不神，非其鬼不神，其神不伤人。”[⑥] 庄子则用寓言故事的形式批判鬼神迷信等巫术活动，如《庄子·外篇·达

① 《道德经》第四十二章。

② 《道德经》第二十五章。

③ 《庄子·大宗师》。

④ 《庄子·庚桑楚》。

⑤ 彭林、齐吉祥、范楚玉总纂：《中华文明史》第二卷，河北教育出版社1992年版，第618页。

⑥ 《老子》六十章。

生》记齐桓公见鬼的故事：

> 桓公田于泽，管仲御，见鬼焉。公抚管仲之手曰："仲父何见？"对曰："臣无所见。"公反，诶诒为病，数日不出。齐士有皇子告敖者曰："公则自伤，鬼恶能伤公！夫忿滀之气，散而不反，则为不足；上而不下，则使人善怒；下而不上，则使人善忘；不上不下，中身当心，则为病。"桓公曰："然则有鬼乎？"曰："有。沈有履，灶有髻。户内之烦壤，雷霆处之，东北方之下者，倍阿鲑蠪跃之；西北方之下者，则泆阳处之。水有罔象，丘有峷，山有夔，野有彷徨，泽有委蛇。"公曰："请问委蛇之状何如？"皇子曰："委蛇，其大如毂，其长如辕，紫衣而朱冠。其为物也，恶闻雷车之声，则捧其首而立。见之者殆乎霸。"桓公辴然而笑曰："此寡人之所见者也。"于是正衣冠与之坐，不终日而不知病之去也。

这个故事巧妙地说明世上并无鬼，怕鬼的人是因为自己心里有鬼，而心里的鬼不过是一种虚幻的影子。这种虚幻的东西一旦被说破，恐惧就不复存在了，正是心里无鬼胆子壮。道家抬高自然，压低鬼神的思想无疑对华夏民族信仰文化的世俗化也会有极大的推动。

阴阳家从"五德终始"方面推进信仰文化的世俗化。阴阳家的代表人物是邹衍①，他掌握了自古以来流行的"阴阳""五行"学说。阴阳说起自《周易》，相传伏羲画"—"和"－－"两种符号来表示阴阳，即以此代替宇宙间天地、昼夜、寒暑、男女等一切对立的力量和倾向。《易传》认为："一阴一阳之谓道"，阴阳的相互作用、交感，推动了宇宙的

---

① 邹衍是战国中后期的著名思想家，齐国人，曾为稷下先生。《史记·孟子荀卿列传》中记其云："其语闳大不经，必先验小物，推而大之，至于无垠。先序今以上至黄帝，学者所共术，大并世盛衰，因载其禨祥度制，推而远之，至天地未生，窈冥不可考而原也。先列中国名山大川，通谷禽兽，水土所殖，物类所珍，因而推之，及海外人之所不能睹。称引天地剖判以来，五德转移，治各有宜，而符应若兹。以为儒者所谓中国者，于天下乃八十一分居其一分耳。中国名曰赤县神州。赤县神州内自有九州，禹之序九州是也，不得为州数。中国外如赤县神州者九，乃所谓九州也。于是有裨海环之，人民禽兽莫能相通者，如一区中者，乃为一州。如此者九，乃有大瀛海环其外，天地之际焉。其术皆此类也。然要其归，必止乎仁义节俭，君臣上下六亲之施，始也滥耳。王公大人初见其术，惧然顾化，其后不能行之。"

生生不息，变化无穷。“五行”说发轫于《尚书·洪范》，其云：

> 五行：一曰水，二曰火，三曰木，四曰金，五曰土。水曰润下，火曰炎上，木曰曲直，金曰从革，土爰稼穑。润下作咸，炎上作苦，曲直作酸，从革作辛，稼穑作甘。

可见“五行”是构成宇宙的五种最基本的物质元素，它们相生相克便形成了五彩缤纷的大千世界。五行的相生次序是：木生火，火生土，土生金，金生水，水生木。五行的相克次序是：水克火，火克金，金克木，木克土，土克水。到了战国时代，人们已经普遍接受用阴阳、五行的观点解释自然界的变化，阴阳和五行观念成为哲学家们反对宗教的思想武器。然而，阴阳五行思想毕竟是从古代宗教中脱胎而来的，其观念自身不能不带有浓重的神学色彩，这就决定了它们在以后的发展过程中很容易被用来预言自然图景或社会变迁。邹衍则把阴阳五行学说引入社会学的领域，用五行来解释历代王朝更替的原因及其特征，这样，就使得社会发展变化的规律更神秘，更复杂化了。《文选·魏都赋》李善注引曰：“邹子有终始五德，从所不胜，木德继之，金德次之，火德次之，水德次之。”一德对一色，金德对白，木德对青，水德对黑，火德对红，土德对黄。五行相生相克，金克木，木克土，土克水，水克火，火克金，终而复始，五德亦是，所以，每一个称王作帝成功的人，都要给自己的王朝赋予一种克胜所灭朝代的所谓新德，而整个国家的颜色随之改变，这就是中国历史上特有的颜色革命。这是很形象又有视觉感的说法。照邹衍的观点，历史上的改朝换代，往往意味着国家颜色的变换。看似简单的黑红白青黄背后，是一种影响了中国王朝政治几千年的五德始终说。发明和贩卖这种政治迷信的邹衍就此宣称：每一个朝代都有与金木水火土五行相应的德，也就是来自天意的合法性依据。此时此刻，邹衍受到了各国君主的高度礼遇，被视为大预言家。“适梁，惠王郊迎，执宾主礼。适赵，平原君侧行撇席。如燕，昭王拥慧先驱，请诸弟子之座而受业，筑碣石宫，身亲往迎之。其游诸侯见尊礼如此。”① 阴阳家的学说也因此而成为战国时期的“显学”之

① 《史记·孟子荀卿列传》。

一。原本具有唯物主义自然观和朴素辩证法思想的阴阳观和五行学说，被注入了神秘主义的因素。这种“五德终始”说也把信仰文化的世俗化大大地向前推进了。

战国之后，秦统一中国，华夏民族也开始向汉民族发展、转化，而“推终始五德之传，以为周得火德，秦代周德，从所不胜”①。周是火德，秦始皇就采取了周德抵不过的水德，而水德相应的颜色就是黑。于是秦始皇采用水德的颜色标志，“衣服旄旌节旗皆上黑”②，全国山河一片黑，整个社会成了黑色帝国。

战国时期，在世俗思想与宗教思想的对立与融合的文化汇聚中，最后完成了华夏民族信仰文化的世俗化。从此以后，奠定了汉民族信仰文化发展的大方向：世俗思想保留了宗教成分，宗教思想透露着世俗的目的。

第五节　小结：在从多元走向一体中完成文化汇聚

先秦三代在汉民族的发展史上，是华夏民族从多元走向一体的波澜壮阔时代。这个时代，从公元前 2070 年夏王朝建立③到公元前 221 年秦始皇建秦帝国，历时 1849 年。这个时代与秦汉到民国的 2170 年相比，在时间上相差无几。这个时间上的比较，使我们可以看到到先秦之时，华夏民族文化汇聚的分量和价值，并确确实实地感受到：在汉民族文化史上，这是一个漫长而灿烂、多元而汇聚、伟大而壮丽的文化繁荣时代。

在这个时代，汉民族文化史以华夏民族文化生态的形态，经历了夏文化的构建、商文化的构建、西周文化的构建，在春秋战国时期民族大融合的背景下，形成波涛汹涌的文化汇聚浪潮，不仅完成了华夏民族文化的构建，也为汉民族文化打下了坚实的基础。

在这个文化多元汇聚，构建华夏民族文化一体的历史演进中，形成了

① 《史记·秦始皇本纪》。

② 同上。

③ 1996 年 5 月，国家启动了夏商周断代工程，制定有科学依据的《夏商周年表》。2000 年 11 月 9 日，《夏商周年表》正式出台，这是我国迄今最具科学依据的古代历史年表。这个年表为我国公元前 841 年以前的历史建立起 1200 余年的三代年代框架，夏代的始年为公元前 2070 年，商代的始年为公元前 1600 年，盘庚迁殷为公元前 1300 年，周代始年为公元前 1046 年。

汉民族文化史上的多元性、一体性、融合性、开创性和奠基性的特点。

（一）多元性

从整个先秦时代来看，从夏代一直到春秋战国，多元是一种常态：

一是族群结构多元。对此《汉民族史记》第1、2卷做了详细论述，在此不赘。

二是文化源头多元。细的不说，粗线条地勾勒，仅本章所述，就分别有夏文化、商文化、西周文化的构建，而其中每一种文化又由许多族群不同地域的文化融合而成，以周民族的起步为例，在周原，其首先得到了东南边“他旁国”[①] 的支持。又因为周民族与羌戎文化系统的天然联系，便很快与西部的羌戎族群结成联盟。经过数十年的励精图治，摒弃自己落后的、不适应新环境的部分文化，采用了“贬戎狄之俗”[②] 的政策，广泛接纳吸收各族群的文化，才形成先周文化的多元性。所以，在先秦先后在黄河流域形成秦陇文化、三晋文化、齐鲁文化等；在长江流域形成巴蜀文化、荆楚文化、百越文化等，由此构成了多方位的文化地理格局。

三是文化叠合的多元。从夏到周，在一个“克”一个的同时，其文化又一个与一个叠合。这种文化叠合的多元现象在先秦特别突出。朱炳祥曾定义说：不同时间、不同地域发生的文化现象凝结、层累、整合在同一种文化结构之中。而且这种文化时空的层叠整合，并不是只有一次，而是经过多次。早一些发生的文化与晚一些发生的文化重叠并整合以后，当更晚一些文化发生时，这种被重叠整合了的文化又被重叠整合到新的文化中去；因此时间越后，越是被堆积起更多，更复杂的时空内涵。[③] 先秦的文化正是这样，夏王朝建立时，其文化叠合了“万邦”的文化；商克夏后，其文化又叠合了夏的文化；周克商后，其文化又叠合了商和夏的文化。从而构成了整个先秦三代文化的“时空内涵”。

四是文化内容的多元。先秦华夏民族的文化不论从它的早期发展形态到后期融合来看，都是开放型、具有融通性的多元结构。以诸子百家为例，从文化内容上审视，这种多元结构是由不同风格与特点的学术流派与思想体系所构成。在先秦诸子文献中，《庄子·天下》篇把春秋战国时期

① 《史记·周本纪》。

② 同上。

③ 朱炳祥：《“文化叠合”与“文化还原”》，《广西民族学院学报》2000年第6期。

的思想文化比较明确的地区分为儒、道、墨、名等许多学派，提出了“百家之学”的概念。其把中国文化的多元结构“譬如耳目鼻口，皆有所用，不能相通，犹百家众技也，皆有所长，时有所用”。甚是形象而生动。《吕氏春秋·不二篇》中依据代表人物及其根本特征分别为十派，即“老聃贵柔，孔予贵仁，墨翟贵廉，关尹贵清，列子贵虚，陈骈贵齐，阳生贵己，孙膑贵势，王廖贵先，儿良贵后”。

由此可见，多元性本是先秦华夏民族文化的基本态势。

（二）一体性

华夏民族本身就是从多元走向一体的产物，所以，在这个历史演进之中，既然有了民族的“一体”，那么必然会有文化的“一体”。这如同一朵向日葵。向日葵是一个整体，这就是华夏民族及其文化，而向日葵之中的葵瓜子就是“一体”中的“多元”，这就是先秦华夏民族文化的一体性。

华夏民族文化的一体性可以说集中表现在“和而不同”的观念上。《论语·子路》云：“君子和而不同，小人同而不和。”其实，据冯天瑜和何晓明的研究，“和”与“同”这一对范畴，西周末年即已出现。《国语·郑语》记载，史伯在回答郑桓公“周其弊乎”的发问时认为，西周最大的弊端就是“去和而取同”。所以，春秋战国时荀子一方面批评它嚣、魏牟“纵情性，安恣睢，禽兽行，不足以合文通治”；批评陈仲、史鳍“忍情性，綦谿利跂……不足以合大众，明大分”；批评墨翟、宋钘“不知壹天下建国家之权称，上功用，大俭约而僈差等，曾不足以容辩异，县君臣”，等等。甚至对于与自己同学派们孔儒之学的子思、孟子，也毫不客气地批评到说：“略法先王而不知其统，犹然而材剧志大……甚僻违而无类，幽隐而无说，闭约而无解”，歪曲了孔子学说，“是则子思孟轲之罪也”[①]。但另一方面荀子同时又承认以上各家均“其持之有故，其言之成理”，自成一派，有独立的学术地位，从而在极尖锐的批判言词中，显示出学术争鸣的“和而不同”的文化精神。[②]

为什么会出现“和而不同”的文化精神？这正是一体性在起作用，

---

① 《荀子·非十二子》。

② 参阅冯天瑜、何晓明、周积明《中华文化史》，上海人民出版社 1990 年版，第 398—399 页。

所以，诸子百家都信奉“道一元论”。孔子说：“吾道一以贯之”[1]；老子说：“道生一，一生二，二生三，三生万物”[2]；庄子说：“道通为一”[3]；管子说：“道在天地之间也，其大无外，其小无内”[4]；韩非说：“道无双，故曰一。”[5]“道者，万物之所然也，万理之所稽也。”[6]《易传》说：“一阴一阳之谓道。”[7] 据冯天瑜等的说法，作为世界观和方法论，“道一元论”具有笼天地万物于一端，纳宇宙人生为一体的宏阔气质，那么具体到文化观方面，各家各派都能不拘己见，广采博纳，奉行“和而不同”的方针，也就是顺理成章的事情。而且，实际上诸子百家的学说都源于六经。《庄子·天下》在论及诸子学说起源时说：“……其明而在数度者，旧法、世传之史尚多有之，其在于《诗》《书》《礼》《乐》者，邹鲁之士、缙绅先生多能明之。《诗》以道志，《书》以道事，《礼》以道行，《乐》以道和，《易》以道阴阳，《春秋》以道名分，其数散于天下而设于中国者，百家之学时或称而道之。”[8]

这就是体现一体性的“和而不同”的大智慧。如在一体性的观照下单是一幅小小的书法便可看出：每一个字单看并不一定美观，但将其融为一体，却具有极强的包含一切，蕴藏万物的能量。可以说，一体性将各种文化，各种元素吸收并存于其中，犹如一粒一粒的葵瓜子汇聚在向日葵之中，最终臻于一种“和”的境界。

由此可见，一体性本是先秦华夏民族文化的一个特质。

（三）融合性

华夏民族文化从多元走向一体的过程就是多元文化融合的过程，这正是融合性特点的呈现。

先秦时期，华夏民族文化的融合既表现为夏、商、周三个民族之间统

---

① 《论语·里仁》。

② 《老子》四十二章。

③ 《庄子·齐物论》。

④ 《管子·心术上》。

⑤ 《韩非子·扬权》。

⑥ 《韩非子·解老》。

⑦ 《易传·系辞上》。

⑧ 参阅冯天瑜、何晓明、周积明《中华文化史》，上海人民出版社 1990 年版，第 399—400 页。

治地位的更替和彼此之间文化的互动、磨合、继承和发展上，在文化上表现为后者向前者学习，文化落后的一方向文化先进的一方靠近，最终融为一个文化体系。又表现为中原文化的不断扩散和同周边羌、戎、夷、越诸民族的文化融合，持续不断的中原政权的对外扩张战争是促进这一时期文化传播和融合的主要手段。如在夏代，以河南二里头文化为代表的夏文化与晋南属先商文化的东下冯文化之间相互影响较大。两者是在各自地域上的龙山文化基础上发展而形成的两种文化，各有渊源，各具特征。但由于他们同时并存，分布地域相邻，故在长期的文化交流中，双方都在不断地吸取对方的精华而丰富了自己文化的内容。显然，夏代文化也是在不断地与周边文化融合的过程中形成的。

文化融合向来是双向的，文献记载也印证了“四夷”对夏文化的影响。《竹书纪年》记载，帝相死后，相之子少康继位，“方夷来宾，献其乐舞”，“方夷”即东方的一个族群。“四夷”献舞此后就一直没有中断。所以《后汉书·东夷传》云：“自少康以后，（东夷）世服王化，遂宾于其门，献其乐舞。”

在商代，我们同样能看到中原文化与周边文化相互融合的轨迹。从现有的考古殷商王朝后期，商周文化的融合已全面展开，周民族在古公亶父时，为联合商对付少数民族的侵犯，开始臣服商。姬昌继承王位，商封王曾封其为“西伯”。后来姬昌在姜尚的协助下，势力逐渐强大起来，不断向商王朝发起进攻。姬昌死后，其子姬发经过牧野之战，灭掉了商王朝，建立了周王朝。由于周王朝曾是商的一个方国，政权建立在商王朝的基础上，所以在商周文化交流中，两种文化最终融为一体。典型的莫过于周代金文的出现，正是周民族吸收商代的青铜文化和甲骨文，将其融合而成的一个文化汇聚现象。

这种融合性，还表现在“用夏变夷”和“用夷变夏”上。

在华夏民族文化汇聚的过程中，中原诸夏自居于一种文化上的中心地位，“是以声名，洋溢于中国，施及蛮貊”[①]。表明华夏民族已经形成以中原文化为文化正统的认识。春秋时代曾有“用夏变夷”之说，中原诸夏的征服扩张过程，也是华夏文明向四周辐射的过程。在频繁的文化交往

① 《礼记·中庸》。

中，华夏民族的许多典章制度、哲学思想、语言文字、宗教信仰、文学作品以及神话传说逐渐传向周边各民族，并为他们所吸收，以至不少周边民族通过“移风易俗”而最终融合于中原华夏民族之中。故《孟子·滕文公上》：“吾闻用夏变夷者，未闻变于夷者。”

“用夷变夏”的过程又是中原华夏文化不断融合周边文化的过程。如女娲、槃瓠（盘古）原是南方苗蛮集团的神祇，但在文化交往中，被中原文化吸收。春秋战国，“礼坏乐崩”，中原诸国则出现了“杂用夷礼”。其中以赵武灵王“胡服骑射”的改革就是一个典型案例。

这一切都说明，无论“用夏变夷”，还是“用夷变夏”，都是华夏民族文化融合性的呈现。整部先秦文化史都表明，夏文化在融合中构建，商文化也在融合中构建，西周文化同样在融合中构建，春秋战国更是一个文化融合的大熔炉，才出现了华夏文化大汇聚的浪潮。融合性贯穿先秦历史的始终，其结果是使华夏民族文化不断地汇聚，从而形成了“四海之内，若一家”[①] 的民族文化认同，奠定了汉民族“天下为一，万里同风”[②] 的大一统文化格局。

由此可见，融合性本是先秦华夏民族文化的又一个特质。

（四）开创性

开创性就是开天辟地第一回。先秦是汉民族文化萌芽、创立的时期，或者说汉民族学术的源或上游在先秦。这一时期所建构的文化对后世影响深远。因此，对于华夏民族文化来说，开创性是题中之义。具体一点说，几乎汉民族文化的所有事项，无论雅言还是汉字，农历还是籍礼，“尊命”还是“尊神”，青铜礼器还是礼乐制度，“尚声”还是“作医”，“以德配天”还是“玉不去身”，“仁者爱人”还是“出礼入刑”，“教之春秋”还是“天人合一”，及至诸子百家和“十三经”，几乎都是从先秦或开始出现，或开始形成，或开始创立而载入史册。

以一个朝代来说，如商代为例，如甲骨文是方块汉字的鼻祖，从文字史的角度去看，其大小不一分行布白自然，或疏落错综，或紧密严整。刀法有方圆肥瘦之则，随字布行，象形意味颇重，整体文字显现出符号化抽象特征，确定了“纵向成列原则”，从右到左、从上到下，字字独立、大

---

① 《荀子·议兵》。

② 《汉书·终军传》。

小基本相当，四周大体齐平，从而奠定了华夏民族方块汉字发展的基本架构。又如有商一代是华夏民族历史上的绝对神权时代，作为神的代表的巫觋，既是当时国家政治生活的统治者，又是经济生活的指导者、支配者，还是文化的创造者与传承者，“殷人尊神”信仰文化的凝聚，铸成了华夏汉民族从此永无统一的宗教信仰。再如商民族用药治病的宝贵资料，见于上古文献的药物已达 120 余种，名称保留至今的有杜衡、薰草等。[①]《素问·汤液醪醴论》说：“上古圣人，作汤液醪醴。”据《吕氏春秋·孝行览》载，用汤液治病为殷商名臣伊尹所发明。凡此等等，对华夏民族的物质文化、制度文化、精神文化，行为文化大多具有开创之意。

以一个文化事项来说，先秦散文以其客观呈现或主观吐露的情感，冲击、涤荡、感染着人们，而绝少空泛论说抽象的道理。且总是将主观融入论题，做到情真、意切、理直，使理也独具个性色彩，言从肺腑发出，既以理服人，又以情动人。如《左传》就紧紧把握住“前小说”这一概念，往往是用一个中心人物去勾连前后文字和章节，去统领其他人物和事件，让“事”依附于“人”，“人”串联着“事”，形成一环扣着一环的组织结构形式。从而开创性地成为汉民族文学中散文之源，并对后来司马迁写作《史记》中的本纪、列传、世家，创造纪传体的史学新体例，给予了很大的启示。更有甚者，后来的古典长篇小说按章回演绎成文，章回上下勾连的构架形式，也是《左传》结构形式艺术性再深化的结果，所以，《左传》也是古典长篇章回小说的源头。

以一个学派来说，儒学的创立基于孔子的两个理论创新。一是确立了“道德面前人人平等”的观念，打破了国人与庶人（野人）、君子与小人的差别，适应了道德由“私德”向“公德”[②] 转化的趋势，为道德成为

① ［韩］赵容俊：《甲骨卜辞所见之巫者的医疗活动》，《史学集刊》2004 年第 3 期。

② 中国“公德”“私德”之说始于梁启超。梁氏在《新民说》中说：“人人独善其身者谓之私德，人人相善其群者谓之公德……吾中国道德之发达，不可谓不早，虽然，偏于私德，而公德殆阙如。浅观《论语》《孟子》诸书，吾国民之木铎而道德所出者，其中所教，私德居十之九，而公德不及其一焉……我国民中，无一视国事如己事者，皆公德之大义未有发明故也。”（《饮冰室合集》卷十二）一般认为，“公德”为公共生活领域具有公共性的道德，相应的“私德”则为个人生活空间具有的个人性的道德。本文所言之“公德”“私德”只是借用这对范畴。“公德”意为在全社会发生作用，具有普遍约束力的道德；“私德”意为仅仅在一部分人中起作用的道德。

具有普遍约束力的社会规范提供了前提；二是以“仁”释礼，适应了道德从“仪式伦理”向“德行伦理”转化的趋势，为建立有机的道德体系奠定了基础。在此基础上，孔子创立儒学，以道德来解释社会的变革，并试图以道德为工具、手段，重塑人生、整饬社会。其开天辟地的意义用北宋哲学家张载所言“为天地立心，为生民立命，为往圣继绝学，为万世开太平”之，来评价孔子的开创性是再恰当不过的了。正是“天不生仲尼，万古如长夜”[①]。这两句话虽然完全是对孔子的美化，但即便没有孔子，汉民族文化也会照样发展，人们也不可能生活在黑暗之中。但是如果没有孔子，一部汉民族文化史也许是另外一副模样。这恐怕也是思想家的意义所在。[②]

由此可见，开创性本是先秦华夏民族文化的又一个特质。

（五）奠基性

人们常说，万事开头难。与先秦华夏文化的开创性有因果关系的就是奠基性。但开创未必持久，若持久开创则转化成了最先的基础，即奠基性的特点。

从大图景来看，先秦华夏民族文化对于汉民族文化来说，至少在以下四个方面具有奠基性的意义。

第一，是农耕文化奠定了汉民族作为典型的农业民族的基础。如在夏代的农耕文化向华夏民族文化凝聚的过程中，《夏小正》开创了汉民族重农的传统，使四时二十四节气的范式成了汉民族农耕文化息息相关的“农历”。又如西周的“籍礼”凝聚为华夏民族的制度文化后，影响甚为久远，孔子曾曰：“安上治民，莫善于礼。”[③] 虽然周王亲耕农田的行为，更多为象征意义，但凝聚而为“籍礼”仪式之后，却成了中国历代封建王朝皇帝都举行的一个尚农的象征仪式。而从制度上来看，出现于夏王朝的井田制，发展于商王朝，完备于西周，即《孟子·滕文公上》所云：

---

① 此语出自朱熹的《朱子语类》卷九十三，但是，朱熹在这句诗后面紧接着说的一句话：“唐子西尝于一邮亭梁间见此语。”唐子西名为唐庚（1069—1120年），字子西，眉州（今四川眉山）人，《唐子西文录》记载：“蜀道馆舍壁间题一联云：‘天不生仲尼，万古如长夜’，不知何人诗也。”唐子西作为该诗句目击者证人，尚不知何人所作，所以一般认为是宋朝佚名诗人所作。参阅李亚彬《孔子的发明及其对儒学创立的意义》，《学术研究》2007年第10期。

② 启良：《中国文明史》（上册），国际文化出版公司2010年版，第327页。

③ 《礼记·经解》，引（清）皮锡瑞《经学通论》卷三。

“夏后氏五十而贡，殷人七十而助，周人百亩而彻”，虽然春秋战国时遭受到了严重的破坏，公田和私田的差别逐渐不复存在，确立了土地的私有制，从此尚农、重农成为汉民族的一种普遍心理。正如《周易》所言：“《象》曰：不耕获，未富也。”[①] 汉民族被塑造成了世界上最大的一个农业民族，被刻在历史的“硬盘”上定了格。而这一切都是在先秦打下的基础。

第二，是文字文化奠定了方块汉字的基础。关于汉字的构造，历史上最为流行的是《周礼·地官·保氏》中“六书”的理论。许慎在《说文解字·叙》对六书有具体的说明：“一曰指事：指事者，视而可识，察而可见，上下是也；二曰象形：象形者，画成其物，随体诘诎，日月是也；三曰形声：形声者，以事为名，取譬相成，江河是也；四曰会意：会意者，比类合谊，以见指伪，武信是也；五曰转注：转注者，建类一首，同意相受，考老是也；六曰假借：假借者，本无其字，依声托事，令长是也。”而这些在商代的甲骨文中就有具体的表现。从文字结构上看，除占三分之一的象形字以外，已有以复杂意象表示的象意字，以抽象符号表示的指事字，有比类合谊的会意字，有利用谐声偏旁组成的形声字，有“本无其字，依声托事”[②] 的假借字，甚至还有少数转注字，也就是说所谓“六书”的构造方法均已齐备。正如胡厚宣所说：“我们讲中国文字的起源，讲到我国仰韶文化、龙山文化、半坡村文化、大汶口文化等，有的是一个字，有的是一些记号。有人说这是中国文字的起源；但这些都不成文，成文材料最早是甲骨文，在此以前还不曾有过。”[③] 可见甲骨文的出现奠定了汉字的基础。

第三，是儒家文化奠定了汉民族伦理的基础。冯天瑜等称先秦为“中国文化史上的‘轴心时代’或称‘元典时代’”。“尽管这一时期华夏族的活动空间主要在黄河、长江流域，但中国文明的基石已初步奠定，象形会意的汉字，儒、墨、道、法等诸子思想，宗法伦理等都对后世影响深巨。”“后来影响中国文化乃至整个东亚文化达2000多年的许多特征，在

---

① 《易·无妄》。

② 《说文解字》序。

③ 胡厚宣：《从甲骨文字看殷代农业的发展》，《中国农史》1986年第1期。

此一阶段已初步显现。”[①] 这是对先秦文化整体性的评价。

但众所周知，在先秦文化中，儒家文化对汉民族的奠基作用特别巨大。因此，我们在讨论儒家文化的奠基性之前，在此有必要先考证一下儒家为何称“儒”，而不与诸子百家一般以学术的主旨为名，如道家、法家等。葛兆光曾说：“‘儒’起源于殷周时代参与仪礼操持的巫祝史宗一类文化人。把儒士视为巫祝的后人，并没有半点对其不恭的意思，其实孔子自己也曾经说过，自己和巫觋有很深的关系，马王堆汉墓帛书《易传》中有一篇《要》，其中就引了孔子的话说：‘吾与史、巫同途而殊归也。’”[②] 这是从名称的渊源而言。而从语义学上去看，据考金文中的“需”字，上为“雨”，下为“天”。后来“天”演变为“而”字。《说文》：“需，须也。遇雨不进止须也，从雨而。《易》曰：云上于天，需。”进一步考《周易》中的“需”卦：“需”卦乾上坎下。《彖》曰：“需，须也。险在前也，刚健而不陷，其义不穷困矣。需，有孚，光亨贞吉。位乎天位，以正中也。”据汉人郑玄、班固和唐人陆德明、颜师古、孔颖达等人的看法，《彖》为孔子所作。那么，这里对“需”的解释也自然就是孔子的原意了。所谓“险在前”，即遇有困难，如像出门遇到雨天一样。而“需”就是对待困难的一种积极态度，即“刚健而不陷”。也就是说，要知难而进，而不要被困难所吓倒，这样，才有进取和发展。所以孔子说，“需”的含义就是不穷困。这样一种积极向上的精神，也是贯穿于《周易》里面的“君子以自强不息”的精神。孔子认为，做到了这一点，也就达到了“正中”的境界。对此，孔子自己在《礼记·儒行》中答哀公的一段话云：“儒有不陨获于贫贱，不充诎于富贵，不溷君王，不累长上，不闵有司，故曰儒。”可见，在此儒家是“以大丈夫的君子儒自命”[③]的。了解儒家之所以自称为“儒”不仅很有必要，也很有意思。从中我们可以窥见和感受到儒家文化为什么会为汉民族伦理文化奠基的原因。

正因为儒家“以大丈夫的君子儒自命”，所以孔子对如何做人、如何做事提出了两个办法：一曰“仁”，二曰“礼”。“仁”从内心提升人们

① 冯天瑜、杨华、任放：《中国文化史》，高等教育出版社2005年版，第26页。

② 葛兆光：《古代中国文化讲义》，复旦大学出版社2006年版，第45页。

③ 陈来：《古代宗教与伦理——儒家思想的根源》，生活·读书·新知三联书店2009年版，第385页。

的精神境界，“礼”从外部约束人们的举止言行。这种伦理文化的奠基性在于：

——由孔子建立的君子伦理标准，成为汉民族每一个人努力的方向。

——由孔子开辟的内在人格世界，开启了汉民族无限融合及向上之机。

——由孔子开始的学术之自觉，奠定了汉民族学术发展的基础。

——孔子对教化价值的积极肯定，开拓了汉民族对教育方法的伟大启发。

——孔子总结整理了古代文献，而赋予新的意义，从文献上奠定了汉民族文化的基础。[①]

概而言之，孔子创立的儒家文化对汉民族文化奠基性的贡献，最重要的则是对汉民族人格世界的创造。这种伦理文化给予汉民族强大的基因，让其具有旺盛的生命力。

第四，是玉器文化奠定了汉民族爱玉的基础。玉器是汉民族特有的文化，远的不说，妇好墓玉器的大量出土，说明玉器在商代贵族生活中占有十分重要的地位，这正是“玉不离身”的最好例证。而玉人则更形象地呈现了商代人爱玉风俗的风情、风貌和风姿，亦反映了商代社会开始出现了从崇拜神转向崇拜人，在这尊神与尊玉的双核驱动中，使玉器走下神坛，开始了生活化的历程。到西周时礼仪用玉已制度化，《礼记·礼器》：“经礼三百，曲礼三千。”在“礼”中，玉又是不可或缺的。而到春秋战国时玉逐渐人格化了。人们把玉当作自己（君子）的化身。他们佩挂玉饰成风，以标榜自己是有“德”的仁人君子。所以，《礼记·玉藻》云：“古之君子必佩玉……君子无故，玉不去身，君子与玉比德焉。”这在爱玉之俗中表现为玉从高高的祭坛上下移，玉使用种类的多样化和日益世俗化[②]，把玉文化趋向人格化的态势表现得淋漓尽致。从而为玉器文化大规模走向汉民族民间社会生活揭开了序幕。[③]

---

① 徐复观：《中国人性论史·先秦篇》，上海三联书店2001年版，第64—76页。

② 张戍梅：《春秋时期的玉文化——以〈左传〉〈国语〉为中心的考察》，硕士学位论文，东北师范大学，2009年。

③ 何松：《中国夏商周三代玉器的艺术特征主要成就与礼玉文化》，《超硬材料工程》2008年第2期。

总之，先秦华夏文化的伟大还不仅仅在于它的多元性、一体性、融合性、开创性和奠基性上，更在于它不仅是中国文化史上的一座高峰，也是汉民族文化史上的一座高峰。梁启超在1902年就在《论中国学术思想变迁之大势》以“全盛时代”称道战国学术说：“孔北老南，对垒互峙；九流十家，继轨并作。如春雷一声，万绿齐茁于广野；如火山乍裂，热石竞飞于天外。壮哉盛哉！非特中华学界之大观，抑亦世界学史之伟迹也。”[①]并专作“全球”比较后又说：

> 呜呼世运之说，岂不信哉！当春秋战国之交，岂特中国民智为全盛时代而已，盖征诸全球，莫不尔焉。自孔子、老子以迄韩非、李斯，凡三百余年，九流百家皆起于是，前空往劫，后绝来尘尚矣。[②]

正是，春秋战国之世，诸子蜂起，先后有儒、墨、道、名、法、阴阳、农、纵横、杂、小说等学派勃然兴起。他们以巨大的热情、雄伟的气魄和无畏的勇气，开创学派，编集、修订《易》《书》《礼》《春秋》等中国文化的“元典性”著作，形成了以汉民族文化为中华文明的精神“轴心”，使中国文化达到了一个前所未有的高峰，从而奠定了此后汉民族文化演生发展的思想根基与观念之源。所以，梁启超“前空往劫，后绝来尘”的这一段话，画龙点睛地高度评价了春秋战国时期的华夏民族文化，在中国文化史上的地位是汉民族思想最辉煌的顶峰，此后历两千年永难超越。[③]

---

① 梁启超：《论中国学术思想变迁之大势》，上海古籍出版社2001年版，第18页。

② 同上书，第40页。自“由是观之”以上，皆据严复译《天演论》而有所修正。

③ 张远山：《中国的轴心时代——〈寓言的密码〉序言》，《中国文化报》2005年8月15日第6版。

第三章　文化定型：从秦到汉汉民族文化的图像

秦汉是中国历史大转弯的转型时期，也是华夏民族向汉民族大转化的时期。这个转型和转化的最大特征，是从多元走向一体变奏为一体面向多元。这是什么意思呢？在此说的是先秦的民族发展史的大趋势是从多元走向一体，即《汉民族史记》第1卷中所论述的汉民族形成三部曲，夏、商、周、楚、越及部分蛮、夷、戎、狄诸族群不断互动、磨合、融合，从"多元"走向华夏民族"一体"的历史过程。进入秦汉后，由于秦的统一中国，以及"汉承秦制"，在长达441年（前221年到220年）划时代的"大一统"中，"六合同风，九州共贯"①，中国作为"一体"，据黄朴民的研究②，其地理概念是指国土统一，所谓"天无二日，土无二王"③；其政治概念是指全国上下高度一致，听命于最高统治者，即所谓"（天下）定乎一"④，"夙夜匪解，以事一人"⑤，"尊天子"⑥，"一法度"⑦；其

---

① 《汉书·王吉传》："春秋所以大一统者，六合同风，九州共贯也。"

② 黄朴民：《秦汉统一战略研究》，中国人民大学出版社2007年版，第6页。

③ 《礼记·坊记》。

④ 《孟子·梁惠王上》。

⑤ 《诗经·大雅·烝民》。

⑥ 《春秋公羊传解诂》隐公七年注释《传》文"不与夷狄之执中国"有云："因地不接京师，故以中国正之。中国者，礼义之国也。执者，治文也。君子不使无礼义，制治有礼义，故绝不言执。正之，言伐也。执天子大夫而以中国正之者，执中国尚不可，况执天子之大夫乎！所以降夷狄，尊天子为顺辞。"

⑦ 《史记·秦始皇本纪》。东汉今文经学家何休认为，"重本尊统"的核心，就是要明确树立君主本位的原则，做到"一法度，尊天子"。天子是圣人受命于天者，"圣人受命皆天所生，故谓之天子"（《春秋公羊传解诂》成公八年），他是大一统的体现者，"尊天子"实际上就是尊"一统"。因此他在《解诂》一书中利用各种机会强调"一法度，尊天子"的合理性和必要性。"不言诸侯之大夫者，明所刺者非但会上走夫，并遍刺天下之欠夫。不殊内大夫者，欲（转下页）

时间概念是长久统一，千秋万代江山永固，即所谓“至尊休德，传之亡穷，而施之罔极”[①]；其文化概念是指文化习俗六合攸同，仁义德泽流布宇内，即所谓“中国者，聪明睿知之所居也，万物财用之所聚也，贤圣之所教也，仁义之所施也，诗书礼乐之所用也，异敏技艺之所试也，远方之所观赴也，蛮夷之所义（仪）行也”[②]；其民族概念是指“夷狄进至于爵，天下远近小大若一”[③]。而如果从中华民族这个大概念的“一体”来说，其面对包括刚从华夏民族转化而来的汉民族在内的多元的民族结构，简言之，即一体面对多元。

正是这种从多元走向一体变奏为一体面向多元的历史背景，决定了秦汉时期汉民族文化史的发展，是从春秋战国的多元文化汇聚，变奏为“大一统”的文化定型。这一发展是对先秦文化汇聚成就的总结和升华，又为此后两千多年的汉民族文化的发展奠定了基础。

第一节　秦汉“大一统”的文化变革

秦汉“大一统”的一体面对多元，以国家之手整合文化，进行了文化变革。

一　秦始皇的文化变革

金戈铁马，气吞万里的秦始皇，统一六国后，马不停蹄地进行了高压态势的文化变革。早在秦王朝尚未建立之时，已有一部《吕氏春秋》，这部杂之以百家之学的巨著便有了大一统文化之表现：

> 听群众议以治国，国危无日矣。何以知其然也？老聃贵柔，孔子贵仁，墨翟贵廉，关尹贵清……有金鼓，所以一耳。必同法令，所以

（接上页）一其文见恶同也。至此所以遍刺之者，箭鱼之会，服郑最难，诸侯劳倦，莫肯复出，而大夫常行，政委于臣，而君连失权，大夫故得信任。故孔子曰：‘唯器与名，不可以假人。’”（《春秋公羊传解诂·襄公十六年》）“古者，诸侯将朝天子，必先会闲隙之地，考德行，一刑法，讲礼义，正文章，习事天子之仪，尊京师，重法度。”（《春秋公羊传解诂·定公十四年》）。参阅黄朴民《何休〈公羊〉“大一统”思想析论》，《孔子研究》1999 年第 2 期。

①《汉书·董仲舒传》。

②《战国策·赵策三》。

③《春秋公羊注疏·隐公元年》。参阅黄朴民《何休〈公羊〉“大一统”思想析论》，《孔子研究》1999 年第 2 期。

一心也。智者不得巧，愚者不得拙，所以一众也。勇者不得先，惧者不得后，所以一力也。故一则治，异则乱。一则安，异则危。[①]

为了去“乱”、去“危”，秦王朝在制度文化上确立了高度集中的中央集权制。秦王朝的中央政权是秦国原来的中央政权的延续和扩大，但官职的名称和权力范围有了变革：最高统治者是皇帝。皇帝以外，中央最重要的官职是三公，即丞相、太尉、御史大夫。在“三公”之下，有所谓“九卿”。秦始皇统治时期，中央集权的重要特点是军政大权独揽于皇帝一人手中。为使大权不致旁落，使丞相、太尉、御史大夫分掌政、军和监察大权，互不统属。由于三公互不统属，所以最后决断只能归皇帝一人。于是皇帝享有至高无上的权力，形成了个人专断、王位世袭的君主体制。与此同时，利用国家政权力量，从文字、人的心理状态和伦理规范方面，实行了文化变革：

一是实行“书同文”[②] 以统一文字。由于战国时代处于长期的分裂割据状态，言语异声，文字异形，严重阻碍经济、文化的交流，影响了中央政权政策法令的有效推行。秦王朝建立后，诏书发至桂林，当地人均不认识。因此，统一文字就成为秦王朝急迫的文化课题。[③] 于是，李斯等人通过对周朝文字大篆进行简化、整理，再吸取战国末期齐鲁等地通行的蝌蚪文笔画简省的优点，创制并在全国推行小篆，又称“秦篆”。在秦代，小篆是法定的主要字体。这一变革对于政治、思想、文化“大一统”的定型起到了关键作用。

二是实行“行同伦”以统一思想。秦始皇据五行说，自以为得水德，法律也从水德，所以崇尚严刑峻法，“以法为教”[④]。会稽刻石严令“禁止淫泆”[⑤]；以杀奸夫无罪的法律条款来矫正吴越地区男女之大防不严的习俗。达到“大治濯俗，天下承风，蒙被休经。皆遵度轨，和安敦勉，莫不顺令。黔首修洁，人间同则，嘉保太平”[⑥]。秦始皇还多次出巡各地，

---

① 《吕氏春秋·审分览·不二》。

② 此语的最早出处是东周春秋时期的《礼记·中庸》第二十八章：“今天下车同轨，书同文，行同伦。”本处借用来形容秦始皇的文化变革。《史记·秦始皇本纪》：“一法度衡石丈尺，车同轨，书同文字。”这里的“一”和“同”同义，就是“统一”。

③ 参阅冯天瑜、何晓明、周积明《中华文化史》，上海人民出版社1990年版，第432页。

④ 《韩非子·五蠹》。

⑤ 《史记·秦始皇本纪》。

⑥ 同上。

颁令刻石，“大圣作治，建立法度，显著纲纪。……普施明法，经纬天下，永为仪则。……黔首改化，远迩同度，临古绝尤”。[①] 秦王朝还在各地设置专掌教化的乡官，名曰“三老”。以“掌教化。凡有孝子顺孙，贞女义妇，让财救患及学士为民法士者，皆扁表其门，以兴善行”[②]。更有甚者，为了加强思想控制，秦始皇接受李斯的建议“定法教于一尊”[③]，发布焚书令，规定除政府外，民间只可收藏有关医学、占卜、种植的书，其他一律烧毁，又把暗中诽谤他的儒生全部活埋，从而造成“焚书坑儒”的酷政。

秦王朝历时十五年，时间虽然不长，但可以说秦始皇的文化变革是汉民族文化发展史上的一个急转弯。正是“大江东去不复回”，其狂飙式的文化变革，对汉民族文化史的走向和演进产生了深刻的影响，烙上了不可磨灭的印记。

二　汉武帝的文化变革

秦王朝的“以法为教”适得其反，不仅没有去“乱”、去“危”，反而轰然坍塌，“为天下笑”[④]。刘邦新建的西汉王朝痛定思痛，深刻地认识到：

> 事愈烦，天下愈乱。法愈强人愈多。秦非不欲为治，然失之者，乃举措暴作而用刑太极故也。[⑤]

在这种认识的基础上，陆贾提出了“无所为而无所不为”的战略思路，即“若无扰民之心，然天下治”。“故无为也，乃无不为也。”[⑥] 于是刘邦接受了“逆取而以顺守之，文武并用”的“长久之术”[⑦]，使“无为”“清静”“寂寞”的黄老学说盛行了一个甲子。公元前 140 年，年轻

① 《芝罘刻石》。转引自冯天瑜、何晓明、周积明《中华文化史》，上海人民出版社 1990 年版，第 433—434 页。

② 《后汉书·百官志》。

③ 《史记·秦始皇本纪》：“法令出一”“今皇帝并有天下，别黑白而定一尊。”

④ （西汉）贾谊：《过秦论》：“一夫作难而七庙隳，身死人手为天下笑。”

⑤ 《新语·无为》。

⑥ 同上。

⑦ 《史记·郦生陆贾列传》。

气盛的汉武帝即位，其一反“无为而治”的战略，意气风发地大展拳脚，实行了文化变革。

汉武帝的文化变革集中表现在尊儒兴学的文化体制变革上。

讲到“尊儒”，不能不提到广为流传的汉武帝接受董仲舒“罢黜百家，独尊儒术”的问题上。据考，董仲舒并未向汉武帝提出过所谓“罢黜百家，独尊儒术”这一建议。在《汉书·董仲舒传》中，也只是称为“推明孔氏，抑黜百家”。在《武帝纪赞》中，是“罢黜百家，表章《六经》”。

关于“罢黜百家，独尊儒术”这个说法本身。说起它的由来，人们一般是先引《汉书·董仲舒传》所载董仲舒对策中的那段话：“《春秋》大一统者，天地之常经，古今之通谊也。今师异道，人异论，百家殊方，指意不同，是以上亡以持一统；法制数变，下不知所守。臣愚以为诸不在六艺之科、孔子之术者皆绝其道，勿使并进。邪辟之说灭息，然后统纪可一而法度可明，民知所从矣。”然后“道”，这就是董仲舒提出的著名的“罢黜百家，独尊儒术”的建议。

但“罢黜百家，独尊儒术”并不是董仲舒的原话，汉武帝也没有说过这样的话；而且它既不载于《史记》，又不见于《汉书》，甚至《资治通鉴》中也找不出这个说法。班固倒是用过“罢黜百家”一语，见于《汉书·武帝纪赞》，原文是“孝武初立，卓然罢黜百家，表章《六经》”。把“罢黜百家”与“独尊儒术”合在一起，作为一个固定的表达方式，乃是相当晚近的事情。[①] 而且“罢黜百家，独尊儒术”的所指，与百年来对它的通行的理解之间，也存在相当大的差距。明确了以上几个问题，我们对于汉武帝是否倡导儒术的争论应该明确两点：一点是“罢黜百家，独尊儒术”本不是董仲舒说的话，更不是汉武帝说的话，也就是说董仲舒并没有提出过“罢黜百家，独尊儒术”的建议，汉武帝也没有接受过董仲舒“罢黜百家，独尊儒术”的建议。按照董仲舒对策中的意思，“罢黜百家”就是要朝廷对不治儒学而被举为贤良的人不予录用，令其归去。“罢黜百家”盖由董仲舒对策中的“皆绝其道”[②] 四字而来。因有一“绝”字，极容易让人误

---

① “罢黜百家，独尊儒术”的说法始自清末民初的著名思想家易白沙（1886—1921年），1916年在《新青年》杂志上发表《孔子平议》一文。载庞朴、马勇、刘贻群《先秦儒家研究·20世纪中国学术文存》，湖北教育出版社2003年版。参阅孙景坛《汉武帝“罢黜百家，独尊儒术”子虚乌有——中国近现代儒学反思的一个基点性错误》，《南京社会科学》1993年第6期。

② 《汉书·董仲舒传》。

以为就是禁绝、灭绝诸子，甚而让人联想到“摧绝”百家。但是这个“道”，却不是学术之“道”，而是入学为官之道，故而下文用“勿使并进”[①] 与之呼应。董仲舒的目的在于断绝非儒诸家的学途、仕途，让不治儒学的人在进学、入仕方面失去平等的机会，而不是不让其他学说在社会上流传，以致消失；另一点是董仲舒并没有要求颁布禁令、采取暴力手段禁绝其他学派的活动与流传，他无此资格与能力，史书亦无此等记载。就董仲舒本人的学术活动来看，可以说他对先秦的各家学说是兼收并蓄的。汉武帝也没有实行过“罢黜百家，独尊儒术”的文化政策，他的用人、施政向来没有唯儒是从过。在窦太后生前，还可以说他身不由己。但是窦太后死后，他仍然是诸家并用，特别重用那些治黄老、刑名之学的人。《汉书·公孙弘卜式儿宽传》中明白地显示出被汉武帝用为“文武”的“群士”“异人”，其学术背景并未作为取舍的标准，甚至其出身亦不被看重。有人统计武帝在位53年所任用的丞相、御史大夫正副枢臣近30人中，卫绾、窦婴、赵绾虽好儒，但非儒家。真正称得上儒家的只有公孙弘、儿宽两人，余为外戚、功臣、郡守、酷吏、商人及诸子学者。十分崇敬汉武帝的汉宣帝曾告诫元帝说：“汉家自有制度本以霸王道杂之。”并批评儒家“不达时宜，好是古非今使人眩于名实，不知所守，何足委任”[②]。一句话“以霸王道杂之”才是汉武帝的“撒手锏”。因此，在汉武帝及其以后的汉代三百多年间，无论是包括神仙方术在内的异端邪说，还是重在实用的各种学术，都获得了巨大的发展，而且在很多领域，成就都领先于当时的世界。这一史实表明，所谓“罢黜百家，独尊儒术”，在整个汉代根本就不存在。[③]

---

① 《汉书·董仲舒传》。

② 《汉书·元帝纪》。

③ 参阅孙景坛《汉武帝“罢黜百家，独尊儒术”子虚乌有——中国近现代儒学反思的一个基点性错误》，《南京社会科学》1993年第6期；孙景坛：《汉武帝采纳主父偃的“推恩令”是中国传统文化反思的科学基点——二论“汉武帝罢黜百家独尊儒术子虚乌有”》，《南京社会科学》1995年第4期；赵兴彬：《汉武帝“罢黜百家，独尊儒术”辨正》，《历史教学问题》1996年第3期；庄春波：《汉武帝“罢黜百家，独尊儒术”说考辩》，《孔子研究》2000年第4期；刘伟杰：《汉武帝独尊儒术问题的研究现状与反思》，《南京社会科学》2007年第2期；郝建平：《近30年来汉武帝“罢黜百家，独尊儒术”问题研究综述》，《古籍整理研究学刊》2013年第4期。其实，从学术史上来看，“罢黜百家，独尊儒术”的说法的提出其实是可以理解的，19、20世纪之交，之所以如此“诬古”，实由当时的时代、环境及由此形成的思想观念使然。曲解“罢黜百家，独尊儒术”，主要是打倒孔家店、反对专制独裁、要求民主的政治需要将儒学定于一尊看成专制的标志，因而不惜张大其词，痛加挞伐。

既然如此，那么，汉武帝的文化变革具体的内容又是什么呢？一是尊儒兴教；二是实行推恩令。

尊儒，并不是禁绝各家的著作和思想，只是在选拔人才和作为统治思想方面，不取“百家”，而尊儒术。武帝建元元年（前140年）十月，刚刚继位不久的汉武帝，即诏举方正直言极谏之士，来京师应对“当今治道”。当时参加应对贤良共100余人，其中，董仲舒的“天人三策”，受到汉武帝的赏识。董仲舒是文景时期的大儒，专精《春秋》公羊学。他以传统的儒家思想为基础，兼取阴阳五行学说，建立了一套新的儒家体系。他根据《春秋》大一统的思想，认为：“今师异道，人异论，百家殊方，指意不同，是以上亡以持一统。”提出：“臣愚以为诸不在六艺之科、孔子之术者，皆绝其道，勿使并进。邪辟之说灭息，然后统纪可一而法度可明，民知所从矣。”[①] 这就是董仲舒尊儒的主张。当时，丞相卫绾遂提议：“所举贤良，或治申、商、韩非、苏秦、张仪之言，乱国政，请皆罢。”[②] 武帝准其奏，尊儒术的局面基本形成。

尊儒必兴教。“教”即教化。董仲舒继承儒家注重教化的传统，认为：“圣王已没，而子孙长久安宁数百岁，此皆礼乐教化之功也”，“是故南面而治天下，莫不以教化为大务”。他建议武帝“立大学以教于国，设庠序以化于邑，渐民以仁，摩民以谊，节民以礼”。又说：“太学者，贤士之所关也，教化之所本原也。……臣愿陛下兴太学、置明师，以养天下之士，数考问以尽其材，则英俊宜可得矣。”[③] 这是治国培养人才的大好事，武帝当然应允，于是下令罢黜秦朝所立之各家博士，专立儒学之《诗》《书》《易》《礼》《春秋》五经博士。正如顾颉刚所言：这样就“把始皇时的博士之业《诗》《书》和‘百家之言’分开了，这是一个急剧的转变，使得此后博士的执掌不为‘通古今’而为‘作经师’。换句话说，学术的道路从此限定只有经学一条了。”[④]

此后，武帝令丞相公孙弘等制定设立太学的具体方案，规定五经博士教授的学生，每经10人，全国共50人。由太常择民十八以上，仪状端正者

① 《汉书·董仲舒传》。

② 《汉书·武帝纪》。

③ 《汉书·董仲舒传》。

④ 顾颉刚：《秦汉的方士与儒生》，上海古籍出版社1978年版，第64页。

充之。学习一年后，经考核能通一经者，便可补文学掌故的缺额；成绩优异者，可做郎中。后来，太学的规模不断扩大，昭帝时翻了一番，至百人，宣帝时再翻一番，至二百人。元帝好儒，又增至三百人。到了成帝时代，仿孔子弟子三千的故事，更将博士弟子额增至三千之众。对此，冯天瑜总结说："尊儒兴学，制度教化，将教育、考试、选官三者结合起来，是武帝时代的大创造。孔子'学而优则仕'的主张，自此以后便作为正式的文官制度确立起来。建立在道德教化基础上的察举，征辟与潜心攻经入仕，成为官吏的两大来源。"① 这一系列措施，不仅确立了儒家的一统地位，而且将教育、考试、选官三者结合起来，逐步把儒学推向国学的地位。②

尊儒兴学的文化变革，从此规定了汉民族文化史的发展方向，确定了汉代汉民族文化图像的基本格局。

第二节　郡县制度：汉民族制度文化的定型

"郡县制"的应运而生，是汉民族文化史上制度文化定型的标志之一，其影响所及以至于今日。

一　郡县制的渊源

郡县之名源于先秦。先秦三代一直实行"封邦建国"的分封制，何以又会出现郡县制呢？弄清这个问题，对于明了秦汉时期郡县制定型的背景是必需的。

清人顾栋高（1679—1759年）在其《春秋大事表》卷五《春秋列国爵姓及存灭表叙》中说："春秋之列侯，始而星罗棋布，继而强兼弱削，究其源流，指掌可数。……封建之裂为郡县，盖不自秦始也。自庄公之世，而楚文王已县申、息，封畛于汝。逮后而晋有四十县。哀公二年赵鞅为镇之师，誓曰'克敌者上大夫受县，下大夫受郡'。终春秋之世，而国之灭为县邑者强半天下。"③ 由此可见，县制显然创于春秋而盛于战国时

① 冯天瑜、何晓明、周积明：《中华文化史》，上海人民出版社1990年版，第443页。

② 周晓光、裘士京主编：《中国传统文化史概论》，安徽大学出版社2006年版，第74页。

③ （清）顾栋高：《春秋大事表》卷五《春秋列国爵姓及存灭表叙》，吴树平等点校，中华书局1993年版，第561页。

期。因此，考郡县制的渊源，要兵分两路，郡与县分而考之，且要先考县制的渊源。

春秋战国时期，“县”作为汉民族文化史上新的制度文化体系，开始在各地区像春笋一样破土而出、应运而生，据宋亚平的研究，其产生方式和建设途径主要有五种：

一是把那些被武力消灭了的诸侯国变成建制县。如楚国自“实县申息”开始，在春秋初期便先后设置了17个县，其中15个县就是被自己所灭亡了的邻国。特别是汉水之阳的姬姓诸侯，都被楚国悉数占为县域。《左传·僖公二十八年》即云：“汉阳诸姬，楚实尽之。”

二是在强大的武力震慑下，通过相对和平的外交手段逼迫邻近诸侯国成片割让土地和人口，然后将其改制成建制县。如《史记·秦本纪》讲：“秦惠文公十年，魏纳上郡十五县。”晋国也是争霸中原的大国，就曾经将“韩赋七邑，皆成县也”①。

三是把一些在分封制度下由“世家”“大夫”而逐渐发展起来的大贵族食邑改造成建制县。如《左传·昭公二十八年》记载，晋灭祁氏和羊舌氏，“分祁氏之田以为七县，分羊舌氏之田以为三县”。

四是调整传统的行政区划，把诸侯国原来所层层分封给卿大夫、士的版图面积和人口规模都比较小且分散凌乱的“都”“邑”合并成新的建制县。如齐管仲推行“合鄙之制”，重新构建诸侯国的行政组织体系，就是先改乡鄙为县，然后再设置“属”，共立五属，“十县为属”。商鞅变法时，亦曾经“集小（都）乡邑聚为县，置令、丞，凡三十一县”②。

五是随着铁器的广泛使用，社会生产力得到空前的快速发展，而生产力的发展又促进了人丁的进一步繁盛和城镇人口向边远地区的扩散迁移，昔日无人所有的大片荒芜土地被不断地拓垦出来，由于地处边远，考虑到有利于对国土的长期占领与政权的稳定安全，诸侯国往往不再推行传统分封的办法，而是大多都直接将这些新的开发区设置成新县。③

可见县制的出现情况比较复杂，呈多元态势。

---

① 《左传·昭公五年》。

② 《史记·商鞅列传》。

③ 宋亚平：《郡县制度：君主专制与中央集权的坚实基石——历史发展与反思》，《浙江学刊》2012年第6期。

再考郡制的渊源。郡的设置，在时间上稍晚于县。据考楚武王灭权国的时候为公元前740至前689年之间，楚文王消灭申、息两国，“实县申息”[①] 以治之的时候是公元前689至前677年，而设郡的最早记载则为春秋时期的晋惠公元年（前650年），由此可见郡的出现确实要晚一些。《国语·晋语二》载，晋公子夷吾私于公子挚曰：“君实有郡县”，再往后便如《史记·匈奴列传》中所说，赵襄子二十三年（前453年），“与韩、魏共灭智伯，分晋地而有之”；“魏有西河、上郡，以与戎界边”。赵武灵王（前325—前299年）“北破林胡、楼烦……而置云中、雁门、代郡”等，都“出生”在县的后面。

不过，值得注意的是，郡出现之初，在制度上并没有统县的安排，谁大谁小也似乎不在经意之间。其原因南北不同。

在北方筑长城、设郡守，是防止漠北游牧族群入侵。清代史学家姚鼐考证说：“郡之称，盖始于秦、晋，以所得戎、翟地远，使人守之，为戎、翟民君长，故名曰郡。”所以，“郡远而县近，县成聚富庶而郡荒陋，故以美恶异等，而非郡与县相统属也。”[②] 而南方，特别是长江流域的其他诸侯国，设郡一级行政辖区的主要原因则是为了防备强邻的武力侵袭。正如《史记》中记载说，“黄歇（春申君）言之楚王曰：‘淮北地边齐，其事急，请以为郡便’”[③]。又说：“复西取秦所拔我江旁十五邑以为郡，距（拒）秦。”[④] 由此可见，楚国设郡，完全是专为防齐秦等中原大国而置之。

可见，郡制的出现是应战争之急而应运而生。故区域范围的大小也肯定是没有一定之规的，亦可能比县大不少，亦可能比县小很多。但为什么后来会形成郡管县的情势呢？如上所述，郡制的创立多在边远之地近敌之处，具有镇守边疆的重要责任，故县一级长官的职务为“令”，而郡一级长官的职务却为“守”。镇守这个特殊区域的首长，一般由那些比县级地方行政长官官阶高的军事指挥员即武将来担任。如魏文侯“以吴起善用

① 《左传·哀公十七年》。

② （清）姚鼐：《惜抱轩诗文集》卷二《郡县考》，刘季高标校，上海古籍出版社1992年版，第12页。

③ 《史记·春申君列传》。

④ 《史记·楚世家》。

兵……乃以为西河（郡）守，以拒秦、韩”①。为了军事的需要，朝廷往往会采取某些特殊的军事与行政政策，包括授予这些“郡守”们节制周边县域文武官员，统一调度县域人、财、物以应对紧急突发事件的权力，以确保取得军事斗争的胜利，这当然也是顺理成章的选择。因此，郡守比县令的资历深、官阶高、权力大，加之有国君的授权，指挥文官出身的县令，应该是理所当然的事情。这就为后来郡管县的体制机制的形成提供了逻辑基础和事实根据。

到了战国后期，秦、楚、赵、齐、燕、魏、韩等国在争霸的兼并战争中，几乎无一例外地推行中央集权制以求成就霸业。就是在这样的形势下，随着疆土面积的日益扩大和县域数量的日益增多，要想维持整个国家的正常运转，就必须考虑要从中央到县域中间增设一级行政区划和政府管理层级，以利于及时而有效地使政令下达畅通无阻。于是，郡管县应运而生，先从晋国开始出现“以郡管县”的体制机制，并迅速被各国仿效。②

这就是汉民族文化史上郡县制应运而生的渊源。唐德刚早在1944年就总结说：“我国地方政治的郡县实两级制。自秦代实行以来，以至今日的地方政治制度仍不脱其范畴。至于郡县制之创立也，后人咸谓秦始皇废封建置郡县，或有推源到战国以前，谓即已见其端倪者，是皆史有可征，前贤论之审矣。然于郡县之何以形成则鲜有论及者。吾人敢断言郡县制度之成立也，断非由于一二先知先觉的政治理论家事先立说创制于前，然后始有郡县者。换言之，则郡县之起源，势必由于人类社会生活逐渐演变之结果。”③

二　秦行郡县制定乾坤

郡县制在春秋战国时虽已应运而生，但分封制仍是主流，在名分上战国七雄仍是周王的诸侯国。郡县制的出现仅仅是作为分封制的补充，或对新开辟之地、新征服之地实行统治的权宜之策。

---

① 《史记·孙子吴起列传》。

② 宋亚平：《郡县制度：君主专制与中央集权的坚实基石——历史发展与反思》，《浙江学刊》2012年第6期。

③ 唐德刚：《中国郡县起源考（附跋）——兼论封建社会之蜕变》，本文原载于1944年《世界月刊》创刊号，转引自宋亚平《郡县制度：君主专制与中央集权向坚实基石——历史发展与反思》，《浙江学刊》2012年第6期。

秦始皇统一中国后，面临着国家体制的重大选择，是行分封还是行郡县？当时，郡县制对于巩固王权，加强中央集权的好处已凸显：

第一，郡县不是由“天子”分封给诸侯或诸侯分封给卿大夫、士大夫的领地与食邑，而是属于由中央政府直接管理的行政区划单位。无论哪里的郡县，不仅对国家建设与管理的路线、方针、政策以及重大社会事务的处置没有决策权，甚至连行政管理立法权和行政司法解释权都没有，故在政治、经济、军事方面几乎不允许有任何独立性而必须严格服从中央政府的统一命令。正如司马迁所讲：“海内为郡县，法令由一统。”①

第二，郡县制的出现，使得过去传统的食邑与政区“合二为一”的局面彻底分离。诸侯、卿大夫、士的领地与食邑被废除。中央政府通过派遣官员直接征收赋税与征调劳役的办法，可以将全国的一切权益包括所有权、经营权、收益权、分配权等统统归为中央政府所拥有。

第三，郡县官员都不再是分封制下可以世袭的贵族，而只是朝廷派遣下去的“命官”。这些领取朝廷“俸禄”的官员都必须无条件地接受皇帝的监督和处置。这样，皇帝的意志便通过各级政府一层层地渗透到全国的每一个角落。

由此可见，郡县制的应运而生与逐渐成形，不仅仅只是简单地对传统分封制的否定，而且也是中国社会组织结构一次极其重大的方向性的调整，更是汉民族制度文化一次史无前例的创新。对此，虽然还不能完全废除分封制，但秦始皇一槌定乾坤，决定在全国推行郡县制。

其实，早在秦始皇统一全国前，在七国争雄中秦已开始推行郡县制。秦国最早设置县是在秦武公时期（前697—前678年）。秦武公即位以后，秦国国势渐强，随着对外战争的胜利，国土开始拓展，“县”这种直接受中央管辖的地方机构也开始出现，“（秦武公）十年（前688年），伐邽、冀戎，初县之”。②“（秦武公）十一年（前687年），初县杜、郑。”③在诸侯国之中，秦国设县属于比较早的，但是在以后的日子里，秦国的县制发展十分缓慢。据《史记·六国年表》记载，秦武公以后，就只有秦厉公二十一年（前456年）设县于频阳，秦惠公十年（前390年）设县于

① 《史记·秦始皇本纪》。

② 《史记·秦本纪》。

③ 同上。

陕，秦献公六年（前379年）设县于蒲、兰田、善明氏，秦献公十一年（前374年）设县于栎阳等几处记载。总体上来说，直到秦孝公以前，分封制仍是秦国的主要地方行政制度。[①]

秦孝公即位以后，痛感“诸侯卑秦、丑莫大焉”[②]，为了强秦，任用来自中原的客卿商鞅进行了一系列大刀阔斧的改革，秦国的县制也进入了新的发展阶段。秦孝公六年（前356年），商鞅被任命为左庶长，秦孝公十二年（前350年），秦国开始“并诸小乡聚，集为大县，县一令，四十一县”。[③]

公元前221年，在秦统一全国后，虽然郡县制的雏形已形成，但在确定国家体制问题上仍然发生过激烈的辩论，《史记·秦始皇本纪》详细记载了秦始皇与群臣之间的辩论，“丞相（王）绾等言：‘诸侯初破，燕、齐、荆地远，不为置王，毋以填之。请立诸子，唯上幸许。’（秦）始皇下其议于群臣，群臣皆以为便”。王绾等人的建议尽管不是主张全面恢复分封制，而是“郡国并行”的双轨制，很明显，分封制还有一定的影响力。

在辩论中，时任廷尉的李斯出言反对，主张在全国范围内推行郡县制，李斯认为，“周文、武所封子弟同姓甚众，然后属疏远，相攻击如仇雠，诸侯更相诛伐，周天子弗能禁止。今海内赖陛下神灵一统，皆为郡县，诸子功臣以公赋税重赏赐之，甚足易制。天下无异意，则安宁之术也。置诸侯不便”[④]。秦始皇支持李斯的意见云：“天下共苦战斗不休，以有侯王。赖宗庙，天下初定，又复立国，是树兵也，而求其宁息，岂不难哉！廷尉议是。”[⑤] 最终，一槌定音，采纳了李斯的意见，在全国范围内普遍推行郡县制，以分天下以为三十六郡，郡置守、尉、监[⑥]；郡下为县，设有令长、丞、尉等职。

关于秦朝郡一级行政区的数目[⑦]，据王国维的研究，“秦以水德王，

---

① 张卓琳：《秦郡县制度研究》，硕士学位论文，陕西师范大学，2009年，第10页。

② 《史记·秦本纪》。

③ 同上。

④ 《史记·秦始皇本纪》。

⑤ 同上。

⑥ 同上。

⑦ 秦朝郡一级行政区的数目说法不一，除王国维的四十八郡说外，还有三十六郡说（《史记·秦始皇本纪》）、四十一郡说（全祖望《汉书地理志稽疑》）、四十六郡说（谭其骧《秦郡新考》）。

故数以六为纪。二十六年始分天下为三十六郡，三十六者，六之自乘数也。次当增置燕、齐六郡为四十二郡，四十二者，六之七倍也。至三十三年南置南海、桂林、象郡，北置九原，其于六数不足者二，则又于内地分置陈、东海二郡，共为四十八郡，四十八者，六之八倍也。秦制然也"①。根据地域的不同，秦朝四十八郡可以分为三部分：

秦国故地为一部分，包括巴郡、蜀郡、陇西郡、北地郡、上郡。

统一南方以后设置的会稽郡、闽中郡、南海郡、桂林郡、象郡和收复河套地区以后设置的九原郡为一部分。

原六国故地为一部分，这一部分数量最多，地域也最广。其中，赵国故地七郡，即云中郡、雁门郡、代郡、太原郡、上党郡、巨鹿郡、邯郸郡；韩魏故地八郡，即河东郡、河内郡、三川郡、东郡、南阳郡、颍川郡、陶郡、砀郡；燕国故地六郡，即上谷郡、渔阳郡、右北平郡、辽西郡、辽东郡、广阳郡；齐国故地七郡，即齐郡、琅琊郡、胶东郡、胶西郡、济北郡、博阳郡、城阳郡；楚国故地九郡，即汉中郡、南郡、长沙郡、黔中郡、陈郡、泗水郡、东海郡、九江郡、衡山郡。②

秦始皇推行郡县制定乾坤，郡县制的确立，改变了中国古代国家结构的基本格局，促进了地方行政机制的增强和改善，为汉民族制度文化的定型奠定了基石。

三 汉代郡县制的曲折发展和完善

史称"汉承秦制"，其实并非完全如此。秦全面推行的郡县制，汉实行的却是郡国并行制，即郡县与分封双轨制，使郡县制的推行有了曲折。

汉灵帝中平五年以后，诸侯王国已归中央管理，其地位与中央直辖的郡基本等同。西汉末，郡、国总数，包括三辅京兆尹、左冯翊、右扶风在内八十三郡，二十个王国，共计一百零三。西汉郡国总数的增加过程和原因，《汉书·地理志》云："汉兴，以其郡（太）大，稍复开置，又立诸侯王国。武帝开广三边。故自高祖增二十六，文、景各六，武帝二十八，昭帝一，讫于孝平，凡郡国一百三。"郡国总数，到武帝时期大致已定，直到西汉末没有大的增减。东汉时郡国总数有变，《续汉书·郡国五》详

---

① 王国维：《观堂集林》卷十二《史林四·秦郡考》，中华书局1959年版，第541页。

② 张卓琳：《秦郡县制度研究》，硕士学位论文，陕西师范大学，2009年，第16—17页。

载："至于孝顺，凡郡、国百五。"东汉初期因人口大减，合并省郡；后因户数增加，复又增郡，郡国总数和西汉大体相当。

在双轨制下，汉初，汉高祖刘邦迫于形势，分封了异姓王七人。汉五年（前 202）刘邦称帝后，陆续消灭了除去长沙王吴芮以外的六人。但他认为秦祚短促是由于秦不分封子弟的缘故，所以在异姓王的故土分封自己的兄弟子侄九人为王，即同姓九王。高祖死后，当权的吕后违背非刘姓不王的誓约，立诸吕三人为王。① 诸侯王"掌治其国，有太傅辅王，内史治国民，中尉掌武职，丞相统众官，群卿大夫都官如汉朝"②。列侯亦有较大权力，"其有功者上致之王，次为列侯，下乃食邑，而重臣之亲或为列侯，皆令自置吏，得赋敛"③。这种曲折的态势，造成汉初尾大不掉，极不利于国家的统一和社会的发展。所以，汉初以来，郡县制与分封制的斗争一直没有停止。汉文帝（前 202—前 157 年）时，对于潜在的危险，贾谊④建议"众建诸侯"⑤，分散削弱诸侯王国的力量。于是文帝一朝，对王国进行了两次重大调整削权，一是先后废除了吕后所立的鲁、常山、琅琊、吕等国，恢复高祖时期确立的王国制度，同时对一些王国的区划作了适当的缩减。二是依照贾谊的建议，将齐国分割细化为齐、济南、济北、胶西、胶东、淄川、城阳七个小国，将淮南国分为淮南、衡山和庐江三个小国，借以削弱王国的势力。但汉王朝对分封制并没有做出根本性的改革，诸侯王国的基本权力依然存在，反而致使危机四伏。果然，汉景帝（前 188—前 141 年）时爆发了"七国之乱"⑥。

汉景帝即位初年，采纳了晁错的"削藩"建议，削减王国的封地为

---

① 梁王吕产、赵王吕禄、燕王吕通被称为"吕氏三王"。

② 《汉书·百官公卿表》。

③ 《汉书·高帝纪下》。

④ 贾谊（前 200—前 168 年），汉族，洛阳（今河南洛阳东）人，西汉初年著名政论家、文学家，世称贾生。贾谊少有才名，十八岁时，以善文为郡人所称。文帝时任博士，迁太中大夫，受大臣周勃、灌婴排挤，谪为长沙王太傅，故后世亦称贾长沙、贾太傅。三年后被召回长安，为梁怀王太傅。梁怀王坠马而死，贾谊深自歉疚，抑郁而亡，时仅 33 岁。贾谊著作主要有散文和辞赋两类，散文的主要文学成就是政论文，评论时政，风格朴实峻拔，议论酣畅，鲁迅称之为"西汉鸿文"，代表作有《过秦论》《论积贮疏》等。

⑤ 《汉书·贾谊传》。

⑥ "七国之乱"是发生在汉景帝时期的一次诸侯国叛乱，参与叛乱的是七个刘姓宗室诸侯王：吴王刘濞、楚王刘戊、赵王刘遂、济南王刘辟光、淄川王刘贤、胶西王刘昂、胶东王刘雄渠，故又称"七王之乱"。

中央所有，这直接引发了吴楚七国之乱。七国暴乱兵败之后，汉景趁势大力推行“削藩”政策，夺取了王国的支郡、边郡。《汉书·百官公卿表》载：“景帝中五年，令诸侯王不得复治国，天子为置吏，改丞相曰相，省御史大夫、廷尉、少府、宗正、博士官，大夫、谒者郎诸官长丞，皆损其员。”这标志着诸侯王已丧失置吏权、治民权，诸侯王的郡自此以后等同于中央直辖的郡，其行政权已被纳入郡县制管理体系。此外景帝继续实施贾谊“众建诸侯”的策略，把梁国分为五国，赵国分为六国。经过景帝对王国采取的一系列措施，王国对抗中央的力量已不复存在。

自景帝中五年收夺诸侯王的“置吏”权和“治国”权以后，诸侯国受中央管理，其地位等同于汉郡，这标志着分封制被郡县制完全取代，自此以后汉代大部分时间行政区划施行的是郡县二级制，直到东汉灵帝中平五年（188 年），以中央赋予州牧军政大权为标志，郡县二级制转变为州、郡、县三级制。①

汉代郡县制的完善主要反映在三个方面。

第一方面是郡制的完善。汉王朝郡的长官称为太守。太守的辅佐为郡丞。秦代还设有郡尉，掌管武备，汉景帝以后改称都尉。在边郡还设有长史，掌管兵马。太守及丞、尉都由中央直接任免。太守是一郡的最高长官，总揽郡内的人事、财政、司法、民事、教育、选举等一切行政事务，可以自行任用丞、尉以下的督邮、功曹等属吏，由中央政府委任的县令长暂缺或失职时，太守可临时委任。太守负责本郡内孝廉、贤良方正、茂才异等②、文学明经及有道之士等科目的察举，拥有对下级官吏的考核和赏罚、监察权力，以及诉讼、判罪、刑狱等司法权力，还可以根据农时、风俗等情况，规定本郡的若干行政法规。太守掌管税收和财政开支，并自行支配郡内公田及山泽之利等收入。东汉初年罢省郡都尉，并职于太守，太守开始拥有兵权。为了使太守既能合理行使职权，又不滥用权力，中央对太守的职权范围有明确细致的规定。如郡丞、尉以下官吏要委任本郡人担任，县令长一级官吏郡太守不得更调及治罪，选举孝廉等必须在任满一年以后，判刑时死罪必须上报中央，税收和财政开支必须经过严格的上计制度，特殊情况如赈济灾民等也需上报中央批准后执行，郡太守每年亲自巡

① 张信通：《秦汉时期的行政区划及其演变》，《钦州学院学报》2013 年第 9 期。

② 茂才西汉称秀才，东汉避汉光武帝刘秀之讳改称茂才，又常称作“茂才异等”。

行或委派督邮分行下属各县，但不得擅离本郡，西汉时期郡太守不得擅自发兵，等等。中央政府还通过委派监御史、丞相史和州刺史，对郡太守实行监察。[①]

第二方面是县制的完善。汉王朝的县级政区，有县、道、国、邑等数种名称，四个区划名称互有差别。《汉书·百官公卿表》云："列侯所食县曰国，皇太后、皇后、公主所食曰邑，有蛮夷曰道。"《汉官六种》则云："内郡为县，三边为道，皇后、太子、公主所食为邑。"[②]《后汉书·郡国五》补充说："世祖中兴……县、邑、道、侯国千一百八十。""国"有时也称为"侯国"，汉代的行政区划名称有县、邑、道、国（侯国）之称，它们同为县级行政级别，其中县是最基本、最重要、占比例最大的县级行政区划单位。

县级行政单位总数，两汉有变化。西汉县级政区总数，《汉书·百官公卿表》载："凡县、道、国、邑千五百八十七。"这和《汉书·地理志》所载"县邑千三百一十四，道三十二，侯国二百四十一"总数完全相同。东汉初期县政区的总数，可由顺帝时期县政区总数推知，"县、邑、道、侯国四百余所……县、邑、道、侯国千一百八十"[③]。（注：应劭《汉官》曰："世祖中兴，海内人民可得而数，裁十二三。"[④]）顺帝时县政区总数为1180，东汉立国之初县政区总数在780个偏下，究其原因，正如注释所说，战争、饥馑、灾荒致使户口大降。

县政区的面积大小划分标准，如《汉书·百官公卿表》："县大率方百里，其民稠则减，稀则旷。"面积大小和人口多少是划分县政区的依据，通常方圆约一百里上下，愚以为"百里"大概指我们假设县政区的边长约一百里，而不是面积、县区边界周长意义上的"百里"。西汉县区的户数，《汉官六种》载："县户口满万，置六百石令，多者千石。户口不满万，置四百石、三百石长。"大县人口在万户以上，小县在万户以下。东汉县政区的户数，《后汉书·百官五》："县万户以上为令，不满为长。"两汉县区的户数标准大体相同。文献所见县区的户数从数万到三四

① 唐赞功总纂：《中华文明史》第三卷，河北教育出版社1992年版，第46—49页。

② （清）孙星衍等辑，周天游点校：《汉官六种》，中华书局1990年版，第50页。

③ （西晋）司马彪：《续汉书》，中华书局1965年版，第3533页。

④ 同上。

千户都有，可见汉代划分县政区的基本依据是人口、面积，这样的政区制度对后世影响深远。

百里之县，管理万户之民。县以下的基层行政机构乡、里大致管理千户、百户，这样的管理幅度是比较符合实际的。西汉百余郡，管辖一千五百余县，一郡下辖约十五个县；东汉一郡辖约十二个县，这样郡辖县的管理幅度，两汉沿用四百余年，实践证明与行政管理的合理性相吻合。但是，对于中央来说，直辖一百余郡，则有违行政管理学的理性行政原则，新的高层区划“州”正是基于此而产生。[①]

第三方面郡县两级制逐步发展为州郡县三级制。州出现于汉武帝时期，开始是作为监察机构而设置的。其时除司隶校尉外，将全国划分为13个监察区，委派御史巡行监视。十三州刺史统属于御史中丞，监察范围明确规定为六条：“第一，强宗豪右占有田地房屋超过规定，‘以强凌弱，以众暴寡’；第二，郡国相守不遵奉诏令行事，‘侵渔百姓，聚敛为奸’；第三，守相不体恤疑案，随意杀人，‘怒则任刑，喜则淫赏’，为百姓所痛恨；第四，守相选举不公，‘苟阿所爱，蔽贤宠顽’；第五，守相子弟仗势欺人，私相嘱托以图逃避监察；第六，守相与下属勾结，巴结豪强，贪污受贿等。”[②] 司隶校尉负责监察京师及其周围地区，兼领一州即司隶州的三辅、三河、弘农七郡，职责与其他十三州刺史相同。从西汉后期开始，刺史的名称屡有变更。几经折腾，于东汉灵帝中平五年（188年）又称州牧。

在这一演变过程中，刺史的职权逐渐扩大，性质也不再限于监察。西汉时刺史的监察范围已由郡长官扩大到县令长，东汉时再扩大到县丞尉。西汉时不定期地特诏各州刺史选举茂才，东汉初以州为单位由刺史负责选举茂才成为定制，刺史开始具有选举权。西汉时刺史奏案要经过中央三府覆案，东汉初刺史奏案不再经三府覆查，刺史可直接进行劾奏。西汉时刺史职权开始干预地方行政，到东汉时期，为加强对地方政权的控制，中央甚至要求刺史直接处理郡县事务。刺史职权扩大最为突出的是开始拥有兵权。由于东汉后期各地农民及边郡少数民族起义连续不断，刺史开始被赋予领兵的权力。到东汉时期，刺史已有固定治所，并有了正式的官属。刺

---

① 张信通：《秦汉时期的行政区划及其演变》，《钦州学院学报》2013年第9期。

② 《通典·职官典》。

史也不再亲自回京师奏事，而由计吏代替。刺史的秩俸最初为六百石，位下大夫，汉成帝时刺史增秩为二千石，位次九卿，刺史在各方面都已在郡守之上。

东汉末年灵帝时期，改刺史为州牧，以太常刘焉、太仆黄琬、宗正刘虞等九卿出任州牧，都以中二千石的本秩居职，刺史职权更为加重。刺史的属官也更为扩充，除一般行政性的从事外，又设置了议曹从事、师友从事等散职，文学从事、劝学从事等文职，和典学校尉、儒林校尉以及长史、司马、都尉等武职。刺史或州牧迅速向行政机构过渡，由单纯的监察发展成为总揽地方大权的行政长官。[①]

从西汉到东汉四百多年的演进，郡县制终于铸成了中国君主政治体制的基石，汉民族制度文化也完成定型的历史任务。

第三节　男耕女织:汉民族经济文化的定型

汉民族是世界民族中最典型的农业民族，几千年来其展现给世界的就是一幅男耕女织的经济文化图像。

一　男耕女织考源

男耕女织，是汉民族共同经济生活的主要特征之一。为什么形成这个特征呢？众所周知，汉民族在其两千多年的共同经济生活中，小农的自然经济占绝对的经济地位。毛泽东在研究中国封建经济制度的特点时就正确地指出：“自给自足的自然经济占主要地位。农民不但生产自己需要的农产品，而且生产自己需要的大部分手工业品。地主和贵族对于从农民剥削来的地租，也主要是自己享用，而不是用于交换。那时虽有交换的发展，但是在整个经济中不起决定的作用。”[②] 在自然经济的支配下，汉民族的农民两千多年来都是个体经济，无论是自耕农，还是佃农，一家一户就是一个生产单位。在这种小农经济的蜗牛壳中，农业和手工业紧密地结合在一起，形成一个包括劳动者和剥削者两个方面，又包括农民和非农民在内的复杂的经济共同体。这就是马克思在《资本论》中所说的：“在印度和

① 唐赞功总纂：《中华文明史》第三卷，河北教育出版社 1992 年版，第 50 页。

② 《毛泽东选集》（合订本），人民出版社 1964 年版，第 586—587 页。

中国，生产方式的广阔基础，是由小农家和家内工业的统一形成的。”[①]所以不管是自耕农，或者是佃农，都是既耕且织，既产粟又产帛，形成“男耕女织”的自然结构。

男耕女织，本是一种自然分工，它是原始社会社会大分工的结果。但是汉民族共同经济生活形成男耕女织这样一种经济结构，是渊源于夏、商、周的灌溉农业经济类型。《说文解字》解“男”字说：“丈夫也，从田从力言男，用力于田也。”[②]甲骨文和钟鼎文作“男”字都是男子专事耕田的象形字。“女”字古代以已嫁者为妇，未嫁者为女。《说文解字》解“女”字说：“妇人也”；解“妇”字说：“服也，从女，帚洒扫也。”[③]甲骨文“女”字作为席地作事的象形。可见女子专司家务，而家务中最重要的事情之一是作织。所以《墨子·辞过》即说：“古之民未知为衣服时，圣王……故作，诲妇人治丝麻捆布绢，以为民衣。……未知为饮食时，……故圣人作诲男耕稼树艺。”《商君书·画策》也说：“神农之世，男耕而食，妇织而衣。”

汉民族不仅灌溉农业的历史悠久，而且种麻纺麻、养蚕织丝的历史也是十分悠久的。据传说黄帝的妻子嫘祖就是养蚕织丝的发明者，这是一个美丽的神话传说故事。据说，黄帝大战蚩尤取得胜利后，聚会群神庆功，其中住在遥远的呕丝之野的蚕神全身缟素，向黄帝敬献了两绞丝，一绞黄的象征黄金，一绞白的象征白银。黄帝夸赞说：“今天众神献宝算这蚕丝最珍贵了。”于是把蚕丝交给了嫘祖，嫘祖又把它交给自己的孙女们织成比麻布好得多的美丽的绢，黄帝即用这种绢做成冠服。后来嫘祖想生产更多的蚕丝，让神和人都穿上绢做成的衣服，就找蚕神求教。蚕神明白了她的意思，就把衣袖一扬，从一个衣袖里飞出来一群飞蛾，从另一个衣袖中取出一段桑枝，指在地上立刻长成一株桑树。飞蛾落在桑树上，产下了大片的蚕种，蚕神向桑树呵了口气，桑树抽出了新芽，蚕种也孵出了蚕宝宝。这样嫘祖开始养蚕了。不久，第一批蚕宝宝吐了丝，结了茧，她就把养蚕、缫丝的方法传授给了人间的妇女。从此，蚕种越繁殖越多，桑树也栽遍了黄河和长江两岸的大地，养蚕、采桑、缫丝、纺织也就成了妇女的

---

① 《资本论》第 3 卷，人民出版社 1975 年版，第 373 页。

② （汉）许慎：《说文解字》，中华书局 1963 年版，第 291 页。

③ 同上书，第 259 页。

专业。为了纪念嫘祖的这个贡献，南朝刘宋以后皆祭祀其为先蚕。

考古材料对汉民族养蚕纺织的悠久历史也提供了物证，1926 年在山西夏县西阴村新石器时代遗址中，发现过一个被切割过的蚕茧。后来，在浙江吴兴钱山漾新石器时代的遗址中，就发现有一批盛在竹篮里的丝织品，其中有绢片、丝带和丝线等。这表明，至迟在距今 4000 年，汉民族的祖先就有了比较发达的蚕桑丝织生产了。[①] 夏王朝时，《夏小正》中说："三月……摄桑……妾子始蚕。"这是夏民族养蚕的直接记载。商代甲骨文就有用牛或羊等丰厚祭品祭祈蚕神的记载，许多传世的商代青铜器物，就附有丝织物的痕迹或绢丝断片，或用蚕形做装饰花纹，甚至在河南安阳和山东益都等地的商墓中，还有形态逼真的玉蚕出土，这都表明蚕桑生产和丝织品在商民族的经济生活中越来越重要了。到了周代，养蚕织丝已是妇女的主要生产活动。《诗经》中就有许多诗句提到蚕桑，其中最著名的《七月》中就写道："春日载阳，有鸣仓庚，女执懿筐，遵彼微行，爰求柔桑。"在战国时期的铜器上我们还可以看到采桑图中大面积栽种的桑树，这时，丝绸已成为周民族统治阶级衣着的主要原料。由于汉民族的祖先在世界上最早养蚕织丝，所以古代中国被古希腊和古罗马人美称为"赛里斯国"，即"丝国"。[②]

麻的种植和纺织可能早于丝。1912 年江苏吴县草鞋山新石器时代遗址中出土了 3 块葛布残片。《诗经》中提到麻的也有几十处，如"丘中有麻，彼留子嗟。彼留子嗟，将其来施施"[③]；"东门之池，可以沤麻"[④]等，且对粗细不同的麻线，各有专门名称。"纶"指苎麻，大麻和苎麻是《诗经》中提到的两种麻类植物。可见，春秋时期沤麻的方法是自然沤泡。成书于春秋战国之际的《考工记》，已明确提出自然沤麻后碱煮的重要性。从《诗经·曹风·蜉蝣》"麻衣如雪"的描写中可以印证《考工记》沤麻、碱煮的存在。

从使用上看，丝为贵族服用，麻为百姓穿着。所以，就男耕女织的意义来说，重要的是麻。在这种男耕女织的经济结构面前，商鞅在秦变法时

---

① 汪子春：《中国养蚕科学技术的发展和传播》，《中国古代科技成就》，中国青年出版社 1978 年版，第 382 页。

② 参阅《丝绸之路漫记》，新华出版社 1981 年版，第 5 页。

③ 《诗经·王风·丘中有麻》。

④ 《诗经·陈风·东门之池》。

就强调："耕织致粟帛多者复其身。"[①] 正因为夏、商、周三代以及春秋战国经济结构的这样一致性和连续性，所以《吕氏春秋·上农》中说："所以务耕织者，以为本教也。是故天子亲率诸侯耕地籍田……以教民尊地产也；后妃率九嫔蚕于郊，桑于公田。是以春秋冬夏皆有麻枲丝茧之功，以力妇教也。是故丈夫不织而衣，妇人不耕而食，男女贸功以长生。"

男耕女织经济结构的这种深厚渊源为汉民族的农耕文化下了底色。

二 男耕女织与"上农"理论

顺理成章，在汉民族农耕文化男耕女织底色的基础上，逐渐产生了"重农抑商"或"重本抑末"的理论和政策。

战国时就形成了农家学派，代表人物有许行、陈相、陈辛等，其著作《神农》二十篇、《氾胜之书》十八篇等，虽多不传，但《孟子·滕文公上》载有许行其人，认为贤者应该"与民并耕而食，饔飧而治"。《管子》中的《地员》等篇，《吕氏春秋》中的《上农》《任地》等篇就是农家学说的一部分。农家学派强调农业生产的重要性，提出了"上（尚）农"的理论，认为"古先圣王之所以异其民者，先务于农，民农非徒为地利也，贵其志也"。所以"夺之以土功，是谓稽，不绝忧唯，必丧其秕。夺之以水事，是谓稻，丧以继乐，四邻来虚（虐）。夺之以兵事，是谓厉，祸因胥岁，不举至艾。数夺民时，大饥乃来"。[②] 其意就是说：古代圣王用来教导人民的，首先是劝勉他们从事农业，让人民从事农业不只是为了从土地上得到好处，而是重视培育他们的意志啊！所以如果侵夺农时来从事土木工程，这就叫耽误农事，农民就忧思不绝，必然丧失还未成熟的谷物。侵夺农时来修水利，这就叫执羽吹籥而舞，因丧事而继之以乐，邻国就会来侵扰。侵夺农时来起兵打仗，这就叫大不吉利，祸患之成，是由于荒废岁月，不举用田器所致。一再侵夺农时，大的饥荒就会来临。西汉时杰出的经济学家桑弘羊，虽出身于商人家庭，却也"上农"，在《盐铁论》中专作《力耕》一篇，劝人致力于农耕，其云："衣食考民之本，稼穑者民之务也。二者修，则国富而民安也。《诗》曰：'百室盈止，妇子宁止'也。"其意就是说：衣食是人们的根本，种庄稼是人们必须从事

① 《史记·商君列传》。

② 《吕氏春秋·上农》。

的。这两个方面都得到了很好的安排，国家就会富裕，人民也会安定。《资经》上说："家家户户有盈余，妇女孩子都安宁"了。唐代伟大的现实主义诗人白居易也"上农"，他在《策林·息游惰劝农桑》中说："一夫不田，天下有受其馁者，一妇不蚕，天下有受其寒名，斯则人之性命系焉，国之贫富属焉。"尖锐地指出：有一个农夫不去种田，天下就会有人挨饿；有一个妇女不去养蚕，天下就会有人受凉，这是关系到人们生存国家贫富的事情。所有这些"上农"理论，都是在汉民族男耕女织经济结构的基础上产生出来的，至今都还闪烁着光芒，对于拥有八亿多农民，以农业为国民经济基础的社会主义中国来说，仍然有着积极的意义。所以《汉书·景帝纪》说："农，天下之大本也。"《明太祖洪武实录》也说："农为国本，百需皆其所出。"① 这也就是恩格斯所说的"农业是整个古代世界的决定性的生产部门"。②

在"上农"理论的指导下，为了搞好男耕女织，汉民族的统治阶级常常采取种种措施，以鼓励耕织。早在战国之时，商鞅在秦国变法中就设计了极其周密的鼓励耕织的措施，其政治措施是：

1. 以官爵劝农战，即"从壹孔而得官爵。是故不以农战，则无官爵"。③

2. 以免除劳役的方式奖劝耕织，即人们"大小僇本业耕织致粟帛多者，复其身"④。

3. 从事工商业不能免除劳役，甚至有沦为奴隶的危险，即"事末利及怠而贫者，举以为收孥"⑤。

4. 不能从博闻辩慧取得官爵，以免人们贵学问而轻贱农业。

5. 统一各县行政管理方式，使奸官污吏不能任意变更法制，危害农业。

6. 规定运送公粮的办法，使官吏不能从中舞弊，荒废农事。

7. 禁止声色娱乐，禁止自由迁徙，废除旅店，实行连保连坐，

---

① 《明太祖洪武实录》卷四一，洪武二年五月。

② 《马克思恩格斯选集》第 4 卷，人民出版社 1972 年版，第 145 页。

③ 《商君书·农战》。

④ 《史记·商君列传》。

⑤ 同上。

以免农民思想浮动，使农民专心务农。

8. 一家的“余夫”如不务农，就得担负官役，以免从事农业以外的行业。①

其经济措施是：

1. 增加农业人口。除招来国外农民到秦国从事耕织外，还限制工商业的人数，不许商家多用家奴，要商家按人口服劳役，限制富家任意雇工大兴土木；控制山泽使劳动者不务农无以为生。

2. 提高粟价。商鞅曾明确指出：“欲农富其国者，境内之食必贵……食贵则田者利。田者利则事者众。”②

3. 管制粮食贸易。商鞅不仅禁止私商从事粮食买卖，还禁止农民间的粮食买卖。

4. 实行有利于耕织的租税政策。一方面降低农业税率以直接鼓励耕织，另一方面对非农业的行业苛以重税，从而间接鼓励耕织。

商鞅鼓励耕织的措施虽然太绝对化，但在特定的历史条件下，却是男耕女织经济结构下产生的“上农”理论的具体表现。

三　男耕女织习惯和传统的法典化

“汉承秦制”，秦的“上农”理论到西汉时发展为法典化，使男耕女织的农耕文化走向定型。

西汉之时，在“上农”理论的观照下，制定和推行了种种鼓励耕织的措施，如文、景时期著名的政论家晁错就提出了贵粟的主张和措施，他在《论贵粟疏》中说：“方今之务，莫若使民务农而已矣。欲民务农，在于贵粟；贵粟之道，在于使民以粟为赏罚。今募天下入粟县官，得以拜爵，得以除罪。如此富人有爵，农民有钱，粟有所渫。”③ 于是汉文帝采纳了晁错的建议，规定缴纳粮食600石到边地的，赐予“上造”爵位；

---

① 以上各条均参阅《商君书·垦令》。

② 《商君书·外内》。

③ 《汉书·食货志上》。

4000 石赐予“五大夫”爵位，12000 石赐予“大庶长”爵位。凡此等等，都使得汉民族男耕女织的经济结构越来越紧密，越来越稳定。

在此基础上，又使男耕女织的习惯和传统法典化。而所谓男耕女织的习惯和传统的法典化，就是西汉“食货”成为统治阶级课赋的对象。“食货”的定义《汉书·食货志》说：“‘食’，谓农殖嘉谷，可食之物；‘货’，谓布帛可衣及金刀、龟贝……”这个对于男耕女织经济结构的法典式的定义一直延续于后代，《唐六典》也说：“肆由耕桑者为‘农’；钱帛之屇滑之‘货’。”[①] 而“食货”作为统治阶级课赋的对象，就是所谓“租”课粟米，“调”输布帛，历史文献上称之为“课调”的制度。秦始皇统一时已实行“下调郡县转输菽粟刍藁”[②]。西汉的田租是以粟帛兼输的，其官职中掌谷货的大司农下属有太仓、均输、平准、都内、籍田五令丞，《汉书·食货志》中就说：“大及诸官尽笼天下之货物。”“一岁之中，太仓、甘泉仓满，边余谷，诸均输帛五百万匹。”这就是贡禹所主张的“租税禄赐，皆以布帛及谷，使百姓壹归于农”。[③] 于是，西汉的这种“课调”制度成为以后历代租和调、租庸调的法律样本。三国时曹操统一北方后，即规定每亩土地缴纳租谷 4 升，叫作“田租”，每户人家缴纳绢 2 匹，绵 2 斤，叫作“户调”。北魏的租调制规定 1 夫 1 妇出帛 1 匹，粟 2 石。唐朝的租庸调法规定：每丁每年向国家缴纳租粟 2 石调随乡土所出，每年缴纳绢（或绫絁）2 丈、绵 3 两，不产丝棉的地方，则纳布 2.5 丈，麻 3 斤；庸则是纳绢和布替代徭役。唐后期虽取消租庸调制，行两税法，但其内容仍然是以粟、帛分期输纳的。两宋的“公田之赋”“民田之赋”“丁口之赋”和“杂变之赋”，所赋之物或为谷，或为帛，或为金铁，或为物产。“谷”又分为粟、积、麦、黍、穄、菽、杂子“七品”；“帛”又分为罗、绫、绢、纱、絁、细、杂析、丝线、绵、布葛“十品”；“金铁”又分为金、银、铁镴[④]、钢铁钱“四品”；“物产”又分为六畜、齿革翎毛、茶盐、竹木、麻草蒭、果药油纸薪炭漆蜡、杂物“七品”，大多出自男耕女织之手。及至明代的“一条鞭法”和清代的“摊丁入亩”，虽

① 分别见《唐六典》卷三、卷二十。

② 《史记·秦始皇本纪》。

③ 《汉书·贡禹列传》。

④ 镴：铅与锡合制而成，质坚于锡，用以接合金属。

然都用金银代替了税粮、差役，但其源仍然是粟、帛，只不过是形式不同而已。

马克思说过："社会的传统阶级的利害关系，总是要使现状当作法律，成为神圣不可侵犯的，并且要把它的由习惯和传统而固定化的各种限制，当作法律固定下来。"① 所以，西汉"食货"就是汉民族农耕文化定型的标志。

第四节　造纸与司南:汉民族科技文化的定型

科技文化是一个民族智慧和创造力的展现，也是推动民族社会发展的动力。汉代的科技文化在春秋战国思想大解放的基础上获得了空前的发展，并涌现出了被世界公认的中国"四大发明"之中的两项重要成就——造纸和司南（指南针），从而奠定了汉民族科技文化在世界文化史上的地位，此所谓汉民族科技文化的定型。

一　两汉科技成就斐然

公元前后，与西方罗马帝国并驾齐驱的汉王朝，由于社会稳定，经济繁荣，科技文化也有了很大的发展，天文学、地震学、医学、农学、畜牧学、冶金学、机械学、建筑学等方面都取得了辉煌的成就，如：西汉制定的《太初历》是中国古代第一部比较完整的汉族历法，也是当时世界上最先进的历法。其法规定一回归年为一年，一朔望月为一月，所以又称八十一分律历。以夏历的正月为岁首。三统历第一次把二十四节气编入历法，以没有中气的月份为闰月。它还首次记录了五星运行的周期。

东汉末年，第一台浑象仪由张衡制成，张衡同时还提出了浑天说的观点，并制造出测定地震方位的地动仪，是世界公认的最早的地震仪器。

西汉编订的《黄帝内经》奠定了我国医学的理论基础。西汉的《神农本草经》对药物第一次进行了比较全面、系统的分类总结。

汉代冶金技术发展很快，遥遥领先于世界。一是竖炉冶炼法的成熟表现在筑炉技术的发展。从考古资料可知，汉代炼铁竖炉一般呈直筒形，炉

① 《资本论》第3卷，人民出版社2004年版，第1035页。

缸平面有圆形、椭圆形、长方形等种类。如郑州古荥镇发掘了两座汉代冶铁竖炉，亦呈椭圆形，其中1号炉炉缸长短轴分别为4、2.7米，面积8.5平方米，有4个风口，有效高度可达6米，有效容积可达50平方米。古荥冶铸铁遗址的使用年代是西汉中晚期到东汉晚期，而欧洲生铁冶炼术大约是14世纪才发明出来的，椭圆形高炉的使用则是19世纪中期的事了。二是炒钢技术约发明于西汉中晚期。其以生铁为原料，把它加热到液态半液态，在冶炼过程中不断搅动金属，因而炒钢的发明在较大程度上满足了社会对可锻铁的需求，遂取代了铸制铁农具的主导地位。相比之下在欧洲，整个中世纪使用的都是作为固态冶炼的自然钢和块铁渗碳钢，与炒钢相类的工艺到了16—17世纪才发明出来。三是灌钢法的发明。灌钢技术约发明于东汉晚期，具体说来，灌钢是以生铁和“熟铁”[①] 为原料，把它们加热到生铁熔点以上，利用生铁含碳量较高、熔点较低，“熟铁”含氧化夹杂较多的特点，进行混合冶炼，最后取出加锤，比较容易得到夹杂较少、含碳量较高的产品。它主要用来制作刀剑器的刃部。约翰·德在《史前钢铁使用》一书中曾把我国古代灌钢术誉为“后世平炉炼钢法的先声”，这评价是恰如其分的。[②] 还有西汉时期，人们在冶炼时，用人力或马力鼓动风箱冶铸。早期的鼓风器大都是皮囊，汉民族先民称之为“橐”。一座炉子用好几个橐，放在一起，排成一排，就叫“排囊”或“排橐”，耗时费力却事倍功半。东汉初年，南阳太守杜诗经过实际考察，发明了一种利用水力鼓动风箱的工具，其原动力为水力，通过曲柄连杆机构将回转运动转变为连杆的往复运动。用水力推动这种排橐，就叫“水排”。这是机械工程史上的一大发明，早于欧洲一千多年。

农业科技的进步也很快，最突出的是牛耕的广泛使用。汉民族的牛耕，起源于春秋战国以前。西汉赵过在原有牛耕的基础上加以改进。汉武帝末年，用赵过为搜粟都尉，推行“代田法”。与代田法相配合，“其耕耘下种田器，皆有便巧。……用耦犁，二牛三人”[③]。但目前所见汉代牛耕图，时代最早的是西汉末年，多数为东汉时代。所以已不用“二牛三

① 指古代“熟铁”，其含碳量约与今可锻铁相当。

② 唐赞功总纂：《中华文明史》第三卷，河北教育出版社1992年版，第271—274页。

③ 《汉书·食货志》。赵过推广“耦犁法”是在西汉中期，随着时间的推移，耕犁和牛耕技术也有所进步，中原地区的牛耕技术看来已超越了“两牛三人”阶段，所以在石刻图像中没有反映。

人”，在汉民族农民中基本上是二牛一人了。汉代，不仅在中原地区推广了牛耕，边远地区也得到了推广。所以，东汉应劭《风俗通》中说：“牛乃耕农之本，百姓所仰，为用最大，国家之为强弱也。”与牛耕相适应，铁农具在农具领域内的统治地位已牢固建立。最重要的起土工具——犁与以前相比，有了很大进步，汉代的进步性主要表现在铁制犁铧的普遍使用上，犁壁大体可分为四种类型：菱形壁、板瓦形壁、方形缺角壁和马鞍形壁，前三种壁是向一侧翻土的，后一种壁可向两侧翻土，是世界上最早使用曲面犁壁的民族。[①] 还有西汉赵过发明的条播机——铁脚耧车，可播大麦、小麦、大豆、高粱等，由耧架、耧斗、耧腿、耧铲等构成。只需要用一头牛、一匹马或一匹骡子来拉，并按可控制的速度将种子播成一条直线，于公元前 85 年向京城地区推广。而西方最早的条播机是 1602 年由意大利的塔蒂尔·卡瓦里纳发明。

正是在科技创新不断涌现的氛围中，汉民族在世界科技史的舞台上扮演着重要的角色，为造纸术和司南的发明铺平了道路。

二　造纸：中国“四大发明”之一

在两千多年前的世界上，人们的书写方式是利用陶器、龟甲、兽皮、铜器、竹木以及缣帛来书写刻划，以记事和传递信息。但因这些材料自身的缺陷，非但书写刻画不易，而且使用、保存也十分的不便。经过长时期探索、实践后，大约在西汉初期，就发明了纸。纸是汉族劳动人民长期经验的积累和智慧的结晶。但在整个西汉时代，书写纸的用量还是较少的。文献上关于西汉用纸的明确记载尚未看到，但还是有踪迹可寻的，据《汉书·孝成赵皇后传》记载，成帝后宫妃子曹伟能生了一子，皇后之妹赵昭仪十分妒忌，将曹押进了宫廷监狱，并派人送去了“裹药二枚赫蹏”。唐颜师古注引应劭云：“赫蹏，薄小纸也。”应劭是后汉人，其说应有一定依据。[②]

东汉之后，不但考古发掘的带字纸明显增多、纸的质量明显提高，而且有关文献记载也增多起来，这是因为东汉时，由于蔡伦的改进和推广，使造纸术有了较大发展。纸的发明，打一个并非不恰当的比喻，不亚于当

---

① 唐赞功总纂：《中华文明史》第三卷，河北教育出版社 1992 年版，第 249—253 页。

② 同上书，第 299—300 页。

代电脑的发明，改变了人们的书写方式和信息传递模式，是中国汉民族对世界文化的一项杰出贡献。

关于蔡伦在造纸技术上的贡献，据《后汉书·蔡伦列传》记载，蔡伦是汉桂阳（今湖南郴州）人，明帝永平（58—75 年）入宫为宦者，章帝建初（76—84 年）升为小黄门，和帝即位（89 年）转为中常侍，复加位尚方令。据《续后汉书·百官志》"少府"条本注云：尚方令是"掌上手工，作御刀剑诸好器物"的。蔡伦在"永元九年（97 年）监作秘剑及诸器械，莫不精工坚密，为后世法"。在这同时，蔡伦又主持了造纸技术的改革和推广。《后汉书·蔡伦列传》云："缣贵而简重，并不便于人，伦乃造意用树肤、麻头及敝布、鱼网以为纸。元兴元年奏上之，帝善其能，自是莫不从用焉，故天下咸称蔡侯纸。"蔡伦认真总结了前人的经验，扩大了造纸原料的来源，改进造纸技术，提高纸张质量，使纸张为大家接受。蔡伦他首先使用树皮造纸，树皮是比麻类丰富得多的原料，树皮中所含的木素、果胶、蛋白质远比麻类高，因此树皮的脱胶、制浆要比麻类难度大，这就促使蔡伦改进造纸的技术。西汉时利用石灰水制浆，东汉时改用草木灰水制浆。草木灰水有较大的碱性，有利于提高纸浆的质量。这可以使纸的产量大幅度的提高。

正因为蔡伦改进了造纸术，做出了如下贡献：第一，组织并推广了高级麻纸的生产和精工细作，促进了造纸术的发展。第二，促进皮纸生产在东汉创始并发展兴旺。第三，因受命于邓太后监典内廷所藏经传的校订和抄写工作而形成了大规模用纸高潮，使纸本书籍成为传播文化的最有力工具。所以，有关东汉用纸书写的资料较多。《后汉书·和熹邓皇后纪》云：在邓后即位（102 年）前，"万国贡献禁绝，惟岁贡纸墨而已"①。可知邓后即位前方国已贡良纸。东汉时期，宫廷内还设置有掌管纸墨的官吏。《后汉书·百官志》载，少府守宫令，"主御纸笔墨及尚书财用诸物及封泥"。尚书令右丞"假署印绶及纸笔墨诸财用库藏"。此外，关于一般官吏和士人用纸事也有了明确的记载。《后汉书·延笃列传》注引《先览行状》云："笃欲写《左氏传》，无纸，唐溪典以废戕记与之。笃以戕记纸不写，乃借本诵之。"《北堂书钞》卷一〇四又引延笃答张奂书云："惟别三年，梦想忆念，何月有违，伯英来惠书四纸，读之反复，喜不可言。"

① 《太平御览》卷六〇五引。

东汉末年，还出现了一个叫左伯的造纸名匠，据《书断》云："左伯字子邑，东莱人，……擅名汉末，又甚能作纸。"《文房曲谱》云："左伯之纸，妍妙辉光。"可见左伯对造纸技术的发展也是做出了一定贡献的。[①]

纸虽轻薄而不易久存，但谢天谢地，考古材料仍可提供证据：

西汉纸的出土情况和纸的发明年代自1933年至今，我国先后发现了6批西汉古纸，它们有的显得细薄均匀，有的却十分粗糙原始，但都在不同程度上反映了我国古纸发明的印迹及其工艺特征。1933年，考古学家黄文弼先生在新疆罗布淖尔汉代烽燧亭中发掘出了一片古守纸，麻质，白色，呈方块薄片状，四周不甚完整，长宽分别约为10厘米和4厘米，其质不甚匀净，纸面尚存麻筋，显得有些粗糙。

1957年，西安市东郊灞桥西汉墓出土了一些纸片，原叠放在铜镜下面。纸呈米黄色，其上有明显的布纹及铜锈斑痕，出土时已裂成了数十块碎片，最大一块长宽均约10厘米，厚约0.14毫米。经鉴定为麻纸。

1973—1974年，居延肩水金关遗址出土了麻纸2件，一件与宣帝甘露二年（前52年）木简共存，出土时已揉成了一团。经展开后，最大一块长宽约分别为21厘米和19厘米，颜色白净，细薄均匀，一面较为平整，一面稍稍起毛，质地坚韧。

1986年，甘肃天水放马滩出土了纸质地图1幅，此图原置于死者胸部，纸薄而柔软，出土时呈不规则的碎片，色黄；今褪变成了浅灰间黄；纸面平整光滑，曾用细黑线条绘出山脉、河流、道路等。绘法与长沙马王堆汉墓出土的帛图接近。从伴出陶器、漆器等的特点看，该墓应属西汉文景（前141年）时期。

据学者研究，现今所见西汉纸几乎都是麻质的，据此推测，纸的发明很可能与人们对纺织用麻的处理过程有关。早在先秦时期，麻纺技术就已达到了一定水平，人们在劈分、绩接麻类纤维时，总要留下一些麻头乱絮的，它们再难用于纺织，亦难用作绳索。人们偶然将麻絮积压成薄片，或捣碎，摊平成薄片，经晾干研光，就可用作包装，大约这就是纸的前身。再经过漫长的探索，最后才演变出了所谓纸来。[②]

东汉出土古纸计约5批。1901年，新疆发现了一片带字的古纸，长

---

① 唐赞功总纂：《中华文明史》第三卷，河北教育出版社1992年版，第303页。

② 同上书，第299—300页。

宽均约9厘米。原是一件诗抄，从字迹看，其应属东汉末期之物。同年，敦煌亦出土一片带字古纸，长宽分别为12厘米、4.6厘米。原是一封书信，从字迹看亦是东汉末期之物。

1942年，内蒙古额济纳河沿岸古烽燧遗址出土有带字古纸，麻质，出土时已揉成团，可见30余字，似是书札残文。纸的年代应在永初四年（110年）前后。

1959年，新疆民丰东汉墓葬发现有揉成了卷的古纸。此四批古纸均未作过科学分析。

1974年，甘肃武威旱滩坡东汉晚期墓葬出土了留有字迹的古纸。出土时，古纸呈上下三层，贴附在木车模型的车舆和车辕上，已裂成了碎片，最大一片长宽均约5厘米，因年久老化，表面已呈褐色，唯内层见有两片呈白色，且仍有一定强度和柔性。文字为隶书，可辨的有“青贝”等字。

从上述东汉出土的纸分析，人们推测当时的洗、舂、抄等工序都已相当工精。因其纤维较长，且均匀分散，人们又推测当时很可能使用了悬浮剂；又因其底面较为平滑致密，故成型后很可能还采用了压榨、平面干燥等操作，说明当时整个造纸技术已达一定水平。① 造纸术作为中国古代科学技术的“四大发明”（指南针、造纸术、印刷术、火药）之一，大大促进了汉民族科学文化与世界各民族科学文化的传播和交流，深刻地影响着世界历史的进程。正如考古学者王明所言：“蔡伦造纸，首先创用旧渔网的麻缕造成纸浆。他的伟大贡献，就是利用漂絮法开始与植物纤维素相结合而制成新质的纸。这种造纸术的发明，决定着以后纸在生产上的多样性和在应用上的普遍性。它传播到朝鲜、日本、印度、中央亚细亚、非洲、欧洲，对世界人类文化上的贡献永远是灿烂的。”②

三　指南针：中国“四大发明”之二

中国另一个对世界文化做出贡献的“四大发明”——司南，即指南针也在汉代定型。

“司南”一词，始见于春秋时的纵横家的鼻祖王诩（又名王禅），即鬼

① 唐赞功总纂：《中华文明史》第三卷，河北教育出版社1992年版，第302—303页。

② 王明：《蔡伦与中国造纸术的发明》，《考古学报》1954年第2期。

谷子在《鬼谷子·谋篇》即云："故郑人之取玉也，必载司南之车，为其不惑也。夫度才量能揣情者，亦事之司南也。"[①] 从《鬼谷子》中的记载可以看出，郑人去"取玉"，必须要带上司南，就是为了避免方向的迷失。至战国末年（约公元前3世纪），韩非在《韩非子·有度》又云："夫人臣侵其主也，如地形焉，即渐以往。使人主失其端。东西易面，而不自知。故先王立司南，以端朝夕。"但有关司南的记载及考古材料都缺失。

及至东汉，对于司南的记载有王充的《论衡·是应篇》云：

> 故夫屈轶之草。或时无有而空言生，或时实有而虚言能指。假令能指，或时草性见人而动。古者质朴，见草之动，则言能指。能指，则言指佞人。司南之杓，投之于地，其柢指南。鱼肉之虫，集地北行，夫虫之性然也。今草能指，亦天性也。

在王充的记载中，"杓"是指勺子。具备这种"指南"性能的司南，应是磁性指向器。但是，这里的"地"是指古代械盘中的"地盘"。械盘是秦汉时期发明的，用于游戏或占卜。在"地盘"的四周刻有24个方位，中心刻有象征北斗七星的标志。

此外，还有张衡的《东京赋》云："良久乃言曰：鄙哉予乎，习非而遂迷也，幸见指南于吾子。《文选》李善注：言己之惑，不知南北。今先生指以示我，我则足以三隅反也。善曰：桓谭上便宜曰：管仲，桓公之指南。"焦延寿[②]的《易林》亦云："蒙惑憧憧，不晓西东，魁罡（指北斗或北斗柄三星）指南。告我室（亦有作失）中。"对于上述记载，博物馆学家王振铎[③]认为司南是勺形磁性指南工具的主要根据是《论衡·是应篇》和《瓢赋》，他认为《瓢赋》说明司南形如瓢勺，而《论衡》关于

---

① 《鬼谷子·谋篇》至迟成书于西汉，或许是先秦之书，其中关于"郑人取玉，必载司南"的传说，暗示了磁勺与玉器业的联系，甚难加工的磁勺应是玉工高手的杰作。

② 焦延寿是西汉著名的易学大师，所著《焦氏易林》一书（又被称作《易林》《大易通变》）。

③ 王振铎（1911—1992年），河北保定市人。1934—1936年就读于私立燕北大学研究院历史系。先后任中央文化部文物局博物馆处处长，文物博物馆研究所副所长，中国历史博物馆研究员、顾问等职。在文物、博物馆工作中，他研究复原了指南车、记里鼓车、候风地动仪、水运仪象台等百余种古代科技模型，分别收藏、陈列于中央、地方，以及国外的博物馆。

司南的记述则应释为“（磁石做的）司南之柄，投转于地盘之上，停止时则指南”。据此解释，王振铎先用玻璃皿支托长约6.4厘米的磁石在玻璃板上旋转来进行实验，他发现磁石果然“可以顺序南北”。随后他又用钨钢做成勺形物在通电流线圈里磁化后放在铜质地盘上旋转，勺静止时也指南，于是得出结论。司南是磁石做的可以指南的勺形工具。它可能是在公元前3世纪（据《韩非子·有度》）时就已发明。至晚在公元1世纪（东汉初，据《论衡·是应》）已肯定存在。①

其实，从严格的科学意义上来说，司南只是指南针的初型，唐代以后，以磁勺为特征的“司南”奇迹般地销声匿迹，以磁针为特征的指南针已经问世。及至宋代旱罗盘也流行了，1985年江西临川南宋朱济南墓出土的“张仙人”俑就手持旱罗盘。

此后，汉民族将指南针用于军事和航海的活动，也被用于堪舆术，后来被誉为中国古代四大发明之一辗转传入欧洲，在欧洲的航海活动和地理大发现中，发挥了不可替代的重要作用，给人类文明的进程带来重大的影响。

第五节　医著与名医:汉民族医学文化的定型

在汉民族中所形成的医学文化，经春秋战国的汇聚，到秦汉时奠定并巩固了其学术体系。不仅出现了以《黄帝内经》《神农本草经》《难经》为代表的医学巨著，而且涌现出了以张仲景和华佗为代表的医学大师。

一　医药巨著建构了汉民族的医学体系

医学研究的对象是人，人是文化的创造者、传承者，也受文化的熏染。中国医学在发展中离不开汉民族的衣食住行、生老病死、岁时节令，这些几乎无一不与医药卫生保健相关。《汉书·艺文志》中谓“有病不治，常得中医”。说的是对病人而言，是说就医要慎重，要选择真正有水

---

①　王振铎：《司南指南针与罗经盘（上）》，载《中国考古学报》第三册，民国37年。参阅刘秉正《司南新释》，《东北师大学报》（自然科学版）1986年第1期。对于司南的发明20世纪80—90年代学术界有争议，李强《司南的出现、流传及其消逝》有详述（载《中国历史博物馆馆刊》1993年第2期）。

平的可信赖的良医，宁可不治疗也不能冒险让庸医来耽误自己；对医者而言，就需要精研医术，刻苦求索，使自己成为能药到病除的良工。而医术的提高，医学研究必须先行。在先秦漫长的历史时期，人们积累了丰富而又零散的医药经险。为了更好地理解、运用和传授这些经验，迫切需要对其进行理论的概括和总结。于是，秦汉时期在汉民族医药文化的定型中，发生了两次巨大的变革，一次是以《黄帝内经》为标志的医学理论的总结，另一次就是以张仲景的《伤寒杂病论》为标志的临床诊治辩证体系构建及方剂创制之法。在汉民族医学发展史上谱写了辉煌的一章。

（一）《黄帝内经》：汉民族最早的中医经典

《黄帝内经》（简称《内经》）并非黄帝所作，属后人伪托。正如《淮南子·修务训》所云，“世俗之人多尊古而贱今，故为道者必托之于神农黄帝而后能入说”。即《黄帝内经》之所以冠以“黄帝”之名，意在溯源崇本，借以说明书中所言非虚。借以说明汉民族医药文化发祥之早。其成书年代有先秦、战国和西汉三说。元末明初医学家吕复所言极是，其云：“《内经素问》，世称黄帝岐伯问答之书，及观其旨意，殆非一时之言，其所撰述，亦非一人之手。刘向指为韩诸公子所著，程子谓出于战国之末，而其大略正如《礼记》之萃于汉儒而与孔子、子思之言并传也。”① 确实，从春秋战国文化汇聚的趋势来看，《内经》所成应是非一时之言，亦非一人之手。故其大部分篇章应该是在战国时期写成的，但其中不少内容定型于秦汉时代，而且秦汉医学家在补充新内容时，也对前人已有的著述进行了某些整理和修订，所以《内经》最后成为一部完整的医学理论典籍传世，应定型于西汉。

《内经》分为《素问》和《灵枢》两部分。《素问》重点论述了脏腑、经络、病因、病机、病证、诊法、治疗原则以及针灸等内容。《灵枢》是《素问》不可分割的姊妹篇，内容与之大体相同。除了论述脏腑功能、病因、病机之外，还重点阐述了经络腧穴，针具、刺法及治疗原则等。《内经》基本理论精神包括：整体观念、阴阳五行、藏象经络、病因病机、诊法治则、预防养生和运气学说等：

1. “整体观念”强调人体本身与自然界是一个整体，同时人体结构和各个部分都是彼此联系的。因此，诊断和治疗时，不能一叶障目，头痛

① 见（元）戴良《九灵山房集·沧洲翁传》卷二十七。

医头，脚痛医脚。而这种整体观念，正是中国传统医学最主要的特色之一。

2. “阴阳五行”是用来说明事物之间对立统一关系的理论。依理论把人体的五脏、五腑、五体、五官、五华等脏腑组织分别，归属五行，并以五行的特性以及生克规律来解释脏腑、情志等生理功能、病理变化和治疗法则。

3. “藏象经络”是以研究人体五脏六腑、十二经脉、奇经八脉等生理功能、病理变化及相互关系为主要内容的。《灵枢·经水》载：“若夫八尺之士，皮肉在此，外可度量切循而得之，其死可解剖而视之。”当时通过解剖对脏腑、经脉、筋骨等均已有所了解。

4. “病因病机”阐述了各种致病因素作用于人体后是否发病以及疾病发生和变化的内在机理。疾病病因归纳为“六淫”“七情”和饮食劳伤三方面。并十分重视人体内部机能和抵抗力的作用，认为它不仅关系到发病与否，且与病症的轻重虚实及其预后情况都有十分重要的意义。

5. “诊法治则”是分别论述了望诊、闻诊、问诊、切诊。尤其对望诊和脉诊作了详细的论述。可以说，《内经》已为汉民族的医学疾病诊断奠定了基础。

6. “预防养生”系统地阐述了“治未病”。其意义是除未病先防，还有已病早治的思想。所谓善治者治皮毛，其次治肌肤，其次治筋脉，其次治六腑，其次治五脏。意指一位高明医生不等到疾病发生或已发生，即在早期比较轻的时候，就予以妥善治疗，使疾病不再加重。其中包含了很深的预防养生思想。

从上可见，《内经》的内容十分丰富，其的问世，标志着汉民族的医学文化已由单纯积累经验的阶段，发展到系统的理论定型阶段，《内经》作为最早的中医经典，它为中国医学的发展提供了理论指导和依据①。

汉代，与《内经》有关的还有一本《难经》不能不论及。《难经》是汉民族医学历史上继《内经》之后又一部重要医学典籍。“难经”之义，“经”指《内经》，“难”即问难《内经》。作者把自己认为的难点和疑点提出，然后采用问答体裁，对《内经》中的重点、难点进行解释和发挥，并有许多独创而鲜明的学术观点，对中医学术的发展影响深远，故

① 吕涛总纂：《中华文明史》第二卷，河北教育出版社 1992 年版，第 270—272 页。

亦常被尊奉为“经”。全书共分八十一难，故此书又名《黄帝八十一难经》。

《难经》与《内经》的渊源关系密切，以针灸学为例，如《内经·九针十二原》指出：“小针之要，易陈而难入。粗守形，上守神。”《难经》则进一步阐发，其一，确立奇经八脉理论。首创其概念、完善其循行、阐明其生理病理，奠定后世发展之基础。其二，完善特定穴理论，对八会穴、十二原穴、五腧穴、俞募穴理论及临床均有论述。其三，完善配穴法及刺灸理论，首创泻南补北法、确立补母泻子法，对迎随补泻、营卫补泻、刺井泻荥、四时补泻多有创见。又如《内经》虽对五脏五腧、六腑六腧做了叙述，但对五腧穴主治病证尚未做明确交代。在《难经·六十八难》中总结出“井主心下满，荥主身热，腧主体重节病，经主喘咳寒热，合主逆气而泄”，这些论断为后世进一步钻研五腧穴道奠定了良好的基础。故而既反映了与《内经》的知识传承关系，又表现了对针灸学发展贡献甚大。

《难经》之所以有重要的地位，还在于其首倡诊脉独取寸口，从而确立了汉民族中医临床切脉的部位；提出“奇经八脉”和“右肾命门”说，发展了经络脏腑理论，开“命门”学说之先河，强调了命门在人体生理上的重要性；在预防疾病方面发展了《内经》“治未病”的思想；对五脏六腑及其他一些器官的具体形状及功能作了详细的论述，是论述人体解剖知识最为详细的古典医著。所以，汉民族传统中医所称之“经”，即指《内经》和《难经》。此二书不仅奠定了医学文化的理论基础，而且对汉民族医学理论体系的形成与发展，产生了深远而重要的影响①，在世界医学史上有很高的地位。

（二）《神农本草经》：汉民族现存最早的药物学经典

如果说《内经》的出现，经历了从战国到西汉的过程，那么《神农本草经》的出现则完全是汉代的事了。

汉王朝政府对医药学十分重视。早在汉成帝建始二年（前31年）即设有“本草待诏”之职。元始五年（5年），朝廷又征召专门人才到京师

---

① 彭丽华：《〈难经〉的学术成就及对后世医学发展的影响》，《环球中医药》2010年第6期；李湧健：《〈难经〉的学术特色及对中医学发展的贡献》，《中国中医药现代远程教育》2013年9月下半月刊。

教授本草，这对药物知识的传播发挥了一定的作用。日益丰富的药物知识和用药经验，需要进行全面整理和总结，临床医学的迅速发展，也对药物学提出了更高的要求。为适应这种迫切的客观需要，汉代医家们相继搜集、整理药学文献，最后撰成了《神农本草经》一书，对战国以来的药物知识和用药经验进行了系统的总结，反映了汉代药物学的最高成就。

《神农本草经》是汉民族现存最早的药物学专著。关于《神农本草经》的作者及成书时代，一直众说纷纭，莫衷一是。但学术界多以东汉为本书的成书时代，认为《神农本草经》和《内经》一样，并非出自一时一人之手，而是经过秦汉时期很多医学家的总结、搜集、整理，最后约在东汉早期编集成书的。

《神农本草经》[①] 全书3卷，共收载药物365种，其中植物药252种，动物药67种，矿物药46种。书中对药物的性能功效、主治病症、出产区域、采集时节、炮炙及使用方法、质量优劣和真伪鉴别等，都有一定的论述。书中所载主治病症，包括了内、外、妇、儿、五官等各科疾病170余种。长期临床实践和科学研究证明，《神农本草经》对药物功效的记载大部分是正确的，如：

水银可以“治疥瘙痂痒白秃，杀皮肤中虫虱”，临床证实，用水银治疗皮肤疾患确实有效。这是世界医药史上用汞剂治疗皮肤病的较早记载。

黄连“治肠澼，腹痛下利”，历代医家皆遵其说，把黄连当作治利要药，每每取得满意效果。

麻黄“治中风伤寒、头痛，发表出汗，止咳逆上气，除寒热”被古今医学家的医疗实践和现代科学实验所证实。《伤寒论》中以麻黄为主组成的“麻黄汤”“小青龙汤”等辛温解表、止咳平喘的著名方剂，一直被后世医家所常用。

此外，书中还有许多被实践或实验证实了的科学记载，如人参补虚、大黄泻下、甘草解毒、海藻疗瘿、雷丸杀虫等，不胜枚举。

《神农本草经》不仅记载了药物的性能、主治、产地、采集、炮炙等

① 《神农本草经》原书约在唐初失传，但其内容由梁代《本草经集注》、唐代《新修本草》、宋代《证类本草》、明代《本草纲目》等后世本草著作转引而保存下来。明清以来，不少学者曾从事该书的辑佚工作，并有多种辑佚本传世。其中以明代卢复辑本为最早，而以清代孙星衍、顾观光及日人森立之三人的辑本优点较多，影响较大。

内容，还对某些药学理论问题进行了概括的论述。如提出了“君臣佐使”的方剂理论，指出“合和宜用一君、二臣、三佐，又可一君、三臣、九佐”。这种“君臣佐使”的概念，一直为后世方剂学所沿用，只是其含义渐渐发生了演变。又如把药物的配伍情况，归纳为“单行”“相须”“相使”“相畏”“相恶”“相反”“相杀”七种，称为“七情”，并指出，使用复方时，“当用相须相使者良，勿用相恶相反者。若有毒宜制，可用相畏相杀者，不尔勿合用也”[①]。这就是说，并不是所有的药物都可以配合使用：有的药物合用后，能相互加强作用或抑制药物的毒性，因而宜于配合使用；而有的药物合用后会使原有的药理作用减弱，或产生猛烈的副作用，这样的药物就要避免同用。书中还指出药物的剂型会影响疗效，有的宜制成丸剂，有的宜制成散剂，有的宜水煮，有的宜酒渍，有的宜膏煎，“亦有一物兼宜者，亦有不可入汤酒者，并随药性，不可违越”[②]。所有这些，对汉民族后世本草学、方剂学的发展都产生了深远的影响。

总之，《神农本草经》对东汉以前零散的药学知识进行了系统而全面的总结，堪称集东汉以前本草学之大成。而“本草”作为汉民族医药文化的经典范式，从本草学的基本知识和理论到编撰体例和内容安排，都具有一定的科学性、系统性和开创性，因而一直被奉为本草学的经典著作，甚至直到今天仍是学习中医中药的重要参考书，历来被尊为药物学的经典著作，在世界药学史上有很高的地位。[③]

二　医学大师传承了汉民族的医学传统

医学巨著建构了汉民族的医学体系，医学大师传承了汉民族的医学传统。

汉民族的医学文化，经过先秦以来及至西汉时期的长期积淀，终于在东汉涌现出了张仲景和华佗为代表的医学大师，民间俗称“名医”。

（一）医圣：“千古一人”张仲景

东汉末年，我国出现了一位伟大的临床医学家张仲景，他不仅有丰富

---

① 《神农本草经》序录，学苑出版社 2013 年版。

② 同上。

③ 以上参阅唐赞功总纂《中华文明史》第三卷，河北教育出版社 1992 年版，第 350—354 页；钟赣生、李少华《〈神农本草经〉的药物成就》，《中华中医药杂志》2006 年第 7 期。

的临床经验，以精湛的医术救治了不少病人，而且写出了一部创造性的医学巨著《伤寒杂病论》。这部巨著的问世，使我国临床医学和方剂学，发展到较为成熟的阶段，被誉为“千古一人”。这是为什么呢？

张仲景的《伤寒杂病论》被后世医家奉为圭臬，极为推崇。有“药王”之称的孙思邈经过临床检验指出：仲景之方，“行之以来，未有不验”，并且将《伤寒论》中的内容比较完整地收集在《千金翼方》中，俗称《唐本伤寒论》。金元四大家的李杲在《内外伤辨惑论》中引用易水张氏之说曰：“仲景药为万世法，号群方之祖，治杂病如神，后之医者，宗《内经》法，学仲景心，可以为师矣。”朱震亨[①]也说：“实万世医门之规矩准绳也”，“医之良者引例推类，可谓无穷之应用”。[②] 纪昀在《四库书目提要》中说：仲景之学“与《素问》《难经》并重，得其一知半解，皆可以起死回生，则亦岐黄之正传，和扁之嫡嗣矣。机所作《伤寒杂病论》自金成无己之后，注家各自争名，互相篡改”。所以，正如纪昀所言，仲景之后至今近两千年来，对《伤寒杂病论》的注解多如牛毛，各种版本层出不穷。据统计，“目前在国内可以看到的《伤寒论》的各种版本多达600种，刊刻次数在1000次以上”，其中“中华人民共和国建立前的1700多年间，共刊印过近400种，国内以清代的本子最多，总数超过100种；国外主要是日本的本子，100种上下。中华人民共和国建立后的50多年中，共刊印过近200种，平均出书率高于历史上任何时代”[③]。足见仲景之学的魅力及其影响，可谓跨越古今，千古一人。[④]

张仲景一生的成就集中在其撰写的划时代的临证医学巨著——《伤寒杂病论》（简称《伤寒论》）[⑤] 上。

《伤寒论》全书10卷，22篇。其中第7—12篇以次论太阳病、阳明病、少阳病、太阴病、少阴病、厥阴病的辩证治疗，是全书的核心内容，

---

① 朱震亨，元代金华人，人称丹溪翁，又称为朱丹溪，是金元四大医家之一。

② （元）朱震亨：《局方发挥》，天津科学技术出版社2003年版，第13页。

③ 钱超尘、温长路等：《张仲景研究集成》，中医古籍出版社2004年版，第24页。

④ 牛文澜：《儒医张仲景思想研究》，硕士学位论文，中国政法大学，2011年版，第41页。

⑤ 《伤寒杂病论》原为16卷，成书后很快散失于战乱之中。西晋名医王叔和重新搜集、整理编次，才使该书内容保存下来，但宋代以前一直流传未广，以致孙思邈有“江南诸师秘仲景要方不传”之叹。直到宋代，经“校正医书局”林亿等人校订，才有今传本《伤寒论》和《金匮要略》两书行世，前者专论伤寒，后世专论杂病，保存了《伤寒杂病论》的基本内容，但《伤寒杂病论》的原貌已经不可确知了。

构成了伤寒即外感热病的辨证论治体系。《伤寒论》比较完备的医方表明，汉民族中医方剂的基本结构，已经具备，为方名、主治、药物、计量、制法、服法、禁忌诸项；其功能单元有方元、基本方、方族。从方剂的组合方面看，以单方、小方、大方、合方、加减方等不同的组合形式，依君臣佐使、双向及多向调节、分合加减、药量变易、对药等原则进行组合，使方剂产生不同的功效，以满足治疗的需要。从给药途径看，有内服方、外用方、导药方、有坐药方；从剂型方面看，有水剂、丸剂、酒剂、散剂、栓剂。结构、功能、给药途径、剂型诸方面浑然一体，构成一开放的复杂巨大系统。这一巨大系统的开放性表现在治疗过程中，方剂与人体、外界环境之间的物质、信息和能量的交流。其复杂性表现于任何一个子系统中的任一要素发生改变，都可导致方剂疗效的改变，从而反映了汉末方剂的发展已达到很高的水平。[①] 所以，张仲景创用了多首相应的有效方剂，如汗法用麻黄汤、桂枝汤，下法用承气汤，清法用白虎汤，和法用小柴胡汤，温法用理中汤、四逆汤等，都具有显著疗效，历时1800余年至今仍在临床上发挥作用。可见，《伤寒论》比较正确地反映了外感热病的发展演变规律，在总结前人经验的基础上，创立了理、法、方、药比较完备的辨证论治体系，提高了外感病的治疗效果。

总之，整部《伤寒论》继承并发展了《内经》的整体观念和阴阳、脏腑、经络等重要学说，创立了外感热病和内伤杂病的辨证论治体系，这一体系具有辨病与辩证相结合的特点，内容丰富全面，后世所概括的望、闻、问、切“四诊”，阴、阳、表、里、寒、热、虚、实“八纲”，汗、吐、下、和、温、清、消、补“八法”等，都已囊括其中。此书理、法、方、药齐备且相互契合，具有很高的实用价值。在《太平御览·何髋别传》和《针灸甲乙经·序》中都记载有张仲景为王仲宣诊病的记载，被视为“治无患之患”的经典案例：

> 仲景见王仲宣之时，说仲宣年至四十须眉脱落，之后半年而死，并让仲宣服用五石汤，仲宣不信，二十年之后果如仲景所言。王仲宣受仲景诊治时，之所以会不信仲景所言，是因为他当时没有任何不适，并且发病的时间间隔之长，有点算命的味道。但是仲景并非凭空

① 米鹂：《张仲景医方的文献研究》，博士学位论文，山东中医药大学，2004年，第64页。

而言，虽然王仲宣并没有什么明显的症状，已经隐含了形成疾病的趋向，不易察觉，而仲景见微知著，洞察了疾病发展的趋势。

可见，《伤寒论》确立了汉民族医学的辨证论治法则，为汉民族医学文化开辟了稳步发展的道路。[①] 正因为“千古一人”的张仲景取得了如此高的医学成就，故后世又称他是“医圣”[②]。

（二）外科鼻祖：神医华佗

华佗有“神医”之称，名气家喻户晓、人人皆知。而这全因他有着看着两只小虫争斗不休、研究思考而制“青苔膏”的传奇[③]，有着教曹操足浴治头痛的神奇[④]，有着挥金针而成金针菜、止咳止吐的神迹[⑤]，有着巧遇误食臭麻子而昏睡不醒的奇怪患者，而做“麻沸散”的幸运[⑥]……这一个个的传说塑造了一个深入民间，可感可亲的医者形象，加上他为关羽刮骨疗毒等三国传说，其故事广为流传。

华佗，沛国谯（今安徽亳县）人，东汉末杰出的医学家，其生卒年不可确考，《后汉书·华佗传》有华佗“年且百岁，而犹有壮容，时人以为仙”的记载，只知在公元208年以前被曹操杀害。

华佗通晓经书，喜爱医学和长生术。他医学知识渊博，内、外、妇、儿、针灸各科皆通，医疗技术全面。据《后汉书·华佗传》记载，华佗“精于方药，处剂不过数种……。针灸不过数处”。《三国志·华佗传》记载：华佗治东阳陈叔山小男之下利羸困疾，“与四物女宛丸，十日即除”；治太祖头风，以“针鬲，随手而差”；治路人咽塞，用“蒜齑大酢”；治虿螫人手，“温汤近热，渍手其中”；治郡守心病，令瞋恚而吐血。外科手术“刳破腹背，抽割积聚”；“断肠湔洗，缝腹膏摩”。这些生动的记

---

① 参阅唐赞功总纂《中华文明史》第三卷，河北教育出版社1992年版，第357—361页。

② 《淮南子·说山训》中曾给“医圣”下过一个定义，即“良医者，常治无病之病，故无病；圣人者，常治无患之患，故无患也”。所谓“治无病之病”就是“治未病”，所谓“治无患之患”也就是防患于未然之意。所谓“治无病之病”就是指在疾病形成的过程中就使其消亡，此为“医圣”。参阅牛文澜《儒医张仲景思想研究》，硕士学位论文，中国政法大学，2011年，第41—42页。

③ 黄坚：《华佗神药“青苔膏”的由来》，《养蜂科技》1997年第6期。

④ 毛新宽：《华佗足浴治头痛》，《医学文选》1998年第1期。

⑤ 张润民：《华佗与金针菜的传说》，《当代矿工》2000年第2期。

⑥ 桑木：《“麻沸散”的来历》，《医药与保健》2004年第1期。

载，说明华佗曾在酒服“麻沸散”，全身麻醉下，熟练地做过腹腔肿瘤摘除术和胃肠部分切除吻合术。其手术切口4—5天即可愈合，与现代无菌手术的愈合期相一致，可知所敷“神膏”具有良好的消毒作用。腹腔肿瘤摘除术和胃肠部分切除吻合术，在今天看来仍非简易，华佗能在全麻下精巧地完成这种手术，不仅在中国医学史上是空前的，在世界麻醉学和外科手术史上，也具有重要地位，他被后世尊为“外科鼻祖”，确实是当之无愧的。更重要的是上述记载还告诉我们华佗所从事的实际上是一名全科医生的工作，把食疗、物理疗法、心理疗法、精神疗法，以及健身养生都应用得很得心应手，可见，华佗他对疾病预防、治疗、康复的认识和应用水平代表了当时汉民族医学文化的最高水平。① 从汉民族民间文化现象来看，华佗已经不是一个在历史中消逝的人，他是街头巷尾百姓妇孺口中的一尊神祇，心中的神医。

华佗身上铸就的是一座象征着汉民族医学传统文化的丰碑。②

第六节 三纲五常：汉民族伦理文化的定型

“三纲五常”，是考察和认识秦汉时期汉民族伦理文化定型的核心事项。作为独树一帜的伦理规范，两千多年来已成为汉民族的“集体无意识”，其形成的历史是汉民族文化史上的一件大事。

一 “三纲五常”从多源走向整合的定型

汉民族的伦理文化“三纲五常”四个字，简而言之“三纲”即君为臣纲、父为子纲、夫为妻纲。“纲”本是渔网的纲绳，引申为贯穿、决定性的因素。就是说社会像一张大网，以君、父、夫为统领，构成一个秩序井然的系统，“五常”即仁、义、礼、智、信。“常”是指事物具有永久的、普通的性质。③

关于“三纲”的来源，学术界争议很大，大体可分为“先秦儒家说”

① 温长路：《华佗研究钩沉》，《江西中医学院学报》2007年第2期；《中华文明史》第三卷，河北教育出版社1992年版，第361—363页。

② 沈斌、王宗殿等：《华佗——中华传统文化的表征》，《中医学报》2011年第2期。

③ 李旭：《“三纲五常”再认识》，《五邑大学学报》2014年第4期。

“法家说”“儒法合流说”“汉儒说”“多源说”五种。[①] 但这样高度概括的伦理规范绝不是一蹴而就的，应该是汉民族伦理文化多源走向整合的结果。

三纲五常这种伦理规范，是从父系氏族公社到宗法制国家这一社会演化过程中形成的，最终由汉儒根据“大一统”的需要，在整合儒、道、墨、法、阴阳等先秦诸子各家思想的基础上，确立的一套伦理文化体系。

据考，“三纲”一词首见于董仲舒的《春秋繁露·基义》：“王道之三纲可求于天。”但正式确定三纲的内容，却出自《白虎通义》引《礼纬·含文嘉》。《白虎通·三纲六纪》云：

> 三纲者，向谓也？谓君臣、父子、夫妇也。六纪者，谓诸父、兄弟、族人、诸舅、师长、朋友也。故《含文嘉》曰：“君为臣纲，父为子纲、夫为妻纲。”又曰：“敬诸父兄，六纪道行，诸舅有义，族人有序，昆弟有亲，师长有尊，朋友有旧。”何谓纲纪？纲者，张也。纪者，理也。大者为纲，小者为纪。所以张理上下，整齐人道也。人皆怀五常之性，有亲爱之心，是以纲纪为化，若罗网而有纪纲而万目张也。《诗》云：“亹亹文王，纲纪四方。”

不仅如此，不少古文献都说三纲之说出于《礼纬·含文嘉》，如《礼记·乐记》：“然后圣人作为父子君臣以为纪纲。”孔颖达疏引《礼纬·含文嘉》：“君为臣纲，父为子纲，夫为妻纲。”又如何启、胡礼垣《劝学篇书后》：“三纲之说，出于《礼纬》，而《白虎通》引之，董子释之，马融集之，朱子述之，皆非也。”纬对经而言，取经与纬一纵一横之意，故纬书又称经纬。纬书托名为孔子所作，虽不可信，但与经学有一定渊源关系。可见三纲之说与儒家有很深的渊源关系。

对于三纲与儒家的关系，在先秦有很多例证。如“父为子纲”，孔子说：“父在，观其志；父没，观其行，三年无改于父之道，可谓孝矣。”[②] 还有曾子听孔子说过：“孟庄子之孝也，其他可能也，其不改父之臣与父

① 详见罗彩《“三纲五常”问题研究三十年及其前瞻》，《河北师范大学学报》2015 年第 4 期。

② 《论语·学而》。

之政，是难能也。”[①] 孔子这两段话，都认为孝顺的儿子，无论在父亲生前和死后，都不能违背其教导和行事，这正是“父为子纲”精神的呈现。孟子曾称赞舜为大孝，说“不得乎亲，不可以为人；不顺乎亲，不可以为子。舜尽事亲之道而瞽瞍底豫，瞽瞍底豫而天下化；瞽瞍底豫而天下之为父子者定，此之谓大孝”。孟子还说：“不顺乎亲，不可以为子”[②]，这是要儿子单方面的顺从，为天下人树立“孝”的榜样，也是“父为子纲”精神的一种呈现。

又如“夫为妻纲”，孟子说到当时“女子之嫁也，母命之，往送之门，戒之曰：‘往之女（汝）家，必敬必戒，无违夫子！以顺为正者，妾妇之道也。’”[③] 这段记述，就可以说是当时“夫为妻纲”这一社会现实的一种表达。还有荀子在回答“请问为人妻？曰：夫有礼则亲从听侍，夫无礼则恐惧而自竦也”。[④] 这是说在丈夫有礼待人时，做妻子的要柔顺服从地侍奉他；当他不高兴表现出无礼时，妻子也要做出惶恐而恭敬的态度，这完全是夫主妻从的形象写照，也是“夫为妻纲”的精神一种表达。

但儒家并不是三纲唯一的来源，如杂家吕不韦说：“父虽无道，子敢不事父乎？君虽不惠，臣敢不事君乎？”[⑤] 专制主义的口吻十分突出。所以，郭沫若在《十批判书》中指出：“《吕书》书中的关于政治理论的系统大体上是因袭儒家，虽然在君道一层颇近于道家，有时甚至有些法家的气息。”法家韩非他主张：“忠臣不危其君，孝子不非其亲。”“人主虽不孝，臣不敢侵也。”即是说，君主再坏，父兄再恶，为臣为子弟的也只能是绝对地服从、侍奉，不能有丝毫的不满和怀疑。就是如桀、纣一类的暴君，也是不能反对的。他说：“汤、武为人臣，而杀其主，刑其尸，而天下誉之。此天下所以至今不治者也。”“臣事君，子事父，妻事夫，三者顺则天下治，三者逆则天下乱，此天下之常道也。”[⑥] 可见，无论从正面叙述或是反面发问，都强调以下事上，以卑事尊，臣、子、妻居于下位，不敢不尊奉上位，也就是要奉事君、父、夫，在此虽无“三纲”之名，

① 《论语·子张》。
② 《孟子·离娄上》。
③ 《孟子·滕文公下》。
④ 《荀子·君道》。
⑤ 《吕氏春秋·恃君览》。
⑥ 《韩非子·忠孝》。

却也表达得很清楚了。

从上可见，三纲的思想，不仅仅源于儒家，而是儒家、道家、墨家、法家和杂家思想多源多元互动整合，是从战国争霸到统一集权时代的产物，是“大一统”的必然结果[①]。这个过程大致分为两个阶段，即春秋战国时期从儒家的孔子、孟子和荀子，到杂家的吕不韦，再到法家的韩非，都主张君臣、父子、夫妇间的尊卑主从关系，这为“三纲五常”的产生奠定了理论基础，是为“三纲五常”的孕育期；秦汉时期从秦始皇对韩非“常道”[②]的实施，到董仲舒以天道论证“三纲”的合理性，再到东汉《白虎通》对“三纲”“五常”的系统化论证，以及马融将“三纲”“五常”并提，这是“三纲五常”的形成期[③]。

关于“五常”这个概念，早期常与“五品”“五性”“五德”“五行”“五气”“五伦”等混用，所指各有不同。如《史记》记“舜曰：‘契，百姓不亲，五品不驯。’”郑玄注：“五品，父、母、兄、弟、子也。”王肃注：“五品，五常也。”在先秦，孔子虽然分别讲到这些德目，但未将其并提。从老子对儒家关于“失仁而后义，失义而后礼”的批评来看，仁、义、礼这三者在春秋末战国初已经并列。可能为子思学派所作的郭店楚简《五行》篇，就列举了仁、义、礼、智、圣五种德目，称之为“五行”。孟子明确讲“四德”即仁、义、礼、智。《孟子·告子上》：“仁义礼智，非由外铄我也，我固有之也。”同时孟子又将“信”与孝、悌、忠并列，称“孝悌忠信”[④]，而董仲舒则从孟子所说仁义礼智、孝悌忠信等八德中，拈出“五常”，说“夫仁、谊（义）、礼、知（智）、信五常之道，王者所当修饬也”[⑤]。这是至今能看到的关于“五常”界定的最早表述和基本文献。此后，以仁、义、礼、智、信为“五常”的说法被广为沿用。《白虎通义·性情》：“五性者何？谓仁、义、礼、智、信也。……故人生而应八卦之体，得五气以为常，仁、义、礼、智、信也。”汉代人认为

---

① 李锦全：《“三纲”与孔孟之道无关吗——兼论“三纲”如何定位及产生的社会根源》，《学术研究》2003年第10期。

② 《韩非子·忠孝》。

③ 罗彩：《“三纲五常”问题研究三十年及其前瞻》，《河北师范大学学报》2015年第4期。

④ 见《孟子·尽心上》：“君子居是国也，其君用之，则安富尊荣；其子弟从之，则孝悌忠信。”

⑤ 《汉书·董仲舒传》。

“五常”指的是人生而具有的“仁、义、礼、智、信”之五性，五常乃五气之常，故也称“五常之道”，王充《论衡·问孔》所谓“五常之道，仁、义、礼、智、信也”即其证。[①]

但是，无论是董仲舒还是《白虎通》，都还没有将“三纲”和“五常”并提连称，首次并提连称“三纲五常”的是东汉后期的经学家马融。马融在他的《论语注》一书中，为《论语·为政》篇的“子曰：殷因于夏礼，所损益可知也。周因于殷礼，所损益可知也”句注曰：“所因，谓三纲五常；所损益，谓文质三统。”在此，虽然马融的这个注释并不符合孔子的原意，但他毕竟在这里把两汉时代逐渐形成的“三纲”“五常”连提并称了。这种连提并称，意味着汉代思想家终于把汉民族伦理文化中的纲纪和处理这种纲纪的道德原则，结合为一体，构成了一个完整的伦理文化体系。[②] 这就是汉民族伦理文化的定型。

二 “三纲五常”与“以孝治天下”

汉代以“三纲五常”为标志的伦理文化的定型，形成了汉民族伦理文化的最大特征，成为汉民族社会的金科玉律，构成了汉代“以孝治天下”的世俗风景画。

在汉代，三纲五常集中到一个字，就是“孝”。成书于先秦的《孝经》[③]，在《孝经·开宗明义章第一》云：仲尼居，曾子持。子曰：“先王有至德要道，以训天下，民用和睦，上下无怨，汝知之乎?”曾子避席曰：“参不敏，何足以知之?”子曰：“夫孝，德之本也，教之所由生也。复坐，吾语汝。身体发肤，受之父母，不敢毁伤，孝之始也。立身行道，扬名于后世，以显父母，孝之终也。夫孝，始于事亲，中于事君，终于立身。”大雅曰：“无念尔祖，聿修厥德。”这段话很有意思，其云，孔子在家里闲坐，他的学生曾子侍坐在旁边。孔子说：“先代的帝王有其至高无上的品行和最重要的道德，以其使天下人心归顺，人民和睦相处。人们无论是尊贵还是卑贱，上上下下都没有怨恨不满。你知道那是为什么吗?”曾子站起身来，离开自己的座位回答说：“学生我不够聪敏，哪里会知道

---

① 刘学智：《“三纲五常”的历史地位及其作用重估》，《孔子研究》2011 年第 2 期。

② 李君惠：《略论“三纲五常”的形成和影响》，《文史杂志》2010 年第 3 期。

③ 肖永明、罗山：《近年来〈孝经〉研究综述》，《云梦学刊》2009 年第 3 期。

呢？”孔子说：“这就是孝。它是一切德行的根本，也是教化产生的根源。你回原来位置坐下，我告诉你。人的身体四肢、毛发皮肤，都是父母赋予的，不敢予以损毁伤残，这是孝的开始。人在世上遵循仁义道德，有所建树，显扬名声于后世，从而使父母显赫荣耀，这是孝的终极目标。所谓孝，最初是从侍奉父母开始，然后效力于国君，最终建功立业，功成名就。《诗经·大雅·文王》云：‘怎么能不思念你的先祖呢？要称述修行先祖的美德啊！’”所以，到了战国时，《吕氏春秋·孝行览》云：“务本莫过于孝。人主孝，则名章荣，下服听，天下誉。人臣孝，则事君忠，处官廉洁，临难死。士民孝，则耕耘疾，守战固，不败北。”把治国之本归于崇“孝”，即一个国家的强盛在于有明君和勤勉忠诚的官吏，埋首耕耘的百姓，英勇善战的军队，这四个方面都可以视为从“孝”行中引申出来的。

这个“孝”道思想，与汉代所规范的“三纲五常”完全吻合，不仅简明扼要，而且简易可行。于是在汉代很快进入国家政策层面，勾画出了一幅“以孝治天下”的世俗风景画。

在这幅世俗风景画中，有汉代皇帝亲自学习、讲授《孝经》的图像。汉文帝为《孝经》设有传记博士。汉宣帝派人向皇太子讲授《孝经》。汉成帝建始初年，匡衡上疏要让宫妃都学《孝经》。汉昭帝始元五年（前82年）六月诏以《孝经》未明，令举贤良文学高弟。汉平帝元始五年（5年）春正月，征天下以《孝经》教授者诣京师。东汉光武帝大兴《孝经》学。此外，史书多次记载学者到宫殿讲授《孝经》。如：“王立（人名）官太史令。王允奏曰：‘太史令王立说《孝经》六隐事。能消绝奸邪。’常以良日，允与立入为帝诵《孝经》一章。以丈二竹簟，画九宫其上，随日时而出入焉。及允被害，乃不复行也。”① 汉章帝时官方组织撰写的《白虎通义》频繁引用《孝经》，把《孝经》与《春秋》并列。《孝经》的地位在这时提高很快。

在这幅世俗风景画中，有汉代皇帝的谥号以孝为尊的图像。汉代皇帝尊崇孝道。从汉惠帝开始，皇帝的谥号前都加有“孝”字，如孝惠帝、孝文帝、孝景帝、孝武帝等。皇帝的谥号都有一个“孝”字，这是先秦所没有的现象。即使在汉代以后的各个朝代，帝王也没有像汉代帝王那样

① 唐晏：《两汉三国学案》，中华书局1986年版，第526页。

普遍以孝为谥。唐代颜师古在《汉书·惠帝纪注》中云："孝子善述父之志，故汉家之谥，自惠帝以下皆称孝也。"汉代皇帝在行动上也大行孝道，如《二十四孝》中就有汉文帝"亲尝汤药"的故事，说其初封代王，母亲薄太后经常生病，他"衣不解带"地服侍汤药，仁孝闻于天下，成为后世皇帝尽孝的楷模。

在这幅世俗风景画中，有汉代以孝道为标准选拔官吏的图像。《汉书·武帝本纪》记载汉武帝元光元年（前134年）"令郡国举孝廉各一人"。《汉书·宣帝本纪》记载汉宣帝多次下诏褒扬孝道，如地节三年（前67年）下诏："传曰：'孝弟也者，其为仁之本与！'其令郡国举孝弟，有行义闻于乡里者各一人。"

在这幅世俗风景画中，有地方的贤达和官员倡导孝道的图像。这方面的史料举不胜举。如《汉书·韩延寿传》记载韩延寿在处理事务时以《孝经》为准则，他府上的守门人和赶大车的人都能背诵《孝经》的条文，并自觉地遵守。《后汉书·范升传》记载范升九岁受学而通《孝经》。《后汉书·袁闳传》记载袁闳的父亲在彭城当官，袁闳徒步几天到彭城，又徒步回家，袁闳不以父亲当官而自居。《后汉书·仇览传》记载陈留人仇览在太学读书时，治《孝经》最有所得，人皆称誉。他学毕还乡，以《孝经》教化乡里，闻妻有过则免冠自责。仇览闻乡民羊元凶顽，就让他读《孝经》，社会风气为之一变。现存二十四孝的故事有九则出自汉代，它们是：汉代的文帝亲尝汤药，蔡顺拾葚供亲，郭巨为母埋儿，董永卖身葬父，丁兰刻木事亲，姜诗涌泉跃鲤，陆绩怀桔遗亲，黄香扇枕温衾，江革感化雇主。不仅形象生动，亦可见当时行孝道已成风气。

在这幅世俗风景画中，有汉代许多文人都热衷于解读孝道的图像。如，贾谊在《新书·道术》中提出了56对相反的道德范畴，首先提出的就是孝道："亲爱利子谓之慈，反慈为嚣；子爱利亲谓之孝，反孝为孽。"扬雄在《法言·孝至》提出"孝子爱日"，即要珍惜时光，不可有须臾松懈之心。桓宽在《盐铁论·孝养》把执孝分为三个层次："上孝养志，其次养色，其次养体。"养志、养色、养体是孝子的责任。桓宽还提出他所认为的至孝："以己之所有尽事其亲，孝之至也。"把自己的一切奉献给双亲，这才是尽到了孝性。汉代流行的《中庸》对孝行作了具体的说明："践其位，行其礼，奏其乐，敬其所尊，爱其所亲，事死如事生，事亡如事存，孝之至也。"《史记·太史公自序》记载司马谈告诫司马迁说："且夫孝始于事亲，中于事君，终于立身。扬名于后世。以显父母，此孝之大者。”司马迁的事迹成了汉代行孝道最悲壮的故事，也说明汉代“以孝治天下”的张力。

在这幅世俗风景画中，有汉代研究《孝经》为显学的图像。汉代有许多学者专事《孝经》。《汉书·艺文志》记载了汉初研究《孝经》的学者：“汉兴，长孙氏、博士江翁、少府后仓、谏大夫翼奉、安昌侯张禹传之，各自名家，经文皆同，唯孔氏壁中古文为异。”汉代研究《孝经》涌现出了不少著名的学者，如刘向，他比较《孝经》的今文本与古文本，为其他学者提供了一个规范的《孝经》读本。又如何休，他很推崇《孝经》，并有独到的阐述，其在《公羊解诂·序》中说：“昔者，孔子有云：吾志在《春秋》，行在《孝经》。此二学者，圣人之极致，治世之要务也。”体现了修身而齐家而治国平天下，把推行孝道视作“治世之要务”的实际用意。此外，汉代研究《孝经》的著作也很多，《汉书·艺文志》中详细的载录，可惜今已难详考，清代学者曾对汉代《孝经》开展了辑佚，著名的有《玉函山房辑佚书》。[①]

所有这些图像拼成了汉代“以孝治天下”的世俗风景画。

第七节　蒙学与选才：汉民族教育文化的定型

在秦汉“大一统”的政治态势下，教育文化的样貌如何？这是从春秋战国私学兴起之后，涉及汉民族教育文化走向和定型的大问题。汉代之所以历经四百余年，从一定的意义上来说，正是教育兴，则民族兴；教育强，则民族强。

秦汉的教育文化从春秋战国转入秦王朝时，经历了一个“焚书坑儒”“禁私学”“以吏为师”[②] 的大低谷。教育政策的偏激和酷苛，致使大部分以课徒授业为生的儒师失去生计，因此成了反秦的一部分力量。

秦王朝垮台后，私学大开放。西汉初年，儒家五经的教学十分活跃，

---

① 以上参阅王玉德《试论汉代文化的重要特点之一：重视孝道与〈孝经〉》，《孝感学院学报》2003年第4期。

② 《史记·秦始皇本纪》。

济南伏生甚至将私藏在墙壁中的《尚书》发掘出来，进行教学。在齐、鲁、燕、赵等地已形成具有声势和影响的各个学派。此外，道、法、刑名、方术都有私学。及至汉武帝确立“独尊儒术”的文化政策以后，教育被提高到“治国之本”的地位，官学和私学都有了很大发展，汉民族教育文化的样貌从基础教育和人才选拔两个方面完成了定型。

一　蒙学：汉代基础教育的模式

蒙学就是“童蒙”，也称“小学”[①]，即基础教育。“蒙学”一词源于儒家经典《易经·蒙卦》：“蒙，亨，以亨行时中也。‘匪我求童蒙，童蒙求我’，志应也。‘初筮告’，以刚中也。‘再三渎，渎则不告’，渎，蒙也。蒙以养正，圣功也。”按《易经·序卦》的解释：“物生必蒙，故受之以蒙。蒙者，蒙也，物之稚也。物稚不可不养也。”这里的“蒙”字有两层含义：一是蒙昧、幼稚之意；一是启蒙、教育之意。引申为儿童蒙昧幼稚，心智未开，需要启蒙、培养[②]。开发儿童智力，启迪儿童智慧是首要工作，这就是启蒙教育。汉民族蒙学教育的目的就是“启蒙”“养正”，以达“至圣之功”，此目的贯穿于汉民族蒙学教育的始终。因此，蒙学作为汉民族教育文化重要的一页，在汉代形成了以识字为基础，书法为工具，教化为目的的童蒙模式。

（一）以识字为基础

识字教育是汉民族启蒙教育的起点，是读写训练、作文训练的基础，故而是蒙学初始阶段教育内容的重点。王国维在《汉魏博士考》中曾说：“汉人受书次第，首小学，次孝经、论语，次一经，此事甚明。”又说：“汉时教初学之所名曰‘书馆’，其师名曰‘书师’，其书用《仓颉》《凡将》《急就》《元尚》诸篇，其旨在使学生识字、习字。”[③]当时的识字教材很多，《汉书·艺文志》载：“凡小学十家，三十五篇。”又载：“汉兴，闾里书师合《仓颉》《爰历》《博学》三篇，断六十字为一章，凡五十五章，并为《仓颉篇》。”西汉时史游编写的《急就篇》，是汉民族保存下来

① 周谷城：《传统蒙学丛书》，岳麓书社 1986 年版，第 4 页。

② 周玲玲：《中国古代蒙学对儿童的人文启蒙教育》，《南昌教育学院学报》2010 年第 1 期。

③ 转引自李军《论秦汉时期的私学：兼论私学与中国传统官学制度》，《上海社会科学院学术季刊》1993 年第 3 期。

的最早的一部专供儿童识字之书，也是历史上流传最为长久、影响最为深远的儿童启蒙课本。全书共2144个字，把当时常用的汉字编集起来，使之成为三言、四言、七言的韵语，以便于儿童记诵，同时，增加了儿童对声韵的认识。全书32章，大致分为三部分，第一部分是“姓氏名字”，三言韵语，两句一韵。采用当时常用的姓与名，儿童周围熟知的人与事，如“宋延年，郑子方；卫益寿，史步昌”。儿童既认了字，又了解了字的意义；既了解到典制，又了解到人物故事，激发了儿童的学习热情与兴趣。第二部分是“服器百物”，主要介绍日常生活常识。第三部分是“文学法理”，主要是讲一些通俗易懂的、浅显的道理。第二部分与第三部分多用七言，最后有一些用四言。这种以识字为先的方法很适合儿童的认知规律。清人王筠在《教童子法》中曾总结说：

> 蒙养之时，识字为先，不必遽读书。先取象形、指事之纯体教之。识“日”“月”字，即以天上日、月告之；识“上”“下”字，即以在上在下之物告之，乃为切实。纯体既识，乃教以合体字。又须先易讲者，而后及难讲者……能识两千字，乃可读书。①

先教儿童识两千字，然后才开始读书的经验从此在汉民族中沿用了二千余年。更重要的是这种识字的要求在汉代还形成制度，即“小学结业，可就为小吏”②。《汉书·艺文志》对此有更详细的记载：“汉兴，萧何草律，亦著其法，曰：‘太史试学童，能讽书九千字以上，乃得为史。又以六体试之，课最者以为尚书御史史书令史。吏民上书，字或不正，辄举劾。’六体者，古文、奇字、篆书、隶书、缪篆、虫书，皆所以通知古今文字，摹印章，书幡信也。”③ 说的是汉时萧何定律法，规定太史考试学童，能讽书九千字以上者，即可做郡县地方政府的下级官吏；又以六体即古今文字的六种书体试之，考试成绩最好的可为尚书、御史的下属官吏令

① 转引自王晓霞《我国古代蒙学中识字教育的再认识》，《沈阳师范大学学报》2004年第3期。

② 李军：《论秦汉时期的私学：兼论私学与中国传统官学制度》，《上海社会科学院学术季刊》1993年第3期。

③ 以上参阅郭俊然、李娜《汉代蒙学与当下汉字教育》，《中学语文教学参考》2014年第6期；王晓霞《我国古代蒙学中识字教育的再认识》，《沈阳师范大学学报》2004年第3期。

史，掌写史书。可见识字是人生的基础。

（二）以书法为工具

蒙学以书法为工具是由汉字的特殊性决定的。因为汉字是世界上最复杂的文字体系，而汉字书写的美字境界——书法，更是一种特殊的文化现象。所以汉民族蒙学的书法教育起源很早，远的不说，至少西周教育内容为“六艺”：“礼、乐、射、御、书、数。”其中“书”艺就包括了识字与写字。至秦，李斯创玉箸小篆颁行天下，统一六国文字。从中央到地方，皆以李斯“玉箸篆”[①]为法则，由官方培养刀笔吏。

汉代要当官，不仅文章要好，长相要好，书法也要好，三者都好才可以，正如古话所说“字为衣冠”“字如其人”。“中国古代将书法作为一种技术运用的特点在各个时期的文官制度和教育内容及方法中可略见一斑。”[②]所以，汉代上至高官，下至庶民百姓皆重书法，并形成制度，许慎《说文解字·序》即云：“《尉律》：学僮十七以上，始试，讽籀书九千字，乃得为吏，又以八体试之，郡移大史并课，最者以为尚书史。书或不正，辄举劾之。”[③]学童自小学习文字之学，接受识字与书写教育，到17岁以上成人可以处事时，始可参加选拔官员的考试。官员书写不合法度，是要受到严厉处罚的。西汉的高等学府——太学，虽只授经学，但书法教育也开始受到重视。至东汉因经学教育的需要，蔡邕受命手书的石碑——《熹平经石》立于太学，它是我国古代由政府颁发的第一部书法范本，它提高了书法在蒙学教育中的地位。正如有学者分析的那样：“汉代对于官文书的书写有较为完备的制度，吏的选择与书写有直接的关系。在这种历史环境下，属吏构成了汉代书法的主力军。”[④]于是“与仕途有着紧密的联系，学习书法作为入仕的一种手段”。[⑤]可见书法这个工具在蒙学中的地位。[⑥]

（三）以教化为目的

早在春秋战国之时教化就很流行。“教化”一词，最早出现于《战国策·卫策》：“治无小，乱无大，教化喻于民，三百之城，足以为治；民

---

① “玉箸篆”为小篆的一种。箸，俗名筷子。因小篆的笔画圆如玉箸，所以叫玉箸篆。

② 刘根货：《论中国古代书法的政治性特征》，《南都学坛》1999年第5期。

③ （清）严可均：《全汉文》卷四九，商务印书馆1999年版。

④ 林婵琴：《影响汉代私学中书法教育的因素探析》，《艺术教育》2011年第4期。

⑤ 林婵琴：《书法教育：汉代私学的文化身份》，《文艺争鸣》2011年第4期。

⑥ 郭俊然、李娜：《汉代蒙学与当下汉字教育》，《中学语文教学参考》2014年第6期。

无廉耻，虽有十左氏，将何以用之。”所谓“教化”，就是通过上行而化成以下。“教”，上所施下所效也；“化”，教行也[①]。后成儒家所提倡的政以体化；教以效化；民以风化。《诗经·周南·关雎序》云：“美教化，移风俗。”《礼记·经解》：“故礼之教化也微，其止邪也于未形。”故《论语》记载孔子为学生开设有文、行、忠、信四门课程[②]，即历代文献，社会生活的实践，对待别人的忠心，与人交际的信实。其中三门都属于教化的范畴。所以，以尊儒为治国方略的汉王朝把教化视为蒙学教育的根本，在蒙学教育中以德教为先，规范行为，铸就品格，做人为本。为此，采取了一系列的措施，以保证教化的实现，以达“至圣之功”。所以蒙学读物的内容都努力体现儒家伦理的价值取向。如在《急就篇》中直接介绍和倡导儒家经典的学习，其曰：“宦学讽《诗》《孝经》《论》《春秋》《尚书》《律令文》。治《礼》掌故砥砺身，智能通达多见闻。”且在制度上规定为吏必读之书首先是儒学经典。[③] 于是，汉代编撰蒙学教材的作者多是当时的知名儒者、才高博学之人。如司马相如、史游、李长、扬雄、班固等，都曾编撰过蒙学教材。他们在编写上充分考虑到了初学儿童的接受和理解能力，以及蒙学读本本身的基础性、示范性和普及性的要求，大多的汉代蒙学读物在编撰形式上，篇幅短小精悍、句式简短整齐、语言简练对仗，采用三言、四言、五言、六言、七言短小的句式，便于儿童诵读记忆和知识的传播。在“大一统”国家之手强有力的推动下，蒙学读物遍及全国，如在敦煌、居延、玉门等汉代当时的边境地区都有大量的蒙学读物出土。[④] 更重要的是汉代的蒙学读本都在儒家伦理道德教化方面作了规范和说明：

一是儒家“大一统”思想的体现，居延汉简的《仓颉篇》残简中就有“汉兼天下，海内并厕”的内容，而《急就篇》中也有“汉地广大，无不容盛。万方来朝，臣妾使令。边境无事，中国安宁。百姓承德，阴阳和平”[⑤] 的内容。

二是“忠孝”“道德”思想的体现，所谓“忠、恕、孝、悌”“仁、

---

① 《说文解字》“教部”“人部”。

② 《论语·述而》：“子以四教：文、行、忠、信。”

③ 余英时：《汉代循吏与文化传播》，载《士与中国文化》，上海人民出版社 1987 年版，第 181 页。

④ 贺科伟：《蒙学读物与汉代儒学传播》，载《文学界》（理论版）2012 年第 2 期。

⑤ （汉）史游著，曾仲珊校点：《急就篇》，岳麓书社 1989 年版，第 27 页。

义、礼、智、信”“温、良、恭、俭、让”，都从不同侧面诠释以“忠孝”为中心的思想道德文化联系。例如《急就篇》姓名中就体现出的儒家忠孝观念，如“桓贤良、董奉德、柘温舒、霍圣宫、程忠信、樊爱君、崔孝让、祝恭敬、苗涉臧、慈仁他、邵守实”。还有反映儒家传统道德观念的字词，如“赖政仁、李结仁、莫罕仁、许仁字、谭仁杰、茹政义、黄心义、甄义勇、陈国道”[①] 等，这些“善良、温儒、宽厚、智慧、仁慈、诚信、谦让、忠孝”等词语，充分呈现了孝悌忠义的道德规范，是儒家伦理道德日常生活化的体现。

三是汉代蒙学读物的编撰者还很重视文字的通俗易懂，精切得当，音韵朗朗，活泼自然。如汉代蒙学读物《急就篇》的内容就相当丰富。全书仅 2144 字，却能把当时各种有用的词语汇集起来，包括 100 多个姓氏，400 多种器物名称，100 多种动植物，70 多种疾病药物名称，60 多种人体器官名称。还涵盖了官名、地理和法律知识。这些内容形式切合儿童的兴趣爱好，可以充分调动儿童的学习积极性，教化效果显著。

凡此种种措施在汉代整合实施以后，不仅很容易为儿童所接受，取得了广泛的教化影响，而且汉代统治者通过蒙学教化的普及，随着儒学从上到下的传播和渗透，使蒙学读物“化民成俗”的功能逐渐发挥到极致和深处，汉民族的百姓逐渐接受儒家价值观念，并渗透到包括衣、食、住、行、诞育、婚姻、养老、丧葬、信仰、节庆等社会各个层面，年长月久，约定俗成，代代相传，习以为常，使得儒学向底层社会传播、浸润，底层的社会文化不断地被涵化，最终形成汉民族一种特定的文化传统和“集体记忆”[②]。而这种以私学形式建构而成的蒙学模式，逐渐演化成“小学”教育的“私塾”，而成为汉民族教育文化两千多年的主流形式。

二　察举与征辟：汉代选拔人才的模式

教育的目的是为了培养人才，以达“至圣之功”，古今中外如一。汉代在蒙学的推行和普及中成效显著，人才涌出。那么，面对济济人才，如何选拔人才呢？即官员从何而来？选拔人才就是所谓选举制度。

汉民族的选举制度，大体上始于春秋时期。在此之前，夏、商为史官

① （汉）史游著，曾仲珊校点：《急就篇》，岳麓书社 1989 年版，第 2—8 页。

② 贺科伟：《蒙学读物与汉代儒学传播》，《文学界》（理论版）2012 年第 2 期。

文化，巫、史、祝、宗等神职人员同时也就是政府各个部门的官吏。周代实行分封制，各级官吏被严格地配置于宗法制上面。于是，春秋以前“世卿世禄”，大夫以上皆世族，士以下府史、胥、徒才由乡举里选贤能之辈[①]。

战国时开始有了突破。以秦国为例，其即以农战而得官爵[②]，到了秦始皇建立统一国家之后，“不世官，守、相、令、长以他姓相代，去世卿、大夫、士”[③]。“他姓”不是世族，可以是任何人，包括平民百姓。如何“相代”呢?《通典》说是“仕进之途，唯辟田与胜敌而已”。“辟田”可以多产粮食，有了粮食可买到爵位和官职，所谓“粟爵粟任”[④]。《史记·秦始皇本纪》上记载说，始皇四年，“天下大疫，百姓纳粟千石，拜爵一级”。“胜敌”就是军功，立了军功就拜爵，所谓军功爵制，史书有关材料甚多，有了爵就可以做官，所谓“爵一级，欲为官者，为五十石之官”，“爵二级，欲为官者，为百石之官”[⑤]。

汉王朝则有了更大的发展。汉王朝开国之初，中央和地方机构中的主要官吏，大部分由刘邦的部下充任，地方上的小官吏有相当一部分由秦的旧官吏继任。从制度上讲，主要官吏的选任，仍然是以军功而定，同样是军功爵制。官吏不是终身制，更不是世袭制，因而有不断地调整和更换。新的官吏如何产生？汉代在总结先秦及秦的各种选拔人才经验的基础上，经过一段时间的摸索，先后用过察举、皇帝征召、公府与州郡辟除、大臣举荐、考试、任子、纳赀等办法选拔人才[⑥]，一直到汉武帝才真正形成“制度”。汉代初年亦有“求遗贤”的做法，即将少数社会贤达征召做官；文帝时，有“举贤良能直言极谏者”的举措。董仲舒就是在武帝初即位举贤良文学之士时而上“天人三策”的。此种举措即选用社会上有政治才干的人，尤其是那些于安邦治国有见识的人，但是并未形成制度。董仲舒上“天人三策”，建议汉武帝以贤取士，并形成制度。文曰：

---

① （清）俞正燮：《癸巳类稿》卷三《乡与贤能论》。

② 《通典·选举典》。

③ 《汉旧仪》。

④ 《商君书·去强》。

⑤ 《韩非子·定法》。

⑥ 熊铁基：《秦汉文化史》，东方出版中心 2007 年版，第 75—76 页。

> 夫长吏多出于郎中、中郎，吏二千石子弟选郎吏，又以富訾，未必贤也。且古所谓功者，以任官称职为差，非积日累久也。故小材虽累日，不离于小官；贤材虽未久，不害为辅佐。是以有司竭力尽知，务治其业而以赴功。今则不然。累日以取贵，积久以致官，是以廉耻贸乱，贤不肖浑淆，未得其真。臣愚以为使诸列侯、郡守、二千石各择其民之贤者，岁贡各二人以给宿卫，且以观大臣之能；所贡贤者有赏，所贡不贤者有罚。夫如是，诸侯、吏二千石皆尽心求于贤，天下之士可得而官使也。遍得天下之贤人，则三王之盛可为，而尧舜之名可及也。毋以日月为功，实试贤能为上，量材而授官，录德而定位，则廉耻殊路，贤不肖异处矣。[①]

汉武帝听取了董仲舒的建议，并结合独尊儒术和原有的“举贤良”之做法，对选官制度作了全面的改革，并形成定制。建构了自下而上的“察举”制、自上而下的“征辟”制，以及学院式的太学制三结合的选拔人才模式。

（一）自下而上推举人才的察举制

察举制是自下而上推选人才的制度，也叫“选举”。战国以来“选贤任能”的官僚制度发展起来，“举荐”便成了日益普遍的选官方式。君主经常要求臣下荐将、荐相。经常“求贤国中”；士人与官员的递相荐引，就成了新式官僚的重要来源。但这时的举荐还远没有制度化。它仍是较为粗疏散漫的。在战国时儒家主张以学士君子治国；秦王朝则有“焚书坑儒”之事，倚重精通文书法律的所谓“文法吏”[②] 来承担行政。相应的，秦有乡里“推择为吏”[③] 制度和“学吏”制度。所谓“学吏”，即官府中有学徒吏，他们经考选可望入仕升迁。总之，通过为“吏”而逐渐升迁至中高级官员，这种仕途后人称之为“吏道”[④]。

---

① 《汉书·董仲舒传》。

② 文法吏是战国以来随着官僚制度的建立而形成的一种官僚类型，其主要特点是尊奉主上晓习法律并善于合乎法律规范地处理纷繁复杂的公文和具体事务。汉代称“文法吏”为“文史法律之吏”，或简称为“文吏”，是于儒生相对而称的。

③ 《史记·淮阴侯列传》：“始为布衣，贫无行，不得推择为吏。”

④ 《汉书·食货志下》：“有司请令民得买爵及赎禁锢免减罪……吏道杂而多端，则官职耗废。”

汉王朝意识到国家的统治不能不借助于学士及其政治思想，在文化变革中逐渐为文人儒生敞开了入仕大门。以此为基础，在西汉前期形成了察举制度。汉高祖刘邦首下求贤诏，要求郡国推荐具有治国才能的贤士大夫，开察举制先河。惠帝、吕后诏举“孝弟力田”[①]，察举开始有了科目。但汉代的察举制，严格地说是从汉文帝开始的。文帝二年（前 178 年）下诏：“举贤良方正能直言极谏者，以匡朕之不逮”；文帝十五年（前 165 年），又诏“诸侯王、公卿、郡守举贤良能直言极谏者。上亲策之，傅纳以言”。有意义的是在公元前 165 年的一次察举中，汉代著名政治家晁错就在其中，当时“对策者百余人，唯错为高第，由是迁中大夫”[②]。

此后，董仲舒建议朝廷实行“贡士”制度，让郡国每年向中央举贤者二人。到了汉武帝元光元年（前 134 年），王朝下诏规定“郡国举孝廉各一人”[③]。察举制度由此而诞生。

察举制有两种形式：一种是每年一次定期的“岁举”，主要是孝廉科，由郡守国相为举主。另一种是不定期的“特科”，主要有举贤良方正（或贤良文学等），它由皇帝下诏指定科目，再由丞相、列侯、公卿及郡国长官等按科目举荐；皇帝亲自对被举者进行策问，然后根据对策的等第分列授官。类似的名目还有有道、敦朴、明经、文学等。被察举的人一般是进入郎署作郎中。郎中既担任宫廷宿卫，同时也是官员的后备，王朝经常从郎中里选拔各种官员。此外，西汉还有秀才科，它最初是特科，大约在西汉后期至东汉初期也变成了岁举。因为避光武帝刘秀之讳，东汉时这个科称为“茂才”而不是秀才。茂才的举主，除了公、卿、将军外，还有州刺史。这样，就形成了州举秀才、郡举孝廉的两科并列的岁举体制。在察举中，考试是一个重要环节。被举者经考试后，由政府量才录用，从某种意义上来说，既保证了选才标准能贯彻实行，选出真正的人才，又能保证竞争的相对公平，令下层人士有进入国家管理层的可能。到了东汉顺帝的时候，察举制中的“以德取人”“以能取人”和“以文取人”因素，都获得了制度化的发展。[④]

---

① 《汉书·高后纪》。

② 《汉书·晁错传》。

③ 《汉书·武帝纪》。

④ 详见阎步克《察举制度的变迁》，《文史知识》1998 年第 2 期；启良《中国文明史》（上册），国际文化出版公司 2010 年版，第 603—604 页。

这样，察举制使过去那种不规范而散漫的举荐选官，形成了固定的举主身份、举人标准和规范程式，演化成了制度化的“科目”形式。这种自下而上选拔人才制度的形成，打通了下层人士向上流动的通道，从而成为汉代选拔人才模式的主体，也为隋唐以后汉民族的“科举制度”的出现奠定了基础。①

（二）自上而下选拔人才的征辟制

自上而下地选拔人才入仕历来是统治者常用的方法。汉初官吏的选任主要通过军功选位、任子、赀选与积久为官四种方式。军功选位，是指依照军士所立战功之大小授予不同等级的爵位，因军功得官，论功行封。任子，指官僚子弟可凭门第和父兄的功绩得以授官的官吏选任制度，是先秦世卿世禄制的残留与荫任制的先声。赀选，又称纳赀，即入财得官。积久为官，即凭年资升迁，累年而进。但是，随着汉王朝政权的巩固和发展，为了回应中下阶层特别是士人阶层的崛起，汉高祖十一年（前 196 年）下诏“贤士大夫有肯从我游者，吾能尊显之”②。征召天下，招揽经国治世贤才，这是汉代征召制的肇始。

汉武帝元光元年（前 134 年）诏举贤良对策，如上所引《汉书·董仲舒传》中，董仲舒认为任子、赀选和积久为官的选官制度有诸多弊端，是造成“廉耻贸乱，贤不肖浑淆”的重要原因，于是提出“岁举贤才”“量才授官”的政策，开始实行以察举制和征辟制为主体的选官制度。“汉初掾史辟，皆上言之，故有秩比命士。其所不言，则为百石属。其后皆自辟除，故通为百石云。”③ 于是，在察举制成为汉代选官的主要途径之同时，汉武帝元光五年（前 130 年）“征吏民有明当时之务，习先圣之术者”④。开始大规模征召，遂成定制。征辟制度是一种自上而下的选官制度，即由皇帝或高级官员直接聘请有才干的平民或低级官吏，授职或提职。由皇帝聘请并授职的称为“征”，由高级官员聘请并授职的则称为“辟”⑤。由此可知，征辟是“征召”和“辟除”的合称，包括“征召”

① 阎步克：《察举制度的变迁》，《文史知识》1998 年第 2 期。

② 《汉书·高帝纪下》。

③ 《后汉书·百官志一》。

④ 《汉书·武帝纪》。

⑤ 中国大百科全书总编辑委员会：《中国历史百科全书》，中国大百科全书出版社 1994 年版，第 431 页。

“辟除”两种方式。

征召，又称征聘、特诏、聘召或特征，是指皇帝以聘诏的名义擢选名士担任高级官员的选官制度。被征者称为“征君”，有应聘与不应聘的自由。汉代征召的对象，一类是包括硕学大儒、名门隐士等在内的社会名流，这类人虽未居官却对地方事务有相当大的影响力。如韩康家世著姓，桓帝以玄纁之礼，备安车聘之。另一类主要是具有一定才能与声望的去职官吏或者低级官吏。被征召者一旦接受应征往往委以高职，但多以议郎、博士、谏大夫等政策咨询顾问类的虚职为主。如“衡善机巧，尤致思于天文、阴阳、历算。安帝雅闻衡善术学，公车特征拜郎中，再迁为太史令”①。也有部分委以实权，如隽不疑被“征诣公车，拜为青州刺史”②。

辟除，又称辟召、辟署或辟举，是汉代中央部署（公府）或者地方州郡选用属掾的选官制度。辟召属吏的官员被称为辟主，包括三公九卿、州郡长官等。征辟制包括中央各部署辟除和地方各州郡辟除两类。中央部署辟除又称“公府辟除”。中央辟署权原先只掌握在“三公”手中，后来逐步扩大，太傅和大将军也可行辟署之权，因而在史籍中又常有“五府辟署”的记载。东汉时三公以外的九卿及其他中央长官亦可辟除属吏。“诚宜令四府九卿，各辟彼州数人。”③ 因此，中央部署辟除包括“公府辟除”和“九卿辟除”两途。由于公府属吏地位重要，被辟除者经辟主荐举，一经察举各科，可出补中央官吏或外主州郡。因此“三府掾属，位卑职重，及其取官，又多超卓，或期月而长州郡，或数年而至公卿”④。如“李膺初举孝廉，为司徒胡广所辟，举高第，再迁青州刺史”⑤。汉代还有“仕郡辟州”之说，即地方州郡辟除。地方州郡辟除包括“郡守辟除”“刺史辟除”“县令（长）辟除”三个方面。汉代地方州郡长官亦可自行辟除府署属吏。“（刺史）皆有从事史、假佐”，“（郡守）皆置诸曹掾史”⑥。汉初郡守即有辟除之权，而州之辟除出现较晚。“元帝时，丞相

---

① 《后汉书·张衡传》。
② 《汉书·隽疏于薛平彭传》。
③ 《后汉书·虞诩列传》。
④ （唐）魏征等（编撰）:《群书治要》，北京理工大学出版社 2013 年版，第 595—560 页。
⑤ 《后汉书·党锢列传·李膺》。
⑥ 《后汉书·百官志》。

于定国条州大小，为设吏员，治中、别驾、诸部从事，秩皆百石。”[①] 州刺史开始拥有较大的用人权。被辟除者，可经察举或再经公府辟除实现升迁。如“李郃袭父业，游太学，通五经，善河洛风星……县召署幕门侯吏……太守奇其隐德，召署户曹史……岁中举孝廉，五迁尚书令，又拜太常”[②]。

在征辟制下，对于贤能、德高望重之士，皇帝往往派遣专人、专车，厚礼相迎。如“武帝初即位……使使者束帛加璧，安车以蒲裹轮，驾驷迎申公，弟子二人乘轺传从”。[③] “（韩康）博士公车连征，不至，桓帝乃备玄纁之礼，以安车聘之。”[④] 但一般情况下征君之士仍需自备车马，赴朝任职。汉元帝初即位，征聘贡禹为谏大夫，“禹上书曰：‘陛下过意征臣，臣卖田百亩，以供车马’。”[⑤] 对于“大夫乘私者来”，沿途州县须供食宿之便，“县次续食，令与计偕”[⑥]。

这样，从擢选人才的类别来看，征辟对象均是某一方面的专才，并负盛名，且博学名士和在职或去职官吏同属征辟对象，这就决定了征召不是当时的主要入仕方式。所以，作为察举制的补充，征辟的规模一般较小。但是，作为汉代必不可或缺的自上而下的选官制度，征辟制开创了汉民族古代选官制度的新途径，其以德才为主要选拔标准、任职回避、官吏考铨上的创新与实践，对当时的社会风尚的引导，以及后世官制的走向影响深远。

（三）博士弟子入仕的太学制

汉代还有一种学院式的入仕通道，即博士弟子入仕的太学制。设立太学的建议是西汉时期贾山最早提出的，但贾山所说的太学只是沿袭三代时期贵族的“大学”[⑦]，这与汉王朝的政治形势不符，故而可以说贾山的“造太学”还处于理论层面的探讨[⑧]。对太学建立起直接推动作用的是董

---

① 《后汉书·傅燮传》注，《太平御览·职官部》。

② 《太平御览》卷七三三。

③ 《汉书·武帝纪》；《汉书·儒林·申公传》。

④ 《后汉书·逸民列传》。

⑤ 《汉书·王贡两龚鲍传》。

⑥ 《汉书·武帝纪》。

⑦ 《礼记·王制》说：“小学在公宫之左，大学在郊，天子曰辟雍，诸侯曰頖宫。”这就是说，周代“大学”在郊区，天子“大学”叫作“辟雍”，诸侯的叫作“頖（泮）宫”。

⑧ 姜维公：《汉代学制研究》，中国文史出版社2005年版，第27页。

仲舒。在汉武帝急切地进行文化变革的时候，董仲舒在贤良对策中说“夫不素养士而欲求贤，譬犹不琢玉而求文采也”。[①] 为了推行教化，加强吏治，董仲舒建议汉武帝“兴太学”[②]。汉武帝采纳了董仲舒的建议，责成丞相、太常等实行博士弟子员制度。《汉书·儒林传》记载了元朔五年，丞相公孙弘、太常孔臧、博士平的奏议：

> 为博士官置弟子五十人，复其身。太常择民年十八以上仪状端正者，补博士弟子。郡国县官有好文学，敬长上，肃政教，顺乡里，出入不悖，所闻，令相长丞上属所二千石。二千石谨察可者，常与计偕，诣太常，得受业如弟子。一岁皆辄课，能通一艺以上，补文学掌故缺；其高第可以为郎中，太常籍奏。即有秀才异等，辄以名闻。其不事学若下材，及不能通一艺，辄罢之，而请诸能称者。……以治礼掌故以文学礼义为官，迁留滞。请选择其秩比二百石以上及吏百石通一艺以上补左右内史、大行卒史，比百石以下补郡太守卒史，皆各二人，边郡一人。先用诵多者，不足，择掌故以补中二千石属，文学掌故补郡属，备员。请著功令。它如律令。

在这份奏议中公孙弘拟订创办太学的具体方案：一是建立了博士弟子员制度，即在原有博士官的基础上创立太学。二是规定了博士弟子的限额、身份及选送方式。三是提出太学管理及制定博士弟子考核的办法。公孙弘建议：太学生一年要进行一次考试，成绩中、上等者可以任官，成绩下等及不勤学者勒令退学。他的提案体现了注重考试的思想，并把养士与选才紧密结合起来。于是，汉武帝元朔五年（前124年）始置太学，置五经博士，讲授五经。自此，汉代太学正式建立。

选送办法有两种：一是由太常直接选补，二是由地方长官选补。从“太常择民”中，我们可以看出西汉时期太学招生对象主要是在“民”的范围之内，具体选拔标准：一是年龄在十八岁以上，二是仪状端正，三是“好文学、敬长上，肃政教，顺乡里、出入不悖所闻者”[③]。因此，早期太

---

① 《汉书·董仲舒传》。

② 同上。

③ 《史记·儒林列传序》。

学的学生主要来自民间。如《汉书·儿宽传》载："儿宽，千乘人也。治《尚书》，事欧阳生。以郡国选诣博士，受业孔安国。贫无资用，尝为弟子都养。时行赁作，带经而锄，休息辄读诵，其精如此。以射策为掌故，功次，补廷尉文学卒史。"同样出身于平民的还有匡衡和萧望之等。

之所以说太学制是察举制和征辟制的补充，是因为博士弟子除考试入仕外，还可以通过察举入仕。有的郡举孝廉入仕，如杜乔"少为诸生，举孝廉，辟司徒杨震府。稍迁为南郡太守，转东海相，入拜侍中"[①]。孟喜"举孝廉为郎，曲台署长，病免，为丞相掾"[②]。有的州举茂才入仕，如范式"少游太学，为诸生，与汝南张劭为友。……后到京师，受业太学。……举州茂才，四迁荆州刺史"[③]。

还可以通过征辟入仕。有的被皇帝征召入仕，如终军"少好学，以辩博能属文闻于郡中。年十八，选为博士弟子。至府受遣，太守闻其有异材，召见军，甚奇之，与交结。军揖太守而去，至长安上书言事。武帝异其文，拜军为谒者给事中"。[④] 有的被三公府、州郡"辟除"[⑤]，如魏朗"少为县吏。兄为乡人所杀，朗白日操刃报仇于县中，遂亡命到陈国。从博士郤仲信学《春秋图纬》，又诣太学受《五经》，京师长者李膺之徒争从之。初辟司徒府，再迁彭城令"。[⑥] 张驯"少游太学，能诵《春秋左氏传》。以《大夏侯尚书》教授。辟公府，举高第，拜议郎"。[⑦]

总之，从教育入手的察举制、征辟制和太学制，构成了汉代的三结合的选拔人才模式。汉王朝正是通过这种选拔人才的模式，将汉民族的"贤良"之士征召或选拔到自己治下，史称"汉之得人，于兹为盛"[⑧]。更有意义的是汉代汉民族的入仕方法和原则一经确立之后，便一直延续下来，虽然后来的表现形式不尽相同，但其尚贤原则和以儒家经典作为量才

---

① 《后汉书·杜乔传》。

② 《汉书·儒林·孟喜传》。

③ 《后汉书·独行·范式传》。

④ 《汉书·终军传》。

⑤ 辟除是高级官员选用其属吏的一种制度。试用之后，由公府高第或是由公卿荐举与察举，可出补朝廷或外长州郡，故公府掾属官位易于显达。州郡辟除是指州、郡的刺史和太守自己辟除其属吏。

⑥ 《后汉书·魏朗传》。

⑦ 《后汉书·儒林上·张驯传》。

⑧ 《汉书·公孙弘传》。

标准的内核一直未变，成了汉民族入仕的灵魂。[①]

第八节 汉代"隶变"：汉民族方块汉字的定型

从甲骨文到金文，为方块汉字的创造和形成奠定了基础，进入秦汉之后，经过秦代篆书的过渡，发展到汉代的隶书，实现了汉字演变史上的一个大的质的飞跃，使汉字失去了古文字阶段的象形意味，从此以方块汉字的定型进入了抽象意境的今文字阶段[②]，史称"隶变"[③]。

一 秦篆：篆书走到了突变的边缘

汉字的发展是一个很漫长的过程，经过先秦近两千年悠远的文化变迁，无论是殷商甲骨文、西周金文，还是春秋特别是战国的石鼓文（或称"籀文"），基本上是由具有状物性质的线条构成的，与此相适应，篆书的书写方式一直具有明显的描画特征，所谓"画成其物"[④]。因此，长期以来，大都还是在汉字的古文字阶段上缓慢地变异着，也就是一直保持着篆书（通常称为"大篆"）描画成字的形式，字无定形，笔画多少不一，一般是多而难认难写，没有发生根本性的突变。

进入秦代，政治上的"大一统"，使多形多异的篆书得以统一为秦篆（又称为"小篆"），此即《说文解字·叙》所云："丞相李斯乃奏同之，罢其不与秦文合者，斯作《仓颉篇》，中车府令赵高作《爰历篇》，太史令胡毋敬作《博学篇》，皆取史籀、大篆，或颇省改，所谓小篆者也。"在这个从大篆小篆的变异中，在字体上小篆明显形成了笔画横平竖直，圆

---

① 阎步克：《察举制度的变迁》，《文史知识》1998年第2期；鲁伟：《汉代太学生探讨》，硕士学位论文，吉林大学，2008年；启良：《中国文明史》（上册），国际文化出版公司2010年版。

② 杨艳：《隶书的产生及其审美价值研究》，硕士学位论文，曲阜师范大学，2010年，第1页；林婥琴：《从"无意为书"到"有意为书"——论汉代书法的自觉发展》，《大舞台》2011年第7期。

③ "隶变"一词最早见于唐玄度的《九经字样》。《九经字样》在《四库全书总目经部·小学类三》中有载。其后，郭忠恕撰《佩觿》、徐铉校注《说文解字》也使用了隶变概念。徐铉还使用了"变隶"概念，他是将"变隶"作为"隶变"的同义词来使用的。

④ 《说文解字·叙》。

劲均匀，粗细基本一致，笔画简省，平衡对称，字形纵势长方，结构定型统一等特点，而在观感上则更具简捷明快、平整端严、宽舒遒劲、浑朴圆和之风姿。这种变异同大篆相比，小篆的字形图画性渐趋减少，线条的符号性更加增强，异体字已经很少，偏旁部首的写法和位置基本固定，而且比较简化，这无疑是古文字的一大进步。[①] 不仅有利于书写应用，更使汉民族使用了近两千年的篆书走到了突变的边缘。

二　隶变：古今汉字的转折点

事物的发展有时很缓慢，如篆书的发展持续了近两千年。但一旦条件成熟，就会变得很快，所谓从量变发生了质变，进入汉代后，“隶变”即是一例。

隶变也不是突然从天上掉下来的，其突变的能量也有一个积累的过程。据《汉书·艺文志》记载：“是时始建隶书矣，起于官狱多事，苟趋省易，施于徒隶也。”这是关于“隶书”一词的最早记载，并说明“隶书”产生的原因是由于“官狱多事”，隶书的使用范围是“施于徒隶”。许慎在《说文解字·叙》中也讲道：“是时秦烧灭经书，涤除旧典，大发吏卒。兴戍役，官狱职务繁，初有隶书，以趣约易，而古文由此绝矣。”这段话与《汉书·艺文志》中的记载暗合。西晋卫恒在《四体书势》中也说：“秦既用篆，奏事繁多，篆字难成，即令隶人佐书曰隶字。……隶书者，篆之捷也。”[②] 于是，有历史上流传隶书的出现与程邈有关。程邈原是秦朝的一名县狱吏，因罪入狱，成为徒隶。在狱中，程邈看到公文奏章繁多，使用官方字体小篆书写实难应付，一向对文字感兴趣的程邈苦心琢磨十年，简化篆书中一些繁杂的部分，把篆书圆转难写的笔画改为横长竖短的平折笔画，归纳整理出三千多个字。由于这一字体源自程邈这样的徒隶之人，又是在徒隶之人中广泛使用，因此被称为隶书。后来，程邈创造的隶书得到始皇帝的赏识，被封为御史。这个传说《说文解字·序》

---

① 参阅陈炎主编，仪平策著《中国审美文化史·秦汉魏晋南北朝卷》，上海古籍出版社2012年版，第118—119页；《中华文明史》第三卷，河北教育出版社1992年版，第412—413页。

② 卫恒（？—291年），西晋书法家所著《四体书势》，是存世最早和比较可靠的重要书法理论之一，有很高的史料价值。有关当时的各种书体、书史的演变，以及一些书法家代表的情况资料，大都赖此书得以保存。

有记载："秦烧灭经典，涤除旧典，大发吏卒兴戍役，官狱职务繁，初有隶书，以趋约易……秦始皇使下邽人程邈所造也。"唐张怀瓘在《书断》中也说："程邈，隶书之祖也。相传邈善大篆，初为县之狱吏，得罪始皇，系云阳狱中，覃思十年，损益大、小篆方圆之笔法，成隶书三千字。始皇善之，用为御史，以其书便于官狱隶人佐书，故曰隶书。"宋刻大观帖中还收录有程邈书作《秦御史程邈书》。看起来，隶书似乎是狱吏程邈创制的。

其实不然。早在战国时期的秦系文字里，隶书就已经出现，称为"古隶"，亦称"秦隶"。蒋善国在《汉字形体学》中早已提出了"古隶"的概念并与汉隶相区分，指出"古隶也叫秦隶，是古今文字的中间或过渡形式，是古今文字的分水岭"[①]。并认为古隶与小篆"只是姐妹"关系。[②] 虽然当时秦国的正统文字是小篆，但其笔道圆转回环，某些笔顺不符合手写的自然习惯，严重影响了书写的速度。而社会事务的日益繁杂，对快速书写的需求越来越迫切。于是书写人为了简便快捷，往往喜用古隶，并常将篆文略加省改，使古隶越来越流行，且不断完善、改进。考古材料也提供了证明，如 1975 年 12 月在湖北云梦县睡虎地十一号秦墓出土的竹简，抄写于战国末年，就是秦隶的代表，它虽已包含有大量篆书的体势及笔意，但已冲破了秦隶的约束，写来自然随意，其字体与西汉早期的隶书已无大差别。[③] 这说明在战国时代，隶书已基本形成，只不过不是官方提倡的规范字体而已。所以唐兰在《中国文字学》中说：认为是"由于官狱多事，才建隶书，这是倒果为因。实际是民间已通行的书体，官狱事繁，就不得不采用罢了"[④]。程邈一类的官府书吏们所做的是选用某种俗体字来书写公文的工作，而不是创制一种新字体。当然，他们也有可能对隶书做过一些整理工作，从而促进了篆书突变为隶书能量的积累。[⑤]

这种能量的积累一是表现在文字自产生开始便有两种矛盾始终与之伴

---

① 蒋善国：《汉字形体学》，文字改革出版社 1959 年版，第 166 页。

② 同上书，第 170 页。

③ 睡虎地秦墓竹简小组编：《睡虎地秦墓竹简》，文物出版社 2002 年版。

④ 唐兰：《中国文字学》，上海古籍出版社 2005 年版，第 132 页。

⑤ 《中华文明史》第三卷，河北教育出版社 1992 年版，第 413—414 页；杨景星：《中国书法史重镇：汉代隶书浅识》，《科学大众（科学教育）》2012 年第 5 期；张乐：《马王堆简帛文字的隶变研究》，硕士学位论文，南昌大学，2012 年，第 6—7 页。

随，第一种矛盾是文字与语言的矛盾，即文字的数量多寡与能否表达与之对应的语言之间的矛盾，第二种是文字与书写者的矛盾。春秋以后，汉字偏旁结构日趋成熟，进而产生了大量形声字。新的形声字的创造和对旧的形声字的改造，使得汉字与汉语的矛盾逐步得到缓解。但汉字与书写者之间的矛盾就上升成为推动汉字字型改变的最大动力。脱胎于周王朝文字的大篆在书写方便程度上明显地存在着结构繁复，很多笔顺不符合手写的习惯，回笔逆笔太多，影响书写速度的缺点，改变这种字体就势在必行，此其一。其二，汉字象形造字的基本元素又决定了汉字的可变性，遂形成了庞大的同义字、近义字系统。很多字看起来与其原字迥异，但是这种变化跟汉字的音义相关，所以容易被接受。因此，汉字表音表义这些特征使隶变成为可能。其三，战国时期“百家争鸣”的学术风气，也为隶变提供了适合的土壤。彼时旧的规范渐趋瓦解，新的规范尚未形成，思想得到空前解放，人们可以大胆地对汉字进行改造。

正是在这种历史大变革的背景下，隶变经历了孕育、突变和定型三个阶段。

（一）隶变的孕育阶段

隶变孕育于战国时代。战国时期楚帛书、竹简、玺印、货币、陶埴、铜器、刻石上就有打破篆书用笔、写法草率、字形扁平、体式简略的字体，这是古隶的先导。汉代文字学家许慎在《说文解字·叙》中说：“初有隶书，以趋约易，而古文由此绝矣。”这句话的意思并不是说隶书一出古文就绝了，而且隶书也不是一下子就有了，许慎的意思可能是隶书逐渐出现，古文开始渐趋式微。那么到底从什么时候“初有隶书”呢？在此，还是让考古材料说话，除上引睡虎地十一号秦墓出土的竹简外，1980 年在四川青川县郝家坪第 50 号战国墓出土的青川木牍，为墨书秦隶，笔法流畅，率意而不呆板，结体错落有致，并有篆籀遗韵，有些字形已体现出篆隶之间的转化轨迹。还有 1986 年 6 月甘肃天水市北道区党川乡放马滩 1 号秦墓中发掘出土的战国晚期秦国竹简，共 460 枚，简文以小篆书写，间杂隶书。此外，湖南长沙五里碑、仰天湖和河南信阳长台关，以及四川青川县等地出土的大量战国竹简等这些考古材料都说明隶变孕育于战国时代。[①] 这个阶段隶变孕育的表现就是把原本回环弯转的点画写成直画或连

---

① 程方平：《隶书之道（上）》，《中国教师》2009 年第 34 期。

画，跟同期的篆书相比运用了比较多的直线笔画，减少了盘曲笔画，而且有一定的解散篆体的趋向。呈现了部分篆书向古隶的转变的态势。

（二）隶变的发生阶段

隶变发生在西汉。汉字形体的变化，是隶变的主要标志。隶书的横向波磔取代了篆书的纵向舒展，其特点呈现蚕头雁尾，笔势摆布开张，字形扁方，每个字都有翩翩欲飞之态。用笔或方中带圆，藏锋、露锋诸法具备。结构上下缜密，向背分明，笔画向左右发展，呈左右对称的“八字形”。于是，圆弧形的线条逐渐变为起始点分明的笔画，这是隶变过程中最为直接的变化。正如王宁在《汉字学概要》中所说：“在书写笔法上将小篆圆匀的线条改成点画，从而彻底实现了汉字的笔画化。在此以前，汉字的书写单位是一些回转的线条，甚至是事物的整体轮廓，很难从中区别出笔画来，因而我们前面一直称之为笔道。到了汉隶，汉字的书写单位基本上可以概括为横（—）、竖（丨）、撇（丿）、点（丶）、捺（㇏）、折（乛、∠）等几种类型，真正意义上的‘笔画’才算形成，汉字笔画的计算才开始成为可能。”[①] 在篆书向隶书的突变中，一是变曲为直，把那些回转的线条变成直线或折线，使起笔和收笔更加直观，使笔画数变得清晰；二是变直为曲，将原字笔画中的一些直线扭曲，以达到字势平稳、视觉效果美观的效果；三是变连为断，把本来相连的几个线条分成几个笔画；四是变断为连，把本来不相连的部分粘合或连接在一起；五是变繁为简，删减去原字中的一部分笔画，使字体趋向简洁；六是变长为短，把原字中的长线条变短，以调整简化字体；七是点画位移，把原字的整体或一些部件做出适当的位移，以使字体平稳书写便利。并且，这几种基本方式往往交替综合使用。于是，在隶变的过程中解构了篆书，隶变发生：字型变圆形为方形，由纵势变为横势，线条变弧线为直线，笔画变繁复为简省。也就是官方典雅庄重、富有庙堂气的篆书，被庶民质朴直率、开放洒脱的隶书取代。[②]

（三）隶变的定型阶段

从篆书到隶书是汉字一个质的飞跃，隶变发生后隶书开始了新的量变

---

① 王宁：《汉字学概要》，北京师范大学出版社2001年版，第51—52页。

② 刘凤山：《隶变研究》，博士学位论文，首都师范大学，2006年，第71—80页；杨景星：《中国书法史重镇：汉代隶书浅识》，《科学大众（科学教育）》2012年第5期。

过程，即逐步成熟的过程。到了西汉，篆书在社会生活中的地位逐渐下降，简牍文字的隶属特征更见显著，到了西汉中期，隶书已经渐趋成熟从西汉中期到东汉中后期是隶变过程中隶书逐渐完善定型的阶段，其主要表现在字体、结构方式、字体和结构的变化对字义以及文字体制的影响等方面的成熟。

一是字体的成熟定型。隶变彻底改变了甲骨文、金文、大篆，小篆等的面貌，使汉字脱离了图画的性质，成为纯符号的文字。与此同时，又简化了小篆的许多偏旁和结构部件，使汉字更便于书写，不仅大大提高了书写速度，还节省了人的精力，使文字辅助语言进行交际的作用得到更大的发挥。

二是结构的成熟定型。隶变在走向成熟的过程中，或对篆书中一些不同的偏旁进行了归并，使之成为同一的简单形式；或将篆书同一偏旁分解为不同的简单偏旁；或省略篆书结构中的一部分；或肢解整体象形、指事字，使其变为若干组成部分；或用简化的结构代替原复杂的结构，从而消灭了汉字因形见义的基础，建构了一套全新的汉字结构体系，使汉字成为纯符号的文字。作为一种交流工具，隶变使汉字省去多余的部件，象形性的部分线条化，很多汉字在经过隶变之后由不可分解的构意字变为义合字，使汉字更加便于识读。

三是造字功能的成熟。所谓造字功能指的是隶变促进了大批后起形声字的产生，巩固了汉字音意文字的体制。过去古文字中甲骨文虽然有了形声字，并有不少假借用法，但其主体是由象形、指事、会意字构成，在文字体制上属于形意文字。甲骨文中已经出现的形声字，由于它的标音作用，密切了与语言的关系，较象形、指事、会意字有更多的优越性，是一种能产的造字法，因而后来的字绝大部分是用形声方法创造的。金文才三千五百字左右。到东汉许慎的《说文解字》就增至九千三百多字。形声字的比重从早骨文的20%增加到80%。汉字自金文起便从形意文字阶段进入音意文字阶段。隶变改变了古文字的面貌。因此，秦以后象形、指事字几乎没有再造了。[①]

经过这样的完善，从文字史的层面来说，隶书最终形成线条自然率真、横向开张取势、用笔疏朗有逸气的成熟隶书。隶变肇始于古文字阶

① 黄大荣:《试论“隶变”及其对汉字发展的作用》,《贵州文史丛刊》1992年第4期。

段，又开启了今文字。通过隶变使汉字由象形化更加符号化，增加了汉字数量，方便了书写，丰富了书写形式，对汉字今文字的发展具有深远意义，是汉字发展史上一个重大的文化事件。而从书法史的层面来看，隶变丰富了书法艺术，从字形上来说，隶书摆脱了古文字体系“随体诘屈”的文字构造方式的桎梏，以抽象的线条来构造字形，纯化了线条，也释放了线条的表现空间；在用笔上打破了篆书全封闭的体式，成熟隶书线条边缘还增加了“勾”“挑”“蚕头雁尾”等装饰性成分，这使得字体变化得以丰富，有利于书家想象力和感情的表现。隶变的直接结果是产生了隶书，而隶书上承篆书，下启楷书，衍变章草，所以草书、楷书、行书的形成也都跟隶书的形成有很大关系，因此，隶变在书法史上也具有划时代的意义。

三 《说文解字》：汉民族的百科全书式字典

汉代的隶变，不仅对汉字的发展具有划时代的意义，对于与文字学有关的字典来说也有开山的推动作用，其标志就是《说文解字》的问世。

《说文解字》作者许慎，字叔重。东汉汝南郡召陵县万岁里（今河南郾城县）人。据清人考证，许慎大约生于汉明帝永平元年（58 年），卒于汉桓帝建和二年（148 年）。他从小通晓经书，后又受学于古文经大师贾逵。汉安帝永初四年（110 年），曾与马融等五十余人校书东观，得见秘籍。著有《五经异义》《淮南子注》（二书已佚）。他编写《说文解字》，从汉和帝永元十二年（100 年）开始，历时二十多年，终于写成这部不朽的文字学名著。

许慎是古文经学大师，被当时的人称为“五经无双许叔重”。他作《说文解字》，本是要阐发自己的经学观点，为政治服务。许冲《上〈说文解字〉表》说：“臣父故太尉南阁祭酒慎本从逵受古学。盖圣人不空作，皆有依据。自《周礼》《汉律》皆当学六书，贯通其意。”要想读懂经文，必须先弄明白字句的意义。许慎想要做的是从根本上解决五经疑难字词的工作。然而，歪打正着，由于他继承和发展了前人的学术观点和治学方法，使《说文解字》一书远远突破了原定的目标，成为我国第一部系统分析字形、解说字义、辨识声读的字典。可以说，《说文解字》反映出许慎的语言文字观念，代表了当时人们对文字研究的最新成果。

《说文解字》共 14 篇（加上“叙”则为 15 篇）。据许慎自己统计，收字 9353 个，另有 1163 个重文（异体字），共 10516 个字。许慎所做的说解，计 133441 个字，经过历史传刻，我们今天所见到的重文多 112 个，而说解字则只有 122699 字。这是经过后人增删的结果。对所收的一万多个字，许慎不但从字形、字义、字音上全面进行了解释，而且刻意编排，使全书构成了一个系统周密的有机整体。

《说文解字》的出现，一是对文字的产生与发展、文字的功用、汉字的构造（六书）等问题都作了比较科学的、有条理的分析阐述，达到了前人从未达到过的高度，为后人树立了一个字典编纂的楷模，从而开创了中国文字学和字典学的独立研究阶段，在汉民族文字发展史上具有开创性的意义和价值。二是比较系统、全面地保存了小篆和部分古籀的字形，是后人上探甲骨金文字义，下推隶楷演变轨迹的桥梁和阶梯。三是保存了大量古音资料，包括形声字分析的谐声资料和释义中的声训资料；保存了很多当时和前代的方言资料，其引证方言诠释字义，达 40 多种方言，计 170 多条，启迪了后人以目验耳闻考证字义的研究方法。四是保存了丰富的古代训诂资料。这种存古之功的价值真可谓千秋功德。更重要的是，《说文解字》在汉民族文化史上还有一个特殊的意义，就是它用学术的力量，从文化认同上再一次地统一了中国的文字。正如有的学者所指出的那样："秦始皇以政治力量推行小篆，实际上只是在重大公文要件、颂功刻石中统一了文字。许慎则凭借自己的学术造诣，使近两千年来研究文字的学者们，都就着他所提供的小篆字形来分析研究汉字。在后代文字学家们的潜意识里，都是将许慎这位东汉学者笔下的小篆，当作真正的统一的标准小篆字形来看待的。"[①] 这就是学术的力量，这就是文化的力量！

第九节　乐府与汉赋:汉民族文学的定型

秦汉时期，正是汉民族文学逐渐从经学、史学中脱离出来，最终获得独立地位的时代。这个时代对于汉民族文学的独立就是一个历史过程。在汉末和曹魏年间，学人们以"文学"与"文章"作界限分明的对举时，已经显示了对于文学的独立意识。在这个过程中，汉民族古典文学的主要

① 唐赞功总纂:《中华文明史》第三卷，河北教育出版社 1992 年版，第 422 页。

文体在这个时期基本确立，并形成文学团体、文学流派和文学风格。文学的独立，或者说是本章所论的“文学定型”，其主要以“乐府”和“辞赋”的形式呈现出来。[①]

一　乐府：汉民族诗歌的新里程碑

诗歌作为汉民族文化的瑰宝，在民族发展进程中，一直发挥着人文化成的重要作用。先秦的诗歌以《诗经》和《楚辞》两部辉煌巨著，为汉民族的文学史树立了两个里程碑。这个传统在汉代得以发扬光大，以具有文学独立意义的乐府诗，在汉民族的文学史上树起了一个新的里程碑。

乐府诗的形成和命名有一个过程。所谓“乐府”，秦时就有乐府设置。汉初，朝廷设有“乐府令”，负责掌管音乐，到武帝时期，乐府扩大到 829 人。乐府的职责是搜集民间歌诗、制定乐曲并组织文人创作歌辞，供统治者祭祀宗庙、朝会宴饮、点缀升平之用。但是，乐府所保存的西汉诗歌，在班固的《汉书·艺文志》里称之为“歌诗”，意即可以歌唱的诗。可见在东汉初期尚无乐府诗之称。至于何时将汉代那些可以歌唱的诗称为“乐府”，尚不得而知。据《续汉书·礼仪志》注引东汉末年蔡邕《礼乐志》，有“汉乐四品”之说：“一曰郊庙神灵，二曰天子享宴，三曰大射辟雍，四曰短箫铙歌”，至于这四类汉乐中各包括哪些歌诗，则语焉不详。直到南朝“乐府”之名逐渐兴起，逐渐扩展，“乐府”一名，已由汉代国家的礼乐机构之名扩大为诗体之名。先是刘勰在《文心雕龙》中，列有《乐府》一篇，并给作为诗歌形式的“乐府”下了一个定义：“乐府者，‘声依咏，律和声’也。”进而昭明太子编《文选》，始列“乐府”之目。此后，徐陵《玉台新咏》则有《古乐府诗》之目，只是此时，虽然已有“乐府诗”或者“古乐府诗”之名，其所指范围亦甚小。直到宋代郭茂倩编《乐府诗集》，广收博采，人们始将汉代这些可以歌唱的诗统称为“汉乐府诗”[②]。这个确认过程正好说明了人们对乐府诗的认知有一个过程。

---

① 章启群：《经世与玄思：秦汉魏晋南北朝的精神文明》，北京大学出版社 2009 年版，第 117—118 页。

② 详见赵敏俐《论汉代乐府诗中的流行艺术与民间歌谣——兼谈“民歌”概念在汉代诗歌研究中的泛用》，《中国文化研究》2013 年夏之卷。

汉乐府诗大致可分为贵族乐府和民歌乐府两大类。[①] 这两大类其实也是乐府诗发展的两个阶段。

贵族乐府，形成于汉初讫武帝时期。“谓之贵族者，以其内容皆属贵族之事，且非天子不得擅用也。汉贵族乐府之可得而叙述者，厥为汉初三大乐章，即《安世房中歌》《郊祀歌》与《铙歌》是也。是三歌者，性质虽同，而施用则别，《安世房中歌》用之祖庙，《郊祀歌》以祀天神（亦用之祖庙），《铙歌》则凡朝会宴飨，道路从行，及赏赐功臣皆用之。”[②] 也就是汉代贵族所用的和所创作的，关于宗庙的、贵族的祭祀、宴乐、巡幸、游猎等的乐舞歌辞，即贵族宗庙祭祀祖先和神灵的诗歌；皇帝贵族及王室近臣等所作诗歌；关于帝王出行巡幸、宴乐、军旅等所作的诗歌；为贵族所用的诗歌。具体来说，即祭祀祖先之《安世房中歌》十七章、祭祀天地神灵之《郊祀歌》十九章、《汉鼓吹铙歌》十八曲以及散见于郭茂倩《乐府诗集》其他类别中帝王后妃等皇室贵族所作的诗歌都属于贵族乐府。

如《安世房中歌》是祭祀祖先之诗歌，出自高祖之姬唐山夫人之手，其在第一章即云：

> 大孝备矣，休德昭明。高张四县，乐充宫庭。
> 芬树羽林，云景杳冥。金支秀华，庶旄翠旌。
> 七始华始，肃倡和声。神来晏娭，庶几是听。

沈德潜在评价《安世房中歌》时说“首云大孝备矣，以下反反覆覆，屡称孝道，汉朝数百年家法，自此开出”[③]。《安世房中歌》在汉初鼓吹孝道、德教，肇端孝治，开了汉代百年的家法，可见汉代贵族乐府所倡导的孝道和德教是历史的必然。这在汉初来说，又出自女诗人之手，实在难能可贵。

又如《郊祀歌》是祭祀天地神灵之诗歌，是帝王亲自参与文学创作

---

① 关于汉代乐府的分类，萧涤非在《汉魏六朝乐府文学史》中说：“两汉乐府，约可分为三类：曰贵族，曰民间，曰文人”（见人民文学出版社 1998 年版，第 33 页）。笔者认为文人这一类尚不成气候，故采用民歌与贵族两类。

② 萧涤非：《汉魏六朝乐府文学史》（增补本），人民文学出版社 2011 年版，第 34 页。

③ （清）沈德潜：《古诗源》，中华书局 1963 年版，第 38 页。

的标志，汉武帝的显赫地位是《郊祀歌》虽不是最早创作却在《乐府诗集》中位于首位的重要原因。《郊祀歌》十九章，突出地表现了对生命意识的关怀，其直接主题为祭祀天地诸神，延伸主题则是对长生不老的企盼。这一主题的产生，一方面在迎合汉武帝之好神仙、求长生不老。于是，司马相如等数十人造为诗赋，如十九章中《天门》歌曰：

> 天门开，詄荡荡，穆并骋，以临乡。光夜烛，德信著，灵寖鸿，长生豫。太朱涂广，夷石为堂，饰玉梢以舞歌，体招摇若永望。星留俞，塞陨光，照紫幄，珠熉黄。幡比翅回集，贰双飞常羊。月穆穆以金波，日华耀以宣明，假清风轧忽，激长至重觞，神裴回若留放，殣翼亲以肆章。函蒙祉福倡常若期，寂漻上天知厥时。泛泛滇滇从高斿，殷勤此路胪所求。佻正嘉吉弘以昌，休嘉砰隐溢四方，专精万意逝九阖，纷云六幕浮大海。

这首诗表达武帝希冀众神降临，赐之祉福，以求长生不死。这在今天视之当然虚妄，而在当时却是生命关怀意识的最高体现。正如赵敏俐在《汉代诗歌史论》中所云："它以艺术的形式，一方面表现了汉人新的宗教观念，一方面也表现了汉代统治集团为了本阶级的利益及个人私欲的追求。而这一切，归根到底又受制于时代的需要及时代的认识水平。也正是这一点决定了《郊祀歌》十九章的历史价值，也决定了它的内容能够在艺术作品中以审美的方式得以表现，从而给人以一种精神上的满足。"①这正是《郊祀歌》所表达的生命意识和所体现的历史认识价值。这在两千多年前的汉代正是社会的真实反映，总之，汉代贵族乐府无论从内容上，还是从形式上来看，都具有其独特的意义，它应当在汉民族文学史上有自己的一席之地。②

民歌乐府史称"乐府民歌"，形成于武帝迄东汉中叶，一直受到人们的关注，是汉代文苑中一朵引人注目的鲜花。这些民歌采于民间，皆"感于哀乐，缘事而发"③，反映了广大民群的所思所想，在质朴的文字

① 赵敏俐：《汉代诗歌史论》，吉林教育出版社1995年版，第157页。
② 参阅王玉娇《汉代贵族乐府研究》，硕士学位论文，华中师范大学，2006年。
③ 《汉书·艺文志》。

里，蕴藏着丰富的内容与民众的感情。在揭露矛盾、批判黑暗时，爱憎鲜明，感情强烈，具有情节性、场景性和戏剧性的特点[①]，有极强的艺术感染力，具有很高的文学价值。

一是在叙事性上出现了较为完整的情节和有一定性格的人物。熟悉诗歌发展史的学者都了解，《诗经》已有一些叙事性的诗篇出现，如《大雅》中的《生民》《公刘》《大明》等篇，但这些叙事诗故事情节和人物形象都还缺乏完整性。汉乐府民歌在这方面则有创造性的发展，如《孔雀东南飞》《陌上桑》，情节生动，富有戏剧性，且有性格鲜明的人物出现。尤其是约成于汉末建安年间的长篇叙事诗《孔雀东南飞》，取材于真人真事，全诗340多句，1700多字，叙述了一个完整的爱情悲剧，情节曲折动人，矛盾冲突尖锐复杂。通过刘兰芝、焦仲卿两人的婚姻悲剧，暴露了家长制和封建礼教的罪恶，表达了青年男女争取爱情和美满婚姻的愿望，同时也反映了汉代的风习礼俗。使《孔雀东南飞》成了汉民族文学史上最杰出的叙事长诗。此外，即使是那些不以叙述故事为目的的短诗，也往往有一些具体的生活片段和细节描写。如《妇病行》《东门行》《十五从军征》《艳歌行》等。汉乐府这种以事成篇、即事见义的表现方式和叙事写人的技巧都被后代作家所继承和借鉴，是乐府民歌最突出的特点，成为乐府诗的共同特征。

二是在艺术上乐府民歌还有丰富多彩的特点。如同是反映征夫离妇题材的诗，《古歌》《悲歌》感情强烈，如疾风骤雨，倾注无余；《饮马长城窟行》则忧郁缠绵，深厚含蓄。又如同是表现爱情的诗篇，《上邪》《白头吟》出语惊人，撼天动地；《有所思》则凄恻婉转，悲恨交加。再如同是铺叙故事，有的采用第三人称，有的通过主人公自诉，有的则通过人物对话，表现方式灵活多样。在表现手法上，有的朴素真切，有的又富有浪漫色彩。真可谓多姿多彩，绚丽无比。

三是乐府民歌语言清新朴素，自然活泼，富有生活气息。由于民歌作者有深切的生活体验，而且这些民歌又在民间流行，故而不假文饰，通俗易懂。有的甚至有了很高的语言技巧，如《饮马长城窟行》，不仅用了出

---

① 详见陈炎主编，仪平策著《中国审美文化史·秦汉魏晋南北朝卷》，上海古籍出版社2013年版，第96—98页。

色的比兴，而且采用了“顶真”句式①，连环往复，效果极佳。有鉴于此，明代胡应麟在《诗薮》中称赞说：“汉乐府歌谣，采摭闾阎，非由润色，然而质而不俚，浅而能深，近而能远，天下至文，靡以过之！”

四是乐府民歌的形式自由多样。就汉民族诗歌的发展形式而言，《诗经》是整齐的四言体。但乐府民歌却没有固定的章法，或四言，或五言，或七言，或杂言，说明了诗歌的样式也在不断改进。乐府民歌虽形式灵活，但仍以五言者为最多，像《陌上桑》《孔雀东南飞》几乎都是成熟的五言诗。五言诗的发展，扩大了诗歌的表现能力，为民歌的大发展准备了条件，也为文人五言诗的成熟、繁荣开辟了广阔的道路。

乐府民歌不仅在奠定汉民族诗歌发展史上现实主义优良传统方面起了重要作用，而且在艺术上也取得了很高的成就，发展了《诗经》艺术传统。所以有学者认为《诗经》就是汉以前的“乐府”，“乐府”就是周以后的《诗经》。②

二 汉赋：汉民族散文的新范型

汉赋作为汉民族文化史上的“一代之文学”“颂大汉之天声”③，如同诗之于唐，词之于宋，曲之于元，小说之于明、清，堪为当时文学的范型和代表。正如王国维所说：“凡一代有一代之文学：楚之骚，汉之赋，六代之骈语，唐之诗，宋之词，元之曲，皆所谓一代之文学，而后世莫能继焉者也。”④

此汉赋看起来似乎是诗却又不是诗，在文学范型上又独立为一体，成为汉代最流行的文体，这是为什么呢？对此问题，早在汉代班固就做了区分，他在《汉书·艺文志》中，引用了刘向的“不歌而诵谓之赋”，揭示出了赋与诗的区别：诗可合乐歌唱，赋则不歌而诵。⑤ 所以，汉赋是在汉

---

① 顶真，亦称顶针、联珠、蝉联，是一种文学修辞方法，是指上句的结尾与下句的开头使用相同的字或词，用以修饰两句子的声韵的方法。用前文的末尾作下文的开头，首尾相连两次以上，使邻近接的语句或片段或章节传下接，首尾蝉联，这种修辞手法，叫作顶真。

② 郑师渠总主编，许殿才分册主编：《中国文化通史·秦汉卷》，北京师范大学出版社2009年版，第330—336页。

③ （清）邓实：《正气集序》。转引自王洪军《“颂述功德”：汉代博士文人诗心蕴藉的时代歌唱》，《齐齐哈尔大学学报》2010年第5期。

④ 王国维：《宋元戏曲考·序》。

⑤ 骆玉明：《论“不歌而诵谓之赋”》，《文学遗产》1983年第2期。

朝涌现出的一种有韵的散文[①]，它的特点是散韵结合，专事铺叙。从赋的形式上看，在于“铺采摛文”；从赋的内容上说，侧重“体物写志”。作为文体名称，它源于荀子的《赋》[②]；作为文学体制，它直接受到屈乐楚辞和战国恣肆之风的极大影响。[③] 汉赋的内容一般可分为五类：一是渲染宫殿城市；二是描写帝王游猎；三是叙述旅行经历；四是抒发不遇之情；五是杂谈禽兽草木。而以前二者为汉赋之代表。在两汉400年间，一般文人多致力于这种文体的写作，因而盛极一时。南朝刘勰曾说：“进御之赋，千有余首。”[④] 在司马迁的《史记》、班固的《汉书》、范晔的《后汉书》和昭明太子的《文选》中，收录了相当数量的汉代赋作。清代陈元龙编纂的《历代赋汇》，特别是严可均编纂的《全上古三代秦汉三国六朝文》中，收录汉代赋作者约70人，赋作250余篇。今人费振刚等以“分体断代文学总集的体例”，收“西汉的赋单独编辑成书”，这可说是《全汉赋》的第一个总集。收录赋家26人，赋作296篇。[⑤] 著名的赋家刘勰在《文心雕龙·诠赋》中曾举出10人，他说：

> 观夫荀结隐语，事数自环；宋发巧谈，实始淫丽；枚乘《菟园》，举要以会新；相如《上林》，繁类以成艳；贾谊《鹏鸟》，致辨于情理；子渊《洞箫》，穷变于声貌；孟坚《两都》，明绚以雅赡；张衡《二京》，迅拔以宏富；子云《甘泉》，构深玮之风；延寿《灵光》，含飞动之势；凡此十家，并辞赋之英杰也。[⑥]

这10家属于汉代的有8人，而司马相如、扬雄、班固和张衡又被称

① 中国社科院文研所和游国恩等主编的两部文学史都主赋为散文说，人民教育出版社出版的《古代散文选》（1980年重印）也将赋选入。郭预衡的《中国散文史》认为“秦汉之赋，就作用说，不近于诗，而近于文。虽然命名为赋，其实也是文章”。谭家健也主张骈文和赋都应该算散文（《关于古典散文的若干问题》，载《文学评论丛刊》第5辑）。当然也有主赋为诗歌说、新体说的，在此不赘，详见张庆利《近年汉赋研究综述》，《文史哲》1989年第6期。

② 李伯敬：《赋体源流辨》，《学术月刊》1982年第3期；刘春：《略论汉赋和它的思想性》，《文科月刊》1987年第4期。

③ 郭预衡：《汉赋的渊源和流变》，《克山师专学报》1986年第2期。

④ 《文心雕龙·诠赋》。

⑤ 见费振刚、胡双宝、宗明华辑校《全汉赋》，北京大学出版社1993年版。

⑥ （南朝梁）刘勰著，范文澜注：《文心雕龙注》，人民文学出版社1958年版，第135页。

为“汉赋四杰”。从这八大家来看，作赋的人不只有像司马相如这样比较纯粹的赋人，还有《汉书》的作者班固、天文学家张衡。而且史学家司马迁写过《悲士不遇赋》，思想家董仲舒也写过《士不遇赋》。正如周来祥所说：“犹如后来写诗之唐人，其作者是相当广泛的。”[①]

汉赋虽盛极一时，但历来对其在文学史上的评价却并不看好，最典型的是班固，在《汉书·艺文志》中他认为赋发展到汉代枚乘、司马相如之流，已经“没其讽喻之义”，没有了劝诫、讽谏的功效，因而也就再无价值可言。[②] 这与他在《两都赋序》中对汉赋“或以抒下情而通讽喻，或以宣上德而尽忠孝，雍容揄扬。著于后嗣，抑亦雅颂之亚也”的倍加推崇表现得很矛盾。班固的这种矛盾心态代表了汉代一批文人的看法。如扬雄对自己早年赋作成就采取了轻视与否定说：“诗人之赋丽以则，辞人之赋丽以淫”[③]，认为文章之美不在于文辞绮丽，而在于要符合“圣人之道”。司马迁评价相如之赋也以讽谏之义的有无为标尺，忽而说“相如虽多虚辞滥说，然其要引之于节俭，此亦《诗》之讽谏何异?”忽而又说“《子虚》之事，《大人》赋说，靡丽多夸，然其指风谏，归于无为”[④]。或扬或抑，也是一种矛盾状态。这种态势影响至远，晋人挚虞在《文章流别论》[⑤] 中对汉赋批评也说：“夫假象过大，则与类相远；逸辞过壮，则与事相违；辩言过理，则与义相失；丽靡过美，则与情相悖。”及至现代，文学史家论述这个问题，又沿袭古人对汉赋的否定态度。尤其是20世纪五六十年代，汉赋被认为是死的、僵化的、堆砌的文学，对汉大赋的艺术乃至整个价值全盘否定，在一些人眼中，汉赋成为最乏味的一类文学作品，它们被认为是文人们歌功颂德的工具，脱离生活、缺乏情感、格局板滞、文字冷僻、辞句艰深，甚至成为“类书”的代名词。[⑥] 如王缵叔《略论汉大赋的泯灭》说：“赋的作者专在奇字怪词上下功夫，背离了文

① 周来祥：《汉赋“莫我大也”的时代风貌》，《社会科学战线》2009年第11期。

② 《汉书·艺文志》。

③ 《法言·吾子》。

④ 《史记·司马相如传》。

⑤ 《文章流别论》是关于各种文体的性质、源流的专论，论到的文体有颂、赋、诗、七、箴、铭、诔、哀辞、哀策、对问、碑铭等十一种，但也旁及文章的作用和文章的评价。

⑥ 参阅张庆利《近年汉赋研究综述》，《文史哲》1989年第6期；孙玉茜：《汉大赋审美价值新论》，硕士学位论文，西北大学，2004年，第1—3页。

艺规律”，“即使单从状物技巧上讲，汉大赋也是毫无可取的”。因此，“汉大赋是我国文学发展长河中的一段不光彩的历史”①。

其实，这种否定对“颂大汉之天声”的汉赋是不公平的。1915年，王国维首先在《宋元戏曲史·序》中为汉赋翻案。把汉赋定位为“一代之文学”，“而后世莫能继焉”。打破了对汉赋否定了两千年的坚冰。20世纪二三十年代，汉赋研究曾一度兴盛，许多学贯中西的学者对汉赋给予了一定的重视。比如鲁迅写于1926年的《汉文学史纲要》，就称扬司马相如“不师故辙，自摅妙才，广博宏富，卓绝汉代”。当时的许多文学史著作，如谢无量的《中国大文学史》、赵景琛的《中国文学小史》、欧阳溥存的《中国文学史纲》、郑振铎的《插图本中国文学史》、刘永济先生的《十四朝文学要略》、郭绍虞先生的《中国文学批评史》等，都对汉赋有所论述。突出的莫过于刘大杰，他在1939年撰就的《中国文学发展史》上卷中，设专章讨论汉赋，对于汉赋的兴盛原因、发展进程及其流变影响等方面都发表了许多公允独到的见解。但在学术上真正有突破意义的，是李泽厚第一次从美学意义上对汉赋做出高度的评价，1984年他在《中国美学史》中说：“汉赋所表现出来的那种‘巨丽’之美，那种‘包括宇宙，总揽人物’的宏大气魄，却是后世所难企及的。它在中国艺术的发展史上，第一次鲜明强烈地突出了艺术作为一种自觉的美的创造的特征，不再只是政治伦理道德的附庸。”② 而1993年《神乌傅（赋）》的出土，学术界才为汉赋的巨大魅力及价值地位真正受到震撼。正如踪凡所评论的那样：“客观地说，只有到了20世纪八九十年代，研究者们才渐渐超越传统的思想观念和方法模式的束缚，才逐渐抛弃了传统的以讽喻为尺度评价汉赋的价值取向，从一味地颂扬或贬斥汉赋，走向冷静、客观地分析研究，从偏执的价值判断与庸俗社会学的批评方式转向对汉赋审美特征与文学本性的把握，并且引进了心理学、美学、文化学、语言学、比较文学等多种角度和方法。”③ 从此以后，汉赋才真正开始与唐诗、宋词、元曲、明清小说等文体在汉民族文化史上平起平坐。

对“一代之文学”汉赋的价值，可从文学价值和历史价值两个方面

---

① 王缵叔：《略论汉大赋的泯灭》，《文艺研究》1981年第2期。

② 李泽厚、刘纲纪：《中国美学史》第一卷，中国社会科学出版社1984年版，第443页。

③ 踪凡：《汉赋研究史述略》，《社会科学辑刊》2002年第1期。

考察。

（一）汉赋的文学价值

汉赋是汉民族文化史上第一次以纯文学面貌出现的、有意识的文学创作。正是出于这种文学创作的自觉，汉赋家们运用华丽的字句、铿锵的声调，采用铺陈的方式，开拓了先秦文学从未涉及或较少涉及的题材领域，如司马相如的《上林赋》，以宫殿、苑囿、田猎为题材，以维护国家统一、反对帝王奢侈为主旨，既歌颂了统一大帝国无可比拟的声威，又对最高统治者有所讽谏，开创了汉代大赋的一个基本主题。在形式上，又摆脱了模仿楚辞的俗套，以“子虚”“乌有先生”“无是公”为假托人物，设为问答，放手铺写，结构宏大，层次严密，语言富丽堂皇，句式亦多变化，加上对偶、排比手法的大量使用，详细地描写了上林苑中的一切，然后记叙了天子行猎的过程，从出行时仪仗到将士的奔逐，野兽的惶惧，天子行猎的经过，欢乐歌舞的场面，写得淋漓尽致，动人心魄。下面引一段分享一下：

> 于是乎崇山矗矗，龍嵷崔巍，深林巨木，崭岩参差，九嵕嶻嶭。南山峨峨，岩陁甗崎，摧崣崛崎。振溪通谷，蹇产沟渎，谽呀豁閜。阜陵别岛，崴磈葨瘣，丘虚堀礨，隐辚郁垒，登降施靡，陂池貏豸，沇溶淫鬻，散涣夷陆，亭皋千里，靡不被筑。揜以绿蕙，被以江蓠，糅以蘪芜，杂以留夷。布结缕，攒戾莎，揭车衡兰，稾本射干，茈姜蘘荷，葴持若荪，鲜支黄砾，蒋苎青薠，布濩闳泽，延曼太原。离靡广衍，应风披靡，吐芳扬烈，郁郁菲菲，众香发越，肸蚃布写，晻薆咇茀。

这一段自然风光的描写可使人有身临其境之感，以一斑窥全貌，仅此一段足可见汉赋的大气之壮丽、之魅力，确是“颂大汉之天声”。这种“大美”气象，正如鲁迅所说：“益以玮奇之意，饰以绮丽之辞”，“不师故辙，自摅妙才，广博闳丽，卓绝汉代”①。

司马相如不仅写有《上林赋》，还有《子虚赋》《大人赋》《长门赋》

① 鲁迅：《汉文学史纲要》，载《鲁迅全集》（八），人民文学出版社 1957 年版，第 305—306 页。

《美人赋》《哀秦二世赋》等。通观其作品，汉赋的文学不仅表现手法华丽，而且题材也非常丰富，其所描绘的对象包罗万象：上至帝王生活，下至平民百姓，自然界花草树木，虫鱼鸟兽；生活中的大城市、大建筑物、街市喧闹等无不包括在内。这样的描绘领域，是汉民族文化史上史无前例的。①

对于汉赋的文学价值，仪平策有两点概括得很精当：

> 一是从审美文化发展史的角度看，西汉散体大赋的出现是一个意义重大的事件。它至少有两大贡献，其一，充分发挥了中国语言的审美潜能，极大地丰富了汉语词汇的文学表现力。它虽然在一定程度上有炫博耀奇、堆砌辞藻、滥用生词僻字之嫌，但同时在锻炼词句、讲究辞采、追求语词的摹物状景技巧和声色气势效果等形式美学方面，它又确乎大大地前进了一步。魏晋以后以沈约“四声八病”为代表的文学形式美理论的大发展，若没有此前汉大赋对语言之美的开发这一环节，那是不可想象的。
>
> 其二，也是最重要的，就是汉大赋极大地拓展了艺术的空间意识，提高了文学体物摹形的能力，开拓了审美的感性视野和对象界域，为自然物真正获得独立之美作了比较充分的历史准备。……它将审美焦点由“向内”移换为“向外”，对广大浩邈的对象界、自然界，极尽描摹铺陈之能事，使自然客体从先秦审美文化的“人事”氛围和“言志”趣尚中凸显出来，成为自己所关注所追逐所摹仿的主要对象，而且其描摹铺写得完整、细致、繁复、逼真，其风格、格调的色彩斑斓、纵横飞扬，都可谓尽其情致，达其极端，从而在体物写景、状貌拟象的丰富、具体、广博、直切等方面，已较先秦时代有了突破性、飞跃性发展。②

总而言之，汉赋作为汉代文学的代表，在继承先秦文学的基础上，创造了一个全新的文学范型，作为汉民族文学史上重要的一环，开拓了口头

---

① 钟妙芹：《浅论〈汉赋〉的文学价值》，《安徽文学》2009 年第 1 期。

② 陈炎主编，仪平策著：《中国审美文化史·秦汉魏晋南北朝卷》，上海古籍出版社 2013 年版，第 58—59 页。

文学向书面文学转变的途径，既为汉民族文学传统的形成做出了重大的贡献，又为汉民族文学自觉时代的到来做了最后的准备。

（二）汉赋的历史价值

除文学价值以外，从汉民族文化史的视角看，汉赋还具有历史价值。

1. 汉赋反映了两汉社会的兴衰历程

文学是社会的镜子。汉赋的内容及形式的变化同汉代社会兴衰演变紧密联系在一起。从汉初到文景之世，经济残破，社会凋敝，国力弱小，制度不全。君主崇尚简易，不好辞赋。因仕进之路尚不畅通，辞赋之士难进朝廷，赋的创作尚不发达，文坛流行战国以来抒发个人情志的骚体赋遗风。而从西汉中期到东汉中期，汉王朝既跨越了西汉与东汉两代盛世，又经历了两汉之际的动荡衰乱。政治经济的发展带来文化的繁荣。这是赋的创作兴旺发达的黄金时代，“以物质盛大之美为主要内容，以铺陈扬厉为表现手法”[①]的叙事体物大赋大量出现。对此，班固《两都赋序》中云：“至于武、宣之世，乃崇礼官，考文章，内设金马、石渠之署，外兴乐府、协律之事，以兴废继绝，润色鸿业。是以众庶悦豫，福应尤盛。”“故孝成之世，论而录之，盖奏御者千有余篇，而后大汉之文章，炳焉与三代同风。”

东汉前期，国势兴旺，社会稳定，叙事体物大赋创作声势复振，出现了班固、张衡等赋作家，创作出《两都赋》《二京赋》等名作。叙事体物大赋作为汉赋的主体，大都以帝王巡游、田猎及宫殿、京都为描述对象，赞颂广阔的国土、丰富的物产、壮丽的建筑、繁华的都邑，称颂隆盛的文治武功。这些作品不仅从一个侧面向人们展示出大汉国势的强盛，而且表现出汉人对现实生活的热爱，对自身力量的自信，对物质文明与精神文明的肯定。其所反映出来的恢宏气度正是自强不息的民族性格与积极乐观的时代精神的艺术体现。

但从东汉中期到东汉后期，朝政黑暗，政局动荡，各种矛盾日益激化。社会环境的变化决定赋的创作风格的变化，叙事体物大赋的创作走向衰落，从此再无重要作品出现，而以世俗生活为题材的咏物小赋有所发展，并产生一批抒情小赋。从本质上说，两汉不同时期赋的内容与形式的

---

① 于迎春：《汉代文人与文学观念的演进》，东方出版中心1997年版，第52页。

变化实为国势兴衰的折射与缩影。①

汉赋对汉代社会这种入木三分真实而生动的反映，正是其他历史资料所或缺的，而汉赋正好是对汉代历史最好的补充。

2. 汉赋反映了两汉社会生活的情境

汉赋这面镜子还照出了汉代社会生活的鲜活情境。如牧乘《七发》中的楚太子与吴客两个人物虽为虚拟，但通过吴客之口，分别叙述听琴、饮食、车马、游观、田猎、观涛、奏方术之士七件事情，则在一定程度上反映出当时的社会生活的实际。又如扬雄的《甘泉赋》以成帝元延二年（前11年）为求继嗣描述其郊祀出行的豪华气势与赫赫盛况，刻画出甘泉宫的高大、奇伟、壮观、瑰丽。再如张衡的《西京赋》极写西京王侯幸臣宠姬之奢华无度，而《东京赋》则突出帝王之俭约与礼仪之隆盛。凡此等等所描绘的统治者声色犬马、田猎巡游、修建宫殿林苑、祭拜名山大川等活动的汉赋，使我们不仅能够看到汉代汉民族的精神生活与物质生活，而且可以体察汉代统治者的精神世界，为人们研究汉代君主贵族奢侈豪华生活提供了翔实而生动的史料。

汉赋不仅反映了汉代君主贵族奢侈豪华的生活，也呈现了普通百姓的社会生活。如张衡的《二京赋》描绘都市生活，涉及街道、市场、商人、富民、游侠、辩士、杂技、歌舞、马戏、魔术等。《西京赋》描述西汉长安：

> 瑰货方至，鸟集鳞萃。鬻者兼赢，求者不匮。尔乃商贾百族，裨贩夫妇。鬻良杂苦，蚩眩边鄙。何必昏于作劳，邪赢优而足恃。彼肆人之男女，丽美奢乎许、史。若夫翁伯、浊、质、张里之家，击钟鼎食，连骑相过。东京公侯，壮何能加！都邑游侠，张赵之伦，齐志无忌，拟迹田文。轻死重气，结党连群。实蕃有徒，其从如云。茂陵之原。阳陵之朱。趫悍虓豁，如虎如貙。睚眦虿芥，尸僵路隅。丞相欲以赎子罪，阳石污而公孙诛。若其五县游丽辩论之士，街谈巷议，弹射臧否，剖析毫厘，擘肌分理。

张衡的描绘再现了一幅西汉长安社会生活的风俗长卷！

① 庞天佑：《论汉赋的史料价值》，《湛江师范学院学报》2005年第5期。

又如贾谊曾先后任太中大夫及长沙王与梁怀王的太傅等职。他于前元九年（前 171 年）为梁怀王太傅时，亲眼见到当时的大旱，写下《旱云赋》云：酷暑高温之下，云兴不雨、砂石如煎，河水断流、田地干裂、禾苗枯死、农夫心焦等情状，反映出当时农村的惨状与农民的痛苦。扬雄的《逐贫赋》说："人皆文绣，余褐不完。人皆稻粱，我独藜飧。……徒行负赁，出处易衣。身服百役，手足胼胝。或耘或耔，沾体露肌。"这些语言生动而真实地反映出两汉之际社会中尖锐的贫富对立！

再如蔡邕以延熹二年（159 年）奉命赴京行程为线索，写下《述行赋》，描绘自己沿途所见所感。作者在该赋序言中说道：延熹二年秋，专权的外戚梁冀刚刚被诛，恃宠的宦官徐璜既在朝廷擅作威福，又在洛阳城西大兴土木，修建显明苑。服役的百姓因冻饿而死者不计其数。白马令李云因上书言事而被处死，大鸿胪陈蕃因救李云而获罪。徐璜听说蔡邕善鼓琴，报告朝廷。皇帝下令陈留郡太守派人遣送蔡邕进京。蔡邕到偃师，因病无法前行，始得返归。在《述行赋》正文中，蔡邕借古喻今，赞扬明君，批评昏君，表彰忠良，贬斥奸佞，谴责奸佞当道的现实，表达对人民苦难的同情。这些汉赋作品同样为研究汉代社会生活提供了鲜活而真实的史料。[①]

3. 汉赋反映了两汉社会风俗的图像

汉赋这面镜子还照出了汉代社会风俗的世俗图像。如关于婚礼风俗的图像，蔡邕的《协和婚赋》中有描写：

> 惟情性之互好，欢莫伟乎夫妇。受精灵之造化，固神明之所使。事深微以玄妙，实人伦之肇始。孝邃初之本原，览阴阳之纲纪。乾坤和其刚柔，艮兑敢其晦腓。[②]

说的是男婚女嫁并非只是两姓之间的私事，实乃天地之大事。人伦之端始，也是自然之规律，自古以来，婚姻被视为乾坤交泰，阴阳调和，这也是中国传统婚俗最基本的伦理要义。与此同时，蔡邕在赋中还强调婚姻的得时与和谐，即所谓：

---

① 庞天佑：《论汉赋的史料价值》，《湛江师范学院学报》2005 年第 5 期。

② （东汉）蔡邕：《协和婚赋》，载《全汉赋评注·后汉下》，花山文艺出版社 2003 年版，第 864 页。

《葛覃》恐其失时，《摽梅》求其庶土。惟休和之盛代，男女得乎年齿。婚姻协而莫违，播欣欣之繁祉。①

此外，婚礼的具体场景，从女子登车出嫁离开娘家，到迤逦抵达夫家，举凡服饰、车马、宾客都有描绘：

良时既至，婚礼已举。二族崇饰，威仪有序，嘉宾僚党，祁祁云聚。车服照路，骖骓如舞。既臻门屏，结轨下车。阿傅御坚，雁行蹉跎。丽女盛饰，晔如春华。②

钱钟书《管锥篇》曾评“首节行媒举礼”，“续写新婚艳丽”，“想必全文自门而堂，自堂而室，自交拜而好合，循序描摹”③，展示了婚礼的完整过程。后面洞房花烛一段写新婚之夜的惊艳，床笫间的柔情缱绻，乃是作者初涉性爱的感受，从而呈现出汉代婚礼风俗的全景图像。

汉赋中还有许多关于岁时节日风俗的描述，如对三月上巳祓禊的记载很详细。祓禊原本是一种祛凶避邪的风俗，在水滨洗濯，清去宿垢，驱邪祈福。祓，意即祓除，是一种除灾祈福的仪式。汉赋中最早单独对这一风俗进行描写的是东汉杜笃的《祓禊赋》，其云：

王侯公主，暨乎富商。用事伊雒，帷幔玄黄。于是旨酒嘉肴，方丈盈前，浮枣绛水，酹酒醲川。若乃窈窕淑女，美媵艳姝，戴翡翠，珥明珠。曳离袿，立水涯。……若乃隐选未用，鸿生俊儒，冠高冕，曳长裾，坐沙渚，谈诗书，咏伊吕，歌唐虞。④

描绘了京城洛阳大禊的热闹场景。王侯公主、富商大贾在洛水旁建精美的帷幔，“旨酒佳肴”尽情享受，贵妇美人盛装出来，文人也不甘寂

① （东汉）蔡邕：《协和婚赋》，载《全汉赋评注·后汉下》，花山文艺出版社2003年版，第864页。

② 同上。

③ 钱钟书：《管锥编》（第三册），中华书局1986年版，第1017页。

④ （东汉）杜笃：《祓禊赋》，载《全汉赋评注·后汉上》，花山文艺出版社2003年版，第110页。

宴，在河畔吟咏诗书。可见，三月上巳在东汉后期的节日中地位有上升的趋势，由最先“洁于水上”的驱邪仪式逐渐与游宴娱乐结合起来了，演变成“曲水会”“分流行觞”，继而饮宴赋诗、踏青郊游等，逐步成为文人雅士的聚会活动。面对节日的盛况，当时许多文人骚客为之所感提笔作赋，张衡的《南都赋》中也描写了南阳地区人民的祓禊活动：

> 于是暮春之禊，元巳之辰，方轨齐轸，祓于阳濒。朱帷连纲，曜野映云。男女姣服，骆绎缤纷。致饰程蛊，偠绍便娟。微眺流睇，蛾眉连卷。于是齐僮唱兮列赵女，坐南歌兮起郑舞，白鹤飞兮茧曳绪，修袖缭绕而满庭，罗袜蹑蹀而容与。翩绵绵其若绝，眩将坠而复举。翘遥迁延，蹩躠蹁跹。结九秋之增伤，怨西荆之折盘。弹筝吹笙，更为新声。寡妇悲吟，鹍鸡哀鸣。坐者惨欷，荡魂伤精。①

车水马龙，男女云集，服装艳丽，场面壮观，音乐歌舞，委婉动听，神采飞扬，动人心魄。一幅全民游春娱乐的华美跃然纸上，这里宗教祭祀的色彩大大淡化，笼罩全赋的是浓郁的风俗文化氛围。

此外，在汉赋中还有对七夕、腊日驱傩、除夕门神等节日风俗的描述，都为汉代汉民族的风俗呈现出了一幅又一幅图像，为人们了解和研究汉民族汉代的风俗提供了有风姿、风情和风貌的珍贵史料。②

总之，在“大一统”中，汉代乐府和汉赋塑造了汉民族文化的巨丽之美，构成了汉民族文化的大美气象。这种“颂大汉之天声”的大美既凝重，又灵动；既刚正，又洒脱；既浩大，又氤氲；既气吞山河，又温柔敦厚；既质朴内孕，又丽飞采扬。班固在《两都赋》中所说的“敷洪（铺鸿）藻，信景铄”③，正是汉赋以及汉民族汉代审美文化的特征。洪（鸿），是大，藻，指文章；景，是大，铄，是黄。铺陈宏大的文章，创造大丽大美的“大汉天声”，正是汉代文学家们对汉民族文化的贡献。还是张衡在《西京赋》说得好：“方今圣上，同天号于帝皇，掩四海而为

① （东汉）张衡：《南都赋》，载《全汉赋评注·后汉下》，花山文艺出版社 2003 年版，第 396—397 页。

② 以上均参阅李伟霞《汉赋与汉代风俗文化》，《乐山师范学院学报》2011 年第 3 期。

③ 见费振刚、胡双宝、宗明华辑校《全汉赋》，北京大学出版社 1993 年版，第 329 页。

家。富有之业，莫我大也。”①

第十节　兵马俑与画像石：汉民族雕塑艺术的明珠

从汉民族的雕塑艺术来说，秦汉雕塑有陶塑、石雕、木雕以及青铜塑像几大类，均建树辉煌，表现出大气磅礴，雄宏洒脱，交相辉映，璀璨夺目的艺术特色。其中秦以兵马俑为代表，汉以画像石（砖）为范例，他们不仅是汉民族文化史上的奇葩，也是世界艺术史上的明珠。

一　秦兵马俑：汉民族古代雕塑的巅峰之作

秦汉之际是汉民族古代雕塑获得飞跃性、突破性大发展的时期。就迄今所发现的来说，首推秦始皇陵兵马俑群，其次是西汉时期的陕西汉景帝阳陵陶俑群、陕西咸阳杨家湾的彩绘陶俑、江苏徐州狮子山的彩绘陶质俑马，以及济南无影山的乐舞杂伎俑群等，这均构成了秦汉之际雕塑的煌然大观。而其中秦始皇陵兵马俑群堪称汉民族古代雕塑的巅峰之作。

（一）秦兵马俑的发现当惊世界殊

1974 年 3 月陕西省临潼县西杨村村民，为了抗旱救灾，在秦始皇陵东侧 1.5 千米处打井。3 月 29 日村民杨志发、杨彦信在井下挖土，意外地跌进了兵马俑的通道里，他们发现自己被一群全副铠甲武装的武士包围了。沉睡于地下 2000 多年的几千名秦王将士，重新威武雄壮地陈列于世人面前。这令中国震惊，也令世界震惊。②

后来，经过考古工作者勘探和发掘，进一步发现这是一座大型的兵马俑坑（编号为一号俑坑），里面埋藏着陶俑、陶马约 6000 件。后来，考古人员在一号俑坑的北边发现了二号俑坑、三号俑坑和一个未建成的俑坑。三个俑坑内共有真人、真马大小的陶俑、陶马 8000 件，驷马战车 100 多辆，陶马 1000 余匹，数量众多，规模宏大。从现在展出的一号坑中的陶俑来看，这些武士、马匹与真人真马一般大小，造型高大，一般平均身高为 1.8 米。这些高大的武士身披铠甲，排列成庞大的军阵，面向东

① 见费振刚、胡双宝、宗明华辑校《全汉赋》，北京大学出版社 1993 年版，第 421 页。

② 周韵曦：《浅谈秦兵马俑的审美特点》，《中国文化研究》2008 年春之卷。

方，气势雄伟，震撼人心。这一伟大的发现，立即轰动了世界，被誉为“世界第八大奇迹”“20 世纪考古史上的伟大发现之一”①。

长期以来，秦人本僻居西土，人们知道的只有秦始皇“焚书坑儒”，无文化可言，一时间，暴虐的秦王朝似乎是一个文化的黑暗王国。但是这个几乎没有学术文化，没有形而上文化的秦始皇时代，却为我们贡献了兵马俑文化，两千多年来，真是天不知，地不知；鬼不知，神也不知，只有秦始皇及他那个时代与此事相关的人知的惊天大秘密，今天终于大白于天下，呈现在世人面前，何人会不为之震惊？何人会不叹为观止？

（二）秦兵马俑的文化史意义

秦兵马俑的发现在汉民族文化史上有空前绝后的文化意义。

1. 秦兵马俑的发现改写了世界雕塑艺术史

当惊世界殊的秦兵马俑，在震惊世界之时，悄然改写了中国雕塑史和世界雕塑史。

以往人们谈及世界古代雕塑艺术史，言必称希腊，例必举罗马。至于古代东方雕塑艺术似乎觉得没有什么值得称道的。秦兵马俑的发现从根本上改变了人们对东方雕塑艺术的看法。写《中国雕塑史》的王家斌、王鹤曾这样感叹：“有许多世界雕塑史书的作者都为自己书出版于 1974 年前而懊悔不止，他们错过世界雕塑史上一件意义非凡的盛事，这就是 1974 年陕西西安临潼的秦始皇陵兵马俑坑开始现于地面。”②

此前雕塑史家的懊悔和此后雕塑史家的幸运与兴奋，充分展示出秦兵马俑的艺术成就和审美文化价值。所以，从雕塑艺术史来看，秦兵马俑的发现是中国和世界雕塑艺术史上的一大奇观。尤其是秦俑气势恢宏，带有肖像脸和写生性特征，艺术风格简洁明快，工艺精湛，显示出“内在的生气，情感灵魂、风骨和精神”，代表了汉民族写实艺术的风格与特色，不仅改写了中国雕塑艺术史，还在世界雕塑艺术史上独树一帜③。

2. 秦兵马俑的规模展示了汉民族文化的大气之美

秦兵马俑数目之多、场景之大令人吃惊。到目前为止，在秦始皇陵已

---

① 参阅张涛《秦兵马俑的发现、发掘及其研究》，《丝绸之路》1999 年第 5 期；郑师渠总主编，许殿才分册主编《中国文化通史·秦汉卷》，北京师范大学出版社 2009 年版，第 372—373 页。

② 王家斌、王鹤：《中国雕塑史》，天津人民出版社 2005 年版，第 47 页。

③ 张涛：《秦兵马俑的发现、发掘及其研究》，《丝绸之路》1999 年第 5 期。

发现俑4座，其中有1个是没有建成就废弃了的空坑。其余3座数1号坑最大，东西长230米，南北宽62米，深4.5—6.5米，面积约14260平方米，据试掘和钻探资料推断，全坑至少埋置陶俑6000件。2号坑面积约6000平方米，估计有陶俑900余件，另有战车89乘，驾车陶马356匹，陶鞍马116匹。3号坑最小，仅520平方米，已出土陶马4匹，陶俑68件。总共加起来，三个坑的武士俑可能多达7000个，四马战车100多乘，驾车陶马和骑兵陶鞍马超过1000匹。可以想象一下，倘把这么多的兵马陶俑都挖掘出土，该是一种多么浩大壮观的场景！可以说，这种量的庞大为其“大美”品格的形成奠定了客观基础。

还是李白有历史洞察力，他早在1300多年前写《古风》诗云：

> 秦王扫六合，虎视何雄哉！
> 挥剑决浮云，诸侯尽西来。
> 明断自天启，大略驾群才。

秦兵马俑体现的正是这种“大略驾群才”“诸侯尽西来”“虎视何雄哉”的秦王气概，正是这种“扫六合”“一天下”“大一统”的时代精神，给世人展现了秦代汉民族文化大气、大美的“庐山真面目”[①]。秦始皇陵兵马俑群，其数量之众多，造型之硕伟，神态之勇武，体貌之威壮，队形之齐一，阵势之严整，风格之写实，场面之宏大，氛围之肃穆，气魄之磅礴，群像之英武……都称得上史无前例，罕有其匹！

3. 秦俑的审美呈现了写实逼真的直感

当我们站在秦兵马俑面前，若仔细观察面部，则会发现将士中没有完全雷同的形象，眉毛、胡须、鼻子、眼睛的细微不同透露着他们内心的不同想法。在一片令人压抑、肃穆威严的沉寂气氛中透出一丝灵性。秦俑坑中的陶马的塑造也堪称佳作，强健有力的骏马昂首伫立，比例匀称，结构准确。在造型上，着力刻画战马蓄势而动的特点，或昂首扬尾，或张口嘶鸣，那双耳上耸、鼻孔翕张、双目瞪视前方的形象，给人以跃跃欲动、急于驰骋疆场的感觉，体现了一种轩昂骏健的风神，呈现了写实逼真的直

① 参阅陈炎主编，仪平策著《中国审美文化史·秦汉魏晋南北朝卷》，上海古籍出版社2013年版，第34页；周韵曦《浅谈秦兵马俑的审美特点》，《中国文化研究》2008年春之卷。

感，使观者始身入其境：这庞大的兵马俑方阵，似乎就是秦兵军阵组合的现实展现。兵士们持掌的各种兵器，如戈、矛、戟、钺、殳、铍、弓、弩等，也都是真实的，而不是模制的装饰品。8000名将士，不但将军与士兵不同，弓弩手、车兵、骑兵、步兵各不相同，而且具体到每个武俑的穿戴、服饰、发式、脸型、胖瘦、高矮、气质、表情也各不相同，甚至连鞋底的针眼都一丝不苟地如实展示在你的眼前，它的创作理想显然就是"千人千面"的逼真。为了达到逼真的效果，在雕塑方法上它采用了范塑和手塑相结合的方法。范塑提供统一的身躯、臂腿，手塑则可根据现实的模特儿，进行真实的个体塑造，同时它又把圆雕、浮雕、浅雕的方法结合起来，运用捏、堆、贴、刻、画等多种技法，最后还要加以彩绘，以给人一种和真人、真马一样的感受。这种"千人千面"的以真人为原型，以写实为准则的雕塑艺术，真是举世罕见的艺术珍品。

秦兵马俑正体现了秦代汉民族文化独有的本土特色。因此，兵马俑是秦代审美文化的独特创造，它是空前的，也几乎是绝后的，在这一意义上它是独一无二的无可替代的。因此，秦兵马俑堪称汉民族古代雕塑的巅峰之作，其历史文化品位成为当今中国最具代表性的世界文化遗产之一。①

二　汉画像石：汉民族绘画之大宗

如果说秦兵马俑的大美之势是阳春白雪，那么汉画像石的秀美之态则是下里巴人。因为秦兵马俑呈现的是皇家文化，而汉画像石则发生于民间，流传在民间。虽然是下里巴人，但汉画像石在汉民族历史文化中的价值并不亚于秦兵马俑，其被历史学家称为"一部汉代绣像史"②，亦被美术家赞为"中国绘画之大宗"③。

（一）从神仙造化的古景到文化瑰宝：汉画像石的发现

汉画像石是汉代在墓室、祠堂、墓阙等建筑上雕刻画像的建筑构石，是古代为丧葬礼俗服务的一种石刻艺术。它产生于西汉中期，至西汉晚期

---

① 周韵曦：《浅谈秦兵马俑的审美特点》，《中国文化研究》2008年春之卷；陈炎主编，仪平策著：《中国审美文化史·秦汉魏晋南北朝卷》，上海古籍出版社2013年版，第35页；赵士禛：《中华文明与秦兵马俑的核心价值》，《新西部（下半月）》2009年第5期。

② 翦伯赞：《秦汉史》，北京大学出版社1999年版，第6页。

③ 转引自《南阳汉画的魅力》（http：//blog. sina. com. cn/s/blog_ 9ba487d301013npx. html）。

得到迅速发展，东汉中期以后达到鼎盛，衰退于魏晋。但汉画像石的发现没有秦兵马俑的出土石破天惊。如据南阳汉画馆解说词云：

> 自东汉末年起，尤其是三国、魏晋时代，社会动荡，战乱四起，大批汉代画像石墓被盗掘、拆毁，墓内出土的画像石或被用于重新造墓，或弃置于荒郊野外，或被移作他用。历经千百年漫长的岁月，在一些民居基石、桥墩路面，随处可见汉代画像石的踪迹。但长期以来，无人知晓汉画像石为何物，民间甚至误认为是神仙造化的古景。①

清代末年，沛县古泗水出土有画像石，先是保存在沛县夏镇阜楼，时任徐海兵备道的吴世熊看到这两块画像石上“人物车马悉合古制”，认为这是刘邦泗水亭的栏板石。遂移至徐州城内监司署中保存。民国初年，张伯英常常“石刻旁搜到墓冢”，收集到包括双沟“牛耕图”在内的很多画像石，保存在铜山县榆庄或市内的马市街杂货铺。②

陕西的情况也差不多。当时人们只知道这些刻满花草人物的石板是从古墓葬上拆取下的阴曹地府之物，是有邪气的。于是，人们举起老镢头将它们砸碎成几块以破邪气，或者把它们放在太阳下曝晒，除去邪气后当作建筑材料安放在厕所、猪圈等污秽的地方。幸好有位具有慧眼者将其中的一对墓门门扉画像石运到了北京大学予以保存，使这对门扉画像石得以幸存。这对有“西河圜阳郭季妃之椁”阴刻铭文的墓门门扉告诉人们，在久远的年代，陕北曾盛行一种丧葬礼俗，用刀斧和墨彩在冰冷坚硬的石板上刻绘出像帛画一样艳丽的图画，作为祭祀和装饰功能兼有的构件镶嵌在墓门、墓室四壁上；也告诉人们，那个久远的年代是东汉中晚期；更向人们发出一种信息，陕北这块荒凉而广袤的黄土地下和山东、河南、四川等地一样，埋藏着汉画像石。③

但是，与秦兵马俑从不见于文献记载根本不同的是，对汉画像石的记录早已有文献披露。据考，汉画像石首见于北魏郦道元的《水经注》。其

① 转引自汗漫《汉代石头上的南阳画卷》，《躬耕》2012 年第 11 期。

② 刘尊志：《徐州汉墓与汉代社会研究》，博士学位论文，郑州大学，2007 年，第 8 页。

③ 李贵龙：《说说陕北汉画像石》，《榆林日报》2014 年 9 月 5 日。

中延引东晋戴延之《西征记》曰“焦氏山北数里，有汉司隶校尉鲁峻冢……冢前有石祠、石庙，四壁皆青石隐起，自书契以来，忠臣、孝子、贞妇、孔子及弟子七十二人形象，像边皆刻石记之，文字分明”。[①] 这是对汉画像石最早的记录。

至于“画像”一词，则源于宋代兴起的金石学，如赵明诚的《金石录》卷十九：“右汉武氏石室画像五卷。武氏有数墓在今济州任城，墓前有石室，四壁刻古圣贤画像，小字八分书题记姓名，往往为赞于其上。文词古雅，字画遒劲可喜。故尽录之，以资博览。”此外，洪适的《隶释》《隶续》等书中，屡用“画像”一词。[②] 以后明、清学人沿用了这一术语。所以，金石学对汉画像石的著录，不仅积累保存了许多汉画像石资料，而且对汉画像石的发现和研究有开创之功。

尽管如此，汉画像石仍犹如藏在深山之中无多少人识。直到 1923 年，还在北京大学读研究生的董作宾回到家乡南阳过假期，发现路旁乡人蹲坐的大石块上，铭刻有人物、动物的图案，那图案古朴而大气、粗犷而神秘，绝不是现代人雕刻的。董作宾在附近寻找，惊奇地发现这样的石头不是一块两块，河边的捶衣石、民宅的基石、路面铺的石头上，都有一些类似的“雕画”。国学素养很高的董作宾认为，这些“雕画”具有典型的汉代艺术特征。经过认真的考证，他认定这是汉代的遗物。董作宾成为发现南阳汉画像石的第一人。1933 年，董作宾还将弃置在南阳城北外的 4 块画像石移至南阳民众教育馆内保存，从而开启了征集、收藏南阳汉画像石的先河。在这以前，人们只知道山东有汉画像石，没有人知道南阳也有汉画像石。董作宾的发现让匿迹 2000 多年的南阳汉画像石开始“浮出水面”。

1928 年，南阳籍著名教育家、方志学家张中孚奉命回宛赈灾。工作之余，他偶然发现一些房屋的墙基所用的石头上有画像石刻，与山东所发现的汉代画像石很相似，于是他“访拓宛境金石于荒桥野寺，得画像数石”，“重往寻访，又得数石”。就这样，他寻访到 40 多块汉画像石。赈

---

① 郦道元《水经注》卷八。又按：“鲁恭”应为“鲁峻”。赵明诚《金石录》卷十六《汉司隶校时鲁峻碑》载：“今墓与石室尚存，惟此碑为人辇至县学矣。余尝得石室所刻画像，与延之所记合。又其他地理书如《方舆志》《寰宇记》之类，皆作峻，惟《水经注》误转写为恭尔。”王国维校注本，上海人民出版社 1984 年版。现鲁峻碑仍保存于山东济宁市博物馆。

② 顾森：《秦汉绘画史》，人民美术出版社 2000 年版，第 104 页。

灾任务完成后，他带着40多幅汉画拓片回到开封，由当时的省博物馆馆长关百益选取40幅，编成《南阳汉画像集》，1930年由上海中华书局出版发行。这是介绍南阳汉画像石的第一本图集。从此，南阳汉画像石才开始走出深山为学术界所识，引起全国学术界的关注，一些著名学者开始着手搜集南阳汉画像石拓。如1935年，鲁迅得知南阳也有汉画像石后，在当年11月5日到12月29日的50多天时间内，连续发出七封致好友王冶秋、台静农关于收集南阳汉画拓片的书信。同年11月，王冶秋委托当时在南阳女子中学教美术的杨廷宾帮助鲁迅先生拓制南阳汉画拓片。从1935年11月到1936年8月，在杨廷宾等人的帮助下，鲁迅先后收集到241张南阳汉代画像石拓片。[①] 鲁迅在给友人的信中盛赞汉画像石说："唯汉人石刻气魄深沉雄大""遥想汉人多闳放""毫不拘忌""魄力究竟雄大"。

汉画像石真正走出深山的机缘是在1932年南阳草店汉墓被发掘之后。

1931年夏，在南阳城西南9公里的草店村附近，因白河水暴涨冲刷，一座古墓露出地面。时任南阳县教育局局长的孙文青得知后，于1932年秋组织人员对该墓进行了整理发掘，共得画像石77块，制作画像拓片44幅。草店墓是南阳汉画像石墓第一次具有考古学意义的发现和发掘，使南阳汉画像石作为墓葬建筑材料的功用第一次得到了文化的认定。

汉画像石的大量发现、发掘和收藏始于1956年4月，当时从在南阳城北门外七里园发掘清理了一座汉画像石墓开始，相继共发掘汉画像石墓50余座。1958年，河南省政府拨专款改造南阳城区的魏公桥、七孔桥，拆下建桥的画像石100余块。至此，汉画像石的文化价值才真正进入学者的视野，正如南阳汉画馆解说词云：

> 在汉代石头们逐渐由盆地内的坟墓、房基、桥基、灶台、道路等深藏之地，汇聚成浩大阵容的过程中，杨廷宾、董作宾、张中孚、孙文青……这些慧眼独具的文人，身影在原野游走、闪现，被汉代祖先们创造的瑰美所震颤。这些留有现代知识者手温的汉代石头，使他们成为传递祖先书简的信使——他们从泥土、流水、烟尘构成的旷野邮箱内，打开这些穿越了唐、宋、元、明、清的石头画卷，展现于今人

① 冯钰：《收藏汉画像石：收藏一部图像的两汉史》，《信息时报》2014年8月24日。

眼前。从此，南阳盆地乃至整个中国、整个世界，关于遥远汉代的回眸、回过头去眺望的双眸们，开始惊艳——震惊、美艳……

遥想这些上世纪初期的南阳知识分子，他们撩起长衫，伏身，观看散失于村头桥边的石头上的“神仙造化的古景”时的心情，我能在今天体会。当我伏身，在这些渡过时光之流来到当代的汉画面前，像乡党前贤们那样，伏身——这鞠躬般的姿势，是在向石头前隐约闪现的历代身影，表达感激；向保存了遥远时代人类幻想和记忆的石头，表达感动；向产生了这些石头和画卷的厚土群山，表达神往……①

汉画像石迟来的惊艳亮相，在陕西，画像石表现为农耕、狩猎较多，有胡风秦韵；在山东，画像石致力于表现符合儒家理想的各种历史典故，温和，敦厚；在南阳，画像石因处于南北过渡带而受到人性黄河与神性长江的双向浸染，形成神人交织、天地无间的态势。汉画像石终于抓住了人们的眼球：

画家吴冠中曾自述平生激动过三次，第一次是在法国看印象派一个大展，第二次是看西安霍去病墓前石雕，第三次是参观南阳汉画馆。他说：“我简直要跪倒在汉代先民的面前。”“其艺术的气概与魅力，已够令人惊心动魄了。”

当代艺术学家张道一在谈到汉代画像石艺术时，指出：“其想象之奇特，结构之巧妙和造型之严谨，标志着我国绘画艺术的成熟，成为中国美术发展的一个重要的里程碑。”“中国画历来所强调的气韵、力度在这里找到了最早的源头。”

艺术大师林风眠赞叹说：“汉朝的画像石应该是中国艺术的主流。”“汉画像石是中国绘画之大宗也。”②

英国艺术史家贡布里希在他的《艺术故事》中曾对汉画像石作了这样的评述：“中国人的葬礼跟埃及人多少有些相似，他们的墓室跟埃及一样有许多描绘生活的场面，反映出那些古老年代里他们的生活和民俗。我

① 转引自汗漫《汉代石头上的南阳画卷》，《躬耕》2012年第11期。

② 以上转引自《南阳汉画的魅力》（http：//blog. sina. com. cn/s/blog_ 9ba487d301013npx. html）。

们所谓的典型的中国艺术在那时已经获得很大的发展。”① 传统的观点认为，汉民族写意画的源头在宋代，而汉画大胆运用比喻、夸张、变形等手法，既具形似，又求神似，具有原始时期那种纯朴天真、古朴生涩、憨态可掬的意蕴和韵味，这正是“写意”画风的根基和源头。于是，汉画像的发现，一下子把这个源头提前了1000多年，汉画像石终于走出深山成了汉民族文化的瑰宝，其历史文化品位也成了当今中国最具代表性的世界文化遗产之一。

（二）汉画像石的文化史意义

秦兵马俑在秦始皇陵一地石破天惊，汉画像石则多地惊艳亮相，主要分在四个大的区域，即山东、苏北、皖北；河南南阳、鄂北；四川地区；陕北、晋西北，此外河南新密、永城，北京丰台，浙江杭州，陕西鄠县，也有零星发现。前3个区域都是当时经济、文化发达的中心；陕北、晋西北区在东汉顺帝以前是北方边防重地，其中心绥德又位于通往西方的贸易通道上。② 据称，现已发现的汉画像石有一万块左右③，数量之多令人惊叹，笔者曾考察过徐州的汉画像石，流连在其中之时，无不为其艺术的魅力和历史的张力所倾倒、所迷恋、所震撼。

1. 一览千古：一部图像汉代史

当代世界流行的图像史，溯其源头恐怕当推中国汉民族的汉画像了。

一般来说，在古代历史都是用文字写在龟甲、青铜器、竹简、木简和帛上，汉画像却异军突起，独树一帜地用图像写出了一部汉代史。其实，图像的世界并不是后现代文化的唯一特征，汉民族古代文化也有一个图像的世界。④ 对此，历史学家翦伯赞说得十分精当。他在《秦汉史》中说：

> 除实物和简牍外，汉代的石刻画像也提供了不少新的史料。汉代的石刻画像，如武氏祠、孝堂山祠、两城山及武阳石阙等石刻画像，

① ［英］贡布里希：《艺术的故事》，范景中译，广西美术出版社2008年版，第147页。

② 参阅李海燕《汉画像石的艺术形式与画面构成研究》，硕士学位论文，山东大学，2008年，第9—10页。

③ 信立祥：《汉画像石的分区与分期研究》，载《考古类型学的理论与实践》，文物出版社1989年版。

④ 朱存明：《汉画像之美：汉画像与中国传统审美观念研究》，商务印书馆2011年版，第411页。

> 皆传世已久；但并未引起历史家的注意。晚近南阳一带汉墓中，又发现了大批的汉代石刻画像，始有若干学者开始对石刻画像作艺术的研究。我以为除了古人的遗物以外，再没有一种史料比绘画雕刻更能反映出历史上的社会之具体的形象。同时，在中国历史上，也再没有一个时代比汉代更好在石板上刻出当时现实生活的形式和流行的故事来。汉代的石刻画像都是以锐利的低浅浮雕，用确实的描写手腕，阴勒或浮凸出它所要描写的题材。风景楼阁则俨然逼真，人物衣冠则萧疏欲动；在有些歌舞画面上所表示的图像，不仅可以令人看见古人的形象，而且几乎可以令人听到古人的声音。这当然是一种最具体最真确的史料。
>
> 例如从石刻画像中楼阁宫室的构图，我们便了然于桓宽所说的汉代贵人之家“兼并列宅，隔绝间巷，阁道错连，足以游观；凿池曲道，足以骋骛”之话。从石刻画像中的乐舞图像，我们便了然于仲长统所说的豪人之室，“妖童美妾，填乎绮室；倡讴伎乐，列乎深堂”之语。看侏儒舞的画像，则《徐乐传》所谓“帷幄之私，俳优侏儒之笑”如在目前；看戏兽的画像，则张衡《西京赋》所谓“熊虎升荷拏攫，猿狖超而高援”之态，跃然纸上；看乐队的画像，则流徽鸣鼓，如闻其音；看战争的画像，则矛挺搏击，如历其境。此外，还有许多描写风俗、记录传说、鼓励道德、宣传信仰的画像，不及备举。总之，这些石刻画像假如把它们有系统地搜辑起来。几乎可以成为一部绣像的汉代史。①

对此，没有人比翦伯赞说得更恰当、更中肯、更权威了。正是一览千古汉画像石，犹如阅读一部汉代史。翦伯赞一言，引来了王洪震的《汉代往事：汉画像石上的史诗》一书，以近30万字的篇幅，上百幅生动的汉画像石的图像，从武事、乐舞、农事、建筑、风俗、吉祥龙凤、神灵膜拜、疆域八个方面，向人们展献了史诗般的汉代图像史，读之无不拍案叫绝。②

2. 一石统览：一部汉代汉民族艺术史

汉画像石可一览千古，还可“一石统览”，即从汉画像石可窥汉代汉民族艺术史的全貌。

---

① 翦伯赞：《秦汉史》序，商务印书馆2010年版，第6页。

② 王洪震：《汉代往事：汉画像石上的史诗》，百花文艺出版社2012年版。

画像石是汉代社会特有的一种以石为地、以刀代笔的艺术作品。可是以往人们研究汉画像石仅仅把它当作单纯的绘画，或者认为它不是绘画仅仅是雕塑，这就太片面了。其实“汉画像石是集雕塑艺术语言、绘画中的版画艺术语言、书法艺术语言、装饰艺术语言、民间艺术语言——于一身的综合性艺术”。[①] 也就是说汉画像石是雕塑，又是绘画。

说汉画像石是雕塑，是因为汉画像石的雕刻运用了四种基本表现手法：平面阴线刻、剔地凹面阴线刻、剔地浅浮雕、浅浮雕兼阴线刻。这些丰富的雕刻语言形式，远远超出了一般意义的雕塑；显然是从中国古代的篆刻艺术中吸取了有益的营养；在塑造体积的同时，更注重用线来刻画形象；线条浑朴刚劲、圆转流畅，有一种气贯神通的韵味。由于形象有凸凹起伏的体积变化，故而影像效果醒目突出，鲜明易辨，拥有一般绘画作品所不具备的、强烈的视觉张力。汉画像石的这种雕刻语言，全面呈现了汉代雕塑粗犷、豪迈的雄气；以形就势，随势化韵的特征。这种雕刻艺术语言赋予了汉画像石的艺术魅力，是其他艺术因素无法替代的。这是一方面。

另一方面，“‘画像石’或曰‘石刻画像’顾名思义，就是在石料上刻画物像。当时匠师们用刀斧先琢出图像的轮廓，再用各种线条表现物像的神态，刻画细部。这种画像具有粗犷豪放、浑朴古拙的艺术风格。汉画像石与绘画的区别主要就在于它是以刀代笔，取石为纸，其形象和绘画一样，都是用线条勾勒出来的”[②]。从汉画像石的功用上看，它是一种改良的墓室壁画；从制作流程上看，雕刻只是壁画的前期制作阶段，最后还要在雕好的“毛坯”上施彩、描画、装饰使之形色兼备。也就是说，画像石是先雕后绘、雕绘结合的一种独特的艺术形式。这样分析，汉画像石艺术中内含了这么多绘画语言因素，显然不能把汉画像石艺术排除在绘画范围之外[③]。正因为有绘画的特色，才使画像石不完全是死人的艺术而能立

---

① 李国新、杨絮飞：《汉画像石是集诸多造型艺术因素于一身的综合艺术》，《河南职业技术师范学院学报》2004 年第 3 期。

② 王良启：《试论汉画像石的艺术成就》，《中原文物》1986 年第 4 期。

③ 唐赞功总纂：《中华文明史》第三卷，河北教育出版社 1992 年版，第 640 页；李国新、杨絮飞：《汉画像石是集诸多造型艺术因素于一身的综合艺术》，《河南职业技术师范学院学报》2004 年第 3 期。

于中国艺术之林[①]。对此，美国著名艺术史家高居翰在《图说中国绘画史》中对汉画像石有评价，他以现藏波士顿美术馆（Museum of Fine Arts, Boston）的一块出土于汉代的墓葬砖像为例说：

汉砖画，2 或 3 世纪，设色，高 19.36 厘米，波士顿美术馆

资料来源：［美］高居翰：《图说中国绘画史》，李渝译，生活·读书·新知三联书店 2014 年版，第 5 页。

画中人物仍旧单独站在散漫的空白中；但是画家已经找出两种统一画面的方法：经由象征性的动作，所有人物好像共同摇晃在一阵韵律中；经由眼神的交流，一种相互的觉察意识把人物连贯在一起。就是这样一张不重要的画——当然不能代表汉代绘画的最高成就——也已经开始超越某种真正观念艺术的局限。虽然画家绝对不是去实景写生（中国画家很少这样做），此画却显示了观察以后的效果。画中人物不止是象征或典型而已，他们是自觉自足的个人。他们也不是宇宙

① 顾森：《秦汉绘画史》，人民美术出版社 2000 年版，第 119 页。

> 人生剧里的次要演员，因为不管画的题目是什么（到目前为止，还没有人能看出来题目是什么），很明显的，它绝对不是宗教画。按照汉代文籍记录，当时最伟大的绘画是俗世画。[①]

可见，绘画所赋予汉画像石的深沉的文化内涵和通达的韵致灵气，大大提高和增强了汉画像石的艺术层次。这种既是雕塑，又是绘画的艺术形式，从艺术手法表现来说，其所用的线性平面正是汉民族艺术的主要表现方法，从而形成汉民族独具一格的汉画像石。一方面反映了保持着与原始艺术的联系，从远古的岩画、新石器时期的彩陶，商周的青铜器到先秦楚地的漆器，再到汉画像石神秘飞动、博大精深的艺术形式，从中可以看到汉民族古代艺术的发展轨迹，说明它是在华夏大地上土生土长的艺术形式，代表了汉民族艺术发展成熟时期的“原生态”，另一方面又以建筑、雕刻、绘画的综合性，画面载体的多样性与灵活性，画面题材的丰富性，就画像石的整体而言，呈现出了汉代“深沉雄大”大千世界的视觉共性，表现出了汉民族早期绘画艺术的“原生”气势和古拙风格，从而形成了汉民族的艺术精神[②]，故人们称之为“雕刻出来的‘画’”[③]。从民族性上来说，汉画像石反映的是绝对未受佛教影响之前的汉民族文化，是原汁原味的汉民族初期的艺术文化。因此，我们可以认定：汉画像石是一种纯粹的汉民族艺术。它在继承和发展先秦美术的基础上，融会了南北文化的精髓，创造出丰富多彩的艺术表现手法，具有鲜明的汉民族风格，为汉民族传统美术的民族性特征奠定了坚实的基础。[④]

汉画像石是集雕塑、绘画为一体的汉民族艺术，它通过生动、形象的画面，展现出汉民族在汉代雄浑威仪、阔大敦厚“大一统”的盛事气象。汉画像石不仅是汉代以前汉民族古典艺术发展的巅峰，而且对汉代以后的艺术也产生了深远的影响，所以我们说“一石统览”，汉画像石就是一部汉代的汉民族艺术史。

---

① ［美］高居翰：《图说中国绘画史》，李渝译，生活·读书·新知三联书店2014年版，第4页。

② 黄雅峰：《汉画像石画像砖艺术研究》，中国社会科学出版社2011年版，第288—290页。

③ 唐赞功总纂：《中华文明史》第三卷，河北教育出版社1992年版，第640页。

④ 黄雅峰：《汉画像石画像砖艺术研究》，中国社会科学出版社2011年版，第50、299页。

3. 以石览心：一部汉代汉民族心灵史

面对汉画像石，这种实际上是汉代地下墓室、墓地祠堂、墓阙和庙阙等建筑上雕刻画像的建筑构石。为什么汉画像石是一种祭祀性的丧葬艺术？

作为墓葬绘画的汉画像石，它所有的艺术空间都是为走向另一个世界的人而展开的。作为墓葬艺术，汉代人按照现实生活的模样在墓室中模拟、再现甚至创造出来了亡者所居的幽冥世界，承载这一特征形成的物质基础，是汉代的墓葬建设。据不完全统计，截至目前，全国各地汉墓的发掘调查数至少已达 20000 座①，足见汉墓是汉代汉民族文化的大宗。所以，汉墓建设凝聚着汉王朝汉民族的智慧和体现着他们的信仰。这正是汉民族心灵的一种文化表达。

汉画像石为什么在千百年后仍能动人心弦？是因为其以深邃而犀利的眼光透视人们的心灵，表现着艺术形象的心灵脉动和创作者的内在情怀。正是在这个意义上，借用 19 世纪丹麦的文学史家勃兰兑斯所言："文学史，就其最深刻的意义来说，是一种心理学。它研究人类的灵魂，是灵魂的历史。"② 那么，展现汉代史的汉画像石，也可以说是一部张扬汉民族精神风貌、映现汉民族文化心理的心灵史。所以，"从根本上说，坟墓艺术即为安葬死者而施行装饰并置以封闭门扉之用将不再开放的幽冥世界。坟墓艺术并不以给生人观看为目的，经历着与死者一同幽禁于冥世之命运"③。

但是，这里又是一个相对自由的世界。一方面，它与人间的生活有紧密联系，工匠不可能脱离现实生活的基础去刻画形象，同时又有明显的区别，因为它是为死者灵魂营造的居所。汉画像石是汉代人自信力与创造性的物化形态。死者生前的荣耀和地位，在这里可以得到充分的体现；死者未能了却的夙愿，在这里统统可以变为"现实"。汉代盛行的天人合一思潮，使汉画像石墓与地上祠堂成为"实现"天人合一愿望的最佳场所。如西汉晚期的唐河石灰窑村汉画石墓的墓门画像，其上部均为建筑图像，它们的相同部分是均为四阿式顶楼阁，双柱，柱上有双层望亭，柱两侧各

① 黄晓芬：《汉墓的考古学研究》，岳麓书社 2003 年版，第 2 页。

② ［丹麦］格奥尔格·勃兰兑斯：《十九世纪文学主流》（第一分册），张道真译，人民文学出版社 1980 年版，第 2 页。

③ ［日］土居淑子：《古代中国的画像石》序，同朋舍 1986 年版，转引自黄雅峰《汉画像石画像砖艺术研究》，中国社会科学出版社 2011 年版，第 212 页。

置柏树一株，在阁楼、望亭、柏树顶部都饰有凤鸟。其不同点在于厅堂内的人物。一幅为男主人居中凭几而坐，左侧一侍卫侧身而立，右侧一侍卫躬身跪拜。另一幅为女主人凭几而坐，右侧有侍女举樽侍奉。画像似表现墓室男女主人的平常生活情况。汉代人的宇宙观本与庐舍有关，“宙”是由“宇”中出入往来而形成的，所以在“宙”中极重视“宇”与环境的关系。楼阁与望楼屋顶坡面鳞次栉比、错落有致，凤鸟姿态各异，柏树与望楼上的凤鸟向中心方向聚拢，中间楼阁上的凤鸟展翅欲飞。在画面上，建筑、动物、植物、人物组成十分和谐的天人合一关系。①

河南南阳唐河针织厂汉画像石墓楼阁、人物画像（拓本）

资料来源：黄雅峰：《汉画像石画像砖艺术研究》，中国社会科学出版社2011年版，第213页。

作为丧葬艺术，汉画像石自觉地构筑着彼岸世界。这是一个什么样的世界呢？在汉代汉民族的想象中，现实世界中有一个虚构的世界，即神仙世界，比如“天”“帝”，比如仙人，等等。于是汉人参照现实世界的结构，在画像石中构筑另一个世界时，也应当建构一个对应的神仙世界。王建中在《汉代画像石通论》中，给汉画像石构筑的另一个世界的内容进

① 黄雅峰：《汉画像石画像砖艺术研究》，中国社会科学出版社2011年版，第212—213页。

行了分类，有生产活动类、社会生活类、历史故事类、远古神话类、天文星象类、符瑞辟邪类和图案装饰类，共七大类，若细分则有一百多小类[①]。方方面面，十分周全，几乎将现实世界复制了过去。那么，这样大张旗鼓、大兴土木地建筑用汉画像石装饰起来的汉墓，他们心中想的是什么呢？千条万条，在他们的心中想的主要有两条：

一是长生的愿望。好生恶死，人之常情，自古有之，但战国以后至秦汉，却如洪水一般汹涌而来，比如关于不死的传说，《山海经》有“不死之国”“不死之山”“不死之树”“不死之药”“不死之民”，《远游》有“不死之乡”，《淮南子》有“不死之水”“不死之野”等。如果不死，那么现实世界怎么享受，到另外一个世界或另外一个环境也要如此享受，这就要把已经享受到了的东西尽量地搬过去。正如朱存明所说：“汉代地主官僚的墓葬，最主要的一层含义是把死人当作生人看待，所以在墓室的形制和结构上是模仿现实生活中的房屋，尽量将生人所用的器具、物品纳入墓中，甚至将房屋、田地和家禽、牲畜之类也制作成模型和偶像，还有代替奴隶时代真人殉葬的俑。”[②]

二是关于“孝”的愿望。夏、商、周三代以来，敬祖始终是汉民族心灵中的信仰，汉代以后，儒学继续发展。儒学的核心内容是“仁孝”，孝的一个标准是对死去的祖先有没有厚葬，所以当汉武帝“罢黜百家，独尊儒术”后，厚葬之风形成并逐渐盛行起来。至东汉，又开始实行“举孝廉”，“孝悌”成为选拔和任用官员的重要标准，厚葬之风在社会上、在官宦阶层形成了疯狂之势。为了有个好的名声，“子为其父，妇为其夫，竞相仿效”[③]，甚至出现了“京都贵戚，郡县豪家，生不极养，死乃崇丧”[④]的反常局面。于是，构筑另外一个世界的画像石就盛行开来了。这一切，实质上是汉代汉民族心灵的另一种呈现。这样一个世界的构筑，对死者而言是生命的继续，对生者而言则是为己博得功名的途径之一。[⑤]

---

① 王建中：《汉代画像石通论》，紫禁城出版社 2001 年版，第 14 页。

② 朱存明：《汉画像之美：汉画像与中国传统审美观念研究》，商务印书馆 2011 年版，第 85 页。

③ （清）光绪《南阳县志》。

④ （东汉）王符：《潜夫论·浮侈》，三秦出版社 1999 年版。

⑤ 以上参阅汪小洋《汉画像石宗教思想研究》，博士学位论文，南京艺术学院，2004 年，第 31 页。

实际上画像石的作者，大多是来自民间的无名艺术家。因此，自然会流露出质朴、大胆、简洁的艺术特点。正如鲁迅先生所说："有真意、去粉饰、少做作、勿卖弄。"[①] 正是来自民间的、无拘无束的造型方式，才给予汉画像石浓重的、返璞归真的艺术气息。在创作内容上，几乎囊括了汉代汉民族社会生活的方方面面，从而把汉代汉民族的心灵毫无保留地呈现在世人面前。张子中说得好：

> 汉画像石对于我们现代人的显性功能在于，它是汉代历史的一面镜子，是包罗万象的汉代社会生活百科全书；而对现代人的隐性功能就在于，它是一种特殊的心理空间，它包含的不可限量的思想文化能量，默默地传承着中国古代文明。现代人以为，人的肉体死亡了，一切也就结束了，很少考虑到死者及其墓地对生者的心理影响。实际上，墓地是生者与死者精神沟通、感情联系的纽带，而墓葬文化主要是指墓葬给后人的精神活动造就的特定精神环境。……我们不能不被汉阙那特有的浑朴气势和巨大体量所震撼，这才是我们"大汉民族"原有的"大度风范"。现代中国人作为"大汉子孙"，在许多方面竟不如汉代中国人，真是令人惭愧万分。难怪王国维将"古雅"置于"壮美"之下，鄙精巧而尚雄浑。我们应当看到，汉画像石以浑古的笔锋和简洁的刀法，最好地传达了生命力自由流动的中国文化精神的本质。因而我们现代中国人离不开这条以汉画像石为代表的传统文化艺术链，这是我们的精神祖先。[②]

汉画像石是"我们的精神祖先"。所以，以石览心，汉画像石又是一部汉代汉民族的心灵史。

第十一节　乐舞与百戏：汉民族文艺的新格局

"声音之道，与政通矣。"[③] 秦汉的大一统，汉民族的形成，使先秦

① 鲁迅：《作文秘诀》，载《鲁迅全集·南腔北调集》第4卷，人民文学出版社2005年版。

② 张子中：《关于汉画像石的文化思考》，《烟台大学学报》2001年第2期。

③ 《礼记·乐记》。

作为礼乐制度的乐舞由雅转俗，呈现出一幅全新的格局。

一　俗乐流行：启汉民族乐舞一代新风

乐舞的原初功能在于传达情感，先秦乐舞有雅乐和俗乐之分，雅乐一般指宫廷音乐，俗乐一般指民间音乐。战国时期，人们将古乐视为雅乐，以之作为祭祀天地、祖先和王者朝会、宴享时使用的正统音乐。雅乐，一般都和礼制相结合，不同等级、不同场合和不同背景都有不同的规范，十分严格。春秋战国以来，礼崩乐坏，严格的典礼仪式性使雅乐走向僵化，秦代以后由雅转俗，被称为“俗乐”的民间乐舞流行开来。

首先是皇室带头弃雅爱俗。在秦国尚未完成统一大业之前，李斯已看到，山东六国的乐舞已进入秦国，并得到秦人的普遍欣赏。他们已通过比较认识到“击瓮叩缶、弹筝搏髀而歌呼呜呜”的“真秦之声”，确实不及中原雅乐和六国新声，很快就选择了“弃击瓮叩缶而就《郑》《卫》，退弹筝而取《昭》《虞》”[①]，并置太乐和乐府，主要负责搜集和改编现时俗乐，以供帝王欣赏和消遣。1976 年在秦始皇陵出土了一件有错金篆书铭文“乐府”的钟，说明秦时已确有了管理乐舞的重要机构。[②] 随着秦的统一，“所得诸侯美人钟鼓，以充入之”[③]。六国的钟鼓美女尽入秦宫，说明战国庄严肃穆的雅乐不如婉转时新的小调受人欢迎已成趋势。到秦二世亡国之前，秦宫之内已是战国的流行音乐——郑音占据了音乐主流。[④]

汉代人对于由雅转俗有深刻的感悟，时人云：“在心为志，发言为诗。情动于中而形于言，言之不足故嗟叹之，嗟叹之不足故永歌之，永歌之不足，不知手之舞之足之蹈之也。”[⑤] 发自内心，成于自然，乐舞的美感及娱乐功能因之而生，而雅乐束缚了人的身心，逐渐走向衰疲也是理所

---

① 《史记·李斯列传》。

② 张维青、高毅清：《中国文化史》（一），人民出版社 2010 年版，第 456 页。

③ 《史记·秦始皇本纪》。

④ 龚书铎主编，黄朴民等著：《中国文化发展史·秦汉卷》，山东教育出版社 2013 年版，第 347 页。又 1996 年在西安北郊出土的秦封泥中，又发现了“乐府丞印”等三枚与乐府相关的官印封泥。见周天游《秦乐府新议》，《西北大学学报》1997 年第 1 期。

⑤ 《毛诗正义》卷一，《诗大序》，见《十三经注疏》上册，中华书局 1980 年影印本，第 270 页。

当然的了。《汉书·礼乐志》记载说，从汉初一直到汉成帝时期的百余年间，虽有河间献王刘德和大儒董仲舒等提倡传统雅乐，又有系统地表述雅乐理论的著作《乐记》问世，但是当时连公卿大夫们观听雅乐时也“但闻铿锵，不晓其意”①，所以德化始终未成。刘德所献传统雅乐，武帝只是把它交给太乐官保存肄习，逢节日才用来应典。经常享用甚至连郊庙祭祀时用的音乐，并非传统雅乐而是俗乐，所谓“内有掖庭材人（后宫的妃嫔们），外有上林乐府，皆以郑声施于朝廷”②。由此可见，周代以来传统雅乐之衰颓，俗乐之兴盛并渗入雅乐的既成趋势。③

汉初的宫廷俗乐活动规模盛大，一面是南方的楚声占主导地位，另一面随刘邦争夺天下屡立军功的巴人的舞蹈也融入了汉家乐舞之列，《汉书·南蛮西南夷列传》载：刘邦曾招募了许多巴人，他们既勇敢善战，又能歌善舞。每每征战得胜，则欢歌狂舞以庆贺，“高祖观之，曰：‘此武王伐纣之歌也’，乃命乐人习之，所谓巴渝舞”。又《汉书·西域传》颜师古注云：“巴俞之人，所谓賨人也，劲锐善舞，本从高祖定三秦有功，高祖喜观其舞，因令乐人习之，故有巴俞之乐。”④ 巴俞之乐又称“巴渝舞”。“巴渝舞”即是汉魏四大乐舞之一的“鞞舞”⑤。舞人持鞞鼓而舞得名，这是当时十分流行的一种节奏明快、舞姿优美的乐舞。跳舞的人在鞞舞中踏鼓，既是舞容、舞姿，又可增强舞蹈节奏。鞞舞源于民间，比较早进入宫廷燕飨乐舞中，汉章帝还亲自创作《鞞舞曲》五篇。⑥ 四川彭县出土了一方《鞞舞》画像砖，使我们可以直观地领略流行鞞舞的风貌：

> 画面上共有三位舞者：居中者身穿长袖舞衣，翩翩起舞；左侧一人上身赤膊，盘腿摇鞉（一种有柄小鼓，状如近世之“货郎鼓”，用作乐舞引导）；右侧一人裸袒上身，双手舞剑，右脚踏鼓击节。刚柔

---

① 《汉书·礼乐志》。

② 同上。

③ 唐赞功总纂：《中华文明史》第三卷，河北教育出版社 1992 年版，第 562—563 页。

④ 《汉书·西域传》颜师古注。

⑤ 《隋书·音乐志下》：“牛弘请存《鞞》《铎》《巾》《拂》等四舞，与新伎并陈。因称：‘四舞，按汉、魏以来，并施于宴飨。《鞞舞》，汉巴渝舞也。’”

⑥ 王洪震：《汉代往事：汉画像石上的史诗》，百花文艺出版社 2012 年版，第 37 页。

兼济，和谐美妙。①

山东沂南汉画像石中有一幅著名的《乐舞图》，其中的鞞舞人数众多，且有歌伎执节咏唱。这说明鞞舞的流行范围是相当广泛的。

山东沂南北寨村汉墓壁画乐舞图

俗乐的流行说明汉民族在汉代是极能歌善舞的。在汉代流行的乐舞中还有富于动感的盘鼓舞、长袖舞与巾舞，尤以盘鼓舞为盛。

盘鼓舞，叫盘舞、鼓舞、盘鼓舞、七盘舞等。这是汉代民间酒会、豪富吏民宴客时广泛表演的最流行的助兴乐舞，故而在汉赋和汉画像石形象资料中出现最多，东汉文学家傅毅曾在其著作《舞赋》中对《盘鼓舞》这样描写到：

> 其始兴也，若俯若仰，若来若往，雍容惆怅，不可为象。
> 其少进也，若翔若行，若竦若轻，兀动赴度，指鼓应声。

对此辞赋，舞蹈史学家彭松解读说："开始的动作像是俯身，又像是仰望，像是来，又像是往，是那样的雍容不迫，又是那么不已的惆怅，实难用语言来形容，接着舞下去，像是飞翔，又像步行，像是竦立，又像是

① 龚书铎主编，黄朴民等著：《中国文化发展史·秦汉卷》，山东教育出版社 2013 年版，第 347 页。据《隋书·音乐志下》的记载，鞞舞是 16 人的群舞，并非单人独舞，那么彭县出土的画像砖，只选择了鞞舞中的一个场景而已。

倾斜。不经意的动作也绝不失法度，手眼身发都应着鼓点。”[①] 舞者以不同的节奏，时而仰面折腰双脚踏鼓，时而腾空跃起，然后跪倒在地，以足趾巧妙踏击盘鼓，身体做跌倒姿态磨击鼓面。舞蹈与音乐、鼓点紧密联系。不难看出，在盘鼓舞表演时，男子的表演动作阳刚大气，刚劲有力，具有很强的跳跃能力和高超的综合素质；而女子的表演动作则以轻盈、折腰、舞袖为主，要善于在盘和鼓上做任何高难度动作。[②] 这些舞者在盘、鼓之上或环绕盘、鼓之侧进行表演，穿梭起舞，舞姿流畅。观赏时，不仅舞者姿态优美，似乎还可听到击鼓为节之音，且盘舞与巾舞合二为一，那种婆娑起舞的动感，令人拍案叫绝。大约起始的盘鼓舞也是一种杂技表演，逐渐在与以袖、腰见长、婀娜多姿的楚舞结合过程中，演变成了一种风格独特的汉代汉民族主要舞蹈形式而风靡一时。[③]

汉代风靡一时的盘鼓舞

盘鼓舞虽风靡一时，但可惜魏晋之后此舞就衰亡了，而长袖舞则久盛不衰。《韩非子·五蠹》载：“鄙谚曰：‘长袖善舞，多钱善贾。’”可见在战国时长袖舞已经流行。在汉代的诗赋中有不少描写《长袖舞》的诗句，后汉崔骃《七依》云：“表飞縠之长袖，舞细腰以抑扬。”这种舞蹈以舞长袖为特色，舞者的细腰也引人注意。长袖、细腰的舞者，在汉画像石中有丰富的形象。如河南南阳石桥镇汉画像石有一细腰舞人轻舒长袖而舞，双手斜分一手在上，一手在下，同时做向上跳跃的动作，体态轻盈舒展，右旁吹排箫的乐人身向前倾作聚精会神的吹奏状，建鼓旁的乐人两臂

① 袁禾：《中国舞蹈》，上海外语教育出版社 1999 年版，第 61 页。

② 潘鑫、张琦：《由〈盘鼓舞〉看汉代乐舞风格特征》，《大舞台》2011 年第 9 期。

③ 王洪震：《汉代往事：汉画像石上的史诗》，百花文艺出版社 2012 年版，第 36 页；龚书铎主编，黄朴民等著：《中国文化发展史·秦汉卷》，山东教育出版社 2013 年版，第 350 页。

成一斜线正在弓步击鼓，极具动感。长袖舞形式多种多样，除独舞外，还有女子长袖对舞、男女长袖对舞；有男子博袖长袍的对舞，也有男子常服小袖对舞；有男子折袖的对舞，也有女子折袖的对舞，汉画像石均有呈现。男女长袖对舞见江苏沛县汉画像石，在建鼓，瑟等乐队伴奏下，一女子细腰长裙委地扬袖侧身而舞，对面一男子扎腰，短袍着裤，垂袖与之合舞。另一幅是南阳汉画像，一戴尖顶帽的细腰舞人，着短袍疾步扬袖起舞，右方一戴三瓣帽和面具的像人，裸上身，身体后仰做滑稽舞状。长袖舞除对舞外，还有群舞的图像，见于山东梁公林汉画像石（原石在曲阜）。舞人梳高髻、长裙、露足，甩动长袖，三人左右穿行而舞。仰首张口似在歌唱，旁有乐人吹笙，击鼓。[①] 形式如此多样，可见流行之广。这种百戏中的长袖舞表演在汉代刘安《淮南子·修务训》中还有描写：

> 今鼓舞者，绕身若环，曾挠摩地，扶旋猗那，动容转曲，便媚拟神。身若秋药被风，发若结旌，骋驰若骛。木熙者，举梧槚，据句枉，蝯自纵，好茂叶，龙夭矫，燕枝拘，援丰条，舞扶疏，龙从鸟集，搏援攫肆，蔑蒙踊跃。

在此，要特别提出的是“长袖”作为舞蹈中必不可少的助舞道具和艺术特色之一，在汉画像石中，长袖形状有两种：一为喇叭形状的筒袖，一为袖口端接一长飘带。“长袖”后来演化为两支：一支长袖更加长，变为巾舞，其舞名亦随之改称“长巾舞”；另一支演化为“水袖”，后来成为汉民族古典戏曲不可缺少的艺术表演形式之一。[②]

总之，俗乐舞在汉代的普遍流行，使得整个社会形成了以“俗”为“雅”的风气。所谓乐者，乐也。[③] 两汉的一些帝王、后妃、诸王贵戚以及一些知名儒者，已完全扫除了战国时期齐宣王那种因喜好俗乐而羞愧的心态。汉高祖能歌诗起舞，会击筑，喜楚声，当时宫中的房中乐都

---

① 彭松：《中国舞蹈史》（秦汉魏晋南北朝部分），文化艺术出版社 1984 年版，第 4—8 页。

② 以上参阅王绪华《从汉画像石看汉代乐舞艺术》，《光明日报》2003 年 2 月 18 日；刘思呈《汉代女性长袖舞研究》，硕士学位论文，中国艺术研究院，2014 年，第 41—44 页。

③ 董晔：《论汉代俗乐舞风尚》，《北方论丛》2013 年第 3 期。

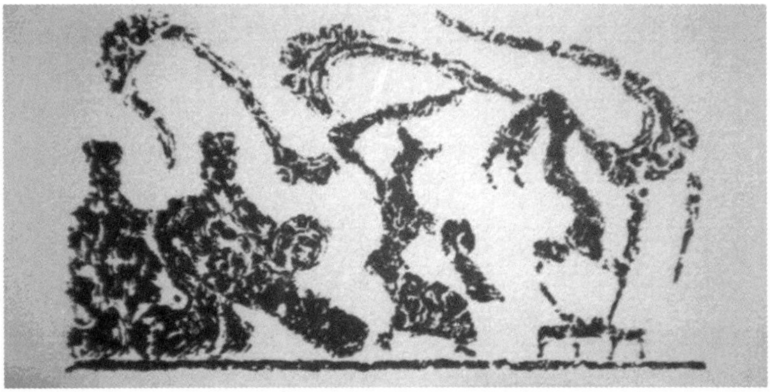

南阳汉画像石长袖舞

苏沛县汉画像石男女长袖对舞

是楚声。传说他的宠姬戚夫人善击筑鼓瑟。高祖歌唱，由她以瑟伴和，常泣下流涟。戚夫人并擅长歌唱《出塞》《入塞》《望归》诸曲，为翘袖折腰之舞。[①] 汉文帝宠幸的慎夫人，也会鼓瑟。文帝有时唱歌，由她鼓瑟，十分动情。汉武帝宠幸的乐人李延年，是歌舞之乡的中山（今河北保定一带）人，有音乐天资，能歌舞，善作曲。武帝时上至皇亲国戚，下至平民百姓，都十分喜爱歌舞。贵族豪富都大量搜罗乐人以显气派，民间乡

① 参阅《西京杂记》卷一。

里则“街陌讴谣”[①]广泛流行。汉元帝本人就多才多艺，书法、琴瑟、洞箫、作曲、歌唱，无所不能。东汉安帝也颇喜好百戏。桓帝也好音乐，善琴笙。东汉末的灵帝崇尚胡俗，他的艺术爱好也伸展到胡箜篌、胡笛、胡舞，以至“京都贵戚皆竞为之”[②]。可见，两汉时期在不少帝王亲自倡引之下，耽于俗乐，纵情于声色，已蔚为上层社会的一种风气。西汉末东汉初，博学多才的桓谭，也“性嗜倡乐”[③]，自称“颇离雅操而更为新弄”[④]，所谓新弄，即指郑声一类的俗乐。桓宽在记录汉昭帝时盐铁会议的文献《盐铁论·散不足》中还讲道：“往者民间酒会，各以党俗，弹筝鼓缶而已，无要妙之音，变羽之转。今富者钟鼓五乐，歌儿数曹。中者鸣竽调瑟，郑舞赵讴。………歌舞俳优，连笑伎戏。”

一言以蔽之，汉代俗乐充斥于社会生活的各个角落，不论是郊庙祭祀、朝会欢宴，还是结婚庆典、丧葬仪式，无不以歌舞烘托气氛，抒发感情，开了秦汉乐舞一代新风。[⑤]

二　百戏崛起：开汉民族戏剧之首端

汉民族戏剧在汉代“首开其端”，正是汉代从“角抵”到“百戏”的嬗变，才使戏剧成为一项独立的艺术。

“百戏”一词源起于汉代。《汉文帝纂要》载：“百戏起于秦汉曼衍之戏，技后乃有高絙、吞刀、履火、寻橦等也。”可见百戏是对汉族民间诸技的称呼，包括杂技、角抵、幻术、游戏等，尤以杂技为主，最晚起于秦汉之时。本来百戏是古代汉族民间表演艺术的泛称。

“百戏”一词，今知较早见之于《后汉书·孝安帝纪》，其云：“乙酉，罢鱼龙曼延百戏。”这次“百戏”的演出发生在东汉殇帝延平元年（107年）冬十二月，是时殇帝新丧，十三岁的刘祜刚自外藩入登大位，主政者仍是邓太后，罢斥之旨当由太后决定。曼延应是似后来舞龙之类的

① 《宋书·乐志一》：“凡乐章古词，今之存者，并汉世街陌谣讴，《江南可采莲》《乌生》《十五》《白头吟》之属是也。”

② 《后汉书·五行志一》。

③ 《后汉书·桓谭列传》。

④ （东汉）桓谭：《新论》。转引自唐赞功总纂《中华文明史》第三卷，河北教育出版社1992年版，第564页。

⑤ 张维青、高毅清：《中国文化史》（一），人民出版社2010年版，第401页。

巨兽表演，鱼龙即鱼龙变化，注引《引官典职》对此释之甚详："作九宾乐。舍利之兽从西方来，戏于庭，入前殿，激水化成比目鱼，嗽水为雾，化成黄龙，长八丈出水遨戏于庭，炫耀日光。"鱼龙曼延的描写已见于《汉书·西域传赞》，在此将"百戏"与之连称则有特别的意义。据刘希里的研究，《后汉书·南匈奴列传》云："诏太常、大鸿胪与诸国侍子于广阳城门外祖会飨赐作乐，角抵百戏。顺帝幸胡桃宫临观之。"此处"百戏"与"角抵"相连称，语义上又从属于角抵，无非是要补说角抵戏中包含的演出门类之多，与《史记·大宛列传》中"觳抵奇戏"所指为一物，都是在注解角抵戏，故而该处集注曰"角抵之戏则鱼龙爵马之属"，简述其品种，自然间又略去那个"百"字。无论西汉或是东汉，百戏就是角抵戏。东汉时虽出现了"百戏"一词，但还远不如"角抵戏"之称普遍，还要与"鱼龙曼延""角抵"等连称，而未见单独使用。从演出品类繁盛多变的意义上言之，是谓"百戏"；从演出形式及其内涵的尚武精神而言，则称角抵。与较晚出的"百戏"一词相比，"角抵"似乎更能表明中早期戏剧的嬗变之迹，更能代表其时代风貌，由秦而历两汉，"角抵"都是汉民族戏剧的标志性总称。[①] 也就是说汉民族戏剧的开端在秦汉时期经历了一个从"角抵"到"百戏"的嬗变。

这个嬗变大致过程是这样的：角抵起于战国时期。《史记·苏秦列传》云，战国时，齐都临淄的人不仅"无不吹竽、鼓瑟、击筑、弹琴"，而且普遍参与斗鸡、走犬和蹴鞠。至于拔河，则相传楚将伐吴，设此戏"以为教战"，后遂流传民间，相沿不绝。《庄子·徐无鬼》就曾谈道：南市宜僚以弄丸，名于时。旧注称："南市宜僚善弄丸，常八个在空中，一个在手。"《列子·说符》也记载宋国兰子弄七剑，五剑常在空中。又据董说《七国考》所引《汉武故事》，"内庭常设角抵戏。角抵者，六国时人所造也。或曰角抵，楚人造"。秦代的角抵戏甚为盛行，秦二世即嗜好之。《史记·李斯列传》说："是时二世在甘泉，方作觳抵优俳之观。"可见秦代的角抵戏已经与俳优发生了关联，秦二世是在上林苑的甘泉宫观赏角抵戏的，其场面规模应该不小。恐怕秦代的角抵戏已不仅仅是伎艺射御之较量游戏。班固《汉书·刑法志》说："春秋之后，灭弱吞小，并为战国，稍增讲武之礼，以为戏乐，用相夸视。而秦更名角抵，先王之礼没于

① 刘希里：《汉代百戏考略》，《兰台世界》2010 年第 1 期。

淫乐中矣。”角抵戏至秦代，已成了一种“淫乐”形式。汉初曾罢角抵戏。至汉武帝，则复盛，比秦代可谓有过之而无不及。武帝广开上林苑，穿昆明池，建千门万户之宫，设酒池肉林以飨四夷之客。欧阳询《艺文类聚》引《汉武故事》说：

> 未央庭中，设角抵戏，享外国，三百里内观，角抵者，使角力相触也，其云雨雷电，无异于真，画地为川，聚石成山，倏忽变化，无所不为。

按《汉武故事》的解释，武帝时的角抵戏，已经是“云雨雷电，无异于真，画地为川，聚石成山，倏忽变化，无所不为”。角抵戏已经是大量吸收了鱼龙曼延等“姊妹艺术”。《史记·大宛列传》载：

> 是时上（指汉武帝）方数巡狩海上，乃悉从外国客，大都多人则过之，散财帛以赏赐，厚具以饶给之，以览示汉富厚焉。于是大觳抵，出奇戏诸怪物，多聚观者，行赏赐，酒池肉林，令外国客遍观各仓库府藏之积，见汉之广大，倾骇之。及加其眩者之工，而觳抵奇戏岁增变，甚盛益兴，自此始。

这里的角抵已经是“奇戏诸怪物”。《汉书·武帝纪》载：武帝元封“三年春，作角抵戏，三百里内皆观”。元封六年“夏，京师民观角抵于上林平乐馆”。这是三百里内皆能观赏到的宏大规模的角抵戏。颜师古引文颖注：“名此乐为角抵者，两两相当角力，角技艺射御，故名角抵，盖杂技乐也。巴俞戏、鱼龙蔓延之属也。汉后更名平乐观。”在此，文颖把角抵戏与百戏联系起来，指出汉代的角抵戏即与巴俞戏、鱼龙曼延是同类的娱乐。陈旸在《乐书》中说得更明确：“角者，角其伎也。两两相当，角及伎艺射御也。盖杂伎之总称云。”①《汉书·西域传》亦记载说：

> 自是之后，明珠、文甲、通犀、翠羽之珍盈于后宫，蒲梢、龙文、鱼目、汗血之马充于黄门，钜象、师子、猛犬、大雀之群食于外

① 《文献通考》卷一百四十七《乐考二十》。

> 囿。殊方异物，四面而至。于是广开上林，穿昆明池，营千门万户之宫，立神明通天之台，兴造甲乙之帐，落以随珠和璧，天子负黼依，袭翠被，冯玉几，而处其中。设酒池肉林以飨四夷之客，作《巴俞》都卢、海中《砀极》、漫衍鱼龙、角抵之戏以观视之。及赂遗赠送，万里相奉，师旅之费，不可胜计。

在此，所谓“漫衍”，即张衡《西京赋》所说的“巨兽百寻，是为漫延”，也即是人扮成百寻[①]之长的巨兽。所谓“鱼龙”，“为舍利之兽，先戏于庭极，毕乃入殿前激水，化成比目鱼，跳跃漱水，作雾障日，毕，化成黄龙八丈，出水敖戏于庭，炫耀日光”。和帝时期的李尤曾写下著名的《平乐观赋》。平乐观乃汉代表演大型综艺娱乐节目角抵戏的主要场所，李尤此赋写的是东汉洛阳的平乐观，它展现了角抵戏的“秘戏连叙”的情形：

> 戏车高橦，驰骋百马，连翩九仞，离合上下。或以驰骋，覆车颠倒。乌获扛鼎，千钧若羽。吞刃吐火，燕跃乌跱。陵高履索，踊跃旋舞。飞丸跳剑，沸渭回扰。巴渝隈一，逾肩相受。有仙驾雀，其形蚴虬。骑驴驰射，狐兔惊走。侏儒巨人，戏谑为耦。禽鹿六驳，白象朱首。鱼龙曼延，崑岖山阜。龟螭蟾蜍，挈琴鼓缶。

可见“角抵之妙戏”在汉代总领所有散乐的地位。至此，角抵戏发生了巨大的变化，成了百戏的代称，其与“讲武之礼”已没有什么关系，而成了一种综合性更强的大型表演。[②]

过去秦二世虽也曾聚集艺人，表演过角抵、俳优之戏。但这只是角抵戏的肇始阶段，远不如汉代那样规模盛大、节目繁多。《古今图书集成·艺术典》引《汉元帝纂要》：“百戏起于秦汉曼衍之戏，后乃有高绖、吞刀、履火、寻橦等戏。”可见汉代时百戏已达到一定规模，而汉代之因“角抵戏”节目繁多，遂通称之为“百戏”。

---

① “百寻”：形容极高或极长。寻，八尺。《淮南子·人间训》：“千里之堤，以蝼蚁之穴漏；百寻之屋，以突隙之烟焚。”

② 参阅《角抵》（http：//blog. sina. com. cn/s/blog_ 9232856b01010241. html）。

汉代的演艺已是相当丰富，除了角力相斗的“角抵戏”和说、唱、表、舞的“优人戏”外，已出现了歌、舞、说唱、杂技混合演出的表演。在汉代统治者的好尚、流行的娱乐风气使得各种民间伎艺彼此依托，相互竞争，形成了百戏演出空前的盛况。[①] 元封六年（前 105 年），上林苑平乐观演大型角抵戏，京城万人空巷出观。《文献通考》载：

> 后汉天子临轩设乐，舍利兽从西方来戏于殿前，激水化成比目鱼，跳跃嗽水，作雾翳日，而化成黄龙，长八丈，出水游戏，辉辉日光。以两绳系两柱，相去数丈，二倡女对舞，行于绳上，切肩而不倾。如是杂变，总名百戏。[②]

在此，已有戏剧的人物和情节。所以，从戏剧表演形成的角度来看，那种装扮人物和含有故事内容的歌舞，已经有了戏剧化的趋向。如《西京赋》中描写的“总会仙倡”歌舞场面，其辞云：

> 总会仙倡，戏豹舞罴；白虎鼓瑟，苍龙吹篪；女娥坐而长歌，声清扬而委婉；洪崖立而指麾，被毛羽芝襳褷。度曲未终，云起雪飞，初若飘飘，后遂霏霏。复陆重阁，转石成雷，砰砺激而增响，磷砺象乎天威。

在这个场面里，倡优扮演娥皇、女英、洪崖，装扮豹、罴、白虎、苍龙等兽形，结合云、雪、雷、电等场景表现天威，充满了神话色彩。其间既有神话人物，就很有可能含着某些故事，可惜无从考知究竟。但从装扮人物和兽形，就具有了歌舞演故事的戏剧表演因素。就是在这个基础上产生了表现故事的角抵戏《蚩尤戏》和《东海黄公》。

《蚩尤戏》，据《史记·乐书》记载始于秦汉时，据传，蚩尤氏头上有角，与黄帝斗，用角来抵人，被看作是最早的角抵戏。南朝梁任昉《述异记》称：“秦汉间冀州有乐，名《蚩尤戏》。其民三三两两，头戴牛

---

① 唐赞功总纂：《中华文明史》第三卷，河北教育出版社 1992 年版，第 670—674 页；刘希里：《汉代百戏考略》，《兰台世界》2010 年第 1 期。

② 《文献通考》卷一百四十七《乐考二十》。

角而相抵。汉造角抵戏，盖其遗制也。”《蚩尤戏》的演出形式简单，风格粗朴，但它已能说明秦汉时民间已采用了善于以动作表现冲突的角抵技艺，表现故事，并创造出象征手法作为表现形式和手段，这就开辟了角抵走向戏剧化的途径。

角抵戏《东海黄公》比《蚩尤戏》又有了新的发展。东汉张衡《西京赋》描述其演出称：

> 东海黄公，赤刀粤祝，冀厌白虎，卒不能救，挟邪作蛊，于是不售。

再据《西京杂记》所记，这出戏是由三辅（今陕西关中地带）的人们编演的，也属民间乐舞，后来汉代皇帝才把它吸收到宫廷，作为角抵戏演出。关于黄公的事，又记载说：有个东海人名叫黄公，年轻时可以用法术制服蛇，驾驭虎。他身上佩戴着赤金刀，用红绸子束缚着头发，能立时兴云降雨，造山造河。到他年纪衰老，气力羸弱，饮酒过量时，就无能再施行他的法术了。秦末，东海出现了一只白虎，黄公带着他的赤金刀去降伏它，法术施行不了，结果被虎所伤害。把《西京杂记》与《西京赋》两者所记相对照，可知《东海黄公》演出的就是黄公与白虎相斗，被虎所伤害的一段故事。从戏剧构成的要素看这个戏的角色为黄公与白虎，并有相应的装扮，即黄公身佩赤金刀，头裹红绸，白虎当是人扮的虎形；这个戏的冲突是人与虎的矛盾，由此冲突发展出来的黄公往东海伏虎，法术不灵的情节，以及黄公被虎伤害的结局，也都是安排定了的。因此，黄公与白虎的表演动作都必须按照安排定的要求进行，这就不再是两者相互角力，以强弱定胜负的角抵竞技，而变成了表现既定故事内容的戏剧表演。这种人与虎斗的形象，在保存至今的汉代南阳画像石拓片及汉代畋猎琉璃饰纹拓片中可以看到，是否就是《东海黄公》故事，尚难确认，但可作为参照，知道汉代确有此类技艺。

《东海黄公》和《蚩尤戏》同为汉代盛演的角抵戏，都是通过演员再现生活的表演艺术，但在表现形式和手段上有所不同。《东海黄公》的演出，演员扮演具体角色，角色的行动都是依据故事构成的冲突、情节、结局进行的。尤其是角色的具体化和固定化，使这种再现生活的表演具有了写实的成分。也可以说，是写实性表现手段的运用。这就与《蚩尤戏》

采用两人头上戴牛角相抵，运用象征性的手段表现黄帝与蚩尤战斗故事不相同了。再现生活的表演，是戏剧艺术的共同特征，而写实性与象征性的两种表现手段，也是戏剧表演不该缺一的，这些都在汉代角抵戏中显现出来了。角抵戏由于表现故事而发生了质的演变，从而走上了戏剧化的道路。正因为如此，戏剧史家把汉代百戏的集演视为孕育中国戏剧的摇篮，并把《东海黄公》看作中国戏剧的雏形，是不无道理的。[①] 戏剧史家周贻白[②]也说得很明白，他说："假令戏剧的必备条件，必须是从故事内容出发，然后构成剧本，再通过演员们所扮人物的艺术形象而表演出来，这才可以称为戏剧的话，那么，《东海黄公》这项角抵戏，便应当成为中国戏剧形成一项独立艺术的开端。"[③]

第十二节　佛陀老道:汉民族宗教文化的重构

汉代风云激荡，一切都在"大一统"的观照下重组、重构、重建，汉民族宗教发展也被卷入这个社会大变革的历史潮流之中。

汉之初，承接的是经过春秋以来社会大震荡的冲击而等待重建的宗教结构，汉民族本土的各种民间宗教面临着从血缘宗教向地缘宗教、从自然宗教向人为宗教转型发展的大好时机。正是机不可失，失不再来。

在这个千载难逢的机遇面前，道家依托老子脱颖而出，创立了土生宗教——道教。儒家则坐失良机，煮了一锅"夹生饭"，虽有"独尊儒术"之名，却无宗教之实。与此同时，外来的佛教悄然而入，一举瓦解了汉民族原有的宗教结构。于是，汉之末，在尊儒的意识形态之下，汉民族宗教发展的结构中有了本土的道教和外来的佛教两大宗教形态，这就标志着汉民族宗教发展的本土纯粹性被消解，新的宗教结构开始建立。

---

① 以上参阅唐赞功总纂《中华文明史》第三卷，河北教育出版社 1992 年版，第 611—614 页。

② 周贻白（1900—1977 年），戏剧史家，戏剧理论家、话剧、电影作家、戏剧教育家。湖南长沙人。历尽艰辛，刻苦自学，攻读文史群籍。1935 年开始致力于戏剧史和戏剧理论的研究。著有《中国戏剧史略》《中国剧场史》等，他的主要成就和特点是注重中国戏剧戏曲全史的研究。

③ 周贻白:《中国戏曲发展史纲要》，上海古籍出版社 1979 年版，第11 页。

这一结构不仅宣告了汉民族纯粹本土宗教时代的终结，也一直贯穿于汉代以后的汉民族整个社会。[①]

一　道教脱颖而出：汉代汉民族宗教重构之本土宗教

1918年8月20日鲁迅在《致许寿裳》的信中说："中国根柢全在道教。"[②] 这句对道教评价的话，近二十年来在学术界虽争论不已[③]，意见相左，但无论如何，道教是汉民族的土生宗教，其对汉民族精神世界影响的重要性绝不亚于儒学。对此，许地山[④]有见地，他在《道家思想与道教》中说：

> 儒道两家底思想可以说是整个中国思想底两方面。儒家注重实际底生活，而道家则重玄想，这是人人都知道底。从我国人日常生活底习惯和宗教底信仰看来，道底成分比儒底多。我们简直可以说支配中国一般人底理想与生活底乃是道教底思想；儒不过是占伦理底一小部分而已。[⑤]

所以，弄清楚汉代"独尊儒术"的真相，也要弄明白道家何以能脱颖而出而创立道教。

对于道教的来源道教史家们有不少论述，如南怀瑾认为道教的学术思想渊源有四：一是黄帝先后时期学术思想的初步规模；二是三代（尧、舜、禹）时期天人合一思想的规模；三是夏、商、周三代文化的演变；四是周穆王西征与神仙故事的起源[⑥]，偏向于远古的渊源。唐大潮认为道教的思想渊源也有四：一是先秦的神仙思想和道家思想；二是崇尚黄老的社会思潮和黄老道；三是鬼神信仰与墨家思想；四是儒学及阴阳五行思

---

① 汪小洋、包艳：《汉代宗教结构的演变与意义》，《广播电视大学学报》2008年第3期。

② 《鲁迅全集》第9卷，人民文学出版社1958年版，第285页。

③ 详见田垣《关于鲁迅名言"中国根柢全在道教"的争论》，《中国社会科学院院报》2004年6月10日第2版。

④ 许地山（1893—1941年），名赞堃，号地山，是中国现代著名小说家、散文家、"五四"时期新文学运动先驱者之一。在梵文、宗教方面亦有研究硕果。

⑤ 许地山：《道家思想与道教》，载《道教史》，中华书局2014年版，第151页。

⑥ 南怀瑾：《中国道教发展史略》，复旦大学出版社1996年版，第4—11页。

想[①]，偏重于诸子思想。卿希泰认为道教的思想渊源是“杂而多端”的，大体有道家思想、儒家的伦理纲常思想、易学和阴阳五行思想、墨家思想，还吸收了传统的鬼神观念和古代的宗教思想与巫术，以及对其之前的神仙思想和神仙方术也作了继承，并有所发展[②]，此说注意了远古渊源与诸子思想的结合。但这些论述都没有能明确回答道家在汉代为何会脱颖而出为汉民族本土宗教的问题。试比较一下，当时儒道对峙，儒家虽“尊”，但并非“罢黜”了“百家”，正如杨清虎有《论“独尊儒术”与汉代儒学宗教化之路》中所指出：“就今天看来，其实也并非‘独尊’，还是吸收了不少诸子百家的思想，只是冠以‘儒家’之名而已。”[③] 所以，董仲舒“至周之末世，大为亡道，以失天下。秦继其后，独不能改，又益甚之，……故立为天子，十四岁而国破亡矣。自古以来，未尝有以乱济乱，大败天下之民如秦者也”。[④] 显然，董仲舒也是以总结周秦以来兴衰治乱的历史，告诫汉武帝兴利除弊，以巩固汉王朝的天下。故“罢黜百家”其实是融合百家。但为什么同样具有吸纳和融合“百家”，在政治上强过道家的儒家没有蜕化而成儒教，反而是弱于儒家的道家脱颖而出了呢?

关键是道家眼睛向下，扎根民间；儒家眼睛向上，迎合上层。在理论上比较，从帛书《道德经》可见儒道理论的对立：儒刚而道阴。儒家思想讲求自强不息，大同思想、内圣外王之学，正己正人、成己成物的主张，以及“穷则独善其身，达则兼济天下”[⑤] 的心态，无不反映出刚健有为、奋进不止的精神，大有“天下者，我的天下”的气概，政治意识极强；而道家思想清心寡欲，见素抱朴，渴望回到小国寡民的社会，主张无知、无为、无欲、不争，贵柔、守雌、主静，纯任自然，泯灭主体能力，崇尚自然高远，鄙弃狭隘功利主义，强调的是一个“静”字[⑥]。所以《老子》和《庄子》都不讲炼丹和符箓，只欲追求肉体的长生不死、羽化成仙，因此它们本不是道教经典。但老庄推崇宇宙最高法则——道，宣扬清静无为、脱俗超世，又极重养生和炼神。于是，道教的创立者抓住、借

① 唐大潮：《中国道教简史》，宗教文化出版社 2001 年版，第 9—27 页。

② 卿希泰：《简明中国道教史》，中华书局 2013 年版，第 9—17 页。

③ 杨清虎：《论“独尊儒术”与汉代儒学宗教化之路》，《云南社会科学》2015 年第 4 期。

④ 《汉书·董仲舒传》。

⑤ 《孟子·尽心上》。

⑥ 参阅李宗桂《中国传统文化探讨》，花城出版社 2012 年版，第 413 页。

用、发挥、膨胀了这些思想，使“道”成为至上神，把离俗倾向推上出世境地，从养生论中发展出长生论，从而形成了道教的理论体系。这样，老子自然而然地就成了道家的创始人，道教在推崇道家的同时自然要神化老子，把它奉为本教教主和尊神，从而有了太上老君、道德天尊等称号。可见道教不借助于道家就不能成为大型宗教。故而有人说：“从一定意义说，道教是道家发展过程中出现的一个旁支。”①

从思想渊源上具体分析，道家之所以能脱颖而出，其扎根民间的来源主要有：

第一，来源于古代民间宗教和民间巫术。神话和仙话在流传演变中，与道教的杂糅现象非常广泛和普遍，特别是在道教盛行的汉代，古典神话出现道教化的倾向，故而道教的整套体系受汉民族民间神话的影响极大。道教颇为巧妙地进行了嫁接，将在民间以及典籍中所载的三皇五帝的神话传说，与他们对世界起源及其发展过程的解释结合起来。如道教对太上老君的创造，宋人张君房编的道教类书《云笈七签·太广老君开天经》载：

> 盖闻未有天地之间，太清之外不可称计。虚无之里，寂寞无表，无天无地，无阴无阳，无日无月。……唯吾老君独处空玄寂寥之外，玄虚之中，视之不见，听之不闻，若言有不见其形，若言无万物从之而生……而有洪元。
>
> 洪元之时亦未有天地，虚空未分，玄虚寂寥之里，清浊未判。洪元一治，至于万劫。洪元既判而有混元，混元一治万劫，至于百成。百成也八十一万年而有太初……太初一治至于万劫，至于人成之初，故曰太初。……太初既没，而有太始，……太始者，万物之始也，故曰太始。……太始既没，而有太素。太素之时，老君下降为师，教示太素，以法天下八十一劫。…太初以下，太素以来，天生甘露，地生醴泉，人民食之乃得长生，死不知葬埋，弃尸于远野，名曰上古②。

这就是道教创造的天神开辟天地，神通超越了混沌状态的宇宙之

---

① 唐赞功总纂：《中华文明史》第三卷，河北教育出版社1992年版，第518页。

② 转引自张娜民《神话、仙话与道教的神仙思想》，《漯河职业技术学院学报》2013年第6期。

祖——太上老君，其在宇宙存在的亿万斯年之前就已经存在了。

道教就是这样颇为巧妙地进行了嫁接，将在民间以及典籍中所载的三皇五帝的神话传说，与他们对世界起源及其发展过程的解释结合起来。葛兆光在《道教与中国文化》中也说：

> 如果说，“太一五帝”神话比附“道——五行”为道教建立神谱提供了一个主脉，“西王母”与“东王公”神话则恰巧为这个主脉镶嵌进了一个必要的中介“阴阳”，而“三天真王”“九天真皇”神话则启发了道教的思路，给了他们编造天神降临，传授经典，推动宇宙、社会与道教本身形成的故事的灵感。于是，那些聪明的道士便杂糅各种神话，按照自己的需要开始炮制道教的神鬼谱系。①

事实也正是这样，汉民族自古以来就崇拜天地日月山川百神，其中许多后来被道教所吸收，成为道教的尊神。如天帝演为玉皇大帝，后土皇地祇直接成为四御之一，天、地、水三神演为三官，北方七星宿神演为玄武（真武），其他如东岳大帝、四海龙王、城隍土地，门神灶神最初都是民间信仰的神灵，后转而成为道俗共祭的偶像。

古代巫术盛行，多与降神、祈雨、治病有关，道教的符箓派正是承接先秦至汉的巫术及鬼神祭祀所形成的符咒、斋醮、拜仪而来的。长沙马王堆西汉墓中的帛书，已有《符箓》书，可知画符驱鬼一类术数兴起甚早。所以，这种由上古巫医巫术、咒语的流行，配合原始象形文字，以及会意文字等的图腾观念形成的可以影响事物的符箓，在汉民族自远古以来在民间在广泛的影响。及至汉代，遂演变成以斋醮告天为祈祷天神的仪式，以披发仗剑、画符念咒为神通的妙用，从此更加深入民间，更由民间反映到上流社会，遂使汉末自桓帝、灵帝以后，朝野上下笼罩着一片神秘的色彩。对此，南怀瑾在《中国道教发展史略》中说“因此采纳自古以来中国文化的幕后人物，如‘隐士’与‘神仙’之流为中心，加上难以解释之精神作用的符咒，比附于谶纬②、‘图腾’等学术，即成为汉末、魏、

---

① 葛兆光：《道教与中国文化》，上海人民出版社1987年版，第73页。

② 谶纬指将要应验的预言、预兆。即《四库全书总目提要》所说：“谶者，诡为隐语，预决吉凶。”

晋以后的道教”。[1] 事态的发展也正是这样，汉初的黄老学说以及汉代中期盛行的谶纬之学，对早期道教的太平道与五斗米道的形成起了很大的作用。因为汉初黄老之学是显学，治黄老之学的人中有许多是方士，他们把黄老思想中的神秘主义因素，例如神仙长生与阴阳五行等理论糅合在一起，由尊崇黄帝转而推崇神化后的老子，逐渐形成以崇奉老子为神明的“黄老道”，并与方仙道逐步合流。[2]

第二，来源于战国至秦汉民间的神仙传说和方士方术。长生不死、得道成仙是道教的核心信仰，而这一核心正是来源于长期流行于汉民族民间的神仙方术。春秋战国时，许多书中都有访道求仙的记载，如《庄子·齐物论》云：“藐姑射之山，有神人居焉，肌肤若冰雪，绰约若处子，不食五谷，吸风饮露，乘云气，御飞龙，而游乎四海之外。”“至人神矣！大泽焚而不能热，河汉沍而不能寒，疾雷破山、飘风振海而不能惊。若然者，乘云气，骑日月，而游乎四海之外，死生无变于己。”又如《楚辞·远游》云：“闻赤松之清尘兮，愿承风乎遗则。贵真人休德兮，美往世之登仙。”故楚国民间“淫祀”之风极盛，巫在楚人心目中的地位也极高。观射父对楚昭王就说过：“民之精爽不携贰者，而又能齐肃衷正，其智能上下比义，其圣能光远宣朗，其明能光照之，其聪能听彻之，如是则明神降之，在男曰觋，在女曰巫。”[3]

尤其是汉民族民间一向笃信神仙不同于一般鬼神，不是生活在冥冥之中的精灵，而是形如常人却长生不死，而又逍遥自在、神通广大的超人，它们又有不死之药可以超度世人。《战国策·楚策》记有人献“不死之药”于顷襄王的故事，《山海经》记有“不死国”“不死树”“不死民”等方物异人。这些描写激起人们天真的遐想，特别在楚、齐湖海地区，水面上的云蒸霞蔚、海市蜃楼，更使人相信上面住着不死的仙人。如在燕齐文化中有三神山的传说，《史记·封禅书》载：“其传在渤海中，去人不远……盖尝有至者，诸仙人及不死之药皆在焉。其物禽兽尽白，而黄金银为宫阙。未至，望之如云；及到，三神山反居水下，临之，风辄引去，终

① 南怀瑾：《中国道教发展史略》，复旦大学出版社1996年版，第20页。

② 章启群：《经世与玄思：秦汉魏晋南北朝的精神文明》，北京大学出版社2009年版，第186页。

③ 《国语·楚语下》。

莫能至云。”《史记·武帝纪》亦载：“建章宫中，建泰液池，中有蓬莱、方丈、瀛洲、壶梁，象海中神山龟鱼之属。”① 方士们把海市蜃楼现象加以渲染，说成是海中的神山，山上有长生不死药。并神乎其神地说三神山上，禽兽及万物都是白色，宫阙为黄金白银所砌。徐福还对秦始皇称海中有鲛鱼阻止，不能到达神山。又曾说：海中大神对采药之事说：“汝秦王之礼薄，得观而不得取。”② 秦始皇相信了徐福的话，批准徐福两次入海求仙人仙药。

据《封禅书》，汉武帝最热心于神仙方术，如李少君以祠灶、谷道、却老方见宠，谓“祠灶则致物，致物而丹砂可化为黄金，黄金成以饮食器则益寿，益寿而海中蓬莱仙者乃可见，见之以封禅则不死，黄帝是也”。少君之后，有栾大，谓“黄金可成，而河决可塞，不死之药可得，仙人可致也”。又有公孙卿，编造黄帝铸鼎、骑龙升天的神话，谓宝鼎复出，汉主封禅“能仙登天”，引得武帝大发感慨，谓：“吾诚得如黄帝，吾视去妻子如脱蹝耳。”③ 皇帝一人好之，上下万人趋之，“齐人之上疏言神怪奇方者以万数”④，正如《史记·封禅书》所载：方士“（李）少君言上曰：‘……臣尝游海上，见安期生，安期生食巨枣，大如瓜。安期生仙者，通蓬莱中，合则见人，不合则隐。’于是天子始亲祠灶，遣方士入海求蓬莱安期生之属，而事化丹沙诸药齐（剂）为黄金矣。……而方士之候伺神人，入海求蓬莱，终无有验”。“自此之后，方士言神祠者弥众。”此风沿至东汉在汉民族民间久盛不衰，它不仅为道教信仰的建立做了直接准备，也为道教丹鼎派的出现做了队伍上的准备，大批方士即是道士的前身。东汉晚期山东的一些画像石墓，画像内容突出反映神仙思想，如仙人骑白鹿，仙人云车，以及各种奇禽异兽，说明神仙崇拜已成为风俗。⑤ 正如道教史家卿希泰所言：

他们宣扬长生成仙的信仰；声称黄帝是长生成仙的榜样而倍加推

① 《汉书·郊祀志上》也有同样的记载。

② 《史记·淮南衡山列传》。

③ 以上所引均见《史记·孝武本纪》。

④ 《史记·封禅书》。

⑤ 唐赞功总纂：《中华文明史》第三卷，河北教育出版社1992年版，第517—518页；张维青、高毅清：《中国文化史》（一），人民出版社2010年版，第422—423页。

崇，俨然奉之为祖师；提出了多种修炼成仙的方术。主要是寻仙人和不死之药，以及祠灶祭神等，特别是倡导化丹砂为黄金的炼丹术，是方仙道的突出特点和重大贡献。方仙道所具有的这些信仰神仙、崇奉黄帝、主张服食丹药成仙等特征，表明它是道教孕育过程的重要阶段。①

祥瑞、升仙、辟邪的观念在汉民族民间由来已久，尤其是在汉代这种观念表现得比较突出。从南阳汉代画像石上刻画的内容看，无论是早期的作品，或是中晚期作品，其追求羽化升仙、辟邪祥瑞的画面贯穿始末。南阳汉代画像石博物馆现在馆藏的3000多块画像石中此类题材约占1/4。从现存世的史料可见，上至皇帝如汉武帝便深信神仙，迷恋长生。《汉书·郊祀志》云："元鼎、元封之际，燕齐之间方士言有神仙致福之术者以万数。"西汉晚期，谶纬迷信开始流行，东汉时期更加盛行。谶是诡秘的隐语、预言，是神向人们所做的凶吉福祸的昭示，纬是借托神意对儒家经典所做的解释。由于迷信神仙及谶纬的影响，祈求祥瑞、升仙、辟邪的举动在皇家和民间都很盛行。② 所以，方士、方仙道和黄老道，是道教形成的最主要的基础和最早的表现形式。神仙方术后来演化为道教的修炼术，方士也逐渐演化为道士。③

汉画像石升仙图

资料来源：吕风林、吕超：《汉画像石上的升仙图》，《人民日报海外版》2010年6月3日第7版。

① 卿希泰主编：《中国道教史》第1卷，四川人民出版社1988年版，第56—57页。

② 吕风林、吕超：《汉画像石上的升仙图》，《人民日报海外版》2010年6月3日第7版。

③ 章启群：《经世与玄思：秦汉魏晋南北朝的精神文明》，北京大学出版社2009年版，第182、186页。

第三，来源于民间古代医学与体育卫生知识。这恐怕是道教与众不同的又一个民间来源。道教修炼长生，特重养生术，很注意吸收古代医药学与养生学的知识。

在《黄帝内经》成书之前，上古真人治病的方法称为“祝由”。《素问·精变气论篇》云：“往古人居禽兽之间，动作以避寒，阴居以避暑，内无眷慕之累，外无伸宦之形……故可移精祝由而已。当今之世不然，忧患缘其内，苦形伤其外，又失四时之从，逆寒暑之宜……故祝由不能已也。”《灵枢·贼风》亦云：“黄帝曰：其祝而已者，其故何也？岐伯曰：先巫者，因知百病之胜，先知其病之所从生者，可祝而已也。”可见“古祝”即是巫医的治病法，明显地带有鬼神色彩。

又导引术起源于上古，早在春秋战国时期就已非常流行。《庄子·刻意》云：“吹响呼吸、吐故纳新、熊经鸟伸，为寿而已矣；此导引之士、养形之人、彭祖寿考者之所好也。”说的是呼吸吐纳和熊经鸟伸等活动是导引的基本内容，其目的是为了养形、益寿等。故导引术为当时神仙家与医家所重视。

此外，《楚辞·远游》中有“食六气而饮沆瀣，漱正阳而含朝霞”的食气法；长沙马王堆汉墓帛书中有《养生图》《导引图》；《史记·留侯世家》云张良功成后欲从赤松子游，“乃学辟谷，导引轻身”；《三国志·华佗传》说：“古之仙者，为导引之事，熊颈鸱顾，引挽腰体，动诸关节，以求难老”等，健身之术互相配合，为道教所吸收，成为积精累气的重要方法。

这些炼养术的思想营养沉淀在道教的理论中，形成一种导引健身术而被汉民族民间视为至高无上的延年益寿、修道成仙的方法，即后世称之为“内丹”的精要①，在于“养气守静”。《太平经》说：“养生之道，安身养气，不欲喜怒也”②，这“气”，就是所谓“元气”，这个元气不仅是宇宙天地万物得以化生的本原，也是人的根本所在，而它又是由阴阳二气相交而成的。正因为人禀阴阳二气而生，所以若丧失了阴阳二气便死，而阴

---

① 内丹之称，大约始于隋唐之间，《罗浮山志》说“（青霞子苏玄朗）隋开皇中，来居罗浮……乃著《旨道篇》示之。自此道德始知内丹矣”；参阅陈国符《说周易参同契与内丹外丹》（《道藏源流考》附录六）。转引自葛兆光《道教与中国文化》，上海人民出版社1987年版，第210页注。

② 《太平御览》卷六六八《道部》引。

阳二气不和，或阳盛阴衰，或阳衰阴盛，也都会造成人的疾病。所以，道教承袭汉民族民间这些修炼方法，并使之更为系统、精密，以导引为健身养身，延年益寿的重要方法。

总之，道教与汉民族民间在文化上有底蕴的沉淀，精神上有脉络的联结。所以，道家在汉代统治阶级大力提倡神道方术，朝野上下弥漫着鬼神崇拜的神秘气氛中，造成汉代社会求仙修道的风气浓重，无形中培养出一大批方士，直接推动了道教的形成。正如《中国文化发展史》在论及道教的生成时说："民间信仰对于社会生活的影响往往可以比正统文化更为广泛深刻。在社会发生动乱时期，这种文化形式常常可以有力地引发民众心理的冲动，激荡起狂热的社会风潮。"[①] 道教的形成，就是在汉末社会动荡不宁，人民陷于深重灾难，对汉王朝的失望转向寄托于道教的救赎，而要求新的社会归属，于是道教应运而生，脱颖而出。[②]

二　佛教悄然而入：汉代汉民族宗教重构之外来宗教

世界轴心时代的文化在两汉有了交会，那就是佛教的悄然而入，这个伟大的文化交流事件，一举打破了汉民族文化的纯粹性。

佛教产生于古代的印度。创始人称作释迦牟尼。关于释迦牟尼生活的年代[③]，大致相当于中国的春秋战国时期。这一时期在中国也出现了孔子、老子、庄子、孟子等人，在古希腊则出现了苏格拉底、柏拉图、亚里士多德等伟大的哲学家。在人类文明发展史上古印度与古中国文明的牵手交会在两汉以佛教悄然而入的场景呈现。

佛教究竟是什么时候、通过什么途径传到中国来的？这在汉民族文化史上是一个说不清道不明的谜。

若论到佛教何时传入中国的问题，历史上有多种说法。如南朝宋时宗炳《明佛论》说三代之前中国已知佛教，唐代僧人法琳所作《破邪论》引《周书异记》说西周昭王时则已知西方圣人出生。《列子·仲尼篇》则

---

① 龚书铎主编，黄朴民等著：《中国文化发展史·秦汉卷》，山东教育出版社 2013 年版，第 235 页。

② 以上除注明外，均参阅唐赞功总纂《中华文明史》第三卷，河北教育出版社 1992 年版，第 517—520 页。

③ 释迦牟尼生活的年代主要有两种意见：一是公元前 6 世纪至公元前 5 世纪，另一是公元前 5 世纪至公元前 4 世纪。

借孔子之口曰："丘闻西方有圣者焉，不治而不乱，不言而自信，不化而自行，荡荡乎人无能名焉。"晋时王嘉《拾遗记》则载，战国燕昭王时有道术人名尸罗来朝。其他还有秦皇、汉武时佛教已传入中国的说法。这些说法其实都是佛门弟子为抬高佛教地位编造的传说，欲以此压倒儒、道，并给佛蒙上神秘的色彩，仅可备为闲话之类。①

正经说来，佛教传入中国的问题有佛教西来之说，此说亦有三种说法：

一为"伊存授经"之说，其称汉哀帝元寿元年（前 2 年），博士弟子景卢受大月氏王使伊存口授《浮屠经》。《浮屠经》，即佛经，有人称其为佛教传入汉地之始。根据是《三国志·魏书·乌丸鲜卑东夷传》裴松之注引《魏略·西戎传》记载：

> 临儿国，《浮屠经》云其国王生浮屠。
>
> 浮屠，太子也。父曰屑头邪，母云莫邪。浮屠身服色黄，发青如青丝，乳青毛，蛉赤如铜。始莫邪梦白象而孕，及生，从母左胁出，生而有结，堕地能行七步。
>
> 此国在天竺城中。天竺又有神人，名沙律。
>
> 昔汉哀帝元寿元年，博士弟子景卢受大月氏王使伊存口受《浮屠经》曰复立者其人也。《浮屠》所载临蒲塞、桑门、伯闻、疏问、白疏闻、比丘、晨门，皆弟子号也。《浮屠》所载与中国《老子经》相出入，盖以为老子西出关，过西域之天竺、教胡。浮屠属弟子别号，合有二十九，不能详载，故略之如此。

这是正史的说法，不少人认为比较可信。故 1998 年中国佛教界和学术界纪念佛教传入中国两千年，根据的就是这一记载。②

二为"永平求法"的传说，称东汉明帝永平年间（58—75 年），明帝梦见"神人"，"身体有金色，项有日光，飞在殿前"。因此派出使臣到

① 张维青、高毅清：《中国文化史》（一），人民出版社 2010 年版，第 428 页。又吴廷璆、郑彭年《佛教海上传入中国之研究》（载《历史研究》1995 年第 2 期）一文对佛教传入的种种传说也做了分析和批评。

② 王志远：《中国佛教初传史辨述评——纪念佛教传入中国 2000 年》，《法音》1998 年第 3 期。

大月氏，写取佛经四十二章带回中国，从此汉地有了佛教。根据是《四十二章经·序》所云：

昔汉孝明皇帝夜梦见神人，身体有金色，项有日光，飞在殿前。意中欣然甚悦之。明日问群臣，此为何神也？有通人傅毅曰："臣闻天竺有得道者，号曰佛，轻举能飞，殆将其神也。"于是上悟。即遣使者张骞、羽林中郎将秦景、博士弟子王遵等十二人，至大月支国写取佛经《四十二章》，在十四石函中，登起立塔寺。于是道法流布，处处修立佛寺、远人伏化，愿为臣妾者不可称数。国内清宁，含识之类，蒙恩受赖，于今不绝也。[①]

此说虽有洛阳白马寺与这个故事有直接的关系，但学术界至今仍无法证实其真实性，但饶有意思的在两晋以后，这一传说就被上层主流社会当作史实看待，如后赵王度引汉明求法以及佛教入华初期中土对待佛教的政策建议禁止奉佛；东晋袁宏《后汉纪》在讲解佛教基本教义的同时提及佛教永平入华之说；北魏太武帝拓跋焘下令取缔佛教时称"后汉荒君，信惑邪伪，妄假睡梦，事胡妖鬼，以乱天常，自古九州岛之中无此也"[②]，凡此等等，不一而足。顺便指出，关于佛教进入汉地的传说还有10种[③]，在记载汉明帝永平求法传说的众多文献中，据汤用彤的研究，《四十二章经·序》所载"永平求法"可能是最早的一种[④]。

三为明帝"感梦求法"，据《后汉书·西域传》载：

世传明帝梦见金人长大，顶有光明，以问群臣。或曰："西方有神，名曰佛，其形长丈六尺而黄金色。"帝于是遣使天竺，问佛道法。遂于中国图画形象焉。楚王英始信其术，中国因此颇有奉其道者。后桓帝好神，数祀浮图、老子。百姓稍有奉者，后遂转盛。

---

① 《四十二章经·序》，载僧祐撰，苏晋仁、萧炼子点校《出三藏记集》，中华书局1995年版，第242页。

② （北齐）魏收：《魏书》，中华书局1974年版，第3034页。

③ 详见刘林魁《永平求法传说与三教论衡》，《贵州社会科学》2010年第12期。

④ 汤用彤：《汉魏两晋南北朝佛教史》上册，中华书局1983年版，第16页。

明帝感梦求法有虚构成分，故有学者怀疑，但从史料分析，也并非全是无稽之谈。民间传说白马驮经而来，深富诗情画意，或许多少也含有佛经传入之真实根据。[①]

这佛教西来说虽也众说纷纭，但一直是佛教入汉地的主流说法，也比较符合佛教在汉地的路线图。有学者注意到，这个时期真正是从印度到中国来的僧人并不多。有记载也比较可信的只有竺佛朔一人。《出三藏记集》和《高僧传》曾提到竺佛朔在桓帝和灵帝时来到洛阳，翻译过《道行般若经》和《般舟三昧经》。最早到达中国的佛教僧人大多不是来自印度本土，而是来自中亚地区。他们更多地代表当时中亚地区流行的佛教派别。因此，中亚和西北印度的佛教对中国汉民族佛教早期的发展影响最大。从安世高和支谶译经的内容，已经大致能看出此后甚至更长一段时期中国佛教在义学[②]方面发展的范围和方向。后来在中国形成的汉文佛教经典《大藏经》在内容和结构上都反映出这一特点。中国佛教此后的发展方向，即重大乘、重义理、重禅修，这些特点都与流行于印度西北和中亚的几个佛教部派有关。由于这个原因，中国佛教以及由中国佛教发展出来的东亚佛教，后来被称作北传佛教，成为今天三大佛教体系之一。所谓北传，就是指以印度为起点，向北传播，转而向东，到达中国的汉地。印度佛教逐步转变成为中国佛教，再进一步东传，发展成为朝鲜佛教和日本佛教。[③]

但事情就这么复杂，在佛教传入西来说已莫衷一是之时，又出来一个佛教传入东来说。

佛教传入东来说源于我国江苏连云港孔望山东汉佛教摩崖造像的发现。[④] 据丁义珍的调查报告，关于孔望山摩崖遗像的记载，最早见于孔望山“龙洞石刻”中的“安钝题名”：“大明成化十年春三月朔日，直隶淮安府同知安钝，抚民之暇，偕知州陶昺，因观古圣贤遗像，来游此洞，三

---

① 张维青、高毅清：《中国文化史》（一），人民出版社2010年版，第429—430页。

② 佛教义学，乃立足于佛教本位而解诠佛教之学，包括各种侧面、层次以及方式，其开展，可称佛教义学活动，又可称广义的佛教义学研究。因此，在佛教自称内道的情况下，佛教义学可称佛教内道的学问，简称内学。

③ 章启群：《经世与玄思：秦汉魏晋南北朝的精神文明》，北京大学出版社2009年版，第94页。

④ 有关孔望山石刻佛像的争鸣，请参看荣新江《陆路还是海路——佛教传入汉代中国的途径与流行区域研究综述》，载《北大史学》第9辑，北京大学出版社2003年版。

慨以书。海州书吏钱铸，老人刘宣。”以后几百年中也有一些著录，但大都认为它是表现世俗内容的汉代摩崖画像石刻。直到 1980 年 6 月，中国历史博物馆的史树青来连云港考察时，才首次指出孔望山摩崖遗像含有佛教内容，并认为是现存较早的佛教石刻。同年，俞伟超、金维诺、步连生等专家作了进一步考察，认为应是较早期的佛教艺术遗迹之一。关于这批造像的年代，我们初步认为属于东汉晚期，其理由如下：

一是孔望山摩崖造像用传统的汉画像石技法表现外来的佛教题材，这是孔望山佛教造像最突出的一个特点；二是孔望山佛教造像中的 X2、X61 两立像和 X76 坐像，都是双手置胸前，右手施无畏印，左手作握衣状，与四川彭山崖墓陶座上的坐佛图、乐山麻壕享堂的坐佛图、沂南汉画像石上的坐佛图的手势完全一样，这为认识孔望山造像的年代提供了直接的例证；三是从造像的布局和题榜来看，孔望山佛教造像分层分段的布局和不留刻铭的题榜，也是汉画像石流行的风格。所以，孔望山东汉佛教摩崖造像的发现，打破了佛教研究方面的许多传统说法[①]，似乎是平地一声惊雷，有的学者结合东汉佛教盛行于东海地区的记载，推想孔望山佛教艺术从海路传入的可能性很大。所以，有人认为佛教入内地，或许并不只是途经中亚一路。[②]

为此，《中国文化发展史·秦汉卷》引史料说，《后汉书·光武十王列传》载：楚王刘英“诵黄老之微言，尚浮屠之仁祠”。汉桓帝也“设华盖以祠浮屠老子”[③]。《后汉书·襄楷传》也说，桓帝曾经于“宫中立黄老浮屠之祠”。实际上，正如汤用彤先生所指出的，“黄老之道，盛于汉初”，“而其流行之地，则在山东及东海诸地，与汉代佛教流行之地域相同。其道术亦有受之于佛教者。而佛教似亦与其并行，或且藉其势力以张其军，二者之关系实极密切也”[④]。楚王刘英管理的地域以现今江苏徐州为中心，佛教曾经在这里得以流行，汉献帝初平四年（193 年），丹阳人笮融为徐州牧陶谦督广陵（郡治在今江苏扬州）、下邳（首府在今江苏邳

① 连云港市博物馆（执笔丁义珍）：《连云港市孔望山摩崖造像调查报告》，《文物》1981 年第 7 期；俞伟超、信立祥：《孔望山摩崖造像的年代考察》，《文物》1981 年第 7 期。

② 龚书铎主编，黄朴民等著：《中国文化发展史·秦汉卷》，山东教育出版社 2013 年版，第 233 页。

③ 《后汉书·桓帝纪》。

④ 汤用彤：《汉魏两晋南北朝佛教史》上册，中华书局 1983 年版，第 42 页。

县南）、彭城（首府在今江苏徐州）等地运漕，他利用手中的武装，断截三郡委输以自入，并大造佛祠，高铸佛像，广招佛徒。据《三国志·吴书·刘繇传》载：

> 乃大起浮屠祠，以铜为人，黄金涂身，衣以锦采，垂铜盘九重，下为重楼阁道，可容三千余人，悉课读佛经，令界内及旁郡人有好佛者听受道，复其他役以招致之，由此远近前后至者五千余人户。每浴佛，多设酒饭，布席于路，经数十里，民人来观及就食且万人，费以巨亿计。

说的是笮融大起浮屠祠，铸铜为人，涂饰黄金，以锦采为衣。又累造宏伟阁楼，聚众读佛经，管区内及邻近诸郡集结至于“五千余人户”。每逢浴佛时节，多备酒饭，沿途设席，连绵数十里。民众前来观看及就食者将近万人，消耗资费无数。据说这是汉地关于佛教造像立寺的最早的记载，也是关于举办大规模佛事活动最早的记载。①

但稍一查证，最早提出佛教东来之说的是梁启超，1920 年，他在《佛教之初输入》一文中说：“今当研究佛教初输入地之问题——向来史家，为汉明求法所束缚，总以佛教先盛于北，谓康僧会入吴，乃为江南有佛教之始。其北方输入所取途，则西域陆路也。以汉代与月氏、罽宾交通之迹考之，吾固不敢谓此方面之灌输，绝无影响。但举要言之，则佛教之来，非由陆路而由海，其最初根据地，不在京洛而在江淮。”② 这里所言的“江淮”，与孔望山在一个方位上。可见佛教东来之说早已有之。

除佛教西来说和东来说之外，与海路有关的还有南来说。阮荣春于 20 世纪 90 年代在《东南文化》连续发文③提出：佛教造像先兴起于南方，后盛于北方。并从佛教造像兴起于南方这一历史现象联想到，佛教是否也是先兴起于南方？④ 蔡俊士从谷仓罐（又称魂瓶）切入做了具体的分

① 龚书铎主编，黄朴民等著：《中国文化发展史·秦汉卷》，山东教育出版社 2013 年版，第 233—234 页。

② 梁启超：《佛教之初输入》，载《饮冰室专集之五十三》，中华书局 1989 年版，第 7 页。

③ 阮荣春：《早期佛教造像的南传系统》，《东南文化》1999 年第 1、2、3 期。

④ 阮荣春：《再谈“早期佛教造像南传系统”——在“早期佛教造像南传系统学术讨论会”的发言》，《东南文化》1991 年第 6 期。

析，他认为：从谷仓罐佛造像分布范围来看，均在吴地，并且集中在浙江、江苏、湖北一线，即长江流域一带，而在同一时期，北方的佛教造像却几乎是空白。因此，早期佛教造像在南方传播的主要途径有这样几条：由印度通过交趾传入，行经广西、湖南至湖北武昌，沿长江东下建业而至吴（县）、会（稽），或至吴会，然后北上镇江、广陵（扬州）而达苏北、鲁南。从而提出佛教和佛教艺术从浙江东南沿海传入，特别是从台州章安进入长江流域的另一种可能性。[①] 接着，吴廷璆、郑彭年则在《历史研究》发表《佛教海上传入中国之研究》一文，主张佛教海上传入说，他们根据20世纪50年代河北石家庄市北宋村发掘两座汉墓出土的两尊铜像，山东中南部沂南的北寨村发现的画像石，以及20世纪80年代初在江苏连云港市孔望山发现的摩崖石像等证据指出："以上三处佛教文物遗存，足以说明佛教始入中国是遵循海路的，由交州、广州、江苏或山东半岛南部传入的。"[②] 此后，阮荣春于1989年4月到1990年4月与日本学者合作研究"早期佛教造像的南传系统"，对云南、广西、广东、湖南、湖北、江西、安徽、江苏、浙江等十个省、自治区开展采访调查，获得了大量的第一手资料和300多件图像实物，于1993年由文物出版社出版了《文物图录——佛教初传南方

孔望山佛教造像中X61立像

资料来源：连云港市博物馆（执笔丁义珍）：《连云港市孔望山摩崖造像调查报告》，《文物》1981年第7期。

① 蔡俊士：《略论佛教艺术在南方的传播路线——从三国西晋谷仓罐佛像谈起》，《杭州大学学报》1993年第2期。

② 吴廷璆、郑彭年：《佛教海上传入中国之研究》，《历史研究》1995年第2期。

之路》一书，对佛教初传南方问题提供了实物佐证。[①] 有人对此说不以为然，说这是少数学者心中的“梦幻之路”[②]。但严格来说，佛教南来说其实应为东南说。

与东南说相对，又出了一个西南说。童恩正认为：“佛教很可能由往返于中国西南部与印度之间古商道上的旅行者或香客们传入，而且时间早于北路。”[③] 阮荣春也提出：“四川、云南的早期佛教，在史籍中几乎是空白，但现在大量实物表明，四川是中国佛教造像最早兴起的地方，而四川佛教又对长江流域乃至中原有一定影响。”[④]

其实，历史本来有可能很清楚，也有可能不明白，尤其是几千年前的事件，往往只呈现出一点蛛丝马迹。但不管西来说，还是东来说；也不管东南来说，还是西南来说，对于汉民族文化史来说，重要的是，佛教的悄然而入，从根本上改变了汉民族宗教文化的结构，给汉民族文化吹进了一股新风，注入了新鲜的血液。

而对于外来“闯入者”——佛教来说，其何以能在传统文化深厚无比的汉民族文化土壤上立足？靠的是“一附二变三傍”。

一附就是依附黄老之学。佛教初传到中原汉区时，只是被汉民族看成是一种具有明显的外来色彩的道术，释迦牟尼被信成是一位大神仙，那些从中亚一带来传佛教的僧人大都被认为是“道士”。在社会上并没有太大的影响。最初的佛教信徒大多是来到洛阳的外国人，当然也会有一些中国人。而佛教想在汉王朝传教，就必须依附汉民族的传统文化。汉初黄老之学盛行，于是佛教就依附黄老之学为保护伞。东汉初年，上层权贵已有信佛者，但将佛陀依附于黄老崇拜。黄老学说的中心主旨是清静无为，佛教也倡导寂静无为以超脱人生苦海而达到涅槃佳境，所以，汉代人一提到佛教总是黄老，浮屠并举。《后汉书·楚王英传》载，楚王英晚年“更喜黄老，学为浮屠，斋戒祭祀”。他曾经通过奉送“黄缣白纨”给国相，以表

① 阮荣春：《再谈“早期佛教造像南传系统”——在“早期佛教造像南传系统学术讨论会”的发言》，《东南文化》1991年第6期；胡克森：《佛教初传中国的途径讨论》，《邵阳学院学报》2015年第3期。

② 温玉成：《“早期佛教初传中国南方之路”质疑》，《四川文物》2000年第2期。

③ 童恩正：《古代中国南方与印度交通的考古学研究》，《考古》1999年第4期。

④ 阮荣春：《再谈“早期佛教造像南传系统”——在“早期佛教造像南传系统学术讨论会”的发言》，《东南文化》1991年第6期。

示向明帝赎罪。明帝下诏书抚慰楚王："楚王诵黄老之微言，尚浮屠之仁祠，洁斋三月，与神为誓。何嫌何罪，当有悔吝？"这段文字也一直被认为是有关佛教传入中国的最早最可靠的记载之一。楚王英的故事说明了当时王公贵族对佛教的理解和接受的方式。在上层人士的心目中，佛教教义类似于黄老之学，佛陀类于神通广大的神仙。袁宏《后汉记》说佛教"专务清静"，"息意去欲，而欲归于无为也"，"佛身长一丈六尺，黄金色，项中佩日月光，变化无方，无所不入，故能通百物而大济群生"。直至东汉后期，佛教在人们心目中仍是黄老一类的宗教形象。东汉桓帝延熹九年，襄楷上书说："又闻宫中立黄老浮屠之祠，此道清虚，贵尚无为，好生恶杀，省欲去奢"[①]，也是将黄老浮屠混而为一。至于一般民众信奉者，东汉之时无有明载。十六国时后赵王度说："汉明感梦，初传其道，唯听西域人得立寺都邑，以奉其神；其汉人皆不得出家"[②]，可知信奉者多是西域僧人。由于佛教依附于黄老道术，未能显示自身的特色和力量，故未曾引起社会强烈关注。这种情况直到汉末才开始有改变，其时在地方和民间佛教信徒日渐增多。[③] 正如汤一介所云：

> 佛教在汉朝传入时，先是依附于中国原有的"道术"（或"方术"）。……汉朝，多把"浮屠"与"黄老"同样看待，楚王英"诵黄老之微言，尚浮屠之仁祠"，桓帝在"宫中立黄老、浮屠之祠"。甚至当时佛教徒也自称其教为"道术"，如牟子《理惑论》就把佛教看成是九十六种"道术"之一种，他说："道者九十六种，至于尊大，莫尚佛道也。"《四十二章经》也自称"佛教"为"佛道"。[④]

二变就是讲孝道信鬼神，以迎合汉民族的心理。儒家讲孝，汉民族家庭重孝，"孝"在汉民族民间几乎成了一种宗教似的心理。《孝经》云："身体发肤，受之父母，不敢毁伤，孝之始也。立身行道，扬名于后世，以显父母，孝之终也。夫孝始于事亲，中于事君，终于立身……孝子之事

① 《后汉书·襄楷传》。

② 《高僧传·佛图澄传》。

③ 唐赞功总纂：《中华文明史》第三卷，河北教育出版社1992年版，第526—527页。

④ 汤一介：《从印度佛教传入中国看两种文化的冲突和融合》，《深圳大学学报》1985年第3期。

亲也，居则致其敬，养则致其乐，病则致其忧，丧则致其哀，祭则致其严。”而佛教本不讲孝，一是僧、尼剃发，要损父母；二是僧尼出家后不能再孝敬奉养父母；三是僧尼不结婚，无后而会断绝子孙，无族谱；四是僧尼与原有亲族断绝关系，不能敬长扶幼，显亲扬名。这个矛盾如何协调解决？佛教的传教者很聪明，他们深知要在汉民族的文化土壤上扎根，就必须讲孝道。于是佛教僧人先后纷纷著书，自圆其说，强调唯有劝父母信佛教，为死去父母念经超度，才算是真正大孝；至于物质上的供养，并非真孝云云。这样，大概在汉末到西晋时期，佛教徒不惜与汉民族的孝道思想妥协，陆续伪造了《父母恩重难报经》[①]《孝子经》《盂兰盆经》[②] 等经典，开始高唱孝道：在《盂兰盆经》中讲释迦弟子目连看到亡母在饿鬼道中受苦，请教释有何方法可以拯救亡母？释迦告称，只要在七月十五日请佛僧来为亡母念经超度，以及用各种美食供养诸僧，亡母便得超度出苦云云。在《孝子经》中强调劝信佛教，才算是孝子，至于物质精神供养与否，都不重要，如重物质，且属不孝云云。此为讲孝道之变。

还有信鬼神之变。汉民族信鬼拜神由来已久，在民间有很大的市场。佛教原本主张“诸法皆空”，宇宙间既无创造者，也无主宰者，万物万事皆由因缘和合而生，所以没有一个“本体”存在。也就是说，佛教原来根本不拜任何鬼神，只主张自己努力修行，靠自己悟道。但这种“无神论”，在汉民族社会根本行不通。于是，佛教模仿道教经典，伪造了一些佛教经典，吸收容纳了汉民族所信的鬼神以冀混合，如《佛说天地八阳神经》云：“日游月杀，大将军，黄幡，豹尾，五土地神。青龙，白虎，朱雀，玄武，六甲禁讳，十二诸神，土府伏龙，一切鬼魅，皆尽隐藏，远屏四方，形销影灭，不敢为害。”这些鬼神原都是中国的产物，印度是没有的。又如伪经《佛说预修十王生七经》中居然讲十殿阎王，人死后在阴间，初七日去秦广王，二七日去初江王，三七日去宋帝王……五七日去阎罗王……七七日去太山王。死后百日去平等王，死后周年去都市王，三

① 《父母恩重难报经》后汉安息国三藏安世高译。

② 《盂兰盆经》全一卷，西晋竺法护译。又称盂兰经，属方等部经典。收于大正藏第十六册。内容记述佛陀之大弟子目连，因不忍其母堕饿鬼道受倒悬之苦，乃问法于佛，佛示之于七月十五日众僧自恣日，用百味饭食五果等供养十方佛僧，即可令其母脱离苦难。依本经之说所行之盂兰盆会，已普遍流行于我国民间，而有益于民间之孝行。宗密之盂兰盆经疏，即强调本经特具孝子报恩之思想，有调和中国人伦与佛教间关系之性质。

周年去五道转轮王。人死后如此转进，在诸王前受审判云云。其实，佛教的地狱根本没有“十王”的说法。再如《地藏菩萨本愿经》卷上中也收容了大批的鬼神：“一切天众龙众鬼众等众，悉来集会，复有他方国土及娑婆世界海神、江神、河神、树神、山神、地神、川泽神、苗稼神、昼神、夜神、空神、天神、饮食神、草木神、如是等神，皆来集会。”又称：“诸大鬼王，所谓恶目鬼王，啖血鬼王、啖精血鬼王、啖精气鬼王、啖胎卵鬼王、行病鬼王、摄毒鬼王、慈心鬼王、福利鬼王、大爱敬鬼王、如是等鬼王，皆来集会。”以上的许多鬼神，有的是中国汉民族原有的，有的则是写伪经作者随便捏造出来的，至于佛教模仿道教所造的伪经，还有《佛说四大天王经》《秽迹金刚禁百变法经》《文殊灭欲曼陀罗尼》等经，把汉民族崇信的各种鬼神悉数纳入佛门，以迎合汉民族信鬼神的心理。

了解佛教传播史的都知道，泰国佛教只崇拜释迦牟尼；日本也都只崇拜释迦佛或阿弥陀佛[①]，是清一色的佛像崇拜。而佛教在汉地讲孝道、信鬼拜神，其结果虽成功地为其争到了立足点，但却使中国佛教走了样，失去了释迦原有的本意。

三傍就是借帝王之助。佛教的产生本身就得助于帝王，佛祖释迦牟尼本人出身于武士阶级，因此他懂得怎样利用政治力量来保护及发展佛教，他在印度王舍城获得国王频婆娑罗（Bimbisara）为弟子后，便立刻得到有力的政治庇护，而能往各处顺利传道。公元前269年时，阿育王（Asoka）信了佛教，成了佛教的“康士坦丁大帝”，不单在印度国内大事保护发展佛教，还派他的儿子摩晒陀（Mahirda）带了一些和尚去锡兰传教，成了今日小乘佛教的发源地。故而谙悉帝王之道的佛教传入中国汉地时也发扬了这个传统，极力傍帝王为助力。

前述“伊存授经”之说、“永平求法”的传说、明帝“感梦求法”，以及《后汉书·光武十王刘传》载：楚王刘英“诵黄老之微言，尚浮屠之仁祠”；汉桓帝也“设华盖以祠浮屠老子”[②]；《后汉书·襄楷传》也说，桓帝曾经于“宫中立黄老浮屠之祠”都是佛教傍借帝王之助的佐证。可见佛教传入汉地，一直得到统治者的提倡。而且据《后汉书·楚王英

① 日本寺院顶多再加上创立该宗派的人——宗祖塑像，但不拜此像。

② 《后汉书·桓帝纪》。

传》载，楚王刘英不仅自己“学为浮屠，斋戒祭祀”，还供养了一批桑门和伊蒲塞（即佛教的出家和居家弟子），并且受到汉明帝的表扬。

> 英少时好游侠，交通宾客。晚节更喜黄老，学为浮屠，斋戒祭祀。（永平）八年，诏令天下死罪皆入缣赎。英遣郎中令奉黄缣白纨三十匹，诣国相曰：“托在藩辅，过恶累积，欢喜大恩，奉送缣白，以赎愆罪。”国相以闻。诏报曰：“楚王诵黄老之微言，尚浮屠之仁祠，洁斋三月，与神为誓，何嫌何疑，当有悔吝，其还赎以助伊蒲塞、桑门之盛馔。”

这段史料也一直被认为是有关佛教传入中国的最早最可靠的记载之一，说明佛教传入之初就以当时王公贵族对佛教的理解和接受的方式傍上了帝王。正是在帝王的助力下，佛教的传播以译经的方式不断拓展。如汉明帝夜梦金人，派遣蔡愔等十八人西去求经，到大月氏国，正好遇上迦叶摩腾、竺法兰两位法师，白马驮经，迎至京师洛阳。这两位法师便在白马寺译出《四十二章经》，藏于兰台石室。

靠这“一附二变三傍”，佛教在汉文化的土壤上终于生根发芽了。

第十三节　《史记》《汉书》：汉民族正史文化的滥觞

唐人刘知几在《史通·序例》中云：“滥觞肇迹，容或可观，累屋重架，无乃太甚！”汉民族称之为“正史”的二十五史，是汉民族史学文化，乃至世界民族史学文化之奇迹。这个奇迹的滥觞就始于两汉。一部《史记》开通史之端，一部《汉书》开断代史之源。

一　历史经验与正史文化

任何一个王朝的建立，都面临着如何总结历史经验的问题。民族不同、视角不同、结论不同、效果也不同。

秦始皇完成统一大业之后，在总结历史经验时，认识到“天下共苦战斗不休，以有侯王”，采纳了李斯的建议，不为封王而为郡县。但此后他巡游各地，刻石纪功，不再讨论历史经验了。秦始皇三十四年（前213

年），由于博士齐人淳于越对仆射周青臣的批评，竟酿成了“非秦记皆烧之”的史学悲剧，而且兼及《诗》《书》、百家语。这些都被认为是“天下书不中用者”[①]。次年，又坑诸生460余人。于是，人们再也不敢论及历史经验。这不仅是史学的灾难，也导致秦王朝成了一个“短命鬼”。

汉初统治者和一些思想家十分重视对历史经验的总结。刘邦就接受了陆贾的建议，“乃谓陆生曰：‘试为我著秦所以失天下，吾所以得之者何，及古成败之国。’陆生乃粗述存亡之征，凡著十二篇。每奏一篇，高帝未尝不称善，左右呼‘万岁’，号其书曰《新语》”。[②] 这种场景可以想见，刘邦君臣对总结历史经验，是何等庄严、深沉而又激动人心！《新语》的主要内容，是向刘邦阐述了这样一个历史经验：对于天下，“居马上得之，宁可以马上治之乎？且汤、武以逆取而顺守之，文武并用，长久之术也。昔者吴王、智伯极武而亡；秦任刑法不变，卒灭赵氏。向使秦已并天下，行仁义、法先圣，陛下安得而有之？”[③] 它强调历史古为今用的功能，认为：“善言古者，合之于今。能述远者，考之于近。故说事者上陈五帝之功，而思之于身；下列桀纣之败，而戒之于己。”[④]

这种历史背景，对两汉的史学家影响极大。司马迁说：“余读陆生《新语》书十二篇，固当世之辩士。”[⑤] 班固引用刘向的话说：“贾谊言三代与秦治乱之意，其论甚美，通达国体，虽古之伊，管未能远过也。使时见用，功化必盛。”[⑥] 于是时任太史令的司马谈就立志要编撰一部贯穿古今的历史著作，但生前未能完成。他临终前跟其子司马迁有一段感人肺腑的诀别之言：“太史公执迁手而泣曰：‘余为太史而弗论载，废天下之史文，余甚惧焉，汝其念哉！’迁俯首流涕曰：‘小子不敏，请悉论先人所次旧闻，弗敢阙。’”[⑦] 用今天的话来说，就是“我作为太史都未能予以论评载录，断绝了天下的修史传统，对此我甚感惶恐，你可要记在心上啊！”司马迁低下头流着眼泪说：“儿子虽然驽笨，但我会详述先人所整理的历

① 以上所引均见《史记·秦始皇本纪》。
② 《史记·郦生陆贾列传》。
③ 同上。
④ 《新语·术事》。
⑤ 《史记·郦生陆贾列传》后论。
⑥ 《汉书·贾谊传·赞》。
⑦ 《史记·太史公自序》。

史旧闻，不敢稍有缺漏。”子承父志跃然纸上。所以，后来，司马迁在回答别人的问难、申述自己的作史志向时说：“汉兴以来，至明天子，获符瑞，封禅，改正朔，易服色，受命于穆清，泽流罔极，海外殊俗，重译款塞，请来献见者不可胜道。臣下百官力诵圣德，犹不能宣尽其意。且士贤能而不用，有国者之耻；主上明圣而德不布闻，有司之过也。且余尝掌其官，废明圣盛德不载，灭功臣世家贤大夫之业不述，堕先人所言，罪莫大焉。”[①] 可见，司马迁承父志治通史的决心是何等之大、之坚！

两汉是一个史家辈出的时代。班氏父子的史学创新也可圈可点。司马迁撰写了一部《史记》，从传说中的黄帝写到当代汉武帝，后事缺而无录。后来褚少孙、刘向、刘歆、冯商、扬雄等十多位学者都曾缀集时事，或补或续之。班彪曾作《前史略论》，详论以往的史学得失，着重评论司马迁所著《史记》云：“迁之所记，从汉元至武以绝，则其功也。”“然其善序事理，辩而不华，质而不野，文质相称，盖良史之才也。”故班彪认为这些续作“多鄙俗”，不足以踵继司马迁之书。于是广采西汉遗事，又旁贯异闻，作《后传》数十篇。此书是续《史记》之作，但“不为世家，唯纪、传而已”[②]。可惜的是《后传》原书已佚，其内容想已多为《汉书》汲取，只是无法辨认清楚了。班彪的史学思想，对其子班固和《汉书》有直接而深刻的影响。班固（32—92 年）生活于东汉光武、明、章三朝。他认为《后传》不够详细，便在此基础上撰写《汉书》。东汉和帝永元四年（92 年）班固去世，尚有八表和《天文志》没有完成。和帝命他的妹妹班昭续撰，后又命跟随班昭学习《汉书》的马续补写了《天文志》。从而完成了《汉书》。正因为有了这种历史情结，两汉在从华夏民族转化成汉民族的拐点时代持续了 400 余年。

也正是在总结历史经验的这种背景下，司马氏父子和班氏父子开拓了汉民族正史文化的先河，为汉民族史学的发展建立了《史记》和《汉书》两座丰碑。[③] 正如《中国文化发展史》所说：“《史记》和《汉书》的面世，标志着中国传统史学已走向高度成熟。它们树立了中国历史上正统史

---

① 《史记·太史公自序》。

② 《汉书·班彪列传上》。

③ 唐赞功总纂：《中华文明史》第三卷，河北教育出版社 1992 年版，第 443—444 页；章启群：《经世与玄思：秦汉魏晋南北朝的精神文明》，北京大学出版社 2009 年版，第 40—41 页。

学体裁——纪传史体编纂的典范，对后世史学的发展产生了决定性的影响，诚如郑樵所说：‘百代而下，史官不能易其法，学者不能舍其书。’而它们的史学思想更是雄视千古，在整个史学史长河中独领风骚。”①

在此，还要说一下正史文化。所谓正史，就是朝廷钦定的标准史书，其虽只是史书的一类，但地位却显要。最早确立“正史”这一类目的，是唐代官修《隋书·经籍志》。此后，书目不断增加，宋代有“十七史”，明代有“二十一史”，《明史·艺文志》又以纪传、编年二体，并称正史。至清朝乾隆年间，则有“二十四史”。清乾隆年间的《四库全书》，确定《史记》至《明史》的二十四部正统的纪传体史书为正史，并确定凡不经皇帝批准的不得列入。所记载的历史，上至黄帝，下至明亡，卷帙浩繁，前人曾感慨：“一部二十四史，不知从何说起！”②

这些官定的正史，除《史记》为通史外，大都为断代史，以朝代为断限，采用纪传体的形式，就是以帝王世系为经，以后妃外戚、文臣武将以及各类人物为纬，加上记载各种制度的志，全方位多角度地反映一代史实。这种以帝王为中心的历史书写，虽被梁启超讥为给“帝王作家谱”③。但汉民族自古以来，就有秉笔直书的史官传统和史官制度，《孟子·滕文公下》曾云：“孔子成《春秋》而乱臣贼子惧”，说的是史书对大臣的制约作用；而司马迁《史记·太史公自序》则进一步引董仲舒的话说，《春秋》还是“贬天子”的著作，说明史书对皇帝同样是有制约的作用。从而形成文天祥在《正气歌》中所说“在齐太史简，在晋董狐笔”的正气表现。所以，司马迁在《史记》中写当朝开国皇帝汉高祖直至“今上”汉武帝，不虚美，不隐恶，被后代誉为“实录”。从东汉班固《汉书》之后，正史都是后朝写前朝，除非涉及改朝换代的敏感话题，一般而言，史家不必忌讳，更不必刻意歪曲历史篡改历史，因而能在相当程度上保存一代信史。“二十四史”这种正史文化，若仅从民族史的层面来说，无疑为汉民族建构了一部长达四五千年自在的历史，当然也为中国，乃至世界历

---

① 龚书铎主编，黄朴民等著：《中国文化发展史·秦汉卷》，山东教育出版社 2013 年版，第 167 页。

② 1921 年，北洋军阀政府又增《新元史》，合称二十五史。但也有人不将新元史列入，而改将《清史稿》列为二十五史之一。但《清史稿》完成后，即被民国政府列为禁书，不是正史。

③ 梁启超著，陈书良选编：《中国之旧史》，载《梁启超文集》，北京燕山出版社 1997 年版，第 223 页。

史保留了四五千年连绵不断的历史记忆，因而具有非常高的史料价值。[①]

二 《史记》：史家之绝唱

《史记》是汉民族正史文化的开端，自古以来人们对其研究的论著可谓汗牛充栋。古代传统《史记》研究，在名物典章、地理沿革、文字校勘、音韵训诂、版本源流，以及疏解、读法、评注等方面下功夫，唐代形成的《史记》三家注是传统方法的一个界碑。传统方法历经两千年存世的101部论著，均属微观“文献研究”。从近代《史记》的研究至今，对《史记》的研究已被称为“史记学”[②]。在这种态势下，《史记》在汉民族文化史中的地位和价值如何呢？

鲁迅说得精辟，他在《汉文学史纲要》第十篇中，称《史记》为“史家之绝唱，无韵之《离骚》”。这评价无疑是自古以来最为精当也最为深刻的，几已成为学界评价《史记》的警句，是人们对《史记》的判句、定语、共识。[③] 那么，《史记》绝在哪里呢？

一绝是通史体例的创新。

《史记》既是一部规模宏大的中国通史，又是一部从多元走向一体的汉民族形成通史。纵向而言，它上通传说时代的黄帝，下通汉武帝时期，穿越历史大约3000年。在这部史无前例的通史中其绝就绝在将神话传说入史。殊不知，人们至今还在为黄帝的真伪争论不休，而两千年前的司马迁在写通史时开篇入史的就是“五帝本纪”。在司马迁看来，中国历史从黄帝写起，这不仅有文献上的根据，还有民间传说的参考。对此，他在《五帝本纪》后论中有明确的阐述：

> 太史公曰：学者多称五帝，尚矣。然尚书独载尧以来；而百家言黄帝，其文不雅驯，荐绅[④]先生难言之。孔子所传宰予问五帝德及帝系姓，儒者或不传。余尝西至空桐，北过涿鹿，东渐於海，南浮江淮

---

① 谢谦：《“正史”与“野史”》，《成都日报》2010年9月13日。

② 张大可、郑之汉：《二十世纪的〈史记〉研究与文献价值（一）》，《渭南师专学报》1997年第3期。

③ 段国超：《“史家之绝唱，无韵之〈离骚〉”新解》，《辽宁教育学院学报》1996年第3期。

④ 荐，通“缙”。缙绅，古代高级官吏的装束。亦指有官职或做过官的人。

矣，至长老皆各往往称黄帝、尧、舜之处，风教固殊焉，总之不离古文者近是。予观春秋[①]、国语，其发明五帝德、帝系姓章矣，顾弟弗深考，其所表见皆不虚。书缺有间矣，其轶乃时时见於他说。非好学深思，心知其章，固难为浅见寡闻道也。余并论次，择其言尤雅者，故著为本纪书首。

在此，司马迁说得很明白，《尚书》只是从尧讲起，而《百家》记黄帝事又不正确可信，就连荐绅先生也难说得清楚。孔子所传的《宰予问五帝德》和《帝系姓》这两篇重要的文献，儒生们也不传习了。笔者根据在全国各地进行实地考察的材料，再看《春秋》和《国语》所阐发、印证《五帝德》《帝系姓》的一些明证，说明后者的记载并不是虚构的。故选择其中最正确的记载，著为专篇，作为《史记》的开篇。司马迁的这些论述实际上是回答了中国历史为什么从黄帝写起的重大问题，这是他的卓识所在。与此同时，从黄帝写起还寄寓着司马迁本人对于历史的深厚的感情。在司马迁的笔下黄帝时代是“天下有不顺者，黄帝从而征之，平者去之，披山通道，未尝宁居”；“时播百谷草木，淳化鸟兽虫蛾，旁罗日月星辰水波土石金玉，劳动心力耳目，节用水火材物”[②] 的历史记忆。这个开拓文明的时代，象征着力量、智慧、勤劳、统一。所以，有史胆和史识的司马迁以黄帝开篇，这是意味深长的，其历史影响历时愈久而愈强烈，真是堪称一绝。[③]

作为通史，其还绝在记载了中原地区以至西到中亚，北至大漠，南至南越，东至大海这一广阔地域上各民族及中央与地方政权的互动、交往、交流和交融的历史活动；绝在记述范围上，几乎囊括了社会历史所有领域，包括政治、经济、军事、文化、科技、交通、民族、民俗、宗教等各方面内容；绝在所记人物包括社会各阶层，上至王侯将相，下至卜者、游侠、医生，以至农工商贾，都在书中得到反映。一言以蔽之，可以说《史记》是一部结构严谨、内容丰富的百科全书式的通史巨著。这样广阔时空与丰富内容的结合，使它成为前无古人的开创之作。[④]

---

① 疑为《春秋左氏传》之误。

② 《史记·五帝本纪》。

③ 唐赞功总纂：《中华文明史》第三卷，河北教育出版社 1992 年版，第 444—447 页。

④ 郑师渠总主编，许殿才分册主编：《中国文化通史》秦汉卷，北京师范大学出版社 2009 年版，第 268 页。

二绝是五位一体的结构模式。

五位一体的结构模式是司马迁的又一绝唱。所谓“五位一体”，指的是《史记》纪、表、书、世家和列传的结构。人们常说《史记》是纪传体史书，其实此说是片面的，仅强调了本纪和列传的重要性。实际上《史记》的结构模式是“五位一体”的综合体：

1. 本纪，12 篇，有五帝、夏、殷、周、秦、始皇、项羽、高祖、吕后、文、景、今上。用司马迁的话说，这是“网罗天下放失旧闻，王迹所兴，原始察终，见盛观衰，论考之行事，略推三代，录秦汉，上记轩辕，下至于兹”①。这是全书表述历史进程的总纲，意在“原始察终，见盛观衰”，阐述兴亡大势。

2. 表，10 篇，有世表、年表、月表，自三代讫于太初，意在解决“并时异世，年差不明”的问题，即对于头绪纷繁的历史事件而明载其发生之年月。

3. 书，8 篇，有礼、乐、律、历、天官、河渠、封禅、平准，涉及礼乐制度、历法、天文、地理、重大祭祀、经济财政等社会生活以及人与自然的关系之诸多方面，意在明其“损益”“改易”之迹，“承敝通变”之状。

4. 世家，30 篇，意在记述那些作为王朝或皇朝的“辅拂股肱之臣”的“忠信行道，以奉主上”的史事，重在写地方和朝廷的关系及其变化。

5. 列传，70 篇，是为古往今来，能够“扶义俶傥，不令己失时，立功名于天下”② 的各种历史人物立传，写出了各个阶层、各个行业代表人物的形形色色的心态和面貌。

细读《史记》，可以很清楚地明白，不仅纪、传重要，表、书、世家也都有纪、传不能代替的独立的价值。而《史记》五位一体的结构模式之所以绝，是因为五体中的任何一体，从内容到名称，都是在先秦和汉初文献积累上的再创造：一是对他所借鉴、采用的每一种编纂形式，都有新的发展，使其特点更鲜明、作用更突出，从而具有独立存在的价值并产生深远的影响；二是五体互相配合，整合为一书，以揭示历史演进过程中的丰富性、复杂性和生动性，从而在时间上、空间上和人事活动上极大地开阔了人们认识历史的视野。唯其如此，《史记》所开创的五位一体的结构

---

① 《史记·太史公自序》。

② 同上。

模式通史的恢宏气象才是前无古人的。正如梁启超在论及《史记》“历史之整个的观念”时说：

> 从前的史，或属于一件事的关系文书——如《尚书》；或属于各地方的记载——如《国语》《战国策》；或属于一时代的记载——如《春秋》及《左传》。《史记》则举其时所及知之人类全体自有文化以来数千年之总活动冶为一炉。自此始认识历史为整个浑一的，为永久相续的。非至秦汉统一后，且文化发展至相当程度，则此观念不能发生。而太史公实应运而生。《史记》实为中国通史之创始者。[①]

正因为《史记》在结构上“冶为一炉”“整个浑一”的创新，司马迁才自信心十足地自谓《史记》“成一家之言”[②]，此不能不被称为“史家之绝唱”[③]！

三绝是文史结合的张力。

鲁迅在评论《史记》时，不仅称之为“史家之绝唱”，还云之为“无韵之《离骚》”。这“无韵之《离骚》”指的就是《史记》文史结合的文学张力。

文学张力具有强大的刺激性，各方面文学因素的张力构成对鉴赏者接受习惯的强大冲击，刺激情感的大量产生，使读者在多重观念的影响下产生立体感受。因此，优秀的文本建立在恰当的张力度的基础之上，使文本的信息和由文本激发的读者审美感受量都指向最大化。《史记》之绝正是如此，其张力不仅存在于各种文学因素之中，更重要的是，其文本中文学与历史的结合所形成之间的张力所产生的冲击波至今强劲不已。[④]

司马迁确实具有“卓识远见”，其往往“微言晦志”，正辞“往往见于抑扬之中”[⑤]，论断常常寓于叙事行间。善善恶恶，爱憎极其分明。所

---

① 梁启超：《要籍解题及其读法》，载《梁启超全集》第16卷，北京出版社1999年版，第4629页。

② 《史记·太史公自序》。

③ 本节参阅唐赞功总纂《中华文明史》第三卷，河北教育出版社1992年版，第444—449页。

④ 王长顺：《论司马迁〈史记〉文史张力的审美价值》，《西北大学学报》2009年第3期。

⑤ （清）陈子龙：《史记测议·序》。转引自谭佚《〈史记测议〉说》，《苏州大学学报》（哲学社会科学版）2007年第3期。

以，司马迁著史绝非局限于文献的收集、整理、考证，也不是以一种冷漠的态度从外部客观地观察历史，而是带着深切的情怀去理解笔下人物的奋斗和成败，故其笔端常饱含着悲愤，尤其对布衣闾巷之人、岩穴幽隐之士和才高被抑、无可申诉者，更是写得一往情深，感同身受。鲁迅之所以称《史记》为“无韵之《离骚》”，是因为司马迁在叙事中敢写事实，以至“显暴君过”[①]，本来已经与屈原相似；其“肆于心而为文”[②]，也和《离骚》一致。所不同者，《离骚》是直抒胸臆，《史记》则寄于笔下的人物。范文澜在《文心雕龙注》中说：“史迁为纪传之祖，发愤著书，辞多寄托。”又说，“彼本自成一家之言，体史而义《诗》，贵能言志趣耳。”范老的所谓“体史而义《诗》”，以“史”的形式，“诗”的实质，言其志，寄其情，达其意，所论十分精辟。刘熙载在《艺概·文概》中说：“太史公《屈原传》赞曰：‘悲其志’。又曰：‘未尝不垂涕想见其为人。’‘志’也，‘为人也’，论屈子辞者，其斯为观其深哉！”屈原放逐江南，行吟泽畔，最后自沉汨罗。而司马迁至长沙，观屈原自沉处，“未尝不垂涕，想见其为人”。[③] 他们的志趣、为人，从对理想情志的热烈歌赞和对奸佞小人的有力抨击，鲜明地昭示后人。[④]

《史记》之为“无韵之《离骚》”，除言其志外，还在于文采斐然。如《史记》片段之一《鸿门宴》，大家津津乐道的就是它的文学魅力。文章一开始，写项羽“大怒”，表现了项羽在秦亡之后，看不清自己和刘邦的关系已由并肩作战的友军，转为互争天下的敌人，政治上的幼稚令人扼腕。全篇纤毫毕现、栩栩如生，俨然一部小说，竟令很多人怀疑它的历史真实性。又如写荆轲刺秦王云：“太子及宾客知其事者，皆白衣冠以送之。至易水之上，既祖，取道，高渐离击筑，荆轲和而歌，为变徵之声，士皆垂泪涕泣。又前而为歌曰：‘风萧萧兮易水寒，壮士一去兮不复还！’复为羽声慷慨，士皆瞋目，发尽上指冠。于是荆轲就车而去，终已不顾。”[⑤] 荆轲“一去不复还”，写得何等悲壮！司马迁真像一个出色的画

① 《颜氏家训》第九章。

② 鲁迅：《汉文学史纲要》，人民文学出版社 1973 年版，第 34 页。

③ 《史记·太史公自序》。

④ 参阅黄季耕《无韵之离骚——〈史记〉评论之一》，《安徽教育学院学报》1990 年第 3 期。

⑤ 《史记·刺客列传》。

家，以他那十分传神的画笔，为我们勾画出一个个栩栩如生的人物画像；又像一位善于捕捉瞬间的雕塑家，以他那锋利的刻刀，为我们塑造了一个个风采各异的雕像。在《史记》这座人物画廊里，我们不仅可以看到历史上那些有作为的王侯将相的英姿，也可以看到妙计藏身的士人食客、百家争鸣的先秦诸子、“为知己者死”的刺客、已诺必诚的游侠、富比王侯的商人大贾，以及医卜、俳优等各种人物的风采，给人以美的享受和思想上的启迪。司马迁创造性地把文史熔铸于一炉，为我们写下了一部形象的历史。正因为如此，《史记》既是文学的历史，又是历史的文学，是文学与史学的高度统一，能不堪称一绝吗？①

四绝是田野考察的应用。

田野考察本是当代人类学的方法，但司马迁在两千多年前撰写《史记》时广泛进行了田野考察。司马迁在《史记·太史公自序》中说：“二十而南游江、淮，上会稽，探禹穴，窥九疑，浮于沅、湘；北涉汶、泗，讲业齐、鲁之都，观孔子之遗风，乡射邹、峄；戹困鄱、薛、彭城，过梁、楚以归。于是迁仕为郎中，奉使西征巴、蜀以南，南略邛、笮、昆明，还报命。”司马迁每到一处，便查访古迹，拜询遗老，搜求传说、掌故，以积累史料。

后来他跟随汉武帝多次公出，足迹遍于全国，据不完全的统计，他到过今天的甘肃、山西、陕西、河南、河北、山东、四川、湖南、江西、江苏、浙江、贵州、云南等省，大大丰富了自己的阅历。②

五绝是发愤著书的忍辱。

司马迁是一个锲而不舍的“硬骨头”，上述四绝其实都是《史记》本身前无古人的一种文化呈现，真正的“绝唱”则是司马迁发愤著书的忍辱。

事情的变化源起于李陵事件。天汉二年（前 99 年），李陵出击匈奴，兵败投降。消息传来，汉武帝大为震怒。当大臣们都谴责李陵贪生怕死之时，司马迁则认为“李陵提步卒不满五千，深践戎马之地，足历王庭，

---

① 《为什么说〈史记〉是“史家之绝唱，无韵之离骚”?》（http：//www.360doc.com/content/13/0726/09/1302411_ 302534629.shtml）。

② 拾遗：《史家之绝唱　无韵之离骚——〈史记〉读后散记》，《宁夏文艺》1979 年第2 期。

垂饵虎口，横挑强胡，昂亿万之师，与单于连战十余日，所杀过当”[①] 实属不易，而且李陵投降匈奴说不定另有隐情，或许他是想寻找机会报效朝廷。汉武帝认为司马迁是有意为李陵开脱罪责，毁谤“贰师将军”李广利。此言何故？原来苏武出使匈奴的第二年，汉武帝派贰师将军李广利带兵三万，攻打匈奴，打了个大败仗，几乎全军覆没，李广利逃了回来。而李广利是汉武帝宠妃的哥哥。司马迁之言大大震怒了汉武帝，把司马迁下了监狱，交给廷尉审问。审问下来，给司马迁定了个“沮贰师”“诬上”的罪名，要受宫刑。

宫刑是割掉男性生殖器的一种酷刑，即要将人体最敏感、最隐秘的生殖器官暴露于狱吏之前，任其宰割。众所周知，对生殖器官的羞耻意识早已深深地沉积在每一汉民族成员的意识之中。宫刑对于任何一个汉民族人来说都是奇耻大辱，更何况是对司马迁这样一个身居太史令的士人?! 当时，司马迁在《报任少卿书》中就声声血，字字泪地说：

> 故祸莫憯于欲利，悲莫痛于伤心，行莫丑于辱先，诟莫大于宫刑。
>
> 太上不辱先，其次不辱身，其次不辱理色，其次不辱辞令，其次诎体受辱，其次易服受辱，其次关木索、被箠楚受辱，其次剔毛发、婴金铁受辱，其次毁肌肤、断肢体受辱，最下腐刑极矣！

这里所说的对于肌肤、毛发、服饰的珍视，正集中地表现了汉民族长期形成的羞耻感是何等的根深蒂固！故而受了宫刑的司马迁在《报任少卿书》这封书信中，以饱含血泪的笔墨抒写了受刑后那种天地间无法容纳的耻辱感。而正是由于宫刑是与人们所不齿的非法性行为联系在一起，而且又是对人体那个神秘敏感的羞耻部位施刑。所以受宫刑也就因其卑鄙下流而为人们所不齿。在几千年的汉民族文化发展中，人们形成了以宫刑为耻的观念。

司马迁会因此倒下吗？没有！司马迁没有因耻辱感而倒下。为此，就可称“史家之绝唱”了。但这仅是司马迁“史家之绝唱”三部曲之一。

司马迁“史家之绝唱”三部曲之二，是司马迁闯过了性苦闷关。

---

① 《史记·太史公自序》。

司马迁除有羞耻感的压力外，还没有说出也不便说出的一层，那就是被阉割以后内心的性苦闷。对于司马迁来说，他是中年遭受宫刑，并已经有妻室儿女，所以他的被阉割必然要造成极大的心理混乱与烦闷。而在以言性为耻的汉民族文化背景下，这种性苦闷又是难以启齿的，愈是苦闷愈不能说，愈不能说愈苦闷。这就像一条毒蛇，时时在吞噬着司马迁那颗正直而纯洁的心灵，这又是何等的折磨人啊！

司马迁会因此倒下吗？没有！司马迁也没有因性苦闷而倒下。为此，不是也可称“史家之绝唱”吗？

司马迁“史家之绝唱”三部曲之三，是司马迁又翻过了伦理负罪关。汉民族是一个有伦理而无宗教的民族，汉代又以孝治天下，违反了孝道，也就意味着对仁义礼智勇等伦理品质的毁损。《报任少卿书》说：“闻之，修身者，智之符也；爱施者，仁之端也；取与者。义之表也；耻辱者，勇之决也；立名者，行之极也。士有此五者。然后可以诧于世而列于君子之林矣。”司马迁既已无法履行孝道，那么也就无法培养仁义智勇等伦理品质。因而也就不能弘扬个体内在的人格力量，进而也就失去了“诧于世而列于君子之林”的依据。若按照汉儒修身齐家治国平天下的抱负，身既难修，家何出齐？更谈何治国平天下？因此，不孝也就意味着不仁、不义、不智、不勇、不忠，意味着失去了在政治上发展的可能性，意味着对天地常道的背叛。所以，司马迁受了宫刑，愧对祖先，愧对父母，愧对君子，愧对天地……他活着，这个伦理世界不能容他，即使去死，也是永远找不到归宿的飘荡的幽灵。故司马迁有《报任少卿书》说他“肠一日而九回，居则忽忽若有所亡，出则不知其所往。每念斯耻，汗未尝不发背沾衣也”！那颗破碎的心灵上的伦理压力又何止千万斤①?!

司马迁会因此会倒下吗？没有！司马迁也没有因伦理负罪的压力而倒下。为此，不是也可称“史家之绝唱”吗？

正是这三部曲构成了汉民族“史家之绝唱”，且可以说“前无古人，后无来者”了。那么，司马迁的“绝唱”唱的是什么呢？唱的是《史记》。他把一切的忍辱都化成了撰写《史记》的动力和力量，并把他真实的自我深深渗透到《史记》之中。正是一曲“愤”歌成绝唱！

① 以上参阅胡远俊《从〈史记〉看司马迁的命运观》，硕士学位论文，陕西理工学院，2014 年，第 29—33 页；成项《司马迁受宫刑而愤书的心理分析》，《人文杂志》1991 年第 4 期。

三　《汉书》：“断代为史”之法式

汉民族转化、发展的两汉时期，在汉民族文化史上，《史记》是“史家之绝唱”，《汉书》是正史之法式，犹如双子星座，双璧映辉。

所谓“法式”，就是法度，制度或标准的格式。即《管子·明法解》：“案法式而验得失，非法度不留意焉。”《史记·秦始皇本纪》：“欢欣奉教，尽知法式。”所以，《汉书》是正史之法式，意即《汉书》成了断代史的标准格式。唐代刘知几在《史通》中称誉《汉书》已被遵为修史法式，并概述学者对之尊奉的情形：“始自汉末，迄乎陈世，为其注解者凡二十五家，至于专门受业，遂与《五经》相亚。”推崇《汉书》的地位仅次于儒家的《五经》。清代史学家章学诚则评价说：“班氏体方用智”，认为“迁《史》不可为定法，固《书》因迁之体而为一成之义例，遂为后世不祧之宗焉”[①]。

《汉书》之所以被尊为修史之法式，在于其在断代史的编撰上创立了三个标准的格式。

一是“断汉为史”的样式。司马迁写成《史记》通史之后，历史如何续写？这是摆在后司马迁时代史学家面前的重大课题。若刻板地对待其“贯通古今”的著史格局，则“保持历史记载的长期连续”断难以实现。司马迁之后百余年间虽然一再有学者对《史记》续作，然只属零篇散简，难以流传，历史学实际上陷入困境。[②] 起初，班彪在撰《太史公书》后篇时，意在续司马迁书，似无另行断限之意。而班固则另辟蹊径，明确表示不赞成司马迁写通史的办法，他把汉王朝的历史“编于百王之末，侧于秦、项之列”；仿效“尧舜之盛，必有典谟之篇，然后扬名于后世，冠德于百王”，使汉史具有独立的地位，流传后世。因此，《汉书》的断限，“起元高祖，终于孝平、王莽之诛”，包括西汉一代史事。班固以“书”名汉史，显然是有仿效《尚书》之意；他希望《汉书》对于汉朝来说，也是一种“巍巍乎其有成功，焕乎其有文章也”[③] 的关系。班固发展和完善了《史记》所创的纪传体，以“断汉为史”的形式解决了司马迁以后

① （清）章学诚：《文史通义》卷一内篇一，《书教》下。

② 参阅陈其泰《〈汉书〉：中华文化传统继往开来的名著》，《人文杂志》2012年第4期。

③ 以上所引均见《汉书·叙传》。

历史编纂的难题，对传统史学写作范式最后的确立做出了独特的贡献。此后自《三国志》《后汉书》至《明史》，一直沿用《汉书》的体例，成为二十四部“正史”，总计三千二百多卷，上下相续，构成汉民族文化史上的奇观。班固《汉书》的撰成，不仅是在历史编纂上成就了解决“百年难题”的伟业，而且为汉民族文化史做出了继往开来的巨大贡献。所以刘知几认为《汉书》继承了《史记》体裁，又断代为史，对之激赏，大为称赞：“究西都之首末，穷刘氏之废兴，包举一代，撰成一书，言皆精炼，事甚该密，学者寻讨，易为其功。自尔迄今，无改斯道。”[①] 这样“包举一代”的断代史样本确立。[②]

二是“上下洽通”的体系。班固说他撰《汉书》是“综其行事，旁贯《五经》，上下洽通，为春秋考纪、表、志、传，凡百篇”[③]。这几句话，概括了《汉书》的内容、结构和思想。在内容上，它包含了西汉皇朝的全部史事，首尾完整，始末清晰。《汉书》在内容上的贯通，在纪、表、志、传中均有反映，而以表、志最为突出。作为断代史，《汉书》纪、传在反映历史联系上，就存在承上启下的问题。而表、志所显示的贯通比纪、传更为突出，也是《汉书》成就最大之处。如《汉书》八表对《史记》有关汉代诸表既有继承，又有许多发展。其新创之《外戚恩泽侯表》，是《外戚传》的姊妹篇，它揭示西汉诸后家援引古例而获封侯，以致势力“浉广博矣”，从而违背汉初“无功不侯”的法度，造成外戚在西汉皇朝政治生活中的非常作用。其所增《百官公卿表》，同《史记》的《汉兴以来将相名臣年表》有很大不同，是职官制度与职官年表的合璧，也属于《汉书》的新创；其中官制部分，开后代“正史”百官志或职官志的先河。《汉书》还首创《古今人表》，所列人物，按时代先后和九个等级入表，上起伏羲，下至陈胜、吴广，以接汉代人物。班固认为，凡“著在篇籍”的人物，都“归乎显善昭恶，劝戒后人”，所以他乃“究极经传，继世相次，总备古今之略要”[④]。显然，班固意在以此弥补王朝史的局限，而所以以人为表者，目的在于“显善昭恶，劝戒后人”，这从

① 《史通·六家》。

② 唐赞功总纂：《中华文明史》第三卷，河北教育出版社 1992 年版，第 455—457 页。

③ 《汉书·叙传》。

④ 《古今人表》序。

"九等之序"看得十分清楚。这表篇帙不大，但非"究极经传"而不可得，足见班固用力之勤，博洽之功。故清代大史学评论家章学诚盛赞此表，说它是"大有关系之作，史家必当奉为不祧之宗"[①]。又如《汉书》各部分内容之相互关系的逻辑结构，是在更高的层次上显示出它的上下洽通。班固在《汉书·叙传》中云：

> 凡《汉书》，叙帝皇，列官司，建侯王。准天地，统阴阳，阐元极，步三光。分州域，物土疆，穷人理，该万方。纬《六经》，缀道纲，总百氏，赞篇章。函雅故，通古今，正文字，惟学林。

这一段话，概括地反映了《汉书》的主要内容和逻辑思想。大致说来，这个逻辑思想是：以皇帝、百官、侯王及有关政治设施为中心，以天地、阴阳变化为准绳，以地域、经济、生活、人事为依托，以《六经》为纲统率百家学术以备典籍文章。这个逻辑思想反映出班固对于历史的考察和表述，有一个自成体系的看法，显示了班固对于《汉书》在社会作用和史学价值上的自信。[②]

三是"十志"开学术的源流。《汉书》的"十志"，即律历志、礼乐志、刑法志、食货志、郊祀志、天文志、五行志、地理志、沟洫志、艺文志。它们对《史记》的八书有继承，更多的是发展和创新。其中，刑法、五行、地理、艺文诸志为《汉书》所创。《刑法志》意在说明"刑罚不可废于国"，反映出西汉王朝统治不断加强国家职能的进程。《五行志》是十志中分量最重的，它以大量篇幅记载天象、吉凶，以证"天人之道"；但它也记载了许多有意义的自然现象，具有科学史的价值。《地理志》记述了大一统国家的疆域规模和地理沿革，其序云："先王之迹既远，地名又数改易，是以采获旧闻，考迹《诗》《书》，推山川，以缀《禹贡》《周官》《春秋》，下及战国、秦、汉焉。"这是班固的力作之一。《艺文志》是学术史的专篇，记载了汉王朝对历史文献的搜集、整理、校勘、研究的成果以及汉代学者在撰述上的成就。对此，白寿彝给予了高度的评价，其云：十志"为史学上的有关学科的研究开辟了道路，是很有地位的。有

① 《文史通义补遗·又与史余村》。
② 唐赞功总纂：《中华文明史》第三卷，河北教育出版社 1992 年版，第 458—459 页。

的为政治制度史、法制史、经济史、水利工程史、学术史、历史地理各科的学术源流，提供了开创性的著作”[①]。这样，班固的史胆和史识开了汉民族学术之源流，成了汉民族专史之滥觞。[②]

从《史记》到《汉书》这两部反映大一统政治局面的历史巨著的问世，汉民族文化史上有重要学术价值的“正史”格局从此确立下来，遂成为后代史学“不祧之宗”[③]。正如刘知几所说“自尔迄今，无改斯道”[④]，不仅是对前从先秦到两汉史学的总结，也是对后千余年史学的预见。[⑤]

---

① 白寿彝：《司马迁与班固》，载北京师范大学史学研究所《司马迁研究新论》，河南人民出版社1982年版。

② 陈其泰：《〈汉书〉历史地位再评价》，《史学史研究》1988年第1期。

③ （清）章学诚：《文史通义》卷一内篇一，《书教》下。

④ 《史通·六家》。

⑤ 唐赞功总纂：《中华文明史》第三卷，河北教育出版社1992年版，第458—459页。

第四章　文化融会：从魏晋南北朝到隋唐汉民族文化的图像

汉民族文化发展的进程或隐或现地似乎有一个周期，即四百年左右会有一个大的转折，启良在《中国文明史》中说："作为统一的王朝，汉代延续四百年，而魏晋南北朝作为分裂的时期，也是近四百年之久。再者，在此之前的春秋战国，其分裂期也在四五百年；而魏晋以后的统一的隋唐两代，亦为四百年左右。这样一种时间关系，很容易给人一种'分久必合，合久必分'的印象。历来人们回顾一部中国历史，也大多是这样来总结其规律的。……中国文明模式的内在特质亦决定了历史必是波浪式的发展，分与合必是一种周期性的运动。"[①] 这是指国家形态而言，而就文化形态而言，这种波浪式的发展呈现出的则是从整合到冲突，在新的基础上再整合的周期性的运动。

秦汉时期，汉民族的文化经过春秋战国激烈冲突之后，在华夏民族文化汇聚的基础上，整合成了崭新的汉民族文化，为汉民族文化此后的发展定了方向，制了规范，奠定了基础。这一定就是四百余年。魏晋南北朝的文化冲突打破了这个整合，也历经约 400 年的文化互动、碰撞、磨合、化合、再生和融会，乱世之后，至公元 7 世纪的隋唐时期，汉民族文化才在一个全新的基础上，完成了新的文化整合，在重构中腾跃而起，焕发异彩，金光熠熠，在公元 7—9 世纪的世界上形成大唐文化与东罗马文化和阿拉伯文化三足鼎立之势。

这时唐代的汉民族文化在世界文化史上处于一个怎样的位置呢？冯天瑜等在《中华文化史》中指出："当时的亚欧文化尚在低谷徘徊。"[②] 而

---

① 启良：《中国文明史》（下册），国际文化出版公司 2010 年版，第 472 页。细考之：春秋战国有 549 年，秦汉有 441 年，三国魏晋南北朝有 361 年，隋唐五代有 398 年。

② 冯天瑜、何晓明、周积明：《中华文化史》，上海人民出版社 1990 年版，第 624 页。

汉民族文化却如英国学者威尔斯所描述的那样：

> 在整个第七、八、九世纪中，中国是世界上最安定最文明的国家……在这些世纪里，当欧洲和西亚敝弱的居民，不是住在陋室或有城垣的小城市里，就是住在凶残的盗贼堡垒中；而许许多多中国人，却在治理有序的、优美的、和蔼的环境中生活。当西方人的心灵为神学所缠迷而处于蒙昧黑暗之中，中国人的思想却是开放的、兼收并蓄而好探求的。①

不少域外人士"愿身长在中华国"②。可见，大唐的汉民族文化成了世界文化史上的一座高峰。所以，美国学者爱德华·麦克诺尔·伯恩斯在《世界文明史》中把唐时的中国比喻成为泰山压顶的巨龙③。还是冯天瑜等人说得好：

> 孟子说："充实之谓美，充实而有光辉之谓大。"④ 唐代便是古代哲人观念中"充实而有光辉"的文化繁盛时代。多方面丰厚的文化融会，任意驰骋的辽阔空间，看不完、听不尽的万千美色，横绝百世的天才群星，融铸成一个"萦回盘礴，千变万态"的灿烂的文化世界。……中华文化至唐，显示出一种阶段性的集大成的灿烂风采。越过这一巅峰，中华文化将向别样的山峰攀登。⑤

第一节　三省制·均田制·科举制：汉民族制度文化的融会

汉民族在魏晋南北朝的文化冲突中，为了自身生存、社会发展的需要，经过文化融会创制出了与新的社会基础相适应的行政管理制度、土地

---

① 冯天瑜、何晓明、周积明：《中华文化史》，上海人民出版社1990年版，第624页。

② 巴黎所藏敦煌伯3644号写卷：《礼五台山偈一百十二字》。转引自冯天瑜、何晓明、周积明《中华文化史》，上海人民出版社1990年版，第625页。

③ 转引自冯天瑜、何晓明、周积明《中华文化史》，上海人民出版社1990年版，第559页。

④ 《孟子·尽心下》。

⑤ 冯天瑜、何晓明、周积明：《中华文化史》，上海人民出版社1990年版，第623—624页。

制度和人才培养选拔制度，即三省制、均田制和科举制，把汉民族的制度文化推上了一个新的平台。

一　从三公九卿制到三省六部制

制度设置不仅关系到国家的治乱兴衰，而且也反映了整个社会阶级关系、民族关系和经济文化的变迁。

魏晋南北朝的乱世，即频繁的王朝更替，剧烈的政治动乱，多元的民族争战，使这一时期的政治制度显得相当紊乱，十分复杂。既有继承秦汉政治制度的种种表现，又有适应新情况、新形势文化融会的创新。故而各民族政权对于政治制度的不同创革，互相融会，取精用宏，终于汇合到统一的隋唐王朝的历史长河里，使处于汉唐两个重要朝代之间的魏晋南北朝的政治制度，经各个方面呈现出明显承上启下与继往开来的过渡性特点。[①] 这个特点集中表现在秦汉的三公九卿制向隋唐的三省六部制的过渡上。

公元前 221 年，秦王朝建立，随之在中央设立“三公九卿”。三公即丞相、御史大夫、太尉。丞相，帮助皇帝处理全国的政务；御史大夫是副丞相，同时负责监察百官；太尉管理军事，是国家最高军事长官。九卿位于三公之下分掌具体事务，他们是奉常，掌握宗庙礼仪；郎中令，掌宫殿门户；卫尉，掌宫门卫屯兵；太仆，掌舆马；廷尉，掌刑辟；典客，掌民族事务；宗正，掌宗族、宗室的名籍；治粟内史，掌钱谷；少府，掌山海地泽之税，以给供养。三公和九卿等都有自己的一套机构，处理日常工作，维系国家的运转。正如《汉书·百官公卿表上》所说：“秦兼天下，建皇帝之号，立百官之职。”从而开创了汉民族行政管理制度的先河。

此后，“汉因循而不革”[②]，只是进一步健全了三公九卿制。汉武帝时“尚书”一职日益重要，“尚书”原是九卿之一的少府的属官，保管皇帝的奏章文书。大臣们的奏疏不能直接进呈皇帝，要送尚书署，汉成帝时尚书署的长官改用士人（以往是宦官），“署”随之改为“台”，于是尚书台就成了皇帝的机要秘书处。武帝还从一些上书言事的贤良文士当中给予“侍中”“给侍中”“常侍”等头衔，让他们进入宫廷，与尚书共议国事，

---

① 参阅李凭、袁刚总纂《中华文明史》第四卷，河北教育出版社 1992 年版，第 84 页。

② 《汉书·百官公卿表上》。

“内朝”随之形成，尚书台成为内朝的核心，与外朝三公九卿一起形成了双轨行政管理体制。到东汉时，刘秀加大尚书的权力，正式成立了尚书台，成为国家政务的中枢机构。

东汉时，虽然尚书在实际上已经取代了三公的权力，但当时尚书仍隶属于三公之下九卿的少府，而且，三公是名义上的丞相，事情的决定表面上还是要经过三公的。然而这种情况，到了魏晋南北朝时期发生了根本的变化。

魏晋南北朝时，中央政治体制发生了进一步的变化，尚书、中书、门下三省体制在这一时期形成。引起这一变化的原因是魏晋南北朝时期权臣对皇帝的威胁很大，权臣篡夺皇位的现象时有发生，为了防止大臣，特别是丞相的权力过大，最高统治者便将相权分散，并使之相互牵制，逐步形成了三省制。

首先是尚书省的形成。从曹魏时起，取消了尚书台与少府的隶属关系，使之变成了名副其实的皇帝领导下的全国最高行政机构。随着尚书台地位的加强和组织机构的扩大，南朝宋时改称尚书省或寺，南朝时正式称为尚书省。尚书省设尚书令一人，尚书令下设左右仆射各一人，协助处理各项事务。再下面分设吏部、祠部、度支、左户、都官、五兵六曹，执行具体事务。

接着是中书省的形成。尚书令的权力日益扩大后，皇帝认为有必要加以牵制，于是设中书监、令。秦汉时，中书为宫中小官，多以宦官充任。三国时所设中书监、令，由于接近皇帝，起草诏令，参与军政大事，分散了尚书令的一部分权力。后来，中书监扩大为中书省，成为国家的中枢机关。

再后是门下省的形成。魏晋时，随着中书省权力的增长，皇帝又用侍中参政的办法牵制中书令。汉时，侍中为皇帝侍从官，职位低，属于少府。但因接近皇帝，参与政事，地位逐渐提高。北魏时多以侍中辅政，侍中也就逐渐扩大为门下省。

这样，在魏晋南北朝时基本上完成了三公九卿制向三省制的过渡，为隋唐在中央确立三省六部制奠定了基础。

隋王朝沿用了魏晋南北朝以来的三省制度，废除了北周实行的“六官制”，创行“三省六部制”。以尚书省长官尚书令、门下省长官纳言（侍中，隋避文帝父杨忠讳，改此名）、内史省（中书省，隋避文帝父杨忠讳，改此名）长官内史令为丞相，共议国政，分掌政权，地位并重。尚书省下设吏、户、礼、兵、刑、工六部，分别掌管行政、经济、军事、司法、文化等事项。所以隋王朝这一套中央职官体系实际上集汉魏以来汉民族官制文化变化之大成。

唐承隋制，将三省六部制加以完善。尚书省的职权，由于中书省和门下省的设立而被削弱，其长官主要是掌握尚书省具体执行中书省颁布的皇帝诏旨，和经门下省审阅、皇帝批准的各种奏章。唐王朝时的中书省是掌握机要、决定军国大事的最高出令机构。中书省是决策机构，负责草拟、颁发皇帝的诏令，其长官为中书令。中书省由于它的特殊职权，地位变得越来越显要了。唐时门下省地位与中书省相当。门下省是审议机构，负责审核政令，驳正违失，其长官为侍中。其中，门下省的封驳权力一方面可以使皇帝诏令更符合统治阶级的利益，另一方面也是对权力很大的中书省的一种牵制。经唐王朝的调整，三省才相集为一个整体，分权分职，互相制约，又互相配合，成为内部组织齐整详备的中央政府体制。[①]

从三公九卿制向三省六部制的演变中，我们可以看到汉民族制度文化的人本性质，一如尚书、中书本为处理文书奏章的地位低下的事务官，侍中则多为天子的弄臣[②]，邓通、李延年、董贤等皆是，但后来却发展成为执掌朝政的宰相，这确是由小的事务官发展成为大的政务官，由皇帝的弄臣宠臣发展成为枢机决策的大臣，由内廷侍从发展成为朝堂的执政大臣。二如，唐朝选官就有身、言、书、判四个标准。身、言两者，指容貌、言词，宋齐时选侍中，要选用有风貌、美姿容者。陈朝孔范为都官尚书，“容止都雅，文章赡丽”[③]，因此被陈后主所宠信。关于善于辞令者，如孙吴时张尚，有俊才，“以言语辩捷见知，擢为侍中、中书令”[④]。特别是担任中书通事舍人者，要传宣诏命，应对左右，更须口齿清楚，善于应对，声调响亮。南齐时中书舍人纪僧真，就是“容貌言吐，雅有士风”[⑤]；又如陈朝中书通事舍人司马申，“善应对”；中书舍人施文庆，“心算口占，

① 李凭、袁刚总纂：《中华文明史》第四卷，河北教育出版社1992年版，第91页。

② 弄臣为皇帝所宠幸狎玩之臣。

③ 《南史·孔范传》。

④ 《太平御览·职官部》。

⑤ 《南齐书·幸臣传·纪僧真》。

应时条理"[①]。书、判两者，指书法和判词，属于文才方面者。始任中书监的刘放，就是长于诏诰者，亦见前述。以后担任中书官职，多选文章清丽之人，《晋令》就规定："中书为诏令、记会时事、典作文书也。"王洽就被皇帝选中为中书令，"欲共讲文章之事"。[②] 文辞雅正，才学优长，才能写好判词。可见，正是由于长期以来三省官吏多以容止、言词、文章优长而见任命，这些经验的积累到唐朝时才总结出以身、言、书、判四者为选官标准。[③] 这些都是三省六部制汉民族文化特质的表现。

总之，无论从制度层面，还是人文层面，三省六部制比三公九卿制严密而完备多了，这对稳定政局、维护统一都起到了正面的作用，其对后世影响深远，遂成为中国封建政权的基本模式。[④]

二　从授田制到均田制

土地是一个民族生存的根本要素，汉民族的土地制度是制度文化的重要组成部分。从授田制到均田制是汉民族土地制度史上的一个重要阶段。武建国在《均田制研究》前言中开宗明义地指出："均田制是历史发展一定阶段的产物，其发生、发展、消亡有着深刻的历史根源和社会原因，是整个历史发展长河中一段渐进的历史进程。"[⑤]

要讲均田制的来龙去脉，不能不从春秋战国的授田制讲起。西周的井田制，到春秋战国时已被破坏。但井田制的崩溃，并不意味着土地所有权一下子转移到农民手中，而是随着王室衰微，诸侯坐大这样一个历史发展趋势，诸侯国君逐渐取代周天子，成为其领地的所有者。这种土地所有权变化的结果，正如《礼记·曲礼》所说："问国君之富，数地以对山泽之所出；问大夫之富，曰有宰食力，祭器衣服不假；问士之富，以车数对；问庶人之富，数畜以对。"与此同时，当时处于大国争霸的局面。诸侯国君们为了兼并战争的需要，在井田制破坏，又必须保证国家经济收入的情

① 《南史·恩倖传》。

② 《太平御览·职官部》。

③ 参阅韩国磐《略论由汉至唐三省六部制的形成》，《厦门大学学报》1988年第3期。

④ 本节参阅韩国磐《略论由汉至唐三省六部制的形成》，《厦门大学学报》1988年第3期；吴才兴《三省六部制从何而来?》，《历史学习》2009年第10期；张维青、高毅清《中国文化史》(二)，人民出版社2010年版，第290页。

⑤ 武建国：《均田制研究》，云南人民出版社1992年版，第2页。

况下，不得不改变过去共耕“公田”的剥削办法，而把国君所有的土地按一定数量授给农民耕种。正如《管子》所说：“好战之君上甲兵，甲兵之本必先于田宅”[①]；“良田不在战士，三年而兵弱”[②]。于是战国之时，各国纷纷庶民授田。

当时山东六国授田的具体情况，《周礼·地官·小司徒》云：“乃均土地，以稽其人民，而周知其数。上地家七人，可任也者家三人；中地家六人，可任也者二家五人；下地家五人，可任也者家二人。凡起徒役，毋过家一人，以其余为羡。”这种五至七人的小家庭，即为山东各国政府授田和征役的对象单位。《孟子·梁惠王章句上》也谈到这种个体农户：“五亩之宅，树之以桑，五十可以衣家可以无饥矣。”近年出土的银雀山汉简所载的先秦典籍中也有记载[③]，如第 1192 简：“……次受（授）田于野，百人为区，千人为或（域）。人不举……”；第 0561 简：“民毕易田，令皆受地”[④] 等。这些关于受田的简文与《睡虎地秦墓竹简·为吏之道》所载的《魏户律》“赘壻后父，勿令为户，勿鼠（予）田宅”互相印证，说明当时山东六国确实实行了授田制，并已系统化、完善化了[⑤]。

而地处西部的秦国授田，即《汉书·地理志下》所说：“孝公用商君制辕田，开阡陌，东雄诸侯。”“制辕田”即把原家长制大家庭控制的土地收归国有后，割制、划分成若干等量的小块份地，以为授田。而辕田即“趄田，易居也”[⑥]。商鞅在打破秦国固有的家长制大家庭后，实行“民有二男以上不分异者倍其赋”的小家庭制度，这就导致大规模的普遍的分家和搬家“易居”。大批新分化出来的小家庭份地附近的庐中以便于生产，故史称“制辕田”。简言之，秦国通过商鞅变法，建立了封建土地国有制，并在此基础上实行国家授田，即对在籍的农民按固定标准授给份地长期耕种，称之为“制辕田”。同而“开阡陌”，则是原来为家长制大家庭所控制的大片土地，由于大家庭的打破需要重新分割，即按每户一百亩

① 《管子·侈靡》。

② 《管子·八观》。

③ 银雀山汉简所载的《守法守令十三篇》成书于秦国商鞅变法以前，其《田法》等部分，为我们研究战国授田制提供了宝贵的史料。

④ 吴九龙：《银雀山汉简释文》，文物出版社 1985 年版。

⑤ 李埏、武建国：《中国古代土地国有制史》，云南人民出版社 1997 年版，第 47—49 页。

⑥ 《说文解字·走部》。

授给各新分化出来的小家庭去耕种。而在分割原大家庭的土地以对小家庭进行授田时，商鞅又为了适应生产力的发展并根据秦国人少地多的实际情况，将过去的百步为亩改为二百四十步为亩。[①] 这就必须打破原来的田界而另立新的阡陌疆界，史称之为“开阡陌封疆”，亦即《商君书·算地》所说的“为国分田”。所以说，商鞅的“制辕田”实际上就是建立在封建土地国有制基础上的计口授田，亦即《商君书》所说的“为国任地”[②]“制土分民”[③] 的制度。

此外，秦还建立了一套按军功爵位的名分高低，额外赏赐给多少不等的土地的制度，《商君书·境内》云：“四境之内，丈夫女子皆有名于上，生者著，死者削。”这种“有名于上”，就是按名分、爵位的高低来进行授田和封赐，亦即《史记·商君列传》所云：“明尊卑爵秩等级各以差次，名田宅臣妾衣服以家次”的制度，史称“名田制”。[④]

西汉之初，承袭秦朝的办法，迁徙豪富，以保证国家对土地的实际控制而强化国有制；保护“下户”贫民地位的稳定，以维持编户齐民制的“国本”不动摇；在法权观念上，西汉统治者一直维系着“王有即国有”的传统观念。因此，西汉的社会基础是国家分地授给的编户齐民制。与此同时，在授田上又按爵位名分高低，由国有制中派生出新的大土地占有制，并容许土地私有制的存在和发展。所以，西汉时形成了大土地所有制，即“汉兴以来，相与同为编户齐民，而以财力相君长者”[⑤] 的地方豪强和富商巨贾，通过买卖或巧取豪夺等兼并方式，而形成的大土地所有者。正如司马迁所说：他们“皆非有爵邑奉禄弄法犯奸而富，尽椎埋去就，与时俯仰，获其赢利，以末致财，用本守之，以武一切，用文持之，变化有概，故足术也。若至力农畜，工虞商贾，为权利以成富，大者倾郡，中者倾县，下者倾乡里者，不可胜数”[⑥]。

---

① 《银雀山汉简》第0151简载：《孙子·吴问》：“税之公，家，富，置士多主乔（骄）臣奢冀功数战故为智是（氏）次赵是（氏）制田以百廿步为畹以二百卌（四十）步为畛（亩）公……”可见，三晋早就把井田制的百步为亩打乱了。

② 《商君书·算地》。

③ 《商君书·来民》。

④ 以上参阅李埏、武建国《中国古代土地国有制史》，云南人民出版社1997年版，第56—66页。

⑤ 《后汉书·仲长统传》。

⑥ 《史记·货殖列传》。

在这种编户齐民制与大土地所有制并存的态势下，文景之后，由于汉武帝变“无为政治”为有为政治，“军阵数起”“内兴功作”① 的频繁，加之“五铢钱”的颁行和盐铁国营、均输平准、算缗告缗等一系列管榷政策的实施，破坏了在土地国有制基础上编户农民与国家之间的平衡，使编户农民为获得货币来完成更赋、算赋等各种赋税变得十分困难，正如《盐铁论·未通篇》云：“田虽三十而以顷亩出税……加之以田赋、吏徭之役，率一人之作，中分其功，农夫悉其所得，或假贷而益之，是以百姓疾耕力作而饥寒遂及已也。”这样，建立在以人头赋役为主的基础上的编户农制度动摇了，流民大量出现。面对这种颓势，汉武帝为了保证中央政府的收入而不得不在田制上作一些改变，出台了由政府或皇室直接经营“公田”，榨取佃农地租（假税）的办法。于是，屯田制、假田制②及赋民公田等各种田制就在这种背景下产生了。如对于边境地区新开拓的土地，西汉政府或组织军队屯田，或徙民实边，实行“假田”。其屯田者如《汉书·食货志》云：元鼎六年，“初置张掖、酒泉郡，而上郡、朔方、西河、河西开田官，斥塞，卒六十万人戍田之”。又如移民实边的规模越来越大，《汉书·食货志上》载：“武帝通西南道，作者数万人，悉巴蜀租赋不足以更之，乃募豪民田南夷，入粟县官，而内受钱于都内。”一场规模空前、势不可当的土地兼并恶浪却席卷而来，把无数编户农民从耕种的土地上抛了出来，流离失所，或亡逃山林，辗转沟壑；或沦为奴婢，仰事富人。它又把大量的田地冲集到贵族、官僚和豪强的门下，形成一座座庞大的庄园，从而引爆了西汉王朝的危机，王莽演出了一场“改制”的闹剧，以及绿林、赤眉大起义。

进入东汉，刘秀在建国伊始曾致力于在土地国有制的基础上重建编户齐民制，以解决由来已久的土地高度集中的社会问题。其主要采取了抑制兼并的“度田”措施。所谓“度田”，即西汉董仲舒“限民名田”③ 的主张，即用清丈耕地，按等级、名分限制占有的办法来限制豪强、贵族和官僚们兼并土地。但这无疑与虎谋皮，结果以失败而告终，反而为土地兼并

---

① 《汉书·食货志》。

② 当时无论政府部门或皇室有关机构多以“假田”，即《汉书·宣帝纪》所云“假民公田”的方式直接经营公田。

③ 《汉书·食货志》。

打开了方便之门，使东汉的土地兼并更加疯狂，并以庄园制的形式迅速发展起来，此为一方面。另一方面东汉为了安辑流民和稳定编户齐民制的生产秩序，东汉便强化开垦荒地（公田）的措施，来巩固土地国有制。当时的垦荒，以军屯和地方上郡、县组织农民开垦两种方式进行。文献中关于军屯的记载不胜枚举，如“光武建武四年刘隆讨李宪。宪平，遣隆屯田武当。……马援以三辅地旷土沃，而所将宾客猥多，乃上书求屯田上林苑中，帝许之。六年，王霸屯田新。夏，李通破公孙述于西城；还，屯田顺阳。八年，王霸屯田函谷关；张纯将兵屯田南阳”①。地方上的民屯记载亦多，如《后汉书·邓晨传》：“（晨）复为汝南太守……兴鸿郤陂数千顷田，汝土以殷，鱼稻之饶，流衍它郡”；《后汉书·李忠传》：“建武六年，（李忠）迁丹阳太守。……垦田增多，三岁间，流民占著者五万余口”；《后汉书·张堪传》：“（张堪）拜渔阳太守。……乃于狐奴开稻田八千余顷，劝民耕种，以致殷富”等。虽然东汉政府努力稳固编户农民的地位，维护土地国有制，但在土地私有制不断发展的汹涌洪流冲击下，土地国有制屡遭破坏而日臻衰落。有资料统计：东汉民户、口数最多时是桓帝永寿三年的一千六十七万七千九百六十户，五千六百四十八万六千八百五十六口。② 最高垦田数是和帝元兴元年的七百三十二万一百七十顷八十亩。③ 经过数十年的恢复和发展，民数和田亩数反而低于西汉末年的水平。这说明，东汉贵族、官僚、地主们所荫庇的人口和隐占的土地都大大超过西汉土地兼并最严重的时期④，足见编户齐民土地制的彻底破坏，正是“苍天已死，黄天当立”，以编户齐民为特征的授田制走到了尽头。

那么，汉民族的土地制度将走向何去?

三国鼎立，屯田盛行，但并没有奏效。⑤ 西晋再拾“占田”，承袭和发展战国以来尤其是汉代以来的占田限田制，其所谓的“占田”，不是由国家实行“授田”，乃是由王公贵族、官僚地主及一般庶民按照各自的占田标准数额自己去占有土地，国家承认占田的合法性，确认占田者对土地

① 《文献通考》卷七·田赋考七。

② 《晋书·地理志》《通典·食货七》《通志·食货略一》均同此数。

③ 《后汉书·郡国五》注引伏无忌所记。

④ 以上参阅李埏、武建国《中国古代土地国有制史》，云南人民出版社 1997 年版，第 103—115 页。

⑤ 同上书，第 119—136 页。

的占有权；同时，占田令中所规定的各级各类人员的占田数额，又是占田的最高限额，具有限田的意义。占田与限田相统一，这反映出，西晋占田制仍是以国有制为主导的土地制度。[①] 可惜的是占田令颁布以后不久，大乱即起，兵连祸结，“神州萧条，鞠为茂草，四海之内，人迹不交”[②]，西晋政府没有从容的时间和必要的社会条件来认真推行占田制。所以仍然是“豪强兼并，孤贫失业”[③]，“公私并兼，百姓无复措手地”[④]。但是，重要的是从汉民族土地制度发展史的角度来看，西晋的占田与限田趋于融合，并统一于占田制中，不失为对汉民族土地制度的一个创新。其与对北魏均田制的创立有着“来龙”的关系。换句话说，西晋占田制是北魏均田制产生的重要历史前提和基础。

东汉以后，及至北魏，社会矛盾的焦点一直是土地问题。由鲜卑族建立的北魏政府，在与汉民族文化的融会中，吸取了西晋占田制的经验，大胆创新，创制了均田制。

北魏孝文帝太和九年（485 年）颁布的均田令，大体可以分为十五条，据《魏书·食货志》载，主要内容为：

> 均给天下民田：
>
> 诸男夫十五以上，受露田四十亩，妇人二十亩，奴婢依良。丁牛一头受田三十亩，限四牛。所授之田率倍之，三易之田再倍之，以供耕作及还受之盈缩。
>
> 诸民年及课则受田，老免及身没则还田。奴婢、牛随有无以还受。
>
> 诸初受田者，男夫一人给田二十亩。课莳余，种桑五十树，枣五株，榆三根。非桑之土，夫给一亩，依法课莳榆、枣。奴各依良。限三年种毕，不毕，夺其不毕之地。于桑榆地分杂莳余果及多种桑榆者不禁。
>
> 诸应还之田，不得种桑榆枣果，种者以违令论，地入还分。
>
> ……

① 以上参阅李埏、武建国《中国古代土地国有制史》，云南人民出版社 1997 年版，第 143 页。

② 《晋书·戴若愚传附弟邈传》。

③ 《晋书·刘颂传》。

④ 同上。

北魏的均田令是一个整体，其对均田制下土地授受的类别，人户受田的条件，还受的年龄，牛和奴婢的受田，受田的数额，土地的经营，土地还授的时间，土地的买卖，土广地狭之处授田的方式，官吏受公田的数额等都作了比较明确的规定。而且田令的规定，不仅侧重于推行时的状况，而且还考虑到推行后可能会出现的某些变化，可见各条之间这种内在的联系，反映了这是一个制定得比较周详的田令。[①] 比较而言，它与战国时期授田制的不同之处就在于：授田制是国家将土地一次性地分配给老百姓永久使用，土地所有权实际上从国家转移到了农民手里，土地私有化是这种土地制度实施的必然结果；而在北魏均田制下，除少部分土地（主要是桑田）农民可以永久使用外，其余大部分土地都要按规定进行还授，即“诸民年及课则受田，老免及身没则还田”。土地所有权属于国家，老百姓只有使用权，受田农民成为国家佃农。这就说明国家对土地的管理比过去大大加强了。[②] 可见，均田制的创新，不是对传统田制的简单继承，而是第一次把过去两套制度兼而行之的状况，改革为授田与限田统一于同一制度中，即把授田与限田融为一体，是对汉民族传统的土地制度的总结，是集井田制以来古代土地制度之大成。使北魏的民族融合，文化融会，在土地制度上得到了一个较完美的呈现。

自从北魏颁布均田制之后，在将近 3 个世纪的时间里，均田制历经北齐、北周、隋朝和唐朝前期五朝，由北而南推行，其基本立法精神相因承袭，朝代的嬗递并未割裂均田制的整个体系，一直是当时国家所奉行的基本土地法。[③] 唐后期土地所有制关系演进的趋势，是国有土地制衰落，土地私有化占有主导地位，国家“不抑兼并”[④] “田制不立”[⑤] 的基本政策确立起来，并成为唐以后发展的基本方向。宋代土地高度集中于大官僚、大地主手中，地主大土地所有制在整个社会的土地所有制结构中独占鳌

---

① 参阅李埏、武建国《中国古代土地国有制史》，云南人民出版社 1997 年版，第 166—168 页。

② 吉成名：《均田制述论》，《重庆交通学院学报》（社科版）2003 年第 1 期。

③ 谭惠中：《关于北魏均田制的实质》，《历史研究》1963 年第 5 期；魏明孔：《均田制探赜——评〈均田制研究〉》，《中国经济史研究》1993 年第 4 期。

④ （宋）王明清：《挥尘录》余话卷之一，《祖宗兵制名枢庭备检》，上海书店出版社 2001 年版。

⑤ 《宋史·食货传》。

头。明代从立国之初就推行官田私有化政策，出现了“官田视民田得七分之一”[1] 的局面。清代也是不禁民间土地买卖。康熙时的“更名田”则充分反映了国有土地私有化在清朝的延续。这便是均田制的来龙去脉[2]，也显现出了均田制在汉民族制度文化史上的重要地位。

三　从九品中正制到科举制

影响了汉民族1300余年的科举制何以能在隋唐产生？这恐怕要从曹操“唯才是举”的人才观谈起。

建安十五年（210年）春，曹操发布了第一个求才令。此令说：

> 自古受命及中兴之君，曷尝不得贤人君子与之共治天下者乎！……唯才是举，吾得而用之。[3]

宣布“中兴之君”应当与贤人共治天下，应当去求贤。并明确宣布他的用人宗旨是“唯才是举”。建安十九年十二月乙未，曹操发布了第二个求才令。此令说：

> 夫有行之士，未必能进取，进取之士，未必能有行也。陈平岂笃行，苏秦岂守信邪？而陈平定汉业，苏秦济弱燕，由此言之，士有偏短，庸可废乎！有司明思此义，则士无遗滞，官无废业矣。[4]

从此令可知在第一个求才令发布之后，有司仍然主张以“行”取士，无行的不用。曹操因此发布了这个命令，以陈平、苏秦为例，指出不可因性废才。重申他的用人宗旨是“唯才是举”。建安二十二年秋八月，曹操发布了第三个求才令。此令说：

> 负污辱之名，见笑之行，或不仁不孝而有治国用兵之术；其各举

① 《明史·食货志》。
② 魏明孔：《均田制探赜——评〈均田制研究〉》，《中国经济史研究》1993年第4期。
③ 《三国志·武帝纪》。
④ 同上。

所知，勿有所遗。[1]

进一步明确宣布，即使“负污辱之名，见笑之行”，即使“不仁不孝”，只要是“高才异质”，只要“有治国用兵之术”，便起用他们为将、守，起用他们治理国家，带兵打仗。还明确宣布要举无遗才。再次重申他的用人宗旨是“唯才是举”。

曹操“唯才是举”的人才观，一举颠覆了两汉以来“以孝治天下”的人才观。

上一章已述及汉代建构了自下而上的“察举”制、自上而下的“征辟”制，以及学院式的太学制三结合的选拔人才模式，即重德轻才。对此人才观及其模式的弊端，汉末仲长统在《昌言》中，在对父为子纲进行抨击时说到选举云：“父母与人以官位爵禄，而才实不可，可违而不许也。”其意就是用人如果重纲常，要选出真有才能的人，是困难的。仲长统看到的尚止是“才实不可”，桓、灵时期的民谣更看到连重德行也是空话，“举秀才，不知书，察孝廉，父别居，寒素清白浊如泥，高第良将怯如鸡”之谚，把东汉官场腐败情况，描绘得淋漓尽致。所以，曹操相信“天地间，人为贵”，对人才思之、求之如渴。“山不厌高，海不厌深，周公吐哺，天下归心”[2] 的诗句，反映了他这种思想感情。既要求才，便不能像东汉那样重孝、廉、仁、义，那是求不到什么人才的。他在建安十五年的求才令中所说的，“若必廉士而后可用，则齐桓何以霸世”？在建安二十二年的求贤令中所说的，“或不仁不孝，而有治国用兵之术，其各举所知，勿有所选”，正是对东汉的选举弊政而发。此时此刻，曹操发布的求才三令，标志着魏晋之时，汉民族政治社会道德思想上的大变革，既反映了儒家道德观念的破产，又宣告了一个重才求才时代的到来。[3] 陈寅恪说得好：

孟德三令，大旨以为有德者未必有才，有才者或负不仁不孝贪诈之污名，则是明白宣示士大夫自来所遵奉之金科玉律，已完全破产

---

① 《三国志·武帝纪》注引《魏书》。

② （东汉）曹操：《短歌行》。

③ 以上参阅万绳楠《魏晋南北朝文化史》，东方出版中心2007年版，第39—41页。

> 也。由此推之，则东汉士大夫儒家体用一致及周孔道德之堡垒无从坚守，而其所以安身立命者，亦全失其根据矣。故孟德三令，非仅一时求才之旨意，实标明其政策所在，而为一政治社会道德思想上之大变革。[①]

在“唯才是举”人才观的指导下，曹操提出“治平尚德行，有事赏功能”[②] 的选官准则，驳斥了“军吏虽有功能，德行不足堪任郡国之选”[③] 的议论，身体力行，提拔任用了不少出身卑贱的治国人才和将帅。

但在儒家德行观的笼罩下，要“唯才是举”也不是可以一蹴而就的，在转折过程中出现了一个九品中正制的过渡形态。220 年，曹丕即位后，开始对选官制度进行整顿，他基本上遵循曹操关于选举的主张，依据吏部尚书陈群提出的方案，建立了九品官人法，实行了一套替代汉代乡举里选的新选官制度。九品官人法也就是九品中正制，此法为以后的晋王朝承袭，并加以发展，其后南北各王朝也基本上沿用此制。

九品中正制是在中央选择“贤有识鉴”的官员，按照他们的籍贯，兼任其本郡的中正或中正官，负责察访与他们同籍的散在各地的士人，加以评定，写成品和状。品即等第，主要是根据士人家世的官位高低，定为上上、上中、上下、中上、中中、中下、下上、下中、下下九品；状即评语，一般只有一两句话，主要根据士人的德行、才能来定。品和状写好，由小中正上报大中正核实，大中正上报司徒核实，呈报吏部尚书，作为政府选官的依据。尚书吏部则是中央专管任官的机关。这种制度使荐举之责不再属于中央和地方各级行政长官，改由专职举士的中正官和吏部尚书负责。选用的标准除因循东汉察举所要求的经学、德行、乡闾清议之外，又增加了家世、才实等内容。所以，曹魏“各使诸郡选置中正”，故中正虽然朝官所兼，却为各郡长官所推举，中正采择舆论，“盖以论人才优劣，

① 《金明馆丛稿初编·书〈世说新语·文学类〉钟会撰四本论始毕条后》。转引自万绳楠《魏晋南北朝文化史》，东方出版中心 2007 年版，第 42 页。

② （东汉）曹操：《论吏士行能令》。

③ （东汉）曹操：《论吏士行能令》全文：“议者或以军吏虽有功能，德行不足堪任郡国之选，所谓‘可与适道，未可与权’。管仲曰：‘使贤者食于能则上尊，斗士食于功则卒轻于死，二者设于国则天下治。’未闻无能之人，不斗之寸，并受禄赏，而可以立功兴国者也。故明君不官无功之臣，不赏不战之士；治平尚德行，有事赏功能。论者之言，一似管窥虎欤！”

非为世族高卑”，比较重视状，按人才优劣以定品第，多少改变了东汉末年名士“臧否人伦”，操纵选举的局面。走出这一步，在那个时代也很不容易了。故自曹魏创制九品中正制，到隋统一才废除，实行了 370 余年。

但相比之下，其选官体制较汉代征辟、察举只是更加完备而已，与曹操所提的“唯才是举”相距甚远。久而久之，由于中正官多出身于世家大族，因此他们在评定人物时，只重门第，根本不重人才。后来，状成了可有可无的东西，选官用人就全凭家世品第的高低了。到了晋朝，经中正评定的九品人士中，“上品无寒门，下品无势族”①。九品中正制又沦为门阀士族垄断选举的工具，使汉民族社会形成“高门华阀，有世及之荣，庶姓寒人，无寸进之路”② 的士庶分隔固定化的局面③。

这个局面到隋王朝兴科举才有了实质性的改变。

科举制萌芽于南北朝，始于隋而成于唐。

南北朝时期，随着豪强士族的衰落，按才能而不是按门第选官的原则被重新提了出来，南北各朝都恢复了举秀才、举孝廉等察举科目。齐、梁并以举明经取代了举孝廉，北周也实行了举明经的制度。但在士族尚未退出政治舞台，九品中正制继续实行的情况下，察举又往往成为士族子弟入仕的一种途径。直到隋王朝建立，隋文帝取消了九品中正制，废除了地方长官辟署佐官的制度，官吏的任用不再受门第的限制。开皇七年（587年），隋文帝设立了诸州岁贡三人的常贡，有秀才、明经等科。隋炀帝大业二年（606 年）又设立了进士科。秀才试方略，进士试时务策，明经试经术。这样，就形成了一个层次不同，要求各异，有一套完整体系的，国家按才学标准选拔文士担任官吏的分科考试制度。这就是科举制的开始。

我们之所以说隋王朝兴科举才使汉民族的选举制度有了实质性的改变，是因为这种科举制与历史上各种选举制相比，显示了历史文化的继承性，也显示了一定的创造精神。表现出了三个重要特色：一是重视乡贡。在隋代选举制的构成中，地方举荐的环节很严肃，体现了由下而上层层考察的特征。而先秦时期的“乡举里选”和自西汉所推行的“举孝廉”，都

---

① 《晋书·刘毅传》。

② （清）赵翼:《廿二史札记·九品中正》。

③ 参阅李凭、袁刚总纂《中华文明史》第四卷，河北教育出版社 1992 年版，第 100—101 页。

提供了这方面的历史参照。隋代正是借鉴历史，吸收了这一方式，形成分级选举制，既提高了选举质量，又分解了中央选举的压力。二是新加了文化考试。这是隋代推行科举制的重要举措，也是隋朝选举人才重视思想文化考核的鲜明特征。据考，早在周秦时期已有了“三年大比”“默诵”等试验手段，汉代出现了“射策”等考试形式。隋代推陈出新，既有利于选举有真才实学的人，也把选举制发展到一个新的阶段。三是分科选举。这是隋代选举制的主要特色，显示了隋代多方面需求人才的时代特征。前已述及，汉代也已有了“秀才”“孝廉”等不同类别的分科考选。毋庸置疑，这从历史上启示了隋朝分科选举的思路。重要的是，在推陈出新中，隋朝统治者不是简单地套用，而是结合现实政治的需要进行了必要的改造。比如，“乡贡”“考试”“分科”三部分的细则，都比历史上选举制内容丰富，条例更加具体明确。同时，把这三个部分有机结合起来，形成配套成龙的选举制，这些不仅区别于历史上的选举制而显示了新的拓进，也为唐宋科举制不断兴盛发展奠定了基础。这样，科举制的创立否定了九品中正制，不仅把仕途的大门向全社会中小地主阶层洞开[①]，也为汉民族选举制度文化的持续发展铺平了道路。

科举制度在唐王朝继续实行并得到了完善和很大的发展。唐代科举分为常科和制科两科：常科（又称“常举”）分秀才、明经、进士、明法、明算、明书、道举、童子等科，其中以明经、进士最为重要。制科（又称“制举”）是由皇帝亲自主持的考试，科目多临时设置，平民子弟和官吏都可以应试，不常举行，每次录取人数不过一二人或五六人，不占重要地位。此外，武则天时还创立了武举。当时实施的情况是秀才为最高科等，所试方略策，要求应举者熟悉经史，精通经世治国的方略。这对于缺少经史知识、醉心词华的唐初士子来说，是很难达到的，因此他们往往都不敢投考秀才科。永徽二年（651 年）遂被停废。而明法、明书、明算考试专门学问，及第后从事专门工作。一般不能担任高级官吏，应举者也很少。士子所趋，主要是明经和进士二科。武举由兵部主持，考试科目有射长垛、骑射、马枪、步射、举重等，还要看身材和语言，主要是选拔一般武官，而不是选拔将帅之才。

这样科举制的创立，使相当一部分汉民族在一定程度上都有机会均等

---

① 周怀宇：《隋朝科举制形态探赜》，《学术月刊》2001 年第 8 期。

地通过考试而入仕，从而有利于汇聚天下精英。每当开科取士之时，四方学子云集京师，赶考应试以博取功名。唐太宗曾欣喜地说：“天下英雄，尽入吾彀中矣。”[①] 唐人赵瑕写诗道：“太宗皇帝真长策，赚得英雄尽白头。”[②] 大批中下层地主阶级知识分子以及自耕农出身的读书人，由科举人仕，突破了门阀世胄对政治的垄断，形成了隋唐政权的开放性和流动性的态势。

科举制的创立、完善和发展，其要求士子具有较全面的文化修养，诗、文、书、法得样样精通，才有可能中第。且唐诗的全面繁荣、文体方面的革新、书法上的巨大成就以及传奇小说创作的风行，无不得益于科举的推动，连一些专科性质的文化部门，如天文历算、法律、道教等，也受益于科举发展，大大促进了隋唐文化的全面繁荣。更重要的是科举制还确立了汉民族文化和教育持续发展的大方向，影响中国封建社会后期的选士拔官制度达 1300 年之久，这在世界文化史是绝无仅有的。[③]

第二节　算术·历法·火药:汉民族科技文化的融会

在汉民族文化史的发展中，科技文化与人文文化一样有着良好的态势。进入魏晋南北朝及至隋唐之后，数学、历法和火药，成了这个时期汉民族科技文化发展的代表。

一　算术与祖冲之

数学是一门抽象的学科，在中国古代，汉民族称数学为“算术”，又称“算学”，意为计数之术。《汉书·律历志上》云：“纪于一，協于十，長于百，大于千，衍于万，其法在算术。”汉民族古代的算术是六艺之一，《周礼·保氏》载：“养国子以道，乃教之六艺：一曰五礼，二曰六乐，三曰五射，四曰五驭，五曰六书，六曰九数。”所以，算术是汉民族

① （唐末五代）王定保：《唐摭言》卷一。

② 同上。

③ 参阅郑师渠总主编，王永平分册主编《中国文化通史》隋唐五代卷，北京师范大学出版社 2009 年版，第 17—18 页；李凭、袁刚总纂《中华文明史》第四卷，河北教育出版社 1992 年版，第 100—101 页。

传统科学文化百花园中的一朵奇葩，也是世界文化宝库中一颗璀璨的明珠。

在论述魏晋南北朝的算术文化之前，有必要追述一下秦汉时的算术简况，以正本清源。在秦汉典籍中，记录了不少算术知识，而这些算术知识都是比较零散的、片段的、不系统的。据《汉书·艺文志》记载，当时的算术著作有《许商算术》26卷、《杜忠算术》16卷，但都已失传。1983年考古新发现的《算数书》却不见诸记载。[①] 但汉代的《九章算术》[②] 系统总结了战国、秦、汉时期的数学成就，将算法与应用问题综合于一起，按应用问题的性质及其计算方法分为9类，并按由浅入深、由简单到复杂进行了编排，不仅最早提到分数问题，也首先记录了盈不足等问题，《方程》章还在世界数学史上首次阐述了负数及其加减运算法则，而且对于开方不尽的数即一些无理数给予适当的描述，是当时世界上最简练有效的应用数学，已具备了整个实数系统的雏形。从而形成了汉民族传统算术完整的理论体系。相较于欧洲直到19世纪实数系统才得以建立，故而《九章算术》这种独到的学术成就，对汉民族传统算术乃至对世界数学的发展都有着极为深远的影响。[③] 故有人称之为“《九章》时代”[④]。

正是在“《九章》时代”的基础上，魏晋南北朝时期是汉民族算术的黄金时期。涌现出许多“搜练古今，博采沈奥”[⑤] 的数学天才，在这360余年中，出现了不少著名算学家，也出版了不少算学名著，从而形成了汉民族传统算术的理论体系。尤其刘徽、祖冲之的贡献，使汉民族的传统算术在理论上开拓了新纪元，从而形成了算术理论上的独特风格，第一次把

---

① 1983年12月出土于湖北江陵张家山西汉古墓中的《算数书》，竹简共200余枚，除180多枚完整无缺外，其他10余枚都已残缺，总字数7000余字。《算数书》也采用问题集的形式，共列有60多个标题，标题之下排列问题。《算数书》的标题，可分为两类，一类为计算方法，其名目有乘，增乘，相乘，约分，合分，增减分，分乘，合乘，经分等。另一类为应用问题，其名目有方田，里田，税田，息钱，少广，贾盐，负炭，金价，铜耗，出金，石衡，程禾等。

② 《九章算术》其作者已不可考。一般认为它是经历代各家的增补修订，而逐渐成为现今定本的，西汉的张苍、耿寿昌曾经做过增补和整理，其时大体已成定本。最后成书最迟在东汉前期，现今流传的大多是在三国时期魏元帝景元四年（263年），刘徽为《九章》所作的注本。

③ 唐赞功总纂：《中华文明史·秦汉》第三卷，河北教育出版社1992年版，第325、329—333页。

④ 同上书，第333页。

⑤ 《宋书·律历志下》。

汉民族的算术理论推上了高峰。

魏晋时算学家刘徽《九章算术注》的重要意义不亚于《九章算术》本身，一是《九章算术》原书过于简略，仅引出问题以及算法的法则，而对于其根由和算法正确与否缺少必要的说明。刘徽在注中系统地整理了齐同术、今有术、图验法、棋验法等解题方法，如棋验法是用特制的立体模型来计算各种物体体积和开立方、开立圆等问题的数学方法。凡此等等，大大提高了《九章算术》的学术水平。二是刘徽还创立了许多新方法，开辟了数学发展的新道路，如关于圆周率与圆面积的计算，圆锥体体积与球体体积的计算、十进分数表示平方根和立方根的近似值，以及以互乘相消法解多元方程等内容。刘徽立论严谨，广征博引，用字缜密，名正言雅，不愧为魏晋时期的一代算学宗师。①

如果刘徽是魏晋时期的一代算学宗师，那么说祖冲之则是南北朝的算学天才。祖冲之出生在一个世代对天文历法都有所研究的家庭，受环境熏陶他自幼就对数学有着非常浓厚的兴趣。《宋书·律历志》中，祖冲之有这样的自述："臣少锐愚，尚专攻数术，搜练古今，博采沈奥。唐篇夏典，莫不揆量，周正汉朔，咸加该验……此臣以俯信偏识，不虚推古人者也……"由此可见，祖冲之从小时起便搜集、阅读了前人的大量数学文献，并对这些资料进行了深入系统的研究，坚持对每步计算都做亲身的考核验证，不被前人的成就所束缚，纠正其错误同时加之自己的理解与创造，使得他在以下三方面对汉民族古代算术有着巨大的推动：

一是圆周率的计算。祖冲之算得圆周率在 3. 1415926 和 3. 1415927 之间。这个数值计算直径为一千米的大圆周长时误差不超过 1 厘米。约 1000 年后，即 1427 年，阿拉伯数学家阿尔·卡西才求出更精确的数值，把圆周率推算到第 17 位有效数字。

二是球体积的计算。祖冲之与他的儿子祖暅一起找到了球体积的计算公式。这其中所用到的"祖暅原理"，"幂势既同则积不容异"，即等高处横截面积都相等的两个几何体的体积必相等。直到 1100 年后的 17 世纪，意大利数学家卡瓦列利（B. Cavalieri）才提出与之有相仿意义的公理。

三是注解《九章算术》，并著《缀术》。《缀术》在唐代终为算术教

① 郑师渠总主编，曹文柱分册主编：《中国文化通史》魏晋南北朝卷，北京师范大学出版社 2009 年版，第 413 页。

育的课本，以“学官莫能究其深奥”[①] 而著称，可惜这部珍贵的典籍早已失传。

祖冲之不仅是一个算学天才，他还是南北朝时期的杰出科学家，在天文历法、机械制造等方面都有重大成就，甚至在音乐领域内，他也是一时之秀，史载“冲之解钟律博塞，当时独绝，莫能对者”[②]，真不愧为一位博学多能、多才多艺的古代科学巨匠。[③]

继魏晋南北朝时期算术的高度理论化发展之后，隋唐时期的算术主要以实用算法的进步和算术教育制度的确立为特色。

实用算法的进步突出的成就是二次内插法与三次方程的出现。隋代天文学家刘焯（544—610 年）在他所编制的历法《皇极历》中创造并应用了等间距二次内插法，使得用多项式逼近各种复杂的函数成为可能，在理论上具有重大价值，成为数值分析的核心内容之一。而印度数学家婆罗摩笈多于公元 628 年使用了等间距二次内插法，晚于刘焯。阿拉伯人在 11 世纪、欧洲人在 17 世纪才使用内插法。而唐初王孝通的《缉古算经》用三次方程解实际应用问题是一个辉煌的成就，这不仅是中国现存典籍中的最早记述，在世界数学史上也是关于三次方程数值解法及其应用系统论述的最古老的著作，其他国家的同类工作至少要晚 600 年以上。

算术教育的发展最重要的是从隋代开始了对专门算学人才的培养。当时，作为全国最高学府的国子寺中首次设立了“算学”，开创了高等数学教育机构。《隋书·百官志》记载：“国子寺……祭酒……统国子、太学、四门、书、算学，各置博士（……书、算各二人）、助教（……书、算各二人）、学生（……算八十人）等员”，其官阶，“……书、算学博士。……为从九品”。唐代在承袭的基础上有所发展，除机构、人员的设置与隋代类似外，还明确规定了教材、学制及考试制度，形成了一套比较完善的体制。可见，隋唐时期的算术教育，由政府直接控制，从机构、教师、学生、教材、考试及待遇，首创了一整套相当完善的制度，这在世界上都是罕见的。欧洲直到 600 年之后，即中世纪后期才逐渐出现正规的高等数学

---

① 《隋书·律历志》《〈缉古算经〉序》。

② 《南史·祖冲之传》。

③ 郑师渠总主编，曹文柱分册主编：《中国文化通史》魏晋南北朝卷，北京师范大学出版社 2009 年版，第 411—412 页。

教育。

在此，还值得一提的是隋唐时期算学的国际交流，一是汉民族的算术传入朝鲜及日本并对他们产生了极重要的影响；二是中国与印度的算术交流。

据日本有关史书记载，南北朝梁元帝承圣三年（554 年），百济国易博士王道良和历博士王保孙将中国易经学说与历算方法传入日本，因此，这些知识必然早已传入百济。隋唐时期，朝鲜受汉民族算术的影响已十分明显。曾派员来中国留学，如《三国史记·百济本纪》称："（武王）四十一年（唐贞观十四年，640 年），……二月，遣弟子于唐请入国学。"唐初，朝鲜仿照隋唐算学教育制度，在国学中设置了算博士及教科书，制定了考试制度，教科书有《缀经》（应是中国的《缀术》）、《三开》《九章》（《九章算术》）、《六章》等，另有《谢家》，可能是《谢察微算经》。日本在隋唐时期曾多次派出遣隋使及遣唐使，在日本天智天皇时期（663—671 年）开始筹建学校，置算博士二人，算学生二十人。大宝天皇二年（唐长安二年，702 年）正式建立学校，并创立了算数科，其数学教育制度仿照唐制。

中国和印度在文化等方面的交流，早在公元 1 世纪便已展开，在算术方面也产生过深远的相互影响，隋唐时期尤为突出。对汉民族算术产生了一定影响的印度数学知识主要有以下几项：（1）大数与小数的名称：中国数学书中多借用其名称，但所表示的数量和意义却与印度原意不同。（2）数码：唐开元六年（718 年），在唐司天监工作的印度天文学家瞿昙悉达奉唐玄宗之命，把印度历算名著《九执历》译为汉文，列于他主持编写的《开元占经》的第 104 卷。其中在"算法"内记载："算字法样右天竺算法，用上件九个字乘除。其字皆一举札而成。凡数至十，进入前位，每空位处，恒安一点。有间咸记，无由辄错，连算便眼。"可惜由于相应的数码并未写出，仅留方框表示，使之未能在中国流传。①

二　从大明历到大衍历

历法可以衡量一个民族的科技水平，因为历法是根据天象变化的自然

① 以上参阅瞿林东、施建中等总纂《中华文明史》第五卷，河北教育出版社 1992 年版，第 360—366 页。

规律，计量较长的时间间隔，判断气候的变化，预示季节来临的法则。简单地说推算年、月、日的时间长度和它们之间的关系，制定时间序列的法则就是历法。由此可见，历法的制定非同小可，其与数学的水准有密切的关系。所以，天文历法的进步离不开数学的发展。

魏晋南北朝到隋唐算术的理论化有力地促进了历法的完善和进步，但高水平历法的出现，经历了一个文化融会的过程。

西晋统一中国后沿用魏国使用的景初历，只是改名为泰始历。此后，直到东晋末虽然有不少人编造新历但并无创新，而都未被采用。南北朝出现的历法也很多，北朝尤盛。北魏初用景初历，平北凉后改用元始历，此后又有多家编制新历，于515年冬还有五寅元历、神龟历和正光历等上呈，颁用的为正光历。东魏初用正光历，540年颁用兴和历。随后，又造出九宫行基历，未待颁行魏已灭亡。北齐初沿用兴和历，第二年（551年）改用天保历。又有多部历法编制而未颁用，如灵宪历、甲寅历、孝孙历和孟宾历等。北周初采用北魏用过的正光历，566年改用天和历，579年又改用大象历。北朝的统治者们虽然相信改历、改元会使他们的政权长久的五行说，但即使编造了多达12部的历法，也未能使他们如愿。南朝也有相似的地方，刘宋最初将泰始历改名为永初历使用，445年改用元嘉历。南齐沿用元嘉历而更名为建元历。①

经过这样反复的研究、试验，510年南朝大数学家祖冲之的大明历问世。大明历制成于宋孝武帝大明六年（462年），其最重要的创新是把东晋虞喜发现的岁差现象引入历法计算之中。而且祖冲之勤于实测，长于数学，为了使所编历法的基本常数回归年长正确，他于大明五年冬至前后用圭表测量日影而定出冬至。而每年冬至日躔位置的改变，对历法推算精度的提高有重要的作用，故其测量及计算方法为后世的师表。如大明历计算出的交点月数值为27.21223日，与今测值27.21222日相差仅万分之一日；计算出的近点月数值为27.554687日，与今测值27.554550日相差不过十万分之十四日。由于日、月食都是在黄、白道交点附近发生的，所以，交点月的引入便利了日、月食的推算和预测。大明历的成就一方面说明精确的天文观测是一部优秀历法的基础，另一方面说明，天文历法的进步与数学的进步密不可分。但大明历直到梁天监九年（510年）才得以正

① 李凭、袁刚总纂：《中华文明史》第四卷，河北教育出版社1992年版，第254—255页。

式使用，到隋开皇九年（589年）陈亡止，前后共施行了80年。[①]

到了唐代，历法的制定由于观测仪器的改进而又有新的进步。在此，我们还要追溯一下南北朝时的状况。早在北齐时期，著名的天文学家张子信用浑天仪观测日月五星的运动，获得了汉民族天文学史上具有重大意义的三大发现：一是关于太阳视运动（地球运动的反映）不均匀性的发现；二是关于五星运动不均匀性的发现；三是关于食差的发现。入隋以后，天文学家刘焯把张子信的三大发现列入历法，并成功地解决了这三大发现的具体计算和合理应用问题，并于604年撰成《皇极历》。刘焯在皇极历中，给出了一批十分精确的天文数据，在他以前各历法所取近点月长度值的误差多达5秒左右。甚至有达10多秒的，而他所取的值为27.1255日，误差0.8秒，精度远远地超过前人，而且与后世2263比较，这个值的精度属于上乘。对于月亮每天的平均行度，他取13.36879度，与这个数字相应的恒星月长度则是27.321675日，误差为1.3秒，它比较前代各个历法（误差多为5秒左右）的精度也高得多。他取食年长度为346.619338日，误差为24秒，这个精度也是前所未及的。此其一。其二，刘焯还最早提出了黄道岁差的概念和具体数值，这一概念是从他的先辈所发明的赤道岁差概念引申出来的。在计算太阳行度时，计入黄道岁差的影响。比较用赤道岁差入算要科学和合理得多。刘焯所用的黄道岁差值是1年差$\frac{609.5}{46644}$度，这相当于76.3年差一度，与这个数值相对应的赤道岁差值是83.5年差1度，这个数值的精度比前代各家都要高，而且对唐代以及北宋一些历法产生了极其大的影响。

经过皇极历的中间过渡，尤其是浑天仪的改进，使天文常数的测量精度进一步提高，而唐开元年间，僧一行为编撰《大衍历》进行了大规模的天文实测，南方到达交州，北方抵达铁勒，其间共有十二个测量点。测量内容有各测点二分二至时正午日影长度，测点的北极高度，以便决定南北昼夜的长短，各地日食的食分等。他还发明了《覆矩图》，以丹穴为南界，幽都为北界，极高每变化一度，就用《覆矩图》表示出相应的变化，

① 李凭、袁刚总纂：《中华文明史》第四卷，河北教育出版社1992年版，第256页；郑师渠总主编，曹文柱分册主编：《中国文化通史》魏晋南北朝卷，北京师范大学出版社2009年版，第412页。

这些测量对于《大衍历》关于日食和昼夜长短的计算都是很重要的。这次大地测量意义十分重大，首先是为《大衍历》成为一部优秀的历法做出了贡献，并彻底否定了800多年《周髀》[①]“日影千里差一寸”的错误。自此，随意议论天的大小的言论就收敛多了。这样，子午线的实测，也增加了人们对宇宙的新认识以及其他天文历算知识的进步，为新历法的制定提供了科学依据。

僧一行受命重制新历后，既认真研究了历代的历法，又参考了当时天竺国（印度）的历法，在此基础上大胆创新，于开元十五年（727年），编制了当时比较先进的《大衍历》。《大衍历》最突出的成就是比较正确地掌握了太阳在黄道上运行的速度变化的规律（实际是地球绕太阳运行时速度的变化规律）。如前所述刘焯在制定《皇极历》时，吸收了张子信的研究成果，提出在历法中改用24等分周天来定节气，得知每气15度多，以前刘焯也采用张子信的研究成果，但刘焯所定太阳运行的快慢数值，与实际并不相符。僧一行认为冬至前后日行最快，所以二气之间时间最短；夏至前后日行最慢，所以二气之间时间最长。故《大衍历》较刘焯的《皇极历》更符合实际情况。《大衍历》又测知从冬至到春分6个定气间共88、89日，日行一象限。[②] 春分到夏至6个定气间共91、73日，也行一象限。秋分前后和春分前后情况相同。僧一行所测量的数据已非常精确。这样，僧一行编成的《大衍历》共分7篇：“一、步中朔，即计算平逆望、平气；二、步发敛术，计算72候；三、步日躔术，计算每天太阳的位置和运动；四、步月离术，计月亮的位置和运动；五、步轨漏，计算每天见到天空的星象和昼夜时刻；六、步交会术，计算日月食；七、步五星术，计算五大行星的位置和运动。”[③]

从大明历到大衍历，正是汉民族传统农历的巨大进步，代表了汉民族古代科技文化在天文历法上的最高水平。僧一行所创制的历法编订格式，

---

① 周髀即盖天。古代汉族的一种天体学说，谓天象无柄的伞，地象无盖的盘子。后改名为《周髀算经》。因书中使用了勾股术测算天体运行里数，又相传成书于周公，故称“周髀”。髀，股也。立八尺之表为股，表影为勾。《周髀算经》是算经的十书之一。中国最古老的天文学和数学著作，约成书于公元前1世纪。

② 象限，又称象限角，是直角坐标系（笛卡儿坐标系）中，主要应用于三角学和复数的阿根图（复平面）中的坐标系。

③ 张奎元、王常山：《中国隋唐五代科技史》，人民出版社1994年版，第14页。

一直为以后所遵循，并在唐时由日本留学生吉备真备把大衍历带到日本，在日本广泛流传使用，影响甚大，直到900多年后的明末，由于西方历书的传入才有所改变。[①]

三 医学家炼丹师与火药的发明

火药的发明，是汉民族对世界的一大贡献。但火药究竟是何时发明的，却有点费考证，故而在文化史上不免有争论，有人说汉代已发明了火药，根据是现存汉代炼丹的《黄帝九鼎神丹经》一书中，虽记述不甚详细，却都是讲火法炼丹的，没有一个用硝石、硫黄水炼丹的记载；而在炼丹家编著的《三十六水法》中，有我国也是世界上最早见诸书籍的火药名称和军用火药的配方。因此，有学者认为“要想在我国早期的炼丹书里找到关于爆炸的记载是不可能的。因为炼丹家所孜孜以求的是‘不老不死’之药，爆炸是灾祸和失败，为了取得最高统治者和整个社会的承认，他们总是要加以掩饰的。葛洪在《抱朴子·登涉》中说谚有之曰‘太华之下，白骨狼藉’。这说明在当时死于炼丹的人是相当多的。在这些狼藉的白骨中，虽可能有摔死的、毒死的，但还应有不少是炸死或烧死的”[②]。很可能当时的炼丹家在炼丹时有意在回避火烧硝石、硫黄的混合物了，也就是说，汉代的炼丹家可能已经掌握了火药。并说“火药的第一声爆炸当是发生在公元前140年之后”，“断定最初发现硝、雄混剂火炼发生爆炸的时间在公元前1世纪，和《神农本草经》最后成书约略同时”[③]。确实，西汉时的《神农本草经》中已记有硝石。木炭是很常见的，人们主要砍伐树木烧，或把树木烧成木炭做燃料。硫黄和硝石都是医用的药物，和木炭按一定比例混在一起才成火药。而汉代还没有达到这一步，或有爆炸人们也还没认识到这一步，故汉代虽有硫黄和硝石，但还没有史料证明有火药。历史要用史料来说话的，“可能”“大致”不能成为证据。

但文化是不断融会进步的。火药的发明到了晋代有了眉目，一与医药有缘，二与炼丹有关。

---

① 参阅郑师渠总主编，王永平分册主编《中国文化通史》隋唐五代卷，北京师范大学出版社2009年版，第422—423页。

② 袁成业、松全才：《我国火药发明年代考》，《中国科技史料》1988年第1期。

③ 同上。

与医药有缘是为求长生不老的药而炼丹，即求药而炼丹，炼丹歪打正着发明了火药。秦汉以来，炼丹术盛行。其目的是制造金银和修炼丹药以求得长生不老。炼丹家们希望夺造化之功，使自然变化人为地在炉中完成，于是将各种药物彼此配合在炉中用火炼。在初期是摸索性的，具有很大的盲目性，当然失败多于成功。炼丹家所用的药物是多种多样的。主要有五金、八石、三黄。还有特殊的药物就是汞和硝石。有流传的口诀："五金逢汞化，八面遇硝亡"，由之可见汞与硝石在炼丹术中的地位和作用了。三黄是雄黄、雌黄和硫黄。硫黄与汞化合成丹砂是炼丹家们的成功之作，也是研究得最多的，所谓金丹"七返九还"无非是硫与汞的反复化合与分解而已。三黄若是与硝石共同用火炼，其结果将是着火和爆炸，这将导致火药的发明，这是我们所最注目的①。且火药一词由"火"和"药"组成，其组分硝、硫、炭或其他可燃物构成的混合物，能着火或爆炸而不依赖外界的氧，且硝、硫都是药，因而得名。一般可燃物中不混有氧化剂如硝石等就不能成为火药。但中国很早就能辨别硝石和硫黄。早在东汉的《神农本草经》把硝、硫列为"上品药"和"中品药"；并说："消石，味苦，寒……服之轻身"；"石硫黄，味酸，温……能化金、银、铜、铁，奇物"。木炭古医书不列入，但一些植物焦灼后也是药。更重要的是，据《道藏》炼丹文献《太上八景四蕊紫浆五珠降生神丹方经》（作为《上清经》中的经文，它的出世时间应与《上清经》大略处于同一时期，即大概也在晋哀帝兴宁二年左右）的记载，还在东晋时，深懂炼丹术的道士所用配方中，就已经包含了雄黄、雌黄、植物香料和硝石等粉末状药物，他们事实上组成了"一硝、二黄、三木炭"的传统火药配方雏形，而且为了防止爆炸的发生，他们还特意采取了多种防范措施。在这个配方中，所用24种粉末状药物是：丹砂、雄黄、雌黄、空青、薰陆香、硝石、紫石英、青木香、白石英、琥珀、阳起石、云母、粉霜、丁香、石黛、盐、金牙石、硫黄、龙骨、虎骨、珍珠、白附子、磁石和太一余粮。可见火药的发明既与医药有缘，又与炼丹有关。② 所以，容志毅认为"重要的是，通过对经文中配方的研究，发现还在东晋时（约364年），道士们炼丹的药物配方中，紧挨着放入丹鼎的4斤雄黄、3斤雌黄、5斤空青、

① 郭正谊：《火药发明史的新探讨》，《中国历史博物馆馆刊》，1985年。

② 容志毅：《东晋道士发明火药新说》，《化学通报》2009年第2期。

3 斤薰陆香和 1 斤硝石等药物粉末，事实上已经包含了传统火药配方中的‘一硝、二黄、三木炭’的基本组成成分。而且为了防止爆炸的发生，道士们还有意用高熔点的空青将二黄与硝石和炭（碳化后的薰陆香）隔开，并采取缓慢加热和增大耐火隔热层的方法避免骤然升温。尽管当时道士还没有将配方中的火药成分单独提取出来用于军事或其他目的，但这并不妨碍配方中已包含了传统火药组成成分这一基本事实。因此，至迟在东晋，道士们在炼丹的过程中，就已经发现了原始的火药配方雏形，并初步掌握了防止爆炸发生的措施。这一结论很可能改写唐代（约 920 年）火药发明说这一影响巨大的结论，从而将火药的发明时间由唐代提前到东晋，意即向前推进约 550 年”[①]。

当然，除此证据外，东晋葛洪的名著《抱朴子》，所载的炼丹原料中，也列有硫黄和硝石。据查，在《抱朴子・内篇》卷十一《仙药》中写道：“又雄黄……饵服之法，或以蒸煮之，或以酒饵，或先以硝石化为水乃凝之，或以玄胴肠裹蒸之于赤土之下，或以松脂和之。或以三物炼之，引之如布，白如冰。”一直到了唐代，炼丹家炼丹时，常常采用伏火法[②]，著名的药物学家孙思邈，同时长于炼丹术，他写了《丹经》一书。书中提到了“内伏硫黄法”，就是用硫黄二两，硝石二两，研成粉末，放在砂罐里。之后，地上掘一个坑，把锅放入坑内，锅顶和地面齐平，锅周围用土填充。然后用皂角子三个，点火放入锅内，使硫黄和硝石燃起焰火。等火焰刚息，再用生熟木炭三斤来炒，等木炭烧完 1/3，趁未冷却即取出混合物，就叫作“伏火”。“伏火”可以说是见于文献记载最早的制火药法，即采取一定措施，去掉或改变金石药料的毒性（伏去火毒）、易燃易爆性（伏火）、流动性、挥发性、升华性（成伏）等。此外，唐代《诸家神品丹法》上记载了一种“伏火硫黄法”，做法是取二两硫黄和二两硝石，研成粉末，放入锅内，并将三个皂角子逐个点着，夹入锅内，使硫黄和硝石烧燃。当木炭消去三分之一时，就马上用水一起来冷却并取出混合物，这就是“伏火”。等量的硝石、硫黄加上一定量的炭，正是火药的配方[③]。

---

① 容志毅：《东晋道士发明火药新说》，《化学通报》2009 年第 2 期。

② 伏火，炼制外丹的一种方法。指将矿石药加热处理（多与特殊的辅料一起），使其变为高温下不气化挥发的另一种物质，从而达到制伏矿石药火毒，利于服用的目的。

③ 参阅郑师渠总主编，王永平分册主编《中国文化通史》隋唐五代卷，北京师范大学出版社 2009 年版，第 451—452 页。

另外，在唐代中期的《铅汞甲庚至宝集成》卷 2 中也出现同类的实验。清虚子在“伏火矾法”中写道：“硫二两、硝二两，马兜铃三钱半。石为末，拌匀。掘坑，入药于罐内与地平。将热火一块，弹子大，下放里面，烟渐起。”当然，在实践中人们已经熟知这类混合物燃烧爆炸的性能，在炼丹中加以防止。后来人们有意识地利用这类混合物的爆炸性能，火药就问世了。大约在晚唐的时候，“火药”的配方已由炼丹家转入军事家之手①。可见，从魏晋到隋唐汉民族医药文化与炼丹文化的融会，发明了火药。

火药的发明对世界的贡献重大，可用于医药，可用于捕猎，可用于军事，可用于驱邪祈福以及娱乐等等，直至今日，火箭发射、卫星上天都与火药有渊源关系。所以，英国 19 世纪著名文物专家约翰·廷布斯在《令人惊奇的发明史》（1868 年）中，较早肯定了中国古人在指南针、火药、印刷术以及开采和使用天然气技术等发明上的优先权。“据说中国早在公元 85 年就已经利用火药。其后关于火药的知识通过阿拉伯人传播到我们这里。”② 英国哲学家弗兰西斯·培根（Francis Bacon，1561—1626 年）在其《新工具》一书中说过，在火药、印刷术和指南针三项发明中，火药的发明对人类历史所起的作用是最大的。马克思在《机器、自然力和科学的应用》中也说：“火药、指南针、印刷术——这是预告资产阶级社会到来的三大发明。火药把骑士阶层炸得粉碎，指南针打开了世界市场并建立了殖民地，而印刷术则变成新教的工具，总的来说变成科学复兴的手段，变成对精神发展创造必要前提的最强大的杠杆。”③

第三节 青瓷与白瓷:汉民族瓷器文化的融会

中国是瓷器的故乡，瓷器的发明是汉民族对世界文明的又一伟大贡献。在英文中“瓷器”（china）一词也是“中国”的意思，可见瓷器的发明对世界的价值以及对中国的认同意义。所以，瓷器的发明，堪称中国

① 瞿林东、施建中等总纂：《中华文明史》第五卷，河北教育出版社 1992 年版，第 379 页。
② 转引自厚宇德《约翰·廷布斯论中国古代发明》，《自然辩证法通讯》2014 年第 4 期。
③ 《马克思恩格斯全集》第 47 卷，人民出版社 1979 年版，第 427 页。

的“第五大发明”，为中国赢得了“瓷器之国”的盛誉。

一 “变土为金”：从原始瓷到真瓷

瓷器所代表的汉民族的创造，有很强的生命力。这种发明，用最低的成本，创造最大的效益。瓷器就是“变土为金”的一个典范。

瓷器起源于陶器，最初人类意外发现通过烧制黏土可得。陶器的发明虽然部分地解决了人类的生活问题，同时其受温均匀的高要求也让好陶器制作难度提升，但陶器仍有两个比较致命的缺点：一是密水性差；二是强度不够，且易碎。而瓷器则非常完美地解决了以上问题。作为瓷器烧制的三要素：高岭土、高温和上釉技术，北方至迟在仰韶文化时，就发明了在陶器表面上涂刷白色涂料，即所谓“白衣”“陶衣”的工艺。在南方，湖南澧县新石器时代早期陶器就采用了涂刷红色陶衣的技术，这便是釉的前身。夏、商、周的陶瓷品种虽然较为丰富，但因从原料选择、成形、施釉到烧成，都还是比较原始的，故不管胎还是釉，与真瓷都存在着相当的距离。但原始瓷毕竟是真瓷的前身，是土变“金”的开始，故而其的出现是个伟大的起点。①

“变土为金”就是从原始瓷到真瓷的融会过程。汉民族原始瓷的出现可以追溯到青铜时代，据学者研究：早在山西夏县东下冯的二里头遗址已经发现了原始瓷的瓷片标本。1984 年 6 月，考古工作者在上虞樟塘严村凤凰山西麓发现了五座商代的窑炉，据考定，窑温已达 1200℃左右，因此少数器物的表面出现了玻璃质的光亮层，釉的出现说明了历史的步伐已从陶向瓷迈进，原始瓷的门户被打开了。到了西周时期，原始瓷的生产仿佛山洪倾泻一般形成了汹涌澎湃之势。当时，原始瓷在东南地区人们的生活中开始扮演重要的角色，同时以商品形式输入北方各地的原始瓷也不在少数。

大约到了春秋后期，原始瓷进入了一个新的发展阶段。此时以苏浙地区烧造的产品最具代表性。器物成型规整，胎质细腻，呈灰白色，表面施一层薄釉，匀净光润，多为青黄色。窑匠非常注重原料的选择和加工，质量比西周原始瓷又有了较大的提高。但由于战国末年的动乱，烧制原始瓷的工艺曾一度失传与中断，致使秦汉时期的原始瓷，无论在品质还是工艺

① 参阅吕涛总纂《中华文明史》第二卷，河北教育出版社 1992 年版，第 207—210 页。

上的发展似乎有了一个独立的新开端。西汉原始瓷双系盖罐，整体呈橄榄形，半圆形盖上有一兽装钮，上腹部有一绞死状耳。腹部从上至下依次饰锥刺纹、水波纹、弦纹。圈足外撇，施青黄釉不及底。整体造型规整大方。

透过这个别致的原始瓷器可以看到，这类原始瓷体形硕大，造型端庄浑厚，有一派大汉王朝的恢宏气势，仅在口、肩等处的仰而上施釉，釉色多呈青绿或青黄。当时的窑炉结构有了很大的改进，否则烧不出大件器物，这为成熟瓷器的出现创造了条件。这样，东汉成了从原始瓷到真瓷的拐点。所以，从东汉早期开始，祭祖敬神的传统礼器在随葬品中彻底消失，出现了钟、五管瓶等；原始瓷开始以生产日常生活用具为主导，如杯、盘、盂、壶、勺、虎子和放置这些物品的器具案等。1986 年瓶窑镇反山东汉砖室墓出土的东汉原始瓷双系扁壶，腹部两侧刻划双线同心圆弦纹五圈，自中心向外扩展旋纹间饰水波纹增加了动感，通体施青黄色釉，釉面润泽，已与成熟青瓷接近。此后不久，一种全新的青瓷就在浙江上虞诞生了，它细腻致密，釉层均匀莹润，胎釉结合良好，击之声如金石，从而完成了原始瓷到成熟真瓷的跨越。①

二　“南青北白”：从青瓷到白瓷

瓷器作为汉民族文化的一个标志，在发明真瓷的过程中又经历了从青瓷到白瓷的演进，形成了“南青北白”的瓷器文化体系。

魏晋南北朝时期，中原动荡，江南偏安，东汉晚期发明的青瓷技术，都得到了迅速发展，从胎料、釉料的选择和配制，到成形、施釉、筑窑和烧造，都取得了长足的进步，制瓷业在广泛的地域内推广开来。东汉青瓷的主要产地是浙江上虞等地，此时，江苏、江西、福建、湖南、湖北、四川、广东、广西都已设窑烧造。仅浙江一域，就形成了越窑、瓯窑、婺州窑、德清窑四大窑系。而从一些出土实物推测，北方青瓷大约发明于北魏时期，今在山东、河北、河南等地都发现过一些北齐前后的青瓷，山东淄博寨里还发掘了一座北齐时期的窑址，是北方今见唯一的早期青瓷窑址。此外，河北墓葬所出青瓷较多，尤其是景县封氏墓群，河南早期青瓷所见

① 徐颖：《继往开来——原始瓷》，《金融管理与研究》2007 年第 2 期。

较少。[①] 可见青瓷首先是在南方发明出来的。有意思的是，“瓷”字却出于河南籍文学家潘岳（247—300 年）之手，他在《笛赋》中云：“披黄苍以授甘，倾缥瓷以酌酃。”[②]

青瓷一问世，何以能风靡民间？从文化的认同来讲，一是成本低廉。瓷器的前身是陶器，陶器在世界很多地方都有生产。但是，陶器在使用性能上有一定的局限，因此，陶器一般只被当作比较低层次的用品。在高级的场合，以前人们一般不使用陶器，而使用青铜器。就汉民族的传统而言，大型青铜器是国家祭祀的用品，小型青铜器是贵族的用品。青铜器造价高昂，使用太多则不利于民生，因此，汉王朝以后，青铜器渐渐退出了汉民族的历史舞台。二实用性强。瓷器与青铜器相比，前者轻便，后者笨重；与陶器相比，前者坚固，后者易碎。故瓷器既克服了青铜器笨重又规避了陶器的易碎，其实用性特点凸显无遗。三是工艺简单。瓷器的普及还有赖于其工艺越来越简化的趋势，例如瓷器表面雕刻的简化，形状的简化，色彩的简化等。它使得瓷器在工艺烦琐和简化之间，最大限度地满足了社会上不同层次的需求。人们对瓷器的这种认同，使得其很快风靡民间，正是贵者如帝王，贱者如乞丐，都能手捧瓷器用之。[③]

在汉民族民间高度认同瓷器的社会背景下，唐代的越窑青瓷不但产量提高，而且质量上了一个新的台阶，最主要的原因就是唐中晚期烧制工艺的改进即使用匣钵装烧。这种工艺使早期青瓷制品器内的支烧印痕消失，器内光洁美观。[④] 所以，陈炎在《中国审美文化史》中评价：

> 越窑青瓷的特点是胎质坚硬细腻，釉色青翠莹润，给人以隽永高雅之感，尤其是适于饮茶。故而陆羽《茶经》云：“碗越窑上，鼎窑次，婺州次，岳州次，寿州、洪州次。或者以邢处越州上，殊为不然。若邢瓷类银，越瓷类玉，邢不如越一也；若邢瓷类雪，则越瓷类冰，邢不如越二也；邢瓷白而茶色丹，越瓷青而茶色绿，邢不如越三也。”一般说来，唐代的陶瓷器皿造型浑厚朴实，而中唐以后的越瓷

---

① 李凭、袁刚总纂：《中华文明史》第四卷，河北教育出版社 1992 年版，第 230—233 页。

② 转引自龚书铎主编，韩昇分册主编《中国文化发展史》魏晋南北朝卷，山东教育出版社 2013 年版，第 425 页。

③ 参阅《四大发明之外的发明是什么?》（http：//ciqi. baike. com/article－31999. html）。

④ 林士民：《越窑青瓷的鉴赏与鉴定》，《收藏家》2004 年第 12 期。

则开始转向秀美。优美的造型与翠绿的色泽相搭配，自然便有了极高的美学价值。陆龟蒙《秘色越器》诗云："九秋风露越窑开，夺得千峰翠色来。"①

青瓷在南方出现，而白瓷却在北方崛起。

白瓷又称白釉瓷，是一种瓷胎洁白、釉质透明的瓷器。其是在青瓷的基础上逐步改进而烧成的。青瓷和白瓷唯一的区别，仅在于原料中含铁量的不同，其他一切生产工序并无差异。随着对原料的要求日益提高，使胎、釉中铁的含量渐次减少，经过长期反复实践，白瓷便终于诞生。而北朝的制瓷技术迅速提高，为白瓷的出现创造了条件。

白瓷的崛起与青瓷存在着不可分割的联系。早期的瓷器，全是属于青釉系统，制瓷原料都含有一定量铁的成分。这些含铁的坯釉经过还原焰烧成，便呈现各种深浅不同的色调。经过制瓷工人的长期实践和研究，控制了胎釉中的含铁量，克服了铁的呈色的干扰。由于白瓷的瓷胎中氧化铁里呈色元素的含量很低，所以外罩一层含氧化铁也很低的透明釉后，就能烧成洁白无瑕的白瓷，它是后来各种彩绘瓷器的基础。有了白瓷，就有了此后的青花、釉里红、五彩、斗彩、粉彩等各种美丽的彩瓷。可见，白瓷的崛起，是继青瓷之后制瓷技术上的又一重大技术突破，标志着汉民族瓷器文化的又一个飞跃。

白瓷自北朝晚期崛起，历隋至唐发展成熟。唐代白瓷造型浑圆饱满，不论是器形较大的琢器，还是器形小巧的圆器，都具有丰腴、肥硕之感，在质量上要求更高，小中见大，精巧而有气魄，单纯而有变化，充分体现出唐人的审美趣味。唐代白瓷使用范围宽广，器形多样。茶具、餐具、酒具、文具、玩具、乐器以及实用的瓶罐和各类陈设装饰器，几乎无所不有，其代表邢窑白瓷遂成为风靡一时"天下无贵贱通用之"② 的名瓷。目前已发现的白瓷窑有河北省境临城邢窑、曲阳窑，河南省境的巩县窑、鹤壁窑、密县窑、登封窑、郏县窑、安阳窑，山西省境的浑源窑、平定窑，

① 陈炎主编：《中国审美文化史》唐宋卷，上海古籍出版社2013年版，第112页。

② （唐）李肇《唐国史补》中说，"内丘白瓷瓯，端溪紫石砚，天下无贵贱通用之"。李肇《唐国史补》系续刘悚《传记》（实即《隋唐嘉话》）而作，主要记载了唐代开元至长庆之间一百年事，内容丰富，涵盖职官、选举制度、民族、贡赋、生产、水利、风俗、人物、史学、诗歌、音乐、戏剧、市井言谈等各方面内容，具有较高的史学、文学及社会学研究价值。

陕西的耀州窑，安徽的萧窑等都烧白瓷，形成了汉民族“南青北白”的瓷器文化的历史格局，即北方以“邢窑”为代表的白瓷系和南方以“越窑”为代表的青瓷系两大瓷系。[①] 这就是从青瓷到白瓷的演进。

白瓷的崛起，可以说是汉民族文化史上的一个传奇，一是白瓷的生命力在于与宗教祭祀的牵手，在汉民族的宗教祭祀中，瓷器逐渐取代青铜器成为隆重而又神秘的国家祭祀中必不可少的祭祀礼器；二是白瓷的生命力在于北方少数民族信仰的渗入，而这种渗入在与汉民族的融合中成全了邢窑白瓷获得了“天下无贵贱通用之”的美誉；三是白瓷的生命力还在于汉民族审美视觉的创新，使得白瓷的审美文化纠结着汉民族千丝万缕的情感和审美依托，它的美早已超越了民族和历史。[②]

第四节　音韵·字样·雕版印刷：汉民族语言文字的融会

语言文字既是文明的标志，也是民族的边界。进入魏晋南北朝之后，汉语和汉字在大分裂、大动荡、大迁徙、大融合中得到新的发展，汉民族语言文字融会的态势全面展开：一是汉语反切和四声的发现，以及韵书的产生；二是汉字字体完成了由隶到楷的演变，汉字字形走向规范化，同时出现了楷书、行书、草书，以及隶书、篆书艺术化的多样呈现；三是雕版印刷的出现，为文化更广泛的传播打通了道路，从而创造了汉民族文化史上的又一个辉煌。

一　反切与四声：汉语音韵学的创立

音韵学的创立真正是对汉语研究的一大突破。

汉字本属于表意文字，它的构字原则是据义构形，字形本身不能直接表现语音结构。因此，汉民族古代语言的研究最先是意义和形体的研究。于是有了西汉研究字（词）义的《尔雅》，东汉出现了研究汉字形义关系的《说文解字》。那么，碰到生字、难字怎么念呢？两汉之际大致用譬况法、读若法、直音法来注音：

---

① 黄星华：《冰清玉洁——浅谈唐代白瓷》，《东南文化》2003 年第 10 期。

② 袁炯：《浅析中国白瓷的生命力》，《丝绸之路》2012 年第 2 期。

一是譬况法。就是用描写性的语言来说明某一个汉字的发音状况。一般分为以口势譬况、以舌位譬况、以送气急缓和声调长短譬况等。《淮南子·修务训》："胡人有知利者，而人谓之駤。"高诱注："駤读似质，缓气言之者，在舌头乃得。"比如《公羊传·庄公二十八年》中有一句话："春秋伐者为客，伐者为主。"这句话中的两个"伐"字意义不同，何以区别呢？古人注道："伐人者为客，读伐长言之"，"见（被）伐者为主，读伐短言之"。也就是说"伐"的两个意思（攻击别国和被别国攻击），是靠读音的长短来区分的，这有点儿像外语中的长短音了，这种方法只是说明某字发音应该怎样怎样，这种注音方法过于笼统，人们很难恰如其分地理解和把握，实际上还不能算是真正的标音方法。

二是读若法。就是用同音字或音近字给被注字注音。比如，《说文解字》："唉，应也。从口矣声，读若埃。""鼾，卧息也，干声，读若汗。"有时"读若"也写成"读如""读为""读曰""声同""声近"等。用"读若"的方法注音简便易懂，但缺点是不够精准，有时读音只是大致相似，况且随着时间的推移，一些用来做注的字读音发生了变化，后人很难根据注音把握该字的准确读法。

三是直音法。就是选用一个与被注字读音完全相同的汉字来注音。比如，《汉书·高帝纪》中记载"单父人吕公善沛令"，其注引孟康的话说："单，音善；父，音甫。"清代著名学者陈澧在《切韵考》中指出："今直音与古人读若不同，古人读若取其近似，今直音，非确不可。"由此可见，直音法比读若法更为精准确切。这种方法可算是正式的注音方法，其优点是简捷明了，但在无同音字或同音字较冷僻的情况下，就往往注不出来或注音不准，或被注的字有同音字但其同音字很生僻，这样注上去人们还是难以拼读。①

从上述三种注音法可见汉民族传统的注音虽然并不科学，不能准确地注音，但汉语音节中存在着大量的双声叠韵关系，说明汉民族的学者们对汉语音节本身的特点是有认识的，不然就不会有读若法等注音方式。佛教传入后，佛教用语及方法逐渐对汉语产生了影响。汉民族学者接触到了梵文及其辅音和元音两相拼合成一词的拼音方法，在梵汉词语的音译过程中，

① 参阅王佳伟《古人如何给汉字注音？分为譬况法、读若法等》，《北京青年报》2013年3月12日。

梵文的语音原理和拼音方法启发人们以梵文为对比系统，反观汉语单音节文字的基本结构，意识到汉字字音也可以分析为声韵两部分，在佛教文化的冲击下，汉民族的学者们从汉语固有的双声叠韵现象中，发现了可以用两个汉字来拼一个字的读音的注音方法。据《隋书·经籍志》记载："自后汉佛法行于中国，又得西域胡书，能以十四字贯一切音，文省而义广，谓之婆罗门书，与八体六文之义殊别。"南朝诗人谢灵运也说："《大涅槃经》中有五十字以为一切字本。牵彼就此，反语成字。"① 这些都反映了当时学者对于梵文用一定量的字母相互拼合成字的拼音原理的认识。正是在梵文拼音原理的影响和启发下，汉民族学者才发现了汉语音节内部的声韵结构，使汉语注音的方法在魏晋时获得突破，发现了反切和四声。②

（一）反切注音的发明

反切就是利用两个汉字来拼读另一个汉字读音的注音方法。古代直行书写，反切的两个字一上一下，上字取声母、下字取韵母和声调并将两者加以拼合就可以得出被切字的读音。也就是说反切上字与被切字声母相同，反切下字和被切字的韵母和声调相同，这就意味着把一个汉字，也就是汉语的一个音节分成了声母和韵母（包括声调）两部分。显然，反切注音法的发明是以汉语音节内部声韵结构的发现为条件的。

反切注音发明于汉魏时代。《颜氏家训·音辞篇》云："孙叔然创《尔雅音义》，是汉末人独知反语。"孙叔然是孙炎的字。孙炎是三国魏经学家和训诂学家，是著名经学大师郑玄的弟子，当时称为"东州大儒"。

---

① ［日］安然《悉昙经》卷五引，转引自傅定森《"翻译"词源考》，《黔南民族师范学院学报》2007 年第 2 期。

② 关于反切产生的原因，从古至今，学者们提出了很多不同的看法，这些看法大致可以概括为汉语音节本身的特点和佛教文化的影响两个相对立的观点。如刘静的《反切源于佛教说辨析》（《陕西师范大学学报》1993 年第 2 期）认为：考察了东汉时期佛教传入中国的状况，以及当时译经的方法，认为反切的产生与佛教东传无关。这一点通过对比南北朝时期佛教传播的程度及沈约、周颙与佛教的接触过程也可以得到证明。反切是由汉代的训诂大师在运用譬况、直音注音法的基础上，受天然反切语的启发，利用双声叠韵的关系发明创造的。而持佛教文化影响者甚众，如姚淦铭的《佛教与反切产生》（《佛学知识》1995 年第 3 期）认为"古已有反语，但是否与注音的反切相同呢？我们认为，在质上是不同的注音方法。赵荫棠在《等韵源流》中说：'周秦至汉所有之合者，乃天然的。汉代以后之反切，是人为的。这个人为的反切，非有外力不能产生。'我认为赵氏之言甚为有理，此种'合音'的'天然'，表现在笼统的模糊的快读方面，没有深入分析字音的结构细部，无精细的可供操作的方法。因此如果没有外来的因素或许不能即在汉末产生出质变"。

所著《尔雅音义》已经失传，陆德明《经典释文·尔雅音义》引该书反切68条，这是我国历史上第一次大量使用反切注音法的著作。

反切注音法的发明在汉民族音韵学史上有着重要地位，它标志着汉语声韵结构的发现，也为韵书的产生奠定了基础。没有反切，韵书是不可能产生的；有了反切，人们就可以把反切下字联系起来，归纳成韵部，编成韵书。所以，反切的产生，标志着汉民族古代学者对汉语语音结构的认识和语音分析的能力发生了质的飞跃，在汉民族语言学史上具有十分重要的意义。

（二）四声标调的发现

有意思的是声调的发现在反切被发现的背景下，得益于文人的写文作诗。这又是怎么一回事呢？

声调本来是汉语的一个重要特征，汉民族古代有长言、短言这样一些描绘发音的用语。长言就是把字音读长一点；短言就是把字音读得短一些。例如《公羊传·庄公二十八年》：“春秋也，伐者为客，伐者为主。”汉何休注：“伐人者为客，读伐长言之，齐人语也；见伐者为主，读伐短言之。齐人语也。”这种长言和短言的区别就是声调的不同。也就是说当时人们已经能用声调区别意义，但是还没有意识到声调的存在。

反切发明之后，我们从孙炎的反切中可以清楚地看到，他所用的反切下字不仅与被切字的韵母相同，声调也都相同。这说明人们已经意识到在相同的韵母中还包含不同的语音要素，但是还不能把声调从韵母中分离出来。而四声的发现和归纳，与当时文人注意音律有很大关系。《南齐书·陆厥传》：“永明末，盛为文章。吴兴沈约、陈郡谢朓、琅琊王融，以气类相推毂。汝南周颙，善识声韵。约等文皆用宫商，以平、上、去、入为四声，以此制韵，不可增减，世呼为‘永明体’。”当时的文人写文作诗，讲究形式美，非常重视音律的抑扬顿挫和音韵的和谐，为此深入研究汉语的音韵，终于发现了汉语的声调，并且归纳出平、上、去、入四个调类。于是，直到六朝，汉语的声调才被一些文学家如周颙、沈约等从韵母中分离出来，并归纳成平、上、去、入四类。[①]

---

① 周颙和沈约都曾经有研究四声的专著行于世，所以一般认为周颙和沈约最早发现了四声。周颙（？—485年），河南汝南人。据《高氏小史》记载“齐中书郎周颙，字彦伦，始作《四声切韵》行于时”。沈约（441—513年），吴兴武康（今浙江德清）人。南朝梁著名文学家。据唐封演《封氏闻见记》记载：“永明中，沈约文词精拔，盛解音律，遂撰《四声谱》。”这两部书都已失传，具体内容已经无法查考。

（三）韵书：音韵学的创立和发展

反切和四声的发现，为音韵学的创立奠定了基石。

汉民族古代的韵书，最早见于文献记载的是魏人李登编的《声类》和晋人吕静编的《韵集》。《隋书·潘徽传》："末有李登《声类》、吕静《韵集》，始判清浊，才分宫商。"可惜的是这两本韵书均已佚失。[①] 但反切的发明，四声的发现和韵书的产生，为汉语音韵学的发展奠定了最初的基础。[②]

魏晋南北朝毕竟是音韵学初兴的时期，虽然出现了颜之推所言"音韵锋出"[③] 的繁荣局面，但是由于政治分裂，南北阻隔，致使南北方的方音分歧很大，导致韵书"各有土风，递相非笑"[④]，没有形成统一的语音规范。隋开皇初年，颜之推等 8 名著名学者在陆法言家中讨论音韵问题、原则和体例，打算编写一部统一南北读书音的韵书，既可以供作家创作时选韵，又可以供一般人读书时审音辨韵，作为书面语言的语音规范。当时陆法言记录了讨论的纲要，18 年之后被罢官家居时，他才根据大家讨论的原则，以前代韵书为主要材料来源，广泛参考了晋吕静的《韵集》、南朝梁夏侯咏的《韵略》、北齐阳休之的《韵略》、北齐李概的《音谱》、隋杜台卿的《韵略》等书，非常有卓识地兼顾了南北语音，贯彻了统一南北读书音的编写原则，写出了《切韵》这样一部韵书史上划时代的著作。

《切韵》原书早已佚失，只留下了陆法言写的《切韵序》。[⑤] 据相关材料可知，《切韵》全书按声调分卷，平声由于字数多分为两卷，上声、

---

① 李登所撰《声类》一书，据《封氏闻见记》记载，有十卷，共收字 11520 字，不按传统的部首编排，而是按五声编排。清代马国翰《玉函山房辑佚书》辑录了《声类》佚文 200 余条，从中可以看出这部书采用反切注音，并且有词的释义，还收录了一些古今字和异体字。《韵集》一书，据后魏江式在《古今文字源流表》中说："忱弟静别仿故左校令李登《声类》之法，作《韵集》五卷，宫、商、角、徵、羽各为一篇。"据此，《韵集》的编排体例当与《声类》相近。

② 以上均参阅李凭、袁刚总纂《中华文明史》第四卷，河北教育出版社 1992 年版，第 428—431 页；匡鹏飞：《佛教文化与中国古代语言研究》，《光明日报》2008 年 4 月 7 日。

③ （清）颜之推：《颜氏家训·音辞篇》。

④ 同上。

⑤ 近几十年发现了王仁煦《刊谬补缺切韵》的三种唐写本，其中敦煌出土的韵书残卷中有一种编号为 S2683 的，据学者考证，基本上是陆法言原书的片段（见姜亮夫《瀛涯敦煌韵辑、S2683 卷为陆法言切韵原书证》）。根据上述材料及唐封演《封氏闻见记》等文献的记载，我们才可以考证出《切韵》大概内容和体例。

去声、入声各为一卷，共分 5 卷；声调之下再按韵部编排，每韵之前都标有韵目，韵目前又标有顺序号，其中平声上卷 26 韵，下卷 28 韵，上声 51 韵，去声 56 韵，入声 32 韵，共 193 韵。每韵中又分小韵，并在小韵的领头字的注释中注明该小韵字的总数，注释的格式是先释义，后注反切。可见《切韵》是在六朝韵书的基础上编辑而成，是对前代韵书的一个总结。同时它的体例完备，因此这部书写出之后就产生了很大的影响，“时俗共重，以为典规”[①]。后代的韵书都以它作为典范，作为蓝本，一直到宋代的《广韵》《集韵》等重要韵书都没有跳出它的框框。更重要的是，它是 6 世纪文学语言语音系统的代表，不仅是研究中古语音系统的重要依据，而且是上推古音，下考现代方言的桥梁，故而成为汉民族音韵学的鼎扛之作。

到了唐代，唐人在前人归纳反切上字的基础上，在梵文拼音原理的启发下，参照梵文和藏文的辅音系统，最终归纳出了汉语的声母系统，创造出了 30 字母。我们今天还能看到的材料有敦煌发现的唐人《归三十字母例》和守温韵学残卷的 30 字母两种。《归三十字母例》的 30 个字母是：

端透定泥审穿禅日　心邪照
精清从喻　见溪群疑　晓匣影
知彻澄来不芳并明

后出的唐末和尚守温的 30 字母的总数与字母代表字都与《归三十字母例》相同。但守温有一个重要的贡献，就是把 30 字母按发音部位分类排列起来了。他根据声母发音部位的不同，把声母分成唇、舌（又分舌头、舌上）、牙、齿（分为齿头、正齿）、喉等五音，并且把喉音按发音方法的不同，分为清音和浊音两类，即：

唇音不芳并明
舌音　端透定泥是舌头音
　　　知彻澄日是舌上音
牙音　见溪群来疑等字是也

① （唐）王仁煦：《刊谬补缺切韵》。

齿音　精清从是齿头音

　　　审穿禅照是正齿音

喉音　心邪晓是喉中音清

匣喻影亦是喉中音浊

守温的分类说明30字母已经不仅仅是简单地类聚了反切上字，而且还依据音理进行了审音，它标志着汉语音韵学已经朝着科学的语音分析的方向迈出了可喜的第一步。

汉民族语言学在魏晋南北朝到隋唐这个时代发生了质的飞跃。[①]

二　《字样》与《干禄字书》：汉字字样学的创立和发展

众所周知，秦始皇统一文字从某种意义上来说是为汉民族扎下了根，所以笔者曾在《汉民族发展史》中说：

> 汉字对统一汉民族共同语言的作用来说，我们似乎可以毫不夸张地说，没有汉字，就没有汉民族。[②]

但是，魏晋南北朝时期，由于政治分裂，南北阻隔，加上汉字形体正处于从隶书到楷书的交替阶段，造成了汉字使用的混乱局面。一般人缺乏文字规范的观念，用字的随意性很强。士大夫们写字时随意改变笔画，自造简体字，于是俗体、异体不断滋生，流通在社会的各个方面。严肃的著作中异体歧出，就连经典用字也受到很大影响，以至北魏江式感叹说："世易风移，文字改变，篆形谬错，隶体失真。"[③] 这在大分裂、大动荡、大迁徙的魏晋南北朝时期也算正常的态势。尽管如此，文字不规范，异体繁多，缺乏统一的用字标准，不仅给人们学习和使用文字造成了极大的困难，更重要的是影响了这个时期如火如荼进行中的民族融合，以及对汉民族文化的认同。所以，北齐的颜之推就曾经呼吁南北字体的统一和汉字的

---

① 以上均参阅瞿林东、施建中等总纂《中华文明史》第五卷，河北教育出版社1992年版，第439—443页。

② 徐杰舜：《汉民族发展史》，四川民族出版社1992年版，第345页。

③ 《魏书·江式传》。

规范。

颜之推把文字视为书籍的根本，对汉语用字的混乱状况感慨万分。他在《颜氏家训·杂艺篇》中说：

> 大同之末，讹替滋生，萧子云改易字体，邵陵王颁行伪字，朝野翕然，以为楷式，画虎不成，多所伤败。至为一字，唯见数点，或妄斟酌，逐便转移。尔后坟籍，略不可看。北朝丧乱之余，书迹鄙陋，加以专辄造字，猥拙甚于江南，乃以“百”“念”为“忧”，“言”“反”为“变”，“不”“用”为“罢”，“追”“来”为“归”，“更”“生”为“苏”，“先”“人”为“老”，如此非一，遍满经传。

这段话说得非常有现场感，其意是说：到了大同末年，异体错讹之字大量出现。萧子云改变字的形体，邵陵王常使用错别字；朝野上下都风起效仿，作为模式，画虎不成反类犬，造成很大的损害。一个字简化成只有几个点，有的将字体随意安排，任意改变偏旁的位置。从此以后的文献书籍几乎没法看。北朝经历了长期的兵荒马乱以后，书写字迹鄙陋不堪，加上擅自造字，字体比江南的还要粗俗笨拙。以至于将“百”“念”两字组合替代“忧”字，“言”“反”两字相组合替代“变”字，“不”“用”两字组合替代“罢”字，“追”“来”两字组合替代“归”字，“更”“生”两字组合替代“苏”字，“先”“人”两字组合替代“老”字。像这样的情况不是个别的，而是在书中到处可见。为了改变这种状态，据《汉书·艺文志》记载：“《仓颉》多古字，俗师失其读。宣帝时征齐人能正读者，张敞受之。”但张敞却没能担当好文字规范化的任务，而是乱造异体字。为此，颜之推批评说：“张敞者，吴人，不甚稽古，随宜记注，逐乡俗讹谬，造作书字耳。……”[1] 并且，此时有些文字作品已经对青年人产生了不良影响，故“江南闾里间有《画书赋》，乃陶隐居弟子杜道士所为；其人未甚识字，轻为规则，诧名贵师，世俗传信，后生颇为所误也”[2]。可见，颜之推对这些用字造字混乱状况，非常痛心。所以，在文字书写方面，颜之推主张“真草书迹，微须留意”。并引江南谚云：“尺

① （北齐）颜之推：《颜氏家训·音辞篇》。

② （北齐）颜之推：《颜氏家训·杂艺篇》。

牍书疏，千里面目也。”颜氏认为，就算简短的书函，也像是给千里之外的人看的面目，一定要认真留意书写。但是颜之推又反对过精地研习书法；因为他认为“夫巧者劳而智者忧，常为人所役使，更觉为累”[①]。特别有意思的是颜之推又举例说世人都知道王羲之的书法精妙，这反倒掩蔽了他的其他才能；萧子云自认为其编著的《晋书》意义可观，可越人都只看到其书法的工巧；王褒自己也悔恨由于工于书法不能不奔波辛劳于各种碑碣之间。[②] 总而言之，一句话，颜之推主张对汉字规范化。为此，颜之推被视为汉字规范化的先驱。[③]

汉字规范化终于在唐代启动。颜之推以后，其孙颜师古编成了通行唐世的正字范本《字样》。据《旧唐书·颜师古传》记载，唐太宗曾经让颜师古在秘书省考定五经用字，颜师古订正了很多错讹歧义的字体。另据颜元孙《干禄字书序》记载，贞观年间，颜师古把校正典籍文字的成果总结出来，作为字形标准，供校雠榷楷书用，“当代共传，号为颜氏《字样》”。可见《字样》这部书在当时的影响很大，只是可惜这部书久已佚失，人们已经无从知道它的具体内容了。但《字样》开汉民族字样学的先河却刻在汉民族文化史上了。

汉字规范化在颜氏家族的手中继续向前推进。颜之推六世孙颜元孙又在《字样》的基础上编定了《干禄字书》。《干禄字书》的书名清楚地表明了这部书的功用。“干禄”是求取官位的意思。唐代奉行科举取士的政策，科举考试必须用规范的正字，不能用俗体。当时，能否掌握规范的正字，直接关系到文人的仕途。因此，《干禄字书》是参加科举考试，求取功名利禄的必读书，作为科举考试的正字用书。其内容主要是把适用不同使用范围的异体字区分为俗、通、正三体，颜元孙在《干禄字书》序中明确规定了这三种字体的适用范围，他说：

> 所谓“俗”者，例皆浅近，唯籍帐、文案、券契、药方，非涉雅言，用亦无爽，傥能改革，善不可加；所谓“通”者，相承久远，

① （北齐）颜之推：《颜氏家训·杂艺篇》。

② 同上。

③ 以上参阅王世利《颜之推语言学研究》，硕士学位论文，山东师范大学，2003年，第22—23页。

可以施表、奏、笺、启、尺牍、判状，固免诋诃；所谓“正”者，并有凭据，可以施著述、文章、对策、碑碣，将为允当。

从这段话里，可以看出颜元孙是从使用范围上来区分这三种字的：在日常生活中大家共同使用的后起字叫作俗字；沿用已久，常见于公文的，叫作通字；有来历可以垂之久远，写入著作的，叫作正字。

《干禄字书》是流传至今最早的一部规范整理楷书形体的著作，在汉字学史上具有重要地位，它不仅对唐代的汉字规范起了很大作用，而且对后代的汉字规范工作也产生了积极的影响，其中一些整理汉字的经验至今仍然有重要的借鉴作用。近人罗振玉在《干禄字书笺证序》中评价说：“此书当与《仓》《雅》并重。”《干禄字书》当之无愧。

更有意义的是此事还有后继，颜元孙的侄子，著名书法家颜真卿，于唐代宗大历九年（774 年）在湖州做官时，曾经手抄这部书，并且刻在石头上，并流传于世，为汉字的规范化垂范千古。[①]

三　“钟楷王圣”与“颜筋柳骨”：汉民族书法文化的融会

在汉民族的书法史上，如果说秦汉是隶书的时代，那么，魏晋南北朝则是汉民族书法史上的黄金时代。因为魏晋南北朝时期，“造纸术的成熟为书法艺术提供轻便廉价的载体；玄学、道教与佛教的盛行，解放了人们的思想，为书法艺术注入了新活力；民族融合丰富了书法艺术的题材与风格；理论著作的涌现使书法创作进入自觉阶段；社会各阶层人民对书法艺术的喜爱，为它的繁荣培育了沃土”[②]。更重要的是，当时书法家所表现的是使自己的想法、个性和书法融为一体，故而不仅崛起了“楷书鼻祖”钟繇、“书圣”王羲之两个享誉千古的大书法家，可称“钟楷王圣”，而且书坛人才济济，翰墨之妙而入流品者摩肩接踵，至于留迹于庙塔寺宇、碑碣石刻之间的无名书家更难以计数。他们共同创造了书法艺术的辉煌：名作荟萃，书体创新，论撰繁富，给后世留下了一大批不朽的珍贵艺术遗产。可以说，整个魏晋南北朝书坛春色满园，姹紫嫣红，争奇斗艳，一派

---

① 以上参阅李凭、袁刚总纂《中华文明史》第五卷，河北教育出版社 1992 年版，第 437—439 页。

② 訾封亭：《魏晋南北朝时期书法艺术盛行的原因》，《科教文汇》2008 年 8 月（上旬刊）。

生机盎然，被世人誉为汉民族书法史上的一个黄金时代[①]，也可以说是中国书法史上的一个里程碑。[②]

（一）魏晋南北朝的“钟楷王圣”

钟繇（151—230年），三国时期曹魏著名书法家、政治家。钟繇学书异常勤奋刻苦，据说十六年未尝窥户，他曾与其子钟会论书说：“吾精思学书三十年，若与人居，画地广数步；卧，画被穿过表里；如厕忘返，附膺尽青，每见万类，则而象之。”[③]

钟繇所处的时代，正是汉字由隶书向楷书演变并接近完成的时期。楷书亦称真书、正书，以减省隶书的波磔而成，字体方正，笔画平直。在汉字这个重要的演变过程中，钟繇篆、隶、真、行、草多种书体兼工，但以楷书著称，常用之书写碑碣石刻，故又称“铭石书”。钟繇擅长的铭石书，是汉隶楷化之后构新体态，画平竖直，撇捺分张，出现钩趯，即前人所谓“八分书”。隶书尚扁，楷书尚方，钟繇楷书在扁方之间，表明这种楷书刚从隶书蜕变出来，还保留着较明显的隶味。从钟繇楷书中能感受到上古历史的大气，一种古朴质实的美感。其字以结体自然、茂密幽深著称。南齐王僧虔《论书》云：钟公“铭石书，最妙者也”。唐人张怀瓘称钟繇“真书绝世，刚柔备焉。点画之间，多有异趣，可谓幽深无际，古雅有馀。秦汉以来，一人而已”[④]。可见钟繇在书法方面颇有造诣，是楷书（小楷）的创始人，被后世尊为“楷书鼻祖”，为汉字的定型做出了重大贡献[⑤]。故明人陶宗仪《书史会要》云：“钟王变体，始有古隶、今隶之分，夫以古法为隶，今法为楷可也。”

汉民族书法史上的一代书圣当数王羲之。

王羲之（303—361年，一作321—379年），东晋时期著名书法家。

---

① 参阅郑师渠总主编，曹文柱分册主编《中国文化通史》魏晋南北朝卷，北京师范大学出版社2009年版，第384页。

② 朱娟：《中国书法史上的伟大变革——魏晋南北朝书法的演变》，《大众文艺》2014年第11期。

③ 朱建新：《孙过庭书谱笺证》，中华书局1963年版，第98页。

④ （唐）张怀瓘：《书断》卷一。

⑤ 以上参阅郑师渠总主编，曹文柱分册主编《中国文化通史》魏晋南北朝卷，北京师范大学出版社2009年版，第384—385、389页；刘涛《钟繇的书法及历史地位》，《文史知识》1995年第8期；李恒滨《楷书宗师钟繇》，《视野》2015年第17期；《书法家——钟繇》，《秘书之友》2014年第2期。

原籍琅琊临沂（今山东临沂），南渡后居建康（今南京市）。王氏家族向以书法著称，王羲之从小就受到良好的家庭教育和艺术熏陶，七岁开始学习书法，十三岁时已小有名气。长大后，北游名山，先后见到秦汉书法名家李斯的《峄山碑》、蔡邕的石经三体书、张昶的《华岳碑》及曹喜、梁鹄、钟繇书法真迹，顿时眼界大开。后经多年的勤学苦练，潜心研究，迨及中晚年，终于熔各家为一炉，集书法之大成，以至达到出神入化、登峰造极的地步，一跃而成为“书名盖世，独映将来”[①] 的一代宗师。

王羲之之所以能成为一代宗师，是因为他能在历史的转折关头，把握住了书法发展的脉搏，推动了书体的突变，从而“增损古法、裁成今体”[②]，开一代新风。这种机会是千载难逢的，它既需要历史机遇，更需要超人的智慧、非凡的勇气、杰出的创作力。所以，当王羲之将自己的艺术活动与汉民族书法史上的一次最重要的转折连在一起时，产生了远比他主观意识更为伟大的结果。于是，王羲之博采众家之所长，一改汉魏古朴之风，发展草楷相结合的行书，实现了书法的实用性和艺术完美性的融会。王羲之一生作书甚多，但其真迹未能留存至今，存世的仅是一些摹刻本。其代表作主要有《兰亭集序》《黄庭经》《乐毅论》《万岁通天帖》《快雪时晴帖》等。尤其是《兰亭集序》，从汉民族审美文化的角度看，其之所以重要，是因为它以“天下第一行书”的典范形式，集中体现了笔与意、骨与肉、形与神、刚与柔均衡中和的古典审美理想范式。[③]

王羲之在书法上的主要成就：一是“尤善书草、隶、八分、飞白、章、行，备精诸体，自成一家法，千变万化，得之神功，自非造化发灵，岂能登峰造极”[④]。二是对书体多所创新，不但发展了草隶结合的行书，而且在草书、飞白创作上颇有建树，使之日臻完美。三是创造了遒媚劲健、飘逸洒脱、变化万千的笔法体势，使书法艺术达到尽善尽美的境界。晋唐书家几乎众口一词，称道羲之书体“笔力鲜媚”“姿仪雅丽”“粉黛

① （唐）张怀瓘：《书断》卷一。

② 同上。

③ 仪平策：《中国审美文化史》秦汉魏晋南北朝卷，上海古籍出版社2013年版，第208页。

④ 《颜氏家训·杂艺篇》。

无施”，乃古今之独绝也。[1]

王羲之作为汉民族书法史上的一代宗师，千百年来，一直受到人们的深深爱戴和无限敬仰，其大名及其艺术成就永垂后世，光耀千古。2012年9月，山东临沂举行“王羲之诞辰1709周年祭”的《祭书圣文》写得好：

> 出身名门，幼而高贵。少年成名牛心炙，一身经历传佳话。坦腹东床，修禊兰亭，洁身自爱鹅为伴，清心静意写黄庭。仰观俯察民为贵，胸有甲兵号右军。既负经国之才，又具干城之略。钦始祖之飞升，好服食而谈玄。淡泊名利兮，轻藐权贵，爱亲重友兮，酬唱泉林。无改父道兮，笃行至孝，繁育子孙兮，书法道德。
>
> 上承父、祖、叔、伯之余绪，下启新体传万秋。楷法钟王，功效墨池；博采众长，备精诸体；摆脱旧范，自成一家；笔势开合，洒脱谨严。落笔惊风雨，书成泣鬼神。人叹：“飘若浮云，矫若惊龙。”自谓：“钟当抗行，张草雁行。”唐太宗赞“尽善尽美”，常“心慕手追”。李嗣真《书后品》：“可谓书之圣也”“草之圣也”“飞白之仙也。”书圣大名震环宇，后世子孙享福荫。[2]

（二）唐代的“颜筋柳骨”

魏晋南北朝出了“钟楷王圣”，开创了汉民族书法史的黄金时代。而唐代在书法发展史上，唐代是晋代以后的又一高峰，此时，在真、行、草、篆、隶各体书中都出现了影响深远的书家，真书、草书的影响最甚。真书的书家大多脱胎于王羲之，但又兼魏晋以来的墨迹与碑帖的双重传统，渐从王家书派中脱颖而出，风格转呈严谨雄健、法度森整，创造出了“颜筋柳骨”，堪称翘楚，也成了汉民族书法历史长河中一个划时代的里程碑。

“颜筋柳骨”一词最早出现于范仲淹《祭石学士文》：“曼卿之笔，颜

---

① 参阅郑师渠总主编，曹文柱分册主编《中国文化通史》魏晋南北朝卷，北京师范大学出版社2009年版，第391—392页。

② 《祭书圣文——王羲之诞辰1709周年祭》（http：//blog. sina. com. cn/s/blog_ 91ea2a9f01012tq7. html）。

筋柳骨，散落人间，实为神物。”[①] 这一词起先是以颜柳来比拟、赞颂宋代书家石延年的书法，并不是用以概括颜柳书法的特点，然而由于“筋骨”一词准确地概括了颜真卿和柳公权的书法特色，于是“颜筋柳骨”便广泛流传了[②]。

颜真卿（709—785 年），字清臣，京兆万年（陕西西安）人，本籍琅琊（山东临沂），是北齐颜之推和唐初颜师古之后。其书法家学渊源深厚，却初学褚遂良，后又借鉴张旭笔法，独成一体，开创了笔力健劲、气度开朗、结体丰腴的书风。他的书法作品以碑书最多，为人熟悉的有《多宝塔感应碑》《麻姑仙坛记》《东方朔画赞》《颜勤礼碑》等。《多宝塔碑》笔画舒展，起收处顿挫明显，多取横细竖粗，撇轻捺重之势，结体稳健。其晚期作品如《颜家庙碑》《小楷麻姑仙坛记》（立于唐抚州南城县，今江西抚州市）等则风格迥异，其为长横，浑然以中锋行笔，起收藏锋于内，不取波折之势，其磔画“蚕头燕尾”，起笔以藏锋逆起，收笔稍有顿挫而已，却似燕尾双出。其结体外圆内方，肥不臃肿，密中有疏，笔势遒劲豪荡，浑然天成，世称“颜体”。尤其是这些碑的楷书端庄雄伟，气势开张，结体宽绰，笔划肥厚，一改王羲之俊逸超迈的书风，形成了新的气象。苏轼作诗说：“颜公变法出新意，细筋入骨如秋鹰。”[③] 意思是，虽然用笔肥厚粗拙，但内含筋骨，仍显得劲健洒脱，因此，人们用“颜筋”来概括颜真卿书法的特点。他的楷书创造了唐代的新书风。[④]

有了“颜筋”，又有了“柳骨”，即颜真卿之后，晚唐又出了一个柳公权。

柳公权（778—865 年），字诚悬，京兆华原（陕西耀县）人。他生平用功经术，多才多艺。他早年学王羲之的书法，后来遍阅隋唐笔法，并专学欧阳询、颜真卿的书法，然后取其精妙之笔，融会贯通，做到了骨力遒劲，结体严谨，体势俊媚，自成一家。创造了风骨隽永的“柳体”。宋人米芾在《海岳书评》中说：“公权如深山道士修养已成，神气清健，无一点尘

---

① 李先勇、王蓉贵校点：《范仲淹全集》卷十一，四川大学出版社 2002 年版，第 269 页。

② 胡春涛、廖方容：《从“颜筋柳骨”论及中国书论中的筋骨概念》，《西北美术》2007 年第 1 期。

③ （宋）苏轼：《孙莘老求墨妙亭诗》。

④ 参阅崔延和《唐代书法与颜筋柳骨》，《西北民族学院学报》1996 年第 4 期；郑师渠总主编，曹文柱分册主编《中国文化通史》隋唐五代卷，北京师范大学出版社 2009 年版，第 398 页。

俗。”其主要作品有《玄秘塔碑》《神策军碑》以及敦煌的《金刚经》。其楷法运笔取颜体刚劲之势，而多以方折收笔，及其转折处亦用方折，其结体右舒左紧，其横画并行处富于变化，错落灵动，不似颜体一般简单铺排，字形也较颜体偏长。《神策军碑》折笔处方圆并用，磔画或似燕尾出，尚可见颜体的遗韵。明代董其昌对于柳书有深切的认识，他说：“柳诚悬书，极力变右军法，盖不欲与《禊帖》面目相似。所谓神奇化为臭腐，故离之耳。”[①] 他的字取匀衡瘦硬，追魏碑斩钉截铁势，点画爽利挺秀，骨力遒劲，结体严紧。体现了杜甫提出的“书贵瘦硬方通神”[②] 的审美志趣。所以，柳公权的楷书，较之颜体，则稍均匀瘦硬，以劲健为主，趋于清瘦一路，世人以“柳骨”与“颜筋”并称，故有“颜筋柳骨”之称。[③]

在唐代，柳体的风行远远超过颜体。“当时公卿大臣家碑板，不得公权手笔者，人以为不孝。外夷入贡，皆别署货贝，曰此购柳书。”[④]

颜柳二人的楷书，结构严谨，法度精密。书法在唐代为鼎盛时期，凡及楷书，言必称颜、柳，把汉字楷书的发展推到了顶峰。颜字到了宋代更加流行，欧阳修、苏轼、黄庭坚都极力提倡他的字，成为一种风气。到宋代雕版印刷术普及以后，就以颜柳的楷书作为雕版的印刷字体，称为“宋体字”。总之，书法自王羲之以后，到颜真卿、柳公权又开一新局面，这局面一直影响到今天。[⑤]

对于唐代的书法，李泽厚将其与唐诗相提并论。他在《美的历程》中说：“在中国所有艺术门类中，诗歌和书法最为源远流长，历时悠邈。而书法和诗歌却同在唐代达到了无可再现的高峰，既是这个时期最普及的艺术，又是这个时期最成熟的艺术。……它们都分别是一代艺术精神的集中点。唐代书法与诗歌相辅而行，具有同一审美气质。其中与盛唐之音若合符契，共同体现出盛唐时代风貌的是草书，又特别是狂草。”[⑥] 确实，

---

① （明）董其昌：《画禅室随笔·评书法》，山东画报出版社 2007 年版。

② （唐）杜甫：《李潮八分小篆歌》。

③ 龚书铎主编，李岩分册主编：《中国文化发展史》隋唐卷，山东教育出版社 2013 年版，第 210—211 页。

④ 《旧唐书·柳公权传》。

⑤ 参阅郑师渠总主编，曹文柱分册主编《中国文化通史》隋唐五代卷，北京师范大学出版社 2009 年版，第 400 页；崔延和《唐代书法与颜筋柳骨》，《西北民族学院学报》1996 年第4 期。

⑥ 李泽厚：《美的历程》，文物出版社 1981 年版，第 134 页。

这是对唐代书法最好的诠释。

四 雕版印刷：活字印刷术的先声

印刷术是汉民族对世界贡献的四大发明之一，它与造纸术一样对知识的保存和流通产生巨大的影响。一般认为北宋时期毕昇发明的胶泥活字印刷术，是世界上最早的活字印刷技术。但活字印刷术发明之前还有一个雕版印刷术的发明，这是发明活字印刷术非常重要而不可或缺的阶段。

雕版印刷术的发明，是以刻制印章和拓碑技术的出现为前提条件的。隋唐之时，人们把刻制印章和从刻石上拓印两种方法结合起来，发明了雕版印刷术。对这两种方法在汉民族中传承的情况，在此要稍加回顾，以正渊源。

汉民族的祖先，在新石器时代，就已懂得用陶印模在尚未干燥的泥坯上压印的方法。战国时期印玺开始出现，但先秦古印不论阴文阳文，多作为封口的印记。而刻印，勒石等雕刻技艺，自秦汉以来就有了很大的发展，特别是印章，虽然在方寸之间，但就其章法，布局来讲也代表着当时人们的审美情趣和艺术上的追求。故而汉代流行佩带一种用桃木刻成 3 寸长的印，晋代道士们用枣心木刻符印，北齐河清中（562—564 年）有篆书大印，后人专用以印“籍缝”——两张单据的骑缝，这可知它是印在纸上了。所以，就其反刻文字和用印的方法，它与雕刻印刷的技艺几乎完全相同，而且在某种程度上讲还有着密切的渊源关系。

汉《熹平石经》、魏《正始石经》，一般石刻文字，都是凹下去的阴文。北魏、北齐的造像碑出现了阳文方格的大字。晋代砖瓦有不少是阳文凸起的反写字，梁萧景（卒于 532 年）的神道石柱，也是反写反刻的。这就给雕版印刷以有力的启示。而六朝以来的拓碑，又可说是印刷术的先驱。东汉末已有在木板上写字刻字之风。若把阳文反刻在木板上，并涂墨刷纸，就成了木板印刷。所以印刷术的发明，必须懂得用反文印刷的道理，积累了印章、碑刻、砖瓦反文、木板写字刻字、印封泥、印纸等的经验，雕版印刷术才有可能逐渐发展起来。① 可见，雕版印刷术的发明在汉民族民间的酝酿，若从新石器时代算起，已有几千年了；而从秦汉算起，也近千年了。

---

① 以上参阅瞿林东、施建中总纂《中华文明史》第五卷，河北教育出版社 1992 年版，第 472 页；章宏伟《雕版印刷起源问题新论》，《东南文化》1994 年第 4 期；杨军凯《雕版印刷起源于中国》，《文博》2000 年第 3 期。

但雕版印刷究竟发明于何时？关于雕版印刷起源的讨论，从宋代开始，历代学者争吵了千年之久，至今无定论。归纳起来，大致有“东汉说”“晋代说”“六朝说”“隋代说”“唐初说”“唐中说”“唐末说”“五代说”等[①]，而其中有三说与唐代有关，但是从文献和考古材料来看，雕版印刷起源于唐代应争论较小。《全唐书》卷六百二十四载：唐文宗大和九年（835年）川东节度使冯宿上奏：“剑南两川及淮南道，皆以版印历日鬻于市，每岁司天台来奏颁下新历，其印历已满天下。有乖敬授之道，故命禁之。”[②]这是史学界公认可信的最早的雕版印刷记载。另据郑也夫的研究，斯坦因得自敦煌的文物中有两卷版印历书，其一印制于877年，其二882年，佐证了冯宿上奏的可靠性。其后世俗印本的记载是连贯的。865年日本僧人宗睿访唐归国时，带回的书中有《唐韵》《玉篇》两种，据记载“印于西川”[③]。847—851年间唐代官吏纥干泉写的刘弘传，内有炼丹内容，印制了数千册散发给炼丹迷。[④] 883年唐代官吏柳玭随熹宗流亡四川，他在这期间写给儿孙的《家训》中说到他在蜀地所见：“其书多阴阳杂说占梦相宅九宫五纬之流，又有字书小学，率雕板印纸。”[⑤] 而与世俗印本对应，年代确凿的佛教印品有印于770年的日本《百万塔陀罗尼》，印于706—751年之间的韩国庆州佛国寺释迦塔中的《无垢净光大陀罗尼经》。而从西安造纸厂经咒只有梵文部分是雕版印刷，而中心画面、边框外圆案均为手绘来看，有学者推论：“在陀罗尼经咒印本的发展过程中，由全部手书手绘逐渐演变为局部印刷，又从局部印刷逐步发展为全部印刷。如果这个推论无误，西安造纸厂经咒正处在这个过程的前段，也就是说早于另外3件唐代陀罗尼经咒。”[⑥] 笔者

---

① 详见曹之《雕版印刷起源说略》，《传统文化与现代化》1994年第1期。

② 转引自郑也夫《雕版印刷的起源》，《北京社会科学》2015年第8期。

③ 钱存训：《中国纸和印刷文化史》，广西师范大学出版社2004年版，第137页。

④ 同上书，第136页；李书华：《唐代后期的印刷》，载《图书印刷发展史论文集》，文史哲出版社1982年版。

⑤ 李书华：《唐代后期的印刷》，载《图书印刷发展史论文集》，文史哲出版社1982年版。

⑥ 我国已发现的大随求陀罗尼经咒印本共有8件。其中属唐代的有4件，且均无纪年，其形式相似。冯汉骥将成都经咒印本定为晚唐（冯汉骥：《记唐印本陀罗尼经咒的发现》，《文物参考资料》1957年第5期），已得到学术界的公认。保全将西安柴油机械厂出土的梵文经咒定为初唐，将西安冶金机械厂出土的汉文经咒定为盛唐（保全：《世界最早的印刷品——西安唐墓出土印本陀罗尼经咒》，载《中国考古学研究》，三秦出版社1987年版，第404—410页），在我国学术界尚未取得共识（孙机：《唐代的雕版印刷》，见《寻常的精致》，辽宁教育出版社1996年版，第204—211页）。安家瑶、冯孝堂：《西安沣西出土的唐印本梵文陀罗尼经咒》，《考古》1998年第5期。

认为这个推论比较符合雕版印刷术发明的逻辑过程，故李兴才“确认现存最早的雕版纸上印刷品，是西安出土的单张梵文《陀罗尼经咒》，较存放韩国的《无垢净光大陀罗尼经》早半个世纪”①。

雕版印刷为汉民族所发明，是中国四大发明之一印刷术的重要组成部分。没想到1966年在韩国庆州佛国寺释迦塔中发现了一卷雕版印刷的佛经——《无垢净光大陀罗尼经》之后，韩国的某些学者竟以此称印刷术是韩国发明的，并策划1997年召开国际学术大会和稀贵图书展示会，将他们的观点推向世界各国，以便：（1）要求《无垢净光大陀罗尼经》刊行年代得到世界公认；（2）要求韩国木版印刷起源年代得到世界公认；（3）要求《无垢净光大陀罗尼经》作为世界最早的木版印刷品得到世界公认，鼓噪一时，闹得沸沸扬扬，掀起了一段关于印刷术起源之争的国际小插曲。好在世界还有公理存在，历史事实岂能虚构？中国学者潘吉星于1996年、1999年连撰两文，即《印刷术的起源地：中国还是韩国?》和《再论韩国发现的陀罗尼经刊行年代和地点》，以铁的事实，证明韩国发现的《无垢净光大陀罗尼经》为702年印于中国洛阳之后传入韩国，从而捍卫了印刷术是中国四大发明之一这一举世公认的历史事实。②

总之，从魏晋南北朝到隋唐近700年间，汉民族的语言文化在融会中走向了一个又一个辉煌，有音韵学的创立，有字样学的确立，还有雕版印刷术的发明，哪一样都具有划时代的意义、里程碑的价值。

第五节　文学自觉与“诗唐”：汉民族文学的融会

汉民族的文学经过具有“巨丽”气派汉赋的铺垫，到魏晋南北朝进入了文学自觉的时代。魏晋南北朝是中国历史上社会动乱、政治黑暗的一个时期，但“祸福相倚”，它又是使人觉醒、个性解放、极富自由气质的一个时期。这个社会转型带来的文化转型，使文学摆脱了经学、史学等附庸的地位，走向了独立，或者说，从文学的自在走向了文学的自觉。在诗

① 李兴才：《印刷人看雕版印刷术之起源时间》，《中国印刷》2001年第4期。

② 潘吉星：《印刷术的起源地：中国还是韩国?》，《中国印刷》1997年第1期；《再论韩国发现的陀罗尼经刊行年代和地点》，《中国印刷》1997年第10期。

歌和散文的创作上虽前不及先秦两汉，后不如唐宋，但这个时期的文人意气风发，挥斥方遒，创作了两部文艺理论与批评集大成之巨著——刘勰的《文心雕龙》和钟嵘的《诗品》，充分展示了文学自觉时代的雄风。[①]

水到渠成，魏晋南北朝之后，迎来了唐代文学的繁荣。

唐代文学的繁荣：一是在诗歌方面有极充分的展现，冯天瑜称唐王朝为“诗唐”，其云：

> 以“诗唐”名唐朝，不仅意味着中国格律诗的发展至唐代达到空前绝后的高峰，而且意味着诗旅可以得见唐文化精神折变的历程。[②]

“诗唐”所喻极是。唐王朝真是诗歌的海洋，真正是汉民族文化史上诗歌“空前绝后的高峰”。

二是在散文方面掀起了“文以载道”和“文以明道”的古文运动，摧毁了“雕章缛句，韵谐全奏”[③] 的骈文统治，使散文从经学、史学中独立出来，成为纯文学形式。这是散文划时代的转型，从此，汉民族的散文史便呈现出一个全新的面貌。[④]

汉民族文化史的发展，在唐代经“多方面丰厚的文化融会，任意驰骋的辽阔空间，看不完、听不尽的万千美色，横绝百世的天才群星，融铸成一个‘萦回盘礴，千变万态’的灿烂的文化世界”[⑤]，被推上了世界历史的一千高峰。还是冯天瑜等说得好：“中华文化至唐，显示出一种阶段性的集大成的灿烂风采。越过这一巅峰，中华文化将向别样的山峰攀登。”[⑥]

一　从曹丕到刘勰和钟嵘：文学自觉的路线图

在汉民族文化史上，文学早已有之，先秦的《诗经》《楚辞》都是翘楚之精品，但这都是自在和自为的文学作品。而文学自觉，指的是“对

---

① 李凭、袁刚总纂：《中华文明史》第四卷，河北教育出版社 1992 年版，第 468—471 页。

② 冯天瑜、何晓明、周积明：《中华文化史》，上海人民出版社 1990 年版，第 603 页。

③ 《旧唐书·文苑传序》。

④ 瞿林东、施建中等总纂：《中华文明史》第五卷，河北教育出版社 1992 年版，第 646 页。

⑤ 冯天瑜、何晓明、周积明：《中华文化史》，上海人民出版社 1990 年版，第 623—624 页。

⑥ 同上书，第 624 页。

文学形式化、审美化、个性化特征的自觉”①。而“自觉”的内涵是在实践的基础上，人们对物质事物的本质规律特征等形成的正确理论认识、概括、提升，并主动用来指导实践。这个过程并无止境，其随着事物发展变化而循环往复，没有穷尽。② 具体地讲，文学的自觉主要包括文学创作的自觉和文学批评的自觉两个方面，而文学批评的自觉要比文学创作的自觉更为接近文学自觉的本质，因为它是人们对文学的认识和评论，属于理性认识的范畴。③

正是在这个意义上，汉民族文学的自觉起于魏晋。必须指出的是，最早提出这个观点的是日本学者铃木虎雄，1925 年他在《中国诗论史》的《魏晋南北朝时代的文学论》一章中阐述了此说。④ 两年后，即 1927 年 9 月，鲁迅在广州夏期学术演讲会上作题为《魏晋风度及文章与药及酒之关系》的演讲时谈道：“他（曹丕）说诗赋不必寓教训，反对当时那些寓训勉于诗赋的见解，用近代的文学眼光看来，曹丕的一个时代可以说是文学的自觉时代。”⑤ 表明鲁迅对文学的自觉起于魏晋观点的首肯。此后，一直到 20 世纪 80 年代初，经李泽厚在《美的历程》推崇和进一步阐发，他明确说：“这样，文学及其形式本身，其价值和地位便大不同于两汉。在汉代，文学实际只是宫廷玩物。”所以，“文学的自觉（形式）和人的主题（内容）同是魏晋的产物”⑥。所以，“文学的自觉”是文学发展到魏晋时代才出现的新态势，它是汉代经学的一统天下被冲垮后，新的思想解放潮流的一个组成部分，也是思想文化领域各个部门重新进行调整、建构，从而对文学自身的性质、价值所做的新思考、新认识、新实践。⑦ 这是魏晋南北朝文化融会一个突出的大亮点。

具体来讲，魏晋南北朝时期，汉民族文学自觉的路线图起点是曹丕的《典论·论文》，因为《典论·论文》说：“盖文章，经国之大业，不朽之

---

① 卢佑诚：《姗姗来迟的中国文学的“自觉时代”》，《中国文学研究》1996 年第 4 期。

② 侯永平：《论中国文学自觉的古今演变——兼析“魏晋南北朝是文学自觉实现时代”表述的不严密性》，《科教导刊（中旬刊）》2010 年第 11 期。

③ 韩海泉：《曹丕与中国文学的独立自觉时代》，《青海师范大学学报》2007 年第 6 期。

④ ［日］铃木虎雄：《中国诗论史》，日本弘文堂书房，1925 年 5 月。转引自李文初《三论我国“文学的自觉时代”》，《文艺理论研究》1999 年第 6 期。

⑤ 鲁迅：《而已集·魏晋风度及文章与药及酒之关系》，人民文学出版社 2006 年版。

⑥ 李泽厚：《美的历程》，文物出版社 1981 年版，第 96—97 页。

⑦ 李文初：《三论我国“文学的自觉时代”》，《文艺理论研究》1999 年第 6 期。

盛事。年寿有时而尽，荣乐止乎其身，二者必至之常期，未若文章之无穷，是以古之作者，寄身于翰墨，见意于篇籍，不假良史之辞，不托飞驰之势，而声名自传于后。”从中已经可以看到非常清晰的文学批评的自觉意识。此言是文学观念上的一个巨大转型，是汉魏之交，文学从自为转向自觉的拐点，在汉民族文学批评史上具有开拓意义，表明曹丕从理论上完成了文学从自为转向自觉的历史使命。

曹丕之后，对文学创作进行更详细论述的是西晋陆机。他在《文赋》中不仅论述了十种文体的风格特征，更重要的是还用生动形象的语言描绘了作家的创作过程，第一次将想象、构思、立意、修辞、文学形式、写作技巧等问题提到文学批评的议程，反映了文学自觉时代人们对文学的高度重视和良苦用心。

在文学自觉时代的路线图中，南朝时期产生的文艺理论与批评的巨著——《文心雕龙》和《诗品》，是文学自觉时代两座学术高峰。

刘勰的《文心雕龙》成书于齐和帝年间，是中国批评史上第一部“体大而虑周”的文学理论专著。“文心雕龙”之名是什么意思？刘勰为何取此书名？据考“文心雕龙”意为“文章写作精义”，“文心”谓“为文之用心”，“雕龙”取战国时驺奭长于口辩、被称为“雕龙奭”的典故，指精细如雕龙纹一般进行研讨。为此可见刘勰的匠心。全书共分10卷50篇，包括总论、文体论、创作论、批评论四个部分。在书中，刘勰提出了一系列令人脑洞大开、富于创见的理论观点：

> 在《时序》篇中，他提出“时运交移，质文代变……歌谣文理，与世推移”，“文变染乎世情，兴废系乎时序”具有历史主义的文学史观。
>
> 在《通变》篇中，他根据扬雄关于“因”“革”的见解提出“通变观”，要求创作上既要继承又要革新。
>
> 在“情采”篇中，他主张“为情而造文”，反对“为文而造情”，强调真挚的感情在创作中的决定作用。
>
> 在《神思》篇中，他对艺术想象问题进行了精细独到的分析。
>
> 在《知音》篇中，他提出分析、鉴赏作品的要素的“六观”，即：“一观位体，二观置辞，三观通变，四观奇正，五观事义，六观宫商。”既可作为文学批评的标准，又可视为文学创作的方法。

在风格论上，刘勰特别标举“风骨”，认为“怊怅述情，必始乎风，沉吟铺辞，莫先于骨”，要求创作中将高尚真挚的思想感情与刚健清新的艺术形式相结合。①

《文心雕龙》博大精深的思想体系，系统周密的内容结构，贯通经籍的文化底蕴，工巧精彩的骈文语言，建构了一个比较完整的“标准论”体系，广泛涉及文学创作的社会功用、体裁特征、创作原理、修辞技巧、批评原则等方面。如在文用标准上提出了“发挥事业，彪炳辞义”②，“表征盛衰，殷鉴兴废”③；在文体标准提出了“四言正体，则雅润为本，五言流调，则清丽居宗”④；在创作标准提出了“按部整伍，以待情会”⑤，“跗萼相衔，首尾一体”⑥；在文术标准提出了“谈欢则字与笑并，论蹙则声共泣偕”⑦；在批评标准提出了“操千曲而后晓声，观千剑而后识器”，“无私于轻重，不偏于憎爱”⑧ 等规范和要求，皆可谓洞见症结，切中肯綮，体现了作者在文学规范问题上的思考与悟性，具有切实的创作实践的指导意义，并将写作者和鉴赏者一步步引入最佳境界。《文心雕龙》整部著作，首尾一贯，布局周严，体大思精，新见叠出，闪烁着理论思维的睿智光彩，是古代文论中空前绝后的巨著，对汉民族后代作家和批评家都产生过深远的影响。⑨

钟嵘的《诗品》是一部重要的诗歌评论专著。他以五言诗为主，将汉至梁代有成就的诗人区分为上、中、下三品，分别品评其优劣，故称《诗品》。最有学术价值的是：第一，钟嵘对五言诗的历史发展作了精详的理论说明，同时提出了一些重要的诗歌理论观念，如“滋味说”，强调诗歌创作应该“文已尽而意有余”，只有有“滋味”的诗歌，才能使“味之者无极，

① 李凭、袁刚总纂：《中华文明史》第四卷，河北教育出版社 1992 年版，第 470 页。
② 《文心雕龙·原道》。
③ 《文心雕龙·史传》。
④ 《文心雕龙·明诗》
⑤ 《文心雕龙·总术》。
⑥ 《文心雕龙·章句》。
⑦ 《文心雕龙·夸饰》。
⑧ 《文心雕龙·知音》。
⑨ 参阅邹蓉《〈文心雕龙〉的标准论》，硕士学位论文，江西师范大学，2006 年，第 40 页。

闻之者动心”。又如“真美”原则，强调诗歌应饱含强烈而真挚的感情，不能虚假造作。他还提出诗歌创作要“穷情写物”，主张情与景要完美地统一起来。第二，他在对诗人的具体品论中，善于用准确生动的语言概括每位诗人的独特艺术风格，如论阮籍诗为“言在耳目之内，情寄八荒之表”；论曹植诗为“骨气奇高，词采华茂”；论范云、丘迟诗为“范诗清便宛转，如流风迴雪；丘诗点缀映媚，如落花依草”，表现出钟嵘精微的艺术感受和独到的概括能力。第三，钟嵘批评了当时文坛上流行的刻意追求声律对偶、堆砌典故等时弊，提出“吟咏情性”的主张，反对无病呻吟。

从曹丕到刘勰和钟嵘构成了魏晋南北朝时期文学自觉的路线图。理论上的概括和提升，必然会影响文学创作，所以，这个时期，在创作实践上，以作家论，曹氏父子、王粲、蔡琰、阮籍、嵇康、左思、陶渊明、谢灵运、庾信等人，构成了这一时期创作队伍的强大阵容，特别是陶渊明的创作，更是整个文学史上的一座高峰；以创作高潮论，建安文学、正始文学、太康文学、元嘉文学、永明文学、齐梁文学等都是文坛兴旺、创作繁盛的时期；以文学体裁论，玄言诗、山水诗、宫体诗、骈体文、志怪小说、逸事小说等都是前代所没有的新兴体裁；以创作集团论，曹氏父子与建安七子组成的邺下文人集团，陆机、潘岳等人组成的“二十四友”，沈约、谢朓等人组成的“八友”，梁朝萧氏父子周围聚集的众多文人学士。……这些，都是文学自觉时代给文坛带来全新的气象，在汉民族文化史上留下了无数的辉煌和记忆，更为盛唐文学高潮的到来打下了坚实的基础，开通了康庄大道。[①]

二　从初唐到盛唐：“诗唐”在巅峰路上的攀登

唐王朝被称为“诗唐”，表明诗歌在唐代的“王者”地位。空前绝后的唐诗是如何攀登上巅峰的呢？

（一）初唐诗风的复古革新开始了巅峰的攀登

初唐（618—712年）近百年，国力强盛，成就贞观之治，文人风貌昂扬奋发，李世民等人反映军旅生活的诗歌，就表现出唐代创建者慷慨激昂的气概，从而掀起了诗歌风气复古革新的浪潮。

---

① 以上参阅李凭、袁刚总纂《中华文明史》第四卷，河北教育出版社1992年版，第470—471页。

开始是宫廷诗人上官仪（？—664年），一边写诗一边将六朝以来诗歌对仗的方法概括、归纳为“六对”：一是正名对，如天地对日月；二是同类对，如花叶对草芽；三是连珠对，如萧萧对赫赫；四是双声对，如黄槐对绿柳；五是叠韵对，如彷徨对放旷；六是双拟对，如春树对秋池。这些对仗方法的规范化、复杂化，对发展律诗的对仗技巧起了一定作用。

接着是律诗的走向成熟。从王绩的《野望》，到王勃、杨炯大量五律的创作开始接近成熟，到武后、中宗时的宫廷诗人杜审言、沈佺期、宋之问五律的定型、七律的成熟完成。杜审言是杜甫的祖父，在声律、章法、遣词造句方面，已经相当成熟（可见杜甫的家学渊源）。沈佺期、宋之问十分讲究格律技法，他们的主要贡献，是以诗歌范例完成了律诗“回忌声病，约句准篇”[①]，最后定型的任务。故而当时“学者宗之，号为沈、宋”[②]，后人也公认“五律至沈、宋始可称律”[③]“七言律滥觞沈、宋”[④]。在此基础上，唐代律诗还确定了四韵八句的形式，规定了中间两联必须对仗；总结出首句可用韵、可不用韵、押平声韵、一韵到底的规则。从此唐代律诗有了完整规范，逐渐盛行起来而开始了巅峰的攀登。[⑤]

首先出现在攀登路上的是“初唐四杰”：王勃、杨炯、卢照邻、骆宾王。唐高宗至武后初年，官职卑微，才高八斗的“初唐四杰”，批评以上官仪为代表的宫廷诗风“争构纤微，竞为雕刻”“骨气都尽，刚健不闻”[⑥]，他们自觉革新，“将勃郁不平的感慨及强烈向往勋业不朽的积极进取精神注入作品”，“突破绮丽、柔弱的齐梁宫体，导诗歌往广阔社会”[⑦]。如王勃的送别名作《送杜少府之任蜀川》，对“同是宦游人”的离别，写出了“海内存知己，天涯若比邻”的名言流芳于世。正如冯天瑜所云：“在初唐四杰的倡导下，诗歌由宫廷走向市井，由台阁移至江山与塞漠，六朝宫女的靡靡之音变而为青春少年的清新歌唱。”[⑧]

---

① 《新唐书·宋之问传》。
② 同上。
③ （明）王世贞：《艺苑卮言》卷四。
④ （明）胡应麟：《诗薮·内编》卷五。
⑤ 参阅瞿林东、施建中等总纂《中华文明史》第五卷，河北教育出版社1992年版，第618页。
⑥ （唐）杨炯：《〈王勃集〉序》。
⑦ 冯天瑜、何晓明、周积明：《中华文化史》，上海人民出版社1990年版，第603页。
⑧ 同上。

“四杰”之后，陈子昂走上诗坛。他标举“比兴”“风骨”的传统，提倡“风雅兴寄”和“汉魏风骨”[①]。他的名诗《登幽州台歌》所写“前不见古人，后不见来者。念天地之悠悠，独怆然而涕下”的千古绝唱，表现了宇宙茫茫，历史悠悠，而人生有限的深沉思索。其笔力雄浑刚健、境界苍凉壮阔，预示着唐诗旭日初升的朝气，从而揭开了盛唐诗歌的序幕，预示了唐诗攀登巅峰的前景一片光明。[②]

（二）盛唐诗歌“扶摇直上九万里”登上巅峰

汉民族文学史上盛唐特指唐玄宗开元时期，《旧唐书·代宗本纪》云：“观夫开元之治也，则横制六合，骏奔百蛮；及天宝之乱也，天子不能守两都，诸侯不能安九牧。”那是唐朝最美好的时光，藩镇割据还未形成，物产丰盈，国泰民安，边疆稳固，物华天宝，一派盛世景象。初唐诗旭日东升的朝气，迎来了盛唐诗“扶摇直上九万里”[③] 登上巅峰。

登上唐诗巅峰的是王维、孟浩然、李白、杜甫、高适、岑参等一大批才华横溢的诗人，可分为山水田园派与边塞诗派两派。山水田园派以王维与孟浩然为代表；边塞诗派则以王昌龄为代表。而边塞诗之雄健，山水田园诗之兴象玲珑，其共通气质是蓬勃饱满，是“色泽鲜妍”[④]，是笔力雄壮，气象浑厚。“‘迎旦东风骑蹇驴’绝句，决非盛唐人气象。”[⑤] 被称之为“盛唐之音”的唐诗，生气弥满、光彩熠熠，是那一时代特有的精神产物，是那一时代情怀与风致的万古不朽的歌唱。[⑥] 在这一大批登上唐诗巅峰才华横溢的诗人之中，李白和杜甫是代表，史称“李杜”。

1. 诗仙李白

李白，美誉“诗仙”。他出身奇崛，原籍陇西成纪（甘肃秦安），出生于西域的碎叶城（吉尔吉斯斯坦托克马克附近）。少年时代迁居蜀中，

---

① 郑师渠总主编，王永平分册主编：《中国文化通史》隋唐五代卷，北京师范大学出版社2009年版，第328页。

② 参阅瞿林东、施建中等总纂《中华文明史》第五卷，河北教育出版社1992年版，第617—618页。

③ （唐）李白：《上李邕》。

④ （清）朱彝尊：《静志居诗话》。

⑤ （宋）严羽：《沧浪诗话考证》。

⑥ 冯天瑜、何晓明、周积明：《中华文化史》，上海人民出版社1990年版，第603页。

“五岁诵六甲，十岁观百家”①，“十五观奇书，作赋凌相如”②，“十五游神仙，仙游未曾歇”③。可见李白少年时代辗转西域，受到西域民族文化的熏陶，又“观奇书”“游神仙”“好剑术”，有着多元文化的背景，又有多方面的才能和兴趣，显示出惊人的天赋、罕见的才华。李白虽然正式履行过入教仪式，号青莲居士，成为受过符箓的道士，在生活方式上是一派道家的洒脱、情感方式上是道教的狂放，但他在向往神仙隐逸的同时，内心有着强烈的政治抱负。所以成年之后，李白走了一条与一般儒生文人不同的人生道路。对此，陈炎有一个很好的概括，其云：

> 青年时代，他不像寻常的儒生那样，沿着科举制度的道路，一科一试地寻求功名，而是选择了道教徒常走的“终南捷径”，遍谒诸侯、游历天下，在大自然的湖光山色中一路求仕、一路访仙、一路拜师、一路狎妓、一路吟诗、一路弹琴，因风流倜傥而受到了当时的道教大师司马承祯的高度评价。中年时代，他以诗名和文才受到玄宗皇帝的破格召见，先有“降辇步迎，以七宝床赐食于前”的礼遇，后有“力士脱靴”“才人研墨”的佳话。暮年时代，他的生活道路出现了坎坷，先是因“赐金放还”而再次漂泊，后又入“永王幕府”而获罪朝廷，然而即便如此，仍然以诗名受到朝野人士的广泛关注，所谓“新诗传在宫人口，佳句不离名主心”，直至赋《临终歌》而与世长辞，仍不改其文人的浪漫、道士的洒脱。④

这一生一世，都是李白诗歌创作之所以内容丰富多彩，风格清新豪放，常常出语惊人、行文跌宕，充满了大胆的想象和奇异的夸张的人文背景。

关于李白研究的论述从古至今难以阅尽，但作为唐诗巅峰上的诗人，又号“谪仙人”，李白诗歌最大的艺术特点是本书的关注点。

在于其精妙的夸张和极富浪漫主义手法的想象。他笔下的山水不仅是山水，而是融入了神灵之崔嵬，宇宙之雄奇。如果说孟浩然、王维的山水

---

① （唐）李白：《上安州裴长史书》。

② （唐）李白：《赠张相镐二首》其二。

③ （唐）李白：《感兴八首》其五。

④ 陈炎：《中国审美文化史》唐宋卷，上海古籍出版社2013年版，第77—78页。

田园是别致、简洁的水墨图，李白笔下的山水则是泼墨式的写意，是融会了天、地、人灵气的抒怀。如“飞流直下三千尺，疑是银河落九天”① 千古名句，既叙发了他胸中激荡之豪情，又赋予了山水以崇高的美感；既是对自然伟力的讴歌，又是对人生理想的礼赞。

李白的诗歌今存990多首。这些诗歌中有大量政治抒情诗，充分展示了诗人非凡的抱负、奔放的激情、豪侠的气概，也集中代表了盛唐诗歌昂扬奋发的典型音调，从以下几个方面呈现出来：

其一，李白有着强烈的自我意识。如他多次以大鹏自比，幻想像大鹏一样乘风直上，如《上李邕》云：

大鹏一日同风起，抟摇直上九万里。
假令风歇时下来，犹能簸却沧溟水。
时人见我恒殊调，见余大言皆冷笑。
宣父犹能畏后生，丈夫未可轻年少。

此诗气势磅礴，大有不鸣则已、一鸣惊人之势。

其二，李白有着强烈的用世思想。如他企盼风云际会，有着渴望建立奇勋的强烈愿望，如《梁甫吟》云：

君不见，朝歌屠叟辞棘津，八十西来钓渭滨！
宁羞白发照清水，逢时壮气思经纶。
广张三千六百钩，风期暗与文王亲。
大贤虎变愚不测，当年颇似寻常人。

此诗饱含着浓烈的感情力量，有一种逼人的壮大气势。而他那激昂奔放的政治热情，在受到现实的无情冲撞之时，便会转化为怀才不遇的悲愤狂歌，从胸中喷涌而出。如《行路难》感慨：

大道如青天，我独不得出。
羞逐长安社中儿，赤鸡白狗赌梨栗。

---

① （唐）李白：《望庐山瀑布》。

弹剑作歌奏苦声，曳裾王门不称情。

他还以痛快淋漓的饮酒诗，来排遣怀才不遇的忧愁。如《将进酒》云："人生得意须尽欢，莫使金樽空对月。天生我才必有用，千金散尽还复来。烹羊宰牛且为乐，会须一饮三百杯。"

其三，李白有着浓烈的爱国之情。在李白的诗中，祖国山河或明媚秀丽，或雄伟壮观，表现得多姿多彩，如他脍炙人口的"蜀道之难，难于上青天""黄鹤之飞尚不得过，猿猱欲度愁攀援"[①] 等句，千百年来，传诵人口，深入人心。他描绘祖国自然风光的诗，往往有一种震撼人心的力量，如"黄河之水天上来，奔流到海不复回"[②]；有一种开阔伟丽的极致，如"山随平野尽，江人大荒流"[③]；有一种把人引入仙境的魅力，如"日照香炉生紫烟，遥看瀑布挂前川。飞流直下三千尺，疑是银河落九天"[④]；有一种身临其境的现场感，如"朝辞白帝彩云间，千里江陵一日还。两岸猿声啼不住，轻舟已过万重山"[⑤]。这种泼墨式的大写意，真正是融会了天、地、人灵气抒怀的大手笔。[⑥]

其四，李白有着真挚的朋友情谊。李白十分重视交友，对朋友感情真诚，在诗中往往表现出惜别情谊，如《送孟浩然之广陵》云：

故人西辞黄鹤楼，烟花三月下扬州。
孤帆远影碧空尽，惟见长江天际流。

此诗以绚丽斑驳的烟花春色和浩瀚无边的长江为背景，极尽渲染之能事，绘出了一幅意境开阔、情丝不绝、色彩明快、风流倜傥的诗人送别画。从艺术性来说写得飘逸灵动，情深而不滞，意永而不悲，辞美而不

① （唐）李白：《蜀道难》。

② （唐）李白：《将进酒》。

③ （唐）李白：《渡荆门送别》。

④ （唐）李白：《望庐山瀑布》。

⑤ （唐）李白：《早发白帝城》。

⑥ 参阅郑师渠总主编，王永平分册主编《中国文化通史》隋唐五代卷，北京师范大学出版社 2009 年版，第 338 页；龚书铎主编，李岩分册主编《中国文化发展史》隋唐卷，山东教育出版社 2013 年版，第 187 页。

浮，韵远而不虚，感情细腻、真挚而感人。

与李白诗歌的豪放奔涌、无所掩抑的感情气势相适应，其在艺术手法方面的显著特点是：想象神奇、变化无端，结构纵横跳跃，句式长短错落，形成了雄奇飘逸的风格。这种想落天外的特点，大大发展了庄子寓言、屈原楚辞的浪漫精神和表现手法，也融会了道教的神仙意象，具有令人惊叹不已的艺术魅力，从而赢得了一代“诗仙”的赞誉，他精湛的语言与诗作为汉语注入了一股永不衰竭的新鲜血液。[①]

2. 诗圣杜甫

盛唐诗界何以称李白为“诗仙”，杜甫为“诗圣”？“仙”者，“指非凡的人”[②]。李白既是道士又有超越凡品的诗才，是盛唐时期伟大的浪漫主义诗人，故而获“诗仙”的美誉。“圣”者，“无事不通曰圣”[③]。杜甫忧国忧民，写诗记史，人格高尚，诗艺精湛，是盛唐时期伟大的现实主义诗人，故被尊称为“诗圣”。

有比较才有多样性的文化。

与李白的多彩身世相比，杜甫的身世尤显传统。杜甫出身于一个世代“奉儒守官”[④]，并有文学传统的家庭，自幼刻苦读书，显露出诗歌才能，20岁起漫游吴越、齐鲁等地，过着“裘马颇清狂”[⑤] 的生活。他受家庭熏陶和儒家思想影响，有志于“致君尧舜上，再使风俗淳”[⑥]，走“达则兼善天下”[⑦] 的道路。但他35岁到长安应试落选，困守长安十年，经过多次奔走献赋，才得到右卫率府胄曹参军的小官。安史之乱起，杜甫将家小安置在羌村，只身投奔唐肃宗所在地，不幸被叛军俘获，冒险逃脱后，终于“麻鞋见天子”[⑧]，受任为左拾遗。不久因言事触怒肃宗，被贬为华州司功参军。后来他弃官携家西去，经秦州、同谷到达成都，在城西浣花溪畔建成一座

① 瞿林东、施建中等总纂：《中华文明史》第五卷，河北教育出版社1992年版，第623—624页；龚书铎主编，李岩分册主编：《中国文化发展史》隋唐卷，山东教育出版社2013年版，第188页。

② 《辞源》上册，商务印书馆2014年版，第188页。

③ 《辞源》下册，商务印书馆2014年版，第2762页。

④ （唐）杜甫：《进雕赋表》。

⑤ （唐）杜甫：《壮游》。

⑥ （唐）杜甫：《奉赠韦丞丈二十二韵》。

⑦ 《孟子·尽心上》。

⑧ （唐）杜甫：《述怀一首（此已下自贼中窜归凤翔作）》。

草堂，安居下来。由于成都战乱，他又迁至夔州，过着十分贫困的生活。晚年漂泊在江陵、公安、岳州、潭州、衡州一带。58 岁时病死在一条破船上。这一生一世，虽家学渊源深厚，少年时代已才华横溢，而中青年时代漂泊四方，后又官运不通而流落各地，在贫穷潦倒中去世。但却锤炼了杜甫的济世情怀，使之能直面社会，不是抒发个人理想，而是描写时事苍生，致使他的诗歌“虽然苍凉，但绝不凄惨；尽管悲怆，却毫不绝望。在那‘星垂平野阔，月涌大江流’[①] 的诗句中，我们仍然可以感受到一种在压力面前崛然而起的雄健之风；在那‘无边落木萧萧下，不尽长江滚滚来’[②] 的诗句中，我们依然可以感受到一种在危难面前从容不迫的阳刚之气。这胸襟，这气度，非盛唐诗人所不能具有，非盛唐作者所无法驾驭”[③]。这一切都是杜甫诗歌创作之所以内容丰富而多彩，雄浑而深沉，清新而豪放，常常出语惊人、行文跌宕，充满了大胆的想象和奇异的夸张的人文背景。

杜甫之所以被誉为“诗圣”，是因为杜甫的诗歌呈现了唐代由盛转衰的历史过程，所反映的社会内容要远比李白丰富，上至帝王、将相，中至文人、官吏，下至田父、船夫，都是他诗中的人物。社会的动荡，仕途的坎坷，使诗人在颠沛流离之中广泛接触到了下层生活，从而在《哀江头》《悲陈陶》《塞芦子》《洗兵马》以及著名的“三吏”“三别”中具体而微地反映了“安史之乱”期间民间的痛苦和不幸，使这些作品具有“诗史”的意义。陈炎分析得很好，杜甫更为难能可贵的是：

> 在那个“白骨露于野，千里无鸡鸣”[④] 的时代里，他能够以一种真正的“仁者之心”将普通人的悲欢离合化为自己的喜怒哀乐；在那个“朱门酒肉臭，路有冻死骨”[⑤] 的社会里，他能够以“民为贵，社稷次之，君为轻”[⑥] 的立场来痛斥人间的不平。因此，在他的作品

---

① （唐）杜甫：《旅夜书怀》。

② （唐）杜甫：《登高》。

③ 陈炎：《中国审美文化史》唐宋卷，上海古籍出版社 2013 年版，第 87—88 页。

④ （东汉）曹操：《蒿里行》。

⑤ （唐）杜甫：《自京赴奉先县咏怀五百字》。

⑥ 《孟子·尽心下》。

> 中，既有“夜深经战场，寒月照白骨”[①] 的描写，也有“请为父老歌，艰难愧深情”[②] 的感伤；既有“吏呼一何怒，妇啼一何苦”[③] 的叙述，也有“人生无家别，何以为蒸黎”[④] 的喟叹；既有“朝廷虽无幽王祸，得不哀痛尘再蒙”[⑤] 的劝谏，又有“安得广厦千万间，大庇天下寒士俱欢颜”[⑥] 的期望……读之令人下千秋热泪、断百转愁肠。[⑦]

这就是唐王朝由盛转衰的历史写照，所以杜诗就是“诗史”，这在汉民族文化史上是空前绝后的，这也是杜甫能在唐诗巅峰上当之无愧地被誉为“诗圣”的根本原因。这是一方面。

另一方面，除“诗史”式的政治诗外，杜甫创作的自然风光和人文景物诗也展现了雄伟壮丽的画卷和精妙的艺术技巧。如他游泰山时写下了《望岳》诗；游雁塔时写下了《同诸公登慈恩寺塔》诗；漂泊江湘一带，又写下了《登岳阳楼》诗，这些诗，或气势磅礴，或浑涵汪茫，或雄伟壮阔，都可谓古今绝唱。与此同时，在艺术表现上，杜甫提倡诗的传神，如“读书破万卷，下笔如有神”[⑧]；“挥翰绮绣扬，篇什若有神”[⑨] 等，即是在理论上明确提出了传神说的观点。杜甫还讲究炼字，如“随风潜入夜，润物细无声”[⑩] 句，用一“潜”字，“润”字，就表达出了春雨的韵味，仿佛春雨也有了情思。他还常常锤炼叠字，表达浓烈的感情氛围，如前引“无边落木萧萧下，不尽长江滚滚来”，“穿花蛱蝶深深见，点水蜻蜓款款飞”[⑪] 等。杜甫的炼字使诗更加精练生动，或使诗的感情氛围更加烈[⑫]。从艺术性来说，杜甫显然比李白更讲究格律，但他却不像南朝及初

---

① （唐）杜甫：《北征》。

② （唐）杜甫：《羌村三首》之三。

③ （唐）杜甫：《石壕吏》。

④ （唐）杜甫：《无家别》。

⑤ （唐）杜甫：《冬狩行》。

⑥ （唐）杜甫：《茅屋为秋风所破歌》。

⑦ 陈炎：《中国审美文化史》唐宋卷，上海古籍出版社2013年版，第86—87页。

⑧ （唐）杜甫：《奉赠韦左丞丈二十二韵》。

⑨ （唐）杜甫：《八哀诗·赠太子太师汝阳郡王琎》。

⑩ （唐）杜甫：《春夜喜雨》。

⑪ （唐）杜甫：《曲江二首》之二。

⑫ 参阅郑师渠总主编，王永平分册主编《中国文化通史》隋唐五代卷，北京师范大学出版社2009年版，第341页

唐诗人那样刻意求工、寻章摘句，而是将那些外在的规定积淀为内在的要求。正所谓“文质半取，风骚两挟。言气骨则建安为传，论宫商则太康不逮”①。所以，杜甫的律诗，格律精工、技巧圆熟，又能容纳浑厚深广的情思。由于他能够将严格的法度和开张的气势完美地结合在一起，从而使人们在抑扬顿挫的旋律中感受到“风骨”的力量。而从美学风格来看，李白的诗善渲染、善夸张，能够把微小的事情搞得轰轰烈烈，将些隐蔽的情感弄得沸沸扬扬；杜甫的诗则善凝聚、善浓缩，能够将包罗万象的世界汇集为只言片语，把错综复杂的情感表述得井然有序。简言之，李诗注重自我的情怀，杜诗注重外界的物象。所以以审美文化的宏观视野来看，“李杜文章在，光焰万丈长”②。李、杜各放异彩的盛况，正是古代汉民族文学不可逾越的峰巅。这个峰巅不叫别的，它的名字叫“盛唐”！③

杜甫的诗歌现存 1400 多首，不仅在内容方面博大精深，而且在艺术形式方面也“千汇万状，兼古人而有之”④。后代评论者推崇杜甫为“诗圣”，注释杜诗者号称千家，形成了颇具规模的“杜诗学”。杜甫与李白一样，是汉民族文化永远的骄傲。1962 年纪念杜甫诞生 1250 周年之时，他被世界和平理事会列为世界文化名人。⑤

第六节　佛像·胡舞·唐画：汉民族艺术的融会

艺术是民族文化王冠上的宝石。

汉民族的艺术文化演进到魏晋南北朝和隋唐，形成了一条向上的曲线。与文学自觉相应的是艺术自觉。

最令人惊奇的是魏晋南北朝本是中国历史的低谷，面临国家的大动荡、大分裂，汉民族历史进入了最黑暗、最痛苦的一个时代，而汉民族艺术却大放异彩。其实这正是战乱带来的“出人意料”的一种结果，即人

① （唐）殷璠：《河岳英灵集序》。

② （唐）韩愈：《调张籍》。

③ 陈炎：《中国审美文化史》唐宋卷，上海古籍出版社 2013 年版，第 88 页。

④ （清）钱谦益：《牧斋初学集》卷一百九，《读杜二笺》（上）。

⑤ 瞿林东、施建中等总纂：《中华文明史》第五卷，河北教育出版社 1992 年版，第 626—627 页。

们在战乱中冲破了儒家伦理的牢笼，什么“王道理想、皇朝权威、正统道德、伦常秩序之类往昔曾被视为神圣的东西，在被怀疑和疏离中走向暗淡甚至崩解”[1]，从而实现了汉民族从秦汉“文化定型”以来第一次精神上的“自我超越”。这种“自我超越”一方面是个体向自我、人性、真情的回归；另一方面，则是个体对伦常、名教、礼法、俗规、节操、功业等等外在价值目标有意识的、自觉的文化选择。从而在民族大融合，汉民族不断补充新鲜血液的过程中，形成魏晋之际主流性的“大有胡气”[2] 的社会意识、文化姿态、哲学观念和审美风尚。使得这个时代充满了“极自由、极解放、最富于智慧、最浓于热情”[3] 的文化气息，使得一个时代文化真正走向了艺术，走向了美[4]！从而有了艺术文化发展向上的曲线走势。这恐怕就是魏晋南北朝的历史逻辑。

魏晋南北朝的“自我超越”，其结果是推出了气度恢宏，史诗般壮丽的隋唐艺术。这是一个春回大地的时代，到处都有生的力量在喧腾，到处都回荡着精神独立的声音。当历史帷幕拉开之后，我们看到的是：“音乐、舞蹈、书法、绘画、雕塑、建筑都以成熟而完美的姿态出现了，其中每个领域内都出现了不同的艺术流派，每个流派中都产生了第一流的艺术大师，而每个艺术大师又都成就了空前绝后的艺术杰作。”[5]

面对从魏晋南北朝到隋唐，汉民族艺术文化缤纷灿烂的态势，从中国文化的整体审视，以及唐王朝与同时的阿拉伯帝国比较的世界文化视野中，笔者选取佛像、胡舞和唐画三个艺术样式，来展示魏晋南北朝汉民族艺术的“自我超越”，隋唐艺术的博大精深。一是从中以窥这两个伟大的时代“那充溢着欢欣、迸发出创造光芒的文化精魂”，是如何“以一种历史大力，给中国文化灌注入新生的力量”[6] 的；二是从中以体验隋唐艺术的辉煌气象和世界艺术文化的高峰感。

---

① 仪平策：《中国审美文化史》秦汉魏晋南北朝卷，上海古籍出版社 2013 年版，第 131 页。

② 鲁迅：《致曹聚仁》，载《鲁迅全集》第 12 卷，人民文学出版社 1981 年版，第 184 页。

③ 宗白华：《论〈世说新语〉和晋人的美》，载《美学与意境》，人民出版社 1987 年版，第 183 页。

④ 仪平策：《中国审美文化史》秦汉魏晋南北朝卷，上海古籍出版社 2013 年版，第 130—131 页。

⑤ 陈炎：《中国审美文化史》唐宋卷，上海古籍出版社 2013 年版，第 2 页。

⑥ 冯天瑜、何晓明、周积明：《中华文化史》，上海人民出版社 1990 年版，第 559 页。

一　佛教造像：汉民族雕塑艺术融会的典范

汉民族的雕塑艺术，从先秦开始到两汉早已形成了具有独特民族文化特征的造像体系：先秦造像由巫而礼，表达对自然和鬼神的崇拜敬畏，如商代商人以玄鸟为图腾，妇好墓出土的一件“腰佩宽柄器玉人”，黄褐色，圆雕，呈跪坐状，双手平放于膝，头梳辫发，帽形发饰。对襟衣衫，卷云纹样。腰束宽带，腰部近左侧佩一宽柄器，柄端上部为卷云形。其外形、衣着、跪姿体现着尊贵，背部配饰透出威仪和神秘。赋予这个女祭司以玄鸟尾，应是希望她代表商民祭祀天地四方之神，为商民的福祉与神灵沟通。西周之时，周公制礼后造像中礼制风格凸显，人物形象从神秘氛围走出，出现反映现实生活的造像内容。如洛阳北窑出土一件人俑形车辖，屈膝而坐，双手叉腰，高颧骨，头戴网状束发物，为一普通驭者形象，颇不同于前朝造像诡异之风格。另有一出土于河南三门峡上村岭的漆绘灯跽坐人，人物五官真实，头梳偏髻，戴簪、束冠，身着宽松袍服，腰束带，跽坐人双手合握灯柱，从整个动势中表现出一种恭谨温顺、小心翼翼、合于人物身份的内在表情，形象极为写实。[①] 春秋战国开始呈现出脱离礼制规范、自由舒展变化的趋势。就题材而言，承继着西周以来从神秘走向现实的方向；就风貌而言，它们则一改西周的朴实平易，无不精雕细刻、镂金错彩、奢侈豪华，显示出进一步摆脱实用束缚、进一步追求观赏享受的审美倾向。[②] 如从现存的千多件战国木俑看，其精品大多出自楚墓。湖南楚墓出土的木俑，多为平头，圆脸或瓜子脸，并以细腰为主要特征。衣服多穿袍，形制有两种，一为曲裾长袍，一为直袍长袍。高级楚俑，造型更加精美，工艺精绝，集线雕、浮雕和圆雕于一体，尤其是对头部，更是刻画入微，高高的鼻梁，红红的嘴唇，眉毛弯弯细长，五官清秀端正，脖子为秀项、身材修长，正是“楚辞”赞美的小腰秀项，婀娜多姿的美女[③]，造像更为自然生动。

秦汉时期汉民族的雕塑艺术，正如本书上一章所说，与大一统相对应，秦代兵马俑的壮阔、恢宏和雄壮；汉代陵墓汉画石的质朴、大胆、简

① 尹枫：《隋以前中国造像及其文化发展初探》，《历史教学》2014年第8期。

② 廖群：《中国审美文化史》先秦卷，上海古籍出版社2013年版，第224页。

③ 傅举有：《湖南出土的楚汉木俑传递千古的风韵》（上），《收藏家》2009年第10期。

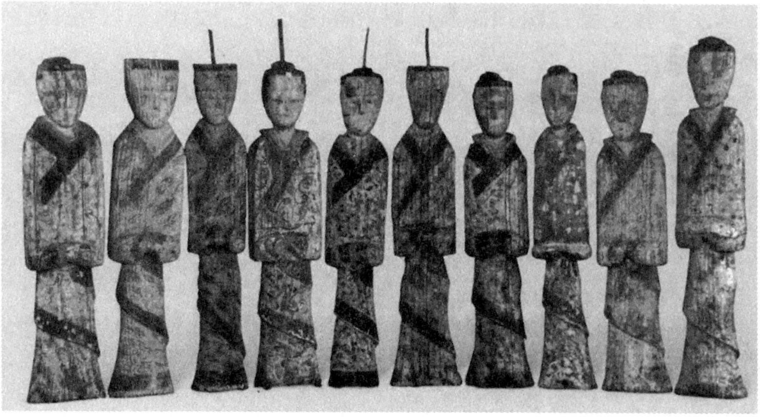

马王堆3号汉墓出土的彩绘木俑

资料来源：傅举有：《湖南出土的楚汉木俑传递千古的风韵》（上），《收藏家》2009年第10期。

洁，更多地表现为汉民族丧葬习俗与魂魄观念的传承。所以，从艺术角度来看，先秦及至秦汉，汉民族的雕塑艺术其实一直是统治者进行地上建筑，尤其是地下陵墓建筑的附庸。有人批评说这些雕塑过于匠气化，缺乏情感力量是其致命的弱点，完全忽略了每一个作为雕塑艺术的本体所具有的先天性不足。因此，"只限于表面去盛赞秦俑是中国雕塑艺术灿烂开端的说法似乎过于浅薄了些。这种为了炫耀显示王权威严而用武力征集天下之艺人去从事如此大规模的雕塑制作不仅代表不了一种真正的艺术行为，反而成了中国雕塑艺术的一个空前的灾难。从此，中国雕塑艺术未能从春秋战国的艺术繁荣状态之中脱颖而出，反而永远走上了匠作化的道路"①。如此之故，汉民族古代较少纯粹的雕塑艺术品，"这是一般人不重视中国古代雕塑的主要原因。中国远古时期重礼教，尊鬼神，艺术重心倾向于工艺美术，在礼器、祭器上发挥艺术天才，影响深远。从陶器、青铜器、玉器及漆器等工艺品发展出以装饰功能为主的实用性雕塑，在历代都占有主流地位"②。那谁能改变汉民族雕塑艺术的发展道路和方向呢？是佛教造像。

确实，公正地说，佛教传入后的造像运动，使汉民族雕塑从沦落为贵族王侯陵墓附庸的屈辱境地中走了出来，并唤起了它本质中最旺盛的生命

① 陈峰：《中国古代雕塑艺术的历史观照》，《东南大学学报》2006年第8卷增刊。

② 邓荣斌：《中国古代雕塑特点及欣赏方式》，《文化月刊》2013年第7期。

力量，从而挽救了濒临深渊的汉民族雕塑艺术。[①] 为什么这样说呢？

第一，西方吹来艺术之风。佛教的传入，印度民族艺术装饰性特点，以及希腊人对人体美感佛教艺术也随着古老的丝绸之路进入中国汉地。

印度佛教艺术本来是在印度北方融会形成的犍陀罗[②]艺术。所谓犍陀罗艺术的主要贡献在于佛像的创造。佛教在前 6 世纪末兴起后，数百年间无佛像，凡遇需刻佛本人形象之处，皆以脚印、宝座、菩提树、佛塔等象征。1 世纪后，随大乘佛教的流行，信徒崇拜佛像渐成风气，遂有佛像的创作。最初佛像乃从印度民间的鬼神雕像转化而来，而在犍陀罗地区，佛像的制作又较多地吸收了希腊式雕像和浮雕的风格。其特色是脸的宽度为长度的三分之二，称书型或古典型脸；脚长为身高的七分之一；鼻子长而隆起；石板上各雕像之间保持适当距离，布局不再像印度雕刻那样凌乱拥挤；脸型漂亮；浮雕凸起的高度为三分之二；衣服增多，褶纹多且深，或至少与真实的衣褶一样深；不再采用圆雕的手法，其背部不加雕刻，即雕像只朝向前面。[③] 归纳起来，佛像面容呈椭圆形，眉目端庄，鼻梁高而长，头发呈波浪形并有顶髻，身披希腊式大褂，衣褶多由左肩下垂，袒露右肩，佛及菩萨像有时且带胡须等。这股西方吹来的艺术之风，终于吹开了汉民族雕塑艺术创新的大门。

第二，风把石窟艺术的门吹开。佛教越过帕米尔高原从西部传入中国汉地，首先进入中国新疆地区，一路走来一路开拓石窟。首先在新疆的拜城和库车分别出现了克孜尔石窟群和库木吐拉石窟群，在龟兹又出现了龟兹石窟群。接着佛教和佛教艺术继续携手东行，在河西走廊一带留下了敦煌莫高窟、酒泉文殊山、张掖马蹄寺、武威天梯山等著名的石窟寺群。在甘肃南部，永靖炳灵寺、天水麦积山石窟也相继开凿。这一切都发生在北朝时期。尤其是莫高石窟，为现存世界规模最大、内容最丰富的佛教艺术圣地；麦积山是中国泥塑造像第二大宝库。还有北魏建都平城使名声赫赫的云冈石窟得以产生，以及 194 年，魏孝文帝迁都洛阳，龙门石窟的开

① 陈峰：《中国古代雕塑艺术的历史观照》，《东南大学学报》2006 年第 8 卷增刊。

② 犍陀罗是古印度十六列国之一，本部在今巴基斯坦北部印度河与喀布尔河交汇处的白沙瓦谷地。印度河以东的塔克西拉曾作为犍陀罗的首府，可以说是犍陀罗艺术的摇篮。白沙瓦谷地北边的斯瓦特河谷、西边阿富汗喀布尔河流域的哈达、贝格拉姆等地，也往往被划归犍陀罗艺术流派的范围。

③ 宋宇：《犍陀罗艺术与佛教》，《河南科技学院学报》2012 年第 11 期。

创，使佛教艺术向四面八方传播，进而形成一个庞大的石窟寺网。这样中国汉地的雕塑艺术，随着佛教石窟文化的兴盛而进入了一个划时代的繁荣时期。[①] 从而致使魏晋之世，佛教遂以独立的形象面向分裂离乱的中国社会，建寺开窟造像之风从此遍及南北。

第三，人在石窟艺术中的主体性地位确立。佛教造像艺术的传入对汉民族雕塑艺术最大的影响，是人在雕塑艺术中主体性地位的确立。按照汉民族雕塑艺术的传统，在以往的陵墓等建筑中，人们醉心于对诸如辟邪、狮子、麒麟、骏马、天鹿、骆驼等现实的或臆想的动物用雕塑艺术方式加以创造并给以赞美。而佛教造像给汉民族雕塑艺术的转型和发展一个"撬动地球"的支点，即对人体的崇尚。聪明而细腻的汉民族艺术家及时地抓住了这个机遇，并最终清醒地认识到："石窟中的神像与其说是神像，毋宁说是被美化了的世俗中的常人之像；因而，与其说人们所赞美并加以膜拜的是神，倒莫若说是人类自身。中国人终于从对神性动物的宗教式依赖而转为对人类自身神性的依赖。中国的雕塑家们至此也终于发现：艺术其实就是对人类本质中神性的赞歌。"[②] 这是汉民族雕塑能够真正崛起的关键性因素，此其一。其二，在佛教造像中，出现多位造像大师。如东晋开汉地佛教造像新风的戴逵、戴颙父子；刘宋之际顾恺之在建康瓦棺寺绘《维摩诘像》壁画，光彩耀目，轰动一时，此后汉地佛教造像形成追求清瘦羸弱的风格，到陆探微创立秀骨清像的佛教造像，新的佛教艺术样式得以形成。后南朝梁武帝时期，张僧繇形成了"面短而艳"[③] 的佛教造像风格。唐吴道子所创人物的洒脱丰姿，都可以说是源于张僧繇"得其肉"的丰腴式画风。这就一扫秦汉雕塑师工匠化之积弊而永垂"汗青"。

第四，汉民族雕塑艺术风格的形成。聪明而智慧的汉民族雕塑家，在吸收佛教艺术中充分发挥了汉民族文化底蕴的作用，并把两者巧妙地融会在了一起，从而形成了自己独特的艺术风格。而承载这个风格的载体就是泥塑。众所周知，汉民族远古关于造人的传说是："天地开辟，未有人民，女娲黄土造人。"[④] 说明在黄土高原上崛起的汉民族对泥土有一种本

---

① 陈峰：《中国古代雕塑艺术的历史观照》，《东南大学学报》2006 年第 8 卷增刊。

② 同上。

③ （宋）米芾：《画史》。

④ 《太平御览》卷七十八引《风俗通》。

能的喜爱。还有汉民族的建筑是土木结构的，堆砌长城的砖是用土烧制的，因为具有一种高贵的色泽而让西方人爱不释手的瓷器，也是用一种特殊的土制作而成的，发现于辽西牛河梁遗址的中国史前形体最大的人体雕塑红山文化女神像，以及秦始皇兵马俑中的所有兵俑均为陶塑。汉民族对泥土的熟练使用简直是举世无双的。所以在众多的以泥塑为主的石窟以及寺庙中，以敦煌莫高窟、天水麦积山石窟寺的彩塑最为精美，而成为世界文化的一座宝库。与此同时，汉民族的雕塑艺术在走向成熟的过程中，泥塑作品绝少刀工斧痕，对纤巧柔软、生动自然的感觉的表现是石头等其他材料所不能及的。而泥土恰好适应了汉民族的这种追求精细的创造情趣。再有，对于素有“衣冠文明”传统的汉民族来说，两晋南北朝时期，文人士大夫们喜高冠博带，宽袍广袖，常常是长衣曳地而行。而泥塑恰恰特别善于表现衣饰，认为衣冠是人体风度与格调的表现。于是，魏晋南北朝雕塑艺术上“秀骨清像”[①] 的衣纹装饰正是源于这种着衣风尚[②]。由此可见，汉民族以开放性的心态，吸收了外来的各种类型的造像风格和样式，丰富了自身的艺术内涵和形象体系。所以，“源于生活而高于生活”，锤炼出了汉民族佛教造像精练富丽、细腻写实的艺术风格。与此相辅相成，菩萨造像的主要艺术转变形式也完成了从外来样式的“曹衣出水”[③] 到中国化的“秀骨清像”，佛像汉化的过程也相应完成。

就是佛教造像这个双向互动、磨合和融会过程，终于改变了汉民族雕塑艺术发展的道路和方向，并逐渐趋向成熟和发达。汉民族佛教雕塑艺术，在这一过程中逐渐确立起自己特有的语言方式和雕塑手段，最终脱离了稚拙的“刻削之道”[④]，步入辉煌的时期。具有汉民族风格的佛教造像，与完成汉化的佛教一道，成为汉民族文化最重要的组成部分。[⑤]

---

① （唐）张彦远：《历代名画记》。

② 陈峰：《中国古代雕塑艺术的历史观照》，《东南大学学报》2006 年第 8 卷增刊；陈竹：《浅析魏晋南北朝菩萨造像——从“曹衣出水”到“秀骨清像”》，《金田》2014 年第 11 期。

③ 北齐曹仲达来自中亚曹国（乌兹别克斯坦撒马尔罕一带），曾任朝散大夫。擅画人物、肖像、佛教图像，尤精于外国佛像。所画人物以稠密的细线，表现衣服褶纹贴身，“其体稠叠，而衣服紧窄”，似刚从水中出来，人称“曹衣出水”。参阅（宋）郭若虚《图画见闻志·论曹吴体法》。

④ 《韩非子·说林下》。

⑤ 李凭、袁刚总纂：《中华文明史》第四卷，河北教育出版社 1992 年版，第 525 页；尹枫：《隋以前中国造像及其文化发展初探》，《历史教学》2014 年第 8 期。

二　汉乐胡舞：汉民族歌舞艺术融会的高潮

魏晋南北朝是民族大融合的时代，也是汉民族音乐文化空前大融合的时代。一方面“几近一致的草原游牧民族的文化质，又使这些民族形成一个‘胡’文化共同体，与中原地区的农业社会的‘汉’文化发生持久而激烈的文化冲突”[①]。另一方面“胡”“汉”文化在冲突的互动中，经过互化，即胡文化的“汉化”与汉文化的“胡化”，以及长期的碰撞、磨合，在从多元走向一体，中国民族关系发展大趋势的规范下[②]，进入中原的匈奴、鲜卑、羯、氐、羌等“胡”族先后被“汉化”。对这种“汉化”，冯天瑜有一个很精辟的解读，他说：“这种‘汉化’胡文化虽受容于汉文化系统，但是这种加入绝非机械组合。在进入汉文化轨道的进程中，胡文化也以其固有特质对汉文化系统加以冲击、改造。蛮野但充满生气的北族精神，给高雅温文却因束缚于严格传统而冷淡僵硬的中国文化带来了新鲜的空气。汉文化‘胡化’的文化效应益渐充分地向外释放，公元八世纪，这样一种文化化合，终于推出空前繁荣璀璨的盛唐文化。”[③]汉乐胡舞正是这伟大文化融会中最璀璨的一对姐妹花。

（一）文化融会的汉乐新声

汉乐新声是胡汉文化融会的一个结晶。这个结晶体由清商乐、西凉乐、乐律学、新乐器构成。

1. 清商乐的流行

汉代兴起并盛行汉民族民间俗乐——相和歌，到了魏晋南北朝时期就衍变成一种新的音乐品种，名曰“清商乐”。《宋书·乐志一》云：“今之清商，实由铜雀（指铜雀台，曹操所建），魏氏三祖，风流可怀。”说的是魏武帝曹操、文帝曹丕、明帝曹叡，都为相和歌撰写歌辞，而且曹操“好音乐，倡优在侧，常以日达旦”[④]，是个清商乐迷。曹丕因喜清商乐，在建魏时，即设立了“清商署”。魏时善唱相和的歌唱家有宋容华，她的声音清澈，当时特妙。这些都被看作清商乐的滥觞。

---

① 冯天瑜、何晓明、周积明：《中华文化史》，上海人民出版社 1990 年版，第 540 页。

② 徐杰舜：《中国民族关系发展大趋势论》，《学术探索》2011 年第 5 期。

③ 冯天瑜、何晓明、周积明：《中华文化史》，上海人民出版社 1990 年版，第 550 页。

④ 《魏书·武帝纪》注引《曹瞒传》。

西晋时，著名音乐家荀勖执掌清商署，他与其他音乐人士一起从事相和歌的加工改编工作，艺术上极有创新精神，《宋书·乐志》称他们“尤发新声”。永嘉之乱后，清商乐的主要部分随东晋政权南渡，同江南的地方民间乐舞吴歌、西曲相结合，形成了所谓南朝的“清声”，这就是清商乐。

吴歌流行于长江下游，以当时的首都建业（今南京）为中心。《乐府诗集》卷四十四说：“自永嘉渡江之后，下及梁陈，咸都建业，吴声歌曲起于此也。”现存本时期吴歌歌辞约有 330 首，它们主要是东晋到刘宋时期的歌曲，也有少数舞曲。《宋书·乐志一》说：“吴歌杂曲，并出江东，晋、宋以来，稍有增广。”“其始皆徒歌，其后被弦管。”它们大多是五言四句的体式。其见于《宋书·乐志》、南朝陈僧人智匠《古今乐录》和《乐府诗集》收录的曲调名称约 26 种，其中不包括有声无辞和没有歌辞传世的作品。

西曲则流行于长江中游和汉水两岸，以江陵（湖北江陵县）为中心。《乐府诗集》卷四十七说《西曲》“出于荆（湖北江陵）、郢（湖北武昌）、樊（湖北襄樊）、邓（襄樊略北）之间”。现存本时期西曲歌辞约 140 首，它们大多产生并流行于南朝宋、齐、梁三代，三分之二以上是五言四句的体式，其他七言、四言等不到三分之一，较吴歌稍活泼些。其见于《乐府诗集》卷 47 所引《古今乐录》的曲调名称为 34 种，内歌曲 20 种，舞曲 14 种；歌曲大多是所谓“倚歌”，有的同时又是舞曲。

吴歌、西曲从音乐方面说包含有很多民间曲调。一般说来，吴歌、西曲多为五言四句一曲。但也有少数歌词是用长短句的。从曲式上看，常常是每一“曲”之前加一个曲调相同的引子，称为“和”。末尾再加上一个尾声，称为“送”，但有的情况却是有和无送或有送无和。清商乐婉转明丽，清新自然。《大子夜歌》是这样概括它的演唱风格的：“歌谣数百种，《子夜》最可怜；慷慨吐清音，明转出天然。”而清商乐中的“大曲”，又称“清商大曲”，比相和大曲有新的发展。大曲结构除主曲外，还包括“艳”“趋”“乱”等部门。“艳”为序曲，在主曲前，乐声抒情婉转。“趋”或“乱”则在主曲后，把主曲推向高潮，音声激烈紧张。清商乐最为杰出的作品是东晋桓伊创作的笛曲《三弄》。《晋书·桓伊传》说他“善音乐，尽一时之妙，为江左第一”。著名书法家王徽之久闻其善吹笛偶然相遇，徽之请求桓伊演奏，伊即兴吹奏了《三弄》，从此《三弄》便名扬天下，广为流传。后为琴家改变为琴曲《梅花三弄》[①]。《梅花三弄》结构简明，曲调朴实，以奔放的曲调刻画和赞美了梅花不畏严霜的品格。[②]

吴歌、西曲从歌辞方面说有两类，一类是民间创作的，具有典型的民间歌诗风格；一类是包括皇族在内的文人阶层模拟民歌创作的。这两类形式上有同有异，而在审美内涵与情趣上则是两种境界。民间歌辞，抒情热烈而率直，具有情感的冲击力；而文人摹写的民歌，抒情委婉而含蓄，具有清妙的审美韵味。如民间创作的西曲歌辞《莫愁乐》之一："闻欢下扬州（建康），相送楚山头。探手抱腰看，江水断不流。"莫愁是石城（湖北钟祥）的一个女子，善歌唱。据《乐府诗集》卷48引《古今乐录》说，《莫愁乐》又名《蛮乐》，它同时是首舞曲。莫愁的名字和传说，相沿至今不衰。据学者研究，吴歌和西曲的歌辞是比较健康的，具有清新柔美的特点，但较汉魏相和歌更趋向绮丽纤巧，玲珑多姿，这和长江流域秀丽的山川景色，建康、江陵的繁盛富庶，魏晋以来文艺审美风尚日益摆脱经学的束缚，文士崇尚老庄、鄙弃礼法的倾向，以及统治阶层耽于声色游乐，等等都有关系。正是来自民间又高于民间，民间歌曲无疑是创作的基础，但经过加工改制以后或新创模拟之作，往往更为细腻柔媚。

吴歌、西曲流行的年代，大致都是在东晋南朝时期，二者只是有些早晚差别。《宋书·乐志一》云："吴歌杂曲，并出江东，晋、宋以来，稍有增。"而西曲也大多是盛行于南朝宋、齐、梁三代。即使民间，也呈现出了俗乐俗舞盛极一时的繁荣局面。如宋文帝时代，"凡百户之乡，有市之邑，歌谣舞蹈，触处成群"。再如齐武帝时代，"都市之盛，士女昌逸，歌舞声节，袨服华装，桃花渌水之间，秋月春风之下，无往非适"。[③] 由此可见吴歌和西曲在整个南朝城乡流行的繁盛境况。

不仅如此，北魏孝文帝和宣武帝崇尚汉文化，也在淮、汉一带收集被称为"清商乐"的中原旧曲，以及江南吴歌、荆楚西声。《魏书·乐志》云："初，高祖讨淮、汉，世宗定寿春，收其声役（伎）……江左所传中

---

① （明）朱权：《神奇秘谱》小序。

② 参阅龚书铎总主编，韩昇主编《中国文化发展史》魏晋南北朝卷，山东教育出版社2013年版，第388—389页。

③ 《南史·循吏列传》

原旧曲……及江南吴歌、荆楚四（西）声，总谓清商。”《旧唐书·音乐志》也说：“后魏孝文，宣武用师淮、汉，收其所获南音，谓之清商乐。”又可见清商乐在北朝流行的概貌。

其实清商乐主要是北方和南方广大汉民族地区流传的一种俗乐，并对北方和西北少数民族的音乐文化产生过影响。沿至隋唐，隋文帝称清商乐为“华夏正声”[①]。从魏晋南北朝清商乐的流行来看，吴歌和西曲是继《诗经》的民间歌舞、汉代《相和大曲》之后，汉民族古代俗乐舞的又一大发展。[②]

2. 西凉乐的融会

汉乐新声的另一个结晶体是西凉乐。汉乐与胡乐的互动、交流和融会，主要发生在北方的鲜卑族和西北各族，而且通过丝绸之路又和亚、欧广大地区有着联系和交往。此外，由于佛教的传入和天竺（印度）的音乐文化交流关系，以及和高句丽国的关系也甚为重要。但由于龟兹乐等胡乐传入后和汉族音乐会合交融的结果，在西北地区形成了一种兼有汉、胡两种音乐特点的音乐品种，史称“西凉乐”。这是魏晋南北朝时期胡汉音乐文化交流的一个典型案例。

西凉乐起源于后凉政权吕光统治凉州（今甘肃黄河以西等地）时期（386—403 年），初名秦汉乐。《隋书·音乐志下》说：“西凉者，起苻氏（前秦政权）之末，吕光、沮渠蒙逊等据有凉州，变龟兹声为之，号为秦汉伎。魏太武（北魏太武帝）既平河西（约 431 年）得之，谓之西凉乐。”《旧唐书·音乐志二》也说它是不同民族的音乐文化融合而成，不过稍稍强调中原旧乐的基础：“其乐具有钟磬，盖凉人所传中国旧乐而杂以羌胡之声也。”由于北魏政权后期以洛阳为首都，所以北齐伐魏以后曾称秦汉伎为“洛阳旧乐”，到隋唐时期才正式称作西凉乐。

西凉乐最初是以苻坚秦国氐羌民族和中原汉族的音乐为主要基础，随后又吸收了西域“胡戎之声”和西凉匈奴人沮渠氏的音乐（“部落稽”），然后在魏周期间增加了大量鲜卑民族的音乐，所组成的一部大型伎乐。仔细考察，西凉乐本身并不是某一个民族的音乐，而是属于古西凉地区各民

---

① 《隋书·音乐志下》。

② 李凭、袁刚总纂：《中华文明史》第四卷，河北教育出版社 1992 年版，第 593—597 页；仪平策：《中国审美文化史》秦汉魏晋南北朝卷，上海古籍出版社 2013 年版，第 245—248 页。

族的音乐文化艺术。其中有河西匈奴、河西鲜卑、吐谷浑，部落稽（稽胡）、仲云（小月氏）、羌（党项羌、白狼羌）、氐、汉等民族的音乐艺术。

那么西凉乐到底拥有古西凉地区哪些民族的乐曲呢？据《新唐书·礼乐志》载："周、隋始兴西凉乐杂奏，至唐存者五十三章，而名可解者六章而已。一曰'慕容可汗'、二曰'吐谷浑'、三曰'部落稽'、四曰'距鹿公主'、五曰'白净王'、六曰'太子企喻'也。其余辞多可汗之称，盖燕魏之际鲜卑歌也。"这表明，西凉乐到唐初仅存五十三章，其中名称可理解的只有六章。

在这里，就有一个矛盾，即《隋书》说西凉乐是"变龟兹声为之"，而《新唐书》却说西凉乐是"盖燕魏之际鲜卑歌也"。其实不然，这两种说法正好呈现了两种不同时期的西凉地带各民族音乐艺术交流、互动、融会的情况。前者说明了吕光时期将《秦汉伎》（西凉乐）和他从西域带回的"奇技异戏"，在其所谓三河王宫中进行演奏的音乐。而后者却对西凉乐部的章数及歌辞名称作了较详细的记叙。《新唐书》的这一记载，说明在与东晋对峙的五胡十六国长达130多年的动乱年代之中，西凉地区处于民族杂居的情形。"燕"是指前燕、后燕、鲜卑人所建立的政权。前、后、南燕属鲜卑慕容部，起先在中原一带建立政权，后被前秦苻坚、北燕冯跋、东晋所灭，迁徙到河西南部地区建立了王国，这是一方面。

另一方面，在东晋孝武帝太元年间（376年），曾数次获得苻坚秦国宫廷乐工数人，而鲜卑人建立的后燕也曾"尽获苻氏旧乐"①。由此可见，在魏太武帝未平河西之前，以及吕光未平西域之前，苻坚秦国就已形成过其宫廷乐舞，这种乐舞很可能被称为"秦汉伎"。这就和西凉乐最初被称为秦汉伎的历史相吻合了。那么秦汉伎到底是指何而言呢？《通典》卷一百四十一云："西凉伎即是晋初旧声，魏太武平凉州所得也，秦汉二代是魏晋相承之乐。"说明秦汉伎是魏晋沿承秦汉两朝的音乐。西晋灭亡后，这种音乐流落到张氏统治的凉州地带。后来苻秦强大灭凉州张氏，得到了这种秦汉伎，列入其宫廷。正如《隋书·音乐志》所载："清乐，其始即清商三调是也。并汉以来旧曲，乐器形制并歌章古辞与魏三祖所作者，皆被于史籍，属晋朝迁播，夷羯窃据，其音分散，苻永固平张氏，始于凉州

① 《隋书·音乐志下》。

得之。”然而这种秦汉伎被史书称为“其乐具有钟磬，盖凉人所传中国旧乐，而杂以羌胡之声”的音乐[①]，说明了在魏太武帝平河西之前，苻坚平凉州得到的音乐，就是历史上记载的“中国旧乐”，其中包括中原汉族的古老乐器钟、磬之类。诚然，这种“中国旧乐”在甘肃及其周围民族地区与当地少数民族音乐进行了长达共60年之久的互相吸收、融化，使中原汉族的古老乐器钟、磬等和乐曲，到魏太武（439年）灭北凉（平河西）时，已“杂有羌胡之声”了。“羌胡”即羌族。《周书·帝纪》云：“渭州（甘肃陇西一带）及南秦氐羌连结，所在蜂起，南岐至于瓜、鄯跨州据郡者，不可胜数。”《隋书·党项传》亦云：“党项羌者，三苗之后，其中有宕昌白狼，自称弥猴种，东接临洮、西平，西拒叶护，南北数千里，……有琵琶、横吹，击缶为节。魏周之际数来扰边。”可见，“杂以羌胡之声”是指羌族“琵琶、横吹、击缶为节”的音乐。这一切都表明，在吕光居凉州以前，秦汉伎已在苻坚秦国兴起，是一种由“中国旧乐”“杂有秦声”和“杂以羌胡之声”以及前述鲜卑民族音乐所组成的一部伎乐。

西凉乐进入北魏首都平城和孝文帝迁都洛阳后，又发生了变化。这种变化的主要原因是，北魏、西魏，北周均为鲜卑民族建立的政权。由于鲜卑民族在中国北方统治了长达195年之久，故而使《西凉乐》在原有鲜卑民族乐曲的基础上，增加了当时流行在西凉及其周围地带的鲜卑民族音乐。因此，西凉乐在“魏周之际，遂谓之《国伎》”[②]和唐代的西凉乐五十三章中“盖燕魏之际鲜卑歌也”，以及“慕容可汗”“吐谷浑”是鲜卑民族音乐的原因正在于此。

总之，吕光时代“变龟兹声为之”的西凉乐，与魏太武帝得“沮渠蒙逊之伎”后的西凉乐已不可同日而语了。这正好呈现了西凉乐互动、磨合和融会的过程，即开始时可能是一部乐曲数量不多的伎乐，还没有形成“杂奏”（即分章演奏）的局面。至以后的数年中，尤其是魏周之际，增加了相当数量的鲜卑民族乐曲或由其民族所唱的歌曲改编而成的乐曲，所以产生和形成了“自北周、隋始兴西凉乐杂奏”[③]的繁盛局面。为此

---

① 《旧唐书·音乐志》。
② 《隋书·音乐志下》。
③ 同上。

《旧唐书·音乐志》记载说："自周隋以来，管弦杂曲将数百曲，多用西凉乐；鼓舞曲多用龟兹乐。其曲度皆时俗所知也。"

这就是西凉乐在北朝时期融会的大致过程。这个过程的完成为汉乐新声增添了一股新鲜血液。[①]

3. 乐律学的创新

中国古代的"乐律"，最早在吕不韦著《吕氏春秋季夏纪·音律》中称"音律"，其后亦有"钟律""律吕""乐典""声律"等基本意义相通的称谓。"乐律"一词的形成可能与司马迁《史记》《乐书》《律书》有关。[②]

魏晋南北朝时，汉代乐府相和的合称，也叫清商三调。南北朝至隋唐，以为三调。从汉代相和歌的平、清、瑟三调延续而来，形成清商清、平、侧三调，同时出现琴面十三徽的应用，即利用古琴从琴首到琴尾的十三个徽位，起到标记音位的作用——弹奏按音时，按弦位置的标记物和弹奏泛音的节点来定音。而此时文化的融会，艺术从自为走向自觉，呈现在乐律学的创新上主要有两大成就：

一是晋代荀勖[③]制定笛律。西晋泰始十年（274 年），荀勖设计并制造了一套笛律。所谓笛律，是一种特制的，有固定长度和型制的笛，用它来确定人声和其他乐器的音高，其型制如现代直吹的箫，共 12 支，分别以十二律命名为黄钟之笛、大吕之笛等。每支笛均可吹出"三宫二十一变"。所谓"二十一变"，是指每支笛律上可吹出的三种七声音阶的音的总数。这在汉民族音乐文化史上是最早对广泛流传的三种音阶进行的理论概括，并反映在笛律上的重要成果。这三种音阶是中华大地传统音乐的主要音阶，至今仍可随时从丰富多彩的传统音乐中听到，尤其其中俗乐音阶仍在西北地区广泛流传。可见在文化融会中笛律的创新为汉民族音乐文化的发展树立了一块里程碑。

二是何承天[④]创制新律。何承天善弹筝，遍览经史，精于历算，他认

---

① 以上参阅郝毅《试探〈西凉乐〉民族之源——暨论"变龟兹声为之"》，《音乐研究》1985 年第 3 期；李凭、袁刚总纂《中华文明史》第四卷，河北教育出版社 1992 年版，第 607—608 页。

② 陈应时：《中国古代乐律学概述》，《文化艺术研究》2009 年第 6 期。

③ 荀勖（？—289 年），西晋乐律学家。字公曾，颍川颍阴（今河南许昌）人。

④ 何承天（370—447 年），东海郯（今山东郯城西北）人。东晋至南朝宋乐律学家、无神论思想家、历学家。

为，“上下相生，三分损益其一，盖是古人简易之法”①。他不满京房②用三分损益方法推衍的六十律，提出新的律制以求黄钟还原，即采用在十二律内部加以调整的办法来给予解决。经他调整的十二律，后世称之为“何承天新律”。而十二平均律是现代乐律学的基本理论，中国现在所用的十二平均律，是由于西方键盘乐器（钢琴、管风琴、手风琴等）的传入而得到广泛应用。最初，大家还以为这种律制是西方人发明的。但是，随着研究的深入，人们才渐渐发现这种律制最早由中国明代律学家朱载堉所发明③。而何承天创制新律目的在于解决十二律还相为宫的问题，所以它必然具有所谓“平均律”的倾向，从而得出接近于朱载堉十二平均律的律制，因而就成了世界上十二平均律的先驱。这是汉民族对世界律学史的一项重大贡献。④

4. 新乐器的引进

唱歌少不了乐器的伴奏，新乐种的出现，促成了乐器品种的融会。魏晋南北朝引进的新乐器主要有：各种筚篥、贝、曲项琵琶、五弦琵琶、凤首箜篌、钹、方响、腰鼓、羯鼓、都昙鼓、答腊鼓、鸡娄鼓等。试举几例：

筚篥，是随龟兹乐传入的木制管乐器，有指孔和芦哨。龟兹、疏勒、安国、天竺等乐均使用，延至隋唐时期广泛流行，是重要的管乐器。

曲项琵琶，大约是 4 世纪下半叶由西域传到西北。据《梁书·简文帝本纪》记载，大宝二年（551 年）侯景计弑简文帝，曾使人“并赍酒肴、曲项琵琶，与帝饮”。可见，至迟在南朝梁代，曲项琵琶又已传到江南。曲项琵琶以颈项向后方曲折而得名，音箱为梨形，四弦，迥然不同于汉琵琶。曲项琵琶传入后，在拨弹乐器和乐队中跃居首要地位。千余年来，曲项琵琶形制不断变化，曲项衍变为直项，横抱衍变为直抱，拨弹衍变为指弹，兼擅合奏与独奏，已成为汉民族乐器中的重要成员，成为表现力精湛的佼佼者。同时，其曲项、横抱、拨弹等古朴型制与技法在今福建

① 《隋书·律历志上》。

② 京房，本姓李。汉元帝时为郎、魏郡太守。治易学，详于灾异，开创了京氏易学，有京氏易传存世。在音律理论方面，他把传统的十二律扩展成了六十律。

③ 陈应时：《朱载堉和古琴》，《中国音乐》1985 年第 1 期。

④ 李凭、袁刚总纂：《中华文明史》第四卷，河北教育出版社 1992 年版，第 612—613 页；陈应时：《十二平均律的先驱——何承天新律》，《乐府新声（沈阳音乐学院学报）》1985 年第 2 期。

和陕西若干地区仍有遗绪存留。

五弦琵琶，较曲项琵琶略小，多一弦，或称五弦。可能与曲项琵琶同时传入，今已不再使用。

凤首箜篌，与汉代传入的竖箜篌同类，上方饰有凤首而得名。可能源于天竺乐。东晋曹毗《箜篌赋》有“龙身凤颈，连翩窈窕”句，可见此时已传入。它连同卧箜篌、竖箜篌久已不传。

钹，可能随天竺乐传入，北魏时期已流行。羯鼓、都昙鼓、答腊鼓、鸡娄鼓，均用于西域诸乐。羯鼓来自羯人，即月氏人，于南北朝时传入中原。其他鼓类也可能于南北朝或至迟于隋唐时期传入。

以上多种乐器，除文献记载外，大多可从敦煌莫高窟、大同云冈石窟、新疆拜城克孜尔石窟等处的雕刻、壁画以及有关出土文物得到印证①。这些新乐器的引进大大丰富了汉乐新声，成了魏晋南北朝音乐文化结晶体不可分割的组成部分。

（二）文化融汇的胡舞盛行

汉乐新声的遍地花开，为隋唐舞蹈艺术的发展铺陈了一条繁花似锦的大道。隋唐艺术以舞蹈艺术为代表沿着魏晋南北朝向高峰攀登的曲线趁势而登上了顶峰。

常任侠在《中国舞蹈史》中对灿烂夺目的隋唐舞蹈有一个概说：

> 隋开皇九年（589年），把南朝的陈击败，统一了南北，得到宋齐时代的旧乐，于是把北周南陈以前的乐舞，聚在一起，分为雅俗两部，又收集了波斯、中亚诸民族和东亚邻邦的乐舞，总为七部。到隋大业中，又增加为九部，这个九部乐的名称是：一．清乐、二．西凉、三．龟兹、四．天竺、五．康国、六．疏勒、七．安国、八．高丽、九．礼毕。其中清乐和礼毕两部，是南朝的旧乐，其他龟兹、天竺、康国、疏勒、安国、高丽的乐舞，除天竺与高丽的乐舞外，其他都是我们当时西部版图的乐舞。到唐初，仍然继承着隋九部乐，乐工舞人，都无变化。到唐太宗时，列入高昌的乐舞，增加一部，自此遂有十部乐。到唐玄宗时，分乐舞为二部，堂下立奏叫作立部伎，堂上坐奏叫作坐部伎。坐部在堂上演舞，丝竹合奏比较贵重；立部在堂

① 李凭、袁刚总纂：《中华文明史》第四卷，河北教育出版社1992年版，第609—610页。

> 下，击鼓吹笙，并作杂戏，为当时所轻；但坐立部都用龟兹乐。当时奏乐舞蹈的情形，在敦煌千佛洞的唐代壁画中，还可以看到。唐代的十部乐舞中，多半是我国西部的乐舞艺术，如于阗、疏勒、龟兹、高昌，来自新疆天山南北，天竺即今印度，康国今撒马尔罕，安国今布哈尔。其中以龟兹的乐舞为首，玄奘的《大唐西域记》说：龟兹"管弦伎乐，特善诸国"。龟兹乐舞，吸收了北印度与波斯两地的技艺，有高度的发展，因此在隋唐的宫廷和民间，盛极一时。[①]

所谓"盛极一时"，以唐代为例，舞蹈形式多样，内容丰富，技巧繁难，具有很高的欣赏价值的表演性舞蹈，以及来自民间、经过较多艺术加工、形式华丽、规模宏大的宫廷燕乐舞蹈等大量涌现。当时，无论在皇宫殿廷，贵戚厅苑，通衢街市，寺院庙堂等各种场合；也无论是宴享游乐，迎宾会客，年关节际，婚丧嫁娶等各种机会，都要有舞蹈表演以抒情助兴。观赏舞蹈表演成了人们艺术欣赏活动的重要项目。诸如技艺精湛、短小精悍的"健舞""软舞"；绚烂瑰丽各具特色的《坐部伎》《立部伎》；承旧创新广采博取的《九部乐》《十部乐》和乐舞"大曲"，以及显示着不同民族和异域乐舞艺术风采神韵的"四方乐舞"等，成为唐代舞蹈艺术的蔚然大观。[②] 在这蔚然大观中胡舞的盛行构成唐代舞蹈一道独特的风景线。

胡舞虽然在汉代已经传入中原，"灵帝好胡服、胡帐、胡床、胡座、胡饭、胡箜篌、胡笛、胡舞，京都贵戚皆竞为之"。[③] 王亲贵胄也把"尚胡"当作一种时尚；魏晋南北朝时期的民族大融合也促进了胡乐胡舞与汉乐汉舞的交流和交融，而这些只不过是胡舞"小荷才露尖尖角"。把胡舞真正"发扬光大"、让胡舞在舞台上绽放出最绚丽多姿的光彩，当数唐王朝。唐时，胡舞更是风行一时，盛极一时。

对于胡舞盛行于唐期的盛况，历来是艺术史、文化史研究的热点，学者著述甚多。据《教坊记》与《乐府杂录》从表演特性上加以分类，将唐朝舞蹈区别为健舞、软舞。其中健舞 11 种，软舞 13 种。在这些舞蹈

① 常任侠：《中国舞蹈史话》，上海文艺出版社 1983 年版，第 33—34 页。

② 参阅瞿林东、施建中等总纂《中华文明史》第五卷，河北教育出版社 1992 年版，第 681 页。

③ 《后汉书·五行志》。

中，有文献可证与“胡”有渊源关系者有胡旋、柘枝、屈柘、大渭州、拂林、阿辽、半社渠、借席、达摩支。[①] 本书仅从公认的胡旋、胡腾和柘枝三大胡舞的流行，来窥唐代胡舞盛行的概貌。

胡旋舞是唐代最盛行的胡舞之一。据《新唐书·西域传》康国“开元，贡锁子铠、水晶杯、玛瑙瓶、鸵鸟卵及越诺、侏儒、胡旋女子”。开元七年（719 年）“五月，康国献胡旋女及豹”。同年“五月，史国献胡旋女子及葡萄酒”，“七月，史国王阿忽必多遣使献胡旋女及豹”。开元十七年（729 年）“正月，米国使献胡旋女子三人及豹、狮子各一”。因为唐代的皇朝贵族喜好胡乐胡舞，西域诸国投其所好，同各类特产珍玩一起向唐都长安频繁进献胡旋女，足可见得当时胡旋舞在大唐贵族中所受到的高度欢迎，所以一般认为此舞从中亚撒马尔罕一带传来。其以急速旋转为主要特征，转起来像奔驰的车轮，猛烈的旋风，飘飘的蓬草。白居易《胡旋女》一诗描写说：“胡旋女，胡旋女，心应弦，手应鼓。弦鼓一声双袖举，回雪飘飘转蓬舞。左旋右转不知疲。千匝万周无已时。”[②] 今在敦煌千佛洞和新疆克孜尔千佛洞壁画里，保存着一些衣袂飘举、旋转起舞的形象，据考即是描绘胡旋舞的。天宝年间，胡旋舞的流行达到了高潮而风靡一时，那轻灵、急速的连续多圈旋转，令人惊叹不已，以至形成了罕见的“胡旋舞热”：“臣妾人人学圜转”，“五十年来制不禁”[③]！且武则天的侄孙，唐中宗的表侄恒国公武延秀，极会跳胡旋舞，其节奏鲜明，动作轻盈，舞姿优美，表情动人，鼓点越响越急，旋转得也是越来越快，人们几乎分不清他的背和脸了。[④] 其艺术魅力，当可想而知。所以，虽经安史之乱，却仍风行不衰。[⑤]

胡腾舞也是唐代盛行的胡舞之一。以腾踏跳跃为主要特征的胡舞之一。大约在北朝后期，胡腾舞已由西域传入中原，1952 年在西安东郊发掘的唐代苏思勖墓（745 年）中，有一幅乐舞壁画，站在中间地毯上舞蹈的是一个

---

① 王松涛：《从胡舞的流行看盛唐气象的多元性与延续性》，《中华文化论坛》2008 年第1 期。

② （唐）白居易：《胡旋女》，载《白氏长庆集》卷三。

③ 同上。

④ 武延秀事见《旧唐书·外戚列传》《旧唐书·突厥传》《旧唐书·中宗本纪》。

⑤ 以上参阅张婷婷《论胡舞的历史发展轨迹及其对当代中国舞蹈影响研究》，硕士学位论文，山东师范大学，2009 年，第 10—11 页；孙昌武《隋唐五代文化史》，东方出版中心 2007 年版，第 231 页；瞿林东、施建中等总纂《中华文明史》第五卷，河北教育出版社 1992 年版，第 681 页；王克芬、董锡玖、刘凤珍《中国古代舞蹈家的故事》，人民音乐出版社 1983 年版，第 66、69 页。

深目高鼻、长着络腮胡的胡人，他头包白巾，身穿长袖衫，腰系黑带，脚穿黄靴。两旁是九个乐工和两个歌者正在伴奏伴唱。舞者高提右足，左手举至头上，像是一个跳起后刚落地的舞姿，很像唐诗中所捕写的胡腾舞。胡腾舞的舞者虽有男有女，但因为胡腾舞急促的腾跃、快速的踢踏动作相对来讲动作量较大，因此胡腾舞的表演者大多为男性。唐诗中有很多胡腾舞的捕写，其中以刘言史的《王中丞宅夜观舞胡腾》和李端的《胡腾儿》最为著名。诗的描述来看，舞者多是“肌肤如玉鼻如锥”的胡人。头戴绣花缀珠的尖顶蕃帽，身穿细毡制成的窄袖胡衫，腰束葡萄花纹长带，脚穿柔软华丽的锦靴。舞蹈以急促多变的腾踏舞步为主，间有高难度的跃起、空转等技巧动作。有时以细碎急促的步子绕场快行，有时双手叉腰大幅度的俯仰弯腰。有趣的是，舞蹈中似乎还穿插着某些扬眉动目如喜似惊、灵动轻巧幽默诙谐的舞蹈段落。激烈的、大幅度的舞动又使演员“红汗交流珠帽偏”，铺在地上的舞毯，也在舞蹈家的“乱腾”“搅袖”中飞扬起了如红雪一般的绒毛，并像花瓣似的轻轻飘落在红蜡烛上。精彩的表演，简直使“四座无言皆瞪目”！

1952 年在西安东郊发掘的唐代苏思勖墓乐舞壁画

无论是从壁画、乐舞诗的记载，都可以看出，胡腾舞的表演非常欢快激情，场上气氛热闹非凡，元稹在《西凉伎》中深情追忆当年西凉地区繁荣盛况的时候，曾无限向往地提到：“吾闻昔日西凉州，人烟铺地桑柘稠……胡腾醉舞筋骨柔。”①

① 以上参阅常任侠《中国舞蹈史话》，上海文艺出版社 1983 年版，第 36—37 页；张婷婷《论胡舞的历史发展轨迹及其对当代中国舞蹈影响研究》，硕士学位论文，山东师范大学，2009 年，第 13—15 页；瞿林东、施建中等总纂《中华文明史》第五卷，河北教育出版社 1992 年版，第 684 页。

柘枝舞也是唐代最盛行的胡舞之一。传播更广、影响更加深远的柘枝舞原是中亚一带民间舞，是源于西域石国的一种乐舞。① 其重要的特征是在舞蹈的过程中自始至终都有鼓乐进行伴奏。在唐代，柘枝舞一进入中原，以其优美的舞姿、华丽的服饰、动人的表情而深受欢迎，也是宫廷深受欢迎的节目，唐人崔令钦撰《教坊记》所列健舞名称中有《柘枝》，所列曲名中也有《柘枝》。柘枝舞也是官妓经常表演的节目之一，白居易《看常州柘枝赠贾使君》、张祜《观杭州柘枝》都有这类的描述。柘枝舞中的细致妆容，绣帽锦靴，华美贴身的细腰胡服，把柘枝舞女衬托得楚楚动人。就连那浓重的黑烟眉，也风行一时。徐凝《宫中曲》诗有"腰细偏能舞柘枝""六宫争画黑烟眉"句。柘枝舞在中原的流行程度，不亚于《胡旋舞》和《胡腾舞》。

由于柘枝舞的普及非常广，在上层社会家庭中也有不少家妓表演柘枝舞，并且出现了很多凭着非凡舞技和表演才能的专门表演柘枝舞的伎人，许浑《赠萧炼师》的序为我们记录了一位专门表演柘枝舞的宫妓："炼师，自梨园选为内妓，善舞柘枝，宫中莫有伦比者，宠锡深厚。及驾幸奉天，以病不获随辇，遂失所止……"从诗人张祜几首诗的题目中我们也可以很清楚地看出这一点，如《周员外席上观柘枝》《感王将军柘枝妓殁》《李家柘枝》等，白居易的《方家夜宴喜雪戏赠主人》中写道："风头向夜利如刀，赖此温炉软锦袍。桑落气薰珠翠暖，柘枝声引管弦高。酒钩送醆推莲子，烛泪粘盘垒蒲萄。不醉造依争散得，门前雪片似鹅毛。"家妓们在"风头向夜利如刀"的情况下还在表演柘枝舞。

特别有价值的是拓枝舞传入中原以后，在广泛、长期的流传中已逐渐融会了中原的舞蹈元素，从保持原有民族风格的单人柘枝舞，到由二人表演的"双柘枝"，有些唐诗还专门描写了双人舞柘枝的动人姿态，如张祜《周员外席上观柘枝》："画鼓拖环锦臂攘，小娥双换舞衣裳。金丝蹇雾红衫薄，银蔓垂花紫带长。鸾影乍回头并举，凤声初歇翅齐张。"双人舞特别强调动作要整齐一致，后两句就反映了这种舞姿。此外，李群玉的《伤柘枝妓》也描写了二人联翩起舞的情景："曾见双鸾舞镜中，联飞接

① 《新唐书·石国传》载："石（国），或曰拓支、曰拓折、曰赭时，汉大宛北鄙也。"唐人卢肇《湖南观双柘枝赋》也说："古也郅支之伎，今也柘枝之名。"意思是说当时的柘枝舞就是过去石国、郅支地区的舞蹈。

影对春风。”可见，这些吸收西域或其他外来因素而创作的舞蹈，甚至有完全汉化了的外族舞蹈，如“软舞”中的《屈柘枝》此舞后来无论是形式、妆容和舞姿神韵都已具有一定的汉舞风格。①《屈柘枝》的舞蹈形象，可见于陕西博物馆藏“唐兴福寺残碑”侧、中部图案：身穿长袖舞衣，头戴系有飘带帽子的二舞童，正一脚踏在大莲花上，一脚端起搁于膝部。拂袖相对而舞，舞姿对称。值得注意的是，碑石两侧纹饰相同，舞人面目却大不一样，一侧舞人是眉清目秀的汉族人像，另侧却是高鼻深目的西域人面孔。这里透露的是舞蹈艺术交流的信息，较之前此以往的汉舞有了巨大的扩容和显著的提高，形成了自汉代以来又一次汉舞艺术的高峰。从而充分显示了文化融会的力量。②

总之，胡舞以其热烈奔放的民族风情，疾速、矫捷、健朗的舞蹈风貌，被唐代朝野上下所欣赏。这正好从一个侧面反映了当时热情开放、昂扬向上的时代精神。前述论唐诗者总以“盛唐气象”来概括和描述唐诗所具有的壮大昂扬的时代精神和雄厚浑成的艺术风貌。林庚更是以其诗人的视角和生动的语言，将盛唐气象形容为“蓬勃的朝气，青春的旋律”；并以此为“盛唐气象的本质”③。那么，当我们随着唐代诗人尽情欣赏充满律动、极富活力的胡舞时，何尝不能从中体会到“盛唐气象的本质”？白此亦不难从舞蹈艺术的层面，体会到唐代汉民族文化所具有的兼容并包的宏大气魄。④

三　大唐画风：汉民族绘画艺术的文化融会

汉民族文化在唐代发展到了一个高峰，形成中国文化史乃至世界文化史上叹为观止的文化奇葩，其中人们最为赞誉的是唐诗，甚至誉唐朝为“诗唐”。其实文化高峰的建构不是唐诗一枝独秀，而是百花竞开争艳。

① 张婷婷：《论胡舞的历史发展轨迹及其对当代中国舞蹈影响研究》，硕士学位论文，山东师范大学，2009 年，第 13—15 页。

② 以上参阅瞿林东、施建中等总纂《中华文明史》第五卷，河北教育出版社 1992 年版，第 684—685 页；张婷婷《论胡舞的历史发展轨迹及其对当代中国舞蹈影响研究》，硕士学位论文，山东师范大学，2009 年，第 16—18 页。

③ 林庚：《唐诗综论》，人民文学出版社 1982 年版，第 26 页。

④ 王松涛：《从胡舞的流行看盛唐气象的多元性与延续性》，《中华文化论坛》2008 年第 1 期。

前面已述胡舞的盛行，现再述唐画的鼎盛。

所谓唐画，指的是唐代的绘画。唐画艺术在盛唐达到高峰，不仅气势恢宏，而且绚烂备至，形成大唐画风，建构了汉民族绘画艺术的一座高峰，也被学者誉为“是中国封建社会绘画的巅峰时期”①。

大唐画风的形成得益于隋统一后南北画风的融会。隋文帝统一全国，天下书画名迹尽入隋室。隋炀帝雅好书画，曾撰《古今艺术图》50卷，“既画其形，又说其事”。② 并于东都观文殿后起二台，东曰妙楷台，藏自古法书；西曰宝迹台，收自古名画，以备赏玩。与此同时，炀帝又在洛阳营建显仁宫、汾阳宫，自京城至江都置离宫40余处，竹木频兴，壁画藻绘盛极一时。正是在这个背景下，当时绘画的名手巨匠自南北各地汇集京洛。如杨子华、田僧亮、展子虔、杨契丹都是经历北齐、北周，最后在隋朝任职的名家；又如董伯仁、郑法士、孙尚子则是师承南朝传统入隋的大画家。南北画家的聚集给画家们提供了交流的平台，南方华美绮丽的画风与北方刚健朴质的画风得以融会，从而促进了南北画风的互动和融会，至唐时形成了辉煌大气的大唐画风。那时的唐都长安（今西安）在世界上的地位，从艺术的层面来说，就相当于今天的世界艺术之都巴黎。“借丝绸之路，长安成为一个中西交会的中心，客居那里的洋人不知有多少，带来多少洋玩意，包括艺术品，张萱、周昉等人得站在世界的高度来画那种美人图，而且是世界上最贵气的妇人女子们，雍容华贵，丰满可人，肥而不肿那是大唐的审美取向，与国之气象一致。”③

“高，实在是高！”那么，位处高峰的大唐画风高在何处呢？

（一）画类独立

汉民族的绘画艺术，在秦汉时多为墓室壁画，其艺术审美的文化题旨都是“升仙”或叫“引魂上天”④。而经过魏晋南北朝“文学自觉”的洗礼，唐代的绘画，不仅已成为一门独立的艺术门类，且早已从“仙界”下凡人间，阳光灿烂了。据张彦远《历代名画记》所载，唐代的绘画已经分人物、屋宇、山水、鞍马、鬼神、花鸟等科，表明汉民族绘画艺术的

① 吴华堂：《试析唐代绘画的艺术特征》，《美与时代》（下）2012年第4期。

② 《历名画记·述古之秘画珍图》。

③ 吴华堂：《试析唐代绘画的艺术特征》，《美与时代》（下）2012年第4期。

④ 仪平策：《中国审美文化史》秦汉魏晋南北朝卷，上海古籍出版社2013年版，第78页。

独立分科已经形成。朱景玄《唐朝名画录》说："夫画者，以人物居先，禽兽次之，山水次之，楼殿屋木次之。"可见人物画、花鸟画和山水画均已成为独立的画种而走向成熟，唐代汉民族文化的绘画艺术进入了全面发展的鼎盛时期。

唐朝的人物画融会了秦汉的纯朴豪放、魏晋的含蓄隽永，形成了雍容大气、精湛瑰丽的大唐新风。在题材上突出时代特征，过去用于表现历史故实与文学的绘画，转而用以宣扬现实的重大政治事件，表彰功德勋臣，或者直接用来反映贵族多方面的生活，从而呈现出了浓厚的世俗化倾向。如阎立本的《步辇图》就是记载1300年前汉藏两族团结友好重大历史事件的图卷。在艺术手法的表现上，在刻画人物的神情与气韵方面，已从追求"骨气"与"情思"，进入"备得人情"的境界，不仅忠实地记录下了唐代人物的"形"与"貌"的特征，也对人物内心情感进行了精微表现，为我们展示出了美的典范。[①] 所以，作为人物画重要的组成部分——唐代壁画艺术水平非常高超。其人物造型由粗犷转向精细，外形描画准确生动，男子外貌雍容，女子体态丰肥，艳丽多姿。菩萨像则端庄文静，温柔亲切。这都表明唐代的绘画，与现实生活联系密切，人们重视现世的感受，画师们凭着对现实的热忱，创造了一幅又一幅精美绚丽的传世图卷。

阎立本：步辇图（存故宫博物院）

唐朝的花鸟画充分吸收了历代汉民族的艺术成果。魏晋南北朝时期，

① 金维诺：《唐代绘画的艺术成就及其典范性》，《艺术品》2014年第1期；刘春霞：《论唐代人物画的世俗化倾向》，硕士学位论文，渤海大学，2012年，第1页。

已出现不少独立形态的花鸟绘画作品，如顾恺之的《凫雀图》、史道硕的《鹅图》、顾景秀的《蜂雀图》、萧绎的《鹿图》等，花鸟画已具有相当高的水平。发展到唐代，花鸟画不仅已独立成科，且已能注意到动物的体态结构，形式技法上也比较完善了。所以作为绘画重要门类之一的花鸟画，自唐代独立成科以来，开“一花一世界，一叶一如来”的大唐画风。

唐朝的山水画远远超过了魏晋南北朝时期的求仙访道、卧游山水有旨趣，一方面兴起了反映琼楼玉宇辉煌壮丽的工细的山水画，另一方面涌现了大批表现隐逸生活和清幽景象的田园山水画，以及表现士人品格的松石图障，在技法上也出现了笔意渲淡的水墨写意画风，使山水画的审美内涵不断地得到发展和扩大。并且形成风格不同的两大主要流派：一是以唐宗室武将李思训、李昭道为代表的青绿山水，一是以文人士大夫王维为代表的水墨山水。前者求真尚工，满堂构图，追求宏大广远的气势和恢宏焕烂的审美取向；后者用笔和用墨挥洒自如，求新求异，呈现出一派气韵生动的水墨山水之美。与唐诗相配，形成了以诗入画、以书入画、以禅入画的大唐画风。①

（二）大师辈出

大唐画风之所以为后世所景仰，是因为唐代绘画大师辈出，画坛之盛确乎空前。如据《历代名画记》和《唐朝名画录》二书记载，唐代的花鸟画家就有80多人，如薛稷画鹤，曹霸、韩干画马，韦偃画牛，李泓画虎，卢弁画猫，张旻画鸡，齐旻画犬，李逖画昆虫，张立画竹等。李泽厚对唐代绘画名家济济有一段评述：

> 人物、牛马、花鸟，山水正是在中唐时期取得自己的独立地位而迅速发展，出现了许多卓有成就的专门作品和艺术家。从韩干到韩滉，从张萱到周昉，都说明盛（唐）中（唐）之交的这种重大转折。像游春、烹茶、凭栏、横笛、揽镜、吹箫……之类的绘画题材，像《簪花仕女图》刻意描绘的那些丰硕盛装、采色柔丽、轻纱薄罗，露肩裸臂的青年贵族妇女，那么富贵、悠闲、安乐、奢侈……形象地再现了中唐社会上层的审美风尚和艺术趣味。……现实世间生活以自己多样化的真实，展现在、反映在文艺的面貌中，构成这个时代的艺术

① 杨海洁：《由唐代论画诗论唐代山水画》，硕士学位论文，河北大学，2007年，第1页。

风神。[1]

唐代绘画各科都有自己的辉煌成就，大师辈出。唐人张彦远《历代名画记》卷二“叙师资传授南北时代”中，在叙述北齐画家曹仲达的师承关系时称：“曹创佛事，画佛有曹家样、张家样及吴家样。”其后在卷五，当他叙述东晋戴逵、戴颐风格后作出了如下感言：

彦远曰：汉明帝梦金人长大，顶有光明。以问群臣，或曰西方有神名曰佛，长文六，黄金色。帝乃使蔡情取天竺国优璃王画释迦像，仍命工人图于南宫清凉台及显节瞳上。以形制古朴，未足瞻敬，阿育王像至今亦有存者可见矣。后晋明帝卫协皆善画像，未尽其妙，泊戴氏父子，皆善丹青，又崇释氏，范金赋采，动有楷模。至如安道潜思于帐内，仲若凭知其臂胛，何天机神巧也。其后北齐曹仲达、梁朝张僧繇、唐朝曼道玄、周昉，各有损益。圣贤吟蟹，有足动人。璎珞天衣，创意各异。至今割画之家，列其模范，曰曾、曰张、曰昊、曰周，斯万古不易矣。

在这里，张彦远指出了在唐代佛教造像的雕刻与绘画，存在着曹仲达、张僧繇、吴道子及周昉等不同风格的“四家样”的风尚，并且指出“至今刻画之家，列其模范”，成为学习模仿的样本。实际上“四家样”就是当今惯称的画派。“四家样”中，曹仲达为北齐的画家，张僧繇为南梁的画家，吴道子和周昉为唐代画家。

“吴家样”画派为绘画大师吴道子（约680—759年）所创。吴道子画人物、神鬼、山水、台阁无一不精，把唐代绘画的艺术推上了巅峰。宋人把他与曹仲达的“曹衣出水”相对比，称“吴带当风”[2]，以形容其人物衣袖飘举，满壁生风。米芾说吴道子“行笔磊落挥霍，如蓴菜条，圜润折算，方圆凹凸，装色如新”[3]。比喻运笔如蓴菜条，是说线条圆转流利而内含劲挺。他还吸收了外来的凹凸法，苏轼说他“画人物，如以灯

① 李泽厚：《美的历程》，文物出版社1981年版，第150页。

② （宋）郭若虚：《图画见闻志》卷一《论曹吴体法》。

③ 《画史·唐画》。

取影，逆来顺往，旁见侧出，横斜平直，各相乘除，得自然之数，不差毫末出新意于法度之中，寄妙理于豪放之外”①。可见，吴道子的画作多么生动自然，故而在民间获得了相当高的评价而被视为“活画”②。吴道子对壁画创作的丰富经历，画作涉及的范围涵盖了经变、佛陀、普贤、菩萨等多种类型，当时在长安、洛阳寺庙之中，就有他创作的三百多幅壁画作品以及大量的卷轴画作品。现在公认的吴道子画作的主要代表作品包括《孔子行教像》《菩萨》《天王送子图》《八七神仙卷》等③。杜甫看过洛阳玄元庙吴道子所画的《五圣朝元图》，他在诗中说：“画手看前辈，吴生远擅扬。森罗移地轴，妙绝动宫墙。五圣联龙衮，千官列雁行。冕旒俱秀发，旌饰尽飞扬。”④ 从中可窥吴道子所画人物的雍容、丰满而有律动感与生命力，“下笔有神”的艺术感染力。唐时他已被誉为“国朝第一”，后人誉为“画圣”。

吴道子影响了一代画风。他的弟子众多，成就突出者一是卢楞伽，画风细致，咫尺间山水寥廓，形象精备，尤擅佛像、经变，画过许多壁画，肃宗乾元初（758 年）在成都大圣慈寺，曾画《行道高僧像》数堵，颜真卿题字，时称“二绝”。二是陈闳，擅写真，兼工人物、肖像、鞍马，所画帝王肖像被誉为“冠绝当代”，曾与道子合作《金桥图》，各尽其妙。⑤

“周家样”画派为绘画大师周昉（晚唐人，生卒不详）所创。据现有的文献记载，周昉擅长画画，“好属文，穷丹青之妙”。他的成就主要体现在人物画上，“其画佛像、真仙、人物、仕女，旨神品也”。张彦远说其“初学张董”，可见他足师法于盛唐时期的画家张董。但“后则小异”“又画仕女，古今冠绝”，可见他的仕女画成就最高，并超越了张董。与张董擅长画“贵公子、鞍马屏障，宫苑、仕女”不同的是，周昉主要是画仕女。代表作是《挥扇仕女图》，以及传为周昉的《簪花仕女图》，均

---

① 《书吴道子画后》，《东坡集》卷二三。

② 王若鸿：《唐代绘画艺术之历史探源》，《兰台世界》2012 年第 12 期。

③ 叶青：《应物传神——中国画写实传统研究》，江西人民出版社 2004 年版，第 42 页。

④ 参阅瞿林东、施建中等总纂《中华文明史》第五卷，河北教育出版社 1992 年版，第 754 页。另《五圣朝元图》已佚，现在流传的宋《朝元仙仗图》就是此画的部分粉本。另外一张《八十七神仙卷》也是同画的宋传粉本。两张画都不同程度地保存了吴道子遗风。

⑤ 孙昌武：《隋唐五代文化史》，东方出版中心 2007 年版，第 242—243 页。

为画中珍品。史载有周昉与韩干分别为工部侍郎赵纵写真一事，赵纵夫人谓韩干所画“空得赵郎状貌”，而周昉所画“兼移其神气，得赵郎情性笑言之姿”。可见当时周昉对人物画的写真能力就已经非常成熟了。此外，周昉还创造了水月观音的形象，现在仍然可以通过敦煌壁画和塑像来见其风格，成为继“吴家样”之后的又一唐代艺术的典范。①

“周家样”画派除以周昉为代表外，实际包括了初、盛唐一批以描绘贵族仕女生活的画家，他们曾给予周昉以重要的影响，如张萱的《捣练图》描绘了从捣练到熨练各种活动中的妇女们的情态，刻画了不同人物的仪容与性格；《虢国夫人游春图》人物疏密有致，神情从容，真实地再现了杨氏姊妹的生活片段。②

当然在唐代出了“吴家样”和“周家样”两大画派外，还有很多大师级的画家，下面择其要者简介一二。

唐初的绘画大师阎立本（？—673 年），尤擅长肖像画与历史人物画。他“有应务之才，而尤善图画，工于写真”。今传《步辇图》，存故宫博物院，表现了贞观十四年（640 年）吐蕃使节禄东赞来唐通聘情景，章法洗练，人物仪态、神情、性格毕现。可见他的绘画，线条刚劲有力，神采如生，色彩古雅沉着，笔触较顾恺之细致，人物神态刻画细致，其作品备受当世推重，被时人列为“神品”③。

李思训（653—718 年），擅画青山绿水，笔力遒劲。题材上多表现幽居之所。画风精丽严整，以金碧青绿的浓重颜色作山水，细入毫发，独树一帜。据说他与吴道子同在大同殿壁画三百里嘉陵江山水，吴一日而毕，而他数月方成，可见他用笔工致。

王维（701—761 年，一说 699—761 年），诗画均精，在绘画上发展了吴道子画风而别开生面。其突出成就是创制了水墨山水，以墨色浓淡变化来抒写心境，以至苏轼作“画中有诗”之评，开创所谓“文人画”传统，后来绵延而蔚为大观。

韩干（生卒年不详），擅长画马，其所画奇毛异状，筋骨既圆，蹄甲

① 本节所引所述均参阅（唐）朱景玄《唐朝名画录》神品中一人。

② 参阅瞿林东、施建中等总纂《中华文明史》第五卷，河北教育出版社 1992 年版，第 754—755 页。

③ （唐）朱景玄：《唐朝名画录》神品下七人。

皆厚，其丰肥壮美之貌正反映了盛唐时期审美意识的转变。今传《照夜白图》《牧马图》，一般认为是韩干真迹。夜白为玄宗所爱名马，韩写其挣脱羁绊之态，躯体肥壮，神采飞扬，用笔纤细传神，正是杜甫所谓"画肉不画骨"[①] 的风格。

韦偃（中唐人，生卒年不详），善山水人物，尤以画马著名。杜甫《题壁上韦偃画马歌》。今存《牧马图卷》，是北宋名画家李公麟摹本，为四米余的长卷，描绘皇家牧场牧官圉人驱赶马群的壮观场面，计马一千二百余匹，奚官、马夫百四十余人，构图疏密有致，远近分明，人、马形态各异，生动逼真，全卷气势极为磅礴。

韩滉（723—787 年）工书画，兼擅人物与畜兽，尤以画牛著名。传世的《五牛图》用笔厚重有力，将五头牛或行或立、或正或侧、或俯或仰、憨态可掬的姿态，描绘得惟妙惟肖。

还有花鸟画大家，初唐有薛稷，盛唐有姜皎，中唐有边鸾，晚唐有滕昌佑、刁光胤等。如薛稷（649—713 年）尤善画鹤。他在秘书省厅所画鹤，为"四绝"之一。杜甫有诗咏其画说："薛公十一鹤，皆写青田真……低昂各有意，磊落如长人。"[②] 可见其风貌。姜皎（生卒年不详），以画鹰著名。杜甫《姜楚公画角鹰歌》曾赞其"掣臂欲飞"之态。凡此等等，不胜枚举。[③]

唐代绘画大师辈出，据唐人朱景玄在《唐朝名画录》中的粗略统计，按他的评价分类：国朝亲王三人；神品上一人；神品中一人；神品下七人；妙品上八人；妙品中五人；妙品下十人；能品上六人；能品中二十八人；能品下二十八人；逸品三人，共计 100 人，真是人才济济，蔚为大观，充分展示了唐代绘画为汉民族绘画艺术巅峰的风采、风貌和风姿。

第七节　玄学经学与儒道佛：汉民族哲学宗教文化的融会

魏晋南北朝时汉民族在大分裂、大动荡、大迁徙中获得了思想大解

---

① （唐）杜甫：《丹青引赠曹将军霸》。

② （唐）杜甫：《通泉县署壁后薛少保画鹤》。

③ 以上参阅孙昌武《隋唐五代文化史》，东方出版中心 2007 年版，第 244—248 页。

放，被尊崇的儒家经学演化为魏晋玄学，形成一种社会思潮而开一代哲学新风，进而到隋唐南北经学从“分立时代”进入“统一时代”[①]，其以孔颖达等人编撰的《五经正义》为标志，开始了经学统一为时最长的新时期。与此同时，魏晋南北朝是汉民族宗教大发展的一个时代。一方面是道教在理论上和组织上趋于成熟，从民间宗教转向社会上层；佛教则从一种外国传来的“方术”落地生根而基本上完成了“汉化”的转型。另一方面，上述两条轨道上跑的“车”：一条在哲学轨道上跑的玄学、经学，另一条在宗教轨道上跑的道教、佛教，在魏晋南北朝汉民族文化大互动的大旋涡中，出现了世界文化史上的一个奇观，即哲学与宗教交织、纠结在一起，发生了所谓儒、道、佛“三教”并存的文化现象。在从魏晋南北朝到隋唐五代近 800 年的时间内，三教从未停止过争辩论战，也从未停止过发展，也从未停止过融会。就是在这种从争辩到融会，又从融会到争辩，再从争辩到融会的多次反复中，终于迎来了三教并存、三教并习、三教融会的时代。

一　哲学轨道：从经学到玄学再到经学

汉民族哲学思想的发展，在汉代以董仲舒天人感应为核心的儒学，形成了儒家经学占统治地位的基本形态，并将儒家经典的每句话甚至每个字，都看成是圣人表达天意的符号，从而神化圣王、圣人及儒家经典，从而构成了一种经学思想专制。

这种经学思想的专制，随着汉代的终结而受到魏晋南北朝大分裂、大动荡、大迁徙的严重挑战。这就是魏晋士人破除了对经学经典的迷信，说好一点的视之为圣人之迹，说差的呲之为圣人之糠秕。《三国志·魏志·荀彧传》注引何劭《荀粲传》云：“粲诸兄并以儒术议论，而粲独好言道，常以为子贡称夫子之言性与天道，不可得闻，然则六籍虽存，固圣人之糠秕。”于是，魏晋士人认为先圣之“微言”，存在于六经、卦爻辞和系辞之外，为此他们可以脱离典籍杜撰有关天意、天道的“微言”了。这是一个胆大包天的挑战，因为汉代士人认为只有圣人才有讲“微言”的能力，《汉书·艺文志序》即云：“仲尼没而微言绝。”而魏晋士人要以自己的语言来述“圣人之意”，当时苟粲兄弟有一段精彩的对话：粲兄俣

① （清）皮锡瑞：《经学历史》，中华书局 2008 年版。

难曰："易亦云圣人立象以尽意，系辞焉以尽言，则微言胡为不可得而闻见哉?"粲答曰："盖理之微者，非物象之所举也。今称立象以尽意，此非通于意外者也；系辞焉以尽言，此非言乎系表者也。斯则象外之意、系表之言，固蕴而不出矣。"[①] 这大胆的思想，对于汉代思想僵化，抱残守缺之士，确实是不敢想象的离经叛道。[②]

破旧立新。破了汉代经学，迎来的是魏晋玄学。

所谓玄学，是由于当时研究号称"三玄"的书，即《老子》《庄子》和《周易》这三本而得名。玄学家们以"三玄"为经典，综合道、儒、名、法诸家学说，采取思辨哲学的方法与形式，提出有无、本末、体用、言意、动静以及自然与名教等理论范畴，对天人关系赋予了新的含义和论证，从而开一代哲学新风。作为一种"新学"，魏晋玄学从形态上一扫汉代经学，特别是今文经学的教条、僵化、神秘和烦琐，而取代了趋于衰微的汉代经学。[③] 可见，在思想史上一个"新学"的创立大多是大破大立的结果。

那么玄学是如何大立的呢？这是一个从清议、清谈到玄学的过程。

清议的产生，正是经学与玄学分界的开始。东汉末年，自和帝开始，几乎都是幼主嗣位：和帝即位时 10 岁，殇帝仅 100 天，安帝 13 岁，顺帝 11 岁，冲帝 2 岁，质帝 8 岁，桓帝 15 岁，灵帝 11 岁，让一群这么小的皇帝临朝问政显然是不可能的，这便造成了母后临朝的局面。而宦官、外戚由于太后对他们的倚重，日渐掌握了朝政大权，于是形成了外戚宦官专权"手握王爵，口含天宪"[④]"主荒政谬"[⑤] 的局面。从而导致选拔官员不能正常进行，从中央到地方的政权机构大都为外戚的党羽、宦官的爪牙所控制。有一句谚语形象地说："举秀才，不知书。察孝廉，父别居。寒素清白浊如泥，高第良将怯如鸡。"[⑥] 在这种情况下士人们不能按正常途径进

---

① 《三国志·魏志·荀彧传》注引何劭《荀粲传》。

② 参阅龚书铎主编，韩昇分册主编《中国文化发展史》魏晋南北朝卷，山东教育出版社 2013 年版，第 99—100 页。

③ 李凭、袁刚总纂：《中华文明史》第四卷，河北教育出版社 1992 年版，第 342 页；龚书铎主编，韩昇分册主编《中国文化发展史》魏晋南北朝卷，山东教育出版社 2013 年版，第 99—100 页。

④ 《后汉书·朱穆传》。

⑤ 《后汉书·党锢列传》。

⑥ 《抱朴子·审举》。

入政治舞台，自然引起他们的不满。而一向自负才华并以清高自许的士人又不愿放弃自己的政治理想，与一向被自己瞧不起的宦官、外戚集团“同流合污”。所以他们便开始激烈地批评现实政治，品评人物，对宦官、外戚专权进行猛烈抨击，形成了一股“清议之风”。正如《后汉书·党锢列传》所云：“匹夫抗愤，处士横议，遂乃激扬名声，互相题拂，品校公卿，裁量执政，婞直之风，于斯行矣。”这些善于清议的便被称为“清流”士人。[①]

但由于党之祸，诸名士招政治暴力的摧残与压迫，士人从生存策略上考虑，开始不品核具体人物，即“不为危言核论”[②]，而“林宗周旋清谈闾阎”[③]，只是抽象讨论人伦鉴识理论。到汉魏之际则产生了一大批品评人物标准的著作，据现存刘邵（182？—245 年）的《人物志》所云，其将人物圣人，兼德之人，“偏至之材”三等。刘邵认为品鉴人物要观其仪、容、色，听其言，更要征其神，并依此定出了不同的标准，而开魏晋清谈对人物风貌的审美品评的先河。其对最高人格理想“圣人”的“中和”“平淡无味”的道家理解也开魏晋玄学的先声。于是，汉末之清议，经过刘邵等“大立”人物品核理论，发展为魏晋之“清谈”[④]。

后来，魏晋士人对具体人物之才性、精神、人生境界的品题，也逐渐上升为对才性、形神等问题进行抽象理论上的探讨，成为形而上学哲理之清谈。形而上学哲理之清谈也称“玄谈”“玄论”，即郭象所谓的“辩名析理”。辩名析理，是品核人物的清议的深化，清议将人物归入不同类别，给予各种垂名号和规定，讨论这些名号和规定的意义，即辩名析理。故魏晋士人的清谈，以老庄为归依，对有无、才性、形神等问题进行充分的讨论，众人相互辩难讨论，将义理谈论透彻。从而产生了一种有别于汉代经学，也有别于后代理学的独特思潮——魏晋玄学[⑤]。从此“自中朝贵玄，江左称盛，因谈余气，流成文体”[⑥]。两晋的大破大立，原名士纷纷

---

① 孙念超：《东汉后期清流士人心态探析》，《商丘师范学院学报》2002 年第 1 期。

② 《后汉书·郭太传》。

③ 《抱朴子·正郭》。

④ 参阅龚书铎主编，韩昇分册主编《中国文化发展史》魏晋南北朝卷，山东教育出版社 2013 年版，第 102—103 页。

⑤ 同上书，第 105 页。

⑥ 《文心雕龙·时序》。

南下，使得玄学在东晋也获得了空前的发展。玄风一度盛炽江左。

东晋玄学的盛况一是队伍的扩大，谈玄说理不再局限于名士，帝王公卿，大臣逸士，乃至黄口小儿，都卷入谈玄之风。以致出现了一批兼具朝中宰辅与玄学领袖的人物，其著名者有王导、庾亮、谢安等。王导、庾亮、谢安诸人先后执掌朝政。他们的谈玄说理，使玄风畅炽，并与政治密切相连，使玄学思想深深地烙痕于东晋的政治生活。

二是谈玄说理的形式和内容更加丰富多样。有多人聚会，问难屈胜。如谢安曾和许询、支道林等人谈《庄子·渔父》，名僧支道林首先剖析义理，七百余言，理义精微，辞藻动人。待在座之人都“通”之后，谢安对众人谈理的不是之处提出诘难，然后刀萧长论，不仅理辞皆精，而且神气萧然自得，四座称美。除了这种形式的谈玄之外，还有两人促膝相对，缠绵论至，整个谈玄说理过程充满细腻的情旨，简文皇帝与许询就做过这样的彻夜之谈。还有两人之间的激烈辩难，殷浩与刘恢、孙盛都进行过这样的谈玄。对谈之中，辩争激烈，互不退让，直到一方小屈，才肯罢休。许询与王修谈玄为争高低，竟形同水火，甚至加入意气之争。如果说，这种两人辩难是为争胜，那么两人促膝之谈则是为求知音。

三是还表现在玄学之士的精神风貌和生活方式成为时尚，流行于整个社会。玄学贵“无”，“无”即是“清虚”。因此，“清虚”成为玄学之士追求的最高精神境界，并为人们所崇尚。简文帝即位前，以“清虚寡欲”为尚；周额以“清虚”表示自己身体消瘦，司马道子以“清虚”比拟月明天净，没有一丝云彩。玄学之士主张畅情旷达，不受世俗轨仪束缚，尊重个性亦成为东晋社会风尚。玄学之士喜爱隐逸生活，喜饮酒、服药，这些也演变成社会风气。孔愉未出仕前，以隐逸为乐，竟被百姓视为神圣，立生庙供奉。而东晋时期山水诗和山水画的兴起，则是这种隐逸风尚在艺术、文学领域中的折射。

历史的演进，把汉民族的哲学思想推进到以“魏晋玄学”为名的思辨哲学。通过玄学义理的问难辨析，冲破了两汉以来儒学对人们思想的禁锢，不仅丰富了汉民族古代的哲学思想，而且孕育了一大批富有个性，才情并重的思想家。魏晋时期汉民族思想解放、学派纷呈局面的出现，与玄学的产生与盛畅是密不可分的。从思想史这一意义上说，魏晋玄学不仅自身是当时汉民族文化争鸣的重要组成部分，而且为推动当时的文化争鸣、丰富文化争鸣的内涵做出了重要贡献。[①] 而这个贡献在于："他们在特定的历史条件下，以空前的广度与深度实践庄学人格理想于现实人生中，从而将老庄之学轻人事、任自然的价值观以前所未有的规模推入中国知识分子的心灵世界，进而铸造了中国士子玄、远、清、虚的生活情趣。中国文化的面貌因此而更为丰饶多姿。"[②]

东晋以后的玄学，已与佛教合流，南朝佛学还借玄学流风得以传播和发展。玄学直到初唐还有一定思想影响，但仅是余波而已，不占重要地位了。而随着魏晋以来的纷争乱离局面的结束，隋唐大一统的重建，汉民族古代哲学思想发展的方向又转向儒学，并恢复了正统地位，从而开始了从魏晋玄学到隋唐经学的演进。

唐太宗以崇儒重道为本，即位不久，"因一时之好尚，定一代之规模"。[③] 以颜师古考定五经原本，孔颖达及诸儒撰定五经义疏，分别定名为《五经定本》和《五经正义》，"令天下传习"[④]。《五经定本》和《五经正义》的颁布，结束了汉魏以来关于经文、经义的今古文之争，总结了经典章句的疏证和经义阐释的成就，从而将五经经义与阐释重新统一，不仅给唐代的儒学，而且也给整个封建社会中后期儒学的发展奠定了基础。[⑤]

尤其是《五经正义》，是唐初诸儒协力合作而成的巨著，据孔颖达在《序》中的记载参加编撰的人：《易》有马嘉运、赵乾叶，《书》有王德韶、李子云，《诗》有王德韶、齐威，《礼记》有朱子奢、李善信、贾公彦、柳士宣、范义頵、张权，《春秋左传》有谷那律、杨士勋、朱长才等人。通过唐初一批名儒对《五经正义》的编撰，对汉以来的经学作了总结，经学为之一振，从而结束了经学内部宗派的纷争，经学从此获得了空前的高度统一，这是适应唐代政治上全国统一的巨大事功，其意义既是学术史上的，又是思想史上的，也是政治史上的。正如范文澜所说：

---

① 以上参阅郑师渠总主编，曹文柱分册主编《中国文化通史》魏晋南北朝卷，北京师范大学出版社 2009 年版，第 51—54 页。

② 冯天瑜、何晓明、周积明：《中华文化史》，上海人民出版社 1990 年版，第 518 页。

③（清）皮锡瑞：《经学历史》，中华书局 2008 年版，第 42 页。

④《贞观政要》卷六。

⑤ 郑师渠总主编，王永平分册主编：《中国文化通史》隋唐五代卷，北京师范大学出版社 2009 年版，第 111 页。

> 唐太宗令孔颖达撰《五经正义》，颜师古定《五经定本》，对儒学的影响，与有同样重大的意义。[①]

更重要的是唐太宗将儒学经义同科举取士紧密地结合在一起。如前所述，科举考试以明经、进士为贵。明经专习儒家经典；进士虽以诗赋为主，但儒家经典的考试同样是其重要的内容。科举是士人进身的唯一门径，儒家经义作为取士的依据，无异于将士人都引到孔子的门下。所以，当时除极少数的僧道之外，读书人都自称“儒生”[②]。

儒家经学的发展，从汉代到唐代，凡 1113 年，从汉代经学到魏晋玄学再到唐代经学，走了一个马鞍形的路线图。在汉代的高峰值点是汉武帝罢黜百家独尊儒术，在唐代的高峰值点是唐太宗颁行《五经正义》。而如果从更长时间历史时段中去考量，那么唐代可称儒家经学复兴的时代，故玄宗追谥孔子为文宣王，并下诏日：“弘我王化，在乎儒术。”[③] 从此，唐代在意识形态中，儒学是权威。学校教育学生，基础教材是《论语》《孝经》等儒家经典，礼教成为文化的内涵和生活方式的核心。因此，儒家思想成为一种稳定社会的力量，维持着社会风俗。而且有一个现象特别值得重视，即在唐代古文学家的努力下，儒学改变了方向，特别注重儒家圣人之道的阐发。此时，就有少数儒生不拘训诂旧说，开创了自由说经的新风气。如啖助不赞成《春秋左传》据事说经的做法，而撇开传统传注，借《春秋》阐发自己的政治见解，写成《春秋集传》。他的弟子赵匡、陆淳继续治《春秋》学。陆淳著《春秋集传纂例》《春秋微旨》《春秋集传辨疑》等书，也不为《春秋三传》旧说所拘，直接从经文中阐发所谓“圣人真意”。柳宗元称陆淳为巨儒，能知“圣人之旨”。此时，还有位学者卢仝，也穿凿附会《春秋》，韩愈曾赠诗赞之云：“《春秋三传》束高阁，独抱遗经究终始”[④]，对他自由说经的做法很是推崇。这说明唐后期的经学，确实出现了舍《传》而求自由说经的新风。可见，经学在唐代后期从原来的章句之学就开始转向义理之学，为随后而来的宋明理学的形

---

① 范文澜：《中国通史》第 4 册，人民出版社 1978 年版，第 243 页。

② 启良：《中国文明史》（下册），国际文化出版公司 2010 年版，第 538 页。

③ 《旧唐书·礼仪四》。

④ 《四库全书总目》，中华书局 1965 年本 219 页下栏。

成打下了一根楔子。[①]

二　宗教轨道：从论战到融会

魏晋南北朝以来，哲学和宗教在两股轨道上跑的“车”，其实一直有交织和纠结。

一方面，魏晋南北朝时期儒学虽然丧失了独尊的权威，但仍然保持着思想文化上的正统地位，其以忠孝为核心，把三纲五常作为不可动摇的天道人伦秩序；提倡内圣外王之道，以修身为起点，进而齐家、治国、平天下；在信仰上宣扬天命崇拜、祖先崇拜和圣贤崇拜，用天命神权为君权辩护，用道德伦理为社会教化规范，用圣贤之道为知识分子树本，从而在汉民族心中筑起了一道心理上的万里长城。所以，儒学虽没有蜕变为宗教，但祭天、祭祖、祭社这一类的宗法宗教活动却始终作为国家宗教存在，由皇帝亲自主持，列入国家礼典，受到政权保护。大概因此之故，当时的学者们在论战中常常并称儒、道、佛为“三教”，如《晋书·傅玄传》即云：“夫儒学者，三教之首也。”

另一方面，魏晋南北朝时期道教和佛教都有了很大的发展。道教作为中国土生土长的宗教，本身是汉民族古代宗教，是神仙方术和道家学说的混生物，与汉民族的传统文化有着天然的血缘联系，这是它的文化优势。据此其在价值观念、思维方式上与儒家的文化倾向一致。而佛教虽是外来的宗教文化，但它有博大精深的理论体系，其宇宙论宏廓，物性论玄妙，人生论超脱，在哲学理论上占有明显的优势。不仅高于古代儒学，也高于魏晋玄学。

所以，在三教的交织和纠结中，儒学虽然并不是宗教，但实际上处于官方哲学的地位。因此当佛教、道教发展过快、过猛，在经济上侵犯世俗地主集团利益，在政治上干扰封建国家机器运行，在行为上冲击世俗伦常的时候，便会受到儒家学者的攻击。当然，在佛道二教表示顺从封建纲常，并接受政府调节管理的情况下，儒家对佛道二教也表示了很大的宽容。

道教经常与儒学结成同盟军来反佛，并且表现得比儒家学者更尖锐、

---

① 参阅陈少峰等编著《鼎盛与革新：隋唐至明中叶的精神文明》，北京大学出版社2009年版，第58页；瞿林东、施建中等总纂《中华文明史》隋唐五代卷，河北教育出版社1992年版，第521页。

更极端。佛教则清醒地认识到自己毕竟是外来的文化体系，与汉民族的文化传统存在着矛盾，所以面对论战，既要展示自身存在的价值，又要善于适应汉民族的文化传统对自身理论加以修正，从而加速了佛教的汉化。[①]

（一）三教从魏晋到隋唐的论战

魏晋南北朝时三教发生过四次大论战。[②] 第一次大论战发生在东晋的儒、佛两家之间。论题是围绕着佛徒沙门要不要跪拜王者，第二次论战冲突发生在刘宋时期。由还俗沙门慧琳作《白黑论》，设白学先生代表中国传统文化，设黑学先生代表佛教，借白学先生之口对佛教哲学及因果报应说进行了多方面的批评而引发。接着宗炳作《明佛论》系统论述儒、道、佛优劣。他认为佛理精深玄奥，高于并包含儒、道两家，所以佛教在德功上超过儒教，在玄虚上超过老庄，指出了儒学在宇宙论上的不足。何承天对此难以反驳，便集中力量攻击佛教的因果观，从而突出了儒、佛两家在人生观上的矛盾。直到梁陈之际，对此的论战仍在进行。儒家学者的批判虽然机智而又犀利，但在解释不合理的社会现实方面，还不如佛教的因果论更具有圆通性。第三次大论战发生在宋末的道、佛之间，道士顾欢作《夷夏论》，借儒家“夷夏之防”的民族观否定佛教在中国传播的合理性。而佛教徒则全力反击，以求获得中土文化对佛教的认同。双方的争辩把三教冲突推向了一个新的高潮。顾欢认为“佛是破恶之方，道是兴善之术”。《夷夏论》一出，立即受到佛教信徒的反击。朱广之著《咨顾道士夷夏论》，朱昭之著《难顾道士夷夏论》，明僧绍著《正二教论》反对顾欢的民族沙文主义，他们认为夷夏风俗虽殊，但是人性不异，故佛教徒的反批评符合“一致而百虑，殊途而同归”的文化开放传统，在民族观上也表现得比较公允明达，因而在理论上占了上风，为佛教的传播减少了阻力。第四次大论战发生在梁代的道、佛之间，佞佛帝王梁武帝在天监三年宣布佛教为国教，道家代表人物范缜在天监六年发表了《神灭论》，对因果报应说的理论基础“神不灭论”进行了深刻的批判，一时在全国引起了轩然大波。梁武帝组织高僧、名士 66 人，撰写了 75 篇论文对《神灭论》进行围剿，在中国思想史上形成了一次关于形神关系的大讨论。但在朝野上下一片宗教狂热的浪潮中，闪烁着真理光芒的无神论思想反而像

---

① 李凭、袁刚总纂：《中华文明史》第四卷，河北教育出版社 1992 年版，第 411—412 页。

② 同上书，第 412—415 页。

是微弱的“异端邪说”。尽管如此，范缜在思想深度和逻辑的严谨上，不仅超越了在他之前所有的古代思想家，而且在整个汉民族的思想家中，也是独一无二的。[①] 李延寿在《南史·范缜传》的论中，曾对此做出了中肯的评价：“缜婞直之节，著于始终，其以王亮为尤，亦不足非也。”

从上可见，在魏晋南北朝的三教论战中，前两次发生在儒佛之间，后两次发生在道佛之间，且后者明显比前者激烈。这种理论上的论战往往会导致政治上的反佛。

南北朝时，南朝的反佛比较温和，主要表现为政治的批判以及限制佛教发展的行政命令。如南梁时，大臣郭祖琛上书皇帝，指出佛教过度发展对国家造成的危害，他揭露了佛教徒的寄生性及佛教对国家经济造成的危害，请求武帝下诏精简僧尼道人，以避免“处处成寺，家家剃落，尺土一人，非复国有”[②] 的后果。东晋的桓玄、宋文帝等人后来也进行过几次淘汰沙门的运动，对佛教发展有所限制。但这种政治批判不过是上纲上线，要求统治者对佛教的发展规模加以限制而已。

北朝的反佛则特别激烈。中国佛教史上“三武一宗”四次灭佛事件，两次发生在北朝。第一次是北魏太武帝灭佛。他希望借助行政手段实现意识形态中的统一，正好在长安佛寺中搜出了弓矢和贵室妇人。太武帝大怒，于是在太平真君七年（446 年）下诏诛长安沙门。幸得太子从中缓冲，但宫室佛寺大多毁坏殆尽。第二次是北周武帝灭佛。周武帝本想重新调整三教关系，通过抬高儒教，压低佛教而振兴国力。他多次组织群臣、沙门、道士讨论三教优劣，但沙门慧远金殿辩君，弘扬佛教的种种好处，甚至直斥武帝“恃王力自在，破灭三宝，是邪见人”，将受“阿鼻地狱”[③] 之苦。从而使周武帝恼羞成怒，决心灭佛，于至德三年（574 年）下诏毁法，兼及灭道，勒令 200 万僧尼、道士还俗，三宝福财散给臣下，寺观佛塔赐与王公，对佛教的发展势头是一次沉重打击[④]。

及至唐代，论战和反佛并没有停止。据考，唐代的论战和反佛反道事件大约发生了四次：

---

① 李凭、袁刚总纂：《中华文明史》第四卷，河北教育出版社 1992 年版，第 412—415 页。

② 《南史·郭祖琛传》。

③ 《法华经·法师功德品》。阿鼻之狱意为永受痛苦无有间断的地狱，指八大地狱中的第八狱。

④ 李凭、袁刚总纂：《中华文明史》第四卷，河北教育出版社 1992 年版，第 415—416 页。

第一次是唐初的道佛之争的论战。武德四年（621 年）太史令傅奕上《请废佛法表》，指责佛教言妖路远，妄说罪福，专行十恶，不忠不孝，游手游食，逃避赋役，“窃人主之权，擅造化之力”，故“请胡佛邪教，退还天竺，凡是沙门，放归桑梓；令逃课之党，普乐输租，避役之曹，恒忻效力”。[①] 僧人法琳撰《破邪论》予以驳斥，虞世南为其作序，皇太子为之上奏，高祖遂搁置废佛之事。武德九年（626 年），傅奕七次上疏，再次请求废佛。与此同时，清虚观道士李仲卿撰《十异九迷论》，刘进喜著《显正论》，联合反佛。高祖下诏询问皇太子，意欲废佛而恐骇凡听，太子以为不可，大臣亦多反对。高祖无奈，竟下诏佛道均废，却因退位，未能实行。而僧徒明概撰《决对论》，法琳撰《辩正论》，李师政撰《内德论》护佛。贞观中，傅奕再次上疏反佛，认为“于百姓无补，于国家有害”[②]，太宗虽颇然其言，但出于政治上的考虑仍不废佛，只是略对佛教加以约束，并于贞观十一年下诏规定。唐初以傅奕（奕是儒者又曾信道教）为一方和以法琳为另一方的道佛之争的论战，其结果都未能实现禁灭对方的目的。但因道教的教主老子姓李，为李唐宗室之先祖，与老子联宗，能抬高李姓皇朝的地位，所以道教更受皇室宠信，因而占据上风。

第二次是武则天当政时期道佛之争的论战。武氏改李唐为武周，不再与老子联宗，更多地依靠佛教为其执政制造舆论，于是道教失势。此时佛教乘机而上，沙门怀义、法朗等造《大云经疏》，言则天是弥勒下生，当为世主，从而获得封赐。武后明文规定“释教开革命之阶，升于道教之上”[③]，并取消老子的玄元皇帝称号。特别令人惊讶的是道士杜义背叛道教，撰《甄正论》，对道教进行全面批判，指出天尊“本自凭虚”，道书“咸是伪书”，道教是“三张之鄙教”，又赞扬佛经是“圣文”，释教是“圣教”。武后即大肆奖励杜义，诏许其剃度，赐名玄嶷，提为佛授记寺寺都。此事震动颇大，使这次论战以佛教大胜而告结束。佛教崇拜被推上了一个新的高潮。

第三次是宪宗时儒佛与儒道之争的论战。韩愈看到当时佛道盛行，儒学拘守古义，无有名儒，理论上很不景气，对巩固宗法等级制度不利，因

---

① 《全唐文》卷一三三；《资治通鉴》卷一九一。

② 《旧唐书·傅奕传》。

③ 《资治通鉴》卷二〇四。

而作《原道》，鼓吹扶树儒学。他以儒家道统的继承人自居，立志排击异端，攘斥佛老，不仅反佛，同时反道，全力倡导、复兴儒学。韩愈上表劝谏迎佛骨，一曰佛法“上古未尝有”，二曰佛法不灵，“事佛求福，乃更得祸”，三曰崇佛“伤风败俗”，并使民众“弃其生业”，四曰“佛本夷狄之人”，不合先王之道①。韩愈反佛触怒了宪宗，被贬潮州，佛教势力毫发无损。

第四次就是唐武宗时期道佛之争的论战。唐武宗李炎虽然在位仅有 6 年（841—846 年），却是隋唐两代二十几个帝王中唯一的反佛帝王。武宗是一个虔诚的道教徒，希望能服食仙丹而成仙。于是在道士赵归真、刘玄静的煽动下，于会昌五年（845 年）灭佛，史称“会昌灭佛”。这次灭佛共毁废大、中寺院 4600 多所，小庙 4 万余处，焚烧大量佛经，强令僧尼还俗 26 万余人，没收大量良田，解放寺院奴婢 15 万人。会昌灭佛是“三武一宗”② 四次“法难”中最重的一次，对佛教的影响极为深重。灭佛次年武宗便因服丹中毒身亡，宣宗立即下令恢复佛教，但整个佛教已经元气大伤，许多靠大量诵经、拜佛吸引教徒的宗派再也无力恢复，仅是在衰微中延续。而禅宗、净土等简单法门虽然复兴，但因其思想已彻底中国化、世俗化了，也逐渐丧失了原有的文化价值，使佛教对社会文明发展进程的影响力大大降低。③

（二）三教从魏晋到隋唐的融会

从魏晋南北朝到隋唐这悠悠的 1100 多年中，儒、道、佛三教在争辩中互动，在论战中磨合，最终在融会中共存，在共存中共荣。下面我们来考一下三教从魏晋南北朝到隋唐融会的过程和状态。

1. 三教融会理论的建构

三教的论战虽然激烈而持久，好在三教论战也都能理性地进行反思。先是在东晋时提出了“本末内外论”，佛教借内外论说明儒佛的关系，孙绰在《喻道论》即云：“周孔即佛，佛即周孔，盖内外名之耳。”道教则用本末论阐述说明儒道的关系，葛洪在《抱朴子·明本》中说：“道者儒

---

① （唐）韩愈：《论佛骨表》，载《新唐书·韩愈传》。

② 即北魏太武帝、北周武帝、唐武宗、后周世宗灭佛。

③ 以上参阅瞿林东、施建中等总纂《中华文明史》第五卷，河北教育出版社 1992 年版，第 554—555、568 页。

之本也，儒者道之末也。”佛、道二教都是站在出世主义的立场上，把注重现世统治之术的儒视为末，把探讨彼岸，来世的宗教看成本。而儒家则与之相反，把儒学当作治国之本。尽管三教都以自我为中心，但却无一例外地承认其他教在中心以外的存在。这就为三教之间的融会奠定了最初的基石，真是真理越辩越明，在论战激烈之中这不能不是一个不小的进步。

在互相承认存在的前提下，南朝从宋到梁又提出了“均善均圣论”，如宋人慧琳所作《白黑论》又名《均善论》；梁人沈约作《均圣论》云：“内圣外圣，义均理一。”故《梁书·王规传》提到王褒论三教特点时云：“儒家则尊卑等差，吉凶降杀。”“道家则堕肢体，黜聪明，弃义绝仁，离形去智；释氏之义，见苦断习，证灭循道，明因辨果，偶凡成圣。”正是点明了三教对汉民族社会的不同作用。可见“均善均圣论”更具体地承认三教各有利弊，可以互补的基础，试图从较平等的地位来调和三教的关系，这无疑为三教的融会创造了一个和谐的人文环境。

在“本末内外论”和“均善均圣论”提出并延伸讨论之时，有学者借用《周易·系辞》中“天下同归而殊途，一致而百虑”的说法，为三教兼容进行论证，提出了一个“殊途同归论”。如东晋慧远说：“道法之与名教，如来之与周孔，发致虽殊，潜相影响；出处诚异，终期则同。”①宋齐之交的顾欢反佛最烈，但在《夷夏论》中也承认：“道则佛也，佛则道也。其圣则符，其迹则反。”认为佛道二教最终还是同一的。北周道安《二教论》说：“三教虽殊，劝善义一。涂迹诚异，理会则同。”三教最后同于劝善化俗。可见，在儒家纲常名教的旗帜下，三教终于找到了共存共荣的基础，为三教的融会打通了道路②。

2. 道教在三教融会中成熟

在三教融会的浪潮中道教走向成熟。进入魏晋以后，道家依傍儒家而壮大，吸收佛教而发展。在政治上，道教直接吸收儒家的纲常名教作为自己的社会政治理论，建立儒道联盟，标榜华夏正统，排斥外来的佛教文化，从而取得了统治者政治上的支持。在理论上，道教与佛教思想相沟通，吸收佛教的教义、教规、仪规制度来建立自身的道戒、道规和科醮

① 《沙门不敬王者论》。

② 以上参阅瞿林东、施建中等总纂《中华文明史》第五卷，河北教育出版社 1992 年版，第 416—417 页。

仪制。

在这个融会过程中，葛洪、寇谦之、陆修静、陶弘景等道教代表人物的先后出现，把道教一步步推向成熟。

东晋道教的代表人物首推葛洪（284—364 年）。他总结战国以来神仙方术的理论，所写成的《抱朴子》一书，是道教走向成熟的重要著作之一。该书内外共 116 篇。《内篇》言“神仙方药、鬼怪变化、养生益年、禳邪祛祸之事”，《外篇》言“人间得失、世事臧否”。《抱朴子》为道教建立了一套修炼的理论体系，以及构设了各种修炼成仙的方法。与此同时，他还提出以神仙养生为内，儒术应世为外，把神仙方术与儒家的纲常名教结合起来。他主张道教徒应该以儒家的忠孝、仁恕、信义、和顺为本，否则虽勤于修炼，也不能成仙。故《晋书·葛洪传》称葛洪著作“精辩玄赜，析理入微”。由此可见，在三教融会的过程中葛洪试图整合道教，把道教理论与儒家学说调和起来。

南北朝时，北朝的寇谦之（365—448 年）早年修习张鲁的五斗米道，十八岁时随成公兴入嵩山，修道七年。神瑞二年（415 年），寇谦之自称太上老君授予他“天师”之位并赐给他《云中音诵新科之戒》二十卷，“专以礼度为首，而加之以服食闭练”。始光元年（424 年），寇谦之在北魏的都城平城（山西大同）建立天师道道场，制订乐章，创立新规和诵戒新法。道教在北方颇为得势，号称为“新天师道”。而南朝的陆修静（406—477 年）幼习儒学，笃好文籍，旁究象纬。他后来弃家修道，遍访“仙踪”，搜求道书，收集和整理道教的典籍，同时也对道教进行改革。宋明帝泰始三年（467 年），他在宋明帝多次诏请后到建康。继续广集道经，尽有上清、灵宝、三皇等派经典，加以辨别整理，集经戒、方药、符图等一千二百二十八卷，汇归一流，最后在泰始七年（471 年）撰成《三洞经书目录》。这是最早的一部道藏书目。道教典籍分为“三洞”，就是由此开始的。与此同时，陆修静又依据宗法思想和制度，并仿效佛教的修持仪式，编撰成有关斋戒仪范的著作百余卷，使道教的仪轨渐臻完备。南方的五斗米道或者说天师道在陆修静改革之后，被称为南天师道。于是，道教的教规仪范，经过北方的寇谦之和南方的陆修静的修订以后，大致定型，成为道教走向成熟的一个重要标志。

南北朝时三教的融会，在南朝道教的另一位重要人物陶弘景（456—536 年）身上得到了集中的体现。陶弘景一方面继承老庄思想和葛洪的方术理论，一方面顺应南方道教发展的趋势，把道教的理论与儒家以及佛教的思想进一步融合起来，主张三教合一。他自称梦中得佛授记，名为“胜力菩萨”，于是专门去鄮县（浙江宁波）阿育王塔受佛戒。后他集儒、佛、道三家创立了道教茅山派。据说他在茅山的道观里，设有佛、道二堂，隔日轮番礼拜，成为三教融会的一个典型案例。[①]

及至唐代，道教进入鼎盛时期。三教的融会更深更广了。唐代道教理论建设的一个重要特点，是对老、庄学说的重视，老子被尊为教祖，《道德经》被尊为道教的圣经。与此同时，道教又着力吸纳儒、佛思想，在义理化和思辨性上使道教从低层次的粗俗的宗教形态向高层次发展，重玄理论的成熟就是这方面的一个标志。重玄派用思辨的方式阐释和发挥老子学说，它的一大特征是援佛学入《老子》。经重玄派和其他道教思想家的阐发，唐代道教思想更为思辨化，更富哲理性。“重玄”哲学将本体论、认识论、辩证思维融会贯通，相当细致，为后世心性论哲学和内丹学的完善打下理论基础，使道教哲学发展到一个新层次。与此同时，道教科仪在唐代也得到进一步的规范和完善。唐末五代的杜光庭将以往道教各派斋醮仪式分门别类的基础上，编著《道门科范大全集》八十七卷，将道教主要道派的斋醮仪式加以统一并使之规范化；将其表奏、辞章、疏启、颂赞、咒、愿等宗教文辞，加以文饰并对各种仪式敷衍以艺术内容。因此，他不仅是集唐代道教斋醮科仪之大全，而且是中国道教斋醮仪式的完成者。[②] 至此，也标志着道教走向成熟的基本完成。

3. 佛教在三教融会中汉化

佛教的汉化在汉民族文化史上是值得大书特书的一个文化融会的范例。

前已述及，魏晋以来三教的论战和反佛斗争，在汉民族社会中产生了极深刻的影响，到了唐代，佛教已扎下根来，在民间已流行“一子出家、七祖升天”佛谚。这句佛谚的来历还有一个故事：

① 李凭、袁刚总纂：《中华文明史》第四卷，河北教育出版社 1992 年版，第 417—418 页；章启群编著：《经世与玄思：秦汉魏晋南北朝的精神文明》，北京大学出版社 2009 年版，第 188—193 页。

② 龚书铎主编，李岩分册主编：《中国文化发展史》隋唐卷，山东教育出版社 2013 年版，第 58—60 页。

> 唐朝的黄檗希运禅师，当初去出家的时候，他母亲天天巴望着他还俗回家去孝养她，但是禅师并没有回去，只是一心修道。结果，他的母亲因此伤心而掉到水里淹死了，乡人很不谅解，都责备他不孝。禅师非常悲痛伤心地说："我之所以没有回来孝养母亲，就是因为想以出家修道的功德来超度母亲啊！佛陀说过'一子出家、七祖升天'，现在我要以所有出家修行的功德回向给母亲升天。"于是，他把母亲的尸体从水里捞起，就在现场火葬，举火的时候，他说了四句话："一子出家，七祖升天；若不升天，诸佛妄语。"说完这话，引火一点，他母亲就在烈火浓烟的现场升天了。还对他说："儿啊！我真得好好感谢你，你为了我忍那么大的痛苦，不回来见我而努力修道，也正因为有你这个出家功德的回向，我现在才能升天，倘若当初把你叫回来而不让你出家，那么我今天就要下地狱了。"说完，袅袅上升，升天去了，众人见了这个景象，才了解禅师的苦心，并且赞叹不已。以上是黄檗禅师的公案，可以给我们作见证：佛陀是不会妄语的。①

就是在这个反佛与兴佛的互动、碰撞、冲突、磨合和融会中，一方面佛教借助玄学的思辨范畴传播流行，使自身也镀上了一层本末、体用、有无的玄学色彩，在佛教进一步发展的过程中，僧侣们认识到还必须与主流文化儒学相结合，甚至直接把帝王当作佛祖礼拜。另一方面汉民族逐渐越来越深地接受了佛教，如颜之推把佛教的五戒比为儒家的五常，人们把出家修行视为是"弃小孝而行大孝"，这样引申发挥的结果是使佛教在很大程度上脱离了印度佛教的原型而走向汉化的道路。

佛教的汉化过程于陈、隋间悄然开始。这时天台和华严两个佛教宗派已出现：道士炼丹，谈静坐炼气，天台宗也谈炼丹，坐禅调息，表明天台宗与道教的接近多儒学讲忠孝，奉孔子为至圣先师，华严宗表扬释迦异父尸是孝子，承认释迦、孔子、老子都是至圣，表明华严宗与儒学的接近。到了唐时，迎来了佛教在中国的黄金时代，这时佛教完成汉化的第一步是禅宗南宗的玄学化。魏晋玄学谈"无"，佛教认为人生极苦，涅槃最乐，谈"空"，两者大同小异，完全可以合流。华严五祖宗密在《原人论》中

① 广化法师：《戒学浅谈》（http：//www. xuefo. net/nr/articles/45767. html）。

说："孔、老、释迦，皆是至圣，随时应物；设教殊途，内外相资，共利群庶"；并用《周易》的"四德"（元、亨、利、贞）配佛身的"四德"（常、乐、我、净），以儒家"五常"（仁、义、礼、智、信）配佛教的"五戒"。继之，是禅宗南宗的儒学化，其改佛教的性恶论为性善论，认为人人可以成佛，在人性问题上与汉民族正统派儒学一致了，此其一。其二，禅宗南宗僧侣制造出不少讲孝的佛经，强调孝是成佛的根本，并实行三年之丧。于是儒、佛对孝的分歧，在形式上得到了统一。此后，自南北朝以来，儒、佛、道互相攻讦辩论的情况在唐朝便逐渐协调共存，甚至在唐朝佛教雕塑中，温柔敦厚关心世事的神情笑貌，君君臣臣各有职守的统治秩序，就从艺术上充分表现了佛教与儒学的合流，而念佛诵经也就渗透到汉族丧礼活动之中，《报父母恩重经》则成为唐朝普遍流行的经文。其三，禅宗南宗废弃天竺传来的戒律，出现了各式各样的蜕化僧，有孝僧、诗僧，高艺僧，茶酒僧等。于是佛教放弃了印度佛教传来的奴仆面目，装上了汉民族士大夫常见的面貌，就连印度佛教艺术中一些表现印度民族风俗的那种接吻、扭腰、乳部凸出、过大的动作姿态等，也被唐代雕塑、壁画等艺术形式所完全排除，而折射出汉族传统儒学礼仪道德的观念，到了唐后期，禅宗几乎代替了其他宗派，垄断了佛教，甚至禅宗成了佛教的同义词。

这样，盛行于亚洲广大地区的世界三大宗教之一的佛教，终于与汉民族的传统文化融会，在唐代完全被改造成汉民族的佛教，致使本来与汉族文化格格不入的外来的佛教文化蜕变成为汉民族文化的一个重要组成部分。所以吕振羽先生说："论到世界佛学，当首推中国，次为日本；而其发源地的印度，却反而落后了。"① 正是，佛教的汉化反客为主，极大地显示了汉民族文化的包容性和融合力。②

4. 儒学在三教融会中丰富

一直以正统自居的儒学，经历了魏晋南北朝时期的玄学化及唐代的经学重建，在三教的论战中也不断地丰富了自己：一是使儒家学者获得了比较开阔的文化视野，逐步克服了因地域、国籍、民族等原因造成的心理障

① 吕振羽：《中国政治思想史》，生活·读书·新知三联书店1955年版，第369页。

② 徐杰舜：《唐文化的民族学解读》，《西北民族研究》1998年第2期；李凭、袁刚总纂：《中华文明史》第四卷（魏晋南北朝），河北教育出版社1992年版，第417—418页；瞿林东、施建中等总纂：《中华文明史》第五卷（隋唐五代），河北教育出版社1992年版，第555—556页。

碍，能比较冷静地看待三教之异同，认为各教之间息息相通，可以互补。二是开始吸收佛、道思想，创建新儒学。如柳宗元，虽根基在儒家，其抱负在治国平天下，但他又自幼好佛，喜读佛经，明确表示不赞成韩愈排佛，认为“浮屠诚有不可斥者，往往与《易》《论语》合，诚乐之，其于性情奭然，不与孔子异道”。[①] 刘禹锡则力主儒佛同尊，他认为儒学适用于治世，佛教适用于乱世，两者“犹水火异气，成味也同德；轮辕异象，致远也同功。然则儒以中道御群生，罕言性命，故世衰而寖息；佛以大悲救诸苦，广启因业，故劫浊而益尊”。[②]

但吸收佛、道最有力的是中晚唐时期著名的学者李翱。他青年时代“欲笔削国史，成不刊之论，用仲尼褒贬之心，取天下公是公非为本”[③]。面对佛、道发展迅猛而儒学发展缓慢的态势，李翱深入研究儒家传统的心性思想，发展了孟子的性善论，又吸收佛家、道家的心性思想，整合儒、道、佛三家思想，援佛入儒，借鉴《大乘起信论》的“一心二门”思想，发展禅宗的佛性理论以及道家学说等，丰富和发展了儒家心性思想，撰写了《复性书》一书，重构了儒家心性理论，提出自己的复性理论。

李翱的复性理论，增加了儒家心性论形而上的思辨色彩，提出了为“弗虑弗思，情则不生；情既不生，乃为正思”[④]，以避免人性受惑的方法。通过“知本无有思，动静皆离，寂然不动”[⑤] 以达到“至诚”之境界。从而将儒家心性论从较为朴素的形而下的道德实践形态，上升到本体论的高度，在思想内容、思维方式、理论架构等方面，对于宋代新儒学的发展，尤其对于他们是关于本性与气质之性、天理和人欲等方面的论证思想，对建立新儒学的伦理道德体系产生了很大的影响。儒学后来的发展也证明：李翱的心性学说为后来的新儒学的思想发展提供了很好的范式，在思想内容、思想角度、修行方法等都对新儒学家们以很好的启迪，他的援佛入儒被新儒家所接受，并加以发展。因此，可以说李翱的《复性书》是新儒学

① （唐）柳宗元：《送僧浩初序》。

② （唐）刘禹锡：《袁州萍乡县杨岐山故广禅师碑》。

③ 《新唐书·李翱传》。

④ （唐）李翱：《答皇甫湜书》卷六，载四部丛刊本《四部丛刊》第119册，上海书店出版社1989年版。

⑤ （唐）李翱：《复性书·中》，载《李文公文集》卷二，《四部丛刊》第119册，上海书店出版社1989年版。

的真正开端。所以冯友兰在《中国哲学史》中说:"李翱及宋明理学家皆欲使人成为儒家的佛。"[①] 而新儒学的奠基则是对唐代儒学最大的丰富。[②]

从魏晋南北朝到隋唐，儒、道、佛三教就是从争辩到融会，又从融会到争辩，再从争辩到融会的多次反复中，终于迎来了三教并存、三教并习、三教融会的时代，这种态势对汉民族宗教生活的影响至深至广，成为社会和谐的重要组成部分。

第八节　小结:站在高峰上完成文化融会

无限风光在巅峰。

如果放眼秦汉到隋唐1128年（前221—907年）的历史长河去审视，汉代以文化定型的态势建构了基础雄厚的汉民族文化的高峰，进入魏晋南北朝时发生了汉民族历史上第一次大分裂、大动荡、大迁徙，各民族或族群四处流徙，北方匈奴、鲜卑、乌丸、氐、羌纷纷入主中原，江汉地区的部分蛮族也涌进中原，在中原地区形成汉民族与匈奴、鲜卑、乌丸、氐、羌及蛮族交错杂居的局面，而北方汉民族人民又大批南移，在长江及珠江流域形成汉民族与蛮、俚、僚、傒等南方少数民族或族群交错杂居的局面，整个中国民族结构图重塑。在各民族或族群互相嵌入的态势下，各民族或族群的文化也发生了大互动、大磨合、大融合，从而造成了各民族或族群文化的大融会，如南北学统、唐诗古文、胡风乐舞、人物绘画、敦煌石窟、佛教汉化，凡此等等。举凡汉民族文化的方方面面均于隋唐时，尤其是唐代，由胡汉融会、南北融会，以文化融会的态势建构了灿烂辉煌的汉民族文化的又一座高峰，不少学者，因其文化成就的空前绝后，而誉之为文化"巅峰"。1937年俞剑华在《中国绘画史》曾这样说过:"汉失天下，中国民生活于风云离乱之间者，前后三百余年。唐高祖统一宇内，寻太宗即位，乃见贞观之治世，四海昌平，宪章整饬，社会之秩序，极为安宁，西域诸国皆来朝贡其威命所及，殆亘全亚细亚大陆之半。其后玄宗即位，励精图治，文教勃兴，又屡立功边境，国势大振，可谓汉族气运最盛

① 冯友兰:《中国哲学史》二卷本，华东师范大学出版社2001年版，第372页。

② 瞿林东、施建中等总纂:《中华文明史》第五卷，河北教育出版社1992年版，第556页;王心义:《李翱〈复性书〉研究》，硕士学位论文，云南大学，2010年，第1、25页。

之时期，故历史上，常以汉唐并称。今外国人称中国人物，犹曰唐人、唐纸、唐草，可谓盛矣。”① 至今“唐人街”遍世界也可呈现唐代汉民族文化之辉煌。正是，从汉到唐，两座文化高峰，真是走过了一山又一山，攀登了一座高峰又上了一座高峰。而一山又一山的风景各别，在唐代则形成了汉民族文化融会性、巅峰性、创新性、开放性的特征。

1. 融会性

在魏晋南北朝民族大融合的时代背景下，隋唐时汉民族文化的融会性是题中之义。南北融会白瓷的出现就是一个例证。青瓷出于南方，白瓷崛起于北朝，但白瓷是在青瓷的基础上逐步改进而烧成的。这中间南北之间民族或族群的互动，技术之间的交流，正是这种融会性之使然。胡汉融会最典型的就是胡舞中的柘枝舞。其传入中原以后，逐渐融会了中原的舞蹈元素，从保持原有民族风格的单人柘枝舞，到由二人表演的“双柘枝”，这些在唐诗中还存在专门的描述。还有“软舞”中的屈柘枝，无论是形式、妆容和舞姿神韵都已具有一定的汉舞风格。② 这也正是文化融会的使然。在此，可特别以霓裳羽衣舞为例，此舞从音乐、服饰直到舞蹈，都在力图刻画天仙神女的优美形象，在创作上，它吸收了中、外民族民间乐舞的成分，又进行了“以我为主”的加工创新。音乐，既融会了传统的“清商乐”又借鉴了印度佛曲；舞蹈，采用了传统的优美舞姿“小垂手”等，也融会了西域胡旋舞的精彩旋转技巧，经加工后变矫健豪放的气质为轻回婉转飘忽不定的妙姿，从而成功地创造出了一个神秘、缥缈，却流光溢彩的艺术境界，使霓裳羽衣舞成了汉民族古代舞蹈史上一颗耀眼的明珠。③ 其实，佛教的汉化更是一个体现融会性的最佳案例。这个案例的具体描述前文已有详述，但从其意义上体现融会性来说，此例恐怕在世界也是绝无仅有的了。

2. 巅峰性

巅峰性可真是唐代汉民族文化的专利。在汉民族的文化中真正空前绝后，达到巅峰状态的只有唐诗和唐画。唐诗之巅不仅创造了汉民族诗歌史上的一个奇迹，而且唐诗的成就是后人无法超越的。所以冯天瑜称唐王朝

---

① 俞剑华：《中国绘画史》上册，商务印书馆1937年版。

② 张婷婷：《论胡舞的历史发展轨迹及其对当代中国舞蹈影响研究》，硕士学位论文，山东师范大学，2009年，第13—15页。

③ 瞿林东、施建中等总纂：《中华文明史》第五卷，河北教育出版社1992年版，第691页。

为“诗唐”，实至名归。而唐画同样是空前绝后的，《步辇图》《五圣朝元图》《挥扇仕女图》《簪花仕女图》等都是汉民族的艺术珍品，还是李泽厚说得好：“人物、牛马、花鸟，山水正是在中唐时期取得自己的独立地位而迅速发展，出现了许多卓有成就的专门作品和艺术家……形象地再现了中唐社会上层的审美风尚和艺术趣味。……现实世间生活以自己多样化的真实，展现在、反映在文艺的面貌中，构成这个时代的艺术风神。”① 今天，我们穿越历史，从比较中可以更清楚地看到：“中国五千年的文明史，最为辉煌的是唐前期百余年的历史，特别是安史之乱以前唐玄宗统治时期。这不仅表现在政治上的统一、军事上的强大、经济上的繁荣，更主要的是这一时期中华民族具有一种空前绝后的文化精神。人们的精神面貌乃至文化成就既不同于以往，又不同于往后。此时的中国人是最为风光、体面和豪气的，是农业社会任何民族亦不可比拟的。古代希腊的雅典是当时地中海世界的文化中心，但雅典只是一个蕞尔城邦，军事上甚至不如没有文化的斯巴达人。罗马帝国曾强大无比，地中海为其内湖，但罗马人的文化建树不多，很大程度上只是希腊人的学生。与唐王朝大体同时代的，西欧有查理帝国，东南欧有东罗马帝国，亚洲有阿拉伯帝国。然而这几个帝国，无论从军事、政治、经济还是思想文化诸方面来说，都是不能同唐代比肩的。七、八世纪以后的农业社会，世界上更找不出可以与唐代相比的国家。”② 这正是一种文化的巅峰状态啊！

3. 创新性

创新是一个民族生命力的所在。从魏晋南北朝到隋唐，不管是动荡分裂的时代，还是繁荣昌盛的时代，汉民族文化以其顽强的生命力，在民族互动和南北交流中创造着新文化，如制度文化方面的三省制、均田制和科举制，科技文化方面的算术、历法和火药，以及语言文字文化方面的韵书、字样、雕版印刷等，无不充满着创意、智慧和活力。再具体拿火药的发明来说，从炼丹到火药这个创新过程充满着神秘、耐心和危险，但在千百次的试验中，汉民族的“炼丹师”终于为世界发明了火药。还有前面提过的瓷器，这也是一个伟大的创造，多少民族原始社会的先民们发明了陶器，但为什么偏偏是汉民族发明了瓷器“变土为金”呢？这中间有机

① 李泽厚：《美的历程》，文物出版社 1981 年版，第 150 页。

② 启良：《中国文明史》（下册），国际文化出版公司 2010 年版，第 535 页。

遇，更有创意、智慧和活力！这正是这个时期创造性的满满呈现。

4. 开放性

古人云："有容乃大。"开放性是一个成熟民族的特质。汉民族在魏晋南北朝民族大融合的刀山火海中摸爬滚打了300余年，练就了海容海量一身功夫，不仅把迁入中原的民族或族群几乎无一例外地融入了汉民族，连南方的部分少数民族或族群也融入了汉民族，给汉民族补充了大量的新鲜血液，这在《汉民族史记》第1卷中有详述，在此按下不表。在此要说的是补充了新鲜血液，几乎换了血的唐代汉民族以开放的心态和气魄，接纳和吸收各种"胡"文化，而以胡舞为代表的胡文化，正如《后汉书·五行志》所云："胡服、胡帐、胡床、胡座、胡饭、胡箜篌、胡笛、胡舞，京都贵戚皆竟为之。"从而出现"长安胡化极盛一时"① 的文化景观。在此，还可多言几句。唐代的汉民族不仅在物质文明上广为接受胡装、胡食，而且以空前规模采撷外域精神文明的英华，这包括南亚的佛学、医学、历法、音韵学、音乐、美术；中亚的音乐、舞蹈；西亚的祆教、景教、摩尼教、伊斯兰教、医术、建筑术乃至马球。外域文化如"八面来风"涌入唐代中国，正如日本学者井上清所说："这使唐文化成为一种与印度、阿拉伯和以此为媒介甚至和西欧的文化都有交流的世界性文化。"② 还有唐代"海纳百川"的宗教政策，唐太宗尊崇儒学，则允许佛道两家存在的，而且名义上道还在儒之上。还要指出的是，在唐代不仅儒、道、佛三教能和谐并存，而且还允许景教（基督教的聂斯托利派）、伊斯兰教、火祆教、摩尼教传入，并获得合法的地位与发展。可见唐代的汉民族"长鲸汲百川"似地汲收异族外域文化是何等的开放?！何等的博大胸怀?！范文澜曾说过："因为唐代的中国文化已经发展到昌盛成熟的阶段，任何外域文化传入中国，都没有可能消融唐文化，而只能作为一种新养料注入唐文化的整体内。……唐代确实是中外文化交流极盛的时代。"③

总之，正是这些融会性、巅峰性、创新性、开放性的合力，才创造了唐代汉民族文化的辉煌，才一步一步地把汉民族文化推上了巅峰。

---

① 《贞观政要·慎所好》。

② ［日］井上清：《日本历史》，天津人民出版社1975年版。转引自冯天瑜、杨华、任放《中国文化史》，高等教育出版社2005年版，第132页。

③ 范文澜：《中国通史》第四册，人民出版社1978年第2版，第398—399页。